i **garzantini**

DIZIONARIO
FRANCESE

i *garzantini*

DIZIONARIO
FRANCESE
francese - italiano • italiano - francese

**GARZANTI
LINGUISTICA**

In questa edizione: maggio 2000

ISBN 88-480-0603-5

© Garzanti Editore s.p.a., 1994, 1999
© Garzanti Linguistica, divisione di UTET s.p.a., 2000
Printed in Italy

● *L'opera è stata realizzata dalle* Redazioni Lessicografiche Garzanti

● *Progetto diretto da* FRANCA DE DOMINICIS

● *Redazione*: Anna Cazzini Tartaglino
Fabrizia Parini • *appendici*: Luciana Cisbani, Fabrizia Galletti • *segreteria*: Giuseppina Panigada
• *Voci grammaticali e inserti*: Elena Angilella; Daniela Marin
• *Consulenti francesi*: Françoise Danflous, Henriette Devedeux Pompei

● *Coordinamento lettura bozze e uniformazione grafica*: Silvana Violi
● *Coordinamento EDP e fotocomposizione*: Annino Stoppa, Mario Tremolada

selezione del lessico Al fine di creare uno strumento atto a risolvere il maggior numero di problemi di comprensione e di traduzione, si sono raccolte le voci del lessico di base, quello oggi prevalente nell'uso parlato e scritto. Si sono selezionate numerose voci popolari, regionali e gergali, neologismi e parole straniere entrate nell'uso. Accanto alle parole del linguaggio comune, non mancano ricchi apporti dai settori specialistici e aperture alla lingua della tradizione letteraria.

Il dizionario è ovviamente impostato sul francese di Francia; testimonianza è tuttavia data anche dei termini e delle locuzioni più tipiche e di difficile comprensione del francese di Svizzera, Belgio, Canada e dei paesi africani.

organizzazione del lemmario Tutte le voci selezionate sono state ordinate in rigoroso ordine alfabetico.

Gli *omografi*, cioè le parole con una stessa grafia ma origine etimologica diversa, sono distinti da numeri collocati a esponente.

→ la freccia rimanda dalla variante alla forma più comune.

pronuncia Ogni lemma della sezione francese-italiano è accompagnato dalla trascrizione fonetica secondo il sistema della Associazione Fonetica Internazionale, tranne il caso in cui la pronuncia sia uguale a quella del lemma precedente. Segni e metodo di trascrizione sono alla tavola dei *Simboli fonetici*.

La pronuncia suggerita è quella corrente del parigino colto.

struttura delle voci Le voci sono strutturate secondo il seguente schema: lemma – fonetica (sez. fr./it.) – categoria grammaticale – indicazioni morfologiche – traducenti – esempi, modi di dire, fraseologia – diversa forma grammaticale o forma pronominale del verbo.

I vari significati di una parola (*accezioni*) sono contraddistinti da numeri in neretto e ordinati progressivamente dall'accezione più generale a quelle specialistiche, dal senso più immediato a quello particolare, dal proprio al figurato e all'estensivo.

La virgola separa traducenti equivalenti, il punto e virgola diverse sfumature di significato, i due punti gli esempi.

|| la barra introduce i modi di dire, le locuzioni idiomatiche, i termini specialistici e gli avverbi in *-ment* o *-mente* alla fine dell'aggettivo corrispondente, quando non siano registrati come voci indipendenti.

♦ la losanga segna il passaggio da una categoria grammaticale all'altra, all'interno di una stessa voce.

□ il quadratino introduce la forma pronominale del verbo, le locuzioni e particolari costruzioni idiomatiche.

• il pallino precede informazioni grammaticali e linguistiche, note di costume e di storia.

gli esempi Sono stati scelti tenendo conto della difficoltà di traduzione, di un particolare costrutto, di una sfumatura di significato. Ci si è sforzati di utilizzare frasi tratte dalla lingua vera, non costruite appositamente. Per illustrare un lemma o un suo significato ci si è valsi di frasi tratte dalla "vera" lingua d'uso corrente.

Un'attenzione particolare è stata dedicata alla scelta e alla traduzione dei modi di dire, alle associazioni di parole e in genere alla fraseologia di uso corrente.

informazioni grammaticali Le voci riguardanti i termini grammaticali (pronomi, articoli, congiunzioni, preposizioni, verbi ecc.) sono trattate con particolare accuratezza, tanto da costituire una vera e propria sintesi della grammatica francese. Sessantun tavole, collocate nel corpo del dizionario, consentono inoltre di risolvere con prontezza e facilità i problemi linguistico-grammaticali più frequenti.

In entrambe le sezioni viene segnalato quando verbi e aggettivi reggono preposizioni diverse nelle due lingue, quando a un verbo transitivo ne corrisponde uno intransitivo e viceversa.

Nella sezione francese/italiano sono registrate le variazioni nella formazione del plurale e del femminile, il cambiamento di genere nel passaggio diretto dall'una all'altra lingua, la coniugazione dei verbi irregolari.

Per i verbi regolari in *-er* e in *-ir* si rimanda alle tavole di coniugazione di *parler* e *finir* in appendice; per i verbi in *-oir* e in *-re*, ai verbi base *recevoir* e *rendre* nel testo.

Nella sezione francese/italiano sono inoltre segnalati i verbi con particolarità ortografiche i quali vengono rimandati ai seguenti modelli:

placer	per i verbi in *-cer*
manger	per i verbi in *-ger*
abréger	per i verbi in *-éger*
payer	per i verbi in *-ayer*
employer	per i verbi in *-oyer* e *-uyer*
grasseyer	per i verbi in *-eyer*
semer	per i verbi che hanno una e muta nella penultima sillaba dell'infinito
céder	per i verbi che hanno una é nella penultima sillaba dell'infinito
appeler, jeter	rispettivamente per i verbi in *-eler* e *-eter*, che raddoppiano la *l* e la *t* davanti a *e* muta.

Nella sezione italiano/francese, sono segnalati i femminili e i plurali particolari, le coniugazioni dei verbi irregolari, le variazioni ortografiche di alcuni verbi con rimando a modelli:

cominciare	per i verbi in *-ciare*
mancare	per i verbi in *-care*
mangiare	per i verbi in *-giare*
legare	per i verbi in *-gare*
finire	per i verbi in *-ire* che fanno *-isco* all'indicativo presente.

* nella sezione italiano/francese, l'asterico vicino al traducente francese avverte che il vocabolo presenta una particolarità e funge da rinvio implicito alla sezione francese/italiano.

*h in entrambe le sezioni, l'asterisco posto prima di un vocabolo francese iniziante per acca indica che questa è aspirata.

■ i lemmi omografi sono indicati con
un numeretto a esponente

■ le accezioni sono introdotte da
numeri

FONETICA

■ la trascrizione fonetica è tra parentesi
quadre

■ non viene data quando la pronuncia
è identica a quella del lemma
precedente

botte[1] [bɔt] *s.f.* mazzo (*m.*), fascio (*m.*): *une — de
paille*, una balla di paglia; *une — d'asperges*, un
mazzo di asparagi.
botte[2] *s.f.* stivale (*m.*): *en avoir plein les bottes*,
(*fam.*) averne piene le tasche || *être sous la — de*,
essere oppresso da.
botte[3] *s.f.* (*sport*) botta (di scherma) || *porter,
pousser une —*, (*fig.*) fare una domanda imbarazzante.
lama[1] *s.f.* lame: *il filo della —*, le tranchant de la
lame.
lama[2] (pl. *invar.*) *s.m.* (*zool.*) lama.
lama[3] (pl. *invar.*) *s.m.* (*monaco buddista*) lama.
boucle [bukl] *s.f.* **1** fibbia, borchia **2** ricciolo
(di capelli) **3** — (*d'oreille*), orecchino (*m.*) **4**
anello di ferro **5** ansa (di fiume) **6** (*biol.*) avvolgimento (*m.*), ansa: — *d'ADN*, avvolgimento ...
canard [kanaʀ] *s.m.* **1** anatra (maschio) || *le vi-
lain petit —*, il brutto anatroccolo || *un froid de —*,
(*fam.*) un freddo cane **2** (*fam.*) frottola (*f.*);
(*giornalismo*) canard, serpente di mare **3** (*fam.*)
giornale **4** zolletta di zucchero imbevuta di caffè o di liquore **5** (*mus.*) stecca (*f.*).
esercizio *s.m.* **1** exercice || *esercizi a corpo libe-
ro*, exercices au sol || *tenersi in —*, se maintenir en
forme; *esser fuori, giù d'—*, manquer d'entraîne-
ment || *nell'— delle sue funzioni*, dans l'exercice
de ses fonctions **2** (*econ.*) (*gestione*) gestion (*f.*),
exploitation (*f.*); (*periodo di gestione*) exercice:
costi d'—, frais de gestion, charges d'exploitation
|| — *provvisorio*, douzième provisoire; *chiusura
di —*, clôture du bilan **3** (*spaccio, negozio*) ma-
gasin; *pubblico —*, établissement public || *licenza
d'—*, (*di bar*) licence de débit de boissons.
bourdonnant [buʀdɔnɑ̃] *agg.* ronzante.
bourdonnement [buʀdɔnmɑ̃] *s.m.* ronzio; ...
bourdonner [buʀdɔne] *v.intr.* ronzare.
bourg [buʀ] *s.m.* borgo, borgata (*f.*).
bourgade [buʀgad] *s.f.* borgata.
bourgeois[1] [buʀʒwa] *agg. e s.m.* borghese || *pen-
sion bourgeoise*, albergo a gestione familiare ||
maison bourgeoise, casa signorile || *cuisine bour-
geoise*, cucina casalinga || (*dir.*) *habitation* ...
bourgeois[2] *s.m.* (*in Svizzera*) chi gode dei diritti
di cittadino.
bourgeois[3] *agg.* di Bourg-en-Bresse.
bourgeoise [buʀʒwaz] *s.f.* (*pop.*) donna: *ma —*,
mia moglie, la mia donna.
bourgeoisement [buʀʒwazmɑ̃] *avv.* in modo
borghese, da borghese.
bourgeoisie [buʀʒwazi] *s.f.* borghesia.
bourgeon [buʀʒɔ̃] *s.m.* gemma (*f.*).

gioiello *s.m.* bijou* (*anche fig.*) || *i gioielli della Corona*, les joyaux de la Couronne.
bijou [biʒu] (pl. *-oux*) *s.m.* gioiello.
medievale *agg.* **1** médiéval* **2** (*fig.*) moyenâgeux*.
médiéval [medjeval] (pl. *-aux*) *agg.* medievale.
moyenâgeux [mwajɛnaʒø] (f. *-euse*) *agg.* medievale.
mulattiero *agg.* muletier*: (*strada*) *mulattiera*, chemin muletier.
muletier [myltje] (f. *-ère*) *s.m.* mulattiere ♦ *agg.* mulattiero.
mulatto *agg. e s.m.* mulâtre*.
mulâtre [mylɑtʀ] (f. *-tresse*) *agg. e s.m.* ...
assolvere (*Pass.rem.* io assolsi *o* assolvei, tu assolvesti ecc. *Part.pass.* assolto) *v.tr.* **1** (*dir.*) acquitter; (*perché il fatto non costituisce reato*) absoudre* **2** (*relig.*) absoudre* **3** (*adempiere*) ...
absoudre [apsudʀ]

Indic.pres. j'absous, tu absous, il absout, nous absolvons, vous absolvez, ils absolvent; *imperf.* j'absolvais, etc.; *pass.rem.* manca; *fut.* j'absoudrai, etc. *Cond.* j'absoudrais, etc. *Cong.pres.* que j'absolve, etc.; *imperf.* manca. *Part.pres.* absolvant; *pass.* absous, *f.* absoute. *Imp.* absous, absolvons, absolvez.

---

v.tr. **1** assolvere **2** perdonare.
accorciare (*coniug. come* cominciare) *v.tr.* raccourcir; (*abbreviare*) abréger* || — *le* ...
abréger [abʀeʒe]

Cambia la é in è davanti a sillaba muta, eccetto all'Indic. fut. e al Cond.: j'abrège, tu abrèges, etc.; *prende inoltre una e muta dopo la g davanti ad a e o:* j'abrégeais; nous abrégeons, etc.

---

v.tr. **1** abbreviare, accorciare || *abrégeons* ...
gens [ʒã] *s.m.pl.* gente (*f.sing.*), persone (*f.*): *ce sont des — bien*, è gente, sono persone per bene || *la plupart des —*, i più, la maggioranza || *tous les —*, tutti || *les — d'église*, gli ecclesiastici; *les — de lettres*, i letterati; *les — de robe*, i magistrati, gli avvocati; *les jeunes, les vieilles —*, i giovani, i vecchi; *les petites —*, (*spreg.*) il popolino • Se immediatamente preceduto da agg. con forma del *f.* diversa da quella del *m.*, tale agg. e tutti quelli che lo precedono si accordano al *f.*: *certaines —*, ...
onzième [ɔ̃zjɛm] *agg.num.ord. e s.m.* undicesimo • *Le* e *ce* non si apostrofano quando precedono *onzième*.
tabarin (pl. *invar.*) *s.m.* (*locale notturno*) boîte de nuit • Falso francesismo.

INFORMAZIONI
GRAMMATICALI

▨ l'asterisco * rimanda alla sezione francese-italiano per segnalare: particolarità nella formazione del plurale e del femminile

▨ forme irregolari del verbo

▨ irregolarità ortografiche nella coniugazione del verbo

▨ il pallino • segnala osservazioni grammaticali, ortografiche e lessicali

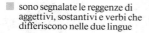
sono segnalate le reggenze di
aggettivi, sostantivi e verbi che
differiscono nelle due lingue

sia nella sezione francese-italiano

sia nella sezione italiano-francese

aboutissant [abutisɑ̃] *agg.* che sbocca (a, in) ♦
s.m. **1** risultato **2** *pl.* terre finitime: *les tenants
et les aboutissants*, fondi finitimi; *(fig.)* gli ...
canarder [kanaʀde] *v.tr.* sparare (a) ♦ *v.intr.*
(fam.) fare una stecca (cantando o suonando).
dépêcher [depeʃe] *v.tr.* inviare un messaggero,
un corriere □ **se dépêcher** *v.pron.* sbrigarsi (a),
affrettarsi (a).
gêner [ʒene] *v.tr.* **1** dare fastidio (a) **2** impedire, ostacolare **3** mettere a disagio, in soggezione
□ **se gêner** *v.pron.* incomodarsi, disturbarsi ‖ *il
ne s'est pas gêné pour*, non si è fatto scrupolo di.
habiter [abite] *v.intr.* e *tr.* abitare (in), vivere (in):
— (à) la ville, en ville, la banlieue, en banlieue,
abitare in città, in centro, in periferia; *il habite
Rome*, abita a Roma; *quelle rue habitez-vous?*, ...
naissance [nesɑ̃s] *s.f.* **1** nascita: *il est français
de, par sa —*, è francese di nascita; *aveugle de —*,
cieco dalla nascita ‖ *dès sa —*, fin dalla nascita ...
nez [ne] *s.m.* **1** naso: *parler du —*, parlare nel,
col naso; *fermer la porte au —*, chiudere la porta
in faccia; *ne pas voir plus loin que le bout de son
—*, non vedere più in là del proprio naso; *rire au
— de qqn*, ridere in faccia a qlcu; *se trouver — à ...*
opiner [ɔpine] *v.intr.*: *— à*, approvare ‖ *— du
bonnet, de la tête, du chef*, annuire.
abbondante *agg.* abondant; *(ricco di)* riche (en)
‖ *aggiungere — acqua*, ajouter beaucoup d'eau ‖
un'ora —, une bonne heure; *un chilo —*, un ...
affrettare *v.tr.* **1** presser, *hâter **2** *(anticipare)*
avancer* □ **affrettarsi** *v.pron.* **1** se *hâter (de) **2**
(sbrigarsi) se dépêcher; *(in frasi negative)* se presser **3** *(farsi premura di)* s'empresser (de).
concorso *s.m.* concours: *vincere un —*, réussir à
un concours; *— a un posto*, concours pour une
place; *— a premi*, concours doté de prix ‖ *— di
bellezza*, concours de beauté ‖ *un gran — di spettatori*, une grande affluence de spectateurs ‖
(dir.): *— nel reato*, participation au délit; *— di
colpa*, faute concurrente.
cultore (f. *-trice*) *s.m.* amateur ‖ *un — della materia*, un expert en la matière.
domanda *s.f.* **1** question: *fare, rivolgere una —*,
poser une question **2** *(richiesta)* demande: *— di
matrimonio*, demande en mariage ‖ *— di grazia*,
recours en grâce.
esempio *s.m.* exemple: *prendere a —*, prendre
en, pour exemple; *prendere — da*, prendre exemple sur; *essere d'— a*, être un exemple pour; *essere
un — di virtù*, être un exemple, un modèle de vertu; *citare a —*, citer comme exemple ‖ *sull'— di*,
à, sur l'exemple de ‖ *per —*, par exemple ‖ *a ...*

VOCALI

[a] grave [gʀav], femme [fam], patte [pat]
[ɑ] bas [bɑ], gaz [gɑz], âme [ɑm]
[e] nez [ne], blé [ble], parler [paʀle], œsophage [ezɔfaʒ]
[ɛ] terre [tɛʀ], plèbe [plɛb], forêt [fɔʀɛ], Noël [nɔɛl], beignet [bɛɲe], lait [lɛ]
[ə] mercredi [mɛʀkʀədi], premier [pʀəmje], faisable [fəzabl]
[ø] bleu [blø], nœud [nø], rugueuse [ʀygøz]
[œ] peuple [pœpl], œuf [œf], valeur [valœʀ]

[o] repos [ʀəpo], côté [kote], taupe [top], beau [bo], goal [gol], pose [poz]
[ɔ] accord [akɔʀ], laurier [lɔʀje], alcool [alkɔl], oignon [ɔɲɔ̃], calcium [kalsjɔm]
[u] où [u], tour [tuʀ], goût [gu], roue [ʀu], août [uᵗ], football [futbol]
[y] cru [kʀy], cure [kyʀ], mûrir [myʀiʀ], rue [ʀy]
[i] idée [ide], abîme [abim], naif [naif], spleen [splin], lyre [liʀ]

VOCALI NASALI

[ɑ̃] balance [balɑ̃s], temps [tɑ̃], sans [sɑ̃], paon [pɑ̃], tournant [tuʀnɑ̃], vent [vɑ̃]
[ɛ̃] vin [vɛ̃], simple [sɛ̃pl], main [mɛ̃], teint [tɛ̃], examen [ɛgzamɛ̃], lynx [lɛ̃ks]

[ɔ̃] oncle [ɔ̃kl], plomb [plɔ̃], bourgeon [buʀʒɔ̃], avunculaire [avɔ̃kylɛʀ]
[œ̃] lundi [lœ̃di], parfum [parfœ̃], humble [œ̃bl], commun [kɔmœ̃]

SEMICONSONANTI

[j] piano [pjano], hier [jɛʀ], miauler [mjole], paille [pɑj], travail [tʀavaj], balayette [balɛjɛt], pavillon [pavijɔ̃], bayer [baje]

[w] loi [lwa], louer [lwe], soin [swɛ̃]
[ɥ] muet [mɥɛ], huile [ɥil], aiguiller [egɥije], lueur [lɥœʀ], nuance [nɥɑ̃s], duo [dɥo]

CONSONANTI

[b] bobine [bɔbin], brosse [bʀɔs], arbre [aʀbʀ]
[d] domino [dɔmino], adresse [adʀɛs], adhérer [adeʀe]
[f] fanfare [fɑ̃faʀ], pif [pif], photographie [fɔtɔgʀafi]
[g] glace [glas], secondaire [səgɔ̃dɛʀ], diagnostic [djagnɔstik], guêtre [gɛtʀ]
[k] pic [pik], technique [tɛknik], dock [dɔk], acquit [aki], képi [kepi], coq [kɔk]
[l] lévrier [levʀije], allumette [alymɛt], malheur [malœʀ], ville [vil]
[m] mère [mɛʀ], commode [kɔmɔd]
[n] navire [naviʀ], automne [ɔ(o)tɔn]

[ɲ] agneau [aɲo], poignet [pwaɲɛ], cogner [kɔɲe]
[ŋ] ring [ʀiŋ], camping [kɑ̃piŋ]
[p] papier [papje], apte [apt], obscur [ɔpskyʀ]
[ʀ] rare [ʀaʀ], arrêt [aʀɛ], rhume [ʀym]
[s] son [sɔ̃], science [sjɑ̃s], ceci [səsi], ça [sa], notion [nɔsjɔ̃], soixante [swasɑ̃t]
[ʃ] achat [aʃa], shaker [ʃɛkœʀ], schéma [ʃema]
[t] titré [titʀ], rythme [ʀitm], luth [lyt]
[v] vacance [vakɑ̃s], wagon [vagɔ̃]
[z] zéro [zeʀo], rose [ʀoz], deuxième [døzjɛm]
[ʒ] joujou [ʒuʒu], girafe [ʒiʀaf], mangeoire [mɑ̃ʒwaʀ]

Un asterisco prima del lemma segnala le parole che iniziano con h aspirata: *héros.
I fonemi in corsivo si possono pronunciare od omettere: mammifère [mammifɛʀ], dessus [dəsy].
I fonemi tra parentesi tonde rappresentano una seconda possibilità di pronuncia meno frequente: hellénisme [e(ɛl)lenism].
La tendenza attuale della lingua francese porta a chiudere, per un fenomeno di armonizzazione vocalica, il suono aperto [ɛ] sotto l'influenza delle vocali [y], [i], [e] in fine sillaba: aimer [eme], aimant [emɑ̃]. Al contrario una [e] chiusa può aprirsi in [ɛ] a causa della caduta della [ə] nella sillaba che la segue: événement [evɛnmɑ̃], médecin [mɛdsɛ̃].
Le vocali i, ou, u seguite da una vocale si pronunciano generalmente [j], [w], [ɥ]: biologie [bjɔlɔʒi], point [pwɛ̃], ruiner [ʀɥine], rouer [ʀwe].
Si ricorda che l'accento tonico cade sempre sull'ultima sillaba.

abbigl.	abbigliamento
abbr.	abbreviazione
accr.	accrescitivo
aer.	aeronautica
agg.	aggettivo
	aggettivale
agr.	agricoltura
	agraria
amm.	amministrazione
	amministrativo
anat.	anatomia
ant.	antico
	anticamente
antiq.	antiquato
arald.	araldica
arch.	architettura
archeol.	archeologia
art.	articolo
art.det.	articolo
	determinativo
art.indet.	articolo
	indeterminativo
assicur.	assicurazioni
astr.	astronomia
	astronautica
aut.	automobile
	automobilismo
avv.	avverbio
	avverbiale
biochim.	biochimica
biol.	biologia
bot.	botanica
canad.	canadese
card.	cardinale
chim.	chimica
cine.	cinematografia
com.	comune
	comunemente
comm.	commercio
	commerciale
compar.	comparativo
compl.	complemento
compl.dir.	complemento diretto
compl.indir.	complemento
	indiretto
compl.ogg.	complemento
	oggetto
cond.	condizionale
cong.	congiunzione
	congiuntivo
coniug.	coniugato
	coniugazione

costr.	costruzione
cuc.	cucine
	arte culinaria
deriv.	derivati
det., determ.	determinativo
dif.	difettivo
dim.	diminutivo
dimostr.	dimostrativo
dir.	diritto
distr.	distributivo
ecc.	eccetera
eccl.	ecclesiastico
ecol.	ecologia
econ.	economia
edil.	edilizia
elettr.	elettricità
	elettronica
enol.	enologia
estens.	estensione
etc.	et cetera
f.	femminile
fam.	familiare
	familiarmente
ferr.	ferrovie
fig.	figurato
fil.	filosofia
fin.	finanza
fis.	fisica
fon.	fonetica
fot.	fotografia
fr.	francese
fut.	futuro
gener.	generalmente
geogr.	geografia
geol.	geologia
ger.	gerundio
gr.	greco
gramm.	grammatica
imp.	imperativo
imperf.	imperfetto
impers.	impersonale
ind.	industria
indef.	indefinito
indic.	indicativo
inf.	infinito
inform.	informatica
ingl.	inglese
inter.	interiezione
interr.	interrogativo
intr.	intransitivo
invar.	invariabile
iron.	ironico, ironicamente

irr.	irregolare	*pref.*	prefisso
it.	italiano		prefissoide
lat.	latino,	*prep.*	preposizione
	latinismo	*prep.art.*	preposizione
lett.	letteratura		articolata
letter.	letterario	*pres.*	presente
ling.	linguistica	*pron.*	pronome
locuz.	locuzione		pronominale
locuz.agg.	locuzione	*prop.*	proposizione
	aggettivale	*prov.*	proverbio
locuz.avv.	locuzione	*psic.*	psicologia
	avverbiale		psicanalisi
locuz.cong.	locuzione		
	congiuntiva	*qlco*	qualcosa
locuz.prep.	locuzione	*qlcu*	qualcuno
	prepositiva	*qqch*	quelque chose
m.	maschile	*qqn*	quelqu'un
mar.	marineria	*rad.*	radiotecnica
	marittimo	*rec.*	reciproco
mat.	matematica	*region.*	regionale
mecc.	meccanica		regionalismo
med.	medicina	*rel.*	relativo
metall.	metallurgia	*relig.*	religione
meteor.	meteorologia	*ret.*	retorica
mil.	militare	*rifl.*	riflessivo
min.	minerologia	*s.*	sostantivo
miner.	tecnica	*scherz.*	scherzoso
	mineraria		scherzosamente
mit.	mitologia	*scient.*	scientifico
molto fam.	molto familiare	*sing.*	singolare
mus.	musica,	*sociol.*	sociologia
	musicale	*sogg.*	soggetto
no.pr.	nome	*sp.*	spagnolo
	proprio	*spec.*	specialmente
num.	numerale	*spreg.*	spregiativo
onom.	onomatopea	*st.*	storia, storico
ord.	ordinale	*stat.*	statistica
paleont.	paleontologia	*superl.*	superlativo
part.pass.	participio passato	*svizz.*	svizzero
part.pres.	participio presente	*teatr.*	teatro
pass.	passato	*tecn.*	tecnologia
pass.rem.	passato remoto	*ted.*	tedesco
pegg.	peggiorativo	*tel.*	telecomunicazioni
per es.	per esempio	*teol.*	teologia
pers.	persona,	*tess.*	tessile
	personale	*tip.*	tipografia
pitt.	pittura	*tr.*	transitivo
pl.	plurale	*tv*	televisione
poet.	poetico	*v.*	verbo
pol.	politica	*vet.*	veterinaria
poss.	possessivo	*volg.*	volgare, volgarmente
pop.	popolare	*zool.*	zoologia
		zootecn.	zootecnia

INDICE DEGLI INSERTI

FRANCESE • ITALIANO

A

a [a] *s.m.* a (*f.* e *m.*) ‖ (*tel.*) — *comme Anatole*, a come Ancona ‖ *prouver par — plus b*, dimostrare come due e due fanno quattro.

à [a]

à + le = **au**; à + les = **aux**

prep. **1** a: *parler au directeur*, parlare al, con il direttore; *il habite — dix kilomètres d'ici*, abita a dieci chilometri da qui; *il pouvait avoir de trente — quarante ans*, avrà avuto fra i trenta e i quarant'anni; *un — un, un — la fois*, a uno a uno, uno alla, per volta **2** (*luogo*) a; in: *habiter, aller — Paris, — la campagne*, abitare, andare a Parigi, in campagna; — *l'est, au sud*, a est, a sud; *au Brésil, aux Etats Unis*, in Brasile, negli Stati Uniti; — *la Martinique, au Madagascar*, in Martinica, nel Madagascar; *il va au Havre*, va a Le Havre; *il passera les vacances au Mexique*, passerà le vacanze in, nel Messico; — *la maison, au lit, au bureau*, a, in casa, a letto, in ufficio; *aller au coiffeur*, (*fam.*) andare dal parrucchiere ‖ *la cigarette — la bouche*, con la sigaretta in bocca **3** (*tempo*) a, in: *au mois de mai*, nel mese di maggio; *de trois* (*heures*) — *quatre heures*, dalle tre alle quattro; — *n'importe quelle heure*, — *n'importe quel moment*, a qualunque ora, in qualsiasi momento; *de 1980 — 1990*, dal 1980 al 1990 ‖ *le 15 novembre au matin*, il 15 novembre mattina, la mattina del 15 novembre; *la veille au soir*, la sera prima; *nous sommes qu'* — (o *au*) *lundi, au 10 janvier*, è solo lunedì, è solo il 10 gennaio **4** (*modo*) a, in: — *la française*, alla francese; *on a dû se mettre — quatre pour soulever cette caisse*, abbiamo dovuto metterci in quattro per sollevare quella cassa; *ils vivaient — dix dans une seule pièce*, vivevano in dieci in un'unica stanza; — *elles deux, elles aurront bientôt fait de me ruiner*, quelle due finiranno col, per rovinarmi; *il a tout mangé — lui* (*tout*) *seul*, si è mangiato tutto da solo **5** (*mezzo*) a; in: *aller — pied, — bicyclette*, andare a piedi, in bicicletta; *dentelle faite — la main*, pizzo fatto a mano ‖ *écrire au stylo-bille*, scrivere con la penna a sfera **6** (*possesso*) di: *ce stylo est — lui, — Pierre*, questa stilografica è sua, è di Pietro; — *qui la faute?*, di chi è la colpa?; *la moto — Jean, la fille — Thomas*, (*fam.*) la moto di Giovanni, la figlia di Tommaso; *c'est mon opinion — moi*, (*fam.*) è la mia personale opinione; *il a un style — lui*, ha uno stile tutto suo ‖ *un fils — papa*, (*fam.*) un figlio di papà **7** (*qualità*) da, con: *un homme — la*

barbe blanche, un uomo con la barba bianca; *maison au toit rouge*, casa col, dal tetto rosso **8** (*fine, scopo*) da, per: *brosse — dents*, spazzolino da denti; *papier — lettres*, carta da lettere; *machine — écrire*, macchina per scrivere **9** (*prezzo, valore*) da; a: *des places — 50 francs*, posti da 50 franchi; *en vente — dix francs*, in vendita a dieci franchi **10** *à* (+ *inf.*) da; a: *donner — manger*, dare da mangiare; *rien — faire*, niente da fare; *il courait — perdre haleine*, correva a perdifiato ‖ — *vrai dire*, a dire il vero; — *tout bien considérer*, a pensarci bene; — *l'entendre, tout est facile*, a sentire lui tutto è facile.

a-, an- *pref.* a-, an-

abacos [abakos] *s.m.* giacca con maniche corte o lunghe considerata nello Zaire costume nazionale.

abaisse [abɛs] *s.f.* (*cuc.*) sfoglia.

abaissement [abɛsmɑ̃] *s.m.* abbassamento; diminuzione (*f.*).

abaisser [abese] *v.tr.* **1** abbassare ‖ (*cuc.*) — *la pâte*, spianare la pasta **2** diminuire, ridurre □ **s'abaisser** *v.pron.* (*fig.*) abbassarsi.

abandon [abɑ̃dɔ̃] *s.m.* **1** abbandono: (*dir.*) — *de famille*, violazione degli obblighi di assistenza familiare ‖ *à l'* —, in stato di abbandono **2** (*sport*) ritiro **3** (*fin.*) cessione (*f.*).

abandonné [abɑ̃done] *agg.* abbandonato.

abandonner [abɑ̃done] *v.tr.* **1** abbandonare, lasciare ‖ rinunciare (a) ‖ *le coureur abandonne* (*la course*), il corridore si ritira □ **s'abandonner** *v.pron.* abbandonarsi ‖ *s'* — *à la Providence*, affidarsi alla Provvidenza.

abaque [abak] *s.m.* abaco.

abasourdir [abazuRdiR] *v.tr.* **1** sbalordire, stupire **2** assordare.

abasourdissant [abazuRdisɑ̃] *agg.* **1** sbalorditivo **2** assordante.

abâtardir [abɑtaRdiR] *v.tr.* **1** (*zool.*) imbastardire **2** (*fig.*) far degenerare, degradare □ **s'abâtardir** *v.pron.* imbastardirsi.

abat-jour [abaʒuR] (pl. *invar.*) *s.m.* paralume.

abats [aba] *s.m.pl.* frattaglie (*f.*); rigaglie (*f.*) (di pollame).

abattage [abataʒ] *s.m.* **1** abbattimento ‖ *l'* — *des bœufs*, la macellazione dei buoi **2** *avoir de l'* —, (*fam.*) essere pieno di brio.

abattant [abatɑ̃] *s.m.* ribalta (*f.*) (di mobile).

abattement [abatmɑ̃] *s.m.* **1** abbattimento, fiacchezza (*f.*); (*fig.*) prostrazione (*f.*) **2** (*comm.*)

riduzione (*f.*); abbattimento, detrazione fiscale.

abattis [abati] *s.m.* **1** *pl.* rigaglie di pollo ‖ *numéroter ses* —, (*fam.*) contarsi le ossa (dopo un incidente).

abattoir [abatwaʀ] *s.m.* macello, mattatoio ‖ *envoyer à l'*—, (*fig.*) mandare al massacro.

abattre [abatʀ] (*coniug. come* battre) *v.tr.* **1** abbattere ‖ — *du bétail*, macellare il bestiame ‖ *ils l'ont abattu d'une balle dans la tête*, (*fam.*) lo hanno steso con una pallottola nella testa ‖ — *du travail, de la besogne*, lavorare sodo ‖ — *son jeu*, mostrare le carte, (*fig.*) mettere le carte in tavola **2** (*fig.*) indebolire **3** (*fig.*) avvilire □ **s'abattre** *v.pron.* **1** abbattersi, cadere (al suolo) **2** avventarsi (su).

abattu [abaty] *part.pass. di* abattre ♦ *agg.* abbattuto ‖ *fraîchement* —, macellato di fresco.

abbatial [abasjal] (*pl.* -*aux*) *agg.* abbaziale.

abbaye [abei] *s.f.* abbazia.

abbé [abe] *s.m.* **1** abate **2** prete **3** (*come appellativo*) reverendo; (*nome*) don: *bonjour, Monsieur l'*—!, buongiorno, reverendo!

abbesse [abɛs] *s.f.* badessa.

a b c [a be se] *s.m.* **1** abbiccì **2** (*libro*) abbecedario.

abcès [apsɛ] *s.m.* ascesso: *crever l'*—, incidere l'ascesso, (*fig.*) togliere il marcio.

abdication [abdikasjɔ̃] *s.f.* abdicazione.

abdiquer [abdike] *v.tr.* abdicare (a); (*fig.*) rinunciare (a) ♦ *v.intr.* cedere, desistere.

abdomen [abdɔmɛn] *s.m.* addome.

abdominal [abdɔminal] (*pl.* -*aux*) *agg.* addominale ♦ *s.m.pl.* (muscoli) addominali.

abécédaire [abecedɛʀ] *s.m.* abbecedario, sillabario.

abeille [abɛj] *s.f.* ape.

aberrant [abeʀɑ̃] *agg.* aberrante.

aberration [abeʀasjɔ̃] *s.f.* aberrazione ‖ *c'est une* —!, è un abbaglio!

abêtir [abetiʀ] *v.tr. e intr.* istupidire, rimbecillire □ **s'abêtir** *v.pron.* istupidirsi.

abêtissement [abetismɑ̃] *s.m.* istupidimento, abbrutimento.

abhorrer [abɔʀe] *v.tr.* aborrire.

abîme [abim] *s.m.* abisso; precipizio ‖ *c'est la course à l'*—!, (*fig.*) si sta andando a rotoli!

abîmé [abime] *agg.* sciupato; rovinato; andato a male.

abîmer [abime] *v.tr.* **1** sciupare; rovinare **2** (*fam.*) maltrattare; conciare □ **s'abîmer** *v.pron.* **1** sciuparsi; rovinarsi **2** sprofondare.

abject [abʒɛkt] *agg.* abietto, spregevole.

abjection [abʒɛksjɔ̃] *s.f.* abiezione.

abjuration [abʒyʀasjɔ̃] *s.f.* abiura.

abjurer [abʒyʀe] *v.tr.* abiurare.

ablatif [ablatif] *agg. e s.m.* (*gramm.*) ablativo.

ablation [ablasjɔ̃] *s.f.* ablazione.

ablette [ablɛt] *s.f.* (*zool.*) alborella.

ablution [ablysjɔ̃] *s.f.* abluzione ‖ *faire ses ablutions*, (*fam.*) lavarsi.

abnégation [abnegasjɔ̃] *s.f.* abnegazione ‖ *faire* — *de soi*, sacrificarsi.

aboi [abwa] *s.m.* latrato (di cane in punta) ‖ *être aux abois*, non avere via di scampo.

aboiement [abwamɑ̃] *s.m.* latrato.

abolir [abɔliʀ] *v.tr.* abolire, annullare.

abolition [abɔlisjɔ̃] *s.f.* abolizione, annullamento (*m.*).

abolitionnisme [abɔlisjɔnism] *s.m.* abolizionismo.

abolitionniste [abɔlisjɔnist] *s.m.* abolizionista ♦ *agg.* abolizionistico.

abominable [abɔminabl] *agg.* abominevole; (*fam.*) orribile, terribile ‖ **-ement** *avv.*

abomination [abɔminasjɔ̃] *s.f.* abominio (*m.*) ‖ *avoir en* —, aborrire.

abominer [abɔmine] *v.tr.* aborrire.

abondamment [abɔ̃damɑ̃] *avv.* abbondantemente, in abbondanza.

abondance [abɔ̃dɑ̃s] *s.f.* abbondanza, ricchezza: *en* —, in abbondanza ‖ *corne d'*—, cornucopia.

abondant [abɔ̃dɑ̃] *agg.* abbondante.

abonder [abɔ̃de] *v.intr.* abbondare (di, in) ‖ — *dans le sens de qqn*, essere pienamente d'accordo con qlcu.

abonné [abɔne] *agg.* abbonato; (*fam.*) abituato ♦ *s.m.* abbonato; (*di gas ecc.*) utente.

abonnement [abɔnmɑ̃] *s.m.* abbonamento: *prendre un* —, fare un abbonamento.

abonner [abɔne] *v.tr.* abbonare □ **s'abonner** *v.pron.* abbonarsi.

abord [abɔʀ] *s.m.* **1** approccio ‖ *il est d'un* — *facile*, (*fig.*) è alla mano ‖ *au premier, de prime* —, a prima vista; di primo acchito ‖ *d'*—, prima ‖ *tout d'*—, innanzitutto **2** (*mar.*) approdo; accesso **3** *pl.* dintorni: *aux abords de*, nei dintorni di.

abordable [abɔʀdabl] *agg.* abbordabile: *ne pas être* —, essere intrattabile.

abordage [abɔʀdaʒ] *s.m.* **1** abbordaggio: *monter à l'*—, andare all'arrembaggio **2** collisione (*f.*) (tra due navi).

aborder [abɔʀde] *v.intr.* attraccare: *ils ont abordé dans une île*, sono approdati in, su un'isola ♦ *v.tr.* **1** abbordare **2** (*fig.*) affrontare ‖ — *qqn dans la rue*, fermare, abbordare qlcu per strada **3** approdare (in, su).

aborigène [abɔʀiʒɛn] *agg. e s.m. e f.* aborigeno.

abortif [abɔʀtif] (*f.* -*ive*) *agg. e s.m.* abortivo.

abouchement [abuʃmɑ̃] *s.m.* **1** (*tecn.*) abboccatura (*f.*), collegamento **2** (*med.*) abboccamento.

aboucher [abuʃe] *v.tr.* (*tecn.*) abboccare, far combaciare □ **s'aboucher** *v.pron.*: *s'* — *avec qqn*, (*fam.*) mettersi in diretto contatto (con qlcu).

abouler [abule] *v.tr.* (*fam.*) mollare, sganciare.

aboulie [abuli] *s.f.* abulia.

aboulique [abulik] *agg. e s.m. e f.* abulico/a.

aboutir [abutiʀ] *v.intr.* **1** terminare, finire; andare a finire; sboccare **2** (*fig.*) portare (a), arrivare (a) ‖ *à quoi cela aboutira-t-il?*, quale ne sarà il risultato? **3** riuscire, avere esito positivo: *les pourparlers ont abouti*, le trattative hanno avuto esito positivo.

aboutissant [abutisɑ̃] *agg.* che sbocca (a, in) ♦

s.m. **1** risultato **2** *pl.* terre finitime: *les tenants et les aboutissants,* fondi finitimi; *(fig.)* gli annessi e i connessi.

aboutissement [abutismɑ̃] *s.m.* risultato, esito || *c'est l'— de tous ses projets,* è la realizzazione di tutti i suoi progetti.

aboyer [abwaje] *(coniug. come* employer) *v. intr.* **1** abbaiare a **2** *(fam.)* sbraitare.

abracadabrant [abʀakadabʀɑ̃] *agg.* *(fam.)* strampalato.

abrasif [abʀazif] (f. *-ive) agg.* e *s.m.* abrasivo.

abrasion [abʀazjɔ̃] *s.f.* abrasione.

abrégé [abʀeʒe] *s.m.* compendio, sommario; *(d'un discours)* riassunto || *en —,* in breve.

abrégement [abʀeʒmɑ̃] *s.m.* abbreviazione *(f.):* — *d'un texte,* riduzione di un testo.

abréger [abʀeʒe]

Cambia la é *in* è *davanti a sillaba muta, eccetto all'Indic. fut. e al Cond.:* j'abrège, tu abrèges, etc.; *prende inoltre una* e *muta dopo la* g *davanti ad* a *e* o: j'abrégeais; nous abrégeons, etc.

v.tr. **1** abbreviare, accorciare || *abrégeons et finissons-en,* tagliamo corto e finiamola || *pour —,* in breve **2** riassumere (uno scritto ecc.).

abreuver [abʀœve] *v.tr.* **1** abbeverare **2** *(fig.)* riempire: — *d'insultes,* ricoprire di insulti □ **s'abreuver** *v.pron.* abbeverarsi; *(di persona)* bere *(abbondantemente).*

abreuvoir [abʀœvwaʀ] *s.m.* abbeveratoio.

abréviation [abʀevjɑsjɔ̃] *s.f.* abbreviazione.

abri [abʀi] *s.m.* riparo; rifugio || *à l'— (de),* al sicuro (da); al riparo (da); *être à l'— du besoin,* avere di che vivere; *à l'— de tout soupçon,* al di sopra di ogni sospetto.

abribus [abʀibys] *s.m.* fermata d'autobus con gabbiotto.

abricot [abʀiko] *s.m.* albicocca *(f.).*

abricotier [abʀikɔtje] *s.m.* albicocco.

abrité [abʀite] *agg.* riparato (dal vento).

abriter [abʀite] *v.tr.* **1** riparare, proteggere **2** dare ricovero a, accogliere □ **s'abriter** *v.pron.* ripararsi, rifugiarsi.

abrogation [abʀɔgɑsjɔ̃] *s.f.* abrogazione.

abroger [abʀɔʒe] *(coniug. come* manger) *v.tr.* abrogare.

abrupt [abʀypt] *agg.* **1** scosceso **2** *(fig.)* rude.

abruti [abʀyti] *agg.* e *s.m. (fam.)* imbecille.

abrutir [abʀytiʀ] *v.tr.* abbrutire, inebetire.

abrutissant [abʀytisɑ̃] *agg.* che abbrutisce.

abrutissement [abʀytismɑ̃] *s.m.* abbrutimento.

abscisse [apsis] *s.f. (mat.)* ascissa.

absence [apsɑ̃s] *s.f.* **1** assenza; mancanza **2** vuoto di memoria, amnesia □ **en l'— de,** in assenza, in mancanza di.

absent [apsɑ̃] *agg.* e *s.m.* assente: *être — de,* non essere presente a; *être porté — à l'appel,* risultare assente all'appello.

absentéisme [apsɑ̃teism] *s.m.* assenteismo.

absenter, s' [sapsɑ̃te] *v.pron.* assentarsi || *(in Africa* absenter *ha uso tr.*): *la maladie l'a absenté,* non è venuto perché è malato; *nous sommes passés chez lui, mais nous l'avons absenté,* siamo passati da lui, ma non l'abbiamo trovato.

abside [apsid] *s.f.* abside.

absinthe [apsɛ̃t] *s.f.* assenzio *(m.).*

absolu [apsɔly] *agg.* **1** assoluto **2** autoritario ♦ *s.m.* (l')assoluto □ **dans l'—** *locuz. avv.* in senso assoluto.

absolument [apsɔlymɑ̃] *avv.* assolutamente || — *défendu,* rigorosamente vietato || *se refuser — à,* rifiutarsi categoricamente di || *"Vous êtes pour la paix?" "Absolument!",* "Lei è per la pace?" "Certamente!" || *verbe employé —,* verbo usato in senso assoluto.

absolution [apsɔlysjɔ̃] *s.f.* assoluzione.

absolutisme [apsɔlytism] *s.m.* assolutismo.

absolutiste [apsɔlytist] *agg.* assolutista.

absorbant [apsɔʀbɑ̃] *agg.* assorbente || *un travail —,* un lavoro che assorbe.

absorber [apsɔʀbe] *v.tr.* **1** assorbire **2** ingerire □ **s'absorber** *v.pron.* immergersi.

absorption [apsɔʀpsjɔ̃] *s.f.* **1** assorbimento *(m.)* **2** ingestione.

absoudre [apsudʀ]

Indic.pres. j'absous, tu absous, il absout, nous absolvons, vous absolvez, ils absolvent; *imperf.* j'absolvais, etc.; *pass.rem.* manca; *fut.* j'absoudrai, etc. *Cond.* j'absoudrais, etc. *Cong.pres.* que j'absolve, etc.; *imperf.* manca. *Part.pres.* absolvant; *pass.* absous, f. absoute. *Imp.* absous, absolvons, absolvez.

v.tr. **1** assolvere **2** perdonare.

abstenir, s' [sapstəniʀ] *(coniug. come* tenir) *v. pron.* astenersi (da).

abstention [apstɑ̃sjɔ̃] *s.f.* astensione.

abstentionnisme [apstɑ̃sjɔnism] *s.m.* astensionismo.

FORMES ABRÉGÉES

Dans le français familier on utilise couramment des formes abrégées qui sont entrées dans la langue:

ado	adolescent	**fac**	faculté	**prof**	professeur
aprèm	après-midi	**instit**	instituteur,	**proprio**	propriétaire
bac	baccalauréat		institutrice	**pub**	publicité
ciné	cinéma	**intello**	intellectuel	**resto-u**	restaurant universitaire
dico	dictionnaire	**maths**	mathématiques	**sympa**	sympathique

abstentionniste [apstɑ̃sjɔnist] *agg.* e *s.m.* astensionista.

abstenu [apstəny] *part.pass. di* abstenir.

abstinence [apstinɑ̃s] *s.f.* astinenza.

abstraction [apstʀaksjɔ̃] *s.f.* astrazione || — *faite de...*, prescindendo da...

abstraire [apstʀɛʀ] (*coniug. come* traire) *v.tr.* astrarre □ **s'abstraire** *v.pron.* astrarsi (da).

abstrait [apstʀɛ] *agg.* astratto || *art* —, arte astratta, astrattismo ♦ *s.m.* 1 astratto 2 (*arte*) astrattista □ **dans l'**—, in astratto.

abstraitement [apstʀɛtmɑ̃] *avv.* astrattamente.

abstrus [apstʀy] *agg.* astruso.

absurde [apsyʀd] *agg.* e *s.m.* assurdo || *raisonnement par l'*—, ragionamento per assurdo || **-ement** *avv.*

absurdité [apsyʀdite] *s.f.* assurdità.

abus [aby] *s.m.* 1 abuso || (*dir.*) — *de confiance*, abuso di fiducia 2 ingiustizia (*f.*) || *il y a de l'*—*!*, (*fam.*) questo è troppo!

abuser [abyze] *v.intr.* abusare || *tu abuses!*, adesso esageri! ♦ *v.tr.* ingannare □ **s'abuser** *v.pron.* ingannarsi: *si je ne m'abuse...*, se non erro...

abusif [abyzif] (f. *-ive*) *agg.* abusivo|| *emploi* — *d'un médicament*, uso improprio di un farmaco || **-ivement** *avv.*

abyssal [abisal] (pl. *-aux*) *agg.* abissale.

abysse [abis] *s.m.* abisso.

abyssinien [abisinjɛ̃] (f. *-enne*) *agg.* e *s.m.* abissino.

acabit [akabi] *s.m.* genere, risma (*f.*).

acacia [akasja] *s.m.* acacia (*f.*).

académicien [akademisjɛ̃] *s.m.* 1 accademico 2 (*in Lussemburgo*) studente universitario.

académie [akademi] *s.f.* 1 accademia, scuola d'arte || *Académie (Française)*, Accademia di Francia (fondata nel 1634 da Richelieu) || *Académie des Beaux-Arts*, Accademia di Belle Arti 2 circoscrizione amministrativa universitaria || *Recteur d'*—, provveditore agli studi 3 (*arte*) studio di nudo.

académique [akademik] *agg.* accademico.

académisme [akademism] *s.m.* accademismo.

acajou [akaʒu] *s.m.* mogano.

acanthe [akɑ̃t] *s.f.* (*bot.*) acanto (*m.*).

acariâtre [akaʀjɑtʀ] *agg.* bisbetico, acido.

acarus [akaʀys] *s.m.* (*zool.*) acaro.

accablant [akablɑ̃] *agg.* opprimente || *des preuves accablantes*, prove schiaccianti || *nouvelle accablante*, notizia che getta nella disperazione, che annienta.

accable [akabl] *agg.* 1 oppresso da; sovraccarico di || — *de honte*, pieno di vergogna 2 sfinito.

accablement [akabləmɑ̃] *s.m.* abbattimento.

accabler [akable] *v.tr.* 1 opprimere; abbattere 2 subissare, sovraccaricare || — *de bienfaits*, colmare di favori.

accalmie [akalmi] *s.f.* momento di calma.

accaparement [akapaʀmɑ̃] *s.m.* accaparramento (*anche fig.*).

accaparer [akapaʀe] *v.tr.* 1 fare incetta (di); ac-

caparrarsi 2 (*fig.*) impadronirsi (di) || — *la conversation*, monopolizzare la conversazione || *il l'a accaparé toute la soirée*, (*fam.*) lo ha requisito per tutta la serata || *le travail l'accapare tout entier*, il lavoro lo assorbe totalmente.

accapareur [akapaʀœʀ] *s.m.* incettatore; accaparratore (*anche fig.*).

accéder [aksede] (*coniug. come* céder) *v.intr.* 1 accedere: *il a accédé au salon principal*, è acceduto al salone principale 2 acconsentire, aderire.

accélérateur [akseleʀatœʀ] (f. *-trice*) *agg.* di accelerazione ♦ *s.m.* acceleratore || — *de particules*, acceleratore di particelle.

accélération [akseleʀasjɔ̃] *s.f.* accelerazione.

accéléré [akseleʀe] *s.m.* (*cine.*) accelerazione (*f.*).

accélérer [akseleʀe] (*coniug. come* céder) *v.tr.* e *intr.* accelerare.

accent [aksɑ̃] *s.m.* accento || *avoir un* —, parlare con un accento (straniero o dialettale) || *un* — *amer*, (*fig.*) una nota di amarezza.

accentuation [aksɑ̃tɥasjɔ̃] *s.f.* 1 accentuazione 2 (*fon.*) accentazione.

accentuer [aksɑ̃tɥe] *v.tr.* 1 accentuare || *des traits accentués*, lineamenti pronunciati 2 (*fon.*) accentare *v.pron.* accentuarsi.

acceptable [akseptabl] *agg.* accettabile.

acceptation [akseptasjɔ̃] *s.f.* accettazione, consenso (*m.*) || (*comm.*) *munir de l'*—, accettare.

accepter [aksepte] *v.tr.* accettare: — *le combat*, accettare la battaglia; *il a accepté de venir*, ha accettato di, ha acconsentito a venire || (*comm.*) *vu et accepté*, per accettazione.

acception [aksepsjɔ̃] *s.f.* accezione: *dans l'*— *propre du mot*, nel senso proprio della parola.

accès [akse] *s.m.* accesso: *avoir* — *auprès de qqn*, aver libero accesso presso qlcu.

accessible [aksesibl] *agg.* accessibile || — *aux compliments*, sensibile ai complimenti || *un homme* —, un uomo disponibile.

accession [aksesjɔ̃] *s.f.* 1 ascesa 2 adesione 3 (*dir.*) accessione.

accessit [aksesit] *s.m.* (*nelle scuole francesi*) menzione onorevole.

accessoire [akseswaʀ] *agg.* accessorio; secondario ♦ *s.m.* 1 (l')accessorio 2 *pl.* accessori || *accessoires de théâtre*, attrezzeria teatrale; *chef des accessoires*, attrezzista.

accessoirement [akseswaʀmɑ̃] *avv.* in via accessoria.

accessoiriste [akseswaʀist] *s.m.* e *f.* trovarobe.

accident [aksidɑ̃] *s.m.* incidente: — *de voiture*, *de la route*, incidente d'automobile, stradale; — *du travail*, infortunio sul lavoro || *les accidents de la vie*, i casi della vita || *accidents du terrain*, irregolarità del terreno || *par* —, per caso, fortuitamente.

accidenté [aksidɑ̃te] *agg.* 1 accidentato, irregolare 2 (*fig.*) movimentato 3 infortunato, sinistrato; vittima ♦ *s.m.* infortunato || *les accidentés du travail*, *de la route*, gli infortunati sul lavoro, della strada.

accidentel [aksidãtɛl] (f. *-elle) agg.* accidentale.

accidentellement [aksidãtɛlmã] *avv.* in modo casuale || *il est mort —,* è morto in seguito a un incidente.

accidenter [aksidãte] *v.tr.* 1 (*una persona*) causare un infortunio (a); investire 2 (*una cosa*) danneggiare.

acclamation [aklamɑsjɔ̃] *s.f.* acclamazione, applauso (*m.*): *par —,* per acclamazione.

acclamer [aklame] *v.tr.* acclamare.

acclimatation [aklimatɑsjɔ̃] *s.f.* acclimatazione: *jardin d' —,* giardino zoologico.

acclimater [aklimate] *v.tr.* 1 acclimatare; ambientare (*anche fig.*) 2 introdurre (un'idea, un'usanza) □ **s'acclimater** *v.pron.* acclimatarsi; ambientarsi (*anche fig.*).

accointances [akwɛ̃tɑ̃s] *s.f.pl.*, appoggi (*m.*).

accolade [akɔlad] *s.f.* 1 abbraccio (*m.*): *se donner l' —,* abbracciarsi 2 (parentesi) graffa || (*arch.*) *arc en —,* arco carenato.

accoler [akɔle] *v.tr.* 1 accostare; unire 2 unire con una (parentesi) graffa.

accommodant [akɔmɔdã] *agg.* accomodante.

accommodation [akɔmɔdɑsjɔ̃] *s.f.* adattamento (*m.*).

accommodement [akɔmɔdmã] *s.m.* accomodamento || *par voie d' —,* in via transattiva || *politique d' —,* politica di compromesso.

accommoder [akɔmɔde] *v.tr.* 1 adattare (a), uniformare (a) 2 (*cuc.*) preparare 3 comporre (una lite ecc.) □ **s'accommoder** *v.pron.* 1 adattarsi (a) 2 accontentarsi (di).

accompagnateur [akɔ̃paɲatœr] (f. *-trice) s.m.* accompagnatore.

accompagnement [akɔ̃paɲmã] *s.m.* accompagnamento || (*mil.*) aereo di scorta.

accompagner [akɔ̃paɲe] *v.tr.* accompagnare □ **s'accompagner** *v.pron.* accompagnarsi || *la fièvre s'accompagne souvent de délire,* la febbre è spesso accompagnata da delirio.

accompli [akɔ̃pli] *agg.* 1 compito 2 compiuto;

En français il existe trois **accents**:

aigu ´ grave ` circonflexe ^

1 L'accent aigu ne se met que sur le **e** en fin de mot ou de syllabe.
On considère que le **e** est en fin de syllabe quand il est suivi d'une consonne simple, de **ph** ou d'un groupe de deux consonnes dont la deuxième est un **l** ou un **r**. Il a un son fermé:

ca-la-mi-té	*clé*	*é-co-le*
té-lé-pho-ne	*é-cla-ter*	*é-crire*

2 L'accent grave se met:
a sur le groupe final des mots qui se terminent en **es** et sur le **e** en fin de syllabe.
On considère que le **e** est en fin de syllabe quand il est suivi d'une consonne simple, de **ph** ou d'un groupe de deux consonnes dont la deuxième est un **l** ou un **r**, suivi d'une syllabe muette, c'est-à-dire qui présente un **e** non accentué. Il a un son ouvert:

très	*a-près*	mais	*bel-le*
dès	*pro-cès*		*met-tre*
fi-dè-le	*siè-ge*		*fer-me*
dis-crè-te	*trè-fle*		*les-te*
lèvre	*sphè-re*		

b sur le **a** et sur les **u**, surtout pour distinguer certains homonymes:

il a	(verbe *avoir*)		*à*	(préposition)
ou	(conjonction)		*où*	(adverbe de lieu)
la	(article féminin)		*là*	(adverbe de lieu)
ça	(démonstratif)		*çà*	(adverbe)
du	(article contracté)		*dû*	(part.passé de *devoir*)
cru	(part.passé de *croire*)		*crû*	(part.passé de *croître*)
sur	(préposition)		*sûr*	(adjectif)
mur	(nom)		*mûr*	(adjectif)

3 L'accent circonflexe se met sur les voyelles **a, e, i, o, u** et correspond souvent à la chute d'une voyelle ou d'un **s** qui existaient dans l'orthographe de l'ancien français. Le **e** avec accent circonflexe a un son ouvert:

fê-te	*a-bî-me*	*cô-ne*
rê-ve	*fe-nê-tre*	*in-fâ-me*
bâ-tir	*coû-ter*	

realizzato: *devant le fait* —, davanti al fatto compiuto **3** perfetto: *jeune fille accomplie*, ragazza come si deve; *cuisinière accomplie*, cuoca esperta, finita.

accomplir [akɔ̃pliʀ] *v.tr.* **1** compiere, fare **2** (*exécuter*) adempiere; (*dir.*) espletare **3** realizzare (un desiderio ecc.) □ **s'accomplir** *v.pron.* compiersi; (*avoir lieu*) avverarsi.

accomplissement [akɔ̃plismɑ̃] *s.m.* compimento; adempimento; realizzazione (*f.*).

accord [akɔʀ] *s.m.* accordo: *dans le meilleur* —, d'amore e d'accordo; *tomber d'*—, trovarsi d'accordo; *donner son* —, dare il proprio consenso ‖ *d'*—*!*, d'accordo!, siamo intesi! ‖ *d'un commun* —, di comune accordo.

accordéon [akɔʀdeɔ̃] *s.m.* fisarmonica (*f.*) ‖ *en* —, a fisarmonica.

accordéoniste [akɔʀdeɔnist] *s.m.* fisarmonicista.

accorder [akɔʀde] *v.tr.*: accordare: — *deux adversaires*, mettere d'accordo due avversari ‖ — *des couleurs*, armonizzare dei colori ‖ *s'* — *un jour de répit*, concedersi un giorno di tregua □ **s'accorder** *v.pron.* accordarsi; concordare: *tous s'accordent à dire que...*, tutti sono concordi nel dire che...

accordeur [akɔʀdœʀ] *s.m.* accordatore.

accorte [akɔʀt] *agg.* (*letter.*) *une accorte servante*, una vispa servetta.

accostage [akɔstaʒ] *s.m.* (*mar.*) attracco.

accoster [akɔste] *v.tr.* **1** (*mar.*) attraccare (a), accostare (a) **2** (*fig.*) abbordare.

accotement [akɔtmɑ̃] *s.m.* **1** banchina laterale (di strada): — *non stabilisé*, banchina cedevole **2** (*ferr.*) massicciata (*f.*).

accoter [akɔte] *v.tr.* appoggiare □ **s'accoter** *v.pron.* appoggiarsi (a); (*aut.*) accostare.

accotoir [akɔtwaʀ] *s.m.* bracciolo; poggiatesta.

accouchée [akuʃe] *s.f.* puerpera.

accouchement [akuʃmɑ̃] *s.m.* parto (*anche fig.*): — *sans douleur, dirigé*, parto indolore, pilotato ‖ *faire un* —, assistere una puerpera.

accoucher [akuʃe] *v.intr.* partorire: — *d'une fille*, partorire una figlia ‖ *accouche!*, (*molto fam.*) sputa fuori! ♦ *v.tr.* aiutare a partorire.

accoucheur [akuʃœʀ] *agg.* e *s.m.*: (*médecin*) —, ostetrico.

accoucheuse [akuʃøz] *s.f.* levatrice, ostetrica.

accouder, s' [sakude] *v.pron.* appoggiarsi (coi, sui gomiti).

accoudoir [akudwaʀ] *s.m.* bracciolo.

accouplement [akupləmɑ̃] *s.m.* accoppiamento.

accoupler [akuple] *v.tr.* accoppiare ‖ (*arch.*) *colonnes accouplées*, colonne binate □ **s'accoupler** *v.pron.* accoppiarsi.

accourir [akuʀiʀ] (*coniug. come* courir) *v.intr.* accorrere: *ils sont accourus, ont accouru à mon secours*, sono accorsi in mio aiuto.

accoutrement [akutʀəmɑ̃] *s.m.* abbigliamento ridicolo, bizzarro.

accoutrer [akutʀe] *v.tr.* vestire in modo ridicolo, bizzarro; (*fam.*) conciare □ **s'acco-**

utrer *v.pron.* vestirsi in modo ridicolo.

accoutumance [akutymɑ̃s] *s.f.* adattamento (*m.*); (*med.*) assuefazione.

accoutumé [akutyme] *agg.* **1** abituale ‖ *à l'accoutumée*, (*letter.*) al solito **2** abituato.

accoutumer [akutyme] *v.tr.* abituare, assuefare □ **s'accoutumer** *v.pron.* abituarsi, assuefarsi.

accréditer [akʀedite] *v.tr.* **1** accreditare **2** avvalorare.

accro [akʀo] *agg.* e *s.m.* (*fam.*) **1** drogato **2** tifoso; fan; fanatico.

accroc [akʀo] *s.m.* **1** strappo **2** (*fig.*) difficoltà (*f.*); intoppo, imprevisto ‖ *des accrocs de santé*, problemi di salute.

accrochage [akʀoʃaʒ] *s.m.* **1** l'appendere; l'agganciare: *l'* — *d'un tableau*, l'appendere un quadro; *l'* — *de deux wagons*, l'agganciamento di due vagoni **2** (*di una mostra ecc.*) allestimento **3** (*aut., mil.*) scontro **4** (*fam.*) battibecco **5** (*rad.*) sintonizzazione.

accroche [akʀoʃ] *s.f.* aggancio pubblicitario.

accroché [akʀoʃe] *agg.*: *avoir le cœur, l'estomac, bien* —, avere sangue freddo, non essere impressionabile; *les avoir bien accrochées*, (*molto fam.*) avere del coraggio.

accroche-cœur [akʀoʃkœʀ] (*pl. invar.*) *s.m.* tirabaci.

accrocher [akʀoʃe] *v.tr.* **1** appendere, attaccare (a un gancio ecc.) ‖ *tu peux te l'*—, (*fam.*) puoi scordartelo **2** agganciare: *une branche accroche mon veston*, la giacca mi si impigliò in un ramo ‖ *n'accroche pas!*, (*estens.*) (*al telefono*) non attaccare! **3** prendere, afferrare: — *une bonne place*, accaparrarsi un buon posto ‖ *une affiche qui accroche l'œil*, un manifesto che attira l'attenzione **4** (*aut.*) urtare **5** (*mil.*) scontrarsi (con il nemico) **6** (*rad.*) sintonizzarsi (su) □ **s'accrocher** *v.pron.* **1** impigliarsi **2** aggrapparsi, attaccarsi (*anche fig.*): *il s'est accroché à moi*, mi si è messo alle costole ‖ *il s'accroche*, non ci molla; tiene duro **3** (*aut.*) urtarsi, scontrarsi **4** (*fam.*) litigare **5** (*mil.*) scontrarsi.

accrocheur [akʀoʃœʀ] (*f. -euse*) *agg.* tenace, grintoso: *une publicité accrocheuse*, una pubblicità aggressiva ‖ *un titre* —, un titolo a effetto.

accroire [akʀwaʀ] (*usato solo all'infinito retto da* faire) *v.tr.* far credere, dare a intendere a: *il nous en a fait* —, ce l'ha data a intendere ‖ *s'en faire* —, presumere troppo di sé.

accroissement [akʀwasmɑ̃] *s.m.* **1** crescita (*f.*) **2** aumento ‖ (*econ.*) *taux d'*—, tasso d'incremento **3** (*biol., dir.*) accrescimento.

accroître [akʀwatʀ]

Indic.pres. j'accrois, tu accrois, il accroît, nous accroissons, etc.; *imperf.* j'accroissais, etc.; *pass.rem.* j'accrus, etc. *Cong.pres.* que j'accroisse, etc.; *imperf.* que j'accrusse, etc. *Part.pres.* accroissant; *pass.* accru. *Imp.* accrois, accroissons, accroissez.

v.tr. accrescere, aumentare □ **s'accroître** *v.pron.* accrescersi, aumentare.

accroupi [akʀupi] *agg.* accoccolato.
accroupir, s' [sakʀupiʀ] *v.pron.* accoccolarsi, accovacciarsi.
accueil [akœj] *s.m.* 1 accoglienza (*f.*): *faire bon, mauvais* — *à qqn, à qqch*, accogliere bene, male qlcu, qlco; *paroles d'*—, parole di benvenuto || *cocktail d'*—, ricevimento in onore di qlcu || (*comm.*) *nous sommes persuadés que Vous réserverez un* — *favorable à notre signature*, siamo certi che non mancherete di onorare la nostra tratta 2 accettazione (in ospedale); ricevimento, reception (in albergo ecc.) 3 *centre d'*—, centro di raccolta.
accueillant [akœjã] *agg.* 1 accogliente, comodo 2 ospitale; cordiale.
accueillir [akœjiʀ] (*coniug. come* cueillir) *v.tr.* accogliere.
acculer [akyle] *v.tr.* 1 spingere, costringere (*anche fig.*): *il est acculé à la faillite*, si trova sull'orlo del fallimento 2 (*fig.*) mettere alle strette, con le spalle al muro.
acculturation [akyltyʀasjɔ̃] *s.f.* acculturazione.
acculturé [akyltyʀe] *agg. e s.m.* (*in Africa*) occidentalizzato.
acculturer [akyltyʀe] *v.tr.* acculturare □ **s'acculturer** *v.pron.* acculturarsi.
accumulateur [akymylatœʀ] *s.m.* accumulatore.
accumulation [akymylasjɔ̃] *s.f.* accumulo (*m.*); (*spec.scient.*) accumulazione || *une* — *de preuves*, un cumulo di prove.
accumuler [akymyle] *v.tr.* accumulare; ammassare □ **s'accumuler** *v.pron.* accumularsi; ammassarsi.
accus [aky] *s.m.pl.* (*fam.*) batteria (*f.*): *mes* — *sont à plat*, ho la batteria scarica || *recharger ses* —, (*fig.*) rimettersi in forma.
accusateur [akyzatœʀ] (f. *-trice*) *agg. e s.m.* accusatore || (*dir.*) — *privé*, querelante.
accusatif [akyzatif] *agg. e s.m.* (*gramm.*) accusativo.
accusation [akyzasjɔ̃] *s.f.* accusa || *mettre en* —, incolpare.
accusé [akyze] *s.m.* 1 (*dir.*) imputato 2 (*comm.*): — *de réception*, cenno di ricevuta; — *de bien trouvé*, benestare all'estratto conto ♦ *agg.* accentuato, marcato.
accuser [akyze] *v.tr.* accusare (*anche fig.*): — *le sort*, incolpare il destino; — *son âge*, dimostrare la propria età || (*comm.*): — *réception de...*, accusare ricevuta di...; *nous vous serions obligés de nous en* — *réception*, gradiremmo cenno di riscontro □ **s'accuser** *v.pron.* accusarsi: *s'* — *de ses péchés*, confessare i propri peccati.
acéphale [asefal] *agg.* acefalo.
acerbe [asɛʀb] *agg.* aspro (*anche fig.*).
acéré [aseʀe] *agg.* 1 affilato; acuminato 2 (*fig.*) mordace, pungente.
acétate [asetat] *s.m.* (*chim.*) acetato.
acétification [asetifikasjɔ̃] *s.f.* acetificazione.
acétifier [asetifje] *v.tr.* acetificare.
acétique [asetik] *agg.* (*chim.*) acetico.

acétone [asetɔn] *s.f.* acetone (*m.*).
acétoselle [asetozɛl] *s.f.* (*bot. pop.*) acetosella.
acétyle [asetil] *s.m.* (*chim.*) acetile.
acétylène [asetilɛn] *s.m.* acetilene (*f.*).
achalandage [aʃalãdaʒ] *s.m.* 1 merce (*f.*), stock 2 (*comm.*) avviamento (commerciale).
achalandé [aʃalãde] *agg.* ben fornito (di merci).
achaler [aʃale] *v.tr.* (*in Canada*) infastidire, seccare.
acharné [aʃaʀne] *agg.* accanito.
acharnement [aʃaʀnəmã] *s.m.* accanimento.
acharner, s' [saʃaʀne] *v.pron.* accanirsi: *s'* — *à faire qqch*, ostinarsi a fare qlco || *s'* — *sur qqn*, infierire su qlcu.
achat [aʃa] *s.m.* acquisto: *faire l'* — *de qqch*, acquistare qlco || (*econ.*): — *en Bourse*, acquisizione in Borsa; *pouvoir d'*—, potere d'acquisto.
acheminement [aʃminmã] *s.m.* inoltro.
acheminer [aʃmine] *v.tr.* istradare, convogliare; avviare (*anche fig.*): — *le courrier*, inoltrare la corrispondenza □ **s'acheminer** *v.pron.* avviarsi.
acheter [aʃte] (*coniug. come* semer) *v.tr.* comprare, acquistare: — *chez qqn*, comprare da qlcu; — *pour 10 000 francs de marchandises*, comperare merce per 10.000 franchi.
acheteur [aʃtœʀ] (f. *-euse*) *s.m.* compratore, acquirente.
achevé [aʃve] *agg.* finito, compiuto; completo.
achèvement [aʃɛvmã] *s.m.* 1 compimento, termine 2 (*fig.*) compiutezza.
achever [aʃve] (*coniug. come* semer) *v.tr.* 1 finire, terminare; completare 2 dare il colpo di grazia (a), finire □ **s'achever** *v.pron.* finire, terminare.
achillée [akile] *s.f.* (*bot.*) achillea.
achoppement [aʃɔpmã] *s.m.*: *pierre d'*—, (*fig.*) scoglio, ostacolo.
achopper [aʃɔpe] *v.intr.* inciampare, incespicare; (*fig.*) arenarsi (su).
achromatique [akʀɔmatik] *agg.* acromatico.
achromatisme [akʀɔmatism] *s.m.* acromatismo.
acide [asid] *agg. e s.m.* acido.
acidification [asidifikasjɔ̃] *s.f.* (*chim.*) acidificazione.
acidifier [asidifje] *v.tr.* (*chim.*) acidificare.
acidité [asidite] *s.f.* acidità.
acidulé [asidyle] *agg.* acidulo.
acier [asje] *s.m.* acciaio.
aciérie [asjeʀi] *s.f.* acciaieria.
acmé [akme] *s.m.* acme (*f.*).
acné [akne] *s.f.* (*med.*) acne.
acolyte [akɔlit] *s.m. e f.* accolito/a.
acompte [akɔ̃t] *s.m.* (*comm.*) acconto, anticipo; caparra (*f.*): — *de préférence*, caparra per opzione; — *de, sur dividende*, acconto di dividendo || *prendre un petit* —, (*fig.*) prendersi un anticipo, un assaggio.
aconit [akɔnit] *s.m.* (*bot.*) aconito.
acoquiner, s' [sakɔkine] *v.pron.* far comunella (con).
à-côté [akote] *s.m.* 1 aspetto secondario 2

guadagno, entrata extra || *les petits à-côtés de la vie*, gli imprevisti piacevoli della vita.

à-coup [aku] *s.m.* scossa (*f.*), sobbalzo: *le moteur a des à-coups*, il motore perde colpi || *par à-coups*, a scatti, a sbalzi.

acoustique [akustik] *agg.* acustico ♦ *s.f.* acustica.

acquéreur [akeʀœʀ] *s.m.* acquirente.

acquérir [akeʀiʀ]

Indic.pres. j'acquiers, tu acquiers, il acquiert, nous acquérons, vous acquérez, ils acquièrent; *imperf.* j'acquérais, etc.; *pass.rem.* j'acquis, etc.; *fut.* j'acquerrai, etc. *Condiz.* j'acquerrais, etc. *Cong.pres.* que j'acquière, etc., que nous acquérions, que vous acquériez, qu'ils acquièrent; *imperf.* que j'acquisse, etc. *Part.pres.* acquérant; *pass.* acquis. *Imp.* acquiers, acquérons, acquérez.

v.tr. **1** (*spec. fig.*) acquistare, acquisire || *il reste acquis que...*, sta di fatto che... **2** conquistare, guadagnarsi || *s'— beaucoup d'amis*, farsi molti amici.

acquêts [akɛ] *s.m.pl.* (*dir.*) beni acquisiti (in regime matrimoniale).

acquiescement [akjɛsmɑ̃] *s.m.* acquiescenza (*f.*), consenso.

acquiescer [akjese] (*coniug. come* placer) *v.intr.* acconsentire: *il acquiesça d'un hochement de tête*, annuì con il capo || (*dir.*) — *à une requête*, accogliere un'istanza.

acquis [aki] *part.pass. di* acquérir ♦ *agg.* **1** acquisito || *ma reconnaissance vous est acquise*, avrete per sempre la mia riconoscenza || *je vous suis tout —*, Le sono devoto **2** votato a ♦ *s.m.* acquisizione (*f.*), conquista (*f.*); (*estens.*) esperienza acquisita.

acquisition [akizisjɔ̃] *s.f.* acquisto (*m.*); acquisizione || *les acquisitions de la science*, le conquiste della scienza || (*dir.*) — *à titre particulier*, acquisto a titolo privato || (*inform.*) — *de données*, acquisizione dati.

acquit [aki] *s.m.* **1** (*comm.*) quietanza (*f.*); ricevuta (*f.*), bolletta (*f.*): — *de transit*, bolla di transito || *mettre son — sur une facture*, quietanzare una fattura || *par — de conscience*, per sgravio di coscienza **2** (*dir.*) assoluzione (*f.*).

acquittement [akitmɑ̃] *s.m.* **1** saldo, pagamento **2** (*dir.*) assoluzione (*f.*), proscioglimento.

acquitter [akite] *v.tr.* **1** pagare; saldare, quietanzare: — *une traite*, onorare una cambiale; — *une facture*, quietanzare una fattura **2** (*dir.*) assolvere; prosciogliere ☐ **s'acquitter** *v.pron.* **1** sdebitarsi (*anche fig.*): *s'— envers qqn*, sdebitarsi con qualcuno **2** adempiere, compiere (qlco): *s'— d'un devoir*, adempiere a un dovere; *s'— d'une obligation*, adempiere un obbligo; *s'— des formalités d'usage*, assolvere le formalità d'uso; *s'— d'une commission*, eseguire una commissione.

acre [akʀ] *s.f.* acro (*m.*).

âcre [akʀ] *agg.* acre, aspro || **-ement** *avv.*

âcreté [ɑkʀəte] *s.f.* asprezza; (*fig.*) acredine.

acrimonie [akʀimɔni] *s.f.* acrimonia.

acrimonieux [akʀimɔnjø] (*f. -euse*) *agg.* malevolo, acrimonioso.

acrobate [akʀɔbat] *s.m. e f.* acrobata; (*fig.spreg.*) funambolo/a.

acrobatie [akʀɔbasi] *s.f.* acrobazia.

acrobatique [akʀɔbatik] *agg.* acrobatico.

acronyme [akʀɔnim] *s.m.* acronimo.

acropole [akʀɔpɔl] *s.f.* acropoli.

acrostiche [akʀɔstiʃ] *s.m.* (*lett.*) acrostico.

acrylique [akʀilik] *agg.e s.m.* acrilico.

acte[1] [akt] *s.m.* atto: — *de décès*, atto di morte || *en actes et en paroles*, a fatti e a parole || (*dir.*): — *de poursuite*, (atto di) citazione; — *juridique*, negozio giuridico || *taxes sur les actes administratifs*, tassa sulle concessioni governative || *les actes d'un colloque*, gli atti di un convegno.

acte[2] *s.m.* (*teatr.*) atto.

acteur [aktœʀ] (*f. -trice*) *s.m.* attore || *être l'— principal*, (*fig.*) giocare il ruolo di protagonista.

actif [aktif] (*f. -ive*) *agg.* attivo: *personne active*, persona attiva, efficiente || (*mil.*) *armée active*, esercito permanente || *citoyen* —, (cittadino) elettore ♦ *s.m.* (*comm., fin.*) attivo, attività (*f.pl.*): *passif et* —, dare e avere.

actinie [aktini] *s.f.* (*zool.*) attinia.

action[1] [aksjɔ̃] *s.f.* azione (*anche fig.*): *une — de solidarité*, un atto, un'azione di solidarietà; — *d'éclat*, azione, gesto spettacolare || *entrer en* —, entrare in azione; *être en* —, essere in movimento, in attività; *mettre en* —, mettere in moto; (*fig.*) mettere in atto || *les syndicats ont organisé une journée d'*—, i sindacati hanno organizzato una giornata di mobilitazione || *roman, film d'*—, romanzo, film d'azione || (*dir.*): *intenter une* — (*juridique, judiciaire*), intentare, promuovere un'azione (legale); *afin d'éviter une* — *en justice*, al fine di evitare un'azione giudiziaria || (*mil.*) *engager l'*—, ingaggiare battaglia.

action[2] *s.f.* (*fin.*) azione: — *privilégiée, de préférence*, azione privilegiata, preferenziale; *paquet, lot d'actions*, pacchetto azionario || *Société par actions*, Società per azioni || — *du crédit foncier*, cartella del credito fondiario.

actionnaire [aksjɔnɛʀ] *s.m. e f.* azionista: — *titulaire*, azionista intestatario.

actionnariat [aksjɔnaʀja] *s.m.* azionariato.

actionner [aksjɔne] *v.tr.* azionare.

activation [aktivasjɔ̃] *s.f.* (*scient.*) attivazione.

active [aktiv] *s.f.* (*mil.*) esercito permanente: *officier d'*—, ufficiale di carriera.

activement [aktivmɑ̃] *avv.* attivamente.

activer [aktive] *v.tr.* attivare; accelerare: — *la digestion*, stimolare la digestione; — *le feu*, attizzare il fuoco; — *les travaux*, dare impulso ai lavori ☐ **s'activer** *v.pron.* darsi da fare.

activisme [aktivism] *s.m.* attivismo.

activiste [aktivist] *s.m. e f.* (*pol.*) attivista.

activité [aktivite] *s.f.* attività || (*econ.*): *marché sans* —, mercato fiacco; — *d'entrepreneur*, attività imprenditoriale || *en* —, in funzione; *fonctionnaire en* —, funzionario in servizio; *volcan en* —, vulcano attivo.

actuaire [aktɥɛʀ] *s.m.* (*stat., assicur.*) attuario.

actualisation [aktɥalizasjɔ̃] *s.f.* attualizzazione; aggiornamento (*m.*).

actualiser [aktɥalize] *v.tr.* attualizzare, rendere attuale; aggiornare.

actualité [aktɥalite] *s.f.* attualità || *les actualités,* (*cine.*) il cinegiornale, (*tv*) il telegiornale.

actuariel [aktyaʀjɛl] (f. -*elle*) *agg.* attuariale.

actuation [aktɥasjɔ̃] *s.f.* attuazione.

actuel [aktɥɛl] (f. -*elle*) *agg.* attuale.

actuellement [aktɥɛlmɑ̃] *avv.* attualmente.

acuité [akɥite] *s.f.* acutezza (*anche fig.*) || *l'— de la douleur,* l'intensità del dolore.

acuminé [akymine] *agg.* acuminato.

acuponcteur, acupuncteur [akypɔ̃ktœʀ] *s.m.* agopuntore.

acuponcture, acupuncture [akypɔ̃ktyʀ] *s.f.* agopuntura.

acutangle [akytɑ̃gl] *agg.* (*mat.*) acutangolo.

adage [adaʒ] *s.m.* adagio, massima (*f.*).

adagio [adaʒjo] *avv.* e *s.m.* (*mus.*) adagio.

adamantin [adamɑ̃tɛ̃] *agg.* adamantino.

adaptable [adaptabl] *agg.* adattabile.

adaptateur [adaptatœʀ] *s.m.* **1** (f. -*trice*) riduttore (di testi per il cinema ecc.) **2** (*elettr.*) trasduttore; (*mecc.*) adattatore.

adaptation [adaptasjɔ̃] *s.f.* adattamento (*m.*) || *— cinématographique,* adattamento, riduzione cinematografica.

adapter [adapte] *v.tr.* adattare □ **s'adapter** *v.pron.* adattarsi.

additif [aditif] (f. -*ive*) *agg.* aggiuntivo ♦ *s.m.* **1** aggiunta **2** (*chim.*) additivo.

addition [adisjɔ̃] *s.f.* **1** aggiunta, addizione || *notes et additions de...,* note e aggiornamenti a cura di... **2** (*mat.*) addizione, somma **3** (*al ristorante*) conto (*m.*).

additionnel [adisjɔnɛl] (f. -*elle*) *agg.* addizionale || (*fin.*): *centimes additionnels,* addizionale d'imposta; *droit —,* addizionale || *article —,* articolo aggiuntivo.

additionner [adisjɔne] *v.tr.* **1** addizionare || *— d'eau le vin,* allungare il vino con acqua || *jus de fruit additionné de sucre,* succo di frutta con aggiunta di zucchero **2** (*mat.*) sommare.

adducteur [adyktœʀ] *agg.* e *s.m.* adduttore.

adduction [adyksjɔ̃] *s.f.* **1** derivazione **2** (*anat.*) adduzione.

adénoïde [adenoid] *agg.* (*med.*) adenoide: *végétations adénoïdes,* adenoidi.

adénome [adenɔm] *s.m.* (*med.*) adenoma.

adepte [adɛpt] *s.m.* e *f.* **1** adepto/a; seguace **2** appassionato/a.

adéquat [adekwa] *agg.* adeguato, appropriato.

adéquation [adekwasjɔ̃] *s.f.* adeguamento (*m.*).

adhérence [aderɑ̃s] *s.f.* aderenza.

adhérent[1] [aderɑ̃] *agg.* aderente.

adhérent[2] *s.m.* socio; (*membre*) membro.

adhérer [adere] (*coniug. come* céder) *v.intr.* aderire (*anche fig.*).

adhésif [adezif] (f. -*ive*) *agg.* e *s.m.* adesivo.

adhésion [adezjɔ̃] *s.f.* adesione (*anche fig.*).

adieu [adjø] (pl. -*eux*) *locuz.inter.* e *s.m.* addio: *faire ses adieux à qqn,* congedarsi da qlcu.

adipeux [adipø] (f. -*euse*) *agg.* adiposo.

adiposité [adipozite] *s.f.* adiposità.

adjacent [adʒasɑ̃] *agg.* adiacente.

adjectif [adʒɛktif] (f. -*ive*) *agg.* (*gramm.*) aggettivale ♦ *s.m.* (*gramm.*) aggettivo.

adjectival [adʒɛktival] (pl. -*aux*) *agg.* (*gramm.*) aggettivale.

adjectivement [adʒɛktivmɑ̃] *avv.* (*gramm.*) con valore di aggettivo.

adjoindre [adʒwɛ̃dʀ] (*coniug. come* joindre) *v.tr.* **1** dare (qlcu) come aiuto: *on lui a adjoint un collaborateur,* gli hanno affiancato un collaboratore **2** *s'—,* prendere come socio, come aiuto.

adjoint [adʒwɛ̃] *part.pass. di* adjoindre ♦ *agg.* aggiunto: *directeur —,* condirettore ♦ *s.m.* vice, assistente: *— au maire,* vicesindaco || *— d'enseignement,* supplente del professore titolare (nei licei francesi) || *premier —,* assessore con funzione di vicesindaco.

adjonction [adʒɔ̃ksjɔ̃] *s.f.* aggiunta || *— de nouveaux membres,* ammissione di nuovi membri.

adjudant [adʒydɑ̃] *s.m.* (*mil.*) maresciallo || *c'est un véritable —!,* (*scherz.*) è un vero caporale!

adjudant-chef [adʒydɑ̃ʃɛf] (pl. *adjudants-chefs*) *s.m.* (*mil.*) maresciallo maggiore.

adjudicataire [adʒydikatɛʀ] *s.m.* (*dir.*) aggiudicatario.

adjudicateur [adʒydikatœʀ] (f. -*trice*) *s.m.* (*dir.*) appaltatore.

adjudication [adʒydikasjɔ̃] *s.f.* **1** aggiudicazione **2** (*dir.*) (gara di) appalto (*m.*).

adjuger [adʒyʒe] (*coniug. come* manger) *v.tr.* aggiudicare || *adjugé!,* aggiudicato (alle aste) || *— la part du lion,* fare la parte del leone.

adjuration [adʒyʀasjɔ̃] *s.f.* supplica.

adjurer [adʒyʀe] *v.tr.* scongiurare, supplicare.

adjuvant [adʒyvɑ̃] *agg.* e *s.m.* coadiuvante.

admettre [admɛtʀ] (*coniug. come* mettre) *v.tr.* **1** ammettere **2** *même en admettant que...,* ammesso e non concesso che... **2** accogliere; accettare.

administrateur [administʀatœʀ] (f. -*trice*) *s.m.* amministratore: *— judiciaire,* liquidatore.

administratif [administʀatif] (f. -*ive*) *agg.* amministrativo.

administration [administʀasjɔ̃] *s.f.* **1** amministrazione || *— légale,* curatela || *l'Administration,* l'amministrazione dello Stato; il pubblico impiego; *— locale,* ente, amministrazione locale **2** somministrazione (di un farmaco ecc.).

administrativement [administʀativmɑ̃] *avv.* per vie amministrative.

administré [administre] *s.m.* amministrato; (*géré*) gestito.

administrer [administre] *v.tr.* **1** amministrare **2** somministrare (un sacramento, un farmaco ecc.); (*fam.*) dare.

admirable [admiʀabl] *agg.* ammirevole; mirabile, stupendo.

admirablement [admiʀabləmɑ̃] *avv.* mirabilmente, splendidamente.

admirateur [admiʀatœʀ] (f. *-trice*) *s.m.* ammiratore.

admiratif [admiʀatif] (f. *-ive*) *agg.* ammirativo: *un regard* —, uno sguardo d'ammirazione.

admiration [admiʀasjɔ̃] *s.f.* ammirazione || *faire l'* — *de*, suscitare l'ammirazione di.

admirer [admiʀe] *v.tr.* ammirare || *je t'admire tant travailler!*, non so come fai a lavorare tanto! □ **s'admirer** *v.pron.* ammirarsi.

admis [admi] *part.pass. di* admettre.

admissibilité [admisibilite] *s.f.* ammissibilità.

admissible [admisibl] *agg.* ammissibile; accettabile ♦ *s.m.* ammesso (a un esame orale).

admission [admisjɔ̃] *s.f.* ammissione.

admonestation [admɔnɛstasjɔ̃] *s.f.* ammonizione.

admonester [admɔnɛste] *v.tr.* ammonire.

admonition [admɔnisjɔ̃] *s.f.* ammonizione.

adolescence [adɔlesɑ̃s] *s.f.* adolescenza.

adolescent [adɔlesɑ̃] *agg.* e *s.m.* adolescente.

adonis [adɔnis] *s.m.* adone.

adonner, s' [sadɔne] *v.pron.* dedicarsi, consacrarsi || — *à la boisson*, darsi al bere.

adopté [adɔpte] *agg.* e *s.m.* adottato.

adopter [adɔpte] *v.tr.* adottare (*anche fig.*) || *ils m'ont tout de suite adopté*, mi hanno subito trattato come uno di loro.

adoptif [adɔptif] (f. *-ive*) *agg.* adottivo.

adoption [adɔpsjɔ̃] *s.f.* adozione.

adorable [adɔʀabl] *agg.* adorabile || **-ement** *avv.*

adorateur [adɔʀatœʀ] (f. *-trice*) *s.m.* adoratore; ammiratore.

adoration [adɔʀasjɔ̃] *s.f.* adorazione.

adorer [adɔʀe] *v.tr.* **1** adorare **2** (*fam.*) andare matto, pazzo (per): *il adore qu'on lui fasse des compliments*, gli piacciono moltissimo i complimenti □ **s'adorer** *v.pron.* adorarsi.

adosser [adose] *v.tr.* addossare, appoggiare || *le garage était adossé à la maison*, il garage era contiguo alla casa □ **s'adosser** *v.pron.* appoggiarsi.

adoubement [adubmɑ̃] *s.m.* (*st.*) vestizione (*f.*).

adouber [adube] *v.tr.* (*st.*) armare (cavaliere).

adoucir [adusiʀ] *v.tr.* **1** addolcire (*anche fig.*) **2** ammorbidire **3** (*fig.*) mitigare; smorzare || — *une souffrance*, lenire una sofferenza || — *les angles, les aspérités*, smussare gli angoli, le asperità □ **s'adoucir** *v.pron.* **1** addolcirsi **2** (*fig.*) mitigarsi.

adoucissant [adusisɑ̃] *agg.* e *s.m.* **1** (*med.*) emolliente; calmante **2** addolcitore (d'acqua); ammorbidente (di tessuti).

adoucissement [adusismɑ̃] *s.m.* **1** addolcimento **2** (*fig.*) attenuazione (*f.*).

adoucisseur [adusisœʀ] *s.m.* (*tecn.*) addolcitore (d'acqua).

adragante [adʀagɑ̃t] *s.f.*: —, (gomma) adragante.

adrénaline [adʀenalin] *s.f.* (*biochim.*) adrenalina.

adresse[1] [adʀɛs] *s.f.* indirizzo (*m.*) || *à l'* — *de*, rivolto a; *changer d'* —, cambiare indirizzo.

adresse[2] *s.f.* abilità; (*savoir faire*) accortezza || *jeu, tour d'* —, gioco di prestigio || *jouer, user d'* —, giocare d'astuzia.

adresser [adʀese] *v.tr.* **1** indirizzare; mandare, inviare **2** rivolgere: — *la parole*, rivolgere la parola || — *des reproches*, muovere dei rimproveri || — *ses condoléances*, fare le condoglianze □ **s'adresser** *v.pron.* rivolgersi.

adroit [adʀwa] *agg.* abile; accorto || *il est* — *à se tirer d'affaire*, si sa cavare bene d'impaccio || *être* — *de ses mains*, essere dotato di grande manualità || **-ement** *avv.*

adsorption [atsɔʀpsjɔ̃] *s.f.* adsorbimento (*m.*).

adulateur [adylatœʀ] (f. *-trice*) *agg.* e *s.m.* adulatore.

adulation [adylasjɔ̃] *s.f.* adulazione.

aduler [adyle] *v.tr.* adulare.

adulte [adylt] *agg.* e *s.m.* e *f.* adulto/a.

adultération [adylteʀasjɔ̃] *s.f.* adulterazione; (*di moneta*) falsificazione.

adultère[1] [adyltɛʀ] *agg.* e *s.m.* e *f.* adultero/a.

adultère[2] *s.m.* adulterio.

adultérer [adylteʀe] (*coniug. come* céder) *v.tr.* adulterare; (*des monnaies*) falsificare.

adultérin [adylteʀɛ̃] *agg.* e *s.m.* adulterino.

advenir [advəniʀ] (*coniug. come* tenir) *v.intr.impers.* accadere, capitare: *quoi qu'il advienne*, qualunque cosa accada || *advienne que pourra*, avvenga quel che vuole.

adventice [advɑ̃tis] *agg.* occasionale || *une plante* —, una pianta avventizia.

adventif [advɑ̃tif] (f. *-ive*) *agg.* avventizio.

adverbe [advɛʀb] *s.m.* avverbio.

adverbial [advɛʀbjal] (pl. *-aux*) *agg.* avverbiale.

adverbialement [advɛʀbjalmɑ̃] *avv.* con valore avverbiale.

adversaire [advɛʀsɛʀ] *s.m.* e *f.* avversario/a.

adverse [advɛʀs] *agg.* (*letter.*) avverso.

adversité [advɛʀsite] *s.f.* avversità: *dans l'* —, nelle avversità.

aède [aɛd] *s.m.* aedo.

aérateur [aeʀatœʀ] *s.m.* aeratore; presa d'aria.

aération [aeʀasjɔ̃] *s.f.* aerazione.

aéré [aeʀe] *agg.* aerato; arieggiato; ventilato; (*fig.*) arioso || *Centre* —, centro di vacanza per bambini (con attività spec. all'aperto).

aérer [aeʀe] (*coniug. come* céder) *v.tr.* aerare; ventilare || — *les draps*, arieggiare le lenzuola || — *un texte*, (*fig.*) dare più respiro a un testo (nella spaziatura) □ **s'aérer** *v.pron.* prendere aria.

aérien [aeʀjɛ̃] (f. *-enne*) *agg.* aereo; (*fig.*) leggero.

aéro- *pref.* aero-

aérobic [aeʀɔbik] *s.m.* aerobica (*f.*).

aérobie [aeʀɔbi] *agg.* (*biol.*) aerobico ♦ *s.m.* aerobio.

aérodrome [aeʀɔdʀom] *s.m.* aerodromo.

aérodynamique [aeʀɔdinamik] *agg.* aerodinamico (*anche fig.*) ♦ *s.f.* aerodinamica.

aérogare [aeʀɔgaʀ] *s.f.* aerostazione, air terminal.

aéroglisseur [aeʀɔglisœʀ] *s.m.* hovercraft.

aérographe [aeʀɔgʀaf] *s.m.* (*tecn.*) aerografo.

aérolite, aérolithe [aeʀɔlit] *s.m.* aerolito.

aéromodélisme [aeʀɔmɔdelism] *s.m.* aeromodellismo.

aéronautique [aeʀɔnotik] *agg.* aeronautico ♦ *s.f.* aeronautica.

aéronaval [aeʀɔnaval] (pl. *-als*) *agg.* aeronavale || *l'Aéronavale*, l'aeronautica navale.

aéronef [aeʀɔnɛf] *s.m.* aeronave (*f.*).

aéroplane [aeʀɔplan] *s.m.* (*antiq.*) aeroplano.

aéroport [aeʀɔpɔʀ] *s.m.* aeroporto.

aéroporté [aeʀɔpɔʀte] *agg.* aviotrasportato.

aéroportuaire [aeʀɔpɔʀtɥeʀ] *agg.* aeroportuale.

aérosol [aeʀɔsɔl] *s.m.* aerosol.

aérospatial [aeʀɔspasjal] (pl. *-aux*) *agg.* aerospaziale ♦ *s.m.* centro di ricerca aerospaziale.

aérostat [aeʀɔsta] *s.m.* aerostato.

aérostatique [aeʀɔstatik] *agg.* aerostatico ♦ *s.f.* aerostatica.

aéroterrestre [aeʀɔtɛʀɛstʀ] *agg.* (*mil.*) aeroterrestre.

affabilité [afabilite] *s.f.* affabilità, cortesia.

affable [afabl] *agg.* affabile || *-ement* *avv.*

affabulation [afabylɑsjɔ̃] *s.f.* affabulazione.

affadir [afadiʀ] *v.tr.* rendere insipido || *il a affadi ce récit*, ha reso meno incisivo il racconto.

affadissement [afadismɑ̃] *s.m.* **1** l'insipidirsi: *l'— des sentiments*, l'intiepidirsi dei sentimenti **2** scipitezza (*f.*).

affaibli [afebli] *agg.* indebolito, fiaccato.

affaiblir [afebliʀ] *v.tr.* **1** indebolire **2** attenuare; smorzare (un colore) □ **s'affaiblir** *v.pron.* indebolirsi; affievolirsi.

affaiblissant [afeblisɑ̃] *agg.* debilitante.

affaiblissement [afeblismɑ̃] *s.m.* **1** indebolimento **2** attenuazione (*f.*) **3** diminuzione (di peso) **4** diminuzione (del titolo di una moneta).

affaire [afɛʀ] *s.f.* **1** faccenda, affare (*m.*): *c'est mon —*, è affar mio || *une — de cœur*, una faccenda di cuore || *une — d'honneur*, una questione d'onore || *il fait une — de tout*, di ogni inezia fa un affare di Stato || *Ministère des Affaires étrangères*, Ministero degli (Affari) Esteri **2** (*comm.*) affare (*m.*): *chiffre d'affaires*, fatturato; giro d'affari; *homme, brasseur d'affaires*, uomo d'affari; *faire des affaires*, far affari || *centre d'affaires*, centro direzionale || *cabinet d'affaires*, studio di consulenza finanziaria || *vous avez fait là une belle —!*, (*iron.*) bell'affare che avete fatto! || *l'— est dans le sac*, l'affare è fatto **3** impresa, ditta **4** (*dir.*) processo (*m.*); causa: *— judiciaire*, caso giudiziario || (*st.*) *l'— Dreyfus*, il caso Dreyfus **5** *pl.* (*fam.*) oggetti (*m.*), cose, roba (*sing.*); arnesi (*m.*); aggeggi (*m.*): *ramasse tes affaires et va-t-en*, prendi la tua roba e vattene.

♦ FRASEOLOGIA: *la belle —!*, (*iron.*) oh bella!; *ce n'est pas une petite —*, non è una faccenda da poco || *étouffer l'—*, mettere a tacere la cosa || *tirer, se tirer d'—*, trarre, trarsi d'impaccio: *le malade s'est tiré d'—*, il malato è fuori pericolo || *ce n'est pas une —*, non è un problema; *c'est une — de goût*, è questione di gusti; *c'est une — faite*, è cosa fatta || *connaître son —*, sapere il fatto proprio; *il*

est tout à son —, è tutto preso da quello che sta facendo; *il est à son — dans ce travail*, ha un lavoro che fa per lui || *faire ses affaires*, farsi gli affari propri; (*estens.*) trarne un vantaggio economico, ricavarci qlco || *j'en fais mon —*, me ne occupo io; *cela ne fait pas mon —*, non fa al caso mio; *cela fera l'—*, va bene, fa al caso mio|| *cela ne fait rien à l'—!*, questo non risolve nulla! || *j'ai votre —*, ho quel che fa al caso vostro || *faire son — à qqn*, dare a qlcu quel che si merita; (*battre qqn*) conciare qlcu per le feste; *il aura son —*, avrà quel che si merita || *avoir — à qqn*, avere a che fare, vedersela con qlcu; *j'ai eu — à forte partie*, (*fam.*) ho trovato pane per i miei denti || *toutes affaires cessantes*, seduta stante || (*in Africa*) *sortir pour affaires*, andare dalla propria amante.

affairé [afeʀe] *agg.* indaffarato, affaccendato.

affairer, s' [safeʀe] *v.pron.* affaccendarsi, darsi da fare.

affairisme [afeʀism] *s.m.* affarismo.

affairiste [afeʀist] *s.m.* e *f.* affarista.

affaissement [afesmɑ̃] *s.m.* cedimento.

affaisser [afese] *v.tr.* far cedere □ **s'affaisser** *v.pron.* **1** cedere; curvarsi **2** (*fig.*) accasciarsi; abbattersi || *s'— dans un fauteuil*, sprofondarsi in una poltrona.

affaler [afale] *v.tr.* (*mar.*) calare, mollare □ **s'affaler** *v.pron.* (*fam.*) lasciarsi cadere, sprofondarsi (in poltrona).

affamé [afame] *agg.* e *s.m.* **1** affamato **2** (*fig.*) avido.

affamer [afame] *v.tr.* ridurre alla fame.

affectation[1] [afɛktɑsjɔ̃] *s.f.* affettazione, *— de douleur, de joie*, ostentazione di dolore, di gioia.

affectation[2] *s.f.* **1** destinazione, impiego (per), uso (per) **2** stanziamento (di una somma) **3** (*mil.*) assegnazione; destinazione: *rejoindre son —*, raggiungere la propria destinazione.

affecté[1] [afɛkte] *agg.* affettato, artefatto.

affecté[2] *agg.* (*comm.*) addetto.

affecter[1] [afɛkte] *v.tr.* affettare; ostentare; fingere.

affecter[2] *v.tr.* **1** destinare, adibire **2** stanziare (una somma): *— de l'argent aux bonnes œuvres*, devolvere una somma in beneficenza **3** (*mil.*) assegnare.

affecter[3] *v.tr.* **1** minare, ledere **2** impressionare **3** (*mat.*) *— un nombre d'un exposant*, apporre un esponente a un numero □ **s'affecter** *v.pron.* addolorarsi (per), rattristarsi (per).

affectif [afɛktif] (f. *-ive*) *agg.* affettivo.

affection [afɛksjɔ̃] *s.f.* **1** affetto (*m.*): *se prendre d'— pour qqn*, affezionarsi a qlcu **2** (*med.*) affezione **3** (*psic.*) fenomeno affettivo.

affectionné [afɛksjɔne] *agg.* affezionato.

affectionner [afɛksjɔne] *v.tr.* amare molto; prediligere □ **s'affectionner** *v.pron.* affezionarsi.

affectivité [afɛktivite] *s.f.* (*psic.*) affettività.

affectueusement [afɛktɥøzmɑ̃] *avv.* affettuosamente, con affetto.

affectueux [afɛktɥø] (f. *-euse*) *agg.* affettuoso.

afférent [aferɑ̃] *agg.* attinente; (*dir.*) spettante, afferente.

affermage [afermaʒ] *s.m.* affitto (di beni rustici); appalto (di servizi).

affermer [aferme] *v.tr.* affittare (beni rustici); appaltare (un servizio).

affermir [afermir] *v.tr.* **1** consolidare **2** (*fig.*) rendere sicuro □ **s'affermir** *v.pron.* consolidarsi.

affermissement [afermismɑ̃] *s.m.* rinforzamento, consolidamento.

afféterie [afetri] *s.f.* affettazione, ricercatezza.

affichage [afiʃaʒ] *s.m.* **1** affissione (*f.*) **2** (*inform.*) visualizzazione (*f.*), display.

affiche [afiʃ] *s.f.* **1** manifesto (*m.*), cartellone (*m.*) || *— de théâtre*, locandina || *mettre un spectacle à l'—*, mettere in cartellone uno spettacolo **2** (*avis*) avviso (ufficiale), bollettino.

afficher [afiʃe] *v.tr.* **1** affiggere: *défense d'—*, divieto d'affissione **2** annunciare (con manifesti); pubblicare (per avviso): *— une vente aux enchères*, bandire una vendita all'asta **3** (*fig.*) ostentare □ **s'afficher** *v.pron.* farsi notare (in compagnia di qlcu).

affichette [afiʃet] *s.f.* manifestino (*m.*).

afficheur [afiʃœr] (*f. -euse*) *s.m.* attacchino.

affichiste [afiʃist] *s.m.* e *f.* cartellonista.

affilage [afilaʒ] *s.m.* affilatura (*f.*), arrotatura (*f.*).

affilée, d' [dafile] *locuz.avv.* ininterrottamente.

affiler [afile] *v.tr.* affilare (*anche fig.*); arrotare.

affiliation [afiljasjɔ̃] *s.f.* affiliazione.

affilié [afilje] *s.m.* affiliato.

affilier [afilje] *v.tr.* affiliare, associare □ **s'affilier** *v.pron.* affiliarsi, associarsi.

affinage [afinaʒ] *s.m.* (*tecn.*) affinazione (*f.*).

affiner [afine] *v.tr.* **1** affinare (*anche fig.*) **2** (*tecn.*) appuntire □ **s'affiner** *v.pron.* affinarsi (*anche fig.*).

affinité [afinite] *s.f.* affinità.

affirmatif [afirmatif] (*f. -ive*) *agg.* affermativo: *répondre d'un ton —*, rispondere con tono categorico ♦ *avv.* sì, affermativo (nelle comunicazioni via radio).

affirmation [afirmasjɔ̃] *s.f.* affermazione || *l'— d'un peintre*, l'affermazione di un pittore || (*psic.*) *l'— de soi*, l'autoaffermazione.

affirmative [afirmativ] *s.f.* risposta affermativa || *dans l'—*, in caso affermativo.

affirmativement [afirmativmɑ̃] *avv.* affermativamente, in modo affermativo.

affirmer [afirme] *v.tr.* affermare, asserire: *il affirme l'avoir vu*, asserisce di averlo visto □ **s'affirmer** *v.pron.* affermarsi.

affixe [afiks] *s.m.* (*ling.*) affisso.

affleurement [aflœrmɑ̃] *s.m.* affioramento.

affleurer [aflœre] *v.intr.* affiorare (*anche fig.*) ♦ *v.tr.* **1** far combaciare **2** toccare, sfiorare: *l'eau affleurait la cote d'alerte*, l'acqua raggiungeva il livello di guardia.

afflictif [afliktif] (*f. -ive*) *agg.* afflittivo.

affliction [afliksjɔ̃] *s.f.* afflizione.

affligé [afliʒe] *agg.* e *s.m.* afflitto.

affligeant [afliʒɑ̃] *agg.* desolante, penoso.

affliger [afliʒe] (*coniug. come* manger) *v.tr.* affliggere □ **s'affliger** *v.pron.* affliggersi.

affluence [aflyɑ̃s] *s.f.* affluenza.

affluent [aflyɑ̃] *agg.* e *s.m.* affluente.

affluer [aflye] *v.intr.* affluire (*anche fig.*): *les touristes avaient afflué sur la place*, i turisti erano affluiti sulla piazza.

afflux [afly] *s.m.* afflusso.

affolant [afolɑ̃] *agg.* sconvolgente, inquietante || *c'est —!*, è pazzesco!

affolé [afole] *agg.* fuori di sé; sconvolto || *boussole affolée*, bussola impazzita.

affolement [afolmɑ̃] *s.m.* panico, smarrimento.

affoler [afole] *v.tr.* far perdere la testa (a); sconvolgere □ **s'affoler** *v.pron.* perdere la testa.

affouage [afwaʒ] *s.m.* (*dir.*) legnatico.

affouillement [afujmɑ̃] *s.m.* erosione (degli argini di un fiume).

affouiller [afuje] *v.tr.* erodere (detto di acque correnti).

affourager [afuraʒe] (*coniug. come* manger) *v.tr.* foraggiare (cavalli ecc.).

affranchi [afrɑ̃ʃi] *agg.* **1** affrancato, libero (da schiavitù) || *une femme affranchie*, una donna emancipata **2** libero; esente **3** affrancato (di lettera, pacco) **4** (*fam.*) spregiudicato ♦ *s.m.* **1** (*st.*) schiavo affrancato; liberto **2** (*fam.*) persona che vive ai limiti della legalità.

affranchir [afrɑ̃ʃir] *v.tr.* **1** affrancare, liberare **2** esentare **3** affrancare (lettere, pacchi) **4** (*fam.*) mettere al corrente □ **s'affranchir** *v.pron.* affrancarsi; liberarsi.

affranchissement [afrɑ̃ʃismɑ̃] *s.m.* **1** affrancamento (da schiavitù); emancipazione (*f.*) **2** affrancatura (di lettere, pacchi).

affres [afr] *s.f.pl.* tormenti (*m.*), angosce.

affrètement [afretmɑ̃] *s.m.* noleggio (di una nave).

affréter [afrete] (*coniug. come* céder) *v.tr.* noleggiare, prendere a nolo (una nave).

affréteur [afretœr] *s.m.* noleggiatore (di una nave).

affreusement [afrøzmɑ̃] *avv.* spaventosamente, terribilmente || *— laid*, brutto da far paura.

affreux [afrø] (*f. -euse*) *agg.* **1** spaventoso, orrendo || *une douleur affreuse*, un dolore atroce **2** (*fam.*) bruttissimo, orribile ♦ *s.m.* **1** (*fam.*) tipo insopportabile **2** (*fam.*) brutto.

affriander [afriɑ̃de] *v.tr.* **1** adescare **2** (*fig. letter.*) allettare.

affriolant [afriolɑ̃] *agg.* allettante; seducente.

affrioler [afriole] *v.tr.* attrarre; (*séduire*) sedurre.

affront [afrɔ̃] *s.m.* affronto; (*outrage*) oltraggio: *essuyer un —*, subire un affronto.

affrontement [afrɔ̃tmɑ̃] *s.m.* scontro; conflitto.

affronter [afrɔ̃te] *v.tr.* affrontare □ **s'affronter** *v.pron.* affrontarsi.

affubler [afyble] *v.tr.* vestire (qlcu) in modo ridicolo; (*fam.*) conciare || *— qqn d'un surnom, etc.*, affibbiare a qlcu un soprannome ecc. □ **s'affubler** *v.pron.* vestirsi in modo ridicolo e bizzarro; (*fam.*) conciarsi: *elle s'était affublé d'un pantalon* *beaucoup trop large pour elle*, aveva indossato dei buffi calzoni che le stavano troppo larghi.

affût [afy] *s.m.* affusto (di cannone, di telescopio).

affût, à l' [ālafy] *locuz.avv.*: *être, se mettre à l'—*, fare la posta || *être à l'—d'une bonne occasion*, essere a caccia di una buona occasione.

affûtage [afytaʒ] *s.m. (tecn.)* affilatura (*f.*).

affûter [afyte] *v.tr.* **1** affilare || *pierre à —*, cote **2** fare la punta (a), appuntire.

affûteuse [afytøz] *s.f.* (macchina) affilatrice.

afghan [afgɑ̃] *agg.* e *s.m.* afgano.

afin de [afɛ̃də] *locuz.prep.* per, allo scopo di.

afin que [afɛ̃kə] *locuz.cong.* affinché, perché.

africain [afʀikɛ̃] *agg.* e *s.m.* africano.

africanisation [afʀikanizajɔ̃] *s.f.* africanizzazione.

africanisme [afʀikanism] *s.m.* africanismo.

africaniste [afʀikanist] *s.m.* e *f.* africanista.

afrikaans [afʀikɑ̃] *s.m.* (*ling.*) afrikaans.

afrikaner [afʀikanɛʀ], **afrikaander** [afʀikɑ̃dɛʀ] *s.m.* e *f.* afrikaner, africaner.

afro [afʀo] *agg.* (*di acconciatura*) afro || *musique —*, musica afro.

afro- *pref.* afro-

afro-américain [afʀoamerikɛ̃] *agg.* e *s.m.* afroamericano.

agaçant [agasɑ̃] *agg.* irritante; (*embêtant*) seccante.

agacement [agasmɑ̃] *s.m.* irritazione (*f.*); stizza (*f.*).

agacer [agase] (*coniug. come* placer) *v.tr.* **1** tormentare, molestare **2** irritare; indispettire || *tu m'agaces!*, mi dai sui nervi!

agaceries [agasʀi] *s.f.pl.* smancerie, moine.

agamie [agami] *s.f.* (*biol.*) agamia.

agape [agap] *s.f.* (*spec.pl.*) agape.

agate [agat] *s.f.* agata.

agave [agav] *s.m.* (*bot.*) agave (*f.*).

âge [ɑʒ] *s.m.* **1** età (*f.*): *dès son plus jeune —*, fin dalla più tenera età; *le bel —*, la giovinezza; *à la fleur de l'—*, nel fiore degli anni; *entre deux âges*, di mezza età; *être vieux avant l'—*, essere vecchio prima del tempo; *un homme d'un — certain*, un uomo che dimostra la sua età; *en raison de son grand —*, a causa della sua età avanzata; *être d'— à faire qqch*, essere in età di fare qlco; *dans la force de l'—*, nel pieno degli anni; *avancer en —*, invecchiare; *quel — as-tu?*, quanti anni hai? || (*in Canada*) *l'— d'or*, la terza età **2** età (*f.*), era (*f.*), evo *d'— en —*, di epoca in epoca || *d'un autre —*, di altri tempi.

âgé [ɑʒe] *agg.* anziano; vecchio; attempato || *le plus, le moins — de ses enfants*, il maggiore, il minore dei suoi figli || *il est — de 27 ans*, ha 27 anni.

agence [aʒɑ̃s] *s.f.* agenzia.

agencement [aʒɑ̃smɑ̃] *s.m.* concatenamento (di scene in una commedia, di frasi in un discorso ecc.); distribuzione, disposizione (di figure, di colori ecc.).

agencer [aʒɑ̃se] (*coniug. come* placer) *v.tr.* **1** congegnare, concatenare **2** disporre.

agenda [aʒɛ̃da] *s.m.* agenda (*f.*).

agenouillement [aʒnujmɑ̃] *s.m.* inginocchiamento.

agenouiller, s' [saʒnuje] *v.pron.* inginocchiarsi; genuflettersi.

agent [aʒɑ̃] *s.m.* agente: *— commercial*, agente di commercio; *— (de police)*, vigile urbano; *— d'assurances*, assicuratore; (*ferr.*) *— de manœuvre*, manovratore; *— de nettoyage*, netturbino, operatore ecologico; (*ind.*) *— de maîtrise*, caporeparto; (*mil.*) *— de liaison*, ufficiale di collegamento; *— de renseignements*, *— secret*, agente segreto || *agents atmosphériques*, agenti atmosferici.

agglomérat [aglɔmeʀa] *s.m.* (*geol.*) agglomerato.

agglomération [aglɔmeʀɑsjɔ̃] *s.f.* **1** agglomerazione **2** agglomerato urbano || *l'— parisienne*, la Grande Parigi (città e periferia).

aggloméré [aglɔmeʀe] *s.m.* agglomerato: *— (de charbon)* mattonella (di carbone); agglomerato (di legno).

agglomérer [aglɔmeʀe] (*coniug. come* céder) *v.tr.* agglomerare, ammassare □ **s'agglomérer** *v.pron.* agglomerarsi, ammassarsi.

agglutinant [aglytinɑ̃] *agg.* agglutinante.

agglutination [aglytinɑsjɔ̃] *s.f.* agglutinazione.

agglutiner [aglytine] *v.tr.* agglutinare □ **s'agglutiner** *v.pron.* **1** agglutinarsi **2** (*fig.*) accalcarsi.

aggravant [agʀavɑ̃] *agg.* aggravante.

aggravation [agʀavɑsjɔ̃] *s.f.* aggravamento (*m.*); acutizzazione.

aggraver [agʀave] *v.tr.* aggravare □ **s'aggraver** *v.pron.* aggravarsi.

agile [aʒil] *agg.* agile.

agilement [aʒilmɑ̃] *avv.* agilmente, con agilità.

agilité [aʒilite] *s.f.* agilità || *— d'esprit*, prontezza di mente.

agio [aʒjo] *s.m.* (*econ.*) aggio.

agiotage [aʒjɔtaʒ] *s.m.* (*econ.*) aggiotaggio.

agir [aʒiʀ] *v.intr.* agire: (*di persona*) comportarsi || *— en*, comportarsi da || *— auprès de qqn*, adoperarsi presso qlcu □ **s'agir** *v.impers.* trattarsi || *il s'agit bien de ça!*, (*fam.*) ma andiamo!, figuriamoci!

agissant [aʒisɑ̃] *agg.* **1** attivo, operoso **2** efficace.

agissements [aʒismɑ̃] *s.m.pl.* maneggi; intrighi.

agitateur [aʒitatœʀ] (*f.* -*trice*) *agg.* e *s.m.* e *f.* agitatore: *— politique*, agitatore politico.

agitation [aʒitɑsjɔ̃] *s.f.* agitazione (*anche fig.*).

agité [aʒite] *agg.* agitato (*anche fig.*); irrequieto || *existence agitée*, esistenza tormentata ♦ *s.m.* (*med.*) agitato.

agiter [aʒite] *v.tr.* **1** agitare || *— avant usage*, agitare prima dell'uso **2** (*fig.*) turbare **3** (*fig.*) sollevare, dibattere (una questione, un argomento) □ **s'agiter** *v.pron.* agitarsi (*anche fig.*).

agneau [aɲo] (pl. -*eaux*) *s.m.* agnello.

agneler [aɲle] (*coniug. come* appeler) *v.intr.* (*di pecora*) figliare.

agnelet [aɲlɛ] *s.m.* (*dim.*) agnellino.

agnelle [aɲɛl] *s.f.* agnella.

agnostique [agnɔstik] *agg.* e *s.m.* agnostico.

à gogo [agɔgo] *locuz.avv.* (*fam.*) a profusione, a volontà.

agonie [agɔni] *s.f.* agonia || *être à l'—*, essere in agonia.

agonir [agɔniʀ] *v.tr.* coprire (d'insulti ecc.).

agonisant [agɔnizɑ̃] *agg.* e *s.m.* agonizzante.

agoniser [agɔnize] *v.intr.* agonizzare (*anche fig.*).

agoraphobie [agɔʀafɔbi] *s.f.* (*psic.*) agorafobia.

agrafe [agʀaf] *s.f.* **1** gancio (in un vestito) **2** punto metallico (per cucitrici ecc.) **3** graffa, graffetta, fermaglio **4** spilla.

agrafer [agʀafe] *v.tr.* **1** agganciare: — *sa robe*, agganciarsi il vestito **2** mettere una graffetta a; pinzare (con la cucitrice) **3** (*molto fam.*) arrestare, acciuffare.

agrafeuse [agʀaføz] *s.f.* cucitrice.

agraire [agʀɛʀ] *agg.* agrario.

agrandir [agʀɑ̃diʀ] *v.tr.* **1** ingrandire; ampliare; estendere **2** (*fig.*) elevare, nobilitare □ **s'agrandir** *v.pron.* ingrandirsi; ampliarsi; estendersi.

agrandissement [agʀɑ̃dismɑ̃] *s.m.* **1** ampliamento **2** (*fot.*) ingrandimento.

agrandisseur [agʀɑ̃disœʀ] *s.m.* (*fot.*) ingranditore.

agréable [agʀeabl] *agg.* piacevole, gradevole || *il a fait de tout pour m'être —*, ha fatto di tutto per farmi piacere; *il me serait — de...*, mi farebbe piacere... || (*comm.*) *malgré notre vif désir de vous être agréables...*, malgrado il nostro desiderio di farVi cosa gradita... ♦ *s.m.* (cosa) gradevole || *joindre l'utile à l'—*, unire l'utile al dilettevole || **-ement** *avv.*

agréer [agʀee] *v.tr.* gradire; accettare || (*comm.*) *veuillez —, Messieurs, mes salutations distinguées*, (vogliate gradire i miei) distinti saluti ♦ *v.intr.* (*letter.*) garbare: *le mariage agréa aux deux familles*, il matrimonio ebbe l'approvazione delle due famiglie.

agreg [agʀeg] *s.f. abbr.* → **agrégation** 2.

agrégat [agʀega] *s.m.* **1** aggregato; (*fig.*) insieme **2** (*edil.*) agglomerato.

agrégatif [agʀegatif] (*f.* -*ive*) *s.m.* chi prepara l'agrégation.

agrégation [agʀegasjɔ̃] *s.f.* **1** aggregazione **2** agrégation (concorso per l'abilitazione all'insegnamento).

agrégé [agʀeʒe] *s.m.* (*scuola media superiore*) professore di ruolo; (*università*) ordinario.

agréger [agʀeʒe] (*coniug. come* abréger) *v.tr.* aggregare, associare, unire □ **s'agréger** *v.pron.* aggregarsi; associarsi, unirsi.

agrément [agʀemɑ̃] *s.m.* **1** consenso, approvazione (*f.*) || (*dir.*) *lettre d'—*, garanzia finanziaria statale **2** piacere || *jardin d'—*, giardino ornamentale **3** fascino.

agrémenter [agʀemɑ̃te] *v.tr.* abbellire || — *une conversation*, vivacizzare una conversazione.

agrès [agʀɛ] *s.m.pl.* **1** attrezzi (ginnici) **2** (*mar.*) sartiame (*sing.*).

agresser [agʀese] *v.tr.* aggredire.

agresseur [agʀesœʀ] *s.m.* aggressore, assalitore.

agressif [agʀesif] (*f.* -*ive*) *agg.* aggressivo.

agression [agʀesjɔ̃] *s.f.* aggressione.

agressivement [agʀesivmɑ̃] *avv.* in modo aggressivo.

agressivité [agʀesivite] *s.f.* aggressività.

agreste [agʀɛst] *agg.* (*letter.*) agreste, campestre.

agricole [agʀikɔl] *agg.* agricolo || *collège —*, istituto tecnico agrario.

agriculteur [agʀikyltœʀ] (*f.* -*trice*) *s.m.* agricoltore.

agriculture [agʀikyltyʀ] *s.f.* agricoltura.

agripper [agʀipe] *v.tr.* acchiappare, ghermire □ **s'agripper** *v.pron.* aggrapparsi.

agro- *pref.* agro-, agri-

agroalimentaire [agʀoalimɑ̃tɛʀ] *agg.* agroalimentare ♦ *s.m.* settore agroalimentare.

agronome [agʀɔnɔm] *s.m.* agronomo || *ingénieur —*, dottore in agraria.

agronomie [agʀɔnɔmi] *s.f.* agronomia.

agronomique [agʀɔnɔmik] *agg.* agronomico: *Institut National Agronomique*, Facoltà di Agraria.

agrume [agʀym] *s.m.* (*spec.pl.*) agrume.

aguerrir [agɛʀiʀ] *v.tr.* aguerrire (contro); temprare □ **s'aguerrir** *v.pron.* aguerrirsi (contro); temprarsi.

aguets, aux [ozagɛ] *locuz.avv.* in agguato.

aguichant [agiʃɑ̃] *agg.* (*fam.*) provocante.

aguicher [agiʃe] *v.tr.* (*fam.*) provocare, adescare.

aguicheur [agiʃœʀ] (*f.* -*euse*) *agg.* (*fam.*) provocante ♦ *s.m.* provocatore, seduttore.

ah [ɑ] *inter.* ah! ♦ *s.m.*: *pousser des oh! et des —!*, gridare di gioia, di meraviglia.

ahuri [ayʀi] *agg.* attonito ♦ *s.m.* allocco.

ahurir [ayʀiʀ] *v.tr.* sconcertare.

ahurissant [ayʀisɑ̃] *agg.* sbalorditivo.

ahurissement [ayʀismɑ̃] *s.m.* stupore.

aï [ai] *s.m.* (*zool.*) ai-ai.

aide[1] [ɛd] *s.f.* aiuto (*m.*): *demander de l'— à qqn*, chiedere aiuto a qlcu; *appeler à son —*, chiamare in aiuto || *appeler à l'—*, invocare aiuto; *à l'—!*, aiuto! || (*econ.*): — *gouvernementale, de l'État*, aiuto dello stato, sovvenzione statale || (*dir.*) — *judiciaire*, gratuito patrocinio || *aide sociale*, assistenza, previdenza sociale.

aide[2] *s.m.* e *f.* aiuto, assistente: — *maternelle*, vigilatrice d'infanzia; — *ménagère*, assistente domiciliari (per anziani); — *familiale*, aiuto domestico.

aide-maçon [ɛdmasɔ̃] (*pl.* *aides-maçons*) *s.m.* manovale (muratore).

aide-mémoire [ɛdmemwaʀ] (*pl.* *invar.*) *s.m.* **1** bigino **2** prontuario.

aide-présentatrice [ɛdpʀezɑ̃tatʀis] (*pl.* *aides-presentatrices*) *s.f.* (*tv*) valletta.

aider [ede] *v.tr.* aiutare: *le temps aidant*, col passare del tempo; *la fatigue aidant*, a causa della stanchezza ♦ *v.intr.* contribuire; favorire (qlco): *il l'a aidé à son succès*, ha contribuito al suo successo □ **s'aider** *v.pron.* **1** servirsi (di), aiutarsi (con) **2** aiutarsi (l'un l'altro).

aide-soignant [ɛdswaɲɑ̃] (pl. *aides-soignants*, f. *aide-soignante*) *s.m.* aiuto infermiere (non diplomato).

aïe [aj] *inter.* ahi!, ohi!

aïeul [ajœl] (*pl.*: aïeuls [ajœl] *nel significato 1*, aïeux [ajø] *nel significato 2*) *s.m.* **1** avo, nonno: *aïeule maternelle*, nonna materna **2** *pl.* antenati, avi.

aigle [ɛgl] *s.m. e f.* aquila (*f.*).

aiglefin [ɛgləfɛ̃] *s.m.* (*zool.*) eglefino.

aiglon [ɛglɔ̃] (f. *-onne*) *s.m.* aquilotto.

aigre [ɛgʀ] *agg.* agro, acido, aspro (*anche fig.*): *des fruits aigres*, frutti acerbi; *une odeur* —, un odore acre; *un ton* —, un tono aspro; *un froid* —, un freddo pungente || (*metall.*) *fer* —, ferro crudo ♦ *s.m.* acido: *tourner à l'*—, diventare acido, (*fig.*) inacidire.

aigre-doux [ɛgʀədu] (pl. *aigres-doux*; f. *aigre-douce*) *agg.* agrodolce (*anche fig.*).

aigrefin [ɛgʀəfɛ̃] *s.m.* imbroglione, truffatore.

aigrelet [ɛgʀəlɛ] (f. *-ette*) *agg.* acidulo, asprigno.

aigrement [ɛgʀəmɑ̃] *avv.* aspramente, acidamente, acremente.

aigrette [ɛgʀɛt] *s.f.* **1** (*zool.*) egretta, airone (*m.*) maggiore **2** (*zool.*) ciuffo (di penne) **3** aspri (*m.*), egretta.

aigreur [ɛgʀœʀ] *s.f.* **1** acidità **2** asprezza (*anche fig.*).

aigri [ɛgʀi] *agg.* inacidito (*anche fig.*): — *par la douleur*, inasprito dal dolore.

aigrir [ɛgʀiʀ] *v.tr.* e *intr.* inacidire (*anche fig.*): *les déceptions aigrissent le caractère*, le delusioni inaspriscono il carattere □ **s'aigrir** *v.pron.* inacidirsi; (*fig.*) inasprirsi.

aigu [egy] (f. *-uë*) *agg.* acuto (*anche fig.*); aguzzo: *un regard* —, uno sguardo penetrante; *un chagrin* —, un dolore cocente ♦ *s.m.* acuto.

aigue-marine [ɛgmaʀin] (pl. *aigues-marines*) *s.f.* (*min.*) acquamarina.

aiguière [egjɛʀ] *s.f.* (*ant.*) brocca.

aiguillage [egyijaʒ] *s.m.* **1** (*ferr.*) scambio, deviatoio || *poste d'*—, cabina di blocco, di manovra **2** (*fam.*) orientamento: *erreur d'*—, (*anche fig.*) errore di direzione.

aiguille [egyij] *s.f.* **1** ago (*m.*): — *à coudre*, ago per cucire; — *à tricoter*, ferro da calza; — *à suture*, ago chirurgico || *de fil en* —, di argomento in argomento || *chercher une* — *dans une botte de foin*, cercare un ago in un pagliaio **2** lancetta (di orologio): — *trotteuse*, lancetta dei secondi **3** (*zool.*) aguglia **4** (*bot.*) ago (*m.*) **5** (*ferr.*) scambio **6** (*geogr.*) picco (*m.*); faraglione (*m.*) **7** (*arch.*) guglia.

aiguillée [egyije] *s.f.* gugliata.

aiguiller [egyije] *v.tr.* **1** (*ferr.*) deviare (un treno) **2** (*fig.*) indirizzare, orientare.

aiguillette [egyijɛt] *s.f.* **1** stringa, laccio con puntali **2** (*cuc.*) filetto (di pesce, di pollo ecc.); codone (*m.*).

aiguilleur [egyijœʀ] *s.m.* **1** (*ferr.*) scambista,

deviatore **2** (*aer.*) — *du ciel*, controllore di volo.

aiguillier [egyije] *s.m.* agoraio.

aiguillon [egyijɔ̃] *s.m.* **1** pungolo (*anche fig.*) **2** (*zool.*) pungiglione, aculeo.

aiguillonner [egyijɔne] *v.tr.* (*fig.*) pungolare.

aiguisage [egɥizaʒ], **aiguisement** [egɥizmɑ̃] *s.m.* affilatura (*f.*), arrotatura (*f.*).

aiguiser [egɥize] *v.tr.* **1** affilare, arrotare: — *ses couteaux*, (*fig.*) affilare le armi || — *son esprit*, aguzzare l'ingegno **2** (*fig.*) stimolare, eccitare: — *l'appétit*, stuzzicare l'appetito || — *son goût*, affinare il proprio gusto.

aiguiseur [egɥizœʀ] *s.m.* arrotino.

aiguisoir [egɥizwaʀ] *s.m.* affilatoio, cote (*f.*).

ail [aj] (*pl.* aulx [o]; ails [aj] *nella terminologia botanica*) *s.m.* aglio.

aile [ɛl] *s.f.* **1** ala (*anche fig.*): *battre des ailes*, battere le ali; *battre de l'*—, (*fig.*) essere in difficoltà: *l'* — *d'un chapeau*, l'ala di un cappello; *les ailes d'un moulin*, le pale di un mulino; (*anat.*) *les ailes du nez*, le pinne del naso; (*aut.*) *ailes d'auto*, parafango || *l'* — *d'un pignon*, il dente di un pignone || (*fig.*): *la peur lui donnait des ailes*, la paura gli metteva le ali ai piedi; *voler de ses propres ailes*, uscire dal nido || (*fam.*): *avoir du plomb dans l'*—, *en avoir dans l'*—, essere malconcio; *avoir un coup dans l'*—, essere sbronzo; *sa réputation a pris un coup dans l'*—, la sua reputazione è stata intaccata **2** (*sport*) settore laterale (nello schieramento di una squadra).

ailé [ele] *agg.* alato (*anche fig.*).

aileron [ɛlʀɔ̃] *s.m.* **1** aletta (*f.*), estremità (di ala di uccello) **2** pinna (*f.*) (di pescecane) **3** (*aer.*) alettone **4** (*arch.,tecn.*) aletta (*f.*).

ailette [ɛlɛt] *s.f.* (*tecn.*) aletta.

ailier [elje] *s.m.* (*calcio*) ala (*f.*).

ailler [aje] *v.tr.* (*cuc.*) **1** aromatizzare con aglio **2** steccare con aglio.

ailleurs [ajœʀ] *avv.* altrove, in un altro luogo: *d'* —, da un altro luogo; *nulle part* —, in nessun altro luogo; *partout* —, in qualsiasi altro luogo || *aimer* —, amare un altro, un'altra □ **d'ailleurs** *loc.avv.* d'altronde, del resto □ **par ailleurs** *loc.avv.* per altro, d'altro canto: *il était triste et par* — *énervé*, era triste e per giunta irritato.

ailloli [ajɔli] *s.m.* (*cuc.*) maionese a base d'aglio.

aimable [ɛmabl] *agg.* affabile, cortese || *faire l'*— *avec qqn*, cercare di ingraziarsi qlcu || *il est* — *comme une porte de prison*, (*iron.*) è di una scortesia unica.

aimablement [ɛmabləmɑ̃] *avv.* gentilmente.

aimant¹ [ɛmɑ̃] *agg.* affettuoso, amoroso.

aimant² [ɛmɑ̃] *s.m.* calamita (*f.*); (*fis.*) magnete.

aimantation [ɛmɑ̃tasjɔ̃] *s.f.* magnetizzazione.

aimanter [ɛmɑ̃te] *v.tr.* magnetizzare, calamitare.

aimé [eme] *agg.* caro (a), benvoluto (da).

aimer [eme] *v.tr.* **1** amare; (*fam.*) voler bene a: — *d'amitié*, provare un sentimento di semplice amicizia || — *bien qqn*, aver simpatia per qlcu **2** (*apprécier qqch*) piacere, amare: *ma sœur n'a jamais aimé ce garçon*, a mia sorella non è mai piaciuto quel ragazzo; *j'aime bien les voyages*, mi piace molto viaggiare; *j'aimerais qu'on m'écoute*, gradirei essere ascoltato || *j'aime à croire que...*, oso sperare che... □ **aimer mieux, aimer autant** preferire: *j'aime mieux le cinéma que le théâtre*, preferisco il cinema al teatro; *il aime mieux s'en aller qu'accepter un compromis*, preferisce andarsene (piuttosto) che accettare un compromesso; *j'aime autant partir maintenant*, preferisco partire ora || (*fam.*): *j'aime mieux ça, ça*, preferisco di no, così; *j'aime mieux te dire que...*, sappi che..., ti avverto che... □ **s'aimer** *v.pron.* amarsi || *s'— dans un lieu*, trovarsi bene in un posto.

aine [ɛn] *s.f.* (*anat.*) inguine (*m.*).

aîné [ene] *agg.* e *s.m.* primogenito; maggiore: *il est mon — de quatre ans*, è maggiore, più vecchio di me di quattro anni.

aînesse [enɛs] *s.f.* primogenitura.

ainsi [ɛ̃si] *avv.* così: *c'est — que j'ai manqué le train*, e così ho perso il treno || *— ... que...*, (*consecutivo*) così... che...: *il est — fait, qu'il se fâche pour un rien*, è tale da prendersela per un nonnulla || *et — de suite*, e così via || *s'il en est —*, se le cose stanno così; *puisqu'il en est —*, stando così le cose || *— soit -il*, così sia, amen ♦ *cong.* così: *—, vous ne partirez pas?*, e così, non partirete ? □ **ainsi que** *locuz.cong.* (*compar.*) (così) come: *le russe, — que le polonais, est une langue slave*, il russo (così) come il polacco è una lingua slava; (*comm.*) *vous trouverez ci-joint notre tarif — que notre dernier catalogue*, alleghiamo il listino prezzi con il nostro ultimo catalogo.

aïoli [ajɔli] *s.m.* → **aïlloli**.

air[1] [ɛʀ] *s.m.* **1** aria (*f.*): *l'— de la mer*, l'aria di mare; *il fait de l'—*, c'è aria; *le fond de l'— est frais ce matin*, fa freschino questa mattina; *il y a de l'orage dans l'—*, (*anche fig.*) c'è aria di temporale; *donner de l'— à une chambre*, dar aria a, arieggiare una stanza; *prendre l'—*, prendere (una boccata d') aria, (*aer.*) prendere quota || *au grand —, en plein —*, all'aria aperta, all'aperto || *mal de l'—*, mal d'aria || (*mil.*): *Armée de l'Air*, Aeronautica militare; *Ministère de l'Air*, Ministero dell'Aeronautica || *vivre de l'— du temps*, vivere d'aria || *jouer les filles de l'—*, (*fam.*) sparire, svignarsela || *battre l'—*, (*fig.*) sforzarsi **2** aria (*f.*), clima; (*fig.*) atmosfera (*f.*): *changer d'—*, (*anche fig.*) cambiare aria; *l'— du bureau*, l'ambiente dell'ufficio □ **en l'—**, in aria, per aria, all'aria: *coup en l'—*, colpo sparato in aria, (*fig.*) buco nell'acqua; *des projets en l'—*, progetti campati in aria; *avoir la tête en l'—*, avere la testa per aria, nelle nuvole; *agir, parler en l'—*, agire, parlare alla leggera; *mettre en l'—*, mettere in subbuglio.

air[2] *s.m.* **1** aria (*f.*), aspetto: *— de parenté*, aria di famiglia; *avoir l'— mauvais*, avere l'aria cattiva; *avoir mauvais —*, avere un aspetto poco raccomandabile; *avoir bon —*, avere l'aria per bene; *un drôle d'—*, un'aria strana; *d'un — indifférent*, con aria indifferente || *le bel —*, i modi eleganti; *avoir grand —*, avere un aspetto signorile, distinto;

avoir un faux — de..., ricordare vagamente...; *se donner, prendre des airs, de grands airs*, darsi delle arie, atteggiarsi **2** *avoir l'—*, aver l'aria: *elle a l'— intelligent(e)*, ha l'aria intelligente; *cet homme-là m'a l'— d'un imbécile*, quel tipo mi sembra un imbecille; *il est plus malin qu'il n'en a l'air*, più furbo di quanto non sembri; *il n'a l'— de rien, mais...*, non sembra, ma...; *tu m'as tout l'— de trouver cela amusant*, sembra proprio che la cosa ti diverta; *le temps a l'— d'être à la pluie*, ha l'aria di voler piovere.

airain [ɛʀɛ̃] *s.m.* (*poet.*) bronzo || *un front d'—*, (*fig.*) una faccia di bronzo || *un cœur d'—*, (*fig.*) un cuore di pietra || *loi d'—*, legge ferrea.

airbus [ɛʀbys] *s.m.* (*aer.*) aerobus.

aire [ɛʀ] *s.f.* **1** area (*anche mat.*) || *— de jeux*, terreno per giochi (dei bambini) || (*aer.*): *— de lancement*, zona di lancio (di missili) || (*fig.*): *— d'influence*, sfera d'influenza; *— d'activité*, sfera di attività || (*geol.*) *— continentale*, zoccolo continentale **2** aia (di casa colonica) **3** nido (di uccello rapace).

airelle [ɛʀɛl] *s.f.* (*bot.*) mirtillo (*m.*).

aisance [ɛzɑ̃s] *s.f.* **1** facilità; disinvoltura **2** agiatezza; comodità: *vivre dans l'—*, vivere negli agi || *— monétaire*, agevolazione monetaria **3** *lieux, cabinets d'aisances*, gabinetti; *fosse d'aisances*, pozzo nero.

aise [ɛz] *s.f.* **1** agio (*m.*): *à l'—, à son —*, a proprio agio; *mal à l'—*, a disagio, *prendre ses aises*, mettersi comodo, (*estens.*) prendersela comoda; *on tient à l'— six dans cette voiture*, in questa automobile ci si sta comodamente in sei || *en prendre à son —*, (*fam.*) fare i propri comodi || *à votre —!*, con comodo! || *vous en parlez à votre —!*, (*fam.*) fate presto voi a dire! **2** ricchezza, agiatezza: *être à son —*, essere agiato; *vivre à l'—*, vivere negli agi **3** *pl.* (*commodités*) agi (*m.*), comodità ♦ *agg.* (*letter.*) felice.

aisé [ezé] *agg.* **1** facile, agevole: *un livre — à consulter*, un libro di facile consultazione **2** agiato, benestante.

aisément [ezemɑ̃] *avv.* facilmente, agevolmente.

aisseau [eso] *s.f.* (*edil.*) assicella, doga.

aisselle [ɛsɛl] *s.f.* (*anat.*) ascella.

ajaccéen [aʒakseɛ̃] (*f. -enne*), **ajaccien** [aʒaksjɛ̃] (*f. -enne*) *agg.* di Aiaccio.

ajointer [aʒwɛte] *v.tr.* attestare.

ajonc [aʒɔ̃] *s.m.* (*bot.*) ginestra spinosa.

ajouré [aʒuʀe] *agg.* **1** (*arte*) traforato **2** ricamato a punto a giorno.

ajourer [aʒuʀe] *v.tr.* **1** (*arte*) traforare **2** ricamare a punto a giorno.

ajourné [aʒuʀne] *agg.* aggiornato, rinviato; prorogato ♦ *s.m.* **1** (*mil.*) rivedibile **2** rimandato (a scuola).

ajournement [aʒuʀnəmɑ̃] *s.m.* aggiornamento, rinvio.

ajourner [aʒuʀne] *v.tr.* **1** aggiornare, rinviare **2** rimandare (uno studente) **3** (*mil.*) dichiarare rivedibile.

ajout [aʒu] *s.m.* aggiunta (*f.*).

ajouter [aʒute] *v.tr.* aggiungere || *— foi aux paroles de qqn*, prestar fede alle parole di qlcu ◆ *v.intr.* aumentare (qlco), accrescere (qlco): *son intelligence ajoute à son charme*, la sua intelligenza accresce il suo fascino □ **s'ajouter** *v.pron.* aggiungersi.

ajusté [aʒyste] *agg.* **1** attillato: *— à la taille*, aderente in vita **2** dato, assestato: *un coup bien —*, un colpo ben assestato **3** (*iron.*) conciato: *te voilà—commeilfaut*, eccotisistematoperlefeste.

ajustement [aʒystəmã] *s.m.* adattamento, adeguamento; *— des salaires*, perequazione dei salari; *— de change, des comptes*, aggiustamento di cambio, dei conti.

ajuster [aʒyste] *v.tr.* **1** adattare: *— un robinet à un tuyau*, applicare un rubinetto a un tubo **2** regolare: *— les prix*, regolamentare i prezzi; *— les salaires*, allineare i salari || *— son tir*, (*anche fig.*) aggiustare il tiro **3** sistemare (*fig.*) mettere d'accordo || *— un différend*, comporre una lite **4** mirare (a) **5** (*mus.*) accordare □ **s'ajuster** *v.pron.* **1** adattarsi **2** mettersi d'accordo.

ajusteur [aʒystœr] *s.m.* operaio montatore.

ajutage [aʒytaʒ] *s.m.* (*tecn.*) boccaglio, regolatore di flusso.

alaire [alɛr] *agg.* alare.

alaise [alɛz] *s.f.* toppone (*m.*), traversa (nel letto di un malato).

alambic [alãbik] *s.m.* lambicco, alambicco.

alambiqué [alãbike] *agg.* contorto, lambiccato.

alangui [alãgi] *agg.* debole; languido.

alanguir [alãgir] *v.tr.* indebolire; illanguidire □ **s'alanguir** *v.pron.* illanguidirsi, infiacchirsi.

alanguissement [alãgismã] *s.m.* languore.

alarmant [alarmã] *agg.* allarmante.

alarme [alarm] *s.f.* **1** allarme (*m.*) **2** (*fig.*) ansia, allarme (*m.*).

alarmer [alarme] *v.tr.* allarmare; preoccupare □ **s'alarmer** *v.pron.* allarmarsi; preoccuparsi.

alarmiste [alarmist] *agg.* allarmistico ◆ *s.m.* allarmista.

alaska [alaska] *s.m.* (*in Camerun*) gelato da passeggio.

albanais [albanɛ] *agg.* e *s.m.* albanese.

albâtre [albɑtr] *s.m.* alabastro.

albatros [albatros] *s.m.* (*zool.*) albatro, diomedea (*f.*).

albigeois [albiʒwa] *agg.* e *s.m.* albigese.

albinisme [albinism] *s.m.* albinismo.

albinos [albinos] *agg.invar.* e *s.m.* e *f.* albino/a.

album [albɔm] *s.m.* album; albo.

albumen [albymɛn] *s.m.* albume.

albumine [albymin] *s.f.* albumina.

alcali [alkali] *s.m.* (*chim.*) alcali || *— volatil*, ammoniaca.

alcalin [alkalɛ̃] *agg.* (*chim.*) alcalino.

alcalinité [alkalinite] *s.f.* (*chim.*) alcalinità.

alcaloïde [alkalɔid] *s.m.* alcaloide.

alchimie [alʃimi] *s.f.* alchimia.

alchimique [alʃimik] *agg.* alchimistico.

alchimiste [alʃmist] *s.m.* alchimista.

alcool [alkɔl] *s.m.* **1** alcol (etilico), spirito ||

réchaud à —, fornello a spirito || *un petit —*, un bicchierino **2** *pl.* gli alcolici.

alcoolémie [alkɔlemi] *s.f.* (*med.*) alcolemia.

alcoolique [alkɔlik] *agg.* alcolico ◆ *s.m.* alcolizzato, alcolista.

alcoolisé [alkɔlize] *agg.* alcolico.

alcooliser [alkɔlize] *v.tr.* **1** alcolizzare, aggiungere alcol (a qlco) **2** trasformare in alcol □ **s'alcooliser** *v.pron.* (*fam.*) diventare un alcolizzato.

alcoolisme [alkɔlism] *s.m.* (*med.*) alcolismo.

alcoomètre [alkɔmɛtr] *s.m.* (*chim.*) alcolimetro.

alcootest [alkɔtɛst] *s.m.* alcoltest, etilometro.

alcôve [alkov] *s.f.* alcova.

aldéhyde [aldeid] *s.m.* (*chim.*) aldeide (*f.*).

aléa [alea] *s.m.* alea (*f.*), rischio.

aléatoire [aleatwar] *agg.* aleatorio.

aléatoirement [aleatwarmã] *avv.* in modo aleatorio.

alémanique [alemanik] *agg.* e *s.m.* svizzero tedesco.

alène [alɛn] *s.f.* ago (*m.*) da calzolaio; lesina.

alentour [alãtur] *avv.* intorno, d'intorno.

alentours [alãtur] *s.m.pl.* dintorni: *aux —*, nei paraggi.

alerte[1] [alɛrt] *agg.* vivace; svelto || *une démarche —*, un'andatura spedita || *malgré son âge il est très —*, nonostante l'età è molto arzillo.

alerte[2] *s.f.* allarme (*m.*): *fin d' —*, cessato allarme; *être en —*, stare all'erta || *l' — a été vive*, lo spavento è stato forte || *à la première —*, alle prime avvisaglie ◆ *inter.* all'erta!

alerter [alɛrte] *v.tr.* dare l'allarme (a).

alésage [alezaʒ] *s.m.* (*mecc.*) alesatura (*f.*) || *— des cylindres du moteur*, alesaggio dei cilindri del motore.

alèse [alɛz] *s.f.* → **alaise**.

aléser [aleze] *v.tr.* (*coniug. come* céder) *v.tr.* (*mecc.*) alesare.

aléseuse [alezøz] *s.f.* (macchina) alesatrice.

alésien [alezjɛ̃] (*f. -enne*) *agg.* di Alès.

alevin [alvɛ̃] *s.m.* (*zool.*) avannotto.

alexandrin [alɛksãdrɛ̃] *agg.* e *s.m.* alessandrino.

alezan [alzã] *agg.* e *s.m.* sauro.

alfa [alfa] *s.m.* (*bot.*) alfa (*f.*).

algarade [algarad] *s.f.* **1** litigata **2** rimprovero (*m.*).

algèbre [alʒɛbr] *s.f.* algebra: *résoudre un problème par l'—*, risolvere un problema algebricamente || *c'est de l'— pour lui*, è arabo per lui.

algébrique [alʒebrik] *agg.* algebrico.

algérien [alʒerjɛ̃] (*f. -enne*) *agg.* e *s.m.* algerino.

algérois [alʒerwa] *agg.* algerese, di Algeri.

algorithme [algɔritm] *s.m.* (*mat.*) algoritmo.

algue [alg] *s.f.* alga.

alibi [alibi] *s.m.* alibi (*anche fig.*).

aliénable [aljenabl] *agg.* (*dir.*) alienabile.

aliénant [aljenã] *agg.* alienante.

aliénation [aljenasjɔ̃] *s.f.* alienazione.

aliéné [aljene] *agg.* alienato ◆ *s.m.* alienato.

aliéner [aljene] (*coniug. come* céder) *v.tr.* alienare (*anche fig.*) || *s'aliéner qqn*, alienarsi la simpatia di qlcu.

aliéniste [aljenist] *agg.* e *s.m.* (medico) alienista.

alignement [aliɲmã] *s.m.* allineamento (*anche fig.*): *se mettre à l'—*, allinearsi; *sortir de l'—*, uscire dalle file, dai ranghi || *à droite, —!, à gauche, —!, dest'riga!, sinist'riga!* || (*urbanistica*) *servitude d'—*, adeguamento al piano stradale.

aligner [aliɲe] *v.tr.* allineare: *— des chiffres, des mots*, mettere in fila numeri, parole □ **s'aligner** *v.pron.* allinearsi || *tu peux toujours t'—!*, (*fam.*) provaci!, non ce la farai mai!

aliment [alimã] *s.m.* **1** alimento, cibo **2** *pl.* (*dir.*) alimenti.

alimentaire [alimãtɛʀ] *agg.* alimentare || (*dir.*): *obligation —*, obbligo degli alimenti; *pension —*, alimenti.

alimentateur [alimãtatœʀ] (*f. -trice*) *agg.* e *s.m.* (*tecn.*) alimentatore.

alimentation [alimãtɑsjɔ̃] *s.f.* alimentazione || *magasin d'—*, negozio di alimentari || *l'— d'une ville en eau*, il rifornimento idrico di una città.

alimenter [alimãte] *v.tr.* alimentare (*anche fig.*) □ **s'alimenter** *v.pron.* nutrirsi.

alinéa [alinea] *s.m.* capoverso; (*dir.*) comma.

aliquote [alikɔt] *agg.* e *s.f.* aliquota.

alise [aliz] *s.f.* (*bot.*) sorba.

alisier [alizje] *s.m.* (*bot.*) sorbo.

alitement [alitmã] *s.m.* permanenza a letto.

aliter [alite] *v.tr.* costringere a letto □ **s'aliter** *v.pron.* mettersi a letto (per malattia).

alizé [alize] *agg.* e *s.m.* aliseo.

alkékenge [alkekãʒ] *s.m.* (*bot.*) alchechengi.

alkermès [alkɛʀmɛs] *s.m.* alchermes.

allaitement [aletmã] *s.m.* allattamento.

allaiter [alete] *v.tr.* allattare.

allant [alã] *s.m.* brio, vivacità (*f.*).

alléchant [aleʃã] *agg.* allettante.

allécher [aleʃe] (*coniug. come* céder) *v.tr.* allettare, attirare (*anche fig.*).

allée [ale] *s.f.* **1** viale (*m.*) **2** passaggio (*m.*); corsia (di cinema, teatro, dormitorio ecc.) **3** — *et venue*, viavai, andirivieni; *surveiller les allées et venues de qlcu*, sorvegliare le mosse di qlcu.

allégé [aleʒe] *agg.* leggero, privato di grassi e zuccheri ♦ *s.m.* alimento dietetico.

allégeance [aleʒãs] *s.f.* (*dir. feudale*) fedeltà, obbedienza al signore.

allégement, allègement [alɛʒmã] *s.m.* alleggerimento; (*fig.*) sollievo || *— de l'impôt*, sgravio fiscale.

alléger [aleʒe] (*coniug. come* abréger) *v.tr.* **1** alleggerire || *— les procédures*, snellire l'iter procedurale **2** (*fig.*) alleviare, sollevare.

allégorie [alegɔʀi] *s.f.* allegoria.

allégorique [alegɔʀik] *agg.* allegorico.

allègre [alɛgʀ] *agg.* vivace, brioso || *marcher d'un pas —*, camminare con andatura spigliata.

allégrement, allègrement [alɛgʀəmã] *avv.* vivacemente.

allégresse [alegʀɛs] *s.f.* esultanza, tripudio (*m.*).

allegro [alegʀo] *avv.* e *s.m.* (*mus.*) allegro.

alléguer [alege] (*coniug. come* céder) *v.tr.* **1** addurre, produrre; (*joindre*) allegare: *— des prétextes, des excuses*, allegare pretesti, scuse.

alléluia [aleluja] *s.m.* **1** alleluia **2** (*bot. pop.*) acetosella (*f.*).

allemand [almã] *agg.* e *s.m.* tedesco.

aller¹ [ale]

Indic.pres. je vais, tu vas, il va, nous allons, vous allez, ils vont; *imperf.* j'allais, etc.; *pass. rem.* j'allai, etc.; *fut.* j'irai, etc. *Cond.* j'irais, etc. *Cong.pres.* que j'aille, etc., que nous allions, que vous alliez, qu'ils aillent; *imperf.* que j'allasse, etc. *Part.pres.* allant; *pass.* allé. *Imper.* va, allons, allez.

v.intr. **1** andare: *— travailler*, andare a lavorare; *— voir qqn*, andare a trovare qlcu; *je ne fais qu'— et venir*, vado e torno || *qui va là?*, chi va là? || *cela n'ira pas plus loin*, nessuno ne saprà mai niente || *il est allé jusqu'à le faire pleurer*, è arrivato al punto di farlo piangere || *n'allez pas me dire que...*, non mi stia a dire che... || *cela va sans dire, cela va de soi*, è sottinteso, non c'è bisogno di dirlo || *il va sans dire que...*, va da sé che...; *ça ira tout seul*, andrà tutto bene; *ça n'ira pas tout seul*, la cosa non andrà liscia || *ça ira*, ce la faremo || *ça va mieux*, va meglio || *il en va de même pour...*, è lo stesso per... || *il va sur ses neuf ans*, (*fam.*) va per i nove anni || *allez, allons les enfants, au lit!*, (*fam.*) su (forza), ragazzi, a letto! || *allons donc!*, ma via, andiamo! || *— aux renseignements*, (*fam.*) andare in cerca di informazioni **2** condurre, andare; estendersi: *cette route va de Paris à Caen*, questa strada va da Parigi a Caen **3** addirsi: *le rouge te va bien*, il rosso ti sta bene || *cette robe vous va comme un gant*, quell'abito le sta a pennello || *ça me va*, mi sta bene, sono d'accordo **4** (+ *inf.*) stare per, essere sul punto di: *il va pleuvoir*, sta per piovere; *vous allez me dire pourquoi...*, ora mi dirà perché...; *vas-tu te taire?*, vuoi tacere? **5** (+ *part.pres.*): *son angoisse allait croissant*, la sua angoscia andava aumentando; *ses forces vont déclinant*, le sue forze vanno declinando **6** (*in salute*) stare: *comment allez-vous?*, come sta? || *"Ça va?" "Ça va, merci!"*, (*fam.*) "Tutto bene?" "Bene, grazie!" || *ça ne va pas, non?*, (*fam.*) ma sei matto? □ **y aller** andarci: *je n'y suis jamais allé*, non ci sono mai stato; *vas-y!*, forza!; dai!; *on y va!*, (*fam.*) si va?; *il y va de sa vie*, ne va di mezzo la sua vita; *il y — de sa poche*, pagare di tasca propria; *comme tu y vas!*, non ti sembra di esagerare! □ **s'en aller** andarsene: *va-t'en!, allez-vous-en!*, vattene!, andatevene! || *avec ce produit les taches s'en vont*, con questo prodotto le macchie scompaiono.

aller² *s.m.* andata (*f.*): *un — simple, un — (et) retour*, un biglietto di solo andata, di andata e ritorno || (*sport*) *les matches d'—*, il girone d'andata || *manteau pour tout —*, cappotto per tutti i giorni || *un — et retour*, (*fam.*) un bel paio di schiaffi.

allergène [alɛʀʒɛn] *s.m.* (*med.*) allergene.

allergie [alɛʀʒi] *s.f.* (*med.*) allergia.

allergique [alɛʀʒik] *agg.* e *s.m.* (*med.*) allergico.

allergisant [alɛʀʒizɑ̃] *agg.* e *s.m.* (*med.*) allergizzante.

allergologie [al/ɛʀgɔlɔʒi] *s.f.* (*med.*) allergologia.

allergologue [alɛʀgɔlɔg] *s.m.* allergologo.

alliage [aljaʒ] *s.m.* (*metall.*) lega (*f.*).

alliance [aljɑ̃s] *s.f.* **1** alleanza **2** (*fig.*) unione **3** matrimonio (*m.*) || *cousin par* —, cugino acquisito **4** fede, anello nuziale.

allié [alje] *agg.* e *s.m.* alleato || *parents et alliés*, parenti e affini.

allier [alje] *v.tr.* **1** unire; associare **2** (*metall.*) legare (a) □ **s'allier** *v.pron.* **1** allearsi **2** imparentarsi (con) **3** (*fig.*) unirsi (a), accompagnarsi (con, a) **4** (*metall.*) legarsi.

alligator [aligatɔʀ] *s.m.* alligatore.

allitération [alliteʀasjɔ̃] *s.f.* allitterazione.

allo- *pref.* allo-

allô [alo] *inter.* (*al telefono*) pronto!: — *!, qui est à l'appareil?*, pronto, chi parla?

allocataire [alɔkatɛʀ] *s.m.* beneficiario (di una pensione, di assegni familiari ecc.).

allocation [alɔkasjɔ̃] *s.f.* sussidio (*m.*): *allocations familiales*, assegni familiari || — *de chômage*, indennità di disoccupazione || (*fin.*) — *de fonds*, erogazione, stanziamento di fondi.

allocution [alɔkysjɔ̃] *s.f.* allocuzione.

allonge [alɔ̃ʒ] *s.f.* (*sport*) allungo (*m.*).

allongé [alɔ̃ʒe] *agg.* allungato || *avoir la mine allongée*, essere imbronciato.

allongement [alɔ̃ʒmɑ̃] *s.m.* allungamento.

allonger [alɔ̃ʒe] (*coniug. come* manger) *v.tr.* allungare || — *un coup de pied*, (*fam.*) mollare un calcio || — *un entretien*, prolungare un colloquio || — *une sauce*, allungare, diluire una salsa || *il m'a allongé au tapis*, mi ha messo al tappeto ♦ *v.intr.* allungarsi: *les jours allongent*, le giornate si allungano □ **s'allonger** *v.pron.* allungarsi.

allotropique [alɔtʀɔpik] *agg.* allotropico.

allouer [alwe] *v.tr.* assegnare; (*affecter*) stanziare.

allumage [alymaʒ] *s.m.* accensione (*f.*).

allumé [alyme] *agg.* acceso (*anche fig.*).

allume-cigares [alymsigaʀ] (*pl. invar.*) *s.m.* accendisigari (in automobile).

allume-gaz [alymgɑz] *s.m.* (*pl. invar.*) accendigas.

allumer [alyme] *v.tr.* **1** accendere (*anche fig.*) || *elle allume les hommes*, (*fam.*) provoca gli uomini **2** accendere la luce: *allume le salon!*, accendi (la luce) in salotto! □ **s'allumer** *v.pron.* accendersi (*anche fig.*).

allumette [alymɛt] *s.f.* **1** fiammifero (*m.*): *allumettes de sûreté, suédoises*, fiammiferi svedesi **2** (*cuc.*) pasticcino di pasta sfoglia || (*pommes*) *allumettes*, patate fritte a bastoncino.

allumeur [alymœʀ] *s.m.* (*aut.*) spinterogeno; (*tecn.*) accenditore.

allumeuse [alymøz] *s.f.* (*fam.*) maliarda.

allure [alyʀ] *s.f.* **1** andatura || *à vive* —, a velocità sostenuta; *à toute* —, a tutta velocità **2** portamento (*m.*): *elle a beaucoup d'*—, ha molto stile, un portamento elegante **3** comportamento (*m.*): *une drôle d'*—, un'aria poco raccomandabi-

le **4** aspetto (*m.*), andamento (*m.*): *prendre une mauvaise* —, prendere una brutta piega.

allusif [alyzif] (*f. -ive*) *agg.* allusivo || **-ivement** *avv.*

allusion [al/yzjɔ̃] *s.f.* allusione.

alluvion [al/yvjɔ̃] *s.f.* (*geol.*) alluvione || *les alluvions*, i depositi alluvionali.

alluvionnaire [al/yvjɔnɛʀ] *agg.* alluvionale.

almanach [almana] *s.m.* almanacco, lunario.

aloès [alɔɛs] *s.m.* (*bot.*) aloe.

aloi [alwa] *s.m.* lega (*f.*); (*fig.*) qualità (*f.*): *de bon, mauvais* —, di buona, cattiva qualità; *plaisanterie de mauvais* —, scherzo di bassa lega.

alopécie [alɔpesi] *s.f.* (*med.*) alopecia.

alors [alɔʀ] *avv.* allora: — *un cri s'éleva*, allora, in quel momento si alzò un grido; *mon père n'était* — *qu'un petit employé*, a quel tempo mio padre era solo un modesto impiegato; *vous pouvez venir, mais* — *prévenez-moi*, può venire, ma in tal caso mi avverta; —, *tu viens, oui ou non?*, allora, vieni o no?; —, *c'est convenu*, dunque, siamo d'accordo || *jusqu'*—, fino (ad) allora || *les hommes d'*—, gli uomini di una volta || *ça, alors!*, questa poi!, oh bella! || *non mais* —*!*, (*fam.*) ma insomma! □ **alors même que** *locuz.cong.* quand'anche: *même que vous insisteriez, je n'accepterais pas*, quand'anche insisteste non accetterei; — *même qu'il aurait raison, je refuserais de le croire*, quand'anche avesse ragione rifiuterei di credergli □ **alors que** *locuz.cong.* mentre; quando.

alose [aloz] *s.f.* (*zool.*) alosa, salacca.

alouate [alwat] *s.f.* (*zool.*) aluatta.

alouette [alwɛt] *s.f.* allodola || — *de mer*, beccaccia di mare || *il attend que les alouettes lui tombent toutes rôties*, (*fig.*) vuol trovare la pappa fatta || (*cuc.*) — *sans tête*, involtino.

alourdir [aluʀdiʀ] *v.tr.* appesantire, rendere pesante: *avoir la tête alourdie*, avere la testa pesante □ **s'alourdir** *v.pron.* appesantirsi.

alourdissement [aluʀdismɑ̃] *s.m.* appesantimento; pesantezza (*f.*).

aloyau [alwajo] (*pl. -aux*) *s.m.* (*cuc.*) lombata (di manzo).

alpaga [alpaga] *s.m.* (*zool.*) alpaca.

alpage [alpaʒ] *s.m.* alpeggio.

alpe [alp] *s.f.* alpe, alpeggio (*m.*).

alpestre [alpɛstʀ] *agg.* alpestre, alpino.

alpha [alfa] *s.m.* (*lettera dell'alfabeto greco*) alfa || *l'*— *et l'oméga*, (*fig.*) l'inizio e la fine.

alphabet [alfabe] *s.m.* **1** alfabeto **2** (*libro*) sillabario.

alphabète [alfabɛt] *s.m.* (*in Africa*) chi sa leggere e scrivere.

alphabétique [alfabetik] *agg.* alfabetico.

alphabétiquement [alfabetikmɑ̃] *avv.* alfabeticamente, in ordine alfabetico.

alphabétisation [alfabetizasjɔ̃] *s.f.* alfabetizzazione.

alphabétiser [alfabetize] *v.tr.* alfabetizzare.

alphanumérique [alfanymeʀik] *agg.* alfanumerico.

alpin [alpɛ̃] *agg.* alpino || (*mil.*) (*chasseur*) —, alpino.
alpinisme [alpinism] *s.m.* alpinismo.
alpiniste [alpinist] *s.m. e f.* alpinista.
alsacien [alzasjɛ̃] (f. *-enne*) *agg. e s.m.* alsaziano.
altérable [alteʀabl] *agg.* alterabile.
altération [alteʀasjɔ̃] *s.f.* alterazione; falsificazione.
altercation [alteʀkasjɔ̃] *s.f.* alterco (*m.*).
altéré [alteʀe] *agg.* **1** alterato; falsificato **2** assetato (*anche fig.*).
altérer [alteʀe] (*coniug. come* céder) *v.tr.* **1** alterare; deteriorare: — *des aliments*, far andare a male del cibo; — *une amitié*, rovinare un'amicizia **2** falsificare **3** far venire sete □ **s'altérer** *v.pron.* alterarsi; rovinarsi, andare a male.
alternance [alteʀnɑ̃s] *s.f.* alternanza: *l'— des saisons*, l'avvicendarsi delle stagioni.
alternant [alteʀnɑ̃] *agg.* alternante || (*agr.*) *culture alternante*, coltura a rotazione.
alternateur [alteʀnatœʀ] *s.m.* alternatore.
alternatif [alteʀnatif] (f. *-ive*) *agg.* alternativo || (*elettr.*) *courant* —, corrente alternata.
alternative [alteʀnativ] *s.f.* **1** l'alternarsi (*m.*), alternanza **2** (*choix*) alternativa.
alternativement [alteʀnativmɑ̃] *avv.* alternativamente, in modo alterno.
alterne [alteʀn] *agg.* (*mat.*, *bot.*) alterno.
alterné [alteʀne] *agg.* alternato.
alterner [alteʀne] *v.intr.* alternarsi (a) ♦ *v.tr.* (*agr.*) avvicendare, alternare.
altesse [altɛs] *s.f.* altezza: — *royale*, altezza reale.
althæa [altea] *s.f.* (*bot.*) altea.
altier [altje] (f. *-ère*) *agg.* altero.
altimètre [altimɛtʀ] *s.m.* altimetro.
altimétrique [altimetʀik] *agg.* altimetrico.
altiste [altist] *s.m.* (*mus.*) violista.
altitude [altityd] *s.f.* altitudine, quota: (*aer.*) *perdre de l'—*, perdere quota.
alto [alto] *s.m.* (*mus.*) **1** viola (*f.*). **2** contralto.
altruisme [altʀɥism] *s.m.* altruismo.
altruiste [altʀɥist] *agg.* altruistico ♦ *s.m. e f.* altruista.
alu [aly] *s.m.* (*abbr.*) alluminio: *papier* —, (carta) alluminio.
alumine [alymin] *s.f.* (*chim.*) allumina.
aluminium [alyminjɔm] *s.m.* alluminio.
alun [alœ̃] *s.m.* (*chim.*) allume.
alunir [alyniʀ] *v.intr.* allunare, atterrare sulla Luna.
alunissage [alynisaʒ] *s.m.* allunaggio.
alvéolaire [alveɔlɛʀ] *agg.* alveolare.
alvéole [alveɔl] *s.m.* alveolo.
alysse [alis] *s.f.*, **alysson** [alisɔ̃] *s.m.* alisso (*m.*).
amabilité [amabilite] *s.f.* amabilità, cortesia.
amadou [amadu] *s.m.* esca (materia infiammabile).
amadouer [amadwe] *v.tr.* rabbonire □ **s'amadouer** *v.pron.* rabbonirsi.
amaigri [amegʀi] *agg.* dimagrito, smagrito.
amaigrir [amegʀiʀ] *v.tr.* (far) dimagrire □ **s'amaigrir** *v.pron.* dimagrire.

amaigrissant [amegʀisɑ̃] *agg.* dimagrante.
amaigrissement [amegʀismɑ̃] *s.m.* dimagrimento.
amalgame [amalgam] *s.m.* **1** amalgama (*anche fig.*) **2** fusione (di correnti politiche).
amalgamer [amalgame] *v.tr.* amalgamare (*anche fig.*) □ **s'amalgamer** *v.pron.* amalgamarsi.
amande [amɑ̃d] *s.f.* mandorla || *en* —, a (forma di) mandorla.
amandier [amɑ̃dje] *s.m.* (*bot.*) mandorlo.
amanite [amanit] *s.f.* (*bot.*) amanita: — *phalloïde*, amanita falloide.
amant [amɑ̃] *s.m.* amante.
amarante [amaʀɑ̃t] *s.f.* (*bot.*) amaranto (*m.*) ♦ *agg.invar.* (colore) amaranto.
amarrage [amaʀaʒ] *s.m.* **1** (*mar.*, *aer.*) ormeggio: *quitter l'—*, levare gli ormeggi **2** (*astr.*) aggancio, agganciamento (spaziale).
amarre [amaʀ] *s.f.* (*mar.*) ormeggio (*m.*), gomena: *larguer les amarres*, mollare gli ormeggi.
amarrer [amaʀe] *v.tr.* **1** (*mar.*) ammarrare, ormeggiare **2** (*astr.*) agganciare (nello spazio).
amaryllis [amaʀilis] *s.f.* amarilli, amarillide.
amas [amɑ] *s.m.* mucchio, cumulo || — *stellaire*, ammasso stellare.
amasser [amase] *v.tr.* **1** ammassare; accumulare **2** raccogliere, radunare □ **s'amasser** *v.pron.* **1** ammassarsi; accumularsi **2** raccogliersi, radunarsi: *la foule s'amassait autour de l'orateur*, la folla si accalcava intorno all'oratore.
amateur [amatœʀ] *s.m. e f.* **1** cultore, appassionato/a, intenditore || *non merci, je ne suis pas* —, grazie, ma non è proprio il mio genere || *avis aux amateurs*, (*fam.*) avviso per le persone interessate **2** collezionista **3** (*dilettante*) dilettante (*anche spreg.*): *en* —, da dilettante ♦ *agg.* (f. *invar.*) dilettante: *une musicienne* —, una musicista dilettante.
amateurisme [amatœʀism] *s.m.* dilettantismo.
amazone [amazon] *s.f.* **1** amazzone, cavallerizza: *monter en* —, cavalcare all'amazzone **2** (gonna all') amazzone.
amazonien [amazonjɛ̃] (f. *-enne*) *agg. e s.m.* amazzonico.
ambages [ɑ̃baʒ] *s.f.pl.*: *sans* —, senza mezzi termini.
ambassade [ɑ̃basad] *s.f.* ambasciata || *envoyer en* — *auprès de*, mandare in delegazione da.
ambassadeur [ɑ̃basadœʀ] *s.m.* ambasciatore.
ambassadrice [ɑ̃basadʀis] *s.f.* ambasciatrice.
ambi- *pref.* ambi-
ambiance [ɑ̃bjɑ̃s] *s.f.* atmosfera; ambiente (*m.*): *vivre dans une* — *agréable*, vivere in un ambiente piacevole || *il y a de l'* —, *ici!*, (*fam.*) c'è animazione qui!; *mettre de l'* —, mettere allegria.
ambiant [ɑ̃bjɑ̃] *agg.* ambientale || *température ambiante*, temperatura ambiente.
ambidextre [ɑ̃bidɛkstʀ] *agg. e s.m.e f.* ambidestro/a.
ambigu [ɑ̃bigy] (f. *-uë*) *agg.* ambiguo.
ambiguïté [ɑ̃biguite] *s.f.* ambiguità.

ambigument [ãbigymã] *avv.* ambiguamente.

ambitieux [ãbisjø] (f. *-euse*) *agg.* e *s.m.* ambizioso || **-eusement** *avv.*

ambition [ãbisjɔ̃] *s.f.* **1** ambizione **2** desiderio, aspirazione.

ambitionner [ãbisjɔne] *v.tr.* ambire (a).

ambivalence [ãbivalɑ̃s] *s.f.* ambivalenza.

ambivalent [ãbivalɑ̃] *agg.* ambivalente.

amble [ɑ̃bl] *s.m.* (*zool.*) (*andatura*) ambio: *aller l'*—, andare d'ambio.

amblyopie [ãblijɔpi] *s.f.* (*med.*) ambliopia.

ambre [ɑ̃bʀ] *s.m.* ambra (f.) || *couleur d'*—, color ambra || — *gris*, ambra grigia ♦ *agg.invar.* color ambra.

ambré [ɑ̃bʀe] *agg.* ambrato.

ambroisie [ɑ̃bʀwazi] *s.f.* ambrosia.

ambrosien [ɑ̃bʀɔzjɛ̃] (f. *-enne*) *agg.* ambrosiano.

ambulance [ɑ̃bylɑ̃s] *s.f.* (auto)ambulanza.

ambulancier [ɑ̃bylɑ̃sje] (f. *-ère*) *s.m.* conducente di autoambulanza, lettighiere.

ambulant [ɑ̃bylɑ̃] *agg.* ambulante: *marchand* —, venditore ambulante; *comédiens ambulants*, attori girovaghi ♦ (*ferr.*) addetto a un vagone postale.

ambulatoire [ɑ̃bylatwaʀ] *agg.* **1** (*anat.*) ambulatorio: *patte* —, zampa ambulatoria **2** (*med.*): *thérapies ambulatoires*, cure che permettono al malato una vita regolare **3** (*dir.*) senza sede fissa.

âme [ɑm] *s.f.* **1** anima; animo (m.): *le corps et l'*—, l'anima e il corpo; *une* — *noble*, un animo nobile || *force d'*—, forza d'animo || *état d'*—, stato d'animo || *avoir la mort dans l'*—, aver la morte nel cuore || *à fendre l'*—, (in modo) straziante || *en mon* — *et conscience*, in coscienza || *rendre l'*—, esalare l'ultimo respiro || *se donner corps et* — *à qqch*, darsi anima e corpo a qlco || *avoir l'*— *chevillée au corps*, avere la pelle dura || *être l'*— *d'un parti*, essere l'anima di un partito **2** (*letter.*) persona, anima: *il n'y a pas* — *qui vive*, non c'è anima viva || — *sœur*, anima gemella **3** anima, nucleo (m.): *l'*— *d'un canon*, l'anima di un cannone.

améliorable [ameljɔʀabl] *agg.* perfezionabile.

amélioration [ameljɔʀasjɔ̃] *s.f.* miglioramento (m.): *faire des améliorations dans une maison*, apportare delle migliorie a una casa.

améliorer [ameljɔʀe] *v.tr.* migliorare || (*econ.*) — *l'offre de qqn*, superare l'offerta di qlcu □ **s'améliorer** *v.pron.* migliorare: *sa santé s'est améliorée*, la sua salute è migliorata; *le temps va s'*—, il tempo è in via di miglioramento.

amen [amen] *s.m.* (pl. *invar.*) amen || *dire, répondre* — *à tout*, approvare tutto, dire sempre di sì.

aménagement [amenaʒmã] *s.m.* sistemazione (f.); ristrutturazione (f.) || — *du territoire*, pianificazione del territorio || — *d'un cours d'eau*, regolazione, regimazione di un corso d'acqua || — *d'un bois*, sfruttamento razionale di un bosco.

aménager [amenaʒe] (*coniug. come* manger) *v.tr.* **1** sistemare; ristrutturare: — *une cuisine en salle à manger*, trasformare una cucina in sala da pranzo || — *un bureau*, attrezzare un ufficio || — *les horaires*, pianificare l'orario **2** regolare (un

corso d'acqua) **3** regolare il taglio (di un bosco).

amende [amãd] *s.f.* multa, ammenda: *il a attrapé une* —, ha preso una multa; *mettre à l'*—, multare, (*fam.*) mettere in castigo || *vous serez à l'*—!, (*scherz.*) sarete puniti! || *défense d'entrer sous peine d'*—, divieto d'accesso, i trasgressori saranno puniti a norma di legge || *faire* — *honorable*, (*fig.*) fare onorevole ammenda.

amendement [amãdmã] *s.m.* **1** emendamento: (*dir.*) — *à une loi*, emendamento di una legge **2** (*agr.*) ammendamento.

amender [amãde] *v.tr.* **1** emendare: — *un projet de loi*, emendare un progetto di legge **2** migliorare, correggere **3** (*agr.*) ammendare, emendare □ **s'amender** *v.pron.* emendarsi, correggersi.

amène [amɛn] *agg.* (*letter.*) amabile, piacevole.

amener [amne] (*coniug. come* semer) *v.tr.* **1** portare (con sé), condurre: *il a amené un camarade*, ha portato con sé un compagno; — *l'eau, l'électricité*, far arrivare l'acqua, l'elettricità || *qu'est-ce qui vous amène?*, cosa fate qua? || (*dir.*) *mandat d'*—, mandato di accompagnamento || (*mar.*) — *le pavillon, les couleurs*, ammainare la bandiera **2** indurre: — *qqn à se rendre*, indurre qlcu ad arrendersi **3** causare, arrecare: *cela va t'*— *des ennuis*, questo ti causerà, procurerà delle noie □ **s'amener** *v.pron.* (*fam.*) arrivare; venire: *amène-toi!*, dai, vieni!

aménité [amenite] *s.f.* **1** amabilità: *sans* —, in modo brusco **2** (*pl.*) parole offensive: *se dire des aménités*, scambiarsi frecciatine.

aménorrhée [amenɔʀe] *s.f.* (*med.*) amenorrea.

amenuisement [amənɥizmã] *s.m.* assottigliamento || *l'*— *du niveau de vie*, il deterioramento della qualità della vita.

amenuiser [amənɥize] *v.tr.* assottigliare □ **s'amenuiser** *v.pron.* diminuire, assottigliarsi.

amer [amɛʀ] (f. *-ère*) *agg.* amaro (*anche fig.*): *il est très* —, è molto amareggiato ♦ *s.m.* (liquore) amaro.

amèrement [amɛʀmã] *avv.* amaramente.

américain [ameʀikɛ̃] *agg.* e *s.m.* americano || *vedette américaine*, artista di supporto (che si esibisce prima della vedette) || (*cine.*) *nuit américaine*, effetto notte || (*cuc.*) *à l'américaine*, con salsa a base di passato di pomodori, scalogno, cipolla, aglio, vino e cognac || (*in Belgio*) (*filet*) —, (bistecca alla) tartara.

américaniser [ameʀikanize] *v.tr.* americanizzare □ **s'américaniser** *v.pron.* americanizzarsi.

américanisme [ameʀikanism] *s.m.* americanismo.

amérindien [ameʀɛ̃djɛ̃] (f. *-enne*) *agg.* e *s.m.* amerindio.

amerloque [ameʀlɔk], **amerlo**, **amerlot** [ameʀlo] *s.m.* (*fam. spreg.*) americano.

amerrir [ameʀiʀ] *v.intr.* ammarare.

amerrissage [ameʀisaʒ] *s.m.* ammaraggio.

amertume [amɛʀtym] *s.f.* amaro (m.), amarezza.

améthyste [ametist] *s.f.* (*min.*) ametista.

ameublement [amœbləmã] *s.m.* mobilia (f.); arredamento: *tissu d'*—, tessuto d'arredamento.

ameublir [amœbliʀ] *v.tr.* (*agr.*) dissodare.

ameublissement [amœblismɑ̃] *s.m.* **1** (*agr.*) dissodamento **2** (*dir.*) conversione (di un bene immobile in dote mobile), mobilitazione (*f.*).

ameuter [amøte] *v.tr.* **1** mettere in subbuglio, gettare lo scompiglio (in) **2** sollevare, aizzare □ **s'ameuter** *v.pron.* (*antiq.*) ammassarsi, assembrarsi.

ami [ami] *agg.* e *s.m.* amico: *agir en —*, agire da amico; *il est de mes amis, c'est un de mes amis, c'est un — à moi*, è un mio amico || *c'est sa petite amie*, è la sua ragazza.

amiable [amjabl] *agg.* amichevole || *à l'—*, in via amichevole; *vente à l'—*, vendita consensuale.

amiante [amjɑ̃t] *s.m.* (*min.*) amianto.

amibe [amib] *s.f.* (*zool.*) ameba.

amical [amikal] (pl. *-aux*) *agg.* amichevole.

amicale [amikal] *s.f.* società, associazione.

amicalement [amikalmɑ̃] *avv.* amichevolmente.

amidon [amidɔ̃] *s.m.* amido.

amidonnage [amidɔnaʒ] *s.m.* inamidatura (*f.*).

amidonner [amidɔne] *v.tr.* inamidare.

amiénois [amjenwa] *agg.* e *s.m.* di Amiens.

amincir [amɛ̃siʀ] *v.tr.* assottigliare: *sa robe l'amincit*, il vestito la snellisce □ **s'amincir** *v.pron.* assottigliarsi; (*maigrir*) snellirsi.

amincissant [amɛ̃sisɑ̃] *agg.* e *s.m.* dimagrante.

amincissement [amɛ̃sismɑ̃] *s.m.* assottigliamento.

amine [amin] *s.f.* (*chim.*) ammina.

aminoacide [aminɔasid] *s.m.* amminoacido.

amiral [amiʀal] (pl.*-aux*) *s.m.* ammiraglio ♦ *agg.*: *vaisseau —*, nave ammiraglia.

amirauté [amiʀote] *s.f.* ammiragliato (*m.*).

amitié [amitje] *s.f.* **1** amicizia: *avoir de l'— pour qqn*, provare amicizia per qlcu || *prendre qqn en —*, prendere qlcu a ben volere || *aimer d'—*, provare un sentimento di profonda amicizia **2** *pl.* cari saluti: *mes amitiés à tes parents*, salutami tanto i tuoi genitori (*m.*) **3** (*letter.*) piacere (*m.*): *faites-moi l'— de...*, mi faccia la cortesia di...

ammoniac [amɔnjak] (f. *-aque*) *agg.* ammoniaco: *sel —*, sale ammoniaco.

ammoniacal [amɔnjakal] (pl. *-aux*) *agg.* (*chim.*) ammoniacale.

ammoniaque [amɔnjak] *s.f.* (*chim.*) ammoniaca.

ammonium [amɔnjɔm] *s.m.* (*chim.*) ammonio.

amnésie [amnezi] *s.f.* amnesia.

amnésique [amnezik] *agg.* e *s.m.* colpito da amnesia.

amniocentèse [amnjosɛ̃tez] *s.f.* (*med.*) amniocentesi.

amnios [amnjɔs] *s.m.* (*biol.*) amnio.

amniotique [amnjɔtik] *agg.* (*biol.*) amniotico.

amnistie [amnisti] *s.f.* amnistia.

amnistier [amnistje] *v.tr.* amnistiare.

amocher [amɔʃe] *v.tr.* (*fam.*) **1** conciare per le feste **2** guastare □ **s'amocher** *v.pron.* (*fam.*) farsi male, conciarsi.

amodier [amɔdje] *v.tr.* (*st.*, *dir.*) dare (un fondo rustico) in affitto.

amoindrir [amwɛ̃dʀiʀ] *v.tr.* **1** sminuire **2** debilitare □ **s'amoindrir** *v.pron.* diminuire, ridursi; (*fig.*) sminuirsi.

amoindrissement [amwɛ̃dʀismɑ̃] *s.m.* **1** diminuzione (*f.*) **2** debilitazione (*f.*).

amollir [amɔliʀ] *v.tr.* ammollire (*anche fig.*) □ **s'amollir** *v.pron.* ammollirsi (*anche fig.*).

amollissant [amɔlisɑ̃] *agg.* (*fig.*) spossante || *climat —*, clima snervante.

amollissement [amɔlismɑ̃] *s.m.* **1** ammollimento **2** (*fig.*) infiacchimento.

amonceler [amɔ̃sle] (*coniug. come* appeler) *v.tr.* ammucchiare □ **s'amonceler** *v.pron.* ammucchiarsi.

amoncellement [amɔ̃sɛlmɑ̃] *s.m.* accumulo; mucchio, pila (*f.*).

amont [amɔ̃] *s.m.* tratto a monte (di corso d'acqua); (*fig.*) primo stadio || *en — (de)*, a monte (di).

amoral [amɔʀal] (pl. *-aux*) *agg.* amorale.

amoralité [amɔʀalite] *s.f.* amoralità.

amorçage [amɔʀsaʒ] *s.m.* **1** (*tecn.*) adescamento **2** (*mil.*) innesco.

amorce [amɔʀs] *s.f.* **1** esca (*anche fig.*) || *mettre une — à l'hameçon*, innescare l'amo **2** (*fig.*) inizio (*m.*), avvio (*m.*) **3** (*mil.*) innesco (*m.*); detonatore: *— à retardement*, innesco ritardato; *pistolet à amorces*, pistola scacciacani.

amorcer [amɔʀse] (*coniug. come* placer) *v.tr.* **1** innescare **2** (*fig.*) incominciare, avviare || *— une discussion*, intavolare una discussione **3** collegare: *— une pompe*, collegare una pompa.

amorphe [amɔʀf] *agg.* amorfo (*anche fig.*).

amorti [amɔʀti] *s.m.* (*sport*) smorzata (*f.*).

amortir [amɔʀtiʀ] *v.tr.* **1** attutire, attenuare; smorzare **2** (*econ.*) ammortizzare.

amortissable [amɔʀtisabl] *agg.* (*econ.*) ammortizzabile.

amortissement [amɔʀtismɑ̃] *s.m.* **1** (*fis.*) smorzamento **2** (*econ.*) ammortamento || *d'une rente*, estinzione di una rendita.

amortisseur [amɔʀtisœʀ] *s.m.* (*mecc.*) ammortizzatore.

amour [amuʀ] *s.m.* **1** amore || *faire l'—*, fare all'amore || *vivre d'— et d'eau fraîche*, vivere d'aria e d'amore || *éprouver de l'— pour qqn*, nutrire amore per qlcu || *à vos amours!*, alla vostra (salute)! || *tu es un —*, sei un tesoro • Nella lingua letteraria è *f.* nella forma *pl.* **2** (*arte*) amorino, putto.

amouracher, s' [samuʀaʃe] *v.pron.* infatuarsi.

amour-en-cage [amuʀɑ̃kaʒ] (pl. *amours-en-cage*) *s.m.* (*bot. pop.*) alchechengi, palloncino.

amourette [amuʀɛt] *s.f.* passioncella.

amourettes [amuʀɛt] *s.f.pl.* (*cuc.*) schienali (*m.*), filoni (*m.*).

amoureusement [amuʀøzmɑ̃] *avv.* con amore.

amoureux [amuʀø] (f.*-euse*) *agg.* **1** innamorato: *d'un regard —*, con occhi innamorati || *tomber —*, innamorarsi || *être — de la nature*, essere un amante della natura **2** amoroso: *la vie amoureuse de Casanova*, la vita amorosa di Casanova ♦ *s.m.* innamorato.

amour-propre [amuʀpʀɔpʀ] (pl. *amours-propres*) *s.m.* amor proprio.

amovible [amɔvibl] *agg.* amovibile.

ampérage [ɑ̃peʀaʒ] *s.m.* (*elettr.*) amperaggio.

ampère [ɑ̃pɛʀ] *s.m.* (*elettr.*) ampere.

ampèremètre [ɑ̃pɛʀmɛtʀ] *s.m.* amperometro.

amphétamine [ɑ̃fetamin] *s.f.* amfetamina.

amphi [ɑ̃fi] *s.m.* (*fam.*) aula (universitaria): *suivre un* —, seguire una lezione (all'università); *le grand* —, l'Aula magna.

amphibie [ɑ̃fibi] *agg.* e *s.m.* anfibio.

amphithéâtre [ɑ̃fiteɑtʀ] *s.m.* **1** anfiteatro **2** aula (ad anfiteatro), sala (ad anfiteatro).

amphitryon [ɑ̃fitʀijɔ̃] *s.m.* anfitrione.

amphore [ɑ̃fɔʀ] *s.f.* anfora.

ample [ɑ̃pl] *agg.* ampio || *un* — *récit*, un racconto esauriente || *une matière très* —, una materia molto vasta || (*dir.*) *un plus* — *informé*, un supplemento di istruttoria || *de plus amples informations*, maggiori informazioni || **-ement** *avv.*

ampleur [ɑ̃plœʀ] *s.f.* **1** ampiezza || *style qui a de l'* —, stile di ampio respiro **2** importanza, portata.

ampli [ɑ̃pli] *s.m.* (*fam.*) *abbr.* → **amplificateur.**

ampliation [ɑ̃plijɑsjɔ̃] *s.f.* (*dir.*) copia conforme.

amplificateur [ɑ̃plifikatœʀ] (f. *-trice*) *agg.* e *s.m.* amplificatore.

amplification [ɑ̃plifikɑsjɔ̃] *s.f.* amplificazione.

amplifier [ɑ̃plifje] *v.tr.* amplificare || — *un scandale*, gonfiare uno scandalo □ **s'amplifier** *v.pron.* amplificarsi.

amplitude [ɑ̃plityd] *s.f.* (*scient.*) amplitudine || — *diurne*, escursione termica giornaliera.

ampoule [ɑ̃pul] *s.f.* **1** ampolla; fiala **2** (*elettr.*) lampadina **3** vescica.

ampoulé [ɑ̃pule] *agg.* ampolloso.

amputation [ɑ̃pytɑsjɔ̃] *s.f.* amputazione.

amputé [ɑ̃pyte] *agg.* e *s.m.* mutilato.

amputer [ɑ̃pyte] *v.tr.* amputare, mutilare.

amulette [amylɛt] *s.f.* amuleto (*m.*).

amusant [amyzɑ̃] *agg.* e *s.m.* divertente || *c'est* —, *je ne l'avais jamais remarqué*, strano, non l'avevo mai notato.

amusé [amyze] *agg.* divertito.

amuse-gueule [amyzgœl] (pl. *amuse-gueules*) *s.m.* salatino, stuzzichino.

amusement [amyzmɑ̃] *s.m.* **1** divertimento, spasso **2** distrazione (*f.*).

amuser [amyze] *v.tr.* divertire; (*distraire*) distrarre: — *l'adversaire*, distrarre l'avversario □ **s'amuser** *v.pron.* **1** divertirsi **2** gingillarsi.

amusette [amyzɛt] *s.f.* svago (*m.*).

amuseur [amyzœʀ] (f.-*euse*) *s.m.* tipo spassoso: *un* — *public*, un buffone.

amygdale [amigdal] *s.f.* (*anat.*) tonsilla.

amygdalite [amigdalit] *s.f.* (*med.*) tonsillite.

an [ɑ̃] *s.m.* anno: *depuis vingt ans*, da vent'anni; *dans dix ans*, fra dieci anni; *il y a un* —, un anno fa; *au bout d'un* —, dopo un anno; *trois fois l'* —, tre volte all'anno; *deux millions par* —, due milioni all'anno; *tous les ans*, tutti gli anni, ogni anno || *en l'* — *(de grâce)* 1099, nell'anno (di grazia) 1099 || *l'* — *250 av.*, *apr. J.C.*, l'anno, nell'anno 250 a.C., d.C. || *le nouvel* —, *le jour de l'* —, le pre-

mier *de l'* —, capodanno || *bon* — *mal* —, in media, un anno per l'altro || *s'en moquer comme de l'* — *quarante*, (*fam.*) infischiarsene; *attendre cent sept ans*, aspettare un'eternità.

an- *pref.* → **a-**

anabaptiste [anabatist] *s.m.* e *f.* anabattista.

anabolisant [anabɔlizɑ̃] *agg.* e *s.m.* anabolizzante.

anachorète [anakɔʀɛt] *s.m.* anacoreta.

anachronique [anakʀɔnik] *agg.* anacronistico.

anachronisme [anakʀɔnism] *s.m.* anacronismo.

anaconda [anakɔ̃da] *s.m.* (*zool.*) anaconda.

anaérobie [anaeʀɔbi] *agg.* (*biol.*) anaerobico ♦ *s.m.* (*biol.*) anaerobio.

anagramme [anagʀam] *s.f.* anagramma (*m.*).

anal [anal] (pl. -*aux*) *agg.* anale.

analeptique [analɛptik] *agg.* e *s.m.* (*med.*) analettico.

analgésique [analʒezik] *agg.* e *s.m.* (*med.*) analgesico.

anallergique [analɛʀʒik] *agg.* e *s.m.* antiallergico.

analogie [analɔʒi] *s.f.* analogia.

analogique [analɔʒik] *agg.* analogico.

analogiquement [analɔʒikmɑ̃] *avv.* analogicamente, per analogia.

analogue [analɔg] *agg.* analogo, affine.

analphabète [analfabɛt] *agg.* e *s.m.* e *f.* analfabeta.

analphabétisme [analfabetism] *s.m.* analfabetismo.

analysable [analizabl] *agg.* analizzabile.

analyse [analiz] *s.f.* analisi: *faire l'* — *de*, analizzare || (*med.*) — *du sang*, analisi del sangue || (*gramm.*): — *grammaticale*, analisi logica; — *logique*, analisi del periodo || (*econ.*): — *de bilan*, analisi del bilancio; — *des coûts et des profits*, analisi costi e benefici || — *de texte*, (*nelle scuole francesi*) esercizio e prova scritta sull'analisi di un testo letterario (secondo schemi prefissati) || (*psic.*): *entrer en* —, mettersi, entrare in analisi; *être en cours d'* —, essere in analisi.

analyser [analize] *v.tr.* analizzare.

analyste [analist] *s.m.* e *f.* analista || (*inform.*): — (*fonctionnel*), analista; — *programmeur*, analista programmatore.

analytique [analitik] *agg.* analitico.

analytiquement [analitikmɑ̃] *avv.* analiticamente, in modo analitico.

anamnèse [anamnɛz] *s.f.* anamnesi.

ananas [anana] *s.m.* ananasso, ananas.

anaphore [anafɔʀ] *s.f.* (*ret.*) anafora.

anaphylactique [anafilaktik] *agg.* (*med.*) anafilattico.

anaphylaxie [anafilaksi] *s.f.* (*med.*) anafilassi.

anar [anaʀ] *s.m.* e *f.* *abbr.* → **anarchiste.**

anarchie [anaʀʃi] *s.f.* anarchia.

anarchique [anaʀʃik] *agg.* anarchico.

anarchiquement [anaʀʃikmɑ̃] *avv.* anarchicamente, in modo anarchico.

anarchisant [anaʀʃizɑ̃] *agg.* e *s.m.* anarcoide.

anarchiste [anaʀʃist] *agg.* e *s.m.* anarchico.

24

anastatique [anastatik] *agg.* anastatico.

anathème [anatɛm] *s.m.* **1** anatema **2** (*personne*) scomunicato.

anatomie [anatɔmi] *s.f.* anatomia (*anche fig.*) || *une belle* —, un bel corpo.

anatomique [anatɔmik] *agg.* anatomico: *planche* —, tavola anatomica.

ancestral [ɑ̃sɛstʀal] (pl. *-aux*) *agg.* avito, ancestrale; (*estens.*) atavico.

ancêtre [ɑ̃sɛtʀ] *s.m.* e *f.* **1** antenato, avo **2** (*fig.*) antesignano, precursore **3** (*fam.*) vecchio.

anche [ɑ̃ʃ] *s.f.* (*mus.*) ancia || *les anches*, gli strumenti ad ancia.

anchois [ɑ̃ʃwa] *s.m.* acciuga (*f.*), alice (*f.*): *beurre d'*—, crema di burro e acciughe.

anchoyade [ɑ̃ʃɔjad] *s.f.* anchoyade (salsa d'acciughe all'olio di oliva).

ancien [ɑ̃sjɛ̃] (f. *-enne*) *agg.* **1** antico: *un couvent* —, un antico convento; *un* — *couvent*, un ex convento; *les temps anciens*, i tempi antichi; *l'*— *temps*, (*fig.*) il buon tempo antico; *c'est de l'histoire ancienne*, (*fig.*) è acqua passata || *un homme à l'ancienne mode*, un uomo all'antica || *l'Ancien Régime*, il regime monarchico assoluto precedente la Rivoluzione francese **2** (*vieux*) anziano **3** ex- (usato come prefisso): *l'*— *président*, l'ex-presidente ♦ *les* — vecchio || *les Anciens*, gli antichi || *Pline l'Ancien*, Plinio il Vecchio **2** — (*élève*), ex-allievo; — (*combattant*), ex-combattente **3** antiquariato.

anciennement [ɑ̃sjɛnmɑ̃] *avv.* anticamente.

ancienneté [ɑ̃sjɛnte] *s.f.* **1** antichità || *de toute* —, da tempo immemorabile **2** anzianità: *avancement à l'*—, promozione per anzianità; *par rang d'*—, in ordine di anzianità.

ancillaire [ɑ̃silɛʀ] *agg.* ancillare.

ancolie [ɑ̃kɔli] *s.f.* (*bot.*) aquilegia.

ancrage [ɑ̃kʀaʒ] *s.m.* ancoraggio || (*fig.*): — *politique*, collocazione politica; *l'*— *d'une nouvelle idée dans le domaine politique*, il radicarsi di una nuova idea nell'ambito politico || *point d'*—, (*anche fig.*) punto di fissazione, punto fermo.

ancre [ɑ̃kʀ] *s.f.* **1** (*mar.*) ancora: *maîtresse* —, — *de miséricorde*, — *de réserve*, ancora di rispetto; *être à l'*—, essere alla fonda; *lever l'*—, salpare (l'ancora), (*fig. fam.*) tagliare la corda || — *de salut*, (*fig.*) ancora di salvezza **2** ancora (dell'orologio).

ancré [ɑ̃kʀe] *agg.* ancorato (*anche fig.*) || *des principes bien ancrés*, solidi principi.

ancrer [ɑ̃kʀe] *v.intr.* ancorarsi, gettare l'ancora ♦ *v.tr.* ancorare (*anche fig.*) □ **s'ancrer** *v.pron.* radicarsi, fissarsi (*anche fig.*): *s'*— *dans son erreur*, intestardirsi nel proprio errore.

andalou [ɑ̃dalu] (f. *-se*) *agg.* e *s.m.* andaluso.

andante [ɑ̃dɑ̃t, andɑ̃te] *avv.* e *s.m.* (*mus.*) andante.

andelisien [ɑ̃dəlizjɛ̃] (f. *-enne*) *agg.* di Les Andelys.

andouille [ɑ̃duj] *s.f.* **1** andouille (salsicciotto di trippa e carne di maiale che si mangia freddo) **2** (*fam.*) salame (*m.*), cretino (*m.*).

andouiller [ɑ̃duje] *s.m.* palco (della ramificazione delle corna dei cervidi).

andouillette [ɑ̃dujɛt] *s.f.* andouillette (salsiccia di trippa di maiale da mangiare cotta).

andro- *pref.* andro-

androgène [ɑ̃dʀɔʒɛn] *agg.* e *s.m.* (*biol.*) androgeno: *hormones androgènes*, ormoni virilizzanti.

androgyne [ɑ̃dʀɔʒin] *agg.* e *s.m.* androgino.

androïde [ɑ̃dʀɔid] *s.m.* androide.

andrologue [ɑ̃dʀɔlɔg] *s.m.* (*med.*) andrologo.

âne [ɑn] *s.m.* **1** asino, somaro || *têtu comme un* —, testardo come un mulo || *un* — *bâté*, un imbecille fatto e finito || *faire l'*— *pour avoir du son*, fare il tonto per non pagare il dazio || *gueuler, beugler, braire comme un* —, (*fig.*) gridare come un'aquila || *le coup de pied de l'*—, (*fig.*) il colpo a tradimento **2** *dos d'*—, cunetta (di strada): *route en dos d'*—, strada a schiena d'asino.

anéantir [aneɑ̃tiʀ] *v.tr.* annientare, annichilire (*anche fig.*): — *une accusation*, demolire un'accusa □ **s'anéantir** *v.pron.* annullarsi (*anche fig.*).

anéantissement [aneɑ̃tismɑ̃] *s.m.* annientamento, annichilimento: *l'*— *de tous nos espoirs*, il crollo di tutte le nostre speranze.

anecdote [anɛkdɔt] *s.f.* aneddoto (*m.*).

anecdotier [anɛkdɔtje] *s.m.* chi ama raccontare aneddoti.

anecdotique [anɛkdɔtik] *agg.* aneddotico.

anémie [anemi] *s.f.* (*med.*) anemia.

anémier [anemje] *v.tr.* rendere anemico.

anémique [anemik] *agg.* anemico.

anémomètre [anemɔmɛtʀ] *s.m.* anemometro.

anémone [anemɔn] *s.f.* **1** (*bot.*) anemone (*m.*) **2** (*zool.*) — *de mer*, anemone di mare, attinia.

ânerie [ɑnʀi] *s.f.* asineria, asinità.

ânesse [ɑnɛs] *s.f.* asina.

anesthésie [anɛstezi] *s.f.* anestesia.

anesthésier [anɛstezje] *v.tr.* anestetizzare.

anesthésique [anɛstezik] *agg.* e *s.m.* anestetico.

anesthésiste [anɛstezist] *s.m.* e *f.* anestesista.

aneth [anɛt] *s.m.* (*bot.*) aneto.

anévrisme [anevʀism] *s.m.* (*med.*) aneurisma.

anfractuosité [ɑ̃fʀaktɥozite] *s.f.* (*spec.pl.*) anfrattuosità, anfratti (*pl.m.*).

ange [ɑ̃ʒ] *s.m.* **1** angelo || — *gardien*, angelo custode; (*fig. fam.*) guardia del corpo, gorilla; (*sport*) marcatore (di un avversario); *un* — *de vertu*, uno specchio di virtù || *c'est mon bon, mauvais* —, il mio buon, cattivo genio || *être aux anges*, toccare il cielo con un dito || *rire aux anges*, sorridere nel sonno (di un lattante) **2** (*zool.*) — *de mer*, pesce angelo, angelo di mare.

angélique[1] [ɑ̃ʒelik] *agg.* angelico (*anche fig.*).

angélique[2] *s.f.* (*bot.*) (erba) angelica.

angéliquement [ɑ̃ʒelikmɑ̃] *avv.* angelicamente.

angelot [ɑ̃ʒlo] *s.m.* angioletto.

angélus [ɑ̃ʒelys] *s.m.invar.* (*eccl.*) angelus.

angevin [ɑ̃ʒvɛ̃] *agg.* dell'Angiò; di Angers || *les Angevins*, (*st.*) gli Angioini.

angine [ɑ̃ʒin] *s.f.* (*med.*) angina || — *de poitrine*, angina pectoris.

angineux [ɑ̃ʒinø] (f. *-euse*) *agg.* (*med.*) anginoso.

angi(o)- *pref.* angi(o)-
angiographie [ãʒjɔgʀafi] *s.f.* (*med.*) angiografia.
angiologue [ãʒiɔlɔg] *s.m.* e *f.* angiologo/a.
angiome [ãʒjom] *s.m.* (*med.*) angioma.
anglais [ãglɛ] *agg.* e *s.m.* inglese || *filer à l'anglaise*, andarsene all'inglese, svignarsela || *pommes de terre à l'anglaise*, patate al vapore.
anglaise [ãglɛz] *s.f. pl.* boccoli (*m.*).
angle [ãgl] *s.m.* angolo: — *droit, plein*, angolo retto, giro; — *inscrit à un cercle*, angolo alla circonferenza || — *visuel, de vision*, angolo visivo; — *de visée*, angolo di visuale || *sous un certain* —, da un certo punto di vista, sotto un certo aspetto.
anglican [ãglikã] *agg.* e *s.m.* anglicano.
anglicanisme [ãglikanism] *s.m.* anglicanesimo.
angliciser [ãglisize] *v.tr.* anglicizzare □ **s'angliciser** *v.pron.* anglicizzarsi.
anglicisme [ãglisism] *s.m.* anglicismo, anglismo.
angliciste [ãglisist] *s.m.* e *f.* anglista.
anglo- *pref.* anglo-
anglo-normand [ãglɔnɔrmã] *agg.* anglonormanno || *les Iles anglo-normandes*, le Isole Normanne.
anglophile [ãglɔfil] *agg.* e *s.m.* anglofilo.
anglophone [ãglɔfɔn] *agg.* e *s.m.* anglofono.
anglo-saxon [ãglɔsaksɔ̃] (pl. *anglo-saxons*; f. *anglo-saxonne*) *agg.* e *s.m.* anglosassone.
angoissant [ãgwasã] *agg.* angoscioso.
angoisse [ãgwas] *s.f.* angoscia.
angoissé [ãgwase] *agg.* e *s.m.* angosciato.
angoisser [ãgwase] *v.tr.* angosciare; angustiare ♦ *v.intr.* (*fam.*) provare angoscia: *j'angoisse à mort*, sono angosciato da morire.
angolais [ãgɔlɛ] *agg.* e *s.m.* angolano, angolese.
angora [ãgɔʀa] *agg.invar.* d'angora ♦ *s.m.(zool.)* animale d'angora.
angoumois [ãgumwa], **angoumoisin** [ãgum wazɛ̃] *agg.* di Angoulême.
anguille [ãgij] *s.f.* anguilla || *il y a* — *sous roche*, gatta ci cova.
angulaire [ãgylɛʀ] *agg.* angolare, d'angolo.
anguleux [ãgylø] (f. *-euse*) *agg.* angoloso.
anhydride [anidʀid] *s.m.* (*chim.*) anidride (*f.*).
anicroche [anikʀɔʃ] *s.f.* contrattempo (*m.*).
aniline [anilin] *s.f.* anilina.
animal[1] [animal] (pl. *-aux*) *s.m.* animale.
animal[2] *agg.* animale, animalesco: *comportement* —, comportamento animalesco.
animalcule [animalkyl] *s.m.* animale microscopico.
animalerie [animalʀi] *s.f.* negozio di animali domestici.
animalier [animalje] (f. *-ière*) *agg.* e *s.m.* 1 animalista 2 *parc* —, zoosafari.
animalité [animalite] *s.f.* animalità.
animateur [animatœʀ] (f. *-trice*) *agg.* animatore ♦ *s.m.* 1 animatore 2 (*tv*) presentatore.
animation [animasjɔ̃] *s.f.* animazione || *film d'*—, cinema d'animazione.
animé [anime] *agg.* animato (*anche fig.*).
animer [anime] *v.tr.* animare (*anche fig.*): — *le marché*, movimentare il mercato; *le vent animait*

le feu, il vento alimentava l'incendio □ **s'animer** *v.pron.* animarsi: *il s'animait de plus en plus*, si accalorava sempre più.
animisme [animism] *s.m.* animismo.
animiste [animist] *agg.*e *s.m.* animista.
animosité [animozite] *s.f.* animosità, astio (*m.*).
anis [anis] *s.m.* anice.
aniser [anize] *v.tr.* aromatizzare con anice.
anisette [anizɛt] *s.f.* anisetta.
ankylose [ãkiloz] *s.f.* (*med.*) anchilosi.
ankylosé [ãkiloze] *agg.* anchilosato.
ankyloser [ãkiloze] *v.tr.* anchilosare □ **s'ankyloser** *v.pron.* 1 anchilosarsi 2 (*fig.*) intorpidirsi.
annal [annal] (pl. *-aux*) *agg.* (*dir.*) annuale.
annales [anal] *s.f.pl.* annali (*m.*).
annaliste [analist] *s.m.* annalista.
anneau [ano] (pl. *-eaux*) *s.m.* anello.
annecien [anesjɛ̃] (f. *-enne*) *agg.* di Annecy.
année [ane] *s.f.* 1 anno (*m.*), annata: *l'* — *dernière*, l'anno scorso; *il y a bien des années que nous ne nous sommes vus*, non ci vediamo da molti anni || (*comm.*) — *sociale, budgétaire*, esercizio sociale, finanziario 2 (*comm.*) annualità.
annelé [anle] *agg.* inanellato.
annexe [anɛks] *agg.* 1 annesso; (*joint*) unito (*anche fig.*): *bâtiment* —, edificio secondario || *c'est une question* —, è un problema secondario 2 allegato: *les documents annexes*, i documenti allegati 3 ausiliario *s.f.* 1 annesso (*m.*): *l'* — *d'un hôtel*, la dipendenza di un albergo 2 allegato (*m.*).
annexé [anɛkse] *agg.* annesso, allegato.
annexer [anɛkse] *v.tr.* 1 annettere 2 allegare 3 (*scherz.*) *s'* —, annettersi; accaparrarsi.
annexion [anɛksjɔ̃] *s.f.* annessione.
annexionniste [anɛksjɔnist] *agg.* e *s.m.* annessionista.
annihilation [aniilasjɔ̃] *s.f.* 1 annichilazione, annichilimento (*m.*) 2 (*dir.*) annullamento (*m.*) (di un atto ecc.).
annihiler [aniile] *v.tr.* 1 annichilire; annientare 2 (*dir.*) annullare (un atto ecc.).
anniversaire [anivɛʀsɛʀ] *agg.* anniversario ♦ *s.m.* 1 anniversario; ricorrenza (*f.*) 2 (*de naissance*) compleanno: *elle fête son* — *demain*, compie gli anni domani.
annonaire [anɔnɛʀ] *agg.* annonario.
annonce [anɔ̃s] *s.f.* 1 annuncio (*m.*): *donner l'*— *de*, dar notizia di; *passer une* — *dans un journal*, mettere un'inserzione su un giornale || *les petites annonces*, la pagina delle inserzioni 2 (*bridge*) dichiarazione.
annoncer [anɔ̃se] (*coniug. come placer*) *v.tr.* 1 annunciare || *cela n'annonçait rien de bon*, ciò non prometteva niente di buono || *tout semble* — *le succès*, tutto fa sperare in un successo 2 rivelare, denotare 3 dichiarare (nelle carte) □ **s'annoncer** *v.pron.* annunciarsi || *ça s'annonce bien, mal!*, (*fam.*) inizia bene, male!
annonceur [anɔ̃sœʀ] *s.m.* inserzionista.
annonciateur [anɔ̃sjatœʀ] (f. *-trice*) *agg.* foriero;

(*alle carte*) precorritore ♦ *s.m.* (*tecn.*) spia (*f.*).
annonciation [anɔ̃sjasjɔ̃] *s.f.* annunciazione ‖ *l'Annonciation,* (festa dell') Annunciazione.
annoncier [anɔ̃sje] (f. *-ère*) *s.m.* addetto alle inserzioni (in un giornale).
annotation [anɔtasjɔ̃] *s.f.* 1 annotazione 2 nota, commento (*m.*).

annoter [anɔte] *v.tr.* annotare.
annuaire [anɥɛʀ] *s.m.* 1 annuario 2 — (*du téléphone*), elenco telefonico.
annuel [anɥɛl] (f. *-elle*) *agg.* annuale: *contrat —,* contratto annuale; *revenu —,* reddito annuo.
annuellement [anɥɛlmɑ̃] *avv.* annualmente, ogni anno.

ANIMAUX

Le nom de l'**animal** désigne généralement le mâle et la femelle.
On précisera: *un gorille mâle, un gorille femelle.*
Il existe cependant un certain nombre de noms spécifiques pour désigner le mâle, la femelle, le petit.

MÂLE	FEMELLE	PETIT	BRUIT
abeille			bourdonner
aigle (m.)	aigle (f.)	aiglon	glapir
âne	ânesse	ânon	braire
bœuf, taureau	vache	veau, génisse	meugler, beugler
bouc	chèvre	chevreau, chevrette	bêler, chevroter
cerf	biche	faon	bramer
chameau	chamelle	chamelon	blatérer
chat, matou	chatte	chaton	miauler, ronronner
cheval	jument	poulain, pouliche	hennir
chien	chienne	chiot	aboyer, japper, hurler, grogner,
chouette			ululer, chuinter
cigale			craqueter, striduler
cochon, porc	truie	porcelet	grogner
colombe			roucouler
coq	poule	poussin	le coq chante; la poule glousse; le poussin piaille
corbeau			croasser
crocodile			pleurer, vagir
dindon	dinde	dindonneau	glouglouter
éléphant	éléphante	éléphanteau	barrir
grenouille		têtard	coasser
hibou			ululer, huer
hirondelle		hirondeau	gazouiller, jaser
lapin	lapine	lapereau	clapir, glapir
lion	lionne	lionceau	rugir
loup	louve	louveteau	hurler
merle	merlette	merleau	chanter, siffler,
moineau			pépier
mouton, bélier	brebis	agneau, agnelle	bêler
perroquet			parler, causer, jacasser, siffler
pigeon	pigeonne	pigeonneau	roucouler
rat		raton	chicoter
rossignol			chanter
serpent		serpenteau	siffler
singe	guenon		crier, hurler
souris		souriceau	chicoter
tigre	tigresse		feuler, râler, rauquer
tourterelle		tourtereau	roucouler

annuité [anɥite] *s.f.* annualità; rata annua.

annulable [anylabl] *agg.* annullabile.

annulaire [anylɛʀ] *s.m.* anulare.

annulation [anylɑsjɔ̃] *s.f.* annullamento (*m.*) || — *d'une clause*, cancellazione di una clausola.

annuler [anyle] *v.tr.* annullare; cancellare □ **s'annuler** *v.pron.* annullarsi.

anoblir [anɔbliʀ] *v.tr.* nobilitare, conferire un titolo nobiliare.

anoblissement [anɔblismɑ̃] *s.m.* nobilitazione (*f.*).

anode [anɔd] *s.f.* (*fis.*) anodo (*m.*).

anodin [anɔdɛ̃] *agg.* anodino.

anomal [anɔmal] (pl. *-aux*) *agg.* anomalo.

anomalie [anɔmali] *s.f.* anomalia.

ânon [ɑnɔ̃] *s.m.* **1** asinello, somarello **2** piccolo dell'asino.

ânonner [anɔne] *v.tr.* recitare stentatamente (una lezione ecc.).

anonymat [anɔnima] *s.m.* anonimato.

anonyme [anɔnim] *agg. e s.m.* anonimo || **-ement** *avv.*

anorak [anɔʀak] *s.m.* giacca (*f.*) a vento.

anorexie [anɔʀɛksi] *s.f.* anoressia.

anorexique [anɔʀɛksik] *agg.* anoressico.

anormal [anɔʀmal] (pl. *-aux*) *agg. e s.m.* anormale.

anormalement [anɔʀmalmɑ̃] *avv.* in modo anormale.

anse [ɑ̃s] *s.f.* **1** ansa || *faire danser l'— du panier*, (*fam.*) fare la cresta sulla spesa **2** — (*de mer*), insenatura.

antagonisme [ɑ̃tagɔnism] *s.m.* antagonismo.

antagoniste [ɑ̃tagɔnist] *agg. e s.m. e f.* antagonista.

antalgique [ɑ̃talʒik] *agg. e s.m.* (*med.*) antalgico.

antan, d' [dɑ̃tɑ̃] *locuz.agg.* (*letter.*) di un tempo.

antarctique [ɑ̃taʀktik] *agg.* antartico.

anté-[1] *pref.* ante-

anté-[2] *pref.* anti-

antécédence [ɑ̃tesedɑ̃s] *s.f.* antecedenza.

antécédent [ɑ̃tesedɑ̃] *agg.* antecedente ♦ *s.m.* antecedente, precedente.

antéchrist [ɑ̃tekʀist] *s.m.* anticristo.

antédiluvien [ɑ̃tedilyvjɛ̃] (f. *-enne*) *agg.* antidiluviano.

antenne [ɑ̃tɛn] *s.f.* **1** antenna || (*tv, rad.*): *être à, sur l'—*, essere in onda, in linea; *rendre l'—*, passare la linea **2** — *chirurgicale*, ambulanza chirurgica volante **3** (*fig.*) informatore (*m.*), emissario (*m.*).

antenniste [ɑ̃tenist] *s.m.* antennista.

antépénultième [ɑ̃tepenyltjɛm] *agg.* terzultimo ♦ *s.f.* terzultima (sillaba).

antérieur [ɑ̃teʀjœʀ] *agg.* anteriore || (*gramm.*) *passé —*, trapassato prossimo || (*econ.*) *revenu —*, reddito pregresso || **-ement** *avv.*

antériorité [ɑ̃teʀjɔʀite] *s.f.* anteriorità.

anthère [ɑ̃tɛʀ] *s.f.* (*bot.*) antera.

anthologie [ɑ̃tɔlɔʒi] *s.f.* antologia.

anthologique [ɑ̃tɔlɔʒik] *agg.* antologico.

anthracite [ɑ̃tʀasit] *s.m.* antracite (*f.*).

anthropo- *pref.* antropo-

anthropocentrique [ɑ̃tʀɔpɔsɑ̃tʀik] *agg.* (*fil.*) antropocentrico.

anthropocentrisme [ɑ̃tʀɔpɔsɑ̃tʀism] *s.m.* (*fil.*) antropocentrismo.

anthropoïde [ɑ̃tʀɔpɔid] *agg.* (*zool.*) antropoide ♦ *s.m.* (*zool.*) antropoide.

anthropologie [ɑ̃tʀɔpɔlɔʒi] *s.f.* antropologia.

anthropologique [ɑ̃tʀɔpɔlɔʒik] *agg.* antropologico.

anthropologiste [ɑ̃tʀɔpɔlɔʒist], **anthropologue** [ɑ̃tʀɔpɔlɔg] *s.m.* antropologo.

anthropométrique [ɑ̃tʀɔpɔmetʀik] *agg.* antropometrico: *fiche —*, scheda antropometrica.

anthropomorphe [ɑ̃tʀɔpɔmɔʀf] *agg.* antropomorfo.

anthropomorphisme [ɑ̃tʀɔpɔmɔʀfism] *s.m.* (*fil.*) antropomorfismo.

anthropophage [ɑ̃tʀɔpɔfaʒ] *agg. e s.m.* antropofago.

anthropophagie [ɑ̃tʀɔpɔfaʒi] *s.f.* antropofagia.

anti- *pref.* anti-

antiaérien [ɑ̃tiaeʀjɛ̃] (f. *-enne*) *agg.* antiaereo.

antiallergique [ɑ̃tial/ɛʀʒik] *agg. e s.m.* antiallergico.

antiatomique [ɑ̃tiatɔmik] *agg.* antiatomico.

antibactérien [ɑ̃tibakteʀjɛ̃] (f. *-enne*) *agg.* antibatterico.

antibiogramme [ɑ̃tibjɔgʀam] *s.m.* (*med.*) antibiogramma.

antibiotique [ɑ̃tibjɔtik] *s.m.* (*med.*) antibiotico.

antibrouillard [ɑ̃tibʀujaʀ] *agg. e s.m.* antinebbia.

antibruit [ɑ̃tibʀɥi] *agg.invar.* fonassorbente.

anticancéreux [ɑ̃tikɑ̃seʀø] (f. *-euse*) *agg. e s.m.* antitumorale.

anticasseurs [ɑ̃tikɑsœʀ] *agg.: loi —*, legge contro gli atti di vandalismo.

antichambre [ɑ̃tiʃɑ̃bʀ] *s.f.* anticamera.

antichar [ɑ̃tiʃaʀ] *agg.invar.* anticarro.

antichoc [ɑ̃tiʃɔk] *agg.* antiurto.

anticipation [ɑ̃tisipɑsjɔ̃] *s.f.* anticipo (*m.*), anticipazione || *roman d'—*, romanzo avveniristico || *par —*, in anticipo.

anticipé [ɑ̃tisipe] *agg.* anticipato.

anticiper [ɑ̃tisipe] *v.tr.* anticipare ♦ *v.intr.*: — *sur l'avenir*, prevenire il futuro || — *sur son héritage*, disporre in anticipo della propria eredità.

anticlérical [ɑ̃tikleʀikal] (pl. *-aux*) *agg. e s.m.* anticlericale.

anticléricalisme [ɑ̃tikleʀikalism] *s.m.* anticlericalismo.

anticoagulant [ɑ̃tikɔagylɑ̃] *agg.* anticoagulante.

anticolonialiste [ɑ̃tikɔlɔnjalist] *agg. e s.m.* anticolonialista.

anticommunisme [ɑ̃tikɔmynism] *s.m.* anticomunismo.

anticommuniste [ɑ̃tikɔmynist] *agg. e s.m. e f.* anticomunista.

anticonceptionnel [ɑ̃tikɔ̃sɛpsjɔnɛl] (f. *-elle*) *agg.* anticoncezionale.

anticonformisme [ɑ̃tikɔ̃fɔʀmism] *s.m.* anticonformismo.

anticonformiste [ɑ̃tikɔ̃fɔʀmist] *s.m. e f.* anticonformista.

anticonstitutionnel [ɑ̃tikɔ̃stitysjɔnɛl] (f. *-elle*) *agg.* anticostituzionale.

anticorps [ɑ̃tikɔʀ] *s.m.* (*biol.*) anticorpo.

anticyclone [ɑ̃tisiklon] *s.m.* anticiclone.

antidater [ɑ̃tidate] *v.tr.* antidatare, retrodatare.

antidémocratique [ɑ̃tidemɔkʀatik] *agg.* antidemocratico.

antidépresseur [ɑ̃tidepʀɛsœʀ] *s.m. e agg.* antidepressivo.

antidépressif [ɑ̃tidepʀesif] (f. *-ive*) *agg.* antidepressivo.

antidérapant [ɑ̃tideʀapɑ̃] *agg.* antisdrucciolevole, antisdrucciolo.

antidiphtérique [ɑ̃tidifteʀik] *agg.* antidifterico.

antidote [ɑ̃tidɔt] *s.m.* antidoto (contro).

antidrogue [ɑ̃tidʀɔg] (pl. *invar.*) *agg.* antidroga: *mesures* —, misure antidroga.

antiéducatif [ɑ̃tiedykatif] (f. *-ive*) *agg.* diseducativo.

antieffraction [ɑ̃tiefʀaksjɔ̃] *agg.* antifurto, antiscasso.

antienne [ɑ̃tjɛn] *s.f.* (*eccl.*) antifona || *c'est toujours la même* —, (*fig.*) è sempre la stessa solfa.

antifascisme [ɑ̃tifaʃism] *s.m.* antifascismo.

antifasciste [ɑ̃tifaʃist] *agg. e s.m.* antifascista.

antigang [ɑ̃tigɑ̃g] *agg.* anticrimine: *brigade* —, squadra anticrimine.

antigel [ɑ̃tiʒel] *agg. e s.m.* antigelo, anticongelante.

antigène [ɑ̃tiʒɛn] *s.m.* antigene.

antiglisse [ɑ̃tiglis] *agg.invar.* antisdrucciolo.

antigouvernemental [ɑ̃tiguvɛʀnəmɑ̃tal] (pl. *-aux*) *agg.* antigovernativo.

antigrippe [ɑ̃tigʀip] *agg.invar.* antinfluenzale.

antihausse [ɑ̃tios] *agg.invar.* contro il rialzo dei prezzi.

antihémorragique [ɑ̃tiemɔʀaʒik] *agg.* (*med.*) antiemorragico.

antihéros [ɑ̃tieʀo] *s.m.* antieroe.

antihistaminique [ɑ̃tiistaminik] *s.m.* (*med.*) antistaminico.

antihygiénique [ɑ̃tiiʒjenik] *agg.* antigienico.

anti-LAV [ɑ̃tilav] *s.m.* (*med.*) anticorpi del virus HVL.

antillais [ɑ̃tijɛ] *agg. e s.m.* delle Antille.

antilope [ɑ̃tilɔp] *s.f.* antilope.

antimatière [ɑ̃timatjɛʀ] *s.f.* (*fis.*) antimateria.

antiméridien [ɑ̃timeʀidjɛ̃] *s.m.* antimeridiano.

antimilitariste [ɑ̃timilitaʀist] *agg. e s.m. e f.* antimilitarista.

antimissile [ɑ̃timisil] *agg.invar.* antimissile.

antimite [ɑ̃timit] *agg. e s.m.* tarmicida, antitarmico.

antimoine [ɑ̃timwan] *s.m.* (*chim.*) antimonio.

antinazi [ɑ̃tinazi] *agg. e s.m.* antinazista.

antinévralgique [ɑ̃tinevʀalʒik] *agg. e s.m.* (*med.*) antinevralgico.

antinomie [ɑ̃tinɔmi] *s.f.* antinomia.

antinucléaire [ɑ̃tinykleɛʀ] *agg.* antinucleare.

antipape [ɑ̃tipap] *s.m.* antipapa.

antiparasite [ɑ̃tipaʀazit] *agg. e s.m.* 1 antiparassitario 2 (*rad., tv*) antidisturbo. .

antipathie [ɑ̃tipati] *s.f.* antipatia.

antipathique [ɑ̃tipatik] *agg.* antipatico.

antipatriotique [ɑ̃tipatʀijɔtik] *agg.* antipatriottico.

antipelliculaire [ɑ̃tipe(ɛl)likylɛʀ] *agg.* antiforfora.

antipode [ɑ̃tipɔd] *s.m.* antipode.

antipoison [ɑ̃tipwazɔ̃] *agg.invar.*: *centre* —, centro antiveleni.

antipolio [ɑ̃tipɔljo] *agg.invar.* antipolio.

antipollution [ɑ̃tipɔl/ysjɔ̃] *agg.invar.* antinquinamento; antismog.

antipyrétique [ɑ̃tipiʀetik] *agg. e s.m.* antipiretico.

antiquaille [ɑ̃tikaj] *s.f.* (*fam.*) anticaglia.

antiquaire [ɑ̃tikɛʀ] *s.m. e f.* antiquario/a.

antique [ɑ̃tik] *agg.* 1 antico, dell'antichità classica || *beauté* —, bellezza classica 2 (*suranné*) antiquato || *à l'*—, all'antica ♦ *s.m.* opera classica: *copier l'*—, rifarsi a un modello classico.

antiquité [ɑ̃tikite] *s.f.* 1 antichità || *de toute* —, fin dalla più remota antichità 2 *pl.* oggetti antichi, antichità, antiquariato (*m.sing.*).

antirabique [ɑ̃tiʀabik] *agg.* antirabbico.

antiraciste [ɑ̃tiʀasist] *agg.* antirazzista.

antireflet [ɑ̃tiʀəflɛ] *agg.invar.* antiriflesso.

antirhumatismal [ɑ̃tiʀymatismal] (pl. *-aux*) *agg. e s.m.* (*med.*) antireumatico.

antirides [ɑ̃tiʀid] *agg.invar.* antirughe.

antirouille [ɑ̃tiʀuj] *agg. e s.m.invar.* antiruggine.

antisémite [ɑ̃tisemit] *agg. e s.m.* antisemita.

antisémitique [ɑ̃tisemitik] *agg.* antisemitico.

antisémitisme [ɑ̃tisemitism] *s.m.* antisemitismo.

antiseptique [ɑ̃tisɛptik] *agg. e s.m.* antisettico || *sparadrap* —, cerotto medicato.

antisismique [ɑ̃tisismik] *agg.* antisismico.

antisocial [ɑ̃tisɔsjal] (pl. *-aux*) *agg.* antisociale.

antispasmodique [ɑ̃tispasmɔdik] *agg. e s.m.* antispasmodico, antispastico.

antisportif [ɑ̃tispɔrtif] (f. *-ive*) *agg.* antisportivo.

antistatique [ɑ̃tistatik] *agg.* antistatico ♦ *s.m.* prodotto antistatico.

antitabac [ɑ̃titaba] *agg.invar.* antifumo.

antitartre [ɑ̃titaʀtʀ] *agg.invar.* antitartaro.

antiterroriste [ɑ̃titeʀɔʀist] *agg.* antiterroristico, antiterrorista.

antitétanique [ɑ̃titetanik] *agg.* antitetanico.

antithèse [ɑ̃titɛz] *s.f.* antitesi.

antithétique [ɑ̃titetik] *agg.* antitetico.

antitranspirant [ɑ̃titʀɑ̃spiʀɑ̃] *agg.* antisudorifero.

antitussif [ãtitysif] (f. *-ive*) *agg.* e *s.m.* espettorante.

antivariolique [ãtivaʀjɔlik] *agg.* antivaioloso.

antivol [ãtivɔl] *agg.* e *s.m.invar.* antifurto.

antonomase [ãtɔnɔmaz] *s.f.* antonomasia.

antonyme [ãtɔnim] *s.m.* antonimo.

antre [ãtʀ] *s.m.* antro || — *du lion*, (*fig.*) fossa dei leoni.

anus [anys] *s.m.invar.* (*anat.*) ano.

anversois [ãvɛʀswa] *agg.* e *s.m.* di Anversa.

anxiété [ãksjete] *s.f.* ansia, ansietà.

anxieusement [ãksjøzmã] *avv.* ansiosamente, con ansia.

anxieux [ãksjø] (f. *-euse*) *agg.* ansioso; preoccupato ♦ *s.m.* (individuo) ansioso.

anxiogène [ãksjɔʒɛn] *agg.* ansiogeno.

anxiolytique [ãksjɔlitik] *agg.* e *s.m.* ansiolitico.

aorte [aɔʀt] *s.f.* aorta.

aortique [aɔʀtik] *agg.* (*anat.*) aortico.

août [u/] *s.m.* agosto: *le quinze août*, ferragosto.

aoûtien [utjɛ̃] (f. *-enne*) *s.m.* chi fa le vacanze nel mese d'agosto, ferragostano.

apache [apaʃ] *s.m.* **1** apache (indiano d'America) **2** (*antiq.*) teppista (parigino dei primi del Novecento).

apaisant [apɛzã] *agg.* riposante; (*lénifiant*) calmante.

apaisement [apɛzmã] *s.m.* **1** acquietamento **2** tregua (*f.*) **3** (*spec.pl.*) rassicurazione (*f.*).

apaiser [apeze] *v.tr.* placare; (*calmer*) sedare || *il s'en alla l'esprit apaisé*, se ne andò con l'animo rasserenato □ **s'apaiser** *v.pron.* placarsi.

apanage [apanaʒ] *s.m.* appannaggio.

aparté [apaʀte] *s.m.* **1** (*teatr.*) a parte **2** (*estens.*) conversazione appartata □ **en aparté** *locuz.avv.* a parte.

apathie [apati] *s.f.* apatia.

apathique [apatik] *agg.* e *s.m.* apatico.

apatride [apatʀid] *agg.* e *s.m.* e *f.* apolide.

apercevoir [apɛʀsəvwaʀ] (*coniug. come* recevoir) *v.tr.* scorgere, vedere; intravedere: *je n'ai fait que les —, je ne sais si je les reconnaîtrais*,li ho appena intravisti, non so se li riconoscerei □ **s'apercevoir** *v.pron.* **1** accorgersi **2** scorgersi (l'un l'altro).

aperçu [apɛʀsy] *part.pass.* di apercevoir ♦ *s.m.* **1** cenno, idea (*f.*): *son dernier article présente des aperçus intéressants sur la situation*, nel suo ultimo articolo vi sono considerazioni interessanti sulla situazione **2** sommario, prospetto; compendio.

apéritif [apeʀitif] (f. *-ive*) *agg.* e *s.m.* aperitivo.

apéro [apeʀo] *s.m.* (*fam.*) aperitivo.

apesanteur [apəzãtœʀ] *s.f.* (*fis.*) condizione di mancanza di gravità.

à-peu-près [apøpʀɛ] (pl. *invar.*) *s.m.* approssimazione (*f.*).

apeuré [apøʀe] *agg.* impaurito, spaventato.

apex [apɛks] *s.m.invar.* apice.

aphasie [afazi] *s.f.* (*med.*) afasia.

aphasique [afazik] *agg.* e *s.m.* (*med.*) afasico.

aphérèse [afeʀɛz] *s.f.* (*gramm.*) aferesi.

aphidé [afide], **aphidien** [afidjɛ̃] *s.m.* (*zool.*) afide.

aphone [afɔn] *agg.* afono.

aphorisme [afɔʀism] *s.m.* aforisma.

aphrodisiaque [afʀɔdizjak] *agg.* e *s.m.* afrodisiaco.

aphte [aft] *s.m.* (*med.*) afta (*f.*).

aphteux [aftø] (f. *-euse*) *agg.* (*med.*) aftoso || (*vet.*) *fièvre aphteuse*, afta epizootica.

à-pic [apik] (pl. *à-pics*) *s.m.* dirupo, precipizio.

apical [apikal] (pl. *-aux*) *agg.* apicale.

apiculteur [apikyltœʀ] (f. *-trice*) *s.m.* apicoltore.

apiculture [apikyltyʀ] *s.f.* apicoltura.

apitoiement [apitwamã] *s.m.* l'impietosirsi.

apitoyer [apitwaje] (*coniug. come* employer) *v.tr.* impietosire □ **s'apitoyer** *v.pron.* impietosirsi, provare pietà (per).

aplanir [aplaniʀ] *v.tr.* spianare; appianare (*anche fig.*).

aplanissement [aplanismã] *s.m.* spianamento; appianamento (*anche fig.*).

aplati [aplati] *agg.* appiattito; schiacciato.

aplatir [aplatiʀ] *v.tr.* appiattire; schiacciare □ **s'aplatir** *v.pron.* appiattirsi; schiacciarsi || *s'— devant qqn*, strisciare davanti a qlcu.

aplatissement [aplatismã] *s.m.* **1** appiattimento **2** (*fig.*) umiliazione (*f.*).

aplomb [aplɔ̃] *s.m.* **1** appiombo: *il a gardé son —*, (*fig.*) ha mantenuto il controllo || *d'—*, a perpendicolo; in equilibrio; *bien d'— sur ses jambes*, ben saldo sulle gambe; *remettre d'—*, (*fig.*) rimettere in sesto; *se sentir d'—*, (*fig.*) sentirsi in forma **2** disinvoltura (*f.*); (*spreg.*) sfrontatezza (*f.*): *avoir de l'—*, esser sicuro di sé.

apnée [apne] *s.f.* apnea.

apo- *pref.* apo-

apocalypse [apɔkalips] *s.f.* apocalisse.

apocalyptique [apɔkaliptik] *agg.* apocalittico.

apocope [apɔkɔp] *s.f.* (*gramm.*) apocope.

apocryphe [apɔkʀif] *agg.* e *s.m.* apocrifo.

apogée [apɔʒe] *s.m.* apogeo.

apolitique [apɔlitik] *agg.* apolitico.

apollon [apɔlɔ̃] *s.m.* apollo.

apologétique [apɔlɔʒetik] *s.f.* (*teol.*) apologetica.

apologie [apɔlɔʒi] *s.f.* apologia.

apologiste [apɔlɔʒist] *s.m.* apologista.

apologue [apɔlɔg] *s.m.* apologo.

apophyse [apɔfiz] *s.f.* (*anat.*) apofisi.

apoplectique [apɔplɛktik] *agg.* e *s.m.* apoplettico.

apoplexie [apɔplɛksi] *s.f.* apoplessia: *coup d'—*, colpo apoplettico.

apostasie [apɔstazi] *s.f.* apostasia.

apostat [apɔsta] *agg.* e *s.m.* apostata.

apostolat [apɔstɔla] *s.m.* apostolato.

apostolique [apɔstɔlik] *agg.* apostolico.

apostrophe[1] [apɔstʀɔf] *s.f.* (*ret.*) apostrofe.

apostrophe[2] *s.f.* (*gramm.*) apostrofo (*m.*).

apostropher [apɔstʀɔfe] *v.tr.* apostrofare □ **s'apostropher** *v.pron.* ingiuriarsi.

apothéose [apɔteoz] *s.f.* apoteosi.

apothicaire [apɔtikɛʀ] *s.m.* (*antiq.*) speziale, farmacista || *compte d'—*, (*fig.*) conto complicato e discutibile.

apôtre [apotʀ] *s.m.* apostolo.

apparaître [apaʀɛtʀ] (*coniug. come* connaître) *v.intr.* **1** apparire, comparire: *il est* (o *a*) *apparu*, è apparso, comparso || *faire — son bon droit*, dimostrare il proprio buon diritto || *faire — la vérité*, far venir fuori la verità **2** sembrare, parere || *il apparaît que...*, risulta che...

apparat [apaʀa] *s.m.* pompa (*f.*), gala (*f.*): *en grand —*, in pompa magna || *— critique*, apparato critico

appareil [apaʀɛj] *s.m.* **1** apparecchio: *— de projection*, proiettore || (*al telefono*): *qui est à l'—?*, chi parla?; *restez à l'—*, resti in linea || *porter l'—*, portare l'apparecchio (dei denti) **2** (*aer.*) aeroplano, apparecchio **3** (*anat., tecn., amm.*) apparato.

appareillage [apaʀɛjaʒ] *s.m.* **1** (*mar.*) il salpare || *poste d'—*, posto di manovra **2** (*tecn.*) apparecchiatura (*f.*).

appareiller[1] [apaʀeje] *v.intr.* (*mar.*) salpare.

appareiller[2] *v.tr.* assortire, appaiare □ **s'appareiller** *v.pron.* accoppiarsi.

apparemment [apaʀamɑ̃] *avv.* apparentemente, a prima vista.

apparence [apaʀɑ̃s] *s.f.* **1** apparenza **2** aspetto (*m.*) **3** (*letter.*) verosimiglianza: *il y a — que...*, è probabile che... || *contre toute —*, contro ogni evidenza || *selon toute —*, con ogni probabilità.

apparent [apaʀɑ̃] *agg.* **1** apparente **2** evidente, palese.

apparentement [apaʀɑ̃tmɑ̃] *s.m.* (*pol.*) apparentamento.

apparenter [apaʀɑ̃te] *v.tr.* imparentare □ **s'apparenter** *v.pron.* **1** imparentarsi (con) **2** (*pol.*) apparentarsi.

apparier [apaʀje] *v.tr.* appaiare, assortire.

appariteur [apaʀitœʀ] *s.m.* bidello (di università), usciere.

apparition [apaʀisjɔ̃] *s.f.* apparizione.

appartement[apaʀtəmɑ̃] *s.m.* appartamento.

appartenance [apaʀtənɑ̃s] *s.f.* appartenenza.

appartenir [apaʀtəniʀ] (*coniug. come* tenir) *v. intr.* appartenere; fare parte di: *cette maison a appartenu à son frère*, questa casa è appartenuta a suo fratello || *elle ne voulait pas lui —*, non voleva essere sua ♦ *v.impers.* spettare: *il n'appartient qu'à moi de...*, dipende solo da me... □ **s'appartenir** *v.pron.* disporre di sé.

appartenu [apaʀtəny] *part.pass. di* appartenir.

apparu [apaʀy] *part.pass. di* apparaître.

appas [apɑ] *s.m.pl.* **1** bellezze (*f.*), formosità (*f.*) (di donna) **2** (*fig.*) attrattive (*f.*).

appât [apɑ] *s.m.* **1** esca (*f.*) **2** (*fig.*) esca (*f.*); attrattiva (*f.*).

appâter [apɑte] *v.tr.* **1** ingozzare (pollame) **2** adescare (*anche fig.*).

appauvrir [apovʀiʀ] *v.tr.* impoverire; depauperare □ **s'appauvrir** *v.pron.* impoverirsi.

appauvrissement [apovʀismɑ̃] *s.m.* impoverimento; depauperamento.

appeau [apo] (pl. *-eaux*) *s.m.* (*caccia*) **1** richiamo (per gli uccelli) **2** uccello di richiamo.

appel [apɛl] *s.m.* **1** appello || *— au secours*, invocazione di aiuto || *l'— de la nature*, il richiamo della natura || (*tecn.*) *— d'air*, richiamo d'aria || (*sport*) *pied d'—*, piede di slancio, di battuta **2** (*tel., inform.*) chiamata (*f.*) **3** (*mil.*) chiamata (*f.*): *revue d'—*, chiamata di controllo; *devancer l'—*, anticipare la ferma **4** (*dir.*) appello: *faire —*, ricorrere in appello, appellarsi; *demandeur en —*, appellante; *défendeur en —*, appellato || *Cour d'Appel*, Corte d'Appello; *— des témoins*, convocazione dei testimoni **5** (*econ.*) richiesta (*f.*): *— d'offres*, gara d'appalto.

appelé [aple] *agg.* chiamato ♦ *s.m.* soldato di leva.

appeler [aple] (*raddoppia la* l *davanti a sillaba muta*: j'appelle, j'appellerai, etc.) *v.tr.* chiamare: *— à l'aide*, chiamare in aiuto || *comment appelles-tu cela en anglais?*, come lo dici in inglese? || *— une bénédiction sur qqn*, invocare una benedizione su qlcu || *j'appelle votre attention sur ces faits*, richiamo la vostra attenzione su questi fatti || *sa conduite appelle votre sévérité*, la sua condotta richiede severità da parte vostra || (*dir.*) *— en justice*, citare in giudizio || (*mil.*) *— (sous les drapeaux)*, chiamare alle armi ♦ *v.intr.* (*dir.*) fare ricorso: *— d'un jugement*, fare ricorso contro una sentenza || *j'en appelle à votre bonne foi*, faccio appello alla vostra buona fede □ **s'appeler** *v.pron.* chiamarsi.

appellation [ape(ɛl)lasjɔ̃] *s.f.* qualifica; denominazione || *vin à — d'origine*, vino d'origine; *vin à — d'origine contrôlée* (*AOC*), vino a denominazione d'origine controllata, vino DOC.

appendice [apɛ̃dis] *s.m.* appendice (*f.*).

appendicite [apɛ̃disit] *s.f.* appendicite.

appentis [apɑ̃ti] *s.m.* tettoia (contro un muro).

appesantir [apəzɑ̃tiʀ] *v.tr.* appesantire || *— son autorité*, fare sentire il peso della propria autorità □ **s'appesantir** *v.pron.* **1** appesantirsi **2** (*fig.*) insistere.

appesantissement [apəzɑ̃tismɑ̃] *s.m.* appesantimento.

appétence [apetɑ̃s] *s.f.* appetenza; (*fig.*) desiderio (*m.*).

appétissant[apetisɑ̃] *agg.* appetitoso.

appétit [apeti] *s.m.* appetito: *avoir de l'—*, avere appetito; *n'avoir d'— pour rien*, non aver voglia di niente || *— de vivre*, (*fig.*) voglia di vivere.

applaudir [aplodiʀ] *v.tr.* e *intr.* applaudire □ **s'applaudir** *v.pron.* compiacersi, rallegrarsi.

applaudissement [aplodismɑ̃] *s.m.* applauso: *une tempête d'applaudissements*, uno scroscio di applausi.

applicable [aplikabl] *agg.* applicabile.

application [aplikasjɔ̃] *s.f.* **1** applicazione: *mettre en —*, mettere in pratica **2** (*fig.*) impegno (*m.*), applicazione.

applique [aplik] *s.f.* lampada a muro, applique.

appliqué [aplike] *agg.* **1** applicato ‖ (*fam.*) *un coup bien* —, un colpo ben assestato **2** (*fig.*) diligente: *un écolier* —, uno scolaro diligente; — *à son travail*, coscienzioso nel suo lavoro.

appliquer [aplike] *v.tr.* **1** applicare (*anche fig.*): — *une couche de peinture*, dare una mano di vernice **2** (*fam.*) appioppare, affibbiare □ **s'appliquer** *v.pron.* **1** applicarsi; dedicarsi; sforzarsi (di): *s'* — *à étudier*, sforzarsi di studiare **2** adattarsi.

appoint [apwɛ̃] *s.m.* **1** spiccioli (*pl.*): *faire l'* —, completare una somma con denaro spicciolo **2** (*mecc.*) completamento, integrazione (*f.*) **3** (*fig.*) contributo, appoggio □ **d'appoint** *locuz.* a integrazione, supplementare: *chauffage d'* —, riscaldamento ausiliario; *lit d'* —, letto supplementare.

appointements [apwɛ̃tmɑ̃] *s.m.pl.* emolumenti.

appointer[1] [apwɛte] *v.tr.* retribuire.

appointer[2] *v.tr.* appuntire, fare la punta (a).

appondre [apɔ̃dʀ] *v.tr.* (*in Svizzera*) **1** aggiungere **2** allungare.

appontement [apɔ̃tmã] *s.m.* pontile.

apport [apɔʀ] *s.m.* **1** apporto ‖ (*geol.*) *terres d'* —, terre alluvionali **2** (*dir., econ.*) quota sociale, conferimento: *capital d'* —, conferimento di capitale.

apporter [apɔʀte] *v.tr.* **1** portare; (*con sè*) (ar)recare: — *une consolation à qqn*, consolare qlcu; — *des nouvelles*, portare notizie ‖ (*econ.*) — *des biens à une entreprise*, conferire dei beni a un'impresa **2** produrre; fornire ‖ — *des preuves*, addurre delle prove ‖ — *du zèle à faire qqch*, mettere zelo nel fare qlco ‖ — *des difficultés*, creare difficoltà.

apporteur [apɔʀtœʀ] (f. -*euse*) *s.m.* apportatore: — *de capital*, apportatore di capitali.

apposer [apoze] *v.tr.* apporre ‖ — *une clause*, inserire una clausola.

apposition [apozisjɔ̃] *s.f.* apposizione.

appréciable [apʀesjabl] *agg.* apprezzabile; sensibile, notevole.

appréciateur [apʀesjatœʀ] (f. -*trice*) *s.m.* estimatore.

appréciation [apʀesjasjɔ̃] *s.f.* **1** apprezzamento (*m.*); stima **2** giudizio (*m.*) **3** note caratteristiche (di una persona).

apprécier [apʀesje] *v.tr.* **1** apprezzare: *je ne l'apprécie pas du tout*, non mi piace affatto **2** stimare □ **s'apprécier** *v.pron.* (*fin.*) rivalutarsi.

appréhender [apʀeɑ̃de] *v.tr.* **1** temere: *j'appréhende qu'il ne vienne*, temo che venga; *j'appréhende qu'il ne vienne pas*, temo che non venga **2** (*dir.*) arrestare **3** (*fil.*) comprendere, concepire.

appréhension [apʀeɑ̃sjɔ̃] *s.f.* apprensione.

apprendre [apʀɑ̃dʀ] (*coniug. come* prendre) *v.tr.* **1** imparare, apprendere; studiare ‖ *cela t'apprendra à...*, (*fam.*) così imparerai a...; *ça t'apprendra!*, (*fam.*) ti sta bene! **2** insegnare: — *à lire à un enfant*, insegnare a leggere a un bambino; *apprends-moi comment on fait*, insegnami come

si fa **3** venire a sapere: *nous avons appris que...*, ci hanno detto che...; *je viens d'* — *que...*, ho appena saputo che... **4** annunciare, comunicare; informare: *c'est moi qui le lui ai appris*, glielo ho detto io.

apprenti [apʀɑ̃ti] *agg.* e *s.m.* apprendista; garzone, giovane (di bottega); principiante: *travail d'* —, lavoro da principiante; *un* — *maçon*, un apprendista muratore.

apprentissage [apʀɑ̃tisaʒ] *s.m.* apprendistato, tirocinio: *être en* —, fare tirocinio; *mettre en* —, mettere a bottega ‖ *taxe d'* —, in Francia, contributo dei datori di lavoro al finanziamento dell'istruzione professionale ‖ *faire l'* — *de*, (*fig.*) formarsi a.

apprêt [apʀɛ] *s.m.* **1** apprettatura (*f.*), l'apprettare **2** appretto **3** base (*f.*), primo strato (di colore); (*pitt.*) apparecchiatura (*f.*) **4** (*fig.*) ricercatezza (*f.*) ‖ *sans* —, semplice, naturale, senza pretese.

apprêté [apʀete] *agg.* (*fig.*) ricercato, affettato.

apprêter [apʀete] *v.tr.* **1** (*letter.*) approntare **2** (*ind.*) apprettare □ **s'apprêter** *v.pron.* **1** prepararsi **2** apprestarsi, accingersi.

apprivoisable [apʀivwazabl] *agg.* addomesticabile.

apprivoiser [apʀivwaze] *v.tr.* **1** addomesticare **2** (*fig.*) ammansire □ **s'apprivoiser** *v.pron.* **1** ammansirsi **2** (*fig.*) familiarizzarsi.

approbateur [apʀɔbatœʀ] (f. -*trice*) *agg.* e *s.m.* approvatore: *un sourire* —, un sorriso di approvazione.

approbatif [apʀɔbatif] (f. -*ive*) *agg.* approvatore, di approvazione.

approbation [apʀɔbasjɔ̃] *s.f.* approvazione; consenso (*m.*).

approchable [apʀɔʃabl] *agg.* avvicinabile: *il n'est pas* — *ce matin!*, stamattina è inavvicinabile!

approchant [apʀɔʃɑ̃] *agg.* simile.

approche [apʀɔʃ] *s.f.* **1** l'approssimarsi, avvicinamento (*m.*): *travaux d'* —, manovre d'avvicinamento (*anche fig.*) **2** approccio (*m.*); accesso (*m.*): *personne d'* — *facile*, una persona abbordabile **3** *pl.* vicinanze: *aux approches de*, nei pressi, in prossimità di.

approché [apʀɔʃe] *agg.* approssimativo; (*mat.*) approssimato.

approcher [apʀɔʃe] *v.tr.* avvicinare, accostare: *ne m'approche pas*, non venirmi vicino ♦ *v.intr.* avvicinarsi (a), approssimarsi (a): *l'aube approche*, l'alba è vicina; *elle approche de la quarantaine*, è prossima alla quarantina □ **s'approcher** *v.pron.* avvicinarsi (a), accostarsi (a): *s'* — *du feu*, avvicinarsi al fuoco.

approfondir [apʀɔfɔ̃diʀ] *v.tr.* approfondire.

approfondissement [apʀɔfɔ̃dismã] *s.m.* approfondimento.

appropriation [apʀɔpʀijasjɔ̃] *s.f.* appropriazione.

approprier [apʀɔpʀije] *v.tr.* **1** adattare, adeguare **2** *s'* —, appropriarsi (di), impadronirsi (di) □ **s'approprier** *v.pron.* adattarsi.

approuver [apʀuve] *v.tr.* approvare: *il m'approuve toujours*, mi dà sempre ragione.

approvisionnement [apʀɔvizjɔnmɑ̃] *s.m.* **1** approvvigionamento, rifornimento **2** *pl.* provviste (*f.*).

approvisionner [apʀɔvizjɔne] *v.tr.* approvvigionare, rifornire: — *de, en denrées alimentaires*, rifornire di generi alimentari ‖ — *un compte en banque*, alimentare un conto in banca ‖ — *une arme*, ricaricare un'arma □ **s'approvisionner** *v.pron.* approvvigionarsi, rifornirsi.

approximatif [apʀɔksimatif] (*f.* *-ive*) *agg.* approssimativo ‖ **-ivement** *avv.*

approximation [apʀɔksimɑsjɔ̃] *s.f.* approssimazione.

appui [apɥi] *s.m.* sostegno, appoggio: *prendre* — *sur*, appoggiarsi a; *mur d'*—, muro di sostegno; *il a beaucoup d'appuis*, (*fig.*) ha molti appoggi ‖ *le point d'*— *d'un levier*, il fulcro di una leva ‖ *à l'*— *(de)*, a sostegno (di): *démontrer preuves à l'*—, dimostrare prove alla mano.

appui-bras (*pl.* *appuis-bras*), **appuie-bras** [apɥibʀa] (*pl.* *invar.*) *s.m.* bracciolo.

appui-tête (*pl.* *appuis-tête*), **appuie-tête** [apɥitɛt] (*pl.* *invar.*) *s.m.* appoggiatesta, poggiatesta.

appuyer [apɥije] (*coniug.* *come* employer) *v.tr.* **1** appoggiare (*anche fig.*): *il appuie ses accusations sur des preuves irréfutables*, fonda le sue accuse su prove irrefutabili **2** sostenere: — *un mur par des étais*, sostenere, puntellare un muro **3** *s'*—, (*fam.*) sobbarcarsi: *s'*— *une corvée*, fare una sfacchinata ♦ *v.intr.* premere; (*fig.*) insistere: — *à*, *sur la droite*, spostarsi a destra ‖ *les poutres appuient sur des piliers*, le travi poggiano su dei pilastri ‖ *un regard appuyé*, uno sguardo insistente □ **s'appuyer** *v.pron.* appoggiarsi (*anche fig.*): *il s'appuyait sur sa canne*, si appoggiava al bastone; *s'*— *sur qqn*, fare affidamento su qlcu; *s'*— *sur un texte*, basarsi su un testo.

âpre [ɑpʀ] *agg.* aspro (*anche fig.*): *un froid*—, un freddo pungente ‖ *homme*— *au gain*, uomo avido di guadagno ‖ **-ement** *avv.*

après [apʀɛ] *prep.* **1** dopo: — *lui*, dopo di lui; — *six heures*, dopo sei ore; dopo le sei; *sa maison se trouve juste* — *la mairie*, casa sua è subito dopo, subito oltre il municipio ‖ — *quoi*, dopodiché ‖ — *coup*, a cose fatte, troppo tardi ‖ *et puis* —?, (*fam.*) e con ciò? **2** dietro; contro: *courir* — *qqn*, *qqch*, correr dietro a qlcu, a qlco; *crier* — *qqn*, (*fam.*) gridare dietro a qlcu **3** (*fam.*): *je suis furieux* — *ton frère*, sono furente contro tuo fratello; *on a demandé* — *vous*, hanno chiesto di voi; *être* — *qqch*, occuparsi di qlco; *soupirer* — *qqn*, sospirare per qlcu ♦ *avv.* dopo, poi: *trois semaines* —, tre settimane dopo □ **après que** *locuz.cong.* dopo che □ **d'après** *locuz.prep.* secondo; (*con valore di agg.*) dopo: *d'*— *Platon*, secondo Platone, *un dessin d'*— *nature*, un disegno dal vero; *d'*— *ce qu'il m'a dit...*, da quanto mi ha detto...; *d'*— *qqn*, a detta di qlcu; *le mois*, *le dimanche d'*—, il mese, la domenica dopo.

après-demain [apʀɛdmɛ̃] *avv.* e *s.m.* dopodomani.

après-guerre [apʀɛgɛʀ] (*pl.* *après-guerres*) *s.m.* dopoguerra.

après-midi [apʀɛ(e)midi] (*pl.* *invar.*) *s.m.* e *f.* pomeriggio (*m.*): *l'*— *de bonne heure*, nel primo pomeriggio; *tard dans l'*—, nel tardo pomeriggio.

après-rasage [apʀɛʀazaʒ] (*pl.* *invar.*) *agg.* e *s.m.* dopobarba.

après-ski [apʀɛ(e)ski] (*pl.* *après-skis*) *s.m.* doposci.

après-vente [apʀɛvɑ̃t] (*pl.* *invar.*) *agg.* (*comm.*) *service* —, assistenza clienti.

âpreté [ɑpʀɔte] *s.f.* asprezza (*anche fig.*) ‖ *l'*— *du climat*, il rigore del clima ‖ *discuter avec* —, discutere con accanimento.

à-propos [apʀɔpo] (*pl.invar.*) *s.m.* opportunità (*f.*): *sens de l'*—, *esprit d'*—, senso dell'opportunità; *manquer d'*—, non essere opportuno; *répondre avec beaucoup d'*—, rispondere a tono.

apte [apt] *agg.* **1** atto, adatto; idoneo: — *à (faire) un travail*, adatto a un lavoro **2** (*mil.*) abile (al servizio militare) **3** (*dir.*) capace.

aptère [aptɛʀ] *agg.* attero.

aptésien [aptezjɛ̃] (*f.* *-enne*) *agg.* di Apt.

aptitude [aptityd] *s.f.* **1** attitudine, capacità: *test d'*—, test attitudinale; — *au service militaire*, idoneità al servizio militare ‖ *certificat d'*— *professionnelle* (*CAP*), certificato di abilitazione professionale **2** (*dir.*) capacità.

apurer [apyʀe] *v.tr.* (*comm.*) **1** quadrare, verificare **2** liquidare.

aquarelle [akwaʀɛl] *s.f.* acquerello (*m.*).

aquarelliste [akwaʀelist] *s.m.* e *f.* acquerellista.

aquarium [akwaʀjɔm] *s.m.* acquario.

aquatinte [akwatɛ̃t] *s.f.* (*arte*) acquatinta.

aquatique [akwatik] *agg.* acquatico.

aqueduc [akdyk] *s.m.* acquedotto.

aqueux [akø] (*f.* *-euse*) *agg.* acquoso.

aquifère [akɥifɛʀ] *agg.* acquifero.

aquilin [akilɛ̃] *agg.* aquilino.

aquilon [akilɔ̃] *s.m.* (*vento*) aquilone.

aquitain [akitɛ̃] *agg.* e *s.m.* aquitano.

aquosité [akozite] *s.f.* acquosità.

ara [aʀa] *s.m.* (*zool.*) ara (*f.*).

arabe [aʀab] *agg.e s.m.* arabo.

arabesque [aʀabesk] *s.f.* arabesco (*m.*).

arabique [aʀabik] *agg.* arabico.

arabisant [aʀabizɑ̃] *s.m.* arabista.

arabisation [aʀabizɑsjɔ̃] *s.f.* arabizzazione.

arabiser [aʀabize] *v.tr.* arabizzare.

arable [aʀabl] *agg.* arabile.

arabophone [aʀabɔfɔn] *agg.* e *s.m.* (persona) di lingua araba.

arachide [aʀaʃid] *s.f.* arachide.

arachnéen [aʀaknee̊] (*f.* *-enne*) *agg.* (*di tessuto*) velato, trasparente.

aragonais [aʀagɔnɛ] *agg.* e *s.m.* aragonese.

araignée [aʀeɲe] *s.f.* **1** ragno (*m.*): *toile d'*—, ragnatela (*anche fig.*) ‖ *pattes d'*—, (*fig.*) dita lunghe e magre; scrittura allungata e filiforme ‖ *avoir une* — *dans le*, *au plafond*, (*fig. fam.*) aver le pigne in testa, essere un po' svitato **2** (*zool.*) — *de mer*, *crabe* —, grancevola **3** ragno (tipo di rete).

araser [aʀɑze] *v.tr.* (*edil.*) livellare, pareggiare.

aratoire [aʀatwaʀ] *agg.*: *instrument* —, attrezzo agricolo.

arbalète [aʀbalɛt] *s.f.* balestra: *tirer à l'* —, tirare con la balestra.

arbalétrier [aʀbaletʀije] *s.m.* balestriere.

arbitrage [aʀbitʀaʒ] *s.m.* **1** arbitrato: *convention d'* — convenzione arbitrale **2** (*dir.*) sentenza (*f.*) arbitrale: — *de juge*, giudizio equitativo; *commission d'* —, collegio arbitrale **3** (*Borsa*) arbitraggio **4** (*sport*) arbitraggio.

arbitraire [aʀbitʀɛʀ] *agg.* arbitrario ♦ *s.m.* arbitrarietà (*f.*); despotismo.

arbitrairement [aʀbitʀɛʀmɑ̃] *avv.* arbitrariamente; in modo arbitrario.

arbitre[1] [aʀbitʀ] *s.m.* arbitro .

arbitre[2] *s.m.* arbitrio: *libre* —, libero arbitrio.

arbitrer [aʀbitʀe] *v.tr.* **1** fungere, fare da arbitro (in) **2** (*sport*) arbitrare.

arborer [aʀbɔʀe] *v.tr.* **1** inalberare: — *un drapeau*, inalberare una bandiera **2** ostentare, sfoggiare.

arborescent [aʀbɔʀesɑ̃] *agg.* arborescente.

arboricole [aʀbɔʀikɔl] *agg.* arboricolo.

arboriculture [aʀbɔʀikyltyʀ] *s.f.* arboricoltura || — *fruitière*, frutticoltura.

arbre [aʀbʀ] *s.m.* **1** albero: *arbres fruitiers, à fruits*, alberi da frutto; — *nain*, pianta nana || — *à pain*, *au poivre*, albero del pane, del pepe || — *bronchique*, albero bronchiale **2** (*mecc.*) albero: — *coudé*, albero a gomito; — *renvoi*, contralbero.

arbrisseau [aʀbʀiso] (pl. -*eaux*) *s.m.* frutice, arbusto.

arbuste [aʀbyst] *s.m.* arbusto.

arbustif [aʀbystif] (f. -*ive*) *agg.* arbustivo, arbustaceo.

arc [aʀk] *s.m.* arco: *tirer à l'* —, tirare con l'arco || (*arch.*): — *en plein cintre*, arco a pieno centro, a tutto sesto; — *aigu*, in ogive, arco acuto, ogivale || *en* —, ad arco || (*mat.*) — *de cercle*, arco di circonferenza.

arcade [aʀkad] *s.f.* **1** arcata || (*arch.*) *suite d'arcades*, archeggiatura **2** *pl.* porticato (*m.sing.*), portici (*m.*).

arcadien [aʀkadjɛ̃] (f. -*enne*) *agg.* e *s.m.* arcadico.

arcane [aʀkan] *agg.* e *s.m.* arcano.

arcature [aʀkatyʀ] *s.f.* (*arch.*) fuga di archi.

arc-boutant [aʀkbutɑ̃] (pl. *arcs-boutants*) *s.m.* (*arch.*) arco di spinta.

arc-bouter [aʀkbute] *v.tr.* (*arch.*) rinforzare con un arco di spinta □ **s'arc-bouter** *v.pron.* inarcarsi.

arc-doubleau [aʀkdublo] (pl. *arcs-doubleaux*) *s.m.* (*arch.*) arco doppio.

arceau [aʀso] (pl. -*eaux*) *s.m.* arco; archetto.

arc-en-ciel [aʀkɑ̃sjɛl] (pl. *arcs-en-ciel*) *s.m.* arcobaleno.

archaïque [aʀkaik] *agg.* arcaico.

archaïsant [aʀkaizɑ̃] *agg.* e *s.m.* arcaizzante, arcaicizzante.

archaïsme [aʀkaism] *s.m.* arcaismo.

archange [aʀkɑ̃ʒ] *s.m.* arcangelo.

arche[1] [aʀʃ] *s.f.* arco (*m.*) (di ponte).

arche[2] *s.f.* arca.

arche[3] *s.f.* (*zool.*) arsella.

archéologie [aʀkeɔlɔʒi] *s.f.* archeologia.

archéologique [aʀkeɔlɔʒik] *agg.* archeologico.

archéologue [aʀkeɔlɔg] *s.m.* archeologo.

archer [aʀʃe] *s.m.* arciere.

archet [aʀʃɛ] *s.m.* (*mus.*, *tecn.*) archetto || (*mus.*) *coup d'* —, cavata.

archétype [aʀketip] *agg.* e *s.m.* archetipo.

archevêché [aʀʃəvəʃe] *s.m.* arcivescovado.

archevêque [aʀʃəvɛk] *s.m.* arcivescovo.

archi- *pref.* arci-, stra-

archidiacre [aʀʃidjakʀ] *s.m.* arcidiacono.

archiduc [aʀʃidyk] *s.m.* arciduca.

archiduchesse [aʀʃidyʃɛs] *s.f.* arciduchessa.

archiépiscopal [aʀʃiepiskɔpal] (pl. -*aux*) *agg.* arcivescovile.

archimandrite [aʀʃimɑ̃dʀit] *s.m.* archimandrita.

archipel [aʀʃipɛl] *s.m.* arcipelago.

archiprêtre [aʀʃipʀɛtʀ] *s.m.* arciprete.

architecte [aʀʃitɛkt] *s.m.* architetto.

architectonique [aʀʃitɛktɔnik] *agg.* architettonico ♦ *s.f.* architettonica.

architectural [aʀʃitɛktyʀal] (pl. -*aux*) *agg.* architettonico: *un ensemble* —, un complesso architettonico.

architecture [aʀʃitɛktyʀ] *s.f.* **1** architettura || *les ordres d'* —, gli ordini architettonici **2** (*estens.*) conformazione: *l'* — *du corps humain*, la struttura del corpo umano.

architrave [aʀʃitʀav] *s.f.* (*edil.*) architrave (*m.*).

archivage [aʀʃivaʒ] *s.m.* **1** archiviazione (*f.*) **2** (*inform.*) salvataggio (dei dati).

archiver [aʀʃive] *v.tr.* archiviare.

archives [aʀʃiv] *s.f.pl.* archivio (*m.sing.*) || *mettre aux* —, archiviare; *classer aux* —, mettere in archivio.

archiviste [aʀʃivist] *s.m.* e *f.* archivista.

arçon [aʀsɔ̃] *s.m.* arcione: *être ferme sur, dans ses arçons*, stare ben saldo in sella; *vider les arçons*, vuotare le staffe (cadendo da cavallo).

arctique [aʀktik] *agg.* artico.

ardemment [aʀdamɑ̃] *avv.* ardentemente.

ardennais [aʀdenɛ] *agg.* ardennese, delle Ardenne.

ardent [aʀdɑ̃] *agg.* ardente (*anche fig.*); focoso || *rouge* —, (*fig.*) rosso fuoco, rosso vivo; *blond* —, biondo fulvo ♦ *s.m.* fuoco fatuo || (*med. pop.*) *le mal des ardents*, il fuoco di Sant'Antonio.

ardeur [aʀdœʀ] *s.f.* ardore (*m.*) || *il travaille avec* —, lavora con passione || *modérez vos ardeurs!*, (*fam.*) moderate i vostri bollenti spiriti!

ardoise [aʀdwaz] *s.f.* **1** (*min.*) ardesia **2** lavagna || *à l'* —, nel menu (di un ristorante) **3** (*edil.*) (tegola d') ardesia **4** (*fam.*) conto aperto (presso un negoziante).

ardoisière [aʀdwazjɛʀ] *s.f.* cava di ardesia.

ardu [aʀdy] *agg.* arduo.

are [aʀ] *s.m.* (*misura*) ara (*f.*).

arec [aʀɛk] *s.m.* (*bot.*) areca (*f.*).

aréna [aʀena] *s.m.* e *f.* (*in Canada*) palazzo del ghiaccio (per hockey).

arène [aʀɛn] *s.f.* **1** arena (di circo, anfiteatro ecc.) || *descendre dans l'—*, (*fig.*) scendere in campo || *entrer dans l'— politique*, (*fig.*) entrare nella lotta politica **2** (*poet.*) rena, sabbia **3** *pl.* arena (*sing.*), anfiteatro (*m.sing.*).

aréopage [aʀeɔpaʒ] *s.m.* (*fig.*) areopago.

arête [aʀɛt] *s.f.* **1** lisca, spina (di pesce); (*bot.*) resta, arista **2** spigolo (*m.*) || *— du toit*, colmo del tetto || (*arch.*): *les arêtes d'une voûte*, i costoloni di una volta; *voûte d'—*, volta a crociera **3** profilo (*m.*), linea (di contorno): *l'— du nez*, il profilo del naso. **4** (*geogr.*) cresta, crinale (*m.*).

arétin [aʀetɛ̃] *agg.* aretino.

argent [aʀʒɑ̃] *s.m.* **1** denaro; (*fam.*) soldi (*pl.*): *— de poche*, denaro per le piccole spese; *payer — comptant*, pagare in contanti; *prendre pour — comptant*, (*fig.*) prendere per oro colato; *en vouloir, en avoir pour son —*, pretendere, avere per ciò che si è pagato; *rentrer dans son —*, non rimetterci del proprio; *en être pour son —*, rimetterci del proprio denaro || *je ne connais pas la couleur de son —*, (*fam.*) non ho più visto i soldi che mi doveva; *l'— lui fond dans les mains*, ha le mani bucate **2** (*metall.*) argento || *de la vaisselle d'—*, vasellame d'argento || *cheveux d'—*, capelli argentei; *sa voix au timbre d'—*, la sua voce argentina.

argentanais [aʀʒɑ̃tanɛ] *agg.* di Argentan.

argenté [aʀʒɑ̃te] *agg.* **1** argentato **2** (*estens.*) inargentato, argentato; argenteo **3** (*fam.*) danaroso.

argenterie [aʀʒɑ̃tʀi] *s.f.* argenteria.

argentier [aʀʒɑ̃tje] *s.m.* (*fam.*) tesoriere || *Grand Argentier*, (*scherz.*) ministro delle Finanze.

argentifère [aʀʒɑ̃tifɛʀ] *agg.* argentifero.

argentin[1] [aʀʒɑ̃tɛ̃] *agg.* argentino.

argentin[2] *agg.* e *s.m.* argentino.

argile [aʀʒil] *s.f.* argilla; creta (argillosa).

argileux [aʀʒilø] (*f. -euse*) *agg.* argilloso.

argonnais [aʀgɔnɛ] *agg.* delle Argonne.

argot [argo] *s.m.* gergo: *— du milieu*, gergo della malavita; *— sportif*, gergo sportivo • In origine gergo parigino degli ambienti della malavita.

argotique [aʀgɔtik] *agg.* gergale.

arguer [aʀgɥe] *v.tr.* **1** arguire, dedurre **2** (*dir.*) *— une pièce de faux*, impugnare un documento di falso ♦ *v.intr.* prendere (qlco) a pretesto.

argument [aʀgymɑ̃] *s.m.* **1** argomento, argomentazione (*f.*) **2** (*dir.*) prova legale **3** cappello, nota introduttiva (in un testo).

argumentation [aʀgymɑ̃tasjɔ̃] *s.f.* argomentazione.

argumenter [aʀgymɑ̃te] *v.intr.* argomentare, discutere.

argus [aʀgys] *s.m.* uomo perspicace; spia (*f.*) || *L'argus du vélo*, L'informatore, il Giornale della bici.

argutie [aʀgysi] *s.f.* sottigliezza, cavillo (*m.*).

arianisme [aʀjanism] *s.m.* arianesimo.

aride [aʀid] *agg.* arido (*anche fig.*).

aridité [aʀidite] *s.f.* aridità (*anche fig.*).

arien [aʀjɛ̃] (*f. -enne*) *agg.* e *s.m.* ariano.

ariette [aʀjɛt] *s.f.* (*mus.*) arietta.

aristocrate [aʀistɔkʀat] *agg.* e *s.m.* aristocratico.

aristocratie [aʀistɔkʀasi] *s.f.* aristocrazia.

aristocratique [aʀistɔkʀatik] *agg.* aristocratico || *-ement* avv.

aristotélicien [aʀistɔtelisjɛ̃] (*f. -enne*) *agg.* e *s.m.* aristotelico.

arithméticien [aʀitmetisjɛ̃] (*f. -enne*) *s.m.* aritmetico.

arithmétique [aʀitmetik] *s.f.* aritmetica ♦ *agg.* aritmetico.

arlequin [aʀlɔkɛ̃] *s.m.* **1** (uomo mascherato da) Arlecchino **2** costume da Arlecchino.

arlésien [aʀlezjɛ̃] (*f. -enne*) *agg.* e *s.m.* arlesiano.

armagnac [aʀmaɲak] *s.m.* armagnac (acquavite).

armateur [aʀmatœʀ] *s.m.* armatore.

armature [aʀmatyʀ] *s.f.* **1** (*tecn.*) armatura **2** (*fig.*) struttura, ossatura.

arme [aʀm] *s.f.* **1** arma: *— à feu, de guerre*, arma da fuoco, da guerra; *— classique*, arma convenzionale; *armes prohibées*, armi abusive; *braquer, pointer une — sur qqn*, puntare un'arma contro qlcu; *prendre par les armes*, prendere con le armi || *frère d'armes*, commilitone || *maître d'armes*, maestro di scherma || (*mil.*): *présentez armes!*, presentat'arm!; *armes sur l'épaule, droite!*, spall'arm!; *reposez armes!*, pied'arm!; *mettre bas, rendre les armes*, deporre le armi, cessare le ostilità || (*fig*): *— absolue*, rimedio infallibile; *passer l'— à gauche*, (*fam.*) morire; *faire — de tout*, servirsi di tutto per nuocere; *faire ses premières armes*, muovere i primi passi (di una carriera ecc.) **2** (*mil.*) arma: *— de l'infanterie*, arma di fanteria; *— de l'aéronautique*, arma aeronautica **3** *pl.* (*arald.*) arme (*sing.*).

armé [aʀme] *agg.* armato (*anche fig.*) || *il est bien — pour affronter la vie*, è ben preparato per affrontare la vita.

armée [aʀme] *s.f.* **1** esercito (*m.*): *l'— de réserve*, la riserva; *— de métier*, esercito professionale **2** (*fig.*) folla, esercito (*m.*), moltitudine **3** (*unità militare*) armata: *— de l'air*, armata aerea.

armement [aʀməmɑ̃] *s.m.* armamento.

arménien [aʀmenjɛ̃] (*f. -enne*) *agg.* e *s.m.* armeno.

armer [aʀme] *v.tr.* armare: *— une voûte*, armare una volta; *— un navire*, armare, allestire una nave || *— un appareil photo*, caricare una macchina fotografica || *les difficultés l'ont bien armé pour la vie*, (*fig.*) le difficoltà l'hanno preparato ad affrontare la vita ♦ *v.intr.* armare, prepararsi alla guerra □ **s'armer** *v.pron.* armarsi.

armistice [aʀmistis] *s.m.* armistizio.

armoire [aʀmwaʀ] *s.f.* armadio (*m.*): *— à plusieurs corps*, armadio a più ante; *— à pharmacie*, armadietto per i medicinali; *c'est une — à glace*, (*fam.*) è un marcantonio || *— frigorifique*, cella frigorifera.

armoiries [aʀmwaʀi] *s.f.pl.* (*arald.*) arme (*sing.*).

armoise [aʀmwaz] *s.f.* (*bot.*) artemisia: — *des glaciers*, genepì.

armoricain [aʀmɔʀikɛ̃] *agg.e s.m.* armoricano.

armure [aʀmyʀ] *s.f.* armatura.

armurerie [aʀmyʀʀi] *s.f.* **1** fabbrica d'armi **2** armeria, negozio d'armi.

armurier [aʀmyʀje] *s.m.* armaiolo.

arnaquer [aʀnake] *v.tr.* (*fam.*) **1** truffare, derubare **2** arrestare.   •

arnica [aʀnika] *s.f.* (*bot.*) arnica.

aromate [aʀɔmat] *s.m.* **1** pianta aromatica **2** *pl.* (*cuc.*) aromi, odori.

aromatique [aʀɔmatik] *agg.* aromatico.

aromatiser [aʀɔmatize] *v.tr.* aromatizzare.

arôme [aʀom] *s.m.* aroma.

arpège [aʀpɛʒ] *s.m.* (*mus.*) arpeggio.

arpéger [aʀpeʒe] (*coniug. come* abréger) *v.intr.* arpeggiare.

arpentage [aʀpɑ̃taʒ] *s.m.* **1** il misurare (terreni) **2** agrimensura (*f.*).

arpenter [aʀpɑ̃te] *v.tr.* **1** misurare (terreni) **2** (*fig.*) percorrere su e giù: *il arpentait la pièce*, misurava a grandi passi la stanza.

arpenteur [aʀpɑ̃tœʀ] *s.m.* agrimensore || *chaîne d'—*, doppio decametro; *mètre d'—*, rotella metrica.

arpion [aʀpjɔ̃] *s.m.* (*fam.*) piede, fetta (*f.*).

arqué [aʀke] *agg.* arcuato.

arquebuse [aʀkəbyz] *s.f.* archibugio (*m.*).

arquer [aʀke] *v.tr.* inarcare, curvare ♦ *v.intr.* (*fam.*) camminare □ **s'arquer** *v.pron.* incurvarsi, inarcarsi.

arrachage [aʀaʃaʒ] *s.m.* sradicamento; estirpazione (*f.*) || *— d'une dent*, (*fam.*) estrazione di un dente.

arraché [aʀaʃe] *agg.* strappato; (*déraciné*) sradicato; (*extirpé*) estirpato ♦ *s.m.* (*sport*) strappo (nel sollevamento pesi) □ **à l'arraché** *locuz.avv.* con sforzo intenso; di prepotenza; per un pelo: *l'équipe l'emporta à l'—*, la squadra strappò per un pelo la vittoria; *gagner une course à l'—*, vincere una corsa in volata.

arrachement [aʀaʃmɑ̃] *s.m.* **1** sradicamento; (*extraction*) estrazione (*f.*): *l'— des pommes de terre*, la raccolta delle patate **2** (*fig.*) strazio.

arrache-pied, d' [daʀaʃpje] *locuz.avv.* di lena, a tutto spiano; senza sosta.

arrache-poil, d' [daʀaʃpwal] *locuz.avv.* (*in Canada*) di buona lena; a tutto spiano.

arracher [aʀaʃe] *v.tr.* strappare (*anche fig.*): — *les pommes de terre*, raccogliere le patate; — *une dent*, cavare un dente; — *de l'argent à qqn*, spillar denaro a qlcu; *on s'arrache ce livre*, questo libro va a ruba □ **s'arracher** *v.pron.* strapparsi, (*fig.*) distaccarsi (da); allontanarsi (da): *s'— au sommeil*, buttarsi giù dal letto.

arracheur [aʀaʃœʀ] (*f. -euse*) *s.m.* chi strappa, chi estirpa || *mentir comme un — de dents*, mentire spudoratamente.

arrageois [aʀaʒwa] *agg.* di Arras.

arraisonner [aʀɛzɔne] *v.tr.* fermare (una nave)

in mare per ispezione; controllare in volo (un aereo).

arrangeant [aʀɑ̃ʒɑ̃] *agg.* conciliante.

arrangement [aʀɑ̃ʒmɑ̃] *s.m.* **1** accomodamento, accordo **2** sistemazione (*f.*) **3** (*mus.*, *lett.*) arrangiamento.

arranger [aʀɑ̃ʒe] (*coniug. come* manger) *v.tr.* **1** accomodare, aggiustare; mettere in ordine, sistemare: *porter une bicyclette à —*, portare una bicicletta a riparare; — *un différend*, comporre una lite || *cela m'arrangerait beaucoup!*, mi farebbe molto comodo!; *si cela t'arrange*, se ti va bene || *il l'a bien arrangé!*, (*fam.*) l'ha conciato per le feste! **2** combinare **3** (*mus.*, *lett.*) arrangiare, ridurre □ **s'arranger** *v.pron.* **1** accordarsi **2** sistemarsi || *tu t'es bien arrangé*, (*iron.*) ti sei cacciato in un bel guaio!; *ça ne s'arrange pas*, la situazione non migliora **3** prepararsi, mettersi in ordine **4** adattarsi (a): *il s'arrange de tout*, si adatta a qualunque cosa **5** arrangiarsi: *arrange-toi!*, arrangiati!; *arrange-toi pour arriver à temps*, fa' in modo di arrivare in tempo; *il ne s'arrange pas mal*, se la cava discretamente.

arrangeur [aʀɑ̃ʒœʀ] (*f. -euse*) *s.m.* arrangiatore.

arrérages [aʀeʀaʒ] *s.m.pl.* (*comm.*) arretrati.

arrestation [aʀɛstasjɔ̃] *s.f.* (*di justice*) arresto (*m.*); (*de police*) fermo (*m.*) di polizia.

arrêt [aʀɛ] *s.m.* **1** arresto: *l'— des hostilités*, la cessazione delle ostilità || (*caccia*) *chien d'—*, cane da ferma || *tomber en — devant qqch*, (*fig.*) essere colpito da qlco **2** sosta (*f.*): —*du travail*, sospensione del lavoro; — *des affaires*, ristagno negli affari || *l'— du bus*, in sosta **3** fermata (di mezzo pubblico) **4** (*tecn.*) fermo **5** (*dir.*) arresto: *mandat d'—*, mandato di cattura || *Maison d'—*, casa circondariale **6** (*dir.*) decreto; sentenza (*f.*): — *d'injonction*, decreto ingiuntivo; — *de mort*, sentenza di morte.

arrêté[1] [aʀete] *s.m.* **1** decreto, ordinanza (*f.*) **2** chiusura (di un conto ecc.).

arrêté[2] *agg.* immutabile; definito, convenuto: *avoir des idées bien arrêtées sur*, avere idee ben precise su.

arrêter [aʀete] *v.tr.* **1** fermare (*anche fig.*): — *la croissance*, arrestare la crescita; — *les volets*, fissare le imposte **2** (*dir.*) arrestare, fermare **3** stabilire, fissare (): *il a arrêté son choix sur cet appartement*, la sua scelta è caduta su questo appartamento || (*comm.*) — *le bilan*, *un compte*, chiudere il bilancio, un conto ♦ *v.intr.* **1** fermarsi **2** — *de*, smettere di: *arrête!*, smettila! □ **s'arrêter** *v.pron.* **1** fermarsi: *le chemin s'arrête à la rivière*, il sentiero finisce al fiume; *le bruit s'est arrêté tout d'un coup*, il rumore è cessato di colpo **2** *s'— de*, smettere di.

arrhes [aʀ] *s.f.pl.* caparra (*sing.*).

arriération [aʀjeʀasjɔ̃] *s.f.* ritardo (*m.*): — *culturelle*, *économique*, arretratezza culturale, economica.

arrière[1] [aʀjeʀ] *agg.invar.* posteriore || *marche —*, retromarcia (*anche fig.*) || (*cucito*) *point —*, punto indietro ♦ *avv.* (*mar.*) in poppa ♦ *inter.* via!

□ **en arrière** *locuz.avv.* indietro, all'indietro; *être en — pour ses paiements*, essere in arretrato con i pagamenti || (*mar.*) *en — toute*, indietro a tutta forza || *regarder en —*, (*fig.*) riandare al passato □ **en arrière de** *locuz.prep.* dietro (a); (*fig.*) indietro rispetto a.

arrière² *s.m.* **1** parte posteriore; (*mar.*) poppa (*f.*) || *à l'—*, dietro **2** *pl.* (*mil.*) retrovie (*f.*): *protéger ses arrières*, (*fig.*) guardarsi le spalle **3** (*football*) terzino: *— central*, centromediano.

arriéré [aRjeRe] *agg.* **1** arretrato; retrogrado **2** (*med.*) ritardato, subnormale ♦ *s.m.* **1** arretrato: *avoir de l'—*, avere degli arretrati, essere in arretrato **2** (*med.*) ritardato, minorato psichico.

arrière-boutique [aRjeRbutik] *s.f.* retrobottega (*m.*).

arrière-cousin [aRjeRkuzẽ] *s.m.* lontano cugino.

arrière-garde [aRjeRgaRd] *s.f.* retroguardia || *d'—*, (*fig.*) fuori moda.

arrière-goût [aRjeRgu] *s.m.* retrogusto.

arrière-grand-mère [aRjeRgRɑ̃mɛR] *s.f.* bisnonna.

arrière-grand-père [aRjeRgRɑ̃pɛR] *s.m.* bisnonno.

arrière-grands-parents [aRjeRgRɑ̃paRɑ̃] *s.m.pl.* bisnonni.

arrière-pays [aRjeRpei] *s.m.* retroterra.

arrière-pensée [aRjeRpɑ̃se] *s.f.* secondo fine; pensiero recondito.

arrière-petite-fille [aRjeRpətitfij] *s.f.* pronipote (dei bisnonni).

arrière-petit-fils [aRjeRpətifis] *s.m.* pronipote (dei bisnonni).

arrière-petits-enfants [aRjeRpətizɑ̃fɑ̃] *s.m.pl.* pronipoti (dei bisnonni).

arrière-plan [aRjeRplɑ̃] *s.m.* sfondo || *être à l'—*, (*fig.*) essere in secondo piano.

arriérer [aRjeRe] (*coniug. come* céder) *v.tr.* ritardare, differire □ **s'arriérer** *v.pron.* rimanere indietro (con un pagamento).

arrière-saison [aRjeRsezõ] *s.f.* autunno avanzato: *dans l'—*, a fine stagione.

arrière-train [aRjeRtRẽ] *s.m.* **1** (*d'un véhicule*) retrotreno **2** (*d'un quadrupède*) treno posteriore.

arrimer [aRime] *v.tr.* **1** (*mar.*) stivare **2** sistemare (su un veicolo), caricare.

arrivage [aRivaʒ] *s.m.* (*comm.*) arrivi (*pl.*) (di merci); (*scherz.*) l'arrivo in massa.

arrivant [aRivɑ̃] *s.m.*: *les premiers arrivants*, i primi arrivati.

arrivé [aRive] *agg.* e *s.m.* arrivato (*anche fig.*).

arrivée [aRive] *s.f.* **1** arrivo (*m.*) **2** (*sport*) traguardo (*m.*) **3** alimentazione (di fluidi).

arriver [aRive] *v.intr.* **1** arrivare, giungere: *attends-moi, j'arrive!*, aspettami, vengo subito!; *allez, arrive!*, (*fam.*) su, vieni!; *le jour arrivera où...*, verrà il giorno in cui... **2** riuscire: *il y est arrivé tout seul*, ce l'ha fatta da solo; *il n'arrivera jamais à rien*, non combinerà mai nulla **3** capitare, succedere: *un accident est vite arrivé*, fa presto a suc-

cedere una disgrazia **4** (*mar.*) poggiare ♦ *v.impers.* capitare, succedere, accadere: *qu'est-ce qu'il arrive?*, che cosa succede? □ **en arriver** arrivare, giungere: *il en est arrivé à mentir*, è arrivato al punto di mentire.

arrivisme [aRivism] *s.m.* arrivismo.

arriviste [aRivist] *s.m.* e *f.* arrivista.

arrogance [aRɔgɑ̃s] *s.f.* arroganza.

arrogant [aRɔgɑ̃] *agg.* arrogante.

arroger, s' [saRɔʒe] (*coniug. come* manger) *v. pron.* arrogarsi.

arrondi [aRɔ̃di] *agg.* **1** arrotondato **2** rotondo ♦ *s.m.* il tondo.

arrondir [aRɔ̃diR] *v.tr.* **1** arrotondare (*anche fig.*) || *— les angles*, smussare gli angoli **2** aumentare □ **s'arrondir** *v.pron.* arrotondarsi.

arrondissement [aRɔ̃dismɑ̃] *s.m.* **1** arrotondamento **2** circoscrizione amministrativa di alcune grandi città o dipartimenti francesi.

arrosage [aRozaʒ] *s.m.* innaffiatura (*f.*): *— en pluie*, irrigazione a pioggia.

arrosé [aRoze] *agg.* innaffiato; irrigato, bagnato (da un corso d'acqua) || *région bien arrosée*, regione molto piovosa || *un café —*, un caffè corretto || *repas bien —*, pranzo con libagioni.

arroser [aRoze] *v.tr.* innaffiare (*anche fig.*); (*di fiume*) bagnare.

arroseur [aRozœR] (*f.* -*euse*) *s.m.*: *l'— arrosé*, (*fam.*) chi va per suonarle rimane suonato.

arroseuse [aRozøz] *s.f.* autobotte annaffiatrice.

arrosoir [aRozwaR] *s.m.* innaffiatoio.

arsenal [aRsənal] (*pl.* -*aux*) *s.m.* arsenale.

arsenic [aRsənik] *s.m.* arsenico.

art [aR] *s.m.* arte (*f.*): *— oratoire*, oratoria; *— abstrait*, astrattismo || *arts ménagers*, economia domestica || *les hommes de l'—*, quelli del mestiere || *faire dans, selon les règles de l'—*, fare a regola d'arte || *c'est l'enfance de l'—*, è la cosa più semplice del mondo.

artefact [aRtefakt] *s.m.* artefatto.

artère [aRtɛR] *s.f.* arteria.

artériel [aRteRjel] (*f.* -*elle*) *agg.* arterioso.

artériosclérose [aRteRjoskleRoz] *s.f.* (*med.*) arteriosclerosi.

artésien [aRtezjẽ] (*f.* -*enne*) *agg.* artesiano, dell'Artois || *puits —*, pozzo artesiano.

arthrite [aRtRit] *s.f.* (*med.*) artrite.

arthritique [aRtRitik] *agg.* e *s.m.* (*med.*) artritico.

arthropode [aRtRɔpɔd] *s.m.* (*zool.*) artropode.

arthrose [aRtRoz] *s.f.* (*med.*) artrosi.

artichaut [aRtiʃo] *s.m.* carciofo: *fond d'—*, cuore di carciofo || *avoir un cœur d'—*, (*fig.*) essere un farfallone.

article [aRtikl] *s.m.* **1** articolo || *— de dictionnaire*, voce di dizionario || (*comm.*) *articles d'un budget*, voci di un bilancio || (*dir.*): *articles de mariage*, condizioni del contratto di matrimonio; *faits et articles*, circostanze di fatto || *à l'— de la mort*, in punto di morte **2** (*gramm.*) articolo: *— contracté*, preposizione articolata **3** articolo: *articles ménagers*, (articoli) casalinghi; *articles de Paris*, articoli di lusso tipici di Parigi (foulard,

profumi ecc.) || *faire l'*—, (*fig.*) vantare la propria merce.

articulaire [aʀtikylɛʀ] *agg.* articolare: *rhumatisme*—, reumatismo articolare.

articulation [aʀtikylɑsjɔ̃] *s.f.* **1** articolazione **2** (*dir.*) enumerazione.

articulé [aʀtikyle] *agg.* articolato; snodato: *bras* —, braccio snodato.

articuler [aʀtikyle] *v.tr.* **1** articolare: *sans* — *un mot*, senza proferire una sola parola **2** (*dir.*) enumerare ☐ **s'articuler** *v.pron.* articolarsi || *nos vacances s'articulent mal*, le nostre vacanze si combinano male.

artifice [aʀtifis] *s.m.* artificio: *user d'*—, agire d'astuzia || *feu d'*—, fuoco d'artificio.

artificiel [aʀtifisjɛl] (f. *-elle*) *agg.* **1** artificiale (*anche fig.*) **2** (*fig.*) artificioso.

artificiellement [aʀtifisjɛlmɑ̃] *avv.* artificialmente.

artificier [aʀtifisje] *s.m.* artificiere.

artificieux [aʀtifisjø] (f. *-euse*) *agg.* artificioso.

artillerie [aʀtijʀi] *s.f.* artiglieria.

artilleur [aʀtijœʀ] *s.m.* (*mil.*) artigliere.

artisan [aʀtizɑ̃] *s.m.* **1** artigiano **2** (*fig.*) artefice.

artisanal [aʀtizanal] (pl. *-aux*) *agg.* artigianale: *métier* —, mestiere d'artigiano || *-ement avv.*

artisanat [aʀtizana] *s.m.* artigianato.

artiste [aʀtist] *s.m.* e *f.* artista || *c'est du travail d'*—!, è un colpo da professionista! ◆ *agg.* da artista.

artistement [aʀtistəmɑ̃] *avv.* (*letter.*) con gusto, con mano da artista; artisticamente.

artistique [aʀtistik] *agg.* artistico || *-ement avv.*

arum [aʀɔm] *s.m.* (*bot.*) aro.

aryen [aʀjɛ̃] (f. *-enne*) *agg.* e *s.m.* ariano.

arythmie [aʀitmi] *s.f.* (*med.*) aritmia.

arythmique [aʀitmik] *agg.* aritmico.

as [ɑs] *s.m.* **1** asso || *être ficelé, fichu comme l'*— *de pique*, essere malmesso, malvestito || *passer qqch à l'*—, far sparire qlco || *être plein aux* —, (*fam.*) essere pieno di grana **2** (*fig.*) asso, campione.

ascendance [asɑ̃dɑ̃s] *s.f.* ascendenza.

ascendant [asɑ̃dɑ̃] *agg.* e *s.m.* ascendente.

ascenseur [asɑ̃sœʀ] *s.m.* ascensore || *renvoyer l'*—, (*fam.*) ricambiare un favore.

ascension [asɑ̃sjɔ̃] *s.f.* ascensione: *l'*— *d'un empereur*, l'ascesa di un imperatore || (*fête de l'*) *Ascension*, (festa dell') Ascensione.

ascensionnel [asɑ̃sjɔnɛl] (f. *-elle*) *agg.* ascensionale.

ascensionner [asɑ̃sjɔne] *v.intr.* fare un'ascensione.

ascèse [asɛz] *s.f.* ascesi.

ascète [aset] *s.m.* e *f.* asceta.

ascétique [asetik] *agg.* ascetico ◆ *s.f.* ascetica.

ascétisme [asetism] *s.m.* ascetismo.

ascorbique [askɔʀbik] *agg.* (*chim.*) ascorbico.

aseptique [aseptik] *agg.* asettico.

aseptiser [aseptize] *v.tr.* rendere asettico.

asexué [asɛksɥe], **asexuel** [asɛksɥɛl] (f. *-elle*) *agg.* asessuato, asessuale.

ashkénaze [aʃkenaz] *agg.* e *s.m.* ashkenazita.

asiatique [azjatik] *agg.* e *s.m.* e *f.* asiatico/a.

asile [azil] *s.m.* **1** asilo, rifugio (*anche fig.*) || *un* — *de paix*, un'oasi di pace **2** ricovero; ospizio: —(*d'aliénés*), manicomio; — *de nuit*, dormitorio pubblico.

asocial [asɔsjal] (pl. *-aux*) *agg.* e *s.m.* asociale.

aspect [aspɛ] *s.m.* aspetto || *à l'*— *de*, alla vista di; *au premier* —, a prima vista.

asperge [aspɛʀʒ] *s.f.* **1** asparago (*m.*) **2** (*fam.*) stanga, spilungone (*m.*).

asperger [aspɛʀʒe] (*coniug. come* manger) *v.tr.* aspergere, spruzzare.

aspérité [aspeʀite] *s.f.* asperità (*anche fig.*).

aspersion [aspɛʀsjɔ̃] *s.f.* aspersione.

asphalte [asfalt] *s.m.* asfalto.

asphalter [asfalte] *v.tr.* asfaltare.

asphyxiant [asfiksjɑ̃] *agg.* asfissiante.

asphyxie [asfiksi] *s.f.* asfissia (*anche fig.*).

asphyxier [asfiksje] *v.tr.* **1** asfissiare **2** (*fam.*) far rimanere di sasso ☐ **s'asphyxier** *v.pron.* asfissiarsi.

aspic [aspik] *s.m.* **1** (*zool.*) aspide **2** (*bot. pop.*) spigo **3** (*cuc.*) vivanda dolce o salata in gelatina.

aspidistra [aspidistʀa] *s.m.* (*bot.*) aspidistra (*f.*).

aspirant¹ [aspiʀɑ̃] *agg.* aspirante.

aspirant² *s.m.* **1** aspirante **2** (*mil.*) aspirante ufficiale; (*mar.*) allievo ufficiale.

aspirateur [aspiʀatœʀ] (f. *-trice*) *agg.* aspirante ◆ *s.m.* aspirapolvere; (*tecn.*) aspiratore.

aspiration [aspiʀɑsjɔ̃] *s.f.* aspirazione (*anche fig.*).

aspirer [aspiʀe] *v.tr.* e *intr.* aspirare.

aspirine [aspiʀin] *s.f.* (*med.*) aspirina || *blanc comme un cachet d'*—, (*fam.*) bianco come un cencio.

assagir [asaʒiʀ] *v.tr.* rendere ragionevole; far rinsavire ☐ **s'assagir** *v.pron.* mettere giudizio, rinsavire.

assagissement [asaʒismɑ̃] *s.m.* rinsavimento.

assaillant [asajɑ̃] *agg.* e *s.m.* assalitore.

assaillir [asajiʀ]

Indic.pres. j'assaille, etc., nous assaillons, etc.; *imperf.* j'assaillais, etc.; *pass.rem.* j'assaillis, tu assaillis, il assaillit, etc.; *fut.* j'assaillirai, etc. *Cond.* j'assaillirais, etc. *Cong.pres.* que j'assaille, etc.; *imperf.* que j'assaillisse, etc. *Part.pres.* assaillant; *pass.* assailli. *Imp.* assaille, assaillons, assaillez.

---

v.tr. assalire: — *un camp retranché*, prendere d'assalto, attaccare un campo trincerato || — *de questions*, subissare di domande.

assainir [aseniʀ] *v.tr.* risanare (*anche fig.*): — *un terrain*, bonificare un terreno; —*l'air, l'eau*, purificare l'aria, l'acqua; — *une plaie*, disinfettare una piaga.

assainissement [asenismɑ̃] *s.m.* risanamento: *travaux d'*—, lavori di bonifica; *l'*— *d'un local*, la disinfestazione di un locale.

assainisseur [asenisœʀ] *s.m.* deodorante (per ambienti); (*tecn.*) purificatore d'aria.

assaisonnement [asɛzɔnmɑ̃] *s.m.* condimento.

assaisonner [asɛzɔne] *v.tr.* **1** condire (*anche*

fig.) || — *un discours d'expressions brillantes*, infiorare un discorso con frasi brillanti 2 (*fam.*) strapazzare.

assassin [asasɛ̃] *agg.* e *s.m.* assassino.

assassinat [asasina] *s.m.* assassinio.

assassiner [asasine] *v.tr.* assassinare (*anche fig*).

assaut [aso] *s.m.* assalto: *faire — de*, (*fig*) gareggiare in.

assèchement [asɛʃmɑ̃] *s.m.* prosciugamento.

assécher [aseʃe] (*coniug. come* céder) *v.tr.* prosciugare □ **s'assécher** *v.pron.* prosciugarsi.

assemblage [asɑ̃blaʒ] *s.m.* 1 unione (*f.*); insieme (di persone o di cose); riunione (*f.*) || — *de mots*, accostamento di parole 2 (*tecn.*) assemblaggio; collegamento.

assemblée [asɑ̃ble] *s.f.* assemblea || *une joyeuse — d'amis*, un'allegra brigata di amici; *l'— était surtout composée de journalistes*, il pubblico era composto in prevalenza da giornalisti || *La Haute Assemblée*, il Senato (francese); *l'Assemblée Nationale*, la Camera (francese).

assembler [asɑ̃ble] *v.tr.* 1 riunire; radunare 2 (*tecn.*) assemblare, montare □ **s'assembler** *v.pron.* riunirsi.

assener [asene] (*coniug. come* semer) *v.tr.* assestare, dare (un colpo).

assentiment [asɑ̃timɑ̃] *s.m.* assenso.

asseoir [aswaʀ]

Indic.pres. j'assieds, tu assieds, il assied, nous asseyons, vous asseyez, ils asseyent; *imperf.* j'asseyais, etc., nous asseyions, etc.; *pass.rem.* j'assis, etc.; *fut.* j'assiérai, etc. *Cond.* j'assiérais, etc. *Cong.pres.* que j'asseye, etc., que nous asseyions, etc.; *imperf.* que j'assisse, etc. *Part.pres.* asseyant; *pass.* assis. *Imp.* assieds, asseyons, asseyez.

v.tr. 1 far sedere 2 (*fig.*) consolidare, rinforzare 3 (*dir.*) determinare (un tributo, un'ipoteca ecc.): — *l'impôt*, determinare l'imponibile ♦ *v. intr.: faire —*, far sedere; fare accomodare □ **s'asseoir** *v.pron.* sedere, sedersi: *allez vous asseoir*, andate a sedervi || *s'— dessus*, (*fam.*) infischiarsene.

assermentation [asɛʀmɑ̃tasjɔ̃] *s.f.* (*in Canada*) giuramento (di funzionari pubblici).

assermenté [asɛʀmɑ̃te] *agg.* e *s.m.* (*dir.*) giurato.

assertion [asɛʀsjɔ̃] *s.f.* asserzione.

asservir [asɛʀviʀ] *v.tr.* asservire || — *le cours d'un fleuve*, imbrigliare il corso di un fiume □ **s'asservir** *v.pron.* asservirsi.

assesseur [asesœʀ] *agg.* e *s.m.* assessore.

assessorat [asesɔʀa] *s.m.* assessorato.

assez [ase] *avv.* 1 abbastanza: *une femme — jolie*, una donna abbastanza graziosa; *tu as — dormi*, hai dormito abbastanza; *seriez-vous — aimable pour m'indiquer la rue?*, sarebbe tanto gentile da indicarmi la strada?; *pas —*, non abbastanza; *plus qu'—*, troppo; *juste —*, proprio quanto basta || *c'est — de le prévenir une heure avant*, basta che lo si avverta un'ora prima || *c'est —!*, basta!; *c'en est—!, en voilà —!*, basta così!, adesso basta! || *est-il — bête!*, (*fam.*) è ben stupido! 2 *assez de* (+ *s.*)

abbastanza, a sufficienza: *il n'a pas — d'argent*, non ha abbastanza denaro; *j'aurai — de 100 francs pour acheter des fleurs*, mi basteranno 100 franchi per comprare dei fiori ♦ *inter.* basta!: — *parlé*, basta con le chiacchiere!

assidu [asidy] *agg.* assiduo.

assiduité [asidɥite] *s.f.* assiduità || *poursuivre une femme de ses assiduités*, fare una corte insistente a una donna.

assidûment [asidymɑ̃] *avv.* assiduamente.

assiégé [asjeʒe] *agg.* e *s.m.* assediato.

assiégeant [asjeʒɑ̃] *agg.* e *s.m.* assediante.

assiéger [asjeʒe] (*coniug. come* abréger) *v.tr.* assediare (*anche fig.*), porre l'assedio (a).

assiette [asjɛt] *s.f.* 1 piatto (*m.*): — *plate*, piatto (piano); — *creuse*, scodella (piatto fondo) || — *anglaise*, piatto di carne fredda assortita || — *au beurre*, (*fig.*) greppia, mangiatoia 2 equilibrio (*m.*); assetto (di natante ecc.): *ne pas être dans son* —, (*fam.*) sentirsi poco bene, sentirsi a disagio 3 (*dir.*) imponibile (*m.*): — *d'impôt*, reddito imponibile || — *de l'hypothèque*, copertura dell'ipoteca.

assiettée [asjete] *s.f.* (contenuto di un) piatto, scodella.

assignat [asiɲa] *s.m.* (*st. fr.*) assegnato.

assignation [asiɲasjɔ̃] *s.f.* 1 (*dir.*) citazione; ordine di comparizione || — *à résidence*, obbligo di domicilio coatto 2 assegnazione.

assigner [asiɲe] *v.tr.* 1 assegnare; attribuire: — *une somme d'argent*, stanziare una somma || — *un fonctionnaire à un poste*, destinare un funzionario a un incarico 2 (*dir.*) citare; convocare.

assimilable [asimilabl] *agg.* assimilabile.

assimilation [asimilasjɔ̃] *s.f.* assimilazione || (*bot.*) — *chlorophyllienne*, funzione clorofilliana || *l'— des immigrés*, l'integrazione degli immigrati.

assimiler [asimile] *v.tr.* assimilare (*anche fig.*); assorbire □ **s'assimiler** *v.pron.* assimilarsi.

assis [asi] *part.pass. di* asseoir ♦ *agg.* 1 seduto || *places assises*, posti a sedere || (*dir.*) *magistrature assise*, magistratura giudicante 2 (*fig.*) stabile, consolidato.

assise [asiz] *s.f.* 1 (*edil.*) corso (*m.*), assisa 2 (*anat., bot.*) assisa, strato (*m.*) di cellule 3 (*fig.*) base.

assises [asiz] *s.f.pl.* (*dir.*) sessione; sedute (di un'assemblea): *Cour d'—*, Corte d'assise; *tenir ses —*, tenere le sedute (di un'assemblea, di un'associazione); — *du parti*, congresso di partito.

assistanat [asistana] *s.m.* assistentato.

assistance [asistɑ̃s] *s.f.* 1 assistenza || (*dir.*) — *judiciaire*, gratuito patrocinio || *mettre un enfant à l'Assistance* (*publique*), affidare un bambino al brefotrofio || *Assistance technique*, assistenza tecnica ai paesi in via di sviluppo 2 uditorio (*m.*) 3 frequenza.

assistant [asistɑ̃] *s.m.* 1 assistente || *assistente sociale*, assistente sociale || — *metteur en scène*, aiuto regista 2 *pl.* (*présents*) astanti, presenti.

assister [asiste] *v.intr.* e *tr.* assistere.

asso [aso] *s.m.* (*in Africa*) amico.

associatif [asɔsjatif] (f. *-ive*) *agg.* associativo.

association [asɔsjasjɔ̃] *s.f.* 1 associazione; società 2 associazione (di idee); accostamento (di colori).

associé [asɔsje] *agg.* associato ♦ *s.m.* socio.

associer [asɔsje] *v.tr.* 1 associare, prendere come socio 2 unire || *— des couleurs*, accostare dei colori □ **s'associer** *v.pron.* 1 associarsi; mettersi in società (con) 2 unirsi: *s'— au deuil de qqn*, prendere parte al lutto di qlcu.

assoiffé [aswafe] *agg.* assetato (*anche fig.*).

assolement [asɔlmɑ̃] *s.m.* (*agr.*) rotazione (f.).

assoler [asɔle] *v.tr.* (*agr.*) coltivare a rotazione.

assombrir [asɔ̃bʀiʀ] *v.tr.* oscurare □ **s'assombrir** *v.pron.* oscurarsi || *son humeur s'est assombrie*, (*fig.*) il suo umore si è incupito.

assombrissement [asɔ̃bʀismɑ̃] *s.m.* 1 oscuramento 2 (*fig.*) incupimento, rannuvolamento.

assommant [asɔmɑ̃] *agg.* (*fam.*) noioso, pesante: *ce qu'elle peut être assommante avec ses histoires!*, com'è asfissiante con i suoi discorsi!

assommer [asɔme] *v.tr.* 1 accoppare 2 massacrare di botte 3 stordire 4 (*fam.*) seccare.

assommoir [asɔmwaʀ] *s.m.* 1 manganello; mazza (f.) || *un coup d'—*, (*fig.*) una mazzata in testa 2 trappola (f.) (per volpi ecc.) 3 (*ant.*) bettola (f.), osteria (f.).

assomption [asɔ̃psjɔ̃] *s.f.* (*teol.*) assunzione || (*fête de l'*) *Assomption*, (festa dell') Assunzione.

assonance [asɔnɑ̃s] *s.f.* assonanza.

assonant [asɔnɑ̃] *agg.* assonante.

assorti [asɔʀti] *agg.* assortito.

assortiment [asɔʀtimɑ̃] *s.m.* assortimento || *un heureux — de couleurs*, un felice accostamento di colori || *un — de crudités*, un piatto di verdure crude miste.

assortir [asɔʀtiʀ] *v.tr.* 1 assortire 2 rifornire (un negozio) □ **s'assortir** *v.pron.* intonarsi || *s'—de*, essere accompagnato da.

assoupir [asupiʀ] *v.tr.* assopire; (*fig.*) sopire □ **s'assoupir** *v.pron.* assopirsi.

assoupissement [asupismɑ̃] *s.m.* assopimento.

assouplir [asupliʀ] *v.tr.* 1 ammorbidire 2 rendere più agile || *le massage assouplit les muscles*, il massaggio scioglie i muscoli 3 (*fig.*) rendere più docile □ **s'assouplir** *v.pron.* 1 ammorbidirsi 2 diventare più agile 3 (*fig.*) diventare più docile.

assouplissement [asuplismɑ̃] *s.m.* 1 ammorbidimento 2 il diventare più agile || *exercices d'—*, esercizi per sciogliere i muscoli 3 (*fig.*) il diventare più docile.

assourdir [asuʀdiʀ] *v.tr.* 1 assordare; stordire 2 smorzare (i colori).

assourdissant [asuʀdisɑ̃] *agg.* assordante.

assouvir [asuviʀ] *v.tr.* saziare; (*satisfaire*) appagare (*anche fig.*) □ **s'assouvir** *v.pron.* saziarsi.

assouvissement [asuvismɑ̃] *s.m.* appagamento.

assuétude [asɥ(e)tyd] *s.f.* (*med.*) assuefazione.

assujetti [asyʒeti] *agg.* soggetto (a un'imposta).

assujettir [asyʒetiʀ] *v.tr.* 1 assoggettare || (*dir.*)

être assujetti à l'impôt, essere soggetto all'imposta 2 assicurare, fissare.

assujettissant [asyʒetisɑ̃] *agg.* assillante; opprimente: *un travail —*, un lavoro che non lascia respiro.

assujettissement [asyʒetismɑ̃] *s.m.* assoggettamento, soggezione (f.).

assumer [asyme] *v.tr.* assumere, assumersi □ **s'assumer** *v.pron.* accettarsi.

assurable [asyʀabl] *agg.* (*comm.*) assicurabile.

assurance [asyʀɑ̃s] *s.f.* 1 sicurezza, certezza: *perdre son —*, perdere la sicurezza di sé || (*comm.*) *veuillez agréer l'— de ma considération distinguée*, gradisca i sensi della mia stima 2 garanzia 3 (*comm.*) assicurazione: *— maladie*, assicurazione contro le malattie.

assuré [asyʀe] *agg.* 1 sicuro, certo || *mal —*, *peu —*, malfermo, malsicuro || *d'un ton —*, con tono fermo 2 assicurato ♦ *s.m.* assicurato || *les assurés sociaux*, gli aventi diritto alla mutua e alla pensione.

assurément [asyʀemɑ̃] *avv.* sicuramente.

assurer [asyʀe] *v.tr.* 1 assicurare (*anche comm.*) || *s'— des vivres*, procurarsi i viveri || *je t'assure!*, (*fam.*) non ti dico! 2 garantire (qlco a qlcu) || *il m'a assuré de ses bonnes intentions*, mi ha dato assicurazione delle sue buone intenzioni 3 fissare, assicurare □ **s'assurer** *v.pron.* assicurarsi; appurare.

assureur [asyʀœʀ] *s.m.* assicuratore.

assyrien [asiʀjɛ̃] (f. *-enne*) *agg. e s.m.* assiro.

astérisque [asteʀisk] *s.m.* asterisco.

astéroïde [asteʀɔid] *s.m.* (*astr.*) asteroide.

asthénie [asteni] *s.f.* (*med.*) astenia.

asthénique [astenik] *agg. e s.m.* (*med.*) astenico.

asthmatique [asmatik] *agg. e s.m.* asmatico.

asthme [asm] *s.m.* asma (f.).

asticot [astiko] *s.m.* larva (f.) della mosca carnaria.

asticoter [astikɔte] *v.tr.* (*fam.*), stuzzicare.

astigmate [astigmat] *agg. e s.m. e f.* (*med.*) astigmatico/a.

astigmatisme [astigmatism] *s.m.* (*med.*) astigmatismo.

astiquage [astikaʒ] *s.m.* lucidatura (f.).

astiquer [astike] *v.tr.* lucidare; strofinare □ **s'astiquer** *v.pron.* (*fam.*) tirarsi a lucido.

astracan, astrakan [astʀakɑ̃] *s.m.* astrakan.

astragale [astʀagal] *s.m.* astragalo.

astral [astʀal] (pl. *-aux*) *agg.* astrale.

astre [astʀ] *s.m.* astro || *beau comme un —!*, (*iron.*) bello come il sole!

astreignant [astʀɛɲɑ̃] *agg.* impegnativo.

astreindre [astʀɛ̃dʀ] (*coniug. come* craindre) *v.tr.* costringere □ **s'astreindre** *v.pron.* assoggettarsi.

astreint [astʀɛ̃] *part.pass. di* astreindre.

astringent [astʀɛ̃ʒɑ̃] *agg. e s.m.* astringente.

astrolabe [astʀɔlab] *s.m.* (*astr.*) astrolabio.

astrologie [astʀɔlɔʒi] *s.f.* astrologia.

astrologique [astʀɔlɔʒik] *agg.* astrologico.

astrologue [astʀɔlɔg] *s.m.* astrologo.

astronaute [astʀɔnot] *s.m.* astronauta.
astronautique [astʀɔnotik] *s.f.* astronautica.
astronome [astʀɔnɔm] *s.m.* astronomo.
astronomie [astʀɔnɔmi] *s.f.* astronomia.
astronomique [astʀɔnɔmik] *agg.* astronomico.
astrophysicien [astʀɔfizisjɛ̃] (f. *-enne*) *s.m.* astrofisico.
astrophysique [astʀɔfizik] *s.f.* astrofisica.
astuce [astys] *s.f.* **1** astuzia, furbizia || *les astuces du métier*, (*fam.*) i trucchi del mestiere **2** (*fam.*) spiritosaggine.
astucieusement [astysjøzmɑ̃] *avv.* astutamente.
astucieux [astysjø] (f. *-euse*) *agg.* astuto.
asymétrie [asimetʀi] *s.f.* asimmetria.
asymétrique [asimetʀik] *agg.* asimmetrico.
asynchrone [asɛ̃kʀo(o)n] *agg.* asincrono.
atavique [atavik] *agg.* atavico.
atavisme [atavism] *s.m.* atavismo.
atchoum [atʃum] *onom.* ecci!
atelier [atəlje] *s.m.* **1** laboratorio artigianale; officina (*f.*); reparto (di una fabbrica); studio (di pittore, scultore ecc.): *chef d'—*, capofficina, caporeparto || *— (de couture)*, sartoria || *— de Raphaël*, bottega, scuola di Raffaello **2** gruppo di lavoro.
atemporel [atɑ̃pɔʀel] (f. *-elle*) *agg.* atemporale.
atermoiement [atɛʀmwamɑ̃] *s.m.* **1** rinvio; (*comm.*) dilazione (di pagamento) **2** indugio, esitazione (*f.*).
atermoyer [atɛʀmwaje] (*coniug. come* employer) *v.intr.* rimandare; temporeggiare || *il n'y a plus à —*, non c'è più tempo da perdere ♦ *v.tr.* differire.
athée [ate] *agg. e s.m* ateo.
athéisme [ateism] *s.m.* ateismo.
athénée [atene] *s.m.* accademia (*f.*); società culturale.
athénien [atenjɛ̃] (f. *-enne*) *agg.* ateniese.
athlète [atlɛt] *s.m.* e *f.* atleta.
athlétique [atletik] *agg.* atletico.
athlétisme [atletism] *s.m.* atletica (*f.*).
atlante [atlɑ̃t] *s.m.* (*arch.*) atlante.
atlantique [atlɑ̃tik] *agg.* atlantico.
atlas [atlas] *s.m.* atlante.
atmosphère [atmɔsfɛʀ] *s.f.* atmosfera.
atmosphérique [atmɔsfeʀik] *agg.* atmosferico.
atoll [atɔl] *s.m.* atollo.
atome [atom] *s.m.* atomo (*anche fig.*) || *avoir des atomes crochus avec qqn*, (*fam.*) avere affinità elettive con qlcu.
atomique [atɔmik] *agg.* atomico.
atomisé [atɔmize] *agg.* **1** atomizzato, nebulizzato **2** (*fig.*) smembrato ♦ *s.m.* vittima di radiazioni atomiche.
atomiser [atɔmize] *v.tr.* **1** atomizzare, nebulizzare **2** distruggere con armi atomiche **3** (*fig.*) smembrare.
atomiseur [atɔmizœʀ] *s.m.* nebulizzatore, atomizzatore.
atomiste [atɔmist] *agg.* e *s.m.* fisico atomico.
atonal [atɔnal] (pl. *-aux*) *agg.* (*mus.*) atonale.
atonalité [atɔnalite] *s.f.* (*mus.*) atonalità.

atone [atɔn] *agg.* **1** atono, inerte **2** (*fon.*) atono **3** (*med.*) atonico || *intestin —*, intestino pigro.
atonie [atɔni] *s.f.* atonia.
atours [atuʀ] *s.m.pl.* vestiti femminili || *dans ses plus beaux —*, in ghingheri.
atout [atu] *s.m.* (*alle carte*) briscola (*f.*) || (*fig.*): *il a joué son dernier —*, ha giocato la sua ultima carta; *avoir des atouts*, avere buone carte da giocare.
atoxique [atɔksik] *agg.* atossico.
âtre [ɑtʀ] *s.m.* (*letter.*) focolare.
atrium [atʀijɔm] *s.m.* atrio.
atroce [atʀɔs] *agg.* atroce.
atrocité [atʀɔsite] *s.f.* atrocità.
atrophie [atʀɔfi] *s.f.* atrofia.
atrophié [atʀɔfje] *agg.* atrofico; atrofizzato.
atrophier, s' [satʀɔfje] *v.pron.* atrofizzarsi.
attabler, s' [satable] *v.pron.* mettersi a tavola.
attachant [ataʃɑ̃] *agg.* avvincente: *personne attachante*, persona che si fa voler bene.
attache [ataʃ] *s.f.* **1** legame (*m.*); correggia: *— métallique*, fermaglio metallico; *— de diamants*, spilla di diamanti; *tenir qqn à l'—*, (*fig.*) tenere qlcu al guinzaglio **2** (*anat.*) giuntura || *avoir les attaches fines*, avere polsi e caviglie sottili **3** (*mar.*) *port d'—*, porto di immatricolazione; *droit d'—*, diritto di attracco **4** *pl.* legami (*m.*) || *avoir des attaches au ministère*, avere appoggi, agganci al ministero.
attaché [ataʃe] *agg.* **1** legato, attaccato (*anche fig.*) **2** addetto (a) ♦ *s.m.* addetto: *— de presse*, addetto stampa.
attaché-case [ataʃekɛ(a)z] (*ingl.*) (pl. *attachéscases*) *s.m.* portadocumenti, ventiquattr'ore (*f.*).
attachement [ataʃmɑ̃] *s.m.* affetto, attaccamento: *avoir de l'— pour qqn*, essere affezionato a qlcu.
attacher [ataʃe] *v.tr.* **1** attaccare; legare (*anche fig.*) || *— ses yeux sur qqch*, fissare gli occhi su qlco || *— de l'importance à qqch*, dare importanza a qlco || *— les ceintures*, allacciare le cinture || *— son nom à qqch*, legare il proprio nome a qlco || *— qqn à son service*, assumere qlcu al proprio servizio || *— un diplomate à une ambassade*, assegnare un diplomatico a un'ambasciata **2** *s'— qqn*, conquistare l'affetto di qlcu ♦ *v.intr.* (*cuc.*) (*fam.*) attaccarsi (di cibo alla pentola): *le riz a attaché*, il riso si è attaccato □ **s'attacher** *v.pron.* **1** attaccarsi (*anche fig.*): *s'— aux pas de qqn*, (*fam.*) appiccicarsi a qlcu **2** (*fig.*) applicarsi || *l'auteur s'est attaché à décrire un certain milieu*, l'autore si è proposto di descrivere un certo ambiente.
attaquant [atakɑ̃] *agg.* e *s.m.* attaccante.
attaque [atak] *s.f.* attacco (*m.*) (*anche fig.*) || *— à main armée*, aggressione a mano armata || *être d'—*, (*fam.*) essere in forma, in forze || *il y va d'—*, lo fa con grinta || (*med.*): *un traitement d'—*, una terapia d'urto; *— (d'apoplexie)*, colpo (apoplettico); *— de nerfs*, crisi di nervi || *les attaques du temps*, i danni del tempo.
attaquer [atake] *v.tr.* **1** attaccare (*anche fig.*); aggredire || *— le mal à sa racine*, combattere il male alla radice || *— une difficulté*, affrontare una

attrape

difficoltà ‖ — *les droits de qqn*, ledere i diritti di qlcu ‖ (*dir.*) — *qqn en justice*, intentare causa a qlcu ‖ — *un livre*, iniziare un libro; (*mus.*) — *un morceau*, attaccare un pezzo **2** intaccare, ledere **3** (*dir.*) impugnare □ **s'attaquer** *v.pron.* affrontare, attaccare (qlcu, qlco): *s'— aux préjugés raciaux*, combattere i pregiudizi razziali.

attardé [ataʀde] *agg.* **1** che ha fatto tardi, ritardatario **2** (*psic.*) ritardato, tardivo **3** antiquato, arretrato ♦ *s.m.* (*psic.*) ritardato.

attarder, s' [ataʀde] *v.pron.* indugiare, attardarsi ‖ *s'— à des sottises*, perdere il tempo in sciocchezze.

atteindre [atɛ̃dʀ] (*coniug. come* peindre) *v.tr.* **1** raggiungere (*anche fig.*) **2** colpire ‖ *il fut atteint dans sa dignité*, fu ferito nella sua dignità ♦ *v.intr.* raggiungere (qlco): — *à la perfection*, raggiungere la perfezione.

atteint [atɛ̃] *part.pass. di* atteindre ♦ *agg.* colpito, affetto ‖ *il est bien* —, (*fam.*) è tocco nel cervello.

atteinte [atɛ̃t] *s.f.* **1** danno (*m.*); oltraggio (*m.*): *porter* — *à la liberté*, costituire una minaccia per la libertà ‖ *hors d'*—, fuori tiro; *réputation hors de toute* —, reputazione al di sopra di ogni sospetto **2** (*med.*) attacco (*m.*).

attelage [atlaʒ] *s.m.* **1** attacco (di bestie da tiro) **2** tiro (di cavalli ecc.).

atteler [atle] (*coniug. come* appeler) *v.tr.* **1** attaccare (i cavalli); aggiogare (i buoi) **2** agganciare (dei veicoli)□ **s'atteler** *v.pron.* impegnarsi (in): *s'— à un travail*, accollarsi un lavoro.

attelle [atɛl] *s.f.* (*med.*) stecca (per arti fratturati).

attenant [atnɑ̃] *agg.* attiguo, contiguo, adiacente.

attendre [atɑ̃dʀ] (*coniug. come* rendre) *v.tr.* aspettare, attendere ‖ *c'est là que je vous attends!*, qui vi voglio! ‖ *tu ne perds rien pour* —, (*fam.*) non credere di cavartela così! ♦ *v.intr.*: — *après qqch*, avere (assoluto) bisogno di qlco; — *après qqn*, aspettare qlcu con impazienza□ **s'attendre** *v.pron.* aspettarsi, attendersi: *il s'y attendait*, se l'aspettava; *je m'attends à tout de sa part*, da lui mi aspetto di tutto; *il s'attend à ce que je vienne*, si aspetta che io venga□ **en attendant** *locuz.avv.* intanto, frattanto, nel frattempo □ **en attendant que** *locuz.cong.* fino a che, nell'attesa che: *je parlerai avec son frère en — qu'elle soit prête*, parlerò con suo fratello nell'attesa che sia pronta.

attendrir [atɑ̃dʀiʀ] *v.tr.* **1** rendere tenero (la carne ecc.) **2** (*fig.*) intenerire □ **s'attendrir** *v.pron.* (*fig.*) intenerirsi: *s'— sur son propre sort*, piangersi addosso.

attendrissant [atɑ̃dʀisɑ̃] *agg.* commovente.

attendrissement [atɑ̃dʀismɑ̃] *s.m.* intenerimento, commozione (*f.*).

attendu [atɑ̃dy] *part.pass. di* attendre ♦ *agg.* atteso, aspettato ♦ *prep.* dato, visto, considerato□ **attendu que** *locuz.cong.* visto che, dato che.

attentat [atɑ̃ta] *s.m.* attentato ‖ — *à la pudeur*, oltraggio al pudore.

attentatoire [atɑ̃tatwaʀ] *agg.* lesivo, nocivo.

attente [atɑ̃t] *s.f.* **1** attesa: *dans l'— de...*, nell'attesa di... ‖ *salle d'*—, sala d'aspetto ‖ (*med.*) liga-

ture d'—, sutura provvisoria **2** (*espoir*) aspettativa.

attenter [atɑ̃te] *v.intr.* attentare.

attentif [atɑ̃tif] (*f. -ive*) *agg.* **1** attento **2** (*prévenant*) premuroso ‖ *être* — *à plaire*, fare di tutto per piacere.

attention [atɑ̃sjɔ̃] *s.f.* **1** attenzione: *faire* —, stare attento; *il ne fait pas* — *à moi*, non bada a me ‖ — *au train!*, attenti al treno! **2** *pl.* premure, attenzioni.

attentionné [atɑ̃sjɔne] *agg.* premuroso.

attentisme [atɑ̃tism] *s.m.* (*pol.*) attendismo.

attentivement [atɑ̃tivmɑ̃] *avv.* attentamente.

atténuant [atenɥɑ̃] *agg.* attenuante.

atténuation [atenɥasjɔ̃] *s.f.* attenuazione ‖ (*dir.*) — *de la peine*, riduzione della pena.

atténuer [atenɥe] *v.tr.* attenuare (*anche fig.*) □ **s'atténuer** *v.pron.* attenuarsi.

atterrant [ateʀɑ̃] *agg.* sconvolgente.

atterrer [ateʀe] *v.tr.* sconvolgere, abbattere.

atterrir [ateʀiʀ] *v.intr.* (*aer.*) atterrare: *l'avion a atterri à neuf heures*, l'aereo è atterrato alle nove ‖ — *chez qqn*, (*fig. fam.*) arrivare improvvisamente in casa di qlcu.

atterrissage [ateʀisaʒ] *s.m.* atterraggio.

attestation [atɛstasjɔ̃] *s.f.* **1** attestato (*m.*); certificato (*m.*) **2** attestazione, testimonianza: — *sous serment*, attestazione giurata.

attester [atɛste] *v.tr.* attestare ‖ *j'en atteste le ciel!*, il cielo mi è testimone!

attiédir [atjediʀ] *v.tr.* intiepidire (*anche fig.*) □ **s'attiédir** *v.pron.* intiepidirsi (*anche fig.*).

attiédissement [atjedismɑ̃] *s.m.* l'intiepidirsi.

attifement [atifmɑ̃] *s.m.* (*fam.*) abbigliamento ridicolo e di cattivo gusto; fronzoli (*pl.*).

attifer [atife] *v.tr.* (*fam.*) vestire in modo ridicolo e con cattivo gusto; agghindare□ **s'attifer** *v.pron.* (*fam.*) agghindarsi.

attique [atik] *s.m.* (*arch.*) attico.

attirail [atiʀaj] (*pl. -ails*) *s.m.* armamentario.

attirance [atiʀɑ̃s] *s.f.* attrattiva, fascino (*m.*).

attirant [atiʀɑ̃] *agg.* attraente, affascinante.

attirer [atiʀe] *v.tr.* **1** attirare, attrarre (*anche fig.*) ‖ *s'— qqch*, tirarsi addosso qlco **2** causare □ **s'attirer** *v.pron.* attirarsi (l'un l'altro).

attiser [atize] *v.tr.* attizzare (*anche fig.*): — *la discorde*, fomentare la discordia; — *la jalousie*, accendere la gelosia.

attisoir [atizwaʀ] *s.m.* attizzatoio.

attitré [atitʀe] *agg.* autorizzato.

attitude [atityd] *s.f.* atteggiamento (*m.*) (*anche fig.*); modo di fare.

attouchement [atuʃmɑ̃] *s.m.* tocco, carezza (*f.*).

attractif [atʀaktif] (*f. -ive*) *agg.* attrattivo (*anche fig.*): *centre* —, centro d'attrazione.

attraction [atʀaksjɔ̃] *s.f.* attrazione (*anche fig.*) ‖ *parc d'attractions*, parco dei divertimenti.

attrait [atʀɛ] *s.m.* **1** attrattiva (*f.*), fascino **2** *pl.* attrattive, grazie (*f.*) (di una donna).

attrapade [atʀapad] *s.f.* **1** (*fam.*) sgridata, lavata di capo **2** battibecco (*m.*).

attrape [atʀap] *s.f.* **1** scherzo (*m.*); tiro (*m.*) **2**

pl. (oggetti destinati a) scherzi (spec. di carnevale).

attrape-nigaud [atʀapnigo] (pl. *attrape-nigauds*) *s.m.* bidonata (*f.*).

attraper [atʀape] *v.tr.* **1** acchiappare, prendere || (*fam.*): *je me suis fait* —, ci sono cascato; — *quelque bribes de conversation*, cogliere frammenti di una conversazione **2** prendere (una malattia) **3** ingannare || *te voilà bien attrapé!*, ti sta bene! **4** (*fam.*) (*réprimander*) sgridare □ **s'attraper** *v.pron.* (*fam.*) bisticciare (l'un l'altro).

attrape-tout [atʀaptu] *agg.invar.* acchiappaelettori (di partito o di uomo politico).

attrapeur [atʀapœʀ] *s.m.* (*baseball*) ricevitore.

attrayant [atʀejɑ̃] *agg.* attraente.

attribuable [atʀibɥabl] *agg.* attribuibile.

attribuer [atʀibɥe] *v.tr.* attribuire: — *un prix*, assegnare un premio; *s'* — *les biens de qqn*, appropriarsi dei beni di qlcu.

attribut [atʀiby] *s.m.* attributo.

attribution [atʀibysjɔ̃] *s.f.* **1** assegnazione, attribuzione || (*gramm.*) *complément d'*—, complemento di termine **2** *pl.* attribuzioni, mansioni.

attristant [atʀistɑ̃] *agg.* rattristante.

attrister [atʀiste] *v.tr.* rattristare; affliggere □ **s'attrister** *v.pron.* rattristarsi, affliggersi.

attroupement [atʀupmɑ̃] *s.m.* assembramento.

attrouper, s' [satʀupe] *v.pron.* assembrarsi.

atypique [atipik] *agg.* atipico.

au [o] *prep.art.m.sing.* → **à**.

aubaine [obɛn] *s.f.* fortuna inaspettata.

aube[1] [ob] *s.f.* alba (*anche fig.*).

aube[2] *s.f.* (*eccl.*) camice liturgico.

aube[3] *s.f.* (*mecc.*) pala, paletta.

aubépine [obepin] *s.f.* (*bot.*) biancospino (*m.*).

auberge [obɛʀʒ] *s.f.* locanda || — *de (la) jeunesse*, ostello della gioventù || *on n'est pas sorti de l'*—!, (*fig.*) e ancora non è finita!

aubergine [obɛʀʒin] *s.f.* **1** melanzana **2** (*fam.*) vigilessa (a Parigi).

aubergiste [obɛʀʒist] *s.m.e f.* oste (*m.*), locandiere/a.

aubette [obɛt] *s.f.* (*in Belgio*) **1** pensilina (di autobus) **2** chiosco (*m.*) di giornali.

aubier [obje] *s.m.* (*bot.*) alburno.

aubois [obwa] *agg.* del dipartimento dell'Aube.

aubussonnais [obysɔnɛ] *agg.* di Aubusson.

auchois [oʃwa] *agg.* di Auch.

aucun [okɑ̃] *agg.indef.* (*solo sing.*) **1** (*in frasi negative*) alcuno, nessuno: *je n'ai* — *doute sur ses possibilités*, non ho alcun dubbio sulle sue possibilità; — *écrivain n'ignore que...*, nessuno scrittore ignora che...|| *en aucune façon*, in nessun modo; niente affatto || *sans réserve aucune*, senza alcuna riserva **2** (*in frasi non negative*) (*letter.*) qualche: *croyez-vous que la gloire ait* — *charme pour moi?*, credete che la gloria abbia qualche attrattiva per me? ♦ *pron.indef.* **1** (*in frasi negative*) nessuno: *de tous ses amis* — *n'a pris sa défense*, di tutti i suoi amici nessuno ha preso le sue difese; *"Connais-tu quelqu'un d'entre eux?" "Aucun"*, "Conosci qualcuno di loro?" "Nessu-

no" **2** (*in frasi non negative*) qualcuno: *je doute qu'aucune de nous arrive à temps*, dubito che qualcuna di noi arrivi in tempo □ **aucun autre 1** nessun altro: — *autre n'aurait accepté*, nessun altro avrebbe accettato; *je n'ai trouvé aucune autre solution*, non ho trovato nessun'altra soluzione **2** (*dopo un comparativo*) qualsiasi altro (*agg.*), chiunque altro (*pron.*): *il a fait son exposé mieux qu'* — *autre étudiant*, ha fatto la sua relazione meglio di qualunque altro studente; *plus qu'* — *autre*, più di chiunque altro.

aucunement [okynmɑ̃] *avv.* in nessun modo, affatto.

audace [odas] *s.f.* **1** audacia **2** impudenza || *payer d'*—, tentare il tutto per tutto.

audacieusement [odasjøzmɑ̃] *avv.* audacemente, arditamente.

audacieux [odasjø] (f. *-euse*) *agg.* **1** audace, ardito **2** (*impudent*) impudente || *propos* —, discorsi spinti ♦ *s.m.e f.* audace.

au-deçà [odəsa] *avv.* (*ant.*) al di qua || — *de*, di qua da, al di qua di.

au-dedans [odədɑ̃] *locuz.avv.* dentro, all'interno || — *de*, dentro di, dentro a.

au-dehors [odəɔʀ] *locuz.avv.* fuori || — *de*, (al di) fuori di.

au-delà[1] [odla] *locuz.avv.* al di là, oltre || — *de*, al di là (di), oltre.

au-delà[2] *s.m.* l'aldilà, l'altro mondo.

au-dessous [odəsu] *locuz.avv.* (al di) sotto, di sotto: *les enfants de huit ans et* —, i bambini di otto anni e di età inferiore □ **au-dessous de** *locuz.prep.* al di sotto di, sotto: *jupe* — *du genou*, gonna sotto il ginocchio; *cinq degrés* — *de zéro*, cinque gradi sotto (lo) zero; — *du niveau de la mer*, sotto il livello del mare || (*fig.*): *être* — *de tout*, essere un inetto, un incapace; *conduite* — *de tout*, condotta indegna.

au-dessus [odəsy] *locuz.avv.* (al di) sopra, di sopra: *les tailles 42 et* —, le misure dal 42 in su □ **au-dessus de** *locuz.prep.* al di sopra di, sopra; (*fig.*) al di là di: *dix-huit degrés* — *de zéro*, diciotto gradi sopra (lo) zero; — *du niveau de la mer*, sopra il livello del mare.

au-devant de [odəvɑ̃də] *locuz.prep.* incontro a: *je suis allé* — *de lui*, gli sono andato incontro || *aller* — *du danger*, sfidare il pericolo.

audible [odibl] *agg.* e *s.m.* udibile.

audience [odjɑ̃s] *s.f.* **1** udienza (*anche dir.*); colloquio (*m.*) **2** uditorio (*m.*), astanti (*m.pl.*) || *jouir d'une large* —, avere un vasto pubblico **3** (*rad.*, *tv*) audience.

audimat [odimat] *s.m.* audiometro (apparecchio per misurare l'indice d'ascolto); (*estens.*) indice d'ascolto.

audio- *pref.* audio-

audionumérique [odjonymeʀik] *agg.*: *disque* —, compact disc.

audiophone [odjofɔn] *s.m.* (*med.*) protesi acustica.

audio-visuel [odjovizɥel] (f. *-elle*) *agg.* e *s.m.* audiovisivo.

audit[1] [odit] *s.m.* (*fin.*) **1** revisione dei conti **2** (*réviseur*) auditor, revisore dei conti.

audit[2] *agg.* → **dit**.

auditeur [oditɛʀ] (f. *-trice*) *s.m.* **1** ascoltatore; (*pl.*) pubblico (*sing.*) **2** uditore (di un corso, una lezione) || (*dir.*) — *de justice*, uditore giudiziario.

auditif [oditif] (f. *-ive*) *agg.* uditivo || (*anat.*) *nerf* —, nervo acustico.

audition [odisjɔ̃] *s.f.* **1** audizione || — *des comptes*, revisione dei conti **2** udito (*m.*) **3** (*dir.*) escussione.

auditionner [odisjɔne] *v.tr.* concedere un'audizione (a) ♦ *v.intr.* fare un'audizione.

auditoire [oditwaʀ] *s.m.* uditorio, pubblico.

auditorium [oditɔʀjɔm] *s.m.* auditorio.

audois [odwa] *agg.* dell'Aude.

audomarois [odɔmaʀwa] *agg.* di Saint-Omer.

audonien [odɔnjɛ̃] (f. *-enne*) *agg.* di Saint-Ouen.

au fur et à mesure [ofyʀeaməzyʀ] *locuz.* man mano □ — **de**, a seconda di.

auge [oʒ] *s.f.* **1** trogolo (*m.*) **2** (*edil.*) vasca (per calce ecc.) **3** (*geol.*) doccia valliva.

augeron [oʒʀɔ̃] (f. *-onne*) *agg.* dell'Auge.

augmentatif [ɔ(o)gmɑ̃tatif] (f. *-ive*) *agg.* e *s.m.* accrescitivo.

augmentation [ɔ(o)gmɑ̃tasjɔ̃] *s.f.* aumento (*m.*).

augmenté [ɔ(o)gmɑ̃te] *agg.* aumentato, maggiorato || *édition augmentée*, edizione accresciuta.

augmenter [ɔ(o)gmɑ̃te] *v.tr.* e *intr.* aumentare: *les prix ont augmenté*, i prezzi sono aumentati; — *de volume*, crescere di volume.

augure[1] [ɔ(o)gyʀ] *s.m.* augurio; presagio || *de bon, de mauvais* —, di buon, di cattivo auspicio; *oiseau de mauvais* —, (*fam.*) uccello del malaugurio.

augure[2] *s.m.* (*st.*) augure, aruspice.

augurer [ɔ(o)gyʀe] *v.tr.* presagire, congetturare.

auguste[1] [ɔgyst] *agg.* augusto, solenne.

auguste[2] *s.m.* augusto (pagliaccio).

augustin [ɔ(o)gystɛ̃] *s.m.* (*eccl.*) agostiniano.

aujourd'hui [oʒuʀdɥi] *avv.* oggi: — *nous sommes vendredi*, oggi è venerdì; *jusqu'* —, *jusqu'à* —, fino a oggi || (*d'*) — *en huit, en quinze*, oggi a otto, a quindici || *au jour d'* —, (*fam.*) al giorno d'oggi.

aulique [olik] *agg.* aulico.

aulne [on] *s.m.* → **aune**[2].

aumône [ɔ(o)mon] *s.f.* elemosina.

aumônier [ɔ(o)monje] *s.m.* (*eccl.*) cappellano.

aune[1] [on] *s.f.*: *figure longue d'une* —, (*fam.*) muso lungo.

aune[2] *s.m.* (*bot.*) ontano.

auparavant [opaʀavɑ̃] *avv.* prima, innanzi.

auprès de [opʀɛdə] *locuz.prep.* **1** accanto a, vicino a **2** presso **3** in confronto a: *tes malheurs ne sont rien* — *des siens*, le tue disgrazie non sono nulla in confronto alle sue.

auquel [okɛl] *pron.rel.* e *interr.m.sing.* → **lequel**.

aura [ɔ(o)ʀa] *s.f.* aura.

auréole [ɔ(o)ʀeɔl] *s.f.* aureola (*anche fig.*).

auréoler [ɔ(o)ʀeɔle] *v.tr.* aureolare.

auriculaire [ɔ(o)ʀikylɛʀ] *agg.* auricolare ♦ *s.m.* (dito) mignolo.

aurifère [ɔ(o)ʀifɛʀ] *agg.* aurifero.

aurochs [ɔ(o)ʀɔks] *s.m.* (*zool.*) uro.

aurore [ɔ(o)ʀɔʀ] *s.f.* aurora (*anche fig.*) || — *polaire, boréale*, aurora boreale || *à l'* —, agli albori.

auscitain [ositɛ̃] *s.m.* → **auchois**.

auscultation [ɔ(o)skyltasjɔ̃] *s.f.* auscultazione.

ausculter [ɔ(o)skylte] *v.tr.* auscultare.

auspice [ɔ(o)spis] *s.m.* (*spec.pl.*) auspicio: *sous les auspices de*, sotto gli auspici, la protezione di.

aussi [osi] *avv.* **1** (*nei comparativi di uguaglianza precede agg. e avv.*) così; tanto: *cette fille est* — *jolie qu'intelligente*, quella ragazza è tanto bella quanto intelligente; *il est* — *sympathique que son frère*, è simpatico quanto suo fratello; *il vient* — *souvent que toi*, viene altrettanto spesso di te; *Pierre n'est pas* — *sot qu'on pourrait le croire*, Piero non è così stupido come si potrebbe credere; *je ne t'aurais jamais cru capable d'une plaisanterie* — *vulgaire*, non ti avrei mai creduto capace di uno scherzo così volgare || — *vite que possible*, al più presto **2** anche, pure: *moi, toi, lui, etc.* —, anch'io, anche tu, anche lui ecc.; *il aime la lecture et moi* —, gli piace leggere e anche a me; *il y avait beaucoup de livres et* — *quelques revues*, c'erano molti libri e anche alcune riviste; *aujourd'hui* — *tu es en retard*, anche, pure oggi sei in ritardo ♦ *cong.* quindi, perciò: *il est méchant* — *tout le monde le fuit*, è malvagio e perciò tutti lo evitano; *il aime la musique,* — *vais-je lui offrir un disque*, gli piace la musica e quindi gli regalerò un disco □ **aussi bien** *locuz.cong.* comunque, in ogni caso: *nous n'irons pas,* — *bien est-il trop tard*, non andremo e comunque è troppo tardi □ **aussi bien que** *locuz.cong.* come pure: *Pierre,* — *bien que Paul, est gentil, Pierre* — *bien que Paul sont gentils*, sia Piero sia Paolo sono gentili; *l'un* — *bien que l'autre,* — *bien l'un que l'autre*, l'uno come l'altro, tanto l'uno che l'altro.

aussitôt [osito] *avv.* appena, subito: *il est venu et s'en est allé* —, è venuto e se n'è andato subito; — *sa mission remplie, il partit*, appena compiuta la sua missione partì || — *dit,* — *fait*, detto fatto □ **aussitôt que** *locuz.cong.* (non) appena: — *qu'il nous aperçut,* (non) appena vide || (*comm.*) *veuillez répondre* — *que possible*, vogliate rispondere con cortese sollecitudine.

austère [ɔ(o)stɛʀ] *agg.* austero.

austérité [ɔ(o)steʀite] *s.f.* austerità.

austral [ɔ(o)stʀal] (pl. *-als, -aux*) *agg.* australe.

australien [ɔ(o)stʀaljɛ̃] (f. *-enne*) *agg.* e *s.m.* australiano.

austro- *pref.* austro-

autan [otɑ̃] *s.m.* vento caldo d'Aquitania).

autant [otɑ̃] *avv.* **1** tanto: *je n'ai jamais* — *ri*, non ho mai riso tanto **2** altrettanto: *si tu t'en vas j'en ferai* —, se te ne vai farò altrettanto; *deux, trois fois* —, due volte tanto || — (*vaut*) + *inf.*, tanto vale + inf.: — (*vaut*) *le faire*, tanto vale farlo || — *vaut*, quasi: *c'est un homme mort, ou* — *vaut*, è un uomo morto, o quasi **3** *autant... autant*, tanto... quanto, quanto... tanto, tanto... quanto... altrettanto: — *Paul est sûr de lui,* — *Guy est timide et réser-*

vé, tanto Paolo è sicuro di sé quanto Guido è timido e riservato **4** *autant que* (*nei comparativi di uguaglianza*), tanto quanto..., tanto... quanto: *cette lecture est instructive* — *qu'agréable*, questa lettura è tanto istruttiva quanto piacevole; *il doit être puni* — *que toi*, merita di essere punito quanto te; *il travaille* — *qu'il peut*, lavora quanto può; — *que faire se peut*, nei limiti del possibile; — *que possible*, il più possibile || *l'homme n'est responsable qu'* — *qu'il est libre*, l'uomo è responsabile nella misura in cui è libero **5** *autant de* (+ *s.*), altrettanto, altrettanta, altrettanti, altrettante: *tu as eu beaucoup de courage, il te faut maintenant* — *de patience*, hai avuto molto coraggio, ora ti ci vuole altrettanta pazienza || *autant de... que...* (*nei comparativi di uguaglianza*), tanto... quanto ecc.: *je n'ai pas* — *d'argent qu'il m'en faut*, non ho tanto denaro quanto me ne occorre; *il n'y a pas* — *de bonbons que d'enfants*, non ci sono tante caramelle quanti sono i bambini || *autant de... autant de...*, tanto ecc... tanto ecc...: — *de têtes*, — *d'avis*, tante teste, tanti pareri ♦ *pron.indef.invar.* **1** altrettanto, altrettanta, altrettanti, altrettante: *il en a trois, j'en veux* —, lui ne ha tre, io ne voglio altrettanti, altrettante; *c'est* — *de gagné*, è tanto di guadagnato **2** *autant que*, (tanto) quanto, (tanta) quanta, (tanti) quanti, (tante) quante: *voici des cerises, prends-en* — *que tu en veux*, eccoti delle ciliege, prendine quante ne vuoi; — *que vous êtes*, quanti siete □ **autant que** *locuz. cong.* per quanto: — *que je vivrai*, per quanto (tempo) vivrò; — *que je sache*, per quanto io sappia □ **d'autant mieux** *locuz.avv.*: *cette fois-ci il a parlé d'* — *mieux qu'il connaissait à fond le sujet*, questa volta ha parlato ancora meglio in quanto conosceva a fondo l'argomento □ **d'autant moins** *locuz.avv.* tanto meno □ **d'autant moins de... que** *locuz.cong.* tanto meno in quanto: *il a d'* — *moins de mérite qu'il a toujours été aidé*, ha minor merito in quanto è sempre stato aiutato □ **d'autant mieux que** *locuz.cong.* ancor meglio in quanto □ **d'autant plus** *locuz.avv.* tanto più: *il me sera d'* — *plus facile de lui refuser mon assentiment*, mi sarà tanto più facile negargli il consenso; *il a d'* — *plus de mérite qu'il est très jeune*, ha tanto più merito in quanto è molto giovane □ **d'autant plus que** *locuz.cong.* tanto più che: *il vaut mieux ne pas y aller d'* — *plus qu'il fait mauvais*, sarà meglio non andarci, tanto più che fa brutto tempo □ **pour autant** *locuz.avv.*: *il n'est pas brillant, mais il n'est pas bête pour* —, non è brillante, tuttavia non è stupido □ **pour autant que** *locuz.cong.*: *tu as de la fièvre, ce n'est pas pour* — *que tu vas mourir*, hai la febbre, ma non morirai per questo; *pour* — *qu'il ait bu il n'a pa perdu sa lucidité*, per quanto abbia bevuto non ha perso la lucidità; *pour* — *qu'il me souvient*, per quel che ricordo; *pour* — *que je m'en souvienne*, per quanto possa ricordare; *pour* — *que je sache*, per quanto io sappia □ **tout autant** *locuz.avv.* altrettanto.

autarcie [otarsi] *s.f.* autarchia.

autarcique [otarsik] *agg.* autarchico.

autel [ɔtɛl] *s.m.* altare; ara sacrificale || *dresser des autels à qqn*, porre qlcu sugli altari.

auteur [otœr] *s.m.* **1** artefice, autore: *être l'* — *de son destin*, essere l'artefice del proprio destino **2** autore: (*femme*) —, autrice || — *dramatique*, commediografo **3** (*dir.*) — (*d'un droit*), dante causa.

auteur-compositeur-interprète [otœrkɔ̃pozi tœrɛ̃tɛrprɛt] (pl. *auteurs-compositeurs-inter-prètes*) *s.m.* cantautore.

authenticité [ɔ(o)tɑ̃tisite] *s.f.* autenticità.

authentification [ɔ(o)tɑ̃tifikasjɔ̃] *s.f.* autenticazione.

authentifier [ɔ(o)tɑ̃tifje] *v.tr.* autenticare.

authentique [ɔ(o)tɑ̃tik] *agg.* autentico || **-ement** *avv.*

autisme [ɔ(o)tism] *s.m.* (*psic.*) autismo.

autiste [ɔ(o)tist] *agg. e s.m.* e *f.* (*psic.*) autista: *un enfant* —, un bambino autista, autistico.

auto [ɔ(o)to] *s.f.* (*fam.*) auto.

auto- *pref.* auto-

auto-allumage [ɔ(o)toalymaʒ] (pl. *auto-alluma-ges*) *s.m.* autoaccensione (*f.*).

autoberge [ɔ(o)tobɛrʒ] *s.f.* strada a scorrimento veloce (sull'argine di un fiume).

autobiographie [ɔ(o)tobjɔgrafi] *s.f.* autobiografia.

autobiographique [ɔ(o)tobjɔgrafik] *agg.* autobiografico.

autobus [ɔ(o)tobys] *s.m.* autobus.

auto-but [ɔ(o)tobyt] (pl. *auto-buts*) *s.m.* (*sport*) autorete (*f.*).

autocar [ɔ(o)tokar] *s.m.* corriera (*f.*), pullman.

autocensure [ɔ(o)tosɑ̃syr] *s.f.* autocensura.

autochtone [ɔ(o)tokton] *agg. e s.m.* autoctono.

autoclave [ɔ(o)toklav] *s.m.* autoclave (*f.*).

autocollant [ɔ(o)tokolɑ̃] *agg. e s.m.* autoadesivo.

autocrate [ɔ(o)tokrat] *s.m.* autocrate (*anche fig.*).

autocratie [ɔ(o)tokrasi] *s.f.* autocrazia.

autocritique [ɔ(o)tokritik] *s.f.* autocritica.

autocuiseur [ɔ(o)tokɥizœr] *s.m.* pentola a pressione.

autodéfense [ɔ(o)todefɑ̃s] *s.f.* autodifesa.

autodétermination [ɔ(o)todetɛrminasjɔ̃] *s.f.* autodeterminazione.

autodictée [ɔ(o)todikte] *s.f.* trascrizione di un breve testo imparato a memoria.

autodidacte [ɔ(o)todidakt] *s.m.* e *f.* autodidatta.

autodiscipline [ɔ(o)todisiplin] *s.f.* autodisciplina.

autodrome [ɔ(o)todrom] *s.m.* autodromo.

auto-école [ɔ(o)toekol] (pl. *auto-écoles*) *s.f.* scuola guida.

auto-examen [ɔ(o)toɛgzamɛ̃] (pl. *auto-exa-mens*) *s.m.* (*med.*) autopalpazione (*f.*).

autofinancer, s' [sɔ(o)tofinɑ̃se] *v.pron.* autofinanziarsi.

autogare [ɔtɔgar] *s.f.* (*in Africa*) autostazione.

autogène [ɔ(o)toʒɛn] *agg.* autogeno.

autogestion [ɔ(o)toʒɛstjɔ̃] *s.f.* autogestione.

autographe [ɔ(o)tograf] *agg. e s.m.* autografo.

autoguidage [ɔ(o)tɔgidaʒ] *s.m.* pilota automatico.

autoguidé [ɔ(o)tɔgide] *agg.* munito di pilota automatico.

auto-imposition [ɔ(o)tɔɛ̃pozisjɔ̃] *s.f.* contribuzione fiscale pagata dalle aziende di stato.

automate [ɔ(o)tɔmat] *s.m.* automa (*anche fig.*).

automaticité [ɔ(o)tɔmatisite] *s.f.* automaticità.

automation [ɔ(o)tɔmasjɔ̃] *s.f.* automazione.

automatique [ɔ(o)tɔmatik] *agg.* automatico ♦ *s.m.* teleselezione (*f.*) ♦ *s.f.* (*scient.*) automatica.

automatiquement [ɔ(o)tɔmatikmɑ̃] *avv.* automaticamente, in modo automatico.

automatiser [ɔ(o)tɔmatize] *v.tr.* automatizzare.

automatisme [ɔ(o)tɔmatism] *s.m.* automatismo.

automitrailleuse [ɔ(o)tɔmitʀɑjøz] *s.f.* autoblindo (*m.*), autoblindomitragliatrice.

automnal [ɔ(o)tɔmnal] (pl. *-aux*) *agg.* autunnale.

automne [ɔ(o)tɔn] *s.m.* autunno.

automobile [ɔ(o)tɔmɔbil] *agg.* **1** automobile: *voiture —*, autovettura **2** automobilistico ♦ *s.f.* automobile: *accident d'—*, incidente automobilistico.

automobilisme [ɔ(o)tɔmɔbilism] *s.m.* automobilismo.

automobiliste [ɔ(o)tɔmɔbilist] *s.m.* e *f.* automobilista.

automoteur [ɔ(o)tɔmɔtœʀ] (f. *-trice*) *agg.* semovente.

automotrice [ɔ(o)tɔmɔtʀis] *s.f.* automotrice.

autonettoyant [ɔ(o)tɔnɛtwajɑ̃] *agg.* autopulente.

autonome [ɔ(o)tɔnɔm] *agg.* autonomo.

autonomie [ɔ(o)tɔnɔmi] *s.f.* autonomia.

autonomiste [ɔ(o)tɔnɔmist] *s.m.* e *f.* (*pol.*) autonomista ♦ *agg.* autonomistico, autonomista.

autopompe [ɔ(o)tɔpɔ̃p] *s.f.* autopompa.

autoportrait [ɔ(o)tɔpɔʀtʀɛ] *s.m.* autoritratto.

autopsie [ɔ(o)tɔpsi] *s.f.* autopsia.

autopunitif [ɔ(o)tɔpynitif] (f. *-ive*) *agg.* autopunitivo.

autoradio [ɔ(o)tɔʀadjo] *s.m.* autoradio (*f.*).

autorail [ɔ(o)tɔʀaj] *s.m.* (*ferr.*) automotrice (*f.*).

autoréglage [ɔ(o)tɔʀeglaʒ] *s.m.* regolazione automatica.

autorégulation [ɔ(o)tɔʀegylasjɔ̃] *s.f.* autoregolazione.

autorisation [ɔ(o)tɔʀizasjɔ̃] *s.f.* autorizzazione.

autorisé [ɔ(o)tɔʀize] *agg.* **1** autorizzato **2** autorevole.

autoriser [ɔ(o)tɔʀize] *v.tr.* **1** autorizzare **2** *s'—*, concedersi: *il a bien le droit de s'— une semaine de vacances*, ha pienamente diritto a prendersi una settimana di vacanza □ **s'autoriser** *v.pron.* valersi (di); appoggiarsi (su).

autoritaire [ɔ(o)tɔʀitɛʀ] *agg.* e *s.m.* e *f.* autoritario/a (*anche fig.*).

autoritarisme [ɔ(o)tɔʀitaʀism] *s.m.* autoritarismo.

autorité [ɔ(o)tɔʀite] *s.f.* **1** autorità: *faire — en matière de*, fare testo in materia di || (*dir.*): *— paternelle*, patria potestà; *— de la chose jugée*, auto-

rità del giudicato || *de son —*, *de sa propre —*, di suo arbitrio **2** *pl.* autorità.

autoroute [ɔ(o)tɔʀut] *s.f.* autostrada.

autoroutier [ɔ(o)tɔʀutje] (f. *-ère*) *agg.* autostradale.

autoscooter [ɔ(o)tɔskutɛʀ] *s.m.* motofurgoncino.

autos-couchettes [ɔ(o)tokuʃɛt] *agg.invar.* (*ferr.*) *train —*, treno con vetture al seguito.

autos-tamponneuses [ɔ(o)tɔtɑ̃pɔnøz] *s.f.pl.* autoscontro (*m.sing.*).

auto-stop [ɔ(o)tɔstɔp] *s.m.* (pl. *invar.*) autostop.

auto-stoppeur [ɔ(o)tɔstɔpœʀ] (pl. *auto-stoppeurs*, f. *auto-stoppeuse*) *s.m.* autostoppista.

autosuffisant [ɔtosyfizɑ̃] *agg.* autosufficiente.

autosuggestion [ɔ(o)tɔsygʒɛstjɔ̃] *s.f.* autosuggestione.

autotaxation [ɔ(o)tɔtaksasjɔ̃] *s.f.* autotassazione.

autotracté [ɔ(o)tɔtʀakte] *agg.* a trazione autonoma, semovente.

autotraction [ɔ(o)tɔtʀaksjɔ̃] *s.f.* autotrazione.

autotransfusion [ɔ(o)tɔtʀɑ̃sfysjɔ̃] *s.f.* (*med.*) autotrasfusione.

autour [otuʀ] *avv.* intorno: *la campagne tout —*, la campagna circostante; *une plate-bande avec des œillets tout —*, un'aiola bordata di garofani □ **autour de** *locuz.prep.* intorno a, attorno a; (*fam.*) (*environ*) circa, quasi: *il regardait — de lui*, si guardava intorno.

autre [otʀ] *agg.* altro; (*différent*) diverso: *un — livre, une — règle*, un altro libro, un'altra regola; *vous êtes autres que vous ne semblez*, siete diversi da quello che sembrate; *je n'ai pas d'autres vêtements*, non ho altri vestiti || *nous autres, vous autres*, noialtri, voialtri || *— chose*, altro: *parlons d'— chose*, parliamo d'altro; *entre — chose*, tra l'altro || *... que; dans tous les autres cas que celui qui est mentionné*, in tutti i casi tranne quello citato || *aucun —*, → **aucun** ♦ *pron.* altro: *j'en voudrais un —*, ne vorrei un altro; *qu'est-ce que je peux dire d'—?*, che altro posso dire?; *prendre pour un —*, scambiare per un altro || *entre autres*, tra gli altri || *bien d'autres*, molti altri, molte altre; *d'autres pensent que...*, altri pensano che... || *j'en ai vu d'autres, j'en ai vu bien d'autres*, (*fam.*) ho visto ben altro || *tu n'en fais jamais d'autres!*, (*fam.*) siamo alle solite! || *à d'autres!*, (*fam.*) raccontalo ad altri!, ma andiamo! || *regardez-moi cette —*, (*spreg. fam.*) guardate un po' quella lì || *comme dit l'—*, *comme dirait l'—*, (*fam.*) come si suol dire || *l'un ..., l'—...*, l'uno..., l'altro...; *les uns... les autres...*, gli uni..., gli altri... || *l'un et l'—*, l'uno e l'altro, entrambi; *les uns et les autres*, gli uni e gli altri || *ni l'un ni l'—*, né l'uno né l'altro || *l'un dans l'—*, (*fam.*) più o meno || *c'est tout l'un ou tout l'—*, è nero o è bianco □ **l'un l'autre, les uns les autres**, l'un l'altro, a vicenda || *aucun —* → **aucun** □ **nul autre** nessun altro: *nul — n'aurait agi comme toi*, nessun altro avrebbe agito come te □ **personne d'autre** nessun altro: *personne d'— n'est arrivé*, nessun altro è arrivato; *je n'ai vu personne d'—*, non ho visto nessun altro □ **quel**

autre quale altro: *quelle — t'écouterait?*, quale altra ti ascolterebbe? □ **quelque autre** qualche altro: *avez-vous quelque — solution à me proposer?*, avete qualche altra soluzione da propormi? □ **quelques autres** alcuni altri: *certains amis sont venus mais quelques autres sont restés chez eux*, certi amici sono venuti ma altri sono rimasti a casa □ **quelqu'un d'autre** qualcun altro: *demandez-le à quelqu'un d'—*, chiedetelo a qualcun altro □ **qui d'autre** chi altro: *qui d'— pourrait le faire?*, chi altri potrebbe farlo? □ **quoi d'autre** cos'altro: *"Je voudrais encore quelque chose" "Quoi d'—?"*, "Vorrei ancora qualcosa" "Cos'altro?" □ **rien d'autre** niente altro: *"Veux-tu encore quelque chose?" "Non, rien d'—"*, "Vuoi ancora qualche cosa?" "No, niente altro"; *rien d'— ne l'intéressait*, niente altro lo interessava □ **tout autre 1** ogni altro: *toute — considération*, qualsiasi altra considerazione **2** tutt'altro: *c'est tout — chose*, è tutt'altra cosa; *il propose une tout — solution*, propone tutt'altra soluzione □ **tout autre que** chiunque altro: *tout — que lui l'aurait compris*, chiunque altro l'avrebbe capito; *tout — que moi*, chiunque altro tranne me.

autrefois [otʀəfwa] *avv.* una volta, un tempo.

autrement [otʀəmã] *avv.* **1** diversamente, altrimenti: *il agit — qu'il ne pense*, agisce diversamente da come pensa || *son dernier roman est — mieux écrit que l'autre*, il suo ultimo romanzo è di gran lunga migliore dell'altro || *tout —*, in ben altro modo || *pas —*, non molto || *— plus*, (*fam.*) molto più || *— dit*, in altre parole **2** altrimenti; in caso contrario.

autrichien [otʀiʃjɛ̃] (f. *-enne*) *agg.* e *s.m.* austriaco.

autruche [otʀyʃ] *s.f.* struzzo (*m.*).

autrui [otʀɥi] *pron.invar.* (*letter.*) altri (*sing.* e *pl.*) || *d'—*, altrui, degli altri: *le bonheur d'—*, l'altrui felicità, la felicità degli altri; *vivre aux dépens d'—*, vivere alle spalle degli altri.

autunois [otynwa] *agg.* di Autun.

auvent [ovã] *s.m.* pensilina (*f.*), tettoia (*f.*).

auvergnat [ɔ(o)vɛʀɲa] *agg.* e *s.m.* alverniate.

aux [o; oz *davanti a vocale o* h *muta*] *prep.art.pl.* → **à**.

auxdits [odi], **auxdites** [odit] → **dit**.

auxerrois [ɔ(o)ksɛʀwa] *agg.* di Auxerre.

auxiliaire [ɔ(o)ksiljɛʀ] *agg.* **1** ausiliare; ausiliario || *maître —*, insegnante non di ruolo (di scuole medie e superiori); *le personnel — de l'enseignement*, il precariato scolastico **2** (*accessoire*) avventizio ♦ *s.m.* **1** avventizio **2** aiuto || *auxiliaires médicaux*, personale paramedico **3** *pl.* (*mil.*) ausiliari, truppe ausiliarie .

auxquels, **auxquelles** [okɛl] *pron.rel.* e *interr.pl.* → **lequel**.

avachi [avaʃi] *agg.* **1** sformato **2** (*fam.*) fiacco.

avachir, s' [savaʃiʀ] *v.pron.* sformarsi, afflosciarsi; (*fig.*) infiacchirsi, rammollirsi.

avachissement [avaʃismã] *s.m.* rammollimento (*anche fig.*).

aval¹ [aval] (pl. *avals*) *s.m.* tratto a valle (di un

corso d'acqua) || *en — de*, a valle di || *à l'— de*, (*fig.*) a valle di ♦ *agg.* e *avv.* (*sport*) a valle.

aval² [aval] (pl. *avals*) *s.m.* **1** (*comm.*) avallo: *donneur d'—*, avallante; *bénéficiaire d'—*, avallato || *bon pour —*, per avallo **2** (*fig.*) sostegno, garanzia (*f.*).

avalanche [avalãʃ] *s.f.* valanga (*anche fig.*).

avaler [avale] *v.tr.* inghiottire, ingoiare (*anche fig.*): *il avale tout ce qu'on lui dit*, (*fam.*) beve tutto ciò che gli si dice; *faire — qqch à qqn*, far credere qlco a qlcu; *— des romans*, divorare romanzi; *— ses mots*, mangiare le parole; *— sa langue*, perdere la lingua || *j'ai cru qu'il allait m'—*, credevo mi volesse mangiare (vivo).

avaleur [avalœʀ] (f. *-euse*) *s.m.* mangiatore.

avaliser [avalize] *v.tr.* avallare (*anche fig.*).

avallonais [avalɔnɛ] *agg.* di Avallon.

à-valoir [avalwaʀ] (pl. *invar.*) *s.m.* acconto.

avance [avãs] *s.f.* **1** anticipo (*m.*): *avoir de l'—*, essere in anticipo, (*aut.*) — *à l'allumage*, anticipo d'accensione || (*sport*) *une — de trois points*, un vantaggio di tre punti || *à l'—*, *d'—*, *par —*, en *—*, in anticipo: *ma montre est en —*, il mio orologio è avanti **2** (*comm.*) anticipo (*m.*); (*prêt*) prestito (*m.*): *faire une —*, dare un anticipo **3** (*mil.*) avanzata (di un esercito ecc.) **4** *pl.* primi approcci, *avances*.

avancé [avãse] *agg.* **1** avanzato: *à une heure avancée de la nuit*, a notte inoltrata; *civilisation avancée*, civiltà progredita; *— dans ses études*, *en âge*, avanti negli studi, negli anni; *les travaux étaient très avancés*, i lavori erano a buon punto **2** anticipato **3** poco fresco; troppo maturo (di frutto).

avancement [avãsmã] *s.m.* avanzamento (*anche fig.*): *l'— des connaissances*, il progresso delle conoscenze.

avancer [avãse] (*coniug. come* placer) *v.tr.* **1** spostare in avanti, portare in avanti (*anche fig.*): *il avança la main pour prendre un fruit*, allungò la mano per prendere un frutto; *— une proposition*, avanzare una proposta || *— un pion*, (agli scacchi ecc.) muovere una pedina || *— une montre*, mettere avanti un orologio || *cette querelle ne nous avance pas*, questa discussione non ci aiuta certo **2** (*prêter*) anticipare (del denaro) **3** anticipare ♦ *v.intr.* **1** avanzare, procedere; avvicinarsi || *— comme un escargot*, camminare come una lumaca || *ma montre avance*, il mio orologio va avanti || *— en âge*, andare avanti negli anni || *il avancera vite*, farà una rapida carriera || *— (en grade)*, avanzare di grado **2** sporgere □ **s'avancer** *v.pron.* avanzare, venire avanti, andare avanti: *ne t'avance pas trop!*, (*anche fig.*) non sbilanciarti!

avanie [avani] *s.f.* (*letter.*) angheria.

avant¹ [avã] *prep.* prima di: — *Jésus Christ*, prima di Cristo; — *toi*, *eux*, prima di te, di loro; *ne pas descendre — l'arrêt du train*, vietato scendere prima che il treno sia fermo; *c'est un homme qui place l'honnêteté — l'intérêt personnel*, è un uomo che antepone l'onestà all'interesse personale || — *tout*, — *toutes choses*, prima di tutto || — *peu*, tra poco || (*comm.*) *livraison* — *le 30 octobre prochain*, consegna entro il 30 ottobre ♦ *avv.* 1 (*tempo*) prima: *il était arrivé quelques mois* —, era arrivato qualche mese prima || *le jour* (*d'*) —, il giorno prima || *bien* —, *très* — *dans la nuit*, a notte inoltrata 2 (*spazio*) avanti: *voyez* —, vedete avanti || (*aut.*) *marche* —, marcia avanti || *plus* —, in seguito || *entrer*, *s'engager plus* — *dans une question*, addentrarsi in un argomento || *les dames passent* —, le signore hanno la precedenza ♦ *agg.invar.* anteriore: *les roues* —, le ruote davanti, anteriori; *le siège* —, il sedile anteriore □ **avant de**, **avant que de** *locuz.prep.* prima di: *ne t'en va pas* — *d'avoir terminé*, non te ne andare prima di aver finito; — *que de partir...*, (*letter.*) prima di partire... □ **avant que** *locuz.cong.* prima che: — *qu'il ne soit trop tard*, prima che sia troppo tardi □ **en avant** *locuz.avv.* in avanti: *allez*, *en* —!, su, avanti!; (*mil.*) *en* — *marche!*, avanti marsc'!; *regarder en* —, (*fig.*) guardare in avanti, al futuro □ **en avant de** *locuz.prep.* davanti a: *marcher en* — *de la troupe*, marciare davanti alla truppa.

avant² *s.m.* 1 parte anteriore (*f.*); prora (di nave) || *aller de l'* —, avanzare; (*fig.*) agire con risolutezza 2 (*calcio*) attaccante: *la ligne d'avants*, l'attacco □ **à l'avant** *locuz.avv.* 1 davanti 2 (*mar.*) *à l'* — (o *sur l'* —), (*mar.*) proravia.

avantage [avɑ̃taʒ] *s.m.* 1 vantaggio: *il y a* — *à partir*, conviene partire || *y trouver son* —, avere il proprio tornaconto || *se montrer à son* —, fare bella figura; *être habillée à son* —, avere un vestito che dona || (*comm.*) *avantages en nature*, benefici aggiunti, accessori || *à l'* — *de*, a favore di 2 (*tennis*) vantaggio.

avantager [avɑ̃taʒe] (*coniug. come* manger) *v.tr.* favorire, avvantaggiare.

avantageusement [avɑ̃taʒøzmɑ̃] *avv.* vantaggiosamente, in modo vantaggioso.

avantageux [avɑ̃taʒø] (*f.* -*euse*) *agg.* 1 vantaggioso, conveniente: *sous un jour* —, sotto una luce favorevole || *avoir une idée avantageuse de qqn*, avere un'opinione lusinghiera di qlcu 2 presuntuoso: *un air* —, un'aria di sufficienza.

avant-bourse [avɑ̃buʀs] (*pl. invar.*) *s.m.* (*fin.*) preborsa.

avant-bras [avɑ̃bʀa] *s.m.* avambraccio.

avant-centre [avɑ̃sɑ̃tʀ] *s.m.* (*football*) centrattacco, centravanti.

avant-corps [avɑ̃kɔʀ] *s.m.* (*edil.*) avancorpo.

avant-coureur [avɑ̃kuʀœʀ] (*f. avant-courrière*) *agg. e s.m.* precursore, premonitore.

avant-dernier [avɑ̃dɛʀnje] (*f.* -*ère*) *agg. e s.m.* penultimo.

avant-garde [avɑ̃gaʀd] *s.f.* avanguardia.

avant-goût [avɑ̃gu] *s.m.* saggio, segnale.

avant-guerre [avɑ̃gɛʀ] *s.m. e f.* anteguerra (*m.*).

avant-hier [avɑ̃tjɛʀ] *avv.* l'altro ieri, ieri l'altro.

avant-midi [avɑ̃midi] *s.m. e f.* (*in Belgio*, *in Canada*) mattinata (*f.*).

avant-pays [avɑ̃pei] *s.m.* zona pedemontana.

avant-plan [avɑ̃plɑ̃] *s.m.* (*in Belgio*) primo piano.

avant-port [avɑ̃pɔʀ] *s.m.* (*mar.*) avamporto.

avant-poste [avɑ̃pɔst] *s.m.* (*mil.*) avamposto.

avant-première [avɑ̃pʀəmjɛʀ] *s.f.* anteprima.

avant-projet [avɑ̃pʀɔʒɛ] *s.m.* piano preliminare, progetto di massima.

avant-propos [avɑ̃pʀopo] *s.m.* prefazione (*f.*); avvertenza (*f.*).

avant-scène [avɑ̃sɛn] *s.f.* 1 proscenio (*m.*), ribalta 2 *pl.* palchi di proscenio.

avant-train [avɑ̃tʀɛ̃] *s.m.* 1 avantreno 2 (*zool.*) treno anteriore.

avant-veille [avɑ̃vɛj] *s.f.* antivigilia.

avare [avaʀ] *agg. e s.m.* avaro.

avarice [avaʀis] *s.f.* avarizia.

avarie [avaʀi] *s.f.* avaria.

avarié [avaʀje] *agg.* avariato.

avarier [avaʀje] *v.tr.* 1 fare avariare 2 danneggiare □ **s'avarier** *v.pron.* avariarsi.

avatar [avataʀ] *s.m.* 1 trasformazione (*f.*) 2 (*fam.*) contrattempo, intoppo.

avec [avɛk] *prep.* con: — *courage*, con coraggio; *gâteau fait* — *de la farine et du beurre*, torta fatta con farina e burro; — *les airs qu'il se donne...*, con tutte le arie che si dà...; — *tant de qualités il n'a pas réussi*, con tante qualità non è arrivato || *il est* — *nous*, è con noi, dalla nostra parte ♦ *avv.* (*in fine di frase*) (*fam.*): *elle a pris ma voiture et s'en est allée* —, ha preso la mia macchina e se n'è andata via; *Marie a une jolie chatte et elle joue* —, Maria ha una bella gattina e ci gioca insieme || *il faudra faire* —, bisognerà accontentarsi □ **d'avec** *locuz.prep.* da: *divorcer d'* — *sa femme*, divorziare dalla moglie.

aveline [avlin] *s.f.* (*bot.*) nocciola.

Ave (Maria), **Avé (Maria)** [avemaʀja] *s.m.* (*pl. invar.*) avemmaria (*f.*).

aven [aven] *s.m.* (*geol.*) dolina (*f.*).

avenant¹ [avnɑ̃] *agg.* affabile □ **à l'avenant** *locuz.avv.* altrettanto, allo stesso modo: *il est très intelligent*, *mais ambitieux à l'* —, è molto intelligente, ma altrettanto ambizioso; ... *et tout à l'* —, ...e così in tutto il resto □ **à l'avenant de** *locuz.prep.* in armonia con, all'altezza di.

avenant² *s.m.* (*dir.*) clausola addizionale.

avènement [avɛnmɑ̃] *s.m.* 1 venuta (*f.*), avvento 2 ascesa (*f.*), avvento.

avenir [avniʀ] *s.m.* 1 avvenire, futuro || *d'* —, di sicuro avvenire || *à l'* —, d'ora in poi, in futuro 2 posteri (*pl.*).

avent [avɑ̃] *s.m.* (*eccl.*) avvento.

aventure [avɑ̃tyʀ] *s.f.* 1 avventura: *plein d'aventures*, avventuroso; *risquer*, *tenter l'* —, rischiare, tentare 2 avventura, sorte: *dire la bonne* —, predire il futuro; *diseuse de bonne* —, indovina, chiromante || *vivre à l'* —, vivere alla giornata □ **d'aventure**, **par aventure** *locuz.avv.* per caso.

aventuré [avɑ̃tyʀe] *agg.* azzardato, arrischiato.

aventurer [avɑ̃tyʀe] *v.tr.* rischiare □ **s'aventurer** *v.pron.* avventurarsi; (*fig.*) arrischiarsi.

aventureusement [avɑ̃tyʀøzmɑ̃] *avv.* in modo avventuroso.

aventureux [avɑ̃tyʀø] (*f.* -*euse*) *agg.* 1 avventuroso: *esprit* —, spirito d'avventura **2** rischioso.

aventurier [avɑ̃tyʀje] (f. *-ère*) *s.m.* avventuriero.

avenu [avny] *agg.* (*preceduto da negazione*): *non* —, inesistente || *nul et non* —, nullo.

avenue [avny] *s.f.* viale (*m.*), corso (*m.*).

avéré [aveʀe] *agg.* accertato, appurato || *il est* — *que...*, è indubbio che...

avérer, s' [saveʀe] (*coniug. come* céder) *v.pron.* rivelarsi.

avers [avɛʀ] *s.m.* diritto, faccia (di medaglia).

averse [avɛʀs] *s.f.* acquazzone (*m.*) || *laisser passer l'*—, (*fam.*) lasciare che si calmino le acque.

aversion [avɛʀsjɔ̃] *s.f.* avversione, antipatia.

averti [avɛʀti] *agg.* **1** esperto, competente **2** avvisato: *tiens-toi pour* —*!*, sappiti regolare!

avertir [avɛʀtiʀ] *v.tr.* avvertire, avvisare.

avertissement [avɛʀtismɑ̃] *s.m.* **1** avvertimento **2** avvertenza (*f.*) **3** ammonizione (*f.*), richiamo.

avertisseur [avɛʀtisœʀ] (f. *-euse*) *agg.* segnaletico: *panneau* —, cartello segnaletico; *signal* —, segnale d'allarme ♦ *s.m.* avvisatore, segnalatore; (*aut.*) claxon: — *sonore*, sirena, allarme sonoro.

avesnois [avɛnwa] *agg.* di Avesnes-sur-Helpe.

aveu [avø] (pl. *-eux*) *s.m.* confessione (*f.*): *faire l'*— *de*, confessare; *il a passé aux aveux*, ha finito col confessare; *faire des aveux complets*, fare piena confessione || *de leur propre* —, *ils...*, essi stessi riconoscono di, che...; *de l'*— *de tout le monde*, secondo il parere di tutti.

aveuglant [avœglɑ̃] *agg.* accecante || *preuve aveuglante*, (*fig.*) prova lampante.

aveugle [avœgl] *agg.* e *s.m.* cieco: — *de naissance*, cieco dalla nascita.

aveuglé [avœgle] *agg.* accecato (*anche fig.*).

aveuglement [avœgləmɑ̃] *s.m.* (*fig.*) accecamento, cecità (*f.*).

aveuglément [avœglemɑ̃] *avv.* ciecamente.

aveugle-né [avœglne] (pl. *aveugles-nés*) *s.m.* cieco dalla nascita.

aveugler [avœgle] *v.tr.* accecare (*anche fig.*).

aveuglette, à l' [alavœglɛt] *locuz.avv.* alla cieca.

aveyronnais [avɛʀɔnɛ] *agg.* e *s.m.* avignonese.

aviateur [avjatœʀ] (f. *-trice*) *s.m.* aviatore; (*mil.*) aviere.

aviation [avjasjɔ̃] *s.f.* aviazione: *compagnie d'*—, compagnia aerea.

avicole [avikɔl] *agg.* avicolo.

aviculteur [avikyltœʀ] *s.m.* avicoltore.

aviculture [avikyltyʀ] *s.f.* avicoltura.

avide [avid] *agg.* avido || **-ement** *avv.*

avidité [avidite] *s.f.* avidità.

avignonnais [aviɲɔnɛ] *agg.* e *s.m.* avignonese.

avilir [aviliʀ] *v.tr.* **1** avvilire **2** deprezzare □ **s'avilir** *v.pron.* **1** avvilirsi; degradarsi **2** deprezzarsi.

avilissant [avilisɑ̃] *agg.* avvilente, degradante.

avilissement [avilismɑ̃] *s.m.* **1** avvilimento; degradazione (*f.*) **2** deprezzamento.

aviné [avine] *agg.* avvinazzato.

avion [avjɔ̃] *s.m.* aeroplano, aereo: *voyager en* —, viaggiare in aereo; — *de reconnaissance*, ricogni-

tore; — *de chasse*, (velivolo da) caccia; — *gros porteur*, jumbo-jet || *par* —, per via aerea.

aviron [aviʀɔ̃] *s.m.* **1** remo: *à l'* —, a remi || *coup d'*—, (*fig.*) ultima mano, ultimo colpo **2** (*sport*) canottaggio.

avis [avi] *s.m.* **1** parere, opinione (*f.*): *je suis du même* — *que vous*, *je suis de votre* —, sono del vostro parere; *je suis d'* — *que*, credo che; *se ranger à l'* — *de qqn*, schierarsi per qlcu || *à mon* —, a parer mio, secondo me; *à*, *de l'* — *de...*, secondo il parere di... **2** avviso: (*di concorso ecc.*) bando || (*comm.*) — *de réception*, ricevuta di ritorno **3** (*dir.*) deliberazione (*f.*).

avisé [avize] *agg.* accorto, avveduto.

aviser[1] [avize] *v.tr.* avvertire, avvisare.

aviser[2] *v.tr.* scorgere, avvistare ♦ *v.intr.* (*letter.*) badare, pensare □ **s'aviser** *v.pron.* **1** accorgersi **2** azzardarsi (a): *s'il s'avise de bavarder, il sera puni*, se si azzarda a parlare sarà punito.

avitaminose [avitaminoz] *s.f.* avitaminosi.

aviver [avive] *v.tr.* avvivare, ravvivare || — *une douleur*, inasprire una pena.

avocaillon [avɔkajɔ̃] *s.m.* (*fam.*) azzeccagarbugli.

avocat[1] [avɔka] *s.m.* avvocato: — *général*, sostituto procuratore generale; — *d'office*, avvocato d'ufficio in sede penale; — *commis*, avvocato d'ufficio in sede civile.

avocat[2] *s.m.* (*bot.*) avocado (frutto).

avocat[3] *s.m.* (*nello Zaire*) bustarella (*f.*), mazzetta (*f.*).

avocat-conseil [avɔkakɔ̃sɛj] (pl. *avocats-conseils*) *s.m.* consulente legale.

avocate [avɔkat] *s.f.* (donna) avvocato (*m.*), avvocatessa.

avocatier [avɔkatje] *s.m.* avocado (pianta).

avoine [avwan] *s.f.* avena.

avoir[1] [avwaʀ]

Indic.pres. j'ai, tu as, il a, nous avons, vous avez, ils ont; *imperf.* j'avais, etc.; *pass.rem.* j'eus, etc., nous eûmes, etc.; *fut.indic.* j'aurai, etc. *Cond.* j'aurais, etc. *Cong.pres.* que j'aie, que tu aies, qu'il ait, que nous ayons, que vous ayez, qu'ils aient; *imperf.* que j'eusse, que tu eusses, qu'il eût, etc. *Part.pres.* ayant; *pass.* eu. *Imp.* aie, ayons, ayez.

v.tr. **1** avere: *elle avait une robe noire*, aveva un abito nero; *tous les cadeaux qu'il a eus...*, tutti i regali che ha ricevuto...; *l'impression que tu as eue est fausse*, l'impressione che hai avuto è sbagliata; — *du courage*, avere coraggio || — *à*, avere da, dovere: *sa secrétaire a toujours beaucoup de lettres à écrire*, la sua segretaria ha sempre molte lettere da scrivere; *si j'arrive tard, tu n'as pas à t'inquiéter*, se faccio tardi non devi stare in pensiero; *il n'avait qu'à faire attention*, doveva stare attento || *en* —, averne: *en* — *pour longtemps*, averne per molto; *en* — *assez*, averne abbastanza || *c'est à lui qu'il en a*, ce l'ha con lui || *en* —, (*per un uomo*) essere coraggioso, (*volg.*) avere i coglioni || *j'ai eu douze ans avant-hier*, ho compiuto dodici

anni l'altro ieri **2** (*fam.*) prendere: *heureusement je l'ai eu, mon train,* fortunatamente l'ho preso, il treno; *j'ai eu une bonne note en latin,* ha preso un bel voto in latino; *il a eu son baccalauréat de justesse,* ha preso la maturità per un pelo || *— qqn,* (*fig.*) imbrogliare qlcu: *elle m'a eu,* me l'ha fatta; *on les aura!,* li batteremo!; *je t'aurai toi,* me la pagherai || *se faire —,* farsi fregare **3** (*ausiliare*) avere, essere: *j'ai été à Rome,* sono stato a Roma; *n'avez-vous pas eu peur?,* non avete avuto paura? □ **y avoir** (*impers.*) esserci: *il y avait beaucoup de monde,* c'era molta gente; *il y a eu un accident,* c'è stato un incidente; *tous les accidents qu'il y a eu dernièrement,* tutti gli incidenti che ci sono stati ultimamente; *il pouvait y — quatrevingts personnes,* potevano esserci un'ottantina di persone; *n'y aurait-il pas un dictionnaire?,* non ci sarebbe un dizionario?; *qu'y a-t-il?, qu'est-ce qu'il y a?,* che c'è? || *il y a deux ans que je ne l'ai vu, que je ne le vois pas,* sono due anni che non lo vedo || *il y en a qui disent que...,* c'è chi dice che... || *quand il n'y en a plus, il y en a encore,* non è mai finita || *il n'y en a que pour lui,* è sempre tutto per lui || *il y a que...,* (*fam.*) fatto sta che...
avoir² *s.m.* **1** averi (*pl.*), proprietà (*f.*): *voici tout mon —,* ecco tutti i miei averi **2** (*comm.*) avere, entrata (*f.*): *le doit et l'—,* il dare e l'avere || *— en caisse,* dotazione di cassa || (*corrispondenza comm.*) *contre — correspondant,* dietro pagamento della somma corrispondente || (*fin.*) *l'— fiscal,* il credito d'imposta.
avoisinant [avwazinã] *agg.* attiguo.
avoisiner [avwazine] *v.tr.* essere vicino.
avorté [avɔrte] *agg.* abortito (*anche fig.*).
avortement [avɔrtəmã] *s.m.* **1** (*med.*) aborto **2** (*fig.*) fallimento **3** (*inform.*) interruzione di esecuzione di programma.
avorter [avɔrte] *v.intr.* abortire || *l'affaire a avorté,* l'affare è fallito.
avorteur [avɔrtœr] (f. *-euse*) *s.m.* chi procura un aborto illecito.

avorton [avɔrtõ] *s.m.* aborto.
avouable [avwabl] *agg.* confessabile.
avoué [avwe] *s.m.* (*dir.*) procuratore legale || *— d'office,* difensore d'ufficio.
avouer [avwe] *v.tr.* confessare □ **s'avouer** *v. pron.,* confessarsi.
avranchais [avrɑ̃ʃɛ], **avranchin** [avrɑ̃ʃɛ̃] *agg.* di Avranches.
avril [avril] *s.m.* aprile.
avulsion [avylsjõ] *s.f.* avulsione, estrazione.
avunculaire [avõkylɛr] *agg.* di zio, di zia.
axe [aks] *s.m.* asse || (*anat.*) *— cérébro-spinal,* neurasse || (*mecc.*) *— du piston,* spinotto.
axer [akse] *v.tr.* **1** disporre secondo un asse **2** (*fig.*) imperniare.
axial [aksjal] (pl. *-aux*) *agg.* assiale.
axillaire [aksilɛr] *agg.* ascellare.
axiomatique [aksjɔmatik] *agg.* assiomatico.
axiome [aksjom] *s.m.* assioma.
axone [akson] *s.m.* (*anat.*) cilindrasse.
axonométrie [aksɔnɔmetri] *s.f.* assonometria.
ayant cause [ɛjɑ̃koz] (pl. *ayants cause*) *s.m.* (*dir.*) avente causa.
ayant-compte [ɛjɑ̃kõt] (pl. *ayants-compte*) *s.m.* correntista.
ayant droit [ɛjɑ̃drwa(ɑ)] (pl. *ayants droit*) *s.m.* (*dir.*) avente diritto.
azalée [azale] *s.f.* (*bot.*) azalea.
azerolier [azrɔlje] *s.m.* (*bot.*) lazzeruolo.
azimut [azimyt] *s.m.* (*astr.*) azimut || *tous azimuts,* (*fig.*) in tutte le direzioni.
azote [azɔt] *s.m.* azoto.
azoté [azɔte] *agg.* (*chim.*) azotato.
azotémie [azɔtemi] *s.f.* (*med.*) azotemia.
aztèque [aztɛk] *agg.* e *s.m.* azteco.
azur [azyr] *s.m.* azzurro || (*min.*) *pierre d'—,* lapislazzuli.
azuré [azyre] *agg.* azzurrino.
azurer [azyre] *v.tr.* azzurrare.
azyme [azim] *agg.* azzimo.

B

b [be] *s.m.* b (*m.* e *f.*) ‖ (*tel.*) — *comme Berthe,* b come Bologna.

baba[1] [baba] *agg.invar.* (*fam.*) stupefatto, allibito: *en rester* —, restare di stucco.

baba[2] *s.m.* (*cuc.*) babà.

baba(-cool) [babakul] (pl. *babas-cool*) *s.m.* capellone, fricchettone.

babeurre [babœr] *s.m.* (*ind. casearia*) latticello.

babil [babil], **babillage** [babijaʒ] *s.m.* chiacchierio; (*di bambini*) lallazione (*f.*).

babillard [babijar] *s.m.* (*in Canada*) bacheca (*f.*).

babiller [babije] *v.intr.* chiacchierare; (*di bambini*) parlottare.

babine [babin] *s.f.* **1** labbro cascante (di cane, scimmia ecc.) **2** *pl.* (*fam.*) labbra ‖ *s'en lécher les babines,* leccarsi i baffi.

babiner [babine] *v.tr.* (*in Canada*) chiacchierare.

babiole [babjɔl] *s.f.* (*fam.*) bazzecola.

babiroussa [babirusa] *s.m.* (*zool.*) babirussa.

bâbord [babɔr] *s.m.* (*mar.*) babordo, sinistra (*f.*).

babouche [babuʃ] *s.f.* babbuccia.

babouin [babwɛ̃] *s.m.* (*zool.*) babbuino.

baboune [babun] *s.f.* (*in Canada*): avoir la —, tenere il muso.

baby-foot [babifut] (pl. *invar.*) *s.m.* calcio-balilla, calcetto.

babylonien [babilɔnjɛ̃] (f. -*enne*) *agg.* e *s.m.* babilonese.

baby-sitter [ba(e)bisitœr] (pl. *baby-sitters*) *s.m.* e *f.* baby-sitter.

bac[1] [bak] *s.m.* **1** chiatta (*f.*); traghetto **2** (*baquet*) mastello, contenitore: — *à glace,* vaschetta del ghiaccio.

bac[2] *s.m.* (*fam.*) *abbr.* → **baccalauréat.**

baccalauréat [bakalɔrea] *s.m.* baccalauréat (esame e titolo di studio corrispondente alla maturità italiana).

baccara [bakara] *s.m.* (*gioco d'azzardo*) baccarà.

baccarat [bakara] *s.m.* (*cristallo*) baccarà.

bacchanal [bakanal] *s.m.* (*in Svizzera*) chiasso, baccano.

bacchanale [bakanal] *s.f.* baccanale (*m.*).

bacchante [bakãt] *s.f.* **1** baccante (*anche fig.*) **2** *pl.* (*fam.*) baffi (*m.*).

bâche [baʃ] *s.f.* telone (*m.*), copertone (*m.*).

bâchée [baʃe] *s.f.* (*in Africa*) camionetta.

bachelier [baʃəlje] (f. -*ère*) *s.m.* chi ha superato il baccalauréat.

bâcher [baʃe] *v.tr.* coprire (con un telone).

bachot [baʃo] *s.m.* (*fam.*) → **baccalauréat.**

bachoter [baʃɔte] *v.intr.* (*fam.*) prepararsi in fretta, imbottirsi di nozioni per un esame.

bacillaire [basilɛr] *agg.* bacillare ♦ *s.m.* tisico.

bacille [basil] *s.m.* bacillo.

bâcler [bakle] *v.tr.* (*fam.*) raffazzonare, abborracciare ‖ — *un travail,* raffazzonare un lavoro.

bactéricide [bakterisid] *agg.* e *s.m.* battericida.

bactérie [bakteri] *s.f.* (*biol.*) batterio (*m.*).

bactériologie [bakterjɔlɔʒi] *s.f.* batteriologia.

bactériologique [bakterjɔlɔʒik] *agg.* batteriologico.

bactériologiste [bakterjɔlɔʒist] *s.m.* batteriologo.

badaboum [badabum] *inter.* patapum.

badaud [bado] *agg.* e *s.m.* curioso; (*flâneur*) bighellone.

baderne [badɛrn] *s.f.*: *vieille* —, (*fig. fam.*) rudere, vecchio rimbambito.

badge [badʒ] *s.m.* badge (distintivo rotondo spec. con scritte umoristiche o sovversive).

badigeon [badiʒɔ̃] *s.m.* intonaco di calce ‖ *un coup de* —, una mano di calce.

badigeonnage [badiʒɔnaʒ] *s.m.* **1** intonacatura (*f.*) **2** (*med.*) pennellatura (*f.*).

badigeonner [badiʒɔne] *v.tr.* **1** imbiancare, intonacare **2** (*med.*) spennellare.

badin [badɛ̃] *agg.* faceto, scherzoso.

badinage [badinaʒ] *s.m.* celia (*f.*).

badine [badin] *s.f.* bastoncino da passeggio; bacchetta.

badiner [badine] *v.intr.* scherzare, celiare.

badinerie [badinri] *s.f.* celia, facezia.

badminton [badmintɔn] *s.m.* (*gioco*) volano.

badois [badwa] *agg.* di Baden.

baffe [baf] *s.f.* (*fam.*) sventola, scapaccione (*m.*).

baffle [bafl] *s.m.* cassa acustica.

bafouer [bafwe] *v.tr.* schernire ‖ *mari bafoué,* marito tradito.

bafouillage [bafujaʒ] *s.m.* (*fam.*) **1** il farfugliare **2** discorso confuso.

bafouiller [bafuje] *v.intr.* **1** (*fam.*) farfugliare **2** (*fam.*) perdere colpi (di un motore).

bafouilleur [bafujœr] (f. -*euse*) *s.m.* (*fam.*) farfuglione.

bâfrer [bafre] *v.tr.* (*fam.*) sbafare ♦ *v.intr.* (*fam.*) rimpinzarsi.

bagage [bagaʒ] *s.m.* bagaglio ‖ *bagages enregistrés,* bagagli appresso ‖ *plier* —, (*fig.*) far fagotto, andarsene via.

bagagiste [bagaʒist] *s.m.* addetto ai bagagli.

bagarre [bagaʀ] *s.f.* zuffa, tafferuglio (*m.*) || *chercher la* —, cercare lite.
bagarrer, se [sɔbagaʀe] *v.pron.* (*fam.*) azzuffarsi.
bagarreur [bagaʀœʀ] (f. *-euse*) *s.m.* e *agg.* (*fam.*) attaccabrighe.
bagatelle [bagatɛl] *s.f.* **1** bagattella, inezia **2** (*fam.*) sesso (*m.*), amore fisico.
bagnard [baɲaʀ] *s.m.* galeotto.
bagne [baɲ] *s.m.* **1** bagno penale; (*estens.*) lavori forzati **2** (*fig.*) inferno.
bagnérais [baɲeʀɛ] *agg.* di Bagnère-de-Bigorre.
bagnole [baɲɔl] *s.f.* (*fam.*) automobile.
bagou(t) [bagu] *s.m.* (*fam.*) parlantina (*f.*).
bague [bag] *s.f.* **1** anello (*m.*): *monter en* —, incastonare in un anello || *jeu de bagues*, (*nei tornei*) corsa all'anello || — *de diaphragme*, (*fot.*) scala dei diaframmi **2** (*tecn.*) fascetta.
baguenauder [bagnode] *v.intr.* bighellonare.
baguette [bagɛt] *s.f.* **1** bacchetta: *coup de* —, bacchettata || *cheveux raides comme des baguettes de tambour*, (*fam.*) capelli diritti come spinaci **2** baguette, sfilatino (di pane) **3** listello (*m.*) **4** baguette (taglio di diamante a rettangolo).
bah! [ba] *inter.* bah!, ma!
bahut [bay] *s.m.* **1** baule **2** credenza (*f.*) **3** (*fam.*) collegio, internato.
bai [bɛ] *agg.* e *s.m.invar.* (cavallo) baio.
baie¹ [bɛ] *s.f.* baia; cala.
baie² *s.f.* apertura (di porta, finestra) || — *vitrée*, vetrata.
baie³ *s.f.* (*bot.*) bacca, coccola.
baignade [bɛɲad] *s.f.* bagno (*m.*) || — *interdite*, divieto di balneazione.
baigner [beɲe] *v.tr.* **1** tenere a bagno **2** (*mouiller*) bagnare: *être baigné de sueur*, essere in un bagno di sudore **3** fare il bagno a **4** bagnare (di mare, fiume ecc.) **5** (*fig.*) inondare; impregnare: *le clair de lune baignait la forêt*, la luna inondava di luce la foresta ♦ *v.intr.* essere immerso □ **se baigner** *v.pron.* fare il bagno (nel mare ecc.).
baigneur [bɛɲœʀ] (f. *-euse*) *s.m.* **1** bagnante **2** (*poupée*) bambolotto di celluloide.
baignoire [bɛɲwaʀ] *s.f.* **1** vasca da bagno **2** (*teatr.*) palco di platea.
bail [baj] (pl. *baux*) *s.m.* **1** affitto: *donner, prendre à* —, dare, prendere in affitto **2** contratto d'affitto: — *commercial*, contratto d'affitto per uso ufficio, per uso commerciale || *ça fait un* —!, (*fam.*) è un bel po'!
bâillement [bajmã] *s.m.* sbadiglio.
bailler [baje] *v.tr.* (*letter.*) dare, consegnare || *la belle, bonne*, darla a intendere.
bâiller [bɑje] *v.intr.* **1** sbadigliare **2** (*estens.*) essere socchiuso || *ce décolleté bâille*, questa scollatura non sta accostata.
bailleur [bajœʀ] (f. *-eresse*) *s.m.* locatore || — *de fonds*, finanziatore.
bâilleur [bɑjœʀ] (f. *-euse*) *s.m.* sbadiglione.
bailli [baji] *s.m.* (*st.*) balivo.
bâillon [bɑjõ] *s.m.* bavaglio.
bâillonner [bɑjɔne] *v.tr.* imbavagliare.
bain [bɛ̃] *s.m.* bagno: — *de siège*, semicupio; —

de pieds, pediluvio; — *de bouche*, sciacquo; *salle de bain* (*s*), (stanza da) bagno; *prendre un* —, fare un bagno || *remplir le* —, riempire la vasca (da bagno) || *envoyer qqn au* —, (*fam.*) mandare qlcu a quel paese || *être dans le* —, (*fam.*) essere immischiato (in un affare), avere le mani in pasta, essere addentro (in un'attività ecc.); *être dans le même* —, essere nella stessa barca || *le président a pris un* — *de foule*, il presidente si è mescolato alla folla || — *de langue*, (*fig.*) (corso di lingua straniera a) immersione totale, full immersion || (*fot.*) — *de développement*, bagno di sviluppo.
bain-marie [bɛ̃maʀi] (pl. *bains-marie*) *s.m.* bagnomaria: *au* —, a bagnomaria.
baïonnette [bajɔnɛt] *s.f.* baionetta.
baise [bɛz] *s.f.* **1** (*volg.*) scopata **2** (*in Belgio*) bacio (*m.*).
baise-en-ville [bɛzɑ̃vil] (pl. *invar.*) *s.m.* (*fam.*) beauty-case.
baisemain [bɛzmɛ̃] *s.m.* baciamano.
baiser¹ [beze] *v.tr.* **1** baciare **2** (*volg.*) scopare; (*fig.*) fregare.
baiser² *s.m.* bacio.
baisoter [bɛzɔte] *v.tr.* sbaciucchiare.
baisse [bɛs] *s.f.* **1** calo (*m.*); abbassamento (*m.*): *en* —, in diminuzione || — *de niveau*, dequalificazione **2** ribasso (di prezzi ecc.).
baisser [bese] *v.tr.* **1** abbassare || (*mar.*) — *le pavillon*, ammainare la bandiera; — *pavillon*, (*fig.*) cedere, arrendersi || — *l'oreille, le nez*, (*fig.*) abbassare la testa (vergognarsi) || (*in Senegal*) — *les pieds*, scoraggiarsi **2** ribassare, diminuire, abbassare ♦ *v.intr.* calare, diminuire: *la température a beaucoup baissé*, la temperatura è scesa di molto; *le prix du pain a baissé*, il prezzo del pane è ribassato, è in ribasso || *le malade baisse*, il malato va peggiorando || *cet écrivain a beaucoup baissé*, questo scrittore non è più quello di una volta □ **se baisser** *v.pron.* chinarsi, abbassarsi || *il n'y a qu'à se* — *pour les ramasser*, ce ne sono, ce n'è a bizzeffe.
bajoue [baʒu] *s.f.* **1** (*di animale*) guancia **2** (*fam.*) guancia cascante.
bakchich [bakʃiʃ] *s.m.* **1** mancia (*f.*) **2** (*fam.*) bustarella (*f.*).
bakélite [bakelit] *s.f.* bachelite.
bal [bal] (pl. *bals*) *s.m.* **1** (festa da) ballo: *ouvrir le* —, aprire le danze **2** sala da ballo.
balade [balad] *s.f.* (*fam.*) passeggiata: *aller en* —, fare una gita.
balader [balade] *v.tr.* (*fam.*) portare a spasso □ **se balader** *v.pron.* (*fam.*) andare a spasso.
baladeur [baladœʀ] (f. *-euse*) *agg.* **1** (*aut.*) (*train*) —, ingranaggio scorrevole (nel cambio di velocità) || *micro* —, microfono volante **2** *humeur baladeuse*, voglia di andare a spasso ♦ *s.m.* walkman.
baladeuse *s.f.* **1** (*ferr.*) vagone a rimorchio **2** lampada portatile.
baladin [baladɛ̃] *s.m.* saltimbanco.
balafre [balafʀ] *s.f.* sfregio (*m.*).
balafrer [balafʀe] *v.tr.* sfregiare.

balai [balɛ] *s.m.* 1 scopa (*f.*): — *de paille*, scopa di saggina, granata; *donner un coup de* —, dare una scopata; (*fig.*) fare un ripulisti || *c'est un vrai manche à* —, è magra come un manico di scopa || *voiture* —, automobile scopa (in una gara ciclistica) 2 (*aer.*) *manche à* —, cloche 3 (*elettr.*) spazzola (*f.*).

balai-brosse [balɛbʀɔs] (pl. *balais-brosses*) *s.m.* spazzolone.

balalaïka [balalaika] *s.f.* (*mus.*) balalaica.

balance [balɑ̃s] *s.f.* 1 bilancia: — *à bascule*, bascula; — *romaine*, stadera || *mettre dans la* —, (*fig.*) mettere sulla bilancia, soppesare 2 (*astr.*) *Balance*, Bilancia, Libra 3 (*econ.*) bilancia; (*bilan*) bilancio (*m.*): — *de commerce*, bilancia commerciale.

balancé [balɑ̃se] *agg.* 1 equilibrato 2 (*di persona*) *bien* —, (*fam.*) bello, ben fatto.

balancelle [balɑ̃sɛl] *s.f.* dondolo (da giardino).

balancement [balɑ̃smɑ̃] *s.m.* 1 oscillazione (*f.*); dondolio: *le* — *de la tête*, il ciondolare del capo 2 (punto di) equilibrio.

balancer [balɑ̃se] (*coniug. come* placer) *v.tr.* 1 dondolare, fare oscillare 2 (*fig.*) soppesare, valutare 3 equilibrare, bilanciare 4 (*econ.*) bilanciare, conguagliare; saldare 5 (*fam.*) gettare, scaraventare; sbarazzarsi (di): — *un coup de pied à qqn*, tirare un calcio a qlcu ♦ *v.intr.* esitare □ **se balancer** *v.pron.* dondolarsi || *s'en* —, (*fam.*) infischiarsene.

balancier [balɑ̃sje] *s.m.* (*mecc., zool.*) bilanciere.

balançoire [balɑ̃swaʀ] *s.f.* altalena.

balayage [balɛjaʒ] *s.m.* 1 scopatura (*f.*); pulizia (*f.*) 2 (*tv*) esplorazione (*f.*), analisi (*f.*) 3 (*inform.*) scorrimento di dati 4 (*tecn.*) scansione (*f.*), scanning 5 colpi di sole (dei capelli).

balayer [balɛje] (*coniug. come* payer) *v.tr.* 1 scopare || *il a balayé tout le personnel*, (*fig. fam.*) ha fatto piazza pulita del personale 2 (*tv*) analizzare, esplorare 3 (*tecn.*) scandire, fare lo scanning 4 (*inform.*) scorrere (i dati).

balayette [balɛjɛt] *s.f.* scopetta, scopino (*m.*).

balayeur [balɛjœʀ] (f. *-euse*) *s.m.* spazzino.

balayeuse [balɛjøz] *s.f.* spazzatrice: (*arroseuse*) —, autospazzatrice.

balayures [balɛjyʀ] *s.f.pl.* spazzatura (*sing.*).

balbutiement [balbysimɑ̃] *s.m.* 1 tartagliamento, balbuzie (*f.*) 2 *pl.* (*fig.*) primi passi, inizi.

balbutier [balbysje] *v.intr.* 1 balbettare 2 (*fig.*) essere agli inizi ♦ *v.tr.* balbettare.

balcon [balkɔ̃] *s.m.* 1 balcone 2 (*teatr.*) balconata (*f.*), galleria (*f.*).

balconnet [balkɔnɛ] *s.m.* reggiseno a balconcino.

baldaquin [baldakɛ̃] *s.m.* baldacchino.

baleine [balɛn] *s.f.* 1 balena || *rire comme une* —, (*fam.*) sganasciarsi dalle risate 2 (*abbigl.*) stecca di balena || — *de parapluie*, stecca dell'ombrello.

baleiné [balɛne] *agg.* (*abbigl.*) con stecche di balena.

baleineau [balɛno] (pl. *-eaux*) *s.m.* balenotto.

baleinier [balɛnje] *s.m.*, **baleinière** [balɛnjɛʀ] *s.f.* (*mar.*) baleniera.

balèze [balɛz] *agg.* (*fam.*) ben piantato; forzuto ♦ *s.m.* (*fam.*) marcantonio.

balisage [balizaʒ] *s.m.* 1 (*mar., aer.*) posa di boe 2 segnaletica (*f.*); (*mar., aer.*) segnalazioni di rotta.

balise [baliz] *s.f.* segnale (*m.*) || *balises des pistes d'atterrissage*, luci di pista d'atterraggio.

baliser [balize] *v.tr.* fornire di segnaletica.

balisier [balizje] *s.m.* (*bot.*) canna indica.

balistique [balistik] *agg.* balistico ♦ *s.f.* balistica.

baliveau [balivo] (pl. *-eaux*) *s.m.* matricina (*f.*).

baliverne [balivɛʀn] *s.f.* sciocchezza.

balkanique [balkanik] *agg.* balcanico.

ballade [balad] *s.f.* ballata.

ballant [balɑ̃] *agg.* ciondolante, penzolante: *les bras ballants*, con le braccia ciondoloni, penzoloni ♦ *s.m.* oscillazione (*f.*), movimento oscillante.

ballast [balast] *s.m.* 1 (*ferr.*) massicciata (*f.*), ballast 2 (*mar.*) cassa d'acqua (dei sottomarini).

balle[1] [bal] *s.f.* 1 palla: — *de ping-pong*, pallina da ping-pong; *jouer à la* —, giocare a palla || *renvoyer la* —, rimandare la palla; (*fig.*) rispondere a tono; *se renvoyer la* —, (*fig.*) fare a scaricabarile || *enfant de la* —, figlio d'arte || (*sport*): *une belle* —, un bel colpo; — *de match, de set*, match ball, set ball; *faire quelques, des balles*, fare palleggio, palleggiare 2 pallottola, palla 3 (*fam.*) franco (*m.*): *cent balles*, cento franchi || (*in Africa*) *avoir des balles*, aver la grana.

balle[2] *s.f.* pula, lolla (del grano).

balle[3] *s.f.* balla (di cotone, seta ecc.).

ballerine [balʀin] *s.f.* ballerina.

ballet [balɛ] *s.m.* balletto || *corps de* —, corpo di ballo; *maître de* —, direttore del corpo di ballo || *figure de* —, figura di danza.

ballon [balɔ̃] *s.m.* 1 pallone; palloncino: *jouer au* —, giocare a pallone || (*sport*) — *ovale, de rugby*, palla ovale || *manche à ballon*, manica a palloncino, a sbuffo || — (*d'alcootest*), palloncino (di alcoltest) 2 (*aer., meteor.*) pallone: — *d'essai*, pallone sonda; (*fig.*) ballon d'essai (notizia diffusa per sondare l'opinione altrui) 3 bicchiere tondo; matraccio (di laboratorio) 4 — *d'oxygène*, bombola d'ossigeno 5 (*geogr.*) ballon (rilievo tipico dell'Alsazia).

ballonné [balɔne] *agg.* gonfio: *jupe ballonnée*, gonna a palloncino

ballonnement [balɔnmɑ̃] *s.m.* gonfiore (del ventre per presenza di gas).

ballon-sonde [balɔ̃sɔ̃d] (pl. *ballons-sondes*) *s.m.* pallone sonda.

ballot [balo] *s.m.* 1 pacco, fagotto: *un* — *de paille*, una balla di paglia 2 (*fam.*) stupido, idiota.

ballotin [balɔtɛ̃] *s.m.* cartoccio (per dolci): *un* — *de chocolats*, scatola di cioccolatini (a cofanetto).

ballottage [balɔtaʒ] *s.m.* ballottaggio.

ballottement [balɔtmɑ̃] *s.m.* sballottamento.

ballotter [balɔte] *v.tr.* sballottare || *être ballotté entre des sentiments contraires*, essere combattuto fra opposti sentimenti ♦ *v.intr.* ballare.

bang

ballottine [balɔtin] *s.f.* (*cuc.*) galantina di pollo.
ball-trap [baltʀap] (pl. *ball-traps*) *s.m.* (*sport*) lanciapiattello.
balluchon [balyʃɔ̃] *s.m.* (*fam.*) fagotto.
balnéaire [balneɛʀ] *agg.* balneare.
bâlois [bɑlwa] *agg.* di Basilea.
balourd [baluʀ] *agg.* e *s.m.* zotico, goffo.
balourdise [baluʀdiz] *s.f.* 1 goffaggine 2 scempiaggine, idiozia.
balsa [balza] *s.m.* legno di balsa.
balsamine [balzamin] *s.f.* (*bot.*) balsamina, impaziente : — *des bois*, noli me tangere.
balsamique [balzamik] *agg.* e *s.m.* balsamico.
balte [balt] *agg.* baltico.
balthazar [baltazaʀ] *s.m.* baltazar (bottiglione di champagne equivalente a 16 bottiglie comuni).
baluchon [balyʃɔ̃] *s.m.* → **balluchon**.
balustrade [balystʀad] *s.f.* 1 (*arch.*) balaustra 2 parapetto (*m.*).
balustre [balystʀ] *s.m.* balaustro; (*colonnette*) colonnino.
balzacien [balzasjɛ̃] (f. *-enne*) *agg.* balzachiano.
balzane [balzan] *s.f.* balza, balzana (di cavallo).
bambin [bɑ̃bɛ̃] *s.m.* bimbo, bimbetto.
bambocheur [bɑ̃bɔʃœʀ] (f. *-euse*) *agg.* e *s.m.* festaiolo.
bambou [bɑ̃bu] *s.m.* bambù: *pousses de* —, germogli di bambù || (*fam.*): *attraper un coup de* —, prendere un'insolazione; *avoir le coup de* —, impazzire, (*fig.*) battere la fiacca.
bamboula [bɑ̃bula] *s.f.* 1 tamburo africano; danza africana a ritmo di tamburo || *faire la* —, (*fam.*) far baldoria, far bisboccia 2 (*spreg.*) negraccio (*m.*).
ban [bɑ̃] *s.m.* 1 bando: *être en rupture de* —, violare il divieto di soggiorno; (*fig.*) liberarsi dalle costrizioni || *bans de mariages*, pubblicazioni (di matrimonio) || — *d'expropriation*, decreto di esproprio 2 rullo di tamburo; squillo di tromba 3 (*fam.*) applauso 4 (*st.*) i vassalli.
banabana [banabana] *s.m.* (*in Africa*) venditore ambulante
banal[1] [banal] (pl. *-als*) *agg.* banale, ordinario: *propos banals*, banalità.
banal[2] (pl. *-aux*) *agg.* 1 (*dir. feudale*) appartenente al signore 2 (*dir.*) comunale, parrocchiale.
banalement [banalmɑ̃] *avv.* banalmente; in modo banale.
banalisation [banalizasjɔ̃] *s.f.* banalizzazione.
banaliser [banalize] *v.tr.* 1 banalizzare 2 (*déguiser*) camuffare || *voiture banalisée*, autocivetta (della polizia) 3 (*ferr.*) banalizzare.
banalité [banalite] *s.f.* banalità.
banane [banan] *s.f.* banana.
bananier [bananje] *s.m.* 1 banano 2 (*nave*) bananiera (*f.*).
banc [bɑ̃] *s.m.* 1 banco, panca (*f.*); panchina (*f.*) (di parco, viale ecc.): — *d'église, d'école*, banco di chiesa, di scuola; *un* — *de pierre*, una panca di pietra; — *du rameur*, sedile del rematore; *les bancs des députés*, i seggi, i banchi dei deputati; *au* — *des accusés*, (*anche fig.*) sul banco degli im-

putati || *se remettre sur les bancs*, (*fig.*) aggiornarsi 2 (*tecn.*) banco: — *de menuisier*, banco di falegname; — *d'essai*, (*anche fig.*) banco di prova 3 (*estens.*) banco: — *de brume*, banco di nebbia; — *de coraux*, banco di coralli; — *de harengs*, banco di aringhe 4 (*mar.*) bassofondo, secca (*f.*) 5 (*geol.*) strato.
bancaire [bɑ̃kɛʀ] *agg.* bancario.
bancal [bɑ̃kal] (pl. *-als*) *agg.* che ha le gambe storte; (*fig.*) sbilenco.
banco [bɑ̃ko] *s.m.*: *faire* —, tenere il banco.
bandage [bɑ̃daʒ] *s.m.* 1 fasciatura (*f.*) 2 cerchione (di ruota).
bande[1] [bɑ̃d] *s.f.* 1 fascia, striscia: *couper en bandes*, tagliare a strisce; — *de terrain*, lingua, striscia di terra || — *élastique* (*d'une socquette*), bordo elastico (di un calzino) || — (*de lancement*), fascetta (di un libro) || — *dessinée* (*BD*), fumetto || (*aut.*): — *de roulement*, battistrada; — *de ralentissement*, corsia di decelerazione; — *d'arrêt d'urgence*, corsia d'emergenza; — *médiane*, aiola spartitraffico (in autostrada) || (*cine.*): — *sonore*, colonna sonora; — *publicitaire*, filmato pubblicitario 2 (*med.*) benda, fascia || *bandes molletières*, fasce gambiere, mollettiere 3 (*tecn., tel., inform.*) nastro (*m.*), banda: — *de frein*, nastro del freno; — *de fréquence*, banda, gamma di frequenza; — *publique*, banda cittadina; — *vidéo*, videonastro; (*inform.*) — *perforée*, nastro perforato, banda perforata 4 (*scient.*) banda 5 sponda (del biliardo) || *par la* —, (*fig.*) indirettamente, per vie traverse.
bande[2] *s.f.* 1 compagnia; (*spec.spreg.*) banda: *une* — *de copains*, un gruppo di amici; — *armée*, banda armata; *être de la* —, far parte dello stesso giro; *faire* — *à part*, far gruppo a parte 2 (*di animali*) branco (*m.*).
bande-annonce [bɑ̃danɔ̃s] (pl. *bandes-annonces*) *s.f.* (*cine.*) trailer (*m.*), spezzone pubblicitario di film di imminente programmazione.
bandeau [bɑ̃do] (pl. *-eaux*) *s.m.* 1 benda (*f.*) 2 banda (di capelli) 3 (*fermacapelli*) fascia.
bandelette [bɑ̃dlɛt] *s.f.* (piccola) benda, bendina.
bander [bɑ̃de] *v.tr.* 1 bendare, fasciare: *se* — *les yeux*, (*anche fig.*) bendarsi gli occhi 2 (*tendre*) tendere □ **se bander** *v.intr.* essere teso.
banderille [bɑ̃dʀij] *s.f.* banderilla.
banderole [bɑ̃dʀɔl] *s.f.* 1 striscione (*m.*) 2 banderuola.
bande-son [bɑ̃dsɔ̃] (pl. *bandes-son*) *s.f.* (*cine.*) sonoro (*m.*).
bande-vidéo [bɑ̃dvideo] (pl. *bandes-vidéo*) *s.f.* nastro videoregistrato.
bandicon [bɑ̃dikɔ̃] *s.m.* (*in Africa*) (*molto fam.*) coglione.
bandit [bɑ̃di] *s.m.* bandito || *ce petit* — *a tout cassé*, (*fam.*) quella piccola peste ha rotto tutto.
banditisme [bɑ̃ditism] *s.m.* banditismo.
bandoulière [bɑ̃duljɛʀ] *s.f.* tracolla, bandoliera : *en* —, a tracolla.
bang [bɑ̃ŋ] *inter.* bang ♦ *s.m.* (*aer.*) bang sonico.

bangladais [bɑ̃gladɛ], **bangladeshi** [bɑ̃gladɛʃi] *agg.* del Bangladesh.

banjo [bɑ̃dʒo] *s.m.* (*mus.*) banjo.

banlieue [bɑ̃ljø] *s.f.* hinterland (*m.*); periferia: *la grande —*, l'hinterland ♦ *s.m.* (*in Belgio*) treno locale.

banlieusard [bɑ̃ljøzaʀ] *s.m.* (*fam.*) abitante della periferia (di Parigi): *les trains des banlieusards*, i treni dei pendolari ♦ *agg.* di periferia, periferico.

banne [ban] *s.f.* **1** cestone di vimini **2** telone (di copertura); tenda (di negozio).

banni [bani] *agg.* bandito (*anche fig.*); esiliato ♦ *s.m.* esule.

bannière [banjɛʀ] *s.f.* **1** insegna, stendardo (*m.*): *sous la — de qqch, de qqn*, all'insegna di qlco, nelle file di qlcu || *c'est la croix et la — pour*, ci vuole del bello e del buono per **2** (*fam.*) camicia (da uomo).

bannir [baniʀ] *v.tr.* bandire (*anche fig.*).

bannissement [banismɑ̃] *s.m.* **1** espulsione (*f.*), esilio **2** bando.

banque [bɑ̃k] *s.f.* **1** banca: *employé de —*, bancario, impiegato di banca || *— épicerie*, sistema di vendite in conto corrente || *— d'organes, du sang*, banca degli organi, del sangue || (*inform.*) *— de données*, banca dati **2** (*nei giochi d'azzardo*) banco (*m.*).

banqueroute [bɑ̃kʀut] *s.f.* bancarotta.

banqueroutier [bɑ̃kʀutje] (*f. -ère*) *s.m.* bancarottiere.

banquet [bɑ̃kɛ] *s.m.* banchetto.

banqueter [bɑ̃kte] (*coniug. come* jeter) *v.intr.* banchettare.

banquette [bɑ̃kɛt] *s.f.* **1** sgabello (*m.*); (*ferr., aut.*) sedile (*m.*) **2** panchina **3** banchina (stradale, pedonale) **4** davanzale (di finestra).

banquier [bɑ̃kje] (*f. -ère*) *s.m.* **1** banchiere **2** (*nei giochi d'azzardo*) (chi tiene il) banco.

banquise [bɑ̃kiz] *s.f.* banchisa.

bantou [bɑ̃tu] *agg. e s.m.* bantù, bantu.

baobab [baɔbab] *s.m.* baobab.

baptême [batɛm] *s.m.* battesimo.

baptiser [batize] *v.tr.* battezzare: *— qqn du nom de*, battezzare qlcu col nome di || *— du vin*, annacquare il vino.

baptismal [batismal] (*pl. -aux*) *agg.* battesimale.

baptiste [batist] *s.m.* (*relig.*) battista.

baptistère [batistɛʀ] *s.m.* battistero.

baquet [bakɛ] *s.m.* tinozza (*f.*), mastello.

bar¹ [baʀ] *s.m.* bar.

bar² *s.m.* (*zool.*) spigola (*f.*), branzino.

baragouin [baʀagwɛ̃] *s.m.* linguaggio, parlata incomprensibile || *je ne comprends rien à leur —*, non capisco una parola, parlano ostrogoto.

baragouiner [baʀagwine] *v.intr.* parlare male: *— un peu d'italien*, masticare un po' d'italiano.

baraka [baʀaka] *s.f.* fortuna.

baraque [baʀak] *s.f.* baracca (*anche fig.*) || (*fam.*): *on gèle dans cette —!*, si gela qui dentro!; *casser la —*, sfondare, avere molto successo; *casser la — à qqn*, rompere le uova nel paniere a qlcu.

baraqué [baʀake] *agg.* (*fam.*) ben piantato.

baraquement [baʀakmɑ̃] *s.m.* baraccamento.

baratin [baʀatɛ̃] *s.m.* (*fam.*) chiacchiere (*f.pl.*); frottole (*f.pl.*) || *faire du —*, fare il filo || *faire son —*, darla a intendere; *pas de —!*, poche chiacchiere!

baratiner [baʀatine] *v.tr.* (*fam.*) imbonire (qlcu) || *— une fille*, fare il filo a una ragazza ♦ *v.intr.* (*fam.*) raccontar frottole.

baratineur [baʀatinœʀ] (*f. -euse*) *agg. e s.m.* **1** chiacchierone **2** corteggiatore.

baratte [baʀat] *s.f.* zangola.

baratter [baʀate] *v.tr.* burrificare.

barbacane [baʀbakan] *s.f.* barbacane (*m.*).

barbant [baʀbɑ̃] *agg.* (*fam.*) barboso.

barbare [baʀbaʀ] *agg. e s.m.* barbaro.

barbaresque [baʀbaʀɛsk] *agg. e s.m.* barbaresco.

barbarie [baʀbaʀi] *s.f.* barbarie.

barbarisme [baʀbaʀism] *s.m.* (*ling.*) barbarismo.

barbe¹ [baʀb] *s.f.* **1** barba: *— longue*, barba alla cappuccina; *collier de —*, barba alla Cavour || *il n'a pas encore de — au menton*, è uno sbarbatello || *vieille —!*, vecchio barbogio! || *la —!*, (*fam.*) basta! || *quelle —!*, (*fam.*) che barba!; *à la — de...*, in barba a... || *femme à —*, donna barbuta || *parler dans sa —*, parlare a voce bassissima || *rire dans sa —*, (*fam.*) ridere sotto i baffi **2** (*bot.*) barba || *— de bouc*, sassifraga selvatica || *— d'épis*, arista **3** (*zool.*) barba; bargigli (del gallo); barbetta (di pesce) **4** *— à papa*, zucchero filato.

barbe² *agg. e s.m.* (*cavallo*) berbero.

barbeau¹ [baʀbo] (*pl. -eaux*) *s.m.* (*zool.*) barbo.

barbeau² *s.m.* (*bot.*) fiordaliso.

barbe-de-capucin [baʀbdəkapysɛ̃] (*pl. barbes-de-capucin*) *s.f.* (*bot.*) barba di cappuccino.

barbelé [baʀbəle] *agg.* dentato, seghettato || *fil de fer —*, filo spinato ♦ *s.m.pl.* reticolati.

barber [baʀbe] *v.tr.* (*fam.*) annoiare, stufare □ **se barber** *v.pron.* (*fam.*) stufarsi, sbarbarsi.

barbet [baʀbɛ] *s.m.* (*zool.*) **1** (*chien*) — spaniel a pelo lungo **2** triglia di fango.

barbiche [baʀbiʃ] *s.f.* barbetta.

barbichette [baʀbiʃɛt] *s.f.* (*fam.*) pizzetto (*m.*).

barbier [baʀbje] *s.m.* (*antiq.*) barbitonsore.

barbillon¹ [baʀbijɔ̃] *s.m.* barbiglio.

barbillon² *s.m.* (*zool.*) piccolo barbo.

barbiturique [baʀbityʀik] *agg. e s.m.* barbiturico.

barbon [baʀbɔ̃] *s.m.* (*antiq. spreg.*) barbogio, vecchione.

barboter [baʀbɔte] *v.intr.* **1** sguazzare **2** (*chim.*) gorgogliare (di gas) ♦ *v.tr.* (*fam.*) sgraffignare.

barboteuse [baʀbɔtøz] *s.f.* pagliaccetto (*m.*).

barbouillage [baʀbujaʒ] *s.m.* scarabocchio.

barbouiller [baʀbuje] *v.tr.* **1** imbrattare **2** *avoir l'estomac, le cœur barbouillé*, (*fam.*) avere lo stomaco sottosopra.

barbouilleur [baʀbujœʀ] (*f. -euse*) *s.m.* imbrattatele, scarabocchione.

barbouze [baʀbuz] *s.m.* (*fam.*) agente segreto.

barbu [baʀby] *agg.* **1** barbuto **2** (*bot.*) barbato; (*della spiga*) aristato ♦ *s.m.* uomo barbuto.

barbue [baʀby] *s.f.* (*zool.*) rombo liscio.

barcarolle [baʀkaʀɔl] *s.f.* (*mus.*) barcarola.

barcelonais [baʀsəlɔnɛ] *agg.* e *s.m.* barcellonese.

barcelonnettain [baʀsəlɔnɛtɛ̃] *agg.* di Barcelon-nette.

barda [baʀda] *s.m.* **1** (*gergo mil.*) equipaggia-mento (di soldato) **2** (*fig.*) armamentario.

bardane [baʀdan] *s.f.* (*bot.*) bardana, lappola.

barde [baʀd] *s.m.* bardo.

bardeau [baʀdo] (pl. *-eaux*) *s.m.* (*edil.*) asse (*f.*), tavola di copertura.

barder[1] [baʀde] *v.tr.* bardare || — *de fer un chevalier*, vestire un cavaliere con l'armatura.

barder[2] *v.intr.* (*fam.*) mettersi al peggio: *ça va* —*!*, si mette male!

bardot [baʀdo] *s.m.* (*zool.*) bardotto.

barème [baʀɛm] *s.m.* **1** tariffario **2** prontuario di conti fatti **3** tabella (*f.*).

barge [baʀʒ] *s.f.* **1** chiatta (a vela quadrata) **2** grande chiatta.

barguigner [baʀgiɲe] *v.intr.* (*letter.*) esitare.

baril [baʀil] *s.m.* barile.

barillet [baʀijɛ] *s.m.* **1** barilotto **2** bariletto (di orologio) **3** tamburo (di pistola).

bariolage [baʀjɔlaʒ] *s.m.* accozzaglia (*f.*) (di co-lori).

bariolé [baʀjɔle] *agg.* variopinto.

barjo, **barjot** [baʀʒo] *agg.* e *s.m.* (*fam.*) pazzerello.

barmaid [baʀmɛd] (pl. *barmaids*) *s.f.* barista (donna).

barman [baʀman] (pl. *barmen*, *barmans*) *s.m.* barista, barman.

barnache [baʀnaʃ] *s.f.* → **bernache**, **bernacle**.

baromètre [baʀɔmɛtʀ] *s.m.* barometro.

barométrique [baʀɔmetʀik] *agg.* barometrico.

baron [baʀɔ̃] (f. *-onne*) *s.m.* barone.

baroque [baʀɔk] *agg.* e *s.m.* (*arte*) barocco; (*fig.*) stravagante: — *tardif*, barocchetto || *perle* —, perla scaramazza.

baroud [baʀud] *s.m.* (*gergo mil.*) combattimento: — *d'honneur*, (*anche fig.*) ultimo assalto.

baroudeur [baʀudœʀ] *s.m.* rissoso.

barouf [baʀuf] *s.m.* (*fam.*) cagnara (*f.*).

barque [baʀk] *s.f.* barca || *il sait bien mener sa* —, (*fig.*) gestisce bene i suoi affari.

barquette [baʀkɛt] *s.f.* **1** (*cuc.*) barchetta; tar-telletta **2** contenitore (per cibo).

barracuda [baʀakyda] *s.m.* (*zool.*) barracuda.

barrage [baʀaʒ] *s.m.* **1** sbarramento (*anche fig.*) || *faire* — *à*, (*fig.*) ostacolare || — *de police*, cordone di polizia || *droit de* —, diritto di pedag-gio **2** diga (*f.*).

barre [baʀ] *s.f.* **1** sbarra || — *de fer*, spranga || — *d'or*, verga d'oro; — *de chocolat*, barretta di cioccolato || (*in tribunale*) *appeler à la* —, chia-mare alla sbarra || *c'est de l'or en* —, (*fig.*) è oro colato **2** (*mar.*) — *traversière*, crocetta || *être à la* —, *tenir la* —, essere al timone || *avoir le coup de* —, essere preso da improvvisa stan-chezza **3** (*nella scrittura*) (s)barra, lineetta: *la* — *du t*, il trattino della t || (*mus.*) — *de mesure*, stanghetta **4** (*inform.*) barra: *code à barres*, co-dice a barre **5** (*sport*) sbarra; (*salto in alto*) asti-cella || *barres parallèles*, parallele || (*football*) —

transversale, traversa della porta || *placer haut la* —, (*fig.*) mirare in alto **6** (*geogr.*) barra **7** *pl.* (*gioco infantile*) bandiera (*sing.*) || *avoir barre(s) sur qqn*, (*fig.*) essere in vantaggio su qlcu **8** (*fam.*) condominio, casermone.

barreau [ba(ɑ)ʀo] (pl. *-eaux*) *s.m.* **1** sbarra (*f.*): *les barreaux de la chaise*, gli staggi della sedia; *les barreaux d'une échelle*, gli staggi di una scala a pioli **2** (*dir.*) foro; avvocatura(*f.*); collegio degli avvocati: *éloquence du* —, eloquenza del foro; *entrer dans le* —, darsi all'avvocatura; *être du* —, appartenere all'ordine degli avvocati.

barrer [ba(ɑ)ʀe] *v.tr.* **1** sbarrare **2** depennare **3** (*in Canada*) chiudere; (*fig.*) paralizzare, bloc-care **4** (*in Canada*) espellere; radiare **5** (*mar.*) manovrare il timone □ **se barrer** *v.pron.* (*fam.*) tagliar la corda.

barrette[1] [baʀɛt] *s.f.* (*eccl.*) berretta.

barrette[2] *s.f.* fermaglio (spec. per capelli).

barreur [ba(ɑ)ʀœʀ] (f. *-euse*) *s.m.* timoniere.

barricade [baʀikad] *s.f.* barricata.

barricader [baʀikade] *v.tr.* barricare, sbarrare □ **se barricader** *v.pron.* barricarsi.

barrière [ba(ɑ)ʀjɛʀ] *s.f.* barriera || — *d'arrêt*, transenna || — *de sécurité*, sbarra (per letto a ca-stello o da bambino) || (*comm.*) — *douanière*, barriera doganale.

barrique [baʀik] *s.f.* botte, fusto (*m.*).

barrir [baʀiʀ] *v.intr.* barrire.

barrissement [baʀismɑ̃] *s.m.* barrito.

bary- *pref.* bari-

barycentre [baʀisɑ̃tʀ] *s.m.* (*fis.*) baricentro.

baryton [baʀitɔ̃] *s.m.* (*mus.*, *gramm.*) baritono.

baryum [baʀjɔm] *s.m.* (*chim.*) bario.

bas[1] [bɑ] (f. *basse*) *agg.* basso (*anche fig.*): *avoir la vue basse*, (*anche fig.*) aver la vista corta; (*la*) *tête basse*, a capo chino || *un esprit* —, un animo vile; *les* — *quartiers*, i quartieri popolari || (*ma-celleria*) — *morceaux*, carne di secondo taglio || *en ce* — *monde*, su questa terra || *au* — *mot*, a dir poco || *en* — *âge*, in tenera età ♦ *avv.* **1** in basso, verso il basso: *on lira plus* —..., si leggerà più sot-to... || *chapeau* —*!*, tanto di cappello! || — *les pat-tes!*, giù le mani! || *mettre* — *les armes*, deporre le armi || (*di animali*) *mettre* —, figliare || *à* —*!*, ab-basso! || *en* —, giù, in basso || *par en* —, dal di-sotto, da giù **2** basso, a bassa quota **3** a bassa voce: *tout* —, pianissimo ♦ *s.m.* basso, parte infe-riore || *des hauts et des* —, (*fig.*) degli alti e bassi || *au* — *de la page*, in fondo alla pagina, in calce.

bas[2] [bɑ] *s.m.* calza (lunga, da donna): — *nylon*, cal-ze di nailon || *le* — *de laine*, (*fig.*) il gruzzoletto.

basalte [bazalt] *s.m.* (*min.*) basalto.

basane [bazan] *s.f.* bazzana.

basané [bazane] *agg.* bruciato dal sole || *teint* —, colorito bruno.

bas-bleu [bɑblø] (pl. *bas-bleus*) *s.m.* donna sac-cente.

bas-côté [bɑkote] (pl. *bas-côtés*) *s.m.* **1** navata laterale **2** banchina pedonale.

basculant [baskylɑ̃] *agg.* ribaltabile.

bascule [baskyl] *s.f.* **1** bascula, pesa **2** altalena

|| *fauteuil à* —, sedia a dondolo **3** (*elettr.*) contrassegno (*m.*).

basculer [baskyle] *v.intr.* **1** perdere l'equilibrio, cadere **2** (*fig.*) cambiare di direzione: *ce parti a basculé à droite*, questo partito è passato alla destra ♦ *v.tr.* capovolgere || — *un appel téléphonique d'un poste sur un autre*, (*fig.*) passare una chiamata da un interno a un altro.

bas-de-casse [bɑdkas] (pl. *invar.*) *s.m.* (*tip.*) cassa bassa, lettere minuscole.

base [bɑz] *s.f.* base (*anche fig.*) || *salaire de* —, salario base; *prix de* —, prezzo base || (*inform.*) — *de données*, database.

base-ball [bezbol] *s.m.* (*sport*) baseball.

baser [bɑze] *v.tr.* basare, fondare (*anche fig.*) □ **se baser** *v.pron.* basarsi.

bas-fond [bɑfɔ̃] (pl. *bas-fonds*) *s.m.* **1** bassura (*f.*); bassofondo (marino) **2** *pl.* bassifondi.

basic [bazik] *s.m.* (*inform.*) basic.

basilic[1] [bazilik] *s.m.* (*mit., zool.*) basilisco.

basilic[2] *s.m.* (*bot.*) basilico.

basilique [bazilik] *s.f.* basilica.

basique [bazik] *agg.* (*chim.*) basico.

basket [baskɛt], **basket-ball** [baskɛtbol] *s.m.* pallacanestro (*f.*).

basket[2] *s.f.* scarpa da pallacanestro, da ginnastica.

basketteur [baskɛtœʀ] (f. *-euse*) *s.m.* cestista.

basque[1] [bask] *s.f.* (*abbigl.*) baschina || *être toujours pendu aux basques de qqn*, essere sempre appiccicato a qlcu.

basque[2] *agg.* e *s.m.* basco || *béret* —, basco.

bas-relief [bɑʀəljef] (pl. *bas-reliefs*) *s.m.* bassorilievo.

basse [bɑs] *s.f.* (*mus.*) basso (*m.*); (*jazz*) contrabbasso (*m.*).

basse-cour [baskuʀ] (pl. *basses-cours*) *s.f.* **1** cortile di fattoria **2** animali da cortile.

bassement [bɑsmã] *avv.* bassamente, vilmente.

bassesse [bɑsɛs] *s.f.* bassezza, viltà.

basset [bɑsɛ] *s.m.* (*cane*) bassotto.

bassin [basɛ̃] *s.m.* **1** bacinella (*f.*) || — (*hygiénique*), padella (da letto) || *les bassins d'une balance*, i piatti di una bilancia **2** bacino, vasca (d'acqua) **3** (*geol., geogr.*) bacino || *le Bassin parisien*, la pianura parigina || — *d'emploi*, bacino d'utenza **4** (*anat.*) bacino.

bassine [basin] *s.f.* catino (*m.*), bacinella.

bassiner [basine] *v.tr.* **1** riscaldare (un letto) con lo scaldaletto **2** (*fam.*) scocciare, rompere.

bassinoire [basinwaʀ] *s.f.* scaldaletto (*m.*).

bassiste [basist] *s.m.* (*mus.*) contrabbassista.

basson [bɑsɔ̃] *s.m.* (*mus.*) fagotto; (*musicista*) fagottista.

bastiais [bastjɛ] *agg.* di Bastia.

bastide [bastid] *s.f.* **1** (*in Provenza*) casa di campagna, cascina **2** (*st. arch.*) bastita.

bastille [bastij] *s.f.* (*st. arch.*) bastia, bastita • *Bastille*, Bastiglia, antica prigione di Parigi, la cui presa da parte dei rivoluzionari il 14 luglio 1789 sancì la fine dell'Ancien Régime.

bastingage [bastɛ̃gaʒ] *s.m.* (*mar.*) parapetto.

bastion [bastjɔ̃] *s.m.* **1** bastione **2** (*fig.*) roccaforte (*f.*), baluardo.

bastonnade [bastɔnad] *s.f.* bastonatura.

bastringue [bastʀɛ̃g] *s.m.* (*fam.*) **1** carabattole (*f.pl.*) **2** cagnara (*f.*) **3** ballo popolare.

bas-ventre [bavɑtʀ] (pl. *bas-ventres*) *s.m.* basso ventre.

bât [ba] *s.m.* basto.

bataclan [bataklɑ̃] *s.m.* (*fam.*) armamentario, carabattole (*f.pl.*) || *et tout le* —, e roba varia.

bataille [bataj] *s.f.* **1** battaglia: *ranger en* —, schierare a battaglia; *livrer* —, dare battaglia; *au plus fort de la* —, nel pieno della battaglia **2** rissa, zuffa **3** (*gioco di carte*) bataille □ **en bataille** di traverso, in disordine: *chapeau en* —, cappello sulle ventitré, di traverso; *cheveux en* —, capelli scarmigliati; *stationnement en* —, parcheggio a pettine.

batailler [bataje] *v.intr.* battagliare, lottare (*anche fig.*).

batailleur [batajœʀ] (f. *-euse*) *agg.* battagliero, bellicoso ♦ *s.m.* attaccabrighe, tipo rissoso.

bataillon [batajɔ̃] *s.m.* **1** battaglione: *chef de* —, maggiore di fanteria **2** (*fig.*) folla (*f.*), esercito.

bâtard [batɑʀ] *agg.* bastardo || *solution bâtarde*, (*fig.*) soluzione ibrida || *porte bâtarde*, porta secondaria || (*écriture*) *bâtarde*, (scrittura) bastarda ♦ *s.m.* **1** bastardo **2** filone (di pane).

bâtardeau [batɑʀdo] (pl. *-eaux*) *s.m.* diga provvisoria.

bâtardise [batɑʀdiz] *s.f.* bastardaggine.

batavia [batavja] *s.f.* lattuga crespa.

bateau [bato] (pl. *-eaux*) *s.m.* **1** nave (*f.*); battello; barca (*f.*); imbarcazione (*f.*), natante: — *de transport, de commerce*, nave da carico; — *pêcheur*, battello da pesca, peschereccio; — *à rames, à voiles*, barca a remi, a vela; — *de plaisance*, imbarcazione di diporto || *faire du* —, andare in barca (come sport) || *par* —, via mare || *mener qqn en* —, (*fig.*) prendere qlcu per il naso **2** (*fam.*) frottola (*f.*) || *monter un* — à *qqn*, (*fig.*) darla a bere a qlcu ♦ *agg.* (*fam.*) banale, trito.

bateau-citerne [batositɛʀn] (pl. *bateaux-citernes*) *s.m.* nave cisterna.

bateau-feu [batofø] (pl. *bateaux-feux*) *s.m.* battello faro.

bateau-mouche [batomuʃ] (pl. *bateaux-mouches*) *s.m.* bateau-mouche (vaporetto spec. sulla Senna).

bateau-pilote [batopilɔt] (pl. *bateaux-pilotes*) *s.m.* pilotina (*f.*).

bateleur [batlœʀ] (f. *-euse*) *s.m.* (*antiq.*) saltimbanco.

batelier [batlje] (f. *-ère*) *s.m.* battelliere, barcaiolo.

batellerie [batɛlʀi] *s.f.* **1** industria del trasporto fluviale **2** flotta per la navigazione interna.

bâter [bate] *v.tr.* mettere il basto (a) || *âne bâté*, (*fig.*) asino calzato e vestito, pezzo d'asino.

bat-flanc [baflã] (pl. *invar.*) *s.m.* battifianco (per cavalli).

bathy- *pref.* bati-, bato-

bathymétrie [batimetʀi] *s.f.* batimetria, batometria.

bathyscaphe [batiskaf] *s.m.* batiscafo.

bâti[1] [bɑti] *s.m.* **1** (*tecn.*) intelaiatura (*f.*); telaio: — *de moteur*, castello del motore **2** (*cucito*) imbastitura (*f.*).

bâti[2] *agg.* costruito (*anche fig.*) || *un garçon bien* —, (*fam.*) un ragazzo ben piantato.

batifoler [batifɔle] *v.intr.* **1** folleggiare **2** scherzare.

batifoleur [batifɔlœʀ] (*f.* *-euse*) *s.m.* (*fam.*) pazzerellone, burlone.

bâtiment [bɑtimɑ̃] *s.m.* **1** fabbricato, edificio, costruzione (*f.*): — *public*, edificio pubblico **2** edilizia (*f.*); *art du* —, arte muraria; *industrie du* —, industria edile; *entreprise de* —, impresa edile **3** (*mar.*) bastimento, nave (*f.*).

bâtir [bɑtiʀ] *v.tr.* **1** costruire (*anche fig.*): *terrain à* —, area fabbricabile || — *en l'air, des châteaux en Espagne*, (*fig.*) far castelli in aria **2** (*cucito*) imbastire.

bâtissable [bɑtisabl] *agg.* fabbricabile, edificabile.

bâtisse [bɑtis] *s.f.* (*edil.*) casermone (*m.*).

bâtisseur [bɑtisœʀ] (*f.* *-euse*) *s.m.* costruttore; (*fig.*) fondatore.

batiste [batist] *s.f.* (*tess.*) batista.

bâton [bɑtɔ̃] *s.m.* **1** bastone: *s'appuyer sur un* —, appoggiarsi al bastone; *bâtons de ski*, racchette da sci; (*sport*) — *de relais*, testimone; — *à signaux*, paletta (del capostazione); *un coup de* —, una bastonata || *mon* — *de vieillesse*, il bastone della mia vecchiaia || *c'est son* — *de maréchal*, (*fig.*) è il coronamento dei suoi sforzi || *à bâtons rompus*, a lisca di pesce; (*fig.*) a pezzi e bocconi || *mener une vie de* — *de chaise*, correre la cavallina **2** (*estens.*) bastoncino: — *de craie*, gessetto; — *de rouge* (*à lèvres*), rossetto **3** (*tip.*) bastone **4** *pl.* (*a scuola*) aste (*f.*) **5** *pl.* (*nei giochi di carte*) bastoni.

bâtonnet [bɑtɔnɛ] *s.m.* bastoncino || (*anat.*) *les bâtonnets de la rétine*, i bastoncelli della retina.

batracien [batʀasjɛ̃] *s.m.* (*zool.*) batrace, anfibio.

battage [bataʒ] *s.m.* **1** battitura (*f.*) || (*agr.*): — *mécanique*, trebbiatura meccanica; *la saison des battages*, la trebbiatura **2** pubblicità (chiassosa ed esagerata): *on a fait beaucoup de* —, si è fatta una gran pubblicità; — *publicitaire*, battage pubblicitario.

battant[1] [batɑ̃] *s.m.* **1** battaglio, batacchio (di campana) **2** battente (di porta, finestra ecc.): *ouvrir à deux battants*, spalancare.

battant[2] *agg.* battente: *porte battante*, porta a vento, a battenti || *à trois heures battantes*, alle tre precise || *tambour* —, (*fig.*) a tamburo battente; *mener qqn tambour* —, comandare qlcu a bacchetta || *le cœur* —, col batticuore || *une politique battante*, (*fig.*) una politica energica.

battant[3] *s.m.* persona battagliera; persona di successo.

batte [bat] *s.f.* **1** mazza, mazzuolo (*m.*) **2** asse

(per lavare) **3** (*sport*) mazza **4** (*cuc.*) pestello (*m.*).

battement [batmɑ̃] *s.m.* **1** battito: *le* — *d'une porte*, lo sbattere di una porta || *battements de mains*, battimani || — *de cœur*, batticuore: *avoir des battements de cœur*, soffrire di palpitazioni **2** intervallo, pausa (*f.*).

batterie [batʀi] *s.f.* batteria (*anche fig.*) || — *de cuisine*, batteria da cucina || *jouer de la* —, suonare la batteria.

batteur [batœʀ] *s.m.* **1** (*mus.*) batterista **2** (*cuc.*) frullino **3** (*sport*) battitore.

batteuse [batøz] *s.f.* **1** (*agr.*) trebbiatrice **2** (*mecc.*) laminatoio (*m.*).

battoir [batwaʀ] *s.m.* **1** mestola (delle lavandaie) **2** (*fam.*) mano grande e grossa.

battre [batʀ]

Indic.pres. je bats, tu bats, il bat, nous battons, etc.; *imperf.* je battais, etc.; *pass.rem.* je battis, etc.; *fut.* je battrai, etc. *Cond.* je battrais, etc. *Cong.pres.* que je batte, etc.; *imperf.* que je battisse, etc. *Part.pres.* battant; *pass.* battu. *Imp.* bats, battons, battez.

v.tr. **1** battere (*anche fig.*): — *un tapis*, (s)battere un tappeto; — *les œufs*, sbattere le uova; (*mus.*) — *la mesure*, battere il tempo; (*agr.*) — *le blé*, trebbiare il grano; — *monnaie*, batter moneta; — *pavillon*, battere bandiera || *se* — *les flancs*, sforzarsi **2** picchiare, colpire: *on l'a battu*, l'hanno picchiato **3** vincere, sconfiggere: — *un record*, battere un primato; — *qqn au tennis*, battere qlcu a (l) tennis **4** percorrere, battere **5** (*alle carte*) mescolare, scozzare (le carte) ♦ *v.intr.* **1** battere: *mon cœur bat*, mi batte il cuore; — *des mains*, battere le mani **2** sbattere: *la porte battait à cause du vent*, la porta sbatteva per il vento □ **se battre** *v.pron.* **1** battersi, combattere **2** litigare: venire alle mani: *se* — *à coups de poing*, prendersi a pugni.

battu [baty] *part.pass. di* battre ♦ *agg.* battuto || *œufs battus*, uova sbattute || *les sentiers battus*, (*fig.*) il cammino tracciato || *avoir les yeux battus*, avere gli occhi pesti || *se tenir pour* —, darsi per vinto.

battue [baty] *s.f.* battuta (di caccia).

baudelairien [bodlɛʀjɛ̃] (*f.* *-enne*) *agg.* baudelairiano.

baudet [bodɛ] *s.m.* (*fam.*) ciuco, somaro.

baudrier [bodʀije] *s.m.* **1** budriere; (*archeol.*) balteo **2** (*alpinismo*) imbracatura per roccia.

baudroie [bodʀwa] *s.f.* (*zool.*) rana pescatrice.

baudruche [bodʀyʃ] *s.f.* membrana elastica ricavata dall'intestino del bue e del montone || *une* —, (*fig.*) un pallone gonfiato.

bauge [boʒ] *s.f.* **1** tana (di cinghiali ecc.) **2** (*fig.*) porcile (*m.*).

baume [bom] *s.m.* balsamo (*anche fig.*) || *mettre du* — *au cœur de qqn*, consolare, confortare qlcu.

bauxite [boksit] *s.f.* (*min.*) bauxite.

bavard [bavaʀ] *agg.* e *s.m.* chiacchierone.

bavardage [bavaʀdaʒ] *s.m.* chiacchiera (*f.*).

bavarder [bavaʀde] *v.intr.* chiacchierare.
bavarois [bavaʀwa] *agg.* e *s.m.* bavarese.
bave [bav] *s.f.* **1** bava **2** (*fig.*) veleno (*m.*).
baver [bave] *v.intr.* **1** sbavare **2** (*fam.*) blaterare || — *sur qqn*, gettar fango su qlcu **3** (*fam.*) restare a bocca aperta (per l'ammirazione) **4** *en* —, (*fam.*) vederne di tutti i colori: *j'en ai bavé*, ho sudato sette camicie.
bavette [bavεt] *s.f.* **1** davantino (*m.*), pettorina || *tailler une* —, (*fam.*) fare una bella chiacchierata **2** bavaglino (*m.*) **3** — *d'aloyau*, spuntatura di lombo.
baveux [bavø] (f. *-euse*) *agg.* bavoso || (*cuc.*) *omelette baveuse*, frittata morbida.
bavoir [bavwaʀ] *s.m.* bavaglino (di neonato).
bavure [bavyʀ] *s.f.* **1** (*tip.*) sbavatura; (*tecn.*) bava || *sans* —, (*fam.*) perfetto, impeccabile **2** violazione: *des bavures policières*, irregolarità, abusi da parte della polizia.
bayadère [bajadεʀ] *s.f.* baiadera.
bayer [baje] (*coniug. come* payer) *v.intr.*: — *aux corneilles*, stare col naso per aria.
bayeusain [bajøzε̃] *agg.* di Bayeux.
bayonnais [bajɔnε] *agg.* di Baiona.
bayou [baju] *s.m.* braccio secondario del Mississipi.
bazar [bazaʀ] *s.m.* **1** bazar; emporio, negozio **2** (*fam.*) babele (*f.*), baraonda (*f.*) **3** (*fam.*) roba (*f.*), mercanzia (*f.*).
bazarder [bazaʀde] *v.tr.* (*fam.*) svendere, sbarazzarsi (di).
bazou [bazu] *s.m.* (*in Canada*) (*fam.*) macinino, automobile sgangherata.
b.c.b.g. [besebeʒe] *agg.* e *s.m.* (*fam. spreg.*) (acronimo di *bon chic bon genre*) raffinato, perbenino.
BD [bede] *s.f.* (*fam.*) (sigla di *Bande Dessinée*) fumetto (*m.*).
bê [bε] *onom.* beh.
béant [beã] *agg.* **1** spalancato: *blessure béante*, (*anche fig.*) ferita aperta **2** (*fig.*) a bocca aperta: — *d'admiration*, a bocca aperta per l'ammirazione.
béarnais [beaʀnε] *agg.* e *s.m.* bearnese.
béarnaise [beaʀnεz] *s.f.* (*cuc.*) salsa bearnese.
béat [bea] *agg.* e *s.m.* beato || **-ement** *avv.*
béatification [beatifikasjɔ̃] *s.f.* beatificazione.
béatifier [beatifje] *v.tr.* beatificare.
béatitude [beatityd] *s.f.* beatitudine (*anche fig.*).
beau[1] [bo] (*davanti a vocale o* h *muta* bel; pl. *beaux*, f. *belle*) *agg.* bello: *il fait* — (*temps*), è bel tempo; *un* — *parleur*, un buon conversatore || *belle humeur*, buonumore || *mourir de sa belle mort*, morire di morte naturale.
♦ FRASEOLOGIA: *c'est bel et bon, mais...*, va tutto bene, ma...; *il y a* — *temps que...*, è un bel pezzo che...; *il fait* — *croire aux rêves*, è comodo credere ai sogni; *avoir* — *dire, faire*, avere un bel dire, fare; *on arrive au plus* —..., adesso viene il bello ...; *il était bel et bien mort!*, era bell'e morto!; *on l'a bel et bien mis en prison*, l'hanno messo in prigione

senza tanti complimenti; *tout* —, bel bello; *de plus belle*, sempre di più, sempre più forte.
beau[2] *s.m.* bello, bellezza (*f.*) || *c'est du* —*!*, bella roba! || *un vieux* —, un bellone in disarmo || *faire le* —, pavoneggiarsi.
beauceron [bosʀɔ̃] (f. *-onne*) *agg.* della Beauce.
beaucoup [boku] *avv.* **1** molto: *il m'a fait promettre de* — *penser à lui*, mi ha fatto promettere di pensare molto a lui; *j'ai* — *parlé*, ho parlato molto || *un peu* —, (*fam.*) un po' troppo || *à* — *près*, neppure lontanamente || — *mieux*, *trop*, molto meglio, (veramente) troppo || — *plus*, *moins*: *il est* — *plus*, — *moins intelligent que vous*, è molto più, molto meno intelligente di voi; *je l'ai payé* — *plus*, — *moins*, l'ho pagato molto di più, molto di meno **2** *beaucoup de* (+ *s.*), molto, molta, molti, molte: — *de patience*, *d'amis*, *de maisons*, *de fleurs*, molta pazienza, molti amici, molte case, molti fiori; — *de gens*, — *de monde*, molte persone, molta gente □ **de beaucoup** *locuz.avv.* di molto, di gran lunga ♦ *pron.indef.invar.* **1** molti, molte: — *étaient déjà là*, molti, molte erano già là; *nous étions* —, eravamo in molti, in molte || *merci* —, grazie molte **2** molto: *il reste encore* — *à faire*, c'è ancora molto da fare; *c'est* — *dire*, è dir molto; *spirituel, ce serait* — *dire, mais il est amusant*, spiritoso è dir troppo, ma è divertente.
beau-fils [bofis] (pl. *beaux-fils*) *s.m.* **1** figliastro **2** (*gendre*) genero.
beau-frère [bofʀεʀ] (pl. *beaux-frères*) *s.m.* cognato.
beaujolais [boʒɔlε] *s.m.* beaujolais (vino rosso della regione di Beaujolais).
beaunois [bonwa] *agg.* di Beaune.
beau-père [bopεʀ] (pl. *beaux-pères*) *s.m.* **1** suocero **2** patrigno.
beaupré [bopʀe] *s.m.* (*mar.*) bompresso.
beauté [bote] *s.f.* bellezza: *le sens de la* —, il senso del bello || *de toute* —, bellissimo || *tu es en* — *ce soir!*, stai proprio bene stasera!; *terminer en* —, chiudere in bellezza || *se faire une* —, truccarsi || *une belle jeune* —, una bella ragazza.
beauvaisien [bovεzjε̃] (f. *-enne*), **beauvaisin** [bovεz] *agg.* di Beauvais.
beaux-arts [bozaʀ] *s.m.pl.* belle arti (*f.*).
beaux-parents [bopaʀã] *s.m.pl.* suoceri.
bébé [bebe] *s.m.* pupo, bimbo || *attendre un* —, aspettare un bambino || *se passer le* —, passarsi la patata bollente.
bébête [bebεt] *agg.* (*fam.*) sciocchino, stupidino.
bec [bεk] *s.m.* **1** becco: *coup de* —, beccata || *se défendre du* — *et des ongles*, difendersi con le unghie e coi denti || *avoir une prise de* —, avere un battibecco || *le* — *de la théière*, il beccuccio della teiera || — *de gaz*, (*ant.*) lampione a gas; *tomber sur un* — (*de gaz*), (*fig.*) rimanere a bocca asciutta **2** imboccatura (di strumenti musicali) **3** (*in Canada*) bacio.
bécane [bekan] *s.f.* (*fam.*) bicicletta.
bécarre [bekaʀ] *s.m.* (*mus.*) bequadro.

bécasse [bekas] *s.f.* **1** beccaccia **2** (*fam. fig.*) ochetta.

bécassine [bekassin] *s.f.* **1** beccaccino (*m.*) **2** (*fam.*) ragazza ingenua, sempliciotta.

bec-croisé [bɛkkʀwaze] (pl. *becs-croisés*) *s.m.* (*zool.*) crociere, becchincroce.

bec-de-cane [bɛkdəkan] (pl. *becs-de-cane*) *s.m.* **1** maniglia (a becco) **2** paletto a scatto (di serratura).

bec-de-lièvre [bɛkdəljɛvʀ] (pl. *becs-de-lièvre*) *s.m.* labbro leporino.

bêchage [bɛʃaʒ] *s.m.* vangatura (*f.*).

béchamel [beʃamɛl] *s.f.* (*cuc.*) besciamella.

bêche [bɛʃ] *s.f.* vanga: *coup de —*, vangata.

bêcher [beʃe] *v.tr.* vangare: *machine à —*, vangatrice ♦ *v.intr.* (*fam.*) fare lo snob.

bêcheur [beʃœʀ] *s.m.* (*fam.*) snob.

bécot [beko] *s.m.* (*fam.*) bacetto.

bécoter [bekɔte] *v.tr.* (*fam.*) sbaciucchiare □ **se bécoter** *v.pron.* (*fam.*) sbaciucchiarsi.

becquée [beke] *s.f.* imbeccata.

becqueter [bɛkte] (*coniug. come* jeter) *v.tr.* beccare, becchettare; (*fam.*) mangiare .

bedaine [bədɛn] *s.f.* (*fam.*) pancione (*m.*), trippa.

bedeau [bədo] (pl. *-eaux*) *s.m.* scaccino.

bedon [bədɔ̃] *s.m.* (*fam.*) pancione.

bedonner [bədɔne] *v.intr.* (*fam.*) mettere su pancia.

bédouin [bedwɛ̃] *agg.* e *s.m.* beduino.

bée [be] *agg.*: *bouche —*, a bocca aperta.

beffroi [befʀwa] *s.m.* **1** (*arch. gotica*) torre campanaria **2** campana d'allarme.

bégaiement [begɛmɑ̃] *s.m.* **1** balbuzie (*f.*) **2** balbettamento.

bégayer [begeje] (*coniug. come* payer) *v.intr.* e *tr.* balbettare, tartagliare.

bégonia [begɔnja] *s.m.* (*bot.*) begonia (*f.*).

bègue [beg] *agg.* e *s.m.* balbuziente.

bégueule [begœl] *agg.* (*fam.*) pudibondo ♦ *s.f.* (*fam.*) puritana.

béguin [begɛ̃] *s.m.* (*fam.*) passioncella (*f.*): *avoir le — pour qqn*, avere un debole per qlcu.

béguinage [begina ʒ] *s.m.* (*st.*) beghinaggio.

béguine [begin] *s.f.* (*st.*) beghina.

beige [bɛʒ] *agg.* (color) nocciola chiaro.

beigne[1] [bɛɲ] *s.f.* (*fam.*) ceffone (*m.*), sventola.

beigne[2] *s.m* e *f.* (*in Canada*) frittella.

beignet [bɛɲɛ] *s.m.* (*cuc.*) frittella (*f.*).

béké [beke] *s.m.* e *f.* (*in Martinica, Guadalupa*) persona di razza bianca nata nelle Antille.

bel [bɛl] *agg.* → **beau**.

bêlant [bɛlɑ̃] *agg.* belante (*anche fig.*).

bêlement [bɛlmɑ̃] *s.m.* belato.

bêler [bele] *v.intr.* **1** belare (*anche fig.*) **2** (*fig.*) parlare con voce tremolante.

belette [bəlɛt] *s.f.* (*zool.*) donnola.

belfortain, belfortin [bɛlfɑʀtɛ̃] *agg.* di Belfort.

belge [bɛlʒ] *agg.* e *s.m.* belga.

belgicisme [bɛlʒisism] *s.m.* termine, espressione della lingua francese parlata nel Belgio.

bélier [belje] *s.m.* **1** montone; (*letter.*) ariete **2** (*astr.*) *Bélier*, Ariete **3** (*st. mil.*) ariete **4** — *hydraulique*, ariete idraulico.

belladone [be(ɛl)ladɔn] *s.f.* (*bot.*) belladonna.

bellâtre [bɛlɑtʀ] *agg.* e *s.m.* vanesio, bellimbusto.

belle [bɛl] *agg. forma f. di* → **beau** ♦ *s.f.* **1** bella || *écoute, ma —!*, senti, bellezza! **2** (*nei giochi*) bella.

belle-dame [bɛldam] (pl. *belles-dames*) *s.f.* **1** (*bot.*) belladonna **2** (*zool.*) vanessa del cardo.

belle-de-jour [bɛldəʒuʀ] (pl. *belles-de-jour*) *s.f.* (*bot.*) bella di giorno.

belle-de-nuit [bɛldənɥi] (pl. *belles-de-nuit*) *s.f.* (*bot.*) bella di notte.

belle-famille [bɛlfamij] (pl. *belles-familles*) *s.f.* famiglia del coniuge; parenti acquisiti.

belle-fille [bɛlfij] (pl. *belles-filles*) *s.f.* **1** nuora **2** figliastra.

belle-mère [bɛlmɛʀ] (pl. *belles-mères*) *s.f.* **1** suocera **2** matrigna.

belle-sœur [bɛlsœʀ] (pl. *belles-sœurs*) *s.f.* cognata.

belleysan [bɛlezɑ̃] *agg.* di Belley.

bellicisme [be(ɛl)lisism] *s.m.* bellicismo.

belliciste [be(ɛl)lisist] *agg.* e *s.m.* bellicista.

bellifontain [belifɔ̃tɛ̃] *agg.* di Fontainebleau.

belligérance [be(ɛl)liʒeʀɑ̃s] *s.f.* belligeranza.

belligérant [be(ɛl)liʒeʀɑ̃] *agg.* e *s.m.* belligerante.

belliqueux [be(ɛl)likø] (f. *-euse*) *agg.* bellicoso.

belon [bəlɔ̃] *s.f.* (tipo di) ostrica.

belote [bəlɔt] *s.f.* gioco di carte simile alla briscola.

béluga [beluga] *s.m.* (*zool.*) beluga.

belvédère [bɛlvedeʀ] *s.m.* belvedere.

bémol [bemɔl] *agg.* e *s.m.* (*mus.*) bemolle.

ben [bɛn] *inter.* (*fam.*) beh!

bénédictin [benediktɛ̃] *agg.* e *s.m.* benedettino || *patience de —*, (*fig.*) pazienza da certosino.

bénédiction [benediksjɔ̃] *s.f.* benedizione.

bénéfice [benefis] *s.m.* **1** beneficio: *au — de*, a vantaggio di || *accepter sous — d'inventaire*, accettare con beneficio d'inventario **2** utile, profitto **3** (*dir. eccl.*) beneficio.

bénéficiaire [benefisjɛʀ] *s.m.* beneficiario ♦ *agg.* **1** (*dir.*) beneficiato **2** (*econ.*) attivo || *la marge —*, il margine di profitto.

bénéficial [benefisjal] (pl. *-aux*) *agg.* (*eccl.*) beneficiario.

bénéficier [benefisje] *v.intr.* beneficiare.

bénéfique [benefik] *agg.* benefico, salutare: *planète —*, pianeta (in congiunzione) favorevole.

benêt [bənɛ] *agg.* e *s.m.* babbeo, allocco.

bénévolat [benevɔla] *s.m.* volontariato.

bénévole [benevɔl] *agg.* **1** volontario **2** gratuito ♦ *s.m.* e *f.* volontario/a.

bénévolement [benevɔlmɑ̃] *avv.* gratuitamente.

bengali [bɛ̃gali] (f. *invar.*) *agg.* del Bengala ♦ *s.m.* **1** (*lingua*) bengali **2** (*zool.*) bengalino.

béni [beni] *part.pass. di* bénir ♦ *agg.* benedetto.

bénignité [beniɲite] *s.f.* benignità.

bénin [benɛ̃] (f. *-igne*) *agg.* benigno.

bénir [beniʀ] *v.tr.* **1** (*part.pass.* béni) benedire || *être béni des dieux*, essere favorito dal destino **2** (*eccl.*) (*part.pass.* bénit) benedire, consacrare.

bénit [beni] *part.pass. di* bénir ♦ *agg.* benedetto

(con cerimonia religiosa); consacrato: *eau bénite,* acqua santa || *c'est pain —!,* ben ti (gli ecc.) sta!

bénitier [benitje] *s.m.* acquasantiera (*f.*) || *se démener comme un diable dans un —,* sentirsi come un cane in chiesa || *grenouille de —,* (*fam.*) baciapile.

benjamin [bɛ̃ʒamɛ̃] *s.m.* **1** beniamino **2** il minore (tra fratelli).

benjoin [bɛ̃ʒwɛ̃] *s.m.* benzoino.

benne [ben] *s.f.* **1** cassone ribaltabile (di autocarro) **2** (*mecc.*) benna (di gru ecc.): *— preneuse,* benna automatica; *— suspendue,* cabina della teleferica.

benoît [bənwa] *agg.* e *s.m.* mellifluo, sdolcinato.

benoîtement [bənwatmɑ̃] *avv.* in modo mellifluo, con ipocrisia.

benzène [bɛ̃zɛn] *s.m.* (*chim.*) benzene.

benzine [bɛ̃zin] *s.f.* benzina (per smacchiare).

benzol [bɛ̃zɔl] *s.m.* (*chim.*) benzolo.

béotien [beɔtjɛ̃] (*f. -enne*) *agg.* e *s.m.* beota.

béquée [beke] *s.f.* → **becquée**.

béquet [bekɛ] *s.m.* → **becquet**.

béqueter [bekte] *v.tr.* → **becqueter**.

béquille [bekij] *s.f.* **1** stampella, gruccia **2** (*di motocicletta*) cavalletto (*m.*) di sostegno.

béquiller [bekije] *v.intr.* camminare con le stampelle.

berbère [bɛʀbɛʀ] *agg.* berbero.

bercail [bɛʀkaj] (*solo sing.*) *s.m.* ovile.

berce [bɛʀs] *s.f.* (*bot.*) panace (*m.*).

berceau [bɛʀso] (*pl. -eaux*) *s.m.* **1** culla (*f.*) (*anche fig.*) || *dès le —,* fin dalla nascita || *au —,* in fasce; (*fig.*) agli albori || (*arch.*) *voûte en —,* volta a botte **2** pergolato **3** (*mar.*) invasatura (*f.*).

bercelonnette [bɛʀsəlɔnɛt] *s.f.* culla a bilico.

bercement [bɛʀsəmɑ̃] *s.m.* il cullare; dondolio.

bercer [bɛʀse] (*coniug. come* placer) *v.tr.* cullare (*anche fig.*): *— qqn d'illusions,* dare delle illusioni a qlcu □ **se bercer** *v.pron.* **1** dondolarsi, cullarsi **2** (*fig.*) cullarsi (in).

berceuse [bɛʀsøz] *s.f.* **1** ninnananna **2** sedia a dondolo.

béret [beʀe] *s.m.* berretto: *— basque,* basco.

bergamote [bɛʀgamɔt] *s.f.* **1** bergamotto (*m.*) (frutto e profumo) **2** pera bergamotta.

berge[1] [bɛʀʒ] *s.f.* ripa, argine (*m.*); sponda.

berge[2] *s.f.* (*fam.*) anno (*m.*).

berger [bɛʀʒe] *s.m.* **1** (f. *-ère*) pastore (*anche fig.*) || *l'étoile du —,* Venere, Lucifero **2** (*zool.*) (*chien de*) —, (cane da) pastore.

bergeracois [bɛʀʒəʀakwa] *agg.* di Bergerac.

bergère [bɛʀʒɛʀ] *s.f.* bergère (poltrona con braccioli, alto schienale e poggiatesta).

bergerette [bɛʀʒəʀɛt] *s.f.* **1** pastorella **2** → bergeronnette.

bergerie [bɛʀʒəʀi] *s.f.* **1** ovile (*m.*) **2** bancone circolare (in un grande magazzino) **3** (*lett.*) componimento pastorale; (*arte*) quadro pastorale.

bergeronnette [bɛʀʒəʀɔnɛt] *s.f.* (*zool.*) cutrettola, ballerina.

bergsonien [bɛʀksɔnjɛ̃] (f. *-enne*) *agg.* bergsoniano, di Bergson.

berline [bɛʀlin] *s.f.* berlina (carrozza e automobile).

berlingot [bɛʀlɛ̃go] *s.m.* **1** berlingot (caramella specialità di Carpentras) **2** tetrapac (imballaggio in cartone).

berlinois [bɛʀlinwa] *agg.* e *s.m.* berlinese.

berlue [bɛʀly] *s.f.*: *avoir la —,* avere le traveggole; (*fig.*) prendere un abbaglio.

berme [bɛʀm] *s.f.* berma (di un argine).

bernache [bɛ(a)ʀnaʃ], **bernacle** [bɛ(a)ʀnakl] *s.f.* (*zool.*) bernaccia.

bernard-l'(h)ermite [bɛʀnaʀlɛʀmit] (pl. *invar.*) *s.m.* (*zool.*) bernardo l'eremita.

berne [bɛʀn] *s.f.*: *drapeau en —,* bandiera a mezz'asta.

berner [bɛʀne] *v.tr.* farsi beffe (di).

bernicle [bɛʀnikl], **bernique** [bɛʀnik] *s.f.* (*zool. pop.*) patella.

bernois [bɛʀnwa] *agg.* e *s.m.* bernese.

berrichon [bɛʀiʃɔ̃] (f. *-onne*) *agg.* del Berry.

berruyer [bɛʀɥije] (f. *-ère*) *agg.* di Bourges.

béryl [beʀil] *s.m.* (*min.*) berillo.

besace [bəzas] *s.f.* bisaccia.

bésef, bézef [bezɛf] *avv.* (*fam.*) a bizzeffe: *il n'y en a pas —,* non ce n'è molto.

bésicles [bezikl] *s.f.pl.* (*antiq.*) occhiali (*m.*): *chausser ses —,* (*scherz.*) inforcare gli occhiali.

besogne [bəzɔɲ] *s.f.* lavoro pesante, lavoro ingrato; (*tâche*) compito (*m.*): *abattre de la —,* lavorar sodo; *s'atteler, se mettre à la —,* mettersi al lavoro; *aller vite en —,* lavorare alla svelta; (*fig.*) andar dritto allo scopo; *tu n'as pas la — toute faite,* il tuo compito è tutt'altro che facile.

besogner [bəzɔɲe] *v.intr.* sgobbare.

besogneux [bəzɔɲø] (f. *-euse*) *agg.* e *s.m.* **1** bisognoso, indigente **2** chi fa un lavoro pesante e mal retribuito.

besoin [bəzwɛ̃] *s.m.* **1** bisogno: *quel — avais-tu de dire cela!,* che bisogno c'era di dirlo!; *il n'est pas — que tu viennes,* non occorre che tu venga || *suivant les besoins,* secondo le necessità; *pour les besoins de la cause,* per necessità || *au —, si — est, s'il en est —,* se necessario, all'occorrenza || (*in Senegal*) *faire ses besoins,* lavorare, fare il proprio lavoro **2** (*spec. pl.*) fabbisogno: *les besoins de la France en charbon,* il fabbisogno di carbone della Francia **3** *pl.* (*necessità corporali*) bisogni, bisognini.

bestiaire[1] [bɛstjɛʀ] *s.m.* (*st. lett.*) bestiario.

bestiaire[2] *s.m.* (*st.*) gladiatore, bestiario.

bestial [bɛstjal] (pl. *-aux*) *agg.* bestiale, animalesco.

bestialement [bɛstjalmɑ̃] *avv.* bestialmente, brutalmente.

bestialité [bɛstjalite] *s.f.* bestialità.

bestiaux [bɛstjo] *s.m.pl.* bestiame (di grossa taglia).

bestiole [bɛstjɔl] *s.f.* bestiola, bestiolina.

bêta[1] [beta] *s.m.* (*seconda lettera dell'alfabeto greco*) beta (*m.* e *f.*).

bidasse

bêta² (f. *-asse*) *agg.* e *s.m.* (*fam.*) sciocchino.
bétail [betaj] (*solo sing.*) *s.m.* bestiame.
bétaillère [betajɛʀ] *s.f.* carro (*m.*) bestiame.
bêtasse [betas] *s.f.* → **bêta²**.
bête [bɛt] *s.f.* bestia ‖ *faire la —*, fare lo stupido ‖ *c'est une bonne —*, è un povero diavolo ‖ (*fig.*): *une — curieuse*, una bestia rara; *chercher la petite —*, cercare il pelo nell'uovo ‖ *avoir des bêtes*, avere i parassiti ♦ *agg.* scemo, stupido: *— comme ses pieds*, scemo come la luna; *il est resté tout —*, è rimasto come un allocco; *pas si —!*, (*fam.*) mica scemo! ‖ *c'est — comme tout*, è una cosa semplicissima.
bétel [betɛl] *s.m.* (*bot.*) betel.
bêtement [bɛtmɑ̃] *avv.* stupidamente ‖ *tout —*, semplicemente.
béthunois [betynwa] *agg.* di Béthune.
bêtifier [betifje] *v.intr.* fare lo scemo; dire stupidaggini.
bêtise [betiz] *s.f.* **1** stupidità, imbecillità **2** stupidaggine, sciocchezza **3** inezia, cosa di poco conto.
bêtisier [betizje] *s.m.* raccolta (*f.*) di sciocchezze, stupidario.
béton [betɔ̃] *s.m.* calcestruzzo ‖ *— armé*, *précontraint*, *damé*, cemento armato, precompresso, costipato ‖ *en —*, (*fig. fam.*) inattaccabile; *alibi en —*, alibi di ferro ‖ (*football*) *faire le —*, fare catenaccio, chiudersi in difesa.
bétonner [betone] *v.tr.* **1** (*edil.*) costruire in calcestruzzo **2** (*fig. fam.*) perfezionare, rifinire ♦ *v.intr.* (*sport*) fare catenaccio, chiudersi in difesa.
bétonnière [betonjɛʀ] *s.f.* betoniera.
bette [bɛt] *s.f.* (*bot.*) bietola.
betterave [bɛtʀav] *s.f.* barbabietola: *— sucrière*, barbabietola da zucchero.
betteravier [bɛtʀavje] (f. *-ère*) *agg.* bieticolo ♦ *s.m.* bieticoltore.
beuglante [bøglɑ̃t] *s.f.* (*fam.*) canzone urlata ‖ *pousser une —*, (*fig.*) fare una sfuriata.
beuglement [bøgləmɑ̃] *s.m.* **1** muggito **2** (*estens.*) urlo.
beugler [bøgle] *v.intr.* **1** muggire **2** vociare, sbraitare ♦ *v.tr.* urlare.
beuh [bø] *inter.* puah!
beur [bœʀ] *s.m.* giovane nato in Francia da genitori magrebini immigrati.
beurette [bœʀɛt] *s.f.* (*fam.*) ragazza nata in Francia da genitori magrebini immigrati.
beurre [bœʀ] *s.m.* burro ‖ *avoir un œil au — noir*, avere un occhio pesto ‖ *faire son —*, (*fam.*) fare i soldi ‖ *comme dans du —*, con estrema facilità ‖ *au prix où est le —*, con i tempi che corrono.
beurrer [bœʀe] *v.tr.* imburrare.
beurrier [bœʀje] (f. *-ère*) *agg.* del burro ♦ *s.m.* burriera (*f.*).
beuverie [bœvʀi] *s.f.* (*fam.*) bevuta, sbevazzata.
bévue [bevy] *s.f.* topica, cantonata.
bi- *pref.* bi-
biais [bjɛ] *agg.* obliquo, sbieco: *voûte biaise*, volta a sbieco ♦ *s.m.* **1** sbieco: *en —*, *de —*, in sbieco ‖ *regarder de —*, guardare di traverso **2** lato: *on*

ne sait par quel — le prendre, non si sa per che verso prenderlo **3** (*fig.*) via traversa, scappatoia (*f.*): *aborder un problème de —*, affrontare un problema indirettamente ‖ *par le — de*, per mezzo di.
biaiser [bjeze] *v.intr.* **1** essere sbieco, andare di sbieco **2** (*fig.*) tergiversare: *parler sans —*, parlare francamente ♦ *v.tr.* falsare.
biarrot [bjaʀo] *agg.* di Biarritz.
bibelot [biblo] *s.m.* ninnolo, soprammobile.
biberon [bibʀɔ̃] *s.m.* biberon: *nourrir au —*, allattare col poppatoio.
biberonner [bibʀone] *v.intr.* (*fam.*) bere come una spugna.
bibi¹ [bibi] *s.m.* (*fam.*) cappellino (da donna).
bibi² *pron.* (*fam.*) io, me: *ça c'est à —*, questo è mio.
bibine [bibin] *s.f.* (*fam.*) brodaglia, bevanda di pessima qualità.
Bible [bibl] *s.f.* (*st. relig.*) Bibbia; (*estens.*) bibbia ‖ *papier —*, carta india.
bibliobus [biblijobys] *s.m.* biblioteca itinerante, bibliobus.
bibliographie [biblijɔgʀafi] *s.f.* bibliografia.
bibliographique [biblijɔgʀafik] *agg.* bibliografico.
bibliophile [biblijɔfil] *s.m.* bibliofilo.
bibliophilie [biblijɔfili] *s.f.* bibliofilia.
bibliothécaire [biblijotekɛʀ] *s.m.e f.* bibliotecario/a.
bibliothèque [biblijotɛk] *s.f.* **1** biblioteca: *aller à la —*, andare in biblioteca **2** (mobile a) libreria **3** collana editoriale.
biblique [biblik] *agg.* biblico.
bic [bik] *s.m.* penna (*f.*) a sfera, bic.
bicaméral [bikameʀal] (pl. *-aux*) *agg.* bicamerale.
bicaméralisme [bikameʀalism], **bicamérisme** [bikameʀism] *s.m.* bicameralismo.
bicarbonate [bikaʀbonat] *s.m.* bicarbonato.
bicentenaire [bisɑ̃tnɛʀ] *agg.* e *s.m.* bicentenario.
bicéphale [bisefal] *agg.* bicefalo; bicipite.
biceps [bisɛps] *s.m.* (*anat.*) bicipite ‖ *avoir des —*, (*fam.*) essere forzuto.
biche [biʃ] *s.f.* **1** cerva, cerbiatta ‖ *couleur ventre de —*, color bianco rossiccio **2** (*fam.*) cocca, tesoro (*m.*).
bicher [biʃe] *v.intr.* (*fam.*) **1** andare bene **2** essere contento.
bichon [biʃɔ̃] *s.m.* **1** (cane) maltese **2** (*fam.*) (*appellativo affettuoso*) cocchino.
bichonner [biʃone] *v.tr.* **1** coccolare **2** agghindare □ **se bichonner** *v.pron.* agghindarsi.
bicolore [bikɔlɔʀ] *agg.* bicolore.
bicoque [bikɔk] *s.f.* bicocca, casupola.
bicorne [bikɔʀn] *s.m.* feluca (*f.*).
bicot [biko] *s.m.* **1** (*zool.*) capretto **2** (*fam. spreg.*) nordafricano.
bicross [bikʀɔs] *s.m.* **1** bicicletta da ciclocross **2** (*sport*) ciclocross.
bicyclette [bisiklɛt] *s.f.* bicicletta: *— tout terrain*, mountain bike; *aller à*, *en —*, andare in bicicletta.
bidasse [bidas] *s.m.* (*fam.*) soldato, marmittone.

bide [bid] *s.m.* (*fam.*) pancia (*f.*) || (*teatr.*) *faire un* —, fare fiasco.

bidet [bide] *s.m.* bidè.

bidoche [bidɔʃ] *s.f.* (*fam.*) carne, ciccia.

bidon [bidɔ̃] *s.m.* **1** bidone || (*aut.*) — *de se-cours*, serbatoio di riserva **2** lattina (dell'olio) **3** (*fam.*) pancia (*f.*), ventre **4** (*fam.*) frottola (*f.*): *ce n'est pas du* —, è vero ♦ *agg.* (*fam.*) simulato: *attentat* —, attentato simulato.

bidonner, se [səbidɔne] *v.pron.* (*fam.*) spanciarsi (dalle risa).

bidonville [bidɔ̃vil] *s.m.* baraccopoli (*f.*).

bidouiller [biduje] *v.tr.* (*fam.*) **1** aggiustare alla bell'e meglio **2** (*fig.*) manipolare.

bidule [bidyl] *s.m.* (*fam.*) aggeggio, affare.

bief [bjɛf] *s.m.* **1** (*idraulica*) gora (*f.*) **2** (*di canale*) tronco (fra due chiuse).

bielle [bjɛl] *s.f.* (*mecc.*) biella || (*aut.*) *couler une* —, fondere le bronzine; — *maitresse*, asta di collegamento; — *de commande*, asta di comando.

bien¹ [bjɛ̃] *avv.* **1** bene: *il a appris à* — *se conduire*, ha imparato a comportarsi bene; *on l'a* — *accueilli*, è stato accolto bene || *aller, se porter* —, star bene || *eh* —*!*, ebbene! || *tant* — *que mal*, alla meno peggio || *tout est* — *qui finit* —, tutto è bene quel che finisce bene **2** *bien du, de la, des* (+ *s.*), molto, molta, molti, molte: *elle a* — *de la chance*, ha molta fortuna; *il a* — *des relations*, ha molte conoscenze; — *des choses à tes parents*, tante belle cose ai tuoi || *j'en ai vu* — *d'autres*, ho visto ben altro **3** (*rafforzativo*) ben, proprio, molto: *il y a* — *deux ans que..*, sono ben due anni che...; *j'ai* — *envie de...*, ho molta voglia, proprio voglia, una gran voglia di...; *avoir* — *soif, faim, sommeil*, avere molta sete, fame, sonno; *elle est* — *jeune pour se marier*, è troppo giovane per sposarsi; *où peut-il* — *être?*, dove sarà mai?; *c'est* — *lui, vous!*, è proprio lui, siete proprio voi!; *c'est* — *ça!*, è proprio così || — *plus*, — *moins*: *elle est* — *plus*, — *moins riche que vous*, è molto più, molto meno ricca di voi || — *mieux, pire, meilleur*, molto meglio, peggio, migliore || *tu as encore oublié ton parapluie: c'est* — *toi!*, hai ancora dimenticato l'ombrello: sei sempre il solito! || *je les ai* — *vus, mais...*, effettivamente li ho visti, ma...|| *merci* —, grazie mille || (*comm.*) *votre devis nous est* — *parvenu*, il vostro preventivo ci è regolarmente pervenuto **4** (*concessivo*) pure: *il faut* — *le dire*, bisogna pur dirlo; *ce n'est pas dû à l'oubli, mais* — *à l'indifférence*, non è trascuratezza, bensì indifferenza ♦ *agg.invar.* **1** bene: *je suis, je me sens* — *aujourd'hui*, oggi sto bene, mi sento bene; *il est* — *cet appartement*, è bello, carino questo appartamento; *il est* — *ce potage*, è buona questa minestra; *tu es* — *pour ton âge*, non sei male per la tua età; *il est* — *de ta part de...*, è gentile da parte tua... || *être* — *avec qqn*, essere in buoni rapporti con ql-cu || *nous voilà* —*!*, (*iron.*) eccoci sistemati! **2** (*fam.*) perbene, come si deve: *c'est un homme vraiment* —, è una persona come si deve; *une fille* —, una ragazza in gamba □ **bien que** *locuz.cong.* sebbene, quantunque: — *que riche, il travaille* toute la journée, sebbene ricco, lavora tutto il giorno; — *qu'il soit intelligent*, quantunque sia intelligente □ **si bien que** *locuz.cong.* tanto che: *il s'est trompé de chemin, si* — *qu'il a dû revenir sur ses pas*, ha sbagliato strada tanto che è dovuto ritornare indietro.

bien² *s.m.* **1** bene || *grand* — *te fasse!*, (*fam.*) buon pro ti faccia! || *en* —, in modo favorevole **2** beni (*pl.*), sostanze (*f.pl.*): *biens d'équipement*, beni strumentali.

bien-aimé [bjɛ̃neme] (pl. *bien-aimés*) *agg.* e *s.m.* diletto, beneamato.

bien-être [bjɛ̃nɛtr] *s.m.* **1** benessere **2** (*in Canada*) assistenza, aiuto (*m.*) sociale.

bienfaisance [bjɛ̃fəzɑ̃s] *s.f.* beneficenza, carità.

bienfaisant [bjɛ̃fəzɑ̃] *agg.* benefico.

bienfait [bjɛ̃fɛ] *s.m.* **1** beneficio; (*faveur*) favore **2** (*avantage*) vantaggio.

bienfaiteur [bjɛ̃fɛtœr] (f. -*trice*) *s.m.* benefattore.

bien-fondé [bjɛ̃fɔ̃de] (pl. *bien-fondés*) *s.m.* fondatezza (*f.*).

bien-fonds [bjɛ̃fɔ̃] (pl. *invar.*) *s.m.* (bene) immobile.

bienheureux [bjɛ̃nœrø] (f. -*euse*) *agg.* e *s.m.* beato.

biennal [bjenal] (pl. -*aux*) *agg.* biennale.

biennale [bjenal] *s.f.* (esposizione) biennale.

bien-pensant [bjɛ̃pɑ̃sɑ̃] (pl. *bien-pensants*) *s.m.* benpensante.

bienséance [bjɛ̃seɑ̃s] *s.f.* (buona) creanza, buone maniere; convenienze (*pl.*) || *manquer à la* —, *aux bienséances*, venir meno alle regole della buona educazione.

bienséant [bjɛ̃seɑ̃] *agg.* conforme alla creanza.

bientôt [bjɛ̃to] *avv.* presto; rapidamente || *à* —*!*, a presto! || *cela est* — *dit*, si fa presto a dirlo.

bienveillance [bjɛ̃vɛjɑ̃s] *s.f.* benevolenza.

bienveillant [bjɛ̃vɛjɑ̃] *agg.* benevolo.

bienvenu [bjɛ̃vny] *agg.* e *s.m.* benvenuto.

bienvenue [bjɛ̃vny] *s.f.* benvenuto (*m.*): *souhaiter la* —, dare il benvenuto; — *à Madame Blanc!*, benvenuta, signora Blanc!

bière¹ [bjɛr] *s.f.* birra: — *blonde, brune*, birra chiara, scura || *c'est de la petite* — *en comparaison de...*, (*fig. fam.*) non è nulla paragonato a...

bière² *s.f.* bara, cassa (da morto).

biffage [bifaʒ] *s.m.* cancellatura (*f.*).

biffer [bife] *v.tr.* depennare.

biffure [bifyr] *s.f.* → **biffage**.

bifide [bifid] *agg.* bifido, biforcuto.

bifocal [bifɔkal] (pl. -*aux*) *agg.* (*fis.*) bifocale.

bifteck [biftɛk] *s.m.* bistecca (*f.*): — *grillé*, bistecca ai ferri; — *saignant* (o *bleu*), *à point, bien cuit*, bistecca al sangue, giusta di cottura, molto cotta.

bifurcation [bifyrkasjɔ̃] *s.f.* biforcazione; bivio (di strada ecc.).

bifurquer [bifyrke] *v.intr.* **1** biforcarsi **2** deviare.

bigame [bigam] *agg.* e *s.m.* bigamo.

bigamie [bigami] *s.f.* bigamia.

bigarade [bigarad] *s.f.* arancia amara.

bigarré [bigaʀe] *agg.* screziato, variegato; (*fig.*) eterogeneo.

bigarreau [bigaʀo] (pl. *-eaux*) *s.m.* ciliegia duracina.

bigarrer [bigaʀe] *v.tr.* screziare, variegare.

bigarrure [bigaʀyʀ] *s.f.* screziatura; varietà (di colori); (*fig.*) varietà.

bigle [bigl] *agg.* e *s.m.* strabico, guercio.

bigler [bigle] *v.intr.* essere strabico ♦ *v.tr.* (*fam.*) sbirciare.

bigleux [biglø] (f. *-euse*) *agg.* e *s.m.* (*fam.*) strabico, guercio.

bigophone [bigɔfɔn] *s.m.* (*fam.*) telefono.

bigorneau [bigɔʀno] (pl. *-eaux*) *s.m.* (*zool. pop.*) litorina (*f.*).

bigorner [bigɔʀne] *v.tr.* (*fam.*) rovinare, scassare.

bigorrois [bigɔʀwa] *agg.* della Bigorre.

bigot [bigo] *agg.* e *s.m.* bigotto.

bigoterie [bigɔtʀi] *s.f.*, **bigotisme** [bigɔtism] *s.m.* bigotteria (*f.*), bigottismo (*m.*).

bigoudi [bigudi] *s.m.* bigodino.

bigre [bigʀ] *inter.* (*fam.*) accidenti! diamine!

bigrement [bigʀəmɑ̃] *avv.* (*fam.*) terribilmente.

biguine [bigin] *s.f.* (*ballo*) béguine.

bihebdomadaire [biɛbdɔmadɛʀ] *agg.* bisettimanale.

bijou [biʒu] (pl. *-oux*) *s.m.* gioiello.

bijouterie [biʒutʀi] *s.f.* 1 gioielleria 2 gioielli (*m.pl.*).

bijoutier [biʒutje] (f. *-ère*) *agg.* del gioiello, dei gioielli ♦ *s.m.* gioielliere.

bikini [bikini] *s.m.* bikini.

bilan [bilɑ̃] *s.m.* bilancio (consuntivo): — *de faillite*, bilancio fallimentare; — *en excédent, en déficit*, bilancio attivo, passivo; *dresser un* —, fare un bilancio || *déposer son* —, dichiarare fallimento || (*med.*) — *de santé*, check-up.

bilatéral [bilateʀal] (pl. *-aux*) *agg.* bilaterale || *-ement avv.*

bilboquet [bilbɔkɛ] *s.m.* bilboquet (giocattolo formato da un bastoncino e da una boccia legata a esso da una cordicella).

bile [bil] *s.f.* bile || *se faire de la* —, (*fam.*) mangiarsi il fegato || *ne te fais pas de* —!, non farti cattivo sangue!

biler, se [səbile] *v.pron.* (*fam.*) farsi cattivo sangue.

bileux [bilø] (f. *-euse*) *agg.* (*fam.*) preoccupato.

bilharzie [bilaʀzi] *s.f.* bilarzia, schistosoma (*m.*).

biliaire [biljɛʀ] *agg.* biliare: *vésicule*—, cistifellea.

bilieux [biljø] (f. *-euse*) *agg.* e *s.m.* bilioso.

bilingue [bilɛ̃g] *agg.* e *s.m.* bilingue.

bilinguisme [bilɛ̃gɥism] *s.m.* bilinguismo.

bilirubine [biliʀybin] *s.f.* (*biochim.*) bilirubina.

billard [bijaʀ] *s.m.* 1 biliardo 2 (sala da) biliardo 3 (*fam.*) tavolo operatorio: *monter, passer sur le* —, subire un'operazione.

bille[1] [bij] *s.f.* 1 bilia; palla (da biliardo) ♦ boccetta 2 (*tecn.*) sfera 3 (*fam.*) testa, zucca.

bille[2] *s.f.* tronco (di legno).

billet [bijɛ] *s.m.* 1 biglietto: — *doux, galant*, biglietto galante, letterina d'amore; *prendre son* —,

fare il biglietto || — *de banque*, banconota || — *de change*, cambiale, effetto; — *à vue, au porteur*, effetto a vista, al portatore; (*comm.*) — *à ordre*, effetto all'ordine, pagherò cambiario 2 ricevuta (*f.*); scontrino; buono.

billetterie [bijetʀi] *s.f.* distributore automatico di banconote; (*fam.*) bancomat (*m.*).

billevesée [bijlvəze] *s.f.* futilità.

billion [biljɔ̃] *s.m.* bilione.

billot [bijo] *s.m.* ceppo.

bilobé [bilɔbe] *agg.* 1 bilobato 2 (*arch.*) bilobo.

bimbeloterie [bɛ̃blɔtʀi] *s.f.* 1 ninnoli (*m.pl.*) 2 fabbricazione di ninnoli; commercio di ninnoli.

bimensuel [bimɑ̃sɥel] (f. *-elle*) *agg.* bimensile, quindicinale ♦ *s.m.* (periodico) bimensile.

bimestriel [bimɛstʀijel] (f. *-elle*) *agg.* bimestrale ♦ *s.m.* (periodico) bimestrale.

bimoteur [bimɔtœʀ] *agg.* e *s.m.* (*aer.*) bimotore.

binaire [binɛʀ] *agg.* binario.

biner [bine] *v.tr.* (*agr.*) zappettare.

binette[1] [binɛt] *s.f.* (*agr.*) zappetta, sarchio (*m.*).

binette[2] *s.f.* (*fam.*) faccia.

biniou [binju] *s.m.* (sorta di) cornamusa bretone.

binocle [binɔkl] *s.m.* occhiali a stringinaso.

binoculaire [binɔkylɛʀ] *agg.* binoculare.

binôme [binom] *s.m.* (*mat.*) binomio.

bio- *pref.* bio-

biochimie [bjɔʃimi] *s.f.* biochimica.

biochimique [bjɔʃimik] *agg.* biochimico.

biochimiste [bjɔʃimist] *s.m.* biochimico.

biodégradable [bjɔdegʀadabl] *agg.* biodegradabile.

biodégradation [bjɔdegʀadasjɔ̃] *s.f.* (*biochim.*) biodegradazione.

bioéthique [bjɔetik] *s.f.* bioetica.

biogénétique [bjɔʒenetik] *agg.* biogenetico.

biographe [bjɔgʀaf] *s.m.* biografo.

biographie [bjɔgʀafi] *s.f.* biografia.

biographique [bjɔgʀafik] *agg.* biografico.

biologie [bjɔlɔʒi] *s.f.* biologia.

biologique [bjɔlɔʒik] *agg.* biologico.

biologiste [bjɔlɔʒist] *s.m.* biologo.

bionique [bjɔnik] *s.f.* bionica ♦ *agg.* bionico.

biophysique [bjɔfizik] *s.f.* biofisica.

biopsie [bjɔpsi] *s.f.* (*med.*) biopsia.

biorythme [bjɔʀitm] *s.m.* bioritmo.

biosphère [bjɔsfɛʀ] *s.f.* biosfera.

bioxyde [bjɔksid] *s.m.* (*chim.*) biossido.

biparti [bipaʀti] *agg.* 1 (*bot.*) bipartito 2 (*pol.*) bipartitico: *un gouvernement* —, un bipartito.

bipartisme [bipaʀtism] *s.m.* bipartitismo.

bipartite [bipaʀtit] *agg.* → **biparti.**

bipartition [bipaʀtisjɔ̃] *s.f.* bipartizione.

bipasse [bipɑs] *s.m.* (*med.*) by-pass.

bipède [biped] *agg.* e *s.m.* bipede.

biphasé [bifaze] *agg.* (*fis.*) bifase.

biplace [biplas] *agg.* e *s.m.* (*aer.*) biposto.

bipolaire [bipɔlɛʀ] *agg.* (*scient.*) bipolare.

bique [bik] *s.f.* (*fam.*) capra || *vieille* —!, vecchio ronzino!, (*di persona*) vecchia strega! || *une grande* —, una spilungona.

biquet [bikɛ] *s.m.* (*fam.*) capretto.

biquette [bikɛt] *s.f.* (*fam.*) capretta.
birbe [biʀb] *s.m.*: *vieux* —, vecchio barbogio, bacucco.
biréacteur [biʀeaktœʀ] *agg.* e *s.m.* (*aer.*) bireattore.
biréfringence [biʀefʀɛ̃ʒɑ̃s] *s.f.* (*fis.*) birifrangenza.
birème [biʀɛm] *s.f.* (*st.mar.*) bireme.
birman [biʀmɑ̃] *agg.* e *s.m.* birmano.
bis[1] [bi] *agg.* bigio.
bis [2] [bis] *avv.* e *s.m.* bis.
bis- *pref.* bis-
bisaïeul [bizajœl] (pl. *bisaïeuls*, f. *bisaïeule*) *s.m.* bisnonno, bisavolo.
bisannuel [bizanɥɛl] (f. *-elle*) *agg.* biennale.
bisbille [bisbij] *s.f.* (*fam.*) battibecco (*m.*): *être en* — *avec qqn*, litigare con qlcu.
biscornu [biskɔʀny] *agg.* 1 sbilenco, storto 2 (*fig.*) strambo, strampalato.
biscotte [biskɔt] *s.f.* fetta (di pane) biscottata.
biscuit [biskɥi] *s.m.* 1 biscotto || — *glacé*, semifreddo || — *à la cuiller*, savoiardo || — *au chocolat*, torta al cioccolato || — *de Savoie*, pandispagna 2 porcellana bianca e opaca.
biscuiter [biskɥite] *v.tr.* biscottare.
bise[1] [biz] *s.f.* (vento di) tramontana.
bise[2] *s.f.* (*fam.*) bacio (*m.*), bacetto (*m.*): *faire la* —, dare un bacino; *allez, on se fait la* —?, allora, facciamo pace?
biseau [bizo] (pl. *-eaux*) *s.m.* taglio obliquo.
biseauter [bizote] *v.tr.* 1 (*tecn.*) bisellare, tagliare a smusso 2 (*al gioco*) segnare (le carte per barare).
bisexualité [bisɛksɥalite] *s.f.* bisessualità.
bisexué [bisɛksɥe] *agg.* bisessuato.
bisexuel [bisɛksɥɛl] (f. *-elle*) *agg.* bisessuale.
bismuth [bismyt] *s.m.* bismuto.
bison [bizɔ̃] *s.m.* (*zool.*) bisonte.
bisontin [bizɔ̃tɛ̃] *agg.* di Besançon.
bisou [bizu] *s.m.* (*fam.*) bacino, bacio.
bisque [bisk] *s.f.* (*cuc.*) bisque (passato di pesce e frutti di mare).
bisquer [biske] *v.intr.* (*fam.*) indispettirsi.
bissectrice [bisɛktʀis] *s.f.* (*mat.*) bisettrice.
bisser [bise] *v.tr.* 1 bissare 2 chiedere il bis (a) 3 (*in Africa*) ripetere (un anno scolastico).
bissextile [bisɛkstil] *agg.* bisestile.
bistouri [bistuʀi] *s.m.* bisturi.
bistre [bistʀ] *s.m.* bistro ♦ *agg.* (pl. *invar.*) color bistro.
bistré [bistʀe] *agg.* (di colorito) bruno.
bistrer [bistʀe] *v.tr.* bistrare.
bistro(t) [bistʀo] *s.m.* bistrò, caffè, bar; osteria (*f.*); trattoria familiare.
bit [bit] *s.m.* (*inform.*) bit: *bit-clé*, — *de contrôle*, bit di controllo; — *utile* (o *d'information*), bit utile, bit di dati; — *drapeau*, bit di contrassegno; —/*pouce*, bit per pollice; — /*seconde*, bit al secondo; *un million de bits*, un megabit.
biterrois [bitɛʀwa] *agg.* di Béziers.
bitte [bit] *s.f.* (*mar.*) bitta.

bitume [bitym] *s.m.* 1 bitume 2 (*fam.*) marciapiede, strada (*f.*).
bitumer [bityme] *v.tr.* bitumare.
bivalent [bivalɑ̃] *agg.* bivalente.
bivalve [bivalv] *agg.* e *s.m.* (*zool.*) bivalve.
bivouac [bivwak] *s.m.* bivacco: *coucher au* —, dormire all'addiaccio.
bivouaquer [bivwake] *v.intr.* bivaccare, dormire all'addiaccio.
bizarre [bizaʀ] *agg.* strambo, strano, bizzarro: *c'est* —, che strano, che stranezza! || *-ement* *avv.*
bizarrerie [bizaʀʀi] *s.f.* stramberia, bizzarria; stravaganza, stranezza.
bizut, bizuth [bizy] *s.m.* (*argot studentesco*) matricola (*f.*); (*estens.*) pivello, novellino.
bizutage [bizytaʒ] *s.m.* iniziazione delle matricole.
bla-bla [blabla], **bla-bla-bla** [blablabla] *s.m.* (pl. *invar.*) (*fam.*) chiacchiera (*f.*); bla-bla.
blackbouler [blakbule] *v.tr.* (*fam.*) 1 silurare 2 (*coller*) bocciare.
blafard [blafaʀ] *agg.* smorto, livido.
blague [blag] *s.f.* 1 (*fam.*) frottola, balla || *prendre tout à la* —, non prendere mai nulla sul serio || *sans* —?, ma davvero?, ma no! || — *à part*, (*molto fam.*) scherzi a parte 2 (*fam.*) scherzo (*m.*), burla 3 (*fam.*) stupidaggine, sproposito (*m.*); topica 4 — (*à tabac*), borsa per tabacco.
blaguer [blage] *v.intr.* (*fam.*) raccontare storie; scherzare ♦ *v.tr.* prendere in giro.
blagueur [blagœʀ] (f. *-euse*) *s.m.* (*fam.*) 1 burlone 2 ballista ♦ *agg.* scherzoso.
blair [blɛʀ] *s.m.* (*fam.*) naso; viso.
blaireau [blɛʀo] (pl. *-eaux*) *s.m.* 1 (*zool.*) tasso 2 pennello (da barba).
blairer [blɛʀe] *v.tr.* (*fam.*) sopportare, soffrire: *je ne peux pas le* —, (*fig.*) non posso vederlo.
blaisois [blɛzwa] *agg.* di Blois.
blâmable [blamabl] *agg.* biasimevole.
blamage [blamaʒ] *s.m.* (*in Lussemburgo*) gaffe (*f.*).
blâme [blam] *s.m.* 1 biasimo; disapprovazione (*f.*) 2 nota di biasimo (nelle scuole francesi).
blâmer [blame] *v.tr.* 1 biasimare 2 (*a scuola*) dare una nota di biasimo a.
blanc [blɑ̃] (f. *blanche*) *agg.* bianco: *arme blanche*, arma bianca; *bulletin* —, scheda bianca; *mariage* —, matrimonio non consumato; *examen* —, esame scritto o orale di prova || (*med. fam.*) *mal* —, giradito || *passer une nuit blanche*, passare la notte in bianco; *il a rendu copie blanche à l'examen*, ha consegnato il foglio in bianco all'esame || *parler d'une voix blanche*, parlare con la voce strozzata ♦ *s.m.* — *de poulet*, bianco di pollo; — *d'œuf*, chiara d'uovo || — *de plomb, de céruse*, bianco di piombo, biacca || *laisser des blancs*, lasciare degli spazi bianchi, vuoti || *quinzaine du* —, fiera del bianco || *chauffer à* —, portare a incandescenza; *tirer à* —, sparare a salve || *en* —, in bianco: *peindre en* —, dipingere di bianco; *les hommes en* —, gli uomini col camice bianco, i chirurghi 2 (uomo) bianco 3 (*fam.*) (vino)

bianco: — *de* —, blanc de blanc (vino bianco originario dei Pirenei) **4** (*chim.*) bianchetto.

blanc-bec [blɑ̄bɛk] (pl. *blancs-becs*) *s.m.* pivello.

blanchaille [blɑ̄ʃaj] *s.f.* (*zool.*) bianchetti (*m.pl.*).

blanchâtre [blɑ̄ʃɑtʀ] *agg.* biancastro.

blanche [blɑ̄ʃ] *s.f.* **1** (*mus.*) minima **2** (donna) bianca: *la traite des blanches*, la tratta delle bianche.

blancheur [blɑ̄ʃœʀ] *s.f.* biancore (*m.*), candore (*m.*).

blanchiment [blɑ̄ʃimɑ̄] *s.m.* **1** imbiancatura (*f.*) **2** (*tecn.*) imbiancamento, candeggio: *produit de* —, sbiancante; — *d'huiles*, decolorazione di oli || — *du riz*, pilatura del riso **3** riciclaggio (di denaro sporco).

blanchir [blɑ̄ʃiʀ] *v.tr.* **1** imbiancare **2** pulire, lavare; (*fig.*) purificare, discolpare **3** (*cuc.*) sbollentare **4** (*tecn.*) sbiancare; (*tess.*) candeggiare; decolorare ♦ *v.intr.* incanutire: *il a blanchi*, è imbianchito, gli sono venuti i capelli bianchi.

blanchissage [blɑ̄ʃisaʒ] *s.m.* **1** lavaggio, pulitura (*f.*): *envoyer le linge au* —, mandare a lavare la biancheria (*del sale ecc.*) raffinazione (*f.*).

blanchissement [blɑ̄ʃismɑ̄] *s.m.* imbiancamento (dei capelli).

blanchisserie [blɑ̄ʃisʀi] *s.f.* lavanderia, stireria.

blanchisseur [blɑ̄ʃisœʀ] *s.m.* **1** lavandaio **2** — (*d'argent*), chi ricicla denaro sporco.

blanchisseuse [blɑ̄ʃisøz] *s.f.* lavandaia.

blanchon [blɑ̄ʃɔ̃] *s.m.* (in Canada) cucciolo della foca.

blanc-manger [blɑ̄mɑ̃ʒe] (pl. *blancs-mangers*) *s.m.* (*cuc.*) biancomangiare (budino con mandorle tritate, zucchero, acqua di fiori d'arancio).

blanc-seing [blɑ̄sɛ̃] (pl. *blancs-seings*) *s.m.* (*dir.*) firma in bianco; documento firmato in bianco.

blanquette [blɑ̄kɛt] *s.f.* **1** (*cuc.*) sorta di spezzatino di vitello **2** vino bianco spumante del Sud della Francia.

blasé [blaze] *agg.* disincantato, disilluso, blasé ♦ *s.m.* persona disincantata.

blaser [blaze] *v.tr.* **1** disincantare **2** (in *Senegal*) snobbare, ignorare □ **se blaser** *v.pron.* diventare indifferente, stancarsi.

blason [blazɔ̃] *s.m.* blasone.

blasphémateur [blasfematœʀ] (f. *-trice*) *s.m.* bestemmiatore, blasfemo.

blasphématoire [blasfematwaʀ] *agg.* blasfemo.

blasphème [blasfɛm] *s.f.* bestemmia (*f.*); (*fig.*) insulto (*m.*).

blasphémer [blasfeme] (*coniug. come* céder) *v.tr.* e *intr.* bestemmiare; (*fig.*) insultare.

blatte [blat] *s.f.* (*zool.*) blatta, scarafaggio (*m.*).

blayais [blɛjɛ] *agg.* di Blaye.

blé [ble] *s.m.* **1** grano, frumento: — *noir*, *sarrasin*, grano saraceno; — *de Turquie*, *d'Espagne*, granturco **2** *pl.* messi (*f.*); campi di grano || (in *Canada*) — *d'Inde*, mais **3** (*argot*) grana (*f.*), soldi (*pl.*).

bled [blɛd] *s.m.* **1** (*Africa del Nord*) retroterra **2** (*fam. spreg.*) buco sperduto, angolo remoto.

blême [blɛm] *agg.* smorto, pallido.

blêmir [blemiʀ] *v.intr.* impallidire, illividire.

blende [blɛ̃d] *s.f.* (*min.*) blenda.

bléser [bleze] (*coniug. come* céder) *v.intr.* parlare con pronunzia blesa.

blésois [blezwa] *agg.* di Blois.

blessant [blesɑ̃] *agg.* offensivo.

blessé [blese] *agg.* e *s.m.* ferito (*anche fig.*).

blesser [blese] *v.tr.* ferire (*anche fig.*): — *qqn au vif*, pungere qlcu nel vivo || *mes souliers me blessent*, mi fanno male le scarpe □ **se blesser** *v.pron.* ferirsi.

blessure [blesyʀ] *s.f.* ferita (*anche fig.*) || (*dir.*) *coups et blessures*, lesioni personali.

blet [blɛ] (f. *blette*) *agg.* **1** (*di frutto*) troppo maturo, mezzo **2** (*fig.*) vizzo.

blette [blɛt] *s.f.* → **bette**.

blettir [bletiʀ] *v.intr.* (*di frutta*) avvizzire.

bleu [blø] (pl. *bleus*) *agg.* blu; azzurro, celeste: *le ciel est* —, il cielo è azzurro; *des yeux bleus*, occhi azzurri, celesti; *encre bleue*, inchiostro blu; *lèvres bleues de froid*, labbra livide per il freddo || *bifteck* —, bistecca al sangue || *disque* —, disco orario; *zone bleue*, zona disco || (*fam.*): *se mettre dans une colère bleue*, (*fam.*) andare su tutte le furie ♦ *s.m.* **1** blu; azzurro, celeste: — *ciel*, azzurro cielo, celeste; — *vert*, verdazzurro; — *roi*, blu Savoia; — *marine*, blu scuro || *n'y voir que du* —, (*fig.*) non capirci nulla **2** livido, ammaccatura || (*in Canada*) *avoir les bleus*, (*f.*) essere giù di morale **3** (*abbigl.*) tuta (*f.*): — *de travail*, tuta da lavoro **4** (*fam.*) recluta (*f.*), matricola (*f.*) **5** (*in Canada*) membro del partito conservatore **6** (*tip.*) (copia) cianografica **7** — *de Bresse*, *d'Auvergne*, formaggio erborinato.

bleuâtre [bløɑtʀ] *agg.* bluastro, azzurrognolo.

bleuet [bløɛ] *s.m.* **1** fiordaliso **2** (*in Canada*) mirtillo.

bleuir [bløiʀ] *v.tr.* rendere blu ♦ *v.intr.* diventare blu.

bleuté [bløte] *agg.* azzurrino, azzurrognolo: *des verres bleutés*, delle lenti azzurrate.

blindage [blɛ̃daʒ] *s.m.* **1** (*mil.*) blindatura (*f.*), corazzatura (*f.*) **2** (*tecn.*) rinforzo **3** (*edil.*, *elettr.*) armatura (*f.*).

blindé [blɛ̃de] *agg.* **1** blindato, corazzato **2** (*elettr.*) schermato ♦ *s.m.* (*mil.*) mezzo corazzato.

blinder [blɛ̃de] *v.tr.* blindare; corazzare.

blini [blini] **blinis** [blinis] *s.m.* (*cuc.*) blinis (crêpe di grano saraceno servita con salmone affumicato o caviale).

blinquer [blɛ̃ke] *v.intr.* (*in Belgio*) brillare, splendere ♦ *v.tr.* lustrare.

bloc [blɔk] *s.m.* **1** blocco (*anche fig.*) || (*geol.*) — *erratique*, masso erratico; (*med.*) — *cardiaque*, blocco cardiaco; *faire* —, (*anche fig.*) fare blocco || (*tecn.*) — *d'alimentation*, unità di alimentazione || (*aer.*) — *de commande*, plancia di comando || (*inform.*) — *de mémoire*, batteria di memoria || *en* —, in blocco || *à* —, al massimo, a fondo; *être gonflé à* —, (*fam.*) essere su di giri **2** caseggiato popolare **3** (*pop.*) prigione, guardina (*f.*).

blocage [blɔkaʒ] *s.m.* **1** bloccaggio, blocco: —

des prix, blocco dei prezzi || (*psic.*) — *psychique*, blocco (emotivo) || (*mecc.*) *à* — *automatique*, autobloccante 2 (*édil.*) pietrisco.

bloc-cuisine [blɔkkɥizin] (pl. *blocs-cuisines*) *s.m.* cucina componibile.

bloc-diagramme [blɔkdjagʀam] (pl. *blocs-diagrammes*) *s.m.* diagramma a blocchi.

bloc-évier [blɔkevje] (pl. *blocs-éviers*) *s.m.* lavello (di cucina componibile).

bloc-moteur [blɔkmɔtœʀ] (pl. *blocs-moteurs*) *s.m.* (*aut.*) blocco motore.

bloc-notes [blɔknɔt] (pl. *blocs-notes*) *s.m.* blocknotes, blocco (per appunti).

blocus [blɔkys] *s.m.* blocco.

blond [blɔ̃] *agg.* e *s.m.* biondo.

blondasse [blɔ̃das] *agg.* biondiccio, biondastro.

blonde [blɔ̃d] *s.f.* 1 (donna) bionda || *ma* —, (*fam.*) la mia donna 2 birra chiara 3 (sigaretta) bionda.

blondeur [blɔ̃dœʀ] *s.f.* biondezza.

blondinet [blɔ̃dine] (f. *-ette*) *agg.* biondino.

blondir [blɔ̃diʀ] *v.intr.* imbiondirsi, diventare biondo: *elle a blondi*, (si) è imbiondita || (*cuc.*) *faire* — *des oignons*, far dorare le cipolle.

bloque [blɔk] *s.m.* e *f.* (*in Belgio*) (*fam.*) sgobbata finale (prima di un esame).

bloquer [blɔke] *v.tr.* 1 bloccare (*anche fig.*): — *un boulon*, stringere a fondo un bullone; — *les salaires*, congelare i salari || (*psic.*) *être bloqué*, essere bloccato 2 (*in Belgio*) (*fam.*) sgobbare su □ **se bloquer** *v.pron.* bloccarsi.

blottir, se [səblɔtiʀ] *v.pron.* rannicchiarsi.

blousant [bluzɑ̃] *agg.* blusante.

blouse [bluz] *s.f.* 1 camice (*m.*); camiciotto (da lavoro); grembiule (da scolaro) 2 blusa, camicetta (da donna).

blouser¹ [bluze] *v.tr.* (*fam.*) far(e) fesso, infinocchiare.

blouser² *v.intr.* (*di abito*) essere blusante.

blouson [bluzɔ̃] *s.m.* giubbotto, blusotto.

blouson-noir [bluzɔ̃nwaʀ] (pl. *blousons-noirs*) *s.m.* teppista, giovane sbandato.

blues [bluz] *s.m.* (*mus.*) blues || *avoir le* —, essere depresso, essere giù di corda.

bluet [blye] *s.m.* → **bleuet**.

bluffer [blœfe] *v.intr.* bluffare ♦ *v.tr.* imbrogliare.

bluffeur [blœfœʀ] (f. *-euse*) *agg.* bluffatore.

bluter [blyte] *v.tr.* abburattare, setacciare.

blutoir [blytwaʀ] *s.m.* vaglio; setaccio.

boa [bɔa] *s.m.* boa.

bob [bɔb] *s.m.* 1 cappello di tela 2 (*sport*) bob.

bobard [bɔbaʀ] *s.m.* (*fam.*) frottola (*f.*), balla (*f.*).

bobèche [bɔbɛʃ] *s.f.* (*di candeliere*) padellina.

bobinage [bɔbinaʒ] *s.m.* avvolgimento; (*elettr.*) bobinatura (*f.*); (*ind. tess.*) incannatura (*f.*).

bobine [bɔbin] *s.f.* 1 bobina || (*inform.*): — *de ruban*, anello del nastro; — *de bande*, avvolgitore di nastro magnetico || (*cine.*) — *débitrice*, *réceptrice*, bobina di alimentazione, di avvolgimento 2 (*ind. tess.*) rocchetto (*m.*), spoletta 3 (*fam.*) faccia.

bobiner [bɔbine] *v.tr.* avvolgere; (*cine.*) bobinare; (*ind. tess.*) incannare.

bobo [bɔbo] *s.m.* (*linguaggio infantile*) bua (*f.*).

bocage [bɔkaʒ] *s.m.* 1 (*poet.*) boschetto 2 — *normand*, *breton*, regioni della Normandia e della Bretagna caratterizzate da piccole proprietà tenute a prato e delimitate da siepi di alberi.

bocal [bɔkal] (pl. *-aux*) *s.m.* vaso, barattolo di vetro.

boche [bɔʃ] *s.m.* (*spreg.*) tedesco, crucco.

bock [bɔk] *s.m.* 1 boccale da birra (da un quarto di litro) 2 (*med.*) irrigatore.

boer [buʀ, bɔɛʀ] (f. *-ère*) *agg.* boero.

boette [bwɛt] *s.f.* esca.

bœuf [bœf] (pl. *bœufs* [bø]) *s.m.* 1 bue: *travailler comme un* —, sgobbare come un mulo; *souffler comme un* —, soffiare come un mantice 2 (*cuc.*) manzo || — (*à la*) *mode*, stufato di manzo; — *bourguignon*, brasato, stracotto di manzo ♦ *agg.invar.* enorme; magnifico: *un effet* —, un figurone.

bof [bɔf] *inter.* boh!, mah!

bog(o)ie [bɔgi, bɔgʒi] *s.m.* (*ferr.*) carrello.

bogue¹ [bɔg] *s.f.* riccio (di castagna).

bogue² *s.m.* (*inform.*) errore di programma.

bohème [bɔɛm] *s.m.* bohémien ♦ *s.f.* bohème, scapigliatura ♦ *agg.* (da) bohémien, da artista.

bohémien [bɔemjɛ̃] (f. *-enne*) *agg.* boemo ♦ *s.m.* zingaro, gitano.

boire¹ [bwaʀ]

Indic.pres. je bois, etc., nous buvons, vouz buvez, ils boivent; *imperf.* je buvais, etc.; *pass. rem.* je bus, etc.; *fut.* je boirai, etc. *Cond.* je boirais, etc. *Cong. pres.* que je boive, etc., que nous buvions, que vous buviez, qu'ils boivent; *imperf.* que je busse, etc. *Part.pres.* buvant; *pass.* bu. *Imp.* bois, buvons, buvez.

v.tr. bere: — *la tasse*, bere (nuotando) || *ce n'est pas la mer à* —, non è una cosa impossibile || *ce papier boit l'encre*, questa carta assorbe l'inchiostro || *dans ce qu'il dit il y a à* — *et à manger*, bisogna far la tara a quel che dice || *qui a bu boira*, il lupo perde il pelo ma non il vizio.

boire² *s.m.* il bere.

bois [bwa(ɑ)] *s.m.* 1 legno; (*da bruciare*) legna (*f.*); (*da costruzione*) legname: — *vert*, legno verde, fresco; — *blanc*, legno naturale; *table en* —, tavolo di legno || *faire flèche de tout* —, appigliarsi a tutti i mezzi || *touchons du* —, tocchiamo ferro || *on verra de quel* — *je me chauffe*, si vedrà di che pasta sono fatto || *il est du* — *dont on fait les généraux*, ha la tempra del condottiero 2 bosco: — *de pins*, *de sapins*, pineta, abetaia 3 *pl.* (*zool.*) corna (*f.*), palchi (di cervi ecc.) 4 *pl.* (*mus.*) legni 5 (*bot.*) — *gentil*, *joli*, dafne.

boisage [bwa(ɑ)zaʒ] *s.m.* armatura in legno.

boisé [bwa(ɑ)ze] *agg.* boscoso.

boisement [bwa(ɑ)zmɑ̃] *s.m.* imboschimento.

boiser [bwa(ɑ)ze] *v.tr.* 1 (*tecn. miner.*) armare 2 imboschire, rimboschire.

boiserie [bwa(ɑ)zʀi] *s.f.* rivestimento di legno.

boisseau [bwaso] (pl. *-eaux*) *s.m.* boisseau (antica misura per aridi corrispondente a l 12,5) || *mettre qqch sous le —*, nascondere la verità.

boisson [bwasɔ̃] *s.f.* bevanda, bibita || *droit sur les boissons*, tassa sugli alcolici || *s'adonner à la —*, darsi al bere.

boîte [bwat] *s.f.* **1** scatola || *— à outils*, cassetta degli arnesi || *— à gants*, guantiera || *— aux lettres*, cassetta, buca delle lettere; *mettre une lettre à la —*, imbucare, impostare una lettera; *— postale*, casella postale || *— à malice*, scatola a sorpresa; *— à musique*, carillon || *— de Pandore*, vaso di Pandora || (*aut.*) *— de vitesses*, cambio || (*elettr.*) *— d'extrémité*, terminale || *mettre en —*, (*fam.*) prendere in giro || *— de nuit*, locale notturno; *aller en —*, andare in discoteca **2** barattolo (*m.*); lattina (per bibite) **3** (*fam.*) luogo di lavoro, ditta; scuola: *— à bachot*, scuola privata (per studi intensivi).

boiter [bwate] *v.intr.* zoppicare.

boiterie [bwatʀi] *s.f.* zoppicamento (*m.*).

boiteux [bwatø] (f. *-euse*) *agg.* zoppo; (*fig.*) zoppicante ♦ *s.m.* zoppo.

boîtier [bwatje] *s.m.* cassetta a scomparti || *d'une montre*, cassa di un orologio.

boitiller [bwatije] *v.intr.* zoppicare leggermente.

boitte [bwat] *s.f.* → **boette**.

bol¹ [bɔl] *s.m.* ciotola (*f.*), tazza (*f.*) || *prendre un — d'air*, essere stufo || (*fam.*): *avoir du —*, *manquer de —*, avere, non avere fortuna; *coup de —*, colpo di fortuna || *ne te casse pas le —!*, non te la prendere!

bol² *s.m.* bolo.

bolchevik, bolchevique [bɔlʃəvik] *s.m.* bolscevico.

bolchevisme [bɔlʃəvism] *s.m.* (*pol.*) bolscevismo.

bolcheviste [bɔlʃəvist] *agg.* e *s.m.* bolscevico.

bolé [bole] *agg.* (*in Canada*) intelligente.

bolée [bole] *s.f.* (contenuto di una) ciotola.

boléro [bolero] *s.m.* bolero.

bolet [bɔlɛ] *s.m.* (*bot.*) boleto, porcino.

bolide [bɔlid] *s.m.* bolide (*anche fig.*).

bolivien [bɔlivjɛ̃] (f. *-enne*) *agg.* e *s.m.* boliviano.

bolonais [bɔlɔnɛ] *agg.* e *s.m.* bolognese.

bombance [bɔ̃bɑ̃s] *s.f.* bisboccia; baldoria.

bombarde [bɔ̃baʀd] *s.f.* (*mil.*, *mus.*) bombarda.

bombardement [bɔ̃baʀdəmɑ̃] *s.m.* bombardamento.

bombarder [bɔ̃baʀde] *v.tr.* bombardare.

bombardier [bɔ̃baʀdje] *s.m.* bombardiere.

bombe¹ [bɔ̃b] *s.f.* **1** bomba: *attentat à la —*, attentato dinamitardo || *à toute —*, in gran fretta **2** bombola, bomboletta (spray) **3** *— glacée*, gelato simile al tartufo.

bombe² *s.f.* (*fam.*) baldoria.

bombé [bɔ̃be] *agg.* bombato, convesso.

bomber [bɔ̃be] *v.tr.* rendere convesso || *— le torse*, starsene tutto impettito ♦ *v.intr.* essere convesso.

bombyx [bɔ̃biks] *s.m.* (*zool.*) bombice.

bôme [bom] *s.f.* (*mar.*) boma (*m.*).

bon¹ [bɔ̃] (f. *bonne*) *agg.* **1** buono: *est-ce la bonne route?*, siamo sulla strada giusta? || *un — bout de chemin*, un bel pezzo di strada || *en — aristocrate*, da vero aristocratico || *elle est bien bonne!*, questa sì che è buona!; *il en raconte de bonnes!*, ne racconta delle belle! || *à quoi —?*, a cosa serve? || *de bonne foi*, in buona fede || *c'est — à savoir*, bene a sapersi; *chose bonne à manger*, cosa buona da mangiare; *c'est — à jeter*, è da buttare || *tenir le — bout*, essere a buon punto, avercela quasi fatta || *voilà les flics, on est —!*, (*fam.*) arriva la polizia, siamo fritti! **2** bravo || *il est — pour le service*, è abile alla leva ♦ *con valore avv.*: *il fait — vivre*, è bello vivere || *qu'il fait — ici!*, come si sta bene qui! ♦ *s.m.* **1** (*persona, cosa buona*) buono || *il est — que vous le sachiez*, è bene che lo sappiate; (*c'est*) *—!*, va bene! || *pour* (*tout*) *de —*, per davvero || *tenir —*, tenere duro, resistere; *juger, croire, trouver — de...*, credere opportuno...; *faites comme — vous semble*, faccia come crede **2** (*tip.*) vive || *à tirer*, visto si stampi.

bon² *inter.* d'accordo!; intesi!: *ah —?*, davvero?

bon³ *s.m.* (*comm.*) buono || *— au porteur*, obbligazione al portatore; *— de jouissance*, buono fruttifero || *— de caisse*, buono di cassa || *bons d'essence*, coupons || *— de livraison*, bolla di consegna.

bonace [bɔnas] *s.f.* bonaccia.

bonapartisme [bɔnapaʀtism] *s.m.* bonapartismo.

bonapartiste [bɔnapaʀtist] *agg.* e *s.m.* e *f.* bonapartista.

bonasse [bɔnas] *agg.* bonaccione.

bonbon [bɔ̃bɔ̃] *s.m.* caramella (*f.*).

bonbonne [bɔ̃bɔn] *s.f.* damigiana.

bonbonnière [bɔ̃bɔnjɛʀ] *s.f.* **1** bomboniera **2** (*estens.*) appartamentino civettuolo.

bon-chrétien [bɔ̃kʀetjɛ̃] (pl. *bons-chrétiens*) *s.m.* (*pera*) spadona (*f.*).

bond [bɔ̃] *s.m.* balzo; salto || *saisir au —*, cogliere al balzo || *faire faux —*, mancare a un impegno, a un appuntamento.

bonde [bɔ̃d] *s.f.* **1** foro di scarico **2** tappo (di lavandino) **3** cocchiume (di botte).

bondé [bɔ̃de] *agg.* stipato, gremito.

bonder [bɔ̃de] *v.tr.* stivare.

bondieuserie [bɔ̃djøzʀi] *s.f.* **1** (*fam.*) bigottismo (*m.*) **2** *pl.* (*spreg.*) oggetti dozzinali di pietà.

bondir [bɔ̃diʀ] *v.intr.* saltare; balzare || *à ces mots, il bondit*, a queste parole sobbalzò || *cela me fait —*, ciò mi fa andare in bestia.

bondissant [bɔ̃disɑ̃] *agg.* balzante, saltellante.

bonheur [bɔnœʀ] *s.m.* **1** fortuna (*f.*) || *au petit —*, (*fam.*) a casaccio || *par —*, per fortuna **2** felicità (*f.*) || *j'ai le —...*, ho il piacere di... || *avec un rare —*, (*fig.*) molto felicemente.

bonhomie [bɔnɔmi] *s.f.* bonarietà, bonomia.

bonhomme [bɔnɔm] (pl. *bonshommes*) *s.m.* || *un — * buonuomo (*fam.*) uomo, tipo || *aller son petit — de chemin*, (*fig. fam.*) tirar dritto per la propria

strada || *un — de neige*, un pupazzo di neve 2
(*fam.*) (*di bambino*) ometto ♦ *agg.* bonario; ingenuo.
boni [bɔni] *s.m.* utile, profitto, avanzo || *— de
budget*, residuo di bilancio.
boniche [bɔniʃ] *s.f.* (*spreg.*) servetta.
bonification [bɔnifikasjɔ̃] *s.f.* **1** bonifica (di terreno) **2** (*comm.*) bonifico (*m.*); premio (*m.*);
sconto (*m.*) **3** (*Borsa*) deporto (*m.*).
bonifier [bɔnifje] *v.tr.* bonificare || (*comm.*):
qqn d'une remise, concedere uno sconto a qlcu;
— une perte, risarcire una perdita; *— un déficit*,
colmare un ammanco □ **se bonifier** *v.pron.* migliorare.
boniment [bɔnimɑ̃] *s.m.* imbonimento || *faire
du — à qqn*, incantare qlcu con belle parole.
bonimenteur [bɔnimɑ̃tœr] (f. *-euse*) *s.m.* imbonitore.
bonjour [bɔʒur] *s.m.* buongiorno || *dire — à qqn*,
(*fam.*) salutare qlcu; *avoir le — de qqn*, ricevere i
saluti da qlcu; *bien le —!*, (*fam.*) salve!
bonne [bɔn] *s.f.* cameriera: *— à tout faire*,
(domestica) tuttofare; *— d'enfants*, bambinaia.
bonne-maman [bɔnmamɑ̃] (pl. *bonnes-ma-
mans*) *s.f.* (*fam.*) nonnina.
bonnement [bɔnmɑ̃] *avv.* alla buona; schiettamente: *tout —*, con tutta semplicità; *tout — insupportable*, proprio insopportabile.
bonnet [bɔne] *s.m.* berretto; (*eccl.*) berretta (*f.*);
cuffia (*f.*): *— à poil*, colbacco; *— de bain*, cuffia da
bagno || *triste comme un — de nuit*, triste come
un funerale || *mettre, avoir son — de travers*, aver
la luna di traverso || *prendre qqch sous son —*,
prendersi la responsabilità di qlco || *un gros —*,
un pezzo grosso.
bonneteau [bɔnto] *s.m.* gioco delle tre carte.
bonneterie [bɔnetri] *s.f.* **1** maglificio (*m.*); calzificio (*m.*) **2** maglieria; biancheria intima.
bonnetier [bɔntje] (f. *-ère*) *s.m.* fabbricante, rivenditore di articoli di maglieria.
bonnevillois [bɔnvilwa] *agg.* di Bonneville.
bonniche [bɔniʃ] *s.f.* → **boniche**.
bon-papa [bɔ̃papa] (pl. *bons-papas*) *s.m.* (*fam.*)
nonnino.
bonsoir [bɔ̃swar] *s.m.* buonasera (*f.*).
bonté [bɔ̃te] *s.f.* bontà || *voulez-vous avoir la —
de...*, vuol essere così gentile da... || *avoir mille
bontés pour qqn*, colmare qlcu di cortesie.
bonus [bɔnys] *s.m.* dividendo; abbuono (*m.*);
(*estens.*) riduzione del premio RCA in caso di non
incidente: *— en actions*, azioni gratuite; *— en
espèces*, dividendo supplementare straordinario
pagato agli azionisti.
bonze [bɔ̃z] *s.m.* (*buddismo*) bonzo (*anche fig.*).
boomerang [bumrɑ̃g] *s.m.* bumerang.
boots [buts] *s.m.pl.* stivaletti.
boqueteau [bɔkto] (pl. *-eaux*) *s.m.* boschetto.
borax [bɔraks] *s.m.* (*chim.*) borace.
borborygme [bɔrbɔrigm] *s.m.* **1** borborigmo **2** (*fig.*) farfugliamento.
bord [bɔr] *s.m.* **1** orlo, bordo || *— du lit*, sponda
del letto || *— du chapeau*, falda, tesa del cappello

|| *mettre — à —*, far combaciare || *au — de*, sul-
l'orlo di: *au — de la mer*, in riva al mare; *au — de
la route*, sul ciglio della strada; *être au — des larmes*, star per piangere; *un verre plein jusqu'au —*,
à ras —, un bicchiere raso, pieno fino all'orlo ||
sur les bords, appena appena, un pochino **2**
(*mar.*) bordo || *hommes du —*, uomini dell'equi-
paggio; *jeter par-dessus —*, gettare a mare || (*fig.*):
virer de —, cambiar parere; *être du même —*, avere le stesse idee (politiche); *se débrouiller avec les
moyens du —*, (*fam.*) arrangiarsi con quel che c'è.
bordage [bɔrdaʒ] *s.m.* **1** bordatura (*f.*), orlatura (*f.*) **2** *pl.* fasciame (di nave).
bordeaux [bɔrdo] *s.m.* (vino) bordeaux ♦
agg.invar. bordò, bordeaux.
bordée [bɔrde] *s.f.* (*mar.*) **1** bordata, bordo
(*m.*): *tirer, courir une —*, bordeggiare; (*fig. fam.*)
bagordare || *— d'injures*, (*fig.*) scarica d'insulti **2**
(turno di) guardia.
bordel [bɔrdel] *s.m.* bordello (*anche fig.*).
bordelais [bɔrdəle] *agg.* di Bordeaux.
border [bɔrde] *v.tr.* **1** orlare, bordare || *— qqn*,
rimboccare le coperte a qlcu **2** (*longer*) costeggiare, fiancheggiare **3** (*mar.*) bordare (una
vela).
bordereau [bɔrdəro] (pl. *-eaux*) *s.m.* borderò;
distinta (*f.*) || *— des pièces*, elenco dei documenti;
— de livraison, bolletta di consegna.
bordure [bɔrdyr] *s.f.* **1** bordura (del
bosco) || *— de trottoir*, cordone di marciapiede ||
en —, sul bordo: *en — du sentier*, sul ciglio del
sentiero **2** (*mar.*) bordame (*m.*).
bordier [bɔrdje] (f. *-ière*) *agg.* (*in Svizzera*) residente.
bore [bɔr] *s.m.* (*chim.*) boro.
boréal [bɔreal] (pl. *-als, -aux*) *agg.* boreale.
borgne [bɔrɲ] *agg.* **1** cieco da un occhio, guer-
cio || *fenêtre —*, finestra cieca **2** (*fig.*) malfamato
♦ *s.m.* cieco da un occhio.
borique [bɔrik] *agg.* (*chim.*) borico.
bornage [bɔrnaʒ] *s.m.* picchettazione (*f.*), delimitazione di confini.
borne [bɔrn] *s.f.* **1** *— (kilométrique)*, pietra miliare, (*fam.*) chilometro, paracarro, colonnina (al
bordo delle strade) **2** termine (*m.*); (*pl.*) confini
(*m.*), limiti (*m.*) || *sans bornes*, (*anche fig.*) sconfi-
nato, senza limiti **3** (*elettr.*) morsetto (*m.*) **4**
(*mat.*) limite (*m.*), estremo (*m.*).
borné [bɔrne] *agg.* limitato (*anche fig.*).
borne-fontaine [bɔrnəfɔ̃ten] (pl. *bornes-fontai-
nes*) *s.f.* fontana a colonnetta.
borner [bɔrne] *v.tr.* delimitare; (*fig.*) limitare: *—
une terre*, segnare i confini di un fondo □ **se borner** *v.pron.* limitarsi.
Boschimans [bɔʃimɑ̃] *s.m.pl.* boscimani.
bosco [bɔsko] *s.m.* (*mar.*) nostromo.
bosniaque [bɔsnjak], **bosnien** [bɔsnjɛ̃] (f.
-enne) *agg.* e *s.m.* bosniaco.
bosquet [bɔske] *s.m.* boschetto.
bossage [bɔsaʒ] *s.m.* (*arch.*) bugnato.
bosse [bɔs] *s.f.* **1** gobba || *rouler sa —*, viaggiare
molto **2** cunetta: *les bosses du terrain*, le gibbosi-

tà del terreno 3 bernoccolo (*m.*) (*anche fig.*) 4 (*anat.*) bozza 5 ammaccatura.

bosseler [bɔsle] (*coniug. come* appeler) *v.tr.* 1 lavorare a sbalzo 2 ammaccare □ **se bosseler** *v.pron.* ammaccarsi.

bosser [bɔse] *v.tr.* (*fam.*) sgobbare (per).

bosseur [bɔsœʀ] (f. *-euse*) *agg.* e *s.m.* (*fam.*) sgobbone.

bossu [bɔsy] *agg.* e *s.m.* gobbo || *rire comme un* —, ridere a crepapelle.

bot [bo] *agg.* (*med.*) (*di piede o mano*) deforme.

botanique [bɔtanik] *agg.* botanico ♦ *s.f.* botanica.

botaniste [bɔtanist] *s.m.* botanico.

botte[1] [bɔt] *s.f.* mazzo (*m.*), fascio (*m.*): *une* — *de paille*, una balla di paglia; *une* — *d'asperges*, un mazzo di asparagi.

botte[2] *s.f.* stivale (*m.*): *en avoir plein les bottes*, (*fam.*) averne piene le tasche || *être sous la* — *de*, essere oppresso da.

botte[3] *s.f.* (*sport*) botta (di scherma) || *porter, pousser une* —, (*fig.*) fare una domanda imbarazzante.

botté [bɔte] *agg.* con gli, calzato di stivali || *Chat* —, Gatto con gli stivali.

botteler [bɔtle] (*coniug. come* appeler) *v.tr.* affastellare, legare in fasci, legare in mazzi.

botter [bɔte] *v.tr.* 1 portare (gli stivali) 2 prendere a calci: — *les fesses à*, (*fam.*) prendere a calci; (*estens.*) sculacciare 3 (*sport*) colpire, tirare (il pallone) || *ça me botte*, (*fam.*) mi va bene.

botteur [bɔtœʀ] *s.m.* (*rugby*) tiratore.

bottier [bɔtje] *s.m.* calzolaio.

bottillon[1] [bɔtijɔ̃] *s.m.* mazzetto (di verdura).

bottillon[2] *s.m.* 1 polacchina (*f.*) 2 (calzatura) doposci.

bottin [bɔtɛ̃] *s.m.* elenco degli abbonati (del telefono) || — *mondain*, Chi è?, Who's who?

bottine [bɔtin] *s.f.* stivaletto (*m.*).

botulisme [bɔtylism] *s.m.* (*med.*) botulismo.

boubou [bubu] *s.m.* lunga tunica (usata dagli africani).

bouc [buk] *s.m.* 1 becco, capro || — *émissaire*, capro espiatorio 2 (barba a) pizzo.

boucan [bukɑ̃] *s.m.* (*fam.*) baccano.

boucane [bukan] *s.f.* (*in Canada*) fumo (*m.*).

boucaner [bukane] *v.tr.* affumicare (carne ecc.).

bouchage [buʃaʒ] *s.m.* otturazione (*f.*); (*di bottiglie*) tappatura (*f.*).

bouche [buʃ] *s.f.* 1 bocca: *à la* —, in bocca; *parler par la* — *de qqn*, parlare per bocca di qlcu || *de* — *à oreille*, di bocca in bocca || *en avoir plein la* —, *avoir toujours qqn, qqch à la* —, parlare sempre di qlcu, di qlco || *je le tiens de sa* —, l'ho saputo direttamente da lui || *une fine* —, un buongustaio; *faire la fine* —, fare lo schizzinoso || *pour la bonne* —, per rifarsi la bocca || — *cousue!*, acqua in bocca! || — *de métro*, entrata della metropolitana || — *d'eau*, presa d'acqua; — *d'air*, sfiatatoio; — *d'incendie*, idrante || — *d'égout*, tombino 2 *pl.* (*geogr.*) foci, bocche.

bouché [buʃe] *agg.* 1 tappato, ostruito: *lavabo* —, lavandino intasato || *périphérique bouchée*,

tangenziale bloccata dal traffico || *carrière bouchée*, (*fig.*) carriera senza sbocchi || *temps* —, cielo coperto 2 (*fam.*) ottuso, stupido.

bouche-à-bouche [buʃabuʃ] *s.m.invar.* (*med.*) respirazione bocca a bocca.

bouche-bouteilles [buʃbutɛj] (pl. *invar.*) *s.m.* turabottiglie.

bouchée [buʃe] *s.f.* 1 boccone (*m.*) || *ne faire qu'une* — *de qqn*, (*fig.*) mangiarsi qlcu in un boccone || *mettre les bouchées doubles*, (*fig.*) accelerare i tempi || *pour une* — *de pain*, per un tozzo di pane 2 (*cuc.*) — *à la reine*, vol-au-vent ripieno di animelle, funghi ecc. 3 — *de chocolat*, cioccolatino ripieno.

boucher[1] [buʃe] *v.tr.* tappare, turare; ostruire || *se* — *les oreilles*, turarsi le orecchie □ **se boucher** *v.pron.* otturarsi, tapparsi.

boucher[2] (f. *-ère*) *s.m.* macellaio (*anche fig.*).

boucherie [buʃʀi] *s.f.* 1 macelleria || *animaux de* —, bestie da macello 2 (*fig.*) carneficina, massacro (*m.*).

bouche-trou [buʃtru] (pl. *bouche-trous*) *s.m.* (*fam.*) tappabuchi: *servir de* —, fare da tappabuchi.

bouchon [buʃɔ̃] *s.m.* 1 tappo, turacciolo || (*aut.*) — *de vidange*, tappo di scarico dell'olio || *un* — *de paille*, una bracciata di paglia || — *de cérumen*, tappo di cerume 2 (*estens.*) ingorgo 3 (*pesca*) sughero, galleggiante.

bouchonner [buʃɔne] *v.tr.* strofinare con la paglia ♦ *v.intr.* formare un ingorgo.

bouchot [buʃo] *s.m.* vivaio di mitili.

bouclage [buklaʒ] *s.m.* 1 (*elettr.*) allacciamento 2 (*mil.*) accerchiamento a tenaglia 3 (*fam.*) messa sotto chiave.

boucle [bukl] *s.f.* 1 fibbia, borchia 2 ricciolo (di capelli) 3 — (*d'oreille*), orecchino (*m.*) 4 anello di ferro 5 ansa (di fiume) 6 (*biol.*) avvolgimento (*m.*), ansa: — *d'ADN*, avvolgimento del DNA.

bouclé [bukle] *agg.* ricciuto, inanellato.

boucler [bukle] *v.tr.* 1 allacciare 2 chiudere: — *une porte*, chiudere a chiave una porta || *boucle-la!*, (*fam.*) chiudi il becco! || — *un voleur*, (*fam.*) mettere un ladro al fresco; *la police a bouclé le quartier*, la polizia ha accerchiato il quartiere 3 arricciare 4 portare a termine || — *la boucle*, chiudere il cerchio || — *son budget*, far quadrare un bilancio ♦ *v.intr.* essere riccioluto □ **se boucler** *v.pron.* rinchiudersi.

bouclette [buklɛt] *s.f.* 1 fibbietta 2 ricciolino (di capelli).

bouclier [buklije] *s.m.* 1 scudo (*anche fig.*): *faire* — *de son corps à qqn*, fare da scudo a qlcu con il proprio corpo 2 (*mecc.*) piastra di sostegno 3 (*zool.*) corazza (*f.*), carapace.

bouddha [buda] *s.m.* budda.

bouddhisme [budism] *s.m.* buddismo.

bouddhiste [budist] *agg.* e *s.m.* e *f.* buddista.

bouder [bude] *v.intr.* fare il broncio, avere il muso || *ne pas* — *à table*, (*fam.*) avere un ottimo appetito ♦ *v.tr.* tenere il broncio (a): *il nous boude*, ci

bouderie

tiene il broncio; — *un nouveau produit*, (*fig.*) snobbare un nuovo prodotto □ **se bouder** *v.pron.* tenersi il broncio (l'un l'altro).

bouderie [budʀi] *s.f.* broncio (*m.*).

boudeur [budœʀ] (f. *-euse*) *agg.* imbronciato; (*revêche*) scontroso ♦ *s.m.* musone.

boudin [budɛ̃] *s.m.* **1** (*cuc.*) sanguinaccio: — *blanc*, salsiccia di carne bianca || *s'en aller en eau de* —, (*fig.*) andare in fumo **2** *ressort à* —, molla (a spirale) **3** (*arch.*) cordone **4** (*fam.*) bruttona (*f.*).

boudiné [budine] *agg.* **1** fasciato (in un vestito ecc.) **2** *doigts boudinées*, dita grassocce.

boudoir [budwaʀ] *s.m.* **1** boudoir, salottino per signora **2** (*biscotto*) savoiardo.

boue [bu] *s.f.* fango (*m.*) || (*med.*) *bains de boues* fanghi || *boues industrielles, d'épuration*, fanghi industriali, di depurazione.

bouée [bwe] *s.f.* (*mar.*) boa; gavitello (*m.*) || *une — de sauvetage*, (*anche fig.*) un salvagente.

boueux [bwø] (f. *-euse*) *agg.* fangoso ♦ *s.m.* (*fam.*) netturbino, spazzino.

bouffant [bufɑ̃] *agg.* gonfio || *manche bouffante*, manica a sbuffo.

bouffarde [bufaʀd] *s.f.* (*fam.*) (grossa) pipa.

bouffe[1] [buf] *agg.* (*teatr.*) buffo, comico.

bouffe[2] *s.f.* (*fam.*) abbuffata, scorpacciata: *faire la* —, far da mangiare.

bouffée [bufe] *s.f.* **1** folata (di vento); zaffata (di odore); vampata (di calore); boccata (di sigaretta) **2** (*fig.*) accesso (*m.*) || *par bouffées*, a intervalli.

bouffer [bufe] *v.intr.* (ri)gonfiare, (ri)gonfiarsi ♦ *v.tr.* (*fam.*) **1** abbuffarsi (di), papparsi: *cette voiture bouffe beaucoup d'essence!*, quanto beve questa macchina! || *se — le nez*, bisticciare || *— de qqn*, avercela con qlcu; *avoir envie de — qqn*, essere furioso contro qlcu **2** (*fig.*) assorbire.

bouffi [bufi] *agg.* gonfio (*anche fig.*).

bouffir [bufiʀ] *v.intr.* gonfiarsi ♦ *v.tr.* gonfiare.

bouffon [bufɔ̃] (f. *-onne*) *agg.* buffo, comico ♦ *s.m.* buffone || *être le — de qqn*, far da zimbello a qlcu.

bouffonnerie [bufɔnʀi] *s.f.* buffoneria.

bougainvillée [bugɛ̃vile] *s.f.*, **bougainvillier** [bugɛ̃vilje] *s.m.* buganvillea (*f.*).

bouge [buʒ] *s.m.* **1** tugurio **2** bettola (*f.*), caffè malfamato.

bougeoir [buʒwaʀ] *s.m.* bugia (*f.*), piccolo candeliere.

bougeotte [buʒɔt] *s.f.* (*fam.*) irrequietezza: *avoir la* —, non stare mai fermo.

bouger [buʒe] (*coniug. come* manger) *v.intr.* muoversi (*anche fig.*): *personne ne bouge*, non si muove nessuno; *elle n'a pas bougé de la journée*, non si è mossa (di casa) per tutto il giorno; *le peuple bouge*, il popolo si agita **2** (*changer*) cambiare; (*se modifier*) modificarsi: *tissu qui ne bouge pas au lavage*, tessuto resistente al lavaggio ♦ *v.tr.* (*fam.*) muovere, spostare || *sans — le petit doigt*, (*fig.*) senza alzare un dito.

bougie [buʒi] *s.f.* candela || (*aut.*) — (*d'allumage*), candela (di accensione).

bougnat [buɲa] *s.m.* (*fam.*) carbonaio || *aller chez le* —, (*fig.*) andare al bar.

bougnoul(e) [buɲul] *s.m.* e *f.* e *agg.* (*fam. spreg.*) nordafricano/a.

bougon [bugɔ̃] (f. *-onne*) *agg.* e *s.m.* (*fam.*) brontolone.

bougonnement [bugɔnmɑ̃] *s.m.* (*fam.*) borbottio, borbottamento.

bougonner [bugɔne] *v.intr.* brontolare.

bougre [bugʀ] (f. *-esse*) *s.m.* (*fam.*) tipo, individuo: *un bon, un pauvre* —, un buon uomo || *— d'idiot!*, pezzo d'idiota!

bougrement [bugʀəmɑ̃] *avv.* (*fam.*) terribilmente, maledettamente.

boui-boui [bwibwi] (pl. *bouis-bouis*) *s.m.* (*fam.*) bettola (*f.*), taverna (*f.*).

bouillabaisse [bujabɛs] *s.f.* bouillabaisse (zuppa di pesce alla marsigliese).

bouillant [bujɑ̃] *agg.* **1** bollente **2** (*fig.*) ardente, focoso: *— de colère*, fremente d'ira.

bouille [buj] *s.f.* (*fam.*) faccia, viso (*m.*).

bouilleur [bujœʀ] *s.m.* **1** distillatore d'acquavite: *— de cru*, distillatore in proprio **2** (*tecn.*) bollitore.

bouilli [buji] *part.pass. di* bouillir ♦ *s.m.* (*cuc.*) lesso, bollito.

bouillie [buji] *s.f.* **1** pappa **2** (*estens.*) poltiglia: *être en* —, essere ridotto in poltiglia.

bouillir [bujiʀ]

Indic.pres. je bous, etc., nous bouillons, etc.; *imperf.* je bouillais, etc.; *pass.rem.* je bouillis, etc.; *fut.* je bouillirai, etc. *Cond.* je bouillirais, etc. *Cong.pres.* que je bouille, etc.; *imperf.* que je bouillisse, etc. *Part.pres.* bouillant; *pass.* bouilli. *Imp.* bous, bouillons, bouillez.

v.intr. **1** bollire: *faire — de la viande*, lessare la carne; *faire — un biberon*, sterilizzare un biberon **2** (*fig.*) (ri)bollire: *— de colère*, ribollire di rabbia ♦ *v.tr.* (*fam.*) (far) bollire.

bouilloire [bujwaʀ] *s.f.* bollitore (*m.*).

bouillon [bujɔ̃] *s.m.* **1** brodo: *— en cube*, dado per brodo || *boire un* —, bere (nuotando), (*fig.*) rimetterci del denaro || *— d'onze heures*, veleno || (*biol.*) *— de culture*, brodocoltura, (*fig.*) ambiente favorevole **2** bollore: *au premier* —, al primo bollore **3** fiotto: *à gros bouillons*, a fiotti **4** sbuffo (di stoffa) **5** *pl.* (*comm.*) resa (di prodotti invenduti).

bouillonnant [bujɔnɑ̃] *agg.* ribollente (*anche fig.*): *— d'idées*, fervido di idee || *tout — d'indignation*, fremente d'indignazione.

bouillonnement [bujɔnmɑ̃] *s.m.* il ribollire (*fig.*) fermento.

bouillonner [bujɔne] *v.intr.* ribollire (*anche fig.*): *source qui bouillonne*, sorgente che gorgoglia; *— de colère*, fremere di collera.

bouillotte [bujɔt] *s.f.* **1** borsa dell'acqua calda, boule **2** bollitore (*m.*).

boulange [bulɑ̃ʒ] *s.f.* (*fam.*) mestiere del panettiere: *être dans la* —, (*fam.*) fare il panettiere.

boulanger [bulɑ̃ʒe] (f. *-ère*) *s.m.* panettiere, fornaio ♦ *agg.* (*cuc.*) *pommes boulangères*, patate cotte al forno con cipolle.

boulangerie [bulɑ̄ʒʀi] *s.f.* **1** panetteria, panificio (*m.*) **2** panificazione.

boule [bul] *s.f.* **1** palla, pallina: — *de neige*, palla di neve; *faire — de neige*, (*fig.*) aumentare, crescere a valanga; — *à thé*, uovo da tè; — *de gomme*, pasticca di gomma || *se mettre en —*, raggomitolarsi; (*fig. fam.*) arrabbiarsi; *avoir les nerfs en —*, (*fam.*) avere i nervi a fior di pelle|| (*in Africa*) — *de manioc*, pagnottina di manioca; *manger la — et la sauce*, mangiare all'africana (intingendo la *boule* in una salsa) **2** boccia: *jeu de boules*, gioco delle bocce **3** (*fam.*) testa, zucca: *perdre la —*, perdere la testa; *avoir la — à zéro*, avere la testa rapata.

bouleau [bulo] (pl. -*eaux*) *s.m.* betulla (*f.*).

bouler [bule] *v.intr.* rotolare (come una palla): *envoyer —*, (*fam.*) mandare a quel paese.

boulet [bulɛ] *s.m.* **1** palla di cannone **2** palla (del forzato), (*fig.*) palla al piede.

boulette [bulɛt] *s.f.* **1** pallottolina **2** (*cuc.*) polpetta **3** (*fam.*) errore grossolano, cantonata.

boulevard [bulvaʀ] *s.m.* viale || *théâtre de —*, boulevard (genere di teatro leggero e brillante).

boulevardier [bulvaʀdje] (f. -*ère*) *agg.* mordace, arguto || *un comique —*, una comicità facile.

bouleversant [bulvɛʀsɑ̄] *agg.* sconvolgente.

bouleversement [bulvɛʀsəmɑ̄] *s.m.* sconvolgimento; cambiamento radicale: — *politique*, rivolgimento politico.

bouleverser [bulvɛʀse] *v.tr.* **1** sconvolgere; turbare **2** mettere sottosopra.

boulier [bulje] *s.m.* pallottoliere.

boulimie [bulimi] *s.f.* (*med.*) bulimia.

boulimique [bulimik] *agg.* e *s.m.* (*med.*) bulimico.

bouline [bulin] *s.f.* (*mar.*) bolina || *naviguer à la —*, navigare di bolina.

boulingrin [bulɛ̄gʀɛ̄] *s.m.* terreno erboso (spec. circondato da alberi).

boulisme [bulism] *s.m.* (gioco delle) bocce.

bouliste [bulist] *s.m.* giocatore di bocce, bocciofilo.

boulle [bul] *s.m.* boulle (mobile a intarsi).

boulocher [buloʃe] *v.intr.* (*tess.*) formare palline (spec. di tessuti di lana).

boulodrome [bulodʀom] *s.m.* campo di bocce.

boulon [bulɔ̄] *s.m.* bullone.

boulonnage [bulonaʒ] *s.m.* bullonatura (*f.*).

boulonnais [bulonɛ] *agg.* e *s.m.* di Boulogne.

boulonner [bulone] *v.tr.* bullonare ♦ *v.intr.* (*fam.*) sgobbare.

boulot[1] [bulo] (f. -*otte*) *agg.* grosso e tarchiato ♦ *s.m.* forma di pane, tozza e cilindrica.

boulot[2] *s.m.* (*fam.*) lavoro.

boulotter [bulote] *v.tr.* (*fam.*) mangiare.

boum [bum] *inter.* bum! ♦ *s.m.* (*fam.*) boom: *en plein —*, in piena attività ♦ *s.f.* (*fam.*) festa, festicciola.

boumer [bume] *v.intr.* **1** (*fam.*): *ça boume!*, va bene! **2** (*in Africa*) ballare.

bouquet[1] [bukɛ] *s.m.* **1** mazzo || (*cuc.*) — *garni*,

odori || *c'est le —!*, è il colmo! **2** *le — d'un feu d'artifice*, il gran finale, la scappata dei fuochi d'artificio **3** (*del vino*) bouquet: *ce vin a du —*, questo vino ha un ricco bouquet.

bouquet[2] *s.m.* gamberone.

bouqueté [bukte] *agg.* (*del vino*) che ha un buon bouquet.

bouquetière [buktjɛʀ] *s.f.* fioraia.

bouquetin [buktɛ̄] *s.m.* stambecco.

bouquin [bukɛ̄] *s.m.* (*fam.*) libro.

bouquiner [bukine] *v.intr.* (*fam.*) leggere.

bouquiniste [bukinist] *s.m.* e *f.* venditore di libri usati (sul lungosenna, a Parigi).

bourbe [buʀb] *s.f.* fango (*m.*), melma.

bourbeux [buʀbø] (f. -*euse*) *agg.* fangoso, melmoso.

bourbier [buʀbje] *s.m.* **1** pantano **2** (*fig.*) imbroglio, impiccio.

bourbonien [buʀbɔnjɛ̄] (f. -*enne*) *agg.* borbonico.

bourdaine [buʀdɛn] *s.f.* (*bot.*) frangola.

bourde [buʀd] *s.f.* (*fam.*) sproposito (*m.*).

bourdon[1] [buʀdɔ̄] *s.m.* **1** (*zool.*) calabrone || *faux —*, fuco, pecchione; (*fam.*) moscone **2** (*mus.*) bordone **3** campanone, grande campana **4** (*fig. fam.*) *avoir le —*, essere giù di corda.

bourdon[2] *s.m.* (*tip.*) pesce.

bourdon[3] *s.m.* bordone (dei pellegrini) || (*ricamo*) *point de —*, punto cordoncino.

bourdonnant [buʀdɔnɑ̄] *agg.* ronzante.

bourdonnement [buʀdɔnmɑ̄] *s.m.* ronzio; brusio.

bourdonner [buʀdɔne] *v.intr.* ronzare.

bourg [buʀ] *s.m.* borgo, borgata (*f.*).

bourgade [buʀgad] *s.f.* borgata.

bourgeois[1] [buʀʒwa] *agg.* e *s.m.* borghese || *pension bourgeoise*, albergo a gestione familiare || *maison bourgeoise*, casa signorile || *cuisine bourgeoise*, cucina casalinga || (*dir.*) *habitation bourgeoise*, immobile a uso abitativo.

bourgeois[2] *s.m.* (*in Svizzera*) chi gode dei diritti di cittadino.

bourgeois[3] *agg.* di Bourg-en-Bresse.

bourgeoise [buʀʒwaz] *s.f.* (*pop.*) donna: *ma —*, mia moglie, la mia donna.

bourgeoisement [buʀʒwazmɑ̄] *avv.* in modo borghese, da borghese.

bourgeoisie [buʀʒwazi] *s.f.* borghesia.

bourgeon [buʀʒɔ̄] *s.m.* gemma (*f.*).

bourgeonnement [buʀʒɔnmɑ̄] *s.m.* gemmazione (*f.*).

bourgeonner [buʀʒɔne] *v.intr.* germinare, germogliare; (*fig.*) fiorire.

bourgmestre [buʀgmɛstʀ] *s.m.* borgomastro.

bourguignon [buʀgiɲɔ̄] (f. -*onne*) *agg.* e *s.m.* borgognone || (*cuc.*) *bœuf —*, brasato in salsa con vino rosso.

bourlinguer [buʀlɛ̄ge] *v.intr.* (*di nave*) avanzare con difficoltà contro vento; (*fam.*) vagabondare.

bourlingueur [buʀlɛ̄gœʀ] (f. -*euse*) *s.m.* (*fam.*) giramondo.

bourrache [buʀaʃ] *s.f.* (*bot.*) borrana, borragine.

bourrade [buʀad] *s.f.* spintone (*m.*): *une — amicale*, una pacca amichevole.

bourrage [buʀaʒ] *s.m.* riempimento || *— de crâne*, (*fig.*) lavaggio del cervello.

bourrasque [buʀask] *s.f.* bufera (di vento).

bourratif [buʀatif] (f. *-ive*) *agg.* (*fam.*) troppo sostanzioso: *gâteau —*, dolce pesante, che riempie.

bourre[1] [buʀ] *s.f.* **1** borra (*anche fig.*) **2** lanugine **3** (*fam.*) fretta: *à la —*, in ritardo.

bourre[2] *s.m.* (*fam.*) piedipiatti, poliziotto.

bourré [buʀe] *part.pass.* di **bourrer** ♦ *agg.* (*fam.*) **1** carico, pieno: *— de fautes*, zeppo d'errori **2** ubriaco (fradicio).

bourreau [buʀo] (pl. *-eaux*) *s.m.* boia; (*fig.*) tiranno || *— de travail*, lavoratore indefesso || *être un — des cœurs*, far strage di cuori.

bourrée [buʀe] *s.f.* bourrée (musica e danza campagnola dell'Alvernia).

bourreler [buʀle] (*coniug. come* **appeler**) *v.tr.* (*fig.*) tormentare, straziare.

bourrelet [buʀlɛ] *s.m.* **1** *— (de chair)*, cuscinetto di grasso **2** parafreddo (per porte e finestre).

bourrelier [buʀəlje] *s.m.* sellaio.

bourrellerie [buʀɛlʀi] *s.f.* selleria.

bourrer [buʀe] *v.tr.* imbottire || *— une pipe*, caricare una pipa || *— le crâne de qqn*, riempire, imbottire la testa di qlcu (di fandonie) || *— de coups*, (*fam.*) riempire di botte □ **se bourrer** *v.pron.* (*fam.*) rimpinzarsi, abbuffarsi.

bourriche [buʀiʃ] *s.f.* paniere (*m.*), cesto (*m.*).

bourrichon [buʀiʃɔ̃] *s.m.* (*fam.*) capoccia (*f.*), testa (*f.*).

bourricot [buʀiko] *s.m.* asinello, somarello.

bourrin [buʀɛ̃] *s.m.* ronzino.

bourrique [buʀik] *s.f.* asino (*m.*).

bourru [buʀy] *agg.* burbero, scorbutico || *vin —*, vino nuovo; *lait —*, latte appena munto.

bourse [buʀs] *s.f.* **1** borsa (per denaro) || *sans — délier*, senza spendere un soldo || *tenir les cordons de la —*, amministrare i soldi di casa **2** *— (d'études)*, borsa di studio.

Bourse [buʀs] *s.f.* Borsa || *— du travail*, Camera del lavoro.

boursicoter [buʀsikɔte] *v.intr.* fare piccole operazioni di Borsa.

boursicoteur [buʀsikɔtœʀ] (f. *-euse*) *s.m.* chi fa piccole operazioni di Borsa.

boursier[1] [buʀsje] (f. *-ère*) *s.m.* borsista.

boursier[2] (f. *-ère*) *agg.* borsistico, di Borsa ♦ *s.m.* operatore di Borsa.

boursouflé [buʀsufle] *agg.* gonfio, tumido.

boursouflement [buʀsufləmã] *s.m.* gonfiezza (*f.*), gonfiore.

boursoufler [buʀsufle] *v.tr.* gonfiare, tumefare.

boursouflure [buʀsuflyʀ] *s.f.* **1** gonfiore (*m.*) **2** (*fig.*) ampollosità.

bousculade [buskylad] *s.f.* pigia pigia (*m.*).

bousculer [buskyle] *v.tr.* **1** mettere a soqquadro **2** urtare; spingere **3** fare premura (a) □ **se bousculer** *v.pron.* **1** (*fam.*) sbrigarsi, spicciarsi **2** spingersi, urtarsi (l'un l'altro).

bouse [buz] *s.f.* sterco (di bovini).

bouseux [buzø] *s.m.* (*fam. spreg.*) bifolco.

bousier [buzje] *s.m.* scarabeo stercorario.

bousillage [buzijaʒ] *s.m.* (*fam.*) lavoro abborracciato.

bousiller [buzije] *v.tr.* (*fam.*) **1** abborracciare **2** (*casser*) scassare.

bousilleur [buzijœʀ] (f. *-euse*) *s.m.* (*fam.*) abborraccione.

boussole [busɔl] *s.f.* bussola.

boustifaille [bustifaj] *s.f.* (*fam.*) cibo (*m.*).

bout [bu] *s.m.* **1** estremità (*f.*); fine (*f.*) || *on ne sait par quel — le prendre*, non si sa da che parte prenderlo || *être à — (de forces)*, essere stremato; *ma patience est à —*, la mia pazienza ha un limite; *être à — de souffle*, essere senza fiato; *à — d'arguments*, a corto di argomenti; *venir à — d'une difficulté*, sormontare una difficoltà; *pousser à —*, esasperare; || *au — de*, in fondo a; *au — du monde*, in capo al mondo || *jusqu'au —*, fino in fondo|| *être au — du rouleau*, essere sfiancato || *au — du compte*, dopotutto, alla fin fine || *à — portant*, a bruciapelo || *à tout — de champ*, a ogni piè sospinto || *— à —*, testa a testa || *ne pas joindre les deux bouts*, non riuscire a sbarcare il lunario **2** pezzo; *un — de papier*, un pezzo di carta || (*teatr., cine.*) *— d'essai*, provino || *un (petit) — de femme*, un donnino || *— de chou*, (*fam.*) mocciosetto, bambinetto || *en connaître un —*, (*fam.*) saperla lunga **3** (*mar.*) cima (*f.*).

boutargue [butaʀg] *s.f.* (*cuc.*) bottarga.

boutade [butad] *s.f.* battuta di spirito.

boute-en-train [butɑ̃tʀɛ̃] (pl. *invar.*) *s.m.* allegrone.

bouteille [butɛj] *s.f.* **1** bottiglia || *il aime la —*, (*fam.*) gli piace alzare il gomito || *prendre de la —*, (*fig.*) invecchiare **2** bombola.

bouteur [butœʀ] (pl. *invar.*) *s.m.* → **bulldozer**.

boutique [butik] *s.f.* **1** bottega; negozio (*m.*) **2** boutique (di alta moda): *robes —*, capi di alta moda **3** mercanzia **4** (*fam. spreg.*) posto di lavoro || *parler —*, parlare di lavoro.

boutiquier [butikje] (f. *-ère*) *agg.* e *s.m.* bottegaio.

boutoir [butwaʀ] *s.m.* grugno (di cinghiale) || *coup de —*, (*fam.*) critica violenta, frecciata.

bouton [butɔ̃] *s.m.* **1** bottone || *boutons de manchette*, gemelli **2** bottone (di comando), pulsante; manopola (*f.*) **3** (*bot.*) bocciolo; gemma (*f.*) **4** foruncolo.

bouton-d'or [butɔ̃dɔʀ] (pl. *boutons-d'or*) *s.m.* (*bot. fam.*) bottone d'oro.

boutonnage [butɔnaʒ] *s.m.* abbottonatura (*f.*).

boutonné [butɔne] *agg.* abbottonato (*anche fig.*).

boutonner [butɔne] *v.intr.* germogliare ♦ *v.tr.* abbottonare.

boutonneux [butɔnø] (f. *-euse*) *agg.* foruncoloso.

boutonnière [butɔnjɛʀ] *s.f.* occhiello (*m.*), asola || *avoir un ruban à sa —*, essere decorato || *c'est une fleur à sa —*, (*fig.*) è il suo fiore all'occhiello.

bouton-pression [butɔ̃pʀɛsjɔ̃] (pl. *boutons-pression*) *s.m.* (*bottone*) automatico.

bouturage [butyʀaʒ] *s.m.* (*agr.*) riproduzione per talea.

bouture [butyʀ] *s.f.* (*agr.*) talea.

bouturer [butyʀe] *v.intr.* mettere polloni ♦ *v.tr.* riprodurre per talea.

bouvier [buvje] *s.m.* bovaro.

bouvillon [buvijɔ̃] *s.m.* manzo, manzetto.

bouvreuil [buvʀœj] *s.m.* (*zool.*) ciuffolotto.

bovarysme [bovaʀism] *s.m.* bovarismo.

bovidé [bovide] *s.m.* bovide.

bovin [bovɛ̃] *agg.* e *s.m.* bovino.

box [bɔks] (pl. *boxes*) *s.m.* **1** box **2** gabbia (degli imputati).

boxe [bɔks] *s.f.* boxe, pugilato (*m.*).

boxer[1] [bɔkse] *v.intr.* tirare di boxe, boxare ♦ *v.tr.* (*fam.*) prendere a pugni.

boxer[2] [bɔkseʀ] *s.m.* (*cane*) boxer.

boxeur [bɔksœʀ] *s.m.* pugile, boxeur.

boyard [bɔjaʀ] *s.m.* (*st.*) boiaro.

boyau [bwajo] (pl. *-aux*) *s.m.* **1** budello || (*corde de*) —, corda di minugia **2** budello, vicolo stretto; (*mil.*) camminamento **3** tubo (di gomma ecc.) **4** tubolare (di bicicletta).

boycottage [bɔjkɔtaʒ] *s.m.* boicottaggio.

boycotter [bɔjkɔte] *v.tr.* boicottare.

boycotteur [bɔjkɔtœʀ] (f. *-euse*) *s.m.* boicottatore.

boy-scout [bɔjskut] (pl. *boy-scouts*) *s.m.* giovane esploratore, boy-scout.

brabançon [bʀabɑ̃sɔ̃] *agg.* e *s.m.* brabantino.

bracelet [bʀasle] *s.m.* braccialetto; cinturino (d'orologio).

bracelet-montre [bʀaslɛmɔ̃tʀ] (pl. *bracelets-montres*) *s.m.* orologio da polso.

brachycéphale [bʀakisefal] *agg.* e *s.m.* brachicefalo.

braconnage [bʀakɔnaʒ] *s.m.* bracconaggio.

braconner [bʀakɔne] *v.intr.* cacciare di frodo, pescare di frodo.

braconnier [bʀakɔnje] *s.m.* bracconiere.

bractée [bʀakte] *s.f.* (*bot.*) brattea.

brader [bʀade] *v.tr.* (*fam.*) svendere, liquidare; sbarazzarsi di.

braderie [bʀadʀi] *s.f.* **1** fiera di abiti e oggetti usati **2** svendita (all'aperto).

bragard [bʀagaʀ] *agg.* di Saint-Dizier.

braguette [bʀagɛt] *s.f.* patta (dei calzoni).

brahmane [bʀa(a)man] *s.m.* brahmano.

brahmanisme [bʀa(a)manism] *s.m.* bramanesimo.

braies [bʀe] *s.f.pl.* (*ant.*) brache (portate dai Galli).

braillard [bʀajaʀ] *agg.* chiassoso ♦ *s.m.* chiassone.

braille [bʀaj] *s.m.* braille (metodo di scrittura per i ciechi).

braillé [bʀaje] *agg.* (*in Senegal*) chi porta la camicia infilata nei pantaloni; elegante.

brailler [bʀaje] *v.intr.* e *tr.* sbraitare.

brailleur [bʀajœʀ] (f. *-euse*) *agg.* → **braillard**.

braiment [bʀemɑ̃] *s.m.* raglio.

braire [bʀeʀ]

usato all'Indic. pres. il brait, ils braient; *imperf.* il brayait, ils brayaient; *pass.prossimo* il a brait; *fut.* il braira, ils brairont. *Cond.* il brairait, ils brairaient. *Part.pres.* brayant; *pass.* brait.

v.intr.dif. ragliare.

braise [bʀez] *s.f.* brace: — *de boulanger*, carbonella.

braiser [bʀeze] *v.tr.* (*cuc.*) brasare: *bœuf brasé*, brasato.

brait [bʀe] *part.pass.* di braire.

bramer [bʀame] *v.intr.* **1** bramire **2** (*fam.*) sbraitare.

brancard [bʀɑ̃kaʀ] *s.m.* **1** barella (*f.*) || *ruer dans les brancards*, ribellarsi, protestare **2** *pl.* stanghe (di carro ecc.).

brancardier [bʀɑ̃kaʀdje] *s.m.* barelliere.

branchage [bʀɑ̃ʃaʒ] *s.m.* **1** i rami (di una pianta) **2** ramaglia (*f.*).

branche [bʀɑ̃ʃ] *s.f.* **1** ramo (*m.*) || *vieille* —, vecchio mio **2** (*fig.*) ramo (*m.*), branca, settore (*m.*) || *ce n'est pas notre* —, non è di nostra competenza **3** braccio (di candelabro ecc.); stanghetta (di occhiali).

branché [bʀɑ̃ʃe] *agg.* (*fam.*) alla moda: *être* — *sur qqch*, essere al corrente, informato di qlco || *être* — *sur qqn*, avere una cotta per qlcu.

branchement [bʀɑ̃ʃmɑ̃] *s.m.* **1** diramazione (*f.*) || (*ferr.*) — *d'une voie*, scambio **2** (*elettr.*) inserimento; allacciamento.

brancher [bʀɑ̃ʃe] *v.tr.* **1** diramare **2** (*elettr.*) inserire; allacciare, collegare: — *la radio*, innestare la spina della radio || (*fig.*): *ça me branche*, mi interessa; — *sur qqch*, orientare su qlco: — *la conversation sur*, portare il discorso su □ **se brancher (sur)** *v.pron.* **1** (*tel.*) sintonizzarsi (su) **2** interessarsi (a).

branchial [bʀɑ̃ʃjal] (pl. *-aux*) *agg.* branchiale.

branchies [bʀɑ̃ʃi] *s.f.pl.* branchie.

brandade [bʀɑ̃dad] *s.f.* (*cuc.*) brandade (baccalà alla provenzale).

brandebourg [bʀɑ̃dbuʀ] *s.m.* alamaro.

brandebourgeois [bʀɑ̃dbuʀʒwa] *agg.* e *s.m.* brandeburghese.

brandir [bʀɑ̃diʀ] *v.tr.* brandire.

brandon [bʀɑ̃dɔ̃] *s.m.* tizzone ardente || — *de discorde*, (*fig.*) pomo della discordia.

branlant [bʀɑ̃lɑ̃] *agg.* traballante, vacillante.

branle [bʀɑ̃l] *s.m.* **1** oscillazione (*f.*) **2** (*fig.*) impulso || *donner le* — *à une activité*, dare il via a un'attività; *se mettre en* —, mettersi in azione.

branle-bas [bʀɑ̃lba] (pl. *invar.*) *s.m.* scompiglio, agitazione (*f.*) || — *de combat*, assetto di combattimento.

branlement [bʀɑ̃lmɑ̃] *s.m.* **1** scotimento **2** traballamento, vacillamento.

branler [bʀɑ̃le] *v.tr.* **1** scuotere **2** (*fam.*) combinare ♦ *v.intr.* traballare, vacillare: *une dent qui branle*, un dente che dondola || — *dans le manche*, (*fam.*) vacillare, essere titubante.

braquage [bʀakaʒ] *s.m.* **1** sterzata (*f.*) **2** (*fam.*) rapina a mano armata.

braque [bʀak] *s.m.* (*zool.*) bracco ♦ *agg.* (*fam.*) suonato, picchiato.

braquer [bʀake] *v.tr.* **1** puntare || — *les yeux, son regard sur*, guardare fissamente || — *qqn contre*, aizzare qlcu contro || — *un voleur en fuite*, bloccare un ladro in fuga **2** (*aut.*) sterzare; (*aer.*) virare **3** (*fam.*) aggredire a mano armata ♦ *v.intr.* (*aut.*) sterzare □ **se braquer** *v.pron.* impuntarsi.

braquet [bʀake] *s.m.* moltiplica (di bicicletta).

bras [bʀa] *s.m.* **1** braccio: *à* —, a braccia; *les* — *croisés*, con le, a braccia conserte; *dans ses* —, in braccio || *être au* — *de qqn*, essere a braccetto di qlcu || *à bout de* —, con le proprie forze || *baisser les* —, (*fig.*) rinunciare || *avoir le* — *long*, arrivar dappertutto, avere molti appoggi || *couper* — *et jambes*, tagliare le gambe, mettere nell'impossibilità di agire || *avoir qqn sur les* —, avere carico di qlcu || *frapper à tour de* —, dar botte da orbi || — *dessus,* — *dessous*, a braccetto || *en* — *de chemise*, in maniche di camicia **2** bracciolo **3** *pl.* braccia (*f.*), manodopera (*f.sing.*).

braser [bʀaze] *v.tr.* (*metall.*) brasare.

brasero [bʀazeʀo] *s.m.* caldano, braciere.

brasier [bʀazje] *s.m.* braciere; (*fig.*) focolaio.

bras-le-corps, à [abʀalkɔʀ] *locuz.avv.: saisir à* —, agguantare per la vita.

brassage [bʀasaʒ] *s.m.* mescolamento; (*fig.*) amalgama.

brassard [bʀasaʀ] *s.m.* bracciale (di stoffa).

brasse [bʀas] *s.f.* **1** braccio (antica misura di lunghezza = 1,60 m) **2** (*nuoto*) rana || — *papillon*, nuoto a farfalla **3** (*nuoto*) bracciata.

brassée [bʀase] *s.f.* bracciata.

brasser [bʀase] *v.tr.* **1** rimestare, mescolare || — *des affaires*, avere per le mani molti affari disparati **2** fare la birra.

brasserie [bʀasʀi] *s.f.* **1** birreria **2** fabbrica di birra **3** trattoria per pasti rapidi.

brasseur [bʀasœʀ] (*f.* -*euse*) *s.m.* **1** birraio **2** — *d'affaires*, trafficone **3** (*sport*) ranista.

brassière [bʀasjɛʀ] *s.f.* **1** coprifasce (*m.*), camicino (*m.*) **2** — *de sauvetage*, giubbotto (*m.*) di salvataggio **3** (*in Canada*) reggiseno (*m.*).

bravache [bʀavaʃ] *s.m.* spaccone ♦ *agg.* arrogante.

bravade [bʀavad] *s.f.* bravata, spacconata.

brave [bʀav] *agg.* **1** coraggioso **2** (*posto davanti al nome*) bravo, buono: *un* — *homme*, un uomo buono e onesto; *de braves gens*, delle persone per bene ♦ *s.m.* prode.

bravement [bʀavmã] *avv.* valorosamente.

braver [bʀave] *v.tr.* affrontare; sfidare.

bravo [bʀavo] *inter.* bravo, bene: —!, *les enfants*, bravi, bene ragazzi! ♦ *s.m.* applauso: *ce spectacle a attiré beaucoup de bravos*, lo spettacolo ha ottenuto molti applausi.

bravoure [bʀavuʀ] *s.f.* coraggio (*m.*) || (*mus.*) *morceau de* —, pezzo forte.

break [bʀɛk] *s.m.* **1** (*aut.*) familiare (*f.*), giardinetta (*f.*) **2** break, interruzione (*f.*).

brebis [bʀəbi] *s.f.* pecora (*anche fig.*) || *fromage de* —, (formaggio) pecorino.

brèche [bʀɛʃ] *s.f.* **1** breccia || *battre en* —, (*fig.*) attaccare violentemente || *il a fait une* — *dans sa fortune*, ha intaccato la sua fortuna **2** incrinatura; (*di coltello*) tacca.

bréchet [bʀeʃɛ] *s.m.* carena (di uccelli).

bredouille [bʀəduj] *agg.* a mani vuote, sconfitto.

bredouiller [bʀəduje] *v.intr.e tr.* farfugliare: — *une excuse*, borbottare delle scuse.

bref [bʀɛf] (*f.* *brève*) *agg.* **1** breve **2** secco, reciso ♦ *avv.* in breve, per farla breve.

brelan [bʀəlã] *s.m.* (*poker*) tris.

breloque [bʀəlɔk] *s.f.* **1** ciondolo (*m.*) **2** *battre la* —, non connettere più; (*di cosa*) funzionare male.

brème [bʀɛm] *s.m.* (*zool.*) abramide || — *de mer*, pagello.

brémois [bʀemwa] *agg.* e *s.m.* di Brema.

brésilien [bʀeziljẽ] (*f.* -*enne*) *agg.* e *s.m.* brasiliano.

bressan [bʀe(ɛ)sã] *agg.* della Bresse.

bressuirais [bʀe(ɛ)sɥiʀɛ] *agg.* di Bressuire.

brestois [bʀɛstwa] *agg.* di Brest.

bretelle [bʀətɛl] *s.f.* **1** spallina, bretella **2** tracolla (di fucile ecc.) **3** (*ferr.*) incrocio doppio **4** (*mil.*) camminamento (*m.*) **5** bretella (stradale).

breton [bʀətɔ̃] (*f.* -*onne*) *agg.* e *s.m.* bretone.

brette [bʀɛt] *s.f.* (*in Belgio*) lite, discussione.

bretzel [bʀedzel] *s.m.* e *f.* bretzel (biscotto salato con semi di cumino, tipico dell'Alsazia).

breuvage [bʀœvaʒ] *s.m.* beveraggio, pozione (*f.*); (*in Canada*) bevanda.

brève [bʀɛv] *s.f.* **1** (*mus., fon.*) breve **2** notiziola.

brevet [bʀəvɛ] *s.m.* brevetto; diploma: — *d'invention*, brevetto industriale.

brevetable [bʀəvtabl] *agg.* brevettabile.

breveté [bʀəvte] *agg.* **1** brevettato **2** (*di persona*) diplomato, specializzato || *officier* —, ufficiale di stato maggiore ♦ *s.m.* diplomato.

breveter [bʀəvte] (*coniug. come* jeter) *v.tr.* brevettare.

bréviaire [bʀevjɛʀ] *s.m.* breviario.

briançonnais [bʀiɑ̃sɔne] *agg.* di Briançon.

briard [bʀijaʀ] *agg.* della Brie || (*chien*) —, cane pastore (della Brie).

bribes [bʀib] *s.f.pl.* briciole, frammenti (*m.*) || *par* —, a spizzichi.

bric-à-brac [bʀikabʀak] (*pl. invar.*) *s.m.* **1** anticaglie (*f.pl.*) **2** bottega di rigattiere **3** (*marchand de*) —, rigattiere.

bric et de broc, de [dəbʀikedbʀɔk] *locuz.avv.* come capita, in qualche modo, prendendo un po' qua e un po' là.

brick [bʀik] *s.m.* **1** (*mar.*) brigantino **2** (*cuc.*) brick (frittella ripiena di uovo).

bricolage [bʀikɔlaʒ] *s.m.* **1** bricolage, fai da te **2** lavoretto, riparazione (*f.*).

bricole [bʀikɔl] *s.f.* **1** (*fam.*) inezia; cosa da nulla **2** (*pesca*) doppio amo **3** pettorale (nei finimenti del cavallo) **4** cinghia (del facchino).

bricoler [bʀikɔle] *v.intr.* **1** esercitare mestieri di ogni genere 2 (*fam.*) fare piccoli lavori manuali ♦ *v.tr.* riparare, aggiustare (alla meglio).

bricoleur [bʀikɔlœʀ] (f. *-euse*) *s.m.* appassionato di fai da te.

bride [bʀid] *s.f.* 1 briglia: *tenir la — haute*, (*fig.*) tener stretti i freni || *avoir la — sur le cou*, (*fig.*) aver la briglia sul collo || *à — abattue*, a briglia sciolta || *tourner —*, fare dietrofront 2 sottogola (di cuffia ecc.) 3 (*tecn.*) flangia.

bridé [bʀide] *agg.*: *yeux bridés*, occhi a mandorla.

brider [bʀide] *v.tr.* 1 imbrigliare; (*lier*) legare || (*fig.*): — *les désirs, les passions*, reprimere i desideri, le passioni; — *l'imagination*, porre un freno all'immaginazione 2 (*di un vestito*) stringere, andare stretto.

bridge[1] [bʀidʒ] (*ingl.*) *s.m.* (*protesi dentaria*) ponte.

bridge[2] *s.m.* (*gioco di carte*) bridge.

bridger [bʀidʒe] *v.intr.* giocare a bridge.

bridgeur [bʀidʒœʀ] (f. *-euse*) *s.m.* giocatore di bridge.

bridon [bʀidɔ̃] *s.m.* briglietta (*f.*).

brie [bʀi] *s.m.* brie (formaggio della Brie).

briefer [bʀife] *v.tr.* (*fam.*) informare, istruire.

brièvement [bʀijɛvmɑ̃] *avv.* brevemente.

brièveté [bʀijɛvte] *s.f.* brevità.

brigade [bʀigad] *s.f.* 1 (*mil.*) brigata: — *aérienne*, aerobrigata 2 squadra (di polizia ecc.).

brigadier [bʀigadje] *s.m.* 1 (*nella gendarmerie*) brigadiere 2 (*nell'esercito*) caporale.

brigadier-chef [bʀigadjeʃɛf] (pl. *brigadiers-chefs*) *s.m.* caporal maggiore.

brigand [bʀigɑ̃] *s.m.* brigante.

brigandage [bʀigɑ̃daʒ] *s.m.* brigantaggio.

brigue [bʀig] *s.f.* briga.

briguer [bʀige] *v.tr.* brigare (per).

brillamment [bʀijamɑ̃] *avv.* brillantemente.

brillant [bʀijɑ̃] *agg.* brillante (*anche fig.*) || *papier —*, carta da lucido ♦ *s.m.* 1 splendore, lucentezza (*f.*) 2 brillante, diamante.

brillantine [bʀijɑ̃tin] *s.f.* brillantina.

briller [bʀije] *v.intr.* brillare (*anche fig.*) || *faire — qqn*, far fare bella figura a qlcu || *faire — qqch aux yeux de qqn*, far balenare qlco agli occhi di qlcu.

brimade [bʀimad] *s.f.* 1 scherzo di cattivo gusto (fatto dagli anziani alle reclute e alle matricole) 2 sopruso (*m.*), angheria.

brimbaler [bʀɛ̃bale] *v.intr.* (*fam.*) traballare ♦ *v.tr.* agitare, scuotere.

brimborion [bʀɛ̃bɔʀjɔ̃] *s.m.* cosuccia (senza valore).

brimer [bʀime] *v.tr.* vessare, maltrattare.

brin [bʀɛ̃] *s.m.* 1 filo (d'erba); pagliuzza (*f.*), fuscello (di paglia) 2 (*fig. fam.*) filo, pizzico || *faire un — de causette*, fare quattro chiacchiere || *un beau — de fille*, un bel pezzo di ragazza.

brindezingue [bʀɛ̃dzɛ̃g] *agg.* (*fam.*) 1 sbronzo 2 svitato, tocco ♦ *s.m.* svitato.

brindille [bʀɛ̃dij] *s.f.* ramoscello (*m.*).

bringue [bʀɛ̃g] *s.f.* (*fam.*) 1 baldoria 2 *une grande —*, una spilungona.

bringuebaler [bʀɛ̃gbale], **brinquebaler** [bʀɛ̃k bale] *v.intr.* (*fam.*) traballare.

brio [bʀijo] *s.m.* brio, vivacità (*f.*).

brioche [bʀijɔʃ] *s.f.* brioche || *prendre de la —*, (*fam.*) metter su pancia.

brioché [bʀijɔʃe] *agg.*: *pain —*, pane al latte.

brique [bʀik] *s.f.* 1 mattone (*m.*): — *creuse*, mattone forato, cavo || *manger des briques*, (*fam.*) non avere niente da mangiare 2 *une —*, (*fam.*) un milione (di vecchi franchi).

briquer [bʀike] *v.tr.* (*fam.*) tirare a lucido.

briquet [bʀikɛ] *s.m.* accendisigari, accendino.

briqueterie [bʀiktəʀi, bʀikɛtʀi] *s.f.* fabbrica di laterizi, mattonificio (*m.*); fornace.

briquette [bʀikɛt] *s.f.* bricchetta, mattonella, formella (di lignite).

bris [bʀi] *s.m.* (*dir.*) rottura dei sigilli.

brisant [bʀizɑ̃] *s.m.* frangente.

briscard [bʀiskaʀ] *s.m.* (*gergo mil.*) veterano || *un vieux —*, (*fam.*) uno che la sa lunga.

brise [bʀiz] *s.f.* brezza.

brisé [bʀize] *agg.* rotto, spezzato || — *de fatigue*, stanco morto || (*cuc.*) *pâte brisée*, pasta brisée (impasto per crostate salate e dolci).

brisées [bʀize] *s.f.pl.*: *marcher sur les — de qqn*, rivaleggiare con qlcu.

brise-fer [bʀizfɛʀ] (pl. *invar.*) *s.m.* (*fam.*) rompitutto.

brise-glace [bʀizglas] (pl. *invar.*) *s.m.* rompighiaccio.

brise-jet [bʀizʒɛ] (pl. *invar.*) *s.m.* rompigetto.

brise-lames [bʀizlam] (pl. *invar.*) *s.m.* frangiflutti.

briser [bʀize] *v.tr.* 1 rompere; (*fig.*) spezzare 2 (*fig.*) troncare, interrompere □ **se briser** *v.pron.* 1 frantumarsi; rompersi, spezzarsi 2 (*delle onde*) infrangersi.

brise-tout [bʀiztu] (pl.*invar.*) *s.m.* (*fam.*) rompitutto.

brise-vent [bʀizvɑ̃] (pl. *invar.*) *s.m.* frangivento.

brisquard [bʀiskaʀ] *s.m.* → **briscard**.

bristol [bʀistɔl] *s.m.* 1 (cartoncino) bristol 2 (*carte*) biglietto da visita.

brisure [bʀizyʀ] *s.f.* giuntura a cerniera.

britannique [bʀitanik] *agg.* britannico.

briviste [bʀivist] *agg.* di Brive-la-Gaillarde.

brize [bʀiz] *s.f.* (*bot.*) briza.

broc [bʀo] *s.m.* brocca (*f.*).

brocante [bʀokɑ̃t] *s.f.* commercio di anticaglie.

brocanter [bʀokɑ̃te] *v.intr.* commerciare in anticaglie.

brocanteur [bʀokɑ̃tœʀ] *s.m.* mercante di anticaglie.

brocard [bʀokaʀ] *s.m.* capriolo (di un anno).

brocarder [bʀokaʀde] *v.tr.* motteggiare, schernire.

brocart [bʀokaʀ] *s.m.* broccato.

brochage [bʀoʃaʒ] *s.m.* 1 (tessitura a) broccato 2 legatura (di un libro).

brochant [bʀoʃɑ̃] *agg.*: — *sur le tout*, (*fam.*) per soprammercato.

broche [bʀɔʃ] *s.f.* **1** spiedo (*m.*) **2** spilla; fermaglio (*m.*) **3** bastoncino (*m.*), asta **4** (*mecc.*) mandrino (*m.*) **5** (*med.*) chiodo (*m.*) **6** (*ind. tess.*) fuso (*m.*) **7** (*tecn.*) maschio (di presa elettrica ecc.).

broché [bʀɔʃe] *s.m.* **1** broccato **2** (*tissage*) tessitura (*f.*) a broccato.

brocher [bʀɔʃe] *v.tr.* **1** (*ind. tess.*) broccare **2** legare (un libro) in brossura.

brochet [bʀɔʃɛ] *s.m.* luccio.

brochette [bʀɔʃɛt] *s.f.* **1** bastoncino (*m.*), stecco (*m.*) **2** (*cuc.*) spiedino (*m.*) || *une — de*, (*fam.*) una sfilza di, (tutta) una serie di **3** spilletta (per decorazioni).

brocheur [bʀɔʃœʀ] *agg.* (f. *-euse*) *s.m.* legatore.

brocheuse [bʀɔʃøz] *s.f.* (*tip.*) brossuratrice.

brochure [bʀɔʃyʀ] *s.f.* **1** brossura **2** opuscolo (*di propaganda*) **3** (*ind. tess.*) (disegno di) broccato (*m.*).

brocoli [bʀɔkɔli] *s.m.* broccolo.

brodequin [bʀɔdkɛ̃] *s.m.* scarpone.

broder [bʀɔde] *v.tr.* ricamare (*anche fig.*).

broderie [bʀɔdʀi] *s.f.* ricamo (*m.*).

brodeur [bʀɔdœʀ] (f. *-euse*) *s.m.* ricamatore.

brodeuse [bʀɔdøz] *s.f.* macchina da ricamo.

broiement [bʀwamɑ̃] *s.m.* frantumazione (*f.*).

brome [bʀom] *s.m.* (*chim.*) bromo.

bromure [bʀɔmyʀ] *s.m.* (*chim.*) bromuro.

bronche [bʀɔ̃ʃ] *s.f.* (*anat.*) bronco (*m.*).

broncher [bʀɔ̃ʃe] *v.intr.*: *sans —*, senza batter ciglio; *personne n'ose —*, nessuno osa fiatare.

bronchique [bʀɔ̃ʃik] *agg.* (*med.*) bronchiale.

bronchite [bʀɔ̃ʃit] *s.f.* (*med.*) bronchite.

broncho- *pref.* bronco-

broncho-pneumonie [bʀɔ̃kɔpnømɔni] (pl. *broncho-pneumonies*) *s.f.* (*med.*) broncopolmonite.

bronzage [bʀɔ̃zaʒ] *s.m.* **1** (*tecn.*) bronzatura (*f.*) **2** abbronzatura (solare).

bronzant [bʀɔ̃zɑ̃] *agg.* abbronzante.

bronze [bʀɔ̃z] *s.m.* bronzo.

bronzé [bʀɔ̃ze] *agg.* **1** bronzeo **2** abbronzato.

bronzer [bʀɔ̃ze] *v.tr.* **1** bronzare **2** abbronzare (al sole) ♦ *v.intr.* abbronzarsi: *j'ai bronzé*, mi sono abbronzato.

brossage [bʀɔsaʒ] *s.m.* spazzolatura (*f.*).

brosse [bʀɔs] *s.f.* **1** spazzola: *un coup de —*, una spazzolata || *— à dents*, spazzolino da denti || (*cheveux en —*), capelli a spazzola **2** (*de peintre*), grosso pennello **3** (*in Canada*) sbronza.

brosser [bʀɔse] *v.tr.* **1** spazzolare: *se — les dents*, lavarsi i denti **2** abbozzare (un quadro) **3** (*in Belgio*) marinare (la scuola) □ **se brosser** *v.pron.* spazzolarsi.

brou [bʀu] *s.m.* **1** mallo **2** *— de noix*, nocino, tintura preparata col mallo di noce.

brouet [bʀuɛ] *s.m.* brodaglia (*f.*).

brouette [bʀuɛt] *s.f.* carriola.

brouhaha [bʀuaa] *s.m.* vocìo.

brouillage [bʀujaʒ] *s.m.* (*rad.*) interferenza (*f.*).

brouillamini [bʀujamini] *s.m.* baraonda (*f.*), caos.

brouillard [bʀujaʀ] *s.m.* nebbia (*f.*) || *être dans le —*, (*fig.*) brancolare nel buio.

brouillasse [bʀujas] *s.f.* nebbiolina; acquerugiola.

brouillasser [bʀujase] *v.intr.impers.* piovigginare.

brouille [bʀuj] *s.f.* disaccordo (*m.*), dissapore (*m.*).

brouillé [bʀuje] *agg.* confuso; ingarbugliato: *avoir la vue brouillée*, avere la vista offuscata || *un teint —*, una carnagione opaca || (*cuc.*) *œufs brouillés*, uova strapazzate || *être — avec qqn*, essere in rotta con qlcu || *il est — avec les maths*, (*fam.*) è una frana in matematica.

brouiller [bʀuje] *v.tr.* **1** confondere; ingarbugliare || *— une émission de radio*, disturbare un'emissione radiofonica || *— la vue*, annebbiare la vista || *— les cartes*, mescolare le carte; (*fig.*) mettere confusione **2** mettere il disaccordo (tra) □ **se brouiller** *v.pron.* **1** intorbidarsi; offuscarsi || *le temps se brouille*, il tempo si guasta **2** rompere l'amicizia.

brouillerie [bʀujʀi] *s.f.* disaccordo (*m.*).

brouillon¹ [bʀujɔ̃] (f. *-onne*) *agg.* confusionario ♦ *s.m.* scombinato.

brouillon² *s.m.* **1** brutta copia, minuta (*f.*): *au —*, in brutta copia || *papier —*, carta da minuta **2** (*comm.*) brogliaccio.

broussailles [bʀusaj] *s.f.pl.* cespugli (*m.*), rovi (*m.*) || *cheveux en —*, capelli scarmigliati.

broussailleux [bʀusajø] (f. *-euse*) *agg.* cespuglioso.

broussard [bʀusaʀ] *s.m.* (*in Africa*) chi abita nella brousse; provinciale.

brousse [bʀus] *s.f.* brousse (tipo di savana).

broussin [bʀusɛ̃] *s.m.* (*bot.*) nocchio.

broutard, broutart [bʀutaʀ] *s.m.* vitellone.

brouter [bʀute] *v.tr.* brucare ♦ *v.intr.* (*di un motore*) funzionare in modo irregolare.

broutille [bʀutij] *s.f.* (*fam.*) bazzecola.

broyage [bʀwajaʒ] *s.m.* frantumazione (*f.*).

broyer [bʀwaje] (*coniug. come* employer) *v.tr.* frantumare; stritolare: *— du poivre*, macinare il pepe || *— du noir*, (*fig.*) vedere tutto nero.

broyeur [bʀwajœʀ] *s.m.* **1** frantoio, trituratore; polverizzatore **2** tritarifiuti.

bru [bʀy] *s.f.* nuora.

brucelles [bʀysɛl] *s.f.pl.* pinzette a molla.

bruche [bʀyʃ] *s.m.* (*zool.*) punteruolo.

brugnon [bʀyɲɔ̃] *s.m.* (*bot.*), pescanoce (*f.*).

bruine [bʀɥin] *s.f.* acquerugiola, pioggerella.

bruiner [bʀɥine] *v.intr.impers.* piovigginare: *il a bruiné ce matin*, è piovigginato stamattina.

bruineux [bʀɥinø] (f. *-euse*) *agg.* piovigginoso.

bruire [bʀɥiʀ] (*usato all'Indic.pres.* il bruit, ils bruissent; *imperf.* il bruissait, ils bruissaient. *Part.pres.* bruissant.) *v.intr.dif.* frusciare, stormire.

bruissement [bʀɥismɑ̃] *s.m.* fruscìo.

bruit [bʀɥi] *s.m.* **1** rumore: *sans —*, senza far rumore || *bruits et tapages nocturnes*, schiamazzi notturni **2** (*fig.*) scalpore || *à grand —*, con molto scalpore **3** (*fig.*) notizia (*f.*): *le — court que*, corre voce che; *faux —*, notizia falsa.

bruitage [bʀɥitaʒ] *s.m.* (*cine.*) effetti sonori.

bruiteur [bʀɥitœʀ] (f. *-euse*) *s.m.* rumorista.

brûlage [bʀylaʒ] *s.m.* **1** (*agr.*) debbio **2** bruciatura (della punta dei capelli).

brûlant [bʀylɑ̃] *agg.* bruciante, ardente (*anche fig.*): *café —*, caffè bollente; *marcher sur un terrain —*, (*fig.*) camminare su un terreno che scotta; *sujet —*, (*fig.*) argomento scottante.

brûlé [bʀyle] *s.m.* **1** (odore di) bruciato: *ça sent le —*, (*anche fig.*) c'è puzza di bruciato **2** (*di persona*) ustionato ♦ *agg.* bruciato (*anche fig.*): *c'est un homme —*, è un uomo finito, bruciato || *une tête brûlée*, (*fig.*) una testa calda.

brûle-gueule [bʀylgœl] (pl. *invar*) *s.m.* pipa (*f.*).

brûle-parfum [bʀylpaʀfœ̃] (pl. *brûle-parfums*) *s.m.* bruciaprofumi.

brûle-pourpoint, à [abʀylpuʀpwɛ̃] *locuz.avv.* a bruciapelo.

brûler [bʀyle] *v.tr.* bruciare (*anche fig.*): *se — le doigt*, scottarsi un dito || *— le café*, tostare il caffè || *être brûlé*, (*fam.*) non godere più di nessun credito || *se — la cervelle*, farsi saltare le cervella || *— un feu rouge*, passare con il rosso ♦ *v.intr.* bruciare; (*fig.*) ardere: *— de fièvre*, scottare per la febbre || *— à petit feu*, (*fig.*) struggersi || *— de*, non veder l'ora di || *les mains me brûlent*, mi prudono le mani □ **se brûler** *v.pron.* bruciarsi, scottarsi || *ça brûle!, ça gèle!,*(*nei giochi*) fuoco!, acqua!

brûleur [bʀylœʀ] *s.m.* (*mecc.*) bruciatore.

brûloir [bʀylwaʀ] *s.m.* tostacaffè.

brûlot [bʀylo] *s.m.* **1** acquavite calda e zuccherata **2** libello, giornale polemico.

brûlure [bʀylyʀ] *s.f.* **1** scottatura, bruciatura, ustione **2** bruciore (*m.*).

brumasser [bʀymase] *v.intr.impers.* (*fam.*) (*meteor.*) essere un po' nebbioso: *il brumasse*, c'è una nebbiolina umida.

brume [bʀym] *s.f.* foschia, nebbiolina.

brumeux [bʀymø] (f. *-euse*) *agg.* nebbioso.

brumisateur [bʀymizatœʀ] *s.m.* (*cosmesi*) nebulizzatore.

brun [bʀœ̃] *agg.* bruno; scuro ♦ *s.m.* bruno.

brunâtre [bʀynɑtʀ] *agg.* brunastro.

brune [bʀyn] *s.f.* **1** bruna, mora **2** sigaretta di tabacco scuro **3** birra scura.

brunir [bʀyniʀ] *v.tr.* **1** abbronzare, scurire **2** (*tecn.*) brunire ♦ *v.intr.* **1** abbronzarsi: *il a bruni*, si è abbronzato **2** scurirsi: *ses cheveux ont bruni*, gli si sono scuriti i capelli □ **se brunir** *v.pron.* abbronzarsi.

brunissoir [bʀyniswaʀ] *s.m.* brunitoio.

brushing [bʀœʃiŋ] *s.m.* messa in piega a fon.

brusque [bʀysk] *agg.* **1** brusco (*anche fig.*) **2** repentino, improvviso || **-ement** *avv.*

brusquer [bʀyske] *v.tr.* **1** trattare in modo brusco, rudemente **2** (*hâter*) affrettare, precipitare.

brusquerie [bʀyskəʀi] *s.f.* rudezza; (*impolitesse*) scortesia.

brut [bʀyt] *agg.* **1** grezzo, greggio || *champagne —*, champagne secco || *à l'état —*, allo stato bra-

do **2** (*econ., comm.*) lordo: *poids, salaire —*, peso, stipendio lordo; *produit national —* (*PNB*), prodotto nazionale lordo **3** (*fig.*) bruto, rozzo ♦ *avv.* (*comm.*) al lordo.

brutal [bʀytal] (pl. *-aux*) *agg.* **1** brutale, violento; (*rude*) rozzo || *franchise brutale*, franchezza senza mezzi termini **2** improvviso.

brutalement [bʀytalmɑ̃] *avv.* brutalmente; con rozzezza.

brutaliser [bʀytalize] *v.tr.* maltrattare; (*battre*) picchiare.

brutalité [bʀytalite] *s.f.* **1** brutalità: *subir des brutalités*, subire un trattamento brutale **2** rozzezza **3** impeto (*m.*).

brute [bʀyt] *s.f.* bruto (*m.*).

bruxellois [bʀyselwa] *agg.* di Bruxelles.

bruyamment [bʀɥijamɑ̃] *avv.* rumorosamente.

bruyant [bʀɥijɑ̃] *agg.* rumoroso, fragoroso.

bruyère [bʀy(qi)jɛʀ] *s.f.* **1** (*bot.*) erica **2** brughiera.

bu [by] *part.pass. di* **boire**.

buanderie [bɥ(y)ɑ̃dʀi] *s.f.* lavanderia (in casa).

bubon [bybɔ̃] *s.m.* (*med.*) bubbone.

bucarestois [bykaʀestwa] *agg.* di Bucarest.

buccal [bykal] (pl. *-aux*) *agg.* (*scient.*) boccale.

buccin [byksɛ̃] *s.m.* buccina (*f.*).

bûche [byʃ] *s.f.* **1** ceppo (*m.*) || (*cuc.*) *— de Noël*, ceppo di Natale (dolce tradizionale a forma di ceppo) || *ramasser une —*, (*fam.*) fare un capitombolo **2** (*fam.*) zuccone (*m.*), stupido (*m.*).

bûcher¹ [byʃe] *s.m.* **1** legnaia (*f.*) **2** rogo (del supplizio).

bûcher² *v.tr.* e *intr.* (*fam.*) secchiare, sgobbare.

bûcheron [byʃʀɔ̃] (f. *-onne*) *s.m.* boscaiolo, taglialegna.

bûchette [byʃet] *s.f.* piccolo ceppo; (*in Africa*) fiammifero (*m.*).

bûcheur [byʃœʀ] (f. *-euse*) *s.m.* (*fam.*) sgobbone.

bucolique [bykɔlik] *agg.* bucolico ♦ *s.f.* (*lett.*) bucolica.

budget [bydʒe] *s.m.* **1** bilancio (preventivo): *— de l'État*, bilancio statale; *inscrire au —*, preventivare **2** budget, denaro disponibile: *avec un — minimum*, con la minor spesa.

budgétaire [bydʒetɛʀ] *agg.* di bilancio, sul bilancio, budgetario: *année, exercice —*, esercizio finanziario; *administration —*, amministrazione fiduciaria.

budgétisation [bydʒetizasjɔ̃] *s.f.* iscrizione in bilancio.

budgétiser [bydʒetize] *v.tr.* iscrivere in bilancio.

buée [bɥe] *s.f.* velo di vapore, condensa: *vitres couvertes de —*, vetri appannati.

buffet [byfe] *s.m.* **1** buffet, buffè **2** (*mobile*) credenza (*f.*), buffè: *ne rien avoir dans le —*, (*fam.*) essere a stomaco vuoto.

buffle [byfl] *s.m.* (*zool.*) bufalo.

bufflonne [byflɔn] *s.f.* (*zool.*) bufala.

bugle [bygl] *s.m.* (*mus.*) flicorno.

building [bildiŋ] *s.m.* edificio di molti piani.

buis [bɥi] *s.m.* (*bot.*) bosso (pianta e legno) || (*in Italia*) *— bénit*, olivo benedetto.

buisson [bɥisɔ̃] *s.m.* cespuglio: *battre les buissons*, battere la macchia.

buissonneux [bɥisɔnø] (f. *-euse*) *agg.* cespuglioso.

buissonnier [bɥisɔnje] (f. *-ère*) *agg.*: *faire l'école buissonière*, marinare la scuola.

bulbaire [bylbɛʀ] *agg.* bulbare.

bulbe [bylb] *s.m.* **1** bulbo **2** (*arch.*) cupola (*f.*).

bulbeux [bylbø] (f. *-euse*) *agg.* bulboso.

bulgare [bylgaʀ] *agg.* e *s.m.* bulgaro.

bulldozer [buldozœʀ] *s.m.* apripista, bulldozer (*anche fig.*).

bulle[1] [byl] *s.f.* **1** bolla (di aria, di gas ecc.) || *coincer la —*, (*fam.*) fare un pisolino **2** (*med.*) bolla, pustola **3** (*nei racconti a disegni, nuvoletta che contiene la battuta di dialogo*) fumetto (*m.*).

bulle[2] *s.f.* (*st.eccl.*) bolla.

bulletin [byltɛ̃] *s.m.* **1** bollettino, comunicato; certificato: *— de santé*, bollettino medico; *— de garantie*, certificato di garanzia; *— de naissance*, certificato di nascita || *avaler son — de naissance*, (*fam.*) morire || *— de salaire, de paie*, foglio paga **2** bolletta (*f.*): *— de livraison*, bolla, bolletta di consegna; *— de versement*, modulo di versamento **3** *— (de vote)*, scheda (*f.*) elettorale **4** bollettino, notiziario **5** *— (scolaire)*, pagella (*f.*).

bulletin-réponse [byltɛ̃ʀepɔ̃s] (pl. *bulletins-réponse*) *s.m.* tagliando di risposta (per concorsi).

bunker [bunkɛʀ] *s.m.* (*mil.*) bunker, fortino.

buraliste [byʀalist] *s.m.* e *f.* **1** (*alla Posta*) ricevitore/trice **2** tabaccaio/a.

bure [byʀ] *s.f.* **1** saio (*m.*) **2** (*tessuto*) bigello (*m.*).

bureau [byʀo] (pl. *-eaux*) *s.m.* **1** scrivania (*f.*), scrittoio; (*a scuola*) cattedra (*f.*) **2** ufficio, (*di professionista ecc.*) studio: *au —*, in ufficio; *chef de —*, capufficio; *— de poste*, ufficio postale || *— de vote*, seggio elettorale || *— de tabac*, rivendita di tabacchi || *— d'études*, ufficio di consulenza || *Deuxième Bureau*, Servizio Informazioni Militare || (*in Africa*) *deuxième —*, amante (di un uomo sposato) **3** botteghino (di cinema, teatro): *jouer à bureaux fermés*, fare il tutto esaurito **4** commissione (*f.*), comitato **5** (*pol.*) esecutivo, giunta (*f.*): *— politique du parti*, direttivo del partito.

bureaucrate [byʀokʀat] *s.m.* e *f.* burocrate.

bureaucratie [byʀokʀasi] *s.f.* burocrazia.

bureaucratique [byʀokʀatik] *agg.* burocratico || -ement *avv.*

bureaucratisation [byʀɔkʀatizasjɔ̃] *s.f.* burocratizzazione.

bureaucratiser [byʀɔkʀatize] *v.tr.* burocratizzare.

bureautique [byʀotik] *s.f.* burotica.

burette [byʀɛt] *s.f.* **1** ampolla **2** *pl.* (*eccl.*) ampolline (dell'acqua e del vino per la Messa) **3** (*chim.*) buretta **4** (*tecn.*) oliatore (*m.*).

burin [byʀɛ̃] *s.m.* **1** (*tecn.*) bulino; scalpello **2** incisione (fatta col bulino).

buriné [byʀine] *agg.* marcato.

buriner [byʀine] *v.tr.* (*tecn.*) bulinare.

burlesque [byʀlɛsk] *agg.* e *s.m.* burlesco.

burnous [byʀnu(s)] *s.m.* (*abbigl.*) **1** barracano **2** mantellina con cappuccio (per bambino).

bus [bys] *s.m.* (*fam.*) *abbr.* → **autobus**.

busard [byzaʀ] *s.m.* (*zool.*) albanella (*f.*).

buse[1] [byz] *s.f.* **1** (*zool.*) poiana **2** (*fam. fig.*) citrullo/a.

buse[2] *s.f.* (*tecn.*) condotto (*m.*), ugello (*m.*).

businessman [biznesmən] (pl. *businessmen*) *s.m.* businessman, uomo d'affari.

busqué [byske] *agg.* arcuato.

buste [byst] *s.m.* busto.

bustier [bystje] *s.m.* (*abbigl.*) bustino.

but [by(t)] *s.m.* **1** mira (*f.*); bersaglio: *frapper au —*, colpire nel segno || *de — en blanc*, (*fig.*) di punto in bianco **2** (*sport*) rete (*f.*); punto || *gardien de —*, portiere **3** (*fig.*) meta (*f.*), obiettivo || *dans le — de*, allo scopo di, per.

butane [bytan] *s.m.* (*chim.*) butano.

buté [byte] *agg.* testardo, cocciuto.

butée [byte] *s.f.* **1** spalla (di un ponte) **2** (*tecn.*) arresto (*m.*).

buter[1] [byte] *v.intr.* **1** appoggiare **2** inciampare (in) ♦ *v.tr.* puntellare □ **se buter** *v.pron.* **1** ostinarsi **2** imbattersi in difficoltà ecc.).

buter[2] *v.tr.* (*fam.*) accoppare, ammazzare.

buteur [bytœʀ] *s.m.* (*football*) cannoniere.

butin [bytɛ̃] *s.m.* bottino.

butiner [bytine] *v.tr.* e *intr.* (*delle api*) bottinare.

butineur [bytinœʀ] (f. *-euse*) *agg.* bottinatore.

butoir [bytwaʀ] *s.m.* (*ferr.*) paraurti.

butor [bytɔʀ] *s.m.* **1** (*zool.*) tarabuso **2** (*fig.*) stupido e insolente.

butte [byt] *s.f.* **1** poggio (*m.*), collinetta **2** (*mil.*) parapalle (*m.*) || *être en — à*, essere esposto a.

butter[1] [byte] *v.tr.* (*agr.*) rincalzare.

butter[2] *v.tr.* → **buter**[2].

butyrique [bytiʀik] *agg.* (*chim.*) butirrico.

buvable [byvabl] *agg.* bevibile.

buvard [byvaʀ] *s.m.* (*papier*) *—*, carta (*f.*) assorbente.

buvette [byvɛt] *s.f.* chiosco per bibite (in stazioni ecc.).

buveur [byvœʀ] (f. *-euse*) *s.m.* bevitore.

by-pass [bajpas] (pl. *invar.*) *s.m.* → **bipasse**.

byssus [bisys] *s.m.* (*zool.*) bisso.

byzantin [bizɑ̃tɛ̃] *agg.* e *s.m.* bizantino.

C

c [se] *s.m.* c (*m.* e *f.*) || (*tel.*) — *comme Camille*, c come Como.

ça [sa] *pron.dimostr.* (*fam.* → **cela**) **1** ciò, questo: *à part* —, a parte ciò; *qu'est-ce que* — *peut faire?*, che importanza ha (questo)?; *pas de* —!, — *jamais*, questo poi no!; *je ne veux pas de* —, non voglio cose del genere || *il pense tout le temps à* —, (*estens.*) non pensa ad altro (il sesso) || *et avec* —, *Madame?*, desidera altro, signora? || *et avec* (*tout*) —, oltre a ciò: *et avec tout* — *on lui a volé sa valise*, e per di più gli hanno rubato la valigia || *et avec* — *que tu n'en savais rien*, come se tu non lo avessi saputo; *avec* — *que nous ne nous sommes jamais trompés*, come se non ci fossimo mai sbagliati **2** (*non si traduce*): — *dépend*, dipende; — *m'est égal*, per me è, fa lo stesso; *les voyages en avion* — *coûte cher*, i viaggi in aereo costano cari || — *alors!*, questa poi!; — *va?*, va bene?; — *y est!*, ecco (fatto)!; — *y est, il a encore cassé quelque chose!*, ci risiamo, ha rotto ancora qualcosa!; *c'est* —!, ma certo!, è proprio così!; *c'est déjà* (o *toujours*) —!, è già qualcosa!; *ce n'est pas encore* —!, non ci siamo ancora!; *comme* —, così, in questo modo; *comme ci comme* —, così così; *comment* — *va?*, come va?; *il y a de* —, è in parte vero, c'è del vero; *rien que* —!, (*fam.*) niente po' po' di meno!; *sans* —, se no; *tant que* —!, nientemeno! || *comment* —?, *où* —?, *quand* —?, *qui* —?, *pourquoi* —?, come?, dove?, quando?, chi?, perché?

çà [sa] *avv.*: — *et là*, qua e là ♦ *inter.*: *ah!* —, *pour qui te prends-tu?*, ehi! chi ti credi di essere?

cabale [kabal] *s.f.* cabala.

cabalistique [kabalistik] *agg.* cabalistico.

caban [kabã] *s.m.* **1** (giacca) cerata **2** giaccone alla marinara.

cabane [kaban] *s.f.* **1** capanna; capanno (*m.*) || — *à lapins*, conigliera; (*fig.*) topaia || *mettre en* —, (*fam.*) mettere in prigione || (*in Canada*) — *à sucre*, zuccherificio (per la produzione di zucchero e sciroppo d'acero) **2** (*nelle Antille*) giaciglio **3** (*in Svizzera*) rifugio alpino.

cabanon [kabanɔ̃] *s.m.* **1** piccola capanna **2** (*in Provenza*) casetta di campagna; (*in Nord Africa*) casa (di vacanza) sulla spiaggia **3** cella d'isolamento (per pazzi furiosi).

cabaret [kabaʀɛ] *s.m.* **1** cabaret (locale di spettacolo) **2** (*antiq.*) bettola (*f.*), osteria (*f.*).

cabas [kaba] *s.m.* sporta (della spesa).

cabestan [kabɛstã] *s.m.* cabestano.

cabillau(d) [kabijo] *s.m.* merluzzo fresco.

cabine [kabin] *s.f.* cabina.

cabiner [kabine] (*in Africa*) *v.intr.* fare i propri bisogni ♦ *v.tr.* (*calcio*) — *le ballon*, segnare un goal con un tunnel.

cabinet [kabinɛ] *s.m.* **1** stanzino: — *noir*, sgabuzzino **2** studio (professionale): — *de travail*, d'étude*, studio; — *de médecin*, studio medico; — *de consultation*, ambulatorio; — *de dentiste*, studio dentistico; — *d'avocat*, studio legale **3** sala (*f.*): — *de lecture*, sala, gabinetto di lettura **4** (*pol.*) gabinetto, governo **5** *cabinets* (*d'aisances*), gabinetto (di decenza).

câblage [kablaʒ] *s.m.* **1** ritorcitura (*f.*) **2** (*elettr.*) cablaggio, cavi (*pl.*).

câble [kabl] *s.m.* **1** cavo: *télévision par câble(s)*, televisione via cavo || — *tracteur*, fune traente **2** (*tel.*) cablogramma **3** (*mar.*) gomena (*f.*) **4** (*arch.*) modanatura a forma di cordone.

câbler [kable] *v.tr.* **1** ritorcere, intrecciare (un cavo) **2** (*tel.*) inviare un cablogramma (a).

câblier [kablije] *s.m.* **1** fabbricante di cavi, cordaio **2** (nave) posacavi.

câblogramme [kablɔgʀam] *s.m.* cablogramma.

cabochard [kabɔʃaʀ] *agg.* e *s.m.* (*fam.*) testardo, cocciuto.

caboche [kabɔʃ] *s.f.* (*fam.*) testa, zucca.

cabochon [kabɔʃɔ̃] *s.m.* cabochon (pietra preziosa tagliata a emisfero).

cabosser [kabɔse] *v.tr.* ammaccare.

cabot¹ [kabo] *s.m.* (*fam.*) cane.

cabot² *s.m.* (*gergo mil.*) caporale.

cabot³ *s.m.* → **cabotin**.

cabotage [kabɔtaʒ] *s.m.* (*mar.*) cabotaggio.

caboteur [kabɔtœʀ] *s.m.* (*mar.*) nave che pratica il cabotaggio ♦ *agg.* (*mar.*) cabotiero.

cabotin [kabɔtɛ̃] *s.m.* e *agg.* gigione, esibizionista.

cabotinage [kabɔtinaʒ] *s.m.* gigionismo, esibizionismo.

caboulot [kabulo] *s.m.* (*fam.*) bettola (*f.*).

cabrer [kabʀe] *v.tr.* fare impennare (un cavallo); (*fig.*) irritare □ **se cabrer** *v.pron.* **1** impennarsi (*anche fig.*) **2** (*aer.*) cabrare.

cabri [kabʀi] *s.m.* capretto.

cabriole [kabʀijɔl] *s.f.* capriola.

cabrioler [kabʀijɔle] *v.intr.* fare delle capriole.

cabriolet [kabʀijɔlɛ] *s.m.* **1** calesse (spec. con soffietto) **2** (*aut.*) decappottabile (*f.*).

caca [kaka] *s.f.* cacca || — *d'oie*, color giallo verdastro.

cacahouète [kakawɛt], **cacahuète** [kakaɥɛt] *s.f.* arachide, nocciolina americana.

cacao [kakao] *s.m.* cacao.

cacaoté [kakaɔte] *agg.* contenente cacao.

cacaotier [kakaɔtje], **cacaoyer** [kakaɔje] *s.m.* (albero del) cacao.

cacatoès [kakatɔɛs] *s.m.* (*zool.*) cacatua, cacatoa.

cacatois [kakatwa] *s.m.* (*mar.*) velaccio.

cachalot [kaʃalo] *s.m.* (*zool.*) capodoglio.

cache [kaʃ] *s.f.* **1** nascondiglio (*m.*) ♦ *s.m.* (*fot.*) maschera (*f.*).

caché [kaʃe] *agg.* nascosto.

cache-cache [kaʃkaʃ] *s.m.* (*gioco*) rimpiattino.

cache-col [kaʃkɔl] (pl. *invar.*) *s.m.* sciarpetta (*f.*).

cachemaille [kaʃmaj] *s.f.* (*in Svizzera*) salvadanaio (*m.*).

cachemire [kaʃmiʀ] *s.m.* cachemire.

cache-misère [kaʃmizɛʀ] (pl. *invar.*) *s.m.* **1** (*scherz. fam.*) coprimiserie **2** (*fig.*) (piccolo) rimedio da quattro soldi.

cache-nez [kaʃne] (pl. *invar.*) *s.m.* sciarpa (*f.*).

cache-pot [kaʃpo] (pl. *invar.*) *s.m.* portavasi.

cache-poussière [kaʃpusjɛʀ] *s.m.* (pl. *invar.*) spolverino.

cache-prise [kaʃpʀiz] (pl. *invar.*) *s.m.* (*elettr.*) copripresa.

cacher [kaʃe] *v.tr.* nascondere; occultare || — *son jeu*, (*fig.*) nascondere le proprie intenzioni □ **se cacher** *v.pron.* nascondersi || *se* — *de qqn*, agire di nascosto da qlcu || *je ne m'en cache pas*, non lo nascondo.

cache-radiateur [kaʃʀadjatœʀ] (pl. *invar.*) *s.m.* copricalorifero.

cache-sexe [kaʃsɛks] (pl. *invar.*) *s.m.* perizoma.

cachet [kaʃɛ] *s.m.* **1** sigillo || *lettre de* —, lettera con sigillo reale (recante un ordine di imprigionamento o di esilio) **2** timbro, bollo **3** (*fig.*) marchio, impronta (*f.*) || *avoir du* —, avere stile **4** compenso (forfettario); cachet: *travailler au* —, lavorare a cachet **5** (*med.*) cialda (*f.*).

cachetage [kaʃtaʒ] *s.m.* sigillatura (*f.*).

cache-tampon [kaʃtɑ̃pɔ̃] (pl. *invar.*) *s.m.* (*gioco infantile*) acqua e fuoco, focherello.

cacheter [kaʃte] (*coniug. come* jeter) *v.tr.* sigillare: — *une enveloppe*, chiudere una busta.

cachette [kaʃɛt] *s.f.* nascondiglio (*m.*) || *en* —, di nascosto, furtivamente.

cachexie [kaʃɛksi] *s.f.* (*med.*) cachessia.

cachot [kaʃo] *s.m.* segreta (*f.*); prigione (*f.*).

cachotterie [kaʃɔtʀi] *s.f.* (*fam.*) piccolo segreto.

cachottier [kaʃɔtje] (f. *-ère*) *agg.* e *s.m.* (*fam. scherz.*) (tipo) misterioso.

cachou [kaʃu] *s.m.* **1** catecù, cacciù **2** mentina (*f.*), pastiglia di menta.

cacochyme [kakɔʃim] *agg.* e *s.m.* malaticcio.

cacophonie [kakɔfɔni] *s.f.* cacofonia.

cacophonique [kakɔfɔnik] *agg.* cacofonico.

cactus [kaktys] *s.m.* (*bot.*) cactus.

cadastral [kadastʀal] (pl. *-aux*) *agg.* catastale.

cadastre [kadastʀ] *s.m.* catasto.

cadastrer [kadastʀe] *v.tr.* accatastare, iscrivere a catasto.

cadavérique [kadɑ(a)veʀik] *agg.* cadaverico.

cadavre [kadɑvʀ] *s.m.* **1** cadavere **2** (*fam.*) bottiglia scolata.

caddie [kadi] *s.m.* carrello (per trasporto).

cadeau [kado] (pl. *-eaux*) *s.m.* regalo, dono || *faire* — *de qlch à qqn*, regalare qlco a qlcu □ **cadeau(-)souvenir** souvenir, ricordino.

cadeauter [kadote] *v.intr.* (*in Senegal*) ricompensare con un regalo.

cadenas [kadnɑ] *s.m.* lucchetto.

cadenasser [kadnase] *v.tr.* chiudere con un lucchetto.

cadence [kadɑ̃s] *s.f.* cadenza.

cadencer [kadɑ̃se] (*coniug. come* placer) *v.tr.* e *intr.* cadenzare || *au pas cadencé*, a passo cadenzato.

cadet [kadɛ] (f. *-ette*) *agg.* cadetto ♦ *s.m.* **1** cadetto || *c'est le* — *de mes soucis*, (*fam.*) è l'ultimo dei miei pensieri **2** (il) più giovane: *il est mon* — *de quatre ans*, è più giovane di me di quattro anni **3** (*sport*) junior.

cadmium [kadmjɔm] *s.m.* (*chim.*) cadmio.

cadonner [kadɔne] *v.intr.* (*in Africa*) regalare.

cadrage [kadʀaʒ] *s.m.* **1** (*cine., fot.*) inquadratura (*f.*) **2** (*inform.*) quadrante.

cadran [kadʀɑ̃] *s.m.* **1** quadrante || — *solaire*, meridiana **2** (*tel.*) commutatore: — *d'appel*, (disco) combinatore **3** (*in Canada*) sveglia (*f.*).

cadrat [kadʀa] *s.m.* (*tip.*) quadrato.

cadre [kadʀ] *s.m.* **1** cornice (*f.*) (*anche fig.*) || *dans le* — *de*, nel quadro di, nell'ambito di **2** (*tecn.*) telaio **3** container: — *de déménagement*, gabbia per traslochi **4** (*rad.*) antenna a telaio **5** (*mar.*) cuccetta (*f.*) **6** quadro, ruolo, organico || (*mil.*) — *de réserve*, (quadri della) riserva || *les cadres*, i dirigenti.

cadrer [kadʀe] *v.intr.* quadrare, essere compatibile ♦ *v.tr.* inquadrare.

cadreur [kadʀœʀ] *s.m.* (*cine., tv*) cineoperatore; cameraman.

caduc [kadyk] (f. *caduque*) *agg.* caduco.

caducée [kadyse] *s.m.* caduceo.

caducité [kadysite] *s.f.* caducità.

cadurcien [kadyʀsjɛ̃] (f. *-enne*) *agg.* di Cahors.

cæcum [sekɔm] *s.m.* (*anat.*) (intestino) cieco.

cae(n)nais [kane] *agg.* di Caen.

cafard [kafaʀ] *s.m.* **1** scarafaggio **2** (*fam.*) malinconia (*f.*) || *avoir le* —, essere giù di morale **3** (*fam.*) spione ♦ *agg.*: *un air* —, un'aria malinconica.

cafardage [kafaʀdaʒ] *s.m.* il fare la spia; spiata (*f.*).

cafarder [kafaʀde] *v.intr.* (*fam.*) fare la spia.

cafardeur [kafaʀdœʀ] (f. *-euse*) *agg.* e *s.m.* spione.

cafardeux [kafaʀdø] (f. *-euse*) *agg.* (*fam.*) **1** depresso **2** deprimente.

café [kafe] *s.m.* caffè || — *crème*, caffè macchiato (con panna liquida); — *arrosé*, caffè corretto; — *liégeois*, caffè freddo con panna || *maison du* —, torrefazione.

café-au-lait [kafeolɛ] (pl. *invar.*) *agg.* e *s.m.* (*in Africa*) meticcio.

café-concert [kafekɔ̃sɛʀ] (pl. *cafés-concerts*) *s.m.* caffè con spettacoli di varietà, tipico della Belle Epoque.

caféier [kafeje] *s.m.* (pianta del) caffè.

caféine [kafein] *s.f.* caffeina.

café-tabac [kafetaba] (pl. *cafés-tabacs*) *s.m.* caffè tabaccheria.

caf(e)tan [kaftã] *s.m.* caffettano.

cafétéria [kafeteʀja] *s.f.* bar (m.).

café-théâtre [kafeteatʀ] (pl. *cafés-théâtres*) *s.m.* café-théâtre (locale in cui si rappresentano brevi spettacoli).

cafetier [kaftje] *s.m.* gestore di bar.

cafetière [kaftjɛʀ] *s.f.* caffettiera.

cafouillage [kafujaʒ] *s.m.* → **cafouillis.**

cafouiller [kafuje] *v.intr.* (*fam.*) **1** (*di cosa*) funzionare male **2** (*di persona*) pasticciare.

cafouillis [kafuji] *s.m.* (*fam.*) **1** cattivo funzionamento **2** disordine.

cage [kaʒ] *s.f.* **1** gabbia: — *à poulets*, stia; — *à lapins*, conigliera, (*fam.*) casermone, casa popolare || — *de l'escalier*, tromba delle scale **2** (*sport*) *la* — *adverse*, la porta avversaria.

cageot [kaʒo] *s.m.* cassetta (di frutta ecc.).

cagibi [kaʒibi] *s.m.* sgabuzzino; stanzino (di sgombero).

cagneux [kaɲø] (f. *-euse*) *agg. e s.m.* (*anat.*) varo; (*vet.*) cagnolo: *des jambes cagneuses*, gambe storte (a X).

cagnotte [kaɲɔt] *s.f.* **1** piatto (m.), ciotola (per le poste al gioco); posta (al gioco) **2** cassa comune.

cagoule [kagul] *s.f.* passamontagna (m.), buffa, cappuccio (m.).

cahier [kaje] *s.m.* quaderno || — *de textes*, diario scolastico || (*dir.*) — *des charges*, capitolato d'oneri || (*in Camerun*) *vieux* —, ripetente.

cahin-caha [kaɛ̃kaa] *locuz.avv.* (*fam.*) così così.

cahot [kao] *s.m.* sobbalzo.

cahotant [kaɔtã] *agg.* **1** (*di fondo stradale*) accidentato **2** (*di veicolo*) che procede a scosse, sobbalzando.

cahotement [kaɔtmã] *s.m.* scossa (f.); sballottamento.

cahoter [kaɔte] *v.tr.* sballottare ♦ *v.intr.* sobbalzare.

cahoteux [kaɔtø] (f. *-euse*) *agg.* accidentato.

cahute [kayt] *s.f.* **1** capannina **2** tugurio (m.).

caïd [kaid] *s.m.* **1** cadì **2** (*fig.*) capo, boss.

caïeu [kajø] *s.m.* (*bot.*) bulbillo.

caillasse [kajas] *s.f.* (*fam.*) **1** terreno ghiaioso; pietrisco (m.) **2** (*in Africa*) spiccioli (*m.pl.*), moneta.

caille [kɑj] *s.f.* (*zool.*) quaglia.

caillé [kɑje] *agg.* cagliato || *sang* —, sangue coagulato ♦ *s.m.* cagliata (f.).

cailler [kɑje] *v.tr.* **1** far cagliare ♦ *v.intr.* **1** cagliare **2** (*fam.*) sentire freddo: *on caille ici!*, qui si gela! □ **se cailler** *v.pron.* **1** coagularsi **2** (*fam.*) sentire molto freddo, gelare.

caillette [kajɛt] *s.f.* (*zool.*) abomaso (m.).

caillot [kɑjo] *s.m.* grumo; coagulo (di sangue).

caillou [kaju] (pl. *-oux*) *s.m.* **1** sasso **2** (*argot*) testa (f.), zucca (f.).

cailloutage [kajutaʒ] *s.m.* **1** acciottolatura (f.) **2** acciottolato.

caillouter [kajute] *v.tr.* acciottolare.

caillouteux [kajutø] (f. *-euse*) *agg.* sassoso.

cailloutis [kajuti] *s.m.* brecciame.

caïman [kaimã] *s.m.* (*zool.*) caimano.

caïque [kaik] *s.m.* caicco.

cairote [keʀɔt] *agg. e s.m.* cairota.

caisse [kɛs] *s.f.* **1** cassa, cassetta: — *d'emballage*, cassa d'imballaggio; — *à outils*, cassetta degli attrezzi || (*mus.*) *grosse* —, grancassa **2** (*comm.*) cassa: — *enregistreuse*, registratore di cassa **3** (*econ., fin.*) cassa, fondo (m.): *Caisse d'Épargne*, Cassa di Risparmio.

caissette [kɛset] *s.f.* cassetta.

caissier [kesje] (f. *-ère*) *s.m.* cassiere.

caisson [kɛsɔ̃] *s.m.* **1** (*mil., tecn.*) cassone: (*mar.*) — *à air comprimé*, campana pneumatica **2** (*arch.*) cassettone.

cajoler [kaʒole] *v.tr.* vezzeggiare; (*dorloter*) coccolare.

cajolerie [kaʒɔlʀi] *s.f.* moina; coccola.

cajoleur [kajɔlœʀ] (f. *-euse*) *agg.* **1** suadente, carezzevole **2** affettuoso ♦ *s.m.* adulatore.

cajou [kaʒu] (pl. *cajous*) *s.m.*: *noix de* —, noce, pomo d'acagiù.

cal [kal] (pl. *cals*) *s.m.* callo.

calaisien [kalɛzjɛ̃] (f. *-enne*) *agg.* di Calais.

calamar [kalamaʀ] *s.m.* → **calmar.**

calamine [kalamin] *s.f.* **1** (*min.*) calamina **2** deposito carbonioso (di motore).

calaminé [kalamine] *agg.* incrostato.

calamité [kalamite] *s.f.* calamità.

calandrage [kalɑ̃dʀaʒ] *s.m.* calandratura (f.).

calandre [kalɑ̃dʀ] *s.f.* (*tecn., aut.*) calandra.

calandrer [kalɑ̃dʀe] *v.tr.* calandrare.

calanque [kalɑ̃k] *s.f.* (*geol.*) calanco (m.).

calcaire [kalkɛʀ] *agg.* calcareo ♦ *s.m.* calcare.

calcédoine [kalsedwan] *s.f.* calcedonio (m.).

calcémie [kalsemi] *s.f.* (*med.*) calcemia.

calcification [kalsifikasjɔ̃] *s.f.* calcificazione.

calcifier [kalsifje] *v.tr.* calcificare.

calciner [kalsine] *v.tr.* **1** (*chim.*) calcinare **2** (*brûler*) bruciare, carbonizzare.

calcite [kalsit] *s.f.* (*min.*) calcite.

calcium [kalsjɔm] *s.m.* (*chim.*) calcio.

calcul[1] [kalkyl] *s.m.* **1** calcolo (*anche fig.*) **2** (*inform.*) computazione (f.).

calcul[2] *s.m.* (*med.*) calcolo.

calculable [kalkylabl] *agg.* calcolabile.

calculateur [kalkylatœʀ] (f. *-trice*) *agg. e s.m.* calcolatore (*spec. fig.*) ♦ *s.m.* (*inform.*) calcolatore, elaboratore, computer.

calculatrice [kalkylatʀis] *s.f.* calcolatrice.

calculer [kalkyle] *v.tr. e intr.* calcolare (*anche fig.*): *machine à* —, (macchina) calcolatrice; — *à l'avance*, preventivare.

calculette [kalkylɛt] *s.f.* calcolatrice tascabile.

cale[1] [kal] *s.f.* zeppa.

cale[2] *s.f.* (*mar.*) **1** stiva, cala || *être à fond de* —, (*fam.*) essere all'asciutto 2 calata; scalo (*m.*): — *de halage*, scalo di alaggio || — *flottante*, bacino galleggiante; — *sèche, de radoub*, bacino di carenaggio.

calé [kale] *agg.* (*fam.*) 1 (*di persona*) ferrato, forte: *être* — *dans son métier*, essere in gamba nel proprio mestiere 2 (*di cosa*) difficile.

calebasse [kalbɑs] *s.f.* zucca a fiasco.

calèche [kaleʃ] *s.f.* carrozza.

caleçon [kalsɔ̃] *s.m.* 1 mutandoni (da uomo) || — *de bain*, mutandine da bagno 2 (*da donna*) pantacollant.

calédonien [kaledɔnjɛ̃] (f. -*enne*) *agg.* e *s.m.* caledoniano.

calembour [kalɑ̃buʀ] *s.m.* gioco di parole.

calembredaine [kalɑ̃bʀədɛn] *s.f.* sciocchezza.

calendes [kalɑ̃d] *s.f.pl.* calende.

calendrier [kalɑ̃dʀije] *s.m.* calendario.

cale-pied [kalpje] (pl. *cale-pieds*) *s.m.* fermapiedi, serrapiedi (della bicicletta).

calepin [kalpɛ̃] *s.m.* taccuino, agendina (*f.*).

caler [kale] *v.tr.* 1 rincalzare (con una zeppa) 2 sistemare, assestare 3 (*mecc.*) fissare, bloccare 4 (*fam.*) far spegnere (il motore di) ♦ *v.intr.* 1 bloccarsi: *le moteur a calé*, il motore si è fermato 2 (*fig.*) arrendersi.

calfatage [kalfataʒ] *s.m.* (*mar.*) calafataggio.

calfater [kalfate] *v.tr.* (*mar.*) calafatare.

calfeutrage [kalføtʀaʒ], **calfeutrement** [kalføtʀəmɑ̃] *s.m.* sigillatura (di una fessura).

calfeutrer [kalføtʀe] *v.tr.* sigillare, tappare le fessure di □ **se calfeutrer** *v.pron.* tapparsi: — *chez soi*, tapparsi in casa.

calibrage [kalibʀaʒ] *s.m.* (*tecn.*) calibrazione (*f.*).

calibre [kalibʀ] *s.m.* calibro (*anche fig.*) || (*tecn.*) — *d'épaisseur*, spessimetro.

calibrer [kalibʀe] *v.tr.* calibrare || (*tip.*) — *la copie*, calcolare le battute di un manoscritto.

calibreur [kalibʀœʀ] *s.m.* (*tecn.*) calibratore.

calice [kalis] *s.m.* (*bot., eccl.*) calice.

calicot [kaliko] *s.m.* 1 calicò (tessuto di cotone a colori vivaci) 2 (*estens.*) striscione.

califat [kalifa] *s.m.* califfato.

calife [kalif] *s.m.* califfo.

californien [kalifɔʀnjɛ̃] *agg.* californiano.

califourchon, à [akalifuʀʃɔ̃] *locuz.avv.* a cavalcioni.

câlin [kɑlɛ̃] *s.m.* 1 coccola (*f.*): *faire des câlins*, fare le coccole 2 (*di persona*) coccolone ♦ *agg.* tenero, affettuoso: *voix câline*, voce carezzevole.

câliner [kɑline] *v.tr.* accarezzare, coccolare.

câlinerie [kɑlinʀi] *s.f.* (*spec.pl.*) tenerezze (*pl.*).

calisson [kalisɔ̃] *s.m.* pasticcino simile al ricciarello (specialità di Aix-en-Provence).

calla [kala] *s.f.* (*bot.*) calla.

calleux [kalø] (f. -*euse*) *agg.* calloso.

calli- *pref.* calli-

calligraphie [kalligʀafi] *s.f.* calligrafia.

calligraphier [kalligʀafje] *v.tr.* scrivere con caratteri eleganti.

callosité [kalozite] *s.f.* callosità.

calmant [kalmɑ̃] *agg.* e *s.m.* calmante.

calmar [kalmaʀ] *s.m.* (*zool.*) calamaro, totano.

calme[1] [kalm] *s.m.* calma (*f.*): — *plat*, calma assoluta, bonaccia; *le* — *de la campagne*, la quiete dei campi || *du*—, *s'il vous plaît!*, calma, per favore!

calme[2] *agg.* calmo, tranquillo.

calmement [kalməmɑ̃] *avv.* con calma.

calmer [kalme] *v.tr.* calmare □ **se calmer** *v.pron.* calmarsi.

calomniateur [kalɔmnjatœʀ] (f. -*trice*) *agg.* e *s.m.* calunniatore.

calomnie [kalɔmni] *s.f.* calunnia.

calomnier [kalɔmnje] *v.tr.* calunniare.

calomnieux [kalɔmnjø] (f. -*euse*) *agg.* calunnioso || **-eusement** *avv.*

calorie [kalɔʀi] *s.f.* caloria.

calorifique [kalɔʀifik] *agg.* calorifico.

calorifuge [kalɔʀifyʒ] *agg.* e *s.m.* coibente.

calorimètre [kalɔʀimɛtʀ] *s.m.* calorimetro.

calorique [kalɔʀik] *agg.* calorico: *ration* —, fabbisogno calorico giornaliero.

calot[1] [kalo] *s.m.* (*mil. abbigl.*) bustina (*f.*).

calot[2] *s.m.* grossa biglia.

calotin [kalɔtɛ̃] *s.m.* (*spreg.*) bacchettone, bigotto.

calotte [kalɔt] *s.f.* 1 calotta 2 (*eccl.*) papalina, zucchetto (*m.*) 3 cuffia da chirurgo 4 (*fam.*) scappellotto (*m.*).

calotter [kalɔte] *v.tr.* (*fam.*) dare scappellotti (a).

calque [kalk] *s.m.* 1 calco, ricalco; carta da ri-

CALENDRIER RÉPUBLICAIN

Le calendrier républicain français a été établi en 1793 par la Convention et il est resté en vigueur jusqu'en 1805. L'année commençait le 22 septembre (équinoxe d'automne), elle était divisée en 12 mois de 30 jours chacun et comprenait 5 jours supplémentaires (6 dans les années bissextiles), appelés *sansculottides*, qui étaient ajoutés à la fin de fructidor et consacrés à la célébration des fêtes républicaines. Les mois étaient dans l'ordre:

vendémiaire	*vendemmiaio*	**pluviôse**	*piovoso*	**prairial**	*pratile*
brumaire	*brumaio*	**ventôse**	*ventoso*	**messidor**	*messidoro*
frimaire	*frimaio*	**germinal**	*germinale*	**thermidor**	*termidoro*
nivôse	*nevoso*	**floréal**	*fiorile*	**fructidor**	*fruttidoro*

Chaque mois était divisé en 3 décades.

canal

calco, lucido: *prendre le — d'un dessin*, ricalcare un disegno **2** (*fig.*) calco, copia (*f.*), imitazione (*f.*).

calquer [kalke] *v.tr.* **1** ricalcare, lucidare (un disegno) **2** (*fig.*) copiare, imitare.

caluger [kalyʒe] *v.intr.* (*in Svizzera*) (*aut.*) slittare.

calvados [kalvadɔs] *s.m.* acquavite di sidro del Calvados, in Normandia.

calvadosien [kalvadɔzjɛ̃] *agg.* del Calvados.

calvaire [kalvɛʀ] *s.m.* calvario (*anche fig.*).

calvais [kalvɛ] *agg.* di Calvi.

calvinisme [kalvinism] *s.m.* calvinismo.

calviniste [kalvinist] *s.m.* calvinista.

calvitie [kalvisi] *s.f.* calvizie.

camaïeu [kamajø] *s.m.* (*pitt.*) monocromato ‖ *en —*, monocromato.

camail [kamaj] *s.m.* pellegrina (con cappuccio); (*eccl.*) mozzetta (*f.*).

camarade [kamaʀad] *s.m.* compagno.

camaraderie [kamaʀadʀi] *s.f.* cameratismo (*m.*).

camard [kamaʀ] *agg.* e *s.m.* camuso ‖ *la Camarde*, la morte.

camarguais [kamaʀgɛ] *agg.* della Camargue.

cambodgien [kɑ̃bɔdʒjɛ̃] (f. *-enne*) *agg.* e *s.m.* cambogiano.

cambouis [kɑ̃bwi] *s.m.* morchia (*f.*).

cambré [kɑ̃bʀe] *agg.* arcuato ‖ *la taille cambrée*, dorso flessuoso.

cambrer [kɑ̃bʀe] *v.tr.* curvare ad arco, inarcare □ **se cambrer** *v.pron.* inarcarsi; inarcare la schiena.

cambrésien [kɑ̃bʀezjɛ̃] *agg.* di Cambrai.

cambriolage [kɑ̃bʀijɔlaʒ] *s.m.* svaligiamento; furto con scasso.

cambrioler [kɑ̃bʀijɔle] *v.tr.* svaligiare.

cambrioleur [kɑ̃bʀijɔlœʀ] *s.m.* svaligiatore; scassinatore.

cambrousse [kɑ̃bʀus] *s.f.* (*fam. spreg.*) campagna: *habiter en pleine —*, abitare in un posto sperduto.

cambrure [kɑ̃bʀyʀ] *s.f.* **1** centina, curvatura ad arco ‖ *— du pied*, arco plantare **2** cambriglione (di scarpa).

cambuse [kɑ̃byz] *s.f.* **1** cambusa **2** (*fam.*) topaia.

came¹ [kam] *s.f.* (*mecc.*) camma.

came² *s.f.* (*fam.*) roba, droga.

camé [kame] *agg.* (*fam.*) fatto, drogato.

camée [kame] *s.m.* cammeo.

caméléon [kameleɔ̃] *s.m.* camaleonte.

camélia [kamelja] *s.m.* camelia (*f.*).

camelot [kamlo] *s.m.* venditore ambulante.

camelote [kamlɔt] *s.f.* (*fam.*) paccottiglia.

camembérer [kamɑ̃beʀe] *v.intr.* (*in Africa*) puzzare, avere i piedi che puzzano.

camembert [kamɑ̃bɛʀ] *s.m.* formaggio vaccino molle della Normandia.

camer, se [sɔkame] *v.pron.* (*fam.*) drogarsi, farsi.

caméra [kameʀa] *s.f.* cinepresa ‖ *— de télévision*, telecamera.

cameraman [kameʀaman] (pl. *cameramen*) *s.m.* (*cine., tv*) cameraman, cineoperatore.

camériste [kameʀist] *s.f.* camerista.

camerlingue [kamɛʀlɛ̃g] *s.m.* camerlengo.

camerounais [kamʀunɛ] *agg.* e *s.m.* del Camerun.

caméscope [kameskɔp] *s.m.* videocamera portatile.

camion [kamjɔ̃] *s.m.* autocarro.

camion-citerne [kamjɔ̃sitɛʀn] (pl. *camions-citernes*) *s.m.* autocisterna (*f.*).

camionnage [kamjɔnaʒ] *s.m.* autotrasporto.

camionner [kamjɔne] *v.tr.* trasportare con autocarro, autotrasportare.

camionnette [kamjɔnɛt] *s.f.* camioncino (*m.*).

camionneur [kamjɔnœʀ] *s.m.* camionista.

camion-remorque [kamjɔ̃ʀəmɔʀk] (pl. *camions-remorques*) *s.m.* autotreno.

camisole [kamizɔl] *s.f.*: *— de force*, camicia di forza.

camomille [kamɔmij] *s.f.* camomilla.

camouflage [kamuflaʒ] *s.m.* camuffamento; (*mil.*) mimetizzazione (*f.*): *panneau de —*, telo mimetico.

camoufler [kamufle] *v.tr.* camuffare; (*mil.*) mimetizzare ‖ *— un bilan*, truccare un bilancio.

camouflet [kamuflɛ] *s.m.* affronto.

camp [kɑ̃] *s.m.* **1** (*mil.*) campo, accampamento **2** campeggio **3** (*estens.*) gruppo **4** (*sport*) campo.

campagnard [kɑ̃paɲaʀ] *agg.* e *s.m.* campagnolo.

campagne [kɑ̃paɲ] *s.f.* campagna: *à la —*, in campagna ‖ *battre la —*, battere la campagna; (*fig.*) sragionare ‖ *— promotionnelle*, campagna promozionale ‖ *faire — pour, contre qqn*, militare per, contro qlcu ‖ *se mettre en —*, (*fig.*) mettersi alla ricerca di qlco.

campagnol [kɑ̃paɲɔl] *s.m.* (*zool.*) arvicola (*f.*), topo campagnolo.

campanile [kɑ̃panil] *s.m.* campanile, torre campanaria.

campanule [kɑ̃panyl] *s.f.* (*bot.*) campanula.

campement [kɑ̃pmɑ̃] *s.m.* accampamento.

camper [kɑ̃pe] *v.intr.* porre il campo; campeggiare, andare in tenda ♦ *v.tr.* **1** accampare **2** *— un personnage*, caratterizzare un personaggio □ **se camper** *v.pron.* mettersi: *se — devant qqn*, piantarsi davanti a qlcu.

campeur [kɑ̃pœʀ] (f. *-euse*) *s.m.* campeggiatore.

camphre [kɑ̃fʀ] *s.m.* canfora (*f.*).

camphré [kɑ̃fʀe] *agg.* canforato.

camping [kɑ̃piŋ] *s.m.* campeggio.

camping-car [kɑ̃piŋkaʀ] (pl. *camping-cars*) *s.m.* camper.

camus [kamy] *agg.* camuso.

canadien [kanadjɛ̃] (f. *-enne*) *agg.* e *s.m.* canadese.

canadienne [kanadjɛn] *s.f.* **1** (giacca) canadese **2** (canoa) canadese.

canaille [kanaj] *s.f.* canaglia ♦ *agg.* triviale, sguaiato ‖ *un air —*, un'aria sfrontata.

canaillerie [kanajʀi] *s.f.* **1** trivialità, volgarità **2** mascalzonata, canagliata.

canal [kanal] (pl. *-aux*) *s.m.* **1** canale ‖ (*anat.*)

— *biliaire*, condotto biliare || *par le* — *de*, (*fig.*) per mezzo di, attraverso **2** (*rad.*, *tel.*, *inform.*) canale; pista (*f.*) **3** (*arch.*) scanalatura (*f.*).

canalisation [kanalizasjɔ̃] *s.f.* **1** canalizzazione **2** condotto (*m.*), conduttura || — *à pétrole*, oleodotto; — *de gaz*, gasdotto.

canaliser [kanalize] *v.tr.* **1** canalizzare **2** (*acheminer*) incanalare (*anche fig.*); convogliare.

canapé [kanape] *s.m.* **1** canapè **2** (*cuc.*) crostino, tartina (*f.*).

canapé-lit [kanapeli] (pl. *canapés-lits*) *s.m.* divano letto.

canard [kanaʀ] *s.m.* **1** anatra (maschio) || *le vilain petit* —, il brutto anatroccolo || *un froid de* —, (*fam.*) un freddo cane **2** (*fam.*) frottola (*f.*); (*giornalismo*) canard, serpente di mare **3** (*fam.*) giornale **4** zolletta di zucchero imbevuta di caffè o di liquore **5** (*mus.*) stecca (*f.*).

canarder [kanaʀde] *v.tr.* sparare (a) ♦ *v.intr.* (*fam.*) fare una stecca (cantando o suonando).

canari [kanaʀi] *s.m.* canarino.

canasson [kanasɔ̃] *s.m.* (*fam.*) ronzino.

canasta [kanasta] *s.f.* canasta.

cancan[1] [kɑ̃kɑ̃] *s.m.* (*fam.*) pettegolezzo.

cancan[2] *s.m.* (*ballo*) cancan.

cancaner [kɑ̃kane] *v.intr.* (*fig. fam.*) spettegolare.

cancanier [kɑ̃kanje] (f. -*ère*) *agg.* pettegolo.

cancer [kɑ̃sɛʀ] *s.m.* cancro || (*astr.*) *Cancer*, Cancro.

cancéreux [kɑ̃seʀø] (f. *-euse*) *agg.* e *s.m.* (*med.*) canceroso.

cancérogène [kɑ̃seʀɔʒɛn] *agg.* (*med.*) cancerogeno.

cancérologie [kɑ̃seʀɔlɔʒi] *s.f.* cancerologia.

cancérologue [kɑ̃seʀɔlɔg] *s.m.* cancerologo.

cancre [kɑ̃kʀ] *s.m.* (*fam.*) somaro.

cancrelat [kɑ̃kʀəla] *s.m.* (*zool. pop.*) scarafaggio.

candélabre [kɑ̃delabʀ] *s.m.* candelabro.

candeur [kɑ̃dœʀ] *s.f.* candore (*m.*), innocenza.

candi [kɑ̃di] *agg.* e *s.m.* candito.

candidat [kɑ̃dida] *s.m.* candidato.

candidature [kɑ̃didatyʀ] *s.f.* candidatura.

candide [kɑ̃did] *agg.* candido; ingenuo || *-ement* *avv.*

cane [kan] *s.f.* anatra (femmina).

caner [kane] *v.intr.* (*fam.*) **1** darsela a gambe **2** crepare **3** mollare.

caneton [kantɔ̃] *s.m.* anatroccolo.

canette[1] [kanɛt] *s.f.* anatroccola.

canette[2] *s.f.* **1** lattina (spec. di birra) **2** bobina, spola (di macchina per cucire).

canevas [kanva] *s.m.* **1** canovaccio **2** (*estens.*) canovaccio, traccia (*f.*) **3** (*geodesia*) — (*trigonométrique*), triangolazione (*f.*).

caniche [kaniʃ] *s.m.* barboncino.

caniculaire [kanikylɛʀ] *agg.* canicolare.

canicule [kanikyl] *s.f.* canicola.

canif [kanif] *s.m.* temperino, coltellino.

canine [kanin] *s.f.* (dente) canino.

caniveau [kanivo] (pl. -*eaux*) *s.m.* canaletto di scolo.

cannage [kanaʒ] *s.m.* impagliatura (con canna d'India).

canne [kan] *s.f.* **1** canna: — *à sucre*, canna da zucchero **2** bastone (da passeggio), canna || — *anglaise*, stampella (a gomito) || *les cannes blanches*, i ciechi || — *à pêche*, canna da pesca **3** (*fig. fam.*) gamba.

cannelé [kanle] *agg.* scanalato; (*strié*) striato.

cannelle [kanɛl] *s.f.* cannella.

cannelure [kanlyʀ] *s.f.* scanalatura.

canner [kane] *v.tr.* impagliare (sedie ecc.).

cannibale [kanibal] *agg.* e *s.m.* cannibale.

cannibalisme [kanibalism] *s.m.* cannibalismo.

canoë [kanɔe] *s.m.* canoa (*f.*).

canoéiste [kanɔeist] *s.m.* (*sport*) canoista.

canon[1] [kanɔ̃] *s.m.* **1** cannone: *coup de* —, cannonata || (*fis.*) — *à électrons*, cannone elettronico || — *à neige*, cannone sparaneve **2** canna (di arma da fuoco) **3** cannello (di chiave) **4** (*zootecn.*) stinco **5** (*fam.*) bicchiere di vino **6** (*abigl.*) gala (*f.*).

canon[2] *s.m.* **1** canone || *canons d'autel*, (*ant.*) cartagloria **2** (*tip.*) corpo (dei caratteri) ♦ *agg.*: *droit* —, diritto canonico.

canonique [kanɔnik] *agg.* canonico (*anche fig.*) || *être d'un âge* —, (*fam.*) avere un'età rispettabile.

canonisation [kanɔnizasjɔ̃] *s.f.* canonizzazione.

canoniser [kanɔnize] *v.tr.* canonizzare.

canonnade [kanɔnad] *s.f.* cannoneggiamento (*m.*).

canonner [kanɔne] *v.tr.* cannoneggiare.

canonnier [kanɔnje] *s.m.* cannoniere.

canonnière [kanɔnjɛʀ] *s.f.* cannoniera.

canope [kanɔp] *s.m.* (*archeol.*) canopo.

canot [kano] *s.m.* **1** canotto: — *de sauvetage*, scialuppa di salvataggio; — *pneumatique*, gommone; — *automobile*, *à moteur*, motoscafo **2** (*in Canada*) canoa (*f.*).

canotage [kanɔtaʒ] *s.m.* canottaggio.

canoter [kanɔte] *v.intr.* fare del canottaggio.

canotier [kanɔtje] *s.m.* **1** (*sport*) canottiere **2** paglietta (*f.*), cappello di paglia a tesa rigida.

cantal [kɑ̃tal] (pl. *cantals*) *s.m.* formaggio dell'Alvernia.

cantate [kɑ̃tat] *s.f.* (*mus.*) cantata.

cantatrice [kɑ̃tatʀis] *s.f.* cantante (lirica).

cantilène [kɑ̃tilɛn] *s.f.* cantilena.

cantine [kɑ̃tin] *s.f.* **1** mensa **2** baule (*m.*).

cantinière [kɑ̃tinjɛʀ] *s.f.* (*mil. antiq.*) vivandiera.

cantique [kɑ̃tik] *s.m.* cantico.

canton [kɑ̃tɔ̃] *s.m.* **1** (*in Svizzera*) cantone **2** (*in Francia*) circoscrizione territoriale del dipartimento tra l'arrondissement e il comune **3** (*in Canada*) suddivisione catastale.

cantonade [kɑ̃tɔnad] *s.f.*: *parler*, *crier à la* —, gridare ai quattro venti.

cantonal [kɑ̃tɔnal] (pl. -*aux*) *agg.* cantonale.

cantonnement [kɑ̃tɔnmɑ̃] *s.m.* (*mil.*) acquartieramento; quartiere.

cantonner [kɑ̃tɔne] *v.tr.* **1** (*mil.*) acquartierare **2** (*fig.*) isolare, relegare ♦ *v.intr.* (*mil.*) acquartierarsi □ **se cantonner** *v.pron.* ritirarsi, rinchiudersi: *se — chez soi*, rintanarsi in casa.

cantonnier [kɑ̃tɔnje] *s.m.* stradino.

cantonnière [kɑ̃tɔnjɛʀ] *s.f.* mantovana.

canular [kanylaʀ] *s.m.* (*fam.*) **1** scherzo **2** notizia falsa, bufala (*f.*).

canule [kanyl] *s.f.* cannula, cannello (*m.*).

canuler [kanyle] *v.tr.* (*fam.*) stufare, scocciare.

canut [kany] *s.m.* (*region.*) (operaio) setaiolo.

caoutchouc [kautʃu] *s.m.* **1** caucciù, gomma (naturale): *— mousse*, gommapiuma **2** (*abbigl.*) impermeabile **3** (*fam.*) elastico **4** *pl.* soprascarpe di gomma **5** (*bot. pop.*) ficus.

caoutchouter [kautʃute] *v.tr.* gommare ‖ *tissu caoutchouté*, tessuto impermeabilizzato.

caoutchouteux [kautʃutø] (f. *-euse*) *agg.* gommoso.

cap [kap] *s.m.* **1** (*geogr.*) capo ‖ (*fig.*): *franchir, doubler, passer un —*, superare uno scoglio; *doubler le — de la trentaine*, superare la trentina **2** (*mar., aer.*) rotta (*f.*): *— de boussole*, prora (alla) bussola ‖ *mettre le — sur*, far rotta per.

capable [kapabl] *agg.* capace ‖ (*dir.*) *— d'ester en justice*, capace di stare in giudizio ‖ (*in Africa*) *homme —*, uomo ricco.

capacité [kapasite] *s.f.* capacità ‖ (*inform.*) *— de production*, capacità di trattamento ‖ (*dir.*) *— pour tester*, capacità di testare ‖ *— en droit*, diploma rilasciato a studenti senza licenza liceale, dopo due anni di corso e un esame di diritto.

caparaçon [kapaʀasɔ̃] *s.m.* gualdrappa (*f.*).

caparaçonner [kapaʀasɔne] *v.tr.* imbottire.

cape [kap] *s.f.* **1** cappa, mantello (*m.*); mantella ‖ *roman de — et d'épée*, romanzo di cappa e spada ‖ *sous —*, di sottecchi; *rire sous —*, ridere sotto i baffi **2** fascia (di sigaro).

capeline [kaplin] *s.f.* cappellina, sinforosa.

capésien [kapesjɛ̃] (f. *-enne*) *s.m.* chi ha superato il CAPES (abilitazione all'insegnamento secondario).

capétien [kapetjɛ̃] (f. *-enne*) *agg.* capetingio ‖ (*st.*) *les Capétiens*, i Capetingi.

capharnaüm [kafaʀnaɔm] *s.m.* cafarnao, confusione (*f.*).

capillaire [kapilɛʀ] *agg.* capillare: (*anat.*) *vaisseau —*, vaso capillare; *tube —*, tubo molto sottile ‖ *lotion —*, lozione per capelli ♦ *s.m.* **1** (*anat.*) capillare **2** (*bot.*) capelvenere.

capillarité [kapilaʀite] *s.f.* capillarità.

capitaine [kapiten] *s.m.* capitano ‖ *les grands capitaines de l'antiquité*, i grandi condottieri dell'antichità.

capitainerie [kapitɛnʀi] *s.f.* capitaneria.

capital¹ [kapital] (pl. *-aux*) *agg.* capitale (*anche fig.*): *l'œuvre capitale d'un artiste*, l'opera fondamentale di un artista.

capital² (pl. *-aux*) *s.m.* capitale: *capital-actions*, capitale azionario; *— de roulement, d'exploitation*, capitale d'esercizio; *capitaux flottants*, hot money ‖ *avoir un joli —*, avere un bel gruzzolo.

capitale [kapital] *s.f.* **1** capitale **2** (*tip.*) capitale.

capitalisation [kapitalizasjɔ̃] *s.f.* capitalizzazione: *sous —*, capitalizzazione insufficiente.

capitaliser [kapitalize] *v.tr.* capitalizzare; (*fig.*) far tesoro di ♦ *v.intr.* accumulare denaro, tesaurizzare.

capitalisme [kapitalism] *s.m.* capitalismo.

capitaliste [kapitalist] *agg.* capitalistico ♦ *s.m.* capitalista.

capiteux [kapitø] (f. *-euse*) *agg.* inebriante.

capitonnage [kapitɔnaʒ] *s.m.* imbottitura (*f.*).

capitonner [kapitɔne] *v.tr.* imbottire (sedie, divani ecc.): *fauteuil capitonné*, poltrona (*f.*) capitonné.

capitulaire [kapitylɛʀ] *agg.* e *s.m.* capitolare.

capitulation [kapitylasjɔ̃] *s.f.* capitolazione (*anche fig.*).

capituler [kapityle] *v.intr.* capitolare (*anche fig.*).

caponner [kapɔne] *v.intr.* (*isola Riunione*) avere paura.

caporal [kapɔʀal] (pl. *-aux*) *s.m.* **1** (*mil.*) caporale **2** (*tabacco*) trinciato.

caporal-chef [kapɔʀalʃɛf] (pl. *caporaux-chefs*) *s.m.* (*mil.*) caporalmaggiore.

caporalisme [kapɔʀalism] *s.m.* militarismo.

capot¹ [kapo] *s.m.* (*aut.*) cofano.

capot² (pl. *invar.*) *agg.* e *s.m.* (*alle carte*) cappotto: *être —*, perdere per cappotto.

capote [kapɔt] *s.f.* **1** (*aut.*) capote, capotta **2** (*mil.*) pastrano **3** (*fam.*) *— anglaise*, preservativo.

capoter [kapɔte] *v.intr.* **1** cappottare, capovolgersi **2** (*fig.*) fallire, andare all'aria.

câpre [kɑpʀ] *s.f.* (*frutto*) cappero (*m.*).

caprice [kapʀis] *s.m.* capriccio.

capricieux [kapʀisjø] (f. *-euse*) *agg.* capriccioso ‖ **-eusement** *avv.*

capricorne [kapʀikɔʀn] *s.m.* **1** (*zool.*) capricorno **2** (*astr.*) *Capricorne*, Capricorno.

caprin [kapʀɛ̃] *agg.* e *s.m.* (*zool.*) caprino.

capsule [kapsyl] *s.f.* capsula.

capsuler [kapsyle] *v.tr.* incapsulare.

capter [kapte] *v.tr.* captare (*anche fig.*): *— l'attention*, attirare l'attenzione; *— la confiance*, conquistarsi, accattivarsi la fiducia; *— un héritage*, carpire un'eredità.

capteur [kaptœʀ] *s.m.* **1** (*tecn.*) sensore; ricevitore: *— solaire*, collettore solare **2** (*inform.*) telerilevatore.

captieux [kapsjø] (f. *-euse*) *agg.* capzioso ‖ **-eusement** *avv.*

captif [kaptif] (f. *-ive*) *agg.* e *s.m.* prigioniero ‖ (*aer.*) *ballon —*, pallone frenato.

captivant [kaptivɑ̃] *agg.* avvincente, attraente.

captiver [kaptive] *v.tr.* avvincere, attrarre.

captivité [kaptivite] *s.f.* **1** cattività **2** prigionia (di guerra).

capture [kaptyʀ] *s.f.* **1** cattura **2** bottino (*m.*).

capturer [kaptyʀe] *v.tr.* catturare.

capuche [kapyʃ] *s.f.* cappuccio (*m.*).

capuchon [kapyʃɔ̃] *s.m.* cappuccio.

capucin [kapysɛ̃] *s.m.* cappuccino.

capucine [kapysin] *s.f.* (*bot.*) nasturzio (*m.*).

86

caque [kak] *s.f.* barile (per aringhe).
caquet [kakɛ] *s.m.* coccodè; (*fam.*) cicaleccio ‖ *rabattre le — de qqn*, (*fig.*) fare abbassare la cresta a qlcu.
caquetage [kaktaʒ] *s.m.* cicaleccio.
caqueter [kakte] (*coniug. come* semer) *v.intr.* (*della gallina*) schiamazzare; (*fam.*) ciarlare.
car[1] [kaʀ] *cong.* poiché, giacché.
car[2] *s.m.* pullman, torpedone, corriera (*f.*) ‖ *— de ramassage*, autobus per il trasporto dei lavoratori; *— (scolaire)*, scuolabus ‖ (*tv*) *— de reportage*, unità di ripresa mobile.
carabe [kaʀab] *s.m.* (*zool.*) carabo.
carabin [kaʀabɛ̃] *s.m.* studente di medicina.
carabine [kaʀabin] *s.f.* carabina.
carabiné [kaʀabine] *agg.* (*fig. fam.*) violento.
caraco [kaʀako] *s.m.* copribusto, casacchina (*f.*).
caracoler [kaʀakɔle] *v.intr.* caracollare.
caractère [kaʀaktɛʀ] *s.m.* carattere ‖ *maison de —*, casa d'epoca; *maison sans —*, casa anonima, ordinaria ‖ (*tip.*) *en gros caractères*, a caratteri cubitali.
caractériel [kaʀakteʀjɛl] (*f. -elle*) *agg.* e *s.m.* caratteriale.
caractérisation [kaʀakteʀizasjɔ̃] *s.f.* caratterizzazione.
caractérisé [kaʀakteʀize] *agg.* chiaro, netto; dichiarato: *maladie caractérisée*, malattia conclamata; *une erreur caractérisée*, un vero e proprio errore.
caractériser [kaʀakteʀize] *v.tr.* caratterizzare □ **se caractériser** *v.pron.* caratterizzarsi (per), essere caratterizzato (da), distinguersi (per).
caractéristique [kaʀakteʀistik] *agg.* caratteristico ♦ *s.f.* caratteristica.
carafe [kaʀaf] *s.f.* 1 caraffa ‖ *rester en —*, (*fam.*) esser piantato in asso 2 (*fam.*) testa, zucca.
carafon [kaʀafɔ̃] *s.m.* piccola caraffa.
caraïbe [kaʀaib] *agg.* caribico.
carambolage [kaʀɑ̃bɔlaʒ] *s.m.* 1 (*al biliardo*) carambola (*f.*) 2 (*estens.*) tamponamento a catena.
caramboler [kaʀɑ̃bɔle] *v.intr.* (*bigliardo*) carambolare □ **se caramboler** *v.pron.* scontrarsi.
caramel [kaʀamɛl] *s.m.* 1 (*cuc.*) caramello ‖ *crème au —*, crème caramel 2 caramella mou ♦ *agg.invar.* caramello: *couleur —*, color caramello.
caraméliser [kaʀamelize] *v.tr.* caramellare ♦ *v.intr.* caramellarsi □ **se caraméliser** *v.pron.* caramellarsi, diventare caramello.
carapace [kaʀapas] *s.f.* 1 carapace (*m.*), guscio (*m.*) 2 (*fig.*) corazza.
carat [kaʀa] *s.m.* carato.
caravane [kaʀavan] *s.f.* 1 carovana; (*estens.*) comitiva 2 (*aut.*) roulotte, caravan (*m.*) ‖ *— pliante*, carrello tenda.
caravanier [kaʀavanje] (*f. -ère*) *s.m.* 1 roulottista, caravanista 2 carovaniere 3 (*in Senegal*) turista; viaggiatore.
caravaning [kaʀavaniŋ] *s.m.* campeggio in roulotte.

caravansérail [kaʀavɑ̃seʀaj] *s.m.* caravanserraglio (*anche fig.*).
caravelle [kaʀavɛl] *s.f.* caravella.
carb(o)- *pref.* carb(o)-
carbonate [kaʀbɔnat] *s.m.* (*chim.*) carbonato.
carbone [kaʀbɔn] *s.m.* 1 (*chim.*) carbonio 2 *papier —*, cartacarbone.
carbonifère [kaʀbɔnifɛʀ] *agg.* e *s.m.* carbonifero.
carbonique [kaʀbɔnik] *agg.* (*chim.*) carbonico.
carbonisation [kaʀbɔnizasjɔ̃] *s.f.* carbonizzazione.
carboniser [kaʀbɔnize] *v.tr.* carbonizzare.
carburant [kaʀbyʀɑ̃] *agg.* e *s.m.* carburante.
carburateur [kaʀbyʀatœʀ] *s.m.* carburatore.
carburation [kaʀbyʀasjɔ̃] *s.f.* carburazione.
carbure [kaʀbyʀ] *s.m.* (*chim.*) carburo.
carburer [kaʀbyʀe] *v.tr.* (*tecn.*) carburare ♦ *v. intr.* 1 (*aut.*) carburare ‖ *ça carbure?*, (*fam.*) va tutto bene? 2 (*fam.*) riflettere, pensare.
carcan [kaʀkɑ̃] *s.m.* 1 gogna (*f.*) 2 (*fig.*) costrizione (*f.*), imposizione (*f.*).
carcasse [kaʀkas] *s.f.* carcassa (*anche fig.*) ‖ *la — d'un divan*, il fusto di un divano ‖ *sauver sa —*, (*fam.*) salvare la pelle.
carcassonnais [kaʀkasɔnɛ] *agg.* di Carcassonne.
carcéral [kaʀseʀal] (*pl. -aux*) *agg.* carcerario.
carcinome [kaʀsinom] *s.m.* (*med.*) carcinoma.
cardage [kaʀdaʒ] *s.m.* cardatura (*f.*).
cardan [kaʀdɑ̃] *s.m.* (*mecc.*) cardano: *joint de —*, giunto cardanico.
carde [kaʀd] *s.f.* (*cuc.*) cardo (*m.*); bietola.
carder [kaʀde] *v.tr.* cardare.
cardeur [kaʀdœʀ] (*f. -euse*) *s.m.* cardatore.
cardeuse [kaʀdøz] *s.f.* (*ind. tess.*) cardatrice.
cardiaque [kaʀdjak] *agg.* cardiaco: *chirurgie —*, cardiochirurgia; *chirurgien —*, cardiochirurgo ♦ *s.m.* cardiopatico.
cardinal[1] [kaʀdinal] (*pl. -aux*) *agg.* cardinale.
cardinal[2] (*pl. -aux*) *s.m.* (*eccl.*, *zool.*) cardinale.
cardinalice [kaʀdinalis] *agg.* cardinalizio.
cardi(o)- *pref.* cardi(o)-
cardiologie [kaʀdjɔlɔʒi] *s.f.* cardiologia.
cardiologue [kaʀdjɔlɔg] *s.m.* cardiologo.
cardiopathie [kaʀdjɔpati] *s.f.* cardiopatia.
cardiotonique [kaʀdjɔtɔnik] *agg.* e *s.m.* cardiotonico.
cardon [kaʀdɔ̃] *s.m.* cardo (commestibile).
carême [kaʀɛm] *s.m.* quaresima (*f.*) ‖ *face de —*, (*fam.*) faccia da funerale.
carénage [kaʀenaʒ] *s.m.* 1 (*mar.*, *aer.*) carenatura (*f.*), carenaggio; bacino di carenaggio 2 carrozzeria aerodinamica.
carence [kaʀɑ̃s] *s.f.* 1 carenza: *— en vitamines*, carenza di vitamine 2 (*comm.*) insolvenza.
carencé [kaʀɑ̃se] *agg.* carenzato (*anche psic.*): *régime —*, regime carenzato.
carène [kaʀɛn] *s.f.* carena.
caréner [kaʀene] (*coniug. come* céder) *v.tr.* carenare ♦ *v.intr.* (*mar.*) essere in cantiere.
carentiel [kaʀɑ̃sjɛl] (*f. -elle*) *agg.* di, da carenza, carenziale.

caressant [kaʀɛsɑ̃] *agg.* carezzevole; affettuoso.
caresse [kaʀɛs] *s.f.* carezza.
caresser [kaʀese] *v.tr.* accarezzare.
car-ferry [kaʀfeʀe, kaʀfeʀi] (pl. *car-ferries*) *s.m.* traghetto.
cargaison [kaʀgɛzɔ̃] *s.f.* **1** carico (*m.*) **2** (*fam.*) gran quantità, mucchio (*m.*)
cargo [kaʀgo] *s.m.* cargo, mercantile.
carguer [kaʀge] *v.tr.* (*mar.*) imbrogliare (le vele).
cariatide [kaʀjatid] *s.f.* (*arch.*) cariatide.
caribou [kaʀibu] *s.m.* (*zool.*) caribù.
caricatural [kaʀikatyʀal] (pl. *-aux*) *agg.* caricaturale.
caricature [kaʀikatyʀ] *s.f.* caricatura.
caricaturer [kaʀikatyʀe] *v.tr.* fare la caricatura di.
caricaturiste [kaʀikatyʀist] *s.m.* caricaturista.
carie [kaʀi] *s.f.* (*med.*, *bot.*) carie.
carier [kaʀje] *v.tr.* cariare □ **se carier** *v.pron.* cariarsi.
carillon [kaʀijɔ̃] *s.m.* **1** carillon **2** scampanio (di campane).
carillonné [kaʀijɔne] *agg.*: *fête carillonnée*, festa solenne.
carillonnement [kaʀijɔnmɑ̃] *s.m.* scampanio.
carillonner [kaʀijɔne] *v.intr.* **1** scampanare **2** (*fam.*) scampanellare ♦ *v.tr.* (*fam.*) strombazzare.
cariogène [kaʀjɔʒɛn] *agg.* (*med.*) cariogeno.
carlin [kaʀlɛ̃] *s.m.* (*zool.*) carlino.
carlingue [kaʀlɛ̃g] *s.f.* carlinga.
carmagnole [kaʀmaɲɔl] *s.f.* (*st.*) carmagnola.
carme [kaʀm] *s.m.* (*eccl.*) carmelitano.
carmélite [kaʀmelit] *s.f.* (*eccl.*) carmelitana.
carmin [kaʀmɛ̃] *s.m.* (color) carminio ♦ *agg.invar.* (color) carminio: *des roses* —, rose scarlatte.
carminé [kaʀmine] *agg.* carminio, scarlatto.
carnage [kaʀnaʒ] *s.m.* carneficina (*f.*).
carnassier [kaʀnasje] (f. *-ère*) *agg.* e *s.m.* carnivoro.
carnassière [kaʀnasjɛʀ] *s.f.* carniere (*m.*).
carnation [kaʀnɑsjɔ̃] *s.f.* carnagione.
carnaval [kaʀnaval] (pl. *-als*) *s.m.* carnevale.
carnavalesque [kaʀnavalɛsk] *agg.* **1** carnevalesco **2** (*estens.*) grottesco.
carne [kaʀn] *s.f.* (*fam.*) **1** carne cattiva **2** ronzino (*m.*), cavalcatura scadente.
carné [kaʀne] *agg.* carneo: *régime* —, dieta a base di carne.
carnet [kaʀnɛ] *s.m.* **1** libretto; blocchetto: — *de timbres, de tickets*, blocchetto di francobolli, di biglietti; — *de chèques*, libretto degli assegni **2** taccuino: — *d'adresses*, rubrica per gli indirizzi; — *de bord*, giornale di bordo || — *de notes*, (*in alcune scuole*) pagellina settimanale o mensile **3** (*di giornale*) annunci (*pl.*): — *rose, blanc*, annunci di nascita, di matrimonio **4** (*comm.*) carnet: — *d'échéances*, scadenzario.
carnier [kaʀnje] *s.m.* piccolo carniere.
carnivore [kaʀnivɔʀ] *agg.* e *s.m.* carnivoro.
carnotzet [kaʀnɔtse] *s.m.* (*in Svizzera*) piccolo bar, localino accogliente.

carolingien [kaʀɔlɛ̃ʒjɛ̃] (f. *-enne*) *agg.* e *s.m.* carolingio || (*st.*) *les Carolingiens*, i Carolingi.
caroncule [kaʀɔ̃kyl] *s.f.* (*anat.*, *bot.*) caruncola.
carotène [kaʀɔtɛn] *s.m.* carotene.
carotide [kaʀɔtid] *s.f.* (*anat.*) carotide.
carottage [kaʀɔtaʒ] *s.m.* **1** (*tecn.*) carotaggio **2** (*fam.*) piccola truffa.
carotte [kaʀɔt] *s.f.* **1** carota **2** tabacco da masticare || — *de tabac*, insegna di tabaccaio **3** (*tecn. miner.*) carota ♦ *agg.invar.* (color) carota: *rouge* —, rosso carota.
carotter [kaʀɔte] *v.tr.* **1** (*fam.*) scroccare **2** (*tecn. miner.*) carotare.
caroube [kaʀub] *s.f.* (*bot.*) carruba.
carpe[1] [kaʀp] *s.f.* (*zool.*) carpa || *faire des sauts de* — *dans son lit*, girarsi e rigirarsi nel letto || *bâiller comme une* —, fare un grosso sbadiglio || *muet comme une* —, muto come un pesce.
carpe[2] *s.m.* (*anat.*) carpo.
carpentrassien [kaʀpɑ̃tʀasjɛ̃] (f. *-enne*) *agg.* di Carpentras.
carpette [kaʀpɛt] *s.f.* tappetino (*m.*).
carquois [kaʀkwa] *s.m.* faretra (*f.*).
carre [ka(ɑ)ʀ] *s.f.* **1** spessore (di cosa tagliata a squadro) **2** lamina (di sci) **3** faccia della lama (di una spada).
carré [ka(ɑ)ʀe] *agg.* **1** (*mat.*) quadrato **2** (*fig.*) deciso, energico ♦ *s.m.* **1** quadrato **2** quadrato, oggetto di forma quadrata: — *de tissu*, pezzo (quadrato) di stoffa; — *de chocolat*, quadratino di cioccolata **3** aiuola quadrata **4** (*mar.*, *mil.*) quadrato **5** (*macelleria*) lombata (*f.*).
carreau [ka(ɑ)ʀo] (pl. *-eaux*) *s.m.* **1** vetro (di finestra, porta) **2** mattonella (*f.*), piastrella (*f.*) **3** pavimento (di mattoni, piastrelle ecc.) || *rester sur le* —, (*fam.*) lasciarci la pelle **4** quadro, quadretto: *à carreaux*, a quadri **5** *pl.* (*alle carte*) quadri || *se tenir à* —, (*fig.*) stare in guardia **6** (*isola Riunione*) ferro da stiro.
carrefour [kaʀfuʀ] *s.m.* incrocio; (*fig.*) bivio.
carrelage [ka(ɑ)ʀlaʒ] *s.m.* pavimentazione a piastrelle.
carreler [ka(ɑ)ʀle] (*coniug. come* appeler) *v.tr.* pavimentare a piastrelle.
carrelet [ka(ɑ)ʀlɛ] *s.m.* **1** (*zool.*) passera di mare **2** (*tecn.*) quadrello.
carreleur [ka(ɑ)ʀlœʀ] *s.m.* piastrellista.
carrément [ka(ɑ)ʀemɑ̃] *avv.* chiaramente, schiettamente || *allez-y* —, agite con decisione.
carrer [ka(ɑ)ʀe] *v.tr.* **1** squadrare **2** (*mat.*) quadrare; elevare (un numero) al quadrato □ **se carrer** *v.pron.* (*fig.*) sistemarsi comodamente.
carrier [ka(ɑ)ʀje] *s.m.* cavapietre.
carrière[1] [ka(ɑ)ʀjɛʀ] *s.f.* carriera || *donner* — *à*, dar libero corso a.
carrière[2] *s.f.* cava.
carriériste [ka(ɑ)ʀjeʀist] *s.m.* carrierista (*in Senegal*) secchione.
carriole [ka(ɑ)ʀjɔl] *s.f.* carretta, carriola.
carrossable [ka(ɑ)ʀosabl] *agg.* carrozzabile.
carrosse [ka(ɑ)ʀos] *s.m.* cocchio.
carrosserie [ka(ɑ)ʀosʀi] *s.f.* carrozzeria.

carrossier [ka(ɑ)ʀɔsje] *s.m.* carrozziere.
carrousel [kaʀusɛl] *s.m.* **1** giostra (*f.*) **2** (*st.*) carosello.
carrure [ka(ɑ)ʀyʀ] *s.f.* **1** larghezza delle spalle **2** (*fig.*) levatura.
cartable [kaʀtabl] *s.m.* cartella (di scolaro).
carte [kaʀt] *s.f.* **1** biglietto (*m.*): — *d'invitation*, biglietto d'invito; — *de visite*, biglietto da visita; — (*postale*), cartolina **2** — (*à jouer*), carta (da gioco): *jouer aux cartes*, giocare a carte; *partie de cartes*, partita a carte || *tirer les cartes à qqn*, fare le carte a qlcu || *abattre ses cartes*, (*fig.*) scoprire il proprio gioco **3** carta, certificato (*m.*): — *d'électeur*, certificato elettorale || — *grise*, libretto di circolazione; — *de séjour*, permesso di soggiorno **4** — (*géographique*), carta (geografica) **5** lista, menu (*m.*) || *à la* — a scelta || *horaires à la* —, orario flessibile **6** scheda, tessera || — *de téléphone*, scheda telefonica || — *à puce*, tesserino con microprocessore.
cartel[1] [kaʀtɛl] *s.m.* **1** cartello di sfida **2** orologio da muro; cartiglio di orologio da muro.
cartel[2] *s.m.* (*econ.*, *pol.*) cartello.
carte-lettre [kaʀtəlɛtʀ] (pl. *cartes-lettres*) *s.f.* biglietto postale.
carter [kaʀtɛʀ] *s.m.* (*mecc.*) carter || — *inférieur*, coppa dell'olio.
cartésien [kaʀtezjɛ̃] (f. *-enne*) *agg.* e *s.m.* cartesiano.
carte-vue [kaʀtəvy] (pl. *cartes-vues*) *s.f.* (*in Belgio*) cartolina illustrata.
carthaginois [kaʀtaʒinwa] *agg.* e *s.m.* cartaginese.
cartilage [kaʀtilaʒ] *s.m.* cartilagine (*f.*).
cartilagineux [kaʀtilaʒinø] (f. *-euse*) *agg.* cartilagineo.
cartographie [kaʀtɔgʀafi] *s.f.* cartografia.
cartographique [kaʀtɔgʀafik] *agg.* cartografico.
cartomancie [kaʀtɔmɑ̃si] *s.f.* cartomanzia.
cartomancien [kaʀtɔmɑ̃sjɛ̃] (f. *-enne*) *s.m.* cartomante.
carton [kaʀtɔ̃] *s.m.* **1** cartone || — *à chapeaux*, cappelliera **2** bersaglio di cartone: *faire un* —, tirare al bersaglio, (*fig.*) sparare a qlcu **3** cartella (per disegni).
cartonné [kaʀtɔne] *agg.* cartonato.
carton-pâte [kaʀtɔ̃pat] (pl. *cartons-pâtes*) *s.m.* cartapesta (*f.*) || *en* —, (*fig.*) finto.
cartouche[1] [kaʀtuʃ] *s.f.* **1** cartuccia; cartoccio (di artiglieria): — *de dynamite*, cartuccia di dinamite || — *éclairante*, razzo illuminante **2** (*estens.*) cartuccia, ricarica: — *de gaz*, *d'encre*, cartuccia di gas, d'inchiostro **3** stecca (di sigarette).
cartouche[2] *s.m.* (*scult.*, *arch.*) cartiglio.
cartouchière [kaʀtuʃjɛʀ] *s.f.* cartucciera.
caryo- *pref.* cario-
cas [kɑ] *s.m.* **1** caso || — *d'espèce*, caso particolare || *faire* — *de*, tener conto di, dare importanza a || *en* — *de*, in caso di || *au* — *où*, *dans le* — *où*, *pour le* — *où il viendrait*, nel caso che venisse; *dans le* — *contraire*, in caso contrario || *c'est sou-*

vent le —, succede spesso || *en tout* —, in ogni caso; *en* —, non si sa mai || *dans le* — *présent*, attualmente **2** (*fam.*) elemento, soggetto: *c'est un* —*!*, è un bell'elemento!
casanier [kazanje] (f. *-ère*) *agg.* e *s.m.* casalingo.
casaque [kazak] *s.f.* casacca || *tourner* —, (*fig.*) voltare gabbana.
casbah [kazba] *s.f.* casba(h).
cascade [kaskad] *s.f.* cascata || — *d'applaudissements*, (*fig.*) scroscio di applausi || *en* —, a catena.
cascadeur [kaskadœʀ] (f. *-euse*) *s.m.* **1** (*cine.*) controfigura (*f.*) **2** (*circo*) cascatore, acrobata.
case [kɑz] *s.f.* **1** capanna **2** scomparto (*m.*), casella || *il lui manque une* —, (*fig. fam.*) gli manca una rotella **3** (*della scacchiera*) scacco (*m.*), casa (in scacchiera).
caséification [kazeifikasjɔ̃] *s.f.* caseificazione.
caséine [kazein] *s.f.* caseina.
casemate [kazmat] *s.f.* casamatta.
caser [kaze] *v.tr.* riporre; sistemare (*anche fig.*) □ **se caser** *v.pron.* sistemarsi.
caserne [kazɛʀn] *s.f.* caserma.
casernement [kazɛʀnəmɑ̃] *s.m.* (*mil.*) **1** accasermamento **2** caserme (*f.pl.*).
caserner [kazɛʀne] *v.tr.* (*mil.*) accasermare.
cash [kaʃ] *avv.* in contanti.
casier [kazje] *s.m.* casellario || — *judiciaire*, casellario giudiziale; *un* — *judiciaire vierge*, *chargé*, una fedina penale pulita, sporca.
casino [kazino] *s.m.* casinò.
casoar [kazɔaʀ] *s.m.* **1** (*zool.*) casuario **2** pennacchio (del chepì degli allievi di Saint-Cyr).
casque [kask] *s.m.* **1** casco || — *à pointe*, elmo chiodato **2** (*rad.*, *tel.*) cuffia (*f.*).
casqué [kaske] *agg.* con l'elmetto, con l'elmo.
casquer [kaske] *v.intr.* (*fam.*) sborsare.
casquette [kaskɛt] *s.f.* berretto (a visiera).
cassable [kɑsabl] *agg.* fragile.
cassant [kɑsɑ̃] *agg.* **1** fragile **2** brusco.
cassation [kɑsasjɔ̃] *s.f.* (*dir.*) cassazione: *Cour de* —, Corte di Cassazione.
casse[1] [kɑs] *s.f.* **1** rottura || *mettre*, *envoyer une voiture à la* —, (*fam.*) mandare un'auto alla demolizione **2** oggetti rotti || *payer la* —, pagare i danni.
casse[2] *s.f.* (*bot.*) cassia.
cassé [kɑse] *agg.* rotto (*anche fig.*) || *blanc* —, bianco sporco || *vieillard* —, vecchio cadente.
casse-cou [kɑsku] (pl. *invar.*) *s.m.* scavezzacollo.
casse-croûte [kɑskʀut] (pl. *invar.*) *s.m.* spuntino.
casse-gueule [kɑsgœl] (pl. *invar.*) *s.m.* (*fam.*) impresa rischiosa e temeraria.
casse-noisettes [kɑsnwazɛt] (pl. *invar.*) *s.m.* schiaccianoci.
casse-pieds [kɑspje] (pl. *invar.*) *s.m.* (*fam.*) rompiscatole.
casse-pipe(s) [kɑspip] (pl. *invar.*) *s.m.* (*fam.*) guerra (*f.*).
casser [kɑse] *v.tr.* **1** rompere || *se* — *la figure*, (*fam.*) cadere || *ne rien casser*, (*fam.*) non essere niente di speciale || *à tout* —, fuori dalla norma;

sensazionale || (*comm.*) — *les prix*, far crollare i prezzi **2** (*isola Riunione*) cogliere, raccogliere **3** degradare; destituire **4** (*dir.*) annullare ♦ *v.intr.* **1** rompersi **2** (*in Africa*) avere successo □ **se casser** *v.pron.* rompersi.

casserole [kasʀɔl] *s.f.* **1** pentola || *à la* —, in casseruola || *passer qqn à la* —, (*fig. fam.*) fare fuori qlcu **2** (*fam.*) strumento scordato **3** (*argot cine.*) proiettore.

casse-tête [kastɛt] (pl. *invar.*) *s.m.* **1** rompicapo **2** clava (*f.*), mazza (*f.*).

cassette [kasɛt] *s.f.* **1** (*mus.*) cassetta || *lecteur de cassettes*, mangiacassette, mangianastri **2** (*ant.*) cofanetto (*m.*).

casseur [kasœʀ] (f. *-euse*) *s.m.* **1** chi rompe || — *de pierres*, spaccapietre **2** infiltrato fra i dimostranti di una manifestazione che danneggia i beni pubblici **3** (*argot*) scassinatore.

cassis[1] [kasis] *s.m.* **1** (*bot.*) ribes nero **2** liquore di ribes nero.

cassis[2] *s.m.* canaletto di scolo (in una strada).

cassolette [kasɔlɛt] *s.f.* bruciaprofumi (*m.*).

cassonade [ka(ɑ)sɔnad] *s.f.* zucchero di primo prodotto.

cassoulet [kasulɛ] *s.m.* (*cuc.*) stufato di carni miste con fagioli.

cassure [kasyʀ] *s.f.* **1** spaccatura; frattura (*anche fig.*). **2** grinza (di carta, tessuto di seta ecc.).

castagnettes [kastaɲɛt] *s.f.pl.* (*mus.*) nacchere.

caste [kast] *s.f.* casta.

castellanais [kastɛlanɛ] *agg.* di Castellane.

castelsarrasinois [kastɛlsaʀazinwa] *agg.* di Castelsarrasin.

castillan [kastijɑ̃] *agg.* e *s.m.* castigliano.

castor [kastɔʀ] *s.m.* castoro.

castrais [kastʀɛ] *agg.* di La Châtre, di Castres.

castrat [kastʀa] *s.m.* castrato.

castration [kastʀasjɔ̃] *s.f.* castrazione.

castrer [kastʀe] *v.tr.* castrare.

casuel [kazɥɛl] (f. *-elle*) *agg.* casuale ♦ *s.m.* entrata extra.

casuistique [kɑ(a)zɥistik] *s.f.* (*teol.*) casistica.

cataclysme [kataklism] *s.m.* cataclisma.

catacombes [katakɔ̃b] *s.f.pl.* catacombe.

catadioptre [katadjɔptʀ] *s.m.* catarifrangente.

catafalque [katafalk] *s.m.* catafalco.

catalan [katalɑ̃] *agg.* e *s.m.* catalano.

catalepsie [katalɛpsi] *s.f.* catalessi.

cataleptique [katalɛptik] *agg.* e *s.m.* catalettico.

catalogue [katalɔg] *s.m.* catalogo: — *par ordre alphabétique*, catalogo alfabetico per autori; — *par ordre de matières*, catalogo per soggetti.

cataloguer [katalɔge] *v.tr.* catalogare.

catalyse [kataliz] *s.f.* (*chim.*) catalisi.

catalyser [katalize] *v.tr.* catalizzare (*anche fig.*): — *l'attention*, polarizzare l'attenzione.

catalyseur [katalizœʀ] *s.m.* (*chim.*) catalizzatore.

catalytique [katalitik] *agg.* (*chim.*) catalitico.

catamaran [katamaʀɑ̃] *s.m.* catamarano.

cataphote [katafɔt] *s.m.* catarifrangente.

cataplasme [kataplasm] *s.m.* cataplasma.

catapultage [katapyltaʒ] *s.m.* catapultamento.

catapulte [katapylt] *s.f.* catapulta.

catapulter [katapylte] *v.tr.* catapultare.

cataracte [kataʀakt] *s.f.* cateratta.

catarrhe [kataʀ] *s.m.* (*med.*) catarro.

catastrophe [katastʀɔf] *s.f.* catastrofe (*anche fig.*): *film* —, film catastrofico; *tu es une vraie* —!, sei un vero disastro! || *en* —, in fretta e furia; *le pilote a tenté de se poser en* —, il pilota ha tentato un atterraggio di fortuna.

catastrophé [katastʀɔfe] *agg.* sconvolto, annichilito.

catastropher [katastʀɔfe] *v.tr.* sconvolgere.

catastrophique [katastʀɔfik] *agg.* catastrofico.

catcheur [katʃœʀ] (f. *-euse*) *s.m.* lottatore (di catch).

catéchèse [kateʃɛz] *s.f.* catechesi.

catéchiser [kateʃize] *v.tr.* catechizzare.

catéchisme [kateʃism] *s.m.* catechismo.

catéchiste [kateʃist] *s.m.* catechista.

catéchumène [katekymɛn] *s.m.* catecumeno.

catégorie [kategɔʀi] *s.f.* categoria || (*amm.*) — *de revenu, du cadastre*, classe di reddito, catastale.

catégoriel [kategɔʀjɛl] (f. *-elle*) *agg.* di categoria, settoriale.

catégorique [kategɔʀik] *agg.* categorico || *-ement* *avv.*

catégoriser [kategɔʀize] *v.tr.* categorizzare.

caténaire [katenɛʀ] *agg.* (*ferr.*) a catenaria: *suspension* —, sospensione a catenaria ♦ *s.f.* (*ferr.*) linea di contatto.

cathare [kataʀ] *agg.* e *s.m.* (*st. relig.*) cataro.

catharsis [kataʀsis] *s.f.* catarsi (*anche psic.*).

cathédrale [katedʀal] *s.f.* cattedrale || *verre* —, vetro smerigliato.

cathéter [kateter] *s.m.* (*med.*) catetere.

cathode [katɔd] *s.f.* (*fis.*) catodo (*m.*).

cathodique [katɔdik] *agg.* (*fis.*) catodico.

catholicisme [katɔlisism] *s.m.* cattolicesimo.

catholique [katɔlik] *agg.* e *s.m.* cattolico || *air pas très* —, (*fam.*) aria poco raccomandabile.

catimini, en [ɑ̃katimini] *locuz.avv.* di soppiatto, di nascosto.

cation [katjɔ̃] *s.m.* (*fis., chim.*) catione.

catogan [katɔgɑ̃] *s.m.* **1** grosso nastro (per capelli) **2** chignon basso sulla nuca.

caucasien [kɔkazjɛ̃] (f. *-enne*) **caucasique** [kɔkasik] *agg.* caucasico.

cauchemar [koʃmaʀ] *s.m.* incubo (*anche fig.*).

cauchemarder [koʃmaʀde] *v.intr.* avere degli incubi.

cauchemardesque [koʃmaʀdɛsk], **cauchemardeux** [koʃmaʀdø] (f. *-euse*) *agg.* da incubo.

cauchois [koʃwa] *agg.* della regione di Caux.

caudal [kodal] (pl. *-aux*) *agg.* caudale.

causal [kozal] (pl. *-als* e *-aux*) *agg.* causale.

causalité [kozalite] *s.f.* causalità || *lien de* —, nesso di causalità.

causant [kozɑ̃] *agg.* (*fam.*) affabile, comunicativo; (*bavard*) loquace.

cause [koz] *s.f.* **1** causa: *je suis en retard à — de lui,* sono in ritardo per colpa sua; *je te pardonne à — de ta mère,* ti perdono per riguardo a tua madre || *...et pour —,* ...e a ragione **2** (*dir.*) causa, controversia: *avoir gain de —,* vincere una causa, (*fig.*) averla vinta || *en connaissance de —,* con cognizione di causa || *en tout état de —,* in ogni caso, comunque sia || *prendre fait et — pour qqn,* difendere qlcu a spada tratta.

causer[1] [koze] *v.tr.* causare, arrecare.

causer[2] *v.intr.* conversare, chiacchierare || *— politica,* discorrere di politica.

causerie [kozʀi] *s.f.* conversazione, chiacchierata || *une — littéraire,* un incontro letterario.

causette [kozɛt] *s.f.* chiacchieratina: *faire la —,* fare quattro chiacchiere.

causeur [kozœʀ] (f. *-euse*) *agg.* loquace ♦ *s.m.* **1** conversatore **2** (*in Senegal*) conferenziere, relatore.

causeuse [kozøz] *s.f.* divanetto a due posti.

causse [kos] *s.m.* altopiano calcareo (nella Francia meridionale).

causticité [kostisite] *s.f.* causticità (*anche fig.*).

caustique [kostik] *agg.* caustico (*anche fig.*).

cauteleux [kotlø] (f. *-euse*) *agg.* (*spreg.*) sornione.

cautérisation [ko(o)teʀizasjɔ̃] *s.f.* (*med.*) cauterizzazione.

cautériser [ko(o)teʀize] *v.tr.* (*med.*) cauterizzare.

caution [kosjɔ̃] *s.f.* **1** cauzione; garanzia: *verser une —,* versare una cauzione; *sous —,* dietro cauzione || *être —, se porter — pour,* garantire, rendersi garante di || *sujet à —,* (*fig.*) poco attendibile || (*dir.*) *— bancaire,* fideiussione bancaria **2** garante (*m.*).

cautionnement [kosjɔnmɑ̃] *s.m.* garanzia (*f.*); cauzione (*f.*); (*dir.*) fideiussione (*f.*).

cautionner [kosjɔne] *v.tr.* garantire (per); appoggiare.

cavalcade [kavalkad] *s.f.* **1** (*fam.*) corsa precipitosa, galoppata **2** (*antiq.*) cavalcata.

cavalcader [kavalkade] *v.intr.* (*fam.*) correre disordinatamente, scorrazzare, galoppare.

cavale [kaval] *s.f.* (*argot*) evasione (dal carcere).

cavaler [kavale] *v.intr.* (*fam.*) correre a rotta di collo □ **se cavaler** *v.pron.* (*fam.*) darsela a gambe.

cavalerie [kavalʀi] *s.f.* (*mil.*) cavalleria || *c'est de la grosse —,* (*fam.*) è poco fine.

cavalier[1] [kavalje] (f. *-ère*) *agg.* **1** destinato ai cavalieri **2** sgarbato, insolente.

cavalier[2] *s.m.* **1** cavaliere || *faire — seul,* (*fig.*) agire da solo **2** (*agli scacchi*) cavallo **3** (*tecn.*) cavallottino, cambretta (*f.*).

cavalière [kavaljɛʀ] *s.f.* **1** cavallerizza **2** dama (di un ballerino).

cavalièrement [kavaljɛʀmɑ̃] *avv.* con troppa disinvoltura.

cave[1] [kav] *s.f.* cantina: *à la —,* in cantina; *avoir une bonne —,* avere una cantina ben fornita || *— à liqueurs,* cofanetto bar || *de la — au grenier,* da cima a fondo.

cave[2] *agg.* cavo, incavato || (*astr.*) *année —,* anno lunare di 353 giorni.

caveau [kavo] (pl. *-eaux*) *s.m.* tomba (*f.*); cripta (*f.*).

caverne [kavɛʀn] *s.f.* caverna.

caverneux [kavɛʀnø] (f. *-euse*) *agg.* cavernoso.

cavernicole [kavɛʀnikɔl] *agg.* e *s.m.* cavernicolo.

cavet [kavɛ] *s.m.* (*arch.*) cavetto, guscio.

caviar [kavjaʀ] *s.m.* caviale.

caviarder [kavjaʀde] *v.tr.* censurare (uno scritto).

caviste [kavist] *s.m.* cantiniere.

CB [sibi] (*ingl.*) *s.m.* **1** cb • Da *Citizen Band,* banda cittadina **2** baracchino (di radioamatore).

CD [sede] *s.m.* cd • Da *Compact Disc.*

ce[1] [sə]

| *sing.m.* | **ce, cet** (davanti a vocale o *h* muta); |
| *sing.f.* | **cette**; *pl.m.* e *f.* **ces** |

agg.dimostr. questo; (*per indicare lontananza nel tempo e nello spazio*) quello: *j'achèterai cette jolie bague,* comprerò questo bell'anello; *veux-tu ces livres?,* vuoi questi libri?; *cet enfant aime beaucoup la musique,* questo bambino ama molto la musica; *tu vois — village là-bas?,* vedi quel villaggio laggiù?; *à cette époque il faisait très chaud,* a quell'epoca faceva molto caldo; *je lui ai écrit une de ces lettres!,* gli ho scritto una di quelle lettere! || *— dernier,* quest'ultimo || *je le verrai cet été,* lo vedrò quest'estate, l'estate prossima; *je l'ai vu cet été,* l'ho visto l'estate scorsa || *il eut cette sensation qu'il était de trop,* ebbe la sensazione di essere di troppo || *il y a de ces gens qui...,* c'è chi... || *que prendront ces messieurs?,* che cosa prendono i signori? || *— bon François!, — cher François!,* il buon Francesco, il caro Francesco! || (*comm.*) (*par*) *cette lettre,* (con) la presente □ **ce**, *etc. ...* **-ci**, questo ecc.: **ce**, *etc. ...* **-là**, quello ecc.: *— livre-ci* et *cette photo-là,* questo libro e quella fotografia; *ces jours-ci,* in questi giorni.

ce[2] *pron.dimostr.* **1** (+ *pron.rel.*) ciò, quello: *voilà — qui m'a frappé,* ecco ciò che mi ha colpito; *pense à — que tu fais,* pensa a quello che fai; *— dont on parle,* ciò di cui si parla; *— à quoi je pense,* ciò a cui penso || *à — que je vois,* da quel che vedo || *— qu'il a dû souffrir!,* (*fam.*) quello che non ha sofferto!; *— qu'elle a changé!,* com'è cambiata! **2** (*sogg. di* être; *si apostrofa davanti a vocale o* h *muta e viene sostituito da* ç *davanti ad* a; *generalmente non si traduce*): *qui est-ce?,* chi è?; *c'est cela,* è così; *c'est celui-ci,* è questo; *"à qui est-ce?",* "C'est à moi", è mio; *c'est beau,* è stato bello; *ç'a été moi,* sono stato io; *n'est-ce pas (vrai)?,* non è vero?, nevvero?; *— doit être Jean,* deve essere Giovanni; *— ne peut* (o *ne saurait*) *être que lui,* non può essere che lui; *— n'est pas là mon idée,* non è questa la mia idea || *c'est que...,* il fatto è che...: *"Veux-tu me répondre?" "C'est que... je n'ai pas compris!", "*Vuoi rispondermi?" "È che... non ho capito!"; *— n'est pas que je veuille te contrarier, mais...,* non è che voglia contrariarti, ma... || *c'est... qui*, *c'est...* que: *c'était mon père qui m'a puni*, è stato mio padre a punirmi; *c'est moi qui ai payé*, ho pagato io; *c'est vous qui l'avez dit*, l'avete detto voi; — *sont les romans policiers que je préfère*, i romanzi gialli sono quelli che preferisco; *c'était un brave garçon que Pierre*, Piero era un bravo ragazzo || *ce n'est pas pour...*, non è per...: — *n'est pas pour te vexer, mais...*, non è per offenderti, ma...; — *n'est pas pour dire*, (*fam.*) non è per dire, non si fa per dire **3** (*letter.*): — *faisant*, — *disant*, così facendo, così dicendo; *pour* — *faire*, per fare ciò || *sur* —, (*fam.*) a questo punto: *sur* — *je vous quitte*, e con ciò vi lascio □ **à ce que** *locuz.cong.* affinché: *veille à* — *que ton style soit plus sobre*, fa' in modo che il tuo stile sia più sobrio; **ce que c'est (que)**, che cosa: *tu vois* — *que c'est que de ne pas écouter mes conseils!*, vedi che cosa vuol dire non ascoltare i miei consigli!; *je ne sais pas* — *que c'est*, non so cosa sia; — *que c'est que de nous!*, che ne sarà di noi!; **de ce que** *locuz.cong.* per il fatto che: *il se plaint de* — *qu'il n'a pas été averti*, si lamenta per il fatto che non è stato avvertito; **est-ce que** *locuz.interr.*: *est-ce que tu viens?*, vieni?; *est-ce que les autres viennent aussi?*, anche gli altri vengono?; **qu'est-ce que** (*ogg.*), **qu'est-ce qui** (*sogg.*) *locuz.interr.* che cosa: *qu'est-ce que tu veux?*, che cosa vuoi?; *qu'est-ce que c'est?*, che cos'è?; *qu'est-ce que c'est qu'une planète?*, che cosa è un pianeta?; *qu'est-ce qui te fait pleurer?*, che cosa ti fa piangere?; **si ce n'est**, eccetto, tranne: *je n'ai rencontré personne si* — *n'est le concierge*, non ho incontrato nessuno eccetto il portiere; *il n'est pas sorti si* — *n'est pour aller acheter du pain*, non è uscito tranne che per andare a comprare il pane.

céans [seɑ̃] *avv.* (*letter.*) qui, qua (dentro) || *le maître de* —, il padrone di casa.

ceci [səsi] *pron.dimostr.* questo, ciò: *écoutez, retenez bien* —, ascoltate, ricordate bene questo || *à* — *près*, pressapoco.

cécité [sesite] *s.f.* cecità.

céder [sede] (*cambia la* é *in* è *davanti a sillaba muta, eccetto al fut.indic. e al cond.*: je cède, tu cèdes, etc.; je cèderai, tu cèderas, etc.) *v.tr.* cedere || *il ne le cède en courage à personne*, non la cede a nessuno in fatto di coraggio ♦ *v.intr.* cedere.

cedex [sedeks] *s.m.* posta celere (per aziende, ecc.) • Da *Courrier d'entreprise à distribution exceptionnelle*, Posta aziendale a distribuzione accelerata.

cédille [sedij] *s.f.* (*gramm.*) cediglia.

cédrat [sedʀa] *s.m.* (*frutto*) cedro.

cèdre [sedʀ] *s.m.* (*pianta*) cedro.

cégétiste [seʒetist] *s.m.* iscritto alla CGT (*Confédération Générale du Travail*) ♦ *agg.* della CGT.

ceindre [sɛ̃dʀ] (*coniug. come* peindre) *v.tr.* (*letter.*) cingere.

ceint [sɛ̃] *part.pass.* di ceindre.

ceinture [sɛ̃tyʀ] *s.f.* **1** cintura: — *de sécurité*, cintura di sicurezza; — *de sauvetage*, cintura di salvataggio || *se serrer la* —, (*fig.*) tirare la cinghia **2** giro di vita, cintola: *jusqu'à la* —, fino alla

vita || (*sport*) *prise de* —, cintura **3** cinta (di mura) **4** circonvallazione (di Parigi): *petite*, *grande* —, circonvallazione interna, esterna.

ceinturer [sɛ̃tyʀe] *v.tr.* **1** cingere **2** (*sport*) cinturare.

ceinturon [sɛ̃tyʀɔ̃] *s.m.* cinturone.

cela [səla] *pron.dimostr.* ciò, questo; (*opposto a* ceci) quello: — *ne te regarde pas*, questo, ciò non ti riguarda; *ceci est mieux que* —, questo è meglio di quello; *qu'est-ce que c'est que* —?, che cosa è (questo)?; — *ne fait rien*, non fa niente || *à* — *près*, pressapoco || *n'est-ce que* —?, è tutto qui? || *pour* — *même*, *par* — *même*, proprio per questa ragione; *c'est* — *même*, *c'est bien* —, è proprio questo; appunto, già || — *dit*, detto ciò || — *ne tient pas a ça*, (*fam.*) non è per questa ragione || *comme* —, così, in questo modo || *comment* —?, come?, come mai? || *il y a quinze ans de* —, da allora sono trascorsi quindici anni || *est-il donc si méchant que cela?*, è dunque così cattivo? • Molto usata la forma fam. → **ça**.

céladon [seladɔ̃] *s.m.* e *agg.invar.* (color) verde pallido.

célébrant [selebʀɑ̃] *agg.* e *s.m.* (*eccl.*) celebrante.

célébration [selebʀasjɔ̃] *s.f.* celebrazione.

célèbre [selebʀ] *agg.* celebre.

célébrer [selebʀe] (*coniug. come* céder) *v.tr.* celebrare.

célébrité [selebʀite] *s.f.* celebrità.

celer [səle] (*coniug. come* semer) *v.tr.* (*letter.*) celare.

céleri [selʀi] *s.m.* sedano: *pied de* —, cespo di sedano.

céleri-rave [selʀiʀav] (pl. *céleris-raves*) *s.m.* sedano rapa.

célérité [seleʀite] *s.f.* celerità.

céleste [selest] *agg.* celeste; (*fig.*) celestiale.

célibat [seliba] *s.m.* celibato.

célibataire [selibatɛʀ] *agg.* celibe, scapolo; (*donna*) nubile ♦ *s.m.* celibe, scapolo ♦ *s.f.* nubile || *mère* —, ragazza madre.

celle(s) [sel], **celle(s)-ci** [selsi], **celle(s)-là** [sella] *pron.dimostr.f.* → **celui**.

cellier [selje] *s.m.* cantina (*f.*).

cellophane [selɔfan] *s.f.* cellofan (*m.*).

cellulaire [selylɛʀ] *agg.* cellulare || *régime* —, segregazione cellulare; *voiture*, *fourgon* —, (furgone) cellulare.

cellule [selyl] *s.f.* **1** cella: — *disciplinaire de prison*, cella di rigore || — *d'une ruche*, celletta d'alveare || (*tecn.*) — *solaire*, cella solare || — *photoélectrique*, fotocellula || — *de lecteur de disques audio*, testina di giradischi **2** cellula: — *nerveuse*, cellula nervosa || *la* — *familiale*, (*fig.*) cellula familiare.

cellulite [selylit] *s.f.* cellulite.

celluloïd [selyloid] *s.m.* celluloide (*f.*).

cellulose [selyloz] *s.f.* cellulosa.

cellulosique [selylozik] *agg.* cellulosico.

celte [selt] *agg.* celtico ♦ *s.m.* e *f.* celta (*li*) *les Celtes*, i celti.

celtique [seltik] *agg.* e *s.m.* celtico.

celui [səlᶣi]

sing.m. **celui**; *sing.f.* **celle**; *pl.m.* **ceux**; *pl.f.* **celles**

pron.dimostr. **1** quello: *prends — de gauche*, prendi quello di sinistra; *tes problèmes sont ceux de tous les jeunes gens*, i tuoi problemi sono quelli di tutti i giovani; *quelle tarte veux-tu, celle aux cerises ou celle aux pommes?*, che torta vuoi, quella di ciliege o quella di mele? **2** (+ *pron.rel.*) quello, colui; *(riferito a cosa)* quello: *ceux qui le veulent peuvent venir*, coloro che lo desiderano possono venire; *cette fille n'est pas celle dont je te parlais hier*, questa ragazza non è quella di cui ti parlavo ieri; *ceux d'entre vous qui n'ont pas compris sont priés de le dire*, chi di voi non ha capito è pregato di dirlo; *cette revue n'est pas celle que je cherche*, questa rivista non è quella che cercavo; *il faisait — qui ne sait rien*, faceva finta di non sapere niente □ **celui-ci**, *etc.*, questo (qui); **celui-là**, *etc.*, quello (là): *ceux-ci sont plus beaux que celles-là*, questi (qui) sono più belli di quelle (là); *celui-là veut toujours avoir raison*, (*spreg.*) quello vuol sempre aver ragione; *c'est celui-là même que j'ai connu à la mer*, è proprio quello che ho conosciuto al mare; *celle-là, c'est la meilleure!*, (*fam.*) questa sì che è buona! || *ah, celle-là, est bien bonne!*, (*fam.*) questa sì che è buona!

cénacle [senakl] *s.m.* cenacolo *(anche fig.)*.

cendre [sᾶdʀ] *s.f.* cenere || *les Cendres*, (*eccl.*) le Ceneri.

cendré [sᾶdʀe] *agg.* (colore) grigio cenere, cenerino: *blond —*, biondo cenere || *lumière cendrée*, luce cinerea.

cendrier [sᾶdʀije] *s.m.* portacenere.

cène [sεn] *s.f.* (*eccl.*) **1** (*relig.*) *la Cène*, l'Ultima Cena || *la 'Cène' de Léonard de Vinci*, il 'Cenacolo' di Leonardo **2** Cena santa (la comunione dei protestanti).

cénobite [senɔbit] *s.m.* cenobita.

cénotaphe [senɔtaf] *s.m.* cenotafio.

cens [sᾶs] *s.m.* (*ant.*) censo.

censé [sᾶse] *agg.* presunto, supposto: *vous êtes censés le savoir*, siete tenuti a saperlo; *il est — partir demain*, dovrebbe partire domani.

censément [sᾶsemᾶ] *avv.* presumibilmente; apparentemente.

censeur [sᾶsœʀ] *s.m.* **1** censore (*anche fig.*) **2** (nei licei francesi) funzionario responsabile della disciplina, vicepreside.

censure [sᾶsyʀ] *s.f.* censura || (*pol.*) *motion de —*, mozione di sfiducia.

censurer [sᾶsyʀe] *v.tr.* censurare || (*pol.*) *— le gouvernement*, votare la sfiducia al governo.

cent [sᾶ] *agg.num.card.* e *s.m.* cento: *— francs*, *deux cents francs*, *deux — quarante francs*, cento, duecento, duecentoquaranta franchi; *à — contre un*, (in) cento contro uno, (*pari*) cento a uno; *réduction de 15 pour —*, sconto del 15 per cento; *dix pour — de*, il dieci per cento || *— pour —*, (al) cento per cento || *faire les quatre cents coups*, farne di cotte e di crude || *être aux — coups*, non saper più dove sbattere la testa.

centaine [sᾶtεn] *s.f.* centinaio (*m.*) || *par centaines*, a centinaia.

centaure [sᾶtɔʀ] *s.m.* centauro.

centaurée [sᾶtɔʀe] *s.f.* (*bot.*) centaurea.

centenaire [sᾶtnεʀ] *agg.* e *s.m.* centenario.

centésimal [sᾶtezimal] (pl. *-aux*) *agg.* centesimale.

centi- *pref.* centi-

centième [sᾶtjεm] *agg.num.ord.* e *s.m.* centesimo.

centigrade [sᾶtigʀad] *agg.* e *s.m.* centigrado.

centigramme [sᾶtigʀam] *s.m.* centigrammo.

centilitre [sᾶtilitʀ] *s.m.* centilitro.

centime [sᾶtim] *s.m.* centesimo.

centimètre [sᾶtimεtʀ] *s.m.* centimetro.

centrafricain [sᾶtʀafʀikε̃] *agg.* e *s.m.* centroafricano.

centrage [sᾶtʀaʒ] *s.m.* (*mecc., tecn.*) centratura (*f.*), centraggio: *— d'un avion*, centramento di un aereo || *à — automatique*, autocentrante.

central[1] [sᾶtʀal] (pl. *-aux*) *agg.* centrale.

central[2] *s.m.* (*tel.*) centrale (*f.*).

centrale [sᾶtʀal] *s.f.* **1** centrale || (*comm.*) *— d'achats*, unità d'acquisti centralizzata || *— d'alarme*, centralina d'allarme **2** confederazione nazionale dei sindacati.

centré [sᾶtʀe] *agg.* centrato; (*fig.*) incentrato.

centre-européen [sᾶtʀɔʀɔpeε̃] (f. *centre-européenne*, pl. *centre-européens*) *agg.* centroeuropeo, mitteleuropeo.

centrer [sᾶtʀe] *v.tr.* centrare; (*fig.*) imperniare.

centrifugation [sᾶtʀifygasjɔ̃] *s.f.* centrifugazione.

centrifuge [sᾶtʀifyʒ] *agg.* centrifugo.

centrifuger [sᾶtʀifyʒe] (*coniug. come* manger) *v.tr.* centrifugare.

centrifugeur [sᾶtʀifyʒœʀ] *s.m.*, **centrifugeuse** [sᾶtʀifyʒøz] *s.f.* centrifuga (*f.*).

centripète [sᾶtʀipεt] *agg.* centripeto.

centrisme [sᾶtʀism] *s.m.* centrismo.

centriste [sᾶtʀist] *agg.* e *s.m.* centrista.

centre [sᾶtʀ] *s.m.* centro: *habiter au —*, abitare in centro; *— d'accueil des réfugiés*, centro d'accoglienza profughi; *— d'accueil des jeunes*, centro sociale (per giovani) || *le — de la question*, (*fig.*) il punto focale del problema.

centuple [sᾶtypl] *agg.* e *s.m.* centuplo || *au —*, centuplicato.

centupler [sᾶtyple] *v.tr.* centuplicare ♦ *v.intr.* centuplicarsi: *le profit a centuplé*, l'utile si è centuplicato.

centurion [sᾶtyʀjɔ̃] *s.m.* (*st.*) centurione.

cep [sεp] *s.m.* ceppo.

cépage [sepaʒ] *s.m.* vitigno.

cèpe [sεp] *s.m.* (*bot. pop.*) (fungo) porcino.

cependant [səpãdã] *avv.* tuttavia, però; eppure.

céphalique [sefalik] *agg.* cefalico.

céphalopode [sefalɔpɔd] *s.m.* (*zool.*) cefalopode.

céramique [seʀamik] *agg.* ceramico ♦ *s.f.* ceramica || — *dentaire*, porcellana dentaria.

céramiste [seʀamist] *s.m.* ceramista.

cerbère [sɛʀbɛʀ] *s.m.* (*fig.*) cerbero.

cerceau [sɛʀso] (pl. -*eaux*) *s.m.* cerchio.

cerclage [sɛʀklaʒ] *s.m.* **1** cerchiatura (*f.*) **2** (*med.*) cerchiaggio.

cercle [sɛʀkl] *s.m.* **1** cerchio **2** (*geogr.*) circolo **3** (*fig.*) cerchia (*f.*): *le — de la famille*, la cerchia familiare **4** circolo, club **5** (*inform.*) anello.

cercler [sɛʀkle] *v.tr.* cerchiare.

cercopithèque [sɛʀkɔpitɛk] *s.m.* cercopiteco.

cercueil [sɛʀkœj] *s.m.* bara (*f.*), feretro.

céréale [seʀeal] *agg.* cereale ♦ *s.f.* cereale (*m.*).

céréalier [seʀealje] (f. -*ère*) *agg.* cerealicolo ♦ *s.m.* cerealicoltore.

cérébral [seʀebʀal] (pl. -*aux*) *agg.* cerebrale.

cérébro-spinal [seʀebʀɔspinal] (pl. *cérébro-spinaux*) *agg.* (*anat.*) cerebrospinale.

cérémonial [seʀemɔnjal] (pl. -*als*) *s.m.* cerimoniale.

cérémonie [seʀemɔni] *s.f.* cerimonia || *faire des cérémonies*, fare complimenti.

cérémonieux [seʀemɔnjø] (f. -*euse*) *agg.* cerimonioso || -**eusement** *avv.*

cerf [sɛʀ] *s.m.* cervo.

cerfeuil [sɛʀfœj] *s.m.* (*bot.*) cerfoglio.

cerf-volant [sɛʀvɔlã] (pl. *cerfs-volants*) *s.m.* **1** aquilone **2** (*zool.*) cervo volante.

cerise [səʀiz] *s.f.* ciliegia || (*in Africa*) — (*de café*), bacca del caffè ♦ *agg.invar.* (color) rosso ciliegia.

cerisier [səʀizje] *s.m.* ciliegio.

cerne [sɛʀn] *s.m.* **1** occhiaia (*f.*) **2** contorno (di disegno ecc.).

cerné [sɛʀne] *agg.*: *yeux cernés*, occhi cerchiati.

cerneau [sɛʀno] (pl. -*eaux*) *s.m.* gheriglio.

cerner [sɛʀne] *v.tr.* **1** accerchiare || — *un problème*, circoscrivere un problema **2** delineare i contorni (di) **3** circondare (di un alone ecc.).

certain¹ [sɛʀtɛ̃] *agg.* certo, sicuro ♦ *s.m.* cosa certa, il certo; (*fin.*) certo (quotazione).

certain² *agg.indef.* certo ♦ *pron.indef.pl.* certi, taluni, alcuni: *certains pensent que...*, certi, alcuni pensano che...; *certains, certaines d'entre nous, vous* (o *de nous, de vous*) taluni, talune di noi, di voi; qualcuno, qualcuna di voi, di noi.

certainement [sɛʀtɛnmã] *avv.* certamente, certo.

certes [sɛʀt] *avv.* certamente, certo.

certificat [sɛʀtifika] *s.m.* **1** certificato; attestato:— *de travail*, dichiarazione d'impiego del datore di lavoro; — *d'études*, diploma; — *d'études primaires élémentaires*, licenza elementare; — *d'aptitude pédagogique*, abilitazione all'insegnamento elementare; — *de bonne vie et mœurs*, certificato di buona condotta **2** diploma.

certification [sɛʀtifikasjɔ̃] *s.f.* autenticazione.

certifié [sɛʀtifje] *agg.* **1** (*professeur*) —, (professore) abilitato **2** *chèque* —, assegno coperto da

garanzia bancaria **3** *copie certifiée conforme*, copia conforme autenticata.

certifier [sɛʀtifje] *v.tr.* **1** attestare, certificare **2** (*dir.*) autenticare **3** dichiarare, affermare.

certitude [sɛʀtityd] *s.f.* certezza, sicurezza.

cérumen [seʀymɛn] *s.m.* cerume.

céruse [seʀyz] *s.f.* biacca, cerussa.

cerveau [sɛʀvo] (pl. -*eaux*) *s.m.* cervello || *il a le* — *dérangé*, (*fam.*) è tocco nel cervello || *c'est un* (*puissant*) —!, è un cervellone!

cervelas [sɛʀvəla] *s.m.* (*cuc.*) cervellata (*f.*).

cervelet [sɛʀvəlɛ] *s.m.* (*anat.*) cervelletto.

cervelle [sɛʀvɛl] *s.f.* **1** (*anat.*) materia cerebrale **2** cervello (*m.*) || *se creuser la* —, scervellarsi.

cervical [sɛʀvikal] (pl. -*aux*) *agg.* cervicale.

ces [se; sez, *davanti a vocale e* h *muta*] *agg.dimostr.* e.f.pl. → **ce**.

césar [sezaʀ] *s.m.* **1** (*st.*) cesare **2** *César* (premio annuale del cinema francese).

césarienne [sezaʀjɛn] *s.f.* taglio cesareo.

cessant [sesã] *agg. usato solo nella locuz.: toute(s) affaire(s) cessante(s)*, sospesa ogni altra attività; subito, immediatamente.

cessation [sesasjɔ̃] *s.f.* cessazione.

cesse [sɛs] *s.f.* sosta; tregua: *il n'aura pas de* — *qu'il n'obtienne ce travail*, non desistera finché non avrà quel lavoro; *sans* —, senza sosta.

cesser [sese] *v.tr.* smettere; interrompere: *il a cessé le travail*, ha smesso di lavorare || *ne pas* — *de*, continuare a ♦ *v.intr.* cessare: *le bruit a cessé*, il rumore è cessato; *il n'a pas cessé de pleuvoir*, non ha smesso di piovere.

cessez-le-feu [seselfø] (pl. *invar.*) *s.m.* cessate il fuoco.

cessible [sesibl] *agg.* cedibile: *titres cessibles*, titoli commerciabili.

cession [sesjɔ̃] *s.f.* cessione.

cessionnaire [sesjɔnɛʀ] *s.m.* (*dir.*) cessionario.

c'est-à-dire [sɛtadiʀ] *locuz.cong.* cioè, vale a dire.

césure [sezyʀ] *s.f.* cesura.

cet [sɛt] *agg.dimostr.m.sing.* → **ce**.

cétacé [setase] *s.m.* (*zool.*) cetaceo.

cétoine [setwan] *s.f.* (*zool.*) cetonia.

cétone [setɔn] *s.f.* (*chim.*) chetone (*m.*).

cette [sɛt] *agg.dimostr.f.sing.* → **ce**.

ceux [sø], **ceux-ci** [søsi], **ceux-là** [søla], *pron.dimostr.m.pl.* → **celui**.

cévenol [sevnɔl] *agg.* delle Cevenne.

ceylanais [sɛlanɛ] *agg.* e *s.m.* singalese.

chabichou [ʃabiʃu] *s.m.* formaggio caprino del Poitou.

chabler [ʃable] *v.tr.* bacchiare (noci ecc.).

chablis [ʃabli] *s.m.* vino bianco della zona di Chablis.

chacal [ʃakal] (pl. -*als*) *s.m.* sciacallo.

chacun [ʃakœ̃] *pron.indef.* **1** ciascuno, ognuno: *l'intérêt de* —, l'interesse di ciascuno, del singolo; — *de vous, d'eux* (o *d'entre vous, d'entre eux*), ciascuno di voi, di loro; *il faisait des pauses entre chacune de ses phrases*, faceva delle pause tra una frase e l'altra, dopo ogni frase || — *sa chacune*, (*fam.*) ogni ragazzo con la sua ragazza || *tout un*

—, (*letter.*) ciascuno, ognuno 2 (*l'unità*) cadauno, l'uno: *ces œufs coûtent 300 lires* —, queste uova costano 300 lire cadauna, l'una 3 tutti (*pl.*): — *le dit*, tutti lo dicono; *dans une petite ville* — *se connaît*, in una città piccola tutti si conoscono.

chafouin [ʃafwɛ̃] *agg.* e *s.m.* sornione.

chagrin[1] [ʃagrɛ̃] *agg.* triste: *un esprit* —, una natura pessimista ♦ *s.m.* dispiacere; tristezza (*f.*): *avoir du* —, essere triste; — *d'amour*, pena d'amore.

chagrin[2] *s.m.* zigrino || *peau de* —, (*fig.*) bene effimero.

chagriner[1] [ʃagrine] *v.tr.* addolorare, rattristare.

chagriner[2] *v.tr.* zigrinare (pellame ecc.).

chah [ʃa] *s.m.* → **schah**.

chahut [ʃay] *s.m.* (*fam.*) baccano, cagnara (*f.*).

chahuter [ʃayte] *v.intr.* (*fam.*) far baccano ♦ *v.tr.* (*fam.*) 1 impedire (a qlcu) di parlare facendo baccano 2 maltrattare.

chahuteur [ʃaytœR] (f. *-euse*) *s.m.* chiassone.

chaîne [ʃɛn] *s.f.* 1 catena (*anche fig.*): — *de montage*, catena di montaggio; *travailler à la* —, lavorare a catena 2 (*inform.*) stringa 3 (*geogr.*) catena 4 (*di un tessuto*) ordito (*m.*) 5 (*tv*) canale (*m.*), rete 6 (*elettr.*, *rad.*) impianto stereo.

chaînette [ʃenɛt] *s.f.* catenella.

chaînon [ʃenɔ̃] *s.m.* anello (di catena).

chair [ʃɛR] *s.f.* 1 carne (*anche fig.*) || *être bien en* —, essere in carne; — *en et os*, in carne e ossa || *j'en ferai de la* — *à pâté*, (*fam.*) ne farò polpette 2 (*estens.*) polpa.

chaire [ʃɛR] *s.f.* 1 cattedra 2 (*eccl.*) pulpito (*m.*).

chaise [ʃɛz] *s.f.* sedia: — *longue*, sedia a sdraio; — *haute*, — *d'enfant*, seggiolone; — *à bascule*, sedia a dondolo; — *percée*, seggetta; — *à porteurs*, portantina || — *de poste*, diligenza || *entre deux chaises*, (*fig.*) in situazione precaria.

chaisier [ʃezje] (f. *-ière*) *s.m.* chi affitta sedie.

chaland [ʃalɑ̃] *s.m.* chiatta (*f.*).

chalcographie [kalkɔgRafi] *s.f.* calcografia.

châle [ʃal] *s.m.* scialle || *col* —, collo a scialle.

chalet [ʃalɛ] *s.m.* chalet, villino.

chaleur [ʃalœR] *s.f.* calore (*m.*), caldo (*m.*).

chaleureux [ʃalœRø] (f. *-euse*) *agg.* caloroso: *ami* —, amico affettuoso || **-eusement** *avv.*

châlit [ʃali] *s.m.* telaio del letto, lettiera (*f.*).

challenge [ʃalɑ̃ʒ] *s.m.* (*sport*) sfida (*f.*).

challenger [ʃalɑ̃ʒœR] *s.m.* (*sport*) sfidante.

chalonnais [ʃalɔnɛ] *agg.* di Chalon-sur-Saône.

chaloupe [ʃalup] *s.f.* scialuppa.

chaloupé [ʃalupe] *agg.* ondeggiante.

chalumeau [ʃalymo] (pl. *-eaux*) *s.m.* cannello.

chalut [ʃaly] *s.m.* (*pesca*) sciabica (*f.*).

chalutier [ʃalytje] *s.m.* (*mar.*) motopeschereccio.

chamade [ʃamad] *s.f.* (*st. mil.*) segnale di resa || *cœur qui bat la* —, (*fig.*) avere il cuore in gola.

chamaillerie [ʃamɑjRi] *s.f.* battibecco (*m.*), baruffa.

chamailler, se [səʃamɑje] *v.pron.* (*fam.*) accapigliarsi.

chamailleur [ʃamɑjœR] [ʃamajœR] (f. *-euse*) *agg.* e *s.m.* (*fam.*) attaccabrighe.

chamarrer [ʃamaRe] *v.tr.* gallonare; (*fig.*) decorare con fronzoli.

chamarrure [ʃamaRyR] *s.f.* (*spreg.*) fronzoli (*m.pl.*).

chambard [ʃɑ̃baR] *s.m.* (*fam.*) baccano.

chambardement [ʃɑ̃baRdəmɑ̃] *s.m.* trambusto, scompiglio.

chambarder [ʃɑ̃baRde] *v.tr.* buttare all'aria.

chambellan [ʃɑ̃be(ɛl)lɑ̃] *s.m.* ciambellano.

chambérien [ʃɑ̃beRjɛ̃] (f. *-enne*) *agg.* di Chambéry.

chambouler [ʃɑ̃bule] *v.tr.* (*fam.*) buttare all'aria.

chambranle [ʃɑ̃bRɑ̃l] *s.m.* stipite.

chambre [ʃɑ̃bR] *s.f.* 1 camera: — *à coucher*, camera da letto; — *d'ami*, camera degli ospiti; *femme de* —, cameriera; *garder la* —, rimanere in camera (per indisposizione); *faire* — *à part*, (*di coniugi*) dormire in camere separate || — *froide*, cella frigorifera || (*banca*) — *forte*, caveau || *Chambre* (*des députés*), Camera (dei deputati) || *Chambre des notaires*, collegio notarile || (*econ.*) — *de compensation*, stanza di compensazione || (*tecn.*) — *à combustion*, camera di combustione || — *à air*, camera d'aria 2 (*dir.*) sezione (di una corte ecc.): — *correctionnelle*, sezione penale; — *d'accusation*, sezione istruttoria.

chambrée [ʃɑ̃bRe] *s.f.* camerata.

chambrer [ʃɑ̃bRe] *v.tr.* portare a temperatura ambiente (un vino) ♦ *v.intr.* (*in Canada*) abitare in una camera in affitto.

chambrette [ʃɑ̃bRɛt] *s.f.* cameretta.

chameau [ʃamo] (pl. *-eaux*) *s.m.* 1 (*zool.*) cammello || (*in Africa*) *lancer un* —, fare un errore (di lingua) 2 (*fam.*) carogna (*f.*).

chamelier [ʃamlje] *s.m.* cammelliere.

chamelle [ʃamɛl] *s.f.* (*zool.*) cammella.

chamois [ʃamwa] *s.m.* camoscio || *peau de* —, pelle di daino.

chamoisage [ʃamwazaʒ] *s.m.* scamosciatura (*f.*).

chamoniard [ʃamɔnjaR] *agg.* di Chamonix.

champ [ʃɑ̃] *s.m.* 1 campo || *à tout bout de* —, (*fam.*) a ogni piè sospinto || *mourir au* — *d'honneur*, morire sul campo di battaglia || *battre aux champs*, suonare gli onori militari || — *d'un microscope*, campo ottico di un microscopio || *prendre du* —, arretrare (per vedere meglio), (*fig.*) considerare obiettivamente || *laisser le* — *libre*, ritirarsi, (*fig.*) lasciar libero il campo || *prendre la clef des champs*, tagliare la corda 2 (*fig.*) campo, ambito: — *d'action*, sfera di attività.

champagne [ʃɑ̃paɲ] *s.m.* champagne: — *frappé*, champagne in ghiaccio || *fine* —, acquavite di qualità superiore prodotta nelle Charentes.

champagnisation [ʃɑ̃paɲizasjɔ̃] *s.f.* (*enol.*) spumantizzazione.

champagniser [ʃɑ̃paɲize] *v.tr.* preparare i vini spumanti secondo il metodo champenois.

champenois [ʃɑ̃pənwa] *agg.* della Champagne || *méthode champenoise*, metodo champenois.

champêtre [ʃɑ̃pɛtR] *agg.* campestre.

champignon [ʃɑ̃piɲɔ̃] *s.m.* 1 fungo: — *de couche*, *de Paris*, fungo coltivato; *aller* *aux champignons*, andare a, per funghi || — *d'un porte-manteau*, pomo di un attaccapanni **2** *(fam.)* acceleratore: *appuyer sur le* —, premere l'acceleratore.

champignonnière [ʃãpiɲɔnjɛʀ] *s.f.* fungaia.

champion [ʃãpjɔ̃] (f. -*onne*) *s.m.* campione: *championne de natation*, campionessa di nuoto || *c'est* —!, *(fam.)* è fantastico!

championnat [ʃãpjɔna] *s.m.* campionato.

chance [ʃãs] *s.f.* **1** fortuna; sorte: *courir sa* —, tentare la sorte; *avoir de la* —, aver fortuna, essere fortunato; *coup de* —, colpo di fortuna || *en voilà une* —!, ecco una bella fortuna!; *pas de* —!, che scalogna! **2** *(spec.pl.)* probabilità; possibilità: *donner sa* — *à qqn*, dare a qlcu un'opportunità.

chancelant [ʃãslã] *agg.* vacillante, malfermo.

chanceler [ʃãsle] *(coniug. come* appeler) *v.intr.* vacillare, barcollare *(anche fig.).*

chancelier [ʃãsəlje] *s.m.* cancelliere.

chancellerie [ʃãsɛlʀi] *s.f.* cancelleria.

chanceux [ʃãsø] (f. -*euse*) *agg.* fortunato.

chancre [ʃãkʀ] *s.m.* **1** *(med.)* ulcera *(f.)* **2** *(fig.)* flagello, cancro; *(bot.)* cancro.

chandail [ʃãdaj] *s.m.* maglione.

chandeleur [ʃãdlœʀ] *s.f. (relig.)* Candelora.

chandelier [ʃãdəlje] *s.m.* candeliere.

chandelle [ʃãdɛl] *s.f.* **1** candela || *(aer.) monter en* —, salire a candela || *(fig.): brûler la* — *par les deux bouts*, spendere troppo; *tenir la* —, tenere il moccolo || *des économies de bouts de chandelles*, economie meschine || *en voir trente-six chandelles*, *(fam.)* vedere le stelle || *devoir une fière* — *à qqn*, dovere della gratitudine a qlcu **2** *(tennis)* lob *(m.)*, pallonetto *(m.).*

chanfreiner [ʃãfʀene] *v.tr. (tecn.)* cianfrinare.

change [ʃãʒ] *s.m.* **1** cambio, scambio || *lettre de* —, cambiale || *donner le* — *à qqn*, *(fig.)* imbrogliare qlcu **2** — *complet*, pannolino mutandina (per neonato).

changeable [ʃãʒabl] *agg.* mutabile.

changeant [ʃãʒã] *agg.* mutevole, incostante; *(d'une couleur)* cangiante.

changement [ʃãʒmã] *s.m.* cambiamento, cambio: *(aut.)* — *de vitesse*, cambio di velocità || *(mar.)* — *(de route, de cap)*, inversione di rotta.

changer [ʃãʒe] *(coniug. come* manger) *v.tr.* **1** cambiare: — *des dollars contre des francs*, cambiare dei dollari in franchi **2** — *de*, cambiare: — *de train*, cambiare treno; — *de coiffure*, cambiare pettinatura || — *de visage, de couleur*, *(fig.)* cambiar colore ♦ *v.intr.* cambiare: *les choses ont changé*, le cose sono cambiate; *le temps change*, il tempo sta cambiando || ...*et, pour* —, ...e, tanto per cambiare... □ **se changer** *v.pron.* cambiarsi.

changeur [ʃãʒœʀ] *s.m.* **1** cambiavalute **2** distributore automatico (di moneta, gettoni) **3** cambiadischi automatico.

channe [ʃan] *s.f. (in Svizzera)* brocca in stagno.

chanoine [ʃanwan] *s.m. (eccl.)* canonico.

chanson [ʃãsɔ̃] *s.f.* canzone || — *à boire*, canto d'osteria || *(lett.)* — *de geste*, canzone di gesta ||

c'est toujours la même —!, è sempre la stessa musica!

chansonnette [ʃãsɔnɛt] *s.f.* canzonetta.

chansonnier [ʃãsɔnje] (f. -*ère*) *s.m.* chansonnier (autore ed esecutore di canzoni umoristiche o satiriche).

chant[1] [ʃã] *s.m.* canto.

chant[2] *s.m.: de* —, di taglio.

chantage [ʃãtaʒ] *s.m.* ricatto: *lettre de* —, lettera ricattatoria; *faire du* — *à qqn*, ricattare qlcu.

chantant [ʃãtã] *agg.* musicale: *accent* —, accento cantilenante; *air* —, motivo orecchiabile.

chanter [ʃãte] *v.tr.* e *intr.* cantare: — *juste, faux*, essere intonato, stonato || *faire* — *qqn*, *(fam.)* ricattare qlcu || *(fam.)*: *si ça te chante*, se ti va; *qu'est-ce que tu nous chantes!*, ma cosa vai dicendo!; — *sur tous les tons*, dire, ripetere in mille modi || *la bouilloire chante*, il bollitore sta fischiando.

chanterelle[1] [ʃãtʀɛl] *s.f. (di violino)* cantino *(m.).*

chanterelle[2] *s.f. (bot.)* gallinaccio *(m.).*

chanteur [ʃãtœʀ] (f. -*euse*) *s.m.* cantante: — *de charme*, cantante melodico ♦ *agg.* canoro.

chanteuse [ʃãtøz] *s.f.* cantante.

chantier [ʃãtje] *s.m.* cantiere || *quel* —!, *(fam.)* che baraonda!

chantilly [ʃãtiji] *s.f.* panna montata, dolce.

chantonner [ʃãtɔne] *v.tr.* e *intr.* canticchiare, canterellare.

chantourner [ʃãtuʀne] *v.tr.* intagliare.

chantre [ʃãtʀ] *s.m.* cantore.

chanvre [ʃãvʀ] *s.m.* canapa *(f.).*

chaos [kao] *s.m.* caos *(anche fig.).*

chaotique [kaɔtik] *agg.* caotico.

chaparder [ʃapaʀde] *v.tr. (fam.)* rubacchiare.

chapardeur [ʃapaʀdœʀ] (f. -*euse*) *s.m. (fam.)* ladruncolo ♦ *agg.* con tendenza a rubacchiare.

chape [ʃap] *s.f.* **1** *(eccl.)* piviale *(m.)* **2** *(tecn.)* copertura || *(aut.)* — *d'un pneu*, battistrada **3** *(mecc.)* giunto *(m.)* a orchetta **4** *(edil.)* cappa.

chapeau [ʃapo] (pl. -*eaux*) *s.m.* **1** cappello: — *mou*, lobbia; — *de cardinal*, galero || *un coup de* —, una scappellata || —!, tanto di cappello!; *tirer son* — *à qqn*, levarsi tanto di cappello davanti a qlcu || *on lui fait toujours porter le* —, *(fam.)* gli danno sempre la colpa || *travailler du* —, *(fam.)* dare i numeri **2** *(bot.)* cappella (di fungo) **3** *(tecn.)* copertura *(f.)*, coperchio: *prendre un virage sur les chapeaux de roue*, prendere una curva su due ruote.

chapeauté [ʃapote] *agg.* col cappello in testa.

chapeauter [ʃapote] *v.tr.fam.* **1** mettere il cappello (a) **2** capeggiare, essere a capo di.

chapelain [ʃaplɛ̃] *s.m.* cappellano.

chapelet [ʃaplɛ] *s.m.* **1** rosario **2** *(estens.)* (s)filza *(f.)* || *un* — *d'oignons*, una resta di cipolle.

chapelier [ʃapəlje] (f. -*ère*) *s.m.* cappellaio ♦ *agg.: industrie chapelière*, industria di cappelli.

chapelle [ʃapɛl] *s.f.* **1** cappella || — *ardente*, camera ardente **2** *(fig.)* cricca: — *littéraire*, cenacolo letterario || *esprit de* —, spirito di clan.

chapelure [ʃaplyʀ] *s.f.* pangrattato *(m.).*

chaperon [ʃapʀɔ̃] *s.m.* **1** cappuccio || *(lett.) 'le*

Petit Chaperon rouge', 'Cappuccetto Rosso' **2** chaperon (chi introduce in un ambiente nuovo).

chaperonner [ʃaprɔne] *v.tr.* fare da chaperon.

chapiteau [ʃapito] (pl. *-eaux*) *s.m.* **1** (*arch.*) capitello **2** tendone (da circo); (*estens.*) circo.

chapitre [ʃapitʀ] *s.m.* **1** capitolo **2** (*eccl.*) capitolo || *avoir voix au —*, (*fig.*) aver voce in capitolo **3** (*fig.*) argomento || *au — de, sur le — de*, a proposito di, riguardo a, in fatto di.

chapitrer [ʃapitʀe] *v.tr.* redarguire.

chapka [ʃapka] *s.f.* berretto di pelliccia con paraorecchi.

chapon [ʃapɔ̃] *s.m.* cappone.

chaptalisation [ʃaptalizasjɔ̃] *s.f.* (*enol.*) zuccheraggio (*m.*).

chaque [ʃak] *agg.indef.invar.* ogni (*invar.*), ciascuno: *— fois qu'il vient*, ogni volta che viene; *— article sera examiné*, ogni (singolo) articolo sarà esaminato; *entre — pilier il y avait une statue*, tra un pilastro e l'altro c'era una statua || *— trente secondes*, (*fam.*) ogni trenta secondi ♦ *pron.* (*fam.*) ciascuno: *ces cravates coûtent cinquante mille lires —*, queste cravatte costano cinquantamila lire ciascuna.

char [ʃaʀ] *s.m.* **1** carro: *— à foin*, carro da fieno; *— de carnaval*, carro allegorico; (*mil.*) *— de combat, d'assaut*, carro armato || *— à voile*, windsurf (da terra o da ghiaccio) || (*fam.*) *arrête ton —!*, smettila! **2** (*in Canada*) automobile.

charabia [ʃaʀabja] *s.m.* (*fam.*) linguaggio incomprensibile.

charade [ʃaʀad] *s.f.* sciarada (*anche fig.*).

charançon [ʃaʀɑ̃sɔ̃] *s.m.* punteruolo del grano.

charbon [ʃaʀbɔ̃] *s.m.* **1** carbone: *— de terre, de bois*, carbon fossile, carbonella || *aller au —*, (*fam.*) rimboccarsi le maniche || (*dessin au*) *—*, (disegno a) carboncino **2** (*med., vet.*) carbonchio; (*agr.*) carbone.

charbonnage [ʃaʀbɔnaʒ] *s.m.* miniera di carbone.

charbonneux [ʃaʀbɔnø] (f. *-euse*) *agg.* **1** nero come il carbone: *œil —*, occhio pesantemente truccato di nero **2** (*med., vet.*) carbonchioso.

charbonnier [ʃaʀbɔnje] (f. *-ère*) *agg.* carboniero ♦ *s.m.* **1** carbonaio || *noir comme un —*, nero come uno spazzacamino **2** (nave) carboniera (*f.*).

charcuter [ʃaʀkyte] *v.tr.* (*fam.*) massacrare (nelle operazioni chirurgiche).

charcuterie [ʃaʀkytʀi] *s.f.* **1** salumeria **2** salumi affettati (*m.pl.*).

charcutier [ʃaʀkytje] (f. *-ère*) *s.m.* salumiere, pizzicagnolo.

chardon [ʃaʀdɔ̃] *s.m.* (*bot.*) cardo.

chardonay, chardonnay [ʃaʀdɔnɛ] *s.m.* vitigno della Champagne e della Côte d'Azur.

chardonneret [ʃaʀdɔnʀe] *s.m.* (*zool.*) cardellino.

charentais [ʃaʀɑ̃tɛ] *agg.* della Charente.

charge [ʃaʀʒ] *s.f.* **1** carico (*m.*): *être à la — de qqn*, essere a carico di qlcu || *à — de revanche*, a buon rendere **2** *pl.* oneri (*m.*): *les charges de l'État*, la spesa pubblica || *les charges*, le spese condominiali || *prendre les frais à sa —*, farsi carico delle spese || *opération prise en — par la Sécurité Sociale*, operazione rimborsata dalla mutua **3** incarico (*m.*) **4** (*dir.*) indizio a carico **5** *— (d'explosif)*, carica di esplosivo **6** caricatura, satira **7** (*mil., sport*) carica.

chargé [ʃaʀʒe] *agg.* carico (*anche fig.*), caricato || *— de famille*, responsabile di una famiglia || (*med. fam.*): *langue chargée*, lingua sporca; *estomac —*, stomaco ingombro || *portrait —*, ritratto caricaturale || *lettre chargée*, lettera assicurata ♦ *s.m.* incaricato, addetto: *— de cours*, (professore) incaricato; *— des achats*, addetto agli acquisti.

chargement [ʃaʀʒəmɑ̃] *s.m.* **1** caricamento **2** carico.

charger [ʃaʀʒe] (*coniug. come* manger) *v.tr.* **1** caricare **2** *— de*, incaricare **3** (*accuser*) imputare **4** assicurare, raccomandare (una lettera) □ **se charger** *v.pron.* incaricarsi: *je m'en charge*, ci penso io || (*comm.*) *se — d'une dette*, assumersi, addossarsi un debito.

chargeur [ʃaʀʒœʀ] *s.m.* **1** caricatore **2** (*elettr.*) alimentatore **3** (*mar.*) spedizioniere.

chargeuse [ʃaʀʒøz] *s.f.* (*tecn. miner.*) caricatrice.

chariot [ʃaʀjo] *s.m.* **1** carrello: *— à bagages*, carrello portabagagli **2** carretto, carro || (*astr.*) *Grand, Petit Chariot*, Grande, Piccolo Carro.

charisme [kaʀism] *s.m.* carisma.

charitable [ʃaʀitabl] *agg.* caritatevole; indulgente || *œuvre —*, opera pia.

charitablement [ʃaʀitabləmɑ̃] *avv.* in modo caritatevole.

charité [ʃaʀite] *s.f.* carità.

charivari [ʃaʀivaʀi] *s.m.* (*fam.*) cagnara (*f.*), fracasso.

charlatan [ʃaʀlatɑ̃] *s.m.* ciarlatano.

charlatanisme [ʃaʀlatanism] *s.m.* ciarlataneria (*f.*).

charlotte [ʃaʀlɔt] *s.f.* (*cuc.*) charlotte (dolce freddo) || *— de légumes*, sformato di verdura.

charmant [ʃaʀmɑ̃] *agg.* affascinante; seducente || *le prince —*, il principe azzurro || *le — de l'affaire c'est que...*, il più bello è che...

charme¹ [ʃaʀm] *s.m.* **1** fascino || *faire du — à qqn*, cercare di sedurre qlcu, di ingraziarsi qlcu **2** *pl.* grazie (*f.*) || *vivre de ses charmes*, prostituirsi **3** incantesimo || *se porter comme un —*, (*fam.*) stare d'incanto.

charme² *s.m.* (*bot.*) carpine.

charmer [ʃaʀme] *v.tr.* incantare, affascinare, sedurre || *être charmé de*, essere felice, contento di.

charmeur [ʃaʀmœʀ] (f. *-euse*) *agg.* seducente, incantevole: *sourire —*, sorriso ammaliatore ♦ *s.m.* persona affascinante: *quelle charmeuse!*, che maliarda! || *— de serpents*, incantatore di serpenti || **charmille** [ʃaʀmij] *s.f.* **1** pergola **2** viale di carpini.

charnel [ʃaʀnɛl] (f. *-elle*) *agg.* carnale: *liens charnels*, vincoli, legami di sangue.

charnellement [ʃaʀnɛlmɑ̃] *avv.* carnalmente.

charnier [ʃaʀnje] *s.m.* fossa (*f.*); (*estens.*) carnaio.

charnière [ʃaʀnjɛʀ] s.f. **1** (tecn.) cerniera **2** (fig.) cardine (m.) || époque —, epoca di transizione || à la — de, a cavallo di, al limite fra.

charnu [ʃaʀny] agg. carnoso; polposo.

charognard [ʃaʀɔɲaʀ] s.m. **1** (zool.) avvoltoio **2** (fig. spreg.) sciacallo.

charogne [ʃaʀɔɲ] s.f. carogna.

charollais [ʃaʀɔlɛ] agg. di Charolles.

charpente [ʃaʀpɑ̃t] s.f. **1** (edil.) struttura (anche fig.): — d'un toit, travatura di un tetto || bois de —, legname da costruzioni **2** (anat.) ossatura.

charpenté [ʃaʀpɑ̃te] agg. **1** strutturato, costruito (anche fig.) **2** robusto, solido: homme solidement —, uomo ben piantato.

charpenter [ʃaʀpɑ̃te] v.tr. **1** squadrare, sgrossare (il legno) **2** (fig.) strutturare.

charpentier [ʃaʀpɑ̃tje] s.m. carpentiere.

charpie [ʃaʀpi] s.f.: en —, a pezzi, a brandelli.

charretée [ʃaʀte] s.f. carrettata.

charretier [ʃaʀtje] (f. -ère) ♦ s.m. carrettiere.

charrette [ʃaʀɛt] s.f. carretta, carretto (m.) || la dernière — de..., (fam.) l'ultima ondata di...

charriage [ʃaʀjaʒ] s.m. carreggio || (geol.) nappe de —, falda di carreggiamento.

charrier [ʃaʀje] v.tr. **1** trasportare **2** (fam.) prendere in giro ♦ v.intr. (fam.) esagerare, scherzare: faut pas —!, non esageriamo!

charroi [ʃaʀwa] s.m. carreggio.

charron [ʃaʀɔ̃] s.m. carradore, carraio.

charrue [ʃaʀy] s.f. aratro (m.) || mettre la — avant, devant les bœufs, (fig.) mettere il carro davanti ai buoi.

charte [ʃaʀt] s.f. (dir.) carta || (st. ingl.) la Grande Charte, la Magna Charta || Charte de l'Atlantique, Carta Atlantica || l'Ecole nationale des chartes, la Scuola di paleografia di Parigi.

charter [tʃaʀtœʀ, ʃaʀtɛʀ] s.m. (aereo) charter.

chartrain [ʃaʀtʀɛ̃] agg. di Chartres.

chartreuse [ʃaʀtʀøz] s.f. **1** certosa **2** chartreuse (liquore di erbe).

chartreux[1] [ʃaʀtʀø] (f. -euse) s.m. (eccl.) certosino.

chartreux[2] s.m. (zool.) gatto certosino.

chas [ʃa] s.m. cruna (f.).

chasse [ʃas] s.f. **1** caccia || faire la — aux abus, combattere gli abusi || se mettre en — pour, andare a caccia di || rendez-vous de —, casino di caccia **2** — gardée, riserva di caccia **3** (mil.) caccia (aerea, navale): prendre en —, dar caccia (a), inseguire **4** — d'eau, sciacquone.

châsse [ʃas] s.f. reliquiario (m.) ♦ s.m.pl. (argot) occhi.

chassé-croisé [ʃasekʀwaze] (pl. chassés-croisés) s.m. **1** passo figurato di danza **2** (fig.) rincorrersi, incrociarsi (di persone, di notizie ecc.).

chasselas [ʃasla] s.m. vitigno di uva bianca da tavola.

chasse-mouches [ʃasmuʃ] (pl. invar.) s.m. scacciamosche.

chasse-neige [ʃasnɛʒ] (pl. invar.) s.m. spazzaneve.

chasser [ʃase] v.tr. cacciare || le vent chasse les nuages, il vento spazza le nuvole ♦ v.intr. **1** slittare **2** (mar.) arare.

chasseresse [ʃasʀɛs] agg. e s.f. (letter.) cacciatrice.

chasseur [ʃasœʀ] (f. -euse) s.m. **1** cacciatore (anche fig.) || — d'images, chi va in cerca di luoghi da fotografare || (cuc.) lapin —, coniglio alla cacciatora **2** (aer., mar.) caccia **3** fattorino d'albergo.

chassie [ʃasi] s.f. cispa.

chassieux [ʃasjø] (f. -euse) agg. cisposo.

châssis [ʃasi] s.m. telaio, intelaiatura (f.) || un beau —, (fam.) una bella carrozzeria (di donna).

chaste [ʃast] agg. casto || -ement avv.

chasteté [ʃastəte] s.f. castità.

chasuble [ʃazybl] s.f. (eccl.) pianeta.

chat [ʃa] s.m. **1** gatto: petit, gros —, gattino, gattone; — de gouttière, gatto soriano || (fig.): mon (petit) —, tesoruccio, tesoro; avoir un — dans la gorge, avere la raucedine; il n'y a pas un —, non c'è un cane; avoir d'autres chats à fouetter, avere altre gatte da pelare; il n'y a pas de quoi fouetter un —, non è il caso di farne una tragedia || appeler un — un —, dire pane al pane e vino al vino || acheter — en poche, comprare a scatola chiusa || donner sa langue au —, rinunciare a capire || (in Belgio) faire le —, marinare la scuola **2** (gioco infantile) — perché, rialzo.

châtaigne [ʃatɛɲ] s.f. **1** castagna **2** (fam.) cazzotto (m.), pugno (m.).

châtaigneraie [ʃatɛɲʀɛ] s.f. castagneto (m.).

châtaignier [ʃatɛɲe] s.m. castagno.

châtain [ʃatɛ̃] agg. castano.

château [ʃato] (pl. -eaux) s.m. **1** castello || — fort, roccaforte || tomber comme un — de cartes, crollare come un castello di sabbia || faire des châteaux en Espagne, far castelli in aria || mener une vie de —, vivere da gran signore **2** — d'eau, serbatoio di acqua.

chateaubriand, **châteaubriant** [ʃatobʀijɑ̃] s.m. (cuc.) filetto di manzo ai ferri.

château-chinonais [ʃatoʃinɔnɛ] (pl. invar.) agg. di Château-Chinon.

châtelain [ʃatlɛ̃] s.m. castellano.

chat-huant [ʃayɑ̃] (pl. chats-huants) s.m. (zool.) allocco.

châtier [ʃatje] v.tr. castigare || style châtié, stile molto curato.

chatière [ʃatjɛʀ] s.f. **1** gattaiola (dell'uscio) **2** foro d'aerazione.

châtiment [ʃatimɑ̃] s.m. castigo.

chatoiement [ʃatwamɑ̃] s.m. riflesso cangiante, gatteggiamento.

chaton[1] [ʃatɔ̃] s.m. **1** gattino **2** (fam.) gatto (di polvere), laniccio **3** (bot.) gattino, amento.

chaton[2] s.m. castone (di anello).

chatouille [ʃatuj] s.f. (fam.) solletico (m.).

chatouillement [ʃatujmɑ̃] s.m. **1** solletico **2** pizzicore, prurito.

chatouiller [ʃatuje] v.tr. **1** solleticare (anche fig.) **2** (fig.) provocare.

chatouilleux [ʃatujø] (f. *-euse*) *agg.* **1** sensibile al solletico **2** (*fig.*) suscettibile.

chatoyant [ʃatwajɑ̃] *agg.* brillante, cangiante.

chatoyer [ʃatwaje] (*coniug. come* employer) *v.intr.* essere cangiante; (*di pietre*) gatteggiare.

châtrer [ʃɑtʀe] *v.tr.* castrare.

chatte [ʃat] *s.f.* gatta.

chatterie [ʃatʀi] *s.f.* moina.

chatterton [ʃatɛʀtɔn] *s.m.* nastro isolante.

chaud [ʃo] *agg.* caldo || *la bataille fut chaude*, la battaglia fu accanita || *ne pas être — pour faire qqch*, (*fam.*) non essere entusiasta di fare qlco ♦ *s.m.* caldo || *un — et froid*, (*fam.*) un colpo d'aria || *on a eu —!*, (*fam.*) ce la siamo vista brutta! || *à —*, a caldo ♦ *avv.*: *manger —*, mangiare cibi caldi.

chaudement [ʃodmɑ̃] *avv.* **1** caldamente (*anche fig.*) **2** (*estens.*) vivamente.

chaud-froid [ʃofʀwa(ɑ)] (pl. *chauds-froids*) *s.m.* (*cuc.*) pollo, cacciagione in gelatina.

chaudière [ʃodjɛʀ] *s.f.* caldaia.

chaudron [ʃodʀɔ̃] *s.m.* paiolo, caldaio.

chaudronnerie [ʃodʀɔnʀi] *s.f.* **1** mestiere, industria del calderaio **2** articoli, oggetti fabbricati dal calderaio.

chaudronnier [ʃodʀɔnje] *s.m.* calderaio.

chauffage [ʃofaʒ] *s.m.* riscaldamento || *— urbain*, teleriscaldamento.

chauffagiste [ʃofaʒist] *s.m.* fuochista.

chauffant [ʃofɑ̃] *agg.* che scalda || *couverture chauffante*, termocoperta.

chauffard [ʃofaʀ] *s.m.* pirata della strada.

chauffe [ʃof] *s.f.* riscaldamento (*m.*).

chauffe-assiettes [ʃofasjet] (pl. *invar.*) *s.m.* scaldapiatti.

chauffe-biberon [ʃofbibʀɔ̃] (pl. *chauffe-biberons*) *s.m.* scaldabiberon.

chauffe-eau [ʃofo] (pl. *invar.*) *s.m.* scaldabagno.

chauffe-plats [ʃofpla] (pl. *invar.*) *s.m.* scaldapiatti.

chauffer [ʃofe] *v.tr.* **1** scaldare: *— à blanc*, rendere incandescente || *— des élèves*, (*fam.*) mettere sotto pressione gli studenti **2** (*fam.*) rubare, fregare ♦ *v.intr.* scaldarsi || *ça va —!*, (*fam.*) si mette brutta! □ **se chauffer** *v.pron.* scaldarsi || *montrer de quel bois on se chauffe*, far vedere di che tempra si è fatti.

chaufferette [ʃofʀɛt] *s.f.* scaldapiedi (*m.*).

chaufferie [ʃofʀi] *s.f.* locale delle caldaie.

chauffeur [ʃofœʀ] *s.m.* **1** autista **2** fuochista.

chauffeuse [ʃoføz] *s.f.* sedia bassa, panchetta.

chaulage [ʃolaʒ] *s.m.* calcinatura (*f.*).

chauler [ʃole] *v.tr.* calcinare.

chaume [ʃom] *s.m.* **1** (*bot.*) culmo **2** stoppia (di frumento) || *toit de —*, tetto di paglia.

chaumière [ʃomjɛʀ] *s.f.* capanna (col tetto di paglia).

chaumontais [ʃomɔ̃tɛ], **chaumontois** [ʃomɔ̃twa] *agg.* di Chaumont.

chaussée [ʃose] *s.f.* **1** carreggiata: *— défoncée*, fondo stradale dissestato **2** argine (di fiume).

chausse-pied [ʃospje] (pl. *chausse-pieds*) *s.m.* calzascarpe.

chausser [ʃose] *v.tr.* **1** calzare: *— qqn*, mettere le scarpe a qlcu; *— du trente six*, calzare il numero trentasei || *— ses lunettes*, inforcare gli occhiali **2** (*agr.*) rincalzare ♦ *v.intr.* calzare □ **se chausser** *v.pron.* **1** rifornirsi di scarpe **2** mettersi le scarpe.

chausse-trap(p)e [ʃostʀap] (pl. *chausse-trap-(p)es*) *s.f.* trappola.

chaussette [ʃoset] *s.f.* calza, calzino (*m.*) || *jus de —*, (*fam. scherz.*) sciacquatura di piatti.

chausseur [ʃosœʀ] *s.m.* **1** calzaturiere **2** negoziante di scarpe.

chausson [ʃosɔ̃] *s.m.* **1** pantofola (*f.*); scarpetta di lana (per neonato): *chaussons de danse*, scarpette da ballo (*f.*) **2** (*cuc.*) calzone ripieno di marmellata.

chaussure [ʃosyʀ] *s.f.* scarpa, calzatura: *— sport*, scarpa sportiva; *— de sport*, scarpa da ginnastica || *trouver — à son pied*, (*fig.*) trovare ciò che fa al proprio caso.

chauve [ʃov] *agg.* e *s.m.* calvo.

chauve-souris [ʃovsuʀi] (pl. *chauves-souris*) *s.f.* pipistrello (*m.*).

chauvin [ʃovɛ̃] *agg.* e *s.m.* sciovinista.

chauvinisme [ʃovinism] *s.m.* sciovinismo.

chaux [ʃo] *s.f.* calce.

chavirement [ʃaviʀmɑ̃] *s.m.* capovolgimento.

chavirer [ʃaviʀe] *v.intr.* **1** (*mar.*) rovesciarsi, scuffiare **2** (*fig.*) barcollare, vacillare || *ses yeux chavirèrent*, strabuzzò gli occhi ♦ *v.tr.* **1** rovesciare **2** (*fig.*) sconvolgere.

chéchia [ʃeʃja] *s.f.* fez (a forma di calotta).

chef [ʃef] *s.m.* **1** capo; (*mil.*) comandante: *— de bureau*, capufficio; *— de fabrication*, direttore della produzione; *— de famille*, capofamiglia; *— de gare*, capostazione; *— de train*, capotreno; *— d'entreprise*, imprenditore; *— d'équipe*, caporeparto, caposquadra; *— de service*, caposervizio || *— d'orchestre*, direttore d'orchestra || *en —*, (in) capo; *rédacteur en —*, caporedattore || *— (cuisinier*), chef, capocuoco **2** (*ant.*) testa: *opiner du —*, annuire **3** (*fam.*) campione, asso **4** (*dir.*) *— d'accusation*, capo d'accusa.

chef-d'œuvre [ʃedœvʀ] (pl. *chefs-d'œuvre*) *s.m.* capolavoro.

chefferie [ʃefʀi] *s.f.* (*in Canada*) direzione di un partito politico.

chef-lieu [ʃefljø] (pl. *chefs-lieux*) *s.m.* capoluogo.

cheftaine [ʃeften] *s.f.* (*scoutismo*) capobranco.

cheik, cheickh [ʃɛk] *s.m.* sceicco.

chelem [ʃlem] *s.m.* (*bridge*) slam.

chemin [ʃəmɛ̃] *s.m.* cammino; strada (*f.*); via (*f.*) || *passer son —*, tirar via, passare oltre || *s'ouvrir, se frayer un —*, aprirsi un varco || *faire son —*, (*fig.*) fare, farsi strada || *— de croix*, via crucis || *le — des écoliers*, la strada più lunga (*anche fig.*) || *ne pas y aller par quatre chemins*, andare per le spicce.

chemin de fer [ʃəmɛ̃dfɛʀ] (pl. *chemins de fer*) *s.m.* **1** ferrovia (*f.*) **2** (*gioco d'azzardo*) chemin de fer.

cheminée [ʃəmine] *s.f.* **1** camino (*m.*), caminetto (*m.*) **2** comignolo (*m.*), camino (*m.*); (*di* *nave*) fumaiolo (*m.*); (*di officina*) ciminiera || — *d'aération*, condotto di aerazione; *fumer comme une* —, (*fig.*) fumare come una ciminiera 3 (*geol.*) camino (*m.*).

cheminement [ʃəminmã] *s.m.* 1 camminata (*f.*) 2 (*mil.*) camminamento 3 (*fig.*) il progredire.

cheminer [ʃəmine] *v.intr.* 1 camminare faticosamente 2 (*fig.*) progredire.

cheminot [ʃəmino] *s.m.* ferroviere.

chemise [ʃəmiz] *s.f.* 1 camicia || *se soucier de qqch comme de sa première* —, non preoccuparsi minimamente di qlco || *y laisser jusqu'à sa dernière* —, lasciarci anche la camicia 2 cartella, cartelletta (di cartone) 3 (*edil.*) rivestimento.

chemiser [ʃəmize] *v.tr.* (*tecn.*) rivestire.

chemiserie [ʃəmizʀi] *s.f.* camiceria.

chemisette [ʃəmizɛt] *s.f.* 1 camicetta 2 camiciola (a maniche corte).

chemisier [ʃəmizje] *s.m.* 1 camicetta (*f.*) || (*robe*) —, chemisier 2 (f. *-ière*) camiciaio.

chenal [ʃənal] (pl. *-aux*) *s.m.* canale, stretto.

chenapan [ʃənapã] *s.m.* furfante, mascalzone.

chêne [ʃɛn] *s.m.* quercia (f.) || — *vert*, leccio.

chéneau [ʃeno] (pl. *-eaux*) *s.m.* grondaia (f.).

chêne-liège [ʃɛnljɛʒ] (pl. *chênes-lièges*) *s.m.* (*bot.*) quercia da sughero.

chenet [ʃənɛ] *s.m.* alare.

chenil [ʃəni/] *s.m.* 1 canile 2 (*in Svizzera*) disordine; sporcizia (f.).

chenille [ʃənij] *s.f.* 1 (*zool.*) bruco (*m.*) 2 (*tecn.*) cingolo (*m.*) 3 (*tessuto*) ciniglia.

chenillé [ʃənije] *agg.* (*tecn.*) cingolato.

chenu [ʃəny] *agg.* canuto.

cheptel [ʃɛptɛl] *s.m.* 1 (*dir.*) soccida (f.): — *de fer*, soccida con bestiame conferito totalmente dal soccidante 2 (*agr.*) scorte (f.pl.).

chèque [ʃɛk] *s.m.* assegno (bancario): — *barré*, assegno sbarrato; — *postal*, vaglia; — *sans provision*, assegno scoperto; — *en bois*, (*argot*) assegno a vuoto □ **chèque-essence**, buono benzina; **chèque-restaurant**, ticket restaurant.

chéquier [ʃekje] *s.m.* libretto degli assegni.

cher [ʃɛʀ] (f. *chère*) *agg.* e *avv.* caro || *payer* —, pagar caro; *avoir qqch pour pas* —, comperare qlco a buon prezzo || (*nella corrispondenza*): *Chère Madame*, Gentile Signora; *Cher Monsieur*, Egregio Signore || *il ne vaut pas* —!, è capace di tutto!

chérant [ʃeʀã] *agg.* (*nelle Antille*) esoso, ladro (di commerciante).

cherbourgeois [ʃɛʀbuʀʒwa] *agg.* di Cherbourg.

chercher [ʃɛʀʃe] *v.tr.* cercare: *aller*, *venir* —, andare, venire a prendere || *que vas-tu* — *là!*, che cosa vai a pensare! || (*fam.*): *ça ne va pas* — *loin*, non è granché, non vale molto; *ça va* — *dans les 1000 francs*, il prezzo si aggira sui 1000 franchi ♦ *v. intr.* 1 cercare (di), sforzarsi (di); — *à comprendre*, cercare di capire; *cherchez à ce qu'on puisse partir tôt*, fate in modo che si possa partire presto 2 (*fam.*) (*di prezzo*) aggirarsi (su, intorno a).

chercheur [ʃɛʀʃœʀ] (f. *-euse*) *agg.* e *s.m.* cercato-re: — *d'oro*, cercatore d'oro || *un esprit* —, (*fig.*) una mente indagatrice ♦ *s.m.* ricercatore.

chère [ʃɛʀ] *s.f.* cibo (*m.*): *aimer la bonne* —, amare la buona tavola.

chèrement [ʃɛʀmã] *avv.* 1 a caro prezzo 2 caramente, affettuosamente.

chéri [ʃeʀi] *agg.* e *s.m.* caro, adorato, prediletto.

chérir [ʃeʀiʀ] *v.tr.* amare teneramente, aver caro □ **se chérir** *v.pron.* volersi bene.

cherry [ʃeʀi] *s.m.* cherry-brandy.

cherté [ʃɛʀte] *s.f.* alto costo.

chérubin [ʃeʀybɛ̃] *s.m.* cherubino (*anche fig.*).

chétif [ʃetif] (f. *-ive*) *agg.* gracile; minuto.

cheval [ʃəval] (pl. *-aux*) *s.m.* cavallo: *faire du* —, fare equitazione || *les chevaux de bois*, la giostra || (*aut.*) — *fiscal*, cavallo fiscale || *monter sur ses grands chevaux*, andare su tutte le furie || *homme à* — *sur les principes*, uomo molto rigido || *c'est un grand* —, (*fam.*) è una cavallona.

cheval d'arçons [ʃəvaldaʀsɔ̃], **cheval-arçons** [ʃəvalaʀsɔ̃] (pl. *invar.*) *s.m.* (*ginnastica*) cavallo con maniglie.

chevaler [ʃəvale] *v.tr.* puntellare (con cavalletti).

chevaleresque [ʃəvalʀɛsk] *agg.* cavalleresco.

chevalerie [ʃəvalʀi] *s.f.* cavalleria || *romans*, *poèmes de* —, romanzi, poemi cavallereschi.

chevalet [ʃəvalɛ] *s.m.* 1 cavalletto 2 (*mus.*) ponticello.

chevalier [ʃəvalje] *s.m.* cavaliere.

chevalière [ʃəvaljɛʀ] *s.f.* chevalière (anello con monogramma o stemma).

chevalin [ʃəvalɛ̃] *agg.* equino, cavallino.

cheval-vapeur [ʃəvalvapœʀ] (pl. *chevaux-vapeur*) *s.m.* (*fis.*) cavallo (vapore).

chevauchant [ʃəvoʃã] *agg.* accavallato.

chevauchée [ʃəvoʃe] *s.f.* cavalcata.

chevauchement [ʃəvoʃmã] *s.m.* (*tecn.*) accavallamento, sovrapposizione (f.).

chevaucher [ʃəvoʃe] *v.intr.* 1 cavalcare 2 accavallarsi ♦ *v.tr.* cavalcare, stare a cavalcioni di □ **se chevaucher** *v.pron.* accavallarsi, essere accavallato, sovrapporsi.

chevêche [ʃəvɛʃ] *s.f.* (*zool.*) civetta.

chevelu [ʃəvly] *agg.* capelluto.

chevelure [ʃəvlyʀ] *s.f.* capigliatura, chioma (*anche fig.*) || —*d'une comète*, coda di una cometa.

chevet [ʃəvɛ] *s.m.* 1 capezzale || *table de* —, comodino; *lampe de* —, lampada da comodino || *livre de* —, libro prediletto 2 (*arch.*) abside (f.).

cheveu [ʃəvø] (pl. *-eux*) *s.m.* capello || *cheveux d'ange*, cordoncino argentato (per decorazioni natalizie); (*cuc.*) capelli d'angelo || *avoir un* — (*sur la langue*), avere la lisca (una pronuncia difettosa) || *couper les cheveux en quatre*, spaccare un capello in quattro || *se faire des cheveux blancs*, farsi cattivo sangue || *il n'a tenu qu'à un* — *qu'il ne tombe*, per un pelo non è caduto || *cela vient comme un* — *sur la soupe*, capita a sproposito.

cheville [ʃəvij] *s.f.* 1 caviglia || *ne pas arriver à la* — *de qqn*, non essere degno di legare le scarpe a qlcu 2 (*mecc.*) cavicchio (*m.*), caviglia; perno ||

— *ouvrière*, chiavarda; (*fig.*) perno, colonna portante || *être en — avec qqn*, (*fam.*) essere in combutta con qlcu **3** (*mus.*) cavicchio, bischero **4** zaffo (di botte).

cheviller [ʃəvije] *v.tr.* (*mecc.*) incavigliare || *avoir l'âme chevillée au corps*, (*fig.*) avere la pelle dura.

chèvre [ʃɛvʀ] *s.f.* **1** capra || *faire devenir —*, (*fam.*) fare la testa come un pallone **2** (*tecn.*) capra, argano (*m.*) ♦ *s.m.* (formaggio) caprino.

chevreau [ʃəvʀo] (pl. *-eaux*) *s.m.* capretto.

chèvrefeuille [ʃɛvʀəfœj] *s.m.* (*bot.*) caprifoglio.

chevrette [ʃəvʀɛt] *s.f.* capretta.

chevreuil [ʃəvʀœj] *s.m.* capriolo.

chevrier [ʃəvʀie] (f. *-ère*) *s.m.* capraio.

chevron [ʃəvʀɔ̃] *s.m.* **1** puntone, paradosso || *à chevrons*, a spina di pesce **2** (*mil.*) gallone.

chevronné [ʃəvʀɔne] *agg.* veterano, esperto.

chevrotant [ʃəvʀɔtɑ̃] *agg.* tremulo.

chevrotement [ʃəvʀɔtmɑ̃] *s.m.* tremolio della voce.

chevroter [ʃəvʀɔte] *v.intr.* parlare con voce tremula.

chevrotine [ʃəvʀɔtin] *s.f.* pallettoni da caccia.

chez [ʃe] *prep.* presso, da; in: *aller — le coiffeur*, andare dal parrucchiere; *écrivez-moi — Mme Dupont*, scrivetemi presso la signora Dupont; *j'irai — mes grands-parents*, andrò dai, a casa dei nonni; *— Angelo on mange bien*, da Angelo si mangia bene || *— les Rossi*, a casa Rossi || *— les Grecs*, presso i Greci; *— Molière*, in Molière || *les enfants on observe que*, nei bambini si osserva che □ **chez moi**, **chez toi**, *etc.*, a casa mia, tua ecc..., da me, da te ecc...; *je rentre — moi à huit heures*, torno a casa alle otto || *près de — moi*, vicino a casa mia || *je passerai par — toi*, passerò da casa tua || *de — moi à la gare*, da casa mia alla stazione; *il sortait de — lui*, usciva da casa sua || *le vin de — nous*, il vino dei nostri posti || *bien de — nous*, in uso da noi, dalle nostre parti.

chez-moi [ʃemwa], **chez-soi** [ʃeswa] (pl. *invar.*) *s.m.* abitazione (*f.*), casa (*f.*): *j'aimerais avoir un chez-moi!*, mi piacerebbe avere una casa mia!; *aimer son chez-soi*, amare la propria casa.

chiader [ʃjade] *v.intr.* (*fam.*) sgobbare.

chialer [ʃjale] *v.intr.* (*fam.*) piangere.

chiant [ʃjɑ̃] *agg.* (*fam.*) scocciante, palloso: *c'est —!*, che rottura!; *ce qu'il est —!*, che rompiscatole!

chiasse [ʃjas] *s.f.* (*fam.*) diarrea, cacarella.

chic [ʃik] *agg.* (*invar. al f. e spesso al pl.*) **1** elegante, raffinato **2** (*fam.*) carino, simpatico: *c'est un — type*, è un tipo in gamba ♦ *s.m.* (*fam.*) **1** eleganza (*f.*), raffinatezza (*f.*) || *elle est bon — bon genre* (*BCBG*), è molto perbene **2** abilità (*f.*), dono: *elle a le — de toujours dire qu'il ne faut pas dire*, (*iron.*) ha il dono di parlare sempre a sproposito ♦ *inter.* (*fam.*) benone!, fantastico!

chicane [ʃikan] *s.f.* **1** cavillo (*m.*), arzigogolo (*m.*) **2** bega, briga **3** passaggio con ostacoli a zigzag: *chicanes d'un barrage de police*, sbarramenti trasversali di un posto di blocco.

chicaner [ʃikane] *v.intr.* cavillare ♦ *v.tr.* attaccar briga (con) □ **se chicaner** *v.pron.* (*fam.*) bisticciarsi, far baruffa.

chicanerie [ʃikanʀi] *s.f.* cavillosità; cavilli.

chicaneur [ʃikanœʀ] (f. *-euse*), **chicanier** [ʃikanje] (f. *-ère*) *agg.* cavilloso, litigioso ♦ *s.m.* attaccabrighe.

chichard [ʃiʃaʀ] *s.m.* (*in Cameroun*) tirchio.

chiche[1] [ʃiʃ] *agg.* avaro (*anche fig.*) || *une — récompense*, una misera ricompensa.

chiche[2] *agg.*: *pois —*, cece.

chiche[3] *inter.* (*fam.*) scommettiamo! ♦ *agg.*: *être — de*, (*fam.*) osare, essere capace di.

chichement [ʃiʃmɑ̃] *agg.* (*fam.*) con avarizia; miseramente.

chichi [ʃiʃi] *s.m.* (*fam.*) smorfie, smancerie: *faire des chichis*, far tanti complimenti.

chichiteux [ʃiʃitø] (f. *-euse*) *agg.* (*fam.*) smorfioso.

chicon [ʃikɔ̃] *s.m.* (*bot. pop.*) **1** lattuga romana **2** (*in Belgio*) insalata (indivia).

chicorée [ʃikɔʀe] *s.f.* cicoria.

chicot [ʃiko] *s.m.* **1** troncone di albero **2** moncone di dente.

chicotin [ʃikɔtɛ̃] *s.m.*: *amer comme —*, amaro come il fiele.

chien [ʃjɛ̃] *s.m.* **1** cane || *— méchant!*, attenti al cane! || *avoir un caractère de —*, avere un pessimo carattere || *j'ai eu un mal de — à* (o *pour*) *finir ce travail*, ho fatto una fatica bestiale per finire questo lavoro || *entre — et loup*, all'imbrunire || *avoir du —*, (*fam.*) essere attraente || *garder à qqn un — de sa chienne*, (*fam.*) premeditare una vendetta contro qlcu || *se regarder en chiens de faïence*, guardarsi in cagnesco || *être reçu comme un — dans un jeu de quilles*, essere accolto come un cane in chiesa || *nom d'un —!*, (*fam.*) porco cane! **2** (*zool. pop.*) *— de mer*, pescecane **3** (*zool.*) *— de prairie*, cane delle praterie **4** cane (delle armi da fuoco) || *dormir en — de fusil*, dormire raggomitolati **5** (*in Canada*) *— chaud*, hot dog.

chiendent [ʃjɛ̃dɑ̃] *s.m.* gramigna (*f.*).

chienlit [ʃjɑ̃li] *s.f.* (*fig.*) baraonda, confusione.

chien-loup [ʃjɛ̃lu] (pl. *chiens-loups*) *s.m.* cane lupo.

chienne [ʃjɛn] *s.f.* cagna || *— de vie*, vitaccia.

chier [ʃje] *v.intr.* (*volg.*) cacare, cagare.

chiffe [ʃif] *s.f.*: *— molle*, (*fig.*) pappamolla.

chiffon [ʃifɔ̃] *s.m.* **1** straccio: *— à poussière*, straccio per la polvere **2** *pl.* (*fam.*) vestiti || *causer chiffons*, parlare di moda **3** *papier —*, carta crespa.

chiffonné [ʃifɔne] *agg.* sgualcito, spiegazzato || *visage —*, (*fig.*) viso tirato, stanco.

chiffonner [ʃifɔne] *v.tr.* **1** sgualcire, spiegazzare **2** (*fig. fam.*) contrariare: *ça me chiffonne*, la cosa non mi piace.

chiffonnier [ʃifɔnje] (f. *-ère*) *s.m.* **1** straccivendolo **2** (*mobile*) cassettiera (*f.*).

chiffrable [ʃifʀabl] *agg.* calcolabile.

chiffrage [ʃifʀaʒ] *s.m.* **1** computo; valutazione (*f.*) **2** trascrizione in codice.

chiffre [ʃifʀ] *s.m.* **1** cifra (*f.*), numero || (*comm.*): *le — des frais*, l'ammontare delle spese;

— *d'affaires*, fatturato **2** codice segreto **3** combinazione (di cassaforte) **4** monogramma, cifra (*f.*).

chiffré [ʃifʀe] *agg.* cifrato.

chiffrer [ʃifʀe] *v.tr.* **1** valutare (in cifre) **2** (*coder*) cifrare ♦ *v.intr.* (*fam.*) costare parecchio □ **se chiffrer** *v.pron.* ammontare.

chignolle [ʃiɲɔl] *s.f.* trapano portatile.

chignon [ʃiɲɔ̃] *s.m.* crocchia (di capelli).

chiite [ʃiit] *agg.* e *s.m.* (*relig.*) sciita.

chilien [ʃiljɛ̃] (f. *-enne*) *agg.* e *s.m.* cileno.

chimère [ʃimɛʀ] *s.f.* chimera.

chimérique [ʃimeʀik] *agg.* chimerico.

chimie [ʃimi] *s.f.* chimica.

chimiothérapie [ʃimjoteʀapi] *s.f.* (*med.*) chemioterapia.

chimique [ʃimik] *agg.* chimico || **-ement** *avv.*

chimiste [ʃimist] *s.m.* chimico.

chimpanzé [ʃɛ̃pɑ̃ze] *s.m.* scimpanzé.

chinchilla [ʃɛ̃ʃila] *s.m.* cincillà.

chiné [ʃine] *agg.* e *s.m.* (tessuto) chiné, screziato.

chiner[1] [ʃine] *v.tr.* (*argot*) criticare, canzonare.

chiner[2] *v.intr.* girare in cerca di anticaglie.

chinois [ʃinwa] *agg.* e *s.m.* cinese || *c'est du — pour moi!*, (*fig.*) per me è arabo!

chinoiserie [ʃinwazʀi] *s.f.* cineseria.

chinonais [ʃinɔnɛ] *agg.* di Chinon.

chiot [ʃjo] *s.m.* cucciolo.

chiottes [ʃjɔt] *s.f.pl.* (*fam.*) latrine, cesso (*m.sing.*).

chiper [ʃipe] *v.tr.* (*fam.*) sgraffignare, fregare.

chipie [ʃipi] *s.f.* (*fam.*) megera.

chipolata [ʃipolata] *s.f.* chipolata (salsiccia di maiale).

chipoter [ʃipote] *v.intr.* **1** fare storie; tirare sul prezzo **2** piluccare, mangiucchiare.

chipoteur [ʃipotœʀ] (f. *-euse*) *agg.* e *s.m.* (*fam.*) **1** (individuo) cavilloso, pignolo **2** (tipo) schizzinoso.

chique [ʃik] *s.f.* cicca (di tabacco).

chiqué [ʃike] *s.m.*: *faire du —*, (*fam.*) darsi delle arie; *c'est du —*, è un bluff.

chiquenaude [ʃiknod] *s.f.* buffetto (*m.*).

chiquer [ʃike] *v.tr.* masticare (tabacco) ♦ *v.intr.* ciccare.

chiromancie [kiʀɔmɑ̃si] *s.f.* chiromanzia.

chiromancien [kiʀɔmɑ̃sjɛ̃] (f. *-enne*) *s.m.* chiromante.

chiropracteur [kiʀɔpʀaktœʀ], **chiropracticien** [kiʀɔpʀaktisjɛ̃] (f. *-enne*) *s.m.* chiropratico.

chirurgical [ʃiʀyʀʒikal] (pl. *-aux*) *agg.* chirurgico.

chirurgie [ʃiʀyʀʒi] *s.f.* chirurgia.

chirurgien [ʃiʀyʀʒjɛ̃] (f. *-ienne*) *s.m.* chirurgo.

chirurgien-dentiste [ʃiʀyʀʒjɛ̃dɑ̃tist] (pl. *chirurgiens-dentistes*) *s.m.* medico dentista.

chiure [ʃjyʀ] *s.f.* cacatura (d'insetto).

chlore [klɔʀ] *s.m.* (*chim.*) cloro.

chloré [klɔʀe] *agg.* (*chim.*) clorato.

chlorelle [klɔʀel] *s.f.* (*bot.*) clorella.

chlorhydrique [klɔʀidʀik] *agg.* cloridrico.

chlor(o)- *pref.* clor(o)-

chloroforme [klɔʀɔfɔʀm] *s.m.* cloroformio.

chloroformer [klɔʀɔfɔʀme] *v.tr.* cloroformizzare.

chlorophylle [klɔʀɔfil] *s.f.* clorofilla.

chlorophyllien [klɔʀɔfiljɛ̃] (f. *-enne*) *agg.* clorofilliano.

chlorure [klɔʀyʀ] *s.m.* (*chim.*) cloruro.

choc [ʃɔk] *s.m.* **1** urto (*anche fig.*); scontro (*anche fig.*): *le — de deux voitures*, il cozzo di due automobili || *— des intérêts*, conflitto di interessi || *— en retour*, colpo di rimbalzo, contraccolpo || (*mil.*) *troupes de —*, truppe d'assalto **2** (*fig.*) colpo **3** (*med.*) shock □ (*secondo elemento di parole composte*) a effetto; choc: *photos —*, foto scioccanti, sconvolgenti; *mesures- —*, misure drastiche.

chocolat [ʃɔkɔla] *s.m.* **1** cioccolato, cioccolata (*f.*): *— à croquer*, cioccolato fondente **2** cioccolatino **3** cioccolata (in tazza) ♦ *agg.invar.* (color) cioccolato || *être —*, (*fam.*) essere fregato, essere preso in giro.

chocolaté [ʃɔkɔlate] *agg.* al cioccolato.

chocolaterie [ʃɔkɔlatʀi] *s.f.* **1** fabbrica di cioccolato **2** industria del cioccolato.

chocolatier [ʃɔkɔlatje] (f. *-ère*) *s.m.* cioccolataio.

chœur [kœʀ] *s.m.* coro || *enfant de —*, chierichetto.

choir [ʃwaʀ]

usato all'Indic.pres. (*non com.*) je chois, tu chois, il choit, ils choient; *pass.rem.* (*non com.*) il chut, nous chûmes; *fut.* (*non com.*) je choirai *o* cherrai. *Cond.* (*non com.*) je choirais *o* cherrais. *Part.pass.* chu.

v.intr.dif. cadere: *laisser — qqn*, (*fam.*) piantare in asso qlcu.

choisi [ʃwazi] *agg.* scelto.

choisir [ʃwaziʀ] *v.tr.* scegliere.

choix [ʃwa] *s.m.* scelta (*f.*) || *au —*, a scelta || *de —*, di buona, di prima qualità.

cholécyste [kɔlesist] *s.f.* (*anat.*) colecisti.

choléra [kɔleʀa] *s.m.* (*med.*) colera.

cholérique [kɔleʀik] *agg.* e *s.m.* coleroso.

cholestérol [kɔlɛsteʀɔl] *s.m.* (*biol.*) colesterolo.

choletais [ʃɔltɛ] *agg.* di Cholet.

chômage [ʃomaʒ] *s.m.* **1** disoccupazione (*f.*): *— partiel*, sottoccupazione, occupazione a orario ridotto (per mancanza di lavoro); *— technique*, cassa integrazione **2** sospensione del lavoro; inattività (*f.*).

chômé [ʃome] *agg.*: *jour —*, giorno non lavorativo.

chômer [ʃome] *v.intr.* essere disoccupato || *ne pas —*, darsi da fare, darci dentro.

chômeur [ʃomœʀ] (f. *-euse*) *s.m.* disoccupato.

chope [ʃɔp] *s.f.* boccale per birra; (*contenuto*) boccale di birra.

choper [ʃɔpe] *v.tr.* (*fam.*) **1** beccarsi: *— un rhume*, beccarsi un raffreddore **2** beccare, acchiappare **3** fregare, rubare.

choquant [ʃɔkɑ̃] *agg.* scioccante.

choquer [ʃɔke] *v.tr.* scioccare; urtare; indignare || *— les verres*, brindare.

choral [kɔʀal] (pl. *-aux*) *agg.* corale ♦ *s.m.* (pl. *-als*) (*mus.*) corale.

chorale [kɔʀal] *s.f.* corale.

chorégraphe [kɔʀegʀaf] *s.m.* coreografo.

chorégraphie [kɔʀegʀafi] *s.f.* coreografia.

chorégraphique [kɔʀegʀafik] *agg.* coreografico.

choriste [kɔʀist] *s.m.* corista.

chorus [kɔʀys] *s.m.* coro: *faire —*, approvare in coro.

chose [ʃos] *s.f.* cosa || *c'est la même —*, è lo stesso || *c'est la moindre des choses*, è il minimo (indispensabile) che si possa fare || *— étonnante, il ne s'est pas fâché*, caso strano, non si è arrabbiato || *parler d'autre —*, parlare d'altro || *parler de choses et d'autres*, parlare del più e del meno || *c'est — faite*, è cosa fatta || *à peu de — près*, suppergiù || *un pas grand — de bon*, un poco di buono ♦ *agg.*: *être, se sentir tout —*, (*fam.*) sentirsi tutto scombussolato.

chou [ʃu] (pl. *choux*) *s.m.* **1** cavolo: *— cabus*, cavolo cappuccio; *choux de Bruxelles*, cavolini di Bruxelles || *petit bout de —*, bambino piccolo || (*fam*): *feuille de —*, giornale da poco; *avoir les oreilles en feuille de —*, aver le orecchie a sventola || *faire — blanc*, far fiasco || *faire ses choux gras de*, trarre profitto da **2** (*fam.*), cocco tesoro **3** (*cuc.*) *— à la crème*, bignè.

chouan [ʃwɑ̃] *s.m.* (*st. fr.*) insorto realista sotto la prima repubblica.

chouannerie [ʃwanʀi] *s.f.* (*st. fr.*) il movimento degli chouans.

choucas [ʃuka] *s.m.* (*zool.*) taccola (*f.*).

chouchou [ʃuʃu] (f. *-choute*, pl. *-oux*) *s.m.* (*fam.*) prediletto, cocco.

chouchouter [ʃuʃute] *v.tr.* (*fam.*) coccolare; prediligere.

choucroute [ʃukʀut] *s.f.* (*cuc.*) crauti: *— garnie*, piatto di crauti e salsicce.

chouette [ʃwɛt] *s.f.* (*zool.*) civetta ♦ *agg.invar.* (*fam.*) in gamba; coi fiocchi || *une — voiture*, un'automobile che è una cannonata || *c'est — de ta part*, è carino da parte tua ♦ *inter.* benissimo: *— (alors)!*, dai, che bello!

chou-fleur [ʃuflœʀ] (pl. *choux-fleurs*) *s.m.* cavolfiore.

chou-rave [ʃuʀav] (pl. *choux-raves*) *s.m.* cavolorapa.

choyer [ʃwaje] (*coniug. come* employer) *v.tr.* **1** vezzeggiare **2** (*fig.*) cullare, accarezzare.

chrême [kʀɛm] *s.m.* (*eccl.*) crisma.

chrétien [kʀetjɛ̃] (f. *-enne*) *agg. e s.m.* cristiano || *-ement avv.*

chrétienté [kʀetjɛ̃te] *s.f.* cristianità.

christianiser [kʀistjanize] *v.tr.* cristianizzare.

christianisme [kʀistjanism] *s.m.* cristianesimo.

chromage [kʀomaʒ] *s.m.* cromatura (*f.*).

chromatique [kʀomatik] *agg.* cromatico.

chromatisme [kʀomatism] *s.m.* cromatismo.

chrome [kʀom] *s.m.* cromo.

chromer [kʀome] *v.tr.* cromare.

chromo [kʀomo] *s.m. abbr.* → **chromolithographie** ♦ *s.f.* (*fam.*) oleografia (*anche spreg.*).

chromo- *pref.* cromo-

chromolithographie [kʀomɔlitɔgʀafi] *s.f.* cromolitografia.

chromosome [kʀomozom] *s.m.* cromosoma.

chromosomique [kʀomozomik] *agg.* cromosomico.

chronicité [kʀonisite] *s.f.* (*med.*) cronicità.

chronique¹ [kʀonik] *s.f.* cronaca.

chronique² *agg.* cronico || *-ement avv.*

chroniqueur [kʀonikœʀ] *s.m.* **1** cronista **2** (*ant.*) cronachista.

chrono [kʀono] *s.m.* (*fam.*) *abbr.* → **chronomètre**.

chrono- *pref.* crono-

chronographe [kʀonɔgʀaf] *s.m.* cronografo.

chronologie [kʀonɔlɔʒi] *s.f.* cronologia.

chronologique [kʀonɔlɔʒik] *agg.* cronologico || *-ement avv.*

chronométrage [kʀonometʀaʒ] *s.m.* cronometraggio.

chronomètre [kʀonometʀ] *s.m.* cronometro.

chronométrer [kʀonometʀe] (*coniug. come* céder) *v.tr.* cronometrare.

chronométreur [kʀonometʀœʀ] *s.m.* cronometrista.

chronométrique [kʀonometʀik] *agg.* cronometrico.

chronopost [kʀonopɔst] *s.m.* (*Poste*) CAI POST (corriere accelerato internazionale).

chrysalide [kʀizalid] *s.f.* crisalide.

chrysanthème [kʀizɑ̃tɛm] *s.m.* crisantemo.

chuchotement [ʃyʃɔtmɑ̃] *s.m.* bisbiglio.

chuchoter [ʃyʃɔte] *v.tr.* e *intr.* bisbigliare.

chuintement [ʃɥɛ̃tmɑ̃] *s.m.* **1** (*fon.*) pronuncia delle consonanti fricative-palatali **2** (*zool.*) grido (della civetta).

chuinter [ʃɥɛ̃te] *v.intr.* **1** (*della civetta*) gridare **2** (*fon.*) pronunciare una fricativa-palatale.

chut [ʃyt] *inter.* sss!, silenzio!

chute [ʃyt] *s.f.* **1** caduta (*anche fig.*) || *la — du rideau*, il calare del sipario || *la — du jour*, il declinare del giorno || *point de —*, punto di caduta (di un proiettile); (*fig.*) punto di riferimento, recapito; (*estens.*) punto d'appoggio **2** cascata **3** (*fig.*) estremità, fine; *la — des reins*, l'inarcatura del punto di vita || (*edil.*) *la — d'un toit*, la pendenza di un tetto || *la — d'un sonnet*, la chiusa di un sonetto; *la — d'une histoire drôle*, la battuta finale di una barzelletta **4** *pl.* ritagli (di stoffa).

chuter [ʃyte] *v.intr.* **1** (*fam.*) cadere, crollare: *le franc a chuté*, il franco è crollato **2** (*alle carte*) saltare una mano.

chyle [ʃil] *s.m.* (*biol.*) chilo.

chypriote [ʃipʀiɔt] *agg. e s.m.* → **cypriote**.

ci [si] *avv.* qui, qua || *ce(t), cette, etc... ci* → **ce** || *celui-ci, celle-ci, etc.* → **celui**.

ci-après [siapʀɛ] *locuz.avv.* più avanti, di seguito.

cibiste [sibist] *s.m.* utente della citizen band.

cible [sibl] *s.f.* **1** bersaglio (*m.*) (*anche fig.*) || *navire —*, nave civetta || (*ling.*) *langue —*, lingua d'arrivo **2** (*estens.*) target pubblicitario.

ciblé [sible] *agg.* mirato.

cibler [sible] *v.tr.* **1** colpire nel segno **2** (*estens.*) stabilire il target di (un prodotto).

ciboire [sibwaʀ] *s.m.* (*eccl.*) pisside (*f.*), ciborio.

ciboule [sibul] *s.f.* (*bot.*) cipollotto (*m.*).

ciboulette [sibulɛt] *s.f.* (*bot.*) erba cipollina.

ciboulot [sibulo] *s.m.* (*fam.*) testa (*f.*), zucca (*f.*).

cicatrice [sikatʀis] *s.f.* cicatrice.

cicatrisant [sikatʀizɑ̃] *agg.* e *s.m.* cicatrizzante.

cicatrisation [sikatʀizasjɔ̃] *s.f.* cicatrizzazione.

cicatriser [sikatʀize] *v.tr.* e *intr.* cicatrizzare □ **se cicatriser** *v.pron.* cicatrizzarsi.

cicérone [siseʀɔn] *s.m.* cicerone, guida (*f.*).

ci-contre [sikɔ̃tʀ] *locuz.avv.* a fianco; qui accanto.

ci-dessous [sidsu] *locuz.avv.* qui sotto; (*comm.*) sotto citato.

ci-dessus [sidsy] *locuz.avv.* qui sopra; (*comm.*) sopra citato.

cidre [sidʀ] *s.m.* sidro.

ciel [sjɛl] (pl. *cieux*; *ciels* nel senso **2** e **3**) *s.m.* **1** cielo || *ciel — ouvert*, all'aperto || *remuer — et terre*, darsi un gran daffare || *tomber du —*, (*scherz.*) capitare a proposito **2** (*pitt.*) cielo **3** (*fig.*) volta (*f.*): *— de lit*, cielo di letto (a baldacchino).

cierge [sjɛʀʒ] *s.m.* cero.

cigale [sigal] *s.f.* cicala.

cigare [sigaʀ] *s.m.* sigaro.

cigarette [sigaʀɛt] *s.f.* sigaretta.

cigaretter [sigaʀɛte] (*in Africa*) *v.intr.* fumare sigarette ♦ *v.tr.* dare una sigaretta a qlcu.

ci-gît [siʒi] *locuz.* → **gésir**.

cigogne [sigɔɲ] *s.f.* cicogna.

ciguë [sigy] *s.f.* cicuta.

ci-inclus [siɛ̃kly] (f. *ci-incluse*) *agg.* e *avv.* incluso, accluso; (*comm.*) *nous vous adressons — notre facture*, vi inviamo qui acclusa la nostra fattura; *les formules ci-incluses*, i moduli allegati.

ci-joint [siʒwɛ̃] (f. *ci-jointe*) *agg.* e *avv.* allegato: (*comm.*) *vous trouverez — la copie de la lettre*, troverete in allegato la copia della lettera; *les pièces ci-jointes*, i documenti allegati.

cil [sil] *s.m.* ciglio.

cilice [silis] *s.m.* cilicio.

ciller [sije] *v.tr.* e *intr.* (s)battere (le palpebre) || *ne pas —*, non batter ciglio.

cimaise [simɛz] *s.f.* (*arch.*) cimasa.

cime [sim] *s.f.* cima.

ciment [simɑ̃] *s.m.* cemento.

cimenter [simɑ̃te] *v.tr.* cementare.

cimenterie [simɑ̃tʀi] *s.f.* cementificio (*m.*).

cimeterre [simtɛʀ] *s.m.* scimitarra (*f.*).

cimetière [simtjɛʀ] *s.m.* cimitero, camposanto.

cimier [simje] *s.m.* cimiero.

cinabre [sinabʀ] *s.m.* cinabro.

ciné [sine] *s.m.* (*fam.*) *abbr.* → **cinématographe**.

ciné- *pref.* cine-

cinéaste [sineast] *s.m.* cineasta: *— amateur*, cineamatore.

ciné-club [sineklœb] (pl. *ciné-clubs*) *s.m.* cineclub; cineforum.

cinéma [sinema] *s.m.* cinema, cinematografo || (*fam.*): *c'est du —*, è tutta scena; *c'est toujours le même —*, è sempre la solita storia.

cinémascope [sinemaskɔp] *s.m.* cinemascope.

cinémathèque [sinematɛk] *s.f.* cineteca.

cinématique [sinematik] *agg.* cinematico ♦ *s.f.* cinematica.

cinématographe [sinematɔgʀaf] *s.m.* cinematografo.

cinématographie [sinematɔgʀafi] *s.f.* cinematografia.

cinématographique [sinematɔgʀafik] *agg.* cinematografico || **-ement** *avv.*

cinéphile [sinefil] *agg.* e *s.m.* cinefilo.

cinéraire [sineʀɛʀ] *agg.* cinerario ♦ *s.f.* (*bot.*) cineraria.

cinéroman [sineʀɔmɑ̃] *s.m.* cineromanzo.

cinescope [sineskɔp] *s.m.* (*tv*) cinescopio.

cinétique [sinetik] *agg.* cinetico.

cingalais [sɛ̃galɛ] *agg.* e *s.m.* singalese.

cinglant [sɛ̃glɑ̃] *agg.* sferzante, tagliente.

cinglé [sɛ̃gle] *agg.* (*fam.*) svitato, tocco.

cingler[1] [sɛ̃gle] *v.tr.* sferzare (*anche fig.*).

cingler[2] *v.intr.* (*mar.*) far rotta, far vela.

cinoche [sinɔʃ] *s.m.* (*fam.*) cine(ma).

cinq [sɛ̃k; sɛ̃ *davanti ad agg. o a s. che inizia con una consonante*] *agg.num.card.* e *s.m.* cinque: *— mille*, cinquemila || *il était moins —*, c'è mancato un pelo || *en — sec*, in quattro e quattro otto || *je te reçois — sur —*, (*fam.*) ti capisco perfettamente || *les — lettres*, (*eufemismo*) 'merde' ♦ *agg. num.ord.* quinto: *acte —*, atto quinto; *Henri —*, Enrico quinto || *page —*, pagina cinque.

cinquantaine [sɛ̃kɑ̃tɛn] *s.f.* cinquantina.

cinquante [sɛ̃kɑ̃t] *agg.num.card.* e *s.m.* cinquanta: *— et un*, cinquantuno

cinquantenaire [sɛ̃kɑ̃tnɛʀ] *agg.* e *s.m.* cinquantenario.

cinquantième [sɛ̃kɑ̃tjɛm] *agg.num.ord.* e *s.m.* cinquantesimo.

cinquième [sɛ̃kjɛm] *agg.num.ord.* e *s.m.* quinto || (*les*) *trois cinquièmes des gens*, (i) due terzi della popolazione ♦ *s.f.* (*classe de*) —, seconda media.

cintrage [sɛ̃tʀaʒ] *s.m.* **1** (*edil.*) centinatura (*f.*) **2** (*arch.*) curvatura (*f.*).

cintre [sɛ̃tʀ] *s.m.* **1** gruccia per abiti **2** (*arch.*) curvatura (di arco, volta): (*arc en*) *plein —*, arco a tutto sesto **3** (*edil.*) centina (*f.*) **4** (*spec. pl.*) (*teatr.*) soffitta (*f.*).

cintré [sɛ̃tʀe] *agg.* **1** (*di indumento*) aderente **2** (*arch.*) ad arco **3** (*fam.*) suonato, tocco.

cintrer [sɛ̃tʀe] *v.tr.* **1** sciancrare, stringere in vita **2** (*arch.*) incurvare **3** (*edil.*) centinare.

cipaille [sipaj] *s.m.* (*in Canada*) tortino salato a base di cipolle e carne.

cirage [siʀaʒ] *s.m.* **1** lucido (per scarpe) || *être dans le —*, (*fig.*) essere nel pallone **2** lucidatura (a cera).

circassien [siʀkasjɛ̃] (f. *-enne*) *agg.* e *s.m.* circasso.

circoncire [siʀkɔ̃siʀ] *v.tr.* (*in Africa*) circoncidere.

circoncier [siʀkɔ̃sir] (*coniug. come* suffire, *salvo al part.pass.* circoncis) *v.tr.* circoncidere.

circoncis [siʀkɔ̃si] *agg.* e *s.m.* circonciso.

circoncision [siʀkɔ̃sizjɔ̃] *s.f.* circoncisione.

circonférence [siʀkɔ̃feʀɑ̃s] *s.f.* circonferenza.

circonflexe [sirkɔ̃fleks] *agg.* circonflesso.

circonlocution [sirkɔ̃lɔkysjɔ̃] *s.f.* circonlocuzione.

circonscription [sirkɔ̃skripsjɔ̃] *s.f.* circoscrizione.

circonscrire [sirkɔ̃skrir] (*coniug. come* écrire) *v.tr.* circoscrivere.

circonscrit [sirkɔ̃skri] *part.pass. di* circonscrire ♦ *agg.* circoscritto.

circonspect [sirkɔ̃spɛkt] *agg.* circospetto, guardingo; (*prudent*) cauto.

circonspection [sirkɔ̃spɛksjɔ̃] *s.f.* circospezione; cautela.

circonstance [sirkɔ̃stɑ̃s] *s.f.* circostanza, situazione: *pour la* —, per l'occasione || (*dir.*) *circonstances et dépendances*, pertinenze.

circonstancié [sirkɔ̃stɑ̃sje] *agg.* circostanziato, particolareggiato || (*dir.*) *preuve circonstanciée*, prova circostanziale.

circonstanciel [sirkɔ̃stɑ̃sjɛl] (f. *-elle*) *agg.* (*gramm.*): *complément* — *de temps, de lieu, etc.*, complemento di tempo, di luogo ecc.; *proposition subordonnée circonstancielle de temps, de cause, etc.*, proposizione temporale, causale ecc.

circonvenir [sirkɔ̃vnir] (*coniug. come* tenir) *v.tr.* circonvenire, raggirare.

circonvenu [sirkɔ̃vny] *part.pass. di* circonvenir.

circonvolution [sirkɔ̃vɔlysjɔ̃] *s.f.* circonvoluzione.

circuit [sirkɥi] *s.m.* circuito: *faire un long* —, fare un lungo giro || *le* — *des châteaux de la Loire*, il giro dei castelli della Loira || *être hors* —, (*fam.*) non essere più nel giro.

circulaire [sirkylɛr] *agg.* e *s.f.* circolare || **-ement** *avv.*

circulation [sirkylasjɔ̃] *s.f.* circolazione: — *routière*, traffico stradale; *accidents de la* —, incidenti stradali; (*inform.*) — *de données*, flusso dei dati.

circulatoire [sirkylatwar] *agg.* circolatorio.

circuler [sirkyle] *v.intr.* circolare: *le bruit a circulé que*, è circolata la notizia che.

circum- *pref.* circum-

circumnavigation [sirkɔmnavigasjɔ̃] *s.f.* circumnavigazione.

cire [sir] *s.f.* cera || — *à cacheter*, ceralacca.

ciré [sire] *agg.* **1** (in)cerato **2** lucidato (a cera), lucido ♦ *s.m.* incerata (*f.*).

cirer [sire] *v.tr.* **1** (in)cerare **2** lucidare (a cera) || (*in Africa*) — *les airs*, darsi un sacco d'aria.

cireur [sirœr] (f. *-euse*) *s.m.* lucidatore.

cireuse [sirøz] *s.f.* (*macchina*) lucidatrice.

cireux [sirø] (f. *-euse*) *agg.* ceroso; (*fig.*) cereo.

cirque [sirk] *s.m.* circo.

cirrhose [siroz] *s.f.* (*med.*) cirrosi.

cirrus [sirrys] *s.m.* (pl. *invar.*) (*meteor.*) cirro.

cisaille [sizaj] *s.f.* cesoia; (*tecn.*) trancia: *cisailles à volaille*, trinciapollo.

cisailler [sizaje] *v.tr.* tranciare, tagliare.

cisalpin [sizalpɛ̃] *agg.* cisalpino.

ciseau [sizo] (pl. *-eaux*) *s.m.* **1** scalpello **2** (*sport*) forbice (*f.*). **3** *pl.* forbici (*f.*).

ciseler [sizle] (*coniug. come* semer) *v.tr.* **1** cesellare **2** (*dir.*) scalpellare (pietra ecc.).

ciseleur [sizlœr] (f. *-euse*) *s.m.* cesellatore.

ciselure [sizlyr] *s.f.* cesellatura.

ciste [sist] *s.m.* (*bot.*) cisto.

cistercien [sistersjɛ̃] (f. *-enne*) *agg.* e *s.m.* (*eccl.*) cistercense.

citadelle [sitadɛl] *s.f.* cittadella; (*fortifiée*) roccaforte (*anche fig.*).

citadin [sitadɛ̃] *agg.* e *s.m.* cittadino || (*nello Zaire*) — *professeur*, signor professore; — *commissaire*, signor commissario.

citation [sitasjɔ̃] *s.f.* citazione.

cité [site] *s.f.* **1** città || — *universitaire*, quartiere universitario; — *ouvrière*, quartiere di case operaie **2** (*dir.*) stato (*m.*) || (*st.*) *droit de* —, diritto di cittadinanza **3** *Cité*, la parte vecchia di una città.

cité-dortoir [sitedɔrtwar] (pl. *cités-dortoirs*) *s.f.* città dormitorio.

citer [site] *v.tr.* **1** citare **2** (*dir.*) chiamare in giudizio.

citerne [sitɛrn] *s.f.* cisterna.

cithare [sitar] *s.f.* cetra.

cithariste [sitarist] *s.m.* citarista.

citoyen [sitwajɛ̃] (f. *-enne*) *s.m.* cittadino || (*nello Zaire*) — *professeur*, signor professore; — *commissaire*, signor commissario.

citoyenneté [sitwajɛnte] *s.f.* cittadinanza.

citrate [sitrat] *s.m.* citrato.

citrique [sitrik] *agg.* citrico.

citron [sitrɔ̃] *s.m.* **1** limone **2** (*fam.*) testa (*f.*), zucca (*f.*).

citronnade [sitronad] *s.f.* limonata.

citronnelle [sitronɛl] *s.f.* (*bot.*) cedronella, limoncina.

citronnier [sitronje] *s.m.* (*pianta*) limone.

citrouille [sitruj] *s.f.* zucca.

cive [siv] *s.f.* cipollina.

civet [sive] *s.m.* (*cuc.*) salmì: — *de lièvre*, lepre in salmì.

civette[1] [sivɛt] *s.f.* zibetto (*m.*).

civette[2] *s.f.* (*erba*) cipollina.

civière [sivjɛr] *s.f.* barella.

civil [sivil] *agg.* civile (*anche fig.*) ♦ *s.m.* **1** (*dir.*) procedura civile **2** (*in opposizione a* militare *o* religioso) civile, borghese || *dans le* —, da borghese.

civilement [sivilmɑ̃] *avv.* civilmente.

civilisateur [sivilizatœr] (f. *-trice*) *agg.* e *s.m.* civilizzatore.

civilisation [sivilizasjɔ̃] *s.f.* **1** civilizzazione **2** civiltà.

civilisé [sivilize] *agg.* civile; civilizzato: *les peuples civilisés*, i popoli civili ♦ *s.m.* chi appartiene a una nazione civile.

civiliser [sivilize] *v.tr.* civilizzare □ **se civiliser** *v.pron.* civilizzarsi.

civilité [sivilite] *s.f.* **1** cortesia, educazione **2** *pl.* ossequi (*m.*).

civique [sivik] *agg.* civico; (*civil*) civile.

civisme [sivism] *s.m.* civismo.

clabauder [klabode] *v.intr.* schiamazzare; spettegolare.

clafouti(s) [klafuti] *s.m.* dolce di ciliegie nere.

claie [klɛ] *s.f.* graticcio (*m.*), graticciata.

clair [klɛʀ] *agg.* chiaro || *eau claire*, acqua limpida || *bouillon* —, brodo leggero; *une soupe trop claire*, una minestra troppo liquida || *son affaire est claire*, la sua sorte è decisa ♦ *avv.* chiaro ♦ *s.m.* chiaro || *mettre un message en* —, decifrare un messaggio || *tirer une affaire au* —, mettere in chiaro una faccenda || *être au* —, essere al corrente || *le plus* — *du temps*, la maggior parte del tempo || *sabre au* —, con la spada sguainata.

clairet [klɛʀɛ] *agg.* e *s.m.*: (*vin*) —, chiaretto.

clairette [klɛʀɛt] *s.f.* vino bianco spumante e dolce.

claire-voie [klɛʀvwa] (pl. *claires-voies*) *s.f.* graticciata || *à* —, a giorno; a spazi regolari; (*di tessuto*) a trama rada.

clairière [klɛʀjɛʀ] *s.f.* radura.

clair-obscur [klɛʀɔpskyʀ] (pl. *clairs-obscurs*) *s.m.* chiaroscuro.

clairon [klɛʀɔ̃] *s.m.* **1** tromba (*f.*) **2** (suonatore di) tromba; (*mil.*) trombettiere.

claironnant [klɛʀɔnɑ̃] *agg.* squillante.

claironner [klɛʀɔne] *v.intr.* suonare la tromba ♦ *v.tr.* (*fig.*) strombazzare.

clairsemé [klɛʀsəme] *agg.* rado; (*rare*) raro.

clairvoyance [klɛʀvwajɑ̃s] *s.f.* chiaroveggenza.

clairvoyant [klɛʀvwajɑ̃] *agg.* chiaroveggente.

clamecycois [klamsikwa] *agg.* di Clamecy.

clamer [klame] *v.tr.* gridare; proclamare.

clameur [klamœʀ] *s.f.* clamore (*m.*).

clan [klɑ̃] *s.m.* clan.

clandestin [klɑ̃dɛstɛ̃] *agg.* clandestino || **-ement** *avv.*

clandestinité [klɑ̃dɛstinite] *s.f.* clandestinità.

clapet [klapɛ] *s.m.* (*tecn.*) valvola (*f.*) || *ferme ton* —, (*fam.*) chiudi il becco.

clapier [klapje] *s.m.* conigliera (*f.*).

clapir [klapiʀ] *v.intr.* zigare (del coniglio).

clapotement [klapɔtmɑ̃] *s.m.* sciabordio.

clapoter [klapɔte] *v.intr.* sciabordare.

clapotis [klapɔti] *s.m.* sciacquio.

clappement [klapmɑ̃] *s.m.* schiocco.

clapper [klape] *v.intr.* schioccare (con la lingua).

claquage [klakaʒ] *s.m.* (*med.*) stiramento.

claquant [klakɑ̃] *agg.* (*fam.*) estenuante.

claque [klak] *s.f.* **1** ceffone (*m.*), schiaffo (*m.*) **2** (*teatr.*) claque **3** (*in Canada*) soprascarpa in gomma.

claquement [klakmɑ̃] *s.m.* **1** schiocco **2** il battere (mani, denti) **3** scoppio.

claquemurer [klakmyʀe] *v.tr.* rinchiudere □ **se claquemurer** *v.pron.* rinchiudersi.

claquer [klake] *v.intr.* **1** battere (qlco); sbattere (qlco), chiudere con violenza: — *des dents*, battere i denti || *faire* — *ses doigts*, fare schioccare le dita || *se* — *un muscle*, prodursi uno strappo muscolare **2** (*fam.*) morire, crepare ♦ *v.tr.* **1** sbattere (una porta, una finestra) **2** prendere a schiaf-

fi **3** (*fam.*) stancare, sfinire □ **se claquer** *v.pron.* (*fig.*) sfiancarsi: *se* — *de travail*, ammazzarsi di lavoro.

claquette [klakɛt] *s.f.* **1** *pl.* claquettes, tip tap **2** (*cine.*) ciak (*m.*).

clarification [klaʀifikasjɔ̃] *s.f.* chiarificazione.

clarifier [klaʀifje] *v.tr.* **1** chiarificare; schiarire; (*fig.*) chiarire **2** (*ind.*) raffinare.

clarine [klaʀin] *s.f.* campanaccio (*m.*).

clarinette [klaʀinɛt] *s.f.* clarinetto (*m.*).

clarinettiste [klaʀinetist] *s.m.* clarinettista.

clarisse [klaʀis] *s.f.* clarissa.

clarté [klaʀte] *s.f.* **1** chiarore (*m.*) **2** trasparenza, limpidezza **3** (*fig.*) chiarezza.

classe [klɑs] *s.f.* **1** classe || — *moyenne*, ceto medio || *hors* —, fuori classe || *bon pour la* —, (*fam.*) idoneo per il servizio militare **2** classe, aula **3** lezione (in classe) || *redoubler une* —, ripetere l'anno.

classement [klɑsmɑ̃] *s.m.* **1** classifica (*f.*): *au* —, in graduatoria **2** classificazione (*f.*); (*comm.*) archiviazione.

classer [klɑse] *v.tr.* **1** classificare || — *par, en ordre alphabétique*, ordinare alfabeticamente **2** archiviare, schedare.

classeur [klɑsœʀ] *s.m.* classificatore, raccoglitore.

classicisme [klasisism] *s.m.* classicismo.

classificateur [kla(ɑ)sifikatœʀ] (f. *-trice*) *agg.* e *s.m.* classificatore.

classification [kla(ɑ)sifikasjɔ̃] *s.f.* classificazione.

classifier [kla(ɑ)sifje] *v.tr.* classificare.

classique [klasik] *agg.* e *s.m.* classico || **-ement** *avv.*

claudicant [klodikɑ̃] *agg.* claudicante.

claudiquer [klodike] *v.intr.* claudicare.

clause [kloz] *s.f.* (*dir.*) clausola: — *de style*, clausola formale.

claustral [klostʀal] (pl. *-aux*) *agg.* claustrale.

claustration [klostʀasjɔ̃] *s.f.* clausura.

claustrer [klostʀe] *v.tr.* chiudere in convento; (*fig.*) segregare.

claustrophobie [klostʀɔfɔbi] *s.f.* claustrofobia.

clavaire [klavɛʀ] *s.f.* (*bot.*) clavaria, ditola.

claveau [klavo] (pl. *-eaux*) *s.m.* (*edil.*) cuneo.

clavecin [klavsɛ̃] *s.m.* clavicembalo.

claveciniste [klavsinist] *s.m.* clavicembalista.

clavette [klavɛt] *s.f.* (*mecc.*) chiavetta.

clavicule [klavikyl] *s.f.* (*anat.*) clavicola.

clavier [klavje] *s.m.* tastiera (*f.*).

clayette [klɛjɛt] *s.f.* ripiano (*m.*), griglia mobile (di un frigorifero).

clayon [klɛjɔ̃] *s.m.* graticcio.

clé [kle] *s.f.* chiave || *mettre la* — *sous la porte*, prendere il — *des champs*, svignarsela || (*arch.*) — *de voûte*, chiave di volta; *la* — *de voûte, l'homme* — *d'une entreprise*, il personaggio chiave, il pilastro di un'azienda || (*aut.*) — *de contact*, chiavetta dell'accensione || (*mus.*) — *de sol*, chiave di violino || (*isola Riunione*) *cas-*

ser la —, avere grande successo; essere in pieno svolgimento (di festa ecc.).

clébard [klebaʀ] *s.m.* (*fam.*) cane.

clef [kle] *s.f.* → **clé.**

clématite [klematit] *s.f.* (*bot.*) clematide.

clémence [klemɑ̃s] *s.f.* clemenza.

clément [klemɑ̃] *agg.* clemente.

clémentine [klemɑ̃tin] *s.f.* mandarancio (*m.*).

clenche [klɑ̃ʃ] *s.f.* spranghetta del saliscendi (di una porta).

clepsydre [klɛpsidʀ] *s.f.* clessidra ad acqua.

cleptomane [klɛptɔman] *s.m.* cleptomane.

cleptomanie [klɛptɔmani] *s.f.* cleptomania.

clerc [klɛʀ] *s.m.* chierico || — *de notaire,* praticante notaio || *faire un pas de* —, (*fig.*) fare un passo falso || *il est grand* — *en la matière,* è un conoscitore della materia.

clergé [klɛʀʒe] *s.m.* clero.

clérical [klɛʀikal] (pl. *-aux*) *agg.* e *s.m.* clericale.

cléricalisme [klɛʀikalism] *s.m.* clericalismo.

cléricature [klɛʀikatyʀ] *s.f.* chiericato (*m.*).

clermontois [klɛʀmɔ̃twa] *agg.* di Clermont-Ferrand.

clic [klik] *inter.* clic!, clac!

cliché [kliʃe] *s.m.* **1** (*tip.*) cliché, lastra (*f.*) **2** (*fot.*) negativo **3** (*fig.*) luogo comune.

clicher [kliʃe] *v.tr.* (*tip.*) eseguire dei clichés.

client [klijɑ̃] *s.m.* cliente.

clientèle [klijɑ̃tɛl] *s.f.* clientela.

clientélisme [klijɑ̃telism] *s.m.* clientelismo.

clignement [kliɲmɑ̃] *s.m.* ammiccamento, strizzatina (d'occhi).

cligner [kliɲe] *v.tr.* e *intr.*: — *des yeux, les yeux,* battere le palpebre, strizzare gli occhi || — *de l'œil,* fare l'occhiolino.

clignotant [kliɲɔtɑ̃] *agg.* (*di luce*) intermittente, lampeggiante ♦ *s.m.* (*aut.*) lampeggiatore.

clignotement [kliɲɔtmɑ̃] *s.m.* **1** battito delle ciglia **2** (*di luce*) lampeggiamento.

clignoter [kliɲɔte] *v.intr.* **1** — *des yeux,* sbattere le palpebre **2** (*di luce*) lampeggiare.

climat [klima] *s.m.* clima (*anche fig.*).

climatère [klimatɛʀ] *s.m.* (*med.*) climaterio.

climatique [klimatik] *agg.* climatico.

climatisation [klimatizasjɔ̃] *s.f.* climatizzazione, condizionamento (dell'aria).

climatisé [klimatize] *agg.* climatizzato, a temperatura costante: *air* —, aria condizionata.

climatiser [klimatize] *v.tr.* **1** climatizzare, condizionare l'aria (di un ambiente) **2** (*tecn.*) tropicalizzare.

climatiseur [klimatizœʀ] *s.m.* condizionatore d'aria.

clin [klɛ̃] *s.m.*: — *d'œil,* strizzatina d'occhio || *en un* — *d'œil,* in un batter d'occhio.

clinicien [klinisjɛ̃] (f. *-enne*) *s.m.* clinico.

clinique [klinik] *agg.* clinico ♦ *s.f.* clinica.

cliniquement [klinikmɑ̃] *avv.* clinicamente.

clinquant [klɛ̃kɑ̃] *agg.* sgargiante, pacchiano ♦ *s.m.* (*abbigl.*) lustrino; (*fig.*) orpello.

clip¹ [klip] *s.m.* orecchino a clip.

clip² *s.m.* videoclip.

clique [klik] *s.f.* (*fam.*) **1** cricca, combriccola **2** (*mil.*) banda, fanfara militare.

cliquer [klike] *v.tr.* (*inform.*) cliccare.

cliques [klik] *s.f.pl. prends tes* — *et tes claques et va-t-en!,* (*fam.*) prendi le tue carabattole e vattene!

cliquet [klikɛ] *s.m.* (*mecc.*) nottolino.

cliqueter [klikte] (*coniug. come* jeter) *v.intr.* ticchettare.

cliquetis [klikti] *s.m.* clicchettio, ticchettio.

clitoris [klitɔʀis] *s.m.* (*anat.*) clitoride.

clivage [klivaʒ] *s.m.* **1** (*min.*) sfaldatura (*f.*) **2** (*fig.*) divario.

cliver [klive] *v.tr.* sfaldare.

cloaque [klɔak] *s.m.* cloaca (*f.*).

clochard [klɔʃaʀ] *s.m.* barbone, accattone.

cloche [klɔʃ] *s.f.* **1** campana || *déménager à la* — *de bois,* traslocare alla chetichella || *sonner les cloches à qqn,* dare una solenne strigliata a qlcu || (*sport*) *coup en* —, pallonetto **2** — (*de verre*), campana (di vetro) || — (*de métal*), coprivivande, campana || — *à fromage,* copriformaggio || *garder sous* —, custodire sotto una campana di vetro **3** (*aer.*) cloche ♦ *agg.* (*fam.*) tonto, stupido.

cloche-pied, à [aklɔʃpje] *locuz.avv.* su un piede.

clocher¹ [klɔʃe] *s.m.* campanile || *esprit de* —, spirito campanilistico || *il n'a jamais quitté son* —, non ha mai lasciato il paesello.

clocher² *v.intr.* claudicare; zoppicare (*anche fig.*) || *il y a qqch qui cloche,* c'è qlco che non va.

clocheton [klɔʃtɔ̃] *s.m.* (*arch.*) guglietta (*f.*).

clochette [klɔʃɛt] *s.f.* campanella.

cloison [klwazɔ̃] *s.f.* **1** tramezzo (*m.*), parete divisoria || *abattre le cloisons,* (*fig.*) abbattere le barriere **2** (*anat., bot.*) setto (*m.*).

cloisonné [klwazɔne] *agg.* e *s.m.* pittura a smalto in alveoli su oggetti metallici.

cloisonnement [klwazɔnmɑ̃] *s.m.* suddivisione con tramezzi; (*fig.*) incomunicabilità (*f.*).

cloisonner [klwazɔne] *v.tr.* tramezzare.

cloître [klwatʀ] *s.m.* chiostro.

cloîtrer [klwatʀe] *v.tr.* rinchiudere in un chiostro; (*fig.*) isolare □ **se cloîtrer** *v.pron.* farsi monaco o suora di clausura; (*fig.*) appartarsi dal mondo.

clope [klɔp] *s.f.* (*fam.*) cicca, sigaretta || *des clopes!,* un corno!

clopet [klɔpɛ] *s.m.* (in Svizzera) (*fam.*) pisolo.

clopin-clopant [klɔpɛ̃klɔpɑ̃] *locuz.avv.* (*fam.*) zoppicando, zopppiconi.

clopiner [klɔpine] *v.intr.* (*fam.*) zoppicare.

clopinettes [klɔpinɛt] *s.f.pl.* (*fam.*) bazzecole, cose da nulla: *des* —, molto poco, quasi niente.

cloporte [klɔpɔʀt] *s.m.* (*zool.*) onisco.

cloque [klɔk] *s.f.* **1** bolla, vescica **2** (*bot.*) bolla.

cloquer [klɔke] *v.tr.* goffrare (stoffa, cartone).

clore [klɔʀ]

---

usato all'Indic.pres. je clos, tu clos, il clôt, (*non com.*) ils closent; *fut.* (*non com.*) je clorai, etc, *Cond.* (*non com.*) je clorais, etc. *Cong.pres.* (*non com.*) que je close, etc. *Part.pres.* (*non com.*) closant; *pass.* clos. *Imp.* clos.

---

v.tr.dif. chiudere.

clos [klo] *part.pass. di* clore ♦ *agg.* chiuso || *la séance est close*, la seduta è tolta ♦ *s.m.* **1** terreno coltivato recintato **2** vigneto.

clôture [klotyʀ] *s.f.* **1** recinto (*m.*); steccato (*m.*) **2** chiusura **3** (*eccl.*) clausura.

clôturer [klotyʀe] *v.tr.* **1** recintare **2** chiudere; (*fig.*) metter fine (a).

clou [klu] *s.m.* **1** chiodo || *traverser dans les clous*, attraversare sui passaggi pedonali || *mettre au —*, mettere in prigione || *ne pas valoir un —*, non valere un fico secco || *des clous!*, (*fam.*) un corno! **2** attrazione (in uno spettacolo ecc.) **3** (*fam.*) ferrovecchio, catorcio **4** (*fam.*) foruncolo, brufolo **5** (*molto fam.*) monte di pietà.

clouer [klue] *v.tr.* inchiodare (*anche fig.*) || *rester cloué sur place*, (*fig.*) rimanere di sasso.

clouté [klute] *agg.* chiodato || *passage —*, passaggio pedonale.

clouter [klute] *v.tr.* chiodare.

clovisse [klɔvis] *s.f.* (*zool. pop.*) vongola.

clown [klun] (f. *-esse*) *s.m.* pagliaccio.

clownerie [klunʀi] *s.f.* pagliacciata.

clownesque [klunesk] *agg.* pagliaccesco.

club [klœb] *s.m.* **1** circolo, club **2** mazza da golf.

clunisien [klynizjɛ̃] (f. *-enne*) *agg.* e *s.m.* cluniacense.

clystère [klistɛʀ] *s.m.* clistere.

co- *pref.* co-, con-.

coacquéreur [kɔakeʀœʀ] *s.m.* acquirente in comune.

coaction [kɔaksjɔ̃] *s.f.* (*dir.*) coazione.

coadjuteur [kɔadʒytœʀ] *s.m.* (*eccl.*) coadiutore.

coagulant [kɔagylɑ̃] *agg.* e *s.m.* coagulante.

coagulation [kɔagylasjɔ̃] *s.f.* coagulazione.

coaguler [kɔagyle] *v.tr.* coagulare □ **se coaguler** *v.pron.* coagularsi.

coagulum [kɔagylɔm] *s.m.* coagulo.

coaliser [kɔalize] *v.tr.* coalizzare □ **se coaliser** *v.pron.* coalizzarsi.

coalition [kɔalisjɔ̃] *s.f.* coalizione || *— d'intérêts*, (*fig.*) convergenza d'interessi.

coarctation [kɔaʀktasjɔ̃] *s.f.* (*med.*) coartazione.

coassement [kɔasmɑ̃] *s.m.* gracidio.

coasser [kɔase] *v.intr.* gracidare.

coassocié [kɔasɔsje] *s.m.* consociato, consocio.

coauteur [kɔotœʀ] *s.m.* coautore; (*dir.*) correo.

coaxial [kɔaksjal] (pl. *-aux*) *agg.* coassiale.

cobalt [kɔbalt] *s.m.* cobalto.

cobaltothérapie [kɔbaltɔteʀapi], **cobalthérapie** [kɔbalteʀapi] *s.f.* cobaltoterapia.

cobaye [kɔbaj] *s.m.* cavia (*f.*).

cobra [kɔbʀa] *s.m.* cobra.

coca [kɔka] *s.f.* (*bot.*) coca.

coca-cola [kɔkakɔla] (pl. *invar.*) *s.m.* coca-cola (*f.*).

cocagne [kɔkaɲ] *s.f.* cuccagna (*f.*) || *mât de —*, albero della cuccagna.

cocaïne [kɔkain] *s.f.* cocaina.

cocaïnomane [kɔkainɔman] *s.m.* cocainomane.

cocarde [kɔkaʀd] *s.f.* coccarda.

cocardier [kɔkaʀdje] (f. *-ère*) *agg.* e *s.m.* nazionalista, patriottardo.

cocasse [kɔkas] *agg.* (*fam.*) buffo, ridicolo.

cocasserie [kɔkasʀi] *s.f.* buffonata.

coccinelle [kɔksinel] *s.f.* (*zool.*) coccinella.

coccyx [kɔksis] *s.m.* (*anat.*) coccige.

coche[1] [kɔʃ] *s.m.* diligenza (*f.*) || *rater, louper le —*, (*fig.*) perdere una buona occasione.

coche[2] *s.m.*: (*ant.*) — *d'eau*, chiatta fluviale per il trasporto di merci e passeggeri.

cochenille [kɔʃnij] *s.f.* (*zool.*) cocciniglia.

cocher[1] [kɔʃe] *s.m.* cocchiere, vetturino.

cocher[2] *v.tr.* contrassegnare.

cochère [kɔʃɛʀ] *agg.*: *porte —*, portone.

cochon [kɔʃɔ̃] *s.m.* maiale, porco: — *de lait*, porcellino da latte, (*cuc.*) porchetta || (*zool.*) — *d'Inde*, porcellino d'India ♦ (f. *-onne*) *agg.* sporcaccione, (*di spettacolo*) sconcio.

cochonceté [kɔʃɔ̃ste] *s.f.* (*fam.*) porcata.

cochonnaille [kɔʃɔnaj] *s.f.* (*fam.*) salumi (*m.pl.*).

cochonner [kɔʃɔne] *v.tr.* (*fam.*) pasticciare, fare male: *travail cochonné*, lavoro raffazzonato.

cochonnerie [kɔʃɔnʀi] *s.f.* (*fam.*) porcheria.

cochonnet [kɔʃɔnɛ] *s.m.* **1** porcellino **2** (*al gioco delle bocce*) pallino, boccino.

cocktail [kɔktɛl] *s.m.* cocktail || — *Molotov*, (bomba, bottiglia) molotov.

coco[1] [kɔ(o)ko] *s.m.* (*frutto*) cocco: *noix de —*, noce di cocco || (*isola Riunione*) — *(de tête)*, testa.

coco[2] *s.m.* **1** cocco, coccolo **2** (*nel linguaggio infantile*) uovo, ovetto.

coco[3] *s.m.* (*fam. spreg.*) tipo, tizio.

cocon [kɔkɔ̃] *s.m.* bozzolo.

cocooner [kɔkune] *v.intr.* **1** accoccolarsi **2** (*fam.*) starsene nel proprio guscio.

cocorico [kɔkɔʀiko] *s.m.* **1** chicchirichì **2** (*fig.*) espressione, spirito di campanile.

cocotier [kɔkɔtje] *s.m.* palma di cocco.

cocotte[1] [kɔkɔt] *s.f.* **1** (*fam.*) gallina || — *en papier*, origami (foglio di carta piegato a forma di volatile) **2** cocca, coccola **3** (*antiq.*) cocotte, donnina allegra.

cocotte[2] *s.f.* pentola di ghisa (per cottura lenta).

cocotte-minute [kɔkɔtminyt] (pl. *cocottes-minute*) *s.f.* pentola a pressione.

cocu [kɔky] *agg.* e *s.m.* (*fam.*) cornuto.

cocufier [kɔkyfje] *v.tr.* (*fig.*) cornificare.

codage [kɔdaʒ] *s.m.* **1** cifratura (*f.*) **2** (*scient.*, *inform.*) codifica.

code [kɔd] *s.m.* **1** codice: — *de la route*, codice stradale **2** *pl.* (*aut.*) anabbaglianti.

codé [kɔde] *agg.* in codice.

codéine [kɔdein] *s.f.* (*chim.*) codeina.

coder [kɔde] *v.tr.* **1** cifrare **2** (*tecn.*) codificare.

codétenu [kɔdetny] *s.m.* compagno di detenzione.

codeur [kɔdœʀ] *s.m.* codificatore.

codex [kɔdɛks] (*lat.*) *s.m.* farmacopea (*f.*), formulario farmaceutico.

codicille [kɔdisil] *s.m.* (*dir.*) codicillo.

codification [kɔdifikasjɔ̃] *s.f.* codificazione, codifica.

codifier [kɔdifje] *v.tr.* codificare.
codirecteur [kodiʀɛktœʀ] (f. *-trice*) *s.m.* condirettore.
codirection [kodiʀɛksjɔ̃] *s.f.* condirezione.
coédition [kɔedisjɔ̃] *s.f.* coedizione.
coefficient [kɔefisjɑ̃] *s.m.* coefficiente.
cœlacanthe [selakɑ̃t] *s.m.* (*zool.*) celacanto.
coépouse [kɔepuz] *s.f.* (*in Africa*) una delle mogli di un poligamo.
coéquation [kɔekwasjɔ̃] *s.f.* perequazione (tributaria).
coéquipier [kɔekipje] (f. *-ère*) *s.m.* **1** compagno di squadra **2** (*ciclismo*) gregario.
coercitif [kɔɛʀsitif] (f. *-ive*) *agg.* coercitivo.
coercition [kɔɛʀsisjɔ̃] *s.f.* coercizione.
cœur [kœʀ] *s.m.* **1** cuore: *malade du —*, malato di cuore; *avoir le — lourd*, avere un peso sul cuore; *partir le — léger*, andarsene a cuor leggero || *avoir le — gros, le — serré*, avere un nodo alla gola || *avoir du —*, (*aux cartes*) avere in mano dei cuori **2** (*fig.*) centro: *le — de la ville*, il centro della città; *un — de laitue*, un cuore di lattuga; *au — de l'hiver*, nel cuore dell'inverno; *le — du problème*, il nocciolo del problema **3** (*fig.*) coraggio, animo: *avoir du —*, essere valoroso || *avoir du — au ventre*, (*fam.*) aver del fegato **4** (*fam.*) stomaco: *avoir mal au —*, avere la nausea; *ça me soulève le —*, mi fa venire la nausea; *rester sur le —*, (*fig.*) rimanere sullo stomaco || *avoir le — au bord des lèvres*, avere il voltastomaco ♦ FRASEOLOGIA: *serrer qqn, qqch sur son —*, stringere qlco, qlco al petto; *chauffer le —*, confortare; *déchirer, fendre, percer le —*, spezzare il cuore; *je veux en avoir le — net*, voglio vederci chiaro; *faire le joli —*, fare il galante; *son bonheur me tient à —*, mi sta a cuore la sua felicità; *si le — n'y est pas, ce n'est pas la peine de le faire*, se non c'è la volontà, non val la pena di farlo; *je n'ai pas le — à rire*, non sono in vena di ridere; *je n'ai le — à rien*, non ho l'umore giusto per nulla; *avoir qqch sur le —, en avoir gros sur le —*, essere amareggiato per qlco; *je suis de tout — avec toi*, ti sono vicino con tutto il cuore; *de tout (son) —*, con tutto il cuore; *faire battre le —*, dare il batticuore; *le — battant*, col cuore in gola; *de bon —*, volentieri; *je ne le fais pas de gaieté de —*, lo faccio a malincuore; *celui-là, je ne le porte pas dans mon —*, (*fam.*) quello non mi è molto simpatico; *ouvrir son —*, confidarsi, aprirsi con qlcu; *si le — vous en dit*, se ne avete voglia; *s'en donner à — joie*, darsi alla pazza gioia; *faire contre mauvaise fortune bon —*, far buon viso a cattiva sorte.
□ **à cœur**, (*di formaggio*) stagionato; **par cœur**, a memoria.
coexistence [kɔɛgzistɑ̃s] *s.f.* coesistenza.
coexister [kɔɛgziste] *v.intr.* coesistere.
coffrage [kɔfʀaʒ] *s.m.* **1** casseratura (di pozzi ecc.) **2** (*edil.*) cassaforma (*f.*), cassero.
coffre [kɔfʀ] *s.m.* **1** baule, cassone **2** (*aut.*) bagagliaio, baule; *— arrière*, baule posteriore **3** cassaforte (*f.*); (*in Banca*) cassetta (*f.*) di sicurezza || *les coffres de l'État*, le casse dello Stato **4** (*fig.*

fam.) petto, torace: *avoir du —*, aver fiato, una voce potente.
coffre-fort [kɔfʀəfɔʀ] (pl. *coffres-forts*) *s.m.* cassaforte (*f.*), forziere: *compartiment de —*, cassetta di sicurezza.
coffrer [kɔfʀe] *v.tr.* (*argot*) schiaffar dentro.
coffret [kɔfʀɛ] *s.m.* cofanetto: *— à bijoux*, portagioie.
cogestion [kɔʒestjɔ̃] *s.f.* cogestione.
cogitation [kɔʒitasjɔ̃] *s.f.* (*fam.*) pensata.
cogiter [kɔʒite] *v.tr.* cogitare; (*fam.*) ponzare.
cognac [kɔɲak] *s.m.* cognac.
cognaçais [kɔɲase] *agg.* di Cognac.
cognassier [kɔɲasje] *s.m.* (*bot.*) cotogno.
cognée [kɔɲe] *s.f.* scure || *jeter le manche après la —*, perdersi d'animo.
cogner [kɔɲe] *v.tr.* picchiare: *se — la tête*, (*anche fig.*) sbattere la testa ♦ *v.intr.* **1** (*fam.*) pestare (qlco), battere (qlco) **2** (*aut.*) battere in testa □ **se cogner** *v.pron.* **1** sbattere, urtare (in, contro) **2** picchiarsi (l'un l'altro).
cognitif [kɔɲitif] (f. *-ive*) conoscitivo.
cohabitation [kɔabitasjɔ̃] *s.f.* coabitazione.
cohabiter [kɔabite] *v.intr.* coabitare.
cohérence [kɔeʀɑ̃s] *s.f.* coerenza.
cohérent [kɔeʀɑ̃] *agg.* coerente.
cohéritier [kɔeʀitje] (f. *-ère*) *s.m.* coerede.
cohésion [kɔezjɔ̃] *s.f.* coesione.
cohorte [kɔɔʀt] *s.f.* **1** coorte **2** (*fam.*) schiera.
cohue [kɔy] *s.f.* calca, ressa.
coi [kwa] (f. *coite*) *agg.* cheto, tranquillo.
coiffe [kwaf] *s.f.* **1** cuffia, cuffietta; crestina **2** (*tecn., mil.*) cappuccio (*m.*).
coiffé [kwafe] *agg.* **1** con il capo coperto (da); (*estens.*) coperto (da); sormontato (da): *— d'un béret bleu*, con in capo un berretto blu || *il est né —*, è nato con la camicia **2** pettinato **3** (*fig.*) infatuato.
coiffer [kwafe] *v.tr.* **1** coprire il capo (a): *— qqn d'un chapeau*, mettere un cappello in testa a qlcu || *— Sainte Catherine*, compiere i venticinque anni da nubile (di ragazza) **2** pettinare, acconciare **3** (*estens.*) ricoprire || (*sport*) *— qqn sur le poteau*, battere qlcu sul traguardo □ **se coiffer** *v.pron.* **1** coprirsi il capo (con un cappello ecc.) **2** pettinarsi.
coiffeur [kwafœʀ] *s.m.* parrucchiere.
coiffeuse[1] [kwaføz] *s.f.* parrucchiera.
coiffeuse[2] *s.f.* (*mobile*) toeletta, pettiniera.
coiffure [kwafyʀ] *s.f.* **1** pettinatura, acconciatura: *salon de —*, negozio di parrucchiere **2** cappello (*m.*), copricapo (*m.*).
coin [kwɛ̃] *s.m.* **1** angolo: *le magasin du —*, il negozio all'angolo; *un — de ciel bleu*, un lembo di cielo azzurro || (*ferr.*) *— couloir, — fenêtre*, posto vicino al corridoio, al finestrino || *rester dans son —*, starsene in disparte; *être dans le —*, restare nelle vicinanze || *rester au — du feu*, stare accanto al camino || *aller au petit —*, (*fam.*) andare in quel posticino || *en boucher un — à qqn*, (*fam.*) lasciare qlcu di stucco || *regard en —*, sguardo in tralice; *regarder du — de l'œil*, guardare con la coda del-

l'occhio || *jouer aux quatre coins*, giocare ai quattro cantoni 2 (*mecc.*) cuneo, bietta (*f.*) 3 conio, punzone (per monete ecc.).

coincé [kwɛse] *agg.* 1 (*tecn.*) bloccato, incastrato (*anche fig.*) 2 (*fam.*) inibito.

coincement [kwɛsmɑ̃] *s.m.*inceppamento || *de vertèbre*, schiacciamento vertebrale.

coincer [kwɛse] (*coniug. come* placer) *v.tr.* bloccare, incastrare (*anche fig.*) □ **se coincer** *v.pron.* rimanere incastrato; (*tecn.*) incepparsi.

coïncidence [kɔɛsidɑ̃s] *s.f.* coincidenza.

coïncider [kɔɛside] *v.intr.* coincidere.

coin-coin [kwɛkwɛ] *onom.* qua qua (di anatra).

coin-cuisine [kwɛkɥizin] (*pl. coins-cuisine*) *s.m.* angolo cottura.

coing [kwɛ] *s.m.* (mela) cotogna.

coin-repas [kwɛʀəpɑ] (*pl. coins-repas*) *s.m.* zona pranzo.

coït [kɔit] *s.m.* coito.

coke[1] [kɔk] *s.m.* coke.

coke[2] *s.f.* (*fam.*) cocaina.

col [kɔl] *s.m.* 1 collo, colletto: — *châle*, *Claudine*, *marin*, *officier*, colletto a scialle, tondo, alla marinara, alla coreana || *faux* —, solino, colletto inamidato; — *du manteau*, bavero del cappotto || *un demi sans faux* —, (*fam.*) una birra senza schiuma || (*fig.*): — *blanc*, colletto bianco, impiegato; — *bleu*, colletto blu, operaio || (*anat.*) — *de l'utérus*, cervice uterina, collo dell'utero 2 (*geogr.*) valico, passo, colle.

col- *pref.* → **con-**

cola [kɔla] *s.m.* (*bot.*) cola (*f.*).

colback [kɔlbak] *s.m.* 1 colbacco 2 (*fam.*) collo, colletto.

colchique [kɔlʃik] *s.m.* (*bot.*) colchico.

coléoptère [kɔleɔptɛʀ] *s.m.* coleottero.

colère [kɔlɛʀ] *s.f.* 1 collera, ira: *se mettre en* — *contre qqn*, andare in collera con qlcu; *passer sa* — *sur qqn*, sfogare la propria rabbia su qlcu 2 scatto d'ira: *piquer une* —, andare in bestia || *faire une* —, (*fam.*) fare le bizze.

coléreux [kɔleʀø] (*f. -euse*), **colérique** [kɔleʀik] *agg.* collerico, irascibile.

colibacille [kɔlibasil] *s.m.* (*biol.*) colibacillo.

colibri [kɔlibʀi] *s.m.* colibrì.

colifichet [kɔlifiʃe] *s.m.* gingillo.

colimaçon [kɔlimasɔ̃] *s.m.* lumaca, chiocciola (*f.*) || *escalier en* —, scala a chiocciola.

colin [kɔlɛ] *s.m.* (*zool.*) merluzzo.

colin-maillard [kɔlɛmajaʀ] *s.m.* (*gioco infantile*) mosca cieca.

colique [kɔlik] *s.f.* (*med.*) colica; (*fam.*) diarrea || *quelle*—*cet homme!*,(*fam.*)che pizza quell'uomo!

colis [kɔli] *s.m.* collo, pacco.

colite [kɔlit] *s.f.* (*med.*) colite.

collabo [kɔlabo] *s.m.* (*fam. spreg.*) *abbr.* → **collaborateur.**

collaborateur [kɔlabɔʀatœʀ] (*f. -trice*) *s.m.* 1 collaboratore 2 (*st.*) collaborazionista.

collaboration [kɔlabɔʀasjɔ̃] *s.f.* 1 collaborazione 2 (*pol.*) collaborazionismo (*m.*).

collaborer [kɔlabɔʀe] *v.intr.* collaborare.

collage [kɔlaʒ] *s.m.* 1 incollatura (*f.*) 2 (*arte*) collage 3 (*enol.*) chiarificazione (del vino) 4 (*fam.*) relazione (amorosa).

collagène [kɔlaʒɛn] *s.m.* collagene.

collant [kɔlɑ̃] *agg.* 1 appiccicoso; adesivo 2 aderente ♦ *s.m.* calzamaglia (*f.*), collant.

collapsus [kɔlapsys] *s.m.* (*med.*) collasso.

collatéral [kɔlateʀal] (*pl. -aux*) *agg.* e *s.m.* collaterale.

collation [kɔlɑsjɔ̃] *s.f.* spuntino (*m.*).

collationner [kɔlɑsjɔne] *v.tr.* collazionare.

colle [kɔl] *s.f.* 1 colla: — *de pâte*, colla di farina || *un pot de* —, (*fam.*) un appiccicoso 2 (*argot scolastico*) interrogazione; ore supplementari di scuola (inflitte come punizione) || *poser une* —, fare una domanda difficile.

collecte [kɔlɛkt] *s.f.* raccolta; (*quête*) colletta.

collecter [kɔlɛkte] *v.tr.* raccogliere.

collecteur [kɔlɛktœʀ] (*f. -trice*) *agg.* e *s.m.* collettore: *égout* —, collettore di fogna || (*elettr.*) — *d'ondes*, antenna ricevente.

collectif [kɔlɛktif] (*f. -ive*) *agg.* collettivo ♦ *s.m.* 1 collettivo 2 (*gramm.*) nome collettivo 3 — *budgétaire*, bilancio di previsione (dello Stato).

collection [kɔlɛksjɔ̃] *s.f.* 1 collezione, raccolta: — *printemps-été*, collezione primavera-estate 2 collana (di libri ecc.).

collectionner [kɔlɛksjɔne] *v.tr.* collezionare.

collectionneur [kɔlɛksjɔnœʀ] (*f. -euse*) *s.m.* collezionista.

collectivement [kɔlɛktivmɑ̃] *avv.* collettivamente.

collectiviser [kɔlɛktivize] *v.tr.* collettivizzare.

collectivisme [kɔlɛktivism] *s.m.* collettivismo.

collectivité [kɔlɛktivite] *s.f.* collettività: — *nationale*, comunità nazionale; — *professionnelle*, associazione professionale || — *locale*, ente locale; *collectivités publiques*, enti pubblici.

collège [kɔlɛʒ] *s.m.* 1 collegio: — *électoral*, collegio elettorale || (*fin.*) — *de gérance*, comitato di gestione 2 scuola media statale: *au* — , a scuola 3 (*in Canada*) scuola superiore.

collégial [kɔleʒjal] (*pl. -aux*) *agg.* collegiale || -*ement avv.*

collégiale [kɔleʒjal] *s.f.* collegiata.

collégialité [kɔleʒjalite] *s.f.* collegialità.

collégien [kɔleʒjɛ] (*f. -enne*) *s.m.* studente (di scuola media).

collègue [kɔlɛg] *s.m.* e *f.* collega.

coller [kɔle] *v.tr.* 1 incollare, appiccicare 2 (*argot scolastico*) bocciare (a un esame); punire (con ore supplementari di scuola) 3 (*fam.*) appioppare: *il m'a collé son rhume*, mi ha attaccato il raffreddore 4 (*fam.*) ficcare ♦ *v.intr.* 1 incollarsi, appiccicarsi (*anche fig.*) 2 aderire || (*fam.*): *raisonnement qui ne colle pas*, ragionamento che non calza; *ça colle!*, va bene!

collerette [kɔlʀɛt] *s.f.* 1 colletto arricciato 2 (*tecn.*) flangia.

collet [kɔle] *s.m.* 1 colletto; bavero (della giacca) || *prendre qqn au* —, (*fam.*) prendere qlcu per il collo || *être — monté*, (*fig.*) essere formalista 2 laccio (per animali) 3 (*anat.*, *bot.*) colletto.

colleter, se [sɔklte] (*coniug. come* jeter) *v.pron.* battersi.

colleur [kɔlœR] (f. *-euse*) *s.m.* incollatore: — *d'affiches*, attacchino.

colley [kɔlɛ] *s.m.* (*cane*) collie.

collier [kɔlje] *s.m.* 1 collare || *donner un coup de* —, (*fig.*) fare una sgobbata || *reprendre le* —, (*fig.*) riprendere il lavoro || — *de barbe*, barba alla Cavour 2 collana (*f.*) 3 (*mecc.*) fascetta (*f.*).

collimateur [kɔllimatœr] *s.m.* collimatore || *avoir qqn dans son* —, (*fig.*) avere qlcu nel mirino.

colline [kɔlin] *s.f.* collina; poggio (*m.*).

collision [kɔl/izjɔ̃] *s.f.* collisione, scontro (*m.*).

colloïdal [kɔl/ɔidal] (pl. *-aux*) *agg.* colloidale.

colloïde [kɔl/ɔid] *s.m.* (*chim.*) colloide.

colloque [kɔl/ɔk] *s.m.* convegno, seminario.

collusion [kɔl/yzjɔ̃] *s.f.* (*dir.*) collusione.

collusoire [kɔl/yzwaR] *agg.* (*dir.*) collusivo, collusorio.

collutoire [kɔl/ytwaR] *s.m.* collutorio.

collyre [kɔl/iR] *s.m.* collirio.

colmarien [kɔlmarjɛ̃] (f. *-enne*) *agg.* di Colmar.

colmatage [kɔlmataʒ] *s.m.* 1 (*agr.*) colmata (*f.*) 2 il turare.

colmater [kɔlmate] *v.tr.* 1 colmare (un terreno) 2 turare, tappare.

colocataire [kɔlɔkatɛR] *s.m.* coinquilino.

colombage [kɔlɔ̃baʒ] *s.m.* (*edil.*) *maison à colombages*, casa a graticcio.

colombe [kɔlɔ̃b] *s.f.* colomba.

colombien [kɔlɔ̃bjɛ̃] (f. *-enne*) *agg.* e *s.m.* colombiano.

colombier [kɔlɔ̃bje] *s.m.* colombaia (*f.*).

colombophile [kɔlɔ̃bɔfil] *agg.* e *s.m.* colombofilo; colombicoltore.

colon [kɔlɔ̃] *s.m.* 1 coloniale 2 (*dir.*) colono 3 (*fam.*) colonnello.

côlon [kolɔ̃] *s.m.* (*anat.*) colon.

colonel [kɔlɔnɛl] *s.m.* (*mil.*) colonnello.

colonial [kɔlɔnjal] (pl. *-aux*) *agg.* e *s.m.* coloniale.

colonialisme [kɔlɔnjalism] *s.m.* colonialismo.

colonialiste [kɔlɔnjalist] *agg.* colonialistico ♦ *s.m.* colonialista.

colonie [kɔlɔni] *s.f.* colonia.

colonisateur [kɔlɔnizatœR] (f. *-trice*) *agg.* e *s.m.* colonizzatore.

colonisation [kɔlɔnizasjɔ̃] *s.f.* colonizzazione.

coloniser [kɔlɔnize] *v.tr.* colonizzare.

colonnade [kɔlɔnad] *s.f.* (*arch.*) colonnato (*m.*).

colonne [kɔlɔn] *s.f.* colonna.

colonnette [kɔlɔnet] *s.f.* colonnina, colonnette.

colophane [kɔlɔfan] *s.f.* colofonia, pece greca.

coloquinte [kɔlɔkɛ̃t] *s.f.* (*bot.*) coloquintide.

colorant [kɔlɔRɑ̃] *agg.* e *s.m.* colorante.

coloration [kɔlɔRɑsjɔ̃] *s.f.* colorazione.

coloré [kɔlɔRe] *agg.* colorato; colorito (*anche fig.*); *avoir un teint* —, avere un bel colorito.

colorer [kɔlɔRe] *v.tr.* colorare; colorire (*anche fig.*): — *un récit*, colorire un racconto.

coloriage [kɔlɔRjaʒ] *s.m.* colorazione (*f.*): *album de coloriages*, album da colorare.

colorier [kɔlɔRje] *v.tr.* colorare, colorire.

colorimètre [kɔlɔRimetR] *s.m.* colorimetro.

coloris [kɔlɔRi] *s.m.* 1 tinta (*f.*) 2 (*di fiori, frutti ecc.*) colore (naturale) 3 (*della pelle*) colorito.

colossal [kɔlɔsal] (pl. *-aux*) *agg.* colossale.

colossalement [kɔlɔsalmɑ̃] *avv.* in modo colossale.

colosse [kɔlɔs] *s.m.* colosso.

colostrum [kɔlɔstRɔm] *s.m.* (*biol.*) colostro.

colportage [kɔlpɔRtaʒ] *s.m.* 1 commercio ambulante 2 (*fig.*) divulgazione (di notizie).

colporter [kɔlpɔRte] *v.tr.* 1 fare il venditore ambulante (di) 2 (*fig.*) spettegolare.

colporteur [kɔlpɔRtœR] (f. *-euse*) *s.m.* venditore ambulante.

coltiner [kɔltine] *v.tr.* portare (un peso) □ **se coltiner** *v.pron.* (*fam.*) sobbarcarsi.

columbarium [kɔlɔ̃baRjɔm] *s.m.* colombario.

colza [kɔlza] *s.m.* (*bot.*) colza, ravizzone.

coma [kɔma] *s.m.* coma: *dans le* —, in coma.

comateux [kɔmatø] (f. *-euse*) *agg.* comatoso.

combat [kɔ̃ba] *s.m.* combattimento, lotta (*f.*) (*anche fig.*) || — *de boxe*, incontro di pugilato || *livrer* —, dar battaglia || *au plus fort du* —, sul più bello || *hors de* —, fuori combattimento || *littérature de* —, letteratura impegnata.

combatif [kɔ̃batif] (f. *-ive*) *agg.* combattivo.

combativité [kɔ̃bativite] *s.f.* combattività.

combattant [kɔ̃batɑ̃] *agg.* e *s.m.* combattente || *ancien* —, reduce.

combattre [kɔ̃batR] (*coniug. come* battre) *v.tr.* e *intr.* combattere.

combien [kɔ̃bjɛ̃] *avv.* 1 quanto, come: *tu sais* — *j'aime cette confiture*, sai quanto, come mi piace questa marmellata; — *il a souffert!*, quanto ha sofferto! || *il y a je ne sais* —..., è non so quanto tempo... 2 *combien de* (+ *s.*) quanto, quanta, quanti, quante: — *de timbres te faut-il?*, quanti francobolli ti occorrono?; — *as-tu d'argent sur toi?*, quanto denaro hai con te? ♦ *pron.interr.* e *esclamativo* quanto, quanta, quanti, quante: — *êtes-vous?*, (in) quanti siete?; — *voudraient avoir ta patience!*, quanti vorrebbero avere la tua pazienza!; *combien veux-tu?*, quanto vuoi? || — *vous dois-je*, quanto le devo?; *c'est* —?, *ça fait* —?, quant'è? || — *y a-t-il d'ici à Rome?*, quanto c'è da qui a Roma? || *pour* — *en as-tu?*, (*temps*) per quanto (tempo) ne avrai?; (*argent*) quanto l'hai pagato? ♦ *s.m.invar.*: *on est le* —?, *le* — *sommes-nous?*, quanti ne abbiamo?; *tous les* — *passe le bus?*, ogni quanto passa l'autobus? || *le combien es-tu?*, che posto hai?; che numero hai?

combinaison [kɔ̃binɛzɔ̃] *s.f.* 1 combinazione || — *de couleurs*, accostamento di colori 2 (*fig.*) intrallazzo (*m.*) 3 (*abbigl.*) sottoveste 4 (*abbigl.*) tuta: — *de ski*, tuta da sci; — *de plongée sous-marine*, muta.

combinard [kɔ̃binar] *s.m.* (*fam.*) maneggione.

combine [kɔ̃bin] *s.f.* (*fam.*) intrallazzo (*m.*), trucco (*m.*) || *je vais t'expliquer la* —, adesso ti spiego quel che c'è sotto.

combiné [kɔ̃bine] *s.m.* **1** (*tel.*) cornetta (*f.*) **2** (*sport*) combinata (*f.*) **3** (*abbigl.*) body **4** — (*radio-phono*), radiogrammofono.

combiner [kɔ̃bine] *v.tr.* combinare.

comble[1] [kɔ̃bl] *s.m.* **1** colmo (*anche fig.*): *c'est un* —*!*, questo è il colmo!; *être au* — *de la joie*, essere al culmine della gioia **2** (*edil.*) (copertura del) tetto; *pl.* sottotetto || *sous les combles*, in soffitta || *de fond en* —, da cima a fondo.

comble[2] *agg.* colmo; pieno zeppo || *la mesure est* —, la misura è colma.

comblement [kɔ̃bləmɑ̃] *s.m.* colmata (*f.*).

combler [kɔ̃ble] *v.tr.* **1** colmare || *vous me comblez*, la sua gentilezza mi confonde **2** appagare.

comburant [kɔ̃byrɑ̃] *agg.* e *s.m.* comburente.

combustible [kɔ̃bystibl] *agg.* e *s.m.* combustibile.

combustion [kɔ̃bystjɔ̃] *s.f.* combustione: — *spontanée*, autocombustione.

comédie [kɔmedi] *s.f.* commedia || — *italienne*, commedia dell'arte || *jouer la* —, (*fig.*) fare la commedia: *il m'a fait une de ces comédies!*, (*fam.*) mi ha fatto tante di quelle storie!; *quelle* —*!*, quante storie!

comédien [kɔmedjɛ̃] (f. *-enne*) *s.m.* **1** attore; attore comico **2** (*fig.*) commediante.

comédon [kɔmedɔ̃] *s.m.* comedone.

comestible [kɔmɛstibl] *agg.* commestibile ♦ *s.m.pl.* generi alimentari.

comète [kɔmɛt] *s.f.* cometa || *tirer des plans sur la* —, (*fig.*) fare castelli in aria.

comice [kɔmis] *s.m.* comizio.

comique [kɔmik] *agg.* e *s.m.* comico || **-ement** *avv.*

comité [kɔmite] *s.m.* comitato, consiglio: — *d'entreprise*, consiglio di fabbrica; — *directeur*, consiglio d'amministrazione || — *d'études*, commissione di studio || *en petit* —, in pochi (intimi).

commandant [kɔmɑ̃dɑ̃] *s.m.* **1** comandante, capo **2** (*mil.*) maggiore; (*mar.*) comandante || *en chef*, comandante supremo ♦ *agg.* autoritario.

commande [kɔmɑ̃d] *s.f.* **1** ordine (*m.*), ordinazione || *de* —, d'obbligo; *sourire de* —, sorriso di circostanza || *sur* —, (*anche fig.*) su ordinazione || *bon de* —, buono d'ordine **2** (*mecc.*) comando (*m.*) || *tenir les, être aux commandes*, (*fig.*) tenere le leve del comando.

commandement [kɔmɑ̃dmɑ̃] *s.m.* **1** comando: *il a l'habitude du* —, è abituato a comandare; (*sport*) *être au* —, essere in testa, al comando || (*mil.*) *haut* —, comando supremo **2** (*relig.*) comandamento **3** (*dir.*) intimazione (*f.*), precetto.

commander [kɔmɑ̃de] *v.tr.* **1** comandare **2** (*exiger*) esigere: — *la prudence*, esigere prudenza **3** (*al ristorante*) ordinare **4** (*comm.*) ordinare, commissionare **5** (*fig.*) dominare, sovrastare ♦ *v.intr.* comandare (qlcu); (*fig.*) dominare (qlco, qlcu).

commanderie [kɔmɑ̃dri] *s.f.* (*eccl.*) commenda.

commandeur [kɔmɑ̃dœr] *s.m.* commendatore.

commanditaire [kɔmɑ̃ditɛr] *agg.* e *s.m.* **1** committente; sponsor **2** (*dir.*) accomandante.

commandite [kɔmɑ̃dit] *s.f.* (*dir.*) (società in) accomandita.

commandité [kɔmɑ̃dite] *agg.* e *s.m.* (*dir.*) accomandatario.

commanditer [kɔmɑ̃dite] *v.tr.* finanziare.

commando [kɔmɑ̃do] *s.m.* (*mil.*) commando.

comme [kɔm] *avv.* **1** come: *il s'est conduit* — *un fou*, si è comportato da pazzo; — *consultant*, come, in qualità di consulente; *il vient tous les soirs,* *été* — *hiver*, viene ogni sera, estate e inverno; — *tu le sais, je ne peux pas*, come ben sai, non posso; *j'ai* — *l'idée qu'il ne viendra pas*, ho come un presentimento che non verrà || *tout* —, proprio come: *tu t'en apercevras tout* — *moi*, te ne accorgerai come me ne sono accorto io; *c'est tout* —, è lo stesso; *ils ne sont pas frères mais c'est tout* —, (*fam.*) non sono fratelli ma è come se lo fossero || — *tout*, (*fam.*) proprio, veramente: *cet enfant est mignon* — *tout*, quel bambino è veramente grazioso || *un homme* — *il faut*, un uomo perbene; *faire son travail* — *il faut*, fare il proprio lavoro come si deve || — *on dit,* — *dit* (o *dirait*) *l'autre*, (*fam.*) come si suol dire || — *qui dirait*, per così dire || — *pas un,* — *personne*, meglio di chiunque (altro) || — *de juste,* — *de raison*, con ragione, giustamente || — *par hasard*, come per caso: *il est arrivé,* — *par hasard, au bon moment*, è arrivato, guarda caso, al momento giusto || — *toujours,* — *de bien entendu*, come al solito, come per caso **2** (*espressioni esclamative*) come, quanto: — *c'est beau!*, com'è bello!; — *il a changé!*, come, quanto è cambiato! || — *vous y allez!*, ma non le sembra di esagerare! ♦ *cong.* **1** (*modo*) come: *j'ai acheté des roses* — *tu le désirais*, ho comperato delle rose come desideravi **2** (*tempo*) mentre: *il entrait* — *je sortais*, lui entrava mentre io uscivo **3** (*causa*) siccome, poiché: — *tu n'étais pas là, je suis parti*, siccome non c'eri, me ne sono andato □ **comme ça** *locuz.avv.* così: (*alors*) — *ça, tu m'as menti!*, così mi hai mentito!; *par un temps* — *ça, il vaut mieux ne pas sortir*, con un tempo così è meglio non uscire; *un accueil* — *ça!*, un'accoglienza coi fiocchi!; *c'est* — *ça!*, è così e non c'è niente da fare! || — *ci,* — *ça*, (*fam.*) così così □ **comme quoi** *locuz.cong.*: *il est milliardaire,* — *quoi il n'est pas nécessaire d'être intelligent pour réussir*, è miliardario, il che dimostra che non occorre essere intelligente per riuscire; *faites-lui une autorisation* — *quoi il peut sortir*, fategli un permesso che lo autorizzi a uscire.

commémoratif [kɔmmemɔratif] (f. *-ive*) *agg.* commemorativo.

commémoration [kɔmmemɔrasjɔ̃] *s.f.* commemorazione; memoria, ricordo (*m.*).

commémorer [kɔmmemɔre] *v.tr.* commemorare.

commencement [kɔmɑ̃smɑ̃] *s.m.* inizio, principio || *il y a un* — *à tout*, c'è sempre una prima volta.

commencer [kɔmɑ̃se] (*coniug. come* placer) *v.tr.* e *intr.* cominciare, iniziare: *il a commencé son* *travail hier*, ha iniziato il lavoro ieri; *l'été est commencé depuis quelques jours*, l'estate è cominciata da qualche giorno; *il fait chaud, l'été a commencé*, fa caldo, l'estate è cominciata □ **commencer à**, cominciare a: *l'enfant a commencé à parler*, il bambino ha cominciato a parlare || *ça commence à bien faire!*, (*fam.*) ne ho piene le tasche! □ **commencer par**, cominciare da, con: *par où dois-je —?*, da che parte devo cominciare?; *il a commencé par nous dire que...*, ha cominciato col dirci che...

commensal [kɔmmɑ̃sal] (pl. *-aux*) *s.m.* commensale.

commensurable [kɔmmɑ̃syrabl] *agg.* commensurabile.

comment [kɔmɑ̃] *avv.* come, in che modo: — *t'appelles-tu?*, come ti chiami?; *on se demande — il a pu arriver à temps*, ci si chiede come sia potuto arrivare in tempo || — *se fait-il que*, come mai, com'è che || —?, come?, come hai detto? || — *donc!*, come no, certo! || — *cela?*, come mai? ♦ *inter.* comme!: —!, *tu es encore là?*, come!, sei ancora lì?; *et* —!, (*fam.*) eccome! ♦ *s.m.*: *le pourquoi et le* —, il perché e il percome || *n'importe —* → **importer.**

commentaire [kɔmɑ̃tɛr] *s.m.* commento || *cela se passe de commentaires*, non ha bisogno di commenti; *sans* —!, no comment!

commentateur [kɔmɑ̃tatœr] (f. *-trice*) *s.m.* commentatore.

commenter [kɔmɑ̃te] *v.tr.* commentare.

commérage [kɔmeraʒ] *s.m.* pettegolezzo.

commerçant [kɔmɛrsɑ̃] *agg.* mercantile; commerciale ♦ *s.m.* commerciante.

commerce [kɔmɛrs] *s.m.* **1** commercio: — *de, en gros*, commercio all'ingrosso; — *de détail, petit* —, commercio al minuto, al dettaglio; *avoir un* — *de*, avere un negozio di; *de* —, commerciale, di commercio || *être dans le* —, fare il commerciante || *livres de* —, libri contabili **2** (*letter.*) rapporto, relazione (*f.*): *c'est un homme d'un — agréable*, è una persona di piacevole compagnia.

commercer [kɔmɛrse] (*coniug. come* placer) *v.intr.* commerciare.

commercial [kɔmɛrsjal] (pl. *-aux*) *agg.* e *s.m.* commerciale || *un film* —, un film di cassetta, commerciale || **-ement** *avv.*

commercialisation [kɔmɛrsjalizasjɔ̃] *s.f.* commercializzazione.

commercialiser [kɔmɛrsjalize] *v.tr.* commercializzare.

commère [kɔmɛr] *s.f.* comare, donna pettegola.

commettre [kɔmɛtr] (*coniug. come* mettre) *v.tr.* **1** commettere **2** (*dir.*) incaricare di: *avocat commis d'office*, avvocato nominato d'ufficio.

comminatoire [kɔmminatwar] *agg.* (*dir.*) comminatorio; intimidatorio.

commis[1] [kɔmi] *part.pass. di* commettre.

commis[2] *s.m.* commesso || — *aux écritures*, impiegato addetto alla contabilità || — *voyageur*, commesso viaggiatore || *les grands* — *de l'État*, gli alti funzionari dello Stato.

commisération [kɔmmizerasjɔ̃] *s.f.* commiserazione.

commissaire [kɔmisɛr] *s.m.* commissario || — *aux comptes*, sindaco (di società), revisore dei conti; *les commissaires aux comptes* (*d'une société*), il collegio sindacale .

commissaire-priseur [kɔmisɛrprizœr] (pl. *commissaires-priseurs*) *s.m.* banditore (d'asta).

commissariat [kɔmisarja] *s.m.* commissariato.

commission [kɔmisjɔ̃] *s.f.* **1** commissione: — *de banque*, commissione bancaria || *donner une* —, dare un incarico || (*droit de*) —, provvigione || (*comm.*) *à la* —, su commissione || (*dir.*) — *d'office*, nomina d'ufficio || — *d'examen*, commissione di esame **2** (*pl.*) spesa (*sing.*).

commissionnaire [kɔmisjɔnɛr] *s.m.* **1** commissionario **2** fattorino.

commissionner [kɔmisjɔne] *v.tr.* **1** commissionare **2** incaricare **3** (*in Africa*) chiedere un favore ♦ *v.intr.* (*in Africa*) andare a fare spese.

commissure [kɔmisyr] *s.f.* (*anat.*) commessura.

commode[1] [kɔmɔd] *agg.* **1** comodo **2** facile || *caractère pas* —, (*fam.*) carattere difficile.

commode[2] *s.f.* cassettone (*m.*).

commodité [kɔmɔdite] *s.f.* comodità.

commotion [kɔmmosjɔ̃] *s.f.* **1** commozione **2** (*fig.*) scossa, colpo (*m.*).

commotionner [kɔmmosjɔne] *v.tr.* traumatizzare, scioccare: *il a été commotionné par un accident de voiture*, ha subito un grave trauma in seguito a un incidente d'auto.

commuer [kɔmmɥe] *v.tr.* (*dir.*) commutare.

commun [kɔmœ̃] *agg.* **1** comune (*anche fig.*): *d'un* — *accord*, di comune accordo || *sans commune mesure*, senza paragone || *le sens* —, il buon senso **2** ordinario: *des manières communes*, modi ordinari ♦ *s.m.* **1** maggior parte (*f.*): *le* — *des mortels*, i comuni mortali, la maggior parte degli uomini || *n'avoir rien de* — *avec*, non aver niente in comune con || *hors du* —, fuori dal comune **2** *pl.* dipendenze (*f.*) (di villa ecc.).

communal [kɔmynal] (pl. *-aux*) *agg.* comunale || (*école*) *communale*, scuola comunale.

communard [kɔmynar] *agg.* e *s.m.* (*st. fr.*) comunardo.

communautaire [kɔmynotɛr] *agg.* comunitario.

communauté [kɔmynote] *s.f.* **1** comunanza (*anche fig.*): *posséder qqch en* —, essere comproprietario di qlco **2** comunità **3** (*dir.*) comunione: *sous le régime de la* —, in regime di comunione dei beni; — *de vie*, coabitazione.

commune [kɔmyn] *s.f.* comune (*m.*): *les employés de la* —, gli impiegati comunali || (*st. fr.*) *la Commune*, la Comune.

communément [kɔmynemɑ̃] *avv.* comunemente, generalmente.

communiant [kɔmynjɑ̃] *s.m.* comunicando.

communicable [kɔmynikabl] *agg.* comunicabile.

communicant [kɔmynikɑ̃] *agg.* comunicante.

communicatif [kɔmynikatif] (f. *-ive*) *agg.* comunicativo.

communication [kɔmynikasjɔ̃] *s.f.* comunicazione.

communier [kɔmynje] *v.intr.* **1** (*relig.*) comunicarsi: *ils ont communié*, si sono comunicati **2** essere in comunione (d'idee ecc.): — *dans un même idéal*, condividere le stesse idee.

communion [kɔmynjɔ̃] *s.f.* comunione.

communiqué [kɔmynike] *s.m.* comunicato: — *de presse*, comunicato stampa.

communiquer [kɔmynike] *v.tr. e intr.* comunicare: — *par signes*, comunicare a segni: *nos chambres communiquent*, le nostre camere sono comunicanti || — *des pièces*, esibire documenti || — *un mouvement*, imprimere un movimento □ **se communiquer** *v.pron.* scambiarsi.

communisme [kɔmynism] *s.m.* comunismo.

communiste [kɔmynist] *agg. e s.m.* comunista.

commutateur [kɔmytatœʀ] *s.m.* (*elettr.*) commutatore.

commutation [kɔmytasjɔ̃] *s.f.* commutazione.

commuter [kɔmyte] *v.tr.* commutare.

compacité [kɔ̃pasite] *s.f.* compattezza.

compact [kɔ̃pakt] *agg.* compatto ♦ *s.m.* **1** stereo monoblocco **2** sci corto **3** compact (disc) **4** macchina fotografica tascabile.

Compact Disc [kɔ̃paktdisk] (pl. *Compact Discs*) *s.m.* compact (disc), CD || — *vidéo*, videodisco.

compacter [kɔ̃pakte] *v.tr.* compattare; (*comprimer*) comprimere.

compacteur [kɔ̃paktœʀ] *s.m.* (*tecn.*) compressore (di terreno, strade).

compagne [kɔ̃paɲ] *s.f.* compagna.

compagnie [kɔ̃paɲi] *s.f.* compagnia || *fausser* — *à qqn*, piantare in asso qlcu || *des propos de bonne* —, discorsi formali || (*comm.*) *Dubois et* — (abbr. *Dubois et Cie*), Dubois e Soci (*abbr.* Dubois & C.); *...et* —, (*fam.*) (*riferito a persone*) ...e compagnia (bella).

compagnon [kɔ̃paɲɔ̃] *s.m.* **1** compagno: — *d'armes*, commilitone; — *de route*, compagno di viaggio || *de pair à* —, da pari a pari || *un bon* —, un buontempone **2** operaio specializzato: — *maçon*, muratore.

compagnonnage [kɔ̃paɲɔnaʒ] *s.m.* **1** organizzazione di lavoratori di una stessa professione **2** (*ant.*) organizzazione del lavoro in corporazione.

comparable [kɔ̃paʀabl] *agg.* paragonabile: *ce n'est pas* —, non c'è paragone.

comparaison [kɔ̃paʀɛzɔ̃] *s.f.* paragone (*m.*): *établir une* —, fare un paragone; (*gramm.*) *degrés de* —, gradi di comparazione || *en* — *de*, in confronto a, a paragone di; *par* —, a paragone || (*comm.*) *en* —, a fronte || (*econ.*) — *de coûts*, comparazione dei costi || *faire la* — *entre deux documents*, fare il riscontro di due documenti.

comparaître [kɔ̃paʀɛtʀ] (*coniug. come* connaître) *v.intr.* comparire.

comparatif [kɔ̃paʀatif] (f. *-ive*) *agg. e s.m.* comparativo.

comparativement [kɔ̃paʀativmɑ̃] *avv.* in paragone.

comparer [kɔ̃paʀe] *v.tr.* paragonare, confrontare || *littératures comparées*, letterature comparate.

comparse [kɔ̃paʀs] *s.m. e f.* comparsa (*f.*).

compartiment [kɔ̃paʀtimɑ̃] *s.m.* **1** (*ferr.*) scompartimento **2** scomparto; riquadro.

compartimenter [kɔ̃paʀtimɑ̃te] *v.tr.* dividere.

comparu [kɔ̃paʀy] *part.pass. di* comparaître.

comparution [kɔ̃paʀysjɔ̃] *s.f.* comparizione.

compas [kɔ̃pa] *s.m.* **1** compasso: *tracer au* —, tracciare col compasso || *avoir le* — *dans l'œil*, (*fig.*) avere molto occhio **2** (*mar.*) bussola (*f.*).

compassé [kɔ̃pɑ(a)se] *agg.* compassato.

compassion [kɔ̃pɑ(a)sjɔ̃] *s.f.* compassione.

compatibilité [kɔ̃patibilite] *s.f.* compatibilità.

compatible [kɔ̃patibl] *agg.* compatibile.

compatir [kɔ̃patiʀ] *v.intr.* compatire (qlco).

compatissant [kɔ̃patisɑ̃] *agg.* compassionevole; partecipe.

compatriote [kɔ̃patʀijɔt] *s.m. e f.* compatriota, connazionale.

compensateur [kɔ̃pɑ̃satœʀ] (f. *-trice*) *agg.* compensatore.

compensation [kɔ̃pɑ̃sasjɔ̃] *s.f.* **1** compenso (*m.*) **2** compensazione.

compenser [kɔ̃pɑ̃se] *v.tr.* compensare || *semelle compensée*, suola ortopedica || *publicité compensée*, pubblicità collettiva □ **se compenser** *v.pron.* compensarsi.

compère [kɔ̃pɛʀ] *s.m.* compare.

compère-loriot [kɔ̃pɛʀlɔʀjo] (pl. *compères-loriots*) *s.m.* orzaiolo.

compétence [kɔ̃petɑ̃s] *s.f.* competenza || *être de la* — *de*, spettare a.

compétent [kɔ̃petɑ̃] *agg.* competente.

compétitif [kɔ̃petitif] (f. *-ive*) *agg.* competitivo, concorrenziale.

compétition [kɔ̃petisjɔ̃] *s.f.* competizione, gara.

compétitivité [kɔ̃petitivite] *s.f.* competitività, concorrenzialità.

compiégnois [kɔ̃pjenwa] *agg.* di Compiègne.

compilateur [kɔ̃pilatœʀ] (f. *-trice*) *s.m.* compilatore.

compilation [kɔ̃pilasjɔ̃] *s.f.* compilazione.

compiler [kɔ̃pile] *v.tr.* **1** compilare **2** plagiare, copiare.

complainte [kɔ̃plɛ̃t] *s.f.* (*lett.*) cantilena, nenia.

complaire [kɔ̃plɛʀ] (*coniug. come* plaire) *v.tr. e intr.* compiacere (a) □ **se complaire** *v.pron.* compiacersi (di) || *se* — *dans ses illusions*, cullarsi nelle illusioni.

complaisamment [kɔ̃plɛzamɑ̃] *avv.* con compiacenza, in modo compiacente.

complaisance [kɔ̃plɛzɑ̃s] *s.f.* **1** gentilezza: *ayez la* — *de...*, faccia la cortesia di... **2** compiacenza; condiscendenza || (*dir.*) *billet de* —, *signature de* —, cambiale, firma di favore.

complaisant [kɔ̃plɛzɑ̃] *agg.* **1** compiacente; premuroso **2** compiaciuto.

complément [kɔ̃plemɑ̃] *s.m.* complemento || —

d'instruction, supplemento di istruttoria || — *de salaire*, integrazione dello stipendio.

complémentaire [kɔ̃plemɑ̃tɛʀ] *agg.* complementare || *indemnité* —, indennità integrativa.

complet [kɔ̃plɛ] (f. *-ète*) *agg.* completo: *l'hôtel est* —, l'albergo è al completo || *c'est* —*!*, è tutto esaurito: (*fam.*) ci mancava solo questo! || *pain* —, pane integrale ♦ *s.m.* completo.

complètement [kɔ̃plɛtmɑ̃] *avv.* completamente.

compléter [kɔ̃plete] (*coniug. come* céder) *v.tr.* completare □ **se compléter** *v.pron.* completarsi.

complétive [kɔ̃pletiv] *s.f.* (*gramm.*) (proposizione) completiva.

complexe [kɔ̃plɛks] *agg. e s.m.* complesso || — *sportif*, centro sportivo.

complexé [kɔ̃plɛkse] *agg. e s.m.* (*fam.*) inibito, complessato.

complexion [kɔ̃plɛksjɔ̃] *s.f.* (*letter.*) costituzione.

complexité [kɔ̃plɛksite] *s.f.* complessità.

complication [kɔ̃plikasjɔ̃] *s.f.* complicazione.

complice [kɔ̃plis] *agg. e s.m. e f.* complice.

complicité [kɔ̃plisite] *s.f.* complicità.

complies [kɔ̃pli] *s.f.pl.* (*eccl.*) compieta (*sing.*).

compliment [kɔ̃plimɑ̃] *s.m.* 1 complimento 2 discorsetto d'occasione.

complimenter [kɔ̃plimɑ̃te] *v.tr.* complimentare: — *qqn de, pour, sur*, complimentarsi con qlcu per.

complimenteur [kɔ̃plimɑ̃tœʀ] (f. *-euse*) *agg. e s.m.* complimentoso.

compliqué [kɔ̃plike] *agg. e s.m.* complicato.

compliquer [kɔ̃plike] *v.tr.* complicare □ **se compliquer** *v.pron.* complicarsi.

complot [kɔ̃plo] *s.m.* complotto.

comploter [kɔ̃plɔte] *v.tr. e intr.* complottare.

comploteur [kɔ̃plɔtœʀ] *s.m.* cospiratore.

complu [kɔ̃ply] *part.pass.invar. di* complaire.

compo [kɔ̃po] *s.f.* (*abbr. di* composition) tema (scolastico).

componction [kɔ̃pɔ̃ksjɔ̃] *s.f.* compunzione.

comportement [kɔ̃pɔʀtəmɑ̃] *s.m.* comportamento, contegno.

comportemental [kɔ̃pɔʀtəmɑ̃tal] (pl. *-aux*) *agg.* comportamentale.

comporter [kɔ̃pɔʀte] *v.tr.* 1 implicare, comportare 2 disporre di, essere composto di □ **se comporter** *v.pron.* comportarsi (da).

composant [kɔ̃pozɑ̃] *agg. e s.m.* componente.

composante [kɔ̃pozɑ̃t] *s.f.* componente (*m. e f.*).

composé [kɔ̃poze] *agg. e s.m.* composto.

composer [kɔ̃poze] *v.tr.* comporre || — *son attitude*, studiare il proprio atteggiamento ♦ *v.intr.* 1 fare un compito in classe 2 venire a patti □ **se composer** *v.pron.* essere composto (di, da).

composite [kɔ̃pozit] *agg.* 1 composto || *fusée* —, missile pluristadio 2 (*fig.*) eterogeneo.

compositeur [kɔ̃pozitœʀ] (f. *-trice*) *s.m.* compositore.

composition [kɔ̃pozisjɔ̃] *s.f.* 1 composizione || *être de bonne* —, (*fig.*) essere una buona pasta 2 tema (*m.*), compito in classe 3 accordo (*m.*).

compost [kɔ̃pɔst] *s.m.* (*concime*) terricciato, composta (*f.*).

compostage [kɔ̃pɔstaʒ] *s.m.* convalida (di biglietti ferroviari ecc.).

composter [kɔ̃pɔste] *v.tr.* convalidare, obliterare (biglietti ecc.).

composteur [kɔ̃pɔstœʀ] *s.m.* 1 perforatrice (*f.*) (di biglietti ecc.) 2 (*tip.*) compositoio.

compote [kɔ̃pɔt] *s.f.* 1 (*cuc.*) composta 2 (*fam.*) poltiglia: *en* —, a pezzi.

compotier [kɔ̃pɔtje] *s.m.* compostiera (*f.*).

compréhensible [kɔ̃pʀeɑ̃sibl] *agg.* comprensibile.

compréhensif [kɔ̃pʀeɑ̃sif] (f. *-ive*) *agg.* comprensivo.

compréhension [kɔ̃pʀeɑ̃sjɔ̃] *s.f.* comprensione.

comprendre [kɔ̃pʀɑ̃dʀ] (*coniug. come* prendre) *v.tr.* comprendere || *comprenne qui pourra*, chi ci capisce è bravo || *c'est à rien n'y* —, non ci si capisce niente □ **se comprendre** *v.pron.* capirsi.

comprenette [kɔ̃pʀənɛt] *s.f.* comprendonio (*m.*).

compresse [kɔ̃pʀɛs] *s.f.* compressa (di garza).

compresser [kɔ̃pʀese] *v.tr.* 1 pigiare 2 (*in Costa d'Avorio*) licenziare.

compresseur [kɔ̃pʀesœʀ] *agg. e s.m.* (*mecc.*) compressore.

compressibilité [kɔ̃pʀesibilite] *s.f.* comprimibilità; (*fig.*) compressione.

compressible [kɔ̃pʀesibl] *agg.* comprimibile.

compression [kɔ̃pʀesjɔ̃] *s.f.* compressione || — *du personnel*, riduzione del personale.

comprimé [kɔ̃pʀime] *agg.* compresso ♦ *s.m.* (*med.*) compressa (*f.*), discoide.

comprimer [kɔ̃pʀime] *v.tr.* 1 comprimere 2 (*fig.*) reprimere; ridurre.

compris [kɔ̃pʀi] *part.pass. di* comprendre ♦ *agg.* compreso, incluso: *tout* —, tutto compreso || *il a tout payé, y* — *les indemnités*, ha pagato tutto, comprese le indennità || *non* —, escluso: *il a 20.000 FF de revenu, non* — *la maison*, ha un reddito di 20.000 FF, senza contare la casa.

compromettant [kɔ̃pʀɔmetɑ̃] *agg.* compromettente.

compromettre [kɔ̃pʀɔmɛtʀ] (*coniug. come* mettre) *v.tr.* compromettere □ **se compromettre** *v.pron.* compromettersi.

compromis [kɔ̃pʀɔmi] *part.pass. di* compromettre ♦ *s.m.* compromesso.

compromission [kɔ̃pʀɔmisjɔ̃] *s.f.* compromissione.

comptabilité [kɔ̃tabilite] *s.f.* contabilità; ragioneria: *livres de* —, libri contabili; — *publique*, ragioneria generale dello stato || *chef de* —, ragioniere capo.

comptable [kɔ̃tabl] *agg.* contabile || (*officier*) —, computista ♦ *s.m. e f.* contabile, computista: (*expert*)—, ragioniere || —*agréé*, commercialista.

comptage [kɔ̃taʒ] *s.m.* conteggio.

comptant [kɔ̃tɑ̃] *agg. e s.m.* contante: (*au*) —, per, in contanti.

compte [kɔ̃t] *s.m.* 1 conto: *le* — *des dépenses*, il calcolo delle spese; *un* — *rond*, una cifra tonda ||

concision

prendre sur, à son —, prendere su di sé || *tenir — de*, considerare; — *tenu de ce qui précède*, tenuto conto di quanto avvenuto prima || *publication à — d'auteur*, pubblicazione a spese dell'autore || *pour le — de*, per conto di; *travailler à son —*, lavorare in proprio || *à —*, in acconto; a credito; *à bon —*, a buon mercato; (*fig.*) senza danni **2** (*comm.*) conto: — *joint*, conto a firme congiunte; — *courant postal*, conto corrente postale; — *à découvert*, conto scoperto; — *d'exploitation*, conto d'esercizio **3** (*sport*) conteggio.

♦ FRASEOLOGIA: *recevoir son —*, ricevere quel che si merita; (*di un domestico*) essere licenziato; *y trouver son —*, avere il proprio tornaconto in qlco; *à ce compte-là*, a quella stregua; *en fin de —, au bout du —*, in fin dei conti; *tout —fait*, a conti fatti; *son — est bon*, (*fam.*) è proprio nei guai; *le — y est*, il conto torna; *il a son — d'ennuis*, ha la sua parte di grane; *avoir son —*, (*fam.*) essere sbronzo.

compte-chèques [kɔ̃tʃɛk] (pl. *comptes-chèques*) *s.m.* conto bancario.

compte-gouttes [kɔ̃tgut] (pl. *invar.*) *s.m.* contagocce: *au —*, col contagocce.

compter [kɔ̃te] *v.tr.* **1** contare, calcolare || *je le compte parmi mes amis*, lo annovero tra i miei amici **2** ritenere: *on compte que*, si ritiene che ♦ *v.intr.* **1** contare || — *avec qqn, qqch*, tenere conto di qlcu, di qlco || *à — d'aujourd'hui*, a partire da oggi || *ne — pour rien*, non contare (nulla) **2** proporsi, intendere, contare (di).

compte-rendu [kɔ̃tʀɑ̃dy] (pl. *comptes-rendus*) *s.m.* **1** rendiconto, resoconto: — *des dépenses*, consuntivo delle spese **2** recensione (di giornale).

compte-tours [kɔ̃ttuʀ] (pl. *invar.*) *s.m.* (*tecn.*) contagiri.

compteur [kɔ̃tœʀ] *s.m.* contatore: — *à gaz, à eau, d'électricité*, contatore del gas, dell'acqua, elettrico || (*aut.*): — (*kilométrique*), contachilometri; — *de vitesse*, tachimetro || (*tecn.*) — *de chaleur*, contabilizzatore di calore.

comptine [kɔ̃tin] *s.f.* filastrocca (per la conta).

comptoir [kɔ̃twaʀ] *s.m.* **1** banco, bancone **2** (*econ.*): — *de vente en commun*, cartello, sindacato dei produttori; — *d'escompte*, banco di sconto **3** agenzia commerciale (all'estero).

compulser [kɔ̃pylse] *v.tr.* prendere in esame; consultare.

comte [kɔ̃t] *s.m.* conte.

comté [kɔ̃te] *s.m.* **1** contea (*f.*) **2** (*in Canada*) circoscrizione (*f.*) elettorale.

comtesse [kɔ̃tɛs] *s.f.* contessa.

comtois [kɔ̃twa] *agg.* della Franca Contea.

con [kɔ̃] *s.m.* **1** (*volg.*) figa (*f.*), fica(*f.*) **2** (*molto fam.*) fesso ♦ *agg.* (f. *conne*) (*molto fam.*) fesso.

con- *pref.* con-

concassage [kɔ̃kasaʒ] *s.m.* frantumazione (*f.*).

concassée [kɔ̃kase] *s.f.*: — *de tomate*, polpa di pomodoro a pezzi.

concasser [kɔ̃kase] *v.tr.* frantumare, macinare.

concasseur [kɔ̃kasœʀ] *s.m.* frantoio.

concave [kɔ̃kav] *agg.* concavo.

concavité [kɔ̃kavite] *s.f.* concavità.

concéder [kɔ̃sede] (*coniug. come* céder) *v.tr.* concedere, accordare || *tu (me) concéderas bien que j'ai raison*, ammetterai che ho ragione.

concentration [kɔ̃sɑ̃tʀasjɔ̃] *s.f.* **1** concentrazione **2** concentramento (*m.*):— *des pouvoirs*, accentramento dei poteri.

concentrationnaire [kɔ̃sɑ̃tʀasjɔnɛʀ] *agg.* relativo ai campi di concentramento.

concentré [kɔ̃sɑ̃tʀe] *agg. e s.m.* concentrato.

concentrer [kɔ̃sɑ̃tʀe] *v.tr.* concentrare □ **se concentrer** *v.pron.* concentrarsi.

concentrique [kɔ̃sɑ̃tʀik] *agg.* concentrico.

concept [kɔ̃sɛpt] *s.m.* concetto.

concepteur [kɔ̃sɛptœʀ] (f. *-trice*) *s.m.* creativo (in un'agenzia di pubblicità): — *d'un projet*, ideatore di un progetto.

conception [kɔ̃sɛpsjɔ̃] *s.f.* **1** concepimento (*m.*) **2** (*fig.*) concezione || — *assistée par ordinateur* (*CAO*), progettazione assistita da computer (CAD).

conceptualiser [kɔ̃sɛptɥalize] *v.tr.* concettualizzare.

conceptuel [kɔ̃sɛptɥɛl] (f. *-elle*) *agg.* concettuale.

concernant [kɔ̃sɛʀnɑ̃] *prep.* concernente: *les frais* — *le transport*, le spese inerenti al trasporto.

concerner [kɔ̃sɛʀne] *v.tr.* concernere: *en ce qui concerne...*, per quanto concerne, riguarda... || (*comm.*) *concerne*, riferimento, oggetto.

concert [kɔ̃sɛʀ] *s.m.* concerto || *un — de protestations*, un coro di proteste.

concertation [kɔ̃sɛʀtasjɔ̃] *s.f.* consultazione.

concerter [kɔ̃sɛʀte] *v.tr.* concertare □ **se concerter** *v.pron.* consultarsi; accordarsi.

concertiste [kɔ̃sɛʀtist] *s.m.* concertista.

concerto [kɔ̃sɛʀto] (*it.*) *s.m.* (*mus.*) concerto.

concession [kɔ̃sesjɔ̃] *s.f.* concessione.

concessionnaire [kɔ̃sesjɔnɛʀ] *agg. e s.m.* concessionario.

concessive [kɔ̃sesiv] *s.f.* proposizione concessiva.

concevable [kɔ̃svabl] *agg.* concepibile.

concevoir [kɔ̃svwaʀ] (*coniug. come* recevoir) *v.tr.* concepire || *cela se conçoit facilement*, è molto comprensibile.

concierge [kɔ̃sjɛʀʒ] *s.m.* portiere, portinaio ♦ *s.f.* portiera, portinaia.

conciergerie [kɔ̃sjɛʀʒɔʀi] *s.f.* portineria || *la Conciergerie*, antica prigione parigina.

concile [kɔ̃sil] *s.m.* concilio.

conciliable [kɔ̃siljabyl] *s.m.* conciliabolo.

conciliaire [kɔ̃siljɛʀ] *agg.* conciliare.

conciliant [kɔ̃siljɑ̃] *agg.* conciliante.

conciliateur [kɔ̃siljatœʀ] (f. *-trice*) *agg. e s.m.* conciliatore.

conciliation [kɔ̃siljasjɔ̃] *s.f.* conciliazione.

concilier [kɔ̃silje] *v.tr.* conciliare || *se — la sympathie de tout le monde*, accattivarsi la simpatia di tutti.

concis [kɔ̃si] *agg.* conciso.

concision [kɔ̃sizjɔ̃] *s.f.* concisione.

concitoyen [kɔ̃sitwajẽ] (f. *-enne*) *s.m.* concittadino.

conclave [kɔ̃klav] *s.m.* (*eccl.*) conclave.

conclu [kɔ̃kly] *part.pass. di* conclure.

concluant [kɔ̃klɥã] *agg.* concludente.

conclure [kɔ̃klyʀ]

Indic.pres. je conclus, etc., nous concluons, etc.; *imperf.* je concluais, etc.; *pass.rem.* je conclus, etc.; *fut.* je conclurai, etc. *Cond.* je conclurais, etc. *Cong.pres.* que je conclue, etc.; *imperf.* que je conclusse, etc. *Part.pres.* concluant; *pass.* conclu. *Imp.* conclus, concluons, concluez.

v.tr. e *intr.* **1** concludere: — *à l'acquittement*, pronunziarsi per l'assoluzione **2** dedurre.

conclusif [kɔ̃klyzif] (f. *-ive*) *agg.* conclusivo.

conclusion [kɔ̃klyzjɔ̃] *s.f.* **1** conclusione **2** (*déduction*) deduzione **3** *pl.* (*dir.*) conclusioni.

concocter [kɔ̃kɔkte] *v.tr.* (*fam. scherz.*) combinare, macchinare.

concombre [kɔ̃kɔ̃bʀ] *s.m.* cetriolo.

concomitance [kɔ̃kɔmitãs] *s.f.* concomitanza.

concomitant [kɔ̃kɔmitã] *agg.* concomitante.

concordance [kɔ̃kɔʀdãs] *s.f.* concordanza.

concordant [kɔ̃kɔʀdã] *agg.* concorde.

concordat [kɔ̃kɔʀda] *s.m.* (*eccl., dir.*) concordato.

concordataire [kɔ̃kɔʀdatɛʀ] *agg.* (*eccl., dir.*) concordatario.

concorde [kɔ̃kɔʀd] *s.f.* concordia.

concorder [kɔ̃kɔʀde] *v.intr.* concordare || *faire — les chiffres*, far quadrare i conti.

concourir [kɔ̃kuʀiʀ] (*coniug. come* courir) *v.intr.* concorrere.

concours [kɔ̃kuʀ] *s.m.* concorso || *offrir son —*, offrire la propria collaborazione.

concouru [kɔ̃kuʀy] *part.pass. di* concourir.

concret [kɔ̃kʀɛ] (f. *-ète*) *agg.* e *s.m.* concreto || *-ètement* avv.

concrétion [kɔ̃kʀesjɔ̃] *s.f.* (*geol.*) concrezione.

concrétiser [kɔ̃kʀetize] *v.tr.* concretizzare □ **se concrétiser** *v.pron.* concretizzarsi.

conçu [kɔ̃sy] *part.pass. di* concevoir.

concubin [kɔ̃kybẽ] *agg.* e *s.m.* concubino.

concubinage [kɔ̃kybinaʒ] *s.m.* concubinato.

concubine [kɔ̃kybin] *s.f.* concubina.

concupiscence [kɔ̃kypisãs] *s.f.* concupiscenza.

concupiscent [kɔ̃kypisã] *agg.* concupiscente.

concurrence [kɔ̃kyʀãs] *s.f.* concorrenza || *jusqu'à — de...*, fino alla concorrenza di...

concurrencer [kɔ̃kyʀãse] (*coniug. come* placer) *v.tr.* fare concorrenza (a).

concurrent [kɔ̃kyʀã] *agg.* e *s.m.* concorrente.

concurrentiel [kɔ̃kyʀãsjɛl] (f. *-elle*) *agg.* concorrenziale, concorrente.

concussion [kɔ̃kysjɔ̃] *s.f.* (*dir.*) concussione.

concussionnaire [kɔ̃kysjɔnɛʀ] *agg.* (*dir.*) concussionario.

condamnable [kɔ̃dɑ(a)nabl] *agg.* condannabile.

condamnation [kɔ̃dɑ(a)nɑsjɔ̃] *s.f.* condanna || (*dir.*) *passer —*, dichiararsi colpevole.

condamné [kɔ̃dɑ(a)ne] *agg.* e *s.m.* condannato.

condamner [kɔ̃dɑ(a)ne] *v.tr.* condannare.

condensateur [kɔ̃dãsatœʀ] *s.m.* condensatore.

condensation [kɔ̃dãsɑsjɔ̃] *s.f.* condensazione.

condensé [kɔ̃dãse] *agg.* condensato ♦ *s.m.* compendio, riassunto.

condenser [kɔ̃dãse] *v.tr.* condensare □ **se condenser** *v.pron.* condensarsi.

condenseur [kɔ̃dãsœʀ] *s.m.* condensatore.

condescendance [kɔ̃desãdãs] *s.f.* condiscendenza.

condescendant [kɔ̃desãdã] *agg.* condiscendente.

condescendre [kɔ̃desãdʀ] (*coniug. come* rendre) *v.intr.* accondiscendere.

condiment [kɔ̃dimã] *s.m.* condimento.

condisciple [kɔ̃disipl] *s.m.* condiscepolo.

condition [kɔ̃disjɔ̃] *s.f.* condizione || *présenter toutes les conditions requises*, avere tutti i requisiti richiesti || *acheter à —*, comprare con riserva (di gradimento) || *dans ces conditions*, stando così le cose || *c'est qqn de sa —*, è del suo stesso livello sociale || *mettre en —*, preparare (spec. un atleta), (*fig.*) condizionare.

conditionné [kɔ̃disjɔne] *agg.* condizionato: *aliment — sous vide*, alimento confezionato sotto vuoto.

conditionnel [kɔ̃disjɔnɛl] (f. *-elle*) *agg.* e *s.m.* condizionale.

conditionnellement [kɔ̃disjɔnɛlmã] *avv.* condizionatamente.

conditionnement [kɔ̃disjɔnmã] *s.m.* **1** condizionamento **2** confezione (di prodotti commerciali).

conditionner [kɔ̃disjɔne] *v.tr.* **1** condizionare **2** confezionare (prodotti commerciali).

condoléances [kɔ̃dɔleãs] *s.f.pl.* condoglianze.

condominium [kɔ̃dɔminjɔm] *s.m.* (*dir. internazionale*) condominio.

condor [kɔ̃dɔʀ] *s.m.* (*zool.*) condor.

conducteur [kɔ̃dyktœʀ] (f. *-trice*) *agg.* conduttore ♦ *s.m.* **1** conducente; (*ferr.*) macchinista; manovratore (di macchina utensile) **2** — *de travaux*, capo cantiere **3** (*elettr.*) conduttore.

conduction [kɔ̃dyksjɔ̃] *s.f.* (*fis.*) conduzione.

conduire [kɔ̃dɥiʀ]

Indic.pres. je conduis, etc., nous conduisons, etc.; *imperf.* je conduisais, etc.; *pass.rem.* je conduisis, etc.; *fut.* je conduirai, etc. *Cond.* je conduirais, etc. *Cong.pres.* que je conduise, etc.; *imperf.* que je conduisisse, etc. *Part.pres.* conduisant; *pass.* conduit. *Imp.* conduis, conduisons, conduisez.

v.tr. **1** condurre, portare: — *un enfant à l'école*, accompagnare un bambino a scuola; *cette route conduit à la ville*, questa strada porta in città **2** guidare (un veicolo) □ **se conduire** *v.pron.* condursi, comportarsi.

conduit [kɔ̃dɥi] *part.pass. di* conduire ♦ *s.m.* condotto.

conduite [kɔ̃dɥit] *s.f.* **1** condotta, comportamento (*m.*) **2** guida, direzione || *faire un bout de — à qqn*, (*fam.*) accompagnare qlcu **3** (*aut.*) guida **4** (*tecn.*) conduttura; condotta: *— de gaz*, tubazione del gas.

cône [kon] *s.m.* cono.

confection [kɔ̃fɛksjɔ̃] *s.f.* confezione || *robe de —*, vestito fatto in serie.

confectionner [kɔ̃fɛksjɔne] *v.tr.* **1** confezionare (un abito) **2** (*préparer*) preparare.

confectionneur [kɔ̃fɛksjɔnœr] (f. *-euse*) *s.m.* confezionatore; (*abbigl.*) confezionista.

confédéral [kɔ̃federal] (pl. *-aux*) *agg.* confederale.

confédération [kɔ̃federɑsjɔ̃] *s.f.* confederazione.

confédéré [kɔ̃federe] *agg.* e *s.m.* confederato.

confer [kɔ̃fɛr] *lucuz.* confronta, vedi.

conférence [kɔ̃ferɑ̃s] *s.f.* conferenza || *en —*, in riunione || *— de presse*, conferenza stampa.

conférencier [kɔ̃ferɑ̃sje] (f. *-ère*) *s.m.* conferenziere; (*in Africa*) chi assiste a una conferenza.

conférer [kɔ̃fere] (*coniug. come* céder) *v.intr.* conferire (su), intrattenersi (su) ♦ *v.tr.* conferire.

confesse [kɔ̃fɛs] *s.f.*: *aller à —*, andare a confessarsi.

confesser [kɔ̃fese] *v.tr.* **1** confessare **2** professare (una fede ecc.) □ **se confesser** *v.pron.* confessarsi.

confesseur [kɔ̃fesœr] *s.m.* confessore.

confession [kɔ̃fesjɔ̃] *s.f.* confessione.

confessionnal [kɔ̃fesjɔnal] (pl. *-aux*) *s.m.* confessionale.

confessionnel [kɔ̃fesjɔnɛl] (pl. *-elle*) *agg.* confessionale.

confetti [kɔ̃feti] *s.m.* coriandolo.

confiance [kɔ̃fjɑ̃s] *s.f.* fiducia: *faire — à qqn*, fidarsi di qlcu; *faire — à*, confidare in || *en toute —*, in confidenza || *de, en —*, con piena fiducia || *il s'en sortira, je lui fais —*, sono sicuro che se la caverà.

confiant [kɔ̃fjɑ̃] *agg.* fiducioso.

confidence [kɔ̃fidɑ̃s] *s.f.* confidanza || *mettre qqn dans la —*, mettere qlcu a parte di un segreto.

confident [kɔ̃fidɑ̃] *s.m.* confidente.

confidentialité [kɔ̃fidɑ̃tjalite] *s.f.* riservatezza.

confidentiel [kɔ̃fidɑ̃sjɛl] (f. *-elle*) *agg.* confidenziale || **-ellement** *avv.*

confier [kɔ̃fje] *v.tr.* **1** confidare **2** affidare □ **se confier** *v.pron.* confidarsi.

Quand il n'est pas le même dans les deux langues:

| FRANÇAIS | ITALIANO |

1 conditionnel   congiuntivo

a après **au cas où, quand même**:   dopo **nel caso che, quand'anche**:

prends ton parapluie au cas où il pleuvrait   prendi l'ombrello nel caso che piova
il a pris son parapluie au cas où il pleuvrait   ha preso l'ombrello nel caso piovesse
dis-le-lui au cas où il viendrait   diglielo nel caso che venga
au cas où il pleuvrait, je ne sortirais pas   nel caso (che) piovesse, non uscirei
quand même il pleuvrait je sortirais   quand'anche piovesse uscirei

b pour exprimer une hypothèse, une éventualité, lorsque la principale est au conditionnel:

je l'offrirais à quiconque me le demanderait   lo offrirei a chiunque me lo domandasse
un employé qui voudrait être renvoyé   un impiegato che volesse essere licenziato
n'agirait pas autrement   non si comporterebbe in modo diverso
ceux qui désireraient partir devraient   chi desiderasse partire dovrebbe prenotare
réserver leur place   il posto
je ne répondrais pas à un homme qui me   non risponderei a un uomo che mi parlasse
parlerait de cette manière   in questo modo

• en italien, si le verbe de la principale est au passé ou au conditionnel, le verbe de la subordonnée est au subjonctif imparfait.

2 conditionnel simple (futur dans le passé)   condizionale passato

Lorsque la principale est au temps passé:

il déclara qu'il m'aiderait   dichiarò che mi avrebbe aiutato
il m'a assuré qu'il arriverait à temps   mi ha assicurato che sarebbe arrivato in tempo

configuration [kɔ̃figyʀasjɔ̃] *s.f.* configurazione.
confiné [kɔ̃fine] *agg.* confinato ‖ *air* —, aria viziata.
confiner [kɔ̃fine] *v.intr.* 1 confinare (con) 2 (*fig.*) rasentare (qlco) ♦ *v.tr.* confinare □ **se confiner** *v.pron.* confinarsi, rinchiudersi.
confins [kɔ̃fɛ̃] *s.m.pl.* confini; (*fig.*) limiti.
confire [kɔ̃fiʀ] (*coniug. come* suffire, *tranne il part.pass.* confit) *v.tr.* 1 candire (frutta ecc.) 2 (*verdure*) conservare (sott'olio ecc.).
confirmation [kɔ̃fiʀmasjɔ̃] *s.f.* 1 conferma 2 (*relig.*) cresima.
confirmer [kɔ̃fiʀme] *v.tr.* 1 confermare 2 (*relig.*) cresimare.
confiscation [kɔ̃fiskasjɔ̃] *s.f.* confisca.
confiserie [kɔ̃fizʀi] *s.f.* 1 confetteria; pasticceria 2 dolciumi (*m.pl.*).
confiseur [kɔ̃fizœʀ] (f. *-euse*) *s.m.* confettiere.
confisquer [kɔ̃fiske] *v.tr.* confiscare; (*fig.*) sottrarre.
confit [kɔ̃fi] *part.pass. di* confire ♦ *agg.* 1 candito 2 (*di verdura ecc.*) conservato (sott'olio ecc.) 3 *tout — en dévotion*, tutto (dedito alla) chiesa ♦ *s.m.* (*cuc.*) carne cotta conservata nel grasso.
confiture [kɔ̃fityʀ] *s.f.* marmellata.
confiturier [kɔ̃fityʀje] *s.m.* vaso per marmellate.
conflagration [kɔ̃flagʀasjɔ̃] *s.f.* conflagrazione.
conflictualité [kɔ̃fliktɥalite] *s.f.* conflittualità.
conflictuel [kɔ̃fliktɥɛl] (f. *-elle*) *agg.* conflittuale.
conflit [kɔ̃fli] *s.m.* conflitto.
confluence [kɔ̃flyɑ̃s] *s.f.* confluenza.
confluent [kɔ̃flyɑ̃] *agg.* confluente; convergente ♦ *s.m.* (*geogr.*) confluenza (*f.*).
confluer [kɔ̃flye] *v.intr.* confluire (in): *dans le projet avaient conflué toutes ses expériences*, nel progetto erano confluite tutte le sue esperienze.
confondre [kɔ̃fɔ̃dʀ] (*coniug. come* rendre) *v.tr.* confondere □ **se confondre** *v.pron.* confondersi ‖ *se — en excuses*, profondersi in scuse.
confondu [kɔ̃fɔ̃dy] *part.pass. di* confondre.
conformation [kɔ̃fɔʀmasjɔ̃] *s.f.* conformazione.
conforme [kɔ̃fɔʀm] *agg.* 1 conforme 2 concorde.
conformé [kɔ̃fɔʀme] *agg.* conformato.
conformément [kɔ̃fɔʀmemɑ̃] *avv.* conformemente; in conformità a, di.
conformer [kɔ̃fɔʀme] *v.tr.* conformare □ **se conformer** *v.pron.* conformarsi, uniformarsi.
conformisme [kɔ̃fɔʀmism] *s.m.* conformismo.
conformiste [kɔ̃fɔʀmist] *agg. e s.m.* conformista.
conformité [kɔ̃fɔʀmite] *s.f.* conformità ‖ *en — avec, à*, in conformità di.
confort[1] [kɔ̃fɔʀ] *s.m.* agio, confort, comodità (*f.*).
confort[2] *s.m.*: (*médicament de*) —, palliativo.
confortable [kɔ̃fɔʀtabl] *agg.* 1 comodo, confortevole 2 (*important*) cospicuo.
confortablement [kɔ̃fɔʀtabləmɑ̃] *avv.* comodamente, in modo confortevole.
conforter [kɔ̃fɔʀte] *v.tr.* rafforzare.
confraternel [kɔ̃fʀatɛʀnɛl] (f. *-elle*) *agg.* fraterno, amichevole.

confraternité [kɔ̃fʀatɛʀnite] *s.f.* spirito di amicizia e collaborazione (tra colleghi).
confrère [kɔ̃fʀɛʀ] *s.m.* 1 collega 2 (*eccl.*) confratello.
confrérie [kɔ̃fʀeʀi] *s.f.* confraternita.
confrontation [kɔ̃fʀɔ̃tasjɔ̃] *s.f.* confronto (*m.*).
confronter [kɔ̃fʀɔ̃te] *v.tr.* confrontare ‖ (*dir.*) — *qqn avec les témoins*, mettere qlcu a confronto con i testimoni ‖ *être confronté à un problème*, (*fam.*) dover risolvere un problema.
confucianisme [kɔ̃fysjanism] *s.m.* confucianesimo.
confus [kɔ̃fy] *agg.* confuso ‖ **-ément** *avv.*
confusion [kɔ̃fyzjɔ̃] *s.f.* confusione (*anche fig.*): *être plein de* —, essere molto confuso; *rougir de* —, arrossire per l'imbarazzo.
confusionnel [kɔ̃fyzjɔnɛl] (f. *-elle*) *agg.* (*psic.*) confusionale.
congé [kɔ̃ʒe] *s.m.* 1 congedo, permesso; ferie (*f.pl.*): — *de maladie*, congedo per malattia; — *annuel*, le ferie ‖ — *pour raisons de famille*, aspettativa per motivi di famiglia 2 commiato (*m.*): *prendre* — *de qqn*, congedarsi da qlcu 3 disdetta (di contratto d'affitto): *donner* — *à un locataire*, sfrattare un inquilino 4 licenziamento: *donner son* —, licenziarsi 5 (*comm.*) autorizzazione fiscale per il trasporto di una merce.
congédiement [kɔ̃ʒedimɑ̃] *s.m.* 1 congedo 2 licenziamento in tronco.
congédier [kɔ̃ʒedje] *v.tr.* 1 congedare 2 licenziare; destituire.
congélateur [kɔ̃ʒelatœʀ] *s.m.* congelatore.
congélation [kɔ̃ʒelasjɔ̃] *s.f.* congelamento (*m.*) (*anche fig.*); congelazione.
congelé [kɔ̃ʒle] *agg.* congelato ‖ *produits congelés*, surgelati.
congeler [kɔ̃ʒle] (*coniug. come* semer) *v.tr.* (far) congelare □ **se congeler** *v.pron.* congelarsi.
congénère [kɔ̃ʒenɛʀ] *agg. e s.m.* 1 (*scient.*) congenere 2 (*fam.*) simile.
congénital [kɔ̃ʒenital] (pl. *-aux*) *agg.* congenito.
congère [kɔ̃ʒɛʀ] *s.f.* cumulo (*m.*) di neve.
congestif [kɔ̃ʒɛstif] (f. *-ive*) *agg.* congestizio.
congestion [kɔ̃ʒɛstjɔ̃] *s.f.* (*med.*) congestione.
congestionner [kɔ̃ʒɛstjɔne] *v.tr.* congestionare.
conglobation [kɔ̃glɔbasjɔ̃] *s.f.* (*econ.*) conglobamento (*m.*).
conglomérat [kɔ̃glɔmeʀa] *s.m.* conglomerato.
congolais [kɔ̃gɔlɛ] *agg. e s.m.* congolese.
congratulations [kɔ̃gʀatylasjɔ̃] *s.f.pl.* (*iron.*) congratulazioni.
congratuler [kɔ̃gʀatyle] *v.tr.* (*iron.*) congratularsi (con) □ **se congratuler** *v.pron.* congratularsi.
congre [kɔ̃gʀ] *s.m.* (*zool.*) grongo, congro.
congrégation [kɔ̃gʀegasjɔ̃] *s.f.* congregazione.
congrès [kɔ̃gʀɛ] *s.m.* congresso; convegno.
congressiste [kɔ̃gʀesist] *s.m.* congressista.
congru [kɔ̃gʀy] *agg.* congruo ‖ *portion congrue*, lo stretto necessario.
congruence [kɔ̃gʀyɑ̃s] *s.f.* congruenza.
conifère [kɔnifɛʀ] *s.m.* (*bot.*) conifera (*f.*).
conique [kɔnik] *agg.* conico ♦ *s.f.* (*mat.*) conica.

conjectural [kɔ̃ʒɛktyʀal] (pl. *-aux*) *agg.* congetturale.

conjecture [kɔ̃ʒɛktyʀ] *s.f.* congettura.

conjecturer [kɔ̃ʒɛktyʀe] *v.tr.* congetturare.

conjoint[1] [kɔ̃ʒwɛ̃] *agg.* congiunto || (*dir.*) *débiteurs conjoints*, condebitori (non solidali).

conjoint[2] *s.m.* coniuge.

conjoncteur [kɔ̃ʒɔ̃ktœʀ] *s.m.* (*elettr.*) presa a muro per il telefono.

conjoncteur-disjoncteur [kɔ̃ʒɔ̃ktœʀdisʒɔ̃ktœʀ] (pl. *conjoncteurs-disjoncteurs*) *s.m.* (*elettr.*) interruttore automatico.

conjonctif [kɔ̃ʒɔ̃ktif] (f. *-ive*) *agg.* 1 (*gramm.*) congiuntivo 2 (*anat.*) connettivo.

conjonction [kɔ̃ʒɔ̃ksjɔ̃] *s.f.* 1 congiunzione 2 unione, riunione.

conjonctive [kɔ̃ʒɔ̃ktiv] *s.f.* (*anat.*) congiuntiva.

conjonctivite [kɔ̃ʒɔ̃ktivit] *s.f.* congiuntivite.

conjoncture [kɔ̃ʒɔ̃ktyʀ] *s.f.* 1 congiuntura 2 (*in Costa d'Avorio*) crisi (economica).

conjoncturel [kɔ̃ʒɔ̃ktyʀɛl] (f. *-elle*) *agg.* congiunturale.

conjugaison [kɔ̃ʒygɛzɔ̃] *s.f.* coniugazione.

conjugal [kɔ̃ʒygal] (pl. *-aux*) *agg.* coniugale || **-ement** *avv.*

conjuguer [kɔ̃ʒyge] *v.tr.* 1 unire, riunire 2 (*gramm.*) coniugare.

conjuration [kɔ̃ʒyʀasjɔ̃] *s.f.* congiura.

conjuré [kɔ̃ʒyʀe] *s.m.* congiurato.

conjurer [kɔ̃ʒyʀe] *v.tr.* scongiurare (*anche fig.*).

connaissance [kɔnɛsãs] *s.f.* 1 conoscenza, cognizione; nozione || *porter à la — de*, portare a conoscenza di || *en — de cause*, con cognizione di causa || *à ma —*, che io sappia 2 conoscenza, sensi (*m.pl.*): *tomber sans —*, cadere privo di sensi 3 (*di persona*) conoscenza, conoscente (*m.*).

connaissement [kɔnɛsmã] *s.m.* (*comm.*) polizza di carico.

connaisseur [kɔnɛsœʀ] (f. *-euse*) *agg.* e *s.m.* (da) conoscitore, (da) intenditore.

connaître [kɔnɛtʀ]

Indic.pres. je connais, tu connais, il connaît, nous connaissons, etc.; *imperf.* je connaissais, etc.; *pass.rem.* je connus, etc.; *fut.* je connaîtrai, etc. *Cond.* je connaîtrais, etc. *Cong.pres.* que je connaisse, etc.; *imperf.* que je connusse, etc. *Part.pres.* connaissant; *pass.* connu. *Imp.* connais, connaissons, connaissez.

v.tr. conoscere: — *comme sa poche*, conoscere come le proprie tasche; *il ne connaît que son intérêt*, pensa solo al suo interesse; *je ne le connais ni d'Eve ni d'Adam*, non l'ho mai visto né conosciuto || *je connais la musique, la chanson*, (*fam.*) so come vanno le cose || *il en connaît un rayon*, (*fam.*) è molto competente ♦ *v.intr.* (*dir.*) — *de*, conoscere di □ **se connaître** *v.pron.* 1 conoscersi || *ne plus se —*, essere fuori di sé 2 intendersi (di): *il s'y connaît*, se ne intende.

connecter [kɔnɛkte] *v.tr.* (*elettr.*) collegare, connettere.

connecteur [kɔnɛktœʀ] *s.m.* connettore.

connerie [kɔnʀi] *s.f.* (*volg.*) fesseria, stronzata.

connétable [kɔnnetabl] *s.m.* (*st.*) conestabile.

connexe [kɔnnɛks] *agg.* connesso.

connexion [kɔnnɛksjɔ̃] *s.f.* 1 connessione 2 (*elettr.*) collegamento (*m.*).

connivence [kɔnnivãs] *s.f.* 1 connivenza, collusione: *être de, en — avec qqn*, essere in combutta con qlcu 2 (*dir.*) favoreggiamento (*m.*).

connotation [kɔnnɔtasjɔ̃] *s.f.* connotazione.

connu [kɔny] *part.pass. di* connaître ♦ *agg.* conosciuto, noto || *ni vu ni —*, (*fam.*) chi s'è visto s'è visto ♦ *s.m.* (ciò che è) noto, conosciuto.

conque [kɔ̃k] *s.f.* conca, conchiglia.

conquérant [kɔ̃keʀã] *agg.* e *s.m.* conquistatore.

conquérir [kɔ̃keʀiʀ] (*coniug. come* acquérir) *v.tr.* conquistare; ottenere.

conquête [kɔ̃kɛt] *s.f.* conquista.

conquis [kɔ̃ki] *part.pass. di* conquérir ♦ *agg.* conquistato.

consacré [kɔ̃sakʀe] *agg.* consacrato.

consacrer [kɔ̃sakʀe] *v.tr.* consacrare □ **se consacrer** *v.pron.* consacrarsi, dedicarsi.

consanguin [kɔ̃sãgɛ̃] *agg.* e *s.m.* consanguineo.

consanguinité [kɔ̃sãgyinite] *s.f.* consanguineità.

consciemment [kɔ̃sjamã] *avv.* coscientemente, consapevolmente.

conscience [kɔ̃sjãs] *s.f.* coscienza: *avoir bonne —, avoir la — tranquille*, avere la coscienza a posto || *directeur de —*, direttore spirituale || *en —*, in tutta coscienza; *par acquit de —*, per sgravio di coscienza; *en mon âme et —*, secondo la mia coscienza, in fede.

consciencieux [kɔ̃sjãsjø] (f. *-euse*) *agg.* coscienzioso || **-eusement** *avv.*

conscient [kɔ̃sjã] *agg.* cosciente, consapevole.

conscription [kɔ̃skʀipsjɔ̃] *s.f.* (*mil.*) coscrizione.

conscrit [kɔ̃skʀi] *s.m.* (*mil.*) coscritto.

consécration [kɔ̃sekʀasjɔ̃] *s.f.* consacrazione.

consécutif [kɔ̃sekytif] (f. *-ive*) *agg.* consecutivo: — *à*, conseguente a.

consécutivement [kɔ̃sekytivmã] *avv.* consecutivamente || — *à*, in seguito a.

conseil [kɔ̃sɛj] *s.m.* 1 consiglio: *prendre — de qqn*, chieder consiglio a qlcu 2 consiglio; commissione (*f.*): — *municipal*, consiglio comunale || — *de révision*, commissione di leva || *passer en — de guerre*, comparire davanti al tribunale militare 3 (*di persona*) consulente: — *juridique, fiscal*, consulente legale, fiscale || (*dir.*): — *de tutelle*, assistente della madre tutrice; — *judiciaire*, curatore.

conseiller[1] [kɔ̃seje] *v.tr.* consigliare.

conseiller[2] (f. *-ère*) *s.m.* consigliere; (*di persona*) consulente: — *financier*, consulente finanziario || (*in Svizzera*) — *fédéral*, ministro del governo federale.

consensuel [kɔ̃sãsɥel] (f. *-elle*) *agg.* consensuale.

consensus [kɔ̃sẽsys] (*lat.*) *s.m.* consenso.

consentant [kɔ̃sãtã] *agg.* consenziente.

consentement [kɔ̃sãtmã] *s.m.* consenso: — *libre*, consenso incondizionato; *du — de tous*, con il consenso di tutti.

consentir [kɔ̃sãtiʀ] (*coniug. come* sentir) *v.intr.* acconsentire, permettere: *tu dois — (à ce) qu'il vienne*, devi permettere che venga; *j'y consens avec plaisir!*, sono perfettamente d'accordo! ♦ *v.tr.* autorizzare: *— un prêt*, concedere un prestito.

conséquemment [kɔ̃sekamã] *avv.* di conseguenza.

conséquence [kɔ̃sekãs] *s.f.* conseguenza || *tirer à —*, avere gravi conseguenze || *de —*, importante; *sans —*, di nessuna importanza || *en — (de)*, conformemente (a) || *(gramm.) proposition de —*, proposizione consecutiva.

conséquent [kɔ̃sekã] *agg.* **1** conseguente; (*conforme*) conforme; (*cohérent*) coerente || *par —*, di conseguenza **2** (*fam.*) cospicuo, importante.

conservateur [kɔ̃sɛʀvatœʀ] (f. *-trice*) *agg.* conservatore ♦ *s.m.* **1** conservatore || *— d'un musée*, direttore di un museo **2** (*macchina*) freezer, surgelatore **3** (*chim.*) conservante.

conservation [kɔ̃sɛʀvasjɔ̃] *s.f.* conservazione.

conservatisme [kɔ̃sɛʀvatism] *s.m.* conservatorismo.

conservatoire[1] [kɔ̃sɛʀvatwaʀ] *agg.* conservatorio, conservativo || (*dir.*) *saisie, mesure —*, sequestro, provvedimento cautelare.

conservatoire[2] *s.m.* conservatorio; (*teatr.*) scuola d'arte drammatica.

conserve [kɔ̃sɛʀv] *s.f.* conserva || *en —*, in scatola.

conserve, de[dəkɔ̃sɛʀv] *locuz.avv.* di conserva.

conserver [kɔ̃sɛʀve] *v.tr.* conservare, mantenere □ **se conserver** *v.pron.* conservarsi.

considérable [kɔ̃sideʀabl] *agg.* considerevole, notevole || **-ement** *avv.*

considération [kɔ̃sideʀasjɔ̃] *s.f.* considerazione: *sans —*, in modo sconsiderato || *par — pour*, per rispetto a || *se perdre en considérations*, divagare || *agréez, Monsieur, l'assurance de ma parfaite —*, gradisca i sensi della mia più alta stima.

considérer [kɔ̃sideʀe] (*coniug. come* céder) *v.tr.* **1** scrutare, osservare **2** considerare: *— comme probable*, ritenere probabile; *je considère qu'il a eu tort*, ritengo che abbia avuto torto; *être bien considéré par*, essere tenuto in grande considerazione da || *tout bien considéré*, tutto sommato || *considérant que*, considerato che **3** (*econ.*) consolidare □ **se considérer** *v.pron.* considerarsi.

consignataire [kɔ̃siɲatɛʀ] *s.m.* (*comm.*) consegnatario, depositario.

consignation [kɔ̃siɲasjɔ̃] *s.f.* (*comm.*) deposito (m.) || *dépôts et consignations*, depositi e prestiti.

consigne [kɔ̃siɲ] *s.f.* **1** (*mil.*) consegna: *c'est la —!*, questi sono gli ordini! || *fiche des consignes de sécurité*, (*sugli aerei*) scheda con le istruzioni in caso di emergenza **2** (*alla stazione ecc.*) deposito bagagli **3** (*comm.*) deposito (per vuoti ecc.).

consigné [kɔ̃siɲe] *agg. e s.m.* (*mil.*) consegnato.

consigner [kɔ̃siɲe] *v.tr.* **1** depositare **2** mettere per iscritto **3** (*mil.*) consegnare || *cet élève a été consigné*, quell'alunno è stato trattenuto a scuola per punizione **4** (*comm.*) far pagare il deposito (per vuoti ecc.).

consistance [kɔ̃sistãs] *s.f.* consistenza.

consistant [kɔ̃sistã] *agg.* consistente, solido.

consister [kɔ̃siste] *v.intr.* consistere (in); essere costituito (da).

consistoire [kɔ̃sistwaʀ] *s.m.* (*eccl.*) concistoro.

consœur [kɔ̃sœʀ] *s.f.* **1** collega **2** (*eccl.*) consorella.

consolant [kɔ̃solã] *agg.* consolante.

consolateur [kɔ̃solatœʀ] (f. *-trice*) *agg. e s.m.* consolatore.

consolation [kɔ̃solasjɔ̃] *s.f.* consolazione.

console [kɔ̃sol] *s.f.* **1** (*arch.*) mensola **2** (*mobile*) console (tavolino da parete) **3** (*tecn.*) quadro di comando; (*inform.*) consolle **4** consolle (di organo).

consoler [kɔ̃sole] *v.tr.* consolare □ **se consoler** *v.pron.* consolarsi.

consolidation [kɔ̃solidasjɔ̃] *s.f.* consolidamento (m.) || *emprunt de —*, prestito consolidato.

consolider [kɔ̃solide] *v.tr.* consolidare □ **se consolider** *v.pron.* consolidarsi, rafforzarsi.

consommateur [kɔ̃somatœʀ] (f. *-trice*) *s.m.* **1** consumatore **2** (*di un locale pubblico*) cliente.

consommation[1] [kɔ̃somasjɔ̃] *s.f.* **1** consumo (m.): *société de —*, società dei consumi **2** (*in un locale pubblico*) consumazione.

consommation[2] *s.f.* compimento (m.).

consommé [kɔ̃some] *agg.* consumato (*anche fig.*): *d'une habileté consommée*, di grande abilità ♦ *s.m.* (*cuc.*) brodo ristretto di carne, consommé.

consommer[1] [kɔ̃some] *v.tr.* consumare.

consommer[2] *v.tr.* compiere; (*dir.*) consumare.

consomption [kɔ̃sɔ̃psjɔ̃] *s.f.* (*med.*) consunzione.

consonance [kɔ̃sonãs] *s.f.* (*mus.*) consonanza || *un nom à — slave*, un nome che suona slavo.

consonne [kɔ̃son] *s.f.* consonante.

consort [kɔ̃sɔʀ] *agg. e s.m.* consorte.

consortium [kɔ̃sɔʀsjɔm] *s.m.* consorzio.

conspirateur [kɔ̃spiʀatœʀ] (f. *-trice*) *s.m.* cospiratore.

conspiration [kɔ̃spiʀasjɔ̃] *s.f.* cospirazione.

conspirer [kɔ̃spiʀe] *v.intr.* cospirare || *tout conspire à son bonheur*, tutto concorre alla sua felicità.

conspuer [kɔ̃spɥe] *v.tr.* svillaneggiare, insultare.

constamment [kɔ̃stamã] *avv.* costantemente.

constance [kɔ̃stãs] *s.f.* costanza, perseveranza.

constant [kɔ̃stã] *agg.* costante.

constante [kɔ̃stãt] *s.f.* costante: *— de temps*, costante temporale.

constat [kɔ̃sta] *s.m.* (*dir.*) verbale || *— de...*, constatazione di...

constatation [kɔ̃statasjɔ̃] *s.f.* **1** constatazione || (*dir.*) *— d'expert*, accertamento peritale; *constatation d'usage*, accertamento d'uso **2** risultato (m.), risultanza.

constater [kɔ̃state] *v.tr.* constatare.

constellation [kɔ̃stelasjɔ̃] *s.f.* costellazione.

constellé [kɔ̃ste(ɛl)le] *agg.* costellato.

consteller [kɔ̃ste(ɛl)le] *v.tr.* costellare.

consternation [kɔ̃stɛʀnasjɔ̃] *s.f.* costernazione.

consterner [kɔ̃stɛʀne] *v.tr.* costernare.

constipation [kɔ̃stipasjɔ̃] *s.f.* (*med.*) stitichezza.

constipé [kɔ̃stipe] *agg.* **1** stitico **2** (*fig. fam.*) (*embarrassé*) imbarazzato.

constiper [kɔ̃stipe] *v.tr.* rendere stitico.

constituant [kɔ̃stituɑ̃] *agg.* e *s.m.* costituente.

constitué [kɔ̃stitue] *agg.* **1** costituito **2** *bien* —, (*di persona*) di sana costituzione (fisica).

constituer [kɔ̃stitue] *v.tr.* costituire || (*econ.*) — *une hypothèque*, accendere un'ipoteca □ **se constituer** *v.pron.* costituirsi: *se* — *prisonnier*, costituirsi (alla giustizia); (*estens.*) arrendersi.

constitutif [kɔ̃stitytif] (*f.* -*ive*) *agg.* costitutivo.

constitution [kɔ̃stitysjɔ̃] *s.f.* costituzione.

constitutionnalité [kɔ̃stitysjɔnalite] *s.f.* costituzionalità.

constitutionnel [kɔ̃stitysjɔnɛl] (*f.* -*elle*) *agg.* costituzionale || -**ellement** *avv.*

constricteur [kɔ̃striktœʀ] *agg.* e *s.m.* (*zool.*) *boa* —, (serpente) boa.

constructeur [kɔ̃stryktœʀ] (*f.* -*trice*) *agg.* e *s.m.* costruttore.

constructif [kɔ̃stryktif] (*f.* -*ive*) *agg.* costruttivo.

construction [kɔ̃stryksjɔ̃] *s.f.* **1** costruzione || *entrepreneur de* —, costruttore edile || *les constructions aéronautiques*, l'industria aeronautica **2** (*fig.*) struttura; elaborazione.

construire [kɔ̃strɥiʀ] (*coniug. come* conduire) *v.tr.* **1** costruire || *cette maison se construit lentement*, la costruzione di questa casa va a rilento **2** comporre (un'opera letteraria); elaborare (una teoria ecc.).

consubstantiel [kɔ̃sypstɑ̃sjɛl] (*f.* -*elle*) *agg.* (*teol.*) consustanziale; (*estens.*) connaturato.

consul [kɔ̃syl] *s.m.* console.

consulaire [kɔ̃sylɛʀ] *agg.* consolare.

consulat [kɔ̃syla] *s.m.* consolato.

consultant [kɔ̃syltɑ̃] *agg.* e *s.m.* consulente: (*avocat*) —, consulente (legale).

consultatif [kɔ̃syltatif] (*f.* -*ive*) *agg.* consultivo.

consultation [kɔ̃syltasjɔ̃] *s.f.* **1** consultazione: *d'une* — *facile*, di facile consultazione **2** (*med.*) visita (medica): (*cabinet de*) —, ambulatorio, studio (medico); *heures de* —, orario di visita; *le médecin est en* —, il medico sta visitando; *appeler en* —, chiamare a consulto **3** consulenza (di persona esperta).

consulte [kɔ̃sylt] *s.f.* (*st.*, *pol.*) consulta.

consulter [kɔ̃sylte] *v.tr.* consultare: *ouvrage à* —, opera di consultazione ♦ *v.intr.* (*di un medico*) ricevere, visitare □ **se consulter** *v.pron.* consultarsi (l'un l'altro).

consumer [kɔ̃syme] *v.tr.* consumare; logorare; distruggere.

contact [kɔ̃takt] *s.m.* contatto: *au* — *de l'air*, a contatto con l'aria; *prendre* — *avec*, mettersi in contatto con; *être, entrer en* — *avec*, essere, venire a contatto (di) *verres de* —, lenti a contatto || — *à la terre*, (*elettr.*) contatto di terra; (*aut.*) *clef de* —, chiavetta d'accensione; *établir, couper le* —, stabilire, interrompere il contatto.

contacter [kɔ̃takte] *v.tr.* prendere contatti (con), contattare.

contagieux [kɔ̃taʒj ø] (*f.* -*euse*) *agg.* contagioso ♦ *s.m.* malato contagioso.

contagion [kɔ̃taʒjɔ̃] *s.f.* contagio (*m.*).

container [kɔ̃tɛnɛʀ] *s.m.* → **conteneur**.

contamination [kɔ̃taminasjɔ̃] *s.f.* contaminazione || *agent de* —, agente patogeno.

contaminer [kɔ̃tamine] *v.tr.* contaminare.

conte [kɔ̃t] *s.m.* **1** racconto; novella (*f.*) || — *de fées*, fiaba; (*estens.*) storia inverosimile; *contes bleus*, racconti fiabeschi **2** (*spreg.*) frottola (*f.*), fandonia (*f.*).

contemplatif [kɔ̃tɑ̃platif] (*f.* -*ive*) *agg.* e *s.m.* contemplativo.

contemplation [kɔ̃tɑ̃plasjɔ̃] *s.f.* contemplazione.

contempler [kɔ̃tɑ̃ple] *v.tr.* contemplare.

contemporain [kɔ̃tɑ̃pɔʀɛ̃] *agg.* e *s.m.* contemporaneo.

contenance[1] [kɔ̃tnɑ̃s] *s.f.* capienza, capacità.

contenance[2] *s.f.* contegno (*m.*): *faire bonne* —, mantenere il controllo; *perdre* —, perdere la calma, (*estens.*) confondersi || *par* —, per darsi un contegno.

contendant [kɔ̃tɑ̃dɑ̃] *agg.* e *s.m.* contendente.

conteneur [kɔ̃tnœʀ] *s.m.* container, contenitore.

contenir [kɔ̃tniʀ] (*coniug. come* tenir) *v.tr.* contenere: — *ses larmes*, trattenere le lacrime □ **se contenir** *v.pron.* vincersi, dominarsi.

content [kɔ̃tɑ̃] *agg.* contento: *être* — *de sa personne*, essere soddisfatto di sé ♦ *s.m.*: *avoir son* — *de qqch*, avere quanto si desidera di qlco; *il en a son* —*!*, ha avuto quel che si merita!; *manger son* —, mangiare a sazietà.

contentement [kɔ̃tɑ̃tmɑ̃] *s.m.* **1** soddisfazione (*f.*) **2** contentezza (*f.*), gioia (*f.*).

contenter [kɔ̃tɑ̃te] *v.tr.* accontentare || — *ses désirs*, appagare i propri desideri □ **se contenter** *v.pron.* accontentarsi.

contentieux [kɔ̃tɑ̃sj ø] (*f.* -*euse*) *agg.* e *s.m.* contenzioso.

contention [kɔ̃tɑ̃sjɔ̃] *s.f.* sforzo mentale.

contenu [kɔ̃tny] *part.pass. di* contenir ♦ *agg.* **1** contenuto **2** (*fig.*) trattenuto, represso; riservato ♦ *s.m.* contenuto.

conter [kɔ̃te] *v.tr.* raccontare.

contestable [kɔ̃tɛstabl] *agg.* contestabile.

contestataire [kɔ̃tɛstatɛʀ] *agg.* contestatario ♦ *s.m.* e *f.* contestatore.

contestation [kɔ̃tɛstasjɔ̃] *s.f.* contestazione.

conteste, sans [sɑ̃kɔ̃tɛst] *locuz.avv.* incontestabilmente.

contester [kɔ̃tɛste] *v.tr.* contestare; negare || — *un testament*, impugnare un testamento ♦ *v.intr.* discutere (su).

conteur [kɔ̃tœʀ] (*f.* -*euse*) *s.m.* narratore.

contexte [kɔ̃tɛkst] *s.m.* contesto.

contexture [kɔ̃tɛkstyʀ] *s.f.* tessitura.

contigu [kɔ̃tigy] (*f.* -*uë*) *agg.* contiguo.

contiguïté [kɔ̃tigɥite] *s.f.* contiguità.

continence [kɔ̃tinɑ̃s] *s.f.* continenza.

continent[1] [kɔ̃tinɑ̃] *agg.* continente.

continent[2] *s.m.* continente.

continental [kɔ̃tinɑ̃tal] (pl. *-aux*) agg. continentale.

contingence [kɔ̃tɛ̃ʒɑ̃s] s.f. eventualità; *pl.* circostanze || *les contingences de la vie*, i casi della vita.

contingent[1] [kɔ̃tɛ̃ʒɑ̃] agg. contingente.

contingent[2] s.m. 1 (*mil.*) contingente di leva 2 contingente, quota (*f.*); contributo: — *d'importation*, contingente di importazione || — *d'impôt*, gettito d'imposta.

contingenter [kɔ̃tɛ̃ʒɑ̃te] v.tr. contingentare.

continu [kɔ̃tiny] agg. e s.m. continuo || *journée continue*, orario continuato.

continuateur [kɔ̃tinɥatœʀ] (f. *-trice*) s.m. continuatore.

continuation [kɔ̃tinɥɑsjɔ̃] s.f. continuazione, prosecuzione.

continuel [kɔ̃tinɥɛl] (f. *-elle*) agg. continuo || *-ellement* avv.

continuer [kɔ̃tinɥe] v.tr. e intr. continuare, proseguire: *il a continué ses études*, ha continuato gli studi; *le travail a continué jusqu'au soir*, il lavoro è continuato fino a sera; *il a continué à, de chanter*, ha continuato a cantare.

continuité [kɔ̃tinɥite] s.f. continuità.

continûment [kɔ̃tinymɑ̃] avv. continuamente.

contondant [kɔ̃tɔ̃dɑ̃] agg. contundente: *objet —*, corpo contundente.

contorsion [kɔ̃tɔʀsjɔ̃] s.f. contorsione, contorcimento (*m.*).

contorsionner, se [səkɔ̃tɔʀsjone] v.pron. contorcersi.

contorsionniste [kɔ̃tɔʀsjɔnist] s.m. contorsionista.

contour [kɔ̃tuʀ] s.m. contorno; curva (*f.*).

contourné [kɔ̃tuʀne] agg. contorto.

contourner [kɔ̃tuʀne] v.tr. contornare; (*fig.*) aggirare.

contra- *pref.* contro-

contraceptif [kɔ̃tʀaseptif] (f. *-ive*) s.m. e agg. contraccettivo.

contraception [kɔ̃tʀasepsjɔ̃] s.f. contraccezione.

contractant [kɔ̃tʀaktɑ̃] agg. e s.m. contraente.

contracté [kɔ̃tʀakte] agg. 1 contratto || (*gramm.*) *article —*, preposizione articolata 2 (*di persona*) teso.

contracter [kɔ̃tʀakte] v.tr. contrarre □ **se contracter** v.pron. contrarsi; (*di persona*) irrigidirsi.

contraction [kɔ̃tʀaksjɔ̃] s.f. contrazione.

contractualiser [kɔ̃tʀaktɥalize] v.tr. assumere con contratto a termine (nel settore pubblico).

contractuel [kɔ̃tʀaktɥɛl] (f. *-elle*) agg. contrattuale ♦ s.m. 1 impiegato statale avventizio 2 vigile urbano (per far rispettare i divieti di sosta).

contracture [kɔ̃tʀaktyʀ] s.f. 1 (*med.*) contrattura 2 (*arch.*) rastremazione.

contradicteur [kɔ̃tʀadiktœʀ] (f. *-trice*) s.m. controparte (*f.*).

contradiction [kɔ̃tʀadiksjɔ̃] s.f. contraddizione.

contradictoire [kɔ̃tʀadiktwaʀ] agg. contraddittorio || *-ement* avv.

contraignant [kɔ̃tʀɛɲɑ̃] agg. 1 costrittivo ||

(*dir.*) *norme contraignante*, norma vincolante 2 (*fig.*) impegnativo; penoso.

contraindre [kɔ̃tʀɛ̃dʀ] (*coniug. come* craindre) v.tr. costringere (a), obbligare (a) || — *en justice*, perseguire in giudizio □ **se contraindre** v.pron. 1 costringersi (a) 2 dominarsi.

contraint [kɔ̃tʀɛ̃] part.pass. di contraindre ♦ agg. 1 — *et forcé*, costretto con la forza 2 impacciato.

contrainte [kɔ̃tʀɛ̃t] s.f. costrizione; vincolo (*m.*): *sous —*, per costrizione; *sans —*, liberamente; *par la —*, con la forza || (*dir.*) — *par saisie de biens*, espropriazione forzata; — *par corps*, arresto per insolvenza.

contraire [kɔ̃tʀɛʀ] agg. 1 contrario 2 avverso ♦ s.m. contrario || (*bien, tout*) *au —*, (*proprio*) al contrario; *au — de*, contrariamente a.

contrairement [kɔ̃tʀɛʀmɑ̃] avv. contrariamente.

contralto [kɔ̃tʀalto] s.m. (*mus.*) contralto.

contrariant [kɔ̃tʀaʀjɑ̃] agg. irritante.

contrarié [kɔ̃tʀaʀje] agg. 1 indispettito, contrariato 2 contrastato.

contrarier [kɔ̃tʀaʀje] v.tr. contrariare; (*estens.*) ostacolare.

contrariété [kɔ̃tʀaʀjete] s.f. 1 stizza 2 ostacolo (*m.*), contrarietà.

contraste [kɔ̃tʀast] s.m. contrasto.

contraster [kɔ̃tʀaste] v.intr. contrastare.

contrat [kɔ̃tʀa] s.m. contratto || — *notarié*, atto pubblico; — *sous seing privé*, scrittura privata.

contravention [kɔ̃tʀavɑ̃sjɔ̃] s.f. contravvenzione.

contre [kɔ̃tʀ] prep. 1 contro: *en colère qqn*, in collera con qlcu || *sirop — la toux*, sciroppo per la tosse || *se protéger — la pluie*, proteggersi dalla pioggia || *en ce moment tu parles — ta pensée*, in questo momento dici cose che non pensi 2 in cambio di ♦ avv. contro: *ne t'appuie pas —*, non appoggiarti contro; *il a voté —*, ha dato voto contrario; *je suis —*, sono contrario; *je n'ai rien —*, non ho nulla in contrario || *envers et — tous*, a dispetto di tutti, contro tutti || *par —*, invece, ma ♦ s.m. 1 contro: *le pour et le —*, il pro e il contro 2 (*sport*) parata di contro.

contre- *pref.* contro-, contra-, anti-

contre-allée [kɔ̃tʀale] s.f. controviale (*m.*).

contre-amiral [kɔ̃tʀamiʀal] (pl. *-aux*) s.m. contrammiraglio.

contre-attaque [kɔ̃tʀatak] s.f. contrattacco (*m.*).

contrebalancer [kɔ̃tʀəbalɑ̃se] (*coniug. come* placer) v.tr. controbilanciare.

contrebande [kɔ̃tʀəbɑ̃d] s.f. 1 contrabbando (*m.*): *en —*, di contrabbando 2 merce di contrabbando.

contrebandier [kɔ̃tʀəbɑ̃dje] (f. *-ère*) agg. e s.m. contrabbandiere.

contrebas, en [ɑ̃kɔ̃tʀəba] locuz.avv. a un livello inferiore.

contrebasse [kɔ̃tʀəbas] s.f. contrabbasso (*m.*).

contrebasson [kɔ̃tʀəbasɔ̃] s.m. controfagotto.

contrebattre [kɔ̃tʀəbatʀ] (*coniug. come* battre) v.tr. (*mil.*) controbattere.

contrecarrer [kɔ̃tRəka(ɑ)Re] *v.tr.* ostacolare.

contre-chant [kɔ̃tRəʃɑ̃] *s.m.* (*mus.*) controcanto.

contrecœur, à [akɔ̃tRəkœR] *locuz.avv.* controvoglia.

contrecoup [kɔ̃tRəku] *s.m.* contraccolpo.

contre-courant [kɔ̃tRəkuRɑ̃] *s.m.: à* —, controcorrente.

contredanse [kɔ̃tRədɑ̃s] *s.f.* **1** (*mus.*) contraddanza **2** (*fam.*) contravvenzione.

contredire [kɔ̃tRədiR] (*coniug. come* dire *tranne alla 2ª persona pl. del pres. indic. e dell'imp.*: contredisez) *v.tr.* contraddire □ **se contredire** *v.pron.* contraddirsi.

contredit [kɔ̃tRədi] *part.pass. di* contredire ♦ *s.m.* replica (*f.*) || *sans* —, incontestabilmente.

contrée [kɔ̃tRe] *s.f.* paese (*m.*), contrada.

contre-épreuve [kɔ̃tRepRœv] *s.f.* controprova.

contre-espionnage [kɔ̃tRespjɔna3] *s.m.* controspionaggio.

contrefaçon [kɔ̃tRəfasɔ̃] *s.f.* contraffazione.

contrefacteur [kɔ̃tRəfaktœR] (f. *-trice*) *s.m.* contraffattore.

contrefaire [kɔ̃tRəfɛR] (*coniug. come* faire) *v.tr.* **1** contraffare **2** simulare.

contrefait [kɔ̃tRəfɛ] *part.pass. di* contrefaire ♦ *agg.* **1** contraffatto **2** (*fig.*) deforme.

contreficher, se [səkɔ̃tRəfiʃe] *v.pron.* (*fam.*) *s'en* —, strainfischiarsene.

contre-fil [kɔ̃tRəfil] *s.m.* senso contrario || — *du bois*, controfilo di legno || — *de l'eau*, controcorrente dell'acqua || *à* —, in senso contrario, inverso.

contre-filet [kɔ̃tRəfilɛ] *s.m.* (*cuc.*) controfiletto.

contrefort [kɔ̃tRəfɔR] *s.m.* contrafforte.

contre-haut, en [ɑ̃kɔ̃tRəo] *locuz.avv.* a un livello superiore.

contre-indication [kɔ̃tRɛ̃dikasjɔ̃] *s.f.* (*med.*) controindicazione.

contre-indiqué [kɔ̃tRɛ̃dike] *agg.* controindicato.

contre-jour [kɔ̃tRə3uR] (pl. *invar.*) *s.m.* controluce (*f.*).

contremaître [kɔ̃tRəmɛtR] (f. *-esse*) *s.m.* (*edil.*) capomastro; (*ind.*) caporeparto.

contremarche [kɔ̃tRəmaRʃ] *s.f.* frontalino (*m.*).

contremarque [kɔ̃tRəmaRk] *s.f.* contromarca.

contre-mesure [kɔ̃tRəməzyR] *s.f.* contromisura.

contre-offensive [kɔ̃tRəfɑ̃siv] *s.f.* controffensiva.

contre-offre [kɔ̃tRəfR] *s.f.* (*comm.*) controfferta.

contrepartie [kɔ̃tRəpaRti] *s.f.* contropartita || — *en argent*, controvalore in denaro || *en* —, in compenso.

contre-passation [kɔ̃tRəpasasjɔ̃] *s.f.* storno (*m.*).

contrepèterie [kɔ̃tRəpɛtRi] *s.f.* gioco di parole con inversione di una lettera o di una sillaba.

contre-pied [kɔ̃tRəpje] *s.m.* contrario: *prendre le* — (*de*), contraddire (in) || *à* —, al contrario.

contreplaqué [kɔ̃tRəplake] *agg. e s.m.* (legno) compensato.

contreplaquer [kɔ̃tRəplake] *v.tr.* impiallacciare.

contre-plongée [kɔ̃tRəplɔ̃3e] *s.f.* (*fot., cine.*) ripresa dal basso.

contrepoids [kɔ̃tRəpwa] *s.m.* contrappeso.

contre-poil, à [akɔ̃tRəpwal] *locuz.avv.* (di) contropelo.

contrepoint [kɔ̃tRəpwɛ̃] *s.m.* contrappunto.

contrepoison [kɔ̃tRəpwazɔ̃] *s.m.* contravveleno.

contrer [kɔ̃tRe] *v.tr.* (*fam.*) opporsi ♦ *v.intr.* (*bridge*) contrare.

contre-réforme [kɔ̃tRəRefɔRm] *s.f.* controriforma.

contreseing [kɔ̃tRəsɛ̃] *s.m.* controfirma (*f.*).

contresens [kɔ̃tRəsɑ̃s] *s.m.* **1** senso contrario, verso contrario || *à* —, a rovescio, (*di direzione*) in senso contrario **2** interpretazione erronea: *faire un* —, dare un'interpretazione errata.

contresigner [kɔ̃tRəsiɲe] *v.tr.* controfirmare.

contretemps [kɔ̃tRətɑ̃] *s.m.* **1** contrattempo || *à* —, a sproposito **2** (*mus.*) controtempo.

contre-torpilleur [kɔ̃tRətɔRpijœR] *s.m.* cacciatorpediniere.

contre-valeur [kɔ̃tRəvalœR] *s.f.* controvalore (*m.*).

contrevenant [kɔ̃tRəvnɑ̃] *s.m.* (*dir.*) contravventore, trasgressore.

contrevenir [kɔ̃tRəvniR] (*coniug. come* venir) *v.intr.* contravvenire.

contrevent [kɔ̃tRəvɑ̃] *s.m.* persiana (*f.*), imposta (*f.*).

contrevenu [kɔ̃tRəvny] *part. pass. di* contrevenir.

contrevérité [kɔ̃tRəveRite] *s.f.* falsità.

contre-visite [kɔ̃tRəvizit] *s.f.* (*med.*) visita di controllo.

contribuable [kɔ̃tRibɥabl] *agg. e s.m.* contribuente.

contribuer [kɔ̃tRibɥe] *v.intr.* contribuire.

contributif [kɔ̃tRibɥtif] (f. *-ive*) *agg.* contributivo.

contribution [kɔ̃tRibɥsjɔ̃] *s.f.* **1** contributo (*m.*): — *aux dépenses*, concorso alle spese || *mettre qqn à* —, servirsi di qlcu **2** imposta.

contrit [kɔ̃tRi] *agg.* contrito.

contrition [kɔ̃tRisjɔ̃] *s.f.* contrizione.

contrôle [kɔ̃tRol] *s.m.* **1** controllo || — *des comptes*, revisione contabile **2** (ufficio del) controllo **3** (*fonction*) ruolo.

contrôlé [kɔ̃tRole] *agg.* controllato.

contrôler [kɔ̃tRole] *v.tr.* controllare, verificare □ **se contrôler** *v.pron.* controllarsi.

contrôleur [kɔ̃tRolœR] (f. *-euse*) *s.m.* controllore || — *des contributions directes*, ispettore fiscale.

contrordre [kɔ̃tRɔRdR] *s.m.* contrordine.

controversable [kɔ̃tRəveRsabl] *agg.* discutibile.

controverse [kɔ̃tRəveRs] *s.f.* controversia.

controversé [kɔ̃tRəveRse] *agg.* controverso.

contumace [kɔ̃tymas] *s.f.* (*dir.*) contumacia: *par* —, in contumacia; *purger sa* —, costituirsi.

contumax [kɔ̃tymaks] *agg. e s.m.* contumace.

contusion [kɔ̃tyzjɔ̃] *s.f.* contusione.

contusionné [kɔ̃tyzjɔne] *agg.* contuso.

contusionner [kɔ̃tyzjɔne] *v.tr.* contundere.

conurbation [kɔnyRbasjɔ̃] *s.f.* conurbazione, agglomerato urbano.

convaincant [kɔ̃vɛ̃kɑ̃] *agg.* convincente.

convaincre [kɔ̃vɛ̃kʀ] (*coniug. come* vaincre) *v.tr.* convincere.

convaincu [kɔ̃vɛ̃ky] *part. pass. di* convaincre ♦ *agg.* convinto.

convalescence [kɔ̃valesɑ̃s] *s.f.* convalescenza.

convalescent [kɔ̃valesɑ̃] *agg.* e *s.m.* convalescente.

convecteur [kɔ̃vɛktœʀ] *s.m.* (*fis.*) convettore.

convection [kɔ̃vɛksjɔ̃] *s.f.* (*fis.*) convezione.

convenable [kɔ̃vnabl] *agg.* **1** conveniente **2** opportuno **3** (*di persona*) corretto || *une personne tout à fait —*, una persona veramente perbene; *cela n'est pas —*, non sta bene.

convenablement [kɔ̃vnabləmɑ̃] *avv.* in modo conveniente.

convenance [kɔ̃vnɑ̃s] *s.f.* convenienza || *congé de — personnelle*, permesso per motivi personali || *manquer aux convenances*, venir meno alle regole della buona educazione.

convenir [kɔ̃vniʀ] (*coniug. come* venir) *v.intr.* convenire, fare al caso (di): *nous sommes convenus de*, abbiamo deciso di || *ce jouet ne convient pas aux enfants*, questo giocattolo non è adatto ai bambini ♦ *v.intr.impers.* convenire: *il conviendrait que vous partiez*, sarebbe opportuno che partiste.

convention[1] [kɔ̃vɑ̃sjɔ̃] *s.f.* **1** convenzione; accordo (*m.*) || *— collective du travail*, contratto collettivo di lavoro **2** convenzione; pregiudizio (*m.*) || *un langage de —*, un linguaggio convenzionale || *une attitude de —*, un contegno studiato.

convention[2] *s.f.* raduno (*m.*), assemblea.

conventionné [kɔ̃vɑ̃sjɔne] *agg.* convenzionato.

conventionnel [kɔ̃vɑ̃sjɔnɛl] (*f. -elle*) *agg.* convenzionale || **-ellement** *avv.*

conventuel [kɔ̃vɑ̃tɥɛl] (*f. -elle*) *agg.* e *s.m.* (*eccl.*) conventuale.

convenu [kɔ̃vny] *part.pass. di* convenir ♦ *agg.* convenuto, deciso || *langage —*, lingua convenzionale.

convergence [kɔ̃vɛʀʒɑ̃s] *s.f.* convergenza.

convergent [kɔ̃vɛʀʒɑ̃] *agg.* convergente.

converger [kɔ̃vɛʀʒe] (*coniug. come* manger) *v.intr.* convergere; (*fig.*) concorrere.

convers [kɔ̃vɛʀ] *agg.* (*eccl.*) *frère —*, converso; *sœur converse*, conversa.

conversation [kɔ̃vɛʀsasjɔ̃] *s.f.* conversazione: *lier —*, attaccare discorso; *avoir de la —*, (*fam.*) essere un buon conversatore.

conversationnel [kɔ̃vɛʀsasjɔnɛl] (*f. -elle*) *agg.* (*inform.*) interattivo.

converser [kɔ̃vɛʀse] *v.intr.* conversare.

conversion [kɔ̃vɛʀsjɔ̃] *s.f.* conversione.

converti [kɔ̃vɛʀti] *agg.* e *s.m.* convertito || *prêcher un —*, (*fig.*) cercare di convincere chi è già convinto.

convertible [kɔ̃vɛʀtibl] *agg.* convertibile.

convertir [kɔ̃vɛʀtiʀ] *v.tr.* convertire □ **se convertir** *v.pron.* convertirsi.

convertisseur [kɔ̃vɛʀtisœʀ] *s.m.* convertitore.

convexe [kɔ̃vɛks] *agg.* convesso.

convexité [kɔ̃vɛksite] *s.f.* convessità.

conviction [kɔ̃viksjɔ̃] *s.f.* convinzione || (*dir.*) *pièces à —*, corpo del reato.

convier [kɔ̃vje] *v.tr.* invitare (*anche fig.*).

convive [kɔ̃viv] *s.m.* commensale.

convivial [kɔ̃vivjal] (pl. *-aux*) *agg.c* conviviale: *atmosphère conviviale*, ambiente accogliente.

convivialité [kɔ̃vivjalite] *s.f.* giovialità.

convocation [kɔ̃vɔkasjɔ̃] *s.f.* convocazione.

convoi [kɔ̃vwa] *s.m.* **1** convoglio **2** corteo funebre.

convoiter [kɔ̃vwate] *v.tr.* bramare, desiderare.

convoitise [kɔ̃vwatiz] *s.f.* bramosia.

convoler [kɔ̃vɔle] *v.intr.*: *— (en justes noces)*, convolare (a giuste nozze).

convoquer [kɔ̃vɔke] *v.tr.* convocare.

convoyer [kɔ̃vwaje] (*coniug. come* employer) *v.tr.* scortare.

convoyeur [kɔ̃vwajœʀ] (*f. -euse*) *agg.* di scorta ♦ *s.m.* (*mecc.*) trasportatore.

convulsé [kɔ̃vylse] *agg.* contratto.

convulser [kɔ̃vylse] *v.tr.* contrarre; (*fig.*) sconvolgere.

convulsif [kɔ̃vylsif] (*f. -ive*) *agg.* convulso || **-ive-ment** *avv.*

convulsion [kɔ̃vylsjɔ̃] *s.f.* **1** convulsione **2** sconvolgimento.

convulsionner [kɔ̃vylsjɔne] *v.tr.* dare le convulsioni a || *visage convulsionné*, viso contratto.

cool [kul] (*f. invar.*) *agg.* (*fam.*) alla mano.

coopérateur [kɔɔpeʀatœʀ] (*f. -trice*) *agg.* e *s.m.* cooperatore.

coopératif [kɔɔpeʀatif] (*f. -ive*) *agg.* cooperativo; cooperativistico.

coopération [kɔɔpeʀasjɔ̃] *s.f.* cooperazione.

coopératisme [kɔɔpeʀatism] *s.m.* cooperativismo.

coopérative [kɔɔpeʀativ] *s.f.* cooperativa.

coopérer [kɔɔpeʀe] (*coniug. come* céder) *v.intr.* cooperare.

cooptation [kɔɔptasjɔ̃] *s.f.* (*dir.*) cooptazione.

coopter [kɔɔpte] *v.tr.* (*dir.*) cooptare.

coordinateur [kɔɔʀdinatœʀ] (*f. -trice*) *agg.* e *s.m.* coordinatore.

coordination [kɔɔʀdinasjɔ̃] *s.f.* coordinazione, coordinamento (*m.*).

coordonné [kɔɔʀdɔne] *agg.* e *s.m.* coordinato.

coordonnée [kɔɔʀdɔne] *s.f.* (*mat.*) coordinata || *donne-moi tes coordonnées*, (*fam.*) dammi indirizzo e numero di telefono.

coordonner [kɔɔʀdɔne] *v.tr.* coordinare.

copain [kɔpɛ̃] *s.m.* amico: *son —*, il suo ragazzo.

coparticipation [kɔpaʀtisipasjɔ̃] *s.f.* compartecipazione.

copeau [kɔpo] (pl. *-eaux*) *s.m.* truciolo.

copiage [kɔpjaʒ] *s.m.* copiatura (a un esame).

copie [kɔpi] *s.f.* **1** copia (*anche fig.*) || *bureau de —*, copisteria || *être en mal de —*, (*fam.*) essere a corto d'informazioni **2** (*a scuola*) compito (da consegnare all'insegnante).

copier [kɔpje] *v.tr.* copiare ♦ *v.intr.*: *— sur qqn*, copiare da qlcu.

copieur [kɔpjœʀ] (*f. -euse*) *s.m.* copione.

copieux [kɔpjø] (f. *-euse*) *agg.* abbondante, copioso || **-eusement** *avv.*

copilote [kɔpilɔt] *s.m.* (*aer.*) copilota.

copinage [kɔpinaʒ] *s.m.* (*fam.*) clientelismo.

copine [kɔpin] *s.f.* amica: *sa —*, la sua ragazza.

copiner [kɔpine] *v.intr.* (*fam.*) intrallazzare.

copinerie [kɔpinʀi] *s.f.* (*fam.*) amicizia stretta.

copion [kɔpjɔ̃] *s.m.* (*in Belgio*) foglietto (per copiare durante i compiti in classe).

copiste [kɔpist] *s.m.* 1 copista 2 (*in Africa*) copione, allievo che copia.

coproduction [kɔpʀɔdyksjɔ̃] *s.f.* coproduzione.

copropriétaire [kɔpʀɔpʀijetɛʀ] *s.m.* comproprietario; condomino.

copropriété [kɔpʀɔpʀijete] *s.f.* comproprietà; condominio (*m.*).

copte [kɔpt] *agg.* e *s.m.* copto.

copulatif [kɔpylatif] (f. *-ive*) *agg.* copulativo.

copulation [kɔpylasjɔ̃] *s.f.* copula, copulazione.

copule [kɔpyl] *s.f.* (*gramm.*) copula.

coq[1] [kɔk] *s.m.* gallo: *— de bruyère*, gallo cedrone || *être, vivre comme un — en pâte*, stare, vivere come un pascià || (*boxe*) *poids —*, peso gallo • *Coq gaulois*, emblema nazionale francese.

coq[2] *s.m.* cuoco di bordo, cuciniere.

coq-à-l'âne [kɔkalɑn] (pl. *invar.*) *s.m.* discorso senza capo né coda || *faire des —*, saltare di palo in frasca.

coquart [kɔkaʀ] *s.m.* (*fam.*) occhio nero.

coque[1] [kɔk] *s.f.* 1 guscio (*m.*) 2 bozzolo (del baco) 3 (*mar.*) scafo (*m.*).

coque[2] *s.m.* (*biol.*) cocco.

coquelet [kɔklɛ] *s.m.* (*cuc.*) galletto.

coquelicot [kɔkliko] *s.m.* rosolaccio, papavero.

coqueluche [kɔklyʃ] *s.f.* 1 (*med.*) pertosse 2 (*fam.*) idolo (*m.*).

coquet [kɔkɛ] (f. *-ette*) *agg.* civettuolo; grazioso || *homme —*, uomo che tiene all'eleganza || *somme coquette*, (*fam.*) bella sommetta.

coquetier [kɔktje] *s.m.* portauovo.

coquette [kɔkɛt] *s.f.* (*di donna*) civetta: *jouer les (grandes) coquettes*, (*fig.*) fare la civetta, civettare.

coquettement [kɔkɛtmɑ̃] *avv.* in modo grazioso, civettuolo.

coquetterie [kɔkɛtʀi] *s.f.* civetteria || *avoir une — dans l'œil*, essere leggermente strabico.

coquillage [kɔkijaʒ] *s.m.* 1 conchiglia (*f.*) 2 mollusco (conchifero): *manger des coquillages*, mangiare frutti di mare.

coquille [kɔkij] *s.f.* 1 conchiglia || (*zool. pop.*) *— St.-Jacques*, capasanta 2 guscio (dell'uovo): buccia || *rentrer dans sa —*, (*fig.*) rinchiudersi nel proprio guscio || *une — de noix*, un guscio di noce, una barchetta 3 (*tip.*) refuso (*m.*).

coquillettes [kɔkijet] *s.f.pl.* coquillettes (pasta simile ai tubetti gobbi).

coquin [kɔkɛ̃] *agg.* e *s.m.* birichino.

cor[1] [kɔʀ] *s.m.* 1 corno || *à — et à cri*, con grande strepito 2 *pl.* (*zool.*) palchi (di un cervo).

cor[2] *s.m.* callo.

cora [kɔʀa] *s.f.* (*mus.*) strumento a corde della tradizione africana.

corail[1] [kɔʀaj] (pl. *-aux*) *s.m.* corallo.

corail[2] *agg.invar.*: *trains —*, treni francesi a lunga percorrenza diurna • Da *C Onfort RAIL*.

corallien [kɔʀaljɛ̃] (f. *-enne*) *agg.* corallino.

Coran [kɔʀɑ̃] *s.m.* (*st. relig.*) Corano.

corbeau [kɔʀbo] (pl. *-eaux*) *s.m.* 1 corvo 2 (*arch.*) beccatello 3 (*fig. fam.*) autore di lettere, telefonate anonime.

corbeille [kɔʀbɛj] *s.f.* 1 cesto (*m.*), cestino (*m.*): *— à papier*, cestino (della carta straccia) || *— de mariage*, (*fig.*) regali di nozze da parte del fidanzato 2 piccola aiola fiorita 3 (*Borsa*) recinto delle grida, corbeille 4 (*teatr.*) palco di proscenio.

corbillard [kɔʀbijaʀ] *s.m.* carro funebre.

cordage [kɔʀdaʒ] *s.m.* 1 corda (*f.*); (*mar.*) cavo; *pl.* cordame (*sing.*) 2 (*tennis*) incordatura (*f.*).

corde [kɔʀd] *s.f.* 1 corda: *— à linge*, corda, filo per stendere (la biancheria) || (*in Canada*) *passer la nuit sur la — à linge*, far festa tutta la notte || (*aut.*) *prendre un virage à la —*, prendere una curva stretta || *il tombe des cordes*, (*fam.*) piove a catinelle; || (*fig.*): *c'est une — qu'il ne faut pas toucher*, è un tasto che non bisogna toccare; *toucher la — sensible*, toccare il punto debole; *ce n'est pas dans mes cordes*, non è di mia competenza; *avoir plusieurs cordes à son arc*, avere molte frecce al proprio arco; *être sur la — raide*, camminare sul filo del rasoio 2 *pl.* (*mus.*) strumenti a corda, archi (*m.*).

cordeau [kɔʀdo] (pl. *-eaux*) *s.m.* 1 cordicella (*f.*) || *tiré au —*, (*fig.*) regolare, impeccabile 2 lenza (per la pesca di fondo).

cordée [kɔʀde] *s.f.* cordata: *premier de —*, capocordata.

cordelette [kɔʀdəlet] *s.f.* cordicella, funicella.

cordelier [kɔʀdəlje] *s.m.* (*eccl.*) cordigliere.

cordelière [kɔʀdəljɛʀ] *s.f.* 1 cordone (*m.*); cordoncino (*m.*) 2 (*eccl.*) cordiglio (*m.*) 3 (*arch.*) colonnina ritorta.

corder [kɔʀde] *v.tr.* 1 attorcigliare 2 legare con corde || *— une raquette*, incordare una racchetta.

cordial [kɔʀdjal] (pl. *-aux*) *agg.* e *s.m.* cordiale.

cordialement [kɔʀdjalmɑ̃] *avv.* cordialmente || *—*, cordialità (formula conclusiva nelle lettere).

cordialité [kɔʀdjalite] *s.f.* cordialità.

cordillère [kɔʀdijɛʀ] *s.f.* cordigliera.

cordon [kɔʀdɔ̃] *s.m.* 1 cordone; *— sanitaire*, cordone sanitario 2 (*metall.*) cordolo.

cordon-bleu [kɔʀdɔ̃blø] (pl. *cordons-bleus*) *s.m.* cuoco provetto.

cordonnerie [kɔʀdɔnʀi] *s.f.* calzoleria.

cordonnet [kɔʀdɔnɛ] *s.m.* cordoncino || *— tubulaire en soie*, coda di topo.

cordonnier [kɔʀdɔnje] (f. *-ière*) *s.m.* calzolaio.

coréen [kɔʀeɛ̃] (f. *-enne*) *agg.* e *s.m.* coreano.

coreligionnaire [kɔʀəliʒjɔnɛʀ] *s.m.* correligionario.

coriace [kɔʀjas] *agg.* coriaceo (*anche fig.*).

coriandre [kɔʀjɑ̃dʀ] *s.f.* (*bot.*) coriandolo (*m.*).

coricide [kɔʀisid] *s.m.* callifugo.

corindon [kɔʀɛ̃dɔ̃] *s.m.* (*min.*) corindone.

corinthien [kɔʀɛ̃tjɛ̃] (f. *-enne*) *agg.* e *s.m.* corinzio.

cormoran [kɔʀmɔʀɑ̃] *s.m.* (zool.) cormorano.

cornaline [kɔʀnalin] *s.f.* (min.) corniola.

corne [kɔʀn] *s.f.* **1** corno (*m.*): *un coup de* —, una cornata || *bêtes à cornes*, i bovini || — *d'abondance*, cornucopia || *faire porter des cornes*, (*fam.*) metter le corna **2** calzascarpe (*m.*) **3** orecchio (*m.*), piega (in un foglio di carta) **4** (*mar.*) — *de brume*, sirena da nebbia.

corné [kɔʀne] *agg.* corneo.

cornée [kɔʀne] *s.f.* cornea.

cornéen [kɔʀneɛ̃] (f. *-enne*) *agg.* corneale: *lentilles cornéennes*, lenti corneali.

corneille [kɔʀnɛj] *s.f.* cornacchia.

cornélien [kɔʀneljɛ̃] (f. *-enne*) *agg.* **1** relativo a, tipico di Corneille **2** (*fig.*) conflittuale.

cornemuse [kɔʀnəmyz] *s.f.* cornamusa.

corner [kɔʀne] *v.intr.* suonare (il corno o la tromba); (*estens.*) strombettare: — *aux oreilles de qqn*, fare rintronare le orecchie di qlcu ♦ *v.tr.* fare un orecchio (a una pagina).

cornet [kɔʀne] *s.m.* **1** cornetto || (*mus.*) — *à pistons*, cornetta **2** cono (gelato) **3** cartoccio; (*in Svizzera*) sacchetto (di carta o di plastica) **4** — (*à dés*), bossolo (per dadi).

cornette [kɔʀnɛt] *s.f.* (*eccl.*) cornetta.

corniaud [kɔʀnjo] *s.m.* **1** cane bastardo **2** (*fig.*) imbecille.

corniche [kɔʀniʃ] *s.f.* **1** (*edil.*) cornicione (*m.*) **2** (*route en*) —, strada panoramica (a picco).

cornichon [kɔʀniʃɔ̃] *s.m.* **1** cetriolino sottaceto **2** (*fam.*) tonto.

cornier [kɔʀnje] (f. *-ière*) *agg.* d'angolo; cantonale.

cornière [kɔʀnjɛʀ] *s.f.* **1** (*edil.*) conversa, canale di raccolta **2** *pl.* (*metall.*) angolari (*m.*), profilati a L.

cornouaillais [kɔʀnwajɛ] *agg.* e *s.m.* cornovagliese.

cornouille [kɔʀnuj] *s.f.* (*bot.*) corniola.

cornouiller [kɔʀnuje] *s.m.* (*pianta*) corniolo.

cornu [kɔʀny] *agg.* cornuto, con le corna || *blé* —, grano speronato.

cornue [kɔʀny] *s.f.* (*chim.*) storta.

corollaire [kɔʀɔlɛʀ] *s.m.* corollario.

corolle [kɔʀɔl] *s.f.* corolla.

coron [kɔʀɔ̃] *s.m.* agglomerato di case (nei distretti minerari).

coronaire [kɔʀɔnɛʀ] *agg.* coronario.

coronarien [kɔʀɔnaʀjɛ̃] (f. *-enne*) *agg.* coronarico.

corporal [kɔʀpɔʀal] (pl. *-aux*) *agg.* corporale.

corporatif [kɔʀpɔʀatif] (f. *-ive*) *agg.* corporativo.

corporation [kɔʀpɔʀasjɔ̃] *s.f.* corporazione.

corporatisme [kɔʀpɔʀatism] *s.m.* corporativismo.

corporatiste [kɔʀpɔʀatist] *agg.* corporativistico, corporativista.

corporel [kɔʀpɔʀɛl] (f. *-elle*) *agg.* corporeo, corporale || (*dir.*) *biens corporels*, beni materiali.

corps [kɔʀ] *s.m.* **1** corpo (*anche fig.*) || *se donner* — *et âme à*, darsi anima e corpo a || *pleurer toutes les larmes de son* —, versare tutte le proprie lacrime || *à* — *perdu*, a corpo morto || *à son* — *défendant*, (*fig.*) suo malgrado || *faire* —, fare causa co-

mune || (*dir.*): *séparation de* —, separazione di fatto; *le* — *du délit*, il corpo del reato || (*fis.*) *la chute des corps*, la caduta dei gravi **2** corpo, cadavere **3** consistenza (*f.*): *un vin qui a du* —, un vino corposo.

corps-à-corps [kɔʀakɔʀ] *locuz avv.* e *s.m.* corpo a corpo.

corpulence [kɔʀpylɑ̃s] *s.f.* corpulenza.

corpulent [kɔʀpylɑ̃] *agg.* corpulento.

corpus [kɔʀpys] (*lat.*) *s.m.* corpus, raccolta (*f.*).

corpusculaire [kɔʀpyskylɛʀ] *agg.* corpuscolare.

corpuscule [kɔʀpyskyl] *s.m.* corpuscolo.

correct [kɔʀɛkt] *agg.* corretto: *hôtel* —, albergo dignitoso; *prix* —, prezzo ragionevole || **-ement** *avv.*

correcteur [kɔʀɛktœʀ] (f. *-trice*) *s.m.* correttore.

correctif [kɔʀɛktif] (f. *-ive*) *agg.* e *s.m.* correttivo.

correction [kɔʀɛksjɔ̃] *s.f.* **1** correzione **2** punizione (*corporale*) **3** correttezza (*anche fig.*).

correctionnel [kɔʀɛksjɔnɛl] (f. *-elle*) *agg.* (*dir.*) correzionale.

correctionnelle [kɔʀɛksjɔnɛl] *s.f.* tribunale (*m.*) correzionale || *passer en* —, finire in tribunale.

corrector [kɔʀɛktɔʀ] *s.m.* scolorina (*f.*).

corrélatif [kɔʀelatif] (f. *-ive*) *agg.* correlativo.

corrélation [kɔʀelasjɔ̃] *s.f.* correlazione.

corréler [kɔʀele] *v.tr.* correlare.

correspondance [kɔʀɛspɔ̃dɑ̃s] *s.f.* **1** corrispondenza **2** coincidenza (di mezzi di trasporto pubblici).

correspondant [kɔʀɛspɔ̃dɑ̃] *agg.* corrispondente ♦ *s.m.* **1** corrispondente **2** garante, tutore (di un collegiale).

correspondre [kɔʀɛspɔ̃dʀ] (*coniug. come* rendre) *v.intr.* **1** corrispondere, essere in relazione epistolare (con) **2** essere comunicante, comunicare **3** essere in coincidenza (di mezzi di trasporto pubblici).

correspondu [kɔʀɛspɔ̃dy] *part.pass. di* correspondre.

corrézien [kɔʀezjɛ̃] (f. *-enne*) *agg.* della Corrèze.

corrida [kɔʀida] *s.f.* (*sp.*) **1** corrida **2** (*fam.*) (*agitation*) trambusto (*m.*).

corridor [kɔʀidɔʀ] *s.m.* corridoio; passaggio.

corrigé [kɔʀiʒe] *s.m.* testo corretto, soluzione (*f.*).

corriger [kɔʀiʒe] (*coniug. come* manger) *v.tr.* **1** correggere **2** castigare, punire **3** attenuare □ **se corriger** *v.pron.* correggersi: *se* — *d'un défaut*, correggere un proprio difetto.

corroborer [kɔʀɔbɔʀe] *v.tr.* avvalorare.

corroder [kɔʀɔde] *v.tr.* corrodere.

corrompre [kɔʀɔ̃pʀ] (*coniug. come* rompre) *v.tr.* corrompere || *la chaleur corrompt les aliments*, il calore altera i cibi.

corrompu [kɔʀɔ̃py] *part.pass. di* corrompre ♦ *agg.* corrotto.

corrosif [kɔʀɔzif] (f. *-ive*) *agg.* e *s.m.* corrosivo.

corrosion [kɔʀɔsjɔ̃] *s.f.* corrosione.

corroyer [kɔʀwaje] (*coniug. come* employer) *v.tr.* conciare (il cuoio).

corroyeur [kɔʀwajœʀ] *s.m.* conciatore.

corrupteur [kɔʀyptœʀ] (f. *-trice*) *agg.* e *s.m.* corruttore.

corruptible [kɔʀyptibl] *agg.* corruttibile.

corruption [kɔʀypsjɔ̃] *s.f.* corruzione.

corsage *s.m.* [kɔʀsaʒ] (*abbigl.*) **1** corpino, corpetto **2** camicetta (da donna).

corsaire [kɔʀsɛʀ] *agg.* e *s.m.* corsaro.

corse [kɔʀs] *agg.* e *s.m.* corso.

corsé [kɔʀse] *agg.* **1** robusto, forte || *vin* —, vino generoso **2** saporito; piccante.

corselet [kɔʀsɔlɛ] *s.m.* corsetto.

corser [kɔʀse] *v.tr.* **1** rendere più robusto; dar mordente (a un racconto ecc.) **2** (*cuc.*) insaporire □ **se corser** *v.pron.* complicarsi.

corset [kɔʀsɛ] *s.m.* busto, corsetto.

corseter [kɔʀsəte] (*coniug. come* jeter) *v.tr.* stringere in un busto.

corsetière [kɔʀsətjɛʀ] *s.f.* bustaia.

corso [kɔʀso] *s.m.* sfilata di carri (carnevaleschi ecc.).

cortège [kɔʀtɛʒ] *s.m.* corteo; (*fig.*) seguito.

cortenais [kɔʀtəne] *agg.* di Corte.

cortex [kɔʀteks] *s.m.* (*anat.*) corteccia (*f.*).

cortical [kɔʀtikal] (pl. *-aux*) *agg.* corticale.

cortico- *pref.* cortico-

cortisone [kɔʀtizɔn] *s.f.* cortisone (*m.*).

cortisonique [kɔʀtizɔnik] *agg.* cortisonico.

corvée [kɔʀve] *s.f.* **1** lavoro ingrato, corvè **2** (*mil.*, *mar.*) comandata.

corvette [kɔʀvɛt] *s.f.* (*mar.*) corvetta.

coryphée [kɔʀife] *s.m.* corifeo (*anche fig.*).

coryza [kɔʀiza] *s.m.* (*med.*) coriza (*f.*).

cosaque [kɔzak] *s.m.* cosacco.

cosignataire [kɔsiɲatɛʀ] *agg.* e *s.m.* cofirmatario.

cosinus [kɔsinys] *s.m.* (*mat.*) coseno.

cosmétique [kɔsmetik] *agg.* e *s.m.* cosmetico.

cosmétologie [kɔsmetɔlɔʒi] *s.f.* cosmesi.

cosmique [kɔsmik] *agg.* cosmico.

cosm(o)- *pref.* cosm(o)-

cosmogonie [kɔsmɔgɔni] *s.f.* cosmogonia.

cosmographie [kɔsmɔgʀafi] *s.f.* cosmografia.

cosmologie [kɔsmɔlɔʒi] *s.f.* cosmologia.

cosmonaute [kɔsmɔnot] *s.m.* cosmonauta.

cosmopolite [kɔsmɔpɔlit] *agg.* e *s.m.* cosmopolita.

cosmopolitisme [kɔsmɔpɔlitism] *s.m.* cosmopolitismo.

cosmos [kɔsmos] *s.m.* cosmo.

cossard [kɔsaʀ] *s.m.* (*fam.*) scansafatiche.

cosse[1] [kɔs] *s.f.* **1** baccello (*m.*) **2** (*elettr.*) capocorda (*m.*).

cosse[2] *s.f.* (*fam.*) fiacca.

cossu [kɔsy] *agg.* **1** danaroso **2** (*di cosa*) che denota agiatezza: *maison cossue*, solida dimora borghese.

costal [kɔstal] (pl. *-aux*) *agg.* (*anat.*) costale.

costard [kɔstaʀ] *s.m.* (*fam.*) abito da uomo **3** (*spec. in Belgio*) — *de bain*, costume da bagno.

costaricien [kɔstaʀisjɛ̃] (f. *-enne*) *agg.* e *s.m.* costaricano.

costaud [kɔsto] *agg.* (*fam.*) forte, ben piantato ♦ *s.m.* (*fam.*) pezzo d'uomo.

costume [kɔstym] *s.m.* **1** costume || *en* — *d'Adam*, in costume adamitico **2** (*abbigl.*) abito, vestito (da uomo) **3** (*spec. in Belgio*) — *de bain*, costume da bagno.

costumé [kɔstyme] *agg.* travestito (da) || *bal* —, ballo in maschera.

costumer [kɔstyme] *v.tr.* travestire □ **se costumer** *v.pron.* travestirsi, mascherarsi.

costumier [kɔstymje] (f. *-ère*) *s.m.* costumista.

cotation [kɔtasjɔ̃] *s.f.* quotazione.

cote [kɔt] *s.f.* **1** aliquota: — *mobilière*, aliquota di imposta sui beni mobili || — *mal taillée*, (*fig.*) transazione, compromesso (*m.*) **2** quotazione || — *en Bourse* (*d'un titre*), quotazione, corso di Borsa (di un titolo); *valeurs hors* —, valori non quotati (in Borsa); *les cotes boursières*, il listino di Borsa || — *d'amour*, apprezzamento fondato su valori morali; *avoir la* — *d'amour*, essere popolare; *avoir la* —, (*fam.*) godere di grande considerazione, (*estens.*) andare per la maggiore **3** livello (*m.*); quota, altitudine : — *d'alerte*, livello di guardia || (*tv*) — *d'écoute*, indice di ascolto **4** (*in una biblioteca*) segnatura (di un libro).

coté [kɔte] *agg.* quotato (*anche fig.*).

côte[1] [kot] *s.f.* **1** (*anat.*) costa, costola || *se tenir les côtes*, (*fam.*) tenersi la pancia (dal ridere) || — *à* —, fianco a fianco **2** (*macelleria*) costata, braciola **3** (*partie saillante*) costa, costola; (*arch.*) costolone || (*lavori femminili*) *point de côtes*, punto a coste.

côte[2] *s.f.* **1** costa, litorale (*m.*) || *Côte d'Azur*, Costa Azzurra **2** costa, fianco (di monte); pendio (*m.*); salita: *route en* —, strada in salita.

côté [kote] *s.m.* **1** fianco: (*med.*) *point de* —, fitta alla milza || (*estens.*) *à mes* (*tes, etc.*) *côtés*, al mio (tuo ecc.) fianco; *rester aux côtés de qqn*, stare al fianco di qlcu **2** (*di cosa*) lato: *le* — *faible de*, il punto debole di || *de ce* — *-ci*, da questa parte; *de* — *et d'autre*, da una parte come dall'altra; *de tous côtés, de tout* —, da ogni parte, da ogni lato || — *santé*, (*fam.*) dal lato salute □ **de côté** *locuz.avv.* **1** da parte **2** storto, di traverso: *marcher de* —, camminare storto || *regarder de* —, guardare in tralice □ **du côté de** *locuz.prep.* dalla parte di; (*aux environs de*) dalle parti di: *un cousin du* — *de mon père*, un cugino da parte di mio padre || *de mon, ton, etc.* —, dal canto mio, tuo ecc. □ **à côté** *locuz.avv.* accanto, vicino: *elle habite* (*tout*) *à* —, abita (proprio) accanto; *passons à* —, andiamo di là || *d'à* —, vicino, accanto: *la dame d'à* —, la signora della porta accanto □ **à côté de** *locuz.prep.* **1** accanto a, di fianco a: *vous êtes passé à* — *de la question*, (*fig.*) avete solo sfiorato il problema **2** in confronto a, a paragone di.

coteau [kɔto] (pl. *-eaux*) *s.m.* **1** poggio **2** costa (*f.*), fianco (di monte); pendio.

côtelé [ko(ɔ)tle] *agg.* (*spec. di tessuto*) a coste.

côtelette [ko(ɔ)tlɛt] *s.f.* costoletta.

coter [kɔte] *v.tr.* **1** quotare; (*fig.*) apprezzare, stimare 2 (*comm.*) valutare, fissare il prezzo (di); prezzare 3 marcare con una segnatura, catalogare (libri, documenti ecc.); numerare.

coterie [kɔtʀi] *s.f.* cricca, consorteria.

côtes(-du-rhône) [kotdyʀon] *s.m.* vino rosso della Valle del Rodano.

côtier [kotje] (f. *-ère*) *agg.* costiero, rivierasco.

cotillon [kɔtijɔ̃] *s.m.* festa da ballo con giochi e sorprese || (*objet de*) —, cotillon.

cotisant [kɔtizã] *agg.* e *s.m.* che, chi paga una quota.

cotisation [kɔtizasjɔ̃] *s.f.* 1 quota; quota (associativa), tassa di iscrizione: — *d'assurances*, quota assicurativa 2 (*Sécurité sociale*) contributo.

cotiser [kɔtize] *v.intr.* pagare la propria quota || — *à la Sécurité sociale*, versare i contributi previdenziali □ **se cotiser** *v.pron.* fare una colletta.

côtoiement [kotwamã] *s.m.* 1 il costeggiare; il fiancheggiare 2 (*fig.*) frequentazione (*f.*).

coton [kɔtɔ̃] *s.m.* 1 cotone || (*fig.*): *élever qqn dans du* —, allevare qlcu nella bambagia; *avoir les jambes en* —, avere le gambe molli || (*fam.*): *filer un mauvais* —, navigare in cattive acque; essere molto cagionevole di salute; *c'est* —!, è dura! 2 (*tecn.*) — *de verre*, lana di vetro.

cotonnade [kɔtɔnad] *s.f.* cotonato (*m.*).

cotonneux [kɔtɔnø] (f. *-euse*) *agg.* cotonoso || *nuages* —, (nuvole) pecorelle; *ciel* —, cielo a pecorelle || *poire cotonneuse*, pera stopposa || *se sentir* —, (*fig.*) sentirsi debole.

cotonnier [kɔtɔnje] (f. *-ère*) *agg.* cotoniero ♦ *s.m.* (*pianta*) cotone.

coton-tige [kɔtɔ̃tiʒ] (pl. *cotons-tiges*) *s.m.* cotton fioc.

côtoyer [kotwaje] (*coniug. come* employer) *v.tr.* 1 costeggiare 2 (*fig.*) rasentare 3 frequentare (una persona).

cottage [kɔtedʒ; kɔtaʒ] *s.m.* villino.

cotte [kɔt] *s.f.* 1 tuta da lavoro 2 (*st.*) — (*de mailles*), cotta, maglia di ferro.

cou [ku] *s.m.* collo: *sauter au* — *de*, gettare le braccia al collo di; *prendre ses jambes à son* —, darsela a gambe; *se casser le* —, rompersi l'osso del collo.

couac [kwak] *s.m.* (*mus. fam.*) stecca (*f.*): *faire un* —, prendere una stecca.

couard [kwaʀ] *agg.* e *s.m.* codardo.

couardise [kwaʀdiz] *s.f.* codardia.

couchage [kuʃaʒ] *s.m.* 1 pernottamento 2 biancheria da letto.

couchant [kuʃã] *agg.* 1 *soleil* —, sole calante: *au* —, a ponente; al tramonto 2 *chien* —, cane da punta.

couche[1] [kuʃ] *s.f.* 1 strato (*m.*); (*geol.*) falda: *passer une* — *de vernis*, dare una mano di vernice; *les couches sociales*, (*fig.*) i ceti sociali || *champignons de* —, funghi coltivati || (*agr.*): — *chaude*, letto caldo; — *herbeuse*, cotica erbosa || *en tenir, en avoir une* (*sacrée*) —, (*fam.*) essere duro di comprendonio 2 pannolino (da neonato).

couche[2] *s.f.* (*letter.*) giaciglio (*m.*).

couche[3] *s.f.*: *fausse* —, aborto.

couché [kuʃe] *agg.* 1 coricato: *rester* —, rimanere a letto 2 (*di cosa*) inclinato 3 *papier* —, carta patinata.

couche-culotte [kuʃkylɔt] (pl. *couche-culottes*) *s.f.* mutandine impermeabili (da neonato).

coucher [kuʃe] *v.tr.* 1 mettere a letto; (*étendre*) adagiare, stendere || — *sur le carreau*, stendere a terra || (*al gioco*) — *gros*, puntare molto 2 (*cose*) piegare, inclinare || — *qqn en joue*, prendere di mira qlcu (con il fucile) 3 — (*par écrit*), stendere, mettere per iscritto || — *qqn sur son testament*, nominare qlcu nel proprio testamento ♦ *v.intr.* dormire || — *avec qqn*, andare a letto con qlcu || *chambre à* —, camera da letto || *un nom à* — *dehors*, un nome difficilissimo da pronunciare (e ricordare) || (*va*) —!, a cuccia! □ **se coucher** *v.pron.* 1 andare a letto, adagiarsi 2 (*di astri*) tramontare 3 (*di cose*) piegarsi, inclinarsi.

couches [kuʃ] *s.f.pl.* parto (*m.sing.*): *une femme en couches*, una partoriente; *être en couches*, *faire ses couches*, partorire.

couche-tard [kuʃtaʀ] (pl. e f. *invar.*) *agg.* e *s.m.* tiratardi.

couche-tôt [kuʃto] (pl. e f. *invar.*) *agg.* e *s.m.* che, chi va a letto presto.

couchette [kuʃɛt] *s.f.* cuccetta.

coucheur [kuʃœʀ] (f. *-euse*) *s.m.*: *être mauvais* —, avere un caratteraccio.

couci-couça [kusikusa] *locuz.avv.* (*fam.*) così così.

coucou [kuku] *s.m.* 1 (*zool.*) cuculo, cucù 2 orologio a cucù 3 (*bot. pop.*) primula odorosa 4 (*fam.*) trabiccolo, aereo antiquato ♦ *inter.* cucù! cucù!

coude [kud] *s.m.* gomito: *un coup de* —, una gomitata || *se pousser du* —, darsi di gomito || *jouer des coudes*, farsi largo a gomitate || *se serrer les coudes*, sostenersi a vicenda.

coudé [kude] *agg.* a (forma di) gomito.

coudée [kude] *s.f.* cubito (*m.*) || (*fig.*): *avoir les coudées franches*, avere libertà d'azione; *dépasser qqn de cent coudées*, essere di gran lunga superiore a qlcu.

cou-de-pied [kudpje] (pl. *cous-de-pied*) *s.m.* collo del piede.

couder [kude] *v.tr.* curvare, piegare (a gomito).

coudoiement [kudwamã] *s.m.* vicinanza (*f.*).

coudoyer [kudwaje] (*coniug. come* employer) *v.tr.* 1 trovarsi gomito a gomito (con); essere a contatto (con); frequentare (una persona) 2 (*fig.*) rasentare.

coudraie [kudʀɛ] *s.f.* noccioleto (*m.*).

coudre [kudʀ]

Indic.pres. je couds, etc., nous cousons, etc.; *imperf.* je cousais, etc.; *pass.rem.* je cousis, etc.; *fut.* je coudrai, etc. *Cond.* je coudrais, etc. *Cong.pres.* que je couse, etc. *Imperf.* que je cousisse, etc. *Part.pres.* cousant; *pass.* cousu. *Imp.* couds, cousons, cousez.

v.tr. cucire: — *à la main*, *à la machine*, cucire a mano, a macchina.

coudrier [kudʀije] *s.m.* nocciolo.

couenne [kwan] *s.f.* cotenna, cotica.

couette[1] [kwɛt] *s.f.* piumino (da letto).

couette[2] *s.f.* codino (spec. di capelli).

couffin [kufɛ̃] *s.m.* **1** cesta (*f.*) **2** culla di vimini (spec. portatile).

couic [kwik] *onom.* cuic!

couille [kuj] *s.f.* (*spec.pl.*) (*volg.*) coglione (*m.*).

couillon [kujɔ̃] *s.m.* (*volg.*) coglione (*anche fig.*).

couillonnade [kujɔnad] *s.f.* (*volg.*) cazzata.

couillonner [kujɔne] *v.tr.* (*volg.*) fregare.

couinement [kwinmã] *s.m.* **1** frignio, piagnucolio **2** (*estens.*) scricchiolio.

couiner [kwine] *v.intr.* **1** (*fam.*) frignare, piagnucolare **2** (*estens.*) scricchiolare.

coulage [kulaʒ] *s.m.* **1** colatura (*f.*) **2** (*metall.*) colata (*f.*) **3** (*fig.*) sciupio, spreco.

coulant [kulã] *agg.* **1** scorrevole (*anche fig.*) || *nœud —*, nodo scorsoio **2** (*fig.*) accondiscendente, conciliante; di manica larga ♦ *s.m.* anello scorrevole.

coule, à la [kul] *locuz.avv.* (*fam.*) al corrente.

coulée [kule] *s.f.* colata.

coulemelle [kulmɛl] *s.f.* (*bot. pop.*) bubbola maggiore.

couler[1] [kule] *v.intr.* **1** scorrere, fluire: — *de source*, essere ovvio **2** colare; (*di recipiente*) perdere: — *goutte à goutte*, gocciolare **3** liquefarsi: *un fromage qui coule à cause de la chaleur*, un formaggio che si scioglie con il caldo **4** *se laisser — le long de...*, calarsi lungo... ♦ *v.tr.* **1** versare; colare **2** (*metall.*) fondere, colare **3** far scivolare: *un mot à l'oreille*, dire una parola all'orecchio; — *un regard complice*, lanciare uno sguardo di complicità **4** passare (il tempo): — *une vie heureuse*, vivere una vita felice || *se la — douce*, (*fam.*) passarsela bene □ **se couler** *v.pron.* insinuarsi.

couler[2] *v.intr.*: — (*à pic*), colare a picco (*anche fig.*), affondare: *le navire a coulé à pic*, la nave è colata a picco ♦ *v.tr.* mandare a fondo; (*fig.*) mandare in rovina: — *une affaire*, (*fig.,fam.*) mandare a monte un affare □ **se couler** *v.pron.* rovinarsi.

couleur [kulœʀ] *s.f.* **1** colore (*m.*): — *franche*, *passée*, colore deciso, scolorito || *linge de —*, biancheria colorata; *gens de —*, persone di colore || *film*, *photo en couleurs*, film, fotografia a colori || *haut en —*, colorito, pittoresco || (*fig.*): *le récit prend une — tragique*, il racconto assume una colorazione tragica; *son humeur change selon la — du temps*, il suo umore cambia secondo le circostanze; *on ne connaît pas la — de son argent*, dei suoi soldi non abbiamo visto neanche l'ombra **2** *sostanza colorante*, colore (*m.*); colorante (*m.*) **3** (*alle carte*) colore (*m.*), seme (*m.*) || *annoncer la —*, (*fig.*) dichiarare le proprie intenzioni **4** *pl.* colorito (*sing.m.*): *prendre des couleurs*, prendere un bel colorito **5** *pl.* colori, bandiera (*f.sing.*) □ **sous — de** *locuz.prep.* col pretesto di.

couleuvre [kulœvʀ] *s.f.* biscia, serpe: — *à collier*, biscia d'acqua || *avaler des couleuvres*, (*fig.*) ingoiare rospi.

couleuvrine [kulœvʀin] *s.f.* (*st.*) colubrina.

coulis[1] [kuli] *agg.*: *vent —*, spiffero (d'aria).

coulis[2] *s.m.* **1** (*cuc.*) passato: — *de tomates*, passata di pomodoro **2** (*edil.*) malta liquida.

coulissant [kulisã] *agg.* scorrevole.

coulisse[1] [kulis] *s.f.* **1** guida (di scorrimento), scanalatura: *porte à —*, porta scorrevole || *un regard en —*, un'occhiata di traverso **2** (*cucito*) guaina, coulisse.

coulisse[2] *s.f.* **1** (*spec.pl.*) (*teatr.*) retroscena (*m.sing.*): *se tenir dans la —*, osservare gli altri restando in disparte **2** (*Borsa*) borsino (*m.*).

coulisser [kulise] *v.tr.* **1** munire di guida (di scorrimento) **2** (*cucito*) munire di una guaina, una coulisse ♦ *v.intr.* scorrere (su guida).

couloir [kulwaʀ] *s.m.* **1** corridoio; (*sport*) corsia (*f.*) || — *d'autobus*, corsia preferenziale || (*in Africa*) *faire —*, farsi raccomandare **2** (*geol.*) canalone **3** (*cine.*) canale di scorrimento (della pellicola).

coulommier [kulɔmje] *s.m.* formaggio di latte vaccino a pasta molle.

coulpe [kulp] *s.f.*: *battre —*, battere il mea culpa.

coulure [kulyʀ] *s.f.* sbavatura.

coup [ku] *s.m.* **1** colpo: *je me suis donné un — contre la table*, ho picchiato contro il tavolo || *un — bas*, (*fig.*) un brutto tiro; *faire un mauvais —*, giocare un brutto tiro; *un sale —*, una carognata; *un — dur*, un brutto colpo; *bien accuser le —*, incassare bene il colpo; *tenir le —*, tener duro, reggere all'urto || *tomber sous le — d'une terrible condamnation*, incorrere in una terribile condanna || *réussir le —*, farcela; *réussir un beau —*, mettere a segno un bel colpo || *gagner à tous les coups*, non fallire un colpo || (*teatr.*) *frapper les trois coups*, dare il segnale di inizio dello spettacolo **2** botta (*f.*), percossa (*f.*): *recevoir des coups*, ricevere delle percosse; *en venir aux coups*, venire alle mani || (*dir.*) *coups et blessures*, percosse e lesioni; *coups et blessures ayant occasionné la mort*, omicidio preterintenzionale **3** colpo; scoppio; (*di arma da fuoco*) sparo; (*di campana*) rintocco || *sur le — de midi*, verso mezzogiorno **4** (*sport*) tiro: — *de coin*, calcio d'angolo **5** (*agli scacchi, a dama*) mossa (*f.*): *jouer un —*, fare una mossa; *deuxième —*, contromossa **6** (*fam.*) *être dans le —*, partecipare all'impresa, (*estens.*) essere al corrente; seguire la moda; *ne plus être dans le —*, essere fuori gioco; *être hors du —*, non essere invischiato (in una faccenda) **7** sorso; bicchiere (di vino): *boire un —*, farsi un bicchierino (in compagnia); *je te paye un —*, ti pago da bere... ♦ FRASEOLOGIA: *avoir le —*, saperci fare || *avoir un — dans l'aile*, essere ubriaco || *avoir un bon — de fourchette*, essere una buona forchetta || *faire — double*, prendere due piccioni con una fava || *faire les cent, les quatre cents coups*, fare il diavolo a quattro; farne di tutti i colori; *être au cent coups*, essere preoccupato || *y, en mettre un —*, (*fam.*) fare un grosso sforzo || *c'est un — monté*, è un complotto || *il a pris un — de vieux*, è invecchiato tutto in un colpo || *rendre — pour —*, rendere pan per focaccia ||

respirer un grand —, respirare a fondo || *cela vaut le* —, val la pena.

□ **à coup de**, a suon di, a forza di; **à tous les coups**, sempre; **après coup**, a cose fatte, a posteriori; **coup sur coup**, uno dopo l'altro; **du coup**, di conseguenza; **du même coup**, nello stesso tempo; **du premier coup**, di primo acchito; **d'un seul coup**, in un solo colpo; **pour le coup**, stavolta; **sous le coup de**, sotto il peso di; sotto la minaccia di; per (effetto di): *sous le* — *de l'émotion il s'est trahi*, per l'emozione si è tradito; **sur le coup**, sul colpo; al (primo) momento; **tout à coup**, di colpo • Per **coup de + s**. vedere i relativi sostantivi; *es.: coup de bâton →* *bâton* ecc.

coupable [kupabl] *agg.* e *s.m.* **1** colpevole: *retenir* —, giudicare colpevole **2** *(di cosa)* deplorevole: *amour* —, amore peccaminoso.

coupage [kupaʒ] *s.m.* *(enol.)* taglio.

coupant [kupɑ̃] *agg.* tagliente.

coup-de-poing [kudpwɛ̃] (pl. *coups-de-poing*) *s.m.* — *américain*, tirapugni.

coupe[1] [kup] *s.f.* **1** coppa **2** *pl.* *(allecarte)* coppe.

coupe[2] *s.f.* **1** taglio *(m.)* || *une fausse* —, un avanzo di stoffa || *être, tomber sous la* — *de qqn*, essere, diventare schiavo di qlcu **2** spaccato (di disegno).

coupé [kupe] *s.m.* *(aut., ferr.)* cupè, coupé.

coupe-choux [kupʃu] (pl. *invar.*) *s.m.* *(fam.)* sciabola *(f.)*, baionetta *(f.)*.

coupe-circuit [kupsiʀkɥi] (pl. *invar.*) *s.m.* *(elettr.)* fusibile, valvola *(f.)*.

coupe-coupe [kupkup] (pl. *invar.*) *s.m.* machete.

coupe-faim [kupfɛ̃] (pl. *invar.*) *s.m.* cibo, farmaco per calmare la fame.

coupe-feu [kupfø] *agg. invar.* tagliafuoco.

coupe-file [kupfil] (pl. *invar.*) *s.m.* lasciapassare.

coupe-gorge [kupgɔʀʒ] (pl. *invar.*) *s.m.* luogo malfamato, infido.

coupe-jambon [kupʒɑ̃bɔ̃] (pl. *invar.*) *s.m.* affettatrice *(f.)*.

coupe-légumes [kuplegym] (pl. *invar.*) *s.m.* tritatutto, tritaverdure.

coupelle [kupel] *s.f.* *(metall.)* coppella.

coupe-ongles [kupɔ̃gl] (pl. *invar.*) *s.m.* tronchesina (per unghie).

COMMENT COUPER LES MOTS POUR ALLER À LA LIGNE

Généralement le français évite de couper les mots en fin de ligne. Lorsque cela s'avère nécessaire, il obéit aux règles suivantes:

1 deux voyelles consécutives ne doivent pas être séparées:

abré-via-tion alié-na-tion oléo-duc

2 une consonne placée entre deux voyelles ne se sépare pas de la voyelle qui suit:

che-va-lier ba-na-li-té

3 deux consonnes placées entre deux voyelles doivent être séparées:

res-tituer es-pérer ac-tion-nariat

Toutefois on ne peut pas séparer: *ch, ph, th, gn*:

échi-quier mi-gnonne (mais: *stag-nant*)

4 un groupe de trois ou quatre consonnes consécutives se sépare après la deuxième consonne:

comp-ter ins-truc-tion con-jonc-tion

5 *r* et *l* ne se séparent jamais de la consonne qui les précède, sauf en cas de double *r*, double *l* et du groupe *rl*:

pro-priété sa-blier élec-tricité ap-plaudir bal-lotter par-lement

6 *x* et *y* placés entre deux voyelles ne permettent aucune division:

taxer tuyau

x et *y* placés entre une voyelle et une consonne se séparent avant la consonne:

tex-tuel pay-san

7 Dans certains cas on tient compte de l'étymologie:

at-mos-phère ou *atmo-sphère micro-spore*

8 On ne peut pas renvoyer à la ligne une syllabe finale muette:

ri-rivière

9 On ne laisse pas une seule lettre en fin de ligne:

élé-mentaire

10 On ne coupe pas après une apostrophe et après *t* euphonique.

coupe-papier [kuppapje] (pl. *invar.*) *s.m.* tagliacarte.

couper [kupe] *v.tr.* **1** tagliare || — *son vin*, annacquare il vino || — *à travers champs*, tagliare per i campi **2** (*estens.*) interrompere; troncare: — *le souffle*, mozzare il fiato || — *le courant*, togliere la corrente || — *les vivres*, tagliare i viveri || — *l'appétit*, rovinare l'appetito; *cette visite a coupé ma journée*, questa visita mi ha spezzato la giornata || — *la parole*, interrompere || (*tel.*) *on nous a coupés*, è caduta la linea **3** intersecare ♦ *v.intr.* **1** tagliare **2** (*fam.*) sfuggire (a) □ **se couper** *v.pron.* **1** tagliarsi || *se — en quatre pour qqn*, farsi in quattro per qlcu **2** intersecarsi **3** (*fig.*) tradirsi; contraddirsi.

couperet [kupʀɛ] *s.m.* mannaia (*f.*).

couperose [kupʀoz] *s.f.* (*med.*) acne rosacea, couperose.

couperosé [kupʀoze] *agg.* (*del viso*) affetto da couperose.

coupeur [kupœʀ] (f. *-euse*) *s.m.*: — *de bourses*, borsaiolo.

coupe-vent [kupvã] (pl. *invar.*) *s.m.* **1** (*mar.*) tagliavento **2** (*abbigl.*) (giacca) cerata.

couplage [kuplaʒ] *s.m.* (*tecn.*) accoppiamento.

couple [kupl] *s.m.* **1** coppia (*f.*) **2** (*mar., aer.*) ordinata (*f.*) ♦ *s.f.* (*antiq.*) paio (*m.*), coppia.

coupler [kuple] *v.tr.* accoppiare, abbinare.

couplet [kuplɛ] *s.m.* strofa (di canzone).

coupole [kupɔl] *s.f.* cupola || *être reçu sous la —*, essere accolto all'Accademia di Francia.

coupon [kupɔ̃] *s.m.* **1** scampolo (di stoffa) **2** buono, tagliando **3** (*Borsa*) cedola (*f.*).

coupon-réponse [kupɔ̃ʀepɔ̃s] (pl. *coupons-réponses*) *s.m.* buono risposta.

coupure [kupyʀ] *s.f.* **1** taglio (*m.*) (*anche fig.*) || *coupures de journaux*, ritagli di giornali || *petites, grosses coupures*, banconote di piccolo, di grosso taglio **2** (*geol.*) frattura **3** (*elettr.*) interruzione (momentanea) di corrente **4** (*Borsa*) spezzatura.

cour [kuʀ] *s.f.* **1** corte: *à la —*, a corte || *être bien en — auprès de qqn*, essere nelle grazie di qlcu || *Haute Cour de Justice*, Suprema Corte di giustizia **2** cortile (*m.*) **3** (*in Belgio*) servizi (*m.pl.*), toilette.

courage [kuʀaʒ] *s.m.* coraggio: *perdre —*, scoraggiarsi || (*du*) —*!, bon —!*, coraggio!, forza!

courageux [kuʀaʒø] (f. *-euse*) *agg.* coraggioso || **-eusement** *avv.*

couramment [kuʀamã] *avv.* correntemente.

courailler [kuʀaje] *v.intr.* **1** (*antiq.*) correre la cavallina **2** (*in Canada*) correre di qua e di là.

courant[1] [kuʀã] *agg.* corrente || *affaires courantes*, affari di ordinaria amministrazione || (*comm.*) *paiement fin —*, pagamento a fine mese || *prix courants*, listino dei prezzi.

courant[2] *s.m.* **1** corrente (*f.*) || *le — de l'émigration*, il flusso dell'emigrazione || *dans le — du mois*, nel corso del mese **2** (*elettr.*) corrente (*f.*).

couranté [kuʀãte] *agg.* (*in Camerun*) essere al corrente.

courbatu [kuʀbaty] *agg.* indolenzito.

courbature [kuʀbatyʀ] *s.f.* indolenzimento (*m.*).

courbaturé [kuʀbatyʀe] *agg.* indolenzito.

courbaturer [kuʀbatyʀe] *v.tr.* indolenzire.

courbe [kuʀb] *agg.* curvo ♦ *s.f.* curva.

courber [kuʀbe] *v.tr.* curvare, incurvare: — *la tête*, piegare la testa ♦ *v.intr.* curvarsi □ **se courber** *v.pron.* incurvarsi; piegarsi.

courbette [kuʀbɛt] *s.f.* inchino profondo; (*révérence*) riverenza servile.

courbure [kuʀbyʀ] *s.f.* curvatura.

coureries [kuʀəʀi] *s.f.pl.* (*in Belgio*) andirivieni (*m.*).

courette [kuʀɛt] *s.f.* cortiletto (*m.*), cavedio (*m.*).

coureur [kuʀœʀ] *s.m.* **1** corridore || — *de cent mètres*, centometrista; — *de fond*, fondista; — *de vitesse*, velocista; — *de haies*, ostacolista || — *de dot*, cacciatore di dote || (*in Canada*) — *de bois*, cacciatore **2** (f. *-euse*) persona in cerca di avventure amorose.

courge [kuʀʒ] *s.f.* zucca.

courgette [kuʀʒɛt] *s.f.* zucchina, zucchetta.

courir [kuʀiʀ]

Indic.pres. je cours, etc.; *imperf.* je courais, etc.; *pass.rem.* je courus, etc.; *fut.* je courrai, etc. *Cond.* je courrais, etc.; *Cong.pres.* que je coure, etc.; *imperf.* que je courusse, etc. *Part.pres.* courant; *pass.* couru. *Imp.* cours, courons, courez.

v. intr. **1** correre: *elle a couru chercher le médecin*, è corsa a cercare il medico; *j'ai trop couru*, ho corso troppo; — *à toutes jambes*, correre a gambe levate; — *à sa perte*, (*fig.*) correre incontro alla propria rovina || *tu peux, il peut, etc. toujours —!*, (*fam.*) niente da fare! || — *après* (a), inseguire **2** accorrere **3** (*di notizia ecc.*) circolare: *le bruit court que...*, corre voce che...; *il court des bruits fâcheux sur...*, circolano delle voci spiacevoli su... **4** decorrere ♦ *v.tr.* **1** correre **2** percorrere; (*fig.*) frequentare (con assiduità) **3** (*di notizia ecc.*) propagarsi (in un luogo) || — *la campagne*, battere la campagna; — *les magasins*, andare in giro per i negozi || *ça court les rues*, è una cosa risaputa.

couronne [kuʀɔn] *s.f.* **1** corona || *en —*, a corona || *déposer la —*, abdicare **2** (*fig.*) cerchia.

couronné [kuʀɔne] *agg.* **1** incoronato; coronato || — *de succès*, coronato dal successo || *genou —*, (*fam.*) ginocchio sbucciato || *ouvrage — par l'Académie Française*, opera premiata dall'Accademia di Francia **2** (*estens.*) circondato.

couronnement [kuʀɔnmã] *s.m.* **1** incoronazione (*f.*) **2** coronamento (*anche fig.*).

couronner [kuʀɔne] *v.tr.* **1** incoronare; coronare (*anche fig.*) || — *un écrivain*, premiare uno scrittore **2** (*estens.*) far corona (a).

courre [kuʀ] *v.tr.dif.* (*usato all'inf.*) *chasse à —*, caccia alla corsa.

courrier [kuʀje] *s.m.* **1** corrispondenza (*f.*), posta (*f.*) || *par retour du —*, a giro di posta **2** cronaca (*f.*) **3** corriere.

courriériste [kuʀjeʀist] *s.m.* e *f.* **1** opinionista **2** giornalista che cura la corrispondenza con i lettori.

courroie [kuʀwa] *s.f.* cinghia, correggia.

courroucer [kuʀuse] (*coniug. come* placer) *v.tr.* far corrucciare □ **se courroucer** *v.pron.* corrucciarsi.

courroux [kuʀu] *s.m.* (*letter.*) corruccio.

cours [kuʀ] *s.m.* **1** corso: *donner libre — à sa joie*, dare libero sfogo alla gioia || *avoir —*, aver corso, (*fig.*) essere in voga || *capitaine au long —*, capitano di lungo corso || *en — de route*, strada facendo || *au — de*, durante **2** (*econ.*) quotazione || (*Borsa*) *— de clôture*, prezzi di chiusura **3** corso (di studi); lezione (*f.*) || *le professeur est en —*, il professore sta facendo lezione **4** scuola privata **5** viale, corso (di città).

course [kuʀs] *s.f.* **1** corsa: *au pas de —*, a passo di corsa **2** (*sport*) corsa, gara: *— d'obstacles*, corsa a ostacoli || *n'être pas dans la —*, (*fig. fam.*) non essere al passo coi tempi **3** percorso (*m.*), tragitto (*m.*): *une — en montagne*, un'escursione in montagna **4** acquisto (*m.*), compera: *faire ses courses*, fare le commissioni || *garçon de courses*, galoppino **5** (*astr.*) corso (*m.*).

courser [kuʀse] *v.tr.* (*fam.*) rincorrere.

coursier[1] [kuʀsje] *s.m.* (*letter.*) corsiero, destriero.

coursier[2] *s.m.* fattorino.

coursive [kuʀsiv] *s.f.* **1** ballatoio (*m.*) **2** corridoio (fra cabine, su una nave).

court[1] [kuʀ] *agg.* corto (*anche fig.*) || *à — terme*, a breve scadenza ♦ *avv.* corto || *tourner —*, (*fig.*) cambiare discorso || *s'arrêter —*, fermarsi di botto || *de —*, di sorpresa || *tout —*, semplicemente.

court[2] *s.m.* campo di tennis.

courtage [kuʀtaʒ] *s.m.* mediazione (*f.*): *frais de —*, provvigione di intermediazione.

courtaud [kuʀto] *agg. e s.m.* tracagnotto.

court-bouillon [kuʀbujɔ̃] (pl. *courts-bouillons*) *s.m.* brodo di pesce.

court-circuit [kuʀsiʀkɥi] (pl. *courts-circuits*) *s.m.* cortocircuito.

court-circuiter [kuʀsiʀkɥite] *v.tr.* (*fig. fam.*) tagliar fuori.

courtepointe [kuʀtəpwɛ̃t] *s.f.* trapunta.

courtier [kuʀtje] *s.m.* **1** mediatore **2** agente venditore.

courtine [kuʀtin] *s.f.* cortina.

courtisan [kuʀtizɑ̃] *s.m.* cortigiano (*anche fig.*).

courtisane [kuʀtizan] *s.f.* (*letter.*) cortigiana.

courtiser [kuʀtize] *v.tr.* corteggiare.

court-métrage [kuʀmetʀaʒ] (pl. *courts-métrages*) *s.m.* (*cine.*) cortometraggio.

courtois [kuʀtwa] *agg.* cortese || **-ement** *avv.*

courtoisie [kuʀtwazi] *s.f.* cortesia.

court-vêtu [kuʀvety] (pl. *court-vêtus*, f. *court-vêtue*) *agg.* che ha un abito corto, vestito succintamente.

couru [kuʀy] *part.pass. di* courir ♦ *agg.* **1** popolare, ricercato; frequentato: *un conférencier très —*, un conferenziere che ha molto successo **2** (*fam.*) certo, sicuro: *c'est —!*, è garantito!

couscous [kuskus] *s.m.* (*cuc.*) cuscus.

cousette [kuzɛt] *s.f.* (*fam.*) sartina.

couseuse [kuzøz] *s.f.* cucitrice.

cousin[1] [kuzɛ̃] *s.m.* cugino.

cousin[2] *s.m.* (*zool.*) cugino, pappataci.

cousinage [kuzinaʒ] *s.m.* cuginanza (*f.*).

cousine [kuzin] *s.f.* cugina.

coussin [kusɛ̃] *s.m.* cuscino.

coussinet [kusine] *s.m.* cuscinetto || (*mecc.*) *— de bronze*, bronzina.

cousu [kuzy] *part.pass. di* coudre ♦ *agg.* cucito: *— (à la) main*, fatto a mano || *— d'or*, ricco sfondato.

coût [ku] *s.m.* costo.

coûtant [kutɑ̃] *agg.*: *au, à prix —*, a prezzo di costo.

couteau [kuto] (pl. *-aux*) *s.m.* **1** coltello: *— à découper*, trinciante; *— éplucheur*, pelapatate; *couper au —*, tagliare col coltello; *coup de —*, coltellata || *visage en lame de —*, viso affilato || *être à couteaux tirés*, essere ai ferri corti **2** *— (à palette)*, spatola (*f.*) **3** (*zool.*) cappalunga (*f.*).

couteau-scie [kutosi] (pl. *couteaux-scies*) *s.m.* coltello seghettato.

coutelas [kutlɑ] *s.m.* coltellaccio.

coutelier [kutalje] *s.m.* coltellinaio.

coutellerie [kutɛlʀi] *s.f.* coltelleria.

coûter [kute] *v.intr. e tr.* costare: *cela a coûté cher*, è costato caro; *— les yeux de la tête*, costare un occhio della testa; *il m'en coûte de l'avouer*, mi costa confessarlo || *coûte que coûte*, costi quel che costi.

coûteusement [kutøzmɑ̃] *avv.* costosamente.

coûteux [kutø] (f. *-euse*) *agg.* costoso.

coutil [kuti] *s.m.* (*tessuto*) traliccio.

coutume [kutym] *s.f.* **1** costume (*m.*); (*habitude*) abitudine: *avoir — de faire qqch*, essere solito fare qlco || *plus, moins, mieux que de —*, più, meno, meglio del solito; *comme de —*, come al solito || *une fois n'est pas —*, per una volta! **2** (*dir.*) consuetudine.

coutumier [kutymje] (f. *-ère*) *agg.* **1** solito, abituale || *il est — du fait!*, siamo alle solite! **2** (*dir.*) consuetudinario.

couture [kutyʀ] *s.f.* **1** cucito (*m.*) **2** (*haute*) *—*, alta moda || *maison de —*, casa di moda **3** cucitura || *battre à plate —*, (*fig.*) sconfiggere su tutta la linea || *sur toutes les coutures*, (*fam.*) da cima a fondo **4** cicatrice.

couturé [kutyʀe] *agg.* coperto di cicatrici, di segni.

couturier [kutyʀje] (f. *-ère*) *s.m.* grande sarto (per signora).

couvain [kuvɛ̃] *s.m.* (*apicoltura*) covata (*f.*).

couvaison [kuvɛzɔ̃] *s.f.* cova.

couvée [kuve] *s.f.* covata, nidiata (*anche fig.*).

couvent [kuvɑ̃] *s.m.* convento: *au —*, in convento.

couver [kuve] *v.tr. e intr.* covare (*anche fig.*).

couvercle [kuvɛʀkl] *s.m.* coperchio.

couvert [kuvɛʀ] *part.pass. di* couvrir ♦ *agg.* coperto || *rester —*, tenere il cappello in testa ♦ *s.m.* **1** coperto; (*abri*) riparo || *le vivre et le —*, il vitto e l'alloggio || *à —*, al riparo || *sous le — de*, sotto l'apparenza di; sotto la responsabilità di **2** (*a tavola*) coperto **3** posate (*f.pl.*).

couverte [kuvɛʀt] *s.f.* (*in Svizzera*) coperta.

couverture [kuvɛʀtyʀ] *s.f.* **1** coperta ‖ *tirer la* — *à soi*, (*fam.*) tirare l'acqua al proprio mulino **2** copertina (di libro) **3** (*fin.*) copertura **4** (*fig.*) copertura.

couveuse [kuvøz] *s.f.* **1** (*poule*) —, chioccia **2** — (*artificielle*), incubatrice.

couvre-chef [kuvʀəʃɛf] (pl. *couvre-chefs*) *s.m.* (*fam.*) copricapo.

couvre-feu [kuvʀəfø] (pl. *couvre-feux*) *s.m.* coprifuoco.

couvre-lit [kuvʀəli] (pl. *couvre-lits*) *s.m.* copriletto.

couvre-livre [kuvʀəlivʀ] (pl. *couvre-livres*) *s.m.* sopraccoperta (di libro).

couvre-pied, couvre-pieds [kuvʀəpje] (pl. *couvre-pieds*) *s.m.* copripiedi.

couvreur [kuvʀœʀ] *s.m.* operaio copritetto.

couvrir [kuvʀiʀ] (*coniug. come* offrir) *v.tr.* coprire □ **se couvrir** *v.pron.* coprirsi.

coyote [kɔjɔt] *s.m.* (*zool.*) coyote.

crabe [kʀɑ(a)b] *s.m.* granchio ‖ *marcher en* —, camminare a sghimbescio.

crac [kʀak] *inter.* crac!, zac!

crachat [kʀaʃa] *s.m.* sputo.

craché [kʀaʃe] *agg.*: *tout* —, (*fam.*) fatto e sputato.

crachement [kʀaʃmɑ̃] *s.m.* **1** sputo ‖ — *de sang*, sbocco di sangue **2** (*estens.*) getto, sprizzo **3** crepitio (di altoparlante ecc.).

cracher [kʀaʃe] *v.tr. e intr.* sputare ‖ — *des injures*, vomitare insulti; — *sur qqn*, insultare qlcu ‖ *volcan qui crache des laves*, vulcano che emette lava ‖ *ce stylo crache*, questa stilografica sbava.

crachin [kʀaʃɛ̃] *s.m.* acquerugiola (*f.*).

crachoir [kʀaʃwaʀ] *s.m.* sputacchiera (*f.*) ‖ (*fam.*): *tenir le* —, parlare continuamente; *tenir le* — *à qqn*, farsi attaccare bottone da qlcu.

crachoter [kʀaʃɔte] *v.intr.* sputacchiare.

crack [kʀak] *s.m.* (*ippica*) crack (cavallo che ha conseguito molte vittorie) ‖ *être un* — *en mathématiques*, (*fig. fam.*) essere un cannone in matematica.

craie [kʀe] *s.f.* gesso (*m.*).

crailler [kʀaje] *v.intr.* gracchiare.

craindre [kʀɛ̃dʀ]

Indic.pres. je crains, etc., nous craignons, etc.; *imperf.* je craignais, etc.; *pass.rem.* je craignis, etc.; *fut.* je craindrai, etc. *Cond.* je craindrais, etc. *Cong.pres.* que je craigne, etc.; *imperf.* que je craignisse, etc. *Part.pres.* craignant; *pass.* craint. *Imp.* crains, craignons, craignez.

v.tr. e intr. temere: *je crains qu'il ne vienne*, temo che venga; *je crains qu'il ne vienne pas*, temo che non venga; *je ne crains pas qu'il dise la vérité*, non ho paura che dica la verità; *crains-tu qu'il (ne) tombe malade?*, temi che si ammali? • Il *ne* espletivo che precede il congiuntivo si può usare solo quando *craindre* è alla forma affermativa.

craint [kʀɛ̃] *part.pass. di* craindre.

crainte [kʀɛ̃t] *s.f.* timore (*m.*), paura: *soyez sans* —, non abbiate paura; *n'ayez* —, non temete; *de, dans la* — *qu'on ne le découvrît il s'enfuit*, per timore che lo scoprissero fuggì.

craintif [kʀɛ̃tif] (f. *-ive*) *agg.* timoroso.

craintivement [kʀɛ̃tivmɑ̃] *avv.* timorosamente.

cramé [kʀame] *s.m.* bruciaticcio.

cramer [kʀame] *v.tr. e intr.* (*fam.*) bruciare.

cramique [kʀamik] *s.m.* (*in Belgio*) pane con uvetta.

cramoisi [kʀamwazi] *agg. e s.m.* (colore) cremisi: *devenir* —, arrossire violentemente.

crampe [kʀɑ̃p] *s.f.* crampo (*m.*).

crampon [kʀɑ̃pɔ̃] *s.m.* **1** rampone: *chaussures à rampons*, scarpe con ramponi **2** (*edil.*) graffa (*f.*) **3** (*bot.*) radice (*f.*) **4** (*fig.*) seccatore.

cramponner, se [səkʀɑ̃pɔne] *v.pron.* aggrapparsi: *se* — *à un prétexte*, appigliarsi a un pretesto.

cran [kʀɑ̃] *s.m.* **1** tacca (*f.*), intaccatura (*f.*); (*di cintura*) buco: *revolver à* — *de sûreté*, rivoltella in sicura; *couteau à* — *d'arrêt*, coltello a serramanico ‖ *monter d'un* —, (*fig.*) salire di un gradino **2** onda (di capelli) **3** (*fam.*) coraggio: *avoir du* —, aver fegato.

crâne¹ [kʀɑn] *s.m.* cranio, teschio.

crâne² *agg.* (*letter.*) ardito, coraggioso.

crânement [kʀɑnmɑ̃] *avv.* (*letter.*) arditamente.

crâner [kʀɑne] *v.intr.* (*fam.*) fare lo spavaldo: — *devant le danger*, mostrare sprezzo del pericolo.

crânerie [kʀɑnʀi] *s.f.* (*letter.*) spavalderia.

crâneur [kʀɑnœʀ] (f. *-euse*) *agg. e s.m.* spavaldo.

crânien [kʀɑnjɛ̃] (f. *-enne*) *agg.* cranico.

cranter [kʀɑ̃te] *v.tr.* dentellare: *lame crantée*, lama seghettata ‖ *col cranté*, collo a revers.

crapaud [kʀapo] *s.m.* **1** rospo **2** (*mus.*) baby grand piano **3** (*fauteuil*) —, poltroncina bassa.

crapule [kʀapyl] *s.f.* farabutto (*m.*).

crapuleux [kʀapylø] (f. *-euse*) *agg.* abietto, infame ‖ *crime* —, delitto commesso a scopo di rapina.

craque [kʀak] *s.f.* (*fam.*) frottola, fandonia.

craquelage [kʀaklaʒ] *s.m.* craquelé (screpolatura di una ceramica, di un dipinto ecc.).

craqueler [kʀakle] (*coniug. come* appeler) *v.tr.* screpolare (una ceramica, un dipinto ecc.) □ **se craqueler** *v.pron.* screpolarsi.

craquelure [kʀaklyʀ] *s.f.* screpolatura.

craquement [kʀakmɑ̃] *s.m.* scricchiolio.

craquer [kʀake] *v.intr.* **1** scricchiolare **2** scoppiare: *les coutures ont craqué*, le cuciture hanno ceduto **3** (*fig.*) vacillare; fallire: *l'affaire a craqué au dernier moment*, l'affare è andato a monte all'ultimo momento ‖ *il a craqué pour elle*, (*fam.*) è impazzito per lei **3** *v.tr.* strapparsi: *il a craqué son pantalon*, si è strappato i pantaloni ‖ — *une allumette*, accendere un fiammifero sfregandolo.

craquètement [kʀakɛtmɑ̃] *s.m.* **1** scricchiolio **2** grido, stridio (della cicogna).

craqueter [kʀakte] (*coniug. come* jeter) *v.intr.* scoppiettare, scricchiolare.

crasse [kʀas] *s.f.* **1** sporcizia, sudiciume (*m.*) **2** (*fam.*) brutto tiro, carognata ♦ *agg.* crasso: *bêtise* —, stupidaggine madornale.

crasseux [krasø] (f. *-euse*) *agg.* sozzo.

crassier [krasje] *s.m.* ammasso di scorie (delle fonderie).

cratère [kratɛr] *s.m.* cratere.

cravache [kravaʃ] *s.f.* frustino (*m.*), scudiscio (*m.*): *un coup de* —, una scudisciata.

cravacher [kravaʃe] *v.tr.* frustare ♦ *v.intr.* (*fam.*) sgobbare.

cravate [kravat] *s.f.* cravatta || — *de chanvre*, capestro || — *de drapeau*, nastro di bandiera.

cravater [kravate] *v.tr.* mettere la cravatta (a) 2 (*fam.*) fregare.

crawler [krole] *v.intr.* nuotare a crawl.

crayeux [krɛjø] (f. *-euse*) *agg.* gessoso.

crayon [krɛjɔ̃] *s.m.* 1 matita (*f.*), lapis: — *de couleur*, matita colorata; *au* —, a matita; *il a un bon coup de* —, ha una buona mano per il disegno || — *pour les yeux*, matita per gli occhi 2 disegno a matita; schizzo.

crayon-feutre [krɛjɔ̃fœtr] (pl. *crayons-feutre*) *s.m.* pennarello.

crayonnage [krɛjɔnaʒ] *s.m.* disegno a matita.

crayonner [krɛjɔne] *v.tr.* disegnare a matita; (*esquisser*) schizzare.

créance [kreɑ̃s] *s.f.* credito (*m.*) || *lettres de* —, credenziali.

créancier [kreɑ̃sje] (f. *-ère*) *s.m.* creditore.

créateur [kreatœr] (f. *-trice*) *agg.* e *s.m.* creatore || — *d'un titre*, emittente di un titolo di credito.

créatif [kreatif] (f. *-ive*) *agg.* e *s.m.* creativo.

création [kreasjɔ̃] *s.f.* 1 creazione || *la* — *d'une académie*, la fondazione di un'accademia; *la* — *d'une société*, la costituzione di una società || — *d'argent*, emissione di moneta 2 il creato.

créativité [kreativite] *s.f.* creatività.

créature [kreatyr] *s.f.* creatura.

crécelle [kresɛl] *s.f.* raganella.

crèche [krɛʃ] *s.f.* 1 greppia, mangiatoia 2 presepio (*m.*) 3 asilo nido.

crécher [kreʃe] (*coniug. come* céder) *v.intr.* (*fam.*) stare di casa.

crédence [kredɑ̃s] *s.f.* credenza.

crédibilité [kredibilite] *s.f.* credibilità, attendibilità.

crédible [kredibl] *agg.* credibile, attendibile.

crédit [kredi] *s.m.* 1 credito; fiducia (*f.*): *jouir d'un grand* —, godere di molta stima || (*econ.*) *restriction du* —, stretta creditizia || — *mutuel agricole*, consorzio di credito agrario || — *et débit*, dare e avere 2 *crédits photographiques*, fonti fotografiche.

crédit-bail [kredibɑj] (pl. *crédits-bails*) *s.m.* (*econ.*) leasing.

créditer [kredite] *v.tr.* 1 (*comm.*) accreditare 2 (*fig.*) attribuire.

créditeur [kreditœr] (f. *-trice*) *agg.* e *s.m.* (*comm.*) creditore: *compte* —, conto a credito.

credo [kredo] (pl. *invar.*) *s.m.* credo, fede (*f.*).

crédule [kredyl] *agg.* credulone.

crédulité [kredylite] *s.f.* credulità.

créer [kree] *v.tr.* creare: — *un ministre*, nominare un ministro || (*teatr.*) — *un rôle*, portare una

parte sulla scena per la prima volta; — *un spectacle*, mettere in scena uno spettacolo || — *une rente*, costituire una rendita; — *un chèque*, emettere un assegno.

crémaillère [kremajɛr] *s.f.* 1 catena (del focolare) || *pendre la* —, inaugurare la nuova casa 2 (*mecc.*) cremagliera.

crémation [kremasjɔ̃] *s.f.* cremazione.

crématoire [krematwar] *agg.* crematorio.

crème [krɛm] *s.f.* 1 crema: *la* — *de la société*, (*fig.*) la crema, il fior fiore della società || — *de cacao*, crema cacao 2 panna (del latte): — *fraîche*, *fouettée*, panna liquida, montata 3 (*chim.*) cremore (*m.*). ♦ *agg.invar.* (color) crema.

crémerie [kremri] *s.f.* latteria; cremeria.

crémet [kreme] *s.m.* (*formaggio*) cremino.

crémeux [kremø] (f. *-euse*) *agg.* cremoso ♦ *s.m.* cremosità (*f.*), consistenza cremosa.

crémier [kremje] (f. *-ère*) *s.m.* lattaio.

créneau [kreno] (pl. *-eaux*) *s.m.* 1 merlo: *mur à créneaux*, muro merlato 2 feritoia (*f.*) 3 spazio libero fra due veicoli: *faire un* —, parcheggiare fra due auto 4 (*econ.*) settore di mercato, sbocco commerciale 5 (*fig.*) tempo libero.

crénelé [kren(e)le] *agg.* 1 merlato 2 (*mecc.*) dentato 3 (*di moneta*) zigrinato.

créneler [kren(e)le] (*coniug. come* appeler) *v.tr.* 1 guarnire di merli 2 (*mecc.*) dentellare 3 (*una moneta*) zigrinare.

crénelure [kren(e)nlyr] *s.f.* 1 merlatura 2 (*mecc.*) dentellatura.

créole [kreɔl] *agg.* e *s.m.* creolo.

crêpage [krɛpaʒ] *s.m.* (*capelli*) accotonatura (*f.*).

crêpe[1] [krɛp] *s.f.* (*cuc.*) crespella, crêpe.

crêpe[2] *s.m.* 1 (*tessuto*) crespo 2 fascia da lutto: *voile de* —, velo da lutto 3 gomma laminata in fogli: *des semelles de* —, suole di para.

crêpelé [kren(e)ple] *agg.* crespo.

crêper [krepe] *v.tr.* 1 (*tess.*) increspare (una stoffa) 2 cotonare (i capelli) || *se* — *le chignon*, (*fam.*) accapigliarsi.

crêperie [krepri] *s.f.* locale in cui si preparano e si servono crêpe.

crépi [krepi] *s.m.* (*edil.*) arricciato, intonaco.

crépine [krepin] *s.f.* 1 (*macelleria*) rete, omento (*m.*) 2 (*mecc.*) pigna.

crépinette [krepinet] *s.f.* salsiccia piatta avvolta in omento di maiale.

crépir [krepir] *v.tr.* (*edil.*) intonacare.

crépissage [krepisaʒ] *s.m.* (*edil.*) intonacatura (*f.*).

crépitement [krepitmɑ̃] *s.m.* crepitio.

crépiter [krepite] *v.intr.* crepitare.

crépon [krepɔ̃] *agg.* e *s.m.*: (*papier*) —, carta goffrata.

crépu [krepy] *agg.* crespo.

crépusculaire [krepyskylɛr] *agg.* crepuscolare.

crépuscule [krepyskyl] *s.m.* crepuscolo.

crescendo [kreʃɛndo, kreʃẽdo] *avv.* e *s.m.* (*mus.*) crescendo.

cresson [kresɔ̃] *s.m.* crescione.

cressonnette [kʀesɔnɛt] *s.f.* (*bot. pop.*) crescione dei prati.

crésus [kʀezys] *s.m.* creso, riccone.

crétacé [kʀetase] *agg.* e *s.m.* (*geol.*) cretaceo.

crête [kʀɛt] *s.f.* cresta || (*édil.*) *la — du toit*, il colmo (del tetto) || (*stat.*) *la — d'un graphique*, il picco di un grafico || (*elettr.*) *courant de —*, valore di punta || (*geogr.*) *ligne de —*, spartiacque.

crête-de-coq [kʀɛtdǝkɔk] (pl. *crêtes-de-coq*) *s.f.* (*med., bot.*) cresta di gallo.

crétin [kʀetɛ̃] *agg.* e *s.m.* cretino.

crétinerie [kʀetinʀi] *s.f.* (*fam.*) cretinata.

crétiniser [kʀetinize] *v.tr.* rincretinire.

crétinisme [kʀetinism] *s.m.* **1** (*fam.*) imbecillità (*f.*) **2** (*med.*) cretinismo.

crétois [kʀetwa] *agg.* e *s.m.* cretese.

cretonne [kʀǝtɔn] *s.f.* (*tessuto*) cretonne.

creusage [kʀøøzaʒ], **creusement** [kʀøzmɑ̃] *s.m.* scavo; perforazione (*f.*) || *— de canaux*, canalizzazione.

creuser [kʀøze] *v.tr.* **1** incavare **2** scavare || *visage creusé de rides*, viso segnato dalle rughe || *se — la cervelle*, (*fam.*) scervellarsi || *le grand air creuse* (*l'estomac*), l'aria aperta fa venire molto appetito **3** (*fig.*) approfondire □ **se creuser** *v.pron.* diventare cavo.

creuset [kʀøzɛ] *s.m.* crogiolo.

creusois [kʀøzwa] *agg.* della Creuse.

creux [kʀø] (f. *creuse*) *agg.* **1** cavo; incavato || *voix creuse*, voce cavernosa **2** vuoto || *avoir le nez —*, (*fam.*) aver fiuto || *dent creuse*, dente cariato || *heures creuses*, ore di poco traffico || *mois —*, mesi di bassa stagione ♦ *s.m.* **1** incavo; cavità (*f.*): *au — de la main*, nel cavo della mano **2** vuoto: *avoir un — dans l'estomac*, (*fam.*) avere un buco nello stomaco || *être dans le*, *au — de la vague*, (*fig.*) essere a terra ♦ *avv.*: *sonner —*, mandare un suono di vuoto.

crevaison [kʀǝvɛzɔ̃] *s.f.* foratura, scoppio (*m.*) (di pneumatici).

crevant [kʀǝvɑ̃] *agg.* **1** (*fam.*) spossante **2** (*fam.*) spassoso.

crevasse [kʀǝvas] *s.f.* **1** crepa, fenditura **2** (*geol.*) crepaccio (nei ghiacciai); spaccatura (nelle rocce) **3** screpolatura, ragade (della pelle).

crevasser [kʀǝvase] *v.tr.* screpolare □ **se crevasser** *v.pron.* screpolarsi, creparsi.

crève [kʀɛv] *s.f.*: *attraper la —*, (*fam.*) prendersi un malanno.

crevé [kʀǝve] *agg.* **1** (*di pneumatico*) forato, bucato **2** orbo (di un occhio) **3** (*fam.*) stanco morto **4** (*fam.*) crepato, morto.

crève-cœur [kʀɛvkœʀ] (pl. *invar.*) *s.m.* crepacuore.

crève-la-faim [kʀɛvlafɛ̃] (pl. *invar.*) *s.m.* (*fam.*) morto di fame, poveraccio.

crever [kʀǝve] (*coniug. come semer*) *v.intr.* **1** scoppiare **2** (*fam.*) crepare ♦ *v.tr.* **1** far scoppiare: *— le cœur*, spezzare il cuore || *se — les yeux à lire*, cavarsi gli occhi a leggere; *— les yeux*, essere ovvio || (*aut.*) *— un pneu*, forare una gomma **2**

(*fam.*) spossare □ **se crever** *v.pron.* (*fam.*) ammazzarsi.

crevette [kʀǝvɛt] *s.f.* (*zool.*) gamberetto (*m.*).

cri [kʀi] *s.m.* **1** grido; strillo; urlo: *jeter des cris*, urlare; *jeter, pousser les hauts cris*, protestare violentemente || *le — du cœur*, la voce del cuore **2** (*di animale*) verso, grido.

criailler [kʀi(j)aje] *v.intr.* strillare, gridare.

criaillerie [kʀi(j)ajʀi] *s.f.* (*fam.*) schiamazzo (*m.*).

criant [kʀiɑ̃] *agg.* palese: *injustice criante*, flagrante ingiustizia || *des preuves criantes*, prove schiaccianti.

criard [kʀiaʀ] *agg.* che strilla, che urla; (*di suono*) stridulo; (*di colore*) chiassoso.

criblage [kʀiblaʒ] *s.m.* vagliatura (*f.*).

crible [kʀibl] *s.m.* vaglio, setaccio: *passer au —*, (*fig.*) vagliare.

cribler [kʀible] *v.tr.* **1** vagliare **2** crivellare: *— de plombs, de balles*, impallinare || (*fig.*): *— de questions*, tempestare di domande; *— de reproches*, subissare di rimproveri || *être criblé de dettes*, essere oberato di debiti.

cric[1] [kʀik] *inter.* cric!

cric[2] *s.m.* (*mecc.*) cricco, cric, martinetto.

cricri [kʀikʀi] *s.m.* **1** (*onom.*) cricri **2** (*zool. pop.*) grillo.

criée [kʀije] *s.f.* asta || *audience des criées*, udienza d'asta giudiziaria.

crier [kʀije] *v.intr.* **1** gridare, urlare: *— contre qqn, qqch*, protestare contro qlcu, qlco **2** cigolare ♦ *v.tr.* **1** gridare || *— son innocence*, protestare la propria innocenza || *— grâce*, chiedere grazia **2** (*nelle Antille*) chiamare.

crieur [kʀijœʀ] (f. *-euse*) *s.m.*: *— de journaux*, strillone; *— public*, banditore.

crime [kʀim] *s.m.* crimine, reato: *—d'Etat*, delitto di stato; *— de guerre*, crimine di guerra; *incitation au —*, istigazione a delinquere || *on lui fait un — de*, gli si fa una colpa di.

criminaliser [kʀiminalize] *v.tr.* (*dir.*) convertire un'azione civile in penale.

criminaliste [kʀiminalist] *s.m.* e *f.* penalista.

criminalité [kʀiminalite] *s.f.* criminalità.

criminel [kʀiminɛl] (f. *-elle*) *agg.* **1** criminale **2** (*dir.*) penale ♦ *s.m.* **1** criminale **2** (*dir.*) azione penale.

criminellement [kʀiminɛlmɑ̃] *avv.* **1** criminalmente, criminosamente **2** (*dir.*) penalmente.

criminologie [kʀiminɔlɔʒi] *s.f.* criminologia.

criminologiste [kʀiminɔlɔʒist], **criminologue** [kʀiminɔlɔg] *s.m.* criminologo.

crin [kʀɛ̃] *s.m.* crine || *à tous crins*, (*fam.*) fino al midollo.

crincrin [kʀɛ̃kʀɛ̃] *s.m.* (*fam.*) cattivo violino.

crinière [kʀinjɛʀ] *s.f.* criniera.

crinoline [kʀinɔlin] *s.f.* crinolina.

crique [kʀik] *s.f.* cala, baia.

criquet [kʀikɛ] *s.m.* (*zool.*) cavalletta migratrice.

crise [kʀiz] *s.f.* crisi.

crispant [kʀispɑ̃] *agg.* irritante, esasperante.

crispation [kʀispasjɔ̃] *s.f.* **1** raggrinzamento

(*m.*) **2** contrazione **3** (*fig.*) gesto d'impazienza, di nervosismo.

crispé [kʀispe] *agg.* **1** contratto **2** (*fam.*) irritato.

crisper [kʀispe] *v.tr.* **1** raggrinzare **2** contrarre **3** (*fam.*) irritare.

crissement [kʀismã] *s.m.* scricchiolio; stridore.

crisser [kʀise] *v.intr.* scricchiolare; stridere.

cristal [kʀistal] (pl. *-aux*) *s.m.* cristallo.

cristallerie [kʀistalʀi] *s.f.* cristalleria.

cristallin [kʀistalɛ̃] *agg.* e *s.m.* cristallino.

cristallisation [kʀistalizasjɔ̃] *s.f.* cristallizzazione.

cristallisé [kʀistalize] *agg.* cristallizzato.

cristalliser [kʀistalize] *v.tr.* e *intr.* cristallizzare || *— les énergies*, ridare impulso alle energie.

critère [kʀitɛʀ] *s.m.* criterio.

critérium [kʀiteʀjɔm] *s.m.* (*sport*) criterium.

critiquable [kʀitikabl] *agg.* criticabile.

critique [kʀitik] *agg.* e *s.m.* critico ♦ *s.f.* critica.

critiquer [kʀitike] *v.tr.* criticare.

croassement [kʀɔasmã] *s.m.* gracchio.

croasser [kʀɔase] *v.intr.* gracchiare.

croate [kʀɔat] *agg.* e *s.m.* croato.

croc [kʀo] *s.m.* **1** uncino, gancio **2** (*zool.*) zanna (di carnivoro).

croc-en-jambe [kʀɔkɑ̃ʒãb] (pl. *crocs-en-jambe*) *s.m.* sgambetto.

croche [kʀɔʃ] *s.f.* (*mus.*) croma.

croche-pied [kʀɔʃpje] (pl. *croche-pieds*) *s.m.* → croc-en-jambe.

crocher [kʀɔʃe] *v.tr.* (*mar.*) incocciare.

crochet [kʀɔʃɛ] *s.m.* **1** uncino, gancio || *vivre aux crochets de qqn*, vivere alle spalle di qlcu **2** (*— de serrurier*), grimaldello **3** (*cucito*) uncinetto **4** (*fig.*) svolta (*f.*): *faire un — par*, fare un lungo giro per **5** (*segno grafico*) parentesi quadra **6** (*boxe*) gancio.

crochetage [kʀɔʃtaʒ] *s.m.* scassinatura (*f.*).

crocheter [kʀɔʃte] (*coniug. come* semer) *v.tr.* scassinare (col grimaldello).

crocheteur [kʀɔʃtœʀ] *s.m.* scassinatore.

crochu [kʀɔʃy] *agg.* uncinato: *nez —*, naso adunco || *avoir des atomes crochus*, avere affinità elettive.

crocodile [kʀɔkɔdil] *s.m.* coccodrillo.

crocus [kʀɔkys] *s.m.* (*bot.*) croco.

croire [kʀwaʀ]

Indic.pres. je crois, etc., nous croyons, vous croyez, ils croient; *imperf.* je croyais, etc.; *pass.rem.* je crus, etc.; *fut.* je croirai, etc. *Cond.* je croirais, etc. *Cong.pres.* que je croie, etc., que nous croyions, que vous croyiez, qu'ils croient; *imperf.* que je crusse, etc. *Part.pres.* croyant; *pass.* cru. *Imp.* crois, croyons, croyez.

v.tr. e *intr.* credere: *qui l'eût cru?*, chi l'avrebbe creduto?; *je crois bien!*, lo credo bene!, altro che!; *je n'en crois pas mes yeux*, non credo ai miei occhi; *— que oui, que non*, credere di sì, di no || *à l'en —...*, stando a quello che dice...; *si vous m'en*

croyez..., se mi vuol dare retta... || *je veux bien le —, mais...*, sarà anche vero, ma... □ **se croire** *v.pron.* credersi, ritenersi.

croisade [kʀwazad] *s.f.* crociata.

croisé [kʀwaze] *agg.* incrociato || *rimes croisées*, rime alternate || *veston —*, giacca a doppiopetto ♦ *s.m.* (*st.*) crociato.

croisée [kʀwaze] *s.f.* **1** incrocio (*m.*): *à la — des chemins*, all'incrocio **2** telaio (di finestra) **3** (*arch., tecn.*) crociera.

croisement [kʀwazmã] *s.m.* incrocio.

croiser [kʀwaze] *v.tr.* incrociare || *— les jambes*, accavallare le gambe || *— le fer*, battersi in duello ♦ *v.intr.* **1** (*mar.*) incrociare **2** (*di un abito ecc.*) sovrapporsi □ **se croiser** *v.pron.* incrociarsi.

croiseur [kʀwazœʀ] *s.m.* (*mar.*) incrociatore.

croisière [kʀwazjɛʀ] *s.f.* crociera.

croisillon [kʀwazijɔ̃] *s.m.* **1** traversa (*f.*) || *fenêtre à croisillons*, finestra a croce **2** (*arch.*) transetto.

croissance [kʀwasãs] *s.f.* crescita.

croissant [kʀwasã] *agg.* crescente ♦ *s.m.* **1** falce (di luna) **2** (*pasticceria*) cornetto **3** (*strumento agricolo*) roncola (*f.*) **4** (*simbolo grafico*) mezzaluna (*f.*) **5** (*in Canada*) strada (*f.*) a semicerchio.

croître [kʀwatʀ]

Indic.pres. je croîs, tu croîs, il croît, nous croissons, etc.; *imperf.* je croissais, etc.; *pass.rem.* je crûs, tu crûs, il crût, nous crûmes, vous crûtes, ils crûrent; *fut.* je croîtrai, etc. *Cond.* je croîtrais, etc. *Cong.pres.* que je croisse, etc.; *imperf.* que je crûsse, etc. *Part.pres.* croissant; *pass.* crû, *f.* crue. *Imp.*: croîs, croissons, croissez.

v.intr. crescere: *son ambition va croissant*, la sua ambizione aumenta sempre più || *les jours croissent*, le giornate si allungano.

croix [kʀwa] *s.f.* croce: *point de —*, punto (a) croce.

crolle [kʀɔl] *s.f.* (*in Belgio*) ricciolo (*m.*).

cromlech [kʀɔmlɛk] *s.m.* (*archeol.*) cromlech.

croquant[1] [kʀɔkã] *agg.* e *s.m.* croccante.

croquant[2] *s.m.* zotico, villanzone.

croque au sel, à la [alakʀɔkosɛl] *locuz.avv.* (*di verdure*) crudo e condito solo con sale.

croque-madame [kʀɔkmadam] (pl. *invar.*) *s.m.* toast di prosciutto e formaggio con uovo.

croque-mitaine [kʀɔkmiten] (pl. *croque-mitaines*) *s.m.* babau (dei bambini).

croque-monsieur [kʀɔkməsjø] (pl. *invar.*) *s.m.* toast di prosciutto e formaggio.

croque-mort [kʀɔkmɔʀ] (pl. *croque-morts*) *s.m.* (*fam.*) becchino.

croquenot [kʀɔkno] *s.m.* (*fam.*) scarpa grossa.

croquer [kʀɔke] *v.tr.* **1** sgranocchiare || *il a croqué une fortune*, (*fam.*) ha fatto fuori un patrimonio || (*in Africa*) *— (de la cola)*, masticare la noce di cola **2** fare lo schizzo (di) || *joli à —*, molto grazioso ♦ *v.intr.* crocchiare.

croquet [kʀɔkɛ] *s.m.* (*gioco*) croquet.

croquette [kʀɔkɛt] *s.f.* (*cuc.*) crocchetta.

croquignolet [kʀɔkiɲɔlɛ] (*f. -ette*) *agg.* piccolo e carino.

croquis [kʀɔki] *s.m.* schizzo, abbozzo.

crosse [kʀɔs] *s.f.* **1** (*eccl.*) pastorale (*m.*) **2** calcio (di arma da fuoco) **3** (*sport*) mazza (da hockey) **4** *chercher des crosses à qqn*, (*fig. fam.*) cercare pretesti per attaccar briga con qlcu.

crotte [kʀɔt] *s.f.* **1** sterco (di capra ecc.) **2** (*estens.*) fango (*m.*) **3** *— de chocolat*, cioccolatino ripieno.

crotté [kʀɔte] *agg.* infangato, inzaccherato.

crottin [kʀɔtɛ̃] *s.m.* sterco (di cavalli, muli ecc.).

croulant [kʀulɑ̃] *s.m.* e *agg.* pericolante, fatiscente; (*fam.*) vecchio.

crouler [kʀule] *v.intr.* crollare.

croupe [kʀup] *s.f.* groppa: *en —*, in groppa.

croupetons, à [akʀuptɔ̃] *locuz.avv.* coccoloni.

croupi [kʀupi] *agg.* (*di acqua*) stagnante, putrido.

croupier [kʀupje] *s.m.* croupier.

croupion [kʀupjɔ̃] *s.m.* codrione.

croupir [kʀupiʀ] *v.intr.* **1** (*di acque stagnanti*) imputridire **2** (*fig.*) marcire.

croupissant [kʀupisɑ̃] *agg.* (*di acqua*) putrido.

croupissement [kʀupismɑ̃] *s.m.* imputridimento.

croustade [kʀustad] *s.f.* (*cuc.*) sorta di vol-au-vent farcito.

croustillant [kʀustijɑ̃] *agg.* croccante; (*fig.*) salace.

croustiller [kʀustije] *v.intr.* crocchiare sotto i denti.

croûte [kʀut] *s.f.* crosta || *gagner sa —*, (*fam.*) guadagnarsi il pane || *casser la —*, (*fam.*) buttar giù una cosa veloce.

croûter [kʀute] *v.tr.* (*fam.*) mangiare.

croûton [kʀutɔ̃] *s.m.* **1** pezzo di pane **2** (*cuc.*) crostino **3** *vieux —*, (*fam.*) vecchio rimbambito.

croyable [kʀwajabl] *agg.* credibile, attendibile.

croyance [kʀwajɑ̃s] *s.f.* credenza, credo (*m.*): *les croyances politiques*, le convinzioni politiche.

croyant [kʀwajɑ̃] *agg.* e *s.m.* credente.

cru[1] [kʀy] *agg.* crudo || *la vérité toute crue*, la verità nuda e cruda || *histoires crues*, storielle audaci, spinte || *monter à —*, cavalcare a pelo.

cru[2] *s.m.* **1** vigneto || *vin du —*, vino nostrano || *ce n'est pas de son —*, non è farina del suo sacco **2** produzione vinicola, vino.

cru[3] *part.pass. di* croire.

crû[4] [kʀy] (f. *crue*) *part.pass. di* croître.

cruauté [kʀyote] *s.f.* crudeltà.

cruche [kʀyʃ] *s.f.* **1** brocca || *tant va la — à l'eau qu'à la fin elle se casse*, tanto va la gatta al lardo che ci lascia lo zampino **2** (*fig. fam.*) oca.

cruchon [kʀyʃɔ̃] *s.m.* piccola brocca.

crucial [kʀysjal] (*pl. -aux*) *agg.* **1** cruciforme **2** (*fig.*) cruciale.

crucifié [kʀysifje] *agg.* crocifisso; (*fig.*) messo in croce || *le Crucifié*, Cristo crocifisso.

crucifiement [kʀysifimɑ̃] *s.m.* crocifissione (*f.*).

crucifier [kʀysifje] *v.tr.* crocifiggere || *la mort de son fils l'a crucifiée*, ha sofferto atrocemente per la morte del figlio.

crucifix [kʀysifi] *s.m.* crocifisso.

crucifixion [kʀysifiksjɔ̃] *s.f.* crocifissione.

cruciforme [kʀysifɔʀm] *agg.* cruciforme.

cruciverbiste [kʀysivɛʀbist] *s.m.* cruciverbista, enigmista.

crudité [kʀydite] *s.f.* **1** crudità **2** (*fig.*) crudezza **3** *pl.* verdure crude.

crue [kʀy] *s.f.* piena (di un corso d'acqua).

cruel [kʀyɛl] (f. *-elle*) *agg.* crudele || **-ellement** *avv.*

cruiser [kʀuzœʀ] *s.m.* cabinato.

crûment [kʀymɑ̃] *avv.* crudamente.

crustacés [kʀystase] *s.m.pl.* (*zool.*) crostacei.

cryochirurgie [kʀijɔʃiʀyʀʒi] *s.f.* (*med.*) criochirurgia.

cryothérapie [kʀijɔteʀapi] *s.f.* (*med.*) crioterapia.

cryptage [kʀiptaʒ] *s.m.* codifica (*f.*).

crypte [kʀipt] *s.f.* cripta.

crypter [kʀipte] *v.tr.* codificare || *chaîne cryptée*, pay-tv.

crypto- *pref.* cripto-, critto-

cryptogame [kʀiptɔgam] *agg.* e *s.f.* (*bot.*) crittogama.

cryptogramme [kʀiptɔgʀam] *s.m.* crittogramma.

csardas [ks(gz)aʀdas] *s.f.* (*mus.*) csarda.

cubage [kybaʒ] *s.m.* cubatura (*f.*).

cubain [kybɛ̃] *agg.* e *s.m.* cubano.

cube [kyb] *agg.* e *s.m.* cubo || *gros —*, (*fam.*) moto di grossa cilindrata.

cuber [kybe] *v.tr.* (*mat.*) **1** elevare al cubo **2** cubare calcolare il volume (di) ♦ *v.intr.* contenere.

cubilot [kybilo] *s.m.* (*metall.*) cubilotto.

cubique [kybik] *agg.* cubico.

cubisme [kybism] *s.m.* cubismo.

cubiste [kybist] *agg.* e *s.m.* cubista.

cubital [kybital] (pl. *-aux*) *agg.* cubitale.

cubitus [kybitys] *s.m.* (*anat.*) cubito, ulna (*f.*).

cucul [kyky] *agg.invar.* (*fam.*) stupidotto.

cueillette [kœjɛt] *s.f.* raccolta (di frutti); raccolto (*m.*).

cueilli [kœji] *part.pass. di* cueillir.

cueillir [kœjiʀ]

Indic.pres. je cueille, etc., nous cueillons, etc.; *imperf.* je cueillais, etc.; *pass.rem.* je cueillis, etc.; *fut.* je cueillerai, etc. *Cond.* je cueillerais, etc. *Cong.pres.* que je cueille, etc.; *imperf.* que je cueillisse, etc. *Part.pres.* cueillant; *pass.* cueilli. *Imp.* cueille, cueillons, cueillez.

---

v.tr. **1** cogliere || *aller — qqn*, (*fam.*) andare a prendere qlcu **2** (*fam.*) pizzicare, arrestare.

cui-cui [kɥikɥi] (pl. *invar.*) *s.m.* (*onom.*) cip cip.

cuiller, cuillère [kɥijɛʀ] *s.f.* cucchiaio (*m.*): *— à soupe*, cucchiaio da tavola; *petite —*, cucchiaino; *— à pot*, ramaiolo || (*fam.*) *en deux coups de — à pot*, in quattro e quatt'otto || *pêche à la —*, pesca col cucchiaino.

cuillerée [kɥijaʀe] *s.f.* cucchiaiata, cucchiaio (*m.*).

cuir [kɥiʀ] *s.m.* **1** pelle (di alcuni animali) || *— chevelu*, cuoio capelluto **2** cuoio, pelle (conciata): *— brut, vert*, cuoio greggio **3** (*fon.*) legamento scorretto (p.e.: *il s'en va-t-en guerre* invece di *il s'en va en guerre*).

cuirasse [kɥiʀas] *s.f.* corazza.

cuirassé [kɥiʀase] *agg.* corazzato (*anche fig.*) ♦ *s.m.* (*mar. mil.*) corazzata (*f.*).

cuirasser [kɥiʀase] *v.tr.* corazzare (*anche fig.*) □ **se cuirasser** *v.pron.* (*fig.*) corazzarsi.

cuirassier [kɥiʀasje] *s.m.* (*mil.*) corazziere.

cuire [kɥiʀ] (*coniug. come* conduire) *v.intr.* **1** cuocere, cuocersi: — *trop*, scuocere **2** bruciare || *il vous en cuira!*, (*fig.*) ve ne pentirete! ♦ *v.tr.* cuocere: — *à l'eau salée*, cuocere in acqua salata; — *à gros, à petits bouillons*, far bollire a calore vivace, moderato || (*fam.*): *être dur à* —, essere duro da convincere; *un dur à* —, un osso duro □ **se cuire** *v.pron.* rosolarsi (al sole).

cuisant [kɥizɑ̃] *agg.* cocente, pungente.

cuisine [kɥizin] *s.f.* **1** cucina: *à la* —, in cucina; *faire la* —, cucinare || — *du terroir*, cucina regionale, tipica || (*mil.*) — *roulante*, cucina da campo **2** (*fig. fam.*) maneggio (*m.*), intrigo (*m.*): — *électorale*, pastetta elettorale.

cuisiné [kɥizine] *agg.* **1** cucinato: *plat* —, piatto pronto **2** (*fam.*) torchiato.

cuisiner [kɥizine] *v.intr.* cucinare, far da mangiare ♦ *v.tr.* **1** preparare; guarnire (un piatto) **2** (*fam.*) torchiare.

cuisinette [kɥizinɛt] *s.f.* cucinino (*m.*); angolo cottura.

cuisinier [kɥizinje] *s.m.* cuoco.

cuisinière [kɥizinjɛʀ] *s.f.* **1** cuoca **2** cucina economica.

cuissard [kɥisaʀ] *s.m.* cosciale (dell'armatura).

cuissardes [kɥisaʀd] *s.f.pl.* stivali a metà coscia.

cuisse [kɥis] *s.f.* coscia.

cuisseau [kɥiso] *s.m.* cosciotto (di vitello).

cuissettes [kɥiset] *s.f.pl.* (*in Svizzera*) calzoncini (sportivi).

cuisson [kɥisɔ̃] *s.f.* cottura.

cuissot [kɥiso] *s.m.* cosciotto (di selvaggina).

cuistance [kɥistɑ̃s] *s.f.* (*fam.*) cucina.

cuistot [kɥisto] *s.m.* (*fam.*) cuoco.

cuistre [kɥistʀ] *s.m.* (*letter.*) pedante.

cuistrerie [kɥistʀəʀi] *s.f.* (*letter.*) pedanteria.

cuit [kɥi] *part.pass. di* cuire ♦ *agg.* **1** cotto || *c'est du tout* —, (*fam.*) è fatta! **2** (*fam.*) fritto, spacciato.

cuite [kɥit] *s.f.* **1** cottura **2** (*fam.*) sbornia.

cuivre [kɥivʀ] *s.m.* **1** rame: — *jaune*, ottone **2** *pl.* (*mus.*) ottoni **3** *pl.* rami (di cucina).

cuivré [kɥivʀe] *agg.* **1** color rame || *peau cuivrée*, pelle abbronzata **2** squillante.

cuivrer [kɥivʀe] *v.tr.* **1** ramare **2** (*estens.*) abbronzare.

cul [ky] *s.m.* culo || *un faux* —, un ipocrita || *histoire de* —, storia di sesso; *film de* —, film porno || *avoir le* — *entre deux chaises*, esser preso tra due fuochi || *un gros* —, un grosso camion || (*fam.*): — *de bouteille*, fondo di bottiglia; *faire* — *sec*, tracannare d'un fiato || (*in Senegal*): — *vert*, automobile di un'ambasciata; — *blanc*, membro di organismi di cooperazione internazionale.

culasse [kylas] *s.f.* **1** culatta (di arma da fuoco):

arme se chargeant par la —, arma a retrocarica **2** (*mecc.*) testata **3** (*elettr.*) giogo (*m.*).

culbute [kylbyt] *s.f.* **1** capriola **2** capitombolo (*m.*) || *faire la* —, (*fig. fam.*) andare in rovina; (*comm.*) rivendere a prezzo doppio.

culbuter [kylbyte] *v.tr.* rovesciare, ribaltare ♦ *v.intr.* ribaltarsi: *cette voiture a culbuté dans le fossé*, quella macchina si è rovesciata ed è finita nel fossato.

culbuteur [kylbytœʀ] *s.m.* **1** apparecchio di ribaltamento (di autocarri e simili) **2** (*mecc.*) bilanciere.

cul-de-basse-fosse [kydbɑsfos] (pl. *culs-de-basse-fosse*) *s.m.* cella sotterranea, segreta (*f.*).

cul-de-jatte [kydʒat] (pl. *culs-de-jatte*) *s.m.* e *f.* persona priva delle gambe.

cul-de-lampe [kydlɑ̃p] (pl. *culs-de-lampe*) *s.m.* **1** (*arch. gotica*) peduccio **2** (*tip.*) finalino.

cul-de-sac [kydsak] (pl. *culs-de-sac*) *s.m.* vicolo cieco (*anche fig.*).

culée [kyle] *s.f.* spalla (di un ponte ecc.).

culinaire [kylinɛʀ] *agg.* culinario.

culminant [kylminɑ̃] *agg.* culminante.

culminer [kylmine] *v.intr.* culminare.

culot [kylo] *s.m.* **1** culatta (*f.*); (*di cartuccia*) fondello; (*di fiala*) zoccolo **2** gruma (di pipa) **3** (*metall.*) culatta (*f.*) **4** (*fam.*) sfacciataggine (*f.*).

culotte [kylɔt] *s.f.* **1** (*da uomo*) calzoni (*m.pl.*): — *courte*, calzoncini **2** (*da donna*) mutande (*pl.*), mutandine (*pl.*) || *faire dans sa* —, (*fam.*) farsela addosso dalla paura **3** — *de cheval*, cellulite (alle cosce).

culotté [kylɔte] *agg.* (*fam.*) sfrontato.

culotte-guêtres [kylɔtgɛtʀ] (pl. *culottes-guêtres*) *s.f.* ghette (per bambini).

culotter [kylɔte] *v.tr.* ingrommare (una pipa).

culpabiliser [kylpabilize] *v.tr.* colpevolizzare ♦ *v.intr.* colpevolizzarsi.

culpabilité [kylpabilite] *s.f.* colpevolezza: *sentiment de* —, senso di colpa.

culte [kylt] *s.m.* culto: *assister au* —, assistere a una funzione religiosa || *avoir un* — *pour qqn*, avere una venerazione per qlcu.

cul-terreux [kyltɛʀø] (pl. *culs-terreux*) *s.m.* (*spreg.*) contadino, bifolco.

cultivable [kyltivabl] *agg.* coltivabile.

cultivateur [kyltivatœʀ] (f. *-trice*) *s.m.* **1** coltivatore, agricoltore **2** (*macchina*) coltivatore.

cultivé [kyltive] *agg.* **1** coltivato **2** (*fig.*) colto.

cultiver [kyltive] *v.tr.* coltivare (*anche fig.*) □ **se cultiver** *v.pron.* coltivarsi.

cultuel [kyltɥɛl] (f. *-elle*) *agg.* cultuale, di culto.

culture [kyltyʀ] *s.f.* **1** coltivazione, coltura: — *du riz*, risicoltura; — *des céréales*, cerealicoltura; — *fruitière*, frutticoltura; — *à sec*, aridocoltura **2** (*fig.*) cultura.

culturel [kyltyʀɛl] (f. *-elle*) *agg.* culturale || *-ellement avv.*

culturisme [kyltyʀism] *s.m.* culturismo.

culturiste [kyltyʀist] *agg.* culturistico ♦ *s.m.* culturista.

cumin [kymɛ̃] *s.m.* (*bot.*) comino, cumino.
cumul [kymyl] *s.m.* cumulo, accumulo.
cumulatif [kymylatif] (f. *-ive*) *agg.* cumulativo.
cumuler [kymyle] *v.tr.* cumulare, accumulare.
cumulus [kymylys] *s.m.* (*meteor.*) cumulo.
cunéiforme [kyneifɔʀm] *agg.* e *s.m.* cuneiforme.
cupide [kypid] *agg.* cupido || **-ement** *avv.*
cupidité [kypidite] *s.f.* cupidigia.
cupule [kypyl] *s.f.* (*bot.*) cupula.
curable [kyʀabl] *agg.* curabile.
curage [kyʀaʒ] *s.m.* pulitura (*f.*).
curare [kyʀaʀ] *s.m.* curaro.
curatelle [kyʀatɛl] *s.f.* (*dir.*) curatela.
curateur [kyʀatœʀ] (f. *-trice*) *s.m.* curatore (di).
curatif [kyʀatif] (f. *-ive*) *agg.* curativo.
cure¹ [kyʀ] *s.f.* (*med.*) cura, terapia.
cure² *s.f.* (*eccl.*) **1** cura **2** parrocchia **3** casa parrocchiale, canonica.
curé [kyʀe] *s.m.* curato, parroco; (*fam.*) prete: *bonjour, Monsieur le —!*, buongiorno, reverendo!
cure-dent(s) [kyʀdɑ̃] (pl. *cure-dents*) *s.m.* stuzzicadenti.
curée [kyʀe] *s.f.* avidità (di onori ecc.) || *se jeter à la —*, contendersi la preda.
cure-pipe(s) [kyʀpip] *s.m.* scovolino.
curer [kyʀe] *v.tr.* pulire.
curetage [kyʀtaʒ] *s.m.* (*med.*) raschiamento.
cureter [kyʀte] (*coniug. come* jeter) *v.tr.* (*med.*) raschiare.
curette [kyʀɛt] *s.f.* **1** raschietto (*m.*), raschiatoio (*m.*) **2** (*med.*) cucchiaio (per raschiamenti).
curie [kyʀi] *s.f.* curia.
curieusement [kyʀjøzmɑ̃] *avv.* curiosamente, stranamente.
curieux [kyʀjø] (f. *-euse*) *agg.* e *s.m.* curioso || *regarder qqn comme une bête curieuse*, guardare qlcu come una bestia rara.
curiosité [kyʀjozite] *s.f.* **1** curiosità **2** *pl.* curiosità, rarità.
curiste [kyʀist] *s.m.* chi fa una cura termale.
curriculum (**vitae**) [kyʀikylɔmvite] *s.m.* curricolo.
curseur [kyʀsœʀ] *s.m.* (*mecc.*) cursore.
cursif [kyʀsif] (f. *-ive*) *agg.* **1** corsivo **2** (*fig.*) breve, rapido.
cursus [kyʀsys] *s.m.* piano di studi di un corso universitario.
curviligne [kyʀviliɲ] *agg.* curvilineo.
cuspide [kyspid] *s.f.* cuspide.
cutané [kytane] *agg.* cutaneo.
cuti [kyti] *s.f.* cutireazione || *virer sa cuti*, fare un cambiamento radicale.
cuti-réaction [kytiʀeaksjɔ̃] (pl. *cuti-réactions*) *s.f.* cutireazione.
cutter [kœtœʀ, kytɛʀ] *s.m.* **1** cutter **2** (*tecn.*) taglierina (*f.*).
cuve [kyv] *s.f.* tinozza, vasca; (*enol.*) tino (*m.*) || (*fot.*) *— à développement*, bacinella per sviluppo || *les cuves d'un pétrolier*, le cisterne di una petroliera.

cuvée [kyve] *s.f.* **1** cuvée, vino contenuto in un tino || *une bonne —*, una buona annata (per il vino) **2** vino prodotto in una determinata zona vinicola.
cuver [kyve] *v.intr.* fermentare (nel tino) ♦ *v.tr.* far fermentare (nel tino) || *— son vin*, (*fam.*) smaltire la sbornia.
cuvette [kyvɛt] *s.f.* **1** catinella, bacinella || *— du thermomètre*, bulbo del termometro **2** tazza (del gabinetto) **3** (*geogr.*) conca.
cuveur [kyvœʀ] *s.m.* (*in Ciad*) ubriacone.
cyan(o)- *pref.* cian(o)-
cyanose [sjanoz] *s.f.* (*med.*) cianosi.
cyanotique [sjanɔtik] *agg.* (*med.*) cianotico.
cyanure [sjanyʀ] *s.m.* cianuro.
cybernéticien [sibɛʀnetisjɛ̃] (f. *-enne*) *agg.* e *s.m.* cibernetico.
cybernétique [sibɛʀnetik] *agg.* cibernetico ♦ *s.f.* cibernetica.
cyclable [siklabl] *agg.* ciclabile.
cyclamen [siklamɛn] *s.m.* ciclamino.
cycle¹ [sikl] *s.m.* ciclo.
cycle² *s.m.* bicicletta (*f.*).
cyclique [siklik] *agg.* ciclico || **-ement** *avv.*
cyclisme [siklism] *s.m.* ciclismo.
cycliste [siklist] *agg.* ciclistico ♦ *s.m.* ciclista.
cyclo- *pref.* ciclo-
cyclo-cross [siklɔkʀɔs] (*pl.invar.*) *s.m.* (corsa) ciclocampestre, ciclocross.
cycloïde [siklɔid] *s.f.* (*mat.*) cicloide.
cyclomoteur [siklɔmɔtœʀ] *s.m.* ciclomotore.
cyclomotoriste [siklɔmɔtɔʀist] *s.m.* ciclomotorista.
cyclonal [siklɔnal] (pl. *-aux*) *agg.* ciclonico.
cyclone [siklon] *s.m.* ciclone.
cyclopéen [siklɔpeɛ̃] (f. *-enne*) *agg.* ciclopico.
cyclotourisme [siklɔtuʀism] *s.m.* cicloturismo.
cyclotron [siklɔtʀɔ̃] *s.m.* (*fis.*) ciclotrone.
cygne [siɲ] *s.m.* cigno.
cylindrage [silɛ̃dʀaʒ] *s.m.* (*tecn.*) cilindratura (*f.*).
cylindre [silɛ̃dʀ] *s.m.* cilindro.
cylindrée [silɛ̃dʀe] *s.f.* cilindrata.
cylindrer [silɛ̃dʀe] *v.tr.* (*tecn.*) cilindrare.
cylindrique [silɛ̃dʀik] *agg.* cilindrico.
cymbales [sɛ̃bal] *s.f.pl.* (*mus.*) piatti (*m.*).
cynégétique [sineʒetik] *agg.* cinegetico ♦ *s.f.* cinegetica.
cynique [sinik] *agg.* e *s.m.* cinico || **-ement** *avv.*
cynisme [sinism] *s.m.* cinismo.
cynodrome [sinɔdʀom] *s.m.* cinodromo.
cynophile [sinɔfil] *s.m.* cinofilo.
cyprès [sipʀɛ] *s.m.* cipresso.
cypriote [sipʀijɔt] *agg.* e *s.m.* cipriota.
cyrillique [siʀillik] *agg.* cirillico.
cyst(i)-, cysto- *pref.* cist(i)-, cisto-
cystite [sistit] *s.f.* (*med.*) cistite.
cyto- *pref.* cito-
cytologie [sitɔlɔʒi] *s.f.* (*biol.*) citologia.
cytoplasme [sitɔplasm] *s.m.* (*biol.*) citoplasma.
czardas [ks(gz)aʀdɑs] *s.f.* → **csardas**.

D

d [de] *s.m.* d (*m.* e *f.*) ‖ (*tel.*) — *comme Désiré*, d come Domodossola ‖ *le système D*, (*fam.*) l'arte dell'arrangiarsi.

dactyle [daktil] *s.m.* **1** (*metrica*) dattilo **2** (*bot.*) dactilide (*f.*).

dactylo [daktilo] *s.m.* e *f. abbr.* → **dactylographe.**

dactylographe [daktilɔgʀaf] *s.m.* e *f.* dattilografo/a.

dactylographie [daktilɔgʀafi] *s.f.* dattilografia.

dactylographier [daktilɔgʀafje] *v.tr.* dattilografare.

dada¹ [dada] *s.m.* **1** (*linguaggio infantile*) cavallo **2** (*fig.*) argomento prediletto; idea fissa, pallino.

dada² *agg.* dadaista.

dadais [dadɛ] *s.m.* babbeo.

dadaïsme [dadaism] *s.m.* dadaismo.

dadaïste [dadaist] *s.m.* dadaista.

dague [dag] *s.f.* daga.

daguerréotype [dagɛʀeɔtip] *s.m.* (*fot.*) dagherrotipo.

dahlia [dalja] *s.m.* dalia (*f.*).

daigner [deɲe] *v.intr.* degnare, degnarsi: *il n'a pas daigné répondre*, non si è degnato di rispondere.

daim [dɛ̃] *s.m.* daino.

daine [dɛn] *s.f.* (*zool.*) femmina del daino; pelle scamosciata.

dais [dɛ] *s.m.* baldacchino.

dallage [dalaʒ] *s.m.* lastricatura (*f.*); pavimentazione a lastre.

dallasser [dalase] *v.intr.* (*in Senegal*) far ondeggiare le spalle (per darsi importanza).

dalle [dal] *s.f.* **1** pietra, lastra **2** (*argot*) gola ‖ *avoir la —*, essere affamato.

dalle, que [kɔdal] *locuz.avv.* (*argot*) niente: *je n'y comprends que —*, non ci capisco un tubo.

daller [dale] *v.tr.* lastricare; pavimentare.

dalmatien [dalmasjɛ̃] *s.m.* (*cane*) dalmata.

daltonien [daltɔnjɛ̃] (*f.* -*enne*) *agg.* e *s.m.* daltonico.

daltonisme [daltɔnism] *s.m.* daltonismo.

dam [dɑ̃] *s.m.*: *au grand — de*, a scapito di.

damage [damaʒ] *s.m.* spianatura (*f.*).

damas [dama] *s.m.* damasco.

damasquiner [damaskine] *v.tr.* damaschinare.

damassé [damase] *agg.* e *s.m.* damascato.

dame¹ [dam] *s.f.* **1** dama, signora **2** (*donna sposata*) signora **3** (*alle carte*) donna ‖ *jouer aux dames*, giocare a dama.

dame² *inter.* (*region.*) diamine!

dame-jeanne [damʒɑn] (pl. *dames-jeannes*) *s.f.* damigiana.

damer [dame] *v.tr.* **1** (*nel gioco della dama*) andare a dama ‖ — *le pion à qqn*, (*fig.*) avere la meglio su qlcu **2** spianare (un terreno): — *une piste*, battere una pista (da sci) **3** (*in Africa*) picchiare; battere.

damier [damje] *s.m.* damiera (*f.*) ‖ *en —*, a scacchi.

damnation [dɑ(a)nasjɔ̃] *s.f.* dannazione.

damné [dane] *agg.* e *s.m.* dannato.

damner [dane] *v.tr.* dannare: *faire — qqn*, far perdere la pazienza a qlcu.

damoiseau [damwazo] (pl. -*eaux*) *s.m.* **1** bellimbusto **2** (*ant.*) damigello.

damoiselle [damwazɛl] *s.f.* (*ant.*) damigella.

dandinement [dɑ̃dinmɑ̃] *s.m.* **1** il dondolarsi **2** andatura ondeggiante.

dandiner, se [sədɑ̃dine] *v.intr.* dondolarsi; ondeggiare (camminando).

dandy [dɑ̃di] *s.m.* dandy, damerino.

dandysme [dɑ̃dism] *s.m.* dandismo.

danger [dɑ̃ʒe] *s.m.* pericolo.

dangereux [dɑ̃ʒʀø] (f. -*euse*) *agg.* pericoloso ‖ -**eusement** *avv.*

danois [danwa] *agg.* e *s.m.* danese ‖ (*chien*) —, danese; *grand* —, alano.

dans [dɑ̃; *davanti a vocale* dɑz] *prep.* **1** (*luogo*) in; dentro: *entrer — Paris*, entrare in, a Parigi; — *l'armoire*, nell'armadio, dentro l'armadio; — *la chambre*, — *la cuisine*, in camera, in cucina; *monter — le train, la voiture*, salire in, sul treno, in macchina; — *le train pour Rome*, nel treno per Roma; — *la voiture de ma sœur*, nella macchina di mia sorella ‖ — *la rue*, per la strada, in strada; *flâner — la ville*, gironzolare per la città; *défiler — les rues du centre*, sfilare per le vie del centro ‖ *lire — un journal*, leggere in, su un giornale ‖ *apercevoir — la foule*, scorgere tra la folla ‖ *cette expression se trouve — Virgile*, questa espressione si trovava in Virgilio **2** (*tempo*) (*al futuro*) fra; (*al passato*) in: — *un an*, — *cinq minutes*, fra un anno, fra cinque minuti; — *les siècles passés*, nei secoli passati ‖ — *la journée*, in giornata; — *la semaine*, in settimana, entro la settimana ‖ — *ma, ta, etc. jeunesse, vieillesse*, in gioventù, in vecchiaia ‖ *il est — sa trentième année*, ha compiuto trent'anni ‖ (*comm.*) *livraison* — *les 20 jours*, consegna a 20 giorni **3** (*modo*) in: *vivre — la terreur*, — *la mi-*

sère, vivere nel terrore, in miseria || *être — les af-faires*, essere in affari || *— le fond*, in fondo: *— le fond, cela ne me déplaît pas*, in fondo, ciò non mi dispiace; *— le fond de son cœur il me déteste*, nel suo intimo mi odia || *— l'attente de*, in, nell'atte-sa di; *— l'espoir de*, nella, con la speranza di || *être — le secret*, essere a parte del segreto || *agir — les règles*, agire secondo le regole **4** circa, su: *cela coûte — les 50 francs*, costa intorno, sui 50 franchi; *il est — les quarante ans*, è sui quaranta.

dansant [dɑ̃sɑ̃] *agg.* **1** danzante **2** ballabile.

danse [dɑ̃s] *s.f.* ballo (*m.*); danza: *salle de —*, sa-la da ballo; *ouvrir la —*, aprire le danze || *entrer dans la, en —*, (*fam.*) entrare in azione.

danser [dɑ̃se] *v.intr.* e *tr.* ballare, danzare || *ne pas savoir sur quel pied —*, (*fig.*) non sapere che pesci pigliare.

danseur [dɑ̃sœʀ] (f. *-euse*) *s.m.* ballerino, dan-zatore || *pédaler en danseuse*, pedalare sollevan-dosi dalla sella.

dantesque [dɑ̃tɛsk] *agg.* dantesco.

danubien [danybjɛ̃] (f. *-enne*) *agg.* danubiano.

daphné [dafne] *s.m.* (*bot.*) dafne (*f.*).

dard [daʀ] *s.m.* **1** pungiglione **2** dardo **3** lin-gua biforcuta (del serpente).

darder [daʀde] *v.tr.* dardeggiare.

dare-dare [daʀdaʀ] *locuz.avv.* in fretta e furia.

darne [daʀn] *s.f.* fetta, trancio (di pesce).

darse [daʀs] *s.f.* darsena.

dartre [daʀtʀ] *s.f.* (*med.*) dermatosi squamosa.

darwinisme [daʀwinism] *s.m.* darvinismo.

datation [datasjɔ̃] *s.f.* datazione.

datcha [datʃa] *s.f.* dacia.

date [dat] *s.f.* data: *— limite*, scadenza; *— limite de consommation (DLC)*, data di scadenza (di alimenti) || *de longue —*, da lungo tempo || *pre-mier en —*, primo in ordine di tempo || *faire —*, fare epoca || (*comm.*): *en — du, à la — du*, in da-ta; *à 20 jours de —*, a 20 giorni data; *à longue —*, a lungo termine; *sans —*, sine die.

dater [date] *v.tr.* datare ♦ *v.intr.* **1** decorrere, datare: *à — de*, (a partire) da **2** risalire (a): *ça ne date pas d'hier*, è una cosa di vecchia data **3** segnare una data **4** essere datato, fuori moda: *expression qui date*, espressione passata di mo-da.

dateur [datœʀ] (f. *-euse*) *agg.* e *s.m.* datario: *tim-bre —*, datario.

datif [datif] *s.m.* dativo.

datte [dat] *s.f.* (*frutto*) dattero (*m.*).

dattier [datje] *s.m.* (palma da) dattero.

daube [dob] *s.f.* (*cuc.*) stracotto (*m.*): *bœuf en —*, stracotto, stufato di manzo.

dauphin[1] [dofɛ̃] *s.m.* (*zool.*) delfino.

dauphin[2] [dofɛ̃] *s.m.* (*st.*) delfino.

dauphinois [dofinwa] *agg.* del Delfinato || (*cuc.*) *gratin —*, tortino di patate al forno.

daurade [doʀad] *s.f.* orata.

davantage [davɑ̃taʒ] *avv.* **1** (*quantità*) di più: *bien —*, molto di più || *— d'argent*, più denaro **2** (*tempo*) più a lungo: *sans attendre —*, senza at-tendere oltre; *durer —*, durare di più.

davier [davje] *s.m.* pinza d'estrazione (per den-tisti).

dazibao [datzəbao] *s.m.* dazibao, tazebao.

de [də]

---

de + le = **du**; de + les = **des**

---

prep. (*si apostrofa davanti a vocale o* h *muta*) **1** di: *l'un — nous*, uno di noi; *marcher d'un bon pas*, camminare di buon passo; *vent d'est*, vento dell'est || *j'aurai toute la soirée — libre*, avrò tutta la serata libera; *encore un disque — cassé*, ancora un disco rotto **2** (*moto da luogo*) da: *il vient — Paris, d'Italie*, viene da Parigi, dall'Italia; *il venait du Mans, du Poitou*, veniva da Le Mans, dal Poi-tou || *sortir — la maison, — l'école*, uscire da, di casa, scuola; *il est sorti — la maison de Jean, — l'école Manzoni*, è uscito dalla casa di Giovanni, dalla scuola Manzoni; *le vent souffle du nord, — l'est*, il vento soffia da nord, da est || *—... à..., da a...*: *— Rome à Milan*, da Roma a Milano || *—... en..., di... in...*: *— ville en ville*, di città in città **3** (*agente*) da: *il se fait aimer — tout le monde*, si fa amare da tutti **4** (*prezzo*) da: *une voiture — 15.000 francs*, un'automobile da 15.000 franchi **5** (*limitazione*) da: *aveugle d'un œil*, cieco da un occhio; *un couteau — cuisine*, un coltello da cuci-na; *des vêtements — femmes*, vestiti da donna **6** (*quantità intermedia*) da: *il nous faut — trois à quatre heures*, ci occorrono da tre a quattro ore **7** (*origine*) di; da: *natif — la Toscane*, nativo del-la Toscana; *né — parents illustres*, nato da illustri genitori || *— vous à moi*, da lei a me, in confiden-za **8** (*causa*) di, da, per: *mourir — soif*, morire di sete; *trembler — peur*, tremare dalla paura; *il sera puni — ses fautes*, sarà punito per i suoi er-rori; *nous sommes contrariés — ce qu'il arrive toujours en retard*, siamo contrariati per il fatto che arriva sempre in ritardo || *— par la volonté de qqn*, per la volontà espressa, l'autorità di qlcu **9** (*tempo*) da; (*pendant*) durante: *— trois heures à six heures*, dalle tre alle sei; *je n'ai rien fait — la matinée*, non ho fatto niente in, durante tutta la mattina || *cela date — trois ans*, ciò risale a tre an-ni fa || *— nos jours*, ai giorni nostri || *— jour, — nuit*, di, durante il giorno, di, durante la notte || *gagner cent francs — l'heure*, guadagnare cento franchi all'ora || *cinq minutes —*, cinque mi-nuti in più **10** (*mezzo*) di; con: *d'un coup de pied*, con un calcio; *frapper — la main*, colpire con la mano; *faire qqch — rien*, fare qlco con nul-la; *il me fait signe — la tête*, mi fa cenno con la te-sta; *un manteau garni — fourrure*, un cappotto guarnito di pelliccia **11** (+ *inf.* non si traduce): *c'est une folie (que) — sortir par un temps pareil*, è una pazzia uscire con un tempo simile; *il est difficile — savoir ce qu'il veut*, è difficile sapere quello che vuole; *voilà ce que c'est que — répondre sans réfléchir*, ecco che cosa significa rispondere senza riflettere; *cela me réconforte — la voir si gaie*, vederla così allegra mi consola **12** (*inf. storico*) a: *et mon frère — se plaindre*, e mio fratello a lamentarsi ♦ *art.partitivo* V. tavola → partitif.

dé[1] [de] *s.m.*: — (*à coudre*), ditale.

dé[2] *s.m.* dado: — *pipé*, dado truccato || *coup de dés*, (*fig.*) impresa rischiosa.

dealer [dilœʀ] *s.m.* spacciatore (di droga).

déambulation [deɑ̃bylɑsjɔ̃] *s.f.* deambulazione.

déambulatoire [deɑ̃bylatwaʀ] *s.m.* (*arch.*) deambulatorio.

déambuler [deɑ̃byle] *v.intr.* deambulare.

débâcle [debɑkl] *s.f.* 1 rottura dei ghiacci (su un corso d'acqua) 2 (*fig.*) rovina, disastro (*m.*): — *financière*, crollo finanziario.

déballage [debalaʒ] *s.m.* 1 sballatura (di merci) 2 bancarella di merce 3 (*fam.*) ampia confessione.

déballer [debale] *v.tr.* 1 sballare (merci) 2 esporre la merce (su bancarelle) 3 (*fam.*) vuotare il sacco, spifferare.

débandade [debɑ̃dad] *s.f.* scompiglio (*m.*); sbandamento (*m.*).

débander [debɑ̃de] *v.tr.* 1 sbendare, sfasciare 2 allentare.

débaptiser [debatize] *v.tr.* cambiare nome (a).

débarbouiller [debaʀbuje] *v.tr.* lavare la faccia a □ **se débarbouiller** *v.pron.* lavarsi la faccia; ripulirsi, farsi toilette.

débarcadère [debaʀkadɛʀ] *s.m.* 1 pontile (di sbarco), imbarcadero 2 (*in Canada*) zona di marciapiede riservata allo scarico e al carico delle merci.

débarder [debaʀde] *v.tr.* 1 sbarcare, scaricare (spec. legname) 2 trasportare fuori (da).

débardeur [debaʀdœʀ] *s.m.* 1 scaricatore 2 (*abbigl.*) canottiera (*f.*), canotta (*f.*).

débarquement [debaʀkəmɑ̃] *s.m.* sbarco; scarico (di merci).

débarquer [debaʀke] *v.tr.* 1 sbarcare; scaricare (merci) 2 (*fam.*) sbarazzarsi (di qlcu) ♦ *v.intr.* 1 sbarcare: *elle a débarqué hier*, è sbarcata ieri 2 (*fam.*) capitare all'improvviso 3 (*fam.*) cadere dalle nuvole 4 (*in Canada*) scendere da un'automobile.

débarras [debaʀa] *s.m.* 1 ripostiglio 2 (*fam.*) sollievo: *bon —!*, che sollievo!

débarrasser [debaʀase] *v.tr.* sgomberare, sbarazzare; liberare || — (*la table*), sparecchiare || *débarrassez -moi ça!*, (*fam.*) portate via! □ **se débarrasser** *v.pron.* disfarsi, liberarsi: *se — de son manteau*, togliersi il cappotto.

débarrer [debaʀe] *v.tr.* (*in Canada*) aprire.

débat [deba] *s.m.* 1 discussione (*f.*) 2 (*fig.*) travaglio, conflitto 3 (*pol.*) dibattito 4 *pl.* (*dir.*) dibattimento (*sing.*); udienza (*f.sing.*) □ **émission-débat**, dibattito televisivo; **journée-débat**, giornata di dibattito; **rencontre-débat**, incontro dibattito.

débâtir [debatiʀ] *v.tr.* sbastire.

débattre [debatʀ] (*coniug. come* battre) *v.tr.* dibattere || *prix à —*, prezzo da convenirsi □ **se débattre** *v.pron.* dibattersi.

débattu [debaty] *part.pass. di* débattre.

débauchage [deboʃaʒ] *s.m.* licenziamento (per ridurre il personale).

débauche [deboʃ] *s.f.* dissolutezza.

débauché [deboʃe] *agg.* e *s.m.* dissoluto.

débaucher [deboʃe] *v.tr.* 1 traviare; corrompere 2 licenziare 3 (*fam.*) distrarre, distogliere (dal lavoro ecc.).

débile [debil] *agg.* debole || *film —*, film demenziale ♦ *s.m.*: — (*mental*), ritardato mentale; (*fam.*) idiota.

débilitant [debilitɑ̃] *agg.* debilitante || *ambiance débilitante*, atmosfera deprimente.

débilité [debilite] *s.f.* debolezza || — *mentale*, labilità mentale.

débiliter [debilite] *v.tr.* 1 debilitare 2 deprimere.

débiner, se [sədebine] *v.pron.* (*fam.*) squagliarsela.

débit[1] [debi] *s.m.* 1 smercio, vendita (al minuto) 2 spaccio 3 erogazione (liquidi, gas ecc.); (*mecc., econ.*) produzione (*f.*) || *le — d'un puits de pétrole*, la resa di un pozzo petrolifero || *le — d'un fleuve, d'un moyen de communication*, la portata di un fiume, di un mezzo di comunicazione 4 modo di esprimersi, parlata (*f.*).

débit[2] *s.m.* debito; (*amm.*) addebito, dare: *le — et le crédit*, il dare e l'avere.

débitant [debitɑ̃] *s.m.* dettagliante, esercente.

débiter[1] [debite] *v.tr.* 1 vendere (al minuto); spacciare 2 produrre; erogare (liquidi, gas ecc.) 3 (*fig. spreg.*) raccontare, dire 4 tagliare a pezzi (spec. legname).

débiter[2] *v.tr.* (*amm.*) addebitare.

débiteur [debitœʀ] (f. -*trice*) *agg.* e *s.m.* debitore.

déblai [deblɛ] *s.m.* sterro.

déblaiement [deblɛmɑ̃] *s.m.* sterramento.

déblatérer [deblateʀe] (*coniug. come* céder) *v.intr.* (*fam.*) 1 inveire 2 denigrare (qlcu), sparlare (di qlcu).

déblayage [deblɛjaʒ] *s.m.* sgombero.

déblayer [debleje] (*coniug. come* payer) *v.tr.* 1 sgomberare 2 sterrare (un terreno) || — *le terrain*, (*fig.*) spianare il terreno.

déblocage [deblɔkaʒ] *s.m.* sblocco.

débloquer [deblɔke] *v.tr.* sbloccare || — *une somme*, stanziare una somma ♦ *v.intr.* (*fam.*) parlare a vanvera □ **se débloquer** *v.pron.* sbloccarsi (*anche fig.*).

débobiner [debɔbine] *v.tr.* srotolare, svolgere.

déboire [debwaʀ] *s.m.* 1 delusione (*f.*) 2 scacco, insuccesso.

déboisement [debwazmɑ̃] *s.m.* diboscamento.

déboiser [debwaze] *v.tr.* diboscare.

déboîtement [debwatmɑ̃] *s.m.* (*med.*) lussazione (*f.*); slogatura (*f.*).

déboîter [debwate] *v.tr.* 1 togliere, sfilare: — *une fenêtre*, scardinare una finestra 2 (*med.*) lussare; slogare ♦ *v.intr.* uscire dalla fila.

débonder [debɔ̃de] *v.tr.* sturare (una botte ecc.) ♦ *v.intr.* straripare □ **se débonder** *v.pron.* (*fig.*) sfogarsi.

décalcifiant

débonnaire[debɔnɛʀ]*agg.* bonario || -*ement**avv.*
débord[debɔʀ]*s.m. (comm.)* eccedenza (di merci).
débordant [debɔʀdɑ̃] *agg.* **1** traboccante *(anche fig.)* **2** *(di persona)* esuberante || *activité débordante*, attività frenetica.
débordé [debɔʀde] *agg.* sopraffatto, sommerso (di lavoro).
débordement [debɔʀdəmɑ̃] *s.m.* **1** strariparmento, traboccamento **2** *(fig.)* diluvio, valanga *(f.)* **3** *(pol.)* sorpasso **4** *pl. (fig.)* eccesso *(sing.)*.
déborder[debɔʀde] *v.intr.* **1** straripare, traboccare *(anche fig.)* || *— de santé*, scoppiare di salute **2** invadere (uno spazio) ♦ *v.tr.* **1** oltrepassare, superare || *— le cadre de la question*, esulare dall'argomento **2** *(mil.)* aggirare □ **se déborder** *v.pron.* scoprirsi dormendo.
débouchage[debuʃaʒ]*s.m.* sturamento.
débouché[debuʃe]*s.m.* sbocco.
débouche-évier [debuʃevje] (pl. *débouche-éviers*)*s.m.* sturalavandini.
déboucher[debuʃe]*v.tr.* sturare, stappare.
déboucher[2] [debuʃe]*v.intr.* sboccare; *(fig.)* dare come esito: *la Seine débouche dans la Manche*, la Senna sfocia nella Manica.
déboucler [debukle] *v.tr.* slacciare (cinture ecc.).
débouler [debule] *v.intr.* **1** ruzzolare: *— dans l'escalier*, ruzzolare per le scale **2** *(fam.)* precipitarsi, fiondarsi ♦ *v.tr.*: *— l'escalier*, *(fam.)* scendere le scale a precipizio.
déboulonnage [debulɔnaʒ] *s.m.*, **déboulonnement** [debulɔnmɑ̃] *s.m.* **1** *(mecc.)* lo sbullonare **2** *(fig.)* siluramento.
déboulonner [debulɔne] *v.tr.* **1** *(mecc.)* sbullonare **2** *(fig.)* silurare.
débours [debuʀ] *s.m. (spec.pl.)* somma anticipata, (e)sborso: *rentrer dans ses —*, rientrare nelle spese.
déboursement[debuʀsəmɑ̃]*s.m.* esborso.
débourser[debuʀse]*v.tr.* sborsare.
déboussoler [debusɔle] *v.tr. (fam.)* scombussolare.
debout [dəbu] *avv.* in piedi: *je ne tiens plus —!*, non mi reggo più dalla stanchezza! || *histoire à dormir —*, storia incredibile ♦ *agg.* in piedi, eretto: *station —*, stazione eretta || *(dir.) magistrature —*, pubblico ministero.
débouter [debute] *v.tr. (dir.)* respingere (una domanda in giudizio).
déboutonner [debutɔne] *v.tr.* sbottonare □ **se déboutonner** *v.pron.* sbottonarsi *(anche fig.)*.
débraillé [debʀaje] *agg.* trasandato, sciatto ♦ *s.m.* trasandatezza *(f.)*, sciatteria *(f.)*.
débrancher [debʀɑ̃ʃe] *v.tr. (elettr.)* disinserire: *— le grille-pain*, staccare la spina del tostapane.
débrayage [debʀɛjaʒ] *s.m.* **1** *(mecc.)* disinnesto **2** *(estens.)* breve sciopero.
débrayer [debʀeje] *(coniug. come* payer*) v.tr. (mecc.)* disinnestare; *(aut.)* staccare (la frizione) ♦ *v.intr.* sospendere il lavoro, staccare.

débridé [debʀide] *agg.* sbrigliato || *langue débridée*, *(fig.)* lingua sciolta.
débrider [debʀide] *v.tr.* **1** togliere le briglie (a) **2** *(med.)* sbrigliare.
débris[debʀi]*s.m.* **1** coccio **2** *pl. (fig.)* resti.
débrouillard [debʀujaʀ] *agg. (fam.)* sveglio ♦ *s.m. (fam.)* persona piena di risorse, che se la sa cavare.
débrouillardise [debʀujaʀdiz] *s.f.* capacità di cavarsela.
débrouillé [debʀuje] *s.m. (in Mali)* chi mastica un po' di francese.
débrouiller [debʀuje] *v.tr.* sbrogliare, districare □ **se débrouiller** *v.pron.* arrangiarsi, trarsi d'impaccio.
débroussailler [debʀusaje] *v.tr.* ripulire dai cespugli (un terreno).
débucher [debyʃe] *v.tr.* stanare (la selvaggina) dalla macchia ♦ *s.m.* lo sbucare (della selvaggina) dalla macchia.
débusquer[debyske] *v.tr.* stanare, scovare; *(fig.)* (far) sloggiare.
début [deby] *s.m.* **1** inizio, principio || *au —*, *dès le —*, all'inizio, fin dall'inizio || *tout au —*, proprio all'inizio **2** *(spec.pl.)* esordio; *(teatr.)* debutto: *faire ses débuts dans le monde*, muovere i primi passi in società; *un jeune avocat à ses débuts*, un giovane avvocato alle prime armi.
débutant[debytɑ̃] *agg.* e *s.m.* esordiente, principiante.
débutante[debytɑ̃t]*s.f.* debuttante.
débuter [debyte] *v.intr.* **1** cominciare **2** esordire (in un lavoro, una professione); *(teatr.)* debuttare: *cet acteur a bien débuté*, quell'attore ha fatto un bel debutto.
déca [deka]*s.m. (fam.) abbr.* → **décaféiné**.
déca- *pref.* deca-
deçà [dəsa] *avv.* da questa parte, di qua: *— (et) delà*, qua e là || *ni en — ni au-delà*, nel giusto mezzo □ **en deçà de** *locuz.prep.* al di qua di.
décacheter [dekaʃte] *(coniug. come* jeter*) v.tr.* dissigillare || *— une lettre*, aprire una lettera.
décade [dekad] *s.f.* decade.
décadence [dekadɑ̃s] *s.f.* decadenza; decadimento *(m.)*, degrado *(m.)*.
décadent [dekadɑ̃] *agg.* e *s.m.* decadente.
décadentisme [dekadɑ̃tism] *s.m.* decadentismo.
décaèdre [dekaɛdʀ] *agg.* decaedrico ♦ *s.m.* decaedro.
décaféiné [dekafeine] *agg.* e *s.m.* (caffè) decaffeinato.
décaféiner[dekafeine]*v.tr.* decaffeinare.
décagone[dekagɔn]*s.m.* decagono.
décalage [dekalaʒ] *s.m.* **1** spostamento: *— horaire*, differenza di fuso orario || *le — entre ses principes et ses actions*, lo scarto fra i suoi principi e il suo modo d'agire || *— de prix*, differenza di prezzo **2** *(tecn., tv)* sfasamento.
décalcifiant [dekalsifjɑ̃] *agg.* decalcificante.

décalcification [dekalsifikɑsjɔ̃] *s.f.* decalcifica-zione.
décalcifier [dekalsifje] *v.tr.* decalcificare.
décalcomanie [dekalkɔmani] *s.f.* decalcomania.
décaler [dekale] *v.tr.* spostare (*anche fig.*).
décalitre [dekalitʀ] *s.m.* decalitro.
décalogue [dekalɔg] *s.m.* decalogo.
décalotter [dekalɔte] *v.tr.* scoperchiare.
décalquage [dekalkaʒ], **décalque** [dekalk] *s.m.* ricalco.
décalquer [dekalke] *v.tr.* decalcare.
décamètre [dekamɛtʀ] *s.m.* decametro.
décamper [dekɑ̃pe] *v.intr.* **1** (*mil.*) levare il campo **2** (*fam.*) battersela, darsela a gambe.
décan [dekɑ̃] *s.m.* (*astr.*) decano.
décantage [dekɑ̃taʒ] *s.m.*, **décantation** [de kɑ̃tɑsjɔ̃] *s.f.* decantazione (*f.*).
décanter [dekɑ̃te] *v.tr.* decantare (*anche fig.*).
décapage [dekapaʒ] *s.m.* il raschiare; il grattare (pietre ecc.); (*chim., metall.*) decapaggio.
décapant [dekapɑ̃] *s.m.* solvente (per ver-nici ecc.); (*chim., metall.*) disossidante per me-talli.
décaper [dekape] *v.tr.* raschiare (muri, assiti ecc.); grattare (pietre ecc.); (*chim., metall.*) deca-pare.
décapitation [dekapitɑsjɔ̃] *s.f.* decapitazione.
décapiter [dekapite] *v.tr.* **1** decapitare (*anche fig.*) **2** scapitozzare (alberi).
décapotable [dekapɔtabl] *agg.* decappottabi-le.
décapoter [dekapɔte] *v.tr.* decappottare.
décapsuler [dekapsyle] *v.tr.* decapsulare.
décapsuleur [dekapsylœʀ] *s.m.* apribottiglie.
décapuchonner [dekapyʃɔne] *v.tr.* togliere il cappuccio (di, a).
décarcasser [dekaʀkase] *v.tr.* (*cuc.*) disossare (un pollo ecc.) □ **se décarcasser** *v.pron.* (*fam.*) darsi un gran daffare.
décati [dekati] *agg.* (*fam.*) sfiorito, sciupato.
décatir [dekatiʀ] *v.tr.* (*tess.*) decatizzare □ **se décatir** *v.pron.* (*fam.*) sfiorire, sciuparsi.
décauser [dekoze] *v.intr.* (*in Belgio*) sparlare.
décavé [dekave] *agg.* e *s.m.* rovinato al gioco.
décédé [desede] *agg.* e *s.m.* defunto, deceduto.
décéder [desede] (*coniug. come* céder) *v.intr.* de-cedere.
déceler [de(ɛ)sle] (*coniug. come* appeler) *v.tr.* scoprire, palesare.
décélération [deseleʀɑsjɔ̃] *s.f.* decelerazione.
décélérer [deseleʀe] (*coniug. come* céder) *v.tr.* decelerare.
décembre [desɑ̃bʀ] *s.m.* dicembre.
décemment [desamɑ̃] *avv.* decentemente || —, *je ne pouvais accepter*, in coscienza, non potevo proprio accettare.
décence [desɑ̃s] *s.f.* decenza.
décennal [dese(ɛn)nal] (pl. *-aux*) *agg.* decenna-le.
décennie [dese(ɛn)ni] *s.f.* decennio (*m.*).
décent [desɑ̃] *agg.* decente.
décentrage [desɑ̃tʀaʒ] *s.m.* scentratura (*f.*).

décentralisateur [desɑ̃tʀalizatœʀ] (f. *-trice*) *agg.* decentratore.
décentralisation [desɑ̃tʀalizɑsjɔ̃] *s.f.* decentra-mento (*m.*).
décentraliser [desɑ̃tʀalize] *v.tr.* decentrare.
décentrer [desɑ̃tʀe] *v.tr.* (*fis.*) mettere fuori cen-tro.
déception [desɛpsjɔ̃] *s.f.* disinganno (*m.*); delu-sione.
décernement [desɛʀnəmɑ̃] *s.m.* assegnazione (*f.*), conferimento.
décerner [desɛʀne] *v.tr.* **1** conferire, assegnare: —*des éloges*, tributare delle lodi **2** (*dir.*) spiccare.
décès [desɛ] *s.m.* decesso (*dir.*) || *acte de* —, atto di morte.
décevant [desvɑ̃] *agg.* deludente.
décevoir [desvwaʀ] (*coniug. come* recevoir) *v.tr.* deludere.
déchaîné [deʃene] *agg.* (*fig.*) scatenato, sfrenato.
déchaînement [deʃenmɑ̃] *s.m.* scatenamento.
déchaîner [deʃene] *v.tr.* scatenare □ **se déchaîner** *v.pron.* scatenarsi.
déchanter [deʃɑ̃te] *v.intr.* (*fam.*) venire a più mi-ti pretese, smontarsi.
décharge [deʃaʀʒ] *s.f.* **1** scarica || — *publique*, discarica, scarico (di rifiuti) || *de* —, di scarico **2** (*dir.*) discolpa: *témoin à* —, teste a discarico; — *du débiteur*, liberazione del debitore **3** (*comm.*) quietanza.
déchargement [deʃaʀʒəmɑ̃] *s.m.* scarico.
décharger [deʃaʀʒe] (*coniug. come* manger) *v.tr.* **1** scaricare (*anche fig.*) **2** (*dir.*) discolpare ♦ *v.intr.* stingere, (di colori ecc.) □ **se décharger** *v.pron.* scaricarsi.
décharné [deʃaʀne] *agg.* scarno (*anche fig.*).
déchaussé [deʃose] *agg.* scalzo.
déchausser [deʃose] *v.tr.* togliere le scarpe (a) □ **se déchausser** *v.pron.* togliersi le scarpe; (*di un dente ecc.*) scalzarsi.
dèche [dɛʃ] *s.f.* (*fam.*) miseria: *être dans la* —, es-sere in bolletta.
déchéance [deʃeɑ̃s] *s.f.* decadenza.
déchet [deʃɛ] *s.m.* **1** residuo: *déchets radioac-tifs*, scorie radioattive || *déchets de fabrication*, scarti di fabbricazione || *un* — *de l'humanité*, (*fig.*) un relitto della società **2** diminuzione, calo.
déchiffonner [deʃifɔne] *v.tr.* lisciare, stendere (stoffa ecc.).
déchiffrable [deʃifʀabl] *agg.* decifrabile.
déchiffrage [deʃifʀaʒ], **déchiffrement** [deʃi fʀəmɑ̃] *s.m.* decifrazione (*f.*).
déchiffrer [deʃifʀe] *v.tr.* decifrare.
déchiqueter [deʃikte] (*coniug. come* jeter) *v.tr.* dilaniare; fare a brandelli.
déchirant [deʃiʀɑ̃] *agg.* lacerante, straziante.
déchirement [deʃiʀmɑ̃] *s.m.* lacerazione (*f.*).
déchirer [deʃiʀe] *v.tr.* **1** strappare; stracciare || *se* — *un muscle*, prodursi uno strappo muscolare || *un cri déchira le silence*, un grido squarciò il si-lenzio **2** dilaniare, straziare (*anche fig.*) □ **se déchirer** *v.pron.* **1** strapparsi; squarciarsi (*anche fig.*) **2** straziarsi (l'un l'altro).

déchirure[deʃiʀyʀ]*s.f.* strappo (*m.*), lacerazione.

déchoir[deʃwaʀ]

usato all'Indic.pres. je déchois, tu déchois, il déchoit, nous déchoyons, vous déchoyez, ils déchoient; *pass.rem.* je déchus, etc.; *fut.* je déchoirai, etc., (*ant.*) je décherrai, etc. *Condiz.* je déchoirais, etc., (*ant.*) je décherrais, etc. *Cong.pres.* que je déchoie, etc., que nous déchoyions, que vous déchoyiez, qu'ils déchoient; *imperf.* que je déchusse. *Part.pass.* déchu.

v.intr.dif. decadere, scadere.

déchristianiser [dekʀistjanize] *v.tr.* scristianizzare.

déchu[deʃy]*part.pass. di* déchoir ♦ *agg.* decaduto.

de-ci [dəsi] *locuz. avv.*: — *de-là*, (*luogo*) di qua e di là; (*tempo*) di quando in quando.

déci-*pref.* deci-

décidé [deside] *agg.* deciso.

décidément[desidemã] *avv.* indubbiamente.

décider[deside]*v.tr.* e *intr.* decidere: *il l'a décidé à partir,* lo ha convinto a partire; *cela décidera de ton avenir,* da ciò dipenderà il tuo avvenire □ **se décider** *v.pron.* decidersi.

décigramme[desigʀam]*s.m.* decigrammo.

décilitre [desilitʀ]*s.m.* decilitro.

décimal [desimal] (pl. *-aux*) *agg.* decimale.

décimale [desimal] *s.f.* (numero) decimale.

décimer [desime] *v.tr.* decimare.

décimètre [desimetʀ] *s.m.* decimetro.

décisif [desizif] (f. *-ive*) *agg.* decisivo || *ton* —, tono perentorio.

décision [desizjɔ̃] *s.f.* decisione.

décisionnel[desizjɔnɛl] (f. *-elle*) *agg.* decisionale.

déclamation [deklamasjɔ̃] *s.f.* **1** declamazione **2**(*fig.*) ampollosità.

déclamatoire[deklamatwaʀ]*agg.* declamatorio.

déclamer[deklame]*v.tr.* e *intr.* declamare.

déclaratif [deklaʀatif] (f. *-ive*) *agg.* dichiarativo.

déclaration [deklaʀasjɔ̃] *s.f.* dichiarazione || — *de naissance, de mort,* denuncia di nascita, di morte.

déclarer [deklaʀe] *v.tr.* dichiarare: — *la naissance d'un enfant à la mairie,* denunciare la nascita di un bambino □ **se déclarer** *v.pron.* **1** dichiararsi **2** manifestarsi, rivelarsi.

déclassé [deklase] *agg.* **1** declassato **2** decaduto ♦ *s.m.* chi è socialmente decaduto.

déclasser [deklase] *v.tr.* **1** mettere in disordine **2** (*ferr., mar.*) declassare **3** (*fig.*) degradare.

déclenchement [deklɑ̃ʃmã] *s.m.* **1** (*mecc.*) disinnesto, avvio; (*fot.*) scatto **2** (*fig.*) scoppio, inizio.

déclencher[deklɑ̃ʃe]*v.tr.* **1**(*mecc.*) disinnestare; mettere in moto, avviare; (*fot.*) far scattare **2** (*fig.*) dare inizio (a), scatenare || — *une attaque,* sferrare un attacco □ **se déclencher** *v.pron.* **1** mettersi in movimento, avviarsi **2** (*fig.*) scatenarsi.

déclencheur [deklɑ̃ʃœʀ] *s.m.* (*mecc.*) (dispositi-

vo di) scatto || (*fot.*) — *automatique,* autoscatto.

déclic [deklik] *s.m.* **1** (*mecc.*) dispositivo di scatto **2** (rumore dello) scatto **3** (*fig.*) lampo di genio.

déclin [deklɛ̃] *s.m.* declino; decadenza (*f.*): *être à son* —, *sur son* —, essere in declino, essere al tramonto.

déclinable [deklinabl] *agg.* declinabile.

déclinaison [deklinɛzɔ̃] *s.f.* declinazione.

déclinant [deklinã] *agg.* declinante.

décliner [dekline] *v.tr.* e *intr.* declinare: *déclinez vos nom, prénom, âge et qualités,* declini le sue generalità.

déclivité [deklivite] *s.f.* declività, pendenza.

décloisonner [deklwazɔne] *v.tr.* abbattere gli ostacoli.

déclouer[deklue]*v.tr.* schiodare.

déco [deko] (f. e pl. *invar.*) *agg.* déco || *Art Déco,* forma d'arte, stilizzazione dello Stile Liberty.

décocher[dekɔʃe]*v.tr.* **1** scoccare || — *un coup,* sferrare un colpo **2** (*fig.*) lanciare.

décoction [dekɔksjɔ̃] *s.f.* decotto (*m.*).

décodage [dekɔdaʒ] *s.m.* decodificazione (*f.*).

décoder [dekɔde] *v.tr.* decodificare, decifrare.

décoiffer [dekwafe] *v.tr.* spettinare.

décoincer [dekwɛ̃se] (*coniug. come* placer) *v.tr.* sbloccare □ **se décoincer** *v.pron.* sbloccarsi.

décolérer[dekɔleʀe] (*coniug. come* céder) *v.intr.* (*usato in frasi negative*) calmarsi: *il n'a pas décoléré de toute la journée,* è stato fuori di sé tutto il giorno.

décollage [dekɔlaʒ] *s.m.* decollo.

décollement [dekɔlmã] *s.m.* **1** scollamento **2** (*med.*) distacco.

décoller [dekɔle] *v.tr.* scollare, staccare ♦ *v. intr.* **1** decollare: *l'avion a décollé,* l'aereo è decollato; *l'économie a décollé,* l'economia ha decollato **2** (*fam.*) andarsene **3** (*fam.*) (*maigrir*) dimagrire □ **se décoller** *v.pron.* scollarsi, staccarsi.

décolleté [dekɔlte] *agg.* scollato ♦ *s.m.* scollatura (*f.*): — *en pointe, (en)* V, scollatura a punta, a V || *dame en grand* —, *en petit* —, signora in abito da sera, da mezza sera.

décolleter [dekɔlte] (*coniug. come* jeter) *v.tr.* scollare.

décolonisation [dekɔlɔnizasjɔ̃] *s.f.* decolonizzazione.

décoloniser [dekɔlɔnize] *v.tr.* decolonizzare.

décolorant [dekɔlɔʀã] *agg.* e *s.m.* decolorante.

décoloration [dekɔlɔʀasjɔ̃] *s.f.* **1** decolorazione **2** scolorimento (*m.*).

décoloré [dekɔlɔʀe] *agg.* **1** decolorato **2** scolorito (*anche fig.*).

décolorer [dekɔlɔʀe] *v.tr.* **1** decolorare **2** scolorire □ **se décolorer** *v.pron.* scolorirsi, schiarirsi.

décombres [dekɔ̃bʀ] *s.m.pl.* **1** macerie (*f.*) **2** rovine (*f.*), ruderi.

décommander [dekɔmãde] *v.tr.* disdire, annullare □ **se décommander** *v.pron.* declinare un invito, un appuntamento.

décompensation [dekɔ̃pɑ̃sasjɔ̃] *s.f.* (*med.*) scompenso (*m.*).

décomplexé [dekɔ̃plɛkse] *agg.* disinibito.

décomplexer [dekɔ̃plɛkse] *v.tr.* (*fam.*) 1 togliere i complessi a 2 disinibire, liberare.

décomposable [dekɔ̃pozabl] *agg.* scomponibile; (*chim.*) decomponibile.

décomposé [dekɔ̃mpoze] *agg.* 1 decomposto 2 scomposto 3 (*fig.*) alterato.

décomposer [dekɔ̃poze] *v.tr.* 1 decomporre 2 scomporre 3 (*fig.*) alterare □ **se décomposer** *v.pron.* 1 decomporsi, deteriorarsi 2 (*fig.*) alterarsi.

décomposition [dekɔ̃pozisjɔ̃] *s.f.* 1 decomposizione, disfacimento (*m.*): en —, in stato di decomposizione 2 scomposizione.

décompresser [dekɔ̃prese] *v.intr.* (*fam.*) rilassarsi, distendersi ♦ *v.tr.* (*tecn.*) decomprimere.

décompression [dekɔ̃presjɔ̃] *s.f.* decompressione.

décomprimer [dekɔ̃prime] *v.tr.* decomprimere.

décompte [dekɔ̃t] *s.m.* 1 detrazione (*f.*), sconto: *faire le — de*, detrarre 2 scomposizione (*f.*).

décompter [dekɔ̃te] *v.tr.* detrarre, scontare.

déconcentrer [dekɔ̃sɑ̃tre] *v.tr.* 1 decentrare 2 deconcentrare □ **se déconcentrer** *v.pron.* deconcentrarsi.

déconcertant [dekɔ̃sertɑ̃] *agg.* sconcertante.

déconcerter [dekɔ̃serte] *v.tr.* sconcertare; sconvolgere.

déconditionner [dekɔ̃disjɔne] *v.tr.* (*psic.*) decondizionare.

déconfit [dekɔ̃fi] *agg.* avvilito, abbattuto; confuso.

déconfiture [dekɔ̃fityr] *s.f.* 1 (*fam.*) disastro (*m.*) 2 dissesto (*m.*), insolvenza.

décongélation [dekɔ̃ʒelasjɔ̃] *s.f.* scongelamento (*m.*).

décongeler [dekɔ̃ʒle] (*coniug. come* semer) *v.tr.* sgelare, scongelare.

décongestionner [dekɔ̃ʒestjɔne] *v.tr.* decongestionare.

déconnecté [dekɔnekte] *agg.* (*fam.*) dissociato.

déconnecter [dekɔnekte] *v.tr.* mettere fuori servizio, staccare ♦ *v.intr.* (*fam.*) 1 staccare (da un'attività) 2 (*estens.*) farneticare.

déconner [dekɔne] *v.intr.* (*fam.*) dire, fare fesserie.

déconseiller [dekɔ̃seje] *v.tr.* sconsigliare.

déconsidérer [dekɔ̃sidere] (*coniug. come* céder) *v.tr.* screditare □ **se déconsidérer** *v.pron.* screditarsi.

décontamination [dekɔ̃taminasjɔ̃] *s.f.* decontaminazione.

décontaminer [dekɔ̃tamine] *v.tr.* decontaminare.

décontenancé [dekɔ̃tnɑ̃se] *agg.* sconcertato, sbalordito.

décontenancer [dekɔ̃tnɑ̃se] (*coniug. come* placer) *v.tr.* 1 sconcertare 2 mettere in imbarazzo □ **se décontenancer** *v.pron.* smarrirsi, confondersi.

décontracté [dekɔ̃trakte] *agg.* 1 rilassato, disteso 2 (*fam.*) disinvolto.

décontracter [dekɔ̃trakte] *v.tr.* rilassare, distendere □ **se décontracter** *v.pron.* rilassarsi.

décontraction [dekɔ̃traksjɔ̃] *s.f.* 1 distensione, rilassamento (*m.*) 2 (*fam.*) disinvoltura.

déconvenue [dekɔ̃vny] *s.f.* disappunto (*m.*); delusione.

décor [dekɔr] *s.m.* 1 (*teatr., cine.*) scena (*f.*); (*pl.*) scenografia (*f.sing.*) || — *de théâtre*, decorazione scenica || *scène sans —*, scena nuda 2 (*fig.*) cornice (*f.*), scenario, sfondo || *entrer, aller dans le* —, (*fam.*) uscire di strada 3 arredamento, arredo (di un ambiente).

décorateur [dekɔratœr] (*f.* -*trice*) *s.m.* 1 decoratore || — (*d'intérieurs*), arredatore d'interni 2 (*teatr., cine.*) scenografo.

décoratif [dekɔratif] (*f.* -*ive*) *agg.* decorativo.

décoration [dekɔrasjɔ̃] *s.f.* 1 decorazione; addobbo (*m.*) 2 arredamento (d'interni) 3 onorificenza, decorazione.

décorer [dekɔre] *v.tr.* 1 decorare 2 (*fig.*) fregiare.

décortiquer [dekɔrtike] *v.tr.* scortecciare; sbucciare; sgusciare.

décorum [dekɔrɔm] *s.m.* (*solo sing.*) decoro, convenienze (*f.pl.*).

décote [dekɔt] *s.f.* 1 sgravio fiscale 2 (*econ.*) sconto (*m.*) 3 svalutazione (di una moneta).

découcher [dekuʃe] *v.intr.* dormire fuori (casa).

découdre [dekudr] (*coniug. come* coudre) *v.tr.* scucire ♦ *v.intr.: en* —, (*fam.*) affrontarsi.

découler [dekule] *v.intr.* scaturire, derivare: *il en découle que*, ne consegue che.

découpage [dekupaʒ] *s.m.* 1 taglio; il ritagliare || — *électoral*, suddivisione in seggi elettorali 2 figura da ritagliare; ritaglio 3 (*cine.*) copione (di montaggio).

découpé [dekupe] *agg.* 1 ritagliato 2 (*bot.*, *geogr.*) frastagliato.

découper [dekupe] *v.tr.* 1 tagliare; ritagliare || — *le bois*, traforare il legno 2 (*cuc.*) trinciare □ **se découper** *v.pron.* stagliarsi (contro).

découplé [dekuple] *agg.: bien* —, ben piantato.

découpoir [dekupwar] *s.m.* 1 cesoia (*f.*), trancia (*f.*) 2 lama (di una trancia).

découpure [dekupyr] *s.f.* 1 ritaglio (*m.*) 2 (*bot.*, *geogr.*) frastagliatura 3 (*metall.*) tranciatura; (*di legno*) traforo (*m.*).

décourageant [dekuraʒɑ̃] *agg.* scoraggiante.

découragement [dekuraʒmɑ̃] *s.m.* scoraggiamento.

décourager [dekuraʒe] (*coniug. come* manger) *v.tr.* scoraggiare □ **se décourager** *v.pron.* scoraggiarsi.

décours [dekur] *s.m.* fase decrescente.

décousu [dekuzy] *part.pass. di* découdre ♦ *agg.* scucito; (*fig.*) sconnesso, incoerente.

découvert [dekuver] *part.pass. di* découvrir ♦ *agg. e s.m.* scoperto: — *d'un compte*, scoperto di un conto || *à* —, allo scoperto.

découverte [dekuvɛʀt] *s.f.* scoperta.
découvreur [dekuvʀœʀ] (f. *-euse*) *s.m.* scopritore, inventore.
découvrir [dekuvʀiʀ] (*coniug. come* ouvrir) *v.tr.* **1** scoprire **2** scorgere ♦ *v.intr.* affiorare □ **se découvrir** *v.pron.* scoprirsi ‖ *le ciel se découvre*, il cielo si rasserena.
décrassage [dekʀasaʒ] *s.m.* (ri)pulitura (*f.*).
décrasser [dekʀase] *v.tr.* (ri)pulire.
décrêper [dekʀepe] *v.tr.* stirare (i capelli crespi).
décrépir [dekʀepiʀ] *v.tr.* scrostare, togliere l'intonaco a □ **se décrépir** *v.pron.* scrostarsi.
décrépit [dekʀepi] *agg.* decrepito.
décrépitude [dekʀepityd] *s.f.* decrepitezza, senescenza ‖ *en —*, fatiscente.
décret [dekʀɛ] *s.m.* decreto.
décréter [dekʀete] (*coniug. come* céder) *v.tr.* decretare, decidere.
décret-loi [dekʀɛlwa] (pl. *décrets-lois*) *s.m.* decreto legge.
décrier [dekʀije] *v.tr.* screditare.
décrire [dekʀiʀ] (*coniug. come* écrire) *v.tr.* descrivere.
décrispation [dekʀispasjɔ̃] *s.f.* (*spec. pol.*) distensione.
décrisper [dekʀispe] *v.tr.* (*spec. pol.*) distendere.
décrit [dekʀi] *part. pass. di* décrire.
décrochage [dekʀɔʃaʒ] *s.m.* **1** sgancio, sganciamento; distacco ‖ *— des ventes*, calo delle vendite **2** (*pol.*) disimpegno **3** (*fam.*) abbandono.
décrocher [dekʀɔʃe] *v.tr.* **1** staccare, sganciare: *— (le téléphone)*, staccare il ricevitore **2** (*fam.*) ottenere; strappare ♦ *v.intr.* (*fam.*) staccare, ritirarsi (da un'attività): *il a complètement décroché*, si è sganciato □ **se décrocher** *v.pron.* staccarsi, sganciarsi.
décrocheur [dekʀɔʃœʀ] (f. *-euse*) *s.m.* (*in Canada*) alunno che abbandona gli studi prima del termine della scuola dell'obbligo.
décrochez-moi-ça [dekʀɔʃemwasa] (pl. *invar.*) *s.m.* negozio di rigattiere.
décroiser [dekʀwaze] *v.tr.* disincrociare: *— les bras*, sciogliere le braccia.
décroissance [dekʀwasɑ̃s] *s.f.* diminuzione, calo (*m.*); (*mat.*) decremento (*m.*).
décroissant [dekʀwasɑ̃] *agg.* decrescente.
décroître [dekʀwa(ɑ)tʀ] (*coniug. come* croître) *v.intr.* decrescere.
décrotter [dekʀɔte] *v.tr.* scrostare (fango).
décrottoir [dekʀɔtwaʀ] *s.m.* **1** puliscipiedi **2** raschietto.
décru [dekʀy] *part.pass. di* décroître.
décrue [dekʀy] *s.f.* ritiro (di acque ecc.).
décryptage [dekʀiptaʒ] *s.m.* decodifica (*f.*).
décrypter [dekʀipte] *v.tr.* **1** decifrare **2** decodificare.
déçu [desy] *part.pass. di* décevoir ♦ *agg.* deluso.
déculotter [dekylɔte] *v.tr.* togliere i calzoni, le mutande (a) □ **se déculotter** *v.pron.* **1** togliersi i calzoni, le mutande **2** (*fam.*) fare il leccapiedi.

déculpabiliser [dekylpabilize] *v.tr.* (*psic.*) togliere il senso di colpa.
décuple [dekypl] *agg.* e *s.m.* decuplo.
décupler [dekyple] *v.tr.* decuplicare.
décurie [dekyʀi] *s.f.* (*st. romana*) decuria.
dédaignable [dedɛɲabl] *agg.* disprezzabile, trascurabile.
dédaigner [dedɛɲe] *v.tr.* disdegnare; disprezzare ‖ *— de*, (*letter.*) non degnarsi di.
dédaigneux [dedɛɲø] (f. *-euse*) *agg.* sdegnoso, sprezzante ‖ *-eusement avv.*
dédain [dedɛ̃] *s.m.* disdegno; disprezzo.
dédale [dedal] *s.m.* dedalo.
dedans [dədɑ̃] *avv.* dentro ‖ *il a donné —!*, (*fam.*) c'è cascato! ‖ *mettre qqn —*, (*fam.*) imbrogliare ‖ *cette voiture m'est rentrée —*, questa macchina mi è venuta addosso ‖ (*in Africa*) être —, essere in tiro ♦ *s.m.* l'interno □ **en dedans**, par **dedans** *locuz. avv.* dall'interno, (dal) di dentro: *la porte s'ouvre de, par —*, la porta si apre dall'interno (dal didentro) □ **en dedans** *locuz. avv.* in dentro; all'interno: *marcher les pieds en —*, camminare coi piedi in dentro; *cette villa est mieux en dehors qu'en —*, questa villa è più bella di fuori che all'interno (che dal dentro).
dédevenir [dedəvniʀ] *v.intr.* (*in Svizzera*) deperire.
dédicace [dedikas] *s.f.* dedica.
dédicacer [dedikase] (*coniug. come* placer) *v.tr.* scrivere una dedica (su).
dédier [dedje] *v.tr.* dedicare.
dédire, se [sədediʀ] (*coniug. come* dire, *tranne la seconda persona pl. del pres. indic. e dell'imp.:* dédisez) *v.pron.* smentirsi; ritrattarsi: *se — d'une promesse*, venir meno a una promessa.
dédit [dedi] *s.m.* **1** ritrattazione (*f.*) **2** (*dir.*) penale (*f.*).
dédommagement [dedɔmaʒmɑ̃] *s.m.* **1** risarcimento ‖ *dédommagements de guerre*, riparazioni di guerra **2** (*fig.*) compenso.
dédommager [dedɔmaʒe] (*coniug. come* manger) *v.tr.* risarcire; (*fig.*) ricompensare.
dédorer [dedɔʀe] *v.tr.* togliere la doratura (a).
dédouanage [dedwanaʒ], **dédouanement** [dedwanmɑ̃] *s.m.* sdoganamento.
dédouaner [dedwane] *v.tr.* **1** sdoganare **2** (*fig.*) discolpare, scagionare.
dédoublement [dedubləmɑ̃] *s.m.* sdoppiamento.
dédoubler [deduble] *v.tr.* sdoppiare; dividere (in due) ‖ (*ferr.*) *— un train*, formare un treno supplementare □ **se dédoubler** *v.pron.* sdoppiarsi.
dédramatisation [dedramatizasjɔ̃] *s.f.* sdrammatizzazione.
dédramatiser [dedramatize] *v.tr.* sdrammatizzare.
déductibilité [dedyktibilite] *s.f.* deducibilità.
déductible [dedyktibl] *agg.* deducibile, detraibile.
déductif [dedyktif] (f. *-ive*) *agg.* deduttivo.
déduction [dedyksjɔ̃] *s.f.* deduzione, detrazione: *sans — d'impôt*, non esente da tasse.

déduire [dedɥiʀ] (*coniug. come* conduire) *v.tr.* dedurre, detrarre.

déduit [dedɥi] *part.pass. di* déduire ♦ *agg.*: *impôt non —*, al lordo d'imposta.

déesse [dees] *s.f.* dea.

défaillance [defajɑ̃s] *s.f.* **1** debolezza improvvisa; (*fig.*) cedimento (*m.*): *— cardiaque*, collasso cardiaco; *une — de mémoire*, un'improvvisa amnesia **2** (*dir.*) inadempienza.

défaillant [defajɑ̃] *agg.* **1** che viene meno, che si spegne || *une voix défaillante*, una voce fioca **2** (*dir.*) inadempiente: *témoin —*, testimone contumace.

défaillir [defajiʀ]
_____
usato all'Indic.pres. je défaille, tu défailles, il défaille, nous défaillons, vous défaillez, ils défaillent; (*letter.*) je défaus, tu défaus, il défaut; *imperf.* je défaillais, etc.; *pass.rem.* je défaillis, etc.; *fut.* (*letter.*) je défaudrai, etc. *Part.pass.* défailli; *pres.* défaillant.
_____
v.intr.dif. **1** venir meno; indebolirsi: *sa mémoire défaille*, ha dei vuoti di memoria **2** (*dir.*) non adempiere.

défaire [defɛʀ] (*coniug. come* faire) *v.tr.* **1** disfare || *défais tes sandales*, slacciati i sandali **2** sconfiggere □ **se défaire** *v.pron.* disfarsi, liberarsi.

défait [defɛ] *part.pass. di* défaire ♦ *agg.* disfatto.

défaite [defɛt] *s.f.* disfatta, sconfitta.

défaitisme [defetism] *s.m.* disfattismo.

défaitiste [defetist] *agg.* e *s.m.* disfattista.

défalcation [defalkɑsjɔ̃] *s.f.* defalco (*m.*).

défalquer [defalke] *v.tr.* defalcare.

défatigant [defatigɑ̃] *agg.* e *s.m.* tonificante, rigenerante.

défaut[1] [defo] *s.m.* mancanza (*f.*) || *faire —*, mancare, far difetto; *la volonté lui fait —*, manca di volontà || *à — de*, in mancanza, in difetto di || (*dir.*) *jugement par —* giudizio in contumacia.

défaut[2] *s.m.* difetto || *le — de la cuirasse*, (*fig.*) il punto debole || *en —*, in fallo: *trouver, prendre qqn en —*, cogliere qlcu in fallo; *être en —*, essere in errore, venir meno a (una regola, un impegno).

défaveur [defavœʀ] *s.f.* sfavore (*m.*), discredito (*m.*).

défavorable [defavɔʀabl] *agg.* sfavorevole || *-ement avv.*

défavorisé [defavɔʀize] *agg.* (socialmente) svantaggiato: *les classes défavorisées*, le classi meno abbienti.

défavoriser [defavɔʀize] *v.tr.* sfavorire.

défécation [defekɑsjɔ̃] *s.f.* defecazione.

défectif [defɛktif] (f. *-ive*) *agg.* difettivo.

défection [defɛksjɔ̃] *s.f.* defezione: *faire —*, defezionare.

défectueusement [defɛktɥøzmɑ̃] *avv.* difettosamente, in modo difettoso.

défectueux [defɛktɥø] (f. *-euse*) *agg.* **1** difettoso; manchevole **2** (*dir.*) viziato.

défectuosité[defɛktɥozite] *s.f.* l'essere difettoso.

défendable [defɑ̃dabl] *agg.* difendibile: *thèse —*, tesi sostenibile.

défendeur [defɑ̃dœʀ] (f. *-eresse*) *s.m.* (*dir.*) convenuto.

défendre [defɑ̃dʀ] (*coniug. come* rendre) *v.tr.* **1** difendere; riparare, proteggere **2** proibire: *il est défendu de fumer*, è proibito fumare; *— sa porte à qqn*, vietare l'ingresso (della propria casa) a qlcu □ **se défendre** *v.pron.* **1** difendersi || *ça se défend*, è accettabile **2** *se — de*, imporsi di non: *elle se défend de penser à cela*, si è imposta di non pensarci.

défenestration [defənɛstʀɑsjɔ̃] *s.f.* defenestrazione.

défenestrer [defənɛstʀe] *v.tr.* defenestrare.

défense [defɑ̃s] *s.f.* **1** difesa: *sans —*, indifeso **2** divieto (*m.*), proibizione: *— d'entrer*, vietato l'ingresso; *— de stationner*, divieto di sosta **3** (*dir.*) difesa: *pour la — de nos intérêts*, a tutela dei nostri interessi **4** (*zool.*) zanna, difesa **5** (*mar.*) parabordo (*m.*).

défenseur [defɑ̃sœʀ] *s.m.* difensore; sostenitore (di una causa ecc.).

défensif [defɑ̃sif] (f. *-ive*) *agg.* difensivo.

défensive [defɑ̃siv] *s.f.* difensiva.

déféquer [defeke] (*coniug. come* céder) *v.tr.* defecare.

déférence [defeʀɑ̃s] *s.f.* deferenza, rispetto (*m.*).

déférent [defeʀɑ̃] *agg.* deferente.

déférer [defeʀe] (*coniug. come* céder) *v.tr.* (*dir.*) deferire.

déferlant [defɛʀlɑ̃] *agg.* (onda) che si infrange.

déferlante [defɛʀlɑ̃t] *s.f.* frangente (*m.*); (*fig.*) ondata di marea.

déferlement [defɛʀləmɑ̃] *s.m.* **1** il frangersi (delle onde) **2** irruzione (*f.*) || *le — des haines*, lo scatenarsi dell'odio.

déferler [defɛʀle] *v.intr.* infrangersi; (*fig.*) dilagare: *les vacanciers déferlèrent sur les plages*, i vacanzieri si riversarono sulle spiagge.

déferrer [defeʀe] *v.tr.* sferrare (un cavallo ecc.).

défi [defi] *s.m.* sfida (*f.*) || *— au bon sens*, insulto al buonsenso || *mettre qqn au — de faire qqch*, sfidare qlcu a fare qlco.

défiance [defjɑ̃s] *s.f.* diffidenza.

défiant [defjɑ̃] *agg.* diffidente.

défibrer [defibʀe] *v.tr.* sfibrare.

déficeler [defisle] (*coniug. come* appeler) *v.tr.* togliere lo spago (a).

déficience [defisjɑ̃s] *s.f.* deficienza.

déficient [defisjɑ̃] *agg.* e *s.m.* deficiente.

déficit [defisit] *s.m.* deficit, disavanzo: *le bilan se solde par un —*, il bilancio si chiude in deficit; *— des dépenses publiques*, disavanzo della spesa pubblica.

déficitaire [defisitɛʀ] *agg.* **1** deficitario **2** (*in Africa*) a corto di soldi.

défier [defje] *v.tr.* sfidare.

défier, se [sədefje] *v.pron.* non fidarsi, diffidare.

défigurer [defigyʀe] *v.tr.* sfigurare; (*fig.*) alterare.

défilé [defile] *s.m.* 1 sfilata (*f.*); corteo: *un — de touristes*, una fila di turisti 2 stretta (*f.*), gola (*f.*): *le — de Roncevaux*, il passo di Roncisvalle ♦ *agg.* (*mil.*) defilato.

défiler[1] [defile] *v.tr.* 1 sfilare 2 (*mil. mar.*) defilare □ **se défiler** *v.pron.* (*fam.*) squagliarsela, defilarsi.

défiler[2] *v.intr.* sfilare || *les souvenirs défilaient devant mes yeux*, (*fig.*) i ricordi passavano davanti ai miei occhi.

défini [defini] *agg.* definito; delineato.

définir [definir] *v.tr.* definire: *je l'ai défini, c'est un imbécile*, l'ho inquadrato, è un imbecille.

définissable [definisabl] *agg.* definibile.

définitif [definitif] (f. *-ive*) *agg.* definitivo.

définition [definisjɔ̃] *s.f.* definizione || *par —*, per definizione.

définitivement [definitivmɑ̃] *avv.* definitivamente.

déflagration [deflagrasjɔ̃] *s.f.* deflagrazione.

déflagrer [deflagre] *v.intr.* deflagrare.

déflation [deflasjɔ̃] *s.f.* deflazione.

déflationniste [deflasjɔnist] *agg.* deflazionistico: *facteur —*, deflatore.

déflecteur [deflɛktœr] *s.m.* deflettore.

défloraison [deflɔrɛzɔ̃] *s.f.* sfioritura.

défloration [deflɔrasjɔ̃] *s.f.* deflorazione.

déflorer [deflɔre] *v.tr.* 1 deflorare 2 (*fig.*) sciupare.

défoliant [defɔljɑ̃] *agg.* e *s.m.* defoliante.

défonce [defɔ̃s] *s.f.* uso (*m.*), effetto della droga.

défoncé [defɔ̃se] *agg.* 1 sfondato || *route défoncée*, strada a fondo dissestato 2 (*fam.*) drogato.

défoncer [defɔ̃se] (*coniug. come* placer) *v.tr.* sfondare □ **se défoncer** *v. pron.* (*fam.*) farsi (di droga).

déformant [defɔrmɑ̃] *agg.* deformante.

déformation [defɔrmasjɔ̃] *s.f.* deformazione.

déformer [defɔrme] *v.tr.* sformare, deformare.

défoulement [defulmɑ̃] *s.m.* (*fam.*) sfogo.

défouler, se [sədefule] *v.pron.* sfogarsi.

défourner [defurne] *v.tr.* sfornare.

défraîchir, se [sədefreʃir] *v.pron.* togliere la freschezza (a), sciuparsi; (*di un colore*) sbiadire.

défrayer [defreje] (*coniug. come* payer) *v.tr.* spesare || *— la chronique*, far parlare di sé.

défrichage [defriʃaʒ], **défrichement** [defriʃmɑ̃] *s.m.* dissodamento.

défricher [defriʃe] *v.tr.* dissodare || *domaine qui reste à —*, (*fig.*) campo ancora da esplorare.

défriser [defrize] *v.tr.* 1 disfare i riccioli (a) 2 (*fam.*) (*contrarier*) contrariare.

défroisser [defrwase] *v.tr.* togliere le spiegazzature (a).

défroque [defrɔk] *s.f.* abito smesso, fuori moda.

défroqué [defrɔke] *agg.* e *s.m.* spretato.

défunt [defœ̃] *agg.* e *s.m.* defunto.

dégagé [degaʒe] *agg.* 1 libero, sgombro: *ciel —*, cielo terso; *front —*, fronte scoperta; *une vue*

dégagée, un'ampia vista 2 sciolto; disinvolto; spigliato.

dégagement [degaʒmɑ̃] *s.m.* 1 sgombero 2 emanazione (*f.*), liberazione (*f.*): *— de chaleur*, emanazione di calore 3 disimpegno 4 (*arch.*) disimpegno; spiazzo.

dégager [degaʒe] (*coniug. come* manger) *v.tr.* 1 liberare || (*econ.*) *— des valeurs*, svincolare dei titoli || (*fig.*): *— sa responsabilité*, liberarsi di una responsabilità; *— qqn de sa promesse*, sciogliere qlcu da una promessa 2 sgomberare 3 emanare, sprigionare: *— de la chaleur*, sprigionare calore 4 (*fig.*) trarre, cogliere: *— la morale d'un fait*, trarre la morale di un fatto ♦ *v.intr.* (*fam.*) smammare, togliersi dai piedi || *dégagez!*, (*fam.*) circolare! □ **se dégager** *v.pron.* 1 liberarsi (*anche fig.*) 2 sprigionarsi, emanare 3 (*fig.*) emergere: *il se dégage de cela que*, da ciò emerge che.

dégaine [degɛn] *s.f.* (*fam.*) aspetto goffo (e ridicolo).

dégainer [degene] *v.tr.* sfoderare (un'arma).

déganter, se [sədegɑ̃te] *v.pron.* togliersi i guanti.

dégarni [degarni] *agg.* sguarnito.

dégarnir [degarnir] *v.tr.* sguarnire □ **se dégarnir** *v.pron.* 1 sguarnirsi || *ses tempes se dégarnissent*, *il se dégarnit*, si sta stempiando 2 vuotarsi.

dégât [dega] *s.m.* danno || *il y a du —*, (*fam.*) è un macello.

dégauchir [degoʃir] *v.tr.* (*tecn.*) raddrizzare.

dégel [deʒɛl] *s.m.* disgelo; (*fig.*) distensione (*f.*).

dégeler [deʒle] (*coniug. come* semer) *v.tr.* 1 disgelare 2 (*comm.*) scongelare, sbloccare ♦ *v.intr.* disgelarsi: *le fleuve a dégelé*, il fiume è disgelato □ **se dégeler** *v.pron.* (*fig.*) distendersi.

dégénératif [deʒeneratif] (f. *-ive*) *agg.* degenerativo.

dégénération [deʒenerasjɔ̃] *s.f.* degenerazione.

dégénéré [deʒenere] *agg.* e *s.m.* degenerato; (*fam.*) (*persona*) tarato.

dégénérer [deʒenere] (*coniugato come* céder) *v.intr.* degenerare.

dégénérescence [deʒeneresɑ̃s] *s.f.* degenerazione.

dégingandé [deʒɛ̃gɑ̃de] *agg.* (*fam.*) dinoccolato (e goffo).

dégivrage [deʒivraʒ] *s.m.* sbrinamento.

dégivrer [deʒivre] *v.tr.* sbrinare.

dégivreur [deʒivrœr] *s.m.* sbrinatore.

déglacer [deglase] (*coniug. come* placer) *v.tr.* 1 sgelare 2 (*cuc.*) deglassare.

déglingué [deglɛ̃ge] *agg.* sfasciato.

déglinguer [deglɛ̃ge] *v.tr.* (*fam.*) sfasciare, scassare.

déglutir [deglytir] *v.tr.* deglutire.

déglutition [deglytisjɔ̃] *s.f.* deglutizione.

dégobiller [degɔbije] *v.tr.* (*fam.*) vomitare.

dégoiser [degwaze] *v.tr.* (*fam.*) blaterare.

dégommer [degɔme] *v.tr.* (*fam.*) licenziare.

dégonder [degɔ̃de] *v.tr.* scardinare.

dégonflage [degɔ̃flaʒ] *s.m.* sgonfiamento.

dégonflement [degɔ̃flǝmɑ̃] *s.m.* sgonfiamento.
dégonfler [degɔ̃fle] *v.tr.* sgonfiare □ **se dégon-**
fler *v.pron.* sgonfiarsi; (*fig.*) perdersi d'animo.
dégorgement [degɔRʒǝmɑ̃] *s.m.* **1** sgorgo, sca-
rico || (*med. pop.*) — *de la bile*, travaso di bile **2**
(*tess.*) spurgo **3** (*enol.*) sboccatura (*f.*).
dégorger [degɔRʒe] (*coniug. come* manger)
v.tr. **1** stasare **2** (*tess.*) purgare (la lana) ♦ *v.*
intr. **1** scaricare **2** *faire* —, far spurgare.
dégot(t)er [degɔte] *v.tr.* (*fam.*) scovare || *il a*
dégoté un de ces rhumes!, si è beccato uno di quei
raffreddori!
dégouliner [deguline] *v.intr.* (*fam.*) colare, sgocciolare.
dégoupiller [degupije] *v.tr.* togliere la coppiglia a.
dégourdi [deguRdi] *agg.* (*fam.*) sveglio, dritto.
dégourdir [deguRdiR] *v.tr.* **1** sgranchire **2** (*fig.*)
sveltire, rendere disinvolto □ **se dégourdir**
v.pron. sgranchirsi.
dégoût [degu] *s.m.* disgusto, nausea (*f.*)
dégoûtant [degutɑ̃] *agg.* disgustoso, ripugnante.
dégoûtation [degutɑsjɔ̃] *s.f.* (*fam.*) schifo (*m.*).
dégoûté [degute] *agg.* **1** disgustato, nauseato **2** (*di persona*) schizzinoso ♦ *s.m.* schizzinoso.
dégoûter [degute] *v.tr.* disgustare □ **se dégoûter**
v.pron. disgustarsi, stancarsi (di).
dégoutter [degute] *v.intr.* sgocciolare.
dégradable [degRadabl] *agg.* degradabile.
dégradant [degRadɑ̃] *agg.* degradante.
dégradation [degRadasjɔ̃] *s.f.* **1** deterioramento (*m.*), degrado (*m.*): *en état de* —, degradato **2**
abiezione (morale) **3** destituzione || — *civique*,
perdita dei diritti civili.
dégradé [degRade] *agg.* sfumato ♦ *s.m.* sfumatura (*f.*): *un effet de* —, un gioco di toni sfumati.
dégrader[1] [degRade] *v.tr.* **1** deteriorare **2** degradare (moralmente) **3** destituire (da una carica ecc.) □ **se dégrader** *v.pron.* **1** deteriorarsi **2**
degradarsi (moralmente).
dégrader[2] *v.tr.* **1** sfumare (i colori) **2** scalare (i
capelli).
dégrafer [degRafe] *v.tr.* slacciare □ **se dégrafer**
v.pron. slacciarsi.
dégraissage [degREsaʒ] *s.m.* **1** sgrassatura (*f.*);
(*estens.*) repulisti **2** smacchiatura (*f.*).
dégraisser [degRese] *v.tr.* **1** sgrassare; (*estens.*)
ripulire **2** smacchiare.
degré[1] [dǝgRe] *s.m.* grado || — *alcoolique*, grada-
zione alcolica || *le dernier* —, il massimo grado;
au dernier —, all'ultimo stadio; *au plus haut* —,
in sommo grado || *cousins au premier* —, cugini
di primo grado || *par* —, *par degrés*, per gradi.
degré[2] *s.m.* scalino, grado (*anche fig.*).
dégressif [degResif] (*f. -ive*) *agg.* decrescente ||
(*econ.*): *tarif*, *intérêt* —, tariffa, interesse scalare;
impôt, *taux* —, imposta, aliquota regressiva.
dégrèvement [degREvmɑ̃] *s.m.* sgravio (fiscale).
dégrever [degRǝve] (*coniug. come* semer) *v.tr.*
(*fin.*) sgravare.

dégriffer [degRife] *v.tr.* togliere l'etichetta a un
capo firmato (per venderlo a prezzo ridotto).
dégringolade [degRẽgɔlad] *s.f.* (*fam.*) ruzzolone
(*m.*), capitombolo (*m.*); (*fig.*) crollo (*m.*).
dégringoler [degRẽgɔle] *v.intr.* (*fam.*) ruzzolare,
precipitare; (*fig.*) crollare: — *dans l'escalier*, ruzzolare dalle scale ♦ *v.tr.* scendere di corsa.
dégriser [degRize] *v.tr.* **1** far passare la sbornia
(a) **2** (*fig.*) disilludere □ **se dégriser** *v.pron.* farsi
passare l'ubriacatura.
dégrossi [degRosi] *agg.*: *mal* —, rozzo.
dégrossir [degRosiR] *v.tr.* **1** sgrossare **2** (*fig.*)
dirozzare □ **se dégrossir** *v.pron.* (*fig.*) dirozzarsi.
dégroupement [degRupmɑ̃] *s.m.* ripartizione
(*f.*).
dégrouper [degRupe] *v.tr.* separare.
déguenillé [degnije] *agg.* cencioso ♦ *s.m.* straccione.
déguerpir [degɛRpiR] *v.intr.* svignarsela, darsela
a gambe: *faire* — *qqn*, far sloggiare qlcu.
dégueu [degø] *agg.* e *s.m.*, **dégueulasse** [degœ
(ø)las] *agg.* (*molto fam.*) schifoso, lurido: *c'est pas*
—!, (è) proprio buono!, niente male!
dégueuler [degœle] *v.tr.* (*molto fam.*) vomitare.
déguisé [degize] *agg.* camuffato, mascherato.
déguisement [degizmɑ̃] *s.m.* camuffamento,
mascheramento.
déguiser [degize] *v.tr.* camuffare, mascherare
(*anche fig.*); contraffare □ **se déguiser** *v.pron.* camuffarsi, mascherarsi: *se* — *en Pierrot*, mascherarsi da Pierrot.
dégustateur [degystatœR] (*f. -trice*) *s.m.* assaggiatore, degustatore.
dégustation [degystasjɔ̃] *s.f.* degustazione.
déguster [degyste] *v.tr.* degustare; (*savourer*) as-
saporare || *il en a dégusté de toutes les couleurs!*,
ne ha viste di tutti i colori!; *qu'est-ce qu'on a dé-*
gusté!, che cosa non ci è toccato!
déhanché [deɑ̃ʃe] *agg.* ancheggiante.
déhanchement [deɑ̃ʃmɑ̃] *s.m.* ancheggiamento.
déhancher, se [sǝdeɑ̃ʃe] *v.pron.* **1** ancheggiare **2** portare il peso del corpo su una sola gamba.
dehors [dǝɔR] *avv.* fuori || *mettre qqn* —, mettere
qlcu fuori, alla porta ♦ *s.m.* **1** (l')esterno, il fuori:
venir du —, venire da fuori, dall'esterno; *les*
bruits du —, i rumori esterni **2** (*spec.pl.*) apparenza (*f.*): *des* — *trompeurs*, delle apparenze in-
gannevoli; *juger qqn sur ses* —, giudicare qlcu
dalle apparenze □ **au(-)dehors** *locuz.avv.* (in)
fuori: *se pencher au (o en)* —, sporgersi □ **de de-**
hors, par(-)dehors *locuz.avv.* da fuori, dal di fuori, dall'esterno □ **en dehors** *locuz.avv.* in fuori □
en dehors de *locuz.prep.* fuori di, al di fuori di:
ceci est en — *de ma compétence*, questo è fuori,
esula dalla mia competenza; *en* — *de cela*, oltre a
ciò; *cela s'est fait en* — *de moi*, è accaduto a mia
insaputa; *être en* — *de la question*, essere fuori tema; non essere chiamato in causa.
déifier [deifje] *v.tr.* deificare.
déjà [deʒa] *avv.* già || (*fam.*): *ce n'est* — *pas si mal*,
non è davvero male; *comment t'appelles-tu* —?, a
proposito, come ti chiami?

déjà-vu [deʒavy] (pl. *invar.*) *s.m.* (*fam.*) banalità (*f.*) **2** (*psic.*) déjà-vu.

déjection [deʒɛksjɔ̃] *s.f.* deiezione.

déjeté [dɛʒte] *agg.* deforme, malridotto.

déjeuner[1] [deʒœne] *v.intr.* pranzare (a mezzogiorno); fare (la prima) colazione.

déjeuner[2] *s.m.* **1** pranzo, colazione (*f.*) || *un — de soleil*, (*fig.*) una cosa effimera **2** *petit —*, prima colazione **3** (*in Belgio, Canada*) prima colazione.

déjouer [deʒwe] *v.tr.* sventare, eludere.

déjuger, se [sədeʒyʒe] *v.pron.* ricredersi.

delà [dəla] *avv.*: *deçà et —*, qua e là || *au —*, → au-delà; *par —*, → par-delà.

délabré [delabʀe] *agg.* malandato, in cattivo stato; (*fig.*) malfermo.

délabrement [delɑ(a)bʀəmɑ̃] *s.m.* sfacelo, rovina (*f.*).

délabrer [delabʀe] *v.tr.* rovinare, danneggiare □ **se délabrer** *v.pron.* andare in rovina: *sa santé se délabre*, la sua salute peggiora.

délacer [dela(ɑ)se] (*coniug. come* placer) *v.tr.* slacciare.

délai [delɛ] *s.m.* **1** termine, limite (di tempo) || *dans les délais*, nei limiti di tempo previsti; *dans les plus brefs délais*, nel più breve tempo possibile || *à bref —*, a breve scadenza **2** dilazione (*f.*), proroga (*f.*) || *sans —*, senza indugio.

délaissé [delese] *agg.* trascurato.

délaissement [delɛsmɑ̃] *s.m.* abbandono.

délaisser [delese] *v.tr.* trascurare.

délassant [delasɑ̃] *agg.* rilassante.

délassement [delasmɑ̃] *s.m.* **1** distensione (*f.*), riposo **2** (*loisir*) svago.

délasser [delase] *v.tr.* distendere, rilassare □ **se délasser** *v.pron.* distendersi, rilassarsi.

délateur [delatœʀ] (f. -*trice*) *s.m.* delatore.

délation [delasjɔ̃] *s.f.* delazione.

délavé [delave] *agg.* slavato, sbiadito.

délaver [delave] *v.tr.* **1** sbiadire **2** intridere (d'acqua).

délayage [delejaʒ] *s.m.* diluizione (*f.*); (*fig.*) prolissità (*f.*).

délayer [deleje] (*coniug. come* payer) *v.tr.* stemperare; (*un liquido*) diluire (*anche fig.*).

delco [delko] *s.m.* (*aut.*) spinterogeno.

délectable [delɛktabl] *agg.* (*letter.*) delizioso.

délectation [delɛktasjɔ̃] *s.f.* diletto (*m.*), piacere (*m.*).

délecter, se [sədelɛkte] *v.pron.* dilettarsi.

délégation [delegasjɔ̃] *s.f.* **1** delega: *par —*, per delega **2** (*di persone*) delegazione || *— syndicale*, consiglio di fabbrica.

délégué [delege] *agg.* e *s.m.* delegato || *— syndical*, rappresentante sindacale.

déléguer [delege] (*coniug. come* céder) *v.tr.* delegare.

délestage [delɛstaʒ] *s.m.* scarico (della zavorra); (*estens.*) alleggerimento || *itinéraire de —*, percorso alternativo (in caso di traffico intenso).

délester [delɛste] *v.tr.* alleggerire (di un peso) ||

— de son portefeuille, (*fam.*) alleggerire del portafoglio.

délétère [deletɛʀ] *agg.* deleterio, nocivo.

délibérant [deliberɑ̃] *agg.* deliberante.

délibératif [deliberatif] (f. -*ive*) *agg.* deliberativo || *avoir voix délibérative*, aver diritto di voto.

délibération [deliberasjɔ̃] *s.f.* **1** discussione || *après mûre —*, dopo lunga riflessione **2** (*dir.*) deliberazione, delibera.

délibéré [delibeʀe] *agg.* **1** deliberato, intenzionale || *de propos —*, di proposito **2** (*di persona*) risoluto, deciso ♦ *s.m.* (*dir.*) deliberazione in camera di consiglio.

délibérément [deliberemɑ̃] *avv.* deliberatamente.

délibérer [delibeʀe] (*coniug. come* céder) *v.intr.* deliberare (qlco).

délicat [delika] *agg.* **1** delicato || *un esprit —*, un spirito raffinato || *conscience délicate*, coscienza scrupolosa **2** esigente, difficile ♦ *s.m.* difficile, esigente: *il fait le —*, fa lo schizzinoso.

délicatesse [delikates] *s.f.* delicatezza.

délice [delis] *s.m.* (*f. al pl. salvo nelle espressioni*: un de mes, ses, etc., un des, le plus grand des, etc.) delizia (*f.*) || *faire ses délices de*, andar pazzo per.

délicieux [delisjø] (f. -*euse*) *agg.* delizioso || **-esement** *avv.*

délictueux [deliktɥø] (f. -*euse*) *agg.* delittuoso.

délié[1] [delje] *agg.* sciolto || *avoir la langue déliée*, avere la parlantina.

délié[2] [delje] *agg.* sottile ♦ *s.m.* (*scrittura*) filetto.

délier [delje] *v.tr.* slegare; (*fig.*) sciogliere || *sans bourse —*, senza spendere una lira.

délimitation [delimitasjɔ̃] *s.f.* delimitazione.

délimiter [delimite] *v.tr.* delimitare.

délinquance [delɛ̃kɑ̃s] *s.f.* delinquenza.

délinquant [delɛ̃kɑ̃] *agg.* e *s.m.* delinquente: *enfance délinquante*, delinquenza minorile.

déliquescence [delikesɑ̃s] *s.f.* **1** (*chim.*) deliquescenza **2** (*fig.*) decadenza.

déliquescent [delikesɑ̃] *agg.* **1** (*chim.*) deliquescente **2** (*fig.*) decadente; decrepito.

délirant [delirɑ̃] *agg.* e *s.m.* **1** delirante; (*estens.*) farneticante, sfrenato || *une idée délirante*, un'idea folle **2** (*fam.*) molto divertente: *c'était —!*, era da morir dal ridere!

délire [delir] *s.m.* delirio || *c'est du —!*, è una vera follia!; *c'est le —!*, è la fine del mondo! || *— de persécution*, mania di persecuzione.

délirer [deliʀe] *v.intr.* delirare: *— de joie*, essere pazzo di gioia.

délit [deli] *s.m.* reato, delitto: *prendre en flagrant —*, cogliere in flagrante || *— de droit commun*, reato minore; *— d'imprudence*, reato colposo; *— de fuite*, reato di omissione di soccorso.

délivrance [delivrɑ̃s] *s.f.* **1** liberazione **2** rilascio (*m.*), consegna **3** (*med.*) secondamento (durante il parto).

délivrer [delivre] *v.tr.* **1** liberare **2** rilasciare; consegnare, rilasciare (una lettera ecc.) □ **se délivrer** *v.pron.* liberarsi.

déloger [deloʒe] (*coniug. come* manger) *v.intr.* **1** sloggiare **2** (*in Belgio*) dormire fuori casa ♦ *v.tr.* (far) sloggiare.

déloyal [delwajal] (pl. *-aux*) *agg.* sleale.

déloyauté [delwajote] *s.f.* slealtà.

delta [dɛlta] *s.m.* delta.

deltaplane [dɛltaplan] *s.m.* deltaplano.

déluge [delyʒ] *s.m.* diluvio: *un* — *de larmes*, un torrente di lacrime || *remonter au* —, (*fam.*) risalire ad Adamo ed Eva.

déluré [delyʀe] *agg.* **1** disinvolto, spigliato **2** sfrontato.

démagnétiser [demaɲetize] *v.tr.* smagnetizzare.

démagogie [demagɔʒi] *s.f.* demagogia.

démagogique [demagɔʒik] *agg.* demagogico.

démagogue [demagɔg] *agg.* e *s.m.* demagogo.

démailler [demɑje] *v.tr.* smagliare □ **se démailler** *v.pron.* smagliarsi.

démailloter [demajɔte] *v.tr.* sfasciare (un neonato).

demain [dəmɛ̃] *avv.* e *s.m.* domani: *dans la nuit de* —, domani notte || *(de)* — *en huit*, domani a otto || *ce n'est pas pour* —!, *ce n'est pas* — (*la veille*), ce ne vuole di tempo!

démanché [demɑ̃ʃe] *agg.* senza manico.

démancher [demɑ̃ʃe] *v.tr.* **1** togliere il manico a **2** (*estens.*) slogare □ **se démancher** *v.pron.* **1** uscire dal manico **2** slogarsi **3** (*fam.*) farsi in quattro.

demande [dəmɑ̃d] *s.f.* **1** domanda, richiesta: *faire une* —, inoltrare una domanda, formulare una richiesta; *à*, *sur la* — *de*, a richiesta di; *sur votre* —, dietro vostra richiesta; *selon la* —, come da richiesta || — *en mariage*, domanda di matrimonio; — *en divorce*, istanza di divorzio || (*comm.*) *l'offre et la* —, la domanda e l'offerta **2** (*alle carte*) dichiarazione: — *à trèfle*, chiamata a fiori.

demandé [dəmɑ̃de] *agg.* richiesto.

demander [dəmɑ̃de] *v.tr.* **1** chiedere: *je demande que vous m'écoutiez*, vi chiedo di ascoltarmi, che mi ascoltiate; *elle demande à voir l'appartement*, chiede di vedere l'appartamento || *il ne demande pas mieux que de s'en aller*, non chiede di meglio che andarsene; *je n'en demande pas tant*, non chiedo tanto || *je vous demande un peu!*, figuratevi un po'! || *partir sans* — *son reste*, andarsene via di corsa **2** chiedere, informarsi (di qlco): — *son chemin*, chiedere la strada; *on te demande*, chiedono di te, ti vogliono || *on ne vous a rien demandé!*, (*fam.*) si faccia i fatti suoi! **3** chiamare, far venire: — *un médecin, un taxi*, chiamare un medico, un taxi **4** richiedere: *on demande beaucoup cet article*, questo articolo è molto richiesto || *on demande des vendeurs*, cercansi commessi **5** *se* —, domandarsi: *je me demande ce qu'il va devenir*, mi domando che cosa ne sarà di lui.

demandeur [dəmɑ̃dœʀ] *s.m.* **1** (f. *-euse*) richiedente: — *d'emploi*, disoccupato **2** (*dir.*) (f. *-eresse*) citante, querelante.

démangeaison [demɑ̃ʒɛzɔ̃] *s.f.* **1** prurito (*m.*) **2** (*fig.*) voglia.

démanger [demɑ̃ʒe] (*coniug. come* manger) *v.intr.* prudere, pizzicare || *ça me démange de*, (*fig.*) ho una voglia matta di.

démantèlement [demɑ̃tɛlmɑ̃] *s.m.* smantellamento.

démanteler [demɑ̃tle] (*coniug. come* semer) *v.tr.* smantellare.

démantibuler [demɑ̃tibyle] *v.tr.* sconquassare, sfasciare.

démaquillage [demakijaʒ] *s.m.* struccatura (*f.*).

démaquillant [demakijɑ̃] *agg.* e *s.m.* detergente.

démaquiller [demakije] *v.tr.* struccare □ **se démaquiller** *v.pron.* struccarsi.

démarabouter [demaʀabute] *v.intr.* (*in Costa d'Avorio*) togliere un incantesimo.

démarcation [demaʀkasjɔ̃] *s.f.* demarcazione.

démarchage [demaʀʃaʒ] *s.m.* vendita porta a porta.

démarche [demaʀʃ] *s.f.* **1** andatura || *les démarches intellectives*, i processi intellettivi **2** (*fig.*) tentativo (*m.*), mossa: *faire les démarches nécessaires pour*, fare le pratiche necessarie per; *faire les premières démarches*, fare i primi passi || *démarches occultes*, intrallazzi.

démarcheur [demaʀʃœʀ] (f. *-euse*) *s.m.* propagandista.

démarquage [demaʀkaʒ] *s.m.* **1** il togliere il marchio a; (*fig.*) plagio **2** (*sport*) smarcamento.

démarquer [demaʀke] *v.tr.* **1** togliere il marchio a **2** copiare alterando (un testo); plagiare **3** (*comm.*) abbassare il prezzo (di) □ **se démarquer** *v.pron.* **1** (*sport*) smarcarsi **2** (*fig.*) prendere le distanze da.

démarrage [demaʀaʒ] *s.m.* avvio, avviamento, partenza (*f.*) (*anche fig.*).

démarrer [demaʀe] *v.tr.* (*fam.*) avviare, iniziare ♦ *v.intr.* **1** (*mecc.*) mettersi in moto; (*estens.*) partire, muoversi **2** (*fig.*) prendere il via: *faire* —, avviare.

démarreur [demaʀœʀ] *s.m.* motorino d'avviamento.

démasquer [demaske] *v.tr.* smascherare || — *ses batteries*, (*fig.*) scoprire le proprie carte.

dématérialiser [demateʀjalize] *v.tr.* smaterializzare.

démêlage [demɛlaʒ] *s.m.* lo sbrogliare.

démêlant [demelɑ̃] *s.m.* balsamo per capelli.

démêlé [demele] *s.m.* litigio; *pl.* seccature (*f.*).

démêler [demele] *v.tr.* sbrogliare, districare (*anche fig.*); chiarire.

démêloir [demelwaʀ] *s.m.* pettine rado.

démêlures [demelyʀ] *s.f.pl.* capelli caduti.

démembrement [demɑ̃bʀəmɑ̃] *s.m.* smembramento.

démembrer [demɑ̃bʀe] *v.tr.* smembrare.

déménagement [demenaʒmɑ̃] *s.m.* trasloco.

déménager [demenaʒe] (*coniug. come* manger) *v.tr.* e *intr.* traslocare || *tu déménages!*, (*fam.*) tu sragioni!

déménageur [demenaʒœʀ] *s.m.* **1** impresario di traslochi **2** operaio addetto ai traslochi.

démence [demãs] *s.f.* demenza; (*fig.*) pazzia.

démener, se [sədɛmne] (*coniug. come* semer) *v.pron.* dimenarsi, agitarsi; (*fig.*) affannarsi (a).

dément [demã] *agg.* e *s.m.* demente, (*fig.*) folle.

démenti [demãti] *s.m.* smentita (*f.*): *donner un* — *à,* smentire.

démentiel [demãsjɛl] (f. *-elle*) *agg.* demenziale.

démentir [demãtiʀ] (*coniug. come* mentir) *v.tr.* smentire: *il dément l'avoir vu,* smentisce di averlo visto □ **se démentir** *v.pron.* smentirsi.

démerde [demɛʀd] *s.f.* (*molto fam.*) capacità di cavarsela.

démerder, se [sədɛmɛʀde] *v.pron.* (*molto fam.*) sbrogliarsela: *il s'est bien démerdé,* se l'è sbrogliata bene.

démérite [demeʀit] *s.m.* (*letter.*) demerito.

démériter [demeʀite] *v.intr.* demeritare: *il n'a jamais démérité,* si è sempre comportato bene || — (*auprès*) *de qqn,* perdere la stima di qlcu.

démesure [demǝzyʀ] *s.f.* dismisura, eccesso (*m.*).

démesuré [demǝzyʀe] *agg.* smisurato || **-ément** *avv.*

démettre[1] [demɛtʀ] (*coniug. come* mettre) *v.tr.* lussare, slogare.

démettre[2] *v.tr.* destituire □ **se démettre** *v.pron.* dimettersi.

demeurant, au [odǝmœʀã] *locuz.avv.* dopo tutto.

demeure [dǝmœʀ] *s.f.* **1** dimora || *à* —, in pianta stabile **2** (*dir.*) mora: *mise en* —, costituzione in mora, (*estens.*) ultimatum; *mettre qqn en* — *de,* ingiungere a qlcu di || *il n'y a pas péril en la* —, non c'è pericolo immediato.

demeuré [dǝmœʀe] *agg.* e *s.m.* (*fam.*) scemo.

demeurer [dǝmœʀe] *v.intr.* **1** abitare **2** restare, rimanere || *demeurons-en là,* fermiamoci qui.

demi[1] [dǝmi] *agg.* (*invar. quando precede il nome che qualifica*) mezzo: *trois heures et demie,* tre ore e mezzo; *des* — *mesures,* delle mezze misure ♦ *avv.* a metà: *une boîte* — *pleine,* una scatola piena a metà, semivuota; *un mur* — *détruit,* un muro semidistrutto □ **à demi** *locuz.avv.* a metà: *tu fais toujours les choses à* —, fai sempre le cose a metà; *la maison était à* — *détruite,* la casa era semidistrutta; *à* — *nu,* mezzo nudo || *il dormait à* — *en m'écoutant,* quasi dormiva ascoltandomi.

demi[2] *s.m.* **1** metà (*f.*), mezzo: *un* — *me suffit,* mezzo mi basta, me ne basta una metà || *boire un* —, bere un bicchiere di birra (alla spina) **2** (*sport*) mediano.

demi- *pref.* semi-; mezzo/a (*agg.*).

demi-bouteille [dǝmibutɛj] (pl. *demi-bouteilles*) *s.f.* mezza bottiglia. bottiglietta (con la capacità di 37 cl).

demi-centre [dǝmisãtʀ] (pl. *demi-centres*) *s.m.* (*football*) centromediano.

demi-cercle [dǝmisɛʀkl] (pl. *demi-cercles*) *s.m.* **1** semicerchio **2** goniometro.

demi-deuil [dǝmidœj] (pl. *demi-deuils*) *s.m.* mezzo lutto.

demi-dieu [dǝmidjø] (pl. *demi-dieux*) *s.m.* semidio.

demi-douzaine [dǝmiduzɛn] (pl. *demi-douzaines*) *s.f.* mezza dozzina.

demi-droite [dǝmidʀwat] (pl. *demi-droites*) *s.f.* semiretta.

demie [dǝmi] *s.f.* **1** metà, mezzo (*m.*) **2** (*di ora*) mezza: *partir à la* —, partire alla mezza **3** mezza bottiglia.

demi-finale [dǝmifinal] (pl. *demi-finales*) *s.f.* semifinale.

demi-finaliste [dǝmifinalist] (pl. *demi-finalistes*) *s.m.* semifinalista.

demi-fond [dǝmifɔ̃] *s.m.* (pl. *invar.*) (*sport*) mezzofondo.

demi-frère [dǝmifʀɛʀ] (pl. *demi-frères*) *s.m.* fratellastro.

demi-heure [dǝmijœʀ] (pl. *demi-heures*) *s.f.* mezz'ora.

demi-jour [dǝmiʒuʀ] (pl. *invar.*) *s.m.* penombra (*f.*).

demi-journée [dǝmiʒuʀne] (pl. *demi-journées*) *s.f.* mezza giornata.

démilitarisation [demilitaʀizasjɔ̃] *s.f.* smilitarizzazione.

démilitariser [demilitaʀize] *v.tr.* smilitarizzare.

demi-litre [dǝmilitʀ] (pl. *demi-litres*) *s.m.* mezzo litro.

demi-longueur [dǝmilɔ̃gœʀ] (pl. *demi-longueurs*) *s.f.* (*sport*) mezza lunghezza.

demi-lune [dǝmilyn] (pl. *demi-lunes*) *s.f.* mezza luna || *en* —, a (forma di) mezzaluna.

demi-mal [dǝmimal] (pl. *demi-maux*) *s.m.* inconveniente meno grave del previsto: *il n'y a que* —, poteva andare peggio.

demi-mot, à [adǝmimo] *locuz.avv.*: *comprendre à* —, capire al volo.

déminage [demina ʒ] *s.m.* (*mil.*) sminamento.

déminer [demine] *v.tr.* (*mil.*) sminare.

demi-pause [dǝmipoz] (pl. *demi-pauses*) *s.f.* (*mus.*) pausa di semibreve.

demi-pension [dǝmipãsjɔ̃] (pl. *demi-pensions*) *s.f.* mezza pensione || *régime de* —, servizio di refezione scolastica.

demi-pensionnaire [dǝmipãsjɔneʀ] (pl. *demi-pensionnaires*) *s.m.* chi sta a mezza pensione; (*a scuola*) allievo che fruisce della refezione scolastica.

demi-place [dǝmiplas] (pl. *demi-places*) *s.f.* biglietto a metà prezzo.

demi-plan [dǝmiplã] (pl. *demi-plans*) *s.m.* (*mat.*) semipiano.

demi-portion [dǝmipɔʀsjɔ̃] (pl. *demi-portions*) *s.f.* mezza porzione; (*fig. fam.*) mezza cartuccia.

demi-produit [dǝmipʀɔdμi] (pl. *demi-produits*) *s.m.* semilavorato.

demi-queue [dǝmikø] (pl. *demi-queues*) *s.m.* pianoforte a mezza coda ♦ *agg.invar.* (*di pianoforte*) a mezza coda.

démis [demi] *part.pass. di* démettre.
demi-saison [dəmisɛzɔ̃] (pl. *demi-saisons*) *s.f.* mezza stagione.
demi-sang [dəmisɑ̃] (pl. *invar.*) *s.m.* mezzosangue.
demi-sel [dəmisɛl] *agg.* (pl. *invar.*) leggermente salato ♦ *s.m.* (pl. *invar.*) formaggio fresco leggermente salato; (*fam.*) mezza calzetta (*f.*).
demi-sœur [dəmisœr] (pl. *demi-sœurs*) *s.f.* sorellastra.
demi-sommeil [dəmisɔmɛj] (pl. *demi-sommeils*) *s.m.* dormiveglia.
demi-soupir [dəmisupir] (pl. *demi-soupirs*) *s.m.* (*mus.*) pausa di croma.
démission [demisjɔ̃] *s.f.* dimissioni (*pl.*).
démissionnaire [demisjɔnɛr] *agg. e s.m.* dimissionario.
démissionner [demisjɔne] *v.intr.* dare le dimissioni.
demi-tarif [dəmitarif] (pl. *demi-tarifs*) *agg. e s.m.* (a) metà prezzo, (a) tariffa ridotta.
demi-teinte [dəmitɛ̃t] (pl. *demi-teintes*) *s.f.* mezzatinta.
demi-ton [dəmitɔ̃] (pl. *demi-tons*) *s.m.* (*mus.*) semitono, mezzo tono.
demi-tour [dəmitur] (pl. *demi-tours*) *s.m.* mezzo giro; (*aut.*) inversione di marcia || *faire —*, (*anche fig.*) fare dietrofront.
démiurge [demjyrʒ] *s.m.* demiurgo.
demi-voix, à [adəmivwa] *locuz.avv.* sottovoce.
démobilisation [demɔbilizasjɔ̃] *s.f.* smobilitazione.
démobiliser [demɔbilize] *v.tr.* smobilitare.
démocrate [demɔkrat] *agg. e s.m.* democratico.
démocratie [demɔkrasi] *s.f.* democrazia.
démocratique [demɔkratik] *agg.* democratico || **-ement** *avv.*
démocratisation [demɔkratizasjɔ̃] *s.f.* democratizzazione.
démocratiser [demɔkratize] *v.tr.* democratizzare.
démodé [demɔde] *agg.* fuori moda.
démoder, se [sədemɔde] *v.pron.* passare di moda.
démographie [demɔɡrafi] *s.f.* demografia.
démographique [demɔɡrafik] *agg.* demografico.
demoiselle [dəmwazɛl] *s.f.* **1** signorina: — *d'honneur*, damigella d'onore; — *de compagnie*, dama di compagnia **2** (*zool. pop.*) damigella.
démolir [demɔlir] *v.tr.* **1** demolire || *roman démoli par la critique*, romanzo stroncato dalla critica **2** (*fig.*) rovinare **3** (*fam.*) massacrare, fracassare.
démolisseur [demɔlisœr] (f. *-euse*) *agg. e s.m.* demolitore.
démolition [demɔlisjɔ̃] *s.f.* **1** demolizione **2** *pl.* macerie.
démon [demɔ̃] *s.m.* demone, demonio.
démonétiser [demɔnetize] *v.tr.* demonetizzare.
démoniaque [demɔnjak] *agg.* demoniaco ♦ *s.m.* indemoniato.

démonstrateur [demɔ̃stratœr] (f. *-trice*) *s.m.* dimostratore.
démonstratif [demɔ̃stratif] (f. *-ive*) *agg.* **1** dimostrativo **2** espansivo ♦ *s.m.* (*gramm.*) dimostrativo.
démonstration [demɔ̃strasjɔ̃] *s.f.* dimostrazione.
démontable [demɔ̃tabl] *agg.* smontabile.
démontage [demɔ̃taʒ] *s.m.* smontaggio.
démonter [demɔ̃te] *v.tr.* smontare (*anche fig.*) || *mer démontée*, mare in tempesta □ **se démonter** *v.pron.* (*fig.*) smontarsi.
démontrable [demɔ̃trabl] *agg.* dimostrabile.
démontrer [demɔ̃tre] *v.tr.* dimostrare || *ce qu'il fallait —* (*CQFD*), come volevasi dimostrare || *— par A plus B*, provare in modo inoppugnabile.
démoralisant [demɔralizɑ̃] *agg.* deprimente.
démoralisation [demɔralizasjɔ̃] *s.f.* demoralizzazione.
démoraliser [demɔralize] *v.tr.* demoralizzare □ **se démoraliser** *v.pron.* demoralizzarsi.
démordre [demɔrdr] (*coniug. come* mordre) *v.intr.* demordere.
démotiver [demɔtive] *v.tr.* demotivare.
démoulage [demulaʒ] *s.m.* il togliere dallo stampo.
démouler [demule] *v.tr.* togliere dallo stampo.
démultiplication [demyltiplikasjɔ̃] *s.f.* (*mecc.*) demoltiplica.
démultiplier [demyltiplije] *v.tr.* (*mecc.*) demoltiplicare.
démunir [demynir] *v.tr.* sguarnire; (*priver*) privare || *démuni d'argent*, sprovvisto di denaro □ **se démunir** *v.pron.* privarsi (di).
démystifier [demistifje] *v.tr.* **1** svelare; demistificare **2** smitizzare.
démythification [demitifikasjɔ̃] *s.f.* demistificazione; smitizzazione.
démythifier [demitifje] *v.tr.* smitizzare.
dénationalisation [denasjɔnalizasjɔ̃] *s.f.* denazionalizzazione.
dénationaliser [denasjɔnalize] *v.tr.* denazionalizzare; privatizzare.
dénaturaliser [denatyralize] *v.tr.* privare della naturalizzazione.
dénaturé [denatyre] *agg.* **1** snaturato **2** (*chim.*) denaturato.
dénaturer [denatyre] *v.tr.* **1** snaturare **2** (*chim.*) denaturare.
dénégation [denegasjɔ̃] *s.f.* **1** diniego (*m.*); negazione (*anche psic.*) **2** disconoscimento (*m.*).
déneiger [deneʒe] *v.tr.* spazzare la neve (da).
déni [deni] *s.m.* **1** diniego **2** (*psic.*) rifiuto.
déniaiser [denjeze] *v.tr.* scaltrire, smaliziare.
dénicher [denife] *v.tr.* snidare, scovare (*anche fig.*) ♦ *v.intr.* lasciare il nido.
dénicotiniser [denikɔtinize] *v.tr.* denicotinizzare.
denier [dənje] *s.m.* **1** denaro (antica moneta) || *— du culte*, offerte dei cattolici per il mantenimento del clero **2** *pl.* denaro (*sing.*), soldi || *les deniers publics*, il denaro pubblico.

dénier [denje] *v.tr.* negare, rifiutare.

dénigrement [denigʀəmã] *s.m.* denigrazione (*f.*).

dénigrer [denigʀe] *v.tr.* denigrare.

dénigreur [denigʀœʀ] (f. *-euse*) *s.m.* denigratore.

dénivelée [denivəle] *s.f.* dislivello (*m.*).

dénivellation [denivɛllasjõ] *s.f.*, **dénivellement** [denivɛlmã] *s.m.* dislivello (*m.*).

dénombrable [denõbʀabl] *agg.* 1 computabile, enumerabile 2 (*mat.*) numerabile.

dénombrement [denõbʀəmã] *s.m.* 1 computo, conto 2 censimento.

dénombrer [denõbʀe] *v.tr.* 1 contare 2 censire.

dénominateur [denominatœʀ] *s.m.* 1 (*mat.*) denominatore 2 (*fig.*) punto in comune.

dénominatif [denominatif] (f. *-ive*) *agg.* e *s.m.* denominativo.

dénomination [denominasjõ] *s.f.* denominazione.

dénommé [denome] *agg.* denominato: *un — Jean*, un certo Jean.

dénommer [denome] *v.tr.* denominare.

dénoncer [denõse] (*coniug. come* placer) *v.tr.* denunciare.

dénonciateur [denõsjatœʀ] (f. *-trice*) *agg.* che denuncia ♦ *s.m.* delatore, informatore.

dénonciation [denõsjasjõ] *s.f.* denuncia ‖ (*dir.*) *non — d'un crime*, occultamento di reato.

dénoter [denote] *v.tr.* denotare.

dénouement [denumã] *s.m.* scioglimento: *le — d'une aventure*, l'epilogo di un'avventura.

dénouer [denwe] *v.tr.* 1 slegare ‖ *— la langue*, sciogliere la lingua 2 dipanare (*anche fig.*) □ **se dénouer** *v.pron.* sciogliersi (*anche fig.*).

dénoyauter [denwajote] *v.tr.* snocciolare.

denrée [dãʀe] *s.f.* derrata: *denrées alimentaires*, derrate, generi alimentari; *denrées périssables*, prodotti deperibili ‖ *une — rare*, (*fig.*) una rarità.

dense [dãs] *agg.* denso: *brouillard —*, nebbia fitta ‖ *un style —*, uno stile compatto e conciso.

densifier [dãsifje] *v.tr.* e *intr.* addensare.

densité [dãsite] *s.f.* densità.

dent [dã] *s.f.* dente (*m.*): *— de sagesse*, dente del giudizio; *faire ses dents*, mettere i denti; *une rage de dents*, un tremendo mal di denti ‖ *à belles dents*, (*fig.*) a quattro palmenti, (*fig.*) con avidità ‖ *manger du bout des dents*, mangiucchiare ‖ *être sur les dents*, essere in febbrile attesa ‖ *avoir une — contre qqn*, avere il dente avvelenato contro qlcu ‖ *avoir les dents longues*, avere fame; (*fig.*) essere avido ‖ *avoir la — dure*, essere severissimo (di una critica) ‖ *se casser les dents*, (*fig.*) avere la peggio; *un coup de —*, morso; (*fig.*) una stoccata.

dentaire [dãtɛʀ] *agg.* dentario.

dental [dãtal] (pl. *-aux*) *agg.* dentale.

denté [dãte] *agg.* dentato.

dentelé [dãtle] *agg.* dentellato; frastagliato ♦ *s.m.* (*anat.*) dentato.

dentelle [dãtɛl] *s.f.* merletto (*m.*), pizzo (*m.*) ‖ (*cuc.*) *crêpes —*, crêpes molto sottili.

dentellerie [dãtɛlʀi] *s.f.* fabbricazione, commercio di merletti.

dentellière [dãtɛ(e)ljɛʀ] *s.f.* merlettaia ♦ *agg.*: *industrie —*, industria del merletto.

dentelure [dãtlyʀ] *s.f.* dentellatura; frastagliatura.

dentex [dãtɛks] *s.m.* (*zool.*) dentice.

denticulé [dãtikyle] *agg.* (*arch.*) dentellato.

dentier [dãtje] *s.m.* dentiera (*f.*).

dentifrice [dãtifʀis] *agg.* e *s.m.* dentifricio.

dentine [dãtin] *s.f.* (*anat.*) dentina.

dentiste [dãtist] *s.m.* dentista: *mécanicien —*, odontotecnico.

dentisterie [dãtistəʀi] *s.f.* (*med.*) odontoiatria.

dentition [dãtisjõ] *s.f.* dentizione.

denture [dãtyʀ] *s.f.* dentatura.

dénucléarisation [denykleaʀizasjõ] *s.f.* denuclearizzazione.

dénuder [denyde] *v.tr.* denudare, mettere a nudo‖ *— un arbre*, sfrondare un albero □ **se dénuder** *v.pron.* denudarsi.

dénué [denɥe] *agg.* privo: *— de tout*, nullatenente.

dénuement [denymã] *s.m.* indigenza (*f.*).

dénutrition [denytʀisjõ] *s.f.* denutrizione.

déodorant [deodoʀã] *agg.* e *s.m.* deodorante.

déontologie [deõtoloʒi] *s.f.* deontologia.

dépannage [depanaʒ] *s.m.* 1 riparazione (*f.*) 2 (*fig. fam.*) aiuto.

dépanner [depane] *v.tr.* 1 riparare (un motore) 2 (*fig. fam.*) trarre d'impaccio, aiutare.

dépanneur [depanœʀ] *s.m.* 1 meccanico (riparatore) 2 (*in Canada*) drogheria aperta oltre l'orario normale.

dépanneuse [depanøz] *s.f.* carro attrezzi, rimorchio (*m.*).

dépaqueter [depakte] (*coniug. come* jeter) *v.tr.* togliere da un pacco.

dépareillé [depaʀeje] *agg.* 1 scompagnato 2 (*in Canada*) eccentrico.

dépareiller [depaʀeje] *v.tr.* scompagnare, disassortire.

déparer [depaʀe] *v.tr.* imbruttire, rovinare.

déparier [depaʀje] *v.tr.* spaiare (due cose).

départ [depaʀ] *s.m.* 1 partenza (*f.*): *être sur le, sur son —*, stare per partire; *donner, prendre le —*, dare, prendere il via; *prendre un bon, un mauvais —*, iniziare bene, male; *au —*, in partenza, all'inizio ‖ *rémunération de —*, stipendio iniziale ‖ *nouveau — de l'enquête*, (*fig.*) nuovo sviluppo dell'inchiesta 2 (*mecc.*) messa in moto.

départager [depaʀtaʒe] (*coniug. come* manger) *v.tr.* 1 fare lo spareggio (fra) ‖ *— les votes*, determinare la maggioranza dei voti 2 fare da arbitro (fra).

département [depaʀtəmã] *s.m.* (*amm.*) 1 dipartimento 2 ministero, dicastero: *— des Affaires étrangères*, dicastero degli Esteri.

départemental [depaʀtəmãtal] (pl. *-aux*) *agg.* dipartimentale ‖ *route départementale*, strada provinciale.

départir [depaʀtiʀ] (*coniug. come* partir) *v.tr.* distribuire, conferire □ **se départir** *v.pron.* rinunciare (a).

dépassé [depase] *agg.* superato.

dépassement [depasmã] *s.m.* 1 sorpasso, superamento: — *interdit*, divieto di sorpasso; (*comm.*) — *de crédit*, superamento del limite di credito accordato 2 sconfinamento (di un limite).

dépasser [depase] *v.tr.* superare, sorpassare; (*outrepasser*) oltrepassare: — *un cap*, doppiare un capo ‖ *ce problème me dépasse*, questo problema supera la mia comprensione; *cette nouvelle me dépasse*, questa notizia mi sbalordisce ♦ *v.intr.* sporgere, spuntare □ **se dépasser** *v.pron.* 1 superare se stesso 2 superarsi (l'un l'altro).

dépassionner [depasjone] *v.tr.* sdrammatizzare.

dépatouiller, se [sɔdepatuje] *v.pron.* (*fam.*) sbrogliarsela.

dépaver [depave] *v.tr.* disselciare.

dépaysé [depeize] *agg.* spaesato.

dépaysement [depeizmã] *s.m.* 1 allontanamento dal proprio ambiente; estraniamento 2 (*fig.*) disorientamento.

dépayser [depeize] *v.tr.* 1 allontanare dal proprio ambiente; estraniare 2 (*fig.*) disorientare.

dépeçage [depɔsaʒ], **dépècement** [depɛsmã] *s.m.* smembramento (*anche fig.*).

dépecer [depɔse] (*coniug. come* semer *e* placer) *v.tr.* smembrare (*anche fig.*).

dépêche [depɛʃ] *s.f.* dispaccio (*m.*).

dépêcher [depeʃe] *v.tr.* inviare un messaggero, un corriere □ **se dépêcher** *v.pron.* sbrigarsi (a), affrettarsi (a).

dépeigner [depeɲe] *v.tr.* spettinare.

dépeindre [depɛ̃dʀ] (*coniug. come* peindre) *v.tr.* descrivere, dipingere.

dépeint [depɛ̃] *part.pass. di* dépeindre.

dépenaillé [depɔnaje, dɛpnaje] *agg.* 1 lacero 2 (*estens.*) sciatto.

dépénaliser [depenalize] *v.tr.* depenalizzare.

dépendance [depãdãs] *s.f.* 1 dipendenza: *être sous la — de*, essere alle dipendenze di 2 *pl.* (*edil.*) dépendance (*sing.*).

dépendant [depãdã] *agg.* dipendente.

dépendre¹ [depãdʀ] (*coniug. come* rendre) *v. intr.* dipendere.

dépendre² *v.tr.* staccare.

dépens [depã] *s.m.pl.* spese processuali: *condamné aux —*, condannato a pagare le spese ‖ *aux — de*, a carico di; (*fig.*) a spese di: *rire aux — de qqn*, ridere alle spalle di qlcu ‖ *à ses —*, (*anche fig.*) a proprie spese.

dépense [depãs] *s.f.* 1 spesa: *ne pas regarder à la —*, non badare a spese ‖ (*econ.*): *les dépenses publiques*, la spesa pubblica; *porter en —*, registrare in uscita; *les dépenses et les recettes*, le entrate e le uscite; *dépenses nationales brutes*, spesa nazionale lorda 2 consumo (*m.*): — *de forces*, dispendio di forze.

dépenser [depãse] *v.tr.* 1 spendere: — *sans compter*, spendere e spandere 2 consumare: —

ses forces, disperdere le proprie forze □ **se dépenser** *v.pron.* prodigarsi.

dépensier [depãsje] (f. *-ère*) *agg.* e *s.m.* spendaccione.

déperdition [depɛʀdisjɔ̃] *s.f.* diminuzione; perdita; dispersione.

dépérir [depeʀiʀ] *v.intr.* deperire (*anche fig.*).

dépérissement [depeʀismã] *s.m.* deperimento.

dépersonnaliser [depɛʀsɔnalize] *v.tr.* spersonalizzare.

dépêtrer [depetʀe] *v.tr.* trarre d'impaccio □ **se dépêtrer** *v.pron.* 1 liberarsi (di qlcu) 2 trarsi d'impaccio.

dépeuplé [depœple] *agg.* spopolato.

dépeuplement [depœplɔmã] *s.m.* spopolamento.

dépeupler [depœple] *v.tr.* spopolare □ **se dépeupler** *v.pron.* spopolarsi.

déphasé [defɑze] *agg.* sfasato, fuori fase.

dépiauter [depjote] *v.tr.* (*fam.*) scorticare, scuoiare.

dépilation [depilɑsjɔ̃] *s.f.* depilazione.

dépilatoire [depilatwaʀ] *agg.* e *s.m.* depilatorio.

dépiler [depile] *v.tr.* depilare.

dépistage [depistaʒ] *s.m.* 1 individuazione (*f.*) 2 (*med.*) dépistage, depistaggio.

dépister [depiste] *v.tr.* 1 scoprire le piste (di); rintracciare ‖ — *une maladie*, individuare, depistare una malattia 2 sviare, mettere fuori strada.

dépit [depi] *s.m.* stizza (*f.*), dispetto: *un air de —*, un'aria risentita ‖ *en — de*, nonostante, a dispetto di; *en — du bon sens*, contro ogni logica.

dépité [depite] *agg.* indispettito.

dépiter [depite] *v.tr.* indispettire; contrariare □ **se dépiter** *v.pron.* indispettirsi.

déplacé [deplase] *agg.* 1 fuori posto ‖ *personnes déplacées*, profughi 2 (*fig.*) inopportuno.

déplacement [deplasmã] *s.m.* 1 spostamento; trasferimento ‖ (*econ.*) — *du personnel*, ricambio del personale ‖ *cela vaut le —*, (*fam.*) vale la pena di andarci 2 trasferta (*f.*) 3 (*mar.*) dislocamento.

déplacer [deplase] (*coniug. come* placer) *v.tr.* spostare; trasferire: — *la question*, eludere la domanda ‖ (*comm.*): *les points de vente*, dislocare i punti di vendita □ **se déplacer** *v.pron.* spostarsi.

déplafonnement [deplafɔnmã] *s.m.* (*econ.*) soppressione del massimale.

déplafonner [deplafɔne] *v.tr.* (*econ.*) sopprimere il massimale.

déplaire [deplɛʀ] (*coniug. come* plaire) *v.intr.* dispiacere, essere sgradevole: *ce n'est pas pour me —*, non mi dispiace affatto ‖ *ne t'en déplaise*, (*iron.*) checché tu ne dica □ **se déplaire** *v.pron.* 1 trovarsi male: *elle s'est déplue à la campagne*, si è annoiata in campagna 2 non piacersi (l'un l'altro): *ils se sont déplus*, non si sono piaciuti.

déplaisant [deplɛzã] *agg.* spiacevole, sgradevole.

déplaisir [deplɛziʀ] *s.m.* rincrescimento, dispiacere; disappunto: *à mon grand —*, con sommo dispiacere.

déplanter [deplãte] *v.tr.* trapiantare.

déplâtrage [deplɑtʀaʒ] *s.m.* (*med.*) rimozione del gesso.

déplâtrer [deplɑtʀe] *v.tr.* togliere il gesso (a).

dépliage [deplijaʒ] *s.m.* spiegatura (*f.*).

dépliant [deplijɑ̃] *s.m.* opuscolo; prospetto ♦ *agg.* pieghevole.

dépliement [deplimɑ̃] *s.m.* → **dépliage**.

déplier [deplije] *v.tr.* spiegare; svolgere □ **se déplier** *v.pron.* spiegarsi.

déplisser [deplise] *v.tr.* togliere le pieghe (a).

déploiement [deplwamɑ̃] *s.m.* 1 spiegamento 2 (*fig.*) sfoggio.

déplomber [deplɔ̃be] *v.tr.* spiombare.

déplorable [deplɔʀabl] *agg.* deplorevole; increscioso.

déplorablement [deplɔʀabləmɑ̃] *avv.* in modo deplorevole.

déplorer [deplɔʀe] *v.tr.* deplorare; compatire.

déployer [deplwaje] (*coniug. come* employer) *v.tr.* 1 spiegare 2 (*fig.*) dar prova (di): — *tout son charme*, sfoderare tutto il proprio fascino.

déplumer, se [sədeplyme] *v.pron.* 1 perdere le piume 2 (*fam.*) perdere i capelli.

dépoitraillé [depwatʀaje] *agg.* (*fam.*) scamiciato; sciatto.

dépoli [depɔli] *agg.* smerigliato.

dépolir [depɔliʀ] *v.tr.* 1 rendere opaco 2 smerigliare (il vetro).

dépolissage [depɔlisaʒ] *s.m.* smerigliatura.

dépolitisation [depɔlitizasjɔ̃] *s.f.* spoliticizzazione.

dépolitiser [depɔlitize] *v.tr.* spoliticizzare.

dépolluant [depɔlɥɑ̃] *agg.* e *s.m.* antinquinante.

dépolluer [depɔlɥe] *v.tr.* disinquinare.

dépollution [depɔlysjɔ̃] *s.f.* disinquinamento (*m.*).

déponent [depɔnɑ̃] *agg.* e *s.m.* deponente.

dépopulation [depɔpylasjɔ̃] *s.f.* spopolamento (*m.*).

déportation [depɔʀtasjɔ̃] *s.f.* deportazione.

déporté [depɔʀte] *agg.* e *s.m.* deportato.

déporter [depɔʀte] *v.tr.* 1 deportare 2 far sbandare; far deviare.

déposant [depozɑ̃] *s.m.* (*banca*) depositante.

dépose [depoz] *s.f.* rimozione.

déposé [depoze] *agg.* depositato.

déposer [depoze] *v.tr.* 1 posare, deporre: *le taxi vous déposera à la gare*, il taxi la lascerà alla stazione 2 depositare || — *son bilan*, (*anche fig.*) dichiarare fallimento || — *une caution*, versare una cauzione 3 deporre, destituire ♦ *v.intr.* (*dir.*) deporre in giudizio.

dépositaire [depoziteʀ] *s.m.* 1 depositario 2 (*concessionnaire*) concessionario.

déposition [depozisjɔ̃] *s.f.* deposizione.

déposséder [deposede] (*coniug. come* céder) *v.tr.* 1 spossessare, privare (di un bene) 2 spodestare.

dépossession [deposesjɔ̃] *s.f.* espropriazione, esproprio (*m.*).

dépôt [depo] *s.m.* 1 deposito || (*dir.*) — *de bilan*, fallimento 2 *le Dépôt*, il carcere provvisorio (di Parigi || *mandat de* —, mandato di carcerazione.

dépoter [depɔte] *v.tr.* (*agr.*) svasare (una pianta).

dépotoir [depɔtwaʀ] *s.m.* immondezzaio.

dépouille [depuj] *s.f.* 1 spoglia || — *d'un tigre*, pelle di tigre 2 *pl.* bottino di guerra.

dépouillé [depuje] *agg.* spoglio.

dépouillement [depujmɑ̃] *s.m.* 1 spoglio 2 spoliazione (*f.*); privazione.

dépouiller [depuje] *v.tr.* 1 spellare, scuoiare 2 spogliare 3 fare lo spoglio (di libri ecc.) □ **se dépouiller** *v.pron.* spogliarsi.

dépourvu [depuʀvy] *agg.* sprovvisto, privo || *au* —, alla sprovvista.

dépoussiérer [depusjeʀe] (*coniug. come* céder) *v.tr.* 1 togliere la polvere a 2 (*fig.*) rinnovare.

dépravation [depʀavasjɔ̃] *s.f.* depravazione.

dépravé [depʀave] *agg.* e *s.m.* depravato.

dépraver [depʀave] *v.tr.* depravare, corrompere.

dépréciatif [depʀesjatif] (*f. -ive*) *agg.* peggiorativo, spregiativo.

dépréciation [depʀesjasjɔ̃] *s.f.* deprezzamento (*m.*), svalutazione.

déprécier [depʀesje] *v.tr.* deprezzare; sminuire.

déprédation [depʀedasjɔ̃] *s.f.* 1 saccheggio (*m.*) 2 atto di vandalismo.

dépressif [depʀesif] (*f. -ive*) *agg.* depressivo.

dépression [depʀesjɔ̃] *s.f.* depressione || — *nerveuse*, esaurimento nervoso.

dépressionnaire [depʀesjɔneʀ] *agg.* (*meteor.*) depressionario.

dépressuriser [depʀesyʀize] *v.tr.* depressurizzare.

déprimant [depʀimɑ̃] *agg.* deprimente.

déprime [depʀim] *s.f.* (*fam.*) depressione.

déprimé [depʀime] *agg.* e *s.m.* depresso.

déprimer [depʀime] *v.tr.* deprimere.

déprogrammer [depʀɔgʀame] *v.tr.* togliere dal programma, dal palinsesto, dal cartellone.

dépuceler [depysle] *v.tr.* (*fam.*) far perdere la verginità a.

depuis [dəpɥi] *prep.* 1 (*tempo*) da: — *le 3 août*, dal 3 agosto; *je le connais — trois ans*, lo conosco da tre anni || — *l'ordinateur bien des choses ont changé*, molte cose sono cambiate con l'avvento del computer || — *quand?*, da quando?; — *quand est-il permis d'entrer sans frapper?*, da quando in qua si entra senza bussare? || — *lors*, da allora 2 (*luogo*) da: — *ma fenêtre*, dalla mia finestra 3 *depuis... jusqu'à...*, da... a...: — *le matin jusqu'au soir*, dalla mattina alla sera; — *Paris jusqu'à Versailles*, da Parigi a Versailles ♦ *avv.* da allora; dopo, poi: *nous ne l'avons plus rencontré* —, da allora non l'abbiamo più incontrato □ **depuis que** *locuz. cong.* da quando, dacché: — *que tu me l'as dit...*, da quando me l'hai detto.

dépuratif [depyʀatif] (*f. -ive*) *agg.* e *s.m.* depurativo.

dépuration [depyʀasjɔ̃] *s.f.* depurazione.

dépurer [depyʀe] *v.tr.* depurare.

députation [depytɑsjɔ̃] *s.f.* deputazione.

député [depyte] *s.m.* deputato.

déqualifier [dekalifje] *v.tr.* dequalificare.

der [dɛʀ] (pl. *invar.*) *s.m.* e *f.* (*molto fam.*) *la — des der*, la grande guerra (del 1915-18).

déraciné [deʀasine] *agg.* e *s.m.* sradicato.

déracinement [deʀasinmɑ̃] *s.m.* sradicamento; estirpazione (*anche fig.*).

déraciner [deʀasine] *v.tr.* sradicare; estirpare (*anche fig.*).

déraillement [deʀɑjmɑ̃] *s.m.* deragliamento.

dérailler [deʀaje] *v.intr.* **1** deragliare **2** (*fig. fam.*) non funzionare **3** (*fig. fam.*) farneticare.

dérailleur [deʀɑjœʀ] *s.m.* **1** (*ferr.*) deviatore **2** (*di bicicletta*) cambio di velocità.

déraison [deʀɛzɔ̃] *s.f.* (*letter.*) insensatezza.

déraisonnable [deʀɛzɔnabl] *agg.* irragionevole || **-ement** *avv.*

déraisonner [deʀɛzɔne] *v.intr.* sragionare.

dérangé [deʀɑ̃ʒe] *agg.* **1** *avoir l'esprit —*, essere un po' matto **2** *être —*, avere disturbi intestinali.

dérangement [deʀɑ̃ʒmɑ̃] *s.m.* **1** disturbo; incomodo **2** disordine **3** (*tel.*) guasto: *être en —*, avere un guasto.

déranger [deʀɑ̃ʒe] (*coniug. come* manger) *v.tr.* **1** disturbare **2** (*bouleverser*) scombinare, scombussolare **3** mettere fuori posto, mettere in disordine □ **se déranger** *v.pron.* disturbarsi.

dérapage [deʀapaʒ] *s.m.* **1** slittamento (*anche fig.*) **2** (*sci*) derapata (*f.*).

déraper [deʀape] *v.intr.* **1** slittare (*anche fig.*) **2** (*mar.*) (*dell'ancora*) arare **3** (*sci, aut., aer.*) derapare.

dératé [deʀate] *s.m.*: *courir comme un —*, correre a rotta di collo.

dératisation [deʀatizɑsjɔ̃] *s.f.* derattizzazione.

dératiser [deʀatize] *v.tr.* derattizzare.

derechef [dəʀəʃef] *avv.* daccapo, di nuovo.

déréglé [deʀegle] *agg.* irregolare; (*fig.*) sregolato.

dérèglement [deʀɛgləmɑ̃] *s.m.* sregolatezza (*f.*); (*fig.*) disordine.

déréglementation [deʀɛgləmɑ̃tɑsjɔ̃] *s.f.* (*econ.*) deregolamentazione, deregulation.

déréglementer [deʀɛgləmɑ̃te] *v.tr.* (*econ.*) deregolamentare.

dérégler [deʀegle] (*coniug. come* céder) *v.tr.* scompigliare; guastare.

dérider [deʀide] *v.tr.* rasserenare □ **se dérider** *v.pron.* rasserenarsi.

dérision [deʀizjɔ̃] *s.f.* derisione: *tourner qqn, qqch en —*, farsi beffe di qlcu, di qlco.

dérisoire [deʀizwaʀ] *agg.* derisorio; irrisorio.

dérivatif [deʀivatif] *s.m.* **1** (*med.*) derivativo **2** (*distraction*) diversivo.

dérivation[1] [deʀivɑsjɔ̃] *s.f.* derivazione.

dérivation[2] *s.f.* (*mar., elettr.*) deriva, derivazione.

dérive [deʀiv] *s.f.* deriva || *une entreprise qui va à la —*, un'azienda che va in malora.

dérivé [deʀive] *agg.* e *s.m.* derivato.

dérivée [deʀive] *s.f.* (*mat.*) derivata.

dériver[1] [deʀive] *v.tr.* e *intr.* derivare.

dériver[2] *v.intr.* (*mar., aer.*) derivare.

dériveur [deʀivœʀ] *s.m.* barca a vela con deriva.

dermatologie [dɛʀmatɔlɔʒi] *s.f.* dermatologia.

dermatologiste [dɛʀmatɔlɔʒist], **dermatologue** [dɛʀmatɔlɔg] *s.m.* dermatologo.

dermatose [dɛʀmatoz] *s.f.* (*med.*) dermatosi.

derme [dɛʀm] *s.m.* (*anat.*) derma.

dermique [dɛʀmik] *agg.* dermico.

dermite [dɛʀmit] *s.f.* (*med.*) dermatite.

dernier [dɛʀnje] (f. *-ère*) *agg.* **1** ultimo || *— en date*, ultimo in ordine di tempo || *en — lieu*, per ultimo **2** scorso (di giorno, mese ecc.) **3** massimo, estremo || *c'est de la dernière importance*, è una cosa della massima importanza || *agacé au — point*, seccatissimo **4** infimo ♦ *s.m.* ultimo: *il marchait le —*, camminava per ultimo || *le petit —*, il più piccolo (dei figli).

dernièrement [dɛʀnjɛʀmɑ̃] *avv.* ultimamente.

dernier-né [dɛʀnjene] (f. *dernière-née*, pl.m. *derniers-nés*) *s.m.* ultimo nato.

dérobade [deʀobad] *s.f.* il tirarsi indietro.

dérobé [deʀobe] *agg.* **1** sottratto, trafugato **2** nascosto; segreto || *à la dérobée*, furtivamente.

dérober [deʀobe] *v.tr.* **1** sottrarre, trafugare; (*fig.*) rubare **2** nascondere □ **se dérober** *v.pron.* sottrarsi || *ses genoux se dérobaient sous elle*, le si piegavano le ginocchia.

dérogation [deʀɔgɑsjɔ̃] *s.f.* deroga.

dérogatoire [deʀɔgatwaʀ] *agg.* derogatorio, derogativo.

déroger [deʀɔʒe] (*coniug. come* manger) *v. intr.* **1** derogare **2** (*letter.*) degradarsi.

dérouillée [deʀuje] *s.f.* (*fam.*) scarica di botte.

dérouiller[1] [deʀuje] *v.tr.* **1** togliere la ruggine (a) **2** (*fig.*) sgranchire.

dérouiller[2] *v.intr.* (*fam.*) prendere un sacco di botte.

déroulement [deʀulmɑ̃] *s.m.* svolgimento.

dérouler [deʀule] *v.tr.* **1** srotolare; svolgere **2** (*fig.*) sviluppare □ **se dérouler** *v.pron.* svolgersi.

déroutant [deʀutɑ̃] *agg.* sconcertante.

déroute [deʀut] *s.f.* **1** disfatta **2** (*fig.*) sconvolgimento (*m.*).

déroutement [deʀutmɑ̃] *s.m.* dirottamento.

dérouter [deʀute] *v.tr.* **1** dirottare **2** (*fig.*) sconcertare, disorientare.

derrick [de(e)ʀik] *s.m.* torre di trivellazione.

derrière [dɛʀjɛʀ] *prep.* dietro || *— son apparente gaieté...*, sotto la sua apparente allegria... || *— moi, nous*, dietro a me, a noi || *il a tous ses collègues — lui*, (*fig.*) tutti i suoi colleghi sono con lui || *de —*, da dietro: *il sortit de — l'arbre*, uscì da dietro l'albero ♦ *avv.* (di) dietro; indietro: *rester —*, restare indietro || *mettre un vêtement (sens) devant —*, mettere un abito all'incontrario || (*in Camerun*) non essere al corrente ♦ *s.m.* **1** parte posteriore; retro || *les derrières d'une armée*, la retroguardia di un esercito || *de —*, posteriore **2** (*fam.*) didietro, sedere: *donner un coup de pied au —*, dare un calcio nel sedere.

derviche [dɛRviʃ] *s.m.* derviscio.

des [de; dez *davanti a vocale* e h *muta*] *prep.art.pl.* → de ♦ *art.partitivo* V. tavola → partitif ♦ *art. indeterminativo pl.m.* dei, degli; *f.* delle: *il faudrait être* — *Pantagruel pour manger tout cela*, bisognerebbe essere dei Pantagruel per mangiare tutta quella roba; *il nous a pris pour* — *idiots*, ci ha presi per stupidi.

dès [dɛ; dez *davanti a vocale*] *prep.* 1 (*tempo*) (a partire) da, da...in poi, fin da: — *neuf heures*, (a partire) dalle nove; — *demain*, da domani in poi; — *son entrée dans la salle...*, quando entrò nella stanza...; — *mon retour je préviendrai le directeur*, appena rientrerò avviserò il direttore; — *son enfance*, fin dall'infanzia; — *maintenant*, — *à présent*, fin d'adesso; — *le début*, (fin) dall'inizio || — *l'abord*, di primo acchito 2 (*luogo*) da: — *le seuil*, dalla soglia; — *Orléans le train a ralenti*, da, dopo Orléans il treno ha rallentato □ **dès que** *locuz.cong.* (non) appena: — *que je l'aperçus...*, (non) appena lo vidi... □ **dès lors** *locuz.avv.* da allora (in poi); (*estens.*) di conseguenza, quindi: — *lors, on ne l'a plus vu*, da allora non lo si è più visto; *il nous a fourni des preuves*, — *lors nous pouvons lui faire confiance*, ci ha fornito delle prove quindi possiamo accordargli la nostra fiducia □ **dès lors que** *locuz.cong.* dal momento che.

désabusé [dezabyze] *agg.* disilluso.

désabuser [dezabyze] *v.tr.* disilludere.

désaccord [dezakɔR] *s.m.* 1 disaccordo, contrasto 2 discordanza (*f.*); divergenza (*f.*).

désaccordé [dezakɔRde] *agg.* (*mus.*) scordato.

désaccoutumance [dezakutymɑ̃s] *s.f.* disassuefazione; il perdere un'abitudine.

désacraliser [desakRalize] *v.tr.* dissacrare.

désactiver [dezaktive] *v.tr.* disattivare.

désadapté [dezadapte] *agg.* disadattato.

désaffecté [dezafekte] *agg.* adibito ad altro uso || *église désaffectée*, chiesa sconsacrata.

désaffection [dezafeksjɔ̃] *s.f.* disamore (*m.*).

désagréable [dezagReabl] *agg.* sgradevole, spiacevole || -**ement** *avv.*

désagrégation [dezagRegasjɔ̃] *s.f.* disgregazione, disgregamento (*m.*).

désagréger [dezagReʒe] (*coniug. come* abréger) *v.tr.* disgregare.

désagrément [dezagRemɑ̃] *s.m.* contrarietà (*f.*).

désaltérer [dezalteRe] (*coniug. come* céder) *v.tr.* dissetare.

désâmer, se [sɔdezɑme] *v.pron.* (*in Canada*) farsi in quattro.

désamorçage [dezamɔRsaʒ] *s.m.* disinnesco.

désamorcer [dezamɔRse] (*coniug. come* placer) *v.tr.* disinnescare; (*fig.*) neutralizzare.

désappointé [dezapwɛ̃te] *agg.* deluso.

désappointement [dezapwɛ̃tmɑ̃] *s.m.* delusione (*f.*), disappunto.

désappointer [dezapwɛ̃te] *v.tr.* deludere.

désapprendre [dezapRɑ̃dR] (*coniug. come* prendre) *v. tr.* disimparare.

désapprobateur [dezapRɔbatœR] (f. -*trice*) *agg.* di disapprovazione.

désapprobation [dezapRɔbasjɔ̃] *s.f.* disapprovazione.

désapprouver [dezapRuve] *v.tr.* disapprovare.

désarçonner [dezaRsɔne] *v.tr.* 1 disarcionare 2 (*fig. fam.*) disorientare.

désargenté [dezaRʒɑ̃te] *agg.*: *être* —, (*fam.*) essere al verde.

désarmant [dezaRmɑ̃] *agg.* disarmante.

désarmement [dezaRməmɑ̃] *s.m.* disarmo.

désarmer [dezaRme] *v.tr.* e *intr.* disarmare.

désarroi [dezaRwa] *s.m.* smarrimento.

désarticuler, se [sɔdezaRtikyle] *v.tr.* contorcersi, eseguire delle contorsioni.

désassorti [dezasɔRti] *agg.* scompagnato || *être* —, (*di negozio*) non avere assortimento.

désastre [dezastR] *s.m.* disastro.

désastreux [dezastRø] (f. -*euse*) *agg.* disastroso.

désavantage [dezavɑ̃taʒ] *s.m.* svantaggio || *au* — *de qqn*, a sfavore di qlcu.

désavantager [dezavɑ̃taʒe] (*coniug. come* manger) *v.tr.* sfavorire.

désavantageux [dezavɑ̃taʒø] (f. -*euse*) *agg.* svantaggioso || -**usement** *avv.*

désaveu [dezavø] (pl. -*eux*) *s.m.* 1 sconfessione (*f.*) 2 disconoscimento.

désavouer [dezavwe] *v.tr.* 1 sconfessare: — *ses principes*, rinnegare i propri principi 2 disapprovare 3 (*dir.*) disconoscere.

désaxé [dezakse] *agg.* e *s.m.* sfasato.

désaxer [dezakse] *v.tr.* 1 mettere fuori asse 2 (*fig.*) sfasare.

desceller [desɛle] *v.tr.* dissigillare.

descendance [desɑ̃dɑ̃s] *s.f.* discendenza.

descendant [desɑ̃dɑ̃] *agg.* e *s.m.* discendente.

descendeur [desɑ̃dœR] (f. -*euse*) *s.m.* (*sport*) discesista.

descendre [desɑ̃dR] (*coniug. come* rendre) *v. intr.* 1 scendere, andare (giù) || *mon déjeuner ne descend pas*, (*fam.*) la colazione mi è rimasta sullo stomaco 2 prendere alloggio 3 discendere, avere origine (da) ♦ *v.tr.* 1 scendere 2 portare, mettere giù: — *un tableau*, tirare giù un quadro 3 far scendere: *descendez-moi ici*, mi lasci qui 4 (*fam.*) far fuori, uccidere.

descente [desɑ̃t] *s.f.* 1 discesa: *je t'attends à la* — *du train*, ti aspetto all'arrivo del treno || *avoir une bonne* —, (*fig. fam.*) essere un gran bevitore || — *de croix*, deposizione dalla croce 2 (*sci*) discesa libera: *ski de* —, discesismo 3 — (*de police*), irruzione della polizia 4 — *de lit*, scendiletto 5 (*dir.*) — *de justice*, sopralluogo 6 (*in Africa*) termine della giornata lavorativa.

déscolarisation [deskɔlaRizasjɔ̃] *s.f.* descolarizzazione.

descriptif [deskRiptif] (f. -*ive*) *agg.* descrittivo.

description [deskRipsjɔ̃] *s.f.* descrizione.

desdits [dedi], **desdites** [dedit] *agg.* → **dit**.

désembouteiller [dezɑ̃buteje] *v.tr.* ripristinare (il traffico, una linea telefonica).

désembuer [dezɑ̃bɥe] *v.tr.* disappannare.

désemparé [dezɑ̃paʀe] *agg.* disorientato || *navire* —, nave alla deriva.

désemparer [dezɑ̃paʀe] *v.intr.*: *sans* —, ininterrottamente.

désemplir [dezɑ̃pliʀ] *v.intr.*: *ne pas* —, essere sempre pieno.

désencadrer [dezɑ̃kadʀe] *v.tr.* scorniciare.

désenchantement [dezɑ̃ʃɑ̃tmɑ̃] *s.m.* disincanto, disillusione (*f.*).

désenchanter [dezɑ̃ʃɑ̃te] *v.tr.* disincantare; disilludere.

désenclaver [dezɑ̃klave] *v.tr.* rompere l'isolamento di una regione.

désencombrer [dezɑ̃kɔ̃bʀe] *v.tr.* sgomberare; (*tel.*) sbloccare.

désenfler [dezɑ̃fle] *v.tr.* (far) sgonfiare ♦ *v.intr.* sgonfiarsi: *ma joue n'a pas encore désenflé*, la mia guancia non si è ancora sgonfiata.

désengager [dezɑ̃gaʒe] (*coniug. come* manger) *v.tr.* disimpegnare □ **se désengager** *v.pron.* disimpegnarsi.

désengorger [dezɑ̃gɔʀʒe] (*coniug. come* manger) *v.tr.* stasare.

désensabler [dezɑ̃sable] *v.tr.* **1** (*mar.*) disincagliare **2** dragare.

désensibilisation [desɑ̃sibilizasjɔ̃] *s.f.* desensibilizzazione.

désensibiliser [desɑ̃sibilize] *v.tr.* desensibilizzare.

déséquilibre [dezekilibʀ] *s.m.* squilibrio.

déséquilibré [dezekilibʀe] *agg.* e *s.m.* squilibrato.

déséquilibrer [dezekilibʀe] *v.tr.* **1** squilibrare, sbilanciare **2** (*fig.*) sconvolgere (la mente a).

désert[1] [dezɛʀ] *agg.* deserto.

désert[2] *s.m.* deserto.

déserter [dezɛʀte] *v.tr.* e *intr.* disertare: — *son poste*, abbandonare il proprio posto.

déserteur [dezɛʀtœʀ] *s.m.* disertore.

désertification [dezɛʀtifikasjɔ̃] *s.f.* desertificazione; (*estens.*) spopolamento (*m.*).

désertion [dezɛʀsjɔ̃] *s.f.* diserzione.

désertique [dezɛʀtik] *agg.* desertico.

désespérant [dezespeʀɑ̃] *agg.* sconfortante; deprimente: *ces enfants sont désespérants*, questi bambini sono una disperazione.

désespéré [dezespeʀe] *agg.* e *s.m.* disperato || **-ément** *avv.*

désespérer [dezespeʀe] (*coniug. come* céder) *v.intr.* disperare ♦ *v.tr.* far disperare; accasciare □ **se désespérer** *v.pron.* disperarsi.

désespoir [dezespwaʀ] *s.m.* disperazione (*f.*): *être au* —, essere disperato || *en* — *de cause*, come ultima risorsa.

désétatiser [dezetatize] *v.tr.* (*econ., pol.*) snazionalizzare.

déshabillage [dezabijaʒ] *s.m.* lo spogliare, lo spogliarsi.

déshabillé [dezabije] *s.m.* vestaglia elegante (da donna).

déshabiller [dezabije] *v.tr.* spogliare, svestire □ **se déshabiller** *v.pron.* spogliarsi, svestirsi.

déshabituer [dezabitɥe] *v.tr.* disabituare (a) □ **se déshabituer** *v.pron.* disabituarsi (a).

désherbant [dezɛʀbɑ̃] *agg.* e *s.m.* diserbante.

désherber [dezɛʀbe] *v.tr.* diserbare.

déshérité [dezeʀite] *agg.* e *s.m.* diseredato.

déshériter [dezeʀite] *v.tr.* diseredare.

déshonneur [dezɔnœʀ] *s.m.* disonore; vergogna (*f.*).

déshonorant [dezɔnɔʀɑ̃] *agg.* disonorevole.

déshonorer [dezɔnɔʀe] *v.tr.* disonorare.

déshumanisant [dezymanizɑ̃] *agg.* disumanante, disumanizzante.

déshumidificateur [dezymidifikatœʀ] *s.m.* (*tecn.*) deumidificatore.

déshydratant [dezidʀatɑ̃] *agg.* e *s.m.* disidratante.

déshydratation [dezidʀatasjɔ̃] *s.f.* disidratazione.

déshydrater [dezidʀate] *v.tr.* disidratare.

design [dizajn, dezajn] *s.m.* design ♦ *agg.* di design, creato da un designer.

désignation [dezinasjɔ̃] *s.f.* designazione.

désigné [dezine] *agg.* designato: *il est tout — pour cette fonction*, è proprio l'uomo adatto a quest'incarico; *à l'heure désignée*, all'ora stabilita.

désigner [dezine] *v.tr.* designare, stabilire.

désillusion [dezil/yzjɔ̃] *s.f.* disillusione.

désillusionner [dezil/yzjɔne] *v.tr.* disilludere.

désincorporer [dezɛ̃kɔʀpɔʀe] *v.tr.* (*dir.*) scorporare.

désincrustant [dezɛ̃kʀystɑ̃] *agg.* e *s.m.* **1** (*chim.*) disincrostante **2** (*cosmetologia*) prodotto per il peeling.

désindustrialiser [dezɛ̃dystʀjalize] *v.tr.* deindustrializzare.

désinence [dezinɑ̃s] *s.f.* desinenza.

désinfectant [dezɛ̃fɛktɑ̃] *agg.* e *s.m.* disinfettante.

désinfecter [dezɛ̃fɛkte] *v.tr.* disinfettare.

désinfection [dezɛ̃fɛksjɔ̃] *s.f.* disinfezione.

désinformer [dezɛ̃fɔʀme] *v.tr.* disinformare.

désinhiber [dezinibe] *v.tr.* (*psic.*) disinibire.

désinsectiser [dezɛ̃sɛktize] *v.tr.* disinfestare (da insetti).

désintégration [dezɛ̃tegʀasjɔ̃] *s.f.* disintegrazione; (*fis.*) decadimento (*m.*).

désintégrer [dezɛ̃tegʀe] (*coniug. come* céder) *v.tr.* disintegrare □ **se désintégrer** *v.pron.* disintegrarsi; disgregarsi.

désintéressé [dezɛ̃teʀese] *agg.* disinteressato.

désintéressement [dezɛ̃teʀesmɑ̃] *s.m.* disinteresse.

désintéresser, se [sədezɛ̃teʀese] *v.pron.* disinteressarsi.

désintérêt [dezɛ̃teʀe] *s.m.* disinteresse.

désintoxication [dezɛ̃tɔksikasjɔ̃] *s.f.* disintossicazione.

désintoxiquer [dezɛ̃tɔksike] *v.tr.* disintossicare.

désinvolte [dezɛ̃vɔlt] *agg.* disinvolto; impertinente.

désinvolture [dezɛ̃vɔltyʀ] *s.f.* disinvoltura; impertinenza.

désir [deziʀ] *s.m.* desiderio.

désirable [deziʀabl] *agg.* desiderabile.

désirer [deziʀe] *v.tr.* desiderare.

désireux [deziʀø] (f. *-euse*) *agg.* desideroso.

désistement [dezistəmɑ̃] *s.m.* 1 (*dir.*) rinuncia (*f.*) 2 ritiro.

désister, se [sədeziste] *v.pron.* rinunciare (a), desistere: *se — d'une candidature*, ritirare una candidatura.

désobéir [dezɔbeiʀ] *v.intr.* disubbidire.

désobéissance [dezɔbejsɑ̃s] *s.f.* disubbidienza.

désobéissant [dezɔbeisɑ̃] *agg.* disubbidiente.

désobligeant [dezɔbliʒɑ̃] *agg.* sgarbato.

désobliger [dezɔbliʒe] (*coniug. come* manger) *v.tr.* indisporre, contrariare.

désodé [desɔde] *agg.* senza sodio.

désodorisant [dezɔdɔʀizɑ̃] *agg.* e *s.m.* deodorante per ambienti.

désodoriser [dezɔdɔʀize] *v.tr.* deodorare.

désœuvré [dezœvʀe] *agg.* e *s.m.* sfaccendato.

désœuvrement [dezœvʀəmɑ̃] *s.m.* inoperosità (*f.*), ozio.

désolant [dezɔlɑ̃] *agg.* desolante, sconfortante.

désolation [dezɔlasjɔ̃] *s.f.* 1 desolazione, squallore (*m.*) 2 disperazione.

désolé [dezɔle] *agg.* desolato || *être — de*, essere spiacente di.

désoler [dezɔle] *v.tr.* affliggere □ **se désoler** *v.pron.* disperarsi.

désolidariser, se [sədesɔlidaʀize] *v.pron.* non essere solidale (con).

désopilant [dezɔpilɑ̃] *agg.* spassoso.

désordonné [dezɔʀdɔne] *agg.* disordinato.

désordre [dezɔʀdʀ] *s.m.* disordine.

désorganisation [dezɔʀganizasjɔ̃] *s.f.* disorganizzazione.

désorganiser [dezɔʀganize] *v.tr.* disorganizzare.

désorienter [dezɔʀjɑ̃te] *v.tr.* 1 disorientare 2 (*fig.*) sconcertare.

désormais [dezɔʀmɛ] *avv.* 1 ormai 2 (*dorénavant*) d'ora in avanti.

désosser [dezɔse] *v.tr.* 1 disossare 2 (*estens.*) smontare (a pezzi).

désoxydant [dezɔksidɑ̃] *agg.* e *s.m.* disossidante.

desperado [dɛspeʀado] *s.m.* fuorilegge (pronto a tutto).

despote [dɛspɔt] *s.m.* despota.

despotique [dɛspɔtik] *agg.* dispotico.

despotisme [dɛspɔtism] *s.m.* dispotismo.

desquamation [dɛskwamasjɔ̃] *s.f.* desquamazione.

desquamer, se [sədɛskwame] *v.pron.* squamarsi.

desquels, desquelles [dɛkɛl] *pron.rel.* e *interr.pl.* → **lequel**.

dessabler [desable] *v.tr.* togliere la sabbia da.

dessaisir [deseziʀ] *v.tr.* (*dir.*) privare || *— un tribunal d'une affaire*, dichiarare incompetente un tribunale per una vertenza □ **se dessaisir** *v.pron.* disfarsi.

dessaisissement [desezismɑ̃] *s.m.* privazione (*f.*).

dessaler [desale] *v.tr.* 1 dissalare 2 (*fam.*) sveltire ♦ *v.intr.* (*mar.*) scuffiare □ **se dessaler** *v.pron.* (*fam.*) sveltirsi.

dessaleur [desalœʀ] *s.m.* dissalatore.

desséchant [deseʃɑ̃] *agg.* che secca; che inaridisce (*anche fig.*).

desséché [deseʃe] *agg.* secco; arido.

dessèchement [deseʃmɑ̃] *s.m.* il seccarsi, l'inaridirsi (*anche fig.*).

dessécher [deseʃe] (*coniug. come* céder) *v.tr.* seccare, inaridire (*anche fig.*).

dessein [desɛ̃] *s.m.* disegno; progetto || *à —*, di proposito || *à — de*, in vista di, nell'intenzione di || *dans ce —*, con quest'intenzione.

desseller [desele] *v.tr.* dissellare.

desserrage [deseʀaʒ] *s.m.* allentamento.

desserrer [deseʀe] *v.tr.* allentare, disserrare || *ne pas — les dents*, (*fig.*) non aprire bocca □ **se desserrer** *v.pron.* allentarsi.

dessert [deseʀ] *s.m.* (*cuc.*) dessert (frutta o formaggio).

desserte[1] [deseʀt] *s.f.* servizio (di trasporto), collegamento (*m.*).

desserte[2] *s.f.* (*mobile*) credenza.

dessertir [deseʀtiʀ] *v.tr.* smontare (una pietra preziosa).

desservir[1] [deseʀviʀ] (*coniug. come* servir) *v.tr.* 1 fare servizio (in) 2 mettere in comunicazione 3 (*di un curato*) prestare le proprie funzioni (nella parrocchia).

desservir[2] *v.tr.* 1 sparecchiare 2 (*nuire*) nuocere (a).

dessiccation [desikasjɔ̃] *s.f.* essiccazione.

dessiller [desije] *v.tr.*: *— les yeux à*, *de qqn*, (*fig.*) aprire gli occhi a qlcu.

dessin [desɛ̃] *s.m.* disegno: (*cine.*) *dessins animés*, cartoni, disegni animati; *— humoristique*, vignetta umoristica || *le — d'un roman*, lo schema di un romanzo || *je dois te faire un —?*, (*fam.*) devo entrare nei particolari?

dessinateur [desinatœʀ] (f. *-trice*) *s.m.* disegnatore: *— de mode*, figurinista; *— humoristique*, vignettista.

dessiné [desine] *agg.* disegnato.

dessiner [desine] *v.tr.* 1 disegnare 2 far risaltare, sottolineare □ **se dessiner** *v.pron.* disegnarsi, prendere forma.

dessouder [desude] *v.tr.* dissaldare.

dessoûler [desule] *v.tr.* far passare la sbornia (a) ♦ *v.intr.* smaltire la sbornia.

dessous [dəsu] *avv.* sotto: *le prix est marqué —*, il prezzo è scritto sotto □ **de dessous** 1 da sotto: *de — la terre*, da sottoterra; *on l'a tiré de — les décombres*, l'hanno tirato fuori dalle macerie 2 (*con valore di agg.*) di sotto: *dans l'appartement de—*, nell'appartamento di sotto □ **en dessous**, sotto *soulève le livre, la lettre est en —*, solleva il libro, la lettera è sotto; *regarder en —*, guardare di sotto in su; *rire en* —, ridere sotto i baffi; *agir en* —, (*fig.*) agire di nascosto ♦ *s.m.* (il) disotto, la parte sotto || *l'étage du* —, (*fam.*) il piano di sotto || (*teatr.*) *les* — , il sottopalco (del palcoscenico) || *les* — *de la politique*, i retroscena della politica || *avoir le* —, (*fig.*) avere la peggio || *je suis dans le trente-sixième* —, (*fig.*) sono ridotto uno straccio ♦ *s.m.pl.* biancheria intima femminile.

dessous-de-plat [dəsudpla] (pl. *invar.*) *s.m.* sottopiatto.

dessous-de-table [dəsudtabl] (pl. *invar.*) *s.m.* (somma data) sottobanco.

dessous-de-verre [dəsudvɛʀ] (pl. *invar.*) *s.m.* sottobicchiere.

dessus [dəsy] *avv.* sopra, su: *il n'y a rien* —, non c'è niente sopra || *mettre la main* —, capitare tra le mani || *tu cherches ton chapeau et tu as le nez* —, cerchi il cappello e l'hai sotto il naso || *sens* — *dessous*, sottosopra □ **de dessus** (o sopra): *ôte ton cahier de* — *la chaise*, togli il quaderno da quella sedia 2 (*con valore di agg.*) di sopra: *dans l'appartement de* —, nell'appartamento di sopra □ **en dessus**, sopra ♦ *s.m.* il disopra, la parte sopra || *l'étage du* —, (*fam.*) il piano di sopra || — *de table*, tappeto da tavola || *avoir le* —, (*fig.*) avere il sopravvento; *prendre le* —, prendere il sopravvento || *le* — *du panier*, (*fig.*) il fior fiore.

dessus-de-lit [dəsydli] (pl. *invar.*) *s.m.* copriletto.

déstabilisation [destabilizasjɔ̃] *s.f.* destabilizzazione.

déstabiliser [destabilize] *v.tr.* destabilizzare.

destin [dɛstɛ̃] *s.m.* destino, fato.

destinataire [destinatɛʀ] *s.m.* destinatario.

destination [destinasjɔ̃] *s.f.* destinazione.

destinée [destine] *s.f.* destino (*m.*), sorte.

destiner [destine] *v.tr.* destinare.

destituer [dɛstitɥe] *v.tr.* destituire.

destitution [dɛstitysjɔ̃] *s.f.* destituzione.

destrier [dɛstʀije] *s.m.* destriero.

destructeur [dɛstʀyktœʀ] (f. *-trice*) *agg.* e *s.m.* distruttore.

destructif [dɛstʀyktif] (f. *-ive*) *agg.* distruttivo.

destruction [dɛstʀyksjɔ̃] *s.f.* distruzione.

déstructuration [destʀyktyʀasjɔ̃] *s.f.* destrutturazione.

déstructurer [destʀyktyʀe] *v.tr.* destrutturare.

désuet [des(z)ɥɛ] (f. *-ète*) *agg.* desueto.

désuétude [desɥetyd] *s.f.* disuso (*m.*).

désunion [dezynjɔ̃] *s.f.* disunione.

désunir [dezyniʀ] *v.tr.* disunire.

désynchronisation [desɛ̃kʀɔnizasjɔ̃] *s.f.* desincronizzazione.

désyndicalisation [desɛ̃dikalizasjɔ̃] *s.f.* desindacalizzazione.

détachable [detaʃabl] *agg.* staccabile.

détachage [detaʃaʒ] *s.m.* smacchiatura (*f.*).

détachant [detaʃɑ̃] *s.m.* smacchiatore.

détaché [detaʃe] *agg.* staccato; distaccato (*anche fig.*) || *pièces détachées*, pezzi di ricambio.

détachement [detaʃmɑ̃] *s.m.* **1** distacco **2** (*mil.*) distaccamento.

détacher[1] [detaʃe] *v.tr.* **1** staccare; distaccare: — *un fonctionnaire à l'étranger*, distaccare, comandare un funzionario all'estero **2** slegare: — *son manteau*, slacciarsi il cappotto □ **se détacher** *v.pron.* **1** staccarsi, distaccarsi (*anche fig.*) **2** slegarsi **3** (*di colori*) spiccare.

détacher[2] *v.tr.* smacchiare.

détacheur [detaʃœʀ] *s.m.* smacchiatore.

détail [detaj] *s.m.* **1** dettaglio, particolare || *en* —, in dettaglio || (*comm.*) *au, de* —, al dettaglio, al minuto **2** lista particolareggiata; (*comm.*) specifica (*f.*).

détaillant [detajɑ̃] *s.m.* dettagliante.

détailler [detaje] *v.tr.* **1** esporre minutamente, dettagliare **2** (*comm.*) vendere al dettaglio.

détaler [detale] *v.intr.* (*fam.*) scappare.

détartrant [detaʀtʀɑ̃] *s.m.* disincrostatore.

détartrer [detaʀtʀe] *v.tr.* **1** togliere il tartaro (dai denti) **2** (*tecn.*) disincrostare.

détartreur [detaʀtʀœʀ] *s.m.* disincrostatore.

détaxe [detaks] *s.f.* detassazione.

détaxer [detakse] *v.tr.* detassare.

détecter [detɛkte] *v.tr.* scoprire.

détecteur [detɛktœʀ] (f. *-trice*) *agg.* (*tecn.*) rivelatore ♦ *s.m.* rivelatore, detector.

détection [detɛksjɔ̃] *s.f.* (*tecn.*) rivelazione; individuazione.

détective [detɛktiv] *s.m.* agente investigativo, detective: — *privé*, investigatore privato.

déteindre [detɛ̃dʀ] (*coniug. come* teindre) *v.tr.* stingere ♦ *v.intr.* stingersi || — *sur qqch*, lasciare il colore su qlco; — *sur qqn*, influenzare qlcu.

déteint [detɛ̃] *part.pass. di* déteindre.

dételer [de(e)tle] (*coniug. come* appeler) *v.tr.* **1** staccare **2** (*fig.*) smettere di lavorare.

détendeur [detɑ̃dœʀ] *s.m.* (*tecn.*) riduttore di pressione.

détendre [detɑ̃dʀ] (*coniug. come* tendre) *v.tr.* **1** rilassare **2** allentare (una corda acc.) || — *un ressort*, far scattare una molla □ **se détendre** *v.pron.* **1** rilassarsi **2** (*di una corda ecc.*) allentarsi.

détendu [detɑ̃dy] *part.pass. di* détendre ♦ *agg.* allentato; (*fig.*) rilassato.

détenir [detniʀ] (*coniug. come* tenir) *v.tr.* detenere.

détente [detɑ̃t] *s.f.* **1** distensione; rilassamento (*m.*) || *avoir besoin de* —, aver bisogno di riposo || *être dur à la* —, (*fam.*) essere duro di comprendonio, essere tirato nei soldi **2** grilletto (di un'arma da fuoco).

détenteur [detɑ̃tœʀ] (f. *-trice*) *agg.* e *s.m.* detentore.

détention [detɑ̃sjɔ̃] *s.f.* detenzione.

détenu [detny] *part.pass. di* détenir ♦ *agg.* e *s.m.* detenuto.

détergent [detɛʀʒɑ̃] *agg.* e *s.m.* detergente, detersivo.

détérioration [deteʀjɔʀasjɔ̃] *s.f.* deterioramento (*m.*).

détériorer [deteʀjɔʀe] *v.tr.* deteriorare □ **se détériorer** *v.pron.* deteriorarsi.

déterminant [detɛrminɑ̃] *agg.* e *s.m.* determinante.

déterminatif [detɛrminatif] (f. *-ive*) *agg.* e *s.m.* determinativo.

détermination [detɛrminasjɔ̃] *s.f.* determinazione.

déterminé [detɛrmine] *agg.* determinato.

déterminer [detɛrmine] *v.tr.* determinare □ **se déterminer** *v.pron.* decidersi.

déterminisme [detɛrminism] *s.m.* determinismo.

déterré [deteʀe] *s.m.*: *avoir l'air d'un —*, avere un aspetto cadaverico.

déterrement [detɛrmɑ̃] *s.m.* **1** esumazione (f.) **2** (*agr.*) dissotterramento.

déterrer [deteʀe] *v.tr.* **1** dissotterrare **2** esumare **3** (*fam.*) scovare.

détersif [detɛrsif] (f. *-ive*) *agg.* e *s.m.* detersivo.

détestable [detɛstabl] *agg.* detestabile: *une habitude —*, una pessima abitudine.

détestablement [detɛstablɑ̃] *avv.* in modo detestabile.

détester [detɛste] *v.tr.* detestare.

déthéiné [deteine] *agg.* deteinato.

détonant [detɔnɑ̃] *agg.* detonante.

détonateur [detɔnatœr] *s.m.* detonatore.

détonation [detɔnasjɔ̃] *s.f.* detonazione.

détoner [detɔne] *v.intr.* detonare.

détonner [detɔne] *v.intr.* stonare (*anche fig.*).

détordre [detɔʀdʀ] (*coniug. come* tordre) *v.tr.* svolgere (ciò che era torto).

détordu [detɔʀdy] *part.pass. di* détordre.

détour [detuʀ] *s.m.* **1** svolta (f.) **2** deviazione (f.): *faire un — par*, passare per **3** (fig.) giro di parole || *sans —*, senza mezzi termini.

détourné [deturne] *agg.* indiretto.

détournement [deturnəmɑ̃] *s.m.* **1** deviazione (f.) **2** (fin.) sottrazione (f.) — *de fonds*, appropriazione indebita di fondi || (dir.) — *de mineur*, abuso di minore || — *d'avion*, dirottamento aereo.

détourner [deturne] *v.tr.* **1** deviare, sviare (*anche fig.*): — *un avion*, dirottare un aereo **2** distogliere: — *qqn d'un projet*, distogliere qlcu da un progetto **3** voltare **4** sottrarre, distogliere □ **se détourner** *v.pron.* **1** deviare, fare una deviazione: *se — du droit chemin*, allontanarsi dalla retta via **2** distogliersi **3** voltarsi.

détracteur [detʀaktœr] (f. *-trice*) *s.m.* detrattore.

détraqué [detʀake] *agg.* e *s.m.* squilibrato.

détraquement [detʀakmɑ̃] *s.m.* **1** il guastare, il rovinare **2** (fig.) squilibrio.

détraquer [detʀake] *v.tr.* **1** guastare, rovinare **2** (fam.) sconvolgere.

détrempe [detʀɑ̃p] *s.f.* tempera.

détremper [detʀɑ̃pe] *v.tr.* **1** stemperare **2** inzuppare.

détresse [detʀɛs] *s.f.* **1** disperazione **2** miseria **3** (mar., aer.) pericolo (m.).

détriment [detʀimɑ̃] *s.m.* detrimento || *au — de*, a scapito di.

détritus [detʀitys] *s.m.* **1** detrito **2** *pl.* rifiuti.

détroit [detʀwa] *s.m.* (geogr.) stretto.

détromper [detʀɔ̃pe] *v.tr.* disingannare, far ricredere: *je l'ai détrompé*, gli ho aperto gli occhi □ **se détromper** *v.pron.* ricredersi.

détrôner [detʀone] *v.tr.* detronizzare.

détrousser [detʀuse] *v.tr.* rapinare, depredare.

détruire [detʀɥiʀ] (*coniug. come* conduire) *v.tr.* distruggere □ **se détruire** *v.pron.* distruggersi; (fam.) suicidarsi.

détruit [detʀɥi] *part.pass. di* détruire.

dette [dɛt] *s.f.* debito (m.).

deuil [dœj] *s.m.* **1** lutto: *grand —*, lutto stretto; *être en — (de qqn)*, essere in lutto (per la morte di qlcu); *fermé pour cause de —*, chiuso per lutto || *avoir les ongles en —*, (*scherz.*) avere le unghie orlate di nero || *faire son — de qqch*, (fig.) mettere una croce su qlco **2** corteo funebre.

deutérium [døteʀjɔm] *s.m.* (chim.) deuterio.

deux [dø; døz *davanti a vocale o* h *muta*] *agg.num.card.* e *s.m.* due: *être —*, essere in due || *entre les —*, una via di mezzo, così così || *comme pas —*, come nessun altro || *en moins de —*, (fam.) in quattro e quattr'otto, in men che non si dica ♦ *agg.num.ord.* secondo: *acte —*, atto secondo; *Frédéric —*, Federico secondo ♦ *s.m.* (*canottaggio*) — *barré*, due con; — *sans barreur*, due senza.

deuxième [døzjɛm] *agg.num.ord.* e *s.m.* secondo: *arriver le —*, arrivare secondo.

deuxièmement [døzjɛmmɑ̃] *avv.* in secondo luogo.

deux-pièces [døpjɛs] (pl. *invar.*) *s.m.* **1** due pezzi **2** (edil.) bilocale.

deux-roues [døʀu] (pl. *invar.*) *s.m.* (veicolo a) due ruote.

deux-temps [døtɑ̃] (pl. *invar.*) *s.m.* motore a due tempi.

dévaler [devale] *v.tr.* e *intr.* scendere precipitosamente.

dévaliser [devalize] *v.tr.* svaligiare.

dévaloir [devalwaʀ] *s.m.* (*in Svizzera*) condotto di scarico per l'immondizia (in un caseggiato).

dévalorisation [devalɔʀizasjɔ̃] *s.f.* **1** svalutazione **2** deprezzamento (m.).

dévaloriser [devalɔʀize] *v.tr.* **1** svalutare **2** deprezzare; (fig.) sminuire.

dévaluation [devalɥasjɔ̃] *s.f.* svalutazione.

dévaluer [devalɥe] *v.tr.* svalutare.

devancement [dəvɑ̃smɑ̃] *s.m.* anticipazione (f.).

devancer [dəvɑ̃se] (*coniug. come* placer) *v.tr.* precedere: — *les désirs de qqn*, prevenire i desideri di qlcu || — *son temps*, precorrere i tempi.

devancier [dəvɑ̃sje] (f. *-ère*) *s.m.* precursore, predecessore.

devant [dəvɑ̃] *prep.* davanti a, dinanzi a: — *la maison*, davanti alla casa; — *toi, eux*, davanti a te, a loro || *parler — témoins*, parlare in presenza di testimoni || *avoir de l'argent — soi*, avere del denaro da parte ♦ *avv.* avanti, davanti || *mettre* *une jupe* (*sens*) — *derrière*, mettere una gonna al-l'incontrario ♦ *s.m.* (il) davanti, la parte anterio-re: *le — d'une maison*, la facciata di una casa || *prendre les devants*, precedere || *de —*, anteriore.

devanture [dəvᾶtyʀ] *s.f.* **1** vetrina **2** esposizione (di merci).

dévastateur [devastatœʀ] (f. *-trice*) *agg.* e *s.m.* devastatore.

dévastation [devastɑsj̃ɔ] *s.f.* devastazione.

dévaster [devaste] *v.tr.* devastare.

déveine [devɛn] *s.f.* (*fam.*) scalogna, sfortuna.

développement [devlɔpmᾶ] *s.m.* **1** sviluppo **2** esposizione (di un argomento ecc.) **3** (*di una bicicletta*) rapporto.

développer [devlɔpe] *v.tr.* **1** sviluppare || (*med.*) — *une maladie*, manifestare i sintomi di una malattia **2** dispiegare || — *un cadeau*, disfare la confezione di un regalo **3** esporre (un argomento ecc.) □ **se développer** *v.pron.* svilupparsi.

devenir [dəvniʀ] (*coniug. come* venir) *v.intr.* diventare, divenire || *qu'est devenu ton frère?*, che ne è di tuo fratello?; *que deviens-tu?*, come va?

devenu [dəvny] *part. pass. di* devenir.

dévergondé [devɛʀg̃ɔde] *agg.* e *s.m.* scostumato.

dévergonder, se [sədevɛʀg̃ɔde] *v.pron.* essere scostumato.

déverrouiller [devɛʀuje] *v.tr.* togliere il catenaccio (a).

déversement [devɛʀsəmᾶ] *s.m.* scarico.

déverser [devɛʀse] *v.tr.* scaricare; (ri)versare □ **se déverser** *v.pron.* riversarsi.

déversoir [devɛʀswaʀ] *s.m.* sfioratore, scarico; (*fig.*) sfogo.

dévêtir [devetiʀ] (*coniug. come* vêtir) *v.tr.* svestire.

dévêtu [devety] *part .pass. di* dévêtir.

déviant [devjᾶ] *agg.* e *s.m.* deviante.

déviation [devjɑsj̃ɔ] *s.f.* deviazione.

dévider [devide] *v.tr.* **1** dipanare **2** (*dérouler*) srotolare, svolgere.

dévidoir [devidwaʀ] *s.m.* avvolgitore.

dévier [devje] *v.tr.* e *intr.* deviare.

devin [dəṽɛ] *s.m.* indovino.

deviner [dəvine] *v.tr.* indovinare; (*pressentir*) presagire, intuire || — *juste*, vedere giusto.

devineresse [dəvinʀes] *s.f.* indovina.

devinette [dəvinɛt] *s.f.* indovinello (*m.*).

devis [dəvi] *s.m.* preventivo.

dévisager [devizaʒe] (*coniug. come* manger) *v.tr.* squadrare, fissare.

devise[1] [dəviz] *s.f.* motto (*m.*), massima.

devise[2] *s.f.* (*fin.*) divisa, valuta.

deviser [dəvize] *v.intr.* conversare.

dévissage [devisaʒ] *s.m.* svitamento.

dévisser [devise] *v.tr.* svitare ♦ *v.intr.* (*alpinismo*) precipitare.

dévitaliser [devitalize] *v.tr.* (*med.*) devitalizzare.

dévoilement [devwalmᾶ] *s.m.* **1** scoprimento **2** (*fig.*) rivelazione (*f.*).

dévoiler [devwale] *v.tr.* scoprire (*anche fig.*) □ **se dévoiler** *v.pron.* scoprirsi.

devoir[1] [dəvwaʀ]

Indic.pres. je dois, etc., nous devons, vous devez, ils doivent; *imperf.* je devais, etc.; *pass.rem.* je dus, etc.; *fut.* je devrai, etc. *Cond.* je devrais, etc. *Cong.pres.* que je doive, etc.; *imperf.* que je dusse, que tu dusses, qu'il dût, etc. *Part.pres.* devant; *pass.* dû, *pl.* dus, *f.* due, *f.pl.* dues.

v.tr. dovere: *vous n'auriez pas dû y aller*, non avreste dovuto andarci, non ci sareste dovuti andare; *elle a dû s'absenter*, ha dovuto assentarsi, è dovuta assentare; *il devait être sept heures*, dovevano essere, saranno state le sette; *il doit arriver dans quelques minutes*, dovrebbe arrivare a minuti || *je vous dois d'être encore en vie*, le devo la vita || *tu dois te tromper*, credo che tu sia in errore || (*letter.*) *dussé-je dépenser une fortune*, quand'anche dovessi spenderci un capitale • Il part. pass. *dû* è invariabile quando è seguito da un infinito, anche sottinteso: *il n'a pas payé toutes les sommes qu'il aurait dû* (*payer*), non ha pagato tutte le somme che avrebbe dovuto (pagare) □ **se devoir** *v.pron.* — *à ses enfants*, avere dei doveri verso i figli; *je me dois de le prévenir*, è mio dovere avvertirlo || *comme si le doit*, come vuole l'uso.

devoir[2] *s.m.* **1** dovere: *faire, accomplir son —*, fare, assolvere il proprio dovere; *il se fait un — de..., il croit de son — de...*, si sente in dovere di...; *il est de mon — de...*, è mio dovere...; *se mettre en — de faire qqch*, prepararsi, predisporsi a fare qlco || *les devoirs mondains*, gli obblighi mondani || *un homme de —*, un uomo ligio al dovere **2** compito (di scuola): *devoirs de vacances*, compiti delle vacanze **3** *pl.* omaggi: *présenter ses devoirs à une dame*, presentare i propri omaggi a una signora || *rendre les derniers devoirs*, rendere le estreme onoranze (funebri).

dévolu [devɔly] *agg.* devoluto ♦ *s.m.*: *jeter son — sur*, mettere gli occhi su.

dévolution [devɔlysj̃ɔ] *s.f.* (*dir.*) devoluzione.

dévorant [devɔrᾶ] *agg.* irresistibile.

dévorer [devɔʀe] *v.tr.* divorare (*anche fig.*): *le feu a dévoré tout le quartier*, il fuoco ha distrutto tutto il quartiere; — *des yeux*, mangiare con gli occhi.

dévot [devo] *agg.* e *s.m.* devoto || *faux —*, bigotto.

dévotion [devosj̃ɔ] *s.f.* devozione: *être à la — de qqn*, essere devotissimo a qlcu || *donner dans la —*, diventare bigotto.

dévoué [devwe] *agg.* devoto.

dévouement [devumᾶ] *s.m.* dedizione (*f.*); (*abnégation*) abnegazione (*f.*).

dévouer, se [sədevwe] *v.pron.* **1** consacrarsi, dedicarsi **2** (*se sacrifier*) sacrificarsi.

dévoyé [devwaje] *agg.* traviato ♦ *s.m.* scapestrato.

dévoyer [devwaje] (*coniug. come* employer) *v.tr.* **1** deviare **2** (*fig.*) traviare.

dextérité [dɛksteʀite] *s.f.* destrezza, abilità.

dextrorse [dɛkstʀɔʀs], **dextrorsum** [dɛkstʀɔʀsɔm] (f. *invar.*) *agg.* e *avv.* destrorso.

dextrose [dɛkstʀoz] *s.m.* (*chim.*) destrosio.
di- *pref.* bi-, di-
dia [dja] *inter.* a sinistra! (voce dei carrettieri per far girare il cavallo a sinistra).
dia- *pref.* dia-
diabète [djabɛt] *s.m.* diabete.
diabétique [djabetik] *agg.* e *s.m.* diabetico.
diable [djɑbl] *s.m.* 1 diavolo, demonio ‖ *avoir le — au corps*, avere il diavolo in corpo ‖ *tirer le — par la queue*, far fatica a sbarcare il lunario ‖ *habiter au — (vauvert)*, abitare a casa del diavolo ‖ *avoir la beauté du —*, avere la bellezza dell'asino ‖ *c'est le — pour le convaincre!*, ce ne vuole per convincerlo!; *ne te décourage pas, ce n'est pas le —!*, non perderti d'animo, non è poi tanto difficile!; *c'est bien le — s'il ne vient pas*, sarebbe stranissimo che non venisse; *un bruit de tous les diables*, un baccano del diavolo ‖ (*in Svizzera*) *mener le —*, far chiasso ‖ *en —*, terribilmente ‖ *à la diable*, in fretta e furia; *poulet à la —*, pollo alla diavola 2 carrello a due ruote (per i bagagli) ♦ *inter.* diavolo!
diablement [djɑ(a)blǝmɑ̃] *avv.* (*fam.*) terribilmente, maledettamente.
diablerie [djɑ(a)blǝʀi] *s.f.* diavoleria.
diablesse [djɑ(a)blɛs] *s.f.* diavolessa; strega.
diablotin [djɑ(a)blɔtɛ̃] *s.m.* diavoletto.
diabolique [djɑ(a)bɔlik] *agg.* diabolico ‖ **-ement** *avv.*
diaconat [djakɔna] *s.m.* (*eccl.*) diaconato.
diacre [djakʀ] *s.m.* (*eccl.*) diacono.
diadème [djadɛm] *s.m.* diadema.
diagnostic [djagnɔstik] *s.m.* (*med.*) 1 diagnostica (*f.*) 2 diagnosi (*f.*).
diagnostiquer [djagnɔstike] *v.tr.* diagnosticare.
diagonal [djagɔnal] (pl. *-aux*) *agg.* diagonale.
diagonale [djagɔnal] *s.f.* diagonale ‖ *en —*, diagonalmente, di sbieco; *lire en —*, leggere rapidamente.
diagramme [djagʀam] *s.m.* diagramma.
dialectal [djalɛktal] (pl. *-aux*) *agg.* dialettale.
dialecte [djalɛkt] *s.m.* dialetto.
dialecticien [djalɛktisjɛ̃] (f. *-enne*) *s.m.* dialettico.
dialectique [djalɛktik] *agg.* dialettico ♦ *s.f.* dialettica.
dialectologie [djalɛktɔlɔʒi] *s.f.* dialettologia.
dialogue [djalɔg] *s.m.* 1 dialogo 2 (*inform.*) comunicazione (*f.*).
dialoguer [djalɔge] *v.intr.* dialogare, ‖ *— avec l'opposition*, (*fig.*) negoziare con l'opposizione.
dialoguiste [djalɔgist] *s.m.* (*cine.*, *tv*) dialogista.
dialyse [djaliz] *s.f.* dialisi.
diamant [djamɑ̃] *s.m.* diamante.
diamantaire [djamɑ̃tɛʀ] *s.m.* tagliatore, venditore di diamanti.
diamantifère [djamɑ̃tifɛʀ] *agg.* diamantifero.
diamétral [djametʀal] (pl. *-aux*) *agg.* diametrale ‖ **-ement** *avv.*
diamètre [djamɛtʀ] *s.m.* diametro.
diantre [djɑ̃tʀ] *inter.* diamine!
diapason [djapazɔ̃] *s.m.* (*mus.*) diapason ‖ *au —*, (*fig.*) in armonia.

diaphane [djafan] *agg.* diafano.
diaphragme [djafʀagm] *s.m.* diaframma.
diapo [djapo] *s.f.* (*fam.*) *abbr.* → **diapositive**.
diapositive [djapozitiv] *s.f.* diapositiva.
diapré [djapʀe] *agg.* iridescente.
diarrhée [djaʀe] *s.f.* (*med.*) diarrea.
diaspora [djaspɔʀa] *s.f.* diaspora.
diastole [djastɔl] *s.f.* (*med.*) diastole.
diatonique [djatɔnik] *agg.* (*mus.*) diatonico.
diatribe [djatʀib] *s.f.* diatriba.
dibiterie [dibitʀi] *s.f.* (*in Senegal*) rivendita di carne arrostita.
dichotomie [dikɔtɔmi] *s.f.* 1 dicotomia 2 spartizione illecita di onorari tra due medici.
dico [diko] *s.m.* (*fam.*) *abbr.* → **dictionnaire**.
dicotylédone [dikɔtiledɔn] *agg.* e *s.f.* (*bot.*) dicotiledone.
dictaphone [diktafɔn] *s.m.* dittafono.
dictateur [diktatœʀ] (f. *-trice*) *s.m.* dittatore.
dictatorial [diktatɔʀjal] (pl. *-aux*) *agg.* dittatoriale.
dictature [diktatyʀ] *s.f.* dittatura.
dictée [dikte] *s.f.* 1 dettatura 2 dettato (*m.*).
dicter [dikte] *v.tr.* dettare (*anche fig.*).
diction [diksjɔ̃] *s.f.* dizione.
dictionnaire [diksjɔnɛʀ] *s.m.* dizionario.
dicton [diktɔ̃] *s.m.* detto.
didacticiel [didaktisjɛl] *s.m.* (*inform.*) programma didattico.
didactique [didaktik] *agg.* didattico; (*letter.*) didascalico ♦ *s.f.* didattica.
dactyle [didaktil] *agg.* (*zool.*) didattilo.
dièdre [djɛdʀ] *s.m.* e *agg.* (*mat.*) diedro.
dieppois [djɛpwa] *agg.* di Dieppe.
diérèse [djeʀɛz] *s.f.* dieresi.
dièse [djɛz] *agg.* e *s.m.* (*mus.*) diesis.
diesel [djezɛl] *agg.* e *s.m.*: (*moteur*) —, motore Diesel.
diète[1] [djɛt] *s.f.* dieta.
diète[2] *s.f.* (*pol.*) dieta.
diététicien [djetetisjɛ̃] (f. *-enne*) *s.m.* dietologo.
diététique [djetetik] *agg.* dietetico ♦ *s.f.* dietetica.
dieu [djø] (pl. *dieux*) *s.m.* 1 dio ‖ *grands dieux!*, santi numi!; *jurer ses grands dieux*, giurare e spergiurare 2 *Dieu*, Dio: *Dieu le père*, Dio Padre ‖ *Dieu sait si...*, chissà se... ‖ *Dieu sait si nous travaillons ici!*, Dio solo sa quanto lavoriamo qui! ‖ *Dieu merci!*, grazie a Dio!; *Dio sia lodato!* ‖ *à la grâce de Dieu!*, che Dio ce la mandi buona!; *à-Dieu-vat!*, che Dio ci assista! ‖ *nom de Dieu!*, porca miseria! 3 (*zool. pop.*) *bête à bon Dieu*, coccinella.
diffamateur [difa(ɑ)matœʀ] (f. *-trice*) *agg.* e *s.m.* diffamatore.
diffamation [difa(ɑ)masjɔ̃] *s.f.* diffamazione.
diffamatoire [difa(ɑ)matwaʀ] *agg.* diffamatorio.
diffamer [difa(ɑ)me] *v.tr.* diffamare.
différé [difeʀe] *agg.* differito ♦ *s.m.* (*rad.*, *tv*) (*émission en*) —, trasmissione in differita.
différemment [difeʀamɑ̃] *avv.* differentemente; in modo vario.

différence [difeʀɑ̃s] *s.f.* differenza || *à la — que,* con la differenza che.

différenciateur [difeʀɑ̃sjatœʀ] (f. *-trice*) *agg.* differenziatore.

différenciation [difeʀɑ̃sjɑsjɔ̃] *s.f.* differenziazione.

différencier [difeʀɑ̃sje] *v.tr.* differenziare □ **se différencier** *v.pron.* differenziarsi, distinguersi.

différend [difeʀɑ̃] *s.m.* vertenza (*f.*); controversia (*f.*).

différent [difeʀɑ̃] *agg.* **1** differente, diverso: *— de moi,* diverso da me **2** *pl.* diversi, parecchi.

différentiel [difeʀɑ̃sjɛl] (f. *-elle*) *agg.* e *s.m.* differenziale.

différer [difeʀe] (*coniug. come* céder) *v.tr.* e *intr.* differire.

difficile [difisil] *agg.* e *s.m.* difficile || *il est — à vivre,* è difficile vivere con lui.

difficilement [difisilmɑ̃] *avv.* difficilmente; con difficoltà.

difficulté [difikylte] *s.f.* difficoltà.

difforme [difɔʀm] *agg.* deforme.

difformité [difɔʀmite] *s.f.* deformità.

diffraction [difʀaksjɔ̃] *s.f.* (*fis.*) diffrazione.

diffus [dify] *agg.* diffuso || *-ement* *avv.*

diffuser [difyze] *v.tr.* **1** diffondere **2** (*rad., tv*) trasmettere.

diffuseur [difyzœʀ] *s.m.* diffusore.

diffusion [difyzjɔ̃] *s.f.* **1** diffusione **2** (*rad., tv*) trasmissione.

digaule [digol] *s.m.* (*in Africa*) stangone.

digérer [diʒeʀe] (*coniug. come* céder) *v.tr.* digerire.

digeste [diʒɛst] *agg.* facilmente digeribile.

digestible [diʒɛstibl] *agg.* digeribile.

digestif [diʒɛstif] (f. *-ive*) *agg.* e *s.m.* digestivo || *appareil —,* apparato digerente.

digestion [diʒɛstjɔ̃] *s.f.* digestione.

digital [diʒital] (pl. *-aux*) *agg.* digitale.

digitale [diʒital] *s.f.* (*bot.*) digitale.

digitaline [diʒitalin] *s.f.* digitalina.

digitaliser [diʒitalize] *v.tr.* (*inform.*) digitalizzare.

digitigrade [diʒitigʀad] *agg.* (*zool.*) digitigrado.

digne [diɲ] *agg.* **1** degno || *— de foi,* attendibile **2** dignitoso || *air —,* aria di sussiego.

dignement [diɲmɑ̃] *avv.* **1** convenientemente **2** dignitosamente.

dignitaire [diɲitɛʀ] *s.m.* dignitario.

dignité [diɲite] *s.f.* dignità || *vivre avec —,* vivere dignitosamente, con decoro; *garder son calme et sa —,* mantenersi calmo e dignitoso.

dignois [diɲwa] *agg.* di Dignes.

digression [digʀesjɔ̃] *s.f.* digressione.

digue [dig] *s.f.* **1** diga **2** (*fig.*) barriera.

dijonnais [diʒɔnɛ] *agg.* di Digione.

dilapidateur [dilapidatœʀ] (f. *-trice*) *agg.* e *s.m.* dilapidatore.

dilapidation [dilapidɑsjɔ̃] *s.f.* dilapidazione.

dilapider [dilapide] *v.tr.* dilapidare.

dilatable [dilatabl] *agg.* dilatabile.

dilatateur [dilatatœʀ] (f. *-trice*) *agg.* e *s.m.* dilatatore.

dilatation [dilatɑsjɔ̃] *s.f.* dilatazione.

dilater [dilate] *v.tr.* dilatare.

dilatoire [dilatwaʀ] *agg.* dilatorio.

dilemme [dilɛm] *s.m.* dilemma.

dilettantisme [diletɑ̃tism] *s.m.* dilettantismo.

diligemment [diliʒamɑ̃] *avv.* diligentemente.

diligence[1] [diliʒɑ̃s] *s.f.* sollecitudine: *faire —,* mostrare sollecitudine.

diligence[2] *s.f.* diligenza, vettura a cavalli.

diligent [diliʒɑ̃] *agg.* diligente.

diluant [dilɥɑ̃] *agg.* e *s.m.* diluente.

diluer [dilɥe] *v.tr.* diluire.

dilution [dilysjɔ̃] *s.f.* diluizione.

diluvien [dilyvjɛ̃] (f. *-enne*) *agg.* diluviano || *pluie diluvienne,* pioggia torrenziale.

dimanche [dimɑ̃ʃ] *s.m.* domenica (*f.*) || *se mettre en —,* (*fam.*) mettersi il vestito della festa.

dîme [dim] *s.f.* (*st.*) decima.

dimension [dimɑ̃sjɔ̃] *s.f.* dimensione || *à la — de,* proporzionale a.

diminué [diminɥe] *agg.* debilitato || (*arch.*) *colonne diminuée,* colonna rastremata.

diminuer [diminɥe] *v.tr.* **1** diminuire, ridurre **2** (*fig.*) sminuire ♦ *v.intr.* diminuire, calare: *la chaleur a diminué,* il caldo è diminuito; *la fièvre est diminuée depuis hier,* la febbre è calata da ieri □ **se diminuer** *v.pron.* sminuirsi.

diminutif [diminytif] (f. *-ive*) *agg.* e *s.m.* diminutivo.

diminution [diminysjɔ̃] *s.f.* diminuzione, calo (*m.*).

dînatoire [dinatwaʀ] *agg.*: *goûter —,* merenda copiosa che sostituisce la cena.

dinde [dɛ̃d] *s.f.* **1** tacchina **2** (*di donna*) oca.

dindon [dɛ̃dɔ̃] *s.m.* tacchino || *être le — de la farce,* fare la figura del pollo.

dindonneau [dɛ̃dɔno] (pl. *-eaux*) *s.m.* piccolo del tacchino.

dîner[1] [dine] *v.intr.* **1** cenare **2** (*in Belgio, Canada, Svizzera*) pranzare.

dîner[2] *s.m.* cena (*f.*); (*in Belgio, Canada, Svizzera*) pranzo.

dînette [dinɛt] *s.f.* cenetta leggera; pranzetto (*m.*) || *— de poupée,* servizio da tavola per le bambole.

ding dong [dɛ̃dɔ̃] *onom.* din don.

dingo [dɛ̃go] *agg.* e *s.m.* (*fam.*) svitato.

dingue [dɛ̃g] *agg.* e *s.m.* (*fam.*) suonato || *c'est —!,* è folle!

dinguer [dɛ̃ge] *v.intr.* (*fam.*) cascare, cadere || *envoyer — qqn,* mandare qlcu a quel paese.

dinien [dinjɛ̃] (f. *-enne*) *agg.* di Digne.

dinosaure [dinozoʀ] *s.m.* dinosauro.

diocésain [djosezɛ̃] *agg.* e *s.m.* diocesano.

diocèse [djosɛz] *s.m.* diocesi (*f.*).

diode [djɔd] *s.f.* diodo (*m.*).

dionysiaque [djɔnizjak] *agg.* dionisiaco.

dionysien [djɔnizjɛ̃] (f. *-enne*) *agg.* di Saint-Denis.

dioptrie [djɔptʀi] *s.f.* diottria.

dioxine [djɔksin] *s.f.* (*chim.*) diossina.

diphasé [difaze] *agg.* (*elettr.*) bifase.

diphtérie [difteʀi] *s.f.* (*med.*) difterite.
diphtérique [difteʀik] *agg.* e *s.m.* (*med.*) difterico.
diphtongue [diftɔ̃g] *s.f.* dittongo (*m.*).
diplomate [diplɔmat] *agg.* e *s.m.* diplomatico.
diplomatie [diplɔmasi] *s.f.* diplomazia.
diplomatique [diplɔmatik] *agg.* diplomatico ||
-ement *avv.*
diplôme [diplom] *s.m.* diploma.
diplômé [diplome] *agg.* e *s.m.* diplomato.
diptère [dipteʀ] *agg.* e *s.m.* (*zool.*) dittero.
diptyque [diptik] *s.m.* dittico.

dire[1] [diʀ]

Indic.pres. je dis, etc., nous disons, vous dites, ils disent; *imperf.* je disais, etc.; *pass.rem.* je dis, etc.; *fut.* je dirai, etc. *Cond.* je dirais, etc. *Cong.pres.* que je dise, etc.; *imperf.* que je disse, etc. *Part.pres.* disant; *pass.* dit. *Imp.* dis, disons, dites.

v.tr. **1** dire: *il a dit qu'il viendrait,* disse che sarebbe venuto; *d'après ce qu'il dit,* stando a quel che dice; — (*que*) *non,* (*que*) *oui,* dire (di) no, (di) sì || *je n'en dirai pas plus,* e non dico altro || *on dirait un fou,* lo si direbbe un pazzo || *cela va sans* —, ovviamente || *ce n'est pas pour* —, non faccio per dire || *soit dit entre nous,* resti, sia detto fra noi || *comment dirais-je,* come dire || *vous m'en direz tant!,* (*fam.*) e poi mi saprete dire! || *eh, dis donc!,* (*fam.*) ehi, senti! || *est-ce que ça vous dirait de venir dîner chez nous?,* che ne direbbe di venire a cena da noi? || *il n'y a pas à* —, *il a raison,* c'è poco da dire, ha ragione || *pour tout* —, per farla breve **2** (*alle carte*) dichiarare: *c'est à vous de* —, tocca a voi (parlare) □ **se dire** *v.pron.* dirsi.
dire[2] *s.m.* il dire: *au* — *de,* a detta di.

direct [diʀɛkt] *agg.* e *s.m.* diretto || *allusion directe,* allusione esplicita || (*rad.,* *tv*) *en* —, in diretta || -ement *avv.*
directeur [diʀɛktœʀ] (f. -trice) *s.m.* direttore: — *du personnel,* capo del personale; — *d'école,* direttore didattico; — *d'une galerie d'art,* gallerista || — *de conscience,* direttore spirituale ♦ *agg.* direttivo || *idée directrice,* filo conduttore.
directeur-adjoint [diʀɛktœʀadʒwɛ̃] (pl. *directeurs-adjoints*) *s.m.* vicedirettore.
directif [diʀɛktif] (f. -ive) *agg.* direttivo.
direction [diʀɛksjɔ̃] *s.f.* **1** direzione || *en* — *de,* per, alla volta di **2** (*aut.*) guida: — *assistée,* servosterzo.
directionnel [diʀɛksjɔnɛl] (f. -elle) *agg.* direzionale.
directive [diʀɛktiv] *s.f.* (spec. *pl.*) direttiva.
directoire [diʀɛktwaʀ] *s.m.* direttorio || (*st.*) *le Directoire,* il Direttorio.
directorial [diʀɛktɔʀjal] (pl. *-aux*) *agg.* **1** direttoriale **2** (*st.*) del Direttorio.
dirigeable [diʀiʒabl] *agg.* e *s.m.* dirigibile.
dirigeant [diʀiʒɑ̃] *agg.* e *s.m.* dirigente.
diriger [diʀiʒe] (*coniug. come* manger) *v.tr.* dirigere: *il se dirige vers nous,* ci viene incontro; *le train se dirige sur Paris,* il treno va verso Parigi; — *son attention sur,* rivolgere l'attenzione a || (*econ.*) *économie dirigée,* economia dirigistica ||

(*inform.*) *dirigé par ordinateur,* gestito con elaboratore □ **se diriger** *v.pron.* dirigersi.
dirigisme [diʀiʒism] *s.m.* dirigismo.
dirigiste [diʀiʒist] *agg.* dirigistico ♦ *s.m.* dirigista.
dis- *pref.* dis-, s-
discernable [disɛʀnabl] *agg.* distinguibile.
discernement [disɛʀnəmɑ̃] *s.m.* discernimento: *sans* —, sconsideratamente.
discerner [disɛʀne] *v.tr.* discernere, distinguere; scoprire.
disciple [disipl] *s.m.* discepolo.
disciplinaire [disiplinɛʀ] *agg.* disciplinare.
discipline [disiplin] *s.f.* disciplina.
discipliné [disipline] *agg.* disciplinato.
disco [disko] *s.f.* (*fam.*) discoteca ♦ *agg.* (*musique*) —, disco music.
discobole [diskɔbɔl] *s.m.* discobolo.
discographie [diskɔgʀafi] *s.f.* discografia.
discographique [diskɔgʀafik] *agg.* discografico.
discoïde [diskɔid] *agg.* discoide, discoidale.
discontinu [diskɔ̃tiny] *agg.* discontinuo.
discontinuer [diskɔ̃tinɥe] *v.tr.*: *sans* —, senza interruzione.
discontinuité [diskɔ̃tinɥite] *s.f.* discontinuità.
disconvenir [diskɔ̃vniʀ] (*coniug. come* venir) *v.intr.* (*solo in frasi negative*) negare, dire di no: *je n'en disconviens pas,* non lo metto in dubbio.
disconvenu [diskɔ̃vny] *part.pass. di* disconvenir.
discophile [diskɔfil] *s.m.* discofilo.
discordance [diskɔʀdɑ̃s] *s.f.* discordanza.
discordant [diskɔʀdɑ̃] *agg.* discordante.
discorde [diskɔʀd] *s.f.* discordia.
discothèque [diskɔtɛk] *s.f.* discoteca.
discoureur [diskuʀœʀ] (f. -euse) *s.m.* parlatore.
discourir [diskuʀiʀ] (*coniug. come* courir) *v.intr.* chiacchierare.
discours [diskuʀ] *s.m.* **1** discorso; (*bavardage*) chiacchiera **2** (*langage*) linguaggio.
discouru [diskuʀy] *part.pass. di* discourir.
discrédit [diskʀedi] *s.m.* discredito.
discréditer [diskʀedite] *v.tr.* screditare □ **se discréditer** *v.pron.* screditarsi.
discret [diskʀɛ] (f. -ète) *agg.* discreto.
discrètement [diskʀɛtmɑ̃] *avv.* discretamente, con discrezione.
discrétion [diskʀesjɔ̃] *s.f.* discrezione || *à* —, a volontà.
discrétionnaire [diskʀesjɔnɛʀ] *agg.* (*dir.*) discrezionale.
discriminant [diskʀiminɑ̃] *agg.* discriminante.
discrimination [diskʀiminasjɔ̃] *s.f.* discriminazione || (*econ.*) *financements sans* —, finanziamenti a pioggia.
discriminatoire [diskʀiminatwaʀ] *agg.* discriminatorio.
discriminer [diskʀimine] *v.tr.* discriminare.
disculpation [diskylpasjɔ̃] *s.f.* discolpa.
disculper [diskylpe] *v.tr.* discolpare, scagionare.
discursif [diskyʀsif] (f. -ive) *agg.* discorsivo.
discussion [diskysjɔ̃] *s.f.* **1** discussione **2** (*dir.*) escussione.

discutable [diskytabl] *agg.* discutibile.

discute [diskyt] *s.f.* (*in Africa*) discussione violenta.

discuté [diskyte] *agg.* discusso, messo in discussione.

discuter [diskyte] *v.tr. e intr.* discutere: — *une question*, discutere (su) un problema; — (*de*) *poésie*, discutere di poesia || (*dir.*) — *un débiteur*, escutere un debitore.

disert [dizɛʀ] *agg.* (*letter.*) facondo, eloquente.

disette [dizɛt] *s.f.* carestia.

diseur [dizœʀ] (f. *-euse*) *s.m.* parlatore, dicitore || *diseuse de bonne aventure*, chiromante.

disgrâce [disgʀɑs] *s.f.* disgrazia.

disgracieux [disgʀɑsjø] (f. *-euse*) *agg.* sgraziato.

disjoindre [disʒwɛ̃dʀ] (*coniug. come* joindre) *v.tr.* disgiungere; separare.

disjoint [disʒwɛ̃] *part.pass. di* disjoindre ♦ *agg.* disgiunto; separato || *des marches disjointes*, gradini sconnessi.

disjoncteur [disʒɔ̃ktœʀ] *s.m.* (interruttore automatico) differenziale, salvavita.

disjonctif [disʒɔ̃ktif] (f. *-ive*) *agg.* disgiuntivo.

disjonction [disʒɔ̃ksjɔ̃] *s.f.* disgiunzione; separazione .

dislocation [dislɔkɑsjɔ̃] *s.f.* **1** (*med.*) slogatura **2** (*fig.*) smembramento (*m.*); dispersione (di un corteo) **3** (*geol.*) dislocazione.

disloquer [dislɔke] *v.tr.* **1** (*med.*) slogare **2** sfasciare **3** (*fig.*) smembrare; sciogliere □ **se disloquer** *v.pron.* **1** sfasciarsi **2** disperdersi.

disparaître [dispaʀɛtʀ] (*coniug. come* connaître) *v.intr.* sparire, scomparire; (*fig.*) svanire: *il a disparu*, è scomparso, sparito; *ses illusions ont disparu*, le sue illusioni sono svanite; *elle a disparu dans la fleur de l'âge*, è morta nel fiore degli anni.

disparate [dispaʀat] *agg.* disparato.

disparité [dispaʀite] *s.f.* disparità.

disparition [dispaʀisjɔ̃] *s.f.* scomparsa || *espèce en voie de* —, specie in via d'estinzione.

disparu [dispaʀy] *part.pass. di* disparaître ♦ *agg.* e *s.m.* **1** scomparso || *notre cher* —, il nostro caro estinto **2** disperso: (*être*) *porté* —, (essere dato per) disperso.

dispatching [dispatʃiŋ] *s.m.* (*ferr., aer. ecc.*) ufficio smistamento.

dispendieux [dispɑ̃djø] (f. *-euse*) *agg.* dispendioso || **-eusement** *avv.*

dispensaire [dispɑ̃sɛʀ] *s.m.* dispensario, ambulatorio.

dispensateur [dispɑ̃satœʀ] (f. *-trice*) *s.m.* dispensatore.

dispense [dispɑ̃s] *s.f.* dispensa, esonero (*m.*).

dispenser [dispɑ̃se] *v.tr.* **1** dispensare, distribuire **2** dispensare || *dispensez-moi de ces détails*, risparmiatemi questi particolari □ **se dispenser** *v.pron.* esimersi.

disperser [dispɛʀse] *v.tr.* **1** disperdere **2** (*répandre*) spargere || *en ordre dispersé*, in ordine sparso □ **se disperser** *v.pron.* disperdersi.

dispersif [dispɛʀsif] (f. *-ive*) *agg.* dispersivo.

dispersion [dispɛʀsjɔ̃] *s.f.* dispersione.

disponibilité [dispɔnibilite] *s.f.* disponibilità; (*amm.*) aspettativa: *en* —, in aspettativa.

disponible [dispɔnibl] *agg.* disponibile; (*amm.*) (che è) in aspettativa.

dispos [dispo] *agg.* in forma || *frais et* —, fresco e riposato.

disposé [dispoze] *agg.* disposto.

disposer [dispoze] *v.tr. e intr.* disporre || *vous pouvez* —, può andare □ **se disposer** *v.pron.* disporsi, prepararsi.

dispositif [dispozitif] *s.m.* dispositivo || (*dir.*) — *d'un jugement*, disposto di una sentenza.

disposition [dispozisjɔ̃] *s.f.* **1** disposizione, sistemazione **2** (*fig.*) predisposizione; attitudine: *il a beaucoup de dispositions*, è molto dotato || *être dans de bonnes dispositions à l'égard de qqn*, essere favorevolmente disposto verso qlcu **3** disposizione, comando (*m.*) || *à la* — *de*, a disposizione di **4** *pl.* provvedimenti (*m.*).

disproportion [dispʀopɔʀsjɔ̃] *s.f.* sproporzione.

disproportionné [dispʀopɔʀsjone] *agg.* sproporzionato.

dispute [dispyt] *s.f.* disputa, litigio (*m.*).

disputer [dispyte] *v.tr.* **1** contendere **2** (*sport*) disputare **3** (*fam.*) sgridare ♦ *v.intr.* discutere, disputare □ **se disputer** *v.pron.* **1** litigare: *il s'est disputé avec un camarade*, ha litigato con un compagno **2** contendersi. (l'un altro).

disquaire [diskɛʀ] *s.m.* negoziante di dischi.

disqualification [diskalifikɑsjɔ̃] *s.f.* squalifica.

disqualifier [diskalifje] *v.tr.* **1** (*sport*) squalificare **2** (*fig.*) screditare □ **se disqualifier** *v.pron.* screditarsi.

disque [disk] *s.m.* disco || *industrie du* —, industria discografica || — *vidéo*, videodisco || (*inform.*): — *souple*, dischetto; — *dur*, disco fisso.

disquette [diskɛt] *s.f.* (*inform.*) dischetto (*m.*).

dissection [disɛksjɔ̃] *s.f.* dissezione.

dissemblable [disɑ̃blabl] *agg.* dissimile.

dissemblance [disɑ̃blɑ̃s] *s.f.* dissomiglianza.

dissémination [diseminɑsjɔ̃] *s.f.* disseminazione.

disséminer [disemine] *v.tr.* disseminare.

dissension [disɑ̃sjɔ̃] *s.f.* **1** dissenso (*m.*) **2** discordia.

dissentiment [disɑ̃timɑ̃] *s.m.* dissenso.

disséquer [diseke] (*coniug. come* céder) *v.tr.* **1** sezionare **2** (*fig.*) analizzare a fondo.

dissertation [disɛʀtɑsjɔ̃] *s.f.* tema (*m.*), dissertazione.

disserter [disɛʀte] *v.intr.* dissertare.

dissidence [disidɑ̃s] *s.f.* dissidenza; (*estens.*) divergenza.

dissident [disidɑ̃] *agg.* e *s.m.* dissidente.

dissimulateur [disimylatœʀ] (f. *-trice*) *agg.* e *s.m.* dissimulatore.

dissimulation [disimylɑsjɔ̃] *s.f.* dissimulazione.

dissimulé [disimyle] *agg.* **1** dissimulato **2** (*fig.*) ipocrita.

dissimuler [disimyle] *v.tr.* dissimulare □ **se dissimuler** *v.pron.* nascondersi.

dissipateur [disipatœʀ] (f. -trice) s.m. dissipatore.

dissipation [disipasjɔ̃] s.f. 1 dissipazione 2 distrazione 3 dissolutezza.

dissipé [disipe] agg. 1 dissipato 2 distratto, svagato.

dissiper [disipe] v.tr. 1 dissipare 2 distrarre □ **se dissiper** v.pron. 1 dileguarsi 2 essere disattento.

dissociable [disɔsjabl] agg. dissociabile.

dissociation [disɔsjasjɔ̃] s.f. dissociazione.

dissocier [disɔsje] v.tr. dissociare □ **se dissocier** v.pron. dissociarsi.

dissolu [disɔly] agg. e s.m. dissoluto.

dissolution [disɔlysjɔ̃] s.f. 1 dissoluzione (anche fig.) 2 dissolutezza 3 (chim.) soluzione 4 (dir.) scioglimento (m.).

dissolvant [disɔlvɑ̃] agg. e s.m. solvente.

dissonance [disɔnɑ̃s] s.f. dissonanza.

dissonant [disɔnɑ̃] agg. dissonante.

dissoudre [disudʀ] (coniug. come absoudre) v.tr. sciogliere □ **se dissoudre** v.pron. sciogliersi.

dissous [disu] (f. -oute) part.pass. di dissoudre.

dissuader [disɥade] v.tr. dissuadere.

dissuasif [disɥazif] (f. -ive) agg. dissuasivo.

dissuasion [disɥazjɔ̃] s.f. dissuasione || force de —, deterrente (anche fig.).

dissyllabe [disillab], **dissyllabique** [disillabik] agg. e s.m. bisillabo.

dissymétrie [disimetʀi] s.f. asimmetria.

dissymétrique [disimetʀik] agg. dissimmetrico, asimmetrico.

distance [distɑ̃s] s.f. distanza.

distancer [distɑ̃se] (coniug. come placer) v.tr. distanziare.

distanciation [distɑ̃sjasjɔ̃] s.f. 1 (teatr.) straniamento (m.) 2 (estens.) distacco (m.).

distant [distɑ̃] agg. distante.

distendre [distɑ̃dʀ] (coniug. come tendre) v.tr. 1 dilatare 2 tendere, allungare □ **se distendre** v.pron. 1 dilatarsi 2 (fig.) allentarsi.

distendu [distɑ̃dy] part.pass. di distendre.

distension [distɑ̃sjɔ̃] s.f. distensione.

distillateur [distilatœʀ] s.m. distillatore.

distillation [distilasjɔ̃] s.f. distillazione.

distiller [distile] v.tr. distillare; (fig.) emanare.

distillerie [distilʀi] s.f. distilleria.

distinct [distɛ̃kt] agg. distinto || des souvenirs distincts, ricordi nitidi || **-ement** avv.

distinctif [distɛ̃ktif] (f. -ive) agg. distintivo.

distinction [distɛ̃ksjɔ̃] s.f. 1 distinzione 2 riconoscimento (m.); decorazione.

distingué [distɛ̃ge] agg. distinto; illustre.

distinguer [distɛ̃ge] v.tr. distinguere □ **se distinguer** v.pron. distinguersi.

distique [distik] s.m. distico.

distordre [distɔʀdʀ] (coniug. come tordre) v.tr. distorcere.

distorsion [distɔʀsjɔ̃] s.f. distorsione.

distraction [distʀaksjɔ̃] s.f. distrazione.

distraire [distʀɛʀ] (coniug. come traire) v.tr. distrarre □ **se distraire** v.pron. distrarsi.

distrait [distʀɛ] part.pass. di distraire ♦ agg. distratto || **-ement** avv.

distrayant [distʀɛjɑ̃] agg. piacevole.

distribuer [distʀibɥe] v.tr. 1 distribuire: — les rôles aux acteurs, distribuire, assegnare le parti agli attori || (econ.) — un dividende aux actionnaires, distribuire un dividendo agli azionisti 2 disporre, distribuire: — des couleurs sur une toile, disporre dei colori su una tela 3 (tip.) scomporre.

distributeur [distʀibytœʀ] (f. -trice) s.m. distributore.

distributif [distʀibytif] (f. -ive) agg. distributivo.

distribution [distʀibysjɔ̃] s.f. 1 distribuzione || — de l'eau, erogazione dell'acqua potabile || — de tracts, volantinaggio 2 disposizione, distribuzione.

district [distʀikt] s.m. distretto.

dit [di] part.pass. di dire ♦ agg. 1 convenuto || c'est —, siamo intesi 2 detto □ **audit** (pl. auxdits, f. auxdites) al suddetto □ **dudit** agg. (pl. desdits, f. desdites) agg. del suddetto □ **ledit** (pl. lesdits; f. ladite, pl. lesdites) agg. il suddetto.

dithyrambe [ditiʀɑ̃b] s.m. ditirambo.

diurétique [djyʀetik] agg. e s.m. diuretico.

diurne [djyʀn] agg. diurno.

divagation [divagasjɔ̃] s.f. 1 divagazione 2 (geogr.) deviazione (di corso d'acqua).

divaguer [divage] v.intr. (fig.) sragionare.

divan [divɑ̃] s.m. divano.

divergence [diveʀʒɑ̃s] s.f. divergenza.

divergent [diveʀʒɑ̃] agg. divergente.

diverger [diveʀʒe] (coniug. come manger) v.intr. divergere.

divers [diveʀ] agg. 1 diverso, differente 2 pl. diversi, parecchi || fait —, fatto di cronaca ♦ s.m.pl. varie ed eventuali.

diversement [diveʀsəmɑ̃] avv. variamente.

diversification [diveʀsifikasjɔ̃] s.f. diversificazione, differenziazione.

diversifier [diveʀsifje] v.tr. diversificare □ **se diversifier** v.pron. diversificarsi.

diversion [diveʀsjɔ̃] s.f. 1 (mil.) diversione 2 (fig.) diversivo (m.).

diversité [diveʀsite] s.f. diversità; varietà.

divertir [diveʀtiʀ] v.tr. distrarre, divertire □ **se divertir** v.pron. divertirsi.

divertissant [diveʀtisɑ̃] agg. divertente.

divertissement [diveʀtismɑ̃] s.m. 1 divertimento 2 (st. teatr.) intermezzo con canti e danze 3 (dir.) distrazione (f.).

dividende [dividɑ̃d] s.m. 1 dividendo 2 (dir.) percentuale di liquidazione fallimentare.

divin [divɛ̃] divin, davanti a vocale e h muta) agg. e s.m. divino || **-ement** avv.

divination [divinasjɔ̃] s.f. divinazione.

divinatoire [divinatwaʀ] agg. divinatorio.

divinisation [divinizasjɔ̃] s.f. divinizzazione.

diviniser [divinize] v.tr. divinizzare.

divinité [divinite] s.f. divinità.

diviser [divize] v.tr. dividere □ **se diviser** v.pron. dividersi.

diviseur [divizœʀ] s.m. divisore.

divisibilité [divizibilite] *s.f.* divisibilità.
divisible [divizibl] *agg.* divisibile.
division [divizjɔ̃] *s.f.* divisione || (*econ.*) — *du travail*, suddivisione del lavoro || (*football*) *première, deuxième* —, serie A, serie B.
divisionnaire [divizjɔnɛʀ] *agg.* divisionale ♦ *s.m.* (*mil.*) generale di divisione.
divisionnisme [divizjɔnism] (*pitt.*) divisionismo.
divorce [divɔʀs] *s.m.* divorzio.
divorcé [divɔʀse] *agg.* e *s.m.* divorziato.
divorcer [divɔʀse] (*coniug. come* placer) *v.intr.* divorziare.
divulgateur [divylgatœʀ] (f. -*trice*) *s.m.* divulgatore.
divulgation [divylgɑsjɔ̃] *s.f.* divulgazione.
divulguer [divylge] *v.tr.* divulgare.
dix [dis, *isolato o alla fine di un gruppo di parole,* diz, *davanti a vocale o* h *muta;* di, *davanti a consonante*] *agg.num.card.* e *s.m.* dieci ♦ *agg.num.ord.* decimo.
dix-heures [dizœʀ] *s.m.* (*in Belgio*) merendina (*f.*)
dix-huit [dizɥit] *agg.num.card.* e *s.m.* diciotto ♦ *agg.num.ord.* diciottesimo.
dix-huitième [dizɥitjɛm] *agg.num.ord.* e *s.m.* diciottesimo.
dixième [dizjɛm] *agg.num.ord.* e *s.m.* decimo || *un — de la loterie nationale*, un biglietto della lotteria nazionale ♦ *s.f.* (*in Francia*) seconda elementare.
dixièmement [dizjɛmmɑ̃] *avv.* in decimo luogo.
dix-neuf [diznœf] *agg.num.card.* e *s.m.* diciannove ♦ *agg.num.ord.* diciannovesimo.
dix-neuvième [diznœvjɛm] *agg.num.ord.* e *s.m.* diciannovesimo.
dix-sept [disset] *agg.num.card.* e *s.m.* diciassette ♦ *agg.num.ord.* diciassettesimo.
dix-septième [diz(s)ɛtjɛm] *agg.num.ord.* e *s.m.* diciassettesimo.
dizaine [dizɛn] *s.f.* decina.
djebel [dʒebɛl] *s.m.* (*geogr.*) gebel.
djellaba [dʒellaba] *s.f.* barracano (arabo).
do [do] (pl. *invar.*) *s.m.* (*mus.*) do.
docile [dɔsil] *agg.* docile || -**ement** *avv.*
docilité [dɔsilite] *s.f.* docilità.
docimologie [dɔsimɔlɔʒi] *s.f.* docimologia.
dock [dɔk] *s.m.* 1 bacino (portuale) 2 *pl.* magazzini (per le merci sbarcate).
docker [dɔkɛʀ] *s.m.* scaricatore portuale.
docte [dɔkt] *agg.* dotto; pedante, saccente || -**ement** *avv.*
docteur [dɔktœʀ] *s.m.* 1 medico, dottore 2 titolo di chi ha conseguito il dottorato.
doctoral [dɔktɔʀal] (pl. -*aux*) *agg.* dottorale.
doctorat [dɔktɔʀa] *s.m.* dottorato (di ricerca).
doctoresse [dɔktɔʀɛs] *s.f.* (*fam.*) dottoressa (in medicina).
doctrinaire [dɔktʀinɛʀ] *agg.* e *s.m.* dottrinario.
doctrinal [dɔktʀinal] (pl. -*aux*) *agg.* dottrinale.
doctrine [dɔktʀin] *s.f.* dottrina.

document [dɔkymɑ̃] *s.m.* 1 documento 2 (*comm.*) bolla di vettura.
documentaire [dɔkymɑ̃tɛʀ] *agg.* e *s.m.* documentario || *à titre* —, a scopo informativo.
documentaliste [dɔkymɑ̃talist] *s.m.* documentalista.
documentariste [dɔkymɑ̃taʀist] *s.m.* (*cine.*) documentarista.
documentation [dɔkymɑ̃tasjɔ̃] *s.f.* documentazione.
documenté [dɔkymɑ̃te] *agg.* documentato.
documenter [dɔkymɑ̃te] *v.tr.* documentare □ **se documenter** *v.pron.* documentarsi.
dodéca- *pref.* dodeca-
dodécaèdre [dɔdekaɛdʀ] *s.m.* dodecaedro.
dodécaphonique [dɔdekafɔnik] *agg.* dodecafonico.
dodécaphonisme [dɔdekafɔnism] *s.m.* dodecafonia (*f.*).
dodécaphoniste [dɔdekafɔnist] *s.m.* e *f.* (*mus.*) compositore di musica dodecafonica.
dodécasyllabe [dɔdekasilab] *s.m.* dodecasillabo.
dodeliner [dɔdline] *v.intr.* dondolare || — *de la tête*, ciondolare il capo.
dodine [dɔdin] *s.f.* (*nelle Antille*) sedia a dondolo.
dodo[1] [dɔdo] *s.m.* (*fam.*) 1 nanna (*f.*): *faire* —, fare la nanna 2 letto, lettino.
dodo[2] *s.m.* (*zool.*) dodo.
dodu [dɔdy] *agg.* (*fam.*) paffuto, grassottello.
doge [dɔʒ] *s.m.* doge.
dogmatique [dɔgmatik] *agg.* e *s.m.* dogmatico || -**ement** *avv.*
dogmatiser [dɔgmatize] *v.intr.* dogmatizzare.
dogmatisme [dɔgmatism] *s.m.* dogmatismo.
dogme [dɔgm] *s.m.* dogma.
dogue [dɔg] *s.m.* bull-dog || *humeur de* —, (*fam.*) pessimo umore.
doigt [dwa] *s.m.* 1 dito: *le petit* —, il mignolo; *du bout des doigts*, con la punta delle dita || *doigts de fée*, (*fig.*) mani di fata || (*fig.*): *savoir sur le bout du* —, sapere a menadito; *ne pas lever le petit* —, non muovere un dito; *ne rien faire de ses dix doigts*, non esser buono a nulla; *se mordre les doigts*, mordersi le mani; *se fourrer le* — *dans l'œil*, prendere un abbaglio; *être comme les deux doigts de la main*, essere inseparabili; *faire marcher au* — *et à l'œil*, comandare a bacchetta; *être à deux doigts de la tombe*, avere un piede nella fossa || (*in Africa*) *faire le deux doigts*, borseggiare 2 (*tecn.*) nottolino.
doigté [dwate] *s.m.* 1 (*mus.*) diteggiatura (*f.*) 2 (*fig.*) tatto.
doigtier [dwatje] *s.m.* dito di gomma (protettivo).
doit [dwa] *s.m.* (*comm.*) il dare: — *et avoir*, dare e avere.
dol [dɔl] *s.m.* (*dir.*) dolo.
doléances [dɔleɑ̃s] *s.f.pl.* lagnanze, lamentele.
dolent [dɔlɑ̃] *agg.* 1 lamentoso 2 dolente.
dolichocéphale [dɔlikɔsefal] *agg.* e *s.m.* dolicocefalo.
doline [dɔlin] *s.f.* (*geol.*) dolina.

dollar [dɔlaʀ] *s.m.* dollaro || (*econ.*) *zone* —, area del dollaro.

dolmen [dɔlmɛn] *s.m.* dolmen.

dolois [dɔlwa] *agg.* di Dole.

dolomie [dɔlɔmi] *s.f.* (*min.*) dolomia, dolomite.

dolomitique [dɔlɔmitik] *agg.* dolomitico.

domaine [dɔmɛn] *s.m.* **1** dominio || *tomber dans le* — *public,* diventare di dominio pubblico **2** tenuta (*f.*), fondo (agricolo) **3** (*dir.*) demanio **4** (*fig.*) campo, ambito, sfera (*f.*) || *ce n'est pas de mon* —, non è di mia competenza.

domanial [dɔmanjal] (pl. *-aux*) *agg.* demaniale.

dôme[1] [dom] *s.m.* **1** (*arch.*) cupola (*f.*) **2** (*mecc.*) duomo **3** (*geol.*) domo.

dôme[2] *s.m.* duomo, cattedrale (*f.*).

domestication [dɔmɛstikasjɔ̃] *s.f.* addomesticamento (*m.*).

domesticité [dɔmɛstisite] *s.f.* servitù.

domestique [dɔmɛstik] *agg.* domestico ♦ *s.m.* **1** domestico, servitore **2** *pl.* servitù (*f. sing.*).

domestiquer [dɔmɛstike] *v.tr.* addomesticare; (*fig.*) asservire, assoggettare.

domicile [dɔmisil] *s.m.* domicilio || *être sans* — *fixe,* essere senza fissa dimora || *abandon du* — *conjugal,* abbandono del tetto coniugale.

domiciliaire [dɔmisiljɛʀ] *agg.* domiciliare.

domicilié [dɔmisilje] *agg.* domiciliato.

domicilier [dɔmisilje] *v.tr.* (*comm.*) domiciliare.

dominant [dɔminɑ̃] *agg.* dominante.

dominante [dɔminɑ̃t] *s.f.* **1** (*mus.*) dominante: *la* — *d'un ouvrage,* (*fig.*) il motivo dominante di un'opera **2** insegnamenti fondamentali (in un corso universitario).

dominateur [dɔminatœʀ] (f. *-trice*) *agg.* e *s.m.* dominatore.

domination [dɔminasjɔ̃] *s.f.* dominio (*m.*): *sous la* — *étrangère,* sotto la dominazione straniera.

dominer [dɔmine] *v.intr.* e *tr.* dominare || — *son sujet,* essere padrone della materia □ **se dominer** *v.pron.* dominarsi.

dominicain[1] [dɔminikɛ̃] *agg.* e *s.m.* (*eccl.*) domenicano.

dominicain[2] *agg.* e *s.m.* dominicano.

dominical [dɔminikal] (pl. *-aux*) *agg.* (*letter.*) domenicale.

domino [dɔmino] *s.m.* **1** (*st. abbigl.*) domino **2** pedina (del domino); *pl.* (gioco del) domino.

dommage [dɔmaʒ] *s.m.* **1** danno **2** (*con il verbo* essere) peccato: *c'est* — *de l'abîmer,* è peccato sciuparlo; (*c'est*) — *qu'il pleuve,* peccato che piova; *il serait* — *que nous partions sans lui,* sarebbe peccato che partissimo senza di lui.

dommageable [dɔmaʒabl] *agg.* dannoso.

dommages-intérêts [dɔmaʒɛ̃teʀɛ] *s.m.pl.* (*dir.*) danni: *action en* —, azione di risarcimento danni; *poursuivre en* —, citare per danni.

dompter [dɔ̃te] *v.tr.* domare.

dompteur [dɔ̃tœʀ] (f. *-euse*) *s.m.* domatore.

don [dɔ̃] *s.m.* dono.

donataire [dɔnatɛʀ] *s.m.* (*dir.*) donatario.

donateur [dɔnatœʀ] (f. *-trice*) *s.m.* donatore.

donation [dɔnasjɔ̃] *s.f.* (*dir.*) donazione.

donc [dɔ̃k, *all'inizio di una frase o di un membro di frase*; dɔ̃k, *davanti a una vocale*; dɔ̃, *negli altri casi*] *cong.* e *avv.* dunque, quindi || *raconte-moi* — *ce que tu as fait,* raccontami un po' quello che hai fatto; *dis* — *!,* senti un po'; *allons* — *!,* ma andiamo!

dondon [dɔ̃dɔ̃] *s.f.* (*fam.*) grassona, cicciona.

donjon [dɔ̃ʒɔ̃] *s.m.* torrione.

don Juan [dɔ̃ʒɥɑ̃] *s.m.* dongiovanni.

donne [dɔn] *s.f.* (*alle carte*) distribuzione.

donné [dɔne] *agg.* **1** donato, regalato: *c'est* —*!,* (*fam.*) è regalato! **2** fissato; dato, determinato: *à l'heure donnée,* all'ora fissata; *en un temps* —, entro un determinato tempo □ **étant donné**: *étant* — *la situation,* data la situazione; *la surface du cercle étant donnée,* data la superficie del cerchio □ **étant donné que,** dato che, visto che □ **il est** (**était,** *etc.*) **donné de** (+ *inf.*), è (era ecc.) concesso di: *il n'est pas* — *à tout le monde de,* non è concesso a tutti di; *il me fut* — *de,* mi fu concesso, ebbi l'occasione di.

donnée [dɔne] *s.f.* **1** dato (*m.*) || (*inform.*) *banque des données,* banca dati **2** (*estens.*) motivo di fondo, idea di base.

donner [dɔne] *v.tr.* **1** dare || — *le jour à un enfant,* dare alla luce un bambino || — *qqn* (*à la police*), (*fam.*) denunciare qlcu alla polizia || *se* — *du bon temps,* spassarsela || *je t'ai déjà donné,* (*fig.*) ho pagato di persona || *c'est à toi de* — (*les cartes*), tocca a te a distribuire le carte || — *l'heure exacte,* dire l'ora esatta; — *l'heure d'un rendez-vous,* fissare l'ora di un appuntamento **2** regalare, donare || — *toute sa vie au travail,* consacrare la propria vita al lavoro **3** fruttare, rendere: *le blé n'a rien donné cette année,* il grano non ha reso nulla quest'anno || *je me demande ce que ça va* —, mi chiedo cosa ne verrà fuori **4** produrre; pubblicare **5** tenere (una lezione ecc.) **6** attaccare (una malattia infettiva); (*fig.*) comunicare, trasmettere (un gusto, una passione ecc.) ♦ *v.intr.* **1** battere, urtare: — *de la tête contre le mur,* battere la testa contro il muro || *ne* (*plus*) *savoir où* — *de la tête,* (*fig. fam.*) non sapere dove sbattere la testa || *le soleil lui donnait dans les yeux,* aveva il sole negli occhi **2** — *dans,* cadere: — *dans le ridicule,* cadere nel ridicolo || — *dans le luxe, la débauche,* abbandonarsi al lusso, al vizio **3** — *sur,* dare (su), affacciarsi (su): *fenêtre qui donne sur le lac,* finestra che dà sul lago □ **se donner** *v.pron.* **1** darsi, concedersi || *se* — *en spectacle,* dare spettacolo di sé **2** consacrarsi, dedicarsi **3** darsi (l'un l'altro) || *se* — *le mot,* passarsi parola.

donneur [dɔnœʀ] (f. *-euse*) *s.m.* **1** datore **2** donatore **3** (*alle carte*) mazziere **4** (*fam.*) delatore.

don Quichotte [dɔ̃kiʃɔt] *s.m.* donchisciotte.

---

dont [dɔ̃]

1 (*compl. di specificazione*) di cui (*invar.*), del quale ecc.

2 dont le, la, les, il cui, la cui ecc.

3 ce dont, di cui (*invar.*), del che, della qual cosa.

4 (*partitivo*) di cui (*invar.*), dei quali, delle quali; tra cui (*invar.*), tra i quali, tra le quali.
5 (*compl. di moto da luogo, di origine, di provenienza*) da cui (*invar.*), dal quale ecc.
6 (*compl. di modo*) in cui (*invar.*), nel quale ecc.
7 (*compl. di mezzo*) con cui (*invar.*), col quale ecc.

pron.rel.invar. **1** *l'auteur — tu parles*, l'autore di cui, del quale parli **2** *une plante — les fleurs sont parfumées*, una pianta i cui fiori sono profumati **3** *donne-moi ce — j'ai besoin*, dammi ciò di cui ho bisogno; *il n'a pas fini son travail, ce — je m'étonne*, non ha terminato il lavoro, del che mi stupisco **4** *il m'a montré plusieurs volumes — deux reliés*, mi ha mostrato molti volumi di cui due rilegati, due dei quali rilegati; *il y avait là beaucoup de gens, — mon père*, c'erano molte persone, tra cui mio padre **5** *des mines — on extrait le fer*, miniere da cui si estrae il ferro; *la famille — il descend*, la famiglia dalla quale discende; *il espérait un aide de ceux — il se croyait aimé*, sperava un aiuto da coloro da cui, dai quali si credeva amato **6** *je n'aime pas la façon — tu t'exprimes*, non mi piace il modo in cui ti esprimi **7** *il saisit un caillou — il le frappa*, prese un sasso con cui, con il quale lo colpì.

donzelle [dɔ̃zɛl] *s.f.* donna pretenziosa e ridicola.
dopage [dɔpaʒ] *s.m.* doping.
dopant [dɔpɑ̃] *s.m. e agg.* stimolante.
doper [dɔpe] *v.tr.* somministrare stimolanti □ **se doper** *v.pron.* assumere stimolanti.
dorade [dɔʀad] *s.f.* (*zool.*) orata.
dorage [dɔʀaʒ] *s.m.* doratura (*f.*).
doré [dɔʀe] *agg.* dorato || (*st.*) *légende dorée*, leggenda aurea || *jeunesse dorée*, giovani benestanti che conducono la bella vita.
dorée [dɔʀe] *s.f.* (*zool.*) pesce San Pietro.
dorénavant [dɔʀenavɑ̃] *avv.* d'ora in poi.
dorer [dɔʀe] *v.tr.* dorare || *— la pilule*, (*fig.*) indorare la pillola.
d'ores et déjà [dɔʀzedeʒa] *locuz.avv.* fin da ora.
doreur [dɔʀœʀ] *s.m.* doratore.
dorien [dɔʀjɛ̃] (*f.* -*enne*) *agg. e s.m.* dorico.
dorique [dɔʀik] *agg. e s.m.* dorico.
dorloter [dɔʀlɔte] *v.tr.* coccolare □ **se dorloter** *v.pron.* coccolarsi: *ce paresseux se dorlote dans son lit*, quel pigrone si crogiola nel letto.
dormant [dɔʀmɑ̃] *agg.* **1** dormiente **2** (*di acqua*) stagnante **3** fisso **4** (*comm.*) inattivo.
dormeur [dɔʀmœʀ] (*f.* -*euse*) *agg. e s.m.* **1** dormiente **2** dormiglione.
dormeuse [dɔʀmøz] *s.f.* **1** orecchino (a perno) **2** (*mobile*) agrippina.

dormir [dɔʀmiʀ]

Indic.pres. je dors, etc., nous dormons, etc.; *imperf.* je dormais, etc.; *pass. rem.* je dormis, etc.; *fut.* je dormirai, etc. *Cond.* je dormirais, etc.; *Cong. pres.* que je dorme, etc.; *imperf.* que je dormisse, que tu dormisses, qu'il dormît, etc. *Part.*

pres. dormant; *pass.* dormi. *Imp.* dors, dormons, dormez.

v.intr. dormire: — *comme une souche, à poings fermés*, dormire come un sasso, della grossa; — *comme un bienheureux*, dormire beatamente; *ne pas — de la nuit*, non chiudere occhio tutta la notte; — *très tard*, dormire fino a tardi || (*fig.*): — *sur ses deux oreilles*, dormire fra due guanciali; *il n'en dort pas*, questo pensiero gli toglie il sonno; — *du dernier sommeil*, dormire l'ultimo sonno; *laisser — une affaire*, trascurare un affare || (*lett.*) *la Belle au bois dormant*, La bella addormentata nel bosco.
dorsal [dɔʀsal] (pl. -*aux*) *agg.* dorsale.
dortoir [dɔʀtwaʀ] *s.m.* dormitorio • Compare in composti: *cités-dortoirs*, città dormitorio; *quartiers- dortoirs*, quartieri dormitorio.
dorure [dɔʀyʀ] *s.f.* doratura.
doryphore [dɔʀifɔʀ] *s.m.* (*zool.*) dorifora (*f.*).
dos [do] *s.m.* **1** schiena (*f.*), spalle (*f.pl.*); dorso (spec. di animali): *dès que j'ai le — tourné...*, come volto le spalle...|| *au bas du —*, nel fondo schiena || *faire le gros —*, fare la gobba (del gatto), (*fig.*) mettersi sulla difensiva || (*fig.*): *avoir bon —*, avere le spalle larghe; *en avoir plein le —*, (*fam.*) averne le tasche piene; *être le — au mur*, essere con le spalle al muro **2** (*di cose*) dorso; tergo, retro || *ne pas y aller avec le — de la cuillère*, (*fam.*) calcare la mano || *voir au —*, vedi a tergo **3** (*di sedia*) schienale **4** (*nuoto*) dorso □ **à dos de:** *transporter à — d'homme, à — de mulet*, portare a spalla, a dorso di mulo || *se mettre tout le monde à —*, inimicarsi tutti; **au dos:** *avoir mal au —*, aver mal di schiena; **dans le dos:** *robe décolletée dans le —*, vestito scollato sulle spalle; *cacher dans le —*, nascondere dietro le spalle; *arriver dans le —*, giungere alle spalle; *tirer dans le —*, colpire alle spalle || (*fig.*): *donner froid dans le —*, suscitare raccapriccio; *passer la main dans le — de qqn*, lisciare qlcu; **dos à dos**, schiena contro schiena || *renvoyer — à —*, non dare ragione a nessuna delle due parti in causa; **de dos**, di spalle; **derrière le dos**, dietro la schiena: *derrière le — de qqn*, all'insaputa di qlcu; **sur le dos:** *se mettre sur le —*, sdraiarsi sulla schiena, (*di animale*) mettersi a pancia all'aria; *se mettre qqch sur le —*, mettersi qlco addosso; *mettre sur le — de qqn*, scaricare la responsabilità su qlcu; *avoir toute la famille sur le —*, avere tutta la famiglia sulle spalle; *je l'ai eu sur le — tout l'après-midi*, ho dovuto sopportarlo tutto il pomeriggio || *tomber sur le — de qqn*, piombare da qlcu.
dosage [dozaʒ] *s.m.* dosaggio.
dos-d'âne [dodan] (pl. *invar.*) *s.m.* dosso || *route en —*, strada a schiena di asino.
dose [doz] *s.f.* dose: *à haute —*, a dosi alte || *en tenir une sacrée —*, (*fam.*) essere un idiota integrale.
doser [doze] *v.tr.* dosare.
doseur [dozœʀ] *s.m.* dosatore.
dossard [dosaʀ] *s.m.* (*sport*) pettorale.
dossier[1] [dosje] *s.m.* schienale, spalliera (*f.*).

dossier[2] *s.m.* incartamento, pratica (*f.*); (*estens.*) inchiesta (*f.*) || — *de presse*, rassegna stampa.
dossiste [dɔsist] *s.m.* (*sport*) dorsista.
dot [dɔt] *s.f.* dote.
dotal [dɔtal] (pl. *-aux*) *agg.* dotale.
dotation [dɔtasjɔ̃] *s.f.* dotazione.
doter [dɔte] *v.tr.* dotare (*anche fig.*).
douaire [dwɛR] *s.m.* (*st. dir.*) sopraddote (*f.*).
douairière [dwɛRjɛR] *s.f.* (*st. dir.*) vedova titolare di una sopraddote || *une vieille* —, un'anziana signora aristocratica.
douaisien [dwɛzjɛ̃] (f. *-enne*) *agg.* di Douai.
douane [dwan] *s.f.* dogana: *de* —, doganale.
douanier [dwanje] (f. *-ère*) *agg.* doganale ♦ *s.m.* doganiere.
doublage [dublaʒ] *s.m.* **1** raddoppio **2** (*cine.*) doppiaggio **3** (*teatr.*) sostituzione (di attori).
double [dubl] *agg.* doppio: *à* — *tour*, a doppia mandata; *en* — *exemplaire*, in duplice copia || *jouer un* — *jeu*, fare il doppio gioco; *agent* —, agente segreto che fa il doppio gioco ♦ *s.m.* **1** doppio: *plus du* —, più del doppio **2** duplicato, copia (*f.*); (*estens.*) doppione **3** (*tennis*) doppio: — *messieurs, dames*, doppio maschile, femminile ♦ *avv.* doppio: *payer* —, pagare (il) doppio □ **au double**, due volte doppio; **en double**: *je l'ai en* —, ne ho due.
doublé [duble] *agg.* **1** foderato: *manteau* — (*de*) *fourrure*, cappotto foderato di pelliccia || *c'est un grand médecin* — *d'un artiste*, oltre a essere un valente medico, è anche un artista || *papier* —, carta per rivestimento **2** (*cine.*) doppiato ♦ *s.m.* **1** gioiello placcato: *un* — *or*, un gioiello placcato oro **2** (*caccia*) doppietta (*f.*) || *faire un beau* —, prendere due piccioni con una fava.
double-croche [dublǝkRɔʃ] (pl. *doubles-croches*) *s.f.* (*mus.*) semicroma.
double-face [dublǝfas] (pl. *doubles-faces*) *s.f.* (tessuto) double-face.
doublement[1] [dublǝmɑ̃] *s.m.* raddoppio.
doublement[2] *avv.* doppiamente.
doubler [duble] *v.tr.* **1** raddoppiare **2** raddoppiare, piegare in due **3** foderare, mettere una fodera (a) **4** (*mar.*) doppiare || *il a doublé le cap de la quarantaine*, (*fig.*) ha superato la quarantina **5** (*cine.*) doppiare; (*teatr.*) sostituire **6** sorpassare; (*sport*) doppiare || *défense de* —, divieto di sorpasso **7** (*in Belgio*) ripetere (una classe) ♦ *v.intr.* raddoppiare: *le chiffre a doublé*, la cifra è raddoppiata □ **se doubler** *v.pron.* raddoppiare || *le compliment se doublait d'une moquerie*, il complimento nascondeva la presa in giro.
doublet [dublɛ] *s.m.* (*ling.*) doppione.
doubleur [dublœR] *s.m.* (*cine.*) doppiatore.
doublon [dublɔ̃] *s.m.* (*tip.*) duplicato.
doublure [dublyR] *s.f.* **1** fodera **2** (*teatr.*) doppio (*m.*); (*cine.*) controfigura.
douce, en [ɑ̃dus] *locuz.avv.* (*fam.*) senza far rumore; di soppiatto.
douce-amère [dusamɛR] (pl. *douces-amères*) *s.f.* (*bot.*) dulcamara.
douceâtre [dusɑtR] *agg.* dolciastro; sdolcinato.

doucement [dusmɑ̃] *avv.* **1** dolcemente, con dolcezza **2** piano, adagio || *tout* —, adagio adagio, pian pianino; "*Ça va?*" "*Ça va tout* —", "Come va?" "Così così" **3** (*sans faire de bruit*) piano: *parler* —, parlare sottovoce.
doucereux [dusRø] (f. *-euse*) *agg.* dolciastro; (*fig.*) mellifluo || **-eusement** *avv.*
doucette [dusɛt] *s.f.* (*bot. pop.*) dolcetta.
douceur [dusœR] *s.f.* **1** dolcezza (*anche fig.*) || *en* —, con garbo, dolcezza, in modo morbido, impercettibile: *atterrir en* —, fare un atterraggio morbido **2** morbidezza, levigatezza **3** *pl.* dolciumi (*m.*); (*fig.*) parole dolci, tenerezze.
douche [duʃ] *s.f.* doccia: *prendre une* —, fare una doccia; (*fig.*) prendere un acquazzone.
doucher [duʃe] *v.tr.* fare la doccia a □ **se doucher** *v.pron.* fare la doccia || *il s'est fait* — *par son père*, si è preso una lavata di capo da suo padre.
doudou [dudu] *s.f.* (*nelle Antille*) ragazza amata.
doudoune [dudun] *s.f.* (*fam.*) giacca a vento, piumone (*m.*).
doué [dwe] *agg.* dotato.
douer [dwe] *v.tr.* dotare.
douille [duj] *s.f.* **1** (*tecn.*) manicotto (*m.*) **2** bossolo (di cartuccia) **3** (*elettr.*) portalampada (*m.*).
douillet [duje] (f. *-ette*) *agg.* morbido, soffice || *ne fais pas le* —, (*fam.*) non fare la piaga || *appartement* —, appartamento accogliente.
douillette [dujet] *s.f.* vestaglia imbottita e trapuntata; paltoncino imbottito (per bambini); soprabito invernale (per ecclesiastici); (*in Canada*) trapunta.
douillettement [dujetmɑ̃] *avv.* comodamente || *élever* —, crescere nella bambagia.
douleur [dulœR] *s.f.* dolore (*m.*), sofferenza.
douloureuse [duluRøz] *s.f.* (*fam.*) conto (*m.*).
douloureux [duluRø] (f. *-euse*) *agg.* **1** doloroso **2** dolente || **-eusement** *avv.*
doute [dut] *s.m.* dubbio: *être dans le* —, essere in dubbio; *laisser dans le* —, lasciare nel dubbio; *il n'y a pas de* —, *cela ne fait aucun* — *qu'elle (ne) se soit trompée*, non c'è dubbio che si sia sbagliata. □ **sans doute**, forse, probabilmente: *sans* — *viendra-t-il ce soir*, verrà probabilmente stasera; **sans aucun doute**, indubbiamente, senza dubbio, certamente: *c'est sans aucun* — *un bon livre*, è senza (alcun) dubbio un bel libro.
douter [dute] *v.intr.* dubitare: *je doute (fort) qu'il vienne*, dubito (assai) che venga; *je ne doute pas qu'il (ne) vienne*, non dubito che venga || *il ne doute de rien*, crede di saper tutto, di saper fare tutto □ **se douter** *v.pron.* sospettare (qlco): *elle s'est toujours doutée que c'était nous*, ha sempre sospettato che fossimo noi; *elle s'est doutée de qqch*, ha sospettato qlco; *nous nous doutions bien qu'il ne viendrait pas*, sospettavamo che non sarebbe venuto || *je m'en doutais!*, lo sospettavo!
douteux [dutø] (f. *-euse*) *agg.* dubbio: *d'une moralité douteuse*, di dubbia moralità || *mœurs dou-*

teuses, costumi equivoci || *jour* —, luce incerta || *son anglais est* —, il suo inglese è incerto.

douve[1] [duv] *s.f.* doga (della botte).

douve[2] *s.f.* fossato (del castello).

doux[1] [du] (f. *douce*) *agg.* **1** dolce (*anche fig.*): *un hiver* —, un inverno mite, clemente; *il fait — ce soir*, è una serata tiepida || *médecine douce*, medicina naturale; *énergies douces*, fonti di energia pulita **2** morbido || *se la couler douce*, godersi la vita, godersela || *en douce*, di nascosto ♦ *avv.*: *filer* —, (*fam.*) filare dritto.

doux[2] *s.m.* **1** il dolce: *préférer le* —, preferire le cose dolci **2** persona dolce, mite.

douzaine [duzɛn] *s.f.* dozzina || *à la* —, in grande quantità.

douze [duz] *agg.num.card.* dodici || *— cents*, milleduecento ♦ *agg.num.ord.* dodicesimo.

douzième [duzjɛm] *agg.num.ord.* e *s.m.* dodicesimo.

douzièmement [duzjɛmmɑ̃] *avv.* al dodicesimo posto.

doyen [dwajɛ̃] (f. *-enne*) *s.m.* **1** decano **2** preside di facoltà (universitaria).

drache [draʃ] *s.f.* (*in Belgio*) pioggia battente.

drachme [drakm] *s.f.* dracma, dramma.

draconien [drakɔnjɛ̃] (f. *-enne*) *agg.* draconiano.

dragage [dragaʒ] *s.m.* dragaggio.

dragée [draʒe] *s.f.* confetto (*m.*) || *tenir la — haute*, (*fig.*) far cadere dall'alto.

dragéifier [draʒeifje] *v.tr.* confettare.

drageon [draʒɔ̃] *s.m.* (*bot.*) pollone.

dragon [dragɔ̃] *s.m.* **1** drago || *cette femme est un* —, quella donna è un cerbero; *elle est un — de vertu*, è un mostro di virtù **2** (*mil.*) dragone.

dragonnades [dragɔnad] *s.f.pl.* (*st. fr.*) spedizioni dei dragoni di Luigi XIV contro i calvinisti francesi.

dragonne [dragɔn] *s.f.* cinturino (*m.*).

dragonnier [dragɔnje] *s.m.* (*bot. pop.*) tronchetto della felicità.

drague [drag] *s.f.* **1** draga: — *à godets*, draga a tazze; — *à succion*, draga ad aspirazione **2** (*pesca*) draga **3** (*fig. fam.*) il rimorchiare.

draguer [drage] *v.tr.* **1** dragare **2** (*pesca*) pescare con la draga **3** (*fig.fam.*) rimorchiare (un partner).

dragueur [dragœr] *s.m.* **1** (*fam.*) pappagallo, adescatore **2** — *de mines*, dragamine.

dragueuse [dragøz] *s.f.* (*fam.*) adescatrice, cacciatrice di uomini.

draguignanais [draɡinane] *agg.* di Draguignan.

draille [draj] *s.f.* trattturo (*m.*).

drain [drɛ̃] *s.m.* tubo di drenaggio || (*mar.*) *pompe de* —, pompa di sentina.

drainage [drɛnaʒ] *s.m.* drenaggio.

drainer [drɛne] *v.tr.* **1** drenare **2** (*fig.*) assorbire, accaparrare.

drakkar [drakar] *s.m.* (*st. mar.*) drakar.

dramatique [dramatik] *agg.* drammatico ♦ *s.f.* (*rad.*, *tv*) dramma (*m.*) || *-ement avv.*

dramatiser [dramatize] *v.tr.* drammatizzare.

dramaturge [dramatyrʒ] *s.m.* drammaturgo.

dramaturgie [dramatyrʒi] *s.f.* drammaturgia.

drame [dram] *s.m.* dramma.

drap [dra] *s.m.* **1** tessuto di lana, panno **2** drappo: — *mortuaire*, drappo funebre **3** — (*de lit*), lenzuolo || *il nous a mis dans de beaux, de jolis draps!*, (*fam.*) ci ha cacciati in un bel pasticcio! **4** — *de bain, de plage*, telo da bagno, telospugna **5** (*in Belgio*) — *de maison*, straccio per pavimenti.

drapé [drape] *s.m.* drappeggio.

drapeau [drapo] (pl. *-eaux*) *s.m.* bandiera (*f.*) || *se ranger sous le — de qqn*, schierarsi in favore di qlcu || *être sous les drapeaux*, essere sotto le armi.

draper [drape] *v.tr.* **1** ricoprire, addobbare con drappi: — *le portail d'une église en signe de deuil*, parare a lutto il portale di una chiesa **2** drappeggiare □ **se draper** *v.pron.* drappeggiarsi, avvolgersi || *se — dans sa dignité*, (*fig.*) ammantarsi della propria dignità.

draperie [drapri] *s.f.* **1** tessuto di lana **2** industria tessile laniera **3** drappeggio (*m.*).

drap-housse [draus] (pl. *draps-housses*) *s.m.* lenzuolo con gli angoli.

drapier [drapje] (f. *-ère*) *s.m.* fabbricante, venditore di tessuti di lana.

drastique [drastik] *agg.* drastico.

dressage [dresaʒ] *s.m.* **1** addestramento (di un animale) **2** installazione (di un impianto ecc.) **3** (*tecn.*) raddrizzatura (*f.*).

dresser [drese] *v.tr.* **1** drizzare, raddrizzare; innalzare, erigere: — *l'oreille*, (*fig.*) tendere l'orecchio || — *une personne contre une autre*, (*fig.*) istigare una persona contro un'altra **2** preparare, disporre: — *la table*, apparecchiare; — *le camp*, porre l'accampamento **3** redigere, compilare: — *un plan*, tracciare un piano **4** addestrare; ammaestrare (un animale) || *le service militaire se chargera de le* —!, il servizio militare penserà a raddrizzarlo! □ **se dresser** *v.pron.* rizzarsi, drizzarsi: *ses cheveux se dressèrent sur sa tête*, gli si rizzarono i capelli sul capo || *se — contre qqn*, mettersi contro qlcu; *se — contre un abus*, reagire contro un abuso.

dresseur [dresœr] (f. *-euse*) *s.m.* ammaestratore, addestratore.

dressoir [dreswar] *s.m.* credenza (*f.*).

dreve [drev] *s.f.* (*in Belgio*) viale alberato.

dribble [dribl] *s.m.* (*football*) dribbling.

dribbler [drible] *v.intr.* e *tr.* (*football*) dribblare.

drille [drij] *s.m.*: *un joyeux* —, un buontempone.

dring [driŋ] *onom.* drin.

drogue [drɔg] *s.f.* **1** droga || — *dure, douce*, droga pesante, leggera **2** (*spreg.*) intruglio (*m.*).

drogué [drɔge] *agg.* e *s.m.* drogato.

droguer [drɔge] *v.tr.* drogare; (*spreg.*) somministrare troppe medicine □ **se droguer** *v.pron.* drogarsi; (*spreg.*) assumere troppe medicine.

droguerie [drɔgri] *s.f.* negozio di articoli per la casa e da toilette; farmaci da banco.

droguiste [drɔgist] *s.m.* chi gestisce una → droguerie.

droit[1] [drwa] *s.m.* **1** diritto: *être en — de*, aver il diritto di; *à bon* —, a buon diritto ‖ *de (plein)* —, di diritto, con pieno diritto; *qui de* —, chi di dovere; *de quel* — *parles-tu?*, con quale diritto parli? **2** (*dir.*) diritto: *responsabilité en* —, responsabilità giuridica ‖ *faire son* —, studiare legge **3** diritto, tassa (*f.*): — *supplémentaire*, soprattassa; — *de timbre*, tassa di bollo ‖ — *de douane*, dazio doganale; — *d'importation*, dazio d'importazione.

droit[2] *agg.* **1** diritto; (*fig.*) retto: — *comme un I*, diritto come un fuso, un palo; *le* — *chemin*, la retta via; *un homme* —, un uomo retto; *un cœur* —, un cuore leale **2** (*mat.*) retto ♦ *avv.* diritto: *marcher* —, (*anche fig.*) camminare diritto; *aller* (*tout*) —, andare (sempre) diritto.

droit[3] *agg.* (*opposto a sinistra*) destro ♦ *s.m.* (*sport*) destro.

droite [dʀwat] *s.f.* **1** destra ‖ *à* — *et à gauche*, a destra e a sinistra **2** (*mano*) destra **3** (*mat.*) retta.

droit-fil [dʀwafil] (pl. *droits-fils*) *s.m.* drittofilo.

droitier [dʀwatje] (f. *-ère*) *agg.* e *s.m.* destrimano.

droiture [dʀwatyʀ] *s.f.* rettitudine.

drolatique [dʀɔlatik] *agg.* buffo.

drôle [dʀol] *agg.* **1** divertente; buffo ‖ *tu es* — *avec tes idées!*, mi fai ridere con le tue idee! **2** bizzarro, strano, curioso ‖ *elle l'a trouvé tout* —, lo ha trovato un po' strano; *ça me fait tout* —, mi fa una strana impressione; *se sentir tout* —, sentirsi strano □ **drôle de**: *un* — *de type*, un tipo strano; *jouer un* — *de tour*, giocare un brutto tiro; *il faut un* — *de courage pour*, ci vuole un bel coraggio per.

drôlement [dʀolmɑ̃] *avv.* **1** in modo strano **2** (*fam.*) molto, terribilmente: *il a* — *raison*, ha perfettamente ragione.

drôlerie [dʀolʀi] *s.f.* **1** comicità **2** buffonata.

dromadaire [dʀɔmadɛʀ] *s.m.* dromedario.

drômois [dʀomwa] *agg.* della Drôme.

drop [dʀɔp] *s.m.* → **drop-goal**.

droper [dʀɔpe] *v.tr.* paracadutare; (*estens.*) lasciar cadere.

drop-goal [dʀɔpgol] (pl. *drop-goals*) *s.m.* (*rugby*) calcio di rimbalzo.

drouais [dʀuɛ] *agg.* di Dreux.

dru [dʀy] *agg.* fitto, spesso: *des cheveux drus*, capelli ispidi e folti; *une pluie drue*, una pioggia fitta ♦ *avv.* fitto.

drugstore [dʀœgstɔʀ] *s.m.* drugstore (negozio sempre aperto dove si vendono generi di prima necessità).

druide [dʀɥid] (f. *-esse*) *s.m.* (*st.*) druido.

druidique [dʀɥidik] *agg.* (*st.*) druidico.

druze [dʀyz] *agg.* e *s.m.* druso.

du [dy] *prep.* articolata m.sing. → **de**.

dû [dy] (f. *due*; m.pl. *dus*) *part.pass.* di devoir ♦ *agg.* dovuto ‖ *en bonne et due forme*, nella debita forma ‖ *port* —, porto assegnato ♦ *s.m.* il dovuto.

dual [dɥal] (pl. *duaux*) *agg.* duale.

dualisme [dɥalism] *s.m.* dualismo.

dualité [dɥalite] *s.f.* dualità.

dubitatif [dybitatif] (f. *-ive*) *agg.* dubitativo ‖ **-ivement** *avv.*

dublinois [dyblinwa] *agg.* dublinese.

duc [dyk] *s.m.* **1** duca **2** (*zool.*) grand —, gufo reale; *moyen* —, gufo comune; *petit* —, assiolo.

ducal [dykal] (pl. *-aux*) *agg.* ducale.

ducat [dyka] *s.m.* (*moneta*) ducato.

duché [dyʃe] *s.m.* ducato.

duchesse [dyʃɛs] *s.f.* **1** duchessa ‖ *faire la* —, (*fam.*) darsi delle arie **2** (*pera*) duchessa.

ductile [dyktil] *agg.* duttile.

ductilité [dyktilite] *s.f.* duttilità.

dudit [dydi] *agg.* → **dit**.

duègne [dɥɛɲ] *s.f.* (*antiq.*) governante.

duel [dɥɛl] *s.m.* duello.

duelliste [dɥelist] *s.m.* duellante.

duettiste [dɥetist] *s.m.* chi canta o suona in un duo.

duffel-coat [dœfœlkot] (pl. *duffel-coats*) *s.m.* montgomery.

dulcifier [dylsifje] *v.tr.* dolcificare.

dulcinée [dylsine] *s.f.* (*iron.*) bella (innamorata).

dûment [dymɑ̃] *avv.* debitamente.

dune [dyn] *s.f.* duna.

dunette [dynɛt] *s.f.* (*mar.*) casseretto (*m.*).

dunkerquois [dœ̃kɛʀkwa] *agg.* di Dunkerque.

dunois [dynwa] *agg.* di Châteaudun.

duo [dɥo] *s.m.* duetto, duo.

duodénal [dɥɔdenal] (pl. *-aux*) *agg.* duodenale.

duodénum [dɥɔdenɔm] *s.m.* (*anat.*) duodeno.

dupe [dyp] *s.f.* vittima (di un inganno): *être la* — *de qqn*, essere imbrogliato da qlcu ‖ *jeu*, *marché de dupes*, imbroglio ♦ *agg.*: *être* —, lasciarsi ingannare.

duper [dype] *v.tr.* (*letter.*) ingannare, raggirare.

duperie [dypʀi] *s.f.* inganno (*m.*), raggiro (*m.*).

duplex [dyplɛks] *s.m.invar.* **1** (*tel.*) duplex **2** appartamento su due piani.

duplicata [dyplikata] *s.m.invar.* duplicato ‖ *en* —, in duplice copia.

duplication [dyplikasjɔ̃] *s.f.* duplicazione.

duplicité [dyplisite] *s.f.* duplicità, doppiezza.

dupliquer [dyplike] *v.tr.* duplicare.

duquel [dykɛl] *pron.rel.* e *interr.m.sing.* → **lequel**.

dur [dyʀ] *agg.* **1** duro (*anche fig.*): *sommeil* —, sonno pesante; *croire* — *comme fer*, credere fermamente; *de dures vérités*, delle verità spiacevoli; *se montrer* — *pour*, *envers qqn*, essere duro con qlcu ‖ *avoir l'oreille dure*, essere duro d'orecchi ‖ *il m'est* — *de vous quitter*, mi è doloroso lasciarvi **2** — *à*, difficile da; resistente a: — *à manier*, difficile da usare; *être* — *au mal*, sopportare bene il dolore; *être* — *à la tâche*, essere uno sgobbone ♦ *avv.* forte, sodo ♦ *s.m.* **1** (*fam.*) duro: *jouer les durs*, fare il duro; *un* — *à cuire*, (*fam.*) un tosto **2** (*edil.*) *en* —, in muratura ‖ **-ement** *avv.*

durable [dyʀabl] *agg.* durevole, duraturo.

durablement [dyʀabləmɑ̃] *agg.* durevolmente.

duralumin [dyʀalymɛ̃] *s.m.* duralluminio.

Durandal [dyʀãdal] *no.pr.f.* (*spada di Orlando*) Durlindana.

durant [dyʀɑ̃] *prep.* durante, per tutta la durata di: *toute sa vie* —, per tutta la vita.

durcir [dyʀsiʀ] *v.tr.* indurire; (*fig.*) irrigidirsi ♦ *v.intr.* indurirsi.

durcissement [dyʀsismã] *s.m.* **1** indurimento; (*fig.*) irrigidimento **2** (*del cemento*) presa (*f.*).

durcisseur [dyʀsisœʀ] (f. *-euse*) *agg.* e *s.m.* (*tecn.*) indurente.

dure [dyʀ] *s.f.*: *coucher sur la* —, dormire sulla nuda terra; *élever à la* —, allevare spartanamente; *en voir de dures*, passarne di tutti i colori.

durée [dyʀe] *s.f.* durata || — *conventionnelle du travail*, orario lavorativo contrattuale || (*tecn.*) — *de vie*, tempo di vita (di un dispositivo).

dure-mère [dyʀmɛʀ] (pl. *dures-mères*) *s.f.* (*anat.*) dura madre.

durer [dyʀe] *v.intr.* **1** durare: *cela a assez duré*, è durato abbastanza; *il ne durera pas longtemps*, non ne avrà per molto **2** continuare, prolungarsi: *faire* —, prolungare || *le temps me dure de vous voir*, (*fam.*) non vedo l'ora di vedervi **3** resistere.

dureté [dyʀte] *s.f.* durezza.

durillon [dyʀijɔ̃] *s.m.* durone.

durocasse [dyʀɔkas] *agg.* di Dreux.

duvet [dyvɛ] *s.m.* **1** peluria (*f.*), lanugine (*f.*) **2** sacco a pelo.

duveté [dyvte] *agg.* lanuginoso.

duveter, se [sədyvte] *v.pron.* coprirsi di peluria, di lanugine.

duveteux [dyvtø] (f. *-euse*) *agg.* → **duveté.**

dyade [djad] *s.f.* diade.

dyarchie [djaʀʃi] *s.f.* diarchia.

dynamique [dinamik] *agg.* dinamico ♦ *s.f.* dinamica || **-ement** *avv.*

dynamiser [dinamize] *v.tr.* dare forza, energia.

dynamisme [dinamism] *s.m.* dinamismo.

dynamitage [dinamitaʒ] *s.m.* il far esplodere (con la dinamite).

dynamite [dinamit] *s.f.* dinamite.

dynamiter [dinamite] *v.tr.* far saltare in aria con la dinamite.

dynamiteur [dinamitœʀ] (f. *-euse*) *s.m.* dinamitardo.

dynamo [dinamo] *s.f.* dinamo.

dynamomètre [dinamɔmɛtʀ] *s.m.* dinamometro.

dynastie [dinasti] *s.f.* dinastia.

dynastique [dinastik] *agg.* dinastico.

dys- *pref.* dis-

dysenterie [disɑ̃tʀi] *s.f.* (*med.*) dissenteria.

dysfonctionnement [disfɔ̃ksjɔnmã] *s.m.* disfunzione (*f.*).

dysharmonie [dis(z)aʀmɔni] *s.f.* disarmonia.

dyslexie [dislɛksi] *s.f.* (*psic.*) dislessia.

dyspepsie [dispepsi] *s.f.* (*med.*) dispepsia.

dyspepsique [dispepsik], **dyspeptique** [dispeptik] *agg.* e *s.m.* (*med.*) dispeptico.

dyspnée [dispne] *s.f.* (*med.*) dispnea.

dystonie [distɔni] *s.f.* (*med.*) distonia.

dystrophie [distʀɔfi] *s.f.* (*med.*) distrofia.

E

e [ə] *s.m.* e (*m.* e *f.*) || (*tel.*) — *comme Émile*, e come Empoli.

eau [o] (pl. *-eaux*) *s.f.* acqua: — *de pluie*, acqua piovana; — *de vaisselle*, sciacquatura di piatti; *eaux usées*, acque di rifiuto, di scolo; *se passer les mains à l'* —, sciacquarsi le mani || *chute d'* —, cascata || — *de Javel*, candeggina || — *de rose*, acqua di rose || *basses, hautes eaux*, magra,piena (di un corso d'acqua) || *le temps est à l'* —, il tempo minaccia pioggia || *avoir, faire venir l'* — *à la bouche*, avere, far venire l'acquolina in bocca || *être tout en* —, essere in un bagno di sudore || *mes chaussures ont pris l'* —, le mie scarpe lasciano passare l'acqua || *mettre de l'* — *dans son vin*, (fig.) venire a più miti consigli || *tomber à l'* —, (fig.) andare in fumo || *eaux* (*thermales*), acque (curative): *ville d'eaux*, stazione termale || *Eaux et Forêts*, amministrazione statale incaricata della salvaguardia delle foreste demaniali francesi.

eau-de-vie [odvi] (pl. *eaux-de-vie*) *s.f.* acquavite || *cerises à l'* —, ciliegie sotto spirito.

eau-forte [ofɔʀt] (pl. *eaux-fortes*) *s.f.* acquaforte.

ébahi [ebai] *agg.* sbalordito, stupefatto.

ébahir [ebaiʀ] *v.tr.* stupire, sbalordire.

ébahissement [ebaismɑ̃] *s.m.* stupore.

ébarber [ebaʀbe] *v.tr.* **1** (*tip.*) rifilare **2** (*metall.*) sbavare **3** (*agr.*) sbarbare.

ébats [eba] *s.m.pl.*: — *amoureux*, giochi amorosi.

ébattre, s' [sebatʀ] (*coniug. come* battre) *v.pron.* scorrazzare; trastullarsi.

ébauche [eboʃ] *s.f.* abbozzo (*m.*) (*anche fig.*) || — *d'un sourire*, accenno di un sorriso.

ébaucher [eboʃe] *v.tr.* **1** abbozzare (*anche fig.*) **2** sgrossare ☐ **s'ébaucher** *v.pron.* prendere forma.

ébauchoir [eboʃwaʀ] *s.m.* scalpello.

ébène [ebɛn] *s.f.* (*legno*) ebano (*m.*).

ébénier [ebenje] *s.m.* (*albero*) ebano.

ébéniste [ebenist] *s.m.* ebanista.

ébénisterie [ebenistəʀi] *s.f.* ebanisteria.

éberlué [ebeʀlɥe] *agg.* stupefatto, sbalordito.

éblouir [ebluiʀ] *v.tr.* abbagliare (*anche fig.*): *il veut nous* —, vuole impressionarci.

éblouissant [ebluisɑ̃] *agg.* abbagliante, smagliante; splendido || *un teint* —, una carnagione luminosa.

éblouissement [ebluismɑ̃] *s.m.* **1** annebbiamento (della vista); capogiro **2** (*fig.*) stupore.

ébonite [ebɔnit] *s.f.* (*chim.*) ebanite.

éborgner [ebɔʀɲe] *v.tr.* accecare da un occhio.

éboueur [ebwœʀ] *s.m.* spazzino, netturbino.

ébouillanter [ebujɑ̃te] *v.tr.* sbollentare.

éboulement [ebulmɑ̃] *s.m.* frana (*f.*), smottamento; (*écroulement*) crollo.

ébouler, s' [sebule] *v.pron.* franare, smottare; crollare.

éboulis [ebuli] *s.m.* **1** frana (*f.*) **2** detriti (*pl.*).

ébouriffant [ebuʀifɑ̃] *agg.* (*fam.*) incredibile.

ébouriffer [ebuʀife] *v.tr.* **1** arruffare, scompigliare **2** (*fig.*) sbalordire.

ébrancher [ebʀɑ̃ʃe] *v.tr.* sfoltire (un albero).

ébranlement [ebʀɑ̃lmɑ̃] *s.m.* vibrazione (*f.*); oscillazione (*f.*); (*fig.*) scossa (*f.*) || — *nerveux*, choc nervoso.

ébranler [ebʀɑ̃le] *v.tr.* far tremare; (*secouer*) scuotere (*anche fig.*) || — *la réputation de qqn*, intaccare la reputazione di qlcu ☐ **s'ébranler** *v.pron.* mettersi in moto.

ébrasement [ebʀazmɑ̃] *s.m.* strombatura (*f.*).

ébrécher [ebʀeʃe] (*coniug. come* céder) *v.tr.* sbreccare, scheggiare; (*entamer*) intaccare.

ébriété [ebʀijete] *s.f.* ubriachezza, ebbrezza.

ébroïcien [ebʀɔisjɛ̃] (*f. -enne*) *agg.* di Evreux.

ébrouage [ebʀuaʒ] *s.m.* (*ind. tess.*) purga della lana.

ébrouer, s' [sebʀue] *v.pron.* **1** scrollarsi **2** (*del cavallo*) sbuffare.

ébruiter [ebʀɥite] *v.tr.* divulgare ☐ **s'ébruiter** *v.pron.* diffondersi, propagarsi.

ébullition [ebylisjɔ̃] *s.f.* ebollizione || *en* —, (*fig.*) in fermento.

écaille [ekɑj] *s.f.* **1** squama, scaglia **2** valva (dell'ostrica) **3** tartaruga: *lunettes d'* —, occhiali di tartaruga.

écaillement [ekɑjmɑ̃] *s.m.* sfaldatura (*f.*); scrostatura (*f.*).

écailler¹ [ekɑje] *v.tr.* **1** squamare **2** aprire (un'ostrica) ☐ **s'écailler** *v.pron.* scrostarsi.

écailler² (*f. -ère*) *s.m.* ostricaio.

écailleux [ekɑjø] (*f. -euse*) *agg.* squamoso, scaglioso.

écale [ekal] *s.f.* guscio (*m.*).

écaler [ekale] *v.tr.* togliere il guscio a, sgusciare.

écarlate [ekaʀlat] *agg. e s.f.* scarlatto (*m.*) || (*cuc.*) *langue à l'* —, lingua salmistrata.

écarquiller [ekaʀkije] *v.tr.* spalancare (gli occhi).

écart¹ [ekaʀ] *s.m.* **1** scarto: *écarts de température*, sbalzi di temperatura; — *admissible*, tolleranza ammessa || *faire des écarts à son régime*, non seguire regolarmente la dieta || *écarts de lan-*

gage, linguaggio sconveniente || *à l'*—, in disparte; *à l'*— *de*, lontano da 2 differenza (*f.*), divario || (*med.*) — *de tension*, pressione differenziale || (*econ.*) *l'*— *entre les salaires et le coût de la vie*, la sperequazione fra i salari e il costo della vita 3 (*sport*) *grand*—, spaccata (*f.*).

écart² *s.m.* (*alle carte*) scarto.

écarté [ekaʀte] *agg.* 1 isolato, fuori mano 2 distanziato: *les bras écartés*, con le braccia aperte.

écartèlement [ekaʀtɛlmã] *s.m.* squartamento; (*fig.*) strazio.

écarteler [ekaʀtɔle] (*coniug. come* appeler) *v.tr.* squartare vivo; (*fig.*) dilaniare.

écartement [ekaʀtɔmã] *s.m.* 1 scostamento 2 distanza (*f.*); (*mecc.*) passo; (*ferr.*) scartamento.

écarter¹ [ekaʀte] *v.tr.* 1 scostare: — *les jambes*, divaricare le gambe 2 eliminare; escludere; allontanare □ **s'écarter** *v.pron.* 1 scostarsi (*anche fig.*) 2 (*in Canada*) smarrirsi.

écarter² *v.tr.* (*alle carte*) scartare.

ecchymose [ekimoz] *s.f.* (*med.*) ecchimosi.

ecclésiastique [eklezjastik] *agg. e s.m.* ecclesiastico.

écervelé [esɛʀvɔle] *agg. e s.m.* scervellato.

échafaud [eʃafo] *s.m.* patibolo.

échafaudage [eʃafodaʒ] *s.m.* 1 (*edil.*) ponteggio, impalcatura (*f.*) || *l'*— *d'un système*, (*fig.*) la costruzione di un sistema 2 cumulo.

échafauder [eʃafode] *v.intr.* (*edil.*) erigere (impalcature ecc.) ♦ *v.tr.* (*fig.*) architettare.

échalas [eʃalɑ] *s.m.* 1 (*agr.*) tutore, palo 2 (*fam.*) spilungone.

échalote [eʃalɔt] *s.f.* (*bot.*) scalogno (*m.*).

échancré [eʃɑ̃kʀe] *agg.* 1 scalfato, scollato; sgambato 2 (*geogr.*) frastagliato.

échancrer [eʃɑ̃kʀe] *v.tr.* scavare; (*abbigl.*) scalfare.

échancrure [eʃɑ̃kʀyʀ] *s.f.* 1 rientranza, incavatura 2 (*abbigl.*) scalfo (*m.*), scollatura 3 (*geogr.*) insenatura.

échange [eʃɑ̃ʒ] *s.m.* scambio; (*dir.*) permuta (*f.*) || *en* —, in cambio.

échanger [eʃɑ̃ʒe] (*coniug. come* manger) *v.tr.* scambiare; (*dir.*) cambiare, permutare: — *des cadeaux*, scambiarsi dei regali || (*sport*) — *des balles*, palleggiare.

échangeur [eʃɑ̃ʒœʀ] *s.m.* 1 scambiatore 2 — (*routier*), svincolo (stradale).

échantillon [eʃɑ̃tijɔ̃] *s.m.* campione, saggio || (*comm.*): *carnet, liasse d'échantillons*, campionario; *vente à l'*—, vendita su campione.

échantillonnage [eʃɑ̃tijɔnaʒ] *s.m.* 1 campionatura (*f.*) 2 campionario 3 (*stat.*) campionamento.

échantillonner [eʃɑ̃tijɔne] *v.tr.* campionare.

échappatoire [eʃapatwaʀ] *s.f.* scappatoia.

échappée [eʃape] *s.f.* 1 fuga 2 vista, scorcio (*m.*) 3 (*edil.*) vano (*m.*).

échappement [eʃapmã] *s.m.* (*aut.*) scappamento, scarico: *tuyau d'*—, tubo di scappamento.

échapper [eʃape] *v.intr.* sfuggire: *laisser* — *une bonne occasion*, lasciarsi sfuggire una buona oc-

casione; *la victoire lui a échappé*, la vittoria gli è sfuggita tra le mani; — *à la mort*, scampare alla morte ♦ *v.tr.*: *l'*— *belle*, scamparla bella □ **s'échapper** *v.pron.* 1 scappare, fuggire 2 (*di cose*) uscire.

écharde [eʃaʀd] *s.f.* scheggia.

écharpe [eʃaʀp] *s.f.* 1 fascia || *en* —, a bandoliera; di sbieco 2 sciarpa || *porter le bras en* —, avere il braccio al collo.

écharper [eʃaʀpe] *v.tr.* fare a pezzi, massacrare.

échasse [eʃas] *s.f.* 1 trampolo (*m.*) 2 (*zool.*) cavaliere (*m.*), merlo acquatico maggiore.

échassier [eʃɑ(a)sje] *s.m.* (*zool.*) trampoliere.

échauder [eʃode] *v.tr.* scottare (*anche fig.*); (*cuc.*) sbollentare.

échauffement [eʃofmã] *s.m.* riscaldamento; (*fig.*) eccitazione (*f.*).

échauffer [eʃofe] *v.tr.* 1 (ri)scaldare 2 (*fig.*) infiammare, eccitare || — *les oreilles*, *la bile à qqn*, far andare in bestia qlcu □ **s'échauffer** *v.pron.* scaldarsi (*anche fig.*).

échauffourée [eʃofuʀe] *s.f.* tafferuglio (*m.*), scontro (*m.*).

échauguette [eʃoɡet] *s.f.* guardiola.

échéance [eʃeɑ̃s] *s.f.* scadenza: *venant à* — *le*, con scadenza il; *venir, arriver à* —, maturare.

échéancier [eʃeɑ̃sje] *s.m.* scadenzario.

échéant [eʃeɑ̃] *agg.* in scadenza || *le cas* —, all'occorrenza.

échec [eʃek] *s.m.* 1 fiasco, insuccesso 2 (*gioco*) scacco: *partie d'échecs*, partita a scacchi; *faire* — *au roi*, dare scacco al re.

échelier [eʃəlje] *s.m.* scala a pioli (a un solo montante).

échelle [eʃɛl] *s.f.* scala: — *double*, scala a libretto; (*scient.*) *carte à l'* — *de 1:25.000*, carta in scala 1:25.000; *à l'*— *nationale*, su scala nazionale; *faire la courte* — *à qqn*, fare scala a qlcu (con le mani incrociate), (*fig.*) aiutare qlcu a farsi strada; *être en haut de l'*—, (*fig.*) essere in alto nella gerarchia sociale || *avoir une* — *dans son bas*, avere una smagliatura nella calza.

échelon [eʃlɔ̃] *s.m.* 1 piolo 2 (*fig.*) gradino, grado || *à l'*— *national*, a livello nazionale || *par échelons*, gradualmente; (*comm.*) a rate 2 (*mil.*) scaglione.

échelonné [eʃlone] *agg.* scaglionato.

échelonnement [eʃlɔnmã] *s.m.* scaglionamento; (*comm.*) rateizzazione (*f.*).

échelonner [eʃlone] *v.tr.* scaglionare; (*comm.*) rateizzare □ **s'échelonner** *v.pron.* scaglionarsi.

écheniller [eʃnije] *v.tr.* disinfestare dai bruchi.

écheveau [eʃvo] (pl. *-eaux*) *s.m.* matassa (*f.*).

échevelé [eʃvɔle] *agg.* scapigliato, arruffato; (*fig.*) disordinato.

échidné [ekidne] *s.m.* (*zool.*) echidna (*f.*).

échine¹ [eʃin] *s.f.* 1 spina dorsale || *plier l'*—, (*fig.*) piegare la schiena, sottomettersi 2 (*macelleria*) lombata (*f.*).

échine² *s.f.* (*arch.*) echino (*m.*).

échiner, s' [seʃine] *v.pron.* sfibrarsi.

Echinodermes [ekinɔdɛrm] *s.m.pl.* (*zool.*) Echinodermi.

échiquier [eʃikje] *s.m.* **1** scacchiera (*f.*) || *en —*, a scacchiera **2** (*fig.*) scacchiere.

écho [eko] *s.m.* eco (*f.*) || *j'en ai eu des échos*, me n'è giunta la voce || *se faire l'— de*, farsi portavoce di || *rester sans —*, non aver risposta || *les échos*, gli echi di cronaca.

échographie [ekoɡrafi] *s.f.* ecografia.

échoir [eʃwar]

Usato all'*Indic.pres.* il échoit; *pass.rem.* il échut; *fut.* il échoira, (*antiq. lett.*) il écherra. *Cond.* il échoirait, ils échoiraient, (*antiq. letter.*) il écherrait, ils écherraient. *Cong.imperf.* qu'il échût. *Part.pres.* échéant; *pass.* échu.

v.intr.dif. **1** toccare (in sorte) **2** (*comm.*) scadere || *intérêts à —*, interessi maturandi.

échoppe [eʃɔp] *s.f.* botteguccia.

échosondeur [ekɔsɔ̃dœr] *s.m.* ecoscandaglio.

échotier [ekɔtje] *s.m.* cronista mondano.

échouage [eʃwaʒ] *s.m.* (*mar.*) **1** secca (*f.*) **2** arenamento.

échouer [eʃwe] *v.intr.* **1** arenarsi, incagliarsi (*anche fig.*) **2** fallire: *son projet a échoué*, il suo progetto è fallito; *cette affaire a échoué*, l'affare è andato a monte; *il a échoué à tous ses examens*, gli sono andati male tutti gli esami♦ *v.tr.* (*mar.*) fare arenare, fare incagliare.

échu [eʃy] *part. pass. di* échoir ♦ *agg.* scaduto.

écimer [esime] *v.tr.* (*agr.*) cimare.

éclabousser [eklabuse] *v.tr.* inzaccherare.

éclaboussure [eklabusyr] *s.f.* **1** schizzo di fango **2** (*fig.*) conseguenza incresciosa.

éclair [eklɛr] *s.m.* **1** lampo: *en un —*, in un lampo, in un baleno **2** (*fig.*) bagliore || *— de lucidité*, sprazzo di lucidità **3** (*cuc.*) pasticcino glassato ripieno di crema.

éclairage [eklɛraʒ] *s.m.* **1** illuminazione (*f.*): *le chauffage et l'—*, il riscaldamento e la luce || *sous cet —*, (*fig.*) da questo punto di vista **2** (*mil.*) avanscoperta (*f.*), ricognizione (*f.*).

éclairagiste [eklɛraʒist] *s.m.* tecnico delle luci.

éclairant [eklɛrɑ̃] *agg.* illuminante.

éclaircie [eklɛrsi] *s.f.* **1** schiarita **2** (*in un bosco*) radura.

éclaircir [eklɛrsir] *v.tr.* **1** schiarire **2** diradare || *— une sauce*, allungare una salsa **3** (*fig.*) chiarire.

éclaircissement [eklɛrsismɑ̃] *s.m.* (s)chiarimento.

éclairé [eklɛre] *agg.* colto, istruito.

éclairement [eklɛrmɑ̃] *s.m.* (*fis.*) illuminamento || *— énergétique*, irraggiamento di energia.

éclairer [eklɛre] *v.tr.* **1** rischiarare, illuminare (*anche fig.*) **2** (*fig.*) chiarire **3** (*mil.*) esplorare ♦ *v.intr.* fare luce □ **s'éclairer** *v.pron.* **1** rischiararsi, illuminarsi (*anche fig.*) || *cette grange s'éclaire par une lucarne*, questo fienile prende luce da un abbaino; *s'— à la bougie*, farsi luce con una candela **2** (*fig.*) chiarirsi.

éclaireur [eklɛrœr] (*f. -euse*) *s.m.* **1** esploratore **2** (*scoutismo*) giovane esploratore.

éclat [ekla] *s.m.* **1** scheggia (*f.*); frammento || *voler en éclats*, andare in frantumi **2** luminosità (*f.*); splendore (*anche fig.*): *l'— d'une flamme*, il bagliore d'una fiamma; *l'— d'un diamant*, lo sfavillio d'un diamante || *action d'—*, azione brillante **3** scoppio || *— de voix*, alzata di voce || *rire aux éclats*, ridere fragorosamente **4** (*fig.*) scalpore, scandalo: *faire un —*, fare uno scandalo.

éclatant [eklatɑ̃] *agg.* **1** luminoso; splendente (*anche fig.*) || *sourire —*, sorriso smagliante || *vérité éclatante*, verità lampante **2** (*fig.*) clamoroso, strepitoso.

éclatement [eklatmɑ̃] *s.m.* scoppio; esplosione (*f.*) || *l'— d'un parti politique*, la scissione di un partito politico.

éclater [eklate] *v.intr.* **1** scoppiare; esplodere || *— de rire*, scoppiare a ridere **2** brillare, risplendere □ **s'éclater** *v.pron.* (*fam.*) godersela.

éclectique [eklɛktik] *agg. e s.m.* eclettico.

éclectisme [eklɛktism] *s.m.* eclettismo.

éclipse [eklips] *s.f.* eclissi || *à éclipses*, a intermittenza.

éclipser [eklipse] *v.tr.* eclissare □ **s'éclipser** *v.pron.* eclissarsi.

écliptique [ekliptik] *agg.* eclittico ♦ *s.m.* eclittica (*f.*).

éclisse [eklis] *s.f.* **1** scheggia di legno **2** (*med.*) stecca (per fratture).

éclisser [eklise] *v.tr.* (*med.*) steccare (un arto fratturato).

éclopé [eklope] *agg. e s.m.* storpio, sciancato.

éclore [eklɔr]

Usato all'*Indic. pres.* il éclôt, ils éclosent; (*non com.*) j'éclos, tu éclos, nous éclosons, vous éclosez; *fut.* il éclora, ils écloront. *Cond.* il éclorait, ils écloraient. *Cong.pres.* qu'il éclose, qu'ils éclosent. *Part.pres.* (*non com.*) éclosant; *pass.* éclos.

v.intr.dif. **1** (*zool.*) uscire dal guscio **2** sbocciare, fiorire: *la fleur a éclos ce matin*, il fiore è sbocciato stamattina; *la fleur est éclose depuis hier*, il fiore è sbocciato da ieri || *l'aube vient d'—*, l'alba è appena spuntata.

éclos [eklo] *agg.* sbocciato, in fiore.

éclosion [eklozjɔ̃] *s.f.* lo schiudersi, sboccio (*m.*) || *l'— d'une idée*, (*fig.*) la nascita di un'idea.

écluse [eklyz] *s.f.* (*idraulica*) chiusa.

écluser [eklyze] *v.tr.* **1** chiudere con una chiusa **2** *— un bateau*, far passare un natante attraverso una chiusa **3** (*fam.*) bere, scolare.

éclusier [eklyzje] (*f. -ère*) *s.m.* guardiano della chiusa.

écobuage [ekɔbɥaʒ] *s.m.* (*agr.*) debbio.

écœurant [ekœrɑ̃] *agg.* nauseante .

écœurement [ekœrmɑ̃] *s.m.* nausea (*f.*).

écœurer [ekœre] *v.tr.* nauseare, stomacare.

écolage [ekɔlaʒ] *s.m.* (*in Svizzera*) spese scolastiche.

école [ekɔl] *s.f.* scuola: *à l'—*, a scuola; *sortir de l'—*, uscire da scuola; *— de filles, de garçons*, scuola femminile, maschile; — *primaire*, scuola elementare; — *secondaire*, scuola secondaria; — *normale*, istituto magistrale; — *du soir*, scuola serale; *école-pilote*, scuola sperimentale || *les grandes écoles* (*Ecole Normale Supérieure*, *Ecole Polytechnique*, etc.), scuole d'insegnamento superiore a cui si accede per concorso || *homme de la vieille —*, uomo di vecchio stampo.

écolier [ekɔlje] (f. *-ère*) *s.m.* scolaro || *le chemin des écoliers*, il percorso più lungo.

écolo [ekɔlo] *s.m.* (*fam.*) ecologista.

écologie [ekɔlɔʒi] *s.f.* ecologia.

écologique [ekɔlɔʒik] *agg.* ecologico.

écologiste [ekɔlɔʒist] *agg. e s.m.* ecologista, ambientalista; ecologo.

écologue [ekɔlɔg] *s.m.* ecologo.

éconduire [ekɔ̃dɥiʀ] (*coniug. come* conduire) *v.tr.* congedare.

économat [ekɔnɔma] *s.m.* economato.

économe [ekɔnɔm] *agg. e s.m.* economo.

économétrie [ekɔnɔmetʀi] *s.f.* econometria.

économétrique [ekɔnɔmetʀik] *agg.* econometrico.

économie [ekɔnɔmi] *s.f.* economia; risparmio (*m.*) || *faire l' — de*, risparmiarsi di; *faire des économies*, fare economia.

économique [ekɔnɔmik] *agg.* economico || *-ement* *avv.*

économiser [ekɔnɔmize] *v.tr.* economizzare, risparmiare.

économiste [ekɔnɔmist] *s.m.* economista.

écoper [ekɔpe] *v.tr.* (*mar.*) aggottare ♦ *v.intr.* (*fam.*) buscarsi (botte, rimproveri).

écorce [ekɔʀs] *s.f.* **1** corteccia; scorza (di limone ecc.); buccia (di frutta ecc.) **2** (*geol.*) crosta.

écorcer [ekɔʀse] (*coniug. come* placer) *v.tr.* scortecciare; sbucciare.

écorché [ekɔʀʃe] *agg. e s.m.* scorticato: *sensibilité d'— vif*, sensibilità a fior di pelle.

écorcher [ekɔʀʃe] *v.tr.* scorticare || (*fig.*): *— les clients*, pelare i clienti; *son accent m'écorche les oreilles*, il suo accento mi strazia le orecchie; *— une langue*, storpiare una lingua □ **s'écorcher** *v. pron.* scorticarsi, sbucciarsi.

écorchure [ekɔʀʃyʀ] *s.f.* scorticatura, sbucciatura.

écorner [ekɔʀne] *v.tr.* **1** scornare **2** smangiare **3** (*fig.*) intaccare.

écosphère [ekɔsfɛʀ] *s.f.* ecosfera.

écossais [ekɔse] *agg. e s.m.* scozzese.

écosser [ekɔse] *v.tr.* sgranare, sgusciare.

écosystème [ekɔsistɛm] *s.m.* ecosistema.

écot [eko] *s.m.* quota (*f.*).

écoulement [ekulmɑ̃] *s.m.* **1** scorrimento; scolo: *— d'eau*, scarico d'acqua **2** smercio (di merci) **3** (*fig.*) flusso.

écouler [ekule] *v.tr.* smerciare, smaltire || *— de faux billets*, spacciare moneta falsa □ **s'écouler** *v. pron.* **1** scorrere (via); scolare **2** (*fig.*) passare; (*del tempo*) trascorrere.

écoumène [ekumɛn] *s.m.* ecumene (*f.*).

écourter [ekuʀte] *v.tr.* scorciare, accorciare.

écoute[1] [ekut] *s.f.* (*rad.*) ascolto (*m.*); (*tel.*) linea: *l'heure de grande —*, la fascia (oraria) di massimo ascolto; *être à l'—*, essere in ascolto || *— téléphonique*, controllo del telefono; *être en —*, avere il telefono sotto controllo; *table d'—*, apparecchiatura per mettere i telefoni sotto controllo.

écoute[2] *s.f.* (*mar.*) scotta.

écouter [ekute] *v.tr.* ascoltare || *— aux portes*, origliare alle porte □ s'écouter *v.pron.* ascoltarsi || *il s'écoute trop*, dà troppo peso ai suoi acciacchi || *si je m'écoutais...*, se seguissi il mio istinto...

écouteur [ekutœʀ] *s.m.* **1** (*tel.*) ricevitore **2** *pl.* (*rad.*) cuffia (*f.*).

écoutille [ekutij] *s.f.* (*mar.*) boccaporto (*m.*).

écouvillon [ekuvijɔ̃] *s.m.* scovolino.

écrabouiller [ekʀabuje] *v.tr.* (*fam.*) spappolare.

écran [ekʀɑ̃] *s.m.* schermo || *un — de fumée*, una cortina di fumo || *— (de la cheminée)*, parafuoco (del caminetto) || *— solaire*, (*crema*) protezione solare || (*cine.*) *faire ses débuts à l'—*, esordire allo schermo.

écrasant [ekʀazɑ̃] *agg.* schiacciante.

écrasé [ekʀaze] *agg.* schiacciato || *— de dettes*, sommerso dai debiti || *la rubrique des chiens écrasés*, la rubrica della cronaca nera.

écrasement [ekʀazmɑ̃] *s.m.* schiacciamento; (*fig.*) annientamento.

écraser [ekʀaze] *v.tr.* schiacciare: *l'ennemi a été écrasé*, il nemico è stato annientato □ **s'écraser** *v.pron.* **1** schiantarsi: *s'— sur le sol*, schiantarsi al suolo **2** pigiarsi **3** (*fig. fam.*) avere la peggio.

écrémage [ekʀemaʒ] *s.m.* scrematura (*f.*).

écrémer [ekʀeme] (*coniug. come* céder) *v.tr.* **1** scremare **2** (*fig.*) scegliere il meglio (da).

écrémeuse [ekʀemøz] *s.f.* (*tecn.*) scrematrice.

écrevisse [ekʀəvis] *s.f.* gambero (d'acqua dolce).

écrier, s' [sekʀije] *v.pron.* esclamare.

écrin [ekʀɛ̃] *s.m.* scrigno: *— à bijoux*, portagioie.

écrire [ekʀiʀ]

Indic.pres. j'écris, etc., nous écrivons, etc.; *imperf.* j'écrivais, etc.; *pass.rem.* j'écrivis, etc.; *fut.* j'écrirai, etc. *Cond.* j'écrirais, etc. *Cong. pres.* que j'écrive, etc.; *imperf.* que j'écrivisse, etc. *Part.pres.* écrivant; *pass.* écrit. *Imp.* écris, écrivons, écrivez.

v.tr. scrivere: *il écrit comme un chat*, ha una scrittura a zampa di gallina; *— un mot à qqn*, (*fam.*) scrivere due righe a qlcu; *la déception était écrite sur son visage*, la delusione era dipinta sul suo viso; *c'était écrit!*, era destino!

écrit [ekʀi] *part. pass. di* écrire ♦ *s.m.* **1** (*testo*) scritto; opera (*f.*) || *par —*, per iscritto **2** scritto, prova scritta.

écriteau [ekʀito] (pl. *-eaux*) *s.m.* cartello.

écritoire [ekʀitwaʀ] *s.f.* servizio da scrivania.

écriture [ekʀityʀ] *s.f.* **1** scrittura **2** calligrafia, scrittura **3** (testo) scritto: *la Sainte Ecriture*, la Sacra Scrittura || *écritures publiques*, atti pubblici.

écrivailler [ekʀivaje] *v.intr.* (*fam.*) scribacchiare.

écrivailleur [ekʀivajœʀ] (f. *-euse*) *s.m.* (*fam.*) scribacchino.

écrivain [ekʀivɛ̃] *s.m.* scrittore ‖ (*femme*) —, scrittrice ‖ — *public*, scrivano.

écrivassier [ekʀivasje] *s.m.* (*fam.*) scribacchino.

écrou[1] [ekʀu] *s.m.* (*mecc.*) dado.

écrou[2] *s.m.* (*dir.*) immatricolazione al carcere ‖ *levée d'*—, scarcerazione.

écrouelles [ekʀuɛl] *s.f.pl.* scrofolosi (*sing.*).

écrouer [ekʀue] *v.tr.* 1 immatricolare (un detenuto) 2 imprigionare.

écroulement [ekʀulmɑ̃] *s.m.* crollo.

écrouler, s' [sekʀule] *v.pron.* 1 crollare: *tous mes projets se sont écroulés*, tutti i miei progetti sono andati in fumo 2 (*fam.*) sprofondare.

écru [ekʀy] *agg.* greggio.

ecto- *pref.* ecto-

ectoplasme [ɛktɔplasm] *s.m.* ectoplasma.

écu[1] [eky] *s.m.* scudo.

écu[2] *s.m.* (*moneta*) ecu • Da *European Currency Unit.*

écueil [ekœj] *s.m.* scoglio (*anche fig.*).

écuelle [ekɥel] *s.f.* scodella.

éculé [ekyle] *agg.* scalcagnato; (*fig.*) sfruttato.

écume [ekym] *s.f.* 1 schiuma 2 (*min.*) — *de mer*, schiuma di mare: *pipe en* — (*de mer*), pipa di schiuma 3 (*metall.*) scorie (*pl.*).

écumer [ekyme] *v.tr.* e *intr.* schiumare (*anche fig.*): *les cambrioleurs ont écumé le quartier*, i ladri hanno ripulito il quartiere.

écumeur [ekymœʀ] *s.m.*: — *des mers*, pirata.

écumeux [ekymø] (f. *-euse*) *agg.* schiumoso, coperto di schiuma.

écumoire [ekymwaʀ] *s.f.* schiumaiola, colabrodo (*m.*).

écureuil [ekyʀœj] *s.m.* (*zool.*) scoiattolo.

écurie [ekyʀi] *s.f.* scuderia ‖ *garçon d'*—, stalliere ‖ *cette chambre est une* —, (*fig.*) questa stanza è una stalla.

écusson [ekysɔ̃] *s.m.* 1 scudetto; stemma; distintivo 2 scudetto (di serratura) 3 (*mil.*) mostrina (*f.*) 4 (*agr.*) scudetto.

écuyer [ekɥije] *s.m.* 1 scudiero 2 cavallerizzo, cavaliere.

écuyère [ekɥijɛʀ] *s.f.* cavallerizza; amazzone.

eczéma [ɛgzema] *s.m.* (*med.*) eczema.

edelweiss [edelvajs] *s.m.* stella alpina, edelweiss.

eden [edɛn] *s.m.* eden, paradiso terrestre.

édenté [edɑ̃te] *agg.* e *s.m.* sdentato.

édenter [edɑ̃te] *v.tr.* rompere i denti (a).

édicter [edikte] *v.tr.* decretare, emanare.

édicule [edikyl] *s.m.* 1 (*arch.*) edicola (*f.*) 2 vespasiano, orinatoio 3 chiosco.

édifiant [edifjɑ̃] *agg.* edificante.

édification [edifikɑsjɔ̃] *s.f.* edificazione.

édifice [edifis] *s.m.* edificio; (*fig.*) struttura (*f.*).

édifier [edifje] *v.tr.* edificare, costruire (*anche fig.*) ‖ *je vais t'* — *sur son compte*, (*iron.*) ti aprirò gli occhi sul suo conto.

édile [edil] *s.m.* 1 (*st.*) edile 2 *pl.* le autorità municipali.

édit [edi] *s.m.* editto.

éditer [edite] *v.tr.* 1 pubblicare, stampare (libri ecc.) 2 curare, fare l'editing di 3 (*inform.*) editare.

éditeur [editœʀ] (f. *-trice*) *agg.* e *s.m.* 1 editore 2 curatore (di un testo).

édition [edisjɔ̃] *s.f.* 1 edizione: *maison d'*—, casa editrice; *succès d'*—, successo editoriale 2 (industria dell') editoria 3 *pl.* (casa) editrice.

éditorial [editɔʀjal] (pl. *-aux*) *agg.* e *s.m.* editoriale.

éditorialiste [editɔʀjalist] *s.m.* editorialista.

édredon [edʀədɔ̃] *s.m.* piumino (del letto).

éducateur [edykatœʀ] (f. *-trice*) *agg.* che educa ♦ *s.m.* educatore ‖ — *spécialisé*, operatore sociale che assiste i bambini handicappati.

éducatif [edykatif] (f. *-ive*) *agg.* educativo.

éducation [edykɑsjɔ̃] *s.f.* educazione: *manquer d'*—, essere maleducato ‖ — *professionnelle*, istruzione professionale ‖ *l'Education Nationale*, la Pubblica Istruzione.

édulcorant [edylkɔʀɑ̃] *agg.* e *s.m.* dolcificante.

édulcorer [edylkɔʀe] *v.tr.* addolcire (*anche fig.*).

éduquer [edyke] *v.tr.* educare.

ef- *pref.* → **é-**

effacé [efase] *agg.* 1 cancellato 2 scialbo 3 modesto.

effacement [efasmɑ̃] *s.m.* 1 cancellatura (*f.*) 2 modestia.

effacer [efase] (*coniug. come* placer) *v.tr.* 1 cancellare (*anche fig.*) 2 eclissare □ **s'effacer** *v.pron.* 1 cancellarsi 2 scansarsi, farsi da parte (*anche fig.*): *s'* — *devant qqn*, cedere il passo a qlcu.

effarant [efaʀɑ̃] *agg.* stupefacente, sbalorditivo.

effaré [efaʀe] *agg.* attonito; smarrito.

effarement [efaʀmɑ̃] *s.m.* stupore; sgomento.

effarer [efaʀe] *v.tr.* sbigottire; sgomentare.

effaroucher [efaʀuʃe] *v.tr.* impaurire; intimidire.

effectif [efɛktif] (f. *-ive*) *agg.* e *s.m.* effettivo ‖ **-ivement** *avv.*

effectuer [efɛktɥe] *v.tr.* effettuare □ **s'effectuer** *v.pron.* effettuarsi, compiersi.

efféminé [efemine] *agg.* e *s.m.* effeminato.

effervescence [efɛʀvesɑ̃s] *s.f.* effervescenza; (*fig.*) fermento (*m.*).

effervescent [efɛʀvesɑ̃] *agg.* effervescente; (*fig.*) in fermento.

effet [efɛ] *s.m.* 1 effetto ‖ *faire très mauvais* —, fare pessima impressione; *faire de l'* —, far colpo; *une robe qui fait de l'* —, un vestito che fa figura ‖ *faire des effets de jambes*, mettere volutamente in mostra le gambe ‖ *rater son* —, non ottenere l'effetto voluto ‖ (*dir.*) *prendre* —, essere, diventare effettivo‖ *en* —, difatti, in effetti ‖ *à cet* —, questo fine 2 (*comm.*) effetto, cambiale (*f.*) 3 *pl.* (*abbigl.*) indumenti, effetti 4 *pl.* (*fin.*) *effets publics*, titoli del debito pubblico.

effeuiller [efœje] *v.tr.* sfogliare.

efficace [efikas] *agg.* efficace; (*efficient*) efficiente ‖ **-ement** *avv.*

efficacité [efikasite] *s.f.* efficacia, (*efficience*) efficienza.

efficience [efisjɑ̃s] *s.f.* (*econ.*) efficienza.

effigie [efiʒi] *s.f.* effigie.

effilé [efile] *agg.* **1** sfilacciato **2** affilato; (*mince*) esile ♦ *s.m.* frangia (*f.*).

effiler [efile] *v.tr.* **1** sfilacciare **2** affilare || — *les cheveux*, sfumare i capelli.

effilocher [efiloʃe] *v.tr.* sfilacciare □ **s'effilocher** *v.pron.* sfilacciarsi.

efflanqué [eflɑ̃ke] *agg.* scheletrico, allampanato.

effleurement [eflœrmɑ̃] *s.m.* sfioramento.

effleurer [eflœre] *v.tr.* sfiorare (*anche fig.*).

effluent [eflyɑ̃] *agg.* e *s.m.* effluente: *effluents radioactifs*, residui radioattivi.

effluve [eflyv] *s.m.* effluvio.

effondré [efɔ̃dre] *agg.* (*fig.*) abbattuto, prostrato.

effondrement [efɔ̃drəmɑ̃] *s.m.* **1** crollo (*anche fig.*): — *du sol*, cedimento del terreno **2** abbattimento, prostrazione (*f.*).

effondrer, s' [sefɔ̃dre] *v.pron.* crollare (*anche fig.*).

efforcer, s' [seforse] (*coniug. come* placer) *v.pron.* sforzarsi (di).

effort [efɔr] *s.m.* sforzo.

effraction [efraksjɔ̃] *s.f.* effrazione, scasso (*m.*).

effraie [efrɛ] *s.f.* (*zool.*) barbagianni (*m.*).

effranger [efrɑ̃ʒe] (*coniug. come* manger) *v.tr.* sfrangiare □ **s'effranger** *v.pron.* sfrangiarsi.

effrayant [efrɛjɑ̃] *agg.* spaventoso.

effrayer [efreje] (*coniug. come* payer) *v.tr.* spaventare.

effréné [efrene] *agg.* sfrenato.

effritement [efritmɑ̃] *s.m.* sgretolamento, sfaldamento (*anche fig.*).

effriter [efrite] *v.tr.* sgretolare, sfaldare □ **s'effriter** *v.pron.* sgretolarsi, sfaldarsi (*anche fig.*); (*dei prezzi*) crollare.

effroi [efrwɑ(a)] *s.m.* (*letter.*) terrore, spavento.

effronté [efrɔ̃te] *agg.* e *s.m.* sfacciato || **-ément** *avv.*

effronterie [efrɔ̃tri] *s.f.* sfacciataggine.

effroyable [efrwajabl] *agg.* spaventoso || **-ement** *avv.*

effusion [efyzjɔ̃] *s.f.* effusione || — *de sang*, spargimento di sangue.

égailler, s' [segaje] *v.pron.* sparpagliarsi.

égal [egal] (pl. *-aux*) *agg.* **1** uguale || *tout lui est* —, tutto gli è indifferente || *ça m'est* —, per me fa lo stesso **2** uniforme; regolare || *humeur égale*, umore costante ♦ *s.m.* pari, uguale: *sans* —, senza pari, unico || *à l'* — *de*, al pari di.

également [egalmɑ̃] *avv.* **1** ugualmente **2** anche.

égaler [egale] *v.tr.* uguagliare, pareggiare || *trois fois trois égale neuf*, tre per tre fa nove.

égalisateur [egalizatœr] *agg.* (f. *-trice*) che pareggia || (*sport*) *point*, *but* —, punto, goal del pareggio.

égalisation [egalizasjɔ̃] *s.f.* **1** livellamento (*m.*) **2** (*econ., comm.*) conguaglio (*m.*) **3** (*sport*) pareggio.

égaliser [egalize] *v.tr.* livellare || — *les cheveux*, pareggiare i capelli ♦ *v.intr.* (*sport*) pareggiare.

égalitaire [egaliter] *agg.* e *s.m.* egualitario.

égalitarisme [egalitarism] *s.m.* egualitarismo.

égalité [egalite] *s.f.* **1** uguaglianza, parità: *être à* —, essere alla pari || *à* — *de mérite*, a parità di merito **2** uniformità; regolarità || *l'* — *de son humeur*, la stabilità del suo umore.

égard [egar] *s.m.* **1** considerazione (*f.*), riguardo || *sans* — *pour*, senza riguardo per; *par* — *pour*, per riguardo verso || *en* — *à*, in considerazione di, tenuto conto di || *à l'* — *de*, riguardo a, verso || *à tous* (*les*) *égards*, sotto ogni aspetto, sotto tutti i punti di vista **2** *pl.* riguardi, premure (*f.*).

égaré [egare] *agg.* smarrito; (*fig.*) sconvolto.

égarement [egarmɑ̃] *s.m.* (*letter.*) smarrimento, turbamento.

égarer [egare] *v.tr.* **1** smarrire, perdere **2** mettere fuori strada; (*fig.*) fuorviare **3** sconvolgere □ **s'égarer** *v.pron.* smarrirsi, perdersi (*anche fig.*) || *la discussion s'égare*, la discussione divaga.

égayer [egeje] (*coniug. come* payer) *v.tr.* allietare; ravvivare □ **s'égayer** *v.pron.* divertirsi.

égéen [eʒeɛ̃] (f. *-éenne*) *agg.* egeo.

égérie [eʒeri] *s.f.* (*fig.*) ninfa Egeria, ispiratrice.

égide [eʒid] *s.f.* egida.

églantier [eglɑ̃tje] *s.m.* (*pianta*) rosa canina, rosa di macchia.

églantine [eglɑ̃tin] *s.f.* (*fiore*) rosa canina, rosa di macchia.

églefin [egləfɛ̃] *s.m.* (*zool.*) eglefino.

église [egliz] *s.f.* chiesa: *à l'* —, in chiesa; *les gens d'Eglise*, il clero; *un homme d'Eglise*, un ecclesiastico.

églogue [eglɔg] *s.f.* egloga.

égocentrique [egosɑ̃trik] *agg.* e *s.m.* egocentrico.

égocentrisme [egosɑ̃trism] *s.m.* egocentrismo.

égoïne [egɔin] *s.f.* saracco (*m.*).

égoïsme [egɔism] *s.m.* egoismo.

égoïste [egɔist] *agg.* e *s.m.* egoista || *-ement* *avv.*

égorger [egorʒe] (*coniug. come* manger) *v.tr.* sgozzare; scannare.

égosiller, s' [segozije] *v.pron.* sgolarsi.

égotiste [egotist] *agg.* e *s.m.* egotista.

égout [egu] *s.m.* **1** fogna (*f.*) || *eaux d'* —, acque luride **2** *pl.* fognature (*f.*), rete fognaria.

égoutier [egutje] *s.m.* addetto alle fogne.

égoutter [egute] *v.tr.* scolare □ **s'égoutter** *v.pron.* sgocciolare.

égouttoir [egutwar] *s.m.* scolatoio: — (*à vaisselle*), scolapiatti.

égratigner [egratiɲe] *v.tr.* **1** graffiare **2** (*fig.*) punzecchiare □ **s'égratigner** *v.pron.* graffiarsi.

égratignure [egratiɲyr] *s.f.* **1** graffio (*m.*), graffiatura **2** (*fig.*) ferita all'amor proprio.

égrenage [egrənaʒ] *s.m.* sgranatura (*f.*).

égrener [egrəne] (*coniug. come* semer) *v.tr.* sgranare □ **s'égrener** *v.pron.* **1** sgranarsi **2** snodarsi.

égrillard [egrijar] *agg.* licenzioso; spinto.

égruger [egryʒe] (*coniug. come* manger) *v.tr.* macinare (pepe ecc.).

égyptien [eʒipsjɛ̃] (f. *-enne*) *agg.* e *s.m.* egiziano; (*st.*) egizio.

égyptologie [eʒiptɔlɔʒi] *s.f.* egittologia.

égyptologue [eʒiptɔlɔg] *s.m.* egittologo.

eh [e] *inter.* ehi!; eh!: — *bien?*, ebbene?
éhonté [eɔ̃te] *agg.* e *s.m.* spudorato.
eider [ɛdɛʀ] *s.m. (zool.)* edredone.
éjaculation [eʒakylɑsjɔ̃] *s.f.* eiaculazione.
éjaculer [eʒakyle] *v.tr.* eiaculare.
éjectable [eʒɛktabl] *agg.* eiettabile: *(aer.) siège* —, sedile a espulsione.
éjecter [eʒɛkte] *v.tr.* 1 espellere 2 *(fam.)* buttar fuori.
éjecteur [eʒɛktœʀ] *s.m.* 1 eiettore (di fluido) 2 espulsore (di un'arma).
éjection [eʒɛksjɔ̃] *s.f.* 1 espulsione 2 *(med.)* evacuazione.
élaboration [elabɔʀɑsjɔ̃] *s.f.* elaborazione.
élaborer [elabɔʀe] *v.tr.* elaborare.
élagage [elagaʒ] *s.m.* sfrondatura *(f.).*
élaguer [elage] *v.tr.* sfrondare *(anche fig.).*
élan[1] [elɑ̃] *s.m.* slancio: *prendre son* —, prendere la rincorsa.
élan[2] *s.m. (zool.)* alce.
élancé [elɑ̃se] *agg.* slanciato.
élancement [elɑ̃smɑ̃] *s.m. (med.)* fitta *(f.).*
élancer [elɑ̃se] *(coniug. come* placer*) v.tr.* provocare fitte: *le doigt l'élance, lui élance,* ha delle fitte al dito □ **s'élancer** *v.pron.* slanciarsi, precipitarsi.
élargir [elaʀʒiʀ] *v.tr.* allargare, ampliare *(anche fig.)* □ **s'élargir** *v.pron.* allargarsi.
élargissement [elaʀʒismɑ̃] *s.m.* allargamento, ampliamento.
élasticité [elastisite] *s.f.* elasticità.
élastique [elastik] *agg.* e *s.m.* elastico.
électeur [elɛktœʀ] *(f. -trice) agg.* e *s.m.* elettore: *carte d'* —, certificato elettorale.
électif [elɛktif] *(f. -ive) agg.* elettivo.
élection [elɛksjɔ̃] *s.f.* elezione.
électoral [elɛktɔʀal] *(pl. -aux) agg.* elettorale.
électorat [elɛktɔʀa] *s.m.* elettorato.
électricien [elɛktʀisjɛ̃] *(f. -enne) s.m.* 1 elettricista 2 elettrotecnico.
électricité [elɛktʀisite] *s.f.* elettricità: *payer sa note d'* —, pagare la bolletta della luce.
électrification [elɛktʀifikɑsjɔ̃] *s.f.* elettrificazione.
électrifier [elɛktʀifje] *v.tr.* elettrificare.
électrique [elɛktʀik] *agg.* elettrico || **-ement** *avv.*
électrisant [elɛktʀizɑ̃] *agg.* elettrizzante.
électrisation [elɛktʀizɑsjɔ̃] *s.f.* elettrizzazione.
électriser [elɛktʀize] *v.tr.* elettrizzare *(anche fig.).*
électro- *pref.* elettro-
électro-aimant [elɛktʀɔemɑ̃] *(pl.* électro-aimants*) s.m.* elettromagnete, elettrocalamita *(f.).*
électrocardiogramme [elɛktʀɔkaʀdjɔgʀam] *s.m.* elettrocardiogramma.
électrochimie [elɛktʀɔʃimi] *s.f.* elettrochimica.
électrochoc [elɛktʀɔʃɔk] *s.m.* elettroshock.
électrocoagulation [elɛktʀɔkɔagylɑsjɔ̃] *s.f.* elettrocoagulazione.
électrocuter [elɛktʀɔkyte] *v.tr.* fulminare.
électrode [elɛktʀɔd] *s.f.* elettrodo *(m.).*
électrodynamique [elɛktʀɔdinamik] *agg.* elettrodinamico ♦ *s.f.* elettrodinamica.

électro-encéphalogramme [elɛktʀɔɑ̃sefalɔgʀam] *s.m.* elettroencefalogramma.
électrogène [elɛktʀɔʒɛn] *agg.* e *s.m.* elettrogeno.
électrolyse [elɛktʀɔliz] *s.f.* elettrolisi.
électrolytique [elɛktʀɔlitik] *agg.* elettrolitico.
électromagnétique [elɛktʀɔmaɲetik] *agg.* elettromagnetico.
électromagnétisme [elɛktʀɔmaɲetism] *s.m.* elettromagnetismo.
électromécanicien [elɛktʀɔmekanisjɛ̃] *(f. -enne) agg.* e *s.m.* elettromeccanico.
électromécanique [elɛktʀɔmekanik] *agg.* elettromeccanico ♦ *s.f.* elettromeccanica.
électroménager [elɛktʀɔmenaʒe] *agg.: appareil* —, (apparecchio) elettrodomestico ♦ *s.m.* industria degli elettrodomestici.
électrométrie [elɛktʀɔmetʀi] *s.f.* elettrometria.
électromoteur [elɛktʀɔmɔtœʀ] *(f. -trice) agg.* e *s.m.* elettromotore.
électron [elɛktʀɔ̃] *s.m.* elettrone.
électronégatif [elɛktʀɔnegatif] *(f. -ive) agg.* elettronegativo.
électronicien [elɛktʀɔnisjɛ̃] *(f. -enne) s.m.* fisico elettronico || *ingénieur* —, ingegnere elettronico.
électronique [elɛktʀɔnik] *agg.* elettronico ♦ *s.f.* elettronica.
électronucléaire [elɛktʀɔnykleɛʀ] *agg.* elettronucleare: *centrale* —, centrale elettronucleare ♦ *s.m.* il settore elettronucleare.
électrophone [elɛktʀɔfɔn] *s.m.* giradischi.
électropompe [elɛktʀɔpɔ̃p] *s.f.* elettropompa.
électroportatif [elɛktʀɔpɔʀtatif] *(f. -ive) agg.* portatile (di apparecchio elettrico).
électropositif [elɛktʀɔpozitif] *(f. -ive) agg.* elettropositivo.
électroscope [elɛktʀɔskɔp] *s.m.* elettroscopio.
électrostatique [elɛktʀɔstatik] *agg.* elettrostatico ♦ *s.f.* elettrostatica.
électrotechnicien [elɛktʀɔtɛknisjɛ̃] *(f. -enne) s.m.* elettrotecnico.
électrotechnique [elɛktʀɔtɛknik] *agg.* elettrotecnico ♦ *s.f.* elettrotecnica.
électrothérapie [elɛktʀɔteʀapi] *s.f. (med.)* elettroterapia.
électrotrain [elɛktʀɔtʀɛ̃] *s.m.* elettrotreno.
élégamment [elegamɑ̃] *avv.* elegantemente.
élégance [elegɑ̃s] *s.f.* eleganza.
élégant [elegɑ̃] *agg.* e *s.m.* elegante.
élégiaque [eleʒjak] *agg.* elegiaco.
élégie [eleʒi] *s.f.* elegia.
élément [elemɑ̃] *s.m.* 1 elemento 2 (mobile) componibile: *cuisine à éléments,* cucina componibile.
élémentaire [elemɑ̃tɛʀ] *agg.* elementare || *cours* — *(CE1), cycle* — *(CE2),* secondo, terzo anno della scuola elementare (in Francia).
éléphant [elefɑ̃] *s.m.* 1 elefante 2 *(scherz.)* pachiderma 3 *(zool.)* — *de mer,* elefante marino.
éléphante [elefɑ̃t] *s.f.* elefantessa.
éléphanteau [elefɑ̃to] *(pl. -aux) s.m.* elefantino.
éléphantesque [elefɑ̃tɛsk] *agg. (scherz.)* elefantesco.

éléphantiasis [elefɑ̃tjazis] *s.m.* elefantiasi (*f.*).

éléphantin [elefɑ̃tɛ̃] *agg.* elefantino.

élevage [ɛlvaʒ] *s.m.* allevamento: *faire de l' —,* allevare animali.

élévateur [elevatœʀ] (f. *-trice*) *agg.* e *s.m.* elevatore.

élévation [elevɑsjɔ̃] *s.f.* elevazione, innalzamento (*m.*): *— d'un mur,* l'erezione di un muro; *— du coût de la vie,* aumento del costo della vita; *l' — de la température,* il rialzo della temperatura.

élève [elɛv] *s.m.* **1** allievo, alunno **2** (*zool.*) animale d'allevamento **3** (*bot.*) piantina (di vivaio) ♦ *s.f.* allieva, alunna.

élevé [ɛlve] *agg.* elevato (*anche fig.*); alto: *pouls —,* polso frequente □ **bien élevé,** (ben) educato; **mal élevé,** maleducato.

élever [elve] (*coniug. come* semer) *v.tr.* **1** erigere, innalzare **2** (*fig.*) elevare || *— la voix contre qqch,* protestare contro qlco; *— des objections,* sollevare obiezioni || *— les prix,* alzare, aumentare i prezzi **3** allevare; educare □ **s'élever** *v.pron.* **1** elevarsi (*anche fig.*): *une montagne s'élève au milieu de la plaine,* una montagna si erge in mezzo alla pianura; *des murmures s'élevèrent de l'auditoire,* dei mormorii si levarono dall'aula || *s' — contre une injustice,* protestare contro un'ingiustizia **2** ammontare (a) **3** aumentare.

éleveur [ɛlvœʀ] (f. *-euse*) *s.m.* allevatore.

elfe [ɛlf] *s.m.* elfo.

élider [elide] *v.tr.* elidere.

éligibilité [eliʒibilite] *s.f.* eleggibilità.

éligible [eliʒibl] *agg.* eleggibile.

élimer [elime] *v.tr.* logorare.

éliminateur [eliminatœʀ] (f. *-trice*) *agg.* eliminatorio.

élimination [eliminɑsjɔ̃] *s.f.* eliminazione.

éliminatoire [eliminatwaʀ] *agg.* eliminatorio ♦ *s.f.* eliminatoria.

éliminer [elimine] *v.tr.* eliminare.

élinguer [elɛ̃ge] *v.tr.* (*mar.*) imbragare.

élire [eliʀ] (*coniug. come* lire) *v.tr.* eleggere.

élision [elizjɔ̃] *s.f.* elisione.

élite [elit] *s.f.* élite, fior fiore (*m.*): *l' — intellectuelle,* gli esponenti della cultura || *d' —,* elitario.

élitisme [elitism] *s.m.* atteggiamento di chi si considera parte di un'elite.

élitiste [elitist] *agg.* elitario.

élixir [eliksiʀ] *s.m.* elisir.

elle [ɛl] (pl. *elles*) *pron.pers. di 3ª pers.sing.* **1** (*soggetto, spesso sottinteso*) lei, pl. loro; (*animale o cosa*) essa, pl. esse: *— est restée,* (lei) è rimasta, *est-elle déjà partie?,* è già partita?; *a-t-elle dit la vérité?,* ha detto la verità?; *je resterai - dit-elle - je le promets,* resterò - disse - lo prometto; *— et moi nous irons le chercher à la gare,* lei e io, io e lei andremo a prenderlo alla stazione; *ni elles ni leurs parents n'étaient à la réunion,* alla riunione non c'erano né loro né i loro genitori; *n'approche pas de la chienne, — est méchante,* non ti avvicinare alla cagna, (essa) è cattiva; *ne mange pas ces pêches: elles ne sont pas mûres,* non mangiare

queste pesche, (esse) non sono mature || *— aussi,* → aussi || *elle-même,* → même **2** (*compl. oggetto e preceduto da prep.*) lei, pl. loro; (*riflessivo*) sé: *il ne voit qu'—,* vede soltanto lei; *c'est pour — que je l'ai fait,* l'ho fatto per lei; *nous irons chez elles demain,* andremo da loro domani; *— a beaucoup fait parler d'—,* ha fatto molto parlare di sé; *elles ne pensent qu'à elles (-mêmes),* non pensano che a sé (stesse); *la rivière entraîna tout avec —,* il fiume trascinò tutto con sé || *à — (toute) seule,* da sola || *un ami à —,* un suo amico, un amico di lei || *c'est gentil à —,* è gentile da parte sua || *— a une façon de faire bien à —,* ha un modo di fare tutto suo; *à elles trois, elles y arriveront,* in tre ce la faranno || *d'elle-même, par elle-même,* da sé.

ellébore [e(ɛl)lebɔʀ] *s.m.* (*bot.*) elleboro.

ellipse [elips] *s.f.* **1** (*mat.*) ellisse **2** (*gramm.*) ellissi.

ellipsoïde [elipsɔid] *s.m.* ellissoide ♦ *agg.* ellissoidale.

elliptique [eliptik] *agg.* ellittico.

élocution [elɔkysjɔ̃] *s.f.* eloquio (*m.*) || *facilité d' —,* facilità di parola.

éloge [elɔʒ] *s.m.* elogio, encomio.

élogieux [elɔʒjø] (f. *-euse*) *agg.* elogiativo.

éloigné [elwaɲe] *agg.* lontano: *leurs idées sont très éloignées,* le loro idee divergono molto.

éloignement [elwaɲmɑ̃] *s.m.* **1** allontanamento **2** lontananza (*f.*).

éloigner [elwaɲe] *v.tr.* **1** allontanare **2** ritardare □ **s'éloigner** *v.pron.* **1** allontanarsi **2** divergere.

élongation [elɔ̃gɑsjɔ̃] *s.f.* **1** (*scient.*) elongazione **2** (*med.*) trazione.

éloquence [elɔkɑ̃s] *s.f.* eloquenza.

éloquent [elɔkɑ̃] *agg.* eloquente.

élu [ely] *part. pass. di* élire ♦ *agg.* eletto, prescelto || *les élus locaux,* gli amministratori locali.

élucidation [elysidɑsjɔ̃] *s.f.* delucidazione.

élucider [elyside] *v.tr.* delucidare.

élucubration [elykybʀɑsjɔ̃] *s.f.* elucubrazione.

élucubrer [elykybʀe] *v.tr.* elucubrare.

éluder [elyde] *v.tr.* eludere.

élusif [elyzif] (f. *-ive*) *agg.* elusivo.

Elysée [elize] *s.m.* Eliseo (residenza del presidente della repubblica francese).

élyséen [elizeɛ̃] (f. *-éenne*) *agg.* (*fam.*) dell'Eliseo.

élytre [elitʀ] *s.m.* (*zool.*) elitra (*f.*).

em- *pref.* → **en-**

émaciation [emasjasjɔ̃] *s.f.* emaciazione.

émacié [emasje] *agg.* emaciato, macilento.

émail [emaj] (pl. *-aux*) *s.m.* smalto.

émaillage [emajaʒ] *s.m.* smaltatura (*f.*).

émailler [emaje] *v.tr.* smaltare; (*fig.*) ornare.

émaillerie [emajʀi] *s.f.* arte dello smaltatore.

émailleur [emajœʀ] (f. *-euse*) *s.m.* smaltatore.

émanation [emanɑsjɔ̃] *s.f.* **1** emanazione **2** (*fig.*) espressione.

émancipateur [emɑ̃sipatœʀ] (f. *-trice*) *agg.* e *s.m.* emancipatore.

émancipation [emɑ̃sipɑsjɔ̃] *s.f.* emancipazione.

émanciper [emãsipe] *v.tr.* emancipare □ **s'émanciper** *v.pron.* emanciparsi.

émaner [emane] *v.intr.* emanare.

émargement [emaʀʒəmã] *s.m.* **1** sigla in margine **2** (*tip.*) smarginatura (*f.*) **3** (*amm.*) *feuille d'*—, foglio presenze.

émarger [emaʀʒe] (*coniug. come* manger) *v.tr.* **1** siglare in margine **2** (*tip.*) smarginare ♦ *v.intr.* riscuotere (lo stipendio).

émasculation [emaskylasjõ] *s.f.* evirazione.

émasculer [emaskyle] *v.tr.* evirare.

emballage [ãbalaʒ] *s.m.* imballaggio.

emballement [ãbalmã] *s.m.* **1** (*del motore*) imballatura **2** (*fig.*) infatuazione (*f.*).

emballer [ãbale] *v.tr.* **1** (*fam.*) entusiasmare **2** (*mecc.*) imballare □ **s'emballer** *v.pron.* **1** (*del cavallo*) imbizzarrirsi **2** (*fam.*) lasciarsi trascinare (da un sentimento) **3** (*mecc.*) imballarsi.

emballeur [ãbalœʀ] (*f. -euse*) *s.m.* imballatore.

embarcadère [ãbaʀkadeʀ] *s.m.* imbarcadero.

embarcation [ãbaʀkasjõ] *s.f.* imbarcazione, natante (*m.*).

embardée [ãbaʀde] *s.f.* (*aut.*) sbandata; (*mar.*) guizzata; (*aer.*) imbardata.

embargo [ãbaʀgo] *s.m.* embargo.

embarquement [ãbaʀkəmã] *s.m.* imbarco.

embarquer [ãbaʀke] *v.tr.* **1** imbarcare (*anche fig.*) **2** (*fam.*) mettere dentro, in prigione **3** (*fig. fam.*) portar via, rubare ♦ *v.intr.* **1** imbarcarsi: *ils ont embarqué hier soir*, si sono imbarcati ieri sera **2** (*mar.*) imbarcare **3** (*in Canada*) salire in automobile □ **s'embarquer** *v.pron.* imbarcarsi.

embarras [ãbaʀa] *s.m.* **1** imbarazzo: *se tirer d'*—, sbrogliarsela ‖ *des* — *d'argent*, difficoltà finanziarie ‖ *faire des* —, essere cerimonioso **2** ingorgo ‖ — *gastrique*, imbarazzo di stomaco.

embarrassant [ãbaʀasã] *agg.* imbarazzante.

embarrassé [ãbaʀase] *agg.* imbarazzato.

embarrasser [ãbaʀase] *v.tr.* **1** ingombrare **2** (*fig.*) mettere in imbarazzo □ **s'embarrasser** *v.pron.* **1** essere ingombro **2** preoccuparsi **3** ingarbugliarsi.

embarrer [ãbaʀe] *v.tr.* (*in Canada*) chiudere.

embastiller [ãbastije] *v.tr.* (*ant.*) incarcerare nella Bastiglia.

embauchage [ãboʃaʒ] *s.m.*, **embauche** [ãboʃ] *s.f.* (*fam.*) assunzione (*f.*).

embaucher [ãboʃe] *v.tr.* assumere; (*fam.*) reclutare.

embaumement [ãbommã] *s.m.* imbalsamazione (*f.*).

embaumer [ãbome] *v.tr.* **1** imbalsamare **2** profumare ♦ *v.intr.* odorare.

embaumeur [ãbomœʀ] *s.m.* imbalsamatore.

embecquer [ãbeke] *v.tr.* imbeccare, ingozzare.

embellie [ãbeli] *s.f.* **1** calma momentanea (del mare) **2** (*fig.*) buona occasione.

embellir [ãbeliʀ] *v.tr. e intr.* imbellire: *elle a embelli*, è imbellita.

embellissement [ãbelismã] *s.m.* abbellimento.

emberlificoter [ãbɛʀlifikɔte] *v.tr.* (*fam.*) abbindolare □ **s'emberlificoter** *v.pron.* imbrogliarsi.

emberlificoteur [ãbɛʀlifikɔtœʀ] (*f. -euse*) *agg. e s.m.* (*fam.*) imbroglione.

embêtant [ãbetã] *agg.* (*fam.*) scocciante ‖ *c'est une histoire bien embêtante*, è proprio una faccenda seccante.

embêtement [ãbetmã] *s.m.* seccatura (*f.*), scocciatura (*f.*).

embêter [ãbete] *v.tr.* (*fam.*) seccare, scocciare.

emblaver [ãmblave] *v.tr.* seminare a grano.

emblée, d' [dãble] *locuz.avv.* di primo acchito.

emblématique [ãblematik] *agg.* emblematico.

emblème [ãblɛm] *s.m.* emblema.

embobiner [ãbɔbine] *v.tr.* (*fam.*) abbindolare.

emboîtable [ãbwatabl] *agg.* incastrabile.

emboîtage [ãbwataʒ] *s.m.* **1** cofanetto (di libro) **2** (*tip.*) cartonatura.

emboîtement [ãbwatmã] *s.m.* incassatura (*f.*), incastro.

emboîter [ãbwate] *v.tr.* incastrare ‖ — *le pas à qqn*, seguire qlcu passo passo.

embole [ãbɔl] *s.m.* (*med.*) embolo.

embolie [ãbɔli] *s.f.* (*med.*) embolia.

embonpoint [ãbõpwɛ̃] *s.m.* pinguedine (*f.*) ‖ *prendre de l'*—, appesantirsi.

embouche [ãbuʃ] *s.f.* (*agr.*) prato da ingrasso.

embouché [ãbuʃe] *agg.*: *mal* —, (*fam.*) sboccato.

emboucher [ãbuʃe] *v.tr.* imboccare (uno strumento a fiato).

embouchure [ãbuʃyʀ] *s.f.* **1** imboccatura; (*mus.*) bocchino **2** (*di un fiume*) foce.

embourber [ãbuʀbe] *v.tr.* impantanare □ **s'embourber** *v.pron.* (*fig.*) impegolarsi.

embourgeoisement [ãbuʀʒwazmã] *s.m.* imborghesimento.

embourgeoiser, s' [sãbuʀʒwaze] *v.pron.* imborghesirsi.

embout [ãbu] *s.m.* **1** ghiera (*f.*) **2** puntale (di bastone da passeggio).

embouteillage [ãbutejaʒ] *s.m.* **1** imbottigliamento **2** ingorgo (di traffico).

embouteiller [ãbuteje] *v.tr.* **1** imbottigliare **2** intasare.

emboutir [ãbutiʀ] *v.tr.* **1** (*mecc.*) forgiare **2** (*fam.*) urtare, cozzare.

embranchement [ãbʀãʃmã] *s.m.* **1** diramazione (*f.*) ‖ *à l'* — *de deux routes*, all'incrocio di due strade **2** (*scient.*) sottotipo.

embrancher [ãbʀãʃe] *v.tr.* raccordare.

embrasement [ãbʀazmã] *s.m.* incendio.

embraser [ãbʀaze] *v.tr.* **1** accendere **2** (*fig.*) infiammare, infocare □ **s'embraser** *v.pron.* (*fig.*) accendersi, infervorarsi.

embrassade [ãbʀasad] *s.f.* abbraccio (*m.*).

embrasse [ãbʀas] *s.f.* cordone (*m.*), fascia (per tendaggi).

embrasser [ãbʀase] *v.tr.* **1** baciare, dare un bacio **2** abbracciare (*anche fig.*) □ **s'embrasser** *v.pron.* baciarsi; abbracciarsi.

embrasure [ãbʀazyʀ] *s.f.* **1** vano (*m.*) **2** (*edil.*) sguancio (*m.*), strombatura.

embrayage [ãbʀejaʒ] *s.m.* (*mecc.*) innesto;

(*aut.*) frizione (*f.*): *appuyer sur l'—*, schiacciare la frizione.

embrayer [ɑ̃bʀeje] (*coniug.* come payer) *v.tr.* (*mecc.*) innestare; (*aut.*) disinnestare la frizione ♦ *v.intr.* (*fam.*) attaccare (a lavorare ecc.).

embrigadement [ɑ̃bʀigadmɑ̃] *s.m.* reclutamento.

embrigader [ɑ̃bʀigade] *v.tr.* reclutare; (*fig.*) irreggimentare ‖ *se laisser —*, farsi invischiare.

embringuer [ɑ̃bʀẽge] *v.tr.* (*fam.*) incastrare, coinvolgere.

embrocher [ɑ̃bʀɔʃe] *v.tr.* infilzare (*anche fig.*).

embrouillamini [ɑ̃bʀujamini] *s.m.* (*fam.*) caos, baraonda (*f.*).

embrouille [ɑ̃bʀuj] *s.f.* (*fam.*) imbroglio (*m.*), pasticcio (*m.*).

embrouiller [ɑ̃bʀuje] *v.tr.* ingarbugliare (*anche fig.*) □ **s'embrouiller** *v.pron.* ingarbugliarsi (*anche fig.*).

embroussaillé [ɑ̃bʀusaje] *agg.* cespuglioso; (*fig.*) arruffato.

embrumer [ɑ̃bʀyme] *v.tr.* **1** avvolgere nella nebbia **2** (*fig.*) rattristare.

embrun [ɑ̃bʀœ̃] *s.m.* spruzzo (d'acqua di mare).

embryo- *pref.* embrio-

embryologie [ɑ̃bʀijɔlɔʒi] *s.f.* embriologia.

embryon [ɑ̃bʀijɔ̃] *s.m.* embrione (*anche fig.*).

embryonnaire [ɑ̃bʀijɔnɛʀ] *agg.* embrionale.

embûche [ɑ̃byʃ] *s.f.* (*spec.pl.*) insidia.

embuer [ɑ̃bɥe] *v.tr.* appannare □ **s'embuer** *v.pron.*, appannarsi.

embuscade [ɑ̃byskad] *s.f.* imboscata; (*fig.*) insidia.

embusqué [ɑ̃byske] *agg.* e *s.m.* imboscato.

embusquer [ɑ̃byske] *v.tr.* imboscare □ **s'embusquer** *v.pron.* imboscarsi.

émèché [emeʃe] *agg.* (*fam.*) brillo, sbronzo.

émécher [emeʃe] (*coniug.* come céder) *v.tr.* **1** (*di candela*) smoccolare **2** (*fam.*) sbronzare.

émeraude [emʀod] *s.f.* smeraldo (*m.*) ♦ *agg.invar.* smeraldo.

émergence [emɛʀʒɑ̃s] *s.f.* l'emergere (*anche fig.*).

émerger [emɛʀʒe] (*coniug.* come manger) *v.intr.* emergere.

émeri [emʀi] *s.m.* smeriglio: *bouchon à l'—*, tappo smerigliato; *papier —*, carta smerigliata ‖ *bouché à l'—*, (*fam.*) duro di comprendonio.

émérite [emeʀit] *agg.* emerito; eminente.

émersion [emɛʀsjɔ̃] *s.f.* emersione.

émerveillement [emɛʀvejmɑ̃] *s.m.* meraviglia (*f.*), stupore.

émerveiller [emɛʀveje] *v.tr.* meravigliare.

émétique [emetik] *agg.* e *s.m.* (*med.*) emetico.

émetteur [emetœʀ] (*f. -trice*) *agg.* emittente ♦ *s.m.* emittente (*f.*); (*elettr.*) trasmittente (*f.*); (*rad., tv*) trasmettitore.

émetteur-récepteur [emetœʀʀeseptœʀ] (*pl. emetteurs-recepteurs*) *agg.* e *s.m.* ricetrasmittente (*f.*).

émettre [emetʀ] (*coniug.* come mettre) *v.tr.* **1** emettere ‖ (*fig.*): *— une opinion*, esprimere un parere; *— une hypothèse*, formulare un'ipotesi **2** (*rad., tv*) trasmettere.

émeu [emø] *s.m.* (*zool.*) emù.

émeute [emøt] *s.f.* sommossa.

émeutier [emøtje] (*f. -ère*) *s.m.* rivoltoso.

émiettement [emjɛtmɑ̃] *s.m.* **1** sgretolamento **2** (*dispersion*) dispersione (*f.*).

émietter [emjete] *v.tr.* **1** sbriciolare; (*effriter*) sgretolare **2** (*disperser*) disperdere.

émigrant [emigʀɑ̃] *agg.* e *s.m.* emigrante.

émigration [emigʀasjɔ̃] *s.f.* emigrazione.

émigré [emigʀe] *agg.* e *s.m.* emigrato.

émigrer [emigʀe] *v.intr.* emigrare: *elle a émigré*, è emigrata.

émincé [emɛ̃se] *s.m.* (*cuc.*) piatto di carne affettata sottile.

émincer [emɛ̃se] (*coniug.* come placer) *v.tr.* (*cuc.*) tagliare a fette sottili.

éminemment [eminamɑ̃] *avv.* eminentemente.

éminence [eminɑ̃s] *s.f.* eminenza.

éminent [eminɑ̃] *agg.* eminente.

émir [emiʀ] *s.m.* emiro.

émirat [emiʀa] *s.m.* emirato.

émissaire [emisɛʀ] *agg.* e *s.m.* emissario.

émission [emisjɔ̃] *s.f.* **1** emissione ‖ *banque d'—*, banca emittente **2** (*rad., tv*) trasmissione: *une — de variétés*, un programma di varietà ‖ *— par câble*, filodiffusione.

émissole [emisɔl] *s.f.* (*zool.*) palombo (*m.*).

emmagasinage [ɑ̃magazinaʒ] *s.m.* immagazzinamento, magazzinaggio.

emmagasiner [ɑ̃magazine] *v.tr.* immagazzinare; (*fam.*) accumulare.

emmailloter [ɑ̃majɔte] *v.tr.* fasciare.

emmancher [ɑ̃mɑ̃ʃe] *v.tr.* **1** fornire di manico ‖ *affaire bien emmanchée*, (*fig.fam.*) affare ben avviato **2** (*mecc.*) calettare.

emmanchure [ɑ̃mɑ̃ʃyʀ] *s.f.* giromanica (*m.*).

emmêlé [ɑ̃mele] *agg.* aggrovigliato, intricato ‖ *des cheveux emmêlés*, capelli arruffati.

emmêlement [ɑ̃mɛlmɑ̃] *s.m.* groviglio.

emmêler [ɑ̃mele] *v.tr.* aggrovigliare, ingarbugliare (*anche fig.*).

emménagement [ɑ̃menaʒmɑ̃] *s.m.* trasloco.

emménager [ɑ̃menaʒe] (*coniug.* come manger) *v.tr.* e *intr.* traslocare: *nous allons — ailleurs*, andremo ad abitare altrove.

emmener [ɑ̃mne] (*coniug.* come semer) *v.tr.* condurre: *emmène-moi!*, portami con te!; *viens, je t'emmène*, vieni, ti accompagno io; *j'ai emmené un livre*, mi sono portato un libro ‖ (*sport*) *— le peloton*, tirare il gruppo.

emmerdant [ɑ̃mɛʀdɑ̃] *agg.* (*molto fam.*) scocciante, palloso.

emmerdement [ɑ̃mɛʀdəmɑ̃] *s.m.* (*molto fam.*) grana (*f.*), scocciatura (*f.*).

emmerder [ɑ̃mɛʀde] *v.tr.* (*molto fam.*) rompere (le scatole a) □ **s'emmerder** *v.pron.* rompersi.

emmerdeur [ɑ̃mɛʀdœʀ] (*f. -euse*) *s.m.* (*molto fam.*) rompipalle.

emmitoufler [ɑ̃mitufle] *v.tr.* imbacuccare.

emmurer [ãmyʀe] *v.tr.* **1** murare (*anche fig.*) **2** bloccare.

émoi [emwa] *s.m.* (*letter.*) **1** agitazione (*f.*) **2** (*trouble*) turbamento.

émollient [emɔljã] *agg.* e *s.m.* emolliente.

émoluments [emɔlymã] *s.m.pl.* emolumenti.

émonder [emɔ̃de] *v.tr.* **1** potare, rimondare **2** (*fig.*) sfrondare.

émotif [emɔtif] (f. *-ive*) *agg.* e *s.m.* emotivo.

émotion [emosjɔ̃] *s.f.* emozione.

émotionnel [emosjɔnɛl] (f. *-elle*) *agg.* emozionale.

émotionner [emosjɔne] *v.tr.* (*fam.*) emozionare, commuovere.

émotivité [emɔtivite] *s.f.* emotività.

émouleur [emulœʀ] *s.m.* arrotino.

émoulu [emuly] *agg.*: *frais — de*, uscito fresco fresco da.

émousser [emuse] *v.tr.* smussare (*anche fig.*).

émoustillant [emustijã] *agg.* eccitante; piccante.

émoustiller [emustije] *v.tr.* eccitare; rendere euforico.

émouvant [emuvã] *agg.* commovente.

émouvoir [emuvwaʀ] (*coniug. come* mouvoir *salvo il part. pass.* ému) *v.tr.* commuovere □ **s'émouvoir** *v.pron.* **1** commuoversi **2** mettersi in agitazione.

empaillage [ãpajaʒ] *s.m.* impagliatura (*f.*).

empaillé [ãpaje] *agg.* **1** impagliato, imbalsamato **2** (*fig. fam.*) goffo, imbranato.

empailler [ãpaje] *v.tr.* impagliare, imbalsamare.

empailleur [ãpajœʀ] (f. *-euse*) *s.m.* impagliatore, imbalsamatore.

empaler [ãpale] *v.tr.* impalare □ **s'empaler** *v.pron.* infilzarsi.

empan [ãpã] *s.m.* spanna (*f.*), palmo.

empanaché [ãpanaʃe] *agg.* piumato.

empanacher [ãpanaʃe] *v.tr.* impennacchiare.

empanner [ãpane] *v.intr.* (*mar.*) strambare.

empaquetage [ãpaktaʒ] *s.m.* impacchettatura (*f.*), imballaggio.

empaqueter [ãpakte] (*coniug. come* jeter) *v.tr.* impacchettare.

emparer, s' [sãpaʀe] *v.pron.* impadronirsi (*anche fig.*): *les bandits se sont emparés d'un otage*, i banditi hanno catturato un ostaggio.

empâté [ãpate] *agg.* appesantito; (*della lingua*) impastato.

empâtement [ãpatmã] *s.m.* **1** appesantimento **2** (*pitt.*) impasto (di colori).

empâter [ãpate] *v.tr.* **1** impastare **2** appesantire □ **s'empâter** *v.pron.* appesantirsi.

empattement [ãpatmã] *s.m.* **1** (*tecn.*) calettatura (*f.*) **2** (*aut.*) interasse **3** (*edil.*) basamento, zoccolo.

empêché [ãpeʃe] *agg.* occupato.

empêchement [ãpeʃmã] *s.m.* impedimento || *je n'y vais pas parce que j'ai un —*, non ci vado perché ho un impegno.

empêcher [ãpeʃe] *v.tr.* impedire: *— l'accès*, vietare l'ingresso; *elle l'a empêché de partir*, gli ha impedito di partire || *cela n'empêche (pas) que*, ciò non toglie che □ **s'empêcher** *v.pron.* astenersi

(da): *je ne peux m'— de rire*, non posso fare a meno di ridere.

empêcheur [ãpeʃœʀ] *s.m.*: *— de danser en rond*, guastafeste.

empeigne [ãpɛɲ] *s.f.* tomaia.

empennage [ãpɛnnaʒ] *s.m.* impennaggio.

empereur [ãpʀœʀ] *s.m.* imperatore.

emperler [ãpɛʀle] *v.tr.* imperlare.

empesage [ãpəzaʒ] *s.m.* inamidatura (*f.*).

empesé [ãpəze] *agg.* **1** inamidato, apprettato **2** (*fig.*) sostenuto, affettato.

empeser [ãpəze] (*coniug. come* semer) *v.tr.* inamidare, apprettare.

empester [ãpeste] *v.tr.* appestare ♦ *v.intr.* puzzare.

empêtré [ãpetʀe] *agg.* impacciato.

empêtrer [ãpetʀe] *v.tr.* **1** impigliare **2** (*fig.*) impegolare □ **s'empêtrer** *v.pron.* **1** impigliarsi **2** (*fig.*) impegolarsi.

emphase [ãfaz] *s.f.* enfasi.

emphatique [ãfatik] *agg.* enfatico || *-ement* *avv.*

emphysème [ãfizɛm] *s.m.* enfisema.

empiècement [ãpjɛsmã] *s.m.* (*abbigl.*) sprone.

empierrer [ãpje(ɛ)ʀe] *v.tr.* inghiaiare.

empiètement [ãpjɛtmã] *s.m.* **1** sconfinamento (in) **2** (*fig.*) abuso, usurpazione (*f.*).

empiéter [ãpjete] (*coniug. come* céder) *v.intr.* **1** sconfinare (in): *— sur son voisin*, sconfinare nel campo del vicino **2** (*fig.*) usurpare (qlco): *— sur la liberté de qqn*, ledere la libertà di qlcu.

empiffrer, s' [sãpifʀe] *v.pron.* (*fam.*) rimpinzarsi.

empilable [ãpilabl] *agg.* impilabile.

empilement [ãpilmã] *s.m.* **1** impilaggio **2** accatastamento.

empiler [ãpile] *v.tr.* **1** mettere in pila; accatastare, ammucchiare **2** (*fam.*) truffare: *je me suis fait —*, mi hanno truffato □ **s'empiler** *v.pron.* ammucchiarsi.

empire [ãpiʀ] *s.m.* **1** impero || *pour un —*, per tutto l'oro del mondo **2** (*fig.*) dominio || *être sous l'— de qqn*, essere succube di qlcu; *être sous l'— de qqch*, essere in preda a qlco ♦ *agg. style —*, stile impero.

empirer [ãpiʀe] *v.tr.* e *intr.* peggiorare: *son état a empiré*, il suo stato di salute è peggiorato.

empirique [ãpiʀik] *agg.* empirico || *-ement* *avv.*

empirisme [ãpiʀism] *s.m.* empirismo.

emplacement [ãplasmã] *s.m.* **1** area (*f.*) **2** ubicazione (*f.*), posizione (*f.*).

emplâtre [ãplɑtʀ] *s.m.* impiastro.

emplette [ãplɛt] *s.f.* compera: *faire — de*, comperare (qlco).

emplir [ãpliʀ] *v.tr.* riempire.

emploi [ãplwa] *s.m.* **1** impiego, uso: *faire un bon, mauvais — de*, fare un buon, cattivo uso di || *cela fait double —*, è un inutile doppione || *mode d'—*, istruzioni per l'uso || *l'— du temps*, gli impegni (settimanali), (*a scuola*) l'orario (settimanale); *avoir un — du temps chargé*, avere molto da fare **2** lavoro, occupazione (*f.*): *demander un —*, chiedere lavoro; *créer de nouveaux emplois*, creare nuovi posti di lavoro; *demandeur d'*—, disoccupato (iscritto nelle liste di collocamento) || *avoir le physique de l'*—, (*fig.*) essere adatti al proprio ruolo.

employé [ɑ̃plwaje] *s.m.* impiegato.

employée [ɑ̃plwaje] *s.f.* impiegata || *employée de maison*, collaboratrice familiare.

employer [ɑ̃plwaje] (*cambia la* y *in* i *davanti a* e *muta*: j'emploie, tu emploies, etc.; j'emploierai, tu emploieras, etc.) *v.tr.* **1** usare: *mot qui n'est plus guère employé*, parola caduta in disuso **2** dare lavoro a □ **s'employer** *v.pron.* dedicarsi a, fare il possibile per: *il s'y emploie*, ce la mette tutta || *s'*— *à ne rien faire*, (*fig.*) ingegnarsi a non far niente.

employeur [ɑ̃plwajœʀ] (f. *-euse*) *s.m.* datore di lavoro.

emplumer [ɑ̃plyme] *v.tr.* coprire di piume.

empocher [ɑ̃pɔʃe] *v.tr.* (*fam.*) intascare.

empoignade [ɑ̃pwaɲad] *s.f.* (*fam.*) alterco (*m.*).

empoigne [ɑ̃pwaɲ] *s.f.*: *une foire d'*—, (*fig.*) una giungla.

empoigner [ɑ̃pwaɲe] *v.tr.* **1** agguantare **2** (*fig.*) avvincere, commuovere □ **s'empoigner** *v.pron.* azzuffarsi.

empois [ɑ̃pwa] *s.m.* amido, appretto.

empoisonnant [ɑ̃pwazɔnɑ̃] *agg.* (*fam.*) noioso, asfissiante.

empoisonnement [ɑ̃pwazɔnmɑ̃] *s.m.* **1** avvelenamento **2** (*spec. pl.*) (*fam.*) seccatura (*f.*).

empoisonner [ɑ̃pwazɔne] *v.tr.* **1** avvelenare (*anche fig.*) **2** appestare **3** (*fam.*) seccare □ **s'empoisonner** *v.pron.* (*fam.*) scocciarsi.

empoisonneur [ɑ̃pwazɔnœʀ] (f. *-euse*) *agg.* e *s.m.* **1** avvelenatore **2** (*fam.*) scocciatore.

empoissonner [ɑ̃pwasɔne] *v.tr.* ripopolare (un corso d'acqua).

emporté [ɑ̃pɔʀte] *agg.* violento, collerico.

emportement [ɑ̃pɔʀtəmɑ̃] *s.m.* (accesso di) collera.

emporte-pièce [ɑ̃pɔʀtəpjɛs] (pl. *invar.*) *s.m.* fustella (*f.*) || *à l'*—, mordace, sferzante.

emporter [ɑ̃pɔʀte] *v.tr.* **1** portare (con sé), portarsi; portar(si) via: *il a emporté son secret dans la tombe*, ha portato il suo segreto nella tomba; *il a eu la jambe emportée par un boulet*, un proiettile gli ha portato via la gamba; *la maladie l'a emporté en quelques jours*, la malattia lo ha stroncato in pochi giorni || *que le diable t'emporte!*, vai al diavolo! **2** conquistare, appropriarsi di || — *le morceau*, avere la meglio, spuntarla **3** trascinare, trasportare **4** *l'*—, prevalere, vincere: *ils l'ont emporté par trois buts à zéro*, hanno vinto tre a zero; *c'est lui qui l'a emporté*, ha vinto lui □ **s'emporter** *v.pron.* **1** adirarsi, andare in collera **2** imbizzarrirsi (del cavallo).

empoté [ɑ̃pɔte] *agg.* (*fam.*) imbranato.

empoter [ɑ̃pɔte] *v.tr.* (*agr.*) invasare, mettere in un vaso.

empourprer [ɑ̃puʀpʀe] *v.tr.* imporporare.

empreindre [ɑ̃pʀɛ̃dʀ] (*coniug. come* craindre) *v.tr.* imprimere (*anche fig.*).

empreint [ɑ̃pʀɛ̃] *agg.* segnato da; pieno di.

empreinte [ɑ̃pʀɛ̃t] *s.f.* **1** impronta (*anche fig.*): *son visage porte l'*— *de la douleur*, il suo viso è segnato dal dolore **2** (*etologia*) imprinting (*m.*).

empressé [ɑ̃pʀese] *agg.* premuroso, sollecito: *être* — *auprès de, à l'égard de*, colmare di attenzioni || *veuillez agréer, Madame, mes salutations empressées*, La prego, Signora, di gradire i miei ossequi.

empressement [ɑ̃pʀɛsmɑ̃] *s.m.* premura (*f.*).

empresser, s' [sɑ̃pʀese] *v.pron.* **1** prodigarsi, darsi da fare: *s'*— *auprès de qqn*, darsi da fare con qlcu **2** *s'*— *de* (+ *inf.*), affrettarsi a.

emprise [ɑ̃pʀiz] *s.f.* ascendente (*m.*), influenza.

emprisonnement [ɑ̃pʀizɔnmɑ̃] *s.m.* **1** carcerazione (*f.*) **2** (*dir.*) detenzione (*f.*).

emprisonner [ɑ̃pʀizɔne] *v.tr.* imprigionare.

emprunt [ɑ̃pʀœ̃] *s.m.* prestito || *d'*—, d'accatto, fittizio: *nom d'*—, falso nome.

emprunté [ɑ̃pʀœ̃te] *agg.* goffo.

emprunter [ɑ̃pʀœ̃te] *v.tr.* **1** prendere in prestito (da) **2** (*fig.*) prendere (da), trarre (da) **3** prendere, imboccare (una strada).

emprunteur [ɑ̃pʀœ̃tœʀ] (f. *-euse*) *s.m.* chi prende a prestito.

empuantir [ɑ̃pɥɑ̃tiʀ] *v.tr.* appestare, ammorbare.

empyrée [ɑ̃piʀe] *s.m.* empireo.

ému [emy] *part. pass. di* émouvoir ♦ *agg.* commosso.

émulation [emylɑsjɔ̃] *s.f.* emulazione.

émule [emyl] *s.m.* emulo.

émulsifiant [emylsifjɑ̃] *agg.* e *s.m.* emulsionante.

émulsion [emylsjɔ̃] *s.f.* emulsione.

émulsionner [emylsjɔne] *v.tr.* emulsionare.

en¹ [ɑ̃] *prep.* **1** in: *habiter, aller* — *France*, abitare, andare in Francia; — *été*, in estate, d'estate; — *hiver*, in inverno, d'inverno; — *août 1983*, nell'agosto (del) 1983; — *1983*, nel 1983 || *d'aujourd'hui* — *huit*, (da) oggi a otto || *d'heure* — *heure*, d'ora in ora; *de ville* — *ville*, di città in città || *aller* — *Crète*, andare a Creta **2** (*modo, condizione*) in, a; da; di: *lait* — *poudre*, latte in polvere; *peint* — *vert*, dipinto di verde; *habillé* — *blanc*, vestito di bianco; *film* — *couleurs*, pellicola a colori; *agir* — *homme*, agire da uomo; *il parle* — *connaisseur*, parla da intenditore || *il est sorti* — *vitesse*, è uscito a tutta velocità **3** (*materia*) di: *une table* — *bois*, un tavolo di legno; *un tissu* — *soie*, un tessuto di seta **4** (*limitazione*) in; di: *docteur* — *droit*, dottore in legge; *un élève fort* — *latin*, un alunno bravo in latino; *une région riche* — *céréales*, una regione ricca di cereali ♦ (+ *part.pres.*): *elle travaille* — *chantant*, lavora cantando; *elle regardait la télé tout* — *tricotant*, guardava la televisione mentre lavorava a maglia; *la situation va* (—) *s'améliorant*, la situazione va migliorando.

en² *avv.* ne: *il entrait dans la pièce comme j'*— *sortais*, entrava nella stanza proprio quando io ne uscivo ♦ *pron.pers.* ne: *il faut* — *parler*, bisogna parlarne; — *voici quelques-uns*, eccone alcuni; — *voilà une chance!*, ecco una bella fortuna!; *en* —

parlant, parlandone; *parles-en, manges-en*, parlane, mangiane; *je ne vis pas avec mes parents, il y a un an que j'— suis séparé*, non vivo con i miei genitori, è un anno che sono separato da loro; *ces fleurs sont belles, j'— aime le parfum*, questi fiori sono belli, mi piace il loro profumo; *de ces livres, combien — avez-vous lu?*, di questi libri, quanti ne avete letti?; *ce prospectus est à refaire: les données n'— sont pas exactes*, questo prospetto è da rifare: i dati non sono esatti; *où — sommes nous?*, a che punto siamo?; *il ne peut — être ainsi*, non può essere così; *il n'— finissait pas de bavarder*, non la smetteva più di chiacchierare ‖ **m'en, t'en, s'en, etc.**, me ne, te ne, se ne ecc.: *donne-m'—, ne m'— donne pas*, dammene, non darmene; *va-t'—, ne t'— va pas*, vattene, non andartene; *donnez-nous-en*, datecene; *il vous — donnera quelques-uns*, ve ne darà alcuni; *il m'— coute de l'avouer*, mi costa confessarlo; *si le cœur vous — dit*, se vi fa piacere, se è di vostro gradimento ‖ **lui en**, gliene; **leur en**, ne... loro, (*fam.*) gliene: *je lui — parlerai*, gliene parlerò; *montre-lui — deux*, mostragliene due; *je leur — offrirai quelques-unes*, ne offrirò loro, (*fam.*) gliene offrirò qualcuna ‖ *y — avoir*→ avoir.

en-, em- (davanti a *p* e *b*) *pref.* in-, im-
enamourer, s' [sãnamuʀe], **énamourer, s'** [senamuʀe] *v.pron.* (*letter.*) innamorarsi.
énarque [enaʀk] *s.m.* ex allievo dell'ENA (Ecole Nationale d'Administration).
en-but [ãby] (pl. *invar.*) *s.m.* (*rugby*) linea di meta.
encablure [ãkablyʀ] *s.f.* gomena (misura).
encadré [ãkadʀe] *s.m.* (*tip.*) riquadro, finestra (*f.*).
encadrement [ãkadʀəmã] *s.m.* **1** cornice (*f.*); (*tecn.*) telaio **2** incorniciatura (*f.*); inquadratura (*f.*); (*fig.*) inquadramento ‖ *— des prix*, controllo dei prezzi **3** direzione (*f.*) ‖ (*amm.*) *personnel d'—*, dirigenza, quadri.
encadrer [ãkadʀe] *v.tr.* **1** incorniciare ‖ *ne pas pouvoir — qqn*, (*fig. fam.*) non sopportare qlcu **2** (*fig.*) inquadrare **3** (*fot.*) inquadrare **4** scortare **5** dirigere, controllare **6** (*fam.*) urtare: *il a encadré un arbre*, si è impiastrato contro un albero.
encadreur [ãkadʀœʀ] (f. *-euse*) *s.m.* corniciaio.
encager [ãkaʒe] (*coniug. come* manger) *v.tr.* ingabbiare.
encaissable [ãkɛsabl] *agg.* incassabile.
encaisse [ãkɛs] *s.f.* giacenza di cassa.
encaissé [ãkese] *agg.* incassato.
encaissement[1] [ãkɛsmã] *s.m.* incassamento, incassatura (*f.*).
encaissement[2] *s.m.* (*Banca*) incasso.
encaisser [ãkese] *v.tr.* incassare ‖ *je n'arrive pas à l'—*, (*fam.*) non riesco a mandarlo giù.
encaisseur [ãkesœʀ] *s.m.* esattore (a domicilio).
encan, à l' [alãkã] *locuz.avv.*: *vendre à l'—*, vendere all'incanto, al migliore offerente.
encanailler, s' [ãkanaje] *v.pron.* frequentare gentaglia.

encapuchonner [ãkapyʃɔne] *v.tr.* incappucciare.
encart [ãkaʀ] *s.m.* **1** (*tip.*) foglio, quartino volante **2** inserto pubblicitario (in un giornale).
encarter [ãkaʀte] *v.tr.* (*tip.*) inserire (un foglio, un quartino volante).
en-cas [ãka] (pl. *invar.*) *s.m.* spuntino.
encastrable [ãkastʀabl] *agg.* e *s.m.* (mobile, elettrodomestico) a incasso.
encastrement [ãkastʀəmã] *s.m.* incastro.
encastrer [ãkastʀe] *v.tr.* incastrare; incassare (un mobile, un elettrodomestico).
encaustique [ãkɔ(o)stik] *s.f.* encausto (*m.*), cera per legno.
encaustiquer [ãkɔ(o)stike] *v.tr.* incerare, lucidare (con cera per legno).
enceinte[1] [ãsɛ̃t] *s.f.* **1** cinta, recinto (*m.*): *mur d'—*, muro di cinta; *— de l'octroi*, cinta daziaria; *l'— (des murs)*, la cerchia delle mura, le mura **2** sala, aula **3** — (*acoustique*), cassa (acustica).
enceinte[2] *agg.*: *femme —*, donna incinta, gestante.
enceinter [ãsɛ̃te] *v.tr.* (*in Africa*) mettere incinta (una donna).
encens [ãsã] *s.m.* incenso.
encenser [ãsãse] *v.tr.* incensare.
encenseur [ãsãsœʀ] (f. *-euse*) *s.m.* incensatore, adulatore.
encensoir [ãsãswaʀ] *s.m.* turibolo.
encéphale [ãsefal] *s.m.* encefalo.
encéphalite [ãsefalit] *s.f.* encefalite.
encéphalo- *pref.* encefalo-
encéphalogramme [ãsefalɔgʀam] *s.m.* encefalogramma (*m.*).
encéphalographie [ãsefalɔgʀafi] *s.f.* encefalografia.
encéphalopathie [ãsefalɔpati] *s.f.* (*med.*) encefalopatia, cerebropatia.
encerclement [ãsɛʀkləmã] *s.m.* accerchiamento.
encercler [ãsɛʀkle] *v.tr.* **1** cerchiare **2** accerchiare, attorniare.
enchaîné [ãʃene] *agg.* **1** incatenato **2** (*cine.*) (*fondu*) —, dissolvenza incrociata.
enchaînement [ãʃenmã] *s.m.* **1** concatenamento, successione (*f.*) **2** concatenazione (*f.*), nesso: *ses idées manquent d'—*, le sue idee mancano di nesso logico **3** (*mus.*) successione armonica di accordi **4** (*teatr.*) intermezzo.
enchaîner [ãʃene] *v.tr.* **1** incatenare; (*fig.*) assoggettare, sottomettere ‖ *— la presse*, imbavagliare la stampa **2** concatenare ♦ *v.intr.* continuare, proseguire; (*teatr.*) riprendere (dall'ultima battuta) □ **s'enchaîner** *v.pron.* concatenarsi.
enchanté [ãʃãte] *agg.* **1** incantato, magico; (*estens.*) incantevole **2** entusiasta, soddisfatissimo ‖ *— (de vous connaître, de faire votre connaissance)*, piacere, lieto di conoscerla.
enchantement [ãʃãtmã] *s.m.* incantesimo: *comme par —*, come per incanto.
enchanter [ãʃãte] *v.tr.* **1** incantare **2** (*estens.*)

affascinare □ **s'enchanter** *v.pron.* entusiasmarsi (per).

enchanteur [ãʃãtœʀ] (f. *-eresse*) *agg.* incantevole ♦ *s.m.* incantatore, mago || *Merlin l'—*, il mago Merlino.

enchâssement [ãʃɑsmã] *s.m.* incastonatura (f.).

enchâsser [ãʃɑse] *v.tr.* **1** incastonare **2** (*tecn.*) montare (su telaio ecc.) **3** (*letter.*) inserire.

enchère [ãʃɛʀ] *s.f.* offerta (nelle vendite all'asta): *couvrir une —*, fare un'offerta superiore || *publique*, asta pubblica; *aux enchères*, all'asta.

enchérir [ãʃeʀiʀ] *v.intr.* rilanciare (in un'asta).

enchérisseur [ãʃeʀisœʀ] *s.m.* offerente (in un'asta): *le dernier —*, il maggior offerente.

enchevêtrement [ãʃəvɛtʀəmã] *s.m.* groviglio.

enchevêtrer [ãʃəvetʀe] *v.tr.* aggrovigliare □ **s'enchevêtrer** *v.pron.* aggrovigliarsi.

enchevêtrure [ãʃəvetʀyʀ] *s.f.* travatura.

enclave [ãklav] *s.f.* **1** (*geogr.*, *pol.*) enclave **2** (*dir.*) fondo intercluso **3** (*geol.*) inclusione.

enclaver [ãklave] *v.tr.* incuneare; inserire (una cosa in un'altra); racchiudere.

enclenchement [ãklãʃmã] *s.m.* blocco meccanico; blocco elettrico.

enclencher [ãklãʃe] *v.tr.* collegare (due parti meccaniche).

enclin [ãklɛ̃] *agg.* propenso, incline.

enclore [ãklɔʀ] (*Indic. pres.* j'enclos, tu enclos, il enclôt, nous enclosons, vous enclosez, ils enclosent; *per le altre forme →* clore) *v.tr.dif.* recintare, chiudere.

enclos [ãklo] *part. pass. di* enclore ♦ *s.m.* steccato; recinto.

enclouer [ãklue] *v.tr.* inchiodare.

enclume [ãklym] *s.f.* incudine.

encoche [ãkɔʃ] *s.f.* (*tecn.*) tacca.

encocher [ãkɔʃe] *v.tr.* (*tecn.*) fare una tacca.

encoignure [ãkɔ(wa)ɲyʀ] *s.f.* **1** canto (*m.*) **2** (*mobile*) cantonale (*m.*).

encollage [ãkɔlaʒ] *s.m.* incollatura (*f.*), incollaggio.

encoller [ãkɔle] *v.tr.* spalmare di colla.

encolure [ãkɔlyʀ] *s.f.* **1** collo (*m.*), incollatura **2** misura del collo **3** scollatura.

encombrant [ãkɔ̃bʀã] *agg.* ingombrante.

encombre [ãkɔ̃bʀ] *s.m.*: *sans —*, senza intoppi.

encombré [ãkɔ̃bʀe] *agg.* ingombro: *une carrière encombrée*, una carriera che non offre sbocchi; *un marché —*, un mercato saturo.

encombrement [ãkɔ̃bʀəmã] *s.m.* **1** ingombro || *l'— du marché*, (*fig.*) la saturazione del mercato **2** intasamento (del traffico).

encombrer [ãkɔ̃bʀe] *v.tr.* ingombrare □ **s'encombrer** *v.pron.* (*fam.*) accollarsi qlcu.

encontre, à l' [alãkɔ̃tʀ] *locuz.prep.* contro, contrariamente a.

encorbellement [ãkɔʀbɛlmã] *s.m.* (*arch.*) aggetto, sbalzo.

encorder, s' [sãkɔʀde] *v.pron.* disporsi in cordata.

encore [ãkɔʀ] *avv.* **1** ancora: *il n'est pas — rentré*, non è ancora rientrato || *non seulement...,*

mais —..., non solo..., ma anche...: *non seulement il est riche, mais — il est généreux*, non solo è ricco, ma è anche generoso || *— moins, moins —*, ancora meno; *plus —, — plus*, ancora (di) più: *est — plus riche que son frère*, è ancora più ricco di suo fratello; *j'en voudrais — plus*, ne vorrei ancora di più || *je veux bien partir demain, mais — faudrait-il qu'il ne pleuve pas*, ho intenzione di partire domani, purché non piova; *"Tu auras des avantages" "Mais —?"*, "Avrai dei vantaggi" "E quali?" **2** (*au moins*) almeno, ancora: *si — tu étais reconnaissant*, (se) almeno fossi riconoscente; *— s'il était spirituel*, ancora ancora fosse spiritoso || *et —!*, (*fam.*) se anche, se pure: *il gagnera 3500 francs par mois et —!*, guadagnerà sì e no 3500 franchi al mese; *il me faudra bien deux jours pour ranger la bibliothèque et —!*, mi ci vorranno come minimo due giorni per riordinare la biblioteca ♦ *inter.* ancora! □ **encore que** *locuz.cong.* (*letter.*) sebbene, quantunque: *— qu'il soit pauvre...*, sebbene sia povero...

encorner [ãkɔʀne] *v.tr.* incornare.

encoubler [ãkuble] *v.tr.* (*in Svizzera*) intralciare; (*fig.*) infastidire.

encourageant [ãkuʀaʒã] *agg.* incoraggiante.

encouragement [ãkuʀaʒmã] *s.m.* incoraggiamento || *prix d'—*, premio di consolazione.

encourager [ãkuʀaʒe] (*coniug. come* manger) *v.tr.* incoraggiare.

encourir [ãkuʀiʀ] (*coniug. come* courir) *v.tr.* incorrere (in).

encrage [ãkʀaʒ] *s.m.* (*tip.*) inchiostrazione (*f.*).

encrassement [ãkʀasmã] *s.m.* l'insudiciare; incrostazione (*f.*)

encrasser [ãkʀase] *v.tr.* coprire di grasso, incrostare □ **s'encrasser** *v.pron.* coprirsi di grasso, incrostarsi.

encre [ãkʀ] *s.f.* inchiostro (*m.*): *écrire à l'—*, scrivere con l'inchiostro || *cette histoire a fait couler beaucoup d'—*, questa faccenda ha fatto versare fiumi d'inchiostro || *une nuit d'—*, una notte nera come l'inchiostro || *se faire un sang d'—*, farsi cattivo sangue.

encrer [ãkʀe] *v.tr.* (*tip.*) inchiostrare.

encreur [ãkʀœʀ] *agg.* e *s.m.* (*tip.*) inchiostratore.

encrier [ãkʀije] *s.m.* calamaio.

encroûtement [ãkʀutmã] *s.m.* **1** incrostazione (*f.*) **2** (*fig.*) torpore mentale.

encroûter [ãkʀute] *v.tr.* incrostare □ **s'encroûter** *v.pron.* **1** incrostarsi **2** (*fig. fam.*) fossilizzarsi.

enculer [ãkyle] *v.tr.* (*volg.*) inculare.

encuver [ãkyve] *v.tr.* mettere in un tino.

encyclique [ãsiklik] *s.f.* (*eccl.*) enciclica.

encyclopédie [ãsiklɔpedi] *s.f.* enciclopedia.

encyclopédique [ãsiklɔpedik] *agg.* enciclopedico.

encyclopédiste [ãsiklɔpedist] *s.m.* enciclopedista.

endémique [ãdemik] *agg.* endemico.

endettement [ãdɛtmã] *s.m.* indebitamento.

endetter [ɑ̃dete] *v.tr.* indebitare □ **s'endetter** *v.pron.* indebitarsi.

endeuiller [ɑ̃dœje] *v.tr.* gettare nel lutto.

endiablé [ɑ̃djable] *agg.* indiavolato.

endiguer [ɑ̃dige] *v.tr.* arginare (*anche fig.*).

endimancher, s' [sɑ̃dimɑ̃ʃe] *v.pron.* vestirsi a festa.

endive [ɑ̃div] *s.f.* indivia, insalata belga.

endo- *pref.* endo-

endocrine [ɑ̃dɔkrin] *agg.* endocrino.

endocrinien [ɑ̃dɔkrinjɛ̃] (f. *-enne*) *agg.* endocrino.

endocrinologie [ɑ̃dɔkrinɔlɔʒi] *s.f.* endocrinologia.

endoctriner [ɑ̃dɔktrine] *v.tr.* indottrinare, addottrinare.

endoctrinement [ɑ̃dɔktrinmɑ̃] *s.m.* indottrinamento.

endogamie [ɑ̃dɔgami] *s.f.* endogamia.

endogène [ɑ̃dɔʒɛn] *agg.* endogeno.

endolori [ɑ̃dɔlɔri] *agg.* indolenzito, dolente.

endolorir [ɑ̃dɔlɔrir] *v.tr.* indolenzire; rendere dolente.

endommager [ɑ̃dɔmaʒe] (*coniug. come* manger) *v.tr.* danneggiare.

endormant [ɑ̃dɔrmɑ̃] *agg.* soporifero, noioso.

endormi [ɑ̃dɔrmi] *part. pass. di* endormir ♦ *agg.* addormentato.

endormir [ɑ̃dɔrmir] (*coniug. come* dormir) *v.tr.* addormentare || *— la douleur,* sopire il dolore || *— les soupçons de qqn,* attenuare i sospetti di qlcu □ **s'endormir** *v.pron.* addormentarsi.

endormissement [ɑ̃dɔrmismɑ̃] *s.m.* dormiveglia.

endos [ɑ̃do] *s.m.* (*comm.*) girata (*f.*).

endoscopie [ɑ̃dɔskɔpi] *s.f.* endoscopia.

endossable [ɑ̃dɔsabl] *agg.* (*comm.*) girabile.

endossement [ɑ̃dɔsmɑ̃] *s.m.* (*comm.*) girata (*f.*).

endosser[1] [ɑ̃dose] *v.tr.* **1** indossare **2** (*fig.*) addossarsi.

endosser[2] *v.tr.* (*comm.*) girare.

endroit [ɑ̃drwa] *s.m.* **1** posto, luogo || *rire au bon —,* ridere al momento buono || *l'— sensible,* il punto debole || *à cet — du film...,* a questo punto del film... **2** diritto (di un tessuto) □ **à l'endroit,** a diritto: *maille à l'—,* punto diritto (nei lavori a maglia); **à l'endroit de,** nei riguardi di; **par endroits,** qua e là.

enduire [ɑ̃dɥir] (*coniug. come* conduire) *v.tr.* **1** spalmare **2** dare una mano (di), ricoprire (di).

enduit [ɑ̃dɥi] *part. pass. di* enduire ♦ *s.m.* rivestimento, mano (*f.*).

endurance [ɑ̃dyrɑ̃s] *s.f.* resistenza.

endurant [ɑ̃dyrɑ̃] *agg.* resistente.

endurci [ɑ̃dyrsi] *agg.* **1** indurito **2** (*fig.*) incallito.

endurcir [ɑ̃dyrsir] *v.tr.* indurire □ **s'endurcir** *v.pron.* indurirsi.

endurcissement [ɑ̃dyrsismɑ̃] *s.m.* resistenza (*f.*) || *— du cœur,* durezza di cuore.

endurer [ɑ̃dyre] *v.tr.* sopportare, patire.

énergétique [enɛrʒetik] *agg.* energetico.

énergie [enɛrʒi] *s.f.* energia.

énergique [enɛrʒik] *agg.* energico || **-ement** *avv.*

énergisant [enɛrʒizɑ̃] *agg.* energetico.

énergumène [enɛrgymɛn] *s.m.* energumeno.

énervant [enɛrvɑ̃] *agg.* snervante; irritante.

énervé [enɛrve] *agg.* irritato, innervosito.

énervement [enɛrvəmɑ̃] *s.m.* irritabilità (*f.*); nervosismo.

énerver [enɛrve] *v.tr.* irritare, innervosire □ **s'énerver** *v.pron.* innervosirsi, spazientirsi.

enfance [ɑ̃fɑ̃s] *s.f.* infanzia || *être retombé en —,* essere rimbambito || *c'est l'— de l'art,* è un gioco da bambini.

enfant [ɑ̃fɑ̃] *s.m.* **1** bambino, bimbo || *— de chœur,* chierichetto || *— trouvé,* trovatello || *bon —,* buon diavolo || *un air bon —,* un'aria da bravo ragazzo || *un — du pays,* una persona del luogo, uno del posto: *c'est l'— du pays le plus illustre,* è il più illustre concittadino **2** figlio ♦ *s.f.* **1** bambina, bimba **2** figlia || *une femme —,* una donna bambina; una moglie bambina.

enfanter [ɑ̃fɑ̃te] *v.tr.* partorire (*anche fig.*).

enfantillage [ɑ̃fɑ̃tijaʒ] *s.m.* puerilità (*f.*).

enfantin [ɑ̃fɑ̃tɛ̃] *agg.* infantile, puerile.

enfariné [ɑ̃farine] *agg.* infarinato || *le bec —,* (*fig.*) fresco come una rosa.

enfer [ɑ̃fɛr] *s.m.* inferno || *un train d'—,* un ritmo sfrenato.

enfermement [ɑ̃fɛrməmɑ̃] *s.m.* il rinchiudere.

enfermer [ɑ̃fɛrme] *v.tr.* **1** (rin)chiudere || *— un fou,* rinchiudere un pazzo || *une cour enfermée par de hauts immeubles,* un cortile cinto da alti palazzi **2** (*fig.*) racchiudere □ **s'enfermer** *v.pron.* chiudersi, rinchiudersi.

enferrer, s' [sɑ̃fɛre] *v.pron.* **1** infilzarsi, trafiggersi **2** (*fig.*) darsi la zappa sui piedi.

enfiévré [ɑ̃fjevre] *agg.* febbrile.

enfiévrer [ɑ̃fjevre] (*coniug. come* céder) *v.tr.* dare, far venire la febbre (a); (*fig.*) infervorare.

enfilade [ɑ̃filad] *s.f.* infilata, fila || *une — de colonnes,* una fuga di colonne.

enfilage [ɑ̃filaʒ] *s.m.* infilatura (*f.*).

enfiler [ɑ̃file] *v.tr.* infilare || *— une rue,* (*fam.*) imboccare una strada || *s'— un poulet tout entier,* (*molto fam.*) sbafarsi un pollo intero.

enfin [ɑ̃fɛ̃] *avv.* **1** finalmente: *—, vous voilà!,* eccovi finalmente! || *—, décide-toi!,* insomma deciditi! **2** infine, alla fine: *les hommes, les femmes, — les enfants,* gli uomini, le donne, infine i ragazzi; *ils choisirent — de rester,* alla fine decisero di restare **3** (*senso restrittivo*) almeno: *c'est un beau livre, —, à ce qu'en dit la presse,* è un bel libro, almeno stando a quel che ne dicono i giornali **4** insomma, in breve: *il est patient, intelligent, courageux, — il possède toutes les qualités,* è paziente, intelligente, coraggioso, insomma ha tutte le qualità || *je ne peux pas vous aider, —, vous comprenez...,* non posso aiutarvi, insomma, cercate di capire...

enflammé [ɑ̃fla(ɑ)me] *agg.* infiammato, acceso.

enflammer [ãfla(ɑ)me] *v.tr.* infiammare: — *des feuilles mortes*, dar fuoco a delle foglie secche.
enflé [ãfle] *agg.* gonfio ♦ *s.m.* (*fam.*) scemo.
enfler [ãfle] *v.tr.* gonfiare ♦ *v.intr.* gonfiarsi.
enflure [ãflyʀ] *s.f.* gonfiore (*m.*); (*fig.*) ampollosità.
enfoncé [ãfɔ̃se] *agg.* **1** incassato **2** conficcato ‖ *le chapeau — jusqu'aux oreilles*, il cappello calcato fino agli orecchi.
enfoncement [ãfɔ̃smã] *s.m.* **1** conficcamento (di chiodi ecc.) **2** sprofondamento **3** avvallamento **4** rientranza (di muro).
enfoncer [ãfɔ̃se] (*coniug. come* placer) *v.tr.* **1** affondare; conficcare **2** (*défoncer*) sfondare **3** (*fam.*) sconfiggere ♦ *v.intr.* affondare □ **s'enfoncer** *v.pron.* **1** sprofondare **2** conficcarsi ‖ *s'— dans la forêt*, addentrarsi nella foresta **3** (*fig.*) cadere in rovina **4** avvallarsi; (*di un muro*) rientrare.
enfonceur [ãfɔ̃sœʀ] (f. *-euse*) *s.m.*: — *de porte(s) ouverte(s)*, (*fig.*) chi sfonda porte aperte.
enfouir [ãfwiʀ] *v.tr.* sotterrare; nascondere □ **s'enfouir** *v.pron.* nascondersi.
enfouissement [ãfwismã] *s.m.* sotterramento.
enfourcher [ãfuʀʃe] *v.tr.* inforcare ‖ — *son dada*, (*fig.*) riprendere l'argomento favorito.
enfournage [ãfuʀnaʒ], **enfournement** [ãfuʀnmã] *s.m.* infornata (*f.*).
enfourner [ãfuʀne] *v.tr.* **1** infornare **2** (*fam.*) sbafare **3** (*fam.*) ficcare, schiaffare.
enfreindre [ãfʀɛ̃dʀ] (*coniug. come* craindre) *v.tr.* infrangere.
enfuir, s' [sãfɥiʀ] (*coniug. come* fuir) *v.pron.* **1** fuggire: *ils se sont enfuis*, sono fuggiti **2** (*fig.*) svanire.
enfumer [ãfyme] *v.tr.* affumicare, riempire di fumo.
engagé [ãgaʒe] *agg.* impegnato ‖ *capital —*, capitale investito ♦ *s.m.* (soldato) volontario.
engageant [ãgaʒã] *agg.* **1** allettante, invitante **2** (*di persona*) attraente.
engagement [ãgaʒmã] *s.m.* **1** impegno: *faire honneurs à ses engagements*, soddisfare agli impegni presi ‖ *c'est un — à poursuivre*, è un invito a continuare ‖ — *de capitaux*, investimento di capitali ‖ (*sport*) *la balle d'—*, il calcio d'inizio **2** assunzione (*f.*); (*teatr.*, *cine.*) scrittura (*f.*); (*sport*) ingaggio; (*mil.*) arruolamento ‖ *l'— pour une compétition*, l'iscrizione a una gara **3** scaramuccia (*f.*).
engager [ãgaʒe] (*coniug. come* manger) *v.tr.* **1** impegnare ‖ — *l'avenir*, ipotecare il futuro **2** assumere; (*teatr.*) scritturare; (*sport*) ingaggiare; (*mil.*) arruolare **3** intraprendere ‖ — *une discussion*, intavolare una discussione **4** esortare, invitare **5** far entrare, introdurre ‖ (*aut.*) — *une vitesse*, ingranare una marcia **6** investire (denaro) □ **s'engager** *v.pron.* **1** impegnarsi **2** impiegarsi; (*mil.*) arruolarsi **3** incominciare **4** entrare: *s'— sur l'autoroute*, immettersi sull'autostrada.
engeance [ãʒãs] *s.f.* (*spreg.*) genia, razza.
engelure [ãʒlyʀ] *s.f.* gelone (*m.*).

engendrer [ãʒãdʀe] *v.tr.* generare (*anche fig.*).
engin [ãʒɛ̃] *s.m.* **1** arnese ‖ *quel drôle d'—!*, (*fam.*) che strano trabiccolo! **2** (*mil.*) mezzo: — *spatial*, veicolo spaziale; *engins de guerre*, ordigni di guerra; — *blindé*, mezzo corazzato **3** missile **4** (*sport*) attrezzo **5** (*in Africa*) motorino **6** (*in Africa*) mangianastri.
englober [ãglobe] *v.tr.* inglobare; includere.
engloutir [ãglutiʀ] *v.tr.* ingoiare; dissipare □ **s'engloutir** *v.pron.* sprofondare.
engluer [ãglye] *v.tr.* invischiare, impaniare.
engoncer [ãgɔ̃se] (*coniug. come* placer) *v.tr.* infagottare; ingoffare.
engorgement [ãgɔʀʒəmã] *s.m.* ingorgo; (*fig.*) saturazione (*f.*).
engorger [ãgɔʀʒe] (*coniug. come* manger) *v.tr.* intasare, ostruire.
engouement [ãgumã] *s.m.* **1** infatuazione (*f.*) **2** (*med.*) ristagno.
engouer, s' [sãgwe] *v.pron.* infatuarsi.
engouffrer [ãgufʀe] *v.tr.* divorare; (*fig.*) inghiottire □ **s'engouffrer** *v.pron.* riversarsi, infilarsi.
engoulevent [ãgulvã] *s.m.* (*zool.*) caprimulgo.
engourdi [ãguʀdi] *agg.* intorpidito, torpido.
engourdir [ãguʀdiʀ] *v.tr.* intorpidire □ **s'engourdir** *v.pron.* intorpidirsi.
engourdissement [ãguʀdismã] *s.m.* intorpidimento, torpore.
engrais [ãgʀɛ] *s.m.* **1** concime, fertilizzante **2** (*zootecn.*) ingrasso.
engraissement [ãgʀɛsmã] *s.m.* ingrasso.
engraisser [ãgʀese] *v.tr.* e intr. ingrassare: *il a engraissé*, è ingrassato; — *des terres*, concimare delle terre □ **s'engraisser** *v.pron.* ingrassarsi; (*fig.*) arricchirsi.
engranger [ãgʀãʒe] (*coniug. come* manger) *v.tr.* **1** riporre (nel granaio) **2** (*fig.*) mettere da parte.
engrenage [ãgʀənaʒ] *s.m.* ingranaggio ‖ *mettre le doigt dans l'—*, (*fig.*) andarsi a cacciare in un guaio.
engrener [ãgʀəne] (*coniug. come* semer) *v.tr.* (*mecc.*) ingranare.
engrosser [ãgʀose] *v.tr.* (*fam.*) mettere incinta.
engueulade [ãgœlad] *s.f.* (*fam.*) sfuriata.
engueuler [ãgœle] *v.tr.* **1** ornare di ghirlande **2** (*fam.*) strapazzare, maltrattare □ **s'engueuler** *v.pron.* (*fam.*) dirsene di tutti i colori.
enguirlander [ãgiʀlãde] *v.tr.* **1** ornare di ghirlande **2** (*fam.*) strapazzare.
enhardir [ãaʀdiʀ] *v.tr.* imbaldanzire □ **s'enhardir** *v.pron.* prendere coraggio.
énième [ɛnjem] *agg.* → **nième**.
énigmatique [enigmatik] *agg.* enigmatico.
énigme [enigm] *s.f.* enigma (*m.*).
enivrant [ãnivʀã] *agg.* inebriante.
enivrement [ãnivʀəmã] *s.m.* ebbrezza (*f.*).
enivrer [ãnivʀe] *v.tr.* ubriacare; (*fig.*) inebriare.
enjambée [ãʒãbe] *s.f.* passo (*m.*).
enjamber [ãʒãbe] *v.tr.* scavalcare.
enjeu [ãʒø] (pl. *-eux*) *s.m.* posta (*f.*) (*anche fig.*) ‖ *l'— de la guerre*, (*fig.*) la posta in gioco nella guerra.

enjoindre [ãʒwẽdʀ] (*coniug. come* joindre) *v.tr.* intimare.

enjoint [ãʒwẽ] *part. pass. di* enjoindre.

enjôlement [ãʒolmã] *s.m.* raggiro, lusinga (*f.*).

enjôler [ãʒole] *v.tr.* raggirare, lusingare.

enjôleur [ãʒolœʀ] (f. *-euse*) *agg.* e *s.m.* seduttore.

enjolivement [ãʒolivmã] *s.m.* ornamento, abbellimento.

enjoliver [ãʒolive] *v.tr.* adornare, abbellire.

enjoliveur [ãʒolivœʀ] *s.m.* (*aut.*) disco coprimozzo.

enjolivure [ãʒolivyʀ] *s.f.* fregio (*m.*), svolazzo (*m.*).

enjoué [ãʒwe] *agg.* vivace, gioviale.

enjouement [ãʒumã] *s.m.* buonumore; brio.

enkyster, s' [sãkiste] *v.pron.* incistarsi.

enlacement [ãlasmã] *s.m.* abbraccio, stretta (*f.*).

enlacer [ãlase] (*coniug. come* placer) *v.tr.* **1** avvolgere **2** abbracciare, cingere □ **s'enlacer** *v.pron.* **1** avvolgersi **2** abbracciarsi.

enlaidir [ãlediʀ] *v.tr.* e *intr.* imbruttire: *elle a enlaidi*, (si) è imbruttita.

enlaidissement [ãledismã] *s.m.* imbruttimento.

enlevé [ãlve] *agg.* fatto, eseguito con maestria.

enlèvement [ãlevmã] *s.m.* **1** rimozione (*f.*) **2** rapimento: (*dir.*) — *de mineur*, ratto di minorenne **3** (*mil.*) presa (*f.*), espugnazione (*f.*).

enlever [ãlve] (*coniug. come* lever) *v.tr.* **1** togliere **2** portare via || (*mil.*) — *une place*, espugnare una posizione **3** rapire **4** guadagnare, riscuotere (consensi ecc.): — *une victoire*, strappare una vittoria **5** eseguire brillantemente: *style enlevé*, stile brillante □ **s'enlever** *v.pron.* togliersi: *enlève-toi de là!*, (*fam.*) togliti di lì!

enlisement [ãlizmã] *s.m.* **1** affondamento nelle sabbie mobili **2** l'impantanarsi (*anche fig.*).

enliser, s' [ãlize] *v.pron.* affondare nelle sabbie mobili; (*nel fango*) impantanarsi (*anche fig.*).

enluminer [ãlymine] *v.tr.* **1** miniare **2** (*estens.*) colorire.

enlumineur [ãlyminœʀ] (f. *-euse*) *s.m.* miniatore, miniaturista.

enluminure [ãlyminyʀ] *s.f.* miniatura.

enneigé [ãneʒe] *agg.* coperto di neve, innevato.

enneigement [ãneʒmã] *s.m.* innevamento, altezza (*f.*) della neve || *bulletin d'* —, bollettino della neve.

ennemi [ɛnmi] *agg.* e *s.m.* nemico || *c'est autant de pris sur l'* —, è tanto di guadagnato.

ennoblir [ãnobliʀ] *v.tr.* nobilitare.

ennoblissement [ãnoblismã] *s.m.* nobilitazione (*f.*).

ennui [ãnɥi] *s.m.* **1** noia (*f.*) **2** preoccupazione (*f.*): *ennuis d'argent*, difficoltà finanziarie; *il a des ennuis avec son fils*, suo figlio gli dà delle preoccupazioni || *pour comble d'* —, per colmo di sventura **3** seccatura (*f.*): *l'* — *c'est que...*, la seccatura è che...

ennuyé [ãnɥije] *agg.* **1** annoiato **2** seccato.

ennuyer [ãnɥije] (*coniug. come* employer) *v.tr.* **1** annoiare **2** preoccupare **3** contrariare,

seccare: *est-ce que cela vous ennuierait si...*, le dispiace se... □ **s'ennuyer** *v.pron.* annoiarsi.

ennuyeux [ãnɥijø] (f. *-euse*) *agg.* noioso; seccante || *question ennuyeuse*, domanda imbarazzante || *une affaire ennuyeuse*, una cosa seria.

énoncé [enɔ̃se] *s.m.* **1** enunciazione (*f.*): (*dir.*) — *d'un jugement*, testo di una sentenza **2** (*ling.*, *mat.*) enunciato.

énoncer [enɔ̃se] (*coniug. come* placer) *v.tr.* enunciare; esporre.

énonciation [enɔ̃sjɑsjɔ̃] *s.f.* **1** enunciazione; (*exposition*) esposizione **2** (*dir.*) dichiarazione.

enorgueillir [ãnɔʀɡœjiʀ] *v.tr.* inorgoglire □ **s'enorgueillir** *v.pron.* inorgoglirsi.

énorme [enɔʀm] *agg.* enorme: *à l'* — *majorité*, per la stragrande maggioranza || *mais c'est* —*!*, ma è pazzesco!

énormément [enɔʀmemã] *avv.* enormemente, moltissimo: *il y a* — *de monde*, c'è un sacco di gente.

énormité [enɔʀmite] *s.f.* enormità.

enquérir, s' [sãkeʀiʀ] (*coniug. come* acquérir) *v.pron.* informarsi.

enquête [ãkɛt] *s.f.* inchiesta, indagine: — *d'opinion*, indagine demoscopica; — *d'échantillons*, indagine campionaria.

enquêter [ãkete] *v.intr.* fare un'inchiesta, indagare.

enquêteur [ãketœʀ] (f. *-euse*) *agg.* inquirente ♦ *s.m.* **1** inquirente **2** agente investigativo, detective **3** (*stat.*) campionatore.

enquiquinant [ãkikinã] *agg.* (*fam.*) scocciante.

enquiquinement [ãkikinmã] *s.m.* (*fam.*) scocciatura (*f.*).

enquiquiner [ãkikine] *v.tr.* (*fam.*) scocciare.

enquiquineur [ãkikinœʀ] (f. *-euse*) *s.m.* (*fam.*) scocciatore.

enquis [ãki] *part. pass. di* s'enquérir.

enraciner [ãʀasine] *v.tr.* far attecchire □ **s'enraciner** *v.pron.* radicarsi, attecchire: *croyance solidement enracinée*, credenza fortemente radicata.

enragé [ãʀaʒe] *agg.* **1** arrabbiato; furioso, furibondo || *chien* —, cane rabbioso **2** accanito ♦ *s.m.* fanatico, patito: *c'est un* — *de rock*, va pazzo per il rock.

enrageant [ãʀaʒã] *agg.* irritante, che fa rabbia.

enrager [ãʀaʒe] (*coniug. come* manger) *v.intr.* essere furioso, rabbioso (per) || *faire* —, mandare in bestia.

enrayer [ãʀeje] (*coniug. come* payer) *v.tr.* **1** ostacolare, frenare (una ruota); (*mecc.*) inceppare **2** (*fig.*) arrestare, contenere □ **s'enrayer** *v.pron.* incepparsi.

enrégimenter [ãʀeʒimãte] *v.tr.* irreggimentare.

enregistrement [ãʀʒistʀəmã] *s.m.* registrazione (*f.*) || — *vidéo*, videoregistrazione || *droits d'* —, imposta di registro; (*bureau de l'*) —, ufficio del registro; *numéro d'* —, numero di protocollo || (*inform.*) — *en tête*, registrazione iniziale.

enregistrer [ãʀʒistʀe] *v.tr.* registrare || — *des bagages*, spedire del bagaglio appresso || *c'est en-*

registré!, j'ai enregistré!, (*fam.*) messaggio ricevuto!

enregistreur [ɑ̃rəʒistrœr] (f. *-euse*) *agg.* e *s.m.* registratore: *caisse enregistreuse*, registratore di cassa.

enrhumer [ɑ̃ryme] *v.tr.* far venire un raffreddore (a): *je suis enrhumé*, sono raffreddato □ **s'enrhumer** *v.pron.* raffreddarsi.

enrichir [ɑ̃riʃir] *v.tr.* arricchire □ **s'enrichir** *v.pron.* arricchirsi.

enrichissant [ɑ̃riʃisɑ̃] *agg.* (*fig.*) che arricchisce: *expérience enrichissante*, esperienza formativa.

enrichissement [ɑ̃riʃismɑ̃] *s.m.* arricchimento || (*amm.*) — *des tâches*, riqualificazione delle mansioni.

enrobage [ɑ̃rɔbaʒ], **enrobement** [ɑ̃rɔbmɑ̃] *s.m.* rivestimento, copertura (*f.*).

enrobé [ɑ̃rɔbe] *agg.* (*fam.*) grassoccio, cicciotto.

enrober [ɑ̃rɔbe] *v.tr.* ricoprire; (*fig.*) attenuare.

enrôlé [ɑ̃role] *agg.* e *s.m.* arruolato.

enrôlement [ɑ̃rolmɑ̃] *s.m.* arruolamento, reclutamento.

enrôler [ɑ̃role] *v.tr.* arruolare || *nous l'avons enrôlé dans notre groupe*, l'abbiamo associato al nostro gruppo □ **s'enrôler** *v.pron.* 1 arruolarsi 2 associarsi a, aderire a.

enroué [ɑ̃rwe] *agg.* rauco.

enrouement [ɑ̃rumɑ̃] *s.m.* raucedine (*f.*).

enrouer [ɑ̃rwe] *v.tr.* rendere rauco □ **s'enrouer** *v.pron.* diventare rauco.

enroulement [ɑ̃rulmɑ̃] *s.m.* 1 arrotolamento 2 (*arch.*) voluta (*f.*).

enrouler [ɑ̃rule] *v.tr.* arrotolare, avvolgere □ **s'enrouler** *v.pron.* avvolgersi.

enrouleur [ɑ̃rulœr] (f. *-euse*) *agg.* e *s.m.* avvolgitore.

enrubanner [ɑ̃rybane] *v.tr.* infiocchettare.

ensablement [ɑ̃sabləmɑ̃] *s.m.* 1 insabbiamento 2 cumulo, banco di sabbia.

ensabler, s' [sɑ̃sable] *v.tr.* 1 insabbiarsi 2 arenarsi (di una nave).

ensacher [ɑ̃saʃe] *v.tr.* insaccare.

ensanglanter [ɑ̃sɑ̃glɑ̃te] *v.tr.* insanguinare.

enseignant [ɑ̃sɛɲɑ̃] *agg.* e *s.m.* insegnante || *les enseignants*, gli insegnanti, il corpo insegnante.

enseigne [ɑ̃sɛɲ] *s.f.* 1 insegna || *être logé à la même —*, (*fig.*) essere nella stessa barca 2 insegna, bandiera || *à telle(s) enseigne(s) que...*, tant'è vero che... ♦ *s.m.* — *de vaisseau de première classe*, sottotenente di vascello.

enseignement [ɑ̃sɛɲmɑ̃] *s.m.* insegnamento, l'insegnare || — *assisté par ordinateur* (*EAO*), didattica informatizzata.

enseigner [ɑ̃sɛɲe] *v.tr.* insegnare.

ensemble[1] [ɑ̃sɑ̃bl] *avv.* insieme.

ensemble[2] *s.m.* 1 insieme || *dans l'—*, nel complesso || *cette œuvre manque d'—*, quell'opera manca di unità || *vue d'—*, visione complessiva || (*édil.*) *grand —*, complesso edilizio (spec. residenziale) || (*mat.*) *théorie des ensembles*, insiemistica 2 serie (*f.*) 3 sincronia (*f.*); (*accord*) accor-

do 4 (*abbigl.*) insieme, completo 5 (*mus.*) complesso (musicale).

ensemblier [ɑ̃sɑ̃blije] *s.m.* ambientatore.

ensemencement [ɑ̃smɑ̃smɑ̃] *s.m.* 1 semina (*f.*) 2 (*biol.*) inseminazione (*f.*).

ensemencer [ɑ̃smɑ̃se] (*coniug. come* placer) *v.tr.* 1 seminare 2 (*biol.*) inseminare 3 ripopolare (uno stagno ecc.).

enserrer [ɑ̃sere] *v.tr.* 1 rinserrare 2 racchiudere.

ensevelir [ɑ̃səvlir] *v.tr.* 1 avvolgere (un cadavere) in un sudario 2 seppellire □ **s'ensevelir** *v.pron.* (*fig.*) seppellirsi.

ensevelissement [ɑ̃səvlismɑ̃] *s.m.* seppellimento.

ensoleillé [ɑ̃sɔleje] *agg.* soleggiato.

ensoleillement [ɑ̃sɔlɛjmɑ̃] *s.m.* 1 soleggiamento 2 (*meteor.*) insolazione (*f.*).

ensoleiller [ɑ̃sɔleje] *v.tr.* inondare di sole; (*fig.*) illuminare, rischiarare.

ensommeillé [ɑ̃sɔmeje] *agg.* assonnato, insonnolito.

ensorcelant [ɑ̃sɔrsəlɑ̃] *agg.* ammaliatore.

ensorceler [ɑ̃sɔrsəle] (*coniug. come* appeler) *v.tr.* stregare, ammaliare.

ensorceleur [ɑ̃sɔrsəlœr] (f. *-euse*) *agg.* ammaliatore.

ensorcellement [ɑ̃sɔrsɛlmɑ̃] *s.m.* ammaliamento, malia (*f.*).

ensuite [ɑ̃sɥit] *avv.* poi, dopo.

ensuivre, s' [sɑ̃sɥivr] (*coniug. come* suivre; *usato all'inf. e alla terza pers. sing. e pl. di ciascun tempo; nei tempi composti il pref. en si stacca dal v.*) *v.pron.dif.* seguire: *il s'en est suivi que...*, ne è derivato che... || *il s'ensuit que vous avez tort*, ne consegue che avete torto || *jusqu'à ce que mort s'ensuive*, finché morte non sopravvenga || *et tout ce qui s'ensuit*, e via di seguito.

entablement [ɑ̃tabləmɑ̃] *s.m.* (*arch.*) 1 trabeazione (*f.*) 2 cornicione.

entacher [ɑ̃taʃe] *v.tr.* macchiare (*fig.*) || *discours entaché de pessimisme*, discorso intriso di pessimismo || (*dir.*) *arrêt entaché de nullité*, ordinanza viziata di nullità.

entaille [ɑ̃taj] *s.f.* 1 incisione, intaglio (*m.*); tacca 2 taglio (*m.*), ferita.

entailler [ɑ̃taje] *v.tr.* intaccare, intagliare.

entame [ɑ̃tam] *s.f.* 1 prima fetta tagliata (di arrosto ecc.) 2 (*alle carte*) prima carta giocata.

entamer [ɑ̃tame] *v.tr.* 1 intaccare (*anche fig.*); scalfire 2 incominciare || — *une discussion*, intavolare una discussione.

entartrer [ɑ̃tartre] *v.tr.* incrostare di tartaro.

entassement [ɑ̃tasmɑ̃] *s.m.* 1 ammassamento, ammucchiamento 2 ammasso.

entasser [ɑ̃tase] *v.tr.* ammucchiare, accatastare.

entendement [ɑ̃tɑ̃dmɑ̃] *s.m.* 1 intendimento 2 (*bon sens*) buonsenso, giudizio.

entendre [ɑ̃tɑ̃dr] (*coniug. come* rendre) *v.tr.* 1 sentire, udire: *il entend mal*, è duro di orecchi || *ce qu'il faut —!*, (*fam.*) che cosa ci tocca sentire! || *il ne l'entend pas de cette oreille-là*, non è d'accordo **2** ascoltare || *il ne veut pas — raison*, non vuol sentir ragioni || *à l'— il est innocent*, a sentire lui è innocente **3** capire, intendere: *laisser (à)* —, lasciar capire || *(cela) s'entend!*, si capisce! **4** intendere, voler significare, voler dire: *qu'est-ce que tu entends par là?*, che cosa intendi (dire) con ciò? **5** pretendere ☐ **s'entendre** *v.pron.* **1** intendersi (di): *s'y* —, intendersene **2** intendersi, capirsi (l'un l'altro); accordarsi.

entendu [ãtãdy] *part. pass. di* entendre ♦ *agg.* inteso || *(c'est)* —*!*, siamo intesi! || *bien — que...*, beninteso che...; *bien — que oui, que non*, certo che sì, che no; *bien* —*!*, certo!, beninteso! || *prendre un air* —, darsi arie di saperla lunga || *un sourire* —, un sorriso d'intesa.

entente [ãtãt] *s.f.* intesa, accordo (*m.*) || *vivre en bonne* —, vivere in buona armonia.

entériner [ãteʀine] *v.tr.* (*dir.*) interinare.

entérite [ãteʀit] *s.f.* (*med.*) enterite.

entéro- *pref.* entero-

entérocolite [ãteʀɔkɔlit] *s.f.* (*med.*) enterocolite.

enterrement [ãtɛʀmã] *s.m.* **1** tumulazione (*f.*), sepoltura (*f.*) **2** funerale || *messe d'* —, messa funebre **3** (*fig.*) insabbiamento.

enterrer [ãteʀe] *v.tr.* sotterrare; (*ensevelir*) seppellire (*anche fig.*): *— une canalisation*, interrare le tubazioni || *— un projet*, (*fig.*) insabbiare un progetto ☐ **s'enterrer** *v.pron.* (*fig.*) seppellirsi.

entêtant [ãtetã] *agg.* che stordisce.

en-tête [ãtɛt] (pl. *en-têtes*) *s.m.* intestazione (*f.*): *papier à* —, carta intestata.

entêté [ãtete] *agg.* e *s.m.* testardo.

entêtement [ãtɛtmã] *s.m.* testardaggine (*f.*).

entêter, s' [ãtete] *v.tr.* stordire, dare alla testa ☐ **s'entêter** *v. pron.* ostinarsi, impuntarsi.

enthousiasmant [ãtuzjasmã] *agg.* entusiasmante.

enthousiasme [ãtuzjasm] *s.m.* entusiasmo.

enthousiasmer [ãtuzjasme] *v.tr.* entusiasmare ☐ **s'enthousiasmer** *v.pron.* entusiasmarsi.

enthousiaste [ãtuzjast] *agg.* e *s.m.* entusiasta.

entichement [ãtiʃmã] *s.m.* infatuazione (*f.*), capriccio.

enticher, s' [ãtiʃe] *v.pron.* incapricciarsi, invaghirsi.

entier [ãtje] (f. -*ère*) *agg.* **1** intero: *la question reste entière*, la questione è ancora aperta || *ils ont une entière confiance en lui*, hanno completa fiducia in lui **2** (*fig.*) integro, intatto ♦ *s.m.* intero || *en* —, per intero.

entièrement [ãtjɛʀmã] *avv.* interamente, completamente.

entièreté [ãtjɛʀte] *s.f.* (*in Belgio*) totalità.

entité [ãtite] *s.f.* entità.

entoilage [ãtwalaʒ] *s.m.* **1** intelamento **2** tela (per rivestimenti).

entoiler [ãtwale] *v.tr.* intelare.

entomologie [ãtɔmɔlɔʒi] *s.f.* entomologia.

entomologiste [ãtɔmɔlɔʒist] *s.m.* entomologo.

entonner [ãtɔne] *v.tr.*, intonare || *— les louanges de qqn*, tessere le lodi di qlcu.

entonnoir [ãtɔnwaʀ] *s.m.* **1** imbuto **2** cavità

(*f.*) **3** (*geol.*) cratere imbutiforme (di vulcano).

entorse [ãtɔʀs] *s.f.* storta, distorsione: *se faire une* —, prendere una storta || *faire une — à un règlement*, contravvenire a un regolamento.

entortiller [ãtɔʀtije] *v.tr.* **1** attorcigliare; avvolgere **2** (*fig.*) circuire, raggirare ☐ **s'entortiller** *v.pron.* **1** attorcigliarsi; avvolgersi **2** (*fig.*) ingarbugliarsi.

entour, à l' [alãtuʀ] *locuz.avv.* nei dintorni, nelle vicinanze.

entourage [ãtuʀaʒ] *s.m.* **1** contorno **2** cerchia (di persone): *il se méfiait de son* —, diffidava delle persone che gli stavano intorno.

entourer [ãtuʀe] *v.tr.* circondare, attorniare ☐ **s'entourer** *v.pron.* circondarsi.

entourloupette [ãtuʀlupɛt] *s.f.* tiro mancino.

entournure [ãtuʀnyʀ] *s.f.* giro (della manica) || *gêné aux entournures*, (*fam.*) a disagio.

entracte [ãtʀakt] *s.m.* **1** intervallo (durante uno spettacolo) **2** (*fig.*) pausa (*f.*).

entraide [ãtʀɛd] *s.f.* mutua assistenza.

entraider, s' [sãtʀede] *v.pron.* aiutarsi (l'un l'altro).

entrailles [ãtʀaj] *s.f.pl.* **1** interiora, viscere **2** (*fig.*) cuore (*m.sing.*): *être remué jusqu'aux* —, essere commosso nel profondo dell'animo.

entr'aimer, s' [sãtʀeme] *v.pron.* amarsi (l'un l'altro).

entrain [ãtʀɛ̃] *s.m.* lena (*f.*); vivacità (*f.*): *avec* —, alacremente.

entraînant [ãtʀenã] *agg.* avvincente.

entraînement [ãtʀɛnmã] *s.m.* **1** impulso **2** (*sport*) allenamento, addestramento **3** (*tecn.*) trasmissione: *arbre d'*—, albero motore.

entraîner [ãtʀene] *v.tr.* **1** trascinare, trasportare: *les circonstances l'ont entraîné à faire cela*, le circostanze l'hanno portato a fare questo **2** (*fig.*) causare, provocare **3** (*mecc.*) azionare **4** (*sport*) allenare ☐ **s'entraîner** *v.pron.* allenarsi.

entraîneur [ãtʀɛnœʀ] *s.m.* (*sport*) allenatore.

entr'apercevoir [ãtʀapɛʀsɔvwaʀ] (*coniug. come* apercevoir) *v.tr.* intravvedere.

entrave [ãtʀav] *s.f.* pastoia (*anche fig.*); (*fig.*) ostacolo (*m.*), impedimento (*m.*).

entraver [ãtʀave] *v.tr.* impastoiare (*anche fig.*); (*fig.*) ostacolare.

entre [ãtʀ] *prep.* **1** tra, fra: *— Milan et Rome*, tra Milano e Roma; *il prit sa tête — ses mains*, si prese la testa fra le mani; *— midi et deux heures*, tra mezzogiorno e le due; *il y eut une discussion — eux*, ci fu una discussione fra loro || *il lui échappa d'— les mains*, gli sfuggì di mano || *"Fait-il beau?" "Entre les deux"*, "È bello il tempo?" "Così, così" || *soit dit — nous*, (sia) detto tra noi **2** (*partitivo*) di, tra: *l'un d'— vous*, uno di voi; *choisir — plusieurs*, scegliere tra molti || *— autres (choses)*, tra l'altro, (*fam.*) entr'autres, le altre cose, fra l'altro.

entr(e)- *pref.* inter-, intra-, tra-, intro-

entrebâillement [ãtʀəbajmã] *s.m.* spiraglio.

entrebâiller [ãtʀəbaje] *v.tr.* socchiudere.

entrechat [ãtʀəʃa] *s.m.* (*ballo*) scambietto.

entrechoquer [ɑ̃trəʃɔke] *v.tr.* far cozzare, far urtare □ **s'entrechoquer** *v.pron.* cozzare, scontrarsi *(anche fig.).*

entrecôte [ɑ̃trəkot] *s.f.* costata.

entrecouper [ɑ̃trəkupe] *v.tr.* frammezzare: *sa voix était entrecoupée de sanglots*, la sua voce era rotta dai singhiozzi.

entrecroisement [ɑ̃trəkrwazmɑ̃] *s.m.* incrocio.

entrecroiser [ɑ̃trəkrwaze] *v.tr.* incrociare □ **s'entrecroiser** *v.pron.* incrociarsi, intersecarsi.

entre-déchirer, s' [sɑ̃trədeʃire] *v.pron.* sbranarsi *(anche fig.).*

entre-deux [ɑ̃trədø] (pl. *invar.*) *s.m.* **1** *(abbigl.)* falsatura *(f.)*, tramezzo **2** *(sport)* rimessa a due.

entre-deux-guerres [ɑ̃trədøgɛr] *s.f.* e *m.* periodo fra la prima e la seconda guerra mondiale.

entre-dévorer, s' [sɑ̃trədevɔre] *v.pron.* divorarsi (l'un l'altro).

entrée [ɑ̃tre] *s.f.* **1** ingresso (*m.*), entrata || *faire son — dans le monde*, debuttare in società || *avoir ses (petites et grandes) entrées chez qqn*, avere libero accesso presso qlcu || *examen d'—*, esame d'ammissione || *comme — en matière...*, tanto per cominciare... **2** *(inform.)* input (*m.*): *touche —*, tasto invio **3** *(tecn.)* apertura, bocca **4** *(cuc.)* prima portata dopo gli antipasti **5** *pl.* *(comm.)* entrate: *— de capitaux*, afflusso di capitali.

entrefaites [ɑ̃trəfɛt] *s.f.*: *sur ces entrefaites*, in quel mentre.

entrefilet [ɑ̃trəfile] *s.m.* trafiletto (di giornale).

entregent [ɑ̃trəʒɑ̃] *s.m.* saper vivere.

entrejambe [ɑ̃trəʒɑ̃b] *s.m.* cavallo (dei calzoni).

entrelacement [ɑ̃trəlasmɑ̃] *s.m.* intreccio.

entrelacer [ɑ̃trəlase] *(coniug. come* placer*) v.tr.* intrecciare.

entrelacs [ɑ̃trəlɑ] *s.m.* *(arch.)* intreccio.

entrelarder [ɑ̃trəlarde] *v.tr.* **1** *(cuc.)* lardellare **2** *(fig.)* infarcire.

entre-ligne [ɑ̃trəliɲ] (pl. *entre-lignes*) *s.m.* interlinea *(f.).*

entremêler [ɑ̃trəmele] *v.tr.* **1** frammischiare, mescolare **2** *— de*, inframmezzare con.

entremets [ɑ̃trəmɛ] *s.m.* dolce al cucchiaio.

entremetteuse [ɑ̃trəmetøz] *s.f.* mezzana.

entremettre, s' [sɑ̃trəmɛtr] *(coniug. come* mettre*) v.pron.* intromettersi.

entremis [ɑ̃trəmi] *part. pass. di* s'entremettre.

entremise [ɑ̃trəmiz] *s.f.* mediazione || *par l'— de*, tramite, per mezzo di.

entrepont [ɑ̃trəpɔ̃] *s.m.* *(mar.)* interponte.

entreposer [ɑ̃trəpoze] *v.tr.* mettere in deposito, in magazzino.

entrepôt [ɑ̃trəpo] *s.m.* magazzino, deposito.

entreprenant [ɑ̃trəprənɑ̃] *agg.* intraprendente.

entreprendre [ɑ̃trəprɑ̃dr] *(coniug. come* prendre*) v.tr.* **1** intraprendere || *— de faire qqch*, predisporsi a fare qlco **2** *— qqn*, cercare di convincere qlcu: *il m'entreprit sur ma façon de conduire*, mi ha fatto delle osservazioni sul mio modo di guidare; *— une femme*, cercare di sedurre una donna.

entrepreneur [ɑ̃trəprənœr] (f. *-euse*) *s.m.* **1**

appaltatore **2** imprenditore: *— (de bâtiments, en maçonnerie)*, costruttore, impresario edile; *— de travaux publics*, impresario di lavori pubblici; *— de transports*, spedizioniere.

entrepris [ɑ̃trəpri] *part. pass. di* entreprendre.

entreprise [ɑ̃trəpriz] *s.f.* **1** impresa || *esprit d'—*, spirito d'iniziativa || *résister aux entreprises de qqn*, resistere alle profferte di qlcu **2** *(econ.)* impresa, azienda: *— de construction*, impresa edile; *— de navigation*, compagnia di navigazione || *comité d'—*, comitato di gestione **3** *(dir.)* appalto (*m.*): *contrat d'—*, (contratto d') appalto || *à l'—*, in appalto; *travail à l'—*, lavoro a contratto.

entrer [ɑ̃tre] *v.intr.* **1** entrare: *entre!, entrez!*, avanti! || *l'eau entre pour beaucoup dans certaines boissons*, l'acqua entra come componente di alcune bevande || *— dans un arbre*, andare a sbattere contro un albero **2** rientrare, far parte: *cela entre dans mes intentions*, ciò rientra nelle mie intenzioni ♦ *v.tr.* far entrare: *on a entré les meubles par la fenêtre*, hanno fatto entrare i mobili dalla finestra.

entrer-coucher [ɑ̃trəkuʃe] *s.m.* *(in Benin)* monolocale.

entresol [ɑ̃trəsɔl] *s.m.* ammezzato, mezzanino.

entre-temps [ɑ̃trətɑ̃] *avv.* nel frattempo.

entretenir [ɑ̃trətnir] *(coniug. come* tenir*) v.tr.* **1** conservare, mantenere: *— de bons rapports*, mantenere buoni rapporti || *— qqn dans l'erreur*, tenere qlcu nell'errore **2** tenere (in ordine), curare (la manutenzione di): *une voiture bien entretenue*, un'automobile ben tenuta; *un jardin mal entretenu*, un giardino tenuto male **3** mantenere: *— sa famille*, mantenere la famiglia; *une femme entretenue*, una mantenuta || *— un feu*, alimentare un fuoco || *— des illusions*, nutrire illusioni **4** *— de*, intrattenere su, parlare di □ **s'entretenir** *v.pron.* **1** mantenersi in forma **2** intrattenersi.

entretenu [ɑ̃trətny] *part. pass. di* entretenir.

entretien [ɑ̃trətjɛ̃] *s.m.* **1** manutenzione *(f.)*: *produits d'—*, prodotti per la manutenzione **2** mantenimento, sostentamento: *frais d'—*, spese per il mantenimento **3** conversazione *(f.)*: *— particulier*, colloquio privato.

entretoise [ɑ̃trətwaz] *s.f.* traversa (di rinforzo).

entre-tuer, s' [ɑ̃trətɥe] *v.pron.* uccidersi (l'un l'altro).

entrevoir [ɑ̃trəvwar] *(coniug. come* voir*) v.tr.* intravvedere.

entrevu [ɑ̃trəvy] *part. pass. di* entrevoir.

entrevue [ɑ̃trəvy] *s.f.* colloquio (*m.*).

entropie [ɑ̃trɔpi] *s.f.* entropia.

entrouvert [ɑ̃truvɛr] *part. pass. di* entrouvrir ♦ *agg.* socchiuso.

entrouvrir [ɑ̃truvrir] *(coniug. come* ouvrir*) v.tr.* socchiudere □ **s'entrouvrir** *v.pron.* socchiudersi.

énucléation [enykleasjɔ̃] *s.f.* enucleazione.

énucléer [enyklee] *v.tr.* enucleare.

énumératif [enymeratif] (f. *-ive*) *agg.* che enumera.

énumération [enymerasjɔ̃] *s.f.* enumerazione.

énumérer [enymeʀe] (*coniug. come* céder) *v.tr.* enumerare.

énurésie [enyʀezi] *s.f.* (*med.*) enuresi.

envahir [ãvaiʀ] *v.tr.* invadere || *un doute l'envahit*, fu assalito da un dubbio.

envahissant [ãvaisã] *agg.* 1 dilagante 2 (*fig.*) invadente.

envahissement [ãvaismã] *s.m.* invasione (*f.*).

envahisseur [ãvaisœʀ] *s.m.* invasore.

envasement [ãvazmã] *s.m.* interramento (di un corso d'acqua).

envaser, s' [sãvaze] *v.pron.* interrarsi; (*di un natante*) arenarsi; (*di pesci*) insabbiarsi.

enveloppant [ãvlɔpã] *agg.* avvolgente.

enveloppe [ãvlɔp] *s.f.* 1 busta || *sous —*, in busta || *recevoir une —*, (*fam.*) ricevere una bustarella 2 (*tecn.*) rivestimento (*m.*), camicia 3 (*fin.*) — (*budgétaire*), stanziamento (*m.*).

enveloppé [ãvlɔpe] *agg.* bene in carne.

enveloppement [ãvlɔpmã] *s.m.* 1 avvolgimento 2 (*mil.*) aggiramento.

envelopper [ãvlɔpe] *v.tr.* 1 avvolgere || (*mil.*) — *l'armée ennemie*, aggirare l'esercito nemico 2 (*fig.*) mascherare, nascondere: *un crime enveloppé de mystère*, un delitto avvolto nel mistero □ **s'envelopper** *v.pron.* avvolgersi || *s'— dans son silence*, chiudersi nel proprio silenzio.

envenimé [ãvnime] *agg.* 1 infetto 2 (*fig.*) malevolo; astioso; velenoso.

envenimer [ãvnime] *v.tr.* 1 infettare 2 (*fig.*) avvelenare, inasprire □ **s'envenimer** *v.pron.* 1 infettarsi 2 (*fig.*) inasprirsi.

envergure [ãveʀgyʀ] *s.f.* 1 apertura alare 2 (*fig.*) levatura (intellettuale): *œuvre d'—*, opera di ampio respiro; *entreprise de grande —*, impresa di grande portata.

envers[1] [ãveʀ] *prep.* verso, per, nei riguardi di, con: *l'amour — la patrie*, l'amore per la patria; *il faut être indulgent — tout le monde*, bisogna essere indulgenti con tutti || *— et contre tous*, a dispetto di tutti.

envers[2] *s.m.* rovescio || *l'— du décor*, (*fig.*) il rovescio della medaglia □ **à l'envers** *locuz.avv.* alla rovescia: *mettre une chambre à l'—*, mettere a soqquadro una stanza; *tu as la tête à l'—*, ti ha dato di volta il cervello □ **à l'envers de** *locuz.prep.* contro: *à l'— du bon sens*, contro il buon senso.

envi, à l' [alãvi] *locuz.avv.* (*letter.*) a gara.

enviable [ãvjabl] *agg.* invidiabile.

envie [ãvi] *s.f.* 1 invidia 2 voglia, desiderio (*m.*): *avoir — de, que*, aver voglia di, che; *avoir très —*, aver molta voglia; *donner — de*, far venir voglia di; *passer son —*, cavarsi la voglia; *faire —*, (*anche fig.*) far gola; *si l'— lui en prend*, se gli salta il ticchio 3 (*med. pop.*) voglia 4 (*spec. pl.*) pipita (delle unghie).

envier [ãvje] *v.tr.* invidiare.

envieux [ãvjø] (f. -*euse*) *agg.* e *s.m.* invidioso.

environ [ãviʀɔ̃] *avv.* all'incirca, circa: *un homme d'— cinquante ans, de cinquante ans —*, un uomo sulla cinquantina.

environnant [ãviʀɔnã] *agg.* circostante.

environnement [ãviʀɔnmã] *s.m.* ambiente.

environnemental [ãviʀɔnmãtal] *agg.* ambientale.

environnementaliste [ãviʀɔnmãtalist] *s.m.* e *f.* ambientalista.

environner [ãviʀɔne] *v.tr.* circondare □ **s'environner** *v.pron.* circondarsi.

environs [ãviʀɔ̃] *s.m.pl.* dintorni || *aux — de*, nei pressi, nelle vicinanze di, (*tempo*) verso, intorno a.

envisageable [ãvizaʒabl] *agg.* immaginabile.

envisager [ãvizaʒe] (*coniug. come* manger) *v.tr.* 1 esaminare; considerare 2 — *de*, progettare di, pensare di.

envoi [ãvwa] *s.m.* 1 invio (*comm.*) spedizione (*f.*) 2 (*lett.*) commiato, congedo 3 (*sport*) le *coup d'—*, il calcio d'inizio, (*fig.*) il via.

envol [ãvɔl] *s.m.* 1 (l'alzarsi in) volo: *prendre son —*, prendere il volo 2 (*aer.*) decollo.

envolée [ãvɔle] *s.f.* volo (*m.*), slancio (*m.*).

envoler, s' [sãvɔle] *v.pron.* 1 prendere il volo, alzarsi in volo (*anche fig.*): *l'oiseau s'est envolé*, l'uccello ha preso il volo, è volato via || *les papiers s'envolèrent*, i fogli volarono via 2 (*estens.*) volare, fuggir via 3 (*fam.*) sparire: *il s'est envolé!*, è sparito!

envoûtant [ãvutã] *agg.* seducente.

envoûtement [ãvutmã] *s.m.* 1 maleficio, sortilegio 2 (*fig.*) fascino, seduzione (*f.*).

envoûter [ãvute] *v.tr.* 1 stregare, fare un sortilegio(a) 2 (*fig.*) ammaliare, sedurre.

envoyé [ãvwaje] *agg.* e *s.m.* inviato || *réponse bien envoyée*, (*fam.*) risposta ben data.

envoyer [ãvwaje]

Indic.pres. j'envoie, etc., nous envoyons, vous envoyez, ils envoient; *imperf.* j'envoyais, etc., nous envoyions, etc.; *pass.rem.* j'envoyai, etc.; *fut.* j'enverrai, etc. *Cond.* j'enverrais, etc. *Cong.pres.* que j'envoie, etc.; *imperf.* que j'envoyasse, etc. *Part.pres.* envoyant; *pass.* envoyé. *Imp.* envoie, envoyons, envoyez.

v.tr. 1 mandare || *s'— des fleurs*, (*fig.*) lodarsi || *— promener qqn*, (*fam.*) mandare qlcu a quel paese 2 lanciare, buttare 3 *s'—*, (*fam.*) trangugiare; (*una bevanda*) tracannare; (*fig.*) sorbirsi, scrirparsi 4 (*mar.*) — *les couleurs, le pavillon*, alzare la bandiera.

envoyeur [ãvwajœʀ] *s.m.* mittente: *retour à l'—*, respinto al mittente.

enzymatique [ãzimatik] *agg.* enzimatico.

enzyme [ãzim] *s.m.* enzima.

éocène [eɔsɛn] *s.m.* (*geol.*) eocene.

éolien [eɔljɛ̃] (f. -*enne*) *agg.* eolico.

éolienne [eɔljɛn] *s.f.* pala a vento; (*tecn.*) motore a energia eolica.

épagneul [epaɲœl] *s.m.* (*cane*) spaniel.

épais [epɛ] (f. -*aisse*) *agg.* 1 spesso: *planche épaisse de trois centimètres*, asse di tre centimetri di spessore 2 grosso, tozzo; (*fig.*) grossolano: *des lèvres épaisses*, grosse labbra; *des mains épaisses*, mani tozze || *esprit —*, cervello ottuso 3 fitto;

denso || *atmosphère épaisse*, atmosfera pesante ♦ *avv.* fitto, fittamente || *il n'y en a pas —*, *(fam.)* non ce n'è molto ♦ *s.m.* folto: *au plus —*, nel folto.

épaisseur [epɛsœʀ] *s.f.* **1** spessore *(m.)* *(anche fig.)* **2** l'essere folto, fitto; densità: *l'— du brouillard nous empêchait d'avancer*, non potevamo più andare avanti per la fitta nebbia || *l'— des feuilles*, il fitto fogliame **3** *(fig.)* rozzezza, grossolanità: *l'— de son esprit*, la sua ottusità.

épaissir [epesiʀ] *v.tr.* ispessire || *la fumée a épaissi l'air*, il fumo ha appesantito l'aria; *l'âge t'a épaissie*, gli anni l'hanno appesantita ♦ *v.intr.* ispessirsi □ **s'épaissir** *v.pron.* ispessirsi; infittir(si) *(anche fig.)*: *le brouillard s'épaissit*, la nebbia infittisce.

épaississement [epesismɑ̃] *s.m.* ispessimento || *— de l'esprit*, intorpidimento della mente.

épanchement [epɑ̃ʃmɑ̃] *s.m.* **1** *(med.)* travaso, versamento **2** *(fig.)* sfogo; effusione *(f.)*: *besoin d'—*, bisogno di sfogarsi.

épancher [epɑ̃ʃe] *v.tr.* sfogare, dare libero sfogo (a) □ **s'épancher** *v.pron.* confidarsi, aprirsi.

épandage [epɑ̃daʒ] *s.m.* spargimento, spandimento.

épandre [epɑ̃dʀ] *(coniug. come* rendre*) v.tr.* spandere, spargere.

épandu [epɑ̃dy] *part. pass. di* épandre.

épanoui [epanwi] *agg.* **1** pieno, rigoglioso **2** *(fig.)* luminoso, raggiante.

épanouir [epanwiʀ] *v.tr.* far sbocciare; *(fig.)* illuminare (di gioia) □ **s'épanouir** *v.pron.* **1** sbocciare *(anche fig.)* **2** *(fig.)* illuminarsi (di gioia).

épanouissement [epanwismɑ̃] *s.m.* lo sbocciare; *(fig.)* l'illuminarsi (di gioia): *être dans tout l'— de*, essere nel pieno rigoglio di.

épargnant [epaʀɲɑ̃] *s.m.* risparmiatore.

épargne [epaʀɲ] *s.f.* risparmio *(m.)* *(anche fig.)*.

épargner [epaʀɲe] *v.tr.* risparmiare *(anche fig.)*.

éparpillement [epaʀpijmɑ̃] *s.m.* sparpagliamento; *(fig.)* dispersione *(f.)*.

éparpiller [epaʀpije] *v.tr.* sparpagliare; disperdere || *— son argent*, sperperare il proprio denaro □ **s'éparpiller** *v.pron.* sparpagliarsi; disperdersi || *il s'éparpille trop*, è troppo dispersivo.

épars [epaʀ] *agg.* sparso || *cheveux —*, capelli in disordine.

épatamment [epatamɑ̃] *avv.* stupendamente.

épatant [epatɑ̃] *agg.* *(fam.)* stupendo.

épate [epat] *s.f.* *(fam.)* *faire de l'—*, fare lo sbruffone.

épaté¹ [epate] *agg.* *(fam.)* stupito, meravigliato.

épaté² *agg.*: *nez —*, naso schiacciato.

épatement¹ [epatmɑ̃] *s.m.* *(fam.)* stupore, meraviglia *(f.)*.

épatement² *s.m.* forma schiacciata.

épater [epate] *v.tr.* *(fam.)* stupire, sbalordire || *— le bourgeois, la galerie*, far colpo sulla gente.

épaulard [epolaʀ] *s.m.* *(zool.)* orca *(f.)*.

épaule [epol] *s.f.* spalla: *— contre —*, spalla a spalla; *hausser, lever les épaules*, fare spallucce; *lire par-dessus, sur l'— de qqn*, leggere sbirciando sopra le spalle di qlcu; *regarder par-dessus l'—*,

(fig.) guardare dall'alto in basso; *changer son fusil d'—*, *(fig.)* voltar gabbana || *un coup d'—*, una spallata; *donner un coup d'—*, dare una mano.

épaulé [epole] *agg.* *(abbigl.)* imbottito alle spalle.

épaulement [epolmɑ̃] *s.m.* muro di sostegno.

épauler [epole] *v.tr.* **1** imbracciare (il fucile) **2** spalleggiare □ **s'épauler** *v.pron.* spalleggiarsi.

épaulette [epolɛt] *s.f.* spallina.

épave [epav] *s.f.* **1** relitto *(m.)* **2** *(dir.)* oggetto smarrito.

épeautre [epotʀ] *s.m.* *(bot.)* farro.

épée [epe] *s.f.* spada: *se battre à l'—*, battersi con la spada; *passer au fil de l'—*, passare a fil di spada || *donner un coup d'— dans l'eau*, *(fig.)* fare un buco nell'acqua || *à la pointe de l'—*, con gran difficoltà || *être une bonne —*, essere una buona lama.

épeiche [epɛʃ] *s.f.* *(zool.)* picchio rosso maggiore.

épéiste [epeist] *s.m.* *(sport)* spadista.

épeler [eple] *(coniug. come* semer*) v.tr.* compitare, pronunciare (una parola) lettera per lettera.

épépiner [epepine] *v.tr.* *(cuc.)* togliere i semi a.

éperdu [epɛʀdy] *agg.* **1** sconvolto, smarrito **2** appassionato: *— de*, pazzo di.

éperdument [epɛʀdymɑ̃] *avv.* perdutamente, follemente; disperatamente || *s'en ficher —*, *(fam.)* infischiarsene altamente.

éperlan [epɛʀlɑ̃] *s.m.* *(zool.)* eperlano.

éperon [epʀɔ̃] *s.m.* sperone: *donner de l'—*, dar di sprone.

éperonner [epʀɔne] *v.tr.* **1** spronare *(anche fig.)* **2** *(mar.)* speronare.

épervier [epɛʀvje] *s.m.* **1** *(zool.)* sparviere **2** giacchio (da pesca).

éphèbe [efɛb] *s.m.* efebo.

éphélide [efelid] *s.f.* efelide.

éphémère [efemɛʀ] *agg.* effimero ♦ *s.m.* *(zool.)* effimera *(f.)*.

éphéméride [efemeʀid] *s.f.* **1** calendario (con foglietti giornalieri staccabili) **2** *pl.* *(astr.)* effemeridi.

épi [epi] *s.m.* **1** spiga *(f.)*: *— de maïs*, pannocchia di granturco || *en —*, a spina di pesce || *(edil.) — de faîtage*, spiga del tetto **2** rosa (di capelli).

épi- *pref.* epi-

épice [epis] *s.f.* spezie *(pl.)*, droga || *pain d'—*, panpepato.

épicé [epise] *agg.* piccante *(anche fig.)*; speziato.

épicéa [episea] *s.m.* abete rosso.

épicentre [episɑ̃tʀ] *s.m.* epicentro.

épicer [epise] *(coniug. come* placer*) v.tr.* insaporire.

épicerie [episʀi] *s.f.* negozio di generi alimentari; drogheria.

épicier [episje] *(f. -ère) s.m.* negoziante di alimentari; droghiere.

épicurien [epikyʀjɛ̃] *(f. -enne) agg. e s.m.* epicureo.

épicurisme [epikyʀism] *s.m.* epicureismo.

épidémie [epidemi] *s.f.* epidemia *(anche fig.)*.

épidémique [epidemik] *agg.* epidemico.

épiderme [epidɛʀm] *s.m.* epidermide *(f.)* || *avoir l'— sensible*, *(fig.)* essere suscettibile.

épidermique [epidɛʀmik] *agg.* epidermico.

épier [epje] *v.tr.* spiare.

épierrer [epjeʀe] *v.tr.* rimuovere le pietre (da).

épieu [epjø] (pl. *-eux*) *s.m.* (*arma*) spiedo.

épigastre [epigastʀ] *s.m.* (*anat.*) epigastrio.

épiglotte [epiglɔt] *s.f.* (*anat.*) epiglottide.

épigone [epigɔn] *s.m.* epigono.

épigramme [epigʀam] *s.f.* epigramma (*m.*).

épigraphe [epigʀaf] *s.f.* epigrafe.

épigraphie [epigʀafi] *s.f.* epigrafia.

épigraphique [epigʀafik] *agg.* epigrafico.

épilation [epilasjɔ̃] *s.f.* depilazione.

épilatoire [epilatwaʀ] *agg.* depilatorio.

épilepsie [epilɛpsi] *s.f.* (*med.*) epilessia.

épileptique [epileptik] *agg.* e *s.m.* epilettico.

épiler [epile] *v.tr.* depilare.

épilogue [epilɔg] *s.m.* epilogo.

épiloguer [epilɔge] *v.intr.* far commenti (su): *il épilogue sur tout*, trova da ridire su tutto.

épinard [epinaʀ] *s.m.* spinacio || *vert* —, verde marcio || *mettre du beurre dans les épinards*, (*fig.*) incominciare a permettersi qualche piccolo lusso.

épine [epin] *s.f.* 1 spina; aceuleo (*m.*) || *tirer une belle* — *du pied*, (*fig.*) togliere un bel pensiero 2 (*anat.*) — *dorsale*, spina dorsale.

épinette [epinɛt] *s.f.* (*mus.*) spinetta.

épineux [epinø] (f. *-euse*) *agg.* spinoso (*anche fig.*) ♦ *s.m.* arbusto spinoso.

épingle [epɛ̃gl] *s.f.* spilla, spillo (*m.*): — *à cheveux*, forcina; — *de nourrice, de sûreté*, spillo da balia, di sicurezza; — *à linge*, molletta per la biancheria || *virage en* — *à cheveux*, curva a gomito || (*fig.*) *coup d'*—, punzecchiatura; *être tiré à quatre épingles*, essere, mettersi in ghingheri; *monter en* —, esagerare, gonfiare; *monter en* — *un écrivain*, esagerare i meriti di uno scrittore; *tirer son* — *du jeu*, cavarsela con eleganza.

épingler [epɛ̃gle] *v.tr.* 1 appuntare (con uno spillo) 2 (*fam.*) pizzicare, acciuffare.

épinière [epinjɛʀ] *agg.f.* (*anat.*) *moelle* —, midollo spinale.

épinoche [epinɔʃ] *s.f.* (*zool.*) spinarello (*m.*).

épiphanie [epifani] *s.f.* epifania.

épique [epik] *agg.* epico; (*fig.*) memorabile.

épiscopal [episkɔpal] (pl. *-aux*) *agg.* episcopale, vescovile.

épiscopat [episkɔpa] *s.m.* episcopato, vescovato.

épisode [epizɔd] *s.m.* episodio: *feuilleton à épisodes*, sceneggiato a puntate.

épisodique [epizɔdik] *agg.* episodico; secondario.

épisodiquement [epizɔdikmɑ̃] *avv.* episodicamente.

épissure [episyʀ] *s.f.* (*mar.*) impiombatura (di funi ecc.).

épistaxis [epistaksis] *s.f.* (*med.*) epistassi.

épistémologie [epistemɔlɔʒi] *s.f.* epistemologia.

épistolaire [epistɔlɛʀ] *agg.* epistolare.

épitaphe [epitaf] *s.f.* epitaffio (*m.*).

épithalame [epitalam] *s.m.* (*lett.*) epitalamio.

épithélial [epiteljal] (pl. *-aux*) *agg.* epiteliale.

épithélium [epiteljɔm] *s.m.* (*anat.*) epitelio.

épithète [epitɛt] *s.f.* epiteto (*m.*) || (*gramm.*) *adjectif* —, attributo.

épitoge [epitɔʒ] *s.f.* (*abbigl.*) batalo (*m.*).

épître [epitʀ] *s.f.* epistola.

éploré [eplɔʀe] *agg.* in lacrime; sconsolato.

éployer [eplwaje] (*coniug. come* employer) *v.tr.* (*letter.*) spiegare, distendere.

épluchage [eplyʃaʒ] *s.m.* sbucciatura (*f.*); mondatura (*f.*); (*fig.*) spulciatura (*f.*).

éplucher [eplyʃe] *v.tr.* 1 sbucciare; mondare: — *des pommes de terre*, pelare delle patate 2 (*fig.*) spulciare, esaminare a fondo.

épluchette [eplyʃɛt] *s.f.* (*in Canada*) festa per la raccolta del granoturco.

épluchure [eplyʃyʀ] *s.f.* buccia; (*déchets*) mondatura.

épode [epɔd] *s.m.* (*metrica*) epodo.

épointer [epwɛ̃te] *v.tr.* spuntare.

éponge [epɔ̃ʒ] *s.f.* 1 spugna || *passer l'* —, (*fig.*) dare un colpo di spugna 2 *tissu* —, spugna || — *velours*, ciniglia.

éponger [epɔ̃ʒe] (*coniug. come* manger) *v.tr.* spugnare; (*essuyer*) asciugare || — *une dette*, (finire di) pagare un debito.

éponyme [epɔnim] *agg.* e *s.m.* eponimo.

épopée [epɔpe] *s.f.* epopea.

époque [epɔk] *s.f.* epoca: *l'* — *des semailles*, il tempo della semina || *à cette époque-là*, in quel tempo; *à pareille* —, alla stessa data.

épouiller [epuje] *v.tr.* spidocchiare.

époumoner, s' [sepumɔne] *v.pron.* spolmonarsi.

épousailles [epuzɑj] *s.f.pl.* (*ant.*) sponsali (*m.*).

épouse [epuz] *s.f.* sposa, consorte.

épouser [epuze] *v.tr.* 1 sposare (*anche fig.*) 2 aderire (a); modellare.

époussetage [epustaʒ] *s.m.* spolveratura (*f.*), spolverata (*f.*).

épousseter [epuste] (*coniug. come* jeter) *v.tr.* spolverare.

époustouflant [epustuflɑ̃] *agg.* (*fam.*) strabiliante, sbalorditivo.

époustoufler [epustufle] *v.tr.* (*fam.*) strabiliare, sbalordire.

épouvantable [epuvɑ̃tabl] *agg.* spaventoso, orrendo || **-ement** *avv.*

épouvantail [epuvɑ̃taj] *s.m.* spaventapasseri, spauracchio (*anche fig.*).

épouvante [epuvɑ̃t] *s.f.* spavento (*m.*) || *film d'* —, film dell'orrore.

épouvanter [epuvɑ̃te] *v.tr.* spaventare □ **s'épouvanter** *v.pron.* spaventarsi.

époux [epu] *s.m.* sposo, consorte.

éprendre, s' [seprɑ̃dʀ] (*coniug. come* prendre) *v.pron.* innamorarsi; appassionarsi (a).

épreuve [epʀœv] *s.f.* 1 prova: *l'* — *d'un moteur*, il collaudo di un motore; (*sport*) *épreuves éliminatoires*, (*gare*) eliminatorie || *à l'* — *de*, a prova di || *à toute* —, a tutta prova || *à l'*—, in prova; *mettre à l'*—, mettere alla prova || (*st.*) — *par le feu*, prova del fuoco 2 (*tip.*) bozza 3 (*fot.*) copia || (*cine.*) — *de tournage*, prima stampa.

épris [epʀi] *part. pass. di* s'éprendre ♦ *agg.* invaghito, innamorato.

éprouvant [epʀuvɑ̃] *agg.* duro, faticoso.

éprouver [epʀuve] *v.tr.* **1** provare (*anche fig.*) **2** (*edil.*) collaudare **3** subire.

éprouvette [epʀuvet] *s.f.* **1** (*chim.*) provetta **2** (*tecn.*) campione (*m.*).

epsilon [ɛpsilɔn] *s.m.* (*lettera dell'alfabeto greco*) epsilon (*m.* e *f.*).

épucer [epyse] (*coniug. come* placer) *v.tr.* spulciare.

épuisant [epɥizɑ̃] *agg.* spossante, estenuante.

épuisé [epɥize] *agg.* **1** esaurito **2** (*di persona*) spossato, sfinito.

épuisement [epɥizmɑ̃] *s.m.* **1** esaurimento || — *du sol*, impoverimento del terreno || — *des eaux*, prosciugamento delle acque **2** (*di persona*) spossatezza (*f.*), sfinimento.

épuiser [epɥize] *v.tr.* **1** esaurire; inaridire || — *le sol*, impoverire il terreno **2** spossare; sfinire □ **s'épuiser** *v.pron.* spossarsi, sfinirsi.

épuisette [epɥizet] *s.f.* **1** (*pesca*) guadino (*m.*) **2** (*mar.*) gottazza.

épurateur [epyʀatœʀ] *s.m.* (*tecn.*) depuratore.

épuration [epyʀɑsjɔ̃] *s.f.* **1** depurazione || — *d'un parti*, epurazione di un partito **2** (*fig.*) purificazione || *l'— des mœurs*, la moralizzazione dei costumi.

épure [epyʀ] *s.f.* **1** disegno tridimensionale **2** disegno finito.

épurer [epyʀe] *v.tr.* depurare; purificare (*anche fig.*) || — *un parti*, epurare un partito.

équarrir [ekaʀiʀ] *v.tr.* **1** squadrare **2** squartare, fare a pezzi.

équarrissage [ekaʀisaʒ] *s.m.* **1** squadratura (*f.*) **2** (*dépeçage*) squartamento.

équarrisseur [ekaʀisœʀ] *s.m.* macellatore.

équateur [ekwatœʀ] *s.m.* equatore.

équation [ekwɑsjɔ̃] *s.f.* equazione.

équatorial [ekwatɔʀjal] (pl. *-aux*) *agg.* e *s.m.* equatoriale.

équatorien [ekwatɔʀjɛ̃] (f. *-enne*) *agg.* e *s.m.* ecuadoriano, equatoriano.

équerre [ekeʀ] *s.f.* squadra: *en —, d'—, à l'—*, a squadra.

équestre [ekɛstʀ] *agg.* equestre.

équeuter [ekøte] *v.tr.* depicciolare (un frutto).

équi- *pref.* equi-

équidés [eki(kɥi)de] *s.m.pl.* (*zool.*) equidi, equini.

équidistance [ekɥidistɑ̃s] *s.f.* equidistanza.

équidistant [ekɥidistɑ̃] *agg.* equidistante.

équilatéral [ekɥilateʀal] (pl. *-aux*) *agg.* (*mat.*) equilatero.

équilibrage [ekilibʀaʒ] *s.m.* (*mecc.*) equilibramento, equilibratura (*f.*).

équilibre [ekilibʀ] *s.m.* equilibrio.

équilibré [ekilibʀe] *agg.* equilibrato.

équilibrer [ekilibʀe] *v.tr.* equilibrare || — *un bilan*, pareggiare un bilancio □ **s'équilibrer** *v.pron.* equilibrarsi.

équilibriste [ekilibʀist] *s.m.* equilibrista.

équinoxe [ekinɔks] *s.m.* equinozio.

équinoxial [ekinɔksjal] (pl. *-aux*) *agg.* equinoziale.

équipage [ekipaʒ] *s.m.* **1** equipaggio **2** (*tecn.*) equipaggiamento.

équipe [ekip] *s.f.* squadra (*anche sport*); gruppo (*m.*): *chef d'—*, caposquadra || — *de travail*, gruppo di lavoro || *esprit d'—*, spirito di corpo || *faire — avec qqn*, lavorare con qlcu || *quelle —!*, (*fam. iron.*) che coppia!

équipée [ekipe] *s.f.* scappata || *folles équipées de jeunesse*, follie di gioventù || *les équipées du dimanche*, le escursioni domenicali.

équipement [ekipmɑ̃] *s.m.* **1** attrezzatura (*f.*); apparecchiatura (*f.*): — *électrique*, apparecchiatura elettrica; *l'— routier*, il sistema viario || — *du territoire*, sistemazione (delle sovrastrutture) del territorio **2** equipaggiamento (per una persona).

équiper [ekipe] *v.tr.* attrezzare: — *un navire*, armare una nave || — *un territoire*, dotare un territorio di sovrastrutture || — *une personne*, equipaggiare una persona □ **s'équiper** *v.pron.* attrezzarsi; equipaggiarsi: *s'— pour le ski*, equipaggiarsi per lo sci.

équipier [ekipje] (f. *-ière*) *s.m.* membro di una squadra.

équitable [ekitabl] *agg.* equo, imparziale.

équitablement [ekitabləmɑ̃] *avv.* equamente.

équitation [ekitɑsjɔ̃] *s.f.* equitazione.

équité [ekite] *s.f.* equità.

équivalence [ekivalɑ̃s] *s.f.* equivalenza.

équivalent [ekivalɑ̃] *agg.* e *s.m.* equivalente.

équivaloir [ekivalwaʀ] (*coniug. come* valoir) *v.intr.* equivalere.

équivoque [ekivɔk] *agg.* e *s.f.* equivoco (*m.*): *pour éviter toute —*, a scanso di equivoci.

équivoquer [ekivɔke] *v.intr.* giocare sulle parole.

érable [eʀabl] *s.m.* (*bot.*) acero.

éradication [eʀadikɑsjɔ̃] *s.f.* sradicamento (*m.*), estirpazione; (*med.*) debellamento (*m.*).

érafler [eʀafle] *v.tr.* scalfire.

éraflure [eʀaflyʀ] *s.f.* scalfittura.

éraillé [eʀaje] *agg.* liso; sfilacciato || *voix éraillée*, voce roca.

érailler [eʀaje] *v.tr.* sfilacciare; logorare || *s'— la voix*, diventare rauco.

éraillure [eʀajyʀ] *s.f.* sfilacciatura; scalfittura.

ère [eʀ] *s.f.* era, epoca.

érectile [eʀɛktil] *agg.* erettile.

érection [eʀɛksjɔ̃] *s.f.* erezione.

éreintage [eʀɛ̃taʒ] *s.m.* → **éreintement**.

éreintant [eʀɛ̃tɑ̃] *agg.* (*fam.*) spossante, sfibrante.

éreintement [eʀɛ̃tmɑ̃] *s.m.* **1** spossatezza (*f.*) **2** (*fam.*) stroncatura (*f.*).

éreinter [eʀɛ̃te] *v.tr.* **1** sfinire || *je suis éreinté*, sono a pezzi **2** (*fam.*) stroncare □ **s'éreinter** *v.pron.* affaticarsi.

érémitique [eʀemitik] *agg.* eremitico, da eremita.

ergonomie [eʀgɔnɔmi] *s.f.* ergonomia.

ergot [eʀgo] *s.m.* **1** sperone || *se dresser sur ses* *ergots*, (*fig.*) inalberarsi **2** (*agr.*) sclerozio, grano speronato.

ergotage [ɛʀgɔtaʒ] *s.m.* (*fam.*) cavillosità (*f.*).

ergoter [ɛʀgɔte] *v.tr.* (*fam.*) cavillare.

ergoteur [ɛʀgɔtœʀ] (f. *-euse*) *agg.* (*fam.*) cavilloso ♦ *s.m.* (*fam.*) cavillatore.

ergothérapie [ɛʀgɔteʀapi] *s.f.* ergoterapia.

ériger [eʀiʒe] (*coniug. come* manger) *v.tr.* **1** erigere (*anche fig.*) **2** istituire **3** elevare a; (*fig.*) trasformare □ **s'ériger** *v.pron.* ergersi (a), atteggiarsi (a).

ermitage [ɛʀmitaʒ] *s.m.* eremitaggio, eremo.

ermite [ɛʀmit] *s.m.* e *f.* eremita.

éroder [eʀɔde] *v.tr.* erodere, corrodere.

érogène [eʀɔʒɛn] *agg.* erogeno.

érosif [eʀɔzif] (f. *-ive*) *agg.* erosivo.

érosion [eʀɔzjɔ̃] *s.f.* erosione.

érotique [eʀɔtik] *agg.* erotico.

érotisme [eʀɔtism] *s.m.* erotismo.

errance [ɛʀɑ̃s] *s.f.* (*letter.*) vagabondaggio (*m.*).

errant [ɛʀɑ̃] *agg.* errante, errabondo.

erratique [ɛʀatik] *agg.* erratico.

erratum [ɛʀatɔm] (pl. *errata*) *s.m.* errata corrige.

erre [ɛʀ] *s.f.* abbrivio (*m.*).

errements [ɛʀmɑ̃] *s.m.pl.* (*fig.*) errori.

errer [ɛʀe] *v.intr.* errare.

erreur [ɛʀœʀ] *s.f.* errore (*m.*): *dans l'—*, in errore; *vous faites —*, sbagliate; *tu crois cela?, —!*, credi davvero?, sbagli! || *revenir de son —*, ricredersi || *sauf — ou omission*, salvo errori od omissioni.

erroné [ɛʀɔne] *agg.* erroneo, errato.

erronément [ɛʀɔnemɑ̃] *avv.* erroneamente.

ersatz [ɛʀzats] *s.m.* surrogato.

éructation [eʀyktasjɔ̃] *s.f.* eruttazione.

éructer [eʀykte] *v.intr.* eruttare ♦ *v.tr.* (*fig.*) vomitare.

érudit [eʀydi] *agg.* e *s.m.* erudito.

érudition [eʀydisjɔ̃] *s.f.* erudizione.

éruptif [eʀyptif] (f. *-ive*) *agg.* eruttivo.

éruption [eʀypsjɔ̃] *s.f.* eruzione.

érysipèle [eʀizipɛl] *s.m.* (*med.*) erisipela (*f.*).

érythème [eʀitɛm] *s.m.* (*med.*) eritema.

érythréen [eʀitʀeɛ̃] (f. *-enne*) *agg.* e *s.m.* eritreo.

ès [ɛs] *prep.* (*contrazione di* en *e* les): *licence — lettres*, → licence in lettere; *docteur — sciences*, dottore in scienze.

es- *pref.* → **é-**

esbroufe [ɛsbʀuf] *s.f.* (*fam.*) spacconata: *faire de l'—*, fare lo spaccone.

esbroufeur [ɛsbʀufœʀ] (f. *-euse*) *s.m.* (*fam.*) sbruffone, spaccone.

escabeau [ɛskabo] (pl. *-eaux*) *s.m.* **1** sgabello **2** scaletta (*f.*).

escabèche [ɛskabɛʃ] *s.f.* (*cuc.*) (pesce in) carpione (*m.*).

escadre [ɛskadʀ] *s.f.* (*mil.*) squadra.

escadrille [ɛskadʀij] *s.f.* squadriglia.

escadron [ɛskadʀɔ̃] *s.m.* **1** squadrone (spec. di cavalleria) **2** (*mil.*) gruppo.

escalade [ɛskalad] *s.f.* **1** scalata || (*sport*): *— libre, artificielle*, arrampicata libera, in artificiale; *école d'—*, scuola di roccia; *faire de l'—*, fare roc-

cia **2** (*fig.*) intensificazione (di un fenomeno), escalation || *l'— des prix*, l'impennata dei prezzi.

escalader [ɛskalade] *v.tr.* scalare; arrampicarsi su.

escalator [ɛskalatɔʀ] *s.m.* scala mobile.

escale [ɛskal] *s.f.* scalo (*m.*).

escalier [ɛskalje] *s.m.* scala (*f.*) || *— roulant*, scala mobile || *dans l'—*, per le scale || *en —*, a gradini || *avoir l'esprit de l'—*, ragionare con il senno di poi.

escalope [ɛskalɔp] *s.f.* (*cuc.*) scaloppina.

escamotable [ɛskamɔtabl] *agg.* retrattile: *train d'atterrissage —*, carrello retrattile; *lit —*, letto ribaltabile.

escamotage [ɛskamɔtaʒ] *s.m.* **1** gioco di prestigio; (*estens.*) sottrazione (*f.*) **2** (*fig.*) elusione (*f.*) **3** (*mecc.*) rientro (di un parte mobile).

escamoter [ɛskamɔte] *v.tr.* **1** far sparire (spec. di un prestigiatore); (*estens.*) sottrarre, portar via || *— un mot*, mangiarsi una parola **2** (*fig.*) eludere, evitare **3** (*mecc.*) far rientrare.

escamoteur [ɛskamɔtœʀ] (f. *-euse*) *s.m.* **1** illusionista, prestigiatore **2** (*estens.*) ladruncolo.

escampette [ɛskɑ̃pɛt] *s.f.*: *prendre la poudre d'—*, darsela a gambe.

escapade [ɛskapad] *s.f.* scappata.

escarbille [ɛskaʀbij] *s.f.* bruscolo (*m.*).

escarbot [ɛskaʀbo] *s.m.* (*zool.*) scarabeo.

escarboucle [ɛskaʀbukl] *s.f.* (*min.*) carbonchio (*m.*) || *des yeux d'—*, occhi di brace.

escarcelle [ɛskaʀsɛl] *s.f.* scarsella.

escargot [ɛskaʀgo] *s.m.* **1** lumaca (*f.*) (*anche cuc.*); chiocciola (*f.*): *aller comme un —*, (*fig.*) camminare come una lumaca **2** *— de mer*, chiocciola di mare.

escargotière [ɛskaʀgɔtjɛʀ] *s.f.* **1** vivaio di lumache **2** piatto per lumache.

escarmouche [ɛskaʀmuʃ] *s.f.* scaramuccia.

escarpe [ɛskaʀp] *s.f.* (*st. mil.*) scarpa.

escarpé [ɛskaʀpe] *agg.* scosceso.

escarpement [ɛskaʀpəmɑ̃] *s.m.* scarpata (*f.*).

escarpin [ɛskaʀpɛ̃] *s.m.* scarpetta (*f.*), scarpino.

escarpolette [ɛskaʀpɔlɛt] *s.f.* altalena.

escarre [ɛskaʀ] *s.f.* piaga da decubito.

eschatologie [ɛskatɔlɔʒi] *s.f.* escatologia.

eschatologique [ɛskatɔlɔʒik] *agg.* escatologico.

escient [ɛsjɑ̃] *s.m.*: *à bon —*, consapevolmente.

esclaffer, s' [sɛsklafe] *v.pron.* scoppiare a ridere.

esclandre [ɛsklɑ̃dʀ] *s.m.* putiferio; scenata (*f.*): *faire un — à qqn*, fare una scenata a qlcu; *faire de l'—*, fare scandalo.

esclavage [ɛsklavaʒ] *s.m.* schiavitù (*f.*).

esclavagisme [ɛsklavaʒism] *s.m.* schiavismo.

esclavagiste [ɛsklavaʒist] *s.m.* schiavista.

esclave [ɛsklav] *agg.* e *s.m.* e *f.* schiavo/a.

escogriffe [ɛskɔgʀif] *s.m.*: *grand —*, spilungone.

escompte [ɛskɔ̃t] *s.m.* sconto.

escompter [ɛskɔ̃te] *v.tr.* **1** dare per scontato; aspettarsi **2** (*Banca*) *— une traite, un effet*, scontare una tratta, un effetto.

escompteur [ɛskɔ̃tœʀ] *s.m.* (*Banca*) scontista.

escopette [ɛskɔpɛt] *s.f.* (*st. mil.*) schioppetto (*m.*).

escorte [ɛskɔʀt] *s.f.* scorta: *faire — à*, scortare.

escorter [ɛskɔʀte] *v.tr.* scortare.

escorteur [ɛskɔʀtœʀ] *s.m.* nave scorta.

escouade [ɛskwad] *s.f.* squadra, drappello (*m.*).

escrime [ɛskʀim] *s.f.* scherma: *faire de l'—*, tirare di scherma.

escrimer, s' [sɛskʀime] *v.pron.* sforzarsi (di), cercare (di).

escrimeur [ɛskʀimœʀ] (f. *-euse*) *s.m.* schermitore.

escroc [ɛskʀo] *s.m.* truffatore, imbroglione.

escroquer [ɛskʀɔke] *v.tr.* **1** estorcere; (*fam.*) scroccare **2** — *qqn*, truffare qlcu.

escroquerie [ɛskʀɔkʀi] *s.f.* truffa.

esgourde [ɛsguʀd] *s.f.* (*argot*) orecchio (*m.*).

eskimo [ɛskimo] *s.m.* → **esquimau**.

ésotérique [ezɔteʀik] *agg.* esoterico.

ésotérisme [ezɔteʀism] *s.m.* esoterismo.

espace [ɛspas] *s.m.* spazio.

espacement [ɛspasmã] *s.m.* **1** distanza (*f.*), spazio **2** (*tip.*) spaziatura (*f.*).

espacer [ɛspase] (*coniug. come* placer) *v.tr.* **1** distanziare, intervallare; diradare: — *ses visites*, diradare le visite **2** (*tip.*) spaziare □ **s'espacer** *v.pron.* diradarsi.

espadon [ɛspadɔ̃] *s.m.* pesce spada.

espadrille [ɛspadʀij] *s.f.* espadrille (scarpa di tela e corda).

espagnol [ɛspaɲɔl] *agg.* e *s.m.* spagnolo.

espagnolette [ɛspaɲɔlɛt] *s.f.* spagnoletta (di finestra).

espalier [ɛspalje] *s.m.* (*agr., sport*) spalliera (*f.*).

espar [ɛspaʀ] *s.m.* (*mar.*) asta (*f.*), pennone.

espèce [ɛspɛs] *s.f.* **1** specie **2** specie, genere (*m.*): *de toute —*, di ogni specie, di ogni genere; *cela n'a aucune — d'importance*, non è per nulla importante || *une — de*, una specie di, una sorta di; — *d'imbécile!*, (*fam.*) pezzo di imbecille! || *cas d'—*, caso particolare; *en l'—*, nella fattispecie **3** *pl.* denaro (liquido): *payer en espèces*, pagare in contanti; *revenu en espèces*, reddito in denaro **4** *pl.* (*teol.*) specie: *sous les espèces de*, sotto le specie di.

espérance [ɛspeʀãs] *s.f.* speranza; aspettativa.

espéranto [ɛspeʀãto] *s.m.* esperanto.

espérer [ɛspeʀe] (*coniug. come* céder) *v.tr.* **1** sperare || — *que oui, que non*, sperare di sì, di no **2** aspettarsi, attendersi: *n'espère de lui aucune aide*, non aspettarti nessun aiuto da parte sua; *je n'en espérais pas tant!*, non mi aspettavo tanto!; *n'espérons pas qu'il nous dise la vérité*, non aspettiamoci che ci dica la verità || *on ne vous espérait plus!*, (*fam.*) non vi aspettavamo più ♦ *v.intr.* sperare, confidare.

espiègle [ɛspjɛgl] *agg.* e *s.m.* birichino, vivace.

espièglerie [ɛspjɛgləʀi] *s.f.* **1** vivacità **2** birichinata.

espion [ɛspjɔ̃] (f. *-onne*) *s.m.* spia (*f.*).

espionnage [ɛspjɔnaʒ] *s.m.* spionaggio.

espionner [ɛspjɔne] *v.tr.* spiare.

espionnite [ɛspjɔnit] *s.f.* (*fam.*) ossessione di essere spiato.

esplanade [ɛsplanad] *s.f.* spiazzo (*m.*), piazzale (*m.*).

espoir [ɛspwaʀ] *s.m.* speranza (*f.*): *j'ai bon — de le voir*, ho buone speranze di vederlo.

esprit [ɛspʀi] *s.m.* **1** mente (*f.*): *avoir l'— vif*, avere un'intelligenza vivace; *un petit —*, una mente limitata; *avoir l'— étroit*, avere la mente ristretta; *état d'—*, disposizione mentale; *revenir à l'—*, tornare in mente; *sortir de l'—*, uscire di mente; *il n'a pas l'— au travail*, non ha la mente al lavoro || *dans mon —*, secondo il mio modo di vedere **2** spirito, anima (*f.*) **3** spirito, animo; (*caractère*) temperamento, natura (*f.*): *un — noble*, un animo nobile; *un — mélancolique*, una natura melanconica; *avoir bon —*, essere di animo buono; *ce groupe a bon —*, quel gruppo è ben affiatato; *avoir mauvais —*, vedere il male dappertutto, (*estens.*) seminare zizzania; *avoir l'— mal tourné*, essere malizioso, (*estens.*) vedere il male ovunque || *l'— bourgeois*, la mentalità borghese **4** spirito; senso: — *de contradiction*, spirito di contraddizione; — *d'observation*, spirito d'osservazione; — *de justice*, senso della giustizia; — *d'entreprise*, spirito imprenditoriale; *l'— d'une loi*, lo spirito di una legge **5** (*essere immateriale*) spirito: — *malin*, lo spirito maligno, il demonio || *Saint-Esprit*, Spirito Santo **6** spirito, umorismo: *homme d'—*, uomo spiritoso; *trait, mot d'—*, battuta di spirito; *avoir de l'—*, essere spiritoso **7** *pl.* sensi: *perdre ses esprits*, perdere i sensi, perdere la testa.

esprit-de-bois [ɛspʀidbwa] (pl. *esprits-de-bois*) *s.m.* alcool metilico.

esprit-de-sel [ɛspʀidsɛl] (pl. *esprits-de-sel*) *s.m.* acido cloridrico.

esprit-de-vin [ɛspʀidvɛ̃] (pl. *esprits-de-vin*) *s.m.* alcool etilico.

esquif [ɛskif] *s.m.* (*letter.*) schifo.

esquille [ɛskij] *s.f.* scheggia (d'osso).

esquimau [ɛskimo] (pl. *-aux*; f. *-aude*) *agg.* eschimese ♦ *s.m.* **1** eschimese **2** gelato da passeggio.

esquinté [ɛskɛ̃te] *agg.* (*fam.*) **1** sciupato, malconcio **2** (*di persona*) stanco morto, sfinito.

esquinter [ɛskɛ̃te] *v.tr.* (*fam.*) **1** rovinare, sciupare **2** (*una persona*) spossare, sfibrare **3** (*fig.*) stroncare □ **s'esquinter** *v.pron.* spossarsi, stancarsi.

esquisse [ɛskis] *s.f.* schizzo (*m.*) (*anche fig.*).

esquisser [ɛskise] *v.tr.* schizzare, abbozzare (*anche fig.*).

esquive [ɛskiv] *s.f.* lo schivare; (*sport*) schivata.

esquiver [ɛskive] *v.tr.* schivare, scansare □ **s'esquiver** *v.pron.* svignarsela.

essai [ɛse] *s.m.* **1** prova (*f.*): *ses essais ont été infructueux*, i suoi tentativi sono stati infruttuosi || (*cine.*) *bout d'—*, provino || *coup d'—*, tentativo, prova || *prendre à l'—*, prendere in prova; *mettre à l'—*, mettere alla prova; *un mois à l'—*, per un mese di prova **2** (*tecn.*) prova (*f.*); collaudo: *pilote d'—*, collaudatore **3** (*lett.*) saggio **4** (*rugby*) meta (*f.*).

     esturgeon

essaim [esɛ̃] *s.m.* sciame (*anche fig.*).

essaimage [esɛmaʒ] *s.m.* sciamatura (*f.*).

essaimer [eseme] *v.intr.* sciamare.

essarter [esaʀte] *v.tr.* (*agr.*) debbiare.

essayage [esɛjaʒ] *s.m.* prova (di un abito).

essayer [eseje] (*coniug. come* payer) *v.tr.* **1** provare || — *un vaccin*, sperimentare un vaccino **2** (*tecn.*) provare; collaudare ♦ *v.intr.* tentare: *j'essaierai de venir*, cercherò di venire □ **s'essayer** *v.pron.* esercitarsi (in): *s'— à la nage*, cimentarsi nel nuoto.

essayeur [esejœʀ] (*f. -euse*) *s.m.* **1** collaudatore **2** (*abbigl.*) sarto addetto alle prove.

essayiste [esejist] *s.m.* saggista.

esse [ɛs] *s.f.* uncino a forma di S.

essence [esɑ̃s] *s.f.* **1** essenza || *par —*, per definizione **2** essenza, olio essenziale || *— de café*, estratto di caffè **3** (*aut.*) benzina: *prendre de l'—*, fare benzina.

essencerie [esɑ̃sʀi] *s.f.* (*in Africa*) stazione di servizio.

essentiel [esɑ̃sjɛl] (*f. -elle*) *agg. e s.m.* essenziale || *l'— de son temps*, la maggior parte del suo tempo || **-ellement** *avv.*

esseulé [esøle] *agg.* solo, abbandonato.

essieu [esjø] (pl. *-eux*) *s.m.* (*aut.*) asse, assale.

essor [esɔʀ] *s.m.* progresso, slancio || *donner à-*, dare libero corso a || *prendre son —*, spiccare il volo.

essorage [esɔʀaʒ] *s.m.* strizzatura (*f.*); centrifuga (*f.*), centrifugazione (*f.*).

essorer [esɔʀe] *v.tr.* strizzare; centrifugare || *— la salade*, scolare l'insalata.

essoreuse [esɔʀøz] *s.f.* centrifuga.

essoufflement [esufləmɑ̃] *s.m.* affanno, difficoltà di respiro; (*fig.*) rallentamento.

essouffler [esufle] *v.tr.* far ansimare, lasciare senza fiato □ **s'essouffler** *v.pron.* **1** sfiatarsi **2** (*fig.*) perdere colpi, rallentare.

essuie-glace [esɥiglas] (pl. *essuie-glaces*) *s.m.* tergicristallo.

essuie-mains [esɥimɛ̃] (pl. *invar.*) *s.m.* asciugamano.

essuie-tout [esɥitu] (pl. *invar.*) *s.m.* carta assorbente (per uso domestico).

essuyage [esɥijaʒ] *s.m.* asciugatura (*f.*).

essuyer [esɥije] (*coniug. come* employer) *v.tr.* **1** asciugare: *s'— les mains*, asciugarsi le mani **2** spolverare **3** (*fig.*) subire: — *un refus*, ricevere un rifiuto.

est [ɛst] *s.m.* **1** est **2** (*geogr.*) *l'Est*, l'Est: *l'Est de la France*, le regioni orientali della Francia ♦ *agg.* orientale, dell'Est.

estacade [estakad] *s.f.* sbarramento (*m.*); (*mar.*) frangiflutti: — *flottante*, barriera galleggiante.

estafette [estafɛt] *s.f.* staffetta.

estafilade [estafilad] *s.f.* sfregio (*m.*).

est-allemand [ɛstalmɑ̃] (f. *est-allemande*, pl. *est-allemands*) *agg.* tedesco-orientale, della Germania dell'Est (prima dell'unificazione del 1990).

estaminet [ɛstaminɛ] *s.m.* piccolo caffè; bettola (*f.*).

estampage [ɛstɑ̃paʒ] *s.m.* **1** (*metall.*) stampaggio **2** (*delle monete*) coniatura (*f.*) **3** (*del cuoio*) goffraggio **4** (*fam.*) truffa (*f.*).

estampe [ɛstɑ̃p] *s.f.* **1** stampa **2** (*tecn.*) stampo (*m.*).

estamper [ɛstɑ̃pe] *v.tr.* **1** (*metall.*) stampare; goffrare (il cuoio) **2** (*fam.*) spillare denaro.

estampeur [ɛstɑ̃pœʀ] (f. *-euse*) *s.m.* stampatore.

estampillage [ɛstɑ̃pijaʒ] *s.m.* stampigliatura (*f.*).

estampille [ɛstɑ̃pij] *s.f.* stampiglia, marchio (*m.*).

estampiller [ɛstɑ̃pije] *v.tr.* stampigliare; marchiare.

est-ce que [ɛskə] *locuz.interr.* ⟶ **ce.**

ester[1] [ɛste] *v.intr.*(*dir.*): — *en justice*, stare in giudizio; *droit d'— en justice*, legittimazione processuale.

ester[2] *s.m.* (*chim.*) estere.

esthète [ɛstɛt] *s.m.* esteta.

esthéticien [ɛstetisjɛ̃] *s.m.* (*fil.*) estetico.

esthéticienne [ɛstetisjɛn] *s.f.* estetista.

esthétique [ɛstetik] *agg.* estetico ♦ *s.f.* estetica.

esthétiquement [ɛstetikmɑ̃] *avv.* esteticamente.

esthétisme [ɛstetism] *s.m.* estetismo.

estimable [ɛstimabl] *agg.* stimabile: *un geste —*, un gesto lodevole.

estimatif [ɛstimatif] (f. *-ive*) *agg.* estimativo: *devis —*, preventivo; *prix —*, prezzo presunto.

estimation [ɛstimasjɔ̃] *s.f.* (*dir.*) stima.

estime [ɛstim] *s.f.* stima: *avoir qqn en haute —*, tenere qlcu in grande stima || *un succès d'—*, un successo di critica || *à l'—*, approssimativamente.

estimer [ɛstime] *v.tr.* **1** stimare, valutare **2** stimare, apprezzare **3** ritenere □ **s'estimer** *v.pron.* reputarsi, stimarsi.

estival [ɛstival] (pl. *-aux*) *agg.* estivo.

estivant [ɛstivɑ̃] *s.m.* villeggiante.

estoc [ɛstɔk] *s.m.* stocco: *frapper d'— et de taille*, colpire di punta e di taglio.

estocade [ɛstɔkad] *s.f.* stoccata (*anche fig.*).

estomac [ɛstɔma] *s.m.* stomaco || *lavage d'—*, lavanda gastrica || (*fig. fam.*): *avoir de l'—*, *manquer d'—*, aver fegato, non aver fegato; *il a de l'— celui-là!*, ha una bella faccia tosta quello!

estomaquer [ɛstɔmake] *v.tr.* (*fam.*) sconcertare, sbalordire.

estompage [ɛstɔ̃paʒ] *s.m.* sfumo, sfumatura (*f.*).

estompé [ɛstɔ̃pe] *agg.* sfumato; (*fig.*) sbiadito.

estomper [ɛstɔ̃pe] *v.tr.* **1** sfumare **2** (*fig.*) smorzare □ **s'estomper** *v.pron.* attenuarsi.

estonien [ɛstɔnjɛ̃] (f. *-enne*) *agg. e s.m.* estone.

estourbir [ɛstuʀbiʀ] *v.tr.* (*fam.*) far fuori (con un colpo).

estrade [ɛstʀad] *s.f.* podio (*m.*), palco (*m.*).

estragon [ɛstʀagɔ̃] *s.m.* dragoncello, estragone.

estrapade [ɛstʀapad] *s.f.* (*st.*) supplizio della corda.

estropié [ɛstʀɔpje] *agg.* storpio.

estropier [ɛstʀɔpje] *v.tr.* storpiare (*anche fig.*).

estuaire [ɛstɥɛʀ] *s.m.* estuario.

estudiantin [ɛstydjɑ̃tɛ̃] *agg.* studentesco.

esturgeon [ɛstyʀʒɔ̃] *s.m.* (*zool.*) storione.

et [e] *cong.* e, ed (*davanti a nome iniziante per* e): *quand il fait beau* — *que tout le monde va à la mer*, quando è bello e tutti vanno al mare || — *d'un,* — *de deux, ...,* e uno, e due, ... || *deux* — *deux font quatre*, due più due fanno quattro || *vingt* — *un*, ventuno.

étable [etabl] *s.f.* stalla.

établi [etabli] *agg.* stabilito: — *à l'avance*, prestabilito ♦ *s.m.* banco da lavoro.

établir [etabliʀ] *v.tr.* **1** stabilire; fissare || — *un devis*, fare un preventivo **2** (*letter.*) sistemare **3** costruire, fondare (*spec. fig.*) || — *solidement sa renommée*, farsi una solida fama || — *un gouvernement*, costituire un governo □ **s'établir** *v.pron.* **1** stabilirsi **2** insediarsi; installarsi || *s'* — *cordonnier*, metter su bottega di calzolaio.

établissement [etablismɑ̃] *s.m.* **1** instaurazione (*f.*): *l'* — *d'une dictature*, l'instaurazione di una dittatura **2** edificazione (*f.*), erezione (*f.*): *l'* — *d'un barrage*, la costruzione di una diga **3** insediamento **4** preparazione (*f.*): *l'* — *d'un devis*, la stesura di un preventivo; *l'* — *d'un fait*, l'accertamento di un fatto **5** azienda (*f.*), ditta (*f.*); stabilimento: — *classé*, stabilimento a rischio || — *de crédit*, istituto di credito **6** pubblico esercizio **7** edificio (adibito a particolari servizi): — *scolaire*, istituto scolastico; *chef d'*—, capo d'istituto || — *hospitalier*, istituto ospedaliero || — *pénitentiaire*, istituto di pena || — *thermal*, stabilimento termale **8** ente: — *d'utilité publique*, ente di pubblica utilità.

étage [etaʒ] *s.m.* **1** piano; ripiano; *maison à étages*, casa a più piani **2** (*aer.*) stadio, fase (*f.*) □ **de bas étage** di bassa condizione: *un hôtel de bas* —, un albergo di infimo ordine; *plaisanterie de bas* —, scherzo di pessimo gusto.

étagement [etaʒmɑ̃] *s.m.* disposizione a piani, a ripiani.

étager [etaʒe] (*coniug. come* manger) *v.tr.* disporre a (ri)piani.

étagère [etaʒɛʀ] *s.f.* **1** mensola, ripiano (*m.*) **2** scansia, scaffale (*m.*).

étai [etɛ] *s.m.* puntello, sostegno.

étaiement [etɛmɑ̃] *s.m.* puntellamento.

étain [etɛ̃] *s.m.* stagno: — (*raffiné*), peltro || *papier (d')* —, (carta) stagnola.

étal [etal] (*pl. -als, -aux*) *s.m.* **1** bancarella (del mercato) **2** banco di macelleria.

étalage [etalaʒ] *s.m.* **1** esposizione (*f.*), mostra (di merci in vendita) || *vol à* —, taccheggio **2** banco, bancarella (di mercato ecc.) **3** (*fig.*) sfoggio.

étalagiste [etalaʒist] *s.m.* e *f.* vetrinista.

étale [etal] *agg.*: *mer* —, marea in stanca; *navire* —, nave ferma, in panna ♦ *s.m.* stanca (di marea).

étalement [etalmɑ̃] *s.m.* distribuzione (*f.*), ripartizione (*f.*): — *des vacances*, scaglionamento delle vacanze.

étaler [etale] *v.tr.* **1** esporre (una merce in vendita) **2** spiegare; stendere; disporre: *elle étala ses livres sur la table*, sparpagliò i libri sul tavolo || — *du beurre*, spalmare del burro || — *son jeu*, (*anche*

fig.) scoprire le proprie carte **3** ripartire, scaglionare **4** (*fig.*) esibire □ **s'étaler** *v.pron.* **1** stendersi **2** spandersi **3** prolungarsi (nel tempo) **4** (*fam.*) cadere lungo disteso.

étalon[1] [etalɔ̃] *s.m.* campione (di pesi e misure): — *monétaire*, base monetaria.

étalon[2] *s.m.* stallone.

étalonnage [etalɔnaʒ], **étalonnement** [etalɔnmɑ̃] *s.m.* verificazione (di pesi e misure); calibratura, standardizzazione (di pezzi industriali); campionatura (di metalli); taratura (di strumenti di misura).

étalonner [etalɔne] *v.tr.* verificare (pesi e misure); calibrare, standardizzare (pezzi industriali); campionare (metalli); tarare (strumenti di misura).

étamage [etamaʒ] *s.m.* stagnatura (*f.*).

étambot [etɑ̃bo] *s.m.* (*mar.*) telaio di poppa.

étamer [etame] *v.tr.* **1** stagnare **2** argentare (specchi).

étameur [etamœʀ] *s.m.* stagnaio, stagnino.

étamine[1] [etamin] *s.f.* (*bot.*) stame (*m.*).

étamine[2] *s.f.* (*tessuto*) stamigna.

étampe [etɑ̃p] *s.f.* stampo (*m.*).

étamper [etɑ̃pe] *v.tr.* (*mecc.*) stampare.

étanche [etɑ̃ʃ] *agg.* stagno || *montre* —, orologio impermeabile.

étanchéité [etɑ̃ʃeite] *s.f.* tenuta stagna.

étancher [etɑ̃ʃe] *v.tr.* **1** arrestare (il flusso di) || — *sa soif*, estinguere la sete **2** (*tecn.*) stagnare || (*mar.*) — *une voie d'eau*, chiudere una falla.

étançon [etɑ̃sɔ̃] *s.m.* pilastro (di sostegno).

étançonner [etɑ̃sɔne] *v.tr.* puntellare, sostenere.

étang [etɑ̃] *s.m.* stagno.

étape [etap] *s.f.* tappa: *par étapes*, a tappe, (*fig.*) per gradi.

état [eta] *s.m.* **1** stato, condizione (*f.*): *être en* — *de...*, essere in condizione di...; *être en* —, essere in buono stato || *en l'* —, così com'è || *le malade est dans un* — *grave*, il malato è grave; *être en* — *de manque*, essere in crisi di astinenza; *être dans un* — *intéressant*, essere in stato interessante || *hors d'* —, fuori uso; *on l'a mis hors d'* — *de parler*, l'hanno messo nell'impossibilità di parlare || — *de fait*, dato di fatto || *dans cet* — *de choses, dans l'* — *où sont les choses*, così come stanno le cose || *en tout* — *de cause*, in ogni modo, in ogni caso || *être dans tous ses états*, (*fam.*) esser fuori di sé || *faire* — *de*, prendere in considerazione; *les journaux font* — *des pertes subies par l'adversaire*, i giornali parlano delle perdite subite dall'avversario || *bureau d'* — *civil*, anagrafe || (*dir.*) — *des lieux*, verifica dello stato di conservazione (di appartamento, edificio ecc.) || *de son* —, (*letter.*) di mestiere, di professione **2** *État*, Stato || *dépenses d'État*, spese pubbliche; *subvention de l'État*, sovvenzione statale || *coup d'État*, colpo di stato; (*in Africa*) *faire (un) coup d'État*, fare una fuga d'amore con una ragazza • *États généraux*, Stati generali (assemblea dei rappresentanti dei tre Stati); *le Tiers État*, il terzo Stato.

étatique [etatik] *agg.* statuale, dello stato.

étatisation [etatizɑsjɔ̃] *s.f.* statalizzazione, nazionalizzazione.

étatiser[etatize]*v.tr.*statalizzare,nazionalizzare.

étatisme [etatism] *s.m.* statalismo.

étatiste [etatist] *agg.* e *s.m.* statalista.

état-major [etamaʒɔʀ] (pl. *états-majors*) *s.m.* stato maggiore.

étau [eto] (pl. *-aux*) *s.m.* (*mecc.*) morsa (*f.*).

étayer [eteje] (*coniug. come* payer) *v.tr.* puntellare; (*fig.*) sostenere.

et cætera, et cetera [ɛtseteʀa] *locuz.avv.* eccetera.

été [ete] *s.m.* estate (*f.*): *c'est l'*—, è estate; *hiver comme* —, d'inverno come d'estate; *heure d'*—, ora estiva || — *indien*, estate di San Martino.

éteignoir [etɲwaʀ] *s.m.* 1 spegnitoio 2 (*fam.*) guastafeste.

éteindre [etɛ̃dʀ] (*coniug. come* peindre) *v.tr.* spegnere; (*estens.*) estinguere □ **s'éteindre** *v.pron.* spegnersi; estinguersi; (*fig.*) svanire.

éteint [etɛ̃] *part. pass. di* éteindre ♦ *agg.* 1 spento 2 (*estens.*) estinto.

étendage [etɑ̃daʒ] *s.m.* lo stendere (biancheria).

étendard [etɑ̃daʀ] *s.m.* stendardo, vessillo.

étendoir [etɑ̃dwaʀ] *s.m.* stenditoio.

étendre [etɑ̃dʀ] (*coniug. come* rendre) *v.tr.* 1 stendere 2 coricare, sdraiare 3 (*estens.*) estendere 4 (*con un liquido*) diluire, allungare 5 *se faire* —, (*fam.*) farsi bocciare □ **s'étendre** *v.pron.* 1 stendersi, estendersi || *s'* — *sur un sujet*, dilungarsi su un argomento 2 sdraiarsi, adagiarsi.

étendu [etɑ̃dy] *part. pass. di* étendre ♦ *agg.* 1 esteso, vasto || *elle a une voix étendue*, ha una grande estensione di voce 2 disteso; spiegato 3 allungato (con un liquido).

étendue [etɑ̃dy] *s.f.* 1 distesa; estensione; superficie || *l'* — *de la vie*, la durata della vita || (*mus.*) — *d'une voix*, estensione della voce 2 (*fig.*)ampiezza,portata 3(*fil.,mat.*) dimensione.

éternel [etɛʀnɛl] (f. *-elle*) *agg.* eterno ♦ *s.m.* 1 eterno, eternità (*f.*) 2 *l'Éternel*, l'Eterno, Dio.

éternellement [etɛʀnɛlmɑ̃] *avv.* eternamente.

éterniser [etɛʀnize] *v.tr.* tirare per le lunghe □ **s'éterniser** *v.pron.* (*fam.*) metter radici, non andare più via; (*di cose*) non finir più.

éternité [etɛʀnite] *s.f.* eternità || *de toute* —, da tempo immemorabile.

éternuement [etɛʀnymɑ̃] *s.m.* starnuto.

éternuer [etɛʀnɥe] *v.intr.* starnutire, starnutare.

étêter [etete] *v.tr.* (*agr.*) scapezzare, cimare.

éteule [etœl] *s.f.* (*agr.*) stoppia.

éther [etɛʀ] *s.m.* etere.

éthéré [eteʀe] *agg.* etereo.

éthiopien [etjɔpjɛ̃] (f. *-enne*) *agg.* etiopico, etiope ♦ *s.m.* etiope.

éthique [etik] *agg.* etico ♦ *s.f.* etica.

ethnie [ɛtni] *s.f.* etnia.

ethnique [ɛtnik] *agg.* etnico.

ethn(o)- *pref.* etn(o)-

ethnographie [ɛtnɔgʀafi] *s.f.* etnografia.

ethnographique [ɛtnɔgʀafik] *agg.* etnografico.

ethnologie [ɛtnɔlɔʒi] *s.f.* etnologia.

ethnologue [ɛtnɔlɔg] *s.m.* etnologo.

éthologie [etɔlɔʒi] *s.f.* etologia.

éthologiste [etɔlɔʒist] *s.m.* etologo.

éthyle [etil] *s.m.* (*chim.*) etile.

éthylène [etilɛn] *s.m.* (*chim.*) etilene.

éthylique [etilik] *agg.* (*chim.*) etilico ♦ *s.m.* etilista.

éthylisme [etilism] *s.m.* (*med.*) etilismo.

étiage [etjaʒ] *s.m.* magra (di fiume ecc.).

étincelant [etɛ̃slɑ̃] *agg.* scintillante, sfavillante: *esprit* —, ingegno brillante.

étinceler [etɛ̃sle] (*coniug. come* appeler) *v.intr.* scintillare, sfavillare; brillare.

étincelle [etɛ̃sɛl] *s.f.* scintilla, favilla || *faire des étincelles*, (*fig.*) brillare, avere successo.

étincellement[etɛ̃sɛlmɑ̃]*s.m.* scintillio, sfavillio.

étiolement [etjɔlmɑ̃] *s.m.* 1 (*bot.*) eziolamento 2 (*fig.*) indebolimento.

étioler [etjɔle] *v.tr.* (*agr.*) imbozzacchire □ **s'étioler** *v.pron.* 1 (*agr.*) imbozzacchirsi 2 (*fig.*) indebolirsi.

étiologie [etjɔlɔʒi] *s.f.* eziologia.

étique [etik] *agg.* (*letter.*) scarno, emaciato.

étiquetage [etiktaʒ] *s.m.* etichettatura (*f.*).

étiqueter [etikte] (*coniug. come* jeter) *v.tr.* etichettare.

étiqueteuse [etiktøz] *s.f.* (*macchina*) etichettatrice.

étiquette [etikɛt] *s.f.* etichetta (*anche fig.*).

étirage [etiʀaʒ] *s.m.* (*tecn.*) trafilatura (*f.*).

étirement [etiʀmɑ̃] *s.m.* stiramento.

étirer [etiʀe] *v.tr.* 1 distendere, stirare 2 (*metall.*) trafilare 3 (*mecc.*) tirare □ **s'étirer** *v.pron.* distendersi, stirarsi; (*fam.*) stiracchiarsi.

étoffe [etɔf] *s.f.* tessuto (*m.*); stoffa (*anche fig.*).

étoffé [etɔfe] *agg.* ricco, pieno: *style* —, stile corposo; *voix bien étoffée*, voce sonora.

étoffer [etɔfe] *v.tr.* riempire, rimpolpare; (*fig.*) arricchire.

étoile [etwal] *s.f.* 1 stella || *en* —, a stella || *coucher à la belle* —, dormire all'addiaccio || *danseur* —, primo ballerino assoluto 2 (*mil.*) stelletta 3 (*di cose*) incrinatura a raggiera.

étoilé [etwale] *agg.* 1 stellato || *la bannière étoilée*, la bandiera statunitense 2 costellato.

étoiler [etwale] *v.tr.* 1 stellare; costellare 2 fare, causare un'incrinatura (in un vetro ecc.).

étole [etɔl] *s.f.* stola.

étonnamment [etɔnamɑ̃] *avv.* sorprendentemente, straordinariamente.

étonnant [etɔnɑ̃] *agg.* stupefacente, sbalorditivo, sorprendente.

étonnement [etɔnmɑ̃] *s.m.* stupore, meraviglia (*f.*): *à mon grand* —, con mio grande stupore.

étonner [etɔne] *v.tr.* stupire, sorprendere, meravigliare.

étouffant [etufɑ̃] *agg.* soffocante, asfissiante || *temps* —, tempo afoso || *atmosphère étouffante*, (*fig.*) atmosfera opprimente.

étouffe-chrétien [etufkʀetjɛ̃] (pl. *invar.*) *s.m.* (*fam.*) (*di alimento*) macigno; cibo che ingozza.

étouffée, à l' [aletufe] *locuz.avv.* e *agg.*: *cuire à l'—*, stufare; *viande à l'—*, stufato.

étouffement [etufmã] *s.m.* soffocamento.

étouffer [etufe] *v.tr.* e *intr.* soffocare ‖ *le tapis étouffait le bruit de ses pas*, il tappeto attutiva il rumore dei suoi passi ‖ *— de rage*, crepare di rabbia ‖ *la générosité ne l'étouffe pas*, (*scherz.*) la generosità non è il suo forte □ **s'étouffer** *v.pron.* soffocarsi.

étouffoir [etufwaʀ] *s.m.* **1** (*del pianoforte*) smorzatore **2** (*fig. fam.*) stanza senz'aria, forno.

étoupe [etup] *s.f.* stoppa, capecchio (*m.*).

étourderie [etuʀdəʀi] *s.f.* sventatezza, sbadataggine ‖ *fautes d'—*, errori di distrazione.

étourdi [etuʀdi] *agg.* e *s.m.* sbadato, sventato.

étourdiment [etuʀdimã] *avv.* sbadatamente, sconsideratamente.

étourdir [etuʀdiʀ] *v.tr.* stordire.

étourdissant [etuʀdisã] *agg.* **1** assordante **2** (*fam.*) strabiliante ‖ *il est — ce soir*, è straordinariamente brillante questa sera.

étourdissement [etuʀdismã] *s.m.* stordimento: *avoir des étourdissements*, avere dei mancamenti.

étourneau [etuʀno] (pl. *-eaux*) *s.m.* **1** (*zool.*) storno **2** (*fig.*) sventato.

étrange [etʀãʒ] *agg.* e *s.m.* strano ‖ *-ement avv.*

étranger [etʀãʒe] (f. *-ère*) *agg.* **1** straniero; (contrapposto a *interno*) estero: *vivre en terre étrangère*, vivere in terra straniera; *politique étrangère*, politica estera; **2** forestiero; esotico: *coutumes étrangères*, usanze forestiere, esotiche **3** estraneo; sconosciuto: *les personnes étrangères*, gli estranei, gli sconosciuti **4** — (*à*), estraneo: *ce visage ne m'est pas —*, questa faccia non mi è nuova ‖ *corps —*, corpo estraneo ♦ *s.m.* **1** straniero; forestiero, chi non è del posto **2** estraneo; sconosciuto: *ils vivent en étrangers*, vivono come estranei **3** (paese) estero: *de l'—*, *à l'—*, dall'estero, all'estero ‖ *correspondant à l'—*, corrispondente dall'estero.

étrangeté [etʀãʒte] *s.f.* **1** stranezza **2** (*psic.*) estraneità.

étranglé [etʀãgle] *agg.* strozzato.

étranglement [etʀãgləmã] *s.m.* **1** strangolamento **2** strozzatura (*f.*) **3** strozzamento (*anche med.*).

étrangler [etʀãgle] *v.tr.* **1** strozzare **2** stringere **3** (*fig.*) imbavagliare □ **s'étrangler** *v.pron.* strozzarsi: *s'— de rire*, soffocare dalle risa.

étrangleur [etʀãglœʀ] (f. *-euse*) *s.m.* strangolatore.

étrave [etʀav] *s.f.* (*mar.*) ruota di prua.

être[1] [etʀ]

Indic.pres. je suis, tu es, il est, nous sommes, vous êtes, ils sont; *imperf.* j'étais, etc.; *pass.rem.* je fus, tu fus, il fut, nous fûmes, vous fûtes, ils furent; *fut.* je serai, etc. *Cond.* je serais, etc. *Cong.pres.* que je sois, que tu sois, qu'il soit, que nous soyons, que vous soyez, qu'ils soient; *imperf.* que je fusse, que tu fusses, qu'il fût, etc. *Part.pres.* étant; *pass.* été. *Imp.* sois, soyons, soyez.

---

v. ausiliare essere: *ils ont été accusés de vol*, sono stati accusati di furto; *ils se sont aimés*, si sono amati ♦ *v.intr.* essere: *tu as été en Italie*, sei stato in Italia; *je pense donc je suis*, penso dunque esisto; *comment es-tu ce matin?*, come stai questa mattina?; *si j'étais vous, à votre place*, se fossi in voi ‖ *comme si de rien n'était*, come se niente fosse ‖ *"C'est combien?" "C'est mille lires"*, "Quant'è?" "Sono mille lire" ‖ *— trois, quatre*, essere (in) tre, (in) quattro ‖ *qu'il est bête!*, *C'est bête!*, che stupido! ‖ *qui est là?*, chi c'è ‖ *il ne m'est rien*, non è niente per me ‖ *il n'est plus*, non è più, è morto ‖ *fût-il coupable...*, quand'anche fosse colpevole ‖ *on ne peut pas — et avoir été*, il tempo passa per tutti ‖ *ce que c'est que de nous*, siamo poca cosa ‖ *elle n'est pas très repas de famille*, non le va molto proprio i pranzi di famiglia; *je suis très Noël*, sono molto legata alle tradizioni del Natale ‖ *vous n'êtes pas sans savoir que...*, non ignorate certamente che... ‖ *je suis pour la liberté*, sono a favore della libertà ‖ *je suis pour qqch dans sa décision*, sono in parte responsabile della sua decisione ‖ (*mat.*) *soit un triangle ABC...*, dato un triangolo ABC... ‖ *être à...*: *ce livre est à moi*, questo libro è mio; *je suis à vous*, sono a vostra disposizione; *tout est à refaire*, è tutto da rifare; *ils sont à plaindre*, sono da compiangere; *il est à travailler*, (*fam.*) sta lavorando; *il est toujours à travailler*, (*fam.*) sta sempre a lavorare; *l'heure est au travail, pas aux bavardages*, è il momento di lavorare, non di chiacchierare; *il n'est pas homme à...*, non è un uomo da...; *le temps est à la pluie*, minaccia di piovere; *tu n'es pas à ce qu'on dit, à ce qu'on fait*, non stai attento a quello che diciamo, a quello che facciamo ‖ (*mat.*) *20 est à 40 ce que 50 est à 100*, 20 sta a 40 come 50 sta a 100 □ **en être**: *il y a un bal chez nous, en serez-vous?*, siamo un ballo, ci sarete anche voi?; *un beau livre, s'il en fut*, (*letter.*) un libro bello quant'altri mai; *il n'en est rien*, nulla di tutto ciò, non è affatto così; *il en est de même de...*, lo stesso vale per...; *puisqu'il en est ainsi...*, visto che è così...; *où en es-tu?*, (*fig.*) a che punto sei?; *je ne sais plus où j'en suis*, (*fig.*) non mi ci raccapezzo più; (nel leggere, nel fare) non so più dove ero rimasto; *nous n'en sommes pas encore là*, non siamo ancora a quel punto; *j'en suis à me demander...*, ora mi chiedo se...; *je ne sais pas ce qu'il en est*, non so come stiano le cose; *j'en suis pour ma peine, mon argent*, ci ho rimesso la fatica, il denaro; *j'en suis pour ce que j'ai dit*, sostengo quanto ho detto; *j'en suis da me poche*, ci rimetto di tasca mia; *il s'en fut chez lui*, se ne andò a casa ‖ *en —*, essere un diverso, un omosessuale □ **y être**: *j'y suis, nous y sommes*, ci sono, ci siamo, ora capisco, capiamo; *y êtes-vous?*, (*fig.*) mi spiego?, avete capito?; *vous y êtes!*, avete indovinato!; *vous n'y êtes pas du tout*, non ci siete proprio; *je n'y suis plus du tout*, (*fig.*) non ci capisco più nulla; *je n'y suis pour rien*, non c'entro per nulla; *tu y es pour beaucoup*, c'entri e parecchio; *il y est pour quelque chose*, c'entra anche lui.

être² *s.m.* **1** l'essere, esistenza (*f.*): *l'— et le devenir*, l'essere e il divenire **2** essere, individuo; (*fil.*) ente: *un — pensant*, un essere pensante; *un — odieux*, un individuo odioso || *désirer qqch de tout son —*, desiderare ardentemente qlco || *l'Etre Suprême*, l'ente supremo.

étreindre [etʀɛ̃dʀ] (*coniug. come* peindre) *v.tr.* stringere; abbracciare (*anche fig.*).

étreint [etʀɛ̃] *part. pass. di* étreindre.

étreinte [etʀɛ̃t] *s.f.* stretta; abbraccio (*m.*); (*fig.*) morsa.

étrenne [etʀɛn] *s.f.* (*spec. pl.*) strenna || *avoir l'— de*, (*fig.*) usare per la prima volta.

étrenner [etʀene] *v.tr.* usare per la prima volta: *— une robe*, inaugurare un vestito ♦ *v.intr.* (*fam.*) andarci di mezzo.

étrier [etʀije] *s.m.* staffa (*f.*) || *vider les étriers*, cadere da cavallo || *avoir le pied à l'—*, essere con il piede nella staffa.

étrille [etʀij] *s.f.* **1** striglia **2** (*zool.*) grancella.

étriller [etʀije] *v.tr.* strigliare (*anche fig.*) || *dans ce restaurant il s'est fait —*, in quel ristorante lo hanno pelato.

étriper [etʀipe] *v.tr.* sventrare, sbudellare (animali).

étriqué [etʀike] *agg.* striminzito; meschino.

étriquer [etʀike] *v.tr.* (*di abito ecc.*) essere troppo stretto (per, a).

étrivière [etʀivjɛʀ] *s.f.* staffile (*m.*).

étroit [etʀwa] *agg.* stretto; ristretto (*anche fig.*) || *être à l'—*, stare stretti || *vivre à l'—*, (*fig.*) vivere in ristrettezze || *-ement avv.*

étroitesse [etʀwatɛs] *s.f.* strettezza; (*fig.*) ristrettezza.

étron [etʀɔ̃] *s.m.* escremento, stronzo.

étrusque [etʀysk] *agg. e s.m.* etrusco.

étude [etyd] *s.f.* **1** studio (*m.*) || *homme d'—*, studioso **2** aula di studio (in collegi e licei); tempo trascorso nell'aula di studio || *maître d'—*, istitutore, prefetto **3** studio (di avvocato, notaio ecc.); clientela (di un professionista).

étudiant [etydjɑ̃] *s.m.* studente ♦ *agg.* studentesco.

étudié [etydje] *agg.* (ben) studiato (*anche fig.*).

étudier [etydje] *v.tr.* studiare □ **s'étudier** *v.pron.* studiarsi, analizzarsi.

étui [etɥi] *s.m.* (*rigide*) custodia (*f.*), astuccio; fodera (*f.*) || *— à revolver*, fondina della pistola; *— à lunettes*, portaocchiali; *— à aiguilles*, agoraio.

étuve [etyv] *s.f.* **1** stufa; stanza per bagno di vapore || *cette pièce est une —!*, (*fig.*) questa stanza è un forno! **2** forno di essiccazione || *— à stérilisation*, sterilizzatore.

étuvée, à l' [aletyve] *locuz.avv.*: *légumes cuits à l'—*, verdure stufate.

étuver [etyve] *v.tr.* **1** (*cuc.*) stufare **2** (*tecn.*) essiccare **3** sterilizzare.

étymologie [etimɔlɔʒi] *s.f.* etimologia.

étymologique [etimɔlɔʒik] *agg.* etimologico || *-ement avv.*

étymologiste [etimɔlɔʒist] *s.m.* etimologista.

étymon [etimɔ̃] *s.m.* (*ling.*) etimo.

eu [y] *part. pass. di* avoir.

eucalyptus [økaliptys] *s.m.* (*bot.*) eucalipto.

eucharistie [økaʀisti] *s.f.* eucaristia.

eucharistique [økaʀistik] *agg.* eucaristico.

euclidien [øklidjɛ̃] (*f. -enne*) *agg.* euclideo.

eugénique [øʒenik] *s.f.*, **eugénisme** [øʒenism] *s.m.* eugenetica (*f.*).

eunuque [ønyk] *s.m.* eunuco.

euphémique [øfemik] *agg.* eufemistico.

euphémisme [øfemism] *s.m.* eufemismo.

euphonie [øfɔni] *s.f.* eufonia.

euphonique [øfɔnik] *agg.* eufonico.

euphorbe [øfɔʀb] *s.f.* (*bot.*) euforbia.

euphorie [øfɔʀi] *s.f.* euforia.

euphorique [øfɔʀik] *agg.* euforico.

eurasien [øʀazjɛ̃] (*f. -enne*) *agg.e s.m.* eurasiatico.

euro- *pref.* euro-

eurocentrisme [øʀɔsɑ̃tʀism] *s.m.* eurocentrismo.

eurodéputé [øʀɔdepyte] *s.m.* eurodeputato.

eurodevise [øʀɔdəviz] *s.f.* (*fin.*) eurodivisa.

eurodollar [øʀɔdɔlaʀ] *s.m.* (*fin.*) eurodollaro.

euromarché [øʀɔmaʀʃe] *s.m.* euromercato.

euromissile [øʀɔmisil] *s.m.* euromissile.

européaniser [øʀɔpeanize] *v.tr.* europeizzare.

européanisme [øʀɔpeanism] *s.m.* europeismo.

européen [øʀɔpeɛ̃] (*f. -enne*) *agg.* e *s.m.* europeo.

eurovision [øʀɔvizjɔ̃] *s.f.* (*tv*) eurovisione.

eurythmie [øʀitmi] *s.f.* euritmia.

euthanasie [øtanazi] *s.f.* eutanasia.

eux [ø] *pron. pers. di 3ᵈ pers. m. pl.* **1** (*soggetto*) loro: *— et toi, vous resterez à la maison*, tu e loro resterete a casa; *—, rester à la maison?*, loro, rimanere a casa?; *— partis...*, andati via loro...; *ce sont —*, sono loro **2** (*compl. oggetto o preceduto da prep.*) loro; (*riflessivo*) sé: *je sors avec —*, esco con loro; *ils ne pensent qu'à — (-mêmes)*, non pensano a se stessi; *ils ont une manière de faire bien à —*, hanno un modo di fare tutto loro; *à — trois ils y arriveront*, in tre ce la faranno; *ils n'ont jamais d'argent sur —*, non hanno mai denaro con sé || *— aussi*, → aussi.

évacuation [evakɥasjɔ̃] *s.f.* evacuazione.

évacuer [evakɥe] *v.tr.* evacuare, vuotare.

évadé [evade] *agg.* e *s.m.* evaso.

évader, s' [sevade] *v.pron.* evadere : *— de prison*, evadere dal carcere.

évaluable [evalɥabl] *agg.* valutabile.

évaluation [evalɥasjɔ̃] *s.f.* valutazione, stima.

évaluer [evalɥe] *v.tr.* valutare, stimare.

évanescence [evanesɑ̃s] *s.f.* evanescenza.

évanescent [evanesɑ̃] *agg.* evanescente, fugace.

évangélique [evɑ̃ʒelik] *agg.* evangelico.

évangélisateur [evɑ̃ʒelizatœʀ] (*f. -trice*) *agg.* e *s.m.* evangelizzatore.

évangélisation [evɑ̃ʒelizɑsjɔ̃] *s.f.* evangelizzazione.

évangéliser [evɑ̃ʒelize] *v.tr.* evangelizzare.

évangélisme [evɑ̃ʒelism] *s.m.* evangelismo.
évangéliste [evɑ̃ʒelist] *s.m.* evangelista.
évangile [evɑ̃ʒil] *s.m.* vangelo (*anche fig.*).
évanouir, s' [sevanwiʀ] *v.pron.* **1** svenire: — *de peur*, svenire dalla paura **2** svanire, dileguarsi.
évanouissement [evanwismɑ̃] *s.m.* **1** svenimento **2** (*fig.*) dileguamento.
évaporateur [evapɔʀatœʀ] *s.m.* (*tecn.*) evaporatore.
évaporation [evapɔʀasjɔ̃] *s.f.* evaporazione.
évaporé [evapɔʀe] *agg.* e *s.m.* (*fig.*) svanito, svampito.
évaporer, s' [sevapɔʀe] *v.pron.* **1** evaporare **2** (*fig.*) dileguarsi, volatilizzarsi.
évasé [evaze] *agg.* svasato.
évasement [evazmɑ̃] *s.m.* svasatura (*f.*).
évaser [evaze] *v.tr.* svasare; (*estens.*) allargare □ **s'évaser** *v.pron.* svasarsi; (*estens.*) allargarsi.
évasif [evazif] (f. *-ive*) *agg.* evasivo || **-vement** *avv.*
évasion [eva(ɑ)zjɔ̃] *s.f.* evasione (*anche fig.*).
évêché [eveʃe] *s.m.* **1** vescovato **2** vescovado, dimora del vescovo.
évection [evɛksjɔ̃] *s.f.* (*astr.*) evezione.
éveil [evɛj] *s.m.* **1** risveglio **2** (*fig.*) attenzione (*f.*), interesse: *donner l'—*, richiamare l'attenzione || *être, se tenir en —*, stare in guardia, all'erta.
éveillé [eveje] *agg.* sveglio (*anche fig.*): *avoir l'air, l'œil —*, avere un'espressione sveglia || *un rêve —*, un sogno a occhi aperti.
éveiller [eveje] *v.tr.* **1** risvegliare; suscitare, stimolare **2** (*letter.*) svegliare.
événement [evenmɑ̃] *s.m.* avvenimento; fatto: *un — historique*, un avvenimento storico; *les événements du jour*, i fatti del giorno; *le cours des événements*, il corso degli eventi; *dépassé par les événements*, sopraffatto dagli eventi.
événementiel [evenmɑ̃sjel] (f. *-elle*) *agg.*: *histoire événementielle*, storia evenemenziale.
évent [evɑ̃] *s.m.* sfiatatoio, condotto (di ventilazione) || *— de la baleine*, sfiatatoio della balena.
éventail [evɑ̃taj] (pl. *-ails*) *s.m.* ventaglio || *en —*, a ventaglio.
éventaire [evɑ̃tɛʀ] *s.m.* mostra (all'esterno di un negozio).
éventé [evɑ̃te] *agg.* **1** ventilato **2** alterato (per esposizione all'aria) **3** noto, conosciuto: *c'est un truc —!*, è un vecchio trucco!
éventer [evɑ̃te] *v.tr.* **1** ventilare; dare aria a **2** far vento a, sventagliare **3** svelare, rivelare || *— un complot*, sventare un complotto □ **s'éventer** *v.pron.* **1** farsi vento, sventagliarsi **2** alterarsi (a contatto con l'aria).
éventration [evɑ̃tʀasjɔ̃] *s.f.* (*med.*) sventramento (*m.*).
éventrer [evɑ̃tʀe] *v.tr.* sventrare; sfondare.
éventreur [evɑ̃tʀœʀ] *s.m.*: *Jack l'Éventreur*, Jack lo Squartatore.
éventualité [evɑ̃tɥalite] *s.f.* eventualità, evenienza: *en toute —*, per ogni evenienza; *prêt à toute —*, pronto a qualsiasi evenienza.
éventuel [evɑ̃tɥel] (f. *-elle*) *agg.* eventuale || *-ellement avv.*

évêque [evɛk] *s.m.* vescovo.
éversion [evɛʀsjɔ̃] *s.f.* (*med.*) eversione.
évertuer, s' [sevɛʀtɥe] *v.pron.* sforzarsi di, darsi da fare per.
éviction [eviksjɔ̃] *s.f.* espulsione; (*dir.*) evizione.
évidage [evidaʒ] *s.m.* l'incavare; l'intagliare || *— au tour*, alesatura al tornio.
évidement [evidmɑ̃] *s.m.* **1** (*tecn.*) incavo; intaglio **2** (*med.*) svuotamento.
évidemment [evidamɑ̃] *avv.* evidentemente.
évidence [evidɑ̃s] *s.f.* evidenza || *de toute —*, à l'—, certamente, indubbiamente.
évident [evidɑ̃] *agg.* evidente || *c'est pas —*, (*fam.*) non è facile.
évider [evide] *v.tr.* incavare; scavare; intagliare (il legno).
évier [evje] *s.m.* acquaio, lavandino.
évincer [evɛ̃se] (*coniug. come* placer) *v.tr.* espellere, allontanare; (*dir.*) evincere.
évitable [evitabl] *agg.* evitabile.
évitement [evitmɑ̃] *s.m.* (*ferr.*) *voie d'—*, binario di stazionamento.
éviter [evite] *v.tr.* evitare: *évite qu'il ne fasse des bêtises*, evita che faccia delle sciocchezze.
évocateur [evɔkatœʀ] (f. *-trice*) *agg.* evocatore, evocativo: *image évocatrice*, immagine suggestiva.
évocation [evɔkasjɔ̃] *s.f.* evocazione.
évocatoire [evɔkatwaʀ] *agg.* evocatorio.
évolué [evɔlɥe] *agg.* evoluto.
évoluer[1] [evɔlɥe] *v.intr.* evolversi: *la situation a évolué*, la situazione si è evoluta.
évoluer[2] *v.intr.* compiere delle evoluzioni; (*estens.*) muoversi.
évolutif [evɔlytif] (f. *-ive*) *agg.* evolutivo.
évolution [evɔlysjɔ̃] *s.f.* evoluzione.
évolutionnisme [evɔlysjɔnism] *s.m.* evoluzionismo.
évolutionniste [evɔlysjɔnist] *agg.* evoluzionistico ♦ *s.m.* evoluzionista.
évoquer [evɔke] *v.tr.* **1** evocare **2** rievocare; far venire in mente: *cela, t'évoque-t-il quelque chose?*, questo ti fa venire in mente qualcosa? **3** accennare a: *— un sujet*, accennare a un argomento.
ex- *pref.* ex-
exacerber [ɛgzasɛʀbe] *v.tr.* esacerbare, inasprire.
exact [ɛgzakt] *agg.* **1** esatto **2** puntuale.
exactement [ɛgzaktəmɑ̃] *avv.* esattamente.
exaction [ɛgzaksjɔ̃] *s.f.* estorsione; sopruso (*m.*).
exactitude [ɛgzaktityd] *s.f.* **1** esattezza **2** puntualità.
exagération [ɛgzaʒeʀasjɔ̃] *s.f.* esagerazione.
exagéré [ɛgzaʒeʀe] *agg.* esagerato || *-ément avv.*
exagérer [ɛgzaʒeʀe] (*coniug. come* céder) *v.tr.* esagerare.
exaltant [ɛgzaltɑ̃] *agg.* esaltante.
exaltation [ɛgzaltasjɔ̃] *s.f.* **1** esaltazione **2** eccitazione.
exalté [ɛgzalte] *agg.* e *s.m.* esaltato.
exalter [ɛgzalte] *v.tr.* **1** esaltare **2** eccitare.
exam [ɛgzam] *s.m.* (*fam.*) *abbr.* → **examen**.

examen [εgzamε̃] *s.m.* esame: *passer un —*, sostenere, dare un esame || *— d'entrée*, esame di ammissione, esame di idoneità; *— blanc*, preesame || (*dir.*) *mis en —*, indagato.

examinateur [εgzaminatœʀ] (f. *-trice*) *s.m.* esaminatore.

examiner [εgzamine] *v.tr.* esaminare.

exanthémateux [εgzɑ̃tematø] (f. *-euse*) agg. (*med.*) esantematico.

exanthème [εgzɑ̃tεm] *s.m.* (*med.*) esantema.

exaspérant [εgzaspeʀɑ̃] agg. esasperante.

exaspération [εgzaspeʀɑsjɔ̃] *s.f.* esasperazione.

exaspérer [εgzaspeʀe] (*coniug. come* céder) *v.tr.* esasperare.

exaucement [εgzosmɑ̃] *s.m.* esaudimento.

exaucer [εgzose] (*coniug. come* placer) *v.tr.* esaudire.

excavateur [εkskavatœʀ] *s.m.* escavatore: *— à godets*, escavatrice a tazze; *— à tenailles*, draga a morse.

excavation [εkskavɑsjɔ̃] *s.f.* escavazione; scavo (*m.*).

excavatrice [εkskavatʀis] *s.f.* escavatrice.

excaver [εkskave] *v.tr.* scavare.

excédant [εksedɑ̃] agg. **1** eccedente **2** (*fig.*) esasperante.

excédent [εksedɑ̃] *s.m.* eccedente, eccedenza (*f.*) || *en —*, in eccedenza.

excédentaire [εksedɑ̃tεʀ] agg. eccedente, in eccedenza.

excéder [εksede] (*coniug. come* céder) *v.tr.* **1** superare; oltrepassare **2** irritare, esasperare: *le bruit l'excède*, il rumore lo esaspera.

excellemment [εksεlamɑ̃] avv. in modo eccellente.

excellence [εksεlɑ̃s] *s.f.* **1** eccellenza || *par —*, per eccellenza || *le prix d'—*, il primo premio **2** (*titolo di ossequio*) *Excellence*, Eccellenza.

excellent [εksεlɑ̃] agg. eccellente, ottimo.

exceller [εksεle] *v.intr.* eccellere in.

excentré [εksɑ̃tʀe] agg. (*tecn.*) eccentrico.

excentricité [εksɑ̃tʀisite] *s.f.* eccentricità.

excentrique [εksɑ̃tʀik] agg. e *s.m.* eccentrico.

excepté [εksεpte] prep. eccetto ♦ agg. eccettuato: *les enfants exceptés*, eccettuati, eccetto i bambini □ **excepté que** *locuz.cong.* tranne che: *— qu'il a plu jeudi*, tranne che è piovuto giovedì.

excepter [εksεpte] *v.tr.* escludere.

exception [εksεpsjɔ̃] *s.f.* eccezione || *à quelques exceptions près*, a parte alcune eccezioni || *à l'— de*, a eccezione di.

exceptionnel [εksεpsjɔnεl] (f. *-elle*) agg. eccezionale || *-ellement* avv.

excès [εksε] *s.m.* eccesso: *avec —*, troppo, esageratamente; *sans —*, con moderazione || *— de langage*, eccessi verbali.

excessif [εksesif] (f. *-ive*) agg. eccessivo || *-vement* avv.

exciper [εksipe] *v.intr.* (*dir.*) eccepire (qlco).

excipient [εksipjɑ̃] *s.m.* eccipiente.

exciser [εksize] *v.tr.* (*med.*) asportare col bisturi.

excision [εksizjɔ̃] *s.f.* asportazione (chirurgica).

excitabilité [εksitabilite] *s.f.* eccitabilità.

excitable [εksitabl] agg. eccitabile.

excitant [εksitɑ̃] agg. e *s.m.* eccitante.

excitateur [εksitatœʀ] *s.m.* eccitatore.

excitation [εksitɑsjɔ̃] *s.f.* **1** eccitazione **2** *— à*, incitamento a, (*pegg.*) istigazione a.

excité [εksite] agg. eccitato ♦ *s.m.* scalmanato.

exciter [εksite] *v.tr.* **1** eccitare || *— le rire*, suscitare il riso **2** *— à*, incitare a, (*pegg.*) istigare a □ **s'exciter** *v.pron.* **1** eccitarsi **2** (*fam.*) *— sur*, eccitarsi per, entusiasmarsi per.

exclamatif [εksklamatif] (f. *-ive*) agg. esclamativo.

exclamation [εksklamɑsjɔ̃] *s.f.* esclamazione: *point d'—*, punto esclamativo.

exclamer, s' [sεksklame] *v.pron.* esclamare: *il s'est exclamé...*, ha esclamato...; *s'— de surprise*, esclamare per la sorpresa.

exclu [εkskly] part. pass. di exclure ♦ agg. escluso || *les exclus*, gli emarginati.

exclure [εksklyʀ] (*coniug. come* conclure) *v.tr.* escludere; estromettere.

exclusif [εksklyzif] (f. *-ive*) agg. esclusivo.

exclusion [εksklyzjɔ̃] *s.f.* esclusione; espulsione || *à l'— de*, a esclusione di, tranne.

exclusivement [εksklyzivmɑ̃] avv. esclusivamente: *— le samedi*, solo il sabato.

exclusivisme [εksklyzivism] *s.m.* esclusivismo.

exclusivité [εksklyzivite] *s.f.* **1** esclusività; (*comm.*) esclusiva || *en —*, in esclusiva || *film en —*, film di prima visione **2** (*di un prodotto*) esclusiva.

excommunication [εkskɔmynikɑsjɔ̃] *s.f.* **1** scomunica **2** (*estens.*) espulsione.

excommunier [εkskɔmynje] *v.tr.* scomunicare.

excoriation [εkskɔʀjɑsjɔ̃] *s.f.* escoriazione.

excorier [εkskɔʀje] *v.tr.* escoriare.

excrément [εkskʀemɑ̃] *s.m.* escremento.

excréter [εkskʀete] (*coniug. come* céder) *v.tr.* evacuare.

excrétion [εkskʀesjɔ̃] *s.f.* escrezione.

excroissance [εkskʀwasɑ̃s] *s.f.* escrescenza.

excursion [εkskyʀsjɔ̃] *s.f.* escursione, gita.

excursionniste [εkskyʀsjɔnist] *s.m.* escursionista.

excusable [εkskyzabl] agg. scusabile.

excuse [εkskyz] *s.f.* scusa || *une faute sans —*, uno sbaglio senza scusanti; *pour toute —*, come unica scusante.

excuser [εkskyze] *v.tr.* scusare □ **s'excuser** *v.pron.* scusarsi.

exécrable [εgzekʀabl] agg. esecrabile; (*estens.*) pessimo, abominevole.

exécration [εgzekʀɑsjɔ̃] *s.f.* esecrazione; (*estens.*) orrore (*m.*).

exécrer [εgzekʀe] (*coniug. come* céder) *v.tr.* detestare.

exécutant [εgzekytɑ̃] *s.m.* esecutore.

exécuter [εgzekyte] *v.tr.* **1** eseguire **2** giustiziare || *il a été exécuté par la critique*, (*fig.*) è stato stroncato dalla critica □ **s'exécuter** *v.pron.* decidersi (a fare qlco); (*obéir*) ubbidire.

exécuteur [ɛgzekytœʀ] (f. *-trice*) *s.m.* esecutore.
exécutif [ɛgzekytif] (f. *-ive*) *agg.* e *s.m.* esecutivo.
exécution [ɛgzekysjɔ̃] *s.f.* esecuzione || *mettre à —*, mettere in esecuzione, in atto .
exécutoire [ɛgzekytwaʀ] *agg.* (*dir.*) esecutivo.
exèdre [ɛgzɛdʀ] *s.f.* (*arch.*) esedra.
exégèse [ɛgzeʒɛz] *s.f.* esegesi.
exégète [ɛgzeʒɛt] *s.m.* esegeta.
exemplaire[1] [ɛgzɑ̃plɛʀ] *agg.* esemplare.
exemplaire[2] *s.m.* esemplare || *tirage à cent mille exemplaires*, tiratura di centomila copie.
exemplairement [ɛgzɑ̃plɛʀmɑ̃] *avv.* in modo esemplare.
exemple [ɛgzɑ̃pl] *s.m.* esempio || *donner en —*, proporre come modello || *prendre — sur qqn*, prendere esempio da qlcu; *prendre qqn en —*, prendere qlcu a esempio || *à l'— de*, sull'esempio di || *pour l'—*, perché serva da esempio || *par —*, per esempio || (*ça*) *par —!*, ma guarda un po'!
exemplification [ɛgzɑ̃plifikasjɔ̃] *s.f.* esemplificazione.
exemplifier [ɛgzɑ̃plifje] *v.tr.* esemplificare.
exempt [ɛgzɑ̃] *agg.* esente: *— d'impôts*, esente da tassa || *— d'ambition*, privo d'ambizione; *— d'erreurs*, privo d'errori.
exempté [ɛgzɑ̃te] *agg.* e *s.m.* esonerato, esentato.
exempter [ɛgzɑ̃te] *v.tr.* esentare, esonerare □ **s'exempter** *v.pron.* astenersi da, evitare di.
exemption [ɛgzɑ̃psjɔ̃] *s.f.* esenzione.
exercé [ɛgzɛʀse] *agg.* esercitato; esperto.
exercer [ɛgzɛʀse] (*coniug. come* placer) *v.tr.* esercitare □ **s'exercer** *v.pron.* esercitarsi.
exercice [ɛgzɛʀsis] *s.m.* **1** esercizio || *faire, prendre de l'—*, fare del moto || *entrer en —*, entrare in funzione, in attività **2** *— (financier)*, esercizio finanziario.
exergue [ɛgzɛʀg] *s.m.* esergo; (*estens.*) epigrafe (*f.*): *porter en —*, portare come epigrafe.
exfoliation [ɛksfɔljasjɔ̃] *s.f.* sfaldatura (di rocce ecc.).
exfolier, s' [sɛksfɔlje] *v.pron.* sfaldarsi.
exhalaison [ɛgzalɛzɔ̃] *s.f.* esalazione.
exhalation [ɛgzalasjɔ̃] *s.f.* esalazione.
exhaler [ɛgzale] *v.tr.* esalare; emanare.
exhaussement [ɛgzosmɑ̃] *s.m.* sopraelevazione (*f.*).
exhausser [ɛgzose] *v.tr.* sopraelevare.
exhaustif [ɛgzostif] (f. *-ive*) *agg.* esauriente.
exhaustivement [ɛgzostivmɑ̃] *avv.* in modo esauriente.
exhaustivité [ɛgzostivite] *s.f.* completezza.
exhiber [ɛgzibe] *v.tr.* **1** esibire **2** sfoggiare □ **s'exhiber** *v.pron.* mettersi in mostra.
exhibition [ɛgzibisjɔ̃] *s.f.* esibizione.
exhibitionnisme [ɛgzibisjɔnism] *s.m.* esibizionismo.
exhibitionniste [ɛgzibisjɔnist] *s.m.* esibizionista.
exhortation [ɛgzɔʀtasjɔ̃] *s.f.* esortazione.
exhorter [ɛgzɔʀte] *v.tr.* esortare.
exhumation [ɛgzymasjɔ̃] *s.f.* (ri)esumazione.
exhumer [ɛgzyme] *v.tr.* (ri)esumare.
exigeant [ɛgziʒɑ̃] *agg.* esigente.

exigence [ɛgziʒɑ̃s] *s.f.* esigenza || *les exigences de la profession*, gli obblighi della professione || *il est d'une — insupportable*, è troppo esigente.
exiger [ɛgziʒe] (*coniug. come* manger) *v.tr.* esigere: *diplômes exigés...*, titoli di studio richiesti...
exigible [ɛgziʒibl] *agg.* esigibile.
exigu [ɛgzigy] (f. *-ë*) *agg.* esiguo, molto piccolo.
exiguïté [ɛgziguite] *s.f.* esiguità.
exil [ɛgzil] *s.m.* esilio.
exilé [ɛgzile] *agg.* esiliato ♦ *s.m.* esule.
exiler [ɛgzile] *v.tr.* esiliare □ **s'exiler** *v.pron.* esiliarsi; emigrare.
existant [ɛgzistɑ̃] *agg.* vigente.
existence [ɛgzistɑ̃s] *s.f.* **1** esistenza || *deux mois d'—*, due mesi di vita || *moyens d'—*, mezzi di sostentamento **2** (*di merci*) giacenza.
existentialisme [ɛgzistɑ̃sjalism] *s.m.* esistenzialismo.
existentialiste [ɛgzistɑ̃sjalist] *agg.* e *s.m.* esistenzialista.
existentiel [ɛgzistɑ̃sjɛl] (f. *-elle*) *agg.* esistenziale.
exister [ɛgziste] *v.intr.* esistere: *une chose qui n'a jamais existé*, una cosa che non è mai esistita ♦ *v.impers.* esserci, esistere: *il existe des gens qui...*, c'è gente che...
ex(o)- *pref.* es(o)-
exode [ɛgzɔd] *s.m.* esodo || *— des cerveaux*, fuga di cervelli.
exogène [ɛgzɔʒɛn] *agg.* esogeno.
exonération [ɛgzɔneʀasjɔ̃] *s.f.* esonero (*m.*).
exonérer [ɛgzɔneʀe] (*coniug. come* céder) *v.tr.* esonerare, esentare.
exorbitant [ɛgzɔʀbitɑ̃] *agg.* esorbitante.
exorbité [ɛgzɔʀbite] *agg.*: *yeux exorbités*, occhi sporgenti; *les yeux exorbités par la peur*, (*fig.*) con gli occhi fuori dalle orbite per la paura.
exorciser [ɛgzɔʀsize] *v.tr.* esorcizzare.
exorcisme [ɛgzɔʀsism] *s.m.* esorcismo.
exorciste [ɛgzɔʀsist] *s.m.* esorcista.
exorde [ɛgzɔʀd] *s.m.* esordio.
exosphère [ɛgzɔsfɛʀ] *s.f.* (*fis.*) esosfera.
exotérique [ɛgzɔteʀik] *agg.* esoterico.
exothermique [ɛgzɔtɛʀmik] *agg.* esotermico.
exotique [ɛgzɔtik] *agg.* esotico.
exotisme [ɛgzɔtism] *s.m.* esotismo.
expansé [ɛkspɑ̃se] *agg.* espanso.
expansif [ɛkspɑ̃sif] (f. *-ive*) *agg.* espansivo.
expansion [ɛkspɑ̃sjɔ̃] *s.f.* **1** espansione **2** manifestazione d'affetto.
expansionnisme [ɛkspɑ̃sjɔnism] *s.m.* (*pol.*) espansionismo.
expansionniste [ɛkspɑ̃sjɔnist] *agg.* espansionistico ♦ *s.m.* espansionista.
expansivité [ɛkspɑ̃sivite] *s.f.* espansività.
expatriation [ɛkspatʀijasjɔ̃] *s.f.* l'espatriare; espatrio (*m.*).
expatrier [ɛkspatʀije] *v.tr.* mandare all'estero □ **s'expatrier** *v.pron.* espatriare.
expectative [ɛkspɛktativ] *s.f.* aspettativa; attesa: *rester dans l'—*, restare in attesa.
expectorant [ɛkspɛktɔʀɑ̃] *agg.* e *s.m.* (*med.*) espettorante.

expectorer [ɛkspɛktɔʀe] *v.tr.* espettorare.

expédient [ɛkspedjɑ̃] *s.m.* espediente.

expédier [ɛkspedje] *v.tr.* **1** spedire **2** sbrigare: — *une affaire, un dossier*, sbrigare una faccenda, una pratica **3** — *qqn*, sbarazzarsi di qlcu **4** (*dir.*) stendere la copia conforme di (un atto ecc.).

expéditeur [ɛkspeditœʀ] *s.m.* chi spedisce, mittente.

expéditif [ɛkspeditif] (f. *-ive*) *agg.* sbrigativo.

expédition [ɛkspedisjɔ̃] *s.f.* **1** disbrigo (*m.*) **2** (*envoi*) spedizione **3** (*dir.*) copia conforme.

expéditionnaire [ɛkspedisjɔnɛʀ] *s.m.* spedizioniere ♦ *agg.* **1** (*mil.*) *corps* —, corpo di spedizione **2** (*commis*) —, addetto di segreteria.

expérience [ɛkspeʀjɑ̃s] *s.f.* **1** esperienza: *il n'a pas l'— de l'enseignement*, non ha pratica di insegnamento **2** esperimento (*m.*): *expériences de physique*, esperimenti di fisica || *tenter l'—*, fare il tentativo.

expérimental [ɛkspeʀimɑ̃tal] (pl. *-aux*) *agg.* sperimentale || *-ement avv.*

expérimentateur [ɛkspeʀimɑ̃tatœʀ] (f. *-trice*) *agg.* e *s.m.* sperimentatore.

expérimentation [ɛkspeʀimɑ̃tasjɔ̃] *s.f.* sperimentazione.

expérimenté [ɛkspeʀimɑ̃te] *agg.* esperto.

expérimenter [ɛkspeʀimɑ̃te] *v.tr.* sperimentare ♦ *v.intr.* fare esperimenti (scientifici).

expert [ɛkspɛʀ] *agg.* e *s.m.* esperto: *il est — en la matière*, è esperto in materia; *il est — à manier une arme*, è esperto nel maneggiare un'arma || *médecin —*, medico fiscale; — *judiciaire*, perito del tribunale || *à dire d'experts*, a detta di esperti || *rapport d'—*, perizia.

expert-comptable [ɛkspɛʀkɔ̃tabl] (pl. *experts-comptables*) *s.m.* (dottore) commercialista.

expertise [ɛkspɛʀtiz] *s.f.* perizia; stima.

expertiser [ɛkspɛʀtize] *v.tr.* sottoporre a perizia; stimare, valutare.

expiable [ɛkspjabl] *agg.* espiabile.

expiation [ɛkspjasjɔ̃] *s.f.* espiazione.

expiatoire [ɛkspjatwaʀ] *agg.* espiatorio.

expier [ɛkspje] *v.tr.* espiare.

expiration [ɛkspiʀasjɔ̃] *s.f.* **1** espirazione **2** scadenza: *date d'—*, data di scadenza; *venir à —*, scadere.

expirer [ɛkspiʀe] *v.tr.* espirare ♦ *v.intr.* **1** spirare, morire **2** (*estens.*) scadere.

explant [ɛksplɑ̃] *s.m.* (*biol.*) espianto.

explétif [ɛkspletif] (f. *-ive*) *agg.* (*gramm.*) espletivo, pleonastico.

explicable [ɛksplikabl] *agg.* spiegabile.

explicatif [ɛksplikatif] (f. *-ive*) *agg.* esplicativo.

explication [ɛksplikasjɔ̃] *s.f.* spiegazione: *quelle est l'— de tout cela?*, come spieghi tutto questo? || — *de texte*, analisi e commento di un testo letterario.

explicite [ɛksplisit] *agg.* esplicito || *-ement avv.*

expliciter [ɛksplisite] *v.tr.* esplicitare, chiarire.

expliquer [ɛksplike] *v.tr.* spiegare: *je m'explique mal ce que vous faites ici*, non mi spiego cosa facciate qui || *explique qui pourra...*, non si sa come...

□ **s'expliquer** *v.pron.* **1** spiegarsi: *je m'explique:...*, che sia ben chiaro:... || *s'— sur*, rendere conto di **2** (*l'un l'autre*) spiegarsi, venire a una spiegazione; (*fam.*) menarsi, fare a pugni.

exploit [ɛksplwa] *s.m.* **1** prodezza (*f.*), impresa (*f.*) || — (*sportif*), risultato importante, record sportivo **2** (*dir.*) — (*d'huissier*), citazione, notifica (di ufficiale giudiziario).

exploitable [ɛksplwatabl] *agg.* sfruttabile.

exploitant [ɛksplwatɑ̃] *s.m.* **1** (*cine.*) esercente (di sale cinematografiche) **2** (*agr.*) coltivatore diretto.

exploitation [ɛksplwatasjɔ̃] *s.f.* **1** sfruttamento (*m.*); utilizzazione; coltura (di un terreno): *mettre en —*, mettere a frutto; *c'est une véritable — des gens!*, questo si chiama sfruttare la gente! **2** gestione: *charges d'—*, spese d'esercizio **3** impresa: — *industrielle*, impresa industriale; — *agricole*, azienda agricola.

exploiter [ɛksplwate] *v.tr.* **1** sfruttare **2** coltivare (un terreno) **3** gestire (un servizio).

exploiteur [ɛksplwatœʀ] (f. *-euse*) *s.m.* sfruttatore.

explorateur [ɛksplɔʀatœʀ] (f. *-trice*) *s.m.* esploratore.

exploration [ɛksplɔʀasjɔ̃] *s.f.* **1** esplorazione **2** (*fig.*) esame (*m.*) **3** (*med.*) indagine.

exploratoire [ɛksplɔʀatwaʀ] *agg.* esplorativo.

explorer [ɛksplɔʀe] *v.tr.* **1** esplorare **2** (*fig.*) esaminare, analizzare.

exploser [ɛksploze] *v.intr.* esplodere (*anche fig.*): *la bombe a explosé en retard*, la bomba è esplosa in ritardo.

explosif [ɛksplozif] (f. *-ive*) *agg.* e *s.m.* esplosivo.

explosion [ɛksplozjɔ̃] *s.f.* esplosione (*anche fig.*): *faire —*, esplodere, scoppiare || — (*d'hilarité*), scoppio d'ilarità || *moteur à —*, motore a scoppio.

exponentiel [ɛkspɔnɑ̃sjɛl] (f. *-elle*) *agg.* (*mat.*) esponenziale.

exportable [ɛkspɔʀtabl] *agg.* esportabile.

exportateur [ɛkspɔʀtatœʀ] (f. *-trice*) *agg.* e *s.m.* esportatore.

exportation [ɛkspɔʀtasjɔ̃] *s.f.* esportazione.

exporter [ɛkspɔʀte] *v.tr.* esportare.

exposant [ɛkspozɑ̃] *s.m.* **1** espositore, standista **2** (*mat.*) esponente.

exposé [ɛkspoze] *s.m.* **1** relazione (*f.*): *un bref — des faits*, una breve esposizione, un breve resoconto dei fatti **2** (*dir.*) esposto || *faire un —*, presentare un esposto || — *des motifs*, proposta per un disegno di legge.

exposer [ɛkspoze] *v.tr.* esporre (*anche fig.*) || — *sa vie*, mettere a repentaglio la propria vita □ **s'exposer** *v.pron.* esporsi.

exposimètre [ɛkspozimɛtʀ] *s.m.* (*fot.*) esposimetro.

exposition [ɛkspozisjɔ̃] *s.f.* **1** esposizione **2** (*salon*) esposizione, mostra: — (*individuelle*), (mostra) personale; — *agricole*, fiera agricola; *foire —*, mostra mercato.

exprès[1] [ɛkspʀɛs] (f. *-esse*) *agg.* espresso, esplicito: *défense expresse*, espresso divieto ♦ *agg.invar.* e *s.m.* (*Posta*) espresso: *lettre* —, *un* —, lettera espresso, espresso.

exprès[2] [ɛksprɛ] *avv.* espressamente, apposta: *je ne l'ai pas fait* —, non l'ho fatto apposta || *un fait* —, una coincidenza spiacevole.

express[1] [ɛksprɛs] *agg.* e *s.m.* (*café*) —, (caffè) espresso.

express[2] *agg.* e *s.m.* (*train*) —, (treno) espresso; *voie* —, superstrada (di collegamento veloce).

expressément [ɛksprɛsemã] *avv.* espressamente, esplicitamente.

expressif [ɛksprɛsif] (f. -*ive*) *agg.* espressivo; significativo, eloquente.

expression [ɛksprɛsjɔ̃] *s.f.* espressione || *écrivain d'*— *française*, scrittore di lingua francese || *au-delà de toute* —, in modo indicibile || (*mat.*) *réduire à sa plus simple* —, (*anche fig.*) ridurre ai minimi termini || *veuillez agréer l'*— *de mes sentiments distingués*, le porgo i più distinti saluti || (*gramm.*): — *toute faite*, frase fatta, luogo comune; — *figée*, frase fatta, modo di dire.

expressionnisme [ɛksprɛsjɔnism] *s.m.* espressionismo.

expressionniste [ɛksprɛsjɔnist] *agg.* e *s.m.* espressionista.

expressivité [ɛksprɛsivite] *s.f.* espressività.

exprimable [ɛksprimabl] *agg.* esprimibile.

exprimer [ɛksprime] *v.tr.* esprimere □ **s'exprimer** *v.pron.* esprimersi.

expropriation [ɛksprɔprijasjɔ̃] *s.f.* espropriazione, esproprio (*m.*).

exproprier [ɛksprɔprije] *v.tr.* espropriare.

expulsé [ɛkspylse] *agg.* e *s.m.* espulso; sfrattato.

expulser [ɛkspylse] *v.tr.* espellere; sfrattare.

expulsion [ɛkspylsjɔ̃] *s.f.* espulsione; sfratto (*m.*): *arrêt d'*—, sentenza di sfratto.

expurger [ɛkspyrʒe] (*coniug. come* manger) *v.tr.* espurgare, tagliare.

exquis [ɛkski] *agg.* squisito; delizioso; raffinato.

exsangue [ɛksãg; ɛgzãg] *agg.* esangue.

exsuder [ɛksyde] *v.tr.* e *intr.* trasudare.

extase [ɛkstɑz] *s.f.* estasi: *tomber en* —, andare in estasi.

extasié [ɛkstazje] *agg.* estasiato.

extasier, s' [sɛkstazje] *v.pron.* estasiarsi, andare in estasi.

extatique [ɛkstatik] *agg.* estatico.

extenseur [ɛkstãsœr] *s.m.* estensore (per esercizi ginnici).

extensible [ɛkstãsibl] *agg.* estensibile.

extensif [ɛkstãsif] (f. -*ive*) *agg.* estensivo.

extension [ɛkstãsjɔ̃] *s.f.* estensione: *donner de l'*—, ampliare; *prendre de l'*—, ampliarsi; *son commerce a pris de l'*—, è aumentato il volume d'affari della sua attività commerciale.

exténuant [ɛkstenɥã] *agg.* estenuante.

exténué [ɛkstenɥe] *agg.* estenuato, spossato.

exténuer [ɛkstenɥe] *v.tr.* estenuare □ **s'exténuer** *v.pron.* estenuarsi, sfinirsi.

extérieur [ɛksterjœr] *agg.* **1** esterno; (*fig.*) esteriore || — *à*, esterno a, (*fig.*) estraneo a || *les boule-*

vards extérieurs, i viali periferici **2** straniero ♦ *s.m.* **1** esterno || *à l'*—, fuori || *de l'*—, dal di fuori, dall'esterno || *juger d'après l'*—, giudicare dall'apparenza **2** estero: *à l'*—, all'estero; *relations avec l'*—, relazioni con l'estero **3** *pl.* (*cine.*) esterni.

extérieurement [ɛksterjœrmã] *avv.* **1** esteriormente **2** apparentemente, in apparenza.

extériorisation [ɛksterjɔrizasjɔ̃] *s.f.* esternazione.

extérioriser [ɛksterjɔrize] *v.tr.* esternare □ **s'extérioriser** *v.pron.* esprimersi.

extériorité [ɛksterjɔrite] *s.f.* esteriorità.

exterminateur [ɛksterminatœr] (f. -*trice*) *agg.* e *s.m.* sterminatore.

extermination [ɛksterminasjɔ̃] *s.f.* sterminio (*m.*).

exterminer [ɛkstermine] *v.tr.* sterminare □ **s'exterminer** *v.pron.* (*fam.*) ammazzarsi.

externat [ɛksterna] *s.m.* **1** esternato **2** scuola senza convitto.

externe [ɛkstern] *agg.* e *s.m.* esterno.

exterritorialité [ɛksteritɔrjalite] *s.f.* extraterritorialità.

extincteur [ɛkstɛ̃ktœr] *s.m.* estintore.

extinction [ɛkstɛ̃ksjɔ̃] *s.f.* estinzione || — *d'un incendie*, spegnimento di un incendio || *jusqu'à l'*— *de ses forces*, fino all'esaurimento delle forze || — *de voix*, abbassamento di voce || *sonner l'*— *des feux*, suonare il silenzio.

extirpation [ɛkstirpasjɔ̃] *s.f.* estirpazione.

extirper [ɛkstirpe] *v.tr.* **1** estirpare **2** (*fam.*) tirar fuori □ **s'extirper** *v.pron.* (*fam.*) uscire.

extorquer [ɛkstɔrke] *v.tr.* estorcere.

extorsion [ɛkstɔrsjɔ̃] *s.f.* estorsione.

extra [ɛkstra] (pl. *invar.*) *agg.* **1** extra: *frais extra*, spese extra **2** (*fam.*) eccezionale, straordinario ♦ *s.m.* **1** extra **2** strappo alla regola, eccezione (*f.*): *s'offrir un* —, soddisfare un capriccio **3** (lavoro) straordinario **4** aiuto (occasionale).

extra- *pref.* extra-

extraconjugal [ɛkstrakɔ̃ʒygal] (pl. -*aux*) *agg.* extraconiugale.

extracorporel [ɛkstrakɔrpɔrɛl] (f. -*elle*) *agg.* (*med.*) extracorporeo.

extracteur [ɛkstraktœr] *s.m.* estrattore.

extractif [ɛkstraktif] (f. -*ive*) *agg.* estrattivo.

extraction [ɛkstraksjɔ̃] *s.f.* estrazione || *elle cache son* —, nasconde le sue origini.

extrader [ɛkstrade] *v.tr.* estradare.

extradition [ɛkstradisjɔ̃] *s.f.* estradizione.

extra-européen [ɛkstraørɔpeɛ̃] (f. -*éenne*) *agg.* extraeuropeo.

extra-fin [ɛkstrafɛ̃] *agg.* molto piccolo, finissimo; (*estens.*) di prima qualità.

extra-fort [ɛkstrafɔr] *s.m.* fettuccia (*f.*).

extraire [ɛkstrɛr] (*coniug. come* traire) *v.tr.* estrarre || *article extrait d'une revue*, articolo tratto da una rivista □ **s'extraire** *v.pron.* (*fam.*) uscire a fatica.

extrait [ɛkstrɛ] *part. pass. di* extraire ♦ *s.m.* estratto || — *d'acte de naissance*, estratto dell'atto di nascita || — *d'un roman*, brani scelti, passi scelti d'un romanzo.

extralucide [ɛkstralysid] *agg.* e *s.m.* chiaroveggente.

extraordinaire [ɛkstraɔʀdinɛʀ] *agg.* straordinario || *si, par —, il ne venait pas...*, se, per un caso strano, non venisse... || *elle n'a rien d'—*, non ha niente di speciale.

extraordinairement [ɛkstraɔʀdinɛʀmɑ̃] *avv.* straordinariamente; in modo strano; immensamente.

extrapolation [ɛkstrapɔlasjɔ̃] *s.f.* estrapolazione.

extrapoler [ɛkstrapɔle] *v.tr.* estrapolare; (*estens.*) dedurre.

extrasensoriel [ɛkstrasɑ̃sɔʀjɛl] (f. *-elle*) *agg.* extrasensoriale.

extra-systole [ɛkstrasistɔl] *s.f.* (*med.*) extrasistole.

extraterrestre [ɛkstratɛʀɛstʀ] *agg.* e *s.m.* extraterrestre.

extraterritorial [ɛkstratɛʀitɔʀjal] (pl. *-aux*) *agg.* estraterritoriale.

extraterritorialité [ɛktratɛʀitɔʀjalite] *s.f.* estraterritorialità.

extravagance [ɛkstravagɑ̃s] *s.f.* stravaganza.

extravagant [ɛkstravagɑ̃] *agg.* **1** stravagante, strambo **2** eccessivo.

extraverti [ɛkstravɛʀti] *agg.* estroverso.

extrême [ɛkstʀɛm] *agg.* estremo: *être — en tout,*

essere eccessivo in tutto || *à l'— rigueur*, in caso estremo, se proprio sarà necessario ♦ *s.m.* estremo || *à l'—*, alle estreme conseguenze.

extrêmement [ɛkstʀɛmmɑ̃] *avv.* estremamente.

extrême-onction [ɛkstʀɛmɔ̃ksjɔ̃] (pl. *extrêmes-onctions*) *s.f.* (*relig.*) estrema unzione.

extrême-oriental [ɛkstʀɛmɔʀjɑ̃tal] (pl. *extrême-orientaux*) *agg.* dell'Estremo Oriente.

extrémisme [ɛkstʀemism] *s.m.* estremismo.

extrémiste [ɛkstʀemist] *agg.* e *s.m.* e *f.* estremista.

extrémité [ɛkstʀemite] *s.f.* **1** estremità; estremo (*m.*) (*anche fig.*): *aux extrémités du monde*, in capo al mondo; *à l'— de la rue*, in fondo alla strada || *tomber d'une — dans l'autre*, passare da un estremo all'altro || *en venir à des extrémités*, lasciarsi andare a degli eccessi || *être à toute —, à la dernière —*, essere agli estremi; *être réduit à la dernière —*, essere nella più assoluta miseria **2** *pl.* estremità (mani e piedi).

extrinsèque [ɛkstʀɛ̃sɛk] *agg.* estrinseco.

exubérance [ɛgzybeʀɑ̃s] *s.f.* esuberanza || *l'— de la végétation*, il rigoglio della vegetazione.

exubérant [ɛgzybeʀɑ̃] *agg.* esuberante || *végétation exubérante*, vegetazione lussureggiante.

exultation [ɛgzyltasjɔ̃] *s.f.* esultanza.

exulter [ɛgzylte] *v.intr.* esultare.

exutoire [ɛgzytwaʀ] *s.m.* sfogo.

F

f [εf] *s.m.* f (*m.* e *f.*) || (*tel.*) — *comme François*, f come Firenze || F, franco francese || *F1, F2, F3*, monolocale, bilocale, trilocale.

fa [fa(a)] (pl. *invar.*) *s.m.* (*mus.*) fa.

fable [fabl] *s.f.* favola (*anche fig.*).

fabricant [fabʀikɑ̃] *s.m.* fabbricante.

fabrication [fabʀikasjɔ̃] *s.f.* fabbricazione, lavorazione; (*ind.*) produzione: *de ma* —, fatto da me.

fabrique [fabʀik] *s.f.* fabbrica: — *de chaussures*, calzaturificio.

fabriquer [fabʀike] *v.tr.* 1 fabbricare; (*ind.*) produrre 2 (*fam.*) fare, combinare || — *un alibi*, (*fig.*) costruire un alibi.

fabulateur [fabylatœʀ] (f. *-trice*) *s.m.* raccontafrottole.

fabuler [fabyle] *v.intr.* raccontare storie, frottole.

fabuleux [fabylø] (f. *-euse*) *agg.* favoloso (*anche fig.*) || **-eusement** *avv.*

fac [fak] *s.f.* (*fam.*) *abbr.* → **faculté**.

façade [fasad] *s.f.* facciata (*anche fig.*).

face [fas] *s.f.* 1 faccia || — *d'un disque*, facciata, lato di un disco || — *avec qqn*, faccia a faccia con qlcu || *faire* — *à*, essere di fronte a; (*fig.*) far fronte a, fronteggiare || *en* — *de*, di fronte a; *le magasin d'en* (o *en*) —, il negozio di fronte || *chambre* — *à la mer*, camera (con vista) sul mare || *une place de* —, un posto nel senso di marcia del treno 2 (*fig.*) faccia; aspetto (*m.*) 3 diritto (di medaglia, di moneta).

face-à-face [fasafas] (pl. *invar.*) *s.m.* (*tv*) confronto televisivo.

face-à-main [fasamɛ̃] (pl. *faces-à-main*) *s.m.* occhialetto.

facétie [fasesi] *s.f.* facezia.

facétieux [fasesjø] (f. *-euse*) *agg.* e *s.m.* faceto, burlone.

facette [fasεt] *s.f.* faccetta; (*fig.*) sfaccettatura: *tailler à facettes*, sfaccettare || (*zool.*) *œil à facettes*, occhio composto.

facetter [fasete] *v.tr.* sfaccettare.

fâché [fɑʃe] *agg.* 1 arrabbiato: *être* — *contre qqn*, avercela con qlcu; *être* — *avec qqn*, essere in rotta con qlcu 2 spiacente.

fâcher [fɑʃe] *v.tr.* dispiacere a: *ce que tu dis me fâche beaucoup*, quello che mi dici mi dispiace molto || *sans vous* —, senza offesa □ **se fâcher** *v.pron.* arrabbiarsi: *se* — *contre qqn*, arrabbiarsi con qlcu; *se* — *avec qqn*, rompere con qlcu.

fâcherie [fɑʃʀi] *s.f.* screzio (*m.*), dissapore (*m.*).

fâcheusement [fɑʃøzmɑ̃] *avv.* malauguratamente, purtroppo.

fâcheux [fɑʃø] (pl. *-euse*) *agg.* increscioso, seccante: *une fâcheuse idée*, una malaugurata idea ♦ *s.m.* seccatore.

facho [faʃo] *agg.* e *s.m. abbr.* → **fasciste**.

facial [fasjal] (pl. *-aux*) *agg.* facciale.

faciès [fasjεs] *s.m.* 1 aspetto, fisionomia (*f.*) 2 (*scient.*) facies.

facile [fasil] *agg.* facile: — *à*, facile da; — *à réaliser*, facilmente attuabile; *personne* — *à vivre*, persona con cui è facile andar d'accordo || — *comme tout*, (*fam.*) facilissimo ♦ *avv.* (*fam.*) facile || **-ement** *avv.*

facilité [fasilite] *s.f.* 1 facilità: *la solution de* —, la soluzione più facile 2 attitudine, disposizione 3 *pl.* facilitazioni, agevolazioni.

faciliter [fasilite] *v.tr.* facilitare, agevolare.

façon [fasɔ̃] *s.f.* 1 modo (*m.*), maniera: *de quelle* —*?*, in che modo?; *il y a une* — *de dire les choses!*, c'è modo e modo di dire le cose!; *en voilà une* — *de parler!*, che modo di parlare è questo!; *c'est une* — *de parler*, si fa per dire; *d'une* — *générale*, in linea di massima; *en aucune* —, in nessun modo || — *cuir*, uso pelle 2 *pl.* maniere, modo di fare || *en voilà des façons!*, ma che modi sono questi? 3 *pl.* complimenti (*m.*), cerimonie || *sans façon(s)*, alla buona 4 fattura, confezione || *travail à* —, lavoro con materiale fornito dal cliente || *il lui a joué un tour de sa* —, gliene ha combinata una delle sue □ **à la façon de**, come; **de façon à**, in modo da; **d'une façon ou d'une autre**, in un modo o nell'altro; **de la façon dont...**, da come..., dal modo in cui...; **de quelque façon que ce soit**, comunque sia, in qualunque modo; **de toute façon**, in ogni modo, comunque; **de (telle) façon que...**, di modo che...

faconde [fakɔ̃d] *s.f.* facondia; (*spreg.*) verbosità.

façonnage [fasɔnaʒ], **façonnement** [fasɔnmɑ̃] *s.m.* lavorazione (*f.*).

façonner [fasɔne] *v.tr.* 1 lavorare; foggiare, sagomare || — *au tour*, tornire 2 (*fig.*) formare 3 (*agr.*) lavorare (un campo).

fac-similé [faksimile] *s.m.* facsimile.

factage [faktaʒ] *s.m.* consegna (*f.*) (di merci) a domicilio.

facteur¹ [faktœʀ] *s.m.* fattore.

facteur² (f. *-trice*) *s.m.* 1 postino, portalettere 2 fabbricante (di strumenti musicali).

factice [faktis] *agg.* 1 artificiale, di imitazione || *emballage* —, confezione (vuota) da esposizione 2 (*fig.*) fittizio, artificioso.

factieux [faksjø] (f. *-euse*) *agg.* e *s.m.* sedizioso, fazioso.

faction [faksjɔ̃] *s.f.* 1 fazione 2 (*mil.*) (turno di) guardia 3 turno lavorativo.

factionnaire [faksjɔnɛʀ] *s.m.* 1 (*lavoratore*) turnista 2 (*mil.*) sentinella (*f.*).

factoriel [faktɔʀjɛl] (f. *-elle*) *agg.* fattoriale.

factotum [faktɔtɔm] *s.m.* factotum.

factuel [faktɥɛl] (f. *-elle*) *agg.* fattuale; di fatto.

facturation [faktyʀɑsjɔ̃] *s.f.* fatturazione.

facture[1] [faktyʀ] *s.f.* fattura, lavorazione.

facture[2] *s.f.* (*comm.*) fattura: *suivant* —, come da fattura || — *de gaz*, bolletta del gas.

facturer [faktyʀe] *v.tr.* fatturare.

facturette [faktyʀet] *s.f.* ricevuta di pagamento con carta di credito.

facturier [faktyʀje] *s.m.* fatturista.

facultatif [fakyltatif] (f. *-ive*) *agg.* facoltativo, opzionale || -**ivement** *avv.*

faculté [fakylte] *s.f.* 1 facoltà; capacità || *ne pas jouir de toutes ses facultés*, non essere nel pieno possesso delle proprie facoltà (mentali) 2 facoltà universitaria || *la Faculté*, i medici.

fada [fada] *agg.* e *s.m.* (*fam.*) picchiato, scemo.

fadaise [fadɛz] *s.f.* insulsaggine, stupidaggine.

fadasse [fadas] *agg.* (*fam.*) insipido (*anche fig.*).

fade [fad] *agg.* insipido (*anche fig.*) || *odeur* —, odore dolciastro || *blond* —, biondo slavato.

fadeur [fadœʀ] *s.f.* scipitezza; (*fig.*) insulsaggine.

fagot [fago] *s.m.* fascina (*f.*) || *sentir le* —, (*scherz.*) puzzar di eresia || *vin de derrière les fagots*, vino conservato per le grandi occasioni.

fagoter [fagɔte] *v.tr.* (*fam.*) infagottare.

faiblard [fɛblaʀ] *agg.* (*fam.*) deboluccio, fiacco.

faible [fɛbl] *agg.* debole (*anche fig.*): *une* — *différence*, una lieve differenza; *un* — *avantage*, un vantaggio di poco conto, scarso || *je n'en ai qu'une* — *idée*, ne ho solo una vaga idea || (*econ.*): *prix, coût* —, basso prezzo, costo; *faibles profits*, scarsi profitti || *navire de* — *tonnage*, nave di piccolo tonnellaggio || *à* — *teneur en alcool*, a basso tenore d'alcol ♦ *s.m.* debole (*anche fig.*) || *les économiquement faibles*, i meno abbienti || -**ement** *avv.*

faiblesse [fɛblɛs] *s.f.* 1 debolezza 2 malessere (*m.*), mancamento (*m.*) 3 (*fig.*) punto debole.

faiblir [fɛbliʀ] *v.intr.* indebolirsi: *sa voix a faibli*, la voce gli si è indebolita; *son pouls faiblit*, il suo polso diventa meno frequente; *le vent faiblit*, il vento cala.

faïence [fajɑ̃s] *s.f.* maiolica.

faille[1] [faj] *s.f.* 1 (*geol.*) faglia 2 (*fig.*) difetto (*m.*): *raisonnement sans* —, ragionamento che non fa una grinza || *trouver une* — *dans la loi*, trovare una scappatoia nella legge.

faille[2] *s.f.* faille (tessuto di seta).

failli [faji] *agg.* e *s.m.* (*dir.*) fallito.

faillir [fajiʀ]

Usato all'inf., al part.pass. e nei tempi composti: j'ai failli, j'avais failli, etc., *e al pass.rem. nella lingua scritta*: je faillis, etc.

v.intr.dif. 1 (*inf.*) essere lì lì per: *il a failli mourir*, era lì lì per morire, poco mancò che morisse 2 (*dir.*) fallire 3 — *à*, venir meno a.

faillite [fajit] *s.f.* fallimento (*m.*) (*anche fig.*): *faire* —, fallire, fare fallimento; *mettre en* —, far fallire; *être en* —, essere in stato fallimentare; *état de* —, stato fallimentare; *se déclarer en* —, dichiarare fallimento.

faim [fɛ̃] *s.f.* 1 fame: *avoir très, bien* —, avere (molta) fame; *rester sur sa* —, non aver mangiato abbastanza, (*fig.*) aspettarsi di più; *manger à sa* —, mangiare a sazietà 2 (*fig.*) sete, desiderio (*m.*): *avoir* — *de richesses*, avere sete di ricchezze.

faîne [fɛn] *s.f.* (*bot.*) faggina, faggiola.

fainéant [feneɑ̃] *agg.* e *s.m.* fannullone.

fainéanter [feneɑ̃te] *v.intr.* (*fam.*) poltrire.

fainéantise [feneɑ̃tiz] *s.f.* poltroneria.

faire[1] [fɛʀ]

Indic.pres. je fais, etc., nous faisons [fəzɔ̃], vous faites, ils font; *imperf.* je faisais [fəzɛ], etc.; *pass.rem.* je fis, etc.; *fut.* je ferai, etc. *Cond.* je ferais, etc. *Cong.pres.* que je fasse, etc.; *imperf.* que je fisse, etc. *Part.pres.* faisant [fəzɑ̃]; *pass.* fait. *Imp.* fais, faisons [fəzɔ̃], faites.

v.tr. e *intr.* fare: — *du bon travail*, fare un buon lavoro; — *du sport, de la politique*, fare dello sport, (della) politica; *la jupe que ma sœur a faite*, la gonna che mia sorella ha fatto; *la jupe que ma sœur a fait* —, *s'est faite* —, la gonna che mia sorella si è fatta fare; *cette école d'hôtellerie fait de bons cuisiniers*, quella scuola alberghiera forma bravi cuochi; — *l'admiration de tous*, suscitare l'ammirazione di tutti; *tous les bébés pleurent quand ils font leurs dents*, tutti i bambini piangono quando mettono i denti || *cette année je ferai la Grèce*, quest'anno visiterò la Grecia || — *du 100 à l'heure*, fare i cento all'ora; *cette voiture fait du dix litres aux 100*, questa macchina con un litro fa 10 km || — (*sa*) *médecine*, fare medicina || (*comm.*) *nous ne faisons pas cet article*, non trattiamo questo articolo || *je n'aurais pas agi comme il l'a fait*, non mi sarei comportato come lui; *il étudie mieux que tu ne le fais*, studia meglio di te || *il lui a fait un enfant*, (*fam.*) l'ha messa incinta || *se* —, (*seguito da compl.ogg.*) farsi: *se* — *des amis*, farsi degli amici; *il se fait 5000 francs par mois*, (*fam.*) guadagna 5000 franchi al mese; *se* — *les yeux*, truccarsi gli occhi; *il faut se le* —, (*fam.*) bisogna sorbirselo || — (*en sorte*) *que*, fare in modo che: *faites que je puisse la retrouver*, fate (in modo) che possa ritrovarla; *sa négligence fait que tout le monde se plaint de lui*, tutti si lamentano per la sua negligenza || — *bien de..., mieux de...*, fare bene a..., meglio a... || *ne* — *que* (*de*)..., non fare altro che...: *il ne fait que* (*de*) *se plaindre*, non fa che lamentarsi ♦ *v.impers.* 1 (*meteor.*): *il fait jour, il fait nuit*, è giorno, è notte; *quel temps fait-il?*, che tempo fa?; *il fait beau*, *il fait mauvais*, è bel tempo, è brutto tempo; *il fait chaud*, *très froid*, fa caldo, molto freddo; *il fait du vent*, tira vento; *il faisait 30 degrés à l'ombre*, c'erano 30 gradi all'ombra; *les pluies qu'il a fait cet hiver*, le piogge che sono cadute quest'inverno **2** (*seguito da agg. più inf.*): *il fait bon se promener dans la campagne*, è bello passeggiare in campagna □ **se faire** *v.pron.* **1** farsi: *il s'est fait lui-même*, si è fatto da solo, da sé; *il se fait vieux*, sta invecchiando; *cela se fait*, è una cosa che si fa; *chercher à se — bien voir de qqn*, cercare di entrare nelle grazie di qlcu; *c'est ce qui se fait de mieux*, è quello che c'è di meglio || *se — avoir*, (*fam.*) farsi fregare, imbrogliare || *se — à*, abituarsi a: *tu t'y feras*, ti ci abituerai; *ces chaussures doivent encore se —*, queste scarpe devono ancora prendere la forma (del piede) || *s'en —*, (*fam.*) preoccuparsi: *il s'en fait pas, celui-là!*, non si scompone, quello! **2** (*in costruzioni impers.*): *il se fait tard*, *il se fait nuit*, si fa tardi, si fa notte; *il se fit un silence profond*, si fece un silenzio profondo; *il peut se — qu'il vienne*, può darsi che venga □ **y faire**, farci: *qu'y —?*, che farci?; *il sait y —*, ci sa fare; *que voulez-vous que j'y fasse?*, che posso farci?; *on a beau dire, rien n'y fait*, si ha un bel dire, non serve a nulla; *ça y fait beaucoup*, questo ha il suo peso ♦ FRASEOLOGIA: *il fait très jeune pour son âge*, è molto giovanile per la sua età; *il fera un bon mari*, sarà un buon marito; *ce fauteuil fait très bien dans cette pièce*, quella poltrona sta bene in questa stanza; *ce couloir fait dix mètres de long*, questo corridoio è lungo dieci metri; *ce manteau doit te — plusieurs années*, questo cappotto deve durarti qualche anno || *— de l'anémie*, *de la dépression nerveuse*, essere anemico, avere l'esaurimento nervoso || *avoir à — avec*, avere da fare con || *voilà qui est fait*, ecco fatto || *qu'est-ce que cela peut —?*, che importanza può avere? || *cela fait un an que...*, è un anno che... || *cela ne fera pas plus de...*, non saranno più di... || *c'est bien fait pour toi!*, ben ti sta! || *je n'ai que — de ton amitié*, non so che farmene della tua amicizia || *pour bien — vous devriez l'écouter*, sarebbe bene che voi gli deste ascolto || *elle a encore raté le train*, *elle n'en fait jamais d'autres*, ha perso il treno un'altra volta, è sempre la solita (non ne fa mai una giusta) || *faites (donc)!*, fate pure! || *ce qui fait que...*, e per questo... || *c'en est fait de lui*, è finita per lui || *si — se peut*, se è possibile || *tant qu'à — il vaut mieux partir*, tanto vale partire || *il fait dans le paternalisme*, (*fam.*) ci marcia con il paternalismo || *ce n'est n'y fait n'y à —*, non sono cose da farsi, (*très mal fait*) è fatto da cani || (*il*) *y a de quoi —*, (*fam.*) c'è un bel daffare || (*fam.*): *il ne faut pas me la —*, a me non la si fa; (*il*) *faut le —!*, ci vuole un bel coraggio (per farlo)!

faire² *s.m.* il fare || *il y a loin du dire au —*, tra il dire e il fare c'è di mezzo il mare.

faire-part [fɛʀpaʀ] *s.m.* partecipazione (*f.*).

faire-valoir [fɛʀvalwaʀ] (pl. *invar.*) *s.m.* **1** (*teatr.*) spalla (*f.*); (*estens.*) persona, cosa che ne valo-

rizza un'altra **2** (*agr.*) *— direct*, conduzione diretta (di azienda agricola).

fair-play [fɛʀplɛ] *s.m.* e *agg.* fair-play: *il n'est pas très —*, il fair-play non è il suo forte.

faisabilité [fəzabilite] *s.f.* fattibilità.

faisable [fəzabl] *agg.* fattibile.

faisan [fəzɑ̃] *s.m.* **1** fagiano **2** (*fam.*) individuo losco.

faisandé [fəzɑ̃de] *agg.* **1** frollo, frollato **2** (*fig.*) marcio, corrotto.

faisander [fəzɑ̃de] *v.tr.* (*cuc.*) frollare.

faisceau [fɛso] (pl. *-eaux*) *s.m.* fascio.

faiseur [fəzœʀ] (f. *-euse*) *s.m.* **1** facitore || *s'habiller chez un bon —*, vestirsi da un buon sarto || *faiseuse d'anges*, praticona, donna che pratica aborti **2** sbruffone.

fait¹ [fɛ] *part.pass. di* faire ♦ *agg.* **1** fatto: *un costume tout —*, un abito pronto, confezionato; *une phrase toute faite*, una frase fatta; *il n'a que des idées toutes faites*, è pieno di idee preconcette || *nous sommes faits!*, (*fam.*) siamo spacciati! **2** fatto, maturo: *un homme —*, un uomo fatto, maturo || *fromage —*, formaggio stagionato.

fait² *s.m.* fatto: *hauts faits*, gesta; *il m'a raconté tous les faits et gestes de son grand-père*, mi ha raccontato vita, morte e miracoli di suo nonno || *lui a dit son —*, gli ha detto il fatto suo; *il est sûr de son —* sa il fatto suo || (*dir.*) *faits et articles*, circostanze di fatto • La *t* finale può essere pronunciata quando *fait* è in fine di frase e in alcune locuzioni ♦ FRASEOLOGIA: *c'est un —*, è un dato di fatto || *prendre sur le —*, cogliere sul fatto, in flagrante || *passer aux voies de —*, passare a vie di fatto || *en venir au —*, venire al sodo || *prendre — et cause pour qqn*, schierarsi dalla parte di qlcu || *être le — de...*, fare al caso di... || *il est de — que...*, sta di fatto che...

□ **au fait**, a proposito; **du fait que**, **du fait de**, per il fatto che, dal momento che, a causa di; **en fait**, **de fait**, **par le fait**, in realtà, in effetti; **en fait de**, in fatto di.

faîtage [fɛtaʒ] *s.m.* (*di un tetto*) colmo, spina (*f.*); (*di un edificio*) fastigio.

fait(-)divers [fɛdivɛʀ] (pl. *faits(-)divers*) *s.m.* **1** fatto di cronaca **2** *pl.* (pagina di) cronaca (*f.sing.*).

faîte [fɛt] *s.m.* **1** (*edil.*) (*di un tetto*) colmo, spina (*f.*); (*di un edificio*) fastigio **2** cima (*f.*), vetta (*f.*); (*fig.*) apice || (*geogr.*) *ligne de —*, crinale, (linea) spartiacque.

faîtière [fɛtjɛʀ] *s.f.* **1** tegola di colmo **2** lucernario (*m.*) ♦ *agg.: tuile —*, tegola di colmo; *lucarne —*, lucernario.

fait-tout [fɛtu] (pl. *invar.*) *s.m.* pentolone.

fakir [fakiʀ] *s.m.* fachiro.

falaise [falɛz] *s.f.* scogliera (a picco).

falbala [falbala] *s.m.pl.* fronzoli.

fallacieux [fallasjø] (f. *-euse*) *agg.* fallace || *-eusement avv.*

falloir [falwaʀ]

Indic.pres. il faut; *imperf.* il fallait; *pass.rem.* il fallut; *fut.* il faudra. *Cond.* il faudrait. *Cong.pres.*

qu'il faille; *imperf.* qu'il fallˉût. *Part.pres.* manca; *pass.* fallu. *Imp.* manca.

---

v.impers. bisognare, occorrere, volerci: *il faut un médecin*, ci vuole, occorre un medico; *il a fallu un médecin*, ci è voluto un medico; *il nous faut des livres*, ci occorrono dei libri, abbiamo bisogno di libri; *combien te faut-il?*, di quanto hai bisogno?, quanto ti occorre?; *il a fallu toute la matinée pour achever le travail*, ci è voluta, è occorsa tutta la mattina per terminare il lavoro; *il a fallu lui dire la vérité*, è stato necessario, abbiamo dovuto dirgli la verità; *il fallait bien qu'elle parte, qu'elle partît avant lui*, bisognava pure che partisse prima di lui; *il le faut*, è necessario; *il travaille beaucoup plus qu'il ne faut, ne faudrait*, lavora molto più del necessario || *comme il faut*, come si deve || *il lui en faut peu pour le mettre en colère*, basta un niente per farlo arrabbiare • Il *part.pass. fallu* è sempre invariabile: *les sommes qu'il a fallu*, le somme che sono state necessarie □ **s'en falloir** *v.pron.impers.* mancare: *il s'en est fallu de cinq minutes qu'ils ne se soient rencontrés*, per soli cinque minuti non si sono incontrati; *il s'en est fallu d'un cheveu*, c'è mancato un pelo || *il s'en faut!*, ce ne vuole! || *il s'en faut (de) beaucoup, bien*, ci manca molto: *je n'ai pas pu corriger toutes les dictées, il s'en faut de beaucoup*, non ho potuto correggere tutti i dettati, me ne mancano molti; *elle n'est pas aussi jolie que sa sœur, beaucoup s'en faut*, è di gran lunga meno carina di sua sorella || *il s'en faut (de) peu*, ci manca poco: *il s'en faut de peu que le livre soit terminé*, ci vuole ancora poco prima che, ci manca poco perché il libro sia terminato || *peu s'en faut*, poco ci manca, quasi; *tant s'en faut*, tutt'altro, anzi ce ne corre; *tant s'en faut qu'il...*, è ben lontano dal..., è tutt'altro che... ♦ FRASEOLOGIA: *faut voir!*, *(fam.)* vedessi che roba!; *faut aimer!*, *(fam.)* è questione di gusti!; *quand (il) faut y aller!*, *(il) faut y aller!*, *(fam.)* se è da fare, si fa!; *faut-il être bête!*, si può essere più stupidi di così!; *encore faut-il qu'ils habitent encore là*, sempre che abitino ancora lì.

fallu [faly] *part.pass.* di falloir.

falot[1] [falo] *s.m.* lanternone.

falot[2] (f. *-ote*) *agg.* insignificante.

falsificateur [falsifikatœʀ] (f. *-trice*) *s.m.* falsificatore.

falsification [falsifikɑsjɔ̃] *s.f.* falsificazione; *(di alimenti)* adulterazione, sofisticazione.

falsifier [falsifje] *v.tr.* **1** falsificare; *(di alimenti)* adulterare, sofisticare **2** *(fig.)* svisare, falsare.

famé [fame] *agg.*: *mal —*, malfamato.

famélique [famelik] *agg.* famelico.

fameusement [famøzmɑ̃] *avv.* *(fam.)* estremamente, straordinariamente.

fameux [famø] (f. *-euse*) *agg.* **1** famoso, celebre **2** *(fam.)* notevole; eccellente, eccezionale: *ce n'est pas —!*, non è un gran che!; *un — coquin*, un perfetto mascalzone.

familial [familjal] (pl. *-aux*) *agg.* di famiglia.

familiale [familjal] *s.f.* (automobile) familiare.

familiariser [familjaʀize] *v.tr.* rendere familiare (a); far prendere confidenza (con) □ **se familiariser** *v.pron.* familiarizzarsi (con), prendere dimestichezza (con); assuefarsi (a).

familiarité [familjaʀite] *s.f.* **1** familiarità **2** *pl.* libertà: *prendre des familiarités avec qqn*, prendersi delle libertà, troppa confidenza con qlcu.

familier [familje] (f. *-ère*) *agg.* familiare || *ton —*, tono confidenziale ♦ *s.m.* **1** (amico) intimo **2** frequentatore abituale.

familièrement [familjɛʀmɑ̃] *avv.* familiarmente, con familiarità.

familistère [familistɛʀ] *s.m.* cooperativa di produzione.

famille [famij] *s.f.* famiglia *(anche fig.)*: *fils de —*, ragazzo bene; *pension de —*, pensione familiare; *avoir l'esprit de —*, avere il senso della famiglia || *un petit gueuleton des familles*, un pranzetto alla buona || *avoir de la —*, aver parenti || *la Sainte Famille*, la Sacra Famiglia.

famine [famin] *s.f.* carestia || *crier —*, avere fame, *(fig.)* pianger miseria || *salaire de —*, *(fam.)* stipendio da fame.

fan [fan] *s.m.* fan; patito; *(di sport)* tifoso.

fana [fana] *agg.* e *s.m.* e (abbr. di *fanatique*) *(fam.)* fanatico: *les fanas de la télé*, i teledipendenti.

fanage [fanaʒ] *s.m.* *(agr.)* fienagione *(f.)*.

fanal [fanal] (pl. *-aux*) *s.m.* fanale.

fanatique [fanatik] *agg.* e *s.m.* fanatico || *-ement avv.*

fanatiser [fanatize] *v.tr.* fanatizzare.

fanatisme [fanatism] *s.m.* fanatismo.

fane [fan] *s.f.* **1** foglia secca (caduta da un albero) **2** *pl.* foglie (di verdura).

fané [fane] *agg.* **1** appassito, avvizzito **2** *(fig.)* sfiorito, sbiadito.

faner [fane] *v.tr.* **1** fare appassire **2** *(fig.)* far perdere la freschezza (a); scolorire, sbiadire **3** *(agr.)* rivoltare (l'erba falciata) □ **se faner** *v.pron.* **1** appassire, avvizzire **2** *(fig.)* sfiorire; sbiadire, scolorire.

faneuse [fanøz] *s.f.* *(agr.)* voltafieno *(m.)*.

fanfare [fɑ̃faʀ] *s.f.* banda (musicale); fanfara || *un réveil en —*, *(fam.)* un risveglio a suon di trombe.

fanfaron [fɑ̃faʀɔ̃] (f. *-onne*) *agg.* spavaldo ♦ *s.m.* fanfarone, spaccone, gradasso.

fanfaronnade [fɑ̃faʀɔnad] *s.f.* fanfaronata.

fanfaronner [fɑ̃faʀɔne] *v.intr.* fare il gradasso.

fanfreluche [fɑ̃fʀəlyʃ] *s.f.* fronzolo *(m.)*.

fange [fɑ̃ʒ] *s.f.* fango *(m.)*; melma.

fangeux [fɑ̃ʒø] (f. *-euse*) *agg.* fangoso, melmoso.

fangothérapie [fɑ̃ɡoteʀapi] *s.f.* fangoterapia.

fanion [fanjɔ̃] *s.m.* gagliardetto; *(mar.)* guidone.

fanon [fanɔ̃] *s.m.* **1** fanone, osso di balena **2** *(zool.)* giogaia *(f.)* **3** *(del cavallo)* barbetta *(f.)* **4** *pl.* *(eccl.)* fanoni.

fantaisie [fɑ̃tezi] *s.f.* **1** inventiva, estro *(m.)*, fantasia **2** capriccio *(m.)*, ghiribizzo *(m.)*: *se passer, se payer la — de...*, cavarsi la voglia di...; *vivre* *à sa* —, vivere secondo l'impulso del momento **3** (*moda*) fantasia: *bijoux* (*de*) —, bigiotteria **4** (*mus., arte*) fantasia.

fantaisiste [fɑ̃tezist] *agg.* fantasioso, estroso ♦ *s.m.* **1** (*teatr.*) fantasista **2** persona estrosa.

fantasmagorie [fɑ̃tasmagɔʀi] *s.f.* fantasmagoria.

fantasmagorique [fɑ̃tasmagɔʀik] *agg.* fantasmagorico.

fantasmatique [fɑ̃tasmatik] *agg.* (*psic.*) fantasmatico.

fantasme [fɑ̃tasm] *s.m.* (*psic.*) fantasma.

fantasmer [fɑ̃tasme] *v.intr.* (*psic.*) fantasticare, dare libero sfogo alle proprie fantasie.

fantasque [fɑ̃task] *agg.* lunatico, capriccioso || *humeur* —, umore mutevole.

fantassin [fɑ̃tasɛ̃] *s.m.* (*mil.*) fante, fantaccino.

fantastique [fɑ̃tastik] *agg.* **1** fantastico, favoloso **2** incredibile, sensazionale ♦ *s.m.* (*lett., arte ecc.*) (*genere*) fantastico.

fantastiquement [fɑ̃tastikmɑ̃] *avv.* fantasticamente, straordinariamente.

fantoche [fɑ̃tɔʃ] *s.m.* marionetta (*f.*), fantoccio (*anche fig.*) || *gouvernement* —, governo fantoccio.

fantomatique [fɑ̃tɔmatik] *agg.* fantomatico.

fantôme [fɑ̃tom] *s.m.* e *agg.* fantasma (*anche fig.*): *gouvernement* —, governo fantasma.

faon [fɑ̃] *s.m.* cerbiatto; piccolo del capriolo, del daino.

faramineux [faʀaminø] (*f.* -*euse*) *agg.* (*fam.*) strabiliante: *des prix* —, prezzi esorbitanti.

farandole [faʀɑ̃dɔl] *s.f.* farandola.

faraud [faʀo] *agg.* e *s.m.* (*fam.*) vanesio, fatuo || (*in Africa*) *faire* —, pavoneggiarsi.

farce[1] [faʀs] *s.f.* **1** (*teatr.*) farsa: *tourner à la* —, volgere al comico **2** (*fig.*) scherzo (*m.*), burla ♦ *agg.invar.* (*fam.*) spassoso, buffo.

farce[2] *s.f.* (*cuc.*) ripieno (*m.*).

farceur [faʀsœʀ] (*f.* -*euse*) *s.m.* burlone.

farcir [faʀsiʀ] *v.tr.* **1** (*cuc.*) farcire **2** (*fig.*) infarcire || *se* — *le cerveau de dates*, (*fam.*) riempirsi il cervello di date **3** *se* —, (*fam.*) sobbarcarsi il peso di: *il s'est farci tout le travail*, si è addossato tutto il lavoro; *celle-là, il faut se la* —, quella lì, bisogna sorbirsela **4** *se* —, (*fam.*) farsi (fuori), mangiarsi.

fard [faʀ] *s.m.* trucco, belletto: — (*à joues*), fard; — *à paupières*, ombretto; — (*pour la scène*) cerone || *piquer un* —, (*fam.*) arrossire, avvampare || *parler sans* —, parlare senza artificio.

farde [faʀd] *s.f.* (*in Belgio*) **1** cartelletta **2** fogli di quaderno non rilegati **3** stecca di sigarette.

fardeau [faʀdo] (*pl.* -*eaux*) *s.m.* fardello.

farder [faʀde] *v.tr.* **1** truccare; mettere il cerone (a un attore) **2** mascherare, camuffare (*anche fig.*): — *la marchandise*, nascondere la merce scadente sotto quella di buona qualità □ **se farder** *v.pron.* truccarsi.

farfadet [faʀfade] *s.m.* spirito, folletto.

farfelu [faʀfəly] *agg.* balzano, estroso, strambo: *des dialogues farfelus*, dialoghi assurdi.

farfouiller [faʀfuje] *v.intr.* (*fam.*) frugare.

faribole [faʀibɔl] *s.f.* (*fam.*) frivolezza; stupidaggine.

farine [faʀin] *s.f.* farina || *de la même* —, (*fig.*) dello stesso stampo || *se faire rouler dans la* —, (*fam.*) farsi menare per il naso.

fariner [faʀine] *v.tr.* infarinare ♦ *v.intr.* (*isola Riunione*) piovigginare.

farineux [faʀinø] (*f.* -*euse*) *agg.* **1** farinoso **2** infarinato ♦ *s.m.pl.* farinacei.

farniente [faʀnjɛ̃te, faʀnjɑ̃t] *s.m.* il dolce far niente.

farouche [faʀuʃ] *agg.* **1** selvatico; (*di persona*) poco socievole, scontroso **2** (*fig.*) feroce, selvaggio; accanito || *une volonté* —, una volontà indomita || *un air* —, un'aria truce.

farouchement [faʀuʃmɑ̃] *avv.* ferocemente; accanitamente.

fart [faʀt] *s.m.* sciolina (per gli sci).

fartage [faʀtaʒ] *s.m.* sciolinatura (*f.*).

farter [faʀte] *v.tr.* sciolinare.

FAS [fas] *agg.* e *avv.* (*comm.*) franco banchina.

fascicule [fasikyl] *s.m.* fascicolo, dispensa (*f.*): *par fascicules*, a dispense.

fascinant [fasinɑ̃] *agg.* affascinante.

fascination [fasinasjɔ̃] *s.f.* fascino (*m.*).

fasciner [fasine] *v.tr.* affascinare; incantare.

fascisant [faʃizɑ̃] *agg.* fascistoide.

fascisme [faʃism] *s.m.* fascismo.

fasciste [faʃist] *agg.* e *s.m.* fascista.

faste[1] [fast] *s.m.* fasto, sfarzo, pompa (*f.*).

faste[2] *agg.*: *jour* —, giorno fausto.

fastidieux [fastidjø] (*f.* -*euse*) *agg.* fastidioso, noioso || -**eusement** *avv.*

fastueux [fastɥø] (*f.* -*euse*) *agg.* fastoso, sfarzoso || -**eusement** *avv.*

fat [fat] *agg.* e *s.m.* fatuo, vanesio.

fatal [fatal] (*pl.* -*als*) *agg.* **1** fatale: *c'était* —!, era destino! **2** (*ind.*) derivato || -**lement** *avv.*

fataliste [fatalist] *agg.* e *s.m.* fatalista.

fatalité [fatalite] *s.f.* fatalità.

fatidique [fatidik] *agg.* fatidico.

fatigant [fatigɑ̃] *agg.* **1** faticoso, affaticante **2** noioso, pesante.

fatigue [fatig] *s.f.* stanchezza; fatica, affaticamento (*m.*).

fatigué [fatige] *agg.* **1** stanco, affaticato || *traits fatigués*, lineamenti tirati || *être* — *de*, essere stufo di **2** (*fam.*) malandato, malridotto.

fatiguer [fatige] *v.tr.* stancare, affaticare ♦ *v. intr.* **1** faticare, sostenere uno sforzo **2** (*mecc.*) essere sottoposto a sollecitazione, a sforzo □ **se fatiguer** *v.pron.* stancarsi, affaticarsi.

fatma [fatma] *s.f.* donna araba.

fatras [fatʀa] *s.m.* guazzabuglio.

fatuité [fatɥite] *s.f.* fatuità.

faubourg [fobuʀ] *s.m.* sobborgo; (*pl.*) periferia (*f.sing.*).

faubourien [fobuʀjɛ̃] (*f.* -*enne*) *agg.* di, da sobborgo; di, da periferia || *accent* —, accento popolare della periferia parigina.

fauchage [foʃaʒ] *s.m.*, **fauchaison** [foʃɛzɔ̃] *s.f.* falciatura (*f.*).

fauche [foʃ] *s.f.* 1 falciatura || *c'est une période de* —, (*fig. fam.*) è un periodo di magra 2 (*fam.*) furto (*m.*); malloppo (*m.*).

fauché [foʃe] *agg.* (*fam.*) squattrinato: *être* —, essere al verde.

faucher [foʃe] *v.tr.* 1 falciare (*anche fig.*) 2 (*fam.*) rubare, sgraffignare.

faucheuse [foʃøz] *s.f.* falciatrice; mietitrice.

faucille [fosij] *s.f.* falcetto (*m.*) || *la* — *et le marteau*, falce e martello.

faucon [fokɔ̃] *s.m.* (*zool.*) falco, falcone.

fauconneau [fokono] (pl. *-eaux*) *s.m.* (*zool.*) falchetto.

fauconnerie [fokɔnri] *s.f.* 1 falconeria 2 caccia col falcone.

faufil [fofil] *s.m.* (filo dell') imbastitura (*f.*).

faufiler [fofile] *v.tr.* imbastire □ **se faufiler** *v.pron.* (*fig.*) intrufolarsi.

faune[1] [fon] *s.f.* fauna.

faune[2] *s.m.* (*mit.*) fauno.

faussaire [foseʀ] *s.m.* falsario.

faussement [fosmã] *avv.* falsamente.

fausser [fose] *v.tr.* 1 falsare; falsificare; alterare || — *compagnie à qqn*, (*fam.*) piantare in asso qlcu 2 storcere, torcere || — *le pas d'une vis*, spanare (una vite).

fausset [fose] *s.m.* (*mus.*) falsetto.

fausseté [foste] *s.f.* falsità.

faute [fot] *s.f.* 1 colpa (*anche dir.*): *prendre, trouver en* —, cogliere in fallo; *par sa* —, per colpa sua; *c'est en partie de sa* —, è in parte colpa sua; *c'est sa* —, è colpa sua; *à qui la* —?, di chi è la colpa?; *c'est la* — *d'Henri*, è colpa di Enrico || *c'est la* — *à pas de chance*, (*fam.*) è colpa della sfortuna || *sans* —, senz'altro || *faire* —, mancare 2 errore (*m.*), sbaglio (*m.*): — *de frappe*, errore di battitura; — *d'impression*, errore di stampa || — *professionnelle*, errore nell'esercizio della professione 3 (*sport*) fallo (*m.*) □ **faute de** *locuz.* in, per mancanza di: *ne pas se faire* — *de*, non mancare di □ **faute de quoi**, se no: *étudie davantage,* — *de quoi tu échoueras*, studia di più, se no sarai bocciato.

fauter [fote] *v.intr.* 1 (*fam.*) peccare 2 (*in Africa*) fare un errore (parlando francese).

fauteuil [fotœj] *s.m.* poltrona (*f.*) || — (*d'académicien*), seggio accademico (all'Académie française) || *occuper le* —, presiedere || (*sport*) *arriver dans un* —, (*fam.*) vincere di larga misura □ — **à bascule**, poltrona a dondolo; — **d'orchestre**, poltrona (di platea); — **roulant**, carrozzella da invalido.

fauteur [fotœʀ] (f. *-trice*) *s.m.* fomentatore.

fautif [fotif] (f. *-ive*) *agg.* 1 colpevole, in colpa 2 errato, scorretto 3 (*dir.*) colposo ♦ *s.m.* colpevole; responsabile.

fauve [fov] *agg.* 1 fulvo, rossiccio 2 selvatico: *bête* —, belva, bestia feroce; *odeur* —, odore di selvatico ♦ *s.m.* belva (*f.*): *chasse aux fauves*, caccia grossa || *les Fauves*, i pittori appartenenti al movimento del *fauvismo*.

fauvette [fovet] *s.f.* (*zool.*) silvia: — *à tête noire*,

capinera; — *des jardins*, bigia grossa, beccafico.

fauvisme [fovism] *s.m.* (*st. arte*) fauvismo.

faux[1] [fo] (f. *fausse*) *agg.* 1 falso; sbagliato, errato, erroneo: *faire un* — *calcul*, (*fig.*) calcolare male; *avoir des idées fausses sur*, avere un'idea falsa in merito a || *faire un* — *pas*, (*anche fig.*) fare un passo falso; *suivre une fausse piste*, seguire una pista sbagliata; *faire fausse route*, (*fig.*) essere fuori strada, sbagliare 2 falso, finto, artificiale: *un* — *diamant*, un diamante sintetico; — *cils*, ciglia finte; *une fausse fenêtre*, una finestra finta || *fausses cartes*, carte truccate 3 ambiguo, illusorio: *de fausses espérances*, speranze illusorie 4 (*mus.*) stonato: *ce piano est* —, questo pianoforte è stonato ♦ *avv.* in modo stonato: *chanter* —, stonare □ **à faux** *locuz.avv.* a torto, ingiustamente || *porter à* —, non essere in equilibrio, essere fuori squadra: *ce discours porte à* —, (*fig.*) questo discorso non regge, non è in linea.

faux[2] *s.m.* falso (*anche dir.*) || *je m'inscris en* — *contre ce que vous dites*, (*fig.*) contesto ciò che dite.

faux[3] *s.f.* falce (*anche anat.*).

faux-bourdon [foburdɔ̃] (pl. *faux-bourdons*) *s.m.* 1 (*mus.*) falso bordone 2 (*zool.*) fuco.

faux-filet [fofile] (pl. *faux-filets*) *s.m.* (*macelleria*) controfiletto.

faux-fuyant [fofɥijã] (pl. *faux-fuyants*) *s.m.* scappatoia (*f.*).

faux-monnayeur [fomɔnejœʀ] (pl. *faux-monnayeurs*) *s.m.* falsario.

faux-semblant [fosãblã] (pl. *faux-semblants*) *s.m.* finzione (*f.*).

faux-sens [fosãs] (pl. *invar.*) *s.m.* erronea interpretazione (del senso di una parola).

faveur [favœʀ] *s.f.* 1 favore (*m.*); benevolenza: *être en* — *auprès de qqn*, godere il favore di qlcu 2 piacere (*m.*), favore (*m.*): *billet, prix de* —, biglietto, prezzo di favore 3 *pl.* favori (*m.*), grazie (di una donna) 4 nastrino (*m.*) □ **en faveur de** *locuz.prep.* in favore di; **à la faveur de** *locuz.prep.* col favore di.

favorable [favɔrabl] *agg.* 1 favorevole, propizio; positivo 2 benevolo.

favorablement [favɔrabləmã] *avv.* favorevolmente; benevolmente.

favori [favɔri] (f. *-ite*) *agg.* e *s.m.* favorito.

favoris [favɔri] *s.m.pl.* favoriti, fedine (*f.*).

favoriser [favɔrize] *v.tr.* favorire.

favorite [favɔrit] *s.f.* favorita (di re, sultano ecc.).

favoritisme [favɔritism] *s.m.* favoritismo.

faxer [fakse] *v.tr.* inviare tramite fax.

fayot [fajo] *s.m.* (*fam.*) 1 fagiolo secco 2 leccapiedi.

fébrifuge [febrifyʒ] *agg.* e *s.m.* antipiretico.

fébrile [febril] *agg.* febbrile (*anche fig.*): *malade* —, malato febbricitante; *impatience* —, impazienza febbrile, nervosa || (*econ.*) *capitaux fébriles*, moneta calda || **-ement** *avv.*

fébrilité [febrilite] *s.f.* (*med.*) stato, carattere febbrile.

fécal [fekal] (pl. *-aux*) *agg.* fecale.

fèces [fes, fesɛs] *s.f.pl.* feci.

fécond [fecɔ̃] *agg.* fecondo, fertile (*anche fig.*).
fécondable [fecɔ̃dabl] *agg.* fecondabile.
fécondant [fekɔ̃dɑ̃] *agg.* fecondativo.
fécondateur [fekɔ̃datœʀ] (f. *-trice*) *agg.* e *s.m.* fecondatore.
fécondation [fekɔ̃dɑsjɔ̃] *s.f.* fecondazione.
féconder [fekɔ̃de] *v.tr.* fecondare (*anche fig.*).
fécondité [fekɔ̃dite] *s.f.* fecondità, fertilità.
fécule [fekyl] *s.f.* fecola.
féculent [fekylɑ̃] *agg.* che contiene fecola ♦ *s.m.* farinaceo.
fédayin, feddayin [fedajin] *s.m.* fedain, fedayn.
fédéral [fedeʀal] (pl. *-aux*) *agg.* federale.
fédérale [fedeʀal] *s.f.* (*in Svizzera*) sbronza.
fédéralisme [fedeʀalism] *s.m.* federalismo.
fédéraliste [fedeʀalist] *agg.* e *s.m.* federalista.
fédératif [fedeʀatif] (f. *-ive*) *agg.* federativo.
fédération [fedeʀɑsjɔ̃] *s.f.* federazione.
fédéré [fedeʀe] *agg.* e *s.m.* **1** federato **2** (*st.*) comunardo (della Comune di Parigi, 1871).
fédérer [fedeʀe] (*coniug. come* céder) *v.tr.* federare □ **se fédérer** *v.pron.* federarsi.
fée [fe] *s.f.* fata (*anche fig.*). || *la — du logis*, l'angelo del focolare.
féerie [feeʀi] *s.f.* **1** spettacolo meraviglioso **2** (*estens.*) magia, incantesimo (*m.*).
féerique [feeʀik] *agg.* fiabesco; magico.
feignant [feɲɑ̃] *agg.* e *s.m.* (*fam.*) sfaticato.
feindre [fɛ̃dʀ] (*coniug. come* craindre) *v.tr.* fingere, simulare.
feint [fɛ̃] *part.pass. di* feindre.
feinte [fɛ̃t] *s.f.* **1** finta (*anche sport*) **2** (*fam.*) scherzo (*m.*).
feinter [fɛ̃te] *v.intr.* (*sport*) fare una finta ♦ *v.tr.* **1** (*fam.*) imbrogliare **2** (*sport*) fintare **3** (*in Africa*) bigiare.
feldspath [fɛldspat] *s.m.* (*min.*) feldspato.
fêlé [fele] *agg.* **1** incrinato || *avoir le cerveau —*, (*fam.*) essere suonato, tocco **2** (*di suono*) fesso.
fêler [fele] *v.tr.* incrinare □ **se fêler** *v.pron.* incrinarsi.
félicitations [felisitɑsjɔ̃] *s.f.pl.* congratulazioni, felicitazioni: (*toutes mes*) —, congratulazioni (vivissime).
féliciter [felisite] *v.tr.*, **se féliciter** [səfelisite] *v.pron.* felicitarsi (con), congratularsi (con), complimentarsi (con): *je l'avais félicité de sa réussite*, mi ero congratulato con lui per il suo successo.
félin [felɛ̃] *agg.* e *s.m.* felino.
félon [felɔ̃] (f. *-onne*) *agg.* e *s.m.* fellone.
félonie [feloni] *s.f.* fellonia.
fêlure [felyʀ] *s.f.* incrinatura, crepa.
femelle [fəmɛl] *s.f.* femmina ♦ *agg.* femmina; femminile.
féminin [feminɛ̃] *agg.* e *s.m.* femminile || *des traits féminins*, lineamenti femminei || *l'éternel —*, l'eterno femminino.
féminisation [feminizɑsjɔ̃] *s.f.* femminilizzazione || *la — du secteur tertiaire*, l'aumento dell'occupazione femminile nel settore terziario.
féminiser [feminize] *v.tr.* **1** rendere femminile **2** effeminare □ **se féminiser** *v.pron.* (*di*

professioni) essere sempre più esercitato da donne.
féminisme [feminism] *s.m.* femminismo.
féministe [feminist] *agg.* e *s.f.* femminista.
féminité [feminite] *s.f.* femminilità.
femme [fam] *s.f.* **1** donna: *une — d'intérieur*, una donna di casa; *une — au foyer*, una casalinga || *une — de tête*, una donna con la testa sulle spalle; *une maîtresse —*, una donna di polso || *— sur le retour*, (*scherz.*) tardona || *bonne —*, (*fam.*) donna, tipa **2** moglie: *prendre* (*pour*) —, prendere (in) moglie □ *— cadre*, donna manager; *— de chambre*, cameriera; *— de ménage*, domestica a ore; *— écrivain*, scrittrice; *— peintre*, pittrice; *— taxi*, taxista (donna).
femmelette [famlɛt] *s.f.* (*spreg.*) femminuccia, donnicciola.
fémoral [femɔʀal] (pl. *-aux*) *agg.* (*anat.*) femorale.
fémur [femyʀ] *s.m.* (*anat.*) femore.
fenaison [fənɛzɔ̃] *s.f.* fienagione.
fendant[1] [fɑ̃dɑ̃] *s.m.* fendant (varietà di vino del cantone Vallese).
fendant[2] *s.m.* (*sport*) fendente.
fendillement [fɑ̃dijmɑ̃] *s.m.* screpolatura (*f.*).
fendiller [fɑ̃dije] *v.tr.* far screpolare □ **se fendiller** *v.pron.* screpolarsi.
fendre [fɑ̃dʀ] (*coniug. come* rendre) *v.tr.* fendere; spaccare: *il gèle à pierre —*, fa un freddo che spacca le pietre || *— le cœur*, spezzare il cuore □ **se fendre** *v.pron.* **1** fendersi; spaccarsi **2** (*argot*) rovinarsi || *se — de*, sganciare **3** (*scherma*) fare un affondo.
fendu [fɑ̃dy] *part.pass. di* fendre ♦ *agg.* spaccato.
fenêtre [fənɛtʀ] *s.f.* finestra; (*di treno, automobile ecc.*) finestrino (*m.*).
fenil [fəni] *s.m.* fienile.
fenouil [fənuj] *s.m.* finocchio.
fente [fɑ̃t] *s.f.* **1** lo spaccare; fessura; spacco (*m.*) || *— de tir*, feritoia **2** (*mecc.*) scanalatura **3** (*scherma*) affondo (*m.*).
féodal [feɔdal] (pl. *-aux*) *agg.* feudale ♦ *s.m.* feudatario (*anche fig.*).
féodalisme [feɔdalism] *s.m.* (*st.*) feudalesimo.
féodalité [feɔdalite] *s.f.* feudalità; (*st.*) feudalismo (*m.*); (*fig.*) gruppo (*m.*) di potere.
fer [fɛʀ] *s.m.* **1** ferro: *— forgé*, ferro battuto || *marquer au — rouge*, marchiare a fuoco || *une discipline de —*, una disciplina ferrea || (*en*) *— à cheval*, (a) ferro di cavallo || *tomber les quatre fers en l'air*, cadere a gambe levate **2** — (*à repasser*), ferro da stiro **3** *pl.* ferri, ceppi: *mettre aux fers*, mettere in ceppi **4** (*abbr. di* chemin de fer) ferrovia (*f.*): *par — ou par air*, per ferrovia o per via aerea.
fer-blanc [fɛʀblɑ̃] (pl. *fers-blancs*) *s.m.* latta (*f.*).
ferblanterie [fɛʀblɑ̃tʀi] *s.f.* **1** industria, commercio di articoli di latta, zinco ecc. **2** articoli di latta, zinco ecc.
férial [feʀjal] (pl. *-aux*) *agg.* (*eccl.*) feriale.
férié [feʀje] *agg.*: *jour —*, giorno festivo.
férir [feʀiʀ] *v.tr.dif.* (*usato all'inf. e al part.pass.*: *féru*): *sans coup —*, senza colpo ferire.

fermage [fɛʀmaʒ] *s.m.* (canone d') affitto (di un fondo rustico).

ferme[1] [fɛʀm] *agg.* **1** fermo || *marcher d'un pas* —, camminare con passo deciso || (*econ.*): *marché,* —, mercato stabile, sostenuto; *prix* — (*et définitif*), prezzo fisso, non contrattabile **2** duro, compatto || *des joues fermes,* guance sode || *la terre* —, la terraferma **3** (*di persona*) deciso ♦ *avv.* con decisione, con forza || (*comm.*) *vendre* —, vendere a prezzo fisso.

ferme[2] *s.f.* **1** fattoria **2** contratto (*m.*) d'affitto (di un fondo rustico): *à* —, in affitto, (*estens.*) in appalto.

ferme[3] *s.f.* **1** (*edil.*) capriata (del tetto) **2** (*teatr.*) spezzato (*m.*).

fermé [fɛʀme] *agg.* **1** chiuso || *un club très* —, un circolo molto esclusivo || *un visage* —, un viso impenetrabile **2** (*fig.*) insensibile.

fermement [fɛʀməmɑ̃] *avv.* fermamente; con fermezza.

ferment [fɛʀmɑ̃] *s.m.* fermento (*anche fig.*).

fermentation [fɛʀmɑ̃tasjɔ̃] *s.f.* **1** fermentazione **2** (*fig.*) fermento (*m.*).

fermenter [fɛʀmɑ̃te] *v.intr.* fermentare.

fermer [fɛʀme] *v.tr.* chiudere || — *les yeux,* chiudere gli occhi, (*fig.*) chiudere un occhio || *ferme-la!,* (*fam.*) chiudi il becco! ♦ *v.intr.* chiudere, chiudersi □ **se fermer** *v.pron.* chiudersi.

fermeté [fɛʀməte] *s.f.* **1** stabilità; saldezza; sicurezza **2** compattezza **3** fermezza.

fermette [fɛʀmɛt] *s.f.* piccola casa di campagna.

fermeture [fɛʀmətyʀ] *s.f.* **1** chiusura, il chiudere || *heures de* —, orario di chiusura **2** chiusura || — *d'une fenêtre,* serramento di una finestra || — *éclair,* cerniera lampo.

fermier [fɛʀmje] (f. *-ère*) *s.m.* **1** fattore, fittavolo; coltivatore diretto **2** (*st.*) — *général,* fermiere ♦ *agg.* (f. *-ère*) **1** di fattoria: *poulet* —, pollo ruspante; *beurre* —, burro di campagna **2** appaltatore: *société fermière,* società appaltatrice.

fermoir [fɛʀmwaʀ] *s.m.* fermaglio; cerniera (*f.*).

féroce [feʀɔs] *agg.* feroce; (*fig.*) spietato || -**ement** *avv.*

férocité [feʀɔsite] *s.f.* ferocia.

ferraille [feʀɑj] *s.f.* **1** rottami di ferro, ferraglia **2** (*fam.*) spiccioli (*m.pl.*).

ferrailler [feʀɑje] *v.intr.* **1** (*spreg.*) battersi (con la spada) **2** sferragliare.

ferrailleur [feʀɑjœʀ] *s.m.* ferrovecchio.

ferrarais [feʀaʀɛ] *agg.* e *s.m.* e *f.* ferrarese.

ferré [fe(e)ʀe] *agg.* ferrato (*anche fig.*) || *voie ferrée,* strada ferrata.

ferrer [fe(e)ʀe] *v.tr.* ferrare || — *le poisson,* uncinare il pesce (con l'amo).

ferreux [fe(e)ʀø] (f. *-euse*) *agg.* (*chim.*) ferroso.

ferro-alliage [feʀɔaljaʒ] *s.m.* ferrolega (*f.*).

ferromagnétisme [feʀɔmaɲetism] *s.m.* ferromagnetismo.

ferronnerie [feʀɔnʀi] *s.f.* **1** (*metall.*) ferriera **2** (*edil.*) armatura in ferro **3** (fabbricazione di) oggetti in ferro battuto.

ferronnier [feʀɔnje] (f. *-ère*) *s.m.* fabbricante, venditore di oggetti in ferro battuto.

ferroviaire [feʀɔvjɛʀ] *agg.* ferroviario.

ferrugineux [fɛ(e)ʀyʒinø] (f. *-euse*) *agg.* ferruginoso.

ferrure [fe(e)ʀyʀ] *s.f.* guarnizione di metallo.

ferry-boat [feʀe(i)bot] (pl. *ferry-boats*) *s.m.* nave traghetto.

fertile [fɛʀtil] *agg.* fertile (*anche fig.*).

fertilisant [fɛʀtilizɑ̃] *agg.* e *s.m.* fertilizzante.

fertiliser [fɛʀtilize] *v.tr.* fertilizzare.

fertilité [fɛʀtilite] *s.f.* fertilità.

féru [feʀy] *part.pass. di* férir ♦ *agg.* appassionato.

férule [feʀyl] *s.f.* ferula.

fervent [fɛʀvɑ̃] *agg.* fervente, appassionato ♦ *s.m.* appassionato.

ferveur [fɛʀvœʀ] *s.f.* fervore (*m.*), passione.

fesse [fɛs] *s.f.* gluteo (*m.*), natica.

fessée [fese] *s.f.* **1** sculacciata **2** (*fam.*) batosta.

fesser [fese] *v.tr.* sculacciare.

fessier [fesje] (f. *-ère*) *agg.* (*anat.*) della natica ♦ *s.m.* sedere.

festin [fɛstɛ̃] *s.m.* banchetto.

festival [festival] (pl. *-als*) *s.m.* festival.

festivalier [festivalje] (f. *-ère*) *agg.* e *s.m.* festivaliero, del festival.

festivité [festivite] *s.f.* festeggiamento (*m.*).

feston [fɛstɔ̃] *s.m.* festone || (*ricamo*) *point de* —, punto smerlo.

festoyer [fɛstwaje] (*coniug. come* employer) *v.intr.* fare bisboccia, fare baldoria.

fêtard [fɛtaʀ] *s.m.* (*fam.*) festaiolo.

fête [fɛt] *s.f.* **1** festa (*anche fig.*) *la* — *des mères,* la festa della mamma; *fêtes d'obligation,* feste di precetto, comandate; *faire sa* — *à qqn,* (*fig. fam.*) sistemare qlcu per le feste || *n'avoir jamais été à pareille* —, non essere mai stato così bene || *se faire une* — *de qqch,* essere molto contento di qlco || *faire la* —, fare la bella vita || *ne pas être à la* —, attraversare un momento difficile || *les Fêtes,* le feste (di fine anno) **2** onomastico (*m.*).

Fête-Dieu [fɛtdjø] *s.f.* (*eccl.*) Corpus Domini (*m.*).

fêter [fete] *v.tr.* **1** festeggiare || *il faut* — *ça!,* bisogna brindare! **2** commemorare.

fétiche [fetiʃ] *s.m.* feticcio.

fétichisme [fetiʃism] *s.m.* feticismo.

fétichiste [fetiʃist] *agg.* e *s.m.* feticista.

fétide [fetid] *agg.* fetido.

fétidité [fetidite] *s.f.* fetore (*m.*).

fétu [fety] *s.m.* fuscello, pagliuzza (*f.*).

feu[1] [fø] (pl. *feux*) *s.m.* **1** fuoco (*anche fig.*): *à* — *doux, à petit* —, *à grand* —, a fuoco lento, a fuoco vivo; *mettre le* —, appiccare il fuoco, dar fuoco; *mettre au* —, mettere sul fuoco, buttare nel fuoco; *coup de* —, fiammata: *le rôti a pris un coup de* —, l'arrosto si è un po' bruciato || *en* —, in fiamme || *avez-vous du* —?, ha da accendere? || (*mil.*): *coup de* —, sparo; *feux croisés,* fuoco incrociato; *aller au* —, andare in prima linea || *ne pas faire long* —, (*fig.*) non durare a lungo || — *de joie,* falò; — *de camp,* fuoco di bivacco **2** focolare (*anche fig.*); famiglia (*f.*) **3** (*elettr.*) luce (*f.*); (*aut.*) faro;

(*mar.*) fanale: *feux de route, de croisement*, (fari) abbaglianti, anabbaglianti; *feux arrière*, luci posteriori || — (*de circulation*), semaforo; *le — rouge, vert, orange*, il rosso, il verde, il giallo; *le — est au vert*, il semaforo è verde; *donner le — vert*, (*fig.*) dare il via, il benestare **4** (*argot*) pistola (*f.*), revolver.

♦ FRASEOLOGIA: *n'y voir que du —*, non capirci niente; *c'est le moment du coup de —*, (*fig.*) è il momento di maggior lavoro; *il n'y a pas le —!*, (*fam.*) non c'è fretta!; *faire la part du —*, salvare il salvabile; *craindre qqn comme le —*, (*fig.*) temere qlcu come la peste; *dans le — de l'action*, nel vivo.

feu² (pl. *feus*) agg. defunto: *— sa mère, sa feue mère*, la sua defunta madre.

feudataire [fødatɛʀ] *s.m.* feudatario.

feuillage [fœjaʒ] *s.m.* **1** fogliame **2** frasche (*f.pl.*).

feuillaison [fœjezɔ̃] *s.f.* fogliazione.

feuillantine [fœjɑ̃tin] *s.f.* (*cuc.*) sfogliatina.

Feuillants [fœjɑ̃] *s.m.pl.* (*st. fr.*) Foglianti.

feuille [fœj] *s.f.* **1** foglia || *dur de la —*, (*fam.*) duro d'orecchi **2** foglio (*m.*) || *— d'impôts*, cartella delle tasse, cartella esattoriale || *— de paie, de salaire*, foglio paga || *— de route*, foglio di via **3** (*tecn.*) foglio (*m.*), lamina; (*metall.*) lamiera.

feuillet [fœjɛ] *s.m.* **1** foglio, foglietto **2** (*biol.*) foglietto **3** (*zootecn.*) omaso.

feuilleté [fœjte] agg. sfogliato: *pâte feuilletée*, pasta sfoglia ♦ *s.m.* (*cuc.*) sfogliata (*f.*).

feuilleter [fœjte] (*coniug. come* jeter) *v.tr.* sfogliare, scartabellare.

feuilleton [fœjtɔ̃] *s.m.* **1** romanzo d'appendice ||

— *télévisé*, sceneggiato (televisivo), teleromanzo; — *radiophonique*, sceneggiato radiofonico **2** puntata (di romanzo d'appendice ecc.): *publier en —*, pubblicare a puntate.

feuillu [fœjy] agg. frondoso ♦ *s.m.* latifoglia (*f.*).

feuillure [fœjyʀ] *s.f.* **1** (*di finestra ecc.*) battuta **2** (*edil.*) scanalatura.

feuj [fœʒ] *s.m.* (*fam.*) ebreo.

feuler [føle] *v.intr.* urlare, lamentarsi (di felino).

feutrage [føtʀaʒ] *s.m.* **1** feltratura (*f.*) **2** infeltrimento.

feutre [føtʀ] *s.m.* **1** feltro **2** cappello di feltro **3** (*crayon*) —, pennarello.

feutré [føtʀe] agg. **1** feltrato; felpato (*anche fig.*): *atmosphère feutrée*, atmosfera ovattata **2** infeltrito.

feutrer [føtʀe] *v.intr.*, **se feutrer** [səføtʀe] *v.pron.* infeltrirsi.

feutrine [føtʀin] *s.f.* panno lenci (*m.*).

fève [fɛv] *s.f.* (*bot.*) fava.

février [fevʀije] *s.m.* febbraio.

fi [fi] *inter.* (*antiq.*) ohibò!, via via!: — *donc!*, ohibò! || *faire — de qqch*, ridersela di qlco.

fiabilité [fjabilite] *s.f.* affidabilità.

fiable [fjabl] agg. affidabile.

fiacre [fjakʀ] *s.m.* fiacre (vettura di piazza a cavalli).

fiançailles [fjɑ̃saj] *s.f.pl.* fidanzamento (*m.sing.*).

fiancé [fjɑ̃se] (f. *-cée*) *s.m.* fidanzato.

fiancer [fjɑ̃se] (*coniug. come* placer) *v.tr.* fidanzare □ **se fiancer** *v.pron.* fidanzarsi.

fiasque [fjask] *s.f.* fiasco (*m.*).

fibranne [fibʀan] *s.f.* (*tess.*) fiocco artificiale.

---

fibre [fibʀ] *s.f.* fibra ǁ *avoir la — paternelle*, essere nato per fare il padre.

fibreux [fibʀø] (f. *-euse*) *agg.* fibroso.

fibrille [fibʀij] *s.f.* (*anat.*) fibrilla.

fibrine [fibʀin] *s.f.* (*biochim.*) fibrina.

fibrociment [fibʀɔsimɑ̃] *s.m.* (*edil.*) fibrocemento, eternit.

fibromateux [fibʀɔmatø] (f. *-euse*) *agg.* (*med.*) fibromatoso.

fibrome [fibʀom] *s.m.* (*med.*) fibroma.

fibule [fibyl] *s.f.* (*archeol.*) fibula.

ficelé [fisle] *agg.* 1 legato (con spago) 2 (*fam.*) (*di persona*) vestito; (*di cosa*) fatto, congegnato.

ficeler [fisle] (*coniug. come* appeler) *v.tr.* 1 legare (con spago) 2 (*fam.*) realizzare con abilità.

ficelle [fisɛl] *s.f.* 1 spago (*m.*), cordicella ǁ *tirer les ficelles*, (*fig.*) tenere le fila 2 (*fig.*) trucco (*m.*), astuzia: *les ficelles du métier*, i trucchi del mestiere 3 filoncino di pane.

fiche[1] [fiʃ] *s.f.* 1 scheda: *classement par fiches*, schedatura; *mettre sur, en fiche(s)*, schedare 2 (*nei giochi*) gettone (*m.*), fiche 3 (*elettr.*, *tel.*) spina 4 (*tecn.*) ganghero (*m.*).

fiche[2] *v.tr.* → **ficher**[1].

ficher[1] [fiʃe] (*part.pass.* fichu) *v.tr.* usato nella lingua fam. con vari significati: fare; lavorare; dare, appioppare, mollare; sbattere, mettere ǁ *— le camp*, squagliarsela ǁ *fiche-moi la paix*, lasciami in pace □ **se ficher** *v.pron.* (*fam.*) 1 buttarsi, ficcarsi ǁ *se — dedans*, sbagliarsi 2 *se — de* (*qqn*), prendere in giro (qlcu) 3 *s'en — de*, fregarsene.

ficher[2] *v.tr.* 1 schedare 2 conficcare, piantare: *— en terre*, conficcare per terra.

fichier [fiʃje] *s.m.* 1 schedario: *— d'adresses*, schedario degli indirizzi, (*comm.*) mailing list 2 (*inform.*) file, archivio: *— maître disque*, file originale.

fichtre [fiʃtʀ] *inter.* caspita!, diamine!

fichtrement [fiʃtʀɔmɑ̃] *avv.* straordinariamente.

fichu[1] [fiʃy] *s.m.* scialletto, fisciù.

fichu[2] *part.pass. di* **ficher**[1] ♦ *agg.* (*fam.*) 1 brutto ǁ *quel — temps!*, che tempaccio! ǁ *je suis mal —*, mi sento poco bene 2 (*di persona*) rovinato, spacciato; (*di cosa*) rovinato, fuori uso ǁ *c'est —!*, è finita! ǁ *ne pas être — de...*, non esser capace di...

fictif [fiktif] (f. *-ive*) *agg.* fittizio, apparente ǁ *pavillon —*, bandiera ombra ǁ **-ivement** *avv.*

fiction [fiksjɔ̃] *s.f.* fantasia; finzione (*anche dir.*, *econ.*) □ **science-fiction**, fantascienza; **police-fiction**, fantapoliziesco; **histoire-fiction**, fantastoria.

ficus [fikys] *s.m.* (*bot.*) ficus.

fidéicommis [fideikɔmi] *s.m.* fedecommesso.

fidèle [fidɛl] *agg.* e *s.m.* fedele ǁ *— à son devoir*, ligio al proprio dovere ǁ *un guide —*, una guida fidata, sicura ǁ **-ement** *avv.*

fidéliser [fidelize] *v.tr.* accaparrarsi, assicurarsi (clientela, pubblico ecc.).

fidélité [fidelite] *s.f.* fedeltà ǁ *— d'un récit*, esattezza di un racconto ǁ *haute —*, alta fedeltà, hi-fi.

fiduciaire [fidysjɛʀ] *agg.* e *s.m.* fiduciario: *société*, *compagnie —*, fiduciaria.

fief [fjɛf] *s.m.* feudo (*anche fig.*).

fieffé [fjefe] *agg.* (*fam.*) matricolato, di prim'ordine: *un — coquin*, un gran furfante.

fiel [fjɛl] *s.m.* fiele (*anche fig.*).

fielleux [fjɛlø] (f. *-euse*) *agg.* astioso.

fiente [fjɑ̃t] *s.f.* escremento (*m.*), sterco (*m.*): *— de volaille*, pollina.

fier [fjɛʀ] (f. *fière*) *agg.* 1 fiero, orgoglioso; sprezzante ǁ *un cœur —*, un animo nobile ǁ *— comme Artaban*, più superbo di un gallo ǁ *pas —*, (*fam.*) alla mano 2 (*fam.*) grande, bello: *un — toupet*, una bella, gran faccia tosta.

fier, se [sɔfie] *v.pron.* fidarsi (di), aver fiducia (in); fare affidamento (su) ǁ *ne pas s'y —*, non fidarsi.

fier-à-bras [fjɛʀabʀɑ] (pl. *invar.*) *s.m.* fanfarone, spaccone, gradasso.

fièrement [fjɛʀmɑ̃] *avv.* 1 orgogliosamente; sdegnosamente 2 audacemente 3 (*fam.*) estremamente.

fierté [fjɛʀte] *s.f.* 1 orgoglio (*m.*); superbia 2 fierezza, dignità.

fièvre [fjɛvʀ] *s.f.* 1 febbre (*anche fig.*): *une grosse*, *forte*, *bonne —*, un febbrone; *avoir de la —*, avere la febbre ǁ *la — du jeu*, (*fig.*) la febbre del gioco 2 (*fig.*) animazione, atmosfera febbrile ǁ *avec —*, febbrilmente, animatamente.

fiévreusement [fjevʀøzmɑ̃] *avv.* febbrilmente.

fiévreux [fjevʀø] (f. *-euse*) *agg.* febbrile (*anche fig.*), febbricitante: *yeux —*, occhi febbricitanti; *attente fiévreuse*, attesa febbrile; *une imagination fiévreuse*, una fervida immaginazione.

fifre [fifʀ] *s.m.* 1 piffero 2 pifferaio, suonatore di piffero.

figé [fiʒe] *agg.* 1 immobile, fisso: *rester — sur place*, restare pietrificato, paralizzato ǁ *un sourire —*, un sorriso stereotipato ǁ *locution figée*, frase fatta 2 (*cuc.*) rappreso.

figer [fiʒe] (*coniug. come* manger) *v.tr.* 1 rapprendere 2 (*estens.*) pietrificare: *la surprise le figea sur place*, rimase paralizzato dallo stupore □ **se figer** *v.pron.* 1 rapprendersi ǁ *son sang se figea dans ses veines*, gli si gelò il sangue nelle vene 2 (*estens.*) irrigidirsi.

fignolage [fiɲɔlaʒ] *s.m.* rifinitura (accurata e minuziosa).

fignoler [fiɲɔle] *v.tr.* (*fam.*) rifinire (con cura e minuzia); perfezionare.

fignoleur [fiɲɔlœʀ] (f. *-euse*) *s.m.* perfezionista; (*fam.*) pignolo.

figue [fig] *s.f.* (*frutto*) 1 fico (*m.*): *— fleur*, fiorone ǁ *— de Barbarie*, fico d'India ǁ *mi —*, *mi-raisin*, ambiguo 2 (*nelle Antille*) banana.

figuier [figje] *s.m.* (*pianta*) fico ǁ *— de Barbarie*, fico d'India.

figurant [figyʀɑ̃] *s.m.* comparsa (*f.*): *jouer un rôle de —*, fare la comparsa, (*fig.*) fare da comparsa.

figuratif [figyʀatif] (f. *-ive*) *agg.* e *s.m.* figurativo.

figuration [figyʀasjɔ̃] *s.f.* 1 rappresentazione, figurazione 2 (*cine.*, *teatr.*) ruolo di comparsa;

figure 224

comparse (*pl.*) || *faire de la —*, fare la comparsa.

figure [figyʀ] *s.f.* **1** viso (*m.*), faccia: *jeter à la —*, (*anche fig.*) gettare in faccia; *faire bonne — à qqn*, fare buon viso a qlcu; *il le porte sur sa —*, ce l'ha scritto in faccia **2** figura: — *géométrique*, figura geometrica; *les grandes figures de l'histoire*, i grandi personaggi della storia; *prendre —*, prendere forma || (*mar.*) — *de proue*, polena, (*fig.*) personalità di spicco || *faire bonne, piètre —*, fare bella, cattiva figura; *faire — de héros*, passare per un eroe **3** aspetto (*m.*), sembianza.

figuré [figyʀe] *agg.* e *s.m.* figurato.

figurer [figyʀe] *v.tr.* **1** raffigurare, rappresentare **2** *se —*, immaginarsi: *elle s'était figurée l'avoir vu*, si era immaginata di averlo visto ♦ *v.intr.* **1** figurare **2** (*teatr.*) fare la comparsa.

figurine [figyʀin] *s.f.* figurina, statuetta.

fil [fil] *s.m.* **1** filo (*anche fig.*): — *de fer*, filo di ferro; *le — d'un rasoir*, il filo di un rasoio (*anche fig.*); *perdre le —*, (*fig.*) perdere il filo || *droit —*, (*di tessuto*) drittofilo; *dans le droit — de*, (*fig.*) in linea con || *pur —*, puro lino || *cousu de — blanc*, evidente, palese || *il n'a pas inventé le — à couper le beurre*, (*fig.*) non è un'aquila || *ne tenir qu'à un —*, (*anche fig.*) reggere per un pelo, essere attaccato a un filo || *de — en aiguille*, un po' oggi un po' domani || *au — de*, nel corso di; *au — de l'eau*, (*anche fig.*) seguendo la corrente || (*fam.*): *coup de —*, telefonata; *donner, passer un coup de —*, fare una telefonata **2** verso, fibra (*f.*) (della carne, del legno ecc.).

filage [filaʒ] *s.m.* filatura (*f.*).

filament [filamɑ̃] *s.m.* filamento.

filamenteux [filamɑ̃tø] (*f. -euse*) *agg.* filamentoso.

filandre [filɑ̃dʀ] *s.f.* filo di ragnatela.

filandreux [filɑ̃dʀø] (*f. -euse*) *agg.* filaccioso, stopposo || *discours —*, (*fig.*) discorso lungo e contorto.

filant [filɑ̃] *agg.* (*di liquido*) filante, viscoso || *étoile filante*, stella cadente.

filasse [filas] *s.f.* filaccia, stoppa || *des cheveux —*, capelli color stoppa.

filature [filatyʀ] *s.f.* **1** filatura **2** filanda **3** (*fig.*) pedinamento (*m.*): *prendre en —*, pedinare.

file [fil] *s.f.* fila: *prendre la —*, mettersi in fila, in coda; *chef de —*, capofila || *à la, en —*, in fila.

filer [file] *v.tr.* **1** filare: *l'araignée file sa toile*, il ragno tesse la sua tela || — *le parfait amour*, filare il perfetto amore **2** (*fig.*) pedinare **3** (*fam.*) rifilare, sganciare ♦ *v.intr.* **1** filare: *ce fromage file*, questo formaggio fila || *mon bas a filé*, mi si è smagliata una calza **2** (*fam.*) filare, correre; smammare: — *à toute allure*, filare a tutta velocità || — *doux*, rigare, filare diritto.

filet¹ [file] *s.m.* rete (*f.*): — *de pêche*, rete da pesca; — *à provisions*, rete per la spesa; — *à papillons*, retino per farfalle; — *à cheveux*, reticella per i capelli; — (*à bagages*), (rete) portabagagli || *coup de —*, retata (della polizia).

filet² *s.m.* **1** filo **2** (*arch., tecn., tip.*) filetto **3** (*anat.*) frenulo **4** filetto (di carne, di pesce).

filetage [filtaʒ] *s.m.* (*tecn.*) filettatura (*f.*).

fileter [filte] (*coniug. come* semer) *v.tr.* (*tecn.*) trafilare; filettare (una vite, un dado).

fileuse [filøz] *s.f.* filandina.

filial [filjal] (*pl. -aux*) *agg.* filiale.

filiale [filjal] *s.f.* filiale, succursale.

filiation [filjɑsjɔ̃] *s.f.* filiazione (*anche fig.*).

filière [filjɛʀ] *s.f.* **1** filiera **2** (*fig.*) trafila: *passer par, suivre la —*, seguire la trafila.

filiforme [filifɔʀm] *agg.* filiforme.

filigrane [filigʀan] *s.m.* filigrana (*f.*) || *en —*, (*fig.*) tra le righe.

filin [filɛ̃] *s.m.* (*mar.*) cima (*f.*), canapo.

fille [fij] *s.f.* **1** figlia; (*opposto a* garçon) femmina **2** ragazza: *petite —*, bambina; *jeune —*, fanciulla, ragazza; *grande —*, adolescente; *une chic —*, una ragazza in gamba; *lycée de filles*, liceo femminile; *vieille —*, zitella || — *de salle*, inserviente (in un ospedale) **3** — (*publique*), donna di strada.

fillette¹ [fijɛt] *s.f.* bambina, ragazzina.

fillette² *s.f.* bottiglia (di vino) di un terzo di litro.

filleul [fijœl] *s.m.* figlioccio.

film [film] *s.m.* **1** (*fot.*) pellicola (*f.*) **2** (*cine.*) film, pellicola (*f.*): — *noir et blanc, en couleurs*, film in bianco e nero, a colori || *le — des événements*, (*fig.*) il susseguirsi, lo svolgersi degli avvenimenti **3** pellicola (*f.*), sottile strato; film (di olio, petrolio ecc.) || (*papier*), pellicola trasparente (per cibi) □ **film-annonce**, provino, trailer; **film à grand spectacle**, supercolosso; **film-catastrophe**, film catastrofico; **film d'animation**, cartone animato; **film-reportage, film-témoignage**, (film) documentario; **film télévisé**, telefilm.

filmage [filmaʒ] *s.m.* realizzazione del film.

filmer [filme] *v.tr.* filmare, riprendere.

filmographie [filmɔgʀafi] *s.f.* filmografia.

filmothèque [filmɔtɛk] *s.f.* collezione di microfilm.

filon [filɔ̃] *s.m.* filone, vena (*f.*) || *trouver le bon —*, trovare il filone d'oro.

filou [filu] *s.m.* (*fam.*) borsaiolo; imbroglione.

filouter [filute] *v.tr.* (*fam.*) rubare; imbrogliare ♦ *v.intr.* imbrogliare (al gioco).

filtrage [filtʀaʒ] *s.m.* filtraggio (*anche fig.*).

filtrant [filtʀɑ̃] *agg.* filtrante.

filtrat [filtʀa] *s.m.* filtrato.

filtre [filtʀ] *s.m.* filtro || — *à air*, filtro dell'aria.

filtrer [filtʀe] *v.tr.* e *intr.* filtrare (*anche fig.*): — *des informations*, vagliare informazioni; *la police filtrait les passants*, la polizia setacciava i passanti; *les nouvelles ont fini par —*, (*fig.*) alla fine le notizie sono trapelate.

fin¹ [fɛ̃] *s.f.* **1** fine (*anche fig.*); termine (*m.*): *sur la — de l'hiver*, sul finire dell'inverno; *mettre — à*, por fine a; *prendre —*, finire; *tirer à sa —*, esaurirsi, finire; *mener à bonne —*, condurre a buon fine || *faire une —*, sistemarsi, (*scherz.*) sposarsi || *le mot de la —*, la battuta finale || *à la —*, (*fam.*) a questo punto || *à la — des fins*, alla fin fine || *à* *toutes fins utiles,* a ogni buon conto **2** fine, morte **3** fine (*m.*), scopo (*m.*): — *en soi,* fine a se stesso; *arriver à ses fins,* raggiungere lo scopo || (*dir.*): *fins civiles,* richieste della parte civile; — *de non-recevoir,* eccezione di inammissibilità, (*fig.*) diniego, rifiuto.

fin[2] *agg.* **1** fine, sottile; minuto || (*cuc.*) *fines herbes,* odori **2** (*fig.*) fine; acuto, sottile || *analyse fine du problème,* analisi sottile del problema || *avoir le nez* —, (*anche fig.*) aver fiuto; *une fine plaisanterie,* uno scherzo spiritoso; *jouer au plus* —, gareggiare in astuzia || *il avait l'air* —*!,* sembrava proprio un cretino! **3** fine, fino, di ottima qualità: *un vin* —, un vino prelibato || *un* — *gourmet,* un buongustaio || *or* —, oro fino || *voilà le* — *mot de l'histoire,* ecco come sono andate realmente le cose **4** (*in Canada*) carino, grazioso ♦ *s.m.*: *le* — *du* — *serait de...,* il colmo della raffinatezza sarebbe... ♦ *avv.* **1** fine, sottile **2** completamente, del tutto: — *plein,* pieno fino all'orlo; — *prêt,* prontissimo; — *soûl,* ubriaco fradicio.

final [final] (pl. *-als, -aux*) *agg.* finale.

finale [final] *s.f.* finale.

finalement [finalmã] *avv.* alla fine.

finaliser [finalize] *v.tr.* finalizzare.

finalisation [finalizasjɔ̃] *s.f.* finalizzazione.

finaliste [finalist] *agg.* e *s.m.* finalista.

finalité [finalite] *s.f.* finalità.

finance [finãs] *s.f.* **1** finanza: *les finances publiques,* la finanza pubblica || *loi de finances,* legge finanziaria **2** denaro (*m.*), fondi (*m.pl.*).

financement [finãsmã] *s.m.* finanziamento.

financer [finãse] (*coniug. come* placer) *v.tr.* finanziare; (*fam.*) pagare.

financier [finãsje] (f. *-ère*) *agg.* finanziario ♦ *s.m.* finanziere || **-èrement** *avv.*

financière [finãsjɛʀ] *s.f.* (*cuc.*) (salsa) finanziera.

finasser [finase] *v.intr.* (*fam.*) voler fare il furbo; pignoleggiare.

finasserie [finasʀi] *s.f.* (*fam.*) astuzia, furbizia.

finaud [fino] *agg.* e *s.m.* furbo.

fine [fin] *s.f.* acquavite di prima qualità.

finement [finmã] *avv.* finemente.

finesse [finɛs] *s.f.* finezza (*anche fig.*); delicatezza || *la* — *d'un jugement,* l'acutezza di un giudizio || *user de* —, giocare d'astuzia.

finette [finɛt] *s.f.* cotone felpato.

fini [fini] *agg.* finito (*anche fig.*); (ben) rifinito || *un coquin* —, un mascalzone fatto e finito ♦ *s.m.* rifinitura (*f.*): *le produit a un très beau* —, il prodotto è ben rifinito.

finir [finiʀ] *v.tr.* e *intr.* finire: *il a fini par tout me raconter,* ha finito col raccontarmi tutto || *en* —, finirla: *il faut en* —*!,* bisogna farla finita!; *il n'en finissait pas de parler,* non la finiva più di parlare; *donner des explications à n'en plus* —, dare spiegazioni interminabili.

finissage [finisaʒ] *s.m.* finitura (*f.*), rifinitura (*f.*); (*ind.*) finissaggio.

finisseur [finisœʀ] (f. *-euse*) *s.m.* **1** finitore, rifinitore **2** atleta dotato di scatto finale.

finistérien [finisteʀjɛ̃] (f. *-enne*) *agg.* del Finistère.

finition [finisjɔ̃] *s.f.* finitura, rifinitura.

finlandais [fɛ̃lãdɛ] *agg.* e *s.m.* finlandese.

finnois [finwa] *agg* finnico ♦ *s.m.pl.* (*st.*) finni.

fiole [fjɔl] *s.f.* **1** fiala, boccetta **2** (*fam.*) faccia.

fiord [fjɔʀd] *s.m.* → **fjord**.

fioriture [fjɔʀityʀ] *s.f.* fioritura (*anche mus.*); ornamento (*m.*).

fioul [fjul] → **fuel**.

firmament [fiʀmamã] *s.m.* firmamento.

firme [fiʀm] *s.f.* ditta, azienda.

fisc [fisk] *s.m.* fisco.

fiscal [fiskal] (pl. *-aux*) *agg.* fiscale, tributario || *droit* —, diritto tributario || **-ement** *avv.*

fiscalisation [fiskalizasjɔ̃] *s.f.* fiscalizzazione.

fiscaliste [fiskalist] *s.m.* fiscalista.

fiscalité [fiskalite] *s.f.* fiscalità: *réforme de la* —, riforma fiscale.

fissible [fisibl] *agg.* (*fis.*) fissile.

fission [fisjɔ̃] *s.f.* (*fis.*) fissione.

fissure [fisyʀ] *s.f.* **1** fessura, crepa **2** (*fig.*) incrinatura.

fissurer [fisyʀe] *v.tr.* crepare, fendere □ **se fissurer** *v.pron.* creparsi, fendersi.

fiston [fistɔ̃] *s.m.* (*fam.*) figlio.

fistule [fistyl] *s.f.* (*med.*) fistola.

Fiv [fiv] *s.f.*(*med.*) fecondazione in vitro • Da *Fécondation in vitro.*

fixage [fiksaʒ] *s.m.* fissaggio.

fixateur [fiksatœʀ] (f. *-trice*) *agg.* fissatore, fissativo ♦ *s.m.* **1** vaporizzatore per fissativi **2** (*fot.*) (bagno) fissatore.

fixatif [fiksatif] *s.m.* fissativo.

fixation [fiksasjɔ̃] *s.f.* **1** fissaggio (*m.*): *crochets de* —, ganci di sicurezza **2** determinazione (di un prezzo ecc.) **3** (*psic.*) fissazione **4** (*sci*) attacco (*m.*) **5** (*econ.*) fixing (*m.*).

fixe [fiks] *agg.* fisso || *beau* —, (tempo) bello stabile ♦ *s.m.* (minimo) fisso (di stipendio).

fixé [fikse] *agg.* **1** fissato (*anche fig.*) **2** (*fam.*) deciso: *il n'est pas* —, è indeciso **3** informato: *nous sommes fixés sur son compte,* ora sappiamo tutto su di lui.

fixer [fikse] *v.tr.* **1** fissare **2** precisare, chiarire: *je l'ai fixé sur mes intentions,* gli ho precisato le mie intenzioni □ **se fixer** *v.pron.* **1** fissarsi **2** stabilirsi.

fixité [fiksite] *s.f.* fissità.

fjord [fjɔʀd] *s.m.* fiordo.

flac [flak] *inter.* ciac!

flaccidité [flaksidite] *s.f.* flaccidezza.

flacon [flakɔ̃] *s.m.* flacone, boccetta (*f.*).

fla-fla [flafla] (pl. *invar.*) *s.m.* (*fam.*) sfoggio.

flagellation [flaʒɛl/asjɔ̃] *s.f.* flagellazione.

flagelle [flaʒɛl] *s.m.* (*biol.*) flagello.

flageller [flaʒe(ɛl)le] *v.tr.* flagellare (*anche fig.*).

flageoler [flaʒɔle] *v.intr.* vacillare, barcollare; (*delle gambe*) tremare.

flageolet[1] [flaʒɔlɛ] *s.m.* (*mus.*) flautino.

flageolet[2] *s.m.* (*bot.*) fagiolo nano.

flagorner [flagɔʀne] *v.tr.* adulare.

flagornerie [flagɔʀnəʀi] *s.f.* adulazione.

flagorneur [flagɔʀnœʀ] (f. *-euse*) *s.m.* e *agg.* adulatore.

flagrant [flagʀɑ̃] *agg.* flagrante: *en — délit*, in flagrante.

flair [flɛʀ] *s.m.* fiuto (*anche fig.*).

flairer [flɛʀe] *v.tr.* fiutare, annusare (*anche fig.*).

flamand [flamɑ̃] *agg.* e *s.m.* fiammingo.

flamant [flamɑ̃] *s.m.* (*zool.*) fenicottero.

flambage [flɑ̃baʒ] *s.m.* **1** lo strinare **2** (*mecc., edil.*) incurvamento.

flambant [flɑ̃bɑ̃] *agg.* **1** fiammeggiante **2** (*fig.*) fiammante || *des souliers — neufs*, scarpe nuove fiammanti.

flambard [flɑ̃baʀ] *s.m.* spaccone.

flambé [flɑ̃be] *agg.* **1** strinato **2** (*cuc.*) alla fiamma, flambé **3** (*fig. fam.*) spacciato.

flambeau [flɑ̃bo] (pl. *-eaux*) *s.m.* **1** fiaccola (*f.*); torcia (*f.*) || *retraite aux flambeaux*, fiaccolata **2** candelabro.

flambée [flɑ̃be] *s.f.* fiammata, vampata (*anche fig.*) || (*econ.*) *la — des prix*, l'impennata dei prezzi.

flamber [flɑ̃be] *v.tr.* **1** strinare **2** sterilizzare (alla fiamma) ♦ *v.intr.* **1** ardere **2** (*econ.*) salire, lievitare **3** bruciare (somme di denaro).

flambeur [flɑ̃bœʀ] *s.m.* (*argot*) persona che rischia grosse somme (al gioco).

flamboiement [flɑ̃bwamɑ̃] *s.m.* il fiammeggiare.

flamboyant [flɑ̃bwajɑ̃] *agg.* fiammeggiante (*anche fig.*) || (*arte*) *gothique —*, gotico fiammeggiante ♦ *s.m.* (*bot.*) albero corallo.

flamboyer [flɑ̃bwaje] (*coniug. come employer*) *v.intr.* fiammeggiare, ardere.

flamingant [flamɛ̃gɑ̃] *agg.* di lingua fiamminga ♦ *s.m.* sostenitore dell'autonomia fiamminga.

flamme [flam] *s.f.* **1** fiamma || (*fig.*): *être tout feu tout —*, essere pieno di entusiasmo; *déclarer sa —*, dichiarare il proprio amore **2** (*mar. mil.*) gagliardetto (*m.*).

flammé [flame] *agg.* fiammato.

flammèche [flamɛʃ] *s.f.* favilla, scintilla.

flan[1] [flɑ̃] *s.m.* **1** (*cuc.*) flan || *en rester comme deux ronds de —*, (*fig. fam.*) restare di stucco **2** tondello (di medaglia) **3** (*tip.*) flano.

flan[2] *s.m.*: *c'est du —!*, (*fam.*) non è vero, sono tutte storie || *à la —*, (*fatto*) alla carlona.

flanc [flɑ̃] *s.m.* fianco || *tirer au —*, (*fam.*) fare lo scansafatiche || *être sur le —*, essere sfinito || (*in Canada*): *— mou*, pappamolla; lavativo.

flancher [flɑ̃ʃe] *v.intr.* (*fam.*) mollare, cedere.

flanchet [flɑ̃ʃɛ] *s.m.* (*macelleria*) pancia (*f.*).

flanelle [flanɛl] *s.f.* flanella.

flâner [flɑne] *v.intr.* **1** gironzolare, andare a spasso **2** gingillarsi, perder tempo.

flânerie [flɑnʀi] *s.f.* l'andare a zonzo, a spasso.

flâneur [flɑnœʀ] (f. *-euse*) *agg.* e *s.m.* chi ama andare a spasso.

flanquer[1] [flɑ̃ke] *v.tr.* **1** fiancheggiare; (*estens.*) accompagnare **2** (*mil.*) fiancheggiare.

flanquer[2] *v.tr.* (*fam.*) **1** appioppare, mollare: *— une gifle*, mollare un ceffone **2** mettere; gettare,

buttare: *— à la porte, par la fenêtre*, mettere alla porta, gettare dalla finestra □ **se flanquer** *v.pron.*: *se — par terre*, (*fam.*) cadere lungo disteso.

flapi [flapi] *agg.* (*fam.*) spompato, esausto.

flaque [flak] *s.f.* pozza: *— de sang*, pozza di sangue || *— (d'eau)*, pozzanghera.

flash [flaʃ] (pl. *flashs, flashes*) *s.m.* flash.

flasher [flaʃe] *v.intr.* (*fam.*) avere un colpo di fulmine.

flasque[1] [flask] *agg.* flaccido, floscio || *des joues flasques*, guance cascanti.

flasque[2] *s.f.* fiasca, fiaschetta.

flatter [flate] *v.tr.* **1** lusingare, adulare **2** accarezzare (*anche fig.*) **3** (*fig.*) favorire, incoraggiare **4** imbellire, abbellire, donare (a) **5** (*in Africa*) ingannare □ **se flatter** *v.pron.* **1** essere convinto di: *il se flatte de réussir*, è convinto di riuscire **2** vantarsi: *sans me —*, non per vantarmi.

flatterie [flatʀi] *s.f.* adulazione; lusinga.

flatteur [flatœʀ] (f. *-euse*) *agg.* **1** adulatorio; lusinghiero **2** che dona, che abbellisce ♦ *s.m.* adulatore.

flatteusement [flatøzmɑ̃] *avv.* **1** lusinghevolmente **2** ingannevolmente.

flatulence [flatylɑ̃s], **flatuosité** [flatyozite] *s.f.* (*med.*) flatulenza, meteorismo (*m.*).

fléau [fleo] (pl. *fléaux*) *s.m.* **1** flagello; calamità (*f.*) **2** (*agr.*) correggiato **3** giogo (di bilancia).

flèche [flɛʃ] *s.f.* **1** freccia || *partir, courir comme une —*, (*fig.*) partire, correre come un razzo || *faire — de tout bois*, (*fig.*) tentare ogni mezzo || *monter en —*, (*anche fig.*) salire vertiginosamente **2** (*fig.*) frecciata **3** (*tecn.*) freccia; stanga: *— de la grue*, braccio della gru **4** (*arch.*) guglia; cuspide; freccia (della volta).

flécher [fleʃe] (*coniug. come céder*) *v.tr.* dotare (una strada) di segnali di direzione.

fléchette [fleʃɛt] *s.f.* freccetta, freccina.

fléchir [fleʃiʀ] *v.tr.* **1** flettere, curvare; piegare (*anche fig.*) **2** (*fig.*) intenerire, impietosire ♦ *v.intr.* **1** piegarsi (*anche fig.*), (in)curvarsi: *il sentait ses jambes —*, si sentiva piegare le gambe **2** (*fig.*) cedere; diminuire.

fléchissement [fleʃismɑ̃] *s.m.* piegamento; flessione (*f.*) (*anche fig.*): *le — d'une poutre*, l'incurvatura, il cedimento di una trave; *le — de la production*, il calo della produzione.

flegmatique [flɛgmatik] *agg.* flemmatico ♦ *s.m.* persona flemmatica || **-ement** *avv.*

flegme [flɛgm] *s.m.* flemma (*f.*); calma (*f.*); imperturbabilità (*f.*).

flemmard [flemaʀ] *agg.* (*fam.*) pigro, indolente, fannullone ♦ *s.m.* (*fam.*) scansafatiche.

flemmarder [flemaʀde] *v.intr.* (*fam.*) poltrire.

flemme [flɛm] *s.f.* (*fam.*) fiacca; pigrizia: *avoir la — de*, non avere voglia di; *tirer, battre sa —*, battere la fiacca.

flétan [fletɑ̃] *s.m.* (*zool.*) ippoglosso.

flétrir[1] [fletʀiʀ] *v.tr.* far appassire, far avvizzire (*anche fig.*); (*fig.*) far sfiorire, togliere la freschezza (a) || *— la réputation de qqn*, (*fig.*) rovinare la reputazione di qlcu □ **se flétrir** *v.pron.* appassire, avvizzire *(anche fig.)*; *(fig.)* sfiorire.

flétrir[2] *v.tr.* infamare, macchiare d'infamia.

flétrissure[1] [fletʀisyʀ] *s.f.* appassimento *(m.)*, avvizzimento *(m.)*; perdita di freschezza.

flétrissure[2] *s.f.* *(letter.)* marchio d'infamia.

fleur [flœʀ] *s.f.* **1** fiore *(m.)* || *(fig.)*: *couvrir qqn de fleurs*, incensare qlcu; *faire une — à qqn*, *(fam.)* fare una gentilezza a qlcu; *être très — bleue*, essere sentimentale e romantica || *comme une —*, senza problemi **2** fiore *(m.)*, parte migliore, parte scelta: *la fine — de la société*, il fior fiore della società **3** *pl.* *(enol.)* fioretta *(sing.)* □ **à fleur de** *locuz.avv.* a fior di; nel fiore di: *avoir des yeux à — de tête*, avere gli occhi sporgenti.

fleurdelisé [flœʀdɔlize] *agg.* *(arald.)* gigliato.

fleurer [flœʀe] *v.intr.* olezzare, emanare profumo (di): *ça fleure bon la violette*, c'è un buon profumo di violetta.

fleuret [flœʀe] *s.m.* fioretto.

fleurette [flœʀet] *s.f.* fiorellino *(m.)* || *conter —*, dir frasi galanti a una donna.

fleuri [flœʀi] *agg.* fiorito *(anche fig.)* || *un teint —*, un bel colorito.

fleurir [flœʀiʀ] *(nell'uso fig. fa all'imperf.indic.* je florissais, etc., *al part.pres.* florissant) *v.intr.* **1** fiorire: *les primevères ont déjà fleuri*, le primule sono già fiorite **2** *(fig.)* fiorire; nascere; prosperare, essere fiorente ♦ *v.tr.* infiorare, ornare con fiori; *(fig.)* abbellire || *— sa boutonnière*, mettersi un fiore all'occhiello.

fleuriste [flœʀist] *s.m.* fiorista, fioraio.

fleuron [flœʀɔ̃] *s.m.* **1** *(arch.)* fiorone **2** *(tip.)* fregio **3** *(fig.)* gemma *(f.)*, gioiello.

fleuve [flœv] *s.m.* fiume *(anche fig.)* □ **discours-fleuve**, discorso fiume; **procès- fleuve**, processo fiume.

flexibilité [fleksibilite] *s.f.* flessibilità *(anche fig.)*.

flexible [fleksibl] *agg.* flessibile *(anche fig.)* ♦ *s.m.* *(tuyau)* —, flessibile.

flexion [fleksjɔ̃] *s.f.* flessione.

flibustier [flibystje] *s.m.* filibustiere *(anche fig.)*.

flic [flik] *s.m.* *(fam.)* poliziotto, piedipiatti; vigile (urbano).

flic flac [flikflak] *onom.* cic ciac.

flinguer [flɛ̃ge] *v.tr.* *(fam.)* far fuori qlcu, sparare (a qlcu) □ **se flinguer** *v.pron.* *(fam.)* spararsi.

flipper [flipe] *v.intr.* *(fam.)* **1** essere fuori fase **2** essere in crisi di astinenza (da droga).

flirter [flœʀte] *v.intr.* flirtare *(anche fig.)*.

floc [flɔk] *onom.* plaf, splash.

floche [flɔʃ] *s.f.* *(in Belgio)* **1** nappa; fiocco *(m.)* **2** errore.

flocon [flɔkɔ̃] *s.m.* fiocco || *neiger à gros flocons*, nevicare a larghe falde.

floconneux [flɔkɔnø] (f. *-euse*) *agg.* fioccoso.

flopée [flɔpe] *s.f.* *(fam.)* sfilza, caterva.

floraison [flɔʀezɔ̃] *s.f.* fioritura *(anche fig.)*.

floral [flɔʀal] (pl. *-aux*) *agg.* floreale.

flore [flɔʀ] *s.f.* flora.

florentin [flɔʀɑ̃tɛ̃] *agg.* e *s.m.* fiorentino.

floriculteur [flɔʀikyltœʀ] *s.m.* floricoltore.

floriculture [flɔʀikyltyʀ] *s.f.* floricoltura.

florilège [flɔʀilɛʒ] *s.m.* florilegio.

florin [flɔʀɛ̃] *s.m.* fiorino.

florissant [flɔʀisɑ̃] *agg.* fiorente, florido.

flot [flo] *s.m.* **1** flutto; onda *(f.)*; *(fig.)* ondata *(f.)* || *(mar.)*: *ligne de brisement des flots*, battigia; *mettre à —*, mettere in acqua, in mare; *remettre*, *se remettre à —*, riportare, risalire a galla || *à flots*, a fiumi, abbondantemente **2** fiotto: *un — de sang*, un fiotto di sangue **3** *(fig.)* fiume: *un — d'injures*, una valanga d'insulti **4** flusso, alta marea.

flottable [flɔtabl] *agg.* **1** *(di legno)* galleggiabile **2** *(di corso d'acqua)* atto alla fluitazione.

flottage [flɔtaʒ] *s.m.* fluitazione (di legname).

flottaison [flɔtezɔ̃] *s.f.* galleggiamento *(m.)*.

flottant [flɔtɑ̃] *agg.* **1** galleggiante **2** *(fig.)* fluttuante, instabile: *monnaie flottante*, moneta fluttuante **3** svolazzante, sventolante **4** *(fig.)* indeciso.

flotte [flɔt] *s.f.* **1** flotta **2** *(fam.)* acqua.

flottement [flɔtmɑ̃] *s.m.* **1** ondeggiamento; oscillazione *(f.)*; sventolio **2** *(fig.)* esitazione *(f.)*, incertezza *(f.)* **3** *(econ., fin.)* fluttuazione *(f.)*.

flotter [flɔte] *v.intr.* **1** galleggiare: *(del legno)* fluitare **2** sventolare, svolazzare **3** ondeggiare, fluttuare *(anche fig.)*: *(econ.) laisser — une monnaie*, lasciar fluttuare una moneta **4** esitare **5** *(di indumenti)* essere largo; *(fam.)* ballare addosso **6** *(fam.)* piovere.

flotteur [flɔtœʀ] *s.m.* galleggiante.

flottille [flɔtij] *s.f.* flottiglia.

flou [flu] *agg.* **1** sfumato; evanescente; *(fot.)* sfocato **2** *(fig.)* vago, incerto **3** morbido; vaporoso ♦ *s.m.* **1** evanescenza *(f.)* **2** *(fot., cine.)* sfocamento.

flouer [flue] *v.tr.* *(fam.)* imbrogliare, gabbare.

fluctuant [flyktɥɑ̃] *agg.* fluttuante, instabile.

fluctuation [flyktɥasjɔ̃] *s.f.* fluttuazione.

fluctuer [flyktɥe] *v.intr.* fluttuare *(anche fig.)*.

fluet [flɥe] (f. *fluette*) *agg.* esile; gracile || *une voix fluette*, una vocina sottile.

fluide [flɥid] *agg.* e *s.m.* fluido *(anche fig.)*.

fluidifiant [flɥidifjɑ̃] *agg.* e *s.m.* fluidificante.

fluidifier [flɥidifje] *v.tr.* fluidificare || *— la circulation*, rendere più scorrevole il traffico.

fluidité [flɥidite] *s.f.* fluidità *(anche fig.)*.

fluor [flyɔʀ] *s.m.* *(chim.)* fluoro.

fluoré [flyɔʀe] *agg.* *(chim.)* fluororato, fluorato: *dentifrice —*, dentifricio al fluoro.

fluorescence [flyɔʀesɑ̃s] *s.f.* fluorescenza.

fluorescent [flyɔʀesɑ̃] *agg.* *(fis.)* fluorescente.

fluorine [flyɔʀin], **fluorite** [flyɔʀit] *s.f.* fluorite.

fluorure [flyɔʀyʀ] *s.m.* *(chim.)* fluoruro.

flûte [flyt] *s.f.* **1** flauto *(m.)* **2** flauto *(m.)*, flautista *(m.)* **3** filoncino (di pane) **4** calice alto e stretto da champagne, flûte *(m.)* **5** *pl.* *(fam.)* gambe ♦ *inter.* accidenti!

flûté [flyte] *agg.* flautato: *voix flutée*, voce flautata.

flûtiau [flytio] (pl. *-aux*) *s.m.* zufolo.

flûtiste [flytist] *s.m.* flautista.

fluvial [flyvjal] (pl. *-aux*) *agg.* fluviale.

flux [fly] *s.m.* **1** flusso (*anche fig.*) **2** flusso, alta marea.

FOB [fɔb] *agg.* e *avv.* (*comm.*), franco (a) bordo.

foc [fɔk] *s.m.* (*mar.*) fiocco.

focal [fɔkal] (pl. *-aux*) *agg.* focale.

focaliser [fɔkalize] *v.tr.* focalizzare.

fœtal [fetal] (pl. *-aux*) *agg.* fetale.

fœtus [fetys] *s.m.* feto.

foi [fwa] *s.f.* **1** fede: *ajouter* —, prestar fede || *être de bonne, de mauvaise* —, essere in buonafede, in malafede; *en toute bonne* —, con la massima buonafede || *n'avoir ni* — *ni loi*, (*fig.*) essere senza religione **2** fede, fiducia **3** fede, attestazione: *le cachet de la poste faisant* —, fa fede il timbro postale.

foie [fwa] *s.m.* fegato || (*cuc.*) — *gras*, fegato d'oca); *foies de volaille*, fegatini di pollo || *avoir les foies*, (*fam.*) aver fifa.

foin [fwε̃] *s.m.* **1** fieno || *rhume des foins*, raffreddore da fieno || *faire du* —, (*fam.*) far scalpore, scandalo **2** barba (del carciofo).

foire [fwaʀ] *s.f.* **1** fiera **2** (*fam.*) babele, caos (*m.*): *faire la* —, far baldoria.

foirer [fwaʀe] *v.intr.* **1** non far presa (di vite spanata) **2** (*fig.*) andare a monte.

foireux [fwaʀø] (f. *-euse*) *agg.* e *s.m.* (*fam.*) **1** fifone **2** fallito, andato a monte.

fois [fwa] *s.f.* volta: *une* — *sur deux*, una volta sì e una (volta) no; *cette fois-ci, cette fois-là*, stavolta, quella, volta; *deux, trois* — *plus grand*, due, tre volte tanto, di più; *deux* — *cinq font dix*, due volte cinque fa dieci □ *une fois*, un tempo, una volta: *il était une* —, c'era una volta; **une fois (que)**, quando: *une* — (*que nous serons*) *arrivés à Paris*, una volta a Parigi, quando saremo a Parigi; **des fois**, (*fam.*) a volte, tante volte; **si des fois, des fois que**, (*fam.*) se per caso, casomai: *si des* — *vous allez le voir*, se per caso andate a trovarlo; *des* — *qu'il serait encore chez lui*, casomai fosse ancora in casa; **à la fois**, nello stesso tempo: *deux à la* —, due per volta.

foison, à [afwazɔ̃] *locuz.avv.* in abbondanza.

foisonnant [fwazɔnɑ̃] *agg.* abbondante, copioso.

foisonnement [fwazɔnmɑ̃] *s.m.* abbondanza (*f.*).

foisonner [fwazɔne] *v.intr.* **1** abbondare (in); essere ricco (di) **2** moltiplicarsi.

fol [fɔl] *agg.* → **fou.**

folâtre [fɔlatʀ] *agg.* pazzerello.

folâtrer [fɔlatʀe] *v.intr.* divertirsi spensieratamente.

foliacé [fɔljase] *agg.* (*bot.*) foliaceo.

foliation [fɔljɑsjɔ̃] *s.f.* (*bot.*) fogliazione.

folichon [fɔliʃɔ̃] (f. *-onne*) *agg.* (*fam.*) (*spec. in frasi negative*) divertente: *ce n'est pas très* —, non è molto divertente.

folie [fɔli] *s.f.* **1** pazzia, follia: *c'est de la pure* —!, è una follia! || *à la* —, alla follia, pazzamente **2** (*psic.*) mania: — *des grandeurs*, mania di grandezza **3** passione: *avoir la* — *des voitures*, avere il pallino delle automobili.

folio [fɔljo] *s.m.* **1** foglio numerato (di registro, di libro) **2** numero della pagina (di un libro).

foliole [fɔljɔl] *s.f.* (*bot.*) fogliolina.

folklo [fɔlklo] (pl. *invar.*) *agg.* (*fam.*) *abbr.* → **folklorique.**

folklore [fɔlklɔʀ] *s.m.* folclore, folklore.

folklorique [fɔlklɔʀik] *agg.* folcloristico .

folle [fɔl] *agg.* → **fou** ♦ *s.f.* pazza, folle || *la* — *du logis*, (*fig.*) l'immaginazione.

follet [fɔlε] (f. *-ette*) *agg.* pazzerello || *feu* —, fuoco fatuo.

follicule [fɔlikyl] *s.m.* follicolo.

fomentateur [fɔmɑ̃tatœʀ] (f. *-trice*) *s.m.* fomentatore.

fomenter [fɔmɑ̃te] *v.tr.* fomentare.

foncé [fɔ̃se] *agg.* scuro, cupo.

foncer [fɔ̃se] (*coniug. come* placer) *v.tr.* **1** scurire **2** (*cuc.*) foderare (uno stampo di pasta ecc.) **3** scavare **4** fornire di fondo ♦ *v.intr.* **1** scagliarsi, avventarsi: — *sur l'ennemi*, scagliarsi sul nemico **2** (*fam.*) andare a forte velocità: *l'auto fonçait sur nous*, l'automobile ci veniva addosso a tutta velocità || — *dans le brouillard*, (*fam.*) buttarsi alla cieca **3** scurirsi.

fonceur [fɔ̃sœʀ] (f. *-euse*) *s.m.* uomo deciso.

foncier [fɔ̃sje] (f. *-ère*) *agg.* **1** fondiario **2** (*fig.*) fondamentale, di fondo.

foncièrement [fɔ̃sjεʀmɑ̃] *avv.* fondamentalmente.

fonction [fɔ̃ksjɔ̃] *s.f.* funzione || *faire* — *de*, fungere da || *en* — *de*, in funzione di; *être (en)* — *de*, dipendere da || *se démettre de ses fonctions*, dimettersi da un incarico || *la* — *publique*, il pubblico impiego || *de* —, di rappresentanza.

fonctionnaire [fɔ̃ksjɔnεʀ] *s.m.* (impiegato) statale: *les fonctionnaires*, gli statali; *les hauts fonctionnaires*, gli alti dirigenti dello stato.

fonctionnaliser [fɔ̃ksjɔnalize] *v.tr.* rendere funzionale.

fonctionnalisme [fɔ̃ksjɔnalism] *s.m.* funzionalismo.

fonctionnalité [fɔ̃ksjɔnalite] *s.f.* funzionalità.

fonctionnariser [fɔ̃ksjɔnaʀize] *v.tr.* **1** statalizzare; immettere (un impiegato) nei ruoli statali **2** burocratizzare.

fonctionnarisme [fɔ̃ksjɔnaʀism] *s.m.* burocratismo.

fonctionnel [fɔ̃ksjɔnεl] (f. *-elle*) *agg.* funzionale.

fonctionnellement [fɔ̃ksjɔnεlmɑ̃] *avv.* in modo funzionale.

fonctionnement [fɔ̃ksjɔnmɑ̃] *s.m.* funzionamento: *en* —, in funzione, attivo, acceso || (*inform.*) — *autonome*, funzionamento in locale.

fonctionner [fɔ̃ksjɔne] *v.intr.* **1** funzionare **2** (*in Africa*) avere un impiego (statale).

fond [fɔ̃] *s.m.* **1** fondo (*anche fig.*): *vingt mètres de* —, venti metri di profondità || *elle vient du fin* — *de l'Auvergne*, viene dal cuore dell'Alvernia || *avoir bon* —, (*fig.*) essere di indole buona || (*comm.*) — *de magasin* , fondi, avanzi di magazzino || (*mar.*) *donner* —, gettare l'ancora; *envoyer par le* —, affondare || *à* —, a fondo || *à* — *de train*, a tutta velocità || *au* —, *dans le* —, in fondo || *de* — *en comble*, da cima a fondo || (*dir.*) *juger au* —, giudicare nel merito **2** sfondo || — *sonore*, (*cine.*) sottofondo **3** (*sport*) fondo: *ski de* —, sci di fondo; *course de* —, gara di fondo; *coureur de* —, fondista **4** — *de teint*, fondo tinta **5** (*abbigl.*) — *de robe*, fourreau, sottabito.

fondamental [fɔ̃damɑ̃tal] (pl. *-aux*) *agg.* fondamentale || **-ement** *avv.*

fondant [fɔ̃dɑ̃] *agg.* e *s.m.* fondente: *poire fondante*, pera che si scioglie in bocca.

fondateur [fɔ̃datœr] (f. *-trice*) *s.m.* fondatore.

fondation [fɔ̃dasjɔ̃] *s.f.* **1** fondazione **2** *pl.* (*edil.*) fondamenta.

fondé [fɔ̃de] *agg.* fondato || *être* — *à dire*, essere autorizzato a dire ♦ *s.m.* (*dir.*) — *de pouvoir*, procuratore.

fondement [fɔ̃dmɑ̃] *s.m.* **1** fondamento; base (*f.*): *sans* —, senza fondamento, infondato **2** (*fam.*) sedere, didietro.

fonder [fɔ̃de] *v.tr.* fondare (*anche fig.*).

fonderie [fɔ̃dri] *s.f.* **1** fonderia **2** (*metall.*) lavorazione dei metalli.

fondeur[1] [fɔ̃dœr] *s.m.* fonditore.

fondeur[2] (f. *-euse*) *s.m.* (*sport*) fondista.

fondre [fɔ̃dr] (*coniug. come* rendre) *v.tr.* fondere (*anche fig.*); sciogliere ♦ *v.intr.* **1** sciogliersi (*anche fig.*): — *en larmes, en pleurs*, scoppiare, sciogliersi in lacrime || *l'argent lui fond dans les mains*, (*fig.*) ha le mani bucate **2** piombare (su) **3** (*fam.*) dimagrire.

fondrière [fɔ̃drijɛr] *s.f.* **1** buca (di strada) **2** pantano (*m.*).

fonds [fɔ̃] *s.m.* **1** fondo, bene immobile: — (*de terre*), podere; — *de commerce*, azienda (commerciale) **2** (*econ.*) fondi (*pl.*): *mise de* —, investimento, apporto finanziario; — *de roulement*, capitale d'esercizio; — *de pension*, fondi pensione; — *publics*, titoli pubblici || *rentrer dans ses fonds*, rientrare nelle spese || *Fonds Commun de Placement*, Fondo Comune d'Investimento.

fondu [fɔ̃dy] *part.pass. di* fondre ♦ *agg.* **1** fuso **2** sciolto, dissolto ♦ *s.m.* **1** (*pitt.*) (colore) sfumato **2** (*cine.*) dissolvenza (*f.*).

fondue [fɔ̃dy] *s.f.* (*cuc.*) fonduta: — (*savoyarde*), piatto a base di formaggio fuso; — *bourguignonne*, piatto a base di carne cotta in olio bollente.

fongible [fɔ̃ʒibl] *agg.* (*dir.*) fungibile.

fongicide [fɔ̃ʒisid] *agg.* e *s.m.* fungicida.

fongique [fɔ̃ʒik] *agg.* fungino.

fontaine [fɔ̃tɛn] *s.f.* fontana; fonte.

fontanelle [fɔ̃tanɛl] *s.f.* (*anat.*) fontanella.

fonte[1] [fɔ̃t] *s.f.* **1** scioglimento (*m.*); (*metall.*) fusione **2** ghisa.

fonte[2] *s.f.* fondina (di armi).

fontine [fɔ̃tin] *s.f.* fontina.

fonts [fɔ̃] *s.m.pl.*: — *baptismaux*, fonte battesimale; *tenir un enfant sur les* — *baptismaux*, tenere un bambino a battesimo.

foot [fut] *s.m.* (*fam.*) *abbr.* → **football**.

football [futbol] *s.m.* (gioco del) calcio.

footballeur [futbolœr] (f. *-euse*) *s.m.* calciatore.

for [fɔr] *s.m.* (*dir.*, *eccl.*) foro || *en son* — *intérieur*, (*fig.*) nel proprio intimo.

forage [fɔraʒ] *s.m.* perforazione (*f.*); (*ind. miner.*) trivellazione (*f.*); sondaggio.

forain [fɔrɛ̃] *agg.* di fiera || *baraque foraine*, baraccone da fiera; *fête foraine*, fiera di paese, sagra; *marchand* —, venditore di mercato, bancarellista ♦ *s.m.* **1** venditore di mercato, bancarellista **2** chi tiene un baraccone nelle fiere.

forban [fɔrbɑ̃] *s.m.* filibustiere.

forçage [fɔrsaʒ] *s.m.* (*agr.*) forzatura (*f.*).

forçat [fɔrsa] *s.m.* **1** forzato, galeotto **2** (*nelle Antille*) lunga catenella, collana.

force [fɔrs] *s.f.* **1** forza: *avoir de la* —, essere molto forte; *reprendre ses forces*, rimettersi in forze; *ce qui fait sa force c'est...*, il suo punto forte è... || *faire* — *de rames, de voiles*, forzare di remi, di vele || *ça a été un* (*véritable*) *tour de* —*!*, è stata una bella tirata, fatica! || *un coup de* —, un'azione di forza || *de toutes ses forces*, con tutte le (sue) forze, (*fig.*) con tutto se stesso; *à la* — *du poignet*, a forza di braccia, (*fig.*) contando solo sulle proprie forze || *à toute* —, a ogni costo || — *est de*, bisogna || *il est d'une belle* — *au tennis*, è molto bravo a tennis; *un athlète de première* —, un atleta di prim'ordine || *être de* — *à...*, essere in grado di... || *dans la* — *de l'âge*, nel pieno vigore dell'età || *dans toute la* — *du terme*, nel vero senso della parola **2** resistenza; solidità **3** (*mil.*, *pol.*) forza || *attaquer en* —, attaccare in forze ♦ *avv.* in gran quantità: *il me fit* — *compliments*, mi fece un'infinità di complimenti □ **à force**, dai e dai, alla fin fine; **à force de**, a forza di, a furia di; **de force**, con la forza, per forza; **par force**, con la forza.

forcé [fɔrse] *agg.* **1** forzato: *atterrissage* —, atterraggio d'emergenza || *c'est* —, (*fam.*) per forza, è inevitabile, scontato **2** costretto (a), obbligato (a) **3** (*econ.*) forzoso **4** (*dir.*) coatto: *résidence forcée*, domicilio coatto.

forcement [fɔrsəmɑ̃] *s.m.* forzatura (*f.*).

forcément [fɔrsemɑ̃] *avv.* per forza, necessariamente.

forcené [fɔrsəne] *agg.* **1** forsennato: *activité forcenée*, attività frenetica **2** accanito ♦ *s.m.* forsennato.

forceps [fɔrsɛps] *s.m.* forcipe.

forcer [fɔrse] (*coniug. come* placer) *v.tr.* **1** forzare (*anche fig.*) || — *la porte de qqn*, introdursi con la forza in casa di qlcu || — *la dose d'un médicament*, esagerare la dose di una medicina; — *la dose*, (*fig.*) caricare la dose || — *le pas*, accelerare il passo || — *l'admiration de tout le monde*, imporsi all'ammirazione di tutti **2** costringere (a), obbligare (a) **3** (*mil.*) espugnare ♦ *v.intr.* forzare □ **se forcer** *v. pron.* sforzarsi (di).

forcing [fɔrsiŋ] *s.m.* **1** (*sport*) forcing **2** (*estens.*) attività frenetica: *faire du* —, darci sotto.

forcir [fɔrsir] *v.intr.* (*fam.*) irrobustirsi; ingrassare.

forclos [fɔrklo] *agg.* (*dir.*) precluso.

forclusion [fɔrklyzjɔ̃] *s.f.* (*dir.*) preclusione.

forer [fɔʀe] *v.tr.* forare, perforare; (*ind. miner.*) trivellare.

foresterie [fɔʀɛstəʀi] *s.f.* forestazione; industria forestale.

forestier [fɔʀɛstje] (f. *-ère*) *agg.* **1** forestale: *garde —*, guardia forestale || (*cuc.*) *à la forestière*, con funghi **2** boscoso, boschivo ♦ *s.m.* (guardia) forestale.

foret [fɔʀɛ] *s.m.* succhiello; punta (del trapano); fioretto (della perforatrice).

forêt [fɔʀɛ] *s.f.* **1** foresta **2** (*fig.*) selva.

foreuse [fɔʀøz] *s.f.* **1** trapano (*m.*) **2** (*ind. miner.*) trivella, sonda; perforatrice (per rocce).

forfaire [fɔʀfɛʀ] (*coniug. come* faire, *ma è raro salvo all'inf., all'indic. pres. sing. e ai tempi composti*) *v.intr.* mancare, venir meno.

forfait[1] [fɔʀfɛ] *part.pass. di* forfaire ♦ *s.m.* misfatto.

forfait[2] *s.m.* **1** (*ippica*) penalità (*f.*) **2** (*sport*) *déclarer —*, ritirarsi (da una competizione), (*anche fig.*); abbandonare il campo.

forfait[3] *s.m.* (*comm.*) forfait: *prix à —*, prezzo forfettario.

forfaitaire [fɔʀfɛtɛʀ] *agg.* (*comm.*) forfettario.

forfaiture [fɔʀfɛtyʀ] *s.f.* (*dir.*) interesse privato in atti d'ufficio.

forge [fɔʀʒ] *s.f.* **1** fucina || *souffler comme une —*, soffiare come un mantice **2** ferriera.

forger [fɔʀʒe] (*coniug. come* manger) *v.tr.* **1** fucinare, forgiare **2** (*fig.*) foggiare, plasmare **3** (*fig.*) inventare, creare.

forgeron [fɔʀʒɔʀɔ̃] *s.m.* fabbro.

forjeter [fɔʀʒəte] (*coniug. come* jeter) *v.tr.* costruire in aggetto ♦ *v.intr.* (*arch.*) aggettare.

formage [fɔʀmaʒ] *s.m.* (*tecn.*) sagomatura (*f.*), modellatura (*f.*).

formaldéhyde [fɔʀmaldeid] *s.f.* (*chim.*) formaldeide.

formaline [fɔʀmalin] *s.f.* (*chim.*) formalina.

formalisation [fɔʀmalizasjɔ̃] *s.f.* formalizzazione.

formaliser [fɔʀmalize] *v.tr.* formalizzare □ **se formaliser** *v.pron.* formalizzarsi.

formalisme [fɔʀmalism] *s.m.* formalismo.

formaliste [fɔʀmalist] *agg. e s.m.* formalista.

formalité [fɔʀmalite] *s.f.* formalità.

format [fɔʀma] *s.m.* formato.

formatage [fɔʀmataʒ] *s.m.* (*inform.*) formattazione (*f.*).

formater [fɔʀmate] *v.tr.* (*inform.*) formattare.

formateur [fɔʀmatœʀ] (f. *trice*) *agg.* formativo ♦ *s.m.* educatore, formatore.

formatif [fɔʀmatif] (f. *-ive*) *agg.* formativo.

formation [fɔʀmasjɔ̃] *s.f.* formazione || *âge de la —*, età dello sviluppo || *— professionnelle, continue*, formazione professionale, permanente || (*pol.*) *les formations politiques*, gli schieramenti politici.

forme [fɔʀm] *s.f.* forma: *être en* (*pleine*) *—*, essere in (piena) forma; *ne pas avoir la —*, non essere in forma || *en — de*, a, in forma di; *sous — de*, sotto forma di; *sous la — de*, sotto forma di, nelle sem-

bianze di; *sous une — bénigne*, in forma benigna || *par — d'avertissement*, a titolo di avvertimento || (*dir.*): *pour vice de —*, per vizio di forma; *en bonne et due —*, nella debita forma, con le dovute forme || *dans les formes*, secondo le regole; *pour la —*, per pura formalità, pro forma; *l'invitation est de pure —*, non è che un invito pro forma || *il y a mis les formes*, lo ha fatto con le dovute forme.

formé [fɔʀme] *agg.* formato || *jeune fille formée*, ragazza che si è sviluppata.

formel [fɔʀmɛl] (f. *-elle*) *agg.* **1** formale **2** categorico.

formellement [fɔʀmɛlmɑ̃] *avv.* **1** tassativamente, assolutamente **2** formalmente.

former [fɔʀme] *v.tr.* formare, fare, dare forma (a); costituire: *— un gouvernement*, fare, comporre un governo; *— un projet*, concepire un progetto || *— des vœux pour...*, formulare auguri per... □ **se former** *v.pron.* **1** formarsi **2** disporsi, mettersi.

formidable [fɔʀmidabl] *agg.* **1** formidabile; enorme **2** (*fam.*) straordinario, fantastico.

formidablement [fɔʀmidabləmɑ̃] *avv.* straordinariamente, terribilmente.

formid(e) [fɔʀmid] *agg.* (*fam.*) *abbr. di* → **formidable**.

formique [fɔʀmik] *agg.* (*chim.*) formico.

formulable [fɔʀmylabl] *agg.* formulabile.

formulaire [fɔʀmylɛʀ] *s.m.* modulo.

formulation [fɔʀmylasjɔ̃] *s.f.* formulazione.

formule [fɔʀmyl] *s.f.* **1** formula **2** (*comm.*) *— de paiement*, forma, modalità di pagamento.

formuler [fɔʀmyle] *v.tr.* esprimere, formulare; enunciare || *— une objection*, sollevare, muovere un'obiezione.

fornication [fɔʀnikasjɔ̃] *s.f.* fornicazione.

forniquer [fɔʀnike] *v.tr.* fornicare.

fors [fɔʀ] *prep.* (*ant.*) fuorché, tranne.

forsythia [fɔʀsisja] *s.m.* (*bot.*) forsizia (*f.*).

fort[1] [fɔʀ] *agg.* (*anche fig.*): *il est encore — pour son âge*, è ancora vigoroso per la sua età; *une forte différence*, una grande differenza; *avoir une forte envie de...*, avere una gran voglia di...; *une forte somme*, una grossa somma; *du papier —*, carta resistente || *une forte constitution*, una robusta costituzione; *un cou très —*, un collo taurino; *un nez un peu —*, un naso pronunciato; *une femme forte*, una donna robusta || *une forte tête*, un carattere irriducibile; *une forte femme*, una donna decisa || *— en maths*, bravo in matematica; *il est très — sur l'histoire de la Révolution*, è molto ferrato nella storia della rivoluzione || *se faire — de*, vantarsi di || (*dir.*) *se porter — pour qqn*, farsi garante per qlcu || *place forte*, piazzaforte; *ville forte*, città fortificata || *les temps forts de d'actualité*, i fatti di cronaca salienti, rilevanti. ♦ FRASEOLOGIA: *ce n'est pas très — d'avoir fait ça!*, (*fam.*) non è da furbi averlo fatto!; *elle est forte celle-là!*, questa è proprio grossa!; *ça c'est un peu —!*, questa poi!; *c'est trop —!*, è il colmo!; *le plus — c'est que...*, il più forte è che...

fort[2] *avv.* **1** forte || *y aller —*, (*fam.*) esagerare **2**

molto, assai: *c'est une — belle écharpe*, è una gran bella sciarpa.

fort[3] *s.m.* forte || *les forts des Halles*, i facchini dei mercati generali di Parigi || *au — de*, nel cuore di, nel colmo di: *au plus — de l'été*, nel pieno dell'estate.

forte [fɔʀte] *avv.* e *s.m.* (*mus.*) forte.

fortement [fɔʀtəmã] *avv.* **1** fortemente **2** (*estens.*) molto.

forteresse [fɔʀtəʀɛs] *s.f.* **1** (*mil.*) fortezza **2** (*fig.*) fortezza, roccaforte.

fortifiant [fɔʀtifjã] *agg.* e *s.m.* ricostituente || *boisson fortifiante*, bevanda corroborante.

fortification [fɔʀtifikɑsjɔ̃] *s.f.* fortificazione || *les fortifications d'une ville*, i bastioni di una città.

fortifier [fɔʀtifje] *v.tr.* fortificare.

fortin [fɔʀtɛ̃] *s.m.* (*mil.*) fortino.

fortuit [fɔʀtɥi] *agg.* fortuito || **-ement** *avv.*

fortune [fɔʀtyn] *s.f.* **1** fortuna; sorte || *manger à la — du pot*, mangiare quel che c'è || *moyens de —*, mezzi di fortuna **2** fortuna, ricchezze (*pl.*), patrimonio (*m.*).

fortuné [fɔʀtyne] *agg.* ricco, agiato, danaroso.

forum [fɔʀɔm] *s.m.* **1** foro **2** (*fig.*) tavola rotonda; simposio.

fosse [fos] *s.f.* fossa || *— septique*, fossa biologica || (*teatr.*) *— d'orchestre*, buca dell'orchestra || (*anat.*) *fosses nasales*, fosse nasali.

fossé [fose] *s.m.* fosso, fossato; (*fig.*) abisso || (*geol.*) *— tectonique*, fossa tettonica.

fossette [fosɛt] *s.f.* fossetta.

fossile [fo(o)sil] *agg.* **1** fossile **2** (*scherz.*) antiquato, superato ♦ *s.m.* fossile (*anche fig.*).

fossilisation [fo(o)silizɑsjɔ̃] *s.f.* fossilizzazione.

fossiliser [fo(o)silize] *v.tr.* fossilizzare □ **se fossiliser** *v.pron.* fossilizzarsi.

fossoyeur [fo(o)swajœʀ] (f. *-euse*) *s.m.* **1** becchino, beccamorti **2** (*fig.*) affossatore.

fou[1] [fu] (*davanti a vocale* o h *muta* **fol**; f. *folle*) *agg.* **1** pazzo, matto, folle: *devenir —*, impazzire, diventar matto; *— à lier*, matto da legare; *à demi —*, mezzo matto; *rendre —*, far impazzire; *être — de qqn, de qqch*, essere pazzo di qlcu, andar matto per qlco; *il n'est pas —*, (*fam.*) non è mica stupido || (*in Canada*) *— comme un balai*, allegrone, esuberante || *— rire*, ridarella, risata irrefrenabile e contagiosa || *un camion —*, un camion impazzito (senza controllo) **2** (*fam.*) pazzesco, incredibile: *un monde —*, un sacco di gente; *un succès —*, un successo strepitoso; *j'y ai mis un temps —*, ci ho messo un'eternità; *c'est —!*, cosa da pazzi!, pazzesco!; *j'ai eu un mal — à me faire comprendre*, è stata una faticaccia farmi capire; *dépenser un argent —*, spendere da pazzi ♦ *s.m.* matto, pazzo, folle: *asile de fous*, manicomio || *comme un —*, da matti || *c'est une maison de fous!*, è una gabbia di matti! || *histoire de fous*, (*fam.*) storiella sui matti, (*estens.*) storia pazzesca.

fou[2] *s.m.* **1** buffone, giullare **2** (*negli scacchi*) alfiere.

foudre[1] [fudʀ] *s.f.* **1** fulmine (*m.*), folgore ||

coup de —, colpo di fulmine **2** *pl.* (*fig.*) rimproveri (*m.*).

foudre[2] *s.m.* **1** la saetta di Giove **2** *— de guerre*, gran condottiero; *— d'éloquence*, grande oratore.

foudre[3] *s.m.* grosso barile (da 50 a 300 ettolitri).

foudroiement [fudʀwamã] *s.m.* folgorazione (*f.*).

foudroyant [fudʀwajã] *agg.* **1** fulminante, folgorante **2** fulmineo.

foudroyer [fudʀwaje] (*coniug. come* employer) *v.tr.* fulminare, folgorare (*anche fig.*) || *être foudroyé*, essere colpito dal fulmine.

fouet [fwɛ] *s.m.* **1** frusta (*f.*) || *un coup de —*, una frustata, (*fig.*) una sferzata || *de plein —*, in pieno, direttamente **2** (*cuc.*) frullino, frusta (*f.*).

fouettard [fwɛtaʀ] *agg.*: *Père —*, castigamatti.

fouetter [fwete] *v.tr.* **1** frustare; sferzare (*anche fig.*): *— jusqu'au sang*, frustare a sangue **2** (*cuc.*) sbattere, frullare || *crème fouettée*, panna montata.

foufou [fufu] (f. *fofolle*) *agg.* (*fam.*) svitato.

fougasse [fugas] *s.f.* focaccia.

fougère [fuʒɛʀ] *s.f.* felce.

fougue [fug] *s.f.* foga; impeto (*m.*).

fougueux [fugø] (f. *-euse*) *agg.* impetuoso, focoso || **-eusement** *avv.*

fouille [fuj] *s.f.* **1** (*pl.*) scavi (*m.*) **2** ispezione; perquisizione.

fouiller [fuje] *v.tr.* **1** scavare; (*archeol.*) fare scavi archeologici (in) **2** frugare; ispezionare; perquisire: *la police a fouillé tout le quartier*, la polizia ha perlustrato tutto il quartiere **3** (*fig.*) sviscerare: *une étude très fouillée*, uno studio molto approfondito ♦ *v.intr.* frugare, rovistare.

fouillis [fuji] *s.m.* disordine; accozzaglia (*f.*).

fouine [fwin] *s.f.* **1** (*zool.*) faina **2** (*fig.*) ficcanaso (*m.*).

fouiner [fwine] *v.intr.* (*fam.*) frugare, rovistare; ficcare il naso, curiosare.

fouineur [fwinœʀ] (f. *-euse*) *s.m.* ficcanaso ♦ *agg.* curioso, indiscreto.

fouir [fwiʀ] *v.tr.* scavare.

fouisseur [fwisœʀ] (f. *-euse*) *agg.* e *s.m.* (*zool.*) (animale) scavatore.

foulage [fulaʒ] *s.m.* **1** pigiatura (dell'uva) **2** (*ind. tess.*) follatura (*f.*) **3** (*tip.*) pressione (*f.*).

foulant [fulã] *agg.* **1** (*fam.*) faticoso **2** (*tecn.*) *pompe foulante*, pompa premente.

foulard [fulaʀ] *s.m.* foulard, fazzoletto da collo.

foule [ful] *s.f.* **1** folla (*anche fig.*): *il y avait —*, c'era molta gente; *une — d'amis*, una moltitudine di amici; *une — d'idées*, una ridda di idee || *en —*, in massa **2** massa, volgo (*m.*).

foulée [fule] *s.f.* **1** (*sport*) falcata **2** traccia, pesta || *dans la —*, (*fig.*) sullo slancio.

fouler [fule] *v.tr.* **1** calpestare || *— aux pieds*, calpestare (*anche fig.*) **2** pigiare (l'uva) **3** (*ind. tess.*) follare □ **se fouler** *v.pron.* slogarsi, storcersi || *ne pas se —*, (*fam.*) prendersela comoda.

foulon [fulɔ̃] *s.m.* (*ind. tess.*) follatore, sodatore; (*tecn.*) follone, follatrice (*f.*).

foulque [fulk] *s.f.* (*zool.*) folaga.

foulure [fulyʀ] *s.f.* storta, slogatura.

four [fuʀ] **1** forno; (*tecn.*) fornace (*f.*) || *il fait noir comme dans un —!*, c'è buio pesto! **2** *petit —*, pasticcino da tè **3** (*fig.*) fiasco: *faire un —*, fare fiasco.

fourbe [fuʀb] *agg.* e *s.m.* subdolo, falso.

fourberie [fuʀbəʀi] *s.f.* **1** falsità, doppiezza **2** impostura, raggiro (*m.*).

fourbi [fuʀbi] *s.m.* (*fam.*) **1** aggeggio, coso **2** cose (*f.pl.*), armamentario **3** (*mil.*) equipaggiamento.

fourbir [fuʀbiʀ] *v.tr.* forbire (*anche fig.*) || *— ses armes*, affilare le proprie armi (*anche fig.*).

fourbu [fuʀby] *agg.* sfinito, stremato.

fourche [fuʀʃ] *s.f.* **1** (*agr.*) forca **2** forcella: *— de bicyclette*, forcella della bicicletta || *à la — du sentier*, alla biforcazione del sentiero **3** (*in Belgio*) ora buca.

fourcher [fuʀʃe] *v.intr.* biforcare, biforcarsi || *la langue m'a fourché*, (*fam.*) è stato un lapsus.

fourchette [fuʀʃet] *s.f.* **1** forchetta: *— à dessert*, forchetta da dolce || *avoir un bon coup de —*, essere una buona forchetta **2** (*econ., stat.*) forbice.

fourchu [fuʀʃy] *agg.* forcuto, biforcuto || *cheveux fourchus*, capelli con doppie punte.

fourgon¹ [fuʀgɔ̃] *s.m.* **1** furgone || *— mortuaire*, carro funebre || (*ferr.*): *— (à bagages)*, bagagliaio; *— à bestiaux*, carro bestiame; *— postal*, vagone postale.

fourgon² *s.m.* attizzatoio.

fourgonner [fuʀgɔne] *v.intr.* **1** attizzare **2** (*fam.*) rovistare, frugare.

fourgonnette [fuʀgɔnet] *s.f.* furgoncino (*m.*).

fourguer [fuʀge] *v.tr.* (*fam.*) rifilare, vendere.

fourme [fuʀm] *s.f.* fourme (formaggio vaccino della Francia centrale).

fourmi [fuʀmi] *s.f.* formica || *avoir des fourmis dans les jambes*, (*fam.*) avere le gambe che formicolano; (*fig.*) aver voglia di muoversi.

fourmilier [fuʀmilje] *s.m.* (*zool.*) formichiere.

fourmilière [fuʀmiljeʀ] *s.f.* formicaio (*m.*).

fourmilion, **fourmi-lion** [fuʀmiljɔ̃] (*pl. fourmis-lions*) *s.m.* formicaleone.

fourmillement [fuʀmijmɑ̃] *s.m.* formicolio.

fourmiller [fuʀmije] *v.intr.* formicolare.

fournaise [fuʀnez] *s.f.* **1** fornace; (*fig.*) forno (*m.*) **2** (*in Canada*) stufa; caldaia.

fourneau [fuʀno] (*pl. -eaux*) *s.m.* fornello; forno.

fournée [fuʀne] *s.f.* infornata (*anche fig.*).

fourni [fuʀni] *agg.* **1** fornito, provvisto **2** folto, spesso.

fournil [fuʀni] *s.m.* forno.

fourniment [fuʀnimɑ̃] *s.m.* (*mil.*) equipaggiamento.

fournir [fuʀniʀ] *v.tr.* **1** fornire, rifornire di **2** dare, procurare: *— des renseignements*, dare informazioni **3** compiere, fare: *— un gros effort*, compiere un grande sforzo ♦ *v.intr.* provvedere || *— à trèfle*, rispondere a fiori □ **se fournir** *v.pron.* fornirsi, rifornirsi.

fournisseur [fuʀnisœʀ] (f. *-euse*) *s.m.* fornitore.

fourniture [fuʀnityʀ] *s.f.* **1** fornitura **2** *pl.* forniture, articoli (*m.*): *fournitures de bureau*, articoli per ufficio.

fourrage [fuʀaʒ] *s.m.* foraggio.

fourrager¹ [fuʀaʒe] (*coniug. come* manger) *v. intr.* (*fam.*) rovistare, frugare.

fourrager² (f. *-ère*) *agg.* foraggero.

fourragère [fuʀaʒeʀ] *s.f.* (*mil.*) cordellina.

fourre [fuʀ] *s.f.* (*in Svizzera*) **1** astuccio (*m.*); fodera **2** copertina (di disco, quaderno).

fourré¹ [fuʀe] *s.m.* folto (di bosco), macchia (*f.*).

fourré² *agg.* **1** foderato di pelliccia **2** ripieno, farcito: *bonbon —*, caramella ripiena **3** (*scherma*) *coup —*, colpo scambievole, (*fig.*) tiro mancino.

fourreau [fuʀo] (pl. *-eaux*) *s.m.* **1** fodero, guaina (*f.*) **2** (*abbigl.*) tubino.

fourrer [fuʀe] *v.tr.* **1** foderare **2** (*cuc.*) farcire **3** (*fam.*) infilare, cacciare, ficcare: *il fourre son nez partout*, ficca il naso dappertutto || *— en prison*, sbattere in prigione || *il est toujours fourré chez les voisins*, (*estens.*) è sempre a casa dei vicini □ **se fourrer** *v.pron.* cacciarsi, ficcarsi || *je ne savais plus où me —*, (*fam.*) avrei voluto sprofondare.

fourre-tout [fuʀtu] (pl. *invar.*) (*s.m.*) **1** ripostiglio, sgabuzzino **2** borsa da viaggio **3** guazzabuglio.

fourreur [fuʀœʀ] *s.m.* pellicciaio.

fourrier [fuʀje] *s.m.* (*mil.*) furiere.

fourrière [fuʀjeʀ] *s.f.* deposito municipale (di animali, veicoli sequestrati o trovati): *mise à la — d'un véhicule*, rimozione forzata di un veicolo.

fourrure [fuʀyʀ] *s.f.* **1** pelliccia **2** (*mecc.*) materiale di rivestimento, di riempimento.

fourvoyer [fuʀvwaje] (*coniug. come* employer) *v.tr.* forviare (*anche fig.*) □ **se fourvoyer** *v.pron.* **1** sbagliare strada **2** sbagliarsi.

foutaise [futez] *s.f.* (*fam.*) sciocchezza.

foutoir [futwaʀ] *s.m.* (*fam.*) disordine, macello.

foutre [futʀ]

Indic.pres. je fous, tu fous, il fout, nous foutons, etc.; *imperf.* je foutais, etc.; *fut.* je foutrai, etc. *Cond.* je foutrais, etc. *Cong.pres.* que je foute, etc. *Part.pres.* foutant; *pass.* foutu; *non esiste negli altri tempi.*

v.tr. (*fam.*) **1** gettare, buttare: *— (qqch) à la poubelle*, sbattere via (qlco) || *va te faire —!*, (*molto fam.*) vaffanculo! **2** mollare: *— un coup de pied*, mollare un calcio || *— le camp*, svignarsela **3** fare, combinare: *ne rien — de la journée*, non fare un tubo tutto il giorno || *rien à —*, non me ne frega niente; *ça la fout mal*, fa cattiva impressione □ **se foutre** *v.pron.* (*fam.*) **1** fregarsene **2** prendere per i fondelli.

foutu [futy] *agg.* (*fam.*) **1** del cavolo: *cette foutue bagnole*, questa macchina del cavolo **2** fottuto, finito || *être — de*, essere capace di **3** *bien, mal —*, ben fatto, fatto male || *être mal —*, (*estens.*) sentirsi da cane.

foyer [fwaje] *s.m.* **1** focolare (*anche fig.*) **2** casa (*f.*); famiglia (*f.*) || *fonder un* —, metter su famiglia **3** pensionato: — *d'étudiants*, pensionato per studenti **4** (*teatr.*) ridotto **5** focolaio, fonte (*f.*) **6** (*ottica, mat., fot.*) fuoco.

frac [frak] *s.m.* frac.

fracas [fraka] *s.m.* fragore; fracasso: *le* — *des vagues*, il fragore delle onde || *le* — *des assiettes qui se brisent*, il fracasso dei piatti che si rompono.

fracassant [frakasɑ̃] *agg.* **1** fragoroso **2** (*fig.*) strepitoso, clamoroso.

fracasser [frakase] *v.tr.* fracassare, sconquassare □ **se fracasser** *v.pron.* fracassarsi.

fraction [fraksjɔ̃] *s.f.* frazione.

fractionnaire [fraksjɔnɛr] *agg.* frazionario.

fractionnel [fraksjɔnɛl] (f. -*elle*) *agg.* frazionistico.

fractionnement [fraksjɔnmɑ̃] *s.m.* frazionamento.

fractionner [fraksjɔne] *v.tr.* frazionare.

fracture [fraktyr] *s.f.* frattura.

fracturer [fraktyre] *v.tr.* **1** fratturare: *se* — *la jambe*, fratturarsi una gamba **2** scassinare.

fragile [fraʒil] *agg.* **1** fragile **2** (*fig.*) debole, delicato.

fragiliser [fraʒilize] *v.tr.* rendere più fragile.

fragilité [fraʒilite] *s.f.* **1** fragilità **2** (*fig.*) caducità, precarietà.

fragment [fragmɑ̃] *s.m.* **1** frammento **2** passo, brano.

fragmentaire [fragmɑ̃tɛr] *agg.* frammentario.

fragmentation [fragmɑ̃tasjɔ̃] *s.f.* frammentazione.

fragmenter [fragmɑ̃te] *v.tr.* frammentare.

frai [frɛ] *s.m.* (*zool.*) **1** fregola (di pesci e rane) **2** uova (*f.pl.*) **3** avannotti (*pl.*).

fraîche [frɛʃ] *s.f.* fresco (*m.*): *sortir à la* —, uscire col fresco.

fraîchement [frɛʃmɑ̃] *avv.* **1** di recente **2** (*fam.*) freddamente, senza entusiasmo.

fraîcheur [frɛʃœr] *s.f.* freschezza (*anche fig.*) || *la* — *du soir*, il fresco della sera || *la* — *de son accueil*, la freddezza della sua accoglienza.

fraîchir [frɛʃir] *v.intr.* rinfrescare.

frais[1] [frɛ] (f. *fraîche*) *agg.* e *s.m.* fresco (*anche fig.*) || *de fraîche date*, (di) recente || *te voilà* —!, stai fresco! ♦ *con valore di avv.* (*può accordarsi al f.*) recentemente: *rose fraîche éclose*, rosa appena sbocciata.

frais[2] *s.m.pl.* spese (*f.*); costo (*sing.*): — *de justice*, spese processuali || *faux* —, spese straordinarie || — *de déplacement*, spese di trasferta || — *d'exploitation*, spese di esercizio || *aux* — *de*, a spese di: *aux* — *de la princesse*, (*fam.*) a spese altrui || *en être pour ses* —, non guadagnarci nulla || *faire* (o *rentrer dans*) *ses* —, coprire le spese || *se mettre en* —, fare spese, (*fig.*) darsi da fare || *à peu de, à moindre* —, con poca spesa, con poco.

fraisage [frɛzaʒ] *s.m.* fresatura (*f.*).

fraise[1] [frɛz] *s.f.* **1** (*frutto*) fragola || *sucrer les fraises*, (*fam.*) avere le mani che tremano || *aller aux fraises*, (*iron.*) andare in camporella **2**

(*fam.*) faccia: *ramener sa* —, intervenire a sproposito **3** (*med.*) voglia di fragola.

fraise[2] *s.f.* **1** (*st. abbigl.*) gorgiera **2** (*zool.*) bargiglio (di tacchino).

fraise[3] *s.f.* (*macelleria*) trippa riccia (di vitello).

fraise[4] *s.f.* **1** (*mecc.*) fresa **2** (*di dentista*) trapano (*m.*).

fraiser [frɛze] *v.tr.* (*mecc.*) fresare.

fraiseuse [frɛzøz] *s.f.* (*mecc.*) fresatrice.

fraisier [frɛzje] *s.m.* (*pianta*) fragola (*f.*).

framboise [frɑ̃bwaz] *s.f.* (*frutto*) lampone (*m.*).

framboisier [frɑ̃bwazje] *s.m.* (*pianta*) lampone.

franc[1] [frɑ̃] *s.m.* (*moneta*) franco.

franc[2] (f. *franche*) *agg.* **1** franco, libero || *avoir les coudées franches*, (*fig.*) aver mano libera **2** franco, leale, sincero || (*sport*) *coup* —, calcio di punizione **3** (*estens.*) vero, reale: *une franche canaille*, una vera canaglia || *couleurs franches*, colori decisi ♦ *avv.* apertamente.

franc[3] (f. *franque*) *agg.* e *s.m.* (*st.*) franco.

français [frɑ̃sɛ] *agg.* e *s.m.* francese || *parler* — *comme une vache espagnole*, parlare francese da cani || *en bon* —, (*estens.*) chiaro e tondo.

franc-comtois [frɑ̃kɔ̃twa] (pl. *francs-comtois*; f. *franc-comtoise*) *agg.* della Franca Contea.

franchement [frɑ̃ʃmɑ̃] *avv.* **1** francamente **2** senza esitare **3** decisamente.

franchir [frɑ̃ʃir] *v.tr.* **1** varcare; oltrepassare, passare (*anche fig.*): — *les Alpes*, valicare le Alpi || — *la ligne d'arrivée*, tagliare il traguardo || — *un cap*, doppiare un capo **2** attraversare.

franchisage [frɑ̃ʃizaʒ] *s.m.* (*comm.*) franchising.

franchise [frɑ̃ʃiz] *s.f.* **1** franchigia **2** franchezza **3** (*comm.*) franchising (*m.*).

franchisé [frɑ̃ʃize] *s.m.* (*comm.*) concessionario di contratto franchising.

franchissable [frɑ̃ʃisabl] *agg.* superabile.

franchissement [frɑ̃ʃismɑ̃] *s.m.* superamento; attraversamento.

francique [frɑ̃sik] *s.m.* (*ling.*) francone.

francisation [frɑ̃sizasjɔ̃] *s.f.* il francesizzare.

franciscain [frɑ̃siskɛ̃] *agg.* e *s.m.* francescano.

franciser [frɑ̃size] *v.tr.* francesizzare.

francisque [frɑ̃sisk] *s.f.* (*st. mil.*) francesca • (*st.*) emblema del governo di Vichy (1940-45).

francité [frɑ̃site] *s.f.* carattere specifico della cultura francese.

franc-jeu [frɑ̃ʒø] (pl. *francs-jeux*) *s.m.* fair-play: *jouer* —, agire lealmente.

franc-maçon [frɑ̃masɔ̃] (pl. *francs-maçons*) *s.m.* massone.

franc-maçonnerie [frɑ̃masɔnri] (pl. *franc-maçonneries*) *s.f.* massoneria.

franco [frɑ̃ko] *avv.* (*comm.*) franco: — *sur quai*, franco banchina || *y aller* —, (*fam.*) agire senza esitazioni.

francophile [frɑ̃kɔfil] *agg.* e *s.m.* francofilo.

francophilie [frɑ̃kɔfili] *s.f.* francofilia.

francophobe [frɑ̃kɔfɔb] *agg.* e *s.m.* francofobo.

francophone [frɑ̃kɔfɔn] *agg.* e *s.m.* francofono.

francophonie [frɑ̃kɔfɔni] *s.f.* francofonia.

franc-parler [frɑ̃parle] (pl. *francs-parlers*) *s.m.* il parlare schietto || *avoir son* —, non avere peli sulla lingua.

franc-tireur [frɑ̃tirœr] (pl. *francs-tireurs*) *s.m.* franco tiratore (*anche fig.*).

frange [frɑ̃ʒ] *s.f.* frangia (*anche fig.*).

franger [frɑ̃ʒe] (*coniug. come* manger) *v.tr.* ornare di frange (*anche fig.*).

frangin [frɑ̃ʒɛ̃] *s.m.* (*fam.*) fratello.

frangine [frɑ̃ʒin] *s.f.* (*fam.*) sorella.

frangipane [frɑ̃ʒipan] *s.f.* (*cuc.*) crema pasticciera con amaretti o mandorle amare.

franglais [frɑ̃glɛ] *agg.* e *s.m.* il francese infarcito di anglismi.

franquette [frɑ̃kɛt] *s.f.*: *à la bonne* —, (*fam.*) alla buona.

franquisme [frɑ̃kism] *s.m.* (*st.*) franchismo.

franquiste [frɑ̃kist] *agg.* e *s.m.* (*st.*) franchista.

frappant [frapɑ̃] *agg.* sorprendente.

frappe [frap] *s.f.* 1 conio (*m.*) 2 battitura (alla macchina da scrivere): *faute de* —, errore di battuta, di battitura 3 (*mil.*) *force de* —, forza d'urto, (*estens.*) impatto: *la force de* — *d'un slogan publicitaire*, l'impatto di uno slogan pubblicitario.

frap(p)e [frap] *s.f.* (*fam.*) teppista (*m.*).

frappé [frape] *agg.* 1 colpito; sorpreso 2 (*cuc.*) ghiacciato.

frapper [frape] *v.tr.* 1 battere, picchiare: — *la table du poing*, battere il pugno sul tavolo 2 colpire (*anche fig.*) 3 (*dir.*) colpire, tacciare 4 (*cuc.*) mettere in ghiaccio 5 coniare ♦ *v.intr.* 1 battere; (*fig.*) colpire: — *fort, dur*, picchiare sodo; — *juste*, colpire nel segno 2 bussare (alla porta) □ **se frapper** *v.pron.* (*fam.*) preoccuparsi.

frappeur [frapœr] *agg.* (*occultismo*) *esprit* —, spirito (che si manifesta battendo colpi).

frasque [frask] *s.f.* scappatella.

fraternel [fratɛrnɛl] (f. *-elle*) *agg.* fraterno || **-ellement** *avv.*

fraternisation [fratɛrnizɑsjɔ̃] *s.f.* fraternizzazione, affratellamento (*m.*).

fraterniser [fratɛrnize] *v.intr.* fraternizzare.

fraternité [fratɛrnite] *s.f.* fratellanza, fraternità.

fratricide[1] [fratrisid] *agg.* e *s.m.* fratricida.

fratricide[2] *s.m.* fratricidio.

fratrie [fratri] *s.f.* 1 (*biol.*) fratria 2 gruppo (familiare) di fratelli e sorelle.

fraude [frod] *s.f.* frode: *par, en* —, con la frode, con l'inganno || — *électorale*, broglio elettorale.

frauder [frode] *v.tr.* frodare ♦ *v.intr.* commettere frodi: — *sur le poids*, rubare sul peso || — *à un examen*, imbrogliare a un esame.

fraudeur [frodœr] (f. *-euse*) *agg.* fraudolento ♦ *s.m.* frodatore.

frauduleusement [frodyløzmɑ̃] *avv.* con frode.

frauduleux [frodylø] (f. *-euse*) *agg.* fraudolento.

frayer [freje] (*coniug. come* payer) *v.tr.* aprire (una strada, una pista ecc.): *se* — *un chemin*, farsi strada (*anche fig.*); — *le chemin à qqn*, (*fig.*) spianare la strada a qlcu ♦ *v.intr.* 1 (*piscicoltura*) (*della femmina*) deporre le uova; (*del maschio*) fecondare le uova 2 (*fig.*) frequentare (qlcu): *ils ne frayent avec personne*, non frequentano nessuno.

frayeur [frɛjœr] *s.f.* spavento (*m.*), paura.

fredaine [frɔdɛn] *s.f.* scappatella.

fredonnement [frɔdɔnmɑ̃] *s.m.* il canticchiare a bocca chiusa.

fredonner [frɔdɔne] *v.tr.* e *intr.* canticchiare.

freesia [frezja] *s.f.* (*bot.*) fresia.

freezer [frizœr] *s.m.* congelatore, (*estens.*) cella frigorifera.

frégate [fregat] *s.f.* (*mar., zool.*) fregata.

frein [frɛ̃] *s.m.* freno (*anche fig.*): *coup de* —, frenata || *ronger son* —, mordere il freno (*anche fig.*).

freinage [frenaʒ] *s.m.* 1 frenata (*f.*) 2 frenatura (*f.*), frenaggio.

freiner [frene] *v.tr.* e *intr.* frenare (*anche fig.*).

frelaté [frɔlate] *agg.* adulterato, sofisticato || *un genre de vie* —, (*fig.*) un modo di vivere poco sano.

frelater [frɔlate] *v.tr.* adulterare, sofisticare.

frêle [frɛl] *agg.* gracile; (*fragile*) fragile (*anche fig.*).

frelon [frɔlɔ̃] *s.m.* (*zool.*) calabrone.

freluquet [frɔlykɛ] *s.m.* mezza cartuccia.

frémir [fremir] *v.intr.* 1 fremere; (*frissonner*) rabbrividire 2 (*cuc.*) sobbollire.

frémissant [fremisɑ̃] *agg.* fremente.

frémissement [fremismɑ̃] *s.m.* fremito.

frêne [frɛn] *s.m.* frassino.

frénésie [frenezi] *s.f.* frenesia.

frénétique [frenetik] *agg.* e *s.m.* frenetico || **-ement** *avv.*

fréquemment [frekamɑ̃] *avv.* frequentemente.

fréquence [frekɑ̃s] *s.f.* frequenza.

fréquent [frekɑ̃] *agg.* frequente.

fréquentable [frekɑ̃tabl] *agg.* frequentabile.

fréquentation [frekɑ̃tɑsjɔ̃] *s.f.* 1 frequentazione || *la* — *des œuvres classiques*, lo studio assiduo delle opere classiche 2 (*spec. pl.*) amicizie: *avoir de mauvaises fréquentations*, frequentare cattive compagnie.

fréquenter [frekɑ̃te] *v.tr.* 1 frequentare 2 (*fam.*) avere una relazione sentimentale con, uscire con 3 (*in Africa*) andare a scuola □ **se fréquenter** *v.pron.* frequentarsi, vedersi.

fréquentiel [frekɑ̃sjɛl] (f. *-elle*) *agg.* frequenziale.

frère [frɛr] *s.m.* 1 fratello: *petit* —, fratellino || *faux* —, traditore || — *d'armes*, compagno, fratello d'armi 2 (*eccl.*) frate, fratello; (*davanti a nomi propri*) fra 3 (*estens.*) amico, camerata.

frérot [frero] *s.m.* (*fam.*) fratellino.

fresque [frɛsk] *s.f.* affresco (*m.*): *peindre à* —, dipingere a fresco; *décorer de fresques*, affrescare || — *historique*, (*fig.*) quadro storico.

fret [frɛ] *s.m.* 1 nolo (di nave, aereo) 2 carico (di nave, aereo).

fréter [frete] (*coniug. come* céder) *v.tr.* 1 noleggiare 2 dare a nolo.

fréteur [fretœr] *s.m.* noleggiante (di nave).

frétillant [fretijɑ̃] *agg.* 1 guizzante 2 (*fig.*) brioso.

frétillement [fretijmɑ̃] *s.m.* 1 guizzo 2 scodinzolio (della coda).

frétiller [fretije] *v.intr.* guizzare: *le chien frétille* *de la queue*, il cane dimena la coda, scondizola || — *de joie*, saltare dalla gioia.

fretin [fʀɔtɛ̃] *s.m.* 1 pesce minuto, minutaglia *(f.)* 2 *menu* —, gentucola *(f.)*.

frette [fʀɛt] *s.f. (tecn.)* ghiera.

freudien [fʀødjɛ̃] *(f. -enne) agg.* freudiano.

freudisme [fʀødism] *s.m.* freudismo.

friabilité [fʀijabilite] *s.f.* friabilità.

friable [fʀijabl] *agg.* friabile.

friand [fʀijɑ̃] *agg.* 1 ghiotto 2 *(fig.)* avido ♦ *s.m. (cuc.)* 1 friand (pasta sfoglia farcita di carne trita) 2 pasticcino di pasta di mandorle.

friandise [fʀijɑ̃diz] *s.f.* leccornia; dolciume *(m.)*.

fric [fʀik] *s.m. (argot)* grana *(f.)*, soldi *(pl.)*.

fricandeau [fʀikɑ̃do] (pl. *-eaux*) *s.m. (cuc.)* fricandò.

fricassée [fʀikase] *s.f. (cuc.)* fricassea.

fricative [fʀikativ] *s.f. (fon.)* fricativa.

fric-frac [fʀikfʀak] *s.m.* (pl. *invar.*) *(fam.)* furto con scasso.

friche [fʀiʃ] *s.f. (agr.)* terreno incolto || *en* —, incolto *(anche fig.)* || — *industrielle*, zona industriale dismessa.

frichti [fʀiʃti] *s.m. (fam.)* piatto, pietanza *(f.)*.

fricot [fʀiko] *s.m. (fam.)* sbobba *(f.)*.

fricoter [fʀikɔte] *v.intr. (fam.)* trafficare ♦ *v.tr. (fam.)* 1 cucinare 2 fare.

fricoteur [fʀikɔtœʀ] (f. *-euse*) *s.m. (fam.)* imbroglione.

friction [fʀiksjɔ̃] *s.f.* 1 frizione 2 *(fis., mecc.)* frizione, attrito *(m.)* 3 *(fig.)* attrito *(m.)*.

frictionner [fʀiksjɔne] *v.tr.* frizionare □ **se frictionner** *v.pron.* frizionarsi.

frigidaire [fʀiʒidɛʀ] *s.m.* frigorifero.

frigide [fʀiʒid] *agg.* frigido.

frigidité [fʀiʒidite] *s.f.* frigidità, frigidezza.

frigo [fʀigo] *s.m. (fam.)* abbr. → **frigidaire**.

frigorifié [fʀigɔʀifje] *agg. (fam.)* congelato.

frigorifier [fʀigɔʀifje] *v.tr.* refrigerare; congelare.

frigorifique [fʀigɔʀifik] *agg.* frigorifero ♦ *s.m.* magazzino frigorifero.

frileusement [fʀiløzmɑ̃] *avv.* freddolosamente.

frileux [fʀilø] (f. *-euse*) *agg.* e *s.m.* freddoloso.

frimas [fʀimɑ] *s.m.* galaverna *(f.)*.

frime [fʀim] *s.f. (fam.)* finta, finzione: *c'est de la* —, è tutta scena.

frimer [fʀime] *v.intr. (fam.)* 1 fare scena, fare lo sbruffone 2 darsi delle arie.

frimeur [fʀimœʀ] (f. *-euse*) *agg.* e *s.m. (fam.)* spaccone.

frimousse [fʀimus] *s.f. (fam.)* faccina, musetto *(m.)*.

fringale [fʀɛ̃gal] *s.f. (fam.)* 1 fame da lupo, fame violenta 2 *(fig.)* frenesia, smania.

fringant [fʀɛ̃gɑ̃] *agg.* 1 *(di cavallo)* scalpitante 2 *(fig.)* arzillo, vivace.

fringuer [fʀɛ̃ge] *v.tr. (fam.)* vestire □ **se fringuer** *v.pron. (fam.)* mettersi in ghingheri.

fringues [fʀɛ̃g] *s.f.pl. (fam.)* vestiti *(m.)*.

frioulan [fʀiulɑ̃] *agg.* e *s.m.* friulano.

fripé [fʀipe] *agg.* sgualcito || *visage* —, viso segnato (dalle rughe).

friper [fʀipe] *v.tr.* sgualcire.

friperie [fʀipʀi] *s.f.* 1 vestiti usati 2 commercio di vestiti usati.

fripes [fʀip] *s.f.pl. (fam.)* abiti vecchi; abiti di seconda mano.

fripier [fʀipje] (f. *-ère*) *s.m.* commerciante di abiti usati.

fripon [fʀipɔ̃] (f. *-onne*) *agg.* e *s.m.* birbone, briccone.

fripouille [fʀipuj] *s.f. (fam.)* farabutto *(m.)*.

frire [fʀiʀ]
_____
Indic.pres. je fris, tu fris, il frit, etc.; *fut., non com.* je frirai, etc. *Cond., non com.* je frirais, etc. *Part.pass.* frit. *Imp.* fris.
_____
v.dif.tr. e *intr.* friggere.

frisant [fʀizɑ̃] *agg.*: *lumière frisante*, luce radente.

frise [fʀiz] *s.f.* 1 *(arch.)* fregio *(m.)* 2 lista (di legno) 3 *(teatr.)* celetto *(m.)*.

frisé [fʀize] *agg.* riccio, ricciuto; arricciato.

frisée [fʀize] *s.f.* (insalata) riccia.

friser [fʀize] *v.tr.* 1 arricciare 2 sfiorare, rasentare *(spec. fig.)* ♦ *v.intr.* arricciarsi; essere riccio.

frisette[1] [fʀizɛt] *s.f.* ricciolino (di capelli).

frisette[2] *s.f.* perlina (di legno).

frisonne [fʀizɔn] *agg.* e *s.f. (zootecn.)* frisona.

frisotter [fʀizɔte] *v.tr.* arricciare leggermente (i capelli) ♦ *v.intr.* arricciarsi leggermente.

frisquet [fʀiskɛ] (f. *-ette*) *agg. (fam.)* freddino.

frisson [fʀisɔ̃] *s.m.* brivido *(anche fig.)*; fremito: *rien que d'y penser, j'en ai le* —, *(fam.)* mi vengono i brividi al solo pensarci.

frissonnement [fʀisɔnmɑ̃] *s.m.* brivido *(anche fig.)*; fremito.

frissonner [fʀisɔne] *v.intr.* rabbrividire *(anche fig.)*; fremere.

frisure [fʀizyʀ] *s.f.* 1 arricciatura (di capelli) 2 ricciolo *(m.)*.

frit [fʀi] *part.pass.* di frire ♦ *agg.* fritto *(anche fig.)*.

frite [fʀit] *s.f.* patatina fritta || *avoir la* —, *(fam.)* essere in gran forma.

friterie [fʀitʀi] *s.f.* friggitoria.

friteuse [fʀitøz] *s.f.* friggitrice.

friture [fʀityʀ] *s.f.* 1 frittura: — *de poisson*, fritto di pesce 2 grasso per friggere || *il y a de la* — *(sur la ligne)!*, la linea è disturbata!

fritz [fʀits] *s.m. (spreg.)* crucco, tedesco.

frivole [fʀivɔl] *agg.* e *s.m.* frivolo, leggero.

frivolement [fʀivɔlmɑ̃] *avv.* in modo frivolo.

frivolité [fʀivɔlite] *s.f.* 1 frivolezza, futilità 2 bazzecola, oggetto frivolo.

froc [fʀɔk] *s.m.* 1 saio, tonaca *(f.)* || *jeter le* — *aux orties*, gettare la tonaca alle ortiche, spretarsi 2 *(fam.)* pantaloni *(pl.)*.

froid [fʀwa] *agg.* freddo: *garder la tête froide*, *(fig.)* non perdere la testa ♦ *avv.*: *manger* —, mangiare cibi freddi; *boire* —, bere bevande fredde || *battre* — *à qqn*, dimostrare freddezza nei confronti di qlcu ♦ *s.m.* freddo || *le* — *industriel*, l'industria del freddo || *à* —, a freddo || *(fig.)*: *avoir* — *dans le dos*, sudare freddo; *donner* — *dans le dos*, far venire i brividi || *être en — avec qqn*, essere in urto con qlcu; *il y a un — entre eux*, c'è una certa freddezza fra loro; *son arrivée a jeté un —*, il suo arrivo ha raggelato l'ambiente || *ne pas avoir — aux yeux*, (*fam.*) non aver paura di niente.

froidement [fʀwadmɑ̃] *avv.* freddamente, con freddezza.

froideur [fʀwadœʀ] *s.f.* freddezza.

froidure [fʀwadyʀ] *s.f.* freddo (*m.*).

froissable [fʀwasabl] *agg.* che si sgualcisce facilmente.

froissement [fʀwasmɑ̃] *s.m.* **1** sgualcitura (*f.*), spiegazzamento (di stoffa, carta ecc.) **2** fruscio **3** (*med.*) stiramento.

froisser [fʀwase] *v.tr.* **1** sgualcire, spiegazzare || *il s'est froissé un muscle*, si è prodotto uno strappo muscolare **2** (*fig.*) offendere, urtare □ **se froisser** *v.pron.* **1** sgualcirsi, spiegazzarsi **2** (*fig.*) offendersi.

frôlement [fʀolmɑ̃] *s.m.* **1** sfioramento, lo sfiorare **2** fruscio.

frôler [fʀole] *v.tr.* sfiorare; rasentare.

fromage [fʀomaʒ] *s.m.* formaggio: *— blanc*, formaggio fresco e cremoso || *— de tête*, soppressata || (*fig. fam.*): *faire un — de*, farla lunga con; *se partager le —*, spartirsi la torta.

fromageon [fʀomaʒɔ̃] *s.m.* formaggio pecorino (del Sud della Francia).

fromager [fʀomaʒe] (*f. -ère*) *agg.* caseario ♦ *s.m.* formaggiaio.

fromagerie [fʀomaʒʀi] *s.f.* caseificio (*m.*).

froment [fʀomɑ̃] *s.m.* frumento.

fronce [fʀɔ̃s] *s.f.* (*cucito*) arricciatura.

froncement [fʀɔ̃smɑ̃] *s.m.* **1** arricciatura (*f.*) **2** l'aggrottare (le sopracciglia).

froncer [fʀɔ̃se] (*coniug. come* placer) *v.tr.* **1** increspare, arricciare **2** aggrottare (le sopracciglia) □ **se froncer** *v.pron.* (*se plisser*) aggrottarsi.

frondaison [fʀɔ̃dɛzɔ̃] *s.f.* **1** (*bot.*) fogliazione **2** fogliame (*m.*).

fronde[1] [fʀɔ̃d] *s.f.* (*bot.*) fronda.

fronde[2] *s.f.* **1** fionda **2** (*fig.*) fronda, opposizione || (*st.*) *la Fronde*, movimento di rivolta contro Mazarino, 1648-52.

fronder [fʀɔ̃de] *v.tr.* (*fig.*) attaccare; criticare.

frondeur [fʀɔ̃dœʀ] (*f. -euse*) *agg.* che schernisce: *propos frondeurs*, parole di scherno ♦ *s.m.* **1** fiondatore, fromboliere **2** (*fig.*) chi fa la fronda, oppositore.

front [fʀɔ̃] *s.m.* **1** fronte (*f.*) (*anche fig.*): *sur le —*, in fronte; *relever le —*, alzare la fronte, (*fig.*) ribellarsi; *marcher le — haut*, camminare a fronte alta || *avoir le — de*, avere l'impudenza di, la sfacciataggine di || *faire — à*, fare fronte a, fronteggiare **2** fronte (*m.* o *f.*), parte anteriore: *le — d'un glacier*, il fronte di un ghiacciaio; *le — d'un monument*, la fronte di un monumento; *— de mer*, lungomare || *de —*, di petto, frontalmente; fianco a fianco; simultaneamente, contemporaneamente **3** (*mil.*, *pol.*) fronte (*anche fig.*).

frontal [fʀɔ̃tal] (pl. -*aux*) *agg.* frontale.

frontalier [fʀɔ̃talje] (f. -*ère*) *agg.* e *s.m.* frontaliero: *zone frontalière*, zona di frontiera.

frontière [fʀɔ̃tjɛʀ] *s.f.* frontiera, confine (*m.*); limite (*m.*) (*anche fig.*) ♦ *agg.* frontaliero, di confine, di frontiera.

frontignan [fʀɔ̃tiɲɑ̃] *s.m.* frontignan (vino moscato dell'Hérault).

frontispice [fʀɔ̃tispis] *s.m.* **1** (*arch.*) frontone **2** (*tip.*) frontespizio.

fronton [fʀɔ̃tɔ̃] *s.m.* (*arch.*) frontone.

frottage [fʀotaʒ] *s.m.* sfregamento, strofinamento; lucidatura (*f.*).

frottement [fʀotmɑ̃] *s.m.* **1** sfregamento, strofinamento; strofinio **2** (*fis.*) attrito **3** (*spec. pl.*) (*fig.*) disaccordo, frizione (*f.*)

frotter [fʀote] *v.tr.* **1** sfregare, strofinare: *se — les mains*, fregarsi le mani; *se — les yeux*, stropicciarsi gli occhi || *— une allumette*, accendere un fiammifero || *— les oreilles à qqn*, (*fig. fam.*) dare una tirata d'orecchi a qlcu **2** (*astiquer*) lucidare (strofinando) ♦ *v.intr.* sfregare □ **se frotter** *v.pron.* sfregarsi, strofinarsi || *il vaut mieux ne pas s'y —*, (*fig. fam.*) meglio lasciar perdere.

frottis [fʀoti] *s.m.* **1** (*pitt.*) velatura (*f.*) **2** (*med.*) striscio: *— vaginal*, striscio vaginale; (*estens.*) pap-test.

froufrou, frou-frou [fʀufʀu] (pl. *frou-frous*, *s.m.*) fruscio, fru-fru.

froufrouter [fʀufʀute] *v.intr.* frusciare.

froussard [fʀusaʀ] *agg.* e *s.m.* (*fam.*) fifone.

frousse [fʀus] *s.f.* (*fam.*) fifa.

fructifère [fʀyktifɛʀ] *agg.* (*bot.*) fruttifero.

fructifier [fʀyktifje] *v.intr.* **1** fruttificare **2** (*fig.*) fruttare.

fructose [fʀyktoz] *s.m.* fruttosio.

fructueusement [fʀyktɥøzmɑ̃] *avv.* in modo fruttuoso, redditizio.

fructueux [fʀyktɥø] (f. -*euse*) *agg.* **1** fruttuoso **2** (*econ.*) fruttifero, redditizio.

frugal [fʀygal] (pl. -*aux*) *agg.* frugale, parco || -**ement** *avv.*

frugalité [fʀygalite] *s.f.* frugalità.

fruit[1] [fʀɥi] *s.m.* **1** frutto || *fruits de mer*, frutti di mare || *magasin de fruits et légumes*, (negozio di) fruttivendolo || *tomber comme un — mûr*, cadere come una pera cotta || *un — sec*, (*fig.*) un fallito **2** (*fig.*) frutto; profitto; prodotto: *sans —*, con, senza profitto.

fruit[2] *s.m.* (*arch.*) scarpa (*f.*).

fruité [fʀɥite] *agg.* che sa di frutta, fruttato.

fruiterie [fʀɥitʀi] *s.f.* negozio di fruttivendolo.

fruitier [fʀɥitje] (f. -*ère*) *agg.* fruttifero: *arbre —*, albero da frutta ♦ *s.m.* **1** fruttivendolo **2** frutteto **3** locale dove si conserva la frutta.

frusques [fʀysk] *s.f.pl.* (*fam.*) abiti (*m.*).

fruste [fʀyst] *agg.* rozzo.

frustrant [fʀystʀɑ̃] *agg.* frustrante.

frustration [fʀystʀɑsjɔ̃] *s.f.* frustrazione.

frustré [fʀystʀe] *agg.* e *s.m.* frustrato.

frustrer [fʀystʀe] *v.tr.* **1** frustrare; deludere **2** defraudare.

fuchsia [fyʃja] *s.m.* (*bot.*) fucsia (*f.*).

fuchsine [fyksin] *s.f.* (*chim.*) fucsina.

fucus [fykys] *s.m.* (*bot.*) fuco.

fuel [fjul] *s.m.* nafta (*f.*).

fugace [fygas] *agg.* fugace, fuggevole.

fugacité [fygasite] *s.f.* fugacità.

fugitif [fyʒitif] (f. *-ive*) *agg.* 1 fuggitivo, fuggiasco 2 (*fig.*) fuggevole, fugace ♦ *s.m.* fuggitivo, fuggiasco.

fugitivement [fyʒitivmɑ̃] *avv.* fuggevolmente, fugacemente.

fugue [fyg] *s.f.* 1 fuga (da casa) 2 (*mus.*) fuga.

fuguer [fyge] *v.intr.* (*fam.*) scappare di casa.

fugueur [fygœr] (f. *-euse*) *agg.* e *s.m.* (persona) facile alle fughe.

fuir [fɥir]

Indic.pres. je fuis, etc., nous fuyons, vous fuyez, ils fuient; *imperf.* je fuyais, etc.; *pass.rem.* je fuis, etc., nous fuîmes, etc.; *fut.* je fuirai, etc. *Cond.* je fuirais, etc. *Cong.pres.* que je fuie, etc., que nous fuyions, que vous fuyiez, qu'il fuient; *imperf.* que je fuisse, etc. *Part.pres.* fuyant; *pass.* fui. *Imp.* fuis, fuyons, fuyez.

v.intr. 1 fuggire, scappare: *elle a fui à l'étranger*, è fuggita all'estero 2 perdere: *ce tuyau fuit*, questo tubo perde ♦ *v.tr.* fuggire, evitare, schivare: *il fuit les responsabilités*, sfugge alle responsabilità.

fuite [fɥit] *s.f.* 1 fuga: *prendre la* —, darsi alla fuga || (*dir.*) *délit de* —, omissione di soccorso 2 fuga, fuoruscita: — *de gaz*, fuga di gas; *où est la* —?, dove è la perdita? || *il y a eu des fuites*, c'è stata una fuga di notizie || — *de capitaux*, fuga di capitali.

fulgurant [fylgyrɑ̃] *agg.* 1 folgorante, fulminante (*anche fig.*) 2 fulmineo: *rapidité fulgurante*, velocità del fulmine.

fulguration [fylgyrɑsjɔ̃] *s.f.* 1 (*meteor.*) lampo di calore 2 (*med.*) folgorazione.

fuligineux [fyliʒinø] (f. *-euse*) *agg.* fuligginoso.

fulmicoton [fylmikɔtɔ̃] *s.m.* fulmicotone.

fulminant [fylminɑ̃] *agg.* fulminante (*anche fig.*).

fulminate [fylminat] *s.m.* (*chim.*) fulminato.

fulminer [fylmine] *v.intr.* 1 arrabbiarsi; — *contre qqn*, scagliarsi contro qlcu 2 (*chim.*) detonare ♦ *v.tr.* (*letter.*) scagliare, lanciare.

fumage[1] [fymaʒ] *s.m.* → **fumaison**.

fumage[2] *s.m.* (*agr.*) letamazione (*f.*).

fumaison [fymɛzɔ̃] *s.f.* affumicatura.

fumant [fymɑ̃] *agg.* fumante || (*fam.*): — *de colère*, schiumante di collera; *coup* —, bel colpo.

fumé[1] [fyme] *agg.* affumicato || *verres fumés*, lenti affumicate.

fumé[2] *s.m.* (*tip.*) stampone.

fume-cigare [fymsigar], **fume-cigarette** [fym sigarɛt] (pl. *invar.*) *s.m.* bocchino.

fumée [fyme] *s.f.* fumo (*m.*) || *s'en aller en* —, (*fig.*) andare in fumo, sfumare || *il n'y a pas de* — *sans feu*, non c'è fumo senza arrosto.

fumer[1] [fyme] *v.intr.* fumare: *ce vieux poêle fume*, quella vecchia stufa fa fumo || — (*de colère*), (*fig. fam.*) essere furente, fumare dalla

rabbia ♦ *v.tr.* 1 fumare: — *une pipe*, fare una pipata 2 affumicare.

fumer[2] *v.tr.* concimare.

fumerie [fymri] *s.f.* fumeria (spec. di oppio).

fumerolle [fymrɔl] *s.f.* (*geol.*) fumarola.

fumet [fymɛ] *s.m.* 1 profumo, aroma (di vivande) 2 odore di selvatico (di animali).

fumeur [fymœr] (f. *-euse*) *s.m.* fumatore.

fumeux [fymø] (f. *-euse*) *agg.* fumoso (*anche fig.*).

fumier [fymje] *s.m.* 1 letame, concime (organico) 2 (*molto fam.*) fetente.

fumigateur [fymigatœr] *s.m.* apparecchio per suffumigi.

fumigation [fymigɑsjɔ̃] *s.f.* suffumigio (*m.*).

fumigène [fymiʒɛn] *agg.* e *s.m.* fumogeno.

fumiste[1] [fymist] *s.m.* fumista.

fumiste[2] *s.m.* (*fam.*) venditore di fumo; dilettante ♦ *agg.* superficiale, poco serio.

fumisterie [fymistəri] *s.f.* (*fam.*) fumisteria, cosa poco seria.

fumoir [fymwar] *s.m.* 1 sala per fumatori 2 (*ind. alimentaire*) affumicatoio.

fumure [fymyr] *s.f.* (*agr.*) 1 concimazione 2 concime (*m.*).

fun [fœn] *s.m.* (*in Canada*) divertimento: *avoir du* —, divertirsi; *être le* —, essere spassoso.

funambule [fynɑbyl] *s.m.* funambolo.

funambulesque [fynɑbylɛsk] *agg.* funambolesco.

funèbre [fynɛbr] *agg.* funebre || (*fig.*): *mine* —, faccia da funerale; *silence* —, silenzio di tomba; *idées funèbres*, pensieri lugubri.

funérailles [fynerɑj] *s.f.pl.* funerali (*m.*), esequie.

funéraire [fynerɛr] *agg.* funerario, funebre: *art* —, arte funeraria; *salon* —, camera ardente.

funeste [fynɛst] *agg.* funesto; (*fig.*) nefasto.

funiculaire [fynikylɛr] *s.m.* funicolare (*f.*).

fur [fyr] → **au fur et à mesure**.

furax [fyraks] *agg.* (*fam.*) incavolato.

furet [fyrɛ] *s.m.* 1 (*zool.*) furetto 2 (*fig.*) ficcanaso 3 (*gioco infantile*) gioco dell'anello.

furetage [fyrtaʒ] *s.m.* (*fig.*) il curiosare.

fureter [fyrte] (*coniug. come* jeter) *v.intr.* (*fig.*) curiosare.

fureteur [fyrtœr] (f. *-euse*) *agg.* curioso ♦ *s.m.* (*fig.*) ficcanaso.

fureur [fyrœr] *s.f.* furore (*m.*); furia: *se mettre en* —, montare su tutte le furie, andare in bestia; *faire* —, far furore, furoreggiare || *à la* —, enormemente.

furibard [fyribar] *agg.* (*fam.*) incavolato.

furie [fyri] *s.f.* furia: *en* —, infuriato; *se mettre en* —, montare su tutte le furie, infuriarsi || *c'est une* —, (*fig.*) è una megera, un'arpia.

furieusement [fyrjøzmɑ̃] *avv.* 1 furiosamente, impetuosamente 2 estremamente, terribilmente.

furieux [fyrjø] (f. *-euse*) *agg.* furioso, furente; (*enragé*) inferocito: *rendre* —, far andare in bestia; *fou* —, pazzo furioso || *une furieuse envie de rire*, una gran voglia di ridere.

furoncle [fyrɔ̃kl] *s.m.* foruncolo.

furonculose [fyʀɔ̃kyloz] *s.f.* (*med.*) foruncolosi.

furtif [fyʀtif] (f. *-ive*) *agg.* furtivo ‖ *sourire —*, sorriso appena accennato ‖ **-ivement** *avv.*

fusain [fyzɛ̃] *s.m.* **1** (*bot.*) fusaggine (*f.*) **2** (*disegno*) carboncino: *au —*, a carboncino.

fusant [fyzɑ̃] *agg.* che brucia senza esplodere ‖ *projectile —*, proiettile a tempo.

fuseau [fyzo] (pl. *-eaux*) *s.m.* **1** fuso; (*per il pizzo*) fusello ‖ *dentelle aux fuseaux*, pizzo a tombolo **2** (*astr.*) fuso: *— horaire*, fuso orario **3** (*abbigl.*) pantaloni a tubo.

fusée [fyze] *s.f.* **1** razzo (*m.*), missile (*m.*): *— gigogne, à étages*, razzo a più stadi; *— à ogive nucléaire*, missile a testata nucleare; *— antichars*, razzo anticarro ‖ *partir comme une —*, partire a razzo **2** (*mil.*) spoletta **3** (*ind. tess.*) fusata, fuso (*m.*) **4** (*tecn., mar.*) fuso (*m.*).

fusée-sonde [fyzesɔ̃d] (pl. *fusées-sondes*) *s.f.* razzo-sonda (*m.*).

fuselage [fyzlaʒ] *s.m.* (*aer.*) fusoliera (*f.*).

fuselé [fyzle] *agg.* affusolato.

fuseler [fyzle] (*coniug. come* appeler) *v.tr.* affusolare; assottigliare.

fuser [fyze] *v.intr.* **1** bruciare senza esplodere **2** (*fig.*) scaturire: *des rires fusèrent*, scoppiarono delle risate **3** fondere.

fusette [fyzɛt] *s.f.* (*tess.*) spagnoletta.

fusible [fyzibl] *agg.* e *s.m.* fusibile.

fusiforme [fyzifɔrm] *agg.* fusiforme.

fusil [fyzi] *s.m.* **1** fucile: *— à deux coups*, doppietta; *— à canon scié*, fucile a canne mozze, lupara ‖ *coup de —*, fucilata; *dans ce restaurant, c'est le coup de —!*, (*fig. fam.*) in quel ristorante stangano! ‖ *changer son — d'épaule*, (*fig.*) cambiare idea ‖ *n'avoir rien dans le —*, (*fam.*) non aver nulla nello stomaco **2** tiratore **3** affilatoio ‖ *pierre à —*, pietra focaia.

fusilier [fyzilje] *s.m.* (*mil.*) fuciliere.

fusilier-marin [fyziljemaʀɛ̃] (pl. *fusiliers-marins*) *s.m.* (*mil.*) fuciliere di marina.

fusillade [fyzijad] *s.f.* **1** scarica di fucileria **2** sparatoria.

fusiller [fyzije] *v.tr.* **1** fucilare ‖ *— du regard*, (*fig.*) fulminare, folgorare con lo sguardo **2** (*fam.*) guastare.

fusil-mitrailleur [fysimitʀɑjœʀ] (pl. *fusils-mitrailleurs*) *s.m.* fucile mitragliatore.

fusion [fyzjɔ̃] *s.f.* fusione (*anche fig.*).

fusionnement [fyzjɔnmɑ̃] *s.m.* fusione (*f.*).

fusionner [fyzjɔne] *v.tr.* fondere, riunire ♦ *v.intr.* fondersi, unirsi.

fustigation [fystigasjɔ̃] *s.f.* fustigazione.

fustiger [fystiʒe] (*coniug. come* manger) *v.tr.* fustigare (*anche fig.*).

fût [fy] *s.m.* **1** fusto: *le — d'une colonne*, il fusto di una colonna ‖ *le — d'une malle*, l'armatura di un baule **2** (*recipiente*) fusto **3** (*di armi*) cassa (*f.*).

futaie [fytɛ] *s.f.* fustaia ‖ *arbre de haute —*, albero di alto fusto.

futaille [fytɑj] *s.f.* botte.

futaine [fyten] *s.f.* fustagno (*m.*).

futé [fyte] *agg.* (*fam.*) furbo, astuto.

futile [fytil] *agg.* **1** futile **2** frivolo.

futilement [fytilmɑ̃] *avv.* futilmente.

futilité [fytilite] *s.f.* futilità, frivolezza.

futur [fytyʀ] *agg.* futuro ♦ *s.m.* **1** futuro, avvenire: *dans le —*, in avvenire **2** (*gramm.*) futuro **3** (*fam.*) futuro sposo, fidanzato.

futurisme [fytyʀism] *s.m.* futurismo.

futuriste [fytyʀist] *s.m.* futurista ♦ *agg.* futurista; (*estens.*) futuristico, avveniristico.

futurologie [fytyʀɔlɔʒi] *s.f.* futurologia.

fuyant [fɥijɑ̃] *agg.* **1** fuggevole, fuggente **2** (*fig.*) sfuggente: *regard —*, sguardo sfuggente ♦ *s.m.* linea (*f.*) di fuga.

fuyard [fɥijaʀ] *s.m.* fuggiasco .

G

g [ʒe] *s.m.* g (*m.* e *f.*) || (*tel.*) — *comme Gaston*, g come Genova.

gabardine [gabaʀdin] *s.f.* **1** gabardine **2** impermeabile (di gabardine).

gabarit [gabaʀi] *s.m.* **1** sagoma (*f.*): *véhicules de gros* —, veicoli di portata superiore alla norma **2** (*mecc.*) calibro **3** (*fig.*) calibro; valore.

gabegie [gabʒi] *s.f.* scialo (*m.*), sperpero (*m.*); sfacelo (*m.*).

gabelle [gabɛl] *s.f.* imposta sul sale.

gable, gâble [gɑbl] *s.m.* (*arch.*) ghimberga (*f.*).

gabonais [gabɔnɛ] *agg.* gabonese.

gâchage [gɑʃaʒ] *s.m.* **1** sciupio **2** (*edil.*) impasto (di calce).

gâche [gɑʃ] *s.f.* bocchetta (di serratura).

gâcher [gɑʃe] *v.tr.* **1** sciupare, sprecare || — *le métier*, (*fam.*) rovinare la piazza **2** (*edil.*) impastare (la calcina).

gâchette [gɑ(a)ʃet] *s.f.* **1** grilletto (di arma da fuoco) **2** (*di serratura*) nottolino (*m.*).

gâcheur [gɑʃœʀ] (f. *-euse*) *s.m.* pasticcione; sprecone.

gâchis [gɑʃi] *s.m.* **1** pasticcio, guazzabuglio; spreco; scempio **2** malta (*f.*).

gadget [gadʒet] *s.m.* gadget; (*accessoire*) accessorio || *culture* —, cultura preconfezionata.

gadoue [gadu] *s.f.* fango (*m.*).

gaélique [gaelik] *agg.* e *s.m.* gaelico.

gaffe[1] [gaf] *s.f.* **1** gaffe, topica **2** (*mar.*) mezzomarinaio (*m.*).

gaffe[2] *s.f.*: *faire* —, (*fam.*) stare attento.

gaffer [gafe] *v.intr.* fare una gaffe.

gaffeur [gafœʀ] (f. *-euse*) *s.m.* chi commette spesso delle gaffe.

gag [gag] *s.m.* gag (*f.*).

gaga [gaga] *agg.* e *s.m.* (*fam.*) rimbambito.

gage [gaʒ] *s.m.* **1** (*dir.*) pegno: *en* —, impegnato; *mettre en* —, impegnare; *prêter sur gages*, prestare su pegno **2** (*fig.*) garanzia (*f.*); testimonianza (*f.*); prova (*f.*) **3** (*nei giochi*) penitenza (*f.*) **4** *pl.* paga (*f.sing.*) || *à gages*, salariato; *tueur à gages*, sicario.

gager [gaʒe] (*coniug. come* manger) *v.tr.* (*letter.*) scommettere.

gageure [gaʒyʀ] *s.f.* scommessa.

gagnant [gaɲɑ̃] *agg.* e *s.m.* vincente, vincitore.

gagne-pain [gaɲpɛ̃] (pl. *invar*) *s.m.* mezzo di sostentamento.

gagne-petit [gaɲpəti] (pl. *invar*) *s.m.* persona che guadagna poco.

gagner [gaɲe] *v.tr.* **1** guadagnare: — *sa vie*, guadagnarsi da vivere; — *du temps*, prender tempo || *repos bien gagné*, riposo meritato; — *le ciel*, (*fig.*) meritarsi il Paradiso || *c'est autant de gagné*, è tanto di guadagnato **2** vincere: *le sommeil me gagne*, mi sta venendo sonno **3** (*fig.*) guadagnare; conquistare: — *la confiance de qqn*, guadagnarsi la fiducia di qlcu || — *qqn à sa cause*, convertire qlcu alle proprie idee; *je me sentais gagné par son optimisme*, mi sentivo contagiato dal suo ottimismo **4** raggiungere; propagarsi (in), dilagare (in) || — *le large*, prendere il largo ♦ *v.intr.* **1** guadagnare: *le vin gagne en vieillissant*, il vino migliora invecchiando; *vous y gagnerez de laisser tomber cette affaire*, se lasciate perdere quell'affare, sarà tanto di guadagnato **2** estendersi, propagarsi, dilagare.

gagneur [gaɲœʀ] (f. *-euse*) *s.m.* vincitore.

gai [ge, gɛ] *agg.* **1** allegro, gaio: *une couleur gaie*, un colore vivace || *c'est* —!, (*iron.*) che allegria! **2** (*fam.*) brillo, allegro.

gaiement [gemɑ̃] *avv.* allegramente, gaiamente.

gaieté [gete] *s.f.* allegria: *montrer de la* —, mostrarsi allegro || *de* — *de cœur*, volentieri; *il ne le fait pas de* — *de cœur*, lo fa malvolentieri.

gaillard[1] [gajaʀ] *agg.* **1** vigoroso, in gamba **2** salace, licenzioso ♦ *s.m.* (*fam.*) **1** pezzo d'uomo: *un grand* —, un pezzo di marcantonio **2** (*fam.*) tipo, tizio.

gaillard[2] *s.m.* (*mar.*) castello || — *d'arrière*, cassero (di poppa).

gaillardement [gajaʀdəmɑ̃] *avv.* con disinvoltura, allegramente.

gaillardise [gajaʀdiz] *s.f.* (*letter.*) **1** allegria, buonumore (*m.*) **2** *pl.* storielle piccanti.

gain [gɛ̃] *s.m.* guadagno || (*dir.*) *donner* — *de cause à*, giudicare in favore di, (*fig.*) dar causa vinta.

gaine [gen] *s.f.* **1** guaina; astuccio (*m.*), custodia; rivestimento (*m.*): *sous* — *de*, rivestito di || — *d'aération*, condotto d'aerazione **2** (*abbigl.*) guaina.

gainer [gene] *v.tr.* **1** inguainare **2** ricoprire, rivestire.

gala [gala] *s.m.* gala.

galactique [galaktik] *agg.* (*astr.*) galattico.

galact(o)- *pref.* galatt(o)-

galactose [galaktoz] *s.m.* (*chim.*) galattosio.

galalithe [galalit] *s.f.* galalite.

galamment [galamɑ̃] *avv.* galantemente.

galant [galɑ̃] *agg.* galante: — *homme*, galantuomo ♦ *s.m.* spasimante, innamorato || *un vert* —, (*letter.*) un anziano dongiovanni.

galanterie [galɑ̃tʀi] *s.f.* **1** galanteria || *faire* — *de*, trovare elegante, di buon gusto **2** (*in Africa*) *faire la* —, essere sempre benvestito, elegante.

galantine [galɑ̃tin] *s.f.* (*cuc.*) galantina.

galaxie [galaksi] *s.f.* (*astr.*) **1** galassia **2** *la Galaxie*, la Via Lattea.

galbe [galb] *s.m.* **1** contorno, linea (*f.*) **2** (*arch.*, *scultura*) sagoma (*f.*); entasi (di colonna).

galbé [galbe] *agg.* sagomato: *jambe galbée*, gamba ben tornita.

galber [galbe] *v.tr.* sagomare.

gale [gal] *s.f.* **1** (*med.*, *vet.*) scabbia, rogna **2** (*fig. fam.*) peste **3** (*bot.*) galla.

galéjade [galeʒad] *s.f.* fandonia, panzana.

galène [galɛn] *s.f.* (*min.*) galena.

galère [galɛʀ] *s.f.* **1** (*mar.*) galera || *vogue la* — !, vada come vada! **2** *pl.* lavori forzati **3** (*fig. fam.*) inferno (*m.*).

galerie [galʀi] *s.f.* **1** galleria || — *d'art*, galleria d'arte || — *marchande*, galleria (di negozi) **2** (*fig.*) platea: *parler pour la* —, parlare per la platea; *amuser la* —, divertire la platea **3** portabagagli (sul tetto di un'automobile).

galérien [galeʀjɛ̃] *s.m.* galeotto; forzato.

galet [galɛ] *s.m.* **1** ciottolo: *plage de galets*, spiaggia ghiaiosa **2** (*tecn.*) rotella (*f.*).

galetas [galtɑ] *s.m.* tugurio.

galette [galɛt] *s.f.* **1** focaccia; galletta || — *des Rois*, torta sfoglia del giorno dell'Epifania **2** (*cine.*) pizza **3** (*fam.*) grana, quattrini (*m.pl.*): *avoir de la* —, aver grana.

galeux [galø] (*f.* -*euse*) *agg.* scabbioso || (*fig.*): *brebis galeuse*, pecora nera; *traiter comme une brebis galeuse*, trattare come un appestato.

galicien [galisjɛ̃] (*f.* -*enne*) *agg.* e *s.m.* galiziano.

galiléen [galileɛ̃] (*f.* -*enne*) *agg.* e *s.m.* galileo.

galimatias [galimatja] *s.m.* discorso confuso, sproloquio.

galion [galjɔ̃] *s.m.* (*mar.*) galeone.

galipette [galipɛt] *s.f.* capriola || *faire des galipettes*, fare le capriole.

galle [gal] *s.f.* (*bot.*) galla.

gallican [gal/ikɑ̃] *agg.* e *s.m.* gallicano.

gallicanisme [gal/ikanism] *s.m.* (*relig.*) gallicanesimo.

gallicisme [gal/isism] *s.m.* (*ling.*) gallicismo.

gallinacé [gal/inase] *s.m.* (*zool.*) gallinaceo.

gallique [gal/ik] *agg.* gallico, della Gallia.

gallium [galjɔm] *s.m.* (*chim.*) gallio.

gallo [galo] *s.m.* gallo (dialetto romanzo della Bretagna).

gallois [galwa] *agg.* e *s.m.* gallese.

gallon [galɔ̃] *s.m.* (*misura di capacità*) gallone.

gallo-roman [gal/ʀɔmɑ̃] (*f.* *gallo-romane*, pl. *gallo-romans*) *agg.* e *s.m.* galloromanzo.

galoche [galɔʃ] *s.f.* zoccolo con tomaia di cuoio || *menton en* —, (*fam.*) mento sporgente, bazza.

galon [galɔ̃] *s.m.* gallone || *prendre du* —, (*anche fig.*) salire di grado, far carriera.

galonné [galɔne] *agg.* e *s.m.* gallonato.

galop [galo] *s.m.* galoppo: *au* —, al galoppo; *di corsa* (*anche fig.*); *au grand* —, (*fig.*) di gran carriera || — *d'essai*, (*fig.*) prima prova.

galopade [galɔpad] *s.f.* galoppata.

galopant [galɔpɑ̃] *agg.* galoppante (*anche fig.*).

galoper [galɔpe] *v.intr.* galoppare (*anche fig.*).

galopin [galɔpɛ̃] *s.m.* (*fam.*) monello.

galuchat [galyʃa] *s.m.* zigrino.

galure [galyʀ], **galurin** [galyʀɛ̃] *s.m.* (*fam.*) cappello.

galvanique [galvanik] *agg.* galvanico.

galvaniser [galvanize] *v.tr.* galvanizzare.

galvanomètre [galvanɔmɛtʀ] *s.m.* galvanometro.

galvanoplastie [galvanɔplasti] *s.f.* galvanoplastica.

galvauder [galvode] *v.tr.* **1** compromettere, svilire **2** sprecare (*anche fig.*) □ **se galvauder** *v.pron.* svilirsi, degradarsi.

gamba [ɡɑ̃ba] *s.f.* gamberone (*m.*).

gambade [ɡɑ̃bad] *s.f.* saltello (*m.*): *faire des gambades*, saltellare di gioia.

gambader [ɡɑ̃bade] *v.intr.* saltellare.

gamberger [ɡɑ̃bɛʀʒe] *v.intr.* (*fam.*) riflettere, fantasticare.

gambien [ɡɑ̃bjɛ̃] (*f.* -*enne*) *agg.* della Gambia.

gambiller [ɡɑ̃bije] *v.intr.* fare quattro salti.

gamelle [ɡamɛl] *s.f.* **1** gavetta, gamella || *ramasser une* —, (*fam.*) cadere, (*fig.*) subire uno scacco **2** (*cine.*, *teatr.*) proiettore (*m.*), riflettore (*m.*).

gamète [ɡamɛt] *s.m.* (*biol.*) gamete.

gamin [ɡamɛ̃] *s.m.* monello; (*fam.*) figlio, bambino ♦ *agg.* birichino.

gaminerie [ɡaminʀi] *s.f.* birichinata, ragazzata || *elle est d'une* — *incroyable pour son âge*, è ancora così infantile per la sua età.

gamma [ɡamma] *s.m.invar.* gamma.

gammaglobuline [ɡammaɡlɔbylin] *s.f.* (*biochim.*) gammaglobulina.

gamme [ɡam] *s.f.* **1** (*mus.*) scala **2** (*fig.*) gamma || *bas de* —, *haut de* —, di basso livello, di alto livello; (*estens.*) modello corrente, di lusso.

gammé [ɡame] *agg.*: *croix gammée*, croce uncinata, svastica.

gam(o)- *pref.* gam(o)-

ganache [ɡanaʃ] *s.f.* **1** ganascia (del cavallo) **2** (*fig. fam.*) imbecille **3** (*cuc.*) crema con cioccolato, burro e panna.

gandin [ɡɑ̃dɛ̃] *s.m.* zerbinotto, bellimbusto.

gang [ɡɑ̃ɡ] *s.m.* gang (*f.*), banda (*f.*).

ganglion [ɡɑ̃ɡlijɔ̃] *s.m.* ganglio; (*fam.*) ghiandola linfatica: *avoir des ganglions*, (*fam.*) avere le ghiandole infiammate.

ganglionnaire [ɡɑ̃ɡlijɔnɛʀ] *agg.* gangliare.

gangrène [ɡɑ̃ɡʀɛn] *s.f.* cancrena (*anche fig.*).

gangrener [ɡɑ̃ɡʀəne] (*coniug. come* semer) *v.tr.* **1** far incancrenire **2** (*fig.*) corrompere □ **se gangrener** *v.pron.* **1** (*med.*) andare in cancrena **2** (*fig.*) corrompersi.

gangreneux [ɡɑ̃ɡʀənø] (*f.* -*euse*) *agg.* cancrenoso.

gangster [gɑ̃gstɛʀ] *s.m.* **1** malvivente, gangster **2** (*estens.*) farabutto, mascalzone.

gangstérisme [gɑ̃gstɛʀism] *s.m.* gangsterismo.

gangue [gɑ̃g] *s.f.* (*min.*) ganga || *la — des préjugés*, (*fig.*) il peso dei pregiudizi.

ganse [gɑ̃s] *s.f.* cordoncino (*m.*), spighetta.

ganser [gɑ̃se] *v.tr.* profilare, bordare (un vestito).

gant [gɑ̃] *s.m.* guanto: *gants de boxe*, guantoni da pugilato; — *de toilette*, guanto, manopola di spugna || (*fig.*): *jeter le —*, gettare il guanto, sfidare; *relever le —*, accettare la sfida || *aller comme un —*, andare a pennello; *souple comme un —*, molto accomodante, malleabile || *on l'a retourné comme un —*, gli hanno fatto cambiare totalmente parere || *mettre*, *prendre des gants avec qqn*, trattare qlcu con i guanti; *il n'a pas pris de gants pour me dire cela*, me l'ha detto senza tanti complimenti.

gantelet [gɑ̃tle] *s.m.* **1** guardamano **2** (*armatura*) manopola (*f.*).

ganter [gɑ̃te] *v.tr.* mettere i guanti (a), inguantare ♦ *v.intr.* calzare, portare (guanti): — *du sept*, portare i guanti numero sette □ **se ganter** *v.pron.* mettersi i guanti.

gantier [gɑ̃tje] (f. *-ière*) *s.m.* guantaio.

gantois [gɑ̃twa] *agg.* e *s.m.* di Gand.

garage [gaʀaʒ] *s.m.* **1** garage: *rentrer sa voiture au —*, mettere la macchina in garage; *porter sa voiture au —*, portare la macchina dal meccanico **2** il posteggiare || *voie de —*, (*anche fig.*) binario morto.

garagiste [gaʀaʒist] *s.m.* meccanico, garagista.

garance [gaʀɑ̃s] *s.f.* robbia ♦ *agg.invar.* rosso vivo.

garant [gaʀɑ̃] *agg.* garante ♦ *s.m.* **1** garante **2** garanzia (*f.*).

garantie [gaʀɑ̃ti] *s.f.* garanzia: *sous —*, in garanzia.

garantir [gaʀɑ̃tiʀ] *v.tr.* **1** garantire; assicurare **2** riparare, proteggere □ **se garantir** *v.pron.* **1** garantirsi (da) **2** ripararsi (da).

garce [gaʀs] *s.f.* (*fam.*) strega, carogna: *elle est un peu —*, è una carognetta || *cette — de vie!*, (*fig.*) questa vita da cani!

garçon [gaʀsɔ̃] *s.m.* **1** ragazzo: *il est beau —*, è un bel ragazzo; *grand —*, (*iron.*) giovanotto; *vieux —*, scapolo; *c'est un vrai — manqué*, (*di ragazza*) è un vero maschiaccio; *école de garçons*, scuola maschile || *il a un air bon —*, ha un aspetto da brava persona || *être traité en petit —*, essere trattato come un ragazzino, un bambino **2** (figlio) maschio **3** garzone: — *boulanger*, garzone di fornaio; — *de bureau*, *de courses*, fattorino **4** cameriere.

garçonne [gaʀsɔn] *s.f.*: *à la —*, alla garçonne.

garçonnet [gaʀsɔnɛ] *s.m.* ragazzino.

garçonnier [gaʀsɔnje] (f. *-ère*) *agg.* mascolino.

garçonnière [gaʀsɔnjɛʀ] *s.f.* appartamentino da scapolo.

garde[1] [gaʀd] *s.f.* **1** guardia, custodia; sorveglianza: *mettre qqch en —*, mettere qlco in custodia || *médecin de —*, medico di guardia; *pharmacie de —*, farmacia di turno || *sous bonne —*, sotto stretta sorveglianza || (*mil.*): *monter la —*, montare di guardia; *relever la —*, cambiare la guardia **2** guardia, difesa: *être*, *se mettre sur ses gardes*, (*anche fig.*) essere, mettersi in guardia, sulla difensiva; *mettre en — contre*, (*fig.*) mettere in guardia da || *prendre —*, stare attento; *prends — qu'il ne te voie*, stai attento che non ti veda **3** (*mil.*) guardia, corpo (*m.*) di guardia || *plaisanterie de salle de —*, battuta da caserma **4** (*dir.*) tutela || *droit de —*, patria potestà || — *à vue*, fermo di polizia **5** (*di arma bianca*) elsa, guardamano (*m.*) **6** (*tip.*) risguardo (*m.*) **7** *pl.* (*di serratura*) fernette.

garde[2] *s.m.* **1** guardia (*f.*); guardiano, custode, sorvegliante: — *de nuit*, *du corps*, guardia notturna, del corpo; — *forestier*, guardia forestale, guardaboschi **2** soldato della guardia.

garde[3] *s.f.* infermiera || — *à domicile*, assistenza a domicilio.

garde- *pref.* guarda-, para-

garde-à-vous [gaʀdavu] (pl. *invar.*) *s.m.* attenti: *se mettre au —*, mettersi sull'attenti.

garde-barrière [gaʀdəbaʀjɛʀ] (pl. *gardes-barrière*) *s.m.* casellante.

garde-boue [gaʀdəbu] (pl. *invar.*) *s.m.* parafango.

garde-chasse [gaʀdəʃas] (pl. *gardes-chasse(s)*) *s.m.* guardacaccia.

garde-chiourme [gaʀdəʃjuʀm] (pl. *gardes-chiourme*) *s.m.* aguzzino, carceriere.

garde-corps [gaʀdəkɔʀ] (pl. *invar.*) *s.m.* parapetto.

garde-côte [gaʀdəkot] (pl. *garde-côtes*) *s.m.* (nave) guardacoste.

garde-feu [gaʀdəfø] (pl. *invar*) *s.m.* parafuoco.

garde-fou [gaʀdəfu] (pl. *garde-fous*) *s.m.* **1** ringhiera (*f.*), parapetto; (*di autostrada*) guardrail **2** (*fig.*) freno.

garde-malade [gaʀdəmalad] (pl. *gardes-malades*) *s.m.* infermiere.

garde-manger [gaʀdəmɑ̃ʒe] (pl. *invar.*) *s.m.* moscaiola (*f.*)

gardénia [gaʀdenja] *s.m.* gardenia (*f.*).

garde-pêche [gaʀdəpɛʃ] (pl. *gardes-pêche*) *s.m.* guardapesca.

garder [gaʀde] *v.tr.* **1** custodire, sorvegliare; proteggere **2** tenere, conservare (*anche fig.*): — *son chapeau*, tenere il cappello in testa; — *le silence*, osservare il silenzio; — *un secret*, mantenere un segreto || — *son sérieux*, mantenere serio; — *à jour*, tenere aggiornato; — *un bon souvenir de qqn*, serbare un buon ricordo di qlcu || — *les apparences*, salvare le apparenze **3** rimanere (a, in): — *le lit*, rimanere a letto **4** trattenere □ **se garder** *v.pron.* guardarsi (da); astenersi (da).

garderie [gaʀdəʀi] *s.f.* giardino d'infanzia.

garde-robe [gaʀdəʀɔb] (pl. *garde-robes*) *s.f.* guardaroba (*m.*).

gardeur [gaʀdœʀ] (f. *-euse*) *s.m.* guardiano (di animali).

garde-voie [gaʀdəvwa] (pl. *gardes-voie(s)*) *s.m.* (*ferr.*) guardalinee.

gardian [gaʀdjɑ̃] *s.m.* mandriano (di tori o cavalli in Camargue).

gardien [gaʀdjɛ̃] (f. *-enne*) *s.m.* guardiano; custode (*anche fig.*): — *de nuit*, guardiano notturno, metronotte; — *de troupeaux*, mandriano; — *de parking*, posteggiatore || (*sport*) — (*de but*), portiere || — *de la paix*, (*a Parigi*) vigile urbano || *l'ange* —, l'angelo custode.

gardiennage [gaʀdjena3] *s.m.* custodia (*f.*), sorveglianza (*f.*).

gardinier [gaʀdinje] (*in Africa*) guardiano giardiniere.

gardois [gaʀdwa] *agg.* e *s.m.* del Gard.

gardon [gaʀdɔ̃] *s.m.* (*zool.*) lasca (*f.*) || *frais comme un* —, fresco come una rosa.

gare[1] [gaʀ] *s.f.* stazione: — *de marchandises*, scalo merci; — *routière*, autostazione.

gare[2] *inter.* attento!, attenzione!, bada! || *sans crier* —, senza avvertire || —*à toi si...*, guai a te se...

garenne [gaʀɛn] *s.f.* garenna ♦ *s.m.* coniglio selvatico.

garer [gaʀe] *v.tr.* **1** mettere (un veicolo) in rimessa; parcheggiare **2** (*fig. fam.*) mettere al sicuro, in salvo □ **se garer** *v.pron.* **1** mettersi al riparo (da); scansare (qlco) **2** posteggiare, parcheggiare.

gargantuesque [gaʀgɑ̃tɥɛsk] *agg.* gargantuesco.

gargariser, se [səgaʀgaʀize] *v.pron.* fare i gargarismi || *se* — *de grands mots*, (*fig. fam.*) riempirsi la bocca di belle parole.

gargarisme [gaʀgaʀism] *s.m.* gargarismo.

gargote [gaʀgɔt] *s.f.* bettola.

gargouille [gaʀguj] *s.f.* (*arch.*) doccione (*m.*).

gargouillement [gaʀgujmɑ̃] *s.m.* gorgoglio.

gargouiller [gaʀguje] *v.intr.* gorgogliare.

gargouillis [gaʀguji] *s.m.* gorgoglio.

gargoulette [gaʀgulet] *s.f.* orcio (*m.*).

garibaldien [gaʀibaldjɛ̃] (f. *-enne*) *agg.* e *s.m.* garibaldino.

garnement [gaʀnəmɑ̃] *s.m.* monello.

garni [gaʀni] *agg.* **1** guarnito || *un plat* —, un piatto forte con contorno **2** fornito; riempito || *table bien garnie*, tavola riccamente imbandita ♦ *s.m.* camera ammobiliata; appartamento ammobiliato.

garnir [gaʀniʀ] *v.tr.* **1** guarnire **2** munire; rinforzare **3** fornire; riempire **4** (*cuc.*) guarnire (una pietanza) □ **se garnir** *v.pron.* riempirsi.

garnison [gaʀnizɔ̃] *s.f.* (*mil.*) guarnigione, presidio (*m.*) || *être en* — *à*, essere di stanza a.

garnissage [gaʀnisa3] *s.m.* **1** guarnitura (*f.*) **2** rivestimento; riempimento.

garniture [gaʀnityʀ] *s.f.* **1** guarnizione || (*aut.*) — *intérieure*, tappezzeria **2** servizio (*m.*), set (*m.*): — *de bureau*, set da scrittoio **3** assortimento (*m.*) **4** (*cuc.*) contorno (*m.*) **5** pl. (*tip.*) marginature **6** (*tecn.*) guarnizione: — *de frein*, ferodo.

garrigue [gaʀig] *s.f.* gariga, macchia.

garrot[1] [gaʀo] *s.m.* garrese.

garrot[2] *s.m.* **1** (*tecn.*) randello (per torcere e ten-

dere corde); zeppa (della sega) **2** (*med.*) laccio emostatico **3** (*st.*) garrotta (*f.*).

garrottage [gaʀɔta3] *s.m.* **1** legatura stretta **2** (*st.*) garrottamento.

garrotter [gaʀote] *v.tr.* **1** legare strettamente **2** (*fig.*) imbavagliare.

gars [gɑ] *s.m.* (*fam.*) ragazzo; tipo, tizio: *un grand* —, un ragazzone.

gascon [gaskɔ̃] (f. *-onne*) *agg.* e *s.m.* guascone || *une promesse de Gascon*, (*fig.*) una promessa da marinaio.

gas-oil, gasoil [gazɔjl, gazwal] *s.m.* gasolio.

gaspi [gaspi] *s.f. abbr.* → **gaspillage**.

gaspillage [gaspija3] *s.m.* scialo, spreco.

gaspiller [gaspije] *v.tr.* sperperare; sprecare; sciupare (*anche fig.*): — *son temps*, sprecare il proprio tempo.

gaspilleur [gaspijœʀ] (f. *-euse*) *agg.* e *s.m.* scialacquatore, sprecone.

gastéropode [gasteʀɔpɔd] *s.m.* (*zool.*) gasteropodo.

gastrectomie [gastʀɛktɔmi] *s.f.* (*med.*) gastrectomia.

gastrique [gastʀik] *agg.* gastrico.

gastrite [gastʀit] *s.f.* (*med.*) gastrite.

gastro- *pref.* gastro-

gastro-entérite [gastʀoɑ̃teʀit] *s.f.* (*med.*) gastroenterite.

gastro-entérologue [gastʀoɑ̃teʀɔlɔg] *s.m.* gastroenterologo.

gastronome [gastʀɔnɔm] *s.m.* gastronomo.

gastronomie [gastʀɔnɔmi] *s.f.* gastronomia.

gastronomique [gastʀɔnɔmik] *agg.* gastronomico.

gâté [gate] *agg.* **1** guasto **2** (*fig.*) viziato || *nous sommes gâtés!*, (*iron.*) siamo proprio fortunati!

gâteau [gato] (pl. *-eaux*) *s.m.* **1** dolce, torta (*f.*): — *aux amandes*, torta di mandorle; — *de riz*, budino di riso; *gâteaux secs*, biscotti; *petits gâteaux*, pasticcini || *se partager le* —, (*fig.*) dividersi la torta || *un papa* —, (*fig.*) un tesoro di papà || *c'est du* —!, (*fam.*) è facilissimo! || — *de cire*, favo **2** (*tecn.*) pane, panello.

gâter [gate] *v.tr.* **1** guastare; rovinare || *et, ce qui ne gâte rien*, e cosa che non guasta **2** (*fig.*) viziare || *le temps ne nous a pas gâtés*, il tempo non è stato clemente con noi □ **se gâter** *v.pron.* guastarsi; rovinarsi: *les choses se gâtent*, le cose si mettono male; *le temps se gâte*, il tempo si guasta, si mette al brutto.

gâterie [gatʀi] *s.f.* (*spec.pl.*) **1** leccornia; regalino (*m.*) **2** (*fam.*) coccole (*pl.*).

gâte-sauce [gatsos] (pl. *invar.*) *s.m.* **1** cattivo cuoco **2** sguattero, lavapiatti.

gâteux [gatø] (f. *-euse*) *agg.* e *s.m.* (*fam.*) rimbambito: *devenir* —, rimbecillire.

gâtisme [gatism] *s.m.* rimbambimento.

gauche[1] [goʃ] *agg.* **1** sinistro: *à main* —, a sinistra **2** (*fig.*) goffo, maldestro **3** (*mat.*) sghembo || *un mur* —, un muro sghembo, obliquo.

gauche[2] *s.f.* sinistra: *tenir sa* —, tenere la sinistra

|| *gouvernement de centre* —, governo di centro-sinistra || *jusqu'à la* —, fino in fondo: *être endetté jusqu'à la* —, essere indebitato fino al collo || *en mettre à* —, (*fam.*) mettere da parte (soldi) ♦ *s.m.* **1** (*pugilato*) sinistro **2** (*mecc.*) deformazione (*f.*).

gauchement [goʃmɑ̃] *avv.* goffamente.

gaucher [goʃe] (f. *-ère*) *agg.* e *s.m.* mancino.

gaucherie [goʃʀi] *s.f.* (*fam.*) goffaggine.

gauchir [goʃiʀ] *v.intr.* storcersi, sformarsi, deformarsi ♦ *v.tr.* **1** deformare, storcere **2** (*fig.*) alterare, deformare.

gauchisant [goʃizɑ̃] *agg.* e *s.m.* sinistrorso, con tendenze di sinistra: *langage* —, sinistrese.

gauchisme [goʃism] *s.m.* estrema sinistra.

gauchissement [goʃismɑ̃] *s.m.* storcimento, deformazione (*f.*).

gauchiste [goʃist] *agg.* da, di extraparlamentare di sinistra ♦ *s.m.* extraparlamentare di sinistra.

gaudriole [godʀijɔl] *s.f.* **1** (*fam.*) storiella licenziosa **2** sesso (*m.*): *il ne pense qu'à la* —, pensa solo al sesso.

gaufrage [gofʀaʒ] *s.m.* goffratura (*f.*).

gaufre [gofʀ] *s.f.* **1** favo (*m.*) **2** (*cuc.*) cialda.

gaufrer [gofʀe] *v.tr.* (*tecn.*) goffrare.

gaufrette [gofʀet] *s.f.* wafer (*m.*).

gaufrier [gofʀije] *s.m.* stampo per cialde.

gaulage [golaʒ] *s.m.* bacchiatura (*f.*).

gaule [gol] *s.f.* **1** bacchio (*m.*) **2** canna da pesca.

gauler [gole] *v.tr.* bacchiare.

gaullien [goljẽ] (f. *-enne*) *agg.* di de Gaulle.

gaullisme [golism] *s.m.* gollismo.

gaulliste [golist] *agg.* e *s.m.* gollista.

gaulois [golwa] *agg.* **1** gallico, della Gallia **2** (*fig.*) arguto e licenzioso ♦ *s.m.* **1** gallo || (*st.*) *les Gaulois*, i galli **2** (*lingua*) gallico.

gauloise [golwaz] *s.f.* gauloise (marca di sigaretta del monopolio francese).

gauloiserie [golwazʀi] *s.f.* **1** facezia, arguzia salace **2** *pl.* storielle licenziose.

gausser, se [sogose] *v.pron.* farsi beffe (di).

gavage [gavaʒ] *s.m.* **1** ingozzatura (*f.*) **2** (*med.*) alimentazione con sonda.

gave [gav] *s.m.* corso d'acqua a regime torrentizio nei Pirenei.

gaver [gave] *v.tr.* ingozzare, rimpinzare □ **se gaver** *v.pron.* rimpinzarsi.

gavotte [gavɔt] *s.f.* (*mus.*) gavotta.

gavroche [gavʀɔʃ] *s.m.* monello di Parigi || *air* —, aria birichina ♦ *s.f.* (*in Niger*) prostituta.

gay [gɛ] *agg.* e *s.m.* gay, omosessuale.

gaz [gɑz] *s.m.* gas || *masque à* —, maschera antigas; *chambre à* —, camera a gas || *un employé du* —, un impiegato (della società) del gas || (*aut.*) *mettre les* —, dare gas (a un motore); *à pleins* —, a tutto gas || *il y a de l'eau dans le* —, (*fam.*) c'è aria di burrasca || *avoir des* —, avere aria nell'intestino.

gaze [gɑz] *s.f.* garza.

gazé [gaze] *agg.* e *s.m.* che, chi è stato colpito da gas asfissianti, gassato.

gazéifier [gazeifje] *v.tr.* gassificare; gassare (un liquido).

gazelle [gazɛl] *s.f.* gazzella.

gazer [gaze] *v.tr.* **1** gassare (con gas tossici) **2** (*tecn.*) gazare ♦ *v.intr.* (*fig. fam.*) andare bene.

gazette [gazɛt] *s.f.* gazzetta (*anche fig.*).

gazeux [gazø] (f. *-euse*) *agg.* gassoso.

gazier [gazje] (f. *-ère*) *agg.* del gas ♦ *s.m.* gassista.

gazoduc [ga(a)zɔdyk] *s.m.* gasdotto.

gazogène [ga(a)zɔʒɛn] *s.m.* gasogeno.

gazole [gazɔl] *s.m.* → **gas-oil**.

gazomètre [ga(a)zɔmɛtʀ] *s.m.* gasometro.

gazon [gazɔ̃] *s.m.* **1** erba (*f.*) **2** prato, tappeto erboso.

gazouillement [gazujmɑ̃] *s.m.* → **gazouillis**.

gazouiller [gazuje] *v.intr.* **1** cinguettare **2** fare versetti (di bambini) **3** mormorare (di acque).

gazouillis [gazuji] *s.m.* **1** cinguettio (di uccelli) **2** versetti (di bambini).

geai [ʒɛ] *s.m.* (*zool.*) ghiandaia (*f.*).

géant [ʒeɑ̃] *agg.* gigantesco ♦ *s.m.* gigante.

gecko [ʒeko] *s.m.* (*zool.*) geco.

geignard [ʒeɲaʀ] *agg.* (*fam.*) piagnucoloso, lamentoso ♦ *s.m.* piagnone, lagnone.

geindre [ʒɛ̃dʀ] (*coniug. come* craindre) *v.intr.* **1** gemere, lamentarsi **2** (*fam.*) frignare.

gel [ʒɛl] *s.m.* **1** gelo || (*econ.*) — *des crédits*, congelamento dei crediti **2** (*chim.*) gel.

gélatine [ʒelatin] *s.f.* **1** (*chim.*) gelatina **2** (*cuc.*) colla di pesce.

gélatineux [ʒelatinø] (f. *-euse*) *agg.* gelatinoso.

gelé [ʒəle] *agg.* gelato || (*econ.*) *crédits, capitaux gelés*, crediti, capitali congelati.

gelée [ʒəle] *s.f.* **1** gelo (*m.*), gelata: — *blanche*, brina **2** (*cuc.*) gelatina **3** — *royale*, pappa reale.

geler [ʒəle] (*coniug. come* semer) *v.tr.* **1** gelare; congelare (*anche fig.*) || (*econ.*) — *des crédits*, congelare i crediti **2** (*fig.*) gelare, raggelare ♦ *v.intr.* ghiacciare; gelare (*anche fig.*): *l'eau a gelé dans le radiateur*, l'acqua è gelata nel radiatore ♦ *v.impers.* gelare: *il a gelé cette nuit*, stanotte è gelato; *il a gelé blanc*, è brinato || *il gèle à pierre fendre*, fa un freddo cane □ **se geler** *v.pron.* gelarsi.

gélinotte [ʒelinɔt] *s.f.* (*zool.*) francolino (*m.*).

gélule [ʒelyl] *s.f.* capsula.

gelure [ʒəlyʀ] *s.f.* (*med.*) **1** congelamento (*m.*) **2** gelone (*m.*).

gémeau [ʒemo] (f. *-elle*, pl. *-eaux*) *agg.* e *s.m.* **1** (*antiq.*) gemello **2** (*astr.*) *Gémeaux*, Gemelli.

gémellaire [ʒeme(ɛl)lɛʀ] *agg.* gemellare.

géminé [ʒemine] *agg.* geminato.

gémir [ʒemiʀ] *v.intr.* gemere (*anche fig.*).

gémissant [ʒemisɑ̃] *agg.* gemente; lamentoso.

gémissement [ʒemismɑ̃] *s.m.* gemito; lamento.

gemmation [ʒɛmmɑsjɔ̃] *s.f.* (*bot.*) gemmazione.

gemme [ʒɛm] *s.f.* **1** (*bot.*) gemma; resina (vegetale) **2** (*min.*) gemma, pietra preziosa ♦ *agg.*: *sel* —, salgemma.

gemmé [ʒe(em)me] *agg.* gemmato.

gémonies [ʒemɔni] *s.f.pl.* gemonie || *vouer qqn aux* —, mettere qlcu alla berlina.

gênant [ʒenɑ̃] *agg.* 1 fastidioso, importuno 2 imbarazzante.

gencive [ʒɑ̃siv] *s.f.* gengiva.

gendarme [ʒɑ̃daʀm] *s.m.* 1 gendarme, guardia (*f.*) 2 (*fig.*) carabiniere: *faire le —*, (*fig.*) fare il carabiniere || *la peur du —*, la paura della punizione 3 (*zool.*) piattola di bosco 4 (*cuc.*) gendarme (salame secco e duro).

gendarmer, se [səʒɑ̃daʀme] *v.pron.* protestare; alzare la voce.

gendarmerie [ʒɑ̃daʀməʀi] *s.f.* gendarmeria.

gendre [ʒɑ̃dʀ] *s.m.* genero.

gène [ʒɛn] *s.m.* (*biol.*) gene.

gêne [ʒɛn] *s.f.* 1 disturbo (*m.*); imbarazzo (*m.*): *éprouver de la —*, sentirsi a disagio || *sans —*, senza imbarazzo, con disinvoltura; *être sans —*, avere la faccia tosta 2 difficoltà: *avoir de la — à respirer*, avere difficoltà a respirare 3 ristrettezze (*pl.*): *être dans la —*, essere in ristrettezze.

gêné [ʒene] *agg.* 1 impedito, impacciato 2 imbarazzato, a disagio 3 in difficoltà finanziarie, in ristrettezze.

généalogie [ʒenealɔʒi] *s.f.* genealogia.

généalogique [ʒenealɔʒik] *agg.* genealogico.

génépi [ʒenepi] *s.m.* genepì.

gêner [ʒene] *v.tr.* 1 dare fastidio (a) 2 impedire, ostacolare 3 mettere a disagio, in soggezione □ **se gêner** *v.pron.* incomodarsi, disturbarsi || *il ne s'est pas gêné pour*, non si è fatto scrupolo di.

général¹ [ʒeneʀal] (pl. *-aux*) *agg.* 1 generale 2 generico ♦ *s.m.* (ciò che è) generale.

général² (pl. *-aux*) *s.m.* generale.

générale [ʒeneʀal] *s.f.* 1 generalessa, moglie di un generale 2 (*teatr.*) prova generale.

généralement [ʒeneʀalmɑ̃] *avv.* generalmente.

généralisation [ʒeneʀalizɑsjɔ̃] *s.f.* generalizzazione.

généraliser [ʒeneʀalize] *v.tr.* generalizzare □ **se généraliser** *v.pron.* generalizzarsi.

généralissime [ʒeneʀalisim] *s.m.* generalissimo.

généraliste [ʒeneʀalist] *s.m.* medico generico.

généralité [ʒeneʀalite] *s.f.* 1 generalità 2 *pl.* idee generali: *s'en tenir aux généralités*, restare, tenersi sulle generali.

générateur [ʒeneʀatœʀ] (f. *-trice*) *agg.* generatore ♦ *s.m.* (*elettr.*) generatore.

génération [ʒeneʀɑsjɔ̃] *s.f.* generazione.

générer [ʒeneʀe] *v.tr.* generare, produrre.

généreux [ʒeneʀø] (f. *-euse*) *agg.* generoso || **-eusement** *avv.*

générique [ʒeneʀik] *agg.* generico ♦ *s.m.* (*cine.*) titoli di testa.

générosité [ʒeneʀozite] *s.f.* 1 generosità 2 *pl.* larghezze, doni (*m.*).

genèse [ʒənɛz] *s.f.* genesi.

genêt [ʒənɛ] *s.m.* (*bot.*) ginestra (*f.*).

généticien [ʒenetisjɛ̃] (f. *-enne*) *s.m.* genetista.

génétique [ʒenetik] *s.f.* genetica ♦ *agg.* genetico || **-ement** *avv.*

genevois [ʒənvwa] *agg.* e *s.m.* ginevrino.

genévrier [ʒenevʀije] *s.m.* (*bot.*) ginepro.

génial [ʒenjal] (pl. *-aux*) *agg.* geniale || **-ement** *avv.*

génie¹ [ʒeni] *s.m.* genio: *coup de —*, colpo di genio.

génie² *s.m.* 1 (*mil.*) genio 2 ingegneria (*f.*): *— génétique*, ingegneria genetica.

genièvre [ʒənjɛvʀ] *s.m.* 1 ginepro 2 coccola del ginepro 3 acquavite di ginepro.

génisse [ʒenis] *s.f.* vitella, manza.

génital [ʒenital] (pl. *-aux*) *agg.* genitale.

génitif [ʒenitif] *s.m.* genitivo.

génocide [ʒenɔsid] *s.m.* genocidio.

génois [ʒenwa] *agg.* e *s.m.* genovese.

génome [ʒenɔm] *s.m.* (*biol.*) genoma.

génotype [ʒenɔtip] *s.m.* (*biol.*) genotipo.

genou [ʒənu] (pl. *-oux*) *s.m.* 1 ginocchio: *à genoux*, in ginocchio; *a ginocchioni*; *être à genoux devant qqn*, (*fig.*) essere in adorazione davanti a qlcu; *être sur les genoux*, (*fam.*) essere a pezzi dalla fatica 2 (*mecc.*) gomito.

genouillère [ʒənujɛʀ] *s.f.* ginocchiera.

genre [ʒɑ̃ʀ] *s.m.* genere; specie (*f.*), tipo: *ce n'est pas mon — de me vanter*, non sono il tipo che si dà delle arie || *avoir mauvais —*, avere un'aria poco per bene || *elle cherche à se donner un —*, cerca di crearsi un tipo || *faire du —*, darsi un tono || *acteur de —*, caratterista.

gens [ʒɑ̃] *s.m.pl.* gente (*f.sing.*), persone (*f.*): *ce sont des — bien*, è gente, sono persone per bene || *la plupart des —*, i più, la maggioranza || *tous les —*, tutti || *les — d'église*, gli ecclesiastici; *les — de lettres*, i letterati; *les — de robe*, i magistrati, gli avvocati; *les jeunes, les vieilles —*, i giovani, i vecchi; *les petites —*, (*spreg.*) il popolino • Se immediatamente preceduto da agg. con forma del *f.* diversa da quella del *m.*, tale agg. e tutti quelli che lo precedono si accordano al *f.*: *certaines —*, certa gente; *ces vieilles — sont très bons*, queste vecchie persone sono molto buone.

gent [ʒɑ̃] *s.f.* (*letter.*) razza, specie || *la — trotte-menu*, i topi.

gentiane [ʒɑ̃sjan] *s.f.* (*bot.*) genziana.

gentil [ʒɑ̃ti] (f. *-ille*) *agg.* 1 gentile 2 grazioso, carino 3 bravo, buono.

gentilhomme [ʒɑ̃tijɔm] (pl. *gentilshommes*) *s.m.* gentiluomo.

gentillesse [ʒɑ̃tijes] *s.f.* gentilezza, cortesia: *on m'a reçu avec beaucoup de —*, sono stato ricevuto molto cortesemente.

gentillet [ʒɑ̃tije] (f. *-ette*) *agg.* graziosetto.

gentiment [ʒɑ̃timɑ̃] *avv.* gentilmente; con garbo || *vous resterez — dans votre chambre*, ve ne resterete buoni buoni nella vostra stanza.

génuflexion [ʒenyfleksjɔ̃] *s.f.* genuflessione.

géo- *pref.* geo-.

géocentrique [ʒeɔsɑ̃tʀik] *agg.* geocentrico.

géochimie [ʒeɔʃimi] *s.f.* geochimica.

géode [ʒeɔd] *s.f.* (*min.*) geode (*m.*).

géodésie [ʒeɔdezi] *s.f.* geodesia.

géodésique [ʒeɔdezik] *agg.* geodetico ♦ *s.f.* geodetica.

géographe [ʒeɔgʀaf] *s.m.* geografo.

géographie [ʒeɔgʀafi] *s.f.* geografia.

géographique [ʒeɔgʀafik] *agg.* geografico || -ement *avv.*

geôle [ʒol] *s.f.* carcere (*m.*), prigione.

geôlier [ʒolje] (f. *-ère*) *s.m.* carceriere.

géologie [ʒeɔlɔʒi] *s.f.* geologia.

géologique [ʒeɔlɔʒik] *agg.* geologico.

géologue [ʒeɔlɔg] *s.m.* geologo.

géomètre [ʒeɔmɛtʀ] *s.m.* geometra.

géométrie [ʒeɔmetʀi] *s.f.* geometria.

géométrique [ʒeɔmetʀik] *agg.* geometrico || -ement *avv.*

géophysique [ʒeɔfisik] *s.f.* geofisica.

géopolitique [ʒeɔpɔlitik] *agg.* geopolitico ♦ *s.f.* geopolitica.

géorgien [ʒeɔʀʒjɛ̃] (f. *-enne*) *agg. e s.m.* georgiano.

géostationnaire [ʒeɔstasjɔnɛʀ] *agg.* geostazionario.

gérance [ʒeʀɑ̃s] *s.f.* gestione; amministrazione.

géranium [ʒeʀanjɔm] *s.m.* geranio.

gérant [ʒeʀɑ̃] *s.m.* gerente, gestore.

gerbe [ʒɛʀb] *s.f.* fascio (*m.*); mazzo (*m.*) || *une — d'eau*, un getto d'acqua.

gerbera [ʒɛʀbəʀa] *s.m.* (*bot.*) gerbera (*f.*).

gerce [ʒɛʀs] *s.f.* fessura (spec. nel legno).

gercement [ʒɛʀsəmɑ̃] *s.m.* screpolatura (*f.*).

gercer [ʒɛʀse] (*coniug. come* placer) *v.tr.* screpolare ♦ *v.intr.* screpolarsi □ **se gercer** *v.pron.* screpolarsi.

gerçure [ʒɛʀsyʀ] *s.f.* screpolatura.

gérer [ʒeʀe] (*coniug. come* céder) *v.tr.* gestire, amministrare.

gerfaut [ʒɛʀfo] *s.m.* (*zool.*) girfalco.

gériatre [ʒeʀjatʀ] *s.m.* geriatra.

gériatrie [ʒeʀjatʀi] *s.f.* geriatria.

gériatrique [ʒeʀjatʀik] *agg.* geriatrico.

germain[1] [ʒɛʀmɛ̃] *agg.* germano: *cousins germains*, cugini primi.

germain[2] *agg.* germano, germanico || (*st.*) *les Germains*, i germani.

germanique [ʒɛʀmanik] *agg. e s.m.* germanico.

germaniser [ʒɛʀmanize] *v.tr.* germanizzare.

germanisme [ʒɛʀmanism] *s.m.* germanismo.

germaniste [ʒɛʀmanist] *s.m. e f.* germanista.

germe [ʒɛʀm] *s.m.* **1** germe (*anche fig.*) || *en —*, (*fig.*) in embrione, in nuce **2** germoglio.

germer [ʒɛʀme] *v.intr.* germinare, germogliare (*anche fig.*): *le blé a germé tard cette année*, il grano quest'anno é, ha germinato tardi.

germicide [ʒɛʀmisid] *agg. e s.m.* germicida.

germinatif [ʒɛʀminatif] (f. *-ive*) *agg.* germinativo.

germination [ʒɛʀminasjɔ̃] *s.f.* germinazione.

gérondif [ʒeʀɔ̃dif] *s.m.* gerundio.

gérontologie [ʒeʀɔ̃tɔlɔʒi] *s.f.* gerontologia.

gésier [ʒezje] *s.m.* ventriglio (degli uccelli).

gésir [ʒeziʀ]

Usato all'Indic.pres. je gis, tu gis, il gît, nous gisons, vous gisez, ils gisent; *imperf.* je gisais, etc. *Part.pres.* gisant.

v.intr.dif. giacere || *ci-gît*, qui giace.

gestation [ʒɛstasjɔ̃] *s.f.* gestazione (*anche fig.*).

geste[1] [ʒɛst] *s.m.* gesto (*anche fig.*): *d'un — de la main*, con un gesto della mano; *par gestes*, a gesti.

geste[2] *s.f.* gesta (*pl.*): (*lett.*) *chanson de —*, canzone di gesta.

gesticulation [ʒɛstikylasjɔ̃] *s.f.* il gesticolare.

gesticuler [ʒɛstikyle] *v.intr.* gesticolare.

gestion [ʒɛstjɔ̃] *s.f.* gestione.

gestionnaire [ʒɛstjɔnɛʀ] *agg.* gestionale ♦ *s.m.* gestore; amministratore.

gestuel [ʒɛstɥɛl] (f. *-elle*) *agg.* gestuale.

geyser [ʒɛzɛʀ] *s.m.* geyser.

ghanéen [ganeɛ̃] (f. *-enne*) *agg.* del Ghana.

ghetto [gɛ(e)to] *s.m.* ghetto.

gibbon [ʒibɔ̃] *s.m.* (*zool.*) gibbone.

gibbosité [ʒibozite] *s.f.* gibbosità.

gibecière [ʒibsjɛʀ] *s.f.* carniere (*m.*).

gibelotte [ʒiblɔt] *s.f.* (*cuc.*) fricassea di coniglio.

giberne [ʒibɛʀn] *s.f.* giberna, cartucciera.

gibet [ʒibɛ] *s.m.* forca (*f.*), patibolo.

gibier [ʒibje] *s.m.* **1** selvaggina (*f.*): — *à poil, à plume(s)*, selvaggina di pelo, di penna || — *de potence*, (*fig.*) pendaglio da forca, avanzo di galera **2** (*cuc.*) cacciagione (*f.*).

giboulée [ʒibule] *s.f.* acquazzone (*m.*).

giboyeux [ʒibwajø] (f. *-euse*) *agg.* ricco di selvaggina.

giclée [ʒikle] *s.f.* spruzzo (*m.*), schizzo (*m.*).

giclement [ʒikləmɑ̃] *s.m.* schizzata (*f.*), spruzzata (*f.*).

gicler [ʒikle] *v.intr.* schizzare, sprizzare.

gicleur [ʒiklœʀ] *s.m.* (*aut.*) spruzzatore.

gifle [ʒifl] *s.f.* **1** schiaffo, ceffone (*m.*) || *tête à gifles*, (*fam.*) faccia da schiaffi **2** (*fig.*) schiaffo morale.

gifler [ʒifle] *v.tr.* schiaffeggiare.

gigantesque [ʒigɑ̃tɛsk] *agg.* gigantesco; (*fig.*) colossale.

gigantisme [ʒigɑ̃tism] *s.m.* gigantismo.

gigogne [ʒigɔɲ] *agg.*: *tables gigognes*, servitorelli; *lits gigognes*, letti estraibili; *boîtes gigognes*, scatole cinesi; *fusée —*, razzo pluristadio; *poupées gigognes*, matrioske.

gigolo [ʒigolo] *s.m.* ganzo, mantenuto.

gigot [ʒigo] *s.m.* **1** cosciotto **2** (*abbigl.*) *manches à —*, maniche a sbuffo **3** (*fam.*) gamba (*f.*).

gigoter [ʒigɔte] *v.intr.* (*fam.*) sgambettare, dimenarsi.

gigue[1] [ʒig] *s.f.* **1** (*macelleria*) cosciotto (di capriolo) **2** *grande —*, (*fam.*) spilungona.

gigue[2] *s.f.* (*mus.*) giga.

gilet [ʒile] *s.m.* **1** panciotto, gilè || — *de sauvetage*, giubbotto di salvataggio **2** golf aperto, cardigan.

gin [dʒin] *s.m.* gin.

gingembre [ʒɛ̃ʒɑ̃bʀ] *s.m.* zenzero.

gingival [ʒɛ̃ʒival] (pl. *-aux*) *agg.* gengivale.

gingivite [ʒɛ̃ʒivit] *s.f.* (*med.*) gengivite.

girafe [ʒiʀaf] *s.f.* giraffa.

girafeau [ʒiʀafo] (pl. *-eaux*), **girafon** [ʒiʀafɔ̃] *s.m.* piccolo della giraffa.

girandole [ʒiʀɑ̃dɔl] *s.f.* **1** girandola (di fuoco

d'artificio) **2** candelabro (a più bracci) **3** ghirlanda, festone (*m*.).

giratoire [ʒiʀatwaʀ] *agg.*: *mouvement* —, movimento circolare, rotatorio; *sens* —, (*circolazione*) senso rotatorio.

girofle [ʒiʀɔfl] *s.m.*: *clou de* —, chiodo di garofano.

giroflée [ʒiʀɔfle] *s.f.* (*bot.*) violacciocca.

giroflier [ʒiʀɔflije] *s.m.* (*bot.*) eugenia aromatica.

girolle [ʒiʀɔl] *s.f.* (*bot.*) cantarello (*m*.), gallinaccio (*m*.).

giron [ʒiʀɔ̃] *s.m.* **1** grembo (*anche fig.*): *dans le* — *de*, in grembo a, (*fig.*) in seno a **2** pedata (di scalino).

girond [ʒiʀɔ̃] *agg.* (*fam.*) fiorente, prosperoso.

girondin [ʒiʀɔ̃dɛ̃] *agg.* del dipartimento della Gironda ♦ *s.m.* (*st.*) girondino.

girouette [ʒiʀwɛt] *s.f.* banderuola (*anche fig.*).

gisant [ʒizɑ̃] *s.m.* figura giacente (nei monumenti sepolcrali).

gisement [ʒizmɑ̃] *s.m.* **1** giacimento **2** (*fig.*) pubblico, clientela potenziale.

gît [ʒi] *3ª pers. sing. dell'indic. pres. di* gésir.

gitan [ʒitɑ̃] *s.m.* zingaro, gitano.

gitane [ʒitan] *s.f.* **1** zingara, gitana **2** gitane (marca di sigaretta del monopolio francese).

gîte¹ [ʒit] *s.m.* **1** alloggio; dimora (*f*.): *rentrer au* —, ritornare a casa; *le* — *et le couvert*, vitto e alloggio **2** asilo, riparo **3** tana (*f*.), covo (di animale) **4** (*min.*) giacimento **5** — (*à la noix*), (*macelleria*) controgirello.

gîte² *s.f.* (*mar.*) sbandata: *donner de la* —, sbandare.

gîter [ʒite] *v.intr.* **1** (*di animali*) avere la tana, il covo **2** (*scherz.*) abitare **3** (*mar.*) sbandare.

givrage [ʒivʀaʒ] *s.m.* (*aer.*) incrostazione di ghiaccio.

givre [ʒivʀ] *s.m.* brina (*f*.).

givré [ʒivʀe] *agg.* **1** ricoperto di brina ‖ (*cuc.*) *mandarine givrée*, mandarino ghiacciato **2** (*fam.*) tocco, suonato.

givrer [ʒivʀe] *v.tr.* coprire di brina □ **se givrer** *v.pron.* ricoprirsi di brina.

givreux [ʒivʀø] (*f. -euse*) *agg.* brinato.

glabre [ɡlɑbʀ] *agg.* glabro.

glaçage [ɡlasaʒ] *s.m.* **1** (*ind. tess.*) apprettatura (*f*.) **2** (*della carta*) patinatura (*f*.) **3** (*cuc.*) glassatura (*f*.) **4** (*fot.*) smaltatura (*f*.).

glaçant [ɡlasɑ̃] *agg.* gelido (*anche fig.*).

glace [ɡlas] *s.f.* **1** ghiaccio (*m*.) (*anche fig.*) ‖ *un sourire de* —, (*fig.*) un sorriso gelido **2** gelato (*m*.) **3** cristallo (*m*.), vetro (*m*.); finestrino (di automobile ecc.) **4** specchio (*m*.) **5** (*cuc.*) glassa ‖ *sucre* —, zucchero a velo.

glacé [ɡlase] *agg.* **1** ghiacciato; gelido (*anche fig.*) **2** (*cuc.*) glassato.

glacer [ɡlase] (*coniug. come* placer) *v.tr.* **1** ghiacciare, gelare (*anche fig.*) **2** (*cuc.*) glassare **3** (*ind. tess.*) apprettare **4** (*di pellame ecc.*) lucidare, glassare **5** (*pitt.*) verniciare □ **se glacer** *v.pron.* ghiacciarsi, gelarsi.

glaciaire [ɡlasjɛʀ] *agg.* (*geol.*) glaciale.

glacial [ɡlasjal] (pl. *-als*) *agg.* glaciale (*anche fig.*); gelido (*anche fig.*) ‖ **-ement** *avv.*

glaciation [ɡlasjɑsjɔ̃] *s.f.* (*geol.*) glaciazione.

glacier [ɡlasje] *s.m.* **1** (*geol.*) ghiacciaio **2** gelataio.

glacière [ɡlasjɛʀ] *s.f.* ghiacciaia (*anche fig.*).

glacis [ɡlasi] *s.m.* **1** pendio, scarpata (*f*.); (*mil.*) spalto **2** (*edil.*) conversa (*f*.), compluvio **3** (*pitt.*) vernice (*f*.), velatura (*f*.).

glaçon [ɡlasɔ̃] *s.m.* cubetto di ghiaccio; (*fig.*) pezzo di ghiaccio.

gladiateur [ɡladjatœʀ] *s.m.* gladiatore.

glaïeul [ɡlajœl] *s.m.* (*bot.*) gladiolo.

glaire [ɡlɛʀ] *s.f.* **1** muco (*m*.), catarro (*m*.) **2** albume (*m*.), bianco (d'uovo).

glaireux [ɡlɛʀø] (*f. -euse*) *agg.* mucoso.

glaise [ɡlɛz] *s.f.* e *agg.*: (*terre*) —, creta, argilla.

glaiseux [ɡlɛzø] (*f. -euse*) *agg.* argilloso, cretoso.

glaive [ɡlɛv] *s.m.* gladio ‖ *le* — *de la justice*, (*fig.*) la spada della giustizia.

glanage [ɡlanaʒ] *s.m.* spigolatura (*f*.).

gland [ɡlɑ̃] *s.m.* ghianda (*f*.).

glande [ɡlɑ̃d] *s.f.* **1** (*anat.*) ghiandola **2** (*med. fam.*) ghiandola linfatica infiammata.

glander [ɡlɑ̃de] *v.intr.* (*fam.*) non fare un tubo.

glandulaire [ɡlɑ̃dylɛʀ], **glanduleux** [ɡlɑ̃dylø] (*f. -euse*) *agg.* ghiandolare.

glaner [ɡlane] *v.tr.* spigolare (*anche fig.*).

glaneur [ɡlanœʀ] (*f. -euse*) *s.m.* spigolatore.

glapir [ɡlapiʀ] *v.intr.* **1** guaire, uggiolare **2** urlare con voce stridula.

glapissant [ɡlapisɑ̃] *agg.* acuto, stridulo.

glapissement [ɡlapismɑ̃] *s.m.* **1** guaito, uggiolio **2** grido stridulo.

glas [ɡlɑ] *s.m.* campana a morto ‖ *sonner le* — *de qqch*, (*fig.*) segnare la fine di qlco.

glatir [ɡlatiʀ] *v.intr.* gridare (dell'aquila).

glaucome [ɡlokom] *s.m.* (*med.*) glaucoma.

glauque [ɡlok] *agg.* **1** glauco **2** (*fam.*) lugubre; losco.

glèbe [ɡlɛb] *s.f.* gleba.

glissade [ɡlisad] *s.f.* scivolone (*m*.), sdrucciolone (*m*.), scivolata.

glissant [ɡlisɑ̃] *agg.* sdrucciolevole, scivoloso.

glisse [ɡlis] *s.f.* capacità di scivolamento ‖ *sports de* —, sport di scivolamento.

glissement [ɡlismɑ̃] *s.m.* **1** scivolamento, sdrucciolamento; (*fig.*) slittamento **2** (*tecn.*) slittamento; scorrimento **3** — *de terrain*, smottamento, frana.

glisser [ɡlise] *v.intr.* **1** scivolare, sdrucciolare; slittare; (*estens.*) scorrere: *elle a glissé*, è scivolata; *le poisson a glissé entre ses doigts*, il pesce gli è guizzato fra le dita ‖ — *des mains*, (*anche fig.*) sfuggir di mano ‖ *se laisser* —, calarsi **2** (*fig.*) passar sopra, sfiorare, sorvolare: *nos remontrances n'ont fait que* — *sur lui*, le nostre rimostranze lo hanno lasciato indifferente **3** (*di terreno*) smottare, franare ♦ *v.tr.* far scivolare; introdurre, inserire ‖ — *un mot à l'oreille*, sussurrare una parola all'orecchio; *tâche de lui* — *cela*, cerca di dirglielo fra le altre cose □ **se glisser** *v.pron.* entrare furtivamente, introdursi; (*fig.*) insinuarsi.

glissière [glisjɛR] *s.f.* (*tecn.*) guida (di scorrimento), slitta || *porte à* —, porta scorrevole || — *de sécurité*, guardrail.

glissoire [gliswaR] *s.f.* pista ghiacciata.

global [glɔbal] (pl. *-aux*) *agg.* globale, complessivo || **-ement** *avv.*

globaliser [glɔbalize] *v.tr.* considerare globalmente, globalizzare.

globalité [glɔbalite] *s.f.* globalità.

globe [glɔb] *s.m.* globo || *mettre sous* —, (*fig.*) mettere sotto una campana di vetro.

globe-trotter [glɔbtRɔtœR] (pl. *globe-trotters*) *s.m.* giramondo.

globulaire [glɔbylɛR] *agg.* **1** globulare, sferico **2** (*med.*) globulare: *numération* —, conteggio dei globuli (del sangue).

globule [glɔbyl] *s.m.* globulo.

globuleux [glɔbylø] (f. *-euse*) *agg.* **1** globuloso || *des yeux* —, occhi sporgenti **2** formato di globuli.

gloire [glwaR] *s.f.* gloria: *s'attribuer toute la* —, attribuirsi tutto il merito || *à la* — *de qqn*, in onore di qlcu; *à la* — *de la vérité*, a onor del vero.

glorieux [glɔRjø] (f. *-euse*) *agg.* glorioso || **-euse-ment** *avv.*

glorification [glɔRifikasjɔ̃] *s.f.* glorificazione.

glorifier [glɔRifje] *v.tr.* glorificare, rendere gloria (a) □ **se glorifier** *v.pron.* gloriarsi (di).

gloriole [glɔRjɔl] *s.f.* vanagloria; vanità.

glose [gloz] *s.f.* **1** glossa, chiosa **2** (*spec.pl.*) maldicenza.

gloser [gloze] *v.tr.* glossare, chiosare ♦ *v.intr.* fare commenti malevoli, criticare.

glossaire [glɔsɛR] *s.m.* glossario.

gloss(o)- *pref.* gloss(o)-

glotte [glɔt] *s.f.* (*anat.*) glottide.

glott(o)- *pref.* glott(o)-

glouglou [gluglu] *s.m.* **1** (*onom.*) glu glu **2** (*del tacchino*) gloglottio.

glouglouter [gluglute] *v.intr.* **1** (*onom.*) fare glu glu **2** (*del tacchino*) gloglottare.

gloussement [glusmã] *s.m.* **1** il chiocciare **2** (*fam.*) risolino soffocato.

glousser [gluse] *v.intr.* **1** chiocciare **2** (*fam.*) ridacchiare.

glouton [glutɔ̃] (f. *-onne*) *agg.* ingordo ♦ *s.m.* ghiottone (*anche zool.*) || **-onnement** *avv.*

gloutonnerie [glutɔnRi] *s.f.* ingordigia.

glu [gly] *s.f.* pania, vischio (*m.*).

gluant [glyɑ̃] *agg.* viscoso; appiccicoso.

glucide [glysid] *s.m.* glucide.

gluc(o)- *pref.* gluc(o)-

glucose [glykoz] *s.m.* glucosio.

glutamate [glytamat] *s.m.* glutammato.

gluten [glytɛn] *s.m.* glutine.

glycémie [glisemi] *s.f.* (*med.*) glicemia.

glycéride [gliseRid] *s.m.* gliceride.

glycérine [gliseRin] *s.f.* glicerina.

glycine [glisin] *s.f.* (*bot.*) glicine (*m.*).

glyco- *pref.* glic(o)-

glyphe [glif] *s.m.* (*arch.*) glifo.

glyptique [gliptik] *s.f.* glittica.

gnangnan [nɑ̃nɑ̃] (pl. *invar.*) *s.m.* e *f.* (*fam.*) pappamolle ♦ *agg.invar.* (*fam.*) lagnoso; molle.

gneiss [gnɛs] *s.m.* (*geol.*) gneiss.

gnognot(t)e [nɔnɔt] *s.f.* (*fam.*) bazzecola.

gnole [gnol] *s.f.* (*fam.*) acquavite, grappa.

gnome [gnom] *s.m.* gnomo.

gnomon [gnomɔ̃] *s.m.* gnomone.

gnon [nɔ̃] *s.m.* (*fam.*) botta (*f.*), colpo.

gnose [gnoz] *s.f.* gnosi.

gnosticisme [gnostisism] *s.m.* gnosticismo.

gnou [gnu] *s.m.* (*zool.*) gnu.

go, tout de [tudgo] *locuz.avv.* (*fam.*) senza tanti complimenti.

goal [gol] *s.m.* (*sport*) portiere.

gobelet [gɔblɛ] *s.m.* **1** bicchiere (senza piede) **2** bussolotto (dei dadi).

gobelin [gɔblɛ̃] *s.m.* gobelin (arazzo delle manifatture dei Gobelins a Parigi).

gobe-mouches [gɔbmuʃ] (pl. *invar.*) *s.m.* **1** (*zool.*) acchiappamosche **2** (*fam.*) credulone.

gober [gɔbe] *v.tr.* sorbire; ingoiare || (*fam.*): *il gobe tout ce qu'on lui dit*, beve tutto quel che gli si dice; *ne pas (pouvoir)* — *qqn*, non riuscire a sopportare qlcu; — *les mouches*, perder tempo in fantasticherie futili.

goberger, se [sɔgɔbɛRʒe] (*coniug. come* manger) *v.pron.* **1** godersela **2** farsi una mangiata.

gobeur [gɔbœR] (f. *-euse*) *agg.* e *s.m.* credulone.

godasse [gɔdas] *s.f.* (*fam.*) scarpa.

godelureau [gɔdlyRo] (pl. *-eaux*) *s.m.* (*fam.*) bellimbusto.

goder [gɔde] *v.intr.* (*di tessuto*) fare pieghe false.

godet [gɔdɛ] *s.m.* **1** bicchierino **2** (*mecc.*) tazza (di draga, elevatore ecc.) **3** (*abbigl.*) godet: *jupe à godets*, gonna svasata.

godiche [gɔdiʃ] *agg.* (*fam.*) imbranato.

godille [gɔdij] *s.f.* **1** (*mar.*) bratto (*m.*) **2** (*sci*) cortoraggio (*m.*), scodinzolo (*m.*).

godiller [gɔdije] *v.intr.* **1** (*mar.*) brattare **2** (*sci*) fare il cortoraggio, lo scodinzolo.

godillot [gɔdijo] *s.m.* scarpone (per militari); (*fam.*) scarpa (*f.*).

goéland [gɔelɑ̃] *s.m.* (*zool.*) gavina (*f.*).

goélette [gɔelɛt] *s.f.* (*mar.*) goletta.

gogo [gogo] *s.m.* (*fam.*) credulone, merlo.

gogo, à [agogo] *locuz.avv.* (*fam.*) in abbondanza, a volontà.

goguenard [gɔgnaR] *agg.* beffardo.

goguenardise [gɔgnaRdiz] *s.f.* beffa.

goguette [gɔgɛt] *s.f.*: *être en* —, (*fam.*) essere brillo.

goinfre [gwɛ̃fR] *agg.* e *s.m.* (*fam.*) mangione; ingordo.

goinfrer, se [sɔgwɛ̃fRe] *v.pron.* (*fam.*) abbuffarsi.

goinfrerie [gwɛ̃fRɔRi] *s.f.* ingordigia, voracità.

goitre [gwatR] *s.m.* (*med.*) gozzo.

goitreux [gwatRø] (f. *-euse*) *agg.* e *s.m.* gozzuto.

golf [gɔlf] *s.m.* golf: — *miniature*, minigolf.

golfe [gɔlf] *s.m.* golfo.

golfeur [gɔlfœR] *s.m.* (*sport*) golfista.

golo [golo] *s.m.* (*in Senegal*) buffone.

gomina [gomina] *s.f.* gommina.

gommage [gomaʒ] *s.m.* **1** (*ind. tess.*) ingommatura (*f.*) **2** cancellatura (con gomma); (*fig.*) cancellazione (*f.*) **3** (*cosmetica*) pulizia profonda della pelle.

gomme [gɔm] *s.f.* gomma || *à la —*, (*fam.*) di nessun valore, mediocre || *mettre toute la —*, (*fam.*) mettercela tutta, (*in automobile*) accelerare || (*in Canada*) — (*à mâcher*), chewing-gum.

gommé [gɔme] *agg.* gommato.

gommer [gɔme] *v.tr.* **1** ingommare, gommare **2** cancellare (con la gomma) **3** (*fig.*) cancellare, eliminare; attenuare.

gommeux [gɔmø] (*f.* -*euse*) *agg.* gommoso ♦ *s.m.* (*fam.*) zerbinotto, gagà.

gommier [gɔmje] *s.m.* albero gommifero.

gonade [gɔnad] *s.f.* (*biol.*) gonade.

gond [gɔ̃] *s.m.* ganghero, cardine || *sortir de ses gonds, mettre hors de ses gonds*, (*fam.*) uscire, far uscire dai gangheri.

gondolage [gɔ̃dɔlaʒ] *s.m.* imbarcatura (*f.*).

gondole [gɔ̃dɔl] *s.f.* **1** gondola **2** (*estens.*) espositore (*m.*), gondola (nei supermercati).

gondoler [gɔ̃dɔle] *v.intr.* **1** incurvarsi; (*del legno*) imbarcarsi **2** (*della carta*) accartocciarsi □ **se gondoler** *v.pron.* **1** imbarcarsi **2** (*fam.*) sbellicarsi dalle risa.

gondolier [gɔ̃dɔlje] *s.m.* gondoliere.

gonfalon [gɔ̃falɔ̃], **gonfanon** [gɔ̃fanɔ̃] *s.m.* gonfalone, stendardo, vessillo.

gonflable [gɔ̃flabl] *agg.* gonfiabile.

gonflage [gɔ̃flaʒ] *s.m.* gonfiaggio, gonfiatura (*f.*).

gonflé [gɔ̃fle] *agg.* gonfiato; gonfio || (*fam.*): *il est vraiment —!*, ha una bella faccia tosta!; *être — à bloc*, essere su di giri, gasato.

gonflement [gɔ̃flǝmɑ̃] *s.m.* gonfiatura (*f.*); gonfiezza (*f.*).

gonfler [gɔ̃fle] *v.tr.* **1** gonfiare **2** (*fig.*) gonfiare, esagerare ♦ *v.intr.* gonfiare, gonfiarsi: *mon genou a gonflé*, il mio ginocchio (si) è gonfiato, mi si è gonfiato il ginocchio □ **se gonfler** *v.pron.* gonfiarsi (*anche fig.*) || *se — d'orgueil*, inorgoglirsi.

gonfleur [gɔ̃flœR] *s.m.* pompa (*f.*) ad aria.

gong [gɔ̃g] *s.m.* gong || (*in Africa*) — *unique, double*, giornata lavorativa a orario continuato, con pausa.

goniomètre [gɔnjɔmɛtR] *s.m.* goniometro.

gonocoque [gɔnɔkɔk] *s.m.* (*biol.*) gonococco.

gonzesse [gɔ̃zɛs] *s.f.* (*argot*) ragazza, tipa, donna.

gordien [gɔRdjɛ̃] *agg.*: *nœud —*, nodo gordiano.

goret [gɔRɛt] *s.m.* maialino, porcellino.

gorge [gɔRʒ] *s.f.* **1** gola: *avoir la — serrée*, avere un groppo, un nodo alla gola; *à — déployée*, a gola spiegata; *à pleine —*, a squarciagola || *mettre à qqn le couteau sur, sous la —*, (*fig.*) mettere a qlcu il coltello alla gola || *faire rentrer à qqn ses mots dans la —*, fare rimangiare a qlcu le sue parole || *faire des gorges chaudes de*, farsi beffe di || *rendre —*, restituire il maltolto **2** seno (*m.*), petto (*m.*) **3** (*geogr.*) gola, orrido (*m.*) **4** (*mecc.*) gola, scanalatura.

gorge-de-pigeon [gɔRʒdǝpiʒɔ̃] (pl. *invar.*) *agg.* cangiante.

gorgée [gɔRʒe] *s.f.* sorso (*m.*), sorsata.

gorger [gɔRʒe] (*coniug. come* manger) *v.tr.* rimpinzare; (*fig.*) ricolmare, imbottire □ **se gorger** *v.pron.* rimpinzarsi; (*fig.*) riempirsi, imbottirsi.

gorgone [gɔRgɔn] *s.f.* (*zool.*) gorgonia.

gorille [gɔRij] *s.m.* gorilla (*anche fig.*).

gosier [gozje] *s.m.* gola (*f.*) || *à plein —*, a squarciagola, a gola spiegata.

gosse [gɔs] *s.m.* (*fam.*) bambino; ragazzo: *il était encore tout —*, era ancora ragazzino; *— de riches*, figlio di papà.

gossette [gɔsɛt] *s.f.* (*in Africa*) innamorata, ragazza.

gothique [gɔtik] *agg.* e *s.m.* gotico.

gouache [gwaʃ] *s.f.* (*pitt.*) guazzo (*m.*).

gouaille [gwaj] *s.f.* verve beffarda.

gouailleur [gwajœR] (*f.* -*euse*) *agg.* beffardo.

gouape [gwap] *s.f.* (*fam.*) teppista (*m.*).

goudron [gudRɔ̃] *s.m.* catrame; asfalto.

goudronnage [gudRɔnaʒ] *s.m.* catramatura (*f.*).

goudronné [gudRɔne] *agg.* catramato.

goudronner [gudRɔne] *v.tr.* catramare, bitumare; asfaltare.

goudronneuse [gudRɔnøz] *s.f.* bitumatrice.

gouffre [gufR] *s.m.* **1** (*geol.*) inghiottitoio **2** baratro, voragine (*f.*): *être au bord du —*, (*anche fig.*) essere sull'orlo dell'abisso.

gouge [guʒ] *s.f.* (*tecn.*) sgorbia.

goujat [guʒa] *s.m.* cafone, zotico.

goujaterie [guʒatRi] *s.f.* cafonaggine; cafonata.

goujon[1] [guʒɔ̃] *s.m.* (*zool.*) ghiozzo.

goujon[2] *s.m.* (*tecn.*) bietta (*f.*).

goulasch, goulache [gulaʃ] *s.m.* (*cuc.*) gulasch.

goulée [gule] *s.f.* (*fam.*) boccata, boccone (*m.*); sorso (*m.*).

goulet [gulɛ] *s.m.* **1** imboccatura stretta (di porto, di rada) **2** gola (fra montagne ecc.) **3** (*fig.*) strozzatura (*f.*).

goulot [gulo] *s.m.* collo (di bottiglia ecc.): *boire au —*, bere alla bottiglia, bere a canna.

goulu [guly] *agg.* e *s.m.* ingordo, avido.

goulûment [gulymɑ̃] *avv.* avidamente.

goupil [gupil] *s.m.* (*ant.*) volpe (*f.*).

goupille [gupij] *s.f.* (*tecn.*) coppiglia, spina.

goupiller [gupije] *v.tr.* **1** (*tecn.*) fissare con coppiglie **2** (*fam.*) combinare, arrangiare □ **se goupiller** *v.pron.* (*fam.*) arrangiarsi, sistemarsi.

goupillon [gupijɔ̃] *s.m.* **1** scovolino **2** (*eccl.*) aspersorio.

gourbi [guRbi] *s.m.* **1** gourbi (capanna degli arabi) **2** (*fam.*) topaia (*f.*).

gourd [guR] *agg.* intirizzito.

gourde [guRd] *s.f.* **1** borraccia **2** (*fig. fam.*) donna tonta e sciocca ♦ *agg.* (*fam.*) imbranato.

gourdin [guRdɛ̃] *s.m.* manganello, randello.

gourer, se [sǝguRe] *v.pron.* (*fam.*) sbagliarsi.

gourgandine [guRgɑ̃din] *s.f.* sgualdrina.

gourmand [guRmɑ̃] *agg.* **1** goloso, ghiotto **2** (*fig.*) avido, assetato: *jeter un regard —*, guardare con desiderio ♦ *s.m.* **1** ghiottone **2** (*bot.*) succhione.

gourmander [guʀmɑ̃de] *v.tr.* sgridare.

gourmandise [guʀmɑ̃diz] *s.f.* **1** golosità **2** *pl.* ghiottonerie, leccornie.

gourme [guʀm] *s.f.* **1** (*med. pop.*) crosta lattea || *jeter sa —*, (*fig.*) fare le prime esperienze amorose **2** cimurro (del cavallo).

gourmé [guʀme] *agg.* compassato, sostenuto.

gourmet [guʀmε] *s.m.* buongustaio.

gourmette [guʀmεt] *s.f.* braccialetto a catena piatta.

gourou [guʀu] *s.m.* guru.

gousse [gus] *s.f.* **1** baccello (di piselli ecc.) **2** spicchio (di aglio ecc.).

gousset [gusε] *s.m.* taschino (del gilet, dei calzoni) || *avoir le — vide*, (*fig.*) essere al verde.

goût [gu] *s.m.* **1** gusto: *avoir le — fin*, avere un palato fine **2** gusto, sapore: *savoir — de*, sapere di || *relever le — d'une sauce*, insaporire una salsa **3** gusto, piacere; entusiasmo: *manger, travailler avec —*, mangiare, lavorare con gusto; *il fait ce métier par —*, fa questo mestiere perché gli piace; *mettre du — à faire qqch*, fare qlco con entusiasmo **4** voglia (*f.*): *je vais te faire passer le — du pain!*, adesso ti do una lezione che ti ricorderai!; *il n'a — à rien*, niente lo interessa **5** inclinazione (*f.*): *avoir du — pour la musique*, amare la musica **6** (buon) gusto: *il est de mauvais — d'insister*, insistere è di cattivo gusto; *être au, du — de qqn*, andare a genio a qlcu || *à mon —*, a mio giudizio, secondo me **7** gusto; maniera (*f.*): *quelque chose dans ce —-là*, qualcosa del genere; *dans le — de*, alla maniera di.

goûter[1] [gute] *v.tr.* **1** assaggiare **2** gustare, assaporare (*anche fig.*) **3** gradire, apprezzare: *il n'a pas du tout goûté votre plaisanterie*, non ha gradito affatto il vostro scherzo ♦ *v.intr.* **1** — *à*, assaggiare (*anche fig.*); provare: *goûtes-y!*, assaggialo, provalo! **2** — *de*, assaggiare (spec. per la prima volta) **3** fare merenda.

goûter[2] *s.m.* **1** merenda (*f.*) **2** (*in Belgio*) prima colazione.

goûteur [gutœʀ] (f. *-euse*) *s.m.* degustatore.

goûteux [gutø] (f. *-euse*) *agg.* gustoso.

goutte[1] [gut] *s.f.* **1** goccia: *— à —*, a goccia a goccia; *des gouttes pour le nez*, gocce per il naso **2** (*fig.*) goccia, goccio (*m.*), goccetto (*m.*) || *boire la —*, (*fam.*) farsi un grappino ♦ *avv.* affatto, per nulla: *je n'y vois —*, non ci vedo affatto, non vedo (un bel) niente.

goutte[2] *s.f.* (*med.*) gotta.

goutte-à-goutte [gutagut] (pl. *invar*) *s.m.* (*med.*) fleboclisi (*f.*), flebo (*f.*).

gouttelette [gutlεt] *s.f.* gocciolina.

goutter [gute] *v.intr.* gocciolare, sgocciolare.

goutteux [gutø] (f. *-euse*) *agg.* gottoso.

gouttière [gutjεʀ] *s.f.* **1** (*edil.*) grondaia **2** (*med.*) doccia.

gouvernable [guvεʀnabl] *agg.* governabile.

gouvernail [guvεʀnaj] *s.m.* timone: *tenir le —*, (*anche fig.*) essere al timone, reggere il timone.

gouvernance [guvεʀnɑ̃s] *s.f.* (*in Africa*) uffici amministrativi regionali.

gouvernant [guvεʀnɑ̃] *agg.* al governo, al potere ♦ *s.m.* governante.

gouvernante [guvεʀnɑ̃t] *s.f.* governante.

gouverne [guvεʀn] *s.f.* **1** (*aer.*) timone (*m.*) || — *latéral*, alettone **2** *pour ta* (*votre, etc.*) —, per tua (sua ecc.) norma e regola.

gouvernement [guvεʀnəmɑ̃] *s.m.* governo.

gouvernemental [guvεʀnəmɑ̃tal] (pl. *-aux*) *agg.* governativo || *journal —*, giornale filogovernativo.

gouverner [guvεʀne] *v.tr.* **1** governare **2** (*gramm.*) reggere ♦ *v.intr.* (*mar.*) governare.

gouverneur [guvεʀnœʀ] *s.m.* governatore.

grabat [gʀaba] *s.m.* giaciglio.

grabataire [gʀabatεʀ] *agg.* e *s.m.* infermo (a letto).

grabuge [gʀabyʒ] *s.m.* (*fam.*) rissa (*f.*), zuffa (*f.*) *faire du —*, far macello.

grâce [gʀɑs] *s.f.* grazia: *recours en —*, domanda di grazia; *délai de —*, termine di grazia; *coup de —*, (*anche fig.*) colpo di grazia || *faire des grâces*, fare le moine || *faites-moi — de vos observations*, risparmiatemi le vostre osservazioni || — *à*, grazie a || *de —*, di grazia, per favore || *de bonne —*, di buon grado; *de mauvaise —*, malvolentieri || *être dans les bonnes grâces de qqn*, essere nelle grazie di qlcu.

gracier [gʀasje] *v.tr.* graziare.

gracieusement [gʀasjøzmɑ̃] *avv.* **1** graziosamente || *accueillir —*, accogliere cortesemente **2** come omaggio, gratis.

gracieuseté [gʀasjøzte] *s.f.* gentilezza, cortesia.

gracieux [gʀasjø] (f. *-euse*) *agg.* **1** grazioso, aggraziato: *démarche gracieuse*, andatura piena di grazia **2** gentile **3** gratuito.

gracile [gʀasil] *agg.* gracile, fragile; esile.

gracilité [gʀasilite] *s.f.* gracilità, fragilità.

gradation [gʀadasjɔ̃] *s.f.* gradazione.

grade [gʀad] *s.m.* grado || *monter en —*, salire di grado || *il en a eu pour son —*, (*fam.*) ha avuto quel che si meritava.

gradé [gʀade] *agg.* e *s.m.* (*mil.*) graduato (di truppa).

gradient [gʀadjɑ̃] *s.m.* gradiente.

gradin [gʀadε̃] *s.m.* **1** gradino **2** *pl.* gradinate (*f.*); spalti **3** (*agr.*) terrazza (*f.*): *en gradins*, a terrazze.

graduation [gʀadɥasjɔ̃] *s.f.* graduazione.

gradué [gʀadɥe] *agg.* **1** graduato **2** graduale, progressivo.

graduel [gʀadɥεl] (f. *-elle*) *agg.* graduale || *-ellement avv.*

graduer [gʀadɥe] *v.tr.* graduare.

graffiti [gʀafiti] (pl. *invar.*) *s.m.* graffito (sui muri).

grailler [gʀaje] *v.intr.* gracchiare (*anche fig.*).

grailler[2] *v.tr.* (*molto fam.*) mangiare, sbafare.

graillon [gʀajɔ̃] *s.m.* odore di fritto.

grain [gʀε̃] *s.m.* **1** chicco, grano: — *de raisin*, acino, chicco d'uva; *café en grains*, caffè in grani || — *de beauté*, neo **2** *pl.* granaglie (*f.*) **3** granello (*anche fig.*): — *de sable*, granello di sabbia; — *de sel*, grano di sale; — *de bon sens*, briciolo di buon senso; — *de folie*, pizzico di follia || *mettre son — de sel dans qqch*, dire la propria su; *il a un —*, gli manca una rotella **4** grana (di pelle ecc.) **5** (*mar.*) groppo; (*estens.*) violento acquazzone || *veiller au —*, (*fig.*) essere attenti al pericolo.

graine [gʀɛn] *s.f.* seme (*m.*); semente || (*agr.*) *monter en —*, far semenza; (*fig.*) diventare uno spilungone || (*fig.*): *mauvaise —*, cattivo soggetto; *c'est de la — de voyou*, promette di diventare un mascalzone || *en prendre de la —*, (*fig.*) prendere a modello || *casser la —*, (*fam.*) mangiare.

graineterie [gʀɛnətʀi] *s.f.* commercio di granaglie.

graissage [gʀɛsaʒ] *s.m.* lubrificazione (*f.*), ingrassaggio.

graisse [gʀɛs] *s.f.* **1** grasso (*m.*), adipe (*m.*) **2** grasso (*m.*), unto (*m.*): *tache de —*, macchia d'unto **3** (*tecn.*) lubrificante (*m.*).

graisser [gʀese] *v.tr.* lubrificare, ingrassare; ungere || *— la patte*, (*fig.*) ungere le ruote.

graisseur [gʀɛsœʀ] *s.m.* **1** lubrificatore **2** (*in Africa*) meccanico (al seguito di un camion).

graisseux [gʀɛsø] (*f.* -*euse*) *agg.* **1** adiposo **2** unto, sporco di grasso.

graminacées [gʀaminase] *s.f.pl.* graminacee.

graminée [gʀamine] *agg.* e *s.f.*: (*plante*) —, graminacea.

grammage [gʀamaʒ] *s.f.* (*tecn.*) grammatura.

grammaire [gʀammɛʀ] *s.f.* grammatica.

grammatical [gʀammatikal] (*pl.* -*aux*) *agg.* grammaticale || **-ement** *avv.*

gramme [gʀam] *s.m.* grammo.

grand [gʀɑ̃, gʀɑ̃t *davanti a vocale o h muta*] *agg.* **1** grande (*anche fig.*): *un — homme*, un grand'uomo; *un — buveur*, un gran bevitore || *faire — bien*, fare molto bene || *deux grandes heures*, due ore buone || *il est — temps de*, è proprio ora di || *Alexandre le Grand*, Alessandro Magno **2** (*di statura*) alto: *une grande femme*, una donna alta; *un homme grand*, un uomo alto **3** grande, adulto: *les grandes personnes*, i grandi, gli adulti; *quand je serai —*, da grande || *mon — frère*, il mio fratello maggiore || *c'est désormais un — garçon*, ormai è un giovanotto ♦ *s.m.* **1** grande **2** grande, adulto **3** (*in Africa*) fratello maggiore ♦ *avv.*: *voir —*, avere idee grandiose.

grand-angle [gʀɑ̃tɑ̃gl] (*pl.* *grands-angles*) *s.m.* (*fot.*) grandangolo.

grand-chose [gʀɑ̃ʃoz] (*pl. invar.*) *s.m.* gran che || *un pas grand-chose*, un poveraccio.

grand-duc [gʀɑ̃dyk] (*pl.* *grands-ducs*) *s.m.* **1** granduca **2** (*zool.*) gufo reale.

grand-duché [gʀɑ̃dyʃe] (*pl.* *grands-duchés*) *s.m.* granducato.

grande-duchesse [gʀɑ̃ddyʃɛs] (*pl.* *grandes-duchesses*) *s.f.* granduchessa.

grandelet [gʀɑ̃dlɛ] (*f.* -*ette*) *agg.* (*fam.*) grandicello, grandino.

grandement [gʀɑ̃dmɑ̃] *avv.* **1** grandemente,

molto || *il est — temps que*, sarebbe proprio ora che **2** in grande.

grandeur [gʀɑ̃dœʀ] *s.f.* grandezza (*spec.fig.*): — *d'âme*, grandezza, nobiltà d'animo; *la — d'une offense*, la gravità di un'offesa || — *nature*, (a) grandezza naturale || *regarder du haut de sa —*, guardare dall'alto in basso || *folie des grandeurs*, mania di grandezza.

grand-guignolesque [gʀɑ̃giɲɔlɛsk] (pl. *grand-guignolesques*) *agg.* grottesco.

grandiloquence [gʀɑ̃dilɔkɑ̃s] *s.f.* magniloquenza.

grandiloquent [gʀɑ̃dilɔkɑ̃] *agg.* magniloquente.

grandiose [gʀɑ̃djoz] *agg.* grandioso, maestoso.

grandir [gʀɑ̃diʀ] *v.intr.* crescere: *il a beaucoup grandi cette année*, è cresciuto molto quest'anno ♦ *v.tr.* **1** ingrandire (*anche fig.*) || — *un danger*, esagerare un pericolo **2** rendere più alto || — *aux yeux de qqn*, (*fig.*) innalzare agli occhi di qlcu.

grandissant [gʀɑ̃disɑ̃] *agg.* crescente.

grandissime [gʀɑ̃disim] *agg.* grandissimo.

grand-livre [gʀɑ̃livʀ] (pl. *grands-livres*) *s.m.* libro mastro, partitario.

grand-maman [gʀɑ̃mamɑ̃] (pl. *grand(s)-mamans*) *s.f.* (*fam.*) nonna.

grand-mère [gʀɑ̃mɛʀ] (pl. *grand(s)-mères*) *s.f.* **1** nonna **2** (*fam.*) vecchietta, nonnina.

grand-messe [gʀɑ̃mɛs] (pl. *grand(s)-messes*) *s.f.* messa cantata.

grand-oncle [gʀɑ̃tɔ̃kl] (pl. *grands-oncles*) *s.m.* prozio.

grand-papa [gʀɑ̃papa] (pl. *grands-papas*) *s.m.* (*fam.*) nonno.

grand-peine, à [agʀɑ̃pɛn] *locuz.avv.* a (gran) fatica, a stento.

grand-père [gʀɑ̃pɛʀ] (pl. *grands-pères*) *s.m.* **1** nonno **2** (*fam.*) vecchietto, nonnino.

grand-route [gʀɑ̃ʀut] (pl. *grand(s)-routes*) *s.f.* stradone (*m.*).

grand-rue [gʀɑ̃ʀy] (pl. *grand(s)-rues*) *s.f.* via principale (di paese).

grands-parents [gʀɑ̃paʀɑ̃] *s.m.pl.* nonni.

grand-tante [gʀɑ̃tɑ̃t] (pl. *grand(s)-tantes*) *s.f.* prozia.

grand-voile [gʀɑ̃vwal] (pl. *grand(s)-voiles*) *s.f.* (*mar.*) vela di maestra, randa.

grange [gʀɑ̃ʒ] *s.f.* granaio (*m.*); fienile (*m.*); pagliaio (*m.*).

granit, granite [gʀanit] *s.m.* (*min.*) granito.

granité [gʀanite] *agg.* granulare, a grana ♦ *s.m.* **1** tessuto a grana grossa **2** granita (*f.*).

graniteux [gʀanitø] (*f.*-*euse*) *agg.* contenente granito.

granitique [gʀanitik] *agg.* granitico (*anche fig.*).

granulaire [gʀanylɛʀ] *agg.* granulare.

granulation [gʀanylɑsjɔ̃] *s.f.* **1** (*scient.*) granulazione **2** (*fot.*) granulosità.

granule [gʀanyl] *s.m.* granulo.

granulé [gʀanyle] *agg.* granulare ♦ *s.m.* granulo.

granuleux [gʀanylø] (*f.*-*euse*) *agg.* granuloso.

granulite [gʀanylit] *s.f.* (*geol.*) granulite.

granulocyte [gʀanylɔsit] *s.m.* granulocita.

granulome [gʀanylom] *s.m.* (*med.*) granuloma.

grapefruit [gʀɛpfʀut] *s.m.* pompelmo rosa.

graphie [gʀafi] *s.f.* grafia.

graphique [gʀafik] *agg.* e *s.m.* grafico || — *cartésien*, diagramma cartesiano ♦ *s.f.* grafica.

graphisme [gʀafism] *s.m.* **1** grafia (*f.*) **2** grafismo.

graphiste [gʀafist] *s.m.* grafico.

graphite [gʀafit] *s.m.* grafite (*f.*).

grapho- *pref.* grafo-

graphologie [gʀafɔlɔʒi] *s.f.* grafologia.

graphologique [gʀafɔlɔʒik] *agg.* grafologico.

graphologue [gʀafɔlɔg] *agg.* e *s.m.* grafologo.

graphomanie [gʀafɔmani] *s.f.* grafomania.

grappe [gʀap] *s.f.* grappolo (*m.*).

grappiller [gʀapije] *v.intr.* e *tr.* **1** racimolare **2** rubacchiare.

grappin [gʀapɛ̃] *s.m.* **1** (*mar.*) grappino **2** rampino || *jeter le — sur qqn*, (*fam.*) accalappiare qlcu.

gras [gʀa] (f. *grasse*) *agg.* **1** grasso; unto: *les matières grasses*, le sostanze grasse; *les corps —*, i grassi || *un homme gros et —*, un ciccione || *jours —*, giorni di grasso; *mardi —*, martedì grasso **2** (*fig.*) grasso, volgare; licenzioso **3** (*fig.*) abbondante; fertile: *il n'y a pas — à manger*, (*fam.*) non c'è molto da mangiare || *faire la grasse matinée*, dormire fino a tardi **4** (*tip.*) grassetto, neretto: *caractères —*, caratteri in grassetto || *crayon —*, matita morbida ♦ *avv.: faire —*, mangiare di grasso; *manger —*, mangiare grasso ♦ *s.m.* **1** grasso || *le — du jambon*, il grasso del prosciutto **2** (*tip.*) grassetto, neretto.

gras-double [gʀadubl] (pl. *gras-doubles*) *s.m.* (*macelleria*) chiappa (*f.*), trippa di bue.

grassement [gʀasmɑ̃] *avv.* largamente, abbondantemente || *il est — payé*, è pagato profumatamente || *rire —*, ridere sguaiatamente.

grasseyement [gʀasejmɑ̃] *s.m.* il pronunciare la erre grassa, la erre uvulare.

grasseyer [gʀaseje] (*conserva sempre la* y) *v.intr.* pronunciare la erre grassa, la erre uvulare.

grassois [gʀaswa] *agg.* di Grasse.

grassouillet [gʀasuje] (f. *-ette*) *agg.* (*fam.*) grassoccio, grassottello.

gratifiant [gʀatifjɑ̃] *agg.* gratificante.

gratification [gʀatifikasjɔ̃] *s.f* **1** gratifica, premio (*m.*) **2** (*psic.*) gratificazione.

gratifier [gʀatifje] *v.tr.* **1** concedere; accordare: — *qqn d'un pourboire*, dare una mancia a qlcu **2** (*psic.*) gratificare (*anche fig.*).

gratin [gʀatɛ̃] *s.m.* **1** (*cuc.*) gratin: *macaroni au —*, maccheroni al gratin **2** crosta (sulla superficie di vivande cotte al forno) **3** (*fig. fam.*) fior fiore, crema (*f.*): *il ne fréquente que le —*, frequenta solo il fior fiore della società.

gratiné [gʀatine] *agg.* **1** (*cuc.*) gratinato **2** (*fam.*) originale; ridicolo.

gratinée [gʀatine] *s.f.* (*cuc.*) zuppa gratinata di cipolle.

gratiner [gʀatine] *v.tr.* (*cuc.*) gratinare.

gratis [gʀatis] *avv.* e *agg. invar.* gratis.

gratitude [gʀatityd] *s.f.* gratitudine.

grattage [gʀataʒ] *s.m.* raschiamento.

gratte [gʀat] *s.f.* (*fam.*) **1** chitarra **2** piccoli guadagni illeciti.

gratte-ciel [gʀatsjel] (pl. *invar.*) *s.m.* grattacielo.

gratte-cul [gʀatky] (pl. *invar.* o *gratte-culs*) *s.m.* (*bot. pop.*) grattaculo.

grattement [gʀatmɑ̃] *s.m.* grattata (*f.*).

gratte-papier [gʀatpapje] (pl. *invar.*) *s.m.* (*spreg.*) imbrattacarte, scribacchino.

gratter [gʀate] *v.tr.* **1** grattare || — *le papier*, (*fig. fam.*) scribacchiare **2** raschiare (via) **3** (*fam.*) prudere: *ça me gratte*, mi prude ♦ *v.intr.* **1** raspare, grattare || — *à la porte*, bussare timidamente || — *du violon*, strimpellare il violino || *cette plume gratte*, questa penna raschia **2** (*fam.*) sgobbare □ **se gratter** *v.pron.* grattarsi.

grattoir [gʀatwaʀ] *s.m.* raschiatoio || — (*à papier*), raschietto.

gratuit [gʀatɥi] *agg.* gratuito (*anche fig.*) || **-ement** *avv.*

gratuité [gʀatɥite] *s.f.* gratuità (*anche fig.*).

gravats [gʀava] *s.m.pl.* materiale di demolizione; calcinacci.

grave [gʀav] *agg.* grave || *c'est pas —!*, (*fam.*) non preoccuparti! ♦ *s.m.* **1** grave **2** (*mus.*) registro dei suoni gravi **3** *pl.* i (suoni) gravi.

graveleux [gʀavlø] (f. *-euse*) *agg.* licenzioso.

gravelle [gʀavɛl] *s.f.* (*med.*) renella.

gravement [gʀavmɑ̃] *avv.* gravemente; seriamente.

graver [gʀave] *v.tr.* incidere; intagliare; scolpire: — *un disque*, incidere un disco; — *sur le marbre*, scolpire nel marmo □ **se graver** *v.pron.* (*fig.*) imprimersi.

graves [gʀav] *s.f.pl.* terre sabbiose e ciottolose nella regione di Bordeaux ♦ *s.m.* graves (vino della regione di Bordeaux).

graveur [gʀavœʀ] *s.m.* incisore, intagliatore: — *sur pierre*, litografo; — *sur bois*, silografo; — *sur cuivre*, calcografo; — *à l'eau-forte*, acquafortista.

gravide [gʀavid] *agg.* (*med.*, *zool.*) gravido.

gravidique [gʀavidik] *agg.* (*med.*) gravidico.

gravier [gʀavje] *s.m.* ghiaia (*f.*).

gravillon [gʀavijɔ̃] *s.m.* ghiaietto.

gravir [gʀaviʀ] *v.tr.* salire (con fatica) (*anche fig.*); inerpicarsi (su, per).

gravitation [gʀavitasjɔ̃] *s.f.* gravitazione.

gravitationnel [gʀavitasjɔnɛl] (f. *-elle*) *agg.* gravitazionale.

gravité [gʀavite] *s.f.* gravità (*anche fig.*) || *un air de —*, un'aria grave || *un accident sans —*, un incidente di lieve entità.

graviter [gʀavite] *v.intr.* gravitare (*anche fig.*).

gravure [gʀavyʀ] *s.f.* incisione || — *à l'eau-forte*, acquaforte || *gravures en couleurs*, illustrazioni, stampe a colori || — *de mode*, figurino (di moda).

gré [gʀe] *s.m.* **1** gradimento, piacimento: *je l'ai trouvé à mon —*, l'ho trovato di mio gradimento; *vous pouvez choisir à votre —*, potete scegliere a vostro piacimento || *à mon —*, tu es trop gentil, secondo me sei troppo gentile || *contre le — de*, contro il volere di || *de son plein —*, di sua spontanea volontà || *au — de*, secondo || *de bon —*, di buon grado, volentieri; *de mauvais —*, controvoglia || *bon —*, *mal —*, volente, nolente || *contre mon, son —*, mio, suo malgrado || *de — ou de force*, con le buone o con le cattive || *de — à —*, in via amichevole **2** gratitudine (*f.*) || *savoir (bon) — à qqn*, essere grato a qlcu || *savoir mauvais — à qqn*, essere scontento di qlcu.

grec [gʀɛk] (f. *grecque*) *agg.* e *s.m.* greco.

gréco-romain [gʀekɔʀɔmɛ̃] (pl. *gréco-romains*) *agg.* greco-romano.

grecque [gʀɛk] *s.f.* (*ornamento*) greca.

gredin [gʀədɛ̃] *s.m.* mascalzone, furfante.

gréement [gʀemɑ̃] *s.m.* (*mar.*) attrezzatura (*f.*).

gréer [gʀee] *v.tr.* (*mar.*) armare.

greffage [gʀefaʒ] *s.m.* innesto.

greffe¹ [gʀef] *s.f.* innesto (*m.*); (*med.*) trapianto (*m.*).

greffe² *s.f.* cancelleria.

greffer [gʀefe] *v.tr.* innestare; (*med.*) trapiantare □ **se greffer** *v.pron.* (*fig.*) aggiungersi, inserirsi.

greffier [gʀefje] *s.m.* cancelliere.

greffoir [gʀefwaʀ] *s.m.* (*agr.*) innestatoio.

greffon [gʀefɔ̃] *s.m.* **1** (*agr.*) marza (*f.*) **2** (*med.*) (lembo da) innesto.

grégaire [gʀegɛʀ] *agg.* gregario; gregale.

grégarisme [gʀegaʀism] *s.m.* gregarismo.

grège [gʀɛʒ] *agg.* greggio, grezzo.

grégeois [gʀeʒwa] *agg.*: *feu —*, fuoco greco.

grégorien [gʀegɔʀjɛ̃] (f. *-enne*) *agg.* gregoriano.

grêle¹ [gʀɛl] *agg.* **1** gracile || (*anat.*) *intestin —*, intestino tenue **2** (*di suono*) tremulo.

grêle² *s.f.* grandine; (*fig.*) gragnola || *une — de balles*, una scarica di pallottole; *une — d'injures*, una sequela di insulti.

grêlé [gʀele] *agg.* butterato.

grêler [gʀele] *v.intr.impers.* grandinare: *il a grêlé*, è grandinato ♦ *v.tr.* (*di grandine*) devastare.

grêlon [gʀelɔ̃] *s.m.* chicco di grandine.

grelot [gʀəlo] *s.m.* sonaglio || *avoir les grelots*, avere fifa.

grelottant [gʀəlɔtɑ̃] *agg.* tremante.

grelottement [gʀəlɔtmɑ̃] *s.m.* tremito.

grelotter [gʀəlɔte] *v.intr.* tremare (per febbre, freddo ecc.).

grémille [gʀemij] *s.f.* (*zool. pop.*) acerina.

grenade [gʀənad] *s.f.* **1** (*bot.*) melagrana **2** (*mil.*) bomba a mano.

grenadier [gʀənadje] *s.m.* **1** (*bot.*) melograno **2** (*mil.*) granatiere.

grenadin [gʀənadɛ̃] *s.m.* (*cuc.*) grenadin (medaglione di vitello lardellato).

grenadine [gʀənadin] *s.f.* granatina.

grenaille [gʀənɑj] *s.f.* granaglie (*pl.*).

grenat [gʀəna] *s.m.* (*min.*) granato ♦ *agg.invar.* (colore) granata.

greneler [gʀə(e)nle] (*coniug. come* appeler) *v.tr.* granire.

grenette [gʀənet] *s.f.* (*in Svizzera*) mercato coperto.

grenier [gʀənje] *s.m.* **1** solaio, soffitta (*f.*): *fouiller la maison de la cave au —*, rovistare la casa da

cima a fondo **2** granaio (*anche fig.*) || *— à foin*, fienile.

grenoblois [gʀənɔblwa] *agg.* di Grenoble.

grenouillage [gʀənujaʒ] *s.m.* (*fam.*) intrallazzo.

grenouille [gʀənuj] *s.f.* rana, ranocchio (*m.*) || *manger la —*, (*fig.*) rubare il denaro di cassa.

grenouiller [gʀənuje] *v.intr.* (*fam.*) intrallazzare.

grenouillère [gʀənujɛʀ] *s.f.* tutina (per bebè).

grenu [gʀəny] *agg.* **1** granuloso **2** (*geol.*) granitico.

grès [gʀɛ] (pl. *invar.*) *s.m.* gres.

gréseux [gʀezø] (f. *-euse*) *agg.* arenoso.

grésil [gʀezil] *s.m.* nevischio.

grésillement [gʀezijmɑ̃] *s.m.* crepitio.

grésiller¹ [gʀezije] *v.intr.* **1** crepitare; sfrigolare **2** (*di radio ecc.*) gracchiare.

grésiller² *v.intr.impers.* nevischiare.

gressin [gʀesɛ̃] *s.m.* grissino.

grève¹ [gʀɛv] *s.f.* **1** spiaggia estesa **2** greto (*m.*).

grève² *s.f.* sciopero (*m.*): *— illimitée*, sciopero a oltranza; *— du zèle*, sciopero bianco; *— sur le tas*, sciopero con occupazione del posto di lavoro; *— perlée*, sciopero a singhiozzo; *— tournante*, sciopero a scacchiera; *briseur de —*, crumiro; *faire (la) —*, fare sciopero, scioperare; *se mettre en —*, mettersi, entrare in sciopero.

grever [gʀəve] (*coniug. come* semer) *v.tr.* gravare (su).

gréver [gʀeve] *v.intr.* (*in Africa*) scioperare.

gréviste [gʀevist] *agg.* e *s.m.* scioperante.

gribouillage [gʀibujaʒ] *s.m.* (*fam.*) scarabocchio, sgorbio.

gribouille [gʀibuj] *s.m.* sempliciotto.

gribouiller [gʀibuje] *v.intr.* e *tr.* scarabocchiare.

gribouilleur [gʀibujœʀ] (f. *-euse*) *s.m.* (*fam.*) scarabocchione.

gribouillis [gʀibuji] *s.m.* → **gribouillage**.

grief [gʀijef] *s.m.* motivo di risentimento, lagnanza (*f.*) || *faire — de qqch à qqn*, rimproverare qlco a qlcu || *il m'en a toujours fait —*, non me l'ha mai perdonata || *j'ai de vieux griefs contre lui*, ho una vecchia ruggine con lui || (*dir.*) *griefs d'appel, d'accusation*, motivi di appello, capi d'accusa.

grièvement [gʀijɛvmɑ̃] *avv.* gravemente.

griffe [gʀif] *s.f.* **1** artiglio (*m.*); unghia || *coup de —*, unghiata; (*fig.*) critica pungente || *tomber sous la — de qqn*, (*fig.*) cadere sotto le grinfie di qlcu **2** graffa (nei gioielli) **3** firma; (*fig.*) impronta, tocco (*m.*): *ce tableau porte la — du maître*, in questo quadro si vede il tocco del maestro **4** firma stampigliata; sigla.

griffer [gʀife] *v.tr.* graffiare.

griffon [gʀifɔ̃] *s.m.* **1** (*cane*) griffone, spinone **2** (*uccello*) grifone.

griffonnage [gʀifɔnaʒ] *s.m.* scarabocchio.

griffonner [gʀifɔne] *v.tr.* scarabocchiare; buttar giù.

griffu [gʀify] *agg.* artigliato, munito di artigli.

griffure [gʀifyʀ] *s.f.* graffiata; graffio (*m.*).

grignotement [gʀiɲɔtmɑ̃] *s.m.* il rosicchiare.

grignoter [gʀiɲɔte] *v.tr.* rosicchiare, spiluzzicare || (*estens.*): *petit à petit il a grignoté toute sa for-*

tune, a poco a poco ha fatto fuori tutto il suo patrimonio; *la mer a grignoté le littoral*, il mare ha eroso il litorale.

grigou [grigu] *s.m.* (*fam.*) spilorcio, taccagno.

grigri, gri-gri [grigri] (pl. *grigris, gris-gris*) *s.m.* amuleto africano contro il malocchio; (*estens.*) portafortuna.

gril [gril] *s.m.* graticola (*f.*), griglia (*f.*) || *être, tenir sur le* —, (*fig.*) stare, tenere sulle spine.

grill [gril] *s.m.* grill-room.

grillade [grijad] *s.f.* carne ai ferri, alla griglia.

grillage[1] [grija3] *s.m.* **1** reticolato, rete metallica **2** traliccio.

grillage[2] *s.m.* tostatura (*f.*).

grillager [grija3e] (*coniug. come* manger) *v.tr.* chiudere, recingere con rete metallica.

grille [grij] *s.f.* **1** griglia, grata || — *des salaires*, tabella salariale **2** cancello (*m.*); inferriata **3** reticolato (di cruciverba).

grille-pain [grijpɛ̃] (pl. *invar.*) *s.m.* tostapane.

griller[1] [grije] *v.tr.* **1** cuocere ai ferri, sulla griglia (carne, pesce) **2** abbrustolire; tostare **3** bruciare || — *le feu rouge*, (*fam.*) passare col rosso || *se faire* —, (*fig.*) essere smascherato || — *une résistance*, far saltare, bruciare una resistenza || *en* — *une*, (*fam.*) fumare una sigaretta ♦ *v.intr.* **1** cuocere (ai ferri); tostare; abbrustolire **2** bruciare, ardere (*spec. fig.*) || — *d'impatience*, fremere, friggere d'impazienza □ **se griller** *v.pron.* bruciarsi.

griller[2] *v.tr.* fornire di grata; graticolare.

grilloir [grijwar] *s.m.* grill (del forno).

grillon [grijɔ̃] *s.m.* grillo.

grimaçant [grimasɑ̃] *agg.* contratto in una smorfia.

grimace [grimas] *s.f.* **1** smorfia: *faire des grimaces*, fare le boccacce || *faire la* —, (*fig.*) arricciare il naso **2** grinza (di tessuto) **3** *pl.* moine.

grimacer [grimase] (*coniug. come* placer) *v. intr.* **1** fare una smorfia, fare smorfie **2** fare grinze ♦ *v.tr.*: — *un sourire*, sforzarsi di sorridere.

grimage [grima3] *s.m.* truccatura (*f.*); trucco (di attore).

grimer [grime] *v.tr.* truccare (un attore).

grimoire [grimwar] *s.m.* scritto, libro incomprensibile, indecifrabile.

grimpant [grɛ̃pɑ̃] *agg.* rampicante.

grimper[1] [grɛ̃pe] *v.intr.* arrampicarsi; inerpicarsi: *ils ont grimpé*, si sono arrampicati || *le sentier grimpe dur*, il sentiero sale ripido || *les prix grimpent à vue d'œil*, (*fam.*) i prezzi salgono a vista d'occhio ♦ *v.tr.* salire.

grimper[2] *s.m.* arrampicamento (sulla fune).

grimpette [grɛ̃pet] *s.f.* (*fam.*) sentiero ripido.

grimpeur [grɛ̃pœr] (f. *-euse*) *agg.* (*zool.*) rampicante ♦ *s.m.* (*sport*) scalatore.

grimpion [grɛ̃pjɔ̃] (f. *-ionne*) *s.m.* (*in Svizzera*) arrivista.

grinçant [grɛ̃sɑ̃] *agg.* **1** cigolante **2** (*fig.*) stridente || *des compliments grinçants*, dei complimenti a denti stretti.

grincement [grɛ̃smɑ̃] *s.m.* cigolio, stridio; (*di denti*) digrignamento.

grincer [grɛ̃se] (*coniug. come* placer) *v.intr.* **1** cigolare, stridere || — *des dents*, digrignare i denti **2** stridere (del pipistrello).

gringalet [grɛ̃gale] *s.m.* (*fam.*) omarino.

griot [grijo] *s.m.* cantastorie della tradizione africana.

griotte [grijɔt] *s.f.* (*bot.*) visciola, agriotta.

grippage [gripa3] *s.m.* (*mecc.*) grippaggio.

grippal [gripal] (pl. *-aux*) *agg.* (*med.*) influenzale.

grippe [grip] *s.f.* (*med.*) influenza || *prendre qqn en* —, (*fig.*) prendere in antipatia qlcu.

grippé [gripe] *agg.* **1** (*med.*) influenzato **2** (*mecc.*) grippato.

gripper [gripe] *v.intr.* incepparsi; (*mecc.*) grippare □ **se gripper** *v.pron.* incepparsi, gripparsi.

grippe-sou [gripsu] (pl. *grippe-sou(s)*) *s.m.* (*fam.*) avaraccio, spilorcio, pidocchio.

gris [gri] *agg.* **1** grigio (*anche fig.*): *une jupe foncé*, — *vert*, una gonna grigio scuro, grigio verde || *il fait* —, il cielo è coperto || *faire grise mine à qqn*, fare il sostenuto con qlcu **2** (*fig.*) alticcio ♦ *s.m.* **1** grigio **2** (*tabacco*) trinciato.

grisaille [grizaj] *s.f.* **1** (*pitt.*) grisaille **2** (*fig.*) grigiore (*m.*).

grisant [grizɑ̃] *agg.* inebriante (*anche fig.*).

grisâtre [grizatr] *agg.* grigiastro.

grisbi [grizbi] *s.m.* (*argot*) grana (*f.*).

griser [grize] *v.tr.* ubriacare, inebriare (*anche fig.*) || *il s'est laissé* — *par le succès*, il successo gli ha dato alla testa □ **se griser** *v.pron.* ubriacarsi, inebriarsi (*anche fig.*).

griserie [grizri] *s.f.* ebbrezza (*anche fig.*).

grisoller [grizɔle] *v.intr.* trillare (dell'allodola).

grison [grizɔ̃] (f. *-onne*) *agg.* dei Grigioni.

grisonnant [grizɔnɑ̃] *agg.* brizzolato.

grisonner [grizɔne] *v.intr.* diventar grigio di capelli, ingrigire.

grisou [grizu] *s.m.* grisù, gas delle miniere.

grive [griv] *s.f.* (*zool.*) tordo (*m.*).

grivèlerie [grivɛlri] *s.f.* il consumare senza pagare (in un locale pubblico).

grivois [grivwa] *agg.* salace, licenzioso.

grivoiserie [grivwazri] *s.f.* scurrilità.

groenlandais [grɔenlɑ̃dɛ] *agg.* e *s.m.* groenlandese.

groggy [grɔgi] *agg.* (*fam.*) **1** (*di pugile*) suonato **2** (*fig.*) stordito.

grognard [grɔɲar] *s.m.* veterano della guardia di Napoleone.

grogne [grɔɲ] *s.f.* (*fam.*) malcontento (*m.*): *le climat est à la* —, c'è del malcontento in giro.

grognement [grɔɲmɑ̃] *s.m.* **1** grugnito **2** (*fig. fam.*) mugugno.

grogner [grɔɲe] *v.intr.* **1** grugnire (*anche fig.*) **2** (*del cane*) ringhiare.

grognon [grɔɲɔ̃] (f. *-onne* o *invar.*) *agg.* e *s.m.* brontolone; musone.

groin [grwɛ̃] *s.m.* grugno.

grole, grolle [grɔl] *s.f.* (*fam.*) scarpa.

grommeler [grɔmle] (*coniug. come* appeler) *v.tr.* e *intr.* (*fam.*) borbottare, mormorare fra i denti.

grommellement [gʀɔmɛlmã] *s.m.* borbottio.

grondement [gʀɔ̃dmã] *s.m.* rombo.

gronder [gʀɔ̃de] *v.tr.* sgridare, rimproverare ♦ *v.intr.* **1** tuonare **2** *(fig.)* incombere.

gronderie [gʀɔ̃dʀi] *s.f.* rimbrotto *(m.)*.

grondeur [gʀɔ̃dœʀ] (f. *-euse*) *agg.* che rimprovera: *d'un ton* —, in tono di rimprovero.

grondin [gʀɔ̃dɛ̃] *s.m.* *(zool.)* pesce cappone.

gros[1] [gʀo] (f. *grosse*) *agg.* **1** grosso *(anche fig.)*: — *sel*, sale grosso; *un* — *chat*, un gattone; *de grosses larmes*, dei lacrimoni; *une grosse chute de neige*, un'abbondante nevicata; *une grosse faute*, un grave errore; *un* — *rire*, una risata fragorosa; *la grosse chaleur*, il gran caldo; *faire de* — *travaux*, fare dei lavori importanti; *elle n'aime pas faire les* — *travaux*, non le piace fare i lavori pesanti || *une femme grosse*, *(fam.)* una donna incinta **2** gonfio: *des yeux* — *de larmes*, occhi gonfi di lacrime || *grosse mer*, mare grosso; — *temps*, tempo di burrasca **3** grasso ♦ *avv.* **1** grosso: *écrire* —, scrivere grosso **2** molto: *gagner* —, guadagnare molto || *c'est* —, *c'est un peu* —, è un po' troppo, è un po' esagerato.

gros[2] *s.m.* **1** grosso || *le plus* — *est fait*, il più è fatto || *en* —, a grandi linee **2** *(fam. scherz.)* uomo grosso, corpulento || *un bon* —, un pacioccone **3** *commerce de*, *en* —, commercio in grosso, all'ingrosso.

gros-doigt [gʀodwa] (pl. *gros-doigts*) *agg.* *(isola Riunione)* maldestro.

groseille [gʀozɛj] *s.f.* *(frutto)* ribes *(m.)*: — *à maquereau*, uva spina ♦ *agg.invar.* rosso chiaro.

groseillier [gʀozɛje] *s.m.* *(pianta)* ribes.

gros-grain [gʀogʀɛ̃] (pl. *gros-grains*) *s.m.* grosgrain; canneté.

gros-Jean [gʀoʒɑ̃] *s.m.invar.*: *être* — *comme devant*, rimanere con un palmo di naso.

gros-plant [gʀoplã] (pl. *gros-plants*) *s.m.* grosplant (vitigno della regione di Nantes).

gros-porteur [gʀopɔʀtœʀ] (pl. *gros-porteurs*) *s.m.* *(aer.)* jumbo-jet, cargo.

grosse [gʀos] *s.f.* **1** *(comm.)* grossa, dodici dozzine **2** *(dir.)* copia originale (di un atto).

grossesse [gʀosɛs] *s.f.* gravidanza.

grosseur [gʀosœʀ] *s.f.* **1** grossezza, grandezza; dimensione **2** *(med.)* gonfiore *(m.)*.

grossier [gʀosje] (f. *-ère*) *agg.* **1** grossolano: *une faute grossière*, un errore grossolano **2** ordinario, rozzo *(anche fig.)*: *étoffe grossière*, stoffa grezza **3** volgare, sboccato **4** sommario: *description grossière*, descrizione sommaria || **-èrement** *avv.*

grossièreté [gʀosjɛʀte] *s.f.* **1** grossolanità; rozzezza **2** volgarità.

grossir [gʀosiʀ] *v.tr.* **1** ingrossare; ingrandire, aumentare *(anche fig.)* **2** *(fig.)* esagerare; gonfiare ♦ *v.intr.* **1** ingrassare: *il a beaucoup grossi*, è ingrassato molto **2** ingrossare.

grossissant [gʀosisã] *agg.* **1** crescente, in aumento **2** che ingrandisce || *verre* —, lente d'ingrandimento.

grossissement [gʀosismã] *s.m.* **1** ingrossa-

mento **2** *(fig.)* ingrandimento; esagerazione *(f.)*.

grossiste [gʀosist] *s.m.* grossista.

grotesque [gʀotɛsk] *agg.* e *s.m.* grottesco || **-ement** *avv.*

grotte [gʀɔt] *s.f.* grotta.

grouillant [gʀujã] *agg.* brulicante, formicolante.

grouillement [gʀujmã] *s.m.* brulichio, formicolio.

grouiller [gʀuje] *v.intr.* brulicare, formicolare □ **se grouiller** *v.pron.* *(fam.)* sbrigarsi, spicciarsi.

groupage [gʀupaʒ] *s.m.* **1** *(ferr.)* collettame **2** *(med.)* determinazione del gruppo sanguigno.

groupal [gʀupal] (pl. *-aux*) *agg.* di gruppo *imaginaire* —, immaginario collettivo.

groupe [gʀup] *s.m.* gruppo: — *de presse*, gruppo editoriale; — *pop*, complesso pop; *chef de* —, capogruppo || *cabinet de* —, studio di professionisti (associati) || — *sanguin*, gruppo sanguigno || — *scolaire*, plesso scolastico || *(tv)* — *mobile*, unità mobile.

groupement [gʀupmã] *s.m.* **1** raggruppamento **2** gruppo || — *d'entreprises*, coalizione d'imprese; — *d'intérêt économique*, joint-venture.

grouper [gʀupe] *v.tr.* raggruppare; riunire □ **se grouper** *v.pron.* raggrupparsi.

groupie [gʀupi] *(ingl.)* *s.f.* fan, ammiratrice.

groupuscule [gʀupyskyl] *s.m.* gruppuscolo.

grouse [gʀuz] *s.f.* *(zool.)* pernice bianca.

gruau [gʀyo] (pl. *-aux*) *s.m.* **1** fior di farina **2** semola *(f.)* **3** *(in Canada)* porridge.

grue [gʀy] *s.f.* *(zool., mecc.)* gru || — *à flèche*, gru a braccio; — *mobile*, autogru || *faire le pied de* —, *(fig.)* aspettare a lungo in piedi.

gruger [gʀyʒe] *(coniug. come* manger*)* *v.tr.* *(fig.)* turlupinare, truffare.

grumeau [gʀymo] (pl. *-eaux*) *s.m.* grumo.

grumeler, se [səgʀymle] *(coniug. come* appeler*)* *v.pron.* raggrumarsi.

grumeleux [gʀymlø] (f. *-euse*) *agg.* **1** grumoso **2** granuloso.

grutier [gʀytje] *s.m.* gruista.

gruyère [gʀyjɛʀ] *s.m.* groviera || *avoir la cervelle comme du* —, *(fam.)* avere vuoti di memoria.

guadeloupéen [gwadlupeɛ̃] (f. *-enne*) *agg.* della Guadalupa.

guanaco [gwanako] *s.m.* *(zool.)* guanaco.

guano [gwano] *s.m.* guano.

guatémaltèque [gwatemaltɛk] *agg.* e *s.m.* guatemalteco.

gué [ge] *s.m.* guado.

guéable [geabl] *agg.* guadabile.

guéer [gee] *v.tr.* guadare.

guelfe [gɛlf] *agg.* e *s.m.* guelfo.

guelte [gɛlt] *s.f.* *(comm.)* provvigione.

guenille [gənij] *s.f.* *(spec.pl.)* straccio *(m.)*.

guenon [gənɔ̃] *s.f.* **1** *(zool.)* scimmia femmina **2** *(fam.)* befana, racchiona.

guépard [gepaʀ] *s.m.* ghepardo.

guêpe [gɛp] *s.f.* vespa: *une taille de* —, un vitino di vespa || *pas folle, la* —!, *(fam.)* mica scemo!

guêpier [gepje] *s.m.* vespaio *(anche fig.)*.

guêpière [gepjɛʀ] *s.f.* busto (femminile).

guère [gɛʀ] *avv.* (*in frasi negative*) non molto: *je ne fume —*, non fumo quasi mai; *je n'ai — de courage*, non ho molto coraggio; *il n'y a — que toi qui puisses l'aider*, solo tu potresti aiutarlo.

guéret [geʀɛ] *s.m.* (*agr.*) maggese.

guérétois [geʀɛtwa] *agg.* di Guéret.

guéri [geʀi] *agg.* guarito (*anche fig.*).

guéridon [geʀidɔ̃] *s.m.* tavolino (a gamba centrale).

guérilla [geʀija] *s.f.* guerriglia.

guérillero [geʀijeʀo] *s.m.* guerrigliero.

guérir [geʀiʀ] *v.tr.* e *intr.* guarire (*anche fig.*) □ **se guérir** *v.pron.* guarire || *se — d'une mauvaise habitude*, liberarsi da una cattiva abitudine.

guérison [geʀizɔ̃] *s.f.* guarigione.

guérissable [geʀisabl] *agg.* guaribile, sanabile.

guérisseur [geʀisœʀ] (f. *-euse*) *s.m.* guaritore.

guérite [geʀit] *s.f.* garitta; casotto (*m.*).

guerre [gɛʀ] *s.f.* guerra: — *des étoiles*, guerra stellare; — *des ondes*, guerra dell'etere; *partir à la —*, partire per la guerra; *mourir, tomber à la —*, morire, cadere in guerra; *industrie de —*, industria bellica || (*fig.*): *partir en — contre qqch*, scagliarsi contro qlco; *faire la — à*, combattere, lottare contro || *nom de —*, nome di battaglia || *de — lasse*, per farla finita || *à la — comme à la —*, fare di necessità virtù || *c'est de bonne —*, siamo pari.

guerrier [geʀje] (f. *-ère*) *agg.* **1** guerresco: *chant —*, canto di guerra **2** guerriero, battagliero ♦ *s.m.* guerriero.

guerroyer [geʀwaje] (*coniug. come* employer) *v.intr.* (*letter.*) guerreggiare.

guet [gɛ] *s.m.* guardia (*f.*), vigilanza (*f.*): *faire le —*, fare la guardia; fare il palo.

guet-apens [gɛtapɑ̃] (pl. *guets-apens*) *s.m.* **1** imboscata (*f.*) **2** (*fig.*) tranello, trappola (*f.*).

guêtre [gɛtʀ] *s.f.* ghetta: — *de cuir*, gambale.

guetter [gete] *v.tr.* **1** spiare, fare la posta (a) **2** incombere (su), minacciare: *l'infarctus le guette*, rischia l'infarto □ **se guetter** *v.pron.* spiarsi.

guetteur [gɛtœʀ] *s.m.* sentinella (*f.*), vedetta (*f.*).

gueulante [gœlɑ̃t] *s.f.* (*fam.*) **1** sfuriata: *pousser une —*, fare una sfuriata **2** urlo di protesta.

gueulard[1] [gœlaʀ] *agg.* (*fam.*) che ha l'abitudine di urlare ♦ *s.m.* (*fam.*) urlone.

gueulard[2] *s.m.* (*metall.*) bocca (di altoforno).

gueule [gœl] *s.f.* **1** fauci (*pl.*), bocca (di animale) || *il fait noir comme dans la — d'un loup*, è buio pesto **2** (*fam.*) bocca: (*ferme*) *ta —!*, chiudi il becco!; (*pousser*) *un coup de —*, (fare) una sfuriata; *donner de la —*, urlare; *se soûler la —*, sbronzarsi; *se rincer la —*, bere || *être fort en —*, essere uno sbruffone || *une fine —*, un buongustaio **3** (*fam.*) faccia: *faire la —*, fare il muso; *se casser la —*, rompersi il muso || *avoir la — de bois*, avere la bocca impastata (dopo una sbornia) || *s'en foutre plein la —*, abboffarsi, rimpinzarsi; *en foutre plein la —*, darsi delle arie || *avoir de la —*, avere stile, classe **4** (*tecn.*) bocca.

gueule-de-loup [gœldəlu] (pl. *gueules-de-loup*) *s.f.* (*bot.*) bocca di leone.

gueulement [gœlmɑ̃] *s.m.* (*fam.*) urlo, strillo.

gueuler [gœle] *v.intr.* (*fam.*) **1** sbraitare **2** protestare ♦ *v.tr.* (*fam.*) gridare.

gueuleton [gœltɔ̃] *s.m.* (*fam.*) mangiata (*f.*), scorpacciata (*f.*): *un bon petit —*, un buon pranzetto.

gueuletonner [gœltɔne] *v.intr.* (*molto fam.*) fare una mangiata, una scorpacciata.

gueux [gø] (f. *gueuse*) *s.m.* (*letter.*) mendicante, accattone: *c'est un pauvre —*, è un povero diavolo || *courir la gueuse*, (*fam.*) correre la cavallina.

gugusse [gygys] *s.m.* (*fam.*) pagliaccio (di circo).

gui[1] [gi] *s.m.* (*bot.*) vischio.

gui[2] *s.m.* (*mar.*) boma.

guibolle [gibɔl] *s.f.* (*fam.*) gamba.

guiche [giʃ] *s.f.* ricciolo (*m.*), tirabaci (*m.*).

guichet [giʃɛ] *s.m.* **1** sportello || — (*de location*), (*in un teatro ecc.*) botteghino, biglietteria; *jouer à guichets fermés*, registrare il tutto esaurito || — *bancaire*, sportello bancario **2** spioncino, grata (*f.*) **3** *pl.* biglietteria (della stazione).

guichetier [giʃtje] (f. *-ière*) *s.m.* sportellista; (*di teatro ecc.*) bigliettaio.

guidage [gidaʒ] *s.m.* **1** guida (*f.*) **2** (*aer.*) radioguida (*f.*).

guidance [gidɑ̃s] *s.f.*: *centre de —*, centro per l'assistenza ai bambini disadattati.

guide [gid] *s.m.* **1** guida (*f.*) (*anche fig.*): — *de montagne*, guida alpina **2** guida (*f.*), vademecum, prontuario ♦ *s.f.* **1** (*spec.pl.*) guida, redine: *mener la vie à grandes guides*, vivere alla grande **2** (*scoutismo*) giovane esploratrice.

guider [gide] *v.tr.* guidare (*anche fig.*) □ **se guider** *v.pron.* orientarsi (su).

guidon [gidɔ̃] *s.m.* **1** manubrio (di bicicletta ecc.) **2** mirino (di arma da fuoco): *viser plein —*, prendere esattamente la mira.

guignard [giɲaʀ] *s.m.* (*zool. pop.*) piviere.

guigne[1] [giɲ] *s.f.* (*bot.*) ciliegia tenerina, lustrina || *il se soucie de toi comme d'une —*, (*fam.*) non gliene importa un fico secco di te.

guigne[2] *s.f.* (*pop.*) scalogna, iella: *avoir la —*, essere scalognato.

guigner [giɲe] *v.tr.* sbirciare: — *du coin de l'œil*, dare una sbirciatina.

guignol [giɲɔl] *s.m.* **1** burattino || *faire le —*, fare il buffone **2** teatro dei burattini.

guignolet [giɲɔlɛ] *s.m.* (*fam.*) liquore di ciliegia.

guignon [giɲɔ̃] *s.m.* (*fam.*) iella (*f.*), scalogna (*f.*): *avoir du —*, essere scalognato.

guilledou [gijdu] *s.m.*: *courir le —*, (*fam.*) correre la cavallina.

guillemets [gijmɛ] *s.m.pl.* virgolette (*f.*).

guilleret [gijʀɛ] *agg.* arzillo, vispo; allegro.

guillocher [gijɔʃe] *v.tr.* rabescare.

guillochure [gijɔʃyʀ] *s.f.* rabescatura.

guillotine [gijɔtin] *s.f.* ghigliottina.

guillotiner [gijɔtine] *v.tr.* ghigliottinare.

guimauve [gimov] *s.f.* (*bot.*) altea selvatica, bismalva: *pâte de —*, pasticca emolliente all'altea || *à la —*, (*fig.*) sdolcinato, strappalacrime.

guimbarde [gɛ̃baʀd] *s.f.* (*fam.*) vecchia automobile, macinino (*m.*).

guimpe [gɛ̃p] *s.f.* (*abbigl.*) **1** soggolo (*m.*) **2** davantino (*m.*).

guincher [gɛ̃ʃe] *v.intr.* (*fam.*) fare quattro salti.

guindé [gɛ̃de] *agg.* impettito; compassato: *un air* —, un'aria sostenuta || *style* —, stile affettato, ampolloso.

guindeau [gɛ̃do] (pl. *-eaux*) *s.m.* (*mar.*) argano (per le ancore).

guinder [gɛ̃de] *v.tr.* (*mar.*) ghindare, issare □ **se guinder** *v.pron.* stare impettito; (*fig.*) darsi delle arie.

guinée [gine] *s.f.* ghinea.

guinéen [gineɛ̃] (f. *-enne*) *agg.* e *s.m.* guineano.

guingois, de [dəgɛ̃gwa] *locuz.avv.* di traverso, di sbieco.

guinguette [gɛ̃gɛt] *s.f.* trattoria di campagna (con balera).

guiper [gipe] *v.tr.* isolare (un filo elettrico).

guipure [gipyʀ] *s.f.* guipure (merletto a trama larga e in rilievo).

guirlande [giʀlɑ̃d] *s.f.* ghirlanda || *guirlandes de papier*, festoni di carta.

guise [giz] *s.f.* guisa, modo (*m.*) || *à sa* —, a modo suo, a suo piacimento; *à votre* —!, come vuole lei! || *en* — *de*, come; (*estens.*) al posto di.

guitare [gitaʀ] *s.f.* chitarra.

guitariste [gitaʀist] *s.m.* chitarrista.

guitoune [gitun] *s.f.* (*argot*) tenda.

guivre [givʀ] *s.f.* (*arald.*) biscione (*m.*).

gus, gusse [gys] *s.m.* (*fam.*) tizio.

gustatif [gystatif] (f. *-ive*) *agg.* gustativo || *nerf* —, nervo gustatorio.

gutta-percha [gytapɛʀka] (pl. *guttas-perchas*) *s.f.* guttaperca.

guttural [gytyʀal] (pl. *-aux*) *agg.* gutturale.

guyanais [gɥijanɛ] *agg.* della Guiana.

gym [ʒim] *s.f. abbr.* → **gymnastique.**

gymkhana [ʒimkana] *s.m.* gincana (*f.*).

gymnase [ʒimnɑz] *s.m.* **1** palestra (*f.*) **2** (*in Svizzera*) ginnasio-liceo.

gymnaste [ʒimnast] *s.m.* ginnasta.

gymnastique [ʒimnastik] *agg.* ginnastico ◆ *s.f.* **1** ginnastica: — *intellectuelle*, (*fig.*) ginnastica mentale || *au pas de* —, con passo di corsa regolare e cadenzato **2** (*fam.*) acrobazie (*pl.*).

gymnique [ʒimnik] *agg.* ginnico.

gymnosperme [ʒimnɔspɛʀm] *agg.* e *s.f.* (*bot.*) gimnosperma.

gymnote [ʒimnɔt] *s.m.* (*zool.*) gimnoto.

gyn(é)-, gyné(co)- *pref.* gin(e)-, gineco-

gynécée [ʒinese] *s.m.* gineceo.

gynécologie [ʒinekɔlɔʒi] *s.f.* ginecologia.

gynécologique [ʒinekɔlɔʒik] *agg.* ginecologico.

gynécologue [ʒinekɔlɔg] *s.m.* ginecologo.

gypaète [ʒipaɛt] *s.m.* gipeto.

gypse [ʒips] *s.m.* (*min.*) gesso, scagliola (*f.*).

gypseux [ʒipsø] (f. *-euse*) *agg.* gessoso.

gyrophare [ʒiʀɔfaʀ] *s.m.* lampeggiatore (di ambulanze ecc.).

gyroscope [ʒiʀɔskɔp] *s.m.* s.m. giroscopio.

gyroscopique [ʒiʀɔskɔpik] *agg.* giroscopico.

H

h [aʃ] *s.m.* h (*m.* e *f.*): — *muet, aspiré*, h muta, aspirata; *l'heure H*, l'ora X ‖ (*tel.*) — *comme Henri*, h come hotel.

*ha [a] *inter.* ah!

habile [abil] *agg.* abile; (*dir.*) capace ‖ — *à*, capace di, abile in ‖ **-ement** *avv.*

habileté [abilte] *s.f.* abilità; (*dir.*) capacità.

habilitation [abilitasjɔ̃] *s.f.* (*dir.*) abilitazione.

habilité [abilite] *s.f.* (*dir.*) capacità.

habiliter [abilite] *v.tr.* (*dir.*) abilitare.

habillage [abijaʒ] *s.m.* il vestire, vestizione (*f.*).

habillé [abije] *agg.* **1** vestito **2** elegante.

habillement [abijmɑ̃] *s.m.* **1** il vestire, il vestirsi **2** abbigliamento, vestiario **3** (*econ.*) industria dell'abbigliamento.

habiller [abije] *v.tr.* **1** vestire ‖ *cette robe t'habille bien*, questo vestito ti sta bene **2** ricoprire, rivestire **3** (*cuc.*) preparare (cibi per la cottura) □ **s'habiller** *v.pron.* vestirsi: *s'— en Arlequin*, mascherarsi da Arlecchino.

habilleuse [abijøz] *s.f.* (*teatr.*) costumista.

habit [abi] *s.m.* **1** abito, vestito elegante (da uomo) ‖ — *vert*, abito da cerimonia degli accademici di Francia **2** (*eccl.*) abito talare: *prendre l'—*, farsi prete, monaco **3** *pl.* vestiti, abiti.

habitabilité [abitabilite] *s.f.* abitabilità.

habitable [abitabl] *agg.* abitabile.

habitacle [abitakl] *s.m.* abitacolo.

habitant [abitɑ̃] *s.m.* **1** abitante ‖ *loger chez l'—*, alloggiare in casa privata **2** (*in Canada*) (*st.*, *fig.*) contadino.

habitat [abita] *s.m.* habitat, ambiente ‖ — *rural*, insediamento rurale.

habitation [abitasjɔ̃] *s.f.* abitazione: *habitations à loyer modéré* (*HLM*), case popolari ‖ *taxe d'—*, imposta annuale pagata da proprietari o affittuari di un'abitazione ammobiliata.

habité [abite] *agg.* abitato, popolato.

habiter [abite] *v.intr.* e *tr.* abitare (in), vivere (in): — (*à*) *la ville, en ville, la banlieue, en banlieue*, abitare in città, in centro, in periferia; *il habite Rome*, abita a Roma; *quelle rue habitez-vous?*, in che via abita?; — *32, rue de la Paix*, abitare in rue de la Paix, n. 32.

habitude [abityd] *s.f.* abitudine: *j'en ai l'—*, ci sono abituato; *je n'ai pas l'— de*, non sono abituato a; *les habitudes d'un pays*, le usanze di un paese ‖ *à son —*, come suo solito; *d'—*, di solito, generalmente; *comme d'—*, come al solito.

habitué [abitɥe] *s.m.* habitué; cliente abituale.

H MUET ET H ASPIRÉ

En français **h**, en début de mot, peut être muet ou aspiré.

1 h muet ne se prononce pas; les mots qui le précèdent s'élident, et on fait la liaison:

l'habitude [labityd]	*les hélicoptères* [lezelikɔptɛr]
j'habite [ʒabit]	*mes hommages* [mezɔmaʒ]
les hôtels [lezotɛl]	

2 h aspiré ne se prononce pas non plus. Toutefois les mots qui le précèdent ne s'élident pas, et on ne fait pas la liaison:

le harem [ləarɛm]	*les haches* [leaʃ]
il me hait [ilməɛ]	*la houille* [lauj]
il le harcèle [illəarsɛl]	*les hussards* [leysar]

Dans le dictionnaire les mots commençant par *h aspiré* sont signalés par un astérisque, sauf à l'interieur des exemples cités.

> ***haut** *agg.* alto
> ‖ *la haute* (*société*), l'alta società

> **aringa** s.f. ***hareng** (*m.*)

habituel [abitɥɛl] (f. *-elle*) *agg.* abituale: *au sens — du mot*, nell'accezione comune del termine; *c'est l'histoire habituelle*, è la solita storia || *-ellement avv.*

habituer [abitɥe] *v.tr.* abituare □ **s'habituer** *v.pron.* abituarsi.

*****hâblerie** [ɑblərɪ] *s.f.* fanfaronata, vanteria.

*****hâbleur** [ɑblœr] (f. *-euse*) *agg.* e *s.m.* fanfarone.

*****hache** [aʃ] *s.f.* scure, ascia, accetta: *— de guerre*, ascia di guerra (*anche fig.*).

*****haché** [aʃe] *agg.* tritato || *style —*, stile frammentario ♦ *s.m.* carne tritata, macinata.

*****hache-légumes** [aʃlegym] (pl. *invar.*) *s.m.* tritaverdura.

*****hacher** [aʃe] *v.tr.* tritare, trinciare: *— du persil*, tritare prezzemolo || *— les mots*, frammentare le parole.

*****hachereau** [aʃro] (pl. *-eaux*) *s.m.*, **hachette** [aʃɛt] *s.f.* accetta (*f.*).

*****hache-viande** [aʃvjɑ̃d] (pl. *invar.*) *s.m.* tritacarne.

*****hachis** [aʃi] *s.m.* (*cuc.*) **1** carne tritata, macinata **2** battuto, trito.

*****hachisch** [aʃiʃ] *s.m.* → **haschisch**.

*****hachoir** [aʃwar] *s.m.* **1** tagliere **2** mezzaluna (*f.*) **3** (*apparecchio*) tritatutto.

*****hachure** [aʃyr] *s.f.* tratteggio (*m.*): *à hachures*, tratteggiato.

*****hachurer** [aʃyre] *v.tr.* tratteggiare.

*****hafnium** [afnjɔm] *s.m.* (*chim.*) afnio.

*****hagard** [agar] *agg.* stravolto, sconvolto.

hagiographie [aʒjɔgrafi] *s.f.* agiografia.

hagiographique [aʒjɔgrafik] *agg.* agiografico.

*****haie** [ɛ] *s.f.* siepe: *une — de cyprès*, un filare di cipressi || *une — d'agents de police*, un cordone di agenti || (*sport*) *course de haies*, corsa a ostacoli.

*****haillon** [ajɔ̃] *s.m.* straccio, cencio: *en haillons*, cencioso.

*****haine** [ɛn] *s.f.* odio (*m.*), astio (*m.*): *avoir de la — pour qqch, qqn*, provare avversione per qlco, qlcu.

*****haineusement** [ɛnøzmɑ̃] *avv.* con odio, astiosamente.

*****haineux** [ɛnø] (f. *-euse*) *agg.* pieno, carico di odio; astioso, malevolo.

*****hainuyer** [ɛnɥije] (f. *-ère*) *agg.* dell'Hainaut (in Belgio).

*****haïr** [air]

Perde la dieresi nelle prime tre persone dell'Indic.pres. je hais, tu hais, il hait, *e nella* 2ᵃ *pers.sing. dell'Imp.* hais; *pass.rem.* nous haïmes, vous haïtes.

---

v.tr. odiare, detestare: *je le hais d'avoir trahi notre cause*, lo odio per avere tradito la nostra causa; *je hais que l'on me dérange*, detesto essere disturbato; *il ne hait pas le bon vin*, non disdegna il buon vino □ **se *haïr** *v.pron.* odiarsi.

*****haïssable** [aisabl] *agg.* odioso, detestabile.

*****haïtien** [aisjɛ̃] (f. *-enne*) *agg.* e *s.m.* haitiano.

*****halage** [a(ɑ)laʒ] *s.m.* alaggio: *chemin de —*, alzaia.

*****halbran** [albrɑ̃] *s.m.* (*zool.*) anatroccolo selvatico.

*****hâle** [ɑl] *s.m.* abbronzatura (*f.*).

*****hâlé** [ɑle] *agg.* abbronzato.

haleine [alɛn] *s.f.* **1** alito (*m.*), fiato (*m.*): *avoir mauvaise —*, avere l'alito cattivo **2** respiro (*m.*) || *courir à perdre —, à perte d'—*, correre a perdifiato || *être hors d'—*, avere il fiato mozzo; *il arriva hors d'—*, arrivò tutto trafelato || *un travail de longue —*, un lavoro di vasto, ampio respiro || *tenir qqn en —*, tenere qlcu nell'incertezza.

*****haler** [a(ɑ)le] *v.tr.* e *intr.* (*mar.*) alare, rimorchiare da terra.

*****hâler** [ɑle] *v.tr.* abbronzare.

*****haletant** [altɑ̃] *agg.* ansante: *respiration haletante*, respirazione affannosa; *— d'effroi*, senza fiato per lo spavento.

*****halètement** [aletmɑ̃] *s.m.* ansito, affanno.

*****haleter** [alte] (*coniug. come* semer) *v.intr.* ansare, ansimare: *— d'émotion*, avere il cuore in gola per l'emozione.

haliteux [alitø] (f. *-euse*) *agg.* madido.

*****hall** [ol] *s.m.* **1** hall (*f.*), atrio **2** sala (*f.*), salone.

*****halle** [al] *s.f.* **1** mercato coperto **2** *pl.* mercati generali || *les Halles*, i vecchi mercati generali di Parigi; *les Halles de Rungis*, i (nuovi) mercati generali di Parigi **3** *— de gymnastique*, (*in Svizzera*) palestra.

*****hallebarde** [albard] *s.f.* alabarda || *il tombe, il pleut des hallebardes*, piove a catinelle.

hallucinant [alysinɑ̃] *agg.* allucinante.

hallucination [alysinɑsjɔ̃] *s.f.* allucinazione.

halluciné [alysine] *agg.* e *s.m.* allucinato.

hallucinogène [alysinɔʒɛn] *agg.* e *s.m.* allucinogeno.

*****halo** [alo] *s.m.* alone.

halogène [alɔʒɛn] *agg.* e *s.m.* alogeno: *lampe —*, lampada alogena.

*****halte** [alt] *s.f.* sosta (*anche fig.*); tappa ♦ *inter.* alt! || *halte-là!*, altolà!

*****halte-garderie** [altgardəri] (pl. *haltes-garderies*) *s.f.* istituzione di quartiere, che ospita, per un tempo limitato, i bambini dai 3 mesi ai 6 anni.

haltère [altɛr] *s.m.* (*sport*) peso (*m.*), manubrio (*m.*) || *poids et haltères*, sollevamento pesi.

haltérophile [alterɔfil] *s.m.* sollevatore di pesi.

haltérophilie [alterɔfili] *s.f.* (*sport*) sollevamento pesi.

*****hamac** [amak] *s.m.* amaca (*f.*).

hamamélis [amamelis] *s.m.* (*bot.*) amamelide (*f.*).

*****hambourgeois** [ɑ̃burʒwa] *s.m.* (*in Canada*) hamburger.

*****hameau** [amo] (pl. *-eaux*) *s.m.* frazione (di un comune); (*estens.*) casolari isolati.

hameçon [amsɔ̃] *s.m.* amo (da pesca): *mordre à l'—*, (*anche fig.*) abboccare all'amo.

*****hampe** [ɑ̃p] *s.f.* **1** asta **2** (*bot.*) stelo senza foglie.

*****hamster** [amster] *s.m.* (*zool.*) criceto.

*****hanche** [ɑ̃ʃ] *s.f.* (*anat.*) anca.

*handball [ɑ̃dbal] *s.m.* (*sport*) pallamano (*f.*).
*handicap [ɑ̃dikap] *s.m.* handicap.
*handicapé [ɑ̃dikape] *agg.* e *s.m.* handicappato || — *moteur*, motuleso.
*handicaper [ɑ̃dikape] *v.tr.* handicappare.
*hangar [ɑ̃gaʀ] *s.m.* **1** capannone **2** (*aer.*) hangar.
*hanneton [antɔ̃] *s.m.* (*zool.*) maggiolino.
*hanter [ɑ̃te] *v.tr.* ossessionare, assillare || *maison hantée*, casa abitata dagli spiriti.
*hantise [ɑ̃tiz] *s.f.* ossessione, idea fissa.
*happer [ape] *v.tr.* **1** afferrare **2** (*di animale*) azzannare; afferrare (con il becco).
*harangue [aʀɑ̃g] *s.f.* **1** arringa **2** predica.
*haranguer [aʀɑ̃ge] *v.tr.* arringare.
*haras [aʀɑ] *s.m.* stazione di monta equina.
*harassant [aʀasɑ̃] *agg.* sfibrante, massacrante.
*harasser [aʀase] *v.tr.* stancare, sfiancare.
*harcelant [aʀsəlɑ̃] *agg.* assillante; molesto.
*harcèlement [aʀsɛlmɑ̃] *s.m.* l'assillare, assillo.
*harceler [aʀsəle] (*coniug. come* semer) *v.tr.* assillare; molestare: — *l'ennemi*, incalzare il nemico.
*harde [aʀd] *s.f.* branco (*m.*).
*hardi [aʀdi] *agg.* audace: *tu es bien — de faire comme ça!*, sei un bello sfacciato a fare così! ♦ *inter.* coraggio!: —! *les gars!*, forza ragazzi!
*hardiesse [aʀdjɛs] *s.f.* **1** audacia: *il manque de* —, gli manca il coraggio; *se permettre certaines hardiesses*, permettersi certe libertà **2** sfacciataggine.
*hardiment [aʀdimɑ̃] *avv.* audacemente; sfacciatamente.
*harem [aʀɛm] *s.m.* harem.
*hareng [aʀɑ̃] *s.m.* aringa (*f.*) || *serrés comme des harengs*, pigiati come sardine || *sec comme un* —, magro come un'acciuga.
*hargne [aʀɲ] *s.f.* astio (*m.*).
*hargneusement [aʀɲøzmɑ̃] *avv.* astiosamente, con malanimo.
*hargneux [aʀɲø] (f. *-euse*) *agg.* astioso || *un chien* —, un cane ringhioso.
*haricot¹ [aʀiko] *s.m.* fagiolo || *haricots verts*, fagiolini || (*fam.*): *c'est la fin des haricots!*, è la fine di tutto!; *des haricots!*, (non avrai) un fico secco!
*haricot² *s.m.* (*cuc.*) — (*de mouton*), spezzatino di agnello con patate e cipolle.
*haridelle [aʀidɛl] *s.f.* ronzino (*m.*).
*harissa [aʀisa] *s.f.* (*cuc.*) harissa (salsa piccante).
*harki [aʀki] *s.m.* (*mil.*) harki (soldato algerino affiancato all'esercito francese dal 1951 al 1962).
harmonica [aʀmɔnika] *s.m.* (*mus.*) armonica (*f.*).
harmonie [aʀmɔni] *s.f.* armonia (*anche fig.*) || — *municipale*, banda municipale || *table d'* —, cassa armonica.
harmonieusement [aʀmɔnjøzmɑ̃] *avv.* armoniosamente, con armonia.
harmonieux [aʀmɔnjø] (f. *-euse*) *agg.* armonioso.
harmonique [aʀmɔnik] *agg.* e *s.m.* armonico (*anche fig.*) ♦ *s.f.* armonica.
harmonisation [aʀmɔnizasjɔ̃] *s.f.* (*mus.*) armonizzazione.

harmoniser [aʀmɔnize] *v.tr.* armonizzare (*anche fig.*) □ **s'harmoniser** *v.pron.* armonizzarsi, intonarsi.
harmoniste [aʀmɔnist] *s.m.* armonista.
harmonium [aʀmɔnjɔm] *s.m.* (*mus.*) armonio.
*harnachement [aʀnaʃmɑ̃] *s.m.* **1** bardatura (*f.*) **2** (*fam.*) tenuta (*f.*).
*harnacher [aʀnaʃe] *v.tr.* bardare (*anche fig.*).
*harnais [aʀnɛ] *s.m.* bardatura (*f.*) || *blanchir, vieillir sous le* —, (*fig.*) invecchiare nel mestiere.
*haro [aʀo] *inter.* dagli! || *crier — sur qqn*, (*fig.*) inveire contro qlcu.
harpagon [aʀpagɔ̃] *s.m.* avaro, spilorcio.
*harpe [aʀp] *s.f.* (*mus.*) arpa.
*harpie [aʀpi] *s.f.* arpia.
*harpiste [aʀpist] *s.m.* arpista.
*harpon [aʀpɔ̃] *s.m.* (*pesca*) arpione, fiocina (*f.*).
*harponnage [aʀpɔnaʒ], **harponnement** [aʀpɔnmɑ̃] *s.m.* l'arpionare.
*harponner [aʀpɔne] *v.tr.* **1** (*pesca*) arpionare, fiocinare **2** (*fam.*) agganciare.
*harponneur [aʀpɔnœʀ] *s.m.* fiociniere, ramponiere.
*hasard [azaʀ] *s.m.* caso; combinazione (*f.*); (*chance*) sorte (*f.*): *quel heureux* —!, che combinazione! || *jeu de* —, gioco d'azzardo || *au* —, a caso, alla ventura || *à tout* —, a ogni buon conto; *au — de...*, secondo..., secondo il capriccio di...|| *par* —, per caso.
*hasarder [azaʀde] *v.tr.* **1** rischiare **2** arrischiare; tentare □ **se hasarder** *v.pron.* **1** rischiare, esporsi **2** arrischiarsi, osare.
*hasardeux [azaʀdø] (f. *-euse*) *agg.* **1** rischioso **2** audace, temerario.
*haschisch [aʃiʃ] *s.m.* hashish, hascisc.
*hase [az] *s.f.* (*zool.*) lepre femmina.
*hâte [ɑt] *s.f.* fretta, premura || *en* (*toute*) —, in fretta e furia || *à la* —, in fretta, alla svelta.
*hâter [ɑte] *v.tr.* **1** affrettare; (*accélérer*) accelerare **2** fare sbrigare, fare premura (a) □ **se hâter** *v.pron.* affrettarsi (a), sbrigarsi (a).
*hâtif [ɑtif] (f. *-ive*) *agg.* **1** precoce: *fruits hâtifs*, frutti primaticci **2** affrettato.
*hâtivement [ɑtivmɑ̃] *avv.* affrettatamente, in fretta e furia.
*hauban [obɑ̃] *s.m.* **1** (*mar.*) sartia (*f.*) **2** (*aer.*) cavo, tirante.
*haubaner [obane] *v.tr.* (*mar.*) controventare.
*hausse [os] *s.f.* **1** rialzo (*m.*): *température en* —, temperatura in aumento || *la — des loyers*, il rincaro degli affitti || (*Borsa*) *jouer à la* —, giocare al rialzo **2** (*di arma*) alzo.
*haussement [osmɑ̃] *s.m.* alzata (*f.*).
*hausser [ose] *v.tr.* alzare (*anche fig.*) ♦ *v.intr.* salire, crescere: *le prix de la viande a haussé*, il prezzo della carne è aumentato □ **se hausser** *v.pron.* alzarsi; (*fig.*) innalzarsi, elevarsi.
*haut¹ [o] *agg.* alto: *mur — de trois mètres*, muro alto tre metri; *tenir qqn en haute estime*, tenere qlcu in grande considerazione || *marcher la tête haute*, camminare a testa alta || *de la plus haute*

importance, della massima importanza ‖ *— en couleurs*, (*anche fig.*) molto colorito ‖ *la haute* (*société*), (*fam.*) l'alta società ♦ *avv.* **1** alto, in alto: *sauter —*, saltare alto; *des personnes — placées*, delle persone altolocate ‖ *de* (*très*) *—*, (*fig.*) con arroganza ‖ *— les cœurs!*, in alto i cuori! ‖ *— les mains!*, mani in alto! ‖ *— la main*, con la massima facilità ‖ *plus —*, più in alto, più sopra; *le paragraphe plus —*, il paragrafo sopra **2** lontano (nel tempo): *si — qu'on remonte dans l'histoire...*, per quanto si risalga nella storia... **3** ad alta voce: *penser tout —*, pensare ad alta voce ‖ *parler — et clair*, parlare chiaro e tondo □ **en haut** *locuz.avv.* **1** in alto: *tout en — du clocher*, proprio sulla punta del campanile ‖ *d'en —*, in cima; *le rayon d'en —*, lo scaffale più alto **2** di sopra, al piano superiore: *les chambres sont en —*, le camere sono di sopra.

*haut² *s.m.* **1** alto; parte superiore: *le — de la montagne*, la cima della montagna **2** altezza (*f.*): *monument de 30 mètres de —*, monumento alto 30 metri ‖ (*fig.*): *tomber de —*, rimanere deluso; *tomber de son —*, (*fig.*) cadere dalle nuvole ‖ *regarder qqn de — en bas*, guardare qlcu dall'alto in basso ‖ *par en —*, dall'alto.

*hautain [otɛ̃] *agg.* altero, arrogante.

*hautbois [obwa] *s.m.* (*mus.*) oboe.

*hautboïste [oboist] *s.m.* oboista.

*haut-de-chausse(s) [odʃos] (pl. *hauts-de-chausses*) *s.m.* (*st. abbigl.*) polpe (*f.pl.*).

*haut-de-forme [odfɔʀm] (pl. *hauts-de-forme*) *s.m.* (*cappello a*) cilindro.

*haute-contre [otkɔ̃tʀ] (pl. *hautes-contre*) *s.f.* e *m.* (*mus.*) contralto (*m.*).

*haute-fidélité [otfidelite] (pl. *hautes-fidélités*) *s.f.* (*tecn.*) alta fedeltà.

*hautement [otmɑ̃] *avv.* **1** apertamente, a voce alta **2** altamente, profondamente.

*hauteur [otœʀ] *s.f.* **1** altezza: *quelle est la — de cette maison?*, quanto è alta questa casa? ‖ *à la —*, (*anche fig.*) all'altezza **2** (*aer.*) quota: *prendre de la —*, prendere quota **3** (*fig.*) elevatezza **4** altura, colle (*m.*) **5** alterigia, altezzosità.

*haut-fond [ofɔ̃] (pl. *hauts-fonds*) *s.m.* (*mar.*) bassofondo.

*haut-le-cœur [olkœʀ] (pl. *invar.*) *s.m.* **1** nausea (*f.*), conato di vomito **2** (*fig.*) disgusto.

*haut-le-corps [olkɔʀ] (pl. *invar.*) *s.m.* sussulto, sobbalzo.

*haut-parleur [opaʀlœʀ] (pl. *haut-parleurs*) *s.m.* altoparlante.

*haut-relief [oʀəljɛf] (pl. *hauts-reliefs*) *s.m.* altorilievo.

*hauturier [otyʀje] (f. *-ère*) *agg.* d'altura, di alto mare.

*havane [avan] *s.m.* avana.

*hâve [ɑv] *agg.* smunto, sparuto.

*havrais [ɑvʀɛ] *agg.* di Le Havre.

*havre [ɑvʀ] *s.m.* **1** porto di estuario; piccolo porto riparato **2** (*fig.*) oasi (*f.*), rifugio.

hawaïen (f. *-enne*), **hawaiien** [awajɛ̃] (f. *-enne*) *agg.* e *s.m.* hawaiano.

*hayon [ɛjɔ̃] *s.m.* portiera posteriore, quinta porta.

*hé [e] *inter.* **1** ehi!: *— là!*, ehi là! **2** (*sorpresa; rimpianto*) eh!: *— bien!*, ebbene?; *— oui!*, eh sì!

*heaume [om] *s.m.* elmo medievale.

hebdomadaire [ɛbdɔmadɛʀ] *agg.* settimanale ♦ *s.m.* (*giornale*) settimanale ‖ *— illustré*, fotogiornale.

hébergement [ebɛʀʒəmɑ̃] *s.m.* l'alloggiare, il dare asilo (a).

héberger [ebɛʀʒe] (*coniug. come* manger) *v.tr.* ospitare, alloggiare; dare asilo (a).

hébété [ebete] *agg.* ebete; inebetito ♦ *s.m.* ebete.

hébétement [ebetmɑ̃] *s.m.* ebetismo.

hébéter [ebete] (*coniug. come* céder) *v.tr.* inebetire.

hébétude [ebetyd] *s.f.* ebetismo (*m.*).

hébraïque [ebʀaik] *agg.* ebraico.

hébraïsant [ebʀaizɑ̃] *s.m.* ebraista, ebraicista.

hébreu [ebʀø] (pl. *-eux*) *agg.* (*solo m.*) ebreo ♦ *s.m.* **1** ebreo **2** (*lingua*) ebraico ‖ *c'est de l'— pour moi*, (*fig.*) questo per me è arabo.

hécatombe [ekatɔ̃b] *s.f.* ecatombe (*f.*).

hectare [ɛktaʀ] *s.m.* ettaro.

hecto- *pref.* etto-.

hectogramme [ɛktɔgʀam] *s.m.* etto (grammo).

hectolitre [ɛktɔlitʀ] *s.m.* ettolitro.

hectomètre [ɛktɔmɛtʀ] *s.m.* ettometro.

hédonisme [edɔnism] *s.m.* edonismo.

hédoniste [edɔnist] *agg.* edonistico ♦ *s.m.* edonista.

hédonistique [edɔnistik] *agg.* edonistico.

hégémonie [eʒemɔni] *s.f.* egemonia.

hégire [eʒiʀ] *s.f.* (*st. islamica*) egira.

*hein [ɛ̃, hɛ̃] *inter.* (*fam.*) **1** eh?, vero? **2** che cosa?, che?

*hélas, hélas [elɑs] *inter.* **1** ahimè!, ohimè! **2** sfortunatamente, purtroppo.

*héler [ele] (*coniug. come* céder) *v.tr.* chiamare (da lontano).

hélianthe [eljɑ̃t] *s.m.* (*bot.*) elianto.

hélice [elis] *s.f.* **1** elica ‖ *— de ventilation*, ventola **2** (*anat., arch.*) elice.

hélicoïdal [elikɔidal] (pl. *-aux*) *agg.* elicoidale.

hélicoptère [elikɔptɛʀ] *s.m.* elicottero.

héliocentrique [eljɔsɑ̃tʀik] *agg.* eliocentrico.

héliocentrisme [eljɔsɑ̃tʀism] *s.m.* (*astr.*) eliocentrismo.

héliographie [eljɔgʀafi] *s.f.* eliografia.

héliogravure [eljɔgʀavyʀ] *s.f.* rotocalcografia.

héliothérapie [eljɔteʀapi] *s.f.* elioterapia.

héliothérapique [eljɔteʀapik] *agg.* elioterapico.

héliotrope [eljɔtʀɔp] *s.m.* (*bot., min.*) eliotropio.

héliotypie [eljɔtipi] *s.f.* eliotipia.

héliport [elipɔʀ] *s.m.* (*aer.*) eliporto.

héliporté [elipɔʀte] *agg.* elitrasportato.

hélium [eljɔm] *s.m.* (*chim.*) elio.

hellébore [e(ɛl)lebɔʀ] *s.m.* → **ellébore**.

hellénique [e(ɛl)lenik] *agg.* ellenico.

hellénisme [e(ɛl)lenism] *s.m.* ellenismo.

helléniste [e(εl)lenist] *agg.* e *s.m.* ellenista, grecista.

hellénistique [e(εl)lenistik] *agg.* ellenistico.

helvétique [εlvetik] *agg.* elvetico.

*hem [εm] *inter.* ehi!; (*dubbio*) uhm!

hématie [emati, emasi] *s.f.* (*biol.*) emazia.

hématique [ematik] *agg.* ematico.

hématite [ematit] *s.f.* (*min.*) ematite.

hémato- *pref.* emato-

hématologie [ematɔlɔʒi] *s.f.* ematologia.

hématologiste [ematɔlɔʒist], **hématologue** [ematɔlɔg] *s.m.* ematologo.

hématome [ematom] *s.m.* ematoma.

hémérothèque [emerɔtɛk] *s.f.* emeroteca.

hémi- *pref.* emi-, semi-

hémicycle [emisikl] *s.m.* emiciclo.

hémiplégique [emipleʒik] *agg.* e *s.m.* (*med.*) emiplegico.

hémisphère [emisfεR] *s.m.* emisfero; (*mat.*) semisfera (*f.*).

hémisphérique [emisfεRik] *agg.* emisferico.

hémistiche [emistiʃ] *s.m.* emistichio.

hémo- *pref.* emo-

hémoglobine [emɔglɔbin] *s.f.* emoglobina.

hémolyse [emɔliz] *s.f.* (*biol.*) emolisi.

hémophile [emɔfil] *agg.* e *s.m.* emofiliaco.

hémophilie [emɔfili] *s.f.* (*med.*) emofilia.

hémoptysie [emɔptizi] *s.f.* (*med.*) emottisi.

hémorragie [emɔraʒi] *s.f.* emorragia.

hémorragique [emɔraʒik] *agg.* emorragico.

hémorroïdes [emɔrɔid] *s.f.pl.* emorroidi.

hémostatique [emɔstatik] *agg.* e *s.m.* emostatico.

hendécasyllabe [ẽdekasil/ab] *agg.* e *s.m.* endecasillabo.

*henné [ene] *s.m.* (*bot.*) henna (*f.*), henné.

*hennir [eniR] *v.intr.* nitrire.

*hennissement [enismã] *s.m.* nitrito.

*hep [εp] *inter.* ehi!

hépatique [epatik] *agg.* e *s.m.* epatico.

hépatite [epatit] *s.f.* (*med.*) epatite.

hépat(o)- *pref.* epat(o)-

hepta- *pref.* epta-

heptagonal [εptagɔnal] (pl. *-aux*) *agg.* ettagonale, ettagono.

heptagone [εptagɔn] *s.m.* ettagono.

heptamètre [εptamεtR] *s.m.* (*metrica*) settenario trocaico.

héraldique [εraldik] *agg.* araldico ◆ *s.f.* araldica.

héraultais [εroltε] *agg.* dell'Hérault (dipartimento).

*héraut [εro] *s.m.* araldo; (*fig.*) messaggero.

herbacé [εrbase] *agg.* erbaceo.

herbage [εrbaʒ] *s.m.* pascolo permanente.

herbe [εrb] *s.f.* **1** erba: *fines herbes*, erbe aromatiche, odori; *en —*, (*anche fig.*) in erba || *mauvaise —*, erbaccia, malerba; (*fig.*) pecora nera || *couper, faucher l' — sous le(s) pied(s) de qqn*, (*fig.*) fare lo sgambetto a qlcu **2** (*argot*) erba, marijuana.

herbeux [εrbø] (f. *-euse*) *agg.* erboso.

herbicide [εrbisid] *agg.* e *s.m.* erbicida, diserbante.

herbier [εrbje] *s.m.* erbario.

herbivore [εrbivɔr] *agg.* e *s.m.* erbivoro.

herboriser [εrbɔrize] *v.intr.* erborizzare.

herboriste [εrbɔrist] *s.m.* erborista.

herboristerie [εrbɔristəri] *s.f.* erboristeria.

herbu [εrby] *agg.* erboso.

hercule [εrkyl] *s.m.* ercole || *— de foire*, maciste.

herculéen [εrkyleẽ] (f. *-enne*) *agg.* erculeo.

*hère[1] [εr] *s.m.*: *un pauvre —*, un poveraccio.

*hère[2] *s.m.* (*zool.*) cerbiatto.

héréditaire [ereditεr] *agg.* ereditario || **-ement** *avv.*

hérédité [eredite] *s.f.* **1** eredità **2** (*biol.*) ereditarietà, eredità.

hérésie [erezi] *s.f.* eresia.

hérétique [eretik] *agg.* e *s.m.* eretico.

*hérissé [erise] *agg.* irto (*anche fig.*); ispido || *poil —*, pelo arruffato.

*hérisser [erise] *v.tr.* **1** rizzare (il pelo ecc.) **2** rendere irto (*anche fig.*) **3** fare rizzare i capelli in testa □ **se hérisser** *v.pron.* **1** rizzarsi (di pelo ecc.) **2** irritarsi.

*hérisson [erisɔ̃] *s.m.* **1** (*zool.*) riccio **2** (*di persona*) istrice.

héritage [eritaʒ] *s.m.* eredità (*f.*) (*anche fig.*).

hériter [erite] *v.intr.* e *tr.* ereditare (qlco).

héritier [eritje] (f. *-ère*) *s.m.* erede || *riche héritière*, ricca ereditiera.

hermaphrodite [εrmafrɔdit] *agg.* e *s.m.* ermafrodito.

herméticité [εrmetisite] *s.f.* ermeticità.

hermétique [εrmetik] *agg.* ermetico || **-ement** *avv.*

hermétisme [εrmetism] *s.m.* ermetismo.

hermine [εrmin] *s.f.* (*zool.*) ermellino (*m.*).

*herniaire [εrnjεr] *agg.* (*med.*) erniario: *bandage —*, cinto erniario.

*hernie [εrni] *s.f.* ernia: *— discale*, ernia del disco.

héroïne[1] [erɔin] *s.f.* eroina.

héroïne[2] *s.f.* (*chim.*) eroina.

héroïnomane [erɔinɔman] *s.m.* eroinomane.

héroïque [erɔik] *agg.* eroico || **-ement** *avv.*

héroïsme [erɔism] *s.m.* eroismo.

*héron [erɔ̃] *s.m.* (*zool.*) airone.

*héros [ero] *s.m.* eroe: *en —*, da eroe.

herpès [εrpεs] *s.m.* (*med.*) erpete, herpes.

*herse [εrs] *s.f.* **1** (*agr.*) erpice (*m.*) **2** saracinesca.

*herser [εrse] *v.tr.* (*agr.*) erpicare.

hertz [εrts] *s.m.* (*fis.*) hertz.

hertzien [εrts(dz)jẽ] (f. *-enne*) *agg.* (*fis.*) hertziano.

hésitant [ezitã] *agg.* esitante: *voix hésitante*, voce incerta.

hésitation [ezitasjɔ̃] *s.f.* esitazione.

hésiter [ezite] *v.intr.* esitare, titubare.

hétaïre [etair] *s.f.* (*st. greca*) etera.

hétéro- *pref.* etero-

hétérodoxe [eterɔdɔks] *agg.* eterodosso.

hétérodoxie [eterɔdɔksi] *s.f.* eterodossia.

hétérogamie [eterɔgami] *s.f.* (*biol.*) eterogamia.

hétérogène [eterɔʒεn] *agg.* eterogeneo.

hétérogénéité [eteroʒeneite] *s.f.* eterogeneità.

héterosexuel [eterɔseksɥel] (f. *-elle*) *agg.* e *s.m.* eterosessuale.

*****hêtre** [ɛtR] *s.m.* faggio.

*****heu** [ø] *inter.* **1** uhm! **2** (*sorpresa*) oh!

heur [œR] *s.m.* (*letter.*) fortuna (*f.*).

heure [œR] *s.f.* **1** ora: *deux heures par jour*, due ore al giorno; *faire du 150 à l'—*, andare a 150 (km) all'ora; *il gagne 10 000 lires (de) l'—*, guadagna 10.000 lire all'ora; *toutes les heures*, ogni ora; *dans une —*, fra un'ora; *une bonne —*, un'ora buona; *une petite —*, un'oretta; *ça fait une — qu'il l'attend*, è un'ora che l'aspetta; *à une — avancée*, a tarda ora; *aux premières heures* (*de la matinée*), nelle prime ore (del mattino), di prima mattina; *aux heures de bureau*, nelle ore d'ufficio; *à l'— actuelle*, oggi come oggi; *à l'— où...*, in un momento in cui...; *à l'— même* (*où*), nello stesso momento (in cui); *l'— est venue de régler les comptes*, è giunto il momento di regolare i conti; *il est spirituel à ses heures*, qualche volta è spiritoso; *à ses heures perdues il écrit des vers*, a tempo perso scrive versi || *être à l'—*, essere in orario, puntuale || *à la bonne —!*, meno male! || *à l'— qu'il est*, per adesso, attualmente; *pour l'—*, per il momento || *sur l'—*, immediatamente || *tout à l'—*, fra poco tempo; (*il y a un moment*) poco tempo fa; *à tout à l'—*, arrivederci a fra poco || *de bonne —*, presto, di buon'ora || *n'avoir pas une — à soi*, non avere un momento per se stesso || (*in Africa*) *j'arriverai à cinq heures, — africaine*, arriverò alle cinque, ora africana (cioè con probabile ritardo) **2** ora (all'orologio): *quelle — est-il?*, che ora è?, che ore sono?; *quelle — as-tu?*, che ora fai?; *il est sept heures moins le quart, moins dix*, sono le sette meno un quarto, meno dieci; *à cinq heures juste*, alle cinque precise; *il est l'— d'aller dormir*, è ora di andare a dormire; *mettre sa montre à l'—*, regolare, mettere a posto il proprio orologio.

heureusement [œRøzmã] *avv.* **1** felicemente **2** per fortuna, meno male || *— que...*, meno male che...

heureux [œRø] (f. *-euse*) *agg.* **1** felice || *très — d'avoir fait votre connaissance*, felicissimo di averla conosciuta **2** fortunato || *sous d'— auspices*, sotto buoni, fausti auspici || *il est — pour lui que...*, (*fam.*) è una buona cosa per lui che... || *encore—!*, meno male!; poteva andar peggio! ♦ *s.m.* persona felice, fortunata.

*****heurt** [œR] *s.m.* urto, cozzo, scontro.

*****heurté** [œRte] *agg.* netto, privo di sfumature.

*****heurter** [œRte] *v.tr.* e *intr.* urtare || *— la tête contre qqch*, picchiare la testa contro qlco □ **se heurter** *v.pron.* urtare, scontrarsi (*anche fig.*).

*****heurtoir** [œRtwaR] *s.m.* picchiotto.

*****hévéa** [evea] *s.m.* (*bot.*) hevea (*f.*).

hex(a)- *pref.* es(a)-

hexaèdre [ɛgzaɛdR] *s.m.* (*mat.*) esaedro.

hexagonal [ɛgzagɔnal] (pl. *-aux*) *agg.* esagonale.

hexagone [ɛgzagon] *s.m.* esagono || *l'Hexagone*, la Francia.

hexamètre [ɛgzamɛtR] *s.m.* (*metrica*) esametro.

*****hi** [i] *inter.* (*riso, pianto*) hi, ah.

*****hiatus, hiatus** [jatys] *s.m.* iato.

hibernal [ibɛRnal] (pl. *-aux*) *agg.* invernale.

hibernation [ibɛRnasjɔ̃] *s.f.* ibernazione.

hiberner [ibɛRne] *v.intr.* ibernare.

hibiscus [ibiskys] *s.m.* (*bot.*) ibisco.

*****hibou** [ibu] (pl. *-oux*) *s.m.* gufo (*anche fig.*) || *un vieux—*, un vecchio orso.

*****hic** [ik] *s.m.* difficoltà (*f.*) || *voilà le —!*, qui sta il busillis!

*****hideur** [idœR] *s.f.* orridezza, laidezza.

*****hideux** [idø] (f. *-euse*) *agg.* orrendo, orrido.

hier [jɛR] *avv.* e *s.m.* ieri: *— (au) matin, — (au) soir*, ieri mattina, ieri sera || *il me semble que c'était —*, mi sembra ieri che... || *sa fortune ne date que d'—*, la sua fortuna è di data molto recente || *il n'est pas né d'—*, (*fig.*) non è nato ieri.

*****hiérarchie** [jeraRʃi] *s.f.* gerarchia.

*****hiérarchique** [jeraRʃik] *agg.* gerarchico || *-ement avv.*

*****hiérarchisation** [jeraRʃizasjɔ̃] *s.f.* gerarchizzazione.

*****hiérarchiser** [jeraRʃize] *v.tr.* gerarchizzare.

*****hiérarque** [jeraRk] *s.m.* gerarca.

hiératique [jeratik] *agg.* ieratico.

hiératisme [jeratism] *s.m.* ieraticità (*f.*).

hiéroglyphe [jeRɔglif] *s.m.* geroglifico.

hiéroglyphique [jeRɔglifik] *agg.* geroglifico.

hiérophante [jeRɔfɑ̃t] *s.m.* (*st.*) ierofante.

*****hi-fi** [ifi] *s.f.* altà fedeltà, hi-fi.

*****hi-han** [jɑ̃] *inter.* hi ho (raglio dell'asino) ♦ *s.m.* (pl. *invar.*) raglio.

hilarant [ilaRɑ̃] *agg.* esilarante.

hilare [ilaR] *agg.* ilare, gaio.

hilarité [ilaRite] *s.f.* ilarità.

himalayen [imalajɛ̃] (f. *-enne*) *agg.* imalaiano.

hindi [indi] *s.m.* (*lingua*) hindi.

hindou [ɛ̃du] *agg.* e *s.m.* indù.

hindouisme [ɛ̃duism] *s.m.* induismo.

hindouiste [ɛ̃duist] *agg.* induista, induistico ♦ *s.m.* induista.

hipparion [ipaRjɔ̃] *s.m.* (*paleont.*) ippoterio.

hipparque [ipaRk] *s.m.* (*st. greca*) ipparco.

*****hippie** [ipi] *s.m.* hippy.

hippique [ipik] *agg.* ippico.

hippisme [ipism] *s.m.* ippica (*f.*).

hippocampe [ipɔkɑ̃p] *s.m.* (*zool.*) ippocampo.

hippodrome [ipɔdRom] *s.m.* ippodromo.

hippogriffe [ipɔgRif] *s.m.* ippogrifo.

hippopotame [ipɔpɔtam] *s.m.* ippopotamo.

hirondeau [iRɔ̃do] (pl. *-eaux*) *s.m.* rondinotto.

hirondelle [iRɔ̃dɛl] *s.f.* rondine || *— de mer*, rondine di mare; pesce rondine.

hirsute [iRsyt] *agg.* irsuto; ispido (*anche fig.*).

hispanique [ispanik] *agg.* ispanico.

hispanisant [ispanizɑ̃] *s.m.* ispanista.

hispanisme [ispanism] *s.m.* ispanismo, spagnolismo.

hispano- *pref.* ispano-

hispano-américain [ispanɔameRikɛ̃] *agg.* ispano-americano.

*****hisse** [is] *inter.* issa! || *ho, —!*, su, issa!

*hisser [ise] *v.tr.* issare, alzare || (*mar.*) — *les couleurs*, alzare la bandiera □ **se hisser** *v.pron.* issarsi, alzarsi; (*monter*) salire.

histogramme [istɔgʀam] *s.m.* istogramma.

histoire [istwaʀ] *s.f.* **1** storia || *une* — *drôle*, una barzelletta || *entrer dans l'*—, passare alla storia || *la petite* —, la storia minore (le vicende private dei personaggi storici): *raconter pour la petite* —, raccontare tanto per fare cronaca **2** storia, fatto (*m.*) || — *sans importance*, faccenda senza importanza || *le plus beau de l'*— *c'est que...*, il più bello è che... || *quelle* —!, che roba! **3** (*spec.pl.*) (*fam.*) storia, frottola || *pas d'histoires!*, poche storie! || *en voilà des histoires!*, quante storie! **4** — *de*, (*fam.*) tanto per.

histologie [istɔlɔʒi] *s.f.* istologia.

histologique [istɔlɔʒik] *agg.* istologico.

historicisme [istɔʀisism] *s.m.* storicismo.

historiciste [istɔʀisist] *s.m.* storicista ♦ *agg.* storicistico.

historicité [istɔʀisite] *s.f.* storicità.

historié [istɔʀje] *agg.* istoriato.

historien [istɔʀjɛ̃] (f. -*enne*) *s.m.* storico.

historier [istɔʀje] *v.tr.* istoriare.

historiette [istɔʀjɛt] *s.f.* storiella.

historiographe [istɔʀjɔgʀaf] *s.m.* storiografo.

historiographie [istɔʀjɔgʀafi] *s.f.* storiografia.

historique [istɔʀik] *agg.* storico ♦ *s.m.* cronistoria (*f.*).

historiquement [istɔʀikmɑ̃] *avv.* storicamente; dal punto di vista storico.

historisme [istɔʀism] *s.m.* (*fil.*) storicismo.

histrion [istʀijɔ̃] *s.m.* commediante; (*fig.*) istrione.

hitlérien [itleʀjɛ̃] (f. -*enne*) *agg.* e *s.m.* hitleriano.

hitlérisme [itleʀism] *s.m.* hitlerismo.

*hit-parade [itpaʀad] (pl. *hit-parades*) *s.m.* hit-parade (*f.*): *en tête du* —, in testa alla classifica.

hiver [iveʀ] *s.m.* inverno: *plantes d'*—, piante invernali; *c'est l'*—, è inverno; *en* —, d'inverno || *être habillé en* —, (*fam.*) essere vestito da inverno.

hivernage [iveʀnaʒ] *s.m.* **1** svernamento **2** (*agr.*) aratura invernale **3** stagione delle piogge (nelle regioni tropicali) **4** (*mar.*) rilascio invernale.

hivernal [iveʀnal] (pl. -*aux*) *agg.* invernale.

hivernant [iveʀnɑ̃] *s.m.* chi sverna (in un luogo climatico).

hiverner [iveʀne] *v.intr.* svernare.

*ho [o] *inter.* **1** ehi! **2** (*stupore*) oh! **3** (*indignazione*) uh!

*hobereau [ɔbʀo] (pl. -*eaux*) *s.m.* **1** (*zool.*) lodolaio **2** (*spreg.*) signorotto di campagna.

*hochement [ɔʃmɑ̃] *s.m.* cenno (del capo).

*hochequeue [ɔʃkø] *s.m.* (*zool.*) cutrettola (*f.*).

*hocher [ɔʃe] *v.tr.*: — (*la tête*), scuotere il capo.

*hochet [ɔʃe] *s.m.* (giocattolo con) sonaglino.

*hockey [ɔke] *s.m.* (*sport*) hockey: — *sur gazon*, *sur glace*, hockey su prato, sul ghiaccio.

*hockeyeur [ɔkejœʀ] (f. -*euse*) *s.m.* hockeista.

hoirie [waʀi] *s.f.* (*dir.*) eredità.

*holà [ɔla] *inter.* olà!, ehi là! || *mettre le* — *à qqch*, por fine a qlco.

*holding [ɔldiŋ] *s.m.* e *f.* holding (*f.*), società finanziaria.

*hold-up [ɔldœp] *s.m.invar.* rapina (a mano armata).

*hollandais [ɔl/ɑ̃dɛ] *agg.* e *s.m.* olandese.

*hollande [ɔl/ɑ̃d] *s.m.* **1** (formaggio) olandese **2** carta d'Olanda.

*hollywoodien [ɔlivudjɛ̃] (f. -*enne*) *agg.* hollywoodiano.

holocauste [ɔlɔkost] *s.m.* olocausto.

hologramme [ɔlɔgʀam] *s.m.* ologramma.

holographie [ɔlɔgʀafi] *s.f.* olografia.

holothurie [ɔlɔtyʀi] *s.f.* (*zool.*) oloturia.

*homard [ɔmaʀ] *s.m.* astice || *rouge comme un* —, (*fig.*) rosso come un gambero.

*home [om] *s.m.* casa (*f.*): — *d'enfants*, colonia, kinderheim.

homélie [ɔmeli] *s.f.* omelia.

homéo- *pref.* omeo-

homéopathe [ɔmeɔpat] *agg.* omeopatico: (*médecin*) —, medico omeopatico, omeopata.

homéopathie [ɔmeɔpati] *s.f.* omeopatia.

homéopathique [ɔmeɔpatik] *agg.* omeopatico.

homéostasie [ɔmeɔstazi] *s.f.* (*biol.*) omeostasi.

homérique [ɔmeʀik] *agg.* omerico.

homicide[1] *s.m.* omicidio: — *criminel*, *intentionnel* (o *prémédité*), *par imprudence*, *sans préméditation*, omicidio volontario, doloso (o premeditato), colposo, preterintenzionale.

homicide[2] *s.m.* omicida; agg. e *s.m.* omicida.

hominien [ɔminjɛ̃] *s.m.* ominide.

hommage [ɔmaʒ] *s.m.* omaggio || *mes hommages à madame votre mère*, i miei ossequi a sua madre.

hommasse [ɔmas] *agg.* (*spreg.*) (*di donna*) mascolina, poco femminile.

homme [ɔm] *s.m.* uomo: — *de science*, scienziato; — *de main*, tirapiedi, factotum; — *de bien*, uomo dabbene; — *d'esprit*, uomo d'ingegno; — *de qualité*, (*antiq.*) uomo d'alto rango || — *à femmes*, (*fam.*) donnaiolo || *n'être pas* — *à*, non essere il tipo da || *d'* — *à* —, da uomo a uomo □ **jeune homme** (pl. *jeunes gens*) *s.m.* giovanotto, ragazzo: *un tout jeune* —, un giovanottino.

homme-grenouille [ɔmgʀɔnuj] (pl. *hommes-grenouilles*) *s.m.* uomo-rana, sommozzatore.

homme-orchestre [ɔmɔʀkɛstʀ] (pl. *hommes-orchestres*) *s.m.* **1** (*ant.*) uomo-orchestra **2** (*fig.*) (uomo) tuttofare.

homme-sandwich [ɔmsɑ̃dwitʃ] (pl. *hommes-sandwichs*) *s.m.* uomo-sandwich.

homo [ɔmo] *s.m.* (*in Africa*) omonimo; (*estens.*) amico.

homo- *pref.* omo-

homogamie [ɔmɔgami] *s.f.* (*biol.*) omogamia.

homogène [ɔmɔʒɛn] *agg.* omogeneo.

homogénéisé [ɔmɔʒeneize] *agg.* omogeneizzato.

homogénéiser [ɔmɔʒeneize] *v.tr.* omogeneizzare.

homogénéité [ɔmɔʒeneite] *s.f.* omogeneità.
homographe [ɔmɔgʀaf] *agg.* e *s.m.* omografo.
homogreffe [ɔmɔgʀɛf] *s.f.* omotrapianto (*m.*).
homologation [ɔmɔlɔgasjɔ̃] *s.f.* omologazione.
homologue [ɔmɔlɔg] *agg.* omologo.
homologuer [ɔmɔlɔge] *v.tr.* omologare; convalidare.
homonyme [ɔmɔnim] *agg.* e *s.m.* omonimo.
homonymie [ɔmɔnimi] *s.f.* omonimia.
homophile [ɔmɔfil] *agg.* e *s.m.* omofilo.
homophone [ɔmɔfɔn] *agg.* e *s.m.* omofono.
homosexualité [ɔmɔsɛksɥalite] *s.f.* omosessualità.
homosexuel [ɔmɔsɛksɥɛl] (f. -elle) *agg.* e *s.m.* omosessuale.
homozygote [ɔmɔzigɔt] *agg.* e *s.m.* (*biol.*) omozigote.
*__hondurien__ [ɔ̃dyʀjɛ̃] (f. -enne) *agg.* e *s.m.* onduregno.
*__hongre__ [ɔ̃gʀ] *agg.* (*di cavallo*) castrato ♦ *s.m.* castrone.
*__hongrois__ [ɔ̃gʀwa] *agg.* e *s.m.* ungherese.
honnête [ɔnet] *agg.* e *s.m.* onesto: *vivre en — homme*, vivere rettamente || *des résultats honnêtes*, discreti risultati; *un repas —*, un pasto accettabile || (*st.*) *l' — homme*, il perfetto gentiluomo (ideale settecentesco dell'uomo di corte colto, raffinato e moralmente integro), (*estens.*) galantuomo.
honnêtement [ɔnɛtmɑ̃] *avv.* onestamente || *travail — payé*, lavoro ricompensato adeguatamente; *elle s'en tire très —*, se la cava più che bene.
honnêteté [ɔnette] *s.f.* onestà.
honneur [ɔnœʀ] *s.m.* onore || *jurer sur l' —*, giurare sul proprio onore || *s'en tirer à son —*, cavarsela con onore; *c'est tout à son —*, va tutto a suo onore || *faire qqch en tout bien tout —*, fare qlco senza secondi fini || *en l' — de*, in onore di || *en quel —?*, in onore di chi, di che cosa? || *travailler pour l' —*, lavorare per la gloria || *membre d' —*, membro onorario; *demoiselle, garçon d' —*, damigella d'onore, paggetto || *à tout seigneur, tout —*, a ciascuno il suo || *être à l' —*, essere alla ribalta; *la personne à l' — ce soir*, il festeggiato di questa sera || *honneurs funèbres, suprêmes*, onoranze funebri, estreme onoranze.
*__honni__ [ɔni] *agg.* disprezzato, maledetto.
honorabilité [ɔnɔʀabilite] *s.f.* onorabilità.
honorable [ɔnɔʀabl] *agg.* **1** onorevole; degno di stima, rispettabile **2** sufficiente, discreto ♦ *s.m.* (*in Africa*) alto funzionario.
honorablement [ɔnɔʀabləmɑ̃] *avv.* **1** onorevolmente **2** discretamente, adeguatamente.
honoraire [ɔnɔʀɛʀ] *agg.* onorario.
honoraires [ɔnɔʀɛʀ] *s.m.pl.* onorario (*sing.*), parcella (*f.sing.*).
honoré [ɔnɔʀe] *agg.* stimato.
honorée [ɔnɔʀe] *s.f.* (*comm.*) *votre — du...*, la vostra (lettera) del...
honorer [ɔnɔʀe] *v.tr.* onorare □ **s'honorer** *v.pron.* essere, sentirsi onorato.
honorifique [ɔnɔʀifik] *agg.* onorifico.

*__honte__ [ɔ̃t] *s.f.* **1** vergogna: *à ma grande —*, con mia grande vergogna; *— à vous!*, vergognatevi!; *tu n'as pas —?*, vergognati!; *faire — à qqn*, far vergognare, disonorare qlcu || *à la — de*, a onta di || *sans —*, senza pudore, senza ritegno || *avoir toute — bue*, aver perduto ogni pudore || *sans fausse —*, senza scrupoli inutili **2** (*in Africa*) timidezza; pudore || *gagner la —*, perdere la faccia.
*__honteusement__ [ɔ̃tøzmɑ̃] *avv.* vergognosamente.
*__honteux__ [ɔ̃tø] (f. -euse) *agg.* vergognoso || *il est — de...*, è disonorevole... || *les parties honteuses*, le vergogne.
*__hop__ [ɔp, hɔp] *inter.* hop!, hop là!
hôpital [ɔ(o)pital] (pl. -aux) *s.m.* ospedale: *à l'hôpital*, in ospedale; *— général*, policlinico; *— de jour*, day hospital.
*__hoquet__ [ɔkɛ] *s.m.* singhiozzo; singulto.
*__hoqueter__ [ɔkte] (*coniug. come jeter*) *v.intr.* avere il singhiozzo; singhiozzare || *la voiture hoquette*, l'automobile procede a singhiozzo, a balzelloni.
horaire [ɔʀɛʀ] *agg.* e *s.m.* orario: *un — chargé*, un orario pesante; *être en retard sur son —*, essere in ritardo sull'orario.
*__horde__ [ɔʀd] *s.f.* orda (*anche fig.*).
*__horion__ [ɔʀjɔ̃] *s.m.* (*letter.*) botta (*f.*), percossa (*f.*).
horizon [ɔʀizɔ̃] *s.m.* orizzonte ♦ *agg.*: *bleu —*, blu aviazione.
horizontal [ɔʀizɔtal] (pl. -aux) *agg.* orizzontale || -ement *avv.*
horizontale [ɔʀizɔ̃tal] *s.f.* orizzontale (linea) orizzontale || *à l' —*, in posizione orizzontale.
horloge [ɔʀlɔʒ] *s.f.* orologio (*m.*): *— à balancier*, orologio a pendolo; *être réglé comme une —*, essere preciso come un orologio || *— parlante*, segnalatore telefonico dell'ora esatta.
horloger [ɔʀlɔʒe] *s.m.* orologiaio ♦ *agg.* (f. -ère) orologiero.
horlogerie [ɔʀlɔʒʀi] *s.f.* orologeria.
*__hormis__ [ɔʀmi] *prep.* (*letter.*) eccetto, salvo.
hormonal [ɔʀmɔnal] (pl. -aux) *agg.* ormonale.
hormone [ɔʀmɔn] *s.f.* ormone (*m.*).
*__hornblende__ [ɔʀnblɛ̃d] *s.f.* (*min.*) orneblenda.
horodateur [ɔʀɔdatœʀ] (f. -trice) *agg.* e *s.m.* marcatempo.
horoscope [ɔʀɔskɔp] *s.m.* oroscopo: *tirer l' —*, fare l'oroscopo.
horreur [ɔʀœʀ] *s.f.* **1** orrore (*m.*); spavento (*m.*); ribrezzo (*m.*) || *j'ai — de me lever tôt le matin*, detesto alzarmi presto il mattino; *avoir en —*, avere orrore (di); *prendre qqn, qqch en —*, prendere qlcu, qlco in antipatia || *c'est l' —!, quelle —!*, (*fam.*) che schifo!, che orrore! **2** *pl.* orrori (*m.*), atrocità || *dire des horreurs de qqn*, dire cose orribili di qlcu **3** mostruosità, efferatezza **4** *pl.* oscenità, volgarità.
horrible [ɔʀibl] *agg.* orribile, orrendo || -ement *avv.*
horrifiant [ɔʀifjɑ̃] *agg.* terrificante, raccapricciante.

horrifié [ɔʀifje] *agg.* inorridito, atterrito; (*estens.*) allibito, scandalizzato.

horrifier [ɔʀifje] *v.tr.* far inorridire.

horripilant [ɔʀipilɑ̃] *agg.* (*fam.*) orripilante, raccapricciante.

horripiler [ɔʀipile] *v.tr.* irritare, dare sui nervi.

*hors [ɔʀ] *prep.* 1 fuori: — *la ville,* fuori città; — *commerce,* fuori commercio; — *concours,* fuori concorso; — *série,* fuori serie; — *pair,* senza pari; — *ligne,* eccezionale 2 (*letter.*) eccetto: — *cela,* a parte ciò □ **hors de** *locuz.prep.* fuori da: — *de l'eau,* fuori dall'acqua; — *du commun,* fuori dal comune || — *de danger,* fuori pericolo; — *d'atteinte,* inaccessibile; — *de portée,* fuori dalla portata; — *de prix,* carissimo; — *d'usage,* fuori uso; *il est — d'état de nuire,* non può più nuocere; *cela est — de doute,* è certo, è indubbio || *être — de soi,* essere fuori di sé.

*hors-bord [ɔʀbɔʀ] (*pl. invar.*) *s.m.* fuoribordo.

*hors-concours [ɔʀkɔ̃kuʀ] (*pl. invar.*) *s.m.* fuori concorso.

*hors-d'œuvre [ɔʀdœvʀ] (*pl. invar.*) *s.m.* antipasto.

*hors-jeu [ɔʀʒø] (*pl. invar.*) *s.m.* fuorigioco.

*hors-la-loi [ɔʀlalwa] (*pl. invar.*) *s.m.* fuorilegge.

*hors-piste [ɔʀpist] (*pl. invar.*) *s.m.* fuoripista.

*hors-texte [ɔʀtɛkst] (*pl. invar.*) *s.m.* (*tip.*) fuoritesto.

hortensia [ɔʀtɑ̃sja] *s.m.* (*bot.*) ortensia (*f.*).

horticole [ɔʀtikɔl] *agg.* orticolo.

horticulteur [ɔʀtikyltœʀ] (f. *-trice*) *s.m.* orticoltore.

horticulture [ɔʀtikyltyʀ] *s.f.* orticoltura.

hosanna [ozanna] *s.m.* osanna.

hospice [ɔspis] *s.m.* ospizio.

hospitalier[1] [ɔspitalje] (f. *-ère*) *agg.* ospitale.

hospitalier[2] (f. *-ère*) *agg.* e *s.m.* ospedaliero.

hospitalisation [ɔspitalizasjɔ̃] *s.f.* 1 ricovero (in ospedale) 2 degenza.

hospitaliser [ɔspitalize] *v.tr.* ricoverare (in ospedale).

hospitalité [ɔspitalite] *s.f.* ospitalità: *donner l'—,* dare ospitalità.

hospitalo-universitaire [ɔspitaloynivɛʀsitɛʀ] (pl. *hospitalo-universitaires*) *agg.*: *centre —,* clinica universitaria.

hostellerie [ɔstelʀi] *s.f.* albergo (*m.*), ristorante di lusso (spec. fuori città).

hostie [ɔsti] *s.f.* ostia.

hostile [ɔstil] *agg.* ostile: *la fortune lui est —,* la fortuna gli è avversa || *-ement avv.*

hostilité [ɔstilite] *s.f.* ostilità.

hosto [ɔsto] *s.m.* (*fam.*) ospedale.

hôte [ot] *s.m.* 1 (f. *hôtesse*) ospite, padrone di casa || *chambre d'—,* camera in affitto (presso un privato) 2 (f. *invar.*) ospite, invitato.

hôtel [o(ɔ)tɛl] *s.m.* 1 albergo, hotel: — *de tourisme,* albergo di categoria turistica; — *meublé,* albergo senza servizio ristorante; — *de passe,* albergo a ore, (*estens.*) catapecchia 2 palazzo: — *particulier,* residenza privata (in città) || — *des ventes,* casa delle aste, sala d'aste || *Hôtel de ville,* palazzo comunale, municipio 3 *maître d'—,* maggiordomo, (*in un ristorante*) direttore di sala.

hôtel-Dieu [o(ɔ)tɛldjø] (pl. *hôtels-Dieu*) *s.m.* ospedale maggiore.

hôtelier [o(ɔ)təlje] (f. *-ère*) *s.m.* albergatore ♦ *agg.* alberghiero.

hôtellerie [o(ɔ)tɛlʀi] *s.f.* 1 attività alberghiera, industria alberghiera: *travailler dans l'—,* lavorare nel campo alberghiero 2→ hostellerie.

hôtesse [otɛs] *s.f.* ospite; padrona di casa || — (*de l'air*), hostess, assistente di volo; — *d'accueil,* hostess, accompagnatrice.

*hotte [ɔt] *s.f.* 1 cappa 2 gerla.

*hottentot [ɔtɑ̃to] *agg.* e *s.m.* ottentotto.

*hou [u] *inter.* uh!, buh!

*houblon [ublɔ̃] *s.m.* (*bot.*) luppolo.

*houe [u] *s.f.* zappa.

*houille [uj] *s.f.* carbon fossile || — *blanche,* carbone bianco, energia idroelettrica; — *bleue,* energia fornita dal movimento di onde e maree; — *rouge,* carbone rosso, energia geotermica.

*houiller [uje] (f. *-ère*) *agg.* carbonifero.

*houillère [ujɛʀ] *s.f.* miniera di carbon fossile.

*houle [ul] *s.f.* 1 onda (lunga) 2 (*fig.*) ondata, marea.

*houlette [ulɛt] *s.f.* bastone da pastore || *sous la — de,* (*fig.*) sotto la guida di.

*houleux [ulø] (f. *-euse*) *agg.* (*del mare*) mosso; (*fig.*) burrascoso.

*houppe [up] *s.f.* 1 ciuffo (*m.*) || — *à poudre,* piumino della cipria 2 fiocco (*m.*), nappa.

*houppelande [uplɑ̃d] *s.f.* palandrana.

*houppette [upɛt] *s.f.* piumino da cipria.

*hourdis [uʀdi] *s.m.* (*edil.*) muratura alla rustica.

*hourra [uʀa, huʀa] *inter.* e *s.m.* urrà, evviva.

*hourvari [uʀvaʀi] *s.m.* baccano, schiamazzo.

*houspiller [uspije] *v.tr.* strapazzare (con critiche e rimproveri).

*housse [us] *s.f.* fodera: *la — d'un fauteuil,* la fodera di una poltrona; *les housses de la voiture,* le foderine dell'automobile; — *à couette,* copripiumone; — *à vêtements,* sacco custodia (per abiti).

*houx [u] *s.m.* agrifoglio || *petit —,* pungitopo.

*hublot [yblo] *s.m.* oblò.

*huche [yʃ] *s.f.* madia: — *à pain,* madia del pane.

*hue [y] *inter.* a destra!

*huée [ɥe] *s.f.* (*spec.pl.*) urlo (*m.*), schiamazzo (*m.*).

*huer [ɥe] *v.tr.* subissare di urla, di fischi ♦ *v.intr.* stridere (del gufo).

*huguenot [ygno] *agg.* e *s.m.* ugonotto.

huilage [ɥilaʒ] *s.m.* oliatura (*f.*).

huile [ɥil] *s.f.* 1 olio (*m.*): — *à friture,* olio per friggere; — *de chauffage,* nafta; — *de graissage,* olio lubrificante; — *de vidange,* olio per motori || — *détonante,* nitroglicerina || *peinture, vernis à l'—,* pittura, colori a olio || (*eccl.*) *les saintes huiles,* gli oli santi, l'estrema unzione || *mer d'—,* mare liscio come un olio || (*baigner*) *dans l'—,* (andare) liscio come l'olio || *faire tache d'—,* propagarsi a macchia d'olio 2 (*tableau à l'*) —, (qua-

dro, tela a) olio **3** (*fam.*) (petrolio) greggio **4** *pl.* (*fam.*) alti papaveri, pezzi grossi: *être dans les huiles*, bazzicare i pezzi grossi.
huilé [ɥile] *agg.* oliato || *papier —*, carta oleata.
huiler [ɥile] *v.tr.* oliare; ungere; lubrificare.
huilerie [ɥilʀi] *s.f.* oleificio (*m.*); commercio dell'olio.
huileux [ɥilø] (f. *-euse*) *agg.* **1** oleoso || *mer huileuse*, mare liscio come l'olio **2** grasso, untuoso.
huilier [ɥilje] (f. *-ère*) *agg.* oleario ♦ *s.m.* oliera (*f.*).
huis [ɥi] *s.m.* (*dir.*): *à — clos*, a porte chiuse; *demander le — clos*, chiedere il processo a porte chiuse.
huisserie [ɥisʀi] *s.f.* (*édil.*) infissi (*m.pl.*).
huissier [ɥisje] *s.m.* usciere; (*in Parlamento*) commesso || (*dir.*): — (*de justice*), ufficiale giudiziario; — *audiencier*, usciere di udienza.
***huit** [ɥit; ɥi *davanti a consonante*] *agg. num.card.* e *s.m.* otto: *dans — jours, d'aujourd'hui en —*, oggi a otto || (*sport*) — *barré*, otto con ♦ *agg.num.ord.* ottavo: *Charles —*, Carlo VIII; *tome —*, volume ottavo.
***huitain** [ɥitɛ̃] *s.m.* (*metrica*) **1** ottava (*f.*) **2** poesia di otto versi.
***huitaine** [ɥitɛn] *s.f.* (circa) otto: *dans une — de jours*, fra otto giorni circa || *dans la —*, entro otto giorni; *à —*, oggi a otto.
***huitante** [ɥitɑ̃t] *agg.num.card.* e *s.m.* (*in Svizzera*) ottanta.
***huitième** [ɥitjem] *agg.num.ord.* e *s.m.* ottavo || (*sport*) *huitièmes de finale*, ottavi di finale ♦ *s.f.* (*in Belgio*) (*classe de*) —, (*classe corrispondente alla*) quarta elementare.
***huitièmement** [ɥitjemmɑ̃] *avv.* in ottavo luogo.
huître [ɥitʀ] *s.f.* ostrica: — *perlière*, ostrica perlifera; *parc à huîtres*, allevamento di ostriche.
huîtrier [ɥitʀije] (f. *-ère*) *agg.* ostreario, delle ostriche: *parc —*, parco ostreario ♦ *s.m.* (*zool.*) ostricaro, beccaccia di mare.
huîtrière [ɥitʀijeʀ] *s.f.* **1** banco di ostriche **2** parco ostreario.
***hulotte** [ylɔt] *s.f.* (*zool.*) allocco (*m.*).
***hululement** [ylylmɑ̃] *s.m.* → **ululement**.
***hululer** [ylyle] *v.intr.* → **ululer**.
***hum** [œm] *inter.* uhm!, ehm!
humain [ymɛ̃] *agg.* umano || *aux dimensions humaines*, a misura d'uomo ♦ *s.m.* **1** umano **2** uomo, essere umano.
humainement [ymɛnmɑ̃] *avv.* umanamente.
humanisation [ymanizasjɔ̃] *s.f.* il rendere più umano, umanizzazione.
humaniser [ymanize] *v.tr.* rendere più umano □ **s'humaniser** *v.pron.* diventare più conciliante, più socievole, umanizzarsi.
humanisme [ymanism] *s.m.* umanesimo.
humaniste [ymanist] *s.m.* **1** umanista **2** (*nello Zaire*) chi ha completato gli studi superiori ♦ *agg.* umanistico.
humanitaire [ymanitɛʀ] *agg.* umanitario.
humanitarisme [ymanitaʀism] *s.m.* umanitarismo.

humanité [ymanite] *s.f.* **1** umanità **2** (*in Belgio*) (*ciclo di*) studi superiori.
humanoïde [ymanɔid] *agg.* e *s.m.* umanoide.
humble [œ̃bl] *agg.* umile || *à mon — avis*, a mio modesto parere || **-ement** *avv.*
humectage [ymektaʒ] *s.m.* umettazione (*f.*).
humecter [ymekte] *v.tr.* umettare; inumidire: *les yeux humectés de larmes*, gli occhi umidi di lacrime.
***humer** [yme] *v.tr.* respirare; aspirare.
huméral [ymeʀal] (pl. *-aux*) *agg.* (*anat.*) omerale.
humérus [ymeʀys] *s.m.* (*anat.*) omero.
humeur [ymœʀ] *s.f.* **1** umore (*m.*): *bonne, belle —*, buonumore; *— noire*, cattivo, pessimo umore; *avoir des sautes d'—*, avere sbalzi di umore; *selon son —*, secondo l'umore del momento; *être d'— à*, *être en — de*, essere in vena di, avere voglia di || *incompatibilité d'—*, incompatibilità di carattere **2** cattivo umore; stizza: *un mouvement d'—*, un gesto di stizza **3** (*letter.*) capriccio (*m.*), ghiribizzo (*m.*): *se livrer à son —*, abbandonarsi al proprio capriccio **4** (*scient.*) umore (*m.*).
humide [ymid] *agg.* umido: *front — de sueur*, fronte madida di sudore ♦ *s.m.* umido, umidità (*f.*).
humidificateur [ymidifikatœʀ] *s.m.* umidificatore.
humidification [ymidifikɑsjɔ̃] *s.f.* umidificazione.
humidifier [ymidifje] *v.tr.* inumidire; umidificare.
humidité [ymidite] *s.f.* umidità, umido (*m.*).
humiliant [ymiljɑ̃] *agg.* umiliante; mortificante.
humiliation [ymiljɑsjɔ̃] *s.f.* umiliazione; mortificazione.
humilier [ymilje] *v.tr.* umiliare; mortificare.
humilité [ymilite] *s.f.* umiltà.
humoral [ymɔʀal] (pl. *-aux*) *agg.* (*med.*) umorale.
humoriste [ymɔʀist] *agg.* e *s.m.* umorista.
humoristique [ymɔʀistik] *agg.* umoristico.
humour [ymuʀ] *s.m.* umorismo: *avoir de l' —*, avere il senso dell'umorismo.
humus [ymys] *s.m.* (*agr.*) humus.
***hun** [œ̃] *s.m.* (*st.*) unno.
***hune** [yn] *s.f.* (*mar.*) coffa, gabbia.
***hunier** [ynje] *s.m.* (*mar.*) vela di gabbia.
***huppe**[1] [yp] *s.f.* (*zool.*) upupa.
***huppe**[2] *s.f.* ciuffo (*m.*), cresta (di alcuni uccelli).
***huppé** [ype] *agg.* **1** (*zool.*) cappelluto **2** (*fam.*) altolocato; facoltoso.
***hure** [yʀ] *s.f.* testa mozza (di cinghiale ecc.).
***hurlant** [yʀlɑ̃] *agg.* urlante; (*fig.*) violento.
***hurlement** [yʀləmɑ̃] *s.m.* ululato, ululo; urlo.
***hurler** [yʀle] *v.intr.* ululare; urlare || *ces couleurs hurlent* (*ensemble*), questi colori stridono; *à — de rire*, da morir dal ridere ♦ *v.tr.* urlare.
hurluberlu [yʀlybeʀly] *s.m.* (*fam.*) strambo.
***hurrah** [uʀa, huʀa] *inter.* e *s.m.* → **hourra**.
***hussard** [ysaʀ] *s.m.* ussaro.
***hussarde, à la** [alaysaʀd] *locuz.avv.* brutalmente, in modo rozzo e violento.

*hutte [yt] *s.f.* capanna || — *d'affût, de chasseur,* capanno del cacciatore.
hyacinthe [jasɛ̃t] *s.f.* (*ant. poet.*) giacinto (*m.*).
hybridation [ibʀidasjɔ̃] *s.f.* (*biol.*) ibridazione.
hybride [ibʀid] *agg.* e *s.m.* ibrido.
hydratant [idʀatɑ̃] *agg.* idratante.
hydratation [idʀatasjɔ̃] *s.f.* idratazione.
hydrate [idʀat] *s.m.* (*chim.*) idrato.
hydrater [idʀate] *v.tr.* idratare.
hydraulique [idʀolik] *agg.* idraulico ♦ *s.f.* idraulica.
hydravion [idʀavjɔ̃] *s.m.* idrovolante: — *torpilleur,* idrosilurante; *base d'hydravions,* idroscalo.
hydre [idʀ] *s.f.* idra.
hydrique [idʀik] *agg.* idrico.
hydr(o)- *pref.* idr(o)-
hydrobase [idʀɔbaz] *s.f.* idroscalo (*m.*).
hydrocarbure [idʀɔkaʀbyʀ] *s.m.* (*chim.*) idrocarburo.
hydrocéphale [idʀɔsefal] *agg.* e *s.m.* idrocefalo.
hydrocution [idʀɔkysjɔ̃] *s.f.* (*med.*) idrocuzione, congestione.
hydrodynamique [idʀɔdinamik] *agg.* idrodinamico ♦ *s.f.* (*fis.*) idrodinamica.
hydroélectrique [idʀɔelɛktʀik] *agg.* idroelettrico.
hydrofoil [idʀɔfɔjl] *s.m.* aliscafo.
hydrofuge [idʀɔfyʒ] *agg.* idrorepellente.
hydrogène [idʀɔʒɛn] *s.m.* idrogeno.
hydroglisseur [idʀɔglisœʀ] *s.m.* (*mar.*) idroscivolante.
hydrographie [idʀɔgʀafi] *s.f.* idrografia.
hydrographique [idʀɔgʀafik] *agg.* idrografico.
hydrologie [idʀɔlɔʒi] *s.f.* idrologia.
hydrolyse [idʀɔliz] *s.f.* (*chim.*) idrolisi.
hydrolytique [idʀɔlitik] *agg.* (*chim.*) idrolitico.
hydromassage [idʀɔmasaʒ] *s.m.* idromassaggio.
hydromel [idʀɔmɛl] *s.m.* idromele.
hydromètre [idʀɔmɛtʀ] *s.m.* (*tecn.*) idrometro.
hydrophile [idʀɔfil] *agg.* idrofilo.
hydrophobe [idʀɔfɔb] *agg.* e *s.m.* idrofobo.
hydrophobie [idʀɔfɔbi] *s.f.* idrofobia: *il fait de l'—,* soffre di idrofobia.
hydropique [idʀɔpik] *agg.* e *s.m.* idropico.
hydropisie [idʀɔpizi] *s.f.* (*med.*) idropisia.
hydroplane [idʀɔplan] *s.m.* (*mar.*) idroplano.
hydrosoluble [idʀɔsɔlybl] *agg.* idrosolubile.
hydrosphère [idʀɔsfɛʀ] *s.f.* (*geogr.*) idrosfera.
hydrostatique [idʀɔstatik] *agg.* idrostatico ♦ *s.f.* idrostatica.
hydrothérapie [idʀɔteʀapi] *s.f.* idroterapia.
hydrothermal [idʀɔtɛʀmal] (pl. *-aux*) *agg.* idrotermale.
hydroxyde [idʀɔksid] *s.m.* (*chim.*) idrossido.
hydrure [idʀyʀ] *s.m.* (*chim.*) idruro.
hyène [jɛn] *s.f.* (*zool.*) iena.
hygiène [iʒjɛn] *s.f.* igiene.
hygiénique [iʒjenik] *agg.* igienico || **-ement** *avv.*
hygiéniste [iʒjenist] *s.m.* e *f.* igienista.
hygr(o)- *pref.* igr(o)-
hygromètre [igʀɔmɛtʀ] *s.m.* igrometro.

hymen¹ [imɛn] *s.m.* imeneo, nozze (*f.pl.*).
hymen² *s.m.* (*anat.*) imene.
hyménée [imene] *s.m.* imeneo.
hymne [imn] *s.m.* inno ♦ *s.f.* inno, canto religioso.
hyoïde [iɔid] *agg.* e *s.m.* (*anat.*) ioide.
hypallage [ipallaʒ] *s.f.* (*ret.*) ipallage.
hyper- *pref.* iper-
hyperactivité [ipeʀaktivite] *s.f.* iperattività: *le stress est dû à l'—,* lo stress è dovuto a un'attività eccessiva.
hyperbole [ipɛʀbɔl] *s.f.* iperbole.
hyperbolique [ipɛʀbɔlik] *agg.* iperbolico.
hypercalorique [ipɛʀkalɔʀik] *agg.* ipercalorico.
hyperémotivité [ipeʀemɔtivite] *s.f.* (*psic.*) iperemotività, emotività eccessiva.
hypermarché [ipeʀmaʀʃe] *s.m.* ipermercato.
hypermétrope [ipɛʀmetʀɔp] *agg.* e *s.m.* ipermetrope.
hypermétropie [ipɛʀmetʀɔpi] *s.f.* (*med.*) ipermetropia.
hyperréalisme [ipeʀʀealism] *s.m.* iperrealismo.
hypersensible [ipeʀsɑ̃sibl], **hypersensitif** [ipeʀsɑ̃sitif] (*f.* -ive) *agg.* ipersensibile.
hypersonique [ipeʀsɔnik] *agg.* supersonico.
hypertendu [ipeʀtɑ̃dy] *agg.* e *s.m.* iperteso.
hypertension [ipeʀtɑ̃sjɔ̃] *s.f.* (*med.*) ipertensione.
hyperthyroïdie [ipeʀtiʀɔidi] *s.f.* (*med.*) ipertiroidismo (*m.*).
hyperthyroïdien [ipeʀtiʀɔidjɛ̃] (f. -*enne*) *agg.* (*med.*) ipertiroideo.
hypertrophie [ipeʀtʀɔfi] *s.f.* (*med.*) ipertrofia: — *du cœur,* ipertrofia cardiaca.
hypertrophié [ipeʀtʀɔfje] *agg.* ipertrofico.
hypertrophier [ipeʀtʀɔfje] *v.tr.* ipertrofizzare.
hypertrophique [ipeʀtʀɔfik] *agg.* ipertrofico.
hypne [ipn] *s.f.* (*bot.*) ipno (*m.*).
hypn(o)- *pref.* ipn(o)-
hypnose [ipnoz] *s.f.* ipnosi.
hypnotique [ipnɔtik] *agg.* e *s.m.* ipnotico.
hypnotiser [ipnɔtize] *v.tr.* ipnotizzare; (*fig.*) affascinare.
hypnotiseur [ipnɔtizœʀ] (f. -*euse*) *s.m.* ipnotizzatore.
hypnotisme [ipnɔtism] *s.m.* ipnotismo.
hypo- *pref.* ipo-
hypoallergique [ipɔalɛʀʒik] *agg.* ipoallergico.
hypocalorique [ipɔkalɔʀik] *agg.* ipocalorico: *un régime—,* una dieta ipocalorica.
hypocentre [ipɔsɑ̃tʀ] *s.m.* (*geol.*) ipocentro.
hypocondriaque [ipɔkɔ̃dʀiak] *agg.* e *s.m.* ipocondriaco.
hypocondrie [ipɔkɔ̃dʀi] *s.f.* (*med.*) ipocondria.
hypocrisie [ipɔkʀizi] *s.f.* ipocrisia.
hypocrite [ipɔkʀit] *agg.* e *s.m.* ipocrita || **-ement** *avv.*
hypodermique [ipɔdɛʀmik] *agg.* ipodermico.
hypodermoclyse [ipɔdɛʀmɔkliz] *s.f.* ipodermoclisi.
hypogée [ipɔʒe] *s.m.* (*archeol.*) ipogeo.
hypoglycémie [ipɔglisemi] *s.f.* (*med.*) ipoglicemia.

hypoglycémique [ipɔglisemik] *agg.* (*med.*) ipoglicemico.

hypophyse [ipɔfiz] *s.f.* (*anat.*) ipofisi.

hypotendu [ipɔtɑ̃dy] *agg.* e *s.m.* ipoteso.

hypotension [ipɔtɑ̃sjɔ̃] *s.f.* (*med.*) ipotensione.

hypoténuse [ipɔtenyz] *s.f.* (*mat.*) ipotenusa.

hypothalamus [ipɔtalamys] *s.m.* ipotalamo.

hypothécable [ipɔtekabl] *agg.* ipotecabile.

hypothécaire [ipɔtekɛʀ] *agg.* ipotecario.

hypothèque [ipɔtɛk] *s.f.* ipoteca.

hypothéquer [ipɔteke] (*coniug. come* céder) *v.tr.* ipotecare.

hypothermie [ipɔtɛʀmi] *s.f.* (*med.*) ipotermia.

hypothèse [ipɔtɛz] *s.f.* ipotesi || *faire des hypo-thèses*, far congetture || *par* —, per ipotesi, per fare una supposizione || *dans l'* — *où il viendrait*, nell'ipotesi che, nel caso venisse.

hypothétique [ipɔtetik] *agg.* ipotetico || **-ement** *avv.*

hypothyroïdie [ipɔtiʀɔidi] *s.f.* (*med.*) ipotiroidismo (*m.*).

hypothyroïdien [ipɔtiʀɔidjɛ̃] (f. -*enne*) *agg.* (*med.*) ipotiroideo.

hypsométrie [ipsɔmetʀi] *s.f.* ipsometria.

hypsométrique [ipsɔmetʀik] *agg.* ipsometrico.

hysope [izɔp] *s.f.* (*bot.*) issopo (*m.*), isopo (*m.*).

hystérie [isteʀi] *s.f.* (*med.*) isteria, isterismo (*m.*).

hystérique [isteʀik] *agg.* e *s.m.* isterico.

I

i [i] *s.m.* i (*m.* e *f.*) ‖ (*tel.*) — *comme Irma*, i come Imola.

ïambe [jɑ̃b] *s.m.* (*metrica*).

ïambique [jɑ̃bik] *agg.* giambico.

ibère [ibɛʀ] *agg.* e *s.m.* iberico.

ibérique [ibeʀik] *agg.* iberico.

ibéris [ibeʀis] *s.m.* (*bot.*) iberide (*f.*).

ibis [ibis] *s.m.* (*zool.*) ibis.

icaunais [ikɔnɛ] *agg.* del dipartimento della Yonne.

iceberg [isbɛʀg] *s.m.* iceberg.

icelui [isəlɥi] (pl. *iceux*; f. *icelle*, pl. *icelles*) *agg.* e *pron. dimostr.* **1** (*ant.*) quello **2** (*dir.*) il nominato, il medesimo.

ichneumon [iknəmɔ̃] *s.m.* (*zool.*) icneumonide.

ichtyol [iktjɔl] *s.m.* (*med.*) ittiolo.

ichtyologie [iktjɔlɔʒi] *s.f.* ittiologia.

ichtyologique [iktjɔlɔʒik] *agg.* ittiologico.

ichtyologiste [iktjɔlɔʒist] *s.m.* ittiologo.

ichtyophage [iktjɔfaʒ] *agg.* e *s.m.* ittiofago.

ichtyosaure [iktjɔsɔʀ] *s.m.* (*paleont.*) ittiosauro.

ici [isi] *avv.* qui, qua: *sortez d'—!, hors d'—!*, fuori di qui; *près d'—*, qui vicino; *par — la sortie*, l'uscita è per di qua ‖ *d'— là*, da qui a laggiù, (*tempo*) da qui ad allora ‖ *d'— peu*, tra poco; *d'— demain*, da qui a domani, entro domani; *d'— quelques minutes*, fra qualche minuto ‖ *je vois cela d'—*, immagino facilmente la cosa ‖ *jusqu'—*, fin qui; fino a questo momento □ **ici-bas**, quaggiù, su questa terra.

icône [ikon] *s.f.* icona.

iconoclaste [ikɔnɔklast] *agg.* iconoclastico ♦ *s.m.* iconoclasta.

iconographie [ikɔnɔgʀafi] *s.f.* iconografia.

iconographique [ikɔnɔgʀafik] *agg.* iconografico.

iconostase [ikɔnɔstaz] *s.f.* (*arch.*) iconostasi.

ictère [iktɛʀ] *s.m.* (*med.*) ittero.

idéal [ideal] (pl. *-als*, *-aux*) *agg.* e *s.m.* ideale ‖ **-ement** *avv.*

idéalisation [idealizasjɔ̃] *s.f.* idealizzazione.

idéaliser [idealize] *v.tr.* idealizzare.

idéalisme [idealism] *s.m.* idealismo.

idéaliste [idealist] *agg.* idealistico ♦ *s.m.* idealista.

idéalité [idealite] *s.f.* idealità.

idée [ide] *s.f.* idea: *idées sans suite*, idee sconnesse; (*quelle*) *drôle d'—!*, che idea! ‖ *a-t-on — d'une chose pareille?*, è possibile immaginare una cosa simile? ‖ *il change d'— comme de chemise*, cambia spesso idea ‖ *avoir une haute — de qqn*, avere una grande opinione di qlcu; *se faire une — de qqch*, formarsi un'opinione su qlco ‖ *il a de la suite dans les idées*, è coerente nelle sue idee ‖ *venir à l'—*, venire in mente; *sortir de l'—*, uscire di mente ‖ *avoir dans l'— de...*, avere idea, pensare di... ‖ *avoir les idées larges*, essere di larghe vedute ‖ — *reçue*, preconcetto ‖ *avoir des idées noires*, (*fam.*) vedere tutto nero ‖ *vivre à son —*, vivere a modo proprio ‖ *avec, dans l'— de...*, con l'intenzione di... ‖ *se faire des idées*, farsi delle illusioni.

idem [idɛm] *avv.* idem, lo stesso: *le père était royaliste et le fils —*, (*fam.*) il padre era monarchico e il figlio idem come sopra.

identifiable [idɑ̃tifjabl] *agg.* identificabile.

identification [idɑ̃tifikasjɔ̃] *s.f.* identificazione.

identifier [idɑ̃tifje] *v.tr.* identificare □ **s'identifier** *v.pron.* identificarsi, immedesimarsi.

identique [idɑ̃tik] *agg.* identico.

identiquement [idɑ̃tikmɑ̃] *avv.* in modo identico, nello stesso modo.

identité [idɑ̃tite] *s.f.* identità ‖ *décliner son —*, dare le proprie generalità ‖ (*mil.*) *plaque d'—*, piastrina di riconoscimento ‖ — *judiciaire*, casellario giudiziale.

idéogramme [ideɔgʀam] *s.m.* ideogramma.

idéographie [ideɔgʀafi] *s.f.* ideografia.

idéographique [ideɔgʀafik] *agg.* ideografico.

idéologie [ideɔlɔʒi] *s.f.* ideologia; (*spreg.*) ideologismo (*m.*).

idéologique [ideɔlɔʒik] *agg.* ideologico.

idéologue [ideɔlɔg] *s.m.* ideologo.

idiomatique [idjɔmatik] *agg.* idiomatico.

idiome [idjɔm] *s.m.* idioma.

idiosyncrasie [idjɔsɛ̃kʀazi] *s.f.* (*med.*) idiosincrasia.

idiot [idjo] *agg.* e *s.m.* e *f.* idiota ‖ *faire l'—*, (*fig.*) fare lo scemo.

idiotement [idjɔtmɑ̃] *avv.* idiotamente, in modo idiota.

idiotie [idjɔsi] *s.f.* idiozia.

idiotisme [idjɔtism] *s.m.* (*ling.*) idiotismo.

idoine [idwan] *agg.* (*ant.dir.*) idoneo.

idolâtre [idɔlatʀ] *agg.* e *s.m.* idolatra.

idolâtrer [idɔlatʀe] *v.tr.* idolatrare.

idolâtrie [idɔlatʀi] *s.f.* idolatria.

idolâtrique [idɔlatʀik] *agg.* idolatrico.

idole [idɔl] *s.f.* idolo (*m.*).

idylle [idil] *s.f.* idillio (*m.*).

idyllique [idilik] *agg.* idillico, idilliaco.

if [if] *s.m.* (*bot.*) tasso.

igloo, iglou [iglu] *s.m.* iglù, igloo.

igname [iɲam] *s.f.* (*bot.*) igname (*m.*).

ignare [iɲaʀ] *agg.* e *s.m.* e *f.* ignorante (di, in materia di).

igné [igne] *agg.* igneo.

ignifuge [ignifyʒ] *agg.* e *s.m.* ignifugo.

ignifuger [ignifyʒe] (*coniug. come* manger) *v.tr.* rendere ignifugo.

ignition [ignisjɔ̃] *s.f.* (*chim.*) ignizione, accensione.

ignoble [iɲɔbl] *agg.* ignobile, spregevole.

ignominie [iɲɔmini] *s.f.* ignominia, infamia.

ignominieusement [iɲɔminjøzmɑ̃] *avv.* in modo ignominioso, con disonore.

ignominieux [iɲɔminjø] (f. -euse) *agg.* ignominioso, infamante.

ignorance [iɲɔʀɑ̃s] *s.f.* ignoranza || *tenir qqn dans l'— de qqch*, tenere qlcu all'oscuro di qlco || *il s'aventura par — du danger*, si avventurò ignorando il pericolo.

ignorant [iɲɔʀɑ̃] *agg.* **1** ignorante **2** ignaro ♦ *s.m.* ignorante.

ignoré [iɲɔʀe] *agg.* ignorato; ignoto, sconosciuto.

ignorer [iɲɔʀe] *v.tr.* ignorare; non sapere: *il ignorait vous avoir fait tant de mal*, non si era reso conto di avervi fatto tanto male || *quand il nous rencontre, il nous ignore*, quando ci incontra, finge di non vederci □ **s'ignorer** *v.pron.* ignorarsi.

iguane [igwan] *s.m.* (*zool.*) iguana (*f.*).

iguanodon [igwanɔdɔ̃] *s.m.* iguanodonte.

il [il] (pl. *ils*) *pron.pers.* di *3ᵃ pers.sing.m.* egli (*quasi sempre sottinteso*); (*nell'uso corrente*) lui, *pl.* loro; (*animale o cosa*) esso, *pl.* essi: lui; egli; esso: — *est arrivé*, (egli) è arrivato; *est-il déjà arrivé?*, è già arrivato?; *a-t-il signé finalement?*, ha finalmente firmato?; *d'accord, dit-il, je reste*, d'accordo, disse, rimango; *j'étudiais, — lisait*, io studiavo, lui leggeva; *ils ne viendront pas*, (loro) non verranno; *j'ai un chien et — est noir*, ho un cane ed (esso) è nero; *ils nous en veulent*, ce l'hanno con noi ♦ soggetto di *v.impers.* (*non si traduce*): — *y a*, c'è, ci sono; — *pleut*, — *neige*, piove, nevica; — *est minuit*, — *est trois heures*, è mezzanotte, sono le tre; — *est tôt, tard*, è presto, tardi; — *est temps de partir*, è ora di partire; — *est impossible de partir*, è impossibile partire.

île [il] *s.f.* isola.

iléon [ileɔ̃] *s.m.* (*anat.*) ileo, ilio.

iléus [ileys] *s.m.* (*med.*) ileo (occlusione intestinale).

iliaque [iljak] *agg.* (*anat.*) iliaco.

îlien [iljɛ̃] (f. -enne) *agg.* e *s.m.* isolano (spec. delle isole bretoni).

ilion [iljɔ̃] *s.m.* (*anat.*) (osso) ileo.

illégal [illegal] (pl. -aux) *agg.* (*dir.*) illegale || *port d'armes—*, porto abusivo di armi || -ement *avv.*

illégalité [illegalite] *s.f.* **1** illegalità, illiceità **2** azione illegale.

illégitime [ileʒitim] *agg.* illegittimo.

illégitimement [ileʒitimmɑ̃] *avv.* in modo illegittimo, illecitamente.

illégitimité [ileʒitimite] *s.f.* illegittimità.

illettré [iletʀe] *agg.* e *s.m.* illetterato, analfabeta.

illettrisme [iletʀism] *s.m.* analfabetismo di ritorno.

illicite [ilisit] *agg.* illecito || -ement *avv.*

illico [iliko] *avv.* (*fam.*) immediatamente, seduta stante.

illimité [ilimite] *agg.* illimitato.

illisible [ilizibl] *agg.* illeggibile.

illogique [ilɔʒik] *agg.* illogico.

illogiquement [ilɔʒikmɑ̃] *avv.* in modo illogico.

illogisme [ilɔʒism] *s.m.* illogicità (*f.*), mancanza di logica.

illumination [ilyminasjɔ̃] *s.f.* illuminazione (*anche fig.*).

illuminé [ilymine] *agg.* illuminato ♦ *s.m.* (*spreg.*) visionario.

illuminer [ilymine] *v.tr.* illuminare (*anche fig.*), rischiarare □ **s'illuminer** *v.pron.* illuminarsi (*anche fig.*).

illuminisme [ilyminism] *s.m.* (*st.*) dottrina degli Illuminati.

illusion [ilyzjɔ̃] *s.f.* illusione: *caresser une —*, accarezzare un sogno || *—d'optique*, illusione ottica.

illusionner [ilyzjɔne] *v.tr.* illudere □ **s'illusionner** *v.pron.* illudersi.

illusionnisme [ilyzjɔnism] *s.m.* illusionismo.

illusionniste [ilyzjɔnist] *s.m.* illusionista.

illusoire [ilyzwaʀ] *agg.* illusorio.

illustrateur [ilystʀatœʀ] (f. -trice) *s.m.* illustratore, vignettista.

illustratif [ilystʀatif] (f. -ive) *agg.* illustrativo.

illustration [ilystʀasjɔ̃] *s.f.* illustrazione (*anche fig.*); vignetta.

illustre [ilystʀ] *agg.* illustre.

illustré [ilystʀe] *agg.* illustrato ♦ *s.m.* periodico illustrato, rotocalco.

illustrer [ilystʀe] *v.tr.* illustrare (*anche fig.*) □ **s'illustrer** *v.pron.* distinguersi, diventare illustre.

illustrissime [ilystʀisim] *agg.* illustrissimo.

îlot [ilo] *s.m.* **1** isolotto, isoletta (*f.*) **2** (*urbanistica*) isolato.

ilote [ilɔt] *s.m.* (*st.*) ilota (*anche fig.*).

image [imaʒ] *s.f.* **1** immagine || *l'— du bonheur*, il ritratto della felicità || *— de marque*, (*fig.*) immagine (ufficiale, pubblica) || *se faire une — fausse de qqn*, farsi un'idea sbagliata di qlcu **2** visione: *je ne peux pas chasser cette — de mon esprit*, ho sempre quella scena davanti agli occhi; *c'est à l'— de notre temps*, è l'espressione del nostro tempo **3** figura, illustrazione || *—d'Épinal*, (*fig.*) rappresentazione oleografica || *enfant sage comme une—*, bambino buono come un angelo.

imagé [imaʒe] *agg.* immaginoso || *langage —*, linguaggio figurato.

imager [imaʒe] (*coniug. come* manger) *v.tr.* colorire, rendere immaginoso (lo stile, il linguaggio).

imagerie [imaʒʀi] *s.f.* **1** immagini (*pl.*), stampe popolari || *l'— d'Épinal*, le stampe di Épinal **2** produzione, commercio di stampe popolari **3** iconografia.

imagier [imaʒje] (f. -ère) *agg.* di immagini e stampe popolari ♦ *s.m.* **1** mercante di immagini e stampe popolari **2** (*nel Medioevo*) pittore, scultore.

imaginable [imaʒinabl] *agg.* immaginabile.

imaginaire [imaʒinɛʀ] *agg.* e *s.m.* immaginario.

imaginatif [imaʒinatif] (f. *-ive*) *agg.* immaginativo, immaginoso.

imagination [imaʒinɑsjɔ̃] *s.f.* immaginazione, inventiva: — *débridée*, fantasia sfrenata.

imaginer [imaʒine] *v.tr.* **1** immaginare: *j'imagine qu'il a consulté son père*, penso che abbia consultato suo padre; *imaginez ma surprise*, figuratevi la mia sorpresa || *cela dépasse tout ce qu'on peut* —, ciò supera ogni immaginazione **2** ideare, inventare ☐ **s'imaginer** *v.pron.* immaginarsi, figurarsi: *il s'imaginait faire fortune*, si illudeva di fare fortuna; *le fou s'imaginait qu'il était Napoléon*, il pazzo credeva di essere Napoleone.

imago [imago] *s.m.* (*zool.*) immagine (*f.*) ♦ *s.f.* (*psic.*) imago.

imbattable [ɛ̃batabl] *agg.* imbattibile.

imbécile [ɛ̃besil] *agg.* e *s.m.* imbecille || *c'est un* — *heureux*, è un cuor contento.

imbécilement [ɛ̃besilmɑ̃] *avv.* scioccamente, stupidamente.

imbécillité [ɛ̃besilite] *s.f.* imbecillità || *dire des imbécillités*, dire stupidaggini.

imberbe [ɛ̃bɛʀb] *agg.* imberbe.

imbiber [ɛ̃bibe] *v.tr.* imbevere, impregnare ☐ **s'imbiber** *v.pron.* **1** impregnarsi **2** (*fam.*) bere come una spugna.

imbrication [ɛ̃bʀikɑsjɔ̃] *s.f.* **1** (*edil.*) embricatura **2** (*fig.*) connessione.

imbriquer [ɛ̃bʀike] *v.tr.* embricare ☐ **s'imbriquer** *v.pron.* incastrarsi.

imbroglio [ɛ̃bʀɔljo] *s.m.* **1** pasticcio, confusione (*f.*) **2** (*teatr.*) commedia d'intrigo.

imbu [ɛ̃by] *agg.* (*fig.*) imbevuto || —*de soi-même*, pieno di sé.

imbuvable [ɛ̃byvabl] *agg.* **1** imbevibile; (*dell'acqua*) non potabile **2** (*fam.*) insopportabile.

imitable [imitabl] *agg.* imitabile.

imitateur [imitatœʀ] (f. *-trice*) *agg.* e *s.m.* imitatore.

imitatif [imitatif] (f. *-ive*) *agg.* imitativo.

imitation [imitɑsjɔ̃] *s.f.* imitazione || — *cuir*, in similpelle, in finta pelle, uso pelle || *à l'*— *de*, a imitazione di, come.

imiter [imite] *v.tr.* imitare || *imitant le bois*, uso legno.

immaculé [immakyle] *agg.* immacolato, senza macchia || (*teol.*) *l'Immaculée Conception*, l'Immacolata Concezione.

immanence [immanɑ̃s] *s.f.* immanenza.

immanent [immanɑ̃] *agg.* immanente.

immangeable [ɛ̃mɑ̃ʒabl] *agg.* immangiabile.

immanquable [ɛ̃mɑ̃kabl] *agg.* immancabile || -ement *avv.*

immatériel [immateʀjɛl] (f. *-elle*) *agg.* immateriale.

immatriculation [immatʀikylɑsjɔ̃] *s.f.* immatri-

colazione || *numéro d'* —, numero di matricola; numero di targa.

immatriculer [immatʀikyle] *v.tr.* immatricolare || *camion immatriculé MI*, autocarro targato MI.

immature [immatyʀ], **immaturé** [immatyʀe] *agg.* (*psic.*) immaturo.

immaturité [immatyʀite] *s.f.* immaturità.

immédiat [immedja] *agg.* immediato: *successeur* —, diretto successore; *mort immédiate*, morte istantanea; *intervention immédiate*, pronto intervento ♦ *s.m.*: *dans l'*—, per il momento || -ement *avv.*

immémorial [immemɔʀjal] (f. *-aux*) *agg.* immemorabile: *depuis un temps* —, da tempo immemorabile.

immense [immɑ̃s] *agg.* immenso (*anche fig.*) || -ement *avv.*

immensité [immɑ̃site] *s.f.* immensità.

immerger [immɛʀʒe] (*coniug. come manger*) *v.tr.* immergere, affondare ☐ **s'immerger** *v.pron.* immergersi.

immérité [immeʀite] *agg.* immeritato.

immersion [immɛʀsjɔ̃] *s.f.* immersione.

immettable [ɛ̃metabl] *agg.* immettibile.

immeuble¹ [immœbl] *agg.* e *s.m.* (*dir.*) (*bene*) immobile.

immeuble² *s.m.* edificio, stabile: — *commercial*, edificio (adibito a uso) commerciale, palazzo per uffici; —*de six étages*, casa di sei piani.

immigrant [immigʀɑ̃] *agg.* e *s.m.* immigrante.

immigration [immigʀɑsjɔ̃] *s.f.* immigrazione.

immigré [immigʀe] *agg.* e *s.m.* immigrato.

immigrer [immigʀe] *v.tr.* immigrare.

imminence [imminɑ̃s] *s.f.* imminenza.

imminent [imminɑ̃] *agg.* imminente.

immiscer, s' [simmise] (*coniug. come* placer) *v.pron.* immischiarsi, intromettersi || (*dir.*) *s'*— *dans une succession*, prender possesso di un'eredità.

immixtion [immikstjɔ̃] *s.f.* intromissione, ingerenza.

immobile [immɔbil] *agg.* immobile: *eau* —, acqua ferma: *visage* —, viso impassibile.

immobilier [immɔbilje] (f. *-ère*) *agg.* (*dir.*) immobiliare.

immobilisation [immɔbilizɑsjɔ̃] *s.f.* immobilizzazione; (*comm.*) immobilizzo (*m.*).

immobiliser [immɔbilize] *v.tr.* immobilizzare ☐ **s'immobiliser** *v.pron.* fermarsi.

immobilisme [immɔbilism] *s.m.* immobilismo.

immobiliste [immɔbilist] *agg.* immobilistico ♦ *s.m.* immobilista.

immobilité [immɔbilite] *s.f.* immobilità.

immodéré [immɔdeʀe] *agg.* smodato; eccessivo || -ément *avv.*

immodestie [immɔdesti] *s.f.* immodestia.

immoler [immɔle] *v.tr.* immolare, sacrificare.

immonde [immɔ̃d] *agg.* immondo: *propos immondes*, oscenità.

immondices [immɔ̃dis] *s.f.pl.* immondizie, spazzatura (*sing.*).

immoral [immɔʀal] (pl. *-aux*) *agg.* immorale.

immoralité [immɔralite] *s.f.* immoralità.
immortaliser [immɔrtalize] *v.tr.* immortalare, eternare.
immortalité [immɔrtalite] *s.f.* immortalità.
immortel [immɔrtɛl] (f. *-elle*) *agg.* e *s.m.* immortale || *les Immortels*, gli Accademici di Francia.
immortelle [immɔrtɛl] *s.f.* (*bot.*) semprevivo (*m.*).
immotivé [immɔtive] *agg.* immotivato.
immuable [immɥabl] *agg.* immutabile || *-ement* *avv.*
immunisé [immynize] *agg.* immunizzato, immune (da).
immuniser [immynize] *v.tr.* immunizzare (da).
immunitaire [immynitɛr] *agg.* immunitario.
immunité [immynite] *s.f.* immunità; esenzione.
immunologie [immynɔlɔʒi] *s.f.* immunologia.
immunologiste [immynɔlɔʒist] *s.m.* immunologo.
immunothérapie [immynɔterapi] *s.f.* (*med.*) immunoterapia.
immutabilité [immytabilite] *s.f.* immutabilità.
impact [ɛ̃pakt] *s.m.* impatto (*anche fig.*); urto.
impair[1] [ɛ̃pɛr] *agg.* **1** dispari **2** (*anat.*) impari.
impair[2] *s.m.* (*fam.*) gaffe (*f.*), topica (*f.*).
impalpable [ɛ̃palpabl] *agg.* impalpabile.
imparable [ɛ̃parabl] *agg.* imparabile; (*fig.*) inevitabile.
impardonnable [ɛ̃pardɔnabl] *agg.* imperdonabile.
imparfait [ɛ̃parfɛ] *agg.* e *s.m.* imperfetto || *-ement* *avv.*
impartial [ɛ̃parsjal] (pl. *-aux*) *agg.* imparziale || *-ement* *avv.*
impartialité [ɛ̃parsjalite] *s.f.* imparzialità.
impartir [ɛ̃partir] *v.tr.* accordare, concedere.
impasse [ɛ̃pas] *s.f.* **1** vicolo cieco, strada senza uscita (*anche fig.*): *aboutir à une —*, arrivare a un punto morto || (*econ.*) *— budgétaire*, disavanzo pubblico || *faire une —*, saltare una parte di programma (per un esame) **2** (*bridge*) impasse.
impassibilité [ɛ̃pasibilite] *s.f.* impassibilità.
impassible [ɛ̃pasibl] *agg.* impassibile || *-ement* *avv.*
impatiemment [ɛ̃pasjamɑ̃] *avv.* impazientemente, con impazienza.
impatience [ɛ̃pasjɑ̃s] *s.f.* impazienza; insofferenza.
impatiens [ɛ̃pasjɛ̃s] *s.f.* (*bot.*) impaziente; (*pop.*) balsamina.
impatient [ɛ̃pasjɑ̃] *agg.* impaziente, ansioso (di).
impatienter [ɛ̃pasjɑ̃te] *v.tr.* spazientire || **s'impatienter** *v.pron.* spazientirsi.
impavide [ɛ̃pavid] *agg.* (*letter.*) impavido.
impayable [ɛ̃pɛjabl] *agg.* impagabile.
impayé [ɛ̃pɛje] *agg.* insoluto, non pagato.
impec [ɛ̃pɛk] *agg.* (*fam.*) perfetto: (*c'est*) *—!*, tutto OK!, va benissimo!
impeccable [ɛ̃pɛkabl] *agg.* impeccabile; perfetto: *conduite —*, condotta irreprensibile || *-ement* *avv.*
impédance [ɛ̃pedɑ̃s] *s.f.* (*elettr.*) impedenza.

impénétrable [ɛ̃penetrabl] *agg.* impenetrabile.
impénitent [ɛ̃penitɑ̃] *agg.* impenitente; (*fam.*) accanito.
impensable [ɛ̃pɑ̃sabl] *agg.* impensabile, inconcepibile.
imper [ɛ̃pɛr] *s.m.* (*fam.*) *abbr.* → **imperméable.**
impératif [ɛ̃peratif] (f. *-ive*) *agg.* e *s.m.* imperativo || *-ivement* *avv.*
impératrice [ɛ̃peratris] *s.f.* imperatrice.
imperceptible [ɛ̃pɛrsɛptibl] *agg.* impercettibile || *-ement* *avv.*
imperdable [ɛ̃pɛrdabl] *s.f.* (*in Svizzera*) spilla di sicurezza.
imperfection [ɛ̃pɛrfɛksjɔ̃] *s.f.* imperfezione.
impérial [ɛ̃perjal] (pl. *-aux*) *agg.* imperiale || *un air —*, un'aria maestosa || (*alle carte*) *série impériale*, scala reale.
impériale [ɛ̃perjal] *s.f.* imperiale (*m.*).
impérialisme [ɛ̃perjalism] *s.m.* imperialismo.
impérialiste [ɛ̃perjalist] *agg.* e *s.m.* imperialista.
impérieux [ɛ̃perjø] (f. *-euse*) *agg.* imperioso || *-eusement* *avv.*
impérissable [ɛ̃perisabl] *agg.* imperituro.
imperméabilisation [ɛ̃pɛrmeabilizasjɔ̃] *s.f.* impermeabilizzazione.
imperméabiliser [ɛ̃pɛrmeabilize] *v.tr.* impermeabilizzare.
imperméabilité [ɛ̃pɛrmeabilite] *s.f.* impermeabilità.
imperméable [ɛ̃pɛrmeabl] *agg.* e *s.m.* impermeabile || *il est — à l'art*, (*scherz.*) è refrattario a ogni forma d'arte.
impersonnel [ɛ̃pɛrsɔnɛl] (f. *-elle*) *agg.* e *s.m.* impersonale || *-ellement* *avv.*
impertinence [ɛ̃pɛrtinɑ̃s] *s.f.* impertinenza.
impertinent [ɛ̃pɛrtinɑ̃] *agg.* e *s.m.* impertinente.
imperturbable [ɛ̃pɛrtyrbabl] *agg.* imperturbabile || *-ement* *avv.*
impétigo [ɛ̃petigo] *s.m.* (*med.*) impetigine (*f.*).
impétrant [ɛ̃petrɑ̃] *s.m.* (*dir.*) richiedente.
impétueux [ɛ̃petɥø] (f. *-euse*) *agg.* impetuoso || *-eusement* *avv.*
impétuosité [ɛ̃petɥozite] *s.f.* impeto (*m.*), impetuosità.
impie [ɛ̃pi] *agg.* e *s.m.* (*letter.*) empio.
impiété [ɛ̃pjete] *s.f.* (*letter.*) empietà.
impitoyable [ɛ̃pitwajabl] *agg.* spietato, inesorabile: *une haine —*, un odio implacabile.
impitoyablement [ɛ̃pitwajabləmɑ̃] *avv.* senza pietà, inesorabilmente.
implacable [ɛ̃plakabl] *agg.* implacabile, inesorabile || *logique —*, logica ferrea.
implant [ɛ̃plɑ̃] *s.m.* (*med.*) impianto; innesto || *— dentaire*, impianto dentario.
implantable [ɛ̃plɑ̃tabl] *agg.* (*med.*) **1** trapiantabile **2** (*estens.*) che può essere sottoposto a trapianto.
implantation [ɛ̃plɑ̃tasjɔ̃] *s.f.* **1** (*tecn.*) impianto (*m.*), istallazione **2** (*med.*) innesto (*m.*) **3** attaccatura (dei capelli) **4** insediamento (di persone).

implanter [ɛ̃plɑ̃te] *v.tr.* impiantare, introdurre □ **s'implanter** *v.pron.* stabilirsi, insediarsi.

implantologie [ɛ̃plɑ̃tɔlɔʒi] *s.f.* implantologia.

implication [ɛ̃plikasjɔ̃] *s.f.* implicazione, coinvolgimento (*m.*).

implicite [ɛ̃plisit] *agg.* implicito, sottinteso.

implicitement [ɛ̃plisitmɑ̃] *avv.* implicitamente.

impliquer [ɛ̃plike] *v.tr.* implicare: — *qqn dans un assassinat*, coinvolgere qlcu in un omicidio; *tout cela implique qu'il a menti*, tutto ciò lascia supporre che abbia mentito □ **s'impliquer** *v.pron.* (*fam.*) impegnarsi.

implorant [ɛ̃plɔrɑ̃] *agg.* implorante, supplichevole.

imploration [ɛ̃plɔrasjɔ̃] *s.f.* implorazione, supplica.

implorer [ɛ̃plɔre] *v.tr.* implorare.

imploser [ɛ̃ploze] *v.intr.* fare implosione, implodere.

implosion [ɛ̃plozjɔ̃] *s.f.* implosione.

impoli [ɛ̃pɔli] *agg.* sgarbato ♦ *s.m.* maleducato.

impoliment [ɛ̃pɔlimɑ̃] *avv.* scortesemente, sgarbatamente.

impolitesse [ɛ̃pɔlites] *s.f.* **1** sgarbo (*m.*), scortesia **2** maleducazione.

impondérable [ɛ̃pɔ̃derabl] *agg.* e *s.m.* imponderabile.

impopulaire [ɛ̃pɔpylɛr] *agg.* impopolare.

impopularité [ɛ̃pɔpylarite] *s.f.* impopolarità.

importable [ɛ̃pɔrtabl] *agg.* importabile.

importance [ɛ̃pɔrtɑ̃s] *s.f.* importanza: *une affaire de toute première* —, un affare di importanza capitale; *c'est une question qui prend de l'*—, è una faccenda che sta diventando importante; *c'est sans* —, non importa, non ha importanza ‖ *l'erreur est d'*—, l'errore è grave; *faire l'homme d'*—, atteggiarsi a uomo importante.

important [ɛ̃pɔrtɑ̃] *agg.* **1** importante: *c'est* — *à savoir*, è buono a sapersi; *cela seul est* —, questo solo conta; *se donner, prendre des airs importants*, darsi arie di persona importante **2** notevole, considerevole; grande: *un héritage* —, una grossa eredità ♦ *s.m.* importante, cosa importante ‖ *faire l'*—, darsi arie di importanza.

importateur [ɛ̃pɔrtatœr] (f. *-trice*) *agg.* e *s.m.* importatore.

importation [ɛ̃pɔrtasjɔ̃] *s.f.* importazione.

importer[1] [ɛ̃pɔrte] *v.tr.* (*comm.*) importare.

importer[2] (*usato all'inf. e alla 3ª pers. di tutti i tempi e più sovente alla forma impers.*) *v.intr.dif.* importare, avere importanza, contare: *tous ces potins m'importent peu*, tutti questi pettegolezzi mi importano poco; *ce sont les sentiments qui importent*, sono i sentimenti che contano; *il importe de se faire apprécier*, è importante farsi apprezzare; *il importait qu'il prenne les décisions justes*, era importante che prendesse le decisioni giuste; *ce qui importe est de partir à temps*, l'importante è partire in tempo; *qu'importe!*, che importa!; *peu importe*, *n'importe*, non ha importanza □ **n'importe qui** *pron.indef.* chiunque: *n'importe qui pourrait le faire*, potrebbe farlo chiunque; *ce n'est*

pas n'importe qui!, non è l'ultimo venuto!; *il ne se prend pas pour n'importe qui!*, si crede molto!, chissà chi si crede! □ **n'importe quoi** *pron.indef.* qualunque cosa: *il ferait n'importe quoi pour l'aider*, farebbe qualunque cosa, farebbe di tutto per aiutarlo; *tu dis vraiment n'importe quoi*, parli a vanvera □ **n'importe quel**, **quelle** *agg.indef.* qualunque, qualsiasi: *tu peux venir à n'importe quelle heure*, puoi venire a qualunque ora, a un'ora qualsiasi; *n'importe quel autre ami aurait compris*, qualsiasi altro amico avrebbe capito □ **n'importe lequel**, **laquelle**, **lesquels**, **lesquelles** *pron.indef.* uno qualunque, non importa quale: *donnez-moi un livre, n'importe lequel*, datemi un libro, uno qualunque □ **n'importe comment** *locuz.avv.* in qualunque modo: *n'importe comment, il faut que je parte*, in un modo o nell'altro bisogna che parta; *elle écrit n'importe comment*, scrive in qualche modo □ **n'importe où** *locuz.avv.* in qualunque luogo, ovunque □ **n'importe quand** *locuz.avv.* in qualunque momento.

importun [ɛ̃pɔrtœ̃] *agg.* e *s.m.* importuno.

importuner [ɛ̃pɔrtyne] *v.tr.* importunare, molestare.

importunité [ɛ̃pɔrtynite] *s.f.* **1** importunità **2** *pl.* inconvenienti (*m.*), disagi (*m.*).

imposable [ɛ̃pozabl] *agg.* (*fin.*) tassabile: *revenu* —, (reddito) imponibile.

imposant [ɛ̃pozɑ̃] *agg.* imponente.

imposé [ɛ̃poze] *agg.* **1** imposto **2** tassato.

imposer [ɛ̃poze] *v.tr.* **1** imporre: — *le respect*, incutere rispetto **2** tassare **3** (*tip.*) fare l'imposizione (di un foglio) □ **(en) imposer** *v.intr.* intimidire; ispirare ammirazione, soggezione: *il (en) impose par son aspect solennel*, si impone per il suo aspetto solenne; *c'est un homme qui (en) impose à tout le monde*, è un uomo che mette soggezione a tutti □ **s'imposer** *v.pron.* imporsi.

imposition [ɛ̃pozisjɔ̃] *s.f.* **1** imposizione (*anche tip.*) **2** tassazione; (*ant.*) imposta, tributo (*m.*).

impossibilité [ɛ̃pɔsibilite] *s.f.* impossibilità.

impossible [ɛ̃pɔsibl] *agg.* e *s.m.* impossibile ‖ *il n'y a rien d'*— *à ce qu'il réussisse bien*, non è affatto escluso che possa riuscire bene ‖ *il était* — *qu'ils ne le connaissent pas*, era impossibile che non lo conoscessero ‖ — *à atteindre*, irraggiungibile ‖ *si, par* —, *il revenait...*, se, per assurdo, egli tornasse...

imposte [ɛ̃pɔst] *s.f.* **1** (*arch.*) imposta (d'un arco) **2** (*edil.*) sopraffinestra; sovrapporta (*m.*).

imposteur [ɛ̃pɔstœr] *s.m.* impostore.

imposture [ɛ̃pɔstyr] *s.f.* impostura.

impôt [ɛ̃po] *s.m.* imposta (*f.*), tassa (*f.*): — *à la source*, imposta alla fonte, ritenuta d'acconto; — *extraordinaire*, una tantum; — *sur les alcools*, tassa sugli alcolici; *exempt d'impôts*, esentasse; *frapper d'*—, assoggettare a imposta ‖ *faire sa déclaration d'impôts*, fare la dichiarazione dei redditi; *remplir sa feuille d'*—, compilare la dichiarazione dei redditi ‖ *assiette de l'*—, imponibile.

impotence [ɛ̃pɔtɑ̃s] *s.f.* invalidità.

impotent [ɛ̃pɔtɑ̃] *agg.* e *s.m.* invalido.
impraticabilité [ɛ̃pʀatikabilite] *s.f.* impraticabilità.
impraticable [ɛ̃pʀatikabl] *agg.* 1 impraticabile, inagibile 2 inattuabile, irrealizzabile.
imprécation [ɛ̃pʀekasjɔ̃] *s.f.* imprecazione.
imprécatoire [ɛ̃pʀekatwaʀ] *agg.* imprecatorio, imprecativo.
imprécis [ɛ̃pʀesi] *agg.* impreciso || *des contours* —, contorni indistinti.
imprécision [ɛ̃pʀesizjɔ̃] *s.f.* imprecisione.
imprégnation [ɛ̃pʀeɲasjɔ̃] *s.f.* impregnazione.
imprégner [ɛ̃pʀeɲe] (*coniug. come* céder) *v.tr.* impregnare, imbevere (*anche fig.*) □ **s'imprégner** *v.pron.* impregnarsi; assorbire.
imprenable [ɛ̃pʀənabl] *agg.* imprendibile, inespugnabile || *vue* —, vista (panoramica) assicurata.
impréparation [ɛ̃pʀepaʀasjɔ̃] *s.f.* impreparazione.
imprésario [ɛ̃pʀes(z)aʀjo] *s.m.* (*teatr.*) impresario.
imprescriptible [ɛ̃pʀeskʀiptibl] *agg.* (*dir.*) imprescrittibile.
impression [ɛ̃pʀesjɔ̃] *s.f.* 1 impressione || *j'en ai l'*—!, mi pare di sì! || *éprouver une — de vertige*, provare una sensazione di vertigine 2 (*tip., fot.*) stampa 3 (*tecn.*) stampaggio (su tessuti, ceramiche) 4 impronta.
impressionnable [ɛ̃pʀesjɔnabl] *agg.* impressionabile.
impressionnant [ɛ̃pʀesjɔnɑ̃] *agg.* impressionante.
impressionner [ɛ̃pʀesjɔne] *v.tr.* impressionare || *ils m'ont désagréablement impressionné*, mi hanno fatto un'impressione sgradevole □ **s'impressionner** *v.pron.* impressionarsi.
impressionnisme [ɛ̃pʀesjɔnism] *s.m.* (*pitt.*) impressionismo.
impressionniste [ɛ̃pʀesjɔnist] *agg.* (*pitt.*) impressionista, impressionistico ♦ *s.m.* e *f.* (*pitt.*) impressionista.
imprévisibilité [ɛ̃pʀevizibilite] *s.f.* imprevedibilità.
imprévisible [ɛ̃pʀevizibl] *agg.* imprevedibile.
imprévoyance [ɛ̃pʀevwajɑ̃s] *s.f.* imprevidenza.
imprévoyant [ɛ̃pʀevwajɑ̃] *agg.* e *s.m.* imprevidente.
imprévu [ɛ̃pʀevy] *agg.* e *s.m.* imprevisto.
imprimable [ɛ̃pʀimabl] *agg.* stampabile.
imprimante [ɛ̃pʀimɑ̃t] *s.f.* stampante, stampata.
imprimé [ɛ̃pʀime] *agg.* stampato ♦ *s.m.* 1 stampa (*f.*), stampato; modulo 2 tessuto stampato.
imprimer [ɛ̃pʀime] *v.tr.* 1 stampare 2 dare alle stampe, pubblicare 3 imprimere 4 imprimere, comunicare (un movimento ecc.) 5 (*letter.*) incutere, ispirare 6 (*fig.*) inculcare □ **s'imprimer** *v.pron.* imprimersi, stamparsi.
imprimerie [ɛ̃pʀimʀi] *s.f.* 1 stampa, tipografia || *caractères d'*—, caratteri tipografici 2 tipografia, stamperia.

imprimeur [ɛ̃pʀimœʀ] *s.m.* stampatore; tipografo.
improbabilité [ɛ̃pʀɔbabilite] *s.f.* improbabilità.
improbable [ɛ̃pʀɔbabl] *agg.* improbabile.
improbation [ɛ̃pʀɔbasjɔ̃] *s.f.* (*letter.*) disapprovazione, riprovazione.
improbité [ɛ̃pʀɔbite] *s.f.* improbità, disonestà.
improductif [ɛ̃pʀɔdyktif] (*f. -ive*) *agg.* improduttivo; infruttifero.
improductivité [ɛ̃pʀɔdyktivite] *s.f.* improduttività.
impromptu [ɛ̃pʀɔ̃pty] *agg.* (*spec. invar.*) improvvisato ♦ *s.m.* (*mus.*) improvviso; (*teatr.*) commedia a soggetto ♦ *avv.* improvvisando; a prima vista.
imprononçable [ɛ̃pʀɔnɔ̃sabl] *agg.* impronunciabile.
impropre [ɛ̃pʀɔpʀ] *agg.* improprio; scorretto.
improprement [ɛ̃pʀɔpʀəmɑ̃] *avv.* in modo improprio.
impropriété [ɛ̃pʀɔpʀijete] *s.f.* improprietà.
improuvable [ɛ̃pʀuvabl] *agg.* indimostrabile.
improvisateur [ɛ̃pʀɔvizatœʀ] (*f. -trice*) *s.m.* improvvisatore.
improvisation [ɛ̃pʀɔvizɑsjɔ̃] *s.f.* improvvisazione.
improviser [ɛ̃pʀɔvize] *v.tr.* e *intr.* improvvisare.
improviste, à l' [alɛ̃pʀɔvist] *locuz.avv.* all'improvviso, improvvisamente; inaspettatamente.
imprudemment [ɛ̃pʀydamɑ̃] *avv.* imprudentemente.
imprudence [ɛ̃pʀydɑ̃s] *s.f.* imprudenza.
imprudent [ɛ̃pʀydɑ̃] *agg.* e *s.m.* imprudente.
impubère [ɛ̃pybɛʀ] *agg.* e *s.m.* impubere.
impubliable [ɛ̃pyblijabl] *agg.* impubblicabile.
impudemment [ɛ̃pydamɑ̃] *avv.* impudentemente, sfacciatamente.
impudence [ɛ̃pydɑ̃s] *s.f.* 1 impudenza 2 atto, parola impudente.
impudent [ɛ̃pydɑ̃] *agg.* e *s.m.* impudente, sfacciato.
impudeur [ɛ̃pydœʀ] *s.f.* 1 impudicizia 2 impudenza, sfacciataggine.
impudicité [ɛ̃pydisite] *s.f.* 1 impudicizia 2 atto, proposito impudico.
impudique [ɛ̃pydik] *agg.* impudico || **-ement** *avv.*
impuissance [ɛ̃pɥisɑ̃s] *s.f.* impotenza; impossibilità.
impuissant [ɛ̃pɥisɑ̃] *agg.* e *s.m.* impotente.
impulser [ɛ̃pylse] *v.tr.* dare impulso a.
impulsif [ɛ̃pylsif] (*f. -ive*) *agg.* e *s.m.* impulsivo.
impulsion [ɛ̃pylsjɔ̃] *s.f.* impulso (*m.*) (*anche fig.*) || *sous l'*— *du moment*, d'impulso.
impulsivement [ɛ̃pylsivmɑ̃] *avv.* impulsivamente.
impulsivité [ɛ̃pylsivite] *s.f.* impulsività.
impunément [ɛ̃pynemɑ̃] *avv.* impunemente.
impuni [ɛ̃pyni] *agg.* impunito.
impunité [ɛ̃pynite] *s.f.* impunità.
impur [ɛ̃pyʀ] *agg.* impuro.
impureté [ɛ̃pyʀte] *s.f.* impurità.
imputabilité [ɛ̃pytabilite] *s.f.* imputabilità.
imputable [ɛ̃pytabl] *agg.* imputabile.

imputation [ɛ̃pytɑsjɔ̃] *s.f.* imputazione.

imputer [ɛ̃pyte] *v.tr.* imputare; attribuire: (*dir.*) — *un crime à qqn*, — *qqn d'un crime*, imputare qlcu di un delitto.

imputrescible [ɛ̃pytʀesibl] *agg.* imputrescibile.

inabordable [inabɔʀdabl] *agg.* inavvicinabile; inaccessibile || *prix inabordables*, (*fam.*) prezzi proibitivi.

inaccentué [inaksɑ̃tɥe] *agg.* (*gramm.*) atono, privo di accento.

inacceptable [inakseptabl] *agg.* inaccettabile.

inaccessibilité [inaksesibilite] *s.f.* inaccessibilità.

inaccessible [inaksesibl] *agg.* inaccessibile; incomprensibile: *un poème* —, un poema incomprensibile.

inaccompli [inakɔ̃pli] *agg.* incompiuto, inadempiuto.

inaccoutumé [inakutyme] *agg.* insolito, inconsueto.

inachevé [inaʃve] *agg.* incompiuto.

inachèvement [inaʃevmɑ̃] *s.m.* incompiutezza (*f.*).

inactif [inaktif] (f. -*ive*) *agg.* inattivo, inoperoso || *commerce* —, commercio fermo.

inaction [inaksjɔ̃] *s.f.* inazione, inoperosità.

inactivité [inaktivite] *s.f.* inattività, inoperosità || *l'* — *du marché*, la fiacchezza del mercato || *fonctionnaire en* —, funzionario in aspettativa.

inactuel [inaktɥel] (f. -*elle*) *agg.* inattuale.

inadaptable [inadaptabl] *agg.* inadattabile.

inadaptation [inadaptasjɔ̃] *s.f.* inadattabilità.

inadapté [inadapte] *agg.* disadatto, inadatto ♦ *s.m.* (*psic.*) disadattato.

inadéquat [inadekwa] *agg.* inadeguato.

inadéquation [inadekwasjɔ̃] *s.f.* inadeguatezza.

inadmissibilité [inadmisibilite] *s.f.* inammissibilità.

inadmissible [inadmisibl] *agg.* inammissibile.

inadvertance [inadvɛʀtɑ̃s] *s.f.* inavvertenza, distrazione || *par* —, inavvertitamente.

inaliénabilité [inaljenabilite] *s.f.* inalienabilità.

inaliénable [inaljenabl] *agg.* inalienabile.

inaltérabilité [inalteʀabilite] *s.f.* inalterabilità.

inaltérable [inalteʀabl] *agg.* inalterabile.

inamical [inamikal] (pl. -*aux*) *agg.* (*letter.*) ostile, non amichevole.

inamovibilité [inamɔvibilite] *s.f.* inamovibilità.

inamovible [inamɔvibl] *agg.* inamovibile.

inanimé [inanime] *agg.* inanimato; esanime || *beauté inanimée*, bellezza senz'anima.

inanité [inanite] *s.f.* inanità, inutilità.

inanition [inanisjɔ̃] *s.f.* inanizione, inedia.

inapaisé [inapeze] *agg.* inappagato.

inaperçu [inapɛʀsy] *agg.* inosservato, non visto.

inappétence [inapetɑ̃s] *s.f.* inappetenza, disappetenza.

inapplicable [inaplikabl] *agg.* inapplicabile.

inappliqué [inaplike] *agg.* negligente, disattento.

inappréciable [inapʀesjabl] *agg.* inestimabile || *service* —, servizio impagabile.

inapproprié [inapʀɔpʀije] *agg.* inadatto.

inapte [inapt] *agg.* e *s.m.* inabile (*anche mil.*); inadatto.

inaptitude [inaptityd] *s.f.* inattitudine; inabilità (*anche mil.*).

inarticulé [inaʀtikyle] *agg.* inarticolato.

inassimilable [inasimilabl] *agg.* inassimilabile: *minorité* —, minoranza non assimilabile.

inassouvi [inasuvi] *agg.* inappagato, insoddisfatto.

inattaquable [inatakabl] *agg.* inattaccabile.

inattendu [inatɑ̃dy] *agg.* inatteso, inaspettato.

inattentif [inatɑ̃tif] (f. -*ive*) *agg.* disattento, distratto || — *aux avertissements*, incurante degli avvertimenti.

inattention [inatɑ̃sjɔ̃] *s.f.* disattenzione, distrazione.

inaudible [inodibl] *agg.* impercettibile.

inaugural [inɔ(o)gyʀal] (pl. -*aux*) *agg.* inaugurale.

inauguration [inɔ(o)gyʀɑsjɔ̃] *s.f.* inaugurazione; (*fig.*) inizio (*m.*).

inaugurer [inɔ(o)gyʀe] *v.tr.* inaugurare; (*fig.*) iniziare || — *une statue*, scoprire una statua.

inauthentique [inɔ(o)tɑ̃tik] *agg.* non autentico.

inavouable [inavwabl] *agg.* inconfessabile.

inavoué [inavwe] *agg.* inconfessato.

inca [ɛ̃ka] *agg.* incaico, inca: *la civilisation* —, la civiltà incaica ♦ *s.m.* e *f.* inca.

incalculable [ɛ̃kalkylabl] *agg.* incalcolabile.

incandescence [ɛ̃kɑ̃desɑ̃s] *s.f.* incandescenza.

incandescent [ɛ̃kɑ̃desɑ̃] *agg.* incandescente.

incantation [ɛ̃kɑ̃tasjɔ̃] *s.f.* incantesimo (*m.*).

incantatoire [ɛ̃kɑ̃tatwaʀ] *agg.* magico.

incapable [ɛ̃kapabl] *agg.* e *s.m.* 1 incapace; inabile; inetto 2 (*dir.*) incapace.

incapacité [ɛ̃kapasite] *s.f.* 1 incapacità; inettitudine 2 inabilità: — *de travail*, inabilità al lavoro; — *temporaire*, invalidità temporanea.

incarcération [ɛ̃kaʀseʀɑsjɔ̃] *s.f.* (in)carcerazione.

incarcérer [ɛ̃kaʀseʀe] (*coniug. come* céder) *v.tr.* incarcerare.

incarnat [ɛ̃kaʀna] *agg.* carnicino ♦ *s.m.* incarnato, colorito roseo.

incarnation [ɛ̃kaʀnasjɔ̃] *s.f.* incarnazione.

incarné [ɛ̃kaʀne] *agg.* 1 incarnato || *c'est le diable* —, (*fam.*) è il diavolo in persona 2 (*med.*) incarnito: *ongle* —, unghia incarnita.

incarner [ɛ̃kaʀne] *v.tr.* incarnare □ **s'incarner** *v.pron.* 1 incarnarsi 2 (*med.*) incarnirsi.

incartade [ɛ̃kaʀtad] *s.f.* stravaganza; capriccio (*m.*).

incassable [ɛ̃kasabl] *agg.* infrangibile.

incendiaire [ɛ̃sɑ̃djɛʀ] *agg.* e *s.m.* incendiario.

incendie [ɛ̃sɑ̃di] *s.m.* incendio.

incendier [ɛ̃sɑ̃dje] *v.tr.* incendiare; (*fig.*) infiammare, accendere.

incertain [ɛ̃sɛʀtɛ̃] *agg.* e *s.m.* incerto || *couleur incertaine*, colore indeciso || *elle est d'un âge* —, è di età indefinibile || *caractère* —, carattere insicuro.

incertitude [ɛ̃sɛʀtityd] *s.f.* incertezza.

incessamment [ɛ̃sesamɑ̃] *avv.* incessantemente.

incessant [ɛ̃sesɑ̃] *agg.* incessante.

incessibilité [ɛ̃sesibilite] *s.f. (dir.)* inalienabilità.

incessible [ɛ̃sesibl] *agg. (dir.)* non cedibile, inalienabile.

inceste [ɛ̃sɛst] *s.m.* incesto.

incestueux [ɛ̃sɛstɥø] (f. *-euse*) *agg.* incestuoso.

inchangé [ɛ̃ʃɑ̃ʒe] *agg.* immutato.

inchangeable [ɛ̃ʃɑ̃ʒabl] *agg.* immutabile.

inchoatif [ɛ̃kɔatif] (f. *-ive*) *agg.* e *s.m. (gramm.)* incoativo.

incidemment [ɛ̃sidamɑ̃] *avv.* incidentalmente, per inciso.

incidence [ɛ̃sidɑ̃s] *s.f.* incidenza || *avoir — sur*, incidere su.

incident[1] [ɛ̃sidɑ̃] *agg.* **1** (*fìs.*) incidente **2** (*dir.*) incidentale.

incident[2] *s.m.* **1** incidente **2** avvenimento, episodio **3** (*dir.*) incidente || *faux —*, impugnazione di falso.

incinérateur [ɛ̃sineratœr] *s.m.* inceneritore.

incinération [ɛ̃sinerasjɔ̃] *s.f.* **1** incenerimento (*m.*) **2** cremazione.

incinérer [ɛ̃sinere] (*coniug. come* céder) *v.tr.* **1** incenerire **2** cremare.

incise [ɛ̃siz] *s.f.* (*gramm., mus.*) inciso (*m.*).

inciser [ɛ̃size] *v.tr.* incidere.

incisif [ɛ̃sizif] (f. *-ive*) *agg.* **1** incisivo **2** tagliente, mordace.

incision [ɛ̃sizjɔ̃] *s.f.* (*agr., med.*) incisione.

incisive [ɛ̃siziv] *s.f.* (*dent*) —, (dente) incisivo.

incitatif [ɛ̃sitatif] (f. *-ive*) *agg.* incentivante.

incitation [ɛ̃sitasjɔ̃] *s.f.* **1** incitamento (*m.*); (*dir.*) istigazione **2** incentivazione: *incitations aux investissements*, incentivi agli investimenti.

inciter [ɛ̃site] *v.intr.* incitare, istigare.

incivil [ɛ̃sivil] *agg.* incivile.

incivilité [ɛ̃sivilite] *s.f.* inciviltà, scortesia.

incivique [ɛ̃sivik] *agg.* che manca di senso civico.

incivisme [ɛ̃sivism] *s.m.* mancanza di civismo.

inclassable [ɛ̃klasabl] *agg.* inclassificabile.

inclémence [ɛ̃klemɑ̃s] *s.f.* inclemenza.

inclément [ɛ̃klemɑ̃] *agg.* inclemente.

inclinable [ɛ̃klinabl] *agg.* inclinabile.

inclinaison [ɛ̃klinɛzɔ̃] *s.f.* inclinazione, pendenza.

inclination [ɛ̃klinasjɔ̃] *s.f.* inclinazione, tendenza: *avoir de l'—, une — pour qqn*, avere un debole per qlcu; *avoir de l'— pour le dessin*, essere portato per il disegno.

incliner [ɛ̃kline] *v.tr.* **1** inclinare; chinare **2** (*fig.*) rendere incline; spingere: *tout cela m'incline à croire que vous avez raison*, tutto ciò mi spinge a credere che abbiate ragione ♦ *v.intr.* propendere || *ce parti incline à l'absolutisme*, questo partito tende all'assolutismo □ **s'incliner** *v.pron.* inchinarsi.

inclure [ɛ̃klyr] (*coniug. come* conclure, *eccetto al part.pass.*: inclus) *v.tr.* includere, accludere.

inclus [ɛ̃kly] *part.pass. di* inclure ♦ *agg.* **1** incluso **2** (*comm.*) accluso, allegato **3** *ci-inclus* → *ci-inclus*.

inclusif [ɛ̃klyzif] (f. *-ive*) *agg.* inclusivo.

inclusion [ɛ̃klyzjɔ̃] *s.f.* inclusione.

inclusivement [ɛ̃klyzivmɑ̃] *avv.* inclusivamente: *jusqu'au XV*[e] *siècle —*, fino al XV secolo compreso.

incoercible [ɛ̃kɔɛrsibl] *agg.* incoercibile || *un rire —*, un riso irrefrenabile.

incohérence [ɛ̃kɔerɑ̃s] *s.f.* incoerenza.

incohérent [ɛ̃kɔerɑ̃] *agg.* incoerente.

incollable [ɛ̃kɔlabl] *agg.* (*fam.*) **1** imbattibile **2** (*di alimento*) che non scuoce.

incolore [ɛ̃kɔlɔr] *agg.* incolore.

incomber [ɛ̃kɔbe] *v.intr.* spettare, incombere: *la responsabilité t'en incombe*, la responsabilità incombe su di te ♦ *v.impers.* spettare, competere.

incombustible [ɛ̃kɔbystibl] *agg.* incombustibile.

incommensurable [ɛ̃kɔmɑ̃syrabl] *agg.* e *s.m.* incommensurabile.

incommodant [ɛ̃kɔmɔdɑ̃] *agg.* molesto, fastidioso.

incommode [ɛ̃kɔmɔd] *agg.* scomodo.

incommoder [ɛ̃kɔmɔde] *v.tr.* disturbare, dar fastidio (a).

incommodité [ɛ̃kɔmɔdite] *s.f.* scomodità.

incommunicabilité [ɛ̃kɔmynikabilite] *s.f.* incomunicabilità.

incommunicable [ɛ̃kɔmynikabl] *agg.* incomunicabile.

incomparable [ɛ̃kɔ̃parabl] *agg.* incomparabile, impareggiabile.

incomparablement [ɛ̃kɔ̃parabləmɑ̃] *avv.* incomparabilmente, senza confronto.

incompatibilité [ɛ̃kɔ̃patibilite] *s.f.* incompatibilità.

incompatible [ɛ̃kɔ̃patibl] *agg.* **1** incompatibile **2** (*elettr.*) non compatibile.

incompétence [ɛ̃kɔ̃petɑ̃s] *s.f.* incompetenza.

incompétent [ɛ̃kɔ̃petɑ̃] *agg.* incompetente.

incomplet [ɛ̃kɔ̃plɛ] (f. *-ète*) *agg.* incompleto.

incomplètement [ɛ̃kɔ̃plɛtmɑ̃] *avv.* in modo incompleto.

incompréhensible [ɛ̃kɔ̃preɑ̃sibl] *agg.* incomprensibile.

incompréhensif [ɛ̃kɔ̃preɑ̃sif] (f. *-ive*) *agg.* non comprensivo.

incompréhension [ɛ̃kɔ̃preɑ̃sjɔ̃] *s.f.* incomprensione.

incompressible [ɛ̃kɔ̃presibl] *agg.* incomprimibile.

incompris [ɛ̃kɔ̃pri] *agg.* incompreso.

inconcevable [ɛ̃kɔ̃svabl] *agg.* inconcepibile.

inconciliabilité [ɛ̃kɔ̃siljabilite] *s.f.* inconciliabilità, incompatibilità.

inconciliable [ɛ̃kɔ̃siljabl] *agg.* inconciliabile.

inconcluant [ɛ̃kɔ̃klɥɑ̃] *agg.* inconcludente.

inconditionné [ɛ̃kɔ̃disjɔne] *agg.* (*fil.*) incondizionato.

inconditionnel [ɛ̃kɔ̃disjɔnɛl] (f. *-elle*) *agg.* incondizionato; assoluto ♦ *s.m.* fanatico, patito.

inconditionnellement [ɛ̃kɔ̃disjɔnɛlmɑ̃] *avv.* incondizionatamente, senza alcuna riserva.

inconduite [ɛ̃kɔ̃dɥit] *s.f.* cattiva condotta.

inconfortable [ɛ̃kɔ̃fɔʀtabl] *agg.* scomodo; disagevole.

inconfortablement [ɛ̃kɔ̃fɔʀtabləmɑ̃] *avv.* scomodamente, in modo disagevole.

incongru [ɛ̃kɔ̃gʀy] *agg.* sconveniente, scorretto.

incongruité [ɛ̃kɔ̃gʀɥite] *s.f.* sconvenienza.

incongrûment [ɛ̃kɔ̃gʀymɑ̃] *avv.* sconvenientemente.

inconnaissable [ɛ̃kɔnɛsabl] *agg.* e *s.m.* inconoscibile.

inconnu [ɛ̃kɔny] *agg.* sconosciuto (a), ignoto (a) ‖ (*mat.*) (*quantité*) *inconnue*, (quantità) incognita ♦ *s.m.* ignoto, sconosciuto ‖ *saut dans l'—*, salto nel buio.

inconnue [ɛ̃kɔny] *s.f.* incognita.

inconsciemment [ɛ̃kɔ̃sjamɑ̃] *avv.* incoscientemente, inconsciamente.

inconscience [ɛ̃kɔ̃sjɑ̃s] *s.f.* incoscienza.

inconscient [ɛ̃kɔ̃sjɑ̃] *agg.* e *s.m.* incosciente ‖ *désir —*, desiderio inconscio ♦ *s.m.* **1** incosciente **2** (*psic.*) inconscio.

inconséquence [ɛ̃kɔ̃sekɑ̃s] *s.f.* **1** inconseguenza; incoerenza **2** sventatezza.

inconséquent [ɛ̃kɔ̃sekɑ̃] *agg.* inconseguente; incoerente.

inconsidéré [ɛ̃kɔ̃sideʀe] *agg.* sconsiderato; inconsulto.

inconsidérément [ɛ̃kɔ̃sideʀemɑ̃] *avv.* sconsideratamente, avventatamente.

inconsistance [ɛ̃kɔ̃sistɑ̃s] *s.f.* inconsistenza.

inconsistant [ɛ̃kɔ̃sistɑ̃] *agg.* inconsistente.

inconsolable [ɛ̃kɔ̃sɔlabl] *agg.* inconsolabile: *— de*, inconsolabile per.

inconsolé [ɛ̃kɔ̃sɔle] *agg.* sconsolato.

inconsommable [ɛ̃kɔ̃sɔmabl] *agg.* **1** inconsumabile ‖ (*dir.*) *bien —*, bene inconsumabile **2** (*letter.*) immangiabile.

inconstance [ɛ̃kɔ̃stɑ̃s] *s.f.* incostanza.

inconstant [ɛ̃kɔ̃stɑ̃] *agg.* incostante, mutevole.

inconstitutionnalité [ɛ̃kɔ̃stitysjɔnalite] *s.f.* incostituzionalità.

inconstitutionnel [ɛ̃kɔ̃stitysjɔnɛl] (f. *-elle*) *agg.* incostituzionale.

inconstructible [ɛ̃kɔ̃stʀyktibl] *agg.* non edificabile.

incontestabilité [ɛ̃kɔ̃tɛstabilite] *s.f.* incontestabilità.

incontestable [ɛ̃kɔ̃tɛstabl] *agg.* incontestabile, innegabile.

incontestablement [ɛ̃kɔ̃tɛstabləmɑ̃] *avv.* incontestabilmente.

incontesté [ɛ̃kɔ̃tɛste] *agg.* indiscusso.

incontinence [ɛ̃kɔ̃tinɑ̃s] *s.f.* incontinenza; intemperanza.

incontinent[1] [ɛ̃kɔ̃tinɑ̃] *agg.* incontinente.

incontinent[2] *avv.* immantinente, immediatamente.

incontournable [ɛ̃kɔ̃tuʀnabl] *agg.* inaggirabile, inevitabile.

incontrôlable [ɛ̃kɔ̃tʀolabl] *agg.* incontrollabile.

incontrôlé [ɛ̃kɔ̃tʀole] *agg.* incontrollato.

inconvenance [ɛ̃kɔ̃vnɑ̃s] *s.f.* sconvenienza.

inconvenant [ɛ̃kɔ̃vnɑ̃] *agg.* sconveniente.

inconvénient [ɛ̃kɔ̃venjɑ̃] *s.m.* inconveniente.

inconvertible [ɛ̃kɔ̃vɛʀtibl], **inconvertissable** [ɛ̃kɔ̃vɛʀtisabl] *agg.* inconvertibile.

incorporable [ɛ̃kɔʀpɔʀabl] *agg.* incorporabile.

incorporation [ɛ̃kɔʀpɔʀasjɔ̃] *s.f.* incorporazione.

incorporel [ɛ̃kɔʀpɔʀɛl] (f. *-elle*) *agg.* incorporeo; (*dir.*) immateriale.

incorporer [ɛ̃kɔʀpɔʀe] *v.tr.* incorporare.

incorrect [ɛ̃kɔʀɛkt] *agg.* scorretto: *une citation incorrecte*, una citazione inesatta ‖ **-ement** *avv.*

incorrection [ɛ̃kɔʀɛksjɔ̃] *s.f.* scorrettezza; errore (*m.*).

incorrigible [ɛ̃kɔʀiʒibl] *agg.* incorreggibile.

incorruptibilité [ɛ̃kɔʀyptibilite] *s.f.* incorruttibilità.

incorruptible [ɛ̃kɔʀyptibl] *agg.* incorruttibile ‖ **-ement** *avv.*

incrédule [ɛ̃kʀedyl] *agg.* e *s.m.* incredulo.

incrédulité [ɛ̃kʀedylite] *s.f.* incredulità.

incrémenter [ɛ̃kʀemɑ̃te] *v.tr.* (*inform.*) incrementare.

increvable [ɛ̃kʀəvabl] *agg.* **1** che non si fora, che non scoppia **2** (*fig. fam.*) infaticabile.

incrimination [ɛ̃kʀiminasjɔ̃] *s.f.* incriminazione.

incriminer [ɛ̃kʀimine] *v.tr.* incriminare.

incrochetable [ɛ̃kʀɔʃtabl] *agg.* a prova di scasso.

incroyable [ɛ̃kʀwajabl] *agg.* incredibile ‖ *les Incroyables*, sotto il Direttorio, la 'gioventù dorata' eccentrica e affettata ‖ **-ement** *avv.*

incroyance [ɛ̃kʀwajɑ̃s] *s.f.* miscredenza.

incroyant [ɛ̃kʀwajɑ̃] *agg.* e *s.m.* miscredente, non credente.

incrustation [ɛ̃kʀystasjɔ̃] *s.f.* incrostazione.

incruster [ɛ̃kʀyste] *v.tr.* incrostare ‖ *robe incrustée de dentelle*, vestito con applicazioni di pizzo □ **s'incruster** *v.pron.* **1** incrostarsi **2** (*fig.*) metter radici.

incubateur [ɛ̃kybatœʀ] *s.m.* incubatrice (per uova).

incubation [ɛ̃kybasjɔ̃] *s.f.* incubazione.

incube [ɛ̃kyb] *s.m.* incubo.

incuber [ɛ̃kybe] *v.tr.* covare, incubare.

inculpation [ɛ̃kylpasjɔ̃] *s.f.* imputazione.

inculpé [ɛ̃kylpe] *s.m.* imputato.

inculper [ɛ̃kylpe] *v.tr.* incolpare.

inculquer [ɛ̃kylke] *v.tr.* inculcare, imprimere nella mente.

inculte [ɛ̃kylt] *agg.* incolto (*anche fig.*).

inculture [ɛ̃kyltyʀ] *s.f.* incultura, mancanza di cultura.

incunable [ɛ̃kynabl] *s.m.* incunabolo.

incurable [ɛ̃kyʀabl] *agg.* e *s.m.* incurabile.

incurablement [ɛ̃kyʀabləmɑ̃] *avv.* (*fig.*) irrimediabilmente.

incurie [ɛ̃kyʀi] *s.f.* incuria, negligenza.

incursion [ɛ̃kyʀsjɔ̃] *s.f.* incursione (*anche fig.*).

incurver [ɛ̃kyʀve] *v.tr.* incurvare □ **s'incurver** *v.pron.* incurvarsi.

indécemment [ɛ̃desamɑ̃] *avv.* indecentemente.

indécence [ɛ̃desɑ̃s] *s.f.* indecenza.

indécent [ɛ̃desɑ̃] *agg.* indecente.

indéchiffrable [ɛ̃deʃifʀabl] *agg.* indecifrabile; (*fig.*) impenetrabile.

indécis [ɛ̃desi] *agg.* e *s.m.* indeciso, incerto.

indécision [ɛ̃desizjɔ̃] *s.f.* indecisione, incertezza.

indéclinable [ɛ̃deklinabl] *agg.* indeclinabile.

indécrottable [ɛ̃dekʀɔtabl] *agg.* (*fig.*) incorreggibile.

indéfectible [ɛ̃defɛktibl] *agg.* indefettibile.

indéfendable [ɛ̃defɑ̃dabl] *agg.* indifendibile; insostenibile.

indéfini [ɛ̃defini] *agg.* e *s.m.* indefinito || **-iment** *avv.*

indéfinissable [ɛ̃definisabl] *agg.* indefinibile.

indéformable [ɛ̃defɔʀmabl] *agg.* indeformabile.

indélébile [ɛ̃delebil] *agg.* indelebile.

indélicat [ɛ̃delika] *agg.* indelicato; poco onesto.

indélicatesse [ɛ̃delikatɛs] *s.f.* indelicatezza; scorrettezza.

indemne [ɛ̃demn] *agg.* indenne; illeso, incolume.

indemnisation [ɛ̃dɛmnizasjɔ̃] *s.f.* indennizzo (*m.*), risarcimento (*m.*).

indemniser [ɛ̃dɛmnize] *v.tr.* indennizzare, risarcire.

indemnité [ɛ̃demnite] *s.f.* indennità: — *de déplacement*, — *journalière*, diaria; — *de départ*, liquidazione (di dipendenti).

indémodable [ɛ̃demɔdabl] *agg.* intramontabile.

indémontrable [ɛ̃demɔ̃tʀabl] *agg.* indimostrabile.

indéniable [ɛ̃denjabl] *agg.* innegabile || **-ement** *avv.*

indénombrable [ɛ̃denɔ̃bʀabl] *agg.* non numerabile.

indépendamment [ɛ̃depɑ̃damɑ̃] *avv.* indipendentemente: — *de*, a prescindere da, oltre a.

indépendance [ɛ̃depɑ̃dɑ̃s] *s.f.* indipendenza.

indépendant [ɛ̃depɑ̃dɑ̃] *agg.* e *s.m.* indipendente || *travailleur* —, lavoratore autonomo.

indépendantisme [ɛ̃depɑ̃datism] *s.m.* (*pol.*) indipendentismo.

indépendantiste [ɛ̃depɑ̃dɑ̃tist] *agg.* e *s.m.* indipendentista.

indéracinable [ɛ̃deʀasinabl] *agg.* inestirpabile.

indescriptible [ɛ̃deskʀiptibl] *agg.* indescrivibile.

indésirable [ɛ̃deziʀabl] *agg.* e *s.m.* indesiderabile.

indestructible [ɛ̃destʀyktibl] *agg.* indistruttibile.

indéterminable [ɛ̃detɛʀminabl] *agg.* indeterminabile, imprecisabile.

indétermination [ɛ̃detɛʀminasjɔ̃] *s.f.* **1** indeterminatezza, indecisione **2** imprecisione **3** (*scient.*) indeterminazione.

indéterminé [ɛ̃detɛʀmine] *agg.* indeterminato || *date indéterminée*, data da destinarsi.

index¹ [ɛ̃dɛks] *s.m.* indice.

index² *s.m.* (dito) indice.

indexation [ɛ̃dɛksasjɔ̃] *s.f.* (*econ.*) indicizzazione.

indexer [ɛ̃dɛkse] *v.tr.* **1** (*econ.*) indicizzare **2** (*in Africa*) indicare con il dito.

indic [ɛ̃dik] *s.m.* (*argot*) informatore (della polizia).

indicateur [ɛ̃dikatœʀ] (f. -*trice*) *agg.* indicatore || *panneau* —, cartello stradale ♦ *s.m.* **1** indicatore **2** guida (*f.*): — *des rues*, stradario; — *des chemins de fer*, orario ferroviario || — *de commerce*, annuario commerciale **3** informatore (della polizia).

indicatif [ɛ̃dikatif] (f. -*ive*) *agg.* indicativo ♦ *s.m.* **1** (*gramm.*) indicativo **2** (*rad.*) — *d'appel*, indicativo di chiamata **3** (*tel.*) prefisso **4** (*tv, rad.*) sigla musicale (di una trasmissione).

indication [ɛ̃dikasjɔ̃] *s.f.* indicazione || *sur l'*— *de qqn*, su segnalazione di qlcu || *à titre d'*—, a titolo indicativo.

indice [ɛ̃dis] *s.m.* **1** indizio: *être l'*— *de*, essere indizio di **2** (*tecn., scient.*) indice || — *d'octane*, numero di ottano || (*econ.*): — *de la production*, coefficiente di produzione; — *de chômage*, tasso di disoccupazione.

indicible [ɛ̃disibl] *agg.* indicibile || **-ement** *avv.*

indien [ɛ̃djɛ̃] (f. -*enne*) *agg.* e *s.m.* indiano.

indifféremment [ɛ̃difeʀamɑ̃] *avv.* indifferentemente.

indifférence [ɛ̃difeʀɑ̃s] *s.f.* indifferenza.

indifférencié [ɛ̃difeʀɑ̃sje] *agg.* indifferenziato.

indifférent [ɛ̃difeʀɑ̃] *agg.* indifferente || *parler de choses indifférentes*, parlare del più e del meno.

indifférer [ɛ̃difeʀe] (*coniug. come* céder) *v.tr.* (*fam.*) lasciare indifferente (a).

indigence [ɛ̃diʒɑ̃s] *s.f.* indigenza, povertà.

indigène [ɛ̃diʒɛn] *agg.* e *s.m.* indigeno.

indigent [ɛ̃diʒɑ̃] *agg.* e *s.m.* indigente, povero.

indigeste [ɛ̃diʒɛst] *agg.* indigesto.

indigestion [ɛ̃diʒɛstjɔ̃] *s.f.* indigestione || *j'ai une* — *de toutes ces histoires*, (*scherz.*) basta con queste storie.

indignation [ɛ̃diɲasjɔ̃] *s.f.* indignazione, sdegno (*m.*).

indigne [ɛ̃diɲ] *agg.* indegno || **-ement** *avv.*

indigné [ɛ̃diɲe] *agg.* indignato: — *de*, sdegnato per.

indigner [ɛ̃diɲe] *v.tr.* indignare □ **s'indigner** *v.pron.* indignarsi.

indignité [ɛ̃diɲite] *s.f.* indegnità.

indigo [ɛ̃digo] *s.m.* indaco.

indiqué [ɛ̃dike] *agg.* indicato; adatto.

indiquer [ɛ̃dike] *v.tr.* indicare || *ce n'est pas indiqué*, è sconsigliato.

indirect [ɛ̃diʀɛkt] *agg.* indiretto || **-ement** *avv.*

indiscernable [ɛ̃disɛʀnabl] *agg.* indistinguibile.

indiscipline [ɛ̃disiplin] *s.f.* indisciplina.

indiscipliné [ɛ̃disipline] *agg.* indisciplinato.

indiscret [ɛ̃diskʀɛ] (f. -*ète*) *agg.* indiscreto || **-ètement** *avv.*

indiscrétion [ɛ̃diskʀesjɔ̃] *s.f.* indiscrezione ||
peut-on, sans —, vous demander pourquoi?, posso
chiederle perché, se non sono indiscreto?
indiscutable [ɛ̃diskytabl] *agg.* indiscutibile ||
-ement *avv.*
indispensable [ɛ̃dispɑ̃sabl] *agg.* e *s.m.* indispensabile.
indisponibilité [ɛ̃disponibilite] *s.f.* indisponibilità.
indisponible [ɛ̃disponibl] *agg.* indisponibile.
indisposé [ɛ̃dispoze] *agg.* indisposto.
indisposer [ɛ̃dispoze] *v.tr.* **1** indisporre; dar fastidio (a) **2** rendere indisposto ♦ *v.intr.* essere indisponente.
indisposition [ɛ̃dispozisjɔ̃] *s.f.* indisposizione.

indissociable [ɛ̃disosjabl] *agg.* indissociabile ||
un tout —, un tutto unico.
indissolubilité [ɛ̃disolybilite] *s.f.* indissolubilità.
indissoluble [ɛ̃disolybl] *agg.* indissolubile ||
-ement *avv.*
indistinct [ɛ̃distɛ̃kt] *agg.* indistinto || **-ement** *avv.*
individu [ɛ̃dividy] *s.m.* individuo: *quel est cet
—?*, (*fam.*) chi è quel tizio? || (*in Africa*) *espèce
d'—!*, imbecille!
individualiser [ɛ̃dividɥalize] *v.tr.* individuare,
individualizzare.
individualisme [ɛ̃dividɥalism] *s.m.* individualismo.
individualiste [ɛ̃dividɥalist] *agg.* individualistico ♦ *s.m.* individualista.

Emploi de l'indicatif

Quand il n'est pas le même dans les deux langues:

FRANÇAIS	ITALIANO
1 indicatif:	**indicativo o congiuntivo:**
a interrogatives indirectes	
je ne sais pas ce qu'il fait *je voudrais savoir où il l'a appris* *je me demande comment tu as fait pour...*	non so cosa faccia, cosa fa vorrei sapere dove l'ha imparato mi chiedo come tu abbia fatto per...
b quiconque (principale à l'indicatif)	**chiunque** (principale all'indicativo)
quiconque le connaît, comprend que... *je l'offrirai à quiconque me le demandera*	chiunque lo conosca, lo conosce capisce che... l'offrirò a chiunque me lo chieda, me lo chiederà
2 si + indicatif présent	**se + indicativo presente o futuro**
si tu peux venir, je serai très content	se puoi, se potrai venire sarò molto contento
3 indicatif:	**congiuntivo:**
a subordonnées comparatives	
il est plus instruit qu'on ne croit *il était plus malhonnête qu'on ne pensait*	è più istruito di quanto si creda era più disonesto di quanto si pensasse
b si + imparfait:	**se + imperfetto:**
si tu pouvais venir, je serais très content *il me parlait comme si je pouvais* *le comprendre*	se tu potessi venire, sarei molto contento mi parlava come se potessi capirlo
c tout + adjectif ou adverbe	**per quanto + aggettivo o avverbio**
tout habiles que vous êtes *toute triste qu'elle était* *tout rapidement qu'il comprend*	per quanto abili siate per quanto triste fosse per quanto rapidamente capisca

• per l'uso dei tempi e dei modi dopo i verbi di opinione, di sentimento e di volontà → Verbes
d'opinion, → Verbes de sentiment e → Verbes de volonté.

individualité [ɛ̃dividɥalite] *s.f.* individualità.

individuel [ɛ̃dividɥɛl] (f. *-elle*) *agg.* individuale: *chambre individuelle*, camera singola ♦ *s.m.* (*sport*) indipendente.

individuellement [ɛ̃dividɥɛlmã] *avv.* individualmente.

indivis [ɛ̃divi] *agg.* (*dir.*) indiviso || *par —*, cointestato.

indivisible [ɛ̃divizibl] *agg.* indivisibile.

indivision [ɛ̃divizjɔ̃] *s.f.* (*dir.*) comunione, proprietà indivisa.

indochinois [ɛ̃dɔʃinwa] *agg.* e *s.m.* indocinese.

indocile [ɛ̃dɔsil] *agg.* indocile.

indo-européen [ɛ̃dɔœ(ø)ʀɔpeɛ̃] (f. *indo-européenne*, pl. *indo-européens*) *agg.* e *s.m.* indoeuropeo.

indolemment [ɛ̃dɔlamã] *avv.* indolentemente.

indolence [ɛ̃dɔlãs] *s.f.* indolenza.

indolent [ɛ̃dɔlã] *agg.* indolente.

indolore [ɛ̃dɔlɔʀ] *agg.* indolore.

indomptable [ɛ̃dɔ̃tabl] *agg.* indomabile.

indompté [ɛ̃dɔ̃te] *agg.* **1** indomato **2** (*fig.*) indomito.

indonésien [ɛ̃dɔnezjɛ̃] (f. *-enne*) *agg.* e *s.m.* indonesiano.

in-douze [induz] (pl. *invar.*) *agg.* e *s.m.* (*tip.*) in dodicesimo.

indu [ɛ̃dy] *agg.* indebito; ingiusto, illecito || *il rentre à des heures indues!*, rincasa a ore impossibili!

indubitable [ɛ̃dybitabl] *agg.* indubitabile; incontestabile || *c'est —!*, è fuori di dubbio!

indubitablement [ɛ̃dybitabləmã] *avv.* indubbiamente, senza dubbio.

inductance [ɛ̃dyktãs] *s.f.* (*elettr.*) induttanza.

inducteur [ɛ̃dyktœʀ] (f. *-trice*) *agg.* (*elettr.*) induttore, inducente ♦ *s.m.* (*elettr.*) induttore.

inductif [ɛ̃dyktif] (f. *-ive*) *agg.* induttivo.

induction [ɛ̃dyksjɔ̃] *s.f.* induzione.

induire [ɛ̃dɥiʀ] (*coniug. come* conduire) *v.tr.* **1** indurre, spingere || *j'en induis que...*, ne deduco che... || *cette décision induira de nouvelles réformes*, questa decisione comporterà nuove riforme **2** (*elettr.*) indurre.

induit [ɛ̃dɥi] *part.pass. di* induire ♦ *agg.* e *s.m.* (*elettr.*) indotto.

indulgence [ɛ̃dylʒãs] *s.f.* indulgenza.

indulgent [ɛ̃dylʒã] *agg.* indulgente (con).

indûment [ɛ̃dymã] *avv.* indebitamente.

induration [ɛ̃dyʀasjɔ̃] *s.f.* (*med.*) indurimento (*m.*).

industrialisation [ɛ̃dystʀializasjɔ̃] *s.f.* industrializzazione.

industrialiser [ɛ̃dystʀialize] *v.tr.* industrializzare.

industrie [ɛ̃dystʀi] *s.f.* **1** industria **2** (*fig.*) industriosità, operosità.

industriel [ɛ̃dystʀijɛl] (f. *-elle*) *agg.* e *s.m.* industriale.

industriellement [ɛ̃dystʀijɛlmã] *avv.* industrialmente, su scala industriale.

industrieux [ɛ̃dystʀijø] (f. *-euse*) *agg.* industrioso.

inébranlable [inebʀãlabl] *agg.* saldo; (*fig.*) irremovibile || *courage —*, coraggio incrollabile.

inédit [inedi] *agg.* e *s.m.* inedito.

ineffable [inefabl] *agg.* ineffabile.

ineffablement [inefabləmã] *avv.* ineffabilmente.

ineffaçable [inefasabl] *agg.* incancellabile, indelebile (*anche fig.*).

inefficace [inefikas] *agg.* inefficace.

inefficacité [inefikasite] *s.f.* inefficacia.

inégal [inegal] (pl. *-aux*) *agg.* ineguale, disuguale || *forces inégales*, forze impari || *pas —*, passo irregolare.

inégalable [inegalabl] *agg.* ineguagliabile, incomparabile.

inégale [inegale] *agg.* che non ha uguali, senza pari: *un record —*, un record ineguagliato.

inégalement [inegalmã] *avv.* inegualmente.

inégalitaire [inegaliteʀ] *agg.* non egualitario; non equo.

inégalité [inegalite] *s.f.* disuguaglianza; ineguaglianza || *l'— du caractère*, mutevolezza del carattere.

inélégamment [inelegamã] *avv.* senza eleganza.

inélégance [inelegãs] *s.f.* ineleganza.

inélégant [inelegã] *agg.* inelegante || *il serait — d'insister*, sarebbe scortese insistere.

inéligible [ineliʒibl] *agg.* ineleggibile.

inéluctable [inelyktabl] *agg.* ineluttabile || *-ement avv.*

inemployé [inãplwaje] *agg.* inutilizzato; (*econ.*) inattivo, improduttivo: *argent —*, denaro non investito.

inénarrable [inenaʀabl] *agg.* inenarrabile, indescrivibile.

inepte [inept] *agg.* assurdo, insensato.

ineptie [inepsi] *s.f.* insulsaggine, sciocchezza.

inépuisable [inepɥizabl] *agg.* inesauribile.

inéquation [inekwasjɔ̃] *s.f.* (*mat.*) disequazione.

inéquitable [inekitabl] *agg.* iniquo, ingiusto.

inerte [ineʀt] *agg.* inerte.

inertie [ineʀsi] *s.f.* inerzia.

inespéré [inespeʀe] *agg.* insperato.

inesthétique [inestetik] *agg.* antiestetico.

inestimable [inestimabl] *agg.* inestimabile.

inévitable [inevitabl] *agg.* e *s.m.* inevitabile || *-ement avv.*

inexact [inegzakt] *agg.* **1** inesatto **2** non puntuale.

inexactement [inegzaktəmã] *avv.* in modo inesatto.

inexactitude [inegzaktityd] *s.f.* **1** inesattezza **2** mancanza di puntualità.

inexaucé [inegzose] *agg.* non esaudito.

inexcusable [inekskyzabl] *agg.* imperdonabile.

inexécutable [inegzekytabl] *agg.* inattuabile.

inexécution [inegzekysjɔ̃] *s.f.* non esecuzione, mancata esecuzione: *— d'un contrat*, inadempienza contrattuale.

inexhaustible [inegzostibl] *agg.* (*letter.*) inesauribile.

inexigible [inegziʒibl] *agg.* inesigibile.

inexistant [inegzistã] *agg.* inesistente.

inexistence [inɛgzistɑ̃s] *s.f.* inesistenza.
inexorabilité [inɛgzɔrabilite] *s.f.* inesorabilità.
inexorable [inɛgzɔrabl] *agg.* inesorabile || -ement *avv.*
inexpérience [inɛkspɛrjɑ̃s] *s.f.* inesperienza.
inexpérimenté [inɛkspɛrimɑ̃te] *agg.* inesperto, senza esperienza.
inexpert [inɛkspɛr] *agg.* inesperto.
inexpiable [inɛkspjabl] *agg.* inespiabile.
inexpié [inɛkspje] *agg.* inespiato.
inexplicable [inɛksplikabl] *agg.* inesplicabile, inspiegabile || -ement *avv.*
inexpliqué [inɛksplike] *agg.* inesplicato, inspiegato.
inexploitable [inɛksplwatabl] *agg.* non sfruttabile.
inexploité [inɛksplwate] *agg.* non sfruttato.
inexplorable [inɛksplɔrabl] *agg.* inesplorabile.
inexploré [inɛksplɔre] *agg.* inesplorato.
inexpressif [inɛksprɛsif] (f. *-ive*) *agg.* inespressivo.
inexprimable [inɛksprimabl] *agg.* inesprimibile, indicibile.
inexprimé [inɛksprime] *agg.* inespresso, taciuto.
inexpugnable [inɛkspygnabl] *agg.* inespugnabile, imprendibile.
inextensible [inɛkstɑ̃sibl] *agg.* inestensibile.
inextinguible [inɛkstɛ̃ɡɥibl] *agg.* inestinguibile || *rire —*, riso irrefrenabile.
inextirpable [inɛkstirpabl] *agg.* inestirpabile.
inextricable [inɛkstrikabl] *agg.* inestricabile || -ement *avv.*
infaillibilité [ɛ̃fajibilite] *s.f.* infallibilità.
infaillible [ɛ̃fajibl] *agg.* infallibile || -ement *avv.*
infaisable [ɛ̃fəzabl] *agg.* non fattibile.
infamant [ɛ̃famɑ̃] *agg.* infamante.
infâme [ɛ̃fɑm] *agg.* infame.
infamie [ɛ̃fami] *s.f.* infamia.
infant [ɛ̃fɑ̃] *s.m.* (*st.*) infante.
infanterie [ɛ̃fɑ̃tri] *s.f.* (*mil.*) fanteria.
infanticide[1] [ɛ̃fɑ̃tisid] *agg. e s.m.* infanticida.
infanticide[2] *s.m.* infanticidio.
infantile [ɛ̃fɑ̃til] *agg.* infantile.
infantiliser [ɛ̃fɑ̃tilize] *v.tr.* rendere infantile.
infantilisme [ɛ̃fɑ̃tilism] *s.m.* infantilismo.
infarctus [ɛ̃farktys] *s.m.* (*med.*) infarto.
infatigable [ɛ̃fatigabl] *agg.* infaticabile, instancabile || -ement *avv.*
infatuation [ɛ̃fatɥasjɔ̃] *s.f.* presunzione.
infatué [ɛ̃fatɥe] *agg.* fatuo, pieno di sé.
infatuer, s' [sɛ̃fatɥe] *v.pron.* infatuarsi, invaghirsi.
infécond [ɛ̃fekɔ̃] *agg.* infecondo.
infécondité [ɛ̃fekɔ̃dite] *s.f.* infecondità.
infect [ɛ̃fɛkt] *agg.* 1 fetido 2 (*fam.*) ripugnante || *temps —*, tempo orribile.
infecté [ɛ̃fɛkte] *agg.* infetto.
infecter [ɛ̃fɛkte] *v.tr.* infettare □ **s'infecter** *v.pron.* infettarsi.
infectieux[ɛ̃fɛksjø] (f. *-euse*) *agg.* (*med.*) infettivo.
infection [ɛ̃fɛksjɔ̃] *s.f.* 1 infezione 2 fetore (*m.*).
inféoder [ɛ̃feɔde] *v.tr.* 1 (*st. dir.*) infeudare 2

(*fig.*) assoggettare □ **s'inféoder** *v.pron.* infeudarsi.
inférer [ɛ̃fere] (*coniug. come* céder) *v.tr.* inferire; arguire.
inférieur [ɛ̃ferjœr] *agg. e s.m.* inferiore.
inférioriser [ɛ̃ferjɔrize] *v.tr.* 1 ridurre a una condizione di inferiorità 2 sottovalutare.
infériorité [ɛ̃ferjɔrite] *s.f.* inferiorità || (*gramm.*) *comparatif d'—*, comparativo di minoranza.
infernal [ɛ̃fɛrnal] (pl. *-aux*) *agg.* infernale.
infertile [ɛ̃fɛrtil] *agg.* sterile, infecondo.
infertilité [ɛ̃fɛrtilite] *s.f.* infertilità, sterilità.
infestation [ɛ̃fɛstasjɔ̃] *s.f.* infestazione.
infester [ɛ̃fɛste] *v.tr.* infestare.
infeutrable [ɛ̃føtrabl] *agg.* che non infeltrisce.
infichu [ɛ̃fiʃy] *agg.* (*fam.*) — de, incapace di.
infidèle [ɛ̃fidɛl] *agg. e s.m.* infedele || *être — à sa parole*, non essere di parola || *mémoire —*, memoria labile || -ement *avv.*
infidélité [ɛ̃fidelite] *s.f.* infedeltà.
infiltration [ɛ̃filtrasjɔ̃] *s.f.* infiltrazione.
infiltré [ɛ̃filtre] *agg. e s.m.* infiltrato.
infiltrer, s' [sɛ̃filtre] *v.pron.* infiltrarsi; (*fig.*) insinuarsi.
infime [ɛ̃fim] *agg.* 1 infimo 2 infinitesimale.
infini [ɛ̃fini] *agg. e s.m.* infinito.
infiniment [ɛ̃finimɑ̃] *avv.* infinitamente, immensamente.
infinité [ɛ̃finite] *s.f.* infinità.
infinitésimal [ɛ̃finitezimal] (pl. *-aux*) *agg.* infinitesimale || *partie infinitésimale*, infinitesimo.
infinitif [ɛ̃finitif] (f. *-ive*) *agg. e s.m.* (*gramm.*) infinito || *une (proposition) infinitive*, una (proposizione) infinitiva.
infirmatif [ɛ̃firmatif] (f. *-ive*) *agg.* (*dir.*) invalidante.
infirmation [ɛ̃firmasjɔ̃] *s.f.* (*dir.*) invalidamento (*m.*). || *— d'un jugement*, annullamento di una sentenza.
infirme [ɛ̃firm] *agg. e s.m.* infermo, invalido.
infirmer [ɛ̃firme] *v.tr.* infirmare, invalidare; (*annuler*) annullare.
infirmerie [ɛ̃firməri] *s.f.* infermeria.
infirmier [ɛ̃firmje] *s.m.* infermiere.
infirmière [ɛ̃firmjɛr] *s.f.* infermiera.
infirmité [ɛ̃firmite] *s.f.* infermità.
inflammabilité[ɛ̃flamabilite] *s.f.* infiammabilità.
inflammable [ɛ̃flamabl] *agg.* infiammabile.
inflammation [ɛ̃flamasjɔ̃] *s.f.* infiammazione.
inflammatoire [ɛ̃flamatwar] *agg.* (*med.*) infiammatorio.
inflation [ɛ̃flasjɔ̃] *s.f.* inflazione || *l'— criminelle*, (*fig.*) il dilagare della criminalità.
inflationniste [ɛ̃flasjɔnist] *agg.* inflazionistico.
infléchir [ɛ̃fleʃir] *v.tr.* 1 flettere 2 (*fig.*) indirizzare.
infléchissement [ɛ̃fleʃismɑ̃] *s.m.* flessione (*f.*); (*fig.*) attenuazione (*f.*).
inflexibilité [ɛ̃flɛksibilite] *s.f.* inflessibilità.
inflexible[ɛ̃flɛksibl] *agg.* inflessibile || -ement *avv.*
inflexion [ɛ̃flɛksjɔ̃] *s.f.* 1 inflessione 2 flessione (*anche fig.*) || *d'une — de la tête*, con un cenno del capo 3 deviazione: *les inflexions de la rivière*,

l'andamento sinuoso del fiume **4** cambiamento (*m.*).

infliger [ɛ̃fliʒe] (*coniug. come* manger) *v.tr.* infliggere.

inflorescence [ɛ̃flɔʀesɑ̃s] *s.f.* (*bot.*) infiorescenza.

influençable [ɛ̃flyɑ̃sabl] *agg.* influenzabile.

influence [ɛ̃flyɑ̃s] *s.f.* influenza: *sous l'— de l'alcool*, sotto l'influsso dell'alcol.

influencer [ɛ̃flyɑ̃se] (*coniug. come* placer) *v.tr.* influenzare.

influent [ɛ̃flyɑ̃] *agg.* influente.

influer [ɛ̃flye] *v.intr.* influire.

influx [ɛ̃fly] *s.m.* influsso.

info [ɛ̃fo] *s.f.* (*fam.*) *abbr.* → **information** 3.

infographie [ɛ̃fɔgʀafi] *s.f.* computer graphics.

in-folio [infɔljo] (pl. *invar.*) *agg.* e *s.m.* in-folio.

infondé [ɛ̃fɔ̃de] *agg.* infondato.

informateur [ɛ̃fɔʀmatœʀ] (f. *-trice*) *s.m.* informatore.

informaticien [ɛ̃fɔʀmatisjɛ̃] (f. *-ienne*) *s.m.* informatico, esperto di informatica.

informatif [ɛ̃fɔʀmatif] (f. *-ive*) *agg.* informativo.

information [ɛ̃fɔʀmasjɔ̃] *s.f.* **1** informazione: *pour votre —*, a titolo informativo **2** (*dir.*) indagine, inchiesta: *ouvrir une —*, aprire un'istruttoria **3** *pl.* telegiornale (*m.sing.*); giornale radio.

informatique [ɛ̃fɔʀmatik] *s.f.* informatica ♦ *agg.* informatico.

informatisation [ɛ̃fɔʀmatizasjɔ̃] *s.f.* informatizzazione, compiuterizzazione.

informatiser [ɛ̃fɔʀmatize] *v.tr.* informatizzare, computerizzare.

informe [ɛ̃fɔʀm] *agg.* informe.

informé [ɛ̃fɔʀme] *s.m.* (*dir.*) istruttoria (*f.*) || *jusqu'à plus ample —*, fino a un supplemento di istruttoria; (*estens*) in attesa di maggiori informazioni.

informel [ɛ̃fɔʀmel] (f. *-elle*) *agg.* e *s.m.* informale.

informer [ɛ̃fɔʀme] *v.tr.* informare || *mal informé*, disinformato ♦ *v.intr.* (*dir.*) indagare (su) □ **s'informer** *v.pron.* informarsi (su).

informulé [ɛ̃fɔʀmyle] *agg.* non formulato, non espresso.

infortune [ɛ̃fɔʀtyn] *s.f.* sfortuna: *compagnon d'—*, compagno di sventura.

infortuné [ɛ̃fɔʀtyne] *agg.* e *s.m.* sfortunato.

infra [ɛ̃fʀa] *avv.* e *prep.* infra, sotto, oltre.

infra- *pref.* infra-

infraction [ɛ̃fʀaksjɔ̃] *s.f.* infrazione.

infranchissable [ɛ̃fʀɑ̃ʃisabl] *agg.* insormontabile, invalicabile.

infrarouge [ɛ̃fʀaʀuʒ] *agg.* e *s.m.* infrarosso.

infrason [ɛ̃fʀasɔ̃] *s.m.* infrasuono.

infrastructure [ɛ̃fʀastʀyktyʀ] *s.f.* infrastruttura.

infréquentable [ɛ̃fʀekɑ̃tabl] *agg.* infrequentabile.

infroissable [ɛ̃fʀwasabl] *agg.* ingualcibile, antipiega.

infructueux [ɛ̃fʀyktɥø] (f. *-euse*) *agg.* infruttifero; (*fig.*) infruttuoso.

infuse [ɛ̃fyz] *agg.f.*: *science —*, scienza infusa.

infuser [ɛ̃fyze] *v.tr.* **1** fare un infuso (di): *laisser,*

faire—, lasciare in infusione **2** (*letter.*) infondere.

infusion [ɛ̃fyzjɔ̃] *s.f.* infuso (*m.*), infusione.

ingambe [ɛ̃gɑ̃b] *agg.* (*fam.*) arzillo, in gamba.

ingénier, s' [sɛ̃ʒenje] *v.pron.* sforzarsi (di), ingegnarsi (a).

ingénierie [ɛ̃ʒeniʀi] *s.f.* **1** engineering (*m.*) **2** ingegneria: — *biomédicale, génétique*, ingegneria biomedica, genetica.

ingénieur [ɛ̃ʒenjœʀ] *s.m.* ingegnere || — *du son*, tecnico del suono, fonico || (*inform.*): — *de système*, analista di sistemi, sistemista; — *en génie logiciel*, esperto di software || (*in Africa*) *c'est un —*, (*estens.*) è uno che si è fatto da sé.

ingénieur-conseil [ɛ̃ʒenjœʀkɔ̃sej] (pl. *ingénieurs-conseils*) *s.m.* ingegnere consulente.

ingénieux [ɛ̃ʒenjø] (f. *-euse*) *agg.* ingegnoso || *-eusement* *avv.*

ingéniosité [ɛ̃ʒenjozite] *s.f.* ingegnosità, ingegno (*m.*).

ingénu [ɛ̃ʒeny] *agg.* e *s.m.* ingenuo || *-ument* *avv.*

ingénuité [ɛ̃ʒenɥite] *s.f.* ingenuità.

ingérence [ɛ̃ʒeʀɑ̃s] *s.f.* ingerenza.

ingérer [ɛ̃ʒeʀe] (*coniug. come* céder) *v.tr.* ingerire, ingoiare □ **s'ingérer** *v.pron.* intromettersi.

ingestion [ɛ̃ʒɛstjɔ̃] *s.f.* ingestione.

ingouvernable [ɛ̃guvɛʀnabl] *agg.* ingovernabile.

ingrat [ɛ̃gʀa] *agg.* e *s.m.* ingrato || *visage —*, viso sgradevole.

ingratitude [ɛ̃gʀatityd] *s.f.* ingratitudine.

ingrédient [ɛ̃gʀedjɑ̃] *s.m.* ingrediente.

inguérissable [ɛ̃geʀisabl] *agg.* inguaribile, insanabile.

inguinal [ɛ̃gɥinal] (pl. *-aux*) *agg.* (*anat.*) inguinale.

ingurgitation [ɛ̃gyʀʒitasjɔ̃] *s.f.* l'ingurgitare.

ingurgiter [ɛ̃gyʀʒite] *v.tr.* ingurgitare.

inhabile [inabil] *agg.* inabile, incapace.

inhabileté [inabilte] *s.f.* inabilità, incapacità.

inhabilité [inabilite] *s.f.* (*dir.*) incapacità.

inhabitable [inabitabl] *agg.* inabitabile, inagibile.

inhabité [inabite] *agg.* disabitato.

inhabituel [inabitɥel] (f. *-elle*) *agg.* insolito, non abituale.

inhalateur [inalatœʀ] *s.m.* inalatore.

inhalation [inalasjɔ̃] *s.f.* inalazione.

inhaler [inale] *v.tr.* inalare, inspirare.

inhérent [ineʀɑ̃] *agg.* inerente; intrinseco.

inhiber [inibe] *v.tr.* inibire; ostacolare.

inhibiteur [inibitœʀ] (f. *-trice*) *agg.* (*scient.*) inibitore, inibitorio.

inhibition [inibisjɔ̃] *s.f.* inibizione.

inhospitalier [inɔspitalje] (f. *-ère*) *agg.* inospitale.

inhumain [inymɛ̃] *agg.* inumano, disumano.

inhumainement [inymɛ̃mɑ̃] *avv.* in modo disumano.

inhumanité [inymanite] *s.f.* inumanità; crudeltà.

inhumation [inymasjɔ̃] *s.f.* inumazione.

inhumer [inyme] *v.tr.* inumare.

inimaginable [inimaʒinabl] *agg.* inimmaginabile.

inimitable [inimitabl] *agg.* inimitabile.

inimitié [inimitje] *s.f.* inimicizia.

ininflammable [inɛ̃flamabl] *agg.* non infiammabile.

inintelligence [inɛ̃teliʒɑ̃s] *s.f.* mancanza di intelligenza, ottusità.

inintelligent [inɛ̃teliʒɑ̃] *agg.* ottuso.

inintelligible [inɛ̃te(ɛl)liʒibl] *agg.* inintelligibile,
incomprensibile.

inintéressant [inɛ̃teresɑ̃] *agg.* privo di interesse.

ininterrompu [inɛ̃terɔ̃py] *agg.* ininterrotto.

inique [inik] *agg.* iniquo || **-ement** *avv.*

iniquité [inikite] *s.f.* iniquità, ingiustizia.

initial [inisjal] (pl. *-aux*) *agg.* iniziale: (*lettre*) *ini-
tiale*, iniziale || **-ement** *avv.*

initiateur [inisjatœr] (f. *-trice*) *agg.* e *s.m.* iniziatore.

initiation [inisjasjɔ̃] *s.f.* iniziazione.

initiatique [inisjatik] *agg.* iniziatico.

initiative [inisjativ] *s.f.* iniziativa: *à, sur l'— de*,
per, su iniziativa di || *syndicat d'—*, azienda auto-
noma di soggiorno, pro loco.

initié [inisje] *agg.* e *s.m.* iniziato.

initier [inisje] *v.tr.* iniziare □ **s'initier** *v.pron.* accostarsi (a): *s'— à une profession*, apprendere i
primi rudimenti di una professione.

injectable [ɛ̃ʒektabl] *agg.* iniettabile.

injecté [ɛ̃ʒekte] *agg.* iniettato (di sangue); congestionato.

injecter [ɛ̃ʒekte] *v.tr.* **1** iniettare **2** (*fin.*) apportare capitali.

injecteur [ɛ̃ʒektœr] (f. *-trice*) *agg.* e *s.m.* (*tecn.*)
iniettore.

injection [ɛ̃ʒeksjɔ̃] *s.f.* iniezione.

injonction [ɛ̃ʒɔ̃ksjɔ̃] *s.f.* ingiunzione.

injouable [ɛ̃ʒwabl] *agg.* **1** (*teatr.*) non rappresentabile **2** (*mus.*) ineseguibile **3** (*di gioco,
sport ecc.*) che non si può giocare.

injure [ɛ̃ʒyr] *s.f.* ingiuria: *en venir aux injures*,
prendersi a male parole; *faire — à qqn*, offendere
qlcu || *une — personnelle*, un affronto perso-
nale.

injurier [ɛ̃ʒyrje] *v.tr.* ingiuriare □ **s'injurier**
v.pron. ingiuriarsi.

injurieux [ɛ̃ʒyrjø] (f. *-euse*) *agg.* ingiurioso ||
-eusement *avv.*

injuste [ɛ̃ʒyst] *agg.* e *s.m.* ingiusto (con) || **-ement**
avv.

injustice [ɛ̃ʒystis] *s.f.* ingiustizia.

injustifiable [ɛ̃ʒystifjabl] *agg.* ingiustificabile.

injustifié [ɛ̃ʒystifje] *agg.* ingiustificato.

inlassable [ɛ̃lɑsabl] *agg.* instancabile || **-ement**
avv.

inlay [inlɛ] *s.m.* (*med.*) otturazione dentale (in
oro o altro metallo).

inné [inne] *agg.* innato.

innervation [innɛrvasjɔ̃] *s.f.* (*anat.*) innervazione.

innerver [innɛrve] *v.tr.* (*anat.*) innervare.

innocemment [inɔsamɑ̃] *avv.* innocentemente.

innocence [inɔsɑ̃s] *s.f.* innocenza: *en toute —*, in
perfetta buona fede.

innocent [inɔsɑ̃] *agg.* e *s.m.* **1** innocente **2** ingenuo.

innocenter [inɔsɑ̃te] *v.tr.* scagionare; (*dir.*) dichiarare innocente.

innocuité [innɔkɥite] *s.f.* innocuità.

innombrable [innɔ̃brabl] *agg.* innumerevole.

innommable [innɔmabl] *agg.* innominabile.

innovateur [innɔvatœr] (f. *-trice*) *agg.* e *s.m.* innovatore.

innovation [innɔvasjɔ̃] *s.f.* innovazione.

innover [innɔve] *v.tr.* e *intr.* (r)innovare.

inobservance [inɔpsɛrvɑ̃s] *s.f.* inosservanza.

inobservation [inɔpsɛrvasjɔ̃] *s.f.* (*dir.*) inosservanza.

inoccupé [inɔkype] *agg.* **1** inoperoso **2** (*libre*)
libero, vacante.

in-octavo [inɔktavo] (pl. *invar.*) *agg.* e *s.m.* in ottavo.

inoculation [inɔkylasjɔ̃] *s.f.* inoculazione.

inoculer [inɔkyle] *v.tr.* inoculare (*anche fig.*).

inodore [inɔdɔr] *agg.* inodoro.

inoffensif [inɔfɑ̃sif] (f. *-ive*) *agg.* inoffensivo, innocuo.

inondation [inɔ̃dasjɔ̃] *s.f.* **1** allagamento (*m.*);
inondazione **2** (*fig.*) invasione.

inonder [inɔ̃de] *v.tr.* inondare (*anche fig.*).

inopérable [inɔperabl] *agg.* (*med.*) inoperabile.

inopérant [inɔperɑ̃] *agg.* inoperante, inefficace.

inopiné [inɔpine] *agg.* inopinato.

inopinément [inɔpinemɑ̃] *avv.* inopinatamente.

inopportun [inɔpɔrtœ̃] *agg.* inopportuno ||
-ément *avv.*

inopportunité [inɔpɔrtynite] *s.f.* inopportunità.

inorganique [inɔrganik] *agg.* (*chim.*) inorganico.

inorganisation [inɔrganizasjɔ̃] *s.f.* disorganizzazione, mancanza di organizzazione.

inorganisé [inɔrganize] *agg.* **1** non organizzato, disorganizzato **2** (*pol.*) non iscritto (a sindacato o a partito).

inoubliable [inublijabl] *agg.* indimenticabile.

inouï [inwi] *agg.* inaudito; straordinario.

inox [inɔks] *agg.* e *s.m. abbr.* → **inoxydable**.

inoxydable [inɔksidabl] *agg.* inossidabile ♦ *s.m.*
acciaio inossidabile.

in petto [inpe(ɛt)to] *locuz.avv.* dentro di sé, interiormente.

inqualifiable [ɛ̃kalifjabl] *agg.* inqualificabile.

in-quarto [inkwarto] (pl. *invar.*) *agg.* e *s.m.* (*tip.*)
in quarto.

inquiet [ɛ̃kjɛ] (f. *-ète*) *agg.* inquieto; preoccupato:
je suis — à son sujet, sono preoccupato per lui.

inquiétant [ɛ̃kjetɑ̃] *agg.* inquietante; allarmante,
preoccupante.

inquiéter [ɛ̃kjete] (*coniug. come* céder) *v.tr.* **1**
inquietare; allarmare, preoccupare **2** turbare (la
pace di), infastidire: *la police ne l'a plus inquiété*,
la polizia l'ha lasciato in pace □ **s'inquiéter**
v.pron. preoccuparsi || *t'inquiète pas!*, (*fam.*) non
te la prendere!

inquiétude [ɛ̃kjetyd] *s.f.* inquietudine; apprensione; preoccupazione: *cela me donne de l'—*, sono in pensiero per questo; *j'ai des inquiétudes*, ho
delle preoccupazioni.

inquisiteur [ɛ̃kizitœr] *agg.* e *s.m.* inquisitore.

inquisition [ɛ̃kizisjɔ̃] *s.f.* inquisizione.

inquisitoire [ɛ̃kizitwaʀ] *agg.* (*dir.*) inquisitorio.

inracontable [ɛ̃ʀakɔ̃table] *agg.* irraccontabile.

insaisissable [ɛ̃sezisabl] *agg.* 1 inafferrabile, imprendibile 2 (*fig.*) impercettibile 3 (*dir.*) insequestrabile; impignorabile.

insalubre [ɛ̃salybʀ] *agg.* malsano.

insalubrité [ɛ̃salybʀite] *s.f.* nocività.

insanité [ɛ̃sanite] *s.f.* sciocchezza, assurdità.

insatiabilité [ɛ̃sasjabilite] *s.f.* insaziabilità.

insatiable [ɛ̃sasjabl] *agg.* insaziabile.

insatisfaction [ɛ̃satisfaksjɔ̃] *s.f.* insoddisfazione.

insatisfaisant [ɛ̃satisfəzɑ̃] *agg.* insoddisfacente.

insatisfait [ɛ̃satisfɛ] *agg.* insoddisfatto.

inscription [ɛ̃skʀipsjɔ̃] *s.f.* 1 iscrizione; registrazione: *droit d'*—, tassa d'iscrizione || (*fin.*) — *au budget*, iscrizione, stanziamento in bilancio|| (*dir.*) — *en faux*, impugnazione di falso 2 iscrizione, scritta || (*dir.*) *propriété libre de toute* —, proprietà non gravata da ipoteche.

inscrire [ɛ̃skʀiʀ] (*coniug. come* écrire) *v.tr.* 1 iscrivere || — *un nom sur un monument*, scolpire un nome su un monumento || (*econ.*) — *à la cote officielle*, quotare in Borsa 2 (*mat.*) inscrivere □ **s'inscrire** *v.pron.* 1 iscriversi || (*dir.*) *s'*— *en faux contre qqch*, impugnare di falso (un documento) 2 (*fig.*) inscriversi, collocarsi: *cela s'inscrit dans un projet plus général*, ciò si inserisce, si colloca in un progetto più ampio.

inscrit [ɛ̃skʀi] *agg. e s.m.* iscritto || (*in Svizzera*) *colis* —, pacco raccomandato.

insecte [ɛ̃sɛkt] *s.m.* insetto.

insecticide [ɛ̃sɛktisid] *agg. e s.m.* insetticida.

insectivore [ɛ̃sɛktivɔʀ] *agg. e s.m.* insettivoro.

insécurité [ɛ̃sekyʀite] *s.f.* insicurezza.

in-seize [ɛ̃sɛz] (pl. *invar.*) *agg. e s.m.* (*tip.*) in sedicesimo.

insémination [ɛ̃seminasjɔ̃] *s.f.* inseminazione.

inséminer [ɛ̃semine] *v.tr.* inseminare.

insensé [ɛ̃sɑ̃se] *agg.* insensato, assurdo.

insensibilisation [ɛ̃sɑ̃sibilizasjɔ̃] *s.f.* desensibilizzazione.

insensibiliser [ɛ̃sɑ̃sibilize] *v.tr.* desensibilizzare.

insensibilité [ɛ̃sɑ̃sibilite] *s.f.* insensibilità.

insensible [ɛ̃sɑ̃sibl] *agg.* 1 insensibile 2 impercettibile || **-ement** *avv.*

inséparable [ɛ̃sepaʀabl] *agg.* inseparabile || **-ement** *avv.*

insérer [ɛ̃seʀe] (*coniug. come* céder) *v.tr.* inserire □ **s'insérer** *v.pron.* inserirsi.

insertion [ɛ̃sɛʀsjɔ̃] *s.f.* 1 inserzione, inserimento (*m.*) 2 inserimento (*m.*), reinserimento (*m.*) (sociale).

insidieux [ɛ̃sidjø] (f. *-euse*) *agg.* insidioso || **-eusement** *avv.*

insigne[1] [ɛ̃siɲ] *agg.* notevole, insigne.

insigne[2] *s.m.* 1 insegna (f.) 2 distintivo.

insignifiance [ɛ̃siɲifjɑ̃s] *s.f.* mediocrità, banalità.

insignifiant [ɛ̃siɲifjɑ̃] *agg.* insignificante.

insinuant [ɛ̃siɲɥɑ̃] *agg.* insinuante.

insinuation [ɛ̃siɲɥasjɔ̃] *s.f.* insinuazione.

insinuer [ɛ̃siɲɥe] *v.tr.* insinuare □ **s'insinuer** *v.pron.* insinuarsi, introdursi.

insipide [ɛ̃sipid] *agg.* insipido, scipito.

insipidité [ɛ̃sipidite] *s.f.* insipidezza, scipitezza.

insistance [ɛ̃sistɑ̃s] *s.f.* insistenza.

insistant [ɛ̃sistɑ̃] *agg.* insistente.

insister [ɛ̃siste] *v.intr.* insistere.

insolation [ɛ̃sɔlasjɔ̃] *s.f.* insolazione; (*fot.*) esposizione (alla luce).

insolemment [ɛ̃sɔlamɑ̃] *avv.* con insolenza; arrogantemente; straordinariamente.

insolence [ɛ̃sɔlɑ̃s] *s.f.* insolenza; arroganza.

insolent [ɛ̃sɔlɑ̃] *agg. e s.m.* insolente; arrogante || *une chance insolente*, una fortuna sfacciata.

insolite [ɛ̃sɔlit] *agg.* insolito, inconsueto.

insoluble [ɛ̃sɔlybl] *agg.* insolubile.

insolvabilité [ɛ̃sɔlvabilite] *s.f.* insolvenza.

insolvable [ɛ̃sɔlvabl] *agg.* insolvente.

insomniaque [ɛ̃sɔmnjak] *agg. e s.m.* che, chi soffre d'insonnia.

insomnie [ɛ̃sɔmni] *s.f.* insonnia: *avoir des insomnies*, soffrire d'insonnia; *nuit d'*—, notte insonne.

insondable [ɛ̃sɔ̃dabl] *agg.* insondabile || *un désespoir* —, un'immensa disperazione.

insonore [ɛ̃sɔnɔʀ] *agg.* 1 fonoassorbente 2 (*silencieux*) silenzioso.

insonorisation [ɛ̃sɔnɔʀizasjɔ̃] *s.f.* insonorizzazione.

insonoriser [ɛ̃sɔnɔʀize] *v.tr.* insonorizzare, isolare acusticamente.

insouciance [ɛ̃susjɑ̃s] *s.f.* spensieratezza; noncuranza: *l'— du danger*, l'incuranza del pericolo.

insouciant [ɛ̃susjɑ̃] *agg.* spensierato; noncurante: — *du danger*, incurante del pericolo.

insoumis [ɛ̃sumi] *agg.* non sottomesso, ribelle || (*soldat*) —, (soldato) renitente.

insoumission [ɛ̃sumisjɔ̃] *s.f.* 1 mancanza di sottomissione, insubordinazione 2 (*mil.*) renitenza.

insoupçonnable [ɛ̃supsɔnabl] *agg.* insospettabile.

insoupçonné [ɛ̃supsɔne] *agg.* insospettato.

insoutenable [ɛ̃sutnabl] *agg.* 1 insostenibile 2 insopportabile.

inspecter [ɛ̃spɛkte] *v.tr.* ispezionare.

inspecteur [ɛ̃spɛktœʀ] (f. *-trice*) *s.m.* ispettore: — *de l'enseignement*, ispettore scolastico.

inspection [ɛ̃spɛksjɔ̃] *s.f.* 1 ispezione: *une tournée d'*—, un giro di ispezione 2 ispettorato (*m.*).

inspirateur [ɛ̃spiʀatœʀ] (f. *-trice*) *s.m.* ispiratore.

inspiration [ɛ̃spiʀasjɔ̃] *s.f.* 1 ispirazione || *avoir l'heureuse — de*, avere la felice idea di; *agir sous l'— de la colère*, agire sotto l'impulso della collera 2 (*di aria*) inspirazione.

inspiré [ɛ̃spiʀe] *agg.* ispirato (a).

inspirer [ɛ̃spiʀe] *v.tr.* 1 ispirare || — *la crainte*, incutere paura || *être bien*, *mal inspiré (de)*, (*fam.*) avere la buona, cattiva idea (di) 2 inspirare (aria) □ **s'inspirer** *v.pron.* ispirarsi (a).

instabilité [ɛ̃stabilite] *s.f.* instabilità || — *d'une situation*, precarietà di una situazione.

instable [ɛ̃stabl] *agg.* instabile: *paix* —, pace precaria; *personne* —, persona incostante, volubile || *population* —, popolazione nomade.

insulter

installateur[ɛ̃stalatœʀ](f. *-trice*)*s.m.* installatore.
installation [ɛ̃stalɑsjɔ̃] *s.f.* 1 installazione, sistemazione 2 insediamento (in una funzione) 3 sistemazione, l'essere installati: *c'est une — de fortune*, è una sistemazione di fortuna 4 (*ind.*) installazione, impianto (*m.*): *— chimique*, impianto chimico; *installations portuaires*, installazioni portuali.
installé [ɛ̃stale] *agg.* sistemato: *une maison mal installée*, una casa priva di comodità.
installer [ɛ̃stale] *v.tr.* 1 installare; sistemare || *il a installé sa famille chez ses parents*, ha sistemato la famiglia dai genitori 2 insediare (in una funzione) □ **s'installer** *v.pron.* installarsi, sistemarsi || *installez-vous dans ce fauteuil*, si accomodi su questa poltrona.
instamment[ɛ̃stamɑ̃] *avv.* con forza: *je vous prie — de me répondre*, mi permetto di sollecitare una risposta.
instance [ɛ̃stɑ̃s] *s.f.* 1 (*spec.pl.*) istanza: *sur les instances de*, su istanza di || *courrier en —*, posta in giacenza 2 (*dir.*) istanza: *introduire une —*, proporre ricorso || *en — de divorce*, in attesa di divorzio; *affaire en —*, giudizio, causa in corso || *tribunal de première —*, tribunale di prima istanza 3 *pl.* organismi (*m.*): *les instances internationales*, gli organismi internazionali.
instant[1] [ɛ̃stɑ̃] *s.m.* istante, momento: *c'est l'affaire d'un —*, è questione di un momento; *un souci de tous les instants*, una preoccupazione continua || *je lui téléphone à l'—*, gli telefono immediatamente; *j'arrive à l'—*, sono arrivato in questo momento || *à l'— (même) où*, nel momento preciso in cui || *à cet —*, in quel momento || *à chaque —*, di continuo || *par instants*, a momenti, a tratti || *pour l'—*, per il momento || *dès l'— que*, dal momento che, dato che.
instant[2] *agg.* pressante.
instantané [ɛ̃stɑ̃tane] *agg.* istantaneo ♦ *s.m.* (*fot.*) istantanea (*f.*).
instantanément [ɛ̃stɑ̃tanemɑ̃] *avv.* istantaneamente.
instar de, à l' [alɛstaʀdə] *locuz.prep.* (*letter.*) seguendo l'esempio di; come.
instauration [ɛ̃stɔʀɑsjɔ̃] *s.f.* instaurazione.
instaurer [ɛ̃stɔʀe] *v.tr.* instaurare.
instigateur[ɛ̃stigatœʀ] (f. *-trice*) *s.m.* istigatore.
instigation [ɛ̃stigɑsjɔ̃] *s.f.* istigazione: *à, sous l'— de*, su istigazione di, sotto la spinta di.
instillation [ɛ̃stilɑsjɔ̃] *s.f.* instillazione.
instiller [ɛ̃stile] *v.tr.* instillare.
instinct [ɛ̃stɛ̃] *s.m.* istinto: *d'—, par —*, d'istinto, per istinto.
instinctif [ɛ̃stɛ̃ktif] (f. *-ive*) *agg.* istintivo || **-ivement** *avv.*
instit [ɛ̃stit] *s.m.* e *f.* (*fam.*) *abbr.* → **instituteur**.
instituer [ɛ̃stitɥe] *v.tr.* istituire.
institut [ɛ̃stity] *s.m.* istituto.
instituteur [ɛ̃stitytœʀ] (f. *-trice*) *s.m.* maestro, insegnante delle elementari.
institution [ɛ̃stitysjɔ̃] *s.f.* 1 istituzione: *l'— de la famille*, l'istituto, l'istituzione della famiglia; *l'—*

du mariage, l'istituzione matrimoniale || *les institutions*, le istituzioni 2 istituzione || (*dir.*) — *d'héritier*, istituzione di erede 3 (*scuola*) istituto (*m.*).
institutionnaliser [ɛ̃stitysjɔnalize] *v.tr.* istituzionalizzare.
institutionnel [ɛ̃stitysjɔnɛl] (f. *-elle*) *agg.* istituzionale.
instructeur[ɛ̃stʀyktœʀ] *agg.* e *s.m.* istruttore.
instructif [ɛ̃stʀyktif] (f. *-ive*) *agg.* istruttivo.
instruction [ɛ̃stʀyksjɔ̃] *s.f.* 1 istruzione: *— primaire*, istruzione elementare; *avoir peu d'—*, essere poco istruito; *un homme sans —*, un uomo privo di istruzione; *un homme qui a de l'—*, (*fam.*) una persona che ha studiato 2 *pl.* istruzioni; direttive: *instructions de montage*, istruzioni per il montaggio; *se conformer aux instructions*, attenersi alle direttive 3 (*dir.*) — (*judiciaire*), istruttoria; *juge d'—*, giudice delle indagini preliminari, GIP.
instruire [ɛ̃stʀɥiʀ] (*coniug. come* conduire) *v.tr.* 1 istruire (qlcu in qlco), insegnare (qlco a qlcu): *— par l'exemple*, insegnare con l'esempio || *— des recrues*, addestrare le reclute 2 informare 3 (*dir.*) istruire □ **s'instruire** *v.pron.* istruirsi, imparare: *on peut s'— à tout âge*, non è mai tardi per imparare.
instruit [ɛ̃stʀɥi] *agg.* istruito.
instrument [ɛ̃stʀymɑ̃] *s.m.* strumento.
instrumental [ɛ̃stʀymɑ̃tal] (pl. *-aux*) *agg.* strumentale.
instrumentation [ɛ̃stʀymɑ̃tɑsjɔ̃] *s.f.* (*mus.*) strumentazione.
instrumenter [ɛ̃stʀymɑ̃te] *v.intr.* (*dir.*) rogare, stipulare (un atto) ♦ *v.tr.* (*mus.*) strumentare.
instrumentiste [ɛ̃stʀymɑ̃tist] *s.m.* (*mus.*) strumentista.
insu [ɛ̃sy] *s.m.*: *à l'— de*, all'insaputa di; *à mon, à son —*, a mia, a sua insaputa.
insubmersible [ɛ̃sybmɛʀsibl] *agg.* inaffondabile.
insubordination [ɛ̃sybɔʀdinɑsjɔ̃] *s.f.* insubordinazione.
insubordonné [ɛ̃sybɔʀdɔne] *agg.* insubordinato.
insuccès [ɛ̃syksɛ] *s.m.* insuccesso, fallimento.
insuffisamment [ɛ̃syfizamɑ̃] *avv.* insufficientemente.
insuffisance [ɛ̃syfizɑ̃s] *s.f.* 1 insufficienza, scarsità || (*dir.*) — *de preuves*, insufficienza di prove 2 *pl.* lacune 3 (*med.*) insufficienza.
insuffisant [ɛ̃syfizɑ̃] *agg.* insufficiente, scarso: *être — pour*, non bastare per.
insuffler [ɛ̃syfle] *v.tr.* (*med.*) insufflare; (*fig.*) infondere.
insulaire [ɛ̃sylɛʀ] *agg.* insulare ♦ *s.m.* isolano.
insularité [ɛ̃sylaʀite] *s.f.* insularità.
insuline [ɛ̃sylin] *s.f.* insulina.
insultant [ɛ̃syltɑ̃] *agg.* insultante, ingiurioso || *une chance insultante*, una fortuna sfacciata.
insulte [ɛ̃sylt] *s.f.* insulto (*m.*), affronto (*m.*).
insulté [ɛ̃sylte] *agg.* e *s.m.* oltraggiato, insultato.
insulter [ɛ̃sylte] *v.tr.* insultare ♦ *v.intr.* essere un

insulto a □ **s'insulter** *v.pron.* insultarsi (l'un l'altro).

insupportable [ɛ̃sypɔʀtabl] *agg.* insopportabile; intollerabile.

insupporter [ɛ̃sypɔʀte] *v.tr.* (*fam.*) essere insopportabile a: *tu m'insupportes*, non ti reggo.

insurgé [ɛ̃syʀʒe] *agg.* e *s.m.* insorto.

insurger, s' [sɛ̃syʀʒe] (*coniug. come* manger) *v. pron.* insorgere: *ils se sont insurgés*, sono insorti.

insurmontable [ɛ̃syʀmɔ̃tabl] *agg.* insormontabile; invincibile.

insurrection [ɛ̃syʀɛksjɔ̃] *s.f.* insurrezione.

insurrectionnel [ɛ̃syʀɛksjɔnɛl] (f. -*elle*) *agg.* insurrezionale.

intact [ɛ̃takt] *agg.* intatto.

intangibilité [ɛ̃tɑ̃ʒibilite] *s.f.* intangibilità.

intangible [ɛ̃tɑ̃ʒibl] *agg.* intangibile.

intarissable [ɛ̃taʀisabl] *agg.* inesauribile || -**ement** *avv.*

intégral [ɛ̃tegʀal] (pl. -*aux*) *agg.* integrale || -**ement** *avv.*

intégrale [ɛ̃tegʀal] *s.f.* **1** (*mat.*) integrale (*m.*) **2** opera completa (di uno scrittore, un artista).

intégralité [ɛ̃tegʀalite] *s.f.* interezza, totalità.

intégrant [ɛ̃tegʀɑ̃] *agg.* integrante.

intégratif [ɛ̃tegʀatif] (f. -*ive*) *agg.* integrativo.

intégration [ɛ̃tegʀasjɔ̃] *s.f.* integrazione.

intègre [ɛ̃tɛgʀ] *agg.* onesto, retto.

intégré [ɛ̃tegʀe] *agg.* e *s.m.* integrato.

intégrer [ɛ̃tegʀe] (*coniug. come* céder) *v.tr.* inserire ♦ *v.intr.* (*fam.*) essere ammesso (a una *Grande école*) □ **s'intégrer** *v.pron.* inserirsi.

intégrisme [ɛ̃tegʀism] *s.m.* integralismo.

intégriste [ɛ̃tegʀist] *agg.* e *s.m.* integralista.

intégrité [ɛ̃tegʀite] *s.f.* **1** integrità **2** onestà.

intellect [ɛ̃te(ɛl)lɛkt] *s.m.* intelletto.

intellectualiser [ɛ̃te(ɛl)lɛktɥalize] *v.tr.* intellettualizzare.

intellectualisme [ɛ̃te(ɛl)lɛktɥalism] *s.m.* intellettualismo.

intellectualiste [ɛ̃te(ɛl)lɛktɥalist] *agg.* intellettualistico.

intellectualité [ɛ̃te(ɛl)lɛktɥalite] *s.f.* intellettualità.

intellectuel [ɛ̃te(ɛl)lɛktɥel] (f. -*elle*) *agg.* e *s.m.* intellettuale || -**ement** *avv.*

intelligemment [ɛ̃teliʒamɑ̃] *avv.* intelligentemente.

intelligence [ɛ̃teliʒɑ̃s] *s.f.* **1** intelligenza: *avoir beaucoup d'— dans les affaires*, essere molto abile negli affari **2** comprensione; senso (*m.*): *pour l'— de ce qui va suivre...*, per capire ciò che segue...; *il a l'— des affaires*, ha il senso degli affari **3** intesa: *un signe d'—*, un cenno d'intesa; *être d'— avec qqn*, intendersela con qlcu; *vivre en bonne, en mauvaise — avec qqn*, vivere in buona armonia, in disaccordo con qlcu || *avoir des intelligences avec qqn*, essere complice di qlcu.

intelligent [ɛ̃teliʒɑ̃] *agg.* intelligente || *un homme — en affaires*, un uomo abile negli affari.

intelligentsia [ɛ̃telig(dʒ)ensja] *s.f.* intellighenzia.

intelligibilité [ɛ̃te(ɛl)liʒibilite] *s.f.* intelligibilità.

intelligible [ɛ̃te(ɛl)liʒibl] *agg.* intelligibile || -**ement** *avv.*

intello [ɛ̃telo] *s.m.* e *agg.* (*fam.*) *abbr.* → **intellectuel.**

intempérance [ɛ̃tɑ̃peʀɑ̃s] *s.f.* intemperanza.

intempérant [ɛ̃tɑ̃peʀɑ̃] *agg.* intemperante.

intempéries [ɛ̃tɑ̃peʀi] *s.f.pl.* intemperie.

intempestif [ɛ̃tɑ̃pestif] (f. -*ive*) *agg.* intempestivo.

intemporel [ɛ̃tɑ̃pɔʀel] (f. -*elle*) *agg.* fuori dal tempo; eterno.

intenable [ɛ̃tnabl] *agg.* **1** insostenibile **2** (*fam.*) insopportabile.

intendance [ɛ̃tɑ̃dɑ̃s] *s.f.* intendenza; economato (*m.*).

intendant [ɛ̃tɑ̃dɑ̃] *s.m.* intendente; economo, amministratore.

intense [ɛ̃tɑ̃s] *agg.* intenso.

intensément [ɛ̃tɑ̃semɑ̃] *avv.* intensamente.

intensif [ɛ̃tɑ̃sif] (f. -*ive*) *agg.* intensivo.

intensification [ɛ̃tɑ̃sifikasjɔ̃] *s.f.* intensificazione.

intensifier [ɛ̃tɑ̃sifje] *v.tr.* intensificare □ **s'intensifier** *v.pron.* intensificarsi.

intensité [ɛ̃tɑ̃site] *s.f.* intensità.

intensivement [ɛ̃tɑ̃sivmɑ̃] *avv.* intensivamente.

intenter [ɛ̃tɑ̃te] *v.tr.* intentare: — *un procès*, intentar causa.

intention [ɛ̃tɑ̃sjɔ̃] *s.f.* intenzione || *c'est l'— qui compte*, è il pensiero che conta || *faire un procès d'—*, fare un processo alle intenzioni || *mon — est que...*, intendo che... □ **à l'intention de** *locuz.prep.* destinato a, per; in favore di, per: *il a dit cela à mon —*, l'ha detto per me; *kermesse à l'— de la Croix Rouge*, festa di beneficenza in favore della Croce Rossa □ **dans l'intention de** *locuz.prep.* nell'intento di, con l'intenzione di.

intentionné [ɛ̃tɑ̃sjone] *agg.* intenzionato.

intentionnel [ɛ̃tɑ̃sjonɛl] (f. -*elle*) *agg.* intenzionale || -**element** *avv.*

inter¹ [ɛ̃tɛʀ] *s.m.* (*tel.*) servizio interurbano.

inter² *s.m.* (*football*) interno, mezzala (*f.*).

inter- *pref.* inter-

interactif [ɛ̃teʀaktif] (f. -*ive*) *agg.* interattivo.

interaction [ɛ̃teʀaksjɔ̃] *s.f.* interazione.

interagir [ɛ̃teʀaʒiʀ] *v.intr.* interagire.

interbancaire [ɛ̃tɛʀbɑ̃kɛʀ] *agg.* interbancario.

intercalaire [ɛ̃tɛʀkalɛʀ] *agg.* intercalare.

intercaler [ɛ̃tɛʀkale] *v.tr.* intercalare.

intercéder [ɛ̃tɛʀsede] (*coniug. come* céder) *v. intr.* intercedere.

intercepter [ɛ̃tɛʀsɛpte] *v.tr.* intercettare.

interception [ɛ̃tɛʀsɛpsjɔ̃] *s.f.* intercettazione (*mil.*) *chasseurs d'—*, caccia intercettori.

intercesseur [ɛ̃tɛʀsesœʀ] *s.m.* intercessore.

intercession [ɛ̃tɛʀsesjɔ̃] *s.f.* intercessione.

interchangeable [ɛ̃tɛʀʃɑ̃ʒabl] *agg.* intercambiabile.

interclasse [ɛ̃tɛʀklɑs] *s.m.* intervallo (fra due lezioni scolastiche).

intercommunal [ɛ̃tɛʀkɔmynal] (pl. -*aux*) *agg.* intercomunale.

interconnexion [ɛ̃tɛʀkɔnɛksjɔ̃] *s.f.* interconnessione.

intercontinental [ɛ̃tɛʀkɔ̃tinɑ̃tal] (pl. *-aux*) *agg.* intercontinentale.

intercostal [ɛ̃tɛʀkɔstal] (pl. *-aux*) *agg.* (*anat.*) intercostale.

intercurrent [ɛ̃tɛʀkyʀɑ̃] *agg.* (*med.*) intercorrente.

interdépendance [ɛ̃tɛʀdepɑ̃dɑ̃s] *s.f.* interdipendenza.

interdépendant [ɛ̃tɛʀdepɑ̃dɑ̃] *agg.* interdipendente.

interdiction [ɛ̃tɛʀdiksjɔ̃] *s.f.* 1 divieto (*m.*): — *de doubler, de stationner*, divieto di sorpasso, di sosta 2 (*dir.*) interdizione; (*eccl.*) interdetto (*m.*) || — *de séjour*, divieto di soggiorno.

interdire [ɛ̃tɛʀdiʀ] (*coniug. come* dire, *tranne alla 2ᵃ pers.pl. del pres.indic. e dell'imp.*: interdisez) *v.tr.* 1 proibire, vietare: *il est interdit de fumer*, è vietato fumare 2 (*dir.*) interdire || (*dir. eccl.*) — *un prêtre*, colpire d'interdetto un sacerdote.

interdisciplinaire [ɛ̃tɛʀdisiplinɛʀ] *agg.* interdisciplinare.

interdisciplinarité [ɛ̃tɛʀdisiplinaʀite] *s.f.* interdisciplinarità.

interdit¹ [ɛ̃tɛʀdi] *part.pass. di* interdire ♦ *agg.* 1 vietato || *passage* —, divieto di transito 2 (*dir.*) interdetto ♦ *s.m.* 1 divieto || *braver les interdits sociaux*, sfidare i tabù sociali || *jeter l'* — *sur qqn*, dare l'ostracismo a qlcu 2 — *de séjour*, persona colpita da divieto di soggiorno.

interdit² *agg.* (*déconcerté*) interdetto, sconcertato: *demeurer* —, rimanere interdetto.

intéressant [ɛ̃teʀesɑ̃] *agg.* interessante.

intéressé [ɛ̃teʀese] *agg.* e *s.m.* interessato.

intéressement [ɛ̃teʀesmɑ̃] *s.m.* (*econ.*) interessenza (*f.*), cointeressenza (*f.*).

intéresser [ɛ̃teʀese] *v.tr.* 1 interessare || *son opinion m'intéresse beaucoup*, tengo molto alla sua opinione 2 riguardare, interessare 3 (*econ.*) interessare, cointeressare □ **s'intéresser** *v.pron.* interessarsi.

intérêt [ɛ̃teʀɛ] *s.m.* 1 interesse; interessamento: *avoir de l'* — *pour*, interessarsi a 2 interesse, importanza (*f.*) || *il y a le plus haut* — *à ce que ce voyage se fasse*, è d'importanza capitale che questo viaggio si faccia 3 interesse, vantaggio, convenienza (*f.*): *tu as tout* — *à travailler plus sérieusement*, ti conviene impegnarti più seriamente; *il ne voit que son* —, vede solo il proprio tornaconto; *il est de mon* — *de le faire*, è nel mio stesso interesse farlo 4 (*econ.*) interesse: *un* — *de 4%*, un interesse del 4%; *prêter de l'argent à 4% d'* —, prestare denaro al 4%; *placer un capital à* —, mettere a frutto un capitale || *investissement productif d'* —, investimento fruttifero 5 (*assicur.*) cosa assicurata.

interface [ɛ̃tɛʀfas] *s.f.* interfaccia.

interférence [ɛ̃tɛʀfeʀɑ̃s] *s.f.* interferenza.

interférer [ɛ̃tɛʀfeʀe] (*coniug. come* céder) *v.intr.* interferire.

intergroupe [ɛ̃tɛʀgʀup] *s.m.* riunione di intergruppo parlamentare.

intérieur [ɛ̃teʀjœʀ] *agg.* 1 interno 2 (*fig.*) interiore ♦ *s.m.* 1 interno || *à l'* — (*de*), all'interno (di), dentro (a) || (*Ministère de l'*)*Intérieur*, Ministero degli Interni 2 casa (*f.*): *femme d'* —, donna di casa; *robe, veste d'* —, abito, giacca da casa.

intérieurement [ɛ̃teʀjœʀmɑ̃] *avv.* interiormente (*anche fig.*).

intérim [ɛ̃teʀim] (pl. *invar.*) *s.m.* interim: *par* —, ad interim; *faire, assurer l'* — *de qqn*, fare le veci di, sostituire qlcu || *faire de l'* —, fare dei lavori di breve durata (spec. in sostituzione del personale titolare); *agence d'* —, organizzazione che si occupa del lavoro a termine.

intérimaire [ɛ̃teʀimɛʀ] *agg.* interinale, provvisorio ♦ *s.m.* lavoratore a tempo (in sostituzione del titolare).

intérioriser [ɛ̃teʀjɔʀize] *v.tr.* interiorizzare; fare proprio.

intériorité [ɛ̃teʀjɔʀite] *s.f.* interiorità.

interjection [ɛ̃tɛʀʒɛksjɔ̃] *s.f.* 1 (*gramm.*) interiezione 2 (*dir.*) — *d'appel*, ricorso in appello.

interjeter [ɛ̃tɛʀʒəte] (*coniug. come* jeter) *v.tr.* (*dir.*) — *appel*, ricorrere in appello.

interlignage [ɛ̃tɛʀliɲaʒ] *s.m.* interlineatura (*f.*).

interligne [ɛ̃tɛʀliɲ] *s.m.* interlinea (*f.*).

interligner [ɛ̃tɛʀliɲe] *v.tr.* interlineare.

interlocuteur [ɛ̃tɛʀlɔkytœʀ] (f. *-trice*) *s.m.* interlocutore.

interlocutoire [ɛ̃tɛʀlɔkytwaʀ] *agg.* e *s.m.* (*dir.*) interlocutorio: (*jugement*) —, sentenza interlocutoria.

interlope [ɛ̃tɛʀlɔp] *agg.* 1 illegale 2 (*fam.*) equivoco, losco.

interloquer [ɛ̃tɛʀlɔke] *v.tr.* (*fam.*) sconcertare, lasciare interdetto.

interlude [ɛ̃tɛʀlyd] *s.m.* interludio.

intermède [ɛ̃tɛʀmɛd] *s.m.* intermezzo.

intermédiaire [ɛ̃tɛʀmedjɛʀ] *agg.* 1 intermedio 2 intermediario: *agent* —, mediatore ♦ *s.m.* intermediario; mediatore: *servir d'* —, fare da intermediario || *par l'* — *de*, per il tramite di || *sans* —, direttamente, senza intermediari.

interminable [ɛ̃tɛʀminabl] *agg.* interminabile || **-ement** *avv.*

interministériel [ɛ̃tɛʀministeʀjɛl] (f. *-elle*) *agg.* interministeriale.

intermittence [ɛ̃tɛʀmitɑ̃s] *s.f.* intermittenza || *par* —, in modo intermittente, a intervalli.

intermittent [ɛ̃tɛʀmitɑ̃] *agg.* intermittente; discontinuo.

internat [ɛ̃tɛʀna] *s.m.* internato (di alunni, medici): — *de jeunes filles*, internato femminile, educandato || *passer l'* —, superare il concorso di internato (per medici).

international [ɛ̃tɛʀnasjɔnal] (pl. *-aux*) *agg.* internazionale ♦ *s.m.* (*sport*) nazionale (atleta che rappresenta il proprio paese in gare internazionali).

internationalisation [ɛ̃tɛʀnasjɔnalizasjɔ̃] *s.f.* internazionalizzazione.

internationalisme [ɛ̃tɛʀnasjɔnalism] *s.m.* internazionalismo.

interne [ɛ̃tɛʀn] *agg.* e *s.m.* interno.

interné [ɛ̃tɛʀne] *s.m.* internato.

internement [ɛ̃tɛʀnəmɑ̃] *s.m.* internamento.

interner [ɛ̃tɛʀne] *v.tr.* internare.

interparlementaire [ɛ̃tɛʀpaʀləmɑ̃tɛʀ] *agg.* interparlamentare.

interpellateur [ɛ̃tɛʀpelatœʀ] (f. *-trice*) *s.m.* interpellante.

interpellation [ɛ̃tɛʀpelasjɔ̃] *s.f.* interpellanza.

interpeller [ɛ̃tɛʀpele] *v.tr.* interpellare || — *un suspect*, fermare un sospetto || — *un ministre*, fare un'interpellanza a un ministro.

interpénétration [ɛ̃tɛʀpenetʀasjɔ̃] *s.f.* compenetrazione.

interpénétrer, s' [sɛ̃tɛʀpenetʀe] *v.pron.* compenetrarsi.

interphone [ɛ̃tɛʀfɔn] *s.m.* citofono.

interplanétaire [ɛ̃tɛʀplanetɛʀ] *agg.* interplanetario.

interpolation [ɛ̃tɛʀpɔlasjɔ̃] *s.f.* interpolazione.

interpoler [ɛ̃tɛʀpɔle] *v.tr.* interpolare.

interposé [ɛ̃tɛʀpoze] *agg.* interposto: *par personne interposée*, per interposta persona.

interposer [ɛ̃tɛʀpoze] *v.tr.* interporre, frapporre □ **s'interposer** *v.pron.* interporsi, frapporsi; intromettersi.

interprétable [ɛ̃tɛʀpʀetabl] *agg.* interpretabile.

interprétariat [ɛ̃tɛʀpʀetaʀja] *s.m.* interpretariato || *école d'—*, scuola interpreti.

interprétatif [ɛ̃tɛʀpʀetatif] (f. *-ive*) *agg.* interpretativo.

interprétation [ɛ̃tɛʀpʀetasjɔ̃] *s.f.* interpretazione.

interprète [ɛ̃tɛʀpʀɛt] *s.m.* interprete || *soyez mon — auprès de lui*, fatevi mio interprete presso di lui.

interpréter [ɛ̃tɛʀpʀete] (*coniug. come* céder) *v.tr.* interpretare.

interprofessionnel [ɛ̃tɛʀpʀɔfesjɔnɛl] (f. *-elle*) *agg.* intercategoriale, interprofessionale.

interrégional [ɛ̃tɛʀʀeʒjɔnal] (pl. *-aux*) *agg.* interregionale.

interrègne [ɛ̃tɛʀʀɛɲ] *s.m.* interregno.

interrogateur [ɛ̃te(ɛ)ʀɔgatœʀ] (f. *-trice*) *agg.* interrogatorio, interrogativo ♦ *s.m.* esaminatore.

interrogatif [ɛ̃te(ɛ)ʀɔgatif] (f. *-ive*) *agg.* interrogativo.

interrogation [ɛ̃te(ɛ)ʀɔgasjɔ̃] *s.f.* interrogazione || *point d'—*, punto interrogativo, di domanda.

interrogative [ɛ̃te(ɛ)ʀɔgativ] *s.f.* (proposizione) interrogativa.

interrogativement [ɛ̃te(ɛ)ʀɔgativmɑ̃] *avv.* interrogativamente.

interrogatoire [ɛ̃te(ɛ)ʀɔgatwaʀ] *s.m.* interrogatorio.

interroger [ɛ̃te(ɛ)ʀɔʒe] (*coniug. come* manger) *v.tr.* interrogare.

interrompre [ɛ̃te(ɛ)ʀɔ̃pʀ] (*coniug. come* rompre) *v.tr.* interrompere □ **s'interrompre** *v.pron.* interrompersi: *il s'interrompit de lire*, interruppe la lettura, smise di leggere.

interrupteur [ɛ̃te(ɛ)ʀyptœʀ] *s.m.* interruttore.

interruption [ɛ̃te(ɛ)ʀypsjɔ̃] *s.f.* interruzione.

intersaison [ɛ̃tɛʀsɛzɔ̃] *s.f.* stagione intermedia.

interscolaire [ɛ̃tɛʀskɔlɛʀ] *agg.* di, tra diverse scuole.

intersection [ɛ̃tɛʀsɛksjɔ̃] *s.f.* intersezione, (punto di) incrocio (*m.*).

intersidéral [ɛ̃tɛʀsideʀal] (pl. *-aux*) *agg.* intersiderale.

interstellaire [ɛ̃tɛʀste(el)lɛʀ] *agg.* interstellare.

interstice [ɛ̃tɛʀstis] *s.m.* interstizio.

interurbain [ɛ̃tɛʀyʀbɛ̃] *agg.* interurbano ♦ *s.m.* (*tel.*) servizio interurbano.

intervalle [ɛ̃tɛʀval] *s.m.* intervallo: *à intervalles rapprochés*, a intervalli ravvicinati || *à cinq mètres d'—*, a distanza di cinque metri; *à trois mois d'—*, a tre mesi di distanza, dopo un intervallo di tre mesi || *dans l'— de trois ans*, nel giro di tre anni || *par intervalles*, a intervalli || *sans —*, senza sosta.

intervenant [ɛ̃tɛʀvənɑ̃] *agg.* e *s.m.* **1** che, chi interviene (in un dibattito ecc.), relatore **2** (*dir.*) interveniente.

intervenir [ɛ̃tɛʀvəniʀ] (*coniug. come* venir) *v. intr.* **1** intervenire **2** intromettersi, interferire **3** sopraggiungere, accadere: *un fait est intervenu qui...*, è sopraggiunto un fatto che...; *de nouvelles dépositions sont intervenues au cours du procès*, si sono avute nuove deposizioni nel corso del processo.

intervention [ɛ̃tɛʀvɑ̃sjɔ̃] *s.f.* intervento (*m.*) || *je compte sur votre —*, conto sul vostro appoggio.

interventionnisme [ɛ̃tɛʀvɑ̃sjɔnism] *s.m.* (*pol.*) interventismo.

interventionniste [ɛ̃tɛʀvɑ̃sjɔnist] *agg.* (*pol.*) interventistico ♦ *s.m.* (*pol.*) interventista.

intervenu [ɛ̃tɛʀvəny] *part.pass.* di intervenir ♦ *agg.* (*di contratto ecc.*) concluso.

interversion [ɛ̃tɛʀvɛʀsjɔ̃] *s.f.* inversione.

intervertir [ɛ̃tɛʀvɛʀtiʀ] *v.tr.* invertire.

interview [ɛ̃tɛʀvju] *s.f.* intervista: *accorder une —*, dare un'intervista.

interviewé [ɛ̃tɛʀvjuwe] *agg.* e *s.m.* intervistato.

interviewer[1] [ɛ̃tɛʀvjuve] *v.tr.* intervistare.

interviewer[2] [ɛ̃tɛʀvjuvœʀ] *s.m.* intervistatore.

intestat [ɛ̃tɛsta] *agg.* (f. *invar.*) (*dir.*) intestato.

intestin [ɛ̃tɛstɛ̃] *s.m.* intestino: *— grêle, gros —*, intestino tenue, crasso.

intestinal [ɛ̃tɛstinal] (pl. *-aux*) *agg.* intestinale.

intestine [ɛ̃tɛstin] *agg.f.* intestina, interna.

intimation [ɛ̃timasjɔ̃] *s.f.* (*dir.*) citazione (in appello).

intime [ɛ̃tim] *agg.* intimo ♦ *s.m.* (amico) intimo: *pour les intimes*, per pochi intimi, per gli amici.

intimement [ɛ̃timmɑ̃] *avv.* intimamente.

intimer [ɛ̃time] *v.tr.* **1** intimare, ingiungere **2** (*dir.*) citare (in appello).

intimidant [ɛ̃timidɑ̃] *agg.* che incute timore, soggezione.

intimidateur [ɛ̃timidatœʀ] (f. *-trice*) *agg.* intimidatorio.

intimidation [ɛ̃timidɑsjɔ̃] *s.f.* intimidazione: *manœuvres d'*—, manovre intimidatorie.
intimider [ɛ̃timide] *v.tr.* intimidire; incutere soggezione.
intimisme [ɛ̃timism] *s.m.* intimismo.
intimiste [ɛ̃timist] *agg.* e *s.m.* intimista.
intimité [ɛ̃timite] *s.f.* **1** intimità: *vivre dans l'*— *de qqn*, vivere in intimità con qlcu **2** vita privata: *préserver son* —, difendere la propria vita privata; *dans l'*—, in privato, in famiglia.
intitulé [ɛ̃tityle] *s.m.* intitolazione (*f.*).
intituler [ɛ̃tityle] *v.tr.* intitolare □ **s'intituler** *v.pron.* intitolarsi, essere intitolato.
intolérabilité [ɛ̃tɔleʀabilite] *s.f.* intollerabilità.
intolérable [ɛ̃tɔleʀabl] *agg.* intollerabile, insopportabile.
intolérance [ɛ̃tɔleʀɑ̃s] *s.f.* intolleranza.
intolérant [ɛ̃tɔleʀɑ̃] *agg.* e *s.m.* intollerante.
intonation [ɛ̃tɔnɑsjɔ̃] *s.f.* intonazione.
intouchable [ɛ̃tuʃabl] *agg.* e *s.m.* intoccabile.
intox(e) [ɛ̃tɔks] *s.f.* (*fam.*) condizionamento (psicologico): *faire de l'*—, condizionare l'opinione pubblica.
intoxicant [ɛ̃tɔksikɑ̃] *agg.* intossicante.
intoxication [ɛ̃tɔksikɑsjɔ̃] *s.f.* intossicazione.
intoxiqué [ɛ̃tɔksike] *agg.* e *s.m.* intossicato: — (*par les drogues*) tossicomane; *un* — *de cinéma*, (*fam.*) un patito di cinema.
intoxiquer [ɛ̃tɔksike] *v.tr.* intossicare; (*fig.*) condizionare □ **s'intoxiquer** *v.pron.* intossicarsi.
intra- *pref.* intra-
intradermique [ɛ̃tʀadɛʀmik] *agg.* intradermico.
intrados [ɛ̃tʀado] *s.m.* (*arch.*, *aer.*) intradosso.
intraduisible [ɛ̃tʀaduizibl] *agg.* intraducibile.
intraitable [ɛ̃tʀɛtabl] *agg.* **1** intrattabile **2** intransigente.
intra-muros [ɛ̃tʀamyʀos] *locuz.avv.* e *agg.* entro le mura (cittadine); in città.
intramusculaire [ɛ̃tʀamyskylɛʀ] *agg.* intramuscolare.
intransigeance [ɛ̃tʀɑ̃ziʒɑ̃s] *s.f.* intransigenza.
intransigeant [ɛ̃tʀɑ̃ziʒɑ̃] *agg.* e *s.m.* intransigente.
intransitif [ɛ̃tʀɑ̃zitif] (*f. -ive*) *agg.* e *s.m.* (*gramm.*) intransitivo ‖ **-ivement** *avv.*
intransportable [ɛ̃tʀɑ̃spɔʀtabl] *agg.* intrasportabile.
intra-utérin [ɛ̃tʀayteʀɛ̃] *agg.* (*med.*) intrauterino ‖ *dispositif* — (*DIU*), dispositivo intrauterino (*IUD*), spirale intrauterina.
intraveineux [ɛ̃tʀavɛnø] (*f. -euse*) *agg.* endovenoso.
intrépide [ɛ̃tʀepid] *agg.* **1** intrepido **2** (*fam.*) accanito, tenace ‖ **-ement** *avv.*
intrépidité [ɛ̃tʀepidite] *s.f.* intrepidezza ‖ *avec* —, (*fam.*) sfacciatamente.
intrigant [ɛ̃tʀigɑ̃] *agg.* e *s.m.* intrigante.
intrigue [ɛ̃tʀig] *s.f.* **1** intrigo (*m.*); complotto (*m.*) ‖ *une* — (*amoureuse*), una tresca **2** (*lett.*, *teatr.*) intreccio (*m.*), trama.
intriguer [ɛ̃tʀige] *v.tr.* incuriosire: *cela m'intri-*

guerait de savoir si..., sarei curioso di sapere se... ♦ *v.intr.* brigare.
intrinsèque [ɛ̃tʀɛ̃sɛk] *agg.* intrinseco ‖ **-ement** *avv.*
intriquer [ɛ̃tʀike] *v.tr.* complicare □ **s'intriquer** *v.pron.* confondersi.
introducteur [ɛ̃tʀɔdyktœʀ] (*f. -trice*) *s.m.* introduttore: *servir d'*—, introdurre.
introductif [ɛ̃tʀɔdyktif] (*f. -ive*) *agg.* introduttivo.
introduction [ɛ̃tʀɔdyksjɔ̃] *s.f.* introduzione ‖ *lettre d'*—, lettera di presentazione.
introduire [ɛ̃tʀɔduiʀ] (*coniug. come* conduire) *v.tr.* introdurre ‖ — *en contrebande*, far entrare di contrabbando ‖ *je l'ai introduit auprès du directeur*, l'ho presentato al direttore ‖ — *qqn dans une affaire*, far entrare qlcu in un affare □ **s'introduire** *v.pron.* introdursi; (*entrer*) entrare ‖ *il est difficile de s'*— *dans certains salons*, è difficile essere ammessi in certi salotti.
introduit [ɛ̃tʀɔdui] *agg.* introdotto.
introït [ɛ̃tʀɔit] *s.m.* (*eccl.*) introito.
introjection [ɛ̃tʀɔʒeksjɔ̃] *s.f.* introiezione.
intromission [ɛ̃tʀɔmisjɔ̃] *s.f.* introduzione.
intronisation [ɛ̃tʀɔnizɑsjɔ̃] *s.f.* intronizzazione.
introniser [ɛ̃tʀɔnize] *v.tr.* **1** insediare in trono; (*eccl.*) investire **2** (*fig.*) instaurare.
introspectif [ɛ̃tʀɔspektif] (*f. -ive*) *agg.* introspettivo.
introspection [ɛ̃tʀɔspeksjɔ̃] *s.f.* introspezione.
introuvable [ɛ̃tʀuvabl] *agg.* introvabile, irreperibile.
introversion [ɛ̃tʀɔveʀsjɔ̃] *s.f.* introversione.
introverti [ɛ̃tʀɔveʀti] *agg.* e *s.m.* introverso.
intrus [ɛ̃tʀy] *agg.* e *s.m.* intruso.
intrusion [ɛ̃tʀyzjɔ̃] *s.f.* intrusione.
intubation [ɛ̃tybɑsjɔ̃] *s.f.* (*med.*) intubazione.
intuber [ɛ̃tybe] *v.tr.* (*med.*) intubare.
intuitif [ɛ̃tɥitif] (*f. -ive*) *agg.* intuitivo: *c'est un* —, è dotato di intuizione.
intuition [ɛ̃tɥisjɔ̃] *s.f.* **1** intuito (*m.*): *avoir de l'*—, avere intuito; *par* —, per intuito **2** intuizione, presentimento (*m.*).
intuitivement [ɛ̃tɥitivmɑ̃] *avv.* intuitivamente.
inuit [inɥit] *agg.* e *s.m.invar.* eschimese.
inusable [inyzabl] *agg.* resistente, indistruttibile.
inusité [inyzite] *agg.* inusitato.
inutile [inytil] *agg.* inutile: — *d'insister*, inutile insistere ♦ *s.m.* persona inutile ‖ **-ement** *avv.*
inutilisable [inytilizabl] *agg.* inutilizzabile.
inutilisé [inytilize] *agg.* inutilizzato.
inutilité [inytilite] *s.f.* **1** inutilità **2** *pl.* futilità.
invagination [ɛ̃vaʒinɑsjɔ̃] *s.f.* (*med.*, *biol.*) invaginazione.
invaincu [ɛ̃vɛ̃ky] *agg.* invitto; indomito.
invalidation [ɛ̃validɑsjɔ̃] *s.f.* (*dir.*) invalidazione.
invalide [ɛ̃valid] *agg.* e *s.m.* invalido.
invalider [ɛ̃valide] *v.tr.* (*dir.*) invalidare.
invalidité [ɛ̃validite] *s.f.* invalidità.
invariabilité [ɛ̃vaʀjabilite] *s.f.* invariabilità.

invariable [ɛ̃vaʀjabl] *agg.* invariabile || **-ement** *avv.*

invariance [ɛ̃vaʀjɑ̃s] *s.f.* (*mat.*, *fis.*) invarianza: *propriété d'—,* proprietà invariantiva.

invariant [ɛ̃vaʀjɑ̃] *agg.* (*mat.*, *fis.*) invariante.

invasion [ɛ̃vazjɔ̃] *s.f.* invasione.

invective [ɛ̃vɛktiv] *s.f.* invettiva.

invectiver [ɛ̃vɛktive] *v.intr.* e *tr.* lanciare invettive, inveire: *— (contre) qqn,* inveire contro qlcu.

invendable [ɛ̃vɑ̃dabl] *agg.* invendibile.

invendu [ɛ̃vɑ̃dy] *agg.* invenduto: *marchandise invendue,* merce in giacenza ♦ *s.m.* (*spec.pl.*) invenduto.

inventaire [ɛ̃vɑ̃tɛʀ] *s.m.* inventario || *sous bénéfice d'—,* con beneficio d'inventario || *— de caisse,* accertamento di cassa.

inventer [ɛ̃vɑ̃te] *v.tr.* inventare || *il a inventé un moyen de...,* ha escogitato un mezzo per...; *elle a inventé de...,* le è saltato in mente di... || *ça ne s'invente pas!,* non può che essere vero! || *s'il n'existait pas, il faudrait l'—,* (*fam.*) è unico nel suo genere.

inventeur [ɛ̃vɑ̃tœʀ] (f. *-trice*) *agg.* e *s.m.* inventore, ideatore.

inventif [ɛ̃vɑ̃tif] (f. *-ive*) *agg.* inventivo.

invention [ɛ̃vɑ̃sjɔ̃] *s.f.* **1** invenzione: *c'est une pure —,* è un'invenzione bella e buona **2** inventiva **3** (*letter.*, *dir.*) invenzione, ritrovamento (*m.*).

inventivité [ɛ̃vɑ̃tivite] *s.f.* inventiva.

inventorier [ɛ̃vɑ̃tɔʀje] *v.tr.* inventariare.

invérifiable [ɛ̃veʀifjabl] *agg.* incontrollabile.

inverse [ɛ̃vɛʀs] *agg.* e *s.m.* inverso || *en raison —,* in misura inversamente proporzionale || **-ement** *avv.*

inverser [ɛ̃vɛʀse] *v.tr.* invertire.

inverseur [ɛ̃vɛʀsœʀ] *s.m.* (*elettr.*) invertitore, commutatore.

inversible [ɛ̃vɛʀsibl] *agg.* (*fot.*) invertibile.

inversion [ɛ̃vɛʀsjɔ̃] *s.f.* inversione.

invertébré [ɛ̃vɛʀtebʀe] *agg.* e *s.m.* (*zool.*) invertebrato.

inverti [ɛ̃vɛʀti] *agg.* e *s.m.* invertito.

invertir [ɛ̃vɛʀtiʀ] *v.tr.* invertire.

investigateur [ɛ̃vɛstigatœʀ] (f. *-trice*) *agg.* indagatore ♦ *s.m.* investigatore.

investigation [ɛ̃vɛstigasjɔ̃] *s.f.* investigazione, indagine.

investir[1] [ɛ̃vɛstiʀ] *v.tr.* accerchiare, assediare.

investir[2] *v.tr.* investire: *— qqn de pouvoirs extraordinaires,* investire qlcu di poteri straordinari; *— dans des actions,* investire in azioni || *— qqn de sa confiance,* concedere la propria fiducia a qlcu □ **s'investir** *v.pron.* investire le proprie energie psichiche (in).

investissement [ɛ̃vɛstismɑ̃] *s.m.* investimento: *fonds d'—,* fondi comuni d'investimento.

investisseur [ɛ̃vɛstisœʀ] *s.m.* (*econ.*) investitore.

investiture [ɛ̃vɛstityʀ] *s.f.* investitura.

invétéré [ɛ̃vetere] *agg.* inveterato; incallito: *un bavard —,* un incorreggibile chiacchierone.

invincibilité [ɛ̃vɛ̃sibilite] *s.f.* invincibilità.

invincible [ɛ̃vɛ̃sibl] *agg.* invincibile; insormontabile; inoppugnabile || **-ement** *avv.*

inviolabilité [ɛ̃vjɔlabilite] *s.f.* (*dir.*) inviolabilità.

inviolable [ɛ̃vjɔlabl] *agg.* inviolabile.

inviolé [ɛ̃vjɔle] *agg.* inviolato.

invisibilité [ɛ̃vizibilite] *s.f.* invisibilità.

invisible [ɛ̃vizibl] *agg.* invisibile.

invitation [ɛ̃vitasjɔ̃] *s.f.* invito (*m.*): *lancer des invitations,* diramare inviti; *une carte d'—,* un (biglietto d') invito; *entrée sur —,* entrata con invito || *sur l'— de,* dietro, su invito di.

invite [ɛ̃vit] *s.f.* invito (*m.*).

invité [ɛ̃vite] *s.m.* invitato.

inviter [ɛ̃vite] *v.tr.* invitare || *c'est moi qui invite,* offro io.

in vitro [invitʀo] *agg.* e *locuz.avv.* (*med.*) in vitro: *fécondation —,* fecondazione artificiale.

invivable [ɛ̃vivabl] *agg.* invivibile, irrespirabile.

invocateur [ɛ̃vɔkatœʀ] (f. *-trice*) *agg.* e *s.m.* invocatore.

invocation [ɛ̃vɔkasjɔ̃] *s.f.* invocazione || *chapelle sous l'— de la Vierge,* cappella dedicata alla Vergine.

invocatoire [ɛ̃vɔkatwaʀ] *agg.* invocativo, invocatorio.

involontaire [ɛ̃vɔlɔ̃tɛʀ] *agg.* involontario; (*dir.*) colposo; preterintenzionale || **-ement** *avv.*

involution [ɛ̃vɔlysjɔ̃] *s.f.* involuzione.

invoquer [ɛ̃vɔke] *v.tr.* invocare || *les arguments invoqués,* le argomentazioni addotte.

invraisemblable [ɛ̃vʀɛsɑ̃blabl] *agg.* **1** inverosimile, incredibile **2** (*fam.*) stravagante, bizzarro || **-ement** *avv.*

invraisemblance [ɛ̃vʀɛsɑ̃blɑ̃s] *s.f.* **1** inverosimiglianza **2** cosa inverosimile.

invulnérabilité [ɛ̃vylneʀabilite] *s.f.* invulnerabilità.

invulnérable [ɛ̃vylneʀabl] *agg.* invulnerabile.

iode [jɔd] *s.m.* (*chim.*) iodio.

iodé [jɔde] *agg.* (*chim.*) iodato || *air —,* aria ricca di iodio; *odeur iodée,* odore di iodio.

iodique [jɔdik] *agg.* (*chim.*) iodico.

iodure [jɔdyʀ] *s.m.* (*chim.*) ioduro.

ion [jɔ̃] *s.m.* (*fis.*) ione.

ionien [jɔnjɛ̃] (f. *-enne*) *agg.* ionico; ionio || *Mer Ionienne,* Mar Ionio.

ionique[1] [jɔnik] *agg.* (*fis.*) ionico.

ionique[2] *agg.* e *s.m.* (*arch.*) ionico.

ionisation [jɔnizasjɔ̃] *s.f.* (*fis.*) ionizzazione.

ioniser [jɔnize] *v.tr.* (*fis.*) ionizzare.

ionosphère [jɔnɔsfɛʀ] *s.f.* ionosfera.

iota [jɔta] *s.m.* iota || *sans changer un —,* senza cambiare una virgola.

iouler [jule] *v.intr.* cantare lo jodler.

iourte [juʀt] *s.f.* → **yourte**.

ipéca [ipeka], **ipécacuana** [ipekakwana] *s.m.* (*bot.*) ipecacuana (*f.*).

irakien [iʀakjɛ̃] (f. *-enne*) *agg.* e *s.m.* iracheno.

iranien [iʀanjɛ̃] (f. *-enne*) *agg.* e *s.m.* iraniano; (*st.*) iranico.

iraquien [iʀakjɛ̃] (f. *-enne*) *agg.* e *s.m.* → **irakien**.

irascibilité [iʀasibilite] *s.f.* irascibilità.

irascible [iʀasibl] *agg.* irascibile, iracondo.
ire [iʀ] *s.f.* (*poet.*) ira.
iridescent [iʀidesã] *agg.* iridescente.
iridium [iʀidjɔm] *s.m.* (*chim.*) iridio.
iris[1] [iʀis] *s.m.* iride (*f.*).
iris[2] *s.m.* (*bot.*) iris (*f.*), giaggiolo.
irisation [iʀizɑsjɔ̃] *s.f.* iridazione, iridescenza.
irisé [iʀize] *agg.* iridato.
iriser [iʀize] *v.tr.* iridare, rendere iridescente.
irlandais [iʀlɑ̃dɛ] *agg.* e *s.m.* irlandese.
ironie [iʀɔni] *s.f.* ironia || *par* —, in senso ironico.
ironique [iʀɔnik] *agg.* ironico || *-ement* *avv.*
ironiser [iʀɔnize] *v.intr.* fare dell'ironia, ironizzare.
ironiste [iʀɔnist] *s.m.* ironista.
iroquois [iʀɔkwa] *agg.* e *s.m.* irochese.
irradiation [iʀʀadjɑsjɔ̃] *s.f.* irradiazione || *l'— des ondes sonores*, l'irraggiamento delle onde sonore.
irradié [iʀʀadje] *agg.* irradiato.
irradier [iʀʀadje] *v.tr.* e *intr.* irradiare □ **s'irradier** *v.pron.* irradiarsi.
irraisonné [iʀʀɛzɔne] *agg.* irragionevole || *geste* —, gesto inconsulto.
irrationalité [iʀʀasjɔnalite] *s.f.* irrazionalità.
irrationnel [iʀʀasjɔnɛl] (*f.* -*elle*) *agg.* e *s.m.* irrazionale.
irrattrapable [iʀʀatʀapabl] *agg.* irrimediabile.
irréalisable [iʀʀealizabl] *agg.* irrealizzabile.
irréalisme [iʀʀealism] *s.m.* mancanza di realismo.
irréaliste [iʀʀealist] *agg.* non realistico ♦ *s.m.* e *f.* chi manca di realismo.
irréalité [iʀʀealite] *s.f.* irrealtà.
irrecevable [iʀʀesɔvabl] *agg.* irricevibile; inaccettabile.
irréconciliable [iʀʀekɔ̃siljabl] *agg.* irriconciliabile, inconciliabile.
irrécouvrable [iʀʀekuvʀabl] *agg.* irrecuperabile; (*dir.*) inesigibile.
irrécupérable [iʀʀekypeʀabl] *agg.* irrecuperabile.
irrécusable [iʀʀekyzabl] *agg.* irrecusabile.
irrédentisme [iʀʀedãtism] *s.m.* irredentismo.
irrédentiste [iʀʀedãtist] *agg.* e *s.m.* irredentista.
irréductibilité [iʀʀedyktibilite] *s.f.* irriducibilità.
irréductible [iʀʀedyktibl] *agg.* irriducibile || *-ement* *avv.*
irréel [iʀʀeɛl] (*f.* -*elle*) *agg.* e *s.m.* irreale.
irréfléchi [iʀʀefleʃi] *agg.* irriflessivo, impulsivo || *mouvements irréfléchis*, movimenti inconsulti.
irréflexion [iʀʀefleksjɔ̃] *s.f.* irriflessione.
irréfragable [iʀʀefʀagabl] *agg.* (*letter.*) irrefragabile.
irréfrénable [iʀʀefʀenabl] *agg.* irrefrenabile.
irréfutable [iʀʀefytabl] *agg.* irrefutabile || *-ement* *avv.*
irrégularité [iʀʀegylaʀite] *s.f.* irregolarità.
irrégulier [iʀʀegylje] (*f.* -*ère*) *agg.* **1** irregolare **2** discontinuo.
irrégulièrement [iʀʀegyljɛʀmã] *avv.* irregolarmente.
irréligieux [iʀʀeliʒjø] (*f.* -*euse*) *agg.* irreligioso.

irréligion [iʀʀeliʒjɔ̃] *s.f.* irreligione.
irréligiosité [iʀʀeliʒjozite] *s.f.* irreligiosità.
irrémédiable [iʀʀemedjabl] *agg.* irrimediabile || *-ement* *avv.*
irrémissible [iʀʀemisibl] *agg.* irremissibile.
irremplaçable [iʀʀɑ̃plasabl] *agg.* insostituibile.
irréparable [iʀʀepaʀabl] *agg.* e *s.m.* irreparabile || *-ement* *avv.*
irrépréhensible [iʀʀepʀeɑ̃sibl] *agg.* irreprensibile.
irrépressible [iʀʀepʀesibl] *agg.* incontenibile, irreprimibile.
irréprochable [iʀʀepʀɔʃabl] *agg.* irreprensibile, ineccepibile.
irréprochablement [iʀʀepʀɔʃabləmã] *avv.* irreprensibilmente.
irrésistible [iʀʀezistibl] *agg.* irresistibile || *-ement* *avv.*
irrésolu [iʀʀezɔly] *agg.* **1** irresoluto, indeciso **2** insoluto ♦ *s.m.* indeciso, irresoluto.
irrésolution [iʀʀezɔlysjɔ̃] *s.f.* irresolutezza, indecisione.
irrespect [iʀʀɛspɛ] *s.m.* mancanza di rispetto, irriverenza (*f.*).
irrespectueusement [iʀʀɛspɛktɥɔzmã] *avv.* irrispettosamente.
irrespectueux [iʀʀɛspɛktɥø] (*f.*-*euse*) *agg.* irrispettoso, irriverente.
irrespirable [iʀʀɛspiʀabl] *agg.* irrespirabile.
irresponsabilité [iʀʀespɔ̃sabilite] *s.f.* irresponsabilità.
irresponsable [iʀʀespɔ̃sabl] *agg.* irresponsabile.
irrétrécissable [iʀʀetʀesisabl] *agg.* irrestringibile.
irrévérence [iʀʀeveʀɑ̃s] *s.f.* irriverenza.
irrévérencieux [iʀʀeveʀɑ̃sjø] (*f.*-*euse*) *agg.* irriverente || *-eusement* *avv.*
irréversibilité [iʀʀeveʀsibilite] *s.f.* irreversibilità.
irréversible [iʀʀeveʀsibl] *agg.* irreversibile.
irréversiblement [iʀʀeveʀsibləmã] *avv.* in modo irreversibile.
irrévocabilité [iʀʀevɔkabilite] *s.f.* irrevocabilità.
irrévocable [iʀʀevɔkabl] *agg.* e *s.m.* irrevocabile || *-ement* *avv.*
irrigable [iʀʀigabl] *agg.* irrigabile.
irrigation [iʀʀigɑsjɔ̃] *s.f.* irrigazione.
irriguer [iʀʀige] *v.tr.* irrigare (*anche med.*).
irritabilité [iʀʀitabilite] *s.f.* irritabilità.
irritable [iʀitabl] *agg.* irritabile.
irritant [iʀitã] *agg.* irritante.
irritation [iʀʀitɑsjɔ̃] *s.f.* irritazione.
irriter [iʀʀite] *v.tr.* irritare □ **s'irriter** *v.pron.* irritarsi.
irruption [iʀʀypsjɔ̃] *s.f.* irruzione.
isabelle [izabɛl] *agg.invar.* (colore) isabella ♦ *s.m.* (*cheval*) —, isabella.
isard [izaʀ] *s.m.* (*zool.*) camoscio dei Pirenei.
isatis [izatis] *s.m.* (*zool.*) volpe azzurra.
isba [izba] *s.f.* isba.
ischémie [iskemi] *s.f.* (*med.*) ischemia.
ischion [iskjɔ̃] *s.m.* (*anat.*) ischio.
islam [islam] *s.m.* islamismo || *l'Islam*, l'Islam.

islamique [islamik] *agg.* islamico.
islamisation [islamizɑsjɔ̃] *s.f.* islamizzazione.
islamiser [islamize] *v.tr.* islamizzare.
islamisme [islamism] *s.m.* islamismo.
islandais [islɑ̃dɛ] *agg.* e *s.m.* islandese.
iso- *pref.* iso-
isobare [izɔbaʀ] *agg.* isobaro, isobarico ♦ *s.f.* isobara.
isobathe [izɔbat] *agg.* (*geogr.*) isobato ♦ *s.f.* isobata.
isocèle [izɔsɛl] *agg.* isoscele.
isochrone [izɔkʀɔn], **isochronique** [izɔkʀɔnik] *agg.* (*fis.*) isocrono.
isochronisme [izɔkʀɔnism] *s.m.* isocronismo.
isohyète [izɔjɛt] *agg.* (*meteor.*) isoieto ♦ *s.f.* isoieta.
isolant [izɔlɑ̃] *agg.* e *s.m.* isolante, coibente.
isolation [izɔlɑsjɔ̃] *s.f.* isolamento (*m.*).
isolationnisme [izɔlɑsjɔnism] *s.m.* isolazionismo.
isolationniste [izɔlɑsjɔnist] *agg.* isolazionistico ♦ *s.m.* isolazionista.
isolé [izɔle] *agg.* isolato.
isolement [izɔlmɑ̃] *s.m.* isolamento.
isolément [izɔlemɑ̃] *avv.* isolatamente.
isoler [izɔle] *v.tr.* 1 isolare 2 segregare □ **s'isoler** *v.pron.* isolarsi.
isoloir [izɔlwaʀ] *s.m.* cabina elettorale.
isomère [izɔmɛʀ] *agg.* e *s.m.* (*chim.*) isomero.
isomérie [izɔmeʀi] *s.f.* (*chim.*) isomeria.
isométrique [izɔmetʀik] *agg.* isometrico.
isomorphe [izɔmɔʀf] *agg.* isomorfo.
isotherme [izɔtɛʀm] *agg.* isotermico ♦ *s.f.* isoterma.
isotope [izɔtɔp] *agg.* e *s.m.* isotopo.
israélien [isʀaeljɛ̃] (f. -*enne*) *agg.* e *s.m.* israeliano.
israélite [isʀaelit] *agg.* e *s.m.* israelita.

issoldunois [isɔldynwa] *agg.* di Issoudun.
issu [isy] *agg.* nato; (*fig.*) proveniente, derivato.
issue [isy] *s.f.* 1 uscita || *à l'— de la cérémonie*, al termine della cerimonia || *voie sans —*, strada senza uscita 2 (*fig.*) via d'uscita; soluzione 3 (*fig.*) esito (*m.*); conclusione.
isthme [ism] *s.m.* istmo.
isthmique [ismik] *agg.* istmico.
istrien [istʀjɛ̃] (f. -*enne*) *agg.* e *s.m.* istriano.
italianisant [italjanizɑ̃] *s.m.* e *agg.* italianista.
italianiser [italjanize] *v.tr.* italianizzare.
italianisme [italjanism] *s.m.* italianismo.
italien [italjɛ̃] (f. -*enne*) *agg.* e *s.m.* italiano.
italique [italik] *agg.* 1 (*tip.*) corsivo, italico 2 (*st.*) italico.
italo- *pref.* italo-
italo-américain [italoameʀikɛ̃] *agg.* italoamericano.
italo-français [italofʀɑ̃sɛ] *agg.* italo-francese.
itératif [iteʀatif] (f. -*ive*) *agg.* iterativo.
itération [iteʀɑsjɔ̃] *s.f.* iterazione.
itinéraire [itineʀɛʀ] *s.m.* e *agg.* itinerario.
itinérant [itineʀɑ̃] *agg.* itinerante.
itou [itu] *avv.* (*fam.*) idem.
ivoire [ivwaʀ] *s.m.* avorio.
ivoirien [ivwaʀjɛ̃] (f. -*enne*) *agg.* e *s.m.* ivoriano.
ivoirin [ivwaʀɛ̃] *agg.* eburneo.
ivraie [ivʀɛ] *s.f.* (*bot. pop.*) loglio (*m.*).
ivre [ivʀ] *agg.* ubriaco; ebbro (*anche fig.*): *être à moitié —, aux trois quarts —*, essere mezzo ubriaco; *être — mort*, essere ubriaco fradicio.
ivresse [ivʀɛs] *s.f.* ubriachezza; ebbrezza (*anche fig.*): *les fumées de l'—*, i fumi dell'alcol; *noyer son chagrin dans l'—*, annegare i dispiaceri nell'alcol.
ivrogne [ivʀɔɲ] *agg.* ubriaco ♦ *s.m.* ubriacone || *serment d'—*, giuramento da marinaio.
ivrognerie [ivʀɔɲʀi] *s.f.* ubriachezza, vizio del bere.
ivrognesse [ivʀɔɲɛs] *s.f.* ubriacona.

J

j [ʒi] *s.m.* j (*m.* e *f.*) ‖ (*tel.*) — *comme Jean*, j come Jolly ‖ *le jour J*, il giorno X, (*fam.*) il giorno fatidico.

jabot [ʒabo] *s.m.* **1** gozzo, ingluvie (*f.pl.*) **2** (*abbigl.*) jabot, davantino.

jacassement [ʒakasmɑ̃] *s.m.* **1** stridio (della gazza) **2** (*fig. fam.*) cicaleccio.

jacasser [ʒakase] *v.intr.* **1** (*zool.*) stridere (della gazza) **2** (*fam.*) cicalare.

jacasseur [ʒakasœʀ] (f. *-euse*) *s.m.* chiacchierone.

jachère [ʒaʃɛʀ] *s.f.* (*agr.*) maggese (*m.*): *mettre en —*, mettere a maggese, a riposo.

jacinthe [ʒasɛ̃t] *s.f.* (*bot.*) giacinto (*m.*).

jacobin [ʒakɔbɛ̃] *agg.* e *s.m.* giacobino; (*fig.*) estremista.

jacquard [ʒakaʀ] *s.m.* (*tess.*) **1** telaio di Jacquard **2** jacquard (punto a maglia a più colori su disegni geometrici).

jacquerie [ʒakʀi] *s.f.* **1** (*st.*) sollevazione antifeudale (1358) da parte dei contadini, chiamati Jacques Bonhommes dai nobili **2** (*estens.*) rivolta contadina.

jacquet [ʒakɛ] *s.m.* (*gioco*) giacchetto.

jactance¹ [ʒaktɑ̃s] *s.f.* iattanza, arroganza.

jactance² *s.f.* (*fam.*) chiacchiera.

jade [ʒad] *s.m.* giada (*f.*).

jadis [ʒa(ɑ)dis] *avv.* un tempo ♦ *agg.: au temps —*, un tempo; *le temps —*, il tempo che fu.

jaguar [ʒagwaʀ] *s.m.* (*zool.*) giaguaro ♦ *agg. invar.* (*in Africa*) elegante.

jaillir [ʒajiʀ] *v.intr.* scaturire, sgorgare (*anche fig.*).

jaillissant [ʒajisɑ̃] *agg.* zampillante.

jaillissement [ʒajismɑ̃] *s.m.* lo sgorgare (*anche fig.*): *— de vapeur*, getto di vapore; *un — d'idées*, un'esplosione di idee.

jais [ʒɛ] *s.m.* jais, giaietto ‖ *noir comme du —*, nero come il carbone; *cheveux de —*, capelli corvini.

jalon [ʒalɔ̃] *s.m.* **1** picchetto, biffa (*f.*) **2** (*fig.*) punto fondamentale, base (*f.*).

jalonner [ʒalɔne] *v.intr.* piantare picchetti ♦ *v.tr.* **1** picchettare **2** delimitare (*anche fig.*) ‖ *vie jalonnée de succès*, vita costellata di successi.

jalousement [ʒaluzmɑ̃] *avv.* gelosamente.

jalouser [ʒaluze] *v.tr.* essere geloso (di), invidiare.

jalousie¹ [ʒaluzi] *s.f.* gelosia.

jalousie² *s.f.* gelosia, persiana.

jaloux [ʒalu] (f. *-ouse*) *agg.* e *s.m.* geloso; invidioso ‖ *avec un soin —*, con cura meticolosa.

jamaïcain, jamaïquain [ʒamaikɛ̃] *agg.* e *s.m.* giamaicano.

jamais [ʒamɛ] *avv.* mai: *cela ne s'est — produit*, questo non si è mai verificato; *— je ne pourrai l'oublier*, non potrò mai dimenticarlo; *je préfère ne — le rencontrer*, preferisco non incontrarlo mai; *si — vous le rencontrez*, se mai, caso mai lo incontraste ‖ *— plus*, mai più ‖ *plus, moins que —*, più, meno che mai ‖ *au grand —, de la vie*, mai e poi mai ‖ *à (tout) —, pour —*, per sempre ‖ *c'est le moment ou —, maintenant ou —*, adesso o mai più ‖ *on ne sait —*, non si sa mai ‖ *— deux sans trois*, non c'è due senza tre.

jambage [ʒɑ̃baʒ] *s.m.* **1** gamba (di segno grafico) **2** (*edil.*) stipite, montante; pilastro di sostegno.

jambe [ʒɑ̃b] *s.f.* **1** gamba ‖ *avoir les jambes coupées*, avere le gambe a pezzi; (*estens.*) rimanere di stucco ‖ *il fait son travail un peu par dessous la —*, prende il suo lavoro un po' sottogamba ‖ *se sauver à toutes jambes*, fuggire a gambe levate ‖ *la peur lui donna des jambes*, la paura gli mise le ali ai piedi ‖ *j'ai trop marché, je n'ai plus de jambes*, ho camminato tanto che non mi sento più le gambe ‖ *tirer dans les jambes de qqn*, tirare colpi bassi, mancini a qlcu ‖ *il m'a tenu la — pendant deux heures*, mi ha attaccato un bottone per due ore ‖ *cela me fait une belle —!*, bel vantaggio!, bel guadagno! ‖ *un emplâtre sur une — de bois*, un rimedio inutile **2** (*edil.*) stipite (di finestra, porta) ‖ *— de force*, montante.

jambière [ʒɑ̃bjɛʀ] *s.f.* **1** gambale (*m.*) **2** (*sport*) parastinchi (*m.*); (*pl.*) scaldamuscoli (*m.*) **3** (*st.*) schiniere (*m.*).

jambon [ʒɑ̃bɔ̃] *s.m.* **1** prosciutto **2** (*fam.*) coscia (*f.*).

jambonneau [ʒɑ̃bɔno] (pl. *-eaux*) *s.m.* **1** (*cuc.*) zampetto (di maiale) **2** (*zool.*) nacchera (*f.*).

janissaire [ʒanisɛʀ] *s.m.* (*st. mil.*) giannizzero.

jansénisme [ʒɑ̃senism] *s.m.* giansenismo.

janséniste [ʒɑ̃senist] *agg.* e *s.m.* giansenista.

jante [ʒɑ̃t] *s.f.* cerchione (*m.*), cerchio (di ruota).

janvier [ʒɑ̃vje] *s.m.* gennaio.

japon [ʒapɔ̃] *s.m.* **1** (*papier*) —, carta giapponese **2** porcellana giapponese.

japonais [ʒapɔnɛ] *agg.* e *s.m.* giapponese.

japonaiserie [ʒapɔnɛzʀi], **japonerie** [ʒapɔnʀi]

s.f. giapponeseria, oggetto giapponese (o di stile giapponese).

japonisant [ʒapɔnizɑ̃] *s.m.* iamatologo.

jappement [ʒapmɑ̃] *s.m.* uggiolio, guaito.

japper [ʒape] *v.intr.* uggiolare, guaire.

jaquemart [ʒakmaʀ] *s.m.* (*di orologio*) automa.

jaquette [ʒakɛt] *s.f.* 1 tight (*m.*) 2 giacca (da donna) 3 sopraccoperta (di libro).

jardin [ʒaʀdɛ̃] *s.m.* giardino: *au —*, in giardino; *— anglais*, giardino all'inglese; *— botanique, des plantes*, giardino, orto botanico || *— potager*, orto; *— fruitier*, frutteto || *— d'enfants*, giardino d'infanzia, asilo || *Jardin des Oliviers*, Orto degli Olivi || (*teatr.*) *côté —*, la parte del palcoscenico alla sinistra degli spettatori || *jeter une pierre dans le — de qqn*, (*fig.*) lanciare una frecciatina contro qlcu.

jardinage [ʒaʀdinaʒ] *s.m.* giardinaggio.

jardiner [ʒaʀdine] *v.intr.* dedicarsi al giardinaggio.

jardinet [ʒaʀdinɛ] *s.m.* giardinetto.

jardinier [ʒaʀdinje] (f. *-ère*) *agg.* da, di giardino ♦ *s.m.* giardiniere.

jardinière¹ [ʒaʀdinjɛʀ] *s.f.* 1 giardiniera 2 *— d'enfants*, maestra d'asilo 3 (*zool.*) carabo dorato.

jardinière² *s.f.* 1 fioriera 2 (*cuc.*) verdure miste (tagliate a dadi).

jargon [ʒaʀgɔ̃] *s.m.* gergo.

jargonner [ʒaʀgɔne] *v.intr.* parlare in gergo.

jarre [ʒaʀ] *s.f.* giara, orcio (*m.*).

jarret [ʒaʀɛ] *s.m.* 1 (*anat.*) poplite; (*di animali*) garretto: *avoir des jarrets d'acier*, (*fam.*) aver buone gambe 2 (*macelleria*) stinco.

jarretelle [ʒaʀtɛl] *s.f.* (*abbigl.*) giarrettiera.

jarretière [ʒaʀtjɛʀ] *s.f.* (*abbigl.*) giarrettiera.

jars [ʒaʀ] *s.m.* (*zool.*) oca maschio.

jaser [ʒaze] *v.intr.* 1 chiacchierare; spettegolare: *on a beaucoup jasé sur son compte*, si sono fatte molte chiacchiere sul suo conto; *tout le monde en jase*, è sulla bocca di tutti 2 cinguettare (di bambini).

jasette [ʒazɛt] *s.f.* (*in Canada*) *avoir de la —*, avere la lingua sciolta.

jasmin [ʒasmɛ̃] *s.m.* (*bot.*) gelsomino.

jaspe [ʒasp] *s.m.* (*min.*) diaspro.

jaspé [ʒaspe] *v.tr.* marezzato; marmorizzato: *marbre jaspé*, marmo marezzato || *papier jaspé*, carta marmorizzata.

jaspure [ʒaspyʀ] *s.f.* marezzo (*m.*), marmorizzazione.

jatte [ʒat] *s.f.* grossa ciotola, scodella.

jauge [ʒoʒ] *s.f.* 1 misura, capacità 2 (*mar.*) stazza 3 (*tecn.*) indicatore (*m.*), asta di livello: *— d'épaisseur*, calibro di spessore.

jaugeage [ʒoʒaʒ] *s.m.* calibratura (*f.*); (*mar.*) stazzatura (*f.*).

jauger [ʒoʒe] (*coniug. come* manger) *v.tr.* misurare: *— un cours d'eau*, misurare la portata d'un corso d'acqua; *— un navire*, misurare la stazza d'una nave || *— un homme*, (*fig.*) valutare un uomo ♦ *v.intr.* avere la capacità, la portata (di);

(*mar.*) stazzare || *ce navire jauge 2 mètres*, questa nave ha un pescaggio di 2 metri.

jaunâtre [ʒonɑtʀ] *agg.* gialliccio, giallastro.

jaune [ʒon] *agg.* giallo: *il est — comme un coing*, è giallo come un limone || *rire —*, ridere verde ♦ *s.m.* 1 giallo || *— d'œuf*, tuorlo 2 individuo di pelle gialla || *les Jaunes*, la razza gialla 3 (*spreg.*) crumiro.

jaunir [ʒoniʀ] *v.tr.* e *intr.* ingiallire: *ce tissu a jauni*, questo tessuto è ingiallito.

jaunissant [ʒonisɑ̃] *agg.* tendente al giallo || *moissons jaunissantes*, messi biondeggianti.

jaunisse [ʒonis] *s.f.* (*med.*) itterizia || *il en a fait une —*, (*fam.*) è diventato giallo dalla bile.

jaunissement [ʒonismɑ̃] *s.m.* ingiallimento.

java [ʒava] *s.f.* (*danza*) giava || *faire la —*, (*fam.*) fare baldoria.

javanais [ʒavanɛ] *agg.* e *s.m.* giavanese.

Javel, eau de [odəʒavɛl] *s.f.* candeggina.

javelle [ʒavɛl] *s.f.* mannello (*m.*), fastello.

javelliser [ʒavelize] *v.tr.* 1 javellizzare 2 candeggiare.

javelot [ʒavlo] *s.m.* giavellotto.

jazz [dʒaz] *s.m.* jazz ♦ *agg. invar.* (*in Africa*) 1 elegante 2 falso.

je [ʒə] *pron.pers.sogg.* 1ª *pers.sing.* (*si apostrofa davanti a vocale o* h *muta*) io: *— partirai demain*, (io) partirò domani; *devrais-je mentir?*, dovrei mentire?; *d'accord, répondis-je, n'en parlons plus*, d'accordo, risposi, non ne parliamo più.

jean-foutre [ʒãfutʀ] *s.m. invar.* (*fam.*) mezzacalzetta (*f.*), incapace.

jeannette [ʒanɛt] *s.f.* asse doppia, stiramaniche (*m.*).

jean(s) [dʒins] *s.m.* jeans.

je-m'en-fichisme [ʒmãfiʃism] *s.m.* (*fam.*) menefreghismo.

je-m'en-fichiste [ʒmãfiʃist] *agg.* e *s.m.* (*fam.*) menefreghista.

je-m'en-foutisme [ʒmãfutism] *s.m.* (*fam.*) menefreghismo.

je-m'en-foutiste [ʒmãfutist] *agg.* e *s.m.* (*fam.*) menefreghista.

je-ne-sais-quoi [ʒənsɛkwa] (pl. *invar.*) *s.m.* un (certo) non so che.

jérémiade [ʒeʀemjad] *s.f.* geremiade.

jéroboam [ʒeʀɔbɔam] *s.m.* bottiglione di champagne di circa 3 litri.

jerrican, jerrycan [dʒeʀikan] *s.m.* tanica (*f.*).

jersey [ʒɛʀze] *s.m.* jersey (tessuto a maglia) || *point de —*, (*lavoro a maglia*) maglia rasata.

je-sais-tout [ʒəsetu] (pl. *invar.*) *s.m.* saccentone.

jésuite [ʒezɥit] *s.m.* (*eccl.*) gesuita ♦ *agg.* gesuitico.

jésuitique [ʒezɥitik] *agg.* gesuitico.

jésuitisme [ʒezɥitism] *s.m.* gesuitismo.

jésus [ʒezy] *s.m.* 1 (rappresentazione di) gesù bambino || *le Petit —*, Gesù Bambino 2 (*cuc.*) *Jésus de Lyon*, insaccato di carne secca.

jet¹ [ʒɛt] *s.m.* 1 getto; lancio 2 zampillo || *le — d'une pompe*, il getto di una pompa || *un — de lumière*, uno sprazzo di luce || (*fig.*): *du premier —*, di getto; *le premier — d'un ouvrage*, l'abbozzo di un'opera **3** (*bot.*) getto, germoglio.

jet[2] [dʒɛt] *s.m.* jet, aereo a reazione.

jetable [ʒətabl] *agg.* usa e getta, monouso.

jetée [ʒəte] *s.f.* molo (*m.*); (diga a) gettata.

jeter [ʒəte] (*raddoppia la* t *davanti a* e *muta:* je jette, tu jettes, etc.; je jetterai, tu jetteras, etc.) *v.tr.* **1** gettare, lanciare (*anche fig.*) || *— un sort à* qqn, fare un sortilegio a qlcu || *— (à) bas*, (*anche fig.*) abbattere, distruggere || *— qqch à la tête de* qqn, (*fig.*) rinfacciare qlco a qlcu || *— la (première) pierre à* qqn, (*fig.*) scagliare la prima pietra contro qlcu; accusare, biasimare qlcu || *le sort en est jeté*, il dado è tratto || (*molto fam.*): *en —*, mettersi in bella mostra, far colpo; *s'en — un*, farsi un bicchierino **2** buttar (via), gettar (via): *— au panier*, cestinare **3** mettere, buttare (*spec. fig.*): *— à la porte*, mettere alla porta; *— en prison*, buttare in prigione || *— un coup d'œil*, dare un'occhiata **4** (*edil., metall.*) gettare **5** spargere □ **se jeter** *v.pron.* gettarsi || *— les bases d'une constitution*, (*fig.*) gettare le basi di una costituzione.

jeteur [ʒətœR] (*f. -euse*) *s.m.: — de sort*, iettatore.

jeton [ʒətɔ̃] *s.m.* gettone, puglia (*f.*) || *faux —*, ipocrita || *avoir les jetons*, (*fam.*) avere fifa.

jeu [ʒø] (pl. *jeux*) *s.m.* **1** gioco: *— de construction*, costruzioni **2** (*teatr.*) recitazione (*f.*); (*mus.*) esecuzione (*f.*) || *jouer le grand —*, recitare la scena madre **3** serie (*f.*), set: *un — de cartes*, *de clés*, un mazzo di carte, di chiavi.

♦ FRASEOLOGIA: *entrer dans le —*, entrare in gioco; *être du —*, far parte del gioco; *être dans le —*, *en —*, essere in gioco, in ballo; *d'entrée de —*, fin dall'inizio; *se laisser prendre au —*, esser preso dal proprio gioco; *se faire un — des difficultés*, superare facilmente le difficoltà; *cacher*, *étaler son —*, nascondere, mostrare le proprie carte; *jouer gros —*, rischiare grosso; *être vieux —*, essere sorpassato, fuori moda; *avoir du —*, avere belle carte; *avoir beau —*, (*fig.*) aver buon gioco; *jouer le —*, giocare secondo le regole; *cela n'est pas de —*, non è nelle regole; *jouer double —*, fare il doppio gioco; *les jeux sont faits!*, (*anche fig.*) il gioco è fatto!

jeudi [ʒødi] *s.m.* giovedì || *la semaine des quatre jeudis*, (*fam.*) il giorno del mai.

jeun, à [aʒœ̃] *locuz.avv.* a digiuno.

jeune [ʒœn] *agg.* **1** giovane: *les jeunes (gens)*, i giovani || *dans son — temps*, ai suoi tempi **2** giovanile **3** inesperto: *être — dans le métier*, essere nuovo del mestiere ♦ *s.m.* **1** giovane **2** (*zool.*) piccolo (di animale), cucciolo ♦ *avv.* in modo giovanile, giovane: *elle s'habille —*, si veste in modo giovanile; *cette coiffure fait —*, (*fam.*) questa pettinatura ringiovanisce.

jeûne [ʒøn] *s.m.* digiuno.

jeûner [ʒøne] *v.tr.* digiunare.

jeunesse [ʒœnɛs] *s.f.* **1** giovinezza, gioventù: *n'être plus de la première —*, non essere di primo pelo; *œuvre de —*, opera giovanile **2** gioventù, i giovani.

jeunet [ʒœnɛ] (f. *-ette*) *agg.* (*fam.*) giovanissimo.

jeûneur [ʒønœR] (f. *-euse*) *s.m.* digiunatore.

jeunot [ʒœno] (f. *-otte*) *agg.* e *s.m.* (*fam.*) giovincello.

joaillerie [ʒɔajRi] *s.f.* gioielleria; gioielli (*m.pl.*).

joaillier [ʒɔaje] (f. *-ère*) *s.m.* gioielliere.

job [dʒɔb] *s.m.* (*fam.*) lavoro, impiego.

jobard [ʒɔbaR] *s.m.* (*fam.*) credulone, grullo.

jobarderie [ʒɔbaRdəRi], **jobardise** [ʒɔbaRdiz] *s.f.* (*fam.*) grullaggine.

jobine [ʒɔbin] *s.f.* (*in Canada*) secondo lavoro.

jockey [ʒɔke] *s.m.* fantino.

jocrisse [ʒɔkRis] *s.m.* babbeo, sciocco.

jodhpurs [ʒɔdpyR] *s.m.pl.* calzoni da cavallerizzo.

jogging [dʒɔgiŋ] (*ingl.*) *s.m.* **1** jogging **2** tuta sportiva.

joie [ʒwa] *s.f.* gioia || *il se fait une — de ce voyage*, pregusta la gioia di quel viaggio || *il s'en est donné à cœur —*, se l'è goduta un mondo || *fille de —*, donna di strada.

joignable [ʒwaɲabl] *agg.* raggiungibile.

joindre [ʒwɛ̃dR]

Indic.pres. je joins, etc.; nous joignons, etc.; *imperf.* je joignais, etc.; *pass.rem.* je joignis, etc.; *fut.* je joindrai, etc. *Cond.* je joindrais, etc. *Cong.pres.* que je joigne, etc.; *imperf.* que je joignisse, etc. *Part.pres.* joignant; *pass.* joint. *Imp.* joins, joignons, joignez.

v.tr. **1** congiungere; unire || *— l'intérêt au capital*, aggiungere l'interesse al capitale **2** accludere, allegare **3** raggiungere: *on ne sait jamais où te —*, non si sa mai dove rintracciarti ♦ *v.intr.* combaciare **2** essere attiguo, adiacente □ **se joindre** *v.pron.* **1** unirsi; associarsi **2** incontrarsi, trovarsi.

joint[1] [ʒwɛ̃] *s.m.* **1** giuntura (*f.*) || *trouver le —*, (*fam.*) trovare il verso buono **2** (*mecc., edil.*) giunto: *— de cardan*, giunto cardanico **2** guarnizione (di rubinetto ecc.).

joint[2] *part. pass.* di joindre ♦ *agg.* unito; allegato: *les mains jointes*, a mani giunte; *à pieds joints*, a piedi uniti || *ci-joint* → ci-joint.

joint[3] *s.m.* (*argot*) spinello.

jointif [ʒwɛ̃tif] (f. *-ive*) *agg.* congiunto; che combacia.

jointoyer [ʒwɛ̃twaje] (*coniug. come* aboyer) *v.tr.* (*edil.*) rabboccare (un muro ecc.).

jointure [ʒwɛ̃tyR] *s.f.* giuntura.

jojo[1] [ʒɔʒo] *s.m.* (*fam.*) ragazzino terribile: *un affreux —*, una piccola peste, un Pierino.

jojo[2] (f. *invar.*) *agg.* (*fam.*) bello, carino: *c'est pas —!*, non è molto bello!

joker [ʒɔkeR] *s.m.* (*alle carte*) matta (*f.*), jolly.

joli [ʒɔli] *agg.* **1** carino, grazioso || *une jolie fille*, una bella ragazza || *— à croquer*, adorabile || (*iron.*): *jouer un — tour*, giocare un bel tiro; *il a fait là une jolie affaire!*, bell'affare che ha fatto! **2** (*fig.*) notevole: *une jolie somme*, una bella somma ♦ *s.m.* bello: *c'est du —!*, bella roba!

joliesse [ʒɔljes] *s.f.* (*letter.*) graziosità, grazia.

joliment [ʒɔlimɑ̃] *avv.* **1** con grazia, graziosamente || *robe — brodée*, vestito finemente ricamato **2** (*iron.*) male: *il l'a — reçu!*, lo ha accolto proprio bene! **3** (*fam.*) molto: *il était — content*, era proprio contento.

jonc [ʒɔ̃] *s.m.* **1** giunco || *— d'Inde*, canna d'India **2** (*estens.*) cerchietto; anello (alla schiava).

jonchée [ʒɔ̃ʃe] *s.f.* fiorita (in occasione di cerimonie); (*fig.*) strato (*m.*).

joncher [ʒɔ̃ʃe] *v.tr.* ricoprire: *les feuilles jonchaient les prés*, i prati erano cosparsi di foglie.

jonchère [ʒɔ̃ʃɛr] *s.f.* giuncaia.

jonction [ʒɔ̃ksjɔ̃] *s.f.* **1** congiunzione, congiungimento (*m.*) **2** confluenza (di corsi d'acqua) **3** (*tecn.*) collegamento (*m.*); accoppiamento (*m.*).

jongler [ʒɔ̃gle] *v.intr.* **1** fare giochi di destrezza **2** (*fig.*) giocare || *il jongle avec les difficultés*, per lui le difficoltà sono uno scherzo.

jonglerie [ʒɔ̃gləri] *s.f.* **1** gioco di destrezza **2** (*fig.*) ciarlataneria.

jongleur [ʒɔ̃glœr] (f. *-euse*) *s.m.* **1** giocoliere **2** (*ant.*) giullare.

jonque [ʒɔ̃k] *s.f.* giunca.

jonquille [ʒɔ̃kij] *s.f.* (*bot.*) giunchiglia.

jordanien [ʒɔrdanjɛ̃] (f. *-enne*) *agg.* e *s.m.* giordano.

jouable [ʒwabl] *agg.* (*teatr.*) rappresentabile; (*mus.*) eseguibile.

joual [ʒual] *s.m.* dialetto del Quebec.

joue [ʒu] *s.f.* **1** guancia: *tendre sa —*, porgere la guancia || *mettre en —*, mirare || (*mil.*): *coucher qqn en —*, spianare il fucile contro qlcu; *en —!*, puntate! || *— contre —*, a guancia a guancia **2** flangia || *les joues d'un fauteuil*, le fiancate di una poltrona **3** (*tecn.*) ganascia.

jouer [ʒwe] *v.intr.* **1** giocare: *— à la poupée*, giocare con le bambole; *— à des jeux de hasard*, giocare d'azzardo; *— à la Bourse*, giocare in Borsa; *— cartes sur table*, giocare a carte scoperte; *à qui de —?*, a chi tocca (giocare)?; *à toi de —*, tocca a te (giocare) || *— au plus malin, au plus fin*, giocare d'astuzia || *— avec son collier*, gingillarsi con la collana; *— avec le feu*, scherzare col fuoco || *le temps a joué contre lui*, il tempo ha giocato a suo sfavore || *pour —*, per scherzo **2** (*teatr.*) recitare **3** (*mus.*) suonare: *— du violon*, suonare il violino || (*estens.*): *— du couteau*, esser lesto di coltello; *— des coudes*, farsi largo coi gomiti **4** (*del legno*) deformarsi, imbarcarsi; (*di un meccanismo*) avere, fare gioco: *l'essieu joue dans son moyeu*, l'asse balla nel mozzo ♦ *v.tr.* **1** giocare: *— trèfle*, giocare fiori; *— la revanche*, fare la rivincita || *— un cheval*, puntare su un cavallo **2** (*mus.*) suonare: *— du Chopin*, suonare Chopin **3** (*teatr.*) recitare: *— du Marivaux*, recitare Marivaux; *— Néron*, interpretare il ruolo di Nerone; *— la comédie*, fare l'attore, (*fig.*) recitare la commedia; *— don Juans*, fare il don Giovanni || (*fig.*): *— la surprise, le désespoir*, simulare sorpresa, fingere di essere disperato; *— les patrons*, atteggiarsi a, darsi delle arie di padrone **4** (*un'opera teatrale*) dare, rappresentare; (*un film*) dare, proiettare: *ce film se joue en exclusivité*, questo

film viene dato in prima visione □ **se jouer** *v.pron.* prendersi gioco, burlarsi || *faire qqch en se jouant*, fare qlco con disinvoltura; *se — des difficultés*, superare brillantemente le difficoltà □ **faire jouer**, mettere in azione, in moto: *faire — un ressort*, far scattare una molla || (*fig.*): *faire — toutes sortes de ressorts*, ricorrere a tutti i mezzi a disposizione; *faire — ses relations*, mettere in moto le proprie conoscenze.

jouet [ʒwɛ] *s.m.* **1** giocattolo **2** (*fig.*) zimbello; vittima (*f.*).

joueur [ʒwœr] (f. *-euse*) *agg.* **1** giocherellone *— (de hasard)*, che ama giocare (d'azzardo) ♦ *s.m.* **1** giocatore || *— de tennis*, tennista || *se montrer beau, mauvais —*, saper, non saper perdere al gioco **2** (*mus.*) sonatore: *— de cornemuse*, zampognaro.

joufflu [ʒufly] *agg.* paffuto, paffutello.

joug [ʒu] *s.m.* giogo (*anche fig.*).

jouir [ʒwir] *v.intr.* godere: *— d'une bonne réputation*, godere di buona reputazione || *— de la vie*, godersi la vita || *— de toutes ses facultés*, essere nel pieno possesso delle proprie facoltà mentali.

jouissance [ʒwisɑ̃s] *s.f.* godimento (*m.*); piacere (*m.*) || (*dir.*) usufrutto legale.

jouisseur [ʒwisœr] (f. *-euse*) *s.m.* gaudente.

joujou [ʒuʒu] (pl. *-oux*) *s.m.* (*fam.*) giocattolo: *faire —*, giocare.

jour [ʒur] *s.m.* **1** giorno: *quel — sommes-nous aujourd'hui?*, che giorno è oggi?; *le —, il dort*, di giorno dorme || *à ce —*, fino a oggi; *du — au lendemain*, dall'oggi al domani; *au — le —*, alla giornata; *au — d'aujourd'hui*, oggigiorno; *de nos jours*, ai giorni nostri || *œufs du —*, uova fresche di giornata || *au goût du —*, secondo i gusti del momento || *les beaux jours*, le belle giornate || *être dans un de ses bons, mauvais jours*, essere in un giorno di buon, di cattivo umore, (*di un atleta*) essere, non essere in forma; *ses jours sont comptés*, ha i giorni contati || *le — viendra où...*, verrà il giorno in cui... || *donner ses huit jours*, dare gli otto giorni, licenziarsi || *mettre à —*, aggiornare || (*mil.*) *être de —*, essere di giornata; *service de —*, servizio diurno **2** giorno, luce (*f.*): *il fait —*, fa giorno; *il est encore —*, è ancora giorno, chiaro; *au lever du —*, sul far del giorno; *clair comme le —*, (*fig.*) chiaro come il sole; *belle comme le —*, bella come il sole; *la vérité se fit —*, la verità venne a galla; *voir qqch sous un — nouveau*, (*fig.*) vedere qlco in una nuova luce; *présenter qqch sous un faux —*, presentare qlco in una luce falsa || *donner le — à un enfant*, dare alla luce un bambino || *au petit —*, all'alba || *au grand —*, (*fig.*) alla luce del sole.

journal [ʒurnal] (pl. *-aux*) *s.m.* **1** giornale: *lire dans le —*, leggere sul giornale || *— parlé*, giornale radio; *— télévisé*, telegiornale || *Journal Officiel*, Gazzetta Ufficiale **2** diario || (*in Belgio*) *— de classe*, diario scolastico.

journalier [ʒurnalje] (f. *-ère*) *agg.* giornaliero ♦ *s.m.* bracciante.

journalisme [ʒuʀnalism] *s.m.* giornalismo.
journaliste [ʒuʀnalist] *s.m.* giornalista.
journalistique [ʒuʀnalistik] *agg.* giornalistico.

journée [ʒuʀne] *s.f.* giornata: *travailler à la* —, lavorare a giornata || *toute la sainte* —, *à longueur de* —, tutto il santo giorno; *de toute la* —, in tutto il giorno; *dans la* —, in giornata.
journellement [ʒuʀnɛlmɑ̃] *avv.* giornalmente, ogni giorno.
joute [ʒut] *s.f.* **1** (*st.*) giostra **2** (*fig.*) tenzone.
jouvence [ʒuvɑ̃s] *s.f.* (*antiq.*) giovinezza || *la fontaine de Jouvence*, la fontana dell'eterna giovinezza.
jouvenceau [ʒuvɑ̃so] (pl. *-eaux*) *s.m.* (*antiq.*, *scherz.*) giovincello.
jouvencelle [ʒuvɑ̃sɛl] *s.f.* (*antiq.*, *scherz.*) giovincella.
jovial [ʒɔvjal] (pl. *-als*, *-aux*) *agg.* gioviale || *-ement avv.*
jovialité [ʒɔvjalite] *s.f.* giovialità.
joyau [ʒwajo] (pl. *-aux*) *s.m.* gioiello.
joyeux [ʒwajø] (f. *-euse*) *agg.* gioioso: *un air* —, un'aria allegra; — *Noël*, buon Natale || *-eusement avv.*
jubé [ʒybe] *s.m.* tribuna su archi che isola il coro (nelle cattedrali gotiche).
jubilation [ʒybilasjɔ̃] *s.f.* (*fam.*) giubilo (*m.*).
jubilé [ʒybile] *s.m.* giubileo.
jubiler [ʒybile] *v.intr.* (*fam.*) giubilare, esultare.
jucher [ʒyʃe] *v.intr.* appollaiarsi ♦ *v.tr.* collocare in alto.
juchoir [ʒyʃwaʀ] *s.m.* posatoio.
judaïque [ʒydaik] *agg.* giudaico.
judaïsme [ʒydaism] *s.m.* giudaismo.
judas [ʒyda] *s.m.* **1** giuda, traditore **2** spioncino.
judéo-chrétien [ʒydeɔkʀetjɛ̃] *agg.* e *s.m.* giudeocristiano.
judiciaire [ʒydisjɛʀ] *agg.* giudiziario || *action* —, azione giudiziale.
judicieux [ʒydisjø] (f. *-euse*) *agg.* giudizioso || *-eusement avv.*
judo [ʒydo] *s.m.* (*sport*) judo.
judoka [ʒydɔka] *s.m.* (*sport*) judoista.
juge [ʒyʒ] *s.m.* giudice: — *d'instance*, (giudice) conciliatore; — *des enfants*, giudice del tribunale dei minori || *je vous en fais* —, *je vous prends pour* —, vi faccio arbitro di ciò; *être bon* — *en la matière*, essere buon giudice in materia; *il est bon* — *en matière de vins*, è un intenditore (in fatto) di vini.
jugé [ʒyʒe] *agg.* e *s.m.* (*dir.*) giudicato || *au* —, a occhio e croce: *tirer au* —, sparare a casaccio.
jugement [ʒyʒmɑ̃] *s.m.* **1** (*dir.*) giudizio: *poursuivre en* —, perseguire || *le Jugement dernier*, il giudizio universale **2** (*dir.*) sentenza (*f.*): — *de sursis*, sentenza di condanna con la condizionale; — *en dernier ressort*, sentenza inappellabile **3** opinione (*f.*), giudizio: — *préconçu*, preconcetto, pregiudizio; *revenir sur son* —, ricredersi **4** buonsenso: *être dépourvu de* —, essere senza

criterio; *je fais appel à ton* —, lascio giudicare a te.
jugeote [ʒyʒɔt] *s.f.* (*fam.*) buonsenso (*m.*).
juger[1] [ʒyʒe] (*coniug. come* manger) *v.tr.* giudicare: — *une affaire*, giudicare una causa; — *sur les apparences*, giudicare dalle apparenze; — *opportun*, *bon*, *à propos*, giudicare, reputare opportuno ♦ *v.intr.* giudicare (qlcu, qlco): — *d'un poème qu'il est bon ou mauvais*, giudicare un poema buono o cattivo; *jugez-en vous-mêmes*, giudicate da voi || *jugez de ma surprise*, figuratevi la mia sorpresa □ **se juger** *v.pron.* giudicarsi, considerarsi.
juger[2] *s.m.*: *au* —, a occhio e croce, a caso.
jugulaire [ʒygylɛʀ] *agg.* (*anat.*) giugulare ♦ *s.f.* **1** (*anat.*) vena giugulare **2** sottogola (di elmetto).
juguler [ʒygyle] *v.tr.* (*fig.*) soffocare; stroncare.
juif [ʒɥif] (f. *-ive*) *agg.* e *s.m.* ebreo.
juillet [ʒɥijɛ] *s.m.* luglio • *Le 14 juillet*, festa nazionale francese, anniversario della presa della Bastiglia (1789).
juin [ʒɥɛ̃] *s.m.* giugno.
juiverie [ʒɥivʀi] *s.f.* (*spreg.*) gli ebrei || *coup monté par la* — *internationale*, manovra della lobby ebraica internazionale.
jujube [ʒyʒyb] *s.m.* (*bot.*) giuggiola (*f.*).
jujubier [ʒyʒybje] *s.m.* (*bot.*) giuggiolo.
juke-box [ʒy(u)kbɔks] *s.m.* juke-box.
jules [ʒyl] *s.m.* (*molto fam.*) uomo, ganzo.
juliénas [ʒyljenas] *s.m.* juliénas (vino rinomato del Beaujolais).
julienne [ʒyljɛn] *s.f.* **1** (*cuc.*) minestra di verdure (tagliate a striscioline) **2** (*zool.*) sorta di merluzzo (dell'Atlantico).
jumbo-jet [dʒœmbodʒɛt] (pl. *jumbo-jets*) *s.m.* jumbo-jet.
jumeau [ʒymo] (f. *jumelle*, pl. *-aux*) *agg.* e *s.m.* gemello.
jumelage [ʒymlaʒ] *s.m.* accoppiamento, abbinamento || — *de deux villes*, gemellaggio di due città.
jumelé [ʒymle] *agg.* accoppiato || (*arch.*): *fenêtre jumelée*, bifora; *colonne jumelée*, colonna composta.
jumeler [ʒymle] (*coniug. come* appeler) *v.tr.* abbinare, accoppiare || — *deux villes*, gemellare due città.
jumelle(s) [ʒymɛl] *s.f.* (*spec.pl.*) binocolo (*m.sing.*).
jument [ʒymɑ̃] *s.f.* giumenta, cavalla.
jungle [ʒɔ̃gl, ʒœ̃gl] *s.f.* giungla.
junior [ʒynjɔʀ] *agg.* e *s.m.* junior || (*sport*): *catégorie* —, categoria juniores; *équipe* —, squadra giovanile.
junkie, junky [dʒœnki] (pl. *junkies*) *s.m.* (*fam.*) eroinomane.
junonien [ʒynɔnjɛ̃] (f. *-ienne*) *agg.* giunonico.
junte [ʒœ̃t] *s.f.* giunta.
jupe [ʒyp] *s.f.* **1** gonna: — *en forme*, — *cloche*, gonna svasata, scampanata; — *fendue sur le côté*,

gonna con spacco laterale || *être toujours dans les jupes de sa mère*, essere cucito alla gonna della mamma 2 (*tecn.*) mantello (*m.*), involucro (*m.*).

jupe-culotte [ʒypkylɔt] (pl. *jupes-culottes*) *s.f.* gonna pantaloni.

jupette [ʒypɛt] *s.f.* gonnellina, gonnellino (*m.*).

jupon [ʒypɔ̃] *s.m.* sottogonna (*f.*) || *courir le* —, correr dietro alle sottane.

juponné [ʒypɔne] *agg.*: *table juponnée*, tavolo vestito.

jurassien [ʒyRasjɛ̃] (f. *-enne*) *agg.* del Giura.

jurassique [ʒyRasik] *agg.* e *s.m.* (*geol.*) giurassico.

juré [ʒyRe] *agg.* e *s.m.* giurato.

jurer[1] [ʒyRe] *v.tr.* e *intr.* giurare (su): *je vous jure que non*, vi giuro di no; *les conspirateurs jurèrent la mort du tyran*, i cospiratori giurarono morte al tiranno; — *sur l'honneur*, giurare sul proprio onore; *je n'en jurerais pas*, non ci giurerei; *il ne faut — de rien*, non bisogna giurare su nulla || *elle ne jure que par lui*, parla e pensa solo come lui || *je me suis juré de ne plus m'y laisser prendre*, mi sono ripromesso di non cascarci più.

jurer[2] *v.intr.* 1 bestemmiare 2 stonare, non armonizzare: *ces couleurs jurent entre elles*, quei colori fanno a pugni.

juridiction [ʒyRidiksjɔ̃] *s.f.* (*dir.*) giurisdizione.

juridictionnel [ʒyRidiksjɔnɛl] (f. *-elle*) *agg.* giurisdizionale.

juridique [ʒyRidik] *agg.* giuridico || *action* —, azione legale || **-ement** *avv.*

jurisconsulte [ʒyRiskɔ̃sylt] *s.m.* giureconsulto.

jurisprudence [ʒyRispRydɑ̃s] *s.f.* giurisprudenza.

juriste [ʒyRist] *s.m.* giurista.

juron [ʒyRɔ̃] *s.m.* bestemmia (*f.*); imprecazione (*f.*).

jury [ʒyRi] *s.m.* giuria (*f.*) || — *d'examen*, commissione d'esami || — *d'honneur*, giuri d'onore.

jus [ʒy] *s.m.* 1 succo; sugo || — (*de chaussettes*), (*fam.*) caffè lungo, broda || (*fam.*): *ça vaut le* —, ne vale la pena; *laisser qqn cuire*, *mijoter dans son* —, lasciare cuocere qlcu nel proprio brodo; *jeter du* —, fare un figurone 2 (*fam.*) corrente (elettrica).

jusant [ʒyzɑ̃] *s.m.* deflusso (della marea).

jusqu'au-boutisme [ʒyskobutism] *s.m.* estremismo.

jusqu'au-boutiste [ʒyskobutist] (pl. *jusqu'au-boutistes*) *s.m.* oltranzista, estremista.

jusque, (*letter.*) **jusques** [ʒysk] *prep.* fino: *jusqu'à la gare*, fino alla stazione; *du matin jusqu'au soir*, dalla mattina (fino) alla sera □ **jusqu'à** *locuz.avv.* perfino: *on m'a tout volé jusqu'à mes livres*, mi hanno rubato tutto, perfino i libri □ **jusqu'à ce que** *locuz.cong.* finché: *ne pars pas jusqu'à ce que je revienne*, non partire finché non sarò tornato □ **jusqu'ici** *locuz.avv.* fin qui; (*tempo*) finora □ **jusque-là** *locuz.avv.* fin là; (*tempo*) fino a quel momento: *en*

avoir — *-là de qqch*, (*fam.*) averne fin sopra i capelli di qlco □ **jusqu'où** *locuz.cong.* fino a dove, fino a che punto.

justaucorps [ʒystɔkɔR] *s.m.* 1 body; (*sport*) tutina aderente intera 2 (*st. abbigl.*) giustacuore.

juste [ʒyst] *agg.* 1 giusto: *tenir pour* —, ritenere giusto; — *crainte*, timore fondato; *il était* — *qu'ils le sachent*, era giusto che lo sapessero || *comme de* —, come è giusto 2 esatto, giusto: *l'heure* —, l'ora esatta; *voix* —, voce intonata 3 stretto: *des souliers trop justes*, scarpe un po' strette 4 appena sufficiente ♦ *avv.* 1 giusto: *il est midi* —, è mezzogiorno preciso, in punto 2 proprio: *il arriva* — *à ce moment*, arrivò proprio in quel momento || *arriver* — *à temps*, arrivare appena in tempo ♦ *s.m.* giusto: *le sommeil du* —, il sonno del giusto □ **au juste** *locuz.avv.* esattamente: *je n'en sais rien au* —, non so niente di preciso; *au plus* —, giusto giusto; *faire des comptes au plus* —, contare il centesimo.

justement [ʒystəmɑ̃] *avv.* 1 precisamente, appunto: *c'est* — *ce que je voulais vous demander*, è precisamente, appunto quello che volevo chiederle; *nous parlions* — *de vous*, parlavamo proprio di lei || — *, le voici!*, a proposito, eccolo! 2 esattamente, in modo giusto: *on dira plus* —..., si dirà più esattamente.

justesse [ʒystɛs] *s.f.* esattezza; giustezza; precisione || *de* —, per un pelo; *gagner de* —, vincere di misura.

justice [ʒystis] *s.f.* giustizia: *se faire* — *soi-même*, farsi giustizia da sé || *ce n'est que* —, ben gli sta || (*dir.*) *être appelé en* —, essere convocato in giudizio || *Ministère de la Justice*, Ministero di Grazia e Giustizia.

justiciable [ʒystisjabl] *agg.* e *s.m.* (*dir.*) giudicabile || *malade* — *d'un traitement prolongé*, malato che necessita di una cura prolungata.

justicier [ʒystisje] (f. *-ère*) *s.m.* giustiziere.

justifiable [ʒystifjabl] *agg.* giustificabile.

justificateur [ʒystifikatœR] (f. *-trice*) *agg.* e *s.m.* giustificatore.

justificatif [ʒystifikatif] (f. *-ive*) *agg.* e *s.m.* giustificativo.

justification [ʒystifikasjɔ̃] *s.f.* 1 giustificazione 2 (*tip.*) giustezza.

justifier [ʒystifje] *v.tr.* giustificare ♦ *v.intr.* provare || — *de sa bonne foi*, provare la propria buona fede □ **se justifier** *v.pron.* giustificarsi.

jute [ʒyt] *s.m.* iuta (*f.*).

juter [ʒyte] *v.intr.* (*fam.*) dar succo.

juteux [ʒytø] (f. *-euse*) *agg.* 1 succoso; (*di carne*) sugoso 2 (*fig.*) vantaggioso.

juvénile [ʒyvenil] *agg.* giovanile.

juvénilité [ʒyvenilite] *s.f.* (*letter.*) giovinezza, freschezza giovanile.

juxta- *pref.* giusta-, iusta-

juxtaposable [ʒykstapozabl] *agg.* affiancabile, che si può giustapporre.

juxtaposer [ʒykstapoze] *v.tr.* giustapporre.

juxtaposition [ʒykstapozisjɔ̃] *s.f.* giustapposizione.

K

k [ka] *s.m.* k (*m.* e *f.*) || (*tel.*) — *comme Kléber*, k come Kursaal.

kabbale [kabal] *s.f.* → **cabale**.

kabyle [kabil] *agg.* della Cabilia ♦ *s.m.* 1 lingua berbera della Cabilia 2 (*abitante*) cabila.

kafkaïen [kafkajɛ̃] (f. -*enne*) *agg.* kafkiano.

kaki[1] [kaki] *s.m.* (*bot.*) cachi.

kaki[2] *agg.invar.* (*color*) kaki.

kaléidoscope [kaleidɔskɔp] *s.m.* caleidoscopio.

kalmouk [kalmuk] *agg.* e *s.m.* calmucco.

kamichi [kamiʃi] *s.m.* (*zool.*) aniuma (*f.*).

kanak [kanak] *agg.* e *s.m.* → **canaque**.

kangourou [kãguru] *s.m.* canguro.

kantien [kɑ̃(t)jɛ̃] (f. -*enne*) *agg.* kantiano.

kaolin [kaɔlɛ̃] *s.m.* (*min.*) caolino.

kaoter [kaɔte] *v.tr.* (*in Africa*) 1 mettere ko 2 far perdere la testa a qlcu, sedurre.

kapok [kapɔk] *s.m.* kapok, capoc.

karaté [karate] *s.m.* (*sport*) karatè.

karpatique [karpatik] *agg.* (*geogr.*) carpatico.

karstique [karstik] *agg.* (*geogr.*) carsico.

kart [kart] *s.m.* (go-)kart.

karting [kartiŋ] *s.m.* kartismo, karting.

kasher [kaʃɛr] *agg.invar.* kasher.

kayak [kajak] *s.m.* caiacco; (*spec. sport*) kayak.

keffieh [kefje] *s.m.* kefiyah.

kéfir [kefir] *s.m.* → **képhir**.

kényan [kenjã] *agg.* keniano, keniota.

képhir [kefir] *s.m.* (*bevanda*) chefir.

képi [kepi] *s.m.* kepì, chepì.

kératine [keratin] *s.f.* cheratina.

kératite [keratit] *s.f.* (*med.*) cheratite.

kermès [kɛrmɛs] *s.m.* chermes (insetto e tintura).

kermesse [kɛrmɛs] *s.f.* kermesse.

kérosène [kerozɛn] *s.f.* (*chim.*) cherosene (*m.*).

keuf [kœf] *s.m.* (*fam.*) sbirro.

khâgne [ka(ɑ)ɲ] *s.f.* corso propedeutico all'Ecole Normale Supérieure, scuola parauniversitaria che forma professori.

khalife [kalif] *s.m.* → **calife**.

khan [kã] *s.m.* khan, can.

khédive [kediv] *s.m.* kedivè.

khmer [kmɛr] (f. *khmère*) *agg.* e *s.m.* khmer.

khôl [kol] *s.m.* polvere usata in Oriente per scurire le palpebre.

kibboutz [kibuts] *s.m.* kibbutz.

kidnappage [kidnapaʒ] *s.m.* → **kidnapping**.

kidnapper [kidnape] *v.tr.* rapire, sequestrare (per ricatto).

kidnappeur [kidnapœr] (f. -*euse*) *s.m.* rapitore.

kidnapping [kidnapiŋ] *s.m.* rapimento, sequestro di persona.

kif [kif] *s.m.* polvere di haschisch e tabacco fumata in Nordafrica.

kif-kif [kifkif] *agg.invar.* (*fam.*) uguale: *c'est* —, è la stessa cosa, è lo stesso.

kiki [kiki] *s.m.* (*fam.*) gargarozzo: *serrer le* — *à qqn*, tirare il collo a qlcu.

kilo [kilo] *s.m.* chilo (misura di peso).

kilo- *pref.* chilo-

kilogramme [kilɔgram] *s.m.* chilogrammo.

kilogrammètre [kilɔgrammɛtr] *s.m.* (*fis.*) chilogrammetro.

kilométrage [kilɔmetraʒ] *s.m.* chilometraggio.

kilomètre [kilɔmetr] *s.m.* chilometro.

kilomètre-heure [kilɔmetrœr] (pl. *kilomètres-heure*) *s.m.* chilometro all'ora.

kilométrer [kilɔmetre] (*coniug. come* céder) *v.tr.* chilometrare.

kilométrique [kilɔmetrik] *agg.* chilometrico.

kilowatt [kilɔwat] *s.m.* (*elettr.*) chilowatt.

kilowattheure [kilɔwatœr] *s.m.* (*elettr.*) chilowattora.

kimono [kimɔno] *s.m.* chimono.

kiné [kine] *s.m.* (*fam.*) fisioterapista.

kinescope [kinɛskɔp] *s.m.* (*tv*) cinescopio.

kin(ési)- *pref.* chinesi-, cinesi-

kinésithérapeute [kineziterapøt] *s.m.* fisioterapista.

kinésithérapie [kineziterapi] *s.f.* (*med.*) chinesiterapia.

kiosque [kjɔsk] *s.m.* 1 chiosco: — (*à journaux*), edicola dei giornali 2 (*mar.*) casotto 3 torretta (di sommergibile).

kippour, kippur [kipur] *s.m.* kippur, kipur.

kir [kir] *s.m.* aperitivo di vino bianco e sciroppo alcolico di ribes nero.

kirghiz, kirghize [kirgiz] *agg.* e *s.m.* kirghiso.

kitchenette [kitʃønɛt] *s.f.* cucinino (*m.*).

kitsch [kitʃ] *s.m.* e *agg.* kitsch.

kiwi [kiwi] *s.m.* 1 (*zool.*) kivi 2 (*bot.*) kiwi.

klaxon [klaksɔn] *s.m.* clacson.

klaxonner [klaksɔne] *v.intr.* clacsonare, suonare il clacson.

klébard [klebar], **klebs** [klɛps] *s.m.* (*argot*) cane.

kleptomane [klɛptɔman] *s.m.* cleptomane.

knickers [nikœrs] *s.m.* calzoni alla zuava.

knout [knut] *s.m.* knut, staffile.

koala [kɔala] *s.m.* (*zool.*) koala.

kola [kɔla] *s.m.* cola (*f.*).
kolkhoze [kɔlkoz] *s.m.* colcos.
kopeck [kɔpɛk] *s.m.* copeco.
korrigan [kɔʀigɑ̃] *s.m.* spiritello (nella tradizione bretone).
kouglof [kuglɔf] *s.m.* (*cuc.*) dolce tipico dell'Alsazia.
koweïtien [kowɛtjɛ̃] (f. *-enne*) *agg.* e *s.m.* kuwaitiano.
krach [kʀak] *s.m.* (*Borsa*) crac, crollo.

kraft [kʀaft] *s.m.* (*papier*) —, carta kraft, da pacchi.
krypton [kʀiptɔ̃] *s.m.* (*chim.*) cripto.
kummel [kymɛl] *s.m.* (*liquore*) kümmel.
kumquat [kɔmkwat] *s.m.* (*bot.*) mandarino cinese.
kurde [kyʀd] *agg.* e *s.m.* curdo.
kyrielle [kiʀjel] *s.f.* (*fam.*) sfilza, sequela.
kyste [kist] *s.m.* (*med.*) cisti (*f.*).
kystique [kistik] *agg.* (*med.*) cistico.

L

l [ɛl] *s.m.* l (*m.* e *f.*) || (*tel.*) — *comme Louis*, l come Livorno.

la[1] [la] *art.det.f.sing.* → **le**[1].

la[2] *pron.pers. 3ᵃ pers.sing.f.compl.ogg.* (*si apostrofa davanti a vocale o* h *muta*) → **le**[2].

la[3] *s.m.* (pl. *invar.*) (*mus.*) la.

là [la] *avv.* **1** là, lì; qui, qua: *ôte-toi de* —, togliti di lì; *ils sont passés par* —, sono passati di qui; *restez — où vous êtes!*, restate dove siete!; *est-ce que vous êtes tous* — ?, siete tutti qui?, ci siete tutti? || *tout est* —!, è tutto qui! || *les faits sont* —, i fatti parlano || *ce sont — des propos insensés*, sono discorsi insensati; *est-ce — ton opinion?*, è questa la tua opinione?; *que dis-tu* — ?, che cosa stai dicendo?; *je le reconnais bien* — , è una delle sue! **2** qui, a questo punto: *quand vous êtes arrivés les choses en étaient* —, quando siete arrivati le cose erano a questo punto; — *il eut une réaction*, a questo punto reagì; *c'est là que je t'attendais!*, qui ti volevo!; *l'affaire n'en restera pas* —!, la cosa non finirà qui! ♦ *inter.* su!, suvvia!: *hé* —! (o —, —) *calmez vous!*, suvvia!, calmatevi! □ **de là**, da lì: *à quelques mois de* —, qualche mese dopo || *de — vient que...*, da ciò si deduce che...; *il n'a pas assez travaillé, de — son échec*, non ha lavorato abbastanza, questo spiega il suo fallimento; **d'ici là**, nel frattempo, intanto: *d'ici — les choses se seront arrangées* —, *les choses se seront arrangées*, fino a quando tutto si sarà sistemato; **jusque-là**, fin là, (*fig.*) fino a quel punto; **là-bas**, laggiù; **là-dedans**, là dentro (*anche fig.*); **là-dessous**, là sotto (*anche fig.*); **là-dessus**, là sopra, (*fig.*) a questo proposito; (*ensuite*) dopodiché; **là-haut**, lassù (*anche fig.*); **loin de là**, lontano da qui, (*fig.*) lungi da ciò: *non loin de* —, a poca distanza; *loin de* —!, ce ne manca!; **par là**, di là, da quella parte, (*fig.*) con questo, in tal modo; (*dans les environs*) nei pressi.

label [label] *s.m.* marchio (di origine o di fabbrica).

labeur [labœʀ] *s.m.* fatica (*f.*); (*antiq.*) lavoro.

labial [labjal] (pl. *-aux*) *agg.* labiale.

labiale [labjal] *s.f.* (*fon.*) labiale.

labo [labo] *s.m. abbr.* → **laboratoire**.

laborantin [laboʀɑ̃tɛ̃] *s.m.* laboratorista.

laboratoire [laboʀatwaʀ] *s.m.* laboratorio || *de langues*, laboratorio linguistico.

laborieux [laboʀjø] (f. *-euse*) *agg.* laborioso || *prose laborieuse*, prosa faticosa || *-eusement avv.*

labour [labuʀ] *s.m.* **1** aratura (*f.*) || *bêtes de* —, bestie da lavoro **2** *pl.* campi arati.

labourable [labuʀabl] *agg.* arabile.

labourage [labuʀaʒ] *s.m.* aratura (*f.*).

labourer [labuʀe] *v.tr.* arare; (*spec. fig.*) solcare.

laboureur [labuʀœʀ] *s.m.* aratore; coltivatore; contadino.

labrador[1] [labʀadɔʀ] *s.m.* (*cane*) labrador.

labrador[2] *s.m.* (*min.*) → **labradorite**.

labradorite [labʀadɔʀit] *s.f.* (*min.*) labradorite.

labyrinthe [labiʀɛ̃t] *s.m.* labirinto.

lac [lak] *s.m.* lago || *mon projet est dans le* —, (*fig.*) il mio progetto è andato a monte.

laçage [lasaʒ] *s.m.* allacciatura con stringhe.

lacer [lase] (*coniug. come* placer) *v.tr.* allacciare, stringare: — *ses souliers*, allacciarsi le scarpe.

lacération [laseʀasjɔ̃] *s.f.* lacerazione.

lacérer [laseʀe] (*coniug. come* céder) *v.tr.* lacerare.

lacet [lase] *s.m.* **1** stringa (*f.*), legaccio **2** tornante, serpentina (*f.*): *chemin en lacets*, strada a zigzag **3** (*caccia*) laccio.

lâchage [lɑʃaʒ] *s.m.* **1** allentamento **2** (*fam.*) abbandono.

lâche[1] [lɑʃ] *agg.* allentato; molle: *un nœud trop* —, un nodo troppo lento ♦ *avv.* (*di lavoro a maglia ecc.*) in modo lento: *tricoter trop* —, avere la maglia larga.

lâche[2] *agg.* e *s.m.* vile, vigliacco || *-ement avv.*

lâcher[1] [lɑʃe] *v.tr.* **1** allentare **2** lasciar andare; sganciare; mollare: — *la proie*, lasciare la preda; — *les chiens*, liberare i cani; (*mar.*) — *les amarres*, mollare gli ormeggi; — *du lest*, gettare la zavorra; (*fig.*) calare le arie || — *prise*, (*anche fig.*) abbandonare la presa; cedere **3** (*fig.*) lasciarsi sfuggire **4** (*fig.*) lasciare, abbandonare ♦ *v.intr.* cedere, essere molle.

lâcher[2] *s.m.* lancio (di uccelli).

lâcheté [lɑʃte] *s.f.* viltà, vigliaccheria.

lâcheur [lɑʃœʀ] (f. *-euse*) *s.m.* (*fam.*) chi abbandona facilmente amici ecc.

lacis [lasi] *s.m.* intrico; groviglio || (*anat.*) — *veineux*, rete venosa.

laconique [lakɔnik] *agg.* laconico || *-ement avv.*

laconisme [lakɔnism] *s.m.* laconicità (*f.*).

lacrymal [lakʀimal] (pl. *-aux*) *agg.* lacrimale.

lacrymogène [lakʀimɔʒɛn] *agg.* lacrimogeno.

lacs [lɑ] *s.m.* laccio (*anche fig.*).

lactaire [laktɛʀ] *s.m.* (*bot.*) lattario.

lactation [laktasjɔ̃] *s.f.* lattazione.

lacté [lakte] *agg.* latteo || (*med.*) *fièvre lactée*, febbre del latte || (*astr.*) *Voie Lactée*, Via Lattea.

lactescence [laktesɑ̃s] *s.f.* (*letter.*) lattescenza.

lactique [laktik] *agg.* (*chim.*) lattico.

lactose [laktoz] *s.m.* lattosio.

lactosérum [laktoseʀɔm] *s.m.* siero di latte.

lacunaire [lakynɛʀ] *agg.* lacunare.

lacune [lakyn] *s.f.* lacuna || *lacunes de mémoire*, vuoti di memoria.

lacuneux [lakynø] (f. *-euse*) *agg.* lacunoso.

lacustre [lakystʀ] *agg.* lacustre.

lad [lad] *s.m.* garzone di scuderia.

là-dedans [ladədɑ̃] *locuz.avv.* → **là**.

là-dessous [ladəsu] *locuz.avv.* → **là**.

là-dessus [ladəsy] *locuz.avv.* → **là**.

ladin [ladɛ̃] *agg.* e *s.m.* ladino.

ladite [ladit] *agg.* → **dit**.

ladre [lɑdʀ] *agg.* e *s.m.* (*letter.*) tirchio, spilorcio.

ladrerie [lɑdʀəʀi] *s.f.* tirchieria, spilorceria.

lagon [lagɔ̃] *s.m.* laguna (di atollo).

lagothrix [lagɔtʀiks], **lagotriche** [lagɔtʀiʃ] *s.m.* (*zool.*) lagotrice (f.).

lagune [lagyn] *s.f.* laguna.

là-haut [lao] *locuz.avv.* → **là**.

lai [lɛ] *s.m.* (*lett. fr.*) lai (breve lirica con accompagnamento musicale, secc. XII e XIII).

laïc [laik] (f. *laïque*) *agg.* e *s.m.* → **laïque**.

laïcisation [laisizasjɔ̃] *s.f.* laicizzazione.

laïciser [laisize] *v.tr.* laicizzare.

laïcité [laisite] *s.f.* laicità.

laid [lɛ] *agg.* e *s.m.* brutto: — *comme les sept péchés capitaux*, brutto come il peccato || *c'est — de faire ça!*, (*fig.*) non sta bene fare questo!

laidement [lɛdmɑ̃] *avv.* in modo brutto.

laideron [lɛdʀɔ̃] *s.m.* bruttona (f.), racchiona (f.).

laideur [lɛdœʀ] *s.f.* **1** bruttezza **2** bruttura.

laie[1] [lɛ] *s.f.* (*zool.*) cinghiale femmina.

laie[2] *s.f.* sentiero (m.), viottolo (m.).

lainage [lɛnaʒ] *s.m.* **1** tessuto di lana **2** indumento di lana.

laine [lɛn] *s.f.* **1** lana: — *à tricoter*, lana per lavorare ai ferri; *en* —, di lana || — *de verre*, lana di vetro **2** (*fam.*) maglia, golfino di lana.

lainerie [lɛnʀi] *s.f.* lanificio (m.).

laineux [lɛnø] (f. *-euse*) *agg.* lanoso; lanuginoso.

lainier [lɛnje] (f. *-ère*) *agg.* laniero.

laïque [laik] *agg.* e *s.m.* laico: *habit* —, abito secolare.

laisse[1] [lɛs] *s.f.* **1** guinzaglio (m.): *en* —, (*anche fig.*) al guinzaglio **2** (*di bebè*) briglia, danda.

laisse[2] *s.f.* (*lett. fr.*) lassa.

laissé-pour-compte [lesepuʀkɔ̃t] *agg.* (*comm.*) reso ♦ *s.m.* **1** (*comm.*) merce resa **2** (*di persona*) emarginato.

laisser [lese] *v.tr.* lasciare: *c'est à prendre ou à* —, prendere o lasciare; *son travail laisse à désirer*, il suo lavoro lascia a desiderare || *laissez-moi tranquille!*, lasciatemi stare!; *laisse ça!*, lascia andare! || *il mourait de peur, mais il n'en a rien laissé voir*, moriva di paura, ma non l'ha dato a vedere || *cela laisse à penser*, (*fig.*) la cosa dà da pensare || *sa décision ne laisse pas* (*que*) *de m'étonner*, la sua decisione continua a stupirmi || *je me suis laissé dire que...*, mi è venuto agli orecchi che... || *se* — *aller*, lasciarsi andare || *se* — *faire*, lasciarsi con-

vincere || *laisse tomber*, (in → *verlan*) *laisse béton*, lascia perdere; — *tomber qqn*, (*fam.*) piantare qlcu in asso || *laissez-moi rire*, (*fig.*) non mi faccia ridere.

laisser-aller [leseale] (pl. *invar.*) *s.m.* trascuratezza (f.).

laissez-passer [lesepase] (pl. *invar.*) *s.m.* lasciapassare.

lait [lɛ] *s.m.* latte: *petit* —, latticello; *café au* —, caffellatte; *chocolat au* —, cioccolato al latte, (*bevanda*) cioccolata; *boire du petit* —, (*fig.*) andare in brodo di giuggiole || *il est très soupe au* —, (*fig.*) è uno che si scalda subito || (*cuc.*) — *de poule*, tuorlo d'uovo sbattuto nel latte caldo zuccherato.

laitage [lɛtaʒ] *s.m.* latticini (*pl.*).

laitance [lɛtɑ̃s], **laite** [lɛt] *s.f.* latte di pesce.

laiterie [lɛtʀi] *s.f.* caseificio (m.).

laiteux [lɛtø] (f. *-euse*) *agg.* latteo, lattiginoso: *blanc* —, bianco latte.

laitier[1] [letje] (f. *-ère*) *agg.* lattiero: *centrale laitière*, centrale del latte || (*vache*) *laitière*, vacca lattifera, da latte ♦ *s.m.* lattaio, lattivendolo.

laitier[2] *s.m.* (*metall.*) scoria (f.), loppa (f.).

laitière [letjɛʀ] *s.f.* bricco per il latte.

laiton [letɔ̃] *s.m.* ottone.

laitue [lety] *s.f.* (*bot.*) lattuga.

laïus [lajys] *s.m.* (*fam.*) discorso; sproloquio.

laize [lɛz] *s.f.* altezza (di una stoffa).

lama[1] [lama] *s.m.* (*relig.*) lama.

lama[2] *s.m.* (*zool.*) lama.

lambda [lɑ̃bda] (pl. *invar.*) *s.m.* (*undicesima lettera dell'alfabeto greco*) lambda (f. e m.) || *le spectateur* —, (*fam.*) lo spettatore medio.

lambeau [lɑ̃bo] (pl. *-eaux*) *s.m.* brandello (*anche fig.*): *en lambeaux*, a brandelli; *des lambeaux de conversation*, frammenti di conversazione.

lambin [lɑ̃bɛ̃] *agg.* e *s.m.* (*fam.*) posapiano, lumaca (f.).

lambiner [lɑ̃bine] *v.intr.* (*fam.*) gingillarsi.

lambourde [lɑ̃buʀd] *s.f.* (*edil.*) listello (di sostegno).

lambrequin [lɑ̃bʀəkɛ̃] *s.m.* drappeggio (di baldacchino ecc.).

lambris [lɑ̃bʀi] *s.m.* rivestimento (di pareti ecc.).

lambrissage [lɑ̃bʀisaʒ] *s.m.* rivestitura (di pareti, spec. in legno).

lambrisser [lɑ̃bʀise] *v.tr.* rivestire (pareti ecc., spec. di legno).

lame [lam] *s.f.* **1** lamina: — *de parquet*, doga, tavoletta di pavimento in legno **2** lama: — (*de rasoir*), lametta; *une fine* —, un bravo spadaccino || *visage en* — *de couteau*, viso affilato **3** onda: *une* (*grosse*) —, un maroso.

lamé [lame] *agg.* e *s.m.* (tessuto) laminato, lamé.

lamellaire [lame(ɛl)lɛʀ] *agg.* lamellare.

lamelle [lamɛl] *s.f.* lamella.

lamentable [lamɑ̃tabl] *agg.* pietoso: *cette traduction est* —, questa traduzione fa pietà || **-ement** *avv.*

lamentation [lamɑ̃tasjɔ̃] *s.f.* **1** lamento (m.) **2** lagnanza.

lanterner

lamenter, se [səlamãte] *v.pron.* lamentarsi.
laminage [laminaʒ] *s.m.* (*metall.*) laminatura (*f.*).
laminer [lamine] *v.tr.* **1** (*metall.*) laminare **2** (*fig.*) diminuire; (*écraser*) annientare.
laminoir [laminwaʀ] *s.m.* (*tecn.*) laminatoio || *passer au —*, (*fig.*) essere messo sotto torchio.
lampadaire [lãpadɛʀ] *s.m.* lampada a stelo.
lampant [lãpã] *agg.* lampante.
lamparo [lãpaʀo] *s.m.* (*pesca*) lampara (*f.*).
lampe [lãp] *s.f.* **1** lampada: — *à l'huile*, lume a olio || *s'en mettre plein la —*, (*fig. fam.*) rimpinzarsi **2** (*elettr.*) lampada; lampadina **3** (*rad.*) valvola □ **lampe témoin**, spia luminosa; **lampe-tempête**, torcia a vento.
lampée [lãpe] *s.f.* (*fam.*) sorsata, sorso (*m.*): *d'une seule —*, d'un sol fiato.
lamper [lãpe] *v.tr.* (*fam.*) tracannare.
lampion [lãpjɔ̃] *s.m.* lampioncino.
lampiste [lãpist] *s.m.* **1** lumaio **2** (*fig.*) impiegato subalterno.
lamproie [lãpʀwa] *s.f.* (*zool.*) lampreda.
lance [lãs] *s.f.* lancia: *fer de —*, punta di lancia; (*fig.*) punta di diamante; *rompre une — avec, contre qqn*, polemizzare con qlcu || — *d'arrosage*, lancia (di idrante); — *d'incendie*, lancia, manichetta antincendio.
lancé [lãse] *agg.* affermato, lanciato.
lancée [lãse] *s.f.* impeto (*m.*), slancio (*m.*): *sur sa —*, sullo slancio; *sur la — de la révolution*, sull'onda della rivoluzione.
lance-flammes [lãsflam] (*pl. invar.*) *s.m.* lanciafiamme.
lance-fusées [lãsfyze] (*pl. invar.*) *s.m.* lanciarazzi.
lancement [lãsmã] *s.m.* **1** lancio (*anche fig.*) **2** (*mar.*) varo **3** (*inform.*) avvio.
lance-missiles [lãsmisil] (*pl. invar.*) *s.m.* lanciamissili.
lancéolé [lãseɔle] *agg.* (*bot., arch.*) lanceolato.
lance-pierres [lãspjɛʀ] (*pl. invar.*) *s.m.* fionda (*f.*).
lancer[1] [lãse] (*coniug. come* placer) *v.tr.* lanciare (*anche fig.*): — *un coup de pied*, sferrare una pedata; — *un regard fulgurant à qqn*, fulminare qlcu con lo sguardo; — *une plaisanterie*, uscire con una battuta; — *un mandat d'arrêt*, spiccare un mandato di cattura || — *un navire*, varare una nave □ **se lancer** *v.pron.* lanciarsi.
lancer[2] *s.m.* **1** (*sport*) lancio **2** *pêche au —*, pesca a lancio.
lance-roquettes [lãsʀɔkɛt] (*pl. invar.*) *s.m.* lanciarazzi.
lance-torpilles [lãstɔʀpij] (*pl. invar.*) *s.m.* lanciasiluri.
lancette [lãset] *s.f.* **1** (*med.*) lancetta **2** (*arch.*) arco ogivale, ogiva: *fenêtre en —*, finestra ad ogiva.
lanceur [lãsœʀ] (*f. -euse*) *s.m.* **1** (*sport*) lanciatore **2** iniziatore, promotore **3** (*mar.*) — *de missiles*, nave lanciamissili **4** (*aer.*) razzo vettore.
lancier [lãsje] *s.m.* (*st. mil.*) lanciere.
lancinant [lãsinã] *agg.* lancinante || *remords —*, rimorso cocente.

lanciner [lãsine] *v.intr.* trafiggere (di dolore) ♦ *v.tr.* torturare.
landau [lãdo] (*pl. -aus*) *s.m.* **1** carrozzina per bambini **2** (*antiq.*) landò.
lande [lãd] *s.f.* landa.
langage [lãgaʒ] *s.m.* linguaggio || *veux-tu changer de —?*, (*fam.*) cambia tono, per piacere!
langagier [lãgaʒje] (*f. -ère*) *agg.* del linguaggio.
lange [lãʒ] *s.m.* pannolino; (*pl.*) fasce (di neonato): *dans les langes*, in fasce.
langer [lãʒe] (*coniug. come* manger) *v.tr.* fasciare (neonati) || *table à —*, fasciatoio.
langoureux [lãguʀø] (*f. -euse*) *agg.* languido || *-eusement avv.*
langouste [lãgust] *s.f.* (*zool.*) aragosta.
langoustine [lãgustin] *s.f.* (*zool.*) scampo (*m.*).
langrois [lãgʀwa] *agg.* di Langres.
langue [lãg] *s.f.* **1** lingua (*anche fig.*) || *c'est une mauvaise —*, è una malalingua || *avoir la — trop longue*, avere la lingua lunga; *avoir la — bien pendue*, avere la lingua sciolta || *tirer la —*, tirar fuori la lingua, far le boccacce, (*fig.*) tirare la cinghia; *faire tirer la — à qqn*, fare allungare il collo a qlcu || *tenir sa —*, tenere la bocca chiusa || *un coup de —*, una leccata, uno schiocco (di lingua) || *donner sa — au chat*, rinunziare a capire || *il faut tourner sept fois sa — dans sa bouche avant de parler*, prima di parlare bisogna pensarci due volte **2** lingua, linguaggio (*m.*): — *verte*, gergo, argot; — *maternelle*, lingua madre.
langue-de-chat [lãgdəʃa] (*pl. langues-de-chat*) *s.f.* (biscotto) lingua di gatto.
languedocien [lãgdɔsjɛ̃] (*f. -enne*) *agg.* della Linguadoca.
languette [lãgɛt] *s.f.* linguetta.
langueur [lãgœʀ] *s.f.* languore (*m.*): *regard plein de —*, sguardo languido || *maladie de —*, mal sottile.
languir [lãgiʀ] *v.intr.* languire (*anche fig.*): — *d'ennui*, morire di noia □ **se languir** *v.pron.* **1** (*region.*) annoiarsi **2** *se — de qqn*, soffrire per la lontananza di qlcu.
languissant [lãgisã] *agg.* **1** languente, debole: *santé languissante*, salute precaria **2** languido (*anche fig.*).
lanière [lanjɛʀ] *s.f.* correggia || (*cuc.*) *en lanières*, a striscioline.
lannionais [lanjɔnɛ] *agg.* di Lannion.
lanoline [lanɔlin] *s.f.* lanolina.
lansquenet [lãskənɛ] *s.m.* (*st.*) lanzichenecco.
lanterne [lãtɛʀn] *s.f.* **1** lanterna: — *sourde*, lanterna cieca || *lanternes vénitiennes*, lampioncini alla veneziana || (*fig.*): — *rouge*, fanalino di coda; *éclairer la — de qqn*, chiarire le idee a qlcu; *prendre des vessies pour des lanternes*, prendere lucciole per lanterne **2** (*antiq.*) lampione (*m.*). **3** (*arch.*) lanterna || *tour —*, tiburio.
lanterneau [lãtɛʀno] (*pl. -eaux*) *s.m.* → **lanternon**.
lanterner [lãtɛʀne] *v.intr.* gingillarsi || *faire —*, fare attendere, tener sulla corda.

lanternon [lɑ̃tɛʀnɔ̃] *s.m.* (*arch.*) lucernario.
lanugineux [lanyʒinø] (f. *-euse*) *agg.* lanuginoso.
lanugo [lanygo] *s.m.* lanugine (*f.*).
laotien [laɔsjɛ̃] (f. *-enne*) *agg.* e *s.m.* laotiano.
lapalissade [lapalisad] *s.f.* verità lapalissiana.
laparotomie [lapaʀɔtɔmi] *s.f.* (*med.*) laparotomia.
lapement [lapmɑ̃] *s.m.* il lappare.
laper [lape] *v.tr.* e *intr.* lappare.
lapereau [lapʀo] (pl. *-eaux*) *s.m.* coniglietto.
lapidaire [lapidɛʀ] *agg.* lapidario (*anche fig.*). ♦ *s.m.* commerciante in pietre preziose; intagliatore di pietre preziose.
lapidation [lapidɑsjɔ̃] *s.f.* lapidazione.
lapider [lapide] *v.tr.* lapidare (*anche fig.*).
lapilli [lapili] *s.m.pl.* lapilli.
lapin [lapɛ̃] *s.m.* **1** coniglio: *— de garenne*, coniglio selvatico || *courir comme un —*, correre come una lepre; *se sauver comme des lapins*, scappare come conigli || *un chaud, un sacré —*, un donnaiolo, un mandrillo || *poser un — à qqn*, (*fam.*) fare un bidone a qlcu || *mon petit —*, (*fam.*) tesoruccio mio || *cage à lapins*, (*fam.*) casermone popolare || *coup du —*, (*fam.*) colpo di frusta (alla nuca) **2** pelliccia di coniglio.
lapine [lapin] *s.f.* coniglia.
lapiner [lapine] *v.intr.* figliare (di coniglia).
lapis [lapis], **lapis-lazuli** [lapislazyli] *s.m.* lapislazzuli.
lapon [lapɔ̃] *agg.* e *s.m.* lappone.
laps [laps] *s.m.*: *un — de temps*, un lasso di tempo.
lapsus [lapsys] *s.m.* lapsus.
laquage [laka3] *s.m.* laccatura (*f.*).
laquais [lakɛ] *s.m.* lacchè.
laque [lak] *s.f.* e m. lacca (*f.*).
laquelle [lakɛl] *pron.rel.* e *interr.f.sing.* → **lequel**.
laquer [lake] *v.tr.* laccare.
larbin [laʀbɛ̃] *s.m.* **1** (*fam.*) domestico, servo **2** (*spreg.*) tirapiedi.
larcin [laʀsɛ̃] *s.m.* furtarello.
lard [laʀ] *s.m.* lardo: *— maigre*, pancetta || *tête de —*, (*fam.*) testa dura || (*fam.*): *un gros —*, un ciccione; *faire du —*, poltrire, metter su pancia; *rentrer dans le — de qqn*, saltare addosso a qlcu; *se demander si c'est du — ou du cochon*, non capire di che cosa si tratti.
larder [laʀde] *v.tr.* **1** (*cuc.*) lardellare; (*fig.*) infarcire **2** (*letter.*) crivellare.
lardeux [laʀdø] (f. *-euse*) *agg.* lardoso.
lardon [laʀdɔ̃] *s.m.* **1** (*cuc.*) lardello **2** (*fam.*) marmocchio.
lare [laʀ] *s.m.* (*mit.*) lare.
largable [laʀgabl] *agg.* (*aer.*) sganciabile.
largage [laʀga3] *s.m.* (*aer.*) sganciamento, lancio.
large [laʀ3] *agg.* **1** largo, ampio: *— de deux mètres*, largo due metri || *avoir une — part dans une affaire*, avere una parte importante in un affare || *dans une — mesure*, in larga misura || *au sens (le plus) — du mot*, nel senso più lato della parola || *esprit —*, mente aperta || *être — d'idées*, essere di ampie vedute **2** generoso ♦ *s.m.* largo: (*mar.*) *gagner le —*, andare al largo || *prendre le*

—, (*fig.*) prendere il largo || *de —*, di larghezza: *avoir deux mètres de —*, misurare due metri di larghezza, essere largo due metri ♦ *avv.* ampiamente: *voir, calculer —*, vedere, misurare in grande || *s'habiller —*, vestirsi con abiti ampi || *ne pas en mener —*, (*fam.*) essere a disagio.
largement [laʀʒəmɑ̃] *avv.* largamente: *services — rétribués*, servizi molto ben retribuiti || *avoir — le temps*, aver tutto il tempo || *vivre —*, vivere con larghezza di mezzi; *gagner — sa vie*, guadagnare bene || *il était — trois heures*, erano le tre passate da un pezzo; *il y a — une heure*, è passata un'ora abbondante.
largesse [laʀ3es] *s.f.* **1** liberalità, prodigalità **2** (*spec.pl.*) elargizioni.
largeur [laʀ3œʀ] *s.f.* **1** larghezza; (*fig.*) ampiezza: *— de vues*, ampiezza di idee || *se tromper dans les grandes largeurs*, (*fam.*) sbagliarsi di grosso **2** (di un tessuto) altezza: *étoffe en petite — , en grande —*, tessuto altezza semplice, doppia altezza.
largo [laʀgo] *avv.* e *s.m.invar.* (*mus.*) largo.
largue [laʀg] *agg.* e *s.m.* (*mar.*) (vento) lasco: *naviguer vent —, aller grand —*, navigare di gran lasco.
larguer [laʀge] *v.tr.* **1** (*mar.*) allascare; mollare: *larguez les amarres!*, mollate gli ormeggi! **2** (*aer.*) sganciare, lanciare **3** (*fam.*) mollare; buttar via.
larme [laʀm] *s.f.* **1** lacrima: *pleurer toutes les larmes de son corps*, piangere tutte le proprie lacrime; *avec des larmes dans la voix*, con la voce rotta (dal pianto); *des larmes perlèrent à ses yeux*, gli spuntarono i lucciconi; *hésiter entre le rire et les larmes*, non sapere se ridere o piangere || *la — à l'œil*, le lacrime agli occhi; *avoir toujours la — à l'œil*, avere le lacrime in tasca || *y aller de sa petite —*, (*fam.*) fare un pianterello || *larmes de sapin*, lacrime di pino **2** (*fig. fam.*) goccia.
larmier [laʀmje] *s.m.* **1** (*arch.*) gocciolatoio **2** (*anat.*) lacrimatoio.
larmoiement [laʀmwamɑ̃] *s.m.* **1** il lacrimare; (*med.*) lacrimazione (*f.*) **2** *pl.* piagnisteo (*sing.*).
larmoyant [laʀmwajɑ̃] *agg.* **1** lacrimoso: *des yeux larmoyants*, occhi lacrimosi **2** piagnucoloso **3** lacrimevole: *roman —*, romanzo strappalacrime.
larmoyer [laʀmwaje] (*coniug. come employer*) *v.intr.* **1** piagnucolare, frignare; lagnarsi **2** (*degli occhi*) lacrimare.
larron [laʀɔ̃] (f. *-onesse*) *s.m.* (*letter.*) ladrone, ladro: *s'entendre comme larrons en foire*, fare comunella.
larvaire [laʀveʀ] *agg.* larvale.
larve [laʀv] *s.f.* larva (di insetti).
larvé [laʀve] *agg.* larvato (*anche fig.*).
laryngé [laʀɛ̃3e] *agg.* laringeo.
laryngien [laʀɛ̃3jɛ̃] (f. *-enne*) *agg.* laringeo.
laryngite [laʀɛ̃3it] *s.f.* (*med.*) laringite.
laryng(o)- *pref.* laring(o)-
laryngologie [laʀɛ̃gɔlɔ3] laringoiatria.
laryngologiste [laʀɛ̃gɔlɔ3ist], **laryngologue** [laʀɛ̃gɔlɔg] *s.m.* laringoiatra.

le

larynx [laʀɛ̃ks] *s.m.* laringe (*f.*).

las [lɑ] (f. *lasse*) *agg.* stanco || *de guerre lasse*, per farla finita ♦ *inter.* (*letter.*) ahimè!

lasagne [lazaɲ] *s.f.* (*cuc.*) lasagna.

lascar [laskaʀ] *s.m.* **1** (*fam.*) dritto, volpone **2** (*fam.*) tizio, individuo.

lascif [lasif] (f. *-ive*) *agg.* lascivo || **-ivement** *avv.*

lasciveté [lasivte], **lascivité** [lasivite] *s.f.* lascivia.

laser [lazɛʀ] (pl. *invar.*) *s.m.* laser.

lassant [lasɑ̃] *agg.* stancante.

lasser [lase] *v.tr.* stancare □ **se lasser** *v.pron.* stancarsi.

lassitude [lasityd] *s.f.* stanchezza, spossatezza; (*fig.*) abbattimento (*m.*); tedio (*m.*).

lasso [laso] *s.m.* laccio, lazo.

latence [latɑ̃s] *s.f.* latenza.

latent [latɑ̃] *agg.* latente.

latéral [lateʀal] (pl. *-aux*) *agg.* laterale || **-ement** *avv.*

latérite [lateʀit] *s.f.* (*min.*) laterite.

latex [latɛks] *s.m.* latice.

latifolié [latifɔlje] *agg.* (*bot.*) latifoglio.

latin [latɛ̃] *agg.* e *s.m.* latino: — *de cuisine*, latino maccheronico || (*fig.*): *j'y perds mon* —, non ci capisco più niente; *c'est à y perdre son* —*!*, che confusione! c'è da perderci la testa!

latiniser [latinize] *v.tr.* latinizzare.

latinisme [latinism] *s.m.* latinismo.

latiniste [latinist] *s.m.* latinista.

latinité [latinite] *s.f.* latinità.

latino-américain [latinɔ̃ameʀikɛ̃] *agg.* latino-americano.

latitude [latityd] *s.f.* latitudine || *laisser toute* — *à qqn*, dare carta bianca a qlcu.

latitudinaire [latitydinɛʀ] *agg.* eccessivamente tollerante (in fatto di morale).

latitudinal [latitydinal] (pl. *-aux*) *agg.* latitudinale.

latrie [latʀi] *s.f.* (*relig.*) latria.

latrines [latʀin] *s.f.pl.* latrina (*sing.*).

lattage [lataʒ] *s.m.* (*edil.*) messa in opera di listelli di legno.

latte [lat] *s.f.* listello di legno.

lattis [lati] *s.m.* (*edil.*) listellatura in legno.

laudanum [lodanɔm] *s.m.* laudano.

laudateur [lodatœʀ] (f. *-trice*) *s.m.* (*letter.*) elogiatore.

laudatif [lodatif] (f. *-ive*) *agg.* elogiativo.

lauré [lɔʀe] *agg.* (*letter.*) cinto d'alloro.

lauréat [lɔʀea] *agg.* premiato (a un concorso) ♦ *s.m.* vincitore (di un concorso ecc.).

laurier [lɔʀje] *s.m.* lauro, alloro || (*fig.*): *se couvrir de lauriers*, coprirsi di gloria; *cueillir des lauriers*, mietere allori.

laurier-rose [lɔʀjeʀoz] (pl. *lauriers-roses*) *s.m.* (*bot.*) oleandro.

laurier-tin [lɔʀjetɛ̃] (pl. *lauriers-tins*) *s.m.* (*bot.*) lentaggine (*f.*).

lausannois [lozanwa] *agg.* di Losanna.

lavable [lavabl] *agg.* lavabile.

lavabo [lavabo] *s.m.* **1** lavabo, lavandino **2** *pl.* gabinetti.

lavage [lavaʒ] *s.m.* lavaggio, lavatura (*f.*) || (*med.*) — *d'estomac*, lavanda gastrica || — *de tête*, (*fig.*) lavata di capo.

lavallière [lavaljɛʀ] *s.f.* cravatta a fiocco.

lavallois [lavalwa] *agg.* di Laval.

lavande [lavɑ̃d] *s.f.* lavanda.

lavandière [lavɑ̃djɛʀ] *s.f.* **1** lavandaia **2** (*zool. pop.*) cutrettola.

lavandin [lavɑ̃dɛ̃] *s.m.* (*bot.*) spigo.

lavasse [lavas] *s.f.* (*fam.*) brodaglia.

lave [lav] *s.f.* lava.

lavé [lave] *agg.* **1** (*di colore*) slavato **2** (*di un disegno*) acquerellato.

lave-glace [lavglas] (pl. *lave-glaces*) *s.m.* (*aut.*) lavacristallo.

lave-linge [lavlɛ̃ʒ] (pl. *invar.*) *s.m.* lavabiancheria (*f.*).

lave-mains [lavmɛ̃] (pl. *invar.*) *s.m.* lavabo, lavandino.

lavement [lavmɑ̃] *s.m.* (*med.*) enteroclisma || — *baryté*, clisma opaco.

laver [lave] *v.tr.* lavare: — *à l'eau chaude, froide*, lavare in acqua calda, fredda; — *à grande eau*, lavare in molta acqua; — *la vaisselle*, lavare i piatti; *machine à* —, lavatrice || — *un dessin*, sfumare un disegno || — *d'une accusation*, prosciogliere da un'accusa || — *la tête à qqn*, (*fig.*) dare una lavata di capo a qlcu □ **se laver** *v.pron.* lavarsi.

laverie [lavʀi] *s.f.* lavanderia (automatica).

lavette [lavɛt] *s.f.* **1** pezzuola, spazzolino lavapiatti **2** (*in Svizzera*) guanto di spugna **3** (*fam.*) (individuo) smidollato.

laveur [lavœʀ] (f. *-euse*) *s.m.* lavatore: — *de carreaux*, lavavetri; — *de voitures*, lavamacchine; *laveuse* (*de linge*), lavandaia.

lave-vaisselle [lavvesɛl] (pl. *invar.*) *s.m.* lavastoviglie (*f.*).

lavis [lavi] *s.m.* disegno a inchiostro sfumato.

lavoir [lavwaʀ] *s.m.* **1** lavatoio **2** (*ind.*) vasca di lavaggio.

lavure [lavyʀ] *s.f.* (acqua di) lavatura || — *de vaisselle*, (*fig.*) sciacquatura di piatti.

laxatif [laksatif] (f. *-ive*) *agg.* e *s.m.* lassativo.

laxisme [laksism] *s.m.* lassismo.

laxiste [laksist] *agg.* e *s.m.* lassista.

layette [lɛjɛt] *s.f.* corredino (per neonato).

layon [lɛjɔ̃] *s.m.* sentiero (tracciato in un bosco).

lazaret [lazaʀe] *s.m.* lazzaretto.

lazzi [ladzi] *s.m.* lazzo.

le¹ [lə]

m.sing. **le, l'** (*davanti a vocale o* h *muta*)
f.sing. **la, l'** (*davanti a vocale o* h *muta*)
pl. **les**

art.det. il: — *livre*, il libro: *l'école, l'écolier*, la scuola, lo scolaro; *la chaise*, la sedia; *l'homme*, l'uomo; *l'idée*, l'idea; *l'habitude*, l'abitudine; *les amis, les amies*, gli amici, le amiche; *les livres*, i libri; *le Paris de ma jeunesse*, la Parigi della mia gioventù; *la Jeanne*, (*region.*) la Giovanna.

le[2]

m.sing. **le, l'** (*davanti a vocale o h muta*)
f.sing. **la, l'** (*davanti a vocale o h muta*)
pl. **les**

pron.pers. *3ª pers.sing.m.compl.ogg.* lo: *l'as-tu mangé?*, l'hai mangiato?; *je les ai vus*, li ho visti; *je les ai écoutées*, le ho ascoltate; *tu peux — prendre*, puoi prenderlo, lo puoi prendere; *j'aurais voulu la lui offrir*, avrei voluto offrirgliela; *j'aurais voulu les leur prêter*, avrei voluto prestarli (a) loro, avrei voluto prestarglieli; *regarde-la, ne la regarde pas*, guardala, non guardarla; *apporte-les-lui, ne les lui apporte pas*, portaglieli, non portarglieli; *dis-le-nous, ne nous le dis pas*, diccelo, non dircelo; *prête-la-moi, ne me la prête pas*, prestamela, non prestarmela; *je l'y accompagnerai*, ce lo accompagnerò.

lé [le] *s.m.* altezza (spec. di un tessuto) || *jupe à quatre lés*, gonna a quattro teli.

leader [lidœʀ] *s.m.* **1** leader, capo **2** (*sport*) primo (in classifica); (*di squadra*) capolista ♦ *agg.* leader: *industrie —*, industria prima nel settore.

leadership [lidœʀʃip] *s.m.* leadership (*f.*).

léchage [leʃaʒ] *s.m.* leccamento.

lèche [lɛʃ] *s.f.*: *faire de la — à qqn*, (*fam.*) leccare i piedi a qlcu.

léché [leʃe] *agg.* leccato || *un ours mal —*, uno zoticone.

lèche-bottes [lɛʃbɔt] (pl. *invar.*) *s.m.* leccapiedi.

lèche-cul [lɛʃkyl] (pl. *invar.*) *s.m.* (*volg.*) leccaculo.

lèchefrite [lɛʃfʀit] *s.f.* (*cuc.*) leccarda.

lécher [leʃe] (*coniug. come* céder) *v.tr.* **1** leccare (*anche fig.*) || *lécher les vitrines*, andare per negozi **2** (*estens.*) lambire.

lécheur [leʃœʀ] *s.m.* (*fam.*) leccapiedi.

lèche-vitrines [lɛʃvitʀin] *s.m.*: *faire du —*, (*fam.*) passeggiare guardando le vetrine.

lécithine [lesitin] *s.f.* (*biochim.*) lecitina.

leçon [ləsɔ̃] *s.f.* **1** lezione || *leçons particulières*, lezioni private || *faire la — à qqn*, (*fam.*) fare il predicozzo a qlcu **2** insegnamento (*m.*), lezione || *la — de cette fable est que...*, la morale della favola è che...

lecteur [lɛktœʀ] (f. *-trice*) *s.m.* lettore || *— de cassette*, mangianastri; *— enregistreur*, apparecchio per la riproduzione e la registrazione.

lectorat [lɛktɔʀa] *s.m.* lettorato.

lecture [lɛktyʀ] *s.f.* lettura || *faire la —*, leggere || *cette pièce ne donne rien à la —*, questo lavoro teatrale non si presta alla lettura || *donnez-moi de la —*, (*fam.*) mi dia qualcosa da leggere.

ledit [lədi] *agg.* → **dit**.

lédonien [ledɔnjɛ̃] *agg.* di Lons-le-Saunier.

légal [legal] (pl. *-aux*) *agg.* legale: *avoir recours aux moyens légaux*, procedere per vie legali || *-ement avv.*

légalisation [legalizasjɔ̃] *s.f.* legalizzazione.

légaliser [legalize] *v.tr.* legalizzare || *— sa signature*, autenticare la propria firma.

légalité [legalite] *s.f.* legalità.

légat [lega] *s.m.* legato.

légataire [legatɛʀ] *s.m.* (*dir.*) legatario.

légation [legasjɔ̃] *s.f.* legazione.

légendaire [leʒɑ̃dɛʀ] *agg.* leggendario.

légende [leʒɑ̃d] *s.f.* **1** leggenda **2** spiegazione, leg(g)enda; (*di illustrazione*) didascalia **3** leggenda, dicitura, iscrizione.

léger [leʒe] (f. *-ère*) *agg.* leggero (*anche fig.*); (*fig.*) lieve || *un blessé —*, un ferito in modo leggero || *une légère idée de qqch*, una pallida idea di qlco || *avoir la touche légère*, avere il tocco leggero || *femme de mœurs légères*, donna di facili costumi || *avoir la, une tête légère*, essere scervellato || *être — dans sa conduite*, comportarsi con leggerezza || *prendre les choses à la légère*, prendere le cose alla leggera; *parler à la légère*, parlare senza riflettere.

légèrement [leʒɛʀmɑ̃] *avv.* **1** leggermente || *être vêtu —*, essere vestito con abiti leggeri || *marcher —*, camminare con passo leggero; *manger —*, mangiare in modo leggero **2** (*fig.*) sconsideratamente, senza riflettere.

légèreté [leʒɛʀte] *s.f.* leggerezza (*anche fig.*).

légiférer [leʒifeʀe] (*coniug. come* céder) *v.intr.* legiferare.

légion [leʒjɔ̃] *s.f.* **1** legione || *Légion d'honneur*, Legion d'onore || (*mil.*) *Légion étrangère*, Legione straniera **2** (*estens.*) esercito (*m.*), folla || *être —*, essere in gran numero.

légionnaire [leʒjɔnɛʀ] *s.m.* legionario.

législateur [leʒislatœʀ] (f. *-trice*) *agg.* e *s.m.* legislatore.

législatif [leʒislatif] (f. *-ive*) *agg.* legislativo ♦ *s.m.* potere legislativo.

législation [leʒislasjɔ̃] *s.f.* legislazione.

législature [leʒislatyʀ] *s.f.* legislatura.

légiste [leʒist] *s.m.* giurista ♦ *agg. médecin —*, medico legale.

légitimation [leʒitimasjɔ̃] *s.f.* legittimazione || (*dir.*) *— adoptive*, legittimazione per adozione.

légitime [leʒitim] *agg.* **1** (*dir.*) legittimo || giustificato, legittimo; lecito: *c'est tout à fait —*, è più che giusto || (*amm.*) *licenciement par motif —*, licenziamento per giusta causa ♦ *s.f.* (*fam.*) moglie...

légitimement [leʒitimmɑ̃] *avv.* in modo legittimo.

légitimer [leʒitime] *v.tr.* **1** (*dir.*) legittimare || (*estens.*) *— une situation*, regolarizzare una situazione **2** giustificare, regolarizzare.

légitimité [leʒitimite] *s.f.* legittimità.

legs [lɛ, lɛg] *s.m.* (*dir.*) legato, lascito; (*fig.*) eredità (*f.*).

léguer [lege] (*coniug. come* céder) *v.tr.* **1** (*dir.*) legare, lasciare in legato **2** (*fig.*) trasmettere.

légume [legym] *s.m.* **1** ortaggio, verdura (*f.*): *légumes verts*, ortaggi (freschi), verdure (fresche); *soupe de légumes*, minestra di verdura; *marchand de fruits et légumes*, fruttivendolo; *que veux-tu comme légumes?*, cosa vuoi per contorno? || *cet homme n'est plus qu'un —*, (*fig.*) quest'uomo è ormai ridotto a un vegetale **2** *— (sec)*, legume ♦ *s.f.* (*fam.*) persona importante: *une grosse —*, un pezzo grosso, un papavero.

lettre

légumier [legymje] (f. *-ère*) *agg.* ortivo: *jardin* —, orto; *culture légumière*, orticoltura ♦ *s.m.* 1 (*cuc.*)leguminiera (*f.*) 2 (f.*-ère*) (*inBelgio*)ortolano.
légumineuse [legyminøz] *agg.* e *s.f.* (*plante*) —, (pianta) leguminosa.
leitmotiv [laj(ε)tmɔtif] (pl. *-ive*) *s.m.* (*mus.*) leit-motiv, motivo conduttore (*anche fig.*).
lémurien [lemyʀjɛ̃] *s.m.* (*zool.*) lemure
lendemain [lɑ̃dmɛ̃] *s.m.* 1 l'indomani, il giorno dopo: *le* — *matin, soir*, il mattino, la sera dopo, seguente; *le* — *de son arrivée*, l'indomani del suo arrivo, il giorno dopo il suo arrivo; *remettre au* —, rimandare all'indomani; *les lendemains de fête sont toujours tristes*, i giorni successivi alle feste sono sempre tristi ‖ *du jour au* —, dall'oggi al domani, improvvisamente 2 il domani, il futuro: *un projet sans* —, un progetto senza futuro; *une affaire qui eut d'heureux lendemains*, una faccenda che ebbe un felice esito.
lénifiant [lenifjɑ̃] *agg.* calmante.
lénifier [lenifje] *v.tr.* lenire, calmare; mitigare (*anche fig.*).
léninisme [leninism] *s.m.* (*st.*) leninismo.
léniniste [leninist] *s.m.* (*st.*) leninista.
lénitif [lenitif] (f. *-ive*) *agg.* e *s.m.* lenitivo.
lensois [lɑ̃swa] *agg.* di Lens.
lent [lɑ̃] *agg.* lento (*anche fig.*) ‖ *avoir l'esprit* —, essere tardo di mente ‖ **-ement** *avv.*
lente [lɑ̃t] *s.f.* lendine (uovo di pidocchio).
lenteur [lɑ̃tœʀ] *s.f.* lentezza; *pl.* lungaggini.
lenticulaire [lɑ̃tikylεʀ] *agg.* lenticolare.
lentigo [lɑ̃tigo] *s.m.* lentiggine (*f.*); (*estens.*) neo.
lentille [lɑ̃tij] *s.f.* 1 (*bot.*) lenticchia, lente 2 (*fis.*) lente: — *grossissante*, lente d'ingrandimento; — *cornéenne*, lente a contatto.
lentillon [lɑ̃tijɔ̃] *s.m.* (*bot.*) lenticchia rossiccia.
lentisque [lɑ̃tisk] *s.m.* (*bot.*) lentisco.
lento [lεnto] *avv.* (*mus.*) lento.
léonais [leɔnε], **léonard** [leɔnaʀ] *agg.* del Léon (francese o spagnolo).
léonin [leɔnɛ̃] *agg.* leonino.
léopard [leɔpaʀ] *s.m.* leopardo.
lépidoptère [lepidɔptεʀ] *s.m.* (*zool.*) lepidottero.
lèpre [lεpʀ] *s.f.* lebbra.
lépreux [lepʀø] (f. *-euse*) *agg.* 1 lebbroso 2 (*fig.*) marcio, fatiscente ♦ *s.m.* lebbroso.
léproserie [lepʀozʀi] *s.f.* lebbrosario (*m.*).

lequel [ləkεl]

m.sing. **lequel**; *pl.* **lesquels** *f.sing.* **laquelle**; *pl.* **lesquelles**

à + lequel = **auquel**
à + lesquels = **auxquels**
à + lesquelles = **auxquelles**

de + lequel = **duquel**
de + lesquels = **desquels**
de + lesquelles = **desquelles**

pron.interr.sogg. e *compl.* quale: *de ces maisons, laquelle est la tienne?*, di queste case, qual è la tua?; *auquel donner la préférence?*, a quale dare la

preferenza? ♦ *pron.rel.sogg.* e *compl.* il quale, cui (*invar.*): *le milieu dans* — *il a vécu*, l'ambiente nel quale, in cui ha vissuto; *l'homme duquel elle a divorcé*, l'uomo dal quale, da cui ha divorziato; *les dames auxquelles je me suis adressé*, le signore alle quali, a cui mi sono rivolto; *j'ai rencontré cette jeune fille, dont vous connaissez le père, laquelle m'a parlé de vous*, ho incontrato quella ragazza, di cui conoscete il padre, la quale mi ha parlato di voi; *c'est un homme sur la probité duquel il n'y a rien à dire*, è un uomo sulla cui onestà non c'è nulla da dire ♦ *agg.rel.* (*dir., letter.*): *auquel cas*, nel qual caso.
les[1] [le; lεz *davanti a vocale o* h *muta*] *art.det.pl.m.* e *f.* → **le**[1].
les[2] *pron.pers. compl.ogg. 3a pers. pl.m.* e *f.* → **le**[2].
lesbien [lεsbjɛ̃] (f. *-enne*) *agg.* lesbico.
lesbienne [lεsbjεn] *s.f.* lesbica.
lesbisme [lεsbism] *s.m.* lesbismo.
lesdits [ledi], **lesdites** [ledit] *agg.* → **dit**.
lèse-majesté [lεzmaʒεste] (pl. *invar.*) *s.f.* lesa maestà.
léser [leze] (*coniug. come* céder) *v.tr.* ledere, danneggiare.
lésine [lezin] *s.f.* (*letter.*) spilorceria.
lésiner [lezine] *v.intr.* lesinare.
lésion [lezjɔ̃] *s.f.* lesione.
lesquels, lesquelles [lekεl] *pron.rel.* e *interr.pl.* → **lequel**.
lessivable [lesivabl] *agg.* che può andare in bucato, lavabile con detersivi.
lessivage [lesivaʒ] *s.m.* lavaggio (con detersivi).
lessive [lesiv] *s.f.* 1 lisciva; detersivo (*m.*) 2 bucato (*m.*): *faire la* —, fare il bucato ‖ *faire une* — *générale*, (*fig.*) fare un repulisti.
lessivé [lesive] *agg.* (*fam.*) stanco, distrutto; rovinato.
lessiver [lesive] *v.tr.* 1 lavare (con detersivi) 2 (*fam.*) spossare 3 (*fam.*) pelare al gioco 4 *se faire* —, (*fam.*) farsi escludere.
lessiveuse [lesivøz] *s.f.* pentolone (per bollire il bucato); (*ind.*) lisciviatrice.
lest [lεst] *s.m.* zavorra (*f.*): *jeter du* —, gettare la zavorra, (*fig.*) sacrificarsi per salvare una situazione.
lestage [lεstaʒ] *s.m.* zavorramento.
leste [lεst] *agg.* 1 svelto, spedito ‖ *avoir la main* —, (*fig.*) essere lesto di mano, manesco 2 sconveniente; disinvolto.
lestement [lεstəmɑ̃] *avv.* rapidamente.
lester [leste] *v.tr.* 1 zavorrare 2 provvedere ‖ — *ses poches*, riempirsi le tasche □ **se lester** *v.pron.* provvedersi, munirsi.
létal [letal] (pl. *-aux*) *agg.* letale.
léthargie [letaʀʒi] *s.f.* letargo (*m.*): *tirer de sa* —, scuotere dal letargo.
léthargique [letaʀʒik] *agg.* e *s.m.* letargico.
letton [letɔ̃] (f. *-onne*) *agg.* e *s.m.* lettone.
lettre [lεtʀ] *s.f.* 1 lettera: *écrire* (*un nombre*) *en toutes lettres*, scrivere (un numero) in lettere; *en lettres rouges*, (*fig.*) a caratteri indelebili ‖ (*tip.*): *lettres cursives*, carattere corsivo; *en grosses let-*

tres, a caratteri cubitali || *à la —, au pied de la —*, alla lettera || *avant la —*, ante litteram 2 lettera, missiva: — *circulaire*, (lettera) circolare; — *de château*, lettera di ringraziamento (dopo un soggiorno in casa di amici); — *de rebut*, lettera giacente; — *close*, lettera chiusa, (*fig.*) mistero || *passer comme une — à la poste*, (*fig.*) andare liscio come l'olio || (*comm.*): — *d'avis*, avviso di spedizione; — *de garantie*, lettera di fideiussione; *par cette —...*, con la presente... 3 *pl.* lettere, letteratura (*sing.*): *les gens de lettres*, i letterati; *faculté des lettres*, facoltà di lettere; *licence ès lettres*, → licence in lettere 4 (*comm.*) — (*de change*), cambiale, tratta.

lettré [letʀe] *agg. e s.m.* 1 letterato 2 (*in Africa*) (*estens.*) che, chi sa leggere e scrivere.
lettrine [letʀin] *s.f.* (*tip.*) (lettera) iniziale.
leu [lø] *s.m.*: *à la queue leu leu*, in fila indiana.
leucémie [løsemi] *s.f.* (*med.*) leucemia.
leucémique [løsemik] *agg. e s.m.* leucemico.
leuc(o)- *pref.* leuc(o)-
leucocyte [løkɔsit] *s.m.* leucocita.
leucome [løkɔm] *s.m.* (*med.*) leucoma.
leucorrhée [løkɔʀe] *s.f.* (*med.*) leucorrea.
leur¹ [lœʀ] *agg.poss.m. e f.sing.* loro (*invar.*): — *père et* (—) *mère*, il loro padre e la loro madre; *leurs enfants*, i loro bambini; *leurs jupes*, le loro gonne; *une de leurs amies*, una loro amica ♦

LETTRE FORMELLE ═══════════════

expéditeur   Jean Dupont
18, rue Victor Cousin
75005 Paris

          destinataire   Editions Le Livre d'art
Service des droits
26, bd Saint-Michel
75000 Paris

Paris, le 1ᵉʳ mars 1993

Objet: ....
V/réf ....

Monsieur,

    ....
....
....

    ....

....

    Je vous prie d'agréer, Monsieur, l'expression de mes meilleurs
sentiments.

Jean Dupont

Pièce jointe: ....

ADRESSE

Les Usines du Nord   Monsieur Charles Cros   Madame Anna Palma
20, rue Flaubert   10, rue du Mont-Blanc   aux bons soins de Robert Savi
76000 Rouen   75000 Paris   6, rue de Montparnasse
                                                      75000 Paris

APPEL

Monsieur   Madame   Cher Monsieur

FORMULE FINALE

Veuillez agréer, Monsieur, l'expression de mes   Je vous prie d'agréer, Madame, l'expression de mes
sentiments les meilleurs.   meilleurs sentiments.

═══

pron.poss.m. e *f.sing.* loro (*invar.*): *mon auto et la* —, la mia auto e la loro; *nos amis et les leurs*, i nostri amici e i loro, i nostri e i loro amici || *ils ont encore fait des leurs*, ne hanno fatta ancora una delle loro ♦ *s.m.* **1** loro, ciò che è loro || *qu'ils y mettent du* —, si impegnino, si diano da fare **2** *les leurs*, i loro (genitori, sostenitori ecc.): *j'étais un des leurs*, ero uno di loro; *nous étions des leurs dimanche*, eravamo con loro domenica.

leur[2] *pron.pers.* di *3*[a] *pers.pl.* **1** (*compl. di termine*) (a) loro; (*nell'uso corrente*) gli: *je — ai déjà parlé*, ho già parlato (a) loro, gli ho già parlato; *donnez-leur ce livre*, date loro, dategli questo libro **2** (+ *pron.* le, la, les, en) lo, la, li, le, ne..., loro: (*nell'uso corrente*) glielo, gliela, glieli, gliele, gliene: *je — en offrirai*, ne offrirò loro, gliene offrirò; *pretez-les-leur*, prestateli (a) loro, prestateglieli; *j'aurais voulu la — demander*, avrei voluto chiederla loro, chiedergliela.

leurre [lœʀ] *s.m.* **1** esca artificiale **2** (*fig.*) illusione (*f.*), lusinga (*f.*).

leurrer [lœʀe] *v.tr.* allettare, lusingare □ **se leurrer** *v.pron.* illudersi.

levage [ləvaʒ] *s.m.* **1** sollevamento **2** (*cuc.*) lievitazione (*f.*).

levain [ləvɛ̃] *s.m.* lievito.

levant [ləvɑ̃] *s.m.* levante, oriente ♦ *agg.*: *soleil* —, sole levante, sole nascente.

levantin [ləvɑ̃tɛ̃] *agg.* levantino.

levé [ləve] *agg.* alzato: *tête levée*, a fronte alta || *à mains levées*, per alzata di mano || *au pied* —, subito, su due piedi || *voter par assis et* —, votare per alzata e seduta ♦ *s.m.* **1** rilevamento (topografico) **2** (*mus.*) battuta in levare.

levée [ləve] *s.f.* **1** rimozione: || — *du courrier*, levata delle lettere || — *des impôts*, riscossione delle imposte || *la* — *du siège*, il togliere l'assedio || — *du corps*, trasporto funebre || — *de boucliers*, (*fig.*) levata di scudi || *à la* — *de la séance*, alla fine della seduta || (*comm.*): — *de la marchandise*, prelevamento della merce; — *de la caisse*, alzata, levata di cassa || (*dir.*): — *d'écrou*, ordine di scarcerazione; — *de réquisition*, derequisizione **2** (*mil.*) leva, arruolamento (*m.*) **3** argine (*m.*), diga **4** (*alle carte*) presa.

lève-glace [lɛvglas] (pl. *lève-glaces*) *s.m.* (*aut.*) alzacristallo.

lever[1] [ləve] (*coniug. come* semer) *v.tr.* **1** alzare; (*soulever*) sollevare: — *les yeux de dessus son livre*, alzare gli occhi dal libro || — *son verre*, brindare || — *un lièvre*, (*caccia*) stanare una lepre || — *les cartes*, fare una presa (a carte) **2** togliere; rimuovere: — *la séance*, togliere la seduta; — *le camp*, togliere le tende **3** (*mil.*) arruolare **4** rilevare (una pianta topografica) **5** prendere, prelevare; riscuotere ♦ *v.intr.* **1** (*di piante*) spuntare, nascere **2** (*di pasta*) lievitare □ **se lever** *v.pron.* alzarsi || *le soleil se lève*, sorge il sole || *le temps se lève*, il tempo si mette al bello.

lever[2] *s.m.* **1** l'alzarsi: *au* —, *à son* —..., al mattino, quando (ci) si alza... || *le* — *des couleurs*, l'alzabandiera || — *de rideau*, l'alzarsi del sipario;

(*teatr.*) atto unico di breve durata, rappresentato prima dello spettacolo principale; (*sport*) partita preliminare **2** — (*du soleil*), il sorgere del sole **3** — (*d'un plan*), rilevamento (topografico).

lève-vitre [lɛvvitʀ] (pl. *lève-vitres*) *s.m.* (*aut.*) alzacristallo.

levier [ləvje] *s.m.* leva (*f.*).

lévitation [levitasjɔ̃] *s.f.* levitazione.

lévite [levit] *s.m.* (*relig.*) levita.

levraut [ləvʀo] *s.m.* leprotto.

lèvre [lɛvʀ] *s.f.* labbro (*m.*): *avoir une cigarette aux lèvres*, avere una sigaretta in bocca; *avoir le sourire aux lèvres*, avere il sorriso sulle labbra || *être suspendu aux lèvres de qqn*, pendere dalle labbra di qlcu || *manger du bout des lèvres*, mangiare controvoglia; *sourire du bout des lèvres*, sorridere a fior di labbra || *avoir un mot au bord des lèvres*, avere una parola sulla punta della lingua.

levrette [ləvʀɛt] *s.f.* (*chien*) **1** levriera **2** piccolo levriere italiano.

lévrier [levʀije] *s.m.* (*cane*) levriero.

levure [ləvyʀ] *s.f.* lievito (*m.*).

lexical [lɛksikal] (pl. -*aux*) *agg.* lessicale.

lexicographe [lɛksikɔgʀaf] *s.m.* lessicografo.

lexicographie [lɛksikɔgʀafi] *s.f.* lessicografia.

lexicologie [lɛksikɔlɔʒi] *s.f.* lessicologia.

lexicologue [lɛksikɔlɔg] *s.m.* lessicologo.

lexique [lɛksik] *s.m.* lessico.

lézard [lezaʀ] *s.m.* lucertola (*f.*) || — *vert*, ramarro.

lézarde [lezaʀd] *s.f.* crepa.

lézardé [lezaʀde] *agg.* screpolato, crepato.

lézarder[1] [lezaʀde] *v.intr.* (*fam.*) oziare, poltrire.

lézarder[2] *v.tr.* produrre delle crepe (in) □ **se lézarder** *v.pron.* creparsi; lesionarsi.

liage [ljaʒ] *s.m.* legatura (*f.*).

liaison [ljezɔ̃] *s.f.* **1** legame (*m.*); collegamento (*m.*); nesso (*m.*), relazione: *établir une* — *de cause à effet*, stabilire una relazione di causa ed effetto || (*cuc.*) *le jaune d'œuf est une excellente liaison*, il tuorlo d'uovo è un'ottima base legante **2** legame (di amicizia, affari ecc.): — (*amoureuse*), relazione (amorosa) **3** (*comunicazioni*) collegamento (*m.*): — *par satellite*, collegamento via satellite || (*mil.*) *officier de* —, ufficiale di collegamento || *en* —, in collegamento: *rester en* —, restare in contatto; (*rad.*, *tv*) — *en direct*, collegamento diretto **4** (*fon.*) legamento (*m.*) **5** (*gramm.*) *mots*, *termes de* —, congiunzioni e preposizioni **6** (*mus.*) legatura **7** (*chim.*) legame (*m.*) **8** (*edil.*) assestamento (di mattoni) || *maçonnerie en* —, muratura a giunti sfalsati.

liane [ljan] *s.f.* (*bot.*) liana.

liant [ljɑ̃] *agg.* **1** socievole, affabile **2** (*chim.*) legante ♦ *s.m.* (*edil.*) legante.

liasse [ljas] *s.f.* fascio (di documenti ecc.): *une* — *de billets de banque*, un pacchetto di banconote.

libanais [libanɛ] *agg.* e *s.m.* libanese.

libation [libasjɔ̃] *s.f.* libagione.

libelle [libɛl] *s.m.* libello.

libellé [libe(el)le] *s.m.* formulazione (in cui un testo è redatto).

libeller [libe(εl)le] *v.tr.* redigere; (*dresser*) compilare.

libelliste [libe(εl)list] *s.m.* libellista.

libellule [libe(εl)lyl] *s.f.* libellula.

liber [libεʀ] *s.m.* (*bot.*) libro.

libérable [libeʀabl] *agg.* 1 che si può liberare 2 (*mil.*) congedando || *permission* —, licenza che anticipa il congedo.

libéral [libeʀal] (pl. *-aux*) *agg.* e *s.m.* liberale.

libéralement [libeʀalmɑ̃] *agg.* con larghezza, con generosità.

libéralisation [libeʀalizɑsjɔ̃] *s.f.* liberalizzazione.

libéraliser [libeʀalize] *v.tr.* liberalizzare.

libéralisme [libeʀalism] *s.m.* liberalismo.

libéralité [libeʀalite] *s.f.* 1 liberalità 2 elargizione.

libérateur [libeʀatœʀ] (f. *-trice*) *agg.* 1 liberatore 2 (*fig.*) liberatorio ♦ *s.m.* liberatore.

libération [libeʀɑsjɔ̃] *s.f.* 1 liberazione 2 (*mil.*) congedo (*m.*).

libératoire [libeʀatwaʀ] *agg.* liberatorio.

libéré [libeʀe] *agg.* 1 liberato || *valeur entièrement libérée*, capitale interamente versato 2 libero, emancipato 3 (*mil.*) congedato.

libérer [libeʀe] (*coniug.* come céder) *v.tr.* 1 liberare || *le cran de sûreté d'un revolver*, togliere la sicura a una rivoltella || — *sa conscience*, liberarsi, sgravarsi la coscienza; — *son cœur*, sfogarsi || — *les échanges économiques*, liberalizzare gli scambi economici 2 (*mil.*) congedare □ **se libérer** *v.pron.* liberarsi (da).

libérien [libeʀjɛ̃] (f. *-enne*) *agg.* e *s.m.* liberiano.

libériste [libeʀist] *agg.* e *s.m.* (*sport*) chi, che pratica il volo a vela.

libertaire [libeʀtεʀ] *agg.* e *s.m.* libertario.

liberté [libeʀte] *s.f.* 1 libertà: — *de la presse*, libertà di stampa; — *individuelle*, libertà personale; (*dir.*) — *sur parole*, libertà sulla parola; *mise en* —, liberazione, rilascio, (*dir.*) scarcerazione; *mettre en* —, liberare, rilasciare, (*dir.*) scarcerare; *en toute* —, in totale libertà 2 *pl.* libertà, autonomia (*sing.*); privilegi (*m.*): *les libertés locales*, l'autonomia locale; *les libertés de l'Église gallicane*, i privilegi della chiesa gallicana 3 *pl.* libertà, licenze: *prendre des libertés*, prendersi delle libertà.

libertin [libeʀtɛ̃] *agg.* e *s.m.* libertino.

libertinage [libeʀtinaʒ] *s.m.* libertinaggio.

libidineux [libidinø] (f. *-euse*) *agg.* libidinoso.

libido [libido] *s.f.* (*psic.*) libido.

libraire [libʀεʀ] *s.m.* libraio.

librairie [libʀeʀi] *s.f.* 1 libreria 2 commercio librario.

librairie-papeterie [libʀεʀipapɔtʀi] (pl. *librairies-papeteries*) *s.f.* cartolibreria.

librairie-trottoir [libʀεʀitʀɔtwaʀ] *s.f.* (*in Africa*) esposizione e vendita di libri sui marciapiedi.

libre [libʀ] *agg.* 1 libero || *un rire franc et* —, una risata franca e spontanea || *se rendre* — *de*, liberarsi da || — *à vous d'accepter ou de refuser*, è libero di accettare o rifiutare || *la voie est* —!, via libera! || *école* —, scuola privata (spec. religiosa) || *nage* —, (*sport*) (nuoto a) stile libero || (*amm.*) *sur papier* —, in carta libera, semplice 2 sboccato, licenzioso: *mœurs libres*, facili costumi.

libre-échange [libʀeʃɑʒ] (pl. *libres-échanges*) *s.m.* (*econ.*) libero scambio; liberismo.

libre-échangiste [libʀeʃɑʒist] (pl. *libre-échangistes*) *agg.* e *s.m.* (*econ.*) liberista.

librement [libʀəmɑ̃] *avv.* liberamente || *elle vit très* —, conduce una vita molto libera.

LIAISON

On appelle *liaison* la prononciation de la dernière consonne d'un mot, habituellement muette, avec la voyelle initiale du mot suivant.

En liaison:

S, X, Z se prononcent [z]:	D se prononce [t]:	F se prononce [v] dans les expressions:
ils ont [ilzɔ̃]	*quand il arrive* [kɑ̃tilaʀiv]	*il est neuf heures* [ilεnœvœʀ]
vous avez eu [vuzavey]		*il a neuf ans* [ilanœvɑ̃]
six heures [sizœʀ]		*neuf hommes* [nœvɔm]

La liaison est obligatoire dans un groupe uni par la grammaire et par le sens:

les amis [lezami]	*vous avez* [vuzave]	*nous sommes allés* [nusɔmzale]
très intéressant [tʀεzɛ̃teʀεsɑ̃]	*ils ont osé* [ilzɔ̃toze]	*ils sont amis* [ilsɔ̃tami]

La liaison est interdite après la conjonction **et**; devant **h** aspiré; devant **oui**, **un**, **huit**, **huitième**, **onze**, **onzième**:

des oui et des non [dewiedenɔ̃]	*les onze élèves* [leɔ̃zelεv]
il y avait un homme [iljavεtœ̃nɔm]	*les huit personnes* [leyipεʀsɔn]

libre-penseur [librəpɑ̃sœʀ] (pl. *libres-penseurs*) *s.m.* libero pensatore.

libre-service [librəsɛʀvis] (pl. *libres-services*) *s.m.* self-service.

librettiste [librɛ(ɛt)tist] *s.m.* librettista.

libyen [libjɛ̃] (f. *-enne*) *agg.* e *s.m.* libico.

lice[1] [lis] *s.f.* **1** *en, dans la* —, in lizza **2** steccato (*m.*), palizzata.

lice[2] *s.f.* cagna da caccia.

lice[3] *s.f.* → **lisse**[3].

licence[1] [lisɑ̃s] *s.f.* **1** licenza, permesso (*m.*); autorizzazione: — *de débit*, licenza di vendita di alcolici **2** diploma conseguito dopo tre anni di studi universitari.

licence[2] *s.f.* (*letter.*) licenza, libertà (eccessiva): *prendre trop de* — *avec qqn*, prendersi troppe libertà con qlcu; *donner toute* —, dare ogni libertà || — *poétique*, licenza poetica.

licencié [lisɑ̃sje] *agg.* e *s.m.* che, chi ha conseguito la → **licence**.

licenciement [lisɑ̃simɑ̃] *s.m.* **1** licenziamento: — *pour motif légitime*, licenziamento per giusta causa **2** (*mil.*) congedo.

licencier [lisɑ̃sje] *v.tr.* licenziare.

licencieux [lisɑ̃sjø] (f. *-euse*) *agg.* licenzioso || **-eusement** *avv.*

lichen [likɛn] *s.m.* (*bot.*) lichene.

lichette [liʃɛt] *s.f.* **1** (*fam.*) pezzettino (*m.*); fettina (di pane, prosciutto) **2** (*in Belgio*) cordoncino (per appendere qlco).

licite [lisit] *agg.* lecito || **-ement** *avv.*

licol [likɔl] *s.m.* → **licou**.

licorne [likɔrn] *s.f.* (*mit.*) liocorno (*m.*).

licou [liku] *s.m.* cavezza (*f.*).

lie [li] *s.f.* feccia (*anche fig.*).

lié [lje] *agg.* legato || *avoir partie liée avec qqn*, far lega con qlcu.

lie-de-vin [lidvɛ̃] *agg.invar.* (color) vinaccia.

liège [ljɛʒ] *s.m.* sughero.

liégeois [ljeʒwa] *agg.* di Liegi || *café* —, caffè freddo con panna.

lien [ljɛ̃] *s.m.* **1** legaccio **2** (*fig.*) legame, vincolo: — *religieux*, vincolo religioso; — *de parenté*, legame di parentela; *les liens du sang*, i vincoli del sangue; *nouer des liens*, stringere un legame **3** (*fig.*) legame, relazione (*f.*): — *logique*, nesso logico|| *servir de* —, fare da tramite **4** *pl.* catene (*f.*), ceppi (*anche fig.*) **5** (*edil.*) materiale cementante.

lier [lje] *v.tr.* **1** legare; (*fig.*) unire || — *par un serment*, vincolare con giuramento **2** allacciare, annodare (*anche fig.*): — *les lacets d'un soulier*, allacciare le stringhe d'una scarpa; — *conversation*, attaccar discorso **3** collegare □ **se lier** *v.pron.* legarsi: *se* — *d'amitié*, stringere amicizia.

lierre [ljɛr] *s.m.* edera (*f.*).

liesse [ljɛs] *s.f.* (*letter.*) esultanza, allegrezza || *en* —, in festa.

lieu[1] [ljø] (pl. *lieux*) *s.m.* **1** luogo, posto: *sur le* — *du crime*, sul luogo del delitto; *la police s'est rendue sur les lieux*, la polizia si è recata sul posto; *mettre en* — *sûr*, mettere al sicuro || *un haut* — *de*

la résistance, un importante teatro della resistenza; *Florence est un haut* — *de l'art*, Firenze è un tempio dell'arte; *se plaindre en haut* —, lagnarsi in alto loco || *en tout* —, *en tous lieux*, ovunque || *en dernier* —, da ultimo, infine || (*dir.*) *en temps et* —, a tempo e luogo || *en* — *et place* (*de*), in vece (di) || *il n'y a pas* — *de s'inquiéter*, non v'è motivo di preoccuparsi; *je t'écrirai, s'il y a* —, ti scriverô, se sarà il caso || *rien ne nous donne* — *d'espérer*, nulla ci autorizza a sperare || *cette copie tient* — *d'original*, questa copia sostituisce l'originale **2** luogo, spazio: — *géométrique*, luogo geometrico **3** *pl.* locali, ambienti || *lieux d'aisances*, luogo di decenza □ **au lieu de** *locuz.prep.* invece di, anziché □ **au lieu que** *locuz.cong.* invece di, mentre: *au* — *que votre récit l'ait calmé, il l'a plutôt excité*, invece di calmarlo, il vostro racconto lo ha eccitato.

lieu[2] (pl. *lieus*) *s.m.* (*zool.*) merlano.

lieudit, **lieu-dit** [ljødi] (pl. *lieux-dits*) *s.m.* località (detta): *au* — *La Prairie*, in località (detta) La Prateria.

lieue [ljø] *s.f.* lega || *à trois lieues à la ronde*, per un raggio di molti chilometri; *être à mille lieues de*, essere lontano le mille miglia da.

lieuse [ljøz] *s.f.* (*agr.*) accovonatrice.

lieutenant [ljøtnɑ̃] *s.m.* **1** luogotenente **2** (*mil.*) tenente || — *de vaisseau*, tenente di vascello.

lieutenants-colonel [ljøtnɑ̃kɔlɔnɛl] (pl. *lieutenants-colonels*) *s.m.* (*mil.*) tenente colonnello.

lièvre [ljɛvr] *s.m.* lepre (*f.*) || (*fig.*): *lever un* —, sollevare una questione spinosa; *c'est là que gît le* —, qui sta il punto; *courir deux lièvres à la fois*, mettere troppa carne al fuoco; *courir le même* —, perseguire lo stesso scopo.

lifter [lifte] *v.tr.* e *intr.* (*tennis*) liftare.

liftier [liftje] (f. *-ère*) *s.m.* ascensorista, lift.

lifting [liftiŋ] *s.m.* (*med.*) lifting.

ligament [ligamɑ̃] *s.m.* (*anat.*) legamento.

ligaturer [ligatyre] *s.f.* **1** legatura **2** legaccio (*m.*).

ligaturer [ligatyre] *v.tr.* legare.

lige [liʒ] *agg.* (*dir. feudale*) ligio || *être, se faire l'homme* — *de qqn*, (*fig.*) essere, diventare ligio a qlcu.

ligérien [liʒerjɛ̃] (f. *-enne*) *agg.* della Loira.

lignage [liɲaʒ] *s.m.* lignaggio.

ligne [liɲ] *s.f.* **1** linea (*anche fig.*); riga: *je lui écrirai deux lignes*, gli scriverô due righe; *lire entre les lignes*, (*fig.*) leggere fra le righe; *aller à la* —, andare a capo || *faire entrer une chose en* — *de compte*, prendere una cosa in considerazione || — *de partage des eaux*, dorsale spartiacque || — (*segnaletica*) — *continue*, *discontinue*, striscia continua, discontinua || *bâtiment de* —, nave di linea; *tête de* —, capolinea (di tram ecc.) || (*mar. mil.*) — *de front*, linea di fila **2** fila, riga: *une* — *de peupliers*, un filare di pioppi || *hors* —, fuoriclasse **3** lenza: *pêche à la* —, pesca con la lenza **4** (*mar.*) sagola: — *de sonde*, sagola di scandaglio.

lignée [liɲe] *s.f.* stirpe; discendenza.

ligner [liɲe] *v.tr.* rigare, tracciare righe su.

ligneux [liɲø] (f.*-euse*) *agg.* ligneo; legnoso (*anche fig.*).

lignicole [liɲikɔl] *agg.* (*di insetto*) che vive nel legno.

lignifier, se [səliɲifje] *v.pron.* lignificarsi.

lignite [liɲit] *s.m.* (*min.*) lignite (*f.*).

ligoter [ligɔte] *v.tr.* legare saldamente; incatenare (*anche fig.*).

ligue [lig] *s.f.* lega.

liguer [lige] *v.tr.* coalizzare □ **se liguer** *v.pron.* far lega.

ligueur [ligœʀ] (f. *-euse*) *s.m.* 1 leghista 2 (*st.*) fautore della Lega Santa.

ligure [ligyʀ], **ligurien** [ligyʀjɛ̃] (f. *-enne*) *agg.* e *s.m.* ligure.

lilas [lila] *s.m.* (*bot. pop.*) lillà ♦ *agg.invar.* (colore) lilla.

lilial [liljal] (pl. *-aux*) *agg.* liliale.

lilliputien [lilipysjɛ̃] (f. *-enne*) *agg.* e *s.m.* lilliputiano.

lillois [lilwa] *agg.* di Lilla.

limace [limas] *s.f.* (*zool.*) limaccia.

limaçon [limasɔ̃] *s.m.* (*zool., anat.*) chiocciola (*f.*).

limage [limaʒ] *s.m.* (*mecc.*) limatura (*f.*), il limare.

limaille [limɑj] *s.f.* limatura.

limande [limɑ̃d] *s.f.* (*zool.*) limanda || *elle est plate comme une —*, (*fam.*) è piatta come una sogliola.

limbe [lɛ̃b] *s.m.* (*scient.*) lembo.

limbes [lɛ̃b] *s.m.pl.* (*relig.*) limbo (*sing.*) || *être dans les —*, (*fig.*) essere nelle nuvole.

lime [lim] *s.f.* lima || *— à ongles*, limetta per unghie; *— pour ampoules*, seghetta per fiale.

limer [lime] *v.tr.* limare (*anche fig.*).

limeur [limœʀ] (f.*-euse*) *agg.* che lima ♦ *s.m.* limatore.

limier [limje] *s.m.* segugio (*anche fig.*).

liminaire [liminɛʀ] *agg.* preliminare.

limitable [limitabl] *agg.* limitabile.

limitatif [limitatif] (f. *-ive*) *agg.* limitativo, riduttivo.

limitation [limitasjɔ̃] *s.f.* limitazione.

limite [limit] *s.f.* limite (*m.*), confine (*m.*) (*anche fig.*): *il a atteint la — d'âge*, ha raggiunto i limiti di età || *cas —*, caso limite.

limité [limite] *agg.* limitato.

limiter [limite] *v.tr.* limitare (*anche fig.*).

limitrophe [limitʀɔf] *agg.* limitrofo.

limogeage [limɔʒaʒ] *s.m.* (*fam.*) siluramento.

limoger [limɔʒe] (*coniug. come* manger) *v.tr.* (*fam.*) silurare.

limon[1] [limɔ̃] *s.m.* limo, fango.

limon[2] *s.m.* (*frutto*) (varietà di) limone.

limon[3] *s.m.* 1 stanga (di un carro ecc.) 2 (*edil.*) montante, longarina (*f.*).

limonade [limɔnad] *s.f.* gazzosa.

limonadier [limɔnadje] (f. *-ère*) *s.m.* venditore di bibite.

limoneux [limɔnø] (f. *-euse*) *agg.* limoso, fangoso.

limonier [limɔnje] *s.m.* (*pianta*) (varietà di) limone.

limousin [limuzɛ̃] *agg.* e *s.m.* limosino.

limousine [limuzin] *s.f.* (*aut.*) limousine.

limpide [lɛ̃pid] *agg.* limpido (*anche fig.*).

limpidité [lɛ̃pidite] *s.f.* limpidezza.

lin [lɛ̃] *s.m.* lino.

linceul [lɛ̃sœl] *s.m.* sudario.

linéaire [lineɛʀ] *agg.* lineare || **-ement** *avv.*

linéament [lineamɑ̃] *s.m.* 1 lineamento 2 abbozzo.

linéarité [lineaʀite] *s.f.* linearità.

linge [lɛ̃ʒ] *s.m.* 1 biancheria (*f.*): *— de corps*, biancheria personale; *— de toilette*, biancheria da bagno || *laver son — en famille*, lavare i panni sporchi in famiglia 2 panno || *être blanc comme un —*, essere bianco come un lenzuolo || *linges sacrés, d'autel*, lini sacri.

linger [lɛ̃ʒe] *v.tr.* (*in Africa*) lavare (e stirare).

lingère [lɛ̃ʒɛʀ] *s.f.* guardarobiera.

lingerie [lɛ̃ʒʀi] *s.f.* 1 confezione e commercio di biancheria 2 biancheria intima femminile.

lingot [lɛ̃go] *s.m.* lingotto.

lingual [lɛ̃gw(ɥ)al] (pl. *-aux*) *agg.* linguale.

linguiste [lɛ̃gɥist] *s.m.* linguista, glottologo.

linguistique [lɛ̃gɥistik] *agg.* linguistico ♦ *s.f.* linguistica, glottologia.

linguistiquement [lɛ̃gɥistikmɑ̃] *avv.* linguisticamente.

liniment [linimɑ̃] *s.m.* (*med.*) linimento.

linoléum [linɔleɔm] *s.m.* linoleum.

linon [linɔ̃] *s.m.* (*tess.*) linone.

linotte [linɔt] *s.f.* (*zool.*) fanello (*m.*) || *tête de —*, (*fam.*) cervello di gallina.

linotype [linɔtip] *s.f.* (*tip.*) linotype.

linotypie [linɔtipi] *s.f.* (*tip.*) linotipia.

linotypiste [linɔtipist] *s.m.* (*tip.*) linotipista.

linteau [lɛ̃to] (pl. *-eaux*) *s.m.* (*arch.*) architrave (di porta o finestra).

lion [ljɔ̃] *s.m.* 1 leone || *avoir mangé, bouffé du —*, (*fam.*) essere insolitamente aggressivi 2 (*astr.*) Lion, Leone.

lionceau [ljɔ̃so] (pl. *-eaux*) *s.m.* (*zool.*) leoncino.

lionne [ljɔn] *s.f.* leonessa.

lipide [lipid] *s.m.* (*biochim.*) lipide.

lipo- *pref.* lipo-

lipo-aspiration [lipoaspiʀasjɔ̃] *s.f.* (*med.*) lipoaspirazione.

liposoluble [lipɔsɔlybl] *agg.* (*chim.*) liposolubile.

liposome [lipɔzom] *s.m.* (*biol.*) liposoma.

liposuccion [lipɔsyksjɔ̃] *s.f.* (*med.*) liposuzione.

lippe [lip] *s.f.* labbro inferiore sporgente || *faire la —*, (*fam.*) fare il broncio.

lippu [lipy] *agg.* dalle labbra tumide, sporgenti.

liquéfaction [likefaksjɔ̃] *s.f.* liquefazione.

liquéfier [likefje] *v.tr.* liquefare □ **se liquéfier** *v.pron.* liquefarsi, squagliarsi.

liquette [liket] *s.f.* (*fam.*) camicia.

liqueur [likœʀ] *s.f.* liquore (*m.*).

liquidateur [likidatœʀ] (f. *-trice*) *agg.* e *s.m.* liquidatore.

liquidation [likidasjɔ̃] *s.f.* liquidazione.

livrable

liquide [likid] *agg.* liquido ♦ *s.m.* **1** liquido **2** (denaro) liquido ♦ *s.f.* (*fon.*) liquida.
liquider [likide] *v.tr.* liquidare.
liquidité [likidite] *s.f.* (*econ.*) **1** liquidità **2** *pl.* (denaro) liquido.
liquoreux [likɔʀø] (f.-*euse*) *agg.* liquoroso.
lire[1] [liʀ] *s.f.* lira (italiana).
lire[2]

Indic.pres. je lis, etc., nous lisons, etc.; *imperf.* je lisais, etc.; *pass.rem.* je lus, etc.; *fut.* je lirai, etc. *Cond.* je lirais, etc. *Cong.pres.* que je lise, etc.; *imperf.* que je lusse, etc. *Part.pres.* lisant; *pass.* lu. *Imp.* lis, lisons, lisez.

---

v.tr. leggere || — *les lignes de la main,* leggere la mano || — *sur le visage,* leggere in viso; — *dans le jeu de qqn,* capire il gioco di qlcu || (*comm.*) *dans l'attente de vous —...,* in attesa di leggervi...
lis [lis] *s.m.* giglio: — *de mai, des vallées,* mughetto || *un teint de —,* una carnagione di latte || (*arald.*) *fleur de —,* giglio di Francia.
lisbonnais [lisbɔnɛ] *agg.* di Lisbona.
liseré [lizʀe], **liséré** [lizeʀe] *s.m.* bordo, profilo.
lisérer [lizeʀe] (*coniug. come* céder), **liserer** [lizʀe] (*coniug. come* semer) *v.tr.* (*cucito*) orlare, profilare.
liseron [lizʀɔ̃] *s.m.* (*bot.*) convolvolo.
liseur [lizœʀ] *s.m.* lettore.
liseuse [lizøz] *s.f.* **1** lettrice **2** tagliacarte-segnalibro (*m.*) **3** fodera (per libro) **4** (*abbigl.*) liseuse, mantellina da notte **5** lampada per la lettura.
lisibilité [lizibilite] *s.f.* leggibilità.
lisible [lizibl] *agg.* leggibile.
lisiblement [lizibləmɑ̃] *avv.* in modo leggibile.
lisière [lizjɛʀ] *s.f.* **1** margine (*m.*); bordo (*m.*) || *la — d'un bois,* il limitare di un bosco **2** cimosa, vivagno (di tessuto).
lissage [lisaʒ] *s.m.* (*tecn.*) lisciatura (*f.*); (*dei capelli*) stiratura (*f.*).
lisse[1] [lis] *agg.* liscio, levigato.
lisse[2] *s.f.* (*mar.*) ossatura longitudinale; parapetto (*m.*).
lisse[3] *s.f.* (*ind. tess.*) liccio (*m.*).
lisser [lise] *v.tr.* **1** lisciare **2** levigare: — *le papier,* satinare la carta; — *une étoffe,* dare il lucido a una stoffa.
liste [list] *s.f.* lista, elenco (*m.*): *dans, sur la —,* sulla lista, in elenco; — *des associés,* elenco dei soci; — *des prix,* listino prezzi; — *d'adresses,* indirizzario || *en tête de —,* primo (per voti) nella propria lista elettorale || *la — noire,* (*fig.*) il libro nero || *être sur la — rouge,* non figurare sull'elenco del telefono || *grossir la — de,* ingrossare le file di.
listeau [listo] (pl. -*eaux*), **listel** [listel] *s.m.* listello.
lister [liste] *v.tr.* **1** mettere in (una) lista **2** (*inform.*) listare.
listing [listiŋ] *s.m.* (*inform.*) listato.
lit [li] *s.m.* **1** letto: *grand —,* — *à deux places,* letto matrimoniale; — *d'enfant,* lettino a sbarre; —

de camp, branda, letto da campo; — *de repos,* divanetto; *être, aller au —,* essere, andare a letto; *garder le —,* rimanere a letto (malato) || *faire le —,* rifare il letto || *mourir dans son —,* morire nel proprio letto, di morte naturale || *un — de feuillage,* un giaciglio di foglie **2** strato: — *de calcaire,* strato calcareo **3** (*geol.*) alveo, letto (di fiume).
litanie [litani] *s.f.* litania || *toujours la même —!,* (*fam.*) sempre la stessa solfa!
lit-cage [likaʒ] (pl. *lits-cages*) *s.m.* letto pieghevole.
literie [litʀi] *s.f.* l'insieme di materasso, cuscino e biancheria da letto.
lithiase [litjɑz] *s.f.* (*med.*) litiasi.
lithium [litjɔm] *s.m.* (*chim.*) litio.
litho- *pref.* lito-
lithographe [litɔgʀaf] *s.m.* litografo.
lithographie [litɔgʀafi] *s.f.* litografia.
lithographique [litɔgʀafik] *agg.* litografico.
lithosphère [litɔsfɛʀ] *s.f.* (*geol.*) litosfera.
lithuanien [lituanjɛ̃] (f. -*enne*) *agg. e s.m.* → **lituanien**.
litière [litjɛʀ] *s.f.* lettiera, strame (*m.*).
litige [litiʒ] *s.m.* (*dir.*) lite (*f.*): *point en —,* oggetto di contestazione.
litigieux [litiʒjø] (f. -*euse*) *agg.* (*dir.*) litigioso, in contestazione.
litote [litɔt] *s.f.* (*ret.*) litote.
litre [litʀ] *s.m.* litro.
litron [litʀɔ̃] *s.m.* (*fam.*) litro di vino.
littéraire [liteʀɛʀ] *agg.* letterario ♦ *s.m.* chi ha doti, attitudini letterarie.
littérairement [liteʀɛʀmɑ̃] *avv.* da un punto di vista letterario.
littéral [liteʀal] (pl. -*aux*) *agg.* letterale, alla lettera || *l'arabe — est très différent de l'arabe parlé,* l'arabo scritto è molto diverso dall'arabo parlato || (*dir.*) *preuve littérale,* prova documentale.
littéralement [liteʀalmɑ̃] *avv.* letteralmente; assolutamente.
littérateur [liteʀatœʀ] *s.m.* (*spesso spreg.*) letterato.
littérature [liteʀatyʀ] *s.f.* letteratura || *c'est de la —,* (*spreg.*) sono solo belle parole.
littoral [litɔʀal] (pl. -*aux*) *agg. e s.m.* litorale || *route littorale,* (strada) litoranea.
lituanien [lituanjɛ̃] (f. -*enne*) *agg. e s.m.* lituano.
liturgie [lityʀʒi] *s.f.* liturgia.
liturgique [lityʀʒik] *agg.* liturgico.
livarot [livaʀo] *s.m.* formaggio molle del Livarot (Normandia).
livide [livid] *agg.* livido: — *de froid, de rage,* livido per il freddo, di rabbia.
lividité [lividite] *s.f.* lividezza: (*med.*) — *cadavérique,* livore cadaverico.
living(-room) [liviŋʀum] (pl. *living-rooms*) *s.m.* (stanza di) soggiorno.
livrable [livʀabl] *agg.* (*comm.*) consegnabile: — *immédiatement,* pronta consegna || — *à domicile,* merce che può essere consegnata a domicilio.

livraison [livʀɛzɔ̃] *s.f.* **1** (*comm.*) consegna: *après —*, a consegna avvenuta; *par livraisons successives*, a consegne scaglionate; *en cas de non —*, in caso di mancata consegna || *nous avons pris — de la marchandise*, abbiamo preso in consegna la merce **2** fascicolo (*m.*), dispensa.

livre[1] [livʀ] *s.m.* **1** libro: *— broché*, libro in brossura; *— de poche*, libro tascabile, in edizione economica; *— de classe*, libro di testo; *— de prix*, libro premio di fine anno, libro costoso; *— d'images*, libro con illustrazioni (per bambini) || *comme dans les livres*, come in un romanzo || *parler comme un —*, (*iron.*) parlare come un libro stampato || *traduire à — ouvert*, tradurre a prima vista **2** (*comm.*) libro; (*registre*) registro: *— des commandes*, libro commissioni; *grand —*, (libro) mastro; *— de paye*, libro paga.

livre[2] *s.f.* **1** libbra: *un pain d'une —*, una pagnotta da mezzo chilo; *une demi-livre*, 250 grammi **2** lira (egiziana, israeliana, turca) || *— (sterling)*, sterlina (inglese).

livre-cassette [livʀkasɛt] (pl. *livres-cassettes*) *s.m.* audiolibro.

livrée [livʀe] *s.f.* livrea.

livrer [livʀe] *v.tr.* **1** consegnare: *— qqn à son destin*, abbandonare qlcu al suo destino || *— son âme au diable*, dar l'anima al diavolo || *— qqch de soi-même*, dare qlco di sé || *— un secret*, svelare un segreto || (*comm.*): *— une commande*, fare una consegna; *— un client*, fare una consegna a un cliente; *à —*, a futura consegna || *— passage à qqn*, cedere il passo a qlcu **2** tradire □ **se livrer** *v.pron.* **1** abbandonarsi; affidarsi: *se — à la justice*, consegnarsi alla giustizia **2** confidarsi: *c'est une personne qui se livre peu*, è un carattere alquanto chiuso **3** dedicarsi, darsi.

livresque [livʀɛsk] *agg.* libresco.

livret [livʀɛ] *s.m.* libretto: *auteur de livrets*, librettista; *— d'épargne*, libretto di risparmio; (*mil.*) *— militaire, individuel*, estratto del foglio matricolare; *— scolaire*, pagella || *— de famille*, libretto consegnato all'atto del matrimonio, su cui saranno via via riportati dalla pubblica amministrazione tutti gli eventi (nascite, morti ecc.) riguardanti il nuovo nucleo familiare.

livreur [livʀœʀ] *s.m.* fattorino (per consegne a domicilio).

lobe [lɔb] *s.m.* lobo || (*bot.*) *en lobes*, lobato || (*arch.*) *à trois lobes*, trilobato.

lobé [lɔbe] *agg.* lobato.

lobotomie [lɔbɔtɔmi] *s.f.* (*med.*) lobotomia.

local [lɔkal] (pl. *-aux*) *agg.* e *s.m.* locale || **-ement** *avv.*

localisable [lɔkalizabl] *agg.* localizzabile.

localisation [lɔkalizasjɔ̃] *s.f.* localizzazione.

localiser [lɔkalize] *v.tr.* **1** localizzare; individuare **2** circoscrivere.

localité [lɔkalite] *s.f.* località.

locataire [lɔkatɛʀ] *s.m.* locatario, inquilino.

locatif[1] [lɔkatif] (f. *-ive*) *agg.* locativo: *réparations locatives*, riparazioni spettanti all'inquilino.

locatif[2] (f. *-ive*) *agg.* (*gramm.*) locativo.

location [lɔkasjɔ̃] *s.f.* **1** (*di immobile*) locazione, affitto (*m.*); (*di cosa*) noleggio (*m.*): *voiture de —*, automobile da noleggio **2** prenotazione: *bureau de —*, ufficio prenotazioni, biglietteria □ **location-gérance**, franchising; **location-vente**, leasing.

loche [lɔʃ] *s.f.* **1** (*pesce*) lasca **2** lumacone grigio.

lock-out [lɔkaut] *s.m.* serrata (*f.*).

lock-outer [lɔkawte] *v.tr.* chiudere con una serrata.

locomoteur [lɔkɔmɔtœʀ] (f. *-trice*) *agg.* locomotore.

locomotion [lɔkɔmosjɔ̃] *s.f.* locomozione.

locomotive [lɔkɔmɔtiv] *s.f.* locomotiva || (*fig.*): *la — de l'Etat*, la macchina statale; *jouer un rôle de —*, essere l'elemento trainante; *film —*, film di successo.

locomotrice [lɔkɔmɔtʀis] *s.f.* locomotore (*m.*), locomotrice.

locuste [lɔkyst] *s.f.* (*zool.*) locusta.

locuteur [lɔkytœʀ] (f. *-trice*) *s.m.* (*ling.*) locutore, parlante.

locution [lɔkysjɔ̃] *s.f.* locuzione, modo di dire.

lof [lɔf] *s.m.* (*mar.*) orza (*f.*): *aller au —*, orzare; *— pour —*, di poppa.

lofer [lɔfe] *v.intr.* (*mar.*) orzare.

logarithme [lɔgaʀitm] *s.m.* logaritmo.

loge [lɔʒ] *s.f.* **1** guardiola, portineria **2** (*teatr.*) palco (*m.*): *— d'avant-scène*, barcaccia; *premières, deuxièmes loges*, palchi di primo, di secondo ordine || *être aux premières loges*, (*fig.*) essere nella posizione migliore **3** (*d'artiste*), camerino (*m.*) **4** (*arch.*) loggia **5** loggia (massonica).

logeable [lɔʒabl] *agg.* **1** abitabile **2** (*di recipiente*) capiente.

logement [lɔʒmɑ̃] *s.m.* **1** alloggio, abitazione (*f.*): *chercher un —*, cercare casa; *— de quatre pièces*, appartamento di quattro locali; *crise du —*, crisi degli alloggi || *logements sociaux*, edilizia popolare **2** (*mil.*) alloggiamento, alloggio **3** (*mecc.*) alloggiamento.

loger [lɔʒe] (*coniug. come* manger) *v.intr.* **1** abitare, alloggiare: *il loge chez sa tante*, abita da sua zia || *bonne logée et nourrie*, domestica a tutto servizio **2** entrarci, starci: *ces valises ne logeront jamais dans le coffre!*, queste valigie non ci staranno mai nel portabagagli! ♦ *v.tr.* **1** ospitare, dare alloggio (a) **2** mettere; collocare || *il lui a logé une balle dans la tête*, gli ha ficcato una pallottola in testa □ **se loger** *v.pron.* alloggiare, abitare.

logeur [lɔʒœʀ] (f. *-euse*) *s.m.* affittacamere.

loggia [lɔdʒja] *s.f.* piccola veranda; terrazzino chiuso (da vetrate).

logiciel [lɔʒisjɛl] *s.m.* (*inform.*) software: *— d'application*, software applicativo.

logicien [lɔʒisjɛ̃] (f. *-enne*) *s.m.* logico || *il raisonne en logicien*, è un ragionatore.

logique [lɔʒik] *s.f.* **1** logica **2** logicità ♦ *agg.* logico.

logiquement [lɔʒikmɑ̃] *avv.* logicamente.

logis [lɔʒi] *s.m.* casa (*f.*); alloggio: *au —*, a, in casa;

quitter le — familial, lasciare il tetto familiare || *corps de —*, corpo principale (di un edificio).
logistique [lɔʒistik] *s.f.* logistica ♦ *agg.* logistico.
logo [lɔgo] *s.m.* logo.
logo- *pref.* logo-
logogriphe [lɔgɔgʀif] *s.m.* logogrifo.
logorrhée [lɔgɔʀe] *s.f.* (*med.*) logorrea.
loi [lwa] *s.f.* legge: *faire —*, far legge, far testo; *faire la —*, dettar legge; *de par la —*, secondo la legge; *sous le coup de la —*, disciplinato dalla legge, sotto le sanzioni di legge || *les lois de la mode*, i dettami della moda || *nul n'est censé ignorer la —*, l'ignoranza della legge non è ammessa.
loi-cadre [lwakɑdʀ] (pl. *lois-cadres*) *s.f.* legge quadro.
loin [lwɛ̃] *avv.* lontano; avanti: *les voleurs sont déjà —*, i ladri sono ormai lontani; *dix kilomètres plus —*, dieci chilometri più avanti; *aller plus — que*, oltrepassare; *je n'irai pas plus —*, (*anche fig.*) non mi spingerò oltre; *pas plus — qu'hier*, non più tardi di ieri; *voir plus — à la page 85*, vedere più avanti a pagina 85 || *si — qu'on remonte dans le passé...*, per quanto si risalga nel tempo... || *il ira —*, si farà strada; *ce malade n'ira pas —*, quel malato ha i giorni contati; *tu vas un peu —*, esageri un po'; *ne va pas plus —!*, non andare oltre, fermati! || *cette affaire risque d'aller —*, questa faccenda rischia d'avere gravissime conseguenze; *tout cela peut vous mener —*, tutto ciò può procurarvi delle noie || *voir —*, essere lungimirante || *ils ont eu une prise de bec, mais cela n'a pas été plus —*, hanno avuto un battibecco, ma tutto è finito lì ♦ *s.m.*: *il y a —*, c'è un bel po'; *de là à dire que c'est un idiot, il y a —*, da questo a dire che è un idiota ce ne corre; *de là à ce qu'il tombe malade, il n'y a pas —*, ci manca poco che si ammali □ **au loin** *locuz.avv.* lontano; in lontananza □ **de loin** *locuz.avv.* **1** da, di lontano: *suivre qqn de —*, seguire qlcu di lontano; *revenir de —*, (*fig.*) averla scampata bella; *de près ou de —*, in qualche modo; *ni de près ni de —*, in nessun modo; *nous sommes parents de —*, siamo parenti alla lontana **2** di gran lunga: *c'est de — son meilleur roman*, è di gran lunga il suo romanzo migliore **3** da molto tempo: *c'est une habitude qui date de —*, è un'abitudine che data da molto tempo □ **de loin en loin** *locuz.avv.* di quando in quando □ **loin de** *locuz.prep.* **1** lontano da: *il n'est pas — de midi*, è quasi mezzogiorno; *— de là*, al contrario, tutt'altro **2** invece di □ **d'aussi loin que**, **du plus loin que** *locuz.cong.* appena.
lointain [lwɛ̃tɛ̃] *agg.* lontano: *époque lointaine*, epoca remota || (*fig.*): *ressemblance lointaine*, vaga somiglianza; *avoir l'air —*, avere l'aria assente ♦ *s.m.* **1** lontananza (*f.*): *au —*, *dans le —*, in lontananza **2** (*pitt.*) sfondo.
loir [lwaʀ] *s.m.* (*zool.*) ghiro.
loisible [lwazibl] *agg.* lecito, permesso: *il vous est — de partir*, lei è padronissimo di partire.
loisir [lwaziʀ] *s.m.* **1** tempo (libero): *moments de —*, momenti di libertà || (*tout*) *à —*, a piacimento, a volontà **2** pl. divertimenti, svaghi: *or-*

ganisation des loisirs, organizzazione del tempo libero.
lombaire [lɔ̃bɛʀ] *agg.* (*anat.*) lombare.
lombalgie [lɔ̃balʒi] *s.f.* (*med.*) lombalgia.
lombard [lɔ̃baʀ] *agg.* e *s.m.* **1** lombardo **2** (*st.*) longobardo.
lombes [lɔ̃b] *s.m.pl.* (*anat.*) lombi.
lombric [lɔ̃bʀik] *s.m.* (*zool.*) lombrico.
lombriculture [lɔ̃bʀikyltyʀ] *s.f.* lombricicoltura.
londonien [lɔ̃dɔnjɛ̃] (*f.* -*enne*) *agg.* e *s.m.* londinese.
long [lɔ̃] (*f. longue*) *agg.* lungo (*anche fig.*): *ça n'a pas été —*, non è stata una cosa lunga; *ce ne sera pas —*, non ci vorrà molto tempo || *nez — d'une aune*, naso lungo una spanna || *trouver le temps —*, trovare che il tempo non passa mai || *— comme un jour sans pain*, (*fam.*) lungo come la fame || *être — à s'habiller*, essere lento a vestirsi ♦ *avv.* molto: *ton silence en dit —*, il tuo silenzio è molto eloquente; *le désir d'en savoir plus —*, il desiderio di saperne di più; *en savoir —*, saperla lunga ♦ *s.m.* lunghezza (*f.*): *mur de trente mètres de —*, muro di trenta metri, lungo trenta metri || *tomber de tout son —*, cader lungo disteso □ **à la longue** *locuz.avv.* a lungo andare, alla lunga □ **au long de**, **tout le long de** *locuz.prep.* lungo: *le — du fleuve*, lungo il fiume; *tout le — de sa vie, il n'a jamais eu de chance*, lungo, in tutta la vita non è mai stato fortunato; *tout au — de la journée*, per tutta la giornata □ (**tout**) **au long**, **tout du long** *locuz.avv.* per intero, da cima a fondo □ **de long en large** *locuz.avv.* avanti e indietro □ **de long, en long** *locuz.avv.* per il lungo: *couper en —*, tagliare per il lungo, nel senso della lunghezza □ **en long et en large** *locuz.avv.* in lungo e in largo; da cima a fondo.
longanimité [lɔ̃ganimite] *s.f.* longanimità.
long-courrier [lɔ̃kuʀje] (pl. *long-courriers*) *agg.* **1** (*mar.*) di lungo corso **2** (*aer.*) a lunga percorrenza ♦ *s.m.* **1** (*mar.*) transatlantico **2** (*aer.*) aereo a lunga percorrenza.
longe[1] [lɔ̃ʒ] *s.f.* cavezza.
longe[2] *s.f.* (*macelleria*) lombata.
longer [lɔ̃ʒe] (*coniug. come manger*) *v.tr.* costeggiare: *le navire longeait la côte*, la nave procedeva lungo la costa.
longeron [lɔ̃ʒʀɔ̃] *s.m.* **1** (*aer.*, *aut.*) longherone **2** (*edil.*) trave maestra, principale.
longévité [lɔ̃ʒevite] *s.f.* longevità.
longiligne [lɔ̃ʒiliɲ] *agg.* longilineo.
longitude [lɔ̃ʒityd] *s.f.* longitudine.
longitudinal [lɔ̃ʒitydinal] (pl. -*aux*) *agg.* longitudinale.
long(-)métrage [lɔ̃metʀaʒ] (pl. *longs*(-)*métrages*) *s.m.* (*cine.*, *tv*) lungometraggio.
longtemps [lɔ̃tɑ̃] *avv.* a lungo, (per) molto tempo: *je l'ai attendu —*, l'ho aspettato a lungo; *je n'attendrai pas plus —*, non aspetterò oltre; *avant —*, fra non molto; *depuis —*, da molto tempo; *pendant —*, per molto tempo; *aussi — que vous voudrez*, quanto (tempo) vorrete; *je n'en ai pas pour —*, non ne ho per molto; *il y a —*, molto

tempo fa; *il y a bien — que je ne l'ai vu*, è molto tempo che, è un pezzo che non lo vedo; *voilà — qu'il ne vient plus*, è tanto che non viene più; *je ne le verrai plus de —, d'ici —*, non lo vedrò per molto tempo.

longue [lɔ̃g] *agg.f.* → **long**.

longuement [lɔ̃gmɑ̃] *avv.* lungamente, a lungo.

longuet [lɔ̃gɛ] (f. *-ette*) *agg.* (*fam.*) lunghetto.

longueur [lɔ̃gœr] *s.f.* **1** lunghezza: *quelle est la — de ce tapis?*, quale è la lunghezza di questo tappeto, quanto è lungo questo tappeto?; *il a une — d'un mètre*, ha una lunghezza di un metro, è lungo un metro || *en —*, per il lungo || *à — de journée*, tutto il santo giorno || (*sport*) *gagner d'une —*, vincere per una lunghezza **2** *pl.* lungaggini; lentezza (*sing.*).

longue-vue [lɔ̃gvy] (pl. *longues-vues*) *s.f.* cannocchiale (*m.*).

lopin [lɔpɛ̃] *s.m.*: *un — de terre*, un pezzetto di terra.

loquace [lɔkwas] *agg.* loquace.

loquacité [lɔkwasite] *s.f.* loquacità.

loque [lɔk] *s.f.* **1** cencio (*m.*), straccio: *en loques*, cencioso; *être en loques*, essere sbrindellato || *ce n'est qu'une — (humaine)*, (*fig.*) è uno straccio d'uomo **2** *pl.* (*fam.*) stracci (*m.*), vestiti (*m.*).

loquet [lɔkɛ] *s.m.* saliscendi: *fermer la porte au —*, mettere il catenaccio alla porta.

loqueteau [lɔkto] (pl. *-eaux*) *s.m.* nottolino.

loqueteux [lɔktø] (f. *-euse*) *agg.* cencioso, sbrindellato.

lordose [lɔrdoz] *s.f.* (*med., anat.*) lordosi.

lorgner [lɔrɲe] *v.tr.* **1** sbirciare, guardare di sottecchi **2** (*fig.*) adocchiare, mettere gli occhi (su).

lorgnette [lɔrɲɛt] *s.f.* binocolo da teatro con impugnatura || *regarder par le petit bout de la —*, (*fig.*) avere una visione ristretta delle cose.

lorgnon [lɔrɲɔ̃] *s.m.* **1** occhialetto, occhialino **2** stringinaso.

lorientais [lɔrjɑ̃tɛ] *agg.* di Lorient.

loriot [lɔrjo] *s.m.* (*zool.*) rigogolo.

loris [lɔri] *s.m.* (*zool.*) lori.

lorrain [lɔrɛ̃] *agg.* e *s.m.* lorenese.

lors [lɔr] *avv.* allora □ **lors de** *locuz.prep.* al momento di; all'epoca di □ **lors même que** *locuz.cong.* **1** (+ *cond.*) quand'anche: *je l'aiderais — même que je devrais tout sacrifier*, lo aiuterei quand'anche dovessi sacrificare tutto **2** (+ *indic.*) anche quando: *il est grossier — même qu'il s'efforce d'être aimable*, è maleducato anche quando si sforza d'essere gentile □ **dès lors** *locuz.avv.* **1** da allora **2** perciò, quindi □ **dès lors que** *locuz.avv.* dal momento che, poiché.

lorsque [lɔrskə] (*si apostrofa davanti a* il, elle, on, un, une, à, avec, aussi, aucun, en, enfin) *cong.* quando: *— la loi entra en vigueur...*, quando la legge entrò in vigore...

losange [lɔzɑ̃ʒ] *s.m.* **1** losanga (*f.*) **2** (*mat.*) rombo.

lot [lo] *s.m.* **1** parte (*f.*): *en lots égaux*, in parti uguali **2** (*di terreno*) lotto **3** (*di merce*) lotto, stock **4** premio (alla lotteria): *gagner le gros —*,

vincere il primo premio di una lotteria; (*fig.*) vincere un terno al lotto **5** sorte (*f.*), destino.

loterie [lɔtri] *s.f.* lotteria.

loti [lɔti] *agg.* **1** lottizzato **2** *être bien —, mal —*, essere favorito, sfavorito dalla fortuna.

lotion [losjɔ̃] *s.f.* lozione: *— après-rasage*, (lozione) dopobarba.

lotionner [losjɔne] *v.tr.* frizionare, detergere.

lotir [lɔtir] *v.tr.* **1** ripartire, dividere **2** lottizzare (un terreno).

lotissement [lɔtismɑ̃] *s.m.* lottizzazione (*f.*).

lotisseur [lɔtisœr] (f. *-euse*) *s.m.* lottizzatore.

loto [lɔto] *s.m.* **1** tombola (*f.*): *jouer au —*, giocare a tombola || *des yeux en boules de —*, (*fam.*) occhi a palla **2** — (*national*), (gioco del) lotto.

lotte [lɔt] *s.f.* (*zool.*) bottatrice: *— de mer*, rana pescatrice; (*cuc.*) coda di rospo.

lotus [lɔtys] *s.m.* (*bot.*) loto.

louable[1] [lwabl] *agg.* lodevole, encomiabile.

louable[2] *agg.* affittabile.

louage [lwaʒ] *s.m.* locazione (*f.*); (*di un veicolo*) noleggio: *voiture de —*, vettura da nolo.

louange [lwɑ̃ʒ] *s.f.* lode.

louanger [lwɑ̃ʒe] (*coniug. come* manger) *v.tr.* elogiare; incensare.

louangeur [lwɑ̃ʒœr] (f. *-euse*) *agg.* laudativo ♦ *s.m.* adulatore.

loubard [lubar] *s.m.* (*fam.*) giovinastro di periferia.

louche[1] [luʃ] *agg.* **1** guercio, strabico **2** (*fig.*) losco, bieco || *un milieu —*, un ambiente equivoco ♦ *s.m.* losco.

louche[2] *s.f.* mestolo (*m.*), ramaiolo (*m.*).

loucher [luʃe] *v.intr.* **1** essere strabico, guardare storto: *— de l'œil gauche*, esser strabico dall'occhio sinistro **2** (*fam.*) *— sur qqn, qqch*, adocchiare qlcu, qlco || *faire — qqn*, (*fig.*) far morire qlcu d'invidia.

loucherie [luʃri] *s.f.* strabismo (*m.*).

loucheur [luʃœr] (f. *-euse*) *s.m.* strabico, guercio.

louer[1] [lwe] *v.tr.* lodare || *— (qqn) de, pour qqch*, congratularsi con qlcu per qlco □ **se louer** *v.pron.* essere felice, congratularsi || *je n'ai qu'à me — de vous*, non posso che essere soddisfatto di voi.

louer[2] *v.tr.* **1** (*un immobile*) affittare, prendere in affitto (da parte del locatario); affittare, dare in affitto (da parte del proprietario) **2** (*un'attrezzatura, un veicolo*) noleggiare **3** (*una persona*) assumere, ingaggiare **4** prenotare.

loueur [lwœr] (f. *-euse*) *s.m.* locatore; (*di veicoli*) noleggiatore.

loufoque [lufɔk] *agg.* e *s.m.* (*fam.*) strambo, svitato: *idée —*, idea bislacca.

loufoquerie [lufɔkri] *s.f.* stramberia, stranezza.

louhannais [lwanɛ] *agg.* di Louhans.

louis [lwi] *s.m.* (*moneta*) luigi.

loukoum [lukum] *s.m.* (*cuc.*) locum, lokum.

loulou[1] [lulu] *s.m.* (*cane*) volpino.

loulou[2] *-ou(t)te*) *s.m.* (*fam.*) **1** cocco, tesoruccio **2** bulletto di periferia.

loup [lu] *s.m.* **1** lupo: *chien —*, cane lupo || *marcher à pas de —*, camminare a passi felpati || *hur-*

ler avec les loups, seguire la corrente ‖ *être connu comme le — blanc, gris*, essere conosciuto come l'erba betonica ‖ *un froid de —*, un freddo cane ‖ *jeune —*, (*fig.*) giovane rampante ‖ (*zool.*) *— de mer*, branzino, (*fig.*) lupo di mare ‖ *tête de —*, spazzola per soffitto   **2** mascherina (*f.*), moretta (*f.*)   **3** difetto, errore.

loup-cervier [luseʀvje] (pl. *loups-cerviers*) *s.m.* (*zool.*) lince (*f.*).

loupe [lup] *s.f.*   **1** lente (d'ingrandimento) ‖ *regarder à la —*, (*fig.*) guardare minuziosamente   **2** (*med.*) natta   **3** nocchio (del legno).

loupé [lupe] *agg.* (*fam.*) sbagliato, non riuscito ♦ *s.m.* (*fam.*) sbaglio, errore.

louper [lupe] *v.tr.* (*fam.*) perdere; mancare; fallire ‖ *— son examen*, farsi bocciare a un esame ‖ *— la bonne occasion*, lasciarsi sfuggire l'occasione buona.

loup-garou [lugaʀu] (pl. *loups-garous*) *s.m.* lupo mannaro.

lourd [luʀ] *agg.*   **1** pesante ‖ *lourdes dettes*, debiti onerosi ‖ *avoir l'esprit —*, essere lento, tardo a capire ‖ *temps chaud et —*, tempo caldo e opprimente ‖ *en avoir — sur la conscience*, avere un peso sulla coscienza ‖ *une lourde tâche*, un compito gravoso   **2** *— de*, denso di; carico di ♦ *avv.* molto: *il n'en fait pas —*, se la prende comoda.

lourdaud [luʀdo] *agg.* goffo ♦ *s.m.* tanghero.

lourde [luʀd] *s.f.* (*fam.*) porta.

lourdement [luʀdəmã] *avv.*   **1** pesantemente   **2** grossolanamente ‖ *vous vous trompez —*, sbagliate di grosso.

lourder [luʀde] *v.tr.* (*molto fam.*) scaricare, mettere alla porta.

lourdeur [luʀdœʀ] *s.f.*   **1** pesantezza   **2** (*fig.*) grossolanità; goffaggine.

loustic [lustik] *s.m.* (*fam.*) buffone, mattacchione.

loutre [lutʀ] *s.f.* (*zool.*) lontra.

louve [luv] *s.f.* (*zool.*) lupa.

louveteau [luvto] (pl. *-eaux*) *s.m.*   **1** lupacchiotto   **2** (*scout*) lupetto.

louvoiement [luvwamã] *s.m.*   **1** (*mar.*) bordeggio   **2** (*fig.*) il destreggiarsi, il barcamenarsi.

louvoyer [luvwaje] (*coniug. come* employer) *v.intr.*   **1** (*mar.*) bordeggiare (*anche fig.*)   **2** (*fig.*) destreggiarsi, barcamenarsi.

lover [lɔve] *v.tr.* (*mar.*) abbisciare (una gomena ecc.) □ **se lover** *v.pron.* acciambellarsi.

loyal [lwajal] (pl. *-aux*) *agg.* leale ‖ (*al circo*) *Monsieur Loyal*, presentatore.

loyalement [lwajalmã] *avv.* lealmente, con lealtà.

loyalisme [lwajalism] *s.m.* lealismo.

loyaliste [lwajalist] *agg. e s.m.* lealista.

loyauté [lwajote] *s.f.* lealtà.

loyer [lwaje] *s.m.*   **1** canone, affitto: *prendre à —*, dare, prendere in affitto   **2** (*econ.*) interesse ‖ *le — de l'argent*, il tasso d'interesse.

lu [ly] *part.pass. di* lire .

lubie [lybi] *s.f.* (*fam.*) ghiribizzo (*m.*).

lubricité [lybʀisite] *s.f.* (*fig.*) lubricità.

lubrifiant [lybʀifjã] *agg. e s.m.* lubrificante.

lubrification [lybʀifikasjɔ̃] *s.f.* lubrificazione.

lubrifier [lybʀifje] *v.tr.* lubrificare.

lubrique [lybʀik] *agg.* lubrico (*anche fig.*): *œil —*, sguardo libidinoso.

lucane [lykan] *s.m.* (*zool.*) cervo volante.

lucarne [lykaʀn] *s.f.* abbaino (*m.*); finestrella, lucernario (*m.*).

lucide [lysid] *agg.* (*fig.*) lucido ‖ **-ement** *avv.*

lucidité [lysidite] *s.f.* lucidità: *— des idées*, chiarezza di idee

luciole [lysjɔl] *s.f.* (*zool.*) lucciola.

lucratif [lykʀatif] (f. *-ive*) *agg.* lucrativo, lucroso ‖ (*dir.*) *association sans but —*, associazione senza scopo di lucro.

lucre [lykʀ] *s.m.* lucro, guadagno.

ludique [lydik] *agg.* ludico.

ludothèque [lydotɛk] *s.f.* ludoteca.

luette [lɥet] *s.f.* (*anat.*) ugola.

lueur [lɥœʀ] *s.f.*   **1** chiarore (*m.*); bagliore (*m.*)   **2** (*fig.*) barlume (*m.*); luccichio (degli occhi).

luge [lyʒ] *s.f.* slitta, slittino (*m.*) ‖ *faire de la —*, andare in slitta.

lugubre [lygybʀ] *agg.*   **1** lugubre   **2** squallido.

lugubrement [lygybʀəmã] *avv.* lugubremente.

lui[1] [lɥi] *pron.pers. 3ª pers.sing.m.*   **1** *sogg.* lui: *son père et —*, lui e suo padre; *—, il ne voudra pas le faire*, lui non vorrà farlo; *—, partir à minuit?*, lui, partire a mezzanotte?; *— parti...*, partito lui...; *c'était —*, era lui; *c'est — qui a raison*, ha ragione lui ‖ *— aussi* → aussi ‖ *lui-même* → même   **2** (*compl. oggetto e preceduto da preposizione*) lui; (*riflessivo*) sé: *tu ne vois que —!*, vedi soltanto lui!; *vous pouvez compter sur —*, potete contare su di lui; *il regardait autour de —*, guardava intorno a sé ‖ *à — (tout) seul*, da solo, tutto da solo ‖ *un ami à —*, un suo amico, un amico di lui ‖ *c'est gentil à —*, è gentile da parte sua ‖ *il a une façon de faire bien à —*, ha un modo di fare tutto suo ‖ *c'est un égoïste, il ne pense qu'à lui-même*, è un egoista, pensa solo a se stesso ‖ *de lui-même*, da sé: *il a agi de lui-même*, ha agito per conto proprio ♦ *pron.pers. 3ª pers.sing.m. e f.* (*compl. di termine*)   **1** gli (*m.*); le (*f.*): *il me demanda si je pouvais — offrir une cigarette*, mi chiese se potevo offrirgli, offrirle una sigaretta; *dis-lui la verité*, digli, dille la verità; *je dois — parler*, gli, le devo parlare, devo parlargli, parlarle   **2** (*+ pron.* le, la, les, en) glielo, gliela, glieli, gliele, gliene: *il les — offrira pour Noël*, glieli regalerà per Natale; *il faudrait — en prêter une*, bisognerebbe prestargliene una; *il, elle doit venir!, dis-le-lui*, (lei, lui) deve venire!, diglielo.

lui[2] *part.pass. di* luire.

luire [lɥiʀ] (*coniug. come* conduire, *tranne al part.pass.* lui) *v.intr.* brillare, scintillare, luccicare (*anche fig.*): *le soleil luit*, il sole splende; *— au soleil*, scintillare al sole; *des yeux qui luisent d'envie*, occhi che brillano d'invidia.

luisant [lɥizã] *agg.*   **1** lucido; brillante, luccicante ‖ *des yeux luisants de curiosité*, occhi sprizzanti curiosità   **2** (*zool. pop.*) *ver —*, lucciola ♦ *s.m.* lucido, lucentezza (*f.*).

lumbago [lɔ̃bago] *s.f.* (*med.*) lombaggine.
lumen [lymɛn] *s.m.* (*fis.*) lumen.
lumière [lymjɛʀ] *s.f.* **1** luce (*anche fig.*): — *du jour*, luce del giorno, naturale; *donner de la* —, dar luce || *faire la* — *sur*, (*fig.*) far luce su **2** lume (*m.*), chiarimento (*m.*) || *avoir quelque* — *sur*, *de qqch*, avere una vaga idea di qlco || *un trait de* —, uno sprazzo di genio || (*st.*) *le siècle des lumières*, l'illuminismo **3** (*persona*) luminare (*m.*) || *ce n'est pas une* —, (*fam.*) non è un'aquila **4** (*in un muro*) luce, apertura **5** (*in Canada*) faro (di automobile).
lumignon [lymiɲɔ̃] *s.m.* lumicino.
luminaire [lyminɛʀ] *s.m.* **1** apparecchio per l'illuminazione (lampadario, piantana ecc.) **2** illuminazione (*f.*).
luminescence [lyminesɑ̃s] *s.f.* luminescenza.
luminescent [lyminesɑ̃] *agg.* luminescente.
lumineusement [lyminøzmɑ̃] *avv.* con chiarezza.
lumineux [lyminø] (f. *-euse*) *agg.* luminoso || *intelligence lumineuse*, intelligenza brillante.
luminosité [lyminozite] *s.f.* luminosità.
lump [lœp] *s.m.* (*zool.*) lompo.
lunaire[1] [lynɛʀ] *agg.* lunare.
lunaire[2] *s.f.* (*bot.*) lunaria.
lunaison [lynɛzɔ̃] *s.f.* (*astr.*) lunazione.
lunatique [lynatik] *agg.* e *s.m.* lunatico.
lunch [lœntʃ, lœ̃ʃ] *s.m.* pranzo in piedi, lunch.
lundi [lœ̃di] *s.m.* lunedì || *le* — *de Pâques*, il lunedì dell'Angelo || *le* — *de Pentecôte*, il lunedì dopo Pentecoste.
lune [lyn] *s.f.* **1** luna: *nouvelle* —, luna nuova, novilunio; *pleine* —, luna piena, plenilunio || (*fig.*): *tomber de la* —, cadere dalle nuvole; *être dans la* —, essere nel mondo della luna; *pêcheurs de* —, sognatori; *il décrocherait la* — *pour elle*, andrebbe a prendere la luna per lei; *promettre la* —, promettere mari e monti; *faire voir la* — *en plein midi*, far vedere la luna nel pozzo; *il a ses lunes*, va a lune; *il est dans une mauvaise* —, ha la luna di traverso || — *de miel*, luna di miele, (*estens.*) intesa || (*min.*) *pierre de* —, pietra di luna **2** (*fam.*) didietro (*m.*), sederino (*m.*) **3** (*bot.*) — *d'eau*, ninfea bianca ♦ *s.m.* (*zool.*) pesce luna.
luné [lyne] *agg.* lunato || *être bien, mal* —, (*fig. fam.*) essere di luna buona, avere la luna di traverso.
lunetier [lyntje] (f. *-ère*) *agg.*: *marchand* —, occhialaio; *industrie lunetière*, industria di strumenti ottici ♦ *s.m.* occhialaio.
lunette[1] [lynɛt] *s.f.* **1** — (*d'approche*), cannocchiale; *lunette(s) de théâtre*, binocolo da teatro **2** *pl.* → lunettes.
lunette[2] *s.f.* lunetta || (*aut.*) — *arrière*, lunotto posteriore || — (*des cabinets*), ciambella (di gabinetto).
lunetterie [lynɛtʀi] *s.f.* industria, commercio di strumenti ottici.
lunettes [lynɛt] *s.f.pl.* occhiali (*m.*): — *auditives*, occhiali acustici; — *de soleil*, occhiali da sole; — *de plongée*, occhiali per la pesca subacquea;

dame à lunettes, signora con gli occhiali; *prescrire le port des* —, prescrivere l'uso di occhiali; *mettre ses* —, inforcare gli occhiali || (*zool.*) *serpent à* —, vipera dagli occhiali, naia.
lunévillois [lynevilwa] *agg.* di Lunéville.
lunule [lynyl] *s.f.* lunula.
lupanar [lypanaʀ] *s.m.* lupanare.
lupin [lypɛ̃] *s.m.* (*bot.*) lupino.
lupinelle [lypinɛl] *s.f.* (*bot.*) lupinella.
lupus [lypys] *s.m.* (*med.*) lupus.
lurette [lyʀɛt] *s.f.* (*fam.*) *il y a belle* —, molto tempo fa; *il y a belle* — *que...*, è un bel pezzo che...
luron[1] [lyʀɔ̃] *s.m.*: *un gai* —, un buontempone.
luron[2] *agg.* di Lure.
lustrage [lystʀaʒ] *s.m.* lucidatura (*f.*).
lustral [lystʀal] (pl. *-aux*) *agg.* lustrale.
lustre[1] [lystʀ] *s.m.* **1** lucentezza (*f.*), lucido; (*fig.*) lustro **2** lampadario.
lustre[2] *s.m.* lustro: *depuis des lustres*, da qualche lustro, da molto tempo.
lustré [lystʀe] *agg.* lucido.
lustrer [lystʀe] *v.tr.* lucidare: *il a lustré son veston aux coudes*, le maniche della sua giacca sono lucide ai gomiti (per l'usura) || — *du papier*, satinare la carta.
lustrine [lystʀin] *s.f.* stoffa lucida (spec. per fodere).
luth [lyt] *s.m.* (*mus.*) liuto.
luthéranisme [lyteʀanism] *s.m.* luteranesimo.
lutherie [lytʀi] *s.f.* liuteria.
luthérien [lyteʀjɛ̃] (f. *-enne*) *agg.* e *s.m.* luterano.
luthier [lytje] *s.m.* liutaio.
luthiste [lytist] *s.m.* liutista.
lutin [lytɛ̃] *s.m.* folletto, spiritello || *un petit* —, (*fig.*) un demonietto.
lutiner [lytine] *v.tr.* infastidire (scherzosamente).
lutrin [lytʀɛ̃] *s.m.* **1** leggio **2** (*arch. religiosa*) (recinto del) coro.
lutte [lyt] *s.f.* lotta || *de haute* —, con la forza.
lutter [lyte] *v.intr.* lottare || — *de*, rivaleggiare in; — *de vitesse*, gareggiare in velocità.
lutteur [lytœʀ] (f. *-euse*) *s.m.* lottatore.
luxation [lyksasjɔ̃] *s.f.* (*med.*) lussazione.
luxe [lyks] *s.m.* lusso: *se payer le* —, concedersi il lusso; *ce n'est pas du* —, è indispensabile, necessario || *un* — *de...*, una gran profusione di...
luxembourgeois [lyksɑ̃buʀʒwa] *agg.* e *s.m.* lussemburghese.
luxer [lykse] *v.tr.* (*med.*) lussare.
luxueux [lyksɥø] (f. *-euse*) *agg.* lussuoso || **-eusement** *avv.*
luxure [lyksyʀ] *s.f.* (*letter.*) lussuria.
luxuriance [lyksyʀjɑ̃s] *s.f.* rigoglio (*m.*).
luxuriant [lyksyʀjɑ̃] *agg.* lussureggiante.
luxurieux [lyksyʀjø] (f. *-euse*) *agg.* lussurioso.
luzerne [lyzɛʀn] *s.f.* (*bot.*) erba medica.
lycanthrope [likɑ̃tʀɔp] *s.m.* licantropo.
lycée [lise] *s.m.* scuola secondaria superiore statale (liceo o istituto).
lycéen [liseɛ̃] (f. *-enne*) *s.m.* studente delle superiori.

lymphatique [lɛ̃fatik] *agg.* e *s.m.* 1 (*med.*) linfatico 2 apatico.
lymphatisme [lɛ̃fatism] *s.m.* (*med.*) linfatismo.
lymphe [lɛ̃f] *s.f.* linfa.
lymph(o)- *pref.* linf(o)-
lymphocyte [lɛ̃fɔsit] *s.m.* (*biol.*) linfocito.
lymphome [lɛ̃fom] *s.m.* (*med.*) linfoma.
lynchage [lɛ̃ʃaʒ] *s.m.* linciaggio.
lyncher [lɛ̃ʃe] *v.tr.* linciare.
lynx [lɛ̃ks] *s.m.* (*zool.*) lince (*f.*).
lyonnais [ljɔnɛ] *agg.* e *s.m.* lionese.

lyophilisation [ljɔfilizɑsjɔ̃] *s.f.* liofilizzazione.
lyophilisé [ljɔfilize] *agg.* e *s.m.* liofilizzato.
lyre [liʀ] *s.f.* (*mus.*) lira ‖ *accorder, essayer sa —*, (*fig.*) cimentarsi nella poesia.
lyrique [liʀik] *agg.* lirico; (*fig.*) entusiasta: *devenir, être —*, entusiasmarsi, esaltarsi ♦ *s.m.* genere lirico, lirica (*f.*).
lyrisme [liʀism] *s.m.* 1 lirismo 2 (*fig.*) entusiasmo.
lys [lis] *s.m.* → **lis**.
lysine [lizin] *s.f.* (*biochim.*) lisina.

M

m [ɛm] *s.m.* m (*f.* e *m.*) ‖ (*tel.*) — *comme Marie*, m come Milano.

ma [ma] *agg.poss.f.sing.* → **mon.**

maboul [mabul] *agg.* e *s.m.* (*fam.*) pazzo.

macabre [makabʀ] *agg.* macabro.

macadam [makadam] *s.m.* **1** macadam; (*estens.*) asfalto stradale **2** strada asfaltata.

macadamiser [makadamize] *v.tr.* macadamizzare; (*estens.*) asfaltare.

macaque [makak] *s.m.* (*zool.*) macaco.

macareux [makaʀø] *s.m.* (*zool.*) pulcinella di mare.

macaron [makaʀɔ̃] *s.m.* **1** (*cuc.*) amaretto **2** (*fam.*) patacca (*f.*), distintivo; contrassegno **3** (*fam.*) pugno **4** *pl.* trecce avvolte sulle orecchie.

macaroni [makaʀɔni] *s.m.* **1** maccheroni (*pl.*) **2** (*spreg.*) italiano.

macaronique [makaʀɔnik] *agg.* (*lett.*) *poésie* —, poesia maccheronica.

macchabée [makabe] *s.m.* (*fam.*) cadavere.

macédoine [masedwan] *s.f.* (*cuc.*) misto di verdure tagliate a dadini ‖ — *de fruits*, macedonia.

macédonien [masedɔnjɛ̃] (*f.* -*enne*) *agg.* e *s.m.* macedone.

macération [maseʀasjɔ̃] *s.f.* **1** macerazione **2** (*fig.*) mortificazione.

macérer [maseʀe] (*coniug. come* céder) *v.tr.* e *intr.* **1** macerare **2** (*fig.*) mortificare □ **se macérer** *v.pron.* (*fig.*) macerarsi.

macérien [maseʀjɛ̃] (*f.* -*enne*) *agg.* di Mézières.

machaon [makaɔ̃] *s.m.* (*zool.*) macaone.

mâche [maʃ] *s.f.* (*bot.*) dolcetta, valerianella.

mâchefer [maʃfɛʀ] *s.m.* scoria (di carbone).

mâcher [maʃe] *v.tr.* masticare ‖ (*fig.*): *ne pas* — *ses mots*, non avere peli sulla lingua; — *la besogne à qqn*, far trovare a qlcu la pappa pronta.

machette [maʃɛt] *s.f.* machete (*m.*).

mâcheur [maʃœʀ] (*f.* -*euse*) *s.m.* masticatore.

machiavélique [makjavelik] *agg.* machiavellico.

machiavélisme [makjavelism] *s.m.* machiavellismo.

mâchicoulis [maʃikuli] *s.m.* piombatoio, caditoia (*f.*).

machin [maʃɛ̃] *s.m.* (*fam.*) **1** coso, aggeggio, affare: *un petit — de rien du tout*, una cosina da niente **2** (*riferito a persona*) *Machin*, coso: *hier soir j'ai vu Machin..., Machin Truc, Chouette*, ieri sera ho visto coso, coso lì, come si chiama? ‖ *Monsieur Machin, Machin-Chose*, (il) tizio: *as-tu*

parlé avec Monsieur Machin, Machin-Chose?, hai parlato con quel tale, con quel tizio?

machinal [maʃinal] (*pl.* -*aux*) *agg.* meccanico, automatico ‖ -**ement** *avv.*

machination [maʃinasjɔ̃] *s.f.* macchinazione.

machine [maʃin] *s.f.* **1** macchina: *à la* —, a macchina ‖ *faire* — *arrière*, far marcia indietro **2** (*fam.*) (*riferito a persona*) cosa, cosetta; tizia □ **machine à calculer**, calcolatrice; **machine à coudre**, macchina per cucire; **machine à écrire**, macchina per scrivere; **machine à imprimer**, macchina da stampa; **machine à laver**, lavatrice; **machine à laver la vaisselle**, lavastoviglie; **machine à tricoter**, macchina per maglieria; **machine à relier**, macchina per legatoria; **machine à sous**, slot machine, macchinetta mangiasoldi ‖ (*in Canada*) — *à boule*, flipper.

machine-outil [maʃinuti] (*pl. machines-outils*) *s.f.* macchina utensile.

machiner [maʃine] *v.tr.* macchinare, tramare.

machinerie [maʃinʀi] *s.f.* **1** macchinario (*m.*) **2** (*mar.*) sala macchine.

machinisme [maʃinism] *s.m.* (*ind.*) meccanizzazione (*f.*).

machiniste [maʃinist] *s.m.* macchinista.

machisme [matʃism] *s.m.* maschilismo.

machiste [matʃist] *s.m.* maschilista.

macho [matʃo] *s.m.* (*fam.*) maschilista.

mâchoire [maʃwaʀ] *s.f.* **1** mascella ‖ *bâiller à se décrocher la* —, sbadigliare a più non posso **2** (*mecc.*) ganascia: — *d'étau*, ganascia di morsa ‖ (*aut.*) — *de frein*, ceppo del freno.

mâchonnement [maʃɔnmã] *s.m.* biascicamento.

mâchonner [maʃɔne] *v.tr.* **1** masticare (lentamente) ‖ — *son crayon*, rosicchiare la matita **2** biascicare, borbottare.

mâchouiller [maʃuje] *v.tr.* (*fam.*) → **mâchonner.**

mâchure [maʃyʀ] *s.f.* (*tess.*) ammaccatura.

macle [makl] *s.f.* (*min.*) geminazione; (cristallo) geminato.

maçon [masɔ̃] *s.m.* **1** muratore: *aide* —, manovale; *maître* —, capomastro **2** → franc-maçon ♦ *agg.* (*f.* -*onne*): *pic* —, picchio muraiolo.

maçonnage [masɔnaʒ] *s.m.* muratura (*f.*).

mâconnais [makɔnɛ] *agg.* di Mâcon.

maçonner [masɔne] *v.tr.* (*edil.*) costruire (in muratura).

maçonnerie [masɔnʀi] *s.f.* **1** (*edil.*) (lavori di) muratura: *grosse* —, muratura di fondazione ‖

entrepreneur de —, imprenditore edile **2** →
franc-maçonnerie.

maçonnique [masɔnik] *agg.* massonico.

macreuse [makʀøz] *s.f.* **1** (*zool.*): — *brune*, orco marino; — *noire*, orchetto marino **2** polpa di spalla di bue.

macro- *pref.* macro-

macrobiotique [makʀɔbjɔtik] *agg.* macrobiotico ♦ *s.f.* macrobiotica.

macrocéphale [makʀɔsefal] *agg.* e *s.m.* macrocefalo.

macrocosme [makʀɔkɔsm] *s.m.* macrocosmo.

macroéconomie [makʀɔekɔnɔmi] *s.f.* macroeconomia.

macrophotographie [makʀɔfɔtɔɡʀafi] *s.f.* macrofotografia.

macroscopique [makʀɔskɔpik] *agg.* macroscopico.

maculature [makylatyʀ] *s.f.* (*tip.*) scarto (*m.*).

macule [makyl] *s.f.* macula, macchia.

maculer [makyle] *v.tr.* macchiare.

madame [madam] (pl. *mesdames*) *s.f.* **1** signora: — *Dupont*, la signora Dupont; *allez voir* — *la directrice*, andate dalla signora direttrice; *je vous prie, Madame la Directrice, de bien vouloir me répondre*, la prego, signora direttrice, di rispondermi; *Madame le Député*, la signora deputato; *Madame la Marquise*, la signora Marchesa; *Madame votre mère*, la Sua signora madre; *chère* —, cara signora; *bonjour Mesdames, bonjour Mesdemoiselles, bonjour Messieurs*, Signore e Signori, buongiorno; *Madame est sortie*, la signora è fuori; *Madame est servie*, la signora è servita; *je vous présente* — *Grand, le professeur de mon fils*, le presento la professoressa Grand, l'insegnante di mio figlio **2** Madame (titolo riservato alle principesse reali e spec. alla moglie del fratello del re di Francia).

madécasse [madekas] *agg.* malgascio.

madeleine [madlɛn] *s.f.* (*cuc.*) maddalena.

Madeleine [madlɛn] *no.pr.f.* Maddalena || *pleurer comme une* —, piangere come una vite tagliata.

mademoiselle [madmwazɛl] (pl. *mesdemoiselles*) *s.f.* **1** signorina: — *Dupont*, la signorina Dupont; — *est sortie*, la signorina è uscita **2** Mademoiselle (titolo dato alla figlia maggiore dei fratelli o degli zii del re di Francia).

madère [madɛʀ] *s.m.* (*vino*) madera || (*cuc.*) *sauce* —, salsa al madera.

madone [madɔn] *s.f.* (*arte*) madonna.

madrague [madʀag] *s.f.* tonnara.

madras [madʀɑs] *s.m.* tela di Madras.

madré [madʀe] *agg.* **1** marezzato **2** (*fig.*) astuto, scaltro.

madrépore [madʀepɔʀ] *s.m.* (*zool.*) madrepora (*f.*).

madrier [madʀije] *s.m.* asse (spessa).

madrigal [madʀigal] (pl. *-aux*) *s.m.* madrigale.

madrilène [madʀilɛn] *agg.* e *s.m.* madrileno.

maelström [malstʀøm] *s.m.* → **malstrom**.

maestoso [maɛstozo] *agg.* (*mus.*) maestoso.

maestro [maɛstʀo] *s.m.* (*mus.*) maestro.

maf(f)ia [mafja] *s.f.* mafia.

maf(f)ieux [mafjø] (f. *-euse*) *agg.* mafioso.

maf(f)ioso [mafjozo] (pl. *maf(f)iosi*) *s.m.* mafioso.

maganer [magane] *v.tr.* (*in Canada*) maltrattare.

magasin [magazɛ̃] *s.m.* **1** negozio: — *de prêt-à-porter*, boutique, negozio di confezioni; — *d'alimentation*, negozio di generi alimentari; *elle tient un* — *d'antiquités*, gestisce un negozio d'antiquario || *grands magasins*, grandi magazzini; *courir les magasins*, (*fam.*) fare spese, fare shopping **2** magazzino, deposito || — *à poudre*, deposito munizioni || (*teatr.*) — *des accessoires*, attrezzeria **3** (*tecn.*) magazzino.

magasinage [magazinaʒ] *s.m.* **1** magazzinaggio **2** (*in Canada*) il fare compere.

magasiner [magazine] *v.intr.* (*in Canada*) fare compere.

magasinier [magazinje] *s.m.* magazziniere.

magazine [magazin] *s.m.* **1** periodico, rivista (*f.*): — *illustré*, rotocalco **2** (*rad.*, *tv*) rubrica (*f.*).

mage [maʒ] *s.m.* mago, astrologo || *les Rois Mages*, i Re Magi.

magenta [maʒɛ̃ta] *agg.invar.* e *s.m.* (color) cremisi.

maghrébin [magʀebɛ̃] *agg.* e *s.m.* magrebino.

magicien [maʒisjɛ̃] (f. *-enne*) *s.m.* mago.

magie [maʒi] *s.f.* magia || *par* —, per incanto.

magique [maʒik] *agg.* magico; prodigioso || **-ement** *avv.*

magistère [maʒistɛʀ] *s.m.* magistero.

magistral [maʒistʀal] (pl. *-aux*) *agg.* **1** magistrale, da maestro || *une gifle magistrale*, un solenne ceffone **2** cattedratico; (*fig.*) dottorale.

magistralement [maʒistʀalmɑ̃] *avv.* magistralmente.

magistrat [maʒistʀa] *s.m.* magistrato.

magistrature [maʒistʀatyʀ] *s.f.* magistratura: — *assise*, magistratura giudicante; — *debout*, pubblico ministero.

magma [magma] *s.m.* **1** magma **2** (*fig.*) ammasso (informe).

magmatique [magmatik] *agg.* (*geol.*) magmatico.

magnanerie [maɲanʀi] *s.f.* bigattiera.

magnanime [maɲanim] *agg.* magnanimo || **-ement** *avv.*

magnanimité [maɲanimite] *s.f.* magnanimità.

magnat [magna] *s.m.* magnate.

magner, se [səmaɲe] *v.pron.* (*molto fam.*) sbrigarsi, spicciarsi.

magnésie [maɲezi] *s.f.* magnesia.

magnésite [maɲezit] *s.f.* (*min.*) magnesite.

magnésium [maɲezjɔm] *s.m.* (*chim.*) magnesio.

magnétique [maɲetik] *agg.* magnetico || **-ement** *avv.*

magnétisation [maɲetizasjɔ̃] *s.f.* magnetizzazione.

magnétiser [maɲetize] *v.tr.* magnetizzare; (*fig.*) calamitare.

magnétiseur [maɲetizœʀ] *s.m.* ipnotizzatore; pranoterapeuta.

magnétisme [maɲetism] *s.m.* magnetismo.
magnétite [maɲetit] *s.f.* (*min.*) magnetite.
magnéto [maɲeto] *s.f.* magnete (*m.*).
magnétophone [maɲetɔfɔn] *s.m.* magnetofono, registratore a nastro: — *à cassettes*, mangianastri.
magnétoscope [maɲetɔskɔp] *s.m.* videoregistratore.
magnificence [maɲifisɑ̃s] *s.f.* magnificenza.
magnifier [maɲifje] *v.tr.* magnificare.
magnifique [maɲifik] *agg.* **1** magnifico **2** (*antiq.*) munifico ‖ **-ement** *avv.*
magnitude [magnityd] *s.f.* magnitudine.
magnolia [maɲ(gn)ɔlja] *s.m.* magnolia (*f.*).
magnum [magnɔm] *s.m.* bottiglione (capacità ca 1 litro e 1/2).
magot[1] [mago] *s.m.* **1** (*zool.*) bertuccia (*f.*) **2** figurina grottesca, in porcellana o altro materiale, prodotta in Estremo Oriente.
magot[2] *s.m.* (*fam.*) gruzzolo.
magouillage [magujaʒ], **magouille** [maguj] *s.f.* (*fam.*) intrallazzo (spec. politico).
magouiller [maguje] *v.tr.* (*fam.*) intrallazzare.
magouilleur [magujœr] (f. *-euse*) *agg.* e *s.m.* (*fam.*) intrallazzatore, maneggione.
magret [magrɛ] *s.m.* (*cuc.*) filetto d'anatra.
magyar [maʒjar] *agg.* e *s.m.* magiaro.
maharajah, **maharadjah** [maaradʒa] *s.m.* maharajah.
mahométan [maɔmetɑ̃] *agg.* e *s.m.* maomettano.
mai [mɛ] *s.m.* maggio: *au mois de* —, nel mese di maggio.
maïa [maja] *s.m.* (*zool.*) maia (*f.*).
maie [mɛ] *s.f.* madia.
maigre[1] [mɛgr] *agg.* magro (*anche fig.*): *une* — *récolte*, un raccolto scarso ‖ *c'est un peu* —*!*, è un po' pochino! ‖ (*eccl.*) *jours maigres*, giorni di magro ‖ (*tip.*) *caractères maigres*, caratteri chiari ♦ *s.m.* **1** magro ‖ *faire* —, mangiare di magro **2** (*spec. pl.*) magra (di corso d'acqua).
maigre[2] *s.m.* (*zool. pop.*) ombrina (*f.*).
maigrelet [mɛgrəlɛ] (f. *-ette*) *agg.* magrolino.
maigrement [mɛgrəmɑ̃] *avv.* scarsamente, magramente: *vivre* —, vivere di stenti; *dîner* —, fare un magro pasto; *une place* — *payée*, un posto (di lavoro) mal retribuito.
maigreur [mɛgrœr] *s.f.* magrezza; (*fig.*) povertà, scarsità.
maigri [mɛgri] *agg.* dimagrito, smagrito.
maigrichon [mɛgriʃɔ̃] (f. *-onne*) *agg.* e *s.m.* magrolino.
maigriot [mɛgrijo] (f. *-otte*) *agg.* e *s.m.* magrolino, mingherlino.
maigrir [mɛgrir] *v.intr.* dimagrire: *elle a maigri de dix kilos*, è dimagrita, è calata dieci chili ♦ *v.tr.* smagrire.
mail [maj] *s.m.* **1** maglio (da gioco) **2** (*gioco*) pallamaglio **3** viale, passeggiata (*f.*).
maille[1] [maj] *s.f.* **1** maglia; punto (a maglia): — *à l'endroit, à l'envers*, punto diritto, rovescio; *tissu à mailles*, tessuto a maglia; *passer à travers les*

mailles (*du filet*), (*fig.*) farla franca **2** maglia, anello (di catena ecc.).
maille[2] *s.f.*: *sans sou ni* —, senza il becco di un quattrino; *avoir* — *à partir avec qqn*, avere a che dire con qlco.
maillechort [majʃɔr] *s.m.* (*metall.*) alpacca (*f.*).
mailler [maje] *v.tr.* fare, raccomodare (una rete) ♦ *v.intr.* (*bot.*) germogliare, buttare.
maillet [majɛ] *s.m.* **1** mazzuolo **2** (*sport*) mazzetta (da polo); mazza (da croquet).
mailloche [majɔʃ] *s.f.* **1** mazza **2** (*mus.*) mazzuolo (*m.*).
maillon [majɔ̃] *s.m.* **1** maglia (*f.*), anello (di catena) **2** (*mar.*) maniglia (*f.*); lunghezza di catena.
maillot [majo] *s.m.* **1** maglia (*m*) ‖ — *de corps*, canottiera **2** — (*de bain*), costume da bagno: — *une pièce*, costume (da bagno) intero **3** fasce (per neonati): *enfant au* —, bambino in fasce.
main [mɛ̃] *s.f.* mano: *travailler de ses mains*, fare un lavoro manuale ‖ *à la* —: *fait à la* —, fatto a mano; *il se promenait une canne à la* —, passeggiava con un bastone in mano ‖ *avoir, tenir dans sa* —, tenere in pugno; (*faire*) *glisser dans la* —, far scivolare in mano; *la* — *dans la* —, mano in mano; *ils s'en allèrent la* — *dans la* —, se ne andarono tenendosi per mano; *dans les mains*, fra le mani ‖ *de la* — *gauche, droite*, con la mano sinistra, destra; *de sa propre* —, di suo pugno; *mourir de la* — *de*, morire per mano di; *toucher de la* —, toccare con mano; *d'une* — *sûre*, con mano franca, sicura; *je l'ai reçu de sa* —, l'ho ricevuto dalle sue mani; *donner de la* — *à* — *à qlcu*; *(sulle buste) à remettre en main(s) propre(s)*, sue proprie mani; *le livre est en* —, il libro è in consultazione; *mettre le marché en* —, dare l'autaut, mettere con le spalle al muro ‖ *entre les mains*, tra le mani, in mano; *je me mets entre les mains*, mi metto nelle tue mani; *entre toutes les mains*, in mano a tutti ‖ *par la* —, per mano; *tout passe par ses mains*, gli passa tutto per le mani ‖ *sous la* —, sotto mano; *tomber sous la* —, capitare tra le mani ♦ FRASEOLOGIA: *avoir la haute* —, comandare; *avoir le cœur sur la* —, avere il cuore in mano; (*aux cartes*) *avoir la* —, essere di mano, fare le carte ‖ *ne pas y aller de* — *morte*, picchiare forte, (*fig.*) andarci pesante ‖ *se faire la* — *à qqch*, far la mano a qlco; *faire* — *basse sur qqch*, fare man bassa di qlco ‖ *mettre sa* — *au feu*, metter la mano sul fuoco; *mettre la dernière* — *à qqch*, dar l'ultima mano, l'ultimo tocco a qlco; *je n'arrive pas à mettre la* — *dessus*, non riesco a trovarlo, a pescarlo ‖ *prêter* — *forte à qqn*, dar manforte a qlcu ‖ *donner un coup de* —, dare una mano, aiutare; *attraper le coup de* —, fare la mano a (un lavoro) ‖ *en un tour de* —, in un batter d'occhi ‖ *homme de* —, scagnozzo

☐ **main courante** *s.f.* **1** corrimano (*m.*) **2** (*comm.*) brogliaccio (*m.*) ☐ **petite main** *s.f.* giovane apprendista di sartoria.

mainate [mɛnat] *s.m.* (*zool.*) gracola (*f.*).

main-d'œuvre [mɛ̃dœvʀ] (pl. *mains-d'œuvre*) *s.f.* manodopera.

main-forte [mɛ̃fɔʀt] *s.f.*: *prêter* —, dar manforte.

mainlevée [mɛ̃lve] *s.f.* (*dir.*) revoca: — *d'hypo-thèque*, cancellazione d'ipoteca.

mainmise [mɛ̃miz] *s.f.* **1** presa di possesso, appropriazione **2** dominio (*m.*).

mainmorte [mɛ̃mɔʀt] *s.f.* (*dir.*) manomorta.

maint [mɛ̃] *agg.indef.spec.pl.* (*antiq.*) numeroso, diverso || *à maintes reprises*, a più riprese || *maintes et maintes fois*, più e più volte, parecchie volte ♦ *pron.indef.spec.pl.* (*antiq.*) molti, parecchi: *comme maints l'affirment*, come molti affermano.

maintenance [mɛ̃tnɑ̃s] *s.f.* manutenzione.

maintenant [mɛ̃tnɑ̃] *avv.* ora, adesso || *à partir de* —, d'ora in poi; *dès* —, fin d'ora; *jusqu'à* —, finora; *pour* —, per ora □ **maintenant que** *locuz.cong.* ora che.

maintenir [mɛ̃tniʀ] (*coniug. come* tenir) *v.tr.* **1** mantenere, conservare **2** sostenere (*anche fig.*): *je l'ai dit et je le maintiens*, l'ho detto e lo sostengo **3** tenere, trattenere □ **se maintenir** *v.pron.* mantenersi, conservarsi.

maintenu [mɛ̃tny] *part.pass. di* maintenir.

maintien [mɛ̃tjɛ̃] *s.m.* **1** mantenimento **2** contegno || *leçon de* —, lezione di buone maniere.

maire [mɛʀ] *s.m.* sindaco || *ils sont passés devant Monsieur le Maire*, sono legalmente sposati.

mairesse [mɛʀɛs] *s.f.* (*fam.*) **1** sindaco (donna) **2** moglie del sindaco.

mairie [meʀi] *s.f.* **1** municipio (*m.*), comune (*m.*) **2** carica di sindaco.

mais¹ [me] *cong.* ma: — *oui*, ma sì; — *bien sûr!*, ma certo!; — *non!*, macché!; — *voyons, c'est normal!*, ma via, è normale!; — *enfin*, ma insomma || — *bien*, bensì || — *encore?*, e con questo? ♦ *s.m.* ma: *il n'y a pas de* — *qui tienne*, non c'è ma che tenga.

mais² *avv.*: *n'en pouvoir* —, non poterci fare nulla.

maïs [mais] *s.m.* granturco, mais.

maison [mezɔ̃] *s.f.* **1** casa: *à la* —, *dans la* —, in casa; *un ami de la* —, un amico di famiglia; *faire les honneurs de la* —, fare gli onori di casa; *être de la* —, essere di casa || *les gens de* —, i domestici || — *individuelle*, villetta unifamiliare; — *de passe*, casa d'appuntamenti || — *de jeu*, casa da gioco **2** (*entreprise*) ditta, casa: — *de commerce*, ditta commerciale; — *d'édition*, casa editrice || — *de prêt*, monte dei pegni **3** casa (*m.*), casa ♦ *con valore di agg.* della casa, casalingo; (*comm.*) della ditta, aziendale || *une bagarre* —, una lite familiare || *il nous a fait un accueil* —, (*fam.*) ci ha accolto come il suo solito || *ingénieur* —, ingegnere che ha fatto tutta la carriera nella stessa azienda || *prendre l'esprit* —, adeguarsi alle abitudini di una famiglia, alla filosofia di un'azienda.

maisonnée [mezɔne] *s.f.* (*fam.*) famiglia: *toute la* —, tutta la sacra famiglia.

maisonnette [mezɔnet] *s.f.* casetta.

maître [mɛtʀ] *s.m.* **1** padrone: *il régnait en* —

chez lui, spadroneggiava a casa sua || *se rendre* — *de*, impadronirsi di; *se trouver* — *de qqch*, trovarsi in possesso di qlco || (*fig.*): *être son* —, non dipendere da nessuno; *il est* — *de lui-même*, è padrone di sé, sa controllarsi; *être* — *de sa colère*, dominare la collera; *être* — *de son temps*, disporre del proprio tempo; *l'homme est* (*le*) — *de son destin*, l'uomo è arbitro del suo destino; *il n'était plus* — *de sa voiture*, aveva perso il controllo dell'automobile **2** capo: — (*d'hôtel*), maggiordomo, (*al ristorante*) capocameriere, direttore di sala; — *de ballet*, direttore del corpo di ballo, coreografo || (*edil.*) — *d'œuvre*, direttore dei lavori; committente || *grand* —, (*di ordine cavalleresco*) gran maestro **3** (*a scuola*) maestro || — *à penser*, guida intellettuale || — *de conférences*, professore incaricato (in alcune facoltà universitarie) || (*arte*): *les maîtres de la Renaissance*, i maestri del Rinascimento; *tableau de* —, quadro di autore **4** (*fig.*) maestro: *coup de* —, colpo da maestro; *de main de* —, con mano maestra || *il a trouvé son* —, ha trovato chi lo batte **5** (*antiq.*) (*di artigiano*) mastro **6** (*appellativo*) *Maître*, (*di artisti*) maestro; (*di uomini di legge*) avvocato, notaio ♦ *con valore di agg.* principale || *un* — *fripon*, un furfante matricolato.

maître-autel [mɛtʀɔ(o)tɛl] (pl. *maîtres-autels*) *s.m.* altare maggiore.

maîtresse [mɛtʀɛs] *s.f.* **1** padrona **2** amante **3** *maître* ♦ *con valore di agg.* maestra; principale: *poutre* —, trave maestra; *la pièce* —, il pezzo forte (di una collezione ecc.); *sa qualité* — *est la loyauté*, la sua principale qualità è la lealtà || — *femme*, donna di polso.

maîtrisable [mɛtʀizabl] *agg.* dominabile; domabile.

maîtrise [mɛtʀiz] *s.f.* **1** dominio (*m.*) || — (*de soi*), padronanza (di sé) **2** maestria, abilità **3** (*agents de*) —, capi reparto, capi squadra **4** (*mus.*) cantoria **5** (*st.*) dignità di maestro (in una corporazione) **6** (*Università*) diploma ottenuto dopo quattro o cinque anni di corsi universitari e la discussione di una tesi, laurea.

maîtriser [mɛtʀize] *v.tr.* domare; dominare, padroneggiare □ **se maîtriser** *v.pron.* dominarsi, controllarsi.

majesté [maʒeste] *s.f.* maestà.

majestueux [maʒɛstɥø] (f. *-euse*) *agg.* maestoso || **-eusement** *avv.*

majeur [maʒœʀ] *agg.* **1** maggiore; principale, più importante: *en majeure partie*, per la maggior parte; *c'est mon intérêt* —, è il mio principale interesse **2** maggiorenne ♦ *s.m.* **1** maggiorenne **2** (dito) medio.

majeure [maʒœʀ] *s.f.* maggiorenne.

majolique [majɔlik] *s.f.* maiolica.

major [maʒɔʀ] *s.m.* **1** (*mil.*) maggiore: — *général*, aiutante di capo di Stato Maggiore **2** (*fam.*) primo in un concorso (scolastico).

majoration [maʒɔʀɑsjɔ̃] *s.f.* maggiorazione.

majordome [maʒɔʀdɔm] *s.m.* maggiordomo.

majorer [maʒɔʀe] *v.tr.* maggiorare.

majoritaire [maʒɔʀitɛʀ] *agg.* maggioritario.
majoritairement [maʒɔʀitɛʀmɑ̃] *avv.* in maggioranza.
majorité [maʒɔʀite] *s.f.* **1** maggiore età: *atteindre sa, la* —, giungere a maggiore età **2** maggioranza: *les Italiens dans leur immense* —..., la stragrande maggioranza degli italiani...; *élire à la* —, eleggere a maggioranza.
majuscule [maʒyskyl] *agg.* maiuscolo ♦ *s.f.* (lettera) maiuscola.
mal[1] [mal] (pl. *maux*) *s.m.* male || — *blanc*, giradito || *attraper du* —, ammalarsi; *souffrir de forts maux de tête*, soffrire di forti mal di testa; *avoir* — *à la tête*, avere mal di testa; *avoir le* — *de mer*, avere mal di mare; *avoir* — *au cœur*, sentir nausea; *cela me fait* — *au cœur, (fig.)* mi piange il cuore; *avoir le* — *du pays*, aver nostalgia del proprio paese || *rendre le bien pour le* —, rendere bene per male; *ne vouloir de* — *à personne*, non volere il male di nessuno; *dire du* — *de qqn*, parlar male di qlcu; *ne pas songer à* —, non avere cattive intenzioni; *il n'y a pas grand* —, non è un gran male; — *lui en prit*, mal gliene incolse || *avoir du* —, *un* — *de chien*, far fatica, una gran fatica; *se donner du* —, *un* — *de chien*, darsi daffare, un gran daffare; *on n'a rien sans* —, non si ottiene nulla senza fatica; *donner du* — *à qqn*, dar del filo da torcere a qlcu || *être en* — *de*, mancare di.
mal[2] *avv.* **1** male: *être* — *vu*, essere mal visto; *ça tombe* —, cade a sproposito; — *tourner*, finir male, fare una brutta fine; *ça la fout* —, *(fam.)* sta male, fa cattiva impressione; *tant bien que* —, alla meno peggio || — *s'y prendre*, sbagliar sistema, tattica || *être* — *en point*, essere mal ridotto; *être au plus* —, essere agli estremi **2** *plus mal, le plus mal*, peggio: *c'est la maison la plus* — *tenue que j'ai vue*, è la casa peggio tenuta che abbia visto; *c'est lui qui travaille le plus* —, è lui quello che lavora peggio □ **pas mal** *locuz.avv.* **1** *(negativo)* bene: *ce tableau ne fait pas* — *dans ta chambre*, quel quadro sta bene in camera tua; *tu ne ferais pas* — *de la prévenir*, faresti bene ad avvisarla; *elle ne s'en est pas* — *tirée*, se l'è cavata bene **2** *(positivo)* abbastanza; *(beaucoup)* parecchio || *"Comment ça va?" "Pas* —, *merci"*, "Come stai?" "Non c'è male, grazie" □ **pas mal** *de locuz.prep.* un bel po' di: *j'ai appris pas* — *de choses*, ho saputo un bel po' di cose.
malabar [malabaʀ] *(fam.) agg.* ben piantato ♦ *s.m.* pezzo d'uomo, marcantonio.
malachite [malak(ʃ)it] *s.f. (min.)* malachite.
malacologie [malakɔlɔʒi] *s.f.* malacologia.
malade [malad] *agg.* malato, ammalato: — *du cœur*, ammalato di cuore; *tomber* —, ammalarsi; *rendre* —, far star male, *(fig.)* far impazzire, esasperare || *être* —, essere malato, stare male; *être* — *comme un chien*, star male da morire; *rire à en être* —, ridere fino a star male; *il en est* —, ne fa una malattia; *être* — *de jalousie*, essere roso dalla gelosia; *être* — *de fatigue*, essere sfinito; *tu es* —!, *t'es pas un peu* —!, *(fam.)* sei matto! || *se faire porter* —, darsi malato, *(argot mil.)* marcare visita ||

tu as l'air — *aujourd'hui*, oggi hai una brutta cera ♦ *s.m.* malato, ammalato: *un grand* —, un malato grave.
maladie [maladi] *s.f.* malattia; morbo *(m.)*; malanno *(m.)*: — *à virus*, malattia da virus; — *de Parkinson*, morbo di Parkinson; *relever de* —, essere in convalescenza; *tu vas attraper une bonne* —!, ti beccherai un bel malanno! || *(in Africa) grande* —, lebbra || — *honteuse*, malattia venerea || — *de la propreté*, mania della pulizia || *n'en fais pas une* —, non farne una malattia.
maladif [maladif] (f. *-ive*) *agg.* **1** malaticcio, cagionevole **2** *(fig.)* morboso.
maladivement [maladivmɑ̃] *avv.* morbosamente.
maladresse [maladʀɛs] *s.f.* **1** mancanza di abilità, di destrezza; goffaggine: *tu es d'une* —!, quanto sei maldestro! **2** topica, gaffe; errore *(m.)*, sbaglio *(m.)*.
maladroit [maladʀwa] *agg.* **1** maldestro; goffo, inesperto: *être* — *de ses mains*, non avere nessuna manualità **2** inopportuno ♦ *s.m. (fam.)* persona maldestra: *être un* —, non saperci fare.
maladroitement [maladʀwatmɑ̃] *avv.* in modo maldestro; goffamente.
mal-aimé [maleme] (pl. *mal-aimés*) *agg.* poco amato.
malais [malɛ] *agg.* e *s.m.* malese.
malaise [malɛz] *s.m.* **1** malessere; malore: *être pris d'un* —, essere colto da malore **2** *(fig.)* disagio; inquietudine *(f.)*.
malaisé [maleze] *agg.* malagevole; difficile || **-ement** *avv.*
malandrin [malɑ̃dʀɛ̃] *s.m. (antiq.)* predone, brigante.
malappris [malapʀi] *agg.* e *s.m.* maleducato, screanzato.
malaria [malaʀja] *s.f. (non com.)* → **paludisme.**
malavisé [malavize] *agg.* e *s.m.* malaccorto.
malaxage [malaksaʒ] *s.m.* **1** mescolatura *(f.)*, impastatura *(f.)* **2** massaggio energico.
malaxer [malakse] *v.tr.* **1** mescolare, impastare **2** massaggiare.
malaxeur [malaksœʀ] *s.m. (mecc.)* impastatrice *(f.)*, mescolatrice *(f.)* || — *à béton*, betoniera.
malchance [malʃɑ̃s] *s.f.* **1** sfortuna: *avoir de la* —, essere sfortunato || *par* —, per sfortuna, per disgrazia **2** sventura; disgrazia.
malchanceux [malʃɑ̃sø] (f. *-euse*) *agg.* sfortunato, disgraziato || *un* —, un tipo sfortunato.
malcommode [malkɔmɔd] *agg.* scomodo; poco pratico.
maldonne [maldɔn] *s.f.* **1** *(alle carte)* distribuzione errata: *il y a* —!, le carte sono state mal distribuite! **2** *(fig.)* equivoco *(m.)*, malinteso *(m.)*.
mâle [mɑl] *agg.* **1** maschio; maschile: *héritier* —, erede maschio; *la population* —, la popolazione maschile; *perdrix* —, maschio della pernice; *fleur* —, fiore maschio || *une prise électrique* —, una presa elettrica maschio **2** virile, maschio,

da uomo ♦ *s.m.* **1** maschio **2** (*tecn.*) maschio; punzone per coniatura.

malédiction [malediksjɔ̃] *s.f.* maledizione: *la — est sur lui*, ha la maledizione addosso.

maléfice [malefis] *s.m.* maleficio.

maléfique [malefik] *agg.* malefico, nefasto.

malencontreusement [malɑ̃kɔ̃trøzmɑ̃] *avv.* in modo inopportuno; disgraziatamente.

malencontreux [malɑ̃kɔ̃trø] (f. *-euse*) *agg.* **1** fuori luogo, fuori posto, inopportuno **2** malaugurato, disgraziato.

mal-en-point [malɑ̃pwɛ̃] *agg.invar.* malandato.

malentendant [malɑ̃tɑ̃dɑ̃] *agg.* e *s.m.* sordastro, debole di udito.

malentendu [malɑ̃tɑ̃dy] *s.m.* malinteso, equivoco: *cette dispute repose sur un —*, questa discussione nasce da un malinteso.

malfaçon [malfasɔ̃] *s.f.* difetto (di fabbricazione ecc.).

malfaisance [malfəzɑ̃s] *s.f.* malvagità.

malfaisant [malfəzɑ̃] *agg.* **1** malvagio: *esprit —*, spirito maligno; *individu —*, individuo malintenzionato **2** nocivo, dannoso; nefasto.

malfaiteur [malfetœr] (f. *-trice*) *s.m.* malfattore, malvivente || *association de malfaiteurs*, associazione a delinquere.

malfamé, mal famé [malfame] *agg.* malfamato.

malformation [malfɔrmasjɔ̃] *s.f.* malformazione.

malformé [malfɔrme] *agg.* malformato.

malfrat [malfra] *s.m.* (*fam.*) malvivente, malavitoso.

malgache [malgaʃ] *agg.* e *s.m.* malgascio.

malgré [malgre] *prep.* nonostante, malgrado: — (*tout*) *cela*, ciononostante, con tutto ciò || *— moi, lui, etc.*, mio, suo ecc. malgrado; *— soi*, suo malgrado, controvoglia || *il est parti — ses parents*, è partito contro il volere dei suoi ☐ **malgré que** *locuz.cong.* malgrado, benché.

malhabile [malabil] *agg.* incapace, inetto; maldestro.

malhabilement [malabilmɑ̃] *avv.* in modo maldestro, in modo goffo.

malheur [malœr] *s.m.* **1** sfortuna (*f.*), disgrazia (*f.*): *porter —*, portar sfortuna, male; *jouer de —*, essere sfortunato; *il a le — d'être malade*, per sua disgrazia è malato; *le — voulut que...*, sfortuna volle che...; *le — c'est que...*, il guaio è che... || *par —*, sfortunatamente, per disgrazia; *pour mon —*, per mia sfortuna, per mia disgrazia || *oiseau de —*, uccello di malaugurio || *—!*, accidenti!; *quel — que je ne l'aie pas su!*, che peccato non averlo saputo!; *ces formulaires de —!*, queste maledette pratiche! **2** infelicità (*f.*): *faire le — de qqn*, causare l'infelicità di qlcu || *— aux vaincus!*, guai ai vinti! **3** sciagura (*f.*), disgrazia (*f.*): *en cas de —*, se dovesse accadere qualcosa, una disgrazia || *prophète de —*, profeta di sventura || (*fam.*): *retenez-moi ou je fais un —!*, fermatemi o faccio una strage!; *son livre a fait un —*, il suo libro ha avuto un successone.

malheureusement [malœrøzmɑ̃] *avv.* sfortunatamente, malauguratamente.

malheureux [malœrø] (f. *-euse*) *agg.* **1** sventurato, disgraziato; infelice; sfortunato: — *comme les pierres*, terribilmente infelice; — *au jeu*, sfortunato al gioco; *les malheureuses victimes de l'accident*, le povere vittime dell'incidente **2** sfortunato; nefasto, infausto; infelice, poco felice || *avoir la main malheureuse*, essere maldestro; non avere la mano felice || *il est — que...*, peccato che... || *si c'est pas —!*, che peccato! || *te voilà enfin, ce n'est pas —*, (*fam.*) eccoti finalmente, era ora **3** miserabile, dappoco: *pour cent — francs*, per cento miseri franchi; *une malheureuse petite faute*, un errore di poco conto ♦ *s.m.* **1** disgraziato, sventurato, infelice: *soulager les —*, consolare gli afflitti **2** poveraccio.

malhonnête [malɔnɛt] *agg.* disonesto; in mala fede.

malhonnêtement [malɔnɛtmɑ̃] *avv.* in modo disonesto.

malhonnêteté [malɔnɛtte] *s.f.* disonestà; malafede.

malice [malis] *s.f.* malizia: *entendre — à qqch*, interpretare qlco in modo malizioso; *ne pas y entendre —*, non metterci malizia; *il ne faut pas chercher —*, non bisogna pensar male || *d'innocentes malices*, scherzi innocenti; *faire des malices à qqn*, giocare un tiro mancino a qlcu.

malicieux [malisjø] (f. *-euse*) *agg.* malizioso; arguto; furbesco || **-eusement** *avv.*

malignement [malipəmɑ̃] *avv.* malignamente.

malignité [malipite] *s.f.* malignità.

malin [malɛ̃] (f. *-igne*) *agg.* **1** scaltro, furbo **2** (*fam.*) (f. *-ne*) intelligente: *ce n'est pas — de...*, è stupido...; *il serait plus — de...*, sarebbe più intelligente...; *bien — qui trouvera!*, bravo chi indovina!; *c'est (pas) — !*, bella prodezza! || *ce n'est pas bien — de...*, non è difficile...; *ce n'est pas plus — que cela*, non è poi una cosa tanto difficile **3** malizioso **4** maligno || *l'esprit —*, lo spirito maligno **5** nocivo **6** (*med.*) maligno ♦ *s.m.* **1** furbo: *c'est un —*, è un dritto **2** *le Malin*, il Maligno, il diavolo.

malines [malin] *s.f.* merletto di Malines.

malingre [malɛ̃gr] *agg.* mingherlino, gracile.

malinois [malinwa] *agg.* di Malines.

malintentionné [malɛ̃tɑ̃sjɔne] *agg.* malintenzionato.

malle [mal] *s.f.* **1** baule (*m.*); valigia || (*aut.*) *la — arrière*, il baule posteriore **2** → **malle-poste 3** (*in Belgio*) traghetto (*m.*).

malléabilité [maleabilite] *s.f.* malleabilità.

malléable [maleabl] *agg.* malleabile.

malle-cabine [malkabin] (pl. *malles-cabines*) *s.f.* baule armadio.

malléole [maleɔl] *s.m.* (*anat.*) malleolo.

malle-poste [malpɔst] (pl. *malles-poste*) *s.f.* diligenza postale.

mallette [malet] *s.f.* valigetta ventiquattr'ore.

mal-logé [malloʒe] (pl. *mal-logés*) *s.m.* chi vive in un alloggio precario.

malmener [malmɔne] (*coniug. come* semer) *v.tr.* **1** malmenare, maltrattare; (*estens.*) trattare male **2** (*sport*) soverchiare.

malnutrition [malnytʀisjɔ̃] *s.f.* malnutrizione.

malodorant [malɔdɔʀɑ̃] *agg.* maleodorante.

malotru [malɔtʀy] *s.m.* (*fam.*) burino, cafone.

malouin [malwɛ̃] *agg.* di Saint-Malo.

malpoli [malpɔli] *agg.* (*fam.*) maleducato.

malpropre [malpʀɔpʀ] *agg.* sporco (*anche fig.*) ♦ *s.m.* sporco individuo.

malproprement [malpʀɔpʀəmɑ̃] *avv.* in modo scorretto.

malpropreté [malpʀɔpʀəte] *s.f.* **1** sporcizia **2** sconcezza **3** disonestà.

malsain [malsɛ̃] *agg.* malsano (*anche fig.*).

malséance [malseɑ̃s] *s.f.* sconvenienza.

malséant [malseɑ̃] *agg.* sconveniente; inopportuno.

malsonnant [malsɔnɑ̃] *agg.* sconveniente.

malstrom [malstʀɔm] *s.m.* mälström; (*fig.*) vortice.

malt [malt] *s.m.* malto.

maltais [maltɛ] *agg. e s.m.* maltese.

malté [malte] *agg.* che contiene malto: *lait* —, latte al malto.

malterie [maltəʀi] *s.f.* malteria.

maltraiter [maltʀete] *v.tr.* maltrattare, strapazzare.

malus [malys] *s.m.* (*assicur.*) malus.

malveillance [malvejɑ̃s] *s.f.* **1** malevolenza, malanimo (*m.*) **2** dolo (*m.*): *incendie dû à la* —, incendio doloso.

malveillant [malvejɑ̃] *agg. e s.m.* malevolo, malvagio.

malvenu [malvəny] *agg.* (*dir.*) non avente diritto: *vous êtes* — *à critiquer*, (*fig.*) non avete diritto di criticare.

malversation [malvɛʀsɑsjɔ̃] *s.f.* (*dir.*) malversazione.

malvoisie [malvwazi] *s.f.* (vino) malvasia.

malvoyant [malvwajɑ̃] *agg.* subvedente.

maman [mamɑ̃] *s.f.* mamma.

mamelle [mamɛl] *s.f.* mammella: *enfant à la* —, lattante, poppante.

mamelon [mamlɔ̃] *s.m.* **1** capezzolo **2** (*geogr.*) mammellone.

mamelonné [mamlɔne] *agg.* mammellonato.

mameluk [mamlyk] *s.m.* (*st.*) mamelucco.

mamie [mami] *s.f.* (*fam.*) nonnina.

mamillaire [mamilɛʀ] *s.f.* (*bot.*) mamillaria.

mammaire [mammɛʀ] *agg.* (*anat.*) mammario.

mammifère [mammifɛʀ] *agg. e s.m.* mammifero.

mammite [mammit] *s.f.* (*med.*) mastite.

mammographie [mamɔgʀafi] *s.f.* (*med.*) mammografia.

mammouth [mamut] *s.m.* mammut.

mamours [mamuʀ] *s.m.pl.* (*fam.*) carezze (*f.*), coccole (*f.*).

mam'selle, **mam'zelle** [mamzɛl] *s.f.* (*fam.*) *abbr.* → **mademoiselle**.

manager [manadʒɛʀ] *s.m.* manager.

manant [manɑ̃] *s.m.* (*letter.*) tanghero, zoticone.

manche[1] [mɑ̃ʃ] *s.m.* manico: *couteau à* — *de bois*, coltello con manico di legno || *côtelette à* —, costoletta con l'osso || (*aer.*) — *à balai*, barra di comando, cloche || (*fig.*): *être du côté du* —, essere dalla parte del più forte; *il ne faut jamais jeter le* — *après la cognée*, non bisogna mai scoraggiarsi || *il s'est débrouillé comme un* —, (*fam.*) si è comportato da idiota.

manche[2] *s.f.* **1** manica: *manches montées*, maniche a giro || *je l'ai dans ma* —, (*fig.*) l'ho dalla mia (parte) || *se faire tirer la* —, farsi pregare **2** (*geogr.*) canale (*m.*), braccio (di mare) **3** (*tecn.*) manica; (*mar.*) manichetta **4** (*bridge*) mano **5** (*tennis*) partita.

manche[3] *s.f.*: *faire la* —, chiedere l'elemosina.

manchette [mɑ̃ʃet] *s.f.* **1** polsino (*m.*) **2** (*giornalismo*) titolo a caratteri cubitali (in prima pagina): *en grosses manchettes*, a grossi titoli **3** (*tip.*) nota marginale.

manchon [mɑ̃ʃɔ̃] *s.m.* manicotto || *lampe à* —, lampada a reticella.

manchot [mɑ̃ʃo] *agg. e s.m.* monco ♦ *s.m.* (*zool.*) pinguino.

mandant [mɑ̃dɑ̃] *s.m.* (*dir.*) mandante.

mandarin [mɑ̃daʀɛ̃] *s.m.* **1** (*st. cinese*) mandarino **2** (*fam.*) mandarino, barone: *les mandarins de l'université*, i baroni universitari.

mandarinat [mɑ̃daʀina] *s.m.* (*fig.*) baronia (*f.*).

mandarine [mɑ̃daʀin] *s.f.* (*frutto*) mandarino (*m.*).

mandarinier [mɑ̃daʀinje] *s.m.* (*pianta*) mandarino.

mandat [mɑ̃da] *s.m.* **1** mandato: *s'acquitter d'un* —, eseguire, adempiere un mandato **2** vaglia (postale): *par* —, a mezzo vaglia.

mandataire [mɑ̃datɛʀ] *s.m.* mandatario.

mandat-carte [mɑ̃dakaʀt] (pl. *mandats-cartes*) *s.m.* cartolina vaglia.

mandater [mɑ̃date] *v.tr.* **1** emettere un mandato di pagamento (per) **2** delegare, dare un mandato (a).

mandat-lettre [mɑ̃daletʀ] (pl. *mandats-lettres*) *s.m.* vaglia.

mandchou [mɑ̃dʃu] *agg. e s.m.* manciù.

mandement [mɑ̃dmɑ̃] *s.m.* (*eccl.*) lettera pastorale.

mander [mɑ̃de] *v.tr.* **1** mandare a dire (a); far sapere (a), comunicare (a) **2** far venire.

mandibule [mɑ̃dibyl] *s.f.* mandibola.

mandoline [mɑ̃dɔlin] *s.f.* mandolino (*m.*).

mandragore [mɑ̃dʀagɔʀ] *s.f.* (*bot.*) mandragola.

mandrill [mɑ̃dʀil] *s.m.* mandrillo.

mandrin [mɑ̃dʀɛ̃] *s.m.* mandrino.

manège [manɛʒ] *s.m.* **1** maneggio (*anche fig.*) **2** (*de chevaux de bois*), giostra.

manette [manet] *s.f.* (*mecc.*) leva, manetta.

manganèse [mɑ̃ganɛz] *s.m.* (*chim.*) manganese.

mangeable [mɑ̃ʒabl] *agg.* mangiabile.

mangeaille [mɑ̃ʒaj] *s.f.* (*fam. spreg.*) cibo (*m.*), pastone (*m.*).

mange-disques [mɑ̃ʒdisk] (pl. *invar.*) *s.m.* mangiadischi.

mangeoire [mãʒwaʀ] *s.f.* mangiatoia.

manger [mãʒe] (*prende una* e *muta dopo la* g *davanti alle vocali* a *e* o, *per es.*: nous mangeons; je mangeais, tu mangeais, etc.) *v.tr.* mangiare: — *à sa faim*, mangiare a sazietà; — *à en crever*, mangiare da scoppiare; *avez-vous mangé de ce gâteau?*, avete assaggiato questo dolce? || *cette voiture mange beaucoup d'huile*, questa automobile consuma molto olio || — *un ordre*, (*fam.*) trascurare un ordine || — *qqn des yeux*, mangiare qlcu con gli occhi ♦ *s.m.* il mangiare || *en perdre le boire et le* —, perderci il sonno.

mange-tout [mãʒtu] (pl.*invar.*) *agg.* e *s.m.*: (*haricots, pois*) —, fagioli, piselli mangiatutto.

mangeur [mãʒœʀ] (f. *-euse*) *s.m.* mangiatore: *être un gros* —, essere un mangione || (*in Africa*) — *d'âme*, stregone.

mangouste [mãgust] *s.f.* (*zool.*) mangusta.

mangrove [mãgʀɔv] *s.f.* (*bot.*) mangrovia.

mangue [mãg] *s.f.* (*frutto*) mango (*m.*).

manguier [mãgje] *s.m.* (*pianta*) mango.

maniabilité [manjabilite] *s.f.* maneggevolezza.

maniable [manjabl] *agg.* maneggevole || (*fig.*): *personne* —, persona trattabile; *caractère* —, carattere malleabile.

maniaque [manjak] *agg.* e *s.m.* maniaco: *euphorie* —, euforia maniacale.

maniaquerie [manjakʀi] *s.f.* (*fam.*) comportamento maniacale.

manichéen [manikeɛ̃] (f. *-enne*) *agg.* e *s.m.* manicheo.

manichéisme [manikeism] *s.m.* manicheismo.

manicle [manikl] *s.f.* manopola (di protezione).

manie [mani] *s.f.* mania: — *de la persécution*, mania di persecuzione.

maniement [manimã] *s.m.* maneggio: *le* — *d'une machine*, l'uso di una macchina || *le* — *d'une langue étrangère*, l'uso di una lingua straniera.

manier [manje] *v.tr.* maneggiare ☐ **se manier** → magner, se.

manière [manjɛʀ] *s.f.* **1** modo (*m.*), maniera: *des manières franches*, dei modi schietti || *il y a la* —, c'è modo e modo || *sans manières*, alla buona, senza complimenti || *avoir la* —, saperci fare || (*par*) — *de parler*, per modo di dire, così per dire || *de la* — *dont il s'exprime*, da come si esprime || *de toute* —, a ogni modo; *de la* — *que*, (*antiq.*) dal modo in cui || *à ma*, —, a modo mio || *en* — *de consolation*, a mo' di consolazione || *de cette* —, in questo modo; *de la même* —, nello stesso modo; *d'une* — *générale*, in linea di massima || *de* — *à*, in modo da || *agis de* — *à ce qu'on ne sache rien*, fa' in modo che non si sappia nulla || *gronder de la belle, de la bonne* —, (*iron.*) dare una bella sgridata || *un Picasso de la première* —, un Picasso prima maniera **2** specie, sorta **3** abitudine, vizio (*m.*): *avec cette* — *qu'elle a de...*, con la sua abitudine di...

maniéré [manjeʀe] *agg.* manierato, affettato.

maniérisme [manjeʀism] *s.m.* manierismo.

maniériste [manjeʀist] *s.m.* manierista.

manif [manif] *s.f.* (*fam.*) *abbr.* → **manifestation**.

manifestant [manifɛstã] *s.m.* manifestante, dimostrante.

manifestation [manifɛstasjɔ̃] *s.f.* **1** manifestazione **2** dimostrazione (pubblica).

manifeste[1] [manifɛst] *agg.* manifesto, evidente || *avoir un goût* — *pour qqch*, avere un gusto evidente per qlco.

manifeste[2] *s.m.* manifesto; proclama.

manifestement [manifɛstəmã] *avv.* manifestamente, chiaramente.

manifester [manifɛste] *v.tr.* manifestare, palesare: — *l'intention de*, esprimere l'intenzione di ♦ *v.intr.* manifestare, inscenare una dimostrazione ☐ **se manifester** *v.pron.* manifestarsi.

manigance [manigãs] *s.f.* (*fam.*) intrigo (*m.*), raggiro (*m.*).

manigancer [manigãse] (*coniug. come* placer) *v.tr.* (*fam.*) brigare; tramare.

manille[1] [manij] *s.f.* (*tecn.*) maniglia, staffa.

manille[2] *s.m.* (*gioco di carte*) manille.

manillon [manijɔ̃] *s.m.* (*nel gioco della manille*) asso di ogni seme.

manioc [manjɔk] *s.m.* (*bot.*) manioca (*f.*).

manipulateur [manipylatœʀ] (f. *-trice*) *s.m.* manipolatore.

manipulation [manipylasjɔ̃] *s.f.* manipolazione || *manipulations électorales*, brogli elettorali.

manipuler [manipyle] *v.tr.* manipolare; (*estens.*) maneggiare.

manique [manik] *s.f.* → **manicle**.

manitou [manitu] *s.m.* (*fam.*) personaggio influente, pezzo grosso.

manivelle [manivɛl] *s.f.* **1** manovella **2** pedivella (di bicicletta).

manne [man] *s.f.* **1** manna (*anche fig.*) **2** (*bot.*) manna **3** — *des poissons*, esca per i pesci.

mannequin [mankɛ̃] *s.m.* **1** manichino || *avoir la taille* —, avere le misure regolari **2** indossatrice (*f.*), fotomodella (*f.*); indossatore.

manœuvrabilité [manøvʀabilite] *s.f.* manovrabilità.

manœuvrable [manøvʀabl] *agg.* manovrabile.

manœuvre[1] [manøvʀ] *s.f.* manovra || *liberté de* —, libertà di azione.

manœuvre[2] *s.m.* **1** manovale **2** pl. manovalanza (*f.sing.*).

manœuvrer [manøvʀe] *v.tr.* e *intr.* manovrare: *le paquebot manœuvre dans le port*, il piroscafo fa manovra nel porto.

manœuvrier [manøvʀije] (f. *-ère*) *agg.* manovriero ♦ *s.m.* **1** manovriero (*anche fig.*) **2** (*mar.*) manovratore.

manoir [manwaʀ] *s.m.* maniero.

manomètre [manɔmɛtʀ] *s.m.* manometro.

manouche [manuʃ] *s.m.* (*fam.*) zingaro ♦ *agg.* da zingaro, zingaresco.

manquant [mãkã] *agg.* mancante ♦ *s.m.* ammanco.

manque [mãk] *s.m.* mancanza (*f.*); carenza (*f.*); deficienza (*f.*): — *à gagner*, mancato profitto || (*fam.*): *à la* —, mancato, fallito; — *de chance, de* *pot*, per colmo di sventura || (*état de*) —, crisi di astinenza (di drogato).

manqué [mɑ̃ke] *agg.* mancato || *c'est un garçon* —, (*di ragazza*) è un maschiaccio.

manquement [mɑ̃kmɑ̃] *s.m.* infrazione (*f.*), trasgressione (*f.*).

manquer [mɑ̃ke] *v.intr.* mancare: *les occasions ne lui ont pas manqué*, le occasioni non gli sono mancate; *les forces lui manquent*, gli mancano, gli vengono meno le forze || *il s'en manqua de peu qu'il ne devînt fou*, per poco non impazzì; *il a manqué rater son train*, è mancato poco che perdesse il treno; *il ne manquait plus que cela!*, ci mancava anche questo! || *il ne manquerait plus que cela*, sarebbe proprio il colmo || *— à son devoir*, venir meno al proprio dovere ♦ *v.tr.* **1** mancare, fallire; sbagliare: *— son coup*, sbagliare, fallire il colpo; *— un virage*, prendere male una curva; *— son effet*, non raggiungere lo scopo; (*teatr.*) sciupare l'effetto; *— une affaire*, non concludere un affare || *il a manqué sa vie*, la sua vita è stata un fallimento || *le destin ne l'a pas manqué*, il destino non lo ha risparmiato || *je ne le manquerai pas!*, gliela farò pagare! **2** mancare (a), essere assente (da), non andare (a): *— l'école*, mancare a scuola, non andare a scuola; *— un rendez-vous*, mancare a un appuntamento **3** perdere, mancare: *— son train*, perdere il treno; *— une occasion*, lasciarsi sfuggire un'occasione; (*in Canada*) *— le bateau*, (*fig.*) perdere l'occasione **4** non incontrare: *je suis allé l'attendre à la gare, mais je l'ai manqué*, sono andato ad aspettarlo alla stazione ma non l'ho visto **5** *— de* (+ *inf.*), mancare di, evitare di: *je ne manquerai pas de vous prévenir*, non mancherò di avvisarvi; *on ne peut — d'être frappé*, non si può fare a meno di essere colpiti □ **se manquer** *v.pron.* **1** fallire il suicidio **2** (*l'un l'altro*) non incontrarsi.

mansarde [mɑ̃saʀd] *s.f.* mansarda.

mansardé [mɑ̃saʀde] *agg.* (fatto) a mansarda, mansardato.

mansuétude [mɑ̃sɥetyd] *s.f.* indulgenza.

mantais [mɑ̃tɛ] *agg.* di Mantes-la-Jolie.

mante[1] [mɑ̃t] *s.f.* manto (*m.*), mantello (*m.*).

mante[2] *s.f.* (*zool.*) mantide.

manteau [mɑ̃to] (pl. *-eaux*) *s.m.* **1** cappotto; (*fig.*) manto: *— de fourrure*, pelliccia; *— croisé*, cappotto a doppio petto; *— d'hiver*, cappotto pesante; *— de demi-saison*, soprabito da mezza stagione || *un — de neige*, (*fig.*) un manto, una coltre di neve || *sous le —*, clandestinamente; *vendre sous le —*, vendere sottobanco **2** (*zool.*) mantello **3** cappa (del camino) **4** (*teatr.*) *— d'Arlequin*, mantello di Arlecchino.

mantille [mɑ̃tij] *s.f.* (*abbigl.*) mantiglia.

manucure [manykyʀ] *s.f.* manicure.

manuel[1] [manɥɛl] (f. *-elle*) *agg.* manuale ♦ *s.m.* chi fa lavori manuali || **-ellement** *avv.*

manuel[2] *s.m.* manuale.

manufacture [manyfaktyʀ] *s.f.* manifattura, fabbrica.

manufacturer [manyfaktyʀe] *v.tr.* lavorare (un

prodotto) || *les produits manufacturés*, i manufatti.

manufacturier [manyfaktyʀje] (f. *-ère*) *agg.* manifatturiero.

manuscrit [manyskʀi] *agg.* e *s.m.* manoscritto.

manutention [manytɑ̃sjɔ̃] *s.f.* **1** (*comm.*) movimentazione (di merci), trasporti interni || *frais de* —, spese di carico **2** deposito (*m.*), magazzino (*m.*).

manutentionnaire [manytɑ̃sjɔnɛʀ] *s.m.* magazziniere.

maoïsme [maɔism] *s.m.* maoismo.

maoïste [maɔist] *agg.* e *s.m.* maoista.

maori [maɔʀi] *agg.* e *s.m.* maori.

mappemonde [mapmɔ̃d] *s.f.* mappamondo (*m.*).

maquereau[1] [makʀo] (pl. *-eaux*) *s.m.* (*zool.*) sgombro.

maquereau[2] (pl. *-eaux*) *s.m.* (*fam.*) protettore, magnaccia.

maquerelle [makʀɛl] *s.f.* (*fam.*) tenutaria di un bordello.

maquette [makɛt] *s.f.* **1** modello (*m.*); (*scultura*) bozzetto (*m.*); (*arch.*) plastico (*m.*) **2** (*tip.*) menabò (*m.*).

maquettiste [maketist] *s.m.* **1** bozzettista **2** (*tip.*) grafico impaginatore.

maquignon [makiɲɔ̃] *s.m.* **1** mercante di cavalli, di bestiame **2** (*fam.*) faccendiere, mediatore.

maquignonnage [makiɲɔnaʒ] *s.m.* (*spreg.*) maneggio, intrallazzo.

maquillage [makijaʒ] *s.m.* **1** trucco: *refaire son* —, rifarsi il trucco **2** contraffazione (*f.*), falsificazione (*f.*).

maquiller [makije] *v.tr.* truccare || *— une voiture volée*, camuffare una macchina rubata || *— la vérité*, alterare la verità □ **se maquiller** *v.pron.* truccarsi.

maquilleur [makijœʀ] (f. *-euse*) *s.m.* truccatore.

maquis [maki] *s.m.* **1** macchia (*f.*): *prendre le* —, darsi alla macchia || *le — de la procédure*, (*fig.*) le lungaggini burocratiche **2** (*st.*) organizzazioni partigiane (durante la II guerra mondiale): *prendre le* —, entrare nella Resistenza **3** (*in Africa*) locale malfamato.

maquisard [makizaʀ] *s.m.* partigiano (nella II guerra mondiale).

marabout [maʀabu] *s.m.* (*zool.*) marabù.

maraîcher [maʀeʃe] (f. *-ère*) *agg.* orticolo: *jardin* —, orto; *culture maraîchère*, orticoltura ♦ *s.m.* orticoltore.

maraîchin [maʀeʃɛ̃] *agg.* del Marais (bretone, vandeano, del Poitou).

marais [maʀɛ] *s.m.* **1** palude (*f.*), acquitrino || *— salant*, salina || *— tourbeux*, torbiera || *le — de la vie politique*, (*fig.*) il pantano della vita politica **2** orto.

marasme [maʀasm] *s.m.* **1** prostrazione (*f.*) **2** (*comm.*) ristagno.

marasque [maʀask] *s.f.* (*bot.*) marasca.

marasquin [maʀaskɛ̃] *s.m.* (liquore) maraschino.

marathon [maʀatɔ̃] *s.m.* maratona (*f.*).

marathonien [maratɔnjɛ̃] (f. *-enne*) *s.m.* (*sport*) maratoneta.

marâtre [marɑtr] *s.f.* matrigna (*anche fig.*).

maraudage [marodaʒ] *s.m.* furto (nei campi).

maraude [marod] *s.f.* razzia (di ortaggi ecc. nei campi) || *taxi en* —, tassi in cerca di clienti.

marauder [marode] *v.intr.* predare, razziare (nei campi).

maraudeur [marodœr] *s.m.* **1** ladruncolo di campagna **2** animale che fa razzie (in un campo coltivato).

marbre [marbr] *s.m.* **1** marmo: *façonner un* —, lavorare un blocco di marmo; *le* — *de la commode*, il (piano di) marmo del cassettone || *rester de* —, rimanere impassibile **2** (oggetto, statua di) marmo **3** (*tip.*) piano portaforma, bancone || *article sur le* —, articolo pronto (sul bancone).

marbré [marbre] *agg.* marmorizzato: *étoffe marbrée*, stoffa marezzata; *peau marbrée par le froid*, pelle chiazzata dal freddo.

marbrer [marbre] *v.tr.* marmorizzare; marezzare.

marbrerie [marbrɔri] *s.f.* **1** industria del marmo **2** laboratorio in cui si lavora il marmo.

marbrier [marbrije] (f. *-ère*) *agg.* del marmo ♦ *s.m.* marmista.

marbrière [marbrijɛr] *s.f.* cava di marmo.

marbrure [marbryr] *s.f.* marmorizzatura, venatura; (*zootecn.*) marezzatura.

marc [mar] *s.m.* **1** residuo, fondo: — *de raisin*, vinaccia; — *d'olives*, sansa; — *de café*, fondi di caffè **2** acquavite (*f.*), grappa (*f.*).

marcassin [markasɛ̃] *s.m.* cinghialetto, cinghialino.

marcescent [marsesɑ̃] *agg.* marcescente.

marchand [marʃɑ̃] *agg.* commerciale: *valeur marchande*, valore commerciale || *marine marchande*, marina mercantile ♦ *s.m.* negoziante, mercante: — *en gros*, commerciante all'ingrosso, grossista; — *ambulant*, venditore ambulante; — *de journaux*, giornalaio; — *de légumes*, ortolano || — *de soupe*, (*spreg.*) direttore di collegio privato; bettoliere || (*in Africa*) — *de table*, venditore ambulante.

marchandage [marʃɑ̃daʒ] *s.m.* contrattazione (*f.*); (*spec. spreg.*) mercanteggiamento.

marchander [marʃɑ̃de] *v.tr.* contrattare, mercanteggiare: *payer sans* —, pagare senza tirare sul prezzo || (*fig.*): *ne pas* — *les éloges à qqn*, non lesinare le lodi a qlcu; — *avec sa conscience*, venire a patti con la propria coscienza.

marchandise [marʃɑ̃diz] *s.f.* merce: — *de choix*, merce scelta || *marchandises générales*, conto merci, conto magazzino || *faire valoir sa* —, (*fig.*) saper vendere la propria merce, farsi valere.

marche [marʃ] *s.f.* **1** marcia, camminata: *à deux heures de* —, a due ore di cammino **2** moto (*m.*), marcia: *se mettre en* —, mettersi in moto; *mettre le moteur en* —, avviare il motore; *la bonne* — *d'une entreprise*, il buon andamento di un'impresa || *en* —, (*anche fig.*) in corso; *en état de* —, funzionante || (*aut.*) — *arrière*, retromar-

cia **3** (*fig.*) metodo (*m.*): *indiquez-moi la* — *à suivre*, mi indichi la procedura da seguire **4** andatura **5** (*sport*) podismo (*m.*) **6** gradino (di scala) **7** (*mus.*) marcia.

marché [marʃe] *s.m.* **1** mercato: — *aux fleurs*, mercato dei fiori; *faire son, le* —, fare la spesa **2** (*econ.*) mercato: *étude de* —, marketing **3** contratto; (*estens.*) affare: *conclure un* —, stipulare un contratto || *être en* — *pour qqch*, trattare l'acquisto di qlco || *marchés publics*, appalti pubblici || *mettre à qqn le* — *en main*, (*fig.*) dare l'aut aut a qlcu □ **(à) bon** —, a buon mercato: *acheter, vendre à bon* —, comperare, vendere a poco prezzo; (*à*) *meilleur* —, a miglior prezzo; *il fait bon* — *de mes conseils*, (*fig.*) tiene in poco conto i miei consigli □ **par-dessus le** —, in aggiunta; (*fam.*) per giunta.

marchepied [marʃəpje] *s.m.* **1** scaleo **2** predellino (del treno).

marcher [marʃe] *v.intr.* **1** camminare; marciare; *le train marche à 80 km à l'heure*, il treno va a 80 km all'ora; *ce pays marche à sa ruine*, (*fig.*) questo paese si avvia alla rovina || *faire* —, far filare || — *sur*, calpestare (*anche fig.*); *elle ne se laisse pas* — *sur les pieds*, (*fig.*) non si lascia pestare i piedi; — *sur les pas de qqn*, (*fig.*) imitare qlcu **2** (*estens.*) funzionare (*anche fig.*): *cette montre marche bien*, questo orologio funziona bene || (*fam.*): *ton travail marche bien?*, va bene il tuo lavoro?; *ça marche?*, come vanno le cose?; *cette histoire est invraisemblable, je ne marche pas*, questa storia è inverosimile, non la bevo.

marcheur [marʃœr] (f. *-euse*) *s.m.* camminatore; (*sport*) podista, marciatore.

marcotte [markɔt] *s.f.* (*bot.*) margotta, propaggine.

marcotter [markɔte] *v.tr.* (*agr.*) margottare.

mardi [mardi] *s.m.* martedì.

mare [mar] *s.f.* piccolo stagno; pozza.

marécage [marekaʒ] *s.m.* palude (*f.*), acquitrino.

marécageux [marekaʒø] (f. *-euse*) *agg.* paludoso, acquitrinoso.

maréchal [mareʃal] (pl. *-aux*) *s.m.* maresciallo || — *des logis, des logis-chef*, sergente, sergente maggiore (di cavalleria e artiglieria).

maréchale [mareʃal] *s.f.* marescialla.

maréchal-ferrant [mareʃalferɑ̃] (pl. *maréchaux-ferrants*) *s.m.* maniscalco.

maréchaussée [mareʃose] *s.f.* (*fam.*) gendarmeria.

marée [mare] *s.f.* **1** marea: — *montante, descendante*, flusso, riflusso; — *basse*, bassa marea; *une* — *de haine*, (*fig.*) un'ondata di odio || — *noire*, onda, marea nera || *contre vent et* —, (*fig.*) superando ogni ostacolo **2** pesce di mare fresco.

marelle [marɛl] *s.f.* (*gioco infantile*) mondo (*m.*).

marémoteur [maremotœr] (f. *-trice*) *agg.* mosso dalle maree.

marengo [marɛ̃go] *s.m.* panno scuro punteggiato di bianco ♦ *agg.invar.* **1** color bruno rossastro **2** (*cuc.*) *poulet, veau (à la)* —, pollo, vitello alla marengo.

margaille [maʀɡɑj] *s.f.* (*in Belgio*) rissa.

margarine [maʀɡaʀin] *s.f.* (*cuc.*) margarina.

marge [maʀʒ] *s.f.* margine (*m.*): — *bénéficiaire*, margine di utile; *avoir de la* —, avere un margine (di tempo, di denaro); *s'accorder une* — *de réflexion*, concedersi una pausa di riflessione; *écrire dans la* —, scrivere in, a margine || *en* — (*de*), in margine (a); (*fig.*) ai margini (di); *mise en* —, emarginazione; *en* — *de la légalité*, ai limiti della legalità.

margelle [maʀʒɛl] *s.f.* vera (di pozzo).

marger [maʀʒe] (*coniug. come* manger) *v.tr.* (*tip.*) marginare.

marginal [maʀʒinal] (pl. *-aux*) *agg.* marginale (*anche fig.*). ♦ *agg.* e *s.m.* emarginato.

marginalement [maʀʒinalmɑ̃] *avv.* marginalmente.

marginalisation [maʀʒinalizasjɔ̃] *s.f.* emarginazione.

marginaliser [maʀʒinalize] *v.tr.* emarginare.

marginalité [maʀʒinalite] *s.f.* emarginazione.

margot [maʀɡo] *s.f.* (*zool. pop.*) gazza.

margoulette [maʀɡulɛt] *s.f.* (*fam.*) muso (*m.*): *se casser la* —, fare un capitombolo.

margoulin [maʀɡulɛ̃] *s.m.* (*fam.*) trafficone.

margrave [maʀɡʀav] *s.m.* (*st.*) margravio.

marguerite [maʀɡœʀit] *s.f.* margherita.

mari [maʀi] *s.m.* marito.

mariage [maʀjaʒ] *s.m.* **1** matrimonio: *demander, donner un* —, chiedere, dare in sposa; *unir par le* —, congiungere in matrimonio; *faire un* —, celebrare un matrimonio; combinare un matrimonio; *un grand* —, un matrimonio in grande (stile); — *de la main gauche*, concubinato, unione libera || *liste de* —, lista di nozze **2** (*fig.*) fusione (*f.*), connubio: — *de couleurs*, accostamento di colori.

Marianne [maʀjan] *no.pr.f.* nome simbolo della Repubblica Francese.

mari-capable [maʀikapabl] (pl. *invar.*) *s.m.* (*in Africa*) tessuto costoso (che denota ricchezza).

marié [maʀje] *agg.* sposato ♦ *s.m.* sposo: *jeunes mariés*, sposi novelli.

mariée [maʀje] *s.f.* sposa: *jeune* —, sposa, sposina.

marie-louise [maʀilwiz] (pl. *maries-louises*) *s.f.* passe-partout (*m.*), sopraffondo (*m.*).

marier [maʀje] *v.tr.* **1** sposare: *jeune fille à* —, ragazza da marito **2** (*fig.*) assortire, combinare (colori ecc.) □ **se marier** *v.pron.* sposarsi; (*di donna*) maritarsi; (*di uomo*) ammogliarsi.

marie-salope [maʀisalɔp] (pl. *maries-salopes*) *s.f.* **1** chiatta **2** draga a vapore **3** (*molto fam.*) sciattona.

marigot [maʀiɡo] *s.m.* braccio di fiume (ai tropici).

marijuana [maʀiʒɥana] *s.f.* marijuana.

marin [maʀɛ̃] *agg.* marino || *esprit* —, spirito marinaresco, marinaro || *carte marine*, carta nautica || *col, costume* —, collo, abito alla marinara || *avoir le pied* —, (*fig.*) tenere il mare, non soffrire il mal di mare ♦ *s.m.* marinaio, marittimo.

marina [maʀina] *s.f.* porticciolo turistico con complesso residenziale.

marinade [maʀinad] *s.f.* (*cuc.*) marinata.

marine [maʀin] *s.f.* **1** marina: *être dans la* —, essere in marina **2** (*pitt.*) marina, paesaggio marino **3** (*bleu*) —, blu scuro, blu marino.

mariné [maʀine] *agg.* (*cuc.*) marinato.

mariner [maʀine] *v.tr.* (*cuc.*) marinare ♦ *v.intr.* **1** (*cuc.*) stare in marinata **2** (*fam.*) fare la muffa (aspettando).

marinier [maʀinje] (f. *-ère*) *agg.* marinaro ♦ *s.m.* barcaiolo, battelliere.

marinière [maʀinjɛʀ] *s.f.* **1** *à la* —, alla marinara **2** (*abbigl.*) blusa alla marinara.

mariol(le) [maʀjɔl] *agg.* e *s.m.* (*fam.*) furbacchione || *faire le* —, cercare di rendersi interessante.

marionnette [maʀjɔnɛt] *s.f.* **1** marionetta || — *à gaine*, burattino **2** *pl.* spettacolo, teatro di marionette.

marionnettiste [maʀjɔnetist] *s.m.* marionettista.

marital [maʀital] (pl. *-aux*) *agg.* maritale || **-ement** *avv.*

maritime [maʀitim] *agg.* marittimo.

maritorne [maʀitɔʀn] *s.f.* (*letter.*) sciattona.

marivaudage [maʀivodaʒ] *s.m.* **1** preziosismo, ricercatezza (*f.*) **2** conversazione galante e raffinata.

marivauder [maʀivode] *v.intr.* **1** fare del preziosismo **2** intrattenersi in conversazioni galanti e sofisticate.

marjolaine [maʀʒolɛn] *s.f.* (*bot.*) maggiorana.

mark [maʀk] *s.m.* (*moneta*) marco.

marketing [maʀkətiŋ] *s.m.* marketing.

marmaille [maʀmɑj] *s.f.* (*fam.*) marmaglia, (banda di) marmocchi.

marmandais [maʀmɑ̃dɛ] *agg.* di Marmande.

marmelade [maʀmɔlad] *s.f.* marmellata || *en* —, in poltiglia.

marmite [maʀmit] *s.f.* marmitta; pentola || *nez en pied de* —, naso schiacciato || *faire bouillir la* —, (*fig.*) mandare avanti la baracca.

marmiton [maʀmitɔ̃] *s.m.* sguattero, lavapiatti.

marmonnement [maʀmɔnmɑ̃] *s.m.* mormorio, borbottamento.

marmonner [maʀmɔne] *v.tr.* mormorare.

marmoréen [maʀmɔʀeɛ̃] (f. *-enne*) *agg.* marmoreo.

marmot [maʀmo] *s.m.* (*fam.*) marmocchio, moccioso || *croquer le* —, aspettare a lungo dando segni di impazienza.

marmotte [maʀmɔt] *s.f.* (*zool.*) marmotta.

marmottement [maʀmɔtmɑ̃] *s.m.* biascicamento, borbottio.

marmotter [maʀmɔte] *v.tr.* (*fam.*) biascicare, borbottare.

marne [maʀn] *s.f.* (*geol.*) marna.

marner [maʀne] *v.tr.* (*agr.*) marnare.

marnière [maʀnjɛʀ] *s.f.* marniera, cava di marna.

marocain [maʀɔkɛ̃] *agg.* e *s.m.* marocchino.

maroilles [maʀwal] *s.m.* formaggio vaccino a pasta molle.

maronite [maʀɔnit] *agg.* e *s.m.* (*relig.*) maronita.

maronner [maʀɔne] *v.intr.* (*fam.*) mugugnare ‖ *faire* — *qqn*, far mangiar rabbia a qlcu.

maroquin [maʀɔkɛ̃] *s.m.* 1 (*cuoio*) marocchino 2 pelletteria (in marocchino).

maroquinerie [maʀɔkinʀi] *s.f.* pelletteria.

maroquinier [maʀɔkinje] *s.m.* pellettiere (di cuoio).

marotte [maʀɔt] *s.f.* (*fam.*) pallino (*m.*), mania.

maroufle [maʀufl] *s.f.* colla forte.

maroufler [maʀufle] *v.tr.* (*pitt.*) incollare, applicare una tela dipinta (su una parete).

marquage [maʀkaʒ] *s.m.* marcatura (*f.*).

marquant [maʀkɑ̃] *agg.* notevole: *une figure marquante*, un personaggio influente.

marque [maʀk] *s.f.* 1 marchio (*m.*); segno (*m.*); contrassegno (*m.*); impronta (*anche fig.*) ‖ *marques d'amitié*, prove d'amicizia 2 marca, qualità ‖ — *de qualité*, marchio di qualità 3 punteggio (*m.*) 4 cifra (sulla biancheria).

marquer [maʀke] *v.tr.* 1 marcare; segnare: *il a marqué cette époque de son génie*, ha dato a quest'epoca l'impronta del suo genio ‖ — *un condamné au fer rouge*, bollare a fuoco un condannato ‖ — *le pas*, (*anche fig.*) segnare il passo; — *un temps d'arrêt*, segnare una battuta d'arresto 2 mostrare; rivelare: — *de la sympathie à qqn, pour qqn*, dimostrare simpatia per qlcu ♦ *v.intr.* lasciare una traccia, un'impronta ‖ *événements qui marquent*, avvenimenti che fanno epoca ‖ *ce jeune homme marque mal*, (*fam.*) quel ragazzo si presenta male □ **se marquer** *v.pron.* 1 marchiarsi 2 accentuarsi.

marqueté [maʀkəte] *agg.* 1 intarsiato 2 chiazzato.

marqueter [maʀkəte] (*coniug. come* jeter) *v.tr.* intarsiare.

marqueterie [maʀkə(ɛ)tʀi] *s.f.* intarsio (*m.*).

marqueteur [maʀkətœʀ] *s.m.* intarsiatore.

marqueur [maʀkœʀ] *s.m.* 1 (pennarello) evidenziatore 2 (*sport*) marcatore.

marquis [maʀki] *s.m.* marchese.

marquisat [maʀkiza] *s.m.* marchesato.

marquise [maʀkiz] *s.f.* 1 marchesa 2 tettoia; pensilina.

marraine [maʀɛn] *s.f.* madrina.

marrane [maʀan] *s.m.* (*st.*) marrano.

marrant [maʀɑ̃] *agg.* (*fam.*) spassoso, divertente.

marre [maʀ] *avv.*: *en avoir* —, (*fam.*) averne fin sopra i capelli.

marrer, se [səmaʀe] *v.pron.* (*fam.*) divertirsi un mondo; sbellicarsi dalle risa.

marri [maʀi] *agg.* dolente.

marron[1] [maʀɔ̃] *s.m.* 1 castagna (*f.*), marrone: — *bouilli*, caldalessa; — *grillé*, caldarrosta; — *glacé*, marron glacé, marrone candito ‖ *tirer les marrons du feu*, (*fig.*) cavar le castagne dal fuoco 2 (*color*) marrone 3 (*fam.*) cazzotto ♦ *agg.invar.* (*color*) marrone.

marron[2] (f. -*onne*) *agg.* non autorizzato.

marronnier [maʀɔnje] *s.m.* marrone (albero) ‖ — *d'Inde*, ippocastano.

mars [maʀs] *s.m.* 1 marzo 2 (*zool. pop.*) apatura (*f.*).

marseillais [maʀsɛje] *agg. e s.m.* marsigliese ‖ *la Marseillaise*, la Marsigliese (inno nazionale francese).

marsouin [maʀswɛ̃] *s.m.* (*zool.*) marsovino, focena (*f.*).

marsupial [maʀsypjal] (pl. -*aux*) *agg. e s.m.* (*zool.*) marsupiale.

marsupium [maʀsypjɔm] *s.m.* marsupio.

marte [maʀt] *s.f.* → **martre**.

marteau [maʀto] (pl. -*eaux*) *s.m.* 1 martello ‖ (*sport*) *lanceur de* —, martellista 2 (*mus.*) martelletto 3 (*zool.*) pesce martello ♦ *agg.invar.* (*fam.*) suonato, picchiato.

marteau-pilon [maʀtopilɔ̃] (pl. *marteaux-pilons*) *s.m.* (*mecc.*) maglio.

martel [maʀtɛl] *s.m.*: *se mettre* — *en tête*, darsi pensiero, preoccuparsi.

martelage [maʀtəlaʒ] *s.m.* (*tecn.*) martellatura (*f.*).

martèlement [maʀtɛlmɑ̃] *s.m.* martellamento (*anche fig.*).

marteler [maʀtəle] (*coniug. come* semer) *v.tr.* 1 martellare 2 scandire.

martial [maʀsjal] (pl. -*aux*) *agg.* marziale.

martien [maʀsjɛ̃] (f. -*enne*) *agg. e s.m.* marziano.

martin-chasseur [maʀtɛ̃ʃasœʀ] (pl. *martins-chasseurs*) *s.m.* (*zool.*) dacelide.

martinet[1] [maʀtinɛ] *s.m.* (*zool.*) rondone.

martinet[2] *s.m.* 1 staffile: *donner le* —, frustare 2 (*tecn. mar.*) martinetto.

martingale [maʀtɛ̃gal] *s.f.* martingala.

martiniquais [maʀtinikɛ] *agg.* della Martinica.

martin-pêcheur [maʀtɛ̃pɛʃœʀ] (pl. *martins-pêcheurs*) *s.m.* (*zool.*) martin pescatore.

martre [maʀtʀ] *s.f.* (*zool.*) martora.

martyr [maʀtiʀ] *s.m.* martire (*anche fig.*).

martyre [maʀtiʀ] *s.m.* martirio.

martyriser [maʀtiʀize] *v.tr.* martirizzare.

martyrologe [maʀtiʀɔlɔʒ] *s.m.* martirologio.

marxisme [maʀksism] *s.m.* marxismo.

marxisme-léninisme [maʀksismleninism] *s.m.* marxismo-leninismo.

marxiste [maʀksist] *agg. e s.m.* marxista.

mas [mɑs] *s.m.* (*in Provenza*) casa di campagna; cascina (*f.*).

mascara [maskaʀa] *s.m.* (*cosmesi*) mascara.

mascarade [maskaʀad] *s.f.* mascherata (*anche fig.*).

mascaret [maskaʀɛ] *s.m.* (*geogr.*) mascheretto.

mascaron [maskaʀɔ̃] *s.m.* (*arch.*) mascherone.

mascotte [maskɔt] *s.f.* mascotte, portafortuna (*m.*).

masculin [maskylɛ̃] *agg.* 1 maschile 2 mascolino, maschio ♦ *s.m.* (*gramm.*) (genere) maschile.

masculiniser [maskylinize] *v.tr.* mascolinizzare.

masculinité [maskylinite] *s.f.* mascolinità.

masochisme [mazoʃism] *s.m.* masochismo.

masochiste [mazoʃist] *agg.* masochista, masochistico ♦ *s.m.* masochista.

masonite [mazɔnit] *s.f.* masonite.

masque [mask] *s.m.* maschera (*f.*) || *jeter le* —, (*fig.*) togliersi, gettare la maschera; *arracher son* — *à qqn*, (*fig.*) smascherare qlcu.

masqué [maske] *agg.* mascherato || *bal* —, ballo in maschera.

masquer [maske] *v.tr.* mascherare || — *ses fins*, (*fig.*) dissimulare i propri fini || — *la vue*, nascondere la vista.

massacrant [masakrã] *agg.* massacrante || *humeur massacrante*, (*fam.*) umore nero.

massacre [masakr] *s.m.* **1** massacro, scempio || *le* — *des* (*Saints*) *Innocents*, la strage degli Innocenti || (*gioco*) *jeu de* —, tiro al fantoccio; (*fig.*) gioco al massacro **2** (*fig.*) stroncatura (*f.*).

massacrer [masakre] *v.tr.* massacrare; sterminare.

massacreur [masakrœr] *s.m.* massacratore.

massage [masaʒ] *s.m.* massaggio.

masse[1] [mas] *s.f.* massa || *j'ai une* — *de choses à faire*, ho un mucchio di cose da fare || *il n'y en a pas des masses*, (*fam.*) non ce n'è poi tanto || *c'est bon pour la* —, va bene per il grosso pubblico || (*elettr.*) *mise à la* —, messa a terra.

masse[2] *s.f.* mazza.

massepain [maspɛ̃] *s.m.* biscottino di marzapane.

masser[1] [mase] *v.tr.* massaggiare.

masser[2] *v.tr.* ammassare □ **se masser** *v.pron.* ammassarsi, stiparsi.

masseur [masœr] (f. -*euse*) *s.m.* **1** massaggiatore **2** apparecchio massaggiatore.

massicot [masiko] *s.m.* (*ind. cartaria*) taglierina (*f.*), trancia (*f.*).

massicoter [masikɔte] *v.tr.* rifilare con una taglierina.

massif [masif] (f. -*ive*) *agg.* massiccio ♦ *s.m.* **1** (*geogr.*) massiccio **2** (*edil.*) basamento, blocco **3** macchia (*f.*), cespuglio.

massifier [masifje] *v.tr.* massificare.

massivement [masivmã] *avv.* massicciamente, in massa.

mass(-)media [masmedja] *s.m.pl.* → **média**.

massue [masy] *s.f.* mazza, clava: *coup de* —, mazzata || *des arguments* —, (*fig.*) argomenti schiaccianti.

mastectomie [mastɛktɔmi] *s.f.* (*med.*) mastectomia.

mastère [mastɛr] *s.m.* (*Università*) master.

mastic[1] [mastik] *s.m.* mastice; stucco (del vetraio) ♦ *agg.invar.* (di color) grigio-crema.

mastic[2] *s.m.* (*tip.*) refuso.

masticage [mastikaʒ] *s.m.* stuccatura (*f.*).

mastication [mastikasjɔ̃] *s.f.* masticazione.

masticatoire [mastikatwar] *s.m.* e *agg.* **1** masticatorio **2** (*per neonati*) massaggiagengive.

mastiff [mastif] *s.m.* (*cane*) mastino inglese.

mastiquer[1] [mastike] *v.tr.* masticare.

mastiquer[2] *v.tr.* stuccare.

mastite [mastit] *s.f.* (*med.*) mastite.

mastoc [mastɔk] *agg.invar.* mastodontico; massiccio.

mastodonte [mastɔdɔ̃t] *s.m.* mastodonte.

mastoïde [mastɔid] *agg.* e *s.f.* (*anat.*) mastoide.

mastoïdien [mastɔidjɛ̃] (f. -*enne*) *agg.* (*anat.*) mastoideo.

mastoïdite [mastɔidit] *s.f.* (*med.*) mastoidite.

mastopathie [mastɔpati] *s.f.* (*med.*) mastopatia.

masturbation [mastyrbasjɔ̃] *s.f.* masturbazione.

masturber, se [səmastyrbe] *v.pron.* masturbarsi.

m'as-tu-vu [matyvy] *agg.* e *s.m.invar.* vanitoso: *ce qu'il est* —!, che pavone!

masure [mazyr] *s.f.* catapecchia, stamberga.

mat[1] [mat] *agg.* opaco; (*di rumore*) sordo || *peau mate*, pelle olivastra.

mat[2] *s.m.* (*scacchi*) scacco matto: *faire* (*échec et*) —, dare scacco matto || *agg.*: *le roi est* —, scacco al re; *joueur* —, giocatore sotto scacco.

mât [mɑ] *s.m.* **1** (*mar.*) albero: *grand* —, albero maestro **2** palo; pertica (*f.*) || — *de cocagne*, albero della cuccagna.

matador [matadɔr] *s.m.* matador.

matamore [matamɔr] *s.m.* smargiasso, gradasso.

match [matʃ] (pl. *matchs*, *matches*) *s.m.* **1** partita (*f.*); incontro || — *nul*, pareggio; *faire* — *nul*, pareggiare; — *de retour*, incontro di ritorno **2** (*estens.*) competizione (*f.*).

matelas [matla] *s.m.* materasso || — *pneumatique*, materassino gonfiabile.

matelassé [matlase] *agg.* e *s.m.* matelassé, (tessuto) imbottito e trapuntato.

matelasser [matlase] *v.tr.* imbottire.

matelassier [matlasje] (f. -*ère*) *s.m.* materassaio.

matelot [matlo] *s.m.* marinaio.

matelote [matlɔt] *s.f.* (*cuc.*) pesce marinato (in salsa di vino rosso e cipolle).

mater[1] [mate] *v.tr.* domare, reprimere.

mater[2] *v.tr.* (*fam.*) sbirciare, guardare.

matérialisation [materjalizasjɔ̃] *s.f.* materializzazione.

matérialiser [materjalize] *v.tr.* materializzare; concretizzare □ **se matérialiser** *v.pron.* materializzarsi; concretizzarsi.

matérialisme [materjalism] *s.m.* materialismo.

matérialiste [materjalist] *agg.* materialistico ♦ *s.m.* materialista.

matérialité [materjalite] *s.f.* materialità.

matériau [materjo] *s.m.* materiale || *réunir des matériaux pour un livre*, raccogliere materiale per un libro.

matériel[1] [materjel] (f. -*elle*) *agg.* **1** materiale **2** materialistico.

matériel[2] *s.m.* **1** materiale: (*ferr.*) — *roulant*, materiale rotabile **2** attrezzatura (*f.*): — *de bureau*, attrezzature per ufficio || — *de pêche*, attrezzi per la pesca || *le* — *d'une usine*, i macchinari di uno stabilimento industriale **3** (*inform.*) hardware.

matérielle [materjel] *s.f.* (*fam.*) *gagner sa* —, guadagnarsi di che vivere.

matériellement [materjelmã] *avv.* materialmente.

maternage [maternaʒ] *s.m.* **1** cure materne **2** (*psic.*) transfert, traslazione materna.

maternel [maternel] (f. -*elle*) *agg.* materno || *lan-*

gue maternelle, lingua madre || *hôtel* —, istituto per ragazze madri.

maternelle [matɛʀnɛl] *s.f.* scuola materna.

maternellement [matɛʀnɛlmɑ̃] *avv.* maternamente.

maternels [matɛʀnɛl] *s.m.pl.* (*in Africa*) parenti per parte di madre.

materner [matɛʀne] *v.tr.* **1** prodigare cure materne **2** (*psic.*) curare con transfert materno.

maternité [matɛʀnite] *s.f.* **1** maternità **2** gravidanza.

mathématicien [matematisjɛ̃] *s.m.* matematico.

mathématique [matematik] *agg.* matematico || -ement *avv.*

mathématiques [matematik] *s.f.pl.* matematica (*sing.*).

matheux [matø] (f. *-euse*) *s.m.* (*fam.*) studente di matematica; chi ha il bernoccolo per la matematica.

math(s) [mat] *s.f.pl.* (*fam.*) *abbr.* → **mathématiques**.

matière [matjɛʀ] *s.f.* **1** materia; sostanza, materiale (*m.*) || *faire travailler sa — grise*, (*fam.*) far lavorare il cervello **2** (*fig.*) materia; argomento (*m.*): *entrer en* —, entrare in argomento; *donner — a*, dare adito || *en — culturelle*, in campo culturale || *il n'y a pas là — à plaisanter*, non c'è proprio di che scherzare.

matin [matɛ̃] *s.m.* mattino, mattina (*f.*): *ce* —, stamattina; *de bon, de grand* —, di buon mattino, di primo mattino; *le 30 avril au* —, la mattina del 30 aprile; *jusqu'au petit* —, fino all'alba || *être du* —, (*fam.*) essere mattiniero || *un beau* —, un bel giorno; *un de ces* (*quatre*) *matins*, uno di questi giorni.

mâtin [mɑtɛ̃] *s.m.* mastino.

matinal [matinal] (pl. *-als* o *-aux*) *agg.* **1** mattutino **2** mattiniero.

mâtiné [mɑtine] *agg.* incrociato (con) || *français — d'italien*, (*fig.*) francese imbastardito di italiano.

matinée [matine] *s.f.* **1** mattinata, mattina || *faire la grasse* —, stare a letto fino a tardi **2** (*teatr., cine.*) diurna, mattinata.

mâtiner [mɑtine] *v.tr.* incrociare (un cane).

matines [matin] *s.f.pl.* (*eccl.*) mattutino (*m.sing.*).

matinière [matinjɛʀ] *agg.f.*: *l'étoile* —, la stella del mattino.

matité [matite] *s.f.* opacità.

matois [matwa] *agg.* furbo, scaltro ♦ *s.m.* volpone: *un fin* —, un vecchio volpone.

maton [matɔ̃] (f. *-onne*) *s.m.* (*fam.*) secondino.

matou [matu] *s.m.* gatto (maschio).

matraquage [matʀakaʒ] *s.m.* (*fig.*) martellamento: *le — de la publicité*, il martellamento della pubblicità.

matraque [matʀak] *s.f.* **1** randello (*m.*) **2** sfollagente (*m.*), manganello (*m.*) **3** (*fig.*) batosta, mazzata.

matraquer [matʀake] *v.tr.* **1** randellare **2** picchiare con lo sfollagente, manganellare **3** (*fig.*) dare una stangata (a) **4** (*fig.*) ripetere in modo martellante (una pubblicità ecc.): *matraqué par la publicité*, martellato dalla pubblicità.

matras [matʀɑ] *s.m.* (*chim.*) matraccio, beuta (*f.*).

matriarcal [matʀijaʀkal] (pl. *-aux*) *agg.* matriarcale.

matriarcat [matʀijaʀka] *s.m.* matriarcato.

matrice [matʀis] *s.f.* matrice, stampo (*m.*).

matricide [matʀisid] *s.m.* matricidio.

matricule [matʀikyl] *s.f.* **1** matricola; registro (*m.*) **2** immatricolazione: *droits de* —, tassa di immatricolazione; (*extrait de la*) —, certificato di immatricolazione ♦ *agg.* (*numéro*) —, (numero di) matricola; *livret — d'un soldat*, libretto di matricola di un soldato.

matriculer [matʀikyle] *v.tr.* immatricolare.

matrilignage [matʀiliɲaʒ] *s.m.* matrilinearità (*f.*).

matrilinéaire [matʀilineɛʀ] *agg.* matrilineare.

matrimonial [matʀimɔnjal] (pl. *-aux*) *agg.* matrimoniale.

matronal [matʀɔnal] (pl. *-aux*) *agg.* matronale.

matrone [matʀɔn] *s.f.* matrona.

matroneum [matʀɔneɔm] *s.m.* (*arch.*) matroneo.

maturation [matyʀasjɔ̃] *s.f.* maturazione.

mâture [mɑtyʀ] *s.f.* (*mar.*) alberatura.

maturité [matyʀite] *s.f.* maturità.

maudire [modiʀ] (*coniug. come* finir; *part.pass.* maudit) *v.tr.* maledire.

maudit [modi] *part.pass. di* maudire ♦ *agg.* e *s.m.* maledetto || *le Maudit*, il Maligno, il Demonio.

maugréer [mogʀee] *v.intr.* brontolare.

maure [mɔʀ] (f. *-esque*) *agg.* e *s.m.* moro.

mauresque [mɔʀɛsk] *agg.* moresco.

mauricien [mɔ(o)ʀisjɛ̃] (f. *-enne*) *agg.* dell'isola Maurizio.

mauritanien [mɔ(o)ʀitanjɛ̃] (f. *-enne*) *agg.* e *s.m.* mauritano.

mausolée [mozɔle] *s.m.* mausoleo.

maussade [mosad] *agg.* immusonito; (*di tempo*) uggioso.

maussadement [mosadmɑ̃] *avv.* in modo tetro; in modo noioso.

mauvais [mɔ(o)vɛ] *agg.* **1** cattivo; (*spec. di aspetto*) brutto: *très* —, pessimo; *un — rêve*, un brutto sogno; *mauvaise humeur*, cattivo umore; *une mauvaise plaisanterie*, uno scherzo di cattivo gusto; *un — lit*, un letto scomodo; *un — prétexte*, una scusa che non regge || *avoir un — estomac*, avere lo stomaco delicato || *le café est — pour les nerfs*, il caffè fa male ai nervi || *il est — en latin*, va male in latino || *faire une mauvaise chute*, cadere in malo modo || *faire un — parti à qqn*, ridurre qlcu a mal partito || *il l'a eue mauvaise*, l'ha presa male **2** cattivo: *un — sourire*, un sorriso cattivo; *regarder d'un — œil*, vedere di mal occhio || *mauvaise foi*, malafede ♦ *avv.*: *sentir* —, avere un cattivo odore; *je trouve — que*, disapprovo che; *il ne serait pas — que*, non sarebbe male che ♦ *s.m.* **1** cattivo **2** *le Mauvais*, il Maligno.

mauve [mov] *s.f.* (*bot.*) malva ♦ *agg.* e *s.m.* color malva, violetto.

mauviette [movjɛt] *s.f.* persona gracile, malaticcia; persona timida e paurosa.

maxi- *pref.* maxi-

maxillaire [maksilɛʀ] *agg.* e *s.m.* (*anat.*) mascellare.

maximal [maksimal] (pl. *-aux*) *agg.* massimo.

maximalisme [maksimalism] *s.m.* (*pol.*) massimalismo.

maximaliste [maksimalist] *agg.* e *s.m.* massimalista.

maxime [maksim] *s.f.* massima.

maximum [maksimɔm] (pl. *maximums, maxima*; f.*invar.*, *maxima*) *agg.* e *s.m.* massimo: *le — de rendement*, il massimo rendimento; *jouer le —*, puntare il massimo; *c'est le — de ce que je peux faire*, è il massimo che possa fare; *elle a mis le — de chances de son côté*, ha fatto di tutto per assicurarsi il successo, per spuntarla || *au —*, al massimo.

mayennais [majɛnɛ] *agg.* di Mayenne.

mayeur [majœʀ] *s.m.* (*in Belgio*) sindaco.

mayonnaise [majɔnɛz] *s.f.* (*cuc.*) maionese.

mazagran [mazagʀɑ̃] *s.m.* **1** caffè servito in bicchiere **2** bicchiere alto di ceramica con piede largo.

mazette [mazɛt] *s.f.* (*fig. fam.*) schiappa ♦ *inter.* caspita!

mazout [mazut] *s.m.* nafta (*f.*).

mazurka [mazyʀka] *s.f.* mazurca (musica e danza).

me [mə] *pron.pers. 1ª pers.sing.* (*si apostrofa davanti a una vocale o a* h *muta*) **1** (*compl.ogg.* e *compl. di termine*) mi; (+ *pron.* le, la, les, en) me: *il m'a vu*, mi ha visto; *tu — parleras*, mi parlerai; *tu voulais — parler*, volevi parlarmi, mi volevi parlare; *vous — le direz*, me lo direte; *il m'en offrira quelques-uns*, me ne offrirà qualcuno; *parle-m'en, ne m'en parle plus*, parlamene, non parlarmene più **2** (*nella coniugazione dei verbi pron.*) mi; (+ *pron.* en) me: *je m'habille*, mi vesto; *je m'en vais*, me ne vado.

mé- *pref.* mis-, dis-, s-

méandre [meɑ̃dʀ] *s.m.* meandro.

méat [mea] *s.m.* meato.

mec [mɛk] *s.m.* (*fam.*) tizio, tipo || *elle est venue avec son —*, è venuta col suo uomo.

mécanicien [mekanisjɛ̃] *s.m.* **1** meccanico **2** (*ferr.*) macchinista **3** (*mar.*) motorista.

mécanicien-dentiste [mekanisjɛ̃dɑ̃tist] (pl. *mécaniciens-dentistes*) *s.m.* odontotecnico.

mécanique [mekanik] *s.f.* **1** meccanica **2** meccanismo (*m.*) ♦ *agg.* meccanico || **-ement** *avv.*

mécanisation [mekanizasjɔ̃] *s.f.* meccanizzazione.

mécanisé [mekanize] *agg.* meccanizzato.

mécaniser [mekanize] *v.tr.* meccanizzare.

mécanisme [mekanism] *s.m.* meccanismo; congegno.

mécano [mekano] *s.m.* (*fam.*) *abbr.* → **mécanicien**.

mécanographe [mekanɔgʀaf] *s.m.* operatore meccanografico.

mécanographie [mekanɔgʀafi] *s.f.* meccanografia.

mécanographique [mekanɔgʀafik] *agg.* meccanografico.

mécénat [mesena] *s.m.* mecenatismo.

mécène [mesɛn] *s.m.* mecenate.

méchamment [meʃamɑ̃] *avv.* con cattiveria.

méchanceté [meʃɑ̃ste] *s.f.* cattiveria.

méchant [meʃɑ̃] *agg.* **1** cattivo || *un regard —*, un'occhiataccia; *critique méchante*, critica velenosa || *un petit verre de vin, ce n'est pas —*, un bicchierino di vino non fa male; *tu peux lui laisser lire ce livre, ce n'est pas bien —*, puoi lasciargli leggere quel libro, non c'è niente di male, è innocuo || *rien de —*, niente di grave **2** mediocre; misero ♦ *s.m.* cattivo.

mèche[1] [mɛʃ] *s.f.* **1** stoppino (*m.*), lucignolo (*m.*); (*di esplosivo*) miccia || (*fig.*): *éventer la —*, sventare il complotto; *vendre la —*, svelare il segreto **2** ciocca (di capelli) **3** (*med.*) zaffo (*m.*) **4** (*tecn.*) fioretto (*m.*); punta (da trapano).

mèche[2] *s.f.*: *être de — avec qqn*, (*fam.*) essere complice di qlcu, intendersela con qlcu.

méchoui [meʃwi] *s.m.* piatto nordafricano a base di agnello.

mécompte [mekɔ̃t] *s.m.* **1** disinganno, disillusione (*f.*) **2** errore di calcolo.

méconnaissable [mekɔnɛsabl] *agg.* irriconoscibile.

méconnaissance [mekɔnɛsɑ̃s] *s.f.* disconoscimento (*m.*).

méconnaître [mekɔnɛtʀ] (*coniug. come* connaître) *v.tr.* disconoscere, misconoscere.

méconnu [mekɔny] *part.pass.* di méconnaître ♦ *agg.* misconosciuto.

mécontent [mekɔ̃tɑ̃] *agg.* e *s.m.* scontento; insoddisfatto.

mécontentement [mekɔ̃tɑ̃tmɑ̃] *s.m.* malcontento, scontento; insoddisfazione (*f.*).

mécontenter [mekɔ̃tɑ̃te] *v.tr.* scontentare.

mécréant [mekʀeɑ̃] *s.m.* miscredente.

médaille [medaj] *s.f.* **1** medaglia: *— militaire*, medaglia al valor militare; *— d'honneur*, medaglia al valor civile **2** (*arch.*) medaglione (*m.*).

médaillé [medaje] *agg.* e *s.m.* decorato (di medaglia).

médaillier [medaje] *s.m.* medagliere.

médaillon [medajɔ̃] *s.m.* medaglione.

médecin [medsɛ̃] *s.m.* medico: *femme —*, dottoressa; *— traitant*, medico curante; *— d'entreprise*, medico aziendale; *— légiste*, medico legale, perito settore; *— du bord*, medico di bordo; *médecin-chef d'une clinique*, primario di una clinica; *— des armées*, ufficiale medico.

médecine [medsin] *s.f.* medicina.

média [medja] *s.m.* (mass) media (*pl.*).

médian [medjɑ̃] *agg.* mediano.

médiane [medjan] *s.f.* mediana.

médiat [medja] *agg.* mediato.

médiateur [medjatœʀ] (f. *-trice*) *agg.* e *s.m.* mediatore.

médiathèque [medjatɛk] *s.f.* mediateca.

mélange

médiation [medjasjɔ̃] *s.f.* mediazione.
médiatique [medjatik] *agg.* mediatico || *image* —, immagine mediale.
médiatisation [medjatizɑsjɔ̃] *s.f.* divulgazione attraverso i media.
médiatrice [medjatʀis] *s.f.* (*mat.*) asse (di un segmento).
médical [medikal] (pl. *-aux*) *agg.* 1 medico || *le corps* —, il corpo sanitario 2 (*curatif*) medicinale, curativo.
médicalement [medikalmɑ̃] *avv.* dal punto di vista medico, sotto l'aspetto medico.
médicalisation [medikalizɑsjɔ̃] *s.f.* medicalizzazione.
médicaliser [medikalize] *v.tr.* medicalizzare.
médicament [medikamɑ̃] *s.m.* medicina (*f.*); farmaco, medicinale.
médicamenteux [medikamɑ̃tø] (f. *-euse*) *agg.* medicamentoso.
médication [medikɑsjɔ̃] *s.f.* cura.
médicinal [medisinal] (pl. *-aux*) *agg.* medicinale.
médico-légal [medikɔlegal] (pl. *médico-légaux*) *agg.* medico-legale.
médiéval [medjeval] (pl. *-aux*) *agg.* medievale.
médiéviste [medjevist] *s.m.* medievalista, medievista.
médina [medina] *s.f.* medina (parte vecchia delle città nordafricane).
médiocre [medjɔkʀ] *agg. e s.m.* mediocre: *élève — en anglais*, allievo carente in inglese || *-ement avv.*
médiocrité [medjɔkʀite] *s.f.* mediocrità.
médire [mediʀ] (*coniug.* come dire, *tranne alla 2ª pers.pl. dell'Indic.pres. e dell'Imper.* médisez) *v.intr.* sparlare, parlare male.
médisance [medizɑ̃s] *s.f.* maldicenza.
médisant [medizɑ̃] *agg. e s.m.* maldicente.
médit [medi] *part.pass. di* médire.
méditatif [meditatif] (f. *-ive*) *agg.* meditativo || *air* —, aria pensosa.
méditation [meditɑsjɔ̃] *s.f.* meditazione.
méditer [medite] *v.tr.* meditare (su) || *— un crime*, meditare, progettare un delitto ♦ *v.intr.* meditare, riflettere.
méditerranéen [mediteʀaneɛ̃] (f. *-enne*) *agg. e s.m.* mediterraneo.
médium [medjɔm] *s.m.* medium.
médiumnique [medjɔmnik] *agg.* medianico.
medius [medjys] *s.m.* (dito) medio.
médoc [medɔk] *s.m.* vino bordeaux della regione di Médoc.
médullaire [medylɛʀ] *agg.* (*anat., bot.*) midollare.
médulleux [medylø] (f. *-euse*) *agg.* (*bot.*) midolloso.
méduse [medyz] *s.f.* (*zool.*) medusa.
méduser [medyze] *v.tr.* (*fam.*) sbalordire, stupire.
meeting [mitiŋ] *s.m.* 1 comizio politico, sindacale 2 (*sport*) raduno.
méfait [mefɛ] *s.m.* 1 malefatta (*f.*) 2 danno.
méfiance [mefjɑ̃s] *s.f.* diffidenza, sfiducia ||

éveiller la — *de qqn*, destare i sospetti di qlcu.
méfiant [mefjɑ̃] *agg.* diffidente, sospettoso ♦ *s.m.* persona diffidente, sospettosa.
méfier, se [səmefje] *v. pron.* non fidarsi, diffidare: *elle s'est méfié de lui*, ha diffidato, non si è fidata di lui.
méga- *pref.* mega-
mégalithe [megalit] *s.m.* (*archeol.*) megalite.
mégalithique [megalitik] *agg.* megalitico.
mégalo- *pref.* megalo-
mégalomane [megalɔman] *agg. e s.m.* megalomane.
mégalomanie [megalɔmani] *s.f.* megalomania.
mégalopole [megalɔpɔl] *s.f.* megalopoli.
mégaphone [megafɔn] *s.m.* megafono.
mégarde, par [paʀmegaʀd] *locuz.avv.* inavvertitamente, per sbaglio.
mégatonne [megatɔn] *s.f.* (*fis.*) megaton (*m.*).
mégawatt [megawat] *s.m.* (*fis.*) megawatt.
mégère [meʒɛʀ] *s.f.* megera.
mégir [meʒiʀ] *v.tr.* allumare.
mégisser [meʒise] *v.tr.* → **mégir.**
mégisserie [meʒisʀi] *s.f.* industria del cuoio.
mégot [mego] *s.m.* (*fam.*) cicca (*f.*), mozzicone.
mégoter [megɔte] *v.intr.* (*fam.*) essere tirchio.
méhari [meaʀi] *s.m.* (*zool.*) mehari, meari.
meilleur [mɛjœʀ] *agg.* 1 (*compar.*) migliore: *ce qu'il y a de — en lui c'est sa bonté*, la sua qualità migliore è la bontà; *rien de —*, niente di meglio; *rien de — que de s'en aller*, non resta che andarsene; *sa santé était meilleure qu'il ne croyait*, la sua salute era migliore di quanto credesse; *sa santé est meilleure qu'elle n'était*, la sua salute è migliore di prima || *de meilleure heure*, prima, più presto || *il fait —*, (*temps*) il tempo è migliorato; (*sensation*) si sta meglio || *j'en passe et des meilleures!*, c'è ben altro!, ce ne sono ben altri! 2 (*superl.rel.*) *le meilleur*, il migliore: *le — des hommes*, il migliore uomo che ci sia; *avec la meilleure bonne volonté*, con tutta la buona volontà di questo mondo □ **le meilleur** *s.m.* 1 il migliore 2 il meglio || *prendre le — sur qqn*, avere la meglio su qlcu || *pour le — et pour le pire*, nella buona e nella cattiva sorte.
méjuger [meʒyʒe] (*coniug.* come manger) *v.intr.* sbagliarsi (su) ♦ *v.tr.* giudicare male.
mélancolie [melɑ̃kɔli] *s.f.* malinconia.
mélancolique [melɑ̃kɔlik] *agg.* malinconico, melanconico.
mélancoliquement [melɑ̃kɔlikmɑ̃] *agg.* malinconicamente, mestamente.
mélanésien [melanezjɛ̃] (f. *-enne*) *agg. e s.m.* melanesiano.
mélange [melɑ̃ʒ] *s.m.* 1 mescolanza (*f.*): *un — de couleurs*, un miscuglio di colori; — *carburant*, miscela carburante || *— de races*, incrocio di razze || *— de styles*, accozzaglia di stili || *l'homme est un — de courage et de faiblesse*, l'uomo è un misto di coraggio e di debolezza || *sans —*, (*fig.*) puro, senza ombre 2 *pl.* (*letter.*) miscellanea (*f.sing.*), zibaldone (*sing.*).

mélangé [melɑ̃ʒe] *agg.* misto: *public* —, pubblico eterogeneo.

mélanger [melɑ̃ʒe] (*coniug. come* manger) *v.tr.* mescolare; miscelare: *j'ai mélangé tous mes papiers, je ne retrouve rien*, ho mischiato tutti i fogli, non trovo più niente || *fais donc attention!, tu mélanges tout*, sta' attento! fai una grande confusione □ **se mélanger** *v.pron.* mescolarsi.

mélangeur [melɑ̃ʒœʀ] (f. -*euse*) *s.m.* (*tecn.*) mescolatore: (*robinet*) —, (rubinetto) miscelatore.

mélanine [melanin] *s.f.* (*biochim.*) melanina.

mélanome [melanɔm] *s.m.* (*med.*) melanoma.

mélasse [melas] *s.f.* melassa || *quelle* —!, (*fam.*) che pasticcio!

Melba [mɛlba] *agg.invar.*: *pêche, fraises* —, pesca, fragole melba (servite con gelato, panna e gelatina di frutta).

mêlé [mele] *agg.* mescolato, mischiato; misto.

mêlécasse [melekas] *s.m.* bevanda di acquavite e cassis.

mêlée [mele] *s.f.* mischia; rissa: *se tenir en dehors, à l'écart de la* —, tenersi fuori dalla mischia.

mêler [mele] *v.tr.* **1** mischiare: *ce vin est mêlé d'eau*, questo vino è annacquato || — *les cartes*, mescolare le carte || — *le rire aux larmes*, mescolare il riso al pianto **2** immischiare: — *qqn à une affaire*, immischiare qlcu in una faccenda □ **se mêler** *v.pron.* **1** mescolarsi, mischiarsi: *se* — *au combat*, unirsi alla lotta **2** impicciarsi: *de quoi se mêle-t-il?*, di che si immischia?; *il se mêle de tout*, è un ficcanaso || *si le cœur s'en mêle*, se ci si mette di mezzo il cuore || *quand il se mêle de travailler, il le fait très bien*, (*fam.*) quando ci si mette di buzzo buono, lavora molto bene.

mêle-tout [mɛltu] *s.m.invar.* (*in Belgio*) ficcanaso.

mélèze [melɛz] *s.m.* (*bot.*) larice.

méli-mélo [melimelo] (pl. *mélis-mélos*) *s.m.* (*fam.*) accozzaglia (*f.*); guazzabuglio.

mélisse [melis] *s.f.* (*bot.*) melissa.

mellifère [me(ɛl)lifɛʀ] *agg.* (*zool., bot.*) mellifero.

mélo [melo] *s.m. abbr.* → mélodrame || *faire du* —, (*fam.*) cadere nel patetico; *ne fais pas de* — !, non fare scene! ♦ *agg. abbr.* → mélodramatique.

mélodie [melɔdi] *s.f.* melodia.

mélodieux [melɔdjø] (f. -*euse*) *agg.* melodioso || **-eusement** *avv.*

mélodique [melɔdik] *agg.* melodico.

mélodramatique [melɔdʀamatik] *agg.* melodrammatico.

mélodrame [melɔdʀam] *s.m.* melodramma.

mélomane [meloman] *agg.* e *s.m.* melomane.

mélomanie [melomani] *s.f.* melomania.

melon [məlɔ̃] *s.m.* **1** melone, popone: — *d'eau*, cocomero, anguria **2** (*abbigl.*) (*chapeau*) —, bombetta (*f.*).

mélopée [melɔpe] *s.f.* melopea.

melunais [məlynɛ], **melunois** [məlynwa] *agg.* di Melun.

membrane [mɑ̃bʀan] *s.f.* membrana.

membraneux [mɑ̃bʀanø] (f. -*euse*) *agg.* membranoso, membranaceo.

membre [mɑ̃bʀ] *s.m.* **1** (*anat.*) membro **2** (*parte di un insieme*) membro; (*di un'associazione ecc.*) socio, membro: — *d'honneur, à vie*, socio onorario, vitalizio; *carte de* —, tessera di socio **3** (*arch.*) membratura (*f.*).

membrure [mɑ̃bʀyʀ] *s.f.* **1** (*anat., arch.*) membratura **2** (*mar.*) ossatura.

même [mɛm] *agg.indef.* **1** stesso, medesimo: *c'est la* — *chose*, è lo stesso, è la stessa cosa || (*comm.*) *de* — *date*, di pari data **2** (*dopo un sostantivo, un pronome, un avverbio*) stesso: *ce sont ses paroles mêmes*, sono le sue precise parole; *elle est la bonté* —, è la bontà personificata || *c'est celui-là* — *que je voulais*, è proprio quello che volevo || *c'est ici* — *qu'elle l'a rencontré*, è proprio qui che lo ha incontrato || (*comm.*) *ce jour* —, *aujourd'hui* —, oggi stesso || **moi-même,toi-même, nous-mêmes, etc.**, io stesso, proprio io; tu stesso, proprio tu; noi stessi, proprio noi ecc.; *de moi-même, de toi même, etc.*, da me, da te, spontaneamente: *il s'est trahi de lui-même*, si è tradito da sé; *elle a agi d'elle-même*, ha agito da sola, per conto suo; *le coupable a avoué sa faute de lui-même*, il colpevole ha confessato spontaneamente la sua colpa; *la fenêtre s'est fermée d'elle-même*, la finestra si è chiusa da sé, da sola; *j'y suis allé de moi-même*, ci sono andato di mia spontanea volontà ♦ *pron.indef.* **1** *le même*, lo stesso: *le niveau de vie est encore le* —, il livello di vita è ancora lo stesso; *ce sont toujours les mêmes*, sono sempre gli stessi, le stesse **2** *le même*, la stessa cosa, lo stesso: *cela revient au* —, fa, è lo stesso || *c'est du pareil au* —, (*fam.*) se non è zuppa è pan bagnato ♦ *avv.* anche, perfino; anzi: *il garde son sang froid* — *devant le danger*, conserva il suo sangue freddo anche di fronte al pericolo; — *lui*, *il a peur*, perfino lui ha paura; *je pense et j'en suis* — *sûr*, lo credo e, anzi, ne sono certo □ **à même** *locuz.avv.* proprio: *boire à* — *la bouteille*, bere (direttamente d')alla bottiglia; *coucher à* — *le sol*, dormire per terra || *être, mettre à* — *de*, essere, mettere in grado di □ **de même** *locuz.avv.* lo stesso: *il en est de* — *pour moi*, è lo stesso per me; *de* — *que...*, come..: *il est parti, de* — *que son frère*, è partito, come suo fratello □ **même que** *locuz.cong.* (*fam.*) — *que je l'ai vu il y a une demi-heure*, ma se l'ho visto mezz'ora fa!

mémé [meme] *s.f.* (*fam.*) nonna, nonnina; (*estens.*) vecchia signora ♦ *s.m.* (*in Africa*) didietro, sedere.

mémento [memɛ̃to] *s.m.* **1** compendio **2** agenda (*f.*), taccuino.

mémère [memɛʀ] *s.f.* (*fam.*) nonna, nonnina; (*estens.*) donnone (*f.*).

mémérer [memeʀe] *v.intr.* (*in Canada*) spettegolare.

mémoire[1] [memwaʀ] *s.f.* **1** memoria: *avoir de la* —, avere memoria; *n'avoir aucune* —, non avere memoria; *sortir de la* —, uscire di mente; *remettez-moi en* —, ditemi qualcosa per farmi ricordare || *pour* —, a titolo informativo || (*inform.*) *mise en* —, memorizzazione **2** ricordo

mensualité

(*m.*), memoria: *garder la — de*, conservare la memoria, il ricordo di; *à la — de*, in memoria di; *en — de*, in ricordo di 3 *pl.* (*lett.*) memorie □ **de mémoire** *locuz.avv.* a memoria: *jouer de —*, suonare a memoria || *de — d'homme*, a memoria d'uomo.

mémoire² *s.m.* 1 memoria (*f.*), (breve) monografia; dissertazione (*f.*) 2 (*dir.*) memoria (*f.*), comparsa (*f.*): *— en défense*, memoria difensiva; *échange de mémoires*, scambio delle comparse.

mémorable [memɔrabl] *agg.* memorabile.

mémorablement [memɔrabləmã] *avv.* in modo memorabile.

mémorandum [memɔrãdɔm] *s.m.* 1 memorandum, promemoria; nota (*f.*), appunto 2 agenda (*f.*), taccuino.

mémorial [memɔrjal] (*pl. -aux*) *s.m.* 1 memoriale 2 monumento commemorativo.

mémorialiste [memɔrjalist] *s.m.* memorialista.

mémorisation [memɔrizasjɔ̃] *s.f.* memorizzazione.

mémoriser [memɔrize] *v.tr.* memorizzare.

menaçant [mənasã] *agg.* minaccioso.

menace [mənas] *s.f.* minaccia: *lettre de menaces*, lettera minatoria || *par la —*, con le minacce.

menacer [mənase] (*coniug. come* placer) *v.tr.* e *intr.* minacciare: *— d'une arme*, minacciare con un'arma; *— qqn d'une punition*, minacciare una punizione a qlcu; *il est menacé de faillite*, rischia di fallire; *la pluie menace*, minaccia di piovere.

ménage [menaʒ] *s.m.* 1 coppia (*f.*); nucleo familiare: *un jeune —*, una coppia di sposini || *se mettre en — avec qqn*, andare a vivere con qlcu || *faire bon — avec qqn*, andare d'accordo con qlcu || *une scène de —*, una scenata (fra marito e moglie) 2 pulizie di casa: *les soins du —*, le faccende di casa; *faire le —*, fare le pulizie di casa; *faire des ménages*, andare a servizio.

ménagement [menaʒmã] *s.m.* (spec. *pl.*) riguardo, precauzione (*f.*) || *sans ménagements*, senza mezzi termini.

ménager¹ [menaʒe] (*coniug. come* manger) *v.tr.* 1 tener da conto; aver cura (di) 2 risparmiare; far buon uso (di): *— ses forces*, risparmiarle le forze; *— son temps*, far buon uso del proprio tempo || *ménagez son amour-propre*, cercate di non urtare il suo amor proprio; *ménagez-le, il est très influent*, trattatelo coi guanti, è molto influente || *— ses paroles*, essere di poche parole; *il ne ménage pas ses éloges*, non è avaro di lodi || *les apparences*, salvare le apparenze || *— la chèvre et le chou*, salvare capra e cavoli || *se — une porte de sortie*, assicurarsi una via d'uscita 3 preparare, predisporre; sistemare; combinare □ **se ménager** *v.pron.* risparmiarsi.

ménager² (*f. -ère*) *agg.* domestico: *appareils ménagers*, elettrodomestici; *équipement —*, casalinghi, articoli per la casa; *eaux ménagères*, acque di scarico; *ordures ménagères*, immondizia.

ménagère [menaʒɛr] *s.f.* 1 casalinga, massaia,

donna di casa 2 servizio di posate (in un astuccio).

ménagerie [menaʒri] *s.f.* 1 serraglio (*m.*) 2 (*in Africa*) pulizie di casa.

mendiant [mãdjã] *agg.* e *s.m.* mendicante || *les* (*quatre*) *mendiants, le —*, la frutta secca (mandorle, fichi, nocciole, uva).

mendicité [mãdisite] *s.f.* mendicità, accattonaggio (*m.*): *réduit à la —*, ridotto in miseria.

mendier [mãdje] *v.tr.* e *intr.* mendicare, elemosinare || *— des compliments*, andare a caccia di complimenti.

mendigot [mãdigo] *s.m.* (*fam. spreg.*) accattone.

mendois [mãdwa] *agg.* di Mende.

meneau [mənо] (pl. *-eaux*) *s.m.* crociera (di finestra).

menées [məne] *s.f.pl.* maneggi (*m.*), intrighi (*m.*).

mener [məne] (*coniug. come* semer) *v.tr.* 1 condurre: *— grand train*, condurre, menare una vita lussuosa || *— la vie dure à qqn*, rendere la vita difficile a qlcu || *— grand bruit*, fare un gran rumore 2 portare, condurre (da qualche parte): *il m'a mené là en voiture*, mi ci ha portato in automobile || *cette situation ne mène à rien*, questa situazione è senza sbocco; *— à bien, à bonne fin, à* (*bon*) *terme*, portare felicemente a termine, condurre felicemente in porto || *— qqn par le bout du nez, en laisse*, far filare qlcu; *— qqn à la baguette*, comandare qlcu a bacchetta 3 guidare, condurre, essere alla testa (di): *bien — son ménage*, essere una buona padrona di casa || (*sport*) *ils mènent deux à zéro*, conducono due a zero || *— le jeu*, (*fig.*) condurre il gioco || *il mène bien sa barque*, gestisce bene i suoi affari.

ménestrel [menestrel] *s.m.* menestrello.

ménétrier [menetrije] *s.m.* suonatore di violino (a una festa campestre).

meneur [mənœr] *s.m.* 1 capo; (*spreg.*) caporione || *être un — d'hommes*, essere un capo nato || *— de jeu*, animatore (di spettacoli, giochi) 2 (*sport*) organizzatore del gioco, playmaker.

menhir [menir] *s.m.* (*archeol.*) menhir.

méninge [menɛ̃ʒ] *s.f.* meninge || *se creuser les méninges*, spremersi le meningi.

méningé [menɛ̃ʒe] *agg.* (*med.*) meningeo.

méningite [menɛ̃ʒit] *s.f.* (*med.*) meningite.

ménisque [menisk] *s.m.* menisco.

ménopause [menɔpoz] *s.f.* menopausa.

menotte [mənɔt] *s.f.* 1 (*fam.*) manina 2 *pl.* manette.

mensonge [mãsɔ̃ʒ] *s.m.* menzogna (*f.*): *dire un —*, dire una bugia.

mensonger [mãsɔ̃ʒe] (f. *-ère*) *agg.* menzognero, bugiardo.

menstruation [mãstryasjɔ̃] *s.f.* mestruazione.

menstruel [mãstryɛl] (f. *-elle*) *agg.* mestruale.

menstrues [mãstry] *s.f.pl.* mestruo (*m.sing.*).

mensualisation [mãsɥalizasjɔ̃] *s.f.* (*amm.*) suddivisione in rate mensili.

mensualiser [mãsɥalize] *v.tr.* pagare mensilmente.

mensualité [mãsɥalite] *s.f.* 1 mensilità, versamento mensile: *payer par mensualités*, pagare a rate mensili **2** (*salario*) mensile.

mensuel [mɑ̃sɥɛl] (f. *-elle*) *agg.* e *s.m.* mensile.

mensuellement [mɑ̃sɥɛlmɑ̃] *avv.* mensilmente.

mensuration [mɑ̃syRɑsjɔ̃] *s.f.* misurazione (spec. di dati antropometrici).

mental [mɑ̃tal] (pl. *-aux*) *agg.* mentale: *d'âge —, il n'a pas plus de dix ans*, ha la maturità di un bambino di dieci anni ♦ *s.m.* stato d'animo (psicologico).

mentalement [mɑ̃talmɑ̃] *avv.* mentalmente.

mentalité [mɑ̃talite] *s.f.* mentalità.

menteur [mɑ̃tœR] (f. *-euse*) *agg.* e *s.m.* bugiardo.

menthe [mɑ̃t] *s.f.* menta: *— poivrée*, menta peperita || *pastilles de —*, mentine, pasticche di menta || *— à feuilles rondes*, mentastro || *une — à l'eau s'il vous plaît!*, una menta, per favore!

menthol [mɑ̃tɔl] *s.m.* mentolo.

mentholé [mɑ̃tɔle] *agg.* al mentolo, mentolato.

menti [mɑ̃ti] *part. pass. di* mentir.

mention [mɑ̃sjɔ̃] *s.f.* **1** menzione **2** annotazione, dicitura **3** (*a scuola*) nota di merito.

mentionné [mɑ̃sjɔne] *agg.* menzionato: *— ci-dessus*, summenzionato, succitato.

mentionner [mɑ̃sjɔne] *v.tr.* menzionare, citare.

mentir [mɑ̃tiR] (*coniug. come* dormir) *v.intr.* mentire: *— comme on respire*, mentire sempre, di continuo || *sans —*, a dire il vero; senza esagerare || *cette photo ne ment pas*, questa foto non inganna.

menton [mɑ̃tɔ̃] *s.m.* mento || *— en galoche*, bazza.

mentonnais [mɑ̃tɔnɛ] *agg.* e *s.m.* mentonese.

mentonnet [mɑ̃tɔnɛ] *s.m.* **1** nasello (di serratura) **2** (*mecc.*) nottolino.

mentonnière [mɑ̃tɔnjɛR] *s.f.* **1** sottogola (*m.*), soggolo (*m.*) **2** mentoniera (di violino) **3** (*med.*) minerva gessata.

mentor [mɛ̃tɔR] *s.m.* mentore, consigliere.

menu[1] [mɔny] *agg.* minuto, piccolo: *en menus morceaux*, in, a pezzettini; *pas menus*, passettini; *menue monnaie*, moneta spicciola || *— peuple*, popolino ♦ *avv.* minutamente: *écrire —*, scrivere in caratteri minuti ♦ *s.m.* minuzia (*f.*) || *raconter par le —*, raccontare nei dettagli.

menu[2] *s.m.* lista delle vivande, menù: *au —*, sulla lista, in menù || *— (de restaurant)*, menù a prezzo fisso || *qu'est-ce qu'il y a au —?*, (*fig. fam.*) qual è il programma di oggi?

menuet [mɔnɥɛ] *s.m.* (*mus.*) minuetto.

menuiserie [mɔnɥizRi] *s.f.* **1** falegnameria **2** (*edil.*) serramenti (*m.pl.*).

menuisier [mɔnɥizje] *s.m.* falegname.

méphistophélique [mefistɔfelik] *agg.* mefistofelico.

méphitique [mefitik] *agg.* mefitico.

méplat [mepla] *agg.* **1** più largo che spesso, appiattito **2** (*arte*) stiacciato ♦ *s.m.* **1** parte piana (in opposizione a una parte sporgente) **2** (*arch.*) stiacciato **3** (*arte*) rilievo (piano), stiacciato.

méprendre, se [səmepRɑ̃dR] (*coniug. come* prendre) *v.pron.* ingannarsi, prendere un abbaglio: *ne vous méprenez pas sur ses intentions*, non

dovete fraintendere le sue intenzioni; *à s'y —*, in modo da trarre in inganno.

mépris[1] [mepRi] *part.pass. di* se méprendre.

mépris[2] *s.m.* disprezzo: *avoir — de*, disprezzare; *— du danger*, sprezzo del pericolo || *au — de*, senza curarsi di, sfidando.

méprisable [mepRizabl] *agg.* disprezzabile, spregevole.

méprisant [mepRizɑ̃] *agg.* sprezzante.

méprise [mepRiz] *s.f.* svista, errore (*m.*); equivoco (*m.*) || *par —*, per sbaglio.

méprisé [mepRize] *agg.* disprezzato.

mépriser [mepRize] *v.tr.* disprezzare □ **se mépriser** *v.pron.* disprezzarsi.

mer [mɛR] *s.f.* mare (*m.*): *— plate, d'huile*, mare calmo; *— mauvaise, démontée, orageuse*, mare tempestoso; *aller à la —*, andare al mare; *mettre à la —*, mettere, calare in mare; *se jeter à la —*, gettarsi in mare; *par —*, per (via) mare || *homme à la —*, uomo in mare, (*fig.*) relitto umano || *en pleine, en haute —*, in alto mare; *navigation en haute —*, navigazione d'altura; *être en pleine —*, (*fig.*) essere in alto mare || *la — est pleine, basse*, c'è alta, bassa marea || *ce n'est pas la — à boire*, non è poi la fine del mondo || *il boirait la — et les poissons*, (*fam.*) ha una sete da morire.

mercanti [mɛRkɑ̃ti] *s.m.* (*spreg.*) trafficante.

mercantile [mɛRkɑ̃til] *agg.* (*spreg.*) da mercante, da bottegaio.

mercantilisme [mɛRkɑ̃tilism] *s.m.* mercantilismo.

mercenaire [mɛRsənɛR] *agg.* e *s.m.* mercenario.

mercerie [mɛRsəRi] *s.f.* merceria.

mercerisé [mɛRsəRize] *agg.* mercerizzato.

merci [mɛRsi] *s.m.* e *inter.* grazie: *— beaucoup!*, grazie tante!; *mille merci(s)*, *mille fois —*, mille grazie, grazie mille; *dire un grand —*, ringraziare calorosamente || *— de*, grazie per || *Dieu —*, grazie a Dio ♦ *s.f.* (*letter.*) misericordia, pietà: *une lutte sans —*, una lotta senza quartiere || *être à la — de*, essere alla mercé, in balìa di; *avoir à sa —*, avere in pugno.

mercier [mɛRsje] (f. *-ère*) *s.m.* merciaio.

mercredi [mɛRkRədi] *s.m.* mercoledì.

mercure [mɛRkyR] *s.m.* (*chim.*) mercurio.

mercurochrome [mɛRkyRɔkRom] *s.m.* mercurocromo.

merde [mɛRd] *s.f.* (*volg.*) merda || *je vous dit —*, andate al diavolo; *foutre la —*, fare casino; *ne pas se prendre pour une —*, credersi chissà chi; *avoir des merdes*, avere dei casini ♦ *inter.* accidenti!

merder [mɛRde] *v.intr.* (*volg.*) andare male, non funzionare: *j'ai merdé à l'examen*, ho cannato l'esame.

merdeux [mɛRdø] (f. *-euse*) *agg.* (*volg.*) merdoso, schifoso ♦ *s.m.* (*volg.*) stronzo: *un petit —*, uno stronzetto.

merdier [mɛRdje] *s.m.* (*volg.*) casino: *c'est un sacré —!*, è un bel casino!

merdique [mɛRdik] *agg.* (*volg.*) schifoso, di merda.

mesure

merdoyer [mɛʀdwaje] (*coniug. come* employer) *v.intr.* (*volg.*) incasinarsi.

mère [mɛʀ] *s.f.* 1 madre: — *célibataire, fille* —, ragazza madre || *une* — *poule*, (*fig.*) una chioccia || — *porteuse, d'accueil*, madre portatrice, in affitto || (*prov.*) *l'oisiveté est la* — *de tous les vices*, l'ozio è il padre dei vizi 2 (*in un convento*) madre (superiora): *merci, ma* —, grazie, madre 3 (*fam.*) (+ *nome di persona*) comare 4 (*tecn.*) matrice ♦ *con valore di agg.* madre: *maison* —, casa madre.

mère-grand [mɛʀgʀɑ̃] (pl. *mères-grand*) *s.f.* (*ant.*) nonna.

merguez [mɛʀgɛz] *s.f.* salsiccia piccante, specialità dell'Africa del nord.

méridien [meʀidjɛ̃] (f. *-enne*) *agg. e s.m.* meridiano.

méridienne [meʀidjɛn] *s.f.* meridiana.

méridional [meʀidjɔnal] (pl. *-aux*) *agg. e s.m.* meridionale.

meringue [mɔʀɛ̃g] *s.f.* (*cuc.*) meringa.

meringué [mɔʀɛ̃ge] *agg.* (*cuc.*) meringato.

mérinos [meʀinɔs] *s.m.* 1 (*zool.*) merino, merinos || *laisser pisser le* —, (*molto fam.*) lasciar correre 2 (lana, tessuto) merino.

merise [mɔʀiz] *s.f.* ciliegia selvatica.

merisier [mɔʀizje] *s.m.* ciliegio selvatico.

méritant [meʀitɑ̃] *agg.* meritevole.

mérite [meʀit] *s.m.* merito: *tout le* — *lui en revient*, il merito è tutto suo; *il a du* — *à*, va a suo merito il fatto di; *le* — *de tout cela est de*, il vantaggio, il pregio di tutto questo è di || *une action de* —, un'azione meritoria || *être décoré du* — *civil*, essere decorato al merito civile.

mériter [meʀite] *v.tr.* meritare: *il l'a bien mérité*, se l'è proprio meritato; *voilà ce qui lui a mérité cette distinction*, ecco ciò che gli ha valso questa onorificenza ♦ *v.intr.* meritare, essere benemerito: *il a bien mérité de la patrie*, ha ben meritato, è benemerito della patria.

méritocratie [meʀitɔkʀasi] *s.f.* meritocrazia.

méritoire [meʀitwaʀ] *agg.* meritorio.

merlan [mɛʀlɑ̃] *s.m.* (*zool.*) merlango, nasello || *faire des yeux de* — *frit*, (*fam.*) fare l'occhio di triglia.

merle [mɛʀl] *s.m.* (*zool.*) merlo || *c'est le* — *blanc*, (*fig.*) è una mosca bianca.

merlin [mɛʀlɛ̃] *s.m.* mazzapicchio (di macellaio).

merlu [mɛʀly] *s.m.* merluzzo.

merluche [mɛʀlyʃ] *s.f.* 1 merluzzo (*m.*) 2 (*cuc.*) stoccafisso (*m.*).

mérou [meʀu] *s.m.* (*zool.*) cernia (*f.*).

mérovingien [meʀɔvɛ̃ʒjɛ̃] (f. *-enne*) *agg. e s.m.* merovingio || (*st.*) *les Mérovingiens*, i Merovingi.

merveille [mɛʀvɛj] *s.f.* meraviglia || *faire* —, *des merveilles*, far miracoli || *ce n'est pas* — *que...*, non c'è da stupirsi che...; *c'était* — *de*, c'era da rimanere a bocca aperta a... || *à* —, a meraviglia.

merveilleuses [mɛʀvɛjøz] *s.f.pl.* (*st.*) le donne eleganti e alla moda durante il Direttorio.

merveilleux [mɛʀvɛjø] (f. *-euse*) *agg. e s.m.* meraviglioso || *-eusement* *avv.*

mes [me] *agg.poss.pl.m.* e *f.* → **mon.**

més- *pref.* → **mé-**

mésalliance [mezaljɑ̃s] *s.f.* matrimonio con persona di ceto inferiore.

mésallier, se [sɔmezalje] *v.pron.* sposarsi con persona di ceto inferiore.

mésange [mezɑ̃ʒ] *s.f.* (*zool.*) cincia.

mésaventure [mezavɑ̃tyʀ] *s.f.* disavventura.

mesclun [mɛsklɛ̃] *s.m.* mesticanza (insalate miste).

mesdames [medam] *s.f.pl.* → **madame.**

mesdemoiselles [medmwazɛl] *s.f.pl.* → **mademoiselle.**

mésencéphale [mezɑ̃sefal] *s.m.* (*anat.*) mesencefalo.

mésentente [mezɑ̃tɑ̃t] *s.f.* dissapore (*m.*), screzio (*m.*).

mésestimer [mezɛstime] *v.tr.* disistimare.

mésintelligence [mezɛ̃teliʒɑ̃s] *s.f.* disaccordo (*m.*).

més(o)- *pref.* mes(o)-

mésocéphale [mezɔsefal] *agg.* e *s.m.* (individuo) mesocefalo.

mésolithique [mezɔlitik] *agg.* e *s.m.* mesolitico.

mésopotamien [mezɔpɔtamjɛ̃] (f. *-enne*) *agg.* e *s.m.* mesopotamico.

mésothérapie [mezɔteʀapi] *s.f.* (*med.*) mesoterapia.

mésozoaire [mezɔzɔɛʀ] *s.m.* (*zool.*) mesozoo.

mésozoïque [mezɔzɔik] *agg.* e *s.m.* (*geol.*) mesozoico.

mesquin [mɛskɛ̃] *agg.* meschino, gretto.

mesquinerie [meskinʀi] *s.f.* meschineria.

mess [mɛs] *s.m.* (*mil.*) mensa ufficiali.

message [mesaʒ] *s.m.* messaggio: — *être chargé d'un* —, essere incaricato di un'ambasciata || — *radiodiffusé*, radiomessaggio; — *télégraphique*, telegramma; — *téléphoné*, fonogramma.

messager [mesaʒe] (f. *-ère*) *s.m.* messaggero.

messagerie [mesaʒʀi] *s.f.* messaggeria: *entreprise, compagnie de messageries*, impresa, compagnia di trasporti || (*bureau de*) *messageries*, ufficio trasporto merci || (*colis de*) —, merce (trasportata per ferrovia o per mare).

messe [mɛs] *s.f.* messa: *aller à la* —, andare a messa; *servir la* —, servir messa; — *en plein air*, messa al campo; — *des morts, mortuaire*, messa funebre; *la* — *du jour*, ufficio giornaliero; *livre de* —, messale || *dire des messes basses*, (*fam.*) bisbigliare.

messianique [mesjanik] *agg.* messianico.

Messie [mesi] *s.m.* Messia.

messieurs [mesjø] *s.m.pl.* → **monsieur.**

messin [mesɛ̃] *agg.* di Metz.

messire [mesiʀ] *s.m.* (*ant.*) messere; ser(e).

mesurable [mɔzyʀabl] *agg.* misurabile.

mesurage [mɔzyʀaʒ] *s.m.* misurazione (*f.*).

mesure [mɔzyʀ] *s.f.* 1 misura: *unité de* —, unità di misura; *faire bonne* —, (*fig.*) fare buon peso || *donner sa* —, mostrare quanto si vale || *dans une certaine* —, fino a un certo punto; *dans la* — *du possible*, per quanto possibile || *être en* — *de*, essere in grado di || *il n'y a pas de commune — entre eux*, (*fig.*) non c'è paragone tra loro || *à —*, via via; (*l'un après l'autre*) uno dopo l'altro; *à — que*, a mano a mano che || *à la — de*, proporzionato a, all'altezza di (*anche fig.*); *il a trouvé un adversaire à sa —*, ha trovato un avversario della sua forza **2** misura, moderazione; limite(*m.*): *dépasser la —*, passare il segno; *agir avec —*, agire con cautela; *au-delà de toute —*, oltre ogni limite; *sans —*, smisuratamente; *dépenser avec —*, spendere con moderazione **3** provvedimento (*m.*), misura, disposizione: *prendre les mesures qui s'imposent*, prendere i necessari provvedimenti **4** (*mus.*) battuta, tempo (*m.*): *jouer en —*, suonare a tempo; *battre la —*, battere il tempo **5** (*poesia*) metro (*m.*), piede (*m.*), misura □ **au fur et à mesure** → au fur et à mesure.

mesuré [məzyRe] *agg.* misurato, moderato: *— dans ses gestes*, controllato nei gesti; *élégance mesurée*, sobria eleganza.

mesurer [məzyRe] *v.tr.* **1** misurare, prendere le misure (di) **2** (*fig.*) valutare. **3** misurare; moderare || *mesurez vos expressions, s'il vous plaît!*, per favore, moderate i termini!; *il ne lui a pas mesuré ses reproches*, non gli ha risparmiato i rimproveri ♦ *v.intr.* misurare: *il mesure un mètre quatre-vingts*, è alto un metro e ottanta □ **se mesurer** *v.pron.* misurarsi || *se — du regard*, (*fig.*) squadrarsi da capo a piedi.

mesureur [məzyRœR] *s.m.* (*tecn.*) misuratore.

méta- *pref.* meta-

métabolique [metabɔlik] *agg.* metabolico.

métabolisme [metabɔlism] *s.m.* metabolismo.

métacarpe [metakaRp] *s.m.* (*anat.*) metacarpo.

métairie [meteRi] *s.f.* **1** terreno agricolo a mezzadria **2** fattoria, cascina.

métal [metal] (*pl. -aux*) *s.m.* metallo.

métallifère [metalifeR] *agg.* metallifero.

métallique [metalik] *agg.* metallico.

métallisé [metalize] *agg.* metallizzato.

métalliser [metalize] *v.tr.* metallizzare.

métallo [metalo] *s.m.* (*fam.*) (operaio) metalmeccanico.

métalloïde [metalɔid] *s.m.* (*chim.*) metalloide.

métallurgie [metalyRʒi] *s.f.* metallurgia.

métallurgique [metalyRʒik] *agg.* metallurgico, metalmeccanico.

métallurgiste [metalyRʒist] *s.m.* (operaio) metallurgico, metalmeccanico.

métamorphique [metamɔRfik] *agg.* metamorfico.

métamorphisme [metamɔRfism] *s.m.* metamorfismo.

métamorphose [metamɔRfoz] *s.f.* metamorfosi.

métamorphoser [metamɔRfoze] *v.tr.* trasformare □ **se métamorphoser** *v.pron.* trasformarsi.

métaphore [metafɔR] *s.f.* metafora.

métaphorique [metafɔRik] *agg.* metaforico || -**ement** *avv.*

métaphysicien [metafizisjẽ] (*f. -enne*) *s.m.* metafisico.

métaphysique [metafizik] *agg.* metafisico ♦ *s.f.* metafisica.

métapsychique [metapsiʃik] *agg.* metapsichico ♦ *s.f.* metapsichica.

métastase [metastaz] *s.f.* (*med.*) metastasi.

métatarse [metataRs] *s.m.* (*anat.*) metatarso.

métayage [metɛjaʒ] *s.m.* mezzadria (*f.*).

métayer [meteje] (*f. -ère*) *s.m.* mezzadro.

métazoaire [metazɔɛR] *s.m.* (*zool.*) metazoo.

métempsycose [metɑ̃psikoz] *s.f.* metempsicosi.

météo [meteo] *s.f.* (*fam.*) **1** *abbr.* → météorologie **2** bollettino meteorologico.

météore [meteɔR] *s.m.* meteora (*f.*).

météorique [meteɔRik] *agg.* meteorico.

météorisme [meteɔRism] *s.m.* meteorismo.

météorite [meteɔRit] *s.f.* meteorite (*m.* e *f.*).

météorologie [meteɔRɔlɔʒi] *s.f.* meteorologia.

météorologique [meteɔRɔlɔʒik] *agg.* meteorologico.

météorologiste [meteɔRɔlɔʒist], **météorologue** [meteɔRɔlɔg] *s.m.* meteorologo.

météoropathie [meteɔRɔpati] *s.f.* (*med.*) meteoropatia.

métèque [metɛk] *s.m.* **1** (*st.*) meteco **2** (*spreg.*) straniero.

méthadone [metadɔn] *s.f.* (*chim.*) metadone (*m.*).

méthane [metan] *s.m.* (*chim.*) metano: *puits de —*, pozzo metanifero; *installation du —*, metanizzazione; *convertir au —*, metanizzare.

méthaniser [metanize] *v.tr.* trasformare (rifiuti ecc.) in metano.

méthanoduc [metanɔdyk] *s.m.* metanodotto.

méthanol [metanɔl] *s.m.* (*chim.*) metanolo.

méthode [metɔd] *s.f.* **1** metodo (*m.*), sistema (*m.*): *— d'éducation*, sistema, metodo educativo **2** (*scritto*) metodo (*m.*), manuale (*m.*) **3** metodologia, metodica **4** metodicità.

méthodique [metɔdik] *agg.* metodico || -**ement** *avv.*

méthodisme [metɔdism] *s.m.* (*relig.*) metodismo.

méthodiste [metɔdist] *agg.* e *s.m.* (*relig.*) metodista.

méthodologie [metɔdɔlɔʒi] *s.f.* metodologia.

méthodologique [metɔdɔlɔʒik] *agg.* metodologico.

méthyle [metil] *s.m.* (*chim.*) metile.

méthylène [metilen] *s.m.* (*chim.*) metilene.

méthylique [metilik] *agg.* (*chim.*) metilico.

méticuleux [metikylø] (*f. -euse*) *agg.* meticoloso || -**eusement** *avv.*

méticulosité [metikylozite] *s.f.* meticolosità.

métier [metje] *s.m.* **1** mestiere; professione (*f.*); lavoro: *— d'homme, de femme*, lavoro maschile, femminile; *un — sédentaire*, un lavoro sedentario; *il est avocat, menuisier de son —*, di professione fa l'avvocato, di mestiere fa il falegname; *il est du —*, è del mestiere; *il connaît son —*, conosce il suo mestiere, sa il fatto suo; *il est encore jeune dans ce —*, è alle prime armi in questo lavoro || *les gens du —*, la gente del mestiere; *on voit* *les gens du* —, si vede la mano del professionista || *il vend trop bon marché, il gâte le* —, vende troppo a buon mercato e rovina la piazza || *fais ton* —*!*, occupati degli affari tuoi! || *corps de* —, categoria professionale || *les petits métiers*, i lavori artigianali || *(st.) les métiers*, le corporazioni **2** mestiere; pratica *(f.)*: *il a peu de* —, ha poca pratica **3** *(tecn.)*: — *(à tisser)*, telaio; — *(à filer)*, filatoio; — *(à broder)*, telaio da ricamo; — *à retordre*, torcitoio.

métis [metis] (f. *-isse) agg.* e *s.m.* **1** meticcio **2** *(scient.)* ibrido, incrocio **3** (tessuto) misto lino.

métissage [metisaʒ] *s.m.* ibridazione *(f.)*; incrocio.

métisser [metise] *v.tr.* incrociare (razze).

métonymie [metɔnimi] *s.f. (ret.)* metonimia.

métonymique [metɔnimik] *agg.* metonimico.

métope [metɔp] *s.f. (arch.)* metopa.

métrage [metʀaʒ] *s.m.* **1** metraggio, metratura *(f.)* **2** *(cine.) court, long* —, cortometraggio, lungometraggio.

mètre[1] [mɛtʀ] *s.m.* metro: — *carré, cube*, metro quadrato *(o* quadro); cubo; *(sport) courir un cent mètres*, correre i cento metri || — *à ruban*, metro a nastro.

mètre[2] *s.m. (metrica)* metro.

métré [metʀe] *s.m.* calcolo della metratura (di un terreno ecc.).

métrer [metʀe] *(coniug. come* céder*) v.tr.* calcolare la metratura (di).

métreur [metʀœʀ] *s.m. (edil.)* tecnico che valuta (a metratura) un lavoro edile.

métrique[1] [metʀik] *agg.* metrico.

métrique[2] *s.f.* metrica.

métro [metʀo] *s.m.* metropolitana *(f.)*.

métrologie [metʀɔlɔʒi] *s.f.* metrologia.

métronome [metʀɔnɔm] *s.m.* metronomo.

métropole [metʀɔpɔl] *s.f.* metropoli || *la* —, la madrepatria (la Francia rispetto alle ex-colonie).

métropolitain [metʀɔpɔlitɛ̃] *agg.* metropolitano ♦ *s.m.* **1** abitante della madrepatria (in opposizione a coloniale) **2** *(eccl.)* metropolita.

métropolite [metʀɔpɔlit] *s.m.* metropolita (della chiesa ortodossa).

mets [mɛ] *s.m.* piatto, cibo, vivanda *(f.)*.

mettable [metabl] *agg. (di abito)* portabile.

metteur [metœʀ] *s.m. (tecn.)* — *en œuvre*, chi mette in opera, montatore; *(cine. teatr.)* — *en scène*, regista; *(rad.)* — *en ondes*, regista radiofonico; *(tip.)* — *en pages*, impaginatore.

mettre [mɛtʀ]

Indic.pres. je mets, tu mets, il met, nous mettons, etc.; *imperf.* je mettais, etc.; *pass.rem.* je mis, etc.; *fut.* je mettrai, etc. *Cond.* je mettrais, etc. *Cong.pres.* que je mette, etc.; *imperf.* que je misse, etc. *Part.pres.* mettant; *pass.* mis. *Imp.* mets, mettons, mettez.

v.tr. **1** mettere: — *entre les mains*, dare in mano; — *un enfant à l'école*, iscrivere un bambino a scuola || — *la radio*, accendere la radio; — *le contact*, accendere il motore || — *le feu*, dare fuoco ||

il met son amour propre à..., ce la mette tutta per... || *mettez que je sois d'accord*, scriva che sono d'accordo; *mettez que je sois d'accord*, mettiamo ch'io sia d'accordo || *(fam.)*: — *les bouts*, levare le tende; *on les met?*, andiamo?, leviamo le tende? || *s'en* — *jusque là*, ingozzarsi, mangiare a più non posso || *ils leur ont mis 5 buts à 0*, gli hanno inflitto un 5 a 0 **2** *mettre dans*: — *de l'eau dans son vin*, mettere acqua nel vino, *(fig.)* calmarsi; — *qqn dans une affaire*, trascinare qlcu in un affare **3** *mettre en*: — *en bouteille*, imbottigliare; — *en terre*, sotterrare, seppellire; — *en cause*, tirare in ballo **4** *mettre sur*: — *son chapeau sur sa tête*, mettersi il cappello in testa; *n'avoir rien à (se)* —, non aver niente da mettersi (addosso); — *la conversation sur un sujet*, portare la conversazione su un argomento; — *qqn sur un sujet*, portare, indurre qlcu a parlare di un argomento □ **se mettre** *v.pron.* mettersi: — *entre deux personnes*, intromettersi fra due persone; *se* — *dans une sale affaire*, cacciarsi in un brutto affare; *se* — *dans la peau, à la place de qqn*, mettersi nei panni di qlcu; *se* — *sur son trente et un*, mettersi in ghingheri; *ils se sont mis à deux pour faire cela*, si sono messi in due per farlo || *tout le monde s'y met*, ci stanno tutti, vi partecipano tutti; *quand il s'y met!*, quando ci si mette lui! || *qu'est-ce qu'ils se mettent!*, *(fam.)* quanto mangiano!; come si picchiano!

meuble [mœbl] *agg.* **1** mobile || *terre* —, terreno friabile **2** *(dir.)* *(bien)* —, bene mobile ♦ *s.m.* mobile: *marchand de meubles*, mobiliere || *les meubles*, la mobilia, l'arredamento.

meublé [mœble] *agg.* ammobiliato ♦ *s.m.* appartamento ammobiliato; camera ammobiliata.

meubler [mœble] *v.tr.* ammobiliare, arredare || *(fig.)*: — *son esprit*, arricchire la mente; — *sa solitude avec quelques bons livres*, riempire la solitudine con qualche buon libro ♦ *v.intr.* arredare: *cette étoffe meuble bien*, questa stoffa arreda molto □ **se meubler** *v.pron.* arredare la propria casa: *elle s'est meublée en empire*, ha arredato la sua casa in stile impero.

meuf [mœf] *s.f. (fam.)* donna.

meuglement [møgləmɑ̃] *s.m.* muggito.

meugler [møgle] *v.intr.* muggire.

meulage [mølaʒ] *s.m.* molatura *(f.)*.

meule[1] [møl] *s.f.* macina; mola.

meule[2] *s.f.* covone *(m.)*.

meuler [møle] *v.tr. (tecn.)* molare.

meulier [mølje] (f. *-ière) agg.* molare: *(pierre) meulière*, pietra molare.

meunerie [mønʀi] *s.f.* industria molitoria; commercio di cereali.

meunier [mønje] (f. *-ière) agg.* molitorio ♦ *s.m.* **1** mugnaio **2** *(zool. pop.)* scarafaggio.

meunière [mønjɛʀ] *s.f.* mugnaia || *(cuc.) truite (à la)* —, trota alla mugnaia (passata nella farina e cotta nel burro).

meurtre [mœʀtʀ] *s.m.* omicidio; assassinio.

meurtri [mœʀtʀi] *agg.* **1** ammaccato **2** *(fig.)* straziato, afflitto.

meurtrier [mœʀtʀie] (f. *-ère) agg.* **1** omicida, assassino 2 che miete molte vittime; sanguinoso; pericoloso ♦ *s.m.* omicida, assassino.

meurtrière [mœrtrijɛr] *s.f.* feritoia.

meurtrir [mœrtrir] *v.tr.* 1 ammaccare; fare un livido (a) 2 (*fig.*) ferire.

meurtrissure [mœrtrisyr] *s.f.* 1 livido (*m.*); (*di un frutto ecc.*) ammaccatura 2 (*fig.*) ferita.

meute [møt] *s.f.* muta (*anche fig.*).

mévente [mevɑ̃t] *s.f.* caduta (delle vendite).

mexicain [mɛksikɛ̃] *agg.* e *s.m.* messicano.

mezzanine [mɛdzanin] *s.f.* 1 mezzanino (*m.*), (piano) ammezzato 2 soppalco (*m.*) 3 (*teatr.*) prima galleria.

mezza voce [mɛdzavotʃe] *locuz.avv.* a mezza voce.

mezzo-soprano [mɛdzosɔprano] (pl. *mezzo-sopranos*) *s.m.* (*mus.*) mezzosoprano.

mi [mi] (pl. *invar.*) *s.m.* (*mus.*) mi.

mi- *pref.* mezzo-, metà-, medio-, semi-

miaou [mjau] *onom.* miao.

mi-août [miut] *s.f.invar.* ferragosto (*m.*).

miasme [mjasm] *s.m.* miasma.

miaulement [mjolmɑ̃] *s.m.* miagolio.

miauler [mjole] *v.intr.* miagolare.

mi-bas [miba] (pl. *invar.*) *s.m.* (calza) gambaletto.

mica [mika] *s.m.* (*min.*) mica (*f.*).

mi-carême [mikarɛm] *s.f.* mezza quaresima.

miche [miʃ] *s.f.* pagnotta.

micheline [miʃlin] *s.f.* (*ferr.*) automotrice.

mi-chemin, à [amiʃmɛ̃] *locuz.avv.* a mezza strada, a metà strada || *à — du rire et des larmes*, tra il riso e il pianto.

mi-clos [miklo] (pl. *invar.*, f. *mi-close*) *agg.* socchiuso, semichiuso.

micmac [mikmak] *s.m.* (*fam.*) 1 caos, confusione (*f.*) 2 imbroglio, raggiro.

micocoulier [mikɔkulje] *s.m.* (*bot.*) bagolaro.

mi-corps, à [amikɔr] *locuz.avv.* fino alla vita; a mezzo busto.

mi-côte, à [amikot] *locuz.avv.* a mezza costa.

mi-coton [mikɔtɔ̃] *agg.* e *s.m.invar.* misto cotone.

micro¹ [mikro] *s.m.* (*fam.*) microfono.

micro² *s.m. abbr.* → **micro-ordinateur**.

micro³ *s.f. abbr.* → **micro-informatique**.

micro- *pref.* micro-

microaliment [mikroalimɑ̃] *s.m.* integratore alimentare.

microanalyse [mikroanaliz] *s.f.* microanalisi.

microbe [mikrɔb] *s.m.* microbo; (*spreg.*) (*di persona*) sgorbietto.

microbien [mikrɔbjɛ̃] (f. -*enne*) *agg.* microbico.

microbiologie [mikrɔbjɔlɔʒi] *s.f.* microbiologia.

microbiologiste [mikrɔbjɔlɔʒist] *s.m.* microbiologo.

microcéphale [mikrɔsefal] *agg.* e *s.m.* microcefalo.

microchirurgie [mikrɔʃiryrʒi] *s.f.* microchirurgia.

microclimat [mikrɔklima] *s.m.* (*meteor.*) microclima.

microcosme [mikrɔkɔsm] *s.m.* microcosmo.

microcyte [mikrɔsit] *s.m.* (*biol.*) microcito.

microcytémie [mikrɔsitemi] *s.f.* (*med.*) microcitemia.

microéconomie [mikrɔekɔnɔmi] *s.f.* microeconomia.

microfiche [mikrɔfiʃ] *s.f.* microscheda.

microfilm [mikrɔfilm] *s.m.* microfilm.

micro-informatique [mikrɔɛ̃fɔrmatik] *s.f.* informatica dei microprocessori.

micrométrique [mikrɔmetrik] *agg.* micrometrico.

micron [mikrɔ̃] *s.m.* micron.

micro-onde [mikrɔɔ̃d] (pl. *micro-ondes*) *s.f.* microonda.

micro-ordinateur [mikroɔrdinatœr] (pl. *micro-ordinateurs*) *s.m.* minicomputer.

micro-organisme [mikrɔɔrganism] (pl. *micro-organismes*) *s.m.* microrganismo.

microphone [mikrɔfɔn] *s.m.* microfono.

microphotographie [mikrɔfɔtɔgrafi] *s.f.* microfotografia.

microplaquette [mikrɔplakɛt] *s.f.* (*inform.*) chip (*m.*), circuito integrato.

microprocesseur [mikrɔprɔsesœr] *s.m.* microprocessore.

microscope [mikrɔskɔp] *s.m.* microscopio.

microscopique [mikrɔskɔpik] *agg.* microscopico.

microsillon [mikrɔsijɔ̃] *s.m.* microsolco.

microstructure [mikrɔstryktyr] *s.f.* microstruttura.

miction [miksjɔ̃] *s.f.* minzione.

midi [midi] *s.m.* 1 mezzogiorno: *sur le coup de —*, a mezzogiorno in punto; *il est — sonné, tapant*, è mezzogiorno in punto, preciso || *chercher — à quatorze heures*, (*fig.*) complicarsi l'esistenza; cercare il pelo nell'uovo 2 sud, mezzogiorno: *exposé au —*, esposto a mezzogiorno 3 (*geogr.*) *le Midi*, il Sud (spec. della Francia).

midinette [midinɛt] *s.f.* 1 ragazza semplice e sentimentale 2 sartina, lavorante di sartoria.

mie [mi] *s.f.* mollica || *à la — de pain*, (*fam.*) di nessun valore || *pain de —*, pane in cassetta.

miel [mjɛl] *s.m.* miele || *être tout sucre, tout —*, essere tutto zucchero e miele.

mielleusement [mjɛløzmɑ̃] *avv.* in tono melato.

mielleux [mjɛlø] (f. -*euse*) *agg.* melato, mellifluo.

mien [mjɛ̃]

m.sing. **mien**, mio; *pl.* **miens**, miei
f.sing. **mienne**, mia; *pl.* **miennes**, mie

pron.poss.m.sing. mio: *tes amis et les miens*, i tuoi amici e i miei, i miei e i tuoi amici; *sa mère et la mienne*, sua madre e la mia; *ses idées ne sont pas les miennes*, le sue idee non sono le mie; *ses trois enfants et les deux miens sont amis*, i suoi tre figli e i miei due sono amici || *j'ai fait une des miennes*, ne ho fatta una delle mie ♦ *s.m.* 1 mio, ciò che è mio || *j'y mets du —*, mi do da fare, mi impegno; ci metto la miglior volontà 2 *les miens*, i miei (genitori, sostenitori ecc.) ♦ *agg.poss.* (*ant. letter.*) *je ferai mienne cette réponse*, farò mia questa risposta

mienne [mjɛn] *pron.poss.f.* → **mien**.

miette [mjɛt] *s.f.* briciola: *mettre en miettes*, ridurre in briciole, sbriciolare || *pas une —*, neppure un briciolo; *je n'ai pas perdu une — du dialogue*, non ho perso neppure una battuta del dialogo.

mieux [mjø] *avv.* **1** (*compar.*) meglio: *tu peux l'aider — que personne*, puoi aiutarlo meglio di chiunque altro; *il conduit la voiture — que je ne pensais*, guida (l'automobile) meglio di quanto pensassi; *vous feriez — de m'écouter*, fareste meglio ad ascoltarmi; *pour — comprendre*, per capire meglio; *tu aurais — fait de me suivre*, avresti fatto meglio a seguirmi || *beaucoup —*, *bien —*, molto meglio || *tant —*, *d'autant —*, tanto meglio || *de — en —*, di bene in meglio || *à qui —*, a gara: *ils riaient à qui ——*, facevano a chi rideva di più **2** (*superl.*) *le mieux*, meglio; di più, maggiormente: *c'est ici qu'on est le —*, è qui che si sta meglio; *du, le — que vous pourrez*, meglio che potrete; *les hommes les, le — doués*, gli uomini meglio, maggiormente dotati; *voici ce qui convient le —*, ecco quel che conviene di più || *le — du monde*, in modo perfetto, perfettamente ♦ *agg.* meglio: *quelque chose de —*, *rien de —*, qualcosa di meglio, niente di meglio; *il est — que son frère*, è meglio di suo fratello || *avoir — à faire*, avere ben altro da fare || *être —*, stare meglio, stare più comodi || *qui — est*, quel che è meglio; per di più ♦ *s.m.* **1** meglio: *faute de —*, in mancanza di meglio; *je ne demande pas —*, non chiedo di meglio; *faire de son —*, fare del proprio meglio; *j'attendais — de lui*, mi aspettavo di più da lui; *je m'attendais à —*, mi aspettavo di meglio, di più; *il y a —*, c'è di meglio **2** miglioramento □ **au mieux** *locuz.avv.*: *les choses vont au —*, le cose vanno per il meglio; *être au — avec qqn*, essere in ottimi rapporti con qlcu; *être au — (de sa forme)*, essere in piena forma; *au —, il en tirera 20.000 lires*, nella migliore delle ipotesi ne ricaverà 20.000 lire; *il faut agir au — des circonstances*, bisogna agire come meglio si può, date le circostanze || *en mettant les choses au —*, (per) bene che vada, nel migliore dei casi □ **pour le mieux** *locuz.avv.* **1** il meglio possibile: *je ferai pour le —*, farò il meglio possibile **2** per il meglio: *tout est pour le —*, tutto è per il meglio.

mieux-être [mjøzɛtʀ] *s.m.invar.* (maggior) benessere.

mièvre [mjɛvʀ] *agg.* lezioso, sdolcinato.

mièvrerie [mjɛvʀəʀi] *s.f.* leziosaggine.

mignardise [miɲaʀdiz] *s.f.* **1** leziosaggine **2** *pl.* moine **3** (*bot. pop.*) garofano dei poeti.

mignon [miɲɔ̃] (f. *-onne*) *agg.* **1** carino, grazioso: *elle est mignonne comme tout*, è un amore || *sois —*, sii gentile || *péché —*, peccatuccio, punto debole **2** (*cuc.*) *filet —*, punta di filetto ♦ *s.m.* **1** (*fam.*) cocco, tesoro **2** *pl.* (*st.*) *les mignons*, i favoriti (di Enrico III di Francia).

migraine [migʀɛn] *s.f.* emicrania.

migraineux [migʀɛnø] (f. *-euse*) *s.m.* persona soggetta a emicranie.

migrant [migʀɑ̃] *agg.* migrante ♦ *s.m.* emigrante.

mi-gras [migʀɑ] *s.m.invar.* (*tip.*) neretto, grassetto.

migrateur [migʀatœʀ] (f. *-trice*) *agg.* e *s.m.* migratore: *oiseau non-—*, uccello stanziale.

migration [migʀasjɔ̃] *s.f.* migrazione.

migratoire [migʀatwaʀ] *agg.* migratorio.

migrer [migʀe] *v.intr.* migrare.

mi-jambe, à [amiʒɑ̃b] *locuz.avv.* a mezza gamba.

mijaurée [miʒɔʀe] *s.f.* smorfiosa.

mijoter [miʒɔte] *v.tr.* **1** (*cuc.*) far cuocere a fuoco lento; (*estens.*) preparare con cura **2** (*fig.*) tramare, organizzare in segreto ♦ *v.intr.* (*cuc.*) cuocere a fuoco lento, bollire adagio □ **se mijoter** *v.pron.* (*fig.*) bollire in pentola.

mikado [mikado] *s.m.* **1** mikado **2** (*gioco*) sciangai.

mil[1] [mil] *agg.num.card.* e *s.m.* (*nelle date*) mille: *en — neuf cent trente*, nel millenovecentotrenta.

mil[2] *s.m.* → **millet**.

mi-laine [milɛn] *agg.* e *s.m.invar.* (*tissu*) —, (tessuto) misto lana; —, *mi-coton*, metà lana, metà cotone.

milan [milɑ̃] *s.m.* (*zool.*) nibbio.

milanais [milanɛ] *agg.* e *s.m.* milanese.

mildiou [mildju] *s.m.* (*agr.*) peronospora (f.).

mile [majl] *s.m.* miglio.

milice [milis] *s.f.* **1** milizia **2** (*in Belgio*) esercito (m.); servizio militare **3** (*in Svizzera*) *Armée de —*, esercito della Confederazione Elvetica.

milicien [milisjɛ̃] (f. *-enne*) *s.m.* **1** miliziano **2** (*in Belgio*) soldato di leva.

milieu [miljø] (pl. *-eux*) *s.m.* **1** mezzo; centro: *le — d'un place*, il centro di una piazza; *garder le juste —*, (*fig.*) stare nel giusto mezzo; *il n'y a pas de —*, (*fig.*) non c'è via di mezzo || *— de table*, alzata || *le doigt du —*, il dito medio **2** metà (f.): *depuis le — du XVIIIᵉ siècle*, a partire dalla metà del XVIII secolo **3** ambiente: *adaptation au —*, adattamento all'ambiente; *le — social*, l'ambiente sociale, il ceto || *dans les milieux bien informés*, negli ambienti (bene) informati || (*biol.*) *— de culture*, terreno di cultura || (*scient.*) *le — ambiant*, l'ambiente || *le Milieu*, la mala (vita): *l'argot du Milieu*, il gergo della malavita □ **au milieu de** *locuz.prep.* **1** in mezzo a, nel mezzo di: *au — de la foule*, in mezzo alla folla, tra la folla; *au — de la mêlée*, nel folto della mischia || *au beau —*, *en plein — de*, nel bel mezzo di **2** a metà di: *au — de la journée*, a metà giornata.

militaire [militɛʀ] *agg.* militare: *médecin —*, ufficiale medico ♦ *s.m.* militare: *ancien —*, ex-soldato, veterano || **-ement** *avv.*

militant [militɑ̃] *agg.* e *s.m.* militante.

militantisme [militɑ̃tism] *s.m.* militanza (f.).

militarisation [militaʀizasjɔ̃] *s.f.* militarizzazione.

militariser [militaʀize] *v.tr.* militarizzare.

militarisme [militaʀism] *s.m.* militarismo.

militariste [militaʀist] *agg.* militaristico, militarista ♦ *s.m.* militarista.

militer [milite] *v.intr.* militare.

milk-shake [milkʃek] (pl. *milk-shakes*) *s.m.* frappé.

mille¹ [mil] *agg.num.card.invar.* mille ‖ *en —
neuf cent trente*, nel millenovecentotrenta; *en
deux — un*, nel duemila e uno; *endurer — morts*,
sopportare mille tormenti; *dire — folies*, dire
un'infinità di sciocchezze ‖ *— amitiés*, i saluti
più cari ♦ *con valore di agg.num.ord.* mille, millesimo ♦ *s.m.* **1** mille ‖ *je vous le donne en —*, ve lo
do a mille, vi sfido a indovinare ‖ *mettre dans le
—*, *(anche fig.)* colpire nel segno ‖ *des — et des
cents*, *(fam.)* molti soldi **2** migliaio.

mille² *s.m.* → **mile**.

mille-feuille [milfœj] (pl. *mille-feuilles*) *s.m.*
(cuc.) millefoglie ♦ *s.f.* *(bot.)* millefoglie *(m.)*.

mille-kilo [milkilo] *s.m.* *(in Africa)* camionetta
(per trasporto viaggiatori).

millénaire [milenɛʀ] *agg.* millenario ♦ *s.m.* millennio.

mille-pattes [milpat] *s.m.* (pl. *invar.*) *(zool.)* millepiedi.

millepertuis [milpɛʀtɥi] *s.m.* *(bot.)* iperico, erba
di San Giovanni.

millésime [milezim] *s.m.* millesimo ‖ *une bouteille au — de 1947*, una bottiglia datata 1947.

millésimé [milezime] *agg.*: *vin —*, vino millesi-
mato.

millet [mijɛ] *s.m.* **1** *(bot.)* miglio **2** *(med.)* mughetto.

milliaire [miljɛʀ] *agg.* miliare ♦ *s.m.* *(archeol.)*
miliario, colonna miliare.

milliard [miljaʀ] *s.m.* miliardo.

milliardaire [miljaʀdɛʀ] *agg.* e *s.m.* miliardario.

millibar [milibaʀ] *s.m.* *(fis.)* millibar.

millième [miljɛm] *agg.num.ord.* e *s.m.* millesimo.

millier [milje] *s.m.* migliaio ‖ *par milliers*, a migliaia.

milligramme [miligʀam] *s.m.* milligrammo.

millilitre [mililitʀ] *s.m.* millilitro.

millimètre [milimɛtʀ] *s.m.* millimetro.

millimétré [milimetʀe] *agg.* millimetrato.

millimétrique [milimetʀik] *agg.* **1** millimetri-
co **2** millimetrato.

million [miljɔ̃] *s.m.* milione.

millionième [miljɔnjɛm] *agg.num.ord.* e *s.m.*
milionesimo.

millionnaire [miljɔnɛʀ] *agg.* e *s.m.* milionario.

mi-lourd [miluʀ] (pl. *mi-lourds*) *s.m.* *(sport)* mediomassimo.

mime [mim] *s.m.* *(teatr.)* mimo.

mimer [mime] *v.tr.* mimare.

mimétique [mimetik] *agg.* mimetico.

mimétisme [mimetism] *s.m.* mimetismo.

mimi [mimi] *s.m.* *(linguaggio infantile)* **1** bacio,
carezza *(f.)* **2** micino, gattino ♦ *agg.invar.* grazioso, carino.

mimique [mimik] *agg.* mimico ♦ *s.f.* mimica.

mimodrame [mimɔdʀam] *s.m.* *(teatr.)* pantomima *(f.)*.

mimolette [mimɔlɛt] *s.f.* formaggio a pasta dura.

mimosa [mimoza] *s.m.* *(bot.)* mimosa *(f.)* ‖ *(cuc.)*

œuf —, uovo sodo tagliato a metà e ricoperto di
una salsa fatta con il tuorlo.

mi-mots, à [amimo] *locuz.avv.* a mezzi termini;
con parole velate.

minable [minabl] *agg.* miserabile; pietoso: *salaire —*, salario da fame ♦ *s.m.* *(fig.)* morto di fame.

minaret [minaʀɛ] *s.m.* minareto.

minauder [minode] *v.intr.* far vezzi, moine.

minauderie [minodʀi] *s.f.* **1** leziosaggine **2** *pl.*
vezzi *(m.)*, moine.

minaudier [minodje] (f. -ère) *agg.* smanceroso,
smorfioso.

minaudière [minodjɛʀ] *s.f.* borsettina da sera.

mince [mɛ̃s] *agg.* **1** sottile: *un — filet d'eau*, un
filino d'acqua **2** *(di persona)* snello, smilzo; minuto: *taille —*, vita sottile; *jambes minces*, gambe
esili; *nez —*, naso affilato **3** *(fig.)* insignificante,
mediocre: *un — revenu*, una piccolissima rendita; *un — prétexte*, un futile pretesto ♦ *inter.* *(fam.)*
— (alors)!, caspita!

minceur [mɛ̃sœʀ] *s.f.* **1** sottigliezza; leggerezza **2** *(di persona)* snellezza.

mincir [mɛ̃siʀ] *v.intr.* assottigliarsi, dimagrire ♦
v.tr. snellire: *cette robe te mincit*, questo vestito ti
smagrisce.

mine¹ [min] *s.f.* **1** aspetto *(m.)*, aria: *tu as mauvaise — aujourd'hui*, hai una brutta cera oggi; *ce
gâteau a bonne —*, questo dolce ha un aspetto invitante ‖ *ne pas payer de —*, non ispirare fiducia;
avere un'aria dimessa ‖ *faire bonne, mauvaise —
à qqn*, far buona, cattiva accoglienza a qlcu; *ils
vont faire une de ces mines!*, vedrai che musi lunghi! ‖ *j'aurais bonne — à lui dire ça!*, bella figura
ci farei a dirglielo! ‖ *faire — de*, far finta di; *faire
— de rien*, fare lo gnorri ‖ *— de rien*, come se
niente fosse; *— de rien, il est professeur de droit*,
anche se non sembra, è professore di diritto **2**
pl. moine, smancerie.

mine² *s.f.* **1** miniera: *ingénieur des mines*, ingegnere minerario ‖ *une — d'érudition*, *(fig.)* un
pozzo di scienza **2** mina **3** *— de plomb*, grafite **4** mina (di matita).

miné [mine] *agg.* minato *(anche fig.)*.

minéolas [mineolas] *s.m.* *(frutto)* mapo.

miner [mine] *v.tr.* minare □ **se miner** *v.pron.*
struggersi.

minerai [minʀɛ] *s.m.* minerale: *— (brut)*, minerale greggio.

minéral [mineʀal] (pl. *-aux*) *agg.* e *s.m.* minerale
‖ *chimie minérale*, chimica inorganica.

minéralisation [mineʀalizasjɔ̃] *s.f.* *(chim.)* mineralizzazione.

minéralisé [mineʀalize] *agg.* mineralizzato: *eau
faiblement minéralisée*, acqua oligominerale.

minéraliser [mineʀalize] *v.tr.* *(chim.)* mineralizzare.

minéralogie [mineʀalɔʒi] *s.f.* mineralogia.

minéralogique [mineʀalɔʒik] *agg.* **1** mineralogico **2** *(des mines)* minerario ‖ *(aut.) numéro,
plaque —*, numero, targa di immatricolazione.

minéralogiste [mineʀalɔʒist] *s.m.* mineralogista.

misaine

minerve [minɛʀv] *s.f.* **1** (*med.*) minerva **2** (*tip.*) pedalina.

minet [minɛ] *s.m.* (*fam.*) **1** micio || *mon* —, tesoro mio **2** ragazzino alla moda.

minette [minɛt] *s.f.* **1** micia, gattina **2** ragazzina alla moda.

mineur[1] [minœʀ] *agg.* **1** minore **2** (*dir.*) minorenne ♦ *s.m.* (*dir.*) minorenne, minore.

mineur[2] *s.m.* minatore.

miniature [minjatyʀ] *s.f.* **1** miniatura **2** lettera miniata.

miniaturé [minjatyʀe] *agg.* miniato: *portrait* —, miniatura.

miniaturer [minjatyʀe] *v.tr.* miniare.

miniaturisation [minjatyʀizɑsjɔ̃] *s.f.* (*tecn.*) miniaturizzazione.

miniaturiser [minjatyʀize] *v.tr.* miniaturizzare.

miniaturiste [minjatyʀist] *s.m.* miniaturista.

minibus [minibys], **minicar** [minikaʀ] *s.m.invar.* pulmino.

minicassette [minikasɛt] *s.f.* minicassetta; registratore per minicassette.

minier [minje] (f. *-ère*) *agg.* minerario.

mini-jupe [miniʒyp] *s.f.* minigonna.

minima, à [aminima] *locuz.avv.* (*dir.*) *appel à* —, appello del Pubblico Ministero (contro una pena troppo mite).

minimal [minimal] (pl. *-aux*) *agg.* minimo.

minime [minim] *agg.* minimo.

minimiser [minimize] *v.tr.* minimizzare.

minimum [minimɔm] (pl. *minimums, minima*; f.*invar.*, *minima*) *agg.* e *s.m.* minimo: *avec un — d'effort*, con uno sforzo minimo || *au* —, come minimo || (*econ.*) *— vital*, minimo di sussistenza.

mini-ordinateur [miniɔʀdinatœʀ] (pl. *mini-ordinateurs*) *s.m.* minicomputer.

ministère [ministɛʀ] *s.m.* ministero || (*dir.*) *— public*, Pubblico Ministero.

ministériel [ministeʀjɛl] (f. *-elle*) *agg.* ministeriale || *officiers ministériels*, pubblici ufficiali.

ministre [ministʀ] *s.m.* **1** ministro || *papier* —, carta protocollo **2** (*in Svizzera*) pastore protestante.

minitel [minitɛl] *s.m.* videotel.

minitéliste [minitelist] *s.m.* utente del videotel.

minium [minjɔm] *s.m.* (*chim.*) minio.

minoen [minɔɛ̃] (f.*-enne*) *agg.* e *s.m.* (*st.*) minoico.

minois [minwa] *s.m.* (*fam.*) visino, musetto.

minoritaire [minɔʀitɛʀ] *agg.* minoritario.

minorité [minɔʀite] *s.f.* **1** minorità, minore età **2** minoranza.

minoterie [minɔtʀi] *s.f.* **1** mulino industriale **2** industria molitoria.

minotier [minɔtje] *s.m.* proprietario di un mulino industriale.

minou [minu] *s.m.* (*linguaggio infantile*) micio.

minque [mɛ̃k] *s.f.* (*in Belgio*) mercato del pesce.

minuit [minɥi] *s.m.* mezzanotte (*f.*): *— et demi*, mezzanotte e mezzo.

minus [minys] *s.m.* (*fam.*) deficiente, idiota.

minuscule [minyskyl] *agg.* minuscolo ♦ *s.f.* minuscola.

minutage [minytaʒ] *s.m.* calcolo dei minuti.

minute[1] [minyt] *s.f.* minuto (*m.*); (*estens.*) istante (*m.*), momento (*m.*) || *dans quelques minutes, d'ici quelques minutes*, fra qualche istante || *à la — où*, nell'istante in cui || *à la* —, sull'istante || *entrecôte* —, costata preparata al momento || *ressemelage* —, risuolatura lampo ♦ *inter.* (*fam.*) —!, (*anche fig.*) un momento, piano!

minute[2] *s.f.* (*dir.*) atto originale.

minuter[1] [minyte] *v.tr.* redigere in minuta.

minuter[2] *v.tr.* calcolare i tempi di.

minuterie [minytri] *s.f.* **1** (*di orologio*) minuteria **2** (*tecn.*) interruttore a tempo.

minuteur [minytœʀ] *s.m.* contaminuti.

minutie [minysi] *s.f.* minuziosità.

minutieux [minysjø] (f. *-euse*) *agg.* minuzioso || *-eusement* avv.

miocène [mjɔsɛn] *s.m.* (*geol.*) miocene ♦ *agg.* miocenico.

mioche [mjɔʃ] *s.m.* (*fam.*) marmocchio, moccioso.

mirabelle [miʀabɛl] *s.f.* **1** (*bot.*) mirabella **2** acquavite di mirabella.

mirabellier [miʀabelje] *s.m.* (*pianta*) mirabolano.

miracle [miʀakl] *s.m.* miracolo || *tenir du* —, avere del miracoloso; *par* —, per miracolo ♦ *usato posposto con valore di agg.*: *solution* —, *remède* —, soluzione, rimedio miracoloso.

miraculé [miʀakyle] *agg.* e *s.m.* miracolato.

miraculeux [miʀakylø] (f. *-euse*) *agg.* miracoloso || *-eusement* avv.

mirador [miʀadɔʀ] *s.m.* **1** altana (*f.*), loggia (*f.*) **2** (*mil.*) torretta di guardia.

mirage [miʀaʒ] *s.m.* miraggio.

mirandais [miʀɑ̃dɛ] *agg.* di Mirande.

mire [miʀ] *s.f.* **1** mira || *point de* —, (*anche fig.*) bersaglio; *être le point de* —, essere il centro dell'attenzione **2** (*tv*) monoscopio (*m.*).

mirer [miʀe] *v.tr.* (*zootecn.*) sperare, guardare controluce (un uovo) □ **se mirer** *v.pron.* specchiarsi; riflettersi.

mirifique [miʀifik] *agg.* (*fam. scherz.*) mirabolante, stupefacente.

mirliton [miʀlitɔ̃] *s.m.* zufolo || *air de* —, motivo popolare || *vers de* —, versi dozzinali.

mirobolant [miʀɔbɔlɑ̃] *agg.* (*fam.*) mirabolante.

miroir [miʀwaʀ] *s.m.* specchio: *se regarder dans le* —, guardarsi allo specchio || *— aux alouettes*, (*anche fig.*) specchietto per le allodole.

miroitant [miʀwatɑ̃] *agg.* luccicante.

miroitement [miʀwatmɑ̃] *s.m.* luccichio, scintillio.

miroiter [miʀwate] *v.intr.* luccicare, scintillare || *faire — un espoir*, (*fig.*) far balenare una speranza.

miroiterie [miʀwatʀi] *s.f.* industria, commercio degli specchi.

miroitier [miʀwatje] *s.m.* specchiaio.

mironton [miʀɔ̃tɔ̃], **miroton** [miʀɔtɔ̃] *s.m.* (*cuc.*) stracotto di manzo.

mis [mi] *part.pass. di* mettre.

misaine [mizɛn] *s.f.* (*mar.*) trinchetto (*m.*).

misanthrope [mizɑ̃tʀɔp] *agg.* e *s.m.* misantropo.

misanthropie [mizɑ̃tʀɔpi] *s.f.* misantropia.

miscellanées [miselane] *s.f.pl.* miscellanea (*sing.*).

mise [miz] *s.f.* **1** messa: — *en boîte*, inscatolamento; (*fig.*) presa in giro; — *en marche*, messa in marcia, in moto; — *en bouteilles*, imbottigliamento; — *en sac*, insaccatura; — *en place*, collocazione; (*fig.*) istituzione; — *en chantier*, (*anche fig.*) avvio; (*teatr.*, *cine.*) — *en scène*, regia; (*fig.*) messinscena || — *à jour*, aggiornamento || — *à prix*, fissazione del prezzo; prezzo base (di un'asta) || (*dir.*) — *en état*, sentenza di rinvio in giudizio **2** (*abbigl.*) tenuta; abbigliamento (*m.*): *soigner sa* —, curarsi nel vestire || *ce n'est pas de* —, non si deve fare **3** posta, puntata (al gioco) || — *de fonds*, investimento (di capitali) **4** (*zool.*) — *bas*, parto.

miser [mize] *v.tr.* puntare; scommettere || — *sur les deux tableaux*, (*fig.*) tenere il piede in due staffe.

misérable [mizeʀabl] *agg.* e *s.m.* miserabile || *dans un état* —, in uno stato pietoso || *faire une fin* —, fare una misera fine.

misérablement [mizeʀabləmɑ̃] *avv.* **1** miserabilmente, miseramente **2** in modo gretto, meschino.

misère [mizeʀ] *s.f.* **1** miseria: *tomber dans la* —, cadere in miseria || *faire des misères à qqn*, fare dei piccoli dispetti a qlcu || *se fâcher pour une* —, prendersela per un nonnulla || *c'est un salaire de* —, è un salario da fame **2** (*bot.*) miseria.

misérer [mizeʀe] *v. intr.* (*in Africa*) vivere nella miseria.

miséreux [mizeʀø] (f. *-euse*) *agg.* e *s.m.* miserabile.

miséricorde [mizeʀikɔʀd] *s.f.* **1** misericordia **2** (*mar.*) *ancre de* —, ancora di rispetto.

miséricordieux [mizeʀikɔʀdjø] (f. *-euse*) *agg.* misericordioso.

mis(o)- *pref.* mis(o)-

misogyne [mizɔʒin] *agg.* e *s.m.* misogino.

misogynie [mizɔʒini] *s.f.* misoginia.

missel [misel] *s.m.* messale.

missile [misil] *s.m.* missile.

mission [misjɔ̃] *s.f.* missione.

missionnaire [misjɔnɛʀ] *s.m.* e *agg.* missionario.

missive [misiv] *s.f.* missiva.

mistelle]mistel] *s.f.* (*enol.*) mistella.

mistral [mistʀal] *s.m.* vento del nord che soffia sulle regioni mediterranee francesi.

mitaine [miten] *s.f.* **1** mezzoguanto (*m.*) **2** (*in Svizzera, Canada*) muffola.

mitard [mitaʀ] *s.m.* (*argot*) cella di isolamento.

mite [mit] *s.f.* tignola; tarma.

mité [mite] *agg.* tarmato.

mi-temps [mitɑ̃] (pl.*invar.*) *s.f.* (*sport*) **1** tempo (di un incontro) **2** intervallo (durante un incontro) ♦ *s.m.* lavoro a mezza giornata, part-time □ à **mi-temps** *locuz.avv.* a mezza giornata.

miter, se [səmite] *v.pron.* tarmarsi.

miteux [mito] (f. *-euse*) *agg.* misero ♦ *s.m.* (*fam.*) poveraccio.

mithridatiser [mitʀidatize] *v.tr.* mitridatizzare □ **se mithridatiser** *v.pron.* mitridatizzarsi.

mithridatisme [mitʀidatism] *s.m.* (*med.*) mitridatismo.

mitigation [mitigɑsjɔ̃] *s.f.* mitigazione, attenuazione.

mitigé [mitiʒe] *agg.* **1** (*fig.*) tiepido **2** — *de*, misto a.

mitiger [mitiʒe] (*coniug. come* manger) *v.tr.* mitigare, lenire.

mitigeur [mitiʒœʀ] *s.m.* (*tecn.*) (rubinetto) miscelatore.

mitonner [mitɔne] *v.tr.* preparare con cura (*anche fig.*) ♦ *v.intr.* cuocere a fuoco lento.

mitose [mitoz] *s.f.* (*biol.*) mitosi.

mitoyen [mitwajɛ̃] (f. *-enne*) *agg.* di proprietà comune: *un mur* —, un muro in comproprietà.

mitoyenneté [mitwajɛnte] *s.f.* (*dir.*) comproprietà (di un bene).

mitraillade [mitʀajad] *s.f.* raffica di mitragliatrice.

mitraillage [mitʀajaʒ] *s.m.* mitragliamento.

mitraille [mitʀaj] *s.f.* **1** mitraglia **2** (*fam.*) spiccioli (*m.pl.*).

mitrailler [mitʀaje] *v.tr.* mitragliare.

mitraillette [mitʀajet] *s.f.* mitra (*m.*).

mitrailleur [mitʀajœʀ] *agg.* mitragliatore ♦ *s.m.* (*mil.*) mitragliere.

mitrailleuse [mitʀajøz] *s.f.* mitragliatrice.

mitral [mitʀal] (pl. *-aux*) *agg.* (*anat.*) mitrale.

mitre [mitʀ] *s.f.* mitra.

mitron [mitʀɔ̃] *s.m.* garzone fornaio, pasticciere.

mi-voix, à [amivwa] *locuz.avv.* a mezza voce.

mixage [miksaʒ] *s.m.* (*cine.*) missaggio.

mixer[1] [miksɛʀ] *v.tr.* (*cine.*) fare il missaggio.

mixer[2], **mixeur** [miksœʀ] *s.m.* (*cuc.*) frullatore elettrico, mixer.

mixité [miksite] *s.f.* l'essere misto (di scuole, comunità ecc.) || — *raciale*, mescolanza razziale.

mixte [mikst] *agg.* misto.

mixtion [mikstjɔ̃] *s.f.* (*med.*) mistura.

mixture [mikstyʀ] *s.f.* mistura; (*spreg.*) intruglio (*m.*).

mnémonique [mnemɔnik] *agg.* mnemonico.

mnémotechnie [mnemɔtekni] *s.f.* mnemotecnica.

mobile [mɔbil] *agg.* **1** mobile **2** (*fig.*) mutevole ♦ *s.m.* **1** (*fis.*) mobile; impulso **2** movente **3** (*arte*) scultura spaziale.

mobilier [mɔbilje] (f. *-ère*) *agg.* (*dir.*) mobiliare: *saisie mobilière*, pignoramento di beni mobili ♦ *s.m.* mobilia (*f.*).

mobilisable [mɔbilizabl] *agg.* **1** (*dir.*) convertibile in bene mobile **2** (*mil.*) che può essere mobilitato **3** (*econ.*) mobilizzabile.

mobilisateur [mɔbilizatœʀ] (f. *-trice*) *agg.* che mobilita.

mobilisation [mɔbilizɑsjɔ̃] *s.f.* **1** mobilitazione **2** (*econ.*) mobilizzazione.

mobiliser [mɔbilize] *v.tr.* **1** mobilitare **2** (*econ.*) mobilizzare □ **se mobiliser** *v.pron.* mobilitarsi.

moi

mobilité [mɔbilite] *s.f.* mobilità (*anche fig.*).
mobylette [mɔbilɛt] *s.f.* motorino (*m.*).
mocassin [mɔkasɛ̃] *s.m.* mocassino.
moche [mɔʃ] *agg.* (*fam.*) **1** brutto **2** (*fig.*) vergognoso, disgustoso.
mocheté [mɔʃte] *s.f.* (*fam.*) racchiona.
modal [mɔdal] (pl. *-aux*) *agg.* modale.
modalité [mɔdalite] *s.f.* **1** modalità || (*gramm.*) *adverbe de* —, avverbio di modo, di maniera **2** (*mus.*) modo (*m.*).
mode[1] [mɔd] *s.f.* moda || *teintes, tissus* —, colori, tessuti di moda || *magasin de modes*, negozio di abbigliamento femminile || *de* —, *à la* —, di moda, alla moda: *un acteur à la* —, un attore in voga, di grido; (*cuc.*) *bœuf* (*à la*) —, brasato di manzo; *cousin à la* — *de Bretagne*, cugino alla lontana; *à la* — *de chez nous*, secondo le nostre usanze.
mode[2] *s.m.* **1** modo: — *d'action*, modo d'agire; — *de vie*, modo di vivere; — *de payement*, modalità di pagamento || — *d'emploi*, istruzioni per l'uso || — *de locomotion*, mezzo di locomozione **2** (*gramm., mus.*) modo.
modelage [mɔdlaʒ] *s.m.* il modellare, modellatura (*f.*).
modèle [mɔdɛl] *s.m.* **1** modello **2** modellino **3** modella (*f.*) || *des employés modèles*, impiegati modello ♦ *agg.* modello (*invar.*).
modelé [mɔdle] *s.m.* **1** (*scultura, pitt.*) modellato **2** (*geogr.*) rilievo.
modeler [mɔdle] (*coniug. come* semer) *v.tr.* modellare, plasmare || *pâte à* —, plastilina, pongo □ **se modeler** *v.pron.* modellarsi: *se* — *sur qqn*, prendere qlcu a modello.
modeleur [mɔdlœʀ] (f. *-euse*) *agg. e s.m.* modellatore; (*tecn.*) modellista.
modélisme [mɔdelism] *s.m.* modellismo, modellistica (*f.*).
modéliste [mɔdelist] *s.m.* modellista.
modem [mɔdɛm] *s.m.* (*inform.*) modem.
modénature [mɔdenatyʀ] *s.f.* (*arch.*) modanatura.
modérateur [mɔdeʀatœʀ] (f. *-trice*) *agg. e s.m.* moderatore || *ticket* —, ticket sanitario.
modération [mɔdeʀasjɔ̃] *s.f.* moderazione || — *d'une peine*, riduzione di una pena.
modéré [mɔdeʀe] *agg. e s.m.* moderato: *prix* —, prezzo modico; *sympathie modérée*, tiepida simpatia; *il est* — *dans ses paroles*, è misurato nelle parole || **-ément** *avv.*
modérer [mɔdeʀe] (*coniug. come* céder) *v.tr.* moderare □ **se modérer** *v.pron.* moderarsi.
moderne [mɔdɛʀn] *agg.* moderno ♦ *s.m.* **1** (il) moderno **2** pl. i moderni (contrapposti agli antichi).
modernisation [mɔdɛʀnizasjɔ̃] *s.f.* modernizzazione; ammodernamento (*m.*).
moderniser [mɔdɛʀnize] *v.tr.* **1** modernizzare **2** rimodernare, ammodernare.
modernisme [mɔdɛʀnism] *s.m.* modernismo.
modernité [mɔdɛʀnite] *s.f.* modernità.

modeste [mɔdɛst] *agg.* modesto; semplice || **-ement** *avv.*
modestie [mɔdɛsti] *s.f.* modestia: *manquer de* —, mancare di riserbo.
modicité [mɔdisite] *s.f.* modicità.
modifiable [mɔdifjabl] *agg.* modificabile.
modificateur [mɔdifikatœʀ] (f. *-trice*) *agg. e s.m.* modificatore.
modification [mɔdifikasjɔ̃] *s.f.* modifica.
modifier [mɔdifje] *v.tr.* modificare □ **se modifier** *v.pron.* modificarsi.
modique [mɔdik] *agg.* modico.
modiste [mɔdist] *s.f.* modista.
modulable [mɔdylabl] *agg.* **1** modulabile **2** (*arredamento*) componibile.
modulaire [mɔdylɛʀ] *agg.* modulare; (*arch.*) scatolare.
modulateur [mɔdylatœʀ] *s.m.* (*rad.*) modulatore.
modulation [mɔdylasjɔ̃] *s.f.* **1** modulazione **2** (*pitt.*) gradazione **3** adeguamento (*m.*): — *des tarifs en fonction des revenus*, variazione delle tariffe in funzione dei redditi.
module [mɔdyl] *s.m.* modulo.
moduler [mɔdyle] *v.tr.* modulare || — *les limitations de vitesse suivant l'état des routes*, regolare i limiti di velocità in funzione delle condizioni stradali.
moelle [mwal] *s.f.* midollo (*m.*) || *sucer qqn jusqu'à la* —, (*fig.*) succhiare il sangue a qlcu.
moelleusement [mwaløzmɑ̃] *avv.* mollemente.
moelleux [mwalø] (f. *-euse*) *agg.* morbido || *vin* —, vino abboccato: *sauce moelleuse*, salsa vellutata || *vin* —, vino abboccato.
moellon [mwalɔ̃] *s.m.* (*edil.*) pietra da costruzione.
mœurs [mœʀs] *s.f.pl.* costumi (*m.*): *les* — *des peuples primitifs*, le usanze dei popoli primitivi || *quelles drôles de* —!, che razza di abitudini!; *les* — *des chats*, le abitudini dei gatti || (*dir.*): *les bonnes* —, il buon costume; *certificat de bonne vie et* —, certificato di buona condotta; *police des* —, *les Mœurs*, la (squadra del) buon costume; *outrage, attentat aux* —, offesa al buon costume.
mofette [mɔfɛt] *s.f.* **1** (*geol.*) mofeta **2** (*zool.*) moffetta.
moi [mwa] *pron.pers. di 1ª pers.sing.* **1** (*sogg.*) io; (*nelle esclamazioni*) me: *toi et* —, tu e io, io e te; *mon père et* —, *nous ferons un voyage*, mio padre e io faremo un viaggio; —, *faire une chose pareille!*, io, fare una cosa simile!; — *parti, que feras-tu?*, partito io, cosa farai?; *c'est* —, sono io; *c'est* — *qui le dis*, te lo dico io; *"Qui est-ce?" "Moi"*, "Chi è?" "Io"; *ne faites pas comme* —, non fate come me; *il est plus habile que* —, è più abile di me || *des gens comme vous* (o *toi*) *et* —, gente come noi, gente comune || — *aussi* → aussi || *moi-même* → même **2** (*compl. oggetto e preceduto da prep.*) me: *maman a grondé mon frère et* — (o *nous a grondés, mon frère et* —), la mamma ha sgridato me e mio fratello; *tu peux compter sur* —, puoi contare su di me; *rendez-le-moi*, restituitemelo; *cette pipe est à* —, questa pipa è mia; *un*

ami à —, (*fam.*) un mio amico; *l'initiative n'est pas de* —, *mais de lui*, l'iniziativa non è mia, ma sua || *sur* —!, (*mil.*) per fila dest' (o sinist') march'! || *la génération du* —, *je...*, la generazione dell'io... (viene così connotata quella dell'egocentrismo imperante dei giovani degli anni Ottanta) **3** (*negli imperativi*) (*compl. oggetto e di termine*) mi; (*nei pronomi composti*) me: *regarde-moi*, guardami; *parle-moi*, parlami; *dites-le-moi!*, ditemelo || *regardez-moi cette horreur!*, (*fam.*) guardate un po' che orrore! ♦ *s.m.* (*fil.*) io.

moignon [mwaɲɔ̃] *s.m.* moncone: — *de bras*, moncherino; — *de branche*, troncone di un ramo.

moindre [mwɛ̃dʀ] *agg.* **1** *compar.* inferiore; minore: *de* — *qualité*, di qualità inferiore; *bien* —, molto inferiore **2** *superl.* minimo: *je n'en ai pas la* — *idée*, non ho la minima idea **3** *superl.rel.* il meno importante: *ce n'est pas le* — *de ses défauts*, non è il minore dei suoi difetti; *c'était la* — *des choses!*, era il minimo che potessi fare!; *c'est un physicien et non des moindres*, è un fisico e non dei meno importanti.

moindrement, le [ləmwɛ̃dʀəmɑ̃] *avv.* minimamente.

moine [mwan] *s.m.* **1** monaco **2** (*antiq.*) (*scaldino*) prete, scaldaletto **3** (*zool.*) monaco **4** (*tip.*) pesce.

moineau [mwano] (pl. -*eaux*) *s.m.* passero: *manger comme un* —, mangiare come un uccellino || *cervelle*, *tête de* —, cervello di gallina || *un vilain*, *un drôle de* —, (*fam.*) un brutto tipo.

moins[1] [mwɛ̃] *avv.* **1** (*compar.*) meno: *sa situation est* — *importante que la tienne*, la sua posizione è meno importante della tua; *je l'ai payé* — *cher que je ne pensais*, — *cher que lui*, l'ho pagato meno caro di quanto pensassi, meno caro di lui; *c'est sa sœur mais en* — *bien*, assomiglia a sua sorella ma in peggio; *ma décision n'en est pas* — *ferme*, non per questo la mia decisione è meno ferma; *cette fois il a* — *souffert*, questa volta ha sofferto meno; *il a* — *mangé que bu*, ha mangiato meno di quanto ha bevuto || *tu ne pouvais pas dépenser* —, non potevi spendere meno di così || *il ne le fera pas* —, lo farà lo stesso; *il ne dit rien*, *mais il n'en pense pas* —, non dice niente, ma ci sta pensando comunque || *rien n'est* — *vrai*, (*letter.*) niente di meno vero || *il n'est pas* — *vrai que je l'aime*, (*letter.*) resta pur sempre vero che lo amo **2** *moins de*, (*compar.+ s.*) meno: *il a* — *d'argent que nous*, ha meno denaro di noi; *il y avait* — *d'hommes que de femmes*, c'erano meno uomini che donne || *j'ai* — *soif qu'avant*, ho meno sete di prima || *en* — *de rien*, in un batter d'occhio; *en* — *temps qu'il ne faut pour le dire*, in men che non si dica **3** *moins de*, (+ *numerale*) meno: *il y avait* — *de trente personnes*, c'erano meno di trenta persone; *en* — *d'une heure*, in meno di un'ora **4** (*correlativo*) meno: *plus j'y pense* — *comprends*, più ci penso e meno capisco; — *tu fais* — *tu as envie de faire*, meno fai, meno hai voglia di fare **5** (*superl.rel.*) meno: *il est le* — *gai des trois frères*, è il meno allegro dei tre fratelli; *je le vois le* — *souvent possible*, lo vedo il meno possibile; *c'est le sujet qui m'intéresse le* —, è l'argomento che m'interessa (di) meno; *ce dont j'ai le* — *envie*, ciò di cui ho meno voglia || *il n'est pas le* — *du monde intéressé*, non è per niente interessato || *c'est un récit des* — *intéressants*, è uno dei racconti meno interessanti **6** (*sottrazione*) meno: *huit* — *trois font cinq*, otto meno tre fa cinque; *dix heures* — *le quart*, le dieci meno un quarto; *dépêche-toi*, *il est presque* — *dix*, sbrigati, sono quasi le meno dieci; *il fait* — *cinq* (*degrés*), ci sono cinque gradi sotto zero || *ils sont tous prévenus* — *Jean*, sono tutti avvisati tranne Giovanni || *il était* — *une*, *deux*, *cinq*, c'è mancato poco □ **à moins** *locuz.avv.* per meno, a meno, per un prezzo inferiore: *tu peux l'avoir à* —, puoi averlo per meno, per un prezzo inferiore; *elle est très inquiète pour son fils*, *on le serait à* —, è molto preoccupata per il figlio, lo si sarebbe per meno di così □ **à moins de** *locuz.prep.* (+ *inf.*) a meno di: *à* — *d'être très riche...*, a meno di essere molto ricchi... □ **à moins que** *locuz.avv.* a meno che: *à* — *qu'il* (*ne*) *soit parti*, a meno che non sia partito □ **(tout) au moins**, **du moins**, **pour le moins** *locuz.avv.* almeno □ **de moins en moins** *locuz. avv.* sempre meno □ **rien moins que** *locuz. cong.* tutt'altro che: *elle est rien* — *que paresseuse*, è tutt'altro che pigra □ **rien de moins que** *locuz.cong.* né più né meno che; niente meno che: *le monsieur que tu as aperçu n'est rien de* — *que le maire de la ville*, il signore che hai visto è nientemeno che il sindaco della città.

moins[2] *s.m.* **1** meno: *c'est bien le* —, questo è il meno; *c'est bien le* — *que je puisse faire*, è il meno, il minimo che potessi fare; *faire le* — *d'efforts possible*, fare meno sforzi possibile, sforzarsi il meno possibile || *film interdit aux* — *de dix-huit ans*, film vietato ai minori di diciotto anni || *l'année où il y a eu le* — *d'accidents*, l'anno in cui vi è stato il minor numero di incidenti || *c'est un* — *que rien*, (*fam.*) è una nullità **2** (*mat.*) (*segno*) meno.

moins-perçu [mwɛ̃peʀsy] *s.m.* (*dir.*) somma (inferiore al dovuto).

moins-value [mwɛ̃valy] *s.f.* (*econ.*) **1** minusvalenza **2** gettito inferiore (al previsto).

moire [mwaʀ] *s.f.* **1** stoffa marezzata **2** marezzo (*m.*), riflesso cangiante.

moiré [mwaʀe] *agg.* marezzato; (*estens.*) cangiante ♦ *s.m.* marezzatura (*f.*).

moirer [mwaʀe] *v.tr.* marezzare; (*fig.*) screziare.

mois [mwa] *s.m.* **1** mese: *au* — *d'août*, nel mese d'agosto || *cela fait des mois que...*, sono mesi che...; *une fois par* —, una volta al mese || *payer au* —, pagare a mese **2** mensile, mensilità (*f.*): *le treizième* —, la tredicesima (mensilità); *toucher son* —, riscuotere lo stipendio (mensile); *je dois deux* — *à mon propriétaire*, devo due mesi d'affitto al padrone di casa.

moïse [mɔiz] *s.m.* culla di vimini imbottita.

moisi [mwazi] *s.m.* muffa (*f.*): *ça sent le —*, c'è odore di muffa ♦ *agg.* ammuffito.

moisir [mwaziʀ] *v.tr.* far ammuffire ♦ *v.intr.* ammuffire (*anche fig.*): *le pain a moisi*, il pane è ammuffito.

moisissure [mwazisyʀ] *s.f.* muffa.

moisson [mwasɔ̃] *s.f.* **1** mietitura **2** messe, raccolto (*m.*); raccolta (*anche fig.*) || *une — de souvenirs*, (*fig.*) una folla di ricordi.

moissonner [mwasɔne] *v.tr.* mietere (*anche fig.*).

moissonneur [mwasɔnœʀ] (f. *-euse*) *s.m.* mietitore.

moissonneuse [mwasɔnøz] *s.f.* (*macchina*) mietitrice.

moissonneuse-batteuse [mwasɔnøzbatøz] (pl. *moissonneuses-batteuses*) *s.f.* (*agr.*) mietitrebbiatrice.

moissonneuse-lieuse [mwasɔnøzljøz] (pl. *moissonneuses-lieuses*) *s.f.* (*agr.*) mietilegatrice.

moite [mwat] *agg.* madido, umidiccio: *un front — de sueur*, una fronte madida di sudore; *des mains moites*, mani umidicce; *chaleur —*, caldo umido.

moiteur [mwatœʀ] *s.f.* **1** umidità **2** (*med.*) madore (*m.*).

moitié [mwatje] *s.f.* **1** metà: *la — des touristes était, étaient des Allemands*, metà dei turisti erano tedeschi || *vous êtes pour une bonne — dans le succès de l'œuvre*, il successo dell'opera è per metà merito vostro || *ma* (*chère*) *—*, (*fam.scherz.*) la mia (dolce) metà, mia moglie **2** (*mat.*) mezzo (*m.*), metà: *réduire de, d'une, de la —*, ridurre del 50%□ **à moitié**, a metà: *à — chemin*, a metà (del) percorso; **moitié... moitié**, per metà... per metà: *— pour rire et — sérieusement*, tra il serio e il faceto; **moitié-moitié**, metà per uno □ **par moitié**, in due: *partager par —*, dividere in due parti uguali; **de moitié**, a metà: *il était de — avec lui dans cette affaire*, partecipava a quell'affare per metà.

moka [mɔka] *s.m.* **1** (*caffè*) moca **2** dolce al caffè o al cioccolato.

mol [mɔl] (f. *molle*) *agg.* → **mou.**

molaire¹ [mɔlɛʀ] *s.f.* molare (*m.*).

molaire² *agg.* (*chim., fis.*) molare, molale.

moldave [mɔldav] *agg.* e *s.m.* moldavo.

mole [mɔl] *s.f.* (*chim., fis.*) mole.

môle¹ [mol] *s.m.* **1** molo **2** (*archeol.*) mole (*f.*): *le — d'Adrien*, la mole Adriana.

môle² *s.f.* (*zool.*) pesce luna, mola.

môle³ *s.f.* (*med.*) mola.

moléculaire [mɔlekylɛʀ] *agg.* molecolare.

molécule [mɔlekyl] *s.f.* molecola.

moleskine [mɔlɛskin] *s.f.* pegamoide (*m.* e *f.*).

molester [mɔleste] *v.tr.* malmenare.

molette [mɔlɛt] *s.f.* **1** rotella || *clé à —*, chiave inglese **2** rotella, stella (di sperone).

Molière [mɔljɛʀ] *s.m.* Molière (Oscar francese per il teatro).

moliéresque [mɔljeʀɛsk] *agg.* relativo a Molière; alla maniera di Molière.

mollasse [mɔlas] *agg.* molliccio; flaccido; (*fig.*) fiacco.

mollasson [mɔlasɔ̃] (f. *-onne*) *s.m.* (*fam.*) smidollato.

mollé [mɔle] *s.m.* (*bot.*) terebinto.

mollement [mɔlmɑ̃] *avv.* mollemente; (*fig.*) fiaccamente.

mollesse [mɔlɛs] *s.f.* mollezza (*anche fig.*).

mollet¹ [mɔlɛ] *s.m.* polpaccio.

mollet² (f. *-ette*) *agg.* morbido, soffice || *pain —*, panino al latte || (*cuc.*) *œuf —*, uovo bazzotto.

molletière [mɔltjɛʀ] *s.f.* mollettiera.

molleton [mɔltɔ̃] *s.m.* mollettone.

molletonné [mɔltɔne] *agg.* felpato.

mollir [mɔliʀ] *v.intr.* **1** diventare molle **2** venir meno, cedere: *le vent mollit*, il vento si placa ♦ *v.tr.* (*mar.*) mollare, allentare.

mollo [mɔlo] *avv.* (*fam.*) piano: *vas-y — !*, vacci piano!

mollusque [mɔlysk] *s.m.* mollusco (*anche fig.*).

molosse [mɔlɔs] *s.m.* (*cane*) molosso.

molybdène [mɔlibdɛn] *s.m.* (*chim.*) molibdeno.

môme [mom] *s.m.* (*fam.*) marmocchio ♦ *s.f.* (*pop.*) **1** bambina **2** ragazza.

moment [mɔmɑ̃] *s.m.* momento: *je serai libre dans un —*, sarò libero tra un momento; *restez encore un petit —*, fermatevi ancora un attimo; *je l'attends depuis un bon —*, lo aspetto da un pezzo; *passer de bons moments*, passare momenti piacevoli; *au bon —*, al momento giusto; *pendant un —*, per qualche istante; *il l'a fait à ses moments perdus*, l'ha fatto nei ritagli di tempo; *le succès du —*, il successo del giorno; *c'est le — ou jamais*, ora o mai più; *c'est un mauvais — à passer*, è un brutto periodo, ma passerà || *au — de*, nel momento di; *au — où*, nel momento in cui; (*à partir*) *du — où*, dal momento in cui; *à partir de ce —*, da quel momento in poi || *au — voulu*, al momento opportuno; *au meilleur —*, sul più bello || *à aucun —*, nemmeno una volta || *à un — donné*, a un certo punto || *à tout —*, (in) ogni momento || *sur le —*, lì per lì, sul momento || *par moments*, a intervalli || *du — que*, dato che, dal momento che.

momentané [mɔmɑ̃tane] *agg.* momentaneo || *-ément avv.*

momie [mɔmi] *s.f.* mummia.

momification [mɔmifikasjɔ̃] *s.f.* mummificazione.

momifier [mɔmifje] *v.tr.* mummificare □ **se momifier** *v.pron.* mummificarsi; (*fig.*) fossilizzarsi.

mon [mɔ̃]

m.sing. **mon**, mio
f.sing. **ma**, **mon** (+ *vocale o* h *muta*), mia
pl.m. e *f.* **mes**, miei, mie

agg.poss.m.sing. mio: *— père et ma mère*, *mes père et mère*, mio padre e mia madre; *— école*, *— habitude*, la mia scuola, la mia abitudine; *mes pa-*

rents et mes amies, i miei genitori e le mie amiche; *mes amis à moi*, i miei amici; — *Dieu!*, Dio
mio!; *mes enfants!*, ragazzi miei!; — *capitaine,* —
général, signor capitano, signor generale.
monacal [mɔnakal] (pl. *-aux*) *agg.* monacale.
monachisme [mɔnaʃ(k)ism] *s.m.* monachesimo.
monarchie [mɔnaʀʃi] *s.f.* monarchia.
monarchique [mɔnaʀʃik] *agg.* monarchico.
monarchiste [mɔnaʀʃist] *agg.* e *s.m.* monarchico.
monarque [mɔnaʀk] *s.m.* monarca.
monastère [mɔnastɛʀ] *s.m.* monastero.
monastique [mɔnastik] *agg.* monastico.
monceau [mɔ̃so] (pl. *-eaux*) *s.m.* mucchio.
mondain [mɔ̃dɛ̃] *agg.* mondano || *la (police)
mondaine*, la (squadra del) buoncostume ♦ *s.m.*
uomo di mondo.
mondanité [mɔ̃danite] *s.f.* mondanità: *il aime
les mondanités*, gli piace la vita mondana.
monde [mɔ̃d] *s.m.* 1 mondo: *courir le* —, viaggiare per il mondo; *envoyer, expédier qqn dans
l'autre* —, mandare qlcu all'altro mondo || *depuis
que le — est* —, dacché mondo è mondo || *il se fait
tout un — de son travail*, se la prende moltissimo
per il suo lavoro || *pas le moins du* —, neanche per
idea 2 mondo; ambiente; società (*f.*): *le — du
théâtre*, il mondo teatrale; *ils sont du même* —,
appartengono allo stesso ambiente; *aller dans le*
—, andare in società; *une personne du meilleur*
—, una persona della migliore società || *connaître
le* —, avere esperienza della vita || *le — des abeil-
les*, la società delle api 3 gente (*f.*): *se moquer du*
—, prendere la gente in giro; *il n'y a pas grand —
aujourd'hui*, non c'è molta gente, oggi; *ce soir j'ai
du* —, stasera ho gente; *connaître son* —, sapere
con chi si ha a che fare 4 (*isola Riunione*) persona (*f.*), individuo ♦ **tout le monde**, tutti (pl.): *tout
le — le sait*, lo sanno tutti; *tout le — est là*, ci sono
tutti || *Monsieur, Madame tout le* —, il signor
Rossi (il cittadino medio).
monder [mɔ̃de] *v.tr.* mondare.
mondial [mɔ̃djal] (pl. *-aux*) *agg.* mondiale.
mondialement [mɔ̃djalmɑ̃] *avv.* in tutto il mondo.
mondialisation [mɔ̃djalizɑsjɔ̃] *s.f.* diffusione su
scala mondiale, in tutto il mondo.
mondovision [mɔ̃dɔvizjɔ̃] *s.f.* (*tv*) mondovisione.
monégasque [mɔnegask] *agg.* e *s.m.* monegasco.
monétaire [mɔnetɛʀ] *agg.* monetario.
monétisation [mɔnetizɑsjɔ̃] *s.f.* monetazione;
(*econ.*) monetizzazione.
monétiser [mɔnetize] *v.tr.* (*econ.*) monetizzare.
mongol [mɔ̃gɔl] *agg.* e *s.m.* mongolo.
mongolien [mɔ̃gɔljɛ̃] (f. *-enne*) *agg.* e *s.m.* (*med.*)
mongoloide.
mongolique [mɔ̃gɔlik] *agg.* mongolico.
mongolisme [mɔ̃gɔlism] *s.m.* (*med.*) mongolismo.
mongoloïde [mɔ̃gɔlɔid] *agg.* mongoloide (*anche
med.*).

moniale [mɔnjal] *s.f.* (*eccl.*) monaca di clausura.
monisme [mɔnism] *s.m.* (*fil.*) monismo.
moniteur[1] [mɔnitœʀ] (f. *-trice*) *s.m.* 1 istruttore:
— *d'éducation physique*, istruttore di educazione
fisica; — *d'auto-école*, istruttore di guida; — *de
ski*, maestro di sci 2 monitore, sorvegliante (di
colonia di vacanze).
moniteur[2] *s.m.* (*apparecchio*) monitor.
monitorage [mɔnitɔʀaʒ] *s.m.* (*tecn.*) monitoraggio.
monitorat [mɔnitɔʀa] *s.m.* formazione degli
istruttori; funzione di istruttore.
monitoring [mɔnitɔʀiŋ] *s.m.* → **monitorage** .
monnaie [mɔnɛ] *s.f.* 1 moneta: *rendre à qqn la
— de sa pièce*, rendere a qlcu pan per focaccia ||
c'est — courante, è cosa di ordinaria amministrazione 2 spiccioli (*m.pl.*), moneta (spicciola):
faire de la —, cambiare || *rendre la* —, dare il re-
sto 3 *Hôtel des Monnaies*, (*Hôtel de*) *la Monnaie*, zecca.
monnaie-du-pape [mɔnɛdypap] (pl. *monnaies-
du-pape*) *s.f.* (*bot.*) moneta del papa, lunaria.
monnayable [mɔnejabl] *agg.* monetabile, mo-
netizzabile; (*fig.*) in vendita.
monnayer [mɔneje] (*coniug. come* payer) *v.tr.*
1 monetare 2 convertire in denaro liquido 3
(*fig.*) far fruttare.
mon(o)- *pref.* mono-
monobloc [mɔnɔblɔk] *agg.* e *s.m.* monoblocco.
monocellulaire [mɔnɔselylɛʀ] *agg.* (*biol.*) monocellulare.
monochromatique [mɔnɔkʀɔmatik] *agg.* monocromatico.
monochrome [mɔnɔkʀom] *agg.* monocromo,
monocromatico.
monochromie [mɔnɔkʀɔmi] *s.f.* monocromia.
monocle [mɔnɔkl] *s.m.* monocolo, caramella
(*f.*).
monocolore [mɔnɔkɔlɔʀ] *agg.* monocolore
(*anche fig.*).
monocorde [mɔnɔkɔʀd] *agg.* monocorde; monotono.
monocotylédone [mɔnɔkɔtiledɔn] *agg.* e *s.f.*
monocotiledone.
monoculaire [mɔnɔkylɛʀ] *agg.* monoculare;
(*med.*) monocolo.
monoculture [mɔnɔkyltyʀ] *s.f.* (*agr.*) monocoltura.
monodie [mɔnɔdi] *s.f.* (*mus.*) monodia.
monodique [mɔnɔdik] *agg.* (*mus.*) monodico.
monogame [mɔnɔgam] *agg.* e *s.m.* monogamo.
monogamie [mɔnɔgami] *s.f.* monogamia.
monogamique [mɔnɔgamik] *agg.* monogamico.
monogramme [mɔnɔgʀam] *s.m.* monogramma.
monographie [mɔnɔgʀafi] *s.f.* monografia.
monographique [mɔnɔgʀafik] *agg.* monografico.
monolingue [mɔnɔlɛ̃g] *agg.* e *s.m.* monolingue.
monolithe [mɔnɔlit] *agg.* monolitico ♦ *s.m.*
(*arch.*) monolito.

monolithique [mɔnɔlitik] *agg.* monolitico (*anche fig.*).

monologue [mɔnɔlɔg] *s.m.* monologo.

monologuer [mɔnɔlɔge] *v.intr.* parlare da solo.

monomanie [mɔnɔmani] *s.f.* (*psic.*) monomania.

monôme [mɔnom] *s.m.* **1** (*mat.*) monomio **2** sfilata goliardica.

monomère [mɔnɔmɛʀ] *agg.* e *s.m.* (*chim.*) monomero: (*composé*) —, monomero.

mononucléose [mɔnɔnykleoz] *s.f.* (*med.*) mononucleosi.

monoparental [mɔnɔpaʀɑtal] (pl. *-aux*) *agg.* con, di un genitore solo.

monophasé [mɔnɔfaze] *agg.* (*elettr.*) monofase.

monoplace [mɔnɔplas] *agg.* monoposto.

monopole [mɔnɔpɔl] *s.m.* monopolio (*anche fig.*).

monopolisateur [mɔnɔpɔlizatœʀ] (f. *-trice*) *agg.* e *s.m.* monopolizzatore.

monopolisation [mɔnɔpɔlizasjɔ̃] *s.f.* monopolizzazione.

monopoliser [mɔnɔpɔlize] *v.tr.* monopolizzare.

monopoliste [mɔnɔpɔlist], **monopolistique** [mɔnɔpɔlistik] *agg.* monopolistico.

monorail [mɔnɔʀɑj] *agg.invar.* e *s.m.* (*ferr.*) monorotaia (*f.*).

monosaccharide [mɔnɔsakarid] *s.m.* (*chim.*) monosaccaride.

monoski [mɔnɔski] *s.m.* monoscì.

monosyllabe [mɔnɔsil/ab] *agg.* monosillabico ♦ *s.m.* monosillabo.

monosyllabique [mɔnɔsil/abik] *agg.* monosillabico.

monothéique [mɔnɔteik] *agg.* monoteistico.

monothéisme [mɔnɔteism] *s.m.* monoteismo.

monothéiste [mɔnɔteist] *agg.* e *s.m.* monoteista.

monotone [mɔnɔtɔn] *agg.* monotono.

monotonie [mɔnɔtɔni] *s.f.* monotonia.

monotrème [mɔnɔtʀɛm] *agg.* e *s.m.* (*zool.*) monotremo.

monotype [mɔnɔtip] *s.f.* (*tip.*) monotype.

monovalent [mɔnɔvalɑ̃] *agg.* (*chim.*) monovalente.

monozygote [mɔnɔzigɔt] *s.m.* (*biol.*) monozigote, monovulare.

monseigneur[1] [mɔ̃sɛɲœʀ] (pl. *messeigneurs*) *s.m.* **1** monsignore **2** *Monseigneur*, appellativo attribuito al Delfino di Francia, a partire dal primogenito di Luigi XIV.

monseigneur[2] *agg.* e *s.m.* (*pince*) —, grimaldello.

monsieur [məsjø] (pl. *messieurs* [mesjø]) *s.m.* **1** signore: — *Dupont*, — *le directeur*, il signor Dupont, il signor direttore; — *Grand, le professeur de mon fils*, il professor Grand, l'insegnante di mio figlio; *un — avec une barbe grise*, un signore dalla barba grigia; *Monsieur est sorti*, il signore è uscito || *et pour ces messieurs dames?*, (*fam.*) i signori desiderano? || *un joli —*, (*iron.*) un mascal-

zone **2** (*come appellativo*) signore; (*seguito dal nome*) signor: *bonjour* —!, buongiorno signore!; *cher* —, caro signore; *dites-moi, Monsieur Dupont, Monsieur le Directeur, Monsieur le Ministre*, mi dica signor Dupont, signor direttore, signor ministro || (*corrispondenza comm.*) *Monsieur, Messieurs*, Spettabile ditta **3** *Monsieur*, titolo dato al maggiore dei fratelli del re di Francia e ai principi della famiglia reale.

monstre [mɔ̃stʀ] *s.m.* mostro ♦ *agg.* (*fam.*) colossale; straordinario: *une foule* —, una folla spaventosa.

monstrueusement [mɔ̃stʀyøzmɑ̃] *avv.* **1** mostruosamente **2** straordinariamente.

monstrueux [mɔ̃stʀyø] (f. *-euse*) *agg.* mostruoso.

monstruosité [mɔ̃stʀyozite] *s.f.* mostruosità.

mont [mɔ̃] *s.m.* monte || *par monts et par vaux*, per mare e per terra || *promettre monts et merveilles*, promettere mari e monti.

montage [mɔ̃taʒ] *s.m.* **1** montaggio: — *radiophonique*, radiomontaggio; — *photographique*, fotomontaggio **2** sollevamento **3** (*elettr.*) collegamento.

montagnard [mɔ̃taɲaʀ] *agg.* e *s.m.* montanaro.

montagne [mɔ̃taɲ] *s.f.* montagna: *habiter la* —, abitare in montagna; *aller à la* —, andare in montagna || (*fig.*): *se faire une* — *de qqch*, fare di una mosca un elefante; *il ferait battre des montagnes*, semina zizzania dappertutto.

montagneux [mɔ̃taɲø] (f. *-euse*) *agg.* montuoso, montagnoso.

montalbanais [mɔ̃talbanɛ] *agg.* di Montauban.

montant[1] [mɔ̃tɑ̃] *s.m.* **1** montante || — *de porte, de fenêtre*, stipite della porta, della finestra || *les montants d'un lit*, le spalliere di un letto **2** ammontare, importo: — *du loyer*, canone d'affitto || (*econ.*) *montants compensatoires monétaires*, montanti compensativi.

montant[2] *agg.* **1** ascendente, che sale **2** (*abbigl.*) accollato: *col* —, collo alto.

montbéliardais [mɔ̃beljaʀde] *agg.* di Montbéliard.

montbrisonnais [mɔ̃bʀizɔnɛ] *agg.* di Montbrison.

mont-de-piété [mɔ̃dpjete] (pl. *monts-de-piété*) *s.m.* monte di pietà.

monte [mɔ̃t] *s.f.* monta.

monté [mɔ̃te] *agg.* **1** montato: — *sur platine*, montato in platino || *pièce montée*, torta a più piani || *coup* —, (*fig.*) congiura || *police montée*, polizia a cavallo **2** *bien* —, ben fornito; *mal* — *en*, sprovvisto di **3** (*teatr.*) allestito **4** (*fam.*) arrabbiato.

monte-charge [mɔ̃tʃaʀʒ] (pl. *invar.*) *s.m.* montacarichi.

montée [mɔ̃te] *s.f.* **1** salita: *la* — *des bagages*, il portar su i bagagli || — *en puissance*, (*fig.*) ascesa **2** aumento (*m.*), crescita: *la* — *des eaux*, la crescita delle acque || — *de lait*, montata lattea **3** (*arch.*) freccia, monta (di arco, di volta) **4** (*in Africa*) inizio della giornata lavorativa.

monte-en-l'air [mɔ̃tɑ̃lɛʀ] (pl. *invar.*) *s.m.* (*fam.*) ladro.

monte-plats [mɔ̃tpla] (pl. *invar.*) *s.m.* montavivande.

monter [mɔ̃te] *v.intr.* **1** salire (su), andare (su): — *aux arbres*, arrampicarsi sugli alberi; — *dans le train, en voiture*, salire sul treno, in automobile; *je suis monté dans sa voiture*, sono salito sulla sua macchina; — *à bicyclette*, andare in bicicletta; — *à Paris*, andare a Parigi || — *à l'assaut*, andare all'assalto || *le lait monte*, il latte sta per traboccare || *les générations qui montent*, le nuove leve, generazioni || — *à la tête*, (*fig.*) dare alla testa **2** crescere, salire: *la Seine a monté de 50 cm*, la Senna è cresciuta di 50 cm; *les prix ont monté*, i prezzi sono saliti; *la route monte*, la strada sale **3** ammontare a **4** cavalcare ♦ *v.tr.* **1** montare: — *un pur-sang*, montare un purosangue; — *une armoire*, montare un armadio; — *un coup à* qlcu, farla a qlcu; — *un complot*, ordire un complotto; — *une entreprise*, metter su un'azienda; — *une pièce* (*de théâtre*), allestire un lavoro teatrale; — *un film*, montare un film || — *son trousseau*, preparare il corredo || (*cuc.*) — *des blancs en neige*, montare dei bianchi a neve || (*tricot*) — *les mailles*, avviare i punti || (*fig.*): — (*la tête à*) qqn, montare (la testa a) qlcu; *se* — *la tête*, montarsi la testa; — *qqn contre* qqn, montare, sobillare qlcu contro qlcu **2** salire: — *l'escalier*, salire, fare le scale **3** portar su: *monte tes valises*, porta su le valigie □ **se monter** *v.pron.* **1** rifornirsi (di): *se* — *en marchandises*, rifornirsi di merce **2** ammontare a **3** (*fam.*) andare in collera.

monteur [mɔ̃tœʀ] (f. -*euse*) *s.m.* **1** montatore **2** (*cine.*) tecnico del montaggio.

montgolfière [mɔ̃gɔlfjɛʀ] *s.f.* mongolfiera.

monticule [mɔ̃tikyl] *s.m.* monticello, montagnetta (*f.*).

montmartrois [mɔ̃maʀtʀwa] *agg.* di Montmartre.

montmorencien [mɔ̃mɔʀɑ̃sjɛ̃] (f. -*enne*) *agg.* di Montmorency.

montmorency [mɔ̃mɔʀɑ̃si] (pl. *invar.*) *s.f.* (*bot.*) visciola di Montmorency.

montois [mɔ̃twa] *agg.* di Mont-de-Marsan.

montpelliérain [mɔ̃pə(e)ljeʀɛ̃] *agg.* di Montpellier.

montrable [mɔ̃tʀabl] *agg.* presentabile.

montrachet [mɔ̃tʀaʃɛ] *s.m.* vino bianco secco originario della regione di Beaune.

montre[1] [mɔ̃tʀ] *s.f.* orologio (*m.*): — *marine*, cronometro marino || — *en main*, esattamente; *j'ai mis une heure*, — *en main*, ci ho impiegato un'ora esatta; *il est huit heures à ma* —, il mio orologio fa le otto || *course contre la* —, corsa a cronometro, (*fig.*) lotta contro il tempo.

montre[2] *s.f.* mostra: *faire* — *de*, (di)mostrare || *en* —, in vetrina.

montréalais [mɔ̃ʀeale] *agg.* di Montréal.

montre-bracelet [mɔ̃tʀəbʀaslɛ] (pl. *montres-bracelets*) *s.f.* orologio da polso.

montrer [mɔ̃tʀe] *v.tr.* **1** mostrare, far vedere: *ro-be qui montre les bras*, vestito che lascia scoperte le braccia || *cela montre la présence de...*, ciò denota la presenza di... || — *du courage*, dar prova di coraggio || — *du doigt*, mostrare a dito, additare **2** mettere in mostra, esibire **3** dimostrare: *l'expérience nous montre que...*, l'esperienza ci dimostra che... **4** rappresentare: *ce tableau montre des danseuses*, quel quadro rappresenta delle ballerine □ **se montrer** *v.pron.* **1** mostrarsi, farsi vedere; apparire: *elle se montra dans toute sa beauté*, apparve in tutta la sua bellezza; *la lune se montra à l'horizon*, la luna apparve all'orizzonte **2** rivelarsi, dimostrarsi.

montreur [mɔ̃tʀœʀ] *s.m.* presentatore (spec. di animali): — *d'ours*, ammaestratore d'orsi; — *de marionnettes*, burattinaio.

montueux [mɔ̃tɥø] (f. -*euse*) *agg.* (*antiq.*) montuoso.

monture[1] [mɔ̃tyʀ] *s.f.* cavalcatura.

monture[2] *s.f.* montatura.

monument [mɔnymɑ̃] *s.m.* monumento: — *aux morts*, monumento ai caduti.

monumental [mɔnymɑ̃tal] (pl. -*aux*) *agg.* monumentale.

moquer, se [səmɔke] *v.pron.* **1** burlarsi (di), prendere in giro (qlcu), deridere (qlcu): *elle s'est moquée de moi*, mi ha preso in giro, mi ha deriso; *c'est se* — *du monde!*, questo è prendere in giro la gente! **2** non curarsi (di), infischiarsene (di): *s'en* — *comme de l'an quarante*, *s'en* — *pas mal*, infischiarsene altamente.

moquerie [mɔkʀi] *s.f.* presa in giro || *être en butte aux moqueries des gens*, essere oggetto di scherno per tutti.

moquette [mɔkɛt] *s.f.* moquette (per pavimenti).

moqueur [mɔkœʀ] (f. -*euse*) *agg.* canzonatorio.

moraine [mɔʀɛn] *s.f.* (*geol.*) morena.

morainique [mɔʀenik] *agg.* morenico.

moral [mɔʀal] (pl. -*aux*) *agg.* e *s.m.* morale || *avoir bon* —, *avoir le* — (*fam.*) essere su di morale; *avoir le* — *à zéro*, (*fam.*) avere il morale a terra; *briser le* —, demoralizzare || *au* —, sul piano morale.

morale [mɔʀal] *s.f.* **1** morale || *faire la* — *à* qqn, fare una paternale a qlcu **2** (*isola Riunione*) memoria.

moralement [mɔʀalmɑ̃] *avv.* moralmente, secondo la morale || *il en était* — *sûr*, ne aveva la certezza morale.

moralisant [mɔʀalizɑ̃] *agg.* moraleggiante.

moralisateur [mɔʀalizatœʀ] (f. -*trice*) *agg.* e *s.m.* moralizzatore.

moralisation [mɔʀalizasjɔ̃] *s.f.* moralizzazione.

moraliser [mɔʀalize] *v.tr.* **1** moralizzare **2** fare la morale (a) ♦ *v.intr.* moraleggiare.

moralisme [mɔʀalism] *s.m.* moralismo.

moraliste [mɔʀalist] *agg.* **1** moralista **2** moralistico ♦ *s.m.* moralista.

moralité [mɔʀalite] *s.f.* **1** moralità; senso morale **2** (*conclusione*) morale.

moratoire [mɔʀatwaʀ], **moratorium** [mɔʀatɔʀjɔm] *s.m.* (*dir.*) moratoria (*f.*).

morbide [mɔrbid] *agg.* morboso.
morbidesse [mɔrbidɛs] *s.f.* (*nel linguaggio dei pittori e degli scultori*) morbidezza.
morbidité [mɔrbidite] *s.f.* morbosità.
morbihannais [mɔrbiane] *agg.* del Morbihan.
morbleu [mɔrblø] *inter.* (*antiq.*) perdinci!
morceau [mɔrso] (pl. *-eaux*) *s.m.* **1** pezzo: *réduire en morceaux*, fare a pezzi; *se casser en morceaux*, andare in pezzi **2** boccone: *un — de roi*, un bocconcino, boccone da re; *ne faire qu'un —*, mangiare in un boccone || (*macelleria*) *bas morceaux*, pezzi meno pregiati || *emporter, enlever le —*, (*fig.*) avere la meglio || *manger, cracher le —*, (*fam.*) sputare il rospo **3** pezzo, brano || *morceaux choisis*, brani scelti.
morceler [mɔrsəle] (*coniug. come* appeler) *v.tr.* frazionare.
morcellement [mɔrsɛlmɑ̃] *s.m.* frazionamento.
mordant [mɔrdɑ̃] *agg.* corrosivo; (*fig.*) mordace, pungente ♦ *s.m.* mordente (*anche fig.*).
mordicus [mɔrdikys] *avv.* (*fam.*) caparbiamente.
mordiller [mɔrdije] *v.tr.* mordicchiare.
mordoré [mɔrdɔre] *agg.* e *s.m.* bruno dorato.
mordre [mɔrdr] (*coniug. come* rendre) *v.tr.* **1** mordere: — *à belles dents*, mordere con avidità || *— la vie à belles dents*, (*fig.*) godersi la vita pienamente || *le froid lui mordait les mains*, il freddo gli pungeva le mani || *la peur lui mordait le cœur*, la paura gli attanagliava l'animo **2** intaccare **3** far presa (su) ♦ *v.intr.* **1** addentare (qlco), dare un morso (a) || — *à l'appât, à l'hameçon*, abboccare all'amo **2** intaccare (qlco) **3** mordere, fare presa (su) **4** appassionarsi, prendere gusto **5** sconfinare (in), oltrepassare (qlco).
mordu [mɔrdy] *part.pass. di* mordre ♦ *agg.* (*fam.*) **1** innamorato: *bien —*, innamorato cotto **2** fanatico ♦ *s.m.* fanatico, patito.
more [mɔr] *agg.* e *s.m.* → **maure**.
moresque [mɔrɛsk] *agg.* → **mauresque**.
morfil [mɔrfil] *s.m.* (*tecn.*) filo morto.
morfondre, se [səmɔrfɔ̃dr] (*coniug. come* rendre) *v.pron.* annoiarsi, immalinconirsi (nell'attesa).
morganatique [mɔrganatik] *agg.* morganatico || *-ement avv.*
morgue¹ [mɔrg] *s.f.* obitorio (*m.*).
morgue² *s.f.* boria, tracotanza.
moribond [mɔribɔ̃] *agg.* e *s.m.* moribondo.
moricaud [mɔriko] *agg.* (*fam.*) scuro di pelle ♦ *s.m.* (*fam.*) uomo di colorito bruno.
morigéner [mɔriʒene] (*coniug. come* céder) *v.tr.* (*letter.*) redarguire.
morille [mɔrij] *s.f.* (*bot.*) spugnola.
morlaisien [mɔrlɛzjɛ̃] (f. *-enne*) *agg.* di Morlaix.
mormon [mɔrmɔ̃] *agg.* mormone.
morne [mɔrn] *agg.* **1** cupo; triste **2** spento ♦ *s.m.* (*nelle Antille*) collina (*f.*).
morose [mɔroz] *agg.* tetro || *situation —*, situazione stagnante.
morosité [mɔrozite] *s.f.* tetraggine, cupezza.
morphème [mɔrfɛm] *s.m.* (*ling.*) morfema.
morphine [mɔrfin] *s.f.* morfina.

morphinomane [mɔrfinɔman] *agg.* e *s.m.* morfinomane.
morph(o)- *pref.* morfo-
morphologie [mɔrfɔlɔʒi] *s.f.* morfologia.
morphologique [mɔrfɔlɔʒik] *agg.* morfologico || *-ement avv.*
morpion [mɔrpjɔ̃] *s.m.* **1** (*zool.pop.*) piattola (*f.*) **2** (*spreg.*) marmocchio **3** gioco simile al tris, ma con una griglia di cinque caselle.
mors [mɔr] *s.m.* morso || *prendre le — aux dents*, imbizzarrirsi, (*fig.*) mettersi a lavorare di gran lena.
morse¹ [mɔrs] *s.m.* (*zool.*) tricheco.
morse² *s.m.* (*alfabeto*) morse.
morsure [mɔrsyr] *s.f.* **1** morsicatura, morso (*m.*): *les morsures de la faim*, (*fig.*) i morsi della fame **2** (*tecn.*) morsura.
mort¹ [mɔr] *s.f.* **1** morte || *être à la —, à deux doigts de la —*, essere in punto di morte; *à l'article de la —*, in articolo di morte || *silence de —*, silenzio di tomba || *en vouloir à — à qqn*, avercela a morte con qlcu || *souffrir mille morts*, soffrire le pene dell'inferno || *à la vie et à la —*, per la vita e per la morte **2** (*fig.*) morte, fine, rovina.
mort² *part.pass. di* mourir ♦ *agg.* **1** morto: — *à la guerre*, morto in guerra; *raide —*, morto stecchito || *il est ivre —*, è ubriaco fradicio **2** (*fig.*) morto, senza vita; (*estens.*) fuori uso ♦ *s.m.* morto: *les morts de la guerre*, i caduti (in guerra).
mortadelle [mɔrtadɛl] *s.f.* mortadella.
mortaise [mɔrtɛz] *s.f.* (*tecn.*) mortasa.
mortalité [mɔrtalite] *s.f.* **1** mortalità **2** moria (di animali).
mort-aux-rats [mɔrtora] *s.f.invar.* topicida (*m.*).
morte-eau [mɔrto] (pl. *mortes-eaux*) *s.f.* marea di acqua morta.
mortel [mɔrtɛl] (f. *-elle*) *agg.* e *s.m.* mortale || *je l'ai attendu deux mortelles heures*, l'ho atteso due interminabili ore || *le commun des mortels*, i comuni mortali || *-ellement avv.*
morte-saison [mɔrtəsɛzɔ̃] (pl. *mortes-saisons*) *s.f.* stagione morta.
mortier [mɔrtje] *s.m.* **1** mortaio **2** (*mil.*) mortaio **3** (*edil.*) malta (*f.*).
mortifère [mɔrtifɛr] *agg.* mortifero.
mortifiant [mɔrtifjɑ̃] *agg.* mortificante.
mortification [mɔrtifikasjɔ̃] *s.f.* **1** mortificazione **2** (*cuc.*) frollatura.
mortifier [mɔrtifje] *v.tr.* mortificare.
mort-né [mɔrne] (pl. *morts-nés*, f. *mort-née*) *agg.* e *s.m.* nato morto.
mortuaire [mɔrtɥɛr] *agg.* mortuario, funebre: *masque —*, maschera funeraria || *extrait —*, estratto dell'atto di morte.
morue [mɔry] *s.f.* **1** merluzzo (*m.*) || (*cuc.*): — *séchée*, stoccafisso; — *salée*, baccalà **2** (*spreg.*) baldracca, donnaccia.
morutier [mɔrytje] *s.m.* peschereccio (per la pesca del merluzzo); pescatore di merluzzi.
morvandeau [mɔrvɑ̃do] (pl. *-eaux*, f. *-elle*) *agg.* del Morvan.

morve [mɔʀv] *s.f.* **1** moccio (*m.*) **2** (*vet.*) morva, cimurro (del cavallo).

morveux [mɔʀvø] (f. *-euse*) *agg.* **1** moccioso **2** (*vet.*) affetto da morva, cimurro (del cavallo) ♦ *s.m.* (*fam.*) moccioso.

mosaïque [mɔzaik] *s.f.* mosaico (*m.*) || *pavage* —, pavimentazione a cubetti di porfido.

mosaïste [mɔzaist] *agg.* e *s.m.* mosaicista.

moscovite [mɔskɔvit] *agg.* e *s.m.* moscovita.

mosquée [mɔske] *s.f.* moschea.

mot [mo] *s.m.* **1** parola (*f.*): — *courant*, parola di uso corrente || *grands mots*, paroloni; *gros mots*, parolacce; (*in Africa*) paroloni; *mots à effet*, parole altisonanti || *au bas* —, a dir poco, come minimo || *parler à mots couverts*, parlare per sottintesi || *le* — *de l'énigme*, la chiave dell'enigma || *dire un* —, dire due parole; *il n'avait qu'un* — *à dire*, non aveva che da aprir bocca; *sans* — *dire*, senza proferire parola, senza dire verbo; *ne dire*, *ne souffler* —, non fiatare; *avoir son* — *à dire*, dire le proprie ragioni; *avoir des mots avec qqn*, (*fam.*) avere da ridire con qlcu; *il faudrait lui toucher un* — *de l'affaire*, bisogna accennargli la cosa || *ne pas avoir peur des mots*, non aver peli sulla lingua || *se donner le* —, mettersi d'accordo; *prendre au* —, prendere in parola || *en un* —, in due parole; *en quelques mots*, in poche parole; *en d'autres mots*, in altre parole; *en un* — *comme en cent*, in parole povere || — *pour* —, testualmente, parola per parola || *sur ces mots...*, detto ciò... || *pas un* — *!*, acqua in bocca! **2** messaggio: *laisser un* — *chez la concierge*, lasciare un messaggio in portineria; *écrire un* —, scrivere due righe || *un petit* —, un bigliettino **3** detto, citazione (*f.*): *mots célèbres*, detti celebri || *le* — *de la fin*, la battuta finale **4** *bon* —, — *d'esprit*, — *pour rire*, battuta (di spirito).

mot(-)à(-)mot [moamo] *locuz.avv.* letteralmente, parola per parola ♦ *s.m.* traduzione letterale.

motard [mɔtaʀ] *s.m.* (*fam.*) **1** motociclista **2** poliziotto in moto.

mot-clé [mokle] (pl. *mots-clé*) *s.m.* parola chiave.

motel [mɔtɛl] *s.m.* motel.

motet [mɔtɛ] *s.m.* (*mus.*) mottetto.

moteur[1] [mɔtœʀ] *s.m.* motore (*anche fig.*).

moteur[2] (f. *-trice*) *agg.* motore; (*med.*) motorio.

motif [mɔtif] *s.m.* **1** motivo **2** motivo, disegno: *une cravate à motifs*, una cravatta fantasia || *aller sur le* —, dipingere dal vero un paesaggio **3** (*mus.*) motivo.

motion [mɔsjɔ̃] *s.f.* mozione || — *de confiance*, *de censure*, mozione di fiducia, di sfiducia.

motivation [mɔtivasjɔ̃] *s.f.* motivazione.

motiver [mɔtive] *v.tr.* motivare.

moto [mɔto] *s.f.* → **motocyclette**.

moto- *pref.* moto-

motocross [mɔtɔkʀɔs] *s.m.* motocross.

motoculteur [mɔtɔkyltœʀ] *s.m.* (*agr.*) motocoltivatore.

motocycle [mɔtɔsikl] *s.m.* motociclo.

motocyclette [mɔtɔsiklɛt] *s.f.* motocicletta: *aller à* —, andare in motocicletta.

motocyclisme [mɔtɔsiklism] *s.m.* motociclismo.

motocycliste [mɔtɔsiklist] *s.m.* motociclista.

motogodille [mɔtɔgɔdij] *s.f.* piccolo motore fuoribordo.

motonautique [mɔtɔnotik] *agg.* motonautico.

motonautisme [mɔtɔnotism] *s.m.* motonautica (*f.*).

motoneige [mɔtɔnɛʒ] *s.f.* (*in Canada*) motoslitta.

motopompe [mɔtɔpɔ̃p] *s.f.* motopompa.

motorisation [mɔtɔʀizasjɔ̃] *s.f.* motorizzazione.

motorisé [mɔtɔʀize] *agg.* motorizzato.

motoriser [mɔtɔʀize] *v.tr.* motorizzare.

motrice [mɔtʀis] *s.f.* motrice.

motricité [mɔtʀisite] *s.f.* (*med.*) motilità, motricità.

mots croisés [mokʀwaze] *s.m.pl.* parole crociate, cruciverba (*sing.*).

motte [mɔt] *s.f.* zolla: — *de gazon*, zolla erbosa || *une* — *de beurre*, un pane di burro.

motus [mɔtys] *inter.* (*fam.*) silenzio!: — *et bouche cousue!*, zitto e mosca!

mou [mu] (*davanti a vocale o* h *muta* mol) (pl. *mous*, f. *molle*) *agg.* **1** molle, tenero || *un chapeau* —, un cappello floscio || *matelas* —, materasso morbido **2** dolce **3** debole; apatico; indolente ♦ *avv.* (*fam.*) *vas-y* —, vacci piano ♦ *s.m.* **1** *donner du* — *à* (*une corde*), allentare (una corda) **2** (*cuc.*) polmone **3** (*fam.*) persona molle, pappamolle.

mouchard [muʃaʀ] *s.m.* **1** (*fam.*) spione; delatore **2** (*tecn.*) apparecchio di controllo, spia (*f.*).

mouchardage [muʃaʀdaʒ] *s.m.* (*fam.*) spiata (*f.*).

moucharder [muʃaʀde] *v.tr.* (*fam.*) denunciare.

mouche [muʃ] *s.f.* **1** mosca: — *bleue*, moscone || (*in Canada*) — *à feu*, lucciola || *pêcher à la* —, pescare con la mosca || (*sport*) *poids* —, peso mosca || *pattes de* —, zampe di gallina, brutta scrittura || *une fine* —, un volpone; *faire la* — *du coche*, agitarsi senza combinar nulla || *quelle* — *vous pique?*, che diavolo vi prende? || *prendre la* —, prendere cappello || *faire* —, fare centro **2** (*antiq.*) mosca, neo finto **3** mosca, pizzetto (*m.*) **4** bottone (del fioretto).

moucher [muʃe] *v.tr.* **1** soffiare il naso (a) **2** (*fig.*) dare una lavata di capo (a) **3** smoccolare (una candela) □ **se moucher** *v.pron.* soffiarsi il naso || *ne pas se* — *du pied*, *du coude*, (*fig.*) credersi chissà chi.

moucheron [muʃʀɔ̃] *s.m.* **1** moscerino **2** (*fam.*) marmocchio.

moucheté [muʃte] *agg.* macchiettato, maculato || *cheval* —, cavallo moscato.

moucheter [muʃte] (*coniug. come* jeter) *v.tr.* macchiettare.

moucheture [muʃtyʀ] *s.f.* macchiettatura.

mouchoir [muʃwaʀ] *s.m.* fazzoletto || (*sport*) *arriver*, *se tenir dans un* —, arrivare in gruppo compatto, (*estens.*) ottenere risultati simili (in un concorso).

mousse

moudre [mudʀ]

Indic.pres. je mouds, etc., nous moulons, etc.; *imperf.* je moulais, etc.; *pass.rem.* je moulus, etc.; *fut.* je moudrai, etc. *Cond.* je moudrais, etc. *Cong.pres.* que je moule, etc.; *imperf.* que je moulusse, etc. *Part.pres.* moulant; *pass.* moulu. *Imp.* mouds, moulons, moulez.

v.tr. macinare.

moue [mu] *s.f.* broncio (*m.*); smorfia (di disappunto) || *faire la —*, arricciare il naso.

mouette [mwɛt] *s.f.* gabbiano (*m.*).

moufeter [mufte] *v.intr.* → **moufter**.

moufle[1] [mufl] *s.f.* muffola, manopola.

moufle[2] *s.f.* (*mecc.*) sistema di pulegge.

mouflet [muflɛ] (f. *-ette*) *s.m.* (*fam.*) marmocchio.

mouflon [muflɔ̃] *s.m.* (*zool.*) muflone.

moufter [mufte] *v.intr.* (*fam.*) protestare.

mouillage [mujaʒ] *s.m.* **1** bagnatura (*f.*); inumidimento; annacquamento (di vino ecc.) **2** (*mar.*) ancoraggio: *être au —*, essere alla fonda **3** (*mar.*) posa (di boe ecc.).

mouillé [muje] *agg. e s.m.* **1** bagnato; umido || *voix mouillée*, voce di pianto || (*fon.*) *consonne mouillée*, consonante palatalizzata **2** (*fam.*) invischiato, impelagato.

mouiller [muje] *v.tr.* **1** bagnare; inumidire **2** annacquare **3** (*fon.*) palatalizzare **4** (*mar.*) posare (boe ecc.) || *— l'ancre*, affondare l'ancora ♦ *v.intr.* ormeggiare: *le navire a mouillé au large*, la nave è ormeggiata al largo □ **se mouiller** *v.pron.* **1** bagnarsi; inumidirsi **2** (*fig.*) esporsi, compromettersi **3** (*fon.*) palatalizzarsi.

mouillette [mujɛt] *s.f.* fettina di pane (da intingere nell'uovo alla coque).

mouilleur [mujœʀ] *s.m.* **1** umidificatore; spugnetta (per inumidire francobolli ecc.) **2** *— de mines*, nave posamine.

mouillure [mujyʀ] *s.f.* **1** bagnatura **2** macchia di umidità **3** (*fon.*) palatalizzazione.

mouise [mwiz] *s.f.* (*fam.*) miseria.

moujik [muʒik] *s.m.* mugic (contadino russo).

moukère [mukɛʀ] *s.f.* (*fam.*) donna.

moulage[1] [mulaʒ] *s.m.* **1** modellatura (in uno stampo) **2** calco.

moulage[2] *s.m.* macinatura (*f.*).

moulant [mulɑ̃] *agg.* che modella il corpo, aderente.

moule[1] [mul] *s.m.* stampo (*anche fig.*) || (*cuc.*) *— à tarte*, tortiera || *être coulé dans le même —*, (*fig.*) essere dello stesso stampo.

moule[2] *s.f.* **1** (*zool.*) cozza **2** (*fam.*) pappamolle; babbeo (*m.*).

moulé [mule] *agg.* modellato: *bras bien moulés*, braccia ben tornite || *lettre moulée*, lettera stampata, a stampatello.

mouler [mule] *v.tr.* **1** plasmare, modellare (in uno stampo); prendere il calco (di) **2** (*fig.*) modellare.

moulin [mulɛ̃] *s.m.* **1** mulino || *— à huile*, frantoio || (*fig.*): *apporter de l'eau au — de qqn*, fare il gioco di qlcu; *on entre dans cette maison comme dans un —*, questa casa è un porto di mare || (*fam.*) *— à paroles*, chiacchierone **2** (*cuc.*) macinino: *— à café*, macinacaffè; *— à poivre*, macinapepe; *— à légumes*, passaverdura.

moulinage [mulinaʒ] *s.m.* **1** (*tess.*) filatura (*f.*), torcitura (della seta) **2** (*cuc.*) il passare la verdura.

mouliner [muline] *v.tr.* (*cuc.*) passare (un alimento).

moulinet [mulinɛ] *s.m.* **1** mulinello **2** tornello, cancello girevole.

moulinette [mulinɛt] *s.f.* passaverdure (*m.*) || *passer qqn à la —*, (*fig.*) fare le pulci a qlcu.

moult [mult] *avv.* (*antiq.*) molto.

moulu [muly] *part.pass. di* moudre ♦ *agg.* **1** macinato: *café —*, caffè macinato, in polvere **2** (*fig.*) pesto; sfinito.

moulure [mulyʀ] *s.f.* modanatura.

moumoute [mumut] *s.f.* (*fam.*) **1** parrucca, tupè (*m.*) **2** giacca di montone rovesciato.

mouquère [mukɛʀ] *s.f.* → **moukère**.

mourant [murɑ̃] *agg.* **1** moribondo, morente **2** (*fig.*) fievole; spento ♦ *s.m.* moribondo.

mourir [muʀiʀ]

Indic.pres. je meurs, etc., nous mourons, vous mourez, ils meurent; *imperf.* je mourais, etc.; *pass.rem.* je mourus, etc.; *fut.* je mourrai, etc. *Cond.* je mourrais, etc. *Cong.pres.* que je meure, etc., que nous mourions, que vous mouriez, qu'ils meurent; *imperf.* que je mourusse, que tu mourusses, qu'il mourût, etc. *Part.pres.* mourant; *pass.* mort. *Imp.* meurs, mourons, mourez.

v.intr. morire (*anche fig.*): *— de sa belle mort*, morire di morte naturale; *— à la peine, à la tâche*, morire sul lavoro, sulla breccia; *faire — à petit feu*, (*anche fig.*) far morire di morte lenta; *s'ennuyer à —*, annoiarsi a morte || (*in Africa*) *— dans les cheveux noirs*, morire giovane □ **se mourir** *v.pron.* (*antiq.*) stare per morire, spegnersi.

mouroir [muʀwaʀ] *s.m.* (*spreg.*) anticamera della morte (detto di ospizi o ospedali per malati terminali).

mouron [muʀɔ̃] *s.m.* (*bot.*) anagallide (*f.*): *— des oiseaux*, mordigallina || *se faire du —*, (*fam.*) farsi cattivo sangue.

mourre [muʀ] *s.f.* morra.

mousquet [muskɛ] *s.m.* moschetto.

mousquetaire [muskətɛʀ] *s.m.* moschettiere || *bottes (à la) —*, stivali alla moschettiera.

mousqueton [muskətɔ̃] *s.m.* **1** moschetto **2** (*tecn.*) moschettone.

moussaillon [musajɔ̃] *s.m.* (*fam.*) mozzo.

moussant [musɑ̃] *agg.* schiumoso; (*tecn.*) schiumogeno.

mousse[1] [mus] *s.m.* mozzo.

mousse[2] *s.f.* (*bot.*) muschio (*m.*).

mousse[3] *s.f.* **1** schiuma || *collant —*, collant crespato molto elastico || *point —*, punto legaccio **2** (*cuc.*) spuma.

mousse[4] *agg.* smussato, arrotondato.

mousseline [muslin] *s.f.* mussola, mussolina ‖ — *de soie*, chiffon ‖ (*cuc.*) *pommes* —, purea di patate.

mousser [muse] *v.intr.* far schiuma ‖ (*fam.*): *faire* — *qqn, qqch*, portare qlcu, qlco alle stelle; *se faire* —, mettersi in mostra.

mousseron [musʀɔ̃] *s.m.* (*bot.*) prugnolo.

mousseux [musø] (f. *-euse*) *agg.* ‖ *cheveux mousseux*, capelli soffici, leggeri ‖ (*bot.*) *rose mousseuse*, rosa borraccina ♦ *s.m.* (vino) spumante.

mousson [musɔ̃] *s.f.* monsone (*m.*).

moussu [musy] *agg.* muscoso, coperto di musco.

moustache *s.f.*, **moustaches** [mustaʃ] *s.f.pl.* baffi (*m.pl.*): *moustache(s) en crocs, à la gauloise*, baffi all'insù, spioventi; *tirer sur sa* —, tirarsi i baffi.

moustachu [mustaʃy] *agg.* baffuto.

moustiquaire [mustikɛʀ] *s.f.* zanzariera.

moustique [mustik] *s.m.* **1** zanzara (*f.*) **2** (*di persona minuta*) moscerino.

moût [mu] *s.m.* mosto.

moutard [mutaʀ] *s.m.* (*fam.*) moccioso.

moutarde [mutaʀd] *s.f.* senape ‖ *faire monter la* — *au nez*, far saltare la mosca al naso ♦ *agg.invar.* (color) senape.

moutardier [mutaʀdje] *s.m.* salsiera per senape.

mouton [mutɔ̃] *s.m.* **1** pecora (*f.*); (*fig. spreg.*) pecorone ‖ *doux comme un* —, mite come un agnello ‖ *ils sont comme les moutons de Panurge*, sono un mucchio di pecoroni ‖ *revenons à nos moutons*, torniamo a bomba ‖ *chercher un* — *à cinq pattes*, cercare l'araba fenice **2** (*macelleria*) montone; castrato: *viandes de* —, carni ovine **3** (*pelliccia*) agnello; agnellone **4** (*spec.pl.*) lanugine (di polvere) **5** pecorella (piccola nuvola); ochetta (piccola onda) **6** (*argot*) delatore, informatore (all'interno di una prigione).

moutonné [mutɔne] *agg.* arricciato ‖ *ciel* —, cielo a pecorelle.

moutonnement [mutɔnmɑ̃] *s.m.* l'incresparsi (spec. dell'acqua).

moutonner [mutɔne] *v.intr.* **1** accavallarsi **2** (*del mare*) incresparsi □ **se moutonner** *v.pron.* coprirsi di nuvolette (del cielo).

moutonneux [mutɔnø] (f. *-euse*) *agg.* (*del cielo*) a pecorelle; (*del mare*) increspato, con le ochette.

moutonnier [mutɔnje] (f. *-ère*) *agg.* ovino; (*spreg.*) pecoresco.

mouture [mutyʀ] *s.f.* **1** macinatura **2** macinato (*m.*) **3** (*fig.*) rimacinatura, stesura riproposta.

mouvance [muvɑ̃s] *s.f.* **1** area, sfera di influenza **2** mutevolezza.

mouvant [muvɑ̃] *agg.* mobile; instabile.

mouvement [muvmɑ̃] *s.m.* **1** moto; movimento (*anche fig.*): *mettre, se mettre en* —, mettere, mettersi in moto; *imprimer un* —, imprimere un movimento ‖ *il y a beaucoup de* —, c'è molto traffico ‖ *être dans le* —, (*fam.*) marciare con i tempi **2** movimento, mossa (*f.*): *un* — *brusque*, una mossa brusca ‖ *des mouvements gracieux*,

movenze aggraziate ‖ *il a eu un bon* —, ha fatto un bel gesto **3** (*fig.*) movimento, corrente (di idee ecc.); (*pol.*) moto **4** moto, impulso: *suivre son premier* —, seguire il primo impulso ‖ *agir de son propre* —, agire di propria spontanea volontà **5** movimento, meccanismo (spec. di orologio) ‖ *en deux temps trois mouvements*, (*fig.*) in quattro e quattr'otto, in un baleno.

mouvementé [muvmɑ̃te] *agg.* **1** accidentato **2** (*fig.*) movimentato.

mouvoir [muvwaʀ]

Indic.pres. je meus, etc., nous mouvons, vous mouvez, ils meuvent; *imperf.* je mouvais, etc.; *pass.rem.* (*non com.*) je mus, etc.; *fut.* je mouvrai, etc. *Cond.* je mouvrais, etc. *Cong. pres.* que je meuve, etc., que nous mouvions, que vous mouviez, qu'ils meuvent; *imperf.* (*non com.*) que je musse, etc. *Part.pres.* mouvant; *pass.* mû, *f.* mue. *Imp.* meus, mouvons, mouvez.

v.tr. **1** muovere **2** (*fig.*) animare; (*pousser*) spingere □ **se mouvoir** *v.pron.* muoversi.

moviola [mɔvjɔla] *s.f.* (*cine.*) moviola.

moyen¹ [mwajɛ̃] (f. *-enne*) *agg.* **1** medio: *homme d'âge* —, uomo di mezza età **2** mediocre, passabile.

moyen² *s.m.* **1** modo, mezzo: *avoir, trouver le* — *de*, avere, trovare modo di; *il n'y a pas* — *de...*, non c'è mezzo di... ‖ *les grands moyens*, le maniere forti: *employer les grands moyens*, usare le maniere forti ‖ *c'est le seul* — *de s'en sortir*, è l'unica via di scampo ‖ *par quel* —?, (*fam.*) *le* —?, in che modo? ‖ *il viendrait, s'il en avait le* —, verrebbe se potesse ‖ *pas* — *d'arriver à temps*, impossibile arrivare in tempo ‖ *drôle de* — *de...*, strano modo di... ‖ *au* — *de, par le* — *de*, per mezzo di **2** *pl.* mezzi: *moyens d'expression*, mezzi espressivi ‖ *les moyens du bord*, quello che c'è a disposizione **3** *pl.* mezzi, possibilità (*f.*); risorse (*f.*): *avoir des moyens*, (*fam.*) avere mezzi, denari ‖ *perdre tous ses moyens*, perdere la bussola, andare in confusione.

Moyen Âge [mwajɛnaʒ] *s.m.* medioevo.

moyenâgeux [mwajɛnaʒø] (f. *-euse*) *agg.* medievale.

moyen-courrier [mwajɛ̃kuʀje] (pl. *moyen-courriers*) *s.m.* (*aer.*) aereo a percorrenza media.

moyennant [mwajɛnɑ̃] *prep.* mediante ‖ — *finance*, pagando.

moyenne [mwajɛn] *s.f.* **1** media: *il a 9 de* —, ha la media del 9 ‖ *en* —, in media ‖ *être au-dessus, au-dessous de la* —, essere sopra, sotto la media **2** (*a scuola*) sufficienza: *il a eu sa* —, ha avuto la sufficienza.

moyennement [mwajɛnmɑ̃] *avv.* mediamente.

moyeu [mwajø] (pl. *-eux*) *s.m.* (*tecn.*) mozzo.

mû [my] (f. *mue*) *part.pass.* di mouvoir.

mucilage [mysilaʒ] *s.m.* mucillagine (*f.*).

mucosité [mykozite] *s.f.* mucosità.

mucus [mykys] *s.m.* muco.

mue [my] *s.f.* **1** (*zool.*) muta, muda **2** (*della voce*) muta.

muer [mɥe] *v.intr.* **1** mudare; *(di serpente)* cambiare la pelle **2** *(della voce)* cambiar voce (durante la pubertà) □ **se muer** *v.pron.* mutarsi, trasformarsi.

muet [mɥɛ] (f. *-ette*) *agg.* e *s.m.* muto *(anche fig.)*: — *de naissance*, muto dalla nascita; — *de peur*, ammutolito dalla paura; — *comme une carpe*, muto come un pesce || *jeu* — *d'un acteur*, mimica di un attore.

muezzin [mɥedzin] *s.m.* *(relig.)* muezzin.

mufle [myfl] *s.m.* **1** *(di animali)* muso, grugno **2** *(fam.)* zoticone, tanghero.

muflerie [myfləri] *s.f.* *(fam.)* villania.

muflier [myflije] *s.m.* *(bot.)* bocca di leone.

muge [myʒ] *s.m.* *(zool.)* muggine.

mugir [myʒiʀ] *v.intr.* muggire, mugghiare.

mugissement [myʒismɑ̃] *s.m.* muggito, mugghio.

muguet [mygɛ] *s.m.* mughetto.

mulâtre [mylɑtʀ] (f. *-tresse*) *agg.* e *s.m.* mulatto.

mule[1] [myl] *s.f.* pantofola (da donna).

mule[2] *s.f.* *(zool.)* mula || *quelle* (*tête de*) —!, *(fig.)* che testona!

mulet[1] [mylɛ] *s.m.* mulo || *chemin, sentier de* —, mulattiera.

mulet[2] *s.m.* *(zool.)* muggine.

muletier [myltje] (f. *-ère*) *s.m.* mulattiere ♦ *agg.* mulattiero.

mulhousien [myluzjɛ̃] (f. *-enne*) *agg.* di Mulhouse.

mulot [mylo] *s.m.* topo campagnolo.

mulsion [mylsjɔ̃] *s.f.* mungitura.

multi- *pref.* multi-

multicolore [myltikɔlɔʀ] *agg.* multicolore.

multiforme [myltifɔʀm] *agg.* multiforme.

multilatéral [myltilateʀal] (pl. *-aux*) *agg.* multilaterale, plurilaterale.

multimillionnaire [myltimiljɔnɛʀ] *agg.* e *s.m.* multimilionario.

multinational [myltinasjɔnal] (pl. *-aux*) *agg.* multinazionale.

multinationale [myltinasjɔnal] *s.f.* multinazionale.

multiple [myltipl] *agg.* **1** multiplo **2** molteplice || *à de multiples reprises*, a più riprese ♦ *s.m.* *(mat.)* multiplo.

multipliable [myltiplijabl] *agg.* moltiplicabile.

multiplicande [myltiplikɑ̃d] *s.m.* *(mat.)* moltiplicando.

multiplicateur [myltiplikatœʀ] (f. *-trice*) *agg.* e *s.m.* moltiplicatore.

multiplicatif [myltiplikatif] (f. *-ive*) *agg.* moltiplicativo.

multiplication [myltiplikasjɔ̃] *s.f.* **1** moltiplicazione: *table de* —, *de Pythagore*, tavola pitagorica **2** *(mecc.)* moltiplica.

multiplicité [myltiplisite] *s.f.* molteplicità.

multiplier [myltiplije] *v.tr.* moltiplicare ♦ *v.intr.* moltiplicarsi, riprodursi □ **se multiplier** *v.pron.* moltiplicarsi.

multipropriété [myltipʀɔpʀijete] *s.f.* multiproprietà.

multiracial [myltyʀasjal] (pl. *-aux*) *agg.* multirazziale.

multirisque [myltiʀisk] *agg.* multirischio.

multisalles [myltisal] *agg.* e *s.m.* multisale.

multitude [myltityd] *s.f.* moltitudine.

municipal [mynisipal] (pl. *-aux*) *agg.* municipale, comunale || *musée* —, museo civico.

municipalisation [mynisipalizɑsjɔ̃] *s.f.* municipalizzazione.

municipaliser [mynisipalize] *v.tr.* municipalizzare.

municipalisme [mynisipalism] *s.m.* municipalismo.

municipalité [mynisipalite] *s.f.* **1** amministrazione comunale **2** municipio (*m.*).

munificence [mynifisɑ̃s] *s.f.* munificenza.

munificent [mynifisɑ̃] *agg.* munifico.

munir [myniʀ] *v.tr.* munire; provvedere □ **se munir** *v.pron.* (pre)munirsi: *se* — *de patience*, *(fig.)* armarsi di pazienza.

munitions [mynisjɔ̃] *s.f.pl.* munizioni.

muqueuse [mykøz] *s.f.* *(biol.)* (membrana) mucosa.

muqueux [mykø] (f. *-euse*) *agg.* mucoso.

mur [myʀ] *s.m.* **1** muro; parete (*f.*): *coller au* —, mettere al muro, fucilare; *sauter, faire le* —, fare scappatelle notturne (di militari, di collegiali); *se heurter à un* —, *(fig.)* urtare contro un muro || *être* (*logé*) *entre quatre murs*, essere fra quatto mura || *le* — *des lamentations*, il muro del pianto **2** *pl.* mura (fortificate).

mûr [myʀ] *agg.* maturo *(anche fig.)* || *tomber comme un fruit* —, cadere come una pera cotta.

murage [myʀaʒ] *s.m.* muratura (*f.*).

muraille [myʀɑj] *s.f.* **1** muraglia **2** *pl.* mura (fortificate) **3** murata (di una nave).

mural[1] [myʀal] (pl. *-aux*) *agg.* da muro, a muro: *peinture murale*, pittura murale.

mural[2] (pl. *-als*) *s.m.* *(arte)* murales.

mûre [myʀ] *s.f.* mora.

mûrement [myʀmɑ̃] *avv.* con grande attenzione.

murène [myʀɛn] *s.f.* *(zool.)* murena.

murer [myʀe] *v.tr.* **1** murare || *l'éboulement a muré les mineurs*, la frana ha isolato i minatori **2** circondare di mura □ **se murer** *v.pron.* (rin)chiudersi.

muret [myʀɛ], **muretin** [myʀtɛ̃] *s.m.*, **murette** [myʀɛt] *s.f.* muretto (*m.*), muricciolo (*m.*).

murex [myʀɛks] *s.m.* *(zool.)* murice.

mûrier [myʀje] *s.m.* *(bot.)* gelso.

mûrir [myʀiʀ] *v.tr.* (fare) maturare, portare a maturazione ♦ *v.intr.* maturare, diventar maturo: *les fraises ont mûri en serre*, le fragole sono maturate in serra.

mûrissage [myʀisaʒ] *s.m.* maturazione (*f.*).

mûrissant [myʀisɑ̃] *agg.* in via di maturazione.

mûrissement [myʀismɑ̃] *s.m.* maturazione (*f.*).

mûrisserie [myʀisʀi] *s.f.* cella di maturazione.

murmure [myʀmyʀ] *s.m.* mormorio; sussurro.

murmurer [myʀmyʀe] *v.intr.* e *tr.* mormorare.
mûron [myʀɔ̃] *s.m.* mora selvatica.
musaraigne [myzaʀɛɲ] *s.f.* (*zool.*) toporagno (*m.*).
musarder [myzaʀde] *v.intr.* (*fam.*) oziare, bighellonare.
musardise [myzaʀdiz] *s.f.* l'oziare, il bighellonare.
musc [mysk] *s.m.* (*zool.*) muschio.
muscade [myskad] *s.f.* e *agg.* (*noix de*) —, noce moscata.
muscadet [myskadɛ] *s.m.* vino bianco e secco di Nantes.
muscardin [myskaʀdɛ̃] *s.m.* (*zool.*) moscardino.
muscat [myska] *agg.* e *s.m.* (vino) moscato || *raisin* —, uva moscata.
muscle [myskl] *s.m.* muscolo.
musclé [myskle] *agg.* muscoloso || *politique musclée*, politica energica.
muscler [myskle] *v.tr.* rendere muscoloso; (*fig.*) irrobustire □ **se muscler** *v.pron.* irrobustirsi.
musculaire [myskylɛʀ] *agg.* muscolare.
musculation [myskylɑsjɔ̃] *s.f.* muscolazione.
musculature [myskylatyʀ] *s.f.* muscolatura.
musculeux [myskylø] (f. *-euse*) *agg.* muscoloso.
muse [myz] *s.f.* musa || *taquiner la* —, (*scherz.*) scrivere versi da dilettante.
museau [myzo] (pl. *-eaux*) *s.m.* muso || (*cuc.*) — *de bœuf*, nervetti.
musée [myze] *s.m.* museo.
museler [myzle] (*coniug. come* appeler) *v.tr.* mettere la museruola (a); (*fig.*) imbavagliare.
muselière [myzljɛʀ] *s.f.* museruola.
muséographie [myzeɔgʀafi] *s.f.* museografia.
muséologie [myzeɔlɔʒi] *s.f.* museologia.
muser [myze] *v.intr.* baloccarsi, gingillarsi.
muserolle [myzʀɔl] *s.f.* museruola (della briglia).
musette [myzɛt] *s.f.* **1** (*mus.*) zampogna francese || (*bal*) —, ballo popolare **2** tascapane (*m.*).
muséum [myzeɔm] *s.m.* museo di storia naturale.
musical [myzikal] (pl. *-aux*) *agg.* musicale.
musicalement [myzikalmɑ̃] *avv.* musicalmente, in modo armonioso.
musicalité [myzikalite] *s.f.* musicalità.
musicassette [myzikasɛt] *s.f.* musicassetta.
music-hall [myzikol] (pl. *music-halls*) *s.m.* **1** teatro di varietà **2** spettacolo di varietà.
musicien [myzisjɛ̃] (f. *-enne*) *s.m.* musicista ♦ *agg.* che s'intende di musica.
musicologie [myzikɔlɔʒi] *s.f.* musicologia.
musicologue [myzikɔlɔg] *s.m.* musicologo.
musique [myzik] *s.f.* musica: *mettre en* —, musicare || *chef de* —, capobanda.
musiquette [myzikɛt] *s.f.* musichetta.
musqué [myske] *agg.* muschiato || *poires musqués*, pere moscatelle.
musquer [myske] *v.tr.* profumare con essenza di muschio.
must [mœst] *s.m.* imperativo (della moda).

musulman [myzylmɑ̃] *agg.* e *s.m.* musulmano.
mutabilité [mytabilite] *s.f.* **1** mutabilità **2** (*dir.*) alienabilità.
mutable [mytable] *agg.* **1** (*scient.*) mutabile **2** alienabile, trasferibile.
mutant [mytɑ̃] *agg.* e *s.m.* mutante.
mutation [mytɑsjɔ̃] *s.f.* **1** mutamento (*m.*), cambiamento (*m.*) **2** (*dir.*) trasferimento (*m.*) || *droits de* —, tassa di voltura **3** (*biol.*) mutazione.
muter [myte] *v.tr.* trasferire.
mutilant [mytilɑ̃] *agg.* mutilante.
mutilation [mytilɑsjɔ̃] *s.f.* mutilazione.
mutilé [mytile] *agg.* e *s.m.* mutilato.
mutiler [mytile] *v.tr.* mutilare; (*fig.*) danneggiare.
mutin [mytɛ̃] *agg.* **1** sbarazzino **2** (*ant.*) ribelle ♦ *s.m.* ribelle.
mutiné [mytine] *agg.* e *s.m.* ammutinato.
mutiner, se [səmytine] *v.pron.* ammutinarsi; (*estens.*) ribellarsi.
mutinerie [mytinʀi] *s.f.* **1** (*mil.*) ammutinamento (*m.*) **2** (*estens.*) ribellione.
mutisme [mytism] *s.m.* mutismo (*anche fig.*).
mutité [mytite] *s.f.* (*med.*) mutismo (*m.*).
mutualisme [mytɥalism] *s.m.* **1** (*biol.*) mutualismo **2** (*econ.*) mutualità (*f.*).
mutualiste [mytɥalist] *agg.* (*econ.*) mutualistico ♦ *s.m.* mutualista.
mutualité [mytɥalite] *s.f.* (*econ.*) mutualità.
mutuel [mytɥɛl] (f. *-elle*) *agg.* mutuo; reciproco || *société d'assurance mutuelle*, società di mutua assicurazione.
mutuelle [mytɥɛl] *s.f.* (società) mutua; (assicurazione) mutua.
mutuellement [mytɥɛlmɑ̃] *avv.* mutualmente, scambievolmente.
mycénien [misenjɛ̃] (f. *-enne*) *agg.* miceneo.
myco- *pref.* mico-
mycologie [mikɔlɔʒi] *s.f.* (*bot.*) micologia.
mycose [mikoz] *s.f.* (*med.*) micosi.
myélite [mjelit] *s.f.* (*med.*) mielite.
myél(o)- *pref.* miel(o)-
my(o)- *pref.* mi(o)-
myocarde [mjɔkaʀd] *s.m.* (*anat.*) miocardio.
myocardite [mjɔkaʀdit] *s.f.* (*med.*) miocardite.
myologie [mjɔlɔʒi] *s.f.* (*med.*) miologia.
myopathie [mjɔpati] *s.f.* (*med.*) miopatia.
myope [mjɔp] *agg.* e *s.m.* miope.
myopie [mjɔpi] *s.f.* (*med.*) miopia.
myosotis [mjozɔtis] *s.m.* (*bot.*) miosotide (*f.*).
myria- *pref.* miria-
myriade [miʀjad] *s.f.* miriade.
myriagramme [miʀjagʀam] *s.m.* miriagrammo.
myriapodes [miʀjapɔd] *s.m.pl.* (*zool.*) miriapodi.
myrrhe [miʀ] *s.f.* mirra.
myrte [miʀt] *s.m.* (*bot.*) mirto, mortella (*f.*).
myrtille [miʀtij] *s.f.* (*bot.*) mirtillo (*m.*).

mystère [mistɛr] *s.m.* mistero || *faire des mystères*, fare il misterioso || *il y a un — là-dessous*, (*fam.*) c'è qualcosa sotto.

mystérieux [misterrjø] (f. *-euse*) *agg.* misterioso || **-eusement** *avv.*

mysticisme [mistisism] *s.m.* misticismo.

mysticité [mistisite] *s.f.* misticità.

mystifiant [mistifjɑ̃] *agg.* mistificante.

mystificateur [mistifikatœr] (f. *-trice*) *agg.* che mistifica ♦ *s.m.* mistificatore.

mystification [mistifikɑsjɔ̃] *s.f.* mistificazione.

mystifier [mistifje] *v.tr.* mistificare.

mystique [mistik] *agg.* e *s.m.* 1 mistico 2 (*in Africa*) strano ♦ *s.f.* mistica.

mystiquement [mistikmɑ̃] *avv.* misticamente.

mythe [mit] *s.m.* mito.

mythification [mitifikɑsjɔ̃] *s.f.* mitizzazione.

mythifier [mitifje] *v.tr.* mitizzare.

mythique [mitik] *agg.* mitico.

mythologie [mitɔlɔʒi] *s.f.* mitologia.

mythologique [mitɔlɔʒik] *agg.* mitologico.

mythomane [mitɔman] *s.m.* mitomane.

mythomanie [mitɔmani] *s.f.* mitomania.

mytiliculture [mitilikyltyr] *s.f.* (*zootecn.*) mitilicoltura.

N

n [ɛn] *s.m.* n (*f.* e *m.*) || (*tel.*) — *comme Nicolas*, n come Napoli.

na! [na] *inter.* (*gergo infantile*) *et je le ferai,* —*!,* e io lo farò, ecco!

nabab [nabab] *s.m.* nababbo.

nabot [nabo] *s.m.* nano.

nacelle [nasɛl] *s.f.* navicella.

nacre [nakʀ] *s.f.* madreperla.

nacré [nakʀe] *agg.* madreperlaceo.

nacrer [nakʀe] *v.tr.* rendere madreperlaceo.

nævus [nevys] *s.m.* (*med.*) nevo, neo.

nage [naʒ] *s.f.* nuotata; nuoto (*m.*): — *sous l'eau, en plongée,* nuoto in immersione; — *libre,* stile libero || *à la* —, a nuoto; (*cuc.*) in guazzetto || *être* (*tout*) *en* —, (*fig.*) essere in un bagno di sudore.

nageoire [naʒwaʀ] *s.f.* pinna.

nager [naʒe] (*coniug. come* manger) *v.intr.* **1** nuotare || — *entre deux eaux,* (*fig.*) barcamenarsi || — *contre le courant,* nuotare contro corrente; (*fig.*) andare contro corrente || *je n'y comprends plus rien, je nage complètement,* (*fig.*) non ci capisco più niente, brancolo nel buio || — *dans la joie,* essere in un mare di felicità || *il nage dans cette veste,* (*fam.*) questa giacca gli balla addosso **2** galleggiare **3** (*mar.*) vogare ♦ *v.tr.* nuotare: — *le crawl,* battere il crawl; — *la brasse,* nuotare a rana.

nageur [naʒœʀ] (*f.* -*euse*) *s.m.* **1** nuotatore || *maître* —, bagnino; istruttore di nuoto **2** (*sport*) vogatore.

naguère [nagɛʀ] *avv.* pocanzi, poco fa; (*fam.*) un tempo.

naïade [najad] *s.f.* naiade.

naïf [naif] (*f.* -*ïve*) *agg.* **1** semplice, naturale; sincero || *peinture naïve,* pittura naïf **2** ingenuo ♦ *s.m.* ingenuo.

nain [nɛ̃] *agg.* e *s.m.* nano.

naissance [nɛsɑ̃s] *s.f.* **1** nascita: *il est français de, par sa* —, è francese di nascita; *aveugle de* —, cieco dalla nascita || *dès sa* —, fin dalla nascita || *donner* —, dare i natali a; *donner* — *à un enfant,* dare alla luce un bambino; *les phénomènes de la nature ont donné* — *à beaucoup de légendes,* i fenomeni della natura hanno fatto nascere molte leggende **2** (*estens.*) origine, inizio (*m.*): *prendre, avoir* —, avere origine, cominciare || *la* — *du cou,* la base del collo; *la* — *des cheveux,* l'attaccatura dei capelli || *la* — *du jour,* lo spuntar del giorno.

naître [nɛtʀ]

Indic.pres. je nais, tu nais, il naît, nous naissons, etc.; *imperf.* je naissais, etc.; *pass.rem.* je naquis, etc.; *fut.* je naîtrai, etc. *Cond.* je naîtrais, etc. *Cong.pres.* que je naisse, etc.; *imperf.* que je naquisse, etc. *Part.pres.* naissant; *pass.* né. *Imp.* nais, naissons, naissez.

v.intr. nascere (*anche fig.*): *il lui est né une fille,* le è nata una bambina || *je ne suis pas né d'hier,* non sono nato ieri || *enfant à* —, nascituro.

naïvement [naivmɑ̃] *avv.* ingenuamente, candidamente.

naïveté [naivte] *s.f.* **1** ingenuità, candore (*m.*) **2** stupidaggine.

naja [naʒa] *s.m.* (*zool.*) naia (*f.*).

nana [nana] *s.f.* (*fam.*) ragazza, tipa.

nancéien [nɑ̃sejɛ̃] (*f.* -*enne*) *agg.* di Nancy.

nandou [nɑ̃du] *s.m.* (*zool.*) nandù.

nanisme [nanism] *s.m.* nanismo.

nanou [nanu] *s.f.* (*nelle Antille*) balia, tata.

nantais [nɑ̃tɛ] *agg.* di Nantes.

nanti [nɑ̃ti] *agg.* provvisto, munito || *héritière bien nantie,* ricca ereditiera ♦ *s.m.* (*spec. pl.*) ricco, benestante.

nantir [nɑ̃tiʀ] *v.tr.* **1** provvedere, fornire **2** (*dir.*) dare in garanzia (di un debito) □ **se nantir** *v.pron.* rifornirsi, munirsi di.

nantissement [nɑ̃tismɑ̃] *s.m.* **1** pegno, garanzia (*f.*) **2** (*dir.*) cessione (in garanzia).

napel [napɛl] *s.m.* (*bot. pop.*) napello.

naphtaline [naftalin] *s.f.* naftalina: *mettre dans la* —, mettere in naftalina.

naphte [naft] *s.m.* nafta (*f.*).

napoléon [napɔleɔ̃] *s.m.* (*numismatica*) napoleone.

napoléonien [napɔleɔnjɛ̃] (*f.* -*enne*) *agg.* e *s.m.* napoleonico.

napolitain [napɔlitɛ̃] *agg.* e *s.m.* napoletano || *tranche napolitaine,* (*gelato*) cassata.

nappe [nap] *s.f.* **1** tovaglia **2** (*estens.*) strato (*m.*): *une* — *de brouillard,* una coltre di nebbia **3** (*geol.*) falda: — *d'eau,* falda acquifera, (*in superficie*) specchio d'acqua.

napper [nape] *v.tr.* (*cuc.*) ricoprire (con salsa, gelatina).

napperon [napʀɔ̃] *s.m.* **1** centrino **2** tovaglietta (*f.*).

narbonnais [naʀbɔnɛ] *agg.* e *s.m.* narbonese.

narcisse [naʀsis] *s.m.* narciso.

narcissique [naʀsisik] *agg.* narcisistico ♦ *s.m.* narcisista.

narcissisme [naʀsisism] *s.m.* narcisismo.

narco [naʀko] *s.m.* (*fam.*) *abbr.* → **narcotrafiquant.**

narcodollar [naʀkodɔlaʀ] *s.m.* narcodollaro.

narcose [naʀkoz] *s.f.* narcosi.

narcotique [naʀkɔtik] *agg.* e *s.m.* narcotico.

narcotiser [naʀkɔtize] *v.tr.* narcotizzare.

narcotrafiquant [naʀkɔtʀafikɑ̃] *s.m.* narcotrafficante.

nard [naʀ] *s.m.* (*bot.*) nardo.

narguer [naʀge] *v.tr.* ridersela (di).

narguilé [naʀgile] *s.m.* narghilè.

narine [naʀin] *s.f.* narice.

narquois [naʀkwa] *agg.* canzonatorio, ironico.

narrateur [naʀatœʀ] (f. *-trice*) *s.m.* narratore.

narratif [naʀatif] (f. *-ive*) *agg.* narrativo.

narration [naʀasjɔ̃] *s.f.* **1** narrazione, racconto (*m.*) || (*gramm.*) *présent de* —, presente storico **2** componimento (scolastico) (in cui si deve raccontare un fatto).

narrer [naʀe] *v.tr.* narrare.

narthex [naʀtɛks] *s.m.* (*arch.*) nartece.

narval [naʀval] (pl. *-als*) *s.m.* (*zool.*) narvalo.

nasal [nazal] (pl. *-aux*) *agg.* nasale || (*voyelle*) *nasale*, (vocale) nasale.

nasalisation [nazalizasjɔ̃] *s.f.* (*fon.*) nasalizzazione.

nasaliser [nazalize] *v.tr.* (*fon.*) nasalizzare.

naseau [nazo] (pl. *-eaux*) *s.m.* narice (di un animale); frogia (del cavallo).

nasillard [nazijaʀ] *agg.* nasale.

nasillement [nazijmɑ̃] *s.m.* il parlare col naso; pronuncia nasale.

nasiller [nazije] *v.intr.* parlare col naso; (*fon.*) produrre suoni nasali.

nasitort [nazitɔʀ] *s.m.* (*bot.pop.*) crescione inglese.

nasse [nas] *s.f.* (*pesca*) nassa; (*caccia*) bertuello (*m.*) || *tomber, finir dans la* —, (*fig.*) cadere nella rete.

natal [natal] (pl. *-als*) *agg.* natale || *langue natale*, lingua materna.

nataliste [natalist] *agg.*: *politique* —, politica demografica.

natalité [natalite] *s.f.* natalità.

natation [natasjɔ̃] *s.f.* (*sport*) nuoto (*m.*): *faire de la* —, praticare il nuoto.

natatoire [natatwaʀ] *agg.* natatorio.

natif [natif] (f. *-ive*) *agg.* **1** nativo || — *de*, originario di **2** (*letter.*) innato, connaturato ♦ *s.m.* nativo.

nation [nasjɔ̃] *s.f.* nazione.

national [nasjɔnal] (pl. *-aux*) *agg.* nazionale || (*route*) *nationale*, (strada) statale ♦ *s.m.* **1** *les nationaux*, i cittadini (di una nazione) **2** (*pol.*) nazionalista.

nationalisation [nasjɔnalizasjɔ̃] *s.f.* nazionalizzazione.

nationaliser [nasjɔnalize] *v.tr.* nazionalizzare.

nationalisme [nasjɔnalism] *s.m.* nazionalismo.

nationaliste [nasjɔnalist] *agg.* e *s.m.* nazionalista.

nationalité [nasjɔnalite] *s.f.* nazionalità; cittadinanza.

national-socialisme [nasjɔnalsɔsjalism] *s.m.* (*st.*) nazionalsocialismo.

national-socialiste [nasjɔnalsɔsjalist] (f. *nationale-socialiste*, pl. *nationaux-socialistes*) *agg.* e *s.m.* (*st.*) nazionalsocialista.

nativement [nativmɑ̃] *avv.* di, per natura.

nativité [nativite] *s.f.* natività.

natte [nat] *s.f.* **1** stuoia; stoino (*m.*) || (*in Camerun*) *compter les nattes*, contare le pecore, soffrire di insonnia **2** treccia: *cheveux tressés en* —, capelli raccolti in una treccia.

natter [nate] *v.tr.* intrecciare || — *ses cheveux, se* — *les cheveux*, farsi le trecce.

naturalisation[1] [natyʀalizasjɔ̃] *s.f.* (*dir.*) naturalizzazione.

naturalisation[2] *s.f.* tassidermia, impagliatura di animali.

naturaliser[1] [natyʀalize] *v.tr.* **1** (*dir.*) naturalizzare **2** (*biol.*) acclimatare (una pianta, un animale).

naturaliser[2] *v.tr.* conservare con processo tassidermico.

naturalisme [natyʀalism] *s.m.* naturalismo.

naturaliste[1] [natyʀalist] *s.m.* naturalista ♦ *agg.* naturalistico.

naturaliste[2] *s.m.* tassidermista.

nature [natyʀ] *s.f.* **1** natura: *vivre en pleine* —, vivere a contatto della natura || *d'après* —, dal vero || *plus petit que* —, più piccolo del naturale || *disparaître dans la* —, sparire nel nulla **2** indole, natura, temperamento (*m.*): *céder à la* —, seguire il proprio istinto; *indolent de sa, par* —, indolente di natura || *c'est une* —, ha temperamento; *c'est une petite* —, è cagionevole (di salute) **3** genere (*m.*), tipo (*m.*), natura: *objets de toute* —, oggetti di ogni genere || *être de* — *à...*, essere tale da... ♦ *agg.invar.* (al) naturale: *grandeur* —, grandezza naturale; *elle est très* —, è molto naturale, semplice || *un café* —, un caffè nero □ **nature morte**, natura morta.

naturel[1] [natyʀɛl] (f. *-elle*) *agg.* naturale: *il est* — *à l'homme d'être...*, è proprio dell'uomo essere... || *-ellement* *avv.*

naturel[2] *s.m.* **1** naturalezza (*f.*) || *au* —, al naturale **2** natura (*f.*), indole (*f.*), temperamento: *il est d'un* — *jaloux*, è di temperamento geloso.

naturisme [natyʀism] *s.m.* naturismo.

naturiste [natyʀist] *agg.* e *s.m.* naturista.

naufrage [nofʀaʒ] *s.m.* naufragio.

naufragé [nofʀaʒe] *agg.* naufragato ♦ *s.m.* naufrago.

naufrager [nofʀaʒe] (*coniug. come* manger) *v. intr.* naufragare.

naufrageur [nofʀaʒœʀ] *s.m.* chi provoca un naufragio.

naumachie [nomaʃi] *s.f.* naumachia.

nauplius [noplijys] *s.m.* (*zool.*) nauplio.

nauséabond [nozeabɔ̃] *agg.* nauseabondo, nauseante.

nausée [noze] *s.f.* nausea.
nauséeux [nozeø] (f. -*euse*) *agg.* nauseante.
nautique [notik] *agg.* nautico.
nautisme [notism] *s.m.* nautica (*f.*).
naval [naval] (pl. -*als*) *agg.* navale.
navarin [navaʀɛ̃] *s.m.* (*cuc.*) stufato di montone.
navarrais [navaʀɛ] *agg.* navarrese.
navet [navɛ] *s.m.* **1** rapa (*f.*) || *avoir du sang de* —, (*fig.*) non aver sangue nelle vene **2** (*spreg.*) pessimo film; opera d'arte scadente, crosta (*f.*).
navette[1] [navɛt] *s.f.* **1** navetta; spola || *faire la* —, (*fig.*) fare la spola **2** navetta || — *spatiale*, navetta, navicella spaziale.
navette[2] *s.f.* (*bot.*) ravizzone (*m.*).
navetteur [navetœʀ] (f. -*euse*) *s.m.* (*in Belgio*) pendolare.
navigabilité [navigabilite] *s.f.* navigabilità.
navigable [navigabl] *agg.* navigabile.
navigant [navigɑ̃] *agg.* navigante.
navigateur [navigatœʀ] (f. -*trice*) *agg.* marinaro ♦ *s.m.* **1** navigatore **2** (*mar.*, *aer.*) ufficiale di rotta.
navigation [navigɑsjɔ̃] *s.f.* navigazione.
naviguer [navige] *v.intr.* **1** navigare || (*fig.*): *il sait* —, sa barcamenarsi; *il a beaucoup navigué dans sa vie*, è un uomo navigato **2** (*aer.*) volare.
navire [naviʀ] *s.m.* nave (*f.*): — *marchand*, *de commerce*, nave mercantile; — *à moteur, à turbines*, motonave, turbonave □ **navire-atelier**, **navire-usine**, nave officina; **navire-citerne**, nave cisterna; **navire-école**, nave scuola; **navire-hôpital**, nave ospedale.
navrant [navʀɑ̃] *agg.* **1** desolante, penoso; straziante **2** increscioso, spiacevole.
navré [navʀe] *agg.* desolato, addolorato || *être* —, essere spiacente, spiacersi.
navrer [navʀe] *v.tr.* rattristare, affliggere.
nazairien [nazɛʀjɛ̃] (f. -*enne*) *agg.* di Saint-Nazaire.
nazaréen [nazaʀeɛ̃] *agg.* e *s.m.* nazareno.
nazi [nazi] *agg.* e *s.m.* nazista.
nazi-fasciste [nazifasist] (pl. *nazi-fascistes*) *agg.* e *s.m.* nazifascista.
nazisme [nazism] *s.m.* nazismo.
ne [nə] *avv.* (*si apostrofa davanti a una vocale o ad* h *muta*) **1** (*negativo*) non: *il* — *dîne pas à la maison*, non pranza a casa; *je n'ai pas parlé*, non ho parlato; *il a promis de* — *pas parler*, ha promesso di non parlare **2** (*restrittivo*) *ne... que*, solo, soltanto; non... (altro) che; *ne... pas que*, non... solo, soltanto: *je* — *mange que des légumes*, mangio soltanto verdura, non mangio (altro) che verdura; *je* — *mange pas que des légumes*, non mangio soltanto verdura **3** (*espletivo; generalmente non si traduce*): *je crains qu'il* — *soit malade*, temo che sia ammalato; *c'est beaucoup mieux que je* — *le pensais*, è molto meglio di quanto pensassi; *partez avant qu'il* — *soit trop tard*, partite prima che sia troppo tardi.
né [ne] *part.pass.* di naître ♦ *agg.* nato || *être bien* —, essere di nobile nascita.

néanmoins [neɑ̃mwɛ̃] *avv.* e *cong.* nondimeno, tuttavia.
néant [neɑ̃] *s.m.* nulla || *mettre, réduire à* —, annullare || *signes particuliers:* —, segni particolari: nessuno || *une sensation de* —, un senso di vuoto.
nébuleuse [nebyløz] *s.f.* (*astr.*) nebulosa.
nébuleux [nebylø] (f. -*euse*) *agg.* **1** nebuloso (*anche fig.*) **2** nuvoloso.
nébulisation [nebylizasjɔ̃] *s.f.* nebulizzazione.
nébuliser [nebylize] *v.tr.* nebulizzare.
nébuliseur [nebylizœʀ] *s.m.* nebulizzatore.
nébulosité [nebylozite] *s.f.* nebulosità (*anche fig.*).
nécessaire [nesesɛʀ] *agg.* **1** necessario **2** inevitabile ♦ *s.m.* **1** necessario || *le* — *pour écrire*, l'occorrente per scrivere **2** — *de voyage*, nécessaire da viaggio; — *de toilette*, servizio da toilette; — *à ouvrage*, astuccio da lavoro.
nécessairement [nesesɛʀmɑ̃] *avv.* necessariamente.
nécessité [nesesite] *s.f.* necessità || *de toute* —, molto necessario.
nécessiter [nesesite] *v.tr.* **1** necessitare **2** (*in Africa*) sollecitare.
nécessiteux [nesesitø] (f. -*euse*) *agg.* e *s.m.* bisognoso.
nécr(o)- *pref.* necr(o)-
nécrologe [nekʀɔlɔʒ] *s.m.* necrologio.
nécrologie [nekʀɔlɔʒi] *s.f.* necrologio (*m.*), necrologia.
nécrologique [nekʀɔlɔʒik] *agg.* necrologico.
nécromancie [nekʀɔmɑ̃si] *s.f.* negromanzia.
nécromancien [nekʀɔmɑ̃sjɛ̃] (f. -*enne*), **nécromant** [nekʀɔmɑ̃] *s.m.* negromante.
nécrophage [nekʀɔfaʒ] *agg.* (*zool.*) necrofago.
nécrophile [nekʀɔfil] *s.m.* necrofilo.
nécrophilie [nekʀɔfili] *s.f.* (*med.*) necrofilia.
nécrophore [nekʀɔfɔʀ] *s.m.* (*zool.*) necroforo.
nécropole [nekʀɔpɔl] *s.f.* necropoli.
nécrose [nekʀoz] *s.f.* (*med.*) necrosi.
nécroser [nekʀoze] *v.tr.* necrotizzare □ **se nécroser** *v.pron.* necrotizzarsi.
nectaire [nektɛʀ] *s.m.* (*bot.*) nettario.
nectar [nektaʀ] *s.m.* nettare.
nectarine [nektaʀin] *s.f.* (*bot.*) pescanoce.
néerlandais [neɛʀlɑ̃dɛ] *agg.* e *s.m.* olandese.
nef [nef] *s.f.* **1** (*arch.*) navata **2** (*letter.*) nave.
néfaste [nefast] *agg.* nefasto.
nèfle [nefl] *s.f.* nespola.
néflier [neflije] *s.m.* (*bot.*) nespolo.
négateur [negatœʀ] (f. -*trice*) *agg.* e *s.m.* negatore.
négatif [negatif] (f. -*ive*) *agg.* negativo ♦ *s.m.* (*fot.*) negativa (*f.*), negativo.
négation [negɑsjɔ̃] *s.f.* negazione.
négative [negativ] *s.f.* negativa: *il a répondu par la* —, ha risposto negativamente; *dans la* —, in caso negativo.
négativement [negativmɑ̃] *avv.* negativamente.
négativité [negativite] *s.f.* negatività.
négligé [negliʒe] *agg.* trascurato: *style* —, stile sciatto ♦ *s.m.* **1** trascuratezza (*f.*), sciatteria

(*f.*) **2** (*abbigl.*) leggera vestaglia femminile da casa.

négligeable [negliʒabl] *agg.* trascurabile.

négligemment [negliʒamɑ̃] *avv.* negligentemente.

négligence [negliʒɑ̃s] *s.f.* **1** negligenza || (*dir.*) *homicide par* —, omicidio colposo **2** svogliatezza **3** sciatteria, incuria.

négligent [negliʒɑ̃] *agg.* negligente || *un coup d'œil* —, un'occhiata distratta.

négliger [negliʒe] (*coniug. come* manger) *v.tr.* trascurare: *il a négligé mes avertissements*, non ha tenuto conto dei miei avvertimenti □ **se négliger** *v.pron.* trascurarsi.

négoce [negɔs] *s.m.* (*letter.*) **1** commercio **2** negozio, affare.

négociable [negɔsjabl] *agg.* negoziabile: *prix* —, prezzo contrattabile.

négociant [negɔsjɑ̃] *s.m.* negoziante, commerciante (all'ingrosso).

négociateur [negɔsjatœʀ] (*f. -trice*) *s.m.* negoziatore || — *d'affaires*, intermediario d'affari.

négociation [negɔsjɑsjɔ̃] *s.f.* negoziato (*m.*): — *d'un emprunt*, negoziazione di un prestito; — *d'un accord*, contrattazione di un accordo.

négocier [negɔsje] *v.tr.* e *intr.* contrattare, negoziare || — *une lettre de change*, negoziare una cambiale.

nègre [nɛgʀ] *agg.* negro, nero: *art, musique* —, arte, musica nera || (*tête de*) —, (color) testa di moro || *parler petit* —, storpiare la lingua parlando ♦ *s.m.* (*spreg.*) negro.

négresse [negʀɛs] *s.f.* nera, negra.

négrier [negʀije] (*f. -ère*) *agg.* negriero ♦ *s.m.* **1** negriero **2** (*mar.*) nave negriera.

négrillon [negʀijɔ̃] (*f. -onne*) *s.m.* negretto.

négritude [negʀityd] *s.f.* negritudine.

négroïde [negʀɔid] *agg.* e *s.m.* negroide.

negro-spiritual [negʀospiʀitɥol] (pl. *negro-spirituals*) *s.m.* (*mus.*) spiritual.

neige [nɛʒ] *s.f.* neve: *fonte des neiges*, disgelo || *classe de* —, settimana bianca per le scuole || *œufs à la, en* —, albume montato a neve.

neiger [neʒe] (*coniug. come* manger) *v.intr.impers.* nevicare: *il a neigé toute la nuit*, è nevicato tutta la notte.

neigeux [neʒø] (*f. -euse*) *agg.* nevoso.

néné [nene] *s.m.* (*molto fam.*) tetta (*f.*), poppa (*f.*).

nénette [nenɛt] *s.f.* (*fam.*) **1** testa, zucca: *se casser la* —, spremersi le meningi **2** ragazza.

nénuphar [nenyfaʀ] *s.m.* (*bot.*) nenufaro: — *blanc*, ninfea.

néo- *pref.* neo-

néocalédonien [neɔkaledɔnjɛ̃] (*f. -enne*) *agg.* e *s.m.* neocaledone.

néoclassicisme [neɔklasisism] *s.m.* neoclassicismo.

néoclassique [neɔklasik] *agg.* neoclassico.

néocolonialisme [neɔkɔlɔnjalism] *s.m.* neocolonialismo.

néofasciste [neɔfasist] *agg.* e *s.m.* neofascista.

néogothique [neɔgɔtik] *agg.* e *s.m.* (*arch.*) neogotico.

néogrec [neɔgʀɛk] (f. *néogrecque*) *agg.* neogreco, neoellenico.

néolatin [neɔlatɛ̃] *agg.* neolatino.

néolibéralisme [neɔlibeʀalism] *s.m.* (*econ.*) neoliberalismo.

néolithique [neɔlitik] *agg.* e *s.m.* neolitico.

néologisme [neɔlɔʒism] *s.m.* (*ling.*) neologismo.

néon [neɔ̃] *s.m.* (*chim.*) neon.

néonatal [neɔnatal] (pl. *-als*) *agg.* neonatale.

néonazi [neɔnazi] *agg.* e *s.m.* neonazista.

néophyte [neɔfit] *agg.* e *s.m.* (da) neofita.

néoplasie [neɔplazi] *s.f.* (*med.*) neoplasia.

néoréalisme [neɔʀealism] *s.m.* neorealismo.

néoréaliste [neɔʀealist] *agg.* e *s.m.* neorealista.

néo-zélandais [neɔzelɑ̃dɛ] (pl. *invar.*) *agg.* e *s.m.* neozelandese.

népalais [nepalɛ] *agg.* e *s.m.* nepalese.

néphrétique [nefʀetik] *agg.* e *s.m.* nefritico, renale: *colique* —, colica renale.

néphrite [nefʀit] *s.f.* nefrite.

néphr(o)- *pref.* nefr(o)-

néphrologie [nefʀɔlɔʒi] *s.f.* nefrologia.

néphrologue [nefʀɔlɔg] *s.m.* nefrologo.

néphropathie [nefʀɔpati] *s.f.* nefropatia.

népotisme [nepɔtism] *s.m.* nepotismo.

néréide [neʀeid] *s.f.* (*zool.*) nereis, nereide.

nerf [nɛʀ] *s.m.* **1** nervo: *se froisser un* —, stirarsi un nervo, un tendine || *avoir ses nerfs*, avere i nervi; *être à bout de nerfs*, avere i nervi a pezzi; *avoir des nerfs à toute épreuve*, avere nervi d'acciaio; *vivre sur ses nerfs*, andare avanti a forza di nervi; *porter, donner, taper sur les nerfs*, dare ai nervi, far venire i nervi || *passer ses nerfs sur*, sfogarsi, scaricare i nervi su **2** (*fig.*) nerbo, energia (*f.*): *ce coureur a du* —, questo corridore è scattante; *manquer de* —, non aver polso.

nerprun [nɛʀpʀœ̃] *s.m.* (*bot.*) ramno, spincervino.

nervation [nɛʀvɑsjɔ̃] *s.f.* (*bot.*) nervatura.

nerveux [nɛʀvø] (f. *-euse*) *agg.* nervoso: *rendre* —, innervosire || *voiture nerveuse*, automobile scattante || **-eusement** *avv.*

nervi [nɛʀvi] *s.m.* (*fam.*) scagnozzo; sicario.

nervin [nɛʀvɛ̃] *agg.* (*chim.*) nervino.

nervosisme [nɛʀvozism] *s.m.* nervosismo.

nervosité [nɛʀvozite] *s.f.* nervosismo (*m.*).

nervure [nɛʀvyʀ] *s.f.* nervatura || (*arch.*) — *de voûte*, costolone di volta.

n'est-ce pas [nɛspa] *locuz.interr.* vero; non è vero: *elle est arrivée à l'heure*, —?, è arrivata in orario, vero?; *il partira*, —?, partirà, non è vero?; — *que j'ai raison?*, non ho forse ragione? || *la question*, —, *reste ouverte*, la questione, ovviamente, rimane aperta.

net [nɛt] (f. *nette*) *agg.* **1** pulito, netto || *réputation bien nette*, reputazione senza macchia || *en avoir le cœur* —, andare fino in fondo (a una questione); *je veux en avoir le cœur* —, voglio vederci chiaro **2** distinto, chiaro: *écriture, voix nette*, scrittura, voce nitida **3** (*comm.*) netto: — *d'impôt*, al netto, esente da imposta ♦ *avv.* **1** netto, di netto; di botto, di colpo: *pour trancher* —, per tagliar corto; *la balle l'a tué* —, il proiettile l'ha ucciso sul colpo **2** francamente: *refuser (tout)* —, rifiutare recisamente □ **au net** *locuz. avv.* in bella copia: *copie au* —, bella copia.

nettement [nɛtmɑ̃] *avv.* nettamente; chiaramente.

netteté [nɛtte] *s.f.* **1** nettezza, nitidezza **2** (*fig.*) chiarezza || — *d'esprit*, lucidità di mente.

nettoiement [nɛtwamɑ̃], **nettoyage** [nɛtwajaʒ] *s.m.* **1** pulizia (*f.*); pulitura (*f.*): — *à sec*, lavaggio a secco || *service de* —, nettezza urbana **2** (*mil.*) rastrellamento.

nettoyant [nɛtwajɑ̃] *s.m.* prodotto per la pulizia.

nettoyer [nɛtwaje] (*coniug. come employer*) *v.tr.* **1** pulire || — *le blé*, mondare il grano || *le vent a nettoyé le ciel*, il vento ha spazzato il cielo **2** (*fig.*) ripulire.

nettoyeur [nɛtwajœʀ] (f. *-euse*) *s.m.* **1** pulitore, ripulitore **2** (*in Canada*) lavanderia (*f.*).

neuf¹ [nœf] *agg.num.card.* e *s.m.* nove ♦ *agg. num.ord.* nono: *le roi Louis* —, il re Luigi IX.

neuf² (f. *neuve*) *agg.* nuovo || *flambant* —, (*fam.*) nuovo fiammante || — *dans le métier*, nuovo del mestiere || *un esprit* —, una mente integra ♦ *s.m.* nuovo: *vendre du* — *et de l'occasion*, vendere oggetti nuovi e d'occasione || *refaire, remettre à* — *un appartement*, ristrutturare un appartamento || *quoi de* —?, (*fam.*) novità?

neurasthénie [nøʀasteni] *s.f.* nevrastenia || *faire de la* —, (*fam.*) essere depressi.

neurasthénique [nøʀastenik] *agg.* e *s.m.* nevrastenico.

neur(o)- *pref.* neur(o)-

neurobiologie [nøʀɔbjɔlɔʒi] *s.f.* neurobiologia.

neurochirurgie [nøʀɔʃiʀyʀʒi] *s.f.* neurochirurgia.

neurochirurgien [nøʀɔʃiʀyʀʒjɛ̃] *s.m.* neurochirurgo.

neuroleptique [nøʀɔlɛptik] *s.m.* psicofarmaco.

neurologie [nøʀɔlɔʒi] *s.f.* neurologia.

neurologique [nøʀɔlɔʒik] *agg.* neurologico.

neurologue [nøʀɔlɔg] *s.m.* neurologo.

neurone [nøʀɔn] *s.m.* (*biol.*) neurone.

neuropsychiatre [nøʀɔpsikjatʀ] *s.m.* neuropsichiatra.

neuropsychiatrie [nøʀɔpsikjatʀi] *s.f.* neuropsichiatria.

neurovégétatif [nøʀɔveʒetatif] (f. *-ive*) *agg.* neurovegetativo.

neutralisation [nøtʀalizasjɔ̃] *s.f.* neutralizzazione.

neutraliser [nøtʀalize] *v.tr.* neutralizzare || (*pitt.*) — *un vert trop vif*, attenuare un verde troppo intenso.

neutralisme [nøtʀalism] *s.m.* neutralismo.

neutraliste [nøtʀalist] *agg.* e *s.m.* neutralista.

neutralité [nøtʀalite] *s.f.* neutralità.

neutre [nøtʀ] *agg.* **1** neutro **2** neutrale ♦ *s.m.* **1** neutrale **2** (*gramm.*) neutro.

neutron [nøtʀɔ̃] *s.m.* (*fis.*) neutrone.

neuvaine [nœvɛn] *s.f.* novena.

neuvième [nœvjɛm] *agg.num.ord.* e *s.m.* nono ♦ *s.f.* (*classe de*) —, (classe corrispondente alla) terza elementare.

neuvièmement [nœvjɛmmɑ̃] *avv.* in nono luogo.

névé [neve] *s.m.* nevato, nevaio.

neveu [nəvø] (pl. *-eux*) *s.m.* nipote (di zio).

névralgie [nevʀalʒi] *s.f.* (*med.*) nevralgia.

névralgique [nevʀalʒik] *agg.* nevralgico.

névrite [nevʀit] *s.f.* (*med.*) nevrite, neurite.

névr(o)- *pref.* → **neur(o)-**

névropathe [nevʀɔpat] *agg.* e *s.m.* nevropatico, neuropatico.

névropathie [nevʀɔpati] *s.f.* (*med.*) neuropatia.

névrose [nevʀoz] *s.f.* nevrosi, neurosi.

névrosé [nevʀoze] *agg.* e *s.m.* nevrotico.

névrotique [nevʀɔtik] *agg.* (*med.*) nevrotico.

new-yorkais [nujɔʀkɛ] (pl. *invar.*) *agg.* newyorkese.

nez [ne] *s.m.* **1** naso: *parler du* —, parlare nel, col naso; *fermer la porte au* —, chiudere la porta in faccia; *ne pas voir plus loin que le bout de son* —, non vedere più in là del proprio naso; *rire au* — *de qqn*, ridere in faccia a qlcu; *se trouver* — *à* — *avec qqn*, trovarsi faccia a faccia con qlcu; *ne pas lever le* — *de (dessus) ses livres*, non alzare gli occhi dai libri; *il n'a jamais mis le* — *dans un livre*, non ha mai aperto un libro || *cela se voit comme le* — *au milieu de la figure*, si vede lontano un miglio || *faire un pied de* — *à qqn*, fare marameo a qlcu || *ça te pend au* —, (*fam.*) vedrai cosa ti succederà || *il sentait le vin à plein* —, puzzava di vino da togliere il fiato; *avoir un verre dans le* —, (*fam.*) essere brillo || *passer le bout du* —, far capolino || *avoir du* —, aver naso, fiuto || *avoir qqn dans le* —, (*fam.*) avercela con qlcu **2** muso, testata (*f.*) || (*aer.*) *piquer du* —, eseguire una picchiata.

ni [ni] *cong.* né: *je ne bois* — *bière* — *vin*, non bevo né birra né vino; *je ne l'aime* — *ne l'estime*, non lo amo né lo stimo || — *même*, neanche, neppure, nemmeno; (—) *le pouvoir* — *la richesse ne sont éternels*, né il potere né la ricchezza sono eterni.

niable [njabl] *agg.* negabile, che si può negare.

niais [njɛ] *agg.* e *s.m.* sciocco || *faire le* —, fare il finto tonto || **-ement** *avv.*

niaiserie [njɛzʀi] *s.f.* sciocchezza, stupidaggine.

nicaraguayen [nikaʀagwajɛ̃] (f. *-enne*) *agg.* e *s.m.* nicaraguense, nicaraguayo.

niche¹ [niʃ] *s.f.* **1** nicchia **2** canile (*m.*) || *à la* —!, a cuccia!

niche² *s.f.* (*fam.*) scherzo (*m.*).

nichée [niʃe] *s.f.* covata; nidiata.

nicher [niʃe] *v.intr.* nidificare; (*fig.fam.*) abitare ♦ *v.tr.* (ri)porre (in una nicchia) □ **se nicher** *v.pron.* annidarsi; (*se cacher*) nascondersi: *où est-il allé se* —? dove s'è cacciato?

nichon [niʃɔ̃] *s.m.* (*fam.*) tetta (*f.*), poppa (*f.*).

nickel [nikɛl] *s.m.* nichel, nichelio.

nickelé [nikle] *agg.* nichelato.

nickeler [nikle] (*coniug. come* appeler) *v.tr.* nichelare.

niçois [niswa] *agg.* e *s.m.* nizzardo.

nicotine [nikɔtin] *s.f.* nicotina.

nid [ni] *s.m.* **1** nido (*anche fig.*): *faire son* —, fare il nido || — *à rats*, topaia, stamberga || *nid à poussière*, ricettacolo di polvere || — *de voyous*, (*fig.*) covo di teppisti || *en* — *d'abeilles*, a nido d'ape **2** nidiata (*f.*).

nidation [nidɑsjɔ̃] *s.f.* (*biol.*) annidamento (*m.*).

nid-de-poule [nidpul] (pl. *nids-de-poule*) *s.m.* piccolo avvallamento stradale.

nidification [nidifikɑsjɔ̃] *s.f.* nidificazione.

nidifier [nidifje] *v.intr.* nidificare.

nièce [njɛs] *s.f.* nipote (di zio).

niellage [njelaʒ] *s.m.* niellatura (*f.*).

nielle[1] [njel] *s.f.* (*agr.*) golpe, carie del grano.

nielle[2] *s.m.* (*oreficeria*) niello.

nieller[1] [njele] *v.tr.* (*agr.*) volpare, cariare (il grano).

nieller[2] *v.tr.* (*oreficeria*) niellare.

nième [njem] *agg.* ennesimo.

nier [nje] *v.tr.* negare.

nigaud [nigo] *agg.* tonto ♦ *s.m.* sciocco, babbeo.

nigérian [niʒerjɑ̃] *agg.* e *s.m.* nigeriano (della Nigeria).

nigérien [niʒerjɛ̃] (f. *-enne*) *agg.* e *s.m.* nigerino (del Niger).

nihilisme [niilism] *s.m.* nichilismo.

nihiliste [niilist] *agg.* e *s.m.* nichilista.

nimbe [nɛ̃b] *s.m.* nimbo.

nimber [nɛ̃be] *v.tr.* aureolare.

nimbo-stratus [nɛ̃bɔstratys] (pl. *invar.*) *s.m.* (*meteor.*) nembo-strati (*pl.*).

nimbus [nɛ̃bys] *s.m.* nembo.

nîmois [nimwa] *agg.* di Nîmes.

n'importe comment, n'importe où, n'importe quand, *locuz.avv.* → **importer.**

n'importe lequel, n'importe quel, n'importe qui, n'importe quoi, *pron.indef.* → **importer.**

nipper [nipe] *v.tr.* (*fam.*) vestire.

nippes [nip] *s.f.pl.* (*fam.*) vestiti usati: *prends tes* — *et va-t'en!*, prendi i tuoi stracci e vattene!

nippon [nipɔ̃] (f. *-onne, -one*) *agg.* e *s.m.* nipponico, giapponese.

nique [nik] *s.f.*: *faire la* —, fare uno sberleffo.

nirvana [nirvana] *s.m.* nirvana.

nitouche [nituʃ] *s.f.*: *sainte* —, santarellina.

nitrate [nitrat] *s.m.* (*chim.*) nitrato.

nitre [nitr] *s.m.* nitro, salnitro.

nitreux [nitrø] (f. *-euse*) *agg.* nitroso.

nitrique [nitrik] *agg.* nitrico.

nitro- *pref.* nitro-

nitrobenzène [nitrɔbɛ̃zen] *s.m.* nitrobenzene.

nitrocellulose [nitrɔselyloz] *s.f.* (*chim.*) nitrocellulosa.

nitroglycérine [nitrɔgliserin] *s.f.* nitroglicerina.

nival [nival] (pl. *-aux*) *agg.* nivale.

niveau [nivo] (pl. *-eaux*) *s.m.* **1** livello (*anche fig.*): *au-dessus du* — *de la mer*, sul (livello del) mare || *au* — *de*, a livello di; *il n'est pas au* —, non è all'altezza || *de, à même* —, dello, allo stesso livello **2** (*tecn.*) livella (*f.*) || — *d'essence*, indicatore, spia di livello della benzina.

nivelage [nivlaʒ] *s.m.* livellamento.

niveler [nivle] (*coniug. come* appeler) *v.tr.* livellare (*anche fig.*).

niveleur [nivlœr] (f. *-euse*) *agg.* e *s.m.* livellatore.

niveleuse [nivløz] *s.f.* (*mecc.*) livellatrice.

nivellement [nivelmɑ̃] *s.m.* **1** livellamento **2** (*topografia*) livellazione (*f.*).

nivernais [nivernɛ] *agg.* di Nevers.

nobiliaire [nɔbiljer] *agg.* nobiliare.

noble [nɔbl] *agg.* e *s.m.* nobile || **-ement** *avv.*

noblesse [nɔbles] *s.f.* nobiltà: — *d'extraction*, nobiltà di antica origine || — *d'Empire*, nobiltà napoleonica || *lettre de* —, (*st. fr.*) patente di nobiltà (conferita dal sovrano); (*fig.*) consacrazione ufficiale.

nobliau [nɔblijo] (pl. *-aux*) *s.m.* (*spreg.*) nobiluccio.

noce [nɔs] *s.f.* **1** festa di nozze || (*fig.*): *faire la* —, gozzovigliare; *ne pas être à la* —, trovarsi in un brutto frangente **2** *pl.* nozze: *robe de noce(s)*, abito da sposa.

noceur [nɔsœr] (f. *-euse*) *s.m.* (*fam.*) festaiolo.

nocher [nɔʃe] *s.m.* (*letter.*) nocchiero.

nocif [nɔsif] (f. *-ive*) *agg.* nocivo; dannoso.

nocivité [nɔsivite] *s.f.* nocività.

noctambule [nɔktɑ̃byl] *agg.* e *s.m.* nottambulo.

noctuelle [nɔktyel] *s.f.* (*zool.*) nottua.

noctule [nɔktyl] *s.f.* (*zool.*) nottola.

nocturne [nɔktyrn] *agg.* notturno || *bruits et tapages nocturnes*, schiamazzi notturni ♦ *s.m.* **1** (*mus.*) notturno **2** (*zool.*) uccello notturno ♦ *s.m.* e *f.* **1** (*sport*) notturna (*f.*) **2** (*comm.*) apertura serale, notturna (di negozio, mostra ecc.).

nodal [nɔdal] (pl. *-aux*) *agg.* nodale.

nodosité [nɔdozite] *s.f.* nodosità.

nodulaire [nɔdyler] *agg.* (*scient.*) nodoso.

nodule [nɔdyl] *s.m.* nodulo.

noduleux [nɔdylø] (f. *-euse*) *agg.* **1** noduloso **2** a forma di nodulo.

noël [nɔel] *s.m.* **1** canto di Natale **2** regalo di Natale.

Noël *s.m.* Natale: *joyeux* —!, buon Natale! || *le père* —, Babbo Natale; *croire au père* —, (*fig.*) credere che gli asini volano ♦ *s.f.* (il giorno di) Natale (*m.*): *fêter la* —, festeggiare il Natale; *à la* —, a Natale.

nœud[1] [nø] *s.m.* nodo || *le* — *du mariage*, il vincolo matrimoniale || *le* — *de la question*, il nocciolo del problema; *trouver le* — *de la question*, trovare il bandolo della matassa; *cette affaire, c'est un vrai sac de nœuds*, questo affare è un vero imbroglio.

nœud[2] *s.m.* (*mar.*) miglio marino, nodo.

noir [nwar] *agg.* **1** nero (*anche fig.*): *la rue était noire de monde*, la via nereggiava di folla || *être* —, (*fam.*) essere ubriaco fradicio || *une noire calomnie*, un'orrenda calunnia; *un crime* —, un delitto atroce || *regarder qqn d'un œil* —, guardare qlcu con occhio truce; *jeter un regard* —, dare un'occhiata torva **2** buio, scuro, senza luce: *il faisait nuit noire*, era buio pesto; *jusqu'à la nuit noire*, fino a notte fonda || (*fot.*) *chambre noire*, camera oscura **3** nero, negro ♦ *s.m.* **1** nero: *être en —, porter du —,* vestire di nero || *se mettre du — aux yeux,* truccarsi gli occhi || *(fot.) — et blanc,* bianco e nero || *papier bordé de —,* carta listata a lutto; *prendre, quitter le —,* prendere, lasciare il lutto || *voir tout en —,* broyer du —, *(fig.)* veder tutto nero **2** buio, oscurità *(f.)* || *être dans le — le plus complet,* essere completamente all'oscuro **3** nero, schiavo negro, domestico negro **4** *(agr.)* nerume, carbonchio **5** caffè: *un petit —,* un cafferino **6** — *de fumée,* nerofumo.

noirâtre [nwarɑtr] *agg.* nerastro.

noiraud [nwaro] *agg.* e *s.m.* (individuo) di carnagione scura; bruno.

noirceur [nwarsœr] *s.f.* **1** bassezza, nefandezza **2** (color) nero *(m.)* **3** *(in Canada)* buio *(m.),* oscurità.

noircir [nwarsir] *v.tr.* **1** annerire || — *du papier,* *(fam.)* scribacchiare (cose di poco valore); scrivere molto **2** *(fig.)* dipingere a tinte fosche ♦ *v.intr.* annerirsi □ **se noircir** *v.pron.* **1** annerirsi **2** oscurarsi.

noircissement [nwarsismɑ̃] *s.m.* annerimento.

noircissure [nwarsisyr] *s.f.* macchia nera.

noire [nwar] *s.f.* **1** *(mus.)* seminima **2** (donna) nera.

noise [nwaz] *s.f.* briga: *chercher —, des noises à,* attaccar briga con.

noisetier [nwaztje] *s.m.* nocciolo.

noisette [nwazet] *s.f.* nocciola ♦ *agg.invar.* (colore) nocciola.

noix [nwa(ɑ)] *s.f.* **1** noce || *à la —,* *(fam.)* scadente, di poco conto: *des excuses à la — (de coco),* scuse campate per aria || *des —!,* *(fam.)* neanche per sogno! **2** *(fam.)* imbecille *(m.): une vieille —!,* un vecchio rimbecillito.

noliser [nolize] *v.tr.* noleggiare (una nave, un aereo).

nom [nɔ̃] *s.m.* nome || *— de famille,* cognome; — *de baptême,* *(fam.) petit —,* nome di battesimo; —, *prénom et domicile,* cognome, nome e indirizzo || — *de guerre,* nome di battaglia || *les grands noms de France,* i più bei nomi di Francia || *il l'a traité de tous les noms,* gliene ha dette di tutti i colori || *un — à coucher dehors,* *(fam.)* un nome difficile da pronunciare, da capire || *au — de la loi,* in nome della legge; *au — de qqn,* a nome di qlcu; *au — de ce que vous avez de plus cher,* in nome di ciò che vi sta più a cuore; *au — du Ciel,* in nome del cielo; *mettre qqch au — de qqn,* intestare qlco a qlcu; *un compte au — de...,* un conto intestato a... || *en mon —,* a mio nome.

nomade [nomad] *agg.* e *s.m.* nomade.

nomadisme [nomadism] *s.m.* nomadismo.

nombre [nɔ̃br] *s.m.* numero || *le grand — des présents,* la maggioranza dei presenti; *le — a gagné,* la maggioranza ha vinto || *ils étaient au — de sept,* erano (in) sette; *êtes-vous aussi au — des invités?,* siete anche voi tra gli invitati?; *compter au — de ses amis,* annoverare tra i propri amici || *ennemi supérieur en —,* nemico numericamente superiore; *ils sont arrivés en (grand) —,* sono arri-

vati in gran numero || *ils ont vaincu par le —,* hanno vinto per superiorità numerica || *sans —,* innumerevoli || — *de, bon — de,* un buon numero di, un gran numero di; — *de gens,* molti.

nombreux [nɔ̃brø] (f. *-euse*) *agg.* numeroso: *ils étaient très —,* erano (in) moltissimi; *ils sont venus —,* sono venuti in molti, in tanti.

nombril [nɔ̃bril] *s.m.* *(anat.)* ombelico.

nombrilisme [nɔ̃brilism] *s.m.* *(fam.)* egocentrismo.

nomenclature [nomɑ̃klatyr] *s.f.* **1** nomenclatura **2** *(di dizionario)* lemmario *(m.).*

nominal [nominal] (pl. *-aux*) *agg.* **1** nominale **2** nominativo || **-ement** *avv.*

nominalisme [nominalism] *s.m.* *(fil.)* nominalismo.

nominaliste [nominalist] *s.m.* *(fil.)* nominalista ♦ *agg.* *(fil.)* nominalistico.

nominatif¹ [nominatif] (f. *-ive*) *agg.* nominativo.

nominatif² *s.m.* *(gramm.)* nominativo.

nomination [nominɑsjɔ̃] *s.f.* nomina.

nommé [nome] *agg.* **1** chiamato; soprannominato; detto: *une fille nommée Christine,* una ragazza di nome Cristina || *à point —,* a proposito **2** nominato, designato ♦ *s.m.* nominato, menzionato || *un — X,* un individuo di nome X; *un — Robert,* un certo Roberto.

nommément [nomemɑ̃] *avv.* nominativamente.

nommer [nome] *v.tr.* **1** chiamare **2** nominare, designare **3** fare il nome (di): *je ne nomme personne,* non faccio nomi □ **se nommer** *v.pron.* **1** chiamarsi **2** presentarsi (con il proprio nome).

non [nɔ̃] *avv.* **1** no: *dire —,* dire di no; *croire que —,* credere di no; *il partira demain, moi —,* lui partirà domani, io no; *ha!, ça —!,* *(fam.)* questa poi no!; — *et —!, mille fois —!,* no e poi no!; — *alors!,* no davvero!; *que —!,* no di certo! **2** — *(pas),* non: *c'est à lui que je parle, — pas à toi,* sto parlando con lui, non con te || — *seulement..., mais...,* non solo..., ma... || — *plus,* nemmeno, neppure: *moi — plus, ton frère — plus,* nemmeno io, nemmeno tuo fratello **3** (+ *agg.* o *part.pass.*) non: *des copies — corrigées,* compiti non corretti ♦ *s.m.* (pl. *invar.*) no □ **non (pas) que** *locuz.cong.* non che.

non- *pref.* non (+ *s.* o *agg.*), s-, in-, dis-, oppure risolto con l'agg. 'mancato' e l'avv. 'senza' (+ *s.* o *agg.*).

non-activité [nonaktivite] *s.f.* disponibilità (di un funzionario, un militare).

nonagénaire [nonagener] *agg.* e *s.m.* nonagenario.

non-agression [nonagresjɔ̃] *s.f.* non aggressione.

non-aligné [nonalipe] *agg.* e *s.m.* *(pol.)* non allineato.

nonante [nonɑ̃t] *agg.num.card.* *(in Belgio e Svizzera)* novanta.

nonantième [nonɑ̃tjem] *agg.num.ord.* *(in Belgio e Svizzera)* novantesimo.

non-assistance [nonasistɑ̃s] *s.f.* *(dir.)* omissione di soccorso.

non-belligérance [nɔ̃be(ɛl)liʒeʀɑ̃s] *s.f.* non belligeranza.

nonce [nɔ̃s] *s.m.* (*eccl.*) nunzio.

nonchalamment [nɔ̃ʃalamɑ̃] *avv.* 1 con noncuranza 2 (*indolemment*) svogliatamente.

nonchalance [nɔ̃ʃalɑ̃s] *s.f.* 1 noncuranza 2 indolenza, svogliatezza.

nonchalant [nɔ̃ʃalɑ̃] *agg.* 1 incurante 2 svogliato, indolente || *allure nonchalante*, andatura lenta e rilassata.

nonciature [nɔ̃sjatyʀ] *s.f.* (*eccl.*) nunziatura.

non-conciliation [nɔ̃kɔ̃siljɑsjɔ̃] *s.f.* (*dir.*) mancato accordo.

non-conformisme [nɔ̃kɔ̃fɔʀmism] *s.m.* anticonformismo.

non-conformiste [nɔ̃kɔ̃fɔʀmist] *agg.* e *s.m.* anticonformista.

non-engagement [nɔnɑ̃gaʒmɑ̃] *s.m.* disimpegno.

non-enregistrement [nɔnɑ̃ʀəʒistʀəmɑ̃] *s.m.* non menzione (sulla fedina penale).

non-exécution [nɔnɛgzekysjɔ̃] *s.f.* inadempimento (*m.*).

non-exploitation [nɔnɛkspluatasjɔ̃] *s.f.* mancato sfruttamento.

non-fumeur [nɔ̃fymœʀ] *s.m.* non fumatore.

non-gréviste [nɔ̃gʀevist] *s.m.* lavoratore non aderente allo sciopero.

non-information [nɔnɛ̃fɔʀmasjɔ̃] *s.f.* disinformazione.

non-inscrit [nɔnɛ̃skʀi] *s.m.* e *agg.* (senatore, deputato) indipendente.

non-intervention [nɔnɛ̃tɛʀvɑ̃sjɔ̃] *s.f.* (*pol.*) non intervento (*m.*).

non-lieu [nɔ̃ljø] *s.m.* (*dir.*) non luogo (a procedere).

nonne [nɔn] *s.f.* (*scherz.*) monaca.

nonobstant [nɔnɔpstɑ̃] *prep.* (*antiq.*) nonostante ♦ *avv.* tuttavia.

non-paiement [nɔ̃pɛmɑ̃] *s.m.* mancato pagamento.

non-préméditation [nɔ̃pʀemeditasjɔ̃] *s.f.* (*dir.*) preterintenzionalità.

non-recevoir [nɔ̃ʀəsəvwaʀ] *s.m.*: *fin de* —, diniego; (*dir.*) diniego di giustizia.

non-résident [nɔ̃ʀezidɑ̃] *s.m.* non residente (nel paese d'origine).

non-respect [nɔ̃ʀɛspɛ] *s.m.* mancata osservanza.

non-retour [nɔ̃ʀətuʀ] *s.m.*: *point de* —, punto di non ritorno.

non-sens [nɔ̃sɑ̃s] *s.m.* nonsenso.

non-stop [nɔ̃stɔp] *agg.* senza interruzione: *vol* —, volo senza scalo.

non-viable [nɔ̃vjabl] *agg.* non vitale.

non-violence [nɔ̃vjolɑ̃s] *s.f.* non violenza.

non-violent [nɔ̃vjolɑ̃] *agg.* non violento.

non-voyant [nɔ̃vwajɑ̃] *s.m.* non vedente.

nord [nɔʀ] *s.m.* 1 nord: *au* —, a nord || *perdre le* —, (*fam.*) perdere la bussola 2 (*geogr.*) *le Nord*, il Nord, il Settentrione ♦ *agg.* nord, settentrionale.

nord-africain [nɔʀafʀikɛ̃] *agg.* e *s.m.* nordafricano.

nord-américain [nɔʀameʀikɛ̃] *agg.* e *s.m.* nordamericano.

nord-est [nɔʀɛst] *s.m.* nord-est ♦ *agg.* di nordest, nordorientale.

nord-européen [nɔʀɔʀɔpeɛ̃] (f. *-enne*) *agg.* e *s.m.* nordeuropeo.

nordique [nɔʀdik] *agg.* nordico.

nordiste [nɔʀdist] *agg.* e *s.m.* nordista.

nord-ouest [nɔʀwɛst] *s.m.* nord-ovest ♦ *agg.* di nord-ovest, nordoccidentale.

noria [nɔʀja] *s.f.* (*tecn.*) noria.

normal [nɔʀmal] (pl. *-aux*) *agg.* normale: *ne pas être dans son état* —, non essere in condizioni normali.

normale [nɔʀmal] *s.f.* 1 norma, normalità: *au-dessus de la* —, al di sopra della media 2 (*mat.*) normale.

normalement [nɔʀmalmɑ̃] *avv.* normalmente, di solito.

normalien [nɔʀmaljɛ̃] (f. *-enne*) *s.m.* studente dell'École Normale, dell'École Normale Supérieure.

normalisation [nɔʀmalizasjɔ̃] *s.f.* normalizzazione.

normaliser [nɔʀmalize] *v.tr.* normalizzare.

normalité [nɔʀmalite] *s.f.* normalità.

normand [nɔʀmɑ̃] *agg.* e *s.m.* normanno || *réponse de Normand*, (*fig.*) risposta ambigua.

normatif [nɔʀmatif] (f. *-ive*) *agg.* normativo.

norme [nɔʀm] *s.f.* norma || *les normes*, la normativa.

normographe [nɔʀmɔgʀaf] *s.m.* normografo.

norois, noroît [nɔʀwa] *s.m.* (vento di) maestrale.

norvégien [nɔʀveʒjɛ̃] (f. *-enne*) *agg.* e *s.m.* norvegese.

nos [no; noz *davanti a vocale o* h *muta*] *agg.poss.pl.m.* e *f.* → **notre**.

nosologie [nɔzɔlɔʒi] *s.f.* (*med.*) nosologia.

nosseigneurs [nɔsɛɲœʀ] *s.m.pl.* → **monseigneur**[1].

nostalgie [nɔstalʒi] *s.f.* nostalgia.

nostalgique [nɔstalʒik] *agg.* e *s.m.* nostalgico.

nota [nɔta], **nota bene** [nɔtabene] (pl. *invar.*) *s.m.* notabene, nota (*f.*).

notabilité [nɔtabilite] *s.f.* notabile (*m.*), personalità.

notable [nɔtabl] *agg.* notevole ♦ *s.m.* notabile.

notaire [nɔtɛʀ] *s.m.* notaio: *clerc de* —, praticante notaio || *par-devant* —, dinanzi a notaio.

notamment [nɔtamɑ̃] *avv.* particolarmente.

notarial [nɔtaʀjal] (pl. *-aux*) *agg.* notarile.

notariat [nɔtaʀja] *s.m.* notariato.

notarié [nɔtaʀje] *agg.* notarile.

notation [nɔtasjɔ̃] *s.f.* notazione || *— des devoirs* (*scolaires*), classificazione dei compiti.

note [nɔt] *s.f.* 1 nota, appunto (*m.*); annotazione: *texte avec (des) notes, sans notes*, testo annotato, senza annotazioni 2 (*mus.*) nota: *donner la* —, dare il la; *fausse* —, stonatura 3 (*fig.*) nota, tocco (*m.*) || *forcer la* —, calcar la mano || *être dans la* —, non stonare (in un ambiente) 4 lista, nota, elenco (m.): *la — du linge*, la lista della biancheria **5** conto (m.); bolletta (del gas ecc.): *demander sa —*, chiedere il conto || (*comm.*): *— de frais*, nota spese; *— détaillée*, specifica **6** (*a scuola*) voto (m.) || *mauvaise —*, (*fig.*) punto a sfavore **7** comunicazione, comunicato (m.): *passer une — de rectification*, pubblicare una rettifica (di giornale).

noter [nɔte] *v.tr.* **1** (an)notare **2** fare attenzione a **3** classificare (un allievo) || *— très durement*, essere molto tirato nei voti.

notice [nɔtis] *s.f.* avvertenza: *— explicative*, foglio illustrativo (di medicina ecc.); *— de l'éditeur*, avvertenza dell'editore; *— d'entretien*, istruzioni per l'uso || *notices biographiques, historiques*, cenni biografici, storici.

notification [nɔtifikasjɔ̃] *s.f.* notifica.

notifier [nɔtifje] *v.tr.* notificare.

notion [nɔsjɔ̃] *s.f.* **1** nozione **2** (*spec. pl.*) elementi (m.): *notions de géométrie*, elementi di geometria.

notoire [nɔtwaR] *agg.* notorio || *criminel —*, noto criminale.

notoirement [nɔtwarmɑ̃] *avv.* notoriamente.

notoriété [nɔtɔrjete] *s.f.* notorietà || *il est de — publique que*, è notorio che.

notre [nɔtR]

---

sing.m. e *f.* **notre** nostro, nostra
pl.m. e *f.* **nos** nostri, nostre

---

agg.poss. nostro: *— ambassadeur*, il nostro ambasciatore; *— lettre*, la nostra lettera; *— père et — mère, nos père et mère*, nostro padre e nostra madre; *nos journaux*, i nostri giornali; *nos idées à nous*, le nostre idee; *c'est une de nos plus grandes joies*, è una delle nostre gioie più grandi.

nôtre [notR] *pron.poss.* nostro: *sa mère et la —*, sua madre e la nostra; *vos idées et les nôtres*, le vostre idee e le nostre; *ses amis et les nôtres*, i suoi amici e i nostri, i suoi e i nostri amici || *nous avons encore fait des nôtres*, ne abbiamo ancora fatta una delle nostre ♦ *s.m.* **1** nostro, ciò che è nostro || *nous y avons mis du —*, ci siamo impegnati, ci siamo dati da fare **2** *les nôtres*, i nostri (genitori, sostenitori ecc.) ♦ *agg.poss.* (*ant. letter.*) *ce patrimoine est —*, questo patrimonio è nostro.

notule [nɔtyl] *s.f.* postilla.

nouba [nuba] *s.f.* (*fam.*) festa, baldoria.

noué [nwe] *agg.* **1** annodato; legato || *intrigue bien nouée*, intreccio ben congegnato **2** (*fig.*) contratto, chiuso: *avoir la gorge nouée*, avere un nodo alla gola.

nouer [nwe] *v.tr.* **1** annodare; legare **2** (*fig.*) stringere: *— des relations d'affaires*, intrecciare relazioni d'affari.

noueux [nwø] (f. *-euse*) *agg.* nodoso.

nougat [nuga] *s.m.* (*cuc.*) torrone.

nougatine [nugatin] *s.f.* (*cuc.*) croccante (m.).

nouille [nuj] *s.f.* **1** *pl.* tagliatelle; (*estens.*) pasta (*sing.*) **2** (*fam.*) imbranato (m.).

nounou [nunu] *s.f.* (*fam.*) tata, bambinaia.

nounours [nunuRs] (pl. *invar.*) *s.m.* (*fam.*) orsacchiotto.

nourrice [nuRis] *s.f.* **1** balia, nutrice: *mettre en —*, mettere a balia **2** serbatoio (m.); (*bidon*) tanica.

nourricier [nuRisje] (f. *-ère*) *agg.*: *père —*, padre adottivo.

nourrir [nuRiR] *v.tr.* **1** nutrire, alimentare (*anche fig.*) || *avoir une famille à —*, avere una famiglia da mantenere **2** allattare □ **se nourrir** *v.pron.* nutrirsi (*anche fig.*).

nourrissant [nuRisɑ̃] *agg.* nutriente.

nourrisson [nuRisɔ̃] *s.m.* lattante, poppante.

nourriture [nuRityR] *s.f.* **1** nutrimento (m.) (*anche fig.*); alimento (m.) (*anche fig.*): *dépenser beaucoup pour la —*, spendere molto per il vitto || *avoir sa — assurée*, avere il pane assicurato || *être porté sur la —*, essere un mangione **2** nutrizione, alimentazione: *— solide, liquide*, alimentazione solida, liquida.

nous [nu; nuz *davanti a vocale o h muta*] *pron.pers.* di *1ª pers.pl.* **1** (*sogg. e compl. retto da prep.*) noi: *— sommes partis ensemble*, (noi) siamo partiti insieme; *avons-nous raison, oui ou non?*, abbiamo ragione, si o no?; *nous n'accepterons jamais, avons-nous répondu*, non accetteremo mai, abbiamo risposto; *toi et moi, — avons raison*, tu e io, abbiamo ragione; *il s'est adressé à —*, si è rivolto a noi; *à — trois y arriverons en tre*, ci riusciremo || *— autres*, noialtri || *— aussi →* aussi || *nous-mêmes →* même **2** (*compl. retto da un verbo*) ci; (+ *pron.* le, la, les, en) ce: *il — regarde*, (egli) ci guarda; *tu — parles*, tu ci parli; *donne-le-nous!*, *ne — le donne pas!*, daccelo!, non darcelo!; *il — en parle*, ce ne parla **3** (*nella coniugazione dei verbi pron.*) ci; (+ *pron.* en) ce: *asseyons-nous ici*, sediamoci qui; *allons-nous-en*, andiamocene **4** (*con uso impersonale*) noi, si (*sing.*): *quand — considérons que...*, quando consideriamo che.., se si considera che...

nouveau [nuvo] (*davanti a vocale o h muta* nouvel) (pl. *nouveaux*, f. *nouvelle*) *agg.* nuovo: *les nouveaux élus*, i neoeletti; *les nouveaux mariés*, i novelli sposi || *des pommes de terre nouvelles*, patate novelle || *elle a mis une nouvelle robe*, ha messo un altro vestito || *Art —*, liberty ♦ *s.m.* nuovo: *il a le goût du —*, gli piacciono le novità; *voilà du — !*, questa poi è nuova! □ **à nouveau**, daccapo, dal principio: *examiner à — une question*, riesaminare un problema; **de nouveau**, di nuovo, nuovamente.

nouveau-né [nuvone] (pl. *nouveau-nés*, f. *nouveau-née*) *agg.* e *s.m.* neonato || *faon —*, cerbiatto appena nato || *le — des ordinateurs japonais*, (*fig.*) l'ultimo dei computer giapponesi.

nouveauté [nuvote] *s.f.* novità.

nouvel [nuvel] *agg.* → **nouveau**.

nouvelle [nuvel] *s.f.* **1** notizia: *il n'a plus donné de ses nouvelles*, non si è fatto più vivo; *je suis sans nouvelles de lui*, sono senza sue notizie; *il est venu prendre des nouvelles*, è venuto per chiedere notizie; *tenir une — de qqn*, venire a sapere qlco da qlcu || *aller aux nouvelles*, andare in cerca di notizie || *aux dernières nouvelles*, secondo le ultime notizie || *vous aurez, vous entendrez de mes nouvelles!*, sentirete ancora parlare di me! || *goûtez-en, vous m'en direz des nouvelles!*, (*fam.*) assaggi, poi mi dirà! || *première —!*, questa è l'ultima! || *pas de nouvelles, bonnes nouvelles*, nessuna nuova, buona nuova || *— éclair*, notizia lampo || (*relig.*) *la Bonne —*, la Buona novella 2 (*lett.*) novella, racconto (*m.*).

nouvellement [nuvelmɑ̃] *avv.* da poco tempo: *tout — arrivé*, appena arrivato.

nouvelliste [nuvɛlist] *s.m.* novelliere, novellista.

novateur [nɔvatœʀ] (f. *-trice*) *agg.* e *s.m.* innovatore.

novation [nɔvasjɔ̃] *s.f.* 1 (*dir.*) novazione 2 innovazione.

novembre [nɔvɑ̃bʀ] *s.m.* novembre.

novice [nɔvis] *agg.* inesperto, novizio: *comédien —*, attore alle prime armi ♦ *s.m.* 1 novellino, novizio 2 (*eccl.*) novizio ♦ *s.f.* (*eccl.*) novizia.

noviciat [nɔvisja] *s.m.* noviziato.

noyade [nwajad] *s.f.* annegamento (*m.*).

noyau [nwajo] (pl. *-aux*) *s.m.* 1 nocciolo 2 (*scient.*) nucleo: (*chim.*) *— benzénique*, anello benzenico || (*fig.*): *noyaux de résistance*, focolai di resistenza; *— d'agitateurs*, gruppuscolo di agitatori; *le — dur d'un parti, d'une société*, lo zoccolo duro di un partito, il nocciolo duro di una società 3 (*edil., tecn.*) anima (*f.*).

noyautage [nwajotaʒ] *s.m.* infiltrazione di sobillatori.

noyauter [nwajote] *v.tr.* introdurre elementi sobillatori (in un'organizzazione).

noyé [nwaje] *agg.* 1 annegato, affogato 2 (*fig.*) immerso in: *des yeux noyés de larmes*, occhi pieni di lacrime 3 (*fig.*) smarrito ♦ *s.m.* annegato.

noyer¹ [nwaje] (*coniug. come* employer) *v.tr.* 1 annegare, affogare (*anche fig.*) || *— son vin*, allungare il vino con l'acqua || *— une révolte dans le sang*, soffocare una rivolta nel sangue || *— sous un déluge de paroles*, sommergere di parole || *— le poisson*, (*fig.*) imbrogliare le carte 2 allagare, inondare || (*mecc.*) *— un moteur*, ingolfare un motore □ **se noyer** *v.pron.* annegare, affogarsi; (*fig.*) perdersi || *se — dans un verre d'eau*, perdersi in un bicchiere d'acqua.

noyer² *s.m.* noce (albero e legno).

nu [ny] *agg.* nudo (*anche fig.*): *à demi, à moitié —*, mezzo nudo; *pieds, bras nus*, a piedi nudi, a braccia nude; *se mettre —*, denudarsi; *arbre —*, albero spoglio; *style —*, stile disadorno || *la vérité toute nue*, la verità nuda e cruda ♦ *s.m.* (*arte*) nudo.

nuage [nɥaʒ] *s.m.* 1 nube (*f.*), nuvola (*f.*) (*anche fig.*) || *— de mouches*, nugolo di mosche || *un — de lait*, un pochino di latte 2 (*in Canada*) sciarpa che copre viso e collo.

nuageux [nɥaʒø] (f. *-euse*) *agg.* nuvoloso; (*fig.*) nebuloso.

nuance [nɥɑ̃s] *s.f.* sfumatura (*anche fig.*) || *être sans nuances*, essere tutto di un pezzo.

nuancer [nɥɑ̃se] (*coniug. come* placer) *v.tr.* sfumare (*anche fig.*): *— ses expressions*, moderare le parole || *une interprétation nuancée*, una sottile interpretazione.

nubile [nybil] *agg.* in età per sposarsi || (*dir.*) *âge —*, età matrimoniale.

nubilité [nybilite] *s.f.* età matrimoniale.

nucléaire [nykleɛʀ] *agg.* e *s.m.* nucleare.

nucléique [nykleik] *agg.* (*biochim.*) nucleico.

nuclé(o)- *pref.* nucle(o)-

nudisme [nydism] *s.m.* nudismo.

nudiste [nydist] *agg.* e *s.m.* nudista.

nudité [nydite] *s.f.* nudità (*anche fig.*); (*arte*) nudo (*m.*).

nue [ny] *s.f.* (*letter.*) nube, nuvola || *porter aux nues*, portare alle stelle || *tomber des nues*, cascare dalle nuvole.

nuée [nɥe] *s.f.* 1 (*letter.*) nembo (*m.*) 2 (*fig.*) nugolo (*m.*).

nue-propriété [nypʀɔpʀijete] (pl. *nues-propriétés*) *s.f.* (*dir.*) nuda proprietà.

nui [nɥi] *part.pass. di* nuire.

nuire [nɥiʀ] (*coniug. come* conduire, *tranne al part.pass.*: nui) *v.intr.* nuocere.

nuisance [nɥizɑ̃s] *s.f.* 1 fattore di degrado ambientale o sociale: *nuisances acoustiques*, inquinamento acustico || *les nuisances de l'inflation*, (*fig.*) i danni dell'inflazione 2 fastidio (*m.*), noia.

nuisible [nɥizibl] *agg.* nocivo.

nuit [nɥi] *s.f.* notte: *il fait —, c'est la —*, è notte; *à la —, à la — tombante, à la tombée de la —*, sul far della notte; (*fig.*) *il fait — noire*, è notte fonda; *tard la —*, a notte inoltrata; *une mauvaise —*, una nottataccia || *bonne —!*, buonanotte! || *service de —*, turno di notte; *être de —*, (*fam.*) fare il turno di notte.

nuitamment [nɥitamɑ̃] *avv.* nottetempo, di notte.

nuitée [nɥite] *s.f.* pernottamento (*m.*).

nul [nyl] (f. *nulle*) *agg.* e *pron.indef.* nessuno: *— (homme) n'est content de son sort*, nessuno è contento della propria sorte; *— doute que*, nessun dubbio che; *sans — doute*, senza (alcun) dubbio; *nulle part*, da nessuna parte || *— autre → autre* ♦ *agg.* qualificativo 1 nullo: *les probabilités sont à peu près nulles*, le probabilità sono pressoché nulle; (*sport*) *match —*, incontro pari; *faire match —, partie nulle*, pareggiare || (*dir.*) *— et sans effet*, nullo e inefficace; *— et non avenu*, nullo, non efficace 2 inetto, incapace: *un homme —*, un uomo inetto; (*fam.*) una frana; *cet élève est — en latin*, (*fam.*) quell'allievo è una nullità in latino; *c'est —*, non vale niente.

nullard [nylaʀ] *agg.* e *s.m.* (*fam.*) buono a nulla.

nullement [nylmɑ̃] *avv.* per niente: *je n'en ai — envie*, non ho affatto voglia.

nullité [nyl/ite] *s.f.* 1 nullità 2 incompetenza.

numéraire [nymeʀɛʀ] *s.m.* contante: *payer en —*, pagare in contanti ♦ *agg.* (*econ.*) numerario || *valeur —*, valore nominale.

numéral [nymeʀal] (pl. *-aux*) *agg.* e *s.m.* numerale.

numérateur [nymeʀatœʀ] *s.m.* (*mat.*) numeratore.

numération [nymeʀasjɔ̃] *s.f.* numerazione.

numérique [nymeʀik] *agg.* numerico || **-ement** *avv.*

numéro [nymeʀo] *s.m.* numero (*anche fig.*): *paragraphe — 10*, paragrafo 10; *tirer le bon —*, estrarre il numero vincente, (*fig.*) avere fortuna; *les numéros précédents*, i numeri arretrati (di una pubblicazione); *— spécimen*, numero campione; *— d'acrobatie*, numero acrobatico || *c'est un drôle de —!*, (*fig.fam.*) è un bel numero, una sagoma!

numérotage [nymeʀotaʒ] *s.m.* numerazione (*f.*).

numérotation [nymeʀotasjɔ̃] *s.f.* ordine numerico.

numéroter [nymeʀote] *v.tr.* numerare.

numismate [nymismat] *s.m.* numismatico.

numismatique [nymismatik] *agg.* numismatico ♦ *s.f.* numismatica.

nunuche [nynyʃ] *agg.* (*fam.*) scemotto.

nu-pieds [nypje] (pl. e f. *invar.*) *agg.* a piedi nudi ♦ *s.m.* (pl. *invar.*) (sandali) infradito.

nu-propriétaire [nypʀopʀijetɛʀ] (pl. *nus-propriétaires*, f. *nue-propriétaire*) *s.m.* e *agg.* (*dir.*) titolare di nuda proprietà.

nuptial [nypsjal] (pl. *-aux*) *agg.* nuziale.

nuptialité [nypsjalite] *s.f.* (*stat.*) nuzialità.

nuque [nyk] *s.f.* nuca.

nurse [nœʀs] *s.f.* bambinaia.

nu-tête [nytɛt] (pl. e f. *invar.*) *agg.* a testa nuda.

nutriment [nytʀimɑ̃] *s.m.* nutrimento.

nutritif [nytʀitif] (f. *-ive*) *agg.* nutritivo.

nutrition [nytʀisjɔ̃] *s.f.* **1** nutrizione **2** (*med.*) ricambio (*m.*): *maladies, troubles de la —*, malattie del ricambio.

nylon [nilɔ̃] *s.m.* nailon.

nymphe [nɛ̃f] *s.f.* ninfa.

nymphéa [nɛ̃fea] *s.m.* (*bot.*) ninfea (*f.*).

nymphette [nɛ̃fɛt] *s.f.* ninfetta.

nymphomane [nɛ̃fɔman] *agg.* e *s.f.* ninfomane.

nymphomanie [nɛ̃fɔmani] *s.f.* ninfomania.

nyonsais [njɔ̃sɛ] *agg.* di Nyons.

O

o [o] *s.m.* o (*m.* e *f.*) || (*tel.*) — *comme Oscar*, o come Otranto.

ô [o] *inter.* oh!

oasis [oazis] *s.f.* oasi.

obédience [ɔbedjɑ̃s] *s.f.* (*eccl.*) obbedienza || *d'*—, di osservanza.

obéir [ɔbeiʀ] *v.intr.* ubbidire, obbedire || — *aux conventions*, rispettare le convenzioni || — *à sa conscience*, ascoltare la propria coscienza || — *au doigt et à l'œil*, filare a bacchetta.

obéissance [ɔbeisɑ̃s] *s.f.* ubbidienza, obbedienza.

obéissant [ɔbeisɑ̃] *agg.* ubbidiente: *caractère* —, carattere docile.

obélisque [ɔbelisk] *s.m.* obelisco.

obérer [ɔbeʀe] (*coniug. come* céder) *v.tr.* oberare (di debiti), indebitare □ **s'obérer** *v.pron.* indebitarsi.

obèse [ɔbɛz] *agg.* e *s.m.* obeso.

obésité [ɔbezite] *s.f.* obesità.

obier [ɔbje] *s.m.* (*bot.*) pallone di maggio.

objecter [ɔbʒɛkte] *v.tr.* obiettare.

objecteur [ɔbʒɛktœʀ] *s.m.* obiettore.

objectif¹ [ɔbʒɛktif] (*f.* -*ive*) *agg.* obiettivo; oggettivo.

objectif² *s.m.* obiettivo.

objection [ɔbʒɛksjɔ̃] *s.f.* obiezione.

objectivation [ɔbʒɛktivasjɔ̃] *s.f.* oggettivazione.

objectivement [ɔbʒɛktivmɑ̃] *avv.* obiettivamente, oggettivamente.

objectiver [ɔbʒɛktive] *v.tr.* oggettivare, obiettivare.

objectivité [ɔbʒɛktivite] *s.f.* obiettività, oggettività.

objet [ɔbʒɛ] *s.m.* oggetto || (*gramm.*) *complément d'*—, complemento oggetto || *avoir pour* — *de*, mirare a || *l'*— *de ma lettre est de*, lo scopo della mia lettera è di || *l'*— *du débat*, l'argomento della discussione.

objurgation [ɔbʒyʀgɑsjɔ̃] *s.f.* obiurgazione.

oblat [ɔbla] *s.m.* (*eccl.*) oblato.

oblation [ɔblɑsjɔ̃] *s.f.* oblazione.

obligataire [ɔbligatɛʀ] *s.m.* obbligazionista.

obligation [ɔbligɑsjɔ̃] *s.f.* obbligo (*m.*) || *dans l'*— *de*, nella necessità di || *fête d'*—, festa di precetto 2 (*Borsa*) obbligazione.

obligatoire [ɔbligatwaʀ] *agg.* obbligatorio: *école* —, scuola dell'obbligo || (*la*) *tenue de soirée* (*est*) —, (è) di rigore l'abito da sera || **-ement** *avv.*

obligé [ɔbliʒe] *agg.* obbligato: *être* — *de*, essere obbligato, costretto a || — *par contrat*, vincolato per contratto || *je vous suis fort* —, le sono veramente grato || *c'était* —!, (*fam.*) era inevitabile! ♦ *s.m.* beneficato, debitore || (*dir.*) *le principal* —, il debitore principale.

obligeamment [ɔbliʒamɑ̃] *avv.* cortesemente, gentilmente.

obligeance [ɔbliʒɑ̃s] *s.f.* cortesia, gentilezza.

obligeant [ɔbliʒɑ̃] *agg.* cortese, gentile.

obliger [ɔbliʒe] (*coniug. come* manger) *v.tr.* 1 obbligare (a): *sa conscience l'oblige à tout dire*, la sua coscienza gli impone di dire tutto 2 rendere servizio (a) || (*comm.*) *nous vous serions obligés de bien vouloir...*, vi saremmo grati se voleste □ **s'obliger** *v.pron.* obbligarsi; contrarre obbligazione: *s'*— *par devant notaire*, contrarre obbligo legale.

oblique [ɔblik] *agg.* obliquo ♦ *s.f.* (retta) obliqua || **-ement** *avv.*

obliquer [ɔblike] *v.intr.* 1 obliquare 2 deviare.

obliquité [ɔblikɥite] *s.f.* obliquità.

oblitérateur [ɔbliteʀatœʀ] (*f.* -*trice*) *agg.* e *s.m.* (timbro) annullatore; (*macchinetta*) obliteratrice.

oblitération [ɔbliteʀɑsjɔ̃] *s.f.* obliterazione, annullamento (di biglietti ecc.).

oblitérer [ɔbliteʀe] (*coniug. come* céder) *v.tr.* 1 obliterare, timbrare, annullare (un francobollo, un biglietto ecc.) 2 (*med.*) obliterare, ostruire.

oblong [ɔblɔ̃] (*f.* -*gue*) *agg.* oblungo, bislungo.

obnubilation [ɔbnybilɑsjɔ̃] *s.f.* obnubilamento (*m.*).

obnubiler [ɔbnybile] *v.tr.* obnubilare, ottenebrare.

obole [ɔbɔl] *s.f.* obolo (*m.*).

obscène [ɔpsɛn] *agg.* osceno.

obscénité [ɔpsenite] *s.f.* oscenità.

obscur [ɔpskyʀ] *agg.* oscuro (*anche fig.*); scuro.

obscurantisme [ɔpskyʀɑ̃tism] *s.m.* oscurantismo.

obscurantiste [ɔpskyʀɑ̃tist] *agg.* e *s.m.* oscurantista.

obscurcir [ɔpskyʀsiʀ] *v.tr.* 1 oscurare, offuscare (*anche fig.*) 2 (*fig.*) rendere oscuro □ **s'obscurcir** *v.pron.* oscurarsi, offuscarsi (*anche fig.*).

obscurcissement [ɔpskyʀsismɑ̃] *s.m.* oscuramento, offuscamento (*anche fig.*).

obscurément [ɔpskyʀemɑ̃] *avv.* oscuramente; vagamente.

obscurité [ɔpskyʀite] *s.f.* oscurità (*anche fig.*); buio (*m.*): *il reste quelques obscurités dans ce passage*, resta qualche punto oscuro in questo brano || *malgré l'— de ses origines*, nonostante i suoi oscuri natali.

obsédant [ɔpsedɑ̃] *agg.* ossessionante, ossessivo.

obsédé [ɔpsede] *agg.* invasato; (*fig.*) ossessionato ♦ *s.m.* 1 ossesso 2 maniaco.

obséder [ɔpsede] (*coniug. come* céder) *v.tr.* ossessionare: — *de demandes*, assillare di richieste.

obsèques [ɔpsɛk] *s.f.pl.* esequie: — *civiles*, funerali civili.

obséquieusement [ɔpsekjøzmɑ̃] *avv.* ossequiosamente, con modi ossequiosi.

obséquieux [ɔpsekjø] (f. *-euse*) *agg.* ossequente, ossequioso.

obséquiosité [ɔpsekjozite] *s.f.* ossequiosità.

observable [ɔpsɛʀvabl] *agg.* osservabile.

observance [ɔpsɛʀvɑ̃s] *s.f.* osservanza.

observateur [ɔpsɛʀvatœʀ] (f. *-trice*) *agg.* e *s.m.* osservatore || *c'est un esprit —*, ha spirito d'osservazione || *en simple —*, come semplice spettatore.

observation [ɔpsɛʀvasjɔ̃] *s.f.* osservazione || *la stricte — d'un règlement*, la stretta osservanza di un regolamento.

observatoire [ɔpsɛʀvatwaʀ] *s.m.* osservatorio.

observer [ɔpsɛʀve] *v.tr.* osservare || *— les distances*, mantenere le distanze □ **s'observer** *v.pron.* osservarsi, studiarsi.

obsession [ɔpsesjɔ̃] *s.f.* ossessione.

obsessionnel [ɔpsesjɔnɛl] (f. *-elle*) *agg.* ossessivo.

obsidienne [ɔpsidjɛn] *s.f.* (*min.*) ossidiana.

obsolescence [ɔpsɔlesɑ̃s] *s.f.* obsolescenza || *— des machines*, obsolescenza dei macchinari.

obsolète [ɔpsɔlɛt] *agg.* obsoleto.

obstacle [ɔpstakl] *s.m.* ostacolo: *faire, mettre — à qqch*, impedire, ostacolare qlco.

obstétrical [ɔpstetʀikal] (pl. *-aux*) *agg.* ostetrico.

obstétricien [ɔpstetʀisjɛ̃] (f. *-enne*) *agg.* e *s.m.* ostetrico.

obstétrique [ɔpstetʀik] *agg.* ostetrico ♦ *s.f.* ostetricia.

obstination [ɔpstinasjɔ̃] *s.f.* ostinazione.

obstiné [ɔpstine] *agg.* e *s.m.* ostinato, testardo.

obstinément [ɔpstinemɑ̃] *avv.* ostinatamente, con ostinazione.

obstiner, s' [sɔpstine] *v.pron.* ostinarsi.

obstructif [ɔpstʀyktif] (f. *-ive*) *agg.* ostruttivo.

obstruction [ɔpstʀyksjɔ̃] *s.f.* 1 ostruzione 2 (*fig.*) ostruzionismo (*m.*).

obstructionnisme [ɔpstʀyksjɔnism] *s.m.* ostruzionismo.

obstructionniste [ɔpstʀyksjɔnist] *s.m.* ostruzionista ♦ *agg.* ostruzionistico.

obstruer [ɔpstʀye] *v.tr.* ostruire □ **s'obstruer** *v.pron.* ostruirsi.

obtempérer [ɔptɑ̃peʀe] (*coniug. come* céder) *v.intr.* ottemperare.

obtenir [ɔptǝniʀ] (*coniug. come* tenir) *v.tr.* ottenere: — *qqch à qqn*, ottenere qlco per qlcu.

obtention [ɔptɑ̃sjɔ̃] *s.f.* conseguimento (*m.*).

obturateur [ɔptyʀatœʀ] (f. *-trice*) *agg.* e *s.m.* otturatore.

obturation [ɔptyʀasjɔ̃] *s.f.* otturazione.

obturer [ɔptyʀe] *v.tr.* otturare.

obtus [ɔpty] *agg.* ottuso.

obtusangle [ɔptyzɑ̃gl] *agg.* (*mat.*) ottusangolo.

obus [ɔby] *s.m.* (*mil.*) granata (f.) || *— perforant, traceur*, proiettile perforante, tracciante.

obusier [ɔbyzje] *s.m.* (*mil.*) obice.

obvier [ɔbvje] *v.intr.* ovviare.

oc [ɔk] *avv.* (*in provenzale antico*) sì: *langue d'—*, lingua d'oc (lingua romanza medievale della Francia meridionale).

ocarina [ɔkaʀina] *s.m.* ocarina (f.).

occasion [ɔkazjɔ̃] *s.f.* 1 occasione: *donner à qqn l'— de*, dare a qlcu l'opportunità di; *sauter sur l'—*, (*fam.*) prendere la palla al balzo || *à l'— de*, in occasione di || *acheter d'—*, comperare d'occasione, di seconda mano; *livre d'—*, libro usato || (*in Africa*) *voyager par —*, fare l'autostop 2 motivo (*m.*); pretesto (*m.*).

occasionnel [ɔkazjɔnɛl] (f. *-elle*) *agg.* occasionale || **-ellement** *avv.*

occasionner [ɔkazjɔne] *v.tr.* occasionare, causare.

occident [ɔksidɑ̃] *s.m.* 1 occidente, ponente 2 *l'Occident*, l'Occidente.

occidental [ɔksidɑ̃tal] (pl. *-aux*) *agg.* e *s.m.* occidentale.

occidentalisation [ɔksidɑ̃talizasjɔ̃] *s.f.* occidentalizzazione.

occidentaliser [ɔksidɑ̃talize] *v.tr.* occidentalizzare.

occipital [ɔksipital] (pl. *-aux*) *agg.* e *s.m.* (osso) occipitale.

occiput [ɔksipyt] *s.m.* (*anat.*) occipite.

occire [ɔksiʀ] (*usato all'inf., al part.pass.*: occis, *e nei tempi composti*) *v.tr.dif.* (*letter.*) occidere.

occitan [ɔksitɑ̃] *agg.* e *s.m.* occitano.

occlure [ɔklyʀ] (*coniug. come* conclure, *tranne al part.pass.*: occlus) *v.tr.* (*med.*) occludere.

occlusif [ɔklyzif] (f. *-ive*) *agg.* occlusivo.

occlusion [ɔklyzjɔ̃] *s.f.* occlusione.

occultation [ɔkyltasjɔ̃] *s.f.* 1 occultamento (*m.*) 2 (*astr.*) occultazione.

occulte [ɔkylt] *agg.* occulto.

occulter [ɔkylte] *v.tr.* occultare.

occultisme [ɔkyltism] *s.m.* occultismo.

occultiste [ɔkyltist] *agg.* e *s.m.* occultista.

occupant [ɔkypɑ̃] *agg.* e *s.m.* occupante: *les forces occupantes*, le forze d'occupazione.

occupation [ɔkypasjɔ̃] *s.f.* occupazione || *procurer une — à qqn*, procurare un impiego a qlcu || *il a été retenu par ses occupations*, è stato trattenuto dai suoi impegni.

occupationnel [ɔkypasjɔnɛl] (f. *-elle*) *agg.* occupazionale.

occupé [ɔkype] *agg.* occupato || *être — à...*, essere intento a...

occuper [ɔkype] *v.tr.* occupare: — *son temps*, impiegare il proprio tempo; — *des troupes à*, impegnare delle truppe in; *cette usine occupe plus de mille ouvriers*, questa fabbrica dà lavoro a più di mille operai; *le travail m'occupe entièrement*, il lavoro mi assorbe completamente □ **s'occuper** *v.pron.* occuparsi (di); provvedere (a): *il a toujours besoin de s'—*, ha sempre bisogno di fare qlco.

occurrence [ɔkyRᾶs] *s.f.* circostanza, occasione || *en l'—*, nel caso specifico.

océan [ɔseᾶ] *s.m.* **1** oceano **2** (*fig.*) mare.

océanique [ɔseanik] *agg.* oceanico.

océanographe [ɔseanɔgRaf] *s.m.* oceanografo.

océanographie [ɔseanɔgRafi] *s.f.* oceanografia.

océanographique [ɔseanɔgRafik] *agg.* oceanografico.

ocelle [ɔsɛl] *s.m.* (*zool.*) ocello.

ocellé [ɔse(el)le] *agg.* (*zool.*) ocellato.

ocelot [ɔslo] *s.m.* (*zool.*) ocelot.

ocre [ɔkr] *s.f.* ocra.

ocré [ɔkRe] *agg.* tinto d'ocra.

octaèdre [ɔktaedR] *s.m.* ottaedro.

octane [ɔktan] *s.m.* ottano.

octante [ɔktᾶt] *agg.num.card.* e *s.m.* (*in Canada e Svizzera*) ottanta.

octave [ɔktav] *s.f.* ottava.

octet [ɔktɛ] *s.m.* (*inform.*) byte.

octobre [ɔktɔbR] *s.m.* ottobre.

octogénaire [ɔktɔʒenɛR] *agg.* e *s.m.* ottuagenario.

octogonal [ɔktɔgɔnal] (*pl. -aux*) *agg.* ottagonale.

octogone [ɔktɔgɔn] *s.m.* ottagono.

octosyllabe [ɔktɔsil/ab] *agg.* e *s.m.* ottosillabo, ottonario.

octosyllabique [ɔktɔsil/abik] *agg.* ottosillabo, ottonario.

octroi [ɔktRwa] *s.m.* **1** concessione (*f.*) **2** imposta di consumo; dazio || *employé de l'—*, guardia daziaria.

octroyer [ɔktRwaje] (*coniug. come employer*) *v.tr.* **1** concedere **2** *s'— qqch*, concedersi qlco.

oculaire [ɔkylɛR] *agg.* oculare.

oculiste [ɔkylist] *s.m.* oculista.

oculistique [ɔkylistik] *agg.* oculistico ♦ *s.f.* oculistica.

odalisque [ɔdalisk] *s.f.* odalisca.

ode [ɔd] *s.f.* (*lett.*) ode.

odeur [ɔdœR] *s.f.* odore (*m.*) || *ne pas être en — de sainteté auprès de*, non essere ben visto da.

odieux [ɔdjø] (*f. -euse*) *agg.* odioso || *crime —*, crimine abominevole || *-eusement avv.*

odontalgie [ɔdᾶtalʒi] *s.f.* odontalgia.

odontalgique [ɔdᾶtalʒik] *agg.* e *s.m.* odontalgico.

odontologie [ɔdᾶtɔlɔʒi] *s.f.* odontologia; odontoiatria.

odontologique [ɔdᾶtɔlɔʒik] *agg.* odontologico; odontoiatrico.

odontologiste [ɔdᾶtɔlɔʒist] *s.m.* odontoiatra.

odorant [ɔdɔRᾶ] *agg.* odoroso; olezzante.

odorat [ɔdɔRa] *s.m.* odorato.

odoriférant [ɔdɔRiferᾶ] *agg.* odorifero.

odyssée [ɔdise] *s.f.* odissea.

œcuménique [ekymenik] *agg.* ecumenico.

œcuménisme [ekymenism] *s.m.* ecumenismo.

œdémateux [edematø] (f. *-euse*) *agg.* (*med.*) edematoso.

œdème [edem] *s.m.* (*med.*) edema.

œdicnème [ediknem] *s.m.* (*zool.*) occhione.

œdipien [edipjᾶ] (f. *-ienne*) *agg.* edipico.

œil [œj] (pl. *yeux* [jø]) *s.m.* **1** occhio: *avoir de bons yeux, de mauvais yeux*, avere la vista buona, cattiva; *avoir l'— mauvais*, avere lo sguardo cattivo; *perdre des deux yeux*, perdere la vista; *ouvrir de grands yeux*, aprire tanto d'occhi; *faire des yeux ronds*, sgranare gli occhi; *faire les gros yeux*, fare gli occhiacci; *faire des yeux en coulisse*, lanciare sguardi languidi; *faire de l'—*, fare l'occhiolino; *se faire les yeux*, truccarsi gli occhi || *n'avoir d'yeux que pour qqn*, avere occhi solo per qlcu; *avoir, tenir à l'—*, tenere d'occhio; *voir d'un bon —*, vedere di buon occhio || *entre quatre(-z-)yeux*, a quattr'occhi || *à l'— nu*, a occhio nudo; *les yeux ouverts, fermés*, a occhi aperti, chiusi || *des yeux, con gli occhi* || *aux yeux de*, a detta di || *tourner de l'—*, svenire || (*fam.*): *avoir un — qui dit zut, merde à l'autre*, essere strabico; *ne pas avoir les yeux en face des trous*, non vederci dalla stanchezza; *ne pas avoir les yeux dans sa poche*, essere un tipo sveglio; *s'en battre l'—*, infischiarsene; *ouvre l'— et le bon!*, apri l'occhio!; *mon —!*, un corno!; *à l'—*, a sbafo || *avoir les yeux rouges*, (*in Africa*) essere in collera **2** (*estens.*) occhio: *l'— d'un marteau*, l'occhio di un martello || *— d'une porte*, spioncino **3** *mauvais —*, malocchio □ **coup d'œil**, occhiata, sguardo: *d'un coup d'—*, con un'occhiata; *au, du premier coup d'—*, a prima vista, alla prima occhiata, a colpo d'occhio; *ça vaut le coup d'—*, merita di esser visto || *la ville offrait un coup d'— magnifique*, la città offriva un panorama magnifico || *avoir le coup d'—*, avere re occhio.

œil-de-bœuf [œjdəbœf] (pl. *œils-de-bœuf*) *s.m.* (*arch.*) occhio di bue.

œil-de-perdrix [œjdəpɛRdRi] (pl. *œils-de-perdrix*) *s.m.* occhio di pernice.

œil-de-tigre [œjdətigR] (pl. *œils-de tigre*) (*min.*) occhio di tigre.

œillade [œjad] *s.f.* occhiata d'intesa.

œillère [œjɛR] *s.f.* paraocchi (*m.pl.*).

œillet[1] [œjɛ] *s.m.* garofano: — *d'Inde*, garofano indiano; — *de poète*, garofano a mazzetti; — *mignardise*, garofanino.

œillet[2] *s.m.* occhiello.

œilleton [œjtᾶ] *s.m.* **1** (*bot.*) pollone **2** mirino (di arma) **3** spioncino, occhio magico (di porta).

œillette [œjɛt] *s.f.* **1** papavero mediterraneo **2** (*huile d'*) —, olio di papavero.

œno- *pref.* eno.

œnologie [enɔlɔʒi] *s.f.* enologia.

œnologique [enɔlɔʒik] *agg.* enologico.

œnologiste [enɔlɔʒist], **œnologue** [enɔlɔg] *s.m.* enologo.

œnothèque [enɔtɛk] *s.f.* enoteca.

œsophage [ezɔfaʒ] *s.m.* esofago.

œstrogène [ɛstRɔʒɛn] *agg.* e *s.m.* estrogeno.

œuf [œf] (pl. *œufs* [ø]) *s.m.* **1** uovo || (*cuc.*): — *dur, à la coque, mollets, pochés, brouillés,* uova sode, al guscio, bazzotte, affogate, strapazzate; *œufs sur le, au plat,* uova al tegame || — *à repriser,* uovo da rammendo || *mettre tous ses œufs dans le même panier,* (*fig.*) giocare tutto sulla stessa carta || *dans l'*—, sul nascere || (*fam.*): *espèce d'*—!, razza di idiota!; *va te faire cuire un* —!, (*fam.*) vai a quel paese! **2** (*biol.*) embrione.

œuvre [œvʀ] *s.f.* opera || *les œuvres choisies, l'complète de Musset,* le opere scelte, l'opera omnia di Musset || *bonnes œuvres,* opere pie || *mettre en* —, mettere in opera, eseguire ♦ *s.m.* **1** opera completa (di artista, scrittore ecc.) **2** (*edil.*) *le gros* —, le fondamenta e i muri maestri.

œuvrer [œvʀe] *v.intr.* operare, agire.

off [ɔf] *agg.* e *avv.* (*cine., tv*) fuori campo.

offensant [ɔfɑ̃sɑ̃] *agg.* offensivo.

offense [ɔfɑ̃s] *s.f.* **1** offesa **2** (*dir.*) vilipendio (*m.*).

offensé [ɔfɑ̃se] *agg.* e *s.m.* offeso.

offenser [ɔfɑ̃se] *v.tr.* offendere: *un rien l'offense,* si offende per un nonnulla ☐ **s'offenser** *v.pron.* offendersi.

offenseur [ɔfɑ̃sœʀ] *s.m.* offensore.

offensif [ɔfɑ̃sif] (f. *-ive*) *agg.*(*mil.*) offensivo.

offensive [ɔfɑ̃siv] *s.f.* offensiva (*anche fig.*).

offensivement [ɔfɑ̃sivmɑ̃] *avv.* in modo offensivo.

offert [ɔfɛʀ] *part.pass. di* offrir.

offertoire [ɔfɛʀtwaʀ] *s.m.* (*eccl.*) offertorio.

office[1] [ɔfis] *s.m.* **1** carica (*f.*) || *remplir son* —, svolgere il proprio ruolo || *faire* — *de,* fungere da || *d'*—, d'ufficio || *bons offices,* buoni uffici **2** (*eccl.*) uffizio, funzione (*f.*) **3** ente (pubblico): *Office de Tourisme,* Ente per il turismo.

office[2] *s.m.* e *f.* locale di servizio (attinente alla cucina).

officiant [ɔfisjɑ̃] *agg.* e *s.m.* officiante.

officiel [ɔfisjɛl] (f. *-elle*) *agg.* ufficiale || *à titre* —, ufficialmente, in forma ufficiale || *le Journal Officiel, l'Officiel,* la Gazzetta Ufficiale ♦ *s.m.* **1** autorità (*f.*): *la tribune des officiels,* la tribuna delle autorità **2** (*sport*) organizzatore (di una manifestazione sportiva); giudice (di gara).

officiellement [ɔfisjɛlmɑ̃] *avv.* ufficialmente, in forma ufficiale.

officier[1] [ɔfisje] *s.m.* **1** ufficiale: — *de réserve,* ufficiale di complemento **2** — *public, ministériel,* pubblico ufficiale.

officier[2] *v.intr.* (*eccl.*) officiare.

officieux [ɔfisjø] (f. *-euse*) *agg.* ufficioso || *à titre* —, in forma ufficiosa, non ufficialmente || **-eusement** *avv.*

officinal [ɔfisinal] (pl. *-aux*) *agg.* officinale.

officine [ɔfisin] *s.f.* laboratorio farmaceutico.

offrande [ɔfʀɑ̃d] *s.f.* (*eccl.*) offerta; obolo (*m.*).

offrant [ɔfʀɑ̃] *s.m.* offerente (a un'asta): *vendre au plus* —, vendere al migliore offerente.

offre [ɔfʀ] *s.f.* offerta.

offrir [ɔfʀiʀ]

Indic.pres. j'offre, etc., nous offrons, etc.; *imperf.* j'offrais, etc.; *pass.rem.* j'offris, etc.; *fut.* j'offrirai, etc. *Cond.* j'offrirais, etc. *Cong.pres.* que j'offre, etc.; *imperf.* que j'offrisse, etc. *Part.pres.* offrant; *pass.* offert. *Imp.* offre, offrons, offrez.

v.tr. offrire: — *à boire,* offrire da bere; *je lui ai offert de l'accompagner,* mi sono offerto di accompagnarlo || — *un livre,* regalare un libro.

offset [ɔfsɛt] *s.m.invar.* (*tip.*) offset.

offusquer [ɔfyske] *v.tr.* (*fig.*) urtare, contrariare ☐ **s'offusquer** *v.pron.* adombrarsi (per), risentirsi (per).

ogival [ɔʒival] (pl. *-aux*) *agg.* ogivale.

ogive [ɔʒiv] *s.f.* ogiva || (*arch.*) *en* —, a ogiva, a sesto acuto.

ogre [ɔgʀ] *s.m.* orco || *manger comme un* —, mangiare come un lupo || *appétit d'*—, appetito formidabile.

oh [o] *inter.* e *s.m.* oh! || *pousser des* —! *et des ah!,* gridare di gioia, di meraviglia.

ohé [ɔe] *inter.* ohe!, ehi!

oïdium [ɔidjɔm] *s.m.* (*bot.*) oidio, mal bianco.

oie [wa] *s.f.* oca: *bête comme une* —, stupido come una gallina || *c'est une* — *blanche,* (*iron.*) è un'(ochetta) ingenua.

oignon [ɔɲɔ̃] *s.m.* cipolla (*f.*) || (*cuc.*) *soupe à l'*—, zuppa di cipolle || *vin pelure d'*—, vino rosato || *occupe-toi de tes oignons,* (*fam.*) impicciati dei fatti tuoi || *en rang d'oignons,* in fila indiana || (*bot.*) — *de tulipe,* bulbo, cipolla di tulipano || *l'*— *du gros orteil,* la cipolla dell'alluce.

oïl [ɔjl] *avv.* (*in fr. ant.*) sì: *langue d'*—, lingua d'oïl (lingua romanza medievale della Francia settentrionale, che diede origine al francese moderno).

oindre [wɛ̃dʀ] (*usato solo all'inf.*) *v.tr.* ungere.

oint [wɛ̃] *agg.* e *s.m.* unto.

oiseau [wazo] (pl. *-eaux*) *s.m.* uccello: *avoir une cervelle d'*—, avere un cervello di gallina; *avoir un appétit d'*—, mangiare come un uccellino || *être comme l'*— *sur la branche,* vivere alla giornata || — *de malheur,* uccello del malaugurio || — *rare,* bestia rara || *c'est un drôle d'*—, (*fam.*) è un tipo strano || *que vient faire ici cet oiseau-là?,* che cosa viene a fare qui quel tipo?

oiseau-lyre [wazoliʀ] (pl. *oiseaux-lyres*) *s.m.* uccello lira.

oiseau-mouche [wazomuʃ] (pl. *oiseaux-mouches*) *s.m.* uccello mosca.

oiselet [wazlɛ] *s.m.* (*letter.*) augelletto.

oiseleur [wazlœʀ] *s.m.* uccellatore.

oiselier [wazəlje] *s.m.* uccellaio.

oisellerie [wazɛlʀi] *s.f.* negozio di uccelli.

oiseux [wazø] (f. *-euse*) *agg.* ozioso, inutile || **-eusement** *avv.*

oisif [wazif] (f. *-ive*) *agg.* ozioso; inattivo: *rester —*, stare in ozio ‖ (*econ.*): *capital —*, capitale in giacenza, inattivo; *argent —*, denaro inattivo ♦ *s.m.* sfaccendato.

oisillon [wazijɔ̃] *s.m.* uccellino.

oisivement [wazivmã] *avv.* oziosamente.

oisiveté [wazivte] *s.f.* ozio (*m.*).

oison [wazɔ̃] *s.m.* papero, papera (*f*).

okapi [ɔkapi] *s.m.* (*zool.*) okapi.

oléagineux [ɔleaʒinø] (f. *-euse*) *agg.* oleoso ♦ *s.m.* pianta oleaginosa.

oléicole [ɔleikɔl] *agg.* olivicolo.

oléiculteur [ɔleikyltœʀ] (f. *-trice*) *s.m.* olivicoltore.

oléiforme [ɔleifɔʀm] *agg.* oleoso.

oléine [ɔlein] *s.f.* (*chim.*) oleina.

oléo- *pref.* oleo-

oléoduc [ɔleɔdyk] *s.m.* oleodotto.

oléographie [ɔleɔgʀafi] *s.f.* (*tip.*) oleografia.

oléographique [ɔleɔgʀafik] *agg.* oleografico.

olé olé [ɔleɔle] *agg.invar.* (*fam.*) libero, disinvolto.

olfactif [ɔlfaktif] (f. *-ive*) *agg.* olfattivo.

olfaction [ɔlfaksjɔ̃] *s.f.* olfatto (*m.*).

olibrius [ɔlibʀijys] *s.m.* (*fam.*) tipo stravagante.

olifant [ɔlifã] *s.m.* (*st. mus.*) olifante.

oligarchie [ɔligaʀʃi] *s.f.* oligarchia.

oligarchique [ɔligaʀʃik] *agg.* oligarchico.

olig(o)- *pref.* olig(o)-

oligocène [ɔligɔsɛn] *s.m.* (*geol.*) oligocene.

oligo-élément [ɔligɔelemã] *s.m.* (*chim.*) oligoelemento.

oligophrène [ɔligɔfʀɛn] *s.m.* e *agg.* (*med.*) oligofrenico.

oligophrénie [ɔligɔfʀeni] *s.f.* (*med.*) oligofrenia.

oligopole [ɔligɔpɔl] *s.m.* (*econ.*) oligopolio.

oliphant [ɔlifã] *s.m.* → **olifant.**

olivaie [ɔlivɛ] *s.f.* oliveto (*m.*).

olivaison [ɔlivezɔ̃] *s.f.* raccolta delle olive.

olivâtre [ɔlivɑtʀ] *agg.* olivastro.

olive [ɔliv] *s.f.* **1** oliva **2** (oggetto a forma di) oliva ♦ *agg.invar.* (color) oliva.

oliveraie [ɔlivʀɛ] *s.f.* oliveto (*m.*).

olivet [ɔlivɛ] *s.m.* formaggio vaccino di Orléans.

olivette [ɔlivɛt] *s.f.* (pomodoro) perino.

olivier [ɔlivje] *s.m.* ulivo.

olographe [ɔlɔgʀaf] *agg.* (*dir.*) olografo.

olympe [ɔlɛ̃p] *s.m.* olimpo.

olympiade [ɔlɛ̃pjad] *s.f.* olimpiade.

olympien [ɔlɛ̃pjɛ̃] (f. *-enne*) *agg.* olimpico ‖ *Zeus —*, Giove olimpio.

olympique [ɔlɛ̃pik] *agg.* olimpico: *athlète, record —*, atleta, record olimpionico ‖ *Jeux Olympiques*, Giochi Olimpici.

ombelle [ɔ̃bɛl] *s.f.* (*bot.*) ombrella.

Ombellifères [ɔ̃be(el)lifɛʀ] *s.f.pl.* (*bot.*) Ombrellifere.

ombilic [ɔ̃bilik] *s.m.* ombelico.

ombilical [ɔ̃bilikal] (pl. *-aux*) *agg.* ombelicale.

omble [ɔ̃bl] *s.m.* (*zool.*) salmerino.

ombrage [ɔ̃bʀaʒ] *s.m.* ombra (del fogliame): *donner de l' —, faire —*, ombreggiare, fare ombra ‖ (*fig.*): *faire, porter — à qqn*, dare ombra a qlcu; *prendre — de qqch*, adombrarsi per qlco.

ombragé [ɔ̃bʀaʒe] *agg.* ombroso, ombreggiato.

ombrager [ɔ̃bʀaʒe] (*coniug. come* manger) *v.tr.* ombreggiare, fare ombra.

ombrageux [ɔ̃bʀaʒø] (f. *-euse*) *agg.* ombroso.

ombre¹ [ɔ̃bʀ] *s.f.* ombra (*fig.*): *une — de vérité*, una parvenza di verità; *il n'y a pas l' — d'un doute*, senza ombra di dubbio; *courir après une —*, correre dietro alle ombre ‖ *mettre à l' —*, (*fam.*) mettere al fresco, in galera ‖ *il y a une — au tableau*, c'è un neo che guasta tutto.

ombre² *s.m.* (*zool.*) temolo.

ombre³ *s.f.* terra d'ombra, terra di Siena.

ombrelle [ɔ̃bʀɛl] *s.f.* ombrellino (*m.*), parasole (*m.*).

ombrer [ɔ̃bʀe] *v.tr.* (*pitt.*) ombrare, ombreggiare.

ombreux [ɔ̃bʀø] (f. *-euse*) *agg.* (*letter.*) ombroso.

ombrien [ɔ̃bʀiɛ̃] (f. *-enne*) *agg.* e *s.m.* umbro.

ombrine [ɔ̃bʀin] *s.f.* (*zool.*) ombrina.

oméga [ɔmega] (pl. *invar.*) *s.m.* omega.

omelette [ɔmlɛt] *s.f.* frittata ‖ *— norvégienne*, dolce di gelato, meringa e pandispagna.

omettre [ɔmɛtʀ] (*coniug. come* mettre) *v.tr.* omettere, tralasciare.

omis [ɔmi] *part.pass. di* omettere.

omission [ɔmisjɔ̃] *s.f.* omissione.

omni- *pref.* omni-, pluri-, poli-

omnibus [ɔmnibys] *s.m.* omnibus ♦ *agg.* (*train*) *—*, (treno) omnibus, locale, accelerato.

omnicolore [ɔmnikɔlɔʀ] *agg.* multicolore.

omnipotence [ɔmnipɔtãs] *s.f.* onnipotenza.

omnipotent [ɔmnipɔtã] *agg.* onnipotente.

omniprésence [ɔmnipʀezãs] *s.f.* onnipresenza.

omniprésent [ɔmnipʀezã] *agg.* onnipresente.

omniscience [ɔmnisjãs] *s.f.* onniscienza.

omniscient [ɔmnisjã] *agg.* onnisciente.

omnisport(s) [ɔmnispɔʀ] *agg.invar.* polisportivo.

omnivore [ɔmnivɔʀ] *agg.* onnivoro.

omoplate [ɔmɔplat] *s.f.* (*anat.*) scapola.

on [ɔ̃] *pron.indef.invar.sogg.* **1** si: *— n'est jamais content de ce que l' — fait*, non si è mai contenti di ciò che si fa; *— les avait vus*, erano stati visti; *— dit, — dirait que...*, si dice, si direbbe che...; *— aurait dit (que)...*, sembrava (che)...; *si l' — considère que...*, se si considera che... ‖ *— ne sait où*, non si sa dove; *— ne sait qui, quoi*, non si sa chi, cosa; *— ne sait comment*, non si sa come ‖ *— n'est jamais si bien servi que par soi-même*, chi fa da sé fa per tre **2** (*fam.* in sostituzione di un *pron.pers.*): *— était seules quand l'orage a éclaté*, eravamo sole quando è scoppiato il temporale; *— y va?*, andiamo?, si va?; *— sera mieux chez nous*, staremo meglio a casa nostra.

onagre [ɔnagʀ] *s.m.* (*zool.*) onagro.

onanisme [ɔnanism] *s.m.* onanismo.

once [ɔ̃s] *s.f.* oncia (= 28,349 gr).

oncle [ɔ̃kl] *s.m.* zio.

onco- *pref.* onco-
oncologie [ɔ̃kɔlɔʒi] *s.f.* oncologia.
oncologique [ɔ̃kɔlɔʒik] *agg.* oncologico.
oncologue [ɔ̃kɔlɔg] *s.m.* oncologo.
onction [ɔ̃ksjɔ̃] *s.f.* **1** unzione **2** (*fig. spreg.*) mellifluità.
onctueux [ɔ̃ktɥø] (f. *-euse*) *agg.* cremoso.
onctuosité [ɔ̃ktɥozite] *s.f.* morbidezza, cremosità.
onde [ɔ̃d] *s.f.* onda || *— de choc*, (*fis.*) fronte d'urto, (*fig.*) ripercussione, conseguenza || (*rad., tv*) *sur les ondes*, alla radio; *passer sur les ondes*, andare in onda; *mettre en ondes*, mettere in onda.
ondée [ɔ̃de] *s.f.* acquazzone (*m.*).
ondine [ɔ̃din] *s.f.* (*mit.*) ondina.
on-dit [ɔ̃di] (pl. *invar.*) *s.m.* diceria (*f.*), pettegolezzo.
ondoiement [ɔ̃dwamɑ̃] *s.m.* ondeggiamento.
ondoyant [ɔ̃dwajɑ̃] *agg.* **1** fluttuante; ondeggiante **2** (*fig.*) instabile, mutevole.
ondoyer [ɔ̃dwaje] (*coniug. come* employer) *v. intr.* fluttuare; ondeggiare.
ondulant [ɔ̃dylɑ̃] *agg.* ondeggiante.
ondulation [ɔ̃dylasjɔ̃] *s.f.* **1** ondulazione **2** ondeggiamento (*m.*).
ondulatoire [ɔ̃dylatwar] *agg.* ondulatorio.
ondulé [ɔ̃dyle] *agg.* ondulato.
onduler [ɔ̃dyle] *v.intr.* ondeggiare ♦ *v.tr.* ondulare; (*i capelli*) arricciare.
onduleux [ɔ̃dylø] (f. *-euse*) *agg.* **1** ondulato **2** ondeggiante.
onéreux [ɔnerø] (f. *-euse*) *agg.* oneroso, gravoso.
ongle [ɔ̃gl] *s.m.* unghia (*f.*): *se brosser les ongles*, pulirsi le unghie (con uno spazzolino) || *jusqu'au bout des ongles*, fino alla punta dei capelli.
onglée [ɔ̃gle] *s.f.*: *avoir l'—*, avere la punta delle dita congelate.
onglet [ɔ̃glε] *s.m.* **1** unghia (*f.*) **2** (*tecn.*) ugnatura (*f.*): *tailler à —*, tagliare a 45°; *assemblage à —*, giunto ad angolo **3** (*tip.*) inserto.
onguent [ɔ̃gɑ̃] *s.m.* unguento.
ongulé [ɔ̃gyle] *agg.* e *s.m.* (*zool.*) ungulato.
onirique [ɔnirik] *agg.* onirico.
onirisme [ɔnirism] *s.m.* onirismo.
onomastique [ɔnɔmastik] *agg.* onomastico ♦ *s.f.* onomastica.
onomatopée [ɔnɔmatɔpe] *s.f.* onomatopea.
onomatopéique [ɔnɔmatɔpeik] *agg.* onomatopeico.
ontologie [ɔ̃tɔlɔʒi] *s.f.* (*fil.*) ontologia.
ontologique [ɔ̃tɔlɔʒik] *agg.* ontologico.
onusien [ɔnyzjɛ̃] (f. *-enne*) *agg.* relativo all'ONU, dell'ONU: *solution de type —*, soluzione in linea con l' ONU.
onyx [ɔniks] *s.m.* (*min.*) onice (*f.*).
onze [ɔ̃z] *agg.num.card.* e *s.m.* undici || *— cents*, millecento ♦ *agg.num.ord.* undicesimo • *Le* e *ce* non si apostrofano quando precedono *onze*.
onzième [ɔ̃zjεm] *agg.num.ord.* e *s.m.* undicesimo • *Le* e *ce* non si apostrofano quando precedono *onzième*.

oogamie [ɔɔgami] *s.f.* (*biol.*) oogamia.
oogénèse [ɔɔgenεz] *s.f.* (*biol.*) oogenesi.
oosphère [ɔɔsfεr] *s.f.* (*bot.*) oosfera.
opacifier [ɔpasifje] *v.tr.* opacizzare.
opacité [ɔpasite] *s.f.* opacità.
opale [ɔpal] *s.f.* (*min.*) opale (*m.* e *f.*).
opalescence [ɔpalesɑ̃s] *s.f.* opalescenza.
opalescent [ɔpalesɑ̃] *agg.* opalescente.
opalin [ɔpalɛ̃] *agg.* opalino.
opaline [ɔpalin] *s.f.* opalina.
opaque [ɔpak] *agg.* **1** opaco **2** (*fig.*) impenetrabile.
opéra [ɔpera] *s.m.* **1** (*mus.*) opera (*f.*): *— bouffe*, opera buffa **2** teatro dell'opera.
opérable [ɔperabl] *agg.* (*med.*) operabile.
opéra-comique [ɔperakɔmik] (pl. *opéras-comiques*) *s.m.* (*mus.*) dramma lirico di argomento leggero che alterna arie cantate e dialoghi parlati.
opérateur [ɔperatœr] (f. *-trice*) *s.m.* operatore: (*cine.*) *— du son*, tecnico del suono; (*tv*) *— de prise de vues*, cineoperatore || (*Borsa*) *— à la baisse, à la hausse*, ribassista, rialzista.
opération [ɔperasjɔ̃] *s.f.* operazione || *par l'— du Saint-Esprit*, (*iron.*) per opera dello Spirito Santo || (*med.*): *salle d'—*, sala operatoria; *table d'—*, tavolo operatorio; *subir une —*, subire un'operazione, un intervento.
opérationnel [ɔpera(ɑ)sjɔnεl] (f. *-elle*) *agg.* operativo.
opératoire [ɔperatwar] *agg.* (*med.*) operatorio: *choc —*, trauma postoperatorio.
opercule [ɔpεrkyl] *s.m.* opercolo.
opéré [ɔpere] *agg.* e *s.m.* (*med.*) operato: *un grand —*, chi ha subito un intervento chirurgico di grande entità.
opérer [ɔpere] (*coniug. come* céder) *v.tr.* **1** operare, compiere; produrre **2** (*med.*) operare ♦ *v.intr.* **1** operare, agire **2** (*med.*) operare □ **s'opérer** *v. pron.* operarsi, prodursi.
opérette [ɔperεt] *s.f.* (*mus.*) operetta.
ophtalmie [ɔftalmi] *s.f.* (*med.*) oftalmia.
ophtalmique [ɔftalmik] *agg.* oftalmico.
ophtalm(o)- *pref.* oftalm(o)-
ophtalmologie [ɔftalmɔlɔʒi] *s.f.* oftalmologia, oculistica.
ophtalmologique [ɔftalmɔlɔʒik] *agg.* oftalmologico, oculistico.
ophtalmologiste [ɔftalmɔlɔʒist], **ophtalmologue** [ɔftalmɔlɔg] *s.m.* oftalmologo.
ophtalmoscope [ɔftalmɔskɔp] *s.m.* (*med.*) oftalmoscopio.
opiacé [ɔpjase] *agg.* oppiaceo.
opiner [ɔpine] *v.intr.*: *— à*, approvare || *— du bonnet, de la tête, du chef*, annuire.
opiniâtre [ɔpinjɑtr] *agg.* tenace; ostinato || *toux —*, tosse persistente || *-ement* avv.
opiniâtreté [ɔpinjɑtrəte] *s.f.* tenacia.
opinion [ɔpinjɔ̃] *s.f.* **1** opinione: *liberté d'—*, libertà di pensiero; *c'est une affaire d'—*, è una questione di opinioni || *donner bonne — de soi*, fare buona impressione **2** *— (publique)*, opinio-

ne pubblica: *braver l'*—, sfidare l'opinione pubblica.

opium [ɔpjɔm] *s.m.* oppio.

opossum [ɔpɔsɔm] *s.m.* (*zool.*) opossum.

opportun [ɔpɔrtœ̃] *agg.* opportuno || **-ément** *avv.*

opportunisme [ɔpɔrtynism] *s.m.* opportunismo.

opportuniste [ɔpɔrtynist] *agg.* e *s.m.* opportunista.

opportunité [ɔpɔrtynite] *s.f.* opportunità || *saisir l'*—, cogliere l'occasione.

opposable [ɔpozabl] *agg.* opponibile (*anche dir.*).

opposant [ɔpozɑ̃] *agg.* **1** avverso **2** (*dir., anat.*) opponente ♦ *s.m.* oppositore.

opposé [ɔpoze] *agg.* e *s.m.* opposto || *nous sommes opposés à la violence,* siamo contrari alla violenza.

opposer [ɔpoze] *v.tr.* **1** opporre || *des questions d'intérêt nous opposent,* ci dividono questioni d'interesse **2** contrapporre, paragonare □ **s'opposer** *v. pron.* opporsi.

opposite [ɔpozit] *s.m.*: *à l'*— *de,* di fronte a, dirimpetto a.

opposition [ɔpozisjɔ̃] *s.f.* opposizione: *être dans l'*—, essere all'opposizione || — *de couleurs,* contrasto di colori || *en* — *avec,* in contrasto con || *par* — *à,* al contrario di.

oppressant [ɔpresɑ̃] *agg.* opprimente.

oppresser [ɔprese] *v.tr.* opprimere.

oppresseur [ɔpresœr] *agg.* e *s.m.* oppressore.

oppressif [ɔpresif] (f. *-ive*) *agg.* oppressivo.

oppression [ɔpresjɔ̃] *s.f.* oppressione.

opprimé [ɔprime] *agg.* e *s.m.* oppresso.

opprimer [ɔprime] *v.tr.* opprimere.

opprobre [ɔprɔbr] *s.m.* obbrobrio.

optatif [ɔptatif] (f. *-ive*) *agg.* e *s.m.* (*ling.*) ottativo.

opter [ɔpte] *v.intr.* optare.

opticien [ɔptisjɛ̃] (f. *-enne*) *s.m.* ottico.

optimal [ɔptimal] (pl. *-aux*) *agg.* ottimale.

optimaliser [ɔptimalize], **optimiser** [ɔptimize] *v. tr.* ottimizzare.

optimisation [ɔptimizasjɔ̃] *s.f.* (*econ.*) ottimizzazione.

optimisme [ɔptimism] *s.m.* ottimismo.

optimiste [ɔptimist] *agg.* **1** (*di persona*) ottimista **2** (*di cosa*) ottimistico ♦ *s.m.* ottimista.

optimum [ɔptimɔm] (pl. *optimums, optima*; f. *invar.* o *optima*) *agg.* ottimale ♦ *s.m.* optimum.

option [ɔpsjɔ̃] *s.f.* opzione || *accessoire en* —, optional || *matière à* —, materia facoltativa.

optionnel [ɔpsjɔnɛl] (f. *-elle*) *agg.* opzionale || *le compte-tours est* —, il contagiri è un optional.

optique [ɔptik] *agg.* ottico ♦ *s.f.* ottica: *illusion d'*—, illusione ottica; (*fig.*) errore di valutazione || *l'*— *de la scène,* la visione scenica.

opulence [ɔpylɑ̃s] *s.f.* opulenza.

opulent [ɔpylɑ̃] *agg.* opulento.

opuscule [ɔpyskyl] *s.m.* opuscolo.

or[1] [ɔr] *s.m.* oro: — *pur,* oro zecchino || *en* —, d'oro || *parler d'*—, parlare con buonsenso || *à prix*

d'—, a peso d'oro || *franc comme l'*—, schietto come l'acqua || *jaune d'*—, color giallo oro || (*fig.*): *faire de l'*—, fare i soldi; *ne pas rouler sur l'*—, non nuotare nell'oro.

or[2] *cong.* ora: — *donc,* or dunque.

oracle [ɔrakl] *s.m.* oracolo || *parler d'un ton d'*—, (*iron.*) sputare sentenze.

orage [ɔraʒ] *s.m.* temporale: *le temps est à l'*—, il tempo minaccia un temporale || *il y a de l'*— *dans l'air,* (*fig.*) c'è aria di burrasca.

orageux [ɔraʒø] (f. *-euse*) *agg.* tempestoso, burrascoso.

oraison [ɔrezɔ̃] *s.f.* orazione.

oral [ɔral] (pl. *-aux*) *agg.* e *s.m.* orale || *rater l'*—, (*fam.*) essere bocciati all'orale || **-ement** *avv.*

orange [ɔrɑ̃ʒ] *s.f.* (*frutto*) arancia ♦ *s.m.* arancio, arancione || *passer à l'*—, passare col (semaforo) giallo ♦ *agg. invar.* arancione.

orangé [ɔrɑ̃ʒe] *agg.* e *s.m.* che tende all'arancione.

orangeade [ɔrɑ̃ʒad] *s.f.* aranciata.

orangeois [ɔrɑ̃ʒwa] *agg.* di Orange.

oranger [ɔrɑ̃ʒe] *s.m.* (*pianta*) arancio.

orangeraie [ɔrɑ̃ʒrɛ] *s.f.* aranceto (*m.*).

orangerie [ɔrɑ̃ʒri] *s.f.* **1** aranciera **2** aranceto (*m.*).

orang-outan(g) [ɔrɑ̃utɑ̃] (pl. *orangs-outan(g)s*) *s.m.* orango, orangutan.

orateur [ɔratœr] (f. *-trice*) *s.m.* oratore.

oratoire[1] [ɔratwar] *agg.* oratorio.

oratoire[2] *s.m.* oratorio (piccola cappella privata).

oratorien [ɔratɔrjɛ̃] *s.m.* (*eccl.*) oratoriano.

orbe[1] [ɔrb] *s.m.* **1** (*astr.*) orbe **2** (*poet.*) globo, sfera (*f.*).

orbe[2] *agg.* (*arch.*) *mur* —, muro cieco.

orbital [ɔrbital] (pl. *-aux*) *agg.* orbitale.

orbite [ɔrbit] *s.f.* orbita (*anche fig.*): *placer sur* —, mettere in orbita.

orchestral [ɔrkestral] (pl. *-aux*) *agg.* orchestrale.

orchestration [ɔrkestrasjɔ̃] *s.f.* (*mus.*) orchestrazione.

orchestre [ɔrkestr] *s.m.* **1** orchestra (*f.*) || *fosse d'*—, golfo mistico **2** platea (*f.*).

orchestrer [ɔrkestre] *v.tr.* (*mus.*) orchestrare.

orchidée [ɔrkide] *s.f.* (*bot.*) orchidea.

ordinaire [ɔrdiner] *agg.* ordinario: *vin* —, vino comune || *ce n'est pas* —!, (*fam.*) non è cosa di tutti i giorni! || *manières ordinaires,* modi grossolani ♦ *s.m.* **1** ordinario: *une intelligence qui sort de l'*—, un'intelligenza fuori del comune || *d'*—, di solito || *comme à l'*—, come al solito **2** cibo abituale.

ordinairement [ɔrdinermɑ̃] *avv.* di solito, abitualmente.

ordinal [ɔrdinal] (pl. *-aux*) *agg.* e *s.m.* ordinale.

ordinateur [ɔrdinatœr] *s.m.* computer, elaboratore.

ordination [ɔrdinasjɔ̃] *s.f.* (*eccl.*) ordinazione.

ordonnance [ɔrdɔnɑ̃s] *s.f.* **1** disposizione, ordine (*m.*). **2** ricetta medica: *suivre une* —, seguire una prescrizione medica 3 (*dir.*) ordinanza 4 (*arch.*) ordine (*m.*).

ordonnancement [ɔʀdɔnɑ̃smɑ̃] *s.m.* 1 mandato di pagamento 2 (*comm.*) commessa (*f.*) 3 (*ind.*) programmazione (*f.*).

ordonnancer [ɔʀdɔnɑ̃se] (*coniug. come* placer) *v.tr.* emettere un mandato di pagamento.

ordonnancier [ɔʀdɔnɑ̃sje] *s.m.* (*med.*) ricettario.

ordonnateur [ɔʀdɔnatœʀ] (*f. -trice*) agg. ordinatore ♦ *s.m.* organizzatore, ordinatore.

ordonné [ɔʀdɔne] *agg.* ordinato.

ordonnée [ɔʀdɔne] *s.f.* (*mat.*) ordinata.

ordonner [ɔʀdɔne] *v.tr.* 1 ordinare, mettere in ordine 2 ordinare, comandare: — *une grève*, indire uno sciopero 3 (*med.*) prescrivere 4 (*eccl.*) ordinare, dare gli ordini sacri a.

ordre [ɔʀdʀ] *s.m.* ordine || *avoir de l'—*, essere ordinato; *mettre bon —*, ristabilire l'ordine || *entrer dans les ordres*, entrare in convento || *jusqu'à nouvel —*, fino a nuovo ordine.

ordré [ɔʀdʀe] *agg.* (*in Svizzera*) ordinato.

ordure [ɔʀdyʀ] *s.f.* 1 sporcizia, sudiciume (*m.*) (*anche fig.*) 2 (spec. *pl.*) immondizia (*sing.*): *boîte à ordures*, pattumiera; *mettre, jeter aux ordures*, buttare nella spazzatura 3 (*fig.*) porcheria, oscenità 4 (*molto fam.*) (*individuo*) fetente 5 *pl.* escrementi (*m.*), bisogni (*m.*).

ordurier [ɔʀdyʀje] (*f. -ère*) agg. sboccato, osceno.

ordurière [ɔʀdyʀijɛʀ] *s.f.* (*in Svizzera*) paletta (per i rifiuti).

orée [ɔʀe] *s.f.* margine (*m.*), limitare (di un bosco).

oreille [ɔʀɛj] *s.f.* 1 orecchio (*m.*), orecchia: *oreilles décollées*, orecchie a sventola; *porter son chapeau sur l'—*, portare il cappello sulle ventitré; *murmurer à l'—*, sussurrare in un orecchio; *prêter l'—*, porgere, prestare orecchio; *n'écouter que d'une —*, ascoltare distrattamente; *avoir de l'—*, avere orecchio; *avoir l'— fine*, esser di orecchio fine; *faire la sourde —*, fare orecchi da mercante; *tes paroles ne sont pas tombées dans l'— d'un sourd*, non hai parlato al vento || (*in Africa*) *avoir l'— dure*, essere ostinato || *se faire tirer l'—*, farsi pregare; *frotter les oreilles de qqn*, dare una strigliata a qlcu; *montrer le bout de l'—*, tradirsi, scoprirsi || *il m'a cassé les oreilles avec ses bavardages*, mi ha frastornato con tutte le sue chiacchiere || *j'en ai par-dessus les oreilles*, ne ho fin sopra i capelli || *s'en aller l'— basse*, andarsene con la coda tra le gambe 2 manico (di recipiente) 3 (*tecn.*) aletta.

oreiller [ɔʀeje] *s.m.* guanciale, cuscino (da letto).

oreillette [ɔʀejɛt] *s.f.* (*anat.*) orecchietta.

oreillons [ɔʀejɔ̃] *s.m.pl.* (*med.*) orecchioni.

orfèvre [ɔʀfɛvʀ] *s.m.* orefice, orafo.

orfèvrerie [ɔʀfɛvʀəʀi] *s.f.* oreficeria.

orfraie [ɔʀfʀɛ] *s.f.* (*zool.*) ossifraga || *pousser des cris d'—*, strillare come un'aquila.

organdi [ɔʀgɑ̃di] *s.m.* organdis, organza (*f.*).

organe [ɔʀgan] *s.m.* 1 organo (*anche fig.*) 2 voce (*f.*).

organigramme [ɔʀganigʀam] *s.m.* organigramma.

organique [ɔʀganik] agg. organico (*anche fig.*) || -ement *avv.*

organisateur [ɔʀganizatœʀ] (*f. -trice*) agg. e *s.m.* organizzatore.

organisation [ɔʀganizasjɔ̃] *s.f.* 1 organizzazione || *avoir l'esprit d'—*, avere spirito organizzativo || *— des loisirs*, impiego del tempo libero || *Organisation non gouvernementale*, organismo non governativo (di cooperazione) 2 (*in Africa*) manifestazione culturale, cerimonia.

organisé [ɔʀganize] *agg.* organizzato.

organiser [ɔʀganize] *v.tr.* organizzare.

organisme [ɔʀganism] *s.m.* organismo || *— privé*, ente privato.

organiste [ɔʀganist] *s.m.* organista.

organoleptique [ɔʀganɔleptik] *agg.* organolettico.

organsin [ɔʀgɑ̃sɛ̃] *s.m.* organzino.

orgasme [ɔʀgasm] *s.m.* orgasmo.

orge [ɔʀʒ] *s.f.* orzo (*m.*) ♦ *s.m.*: — *mondé, perlé*, orzo mondato, perlato.

orgeat [ɔʀʒa] *s.m.* orzata (bibita e sciroppo).

orgelet [ɔʀʒəlɛ] *s.m.* (*med.*) orzaiolo.

orgiaque [ɔʀʒjak] *agg.* orgiastico.

orgie [ɔʀʒi] *s.f.* orgia (*anche fig.*).

orgue [ɔʀg] *s.m.* (*al pl., usato in tono enfatico per indicare un solo strumento, è f.*) organo: *buffet d'—*, cassa dell'organo || *— de Barbarie*, organetto (di Barberia) || *point d'—*, corona.

orgueil [ɔʀgœj] *s.m.* orgoglio: *pécher par —*, peccare d'orgoglio || *tirer — de qqch*, farsi vanto di qlco || *mettre son — à faire qqch*, mettersi di puntiglio nel fare qlco.

orgueilleusement [ɔʀgœjøzmɑ̃] *avv.* orgogliosamente.

orgueilleux [ɔʀgœjø] (*f. -euse*) agg. e *s.m.* orgoglioso, superbo.

orient [ɔʀjɑ̃] *s.m.* 1 oriente 2 *l'Orient*, l'Oriente.

orientable [ɔʀjɑ̃tabl] *agg.* orientabile.

oriental [ɔʀjɑ̃tal] (pl. *-aux*) agg. e *s.m.* orientale.

orientaliste [ɔʀjɑ̃talist] *s.m.* orientalista.

orientation [ɔʀjɑ̃tasjɔ̃] *s.f.* 1 orientamento (*m.*) || *— professionelle*, orientamento professionale 2 (*mat.*) orientazione.

orienté [ɔʀjɑ̃te] *agg.* 1 orientato 2 (*fig.*) ispirato a una dottrina.

orienter [ɔʀjɑ̃te] *v.tr.* orientare □ **s'orienter** *v.pron.* orientarsi.

orifice [ɔʀifis] *s.m.* orifizio.

origan [ɔʀigɑ̃] *s.m.* (*bot.*) origano.

originaire [ɔʀiʒinɛʀ] *agg.* originario || *-ement* *avv.*

original [ɔʀiʒinal] (pl. *-aux*) agg. e *s.m.* originale || *-ement* *avv.*

originalité [ɔʀiʒinalite] *s.f.* originalità.

origine [ɔʀiʒin] *s.f.* origine || *à l'—*, in origine.

originel [ɔʀiʒinɛl] (*f. -elle*) agg. originario || (*teol.*) *péché —*, peccato originale.

originellement [ɔʀiʒinɛlmɑ̃] *avv.* in origine, originariamente.

oripeau [ɔʀipo] (pl. *-eaux*) *s.m.* 1 orpello (*anche fig.*) 2 *pl.* (*vecchi indumenti*) cenci, stracci.

orléanais [ɔʀleanɛ] *agg.* di Orléans.

orléaniste [ɔʀleanist] *agg.* e *s.m.* (*st.*) orleanista.

orme [ɔʀm] *s.m.* (*bot.*) olmo.

ormeau[1] [ɔʀmo] (pl. *-eaux*) *s.m.* (*bot.*) giovane olmo.

ormeau[2] *s.m.* (*zool.*) orecchia di mare.

orne[1] [ɔʀn] *s.m.* (*bot.*) ornello, orniello.

orne[2] *s.m.* solco (tra i filari di un vigneto).

orné [ɔʀne] *agg.* adorno.

ornement [ɔʀnəmɑ̃] *s.m.* ornamento; decorazione (*f.*) || *ornements sacerdotaux*, paramenti sacerdotali || *d'—*, ornamentale.

ornemental [ɔʀnəmɑ̃tal] (pl. *-aux*) *agg.* ornamentale.

ornementation [ɔʀnəmɑ̃tasjɔ̃] *s.f.* 1 ornamentazione 2 (*arte*) ornato (*m.*).

ornementer [ɔʀnəmɑ̃te] *v.tr.* adornare.

orner [ɔʀne] *v.tr.* ornare; decorare.

ornière [ɔʀnjɛʀ] *s.f.* carreggiata, solco (prodotto dalle ruote di un veicolo) || *sortir de l'—*, (*fig.*) uscire da un momento difficile.

ornitho- *pref.* ornito-

ornithologie [ɔʀnitɔlɔʒi] *s.f.* ornitologia.

ornithologique [ɔʀnitɔlɔʒik] *agg.* ornitologico.

ornithologiste [ɔʀnitɔlɔʒist], **ornithologue** [ɔʀnitɔlɔg] *s.m.* ornitologo.

ornithor(h)ynque [ɔʀnitɔʀɛ̃k] *s.m.* (*zool.*) ornitorinco.

oro- *pref.* oro-

orogénèse [ɔʀɔʒenɛz] *s.f.* (*geol.*) orogenesi.

orographie [ɔʀɔgʀafi] *s.f.* orografia.

orographique [ɔʀɔgʀafik] *agg.* orografico.

oronge [ɔʀɔ̃ʒ] *s.f.* (*bot.*) (*vraie*) —, ovolo (buono); *fausse* —, ovolo malefico.

orphelin [ɔʀfəlɛ̃] *agg.* e *s.m.* orfano.

orphelinat [ɔʀfəlina] *s.m.* orfanotrofio.

orphéon [ɔʀfeɔ̃] *s.m.* 1 società corale 2 fanfara (*f.*).

orphéoniste [ɔʀfeɔnist] *s.m.* 1 membro di una corale 2 membro di una banda.

orphique [ɔʀfik] *agg.* e *s.m.* orfico.

orphisme [ɔʀfism] *s.m.* orfismo.

orque [ɔʀk] *s.f.* (*zool.*) orca.

orteil [ɔʀtɛj] *s.m.* dito del piede: *le gros —, l'—, l'*alluce.

orth(o)- *pref.* ort(o)-

orthocentre [ɔʀtɔsɑ̃tʀ] *s.m.* (*mat.*) ortocentro.

orthoclase [ɔʀtɔklaz] *s.f.* (*min.*) ortoclasio (*m.*).

orthodontie [ɔʀtɔdɔ̃ti] *s.f.* (*med.*) ortodonzia.

orthodoxe [ɔʀtɔdɔks] *agg.* e *s.m.* ortodosso.

orthodoxie [ɔʀtɔdɔksi] *s.f.* ortodossia.

orthognathe [ɔʀtɔgnat] *agg.* (*anat.*) ortognato.

orthogonal [ɔʀtɔgɔnal] (pl. *-aux*) *agg.* ortogonale.

orthographe [ɔʀtɔgʀaf] *s.f.* ortografia; grafia.

orthographier [ɔʀtɔgʀafje] *v.tr.* scrivere (correttamente).

orthographique [ɔʀtɔgʀafik] *agg.* ortografico.

orthopédie [ɔʀtɔpedi] *s.f.* ortopedia.

orthopédique [ɔʀtɔpedik] *agg.* ortopedico.

orthopédiste [ɔʀtɔpedist] *agg.* e *s.m.* ortopedico.

orthophoniste [ɔʀtɔfɔnist] *s.m.* ortofonista.

orthoptique [ɔʀtɔptik] *agg.* (*med.*) ortottico ♦ *s.f.* ortottica.

orthoptiste [ɔʀtɔptist] *s.m.* ortottico.

ortie [ɔʀti] *s.f.* ortica.

ortolan [ɔʀtɔlɑ̃] *s.m.* (*zool.*) ortolano.

orvet [ɔʀvɛ] *s.m.* (*zool.*) orbettino.

os [ɔs; *pl.* o] *s.m.* osso: *il n'a que la peau et les —*, è tutto pelle e ossa; *c'est un sac, un paquet d'—*, è tutt'ossa || *donner un — à ronger*, dare un contentino || *il ne fera pas de vieux —*, non camperà a lungo || *il ne fera pas de vieux — ici*, non resterà qui a lungo || *tomber sur un —*, incappare in una difficoltà || *il l'a eu dans l'—*, ha preso una bella fregatura || *— de seiche*, osso di seppia.

oscillant [ɔsilɑ̃] *agg.* 1 oscillante 2 (*fig.*) titubante.

oscillation [ɔsilɑsjɔ̃] *s.f.* 1 oscillazione 2 (*fig.*) tentennamento (*m.*).

oscillateur [ɔsilatœʀ] *s.m.* (*fis.*) oscillatore.

oscillatoire [ɔsilatwaʀ] *agg.* oscillatorio.

osciller [ɔsile] *v.intr.* 1 oscillare 2 (*fig.*) esitare.

oscilloscope [ɔsilɔskɔp] *s.m.* oscilloscopio.

osé [oze] *agg.* 1 audace; arrischiato, temerario 2 sfrontato; spinto.

oseille [ozɛj] *s.f.* 1 (*bot.*) acetosa 2 (*fam.*) denaro (*m.*).

oser [oze] *v.tr.* osare: *il n'ose* (*pas*) *parler*, non osa parlare || *j'ose espérer que*, voglio sperare che; *si j'ose m'exprimer ainsi*, se cosi posso dire.

osier [ozje] *s.m.* vimine.

osmose [ɔsmoz] *s.f.* osmosi.

ossature [ɔsatyʀ] *s.f.* ossatura (*anche fig.*).

osselet [ɔslɛ] *s.m.* ossicino || *jouer aux osselets*, giocare agli aliossi.

ossements [ɔsmɑ̃] *s.m.pl.* ossa (*f.*).

osseux [ɔsø] (f. *-euse*) *agg.* 1 osseo 2 ossuto.

ossifier, s' [sɔsifje] *v.pron.* ossificarsi.

ossuaire [ɔsɥɛʀ] *s.m.* ossario.

ostensible [ɔstɑ̃sibl] *agg.* ostentato || -ement *avv.*

ostensoir [ɔstɑ̃swaʀ] *s.m.* ostensorio.

ostentation [ɔstɑ̃tasjɔ̃] *s.f.* ostentazione.

ostentatoire [ɔstɑ̃tatwaʀ] *agg.* ostentato.

ostéo- *pref.* osteo-

ostéologie [ɔsteɔlɔʒi] *s.f.* osteologia.

ostéopathie [ɔsteɔpati] *s.f.* (*med.*) osteopatia.

ostéoporose [ɔsteɔpɔʀoz] *s.f.* osteoporosi.

ostéose [ɔsteoz] *s.f.* (*med.*) osteosi.

ostéotomie [ɔsteɔtɔmi] *s.f.* (*med.*) osteotomia.

ostracisme [ɔstʀasism] *s.m.* ostracismo: *prononcer l'— contre qqn*, dare l'ostracismo a qlcu.

ostréiculteur [ɔstʀeikyltœʀ] (f. *-trice*) *s.m.* ostricoltore.

ostréiculture [ɔstʀeikyltyʀ] *s.f.* ostricoltura.

ostrogot, ostrogoth [ɔstʀogo] *agg.* e *s.m.* 1 ostrogoto 2 (*fam.*) villano: *un drôle d'—*, un tipo strano.

otage [otaʒ] *s.m.* ostaggio.

otalgie [ɔtalʒi] *s.f.* (*med.*) otalgia.
otarie [ɔtaʀi] *s.f.* (*zool.*) otaria.
ôter [ote] *v.tr.* togliere: — *le couvert*, sparecchiare (la tavola) || *trois ôté de sept égale quatre*, sette meno tre fa quattro || *ôte-moi ça!*, togli di qui questa roba! □ **s'ôter** *v.pron.* togliersi.
otite [ɔtit] *s.f.* (*med.*) otite.
oto- *pref.* oto-
otologie [ɔtɔlɔʒi] *s.f.* otoiatria.
otologiste [ɔtɔlɔʒist] *s.m.* otoiatra.
oto-rhino [ɔtɔʀino] *s.m.* (*fam.*) otorino.
oto-rhinolaryngologie [ɔtɔʀinɔlaʀɛ̃gɔlɔʒi] *s.f.* otorinolaringoiatria.
oto-rhinolaryngologiste [ɔtɔʀinɔlaʀɛ̃gɔlɔʒist] *s.m.* otorinolaringoiatra.
otoscopie [ɔtɔskɔpi] *s.f.* (*med.*) otoscopia.
ottoman [ɔtɔmɑ̃] *agg.* e *s.m.* ottomano.
ottomane [ɔtɔman] *s.f.* ottomana.
ou [u] *cong.* **1** o, oppure: — *bien*, oppure **2** (*à savoir*) ossia, ovvero: *le patronyme — nom de famille*, il patronimico ossia il nome di famiglia **3** o, altrimenti, se no.
où [u] *avv.interr.* dove: — *allez-vous?*, dove andate?; *il ne sait — ils sont allés*, non sa dove siano andati; *d'— venez-vous?*, da dove venite?; *par — es-tu passé?*, da dove sei passato?; *"Je l'ai déjà rencontré" "Où ça?"*, "L'ho già incontrato" "E dove?"; — *est-ce que tu vas?*, dove vai? ♦ *pron.rel.* **1** (*luogo*) in cui; dove: *la ville — j'habite*, la città in cui abito; *je cherche un endroit — passer mes vacances*, cerco un luogo dove trascorrere le vacanze; *au prix — est arrivée la viande...*, con i prezzi che la carne ha raggiunto... || *la route par — je suis passé*, la strada da cui sono passato || *au cas — vous seriez absents...*, nel caso che foste assenti... || — *que*, ovunque, dovunque: — *que vous alliez*, dovunque andiate; — *qu'il soit*, ovunque sia || *n'importe* —, in qualunque luogo, ovunque || *d'—: d'— venez-vous?*, da dove venite?; *d'— il (s'en) suit que...*, ne consegue che..., donde segue che...; *d'— vient que...?*, come mai...?; *il arriva avec deux heures de retard, d'— ma colère!*, arrivò con due ore di ritardo, per questo mi arrabbiai! **2** (*tempo*) in cui: *il fut un temps —...*, vi fu un tempo in cui...; *juste au moment — je parlais*, proprio nel momento in cui parlavo.
ouailles [wɑj] *s.f.pl.* (*fig.*) pecorelle (di un sacerdote).
ouais [wɛ] *inter.* (*fam.*) ah sì!
ouate [wat] *s.f.* ovatta, bambagia.
ouaté [wate] *agg.* ovattato (*anche fig.*).
ouater [wate] *v.tr.* ovattare, imbottire.
ouatine [watin] *s.f.* (*tess.*) bambagina.
ouatiner [watine] *v.tr.* imbottire.
oubli [ubli] *s.m.* **1** oblio || — *de soi-même*, abnegazione || *un moment d'—*, un momento di smarrimento **2** dimenticanza (*f.*): *l'— des convenances*, il mancato rispetto delle convenienze.
oublier [ublije] *v.tr.* **1** dimenticare, dimenticarsi (di): *il a oublié de m'écrire*, non si è ricordato di

scrivermi; *il a oublié ses amis*, si è scordato dei suoi amici || *se faire —*, non farsi notare || *il a oublié d'être bête!*, (*fam.*) non è uno sciocco! **2** tralasciare, trascurare **3** perdonare □ **s'oublier** *v.pron.* **1** dimenticare se stesso, sacrificarsi || *il ne s'est pas oublié!*, (*iron.*) si è trattato bene! **2** perdere il controllo di sé **3** (*fam.*) farsela addosso.
oubliette [ublijet] *s.f.* **1** segreta **2** botola, trabocchetto (*m.*) **3** (*fig.*) dimenticatoio (*m.*): *tombé aux, dans les oubliettes*, caduto nel dimenticatoio.
oublieux [ublijø] *agg.* (*f. -euse*) (*letter.*) dimentico, immemore.
oued [wɛd] *s.m.* (*geogr.*) uadi.
ouest [wɛst] *s.m.* **1** ovest, ponente: *à l'—*, a o-vest, a ponente; *à l'— de*, a occidente, a ovest di **2** *l'Ouest*, l'Ovest ♦ *agg.* occidentale, dell'Ovest.
ouest-allemand [wɛstalmɑ̃] (f. *ouest-allemande*, pl. *ouest-allemands*) *agg.* della ex Germania Occidentale ♦ *s.m. Ouest-Allemand*, (*abitante*) tedesco della ex Germania Occidentale.
ouest-européen [wɛstøʀɔpeɛ̃] (f. *ouest-européenne*, pl. *ouest-européens*) *agg.* dell'Europa Occidentale, dell'Europa dell'Ovest.
ouf [uf] *inter.* **1** uff! **2** (*sollievo*) oh!
ougandais [ugɑ̃dɛ] *agg.* e *s.m.* ugandese.
oui [wi] *avv.* sì: *dire —*, dire sì; *croire que —*, credere di sì || *ma foi —!*, ebbene sì || *ah ça — alors!*, certo che sì || *tu viens, —?*, (*fam.*) vieni, sì o no? || — *mais voilà*, (*fam.*) se non che || *peut-être bien que —*, *peut-être bien que non*, forse che sì, forse che no ♦ *s.m. invar.* sì || *pour un — ou pour un non*, per un nonnulla ▪ *Le e ce* non si apostrofano quando precedono *oui: hésiter entre le — et le non*.
ouï [wi] *part.pass. di* ouïr.
ouï-dire [widiʀ] (pl. *invar.*) *s.m.* diceria (*f.*), voce (*f.*) || *par —*, per sentito dire.
ouïe¹ [wi] *s.f.* 1 udito (*m.*) || *je suis tout —!*, sono tutt'orecchi! **2** *pl.* (*zool.*) branchie.
ouïe², ouille [uj] *inter.* **1** (*dolore*) ah, ahi **2** (*sorpresa*) oh, ehi.
ouïr [wiʀ] (*usato all'inf. e al part. pass.*) *v.tr.dif.* (*antiq.*) udire.
ouistiti [wistiti] *s.m.* (*zool.*) uistitì || *un drôle de —*, (*fam.*) uno strano tipo.
ouragan [uʀagɑ̃] *s.m.* uragano (*anche fig.*).
ouralien [uʀaljɛ̃] (f. *-enne*) *agg.* uralico.
ourdir [uʀdiʀ] *v.tr.* ordire (*anche fig.*): — *une natte*, intrecciare una stuoia; — *un complot*, tramare un complotto.
ourdissoir [uʀdiswaʀ] *s.m.* orditoio.
ourler [uʀle] *v.tr.* orlare.
ourlet [uʀlɛ] *s.m.* orlo: — *à jour*, orlo a giorno; *faux —*, orlo finto.
ours [uʀs] *s.m.* orso || — *marin*, leone marino, otaria || — *en peluche*, orsacchiotto di pelo.
ourse [uʀs] *s.f.* orsa || (*astr.*): *Grande Ourse*, Orsa Maggiore, Gran Carro; *Petite Ourse*, Orsa Minore, Piccolo Carro.
oursin [uʀsɛ̃] *s.m.* (*zool.*) riccio di mare.

ourson [uRsɔ̃] *s.m.* orsacchiotto, orsetto.

oust, ouste [ust] *inter.* sciò sciò, fuori: — *filez!,* forza, filate via!

outarde [utaRd] *s.f.* (*zool.*) otarda.

outil [uti] *s.m.* **1** arnese, attrezzo; utensile **2** (*fig.*) strumento.

outillage [utijaʒ] *s.m.* attrezzatura (*f.*); equipaggiamento: — *de bord,* utensileria di bordo.

outillé [utije] *agg.* attrezzato.

outiller [utije] *v.tr.* attrezzare □ **s'outiller** *v.pron.* attrezzarsi.

outrage [utRaʒ] *s.m.* oltraggio: *faire* — *à,* recare oltraggio a; *un* — *au bon sens,* un'offesa al buonsenso ‖ (*dir.*) — *public à la pudeur,* oltraggio al pudore ‖ *les outrages du temps,* (*letter.*) le offese del tempo.

outrageant [utRaʒɑ̃] *agg.* oltraggioso.

outrager [utRaʒe] (*coniug. come* manger) *v.tr.* oltraggiare; offendere.

outrageusement [utRaʒøzmɑ̃] *avv.* eccessivamente.

outrageux [utRaʒø] (f. *-euse*) *agg.* oltraggioso, offensivo.

outrance [utRɑ̃s] *s.f.* eccesso (*m.*); esagerazione ‖ *à outrance,* a oltranza.

outrancier [utRɑ̃sje] (f. *-ère*) *agg.* estremista, oltranzista.

outre[1] [utR] *s.f.* otre (*m.*).

outre[2] *prep.* oltre a ‖ — *mesure,* smisuratamente; *troppo* ♦ *avv.* oltre: *passer* —, passare oltre, (*fig.*) *passar sopra* □ **en outre** *locuz. avv.* in più, inoltre □ **outre que** *locuz.cong.* oltre a: — *qu'il a hérité, il a gagné à la loterie,* oltre ad avere ereditato ha vinto alla lotteria.

outré [utRe] *agg.* **1** eccessivo **2** indignato (per).

outre- *pref.* oltre-, tra-

outre-Atlantique [utRatlɑ̃tik] *avv.* oltre Atlantico, aldilà dell'Atlantico.

outrecuidance [utRəkɥidɑ̃s] *s.f.* (*letter.*) tracotanza.

outrecuidant [utRəkɥidɑ̃] *agg.* e *s.m.* tracotante.

outre-Manche [utRəmɑ̃ʃ] *avv.* oltremanica.

outremer [utRəmɛR] *s.m.* (*min.*) lapislazzuli ♦ *agg.* e *s.m.* (color) oltremare.

outre-mer [utRəmɛR] *avv.* oltremare.

outrepasser [utRəpɑse] *v.tr.* oltrepassare (*anche fig.*).

outrer [utRe] *v.tr.* **1** esagerare **2** indignare.

outre-tombe [utRətɔ̃b] (pl. *invar.*) *s.m.*: *d'*—, d'oltretomba.

ouvert [uvɛR] *part.pass. di* ouvrir ♦ *agg.* aperto (*anche fig.*) ‖ *grand* —, spalancato ‖ **-ement** *avv.*

ouverture [uvɛRtyR] *s.f.* **1** apertura (*anche fig.*) ‖ *faire des ouvertures de paix,* intavolare trattative di pace **2** inizio (*m.*); inaugurazione **3** (*mus.*) ouverture.

ouvrable [uvRabl] *agg.* lavorativo: *jours ouvrables,* giorni lavorativi, feriali.

ouvrage [uvRaʒ] *s.m.* opera (*f.*), lavoro: *les gros ouvrages,* i lavori pesanti ‖ *avoir du cœur à l'*—,

fare con passione il proprio lavoro ‖ (*edil.*): *gros ouvrages,* muri maestri; *menus ouvrages,* rifiniture; — *d'art,* opera di alta ingegneria (ponti, gallerie ecc.) ‖ *publier un* —, pubblicare un libro, un'opera.

ouvragé [uvRaʒe] *agg.* lavorato minuziosamente; (*fig.*) elaborato.

ouvrant [uvRɑ̃] *agg.* apribile ♦ *s.m.* battente, anta (di porta).

ouvré [uvRe] *agg.* lavorato ‖ *jour* —, giorno lavorativo.

ouvre-boîtes [uvRəbwat] (pl. *invar.*) *s.m.* apriscatole.

ouvre-bouteilles [uvRəbutɛj] (pl. *invar.*) *s.m.* apribottiglie.

ouvre-piste [uvRəpist] (pl. *invar.*) *s.m.* (*sport*) apripista.

ouvrer [uvRe] *v.tr.* lavorare ‖ — *du linge,* ricamare, ornare di pizzo la biancheria.

ouvreur [uvRœR] (f. *-euse*) *s.m.* maschera (nei locali di spettacolo).

ouvrier [uvRije] (f. *-ère*) *agg.* e *s.m.* operaio: — *spécialisé,* operaio generico; — *qualifié,* operaio specializzato; — *non qualifié,* operaio non qualificato ‖ *abeille ouvrière,* ape operaia ‖ *cité ouvrière,* quartiere operaio (di solito periferico) ‖ *être l'* — *de sa fortune,* essere l'artefice della propria fortuna.

ouvrir [uvRiR] (*coniug. come* offrir) *v.tr.* aprire: — *une porte toute grande,* spalancare una porta; — *la radio,* (*fam.*) accendere la radio ‖ — *l'appétit,* stuzzicare l'appetito ♦ *v.intr.* aprire, aprirsi ‖ *cette fenêtre ouvre sur la rue,* quella finestra dà sulla strada □ **s'ouvrir** *v.pron.* aprirsi.

ovaire [ɔvɛR] *s.m.* **1** (*anat.*) ovaia (*f.*) **2** (*bot.*) ovario.

ovale [ɔval] *agg.* e *s.m.* ovale ‖ (*sport*) *ballon* —, palla ovale, rugby.

ovariectomie [ɔvaRjɛktɔmi] *s.f.* (*med.*) ovariectomia.

ovarien [ɔvaRjɛ̃] (f. *-enne*) *agg.* ovarico.

ovation [ɔvasjɔ̃] *s.f.* ovazione.

ovationner [ɔvasjɔne] *v.tr.* tributare un'ovazione a.

overdose [ɔvəRdoz] *s.f.* overdose.

ovin [ɔvɛ̃] *agg.* e *s.m.* ovino.

ovipare [ɔvipaR] *agg.* e *s.m.* oviparo.

ovni [ɔvni] *s.m.* ufo, UFO.

ovniologie [ɔvnjɔlɔʒi] *s.f.* ufologia.

ov(o)- *pref.* ov(o)-

ovoïde [ɔvɔid] *agg.* ovoidale.

ovovivipare [ɔvɔvivipaR] *agg.* e *s.m.* (*zool.*) ovoviviparo.

ovulaire [ɔvylɛR] *agg.* (*biol.*) ovulare.

ovulation [ɔvylasjɔ̃] *s.f.* ovulazione.

ovule [ɔvyl] *s.m.* ovulo.

ovuler [ɔvyle] *v.intr.* (*biol.*) ovulare.

oxacide [ɔksasid] *s.m.* ossiacido.

oxhydrique [ɔksidRik] *agg.* ossidrico: *chalumeau* —, fiamma ossidrica.

ox(y)- *pref.* oss(i)-

oxydabilité [ɔksidabilite] *s.f.* ossidabilità.

oxydable [ɔksidabl] *agg.* ossidabile.
oxydant [ɔksidɑ̃] *agg.* e *s.m.* ossidante.
oxydation [ɔksidɑsjɔ̃] *s.f.* ossidazione.
oxyde [ɔksid] *s.m.* (*chim.*) ossido.
oxyder [ɔkside] *v.tr.* ossidare □ **s'oxyder** *v.pron.* ossidarsi.
oxygénation [ɔksiʒenɑsjɔ̃] *s.f.* ossigenazione.
oxygène [ɔksiʒɛn] *s.m.* ossigeno.
oxygéné [ɔksiʒene] *agg.* ossigenato.
oxygéner [ɔksiʒene] (*coniug. come* céder) *v.tr.* ossigenare.

oxyton [ɔksitɔ̃] *agg.* (*fon.*) ossitono.
oxyure [ɔksjyʀ] *s.m.* (*zool.*) ossiuro.
ozalid [ozalid] *s.m.* cianografica (*f.*).
ozonation [ozɔnɑsjɔ̃] *s.f.* ozonizzazione.
ozone [ozɔn] *s.m.* (*chim.*) ozono ‖ *trou d'—*, buco dell'ozono.
ozonisation [ozɔnizɑsjɔ̃] *s.f.* ozonizzazione.
ozoniser [ozɔnize] *v.tr.* ozonizzare.
ozonosphère [ozɔnɔsfɛʀ] *s.f.* ozonosfera.
ozonothérapie [ozɔnɔteʀapi] *s.f.* (*med.*) ozonoterapia.

P

p [pe] *s.m.* p (*m.* e *f.*) || (*tel.*) — *comme Pierre*, p come Palermo.

pacage [pakaʒ] *s.m.* pascolo.

pacha [paʃa] *s.m.* pascià || *une vie de* —, (*fam.*) una vita da nababbo.

pachyderme [paʃ(k)idɛʀm] *s.m.* (*zool.*) pachiderma.

pacificateur [pasifikatœʀ] (f. *-trice*) *agg.* e *s.m.* pacificatore.

pacification [pasifikasjɔ̃] *s.f.* pacificazione.

pacifier [pasifje] *v.tr.* pacificare.

pacifique [pasifik] *agg.* pacifico || *-ement avv.*

pacifisme [pasifism] *s.m.* pacifismo.

pacifiste [pasifist] *agg.* e *s.m.* pacifista.

pack [pak] *s.m.* confezione (multipla): *en — de deux*, in confezione da due.

pacotille [pakɔtij] *s.f.* paccottiglia, cianfrusaglie (*pl.*) || *de —*, dozzinale, da quattro soldi.

pacte [pakt] *s.m.* patto.

pactiser [paktize] *v.intr.* venire a patti.

pactole [paktɔl] *s.m.* (*fig. letter.*) miniera d'oro.

paddy [padi] *s.m.* riso vestito.

paf [paf] *inter.* paf!, paffete! ♦ *agg.* (*fam.*) sbronzo.

pagaie [pagɛ] *s.f.* pagaia.

pagaïe, **pagaille** [pagaj] *s.f.* (*fam.*) caos (*m.*), confusione || *en —*, in gran quantità; in disordine.

paganisme [paganism] *s.m.* paganesimo.

pagayer [pageje] (*coniug. come* payer) *v.intr.* pagaiare.

pagayeur [pagɛjœʀ] (f. *-euse*) *s.m.* pagaiatore.

page¹ [paʒ] *s.f.* pagina: (*à la*) — *dix*, a pagina dieci; *tourner la* —, voltare la pagina, (*fig.*) voltare pagina; *perdre la* —, perdere il segno || — (*dactylographiée*), cartella (dattiloscritta) || (*tip.*) *belle* —, bianca, pagina pari; *fausse* —, volta, pagina dispari; *mettre en* —, impaginare □ **à la page** *locuz.agg.* **1** al corrente, informato; aggiornato: *mettre à la* —, mettere al corrente, aggiornare; *un homme à la* —, un uomo al passo con i tempi **2** all'ultima moda.

page² *s.m.* paggio.

page-écran [paʒekrɑ̃] (pl. *pages-écrans*) *s.f.* (*inform.*) videata.

pagel [paʒel] *s.m.* (*zool.*) pagello.

pageot [paʒo] *s.m.* (*fam.*) letto.

pagination [paʒinasjɔ̃] *s.f.* paginatura.

paginer [paʒine] *v.tr.* numerare le pagine.

pagne [paɲ] *s.m.* (*abbigl.*) perizoma.

pagode [pagɔd] *s.f.* pagoda || *manches pagodes*, maniche a imbuto (svasate dal gomito al polso).

pagre [pagʀ] *s.m.* (*zool.*) pagro.

pagure [pagyʀ] *s.m.* (*zool.*) paguro.

paie [pe] *s.f.* paga: *livre de* —, libro paga; *fiche de* —, foglio paga || *ça fait une — que*, (*fam.*) è un sacco di tempo che.

paiement [pɛmɑ̃] *s.m.* pagamento.

païen [pajɛ̃] (f. *-enne*) *agg.* e *s.m.* pagano; miscredente.

paierie [peʀi] *s.f.* tesoreria.

paillard [pajaʀ] *agg.* e *s.m.* gaudente; licenzioso.

paillardise [pajaʀdiz] *s.f.* licenziosità.

paillasse¹ [pa(ɑ)jas] *s.f.* pagliericcio (*m.*).

paillasse² *s.m.* piano d'appoggio dell'acquaio.

paillasson [pa(a)jasɔ̃] *s.m.* **1** stuoia (*f.*) **2** zerbino, stoino || *mettre la clé sous le* —, (*fig.*) chiuder bottega **3** (*fig.*) fantoccio.

paille [pɑj] *s.f.* paglia: *brin de* —, pagliuzza || *tirer à la courte* —, fare alle bruschette, tirare a sorte || — *d'Italie*, paglia di Firenze || *boire avec une* —, bere con la cannuccia || — *de fer*, paglia di ferro || *une* —!, (*iron.*) una bazzecola! || (*fig.*) *mettre sur la* —, gettare sul lastrico ♦ *agg.invar.* (color) paglierino.

paillé [pɑje] *agg.* impagliato.

pailler [pɑje] *v.tr.* **1** impagliare **2** coprire con paglia, con stuoie.

pailleté [pajte] *agg.* cosparso di pagliuzze (d'oro); ornato di lustrini.

pailleter [pajte] (*coniug. come* jeter) *v.tr.* ornare di lustrini.

paillette [pajɛt] *s.f.* **1** lustrino (*m.*) **2** pagliuzza (d'oro) **3** scaglia.

paillon [pɑjɔ̃] *s.m.* **1** rivestimento di paglia per bottiglie **2** (*oreficeria*) foglia di metallo (posta sotto una pietra per valorizzare il colore).

paillote [pɑjɔt] *s.f.* capanna (di paglia).

pain [pɛ̃] *s.m.* **1** pane: *aller au* —, (*fam.*) andare a prendere il pane; — *complet, bis*, pane integrale; — *de campagne*, pane casereccio || — *d'épice*(*s*), panpepato; — *de Gênes*, pan di Spagna; — *perdu*, fetta di pane inzuppata nel latte e nell'uovo e fritta || (*in Africa*) — *chargé*, panino imbottito || *en — de sucre*, a pan di zucchero || (*fig.*): *être au — et à l'eau*, essere a pane e acqua; *je ne mange pas de ce* —*là*, non faccio ricorso a mezzi del genere; *cela se vend comme des petits pains*, si vende come il pane || *couleur — brûlé*, (color) marrone bruciato **2** (*cuc.*) sformato.

pair [pɛʀ] *agg.* e *s.m.* pari || (*econ.*): — *du change*, parità di cambio; *obligation émise au-dessus*, *au-dessous du* —, obbligazione emessa sopra, sotto la pari □ **au pair** *locuz.avv.* alla pari: *être au* —, lavorare alla pari; *rente au* —, rendita alla pari; *les changes sont au* —, i cambi sono pari □ **de pair** *locuz.avv.* di pari passo: *marcher de* — *avec*, essere al passo con □ **hors (de) pair** *locuz.avv.* senza pari, ineguagliabile.

paire [pɛʀ] *s.f.* paio (*m.*); coppia || (*fam.*): *les deux font la* —*!,* fanno proprio un bel paio!; *se faire la* —, tagliare la corda.

pairie [peʀi] *s.f.* titolo, dignità di pari.

paisible [pezibl] *agg.* tranquillo || **-ement** *avv.*

paître [pɛtʀ]

Usato all'Indic.pres. je pais, tu pais, il paît, nous paissons, etc.; *imperf.* je paissais, etc.; *fut.* je paîtrai, etc. *Cond.* je paîtrais, etc. *Cong.pres.* que je paisse, etc. *Part.pres.* paissant.

v.tr.dif. brucare ♦ *v.intr.dif.* pascolare: *mener* —, portare al pascolo || *envoyer* —, (*fam.*) mandar a quel paese.

paix [pɛ] *s.f.* pace || *gardien de la* —, agente di polizia; *juge de* —, giudice conciliatore || *laisser la* —, *laisser en* —, lasciare in pace; *avoir, trouver la* —, stare in pace, trovare pace || *fiche-moi la* —*!,* (*fam.*) lasciami in pace!

pal [pal] (*pl. pals*) *s.m.* palo (appuntito).

palabre [palabʀ] *s.f.* (*spec.pl.*) discussione oziosa.

palabrer [palabʀe] *v.intr.* discutere a lungo.

palace [palas] *s.m.* albergo di lusso.

paladin [paladɛ̃] *s.m.* paladino (*anche fig.*).

palafitte [palafit] *s.m.* palafitte (*f.pl.*).

palais[1] [palɛ] *s.m.* **1** palazzo || *le* — (*royal*), la reggia; *c'est un vrai* —*!,* è una reggia! **2** *le Palais* (*de Justice*), il tribunale: *gens de, du Palais*, gente di toga; *en termes de Palais*, in linguaggio giuridico; *jours de Palais*, giorni di udienza.

palais[2] *s.m.* (*anat.*) palato.

palan [palɑ̃] *s.m.* paranco.

palanche [palɑ̃ʃ] *s.f.* bilanciere (*m.*).

palangre [palɑ̃gʀ] *s.f.* (*pesca*) palamito (*m.*), palangaro (*m.*).

palanquin [palɑ̃kɛ̃] *s.m.* palanchino.

palatal [palatal] (*pl. -aux*) *agg.* palatale.

palatale [palatal] *s.f.* (*fon.*) palatale.

palatalisation [palatalizɑsjɔ̃] *s.f.* (*fon.*) palatizzazione.

palatin [palatɛ̃] *agg. e s.m.* (*st.*) palatino.

pale [pal] *s.f.* pala (di remo, di elica ecc.).

pâle [pal] *agg.* pallido (*anche fig.*): — *comme un linge*, bianco come un cencio lavato; — *de peur*, bianco dalla paura; — *de colère*, livido di rabbia || *bleu* —, azzurro || *se faire porter* —, (*argot mil.*) marcare visita.

palefrenier [palfʀənje] *s.m.* palafreniere.

palé(o)- *pref.* pale(o)-

paléochrétien [paleokʀetjɛ̃] (*f. -enne*) *agg.* paleocristiano.

paléogène [paleoʒɛn] *s.m.* (*geol.*) paleogene.

paléographe [paleoɡʀaf] *s.m.* paleografo.

paléographie [paleoɡʀafi] *s.f.* paleografia.

paléolithique [paleolitik] *agg. e s.m.* paleolitico.

paléontologie [paleɔ̃tɔlɔʒi] *s.f.* paleontologia.

paléontologiste [paleɔ̃tɔlɔʒist], **paléontologue** [paleɔ̃tɔlɔɡ] *s.m.* paleontologo.

paléozoïque [paleozɔik] *agg. e s.m.* paleozoico.

paleron [palʀɔ̃] *s.m.* (*cuc.*) spalla (di bue).

palestinien [palestinjɛ̃] (*f. -enne*) *agg.* palestinese.

palet [palɛ] *s.m.* piastrella (*f.*).

paletot [palto] *s.m.* paltò, cappotto || *tomber sur le* — *de qqn*, (*fam.*) piombare addosso a qlcu.

palette[1] [palɛt] *s.f.* tavolozza.

palette[2] *s.f.* bancale (*m.*), pallet (*m.*).

palette[3] *s.f.* (*cuc.*) spalla di montone, di maiale.

palétuvier [paletyvje] *s.m.* (*bot.*) paletuviere.

pâleur [palœʀ] *s.f.* pallore (*m.*).

pâlichon [paliʃɔ̃] (*f. -onne*) *agg.* pallidino, palliduccio.

palier [palje] *s.m.* **1** pianerottolo: *mon voisin de* —, il mio vicino di casa || *par paliers*, a tappe, per gradi **2** tratto piano (di strada, di ferrovia) || (*aer.*) *vol en* —, volo orizzontale **3** (*mecc.*) cuscinetto.

palière [paljɛʀ] *agg.*: *porte* —, porta sul pianerottolo.

palimpseste [palɛ̃psɛst] *s.m.* palinsesto.

palindrome [palɛ̃dʀom] *s.m.* palindromo.

palingénésie [palɛ̃ʒenezi] *s.f.* palingenesi.

palinodie [palinɔdi] *s.f.* (*letter.*) palinodia.

pâlir [paliʀ] *v.intr.* **1** impallidire: *elle avait pâli de colère*, era impallidita per la collera; — *d'envie*, morire d'invidia || — *sur ses livres*, consumarsi sui libri **2** (*estens.*) sbiadire, impallidire: *les couleurs ont pâli*, i colori sono sbiaditi || *son étoile pâlit*, (*fig.*) la sua stella è al tramonto ♦ *v.tr.* rendere pallido.

palis [pali] *s.m.* palo (di steccato).

palissade [palisad] *s.f.* **1** palizzata, staccionata **2** siepe (di cinta); spalliera (d'alberi).

palissader [palisade] *v.tr.* stecconare, cintare (con una palizzata o una spalliera d'alberi).

palissage [palisaʒ] *s.m.* il disporre (alberi) a spalliera.

palissandre [palisɑ̃dʀ] *s.m.* palissandro.

pâlissant [palisɑ̃] *agg.* che impallidisce: *le jour* —, (*letter.*) il giorno che muore.

palisser [palise] *v.tr.* disporre (alberi) a spalliera.

palladium[1] [paladjɔm] *s.m.* (*st.*) palladio.

palladium[2] *s.m.* (*chim.*) palladio.

palliatif [paljatif] (*f. -ive*) *agg. e s.m.* palliativo.

pallier [palje] *v.tr.* essere un palliativo (a) ♦ *v.intr.* sopperire (a).

palmaire [palmɛʀ] *agg.* palmare.

palmarès [palmaʀɛs] *s.m.* **1** albo d'oro (di vincitori, competizioni ecc.) **2** *le* — *de la chanson*, la hit-parade (della canzone).

palme[1] [palm] *s.f.* **1** (ramo di) palma **2** (*fig.*) palma || *palmes académiques*, onorificenza concessa ai benemeriti dell'Istruzione Pubblica francese **3** (*nageoire*) pinna.

palme[2] *s.m.* palmo (antica misura di lunghezza).

palmé [palme] *agg.* (*bot., zool.*) palmato.

palmeraie [palməʀɛ] *s.f.* palmeto (*m.*).

palmier [palmje] *s.m.* (*pianta*) palma (*f.*).

palmipède [palmipɛd] *agg.* e *s.m.* (*zool.*) palmipede.

palmure [palmyʀ] *s.f.* (*zool.*) palma, membrana (delle zampe dei palmipedi).

palois [palwa] *agg.* di Pau.

palombe [palɔ̃b] *s.f.* (*zool. pop.*) colombaccio (*m.*).

palonnier [palɔnje] *s.m.* **1** (*tecn.*) barra di distribuzione **2** (*mar., aer.*) pedaliera (*f.*).

pâlot [pɑlo] (f. *-otte*) *agg.* (*fam.*) pallidino.

palourde [paluʀd] *s.f.* (*zool. pop.*) vongola.

palpable [palpabl] *agg.* palpabile: *preuves palpables*, prove tangibili.

palpation [palpɑsjɔ̃] *s.f.* (*med.*) palpazione.

palpébral [palpebʀal] (pl. *-aux*) *agg.* palpebrale.

palper [palpe] *v.tr.* **1** palpare **2** (*fam.*) intascare (denaro).

palpeur [palpœʀ] *s.m.* (*tecn.*) sensore, sonda (*f.*).

palpitant [palpitɑ̃] *agg.* palpitante; fremente (*anche fig.*) || *aventures palpitantes*, avventure emozionanti.

palpitation [palpitɑsjɔ̃] *s.f.* palpitazione (*anche med.*): *avoir des palpitations*, avere il cardiopalmo || *— des paupières*, battito delle palpebre; *— des narines*, fremito delle narici.

palpiter [palpite] *v.intr.* palpitare; fremere (*anche fig.*).

paltoquet [paltɔkɛ] *s.m.* villano, tanghero.

paluche [palyʃ] *s.f.* (*fam.*) mano, zampa.

paludarium [palydaʀjɔm] *s.m.* acquario (per animali anfibi).

paludéen [palydeɛ̃] (f. *-enne*) *agg.* **1** malarico **2** palustre.

paludier [palydje] (f. *-ère*) *s.m.* salinaio, salinatore.

paludisme [palydism] *s.m.* (*med.*) malaria (*f.*).

palus [palys] *s.m.* terreno alluvionale coltivato a vigneto (nella regione di Bordeaux).

palustre [palystʀ] *agg.* palustre.

pâmer, se [sǝpɑme] *v.pron.* (*fam.*) andare in estasi; (*antiq.*) cadere in deliquio: *se — d'admiration*, andare in visibilio.

pâmoison [pɑmwazɔ̃] *s.f.* (*antiq.*) svenimento (*m.*), deliquio (*m.*).

pamphlet [pɑ̃flɛ] *s.m.* libello.

pamphlétaire [pɑ̃fletɛʀ] *s.m.* libellista.

pamplemousse [pɑ̃plǝmus] *s.m.* o *f.* (*frutto*) pompelmo (*m.*).

pamplemoussier [pɑ̃plǝmusje] *s.m.* (*pianta*) pompelmo.

pampre [pɑ̃pʀ] *s.m.* **1** (*bot.*) pampino **2** (*arch.*) festone (a forma di tralcio di vite).

pan¹ [pɑ̃] *s.m.* lembo; pezzo; faccia (*f.*), lato.

pan² *inter.* bum!, bang!

pan- *pref.* pan-

panacée [panase] *s.f.* panacea, toccasana (*m.*).

panachage [panaʃaʒ] *s.m.* combinazione (*f.*), mescolanza (*f.*).

panache [panaʃ] *s.m.* pennacchio (*anche fig.*) || *avoir du —*, (*fig.*) essere prestante.

panaché [panaʃe] *agg.* **1** variopinto: *œillet —*, garofano screziato **2** (*estens.*) misto || *liste pana-*

chée, lista mista (alle elezioni) ♦ *s.m.* birra mescolata a gazzosa.

panacher [panaʃe] *v.tr.* **1** combinare, mescolare **2** screziare (i colori) □ **se panacher** *v.pron.* screziarsi (di fiori).

panade [panad] *s.f.* (*cuc.*) panata, pancotto (*m.*) || *être dans la —*, (*fam.*) essere in miseria, nei guai.

panafricanisme [panafʀikanism] *s.m.* panafricanismo.

panama [panama] *s.m.* (*abbigl.*) panama.

panaméen [panameɛ̃] (f. *-enne*) *agg.* e *s.m.* panamense, panamegno.

panaméricain [panameʀikɛ̃] *agg.* panamericano.

panamien [panamjɛ̃] (f. *-enne*) *agg.* e *s.m.* → **panaméen.**

panarabisme [panaʀabism] *s.m.* panarabismo.

panard [panaʀ] *agg.* (*di cavallo*) mancino ♦ *s.m.* (*fam.*) piede, fetta (*f.*).

panaris [panaʀi] *s.m.* (*med.*) patereccio, giradito.

panax [panaks] *s.m.* (*bot.*) panace.

pancarte [pɑ̃kaʀt] *s.f.* cartello (*m.*), scritta.

panchromatique [pɑ̃kʀɔmatik] *agg.* (*fot.*) pancromatico.

pancréas [pɑ̃kʀeɑs] *s.m.* (*anat.*) pancreas.

pancréatique [pɑ̃kʀeatik] *agg.* pancreatico.

panda [pɑ̃da] *s.m.* (*zool.*) panda.

pandémie [pɑ̃demi] *s.f.* (*med.*) pandemia.

pandémonium [pɑ̃demɔnjɔm] *s.m.* pandemonio.

pandore [pɑ̃dɔʀ] *s.m.* (*fam.*) gendarme.

pané [pane] *agg.* (*cuc.*) impanato.

panégyrique [paneʒiʀik] *s.m.* panegirico.

paner [pane] *v.tr.* (*cuc.*) impanare.

paneterie [panʀi, panetʀi] *s.f.* dispensa del pane (in collegi ecc.).

panetière [pantjɛʀ] *s.f.* **1** tascapane (*m.*) **2** dispensa (dove si conserva il pane).

paneton [pantɔ̃] *s.m.* paniere (in cui si fa lievitare il pane).

pangermanisme [pɑ̃ʒɛʀmanism] *s.m.* pangermanesimo.

pangolin [pɑ̃gɔlɛ̃] *s.m.* (*zool.*) pangolino.

panhellénique [pane(ɛl)lenik] *agg.* panellenico.

panhellénisme [pane(ɛl)lenism] *s.m.* (*st.*) panellenismo.

panier [panje] *s.m.* **1** cesto: *— à provisions*, sporta (della spesa); *— à ouvrage*, cestino da lavoro; *— à pain*, cesta del fornaio; *jeter au —*, buttare nel cestino, cestinare; *— à salade*, sgocciolatoio (per insalata); (*fig. fam.*) furgone cellulare || *c'est un — percé*, ha le mani bucate || *c'est un — de crabes*, è un covo di vipere || *le dessus du —*, il fior fiore; *le fond du —*, lo scarto, la feccia || *mettre dans le même —*, fare d'ogni erba un fascio || *indemnité de —*, indennità di mensa **2** (*econ.*) paniere **3** (*basket*) canestro.

panière [panjɛʀ] *s.f.* grande cesta di vimini a due manici.

panier-repas [panjeʀǝpɑ] (pl. *paniers-repas*) *s.m.* cestino da viaggio.

panification [panifikɑsjɔ̃] *s.f.* panificazione.
panifier [panifje] *v.tr.* panificare.
panique [panik] *agg.* panico: *terreur* —, timor panico ♦ *s.f.* panico (*m.*): *être pris de* —, essere preso dal panico.
paniquer [panike] *v.intr.* essere preso dal panico || *elle est paniquée*, è proprio sconvolta.
panislamique [panislamik] *agg.* panislamico.
panne[1] [pan] *s.f.* **1** guasto (*m.*), avaria (meccanica): — *d'électricité*, guasto all'impianto elettrico; *il y a une* — *de courant*, è andata via la corrente; *il a eu une* — *d'essence, il est tombé en* — *sèche*, è rimasto senza benzina, a secco; *le moteur est en* —, il motore è guasto || *laisser qqn en* —, (*fig.*) lasciare qlcu nei pasticci; *être en* — *de qqch*, rimanere sprovvisti di qlco **2** (*mar.*) panna.
panne[2] *s.f.* **1** (varietà di) felpa **2** grasso di porco.
panneau [pano] (*pl. -eaux*) *s.m.* **1** pannello; cartello: — *de marqueterie*, pannello intarsiato || *peinture sur* —, pittura su tavola || — *électoral*, tabellone elettorale || — *de signalisation*, cartello stradale || *jupe à panneaux*, gonna a teli || — *de contrôle*, quadro di controllo || — *solaire*, pannello solare **2** (*mar.*) quartiere (di boccaporto) **3** rete (per la caccia) || *donner, tomber dans le* —, (*fig.*) cascare nella panìa.
panneton [pantɔ̃] *s.m.* ingegno (della chiave).
panonceau [panɔ̃so] (*pl. -eaux*) *s.m.* stemma, scudo.
panoplie [panɔpli] *s.f.* **1** panoplia || — *d'indien*, costume da indiano **2** (*fig.*) vasto assortimento: *une* — *d'arguments*, un'ampia scelta di argomenti.
panorama [panɔrama] *s.m.* panorama.
panoramique [panɔramik] *agg.* panoramico ♦ *s.m.* (*cine.*) panoramica (*f.*).
pansage [pɑ̃saʒ] *s.m.* strigliatura (*f.*).
panse [pɑ̃s] *s.f.* **1** (*anat., vet.*) rumine (*m.*) **2** (*fam.*) pancia.
pansement [pɑ̃smɑ̃] *s.m.* **1** medicazione (*f.*) **2** cerotto.
panser [pɑ̃se] *v.tr.* **1** medicare; (*fig.*) alleviare **2** strigliare (un cavallo ecc.).
pansu [pɑ̃sy] *agg.* panciuto.
pantagruélique [pɑ̃tagryelik] *agg.* pantagruelico.
pantalon [pɑ̃talɔ̃] *s.m.* **1** calzoni (*pl.*), pantaloni (*pl.*): — *droit, à revers*, calzoni senza risvolto, con risvolto; — *de golf*, calzoni alla zuava; — *corsaire*, calzoni alla pescatora **2** (*teatr.*) fondino.
pantalonnade [pɑ̃talɔnad] *s.f.* (*teatr.*) farsa, buffonata.
pantelant [pɑ̃tlɑ̃] *agg.* **1** ansante, trafelato **2** palpitante, fremente (*anche fig.*).
panthéisme [pɑ̃teism] *s.m.* panteismo.
panthéiste [pɑ̃teist] *agg.* panteistico ♦ *s.m.* panteista.
panthéon [pɑ̃teɔ̃] *s.m.* pantheon.
panthère [pɑ̃tɛr] *s.f.* pantera.
pantin [pɑ̃tɛ̃] *s.m.* burattino, marionetta (*f.*).
pantographe [pɑ̃tɔgraf] *s.m.* pantografo.

pantois [pɑ̃twa] *agg.* sconcertato: *rester* —, restare senza fiato.
pantomime [pɑ̃tɔmim] *s.f.* pantomima.
pantouflard [pɑ̃tuflar] *agg.* e *s.m.* (*fam.*) pantofolaio.
pantoufle [pɑ̃tufl] *s.f.* pantofola.
pantoufler [pɑ̃tufle] *v.intr.* (*fam.*) lasciare un impiego statale per una ditta privata.
panure [panyr] *s.f.* pangrattato (*m.*).
paon [pɑ̃] *s.m.* pavone.
paon-de-jour [pɑ̃dɔʒur] (pl. *paons-de-jour*) *s.m.* (*zool.*) vanessa (*f.*).
paon-de-nuit [pɑ̃dɔnųi] (pl. *paons-de-nuit*) *s.m.* (*zool.*) saturnia (*f.*), pavonia (*f.*).
papa [papa] *s.m.* papà, babbo || *un fils à* —, un figlio di papà || (*fam.*): *à la* —, tranquillamente, con tutta calma; *de* —, superato, vecchiotto.
papable [papabl] *agg.* (*fam.*) papabile.
papal [papal] (pl. *-aux*) *agg.* papale.
papauté [papote] *s.f.* papato (*m.*); pontificato (*m.*).
papavérine [papaverin] *s.f.* (*med.*) papaverina.
papaye [papaj] *s.f.* (*frutto*) papaia.
papayer [papaje] *s.m.* (*pianta*) papaia (*f.*).
pape[1] [pap] *s.m.* **1** papa: *Notre Saint-Père le* —, il Santo Padre || *sérieux comme un* —, molto serio, solenne; *être traités comme des papes*, essere trattati da nababbi **2** (*fig.*) massimo esponente (di un movimento ecc.).
pape[2] *s.f.* (*in Belgio*) **1** colla di farina **2** pappa **3** (*estens.*) fango (*m.*).
papelard[1] [paplar] *agg.* ipocrita, mellifluo.
papelard[2] *s.m.* (*fam.*) scartoffia (*f.*).
paperasse [papras] *s.f.* scartoffia || *de la* —, delle scartoffie.
paperasserie [paprasri] *s.f.* scartoffie (*pl.*).
paperassier [paprasje] (f. *-ère*) *agg.*: *administration paperassière*, (*spreg.*) amministrazione ipertrofica ♦ *s.m.* burocrate pignolo.
papesse [papɛs] *s.f.* papessa.
papeterie [papɛtri, paptri] *s.f.* **1** cartoleria **2** industria cartaria **3** cartiera.
papetier [paptje] (f. *-ère*) *agg.* cartario ♦ *s.m.* **1** cartolaio **2** cartaio.
papier [papje] *s.m.* **1** carta (*f.*): — *à dessin, à lettres, machine*, carta da disegno, da lettere, per macchina da scrivere; — *à la cuve, à la forme*, carta a mano; — *imitation cuve*, carta uso mano; — *à grain*, carta ruvida; — *cristal*, carta pergamena; — *de Chine*, carta Cina; — *de soie*, velina, carta seta; — *glacé*, carta lucida, satinata; — *journal*, carta da giornali; — *torchon*, carta ruvida (per dipingere a guazzo o ad acquerello) || (*inform.*) — *en continu, à pliage paravent*, carta continua, a modulo continuo **2** carta (*f.*), foglio (di carta): — *réglé, quadrillé*, foglio, carta a righe, a quadretti; — *à musique*, carta da musica; *il est réglé comme du* — *à musique*, (*fam.*) è preciso come un orologio || — *écolier*, carta a righe formato protocollo || *sur* — *simple*, in carta semplice || *sur le* —, sulla carta, in teoria || (*arte*) *papiers collés, découpés*, collage **3** pezzo di carta: *noter sur un*

—, scrivere su un pezzo di carta || *papiers gras*, cartacce **4** documento, carta (*f.*) || *être dans les petits papiers de qqn*, (*fam.*) essere nella manica di qlcu **5** pezzo, articolo (di giornale) **6** (*comm.*) effetto: *papiers valeurs*, carte valori □ **papier-cadeau**, carta da regalo □ **papier mâché**, cartapesta: *il a une mine de — mâché*, (*fig.*) ha una brutta cera □ **papier peint**, carta da parati.

papier-calque [papjekalk] (pl. *papiers-calque*) *s.m.* carta da lucido; carta da ricalco.

papier-émeri [papjɛɛmʀi] (pl. *papiers-émeri*) *s.m.* carta smeriglio.

papier-filtre [papjefiltʀ] (pl. *papiers-filtres*) *s.m.* carta filtro.

papier-monnaie [papjemɔnɛ] (pl. *papiers-monnaies*) *s.m.* cartamoneta (*f.*).

papille [papij, papil] *s.f.* papilla.

papillon [papijɔ̃] *s.m.* **1** farfalla (*f.*) || (*fig.*) *papillons noirs*, pensieri lugubri **2** (*cravate*) —, cravattino, (cravatta a) farfalla: *nœud* —, nodo a farfalla **3** (*nage*) —, nuoto a farfalla **4** (*mecc.*) valvola a farfalla; dado ad alette **5** foglietto (di carta), volantino; (*fam.*) foglietto della contravvenzione.

papillonnant [papijɔnɑ̃] *agg.* che farfalleggia.

papillonnement [papijɔnmɑ̃] *s.m.* il farfalleggiare.

papillonner [papijɔne] *v.intr.* farfalleggiare.

papillotage [papijɔtaʒ] *s.m.* (*delle palpebre*) ammiccamento; il battere (per troppa luce).

papillote [papijɔt] *s.f.* **1** bigodino (di carta) || *en faire des papillotes*, (*fig.*) non farsene nulla **2** cartina di zuccherini, caramelle **3** (*cuc.*) *en papillotes* —, al cartoccio.

papillotement [papijɔtmɑ̃] *s.m.* **1** scintillio, sfavillio; abbagliamento **2** (*tv, cine.*) sfarfallamento.

papilloter [papijɔte] *v.intr.* **1** scintillare, sfavillare; abbagliare **2** battere le palpebre **3** (*tv, cine.*) sfarfallare.

papisme [papism] *s.m.* papismo.

papiste [papist] *s.m.* papista.

papotage [papɔtaʒ] *s.m.* chiacchiere (*f.pl.*).

papoter [papɔte] *v.intr.* chiacchierare.

papou [papu] *agg.* e *s.m.* papuano.

papouille [papuj] (*fam.*) *faire des papouilles*, fare delle carezzine.

papouiller [papuje] *v.tr.* (*fam.*) accarezzare.

paprika [papʀika] *s.m.* paprica (*f.*).

papule [papyl] *s.f.* (*med.*) papula.

papy [papi] *s.m.* (*fam.*) nonno.

papyrologie [papiʀɔlɔʒi] *s.f.* papirologia.

papyrus [papiʀys] *s.m.* papiro.

Pâque [pɑk] *s.f.* Pasqua (ebraica).

paquebot [pakbo] *s.m.* transatlantico.

pâquerette [pɑkʀɛt] *s.f.* margherita, pratolina || *au ras des pâquerettes*, (*fam.*) terra terra.

Pâques [pɑk] *s.f.pl.* Pasqua (cristiana): *joyeuses —!*, buona Pasqua! || *— fleuries*, domenica delle Palme || *faire ses pâques*, fare la Pasqua, comunicarsi ♦ *s.m.* (giorno di) Pasqua || *à — ou à la Trinité*, alle calende greche.

paquet [pakɛ] *s.m.* **1** pacchetto; pacco || *un — de nerfs*, un fascio di nervi; *elle n'est plus qu'un — d'os*, si è ridotta pelle e ossa || *faire ses paquets*, far fagotto || *vider, lâcher le —*, vuotare il sacco || *faire tout un — de qqch*, esagerare l'importanza di qlco **2** (*estens.*) pacchetto: *— d'actions*, pacchetto azionario **3** (*fam.*) mucchio, sacco: *il y en a (tout) un —*, ce n'è un sacco; *un sacré —*, un bel po'* || *il a dû toucher un joli —*, deve aver guadagnato un bel sacco di soldi || *mettre le —*, mettercela tutta; *risquer le —*, rischiare il tutto per tutto **4** *— de mer*, ondata, colpo di mare □ **paquet (-)cadeau**, pacchetto, confezione regalo.

paqueter [pakte] (*coniug. come* jeter) *v.tr.* impacchettare.

par [paʀ] *prep.* **1** (*moto per luogo, anche fig.*) per, attraverso; da; in: *passer — Rome*, passare per, da Roma; *regarder — la fenêtre*, guardare dalla finestra; *jeter qqn — terre*, gettare a, in terra qlcu; *être assis — terre*, essere seduto per, in terra; *passer — de rudes épreuves*, passare attraverso dure prove || *venez — ici*, venite da questa parte, di qui **2** (*modo, mezzo, strumento*) per; con: *prendre qqn — la main, le bras*, prendere qlcu per mano, per il braccio; *obtenir qqch — la force*, ottenere qlco con la forza; *ça va finir — arriver!*, finirà col succedere! || *— ordre alphabétique*, in ordine alfabetico **3** (*agente, causa efficiente*) da: *la récolte a été abîmée — la grêle*, il raccolto è stato danneggiato dalla grandine **4** (*tempo*) in: *— le passé*, in passato; *— une nuit sans lune*, in una notte senza luna **5** (*per indicare condizioni atmosferiche*) con: *sortir — beau temps*, uscire col bel tempo || *— les temps qui courent*, con i tempi che corrono **6** (*causa*) per; da: *agir — peur*, agire per paura; *intoxication — des émanations de gaz*, avvelenamento da emanazioni di gas; *— cela seul que...*, per questa sola ragione che... **7** (*distributivo*) a: *plusieurs fois — jour*, più volte al giorno; *deux fois — semaine*, due volte la, alla settimana; *une vitesse de cent kilomètres — heure*, una velocità di cento kilometri all'ora || *marcher deux — deux*, camminare per due; *avancer — quatre*, avanzare per quattro || *suivre l'actualité heure — heure*, seguire l'attualità ora per ora **8** (*mar.*) a: *embarcation — tribord*, imbarcazione a tribordo; *se trouver — 25° de latitude Sud*, trovarsi a 25° di latitudine sud □ **de par** *locuz.prep.* **1** per la volontà di; da parte di: *— la volonté du peuple*, per volere del popolo; *de — le roi*, da parte del re, su ordine del re **2** *de — le monde*, in qualche parte (del mondo) **3** per, a causa di: *de — la disposition des lieux...*, per la disposizione dei luoghi...

para [paʀa] *s.m.* (*abbr.*) paracadutista.

para- *pref.* para-

parabole [paʀabɔl] *s.f.* parabola.

parabolique [paʀabɔlik] *agg.* parabolico.

parachèvement [paʀaʃɛvmɑ̃] *s.m.* completamento; ultima mano.

parachever [paʀaʃve] (*coniug. come* semer) *v.tr.* ultimare, rifinire.

parachutage [paʀaʃytaʒ] *s.m.* lancio (col paracadute).

parachute [paʀaʃyt] *s.m.* paracadute: *en —*, con il paracadute.

parachuter [paʀaʃyte] *v.tr.* **1** paracadutare **2** (*fam.*) nominare inaspettatamente (a una carica) □ **se parachuter** *v.pron.* paracadutarsi, lanciarsi col paracadute.

parachutisme [paʀaʃytism] *s.m.* paracadutismo.

parachutiste [paʀaʃytist] *s.m.* paracadutista.

parade[1] [paʀad] *s.f.* **1** parata || *de —*, da parata; *habit de —*, abito di gala; *faire — de*, far sfoggio di, ostentare || *il n'agit que pour la —*, pensa solo a mettersi in mostra **2** esibizione degli attori all'esterno del teatro (per attirare il pubblico allo spettacolo).

parade[2] *s.f.* **1** difesa: *chercher la — à*, cercare di difendersi da **2** (*equitazione, scherma*) parata.

parader [paʀade] *v.intr.* **1** sfilare in parata **2** (*fig.*) pavoneggiarsi.

paradigme [paʀadigm] *s.m.* paradigma.

paradis [paʀadi] *s.m.* **1** paradiso || *au —*, in paradiso; *se croire au —*, sentirsi come in paradiso; *tu ne l'emporteras pas au —!*, non credere di cavartela così! || *oiseau de —*, uccello del paradiso **2** (*teatr.*) loggione.

paradisiaque [paʀadizjak] *agg.* paradisiaco.

paradisier [paʀadizje] *s.m.* uccello del paradiso.

paradoxal [paʀadɔksal] (pl. *-aux*) *agg.* paradossale || **-ement** *avv.*

paradoxe [paʀadɔks] *s.m.* paradosso.

parafe [paʀaf] *s.m.* → **paraphe**.

parafer [paʀafe] *v.tr.* → **parapher**.

paraffine [paʀafin] *s.f.* paraffina.

paraffiné [paʀafine] *agg.* paraffinato.

parafoudre [paʀafudʀ] *s.m.* parafulmine.

parages [paʀaʒ] *s.m.pl.* paraggi: *dans les — (de)*, nei paraggi (di).

paragraphe [paʀagʀaf] *s.m.* paragrafo.

paragrêle [paʀagʀɛl] (pl. *invar.*) *agg.* antigrandine.

paraguayen [paʀagɥɛjɛ̃] (f. *-enne*) *agg.* e *s.m.* paraguaiano.

paraître [paʀɛtʀ] (*coniug. come* **connaître**) *v. intr.* **1** parere, sembrare: *elle m'a paru changée*, mi è parsa cambiata; *tout le monde paraît être de son avis*, tutti sembrano del suo parere; *il paraît se souvenir de vous*, sembra che si ricordi di voi; *il paraît plus que son âge*, sembra più vecchio della sua età; *elle a soixante ans, mais elle ne les paraît pas*, ha sessant'anni, ma non li dimostra || *sans qu'il y paraisse*, anche se non sembra **2** comparire, apparire: *— en scène*, apparire sulla scena; *— en justice*, comparire davanti alla giustizia **3** vedersi; (*fig.*) apparire, manifestarsi || *chercher à —*, cercare di farsi notare || *laisser —*, manifestare **4** essere pubblicato, uscire: *un livre qui vient de —*, un libro appena uscito; *il a, est paru une nouvelle édition*, è stata pubblicata una nuova edizione; *faire — un ouvrage*, pubblicare un'opera || *à —*, di prossima pubblicazione ♦ *v.impers.*

sembrare, parere: *il ne paraît pas que le départ soit proche*, non sembra che la partenza sia prossima; *il paraît qu'elle s'est mariée très jeune*, sembra che sia sposata giovanissima; *il paraît qu'on va augmenter les impôts*, pare che vogliano aumentare le tasse; *il lui parut juste de...*, gli parve giusto...; *à ce qu'il paraît*, a quel che sembra; *il paraît que oui, que non*, pare di sì, di no || *dans ce restaurant on mange, paraît-il, très bien*, in questo ristorante pare che si mangi molto bene.

parallaxe [paʀalaks] *s.f.* (*astr., fis.*) parallasse.

parallèle [paʀalɛl] *agg.* parallelo: *la route est — à la rivière*, la strada corre parallela al fiume ♦ *s.m.* parallelo || *mettre deux choses en —*, mettere a confronto due cose ♦ *s.f.* (*mat.*) parallela.

parallèlement [paʀalɛlmã] *avv.* parallelamente.

parallélépipède [paʀalelepipɛd], **parallélipipède** [paʀalelipipɛd] *s.m.* parallelepipedo.

parallélisme [paʀalelism] *s.m.* parallelismo (*anche fig.*).

parallélogramme [paʀalelɔgʀam] *s.m.* parallelogrammo.

paralogisme [paʀalɔʒism] *s.m.* (*fil.*) paralogismo.

paralysant [paʀalizã] *agg.* paralizzante.

paralysé [paʀalize] *agg.* paralizzato ♦ *s.m.* paralitico.

paralyser [paʀalize] *v.tr.* paralizzare (*anche fig.*).

paralysie [paʀalizi] *s.f.* paralisi (*anche fig.*).

paralytique [paʀalitik] *agg.* e *s.m.* paralitico.

paramédical [paʀamedikal] (pl. *-aux*) *agg.* paramedico.

paramètre [paʀamɛtʀ] *s.m.* (*mat., fis.*) parametro.

paramilitaire [paʀamilitɛʀ] *agg.* paramilitare.

paranoïa [paʀanɔja] *s.f.* (*psic.*) paranoia.

paranoïaque [paʀanɔjak] *agg.* e *s.m.* (*psic.*) paranoico.

paranormal [paʀanɔʀmal] (pl. *-aux*) *agg.* e *s.m.* paranormale.

parapente [paʀapãt] *s.m.* (*sport*) parapendio.

parapet [paʀapɛ] *s.m.* parapetto.

paraphe [paʀaf] *s.m.* **1** sigla (*f.*): *apposer son — au bas de*, apporre la propria sigla in calce a **2** svolazzo (della firma).

parapher [paʀafe] *v.tr.* siglare (un documento).

paraphrase [paʀafʀɑz] *s.f.* parafrasi.

paraphraser [paʀafʀɑze] *v.tr.* parafrasare.

paraplégie [paʀapleʒi] *s.f.* (*med.*) paraplegia.

paraplégique [paʀapleʒik] *agg.* e *s.m.* (*med.*) paraplegico.

parapluie [paʀaplɥi] *s.m.* ombrello, parapioggia || *— nucléaire*, ombrello nucleare, atomico.

parapsychologie [paʀapsikɔlɔʒi] *s.f.* parapsicologia.

parascolaire [paʀaskɔlɛʀ] *agg.* parascolastico.

parasitaire [paʀazitɛʀ] *agg.* parassitario.

parasite [paʀazit] *agg.* parassita (*anche fig.*) ♦ *s.m.* **1** parassita (*anche fig.*) **2** pl. (*rad., tel.*) disturbi parassiti; scariche (*f.*).

parasiter [paʀazite] *v.tr.* **1** (*biol.*) parassitare **2** (*rad., tel.*) disturbare con rumori parassiti.

parasitisme [paʀazitism] *s.m.* parassitismo.
parasol [paʀasɔl] *s.m.* ombrellone, parasole || (*bot.*) *pin* —, pino marittimo.
paratonnerre [paʀatɔnɛʀ] *s.m.* parafulmine.
paratyphoïde [paʀatifɔid] *agg.* (*med.*) paratifoide ♦ *s.f.* (*med.*) paratifo (*m.*).
paravent [paʀavɑ̃] *s.m.* paravento.
parbleu [paʀblø] *inter.* diamine!
parc [paʀk] *s.m.* **1** parco || — (*à bébé*), box (per bambini) || — *à bétail*, recinto, stabbio || — *à huîtres*, parco ostreario || — *de loisirs*, parco divertimenti **2** — (*de stationnement*), parcheggio: — *à autos*, autoparco; — *payant*, parcheggio a pagamento **3** parco (di materiale rotabile): — *automobile*, parco macchine (veicoli); — *des locomotives*, parco locomotive.
parcellaire [paʀse(ɛl)lɛʀ] *agg.* particellare, parcellare.
parcelle [paʀsɛl] *s.f.* particella, frammento (*m.*); (*fig.*) briciolo (*m.*).
parcellisation [paʀselizasjɔ̃] *s.f.* frammentazione, parcellizzazione.
parcelliser [paʀselize] *v.tr.* frammentare, parcellizzare.
parce que [paʀskə] *locuz.cong.* (*nelle risposte*) perché: *"Pourquoi n'es-tu pas venu?" "Parce que j'étais pris"*, "Perché non sei venuto?" "Perché ero occupato"; *justement — c'est toi*, proprio perché sei tu.
parchemin [paʀʃəmɛ̃] *s.m.* pergamena (*f.*); (*papier*) cartapecora (*f.*).
parcheminé [paʀʃəmine] *agg.* **1** pergamenato **2** (*fig.*) incartapecorito.
par-ci [paʀsi] *locuz.avv.*: —, *par-là*, (*luogo*) di qua e di là; (*tempo*) di quando in quando.
parcimonie [paʀsimoni] *s.f.* parsimonia.
parcimonieusement [paʀsimɔnjøzmɑ̃] *avv.* con parsimonia.
parcimonieux [paʀsimɔnjø] (f. *-euse*) *agg.* parsimonioso.
parcmètre [paʀkmɛtʀ], **parcomètre** [paʀkɔmɛtʀ] *s.m.* parchimetro.
parcotrain [paʀkɔtʀɛ̃] *s.m.* parcheggio (riservato agli utenti delle ferrovie).
parcourir [paʀkuʀiʀ] (*coniug. come courir*) *v.tr.* **1** percorrere: — *dans tous les sens*, percorrere in lungo e in largo; — *les mers*, solcare i mari **2** (*fig.*) scorrere: — *le journal*, dare una scorsa al giornale.
parcours [paʀkuʀ] *s.m.* percorso, tragitto.
parcouru [paʀkuʀy] *part.pass. di* parcourir.
par(-)dedans [paʀdədɑ̃] *locuz.avv.* → dedans.
par(-)dehors [paʀdəɔʀ] *locuz.avv.* → dehors.
par(-)delà [paʀdəla] *locuz.prep.* oltre, di là da: — *la montagne*, di là dal monte ♦ *locuz.avv.* dall'altra parte.
par(-)derrière [paʀdɛʀjɛʀ] *locuz.avv.* da dietro, alle spalle.
par-dessous [paʀdəsu] *locuz.avv.* e *locuz.prep.* (da) sotto: *il est passé — la table*, è passato sotto il tavolo; *il est passé —*, è passato al disotto || *traiter qqn — la jambe*, trattare qlcu con disprezzo.

pardessus [paʀdəsy] *s.m.* cappotto, soprabito (da uomo).
par-dessus [paʀdəsy] *locuz.avv.* e *locuz.prep.* (da) sopra: *elle a mis un tailleur et son manteau —*, ha messo un tailleur con sopra il cappotto; *il lisait le journal — l'épaule de son voisin*, leggeva il giornale al disopra delle spalle del vicino; *en avoir — la tête*, averne fin sopra i capelli.
par-devant [paʀdəvɑ̃] *locuz.avv.* (dal) davanti: — *notaire*, dinnanzi a notaio.
par-devers [paʀdəvɛʀ] *locuz.prep.* in presenza di: — *le juge*, davanti al giudice || — *soi*, in proprio possesso.
pardi [paʀdi], **pardieu** [paʀdjø] *inter.* perdinci!, perbacco!
pardon [paʀdɔ̃] *s.m.* **1** perdono **2** (*nelle formule di cortesia*) scusa (*f.*), perdono || —!, scusi!, scusa!; —?, *je n'ai pas compris*, prego?, non ho capito; *ah! mais* —!, *je n'ai jamais dit cela!*, un momento!, non ho mai detto questo! **3** (*in Bretagna*) processione (*f.*).
pardonnable [paʀdɔnabl] *agg.* perdonabile; scusabile.
pardonner [paʀdɔne] *v.tr.* e *intr.* **1** perdonare: *il faut lui —*, bisogna perdonarlo; *une telle insulte ne peut pas se —*, un simile insulto non può essere perdonato; *je ne lui pardonne pas d'être si avare*, non gli perdono la sua avarizia || *ça ne se pardonne pas!*, è (una cosa) imperdonabile! **2** (*nelle formule di cortesia*) scusare, perdonare: *pardonnez-moi de vous contredire*, mi scusi se la contraddico; *je vous prie de — mon retard*, la prego di scusarmi per il ritardo.
paré[1] [paʀe] *agg.* ornato, adorno; addobbato: *femme parée de bijoux*, donna adorna di gioielli; *autel somptueusement —*, altare sontuosamente addobbato || *être —*, (*fam.*) avere soldi.
paré[2] *agg.* pronto, preparato: — *à toute éventualité*, pronto a tutto || — *contre le froid*, equipaggiato per il freddo.
pare- *pref.* → para-
pare-balles [paʀbal] *agg.invar.* antiproiettile ♦ *s.m.invar.* (*mil.*) parapalle.
pare-boue [paʀbu] (pl. *invar.*) *s.m.* (*aut.*) parafango.
pare-brise [paʀbʀiz] (pl. *invar.*) *s.m.* (*aut.*) parabrezza.
pare-chocs [paʀʃɔk] (pl. *invar.*) *s.m.* (*aut.*) paraurti.
pare-feu [paʀfø] (pl. *invar.*) *agg.* e *s.m.* tagliafuoco; parafuoco.
pareil [paʀɛj] (f. *-eille*) *agg.* simile: *ton chapeau est — au mien*, il tuo cappello è uguale al mio || *hier à pareille heure*, ieri a quest'ora || *en — cas*, in tal caso; *rien de —*, niente di simile ♦ *s.m.* uguale, pari; *il n'a pas son —*, non ha uguali || *sans —*, senza pari || *c'est du — au même*, se non è zuppa è pan bagnato ♦ *avv.* (*fam.*) nello stesso modo.
pareille [paʀɛj] *s.f.* uguale, pari: *elle n'a pas sa —*, non ha uguali || *rendre la — à qqn*, rendere la pariglia a qlcu.
pareillement [paʀɛjmɑ̃] *avv.* similmente, allo

stesso modo || *je le désire* —, lo desidero anch'io.

parement [paRmɑ̃] *s.m.* **1** risvolto (di collo o di manica) **2** (*edil.*) facciavista (*f.*), rivestimento (in pietra).

parenchyme [paRɑ̃ʃim] *s.m.* (*bot.*, *med.*) parenchima.

parent [paRɑ̃] *s.m.* **1** parente: — *par alliance*, affine; *proches parents*, parenti stretti **2** *pl.* genitori **3** *pl.* progenitori, antenati ♦ *agg.* parente, affine.

parental [paRɑ̃tal] (pl. *-aux*) *agg.* parentale.

parenté [paRɑ̃te] *s.f.* **1** parentela (*anche fig.*); consanguineità: — *par alliance*, affinità; — *des idées*, (*fig.*) affinità di idee **2** parentado (*m.*).

parentéral [paRɑ̃teRal] *agg.* (*med.*) parenterale.

parenthèse [paRɑ̃tez] *s.f.* parentesi.

parentisme [paRɑ̃tism] *s.m.* (*in Togo*) nepotismo.

parer¹ [paRe] *v.tr.* **1** guarnire; abbellire || — *qqn de toutes les vertus*, attribuire a qlcu tutte le virtù **2** agghindare **3** preparare: (*mar.*) — *une ancre*, apprestare un'ancora || (*cuc.*) — *la viande*, pulire la carne □ **se parer** *v.pron.* **1** ornarsi, adornarsi **2** (*fig.*) fregiarsi.

parer² *v.tr.* evitare: — *le coup*, (*fig.*) parare il colpo ♦ *v.intr.* **1** rimediare, porre riparo: — *à un inconvénient*, ovviare a un inconveniente **2** prepararsi a (far fronte): — *à un danger*, fronteggiare un pericolo.

parésie [paRezi] *s.f.* (*med.*) paresi.

pare-soleil [paRsɔlɛj] (pl. *invar.*) *s.m.* (*aut.*) aletta parasole.

paresse [paRɛs] *s.f.* pigrizia: *solution de* —, soluzione di comodo.

paresser [paRese] *v.intr.* (*fam.*) poltrire, oziare.

paresseusement [paRɛsøzmɑ̃] *avv.* pigramente: *le fleuve coulait* —, il fiume scorreva pigro.

paresseux [paResø] (f. *-euse*) *agg.* pigro ♦ *s.m.* **1** pigro, poltrone **2** (*zool. pop.*) poltrone.

parfaire [paRfɛR] (*coniug. come* faire) *v.tr.* completare, rifinire.

parfait [paRfɛ] *part.pass. di* parfaire ♦ *agg.* perfetto, eccellente; completo ♦ *s.m.* **1** dolce gelato, semifreddo **2** (*gramm.*) perfetto.

parfaitement [paRfɛtmɑ̃] *avv.* **1** perfettamente: *je me sens* — *à mon aise*, mi sento completamente a mio agio **2** proprio così, certamente.

parfois [paRfwa] *avv.* talvolta, a volte.

parfum [paRfœ̃] *s.m.* **1** profumo || *être au* —, (*fam.*) essere al corrente **2** gusto, sapore (spec. di gelato).

parfumé [paRfyme] *agg.* profumato || *glace parfumée à la pistache*, gelato al (gusto di) pistacchio.

parfumer [paRfyme] *v.tr.* profumare.

parfumerie [paRfymRi] *s.f.* profumeria.

parfumeur [paRfymœR] (f. *-euse*) *agg. e s.m.* profumiere.

pari [paRi] *s.m.* scommessa (*f.*): *il a fait le* — *de*, ha scommesso di; *tenir un* —, tener fede a una scommessa || *les paris sont ouverts*, si accettano scommesse || (*ippica*) — *mutuel* (*urbain*), totalizzatore.

paria [paRja] *s.m.* paria (*anche fig.*).

parier [paRje] *v.tr.* scommettere: — *à cent contre un*, scommettere uno contro cento; *il y a beaucoup, tout à* — *que...*, c'è da scommettere che...; *je vous parie tout ce que vous voudrez que*, scommetto quello che volete che.

pariétaire [paRjetɛR] *s.f.* (*bot.*) parietaria.

pariétal [paRjetal] (pl. *-aux*) *agg.* parietale.

parieur [paRjœR] (f. *-euse*) *s.m.* scommettitore.

parigot [paRigo] *agg. e s.m.* (*fam.*) parigino.

parisianisme [paRizjanism] *s.m.* **1** spirito, lingua, costumi tipicamente parigini **2** tendenza a identificare la Francia con Parigi.

parisien [paRizjɛ̃] (f. *-enne*) *agg. e s.m.* parigino.

parisyllabique [paRisilabik] *agg. e s.m.* parisillabo.

paritaire [paRitɛR] *agg.* paritario, paritetico.

parité [paRite] *s.f.* parità.

parjure [paRʒyR] *agg. e s.m.* spergiuro.

parjurer, se [sɔpaRʒyRe] *v.pron.* spergiurare.

parka [paRka] *s.m.* giacca impermeabile.

parking [paRkiŋ] *s.m.* parcheggio (di automobili): — *en étages*, autosilo.

par(-)là [paRla] *locuz.avv.* → **là**.

parlant [paRlɑ̃] *agg.* parlante: *des preuves parlantes*, prove evidenti || *cinéma* —, cinema sonoro.

parlé [paRle] *agg. e s.m.* parlato || (*rad.*) *journal* —, giornale radio.

parlement [paRləmɑ̃] *s.m.* parlamento.

parlementaire [paRləmɑ̃tɛR] *agg. e s.m.* parlamentare.

parlementer [paRləmɑ̃te] *v.intr.* parlamentare || *il l'entendit* — *avec qqn*, (*fam.*) lo udì discutere con qlcu.

parler¹ [paRle] *v.intr.* parlare: — *pour* —, parlare tanto per parlare; — *sur un certain ton*, parlare con arroganza; — *en bien, en mal de qqn*, parlar bene, male (di qlcu): *qu'on ne me parle plus de cette histoire*, non voglio più sentir parlare di questa faccenda || *à qui ai-je l'honneur de* —?, con chi parlo? || *généralement parlant*, parlando in generale || *à* — *franc*, a dirla schietta || *à proprement* —, a dire il vero || *s'il m'est permis de* — *ainsi*, se così posso dire || *je vous dis ça, mais c'est une façon de* —, lo dico tanto per dire || *voilà qui s'appelle* —!, questo si chiama parlare! || *vous trouverez à qui* —!, troverete pane per i vostri denti || *à vous de* —, sta a voi parlare (alle carte) || (*fam.*): *tu parles!*, altro che!, lo credo bene!; *tu parles, Charles!*, col cavolo! || *sans* — *de...*, per non parlare di..., per non citare... || (*in Canada*) — *à travers son chapeau*, dire stupidaggini ♦ *v.tr.* parlare: — *affaires, politique*, parlare di affari, di politica □ **se parler** *v.pron.* parlarsi: *ils ne se sont plus parlé*, non si sono più parlati.

parler² *s.m.* **1** (modo di) parlare: *son* — *était lent et traînant*, parlava (in modo) lento e strascicato **2** parlata (*f.*).

parleur [paRlœR] (f. *-euse*) *s.m.* parlatore: *un beau* —, un buon parlatore, (*spreg.*) un parolaio.

parloir [paRlwaR] *s.m.* parlatorio.

parlote [paRlɔt] *s.f.* (*fam.*) chiacchierata.

parme [paʀm] *agg.* e *s.m. invar.* (colore) viola intenso.

parmesan [paʀməzã] *agg.* parmigiano, parmense ♦ *s.m.* (*cuc.*) parmigiano, grana.

parmi [paʀmi] *prep.* fra, tra; in mezzo a: — *la foule*, tra la folla; — *les hommes*, tra gli uomini.

parodie [paʀɔdi] *s.f.* parodia.

parodier [paʀɔdje] *v.tr.* parodiare.

parodique [paʀɔdik] *agg.* parodistico.

paroi [paʀwa] *s.f.* parete.

paroisse [paʀwas] *s.f.* parrocchia || *prêcher pour sa* —, tirare l'acqua al proprio mulino.

paroissial [paʀwasjal] (pl. *-aux*) *agg.* parrocchiale.

paroissien [paʀwasjɛ̃] (f. *-enne*) *s.m.* **1** parrocchiano **2** (*fam.*) individuo **3** libro da messa.

parole [paʀɔl] *s.f.* parola: *vous avez la* —, a voi la parola; *je vous donne ma* — *de ne pas vous trahir*, vi do la mia parola che non vi tradirò; *tenir* —, essere di parola; *sur* —, sulla parola; *n'avoir qu'une* —, avere una parola sola || *payer de belles paroles*, (*iron.*) pagare a chiacchiere.

parolier [paʀɔlje] *s.m.* **1** paroliere **2** librettista.

parotide [paʀɔtid] *s.f.* (*anat.*) parotide.

parotidite [paʀɔtidit] *s.f.* (*med.*) parotite.

paroxysme [paʀɔksism] *s.m.* parossismo.

paroxyton [paʀɔksitɔ̃] *agg.* e *s.m.* (*ling.*) parossitono.

parpaillot [paʀpajo] *s.m.* (*spreg.*) appellativo dato dai cattolici ai calvinisti.

parpaing [paʀpɛ̃] *s.m.* (*edil.*) pietra di legatura.

parquer [paʀke] *v.tr.* **1** rinchiudere, sistemare (animali) in un recinto || *nous étions parqués comme du bétail*, stavamo ammassati come bestie **2** (*aut.*) parcheggiare.

parquet [paʀkɛ] *s.m.* **1** parquet, pavimento (di legno); tavolato **2** (*dir.*) Procura della Repubblica.

parqueter [paʀkəte] (*coniug. come* jeter) *v.tr.* posare un parquet.

parqueteur [paʀkətœʀ] *agg.* e *s.m.* (*edil.*) parchettista.

parrain [pa(ɑ)ʀɛ̃] *s.m.* **1** padrino **2** presentatore (di un socio in un club ecc.).

parrainage [pa(ɑ)ʀɛnaʒ] *s.m.* patrocinio; sponsorizzazione (*f.*): *comité de* —, comitato patrocinatore.

parrainer [pa(ɑ)ʀɛne] *v.tr.* patrocinare; sponsorizzare.

parricide[1] [paʀisid] *agg.* e *s.m.* parricida.

parricide[2] *s.m.* parricidio.

parsemer [paʀsəme] (*coniug. come* semer) *v.tr.* cospargere, disseminare.

part [paʀ] *s.f.* **1** parte: *il a voulu sa* — *du gâteau*, (*anche fig.*) ha voluto la sua fetta di torta; *prendre* — *à*, prendere parte a, partecipare a || *de toute*(*s*) *part*(*s*), da tutte le parti, da ogni parte || *de* — *en* —, da parte a parte || *de* — *et d'autre*, da una parte e dall'altra: *les voitures étaient parquées de* — *et d'autre de la rue*, le automobili erano parcheggiate sui due lati della strada || *d'une* —... *d'autre* — (*o de l'autre* —...), da una parte... dall'altra...; da

un canto... d'altro canto... || *d'autre* —, d'altronde, del resto || *autre* —, altrove || *quelque* —, da qualche parte: *il est parti quelque* — *à la mer*, è andato non so dove al mare || *nulle* —, da nessuna parte; *nulle* — *ailleurs*, in nessun altro luogo, da nessun'altra parte || *il faudrait nous rencontrer autre* — *que chez moi*, dovremmo incontrarci in un luogo diverso da casa mia || *de la* — *de*..., da parte di... || *de ma, ta, sa* —, da parte mia, tua, sua; *pour ma, ta, sa* —, per conto mio, tuo, suo; per quanto mi, ti, lo riguarda || *à* — *entière*, pienamente, completamente: *être citoyen à* — *entière*, godere di tutti i diritti civili || *pour une large, bonne* —, in buona parte || *prendre en bonne, en mauvaise* —, prendere in buona, in mala parte || *faire* —, comunicare: *faire* — *d'une naissance, d'un mariage*, partecipare, annunziare una nascita, un matrimonio || *faire la* — *de qqch*, tener conto di qlco || *faire la* — *du feu*, salvare il salvabile || *faire la* — *belle à qqn*, dare a qlcu più di quanto gli spetti || (*mar.*) *naviguer, être à la* —, avere una parte del ricavato della pesca **2** (*dir., econ.*) quota, porzione, partecipazione: — *d'héritage*, quota ereditaria; — *de bénéfice*, quota di utile; — *sociale*, quota sociale; *parts de marché*, quote di mercato || *il n'a aucune* — *aux bénéfices de cette entreprise*, non ha nessuna partecipazione agli utili di quella società □ **à part** *locuz.avv.* **1** a parte; salvo, tranne: *plaisanterie* (*mise*) *à* —, scherzi a parte || *à* — *que...*, (*fam.*) a parte che... **2** a parte, particolare; separato: *faire bande à* —, fare gruppo a sé, starsene per proprio conto; *un cas à* —, un caso particolare; *faire lit, chambre à* —, dormire in letti separati, in camere separate || *à* — *moi, lui*, tra me e me, tra sé e sé **3** da parte: *prendre qqn à* —, prendere in disparte qlcu.

partage [paʀtaʒ] *s.m.* **1** spartizione (*f.*), divisione (*f.*) || (*geogr.*) *ligne de* — *des eaux*, spartiacque **2** parità (di voti, in uno scrutinio) **3** (*dir.*) quota (spettante a una divisione) || *tomber en* —, spettare come quota, (*fig.*) toccare in sorte || *recevoir en* —, (*fig.*) toccare in sorte □ **sans partage**, *locuz.* senza riserve.

partagé [paʀtaʒe] *agg.* **1** diviso || (*fig.*): *il était* — *entre l'espoir et la crainte*, era combattuto fra la speranza e la paura; *les avis sont partagés*, i pareri sono discordi **2** condiviso || *amour* —, amore corrisposto **3** *bien* —, *mal* —, dotato, non dotato (di natura): *il est fort mal* —, è nato proprio disgraziato.

partageable [paʀtaʒabl] *agg.* divisibile.

partager [paʀtaʒe] (*coniug. come* manger) *v.tr.* **1** dividere || (*econ.*) — *un dividende*, distribuire un dividendo **2** condividere **3** (*antiq.*) dotare: *la nature l'a bien partagé*, la natura lo ha ben dotato □ **se partager** *v.pron.* dividersi.

partance [paʀtɑ̃s] *s.f.*: *en* —, in partenza.

partant[1] [paʀtɑ̃] *s.m.* (*sport*) partente || *être* — *pour*, essere disponibile a.

partant[2] *cong.* (*letter.*) pertanto.

partenaire [paʀtənɛʀ] *s.m.* partner || *partenaires sociaux*, le parti (sociali); gli interlocutori sociali.

FRANÇAIS	ITALIANO
1 le participe passé **été** (*être*) est toujours invariable:	il participio passato **stato** (*essere*) è sempre accordato con il soggetto:
nous avons été invités	siamo stati invitati
2 le participe passé s'accorde avec le sujet quand il est conjugué avec **être**:	il participio passato si accorda con il soggetto quando è coniugato con **essere**:
Marie est arrivée à l'heure	Maria è arrivata puntuale
ils ont été grondés par leur mère	sono stati sgridati dalla loro mamma
3 on utilise toujours l'auxiliaire **être** avec les verbes pronominaux; le participe passé s'accorde avec le pronom qui précède lorsque celui-ci est un complément d'objet direct:	i verbi pronominali sono sempre coniugati con **essere**; il participio passato si accorda con il soggetto:
elle s'est lavée à l'eau froide	si è lavata con l'acqua fredda
(**se** est le complément d'objet direct qui précède)	
Michel et Henri se sont battus	Michele e Enrico si sono picchiati
(**se** est le complément d'objet direct qui précède)	
elle s'est coupé le doigt	si è tagliata il dito
nous nous sommes imposé des sacrifices	ci siamo imposti dei sacrifici
(les pronoms **se** et **nous** sont des compléments indirects: le participe passé reste invariable quand le complément d'objet direct suit le verbe)	
les sacrifices que nous nous sommes imposés	i sacrifici che ci siamo imposti
(le participe passé est accordé avec le pronom relatif **que** complément d'objet direct qui précède)	
• Dans tous les exemples ci-dessous le participe passé reste invariable; le pronom est un complément indirect, puisque les verbes sont intransitifs:	• In tutti gli esempi che seguono il participio passato coniugato con *essere* si accorda con il soggetto:
nous nous sommes téléphoné tous les jours	ci siamo telefonati tutti i giorni
les événements se sont succédé	gli avvenimenti si sono succeduti
ils se sont parlé au téléphone	si sono parlati al telefono
vous vous êtes souri de loin	vi siete sorrisi da lontano
ils se sont suffi à eux-mêmes	ce l'hanno fatta con le proprie forze
elles se sont plu à la campagne	sono state bene in campagna
• Dans tous les exemples ci-dessous le participe passé s'accorde avec le sujet puisqu'il s'agit de verbes qui ne sont que formellement pronominaux où le pronom (**me**, **te**, **se**, etc.) n'a valeur ni de complément d'objet direct ni de complément indirect:	• In tutti gli esempi che seguono il participio passato coniugato con **essere** si accorda con il soggetto; il participio passato coniugato con **avere** resta invariabile:
elle s'est aperçue de son erreur	si è accorta del suo errore
ils se sont repentis	si sono pentiti
elles se sont évanouies	sono svenute
vous vous êtes moqués de nous	vi siete presi gioco di noi
nous nous sommes promenés dans le parc	abbiamo passeggiato nel parco
vous vous êtes tus	avete taciuto

4 le participe passé des verbes pronominaux passifs s'accorde avec le sujet:

ces meubles se sont vendus à un bon prix

questi mobili si sono venduti a buon prezzo

5 le participe passé s'accorde avec le complément d'objet direct (pronoms personnels **le, la, les, te, nous, vous**; pronom relatif **que**) lorsqu'il est conjugué avec **avoir** et que ce complément d'objet direct précède le verbe:

il participio passato si accorda con i pronomi personali complemento oggetto **lo, la, li, le** quando è coniugato con **avere** e questo complemento oggetto precede il verbo; quando il complemento oggetto che precede è il pronome personale **mi, ti, ci, vi** o il pronome relativo **che**, il participio passato può essere accordato o invariabile:

c'est ma soeur: je l'ai accompagnée au théâtre
je les ai accompagnés à l'école
Marie, je t'ai déjà appelée deux fois
on nous a accompagnés à la gare

on vous a vus à Rome
la fillette que j'ai recontrée aux jardins publics

è mia sorella: l'ho accompagnata a teatro

li ho accompagnati a scuola
Maria, ti ho già chiamato, chiamata due volte
ci hanno accompagnato, accompagnati alla stazione
vi hanno visto, visti a Roma
la ragazzina che ho incontrato, incontrata ai giardini pubblici

6 le participe passé précédé de **en** (complément indirect) reste toujours invariable:

il participio passato preceduto dal pronome **ne** si accorda con il suo antecedente:

de ces livres, combien en as-tu lu vraiment?
j'en ai mangé beaucoup

di questi libri quanti ne hai letti veramente?
ne ho mangiati molti, ne ho mangiate molte

7 le participe passé suivi d'un infinitif s'accorde avec le complément d'objet direct qui le précède si ce complément accomplit l'action de l'infinitif; il reste invariable si le complément d'objet direct subit l'action de l'infinitif:

il participio passato seguito da un infinito si accorda con il pronome personale **lo, la, li, le** che lo precede; può accordarsi o rimanere invariabile quando il pronome che lo precede è il pronome relativo **che**:

on les a entendues chanter
la chanteuse que nous avons entendue chanter (c'est la chanteuse qui chante)
la chanson que nous avons entendu chanter (la chanson est chantée)

le abbiamo sentite cantare
la cantante che abbiamo sentito, sentita cantare

la canzone che abbiamo sentito cantare

8 le participe passé **fait** suivi d'un infinitif est toujours invariable:

il participio passato **fatto** seguito da un infinito si accorda con il complemento che lo precede:

je les ai fait suivre
cette petite nous l'avons fait soigner en Suisse

li ho fatti seguire
questa bimba l'abbiamo fatta curare in Svizzera

9 le participe passé des verbes impersonnels reste toujours invariable:

les accidents qu'il y a eu dernièrement
les sommes qu'il a fallu

les pluies qu'il a fait ce mois-ci

gli incidenti che ci sono stati ultimamente
le somme che sono state necessarie, che ci sono volute
le piogge che sono cadute questo mese

parterre [paʀtɛʀ] *s.m.* **1** aiuola (*f.*) **2** (*teatr.*) platea (*f.*).

parthenaisien [paʀtənɛziɛ̃] (f. *-enne*) *agg.* di Parthenay.

parthénogenèse [paʀtenɔʒənɛz] *s.f.* (*biol.*) partenogenesi.

parthénopéen [paʀtenɔpeɛ̃] (f. *-enne*) *agg.* partenopeo.

parti¹ [paʀti] *s.m.* **1** partito ‖ *prendre le — de*, schierarsi dalla parte di ‖ *de —*, di parte ‖ *de — pris*, per partito preso; *sans — pris*, senza preconcetti ‖ *tirer tout le — possible de*, sfruttare qlco al massimo ‖ *faire un mauvais — à qqn*, conciare qlcu per le feste‖ *un beau —*, un buon partito **2** decisione (*f.*): *prendre son — de qqch, en prendre son—*, rassegnarsi a qlco, mettersi il cuore in pace.

parti² *part.pass.* di partir ♦ *agg.* (*fam.*) partito, brillo.

partial [paʀsjal] (pl. *-aux*) *agg.* parziale ‖ *-ement* *avv.*

partialité [paʀsjalite] *s.f.* parzialità.

participant [paʀtisipɑ̃] *agg.* e *s.m.* partecipante.

participation [paʀtisipasjɔ̃] *s.f.* partecipazione ‖ (*econ.*) *— aux bénéfices*, compartecipazione agli utili ‖ (*dir.*): *— à un crime*, concorso in un delitto; *— aux acquêts*, divisione dei beni acquisiti (in regime matrimoniale) ‖ (*comm.*) *compte en —*, conto congiunto.

participe [paʀtisip] *s.m.* (*gramm.*) participio.

participer [paʀtisipe] *v.intr.* partecipare.

particulariser [paʀtikylaʀize] *v.tr.* particolareggiare.

particularisme [paʀtikylaʀism] *s.m.* particolarismo.

particulariste [paʀtikylaʀist] *s.m.* particolarista ♦ *agg.* particolaristico.

particularité [paʀtikylaʀite] *s.f.* particolarità.

particule [paʀtikyl] *s.f.* particella.

particulier [paʀtikylje] (f. *-ère*) *agg.* **1** particolare; speciale: *c'est une coutume particulière à ce pays*, è un'abitudine caratteristica, propria di quel paese ‖ *les cas particuliers*, i singoli casi ‖ *sur ce point —*, proprio su quel punto **2** personale, particolare; privato: *le secrétaire — du ministre*, il segretario particolare del ministro; *des leçons particulières*, lezioni private‖ *hôtel —*, palazzo privato ‖ *à titre —*, in confidenza ♦ *s.m.* **1** particolare **2** privato; (*fam.*) individuo: *un simple —*, un privato cittadino □ **en particulier** *locuz.avv.* **1** specialmente **2** in privato, da solo a solo.

particulièrement [paʀtikyljɛʀmɑ̃] *avv.* particolarmente; in (modo) particolare.

partie¹ [paʀti] *s.f.* **1** parte: *la majeure —*, la maggior parte; *une — des enfants étaient...*, una parte dei bambini era... ‖ *en (grande) —*, in (gran) parte ‖ *en tout ou en —*, in tutto o in parte ‖ (*comm.*) *livraison par parties*, consegna a lotti, scaglionata ‖ *comptabilité en — double*, contabilità a partita doppia ‖ *il est de la —*, è del mestiere; *il est très fort dans sa —, il connaît bien sa —*, è molto in gamba nel suo ramo **2** (*dir.*) parte: *se rendre — dans un procès*, costituirsi parte in un

processo ‖ *être juge et —*, (*fig.*) essere giudice e parte in causa ‖ *prendre qqn à —*, prendersela con qlcu ‖ *avoir affaire à forte —*, avere a che fare con un avversario temibile.

partie² *s.f.* partita: *— de cartes*, partita a carte; *tu as — gagnée*, hai già vinto; *vous avez la — belle*, siete fortunati; *abandonner la —*, abbandonare il campo; *la — est inégale*, la lotta è impari ‖ *— de campagne*, scampagnata; *— de plaisir*, gita (di piacere); *cela a été une vraie — de plaisir*, è stato molto piacevole; *voulez-vous être de la —?*, vuol essere dei nostri?; *se mettre de la —*, unirsi (a un gruppo ecc.) ‖ *ce n'est que — remise*, sarà per un'altra volta.

partiel [paʀsjɛl] (f. *-elle*) *agg.* parziale ♦ *s.m.* esame preliminare (all'università) ‖ *-ellement* *avv.*

partir [paʀtiʀ] (*coniug. come* dormir) *v.intr.* **1** partire: *— en voyage*, partire per un viaggio ‖ *il partit d'un grand éclat de rire*, scoppiò in una gran risata **2** andare (via), andarsene: *partez devant, je vous rejoindrai*, andate avanti, vi raggiungo; *il est parti comme un éclair*, è schizzato via come un fulmine; *— en France*, andare in Francia; *— en promenade*, andare a fare una passeggiata; *— en vacances*, andare in vacanza ‖ *partez!*, via! ‖ *tout son argent part en livres*, tutti i suoi soldi se ne vanno in libri **3** nascere, avere origine: *on ne sait pas d'où est parti le bruit*, non si sa da che cosa sia nata la voce; *un cri partit de la foule*, un grido si levò dalla folla **4** partire, iniziare, cominciare: *cette affaire est mal partie*, la faccenda è partita male; *le contrat part du premier décembre*, il contratto inizia dal primo dicembre ‖ (*mus.*) *— en mesure*, attaccare a tempo □ **à partir de** *locuz.avv.* a partire da: *à — de huit heures*, a partire dalle otto, dalle otto in poi; *à — d'ici*, da qui in poi, da qui in avanti; *à — du premier août*, (a decorrere) dal primo agosto.

partisan [paʀtizɑ̃] *s.m.* partigiano; (*estens.*) sostenitore, fautore ♦ *agg.* **1** favorevole (a) **2** fazioso, di parte.

partitif [paʀtitif] (f. *-ive*) *agg.* e *s.m.* (*gramm.*) partitivo.

partition [paʀtisjɔ̃] *s.f.* (*mus.*) partitura, spartito (*m.*).

partitocratie [paʀtitɔkʀasi] *s.f.* (*pol.*) partitocrazia.

partout [paʀtu] *avv.* **1** dappertutto, ovunque: *— où je vais je le rencontre*, ovunque io vada lo incontro ‖ *— ailleurs*, in qualsiasi altro posto ‖ *de —*, da ogni parte **2** (*sport, giochi*) pari: *30 —*, 30 pari.

partouze [paʀtuz] *s.f.* (*fam.*) ammucchiata, orgia.

parturiente [paʀtyʀjɑ̃t] *s.f.* partoriente.

parturition [paʀtyʀisjɔ̃] *s.f.* parto (*m.*).

paru [paʀy] *part.pass.* di paraître.

parure [paʀyʀ] *s.f.* **1** abbigliamento ricco ed elegante; (*estens.*) addobbo (*m.*), ornamento (*m.*): *beauté sans —*, bellezza semplice, senza ornamenti **2** completo (*m.*), insieme (*m.*), parure.

parution [paʀysjɔ̃] *s.f.* pubblicazione, uscita (di un libro ecc.).

parvenir [paʀvəniʀ] (*coniug. come* venir) *v.intr.* giungere, arrivare: *je lui ai fait — ce colis*, gli ho fatto recapitare il pacco; *faire — un ordre*, trasmettere un ordine; *son seul souci c'est de —*, (*fig.*) si preoccupa solo di arrivare, di far carriera || *— à s'échapper*, riuscire a scappare; *— à ses fins*, raggiungere il proprio scopo.

parvenu [paʀvəny] *part. pass. di* parvenir ♦ *s.m.* (*spreg.*) nuovo ricco, villano rifatto.

parvis [paʀvi] *s.m.* sagrato.

pas[1] [pɑ] *s.m.* **1** passo: *faire les cent —*, camminare su e giù, avanti e indietro; *faire un faux —*, mettere un piede in fallo, (*fig.*) fare un passo falso; *ne pas quitter d'un —*, stare alle costole; *j'y vais de ce —*, ci vado subito; *avoir, prendre le — sur qqn*, (*fig.*) avere, prendere il sopravvento su qlcu; *remettre au —*, (*fig.*) richiamare all'ordine || *— à —*, passo passo, un passo dopo l'altro || *à chaque —*, a ogni passo, in ogni momento || *à grands —*, a passi di gigante || *au —*, al passo; *au — de course*, a passo di corsa || *de là à ne plus la croire il n'y a qu'un —*, da qui a non crederla più ci manca poco **2** passo, impronta (*f.*): *arriver sur les — de qqn*, arrivare subito dopo qlcu || *marcher sur les — de qqn*, (*fig.*) seguire le orme di qlcu **3** (*de la porte*), soglia; *être sur le — de la porte*, essere sulla soglia **4** (*geogr.*) passo (di montagna); stretto (di mare) || (*fig.*): *tirer d'un mauvais —*, trarre d'impaccio; *franchir, sauter le —*, superare un ostacolo **5** (*tecn.*) passo.

pas[2] *avv. di negazione* **1** (*correlativo di* ne) *je n'en ai — besoin*, non ne ho bisogno; *il n'est — parti*, non è partito; *pour ne — se fatiguer*, per non stancarsi; *n'est-ce —?*, vero?, nevvero? **2** (*assoluto*) non: *— assez*, non abbastanza; *— beaucoup*, non molto; *— trop*, non troppo; *des questions — faciles*, domande non facili || *pourquoi —?*, perché no? || *sûrement —!*, no di certo!; *absolument —!*, proprio no! || *— mal!*, non (c'è) male! || *— d'histoires!*, (*fam.*) poche storie! || *— de chance!*, che sfortuna! || *— moi, moi —*, io no, non io || *— un —* un.

pascal [paskal] (*pl. -als, -aux*) *agg.* pasquale.

pas(-)de(-)porte [padəpɔʀt] (*pl. invar.*) *s.m.* avviamento (di un negozio ecc.); buonuscita (di una locazione).

passable [pasabl] *agg.* passabile || (*mention*) —, sufficiente (come voto).

passablement [pasabləmɑ̃] *avv.* passabilmente; abbastanza.

passade [pasad] *s.f.* **1** infatuazione, capriccio (*m.*) **2** avventura galante, flirt (*m.*).

passage [pasaʒ] *s.m.* **1** passaggio: *les heures de — du train*, gli orari di transito del treno || *se retourner sur le — de qqn*, voltarsi al passaggio di qlcu; *saisir au —*, cogliere al volo; *attendre au —*, aspettare al varco || *— interdit*, divieto di transito || (*droit de*) —, pedaggio || *examen de —*, esame di ammissione || *— à tabac*, (*fam.*) pestaggio || *— d'un film*, proiezione di un film || *— à l'antenne*, messa in onda **2** passo (degli uccelli) **3** (*luogo*) passaggio: *se frayer un — dans la foule*, aprirsi un

varco tra la folla || *céder le —*, cedere il passo || *— pour piétons*, passaggio pedonale; *— clouté*, strisce pedonali; *— protégé*, incrocio con diritto di precedenza || *— (couvert)*, galleria || *— souterrain*, *inférieur*, sottopassaggio; *— supérieur*, cavalcavia **4** (*geogr.*) passo, valico (di montagna); stretto (di mare) **5** (*lett., mus.*) passaggio, brano **6** (*ferr.*) *— à niveau*, passaggio a livello.

passager [pɑ(a)saʒe] (*f. -ère*) *agg.* e *s.m.* passeggero || *hôte —*, ospite di passaggio.

passant [pasɑ̃] *agg.* frequentato ♦ *s.m.* passante.

passation [pɑ(a)sasjɔ̃] *s.f.* **1** stesura (di un atto) || (*comm.*) *lors de la — de commande*, al momento della trasmissione dell'ordine **2** *— des pouvoirs*, passaggio di poteri.

passe[1] [pas] *s.f.* **1** passaggio (*m.*) || *maison de —*, casa d'appuntamenti || *mot de —*, parola d'ordine || *être en — de*, essere sul punto di || *être dans une bonne —*, *dans une mauvaise —*, attraversare un periodo fortunato, un brutto momento **2** canale navigabile; valico (di montagna) **3** (*tecn.*) passata **4** (*sport*) passaggio (della palla) **5** — (*magnétique*), gesto dell'ipnotizzatore **6** — *d'armes*, (*fig.*) alterco.

passe[2] *s.m.* (*fam.*) abbr. → **passe-partout** 1.

passé[1] [pase] *agg.* **1** passato || *il est cinq heures passées*, sono le cinque passate **2** sfiorito, appassito || *des couleurs passées*, colori sbiaditi ♦ *s.m.* passato || *par le —*, in passato || *tout ça, c'est du —*, (*fam.*) è acqua passata || (*gramm.*): — *simple*, passato remoto; — *composé*, passato prossimo; — *antérieur*, trapassato remoto.

passé[2] *prep.* dopo: *aussitôt — la pharmacie*, subito dopo la farmacia; *— dix heures*, dopo le dieci.

passe-droit [pasdʀwa] (*pl. passe-droits*) *s.m.* privilegio (illegittimo), favoritismo.

passéiste [paseist] *agg.* e *s.m.* passatista.

passe-lacet [paslasɛ] (*pl. passe-lacets*) *s.m.* infilanastri.

passement [pasmɑ̃] *s.m.* passamano.

passementer [pasmɑ̃te] *v.tr.* guarnire con passamaneria.

passementerie [pasmɑ̃tʀi] *s.f.* passamaneria.

passe-montagne [pasmɔ̃taɲ] (*pl. passe-montagnes*) *s.m.* passamontagna.

passe-partout [paspaʀtu] (*pl.invar.*) *s.m.* **1** chiave universale; (*fig.*) passe-partout || *l'argent est un bon —*, il denaro apre tutte le porte **2** soppraffondo; montatura (per fotografie) ♦ *agg. invar.* adatto a ogni circostanza; banale.

passe-passe [paspas] *s.m.*: *tour de —*, gioco di prestigio, (*fig.*) raggiro.

passe-plat [paspla] (*pl. passe-plats*) *s.m.* passavivande.

passepoil [paspwal] *s.m.* bordino, filetto.

passeport [paspɔʀ] *s.m.* passaporto.

passer [pase] *v.intr.* **1** passare: *je passe te chercher à midi*, passo a prenderti a mezzogiorno; *es-tu passé chez le médecin?*, sei stato dal medico?; *je ne fais que —*, sono solo di passaggio; *— place de la République*, passare da piazza della Repubblica; *— par Paris*, passare da Parigi; *la Seine passe à*

1 Le participe présent est **invariable** lorsque, dans la phrase, il a la fonction d'un verbe; il peut être remplacé par une phrase relative:

FRANÇAIS

ITALIANO

a **+ complément direct** ou **indirect**

pronome relativo + verbo coniugato

un homme parlant quatre langues
des livres intéressant les jeunes gens
des élèves obéissant à leurs maîtres

un uomo che parla quattro lingue
dei libri che interessano i giovani
degli allievi che obbediscono ai loro maestri

b **+ adverbe** ou **locution adverbiale**

gerundio o pronome relativo + verbo coniugato

ils étaient là riant aux éclats
elle nous regardait souriant gentiment
des enfants désagréables pleurant toujours

stavano là ridendo rumorosamente
ci guardava sorridendo gentilmente
bambini insopportabili che piangono sempre

c précédé de **ne, en, se**

gerundio o pronome relativo + verbo coniugato

ce sont des enfants n'obéissant que par
crainte
ils se sont enrichis en fabriquant des jouets
elle était là se regardant dans la glace
voilà des verbes se conjugant avec avoir

sono bambini che obbediscono solo per paura
si sono arricchiti fabbricando giocattoli
era lì che si rimirava nello specchio
ecco dei verbi che si coniugano con avere

2 Le participe présent est **variable** lorsqu'il a la fonction d'un adjectif; il peut être remplacé par un adjectif qualificatif synonyme.

FRANÇAIS

ITALIANO

a **sans complément** ou **en fin de phrase**

aggettivo qualificativo

des yeux riants
ce sont des enfants obéissants
une couleur voyante
une rue commerçante
des plantes remontantes

occhi ridenti
sono bambini obbedienti
un colore vistoso
una strada piena di negozi
delle piante rifiorenti

b précédé d'**un adverbe**

aggettivo o pronome relativo + verbo coniugato

une couleur très salissante
des livres très intéressants
des lectures toujours stimulantes

un colore molto sporchevole
dei libri molto interessanti
letture (che sono) sempre stimolanti

• il participio presente italiano è usato molto raramente e sempre accordato:

les français résidants en Italie
des rosiers remontants

i francesi residenti in Italia
dei rosai rifiorenti

• in francese, alcuni participi presenti si distinguono dagli aggettivi verbali corrispondenti per la grafia:

participe	adjectif	participe	adjectif
adhérant	*adhérent*	*divergeant*	*divergent*
affluant	*affluent*	*équivalant*	*équivalent*
communiquant	*communicant*	*excellant*	*excellent*
convainquant	*convaincant*	*fatiguant*	*fatigant*
convergeant	*convergent*	*négligeant*	*négligent*
détergeant	*détergent*	*précédant*	*précédent*
différant	*différent*	*suffoquant*	*suffocant*

Paris, la Senna passa per, bagna Parigi; *il est passé par bien des épreuves!*, ne ha passate tante! || *ce mot est passé dans l'usage courant*, questa parola è entrata nell'uso corrente || *le message commence à* —, il messaggio comincia a essere recepito 2 (*del tempo*) passare, trascorrere: *les vacances ont passé comme un éclair*, le vacanze sono passate in un baleno 3 sbiadire, scolorire 4 avvizzire, appassire 5 (*cine.*) essere in programmazione; (*rad., tv*) andare in onda 6 diventare: *il est passé capitaine*, è diventato capitano ♦ *v.tr.* 1 passare; superare, varcare || — *un mur*, scavalcare un muro || — *son chemin*, passar oltre, non fermarsi || — *un examen*, dare, sostenere un esame || (*teatr.*) — *la rampe*, conquistare il pubblico 2 passare, trascorrere (del tempo) 3 (far) passare: — *son bras sous le bras de qqn*, prendere qlcu sotto braccio || — *un faux billet* (*de banque*), spacciare un biglietto (di banca) falso 4 mettere, infilare: — *les menottes à qqn*, mettere le manette a qlcu; — *une robe*, infilare un vestito 5 comunicare, trasmettere: — *une maladie*, trasmettere una malattia || (*comm.*) — (*une*) *commande*, passare, fare un ordine 6 omettere, tralasciare: — *son tour*, saltare il turno || *j'en passe et des meilleures*, c'è ben altro, tralascio il meglio 7 concedere, permettere: *on lui passe tout*, gli permettono, concedono tutto; *il lui passe tous ses caprices*, soddisfa tutti i suoi capricci || *il ne lui passe rien*, non gliene perdona una || *passez-moi le mot*, mi si passi la parola 8 (*comm.*) contabilizzare, registrare || — *un contrat*, stipulare un contratto 9 filtrare, colare; setacciare, passare (al setaccio) 10 (*cine.*) proiettare, dare; (*rad., tv*) mandare in onda. ♦ FRASEOLOGIA: *voulez-vous* — *à côté?*, vuole andare di là?; — *à table*, andare a tavola; *il a réussi à* — *au travers*, è riuscito a cavarsela; — *par-dessus le mur*, scavalcare il muro; *je veux* — *là-dessus*, voglio passarci sopra; — *sur une voiture*, finire sotto un'automobile; — *sur un détail*, sorvolare su un particolare; *cela peut* — *pour vrai*, può sembrare vero; *il se fait* — *pour un d'ici*, si spaccia per uno del posto; *tout mon argent y est passé*, ci ho messo tutti i miei soldi; *cela peut* —, può andare; *passe encore pour son retard, mais...*, vada ancora per il ritardo, ma...; *passons!*, lasciamo correre, non insistiamo!; *qu'est-ce qu'il lui a passé!*, quante gliene ha dette!; *il vient de* —, è appena spirato; *mon déjeuner n'a pas passé*, (*fam.*) non ho digerito || (*in Canada*) — *tout droit*, svegliarsi tardi □ **se passer** *v.pron.* 1 fare a meno: *elle s'est passée de ses conseils*, ha fatto a meno dei suoi consigli || *cela se passe de commentaires*, non ha bisogno di commenti 2 svolgersi ♦ *v.impers.* 1 avvenire, accadere: *que se passe-t-il?, qu'est-ce qui se passe?*, che cosa succede?, che cosa c'è? 2 passare, trascorrere || *cela ne se passera pas comme ça*, (*fam.*) non finirà così. □ **en passant** *locuz.avv.* (*fig.*) incidentalmente.

passereau [pɑsʀo] (pl. *-eaux*) *s.m.* (*zool.*) passeraceo.

passerelle [pɑsʀɛl] *s.f.* 1 passerella; scaletta

(dell'aereo) || (*teatr.*) — *d'éclairage*, galleria per proiettori mobili; (*cine.*) — *de projecteurs*, ponte delle luci || (*edil.*) — *de service*, ponte di servizio 2 (*mar.*) plancia.

passe-temps [pɑstɑ̃] (pl. *invar.*) *s.m.* passatempo.

passe-thé [pɑste] *s.m.* passino per il tè.

passeur [pɑsœʀ] *s.m.* passatore; traghettatore.

passible [pasibl] *agg.* passibile || *être* — *de*, essere soggetto a.

passif [pasif] (f. *-ive*) *agg.* e *s.m.* passivo || **-ivement** *avv.*

passiflore [pasiflɔʀ] *s.f.* (*bot.*) passiflora.

passion [pɑ(a)sjɔ̃] *s.f.* passione || *juger sans* —, giudicare spassionatamente || (*relig.*) *la Passion*, la Passione; (*bot.*) *fleur de la Passion* —, passiflora.

passionnant [pɑ(a)sjɔnɑ̃] *agg.* avvincente, appassionante.

passionné [pɑ(a)sjɔne] *agg.* e *s.m.* appassionato || **-ément** *avv.*

passionnel [pɑ(a)sjɔnɛl] (f. *-elle*) *agg.* passionale.

passionnellement [pɑ(a)sjɔnɛlmɑ̃] *avv.* con passione.

passionner [pɑ(a)sjɔne] *v.tr.* 1 appassionare 2 animare, vivacizzare □ **se passionner** *v.pron.* appassionarsi.

passivité [pasivite] *s.f.* passività.

passoire [pɑswaʀ] *s.f.* colino (*m.*); scolapasta (*m.*): — (*pour le bouillon*), colabrodo || *sa mémoire est une* —, (*fam.*) non ha memoria.

pastel [pastɛl] *s.m.* pastello || *des tons de* —, toni pastello; *bleu* —, celeste.

pastelliste [pastelist] *s.m.* pittore di pastelli.

pastèque [pastɛk] *s.f.* cocomero (*m.*); (*region.*) anguria.

pasteur [pastœʀ] *s.m.* pastore.

pasteurisation [pastœʀizasjɔ̃] *s.f.* pastorizzazione.

pasteurisé [pastœʀize] *agg.* pastorizzato.

pasteuriser [pastœʀize] *v.tr.* pastorizzare.

pastiche [pastiʃ] *s.m.* pastiche, imitazione (dell'opera o dello stile di un altro artista).

pasticher [pastiʃe] *v.tr.* imitare (l'opera o lo stile di un altro artista).

pasticheur [pastiʃœʀ] (f. *-euse*) *s.m.* imitatore.

pastille [pastij] *s.f.* pastiglia, pasticca || *une robe blanche à pastilles noires*, un abito bianco a pallini neri.

pastis [pastis] *s.m.* 1 liquore all'anice 2 (*region.*) pasticcio, imbroglio.

pastoral [pastɔʀal] (pl. *-aux*) *agg.* pastorale.

pastorale [pastɔʀal] *s.f.* pastorale.

pastoureau [pastuʀo] (pl. *-eaux*) *s.m.* (*letter.*) pastorello.

pastourelle [pastuʀɛl] *s.f.* (*letter.*) pastorella.

pat [pat] *s.m.* e *agg.invar.* (*agli scacchi*) che è in posizione di stallo ♦ *s.m.* stallo.

patache [pataʃ] *s.f.* (*antiq.*) carrozza pubblica (a poco prezzo).

patachon [pataʃɔ̃] *s.m.*: *mener une vie de* —, (*fam.*) spassarsela.

FRANÇAIS	ITALIANO

1 L'article partitif est obligatoire — L'articolo partitivo

a quand il précède un **sujet** ou un **complément d'objet direct**:
des amis m'ont dit que...
je prendrai des fruits
si j'ai faim je mangerai du pain
lire des romans de Balzac, du Balzac

può essere sottinteso quando precede un **soggetto** o un **complemento oggetto**:
(degli) amici mi hanno detto che...
prenderò (della) frutta
se avrò fame mangerò del pane
leggere (romanzi di) Balzac

b après les prépositions (**à, avec, dans, par, pour, sous, sur, ...**):
il est vendu dans des bouteilles d'un litre
cela se base sur des règles fixes
après des années et des années
pendant des jours et des jours
je partirai avec des amis

generalmente non si usa dopo le preposizioni (**a, con, in, per, sotto, sopra ...**):
si vende in bottiglie da un litro
si basa su regole fisse
dopo anni e anni
per giorni e giorni
partirò con (degli) amici

c après **que** restrictif:

il ne boit que de la bière
il ne boit pas que de la bière
je ne joue que du Chopin

non si usa dopo **che** restrittivo o dopo **solo, solamente**:
non beve che birra, beve solo birra
non beve solo birra
suono solo (pezzi di) Chopin

d si la phrase, de **forme négative**, a tout de même un **sens positif**:
je n'ai pas demandé du vin, mais de la bière

non si usa in **frasi negative**:

non ho chiesto vino ma birra

e si le verbe **être** est à la forme négative:

ce n'est pas de la soie
vous n'êtes plus des bébés

generalmente non si usa in frasi con il verbo **essere** alla forma negativa:
non è seta
non siete più (dei) lattanti

f au pluriel, lorsque l'adjectif qualificatif forme avec le nom une sorte de **nom composé**:
des jeunes filles
des jeunes gens
des petits pois
des grands-pères

(delle) ragazze
(dei) ragazzi
(dei) piselli
(dei) nonni

2 On emploie la préposition simple de — L'articolo partitivo

a si la phrase a un **sens complètement négatif**:
je ne prends jamais de café
il n'a pas d'amis

non si usa in **frasi negative**:
non prendo mai caffè
non ha amici

b lorsque le **nom pluriel** est **précédé d'un adjectif qualificatif**:
de très belles fleurs
de mauvaises idées

generalmente si usa davanti ad **aggettivi qualificativi plurali che precedono il sostantivo**:
dei bellissimi fiori
delle brutte idee

c avant **autres**:
j'achèterai d'autres livres

è facoltativo prima di **altri**:
comprerò (degli) altri libri

3 On n'emploie pas de partitif — L'articolo partitivo non si usa:

a après **ni...ni** et **sans**:
ni garçons ni filles
il est resté sans argent

dopo **né...né** e **senza**:
né ragazzi né ragazze
è rimasto senza denaro

b après **avec** suivi d'un nom abstrait qui peut être remplacé par un adverbe:
avec patience (patiemment)

dopo **con** seguito da un sostantivo astratto (con senso di avverbio):
con pazienza (pazientemente)

patapouf [patapuf] *onom.* patapunfete!, patapum! ♦ *s.m.* (*fam.*) grassone.

pataquès [patakɛs] *s.m.* **1** legamento scorretto (in francese) **2** (*fam.*) papera (*f.*).

patate [patat] *s.f.* **1** patata dolce, batata **2** (*fam.*) patata || *j'en ai gros sur la* —, non mi va giù || (*in Canada*) *êtres dans les patates*, (*fig.*) essere fuori strada || (*nelle Antille*) *gagner une* —, guadagnarsi da vivere.

patati [patati] *onom.*: *et* — *et patata*, (*fam.*) eccetera, eccetera; bla, bla, bla.

patatras [patatʀa] *onom.* patatrac!

pataud [pato] *agg.* goffo, impacciato ♦ *s.m.* (*zool.*) cucciolo dalle zampe tozze || *c'est un gros* —, è un sacco di patate.

pataugeoire [patoʒwaʀ] *s.f.* piscina per bambini.

patauger [patoʒe] (*coniug. come* manger) *v. intr.* **1** sguazzare **2** (*fig.*) ingarbugliarsi, confondersi.

patchouli [patʃuli] *s.m.* paciuli, pasciulì (profumo).

pâte [pɑt] *s.f.* **1** pasta: *pétrir la* —, impastare || — *à frire*, pastella; — *à pain, à gâteaux*, pasta di pane, per dolci || *c'est une bonne* —, è un bonaccione || *mettre la main à la* —, (*fig.*) dare una mano **2** impasto (*m.*), amalgama **3** *pl.* pasta (alimentare).

pâté [pɑte] *s.m.* **1** (*cuc.*) pâté, pasticcio || — *en croûte*, timballo **2** (*de sable*), formina di sabbia **3** — (*de maisons*), isolato (di case) **4** macchia (d'inchiostro), scarabocchio.

pâtée [pɑte] *s.f.* pastone (per maiali e animali da cortile); zuppa (per cani e gatti).

patelin[1] [patlɛ̃] *s.m.* (*fam.*) paese: *il habite un* — (*perdu*), vive in un paesino sperduto.

patelin[2] *agg.* mellifluo ♦ *s.m.* imbroglione.

patelle [patɛl] *s.f.* (*zool.*) patella.

patène [patɛn] *s.f.* (*eccl.*) patena.

patenôtre [patnotʀ] *s.f.* paternostro (*m.*).

patent [patɑ̃] *agg.* evidente, lampante.

patente [patɑ̃t] *s.f.* tassa di licenza (su commerci ecc.).

patenté [patɑ̃te] *agg.* **1** munito di licenza d'esercizio; brevettato **2** (*scherz.*) patentato.

Pater [patɛʀ] (pl. *invar.*) *s.m.* pater; paternostro (di rosario): *dire des* —, recitare dei pater.

patère [patɛʀ] *s.f.* patera.

paternalisme [patɛʀnalism] *s.m.* paternalismo.

paternaliste [patɛʀnalist] *agg.* paternalistico ♦ *s.m.* paternalista.

paterne [patɛʀn] *agg.* mellifluo, dolciastro.

paternel [patɛʀnɛl] (f. -*elle*) *agg.* paterno || *puissance paternelle*, patria potestà ♦ *s.m.* **1** (*fam.*) padre **2** (*pl.*) (*in Africa*) parenti per parte di padre.

paternellement [patɛʀnɛlmɑ̃] *avv.* paternamente.

paternité [patɛʀnite] *s.f.* paternità.

pâteux [pɑtø] (f. -*euse*) *agg.* pastoso || *avoir la bouche pâteuse*, avere la bocca impastata || *parler d'une voix pâteuse*, biascicare le parole || *style* —, stile faticoso.

pathétique [patetik] *agg.* patetico || -*ement avv.*

patho- *pref.* pato-

pathogène [patoʒɛn] *agg.* patogeno.

pathologie [patɔlɔʒi] *s.f.* patologia.

pathologique [patɔlɔʒik] *agg.* patologico.

pathologiste [patɔlɔʒist] *s.m.* patologo.

pathos [patos] *s.m.* pathos; (*spreg.*) affettazione (*f.*).

patibulaire [patibylɛʀ] *agg.* (*fam.*) patibolare.

patiemment [pasjamɑ̃] *avv.* pazientemente.

patience[1] [pasjɑ̃s] *s.f.* **1** pazienza: *il prend son mal en* —, sopporta pazientemente il suo dolore; *prenez donc* —!, abbiate pazienza!; *perdre* —, perdere la pazienza **2** (*alle carte*) solitario (*m.*) ♦ *inter.* pazienza!

patience[2] *s.f.* (*bot.*) pazienza.

patient [pasjɑ̃] *agg.* e *s.m.* paziente.

patienter [pasjɑ̃te] *v.intr.* pazientare.

patin [patɛ̃] *s.m.* **1** pattino: *patins à glace*, pattini; *patins à roulettes*, pattini a rotelle, schettini; *faire du* — *à roulettes*, schettinare || — *du frein*, ganascia del freno **2** pattina (*f.*).

patinage [patinaʒ] *s.m.* **1** pattinaggio **2** (*mecc.*) slittamento.

patine [patin] *s.f.* patina (*anche fig.*).

patiner[1] [patine] *v.intr.* **1** pattinare **2** (*in Canada*) tergiversare **3** (*mecc.*) slittare.

patiner[2] *v.tr.* patinare, dare la patina a □ **se patiner** *v.pron.* coprirsi di patina, patinarsi.

patinette [patinɛt] *s.f.* monopattino (*m.*).

patineur [patinœʀ] (f. -*euse*) *s.m.* pattinatore.

patinoire [patinwaʀ] *s.f.* pista di pattinaggio.

pâtir [pɑtiʀ] *v.intr.* patire, soffrire.

pâtisserie [pɑ(a)tisʀi] *s.f.* **1** pasticceria **2** paste (*pl.*).

pâtissier [pɑ(a)tisje] (f. -*ère*) *s.m.* pasticciere ♦ *agg.*: *crème pâtissière*, crema pasticciera.

patois [patwa] *agg.* dialettale ♦ *s.m.* dialetto (solo orale).

patoisant [patwazɑ̃] *agg.* e *s.m.* che, chi parla in patois.

patouiller [patuje] *v.intr.* (*fam.*) sguazzare ♦ *v.tr.* (*fam.*) tastare, palpeggiare.

patraque [patʀak] *agg.* malandato, malaticcio.

pâtre [pɑtʀ] *s.m.* (*letter.*) pastore.

patriarcal [patʀijaʀkal] (pl. -*aux*) *agg.* patriarcale.

patriarcat [patʀijaʀka] *s.m.* patriarcato.

patriarche [patʀijaʀʃ] *s.m.* patriarca.

patricien [patʀisjɛ̃] (f.-*enne*) *agg.* e *s.m.* patrizio.

patrie [patʀi] *s.f.* patria || *la mère* —, la madrepatria.

patrilinéaire [patʀilineeʀ] *agg.* patrilineare.

patrimoine [patʀimwan] *s.m.* patrimonio.

patrimonial [patʀimɔnjal] (pl. -*aux*) *agg.* patrimoniale.

patriotard [patʀijotaʀ] *agg.* e *s.m.* (*spreg.*) patriottardo.

patriote [patʀijot] *agg.* patriottico ♦ *s.m.* patriota.

patriotique [patʀijotik] *agg.* patriottico || -*ement avv.*

patriotisme [patʀijotism] *s.m.* patriottismo.

patron[1] [patrɔ̃] (f.-*onne*) *s.m.* 1 padrone: *les patrons et les employés*, il padronato e gli impiegati || — *de thèse*, relatore di una tesi di dottorato 2 professore (docente di medicina); primario (di ospedale) 3 (*mar.*) capitano (di piccola nave) 4 (santo) patrono.

patron[2] *s.m.* 1 modello 2 —(*papier*), cartamodello (di sartoria) || *ils sont taillés sur le même* —, (*fig.*) sono fatti dello stesso stampo.

patronage [patrɔnaʒ] *s.m.* 1 patronato, patrocinio 2 —(*paroissial*), oratorio.

patronal [patrɔnal] (pl. -*aux*) *agg.* 1 padronale 2 (*eccl.*) patronale, del patrono.

patronat [patrɔna] *s.m.* padronato.

patronner [patrɔne] *v.tr.* patrocinare, appoggiare.

patronnesse [patrɔnɛs] *agg.* e *s.f.*: (*dame*) —, patronessa.

patronyme [patrɔnim] *s.m.* (nome) patronimico.

patronymique [patrɔnimik] *agg.*: *nom* —, (nome) patronimico.

patrouille [patruj] *s.f.* (*mil.*) pattuglia.

patrouiller [patruje] *v.intr.* (*mil.*) pattugliare; andare in pattuglia: — *en mer*, pattugliare il mare.

patrouilleur [patrujœr] *s.m.* 1 soldato di pattuglia, pattugliatore 2 (*aereo*) ricognitore 3 nave da ricognizione.

patte [pat] *s.f.* 1 zampa: *coup de* —, zampata, (*fig.*) frecciata, stoccata; *faire* — *de velours*, (*di gatto*) ritirare gli artigli; (*fig.*) trattare con i guanti || (*fam.*): *il retombe toujours sur ses pattes!*, cade sempre in piedi!; *graisser la* — *à qqn*, ungere, dare una bustarella a qlcu; *tirer dans les pattes*, mettere i bastoni tra le ruote; *montrer* — *blanche*, dimostrare di avere le carte in regola (per una funzione ecc.) 2 tocco (di artista) 3 (*abbigl.*) patta, pattina || — *d'épaule*, spallina (di divisa) 4 linguetta di chiusura (per portafogli, cartelle ecc.) || — (*d'enveloppe*), aletta (di busta) 5 *pl.* basette 6 rampino (*m.*), uncino (*m.*); (*tecn.*) caviglia.

patte-d'oie [patdwa] (pl. *pattes-d'oie*) *s.f.* 1 crocicchio (*m.*) 2 *pl.* zampe di gallina (rughe).

pattemouille [patmuj] *s.f.* panno umido (per stirare).

pâturage [pɑtyraʒ] *s.m.* (terreno da) pascolo.

pâture [pɑtyr] *s.f.* 1 pastura (di animali) || *livrer en* —, (*anche fig.*) gettare in pasto 2 *vaine* —, diritto civico di pascolo.

pâturer [pɑtyre] *v.tr.* e *intr.* pascolare, pasturare.

paturon [pɑtyrɔ̃] *s.m.* pasturale (di cavallo).

paume [pom] *s.f.* 1 palma, palmo (della mano) 2 (*tecn.*) unione a mezzo legno 3 (*jeu de*) —, (*ant.*) pallacorda.

paumé [pome] *agg.* (*fam.*) 1 povero 2 smarrito, confuso: *il est complètement* —, è fuori ♦ *s.m.* (*fam.*) miserabile.

paumelle [pomɛl] *s.f.* (*tecn.*) maschietto (di porte, finestre ecc.).

paumer [pome] *v.tr.* (*fam.*) perdere □ **se paumer** *v.pron.* (*fam.*) perdersi, smarrirsi.

paupérisation [poperizasjɔ̃] *s.f.* impoverimento (*m.*), depauperamento (*m.*).

paupériser [poperize] *v.tr.* impoverire, depauperare.

paupérisme [poperism] *s.m.* pauperismo.

paupière [popjɛr] *s.f.* palpebra: *battre des paupières*, sbattere le palpebre.

paupiette [popjɛt] *s.f.* (*cuc.*) involtino (*m.*).

pause [poz] *s.f.* pausa, sosta.

pause-café [pozkafe] *s.f.* (*fam.*) pausa per il caffè.

pauvre [povr] *agg.* e *s.m.* povero || — *de moi!*, povero me! || *de* — *extraction*, di umili origini || *un* — *dîner*, un misero pasto || *un* — *orateur*, un mediocre oratore || -**ement** *avv.*

pauvresse [povrɛs] *s.f.* povera, miserabile.

pauvret [povrɛ] (f. -*ette*) *agg.* (*fam.*) poverino, poveretto.

pauvreté [povrəte] *s.f.* povertà || — *du sol*, aridità del suolo || — *intellectuelle*, mediocrità d'ingegno.

pavage [pavaʒ] *s.m.* lastricatura (*f.*); selciatura (*f.*): — *en briques*, pavimentazione a mattonelle.

pavane [pavan] *s.f.* (*mus.*) pavana.

pavaner, se [səpavane] *v.pron.* pavoneggiarsi.

pavé [pave] *s.m.* 1 lastricato, selciato 2 strada (*f.*) || *battre le* —, bighellonare || *tenir le haut du* —, (*fig.*) occupare il primo posto || *être, jeter sur le* —, essere, gettare sul lastrico 3 (*cuc.*) bistecca spessa 4 lastra (*f.*): *poser des pavés*, lastricare || *ce livre est un* —, (*fam.*) quel libro è un mattone || *c'est un* — *dans la mare*, (*fig.*) è un sasso in uno stagno (di un avvenimento inatteso) 5 (*fam.*) riquadro, inserzione pubblicitaria (di giornale).

pavement [pavmɑ̃] *s.m.* pavimento: — *de mosaïque*, pavimento a mosaico.

paver [pave] *v.tr.* lastricare, selciare.

paveur [pavœr] *s.m.* lastricatore.

pavillon [pavijɔ̃] *s.m.* 1 padiglione || — *des contagieux*, reparto malattie infettive || *le* — *de l'oreille*, il padiglione auricolare 2 villino 3 (*mar.*) bandiera (*f.*) || *baisser* — *devant qqn*, (*fig.*) cedere a qlcu.

pavillonnaire [pavijɔnɛr] *agg.* di villette: *banlieue* —, periferia di villette.

pavois [pavwa] *s.m.* 1 (*st.mil.*) pavese || *élever qqn sur le* —, (*fig.*) portare qlcu sugli scudi 2 (*mar.*) pavese, gala (*f.*).

pavoiser [pavwaze] *v.tr.* 1 imbandierare 2 (*mar.*) pavesare ♦ *v.intr.* esporre le bandiere || *il n'y a pas de quoi* —, (*fig.fam.*) c'è poco da stare allegri.

pavot [pavo] *s.m.* (*bot.*) papavero.

payable [pejabl] *agg.* pagabile, solvibile.

payant [pejɑ̃] *agg.* 1 pagante || *entrée payante*, entrata a pagamento 2 (*fig. fam.*) redditizio ♦ *s.m.* pagante, pagatore.

paye [pɛj] *s.f.* → **paie**.

payement [pɛjmɑ̃] *s.m.* → **paiement**.

payer [peje] (*può cambiare la* y *in* i *davanti a* e *muta:* je paye *o* paie, etc.; je payerai *o* paierai, etc.) *v.tr.* 1 pagare: — *les dommages-intérêts*, risarcire i danni || *je ne suis pas payé pour le mettre*

pédophile

au courant!, non spetta a me metterlo al corren-te!; *je suis payé pour le savoir*, l'ho imparato a mie spese **2** ricompensare: — *qqn d'ingratitude*, ripagare qlcu con l'ingratitudine **3** (*letter.*) espiare: — *son crime*, espiare il proprio crimine **4** (*in Africa*) comprare ♦ *v.intr.* rendere □ **se payer** *v.pron.* pagarsi; (*fig.*) concedersi || *se — de mots*, contentarsi di chiacchiere.

payeur [pɛjœʀ] (f. *-euse*) *s.m.* pagatore.

pays[1] [pei] *s.m.* paese: *les grands —*, le grandi nazioni || *voir du —*, girare il mondo || *un — de forêts*, una regione boscosa; *les hauts —*, le regioni montuose || *les gens du —*, la gente del luogo, del posto; *les produits du —*, i prodotti locali; *vin de —*, vino nostrano || *être en — de connaissance*, sentirsi come a casa propria || *le mal du —*, la nostalgia della propria terra.

pays[2] *s.m.* (*fam.*) compaesano.

paysage [peizaʒ] *s.m.* paesaggio; (*fig.*) panorama.

paysager [peizaʒe] (f. *-ère*) *agg.* paesaggistico || *jardin —*, giardino all'inglese.

paysagiste [peizaʒist] *agg.* e *s.m.* (*peintre*) —, (pittore) paesista, paesaggista.

paysan [peizɑ̃] (f. *-anne*) *agg.* e *s.m.* **1** contadino: *des manières paysannes*, maniere contadinesche || (*cuc.*) *soupe paysanne*, zuppa alla contadina **2** (*spreg.*) zotico, bifolco.

paysannat [peizana] *s.m.* ceto rurale.

paysannerie [peizanʀi] *s.f.* (la) gente contadina.

PC [pese] *s.m.* personal (computer).

PDG [pedeʒe] *s.m.* direttore generale • Da *Président-directeur général*.

péage [peaʒ] *s.m.* **1** pedaggio || *à —*, a pagamento **2** casello (di autostrada).

péagiste [peaʒist] *s.m.* casellante.

peau [po] (pl. *peaux*) *s.f.* pelle: *de (la) —*, cutaneo, della pelle; *à même la —*, a diretto contatto con la pelle || *attraper qqn par la — du cou*, (*fam.*) prender qlcu per la collottola || *— d'orange*, buccia d'arancia || *une vieille —*, una vecchiaccia || (*fig.*): *faire — neuve*, cambiar vita, (*fam.*) rinnovare il guardaroba; *il mourra dans sa —!*, non cambierà mai!; *il ne tient pas dans sa —*, non sta più nella pelle; *je ne voudrais pas être dans ta —*, non vorrei essere nei tuoi panni || *entrer dans la — du personnage*, entrare nel personaggio || *avoir qqn dans la —*, (*fam.*) aver qlcu nel sangue || *j'aurai ta —!*, (*fam.*) ti farò la pelle!

peaufiner [pofine] *v.tr.* **1** lucidare (con pelle di daino) **2** rifinire, perfezionare.

peau-rouge [poʀuʒ] (pl. *peaux-rouges*) *agg.* e *s.m.* pellerossa.

peausserie [posʀi] *s.f.* **1** lavoro conciario; commercio delle pelli **2** pellame (*m.*).

peaussier [posje] *s.m.* **1** conciatore **2** commerciante di pelli.

pécari [pekaʀi] *s.m.* (*zool.*) pecari.

peccadille [pekadij] *s.f.* peccatuccio (*m.*).

pechblende [pɛʃblɛ̃d] *s.f.* (*min.*) pechblenda.

pêche[1] [pɛʃ] *s.f.* **1** (*frutto*) pesca || (*fam.*): *avoir*

la —, sentirsi in forma; *se fendre la —*, sbellicarsi dalle risa **2** (*fam.*) cazzotto (*m.*); sberla.

pêche[2] *s.f.* pesca: — *au thon*, pesca del tonno; — *à la ligne*, pesca con la lenza; *aller à la —*, andare a pesca || *— gardée*, riserva di pesca.

péché [peʃe] *s.m.* peccato || *— mignon*, debole, debolezza.

pécher [peʃe] (*coniug. come* céder) *v.intr.* peccare (di): — *par orgueil*, peccare d'orgoglio; *texte qui pèche par obscurité*, testo che ha il difetto di essere oscuro.

pêcher[1] [peʃe] *s.m.* (*pianta*) pesco.

pêcher[2] *v.tr.* pescare.

pécheresse [peʃʀɛs] *s.f.* peccatrice.

pêcherie [pɛʃʀi] *s.f.* peschiera.

pécheur [peʃœʀ] (f. *-eresse*) *agg.* e *s.m.* peccatore.

pêcheur [peʃœʀ] (f. *-euse*) *s.m.* pescatore.

pécloter [peklote] *v.intr.* (*in Svizzera*) stare poco bene.

pécore [pekɔʀ] *s.f.* (*fam.*) donna petulante, oca.

pectine [pɛktin] *s.f.* (*biochim.*) pectina.

pectoral [pɛktɔʀal] (pl. *-aux*) *agg.* e *s.m.* **1** (*anat.*) pettorale **2** (*med.*) espettorante.

péculat [pekyla] *s.m.* (*dir.*) peculato.

pécule [pekyl] *s.m.* peculio, gruzzolo, risparmi (*pl.*).

pécuniaire [pekynjɛʀ] *agg.* pecuniario.

pédagogie [pedagɔʒi] *s.f.* pedagogia.

pédagogique [pedagɔʒik] *agg.* pedagogico || *-ement* *avv.*

pédagogue [pedagɔg] *s.m.* **1** pedagogo || *professeur peu —*, professore che non sa insegnare **2** pedagogista.

pédale [pedal] *s.f.* **1** pedale (*m.*): *coup de —*, pedalata || *perdre les pédales*, (*fig.*) perdere il filo **2** (*molto fam.*) pederasta (*m.*), finocchio (*m.*).

pédaler [pedale] *v.intr.* pedalare; (*fam.*) andare in bicicletta || *— dans la choucroute*, (*fam.*) girare a vuoto.

pédalier [pedalje] *s.m.* pedaliera (*f.*).

pédalo [pedalo] *s.m.* pedalò, pattino a pedali.

pédant [pedɑ̃] *agg.* e *s.m.* pedante.

pédanterie [pedɑ̃tʀi] *s.f.* pedanteria.

pédantesque [pedɑ̃tɛsk] *agg.* pedantesco.

pédantisme [pedɑ̃tism] *s.m.* pedanteria (*f.*).

pédé [pede] *s.m.* (*spreg.*) finocchio, checca (*f.*).

pédéraste [pedeʀast] *s.m.* pederasta.

pédérastie [pedeʀasti] *s.f.* pederastia.

pédestre [pedɛstʀ] *agg.*: *randonnée —*, passeggiata a piedi.

pédiatre [pedjatʀ] *s.m.* pediatra.

pédiatrie [pedjatʀi] *s.f.* pediatria.

pédiatrique [pedjatʀik] *agg.* pediatrico.

pedibus [pedibys] *avv.* (*fam.*) a piedi.

pédicelle [pedisɛl] *s.m.* (*biol.*) pedicello.

pédicule [pedikyl] *s.m.* (*bot.*, *anat.*) peduncolo.

pédicure [pedikyʀ] *s.m.* podologo, pedicure, callista.

pédologie [pedɔlɔʒi] *s.f.* pedologia.

pédoncule [pedɔ̃kyl] *s.m.* peduncolo || *— d'un fruit*, picciolo.

pédophile [pedɔfil] *agg.* e *s.m.* pedofilo.

pédophilie [pedɔfili] *s.f.* pedofilia.

pégase [pegaz] *s.m.* (*zool.*) pegaso.

pègre [pɛgʀ] *s.f.* (*fam.*) malavita, teppa.

peignage [pɛɲaʒ] *s.m.* (*ind.tess.*) pettinatura (*f.*).

peigne [pɛɲ] *s.m.* pettine (*anche zool.*) || *passer au — fin*, (*fig.*) passare al setaccio.

peigne-cul [pɛɲkyl] *s.m.* (*molto fam.*) leccaculo.

peignée [pɛɲe] *s.f.* (*fam.*) sacco di botte.

peigner [pɛɲe] *v.tr.* pettinare □ **se peigner** *v.pron.* pettinarsi.

peignoir [pɛɲwaʀ] *s.m.* vestaglia (*f.*): — (*de bain*), accappatoio.

peinard [pɛnaʀ] *agg.* (*fam.*) tranquillo || **-ement** *avv.*

peindre [pɛ̃dʀ]

Indic.pres. je peins, etc., nous peignons, etc.; *imperf.* je peignais, etc.; *pass.rem.* je peignis, etc.; *fut.* je peindrai, etc. *Cond.* je peindrais, etc. *Cong.pres.* que je peigne, etc.; *imperf.* que je peignisse, etc. *Part.pres.* peignant; *pass.* peint. *Imp.* peins, peignons, peignez.

v.tr. dipingere (*anche fig.*): *faire — son appartement*, far tinteggiare, imbiancare l'appartamento; *— une porte*, verniciare una porta; *il a peint la société de son temps*, ha descritto la società del suo tempo □ **se peindre** *v.pron.* dipingersi.

peine [pɛn] *s.f.* **1** pena; punizione || *sous — de mort*, pena la morte **2** dolore (*m.*), sofferenza: *j'ai beaucoup de — pour vous*, sono molto addolorato per voi || *faire de la — à qqn*, dare un dispiacere a qlcu || *se mettre en — de qqn*, stare in ansia per qlcu **3** fatica: *se donner beaucoup de —*, impegnarsi molto; *avoir de la — à, être en — de*, far fatica a; *se donner, prendre la — de*, prendersi la briga di; *on a eu toutes les peines du monde à*, c'è voluto del bello e del buono a || *homme de —*, uomo di fatica || *c'est — perdue*, è fatica sprecata || *ce n'est pas la — de*, non è il caso di || *avec —, à grand —*, a fatica, a stento || *ça, c'est pour votre —*, questo è per il suo disturbo □ **à peine** *locuz.avv.* appena, a malapena.

peiner [pɛne] *v.tr.* addolorare; rattristare: *être peiné de*, essere afflitto per ♦ *v.intr.* penare, faticare.

peint [pɛ̃] *part. pass. di* peindre.

peintre [pɛ̃tʀ] *s.m.* **1** pittore (*anche fig.*): (*femme*) —, pittrice || — *de décors*, scenografo **2** — (*en bâtiments*), imbianchino, pittore || — *décorateur*, decoratore.

peinture [pɛ̃tyʀ] *s.f.* **1** pittura: — *à l'eau*, idropittura; — *au pistolet*, verniciatura a spruzzo; *il fait de la —*, dipinge || — *religieuse*, pittura sacra; — *de paysages*, paesaggistica || *ne pouvoir voir qqn en —*, (*fig.*) non poter vedere qlcu neanche dipinto **2** dipinto (*m.*), pittura: — *sur bois*, tura, dipinto su tavola, su legno **3** (*fig.*) descrizione **4** vernice, pittura.

peinturer [pɛ̃tyʀe] *v.tr.* (*in Africa*) pitturare, tinteggiare.

peinturlurer [pɛ̃tyʀlyʀe] *v.tr.* (*fam.*) pitturare con

colori sgargianti || *se — (le visage*), truccarsi eccessivamente e male.

péjoratif [peʒɔʀatif] (*f.* -*ive*) *agg.* e *s.m.* peggiorativo.

pékinois [pekinwa] *agg.* e *s.m.* pechinese.

pelade [pəlad] *s.f.* (*med.*) alopecia.

pelage [pəlaʒ] *s.m.* pelame, pelo, mantello.

pelé [pəle] *agg.* **1** spelato; spelacchiato **2** calvo, pelato **3** nudo, brullo, senza vegetazione ♦ *s.m.* calvo.

pêle-mêle [pɛlmɛl] *locuz.avv.* alla rinfusa ♦ *s.m.* (*pl.invar.*) **1** confusione (*f.*) **2** cornice (per più fotografie).

peler [pəle] (*coniug. come* semer) *v.tr.* sbucciare, pelare || — *qqn au jeu*, (*fig.*) spennare, pelare qlcu al gioco ♦ *v.intr.* spellarsi.

pèlerin [pɛlʀɛ̃] *s.m.* **1** pellegrino **2** (*zool.*) (squalo) cetorino.

pèlerinage [pɛlʀinaʒ] *s.m.* pellegrinaggio.

pèlerine [pɛlʀin] *s.f.* mantellina, pellegrina.

pélican [pelikɑ̃] *s.m.* (*zool.*) pellicano.

pelisse [pəlis] *s.f.* cappotto foderato di pelliccia.

pellagre [pe(ɛl)lagʀ] *s.f.* (*med.*) pellagra.

pelle [pɛl] *s.f.* **1** pala, badile (*m.*) || *ramasser une —*, (*fam.*) cadere; (*fig.*) far fiasco || *remuer l'argent à la —*, aver soldi a palate || — *à tarte*, paletta per il dolce **2** — *mécanique*, escavatrice, escavatore **3** paletta.

pellet [pelɛ] *s.m.* (*med.*) compressa da innesto.

pelletée [pɛlte] *s.f.* palata.

pelleter [pɛlte] (*coniug. come* jeter) *v.tr.* spalare.

pelleterie [pɛltʀi] *s.f.* **1** (*lavoro del pellicciaio*) pellicceria **2** pelle, pelliccia.

pelleteur [pɛltœʀ] (*f.* -*euse*) *s.m.* spalatore.

pelleteuse [pɛltøz] *s.f.* (*tecn.*) escavatore (*m.*).

pelletier [pɛltje] (*f.* -*ère*) *s.m.* pellicciaio.

pelliculaire [pe(ɛl)likylɛʀ] *agg.* pellicolare.

pellicule [pe(ɛl)likyl] *s.f.* **1** pellicola; membrana **2** (*estens.*) strato sottile **3** (*fot., cine.*) pellicola **4** squama (di forfora); *pl.* forfora (*sing.*).

pelote [pəlɔt] *s.f.* **1** gomitolo (*m.*) || *avoir les nerfs en —*, (*fig.*) avere i nervi tesi **2** cuscinetto (*m.*) || — *à épingles*, puntaspilli; (*estens.*) istrice (di persona) **3** (*sport*) — (*basque*), pelota (basca).

peloter [pəlɔte] *v.tr. s.m.* (*fam.*) palpeggiare, pomiciare con.

peloteur [pəlɔtœʀ] (*f.* -*euse*) *s.m.* pomicione.

peloton [pəlɔtɔ̃] *s.m.* **1** gomitolino **2** (*mil., sport*) plotone: *le — de tête*, il gruppo di testa.

pelotonner [pəlɔtɔne] *v.tr.* aggomitolare □ **se pelotonner** *v.pron.* raggomitolarsi, rannicchiarsi.

pelouse [pəluz] *s.f.* prato (con erba corta e fitta).

peluche [pəlyʃ] *s.f.* **1** peluche **2** (*giocattolo in*) peluche.

pelucher [pəlyʃe] *v.intr.* fare il pelo.

pelucheux [pəlyʃø] (*f.* -*euse*) *agg.* che fa il pelo.

pelure [pəlyʀ] *s.f.* buccia: — *d'oignon*, velo della cipolla || *papier —*, carta velina.

pelvien [pɛlvjɛ̃] (*f.* -*enne*) *agg.* (*anat.*) pelvico.

pelvis [pɛlvis] *s.m.* (*anat.*) pelvi (*f.*).

pénal [penal] (*pl.* -*aux*) *agg.* penale || **-ement** *avv.*

pénalisation [penalizɑsjɔ̃] *s.f.* (*sport*) penalizzazione.

pénaliser [penalize] *v.tr.* penalizzare.

pénaliste [penalist] *s.m.* (*dir.*) penalista.

pénalité [penalite] *s.f.* **1** penalità, penale: *frapper d'une —*, infliggere una penale **2** penalizzazione.

penalty [penalti] (pl. *-s*) *s.m.* (*sport*) (calcio di) rigore || *point de —*, dischetto del rigore.

pénates [penat] *s.m.pl.* **1** (*relig.*) penati **2** (*fam.*) dimora (*f.sing.*): *regagner ses —*, ritornare a casa, rincasare.

penaud [pəno] *agg.* confuso; vergognoso.

penchant [pɑ̃ʃɑ̃] *s.m.* inclinazione (*f.*), propensione (*f.*): *avoir un — pour, à qqch*, essere portato per qlco; *avoir un — pour qqn*, avere un'inclinazione, un debole per qlcu.

penché [pɑ̃ʃe] *agg.* inclinato; chino || *la tour penchée de Pise*, la torre pendente di Pisa || *prendre un air —, des airs penchés*, (*fig. iron.*) assumere un'aria sofferta.

pencher [pɑ̃ʃe] *v.tr.* inclinare, piegare ♦ *v.intr.* **1** pendere **2** (*fig.*) propendere □ **se pencher** *v.pron.* **1** chinarsi || *se — à la fenêtre*, sporgersi dalla finestra; *défense de se — au dehors*, vietato sporgersi **2** (*fig.*) rivolgere la propria attenzione (a) || *se — sur son passé*, volgersi a considerare il proprio passato.

pendable [pɑ̃dabl] *agg.*: *cas —*, caso gravissimo || *un tour —*, un brutto tiro.

pendaison [pɑ̃dɛzɔ̃] *s.f.* impiccagione.

pendant¹ [pɑ̃dɑ̃] *agg.* **1** pendente, penzolante: *les jambes pendantes*, le gambe penzoloni; *des joues pendantes*, guance cascanti **2** (*dir.*) pendente, in sospeso ♦ *s.m.* oggetto che fa riscontro a un altro || *faire —*, far riscontro (a); accompagnarsi, accordarsi || *— d'oreilles*, (orecchino a) pendente.

pendant² *prep.* durante; per: *— la journée*, durante la giornata; *il nous fixa — quelques secondes*, ci guardò per qualche secondo □ **pendant que** *locuz.cong.* **1** mentre **2** dal momento che: *— que nous y sommes...*, già che ci siamo...

pendard [pɑ̃daʀ] *s.m.* (*antiq. fam.*) canaglia (*f.*), ribaldo.

pendeloque [pɑ̃dlɔk] *s.f.* **1** orecchino a goccia **2** goccia (di un lampadario).

pendentif [pɑ̃dɑ̃tif] *s.m.* **1** (*arch.*) pennacchio **2** ciondolo, pendaglio.

penderie [pɑ̃dʀi] *s.f.* guardaroba (*m.*).

pendiller [pɑ̃dije] *v.intr.* penzolare.

pendouiller [pɑ̃duje] *v.intr.* (*fam.*) pendere, spenzolare.

pendre [pɑ̃dʀ] (*coniug. come* rendre) *v.tr.* **1** appendere, sospendere **2** impiccare: *on l'a pendu haut et court*, fu impiccato senza misericordia || (*fam.*): *dire pis que — de qqn*, dire peste e corna di qlcu; *faire pis que —*, farne di cotte e di crude || *je veux être pendu si ce n'est pas vrai*, che mi venga un accidente se non è vero ♦ *v.intr.* pendere: *laisser — ses jambes*, lasciare penzolare le gambe; *ses cheveux lui pendaient sur les épaules*, i capelli le

cadevano sulle spalle || *cela lui pend au nez*, (*fam.*) non ci piove, è inevitabile (per lui) □ **se pendre** *v.pron.* **1** appendersi, attaccarsi **2** impiccarsi.

pendu [pɑ̃dy] *part.pass. di* pendre ♦ *agg.* appeso, attaccato || *être — aux lèvres de qqn*, (*fig.*) pendere dalle labbra di qlcu ♦ *s.m.* impiccato || *avoir une veine de —*, (*fam.*) avere una fortuna sfacciata.

pendulaire [pɑ̃dylɛʀ] *agg.* pendolare.

pendule [pɑ̃dyl] *s.m.* pendolo ♦ *s.f.* pendola, orologio a pendolo.

pendulette [pɑ̃dylɛt] *s.f.* orologio da viaggio.

pêne [pɛn] *s.m.* stanghetta (*f.*), catenaccio (di chiavistello).

pénéplaine [peneplɛn] *s.f.* (*geogr.*) penepiano (*m.*).

pénétrabilité [penetʀabilite] *s.f.* penetrabilità.

pénétrable [penetʀabl] *agg.* penetrabile.

pénétrant [penetʀɑ̃] *agg.* penetrante.

pénétration [penetʀɑsjɔ̃] *s.f.* penetrazione; (*fig.*) acume (*m.*).

pénétré [penetʀe] *agg.* (*fig.*) colmo: *— de joie*, pieno di gioia || *il m'écouta d'un air —*, mi ascoltò con aria compresa.

pénétrer [penetʀe] (*coniug. come* céder) *v.intr.* penetrare (*anche fig.*); entrare: *le poignard a pénétré jusqu'au cœur*, il pugnale è penetrato fino al cuore ♦ *v.tr.* penetrare; (*fig.*) pervadere □ **se pénétrer** *v.pron.* convincersi.

pénible [penibl] *agg.* **1** penoso: *un sujet —*, argomento doloroso || *un métier —*, un mestiere faticoso, ingrato **2** difficile: *respiration —*, respirazione difficoltosa || *il est —, cet enfant!*, che bambino insopportabile!

péniblement [penibləmɑ̃] *avv.* penosamente, a stento; dolorosamente: *avancer —*, avanzare faticosamente.

péniche [peniʃ] *s.f.* (*mar.*) chiatta.

pénicilline [penisilin] *s.f.* penicillina.

péninsulaire [penɛ̃sylɛʀ] *agg.* peninsulare.

péninsule [penɛ̃syl] *s.f.* penisola.

pénis [penis] *s.m.* (*anat.*) pene.

pénitence [penitɑ̃s] *s.f.* penitenza || *mettre un enfant en —*, mettere un bambino in castigo.

pénitencier [penitɑ̃sje] *s.m.* penitenziario.

pénitent [penitɑ̃] *agg.* e *s.m.* penitente.

pénitentiaire [penitɑ̃sjɛʀ] *agg.* penitenziario: *colonie —*, colonia penale.

pénitentiel [penitɑ̃sjɛl] (*f. -elle*) *agg.* penitenziale.

penne¹ [pɛn] *s.f.* penna (di uccello).

penne² *s.f.* (*mar.*) penna, corno (di antenna).

penné [pɛnne] *agg.* (*bot.*) pennato.

pénombre [penɔ̃bʀ] *s.f.* penombra || *rester dans la —*, (*fig.*) rimanere nell'ombra.

pensable [pɑ̃sabl] *agg.* pensabile.

pensant [pɑ̃sɑ̃] *agg.* pensante || *les gens bien, mal pensants*, i benpensanti, i malpensanti.

pense-bête [pɑ̃sbɛt] (pl. *pense-bêtes*) *s.m.* promemoria.

pensée¹ [pɑ̃se] *s.f.* pensiero (*m.*): *il retourna en — vers son enfance*, riandò col pensiero alla sua infanzia || *je partage votre —*, condivido la sua opinione || *aller jusqu'au bout de sa* —, esprimere fino in fondo il proprio pensiero.

pensée² *s.f.* (*bot.*) viola del pensiero.

penser¹ [pɑ̃se] *v.intr.* pensare: — *juste*, pensare bene || *j'y ai beaucoup pensé*, ci ho riflettuto molto || *penses-tu!*, (*fam.*) figuriamoci! ♦ *v.tr.* 1 pensare: *je ne sais que* —, non so che cosa credere; *tu penses bien que je n'aurais jamais accepté*, puoi ben immaginare che non avrei mai accettato || — *du bien, du mal de qqn*, pensar bene, male di qlcu 2 concepire: — *un projet dans tous ses détails*, concepire un progetto nei minimi particolari.

penser² *s.m.* (*letter.*) pensiero, il pensare.

penseur [pɑ̃sœʀ] (f. -*euse*) *s.m.* pensatore.

pensif [pɑ̃sif] (f. -*ive*) *agg.* pensoso, pensieroso.

pension [pɑ̃sjɔ̃] *s.f.* 1 pensione: — *de famille*, pensione familiare || *en* —, a pensione || (*dir.*): — *de retraite*, pensione; — *alimentaire*, assegno alimentare 2 collegio (*m.*) 3 retta (di collegio ecc.).

pensionnaire [pɑ̃sjɔnɛʀ] *s.m.* 1 pensionante; (*fam.*) ospite 2 collegiale.

pensionnat [pɑ̃sjɔna] *s.m.* 1 collegio, convitto 2 collegiali (*pl.*), interni (*pl.*).

pensionné [pɑ̃sjɔne] *agg.* e *s.m.* pensionato.

pensionner [pɑ̃sjɔne] *v.tr.* pensionare, assegnare una pensione (a).

pensivement [pɑ̃sivmɑ̃] *avv.* pensosamente.

pensum [pɛ̃sɔm] *s.m.* penso.

pent(a)- *pref.* pent(a)-

pentagonal [pɛ̃tagɔnal] (pl. -*aux*) *agg.* pentagonale.

pentagone [pɛ̃tagɔn] *agg.* pentagonale ♦ *s.m.* pentagono.

pentamètre [pɛ̃tamɛtʀ] *agg.* e *s.m.* pentametro.

pentathlon [pɛ̃tatlɔ̃] *s.m.* (*sport*) pentathlon.

pente [pɑ̃t] *s.f.* pendenza, pendio (*m.*); china (*anche fig.*) || *suivre sa* —, seguire la propria inclinazione || *être sur une* — *glissante*, (*fig.*) andare incontro a grosse difficoltà.

pentu [pɑ̃ty] *agg.* inclinato.

penture [pɑ̃tyʀ] *s.f.* bandella (di porta, finestra).

pénultième [penyltjɛm] *agg.* e *s.f.* penultima (sillaba).

pénurie [penyʀi] *s.f.* penuria, scarsità.

pépé [pepe] *s.m.* (*linguaggio infantile*) nonnino.

pépée [pepe] *s.f.* (*fam.*) ragazza, pupa.

pépère [pepɛʀ] *agg.* (*fam.*) comodo, piacevole || *depuis qu'il est à la retraite il est* —, da quando è in pensione è tranquillo ♦ *s.m.* (*fam.*) 1 nonnetto 2 omone; bambinone.

pépie [pepi] *s.f.* (*vet.*) pipita || *avoir la* —, (*fam.*) avere una gran sete.

pépiement [pepimɑ̃] *s.m.* pigolio.

pépier [pepje] *v.intr.* pigolare.

pépin¹ [pepɛ̃] *s.m.* 1 seme; vinacciolo (dell'uva) 2 (*fam.*) grana (*f.*).

pépin² *s.m.* (*fam.*) ombrello.

pépinière [pepinjɛʀ] *s.f.* vivaio (*m.*) (*anche fig.*); semenzaio (*m.*).

pépiniériste [pepinjeʀist] *agg.* vivaistico ♦ *s.m.* vivaista.

pépite [pepit] *s.f.* pepita.

péplum [peplɔm] *s.m.* 1 (*st. abbigl.*) peplo 2 (*fam.*) film mitologico.

pepsine [pɛpsin] *s.f.* (*biochim.*) pepsina.

péquenaud, péquenot [pɛkno] *agg.* e *s.m.* (*fam.*) zotico, bifolco.

per- *pref.* per-

perborate [pɛʀbɔʀat] *s.m.* (*chim.*) perborato.

percale [pɛʀkal] *s.f.* percalle (*m.*).

percaline [pɛʀkalin] *s.f.* percallina.

perçant [pɛʀsɑ̃] *agg.* penetrante, acuto || *froid* —, freddo pungente.

perce [pɛʀs] *s.f.*: *mettre un tonneau en* —, spillare il vino da una botte.

percé [pɛʀse] *agg.* bucato.

percée [pɛʀse] *s.f.* 1 apertura; passaggio (*m.*) 2 (*mil.*) sfondamento (del fronte).

percement [pɛʀsəmɑ̃] *s.m.* apertura (di strada ecc.).

perce-neige [pɛʀsənɛʒ] (pl. *invar.*) *s.f.* (*bot.*) bucaneve (*m.*).

perce-oreille [pɛʀsɔʀɛj] (pl. *perce-oreilles*) *s.m.* (*zool.*) forbicina (*f.*).

percepteur [pɛʀsɛptœʀ] (f. -*trice*) *agg.* percettivo ♦ *s.m.* esattore.

perceptibilité [pɛʀsɛptibilite] *s.f.* percettibilità.

perceptible [pɛʀsɛptibl] *agg.* percettibile, percepibile.

perceptiblement [pɛʀsɛptibləmɑ̃] *avv.* in modo percettibile.

perceptif [pɛʀsɛptif] (f. -*ive*) *agg.* percettivo.

perception [pɛʀsɛpsjɔ̃] *s.f.* 1 percezione 2 (*dir.*) esazione || (*bureau de*) —, esattoria.

percer [pɛʀse] (*coniug. come* placer) *v.tr.* 1 forare: — *une montagne*, traforare una montagna || *un cri perça le silence*, un grido squarciò il silenzio 2 fare un'apertura, aprire; (*mil.*) sfondare || — *à jour*, (*fig.*) scoprire, svelare ♦ *v.intr.* 1 aprirsi un varco; (*mil.*) sfondare || *la lumière perçait à travers le brouillard*, la luce filtrava attraverso la nebbia || *un écrivain qui a fini par* —, uno scrittore che è riuscito a sfondare 2 (*fig.*) trapelare, trasparire 3 spuntare (dei denti).

perceur [pɛʀsœʀ] (f. -*euse*) *s.m.* (operaio) trapanatore, foratore.

perceuse [pɛʀsøz] *s.f.* (*tecn.*) trapano (*m.*).

percevable [pɛʀsəvabl] *agg.* 1 percettibile 2 percepibile, riscuotibile.

percevoir [pɛʀsəvwaʀ] (*coniug. come* recevoir) *v.tr.* 1 percepire, cogliere 2 riscuotere, percepire (denaro).

perche¹ [pɛʀʃ] *s.f.* (*zool.*) pesce persico.

perche² *s.f.* 1 pertica || *tendre la* — *à qqn*, (*fig.*) tendere la mano a qlcu 2 (*sport*) asta: *saut à la* —, salto con l'asta 3 (*cine.*, *tv*) giraffa.

percher [pɛʀʃe] *v.intr.* appollaiarsi || *où perches-tu?*, (*fam.*) dove stai di casa? ♦ *v.tr.* (*fam.*) collocare in alto: *pourquoi as-tu perché ce vase là-haut?*, perché hai messo quel vaso là in cima? □ **se percher** *v.pron.* appollaiarsi.

percheron [pɛʀʃɔʀɔ̃] (f. *-onne*) *agg.* del Perche.

percheur [pɛʀʃœʀ] (f. *-euse*) *agg.* (*di uccello*) che è solito appollaiarsi.

perchiste [pɛʀʃist] *s.m.* (*cine.*, *tv*) microfonista.

perchoir [pɛʀʃwaʀ] *s.m.* **1** posatoio **2** (*fig.*) trespolo: *descends de ton —!*, vieni giù di lì!

perclus [pɛʀkly] *agg.* paralizzato (*anche fig.*); impedito.

perçoir [pɛʀswaʀ] *s.m.* punteruolo.

percolateur [pɛʀkɔlatœʀ] *s.m.* macchina da caffè.

perçu [pɛʀsy] *part.pass. di* percevoir.

percussion [pɛʀkysjɔ̃] *s.f.* percussione.

percussionniste [pɛʀkysjɔnist] *s.m.* percussionista.

percutant [pɛʀkytɑ̃] *agg.* **1** a percussione **2** (*fig. fam.*) che fa colpo: *argument —*, argomento convincente.

percuter [pɛʀkyte] *v.tr.* cozzare (contro) ♦ *v.intr.* cozzare || *l'obus percuta au sol*, la granata esplose al suolo.

percuteur [pɛʀkytœʀ] *s.m.* percussore (di arma da fuoco).

perdant [pɛʀdɑ̃] *agg.* e *s.m.* perdente.

perdition [pɛʀdisjɔ̃] *s.f.* perdizione || *navire en —*, nave in pericolo.

perdre [pɛʀdʀ] (*coniug. come* rendre) *v.tr.* perdere: *— haleine*, perdere il fiato; *— patience*, perdere la pazienza; *— contenance*, confondersi, smarrirsi; *— son sang-froid*, perdere la calma; *— le chemin*, smarrire la strada; *— du poids*, perdere peso || *il y perd*, ci rimette || *tu ne perds rien pour attendre!*, me la pagherai!, faremo i conti dopo! || *— une occasion*, lasciarsi sfuggire un'occasione || *— son temps*, sprecare il tempo || *vous voulez me —!*, vuole rovinarmi! □ **se perdre** *v.pron.* perdersi || *je m'y perds*, mi ci perdo, non capisco più niente || *se — dans la foule*, scomparire tra la folla.

perdreau [pɛʀdʀo] (pl. *-eaux*) *s.m.* (*zool.*) perniciotto.

perdrix [pɛʀdʀi] *s.f.* (*zool.*) pernice: *— grise*, starna.

perdu [pɛʀdy] *part.pass di* perdre ♦ *agg.* **1** perso || *chien —*, cane randagio || *une balle perdue*, una pallottola vagante || *il est —*, è spacciato **2** sperduto ♦ *s.m.*: *courir*, *crier comme un —*, correre, gridare come un pazzo.

perdurer [pɛʀdyʀe] *v.intr.* (*letter.*) durare fino alla fine.

père [pɛʀ] *s.m.* padre || *en bon — de famille*, da buon padre di famiglia || *le — Dupont*, il vecchio Dupont || (*eccl.*): *le Saint-Père*, il Santo Padre; *mon* (*révérend*) *—*, padre.

pérégrination [peʀegʀinasjɔ̃] *s.f.* peregrinazione.

péremption [peʀɑ̃psjɔ̃] *s.f.* (*dir.*) perenzione.

péremptoire [peʀɑ̃ptwaʀ] *agg.* perentorio || **-ement** *avv.*

pérenniser [peʀenize] *v.tr.* **1** perpetuare **2** nominare a vita.

pérennité [peʀe(ɛn)nite] *s.f.* perennità; perpetuazione.

péréquation [peʀekwasjɔ̃] *s.f.* perequazione.

perf [pɛʀf] *s.f.* (*abbr. fam. di* perfusion) flebo.

perfectible [pɛʀfɛktibl] *agg.* perfettibile.

perfection [pɛʀfɛksjɔ̃] *s.f.* **1** perfezione **2** *pl.* (*fam.*) qualità, doti.

perfectionnement [pɛʀfɛksjɔnmɑ̃] *s.m.* perfezionamento.

perfectionner [pɛʀfɛksjɔne] *v.tr.* perfezionare □ **se perfectionner** *v.pron.* perfezionarsi.

perfectionnisme [pɛʀfɛksjɔnism] *s.m.* perfezionismo.

perfectionniste [pɛʀfɛksjɔnist] *s.m.* perfezionista ♦ *agg.* perfezionistico.

perfide [pɛʀfid] *agg.* e *s.m.* perfido || **-ement** *avv.*

perfidie [pɛʀfidi] *s.f.* perfidia.

perforateur [pɛʀfɔʀatœʀ] (f. *-trice*) *agg.* e *s.m.* perforatore.

perforation [pɛʀfɔʀasjɔ̃] *s.f.* perforazione.

perforatrice [pɛʀfɔʀatʀis] *s.f.* (macchina) perforatrice.

perforer [pɛʀfɔʀe] *v.tr.* (per)forare.

performance [pɛʀfɔʀmɑ̃s] *s.f.* **1** prestazione || (*psic.*) *test de —*, test attitudinale **2** (*teatr.*) esibizione **3** impresa, exploit (*m.*).

performant [pɛʀfɔʀmɑ̃] *agg.* **1** (*econ.*) competitivo **2** (*tecn.*) di elevato rendimento.

perfusion [pɛʀfyzjɔ̃] *s.f.* (*med.*) perfusione: *— intraveineuse*, fleboclisi.

pergola [pɛʀgɔla] *s.f.* pergolato (*m.*).

péri- *pref.* peri-

péricarde [peʀikaʀd] *s.m.* (*anat.*) pericardio.

péricarpe [peʀikaʀp] *s.m.* (*bot.*) pericarpo.

péricliter [peʀiklite] *v.intr.* andare male, a rotoli.

périf [peʀif] *s.m.* (*fam.*) *abbr.* → **périphérique**.

périgée [peʀiʒe] *s.m.* (*astr.*) perigeo.

périgourdin [peʀiguʀdɛ̃] *agg.* di Périgueux, del Périgord.

périhélie [peʀieli] *s.m.* (*astr.*) perielio.

péril [peʀil] *s.m.* pericolo; rischio: *au — de*, a rischio di; *à mes risques et périls*, a mio rischio e pericolo.

périlleux [peʀijø] (f. *-euse*) *agg.* pericoloso; rischioso || *saut —*, salto mortale.

périmé [peʀime] *agg.* scaduto; (*fig.*) superato.

périmer [peʀime] *v.intr.* scadere □ **se périmer** *v.pron.* (*dir.*) estinguersi per prescrizione.

périmétral [peʀimetʀal] (pl. *-aux*) *agg.* perimetrale.

périmètre [peʀimetʀ] *s.m.* perimetro.

périnatal [peʀinatal] (pl. *-als*, *-aux*) *agg.* perinatale.

périnée [peʀine] *s.m.* (*anat.*) perineo.

période [peʀjɔd] *s.f.* periodo (*m.*).

périodicité [peʀjɔdisite] *s.f.* periodicità.

périodique [peʀjɔdik] *agg.* e *s.m.* periodico || **-ement** *avv.*

périodontite [peʀjɔdɔ̃tit] *s.f.* (*med.*) periodontite.

péripatéticien [peʀipatetisjɛ̃] (f. *-enne*) *agg.* e *s.m.* peripatetico.

péripatéticienne [peʀipatetisjɛn] *s.f.* (*letter. iron.*) peripatetica.

péripétie [peʀipesi] *s.f.* peripezia.

périphérie [peʀifeʀi] *s.f.* periferia.

périphérique [peʀifeʀik] *agg.* periferico || *le (boulevard)* —, la tangenziale, la circonvallazione.

périphrase [peʀifʀɑz] *s.f.* perifrasi.

périphrastique [peʀifʀastik] *agg.* perifrastico.

périple [peʀipl] *s.m.* periplo; (*estens.*) giro turistico.

périr [peʀiʀ] *v.intr.* **1** perire **2** andare distrutto (di cose).

périscolaire [peʀiskɔlɛʀ] *agg.* parascolastico.

périscope [peʀiskɔp] *s.m.* periscopio.

périssable [peʀisabl] *agg.* **1** perituro **2** (*di alimenti*) deperibile, deteriorabile.

péristyle [peʀistil] *s.m.* (*arch.*) peristilio.

péritoine [peʀitwan] *s.m.* (*anat.*) peritoneo.

péritonite [peʀitɔnit] *s.f.* (*med.*) peritonite.

périurbain [peʀiyʀbɛ̃] *agg.* che è nelle immediate vicinanze di una città.

perle [pɛʀl] *s.f.* perla (*anche fig.*): *perles fines, de culture*, perle naturali, coltivate || *— de verre*, perlina di vetro || *— d'un chapelet*, grano del rosario; *— de la rosée*, goccia di rugiada.

perlé [pɛʀle] *agg.* **1** ornato di perle **2** (*tecn.*) perlato: *orge, riz* —, orzo, riso perlato.

perler [pɛʀle] *v.tr.* brillare (il riso) ♦ *v.intr.* imperlare (qlco): *des gouttes de sueur perlaient à, sur son front*, gocce di sudore gli imperlavano la fronte.

perlier [pɛʀlje] (f. *-ère*) *agg.* perlifero.

perlimpinpin [pɛʀlɛ̃pɛ̃pɛ̃] *s.m.*: *poudre de* —, polvere di (*o* del) pimperimpera; *c'est de la poudre de* —, (*iron.*) è come l'acqua del rubinetto (di una medicina).

permanence [pɛʀmanɑ̃s] *s.f.* **1** permanenza; continuità || *en* —, in permanenza, stabilmente **2** servizio, ufficio permanente: *le samedi il y a une* —, di sabato è assicurato un servizio di emergenza || *être de* —, essere di turno **3** aula di studio (per gli allievi che non hanno lezione); (*estens.*) ora buca.

permanent [pɛʀmanɑ̃] *agg.* permanente: *cinéma* —, cinema a spettacolo continuato ♦ *s.m.* funzionario (di sindacato ecc.).

permanente [pɛʀmanɑ̃t] *s.f.* permanente.

perméabilité [pɛʀmeabilite] *s.f.* permeabilità.

perméable [pɛʀmeabl] *agg.* **1** permeabile **2** (*fig.*) influenzabile.

permettre [pɛʀmɛtʀ] (*coniug. come* mettre) *v.tr.* permettere: *vous permettez?*, permette?, posso?; *si le temps le permet*, tempo permettendo || *s'il est permis d'agir ainsi!*, come può comportarsi così! || *se — une cigarette de temps en temps*, concedersi una sigaretta di tanto in tanto.

permis[1] [pɛʀmi] *part.pass.* di permettre ♦ *agg.* permesso, lecito.

permis[2] *s.m.* **1** patente (*f.*): *— de conduire*, patente di guida; *passer son — (de conduire)*, prendere la patente **2** licenza (*f.*); permesso: *— de chasse, de pêche*, licenza di caccia, di pesca; *— de séjour, de travail*, permesso di soggiorno, di lavoro.

permissif [pɛʀmisif] (f. *-ive*) *agg.* permissivo.

permission [pɛʀmisjɔ̃] *s.f.* **1** permesso (*m.*); (*autorisation*) autorizzazione **2** (*mil.*) licenza.

permissionnaire [pɛʀmisjɔnɛʀ] *s.m.* soldato in licenza.

permissivité [pɛʀmisivite] *s.f.* permissività.

permutable [pɛʀmytabl] *agg.* permutabile, scambiabile.

permutation [pɛʀmytasjɔ̃] *s.f.* scambio (*m.*).

permuter [pɛʀmyte] *v.tr.* permutare, scambiare ♦ *v.intr.* scambiarsi il posto, l'orario di lavoro.

pernicieux [pɛʀnisjø] (f. *-euse*) *agg.* pernicioso; dannoso.

péroné [peʀɔne] *s.m.* (*anat.*) perone.

péronnelle [peʀɔnɛl] *s.f.* (*fam.*) sciocca, pettegola.

péroraison [peʀɔʀɛzɔ̃] *s.f.* perorazione; (*spreg.*) discorso pomposo.

pérorer [peʀɔʀe] *v.intr.* (*spreg.*) pontificare.

peroxyde [peʀɔksid] *s.m.* (*chim.*) perossido.

perpendiculaire [pɛʀpɑ̃dikylɛʀ] *agg.* e *s.f.* perpendicolare || *-ement* *avv.*

perpète, à [apɛʀpɛt] *locuz.avv.* → **perpette, à**.

perpétrer [pɛʀpetʀe] (*coniug. come* céder) *v.tr.* perpetrare.

perpette, à [apɛʀpɛt] *locuz.avv.* (*fam.*) per sempre: *condamné à* —, condannato a vita || *tu peux l'attendre jusqu'à* —!, hai voglia di aspettarlo!

perpétuation [pɛʀpetɥasjɔ̃] *s.f.* perpetuazione.

perpétuel [pɛʀpetɥɛl] (f. *-elle*) *agg.* **1** perpetuo, eterno || *exil* —, esilio a vita **2** incessante, continuo.

perpétuellement [pɛʀpetɥɛlmɑ̃] *avv.* sempre.

perpétuer [pɛʀpetɥe] *v.tr.* perpetuare □ **se perpétuer** *v.pron.* (*letter.*) perpetuarsi.

perpétuité [pɛʀpetɥite] *s.f.* perpetuità || *à* —, (in) perpetuo.

perpignanais [pɛʀpiɲanɛ] *agg.* di Perpignano.

perplexe [pɛʀplɛks] *agg.* perplesso.

perplexité [pɛʀplɛksite] *s.f.* perplessità.

perquisition [pɛʀkizisjɔ̃] *s.f.* (*dir.*) perquisizione.

perquisitionner [pɛʀkizisjɔne] *v.intr.* fare una perquisizione ♦ *v.tr.* perquisire.

perron [pɛʀɔ̃] *s.m.* scalinata (*f.*).

perroquet [peʀɔkɛ] *s.m.* (*zool.*) pappagallo.

perruche [pe(ɛ)ʀyʃ] *s.f.* (*zool.*) cocorita.

perruque [pe(ɛ)ʀyk] *s.f.* parrucca.

perruquier [pe(ɛ)ʀykje] *s.m.* parruccaio.

pers [pɛʀ] *agg.* glauco, verdazzurro.

persan [pɛʀsɑ̃] *agg.* e *s.m.* persiano.

perse [pɛʀs] *agg.* persiano, dell'antica Persia.

persécuté [pɛʀsekyte] *agg.* e *s.m.* perseguitato.

persécuter [pɛʀsekyte] *v.tr.* perseguitare.

persécuteur [pɛʀsekytœʀ] (f. *-trice*) *agg.* e *s.m.* persecutore.

persécution [pɛʀsekysjɔ̃] *s.f.* persecuzione.

persévérance [pɛʀseveʀɑ̃s] *s.f.* perseveranza.

persévérant [pɛʀseveʀɑ̃] *agg.* perseverante.

persévérer [pɛʀseveʀe] (*coniug. come* céder) *v.intr.* perseverare, persistere.

persicaire [pɛʀsikɛʀ] *s.f.* (*bot.*) persicaria.

persienne [pɛʀsjɛn] *s.f.* persiana.

persiflage [pɛʀsiflaʒ] *s.m.* presa in giro.

persifler [pɛʀsifle] *v.tr.* canzonare, prendere in giro.

persifleur [pɛʀsiflœʀ] (f. *-euse*) *agg.* canzonatorio ♦ *s.m.* canzonatore.

persil [pɛʀsi] *s.m.* prezzemolo.

persillade [pɛʀsijad] *s.f.* (*cuc.*) salsa verde (con prezzemolo).

persiller [pɛʀsije] *v.tr.* (*cuc.*) **1** cospargere di prezzemolo tritato || *fromage persillé*, formaggio erborinato **2** *viande persillée*, carne venata di grasso.

persistance [pɛʀsistɑ̃s] *s.f.* **1** persistenza, il persistere **2** perseveranza; ostinazione.

persistant [pɛʀsistɑ̃] *agg.* persistente, continuo || *feuilles persistantes*, foglie persistenti; *neige persistante*, nevi eterne.

persister [pɛʀsiste] *v.intr.* persistere; perseverare; insistere (in): — *à croire*, insistere nel credere.

personnage [pɛʀsɔnaʒ] *s.m.* **1** personaggio || *un — officiel*, una personalità ufficiale **2** tipo, individuo: *un drôle de —*, uno strano tipo **3** (*arte*) figura (*f.*): *tapisserie à personnages*, arazzo con figure.

personnalisation [pɛʀsɔnalizɑsjɔ̃] *s.f.* personalizzazione.

personnaliser [pɛʀsɔnalize] *v.tr.* personalizzare.

personnalisme [pɛʀsɔnalism] *s.m.* personalismo.

PERSONNAGES IMAGINAIRES

Choisis parmi ceux qui ont un nom différent dans les deux langues

Aladin	*Aladino*	Loulou	*Qua*
Arlequin	*Arlecchino*	Loup-Garou (le)	*Lupo mannaro (il)*
Arsène Lupin	*Arsenio Lupin*	Magicien d'Oz (le)	*Mago d'Oz (il)*
Atchoum	*Eolo*	Mandrake	*Mandrake*
Auguste (l')	*Augusto*	Marchand de sable (le)	*Omino del Sonno (l'), Sabbiolino*
Barbe-Bleue	*Barbablù*		
Belphégor	*Belfagor*	Mélusine	*Melusina*
Blanche-Neige	*Biancaneve*	Merlin l'Enchanteur	*Mago Merlino (il)*
Capitaine Crochet (le)	*Capitan Uncino*	Mickey (mouse)	*Topolino*
Capitaine Haddock (le)	*Capitano Haddock (il)*	Milou	*Milù*
Castors Juniors (les)	*Giovane Marmotte (le)*	Minnie	*Minnie*
Cendrillon	*Cenerentola*	Monsieur Loyal	*il presentatore al circo*
Chat Botté (le)	*Gatto con gli stivali (il)*		
Clown blanc (le)	*Clown bianco (il)*	Nosfératu	*Nosferatu*
Colombine	*Colombina*	Olive	*Oliva*
Croque-mitaine (le)	*Babau, Uomo Nero (l')*	Pantalon	*Pantalone*
Daisy	*Paperina*	Patibulaire	*Gamba di legno*
Dingo	*Pippo*	Père Fouettard (le)	*Castigamatti*
Donald	*Paperino*	Père Noel (le)	*Babbo Natale*
Dormeur	*Pisolo*	Petit Chaperon Rouge (le)	*Cappucetto rosso*
Fantômas	*Fantomas*	Petit Poucet (le)	*Pollicino*
Fée Carabosse (la)	*Strega cattiva (la)*	Petite Sirène (la)	*Sirenetta (la)*
Fée Morgane (la)	*Fata Morgana (la)*	Picsou	*Paperon' de Paperoni*
Félix le chat	*Gatto Felix (il)*	Pierrafeu (les)	*Antenati (gli)*
Fifi	*Quo*	Pierrot	*Pierrot*
Flairsou	*Rockerduck*	Pluto	*Pluto*
Grand-mère	*Nonna Papera*	Polichinelle	*Pulcinella*
Géo Trouvetou	*Archimede*	Popeye	*Braccio di Ferro*
Gontran	*Gastone*	Prince charmant (le)	*Principe azzurro*
Grillon du foyer	*Grillo parlante (il)*	Prof	*Dotto*
Grincheux	*Brontolo*	Rapetou (les)	*Banda Bassotti (la)*
Gros Minet	*Gatto Silvestro*	Riri	*Qui*
Guignol	*Marionetta francese che impersona lo spirito popolare ribelle contro l'autorità*	Robin des Bois	*Robin Hood*
		Scapin	*Scapino*
		Scaramouche	*Scaramuccia*
		Schéhérazade	*Sherazade*
Jack l'Eventreur	*Jack lo Squartatore*	Schtroumpf (les)	*Puffi (i)*
Jimmy le Criquet	*Grillo Parlante (il)*	Simplet	*Cucciolo*
Joyeux	*Gongolo*	Timide	*Mammolo*
Laurel et Hardy	*Stanlio e Ollio*	Yéti (le)	*Yeti (lo)*

personnalité [pɛʀsɔnalite] *s.f.* personalità.

personne[1] [pɛʀsɔn] *s.f.* persona: *toute — qui...*, chiunque... || *les grandes personnes*, i grandi, gli adulti || *une jolie petite —*, una bella personcina, una ragazza molto graziosa || *exposer sa —*, esporsi al pericolo || *payer de sa —*, pagare di persona; *être très content de sa (petite) —*, essere molto soddisfatti di sé; *elle est bien faite de sa —*, ha un bel personale || (*in Canada*) — *exceptionnelle*, handicappato || (*dir.*) — *morale*, ente morale □ **en personne**, in persona, di persona: *le Président en —*, il presidente in persona; *il vint en —*, venne di persona; *c'est l'avarice en —*, è l'avarizia fatta persona □ **par personne**, per persona, a testa.

personne[2] *pron.indef.* **1** (*in frasi negative*) nessuno: *je ne connais — ici*, non conosco nessuno qui; *— ne m'a vu*, nessuno mi ha visto; *il n'y a — de blessé*, non c'è nessun ferito; *ni lui ni —* (*d'autre*), né lui né nessun altro; *il n'y a — qui ne sache cela*, non c'è nessuno che non lo sappia || *quelqu'un de vous, sans nommer —*, qualcuno di voi, senza fare nomi **2** (*secondo termine di paragone*) chiunque altro; nessun altro: *il peut le faire mieux que —*, può farlo meglio di chiunque altro; *il connaît son métier comme —*, conosce il suo mestiere come nessun altro **3** (*in frasi positive*) qualcuno: *y a-t-il — qui puisse m'aider?*, c'è qualcuno che possa aiutarmi?

personnel [pɛʀsɔnɛl] (f. *-elle*) *agg.* e *s.m.* personale.

personnellement [pɛʀsɔnɛlmɑ̃] *avv.* personalmente, di persona.

personnification [pɛʀsɔnifikasjɔ̃] *s.f.* personificazione.

personnifié [pɛʀsɔnifje] *agg.* personificato.

personnifier [pɛʀsɔnifje] *v.tr.* personificare.

perspective [pɛʀspɛktiv] *s.f.* prospettiva (*anche fig.*) || *en —*, in vista, in progetto.

perspicace [pɛʀspikas] *agg.* perspicace.

perspicacité [pɛʀspikasite] *s.f.* perspicacia.

persuader [pɛʀsɥade] *v.tr.* persuadere (a) □ **se persuader** *v.pron.* persuadersi: *ils se sont persuadé(s) qu'on les trompait*, si sono persuasi di essere ingannati.

persuasif [pɛʀsɥazif] (f. *-ive*) *agg.* persuasivo; convincente.

persuasion [pɛʀsɥazjɔ̃] *s.f.* persuasione.

perte [pɛʀt] *s.f.* **1** perdita || *subir de lourdes pertes*, subire gravi perdite || *à — de vue*, a perdita d'occhio || *être en — de vitesse*, perdere velocità, andare a rilento || (*fig.*): *passer une chose aux profits et pertes*, accantonare una cosa, non pensarci più; *être mis à la porte avec — et fracas*, essere buttato fuori in malo modo **2** (*fig.*) rovina: *il a décidé sa —*, ha giurato di rovinarlo || *courir à sa —*, rovinarsi con le proprie mani.

pertinemment [pɛʀtinamɑ̃] *avv.* con competenza || *savoir —*, sapere per certo.

pertinence [pɛʀtinɑ̃s] *s.f.* pertinenza.

pertinent [pɛʀtinɑ̃] *agg.* pertinente.

pertuis [pɛʀtɥi] *s.m.* **1** (*antiq.*) pertugio **2** stretto (di mare).

perturbateur [pɛʀtyʀbatœʀ] (f. *-trice*) *agg* e *s.m.* perturbatore.

perturbation [pɛʀtyʀbasjɔ̃] *s.f.* **1** perturbazione **2** scompiglio (*m.*), confusione **3** (*rad., tv*) disturbo (*m.*), interferenza.

perturber [pɛʀtyʀbe] *v.tr.* turbare.

pérugin [peʀyʒɛ̃] *agg.* perugino || (*arte*) *le Pérugin*, il Perugino.

péruvien [peʀyvjɛ̃] (f. *-enne*) *agg.* e *s.m.* peruviano.

pervenche [pɛʀvɑ̃ʃ] *s.f.* pervinca ♦ *agg.invar.* (color) pervinca.

pervers [pɛʀvɛʀ] *agg.* e *s.m.* perverso; pervertito, depravato.

perversion [pɛʀvɛʀsjɔ̃] *s.f.* perversione; corruzione, degenerazione.

perversité [pɛʀvɛʀsite] *s.f.* perversità; depravazione.

perverti [pɛʀvɛʀti] *agg.* e *s.m.* pervertito.

pervertir [pɛʀvɛʀtiʀ] *v.tr.* **1** pervertire; corrompere **2** snaturare, alterare.

pervertissement [pɛʀvɛʀtismɑ̃] *s.m.* (*letter.*) perversione (*f.*), pervertimento.

pesage [pəzaʒ] *s.m.* **1** pesatura (*f.*) **2** (*ippica*) recinto del peso.

pesamment [pəzamɑ̃] *avv.* pesantemente.

pesant [pəzɑ̃] *agg.* pesante ♦ *s.m.*: *il vaut son — d'or*, vale tanto oro quanto pesa.

pesanteur [pəzɑ̃tœʀ] *s.f.* **1** pesantezza || *— d'esprit*, ottusità mentale || *pesanteurs administratives*, lungaggini amministrative; *pesanteurs politiques*, inerzia del sistema politico **2** (*fis.*) gravità; forza peso.

pèse-bébé [pɛzbebe] (pl. *pèse-bébés*) *s.m.* (bilancia) pesabambini.

pesée [pəze] *s.f.* **1** pesatura; (*quantità*) pesata **2** pressione: *exercer une — sur un levier*, fare pressione su una leva || *de toute la — de son corps*, con tutto il peso del corpo.

pèse-lait [pɛzlɛ] (pl. *invar.*) *s.m.* pesalatte.

pèse-lettre [pɛzlɛtʀ] (pl. *pèse-lettres*) *s.m.* pesalettere.

pèse-personne [pɛzpɛʀsɔn] (pl. *pèse-personnes*) *s.m.* (bilancia) pesapersone.

peser [pəze] (*coniug. come* semer) *v.tr.* pesare (*anche fig.*) || *tout bien pesé*, tutto considerato ♦ *v.intr.* pesare (*anche fig.*): *ne pas peser grandchose*, non pesare molto, (*fig.*) non avere un grande peso; *— lourd*, (*fig.*) avere molto peso || *cela pèse environ 50%*, ciò incide per circa il 50% || *— sur un levier*, far forza su una leva; *il pesa de toutes ses forces sur, contre — la porte*, si appoggiò alla porta con tutto il suo peso; *— sur la décision de qqn*, influire, aver peso sulla decisione di qlcu.

pesette [pəzɛt] *s.f.* bilancina di precisione (per pesare monete, gioielli ecc.).

peson [pəzɔ̃] *s.m.* bilancia (*f.*): *— (à contrepoids)*, stadera; *— à ressort*, bilancia a molla.

pessaire [pesɛʀ] *s.m.* (*med.*) pessario.

pessimisme [pesimism] *s.m.* pessimismo.

pessimiste [pesimist] *agg.* pessimistico ♦ *s.m.* pessimista.

peste [pɛst] *s.f.* peste (*anche fig.*) || *dire — et rage de qqn*, dire peste e corna di qlcu || *— (soit) des avares!*, (*letter.*) maledetti (siano) gli avari! ♦ *inter.* diamine!, accidenti!

pester [peste] *v.intr.* imprecare.

pesticide [pɛstisid] *agg.* e *s.m.* pesticida, antiparassitario.

pestiféré [pɛstifeʀe] *agg.* e *s.m.* appestato.

pestilence [pɛstilɑ̃s] *s.f.* fetore (*m.*).

pestilent [pɛstilɑ̃] *agg.* pestilenziale.

pestilentiel [pɛstilɑ̃sjɛl] (f. *-elle*) *agg.* pestilenziale.

pet [pɛ] *s.m.* (*fam.*) peto.

pétale [petal] *s.m.* petalo.

pétanque [petɑ̃k] *s.f.* gioco delle bocce (in Provenza): *jouer à la —*, giocare a bocce; *partie de —*, partita a bocce.

pétant [petɑ̃] *agg.* (*fam.*) in punto.

pétaradant [petaʀadɑ̃] *agg.* scoppiettante.

pétarade [petaʀad] *s.f.* scoppiettio (*m.*), scoppiettamento (*m.*).

pétarader [petaʀade] *v.intr.* scoppiettare.

pétard [petaʀ] *s.m.* **1** petardo **2** (*fam.*) chiasso, cagnara (*f.*) || *il va y avoir du —*, accadrà un putiferio || *être en —*, essere in collera **3** (*fam.*) pistola (*f.*) **4** (*fam.*) sedere.

pétaudière [petodjɛʀ] *s.f.* (*fam.*) babilonia, gabbia di matti.

pet-de-nonne [pɛdnɔn] (pl. *pets-de-nonne*) *s.m.* (*cuc.*) frittella (*f.*).

pétéchial [petefjal] (pl. *-aux*) *agg.* petecchiale.

pétéchie [petefi] *s.f.* petecchia.

péter [pete] (*coniug. come* céder) (*fam.*) *v.intr.* **1** scoreggiare || (*fig.*): *envoyer —*, mandare a farsi benedire; *— plus haut que son cul*, avere grandi pretese **2** scoppiare, esplodere || *tous les boutons de sa veste ont pété*, gli sono saltati tutti i bottoni della giacca || (*fig.*): *— la forme*, scoppiare di salute; *être complètement pété*, essere ciucco perso **3** spaccarsi ♦ *v.tr.* **1** rompere, spaccare **2** *— du, le feu, des flammes*, sprizzare energia da tutti i pori.

pète-sec [pɛtsɛk] *agg.invar.* (*fam.*) autoritario, dispotico ♦ *s.m.invar.* (*fam.*) aguzzino, tiranno.

péteux [petø] (f. *-euse*) *s.m.* (*fam.*) fifone, vigliacco ♦ *agg.* (*fam.*) abbacchiato, mortificato.

pétillant [petijɑ̃] *agg.* scoppiettante || *boisson pétillante*, bevanda spumeggiante, frizzante || (*fig.*): *— d'esprit*, brillante, spumeggiante; *— de malice*, scintillante di malizia.

pétillement [petijmɑ̃] *s.m.* **1** scoppiettio **2** lo spumeggiare, il frizzare (di una bevanda) **3** (*fig.*) brillio, scintillio.

pétiller [petije] *v.intr.* **1** scoppiettare **2** (*di bevanda*) essere frizzante, spumeggiare || *pétiller d'esprit, de malice*, (*fig.*) brillare per brio, scintillare di malizia.

pétiole [pesjɔl] *s.m.* (*bot.*) picciolo.

petiot [pətjo] *agg.* e *s.m.* (*fam.*) piccolino, piccino.

petit [pəti] *agg.* **1** piccolo: *tout —*, piccolo piccolo || *petite taille*, bassa statura **2** modesto, da poco: *un — poète*, un poetucolo; *ce sont de très petites gens*, è gente assai modesta; *ce n'est pas une*

petite affaire, non è cosa da poco || *une petite santé*, una salute cagionevole **3** gretto, meschino: *un homme —*, un uomo meschino; *un — esprit*, una natura gretta **4** (*per creare un diminutivo*): *une petite maison*, una casetta; *une petite ville*, una cittadina; *une petite fleur*, un fiorellino; *une petite pluie*, una pioggerellina; *un — vieux*, un vecchietto; *un — livre*, un libriccino; *une petite blonde*, una biondina; *un (tout) — homme*, un omino; *un — gros*, un piccolotto; *une petite heure*, un'oretta **5** (*di lettera dell'alfabeto*) minuscolo ♦ *s.m.* || *faire des petits*, (*fam.*) avere un seguito; fruttare ◻ **petit à petit**, a poco a poco.

petit-beurre [pətibœr] (pl. *petits-beurre*) *s.m.* biscotto secco.

petit-bourgeois [pətibuʀʒwa] (f. *petite-bourgeoise*, pl. *petits-bourgeois*) *agg.* e *s.m.* piccolo borghese.

petit-cousin [pətikuzɛ̃] (f. *petite-cousine*, pl. *petits-cousins*) *s.m.* cugino di secondo grado.

petit-déjeuner [pətideʒœne] (pl. *petits-déjeuners*) *s.m.* prima colazione, colazione del mattino.

petite-fille [pətitfij] (pl. *petites-filles*) *s.f.* nipote (di nonno).

petitement [pətitmɑ̃] *avv.* **1** poveramente, miseramente || *être logé —*, abitare in un luogo angusto **2** meschinamente, grettamente.

petite-nièce [pətitnjɛs] (pl. *petites-nièces*) *s.f.* pronipote (di prozio).

petitesse [pətitɛs] *s.f.* **1** piccolezza **2** (*fig.*) meschinità, grettezza, piccineria: *— d'esprit*, grettezza mentale.

petit-fils [pətifis] (pl. *petits-fils*) *s.m.* nipote (di nonno).

petit-four [pətifuʀ] (pl. *petits-fours*) *s.m.* pasticcino da tè.

petit-gris [pətigri] (pl. *petits-gris*) *s.m.* **1** scoiattolo siberiano **2** piccola lumaca commestibile.

pétition [petisjɔ̃] *s.f.* petizione.

pétitionnaire [petisjɔnɛʀ] *s.m.* **1** postulante **2** firmatario di una petizione.

pétitionner [petisjɔne] *v.intr.* presentare una petizione.

petit-lait [pətilɛ] (pl. *petits-laits*) *s.m.* latticello || *boire du —*, (*fig.*) andare in brodo di giuggiole.

petit-nègre [pətinɛgʀ] *s.m.* (*fam.*) francese sgrammaticato || *c'est du —!*, è turco!

petit-neveu [pətinvø] (pl. *petits-neveux*) *s.m.* pronipote (di prozio).

petits-enfants [pətizɑ̃fɑ̃] *s.m.pl.* nipoti (di nonno).

petit-suisse [pətisɥis] (pl. *petits-suisses*) *s.m.* petit-suisse (formaggio fresco cremoso).

pétochard [petɔfaʀ] *agg.* (*fam.*) fifone.

pétoche [petɔf] *s.f.* (*fam.*) fifa: *avoir la —*, avere fifa.

pétoire [petwaʀ] *s.f.* (*fam.*) vecchio fucile.

peton [pətɔ̃] *s.m.* (*fam.*) piedino.

pétoncle [petɔ̃kl] *s.f.* (*zool. pop.*) pettine (*m.*).

pétouiller [petuijle] *v.intr.* (*in Svizzera*) (*fam.*) **1**

perdere colpi (di veicoli ecc.) **2** perdere tempo (di persona).

pétrel [petʀɛl] *s.m.* (zool.) procellaria (f.).

pétri [petʀi] *agg.* **1** impastato, lavorato || — *de préjugés*, impastato di pregiudizi **2** (fig.) plasmato.

pétrifiant [petʀifjɑ̃] *agg.* **1** che pietrifica **2** (chim.) incrostante.

pétrification [petʀifikasjɔ̃] *s.f.* **1** pietrificazione **2** (chim.) incrostazione.

pétrifié [petʀifje] *agg.* **1** pietrificato **2** (fig.) impietrito, pietrificato.

pétrifier [petʀifje] *v.tr.* **1** pietrificare **2** (chim.) incrostare **3** (fig.) impietrire, lasciare di sasso.

pétrin [petʀɛ̃] *s.m.* **1** madia (f.) **2** (fam.) pasticcio; impiccio: *être dans le* —, essere nei pasticci; *tirer, sortir du* —, trarre d'impiccio.

pétrir [petʀiʀ] *v.tr.* **1** impastare: — *la pâte*, lavorare la pasta **2** (estens.) plasmare.

pétrissage [petʀisaʒ] *s.m.* impastatura (f.).

pétrisseuse [petʀisøz] *s.f.* (macchina) impastatrice.

pétrochimie [petʀɔʃimi] *s.f.* petrolchimica.

pétrochimique [petʀɔʃimik] *agg.* petrolchimico.

pétrodollar [petʀɔdɔlaʀ] *s.m.* petrodollaro.

pétrole [petʀɔl] *s.m.* petrolio.

pétrolette [petʀɔlɛt] *s.f.* (fam.) motoretta.

pétroleuse [petʀɔløz] *s.f.* (st.) rivoluzionaria incendiaria.

pétrolier [petʀɔlje] (f. -ère) *agg.* petroliero; petrolifero ♦ *s.m.* **1** industriale del petrolio **2** (navire) —, petroliera.

pétrolifère [petʀɔlifɛʀ] *agg.* petrolifero.

pétulance [petylɑ̃s] *s.f.* vivacità; impetuosità.

pétulant [petylɑ̃] *agg.* vivace; impetuoso.

pétunia [petynja] *s.m.* (bot.) petunia (f.).

peu [pø] *avv.* **1** poco: *ils étaient* — *nombreux*, erano poco numerosi; — *importe*, poco importa; *il a* — *mangé*, ha mangiato poco; *j'y vais* — *souvent*, non ci vado spesso; — *avant*, — *après*, poco prima, poco dopo || *très* — *pour moi!*, (fam.) non m'interessa! **2** *peu de*, (+ s.) poco, poca, pochi, poche: — *de chance*, — *d'argent*, poca fortuna, poco denaro; *en* — *de jours*, in pochi giorni || — *de chose*, poca cosa, un niente || *à* — *de choses près*, più o meno, all'incirca ♦ *pron.indef.* **1** poco: *j'avais très* — *à faire*, avevo pochissimo da fare; *c'est* — *de dire qu'il a raison*, dire che ha ragione, è poco **2** pochi, poche: *beaucoup de gens avaient été invités mais* — *sont venus*, molti erano stati invitati, ma solo pochi sono venuti ♦ *s.m.*: *son* — *de constance lui a nui*, la sua scarsa costanza gli ha nuociuto; *le* — *que je sais*, quel poco che so; *le* — *de pages que j'ai lues ont suffi à réveiller mon attention*, le poche pagine che ho letto sono bastate per risvegliare la mia attenzione; *le* — *d'estime qu'il m'a témoigné, m'a mortifié*, la poca stima che ha mostrato nei miei riguardi mi ha avvilito □ **à peu (de choses) près**, press'a poco; **de peu**, di poco; per poco: *il est de* — *mon aîné*, è di poco maggiore di me; *je l'ai évité de* —, l'ho evitato per poco; *une femme de* —, una donna dappo-

co, di poco conto; **depuis peu**, da poco; **il y a peu**, poco fa; **ni peu ni beaucoup**, né punto né poco; **ou si peu** *locuz.agg.*: *il n'y avait pas de pain ou si* —, non c'era quasi pane, c'era solo un pochino di pane; **peu à peu**, a poco a poco; **peu ou pas, peu ou point**, poco o nulla; **pour un peu**, quasi quasi: *pour un* — *il se serait mis en colère*, quasi quasi si arrabbiava, è mancato poco che si arrabbiasse; **quelque peu**, un po', un poco; alquanto: *donne m'en quelque* —, dammene un po'; *la moisson a quelque* — *souffert des orages*, il raccolto è stato alquanto danneggiato dai temporali; **sous peu, d'ici peu, avant peu, dans peu**, presto, fra poco; **tant soit peu**, un pochino □ **un peu**, un po', un poco: *il boîte un* — *en marchant*, zoppica un poco camminando; *je le trouve un* — *enfantin*, lo trovo un pochino infantile; *un* — *plus, un* — *moins*, un po' più, un po' meno; *un* — *mieux*, un po' meglio; *voyons un* —!, vediamo un po'!; *il en reste seulement un* —, ne è rimasto solo un po'; *viens un* — *ici!*, vieni un po' qui!; *un petit* —, un pochino; *un tout petit* —, un pochettino; *un* — *beaucoup*, (iron.) un po' troppo; *"Tu feras cela?" "Un* —, *oui!"*, (fam.) "Lo farai?" "Puoi star certo"; *un* — *plus et tu te faisais mettre à la porte*, ancora un po' e ti facevi mettere alla porta || (in Africa): *un* — *un* —, così così; *un* — *bien*, abbastanza bene; **un peu de** (+ *s.*) un po' di, un poco di: *un* — *de sel*, un po' di sale □ **pour peu que, si peu que** *locuz.cong.* per poco che, per quanto poco: *si* — *que ce soit*, per poco che sia; *pour* — *que je le connaisse*, per quanto poco io lo conosca; *pour* — *qu'on le veuille*, purché lo voglia; *pour* — *qu'il vienne...*, se verrà, nel caso che venga...

peuchère [pøʃɛʀ] *inter.* (region.) poveretto!

peuh [pø] *inter.* puah!

peuhl, peul [pøl] *agg.* e *s.m.* fulbe.

peu ou prou [pøupʀu] *locuz.avv.* → **prou.**

peuplade [pœplad] *s.f.* popolazione; tribù.

peuple [pœpl] *s.m.* **1** popolo || *un homme, les gens du* —, un popolano, i popolani || *le petit, le menu* —, il popolo minuto, il popolino **2** (fam.) gente (f.), folla (f.): *il y a du* —, c'è gente ♦ *agg.invar.* plebeo, ordinario: *des manières* —, modi plebei.

peuplé [pœple] *agg.* popolato.

peuplement [pœpləmɑ̃] *s.m.* popolamento.

peupler [pœple] *v.tr.* popolare; ripopolare || — *un bois*, rimboscare □ **se peupler** *v.pron.* popolarsi; ripopolarsi.

peupleraie [pœpləʀɛ] *s.f.* pioppeto (m.).

peuplier [pœplije] *s.m.* pioppo.

peur [pœʀ] *s.f.* paura: *avoir très* —, avere molta paura; *une* — *bleue*, una paura folle, una fifa blu; *j'ai* — *qu'il ne vienne*, temo che venga; *j'ai* — *qu'il ne vienne pas*, temo che non venga; *nous en sommes quitte pour la* —, ce la siamo cavata con un po' di paura; *ça ne lui fait pas* —, non gli fa paura, (fig.) è sicuramente capace di farlo || — *panique*, timor panico □ **de, par peur de** *locuz.prep.* per paura di □ **de peur que** *locuz.cong.* per paura che:

de — *qu'il ne fasse des bêtises*, per paura che faccia delle sciocchezze.

peureusement [pœrøzmɑ̃] *avv.* con molta paura.

peureux [pœrø] (f. *-euse*) *agg.* pauroso; impaurito ♦ *s.m.* pauroso.

peut-être [pøtɛtr] *locuz.avv.* forse: — *fallait-il tourner à gauche*, forse bisognava voltare a sinistra; — *qu'il dort déjà*, (*fam.*) forse dorme già.

pèze [pɛz] *s.m.* (*fam.*) grana (*f.*): *il a fait du* —, ha fatto la grana.

pff [pf], **pfut** [pfyt] *inter.* pfui!

phacochère [fakɔʃɛr] *s.m.* (*zool.*) facocero.

phagocyte [fagɔsit] *s.m.* (*biol.*) fagocita.

phagocyter [fagɔsite] *v.tr.* (*biol.*) fagocitare.

phalange [falɑ̃ʒ] *s.f.* falange.

phalangette [falɑ̃ʒet] *s.f.* (*anat.*) falangetta.

phalangine [falɑ̃ʒin] *s.f.* (*anat.*) falangina.

phalangiste [falɑ̃ʒist] *agg. e s.m.* (*st.*) falangista.

phalanstère [falɑ̃stɛr] *s.m.* (*st.*) falansterio.

phalène [falen] *s.m. e f.* (*zool.*) falena (*f.*).

phallique [fal/ik] *agg.* fallico.

phalloïde [fal/ɔid] *agg.* a forma di fallo ‖ (*bot.*) *amanite* —, amanita falloide.

phallus [fal/ys] *s.m.* fallo.

phanérogame [fanerɔgam] *agg. e s.f.* (*plante*) —, (pianta) fanerogama.

phantasme [fɑ̃tasm] *s.m.* → **fantasme.**

pharamineux [faraminø] (f. *-euse*) *agg.* → **faramineux.**

pharaon [faraɔ̃] *s.m.* faraone.

pharaonique [faraɔnik] *agg.* faraonico.

phare [far] *s.m.* faro (*anche fig.*): — *code*, (faro) anabbagliante; *pleins phares*, (fari) abbaglianti; *phares de recul*, luci di retromarcia; *faire un appel de phares*, lampeggiare.

pharisien [farizjɛ̃] (f. *-enne*) *agg.* farisaico ♦ *s.m.* fariseo.

pharmaceutique [farmasøtik] *agg.* farmaceutico ♦ *s.f.* farmaceutica.

pharmacie [farmasi] *s.f.* farmacia ‖ *laboratoire de* —, laboratorio farmaceutico ‖ (*armoire à*) —, armadietto dei medicinali.

pharmacien [farmasjɛ̃] (f. *-enne*) s.m. farmacista.

pharmacologie [farmakɔlɔʒi] *s.f.* farmacologia.

pharmacologique [farmakɔlɔʒik] *agg.* farmacologico.

pharmacopée [farmakɔpe] *s.f.* farmacopea.

pharyngé [farɛ̃ʒe], **pharyngien** [farɛ̃ʒjɛ̃] (f. *-enne*) *agg.* faringeo.

pharyngite [farɛ̃ʒit] *s.f.* (*med.*) faringite.

pharyngo-laryngite [farɛ̃gɔlarɛ̃ʒit] (pl. *pharyngo-laryngites*) *s.f.* (*med.*) faringo-laringite.

pharyngoscope [farɛ̃gɔskɔp] *s.m.* faringoscopio.

pharynx [farɛ̃ks] *s.m.* (*anat.*) faringe (*f.*).

phase [fɑz] *s.f.* fase.

phasme [fasm] *s.m.* (*zool.*) insetto stecco.

phénicien [fenisjɛ̃] (f. *-enne*) *agg. e s.m.* fenicio.

phénicoptère [fenikɔptɛr] *s.m.* fenicottero.

phénique [fenik] *agg.* (*chim.*) fenico.

phénix [feniks] *s.m.* fenice (*f.*).

phénol [fenɔl] *s.m.* (*chim.*) fenolo.

phénoménal [fenɔmenal] (pl. *-aux*) *agg.* (*fam.*) fenomenale.

phénomène [fenɔmɛn] *s.m.* fenomeno.

phénoménologie [fenɔmenɔlɔʒi] *s.f.* fenomenologia.

philanthrope [filɑ̃trɔp] *s.m.* filantropo.

philantropie [filɑ̃trɔpi] *s.f.* filantropia.

philantropique [filɑ̃trɔpik] *agg.* filantropico.

philatélie [filateli] *s.f.* filatelia.

philatélique [filatelik] *agg.* filatelico.

philatéliste [filatelist] *s.m.* filatelista; filatelico.

philharmonie [filarmɔni] *s.f.* (società) filarmonica.

philharmonique [filarmɔnik] *agg.* filarmonico.

philippin [filipɛ̃] *agg. e s.m.* filippino.

philippique [filipik] *s.f.* filippica.

philistin [filistɛ̃] *s.m.* filisteo.

philo [filo] *s.f.* (*fam.*) *abbr.* → **philosophie.**

phil(o)- *pref.* filo-

philodendron [filɔdɛ̃drɔ̃] *s.m.* (*bot.*) filodendro.

philologie [filɔlɔʒi] *s.f.* filologia.

philologique [filɔlɔʒik] *agg.* filologico ‖ **-ement** *avv.*

philologue [filɔlɔg] *s.m.* filologo.

philosophale [filɔzɔfal] *agg.*: *pierre* —, pietra filosofale.

philosophe [filɔzɔf] *s.m.* filosofo ♦ *agg.* (*fig.*) da filosofo, filosofico.

philosopher [filɔzɔfe] *v.intr.* filosofare; (*iron.*) filosofeggiare.

philosophie [filɔzɔfi] *s.f.* **1** filosofia **2** (*classe de*) —, classe corrispondente pressappoco alla terza liceo classico (nel vecchio ordinamento scolastico francese).

philosophique [filɔzɔfik] *agg.* filosofico ‖ -ement *avv.*

philtre [filtr] *s.m.* filtro.

phimosis [fimozis] *s.m.* (*med.*) fimosi (*f.*).

phlébite [flebit] *s.f.* (*med.*) flebite.

phlébotomie [flebɔtɔmi] *s.f.* (*med.*) flebotomia.

phlegmon [flɛgmɔ̃] *s.m.* (*med.*) flemmone.

phobie [fɔbi] *s.f.* fobia.

phobique [fɔbik] *agg. e s.m.* fobico.

phocéen [fɔseɛ̃] (f. *-éenne*) *agg. e s.m.* focese; (*estens.*) marsigliese.

phocomèle [fɔkɔmɛl] *agg. e s.m.* (*med.*) focomelico.

phocomélie [fɔkɔmeli] *s.f.* (*med.*) focomelia.

phœnix [feniks] *s.m.* (*bot.*) fenice (*f.*).

pholade [fɔlad] *s.f.* (*zool.*) folade.

phonateur [fɔnatœr] (f. *-trice*) *agg.* della fonazione, fonatorio.

phonation [fɔnasjɔ̃] *s.f.* fonazione.

phonatoire [fɔnatwar] *agg.* → **phonateur.**

phonème [fɔnɛm] *s.m.* fonema.

phonétique [fɔnetik] *agg.* fonetico ♦ *s.f.* fonetica ‖ **-ement** *avv.*

phonique [fɔnik] *agg.* fonico.

phon(o)- *pref.* fon(o)-

phonographe [fɔnɔgʀaf] *s.m.* fonografo, grammofono.

phonographique [fɔnɔgʀafik] *agg.* fonografico.

phonologie [fɔnɔlɔʒi] *s.f.* fonologia.

phonologique [fɔnɔlɔʒik] *agg.* fonologico.

phonothèque [fɔnɔtɛk] *s.f.* fonoteca.

phoque [fɔk] *s.m.* foca (*f.*).

phosphate [fɔsfat] *s.m.* (*chim.*) fosfato.

phosph(o)- *pref.* fosf(o)-

phosphore [fɔsfɔʀ] *s.m.* (*chim.*) fosforo.

phosphoré [fɔsfɔʀe] *agg.* fosforato || *allumettes phosphorées,* fiammiferi al fosforo.

phosphorer [fɔsfɔʀe] *v.intr.* (*fam.*) far lavorare la testa; spremersi le meningi.

phosphorescence [fɔsfɔʀesɑ̃s] *s.f.* fosforescenza.

phosphorescent [fɔsfɔʀesɑ̃] *agg.* fosforescente.

phosphoreux [fɔsfɔʀø] (f. *-euse*) *agg.* (*chim.*) fosforoso.

phosphorique [fɔsfɔʀik] *agg.* (*chim.*) fosforico.

photo [fɔto] *s.f.* (*abbr. di* photographie) foto: *prendre une—,* fare una foto ♦ *agg.* (pl. *invar.*) fotografico.

photo- *pref.* foto-

photochromique [fɔtɔkʀɔmik] *agg.* fotocromatico.

photocomposeur [fɔtɔkɔ̃pozœʀ] (f. *-euse*) *s.m.* (*tip.*) fotocompositore.

photocomposeuse [fɔtɔkɔ̃pozøz] *s.f.* (macchina) fotocompositrice.

photocompositeur [fɔtɔkɔ̃pozitœʀ] *s.m.* → **photocomposeur.**

photocomposition [fɔtɔkɔ̃pozisjɔ̃] *s.f.* (*tip.*) fotocomposizione.

photocopie [fɔtɔkɔpi] *s.f.* fotocopia, copia fotostatica.

photocopier [fɔtɔkɔpje] *v.tr.* fotocopiare.

photocopieur [fɔtɔkɔpjœʀ] *s.m.,* **photocopieuse** [fɔtɔkɔpjøz] *s.f.* fotocopiatrice (*f.*).

photoélectrique [fɔtɔelɛktʀik] *agg.* fotoelettrico.

photogenèse [fɔtɔʒənez] *s.f.* (*biol.*) fotogenesi.

photogénique [fɔtɔʒenik] *agg.* fotogenico.

photogramme [fɔtɔgʀam] *s.m.* fotogramma.

photographe [fɔtɔgʀaf] *s.m.* fotografo.

photographie [fɔtɔgʀafi] *s.f.* fotografia: *— 6 sur 9,* fotografia formato 6 per 9.

photographier [fɔtɔgʀafje] *v.tr.* fotografare (*anche fig.*).

photographique [fɔtɔgʀafik] *agg.* fotografico || **-ement** *avv.*

photograveur [fɔtɔgʀavœʀ] *s.m.* (*tip.*) fotoincisore.

photogravure [fɔtɔgʀavyʀ] *s.f.* fotoincisione.

photolyte [fɔtɔlit] *s.m.* fotolito.

photomaton [fɔtɔmatɔ̃] *s.m.* apparecchio automatico per fotografie formato tessera.

photomécanique [fɔtɔmekanik] *agg.* (*tip.*) fotomeccanico.

photomontage [fɔtɔmɔ̃taʒ] *s.m.* fotomontaggio.

photon [fɔtɔ̃] *s.m.* (*fis.*) fotone.

photopile [fɔtɔpil] *s.f.* pila fotoelettrica.

photoreportage [fɔtɔʀəpɔʀtaʒ] *s.m.* fotoreportage, reportage fotografico.

photo-robot [fɔtɔʀɔbo] (pl. *photos-robots*) *s.f.* fotokit (*m.*).

photo-roman [fɔtɔʀɔmɑ̃] (pl. *photo-romans*) *s.m.* fotoromanzo.

photosensible [fɔtɔsɑ̃sibl] *agg.* fotosensibile.

photosphère [fɔtɔsfɛʀ] *s.f.* (*astr.*) fotosfera.

photostoppeur [fɔtɔstɔpœʀ] (f. *-euse*) *s.m.* fotografo ambulante (di foto scattate di sorpresa).

photosynthèse [fɔtɔsɛ̃tez] *s.f.* fotosintesi.

phototype [fɔtɔtip] *s.m.* (*fot.*) negativa (*f.*).

phototypeur [fɔtɔtipœʀ] *s.m.* fototipista.

phototypie [fɔtɔtipi] *s.f.* fototipia.

phrase [fʀɑz] *s.f.* frase: *des phrases toutes faites,* frasi fatte || *sans phrases,* senza tanti complimenti || *faiseur de phrases,* parolaio || *faire des phrases,* (*fam.*) parlare pomposamente.

phrasé [fʀɑze] *s.m.* (*mus.*) fraseggio.

phraséologie [fʀɑzeɔlɔʒi] *s.f.* fraseologia.

phraséologique [fʀɑzeɔlɔʒik] *agg.* fraseologico.

phraser [fʀɑze] *v.intr.* (*mus.*) fraseggiare.

phraseur [fʀɑzœʀ] (f. *-euse*) *s.m.* (*spreg.*) parolaio.

phréatique [fʀeatik] *agg.* (*geol.*) freatico.

phrénasthénie [fʀenasteni] *s.f.* (*med.*) frenastenia.

phrénologie [fʀenɔlɔʒi] *s.f.* (*med.*) frenologia.

phrygien [fʀiʒjɛ̃] (f. *-enne*) *agg.* frigio.

phtisie [ftizi] *s.f.* (*med.*) tisi, etisia.

phtisiologue [ftizjɔlɔg] *s.m.* (*med.*) tisiologo.

phtisique [ftizik] *agg.* e *s.m.* tisico.

phyll(o)- *pref.* fill(o)-

phylloxéra [filɔkseʀa] *s.m.* (*zool.*) fillossera (*f.*).

physicien [fizisjɛ̃] (f. *-enne*) *s.m.* fisico.

physio- *pref.* fisio-

physiologie [fizjɔlɔʒi] *s.f.* fisiologia.

physiologique [fizjɔlɔʒik] *agg.* fisiologico || **-ement** *avv.*

physionomie [fizjɔnɔmi] *s.f.* fisionomia (*anche fig.*).

physionomiste [fizjɔnɔmist] *agg.* e *s.m.* fisionomista.

physiothérapie [fizjɔteʀapi] *s.f.* fisioterapia.

physique[1] [fizik] *agg.* e *s.m.* fisico: *avoir le — du rôle,* avere il fisico adatto (per qlco) || **-ement** *avv.*

physique[2] *s.f.* fisica.

phyt(o)- *pref.* fito-

phytoparasite [fitɔpaʀazit] *s.m.* fitoparassita.

phytophage [fitɔfaʒ] *agg.* e *s.m.* (*zool.*) fitofago.

phytosanitaire [fitɔsanitɛʀ] *agg.*: *produit —,* fitofarmaco.

phytothérapie [fitɔteʀapi] *s.f.* fitoterapia.

pi [pi] *s.m.* (*mat.*) pi greco.

piaf [pjaf] *s.m.* (*fam.*) passero.

piaffant [pjafɑ̃] *agg.* scalpitante.

piaffement [pjafmɑ̃] *s.m.* scalpitio.

piaffer [pjafe] *v.intr.* scalpitare.

piaillement [pjajmɑ̃] *s.m.* pigolio || *— des enfants,* schiamazzo dei bambini.

piailler [pjaje] *v.intr.* (*fam.*) pigolare; (*dei bambini*) strillare.

piailleur [pjɑjœʀ] (f. *-euse*) *s.m.* (*fam.*) schiamazzatore.

pianiste [pjanist] *s.m.* e *f.* pianista.

piano[1] [pjano] *s.m.* piano, pianoforte: — *droit*, pianoforte verticale; *se mettre, être au* —, sedere al piano; *accompagner au* —, accompagnare col piano || — *à bretelles*, — *du pauvre*, (*fam.*) fisarmonica.

piano[2] *avv.* **1** (*mus.*) piano **2** (*fam.*) piano, lentamente.

pianotage [pjanotaʒ] *s.m.* (*fam.*) strimpellamento (al pianoforte).

pianoter [pjanote] *v.intr.* (*fam.*) **1** strimpellare il piano **2** tamburellare (con le dita).

piastre [pjastʀ] *s.f.* **1** (*moneta*) piastra **2** (*in Canada*) (*fam.*) dollaro (canadese).

piat [pja] *s.m.* (*zool.*) piccolo della gazza.

piaule [pjol] *s.f.* (*fam.*) camera.

piaulement [pjolmɑ̃] *s.m.* **1** pigolio **2** (*di bambini*) piagnucolio.

piauler [pjole] *v.intr.* **1** pigolare **2** (*di bambini*) piagnucolare.

pic[1] [pik] *s.m.* (*zool.*) picchio.

pic[2] *s.m.* **1** piccone; piccozza (per l'alpinismo) **2** (*geogr.*) picco, pizzo || *à* —, a picco; (*fam.*) a proposito.

picaillons [pikajɔ̃] *s.m.pl.* (*fam.*) soldi.

picard [pikaʀ] *agg.* e *s.m.* piccardo.

picaresque [pikaʀɛsk] *agg.* picaresco.

pic(c)olo [pikɔlo] *s.m.* (*mus.*) flauto piccolo.

pichenette [piʃnɛt] *s.f.* (*fam.*) buffetto (*m.*).

pichet [piʃɛ] *s.m.* boccale.

pickles [pikœls] *s.m.pl.* (*cuc.*) sottaceti.

pickpocket [pikpɔkɛt] *s.m.* borsaiolo, tagliaborse.

pick-up [pikœp] (pl.*invar.*) *s.m.* giradischi, grammofono.

picoler [pikɔle] *v.intr.* (*fam.*) trincare (vino ecc.).

picoleur [pikɔlœʀ] (f. *-euse*) *agg.* (*fam.*) sbevazzone.

picorer [pikɔʀe] *v.intr.* razzolare ♦ *v.tr.* **1** becchettare, beccare **2** piluccare; (*fig.*) spigolare.

picot [piko] *s.m.* **1** scheggia (di legno) **2** (*tecn.*) zeppa (*f.*), bietta (*f.*) **3** (*ricamo*) pippiolino; (*cucito*) festoncino.

picotement [pikɔtmɑ̃] *s.m.* pizzicore.

picoter [pikɔte] *v.tr.* **1** beccare; piluccare **2** pizzicare.

picotin [pikɔtɛ̃] *s.m.* razione di biada (per cavalli ecc.).

pictogramme [piktɔgʀam] *s.m.* pittogramma.

pictographique [piktɔgʀafik] *agg.* pittografico.

pictural [piktyʀal] (pl. *-aux*) *agg.* pittorico.

pie[1] [pi] *s.f.* (*zool.*) gazza || *jaser comme une* — (*borgne*), (*fam.*) chiacchierare a tutto spiano || — *de mer*, gazza marina ♦ *agg.invar.* pezzato; maculato.

pie[2] *agg.*: *œuvre* —, opera pia.

pièce [pjɛs] *s.f.* **1** pezzo (*m.*): *mettre en pièces*, fare a pezzi || *une* — *de terre*, un campo (coltivabile) || — *d'eau*, laghetto, specchio d'acqua || *ces gâteaux coûtent trois francs (la)* —, questi dolci

costano tre franchi al pezzo || *travailler à la* —, *aux pièces*, lavorare a cottimo || *marchandises vendues à la* —, merci vendute per singoli pezzi || (*cuc.*) — *montée*, torta a più piani || *pièces de rechange*, pezzi di ricambio; — *du moteur*, parti del motore || *inventer qqch de toutes pièces*, inventare qlco di sana pianta || — *à* —, pezzo per pezzo **2** stanza: *un* (*appartement de*) *quatre pièces*, un appartamento di quattro locali **3** — (*de théâtre*), opera teatrale: — *à tiroirs*, lavoro teatrale sconclusionato **4** componimento (letterario o musicale): — *d'éloquence*, saggio di eloquenza **5** moneta: *cet appareil ne marche qu'avec des pièces*, questo apparecchio funziona solo con monete || *donner la* — *à qqn*, dare la mancia a qlcu || *pièces jointes*, allegati || — *à conviction*, referto (giudiziario) **7** — (*d'artillerie*), cannone **8** — (*de tissu*), (pezza di) tessuto || — *de vêtement*, toppa, pezza **9** — *de vin*, fusto di vino.

piécette [pjesɛt] *s.f.* monetina.

pied [pje] *s.m.* **1** piede: *marcher pieds nus*, *nu-pieds*, camminare a piedi nudi, scalzi; *je n'y remettrai plus les pieds*, non ci rimetterò più piede || *perdre* —, non toccare più (il fondo), (*fig.*) perdere la bussola || *coup de* —, calcio, pedata || *de en cap*, di tutto punto, dalla testa ai piedi || *au — levé*, su due piedi || — *à* —, a palmo a palmo || *de — ferme*, a piè fermo || *il attend son pied au — de la letre* ... *de six pieds de long*, ha fatto un muso lungo un palmo **2** base (*f.*): *le* — *d'une colonne*, la base di una colonna; — *de projecteur*, sostegno del proiettore, treppiede; *microphone sur* —, microfono a stelo || (*tip.*) — *de page*, piè di pagina **3** (*bot.*) cespo, pianta (*f.*): *un* — *de salade*, un cespo di insalata; *un* — *de vigne*, una pianta di vite; — *d'un champignon*, il gambo di un fungo || *fruits vendus sur* —, frutti venduti sulla pianta || (*nelle Antille*) — *bois*, albero **4** (*cuc.*) piedino, zampetto: — *de porc*, piedino di maiale **5** (*mecc.*) — *à coulisse*, calibro a corsoio ♦ FRASEOLOGIA: *avoir pieds et poings liés*, (*fig.*) essere legato mani e piedi; *faire des pieds et des mains*, tentare tutto il possibile; *mettre les pieds dans le plat*, (*fig.*) fare una gaffe; *casser les pieds à qqn*, rompere le scatole a qlcu; *cet homme a trouvé chaussure à son* —, quell'uomo ha trovato la donna che fa per lui; *avoir bon* — *bon œil*, essere fisicamente in gamba; *dans cette piscine on n'a pas* —, in questa piscina non si tocca; *être bête comme ses pieds*, essere stupido come la luna; *écrire comme un* —, scrivere coi piedi; *faire du* — *à qqn*, fare piedino a qlcu || *à six heures du matin il est déjà sur* —, alle sei del mattino è già in piedi; *ce remède l'a remis sur* —, questa medicina l'ha rimesso in sesto; *mettre qqch sur* —, mettere in piedi, organizzare qlco; *ne pas savoir sur quel* — *danser*, (*fig.*) non sapere che pesci pigliare || (*fam.*) *ça lui fera les pieds!*, gli servirà di lezione!; *prendre son* —, trovare soddisfazione, godere; *c'est le —!*, è il massimo! ‖ (*in Africa*) *ton — mon —*, donna appicciocosa ‖ (*in Canada*) *avoir les pieds ronds*, essere ubriaco. □ **à pied** *locuz. avv.* a piedi: *il s'est fait mettre à —*, si è fatto licenziare; *être à —*, essere a spasso, senza lavoro ‖ *sauter à pieds joints*, saltare a piè pari □ **au pied de** *locuz. prep.* al piede di, ai piedi di: *au — de la colline*, ai piedi del colle; *mettre au — du mur*, (*fig.*) mettere con le spalle al muro ‖ *au — de la lettre*, alla lettera, letteralmente.

pied-à-terre [pjetatɛʀ] (pl. *invar.*) *s.m.* appartamentino.

pied-bot [pjebo] (pl. *pieds-bots*) *s.m.* (*med.*) chi ha il piede torto, deforme.

pied-de-biche [pjedbiʃ] (pl. *pieds-de-biche*) *s.m.* **1** piede di porco (leva) **2** (*della macchina per cucire*) (piedino) premistoffa.

pied-de-poule [pjedpul] (pl. *pieds-de-poule*) *agg.* e *s.m.* (tessuto) pied-de-poule.

pied-droit [pjedʀwa] (pl. *pieds-droits*) *s.m.* (*arch.*) **1** piedritto; spalla (*f.*); pila (*f.*) **2** (*di porta o finestra*) stipite, piedritto.

piédestal [pjedɛstal] (pl. *-aux*) *s.m.* piedestallo.

pied-noir [pjenwaʀ] (pl. *pieds-noirs*) *agg.* e *s.m.* (*fam.*) francese d'Algeria.

pied-plat [pjepla] (pl. *pieds-plats*) *s.m.* zoticone, bifolco.

piège [pjɛʒ] *s.m.* trappola (*anche fig.*); tagliola: *dresser un —*, tendere un tranello; *prendre au —*, prendere in trappola ‖ *dictée pleine de pièges*, un dettato pieno di trabocchetti ‖ *être pris à son propre —*, (*fig.*) tirarsi la zappa sui piedi.

piégé [pjeʒe] *agg.* che contiene un ordigno esplosivo: *voiture piégée*, autobomba.

piéger [pjeʒe] (*coniug. come* abréger) *v.tr.* **1** intrappolare, prendere con la trappola **2** imbottire di esplosivo.

pie-grièche [pigʀijɛʃ] (pl. *pies-grièches*) *s.f.* **1** (*zool.*) averla, velia **2** (*fam.*) bisbetica, arpia.

piémontais [pjemɔ̃tɛ] *agg.* e *s.m.* piemontese.

pierraille [pjɛʀɑj] *s.f.* pietrame (*m.*).

pierre [pjɛʀ] *s.f.* **1** pietra: *chute de pierres*, caduta (di) pietre, (di) massi; *mur en pierres de taille*, muro in (blocchi di) pietra ‖ *— à briquet*, pietrina dell'accendisigaro ‖ (*archeol.*) *— levée*, pietra fitta, menhir (*m.*); *visage de —*, volto impassibile; *apporter sa — à l'édifice*, apportare il proprio contributo a un'opera; *jeter des pierres dans le jardin de qqn*, lanciare frecciate, accuse contro qlcu; *jeter la (première) — à qqn*, (*fig.*) accusare qlcu ‖ *investir dans la —*, investire nel mattone ‖ *il gèle à — fendre*, fa un freddo da spaccare le pietre ‖ *— à —*, pietra su pietra; (*fig.*) a poco a poco ‖ *faire d'une — deux coups*, prendere due piccioni con una fava ‖ *— qui roule n'amasse pas mousse*, sasso che rotola non fa muschio **2** (*med.*) calcolo (*m.*) **3** (*bot.*) granulo (*m.*), nocchio (*m.*).

pierreries [pjɛʀʀi] *s.f.pl.* pietre preziose, gemme.

pierrette [pjɛʀɛt] *s.f.* pietruzza.

pierreux [pjɛʀø] (f. *-euse*) *agg.* pietroso, sassoso.

pierrot [pjɛʀo] *s.m.* **1** (uomo mascherato da) Pierrot **2** (*zool. pop.*) passero.

piétaille [pjetɑj] *s.f.* (*spreg.*) fanteria.

piété [pjete] *s.f.* devozione ‖ *la — filiale*, la pietà filiale.

piétinement [pjetinmɑ̃] *s.m.* scalpiccio, calpestio.

piétiner [pjetine] *v.intr.* **1** pestare i piedi; (*fig.*) scalpitare: *— de colère*, battere i piedi per la collera **2** avanzare faticosamente; (*fig.*) ristagnare ‖ *— sur place*, (*anche fig.*) segnare il passo ♦ *v.tr.* calpestare.

piétisme [pjetizm] *s.m.* pietismo.

piéton [pjetɔ̃] *s.m.* pedone ♦ *agg.* (f. *-onne*) pedonale: *rue piétonne*, strada pedonale.

piétonnier [pjetɔnje] (f. *-ère*) *agg.* pedonale.

piètre [pjɛtʀ] *agg.* scadente, misero: *une — consolation*, una magra consolazione; *faire une — figure*, fare una figura barbina.

pieu[1] [pjø] (pl. *-eux*) *s.m.* palo.

pieu[2] (pl. *-eux*) *s.m.* (*fam.*) letto.

pieusement [pjøzmɑ̃] *avv.* piamente, devotamente, con religiosità.

pieuter, se [səpjøte] *v.intr.pron.* (*fam.*) andare a letto.

pieuvre [pjœvʀ] *s.f.* piovra.

pieux [pjø] (f. *-euse*) *agg.* pio, devoto ‖ *un — mensonge*, una bugia pietosa ‖ *un fils —*, figlio rispettoso; *un — silence*, un religioso silenzio.

piézo-électrique [pjezoelɛktʀik] (pl. *piézo-électriques*) *agg.* (*fis.*) piezoelettrico.

pif[1] [pif] *s.m.* (*fam.*) naso.

pif[2] *inter.* pif!, paf!

pifer, piffer [pife] *v.tr.*: *ne pas pouvoir — qqn*, (*fam.*) non poter soffrire, vedere qlcu.

pifomètre, (au) [pifɔmɛtʀ] *locuz.avv.* (*fam.*) a naso.

pige [piʒ] *s.f.* **1** lunghezza convenzionale (presa come misura) **2** asta graduata **3** (*fam.*) anno (*m.*) **4** cartella (di testo): *être payé à la —*, essere pagato a cartella **5** *faire la — à qqn*, (*fam.*) superare qlcu.

pigeon [piʒɔ̃] *s.m.* **1** piccione, colombo: *— ramier*, piccione domestico, colombo ‖ (*gioco*) *vole*, l'asino vola **2** (*fig.*) pollo: *plumer le —*, pelare qlcu (al gioco).

pigeonnant [piʒɔnɑ̃] *agg.*: *gorge pigeonnante*, seno alto e rotondo; *soutien-gorge —*, reggiseno che mette in risalto il seno.

pigeonne [piʒɔn] *s.f.* colomba.

pigeonneau [piʒɔno] (pl. *-eaux*) *s.m.* piccioncino.

pigeonner [piʒɔne] *v.tr.* (*fam.*) infinocchiare.

pigeonnier [piʒɔnje] *s.m.* piccionaia (*f.*), colombaia (*f.*).

piger [piʒe] (*coniug. come* manger) *v.tr.* (*fam.*) capire: *je ne pige rien aux maths*, non capisco niente di matematica.

pigiste [piʒist] *s.m.* (*argot*) giornalista pagato a riga (o a cartella).

pigment [pigmɑ̃] *s.m.* pigmento.

pigmentation [pigmɑ̃tasjɔ̃] *s.f.* pigmentazione.

pigmenter [pigmɑ̃te] *v.tr.* pigmentare.

pigne [piɲ] *s.f.* (*bot.*) **1** pigna **2** pinolo (*m.*).

pignocher [piɲɔʃe] *v.intr.* (*fam.*) spilluzzicare.

pignon[1] [piɲɔ̃] *s.m.* (*arch.*) pignone || *avoir — sur rue*, (*fam.*) avere dei beni al sole.

pignon[2] *s.m.* (*mecc.*) pignone, ingranaggio.

pignon[3] *s.m.* (*bot.*) pinolo.

pignoration [piɲɔʀasjɔ̃] *s.f.* (*dir.*) pignoramento (*m.*).

pignouf [piɲuf] *s.m.* (*fam.*) cafone.

pilage [pilaʒ] *s.m.* pestatura (*f.*).

pilaire [pilɛʀ] *agg.* → **pileux**.

pilastre [pilastʀ] *s.m.* (*arch.*) pilastro.

pile[1] [pil] *s.f.* **1** pila || *une — de bois*, una catasta di legna || *flanquer une — à qqn*, (*fam.*) dare un fracco di legnate a qlcu **2** — (*électrique*), pila elettrica **3** pilone (di ponti).

pile[2] *s.f.* rovescio (di una moneta) || *jouer à — ou face*, giocare a testa e croce ♦ *avv.* (*fam.*): *s'arrêter —*, fermarsi di botto; *tomber —*, capitare a proposito || *il arriva à trois heures —*, arrivò alle tre spaccate, in punto.

pile[3] *s.f.* (*tecn.*) pila.

piler [pile] *v.tr.* **1** frantumare (in un mortaio) **2** (*fam.*) battere, picchiare.

pileux [pilø] (f. *-euse*) *agg.* (*scient.*) peloso || *système —*, apparato pilifero.

pilier [pilje] *s.m.* **1** (*edil.*) pilastro || (*in Svizzera*) — *public*, spazio riservato agli avvisi pubblici **2** (*fig.*) colonna (*f.*), sostegno || *c'est un — de cabaret*, passa la vita nelle bettole.

pilifère [pilifɛʀ] *agg.* pilifero.

pillage [pijaʒ] *s.m.* saccheggio, sacco.

pillard [pijaʀ] *agg. e s.m.* predatore, saccheggiatore.

piller [pije] *v.tr.* saccheggiare (*anche fig.*); depredare.

pilleur [pijœʀ] (f. *-euse*) *agg. e s.m.* predatore.

pilon [pilɔ̃] *s.m.* **1** pestello || *mettre un livre au —*, mandare al macero un libro **2** (*tecn.*) maglio **3** (*cuc.*) coscia (di pollo) **4** (*fam.*) gamba di legno.

pilonnage [pilɔnaʒ] *s.m.* (*mil.*) bombardamento a tappeto.

pilonner [pilɔne] *v.tr.* **1** pestare (con il pestello) **2** (*mil.*) bombardare a tappeto.

pilori [pilɔʀi] *s.m.* palo (della gogna) || *mettre, clouer au —*, mettere al palo, (*fig.*) mettere alla gogna.

pilosité [pilozite] *s.f.* pelosità.

pilotage [pilɔtaʒ] *s.m.* pilotaggio: — *sans visibilité* (*PSV*), pilotaggio strumentale.

pilote [pilɔt] *s.m.* **1** pilota: — *de course*, corridore automobilista **2** (*zool.*) pesce pilota ♦ *agg.* pilota (*anche fig.*) || *classes*(-)*pilotes*, classi sperimentali.

piloter [pilɔte] *v.tr.* pilotare (*anche fig.*).

pilotis [pilɔti] (pl. *invar.*) *s.m.* **1** palafitta (*f.*) **2** *pl.* (*edil.*) pali di fondazione.

pilou [pilu] *s.m.* (tessuto di) flanellina.

pilule [pilyl] *s.f.* pillola.

pimbêche [pɛ̃bɛʃ] *s.f.* smorfiosa.

piment [pimɑ̃] *s.m.* **1** (*bot.*) — *rouge*, peperon-

cino; — *doux*, peperone **2** (*cuc.*) pimento **3** (*fig.*) pepe.

pimenter [pimɑ̃te] *v.tr.* **1** condire con peperoncino **2** (*fig.*) rendere piccante, condire.

pimpant [pɛ̃pɑ̃] *agg.* pimpante.

pimprenelle [pɛ̃pʀənɛl] *s.f.* (*bot. pop.*) salvastrella.

pin [pɛ̃] *s.m.* pino: — *parasol*, pino a ombrello.

pinacle [pinakl] *s.m.* pinnacolo: *porter qqn au —*, (*fig.*) portare qlcu alle stelle.

pinacothèque [pinakɔtɛk] *s.f.* pinacoteca.

pinailler [pinaje] *v.intr.* (*fam.*) cavillare.

pinailleur [pinajœʀ] (f. *-euse*) *s.m.* (*fam.*) pignolo.

pinard [pinaʀ] *s.m.* (*molto fam.*) vino.

pinasse [pinas] *s.f.* (*mar.*) battana.

pince [pɛ̃s] *s.f.* **1** molletta: — *à sucre, à glace*, mollette per lo zucchero, per il ghiaccio; — *à linge*, molletta per biancheria; — *à épiler*, pinzetta per sopracciglia; (*à cheveux*), molletta (per capelli) **2** (*tecn.*) pinza: — *à couper*, tronchesina **3** leva, barra **4** (*abbigl.*) pince **5** *pl.* (*zool.*) chele **6** (*fig. fam.*) zampa (mano o piede umano): *serrer la — à qqn*, stringere la mano a qlcu; *aller à pinces*, andare a piedi.

pincé [pɛ̃se] *agg.* **1** stretto **2** (*fig.*) sostenuto: *sourire —*, sorriso forzato **3** (*fam.*) innamorato, cotto.

pinceau [pɛ̃so] (pl. *-eaux*) *s.m.* **1** pennello: *coup de —*, pennellata || — *plat*, pennellessa **2** (*fig.*) fascio (luminoso) **3** (*fam.*) piede.

pincée [pɛ̃se] *s.f.* pizzico (*m.*), presa.

pincement [pɛ̃smɑ̃] *s.m.* **1** pizzicamento **2** (*fig.*) morso: *un — au cœur*, una stretta al cuore **3** (*agr.*) cimatura (*f.*).

pince-monseigneur [pɛ̃smɔ̃sɛɲœʀ] (pl. *pinces-monseigneur*) *s.f.* grimaldello (*m.*).

pince-nez [pɛ̃sne] (pl. *invar.*) *s.m.* occhiali a stringinaso.

pincer [pɛ̃se] (*coniug. come* placer) *v.tr.* **1** pizzicare (*anche fig.*): *il lui a pincé le bras*, gli ha dato un pizzicotto al braccio; *être pincé par un crabe*, essere morso da un granchio; *un vent froid nous pinçait au visage*, un vento freddo ci pungeva il viso || *ça pince!*, (*fam.*) che freddo cane! **2** stringere: — *les lèvres*, stringere la labbra; *se — un doigt dans la porte*, chiudersi un dito nella porta **3** pinzare; graffare **4** (*fam.*) pizzicare, sorprendere **5** (*agr.*) cimare **6** *en — pour qqn*, (*fam.*) avere una cotta per qlcu **7** (*in Belgio*) — *son français*, (*fig.*) parlare francese con l'accento parigino.

pince-sans-rire [pɛ̃sɑ̃ʀiʀ] (pl. *invar.*) *s.m.* chi scherza o prende in giro restando serio.

pincette [pɛ̃sɛt] *s.f.* **1** pinzetta **2** *pl.* molle (del camino) || *il n'est pas à prendre avec des pincettes*, va preso con le molle.

pinçon [pɛ̃sɔ̃] *s.m.* livido (da pizzicotto).

pineau [pino] (pl. *-eaux*) *s.m.* aperitivo della Charente a base di cognac e vino bianco.

pinède [pinɛd] *s.f.* pineta.

pingouin [pɛ̃gwɛ̃] *s.m.* pinguino.

ping-pong [piŋpɔ̃g] *s.m.* ping-pong, tennis da tavolo.

pingre [pɛ̃gʀ] *agg.* e *s.m.* (*fam.*) tirchio, taccagno.

pingrerie [pɛ̃gʀəʀi] *s.f.* (*fam.*) tirchieria, taccagneria.

pinot [pino] *s.m.* pinot (vitigno della Borgogna).

pin's [pins] *s.m.* spilletta metallica (con disegni e scritte, spesso a scopo pubblicitario).

pinson [pɛ̃sɔ̃] *s.m.* fringuello.

pintade [pɛ̃tad] *s.f.* (gallina) faraona.

pintadeau [pɛ̃tado] (pl. -*eaux*) *s.m.* giovane faraona (*f.*).

pinte [pɛ̃t] *s.f.* **1** pinta || *se payer une — de bon sang*, (*fam.*) farsi un sacco di risate **2** (*in Svizzera*) bar (*m.*).

pioche [pjɔʃ] *s.f.* zappa; (*edil.*) piccone (*m.*) || *tête de —*, (*fam.*) testone.

piocher [pjɔʃe] *v.tr.* **1** zappare **2** (*fam.*) sgobbare (su) ♦ *v.intr.* **1** (*fam.*) sgobbare **2** pescare, prendere (nei giochi).

piocheur [pjɔʃœʀ] (f. -*euse*) *s.m.* (*fam.*) sgobbone.

piolet [pjɔlɛ] *s.m.* piccozza (*f.*).

pion[1] [pjɔ̃] *s.m.* **1** pedone (degli scacchi) **2** pedina (della dama).

pion[2] (f. -*onne*) *s.m.* (*fam.*) insegnante incaricato della sorveglianza nelle ore di studio.

pioncer [pjɔ̃se] (*coniug. come* placer) *v.intr.* (*fam.*) dormire.

pionnier [pjɔnje] (f. -*ière*) *s.m.* pioniere.

pipe [pip] *s.f.* **1** pipa: *— de bruyère*, pipa di radica || (*fam.*): *par tête de —*, (*fam.*) a testa; *casser sa —*, crepare, morire; *se fendre la —*, (*fam.*) sganasciarsi dalle risate; *nom d'une —!*, accidenti! **2** (*fam.*) sigaretta **3** (*tecn.*) condotto (*m.*).

pipeau [pipo] (pl. -*eaux*) *s.m.* zufolo.

pipelet [piplɛ] (f. -*ette*) *s.m.* (*fam.*) **1** portinaio **2** pettegolo.

pipeline, pipe-line [piplin, pajplajn] (pl. *pipelines*) *s.m.* oleodotto; gasdotto.

piper [pipe] *v.tr.* (*fam.*) **1** truccare **2** *ne pas — (mot)*, non fiatare.

piperade [pipəʀad] *s.f.* (*cuc.*) frittata basca con pomodori e peperoni.

pipette [pipɛt] *s.f.* (*chim.*) pipetta.

pipi [pipi] *s.m.* (*fam.*) pipì (*f.*).

pipistrelle [pipistʀɛl] *s.f.* pipistrello nano.

piquage [pikaʒ] *s.m.* cucitura a macchina.

piquant [pikɑ̃] *agg.* pungente (*anche fig.*) || *beauté piquante*, bellezza provocante || *aliment —*, cibo piccante; *boisson piquante*, bevanda frizzante; *sauce piquante*, salsa a base di senape, aceto, cetrioli ♦ *s.m.* **1** aculeo; spina (*f.*) **2** (*fig.*) nota curiosa, lato divertente: *le — de l'histoire*, il bello della faccenda.

pique[1] [pik] *s.f.* **1** (*st.mil.*) picca **2** (*fig.*) frecciata.

pique[2] *s.m.* (*nelle carte da gioco*) picche (*f. pl.*).

piqué[1] [pike] *agg.* **1** impunturato: *— à la machine*, cucito a macchina **2** picchiettato: *visage piqué de taches de rousseur*, viso picchiettato di efelidi; *meuble —*, mobile tarlato; *une glace piquée*, uno specchio macchiato **3** (*di vino*) che ha

preso lo spunto **4** (*mus.*) staccato **5** (*fam.*) toccato.

piqué[2] *s.m.* **1** (tessuto) picchè **2** (*aer.*) picchiata (*f.*).

pique-assiette [pikasjɛt] (pl. *invar.*) *s.m.* (*fam.*) scroccone.

pique-feu [pikfø] (pl. *pique-feux*) *s.m.* attizzatoio.

pique-fleur, pique-fleurs [pikflœʀ] (pl. *pique-fleurs*) *s.m.* portafiori.

pique-nique [piknik] (pl. *pique-niques*) *s.m.* picnic.

pique-niquer [piknike] *v.intr.* fare un picnic.

piquer [pike] *v.tr.* **1** pungere (*anche fig.*): *se — doigt*, pungersi un dito; *— au vif*, (*fig.*) pungere sul vivo || *la fumée pique les yeux*, il fumo fa bruciare gli occhi; *cette laine pique (la peau)*, questa lana pizzica (la pelle) || *— une olive avec une fourchette*, infilzare un'oliva con la forchetta || *les vers piquent le bois*, i tarli intaccano il legno; *ce n'est pas — des vers!*, è forte! || *quelle mouche le pique?*, (*fig. fam.*) che diavolo gli piglia? **2** (*med. fam.*) fare un'iniezione (a); fare un prelievo (a): *— contre la variole*, vaccinare contro il vaiolo || *— un chien malade*, sopprimere un cane malato (con un'iniezione) **3** pungolare, spronare; (*fig.*) stuzzicare: *— des deux*, dar di sprone, spronare **4** appuntare, fissare con uno spillo **5** (*cucito*) impunturare **6** (*cuc.*) steccare **7** (*fam.*) (usato talvolta in sostituzione di faire o avoir): *— un cent mètres*, fare i cento metri; *— une tête*, tuffarsi, buttarsi a capofitto; *— une crise (de nerfs)*, avere una crisi di nervi; (*estens.*) montare su tutte le furie **8** (*fam.*) fregare, rubare ♦ *v.intr.* **1** pungere, pizzicare || *un vin qui pique*, un vino acidulo || *eau qui pique*, (*fam.*) acqua frizzante **2** (*aer.*) scendere in picchiata: *— du nez*, precipitare, (*mar.*) *le navire piqua de l'avant*, la nave affondò con la prua □ **se piquer** *v.pron.* **1** pungersi (*ci si — à la morphine*, bucarsi, drogarsi di morfina **2** (*letter.*) offendersi **3** impuntarsi, intestardirsi **4** piccarsi: *se — d'élégance*, piccarsi di eleganza.

piquet[1] [pikɛ] *s.m.* **1** picchetto, paletto **2** (*mil.*) picchetto || *mettre un enfant au —*, mettere un bambino in castigo (a scuola) **3** *— de grève*, picchetto (di sciopero).

piquet[2] *s.m.* (*gioco di carte*) picchetto.

piquetage [piktaʒ] *s.m.* (*in Canada*) picchettaggio (di scioperanti).

piqueter [pikte] (*coniug. come* jeter) *v.tr.* picchiettare, punteggiare.

piquette [pikɛt] *s.f.* (*fam.*) vino cattivo.

piqueur [pikœʀ] (f. -*euse*) *agg.* pungitore || *marteau —*, martello pneumatico ♦ *s.m.* **1** staliere **2** (*caccia*) bracchiere **3** (*operaio*) perforatore; picconatore **4** (*ind. abbigl.*) cucitore.

piqûre [pikyʀ] *s.f.* **1** puntura (*anche fig.*): *une — de serpent*, un morso di serpente; *— d'amour-propre*, (*fig.*) ferita all'amor proprio || *— de ver*, tarlatura **2** (*med.*) iniezione, puntura **3** (*cucito*) impuntura.

piranha [piʀana] *s.m. (zool.)* piranha.

piratage [piʀataʒ] *s.m.* pirateria (*f.*).

pirate [piʀat] *s.m.* pirata (*anche fig.*) || — *de l'air*, dirottatore || *radio* —, radio pirata.

pirater [piʀate] *v.tr.* **1** riprodurre illegalmente **2** (*fam.*) truffare ♦ *v.intr.* pirateggiare.

piraterie [piʀatʀi] *s.f.* pirateria (*anche fig.*).

pire [piʀ] *agg.* **1** (*compar.*) peggiore; peggio: *il est* — *que son frère*, è peggio, peggiore di suo fratello; *j'en ai vu de pires*, ne ho viste di peggio; *quelque chose de* —, *rien de* —, qualcosa di peggio, niente di peggio; *son caractère est* — *que je ne pensais*, il suo carattere è peggiore di quanto pensassi; *sa santé est* — *qu'elle n'était*, la sua salute è peggio di prima || (*in Canada*) *ce n'est pas* —!, non c'è male! **2** (*superl.rel.*) *le pire*, il peggiore: *c'est un des pires défauts*, è uno dei difetti peggiori; *dans le* — *des cas*, nel peggiore dei casi, alla peggio ♦ *s.m. le pire*, il peggio, la cosa peggiore: *le* — (*de l'affaire*) (*c'*) *est que...*, la cosa peggiore è che...; *il y a* —, c'è di peggio; *en mettant les choses au* —, nella peggiore delle ipotesi || *la politique du* —, la politica del tanto peggio tanto meglio.

pirogue [piʀog] *s.f.* piroga.

pirouette [piʀwɛt] *s.f.* **1** piroetta, giravolta **2** (*fig.*) voltafaccia (*m.*).

pirouetter [piʀwete] *v.intr.* piroettare.

pis[1] [pi] *s.m.* mammella (di mucca, capra ecc.).

pis[2] *avv.* peggio: *de mal en* —, *de* — *en* —, di male in peggio; *tant* —!, non importa!, pazienza!; *tant* — *pour lui*, peggio per lui || *dire* — *que pendre de qqn*, dirne di tutti i colori sul conto di qlcu ♦ *agg.invar.* peggio, peggiore: *rien de* — *que...*, niente di peggio che...; *voilà qui est cent fois* —, questa è di gran lunga la cosa peggiore || *qui* — *est*, quel che è peggio ♦ *s.m.* peggio: *il y a* —, c'è del peggio □ **au pis aller** *locuz.avv.* nella peggiore delle ipotesi, per mal che vada.

pis-aller [pizale] (pl. *invar.*) *s.m.* ripiego.

piscicole [pisikɔl] *agg.* ittico.

pisciculture [pisikyltyʀ] *s.f.* piscicoltura.

piscine [pisin] *s.f.* piscina.

pisé [pize] *s.m.* (*edil.*) impasto di argilla, sassi e paglia.

pissaladière [pisaladjɛʀ] *s.f.* focaccia con cipolle, olive nere e acciughe (specialità di Nizza).

pissat [pisa] *s.m.* piscio (di animali).

pisse [pis] *s.f.* (*volg.*) piscia.

pisse-froid [pisfʀwa] (pl. *invar.*) *s.m.* (*fam.*) guastafeste, noioso.

pissenlit [pisãli] *s.m.* (*bot. pop.*) soffione, dente di leone.

pisser [pise] *v.intr.* e *tr.* (*fam.*) pisciare || — *de la copie*, imbrattare carta.

pisseux [pisø] (f. *-euse*) *agg.* (*fam.*) **1** impregnato di orina **2** giallastro (di colore).

pissotière [pisɔtjɛʀ] *s.f.* (*fam.*) vespasiano (*m.*).

pistache [pistaʃ] *s.f.* **1** pistacchio (*m.*) **2** (*nelle Seychelles*) arachide.

piste [pist] *s.f.* **1** pista: — *de danse, de ski*, pista da ballo, da sci; *grande* — *d'un hippodrome*, galoppatoio; (*aer.*) — *d'envol, de décollage*, pista di

decollo **2** orma, traccia (*spec.pl.*): *la police est sur la* — *des voleurs*, la polizia è sulle tracce dei ladri || *mettre qqn sur la* —, (*fig.*) mettere qlcu sulla buona strada **3** (*cine.*) — *sonore*, colonna sonora **4** (*inform.*) pista, canale (*m.*): — *magnétique*, pista di nastro.

pister [piste] *v.tr.* **1** seguire le tracce (di) **2** spiare.

pistil [pistil] *s.m.* (*bot.*) pistillo.

pistolet [pistɔlɛ] *s.m.* **1** pistola (*f.*) **2** — (*pulvérisateur*), pistola a spruzzo: *peinture au* —, verniciatura a spruzzo **3** (*fig. fam.*) *un drôle de* —!, un bell'originale! **4** (*orinatoio*) pappagallo **5** (*in Belgio*) panino al latte.

pistolet-mitrailleur [pistɔlɛmitʀajœʀ] (pl. *pistolets-mitrailleurs*) *s.m.* pistola mitragliatrice, mitraglietta (*f.*).

piston [pistɔ̃] *s.m.* **1** (*mecc.*) pistone, stantuffo **2** (*mus.*) pistone; (*fam.*) cornetta (*f.*) || *cornet à pistons*, cornetta **3** (*fig. fam.*) raccomandazione (*f.*): *avoir du* —, essere raccomandato.

pistonner [pistɔne] *v.tr.* (*fam.*) raccomandare: *il est très pistonné*, è un raccomandato di ferro.

pistou [pistu] *s.m.* (*cuc.*) minestra provenzale di verdure con basilico e aglio.

pitance [pitãs] *s.f.* (*spreg.*) sbobba, pasto (*m.*).

pitchoun [pitʃun] *agg.* e *s.m.* (*region.*) piccolino.

pitchpin [pitʃpɛ̃] *s.m.* (*bot.*) pitch pine.

piteusement [pitøzmã] *avv.* (*iron.*) in modo pietoso, miseramente.

piteux [pitø] (f. *-euse*) *agg.* pietoso: *être en* — *état*, essere in uno stato pietoso || *faire (une) piteuse mine*, avere l'aria abbacchiata.

pithécanthrope [pitekãtʀɔp] *s.m.* pitecantropo.

pitié [pitje] *s.f.* pietà: *inspirer la* —, destare pietà, fare pena; *avoir, éprouver de la* — *envers, pour qqn*, sentire, provare pietà, compassione per qlcu; *prendre qqn en* —, aver pietà di qlcu; *il fait* — *à voir*, fa pena, fa compassione vederlo; *quelle* —, che pena, che strazio || (*arte*) *Vierge de* —, Pietà.

piton [pitɔ̃] *s.m.* **1** chiodo (a occhiello): — (*à vis*), vite a occhiello **2** (*geogr.*) picco (di montagna) **3** (*in Canada*) tasto, monopola (*f.*) || (*être*) *sur le* —, (essere) in forma.

pitonner [pitɔne] *v.tr.* (*in Canada*) (*fam.*) premere (tasti, tastiere); comporre (un numero al telefono) ♦ *v.intr.* (*tv*) fare lo zapping.

pitoyable [pitwajabl] *agg.* pietoso; penoso.

pitoyablement [pitwajabləmã] *avv.* in modo pietoso.

pitre [pitʀ] *s.m.* pagliaccio, buffone.

pitrerie [pitʀəʀi] *s.f.* pagliacciata, buffonata.

pittoresque [pitɔʀɛsk] *agg.* e *s.m.* pittoresco || *-ement avv.*

pittosporum [pitɔspɔʀɔm] *s.m.* (*bot.*) pittosporo.

pituite [pitɥit] *s.f.* (*med.*) pituita.

pive [piv] *s.f.* (*in Svizzera*) pigna (di conifere).

pivert [piveʀ] *s.m.* (*zool.*) picchio verde.

pivoine [pivwan] *s.f.* (*bot.*) peonia || *rouge comme une* —, rosso come un peperone.

pivot [pivo] *s.m.* **1** perno; (*fig.*) cardine, perno ||

le — d'un complot, l'anima di un complotto 2 (*basket*) pivot (giocatore d'attacco).

pivotant [pivɔtɑ̃] *agg.* 1 girevole 2 (*bot.*) *racine pivotante*, radice a fittone.

pivotement [pivɔtmɑ̃] *s.m.* rotazione (su un perno).

pivoter [pivɔte] *v.intr.* rotare (su un perno): — *sur ses talons*, girare sui tacchi.

pizzicato [pidzikato] *s.m.* e *avv.* (*mus.*) pizzicato.

placage [plakaʒ] *s.m.* 1 impiallacciatura (*f.*) 2 (*sport*) → plaquage.

placard[1] [plakaʀ] *s.m.* armadio a muro || *— à balais*, armadietto delle scope.

placard[2] *s.m.* 1 manifesto || *— publicitaire*, inserzione pubblicitaria || *mettre, ranger qqn, qqch au —*, (*fig.*) mettere da parte qlcu, accantonare qlco 2 (*tip.*) *épreuve en —*, bozza in colonna.

placarder [plakaʀde] *v.tr.* affiggere; tappezzare di manifesti.

place [plas] *s.f.* 1 posto (*m.*), spazio (*m.*): *tenir trop de —*, occupare troppo posto, (*fig.*) essere invadente; *faire — à*, fare posto a; *changer qqn, qqch de —*, cambiar posto a qlcu, qlco; *se faire — farsi largo* || *place!*, largo, fate posto! || *il est vraiment à sa — dans ce travail*, questo lavoro fa veramente per lui || *il ne reste pas en — un seul instant*, non sta fermo un minuto; *il ne tient pas en — d'impatience*, freme d'impazienza 2 posto (*m.*), impiego (*m.*) || *en —*, in carica || *sans —*, senza posto, disoccupato 3 posto (in treno, a teatro ecc.): *— du conducteur*, posto di guida; *places debout, assises*, posti in piedi, a sedere; *payer demi-place, — entière*, pagare biglietto ridotto, intero || *prendre —*, prendere posto, sedersi 4 piazza: *j'habite — de la Victoire*, abito in piazza Vittoria; *sur la —*, in piazza; *descendre sur la —*, scendere in piazza || *chèque hors, sur —*, assegno fuori, su piazza || *— (forte)*, (*fortifiée*), piazzaforte || (*fig.*): *être maître de la —*, essere padrone del campo; *avoir des complicités sur la —*, avere delle complicità in loco; *faire — nette*, fare piazza pulita 5 (*mil.*) presidio (*m.*): *commandant de la —*, comandante di presidio 6 (*sport*) piazzamento (*m.*) || *avoir une bonne — (à un concours)*, essere fra i migliori (in un concorso) □ **à la place de**, al posto di, invece di: *se mettre à la — de qqn*, mettersi nei panni, al posto di qlcu || *mets-en un autre à la —*, mettine un altro al suo posto □ **en place**, a posto, in ordine □ **sur place**, sul posto, sul luogo: *rester sur —*, non muoversi; *faire une enquête sur —*, far un'inchiesta in loco □ **de place en place**, qua e là □ **par places**, a zone, qua e là.

placé [plase] *agg.* posto, collocato || *mal —*, mal riposto || *haut —*, altolocato || *être bien — pour ...*, avere tutte le carte in regola per...; *je suis bien — pour le dire*, posso dirlo con cognizione di causa || *cheval —*, cavallo piazzato.

placebo [plasebo] *s.m.* (*med.*) placebo.

placement [plasmɑ̃] *s.m.* 1 collocazione (*f.*) 2 sistemazione (in un posto di lavoro) || *bureau de —*, ufficio di collocamento 3 (*econ.*) investimento || *un — de père de famille*, un investimen-

to sicuro 4 ricovero (in ospedale): *— d'office*, ricovero d'ufficio.

placenta [plasɛ̃ta] *s.m.* placenta (*f.*).

placer [plase] (*cambia la* c *in* ç *davanti ad* a *e* o: *nous plaçons, je plaçais*, etc.) *v.tr.* 1 collocare, porre; sistemare, disporre i posti a tavola; *j'étais bien, mal placé au théâtre*, ho avuto un buon, un brutto posto a teatro || *mal — sa confiance*, riporre male la propria fiducia || *je n'ai pas pu — un mot* (o fam. *en placer une*), non ho potuto dire una parola; *il veut toujours — son mot*, vuol sempre dire la sua || *— un coup*, piazzare, assestare un colpo || *— un article*, piazzare, collocare un articolo || (*mus.*) *bien — la voix*, impostare bene la voce 2 sistemare (in un impiego ecc.), trovare un lavoro (a) 3 (*econ.*) investire: *— son argent*, investire il proprio denaro □ **se placer** *v.pron.* 1 mettersi; prender posto 2 impiegarsi, sistemarsi (in un lavoro) 3 (*ippica*) piazzarsi.

placet [plase] *s.m.* 1 (*dir.*) nota di "a ruolo" 2 (*ant.*) istanza (*f.*), petizione (*f.*).

placeur [plasœʀ] (f. -*euse*) *s.m.* (*teatr. ecc.*) maschera (*f.*).

placide [plasid] *agg.* placido || -**ement** *avv.*

placidité [plasidite] *s.f.* placidità.

placier [plasje] (f. -*ère*) *s.m.* piazzista.

placoter [plakɔte] *v.intr.* (*in Canada*) chiacchierare.

plafond [plafɔ̃] *s.m.* 1 soffitto: *— à caissons, à la française*, soffitto a cassettoni, a travi (in vista); *faux —*, controsoffitto; *bas de —*, dal soffitto basso || *au —*, sul soffitto; *sauter au —*, fare salti di gioia; *il a une araignée au —*, (*fam.*) gli manca un venerdì 2 (*fig.*) tetto, plafond, limite (massimo): *prix —*, massimale del prezzo; *— de crédit*, massimale di prestito; *crever le —*, superare il limite, sfondare il tetto 3 (*aer.*) (quota di) tangenza.

plafonnage [plafɔnaʒ] *s.m.* (*edil.*) soffittatura (*f.*).

plafonnement [plafɔnmɑ̃] *s.m.* (*econ.*) superamento del massimale.

plafonner [plafɔne] *v.tr.* (*edil.*) soffittare ♦ *v.intr.* raggiungere il limite massimo; (*aut.*) raggiungere la velocità massima || *salaire plafonné*, salario bloccato.

plafonnier [plafɔnje] *s.m.* plafoniera (*f.*).

plage [plaʒ] *s.f.* 1 spiaggia 2 zona, spazio (*m.*): *— arrière (d'une voiture)*, ripiano posteriore (di auto) || *— d'utilisation*, campo di utilizzazione || *— de sécurité*, margine di sicurezza || *— d'un disque*, facciata di un disco 3 momento (di tempo) || (*rad., tv*) *plages musicales*, intervalli musicali.

plagiaire [plaʒjɛʀ] *agg.* e *s.m.* plagiario.

plagiat [plaʒja] *s.m.* plagio.

plagier [plaʒje] *v.tr.* plagiare.

plagiste [plaʒist] *s.m.* bagnino.

plaider [plede] *v.intr.* (*dir.*) 1 presentare una istanza (contro), intentare causa (a) 2 patrocinare (qlcu), difendere la causa (di): *son passé plaide pour lui*, il suo passato parla in suo favore ♦ *v.tr.* (*dir.*) 1 difendere (in tribunale): *— la cause* *de qqn*, (*fig.*) perorare la causa di qlcu || *la cause se plaide demain*, la causa si discute domani **2** sostenere: — *la légitime défense*, sostenere la legittima difesa || — *les circonstances atténuantes*, invocare le attenuanti || — (*non*) *coupable*, dichiarare (non) colpevole; *son avocat a plaidé coupable*, il suo avvocato ha impostato la difesa sulla colpevolezza; *accusé, plaidez-vous coupable ou non coupable?*, imputato, si dichiara colpevole o innocente?

plaideur [plɛdœr] (f. *-euse*) *s.m.* parte in causa (in un processo), litigante.

plaidoirie [plɛdwari] *s.f.* (*dir.*) arringa.

plaidoyer [plɛdwaje] *s.m.* arringa (f.) (*anche fig.*).

plaie [plɛ] *s.f.* **1** piaga; ferita: — *mortelle*, ferita mortale; *les plaies de la société*, le piaghe della società; *les plaies de l'âme*, le ferite dell'anima; *mettre le doigt sur la* —, mettere il dito sulla piaga; *retourner le couteau dans la* —, rigirare il coltello nella piaga || *ne rêver que plaies et bosses*, essere uno scavezzacollo **2** (*fam.*) seccatura, rogna: *cet enfant est une véritable* —, quel bambino è proprio una piaga.

plaignant [plɛɲɑ̃] *agg.* e *s.m.* (*dir.*) querelante, attore.

plain-chant [plɛ̃ʃɑ̃] (pl. *plains-chants*) *s.m.* canto piano.

plaindre [plɛ̃dr] (*coniug. come* craindre) *v.tr.* **1** compiangere, compatire || *je ne le plains pas*, ben gli sta, se lo merita **2** (*fam.*) risparmiare: *elle ne plaint pas l'argent quand elle va en vacances*, non bada a spese quando va in vacanza || *il ne plaint pas sa peine*, non si risparmia □ **se plaindre** *v.pron.* lamentarsi: *elle s'était plainte d'avoir été calomniée, qu'on l'ait calomniée*, si era lamentata di esser stata calunniata.

plaine [plɛn] *s.f.* pianura: *un pays de* —, una regione pianeggiante.

plain-pied, de [dəplɛ̃pje] *locuz.avv.* allo stesso livello (di): *des pièces de* — *avec le jardin*, stanze a livello del giardino || *être de* — *avec qqn*, (*fig.*) essere sullo stesso piano, alla pari con qlcu.

plaint [plɛ̃] *part.pass. di* plaindre.

plainte [plɛ̃t] *s.f.* **1** lamento (*m.*), gemito (*m.*) **2** lamentela, lagnanza **3** (*dir.*) querela; denuncia: — *en diffamation*, querela per diffamazione; *porter* — *contre qqn*, querelare, denunciare qlcu.

plaintif [plɛ̃tif] (f. *-ive*) *agg.* lamentoso || **-ivement** *avv.*

plaire [plɛr]

Indic.pres. je plais, tu plais, il plaît, nous plaisons, etc.; *imperf.* je plaisais, etc.; *pass.rem.* je plus, etc.; *fut.* je plairai, etc. *Cond.* je plairais, etc. *Cong.pres.* que je plaise, etc.; *imperf.* que je plusse, etc. *Part.pres.* plaisant; *pass.* plu. *Imp.* plais, plaisons, plaisez.

v.intr. piacere, essere gradito: *cette émission m'a plu*, questa trasmissione mi è piaciuta; *les choses qui plaisent à l'œil*, le cose gradite alla vista ♦ *v. intr.impers.* piacere, andare a genio: *faites ce qu'il* *lui plaît!*, fate come piace a lui! || *s'il vous plaît*, per favore, per piacere; (*estens. iron.*) scusate se è poco, pensate un po'; (*in Belgio*) prego || *plaît-il?*, prego?; come ha detto? || *plaise, plût à Dieu que...*, piaccia, piacesse a Dio che... □ **se plaire** *v.pron.* **1** piacersi: *je me plais bien avec les cheveux coupés*, mi piaccio molto con i capelli tagliati **2** piacersi (l'un l'altro): *ils se sont plu*, si sono piaciuti **3** stare bene, trovarsi bene: *se* — *chez soi*, star bene a casa propria; *se* — *avec qqn*, trovarsi bene con qlcu **4** *se* — *à*, trovare piacere (in): *ils s'étaient plu à la taquiner*, si erano divertiti a prenderla in giro || *je me plais à croire que...*, mi piace pensare che...

plaisamment [plɛzamɑ̃] *avv.* **1** piacevolmente **2** in modo divertente.

plaisance, de [dəplɛzɑ̃s] *locuz.agg.* da diporto: (*navigation de*) —, navigazione da diporto.

plaisancier [plɛzɑ̃sje] (f. *-ière*) *s.m.* diportista, navigatore da diporto.

plaisant [plɛzɑ̃] *agg.* **1** piacevole, gradevole **2** divertente || *mot* —, motto di spirito || *voilà qui est* —!, questa è bella! ♦ *s.m.* il (lato) divertente.

plaisanter [plɛzɑ̃te] *v.intr.* scherzare: *n'être pas d'humeur à* —, non essere in vena di scherzare ♦ *v.tr.* canzonare, burlarsi (di): — *qqn sur qqch*, canzonare qlcu per qlco.

plaisanterie [plɛzɑ̃tri] *s.f.* **1** scherzo (*m.*): *une mauvaise* —, un brutto scherzo; *comprendre la* —, stare allo scherzo; *il n'entend pas la* —, non sa stare allo scherzo; *trêve de plaisanteries*, basta con gli scherzi **2** battuta (di spirito): — *de corps de garde*, battuta da caserma, volgare.

plaisantin [plɛzɑ̃tɛ̃] *s.m.* buffone, pagliaccio.

plaisir [plɛzir] *s.m.* piacere: *cela lui fera grand* —, gli farà molto piacere || *il ne cherche qu'à faire* —, fa di tutto per essere gentile || *j'ai le* — *de*, ho il piacere di, sono lieto di || *prendre* — (*à*), divertirsi (a) || *se faire un* — *de*, essere lieti di; *il se fait un malin* — *de contredire tout le monde*, si diverte a contraddire tutti || *voilà de l'argent pour tes menus plaisirs*, eccoti dei soldi per i tuoi capricci || *je te souhaite bien du* —!, (*iron.*) buon divertimento! || *il travaille par, pour son* —, lavora per diletto; *il voyage pour son* —, viaggia per diporto || *il y en avait à* —, ce n'era a volontà; *il ment à* —, mente a tutto spiano || (*cortesia*) *tout le* — *est pour moi*, il piacere è tutto mio; *au* — *de vous lire*, in attesa di un vostro cenno di riscontro.

plan¹ [plɑ̃] *agg.* piano ♦ *s.m.* **1** piano (*anche fig.*): — *d'eau*, laghetto (artificiale) || *au premier* —, in primo piano; *au premier* — *de l'actualité*, alla ribalta della cronaca; *être au premier* —, occupare il primo posto || *de premier* —, di primo piano; *de second* —, di secondo piano, di secondaria importanza || *sur le* — *de*, sotto l'aspetto di, per quanto riguarda **2** (*fot., cine., tv*) inquadratura (*f.*); piano; (*cine., tv*) campo: *les plans d'une séquence*, le inquadrature di una sequenza; *gros* —, primo piano; — *moyen*, piano medio, figura intera; — *général*, campo lungo.

plan² *s.m.* **1** pianta (*f.*): *le* — *de la ville*, la pianta della città; *les plans d'une maison*, la pianta di una casa; *lever les plans de*, fare il rilevamento topografico di || *— cadastral*, piano catastale 2 piano; programma; progetto: *— d'action*, piano d'azione; *je suis sûr qu'il a son —*, sono certo che ha un suo piano || *— d'occupation des sols*, piano regolatore; *— d'aménagement du territoire*, pianificazione del territorio || *tirer des plans sur la comète*, *(fig.)* fantasticare 3 piano, schema; abbozzo, canovaccio □ **en plan** *locuz.avv.*: *laisser en —*, piantare (in asso); *rester en —*, rimanere in sospeso.

planant [planɑ̃] *agg.* *(fam.)* che fa evadere dalla realtà.

planche [plɑ̃ʃ] *s.f.* 1 tavola, asse: *— à laver*, *à repasser*, asse per lavare, da stiro; *— à pâtisserie*, asse per impastare; *— à découper*, tagliere (da cucina); *— à dessin*, tavola, tavolo da disegno; *— d'appui*, davanzale || *— à voile*, windsurf; *— à roulettes*, skateboard || *— de salut*, *(fig.)* ancora di salvezza || *avoir du pain sur la —*, avere molto (lavoro) da fare || *faire la —*, fare il morto (nuotando) || *monter sur les planches*, calcare il palcoscenico, le scene 2 *(tip.)* cliché *(m.)*; tavola, illustrazione || *faire travailler la —* à billets, fabbricare carta moneta 3 aiuola, riquadro (piantato a ortaggi) 4 *(gergo scolastico)* lavagna; interrogazione alla lavagna 5 *(mar.)* plancia.

plancher[1] [plɑ̃ʃe] *s.m.* 1 pavimento di legno || *débarrasse (-moi) le —!*, *(fam.)* togliti dai piedi! || *le — des vaches*, *(scherz.)* la terraferma 2 suolo 3 *(edil.)* soletta *(f.)* 4 *(aut.)* pianale, fondo (di una vettura) || *rouler pied au —*, *(fam.)* andare a tavoletta 5 *(econ.)* minimo: *prix —*, prezzo minimo; *le — des cotisations*, contributi minimi.

plancher[2] *v.intr.* essere interrogato (alla lavagna) || *— sur un problème*, ponzare su un problema.

planchette [plɑ̃ʃɛt] *s.f.* tavoletta, assicella.

planchiste [plɑ̃ʃist] *s.m.* windsurfista.

plancton [plɑ̃ktɔ̃] *s.m.* *(biol.)* plancton.

plané [plane] *agg.* planato: *vol —*, *(fam.)* capitombolo.

planer [plane] *v.intr.* 1 librarsi (in aria) 2 *(estens.)* fluttuare; *(fig.)* aleggiare: *une brume légère planait sur la campagne*, una nebbia leggera fluttuava sulla campagna; *un mystère plane sur l'affaire*, un mistero aleggia sulla faccenda; *un danger plane*, un pericolo incombe || *il plane*, vive tra le nuvole 3 *(aer.)* planare.

planétaire [planetɛr] *agg. e s.m.* planetario.

planétarium [planetarjɔm] *s.m.* planetario.

planète [planɛt] *s.f.* pianeta *(m.)*.

planeur [planœr] *s.m.* *(aer.)* aliante.

planeuse [planøz] *s.f.* *(mecc.)* spianatrice.

plani- *pref.* plani-

planificateur [planifikatœr] (f. *-trice*) *agg. e s.m.* pianificatore.

planification [planifikɑsjɔ̃] *s.f.* pianificazione, programmazione.

planifié [planifje] *agg.* pianificato.

planifier [planifje] *v.tr.* pianificare.

planimétrie [planimetri] *s.f.* planimetria.

planimétrique [planimetrik] *agg.* planimetrico.

planisphère [planisfɛr] *s.m.* planisfero.

planning [planiŋ] *s.m.* pianificazione *(f.)*.

planque [plɑ̃k] *s.f.* *(fam.)* 1 nascondiglio *(m.)*; rifugio *(m.)* 2 impiego di tutto riposo, sinecura.

planqué [plɑ̃ke] *s.m. e agg.* *(fam.)* chi, che ha trovato una sinecura.

planquer [plɑ̃ke] *v.tr.* *(fam.)* nascondere: *où astu planqué mon chapeau?*, dove hai ficcato il mio cappello? || *il a planqué un beau petit magot*, ha messo da parte un bel gruzzolo □ **se planquer** *v.pron.* *(fam.)* nascondersi; imboscarsi.

plant [plɑ̃] *s.m.* piantina (di vivaio).

plantain [plɑ̃tɛ̃] *s.m.* *(bot.)* 1 piantaggine *(f.)* 2 banano (i cui frutti si mangiano cotti).

plantaire [plɑ̃tɛr] *agg.* plantare.

plantation [plɑ̃tɑsjɔ̃] *s.f.* 1 il piantare 2 piantagione 3 *— de cheveux*, attaccatura (dei capelli).

plante [plɑ̃t] *s.f.* 1 pianta 2 *(anat.)* *— du pied*, pianta del piede.

planté [plɑ̃te] *agg.* piantato: *planté d'arbres*, alberato || *des dents bien plantées*, una solida dentatura; *les cheveux plantés bas*, l'attaccatura dei capelli bassa || *il restait — là à me regarder*, restava lì impalato a guardarmi.

planter [plɑ̃te] *v.tr.* piantare: *— des clous*, piantare chiodi; *— un terrain de vigne(s)*, piantare un terreno a viti || *(fam.)*: *il nous a planté tous (là)*, ci ha piantati tutti in asso; *il planta son chapeau sur sa tête*, si ficcò il cappello in testa || *(teatr.)* *— un décor*, allestire una scena □ **se planter** *v.pron.* piantarsi: *il se planta devant moi*, mi si piantò, mi si parò davanti || *(fam.)*: *elle s'est plantée (à l'interrogation)*, ha cannato (l'interrogazione); *se — contre un arbre*, schiantarsi contro un albero.

planteur [plɑ̃tœr] *s.m.* piantatore.

plantigrade [plɑ̃tigrad] *agg. e s.m.* *(zool.)* plantigrado.

plantoir [plɑ̃twar] *s.m.* *(agr.)* piantatoio.

planton [plɑ̃tɔ̃] *s.m.* 1 *(mil.)* piantone 2 *(in Africa)* fattorino.

plantureusement [plɑ̃tyrøzmɑ̃] *avv.* copiosamente, in abbondanza.

plantureux [plɑ̃tyrø] (f. *-euse*) *agg.* abbondante, copioso || *femme plantureuse*, donna prosperosa || *terre plantureuse*, terra fertile.

plaquage [plakaʒ] *s.m.* *(sport)* placcaggio.

plaque [plak] *s.f.* 1 lastra; piastra; placca: *une — de marbre*, *de verre*, una lastra di marmo, di vetro; *une — de verglas*, una lastra di ghiaccio; *— chauffante*, piastra, pannello radiante; *— de four*, piastra di forno, leccarda || *(ferr.)* *— tournante*, piattaforma girevole, *(fig.)* centro, punto di convergenza, di incontro || *— d'égout*, chiusino d'ispezione (del pozzetto di scarico) || *— de chocolat*, tavoletta di cioccolata || *— de gazon*, zolla erbosa 2 *— commémorative*, targa commemorativa; targhe 3 *(aut.)* *— d'immatriculation*, *— minéralogique*, targa (d'immatricolazione) 4 *— d'identité*, piastrina di riconoscimento 5 *(fot.)* lastra 6 *(med.)* placca || *par plaques*, *(fig.)* a macchie, a chiazze.

plaqué [plake] *s.m.* **1** metallo placcato; *une montre en —* or, un orologio placcato oro **2** legno impiallicciato.

plaquer [plake] *v.tr.* **1** applicare || *l'explosion l'a plaqué au mur*, l'esplosione l'ha scaraventato contro il muro **2** placcare (il metallo); impiallacciare (il legno) **3** (*sport*) placcare **4** (*fam.*) piantare (in asso), mollare □ **se plaquer** *v.pron.* appiattirsi.

plaquette [plakɛt] *s.f.* **1** piastrina, targhetta, placchetta || (*estens.*): *— de beurre*, panetto di burro; *— de chocolat*, tavoletta di cioccolato; *— de pilules*, blister **2** (*tip.*) opuscolo (*m.*), libretto (*m.*) **3** (*med.*) *— sanguine*, piastrina **4** (*aut.*) *— de frein*, pastiglia dei freni.

plasma [plasma] *s.m.* (*scient.*) plasma.

plasmodium [plasmɔdjɔm] *s.m.* (*biol.*) plasmodio.

plastic [plastik] *s.m.* (esplosivo) plastico.

plasticage [plastikaʒ] *s.m.* (il compiere un) attentato al plastico.

plasticien [plastisjɛ̃] (f. *-enne*) *s.m.* chirurgo plastico.

plasticine [plastisin] *s.f.* plastilina.

plasticité [plastisite] *s.f.* plasticità.

plastifier [plastifje] *v.tr.* plastificare.

plastiquage [plastikaʒ] *s.m.* → **plasticage**.

plastique [plastik] *agg.* plastico ♦ *s.m.* (materia) plastica: *un* (*sachet en*) —, (*fam.*) un sacchetto di plastica ♦ *s.f.* (arte) plastica; scultura.

plastiquer [plastike] *v.tr.* danneggiare, distruggere (con esplosivo plastico).

plastiqueur [plastikœʀ] *s.m.* attentatore (con plastico).

plastron [plastʀɔ̃] *s.m.* **1** sparato, davantino (di camicia) **2** *— d'escrimeur*, piastrone (di schermidore).

plastronner [plastʀɔne] *v.intr.* (*fam.*) gonfiare il petto; (*fig.*) pavoneggiarsi, darsi delle arie.

plat¹ [pla] *agg.* **1** piatto, piano: *surface plate*, superficie piana; *toit* —, tetto piatto; *à fond* —, a fondo piatto || *pieds plats*, piedi piatti; *des souliers* (*à talons*) *plats*, scarpe con il tacco basso, senza tacco || *une coiffure plate*, capelli lisci || *eau plate*, acqua naturale, non gasata || (*mat.*) *angle* —, angolo piatto || (*lett.*) *rimes plates*, rime baciate || *à — ventre*, bocconi, a pancia in giù; *se mettre à — ventre devant qqn, être — devant qqn*, (*fig.*) essere servile, ossequioso; *il fit des plates excuses*, fece le sue umili scuse **2** (*fig.*) piatto, banale, insulso: *une vie plate*, una vita monotona ♦ *s.m.* piatto, parte piatta: *le — et le dos d'un livre*, il piatto e il dorso di un libro || (*cuc.*) *le — de côtes*, il biancostato || *sur le* —, in piano, nella parte pianeggiante || *course de* —, corsa piana, in piano || *faire un* —, prendere una spanciata || *faire du — à qqn*, lisciare, adulare qlcu, corteggiare (una donna) □ **à plat**: *poser qqch à* —, posare qlco in piano; *être à* —, essere sgonfio, a terra (di pneumatico); essere scarico (di una pila); essere a terra, sfinito (di una persona) || (*fig.*): *il faut remettre l'affaire à* —, bisogna riconsiderare tutta la faccenda; *tom-*

ber à —, fare fiasco; *l'allusion est tombée à* —, l'allusione è caduta nel vuoto.

plat² *s.m.* **1** piatto (di portata): *manger à même le* —, mangiare direttamente dal piatto di portata || *mettre les petits plats dans les grands*, (*fig.*) fare le cose in grande (per ricevere qlcu) || *— à barbe*, catino da barba **2** (*cuc.*) piatto, portata (*f.*); *— de résistance*, piatto forte; *goûter à tous les plats*, assaggiare un po' di tutto || *faire tout un — de qqch*, (*fam.*) fare una testa così per qlco.

platane [platan] *s.m.* (*bot.*) platano: *faux* —, sicomoro.

plateau [plato] (pl. *-eaux*) *s.m.* **1** vassoio **2** piano, piatto: *le — d'une table*, il piano di un tavolo; *le — de la balance*, d'un *tourne-disque*, il piatto della bilancia, di un giradischi || *— de chargement*, piattaforma di carico || *— de pédalier*, moltiplica (della bicicletta) **3** (*geol.*) piattaforma (*f.*) **4** (*geogr.*) altopiano, piano, tavolato **5** (*teatr.*) palcoscenico; (*cine., tv*) set.

plateau-repas [platoʀəpa] (pl. *plateaux-repas*) *s.m.* vassoio a scomparti (nei self-service, sugli aerei ecc.).

plate-bande [platbɑ̃d] (pl. *plates-bandes*) *s.f.* bordura (di aiuola), aiuola || *marcher sur les plates-bandes de qqn*, (*fam.*) invadere il campo di qlcu.

platée [plate] *s.f.* (contenuto di un) piatto.

plate-forme [platfɔʀm] (pl. *plates-formes*) *s.f.* piattaforma || *— élévatrice*, carrello elevatore.

platement [platmɑ̃] *avv.* **1** in modo piatto, banale **2** bassamente, servilmente.

platine¹ [platin] *s.f.* **1** piatto (di giradischi); piastrina (di macchina per cucire); piatto portaoggetto (di microscopio) **2** platina (di orologio); piastra (di serratura); acciarino (di arma da fuoco) **3** (*tip.*) platina.

platine² *s.m.* (*chim.*) platino.

platiné [platine] *agg.* platinato.

platitude [platityd] *s.f.* **1** piattezza; banalità **2** viltà, bassezza.

platonicien [platɔnisjɛ̃] (f. *-enne*) *agg.* e *s.m.* platonico.

platonique [platɔnik] *agg.* platonico || **-ement** *avv.*

platonisme [platɔnism] *s.m.* platonismo.

plâtrage [platʀaʒ] *s.m.* gesso, lavoro in gesso.

plâtras [platʀa] *s.m.* calcinacci (*pl.*).

plâtre [platʀ] *s.m.* **1** gesso || *mettre une jambe dans le* —, ingessare una gamba; *faire un* —, fare un'ingessatura **2** *pl.* intonaci, stuccature in gesso (di una costruzione) || *essuyer les plâtres*, (*fig. fam.*) fare le spese di qlco.

plâtrer [platʀe] *v.tr.* **1** rivestire di gesso **2** (*med.*) ingessare.

plâtrerie [platʀəʀi] *s.f.* **1** lavoro dell'intonacatore **2** fabbrica di gesso.

plâtreux [platʀø] (f. *-euse*) *agg.* gessoso.

plâtrier [platʀije] *s.m.* intonacatore.

plâtrière [platʀijɛʀ] *s.f.* **1** cava di gesso **2** fornace da gesso.

plausible [plozibl] *agg.* plausibile || **-ement** *avv.*

plèbe [plɛb] *s.f.* plebe.

plébéien [plebejɛ̃] (f. *-enne*) *agg.* e *s.m.* plebeo.

plébiscitaire [plebisitɛʀ] *agg.* plebiscitario.

plébiscite [plebisit] *s.m.* plebiscito.

plébisciter [plebisite] *v.tr.* **1** votare mediante plebiscito **2** eleggere a stragrande maggioranza.

plectre [plɛktʀ] *s.m.* (*mus.*) plettro.

pléiade [plejad] *s.f.* pleiade.

plein¹ [plɛ̃] *agg.* **1** pieno: *à moitié —*, mezzo vuoto || *— d'assurance*, molto sicuro di sé || *un gros — de soupe*, (*fam.*) un grassone || *être —*, (*fam.*) essere ubriaco || *en pleine liberté*, in tutta libertà || *une reliure pleine peau*, una rilegatura tutta pelle || *en pleine saison*, in alta stagione || *en pleine obscurité*, nel buio più profondo || *la lumière de la lampe tombait en — sur la table*, la luce della lampada cadeva nel bel mezzo del tavolo **2** massiccio **3** intero **4** (*di animali*) gravido, pregno ♦ *con valore di prep.*: *j'avais des livres — ma chambre*, nella mia stanza c'erano libri dappertutto; *il a de l'argent — les poches*, è ricco sfondato; *en mettre — la vue à qqn*, cercare di far colpo su qlcu ♦ *con valore di avv.* (*fam.*): *sonner —*, emettere un suono sordo || *tout — aimable*, (*fam.*) estremamente gentile □ **plein de** *locuz.avv.* (+ *s.*) (*fam.*) molto: *il y avait — de monde*, c'era un sacco di gente.

plein² *s.m.* **1** pieno || *les pleins et les déliés d'une lettre*, i pieni e i filetti di una lettera; *le — de l'eau*, l'alta marea || *faire le — (d'essence)*, fare il pieno (di benzina) **2** culmine: *battre son —*, (*anche fig.*) essere al culmine.

pleinement [plɛnmɑ̃] *avv.* pienamente, completamente.

plein-emploi [plɛ̃ɑ̃plwa] *s.m.invar.* (*econ.*) pieno impiego, piena occupazione.

plein-temps [plɛ̃tɑ̃] (pl. *pleins-temps*) *s.m.* tempo pieno: *travailler à —*, lavorare a tempo pieno.

plénier [plenje] (f. *-ère*) *agg.* plenario.

plénipotentiaire [plenipɔtɑ̃sjɛʀ] *agg.* e *s.m.* plenipotenziario.

plénitude [plenityd] *s.f.* pienezza, compiutezza.

pléonasme [pleonasm] *s.m.* pleonasmo.

pléonastique [pleonastik] *agg.* pleonastico.

pléthore [pletɔʀ] *s.f.* pletora.

pléthorique [pletɔʀik] *agg.* pletorico.

pleur [plœʀ] *s.m.* (*spec.pl.*) (*letter.*) pianto, lacrime (*f.pl.*).

pleural [plœʀal] (pl. *-aux*) *agg.* (*anat.*) pleurico.

pleurard [plœʀaʀ] *agg.* **1** piagnucoloso ♦ *s.m.* piagnucolone.

pleurer [plœʀe] *v.intr.* piangere: *— après qqch*, (*fam.*) piagnucolare per avere qlco || *c'est Jean qui pleure et Jean qui rit*, passa con facilità dal pianto al riso ♦ *v.tr.* **1** piangere **2** (*fam.*) risparmiare: *ne pleure pas sa peine*, non si risparmia.

pleurésie [plœʀezi] *s.f.* (*med.*) pleurite.

pleureur [plœʀœʀ] (f. *-euse*) *agg.* **1** piagnucoloso **2** (*bot.*) *saule —*, salice piangente.

pleureuse [plœʀøz] *s.f.* (*st.*) prefica.

pleurite [plœʀit] *s.f.* (*med.*) pleurite secca.

pleurnicher [plœʀniʃe] *v.intr.* piagnucolare.

pleurnicherie [plœʀniʃʀi] *s.f.* piagnucolio (*m.*).

pleurnicheur [plœʀniʃœʀ] (f. *-euse*) *agg.* piagnucoloso ♦ *s.m.* piagnucolone.

pleurote [plœʀɔt] *s.m.* (*bot.*) gelone.

pleutre [pløtʀ] *s.m.* codardo.

pleutrerie [pløtʀəʀi] *s.f.* vigliaccheria.

pleuvasser [plœvase], **pleuviner** [plœvine] *v.impers.* piovigginare.

pleuvoir [pløvwaʀ]

Indic. pres. il pleut; *imperf.* il pleuvait; *pass.rem.* il plut; *fut.* il pleuvra. *Cond.* il pleuvrait. *Cong. pres.* qu'il pleuve; *imperf.* qu'il plût. *Part.pres.* pleuvant; *pass.* plu.

v.intr.impers. piovere: *il a plu toute la journée*, è piovuto tutto il giorno; *il pleut à seaux, à torrents*, piove, sta piovendo a dirotto, a catinelle || *s'il vient, s'il venait à —*, se piovesse, se dovesse piovere ♦ *v.intr.* (*fig.*) piovere: *les critiques pleuvent*, fioccano le critiche.

plèvre [plɛvʀ] *s.f.* (*anat.*) pleura.

plexus [plɛksys] *s.m.* (*anat.*) plesso.

pli [pli] *s.m.* **1** piega (*f.*): *— couché, plat*, piega piatta; *— rond*, cannoncino; *— creux*, sfondo piega || *faux —*, grinza; *ton raisonnement ne fait pas un —*, (*fig.*) il tuo ragionamento non fa una grinza || *prendre de mauvais plis, un mauvais —*, prendere brutte abitudini, una brutta piega **2** onda (dei capelli) || *mise en plis*, messa in piega **3** plico (postale): *sous —*, *séparé*, in plico a parte **4** presa (alle carte).

pliable [plijabl] *agg.* pieghevole.

pliage [plijaʒ] *s.m.* piegatura (*f.*).

pliant [plijɑ̃] *agg.* pieghevole ♦ *s.m.* seggiolino pieghevole.

plie [pli] *s.f.* (*zool.*) passera di mare.

plier [plije] *v.tr.* piegare || *— la tête*, (*anche fig.*) chinare la testa ♦ *v.intr.* piegarsi || *plier sous le poids de ses responsabilités*, essere oppresso dal peso delle proprie responsabilità □ **se plier** *v.pron.* piegarsi.

plieuse [plijøz] *s.f.* (*tip.*) piegatrice.

plinthe [plɛ̃t] *s.f.* **1** (*arch.*) plinto (*m.*) **2** (*edil.*) zoccolo (di parete).

pliocène [plijɔsɛn] *s.m.* (*geol.*) pliocene ♦ *agg.* (*geol.*) pliocenico.

plissage [plisaʒ] *s.m.* pieghettatura (*f.*).

plissé [plise] *agg.* **1** pieghettato **2** (*geol.*) corrugato ♦ *s.m.* (*abbigl.*) plissé, serie di pieghe.

plissement [plismɑ̃] *s.m.* **1** pieghettatura (*f.*) **2** (*geol.*) corrugamento.

plisser [plise] *v.tr.* **1** pieghettare **2** corrugare: *— les yeux*, strizzare gli occhi ♦ *v.intr.* pieghettarsi □ **se plisser** *v.pron.* corrugarsi.

pliure [plijyʀ] *s.f.* piegatura.

ploiement [plwamɑ̃] *s.m.* piegamento.

plomb [plɔ̃] *s.m.* **1** piombo || *ne pas avoir de — dans la tête*, (*fig.*) essere sventato **2** piombo, piombino: *fil à —*, filo a piombo || *petit —, gros —*, pallini, pallettoni (da caccia) || *mar.*) — *de sonde*, scandaglio a piombo || *tomber à —*, cadere a picco **3** (*elettr.*) fusibile: *les plombs ont sauté*, sono saltate le valvole **4** (*tip.*) composizione (*f.*), piombo.

plombage [plɔbaʒ] *s.m.* **1** piombatura (*f.*) **2** otturazione (di un dente).

plombagine [plɔbaʒin] *s.f.* (*min.*) piombaggine.

plombé [plɔbe] *agg.* **1** piombato || *dent plombée*, dente otturato **2** (*fig.*) plumbeo.

plomber [plɔbe] *v.tr.* **1** piombare, impiombare **2** otturare (un dente) □ **se plomber** *v.pron.* diventare plumbeo.

plomberie [plɔbʀi] *s.f.* **1** lavori idraulici **2** tubazioni (di acqua o gas).

plombier [plɔbje] *agg.* e *s.m.*: (*ouvrier*) —, idraulico.

plombières [plɔbjɛʀ] *s.f.pl.* (*gelato*) cassata (*sing.*).

plombifère [plɔbifɛʀ] *agg.* piombifero.

plonge [plɔʒ] *s.f.*: *faire la* —, lavare i piatti (in un ristorante).

plongé [plɔʒe] *agg.* immerso: — *dans la lecture*, assorto nella lettura.

plongeant [plɔʒɑ̃] *agg.* rivolto verso il basso || (*mil.*) *tir* —, tiro dall'alto || *vue plongeante*, vista dall'alto; (*cine.*) ripresa dall'alto || *un décolleté* —, una scollatura vertiginosa.

plongée [plɔʒe] *s.f.* **1** immersione; tuffo (*m.*) **2** (*cine.*) ripresa dall'alto.

plongeoir [plɔʒwaʀ] *s.m.* trampolino (per tuffi).

plongeon[1] [plɔʒɔ̃] *s.m.* tuffo || *faire le* —, (*fam.*) fallire (finanziariamente).

plongeon[2] *s.m.* (*zool.*) tuffolo.

plonger [plɔʒe] (*coniug. come* manger) *v.tr.* **1** immergere (*anche fig.*): — *qqn dans le désespoir*, gettare qlcu nella disperazione; — *dans le ravissement*, mandare in estasi ♦ *v.intr.* tuffarsi; immergersi (*anche fig.*): *elle a plongé*, si è tuffata, immersa || *l'avion plonge*, l'aereo scende in picchiata □ **se plonger** *v.pron.* immergersi (*anche fig.*).

plongeur [plɔʒœʀ] (f. *-euse*) *s.m.* **1** tuffatore **2** sommozzatore **3** lavapiatti, sguattero (di ristorante).

plot [plo] *s.m.* (*elettr.*) morsetto || — (*de contact*), piastrina di contatto.

plouc [pluk] *agg.* (*fam.*) rozzo ♦ *s.m.* (*fam.*) buzzurro, cafone.

plouf [pluf] *onom.* pluf.

ploutocrate [plutɔkʀat] *s.m.* plutocrate.

ploutocratie [plutɔkʀasi] *s.f.* plutocrazia.

ploutocratique [plutɔkʀatik] *agg.* plutocratico.

ployer [plwaje] (*coniug. come* employer) *v.tr.* (*letter.*) piegare: — *la tête*, (*anche fig.*) chinare la testa ♦ *v.intr.* (*letter.*) piegarsi; curvarsi.

plu [ply] *part.pass. di* plaire *e di* pleuvoir.

pluches [plyʃ] *s.f.pl.* (*fam.*) bucce (spec. di patate).

pluie [plɥi] *s.f.* pioggia || (*fig.*): *parler de la — et du beau temps*, parlare del più e del meno; *faire la — et le beau temps*, fare il bello e il cattivo tempo.

plumage [plymaʒ] *s.m.* piumaggio.

plumard [plymaʀ] *s.m.* (*fam.*) letto.

plume [plym] *s.f.* **1** penna; piuma: *plumes rectrices*, penne timoniere; *gibier à* —, selvaggina da penna; *oreiller de* —, *de plumes*, cuscino di piume || *léger comme une* —, leggero come una piuma || (*boxe*) *poids* —, peso piuma || *y laisser des plumes*, (*fig.*) lasciarci le penne || *voler dans les plumes à qqn*, (*fam.*) scagliarsi contro qlcu **2** (*estens.*) pennino (*m.*); penna: *mettre la main à la* —, dar di piglio alla penna || *nom de* —, nome d'arte, pseudonimo **3** (*zool.*) — *marine*, pennatula.

plumeau [plymo] (pl. *-eaux*) *s.m.* piumino (per spolverare).

plumer [plyme] *v.tr.* spennare (*anche fig.*).

plumet [plymɛ] *s.m.* pennacchio.

plumier [plymje] *s.m.* astuccio (per penne, matite ecc.).

plumitif [plymitif] *s.m.* **1** minuta (di sentenze ecc.) **2** (*spreg.*) scribacchino.

plupart, la [laplypaʀ] *s.f.* la maggior parte; i più (*m.pl.*): *la — du temps il voyage*, viaggia per la maggior parte del tempo; *la — manquent du nécessaire*, i più mancano del necessario.

plural [plyʀal] (pl. *-aux*) *agg.* plurimo.

pluralisme [plyʀalism] *s.m.* pluralismo.

pluraliste [plyʀalist] *agg.* pluralistico ♦ *s.m.* pluralista.

pluralité [plyʀalite] *s.f.* pluralità.

pluri- *pref.* pluri-

pluriannuel [plyʀianɥɛl] (f. *-elle*) *agg.* pluriennale.

pluridimensionnel [plyʀidimɑ̃sjɔnɛl] (f. *-elle*) *agg.* pluridimensionale.

pluriel [plyʀjɛl] (f. *-elle*) *agg.* e *s.m.* plurale.

plurilinguisme [plyʀilɛ̃gism] *s.m.* plurilinguismo.

plurinominal [plyʀinɔminal] (pl. *-aux*) *agg.* plurinominale.

plurivalent [plyʀivalɑ̃] *agg.* plurivalente.

plus[1] [ply; plyz *davanti a vocale o* h *muta*; plys *nel significato 3, davanti a* que *non restrittivo e generalmente alla fine di un gruppo di parole*] *avv.* **1** (*compar.*) più: — *habile qu'intelligent*, più abile che intelligente; *ce médicament est — efficace que l'autre*, questa medicina è più efficace dell'altra; *pas — riche que toi*, non più ricco di te; *il n'y a pas — exigeant que lui*, non c'è nessuno più esigente di lui; *deux fois — grand*, grande il doppio; — *loin qu'on ne croyait*, più lontano di quanto si credesse; — *qu'il ne faudrait*, più di quanto fosse necessario, opportuno; *rien n'est — facile que de s'en rendre compte personnellement*, niente di più facile che rendersene conto di persona; *il se sentait — tranquille d'avoir avoué sa faute*, si sentiva più tranquillo per (il fatto di) aver confessato la sua colpa || — *on en a*, — *on en veut*, più si ha più si vorrebbe **2** *plus de*, (*compar.* + *s.*) più: *il a — d'ennemis que d'amis*, ha più nemici che amici || *j'ai — soif qu'avant*, ho più sete di prima **3** (*compar.*, *quando il* 2° *termine è sottinteso*) di più: *il a mangé trois gâteaux et moi encore* —, ha mangiato tre dolci e io ancora di più; *"Tu as* *moins de livres que moi!" "Non, —!"*, "Hai meno libri di me!" "No, di più!"; *non pouvait faire —*, non poteva fare di più || *pour ne pas dire —*, per non dire altro || *il y a —*, c'è di più, c'è dell'altro, c'è di peggio || *qui — est*, e inoltre, per di più 4 *plus de*, (+ *numerale*) più: *il y en avait — de trente*, ce n'erano più di trenta 5 (*superl. rel.*) più: *le — grand théâtre, le théâtre le — grand du monde*, il più grande teatro del mondo || *le livre que j'aime le —*, il libro che mi piace di più, che più mi piace 6 (*in proposizioni negative e in correlazione con un* que *restrittivo*) più: *il n'osait — parler*, non osava più parlare; *il n'y a — personne*, non c'è più nessuno; *il est resté seul: — de parents, — d'amis*, è rimasto solo: non più parenti, non più amici; *il ne me reste — qu'une page à lire*, mi resta solo una pagina da leggere || *— du tout*, non più, niente affatto || *non —*, → non 7 (*addizione*) più: *trois — deux font cinq*, tre più due fa cinque; *cent mille lires — les frais de transport*, centomila lire più le spese di trasporto || *il fait — trois* (*degrés*), ci sono tre gradi 8 (*correlativo*) più: *— je regarde ce tableau, moins je l'aime*, più guardo quel quadro, meno mi piace; *— j'y pense, — j'en suis certain*, più ci penso più ne sono certo □ **bien plus** *locuz.avv.* ancor meglio, ancor più: *on dit qu'il est intelligent, bien — je dirais qu'il est génial*, dicono che è intelligente, io direi addirittura che è un genio □ **de plus** *locuz.avv.* 1 (in) più, (di) più: *il avait trois ans de — que moi*, aveva tre anni più di me; *pas une seconde de —*, non un secondo di più; *une heure de — une heure de moins*, ora più, ora meno; *raison de — pour...*, ragione di più per... 2 inoltre, per di più: *et de —, il eut le courage de me mentir*, e per di più, ha avuto il coraggio di mentirmi □ **de plus en plus** *locuz.avv.* sempre più: *il gagne de — en —*, guadagna sempre più □ **en plus** *locuz.avv.* in più, per di più: *il y a quatre personnes en —*, ci sono quattro persone in più; *vous ne travaillez pas et en — vous m'empêchez de travailler*, non lavorate e in più non mi lasciate lavorare □ **en plus de** *locuz.prep.* oltre a: *en — de son travail il donne des leçons*, oltre al suo lavoro dà lezioni □ **ni plus ni moins** *locuz.avv.* né più né meno □ **plus ou moins** *locuz.avv.* più o meno □ **sans plus** *locuz.avv.* (senza) niente di più □ **tant et plus** *locuz.avv.* abbondantemente □ **(tout) au plus** *locuz.avv.* tutt'al più.

plus² *s.m.* [plys] 1 tutto quello che, il massimo: *le — que je puisse vous dire...*, tutto quello che posso dirvi... 2 (*mat.*) più 3 *un —*, una possibilità, un vantaggio in più.

plusieurs [plyzjœr] *agg.indef.pl.invar.* parecchi, diversi, più: *pendant — semaines*, durante, per parecchie settimane; *à — reprises*, a più riprese ♦ *pron.indef.pl.invar.* parecchi, diversi, vari: *— de mes amies*, parecchie, diverse mie amiche; *— d'entre eux, d'entre elles*, parecchi, parecchie di loro; *— l'ont dit avant toi*, altri l'hanno detto prima di te.

plus-que-parfait [plyskəparfɛ] *s.m.* (*gramm.*) trapassato prossimo, piuccheperfetto.

plus-value [plyvaly] (pl. *plus-values*) *s.f.* plusvalore (*m.*).

plutonium [plytɔnjɔm] *s.m.* (*chim.*) plutonio.

plutôt [plyto] *avv.* 1 piuttosto, alquanto: *il est — riche*, è piuttosto ricco 2 *— que*, piuttosto che; *je préfère avaler ce médicament — que d'avoir le mal de mer*, preferisco prendere questa medicina piuttosto che soffrire il mal di mare; *on le craint — qu'on ne l'estime*, lo temono più che stimarlo.

pluvial [plyvjal] (pl. *-aux*) *agg.* pluviale || *eau pluviale*, acqua piovana.

pluvier [plyvje] *s.m.* (*zool.*) piviere.

pluvieux [plyvjø] (f. *-euse*) *agg.* piovoso.

pluviomètre [plyvjɔmɛtr] *s.m.* pluviometro.

pluviométrique [plyvjɔmetrik] *agg.* pluviometrico.

pluviôse [plyvjoz] *s.m.* (*st. fr.*) piovoso (quinto mese del calendario rivoluzionario).

pluviosité [plyvjozite] *s.f.* piovosità.

pneu [pnø] (pl. *pneus*) *s.m.* 1 pneumatico, gomma (*f.*) 2 lettera inoltrata per posta pneumatica.

pneumatique [pnømatik] *agg.* pneumatico ♦ *s.m.* lettera trasmessa per posta pneumatica.

pneumologie [pnømɔlɔʒi] *s.f.* (*med.*) pneumologia.

pneumonie [pnømɔni] *s.f.* (*med.*) polmonite.

pneumothorax [pnømɔtɔraks] *s.m.* (*med.*) pneumotorace.

pochade [pɔʃad] *s.f.* 1 (*pitt.*) schizzo (*m.*) 2 (*lett.*) pochade, commedia brillante.

pochard [pɔʃar] *agg.* (*fam.*) sbronzo ♦ *s.m.* (*fam.*) ubriacone.

poche [pɔʃ] *s.f.* 1 tasca: *connaître comme sa —*, conoscere come le proprie tasche; *j'en suis de ma —*, ci rimetto di tasca mia || *ne pas avoir sa langue dans sa —*, aver la lingua sciolta || *c'est dans la —!*, (*fam.*) è fatta! || *de —*, da tasca, tascabile 2 sacco (*m.*), sacca: *— en papier*, sacchetto di carta || *mon pantalon fait des poches aux genoux*, i calzoni mi fanno delle borse al ginocchio || (*mil.*) *— de résistance*, sacca di resistenza 3 (*med., zool.*) borsa: *— des eaux*, borsa delle acque; *— amniotique*, sacco amniotico; *— ventrale*, borsa, marsupio || *avoir des poches sous les yeux*, avere le borse sotto gli occhi.

pocher [pɔʃe] *v.tr.* 1 ammaccare: *— un œil à qqn*, fare un occhio nero a qlcu 2 (*pitt.*) schizzare 3 (*cuc.*) cuocere in acqua o brodo bollente.

pochette [pɔʃɛt] *s.f.* 1 busta (di carta o stoffa): *— d'allumettes*, bustina di fiammiferi 2 fazzoletto da taschino 3 borsettina, bustina da sera.

pochette-surprise [pɔʃɛtsyrpriz] (pl. *pochettes-surprises*) *s.f.* busta sorpresa.

pochoir [pɔʃwar] *s.m.* sagoma forata (per disegnare o dipingere).

pochon [pɔʃɔ̃] *s.m.* borsettina a sacchetto.

pochothèque [pɔʃɔtɛk] *s.f.* libreria o reparto di libreria di libri solo tascabili.

podagre [pɔdagr] *s.f.* (*med.*) podagra.

podalique [pɔdalik] *agg.* (*med.*) podalico.

podium [pɔdjɔm] *s.m.* podio.

podologue [pɔdɔlɔg] *s.m.* podologo.

poêle[1] [pwal] *s.m.* drappo funebre.
poêle[2] *s.m.* stufa (*f.*).
poêle[3] *s.f.* padella: — *à frire*, padella per friggere.
poêler [pwale] *v.tr.* cuocere in padella.
poêlon [pwalɔ̃] *s.m.* tegame fondo (spec. in terracotta).
poème [pɔɛm] *s.m.* **1** poesia (*f.*), carme **2** poema || (*mus.*) — *symphonique*, poema sinfonico.
poésie [pɔezi] *s.f.* poesia.
poète [pɔet] *s.m.* poeta: (*femme*) —, poetessa.
poétesse [pɔetɛs] *s.f.* poetessa (*anche spreg.*).
poétique[1] [pɔetik] *agg.* poetico || **-ement** *avv.*
poétique[2] *s.f.* poetica.
poétiser [pɔetize] *v.tr.* rendere poetico; idealizzare.
pognon [pɔɲɔ̃] *s.m.* (*fam.*) grana (*f.*), soldi (*pl.*).
poids [pwa(ɑ)] *s.m.* **1** peso (*anche fig.*): *vendre au* —, vendere a peso; *prendre, perdre du* —, crescere, diminuire di peso; *être un* — *pour qqn*, essere di peso a qlcu || — *utile*, carico utile || (*sport*): *lancement du* —, lancio del peso; (*boxe*) — *léger, moyen, lourd*, peso leggero, medio, massimo || *personne de* —, persona autorevole; *de peu de* —, di poca importanza; *argument de* —, argomento di un certo peso || *tomber de tout son* —, cadere di peso || *faire le* —, essere all'altezza **2** — *public*, pesa pubblica **3** (*aut.*) — *lourd*, camion.
poignant [pwaɲɑ̃] *agg.* cocente; straziante.
poignard [pwaɲaʀ] *s.m.* pugnale: *coup de* —, pugnalata.
poignarder [pwaɲaʀde] *v.tr.* pugnalare.
poigne [pwaɲ] *s.f.* **1** stretta (della mano) || *pour ce travail il faut la* — *d'un homme*, per questo lavoro ci vuole la mano di un uomo **2** (*fig.*) energia: *homme à* —, uomo di polso.
poignée [pwaɲe] *s.f.* **1** manciata, pugno (*m.*): *une* — *de cerises*, una manciata di ciliegie; *une* — *de sel*, un pugno di sale; *une* — *d'herbe*, un ciuffo d'erba; *une* — *de cheveux*, un ciuffo, una ciocca di capelli || *à, par poignées*, a piene mani || *une* — *de personnes*, (*fig.*) un gruppetto, un pugno di persone **2** — *de main*, stretta di mano **3** manico (*m.*); impugnatura (d'un'arma) **4** maniglia (di una porta ecc.) **5** presa, presina (per le pentole).
poigner [pwaɲe] *v.tr.* (*in Canada*) (*fam.*) **1** prendere, afferrare: — *l'autobus*, prendere l'autobus || — *une contravention*, beccarsi una multa || — *les nerfs*, andare su tutte le furie || — *la trentaine*, avere compiuto trent'anni || *se* — *le doigt dans la porte*, schiacciarsi il dito nella porta || *se faire* —, farsi fregare **2** finire contro: — *un arbre*, sbattere contro un albero ♦ *v.intr.* incollarare, attaccare (*anche fig.*): *arrête de pleurer, ça ne poigne pas avec moi!*, smettila di piangere, con me non attacca! || *une chanson qui poigne beaucoup*, una canzone orecchiabile, che va molto || *la tempête poigne*, la tempesta infuria □ **se poigner** *v.pron.* **1** *se* — *après*, aggrapparsi a **2** incontrarsi; (*sport*) battersi || *se* — *avec son voisin*, accapigliarsi con il vicino.
poignet [pwaɲɛ] *s.m.* **1** polso || *à la force des*

poignets, a forza di braccia; (*fig.*) con le proprie forze **2** (*abbigl.*) polsino.
poil [pwal] *s.m.* **1** pelo || *les poils d'une brosse*, le setole di una spazzola || *être à* —, *se mettre à* —, (*scherz.*) essere nudo, denudarsi || (*fam.*): *être de bon, de mauvais* —, essere di buon umore, di cattivo umore; *reprendre du* — *de la bête*, riprendere le forze; *tomber sur le* —, avventarsi contro qlcu; *il s'en est fallu d'un* —, c'è mancato un pelo; *à un* — *près*, per un pelo || *au* —, (*fam.*) alla perfezione; *au* —!, perfetto!, splendido! || *gens de tout* —, *de tous poils*, gente di ogni risma **2** (*zool.*) pelo; pelame, manto: *monter un cheval à* —, cavalcare a pelo.
poilant [pwalɑ̃] *agg.* (*molto fam.*) spassoso.
poil-de-carotte [pwaldəkaʀɔt] *agg.invar.* (*fam.*) pel di carota (di capelli di un rosso vivo).
poiler, se [səpwale] *v.pron.* (*molto fam.*) spanciarsi dalle risate.
poilu [pwaly] *agg.* peloso ♦ *s.m.* (*fig.*) soldato francese della prima guerra mondiale.
poinçon [pwɛ̃sɔ̃] *s.m.* **1** punzone **2** bulino **3** marchio.
poinçonnage [pwɛ̃sɔnaʒ], **poinçonnement** [pwɛ̃sɔnmɑ̃] *s.m.* **1** punzonatura (*f.*) **2** foratura (dei biglietti).
poinçonner [pwɛ̃sɔne] *v.tr.* **1** punzonare; stampigliare **2** forare (i biglietti).
poinçonneur [pwɛ̃sɔnœʀ] (*f.* -*euse*) *s.m.*: — (*de tickets*), bigliettaio.
poinçonneuse [pwɛ̃sɔnøz] *s.f* (macchina) punzonatrice.
poindre [pwɛ̃dʀ] (*coniug. come* joindre; *usato spec. alla* 3a *pers.*) *v.intr.* (*letter.*) spuntare.
poing [pwɛ̃] *s.m.* **1** pugno: *au* —, in pugno || *caméscope de* —, videocamera portatile || *dormir à poings fermés*, dormire profondamente **2** *coup de* —, (colpo dato con il) pugno: *donner des coups de* — *à qqn*, prendere qlcu a pugni; *se battre à coups de* —, fare a pugni **3** *coup de* — (*américain*), (arma) tirapugni, pugno di ferro.
point[1] [pwɛ̃] *s.m.* **1** punto (*anche fig.*) || — *à la ligne*, punto e a capo; *un* — *c'est tout*, (*fig.*) punto e basta || — *par* —, punto per punto || — *mort*, (*anche fig.*) punto morto; (*aut.*) *être au* — *mort*, essere in folle || *mettre au* —, mettere a punto; (*fot.*) mettere a fuoco; *mise au* —, (*anche fig.*) messa a punto || *en tous points*, in tutto e per tutto || *de tout, en tout* —, di tutto punto || *être mal en* —, essere mal ridotto || *au* — *du jour*, allo spuntar del giorno || *à* — (*nommé*), al momento opportuno; *cuit à* —, cotto a puntino || *je suis exaspéré au dernier* —, sono al limite della sopportazione || *un bon, un mauvais* — *por qqn*, un punto a favore, a sfavore di qlcu; (*a scuola*) *un bon* —, un punto di merito; *un mauvais* —, una nota di demerito **2** (*cucito*) punto: *mettre un* —, dare un punto **3** dolore, fitta (*f.*): *avoir un* — *de côté*, avere mal di milza □ **être sur le** — **de**, essere sul punto di, stare per □ **point de vue** *s.m.* **1** punto di vista (*anche fig.*): *de ce* — *de vue*, da questo punto di vista, sotto questa angolazione; *au* — *de vue santé*,

dal punto di vista della salute; *à tout — de vue,* da ogni punto di vista **2** veduta panoramica.

point[2] *avv.* (*letter.*) (*solo in frasi negative*) affatto, punto: *il n'a — d'argent, d'amis,* non ha (affatto) denaro, amici || — *du tout,* niente affatto.

pointage [pwɛtaʒ] *s.m.* **1** (*mil.*) puntamento **2** controllo, verifica (*f.*): — *d'une liste,* spunta di una lista || *carte de —,* cartellino marcatempo (dei lavoratori).

pointe [pwɛt] *s.f.* **1** punta (*anche fig.*): *sur la — des pieds,* in punta di piedi || *faire des pointes,* danzare sulle punte || (*sport*): — *de vitesse,* scatto di velocità; (*aut.*) *vitesse de —,* velocità massima; *chaussures à pointes,* scarpette da atletica || *en —,* a punta || *une — de moutarde,* una puntina di senape || *une — d'ironie,* (*fig.*) un pizzico, una punta d'ironia || — *sèche,* (punta per incisione a) puntasecca || (*med.*) — *de feu,* termocauterio || *heures de —,* ore di punta || *recherches de —,* (*fig.*) ricerche avanzate || *à la — du jour,* sul far del giorno **2** puntata (*anche fig.*): *pousser une — jusqu'à,* spingersi fino a, fare una puntatina a; *pousser une — vers les lignes ennemies,* fare una puntata offensiva contro le linee nemiche **3** (*fam.*) frecciata, allusione maligna **4** triangolo (per fasciare i neonati).

pointeau [pwɛto] (pl. *-eaux*) *s.m.* **1** (*tecn.*) punteruolo **2** (*mecc.*) valvola a spillo (del carburatore).

pointer[1] [pwɛte] *v.tr.* **1** spuntare; (*estens.*) verificare || — *le personnel,* controllare l'entrata e l'uscita del personale **2** puntare; mirare: — *le canon,* puntare il cannone || — *le cochonnet,* mirare al pallino (alle bocce) **3** (*mar.*) — *la carte,* fare il punto ♦ *v.intr.* timbrare il cartellino: *il pointe à huit heures,* timbra il cartellino alle otto □ **se pointer** *v.pron.* **1** dirigersi **2** (*fam.*) arrivare.

pointer[2] *v.tr.* **1** rizzare **2** aguzzare, far la punta (a) ♦ *v. intr.* **1** innalzarsi (*anche fig.*) **2** spuntare, apparire □ **se pointer** *v.pron.* **1** dirigersi **2** (*fam.*) arrivare.

pointeur [pwɛtœr] *s.m.* **1** puntatore **2** (*contrôleur*) controllore marcatempo.

pointeuse [pwɛtøz] *s.f.* orologio marcatempo.

pointillé [pwɛtije] *s.m.* linea punteggiata.

pointiller [pwɛtije] *v.tr. e intr.* punteggiare.

pointilleux [pwɛtijø] (f. *-euse*) *agg.* meticoloso, esigente.

pointillisme [pwɛtijism] *s.m.* (*pitt.*) pointillisme, puntinismo.

pointu [pwɛty] *agg.* **1** appuntito, aguzzo: *nez —,* naso a punta || *caractère —,* carattere spigoloso; *voix pointue,* voce stridula **2** acuto || *accent —,* accento stretto **3** (*fig.*) di punta; superspecializzato.

pointure [pwɛtyr] *s.f.* numero (*m.*): *quelle est votre —?,* che numero porta?.

point-virgule [pwɛvirgyl] (pl. *points-virgules*) *s.m.* punto e virgola.

poire [pwar] *s.f.* **1** pera || (*fig.*): *couper la — en deux,* venire a un compromesso || *garder une — pour la soif,* mettere da parte qlco per i momenti

di bisogno **2** (*oggetto*) pera, peretta: — (*électrique*), interruttore a pera; (*med.*) — *à injections,* peretta || *perle en* —, perla a goccia **3** (*fam.*) faccia, muso **4** (*fig. fam.*) tonto (*m.*), pollo (*m.*).

poiré [pware] *s.m.* sidro di pere.

poireau [pwaro] (pl. *-eaux*) *s.m.* porro || *faire le —,* (*fam.*) aspettare a lungo.

poireauter [pwarote] *v.intr.* (*fam.*) aspettare un bel po'.

poirier [pwarje] *s.m.* pero || (*ginnastica*) *faire le —,* fare la verticale.

pois [pwa] *s.m.* **1** pisello: — *de senteur,* pisello odoroso || (*cuc.*): *petits —,* piselli (freschi); — *cassés,* mezzi piselli (secchi) **2** (*estens.*) pois, pallino.

poison [pwazɔ̃] *s.m.* **1** veleno (*anche fig.*) || *quel — cette femme!,* (*fam.*) che peste quella donna! **2** (*fam.*) scocciatura (*f.*).

poisse [pwas] *s.f.* (*fam.*) scalogna, iella.

poisser [pwase] *v.tr.* impiastrare: *mains poissées de confiture,* mani impiastricciate di marmellata.

poisseux [pwasø] (f. *-euse*) *agg.* appiccicoso.

poisson [pwasɔ̃] *s.m.* **1** pesce: *marchand de —,* pescivendolo || *être comme un — dans l'eau,* (*fig.*) essere nel proprio elemento **2** (*astr.*) *Poissons,* Pesci □ **poisson-chat,** pesce gatto; **poisson-lune,** pesce luna; **poisson-perroquet,** pesce pappagallo; **poisson-scie,** pesce sega.

poissonnerie [pwasɔnri] *s.f.* pescheria.

poissonneux [pwasɔnø] (f. *-euse*) *agg.* pescoso.

poissonnier [pwasɔnje] (f. *-ère*) *s.m.* pescivendolo.

poissonnière [pwasɔnjɛr] *s.f.* (*cuc.*) pesciera.

poitevin [pwatvɛ̃] *agg.* del Poitou; di Poitiers.

poitrail [pwatraj] *s.m.* **1** petto (del cavallo ecc.) **2** pettorale (di cavallo) **3** (*edil.*) architrave **4** (*fam.*) torace.

poitrinaire [pwatrinɛr] *agg. e s.m.* (*antiq.*) tisico.

poitrine [pwatrin] *s.f.* **1** petto (*m.*): *serrer contre sa —,* stringere al petto || *tour de —,* circonferenza toracica || (*med.*) *angine de —,* angina pectoris **2** seno (*m.*), petto (*m.*) **3** (*cuc.*) (punta di) petto || — *fumée,* pancetta affumicata.

poivrade [pwavrad] *s.f.* (*cuc.*) salsa, pinzimonio al pepe.

poivre [pwavr] *s.m.* pepe || *des cheveux — et sel,* capelli sale e pepe, brizzolati.

poivrer [pwavre] *v.tr.* pepare.

poivrier [pwavrije] *s.m.* **1** (pianta del) pepe **2** (*cuc.*) macinapepe.

poivrière [pwavrijɛr] *s.f.* **1** piantagione di pepe **2** (*cuc.*) pepaiola **3** (*arch.*) garitta, torretta d'angolo.

poivron [pwavrɔ̃] *s.m.* peperone.

poivrot [pwavro] *s.m.* (*fam.*) ubriacone, beone.

poix [pwa(α)] *s.f.* pece.

poker [pɔkɛr] *s.m.* poker: *jouer au —,* giocare a poker || — *d'as,* poker coi dadi.

polaire [pɔlɛr] *agg. e s.f.* polare || *l'Etoile —,* la Polaire, la stella polare.

polar [pɔlar] *s.m.* (*fam.*) (libro, film) giallo.

polarisation [pɔlarizɑsjɔ̃] *s.f.* polarizzazione.

polariser [pɔlaʀize] *v.tr.* polarizzare □ **se polariser** *v.pron.* polarizzarsi, focalizzarsi.

polariseur [pɔlaʀizœʀ] *agg.* e *s.m.* polarizzatore.

polarité [pɔlaʀite] *s.f.* polarità.

pôle [pol] *s.m.* polo || (*econ.*) — *de croissance*, polo di sviluppo.

polémique [pɔlemik] *agg.* polemico ♦ *s.f.* polemica.

polémiquer [pɔlemike] *v.intr.* polemizzare.

polémiste [pɔlemist] *s.m.* polemista.

polenta [pɔlɛnta] *s.f.* **1** polenta (di mais) **2** (*in Corsica*) polenta di farina di castagne.

poli[1] [pɔli] *agg.* **1** levigato; liscio **2** lucido ♦ *s.m.* levigatezza (*f.*); lucentezza (*f.*).

poli[2] *agg.* educato; cortese, gentile.

police[1] [pɔlis] *s.f.* polizia: — *de la route*, (polizia) stradale; — *secours*, pronto intervento; *poste de* —, commissariato || *tribunal de* —, pretura || *faire la* —, mantenere l'ordine.

police[2] *s.f.* (*comm.*) polizza.

policer [pɔlise] (*coniug. come* placer) *v.tr.* (*letter.*) civilizzare, incivilire.

polichinelle [pɔliʃinɛl] *s.m.* **1** pulcinella (*anche fig.*) || *avoir un* — *dans le tiroir*, (*fam.*) essere incinta **2** burattinaio (*anche fig.*).

policier [pɔlisje] (f. *-ère*) *agg.* poliziesco || *chien* —, cane poliziotto || *roman*, *film* —, romanzo, film poliziesco, giallo ♦ *s.m.* poliziotto.

policlinique [pɔliklinik] *s.m.* poliambulatorio.

poliment [pɔlimɑ̃] *avv.* educatamente; cortesemente.

polio [pɔljo] *s.f. abbr.* → **poliomyélite** ♦ *s.m. abbr.* → **poliomyélitique**.

poliomyélite [pɔljɔmjelit] *s.f.* poliomielite.

poliomyélitique [pɔljɔmjelitik] *agg.* e *s.m.* poliomielitico.

polir [pɔliʀ] *v.tr.* levigare; lucidare; (*metalli*) brunire || — *à l'émeri*, smerigliare || — *son style*, (*fig.*) forbire il proprio stile.

polissage [pɔlisaʒ] *s.m.* (*tecn.*) levigazione (*f.*); (*metall.*) brunitura (*f.*).

polisseuse [pɔlisøz] *s.f.* (*macchina*) lucidatrice; levigatrice.

polisson [pɔlisɔ̃] (f. *-onne*) *agg.* audace, spinto ♦ *s.m.* birichino.

polissonnerie [pɔlisɔnʀi] *s.f.* **1** birichinata **2** atto, discorso spinto.

politesse [pɔlites] *s.f.* **1** buona educazione; cortesia, gentilezza: *formules de* —, formule di cortesia || *brûler la* — *à qqn*, piantare in asso qlcu **2** gentilezza; atto, parola gentile: *échange de politesses*, scambio di convenevoli.

politicard [pɔlitikaʀ] *agg.* e *s.m.* (*spreg.*) politicante.

politicien [pɔlitisjɛ̃] *s.m.* politico ♦ *agg.*: *politique politicienne*, (*spreg.*) politica da politicanti.

politique[1] [pɔlitik] *agg.* e *s.m.* politico || **-ement** *avv.*

politique[2] *s.f.* politica || *se conduire avec* —, comportarsi con astuzia.

politisation [pɔlitizasjɔ̃] *s.f.* politicizzazione.

politiser [pɔlitize] *v.tr.* politicizzare.

politologue [pɔlitɔlɔg] *s.m.* politologo.

pollen [pɔlɛn] *s.m.* (*bot.*) polline.

pollinisation [pɔlinizasjɔ̃] *s.f.* impollinazione.

polluant [pɔlɥɑ̃] *agg.* e *s.m.* inquinante.

polluer [pɔlɥe] *v.tr.* inquinare.

pollueur [pɔlɥœʀ] (f. *-euse*) *agg.* e *s.m.* inquinante.

pollution [pɔlysjɔ̃] *s.f.* **1** inquinamento (*m.*) **2** (*med.*) — *nocturne*, polluzione notturna.

polo [pɔlo] *s.m.* (*sport*) polo; (*abbigl.*) polo (*f.*).

polochon [pɔlɔʃɔ̃] *s.m.* (*fam.*) traversino, cuscino.

polonais [pɔlɔnɛ] *agg.* e *s.m.* polacco || *soûl, ivre comme un* —, ubriaco fradicio.

polonaise [pɔlɔnɛz] *s.f.* **1** (*mus.*) polacca **2** (*cuc.*) polonaise (dolce meringato).

poltron [pɔltʀɔ̃] (f. *-onne*) *agg.* e *s.m.* vigliacco, codardo; pauroso.

poltronnerie [pɔltʀɔnʀi] *s.f.* vigliaccheria, codardia.

poly- *pref.* poli-

polyamide [pɔliamid] *s.f.* (*chim.*) poliammide: *résines de* —, resine poliammidiche.

polyandre [pɔliɑ̃dʀ] *agg.* (*bot.*) poliandro.

polyandrie [pɔliɑ̃dʀi] *s.f.* poliandria.

polyarthrite [pɔliaʀtʀit] *s.f.* (*med.*) poliartrite.

polycentrique [pɔlisɑ̃tʀik] *agg.* policentrico.

polycentrisme [pɔlisɑ̃tʀism] *s.m.* policentrismo.

polychrome [pɔlikʀom] *agg.* policromo, policromatico.

polychromie [pɔlikʀomi] *s.f.* policromia.

polyclinique [pɔliklinik] *s.f.* policlinico (*m.*).

polycopie [pɔlikɔpi] *s.f.* (stampa a) ciclostile.

polycopié [pɔlikɔpje] *agg.* e *s.m.* ciclostilato || (*cours*) —, dispensa.

polycopier [pɔlikɔpje] *v.tr.* ciclostilare.

polyculture [pɔlikyltyʀ] *s.f.* policoltura, coltura mista.

polyèdre [pɔliɛdʀ] *s.m.* poliedro.

polyédrique [pɔliedʀik] *agg.* poliedrico.

polyester [pɔliɛstɛʀ] *s.m.* poliestere.

polyéthylène [pɔlietilɛn] *s.m.* polietilene.

polygame [pɔligam] *agg.* e *s.m.* poligamo.

polygamie [pɔligami] *s.f.* poligamia.

polygamique [pɔligamik] *agg.* poligamico.

polyglotte [pɔliglɔt] *agg.* e *s.m.* poliglotta.

polygonal [pɔligɔnal] (pl. *-aux*) *agg.* poligonale.

polygone [pɔligɔn] *s.m.* poligono.

polygraphe [pɔligʀaf] *s.m.* poligrafo.

polymère [pɔlimɛʀ] *agg.* e *s.m.* polimero.

polymérisation [pɔlimeʀizasjɔ̃] *s.f.* polimerizzazione.

polymorphe [pɔlimɔʀf] *agg.* polimorfo.

polymorphisme [pɔlimɔʀfism] *s.m.* polimorfismo.

polynésien [pɔlinezjɛ̃] (f. *-enne*) *agg.* e *s.m.* polinesiano.

polynôme [pɔlinom] *s.m.* (*mat.*) polinomio.

polype [pɔlip] *s.m.* polipo.

polyphasé [pɔlifaze] *agg.* polifase.

polyphonie [pɔlifɔni] *s.f.* polifonia.

polyphonique [pɔlifɔnik] *agg.* polifonico.

polyptyque [pɔliptik] *s.m.* polittico.

polysémie [pɔlisemi] *s.f.* (*ling.*) polisemia.

polystyrène [pɔlistiʀɛn] *s.m.* polistirolo.
polysyllabe [pɔlisil/ab] *agg.* e *s.m.* polisillabo.
polytechnicien [pɔlitɛknisjɛ̃] *s.m.* allievo della Ecole Polytechnique di Parigi.
polytechnique [pɔlitɛknik] *agg.* politecnico.
polythéisme [pɔliteism] *s.m.* politeismo.
polythéiste [pɔliteist] *agg.* e *s.m.* politeista.
polytransfusé [pɔlitʀɑ̃sfyze] *agg.* politrasfuso.
polyuréthan(n)e [pɔliyʀetan] *s.m.* (*chim.*) poliuretano.
polyvalence [pɔlivalɑ̃s] *s.f.* polivalenza.
polyvalent [pɔlivalɑ̃] *agg.* polivalente || (*inspecteur*) —, controllore fiscale || (*in Canada*) (*école*) *polyvalente*, istituto superiore professionale.
polyvinyle [pɔlivinil] *s.m.* polivinile.
pomélo [pɔmelo] *s.m.* pompelmo (rosa).
pommade [pɔmad] *s.f.* pomata || *passer de la — à qqn*, (*fam.*) adulare, lisciare qlcu.
pommadé [pɔmade] *agg.* impomatato.
pommader [pɔmade] *v.tr.* impomatare.
pomme [pɔm] *s.f.* **1** mela: *— d'api*, mela appiola || *haut comme trois pommes*, alto come un soldo di cacio || (*in Belgio*) *— pétée*, patata cotta nella brace || (*fig.*) *la — de discorde*, il pomo della discordia || *la — d'Adam*, il pomo d'Adamo || (*fam.*): *tomber dans les pommes*, svenire; *aux pommes*, coi fiocchi **2** (*estens.*) pomo (*m.*), pomello (*m.*): *la — d'une canne*, il pomo di un bastone || *— d'arrosoir, de douche*, cipolla dell'annaffiatoio, della doccia **3** *— de chou, de laitue*, cuore del cavolo, della lattuga □ **pomme de pin**, pigna □ **pomme (de terre)**, patata: *pommes de terre au four*, patate al forno; *pommes de terre en robe des champs*, patate bollite (con la pelle); *pommes frites, vapeur*, patate fritte, al vapore; *pommes à l'huile*, insalata di patate; *bifteck aux pommes*, bistecca con patate.
pommé [pɔme] *agg.*: *laitue bien pommée*, lattuga ben chiusa; *un chou bien —*, un cavolo bello sodo.
pommeau [pɔmo] (pl. *-eaux*) *s.m.* pomo, pomolo.
pommelé [pɔmle] *agg.* **1** pomellato *ciel —*, cielo a pecorelle.
pommeler, se [sɔpɔmle] (*coniug. come* appeler) *v.pron.* annuvolarsi.
pommer [pɔme] *v.intr.* (*agr.*) accestire.
pommeraie [pɔmʀɛ] *s.f.* meleto (*m.*).
pommette [pɔmɛt] *s.f.* zigomo (*m.*), pomello (*m.*).
pommier [pɔmje] *s.m.* melo.
pompage [pɔ̃paʒ] *s.m.* pompaggio.
pompe[1] [pɔ̃p] *s.f.* pompa, fasto (*m.*), sfarzo (*m.*): *avec —*, con fasto, sfarzo; *en grande —*, (*iron.*) in pompa magna || *service de pompes funèbres*, impresa di pompe funebri.
pompe[2] *s.f.* **1** (*tecn.*) pompa: *— à eau, à essence*, pompa dell'acqua, della benzina; *— à incendie*, pompa antincendio; *— d'arrosage*, per irrigazione || *boire du Château-la-Pompe*, (*scherz.*) bere acqua di fonte || (*fam.*): *un coup de —*, una botta di stanchezza, (*sport*) cotta; *à toute —*, a tutta birra **2** *pl.* (*fam.*) scarpe: *coup de pompes*, calcio ||

marcher à côté de ses pompes, essere fuori fase **3** (*ginnastica*) (*fam.*) flessione sulle braccia.
pompé [pɔ̃pe] *agg.* (*fam.*) cotto, spompato.
pompéien [pɔ̃pejɛ̃] (f. *-enne*) *agg.* pompeiano.
pomper [pɔ̃pe] *v.tr.* **1** pompare, aspirare || *— l'air à qqn*, (*fam.*) scocciare qlcu **2** assorbire **3** (*fam.*) sfinire, spompare **4** (*fam.*) scopiazzare.
pompette [pɔ̃pɛt] *agg.* (*fam.*) brillo.
pompeux [pɔ̃pø] (f. *-euse*) *agg.* pomposo || *-eusement* avv.
pompier[1] [pɔ̃pje] *s.m.* pompiere, vigile del fuoco.
pompier[2] (f. *-ère*) *agg.* enfatico.
pompiste [pɔ̃pist] *s.m.* benzinaio.
pompon [pɔ̃pɔ̃] *s.m.* pompon, nappa (*f.*) || (*fam.*): *tenir, avoir le —*, avere la meglio; *c'est le —!*, è il colmo! || *rose —*, rosa pompon.
pomponner [pɔ̃pɔne] *v.tr.* agghindare, infiocchettare □ **se pomponner** *v.pron.* agghindarsi.
ponçage [pɔ̃saʒ] *s.m.* pomiciatura (*f.*).
ponce [pɔ̃s] *s.f.* pomice: *pierre —*, pietra pomice.
ponceau [pɔ̃so] (pl. *-eaux*) *s.m.* papavero, rosolaccio ♦ *agg.invar.* rosso vivo.
poncer [pɔ̃se] (*coniug. come* placer) *v.tr.* levigare con la pomice.
ponceuse [pɔ̃søz] *s.f.* smerigliatrice.
poncif [pɔ̃sif] *s.m.* luogo comune.
ponction [pɔ̃ksjɔ̃] *s.f.* **1** (*med.*) puntura (esplorativa); siringatura **2** (*fig.*) salasso, prelevamento (di denaro).
ponctionner [pɔ̃ksjɔne] *v.tr.* **1** (*med.*) praticare una puntura (esplorativa) a; siringare **2** (*fig.*) prelevare (denaro) dal conto di, salassare.
ponctualité [pɔ̃ktɥalite] *s.f.* puntualità.
ponctuation [pɔ̃ktɥɑsjɔ̃] *s.f.* punteggiatura, interpunzione.
ponctué [pɔ̃ktye] *agg.*: *mal —*, con una cattiva punteggiatura.
ponctuel [pɔ̃ktɥɛl] (f. *-elle*) *agg.* **1** puntuale **2** (*scient.*) puntiforme.
ponctuellement [pɔ̃ktɥɛlmɑ̃] *avv.* puntualmente.
ponctuer [pɔ̃ktɥe] *v.tr.* **1** punteggiare **2** (*gramm.*) mettere la punteggiatura (a).
pondaison [pɔ̃dɛzɔ̃] *s.f.* epoca in cui gli uccelli depongono le uova.
pondérable [pɔ̃deʀabl] *agg.* ponderabile.
pondération [pɔ̃deʀasjɔ̃] *s.f.* ponderazione, ponderatezza; equilibrio (*m.*).
pondéré [pɔ̃deʀe] *agg.* ponderato; equilibrato.
pondérer [pɔ̃deʀe] (*coniug. come* céder) *v.tr.* equilibrare; moderare.
pondéreux [pɔ̃deʀø] *agg.* ponderoso ♦ *s.m.pl.* merci pesanti.
pondeur [pɔ̃dœʀ] (f. *-euse*) *agg.* ovaiolo: (*poule*) *pondeuse*, gallina ovaiola.
pondoir [pɔ̃dwaʀ] *s.m.* nido (per deporre le uova).
pondre [pɔ̃dʀ] (*coniug. come* rendre) *v.tr.* **1** deporre le uova **2** (*fam.*) produrre, sfornare (un'opera letteraria ecc.).
pondu [pɔ̃dy] *part. pass. di* pondre.
ponette [pɔnɛt] *s.f.* pony (femmina).
poney [pɔnɛ] *s.m.* pony.

pongé [pɔʒe] *s.m.* taffetà di seta.

pongiste [pɔʒist] *s.m.* giocatore di ping-pong.

pont [pɔ̃] *s.m.* ponte || — *roulant*, gru a ponte, carroponte || — *de chargement*, piattaforma, ponte di caricamento || (*mar.*): *sur le* —, sopraccoperta; *sous le* —, sottocoperta || (*Service des*) *Ponts et Chaussées*, Genio Civile || — *aux ânes*, banalità, luogo comune || (*fig.*): *il coulera de l'eau sous les ponts*, passerà molto tempo; *couper les* —, rompere i ponti; *faire un — d'or à qqn*, far ponti d'oro a qlcu; *être solide comme le Pont-Neuf*, avere una salute di ferro.

pontage [pɔ̃taʒ] *s.m.* (*med.*) by-pass.

pont-bascule [pɔ̃baskyl] (*pl. ponts-bascules*) *s.m.* (*tecn.*) bilancia a bilico, stadera (*f.*).

ponte[1] [pɔ̃t] *s.f.* **1** deposizione delle uova **2** uova prodotte **3** epoca della deposizione delle uova **4** (*med.*) — *ovulaire*, ovulazione.

ponte[2] *s.m.* (*fam.*) pezzo grosso, alto papavero.

ponté [pɔ̃te] *agg.* (*mar.*) pontato.

ponter[1] [pɔ̃te] *v.intr.* puntare (una somma).

ponter[2] *v.tr.* **1** (*mar.*) pontare; munire di ponte **2** (*med.*) fare un by-pass.

pontet[pɔ̃tɛ] *s.m.* paragrilletto(di arma da fuoco).

pontife [pɔ̃tif] *s.m.* pontefice: *le souverain* —, il sommo pontefice **2** (*fam.*) padreterno.

pontifiant [pɔ̃tifjɑ̃] *agg.* (*fam.*) pontificante.

pontifical [pɔ̃tifikal] (*pl. -aux*) *agg.* (*eccl.*) pontificale; pontificio ♦ *s.m.* (*eccl.*) pontificale.

pontificat [pɔ̃tifika] *s.m.* pontificato.

pontifier [pɔ̃tifje] *v.intr.* pontificare.

pont-l'évêque [pɔ̃levɛk] (*pl. invar.*) *s.m.* formaggio vaccino.

pont-levis [pɔ̃lvi] (*pl. ponts-levis*) *s.m.* ponte levatoio.

pontoisien [pɔ̃twazjɛ̃] (*f. -enne*) *agg.* di Pontoise.

ponton [pɔ̃tɔ̃] *s.m.* pontile; pontone.

pont-promenade [pɔ̃prɔmnad] (*pl. ponts-promenades, ponts-promenade*) *s.m.* (*mar.*) ponte di passeggiata.

pope [pɔp] *s.m.* (*eccl.*) pope.

popeline [pɔplin] *s.f.* (*tess.*) popelin (*m.*).

popote [pɔpɔt] *s.f.* **1** (*fam.*) il mangiare: *faire sa* —, farsi da mangiare **2** (*argot mil.*) mensa ♦ *agg. invar.* (*fam.*) casalingo || *être* —, essere tutto casa e famiglia.

popotin [pɔpɔtɛ̃] *s.m.* (*fam.*) il didietro || (*fam.*) *se manier le* —, darsi una mossa.

populace [pɔpylas] *s.f.* (*spreg.*) plebaglia.

populacier [pɔpylasje] (*f. -ère*) *agg.* volgare, plebeo.

populaire [pɔpylɛʀ] *agg.* popolare.

populairement [pɔpylɛʀmɑ̃] *avv.* popolarmente; in modo popolare.

popularisation [pɔpylaʀizasjɔ̃] *s.f.* divulgazione.

populariser [pɔpylaʀize] *v.tr.* divulgare, rendere popolare.

popularité [pɔpylaʀite] *s.f.* popolarità.

population [pɔpylasjɔ̃] *s.f.* popolazione.

populeux [pɔpylø] (*f. -euse*) *agg.* popoloso.

populisme [pɔpylism] *s.m.* populismo.

populiste [pɔpylist] *agg.* e *s.m.* populista.

populo [pɔpylo] *s.m.* (*fam.*) popolo; folla (*f.*).

porc [pɔʀ] *s.m.* **1** maiale, porco || *une serviette en* (*peau de*) —, una cartella di cinghiale **2** (*viande de*) —, (carne di) maiale.

porcelaine [pɔʀsəlɛn] *s.f.* porcellana.

porcelainier [pɔʀsəlenje] (*f. -ère*) *agg.* della porcellana ♦ *s.m.* fabbricante, commerciante di porcellane.

porcelet [pɔʀsəlɛ] *s.m.* porcellino, maialetto.

porc-épic [pɔʀkepik] (*pl. porcs-épics*) *s.m.* porcospino, istrice (*anche fig.*).

porche [pɔʀʃ] *s.m.* atrio.

porcher [pɔʀʃe] (*f. -ère*) *s.m.* porcaro, porcaio.

porcherie [pɔʀʃəʀi] *s.f.* porcile (*m.*).

porcin [pɔʀsɛ̃] *agg.* porcino, suino ♦ *s.m.* suino.

pore [pɔʀ] *s.m.* poro.

poreux [pɔʀø] (*f. -euse*) *agg.* poroso.

porion [pɔʀjɔ̃] *s.m.* caposquadra (nelle miniere).

porno [pɔʀno] *agg. invar.* e *s.m.* (*fam.*) porno.

pornographie [pɔʀnɔgʀafi] *s.f.* pornografia.

pornographique [pɔʀnɔgʀafik] *agg.* pornografico.

porosité [pɔʀozite] *s.f.* porosità.

porphyre [pɔʀfiʀ] *s.m.* porfido.

port[1] [pɔʀ] *s.m.* (*mar.*) porto: — *marchand, de commerce*, porto mercantile, commerciale; — *de pêche*, porto peschereccio || *entrer au* —, entrare in porto || *arriver à bon* —, (*fig.*) arrivare in porto.

port[2] *s.m.* **1** porto: — *d'armes*, porto d'armi **2** (*comm.*) (spesa del) trasporto: — *dû*, porto assegnato; — *payé, perçu*, porto franco **3** (*mar.*) portata (*f.*) **4** — (*de tête*), portamento.

portable [pɔʀtabl] *agg.* portabile.

portage [pɔʀtaʒ] *s.m.* facchinaggio; consegna a domicilio (di giornali).

portail [pɔʀtaj] *s.m.* **1** cancello **2** (*arch.*) portale.

portant[1] [pɔʀtɑ̃] *agg.* **1** portante **2** *bien* —, *mal* —, che sta bene, male (in salute).

portant[2] *s.m.* **1** (*teatr.*) sostegno (delle quinte e dei riflettori) **2** (*mar.*) outrigger.

portatif [pɔʀtatif] (*f. -ive*) *agg.* portatile.

porte [pɔʀt] *s.f.* porta || *j'ai un pâtissier à ma* —, c'è una pasticceria a due passi da casa mia || *entre deux portes*, (*fam.*) molto rapidamente || *consigner, défendre, refuser sa* — (*à qqn*), rifiutarsi di ricevere (qlcu) || — *d'une armoire*, anta di un armadio || — *d'écluse*, saracinesca di chiusa || (*fig.*): *entrer, passer par la grande* —, entrare dalla porta principale; *entrer par la petite* —, cominciare dal basso; *sortir par la grande, la petite* —, uscire con, senza onore (da una situazione); *se ménager, se réserver une — de sortie*, avere sempre la possibilità di una scappatoia; *cela ouvre la — à toutes les hypothèses*, ciò dà adito a tutte le ipotesi; *trouver — close*, trovare la porta chiusa; *frapper à la bonne* —, rivolgersi alla persona giusta || (*in Belgio*) *clé sur* —, chiavi in mano ♦ *agg.*: (*anat.*) *veine* —, vena porta.

porte- *pref.* porta-

porté [pɔʀte] *agg.* incline, proclive || *il est — sur la gueule*, (*fam.*) gli piace molto mangiare.

porte-à-faux [pɔʀtafo] (*pl. invar.*) *s.m.*: *mur en*

—, muro che non cade a piombo || *être en* —, *(fig.)* essere in una situazione ambigua.

porte-aiguilles [pɔʀteɡɥij] (pl. *invar.*) *s.m.* agoraio.

porte(-)à(-)porte [pɔʀtapɔʀt] (pl. *invar.*) *s.m.* porta a porta.

porte-avions [pɔʀtavjɔ̃] (pl. *invar.*) *s.m.* (*mar.*) portaerei (*f.*).

porte-bagages [pɔʀtbaɡaʒ] (pl. *invar.*) *s.m.* (*aut.*) portabagagli; portapacchi (di bicicletta).

porte-bébé [pɔʀtbebe] (pl. *invar.* o *porte-bébés*) *s.m.* **1** baby-pullman **2** marsupio, zaino porta bambino.

porte-billets [pɔʀtbije] (pl. *invar.*) *s.m.* portafoglio.

porte-bonheur [pɔʀtbɔnœʀ] (pl. *invar.*) *s.m.* portafortuna.

porte-bouquet [pɔʀtbukɛ] (pl. *invar.*) *s.m.* portafiori.

porte-bouteilles [pɔʀtbutɛj] (pl. *invar.*) *s.m.* portabottiglie (a rastrelliera, a cestello ecc.).

porte-cartes [pɔʀtəkaʀt] (pl. *invar.*) *s.m.* portadocumenti.

porte-cigarettes [pɔʀtsigaʀɛt] (pl. *invar.*) *s.m.* portasigarette.

porte-clefs, porte-clés [pɔʀtəkle] (pl. *invar.*) *s.m.* portachiavi.

porte-couteau [pɔʀtkuto] (pl. *porte-couteaux* o *invar.*) *s.m.* reggiposata.

porte-crayon [pɔʀtkʀɛjɔ̃] (pl. *porte-crayons* o *invar.*) *s.m.* portamatite.

porte-documents [pɔʀtdɔkymɑ̃] (pl. *invar.*) *s.m.* (cartella) portadocumenti.

porte-drapeau [pɔʀtdʀapo] (pl. *porte-drapeaux* o *invar.*) *s.m.* (*mil.*) alfiere; portabandiera (*anche fig.*).

portée [pɔʀte] *s.f.* **1** portata (*anche fig.*): *un canon à longue* —, un cannone a lunga gittata || *à — de*, a portata di; *à une — de fusil*, a un tiro di schioppo || *avoir qqch à sa* —, aver qlco sotto mano **2** (*zool.*) figliata **3** (*mus.*) pentagramma (*m.*), rigo musicale **4** (*edil.*) luce.

portefaix [pɔʀtəfɛ] *s.m.* (*antiq.*) facchino.

porte-fanion [pɔʀtfanjɔ̃] (pl. *porte-fanions* o *invar.*) *s.m.* (*mil.*) portagagliardetto.

porte-fenêtre [pɔʀtfənɛtʀ] (pl. *porte-fenêtres*) *s.f.* portafinestra.

portefeuille [pɔʀtəfœj] *s.m.* portafoglio || *faire un lit en* —, (*fam.*) fare il sacco || *ministre sans*—, ministro senza portafoglio || *— d'effets de commerce*, portafoglio commerciale.

porte-jarretelles [pɔʀtʒaʀtɛl] (pl. *invar.*) *s.m.* reggicalze.

porte-malheur [pɔʀtmalœʀ] (pl. *invar.*) *s.m.* **1** oggetto che porta sfortuna **2** iettatore.

portemanteau [pɔʀtmɑ̃to] (pl. *-eaux*) *s.m.* attaccapanni.

portement [pɔʀtəmɑ̃] *s.m.* (*arte*) *— de croix*, Via Crucis.

portemine [pɔʀtəmin] *s.m.* (matita) portamina.

porte-monnaie [pɔʀtmɔnɛ] (pl. *invar.*) *s.m.* portamonete.

porte-parapluies [pɔʀtpaʀaplɥi] (pl. *invar.*) *s.m.* portaombrelli.

porte-parole [pɔʀtpaʀɔl] (pl. *invar.*) *s.m.* portavoce.

porte-plume [pɔʀtəplym] (pl. *invar.*) *s.m.* portapenne.

porter [pɔʀte] *v.tr.* **1** portare: *— les cheveux longs*, portare, avere i capelli lunghi || *— témoignage contre, pour qqn*, testimoniare contro, a favore di qlcu || *elle porte bien la toilette*, valorizza gli abiti che indossa || *la robe*, essere avvocato || *— encore beau*, mantenersi bene || *cet arbre n'a jamais porté de fruits*, quest'albero non ha mai dato frutti || *c'est le plus grand menteur que la terre ait jamais porté*, è il più grande bugiardo che la terra abbia mai generato || *tout me portait à croire que c'était vrai*, tutto mi faceva credere che fosse vero **2** volgere, dirigere **3** segnare, mettere per iscritto: *— une somme au crédit de qqn*, accreditare una somma a qlcu **4** riportare: *le dictionnaire ne porte pas ce mot*, il dizionario non registra questa parola || *la constitution porte que...*, la costituzione stabilisce che... || *elle portait la joie sur son visage*, aveva la gioia dipinta sul viso **5** provare: *— intérêt à*, provare interesse per ♦ *v.intr.* **1** *— sur*, posare, poggiare (su); (*fig.*) fondarsi (su) || *l'accent porte sur la dernière syllabe*, l'accento cade sull'ultima sillaba **2** raggiungere (una distanza, un obiettivo ecc.): *sa voix porte loin*, la sua voce si fa sentire a distanza; *son observation a porté juste*, la sua osservazione ha colto nel segno || *ce vin porte à la tête*, questo vino dà alla testa **3** (*mar.*) dirigere: *— au sud*, dirigere a sud □ **se porter** *v.pron.* **1** portarsi || *se — bien, mal*, star bene, male **3** (*fig.*) posarsi: *les soupçons se portèrent sur lui*, i sospetti caddero su di lui **4** presentarsi: *se — partie civile*, costituirsi parte civile **5** lasciarsi andare a.

porte-revues [pɔʀtʀəvy] (pl. *invar.*) *s.m.* portariviste.

porte-savon [pɔʀtsavɔ̃] (pl. *porte-savons* o *invar.*) *s.m.* portasapone.

porte-serviettes [pɔʀtsɛʀvjɛt] (pl. *invar.*) *s.m.* portasciugamani.

porte-skis [pɔʀtski] (pl. *invar.*) *s.m.* portasci.

porteur[1] [pɔʀtœʀ] (f. *-euse*) *s.m.* **1** latore || *— de télégrammes*, fattorino del telegrafo || *d'eau*, acquaiolo || (*comm.*) *au* —, al portatore; *— d'obligations*, obbligazionista **2** facchino.

porteur[2] (f. *-euse*) *agg.* portante || (*aer.*): *avion gros* —, cargo, aereo da carico || *mère porteuse*, (madre) portatrice, (*fam.*) madre in affitto || *marché très* —, mercato in espansione.

porte-voix [pɔʀtəvwa] (pl. *invar.*) *s.m.* megafono.

portier [pɔʀtje] *s.m.* portiere || *— électronique*, portineria elettronica; *— automatique (d'immeuble)*, citofono || *(frère)* —, frate portinaio.

portière [pɔʀtjɛʀ] *s.f.* **1** portiera (di auto ecc.); (*ferr.*) sportello (*m.*) **2** (*sœur*) —, suora portinaia.

portillon [pɔʀtijɔ̃] *s.m.* porticina (*f.*) || *— automatique*, portello automatico.

portion [pɔʀsjɔ̃] *s.f.* **1** porzione **2** parte.

portique [pɔʀtik] *s.m.* **1** portale **2** portico.
portrait [pɔʀtʀɛ] *s.m.* **1** ritratto; (*estens.*) ritrattistica (*f.*) **2** (*fig.*) quadro, descrizione (*f.*) **3** (*fam.*) viso, muso.
portraitiste [pɔʀtʀetist] *s.m.* ritrattista.
portrait-robot [pɔʀtʀeʀɔbot] (pl. *portraits-robots*) *s.m.* identikit.
portraiturer [pɔʀtʀetyʀe] *v.tr.* **1** (*pitt.*) ritrarre **2** (*fig.*) descrivere.
port-salut [pɔʀsaly] (pl. *invar.*) *s.m.* formaggio duro prodotto in Mayenne.
portuaire [pɔʀtɥɛʀ] *agg.* portuario, portuale.
portugais [pɔʀtygɛ] *agg.* e *s.m.* portoghese.
portulan [pɔʀtylɑ̃] *s.m.* (*mar.*) portolano.
pose [poz] *s.f.* **1** posa || *garder la —*, restare in posa; *une — pleine de grâce*, un atteggiamento pieno di grazia; *il le fait à la —*, (*fam.*) lo fa per posa; *prendre des poses*, posare || *— de la voix*, impostazione della voce **2** (*in Africa*) fotografia.
posé [poze] *agg.* posato; pacato || (*mus.*) *voix bien, mal posée*, voce bene, male impostata.
posément [pozemɑ̃] *avv.* con calma, con pacatezza.
posemètre [pozmɛtʀ] *s.m.* (*fot.*) esposimetro.
poser [poze] *v.tr.* **1** posare, porre (*anche fig.*); mettere; (*a terra*) deporre: *le regard sur*, posare le sguardo su || *— les fondements d'un édifice*, gettare le fondamenta di un edificio || *— le masque*, togliersi la maschera || *— un problème*, porre un problema: *— une question*, fare, rivolgere una domanda || (*mat.*) *je pose quatre et je retiens cinq*, scrivo quattro e riporto cinque **2** installare; posare; montare: *— de la moquette*, posare della moquette; *— des rideaux*, montare delle tende; *— un décor*, montare una scena **3** stabilire; enunciare: *ceci posé*, stabilito ciò || (*mat.*) *posons x = 10*, supponiamo, poniamo x = 10 **4** mettere in luce, dare lustro a ♦ *v.intr.* **1** posare, poggiare; (*aer.*) atterrare **2** (*arte*) posare || *elle pose continuellement*, (*estens.*) posa sempre, è sempre in posa || *— à*, atteggiarsi a, posare a ☐ **se poser** *v.pron.* **1** posarsi || *c'est le seul problème qui se pose*, è l'unico problema che si pone || *comme gaffeur, il se pose là!*, quanto a gaffes non scherza! **2** *se — en, en tant que*, (*fig.*) atteggiarsi, posare (a): *se — en victime*, atteggiarsi, posare a vittima.
poseur [pozœʀ] (f. *-euse*) *agg.* e *s.m.* **1** (operaio) posatore **2** (individuo) affettato: *elle est un peu trop poseuse*, posa un po' troppo; *ce qu'il peut être —!*, quante arie si dà!
positif [pozitif] (f. *-ive*) *agg.* positivo; concreto; affermativo ♦ *s.m.* **1** (ciò che è) concreto; (ciò che è) certo **2** (*fot.*) positiva (*f.*) **3** (*gramm.*, *mus.*) positivo.
position [pozizjɔ̃] *s.f.* posizione || *être en — de*, essere nella condizione di.
positionnement [pozisjɔnmɑ̃] *s.m.* posizionamento.
positionner [pozisjɔne] *v.tr.* **1** posizionare **2** (*econ.*) collocare sul mercato ☐ **se positionner** *v.pron.* posizionarsi.

positivement [pozitivmɑ̃] *avv.* **1** positivamente **2** davvero, veramente, realmente.
positivisme [pozitivism] *s.m.* positivismo.
positiviste [pozitivist] *agg.* positivistico ♦ *s.m.* positivista.
posologie [pozɔlɔʒi] *s.f.* (*med.*) posologia.
possédant [posedɑ̃] *agg.* e *s.m.* possidente.
possédé [posede] *agg.* e *s.m.* indemoniato, ossesso.
posséder [posede] (*coniug. come* céder) *v.tr.* possedere: *— un secret*, avere un segreto; *— le pouvoir*, detenere il potere; *il est possédé par la jalousie*, è posseduto, dominato dalla gelosia; *bien — son latin*, avere una buona padronanza del latino; *— la vérité*, conoscere appieno la verità ☐ **se posséder** *v.pron.* (*antiq.*) dominarsi || *il ne se possède plus de joie*, non sta più in sé dalla gioia.
possesseur [posesœʀ] *s.m.* possessore.
possessif [posesif] (f. *-ive*) *agg.* possessivo ♦ *s.m.* (*gramm.*) possessivo.
possession [posesjɔ̃] *s.f.* **1** possesso (*m.*): *avoir en sa —*, possedere, essere in possesso di; *mettre qqn en — de sa charge*, insediare qlcu nella sua carica || *— de soi*, dominio di sé || (*dir.*) *— d'autrui*, possesso per conto terzi **2** possedimento coloniale **3** (*psic.*) possessione.
possessivité [posesivite] *s.f.* possessività.
possibilité [posibilite] *s.f.* possibilità || *se réserver la — de*, riservarsi la facoltà di.
possible [posibl] *agg.* e *s.m.* possibile: *il a tiré tout le parti — de cette situation*, ha sfruttato al massimo la situazione; *courir le moins de risques —*, correre meno rischi possibile; *il est — qu'il vienne*, può darsi che venga; *il serait — qu'il vienne*, potrebbe darsi che venisse; *venez, si (c'est) —, un peu à l'avance*, possibilmente, venite un po' prima; *il est plus bête que son frère, si c'est —*, è più stupido di suo fratello, ammesso che sia possibile; *c'est —*, può darsi; *c'est fort —!*, possibilissimo!; *faire tout son —*, fare tutto il possibile; *dans la mesure du —*, per quanto possibile || *pas —*, impossibile || *au —*, quanto mai.
postage [pɔstaʒ] *s.m.* l'imbucare.
postal [pɔstal] (pl. *-aux*) *agg.* postale.
postdaté [pɔstdate] *agg.* postdatato.
postdater [pɔstdate] *v.tr.* postdatare.
poste¹ [pɔst] *s.f.* posta: *bureau de —*, ufficio postale; *la grande —*, la posta centrale; *mettre à la —*, impostare, imbucare; *par la —*, per posta; *le cachet de la —*, il timbro postale; *— restante*, fermo posta || *chevaux de —*, cavalli di posta.
poste² *s.m.* **1** posto: *— de garde*, posto di guardia; *— de secours*, posto di pronto soccorso || *— de manœuvre*, stazione di manovra|| *— d'essence*, stazione di servizio || *— de téléphone*, cabina telefonica || (*rad.*) *— émetteur, récepteur*, (stazione) ricevente, trasmittente || (*ferr.*): *— d'aiguillage*, cabina di blocco; *— de signalisation*, cabina comando segnali || (*mar.*) *— à quai*, posto d'ormeggio || *— d'incendie*, dispositivo antincendio **2** posto (di lavoro); impiego: *il a rejoint*

son —, si è presentato al posto di lavoro || *être fidèle au* —, essere ligio al proprio lavoro, tenere fede ai propri impegni || *être solide au* —, (*fig.*) tener duro **3** turno (di lavoro ecc.): — *de nuit*, turno di notte **4** — (*de police*), posto di polizia, commissariato **5** — (*de radio*), (apparecchio) radio; — (*de télévision*), televisore, televisione **6** (*comm.*) voce, articolo.

posté [pɔste] *agg.*: *travail* —, lavoro a turni; (*ouvrier*) —, (operaio) turnista.

poster[1] [pɔste] *v.tr.* impostare, imbucare.

poster[2] *v.tr.* (*mil.*) appostare □ **se poster** *v.pron.* appostarsi.

postérieur [pɔsteRjœR] *agg.* e *s.m.* posteriore || -ement *avv.*

posteriori, a [apɔsteRjɔRi] *locuz.avv.* a posteriori.

posteriorità [pɔsteRjɔRite] *s.f.* posteriorità.

postérité [pɔsteRite] *s.f.* posterità: *passer à la* —, passare alla storia, ai posteri; *c'est pour la* —!, (*iron.*) è per la gloria!

postface [pɔstfas] *s.f.* postfazione.

posthume [pɔstym] *agg.* postumo || *décora-*

ADJECTIFS POSSESSIFS

FRANÇAIS	ITALIANO
1 **adjectif possessif + nom** ou **préposition simple + adjectif possessif + nom**	**articolo determinativo** o **preposizione articolata + aggettivo possessivo + sostantivo**
mes amis	i miei amici
je te parle de ta maison	ti parlo della tua casa
2 **adjectif possessif + nom** (dans des phrases exclamatives)	**sostantivo + aggettivo possessivo** (in frasi esclamative)
mon enfant!	figlio mio!
3 **adjectif possessif + nom**	**aggettivo dimostrativo + aggettivo possessivo + sostantivo**
tes habitudes sont bien bizarres	queste tue abitudini sono proprio strane
4 **adjectif numéral** ou **article indéfini + de + adjectif possessif**	**aggettivo numerale** o **articolo indeterminativo + aggettivo possessivo**
trois, quatre de ses camarades	tre, quattro suoi compagni
un de mes collègues	un mio collega
5 **adjectif** ou **adverbe de quantité + de + adjectif possessif**	**aggettivo di quantità + aggettivo possessivo**
beaucoup de tes camarades	molti tuoi compagni
quelques-uns de ses amis	alcuni suoi amici
combien de tes cousines	quante tue cugine
certains de leurs élèves	certi loro allievi
6 les mots indiquant des parties du corps, des personnes de la famille, des objets personnels sont généralement précédés de l'adjectif possessif:	i sostantivi che indicano parti del corpo, membri della famiglia, oggetti personali sono generalmente preceduti dall'articolo determinativo:
il la prit dans ses bras	la prese tra le braccia
elle est arrivée avec ses enfants	è arrivata coi figli
n'oublie pas ton sac	non dimenticare la borsetta

• a volte il pronome personale *che* in italiano precede il verbo può essere reso in francese con un aggettivo possessivo posto prima del sostantivo:

on a pris tous mes bijoux   mi hanno preso tutti i gioielli

• il pronome **ne** che si riferisce in italiano a una persona nominata nella proposizione precedente si traduce in francese con l'aggettivo possessivo:

j'aime Charles mais je vois tous ses défauts   amo Carlo ma ne vedo tutti i difetti *tion à titre*) —, decorazione alla memoria.

postiche [pɔstiʃ] *agg.* posticcio, finto ♦ *s.m.* posticcio (di capelli).

postier [pɔstje] (f. -*ère*) *s.m.* impiegato postale, postelegrafonico.

postillon [pɔstijɔ̃] *s.m.* **1** postiglione **2** schizzo di saliva (emesso parlando).

postillonner [pɔstijɔne] *v.intr.* spruzzare saliva (parlando).

postimpressionnisme [pɔstɛ̃pʀesjɔnism] *s.m.* postimpressionismo.

postimpressionniste [pɔstɛ̃pʀesjɔnist] *agg.* e *s.m.* postimpressionista.

postindustriel [pɔstɛ̃dystʀijɛl] (f. -*elle*) postindustriale.

postmoderne [pɔstmɔdɛʀn] *agg.* e *s.m.* postmoderno.

postopératoire [pɔstɔpeʀatwaʀ] *agg.* postoperatorio.

postposer [pɔstpoze] *v.tr.* posporre.

postposition [pɔstpozisjɔ̃] *s.f.* (*gramm.*) **1** inversione **2** particella pospositiva.

post-scriptum [pɔstskʀiptɔm] (pl. *invar.*) *s.m.* post scriptum.

postulant [pɔstylɑ̃] *s.m.* postulante.

postulat [pɔstyla] *s.m.* postulato.

postuler [pɔstyle] *v.tr.* **1** postulare **2** sollecitare.

postuniversitaire [pɔstynivɛʀsitɛʀ] *agg.* postuniversitario, postlaurea.

posture [pɔstyʀ] *s.f.* **1** posizione || *être, en bonne, en mauvaise* —, (*fig.*) essere, trovarsi in buone, in cattive acque **2** (*in Belgio*) statuina.

pot [po] *s.m.* **1** vaso (di terracotta); barattolo, vasetto: *un* — *de fleurs*, un vaso di fiori; *plantes en* —, piante in vaso; *un* — *de colle*, un barattolo di colla; — *à moutarde*, vasetto della senape; — *de confitures*, vasetto di marmellata; *nourrir un enfant de petits pots*, crescere un bambino a omogeneizzati || *sourd comme un* —, (*fam.*) sordo come una campana || *payer les pots cassés*, pagare (i danni), (*estens.*) fare le spese (di qlco), andarci di mezzo || *découvrir le* — *aux roses*, scoprire gli altarini **2** (*antiq.*) pentola (*f.*) || (*cuc.*) *poule au* —, gallina lessa || *à la fortune du* —, alla buona || *en deux coups de cuiller à* —, in quattro e quatt'otto || *tourner autour du* —, girare intorno all'argomento **3** — (*de chambre*), vaso da notte **4** (*fam.*) bicchiere: — *à bière*, boccale da birra; *payer un* —, offrire da bere || *un* — *d'adieu*, una bicchierata d'addio **5** (*gioco*) posta (*f.*) **6** fortuna (*f.*): *avoir du* —, essere fortunato || *manque de* —!, che scalogna! ◻ **pot à eau**, brocca dell'acqua; **pot à lait**, lattiera; **pot au lait**, bidone del latte ◻ **pot d'échappement, catalytique**, (*aut.*) marmitta di scarico, catalitica.

potable [pɔtabl] *agg.* **1** potabile **2** (*fam.*) passabile, discreto.

potache [pɔtaʃ] *s.m.* (*fam.*) studentello.

potage [pɔtaʒ] *s.m.* minestra (*f.*): — *aux légumes*, minestra di verdura.

potager [pɔtaʒe] (f. -*ère*) *agg.* **1** dell'orto: *plantes potagères*, ortaggi **2** (*jardin*) —, orto.

potard [pɔtaʀ] *s.m.* (*fam.*) farmacista.

potasse [pɔtas] *s.f.* (*chim.*) potassa.

potasser [pɔtase] *v.tr.* (*fam.*) — *ses bouquins*, sgobbare sui libri; — *un examen*, sgobbare per un esame.

potassique [pɔtasik] *agg.* (*chim.*) potassico.

potassium [pɔtasjɔm] *s.m.* (*chim.*) potassio.

pot-au-feu [pɔtofø] (pl. *invar.*) *s.m.* lesso, bollito (di manzo con verdure); carne di manzo (da lesso); pentola alta || *une personne* —, una persona tutta casa e famiglia.

pot-de-vin [pɔdvɛ̃] (pl. *pots-de-vin*) *s.m.* bustarella (*f.*), mazzetta (*f.*).

pote [pɔt] *s.m.* (*fam.*) amico.

poteau [pɔto] (pl. -*eaux*) *s.m.* **1** palo || — *indicateur*, segnale, indicatore stradale || *mettre au* —, mettere al muro; *au* —!, a morte! **2** (*sport*): — *de départ, d'arrivée*, linea di partenza, del traguardo; *se présenter au* —, presentarsi alla partenza; *rester au* —, rimanere al palo **3** (*mar.*) bitta (*f.*).

potée [pɔte] *s.f.* **1** (*cuc.*) bollito misto (di bue e maiale con verdure) **2** (*tecn.*) — *d'émeri*, polvere di smeriglio.

potelé [pɔtle] *agg.* paffuto, grassottello.

potence [pɔtɑ̃s] *s.f.* **1** forca || *gibier de* —, (*fig.*) avanzo di galera **2** (*tecn.*) mensola (d'angolo); braccio di sostegno a T || *en* —, a squadra.

potentat [pɔtɑ̃ta] *s.m.* despota, tiranno.

potentialiser [pɔtɑ̃sjalize] *v.tr.* potenziare: *l'alcool potentialise l'action des somnifères*, l'alcol aumenta gli effetti dei sonniferi.

potentialité [pɔtɑ̃sjalite] *s.f.* potenzialità.

potentiel [pɔtɑ̃sjɛl] (f. -*elle*) *agg.* e *s.m.* potenziale || -**ellement** *avv.*

potentille [pɔtɑ̃tij] *s.f.* (*bot.*) potentilla.

potentiomètre [pɔtɑ̃sjɔmɛtʀ] *s.m.* potenziometro.

poterie [pɔtʀi] *s.f.* **1** terracotta: *marchand de* —, negoziante di terraglie **2** vasellame (*m.*) || — *d'étain*, peltri **3** arte del vasaio **4** laboratorio del vasaio.

poterne [pɔtɛʀn] *s.f.* (*st.*) postierla.

pothos [pɔtɔs] *s.m.* (*bot.*) potos, potus.

potiche [pɔtiʃ] *s.f.* vaso (*m.*) (spec. di porcellana) || (*fam.*): *jouer les potiches*, avere un ruolo di rappresentanza; *président* —, presidente con funzione solo rappresentativa.

potier [pɔtje] *s.m.* vasaio.

potin [pɔtɛ̃] *s.m.* (*fam.*) **1** pettegolezzo **2** baccano.

potiner [pɔtine] *v.intr.* (*fam.*) spettegolare.

potinier [pɔtinje] (f. -*ère*) *agg.* e *s.m.* pettegolo.

potion [pɔsjɔ̃] *s.f.* pozione.

potiron [pɔtiʀɔ̃] *s.m.* (*bot. pop.*) zucca (*f.*).

potopoto [pɔtopɔto] *s.m.* (*in Africa*) fango secco usato per la costruzione di capanne.

pot-pourri [popuʀi] (pl. *pots-pourris*) *s.m.* **1** (*fig.*) miscuglio; fantasia (*f.*) **2** (*mus.*) fantasia (*f.*); (*lett.*) zibaldone, miscellanea (*f.*).

potron-minet [pɔtʀɔ̃mine] *s.m.* (*antiq.*) *dès* —, (sin) dall'alba.

pou [pu] (pl. *poux*) *s.m.* pidocchio ‖ *laid comme un* —, brutto come un rospo.

pouah [pwa] *inter.* puah!

poubelle [pubɛl] *s.f.* pattumiera; bidone delle immondizie.

pouce [pus] *s.m.* pollice ‖ — *du pied*, alluce ‖ (*fig.*): *mettre les pouces*, arrendersi, mollare; *donner le coup de* —, dare l'ultimo tocco; *donner un coup de* —, dare una spintarella; *se mordre les pouces de qqch*, mangiarsi le dita per qlco; *manger un morceau sur le* —, mangiare un boccone in piedi, in fretta e furia; *restauration sur le* —, fast-food ‖ (*in Canada*) *faire du* —, fare l'autostop ‖ *chaque* — *de cette pièce a été utilisé*, ogni centimetro della stanza è stato utilizzato; *un* — *de terrain*, un palmo di terreno; *d'un* —, di un millimetro ‖ (*nei giochi*): —!, *alii mortis!*, arimo!; — *cassé*, via, si riprende!

pouding [pudiŋ] *s.m.* pudding.

poudrage [pudʀaʒ] *s.m.* (*agr.*) impolverazione (*f.*): — *humide*, nebulizzazione.

poudre [pudʀ] *s.f.* **1** polvere ‖ (*fig.*): *jeter de la* — *aux yeux de qqn*, gettar la polvere negli occhi a qlcu **2** — (*à canon, à feu*), polvere (da sparo) ‖ *la nouvelle se répandit comme une traînée de* —, la notizia si diffuse con la rapidità di un fulmine ‖ *il n'a pas inventé la* —, (*fig.*) non è certo un'aquila **3** — (*de riz*), cipria: *se mettre de la* —, incipriarsi.

poudrer [pudʀe] *v.tr.* **1** incipriare **2** (*agr.*) impolverare □ **se poudrer** *v.pron.* incipriarsi.

poudrerie [pudʀəʀi] *s.f.* **1** polverificio (*m.*) **2** (*in Canada*) turbine di neve.

poudreuse [pudʀøz] *agg. e s.f.* (*neige*) —, neve farinosa.

poudrière [pudʀije] *s.m.* portacipria.

poudrière [pudʀijɛʀ] *s.f.* polveriera (*anche fig.*), deposito (*m.*) di esplosivi.

poudroiement [pudʀwamã] *s.m.* polverio.

poudroyer [pudʀwaje] (*coniug. come* envoyer) *v.intr.* **1** formare nubi di polvere **2** coprirsi di polvere, di pulviscolo **3** (*letter.*) far brillare il pulviscolo.

pouf¹ [puf] *s.m.* pouf, puf.

pouf² *inter.onom.* pof ‖ *faire* —, (*fam.*) cadere.

pouffer [pufe] *v.intr.*: — *de rire*, scoppiare a ridere.

pouf(f)iasse [pufjas] *s.f.* (*molto fam.*) baldracca.

pouillerie [pujʀi] *s.f.* (*fam.*) **1** miseria sordida **2** (*cosa*) porcheria; (*luogo*) porcile (*m.*).

pouilleux [pujø] (f. *-euse*) *agg.* **1** pidocchioso; miserabile, sordido **2** (*geogr.*) arido ♦ *s.m.* pezzente, straccione.

poujadisme [puʒadism] *s.m.* poujadismo, qualunquismo.

poulailler [pulaje] *s.m.* **1** pollaio **2** (*teatr.*) piccionaia (*f.*), loggione.

poulain [pulɛ̃] *s.m.* **1** (*zool.*) puledro **2** (*fam.*) pupillo, protetto **3** (*tecn.*) piano inclinato, scivolo.

poularde [pulaʀd] *s.f.* pollastra.

poulbot [pulbo] *agg.* monello.

poule¹ [pul] *s.f.* **1** gallina ‖ — *d'eau, des marais*, gallinella d'acqua ‖ (*fig.*): *une* — *mouillée*, un fifone, un coniglio; *mère* —, madre protettiva, una chioccia; *faire venir la chair de* —, far venire la pelle d'oca; *se coucher comme des poules*, andare a letto con le galline; *quand les poules auront des dents*, quando gli asini voleranno; *tu as l'air d'une* — *qui a couvé des œufs de cane!*, hai l'aria di esserci rimasto male! **2** (*fam.*) cocca, tesoro (*m.*) ‖ *une jolie petite* —, una bella pollastrella **3** (*fam.*) prostituta; amante: — *de luxe*, mantenuta di lusso.

poule² *s.f.* **1** puglia, puntata; posta; (*estens.*) partita: *gagner la* —, vincere la posta; *faire une* — *au billard*, vincere una partita a biliardo **2** (*sport*) girone di eliminazione, batteria.

poulet [pulɛ] *s.m.* **1** pollo, pollastro: — *de grain*, pollo di primo canto **2** (*fam.*) cocco, tesoro **3** (*fam.*) lettera **4** (*fam.*) poliziotto, sbirro.

poulette [pulɛt] *s.f.* pollastra ‖ *ma petite* —, (*fam.*) cocca mia.

pouliche [puliʃ] *s.f.* cavallina.

poulie [puli] *s.f.* puleggia.

pouliner [puline] *v.intr.* partorire (detto di giumenta).

poulinière [pulinjɛʀ] *agg. e s.f.* (giumenta) fattrice.

poulpe [pulp] *s.m.* (*zool.*) polpo.

pouls [pu] *s.m.* polso: *prendre le* —, sentire il polso.

poumon [pumɔ̃] *s.m.* polmone ‖ *s'user les poumons*, spolmonarsi ‖ *avoir des poumons*, aver fiato.

poupard [pupaʀ] *s.m.* bambino in fasce, bambolotto.

poupe [pup] *s.f.* (*mar.*) poppa.

poupée [pupe] *s.f.* **1** bambola: — *de chiffon*, bambola di pezza; *jouer à la* —, giocare alle bambole, con la bambola ‖ *de* —, da bambola, delle bambole **2** manichino (della sarta); testina (del parrucchiere) **3** (*mecc.*) toppo (del tornio) **4** (*fam.*) fasciatura (a un dito).

poupin [pupɛ̃] *agg.* paffuto.

poupon [pupɔ̃] (f. *-onne*) *s.m.* (*fam.*) bebè, pupo; bambolotto.

pouponner [pupɔne] *v.tr.* coccolare ♦ *v.intr.* curare (un neonato) con amore: *elle pouponne toute la journée*, non fa che occuparsi del suo bambino.

pouponnière [pupɔnjɛʀ] *s.f.* nido (d'infanzia).

pour¹ [puʀ] *prep.* **1** per: *le train* — *Paris*, il treno per Parigi; *ce sera* — *la semaine prochaine*, sarà per la settimana prossima; *je l'ai eu* — *mille francs*, l'ho avuto per mille franchi; *intérêt de trois* — *cent*, interesse del tre per cento ‖ *c'est fait, c'est étudié* —, è fatto apposta, è stato studiato appositamente ‖ *cela n'est pas* — *me déplaire*, non mi dispiace **2** (*predicativo*) per, come: *avoir* — *maître*, avere per, come maestro; *avoir* — *conséquence*, avere come conseguenza **3** (*limitazione*) per, secondo: — *moi, il n'a pas tort*, secondo me, per quanto mi riguarda non ha torto; *il fait encore beau* — *la saison*, il tempo è ancora bello considerata la stagione ‖ *être* — *beaucoup dans une affaire*, essere implicato in una faccenda;

avere un ruolo importante in una faccenda || — *ce qui est de...*, per quanto riguarda... 4 per, in quanto a: — *être intelligent, il l'est*, in quanto a essere intelligente lo è senza dubbio □ **être pour** 1 essere favorevole: *je suis — la paix*, sono favorevole alla pace; *que ceux qui sont —, lèvent la main*, chi è favorevole, alzi la mano; *être — ou contre*, essere a favore o contro 2 (+ *inf.*) (*letter.*) stare per: *il était — partir*, stava per partire □ **pour que** *locuz.cong.* 1 (*consecutiva*) per, perché: *je suis arrivé trop tard — qu'on puisse me recevoir*, sono arrivato troppo tardi per poter essere ricevuto 2 (*finale*) affinché, perché: *je t'invite — que tu ne restes pas seul*, ti invito perché tu non rimanga solo □ **pour...que** *locuz.cong.* per quanto: — *intelligent qu'il soit...*, per quanto intelligente sia...

pour[2] *s.m.invar.* pro: *il y a du — et du contre*, c'è il pro e il contro; *peser le — et le contre*, pesare i pro e i contro.

pourboire [puʀbwaʀ] *s.m.* mancia (*f.*).

pourceau [puʀso] (pl. *-eaux*) *s.m.* porco, porcello.

pourcentage [puʀsɑ̃taʒ] *s.m.* percentuale (*f.*).

pourchasser [puʀʃase] *v.tr.* inseguire (*anche fig.*); dare la caccia (a).

pourfendeur [puʀfɑ̃dœʀ] *s.m.* paladino, difensore.

pourfendre [puʀfɑ̃dʀ] (*coniug. come* rendre) *v.tr.* 1 attaccare violentemente 2 (*antiq.*) spaccare, tagliare in due (con una sciabolata).

pourlécher [puʀleʃe] (*coniug. come* céder) *v.tr.*: *se — les babines*, (*fam.*) leccarsi i baffi □ **se pourlécher** *v.pron.* leccarsi i baffi.

pourparlers [puʀpaʀle] *s.m.pl.* negoziato (*sing.*), trattativa (*f.sing.*): *engager, entamer des —*, intavolare un negoziato; *entrer, être en —*, entrare, essere in trattativa.

pourpier [puʀpje] *s.m.* (*bot.pop.*) portulaca (*f.*).

pourpoint [puʀpwɛ̃] *s.m.* farsetto, giubba (*f.*).

pourpre [puʀpʀ] *s.f.* porpora (*anche fig.*) ♦ *s.m.* (*color*) porpora ♦ *agg.* purpureo, di porpora (*anche fig.*).

pourpré [puʀpʀe] *agg.* (*letter.*) purpureo.

pourquoi [puʀkwa] *avv.* e *cong.* perché: — *as-tu menti?*, perché hai mentito?; *je ne comprends pas — il est si taciturne*, non capisco perché sia così taciturno; *sans savoir —*, senza sapere (il) perché; — *pas?*, perché no?; — *est-ce qu'il ne vient pas?*, (*fam.*) perché non viene? || *c'est — je me plains*, per questo mi lamento ♦ *s.m.* (pl. *invar.*) (il) perché: *demander le — d'une chose*, chiedere la ragione di una cosa; *les — des enfants*, i perché dei bambini.

pourri [puʀi] *agg.* e *s.m.* marcio (*anche fig.*): *bois —*, legno marcio, legna fradicia; *viande pourrie*, carne andata a male; *un milieu —*, (*fig.*) un ambiente corrotto || *temps —*, tempo umido || — *de*, (*fig. fam.*) pieno di: *il est — de fric*, è pieno di soldi.

pourridié [puʀidje] *s.m.* (*agr.*) marciume radicale (delle vite ecc.).

pourrir [puʀiʀ] *v.intr.* marcire (*anche fig.*) ♦ *v.tr.* (far) marcire (*anche fig.*) || — *un enfant*, viziare

un bambino □ **se pourrir** *v.pron.* 1 marcire 2 (*fig.*) guastarsi, deteriorarsi.

pourrissement [puʀismɑ̃] *s.m.* 1 putrefazione (*f.*) 2 (*fig.*) deterioramento.

pourriture [puʀityʀ] *s.f.* 1 putrefazione 2 (*fig.*) marciume (*m.*), corruzione 3 persona ignobile, carogna.

poursuite [puʀsɥit] *s.f.* 1 inseguimento (*m.*) || *la — de la vérité*, la ricerca della verità 2 proseguimento (*m.*), continuazione 3 (*dir.*) procedimento (*m.*): *entamer des poursuites contre qqn*, promuovere un'azione giudiziaria contro qlcu || *sous peine de poursuite(s)*, i trasgressori saranno perseguiti penalmente.

poursuivant [puʀsɥivɑ̃] *s.m.* inseguitore ♦ *agg.* e *s.m.* (*dir.*) attore, agente.

poursuivi [puʀsɥivi] *part. pass. di* poursuivre.

poursuivre [puʀsɥivʀ] (*coniug. come* suivre) *v.tr.* 1 inseguire (*anche fig.*): *être poursuivi par ses créanciers*, essere braccato dai creditori || — *le bonheur*, ricercare la felicità; — *un but*, perseguire uno scopo 2 proseguire, continuare: — *sa marche*, proseguire la marcia 3 perseguitare, tormentare: — *qqn de ses menaces*, perseguitare qlcu con minacce 4 (*dir.*) perseguire: — *au civil, au pénal*, agire in sede civile, penale; — *qqn en justice*, intentare causa a qlcu || — *en diffamation*, querelare per diffamazione □ **se poursuivre** *v.pron.* 1 proseguire, durare 2 rincorrersi (l'un l'altro).

pourtant [puʀtɑ̃] *avv.* eppure, tuttavia: *il le mérite —!*, eppure se lo merita!

pourtour [puʀtuʀ] *s.m.* circuito, circonferenza (*f.*).

pourvoi [puʀvwa] *s.m.* (*dir.*) ricorso: — *en grâce*, domanda di grazia.

pourvoir [puʀvwaʀ] (*coniug. come* voir, *tranne*: *Indic.fut.* je pourvoirai, etc.; *pass.rem.* je pourvus, etc. *Cond.* je pourvoirais, etc. *Cong.imperf.* que je pourvusse, etc.) *v.intr.* provvedere: *emplois à —*, posti da attribuire ♦ *v.tr.* 1 fornire 2 dotare, provvedere (di) □ **se pourvoir** *v.pron.* 1 provvedersi, munirsi 2 (*dir.*) ricorrere.

pourvoyeur [puʀvwajœʀ] (f. *-euse*) *s.m.* 1 fornitore 2 spacciatore (di droga).

pourvu [puʀvy] *part. pass. di* pourvoir ♦ *agg.* provvisto; dotato: *être — de*, possedere; *il est bien — d'argent*, ha molti soldi.

pourvu que [puʀvykə] *locuz.cong.* purché, a condizione che.

poussa(h) [pusa] *s.m.* 1 (*giocattolo*) misirizzi 2 (*fig.*) ciccione.

pousse [pus] *s.f.* 1 (*bot.*) germogliazione, germinazione 2 germoglio (*m.*) 3 crescita.

poussé [puse] *agg.* 1 spinto (*spec.fig.*) 2 approfondito; curato.

pousse-café [puskafe] (pl. *invar.*) *s.m.* (*fam.*) ammazzacaffè.

poussée [puse] *s.f.* 1 spinta 2 (*med.*) accesso (*m.*) || — *de xénophobie*, ondata di xenofobia.

pousse-pousse [puspus] (pl. *invar.*) *s.m.* risciò.

pousser [puse] *v.tr.* 1 spingere (*anche fig.*) || —

qqn du genou, dare una ginocchiata a qlcu ‖ *pousser la porte*, accostare, aprire la porta; — *le verrou*, tirare il chiavistello ‖ — *le feu*, attizzare il fuoco ‖ — *un objet aux enchères*, far salire il prezzo di un oggetto all'asta ‖ — *ses études*, continuare gli studi ‖ — *un élève*, spronare un alunno a studiare ‖ — *en avant*, mettere in vista ‖ *à la va comme je te pousse*, (*fam.*) in qualche modo 2 emettere: — *des vivats*, lanciare degli evviva ‖ (*fam.*): — *une chanson*, cantare; *en — une*, fare una cantatina ♦ *v.intr.* 1 crescere: *les premiers bourgeons poussent*, spuntano i primi germogli 2 spingersi, avanzare ‖ *faut pas—!*, (*fam.*) non bisogna esagerare! □ **se pousser** *v.pron.* 1 spingersi avanti: *pousse-toi, laisse-moi passer*, fatti in là, lasciami passare; *il fait tout pour se —*, fa di tutto per farsi strada 2 spingersi a vicenda).

poussette [puset] *s.f.* 1 passeggino (*m.*) 2 — (*de marché*), carrello per la spesa 3 (*sport*) spinta (a un corridore).

poussier [pusje] *s.m.* (*ind.*) polvere (di carbone).

poussière [pusjɛʀ] *s.f.* polvere ‖ *tomber en —*, andare in polvere, cadere in rovina ‖ *j'ai une — dans l'œil*, ho un bruscolo nell'occhio ‖ *mille francs et des poussières*, mille franchi e rotti ‖ *une — d'étoiles*, una miriade di stelle ‖ *poussières atmosphériques*, pulviscolo atmosferico.

poussiéreux [pusjeʀø] (f. *-euse*) agg. polveroso (*anche fig.*).

poussif [pusif] (f. *-ive*) agg. 1 (*vet.*) bolso 2 asmatico ‖ *voiture poussive*, (*fam.*) macchina un po' asmatica.

poussin [pusɛ̃] *s.m.* 1 pulcino ‖ *mon —!*, (*fam.*) tesoro! 2 (*cuc.*) — *d'Hambourg*, galletto amburghese.

poussivement [pusivmɑ̃] *avv.* col fiatone, ansimando.

poussoir [puswaʀ] *s.m.* pulsante ‖ — *d'une montre*, bottone di carica di un orologio.

poutre [putʀ] *s.f.* trave: — *apparente*, trave a vista.

poutrelle [putʀɛl] *s.f.* 1 piccola trave 2 putrella (di ferro).

poutser [putse] *v.tr.* (*in Svizzera*) (*fam.*) 1 pulire 2 far sparire.

pouvoir[1] [puvwaʀ]

Indic.pres. je peux (*o* je puis), tu peux, il peut, nous pouvons, vous pouvez, ils peuvent; *imperf.* je pouvais, etc.; *pass.rem.* je pus, etc.; *fut.* je pourrai, etc. *Cond.* je pourrais, etc. *Cong.pres.* que je puisse, etc.; *imperf.* que je pusse, que tu pusses, qu'il pût, etc. *Part.pres.* pouvant; *pass.* pu.

v.intr. 1 potere: *puis-je entrer?*, posso entrare?; *je ne peux pas vous aider, je ne puis vous aider*, non posso aiutarvi; *je n'y peux rien*, non posso farci niente, non è colpa mia; *ils n'ont (pas) pu partir*, non hanno potuto partire, non sono potuti partire; *je n'ai (pas) pu me laver*, non ho potuto lavarmi, non mi sono potuto lavare; *partez quand vous pourrez*, partite quando potete; *il a fait toutes les tentatives qu'il a pu (faire)*, ha fatto tutti i tentativi che ha potuto, ha tentato tutto il possi-

bile ‖ — *beaucoup*, essere molto potente; — *beaucoup sur qqn*, avere un forte ascendente su qlcu ‖ *je n'en peux vraiment plus!*, non ne posso proprio più! ‖ *il est on ne peut plus aimable*, è quanto mai gentile; *il était on ne peut plus heureux*, era al colmo della gioia; *elle est on ne peut moins sympathique*, è quanto mai antipatica; *j'étais on ne peut moins décidé*, ero molto poco deciso; *il a répondu on ne peut mieux*, non poteva rispondere meglio di così; *c'est on ne peut mieux*, meglio di così non si può ‖ *qu'est-ce que cela peut faire?*, che importanza può avere questo? ‖ *qui peut le plus, peut le moins*, chi sa fare le grandi cose, sa fare anche le piccole 2 (*usato impersonalmente per indicare probabilità*): *il peut y avoir un problème, des problèmes*, può esserci un problema, possono esserci dei problemi; *il pouvait être sept heures*, potevano essere le sette, saranno state le sette; *il peut se faire que, il se peut que, il se pourrait que*, può darsi che; *cela se peut*, può darsi; *cela ne se peut pas*, questo è impossibile; *ça se pourrait bien!*, (*fam.*) potrebbe darsi!, tutto è possibile!; *autant que faire se peut*, (*letter.*) nella misura del possibile.

pouvoir[2] *s.m.* 1 potere 2 influenza (*f.*), ascendente: *il a un grand — sur moi*, esercita un grande ascendente su di me 3 (*dir.*) autorizzazione (*f.*), procura (*f.*): *donner un — par-devant notaire*, dare una procura dinanzi a notaio ‖ *fondé de —*, procuratore ‖ *présenter ses pouvoirs*, presentare le proprie credenziali.

pouzzolane [puzɔlan] *s.f.* (*geol.*) pozzolana.

practice [pʀaktis] *s.m.* (*sport*) campo pratica (per il golf).

pragmatique [pʀagmatik] *agg.* prammatico.

pragmatisme [pʀagmatism] *s.m.* pragmatismo.

pragmatiste [pʀagmatist] *agg. e s.m.* pragmatista.

pragois, **praguois** [pʀagwa] *agg. e s.m.* praghese.

praire [pʀɛʀ] *s.f.* (*zool.*) tartufo (di mare).

prairie [pʀeʀi] *s.f.* prato (*m.*); (*geogr.*) prateria.

praline [pʀalin] *s.f.* pralina.

praliné [pʀaline] *agg.* pralinato.

praliner [pʀaline] *v.tr.* (*cuc.*) pralinare.

praticable [pʀatikabl] *agg.* 1 praticabile, percorribile 2 realizzabile ♦ *s.m.* 1 (*teatr.*) praticabile 2 (*tv, cine.*) carrello mobile.

praticien [pʀatisjɛ̃] (f. *-enne*) *s.m.* 1 esperto 2 medico (che esercita) 3 (*scultura*) sbozzatore.

pratiquant [pʀatikɑ̃] *agg. e s.m.* praticante.

pratique[1] [pʀatik] *agg.* pratico; comodo.

pratique[2] *s.f.* 1 pratica: *la — du monde*, l'esperienza del mondo; *la — des hommes*, la conoscenza degli uomini ‖ *des pratiques malhonnêtes*, metodi disonesti ‖ *la — des affaires*, la prassi degli affari; *termes de —*, termini di procedura 2 cliente; clientela ‖ *donner sa — à un boulanger*, servirsi da un panettiere.

pratiquement [pʀatikmɑ̃] *avv.* 1 praticamente 2 (*fam.*) più o meno, pressoché: *des résultats — nuls*, dei risultati pressoché nulli.

pratiquer [pʀatike] *v.tr.* praticare: *il prêche le*

bien sans le —, predica il bene ma non lo mette in pratica; *ce médecin pratique depuis longtemps,* quel medico esercita da molto rempo; — *un trou,* fare un buco || — *le grand monde,* (*letter.*) frequentare il gran mondo ♦ *v.intr.* essere praticante (di una religione).

₁pré [pRe] *s.m.* prato || — *carré,* (*fig.*) orticello.

pré- *pref.* pre-

préalable [pRealabl] *agg.* e *s.m.* preliminare: *les accords préalables,* gli accordi presi in precedenza; *il pose un — inacceptable,* pone una condizione inaccettabile || *sans avis* —, senza preavviso; *sans aucun* —, senza preamboli || *au* —, innanzitutto, prima di tutto, preliminarmente.

préalablement [pRealablǝmã] *avv.* innanzitutto, prima di tutto, preliminarmente.

préalpin [pRealpɛ̃] *agg.* prealpino.

préambule [pReɑ̃byl] *s.m.* preambolo; premessa (*f.*).

préau [pReo] (pl. *-eaux*) *s.m.* cortile; portico (di una scuola).

préavis [pReavi] *s.m.* preavviso.

prébende [pRebɑ̃d] *s.f.* prebenda.

précaire [pRekɛR] *agg.* precario || **-ement** *avv.*

précambrien [pRekɑ̃bRijɛ̃] (f. *-enne*) *agg.* e *s.m.* (*geol.*) precambriano.

précarité [pRekaRite] *s.f.* precarietà.

précaution [pRekosjɔ̃] *s.f.* precauzione: *prendre ses précautions,* prendere le dovute precauzioni; *user de précautions,* fare attenzione; *marcher avec* —, camminare con cautela; *avec les précautions voulues,* con i dovuti riguardi.

précautionneusement [pRekosjonøzmã] *avv.* con cautela, con prudenza.

précautionneux [pRekosjonø] (f. *-euse*) *agg.* (*letter.*) cauto, prudente.

précédemment [pResedamã] *avv.* precedentemente, prima.

précédent [pResedɑ̃] *agg.* e *s.m.* precedente: *sans* —, senza precedenti.

précéder [pResede] (*coniug. come* céder) *v.tr.* precedere.

précepte [pResɛpt] *s.m.* precetto.

précepteur [pResɛptœR] (f. *-trice*) *s.m.* precettore, istitutore.

précession [pResesjɔ̃] *s.f.* (*astr.*) precessione.

prêche [pRɛʃ] *s.m.* predica (*f.*).

prêcher [pReʃe] *v.tr.* e *intr.* predicare (*anche fig.*): — *d'exemple, par l'exemple,* predicare con l'esempio || —*les infidèles,* evangelizzare gli infedeli.

prêcheur [pReʃœR] (f. *-euse*) *s.m.* predicatore (*spec. scherz.*).

prêchi-prêcha [pReʃipReʃa] (pl. *invar.*) *s.m.* (*fam.*) sproloquio.

préchrétien [pRekRetjɛ̃] (f. *-enne*) *agg.* precristiano.

précieuse [pResjøz] *s.f.* (*st. lett.*) preziosa.

précieusement [pResjøzmã] *avv.* gelosamente.

précieux [pResjø] (f. *-euse*) *agg.* **1** prezioso (*anche fig.*) **2** affettato **3** (*st. lett.*) prezioso: *la littérature précieuse,* la letteratura del preziosismo ♦ *s.m.* preziosità (*f.*).

préciosité [pResjozite] *s.f.* **1** preziosità, ricercatezza **2** (*lett.*) preziosismo (*m.*).

précipice [pResipis] *s.m.* precipizio.

précipitamment [pResipitamã] *avv.* precipitosamente.

précipitation [pResipitasjɔ̃] *s.f.* precipitazione.

précipité [pResipite] *agg.* precipitoso || *respiration précipitée,* respiro affannoso || *jugement* —, (*fig.*) giudizio avventato ♦ *s.m.* (*chim.*) precipitato.

précipiter [pResipite] *v.tr.* **1** precipitare, gettare (*anche fig.*) **2** affrettare (*anche fig.*) ♦ *v.intr.* (*chim.*) precipitare □ **se précipiter** *v.pron.* **1** precipitarsi, gettarsi (*anche fig.*) *les événements se précipitent,* gli avvenimenti precipitano **3** (*chim.*) precipitare.

précis [pResi] *agg.* preciso || *à six heures précises,* alle sei precise, in punto ♦ *s.m.* compendio, prontuario.

précisément [pResizemã] *avv.* **1** precisamente: *il n'est pas* — *doué,* non si può dire che sia molto dotato **2** (per l'appunto).

préciser [pResize] *v.tr.* precisare; puntualizzare □ **se préciser** *v.pron.* precisarsi.

précision [pResizjɔ̃] *s.f.* **1** precisione **2** *pl.* precisazioni.

précoce [pRekɔs] *agg.* precoce || **-ement** *avv.*

précocité [pRekɔsite] *s.f.* precocità.

précolombien [pRekɔlɔ̃bjɛ̃] (f. *-enne*) *agg.* precolombiano.

précompte [pRekɔ̃t] *s.m.* (*comm.*) trattenuta (*f.*), ritenuta (*f.*).

préconçu [pRekɔ̃sy] *agg.* preconcetto.

préconiser [pRekɔnize] *v.tr.* raccomandare vivamente.

précontraint [pRekɔ̃tRɛ̃] *agg.* (*tecn.*) precompresso.

précuit [pRekɥi] *agg.* e *s.m.* precotto: (*aliments*) *précuits,* precotti.

précurseur [pRekyRsœR] *agg.* e *s.m.* precursore; precorritore, anticipatore.

prédateur [pRedatœR] (f. *-trice*) *agg.* e *s.m.* predatore.

prédécès [pRedesɛ] *s.m.* (*dir.*) premorienza (*f.*).

prédécesseur [pRedesesœR] *s.m.* predecessore; (*pl.*) antenati.

prédécoupé [pRedekupe] *agg.* pretagliato; fustellato (di foglio).

prédestination [pRedestinasjɔ̃] *s.f.* predestinazione.

prédestiné [pRedestine] *agg.* e *s.m.* predestinato.

prédestiner [pRedestine] *v.tr.* predestinare.

prédétermination [pRedeteRminasjɔ̃] *s.f.* predeterminazione.

prédéterminer [pRedeteRmine] *v.tr.* predeterminare.

prédicat [pRedika] *s.m.* predicato.

prédicateur [pRedikatœR] (f. *-trice*) *s.m.* predicatore.

prédicatif [pRedikatif] (f. *-ive*) *agg.* predicativo.

prédication [pRedikasjɔ̃] *s.f.* predicazione; predica.

prédiction [pRediksjɔ̃] *s.f.* predizione.

prédigéré [pʀediʒeʀe] *agg.* predigerito.
prédilection [pʀedilɛksjɔ̃] *s.f.* predilezione || *de* —, preferito.
prédire [pʀediʀ] (*coniug. come* dire, *tranne alla 2ª persona pl. dell'Indic.pres. e dell'Imp.:* prédisez) *v.tr.* predire.
prédisposé [pʀedispoze] *agg.* predisposto, incline.
prédisposer [pʀedispoze] *v.tr.* predisporre.
prédisposition [pʀedispozisjɔ̃] *s.f.* predisposizione.
prédit [pʀedi] *part. pass. di* prédire.
prédominance [pʀedɔminɑ̃s] *s.f.* predominanza, prevalenza.
prédominant [pʀedɔminɑ̃] *agg.* predominante.
prédominer [pʀedɔmine] *v.intr. e tr.* predominare, prevalere.
préemballé [pʀeɑ̃bale] *agg.* preconfezionato.
prééminence [pʀeeminɑ̃s] *s.f.* preminenza; superiorità.
prééminent [pʀeeminɑ̃] *agg.* preminente.
préemption [pʀeɑ̃psjɔ̃] *s.f.* (*dir.*) prelazione: *droit de* —, diritto di prelazione.
préenregistrer [pʀeɑ̃ʀʒistʀe] *v.tr.* preregistrare.
préétabli [pʀeetabli] *agg.* prestabilito.
préexistant [pʀeɛgzistɑ̃] *agg.* preesistente.
préexistence [pʀeɛgzistɑ̃s] *s.f.* preesistenza.
préexister [pʀeɛgziste] *v.intr.* preesistere.
préfabrication [pʀefabʀikasjɔ̃] *s.f.* prefabbricazione.
préfabriqué [pʀefabʀike] *agg. e s.m.* prefabbricato.
préfabriquer [pʀefabʀike] *v.tr.* prefabbricare.
préface [pʀefas] *s.f.* **1** prefazione, premessa **2** (*eccl.*) prefazio (*m.*).
préfacer [pʀefase] (*coniug. come* placer) *v.tr.* scrivere la prefazione (di).
préfectoral [pʀefɛktɔʀal] (pl. *-aux*) *agg.* prefettizio.
préfecture [pʀefɛktyʀ] *s.f.* prefettura || — (*de police*), questura || — *maritime*, dipartimento militare marittimo.
préférable [pʀefeʀabl] *agg.* preferibile.
préféré [pʀefeʀe] *agg. e s.m.* preferito; prediletto.
préférence [pʀefeʀɑ̃s] *s.f.* preferenza || *faire des préférences*, fare delle differenze || *une* — *pour les mathématiques*, una predilezione per la matematica || *de* —, più volentieri.
préférentiel [pʀefeʀɑ̃sjɛl] (f. *-elle*) *agg.* preferenziale: *vote* —, (voto di) preferenza.
préférer [pʀefeʀe] (*coniug. come* céder) *v.tr.* preferire.
préfet [pʀefɛ] *s.m.* prefetto || — *de police*, questore || — *maritime*, comandante di un dipartimento marittimo || — *des études*, istitutore (nei collegi religiosi).
préfète [pʀefɛt] *s.f.* **1** moglie del prefetto **2** (*fam.*) (donna) prefetto.
préfiguration [pʀefigyʀasjɔ̃] *s.f.* prefigurazione.
préfigurer [pʀefigyʀe] *v.tr.* prefigurare.
préfinancement [pʀefinɑ̃smɑ̃] *s.m.* (*econ.*) prefinanziamento.

préfixation [pʀefiksasjɔ̃] *s.f.* (*ling.*) prefissazione.
préfixe [pʀefiks] *s.m.* prefisso.
préfixer [pʀefikse] *v.tr.* prefiggere, prestabilire.
préglaciaire [pʀeglasjɛʀ] *agg.* (*geol.*) preglaciale.
préhenseur [pʀeɑ̃sœʀ] *agg.*: *organe* —, organo prensile.
préhensile [pʀeɑ̃sil] *agg.* prensile.
préhistoire [pʀeistwaʀ] *s.f.* preistoria.
préhistorien [pʀeistɔʀjɛ̃] (f. *-enne*) *s.m.* specialista di preistoria.
préhistorique [pʀeistɔʀik] *agg.* preistorico.
préindustriel [pʀeɛ̃dystʀijɛl] (f. *-elle*) *agg.* preindustriale.
préjudice [pʀeʒydis] *s.m.* pregiudizio (*spec.dir.*); danno (*spec.comm.*): *porter* — *à qqn*, recare danno a qlcu || *au* — *de qqn*, a scapito di qlcu; *au* — *de qqch*, con pregiudizio di qlco.
préjudiciable [pʀeʒydisjabl] *agg.* pregiudizievole.
préjudiciel [pʀeʒydisjɛl] (f. *-elle*) *agg.* (*dir.*) pregiudiziale.
préjugé [pʀeʒyʒe] *s.m.* **1** pregiudizio: *un homme à préjugés*, un uomo pieno di pregiudizi || *avoir un* — *favorable à l'égard de qqn*, essere ben disposto nei confronti di qlcu **2** (*dir.*) precedente.
préjuger [pʀeʒyʒe] (*coniug. come* manger) *v.tr.* giudicare a priori ♦ *v.intr.* dare un giudizio prematuro: *je ne veux pas* — *de la question*, non voglio anticipare nessun giudizio sull'argomento.
prélasser, se [səpʀelɑ(a)se] *v.pron.* starsene senza far niente.
prélat [pʀela] *s.m.* (*eccl.*) prelato.
prélature [pʀelatyʀ] *s.f.* (*eccl.*) prelatura.
prélavage [pʀelavaʒ] *s.m.* prelavaggio.
prêle, prèle [pʀɛl] *s.f.* (*bot. pop.*) coda di cavallo, brusca.
prélèvement [pʀelɛvmɑ̃] *s.m.* prelievo.
prélever [pʀelve] (*coniug. come* semer) *v.tr.* prelevare.
préliminaire [pʀeliminɛʀ] *agg.* preliminare ♦ *s.m.pl.* preliminari, premesse.
prélude [pʀelyd] *s.m.* preludio.
préluder [pʀelyde] *v.intr.* **1** (*mus.*) preludiare **2** (*fig.*) preludere.
prématuré [pʀematyʀe] *agg.* prematuro || *-ément avv.*
préméditation [pʀemeditasjɔ̃] *s.f.* premeditazione: *assassinat avec* —, omicidio premeditato.
préméditer [pʀemedite] *v.tr.* premeditare.
prémices [pʀemis] *s.f.pl.* **1** primizie; primi nati (di un gregge ecc.) **2** (*letter.*) inizio: *les* — *de l'hiver*, gli inizi, i primi annunci dell'inverno; *les* — *de la guerre*, le prime avvisaglie della guerra; *les* — *d'une crise économique*, i primi sintomi di una crisi economica.
premier [pʀəmje] (f. *-ère*) *agg.* primo: *arriver le* —, arrivare (per) primo; *passez le* —, passi prima lei; *au* — *plan*, in primo piano ♦ *s.m.* **1** primo: — *de cordée*, capo cordata **2** *le* — (*étage*), il primo piano: *j'habite au* —, sto al primo piano **3** (*teatr.*) *jeune* —, attor giovane □ **en premier** *lo-*

cuz.avv. in primo luogo || *arriver en* —, arrivare in testa.

première [pRəmjɛR] *s.f.* prima || (*classe de*) —, (classe corrispondente alla) terza superiore || — (*couturière*), prima lavorante (di una sartoria) || (*tip.*) — (*épreuve*), prima bozza || *tomber la tête la* —, cadere con la testa in avanti □ **de première** *locuz.* (*fam.*) di prima qualità, di prima scelta.

premièrement[pRəmjɛRmɑ̃]*avv.* in primo luogo.

premier-né [pRəmjene] (pl. *premiers-nés*, f. *première-née*) *agg.* e *s.m.* primogenito.

prémisse [pRemis] *s.f.* (*spec.pl.*) premessa.

prémolaire [pRemɔlɛR] *s.f.* premolare (*m.*).

prémonition [pRemɔnisjɔ̃] *s.f.* premonizione.

prémonitoire[pRemɔnitwaR]*agg.* premonitorio.

prémunir [pRemyniR] *v.tr.* premunire □ **se prémunir** *v.pron.* premunirsi.

prenable [pRənabl] *agg.* prendibile, espugnabile.

prenant [pRənɑ̃] *agg.* **1** che fa presa || (*dir.*) *la partie prenante*, il beneficiario **2** avvincente, appassionante **3** impegnativo.

prénatal [pRenatal] (pl. *-als*, *-aux*) *agg.* prenatale: *allocations prénatales*, indennità di maternità.

prendre [pRɑ̃dR]

Indic.pres. je prends, tu prends, il prend, nous prenons, vous prenez, ils prennent; *imperf.* je prenais, etc.; *pass.rem.* je pris, etc.; *fut.* je prendrai, etc. *Cond.* je prendrais, etc. *Cong.pres.* que je prenne, etc., que nous prenions, que vous preniez, qu'ils prennent; *imperf.* que je prisse, que tu prisses, qu'il prît, etc. *Part.pres.* prenant; *pass.* pris. *Imp.* prends, prenons, prenez.

v.tr. **1** prendere: *qu'est-ce qui te prend?*, che ti prende?; *il me prend envie, l'envie me prend de...*, mi viene voglia di... || *— son petit déjeuner*, far colazione || *il l'a pris par le sentiment*, ha fatto leva sul sentimento || *il l'a bien pris*, l'ha presa bene; *ne le prends pas de si haut!*, non fare il superbo! || *c'est à — ou à laisser*, prendere o lasciare || *il en a pris pour son grade!*, ha avuto quello che si meritava! || *il a pris sur lui de parler à son père*, si è impegnato a parlare con suo padre || *— l'eau*, lasciar passare l'acqua (di scarpe) || *à tout* —, tutto sommato, tutto considerato || *se laisser — par les apparences*, lasciarsi influenzare dalle apparenze || *il n'est pas bon de — trop sur son sommeil*, non fa bene a sottrarre molto tempo al sonno || *— beaucoup de place*, tenere, occupare molto posto || *il s'est pris le pied dans une racine*, ha inciampato in una radice || *il faut — sur soi*, bisogna sapersi dominare **2** cogliere, sorprendere: *l'orage nous a pris en pleine nuit*, il temporale ci ha sorpreso in piena notte; *je t'y prends!*, ti (ci) ho pescato!; *on ne m'y prendra plus!*, non me la fanno più, non ci casco più! || *combien prend-il de l'heure?*, quanto prende all'ora? ♦ *v.intr.* **1** prendere, attaccare; attecchire (*anche fig.*): *cette colle ne prend pas*, questa colla non attacca, non fa presa; *la sauce a pris au fond de la casserole*, il sugo s'è attaccato sul fondo della pentola || *ça ne prend pas avec moi*, (*fam.*) con me non attacca **2** rapprendersi

♦ **se prendre** *v.pron.* **1** rimaner preso, impigliato || *se — à*, cominciare a; *ils s'y sont pris trop tardi*, troppo tardi si sono dati da fare || *il ne sait pas s'y* —, non ci sa fare || *se — à qqch*, interessarsi di || *se — d'amitié pour qqn*, concepire amicizia per qlcu || *se — (pour)*, prendersi (per), credersi; *pour qui se prend-il?*, chi crede di essere?; (*in Canada*) *— pour un autre*, darsi delle arie || *s'en — à qqn*, prendersela con qlcu **2** prendersi (a vicenda).

preneur [pRənœR] (f. *-euse*) *agg.* e *s.m.* (*comm.*) acquirente.

prénom [pRenɔ̃] *s.m.* nome (di battesimo).

prénommé [pRenɔme] *agg.* **1** chiamato **2** (*dir.*) succitato.

prénommer [pRenɔme] *v.tr.* chiamare, dare un nome a.

prénuptial [pRenypsjal] (pl. *-aux*) *agg.* prematrimoniale.

préoccupant [pReɔkypɑ̃] *agg.* preoccupante.

préoccupation [pReɔkypasjɔ̃] *s.f.* preoccupazione.

préoccupé [pReɔkype] *agg.* preoccupato.

préoccuper [pReɔkype] *v.tr.* preoccupare, dare pensiero □ **se préoccuper** *v.pron.* preoccuparsi.

préparateur [pReparatœR] (f. *-trice*) *s.m.* analista (di laboratorio) || *— en pharmacie*, dipendente diplomato di farmacia.

préparatif [pReparatif] *s.m.* (*spec.pl.*) preparativo.

préparation [pReparasjɔ̃] *s.f.* **1** preparazione || *— militaire*, addestramento militare **2** preparato (*m.*), prodotto (*m.*).

préparatoire [pReparatwaR] *agg.* preparatorio || *cours* —, (classe corrispondente alla) prima elementare || *classe — aux grandes écoles*, ciascuno dei due anni propedeutici per l'ammissione alle Grandes Ecoles.

préparé [pRepare] *agg.* preparato.

préparer [pRepare] *v.tr.* preparare ♦ **se préparer** *v.pron.* prepararsi.

prépondérance [pRepɔ̃deRɑ̃s] *s.f.* preponderanza.

prépondérant [pRepɔ̃deRɑ̃] *agg.* preponderante.

préposé [pRepoze] *s.m.* **1** preposto, incaricato: *— aux achats*, addetto agli acquisti || *— des douanes*, doganiere **2** portalettere, postino.

préposer [pRepoze] *v.tr.* preporre.

préposition [pRepozisjɔ̃] *s.f.* (*gramm.*) preposizione.

prépuce [pRepys] *s.m.* (*anat.*) prepuzio.

préraphaélite [pReRafaelit] *agg.* e *s.m.* (*st. arte*) preraffaellita.

prérasage [pReRaza3] *s.m.* prebarba: *lotion* —, lozione prebarba.

préretraite [pReRətRɛt] *s.f.* prepensionamento (*m.*).

prérogative [pReRɔgativ] *s.f.* prerogativa.

préromain [pReRɔmɛ̃] *agg.* preromano.

préroman [pReRɔmɑ̃] *agg.* **1** (*ling.*) preromanzo **2** (*st. arte*) preromanico.

préromantique [pReRɔmɑ̃tik] *agg.* e *s.m.* preromantico.

préromantisme [pReROmãtism] *s.m.* preromanticismo.

près [pRE] *avv.* vicino: *c'est tout* —, è molto vicino ♦ *prep.* (*ant.*) presso □ **près de** *locuz.prep.* **1** vicino a: — *de la fenêtre*, vicino alla finestra; *tout* — *d'ici*, qui vicino; *ils étaient assis l'un* — *de l'autre*, — *l'un de l'autre*, erano seduti l'uno vicino all'altro || (*mar.*) *naviguer* (*au plus*) — *du vent*, *naviguer au plus* —, navigare di bolina || *être* — *de ses sous*, (*fam.*) essere attaccato ai soldi **2** quasi, circa: *j'ai dépensé* — *de dix francs*, ho speso quasi dieci franchi; *il était* — *de midi*, era quasi mezzogiorno **3** (+ *inf.*) sul punto di: *il était* — *de partir quand*..., stava per partire quando...□ **de près** *locuz.avv.* da vicino || *il le connaît de* —, lo conosce molto bene || *il était rasé de* —, era rasato di fresco || *ne pas y regarder de si* —, *de trop* —, non andare tanto per il sottile || *ni de* — *ni de loin*, né punto né poco, per niente □ **à beaucoup près** *locuz.avv.* (*fam.*) neppure lontanamente □ **à peu près** *locuz.avv.* pressappoco, circa: *à peu* — *dix kilos*, circa dieci chili; *il y avait à peu* — *trente personnes*, c'erano pressappoco trenta persone; *il est minuit, ou à peu* —, è mezzanotte o quasi || *il se contente de l'à peu* —, si accontenta di un lavoro approssimativo; **à peu de choses près**, **à quelque chose près** *locuz.avv.* suppergiù, pressappoco □ **à... près 1** pressappoco, circa: *je l'ai payé le même prix à dix francs* —, l'ho pagato lo stesso prezzo, dieci franchi più dieci franchi meno || *je ne suis pas à cent francs* —, non faccio una questione per cento franchi **2** tranne, eccetto: *à quelques exceptions* —, tranne qualche eccezione || *à cela* —, a parte ciò.

présage [pRezaʒ] *s.m.* presagio: *tirer des présages*, trarre presagi.

présager [pReza3e] (*coniug. come* manger) *v.tr.* presagire; prevedere.

présalaire [pResaleR] *s.m.* presalario.

pré-salé [pResale] (*pl. prés-salés*) *s.m.* agnello allevato nei pascoli vicini al mare.

presbyte [pResbit] *agg. e s.m.* presbite.

presbytère [pResbiteR] *s.m.* canonica (*f.*).

presbytérien [pResbiterjẽ] *agg. e s.m.* presbiteriano.

presbytie [pResbisi] *s.f.* presbiopia.

prescience [pResjãs] *s.f.* prescienza.

préscolaire [pReskɔleR] *agg.* prescolare.

prescriptible [pReskRiptibl] *agg.* (*dir.*) prescrittibile.

prescription [pReskRipsjɔ̃] *s.f.* prescrizione.

prescrire [pReskRiR] (*coniug. come* écrire) *v.tr.* prescrivere □ **se prescrire** *v.pron.* (*dir.*) cadere in prescrizione.

prescrit [pReskRi] *part.pass. di* prescrire ♦ *agg.* prescritto: *au jour* —, nel giorno stabilito.

préséance [pReseãs] *s.f.* precedenza.

présélection [pReseleksjɔ̃] *s.f.* preselezione.

présélectionner [pReseleksjɔne] *v.tr.* preselezionare.

présence [pRezãs] *s.f.* **1** presenza || *en* — *de*, in, alla presenza di || *hors de la* — *de*, in assenza di || *en* —, faccia a faccia **2** (*teatr.*) presenza scenica (di un attore) **3** attualità: *la* — *de Rousseau*, l'attualità di Rousseau.

présent[1] [pRezã] *agg.* presente || *la situation présente*, la situazione attuale || *les signataires de la présente pétition déclarent que*..., i firmatari di questa petizione dichiarano che...; *par la présente* (*lettre*)..., con la presente... ♦ *s.m.* **1** presente: *le* — *du subjonctif*, il presente congiuntivo || *pour le* —, per il momento **2** *pl.* presenti, astanti □ **à présent**, ora, adesso; *jusqu'à* —, finora || *dès à* —, fin d'ora; *à* — *que*, ora che, adesso che.

présent[2] *s.m.* presente, dono, regalo.

présentable [pRezãtabl] *agg.* presentabile.

présentateur [pRezãtatœR] (*f.-trice*) *s.m.* presentatore.

présentation [pRezãtasjɔ̃] *s.f.* presentazione || — *typographique*, veste tipografica || (*comm.*) *billet payable à* —, biglietto pagabile a vista.

présentement [pRezãtmã] *avv.* presentemente, ora.

présenter [pRezãte] *v.tr.* **1** presentare: *permettez-moi de vous* — *mon mari*, permetta che le presenti mio marito **2** porgere, mostrare: — *son ticket au contrôleur*, mostrare il biglietto al controllore **3** esporre ♦ *v.intr.* presentarsi || *on demande secrétaire présentant bien*, cercasi segretaria bella presenza □ **se présenter** *v.pron.* presentarsi.

présentoir [pRezãtwaR] *s.m.* espositore (di merce in un negozio).

préservateur [pRezeRvatœR] (*f. -trice*) *agg.* preservatore.

préservatif [pRezeRvatif] *s.m.* preservativo.

préservation [pRezeRvasjɔ̃] *s.f.* preservazione.

préserver [pRezeRve] *v.tr.* preservare, proteggere.

présidence [pRezidãs] *s.f.* presidenza.

président [pRezidã] *s.m.* presidente || (*amm.*) — *-directeur général* (*PDG*), presidente e direttore generale, amministratore delegato.

présidentiable [pRezidãsjabl] *agg. e s.m.* candidato alla carica di presidente della repubblica.

présidentialisme [pRezidãsjalism] *s.m.* presidenzialismo.

présidentiel [pRezidãsjɛl] (*f. -elle*) *agg.* presidenziale.

présider [pRezide] *v.tr.* presiedere (a) ♦ *v.intr.* sovrintendere.

présomptif [pRezɔ̃ptif] (*f. -ive*) *agg.* (*dir.*) presuntivo.

présomption [pRezɔ̃psjɔ̃] *s.f.* presunzione (*anche dir.*); supposizione.

présomptueux [pRezɔ̃ptɥø] (*f. -euse*) *agg. e s.m.* presuntuoso || **-eusement** *avv.*

presque [pResk] *avv.* quasi.

presqu'île [pReskil] (*pl. presqu'îles*) *s.f.* penisola.

pressage [pResaʒ] *s.m.* (*ind.*) pressatura (*f.*).

pressant [pResã] *agg.* pressante: *questions pressantes*, domande insistenti || *travail* —, lavoro urgente.

presse [pʀɛs] *s.f.* **1** pressa; torchio (*m.*) **2** macchina da stampa, (macchina) stampatrice || *mettre sous* —, andare in stampa, andare in macchina; *ouvrage sous* —, opera in corso di stampa **3** stampa: *service de* —, servizio stampa; *la* — *du cœur*, i giornali femminili || *avoir bonne, mauvaise* —, avere una buona, una cattiva stampa; (*fig.*) avere una buona, una cattiva reputazione **4** urgenza, premura: *moments de* —, periodo di lavoro molto intenso **5** (*antiq.*) calca, pressa.

pressé [pʀese] *agg.* **1** pressato || *citron* —, limone spremuto; spremuta di limone || *être* — *d'argent*, aver bisogno di danaro **2** frettoloso: *être* —, avere fretta; *il est* — *de partir*, ha fretta di partire **3** urgente, pressante ♦ *s.m.* urgente: *aller, courir au plus* —, badare a ciò che è più urgente.

presse-citron [pʀɛssitʀɔ̃] (pl. *invar.*) *s.m.* spremilimoni.

pressentiment [pʀesɑ̃timɑ̃] *s.m.* presentimento.

pressentir [pʀesɑ̃tiʀ] (*coniug. come* dormir) *v.tr.* **1** presentire **2** (*fig.*) sondare.

presse-papiers [pʀɛspapje] (pl. *invar.*) *s.m.* fermacarte.

presse-purée [pʀɛspyʀe] (pl. *invar.*) *s.m.* passaverdura, schiacciapatate.

presser [pʀese] *v.tr.* **1** stringere, serrare || — *l'ennemi*, incalzare il nemico || — *qqn de questions*, tempestare qlcu di domande **2** spremere: — *le raisin*, pigiare l'uva; — *les olives*, torchiare le olive **3** affrettare, accelerare || (*mus.*) — *la mesure*, accelerare **4** premere; (*tecn.*) pressare || — *qqn de parler*, incitare qlcu a parlare ♦ *v.intr.* essere urgente: *une affaire qui presse*, un affare urgente; *rien ne presse*, non c'è fretta || *le temps presse*, il tempo stringe □ **se presser** *v.pron.* **1** accalcarsi **2** sbrigarsi, affrettarsi: *pressez-vous!*, sbrigatevi!; *pressons, pressons!*, svelti, svelti! **3** stringersi.

pressing [pʀesiŋ] *s.m.* tintoria (*f.*).

pression [pʀesjɔ̃] *s.f.* **1** pressione: *faire* —, premere || *bière (à la)* —, birra alla spina **2** (*bouton*) —, (bottone) automatico **3** (*fig.*) sollecitazione; pressione.

pressoir [pʀeswaʀ] *s.m.* frantoio || — *à olives, à vin*, torchio per le olive, per vino.

pressurage [pʀesyʀaʒ] *s.m.* **1** (*agr.*) torchiatura (*f.*); (*dell'uva*) ammostatura (*f.*) **2** (*tecn.*) pressatura (*f.*).

pressurer [pʀesyʀe] *v.tr.* **1** spremere (*anche fig.*) || *se* — *le cerveau*, (*fam.*) spremersi il cervello, le meningi **2** (*agr.*) torchiare, pressare; (*l'uva*) ammostare.

pressurisation [pʀesyʀizasjɔ̃] *s.f.* pressurizzazione.

pressuriser [pʀesyʀize] *v.tr.* pressurizzare.

prestance [pʀɛstɑ̃s] *s.f.* prestanza: *avoir de la* —, essere prestante.

prestation [pʀɛstasjɔ̃] *s.f.* **1** prestazione (di lavoro ecc.) **2** (*dir.*) indennità || *prestations familiales*, assegni familiari **3** — *de serment*, giuramento.

preste [pʀɛst] *agg.* lesto, agile.

prestement [pʀɛstəmɑ̃] *avv.* rapidamente, prontamente.

prestesse [pʀɛstɛs] *s.f.* sveltezza, agilità.

prestidigitateur [pʀɛstidiʒitatœʀ] (f. -*trice*) *s.m.* prestigiatore.

prestidigitation [pʀɛstidiʒitasjɔ̃] *s.f.* prestidigitazione || *tours de* —, giochi di prestigio.

prestige [pʀɛstiʒ] *s.m.* prestigio.

prestigieux [pʀɛstiʒjø] (f. -*euse*) *agg.* prestigioso.

présumé [pʀezyme] *agg.* presunto.

présumer [pʀezyme] *v.tr.* e *intr.* presumere: *il est à* —, *on présume que*, si presume, si suppone che; — *de ses forces*, sopravvalutare le proprie forze.

présupposer [pʀesypoze] *v.tr.* presupporre.

présupposition [pʀesypozisjɔ̃] *s.f.* presupposizione.

présure [pʀezyʀ] *s.f.* caglio (*m.*), presame (*m.*).

prêt[1] [pʀɛ] *agg.* **1** pronto: — *à l'usage*, pronto per l'uso; *fin* —, bello e pronto || (*sport*) *A vos marques, prêts? Partez!*, Pronti, partenza, via! — *être* — *à, être* — *de* (+ *inf.*), stare per, essere sul punto di.

prêt[2] *s.m.* **1** prestito **2** (*fin., comm.*) prestito; (*a lungo termine*) mutuo: — *hypothécaire*, mutuo ipotecario; — *d'honneur*, prestito sulla parola || — *à usage*, comodato **3** (*mil.*) soldo, paga (*f.*).

prêt-à-monter [pʀɛtamɔ̃te] (pl. *prêts-à-monter*) *s.m.* kit (di montaggio).

prétantaine [pʀetɑ̃tɛn] *s.f.*: (*antiq.*) *courir la* —, correre la cavallina.

prêt-à-porter [pʀɛtapɔʀte] (pl. *prêts-à-porter*) *s.m.* (*abbigl.*) **1** prêt-à-porter (abito di serie su modello di sartoria) **2** (*estens.*) prêt-à-porter, moda pronta.

prêté [pʀete] *s.m.*: *un* — *pour un rendu*, una giusta rivincita; *c'est un* — *pour un rendu*, quel che è fatto è reso.

prétendant [pʀetɑ̃dɑ̃] *agg.* e *s.m.* pretendente.

prétendre [pʀetɑ̃dʀ] (*coniug. come* rendre) *v.tr.* **1** pretendere: *je ne prétends pas tout savoir*, non ho la pretesa di sapere tutto; *je prétends qu'il m'obéisse*, esigo che mi obbedisca; *je prétends partir demain*, sono fermamente deciso a partire domani **2** sostenere, affermare: *on prétend qu'il est fou*, sostengono che sia pazzo; *il prétend ne pas connaître son adresse*, sostiene di non conoscere il suo indirizzo ♦ *v.intr.* pretendere (a), aspirare (a) □ **se prétendre** *v.pron.* dirsi, farsi passare (per): *il se prétend mon ami*, dice di essere mio amico.

prétendu [pʀetɑ̃dy] *part. pass. di* prétendre ♦ *agg.* supposto, sedicente: *un* — *gentilhomme*, un sedicente gentiluomo.

prétendument [pʀetɑ̃dymɑ̃] *avv.* falsamente.

prête-nom [pʀɛtnɔ̃] (pl. *prête-noms*) *s.m.* prestanome, uomo di paglia.

prétentaine [pʀetɑ̃tɛn] *s.f.* → **prétantaine**.

prétentieux [pʀetɑ̃sjø] (f. -*euse*) *agg.* e *s.m.* pretenzioso || -**ement** *avv.*

prétention [pʀetɑ̃sjɔ̃] *s.f.* **1** pretesa **2** presunzione: *s'exprimer avec* —, esprimersi con ricercatezza.

prêter [pʀete] *v.tr.* **1** prestare: — *attention*, prestare attenzione; — *la main*, dare manforte; — *son aide, son concours*, prestare, dare aiuto; — *main-forte*, dare appoggio **2** attribuire ♦ *v.intr.* prestarsi, offrirsi: — *à rire*, far ridere □ **se prêter** *v.pron.* prestarsi.

prêteur[1] [pʀetœʀ] *s.m.* (*st.*) pretore.

prêteur[2] (f. *-euse*) *agg.* che dà in prestito, che presta volentieri ♦ *s.m.* prestatore.

prétexte [pʀetɛkst] *s.m.* pretesto || *sous — que, de*, col pretesto che, di; *sous aucun —*, per nessuna ragione al mondo.

prétexter[pʀetɛkste]*v.tr.* addurre come pretesto.

prétoire [pʀetwaʀ] *s.m.* pretorio, aula di tribunale.

prétorien [pʀetɔʀjɛ̃] (f. *-enne*) *agg.* e *s.m.* pretoriano || (*st.*) *garde prétorienne*, guardia pretoria.

prétraité [pʀetʀete] *agg.* pretrattato.

prêtre [pʀɛtʀ] *s.m.* sacerdote; prete (cattolico).

prêtre-ouvrier [pʀɛtʀuvʀije] (pl. *prêtres-ouvriers*) *s.m.* prete operaio.

prêtresse [pʀetʀɛs] *s.f.* sacerdotessa.

prêtrise [pʀetʀiz] *s.f.* sacerdozio (*m.*).

preuve [pʀœv] *s.f.* prova: *libérer faute de preuves*, liberare per insufficienza di prove || — *par indices*, prova indiziaria || *la — en est que*, prova ne sia che; *j'ai recours à toi, — que j'ai confiance en toi*, (*fam.*) ricorro a te, il che dimostra che mi fido di te; *c'est la — que*, ciò dimostra che || *faire — de*, dar prova di, mostrare; *faire ses preuves*, dar prova delle proprie capacità; *faire — de qqch*, dimostrarsi valido in qlco || *jusqu'à — (du) contraire*, fino a prova contraria || (*mat.*) — *par neuf*, prova del nove.

preux [pʀø] *agg.* e *s.m.* (*letter.*) prode.

prévaloir [pʀevalwaʀ] (*coniug. come* valoir, *tranne al Cong.pres.*: que je prévale, etc., que nous prévalions, etc.) *v.intr.* prevalere: *leur opinion a prévalu*, è prevalsa la loro opinione □ **se prévaloir** *v.pron.* valersi, approfittare; vantarsi.

prévalu [pʀevaly] *part. pass. di* prévaloir.

prévaricateur [pʀevaʀikatœʀ] (f. *-trice*) *agg.* e *s.m.* prevaricatore.

prévarication[pʀevaʀikasjɔ̃]*s.f.* prevaricazione.

prévenance [pʀevnãs] *s.f.* **1** gentilezza **2** *pl.* premure.

prévenant[pʀevnã] *agg.* premuroso, sollecito.

prévenir[pʀevniʀ] (*coniug. come* tenir) *v.tr.* **1** prevenire: — *un accident*, prevenire un incidente; *il prévient tous mes désirs*, previene ogni mio desiderio **2** avvisare, avvertire **3** predisporre: *je tâcherai de le — en ta faveur*, cercherò di predisporlo in tuo favore.

préventif[pʀevãtif] (f. *-ive*) *agg.* preventivo.

prévention [pʀevãsjɔ̃] *s.f.* **1** prevenzione || — *routière*, (ente per la) prevenzione degli incidenti stradali **2** (*dir.*) detenzione preventiva.

préventivement [pʀevãtivmã] *avv.* preventivamente.

prévenu [pʀevny] *part. pass. di* prévenir ♦ *agg.* prevenuto ♦ *agg.* e *s.m.* (*dir.*) imputato, accusato.

prévisibilité [pʀevizibilite] *s.f.* prevedibilità.

prévisible [pʀevizibl] *agg.* prevedibile.

prévision [pʀevizjɔ̃] *s.f.* previsione.

prévisionnel [pʀevizjɔnɛl] (f. *-elle*) *agg.* previsionale, preventivo || (*fin.*) *budget —*, bilancio previsionale.

prévoir [pʀevwaʀ] (*coniug. come* voir, *tranne all'Indic.fut.* je prévoirai, etc. e al Cond. je prévoirais, etc.) *v.tr.* **1** prevedere: *je ne prévoyais pas qu'il viendrait, qu'il serait venu*, non prevedevo che venisse, che sarebbe venuto **2** (*econ.*) preventivare.

prévôt [pʀevo] *s.m.* **1** capo della polizia militare **2** (*st. fr.*) prevosto.

prévoyance [pʀevwajãs] *s.f.* **1** previdenza || *société de —*, compagnia di assistenza mutualistica **2** (*estens.*) lungimiranza.

prévoyant [pʀevwajã] *agg.* previdente; (*estens.*) lungimirante.

prévu [pʀevy] *part.pass. di* prévoir ♦ *agg.* previsto || (*econ.*): *profit —*, profitto presunto; *coût —*, costo preventivato.

prie-Dieu [pʀidjø] (pl. *invar.*) *s.m.* inginocchiatoio.

prier [pʀije] *v.tr.* pregare || *"Puis-je m'asseoir?" "Je vous en prie"*, "Posso sedermi?" "Prego"; *"Puis-je entrer?" "Je vous en prie"*, "Posso entrare?" "Entri pure" || *un dîner prié*, una cena con invito formale.

prière [pʀijɛʀ] *s.f.* preghiera: *céder à la — de qqn*, cedere alle richieste di qlcu || *à la — de*, su richiesta di || *— de ne pas fumer*, si prega di non fumare.

prieur [pʀijœʀ] *s.m.* priore.

prieuré [pʀijœʀe] *s.m.* priorato; (*chiesa*) prioria (*f.*).

primaire [pʀimɛʀ] *agg.* e *s.m.* **1** primario || *école —*, scuola elementare **2** sempliciotto.

primat[1] [pʀima] *s.m.* (*eccl.*) primate.

primat[2] *s.m.* primato.

primates [pʀimat] *s.m.pl.* (*zool.*) primati.

primauté [pʀimote] *s.f.* supremazia, preminenza: *avoir la — sur*, prevalere su.

prime[1] [pʀim] *agg.* primo.

prime[2] *s.f.* **1** (*comm., dir.*) premio (*m.*): — *de, à la production*, premio di produzione; — *de transport*, indennità di trasporto; — *de vacances*, indennità di ferie **2** omaggio (*m.*): *bons —*, buoni premio || *en —*, in omaggio, (*iron.*) e come se non bastasse **3** *faire —*, trionfare, furoreggiare.

primer[1] [pʀime] *v.tr.* primeggiare (tra); superare ♦ *v.intr.* prevalere; dominare.

primer[2] *v.tr.* premiare.

primerose [pʀimʀoz] *s.f.* (*bot.*) malvarosa.

primesautier[pʀimsotje] (f. *-ère*) *agg.* impulsivo.

primeur [pʀimœʀ] *s.f.* **1** (*fig.*) primizia || *avoir la — de qqch*, essere il primo a sapere qlco, a godere di qlco **2** *pl.* (*bot.*) primizie || *marchand de primeurs*, fruttivendolo, ortolano.

primevère [pʀimvɛʀ] *s.f.* (*bot.*) primula.

primipare [pʀimipaʀ] *agg.* e *s.f.* primipara.

primitif [pʀimitif] (f. *-ive*) *agg.* **1** primitivo ||

couleurs primitives, colori fondamentali dell'iride **2** *(fam.)* rozzo, incolto ♦ *s.m.* primitivo.
primitivement [pʀimitivmɑ̃] *avv.* originariamente, in origine.
primitivisme [pʀimitivism] *s.m.* primitivismo.
primo [pʀimo] *avv.* in primo luogo.
primogéniture [pʀimɔʒenityʀ] *s.f.* primogenitura.
primo-infection [pʀimɔɛ̃fɛksjɔ̃] (pl. *primo-infections*) *s.f.* (*med.*) infezione primaria.
primordial [pʀimɔʀdjal] (pl. *-aux*) *agg.* **1** primordiale **2** *(fig.)* fondamentale.
prince [pʀɛ̃s] *s.m.* principe || *être bon* —, essere magnanimo; *heureux comme un* —, felice come un re.
prince-de-Galles [pʀɛ̃sdəgal] *agg.* e *s.m.* (pl. *invar.*) (tessuto) principe di Galles: *costume* —, vestito principe di Galles.
princesse [pʀɛ̃sɛs] *s.f.* principessa || *faire la* —, *prendre des airs de* —, *(fam.)* darsi arie da gran dama || *aux frais de la* —, *(fam.)* a spese d'altri.
princier [pʀɛ̃sje] (f. *-ère*) *agg.* principesco.
princièrement [pʀɛ̃sjɛʀmɑ̃] *avv.* in modo principesco, sontuosamente.
principal [pʀɛ̃sipal] (pl. *-aux*) *agg.* principale || (*teatr.*) *le rôle* —, la parte di protagonista ♦ *s.m.* **1** principale; (la) cosa più importante || *le* — *est fait*, il più è fatto || *(comm.)* — *et intérêts*, capitale e interessi **2** preside (di scuola media) **3** impiegato in uno studio (spec. notarile) || **-ement** *avv.*
principauté [pʀɛ̃sipote] *s.f.* principato (*m.*).
principe [pʀɛ̃sip] *s.m.* principio: *remonter jusqu'au* — *des choses*, risalire all'origine delle cose; *le respect de l'homme est le* — *de toute liberté*, il rispetto dell'uomo è il fondamento di ogni libertà; *il n'est pas dans mes principes de mentir*, mentire non è conforme ai miei principi || *accord de* —, accordo di massima; *avoir une hostilité de* — *contre qqch*, avere un'ostilità preconcetta contro qlco || *en* —, in linea di massima; *en* — *ce projet est bon*, il progetto è buono in teoria || *il proteste pour le* —, protesta per la forma.
printanier [pʀɛ̃tanje] (f. *-ère*) *agg.* primaverile.
printemps [pʀɛ̃tɑ̃] *s.m.* primavera (*anche fig.*): *au* —, in primavera.
priori, a [apʀijɔʀi] *locuz.avv.* a priori.
prioritaire [pʀijɔʀitɛʀ] *agg.* **1** prioritario: *c'est moi qui suis* —, sono io che ho la precedenza **2** di primaria importanza ♦ *s.m.* chi ha la priorità, la precedenza.
priorité [pʀijɔʀite] *s.f.* priorità, precedenza: *laisser la* —, dare la precedenza || *droit, signal de* —, diritto, segnale di precedenza (nel codice della strada) || *en* —, in primo luogo, per prima cosa.
pris [pʀi] *part. pass. di* prendre ♦ *agg.* **1** occupato **2** colpito (da), affetto (da): *j'ai la gorge prise*, ho la gola infiammata || — *de boisson*, ubriaco || — *de panique*, (*fig.*) colto dal panico **3** *bien* —, ben fatto: *taille bien prise*, figura snella e ben fatta **4** rappreso; *(di un liquido)* congelato.
prise [pʀiz] *s.f.* **1** presa (*anche fig.*) || *aux prises*

avec, alle prese con; *avoir* — *sur*, fare, aver presa su; *en* — (*directe*) *avec*, in stretto contatto con || (*eccl.*) — *d'habit, de voile*, vestizione || — *d'armes*, parata militare || — *de bec*, (*fam.*) battibecco || (*mecc.*) *mettre en* —, innestare || (*dir.*): *mandat de* — *de corps*, mandato d'arresto || — *d'otage*, sequestro di persona || (*fin.*) — *de participation*, assunzione di partecipazione || — *en charge*, il farsi carico, (*di taxi*) tariffa fissa; *demande de* — *en charge*, impegnativa (in un ospedale) **2** appiglio (*m.*); (*fig.*) pretesto (*m.*): *donner* — *aux critiques*, dare adito a critiche; *lâcher* —, (*anche fig.*) abbandonare la presa **3** dose (di una medicina) || — *de sang*, prelievo **4** (*cine., tv*): — *de vue*, ripresa; — *de son*, registrazione sonora.
priser[1] [pʀize] *v.tr.* (*letter.*) stimare, apprezzare.
priser[2] *v.tr.* fiutare, annusare: *tabac à* —, tabacco da fiuto.
prismatique [pʀismatik] *agg.* prismatico.
prisme [pʀism] *s.m.* prisma || *voire le monde à travers le* — *de*, vedere il mondo nell'ottica di.
prison [pʀizɔ̃] *s.f.* prigione, carcere (*m.*): — *pour femmes*, carcere femminile; — *à vie*, ergastolo; — *de haute sécurité*, carcere di massima sicurezza || *gardien de* —, guardia carceraria || *peine de* —, pena detentiva; *faire de la* —, scontare una pena detentiva || *aimable comme une porte de* —, allegro come un funerale.
prisonnier [pʀizɔnje] (f. *-ère*) *agg.* e *s.m.* prigioniero (*anche fig.*); detenuto, carcerato: *se constituer* —, costituirsi; — *sur l'honneur, sur parole*, detenuto in libertà sulla parola; *camp de prisonniers*, campo di prigionia.
privatif [pʀivatif] (f. *-ive*) *agg.* **1** privativo **2** privato.
privation [pʀivasjɔ̃] *s.f.* **1** privazione **2** *pl.* privazioni; sacrifici (*m.*): *vivre dans les privations*, vivere di stenti.
privatisation [pʀivatizasjɔ̃] *s.f.* privatizzazione.
privatiser [pʀivatize] *v.tr.* privatizzare.
privauté [pʀivote] *s.f.* (*spec.pl.*) familiarità, libertà.
privé [pʀive] *agg.* **1** privato: *cérémonie strictement privée*, cerimonia in forma strettamente privata; *correspondance de caractère* —, corrispondenza di carattere riservato; *de source privée on apprend que*, da fonte ufficiosa apprendiamo che; *voyage à titre* —, viaggio in forma privata || *chasse privée*, riserva di caccia **2** — *de*, privo di, senza: *un homme* — *d'imagination*, un uomo privo di, senza immaginazione; *corps* — *de vie*, corpo senza vita ♦ *s.m.* **1** intimità (*f.*), vita privata: *dans le* —, *en* —, in privato **2** (*estens.*) il privato, il settore privato.
priver [pʀive] *v.tr.* privare □ **se priver** *v.pron.* privarsi (di); rinunciare (a): *il ne peut se* — *de fumer*, non può fare a meno di fumare || *sa mère se prive pour lui*, sua madre fa molti sacrifici per lui || *il ne se prive pas!*, (*iron.*) non si fa mancare niente.
privilège [pʀivilɛʒ] *s.m.* privilegio.
privilégié [pʀivileʒje] *agg.* e *s.m.* privilegiato.

privilégier [pʀivileʒje] *v.tr.* privilegiare.

prix [pʀi] *s.m.* **1** prezzo: — *taxé*, prezzo calmierato; — *d'ami*, prezzo di favore; — *marqué*, prezzo indicato; *faire un* —, fare un prezzo buono; *hors de* —, carissimo || *bijou de* —, gioiello di gran valore, di pregio || *ce commerçant fait des* —, quel negoziante fa prezzi speciali || — *défiant toute concurrence*, prezzo che non teme concorrenza || *à aucun* —, a nessun costo; *à tout* —, a qualunque costo, a tutti i costi || *au* — *de*, a prezzo di; *l'argent n'est rien au* — *du bonheur*, il denaro non è nulla in confronto alla felicità || (*fig.*): *payer le* — *fort*, pagare caro; *c'est dans mes* —, me lo posso permettere; *y mettre le* —, metterci il necessario || *on a mis à* — *la tête de ce bandit*, è stata messa una taglia sulla testa di quel bandito **2** (*fig.*) valore: *attacher du* — *à qqch*, attribuire valore a qlco || *à son juste* —, nel suo giusto valore **3** premio: — *littéraire*, premio letterario; *ce savant est le dernier* — *Nobel de physique*, quello scienziato è l'ultimo premio Nobel per la fisica **4** (*scuola*) libro dato in premio (al migliore allievo).

pro [pʀo] *s.m. e f. e agg.* (*fam. abbr. di professionnel*) professionista: *c'est une vraie* —, è una vera professionista; *il est passé* —, è diventato (un) professionista.

pro-[1] *pref.* pro-

pro-[2] *pref.* filo-

probabiliste [pʀobabilist] *agg.* probabilistico.

probabilité [pʀobabilite] *s.f.* probabilità: *selon toute* —, con ogni probabilità.

probable [pʀobabl] *agg.* probabile: *il est* — *qu'il viendra*, è probabile che venga || **-ement** *avv.*

probant [pʀobã] *agg.* probante, convincente.

probatoire [pʀobatwaʀ] *agg.* probatorio: *stage* —, tirocinio di prova; *examen* —, esame di verifica.

probe [pʀob] *agg.* (*letter.*) probo.

probité [pʀobite] *s.f.* probità, onestà.

problématique [pʀoblematik] *agg.* problematico ♦ *s.f.* problematica.

problème [pʀoblɛm] *s.m.* problema || (*il n'*)*y a pas de* —, (*fam.*) nessun problema || *c'est ton* —, sono affari tuoi; *quel est le* —?, di che si tratta?

procédé [pʀosede] *s.m.* **1** modo di fare: *je ne sais pas quel* — *employer*, non so come comportarmi || *échange de bons procédés*, scambio di piaceri **2** processo, metodo: — *de fabrication*, metodo di fabbricazione.

procéder [pʀosede] (*coniug. come* céder) *v.intr.* procedere: — *à une enquête*, procedere a una inchiesta; — *de la même idée*, derivare dalla stessa idea.

procédural [pʀosedyʀal] (pl. -*aux*) *agg.* procedurale.

procédure [pʀosedyʀ] *s.f.* (*dir.*) procedura; procedimento (*m.*), iter (*m.*): *c'est la* — *à suivre*, è l'iter (da seguire); — *de divorce*, procedimento di divorzio || *Code de* — *civile*, Codice di procedura civile.

procédurier [pʀosedyʀje] (*f.* -ère) *agg.* (*spreg.*) litigioso, cavilloso.

procès [pʀosɛ] *s.m.* (*dir.*) processo; causa (*f.*): — *civil, criminel*, processo civile, penale; causa civile, penale; *intenter, faire un* — *à qqn*, intentare causa contro qlcu, fare causa a qlcu; *être en* — *avec qqn*, essere in causa con qlcu || (*estens.*): *faire le* — *de qqch*, mettere qlco sotto processo; *sans autre forme de* —, senza tante formalità.

processeur [pʀosesœʀ] *s.m.* (*inform.*) processore.

procession [pʀosesjõ] *s.f.* processione.

processionnaire [pʀosesjonɛʀ] *s.f.* (*zool.*) processionaria.

processus [pʀosesys] *s.m.invar.* processo.

procès-verbal [pʀosɛvɛʀbal] (pl. *procès-verbaux*) *s.m.* (processo) verbale: — *de séance*, verbale di seduta.

prochain [pʀoʃɛ̃] *agg.* **1** prossimo: *le mois* —, il mese prossimo, venturo **2** vicino: *ou est le* — *garage?*, dov'è l'officina più vicina? ♦ *s.m.* prossimo.

prochaine [pʀoʃɛn] *s.f.* **1** prossima volta: *à la* —!, (*fam.*) arrivederci!, a presto! **2** (*fam.*) prossima (fermata).

prochainement [pʀoʃɛnmã] *avv.* prossimamente, presto.

proche [pʀoʃ] *avv.* vicino (a), prossimo (a): *être* — *de sa fin*, essere prossimo alla fine || *les plus proches parents*, i parenti stretti ♦ *s.m.pl.* parenti □ *de proche en proche* *locuz.avv.* progressivamente.

proclamation [pʀoklamasjõ] *s.f.* **1** proclamazione **2** proclama (*m.*).

proclamer [pʀoklame] *v.tr.* proclamare □ **se proclamer** *v.pron.* proclamarsi.

proconsul [pʀokõsyl] *s.m.* (*st.*) proconsole.

procréation [pʀokʀeasjõ] *s.f.* procreazione.

procréer [pʀokʀee] *v.tr.* procreare, generare.

procuration [pʀokyʀasjõ] *s.f.* (*dir.*) procura.

procurer [pʀokyʀe] *v.tr.* procurare.

procureur [pʀokyʀœʀ] *s.m.* procuratore.

prodigalité [pʀodigalite] *s.f.* **1** prodigalità **2** *pl.* sperperi (*m.*).

prodige [pʀodiʒ] *s.m.* prodigio || *son habileté tient du* —, la sua abilità ha del prodigioso.

prodigieux [pʀodiʒjø] (*f.* -euse) *agg.* prodigioso, portentoso || **-eusement** *avv.*

prodigue [pʀodig] *agg. e s.m.* prodigo || *l'enfant* —, il figliol prodigo.

prodiguer [pʀodige] *v.tr.* prodigare: — *tous ses efforts à*, dedicare i propri sforzi a; — *des éloges à qqn*, elogiare qlcu □ **se prodiguer** *v.pron.* prodigarsi.

prodrome [pʀodʀom] *s.m.* prodromo.

producteur [pʀodyktœʀ] (*f.* -trice) *agg. e s.m.* produttore.

productif [pʀodyktif] (*f.* -ive) *agg.* produttivo; (*fig.*) redditizio || (*econ.*) *capital* —, capitale fruttifero.

production [pʀodyksjõ] *s.f.* **1** produzione: — *continue*, produzione a ciclo continuo **2** prodotti (*m.*): *les productions du sol*, i prodotti del suolo; *les productions de l'esprit*, le opere dell'ingegno 3 (*dir.*) produzione, presentazione (di documenti, di testimoni).

productivité [pʀɔdyktivite] *s.f.* produttività.

produire [pʀɔdɥiʀ] (*coniug. come* conduire) *v.tr.* 1 produrre (*anche fig.*) 2 (*dir.*) presentare, produrre (documenti, testimoni) □ **se produire** *v.pron.* 1 prodursi, esibirsi 2 avvenire, accadere ♦ *v.impers.* accadere.

produit [pʀɔdɥi] *part.pass. di* produire ♦ *s.m.* 1 prodotto: *produits d'entretien*, prodotti per la casa 2 provento, ricavato; frutto 3 (*mat.*) prodotto.

proéminence [pʀɔeminɑ̃s] *s.f.* prominenza.

proéminent [pʀɔeminɑ̃] *agg.* prominente.

prof [pʀɔf] *s.m.* (*fam.*) professore, prof.

profanateur [pʀɔfanatœʀ] (*f. -trice*) *agg. e s.m.* profanatore.

profanation [pʀɔfanɑsjɔ̃] *s.f.* profanazione.

profane [pʀɔfan] *agg. e s.m.* profano || *être — en*, essere profano in fatto di.

profaner [pʀɔfane] *v.tr.* profanare (*anche fig.*).

proférer [pʀɔfeʀe] (*coniug. come* céder) *v.tr.* proferire: *sans — un seul mot*, senza proferir parola.

professer [pʀɔfese] *v.tr.* 1 professare || *— la plus profonde admiration pour qqn*, nutrire la più profonda ammirazione per qlcu 2 proclamare, dichiarare.

professeur [pʀɔfesœʀ] *s.m.* 1 professore; insegnante: *— particulier*, professore, insegnante privato; *— de piano, de gymnastique*, maestro, insegnante di piano, di ginnastica; *— de tennis*, maestro di tennis 2 (*femme*) —, professoressa; insegnante.

profession [pʀɔfesjɔ̃] *s.f.* professione || *il exerce une — libérale*, è un libero professionista || *sans* —, (*di donna*) casalinga || *il fait — de philantropie*, si vanta di essere un filantropo || *faire — de*, professare.

professionnalisme [pʀɔfesjɔnalism] *s.m.* professionismo.

professionnel [pʀɔfesjɔnɛl] (*f. -elle*) *agg.* professionale; professionistico: *secret* —, segreto professionale; *orientation professionnelle*, orientamento professionale; *tennis* —, tennis professionistico; *joueur* —, giocatore professionista ♦ *s.m.* 1 professionista 2 operaio qualificato.

professionnellement [pʀɔfesjɔnɛlmɑ̃] *avv.* professionalmente.

professoral [pʀɔfesɔʀal] (*pl. -aux*) *agg.* professorale || *le corps* —, il corpo docente.

professorat [pʀɔfesɔʀa] *s.m.* insegnamento.

profil [pʀɔfil] *s.m.* profilo (*anche fig.*); sagoma (*f.*) || *dessiner un visage en — perdu*, disegnare un volto di scorcio.

profilé [pʀɔfile] *agg. e s.m.* profilato.

profiler [pʀɔfile] *v.tr.* 1 profilare, delineare 2 disegnare il profilo di, la sagoma di □ **se profiler** *v.pron.* profilarsi, delinearsi: *se — à l'horizon*, stagliarsi all'orizzonte.

profit [pʀɔfi] *s.m.* 1 profitto; beneficio; vantag-

gio: *mettre à —*, mettere a profitto; *faire son — de*, avvantaggiarsi di, approfittare di; *tirer — de*, trarre profitto da, vantaggio da || *au — de*, a favore di; a vantaggio di 2 (*econ.*) profitto, utile.

profitable [pʀɔfitabl] *agg.* vantaggioso, proficuo.

profiter [pʀɔfite] *v.intr.* 1 approfittare (di), trarre profitto (da) 2 giovare, essere utile 3 fruttare 4 (*fam.*) progredire, fare progressi.

profiterole [pʀɔfitʀɔl] *s.f.* (*cuc.*) piccolo bignè (ripieno di crema dolce o salata).

profiteur [pʀɔfitœʀ] (*f. -euse*) *s.m.* profittatore.

profond [pʀɔfɔ̃] *agg.* profondo (*anche fig.*): *— de six mètres*, profondo sei metri; *un — sommeil*, un sonno profondo; *une mélancolie profonde*, una profonda melanconia; *prendre une inspiration profonde*, fare un profondo respiro; *une profonde erreur*, un grave errore || (*psic.*) *arriéré —*, portatore di grave handicap mentale || *bleu —*, azzurro intenso ♦ *s.m.* profondità (*f.*), profondo || *au plus — de la forêt*, nel folto della foresta; *au plus — de soi*, nel proprio intimo ♦ *avv.* profondo, in profondità.

profonde [pʀɔfɔ̃d] *s.f.* (*argot*) tasca, saccoccia.

profondément [pʀɔfɔ̃demɑ̃] *avv.* profondamente (*anche fig.*).

profondeur [pʀɔfɔ̃dœʀ] *s.f.* profondità (*anche fig.*): *ici le lac a dix mètres de —*, in questo punto il lago è profondo dieci metri; *dans les profondeurs de la mer*, negli abissi marini; *dans les profondeurs de la nuit*, nella notte profonda || *psychologie des profondeurs*, psicologia del profondo.

profusément [pʀɔfyzemɑ̃] *avv.* (*letter.*) profusamente.

profusion [pʀɔfyzjɔ̃] *s.f.* profusione.

progéniture [pʀɔʒenityʀ] *s.f.* progenie, prole.

progestérone [pʀɔʒesteʀɔn] *s.f.* (*biochim.*) progesterone (*m.*).

progiciel [pʀɔʒisjɛl] *s.m.* programma (informatico).

prognathe [pʀɔɡnat] *agg.* prognato.

prognathisme [pʀɔɡnatism] *s.m.* prognatismo.

progouvernemental [pʀɔɡuvɛʀnəmɑ̃tal] (pl. *-aux*) *agg.* filogovernativo.

programmable [pʀɔɡʀamabl] *agg.* programmabile.

programmateur [pʀɔɡʀamatœʀ] (f. *-trice*) *s.m.* 1 (*radio, tv*) programmista 2 (*tecn.*) programmatore.

programmation [pʀɔɡʀamɑsjɔ̃] *s.f.* programmazione.

programme [pʀɔɡʀam] *s.m.* programma || *au* —, in programma; *hors* —, fuori programma.

programmer [pʀɔɡʀame] *v.tr. e intr.* programmare.

programmeur [pʀɔɡʀamœʀ] (f. *-euse*) *s.m.* (*inform.*) programmatore.

progrès [pʀɔɡʀɛ] *s.m.* progresso (*anche fig.*): *faire des progrès*, fare progressi, migliorare; *être* *en* —, far progressi, progredire || *il y a du* —, *(fam.)* c'è un miglioramento || *les* — *de la criminalité,* l'aumento della criminalità.

progresser [pʀɔgʀese] *v.intr.* **1** progredire, fare progressi: *il a progressé,* è progredito, ha fatto progressi **2** avanzare *(anche fig.).*

progressif [pʀɔgʀesif] (f. *-ive*) progressivo.

progression [pʀɔgʀesjɔ̃] *s.f.* **1** progressione; avanzamento *(m.),* sviluppo *(m.)* **2** avanzata **3** *(mat., mus.)* progressione.

progressisme [pʀɔgʀesism] *s.m.* progressismo.

progressiste [pʀɔgʀesist] *agg. e s.m.* progressista.

progressivement [pʀɔgʀesivmɑ̃] *avv.* progressivamente.

progressivité [pʀɔgʀesivite] *s.f.* progressività.

prohibé [pʀɔibe] *agg.* *(dir.)* vietato || *temps* —, periodo di divieto.

prohiber [pʀɔibe] *v.tr.* *(dir.)* vietare.

prohibitif [pʀɔibitif] (f. *-ive*) *agg.* proibitivo; inibitorio.

prohibition [pʀɔibisjɔ̃] *s.f.* **1** *(dir.)* divieto **2** *(negli Stati Uniti)* proibizionismo *(m.).*

prohibitionnisme [pʀɔibisjɔnism] *s.m.* proibizionismo.

prohibitionniste [pʀɔibisjɔnist] *agg. e s.m.* proibizionista.

proie [pʀwa] *s.f.* preda *(anche fig.):* *oiseau de* —, uccello da preda || *cette maison a été la* — *des flammes,* la casa è stata divorata dalle fiamme; *il est la* — *des escrocs,* è vittima dei truffatori || *être en* — *à l'inquiétude, aux remords,* essere in preda all'inquietudine, ai rimorsi || *lâcher la*

PRONOMS PERSONNELS SUJETS

FRANÇAIS	ITALIANO
1ère forme	**1ª forma**
je	io
tu	tu
il *(m.)*	egli, *(nell'uso corrente)* lui; *(animali e cose)* esso
elle *(f.)*	lei; *(animali e cose)* essa
nous	noi
vous	voi
ils *(m.),* elles *(f.)*	essi, esse (spec. *animali e cose*)

1 en l'absence de tout autre sujet, les pronoms personnels sujets sont obligatoires; ils se placent avant le verbe

    il parle souvent l'anglais
    nous sommes heureux
    il faut que je fasse, dise, que tu fasses, dises, qu'il fasse, dise...

i pronomi personali soggetto sono generalmente sottintesi; sono espressi per evitare confusione quando le forme verbali sono identiche

    parla spesso inglese
    (noi) siamo felici
    bisogna che io, tu, lui faccia, dica ecc.

2 les pronoms personnels sujets ne sont pas exprimés lorsque le verbe est un impératif

    mange plus vite!
    ne parlez pas si vite!

    mangia più in fretta!
    non parlate così in fretta!

3 les pronoms personnels sujets suivent le verbe dans les interrogatives directes ne commençant pas par *est-ce que* et dans les incises avec les verbes déclaratifs

    as-tu vraiment faim?
    "Assez, dit-il, je ne vous écouterai plus"

i pronomi personali soggetto sono generalmente sottintesi

    hai veramente fame?
    "Basta, disse, non vi ascolterò più"

• quand *il, elle* et *on* suivent un verbe qui se termine par une voyelle, on met un *t* euphonique entre deux tirets

    a-t-il déjà mangé?
    "Et encore, ajouta-t-elle, je ne vous donnerai pas un sou"
    il est parti, dit-on

    ha già mangiato?
    "E inoltre, aggiunse, non vi darò un soldo"
    è partito, dicono

— *pour l'ombre, (fig.)* lasciare il certo per l'incerto.

pro-israélien [pʀɔisʀaeljɛ̃] (f. *pro-israélienne,* pl. *pro-israéliens) agg.* filoisraeliano.

projecteur [pʀɔʒɛktœʀ] *s.m.* **1** riflettore, proiettore (di luce): *sous les projecteurs,* sotto i riflettori, alla luce dei proiettori **2** proiettore (di immagini), apparecchio da proiezione: *— de cinéma,* proiettore cinematografico, macchina da proiezione; *— de diapositives,* diaproiettore.

projectile [pʀɔʒɛktil] *s.m.* proiettile: *une grêle, une pluie de projectiles s'abattit sur eux,* furono investiti da una gragnuola, una pioggia di proiettili.

projection [pʀɔʒɛksjɔ̃] *s.f.* **1** proiezione; immagine (proiettata) **2** *(geol.)* proietto *(m.).*

projectionniste [pʀɔʒɛksjɔnist] *s.m.* operatore cinematografico.

projet [pʀɔʒɛ] *s.m.* progetto: *des projets d'avenir,* piani, progetti per il futuro; *des projets criminels,* intenzioni criminose; *le — d'un roman,* la bozza, il progetto di un romanzo; *concevoir le — de qqch,* progettare qlco; *avoir des projets sur qqn,* fare progetti su qlcu; *laisser à l'état de —,* lasciare allo stadio di progetto; *auteur du—,* progettista || *(dir.): — de contrat,* bozza di contratto; *— de loi,* disegno di legge.

projeter[1] [pʀɔʒte] *(coniug. come* jeter) *v.tr.* progettare *(anche fig.).*

projeter[2] *v.tr.* proiettare *(anche fig.): l'ombre de l'arbre était projetée sur la maison,* l'ombra dell'albero si proiettava sulla casa □ **se projeter** *v.pron.* proiettarsi *(anche fig.).*

FRANÇAIS	ITALIANO
2ème forme	**2ª forma**
moi	**io**
toi	**tu**
lui (*m.*), **elle** (*f.*)	**lui, lei**
nous	**noi**
vous	**voi**
eux (*m.*), **elles** (*f.*)	**loro**

	La deuxième forme est employée:	I pronomi personali sono espressi:
1	lorsqu'ils sont sujets d'un verbe sous-entendu ou d'un infinitif	
	Qui a téléphoné? Toi?	Chi ha telefonato? Tu?
	Moi, conduire la nuit? Jamais!	Io guidare di notte? Mai!
2	lorsqu'ils sont sujets d'un même verbe	
	lui et toi, vous irez en avion	tu e lui andrete in aereo
3	lorsque le pronom sujet s'oppose à un autre sujet ou le renforce	
	toi, tu t'amuses tandis que moi, je travaille	tu ti diverti mentre io lavoro
	toi, tu devrais le savoir	tu dovresti saperlo
4	lorsque le pronom sujet est suivi d'une apposition ou d'une proposition relative	
	toi, mon ami, tu iras loin	tu, amico mio, andrai lontano
	lui qui, heureusement, a du courage...	lui che fortunatamente ha coraggio...
5	lorsqu'ils sont liés à **aussi, même, non plus**	quando sono usati con **anche, stesso, neanche**
	moi aussi, toi aussi, toi-même, nous-mêmes, elle non plus, eux non plus	anch'io, anche tu, tu stesso, noi stessi, neanche lei, neanche loro
6	lorsqu'ils suivent le verbe **être** employé à la forme impersonnelle	quando sono posti dopo il verbo **essere**
	c'est moi, c'est nous	sono io, siamo noi
7	*vous* de politesse	*lei* di cortesia
	si vous permettez...	se lei permette...
	voyez un peu vous-même, Jeanne	faccia lei, Giovanna

projeteur [prɔʒtœr] *s.m.* progettista.
prolapsus [prɔlapsys] *s.m.* (*med.*) prolasso.
prolétaire [prɔletɛr] *agg.* e *s.m.* proletario.
prolétariat [prɔletarja] *s.m.* proletariato.
prolétarien [prɔletarjɛ̃] (f. *-enne*) *agg.* proletario.
prolétarisation [prɔletarizasjɔ̃] *s.f.* proletarizzazione.
prolétariser [prɔletarize] *v.tr.* proletarizzare.
prolifération [prɔliferasjɔ̃] *s.f.* proliferazione, prolificazione.
prolifère [prɔlifɛr] *agg.* prolifero.
proliférer [prɔlifere] (*coniug. come* céder) *v.intr.* prolificare, proliferare.
prolifique [prɔlifik] *agg.* prolifico, prolifero.
prolixe [prɔliks] *agg.* prolisso.
prolixité [prɔliksite] *s.f.* prolissità.
prolo [prɔlo] *s.m.* (*fam.*) *abbr.* → **prolétaire**.
prologue [prɔlɔg] *s.m.* prologo.
prolongateur [prɔlɔ̃gatœr] *s.m.* prolunga (*f.*).
prolongation [prɔlɔ̃gasjɔ̃] *s.f.* 1 prolungamento (*m.*). 2 (*sport*) tempo supplementare.
prolongement [prɔlɔ̃ʒmɑ̃] *s.m.* 1 prolungamento, prosecuzione 2 (*fig.*) seguito, conseguenza (*f.*): *dans le — de*, in seguito a.
prolonger [prɔlɔ̃ʒe] (*coniug. come* manger) *v.tr.* prolungare, prorogare □ **se prolonger** *v.pron.* prolungarsi, protrarsi.
promenade [prɔmnad] *s.f.* passeggiata: *aller en —*, andare a passeggio || *— du bord de mer*, lungomare.
promener [prɔmne] (*coniug. come* semer) *v.tr.* 1 portare a passeggio, portare a spasso: *— qqn à travers la ville*, accompagnare qlcu in giro per la città || (*fam.*): *cela vous promènera*, farete due passi; *il le promène partout*, se lo porta appresso dappertutto; *envoyer — qqn*, mandare qlcu a quel paese; *envoyer — qqch*, mandare qlco all'aria 2 (*estens.*) muovere, spostare: *il promenait distraitement ses doigts sur le clavier*, muoveva distrattamente le dita sulla tastiera; *— son regard sur*, lasciar vagare lo sguardo su □ **se promener** *v.pron.* passeggiare, andare a passeggio, andare a spasso: *ils se sont promenés pendant une heure*, hanno passeggiato per un'ora; *se — à pied, à cheval, en voiture*, fare una passeggiata a piedi, a cavallo, in macchina.
promeneur [prɔmnœr] (f. *-euse*) *s.m.* chi passeggia, chi ama passeggiare; passante; gitante; (*letter.*) viandante.
promenoir [prɔmnwar] *s.m.* (*antiq.*) deambulatorio (di convento, prigione ecc.); (*teatr.*) galleria (per gli spettatori in piedi).
promesse [prɔmɛs] *s.f.* promessa: *fidèle à sa —*, fedele alla promessa fatta; *sous — que tu rentreras tôt*, a patto che tu rientri || *une — de Gascon*, una promessa da marinaio || (*dir.*) *— de vente*, compromesso || *être plein de promesses*, promettere molto, bene; *un jeune homme plein de promesses*, un giovane di belle speranze.
prometteur [prɔmɛtœr] (f. *-euse*) *agg.* promettente, pieno di promesse: *des débuts prometteurs*,

degli inizi promettenti; *un regard, un sourire —*, uno sguardo, un sorriso pieno di promesse.
promettre [prɔmɛtr] (*coniug. come* mettre) *v.tr.* 1 promettere: *je te promets que je rentrerai avant minuit*, ti prometto di rincasare prima di mezzanotte; *— monts et merveilles*, promettere mari e monti || *l'aube nous promettait une belle journée*, l'alba preannunciava una bella giornata; *un enfant qui promet*, un bambino che promette (bene); *ça promet!*, (*iron.*) andiamo bene!, non promette nulla di buono! 2 (*fam.*) giurare, assicurare: *je te promets qu'il s'en repentira*, ti giuro che se ne pentirà □ **se promettre** *v.pron.* 1 ripromettersi 2 promettersi (a vicenda).
promis [prɔmi] *part.pass. di* promettre ♦ *agg.* promesso || *un jeune homme — à une brillante carrière*, un giovane destinato a una brillante carriera ♦ *s.m.* (*region.*) promesso, fidanzato.
promiscuité [prɔmiskɥite] *s.f.* promiscuità.
promontoire [prɔmɔ̃twar] *s.m.* promontorio.
promoteur [prɔmɔtœr] (f. *-trice*) *agg.* promotore ♦ *s.m.* 1 promotore 2 — (*immobilier*), imprenditore immobiliare.
promotion [prɔmɔsjɔ̃] *s.f.* 1 promozione, avanzamento (*m.*): *— au choix*, promozione per meriti, per chiamata 2 insieme di persone promosse allo stesso grado; allievi di uno stesso corso: *camarades de —*, compagni di corso 3 (*fig.*) promozione, sviluppo (*m.*): *— des ventes*, promozione delle vendite || *produit en —*, prodotto in offerta speciale.
promotionnel [prɔmɔsjɔnɛl] (f. *-elle*) *agg.* promozionale.
promouvoir [prɔmuvwar] (*coniug. come* mouvoir; usato solo all'Inf., al Part.pass. promu, e nei tempi composti*) *v.tr.* promuovere (*anche fig.*).
prompt [prɔ̃] *agg.* pronto: *il a l'esprit —*, ha una mente pronta; *il est — à la colère*, è facile all'ira; *je vous souhaite une prompte guérison*, le auguro una pronta, rapida guarigione || (*comm.*) *dans l'attente d'une prompte réponse de votre part...*, in attesa di una pronta, sollecita risposta da parte vostra... || **-ement** *avv.*
prompteur [prɔ̃ptœr] *s.m.* (*tv*) gobbo.
promptitude [prɔ̃tityd] *s.f.* prontezza, rapidità.
promu [prɔmy] *part.pass. di* promouvoir.
promulgation [prɔmylgasjɔ̃] *s.f.* promulgazione.
promulguer [prɔmylge] *v.tr.* promulgare.
pronaos [prɔnaos] *s.m.* (*arch.*) pronao.
prône [pron] *s.m.* (*eccl.*) predica domenicale.
prôner [prone] *v.tr.* predicare.
pronom [prɔnɔ̃] *s.m.* pronome.
pronominal [prɔnɔminal] (pl. *-aux*) *agg.* pronominale ♦ *s.m.* verbo pronominale || **-ement** *avv.*
prononçable [prɔnɔ̃sabl] *agg.* pronunciabile.
prononcé [prɔnɔ̃se] *agg.* pronunciato; (*fig.*) spiccato, forte: *avoir un goût — pour*, avere un gusto spiccato per; *accent très —*, accento molto pronunciato, molto forte ♦ *s.m.* (*dir.*) decisione

(del tribunale) ‖ — *de l'arrêt*, pronuncia della sentenza.

prononcer [pʀɔnɔ̃se] (*coniug. come* placer) *v.tr.* pronunciare ‖ (*dir.*) — *un jugement*, pronunciare una sentenza ♦ *v.intr.* (*dir.*) emettere una sentenza □ **se prononcer** *v.pron.* pronunciarsi.

prononciation [pʀɔnɔ̃sjɑsjɔ̃] *s.f.* pronuncia.

pronostic [pʀɔnɔstik] *s.m.* **1** pronostico: *émettre des pronostics*, formulare dei pronostici **2** (*med.*) prognosi (*f.*): — *réservé*, prognosi riservata.

pronostiquer [pʀɔnɔstike] *v.tr.* **1** pronosticare; (*estens.*) preannunciare: — *le temps*, prevedere il tempo che farà **2** (*med.*) fare una prognosi.

pronostiqueur [pʀɔnɔstikœʀ] (f. *-euse*) *s.m.* chi formula pronostici.

pro-occidental [pʀɔɔksidɑ̃tal] (pl. *-aux*) *agg.* e *s.m.* filoccidentale.

propagande [pʀɔpagɑ̃d] *s.f.* propaganda: *faire de la* —, fare propaganda.

propagandiste [pʀɔpagɑ̃dist] *agg.* propagandistico ♦ *s.m.* propagandista.

propagateur [pʀɔpagatœʀ] (f. *-trice*) *agg.* e *s.m.* propagatore.

propagation [pʀɔpagɑsjɔ̃] *s.f.* propagazione; diffusione.

propager [pʀɔpaʒe] (*coniug. come* manger) *v.tr.* propagare; diffondere □ **se propager** *v.pron.* propagarsi; diffondersi.

propane [pʀɔpan] *s.m.* (*chim.*) propano.

propédeutique [pʀɔpedøtik] *agg.* propedeutico.

propène [pʀɔpɛn] *s.m.* (*chim.*) propilene.

propension [pʀɔpɑ̃sjɔ̃] *s.f.* propensione; inclinazione.

propergol [pʀɔpɛʀgɔl] *s.m.* propellente (di motori a razzo).

prophète [pʀɔfɛt] (f. *-esse*) *s.m.* profeta ‖ — *de malheur*, uccello del malaugurio.

prophétie [pʀɔfesi] *s.f.* profezia.

prophétique [pʀɔfetik] *agg.* profetico.

prophétiser [pʀɔfetize] *v.tr.* profetizzare; predire.

prophylactique [pʀɔfilaktik] *agg.* profilattico.

prophylaxie [pʀɔfilaksi] *s.f.* (*med.*) profilassi.

propice [pʀɔpis] *agg.* propizio: *le moment* —, il momento opportuno; *circonstances propices*, circostanze favorevoli.

propitiation [pʀɔpisjɑsjɔ̃] *s.f.* propiziazione.

propitiatoire [pʀɔpisjatwaʀ] *agg.* propiziatorio.

propolis [pʀɔpɔlis] *s.f.* propoli (f. e m.).

proportion [pʀɔpɔʀsjɔ̃] *s.f.* proporzione ‖ *en* — *de*, in proporzione a, proporzionatamente a ‖ *ramener les choses à leurs justes proportions*, ridimensionare le cose ‖ *hors de* (*toute*) —, (del tutto) sproporzionato ‖ *toute(s) proportion(s) gardée(s)*, fatte le debite proporzioni.

proportionnalité [pʀɔpɔʀsjɔnalite] *s.f.* proporzionalità.

proportionné [pʀɔpɔʀsjɔne] *agg.* proporzionato.

proportionnel [pʀɔpɔʀsjɔnɛl] (f. *-elle*) *agg.* proporzionale.

proportionnelle [pʀɔpɔʀsjɔnɛl] *s.f.* (rappresentanza) proporzionale.

proportionnellement [pʀɔpɔʀsjɔnɛlmɑ̃] *avv.* proporzionalmente, in proporzione.

proportionner [pʀɔpɔʀsjɔne] *v.tr.* proporzionare.

propos [pʀɔpo] *s.m.* **1** proponimento, proposito: *il n'est pas dans mon* — *de...*, non è mia intenzione... ‖ *de* — *délibéré*, di proposito, deliberatamente **2** argomento ‖ *à* — *de*, a proposito di, in merito a ‖ *à* — *de tout et de rien*, senza un motivo, per un nonnulla ‖ *à* —, a proposito, opportunamente; *vous ferez ce que vous jugerez à* —, farete ciò che vi sembrerà opportuno ‖ *mal à* —, a sproposito ‖ *hors de* —, a sproposito ‖ *à tout* —, a ogni istante, a ogni pié sospinto **3** (*spec.pl.*) discorso: *des* — *en l'air*, parole vane, campate in aria.

proposer [pʀɔpoze] *v.tr.* proporre, suggerire ‖ — *une loi*, presentare una legge ‖ — *de l'argent*, offrire del danaro □ **se proposer** *v.pron.* **1** proporsi, ripromettersi **2** offrirsi, presentarsi.

proposition [pʀɔpozisjɔ̃] *s.f.* **1** proposta, offerta ‖ — *de loi*, proposta di legge ‖ *sur la* — *de*, su proposta di **2** (*gramm.*) proposizione.

propre[1] [pʀɔpʀ] *agg.* pulito ‖ *nous voilà propres!*, (*iron.*) siamo bell'e sistemati! ‖ (*in Svizzera*) — *en ordre*, a puntino, bell'e fatto ♦ *s.m.* (ciò che è) pulito, netto: *mettre au* —, mettere in bella (copia) ‖ *c'est du* —*!*, (*iron.*) bella roba!

propre[2] [pʀɔpʀ] *agg.* **1** proprio ‖ *au* (*sens*) —, in senso proprio ‖ *cet écrivain a un style qui lui est* —, quello scrittore ha uno stile tutto suo ‖ *remettre une lettre en mains propres*, consegnare una lettera al destinatario in persona ‖ — *à*, proprio a; adatto a **2** esatto, appropriato **3** (*rafforzativo di agg. poss.*): *de sa* — *main*, di suo pugno; *par ses propres moyens*, con i propri mezzi; *ce sont ses propres mots*, sono le sue testuali parole ♦ *s.m.* (ciò che è) proprio: *le* — *de l'homme*, ciò che è proprio dell'uomo ‖ *avoir qqch en* —, avere qlco in proprio.

propre-à-rien [pʀɔpʀaʀjɛ̃] (pl. *propres-à-rien*) *s.m.* buono a nulla.

proprement[1] [pʀɔpʀəmɑ̃] *avv.* in modo pulito; senza sporcarsi; (*comme il faut*) bene, decentemente: *mange* —, mangia come si deve ‖ *se conduire* —, comportarsi correttamente.

proprement[2] *avv.* propriamente: *à* — *parler*, per essere esatti, precisi.

propret [pʀɔpʀɛ] (f. *-ette*) *agg.* lindo, pulitino.

propreté [pʀɔpʀəte] *s.f.* pulizia.

propriétaire [pʀɔpʀijetɛʀ] *s.m.* proprietario: *je dois encore payer le loyer à mon* —, devo ancora pagare l'affitto al padrone di casa; *grand* —, latifondista.

propriété [pʀɔpʀijete] *s.f.* **1** proprietà **2** fondo (m.), tenuta: *grande* —, latifondo **3** villa, castello (con parco).

proprio [pʀɔpʀijo] *s.m.* (*fam.*) *abbr.* → **propriétaire**.

propulser [pʀɔpylse] *v.tr.* **1** propellere **2** (*fam.*) scaraventare.

FRANÇAIS

ITALIANO

1 complément d'objet direct / complemento oggetto:

me; (*après l'impératif*) moi

mi

te; (*après l'impératif*) toi

ti

le (*m.*), la (*f.*)

lo (*m.*), la (*f.*)

se

si

nous

ci

vous

vi

les

li (*m.*), le (*f.*)

il m'a rencontré au cinéma

mi ha incontrato al cinema

invitez-moi

invitatemi

il t'admire

ti ammira

regarde-toi dans la glace

guardati allo specchio

elle s'habille avec goût

si veste con gusto

je les ai beaucoup admirés

li ho ammirati molto

il les a déjà invitées

le ha già invitate

• On emploie les pronoms *moi, toi, lui, elle, nous, vous, eux, elles* quand, placés après le verbe, ils renforcent le pronom complément de 1ᵉʳᵉ forme ou quand le verbe est sous-entendu:

• Si usano i pronomi *me, te, lui, lei, noi, voi, loro* dopo il verbo:

il t'invitera, toi, mais pas moi

inviterà te, ma non me

2 précédés d'une préposition:

moi

me

toi

te

lui (*m.*), elle (*f.*)

lui (*m.*), lei (*f.*)

soi

sé

nous

noi

vous

voi

eux (*m.*), elles (*f.*)

loro (*invar.*)

je le fais pour toi

lo faccio per te

il voyagera avec elle

viaggerà con lei

chacun pour soi

ognuno per sé

on parlait d'eux, d'elles

si parlava di loro

3 complément d'attribution / complemento di termine:

me; (*après l'impératif*) moi

mi

te; (*après l'impératif*) toi

ti

lui (*m.* et *f.*)

gli (*m.*), le (*f.*)

se

si

nous

ci

vous

vi

leur (*m.* et *f.*)

loro (*dopo il verbo*); (*nell'uso corrente*) gli (*prima del verbo*)

je te téléphonerai demain

ti telefonerò domani

téléphone-moi

telefonami

elle lui dira la vérité

gli dirà la verità (a lui), le dirà la verità (a lei)

ils se téléphonent souvent

si telefonano spesso

je vais voir tes parents, je leur donnerai de tes nouvelles

vedrò i tuoi genitori, gli darò, darò loro tue notizie

je vais téléphoner à tes soeurs, je leur dirai la vérité

telefonerò alle tue sorelle, dirò loro, gli dirò la verità

propulseur [pʀɔpylsœʀ] *agg.* propulsorio ♦ *s.m.* propulsore.
propulsif [pʀɔpylsif] (f. *-ive*) *agg.* propulsivo.
propulsion [pʀɔpylsjɔ̃] *s.f.* propulsione || — *par fusée*, propulsione a razzo.
prorata [pʀɔʀata] *s.m.: au — de*, proporzionalmente a.
prorogatif [pʀɔʀɔgatif] (f. *-ive*) *agg.* che proroga.
prorogation [pʀɔʀɔgasjɔ̃] *s.f.* **1** proroga **2** aggiornamento (*m.*).
proroger [pʀɔʀɔʒe] (*coniug. come* manger) *v.tr.* **1** prorogare: — *un passeport*, rinnovare un passaporto **2** aggiornare □ **se proroger** *v.pron.* protrarsi.
prosaïque [pʀɔzaik] *agg.* prosaico || -ement *avv.*
prosaïsme [pʀɔzaism] *s.m.* prosaicismo.
prosateur [pʀɔzatœʀ] *s.m.* prosatore.
proscenium [pʀɔsenjɔm] *s.m.* (*teatr.*) proscenio.
proscription [pʀɔskʀipsjɔ̃] *s.f.* proscrizione.
proscrire [pʀɔskʀiʀ] (*coniug. come* écrire) *v.tr.* proscrivere.
proscrit [pʀɔskʀi] *part.pass. di* proscrire ♦ *s.m.* proscritto.
prose [pʀoz] *s.f.* prosa; (*scherz.*) lettera, scritto.
prosélyte [pʀɔzelit] *s.m.* proselito.
prosélytisme [pʀɔzelitism] *s.m.* proselitismo.
prosimien [pʀɔsimjɛ̃] *m.* (*zool.*) proscimmia (*f.*).
prosodie [pʀɔzɔdi] *s.f.* prosodia.
prosodique [pʀɔzɔdik] *agg.* prosodico.
prospect [pʀɔspɛ] *s.m.* (*urbanistica*) spazio di rispetto.
prospecter [pʀɔspɛkte] *v.tr.* (*geol., comm.*) esplorare.
prospecteur [pʀɔspɛktœʀ] (f. *-trice*) *agg.* che esplora, sonda ♦ *s.m.* **1** (*geol.*) prospettore **2** (*comm.*) ricercatore di mercato.
prospectif [pʀɔspɛktif] (f. *-ive*) *agg.* concernente il futuro: *étude prospective de marché*, studio del mercato in prospettiva.
prospection [pʀɔspɛksjɔ̃] *s.f.* **1** (*geol.*) prospezione **2** (*comm.*) ricerca di clienti.
prospective [pʀɔspɛktiv] *s.f.* scienza che studia l'evoluzione rapida del mondo moderno; (*estens.*) futurologia.
prospectus [pʀɔspɛktys] *s.m.* prospetto, volantino (pubblicitario).
prospère [pʀɔspɛʀ] *agg.* prospero: *période —*, periodo di prosperità || *une santé —*, una salute florida.
prospérer [pʀɔspeʀe] (*coniug.come* céder) *v. intr.* prosperare.
prospérité [pʀɔspeʀite] *s.f.* prosperità.
prostate [pʀɔstat] *s.f.* (*anat.*) prostata.
prostatique [pʀɔstatik] *agg.* e *s.m.* (*med.*) prostatico.
prosternation [pʀɔstɛʀnasjɔ̃] *s.f.*, **prosternement** [pʀɔstɛʀnəmɑ̃] *s.m.* prosternazione (*f.*).
prosterner, se [səpʀɔstɛʀne] *v.pron.* **1** prostrarsi **2** (*fig.*) umiliarsi.
prostitué [pʀɔstitɥe] *s.m.* uomo che si prostituisce.

prostituée [pʀɔstitɥe] *s.f.* prostituta.
prostituer [pʀɔstitɥe] *v.tr.* prostituire □ **se prostituer** *v.pron.* prostituirsi.
prostitution [pʀɔstitysjɔ̃] *s.f.* prostituzione.
prostration [pʀɔstʀasjɔ̃] *s.f.* prostrazione.
prostré [pʀɔstʀe] *agg.* prostrato.
protagoniste [pʀɔtagɔnist] *s.m.* protagonista.
prote [pʀɔt] *s.m.* (*tip.*) proto.
protéagineux [pʀɔteaʒinø] (f. *-euse*) *agg.* (*di vegetali*) ricco di proteine.
protecteur [pʀɔtɛktœʀ] (f. *-trice*) *agg.* protettore, protettivo: *prendre un air, un ton —*, prendere un'aria, un tono di protezione; *emballage —*, imballaggio protettivo; *couche protectrice*, strato protettivo ♦ *s.m.* protettore.
protection [pʀɔtɛksjɔ̃] *s.f.* protezione || — *de l'environnement*, tutela dell'ambiente || *avoir des protections*, avere degli appoggi.
protectionnisme [pʀɔtɛksjɔnism] *s.m.* protezionismo.
protectionniste [pʀɔtɛksjɔnist] *agg.* protezionistico ♦ *s.m.* protezionista.
protectorat [pʀɔtɛktɔʀa] *s.m.* protettorato.
protégé [pʀɔteʒe] *agg.* e *s.m.* protetto.
protège-bas [pʀɔtɛʒbɑ] (pl. *invar.*) *s.m.* salvacalze.
protège-cahier [pʀɔtɛʒkaje] (pl. *protège-cahiers*) *s.m.* copriquaderno, copertina (*f.*).
protège-dents [pʀɔtɛʒdɑ̃] (pl. *invar.*) *s.m.* paradenti.
protéger [pʀɔteʒe] (*coniug. come* abréger) *v.tr.* **1** proteggere; riparare **2** favorire; appoggiare □ **se protéger** *v.pron.* proteggersi.
protège-slip [pʀɔtɛʒslip] (pl. *protège-slips*) *s.m.* salvaslip.
protéiforme [pʀɔteifɔʀm] *agg.* proteiforme.
protéine [pʀɔtein] *s.f.* proteina.
protéique [pʀɔteik] *agg.* proteico.
protestable [pʀɔtɛstabl] *agg.* protestabile.
protestant [pʀɔtɛstɑ̃] *agg.* e *s.m.* (*relig.*) protestante.
protestantisme [pʀɔtɛstɑ̃tism] *s.m.* protestantesimo.
protestataire [pʀɔtɛstatɛʀ] *agg.* protestatario ♦ *s.m.* protestatore.
protestation [pʀɔtɛstasjɔ̃] *s.f.* protesta.
protester [pʀɔtɛste] *v.intr.* protestare: — *de son innocence*, protestarsi innocente ♦ *v.tr.* (*comm.*) protestare, mettere in protesto.
protêt [pʀɔtɛ] *s.m.* (*comm.*) protesto: — *faute de paiement*, protesto per mancato pagamento.
prothèse [pʀɔtɛz] *s.f.* protesi.
prothrombine [pʀɔtʀɔ̃bin] *s.f.* (*biochim.*) protrombina.
prot(o)- *pref.* prot(o)-
protocolaire [pʀɔtɔkɔlɛʀ] *agg.* protocollare.
protocole [pʀɔtɔkɔl] *s.m.* **1** protocollo **2** (*in Benin*) capo; padrone.
proton [pʀɔtɔ̃] *s.m.* (*fis.*) protone.
protoplasma [pʀɔtɔplasma], **protoplasme** [pʀɔtɔplasm] *s.m.* (*biol.*) protoplasma.
prototype [pʀɔtɔtip] *s.m.* prototipo.

protozoaires [pʀɔtɔzɔɛʀ] *s.m.pl.* (*biol.*) protozoi.
protubérance [pʀɔtybeʀɑ̃s] *s.f.* protuberanza.
protubérant [pʀɔtybeʀɑ̃] *agg.* protuberante.
prou [pʀu] *avv.: peu ou* —, più o meno.
proue [pʀu] *s.f.* (*mar.*) prua, prora || *figure de* —, polena.
prouesse [pʀuɛs] *s.f.* prodezza.
proustien [pʀustjɛ̃] (f. -*enne*) *agg.* proustiano.

prouvable [pʀuvabl] *agg.* provabile.
prouver [pʀuve] *v.tr.* **1** provare **2** dimostrare.
provenance [pʀɔvnɑ̃s] *s.f.* provenienza || *mot de* — *germanique*, parola di origine germanica || *train en* — *de Rome*, treno proveniente, in arrivo da Roma.
provençal [pʀɔvɑ̃sal] (pl. -*aux*) *agg.* e *s.m.* provenzale.

PRONOMS PERSONNELS GROUPÉS

avant le verbe:		après le verbe:	
FRANÇAIS	ITALIANO	FRANÇAIS	ITALIANO
me le	me lo	-le-moi	+ melo
me la	me la	-la-moi	+ mela
me les	me li	-les-moi	+ meli
	me le		+ mele
te le	te lo	-le-toi	+ telo
te la	te la	-la-toi	+ tela
te les	te li	-les-toi	+ teli
	te le		+ tele
le lui	glielo	-le-lui	+ glielo
la lui	gliela	-la-lui	+ gliela
les lui	glieli	-les-lui	+ glieli
	gliele		+ gliele
se le	se lo		
se la	se la		
se les	se li		
	se le		
nous le	ce lo	-le-nous	+ celo
nous la	ce la	-la-nous	+ cela
nous les	ce li	-les-nous	+ celi
	ce le		+ cele
vous le	ve lo	-le-vous	+ velo
vous la	ve la	-la-vous	+ vela
vous les	ve li	-les-vous	+ veli
	ve le		+ vele
le leur	lo...loro (*fam.*) glielo	-le-leur	+ lo loro (*fam.*)+glielo
la leur	la...loro (*fam.*) gliela	-la-leur	+ la loro (*fam.*)+gliela
les leur	li...loro (*fam.*) glieli	-les-leur	+ li loro (*fam.*)+glieli
	le...loro (*fam.*) gliele		+ le loro (*fam.*)+gliele

je t'y accompagnerai volontiers	ti ci accompagnerò volentieri
il me les offrira	me li offrirà
je lui en parlerai	gliene parlerò
nous nous en irons	ce ne andremo
vous le leur direz	lo direte loro, glielo direte
montrez-le-lui	mostrateglielo
dites-le-moi	ditemelo
je ne voulais pas te le dire	non volevo dirtelo
en vous le disant tout de suite...	dicendovelo subito...

• quando i pronomi personali, semplici o composti, sono posti dopo il verbo, essi sono scritti, in francese, uno legato all'altro con trattino e, in italiano, formano un'unica parola con il verbo

provenir [pRɔvniR] (*coniug. come* venir) *v.intr.* provenire; (*fig.*) trarre origine: *ce mot provient du grec*, questa parola deriva dal greco.

provenu [pRɔvny] *part.pass. di* provenir.

proverbe [pRɔvɛRb] *s.m.* proverbio: *passer en —*, divenire proverbiale.

proverbial [pRɔvɛRbjal] (pl. *-aux*) *agg.* proverbiale || **-ement** *avv.*

providence [pRɔvidɑ̃s] *s.f.* provvidenza || *état —*, stato assistenziale.

providentiel [pRɔvidɑ̃sjɛl] (f.*-elle*) *agg.* provvidenziale || *homme —*, uomo mandato dalla provvidenza || **-ellement** *avv.*

province [pRɔvɛ̃s] *s.f.* provincia: *habiter la —*, abitare in provincia ♦ *agg.invar.* (*fam.*) provinciale.

provincial [pRɔvɛ̃sjal] (pl. *-aux*) *agg.* e *s.m.* provinciale.

provincialisme [pRɔvɛ̃sjalism] *s.m.* provincialismo.

proviseur [pRɔvizœR] *s.m.* preside (di scuola superiore).

provision [pRɔvizjɔ̃] *s.f.* 1 provvista, scorta || *une bonne — de courage*, una buona dose di coraggio || *provisions de bouche*, vettovaglie 2 *pl.* compere, spese: *aller faire ses provisions, aller aux provisions*, andare a fare la spesa 3 (*dir.*) provvisionale: *il a donné une — à son avocat*, ha dato un anticipo all'avvocato 4 (*fin.*) fondo (di riserva) 5 (*comm.*) copertura.

provisionnel [pRɔvizjɔnɛl] (f. *-elle*) *agg.* (*dir.*) provvisionale: *acompte —*, provvisionale.

provisoire [pRɔvizwaR] *agg.* provvisorio ♦ *s.m.* ciò che è provvisorio || **-ement** *avv.*

provocant [pRɔvɔkɑ̃] *agg.* 1 provocatorio: *une attitude provocante*, un atteggiamento di sfida 2 provocante: *regard —*, sguardo provocante.

provocateur [pRɔvɔkatœR] (f. *-trice*) *s.m.* provocatore ♦ *agg.* provocatore, provocatorio.

provocation [pRɔvɔkɑsjɔ̃] *s.f.* provocazione: *attitude de —*, atteggiamento di sfida; *— au meurtre*, incitamento all'omicidio; *— en duel*, sfida a duello.

provoquer [pRɔvɔke] *v.tr.* provocare: *— en duel*, sfidare a duello; *— le destin*, sfidare il destino || *l'indignation*, suscitare lo sdegno.

proxénète [pRɔksenet] *s.m.* prosseneta, mezzano.

proxénétisme [pRɔksenetism] *s.m.* prossenetismo.

proximité [pRɔksimite] *s.f.* prossimità || *à —*, nelle vicinanze, qui vicino || *à — de*, nei pressi di || *emplois de —*, impieghi di assistenza domiciliare.

prude [pRyd] *agg.* puritano, prude: *air —*, aria falsamente pudica ♦ *s.f.* donna affettatamente modesta, puritana.

prudemment [pRydamɑ̃] *avv.* prudentemente.

prudence [pRydɑ̃s] *s.f.* prudenza; cautela; precauzione: *par —, par mesure de —*, per prudenza.

prudent [pRydɑ̃] *agg.* prudente, accorto ♦ *s.m.* persona prudente.

pruderie [pRydRi] *s.f.* pudore eccessivo.

prud'homme [pRydɔm] *s.m.* (*dir.*) proboviro: *aller aux prud'hommes*, (*fam.*) andare davanti al tribunale del lavoro.

prune [pRyn] *s.f.* 1 prugna, susina || *pour des prunes*, (*fam.*) per niente 2 acquavite di prugne ♦ *agg. invar.* (color) prugna.

pruneau [pRyno] (pl. *-eaux*) *s.m.* prugna secca.

prunelle[1] [pRynɛl] *s.f.* (*bot.*) prugnola.

prunelle[2] *s.f.* (*anat.*) pupilla || *jouer de la —*, (*fam.*) far gli occhi dolci.

prunier [pRynje] *s.m.* (*pianta*) prugno, susino || *secouer qqn comme un —*, (*fam.*) strapazzare qlcu.

prunus [pRynys] *s.m.* (*bot.*) prunus.

prurigineux [pRyRiʒinø] (f. *-euse*) *agg.* pruriginoso.

prurit [pRyRit] *s.m.* prurito.

prussien [pRysjɛ̃] (f. *-enne*) *agg.* e *s.m.* prussiano.

prussique [pRysik] *agg.* (*chim.*) *acide —*, acido prussico.

psalmodie [psalmɔdi] *s.f.* 1 salmodia 2 (*fig.*) cantilena.

psalmodier [psalmɔdje] *v.intr.* 1 salmodiare 2 (*fig.*) recitare, cantare con voce monotona ♦ *v.tr.* 1 cantare (salmodie, inni religiosi ecc.) 2 (*fig.*) cantare, recitare con voce monotona.

psaume [psom] *s.m.* salmo.

psautier [psotje] *s.m.* (*relig.*) salterio.

pseudo- *pref.* pseudo-

pseudonyme [psødɔnim] *s.m.* pseudonimo.

psittacose [psitakoz] *s.f.* psittacosi.

psitt [psit] *onom.* pst!

psoriasis [psɔRjazis] *s.m.* (*med.*) psoriasi (*f.*).

psychanalyse [psikanaliz] *s.f.* psic(o)analisi.

psychanalyser [psikanalize] *v.tr.* psicanalizzare.

psychanalyste [psikanalist] *s.m.* psicanalista.

psychanalytique [psikanalitik] *agg.* psicanalitico.

psyché[1] [psiʃe] *s.f.* psiche.

psyché[2] *s.f.* psiche (grande specchio inclinabile).

psychédélique [psikedelik] *agg.* psichedelico.

psychiatre [psikjatR] *s.m.* psichiatra.

psychiatrie [psikjatRi] *s.f.* psichiatria.

psychiatrique [psikjatRik] *agg.* psichiatrico.

psychique [psiʃik] *agg.* psichico.

psych(o)- *pref.* psic(o)-

psychodrame [psikɔdRam] *s.m.* psicodramma.

psycholinguistique [psikɔlɛ̃gɥistik] *agg.* psicolinguistico ♦ *s.f.* psicolinguistica.

psychologie [psikɔlɔʒi] *s.f.* psicologia.

psychologique [psikɔlɔʒik] *agg.* psicologico || *moment —*, momento opportuno || **-ement** *avv.*

psychologue [psikɔlɔg] *s.m.* psicologo.

psychomoteur [psikɔmɔtœR] (f. *-trice*) *agg.* psicomotorio.

psychopathe [psikɔpat] *agg.* e *s.m.* psicopatico.

psychopathique [psikɔpatik] *agg.* psicopatico.

psychopédagogie [psikɔpedagɔʒi] *s.f.* psicopedagogia.

psychopédagogique [psikɔpedagɔʒik] *agg.*
psicopedagogico.

psychophysique [psikɔfizik] *agg.* psicofisico.

psychose [psikoz] *s.f.* psicosi.

psychosomatique [psikɔsɔmatik] *agg.* psicosomatico.

psychotechnicien [psikɔtɛknisjɛ̃] (f. *-enne*) *s.m.*
psicotecnico.

psychotechnique [psikɔtɛknik] *agg.* psicotecnico ♦ *s.f.* psicotecnica.

psychothérapeute [psikɔteʀapøt] *s.m.* psicoterapeuta.

psychothérapie [psikɔteʀapi] *s.f.* psicoterapia.

psychotique [psikɔtik] *agg.* e *s.m.* psicotico.

ptolémaïque [ptɔlemaik] *agg.* tolemaico.

pu [py] *part.pass. di* pouvoir.

puant [pɥɑ̃] *agg.* puzzolente, fetido || *qu'il est —!,*
quante arie si dà!

puanteur [pɥɑ̃tœʀ] *s.f.* puzza, fetore (*m.*).

pub [pyb] *s.f.* (*fam.*) *abbr.* → **publicité.**

pubère [pybɛʀ] *agg.* e *s.m.* pubere.

puberté [pybɛʀte] *s.f.* pubertà.

pubien [pybjɛ̃] (f. *-enne*) *agg.* (*anat.*) pubico.

pubis [pybis] *s.m.* (*anat.*) pube.

publiable [pyblijabl] *agg.* pubblicabile.

public [pyblik] *agg.* (f.*-ique*) pubblico ♦ *s.m.* pub-
blico || *être bon —, (di pubblico)* essere di facile
contentatura.

publication [pyblikɑsjɔ̃] *s.f.* pubblicazione.

publiciste [pyblisist] *s.m.* **1** (*dir.*) pubblicista **2** pubblicitario.

publicitaire [pyblisitɛʀ] *agg.* e *s.m.* pubblicitario.

publicité [pyblisite] *s.f.* pubblicità: *campagne de
—,* campagna pubblicitaria; *agence de —,* agen-
zia pubblicitaria || *la — des débats parlementai-
res,* l'apertura al pubblico dei dibattiti parlamen-
tari.

publier [pyblije] *v.tr.* pubblicare || *— les bans à
l'église,* fare le pubblicazioni di matrimonio.

publipostage [pyblipɔstaʒ] *s.m.* **1** vendita per
corrispondenza **2** pubblicità per corrispondenza, mailing.

publiquement [pyblikmɑ̃] *avv.* pubblicamen-
te.

puce [pys] *s.f.* **1** pulce: *mettre la — à l'oreille,*
(*fig.*) mettere la pulce nell'orecchio || *marché aux
puces,* mercatino delle pulci || *jeu de —,* gioco del-
la pulce || *secouer les puces à qqn,* (*fam.*) dare una
lavata di capo a qlcu || (*alimentazione*) —
fraîcheur, indicatore di freschezza **2** (*inform.*)
chip (*m.*) ♦ *agg. invar.* (color) pulce.

puceau [pyso] (pl. *-eaux*) *agg.* e *s.m.* (*fam.*)
(ragazzo) vergine.

pucelage [pyslaʒ] *s.m.* (*fam.*) verginità (f.).

pucelle [pysɛl] *agg.* e *s.f.* vergine || *la Pucelle
d'Orléans,* la Pulzella d'Orléans (Giovanna d'Arco).

puceron [pysʀɔ̃] *s.m.* (*zool.*) afide, pidocchio
(delle piante).

pucier [pysje] *s.m.* (*fam.*) letto.

pudeur [pydœʀ] *s.f.* pudore (*m.*): *être sans —,*
non aver pudore; *par —,* per (un senso di) pudore, (per) ritegno.

pudibond [pydibɔ̃] *agg.* pudibondo.

pudibonderie [pydibɔ̃dʀi] *s.f.* verecondia,
ostentazione di pudore.

pudicité [pydisite] *s.f.* pudicizia.

pudique [pydik] *agg.* pudico || **-ement** *avv.*

puer [pɥe] (*non com. al pass.rem., all'imperf.
cong. e al part.pass.*) *v.intr.* puzzare: *il pue des
pieds,* gli puzzano i piedi ♦ *v.tr.* puzzare (di): *il
puait le vin,* puzzava di vino.

puéricultrice [pɥeʀikyltʀis] *s.f.* puericultrice.

puériculture [pɥeʀikyltyʀ] *s.f.* puericultura.

puéril [pɥeʀil] *agg.* puerile || **-ement** *avv.*

puérilité [pɥeʀilite] *s.f.* puerilità.

puerpéral [pɥeʀpeʀal] (pl. *-aux*) *agg.* puerperale.

pugilat [pyʒila] *s.m.* **1** pugilato **2** (*fam.*) rissa
(f.).

pugiliste [pyʒilist] *s.m.* pugile.

pugnace [pygnas] *agg.* (*letter.*) pugnace.

pugnacité [pygnasite] *s.f.* (*letter.*) combattività.

puîné [pɥine] *agg.* e *s.m.* minore (di due fratelli).

puis [pɥi] *avv.* poi: *et —,* e poi, e del resto.

puisage [pɥizaʒ] *s.m.* presa (d'acqua).

puisard [pɥizar] *s.m.* (*edil.*) pozzo perdente,
smaltitoio.

puisatier [pɥizatje] *s.m.* scavatore (di pozzi).

puiser [pɥize] *v.tr.* e *intr.* attingere || *— aux sour-
ces,* risalire alle fonti.

puisque [pɥisk] *cong.* (*si apostrofa davanti a* il,
elle, on, en, un *e* une) poiché, giacché: *achète-le —
tu l'aimes tellement,* compralo dal momento che
ti piace tanto; *— je te le dis!,* dal momento che te
lo dico!

puissamment [pɥisamɑ̃] *avv.* **1** potentemente **2** estremamente.

puissance [pɥisɑ̃s] *s.f.* **1** potenza || *en —,* in po-
tenza, potenzialmente || *une impression de —,*
un'impressione di forza || *il a une grande — de
travail,* ha una grande capacità di lavoro || (*mat.*)
à la — quatre, alla quarta potenza; *à la nième —,*
(*fig.*) all'ennesima potenza || (*tecn.*) *— motrice,*
potenza motrice **2** (*dir.*) potestà, autorità: *— paternelle,* patria potestà.

puissant [pɥisɑ̃] *agg.* potente: *une puissante per-
sonnalité,* una forte personalità || *un cou —,* un
collo taurino.

puits [pɥi] *s.m.* pozzo.

pull [pul] *s.m. abbr.* → **pull-over.**

pullman [pulman] *s.m.* **1** pullman (di lusso) **2**
(*ferr.*) carrozza ferroviaria di lusso.

pull-over [pulɔvœʀ, pylɔvɛʀ] (pl. *pull-overs*) pullover, golf.

pullulement [pylylmɑ̃] *s.m.* **1** grande affluenza **2** proliferazione (f.).

pulluler [pylyle] *v.intr.* pullulare; proliferare.

pulmonaire [pylmɔnɛʀ] *agg.* (*med.*) polmonare.

pulpe [pylp] *s.f.* polpa.

pulpeux [pylpø] (f. *-euse*) *agg.* polposo.

pulsation [pylsɑsjɔ̃] *s.f.* pulsazione.

pulser [pylse] *v.tr.* (*tecn.*) pulsare || *air pulsé*, aria pulsata.

pulsion [pylsjɔ̃] *s.f.* impulso (*m.*); (*psic.*) pulsione.

pulvérisateur [pylveʀizatœʀ] *s.m.* **1** (*mecc.*) polverizzatore, vaporizzatore **2** (*agr.*) irroratrice (*f.*).

pulvérisation [pylveʀizɑsjɔ̃] *s.f.* **1** polverizzazione **2** (*agr.*) irrorazione **3** (*med.*) nebulizzazione, vaporizzazione.

pulvériser [pylveʀize] *v.tr.* **1** polverizzare (*anche fig.*) || — *du parfum*, spruzzare del profumo || — *un record*, battere un record **2** (*agr.*) irrorare.

puma [pyma] *s.m.* (*zool.*) puma.

punaise [pynɛz] *s.f.* **1** (*zool.*) cimice || —*!*, (*fam.*) accidenti! || — *de sacristie*, (*fig.*) bigotta **2** puntina (da disegno).

punaiser [pyneze] *v.tr.* (*fam.*) fissare con puntine.

punch[1] [pɔ̃ʃ] *s.m.* (*bevanda*) punch.

punch[2] *s.m.* **1** (*boxe*) punch **2** (*fig.*) grinta (*f.*).

puni [pyni] *agg.* e *s.m.* punito.

punique [pynik] *agg.* e *s.m.* punico.

punir [pyniʀ] *v.tr.* punire: *être puni de, pour qqch*, essere punito per qlco; *on l'a puni pour, d'avoir mal répondu*, è stato castigato per aver risposto male || *je suis puni de ma générosité*, sono mal ricompensato della mia generosità.

punissable [pynisabl] *agg.* punibile (con).

punitif [pynitif] (f. *-ive*) *agg.* punitivo.

punition [pynisjɔ̃] *s.f.* punizione; castigo (*m.*): *comme* —, per castigo; *faire sa* —, fare penitenza.

pupe [pyp] *s.f.* (*zool.*) pupa.

pupillaire [pypil/ɛʀ] *agg.* (*dir.*) pupillare, del pupillo.

pupille[1] [pypil, pypij] *s.m.* pupillo: — *de la nation*, orfano di guerra.

pupille[2] *s.f.* (*anat.*) pupilla.

pupitre [pypitʀ] *s.m.* **1** leggio || *être au* —, dirigere l'orchestra **2** banco (di scuola) **3** (*tecn.*) console (*f.*): — *de commande*, quadro di comando.

pupitreur [pypitʀœʀ] (f. *-euse*) *s.m.* (*tecn.*) consolista.

pur [pyʀ] *agg.* puro (*anche fig.*): *cravate pure soie*, cravatta di pura seta; *par* — *hasard*, per puro, mero caso || *parler un italien très* —, parlare un italiano perfetto; *visage d'un ovale* —, viso dall'ovale perfetto || *ses intentions sont pures*, le sue intenzioni sono sincere || *c'est un esprit* —, è uno tutto cervello.

purée [pyʀe] *s.f.* (*cuc.*) purè (*m.*), purea: — *de pommes de terre*, purè (di patate); *pommes* —, crocchette di patate || (*fig. fam.*): — *de pois*, nebbione; *être dans la* —, essere al verde; —*!*, accidenti!

purement [pyʀmɑ̃] *avv.* puramente, del tutto || — *et simplement*, semplicemente, unicamente te.

pureté [pyʀte] *s.f.* purezza.

purgatif [pyʀgatif] (f. *-ive*) *agg.* purgativo ♦ *s.m.* purgante, purga (*f.*).

purgatoire [pyʀgatwaʀ] *s.m.* purgatorio.

purge [pyʀʒ] *s.f.* **1** (*med.*) purga; purgante (*m.*) **2** (*fig.*) purga, epurazione **3** (*dir.*) cancellazione **4** scarico (*m.*), spurgo (*m.*).

purger [pyʀʒe] (*coniug. come* manger) *v.tr.* **1** purgare **2** (*fig.*) epurare, purgare **3** (*dir.*) cancellare || — *une peine*, scontare una pena detentiva **4** scaricare, spurgare: — *un radiateur*, spurgare un termosifone □ **se purger** *v.pron.* purgarsi (*anche fig.*).

purgeur [pyʀʒœʀ] *s.m.* (*tecn.*) rubinetto, valvola di scarico.

purificateur [pyʀifikatœʀ] (f. *-trice*) *agg.* e *s.m.* purificatore.

purification [pyʀifikɑsjɔ̃] *s.f.* **1** purificazione **2** (*metall.*) affinazione.

purificatoire [pyʀifikatwaʀ] *agg.* purificatore.

purifier [pyʀifje] *v.tr.* **1** purificare (*anche fig.*) **2** (*tecn.*) purificare, depurare; affinare.

purin [pyʀɛ̃] *s.m.* colaticcio (di concime).

purisme [pyʀism] *s.m.* purismo; (*estens.*) perfezionismo.

puriste [pyʀist] *agg.* e *s.m.* purista.

puritain [pyʀitɛ̃] *agg.* e *s.m.* puritano.

puritanisme [pyʀitanism] *s.m.* puritanesimo.

purpura [pyʀpyʀa] *s.m.* (*med., vet.*) porpora (*f.*).

purpurin [pyʀpyʀɛ̃] *agg.* (*letter.*) porporino.

purpurine [pyʀpyʀin] *s.f.* (*chim.*) porporina.

pur-sang [pyʀsɑ̃] (pl. *invar.*) *s.m.* (*cavallo*) purosangue.

purulent [pyʀylɑ̃] *agg.* purulento.

pus [py] *s.m.* (*med.*) pus.

pusillanime [pyzil/anim] *agg.* pusillanime.

pusillanimité [pyzil/animite] *s.f.* pusillanimità.

pustule [pystyl] *s.f.* pustola.

pustuleux [pystylø] (f. *-euse*) *agg.* pustoloso.

putain [pytɛ̃] *s.f.* (*molto fam.*) puttana || —*!*, (*per esprimere stupore*) cacchio!

putatif [pytatif] (f. *-ive*) *agg.* putativo.

pute [pyt] *s.f. abbr.* → **putain**.

putois [pytwa] *s.m.* (*zool.*) puzzola (*f.*) || *crier comme un* —, (*fam.*) urlare come un ossesso.

putréfaction [pytʀefaksjɔ̃] *s.f.* putrefazione.

putréfier [pytʀefje] *v.tr.* putrefare, guastare □ **se putréfier** *v.pron.* imputridire.

putrescent [pytʀesɑ̃] *agg.* putrescente.

putride [pytʀid] *agg.* putrido, putrefatto: *eau* —, acqua putrida.

putsch [putʃ] *s.m.* putsch, golpe.

putschiste [putʃist] *agg.* e *s.m.* golpista.

puy [pyi] *s.m.* (*geogr.*) poggio, altura (di origine vulcanica, spec. nel Massiccio Centrale).

puzzle [pœzl] *s.m.* puzzle; (*fig.*) rompicapo.

P-V [peve] *s.m.* (*fam.*) multa (*f.*), contravvenzione (*f.*) • Da *procès-verbal*.

pyélite [pjelit] *s.f.* (*med.*) pielite.

pygmée [pigme] *s.m.* pigmeo.
pyjama [piʒama] *s.m.* pigiama.
pylône [pilon] *s.m.* pilone.
pylore [pilɔʀ] *s.m.* (*anat.*) piloro.
pyorrhée [pjɔʀe] *s.f.* (*med.*) piorrea.
pyracanthe [piʀakɑ̃t] *s.f.* (*bot.*) piracanta.
pyramidal [piʀamidal] (pl. *-aux*) *agg.* piramidale.
pyramide [piʀamid] *s.f.* piramide || *en* —, a piramide.
pyrénéen [piʀeneɛ̃] (f. *-enne*) *agg.* pirenaico.
pyrèthre [piʀetʀ] *s.m.* (*bot.*) piretro.
pyrite [piʀit] *s.f.* (*min.*) pirite.
pyro- *pref.* piro-

pyrogravure [piʀɔgʀavyʀ] *s.f.* piroincisione, pirografia.
pyrolyse [piʀɔliz] *s.f.* (*chim.*) pirolisi.
pyromane [piʀɔman] *s.m.* piromane.
pyromanie [piʀɔmani] *s.f.* piromania.
pyrotechnie [piʀɔtɛkni] *s.f.* pirotecnica.
pyrotechnique [piʀɔtɛknik] *agg.* pirotecnico.
pythagoricien [pitagɔʀisjɛ̃] (f. *-enne*) *agg.* e *s.m.* pitagorico.
pythagorique [pitagɔʀik] *agg.* (*mat.*) piragorico.
pythie [piti] *s.f.* pizia, profetessa.
python [pitɔ̃] *s.m.* (*zool.*) pitone.
pythonisse [pitɔnis] *s.f.* pitonessa, veggente.
pyxide [piksid] *s.f.* pisside.

Q

q [ky] *s.m.* q (*m.* e *f.*) || (*tel.*) — *comme Quentin*, q come Quarto.

QG [kyʒe] *s.m.invar.* (*fam.abbr.*) quartier generale.

QI [kyi] *s.m.invar.* (*fam.abbr.*) quoziente intellettuale.

quadra [kwadʀa] *s.m.* (*fam.*) *abbr.* → **quadragénaire.**

quadragénaire [kwadʀaʒenɛʀ] *agg.* e *s.m.* quarantenne.

quadrangulaire [kwadʀɑ̃gylɛʀ] *agg.* (*mat.*) quadrangolare.

quadrant [kwadʀɑ̃] *s.m.* quadrante.

quadrature [kwadʀatyʀ] *s.f.* quadratura.

quadr(i)- *pref.* quadr(i)-

quadrichromie [kwadʀikʀɔmi] *s.f.* quadricromia.

quadridimensionnel [kwadʀidimɑ̃sjɔnɛl] (f. *-elle*) *agg.* quadridimensionale.

quadriennal [kwadʀije(ɛn)nal] (pl. *-aux*) *agg.* quadriennale.

quadrige [kwadʀiʒ] *s.m.* quadriga (*f.*).

quadrijumeau [kwadʀiʒymo] (pl. *-eaux*) *agg.* quadrigemino.

quadrilatéral [kwadʀilateʀal] (pl. *-aux*) *agg.* quadrilatero.

quadrilatère [kwadʀilatɛʀ] *s.m.* quadrilatero.

quadrillage [kadʀijaʒ] *s.m.* **1** quadrettatura (*f.*) **2** suddivisione a scacchiera (per scopi militari o di polizia).

quadrille [kadʀij] *s.m.* quadriglia (*f.*).

quadrillé [kadʀije] *agg.* quadrettato, a quadretti.

quadriller [kadʀije] *v.tr.* **1** quadrettare, suddividere in quadri, in quadretti **2** suddividere a scacchiera (un territorio per scopi militari o di polizia).

quadrimoteur [kwadʀimɔtœʀ] *agg.* e *s.m.* (*aer.*) quadrimotore.

quadrinôme [kwadʀinom] *s.m.* (*mat.*) quadrinomio.

quadriparti [kwadʀipaʀti], **quadripartite** [kwadʀipaʀtit] *agg.* quadripartito.

quadriphonie [kwadʀifɔni] *s.f.* quadrifonia.

quadriréacteur [kwadʀiʀeaktœʀ] *agg.* e *s.m.* (*aer.*) quadrireattore.

quadrisyllabique [kwadʀisil/abik] *agg.* quadrisillabo.

quadrivalent [kwadʀivalɑ̃] *agg.* (*chim.*) tetravalente.

quadrivium [kwadʀivjɔm] *s.m.* (*st.*) quadrivio.

quadrumane [kwadʀyman] *agg.* e *s.m.* quadrumane.

quadrupède [kwadʀypɛd] *agg.* e *s.m.* quadrupede.

quadruple [kwadʀypl] *agg.* quadruplo; (*di quattro elementi*) quadruplice ♦ *s.m.* quadruplo.

quadrupler [kwadʀyple] *v.tr.* quadruplicare ♦ *v.intr.* quadruplicarsi: *sa fortune a quadruplé*, il suo patrimonio si è quadruplicato.

quadruplés [kwadʀyple] *s.m.pl.* quattro gemelli.

quai [ke] *s.m.* **1** lungofiume: *le — du canal*, l'alzaia || *les quais (de la Seine)*, i lungosenna; *il habite (au) 3, — Voltaire*, abita sul lungosenna Voltaire al 3 || *Quai (d'Orsay)*, Ministero degli Affari Esteri francese; *Quai des Orfèvres*, (*a Parigi*) sede della polizia giudiziaria **2** banchina (*f.*), molo: — *d'embarquement des passagers*, banchina passeggeri || (*comm.*) *livré à* —, consegnato a sbarco e sdoganamento effettuato **3** (*ferr.*) marciapiede; binario: *le train se trouve — n° 5*, il treno è al binario 5; *ticket de* —, biglietto di entrata.

quaker [kwekœʀ] (f. *-eresse*) *s.m.* quacchero.

qualifiable [kalifjabl] *agg.* qualificabile.

qualifiant [kalifjɑ̃] *agg.* qualificante.

qualificatif [kalifikatif] (f. *-ive*) *agg.* (*gramm.*) qualificativo ♦ *s.m.* epiteto.

qualification [kalifikɑsjɔ̃] *s.f.* qualificazione.

qualifié [kalifje] *agg.* qualificato || *ouvrier* —, operaio specializzato, qualificato; *être — pour*, avere le competenze necessarie per || (*dir.*) *vol* —, furto aggravato.

qualifier [kalifje] *v.tr.* qualificare || — *qqn d'imposteur*, dare dell'impostore a qlcu; — *qqch de crime*, definire qlco un delitto □ **se qualifier** *v.pron.* qualificarsi.

qualitatif [kalitatif] (f. *-ive*) *agg.* qualitativo || *-ivement avv.*

qualité [kalite] *s.f.* qualità: — *marchande*, qualità media (delle merci); *avoir des qualités*, avere delle qualità, delle doti || *avoir — pour*, essere qualificato per, essere abilitato a || *qualités requises*, requisiti || *dites vos nom, prénom, âge et* —, declinate le vostre generalità || *en — de*, in qualità di, in veste di.

quand [kɑ̃; kɑ̃t *davanti a vocale o* h *muta*] *avv.* quando: — *êtes-vous arrivé?*, quando è arrivato?; — *est-ce que tu viendras me voir?*, (*fam.*) quando verrai a trovarmi?; *dis-moi — tu me rendras mes livres*, dimmi quando mi restituirai i miei libri; *c'est pour —?*, per quando è (previsto)? || *il est de*

— *ce journal?*, di quand'è questo giornale? || *n'importe* —, in qualsiasi momento || *depuis* —, da quando || *jusqu'à* —, fino a quando ♦ *cong.* quando: — *il fait très froid, je sors rarement*, quando fa molto freddo, esco raramente; *il est debout tout le temps* — *il lui faudrait du repos*, è sempre in piedi mentre avrebbe bisogno di riposo; — *c'est lui qui l'affirme...*, dal momento che lo dice lui...; — *je pense que tu ignorais tout!*, quando, se penso che non sapevi nulla!; — *on est maladroit et qu'on le sait, on fait attention*, quando si sa di essere maldestri si fa attenzione □ **quand (bien) même** *locuz.cong.* quand'anche: — *(bien) même je le dirais, cela ne servirait à rien*, quand'anche lo dicessi, non servirebbe a nulla □ **quand même** *locuz.avv.* **1** ugualmente, lo stesso: *j'irai* — *même*, ci andrò ugualmente || *elle aurait pu nous téléphoner,* — *même!*, *(fam.)* avrebbe potuto telefonarci, però! **2** finalmente.

quanta [kwɑ̃ta] *s.m.pl.* → **quantum**.

quant à [kɑ̃ta] *locuz.prep.* (in) quanto a.

quant-à-soi [kɑ̃taswa] *s.m.*: *se tenir sur son* —, tenere, mantenere le distanze.

quantième [kɑ̃tjɛm] *s.m.*: *le* — *(du mois)*, il giorno del mese.

quantifiable [kɑ̃tifjabl] *agg.* quantificabile.

quantification [kɑ̃tifikɑsjɔ̃] *s.f.* quantificazione.

quantifier [kɑ̃tifje] *v.tr.* quantificare.

quantique [kwɑ̃tik] *agg.* *(fis.)* quantistico.

quantitatif [kɑ̃titatif] (f. *-ive*) *agg.* quantitativo || *-ivement avv.*

quantité [kɑ̃tite] *s.f.* quantità || *en (grande)* —, in abbondanza, in gran quantità || — *de*, *(fam.)* un mucchio di, un sacco di || *considérer qqn comme* — *négligeable*, considerare qlcu meno che niente.

quantum [kwɑ̃tɔm] (pl. *quanta*) *s.m.* **1** quota *(f.)*, parte *(f.)* **2** *(fis.)* quanto.

quarantaine [karɑ̃tɛn] *s.f.* **1** quarantina **2** quarantena *(anche fig.)*.

quarante [karɑ̃t] *agg.num.card.* e *s.m.* quaranta: — *et un*, quarantuno ♦ *agg.num.ord.* quarantesimo, quaranta: *page* —, pagina quaranta || *je m'en moque comme de l'an* —, *(fam.)* me ne infischio altamente. ♦

quarantième [karɑ̃tjɛm] *agg.num.ord.* e *s.m.* quarantesimo.

quart [kar] *s.m.* **1** quarto, quarta parte || *aux trois quarts*, per tre quarti; *(estens.)* quasi interamente || *les trois quarts du temps*, la maggior parte del tempo || *au* — *de tour*, subito **2** quarto (di litro o di altra misura); bottiglia da un quarto; bicchiere con manico: *un* — *de (vin) rouge*, un quartino di (vino) rosso; *un* — *de beurre*, 125 grammi di burro **3** — *(d'heure)*, quarto (d'ora): *minuit et* —, *moins (le)* —, *trois quarts*, mezzanotte e un quarto, meno un quarto, e tre quarti || *pour le* — *d'heure*, *(fam.)* per il momento **4** *(mar.)* guardia *(f.)*: *être de* —, essere di guardia **5** *(mus.)* — *de soupir*, sedicesimo **6** *(sport) quarts de finale*, quarti di finale.

quarte [kart] *s.f.* *(mus.)* quarta.

quarté [karte] *s.m.* scommessa sui primi quattro classificati (di una corsa di cavalli).

quarteron[1] [kartərɔ̃] (f. *-onne*) *agg.* e *s.m.* meticcio (di un bianco e una mulatta).

quarteron[2] *s.m.* **1** *(antiq.)* venticinque **2** *(spreg.)* numero ristretto, pugno.

quartette [kwartɛt] *s.m.* quartetto (di musica jazz).

quartier[1] [kartje] *s.m.* quarto: *le premier* — *de lune*, il primo quarto di luna || *un* — *d'orange*, uno spicchio di arancia; *en quartiers*, a spicchi || *(arald.) trois quartiers de noblesse*, tre quarti di nobiltà.

quartier[2] *s.m.* **1** quartiere, rione: *les beaux quartiers*, i quartieri alti; *les bas quartiers*, i quartieri poveri **2** *(mil.)* quartiere; caserma *(f.)*, alloggiamento: — *général*, quartier generale; *quartiers d'hiver*, quartieri d'inverno, alloggiamenti invernali || *avoir* — *libre*, essere in libera uscita || — *de haute sécurité*, *(in una prigione)* braccio di massima sicurezza || *ne pas faire (de)* —, non risparmiare nessuno; *lutte sans* —, lotta senza quartiere **3** *(in Belgio)* piccolo appartamento.

quartier-maître [kartjemɛtr] (pl. *quartiers-maîtres*) *s.m.* *(mar.)* sottocapo.

quart-monde [karmɔ̃d] (pl. *quarts-mondes*) *s.m.* **1** *(pol.)* quarto mondo **2** sottoproletariato.

quarto [kwarto] *avv.* quarto, in quarto luogo.

quartz [kwarts] *s.m.* quarzo.

quartzite [kwartsit] *s.m.* *(min.)* quarzite *(f.)*.

quasi[1] [kazi] *avv.* **1** quasi: — *neuf*, quasi nuovo **2** *(primo elemento di s. composti)* quasi (le): — *-certitude*, certezza quasi totale; *la* — *-totalité*, la quasi-totalità.

quasi[2] *s.m.* *(cuc.)* girello (di vitello, di manzo).

quasiment [kazimɑ̃] *avv.* *(fam.)* quasi.

Quasimodo [kazimɔdɔ] *s.f.* *(eccl.)* *(dimanche de)* —, Domenica in Albis.

quaternaire [kwatɛrnɛr] *agg.* e *s.m.* *(geol.)* quaternario.

quaterne [kwatɛrn] *s.m.* quaterna *(f.)*.

quatorze [katɔrz] *agg.num.card.* e *s.m.* quattordici: — *cents*, millequattrocento || *la guerre de* —, la guerra del 14-18 ♦ *agg.num.ord.* quattordicesimo: *Louis* —, Luigi quattordicesimo || *page* —, pagina quattordici.

quatorzième [katɔrzjɛm] *agg.num.ord.* e *s.m.* quattordicesimo: *le* — *siècle*, il quattordicesimo secolo, il Trecento.

quatorzièmement [katɔrzjɛmmɑ̃] *avv.* in quattordicesimo luogo, per quattordicesimo.

quatrain [katrɛ̃] *s.m.* *(metrica)* quartina *(f.)*.

quatre [katr] *agg.num.card.* e *s.m.* quattro || *se mettre par* —, mettersi in fila per quattro; *monter l'escalier* — *à* —, salire le scale a quattro a quattro; *manger comme* —, mangiare per quattro; *clair comme deux et deux font* —, chiaro come il sole; *se mettre en* —, *(fam.)* farsi in quattro; *se tenir à* —, contenersi a stento || — *heures*, *(fam.)* merenda; *faire* — *heures*, fare merenda || *(canottaggio)* — *barré*, — *sans barreur*, quattro con, quattro senza ◆ *agg.num.ord.* quarto: *Henri* —, Enrico quarto || *page* —, pagina quattro.

quatre-mâts [katʀəmɑ] (pl. *invar.*) *s.m.* (veliero a) quattro alberi.

quatre-quarts [katʀəkaʀ, katkaʀ] (pl. *invar.*) *s.m.* (*cuc.*) dolce i cui ingredienti (farina, burro, zucchero, uova) sono di eguale peso.

quatre-quatre [katʀəkatʀ, katkatʀ] (pl.*invar.*) *s.m.* e *s.f.* (auto) quattro per quattro (*f.*).

quatre-saisons [katʀəsɛsɔ̃, katsɛzɔ̃] (pl.*invar.*) *s.f.*: *marchand des* —, venditore ambulante di frutta e verdura.

quatre-vingt-dix [katʀəvɛ̃dis] *agg.num.card.* e *s.m.* novanta: *quatre-vingt-onze*, novantuno ◆ *agg.num.ord.* novantesimo || *page* —, pagina novanta.

quatre-vingt-dixième [katʀəvɛ̃dizjɛm] (pl. *quatre-vingt-dixièmes*) *agg.num.ord.* e *s.m.* novantesimo.

quatre-vingtième [katʀəvɛ̃tjɛm] (pl. *quatre-vingtièmes*) *agg.num. ord.* e *s.m.* ottantesimo.

quatre-vingts [katʀəvɛ̃; katʀəvɛ̃z davanti a vocale o h *muta*] (*senza* s *finale quando è seguito da un altro num., quando è s.m. o agg.num.ord.*) *agg.num.card.* e *s.m.* ottanta: *donne-moi encore quatre-vingts francs*, dammi ancora ottanta franchi; *quatre-vingt-un*, ottantuno || *les années quatre-vingt*, gli anni 80 ◆ *agg.num.ord.* ottantesimo || *page quatre-vingt*, pagina ottanta.

quatrième [katʀijɛm] *agg.num.ord.* e *s.m.* quarto: — (*étage*), quarto (piano) || (*aut.*) *passer en* — (*vitesse*), mettere la quarta || — *de couverture*, (testo della) quarta di copertina ◆ *s.f.* (*classe de*) —, classe corrispondente alla terza media.

quatrièmement [katʀijɛmmɑ̃] *avv.* in quarto luogo.

quatuor [kwatɥɔʀ] *s.m.* (*mus.*) quartetto: — *à cordes*, quartetto d'archi.

que[1] [kə] *pron.rel.compl.ogg.* (*si apostrofa davanti a vocale o* h *muta*) **1** che: *écoute ce* — *je te dis*, ascolta quello che ti dico || *il est très sincère: ce* — *j'apprécie beaucoup*, è molto sincero, cosa che apprezzo molto || (*letter.*) *le livre, le stylo* — *voici*, questo libro, questa stilografica; *la dame* — *voici*, la signora qui presente || *c'est...* —, *ce* —→ ce **2** (*con valore di nome del predicato*) che: *la personne prudente qu'est mon père*, quella persona prudente che è mio padre **3** che; (*où*) in cui: *chaque fois* — *je le rencontre*, ogni volta che lo incontro; *l'hiver qu'il fit si froid*, (*fam.*) l'inverno in cui fece così freddo ◆ *pron.interr.sogg.* e *ogg.* che cosa, che: — *veux-tu?*, che (cosa) vuoi?; *qu'y faire?*, che farci?; *je ne sais plus* — *répondre*, non so più cosa rispondere; *qu'importe?*, che importa?; — *se passe-t-il?*, cosa ti succede? □ **qu'est-ce qui** *pron.interr.sogg.*, **qu'est-ce que** *pron.interr.compl.ogg.* che cosa: *qu'est-ce qui vous intéresse?*, che cosa le interessa?; *qu'est-ce que vous voulez?*, che cosa volete?; *qu'est-ce que c'est que ça?*, (*fam.*) che cos'è? che cos'è questa roba?

que[2] *cong.* (*si apostrofa davanti a vocale o* h *muta*) **1** che: *je veux qu'il parte*, voglio che parta;

viens un peu ici — *je te tire les oreilles!*, vieni un po' qua che ti tiro le orecchie!; *j'ai tellement parlé* — *je n'ai plus de voix*, ho parlato tanto che sono rimasto senza voce || *"Je n'ai pas besoin de toi!" "Oh* — *si!"*, (*letter.*) "Non ho bisogno di te!" "Invece sì!" **2** (*comparativo*) che; di; di quanto: *tu es moins tolérant* — *patient*, sei meno tollerante che paziente; *elle est plus jolie* — *toi*, è più carina di te; *il est plus riche* — *je ne croyais*, è più ricco di quanto credessi **3** (*restrittivo, limitativo*) solo, soltanto: *il n'a écrit* — *des romans policiers*, ha scritto solo romanzi gialli; *il n'a pas écrit* — *romans policiers*, non ha scritto solo romanzi gialli; *elle ne fait* — *pleurer*, non fa che piangere; — *je sache...*, che io sappia...; *il n'est arrivé* — *trop vite*, è arrivato anche troppo presto **4** (*non si traduce*): *c'est mon désir* — *de le rencontrer*, è mio desiderio incontrarlo; *quel bonheur qu'un jour de repos!*, che gioia, un giorno di riposo!; *s'il était riche et qu'il le voulait, il pourrait partir*, se fosse ricco e volesse, potrebbe partire; *quand je rentre de bonne heure et* — *j'en ai envie...*, quando torno a casa presto e se ne ho voglia... ◆ *avv.* **1** (*esclamativo*) come: *qu'il fait froid aujourd'hui!*, come fa freddo oggi!; — *je suis sotte!*, che stupida (che) sono! **2** (*interrogativo*) (*combien*) quanto: — *vaut ce meuble ancien?*, quanto vale quel mobile antico? **3** (*interrogativo*) (*pourquoi*) perché: — *ne le disiez-vous ici?*, perché non l'avete detto? □ **que de** (+ *s.*), quanto, quanta, quanti, quante: — *de fois je te l'ai répété!*, quante volte te l'ho ripetuto!

québécois [kebekwa] *agg.* del, di Québec.

quel [kɛl] (f. *quelle*) *agg. interr.* quale, che: — *pays as-tu visité?*, che paese hai visitato?; *quelles revues as-tu lues?*, che, quali riviste hai letto?; *quelle est cette clé?*, che chiave è questa?; *quelle est donc cette habitude de*, cos'è questa abitudine di ◆ *agg. esclamativo* che, quale: *quelle chance (que) de t'avoir rencontré!*, che fortuna averti incontrato!; *il a prononcé un discours et* — *discours!*, ha tenuto un discorso e che discorso! ◆ *pron.interr.* quale: *je me demande quelle est la meilleure de ces solutions*, mi chiedo quale sia la soluzione migliore; — *est plus important des deux?*, chi è il più importante dei due? || — *autre* → autre □ **quel que** *pron.indef.* (+ *être*), qualunque: —, *quelle que soit*, qualunque sia, possa essere; *quelles que fussent ces habitudes*, quali che fossero le sue abitudini; *quelles qu'en soient les conséquences*, quali che siano le conseguenze.

quelconque [kɛlkɔ̃k] *agg.indef.* **1** qualunque, qualsiasi: *pour une raison* —, per una ragione qualunque; *j'ai acheté deux journaux quelconques*, ho comprato due giornali qualsiasi **2** (*fam.spreg.*) qualunque, banale, comune: *un homme* —, un uomo qualunque, molto comune; *un roman très* —, un romanzo molto banale.

quelque [kɛlk] *agg.indef.* **1** *sing.* qualche: *a-t-il* — *chance de succès?*, ha qualche possibilità di successo?; — *part*, da qualche parte; (*pendant*) —

temps, per un po' di tempo || *en — sorte*, in qualche modo || *— peu*, un po', un pochino **2** *pl.* qualche (*solo sing.*); alcuni: *je partirai en vacances avec quelques amies*, andrò in vacanza con qualche amica, con alcune amiche || *et quelque(s)*, circa: *tu l'as payé trente mille lires et quelques*, l'hai pagato circa trentamila lire || *quelque(s) autre(s)* → autre ♦ *avv.* circa: *il y avait — quatre-vingts personnes*, c'erano circa ottanta persone □ **les quelques**, i pochi, le poche: *les quelques amis qui me sont restés...*, i pochi amici che mi sono rimasti... □ **quelque(s)...que**, **quelque(s)...qui** (+ *s.*), qualunque: *— promesse qu'on t'ait faite*, qualunque promessa ti sia stata fatta; *quelques peines qui vous affligent...*, quali che siano le pene che vi affliggono...; *dans — circonstance que ce soit, que ce fût*, in qualunque circostanza □ **quelque** (*invar.*) **...que**, per quanto: *— poli qu'il soit...*, per quanto sia educato...; *— méchantes qu'elles soient...*, per quanto (siano) cattive...; *— rapidement qu'il marchât*, per quanto velocemente camminasse.

quelque chose [kɛlkəʃoz] *pron.indef.* qualcosa: *— d'autre*, qualcos'altro || *il (y) est pour — dans cette histoire*, c'entra per qualche verso in quella storia || *tu vas prendre — si tu arrives en retard!*, (*fam.*) guarda che le prendi se arrivi in ritardo! ♦ *s.m.* (un) qualcosa: *être, se croire —*, essere, credersi qualcuno; *un petit —*, (*fam.*) una cosina.

quelquefois [kɛlkəfwa] *avv.* talvolta, qualche volta, a volte || *—..., d'autres fois...*, talvolta... talaltra... || *— qu'il voudrait venir*, (*fam.*) caso mai volesse venire.

quelques-uns [kɛlkəzɑ̃], **quelques-unes** [kɛlkəzyn] *pron.indef.* → **quelqu'un**.

quelqu'un [kɛlkɑ̃]

m.sing. **quelqu'un**;	*f.sing.* **quelqu'une**
pl.m. **quelques-uns**;	*pl.f.* **quelques-unes**

pron.indef. **1** *sing.* qualcuno: *est-ce que — a téléphoné?*, ha telefonato qualcuno? || *il se croit —*, si crede chissà chi || *c'est — de très bien*, è un tipo molto per bene, molto in gamba; è un'ottima persona || (*in Africa*) *un grand —*, una persona importante || *— d'autre* → autre **2** *pl.* alcuni: *quelques-uns des présents étaient d'accord*, alcuni fra i presenti erano d'accordo; *quelques-unes de ces dames*, alcune di queste signore.

quémander [kemɑ̃de] *v.tr.* elemosinare, mendicare.

quémandeur [kemɑ̃dœʀ] (f. *-euse*) *agg.* e *s.m.* postulante.

qu'en-dira-t-on [kɑ̃diʀatɔ̃] (pl. *invar.*) *s.m.* chiacchiere (*pl.*): *je me moque du, des —*, me ne infischio di quel che dice la gente, delle chiacchiere.

quenelle [kənɛl] *s.f.* (*cuc.*) chenella (polpettina di pesce o di carne).

quenotte [kənɔt] *s.f.* (*fam.*) dentino (*m.*).

quenouille [kənuj] *s.f.* **1** rocca, conocchia || *tomber en —*, (*fig.*) non andare in porto **2** (*bot.*) stocco (*m.*).

quequeuiller [kɛkøje] *v.intr.* (*in Svizzera*) balbettare.

querelle [kəʀɛl] *s.f.* lite, litigio (*m.*); disputa || *chercher — à qqn*, aver voglia di litigare con qlcu || *épouser, embrasser la — de qqn*, (*letter.*) prendere le parti di qlcu (in una lite).

quereller [kəʀele] *v.tr.* (*letter.*) rimproverare □ **se quereller** *v.pron.* litigare.

querelleur [kəʀɛlœʀ] (f. *-euse*) *agg.* litigioso ♦ *s.m.* attaccabrighe.

quérir [keʀiʀ] (*usato solo all'inf. dopo* aller, envoyer, faire, venir) *v.tr.dif.* cercare: *aller — qqn*, andare a prendere qlcu.

questeur [kɥɛstœʀ] *s.m.* questore.

question [kɛstjɔ̃] *s.f.* **1** domanda: *poser une —*, fare una domanda; *se poser des questions*, porsi degli interrogativi; *il ne faut pas se poser de questions!*, non è il caso di crearsi dei problemi **2** questione; problema (*m.*); (*sujet*) argomento (*m.*): *c'est une — de...*, è questione di...; *c'est là la —*, questo è il problema; *ce n'est pas la —*, non è questo il punto; *de quoi est-il —?*, di che si tratta? || *il est — de...*, si parla di...; *il n'est pas — que...*, è escluso che...; (*il n'en est*) *pas —*, non se ne parla neanche || *je sors, — de prendre un peu d'air*, (*fam.*) esco, tanto per prendere un po' d'aria || *en —*, in questione: *mettre en —*, mettere in dubbio, in questione; *remettre en —*, rimettere in discussione **3** (*dir.*) questione: *— de droit, de fait*, questione di diritto, di fatto **4** interrogazione (parlamentare): *— de confiance*, mozione di fiducia.

questionnaire [kɛstjɔnɛʀ] *s.m.* questionario.

questionner [kɛstjɔne] *v.tr.* interrogare.

questionneur [kɛstjɔnœʀ] (f. *-euse*) *agg.* inquisitore ♦ *s.m.* chi fa molte domande.

questure [kɥɛstyʀ] *s.f.* questura.

quête [kɛt] *s.f.* **1** (*letter.*) ricerca || *en — de*, in cerca di, alla ricerca di **2** questua.

quêter [kete] *v.tr.* cercare, elemosinare ♦ *v.intr.* questuare.

quêteur [kɛtœʀ] (f. *-euse*) *agg.* e *s.m.* questuante.

quetsche [kwɛtʃ] *s.f.* **1** (susina) damaschina **2** acquavite di susine.

queue [kø] *s.f.* **1** coda (*anche fig.*): *monter en — du train*, salire nelle carrozze di coda; *la — de la crise*, gli strascichi della crisi || *piano à —*, pianoforte a coda || (*fig.*): *n'avoir ni — ni tête*, non avere né capo né coda; *sans — ni tête*, che non ha più né capo né coda || (*fam.*): *ne pas en avoir la — d'un*, non avere il becco di un quattrino; *couleur — de vache*, color can che fugge **2** (*bot.*) picciolo (di frutto o foglia); gambo (di fiore) **3** manico (di padella ecc.) **4** stecca (di biliardo): *faire fausse —*, fare una stecca □ **queue-d'aronde**, coda di rondine □ **queue-de-cheval**, coda di cavallo □ **queue-de-morue**, pennellessa (dei verniciatori); (*abbigl.*) (abito a) coda di rondine □ **queue-de-pie**, (*fam.*) tight □ **queue de poisson**: *finir en — de poisson*, finire in niente; (*aut.*) *faire une — de poisson*, sorpassare tagliando la strada □ **queue-de-rat**, (lima a) coda di topo.

queux [kø] *s.m.* (*letter.*) cuoco: *maître* —, (capo) cuoco.

qui[1] [ki]

1 qui (*soggetto con antecedente*) (*riferito a persona*) che, il quale, la quale, i quali, le quali; (*riferito a cosa*) che
2 prep. + qui (*compl. con antecedente*) prep. + cui, prep. + il quale, la quale, i quali, le quali
3 qui (*senza antecedente*) (*riferito a persona*) chi; (*riferito a cosa*) ciò che
4 qui... qui... (*distributivo*) chi... chi...

pron.rel. 1 *la dame — se promène*, la signora che passeggia; *le frère de Michel, — était à l'école avec moi*, il fratello di Michele, il quale era a scuola con me; *celui — était parti le dernier*, quello che era partito per ultimo; *le voilà — vient*, eccolo che viene; *c'est le téléphone — sonne*, è il telefono che suona; *je ferai ce — me plaira*, farò quel che mi pare; *quelqu'un — ne le connaîtrait pas le prendrait pour un slave*, chi non lo conoscesse lo prenderebbe per uno slavo; *c'est moi — l'ai fait*, l'ho fatto io, sono stato io a farlo; *c'est vous — l'avez fait*, l'avete fatto voi, siete stati voi a farlo; *je rêve d'une maison — aurait un beau jardin*, sogno una casa con un bel giardino || *tu as menti: ce — n'est pas digne de toi*, hai mentito: il che non è degno di te 2 *il cherche quelqu'un avec — jouer*, cerca qualcuno con cui giocare; *les gens sur — je comptais*, le persone sulle quali contavo; *le médecin sur l'aide de — je comptais*, il medico sul cui aiuto contavo 3 *le fasse — voudra*, lo faccia chi vuole; *voilà — est bien*, ecco ciò che è bene, quel che ci vuole || *c'était à — serait le plus brillant*, facevano (a gara) a chi era il più brillante 4 *ils buvaient — du thé — du lait*, bevevano chi tè chi latte □ **qui que ce soit** (*retto da un verbo al pres. o al fut.*), **qui que ce fût** (*retto da un verbo al pass. o al condiz.*) *pron.indef.* chiunque, chicchessia: *tu peux le demander à — que ce soit*, puoi chiederlo a chiunque; *voilà une confidence que je n'aurais pas faite à — que ce fût*, è una confidenza che non avrei fatto a chiunque □ **qui que** *pron.indef.* (+ *être*) chiunque: *— que tu sois*, chiunque tu sia; *— que vous soyez*, chiunque voi siate.

qui[2] *pron.interr.* (*riferito a persona*) *sogg. e compl.* chi: *— a sonné?*, chi ha suonato?; *— as-tu rencontré?*, chi hai incontrato?; *— est-ce?*, chi è?; *dis-moi — te l'a raconté*, dimmi chi te l'ha raccontato; *de — parliez-vous?*, di chi parlavate?; *à — est ce livre?*, di chi è questo libro?; *mais — donc êtes-vous?*, ma insomma lei chi è?; *j'aimerais savoir — il est et d'où il vient*, mi piacerebbe sapere chi è e da dove viene; *— des deux, — de vous?*, chi dei due, chi di voi?; *— d'entre eux?*, chi di loro?; *— ne cherche le bonheur?*, chi non cerca la felicità?; *— t'amène ici?*, (*letter.*) qual buon vento ti porta? || *— d'autre*→ autre ♦ *pron.escl.* chi: *regarde un peu — arrive!*, (guarda) chi si vede!; *— l'aurait dit!*, chi l'avrebbe detto! || *à — le dis-tu!*, a chi lo dici! □ **qui est-ce qui** *pron.interr.sogg.*, **qui est-ce que** *pron.interr.compl.ogg.* (*riferito a persona*) chi: *—*

est-ce qui t'a téléphoné?, chi ti ha telefonato?; *— est-ce que tu as rencontré?*, chi hai incontrato?; *je me demande — est-ce qui a dit cela*, (*fam.*) mi chiedo chi abbia detto questo; *dis-moi à — est-ce qu'il faut s'adresser*, (*fam.*) dimmi a chi bisogna rivolgersi □ **qu'est-ce qui** *pron.interr.sogg.* → que.

quiche [kiʃ] *s.f.* (*cuc.*) crostata salata con pancetta, uova sbattute e panna, tipica della Lorena.

quiconque [kikɔ̃k] *pron.rel. e indef.* chiunque: *— viendra sera le bienvenu*, chiunque verrà sarà il benvenuto; *j'écouterai — voudra me parler*, ascolterò chiunque voglia parlarmi; *il a promis de me protéger contre — m'attaquerait*, ha promesso di proteggermi contro chiunque mi attaccasse.

quidam [kɥidam] *s.m.* (*fam.*) tale, tizio.

quiet [kje] (f. *-ète*) *agg.* (*letter.*) quieto, calmo.

quiétisme [kɥjetism] *s.m.* (*relig.*) quietismo.

quiétude [kɥjetyd] *s.f.* (*letter.*) quiete: *en toute* —, in tutta tranquillità.

quignon [kiɲɔ̃] *s.m.*: *— de pain*, tozzo, pezzo di pane.

quille[1] [kij] *s.f.* **1** birillo (*m.*) **2** (*fam.*) gamba.

quille[2] *s.f.* (*mar.*) chiglia.

quille[3] *s.f.* (*argot mil.*) fine del servizio militare.

quimpérois [kɛ̃perwa] *agg.* di Quimper.

quincaillerie [kɛ̃kajri] *s.f.* **1** ferramenta (*pl.*); (*ustensiles*) utensileria **2** negozio di ferramenta **3** (*fam.*) chincaglieria; bigiotteria (di cattivo gusto).

quincaillier [kɛ̃kaje] (f. *-ère*) *s.m.* negoziante di ferramenta.

quinconce [kɛ̃kɔ̃s] *s.m.* quinconce (*f.*); *en* —, a quinconce.

quinine [kinin] *s.f.* (*chim.*) chinino (*m.*).

quinquagénaire [kɥɛ̃kwaʒeneʀ] *agg. e s.m.* quinquagenario.

quinquennal [kɥɛ̃kɥe(ɛn)nal] (pl. *-aux*) *agg.* quinquennale.

quinquennat [kɥɛ̃kɥe(ɛn)na] *s.m.* quinquennio.

quinquet [kɛ̃ke] *s.m.* (*spec. pl.*) (*fam.*) occhio.

quinquina [kɛ̃kina] *s.m.* **1** (*bot.*) china (*f.*) **2** vino chinato (aperitivo).

quint [kɛ̃] *agg.* quinto: *Charles Quint*, Carlo v.

quintaine [kɛ̃tɛn] *s.f.* quintana; giostra del Saracino.

quintal [kɛ̃tal] (pl. *-aux*) *s.m.* quintale.

quinte[1] [kɛ̃t] *s.f.* **1** (*mus.*) quinta **2** (*poker*) scala.

quinte[2] *s.f.* (*med.*) — (*de toux*), accesso di tosse.

quintessence [kɛ̃tesɑ̃s] *s.f.* quintessenza.

quintette [kɥɛ̃tet] *s.m.* (*mus.*) quintetto.

quintuple [kɛ̃typl] *agg.* **1** quintuplo **2** (*di cinque elementi*) quintuplice ♦ *s.m.* quintuplo.

quintupler [kɛ̃typle] *v.tr.* quintuplicare ♦ *v.intr.* quintuplicarsi: *son bien a quintuplé*, il suo patrimonio si è quintuplicato.

quintuplés [kɛ̃typle] *s.m.pl.* cinque gemelli.

quinzaine [kɛ̃zɛn] *s.f.* **1** quindicina **2** — (*de jours*), quindicina di giorni || *la — du blanc*, la fiera del bianco.

quinze [kɛ̃z] *agg.num.card. e s.m.* quindici: *— cents*, millecinquecento || *le — de France*, la squadra di rugby francese (composta da 15 giocatori) ♦ *agg.num.ord.* quindicesimo, decimoquinto || *page* —, pagina quindici.

quinzième [kẽzjɛm] *agg.num.ord.* e *s.m.* quindicesimo: *le* — *siècle*, il quindicesimo secolo, il Quattrocento.

quinzièmement [kẽzjɛmmã] *avv.* in quindicesimo luogo; quindicesimo.

quiproquo [kipʀɔko] *s.m.* qui pro quo, equivoco.

quittance [kitãs] *s.f.* (*comm.*) quietanza: — *en double*, ricevuta in duplice copia; — *finale, pour solde*, quietanza a saldo; *timbre de* —, bollo per quietanza; — *de loyer*, ricevuta d'affitto; — *d'électricité*, bolletta della luce; *donner* —, rilasciare (una) ricevuta.

quitte [kit] *agg.* libero (da debiti, tasse ecc.): *il est* — *de toutes dettes*, non ha più debiti; *propriété* — *de tous droits et taxes*, proprietà esente da diritti e tasse; *je suis* — *envers toi*, (*fig.*) non sono più in debito con te; — *envers sa conscience*, a posto con la propria coscienza; *nous sommes quittes*, siamo pari || *en être* — *pour qqch*, cavarsela con qlco; *ils en ont été quittes pour la peur*, se la sono cavata solo con una gran paura || — *ou double*, lascia o raddoppia □ **quitte à** *locuz.avv.* a costo di.

quitter [kite] *v.tr.* **1** lasciare; abbandonare: — *la table*, alzarsi da tavola; —*son emploi*, licenziarsi || *il ne la quittait pas des yeux*, non la toglieva gli occhi di dosso || (*tel., rad.*) *ne quittez pas, s'il vous plaît*, resti in linea, per favore **2** togliere, levare: *il ne quitte jamais son pardessus*, non si toglie mai il soprabito (di dosso) □ **se quitter** *v.pron.* lasciarsi.

quitus [kɥitys] *s.m.* (*comm.*) scarico.

qui-vive [kiviv] *inter.* (*mil.*) chi va là? ♦ *s.m.* (*fig.*) allarme, apprensione (*f.*) || *être, se tenir sur le* —, stare sul chi vive, stare all'erta.

quoi [kwa] *pron.interr.* che cosa, che: *en* — *puis-je vous aider?*, in che cosa posso aiutarvi?; *ils ne savent pas* — *faire*, non sanno che (cosa) fare; *je ne sais par* — *commencer*, non so da che cosa incominciare; *à* — *bon?*, a che pro?; *à* — *bon y penser?*, a che serve pensarci?; *à* — *sert-il de demander un conseil?*, a che serve chiedere un consiglio?; — *de plus beau que...?*, che cosa c'è di più bello di...?; *pour être* — *après? un employé quelconque!*, per diventare che cosa? un impiegato qualunque! || — *d'autre?*, cos'altro? || (*fam.*): *mais il a fini par te dire* —?, ma alla fin fine che cosa ti ha detto?; *alors, tu réponds ou* —?, allora rispondi o cosa, o no?; *"Tu vas me suivre!" "De* —?*, "Devi seguirmi" "Sì, figurati!" || (*in frasi esclamative*) insomma: *j'ai acheté un pull, un polo* —, ho comperato un golf, insomma una polo;

enfin —, *c'est la vie!*, insomma! così è la vita!; *et puis* —, *encore?*, (*fam.*) e poi, cos'altro vuoi? ♦ *inter.* cosa: *"Il est parti" "*—*! mais ce n'est pas possible!"*, "È partito" "Cosa! ma non è possibile!" ♦ *pron.rel.* che cosa; (*con un antecedente*) cui: *voici en* — *tu te trompes*, ecco in che cosa ti sbagli; *ce sont des choses à* — *il faut penser*, sono cose a cui bisogna pensare; *il n'y a rien sur* — *on ait tant discuté*, non c'è niente su cui si sia tanto discusso; *il l'a giflée, ce à* — *personne ne s'attendait*, l'ha presa a schiaffi, cosa che nessuno si aspettava || *de* —, di che: *il faut bien qu'il gagne de* — *vivre*, bisogna pure che si guadagni di che vivere; *il y a de* — *se fâcher*, c'è di che arrabbiarsi; *"Merci" "Il n'y a pas de* —*"*, "Grazie" "Non c'è di che"; *il n'y a rien de* — *on soit moins sûr*, non c'è niente di cui si sia meno sicuri; *il n'y a pas de* — *pleurer*, non c'è motivo di piangere; *donnez-moi de* — *écrire*, datemi l'occorrente per scrivere; *avoir de* —, (*fam.*) avere soldi || *faute de* —, *sans* —, senza di che, altrimenti || *un je ne sais* —, un certo non so che || *après* —, dopo di che || *sur* —, a quel punto || *comme* —, (*fam.*) il che prova, dimostra che... □ **quoi que** *pron.indef.* qualunque cosa: — *qu'il advienne*, qualunque cosa avvenga; — *que tu fasses*, qualunque cosa tu faccia □ **quoi que ce soit** (*retto da verbo al pres. o al fut.*), **quoi que ce fût** (*retto da verbo al pass. o al condiz.*) *pron.indef.* qualunque cosa: *je suis à votre disposition pour* — *que ce soit*, sono a vostra disposizione per qualsiasi cosa; *il était à notre disposition pour* — *que ce fût*, era a nostra disposizione per qualunque cosa.

quoique [kwakə] (*si apostrofa davanti a* il, elle, on, un, une) *cong.* sebbene, quantunque; (*même si*) anche se: — *enrhumé, il a voulu sortir*, sebbene (fosse) raffreddato, ha voluto uscire; *je me trouvais*, — *involontairement, dans une situation difficile*, mi trovavo, quantunque involontariamente, in una situazione difficile.

quolibet [kɔlibɛ] *s.m.* lazzo; (*sarcasme*) sarcasmo.

quorum [kwɔʀɔm] *s.m.* (*dir.*) quorum.

quota [kwɔta] *s.m.* (*comm.*) percentuale (*f.*), quota (*f.*): — *de production*, contingente di produzione || *système des quotas*, sistema del contingentamento.

quote-part [kɔtpaʀ] (pl. *quotes-parts*) *s.f.* (*comm.*) quota, aliquota; (*fig.*) parte.

quotidien [kɔtidjɛ̃] (f. *-enne*) *agg.* e *s.m.* quotidiano || **-ennement** *avv.*

quotidienneté [kɔtidjɛnte] *s.f.* quotidianità.

quotient [kɔsjã] *s.m.* quoziente, quoto || (*psic.*) — *intellectuel*, quoziente d'intelligenza, intellettivo.

quotité [kɔtite] *s.f.* (*dir.*) quota.

R

r [ɛʀ] (pl. *invar.*) *s.m.* r (*f.* e *m.*) || (*tel.*) — *comme Raoul*, r come Roma || *rouler les* —, arrotare le r.

rab [ʀab] *s.m.* → **rabiot**.

rabâchage [ʀabɑʃaʒ] *s.m.* (*fam.*) continua ripetizione.

rabâcher [ʀabɑʃe] *v.tr.* e *intr.* (*fam.*) ripetere continuamente.

rabâcheur [ʀabɑʃœʀ] (f. *-euse*) *agg.* e *s.m.* (*fam.*) che, chi si ripete continuamente.

rabais [ʀabɛ] *s.m.* (*comm.*) ribasso, sconto: *importants — sur tous les prix marqués*, forti ribassi su tutti i prezzi esposti; *au* —, a prezzo ridotto.

rabaisser [ʀabese] *v.tr.* **1** abbassare (*anche fig.*) || *— l'orgueil de qqn*, (*fig.*) rintuzzare l'orgoglio di qlcu **2** sminuire, svalutare □ **se rabaisser** *v.pron.* sminuirsi.

rabane [ʀaban] *s.f.* tessuto di rafia.

rabat [ʀaba] *s.m.* **1** facciola (di magistrati e preti) **2** risvolto, patta (*f.*): *poche à* —, tasca con risvolto **3** (*tip.*) pagina di copertina.

rabat-joie [ʀabaʒwa] (pl. *invar.*) *agg.* e *s.m.* (*fam.*) guastafeste.

rabattage [ʀabataʒ] *s.m.* battuta (di caccia).

rabatteur [ʀabatœʀ] (f. *-euse*) *s.m.* **1** battitore (nella caccia) **2** (*fig.*) procacciatore di clienti.

rabattre [ʀabatʀ] (*coniug. come* battre) *v.tr.* **1** abbassare || *— l'orgueil de qqn*, (*fig.*) rintuzzare l'orgoglio di qlcu || (*tennis ecc.*) — *une balle*, schiacciare la palla || — *une couture*, ribattere una cucitura; — *les mailles*, intrecciare le maglie (nei lavori a maglia) || *— le gibier*, incalzare la selvaggina **2** diminuire, ridurre (*anche fig.*): *il ne m'a pas rabattu un sou*, non mi ha fatto il minimo sconto; *j'ai rabattu ses prétentions*, (*fig.*) l'ho indotto a più miti pretese **3** (*agr.*) potare **4** *en* —, (*fig.*) ridimensionarsi: *il croyait être le meilleur mais il a dû en* —, pensava di essere il più forte ma ha dovuto ridimensionarsi ♦ *v.intr.* voltare, cambiare direzione □ **se rabattre** *v.pron.* **1** abbassarsi: *un grand col de dentelle se rabattait sur ses épaules*, un gran collo di pizzo gli ricadeva sulle spalle **2** (*aut.*) *les sièges avant se rabattent*, i sedili anteriori sono ribaltabili **2** ripiegare (*anche fig.*).

rabattu [ʀabaty] *part. pass. di* rabattre.

rabbin [ʀabɛ̃] *s.m.* rabbino.

rabelaisien [ʀablɛzjɛ̃] (f. *-enne*) *agg.* rabelesiano.

rabibocher [ʀabiboʃe] *v.tr.* (*fam.*) rappacificare □ **se rabibocher** *v.pron.* fare pace.

rabiot [ʀabjo] *s.m.* (*fam.*) **1** avanzo, rimasuglio **2** lavoro extra: *faire du* —, fare delle ore in più.

rabioter [ʀabjote] *v.tr.* (*fam.*) rimediare, grattare.

râble [ʀɑbl] *s.m.* **1** lombo (di lepre e coniglio) **2** (*fam.*) fondoschiena.

râblé [ʀɑble] *agg.* (*fam.*) tarchiato, tracagnotto.

rabot [ʀabo] *s.m.* pialla (*f.*): *un coup de* —, una piallata.

rabotage [ʀabotaʒ] *s.m.* piallatura (*f.*).

raboter [ʀabote] *v.tr.* piallare; (*fig.*) smussare, limare.

raboteur [ʀabotœʀ] *s.m.* piallatore.

raboteuse [ʀabotøz] *s.f.* (*macchina*) piallatrice.

raboteux [ʀabotø] (f. *-euse*) *agg.* accidentato, ineguale.

rabougri [ʀabugʀi] *agg.* rattrappito; rinsecchito: *un vieillard* —, un vecchio rattrappito; *un arbre* —, un albero stento.

rabougrir, se [səʀabugʀiʀ] *v.pron.* rinsecchirsi, rattrappirsi.

rabrouer [ʀabʀue] *v.tr.* strapazzare; redarguire.

racaille [ʀakɑj] *s.f.* plebaglia, gentaglia.

raccommodable [ʀakɔmɔdabl] *agg.* rammendabile.

raccommodage [ʀakɔmɔdaʒ] *s.m.* rammendo.

raccommodement [ʀakɔmɔdmɑ̃] *s.m.* (*fam.*) riconciliazione (*f.*).

raccommoder [ʀakɔmɔde] *v.tr.* **1** rammendare **2** (*fam.*) riconciliare □ **se raccommoder** *v.pron.* (*fam.*) rappacificarsi.

raccommodeur [ʀakɔmɔdœʀ] (f. *-euse*) *s.m.* rammendatore: — *de porcelaines*, conciabrocche.

raccompagner [ʀakɔ̃paɲe] *v.tr.* riaccompagnare.

raccord [ʀakɔʀ] *s.m.* **1** raccordo **2** (*pitt.*) ritocco.

raccordement [ʀakɔʀdəmɑ̃] *s.m.* collegamento, raccordo: (*ferr.*) *voie de* —, binario di raccordo.

raccorder [ʀakɔʀde] *v.tr.* raccordare, collegare □ **se raccorder** *v.pron.* collegarsi (*anche fig.*).

raccourci [ʀakuʀsi] *agg.* accorciato || *à bras raccourcis*, con tutta la forza ♦ *s.m.* **1** scorciatoia (*f.*) **2** (*pitt.*) scorcio: *vu en* —, visto di scorcio.

raccourcir [ʀakuʀsiʀ] *v.tr.* accorciare; abbreviare ♦ *v.intr.* accorciarsi: *cette robe a raccourci au lavage*, questo vestito si è accorciato con il lavaggio.

raccourcissement [ʀakuʀsismɑ̃] *s.m.* accorciamento.

raccroc [ʀakʀo] *s.m.*: *par* —, per una fortunata combinazione.

raccrochage [ʀakʀɔʃaʒ] *s.m.* aggancio (*anche fig.*).

raccrocher [ʀakʀɔʃe] *v.tr.* **1** riattaccare, riappendere: — *un tableau*, riappendere un quadro; — *le téléphone*, riattaccare il telefono **2** agganciare, accostare **3** (*fig.*) riprendere, riacchiappare ♦ *v.intr.* **1** riagganciare (la cornetta del telefono) **2** (*fam.*) abbandonare (un'attività) □ **se raccrocher** *v.pron.* aggrapparsi (*anche fig.*).

raccusette [ʀakyzɛt] *s.f.* (*in Belgio*) pettegolo (*m.*).

race [ʀas] *s.f.* razza: — *de héros*, stirpe di eroi || *avoir de la —*, (*fig.*) aver classe || *une vilaine —*, una genia.

racé [ʀase] *agg.* **1** di razza **2** (*estens.*) di classe.

rachat [ʀaʃa] *s.m.* **1** riscatto || (*comm.*) — *d'entreprise*, rilevamento di una società **2** riacquisto: — *d'une voiture*, rilevamento di un'automobile.

rachetable [ʀaʃtabl] *agg.* riscattabile, redimibile.

racheter [ʀaʃte] (*coniug. come* semer) *v.tr.* **1** riacquistare, ricomprare || — *des prisonniers*, riscattare dei prigionieri || — *un candidat à un examen*, promuovere un candidato agli esami (elevandone il punteggio per raggiungere la media) **2** (*fig.*) riscattare: — *ses péchés*, espiare i propri peccati **3** compensare: *ses qualités rachètent ses défauts*, le qualità compensano i suoi difetti □ **se racheter** *v.pron.* riscattarsi, redimersi.

rachis [ʀaʃis] *s.m.* (*scient.*) rachide (*f.*).

rachitique [ʀaʃitik] *agg. e s.m.* rachitico.

rachitisme [ʀaʃitism] *s.m.* rachitismo.

racial [ʀasjal] (*pl. -aux*) *agg.* razziale.

racine [ʀasin] *s.f.* radice (*anche fig.*) || *prendre —*, (*anche fig.*) metter (le) radici.

racinien [ʀasinjɛ̃] (*f. -enne*) *agg.* (*lett.*) raciniano, di Racine.

racisme [ʀasism] *s.m.* razzismo.

raciste [ʀasist] *agg. e s.m.* razzista.

racket [ʀakɛt] *s.m.* racket.

racketter [ʀakete] *v.tr.* sottoporre a un racket.

racketteur [ʀakɛtœʀ] *s.m.* ricattatore (di un racket).

raclage [ʀaklaʒ] *s.m.* **1** raschiatura (*f.*) **2** (*med.*) raschiamento.

raclée [ʀakle] *s.f.* (*fam.*) **1** sacco di botte **2** batosta, sconfitta.

raclement [ʀakləmɑ̃] *s.m.* **1** raschiatura (*f.*) **2** (*rumore*) raschio.

racler [ʀakle] *v.tr.* raschiare, grattare || *ce vin racle la gorge*, questo vino raspa la gola || — *du violon*, strimpellare il violino || *se — la gorge*, rischiararsi la gola || — *les fonds de tiroirs*, (*fam.*) dare fondo ai risparmi.

raclette[1] [ʀaklɛt] *s.f.* → **racloir**.

raclette[2] *s.f.* (*cuc.*) piatto svizzero a base di formaggio locale fuso e patate.

racloir [ʀaklwaʀ] *s.m.* raschietto.

raclure [ʀaklyʀ] *s.f.* (*residui di*) raschiatura.

racolage [ʀakɔlaʒ] *s.m.* **1** reclutamento **2** (*dir.*) adescamento.

racoler [ʀakɔle] *v.tr.* **1** reclutare: — *des clients*, agganciare clienti; — *des électeurs*, procacciarsi degli elettori **2** (*dir.*) adescare.

racoleur [ʀakɔlœʀ] *s.m.* **1** procacciatore; (*spreg.*) imbonitore **2** donnaiolo ♦ *agg.* (*f. -euse*) adescatore; allettante: *publicité racoleuse*, pubblicità invitante; *sourire —*, sorriso provocante.

racoleuse [ʀakɔløz] *s.f.* adescatrice, seduttrice.

racontable [ʀakɔ̃tabl] *agg.* raccontabile, riferibile.

racontar [ʀakɔ̃taʀ] *s.m.* pettegolezzo.

raconter [ʀakɔ̃te] *v.tr.* raccontare; dire: *qu'est-ce que tu me racontes là?*, che mi dici mai?; *d'après ce qu'on raconte*, a quanto si dice □ **se raconter** *v.pron.* parlare di sé.

raconteur [ʀakɔ̃tœʀ] (*f. -euse*) *s.m.* narratore.

racorni [ʀakɔʀni] *agg.* indurito; (*fig.*) inaridito.

racornir [ʀakɔʀniʀ] *v.tr.* indurire □ **se racornir** *v.pron.* indurirsi.

racornissement [ʀakɔʀnismɑ̃] *s.m.* indurimento.

radar [ʀadaʀ] *s.m.* radar || (*fam.*) *marcher*, *fonctionner au —*, agire come un automa.

radariste [ʀadaʀist] *s.m.* radarista.

rade [ʀad] *s.f.* rada || (*fam.*): *laisser en —*, piantare in asso; *rester en —*, rimanere bloccato.

radeau [ʀado] (*pl. -eaux*) *s.m.* zattera (*f.*).

radial [ʀadjal] (*pl. -aux*) *agg.* radiale.

radiale [ʀadjal] *s.f.* (*strada*) radiale.

radian [ʀadjɑ̃] *s.m.* (*mat.*) radiante.

radiant [ʀadjɑ̃] *agg.* radiante, raggiante.

radiateur [ʀadjatœʀ] *s.m.* **1** radiatore, termosifone || — *électrique*, *à gaz*, stufa elettrica, a gas **2** radiatore (di un motore).

radiation[1] [ʀadjɑsjɔ̃] *s.f.* radiazione; (*dir.*) cancellazione.

radiation[2] *s.f.* (*scient.*) radiazione.

radical [ʀadikal] (*pl. -aux*) *agg. e s.m.* radicale || *-ement avv.*

radicalisation [ʀadikalizɑsjɔ̃] *s.f.* radicalizzazione.

radicaliser [ʀadikalize] *v.tr.* radicalizzare □ **se radicaliser** *v.pron.* radicalizzarsi.

radicalisme [ʀadikalism] *s.m.* radicalismo.

radical-socialiste [ʀadikalsɔsjalist] (*pl. radicaux-socialistes*) *agg. e s.m.* radicalsocialista.

radicelle [ʀadisɛl] *s.f.* (*bot.*) radice secondaria.

radicule [ʀadikyl] *s.f.* (*bot.*) radichetta.

radier[1] [ʀadje] *s.m.* (*edil.*) platea (*f.*).

radier[2] *v.tr.* radiare.

radiesthésie [ʀadjɛstezi] *s.f.* radioestesia.

radieux [ʀadjø] (*f. -euse*) *agg.* radioso || **-euse**-**ment** *avv.*

radin [ʀadɛ̃] *agg. e s.m.* (*fam.*) taccagno, spilorcio.

radiner, se [sɔʀadine] *v.pron.* (*fam.*) arrivare.

radinerie [ʀadinəʀi] *s.f.* (*fam.*) taccagneria.

radio [ʀadjo] *s.f.* **1** radio || *passer à la —*, (*di attore ecc.*) prodursi alla radio; (*di un programma*) andare in onda || (*in Africa*) — *trottoir*, voci di corridoio **2** *abbr.* → **radiographie**, → **radioscopie** || *passer une —*, fare una radiografia, una lastra **3** (*con funzione di agg.*): *réseau —*, rete radiofonica; *émetteur* —, radiotrasmettitore, radiotrasmittente ♦ *s.m.* **1** radiotelegrafista; radiomarconista **2** *abbr.* → radiogramme.

radi(o)- *pref.* radi(o)-

radioactif [radjɔaktif] (f. *-ive*) *agg.* radioattivo.

radioactivité [radjɔaktivite] *s.f.* radioattività.

radioamateur [radjoamatœr] *s.m.* radioamatore.

radiocassette [radjokasɛt] *s.f.* radioregistratore (*m.*).

radiocommande [radjɔkɔmɑ̃d] *s.f.* radiocomando (*m.*).

radiocommander [radjɔkɔmɑ̃de] *v.tr.* radiocomandare.

radiocommunication [radjɔkɔmynikɑsjɔ̃] *s.f.* radiocomunicazione.

radiocompas [radjɔkɔ̃pa] *s.m.* radiobussola (*f.*).

radiodiagnostic [radjɔdjagnɔstik] *s.m.* (*med.*) radiodiagnostica (*f.*).

radiodiffuser [radjɔdifyze] *v.tr.* radiotrasmettere.

radiodiffusion [radjɔdifyzjɔ̃] *s.f.* radiodiffusione.

radioélectricien [radjoelɛktrisjɛ̃] *s.m.* radiotecnico.

radiogoniomètre [radjɔgɔnjɔmɛtr] *s.m.* radiogoniometro.

radiogramme [radjɔgram] *s.m.* radiogramma.

radiographie [radjɔgrafi] *s.f.* radiografia.

radiographier [radjɔgrafje] *v.tr.* radiografare.

radioguidage [radjɔgidaʒ] *s.m.* **1** radiocomando **2** bollettino radiofonico sul traffico stradale.

radioguidé [radjɔgide] *agg.* radiocomandato, radioguidato.

radioguider [radjɔgide] *v.tr.* radiocomandare, radioguidare.

radioisotope [radjɔizɔtɔp] *s.m.* radioisotopo, isotopo radioattivo.

radiologie [radjɔlɔʒi] *s.f.* radiologia.

radiologique [radjɔlɔʒik] *agg.* radiologico.

radiologue [radjɔlɔg] *s.m.* radiologo.

radiomessage [radjɔmesaʒ] *s.m.* radiomessaggio.

radiomètre [radjɔmɛtr] *s.m.* radiometro.

radioopaque [radjɔɔpak] *agg.* (*med.*) radiopaco.

radiophare [radjɔfar] *s.m.* radiofaro.

radiophonie [radjɔfɔni] *s.f.* radiofonia.

radiophonique [radjɔfɔnik] *agg.* radiofonico.

radiophotographie [radjɔfɔtɔgrafi] *s.f.* schermografia.

radiorécepteur [radjɔresɛptœr] *s.m.* radioricevitore.

radioreportage [radjɔrəpɔrtaʒ] *s.m.* radiocronaca (*f.*).

radioreporter [radjɔrəpɔrtɛr] *s.m.* radiocronista.

radioréveil [radjɔrevɛj] *s.m.* radiosveglia (*f.*).

radioscopie [radjɔskɔpi] *s.f.* radioscopia.

radioscopique [radjɔskɔpik] *agg.* radioscopico.

radiotaxi [radjɔtaksi] *s.m.* radiotaxi.

radiotechnique [radjɔtɛknik] *agg.* radiotecnico ♦ *s.f.* radiotecnica.

radiotélégraphie [radjɔtelegrafi] *s.f.* radiotelegrafia.

radiotélégraphiste [radjɔtelegrafist] *s.m.* radiotelegrafista.

radiotéléphone [radjɔtelefɔn] *s.m.* radiotelefono.

radiotélescope [radjɔtelɛskɔp] *s.m.* radiotelescopio.

radiotélévisé [radjɔtelevize] *agg.* trasmesso per radio e televisione.

radiotélévision [radjɔtelevizjɔ̃] *s.f.* radiotelevisione.

radiothérapie [radjɔterapi] *s.f.* radioterapia.

radis [radi] *s.m.* (*bot.*) ravanello || *ne pas avoir un* —, (*fam.*) non avere il becco d'un quattrino.

radium [radjɔm] *s.m.* (*chim.*) radio, radium.

radius [radjys] *s.m.* (*anat.*) radio.

radja(h) [radʒa] *s.m.* → **raja(h)**.

radotage [radɔtaʒ] *s.m.* vaneggiamento, vaniloquio.

radoter [radɔte] *v.intr.* farneticare; ripetersi continuamente.

radoteur [radɔtœr] (f. *-euse*) *agg.* e *s.m.* rimbambito.

radoub [radu] *s.m.* (*mar.*) raddobbo: *bassin, cale de* —, bacino di carenaggio.

radouber [radube] *v.tr.* (*mar.*) raddobbare.

radoucir [radusir] *v.tr.* raddolcire || *le temps s'est radouci*, la temperatura è diventata più mite □ **se radoucir** *v.pron.* addolcirsi; (*del tempo*) mitigarsi.

radoucissement [radusismɑ̃] *s.m.* raddolcimento: *le* — *de la température*, il rialzo termico.

rafale [rafal] *s.f.* raffica: — *d'applaudissements*, (*fig.*) pioggia d'applausi.

raffermir [rafɛrmir] *v.tr.* rassodare; rinforzare, rafforzare □ **se raffermir** *v.pron.* rinforzarsi.

raffermissement [rafɛrmismɑ̃] *s.m.* **1** rassodamento **2** (*fig.*) rafforzamento, rinsaldamento.

raffinage [rafinaʒ] *s.m.* (*ind. chim.*) raffinazione (*f.*); (*metall.*) affinazione (*f.*).

raffiné [rafine] *agg.* e *s.m.* raffinato.

raffinement [rafinmɑ̃] *s.m.* raffinatezza (*f.*), ricercatezza (*f.*) || *par un* — *de cruauté*, con sottile crudeltà.

raffiner [rafine] *v.tr.* raffinare (*anche fig.*); (*metall.*) affinare ♦ *v.intr.* sottilizzare, cavillare.

raffinerie [rafinri] *s.f.* raffineria.

raffoler [rafɔle] *v.intr.* (*fam.*) andare matto per.

raffut [rafy] *s.m.* (*fam.*) baccano, cagnara (*f.*).

rafiau (pl. *-aux*), **rafiot** [rafjo] *s.m.* (*spreg.*) barcaccia (*f.*).

rafistolage [rafistɔlaʒ] *s.m.* (*fam.*) rabberciamento, rattoppatura (*f.*).

rafistoler [rafistɔle] *v.tr.* (*fam.*) rabberciare, rattoppare.

rafle [rafl] *s.f.* **1** razzia **2** retata (di polizia).

rafler [rafle] *v.tr.* (*fam.*) razziare, portare via.

rafraîchir [rafreʃir] *v.tr.* rinfrescare || — *les che-*

veux, spuntare i capelli ♦ *v.intr.* rinfrescarsi □ **se rafraîchir** *v.pron.* rinfrescarsi.

rafraîchissant [Rafreʃisã] *agg.* rinfrescante.

rafraîchissement [Rafreʃismã] *s.m.* **1** raffreddamento: *le — de la température*, l'abbassamento della temperatura **2** ripristino **3** bevanda rinfrescante; *pl.* rinfreschi.

ragaillardir [Ragajardir] *v.tr.* rinvigorire, rinfrancare; rincorare.

rage [Raʒ] *s.f.* **1** rabbia: *fou, ivre de —*, fuori di sé per la rabbia || *faire —*, imperversare || *— de dents*, violento mal di denti **2** passione, smania.

rageant [Raʒã] *agg.* (*fam.*) irritante, esasperante.

rager [Raʒe] (*coniug. come* manger) *v.intr.* (*fam.*) essere furente || *ça me fait — (de)*, mi fa rabbia (di).

rageur [Raʒœr] (f. *-euse*) *agg.* (*fam.*) rabbioso; stizzoso.

rageusement [Raʒøzmã] *avv.* rabbiosamente.

raglan [Raglã] *s.m.* soprabito raglan ♦ *agg. invar.*: *manches —*, maniche (a) raglan.

ragondin [Ragõdẽ] *s.m.* **1** (*zool.*) nutria (f.) **2** (*pelliccia*) rat musqué.

ragot [Rago] *s.m.* (*fam.*) pettegolezzo.

ragoût [Ragu] *s.m.* (*cuc.*) spezzatino.

ragoûtant [Ragutã] *agg.* appetitoso || *peu —*, (*fig.*) poco invitante.

rai [Rɛ] *s.m.* (*letter.*) raggio.

raide [Rɛd] *agg.* **1** rigido: *cheveux raides*, capelli dritti; *corde —*, corda tesa; *se tenir —*, stare rigido **2** erto, ripido **3** (*fam.*) forte (*anche fig.*) || *ça c'est un peu —!*, questa poi è grossa! || *en faire, en dire de raides*, farne, dirne delle belle **4** ubriaco ♦ *avv.* **1** bruscamente || *tomber — mort*, cadere morto stecchito **2** duramente || *sentier qui grimpe —*, sentiero molto ripido.

raideur [Rɛdœr] *s.f.* rigidità; (*fig.*) rigidezza: *la — de ses principes*, l'inflessibilità dei suoi principi.

raidillon [Redijõ] *s.m.* ripida scorciatoia.

raidir [Redir] *v.tr.* irrigidire (*anche fig.*) □ **se raidir** *v.pron.* irrigidirsi.

raidissement [Redismã] *s.m.* **1** irrigidimento **2** rigidità (f.).

raie[1] [Rɛ] *s.f.* **1** riga **2** striscia.

raie[2] *s.f.* (*zool.*) razza.

raifort [Refɔr] *s.m.* (*bot.*) rafano.

rail [Raj] *s.m.* **1** rotaia (f.): *sortir des rails*, deragliare || *remettre sur les rails*, (*fig.*) rimettere in carreggiata **2** ferrovia (f.).

railler [Raje] *v.tr.* schernire, prendere in giro.

raillerie [Rajri] *s.f.* canzonatura.

railleur [Rajœr] (f. *-euse*) *agg.* beffardo, canzonatorio ♦ *s.m.* schernitore.

rainer [Rene] *v.tr.* scanalare (legno ecc.).

rainette [Renet] *s.f.* (*zool.*) raganella.

rainurage [Renyraʒ] *s.m.* scanalature antisdrucciolo (sul fondo stradale).

rainure [Renyr] *s.f.* scanalatura.

raisin [Rezẽ] *s.m.* uva (f.): *— sec*, uva passa, secca.

raisiné [Rezine] *s.m.* marmellata d'uva.

raison [Rezõ] *s.f.* ragione: *recouvrer la —*, riacquistare l'uso della ragione; *perdre la —*, perdere il lume della ragione; *n'avoir plus toute sa —*, essere

un po' svanito; *mettre à la —*, ridurre alla ragione; *parler —*, parlare con saggezza || *je me demande si j'ai eu —*, mi chiedo se ho fatto bene || *pour raisons de famille*, per motivi di famiglia || *mariage de —*, matrimonio di convenienza || *comme de —*, a ragione; *plus que de —*, più del ragionevole; *à plus forte —*, a maggior ragione || *avoir — d'une difficulté*, riuscire a superare una difficoltà || *à — de*, in ragione di; *en — des circonstances*, date le circostanze.

raisonnable [Rezɔnabl] *agg.* ragionevole || *un garçon très —*, un ragazzo molto giudizioso || *-ement* *avv.*

raisonné [Rezɔne] *agg.* ragionato || *catalogue —*, catalogo sistematico.

raisonnement [Rezɔnmã] *s.m.* ragionamento || *ce n'est pas un —!*, (*fam.*) non è il modo di ragionare!

raisonner [Rezɔne] *v.intr.* **1** ragionare **2** discutere ♦ *v.tr.*: *— qqn*, far ragionare qlcu □ **se raisonner** *v.pron.* convincersi col ragionamento; seguire la ragione: *l'amour ne se raisonne pas*, l'amore non conosce ragione.

raisonneur [Rezɔnœr] (f. *-euse*) *agg. e s.m.* **1** ragionatore **2** (*spreg.*) che, chi discute tutto.

raja(h) [Radʒa] *s.m.* ragià.

rajeuni [Raʒœni] *part.pass. di* rajeunir.

rajeunir [Raʒœnir] *v.tr.* ringiovanire: *elle a rajeuni*, è ringiovanita || *il m'a rajeuni de trois ans*, mi ha dato tre anni meno di quanti ne ho || *— les cadres d'une entreprise*, svecchiare i quadri di un'azienda ♦ *v.intr.* ringiovanire □ **se rajeunir** *v.pron.* dichiararsi meno anni di quelli reali.

rajeunissement [Raʒœnismã] *s.m.* ringiovanimento; (*fig.*) rinnovamento, rinvigorimento.

rajout [Raʒu] *s.m.* aggiunta (f.).

rajouter [Raʒute] *v.tr.* aggiungere || *en —*, (*fam.*) esagerare.

rajustement [Raʒystəmã] *s.m.* raggiustamento || *— des salaires, des pensions*, adeguamento dei salari, delle pensioni.

rajuster [Raʒyste] *v.tr.* rimettere a posto: *— sa cravate*, sistemarsi la cravatta; *— ses lunettes*, raddrizzare gli occhiali; *— ses vêtements*, rimettersi in ordine || *— les salaires*, adeguare i salari □ **se rajuster** *v.pron.* rimettersi in ordine.

râle[1] [Ral] *s.m.* (*zool.*) rallo.

râle[2], **râlement** [Ralmã] *s.m.* rantolo.

ralenti [Ralãti] *s.m.* **1** (*mecc.*) minimo **2** (*cine.*) rallentatore: *au —*, al rallentatore.

ralentir [Ralãtir] *v.tr.* rallentare (*anche mus.*) ♦ *v. intr.* rallentare.

ralentissement [Ralãtismã] *s.m.* rallentamento.

râler [Rale] *v.intr.* **1** rantolare **2** (*fam.*) brontolare; mangiar rabbia.

râleur [Ralœr] (f. *-euse*) *agg.* (*fam.*) che brontola ♦ *s.m.* (*fam.*) brontolone.

rallié [Ralje] *agg.* che ha aderito (a un partito ecc.) ♦ *s.m.* aderente.

ralliement [Ralimã] *s.m.* **1** (*mil.*) adunata (f.) || *mot de —*, controparola **2** (*fig.*) adesione (f.).

rallier [ralje] *v.tr.* **1** radunare, riunire || — *tous les suffrages*, ottenere tutti i suffragi **2** (*mil.*) raggiungere, ricongiungersi (a) □ **se rallier** *v.pron.* **1** riunirsi, radunarsi **2** (*fig.*) aderire.

rallonge [ralɔ̃ʒ] *s.f.* **1** allungatura, (pezzo di) prolungamento; (*elettr.*) prolunga **2** prolunga, asse (di un tavolo): *table à rallonges*, tavolo allungabile **3** (*fam.*) supplemento (*m.*).

rallongement [ralɔ̃ʒmɑ̃] *s.m.* allungamento.

rallonger [ralɔ̃ʒe] (*coniug. come* manger) *v.tr.* allungare ♦ *v.intr.* allungarsi.

rallumer [ralyme] *v.tr.* riaccendere.

rallye [rali] *s.m.* **1** rally **2** caccia al tesoro.

ramage [ramaʒ] *s.m.* **1** cinguettio, canto (di uccelli) **2** *pl.* disegno a fogliame, ad arabeschi.

ramassage [ramasaʒ] *s.m.* **1** raccolta (*f.*) **2** trasporto (alunni ecc.).

ramassé [ramase] *agg.* **1** rannicchiato, raggomitolato **2** tarchiato **3** conciso.

ramasse-miettes [ramasmjɛt] (pl. *invar.*) *s.m.* raccoglibriciole.

ramasser [ramase] *v.tr.* **1** raccogliere || *se faire* —, (*fam.*) farsi pizzicare; essere bocciato (a scuola) **2** (*fig.*) condensare **3** buscare: — *une gifle*, beccarsi una sberla □ **se ramasser** *v.pron.* raggomitolarsi.

ramasseur [ramasœr] (f.-*euse*) *s.m.* chi raccoglie, raccoglitore || (*tennis*) — *de balles*, raccattapalle.

ramassis [ramasi] *s.m.* accozzaglia (*f.*).

rambarde [rɑ̃bard] *s.f.* **1** (*mar.*) battagliola **2** parapetto (*m.*).

ramdam [ramdam] *s.m.* (*fam.*) baccano.

rame[1] [ram] *s.f.* remo (*m.*): *aller à la* —, andare a remi; *faire force de rames*, far forza sui remi || *coup de* —, vogata.

rame[2] *s.f.* palo di sostegno, tutore (per piante) || *haricots à rames*, fagioli rampicanti.

rame[3] *s.f.* **1** risma (di carta) **2** (*ferr.*) convoglio (*m.*).

rameau [ramo] (pl. *-eaux*) *s.m.* **1** ramo (minore), rametto || *le dimanche des Rameaux*, *les Rameaux*, la Domenica delle Palme, le Palme **2** ramificazione (*f.*), ramo.

ramée [rame] *s.f.* frasche (*pl.*).

ramener [ramne] (*coniug. come* semer) *v.tr.* **1** ricondurre; riportare (*anche fig.*) || *il m'a ramené un petit souvenir d'Allemagne*, (*fam.*) mi ha portato un ricordino dalla Germania || *ces mesures vont* — *l'ordre et la paix*, questi provvedimenti ristabiliranno l'ordine e la pace || *on l'a ramené à lui*, l'hanno fatto tornare in sé, l'hanno rianimato || *— son châle sur ses épaules*, tirarsi lo scialle sulle spalle || *la* —, (*molto fam.*) tirarsela, darsi arie **2** ridurre || *il ramène tout à lui*, si pone sempre al centro dell'universo □ **se ramener** *v.pron.* **1** ridursi **2** (*fam.*) arrivare.

ramequin [ramkɛ̃] *s.m.* (*cuc.*) piccolo stampo da forno (per budini, creme ecc.).

ramer[1] [rame] *v.intr.* **1** remare, vogare **2** (*fam.*) sgobbare.

ramer[2] *v.tr.* (*agr.*) impalare, rameggiare.

rameur [ramœr] (f. *-euse*) *s.m.* rematore, vogatore.

rameuter [ramøte] *v.tr.* **1** aizzare **2** (*fig.*) mobilitare.

rami [rami] *s.m.* ramino.

ramier [ramje] *agg.* e *s.m.* (*zool.*) (*pigeon*) —, colombaccio.

ramification [ramifikasjɔ̃] *s.f.* ramificazione.

ramifier, se [səramifje] *v.pron.* ramificarsi.

ramolli [ramɔli] *agg.* (*fam.*) rammollito, rimbambito.

ramollir [ramɔlir] *v.tr.* rammollire □ **se ramollir** *v.pron.* rammollirsi.

ramollissement [ramɔlismɑ̃] *s.m.* rammollimento.

ramollo [ramɔlo] *s.m.* e *agg.* (*fam.*) rammollito.

ramonage [ramɔnaʒ] *s.m.* pulitura (di camini).

ramoner [ramɔne] *v.tr.* pulire (i camini).

ramoneur [ramɔnœr] *s.m.* spazzacamino.

rampant [rɑ̃pɑ̃] *agg.* **1** strisciante (*anche fig.*) **2** (*arch.*) rampante ♦ *s.m.* **1** (*arch.*) spiovente **2** *pl.* (*fam.*) personale a terra dell'aviazione.

rampe [rɑ̃p] *s.f.* **1** (tratto in) pendenza, rampa || — *de lancement*, rampa di lancio **2** ringhiera, corrimano (*m.*) **3** (*teatr.*) ribalta || *être sous les feux de la* —, essere alla ribalta || *cette pièce ne passera pas la* —, (*fig.*) questo lavoro teatrale non avrà successo **4** (*aer.*) pila di proiettori per illuminare la pista.

ramper [rɑ̃pe] *v.intr.* strisciare.

ramure [ramyr] *s.f.* **1** ramatura, chioma (di albero) **2** rami, palchi (delle corna dei cervi).

rancard [rɑ̃kar] *s.m.* (*fam.*) **1** appuntamento **2** soffiata (*f.*).

rancarder [rɑ̃karde] *v.tr.* (*fam.*) **1** fare una soffiata a **2** dare (un) appuntamento a.

rancart [rɑ̃kar] *s.m.* (*fam.*) *mettre, jeter au* —, mettere da parte, sbattere via.

rance [rɑ̃s] *agg.* rancido ♦ *s.m.* odore, sapore di rancido.

ranci [rɑ̃si] *agg.* rancido (*anche fig.*) ♦ *s.m.* odore, sapore di rancido.

rancir [rɑ̃sir] *v.intr.* e intr. irrancidire.

rancissement [rɑ̃sismɑ̃] *s.m.* irrancidimento.

rancœur [rɑ̃kœr] *s.f.* rancore (*m.*).

rançon [rɑ̃sɔ̃] *s.f.* riscatto (*m.*) || *mettre à* —, taglieggiare || *la* — *de la gloire*, (*fig.*) il prezzo della gloria.

rançonnement [rɑ̃sɔnmɑ̃] *s.m.* il taglieggiare; l'imporre un riscatto.

rançonner [rɑ̃sɔne] *v.tr.* **1** taglieggiare; esigere un riscatto **2** (*fam.*) pelare (i clienti).

rancune [rɑ̃kyn] *s.f.* rancore (*m.*), risentimento (*m.*): *garder de la* — *à qqn*, *avoir de la* — *contre qqn*, serbare rancore a, verso qlcu.

rancunier [rɑ̃kynje] (f. *-ère*) *agg.* astioso; pieno di rancore.

randonnée [rɑ̃dɔne] *s.f.* (lunga) gita, giro (*m.*); escursione: *une* — *à bicyclette*, un giro, una gita in bicicletta || *sentiers de grande* —, sentieri da trekking || *ski de* —, sci fuoripista.

randonneur [Rɑ̃dɔnœR] (f. *-euse*) *s.m.* escursionista.

rang [Rɑ̃] *s.m.* **1** fila (*f.*), riga (*f.*): *au premier* —, in prima fila; *sur deux rangs, par rangs de cinq*, in fila per due, in fila per cinque; *se mettre en* —, mettersi in fila, in riga; *serrer les rangs*, serrare le file, i ranghi; *rentrer dans les rangs*, (*fig.*) rentrer *dans le* —, rientrare nei ranghi; *être sur les rangs*, essere fra i concorrenti || *il est sorti du* —, viene dalla gavetta || *un* — *de perles*, un filo, un giro di perle || (*lavori a maglia*) *tricoter un* — *à l'endroit, un* — *à l'envers*, lavorare un ferro a diritto, un ferro a rovescio **2** ordine; grado; rango (sociale): *avoir* — *de*, avere il grado di; *elle sait tenir son* —, è all'altezza del suo rango; *être du même* —, appartenere allo stesso rango (sociale), avere lo stesso valore; *mettre au, sur le même* —, mettere sullo stesso piano; *mettre qqn au* — *de ses amis*, mettere qlcu nel novero dei propri amici || *par* — *de...*, per ordine di...

rangé [Rɑ̃ʒe] *agg.* **1** in ordine, ordinato || *bataille rangée*, battaglia campale **2** posato; perbene: *une vie rangée*, una vita (molto) regolata || *être* — *des voitures*, (*fam.*) aver messo la testa a posto, a partito.

rangée [Rɑ̃ʒe] *s.f.* fila: *une* — *d'arbres*, una fila, un filare di alberi.

rangement [Rɑ̃ʒmɑ̃] *s.m.* il mettere in ordine: *faire du* —, mettere ordine (in casa) || (*espace de*) —, ripostiglio, armadio a muro □ **élément-rangement**, ripostiglio, guardaroba.

ranger [Rɑ̃ʒe] (*coniug. come* manger) *v.tr.* **1** disporre (in fila), allineare || — *une voiture*, accostare l'automobile (a lato della strada) || (*mil.*) — *les troupes*, schierare le truppe **2** riporre, mettere via, a posto: *elle a rangé le linge dans l'armoire*, ha riposto la biancheria nell'armadio **3** mettere in ordine, mettere a posto, riordinare **4** annoverare □ **se ranger** *v.pron.* **1** mettersi (secondo un certo ordine), disporsi (in fila): *il alla se* — *à ses côtés*, andò a mettersi accanto a lui **2** (*fig.*) schierarsi, allinearsi; mettere giudizio: *ils se sont rangés à nos côtés*, si sono schierati dalla nostra parte; *je me range à votre avis*, sono d'accordo con lei **3** scansarsi, tirarsi da parte: *la foule se rangea pour laisser passer la voiture*, la folla fece largo per lasciar passare l'automobile.

ranimation [Ranimɑsjɔ̃] *s.f.* rianimazione.

ranimer [Ranime] *v.tr.* **1** rianimare, far riavere; rinvigorire, ridare forza a || — *les esprits*, risollevare gli animi **2** ravvivare, riattizzare (*anche fig.*): — *l'intérêt de*, ravvivare l'interesse di; — *une vieille haine, un souvenir douloureux*, riattizzare un vecchio odio, far rivivere un ricordo doloroso.

raout [Raut] *s.m.* (*antiq.*) ricevimento, festa mondana.

rapace [Rapas] *agg. e s.m.* rapace.

rapacité [Rapasite] *s.f.* rapacità.

râpage [Rɑpaʒ] *s.m.* **1** il grattugiare **2** (*tecn.*) raspatura (*f.*).

rapatrié [RapatRije] *agg. e s.m.* rimpatriato.

rapatriement [Rapatimɑ̃] *s.m.* rimpatrio || *le* — *de capitaux*, il rientro di capitali esportati.

rapatrier [Rapatrije] *v.tr.* rimpatriare || — *des capitaux*, far rientrare capitali (dall'estero).

râpe [Rɑp] *s.f.* **1** grattugia **2** (*tecn.*) raspa **3** raspo (d'uva).

râpé [Rɑpe] *agg.* **1** liso || *c'est* —!, (*fam.*) è andato a monte! **2** (formaggio) grattugiato.

râper [Rɑpe] *v.tr.* **1** grattugiare **2** (*tecn.*) raspare || *ce vin râpe la gorge*, (*fam.*) questo vino raspa la gola.

rapetassage [Raptasaʒ] *s.m.* (*fam.*) rabberciatura (*f.*), rattoppo.

rapetasser [Raptase] *v.tr.* (*fam.*) rabberciare, rattoppare.

rapetissement [Raptismɑ̃] *s.m.* rimpicciolimento; (*fig.*) sminuimento.

rapetisser [Raptise] *v.tr.* rimpicciolire; (*fig.*) sminuire ♦ *v.intr.* rimpicciolirsi: *son pantalon a rapetissé au lavage*, lavandoli i suoi pantaloni si sono ristretti.

râpeux [Rɑpø] (f. *-euse*) *agg.* ruvido (al tatto); aspro (al gusto).

raphaëlois [Rafaelwa] *agg.* di Saint-Raphaël.

raphia [Rafja] *s.m.* rafia (*f.*).

rapiat [Rapja] *agg. e s.m.* (*fam.*) spilorcio, tirchio.

rapide [Rapid] *agg.* **1** rapido, veloce: *il marche d'un pas* —, cammina con passo spedito **2** ripido ♦ *s.m.* **1** rapida (di fiume) **2** (*ferr.*) (treno) rapido.

rapidement [Rapidmɑ̃] *avv.* rapidamente.

rapidité [Rapidite] *s.f.* rapidità, velocità.

rapidos [Rapidos] *avv.* (*fam.*) subito, in fretta.

rapiéçage [Rapjesaʒ], **rapiècement** [Rapjɛsmɑ̃] *s.m.* rattoppo, rappezzatura (*f.*).

rapiécer [Rapjese] (*coniug. come* céder) *v.tr.* rattoppare, rappezzare.

rapière [RapjɛR] *s.f.* (*st.mil.*) spada, spadone (*m.*).

rapin [Rapɛ̃] *s.m.* **1** (*antiq.*) apprendista (nella bottega di un pittore) **2** (*spreg.*) pittorucolo, imbrattatele.

rapine [Rapin] *s.f.* (*letter.*) rapina || *vivre de rapines*, vivere di guadagni illeciti.

raplapla [Raplapla] *agg.invar.* (*fam.*) a terra, sfinito.

rappareiller [RapaRɛje] *v.tr.* riassortire (i pezzi mancanti).

rappel [Rapɛl] *s.m.* **1** richiamo || — (*sous les drapeaux*), richiamo alle armi, precettazione || — *à la raison, à l'ordre*, appello alla ragione, richiamo all'ordine || *battre le* —, suonare l'adunata, (*estens.*) chiamare a raccolta || *quel succès! cinq rappels*, che successo!, ci sono state cinque chiamate (alla ribalta) || (*comm.*): *lettre de* —, lettera di sollecito; — *de paiement*, sollecito di pagamento; — *d'échéance*, promemoria di scadenza; *toucher un* —, riscuotere gli arretrati **2** (*alpinismo*) *descente en* —, discesa a corda doppia **2** rievocazione (*f.*), ricordo.

rappelé [Raple] *agg. e s.m.* (*mil.*) richiamato (alle armi).

rappeler[1] [Raple] (*coniug. come* appeler) *v.tr.* **1**

richiamare ‖ — *qqn à la vie*, richiamare in vita qlcu ‖ — *sous les drapeaux*, richiamare (alle armi) **2** (*teatr.*) chiamare (alla ribalta).

rappeler[2] *v.tr.* rammentare, (far) ricordare: — *le passé*, rammentare, rievocare il passato; *cela lui rappelle son enfance*, ciò gli fa ricordare, gli ricorda l'infanzia ‖ *rappelez-moi au bon souvenir de votre mère*, presenti i miei saluti a sua madre ‖ (*comm.*): — *le paiement d'une facture*, sollecitare il pagamento di una fattura; *à* — *s.v.p...*, (*lettre*) da citare nella risposta... □ **se rappeler** *v.pron.* ricordarsi (di), rammentarsi (di): *je me rappelle avoir lu cette histoire*, mi ricordo di avere letto questa storia; *rappelle-toi de venir demain soir*, (*fam.*) ricordati di venire domani sera.

rappliquer [ʀaplike] *v.intr.* (*fam.*) andare, arrivare: *ils ont rappliqué à quatre*, sono arrivati in quattro.

rapport[1] [ʀapɔʀ] *s.m.* **1** rapporto: *il n'y a aucun* — *entre ces deux choses*, non c'è alcun rapporto, alcun nesso fra queste due cose; *ça n'a aucun —!*, non c'entra niente! ‖ *se mettre en — avec qqn*, mettersi in rapporto, in contatto con qlcu ‖ — *de parenté*, rapporto, vincolo di parentela ‖ (*mat.*) — *de 1 à 10, de 100 contre 1*, rapporto, proporzione di 1 a 10, di 100 a 1 ‖ (*tecn.*) — *de vitesse*, rapporto di velocità **2** *pl.* rapporti (sociali): *entretenir de mauvais rapports*, avere dei, essere in cattivi rapporti; *entrer en rapports avec qqn*, stringere relazioni, dei rapporti con qlcu □ **en rapport avec**, in relazione con; **par rapport à**, rispetto a; **sous le rapport de**, dal punto di vista di: *sous tous les rapports*, da tutti i punti di vista; **rapport à**, (*fam.*) a proposito di.

rapport[2] *s.m.* provento, profitto, reddito: — *net*, reddito netto; *vivre du — d'une terre*, vivere dei proventi di un podere ‖ *être d'un bon —*, essere redditizio, fruttare bene ‖ *immeuble de —*, immobile da affittare.

rapport[3] *s.m.* rapporto, relazione (*f.*); resoconto: — *verbal*, rapporto, relazione verbale; — *du médecin légiste*, referto del medico legale.

rapportable [ʀapɔʀtabl] *agg.* riferibile.

rapporté [ʀapɔʀte] *agg.* riportato; aggiunto: *terre rapportée*, terra di riporto; *pièces rapportées*, elementi aggiunti, (*fig.*) parenti acquisiti ‖ *poches rapportées*, tasche applicate.

rapporter[1] [ʀapɔʀte] *v.tr.* **1** riportare; fare dei riporti a: — *un morceau*, aggiungere un pezzo **2** portare (con sé): *elle a rapporté des oranges de Sicile*, ha portato delle arance dalla Sicilia **3** rendere, fruttare.

rapporter[2] *v.tr.* **1** riferire, riportare **2** (*spreg.*) ripetere, fare la spia: *il y a toujours des gens qui rapportent*, ci sono sempre delle persone che fanno la spia.

rapporter[3] *v.tr.* mettere in relazione (con): — *un événement à une époque*, situare un avvenimento nella sua epoca □ **se rapporter** *v.pron.* riferirsi: *la réponse ne se rapporte pas à la question*, la risposta non corrisponde alla domanda ‖ *se rap-*

portant à, inerente a □ **s'en rapporter**, rimettersi, affidarsi: *je m'en rapporte à votre jugement*, mi rimetto al vostro giudizio.

rapporteur[4] *v.tr.* (*dir.*) revocare, abrogare.

rapporteur[1] [ʀapɔʀtœʀ] (f. *-euse*) *agg.* e *s.m.* **1** relatore **2** (*spreg.*) spione.

rapporteur[2] *s.m.* (*tecn.*) goniometro.

rapprendre [ʀapʀɑ̃dʀ] *v.tr.* → **réapprendre**.

rappris [ʀapʀi] *part. pass. di* rapprendre.

rapproché [ʀapʀɔʃe] *agg.* ravvicinato.

rapprochement [ʀapʀɔʃmɑ̃] *s.m.* **1** ravvicinamento **2** accostamento, raffronto.

rapprocher [ʀapʀɔʃe] *v.tr.* **1** avvicinare (*anche fig.*): *rapproche ton fauteuil de la table*, avvicina, accosta la poltrona al tavolo **2** confrontare a, raffrontare a □ **se rapprocher** *v.pron.* avvicinarsi a (*anche fig.*); ravvicinarsi: *après s'être battu froid elles se sont rapprochées*, dopo un periodo di freddezza si sono riavvicinate.

rapprovisionner [ʀapʀɔvizjɔne] *v.tr.* → **réapprovisionner**.

rapsodie [ʀapsɔdi] *s.f.* → **rhapsodie**.

rapt [ʀapt] *s.m.* (*dir.*) ratto, rapimento.

raptus [ʀaptys] *s.m.* raptus.

râpure [ʀɑpyʀ] *s.f.* raspatura, raschiatura.

raquette [ʀakɛt] *s.f.* racchetta.

rare [ʀaʀ] *agg.* **1** raro; scarso: *ses visites se font rares*, le sue visite si diradano; *la main d'œuvre est* —, la manodopera scarseggia ‖ *se faire* —, (*di persona*) farsi vedere di rado; (*di cosa*) accadere sempre più raramente ‖ *à de rares exceptions près*, con qualche rara eccezione **2** raro, insolito, singolare: *une femme d'une — beauté*, una donna di rara bellezza; *il n'est pas — de le rencontrer au café*, lo si vede spesso al caffè **3** rado: *barbe —*, barba rada; *cheveux rares*, capelli radi.

raréfaction [ʀaʀefaksjɔ̃] *s.f.* rarefazione.

raréfié [ʀaʀefje] *agg.* rarefatto.

raréfier, se [səʀa(ɑ)ʀefje] *v.pron.* rarefarsi; scarseggiare.

rarement [ʀa(ɑ)ʀmɑ̃] *avv.* raramente, di rado.

rareté [ʀa(ɑ)ʀte] *s.f.* rarità.

rarissime [ʀa(ɑ)ʀisim] *agg.* (*fam.*) rarissimo.

ras [ʀɑ] *agg.* raso; rasato ‖ *en rase campagne*, in aperta campagna ‖ *à — bords*, fino all'orlo ‖ *en avoir — le bol*, (*fam.*) essere stufo raso □ **(à) ras** *avv.* alla base: *cheveux coupés —*, capelli rasati a zero □ **à ras de, au ras de** *locuz.prep.* raso (a): *au — des pâquerettes*, (*fam.*) terra terra, di basso livello; *à — de terre, au — du sol*, raso terra; *au — des eaux*, a fior d'acqua; *au — des murs*, rasente ai muri □ **ras du cou** *locuz. agg.* girocollo.

rasade [ʀazad] *s.f.* bicchiere colmo.

rasage [ʀazaʒ] *s.m.* rasatura (*f.*).

rasant [ʀazɑ̃] *agg.* **1** (*fam.*) barboso.

rascasse [ʀaskas] *s.f.* (*zool.*) scorfano (*m.*).

rasé [ʀaze] *agg.* rasato.

rase-mottes [ʀazmɔt] *s.m.*: *en* —, radente, a volo radente.

raser [ʀaze] *v.tr.* **1** radere, rasare ‖ *crème à —*, crema da barba **2** radere al suolo **3** rasenta-

re **4** (*fam.*) scocciare □ **se raser** *v.pron.* **1** radersi **2** (*fam.*) scocciarsi.
raseur [ʀɑzœʀ] (f. *-euse*) *s.m.* (*fam.*) scocciatore.
rasibus [ʀɑzibys] *avv.* (*fam.*) rasente, vicino.
ras-le-bol [ʀɑ(ɑ)ləbɔl] (pl. *invar.*) *s.m.* (*fam.*) noia (*f.*), rottura (*f.*): *le — des ouvriers*, il malcontento degli operai.
rasoir [ʀɑzwaʀ] *s.m.* rasoio ♦ *agg.invar.* (*fam.*)
barboso, noioso.
rassasié [ʀɑsɑzje] *agg.* sazio.
rassasiement [ʀɑsɑzimɑ̃] *s.m.* (*letter.*) sazietà
(*f.*).
rassasier [ʀɑsɑzje] *v.tr.* saziare □ **se rassasier**
v.pron. saziarsi.
rassemblement [ʀɑsɑ̃bləmɑ̃] *s.m.* **1** raccolta
(*f.*) **2** adunanza (*f.*); assembramento (di truppe,
di persone): *sonner le —*, suonare l'adunata **3**
raggruppamento (politico).
rassembler [ʀɑsɑ̃ble] *v.tr.* radunare, raccogliere
(*anche fig.*): *— ses idées, ses forces*, raccogliere le
idee, le forze □ **se rassembler** *v.pron.* radunarsi,
raccogliersi.
rasseoir [ʀɑswaʀ] (*coniug. come* asseoir) *v.tr.* rimettere a sedere □ **se rasseoir** *v.pron.* risedersi,
rimettersi a sedere.
rasséréner [ʀɑseʀene] (*coniug. come* céder) *v.tr.*
rasserenare.
rassir [ʀɑsiʀ] *v.intr.* diventare raffermo.
rassis[1] [ʀɑsi] *part. pass. di* rasseoir.
rassis[2] (f. *rassise*, fam. *rassie*) *part. pass. di* rassir
♦ *agg.* **1** raffermo **2** (*fig.*) calmo, pacato.
rassortir [ʀɑsɔʀtiʀ] **→ réassortir.**
rassurant [ʀɑsyʀɑ̃] *agg.* rassicurante.
rassurer [ʀɑsyʀe] *v.tr.* rassicurare □ **se rassurer**
v.pron. rassicurarsi, rinfrancarsi.
rastaquouère [ʀɑstakwɛʀ] *s.m.* (*fam.*) **1** straniero che ostenta lusso e ricchezza di dubbia provenienza **2** (*estens.*) losco individuo, poco di
buono.
rat [ʀɑ] *s.m.* **1** topo || (*fig.*): *être fait comme un
—*, essere in trappola; *s'ennuyer comme un —
mort*, annoiarsi a morte || *— d'église*, bigotto, ba-
ciapile || *petit —*, topolino; *petit — (de l'Opéra)*,
giovane allievo/a della scuola di ballo dell'Opéra
di Parigi **2** (*fam.*) avaraccio, spilorcio.
rata [ʀɑta] *s.m.* cibo poco invitante, sbobba (*f.*) ||
il faisait lui-même son —, si arrangiava a cucinar-
si qlco da solo.
ratafia [ʀɑtafja] *s.m.* ratafià.
ratage [ʀɑtaʒ] *s.m.* (*fam.*) fallimento, fiasco.
rataplan [ʀɑtaplɑ̃] *s.m.* rullo di tamburo, tamtam.
ratatiné [ʀɑtatine] *agg.* raggrinzito, rattrappito.
ratatiner, se [sɔʀɑtatine] *v.pron.* **1** raggrinzirsi,
rattrappirsi **2** raggomitolarsi, rannicchiarsi.
ratatouille [ʀɑtatuj] *s.f.* **1** (*cuc.*) — (*niçoise*), misto di verdure stufate (melanzane, zucchine, peperoni, cipolle, pomodori ecc.) **2** (*fam.*) → **rata.**
rate[1] [ʀɑt] *s.f.* milza || (*fam.*): *se dilater la —*, sga-
nasciarsi dal ridere; *ne pas se fouler la —*, prendersela calma.
rate[2] *s.f.* (*zool.*) topo femmina.

raté [ʀɑte] *agg.* fallito, mancato: *affaire ratée*, affare andato a monte; *photo ratée*, fotografia mal-
riuscita || *pièce ratée*, (*tecn.*) pezzo difettoso ♦
s.m. **1** colpo non esploso **2** accensione difetto-
sa: *moteur qui a des ratés*, motore che perde i colpi **3** (*fig.*) (*di persona*) fallito.
râteau [ʀɑto] (pl. *-eaux*) *s.m.* rastrello.
râteler [ʀɑtle] (*coniug. come* appeler) *v.tr.* ra-
strellare.
râtelier [ʀɑtəlje] *s.m.* **1** rastrelliera (*f.*) || *manger
à tous les râteliers*, mangiare a tutte le greppie **2**
(*fam.*) dentiera (*f.*).
rater [ʀɑte] *v.intr.* fare cilecca; fallire || *ça n'a pas
raté*, (*fam.*) era scontato ♦ *v.tr.* **1** mancare, falli-
re: *— le but*, mancare, fallire il bersaglio || *— son
coup, son effet*, fare un buco nell'acqua, fare cilec-
ca || *— son train*, perdere il treno; *rater qqn*, non
incontrare, non trovare qlcu; *ils se sont ratés*, non
si sono incontrati || *— une occasion*, perdere
un'occasione **2** sbagliare, fare male: *il a raté son
problème*, ha sbagliato il problema; *j'ai raté mon
gâteau*, la torta non mi è riuscita; *j'ai raté mon
examen*, l'esame mi è andato male; *il a raté sa
vie*, ha sbagliato tutto nella vita || *il n'en rate pas
une!*, non ne fa una giusta!
ratiboiser [ʀɑtibwaze] *v.tr.* (*fam.*) pelare (al gio-
co); (*ruiner*) rovinare || *être ratiboisé*, essere rovi-
nato, non avere più un soldo.
ratière [ʀɑtjɛʀ] *s.f.* trappola (per topi).
ratification [ʀɑtifikɑsjɔ̃] *s.f.* ratifica || *sous réserve
de —*, previa ratifica.
ratifier [ʀɑtifje] *v.tr.* ratificare.
ratine [ʀɑtin] *s.f.* (*tessuto*) ratina.
ratiociner [ʀɑsjɔsine] *v.intr.* (*letter.*) cavillare;
(*fam.*) rimuginare.
ration [ʀɑ(ɑ)sjɔ̃] *s.f.* razione || *— alimentaire*,
giornata calorica || *j'ai eu ma — d'ennuis*, ho avu-
to la mia dose di guai.
rationalisation [ʀɑsjɔnalizɑsjɔ̃] *s.f.* razionalizzazione.
rationaliser [ʀɑsjɔnalize] *v.tr.* razionalizzare.
rationalisme [ʀɑsjɔnalism] *s.m.* razionalismo.
rationaliste [ʀɑsjɔnalist] *agg. e s.m.* razionalista.
rationalité [ʀɑsjɔnalite] *s.f.* razionalità.
rationnel [ʀɑ(ɑ)sjɔnel] (f. *-elle*) *agg.* razionale; logico: *ce que tu dis n'est pas —*, quello che dici è
privo di logica || **-ellement** *avv.*
rationnement [ʀɑsjɔnmɑ̃] *s.m.* razionamento.
rationner [ʀɑsjɔne] *v.tr.* razionare: *— l'essence*,
razionare la benzina || *— la population*, raziona-
re il cibo alla popolazione.
ratissage [ʀɑtisaʒ] *s.m.* rastrellatura (*f.*); (*fig.*) ra-
strellamento.
ratisser [ʀɑtise] *v.tr.* rastrellare (*anche fig.*) ||
(*fam.*): *se faire — au jeu*, farsi pelare, rovinarsi al
gioco; *— large*, mettere insieme cani e porci.
raton [ʀɑtɔ̃] *s.m.* **1** topolino **2** (*zool.*) procione **3** (*spreg.*) nordafricano.
ratonnade [ʀɑtɔnad] *s.f.* (*fam. spreg.*) spedizione
punitiva razzista contro i nordafricani.
rattachement [ʀɑtaʃmɑ̃] *s.m.* **1** ricongiungimento **2** annessione (*f.*).

rattacher [ʀataʃe] *v.tr.* **1** riattaccare: — *des fils électriques*, ricollegare dei fili elettrici || — *une question à une autre*, ricollegare una questione a un'altra **2** unire; (*fig.*) legare || — *une province à un Etat*, unire, annettere una provincia a uno stato □ **se rattacher** *v.pron.* ricollegarsi, riunirsi.

rattrapage [ʀatʀapaʒ] *s.m.* ricupero || *examen de —*, esame di riparazione.

rattraper [ʀatʀape] *v.tr.* **1** riprendere, riacciuffare **2** raggiungere **3** ricuperare, riguadagnare **4** riparare (a) □ **se rattraper** *v.pron.* **1** aggrapparsi **2** ricuperare; rifarsi: *il doit se — en latin*, deve rimettersi in pari con il latino; *il allait faire une gaffe, mais il s'est rattrappé à temps*, stava per fare una gaffe, ma si è fermato in tempo.

raturage [ʀatyʀaʒ] *s.m.* cancellamento, cancellatura (con tratti di penna).

rature [ʀatyʀ] *s.f.* cancellatura, frego (*m.*).

raturer [ʀatyʀe] *v.tr.* cancellare (con tratti di penna).

rauque [ʀok] *agg.* rauco.

ravage [ʀavaʒ] *s.m.* devastazione (*f.*); danno, rovina (*f.*) (*anche fig.*).

ravagé [ʀavaʒe] *agg.* **1** devastato; (*fig.*) sconvolto: *un visage — de cicatrices*, un viso deturpato dalle cicatrici **2** (*fam.*) matto.

ravager [ʀavaʒe] (*coniug. come* manger) *v.tr.* **1** devastare **2** (*fig.*) sconvolgere, distruggere.

ravageur [ʀavaʒœʀ] (f.-*euse*) *agg.* **1** devastatore **2** (*fig.*) devastante, sconvolgente.

ravalement [ʀavalmã] *s.m.* (*edil.*) ripulitura (di muri esterni).

ravaler [ʀavale] *v.tr.* **1** (*edil.*) rintonacare || — *la façade*, rifare la facciata; *se — la façade*, (*fam.*) rifarsi il trucco **2** ringhiottire; (*fig.*) inghiottire, reprimere || *je lui ferai — ses paroles*, gli farò rimangiare le sue parole **3** abbassare: — *le mérite de qqn*, sminuire il merito di qlcu □ **se ravaler** *v.pron.* abbassarsi.

ravaleur [ʀavalœʀ] *s.m.* intonacatore.

ravaudage [ʀavodaʒ] *s.m.* rammendo; (*fig.*) rabberciatura (*f.*).

ravauder [ʀavode] *v.tr.* rammendare; (*fig.*) rabberciare.

ravaudeuse [ʀavodøz] *s.f.* rammendatrice.

rave [ʀav] *s.f.* rapa.

ravi [ʀavi] *agg.* felicissimo || (*je suis*) — *de vous connaître*, lieto di fare la sua conoscenza.

ravier [ʀavje] *s.m.* piattino (di forma oblunga).

ravigotant [ʀavigɔtã] *agg.* (*fam.*) rinvigorente.

ravigote [ʀavigɔt] *s.f.* (*cuc.*) salsa verde.

ravigoter [ʀavigɔte] *v.tr.* (*fam.*) rinvigorire.

ravin [ʀavɛ̃] *s.m.* burrone.

ravine [ʀavin] *s.f.* piccola forra, canaletto (*m.*).

raviné [ʀavine] *agg.* **1** eroso **2** solcato da rughe.

ravinement [ʀavinmã] *s.m.* dilavamento.

raviner [ʀavine] *v.tr.* dilavare, scavare.

ravioli [ʀavjɔli] *s.m.* (*cuc.*) raviolo.

ravir [ʀaviʀ] *v.tr.* rapire || *à —*, a meraviglia.

raviser, se [səʀavize] *v.pron.* ricredersi, cambiare parere.

ravissant [ʀavisã] *agg.* incantevole; delizioso.

ravissement [ʀavismã] *s.m.* rapimento, estasi (*f.*).

ravisseur [ʀavisœʀ] (f.-*euse*) *agg.* e *s.m.* rapitore.

ravitaillement [ʀavitɑjmã] *s.m.* **1** rifornimento; approvvigionamento: — *en vivres*, vettovagliamento; — *en munitions*, munizionamento **2** (*fam.*) provviste (*f.pl.*): *aller au —*, andare a far provviste.

ravitailler [ʀavitɑje] *v.tr.* rifornire, approvvigionare: — *en vivres*, rifornire di viveri, vettovagliare □ **se ravitailler** *v.pron.* rifornirsi, approvvigionarsi.

ravitailleur [ʀavitɑjœʀ] *s.m.* **1** (*sport*) addetto al rifornimento **2** *navire —*, nave rifornimento, nave appoggio **3** (*aer.*) aereo cisterna.

raviver [ʀavive] *v.tr.* ravvivare.

ravoir [ʀavwaʀ] *v.tr.dif.* (*usato solo all'inf.*) riavere.

rayé [ʀeje] *agg.* rigato, a righe: *tissu rouge — de noir*, tessuto rosso a righe nere.

rayer [ʀeje] (*coniug. come* payer) *v.tr.* **1** rigare; scalfire **2** cancellare (con tratti di penna); depennare (*anche fig.*) || *rayez cela de vos papiers!*, (*fig.*) toglietevelo dalla testa **3** radiare.

rayon[1] [ʀɛjɔ̃] *s.m.* raggio; (*fig.*) sprazzo || *dans un — de dix kilomètres*, entro un raggio di dieci chilometri || — *d'espoir*, barlume di speranza.

rayon[2] *s.m.* **1** ripiano **2** reparto (di un negozio): *chef de —*, capo reparto || *en connaître un —*, (*fig.*) saperla lunga || *ce n'est pas votre —!*, (*fam.*) non vi riguarda! **3** — (*de cire*), favo.

rayon[3] *s.m.* (*agr.*) solco.

rayonnage [ʀɛjɔnaʒ] *s.m.* scaffalatura (*f.*).

rayonnant [ʀɛjɔnã] *agg.* **1** raggiante, radioso (*anche fig.*) || (*arch.*) *gothique —*, gotico ornato **2** (*fis.*) radiante **3** a raggiera.

rayonne [ʀɛjɔn] *s.f.* (*ind.tess.*) raion (*m.*), rayon (*m.*).

rayonnement [ʀɛjɔnmã] *s.m.* **1** irraggiamento, irradiazione (*f.*): — *thermique*, irraggiamento termico || *le — qui émanait de sa personne*, (*fig.*) la sua radiosità **2** (*fig.*) influsso, influenza (*f.*).

rayonner [ʀɛjɔne] *v.intr.* **1** irradiare, irradiarsi: *de cette place rayonnent plusieurs avenues*, (*estens.*) da questa piazza si diramano numerosi viali **2** (*fig.*) essere raggiante || *elle rayonne*, è solare **3** spostarsi.

rayure [ʀɛjyʀ] *s.f.* **1** riga, striscia **2** scalfittura: *une — à la voiture*, un graffio alla macchina **3** rigatura (di un'arma da fuoco).

raz(-)de(-)marée [ʀɑdmaʀe] (pl. *invar.*) *s.m.* **1** onda molto alta e isolata **2** (*fig.*) ondata (*f.*).

razzia [ʀazja] *s.f.* razzia.

razzier [ʀazje] *v.tr.* razziare, fare razzia (di).

ré [ʀe] (pl. *invar.*) *s.m.* (*mus.*) re.

re- *pref.* re-

réabonnement [ʀeabɔnmã] *s.m.* rinnovo dell'abbonamento.

réabonner [ʀeabɔne] *v.tr.* riabbonare □ **se réabonner** *v.pron.* riabbonarsi.

réabsorber [ʀeapsɔʀbe] *v.tr.* riassorbire.

réabsorption [ʀeapsɔʀpsjɔ̃] *s.f.* riassorbimento (*m.*).

réac [ʀeak] *agg.* e *s.m.* (*fam.*) *abbr.* → **réactionnaire**.

réaccoutumer [ʀeakutyme] *v.tr.* riabituare.

réactance [ʀeaktɑ̃s] *s.f.* reattanza.

réacteur [ʀeaktœʀ] *s.m.* reattore.

réactif [ʀeaktif] (f. -*ive*) *agg.* reattivo ♦ *s.m.* (*chim.*) reagente.

réaction [ʀeaksjɔ̃] *s.f.* reazione || — *en chaîne*, reazione a catena.

réactionnaire [ʀeaksjɔnɛʀ] *agg.* e *s.m.* reazionario.

réactiver [ʀeaktive] *v.tr.* riattivare.

réactivité [ʀeaktivite] *s.f.* reattività.

réactualiser [ʀeaktɥalize] *v.tr.* aggiornare.

réadaptation [ʀeadaptasjɔ̃] *s.f.* **1** riadattamento (*m.*) **2** (*med.*) rieducazione, riabilitazione.

réadapter [ʀeadapte] *v.tr.* riadattare □ **se réadapter** *v.pron.* riadattarsi.

réadjuger [ʀeadʒyʒe] (*coniug. come* manger) *v.tr.* riappaltare.

réadmettre [ʀeadmɛtʀ] (*coniug. come* mettre) *v.tr.* riammettere.

réadmis [ʀeadmi] *part.pass. di* réadmettre.

réaffirmer [ʀeafiʀme] *v.tr.* riaffermare, confermare.

réagir [ʀeaʒiʀ] *v.intr.* **1** reagire: — *contre le désespoir*, reagire alla disperazione **2** ripercuotersi: *le moral réagit toujours sur le physique*, il morale agisce sempre sul fisico.

réajustement [ʀeaʒystəmɑ̃] *s.m.* → **rajustement**.

réajuster [ʀeaʒyste] *v.tr.* → **rajuster**.

réalisable [ʀealizabl] *agg.* realizzabile.

réalisateur [ʀealizatœʀ] (f.-*trice*) *agg.* che realizza, che attua ♦ *s.m.* **1** realizzatore, esecutore **2** (*cine.*, *tv*) regista.

réalisation [ʀealizasjɔ̃] *s.f.* **1** realizzazione **2** (*comm.*) realizzo (*m.*).

réaliser [ʀealize] *v.tr.* **1** realizzare || *il réalisa ses promesses*, tradusse in realtà le sue promesse || — *un bénéfice*, ricavare un utile || — *un film*, fare un film **2** rendersi conto (di) □ **se réaliser** *v.pron.* realizzarsi.

réalisme [ʀealism] *s.m.* realismo.

réaliste [ʀealist] *agg.* realistico ♦ *s.m.* realista.

réalité [ʀealite] *s.f.* realtà.

réanimation [ʀeanimasjɔ̃] *s.f.* rianimazione.

réanimer [ʀeanime] *v.tr.* rianimare.

réapparaître [ʀeapaʀɛtʀ] (*coniug. come* connaître) *v.intr.* riapparire, ricomparire.

réapparition [ʀeapaʀisjɔ̃] *s.f.* riapparizione.

réapparu [ʀeapaʀy] *part.pass. di* réapparaître.

réapprendre [ʀeapʀɑ̃dʀ] *v.tr.* imparare di nuovo.

réapprovisionner [ʀeapʀɔvizjɔne] *v.tr.* riapprovvigionare; rifornire.

réarmement [ʀeaʀməmɑ̃] *s.m.* riarmo.

réarmer [ʀeaʀme] *v.tr.* riarmare ♦ *v.intr.* riarmare, riarmarsi.

réassortiment [ʀeasɔʀtimɑ̃] *s.m.* riassortimento.

réassortir [ʀeasɔʀtiʀ] *v.tr.* riassortire, rifornire.

réassurance [ʀeasyʀɑ̃s] *s.f.* riassicurazione.

réassurer [ʀeasyʀe] *v.tr.* (*dir.*) riassicurare.

rebaptiser [ʀəbatize] *v.tr.* ribattezzare.

rébarbatif [ʀebaʀbatif] (f.-*ive*) *agg.* **1** arcigno **2** noioso.

rebâtir [ʀəbɑtiʀ] *v.tr.* ricostruire.

rebattre [ʀəbatʀ] (*coniug. come* battre) *v.tr.* **1** ribattere, battere di nuovo **2** ripetere (continuamente) || — *les oreilles à qqn de qqch*, (*fam.*) ripetere senza tregua qlco a qlcu.

rebattu [ʀəbaty] *part.pass. di* rebattre ♦ *agg.* (*fig.*) trito e ritrito.

rebelle [ʀəbɛl] *agg.* e *s.m.* ribelle.

rebeller, se [səʀəbe(ɛl)le] *v. pron.* ribellarsi (a).

rébellion [ʀebeljɔ̃] *s.f.* **1** ribellione, rivolta (*anche fig.*) **2** i ribelli.

rebiffer, se [səʀəbife] *v.pron.* (*fam.*) ribellarsi (a); inalberarsi.

rebiquer [ʀəbike] *v.intr.* (*fam.*) rivoltarsi all'indietro, arricciolarsi: *col qui rebique*, colletto che fa i becchi.

reblochon [ʀəblɔʃɔ̃] *s.m.* formaggio molle vaccino della Savoia.

reboisement [ʀəbwazmɑ̃] *s.m.* rimboschimento.

reboiser [ʀəbwaze] *v.tr.* rimboscare.

rebond [ʀəbɔ̃] *s.m.* rimbalzo.

rebondi [ʀəbɔ̃di] *agg.* **1** arrotondato, panciuto **2** (ro)tondo, grassoccio.

rebondir [ʀəbɔ̃diʀ] *v.intr.* **1** rimbalzare **2** (*fig.*) tornare alla ribalta; avere una ripresa, riprendersi.

rebondissement [ʀəbɔ̃dismɑ̃] *s.m.* **1** rimbalzo **2** (*fig.*) ripresa (*f.*)|| *les rebondissements d'une affaire*, i nuovi sviluppi di un fatto di cronaca.

rebord [ʀəbɔʀ] *s.m.* orlo, sponda (*f.*): *le — d'une table*, il bordo di un tavolo || *le — d'une fenêtre*, il davanzale di una finestra.

reboucher [ʀəbuʃe] *v.tr.* tappare di nuovo; richiudere.

rebours [ʀəbuʀ] *s.m.* contropelo || *à —*, (*fig.*) in senso opposto, al contrario; *prendre l'ennemi à —*, prendere il nemico alle spalle; *compte à —*, conto alla rovescia.

rebouteur [ʀəbutœʀ], **rebouteux** [ʀəbutø] (f.-*euse*) *s.m.* (*fam.*) manipolatore, aggiustaossa.

rebrousse-poil, à [aʀəbʀuspwal] *locuz.avv.* a contropelo: *prendre qqn à —*, prendere per il verso sbagliato.

rebrousser [ʀəbʀuse] *v.tr.* spazzolare a contropelo || — *chemin*, ritornare sui propri passi, fare dietro front.

rebuffade [ʀəbyfad] *s.f.* rifiuto sgarbato.

rébus [ʀebys] *s.m.* rebus.

rebut [ʀəby] *s.m.* scarto; rifiuto (*anche fig.*): *mettre au —*, scartare.

rebutant [ʀəbytɑ̃] *agg.* ributtante, ripugnante.

rebuter [ʀəbyte] *v.tr.* **1** scoraggiare **2** disgustare.

récalcitrant [ʀekalsitʀɑ̃] *agg.* ricalcitrante.

recalculer [ʀəkalkyle] *v.tr.* ricalcolare.

recalé [ʀəkale] *agg.* e *s.m.* (*fam.*) bocciato (agli esami).

recaler [Rəkale] *v.tr.* (*fam.*) bocciare (agli esami).

récapitulatif [Rekapitylatif] (f.-*ive*) *agg.* riassuntivo, riepilogativo.

récapitulation [Rekapitylɑsjɔ̃] *s.f.* ricapitolazione, riepilogo (*m.*).

récapituler [Rekapityle] *v.tr.* ricapitolare, riepilogare.

recaser [Rəkɑze] *v.tr.* (*fam.*) reinserire (spec. nel mondo del lavoro).

recel [Rəsɛl] *s.m.* (*dir.*) occultamento || — *d'objets volés*, ricettazione di refurtiva.

receler [Rəsəle] (*coniug.* come semer) *v.tr.* 1 celare, nascondere 2 (*dir.*) ricettare (un oggetto rubato); dare asilo (a un ricercato).

receleur [Rəsəlœr] (f. -*euse*) *s.m.* ricettatore (di oggetti rubati); favoreggiatore (di ricercati).

récemment [Resamɑ̃] *avv.* recentemente: *tout* —, molto recentemente.

recensement [Rəsɑ̃smɑ̃] *s.m.* 1 censimento 2 inventario 3 scrutinio (dei voti).

recenser [Rəsɑ̃se] *v.tr.* 1 censire 2 inventariare 3 scrutinare (i voti).

récent [Resɑ̃] *agg.* recente.

recentrage [Rəsɑ̃traʒ] *s.m.* spostamento verso il centro.

recentrer [Rəsɑ̃tre] *v.tr.* spostare verso il centro.

récépissé [Resepise] *s.m.* ricevuta (*f.*).

réceptacle [Reseptakl] *s.m.* ricettacolo.

récepteur [Reseptœr] *agg.* (f. -*trice*) *agg.* ricevitore, ricevente ♦ *s.m.* (*tecn.*) ricevitore || — *de radio*, radioricevitore; — *émetteur*, ricetrasmettitore.

réceptif [Reseptif] (f. -*ive*) *agg.* ricettivo.

réception [Resɛpsjɔ̃] *s.f.* 1 ricezione || (*geogr.*) *bassin de* —, bacino di raccolta 2 (*comm.*) ricevimento (*m.*) || *accuser* —, accusare ricevuta; *accusé, avis de* —, ricevuta di ritorno 3 ricevimento (*m.*): *salle de* —, sala per ricevimenti 4 ammissione; accoglienza || (*hotel ecc.*) (*bureau de*) —, reception 5 (*tecn.*) collaudo (di accettazione): *après* — *des travaux*, dopo il collaudo.

réceptionnaire [Resɛpsjɔnɛr] *s.m.* addetto al ricevimento e controllo delle merci in arrivo.

réceptionner [Resɛpsjɔne] *v.tr.* controllare (merci in arrivo).

réceptionniste [Resɛpsjɔnist] *s.m.* receptionist, addetto alla ricezione (in un hotel).

réceptivité [Reseptivite] *s.f.* ricettività.

récessif [Resesif] (f. -*ive*) *agg.* recessivo.

récession [Resesjɔ̃] *s.f.* recessione.

recette[1] [Rəsɛt] *s.f.* 1 incasso (*m.*), introito (*m.*) || *recettes et dépenses*, entrate e uscite || *faire* —, far cassetta, (*fig.*) aver successo 2 (*fin.*) riscossione; (*ufficio*) esattoria, ricevitoria.

recette[2] *s.f.* ricetta (di cucina); (*fig.*) segreto.

recevable [Rəsvabl] *agg.* accettabile, ammissibile.

receveur [Rəsvœr] *s.m.* 1 ricevitore, ricevente 2 esattore, ricevitore (di imposte) || — *du bureau d'enregistrement*, direttore dell'Ufficio del Registro 3 bigliettaio (di trasporto pubblico) 4 direttore d'ufficio postale.

recevoir [Rəsvwar]

Indic.pres. je reçois, etc., nous recevons, vous recevez, ils reçoivent; *imperf.* je recevais, etc. *pass. rem.* je reçus, etc.; *fut.* je recevrai, etc. *Cond.* je recevrais, etc. *Cong.pres.* que je reçoive, etc., que nous recevions, que vous receviez, qu'ils reçoivent; *imperf.* que je reçusse, etc. *Part.pres.* recevant; *pass.* reçu. *Imp.* reçois, recevons, recevez.

v.tr. 1 ricevere: — *sa pension*, prendere, percepire la pensione; — *des coups*, prendere, ricevere dei colpi; *qu'est-ce qu'il a reçu!*, quante ne ha prese!; *il a reçu son compte*, ha avuto quel che si merita; — *la pluie*, prendere la pioggia || (*econ.*) *intérêts à* —, interessi attivi 2 (*estens.*) accogliere; promuovere; accettare: *ce port reçoit de grands navires*, questo porto accoglie grandi navi; *cette salle peut* — *plus de mille personnes*, questa sala può accogliere, contenere più di mille persone || *être reçu à l'examen*, essere promosso all'esame; *être reçu au concours*, superare il concorso || *c'est une idée reçue*, è un preconcetto; *son idée a été mal reçue*, la sua idea è stata accolta male || *recevez, Monsieur, nos salutations distinguées*, gradisca i nostri distinti saluti □ **se recevoir** *v.pron.* (*sport*) ricadere (dopo un salto).

rechange [Rəʃɑ̃ʒ] *s.m.*: *de* —, di ricambio.

rechapage [Rəʃapaʒ] *s.m.* rigenerazione (di un pneumatico).

rechaper [Rəʃape] *v.tr.* rigenerare (uno pneumatico).

réchapper [Reʃape] *v.intr.* scampare (a) || *il en a, est réchappé*, (*fam.*) l'ha scampata bella.

recharge [Rəʃarʒ] *s.f.* 1 ricarica 2 ricambio (di penna, accendino ecc.).

rechargeable [Rəʃarʒabl] *agg.* ricaricabile.

recharger [Rəʃarʒe] (*coniug.* come manger) *v.tr.* ricaricare.

réchaud [Reʃo] *s.m.* 1 fornello 2 scaldavivande.

réchauffage [Reʃofaʒ] *s.m.* riscaldamento.

réchauffé [Reʃofe] *agg.* riscaldato ♦ *s.m.* cibo riscaldato || *c'est du* —, (*fig.*) sono cose fritte e rifritte.

réchauffement [Reʃofmɑ̃] *s.m.* il riscaldarsi || *le* — *de la température*, il rialzo della temperatura.

réchauffer [Reʃofe] *v.tr.* riscaldare.

rechausser [Rəʃose] *v.tr.* rimettere, rinfilare (le scarpe ecc.).

rêche [Rɛʃ] *agg.* 1 ruvido (al tatto) 2 aspro (al gusto).

recherche [Rəʃɛrʃ] *s.f.* 1 ricerca || *à la* — *de*, in cerca di, alla ricerca di 2 ricercatezza: *sans* —, semplice.

recherché [Rəʃɛrʃe] *agg.* ricercato.

rechercher [Rəʃɛrʃe] *v.tr.* ricercare.

rechigné [Rəʃiɲe] *agg.* imbronciato.

rechigner [Rəʃiɲe] *v.intr.* storcere il naso, ricalcitrare: — *à la besogne*, ricalcitrare davanti al lavoro.

rechute [Rəʃyt] *s.f.* ricaduta.

rechuter [Rəʃyte] *v.intr.* fare, avere una ricaduta.

récidive [Residiv] *s.f.* recidiva.

récidiver [Residive] *v.intr.* essere recidivo.

récidiviste [Residivist] *agg.* e *s.m.* recidivo.

récif [Resif] *s.m.* scoglio, scogliera (*f.*) || *— de corail*, barriera corallina; *— sous-marin*, frangenti sommersi.

récipiendaire [Resipjɑ̃dɛR] *s.m.* neoeletto, nuovo socio (di accademia, di società ecc.).

récipient [Resipjɑ̃] *s.m.* contenitore, recipiente.

réciprocité [ResipRɔsite] *s.f.* reciprocità.

réciproque [ResipRɔk] *agg.* reciproco ♦ *s.f.* contrario (*m.*) || *rendre la —*, rendere la pariglia.

réciproquement [ResipRɔkmɑ̃] *avv.* reciprocamente || *et —*, e viceversa.

récit [Resi] *s.m.* racconto: *faire le — de*, raccontare.

récital [Resital] (pl. *-als*) *s.m.* recital.

récitant [Resitɑ̃] *agg.* recitante ♦ *s.m.* (attore, voce) recitante; (*cine.*) narratore.

récitatif [Resitatif] *s.m.* (*mus.*) recitativo.

récitation [Resitɑsjɔ̃] *s.f.* **1** il recitare **2** brano da impararsi a memoria.

réciter [Resite] *v.tr.* recitare.

réclamation [Reklɑ(ɑ)mɑsjɔ̃] *s.f.* reclamo (*m.*); rimostranza, lagnanza: *bureau des réclamations*, ufficio reclami.

réclame [Reklɑ(ɑ)m] *s.f.* pubblicità: *faire de la —*, fare pubblicità || *en —*, in offerta speciale || (*vente*) *—*, (*article*) *—*, vendita, articolo promozionale || *— lumineuse*, insegna luminosa.

réclamer [Reklɑ(ɑ)me] *v.tr.* **1** rivendicare, reclamare || *— un paiement*, sollecitare un pagamento **2** (*estens.*) richiedere ♦ *v.intr.* reclamare, protestare □ **se réclamer** *v.pron.* appellarsi a, fare appello a.

reclassement [Rəklɑsmɑ̃] *s.m.* **1** riassetto, riordino **2** reinserimento (di persone).

reclasser [Rəklɑse] *v.tr.* **1** riclassificare, ricatalogare **2** reinserire (persone).

reclouer [Rəklue] *v.tr.* inchiodare di nuovo.

reclus [Rəkly] *agg.* e *s.m.* recluso: *vivre en —*, fare una vita da recluso.

réclusion [Reklyzjɔ̃] *s.f.* reclusione || *— criminelle*, reclusione; *à perpétuité*, ergastolo; *maison de —*, casa di pena.

récognitif [Rekɔgnitif] *agg.* (*dir.*) ricognitivo.

recoiffer [Rəkwafe] *v.tr.* ripettinare.

recoin [Rəkwɛ̃] *s.m.* angolino (nascosto), cantuccio; (*fig.*) recesso: *les coins et les recoins*, gli angoli più riposti.

recollage [Rəkɔlaʒ], **recollement** [Rəkɔlmɑ̃] *s.m.* il rincollare, il riattaccare.

recoller [Rəkɔle] *v.tr.* rincollare, riattaccare.

récoltant [Rekɔltɑ̃] *agg.*: *propriétaire —*, coltivatore diretto.

récolte [Rekɔlt] *s.f.* raccolta; (*il prodotto*) raccolto (*m.*).

récolter [Rekɔlte] *v.tr.* raccogliere || *je n'y ai récolté que des inconvénients*, ne ho ricavato solo seccature.

recommandable [Rəkɔmɑ̃dabl] *agg.* raccomandabile.

recommandation [Rəkɔmɑ̃dɑsjɔ̃] *s.f.* **1** raccomandazione || *— du Conseil de sécurité de l'ONU*, delibera del Consiglio di sicurezza dell'ONU **2** (*alla Posta*) spedizione raccomandata.

recommandé [Rəkɔmɑ̃de] *agg.* raccomandato || (*lettre*) *recommandée*, (lettera) raccomandata ♦ *s.m.* raccomandata (*f.*): *envoyer en —*, spedire come raccomandata; *envoi en —*, raccomandata.

recommander [Rəkɔmɑ̃de] *v.tr.* **1** raccomandare **2** consigliare, raccomandare **3** (*alla Posta*) raccomandare □ **se recommander** *v.pron.* raccomandarsi: *ce texte se recommande par sa clarté*, questo testo s'impone per la chiarezza || *se — de qqn*, appellarsi a qlcu, appoggiarsi a qlcu || *se — à qqn*, raccomandarsi a qlcu.

recommencement [Rəkɔmɑ̃smɑ̃] *s.m.* il ricominciare; ripresa (*f.*).

recommencer [Rəkɔmɑ̃se] (*coniug. come* placer) *v.tr.* e *intr.* ricominciare || *— de plus belle*, ricominciare con maggiore vigore, peggio di prima || *c'est toujours à —*, (*fam.*) siamo sempre daccapo; *c'est tout à —*, è tutto da rifare.

recomparaître [Rəkɔ̃paRɛtR] (*coniug. come* paraître) *v.intr.* ricomparire.

récompense [Rekɔ̃pɑ̃s] *s.f.* ricompensa.

récompenser [Rekɔ̃pɑ̃se] *v.tr.* ricompensare.

recomposer [Rəkɔ̃poze] *v.tr.* ricomporre.

recomposition [Rəkɔ̃pozisjɔ̃] *s.f.* ricomposizione.

recompter [Rəkɔ̃te] *v.tr.* ricontare.

réconciliation [Rekɔ̃siljɑsjɔ̃] *s.f.* riconciliazione.

réconcilier [Rekɔ̃silje] *v.tr.* riconciliare □ **se réconcilier** *v.pron.* riconciliarsi.

recondamner [Rəkɔ̃da(ɑ)ne] *v.tr.* ricondannare.

reconductible [Rəkɔ̃dyktibl] *agg.* (*dir.*) rinnovabile.

reconduction [Rəkɔ̃dyksjɔ̃] *s.f.* (*dir.*) rinnovo (di affitto ecc.).

reconduire [Rəkɔ̃dɥiR] (*coniug. come* conduire) *v.tr.* **1** accompagnare **2** (*dir.*) rinnovare (un affitto ecc.) **3** proseguire, continuare.

reconduit [Rəkɔ̃dɥi] *part. pass. di* reconduire.

réconfort [Rekɔ̃fɔR] *s.m.* conforto.

réconfortant [Rekɔ̃fɔRtɑ̃] *agg.* **1** confortante **2** corroborante ♦ *s.m.* corroborante.

réconforter [Rekɔ̃fɔRte] *v.tr.* **1** (ri)confortare, rincuorare **2** rinvigorire, corroborare □ **se réconforter** *v.pron.* ristorarsi.

reconnaissable [Rəkɔnɛsabl] *agg.* riconoscibile.

reconnaissance [Rəkɔnɛsɑ̃s] *s.f.* **1** riconoscimento (*m.*) (*anche dir.*) **2** riconoscenza, gratitudine || *avoir la — du ventre*, essere riconoscenti verso chi dà da mangiare **3** (*mil.*) ricognizione: *avion de —*, aereo da ricognizione, ricognitore.

reconnaissant [Rəkɔnɛsɑ̃] *agg.* riconoscente, grato.

reconnaître [RəkɔnɛtR] (*coniug. come* connaître) *v.tr.* **1** riconoscere: *— qqn à sa démarche*, riconoscere qlcu dall'andatura; *— qqn pour maître*, riconoscere qlcu come proprio maestro; *je te re-*

connais bien là!, questa è proprio da te || — *une œuvre, un tableau*, riconoscere un'opera, un quadro come proprio || (*dir.*) — *un enfant*, riconoscere un figlio **2** (*mil.*) compiere una ricognizione (in), perlustrare □ **se reconnaître** *v.pron.* riconoscersi: *se* — *dans son fils*, riconoscersi, rivedersi nel proprio figlio || *ne plus se* —, non ritrovarcisi più; *ne plus s'y* —, non raccapezzarcisi più.

reconnu [Rǝkɔny] *part. pass. di* reconnaître ♦ *agg.* riconosciuto.

reconquérir [Rǝkɔ̃keRiR] (*coniug. come* acquérir) *v.tr.* riconquistare.

reconquête [Rǝkɔ̃kɛt] *s.f.* riconquista.

reconsidérer [Rǝkɔ̃sideRe] (*coniug. come* céder) *v.tr.* riconsiderare.

reconstituant [Rǝkɔ̃stitɥɑ̃] *agg. e s.m.* ricostituente.

reconstituer [Rǝkɔ̃stitɥe] *v.tr.* **1** ricostituire, formare di nuovo **2** ricostruire || — *un crime*, ricostruire un delitto || — *ses forces*, rimettersi in forze.

reconstitution [Rǝkɔ̃stitysjɔ̃] *s.f.* ricostituzione; ricostruzione.

reconstruction [Rǝkɔ̃stRyksjɔ̃] *s.f.* ricostruzione.

reconstruire [Rǝkɔ̃stRɥiR] (*coniug. come* conduire) *v.tr.* ricostruire || — *sa fortune*, (*fig.*) rifarsi una fortuna.

reconstruit [Rǝkɔ̃stRɥi] *part. pass. di* reconstruire.

reconversion [Rǝkɔ̃vɛRsjɔ̃] *s.f.* riconversione.

reconvertir [Rǝkɔ̃vɛRtiR] *v.tr.* riconvertire.

recopiage [Rǝkɔpjaʒ] *s.m.* ricopiatura (*f.*).

recopier [Rǝkɔpje] *v.tr.* ricopiare.

record [RǝkɔR] *s.m. e agg.* record.

recordman [RǝkɔRdman] (pl. *recordmen*) *s.m.* (*sport*) primatista.

recordwoman [RǝkɔRdwuman] (pl. *recordwomen*) *s.f.* (*sport*) primatista.

recoucher [Rǝkuʃe] *v.tr.* rimettere a letto || *il recoucha le violon dans son étui*, ripose il violino nell'astuccio □ **se recoucher** *v.pron.* rimettersi a letto.

recoudre [RǝkudR] (*coniug. come* coudre) *v.tr.* ricucire.

recoupement [Rǝkupmɑ̃] *s.m.* riscontro (fra documenti, testimonianze).

recouper[1] [Rǝkupe] *v.tr.* **1** tagliare di nuovo **2** (*abbigl.*) rimettere a modello.

recouper[2] *v.tr.* combaciare con, coincidere con □ **se recouper** *v.pron.* coincidere, concordare.

recourbé [RǝkuRbe] *agg.* curvo, ricurvo || *nez* —, naso aquilino; *bec* —, becco adunco; *cils recourbés*, ciglia arcuate; *sabre* —, sciabola a lama curva.

recourber [RǝkuRbe] *v.tr.* flettere, incurvare.

recourir [RǝkuRiR] (*coniug. come* courir) *v. intr.* **1** ricorrere, fare un ricorso || — *en grâce*, presentare domanda di grazia **2** correre di nuovo.

recours [RǝkuR] *s.m.* **1** ricorso: *avoir* — *à*, fare ricorso, ricorrere a || (*dir.*) — *en grâce*, domanda di grazia || *avoir* — *aux moyens légaux*, procedere per vie legali **2** risorsa (*f.*), rimedio estremo: *il est mon unique* —, è la mia unica ancora di salvezza || *en dernier* —, come estrema risorsa || *c'est sans* —, non c'è più niente da fare.

recouru [RǝkuRy] *part. pass. di* recourir.

recousu [Rǝkuzy] *part. pass. di* recoudre.

recouvert [RǝkuvɛR] *part. pass. di* recouvrir.

recouvrable [RǝkuvRabl] *agg.* ricuperabile; (*fin.*) esigibile (di denaro, credito).

recouvrement[1] [RǝkuvRǝmɑ̃] *s.m.* ricupero || (*comm.*): — *d'une créance*, ricupero, riscossione di un credito; — *d'impôts*, esazione delle imposte; *effet au* —, effetto all'incasso; *frais de* —, spese di incasso.

recouvrement[2] *s.m.* **1** ricopertura (*f.*) **2** (*edil.*) rivestimento.

RECOMMANDATIONS OFFICIELLES

Le Journal Officiel publie depuis 1972 des arrêtés ministériels (*Recommandations officielles*) visant à remplacer les anglicismes, techniques et scientifiques en particulier, par des termes français qui toutefois ne sont pas toujours employés dans la vie courante.

Termes recommandés	*Anglicismes*
baladeur	walkman
commanditaire	sponsor
commanditer	sponsoriser
disquette	floppy disk
franchisage	franchising
logiciel	software
matériel	hardware
message publicitaire	spot
numérique	digital
ordinateur	computer
palmarès	hit parade
publipostage	mailing

recouvrer [ʀəkuvʀe] *v.tr.* ricuperare.
recouvrir [ʀəkuvʀiʀ] (*coniug. come* offrir) *v.tr.* ricoprire, coprire; (*fig.*) coprire, nascondere.
recracher [ʀəkʀaʃe] *v.tr.* e *intr.* sputare.
récré [ʀekʀe] *s.f. abbr.* (*fam.*) → **récréation 1**.
récréatif [ʀekʀeatif] (f. *-ive*) *agg.* ricreativo.
récréation [ʀekʀeɑsjɔ̃] *s.f.* **1** ricreazione: *être en* —, fare ricreazione; *l'heure de la* —, l'intervallo **2** svago (*m.*), divertimento (*m.*).
recréer [ʀəkʀee] *v.tr.* ricreare, creare di nuovo.
recrépir [ʀəkʀepiʀ] *v.tr.* (*edil.*) rintonacare.
récrier, se [səʀekʀije] *v.pron.* (*letter.*) prorompere in esclamazioni || *se* — *contre, sur qqch*, protestare contro, per qlco.
récrimination [ʀekʀiminɑsjɔ̃] *s.f.* recriminazione.
récriminer [ʀekʀimine] *v.intr.* recriminare; protestare.
récrire [ʀekʀiʀ] (*coniug. come* écrire) *v.tr.* e *intr.* riscrivere.
récrit [ʀekʀi] *part. pass. di* récrire.
recroquevillé [ʀəkʀɔkvije] *agg.* raggomitolato: *avoir les pieds recroquevillés dans des chaussures trop étroites*, avere i piedi rattrappiti in scarpe troppo strette.
recroqueviller, se [səʀəkʀɔkvije] *v.pron.* accartocciarsi, raggrinzirsi; raggomitolarsi.
recru [ʀəkʀy] *agg.*: — (*de fatigue*), sfinito dalla stanchezza.
recrudescence [ʀəkʀydesɑ̃s] *s.f.* recrudescenza.
recrudescent [ʀəkʀydesɑ̃] *agg.* in aumento.
recrue [ʀəkʀy] *s.f.* recluta (*anche fig.*) || *ce n'est vraiment pas une bonne* —, (*fig.*) non è un gran bell'acquisto.
recrutement [ʀəkʀytmɑ̃] *s.m.* reclutamento, arruolamento: (*mil.*) *bureau de* —, ufficio leva; — *d'ouvriers spécialisés*, reperimento di operai specializzati.
recruter [ʀəkʀyte] *v.tr.* reclutare, arruolare.
recruteur [ʀəkʀytœʀ] *s.m.* reclutatore || *agent* — *d'un parti*, propagandista di un partito.
recta [ʀɛkta] *avv.* (*fam.*) puntualmente.
rectal [ʀɛktal] (pl. *-aux*) *agg.* (*med.*) rettale.
rectangle [ʀɛktɑ̃gl] *agg.* e *s.m.* rettangolo.
rectangulaire [ʀɛktɑ̃gylɛʀ] *agg.* rettangolare.
recteur [ʀɛktœʀ] *s.m.* **1** rettore **2** — *d'Académie*, provveditore agli studi.
rectificatif [ʀɛktifikatif] (f. *-ive*) *agg.* di rettifica ♦ *s.m.* rettifica (*f.*).
rectification [ʀɛktifikɑsjɔ̃] *s.f.* **1** rettifica || — *de bilan*, correzione di bilancio **2** (*scient.*) rettificazione.
rectifier [ʀɛktifje] *v.tr.* rettificare; correggere.
rectiligne [ʀɛktiliɲ] *agg.* rettilineo.
rectitude [ʀɛktityd] *s.f.* l'essere retto, diritto; (*fig.*) rettitudine.
recto [ʀɛkto] *s.m.* (*tip.*) recto.
rectorat [ʀɛktɔʀa] *s.m.* **1** rettorato **2** — (*d'Académie*), provveditorato agli studi.
rectoscopie [ʀɛktɔskɔpi] *s.f.* (*med.*) rettoscopia.
rectum [ʀɛktɔm] *s.m.* (*anat.*) retto.

reçu¹ [ʀəsy] *part.pass. di* recevoir ♦ *s.m.* (*studente*) promosso.
reçu² *s.m.* (*comm.*) ricevuta (*f.*): — *pour solde, à valoir*, ricevuta a saldo, di acconto.
recueil [ʀəkœj] *s.m.* raccolta (*f.*).
recueillement [ʀəkœjmɑ̃] *s.m.* raccoglimento.
recueilli [ʀəkœji] *part. pass. di* recueillir ♦ *agg.* (*fig.*) pensoso, raccolto.
recueillir [ʀəkœjiʀ] (*coniug. come* cueillir) *v.tr.* **1** raccogliere (*anche fig.*) **2** dare rifugio (a) □ **se recueillir** *v.pron.* raccogliersi.
recuire [ʀəkɥiʀ] (*coniug. come* conduire) *v. intr.* e *tr.* ricuocere.
recul [ʀəkyl] *s.m.* **1** arretramento; (*fig.*) regresso: *mouvement de* —, movimento all'indietro, (*estens.*) moto di repulsione **2** rinculo (di un'arma da fuoco) **3** spazio per indietreggiare; (*fig.*) distacco: *prendre, avoir du* —, cercare di valutare con obiettività, con distacco; *il faudrait un certain* — *pour juger ces événements*, per giudicare questi avvenimenti dovrebbe passare un po' di tempo.
reculade [ʀəkylad] *s.f.* arretramento (*m.*); ritirata (*anche fig.*).
reculé [ʀəkyle] *agg.* remoto.
reculer [ʀəkyle] *v.tr.* **1** spostare indietro, spingere indietro: *recule ta chaise*, sposta indietro la (tua) sedia **2** ritardare: — *un paiement*, differire un pagamento ♦ *v.intr.* **1** arretrare, indietreggiare: *elle a reculé d'un pas*, è arretrata, indietreggiata di un passo || *l'épidémie recule*, l'epidemia è in regresso || — *pour mieux sauter*, (*fig.*) raccogliere le proprie forze per affrontare un ostacolo **2** tirarsi indietro: *il s'était trop avancé pour* —, (*fig.*) si era spinto troppo avanti per tornare indietro.
reculons, à [aʀkylɔ̃] *locuz.avv.* a ritroso, all'indietro: *marcher à* —, indietreggiare.
reculotter [ʀəkylɔte] *v.tr.* rimettere le mutande, i pantaloni a: — *un enfant*, tirar su le mutande e i pantaloni a un bambino □ **se reculotter** *v.pron.* rimettersi le mutande, i pantaloni.
récupérable [ʀekypeʀabl] *agg.* ricuperabile.
récupérateur [ʀekypeʀatœʀ] *s.m.* **1** (*tecn.*) ricuperatore **2** chi ricupera materiali usati: — (*de voitures*), sfasciacarrozze; — *de ferrailles*, ferrovecchio **3** (*fig.*) chi fa proprie idee altrui.
récupération [ʀekypeʀɑsjɔ̃] *s.f.* ricupero (*m.*).
récupérer [ʀekypeʀe] (*coniug. come* céder) *v.tr.* **1** ricuperare **2** (*fig.*) far proprie ideologie altrui ♦ *v.intr.* riprendersi (fisicamente).
récurer [ʀekyʀe] *v.tr.* pulire grattando.
récurrence [ʀekyʀɑ̃s] *s.f.* ricorrenza, ritorno periodico.
récurrent [ʀekyʀɑ̃] *agg.* ricorrente.
récusable [ʀekyzabl] *agg.* (*dir.*) ricusabile.
récusation [ʀekyzɑsjɔ̃] *s.f.* (*dir.*) ricusazione.
récuser [ʀekyze] *v.tr.* (*dir.*) ricusare □ **se récuser** *v.pron.* **1** dichiararsi incompetente (per, su) **2** rifiutare.
recyclable [ʀəsiklabl] *agg.* riciclabile.
recyclage [ʀəsiklaʒ] *s.m.* **1** riciclaggio **2** aggiornamento, riqualificazione (professionale):

cours de —, corso di aggiornamento **3** cambiamento d'indirizzo di studi.

recycler [Rəsikle] *v.tr.* **1** riciclare **2** aggiornare, riqualificare (professionalmente) □ **se recycler** *v.pron.* aggiornarsi.

rédacteur [Redaktœr] (f. *-trice*) *s.m.* redattore: — *en chef*, redattore capo.

rédaction [Redaksjɔ̃] *s.f.* **1** redazione **2** tema (scolastico).

rédactionnel [Redaksjɔnɛl] (f. *-elle*) *agg.* redazionale.

reddition [Redisjɔ̃, Reddisjɔ̃] *s.f.* (*mil., comm.*) resa.

redécouvert [Rədekuvɛr] *part. pass. di* redécouvrir.

redécouverte [Rədekuvɛrt] *s.f.* riscoperta.

redécouvrir [Rədekuvrir] (*coniug. come* ouvrir) *v.tr.* riscoprire.

redéfinir [Rədefinir] *v.tr.* ridefinire, rivedere.

redemander [Rədmɑ̃de, Rdəmɑ̃de] *v.tr.* richiedere: *j'ai dû lui* — *son adresse*, ho dovuto chiedergli di nuovo l'indirizzo; — *un livre*, chiedere indietro, in restituzione un libro.

redémarrer [Rədemare] *v.intr.* ripartire; (*fig.*) ricominciare.

rédempteur [Redɑ̃ptœr] (f. *-trice*) *agg.* e *s.m.* redentore.

rédemption [Redɑ̃psjɔ̃] *s.f.* redenzione.

redéploiement [Rədeplwamɑ̃] *s.m.* riorganizzazione (*f.*).

redescendre [Rədɛsɑ̃dr] (*coniug. come* rendre) *v.intr.e* tr. ridiscendere: *le chemin redescend*, la strada scende di nuovo ♦ *v.tr.* riportare giù.

redescendu [Rədesɑ̃dy] *part. pass. di* redescendre.

redevable [Rədəvabl, Rədvabl] *agg.* debitore: *être* — *de qqch à qqn*, dovere qlco a qlcu.

redevance [Rədəvɑ̃s, Rədvɑ̃s] *s.f.* (*dir.*) canone (*m.*): — *téléphonique*, canone (fisso) del telefono.

redevenir [Rədvənir, Rədəvnir] (*coniug. come* venir) *v.intr.* ridiventare, ridivenire.

redevenu [Rədvəny, Rədəvny] *part. pass. di* redevenir.

rédhibitoire [Redibitwar] *agg.* (*dir.*) redibitorio.

rediffuser [Rədifyze] (*rad., tv*) ritrasmettere.

rédiger [Rediʒe] (*coniug. come* manger) *v.tr.* redigere; scrivere: *il rédige bien*, scrive bene.

redingote [Rədɛ̃gɔt] *s.f.* (*abbigl.*) redingote.

redire [Rədir] (*coniug. come* dire) *v.tr.* ridire; ripetere ♦ *v.intr.* (*usato spec. all'inf.*) criticare: *il trouve à* — *à tout*, trova da ridire su tutto.

redistribuer [Rədistribɥe] *v.tr.* ridistribuire.

redistribution [Rədistribysjɔ̃] *s.f.* ridistribuzione.

redit [Rədi] *part. pass. di* redire .

redite [Rədit] *s.f.* ripetizione (inutile).

redondance [Rədɔ̃dɑ̃s] *s.f.* ridondanza.

redondant [Rədɔ̃dɑ̃] *agg.* ridondante; superfluo.

redonnais [Rədɔnɛ] *agg.* di Redon.

redonner [Rədɔne] *v.tr.* ridare; restituire ♦ *v.intr.* (*fig.*) ricadere.

redorer [Rədɔre] *v.tr.* ridorare, rindorare || (*di*

nobile spiantato) — *son blason*, sposare una ricca borghese, (*estens.*) ritrovare l'antico splendore.

redormir [Rədɔrmir] *v.intr.* ridormire.

redoublant [Rədublɑ̃] *s.m.* (scolaro) ripetente.

redoublé [Rəduble] *agg.* raddoppiato || *à coups redoublés*, con violenza.

redoublement [Rədubləmɑ̃] *s.m.* **1** raddoppiamento, raddoppio **2** aumento **3** il ripetere (un anno, una classe).

redoubler [Rəduble] *v.tr.* **1** raddoppiare (*anche fig.*) **2** — (*une classe*), ripetere (una classe) ♦ *v. intr.* raddoppiare, aumentare: *ma peur avait redoublé*, la mia paura era raddoppiata || — *d'adresse*, far ricorso a tutta la propria abilità; — *d'attention*, concentrare la propria attenzione.

redoutable [Rədutabl] *agg.* temibile.

redoutablement [Rədutabləmɑ̃] *avv.* temibilmente, terribilmente.

redoute [Rədut] *s.f.* (*mil.*) fortino (*m.*).

redouter [Rədute] *v.tr.* temere: *je redoute que vous ne vous fâchiez*, ho paura che vi arrabbiate.

redoux [Rədu] *s.m.* aumento della temperatura in inverno.

redresse, à la [alaRədRɛs] *locuz. agg.* (*fam.*) duro: *un type à la* —, un duro.

redressement [RədRɛsmɑ̃] *s.m.* raddrizzamento (*anche fig.*) || (*econ.*): — *financier*, risanamento finanziario; — *économique*, riassetto economico; — *fiscal*, rettifica fiscale; *plan de* —, piano di ripristino || *maison de* —, (*ant.*) riformatorio.

redresser [RədRese] *v.tr.* **1** raddrizzare **2** rialzare: — *la tête*, (*anche fig.*) rialzare la testa **3** (*fig.*) correggere || — *la situation*, sanare la situazione ♦ *v.intr.* **1** (*aut.*) raddrizzare (le ruote) **2** (*aer.*) riprendere quota □ **se redresser** *v.pron.* **1** raddrizzarsi **2** (*fig.*) risollevarsi, risorgere **3** (*fam.*) credersi chi sa che.

redresseur [RədRɛsœr] *s.m.* **1** (*fis.*) raddrizzatore **2** — *de torts*, (*fig.*) riparatore di torti.

réducteur [Redyktœr] (f. *-trice*) *agg.* e *s.m.* **1** riduttore || *analyse réductrice*, analisi riduttiva **2** (*chim.*) riducente.

réductible [Redyktibl] *agg.* riducibile.

réduction [Redyksjɔ̃] *s.f.* **1** riduzione || *en* —, in formato minore **2** sconto (*m.*).

réduire [Redɥir] (*coniug. come* conduire) *v.tr.* ridurre (*anche fig.*) || — *qqn à la raison*, ricondurre qlcu alla ragione || — *qqn au silence*, far tacere qlcu || — *à la misère*, ridurre in miseria □ **se réduire** *v.pron.* ridursi: *se* — *à rien*, ridursi a, in niente.

réduit [Redɥi] *part. pass. di* réduire ♦ *agg.* ridotto: *modèle* —, modello in scala ridotta ♦ *s.m.* bugigattolo.

réécrire [Reekrir] *v.tr.* → **récrire** .

réédifier [Reedifje] *v.tr.* riedificare.

rééditer [Reedite] *v.tr.* ristampare, ripubblicare.

réédition [Reedisjɔ̃] *s.f.* ristampa, riedizione.

rééducation [Reedykasjɔ̃] *s.f.* rieducazione.

rééduquer [Reedyke] *v.tr.* rieducare.

réel [Reɛl] (f. *-elle*) *agg.* e *s.m.* reale.

réélection [Reelɛksjɔ̃] *s.f.* rielezione.

rééligibilité [ʀeeliʒibilite] *s.f.* rieleggibilità.
rééligible [ʀeeliʒibl] *agg.* rieleggibile.
réélire [ʀeeliʀ] (*coniug. come* lire) *v.tr.* rieleggere.
réellement [ʀeɛlmɑ̃] *avv.* realmente; veramente.
réélu [ʀeely] *part. pass. di* réélire.
réembaucher [ʀeɑ̃boʃe] *v.tr.* riassumere.
réémetteur [ʀeemetœʀ] *s.m.* (*tel.*) ripetitore.
réemploi [ʀeɑ̃plwa] *s.m.* → remploi.
réentendre [ʀeɑ̃tɑ̃dʀ] (*coniug. come* rendre) *v.tr.* risentire.
rééquilibre [ʀeekilibʀ] *s.m.* riequilibrio.
rééquilibrer [ʀeekilibʀe] *v.tr.* riequilibrare.
réescompte [ʀeɛskɔ̃t] *s.m.* (*comm.*) risconto.
réévaluation [ʀeevalɥasjɔ̃] *s.f.* rivalutazione.
réévaluer [ʀeevalɥe] *v.tr.* rivalutare.
réexamen [ʀeegzamɛ̃] *s.m.* riesame: — *d'un dossier*, riesame di una pratica.
réexaminer [ʀeegzamine] *v.tr.* riesaminare.
réexpédier [ʀeɛkspedje] *v.tr.* rispedire.
refaire [ʀəfɛʀ] (*coniug. come* faire) *v.tr.* **1** rifare || *si c'était à —, je recommencerais*, tornassi indietro, lo farei di nuovo || *— ses forces, sa santé*, rimettersi in forze || *se — une beauté*, ritoccarsi il trucco **2** (*fam.*) imbrogliare: *nous avons été refaits*, siamo stati raggirati □ **se refaire** *v.pron.* rifarsi || *je ne peux pas me — à mon âge*, non posso cambiare alla mia età.
refait [ʀəfɛ] *part. pass. di* refaire.
réfection [ʀefɛksjɔ̃] *s.f.* rifacimento (*m.*), ricostruzione || *en —*, in riparazione.
réfectoire [ʀefɛktwaʀ] *s.m.* refettorio.
refend [ʀəfɑ̃] *s.m.* (*edil.*) *mur de —*, muro divisorio; *bois de —*, legna segata per il lungo.
référé [ʀefeʀe] *s.m.* (*dir.*) procedura, procedimento per direttissima.
référence [ʀefeʀɑ̃s] *s.f.* **1** riferimento (*m.*) || *par — à*, in relazione a || *ouvrage de —*, opera di consultazione; *citer ses références*, citare i propri riferimenti bibliografici **2** *pl.* referenze.
référendaire [ʀefeʀɑ̃dɛʀ] *agg.* referendario, del referendum: *conseiller —*, (consigliere) referendario.
référendum [ʀefeʀɑ̃dɔm] *s.m.* referendum.
référer [ʀefeʀe] (*coniug. come* céder) *v.intr.*: *en — à*, rimettere a; (*dir.*) *il faut en — à la cour*, occorre deferire il fatto al tribunale □ **se référer** *v.pron.* **1** riferirsi **2** rimettersi fra
refermer [ʀəfɛʀme] *v.tr.* richiudere □ **se refermer** *v.pron.* richiudersi.
refiler [ʀəfile] *v.tr.* (*fam.*) rifilare, affibbiare.
réfléchi [ʀefleʃi] *agg.* **1** riflessivo: *action réfléchie*, azione ponderata; *air —*, aria seria; (*gramm.*) *verbe —*, verbo riflessivo **2** (*fis.*) riflesso.
réfléchir [ʀefleʃiʀ] *v.tr. e intr.* riflettere || *tout bien réfléchi*, tutto considerato □ **se réfléchir** *v.pron.* riflettersi.
réfléchissant [ʀefleʃisɑ̃] *agg.* (*fis.*) riflettente.
réflecteur [ʀeflɛktœʀ] *agg.* riflettore, riflettente ♦ *s.m.* riflettore.
reflet [ʀəflɛ] *s.m.* **1** riflesso: *être le — de*, rispecchiare **2** immagine riflessa.

refléter [ʀəflete] (*coniug. come* céder) *v.tr.* riflettere; rispecchiare: — *la lumière*, riflettere la luce □ **se refléter** *v.pron.* riflettersi, rispecchiarsi.
refleurir [ʀəflœʀiʀ] (*coniug. come* fleurir) *v.intr.* rifiorire (*anche fig.*).
réflexe [ʀeflɛks] *agg. e s.m.* riflesso || *avoir du —*, avere i riflessi pronti.
réflexion [ʀeflɛksjɔ̃] *s.f.* riflessione || *— faite*, ripensandoci || *à la —*, a pensarci bene.
refluer [ʀəflye] *v.intr.* rifluire.
reflux [ʀəfly] *s.m.* riflusso (*anche fig.*) || *le — de la foule*, il rifluire della folla.
refondre [ʀəfɔ̃dʀ] (*coniug. come* rendre) *v.tr.* **1** rifondere **2** (*fig.*) rifare, rimaneggiare.
refondu [ʀəfɔ̃dy] *part.pass. di* refondre.
refonte [ʀəfɔ̃t] *s.f.* **1** rifusione **2** (*fig.*) rimaneggiamento (*m.*), rifacimento (*m.*).
réformable [ʀefɔʀmabl] *agg.* riformabile.
réformateur [ʀefɔʀmatœʀ] (f. -*trice*) *agg. e s.m.* riformatore.
réforme [ʀefɔʀm] *s.f.* riforma.
réformé [ʀefɔʀme] *agg.* **1** riformato **2** fuori uso ♦ *s.m.* riformato.
reformer [ʀəfɔʀme] *v.tr.* formare di nuovo □ **se reformer** *v.pron.* formarsi di nuovo.
réformer [ʀefɔʀme] *v.tr.* riformare || *— les abus*, sopprimere gli abusi.
réformisme [ʀefɔʀmism] *s.m.* riformismo.
réformiste [ʀefɔʀmist] *agg. e s.m.* riformista.
refoulé [ʀəfule] *agg.* **1** represso **2** (*psic.*) rimosso ♦ *s.m.* (*fam.*) represso; inibito.
refoulement [ʀəfulmɑ̃] *s.m.* **1** il ricacciare indietro **2** (*psic.*) rimozione (*f.*) **3** (*dir.*) espulsione (*f.*).
refouler [ʀəfule] *v.tr.* **1** ricacciare; respingere || *— un gaz*, comprimere un gas **2** reprimere, soffocare **3** (*psic.*) rimuovere ♦ *v.intr.* rifluire.
refournir [ʀəfuʀniʀ] *v.tr.* rifornire.
réfractaire [ʀefʀaktɛʀ] *agg.* refrattario || (*st. fr.*) *prêtre —*, prete non giurato ♦ *s.m.* **1** materiale refrattario **2** (*st. fr.*) renitente (alla leva).
réfracter [ʀefʀakte] *v.tr.* rifrangere □ **se réfracter** *v.pron.* rifrangersi.
réfracteur [ʀefʀaktœʀ] *s.m.* rifrattore.
réfraction [ʀefʀaksjɔ̃] *s.f.* rifrazione.
refrain [ʀəfʀɛ̃] *s.m.* ritornello || *c'est toujours le même —*, (*fig.*) è sempre la solita solfa.
réfréner [ʀefʀene], **refréner** [ʀəfʀene] (*coniug. come* céder) *v.tr.* raffrenare, trattenere.
réfrigérant [ʀefʀiʒeʀɑ̃] *agg.* refrigerante || *un accueil —*, (*fig.*) un'accoglienza glaciale.
réfrigérateur [ʀefʀiʒeʀatœʀ] *s.m.* frigorifero.
réfrigération [ʀefʀiʒeʀasjɔ̃] *s.f.* refrigerazione.
réfrigérer [ʀefʀiʒeʀe] (*coniug. come* céder) *v.tr.* **1** refrigerare || *wagon réfrigéré*, vagone frigorifero **2** (*fig.*) raggelare.
réfringence [ʀefʀɛ̃ʒɑ̃s] *s.f.* rifrangenza.
réfringent [ʀefʀɛ̃ʒɑ̃] *agg.* rifrangente.
refroidir [ʀəfʀwadiʀ] *v.tr.* raffreddare, freddare (*anche fig.*) ♦ *v.intr.* raffreddarsi, diventare freddo; (*fig.*) intiepidirsi □ **se refroidir** *v.pron.* raffreddarsi.

refroidissement [ʀəfʀwadismã] *s.m.* **1** raffreddamento **2** (*med.*) infreddatura (*f.*), raffreddore.

refuge [ʀəfyʒ] *s.m.* **1** rifugio **2** salvagente (stradale).

réfugié [ʀefyʒje] *s.m.* rifugiato: *camp de réfugiés*, campo profughi.

réfugier, se [səʀefyʒje] *v.pron.* rifugiarsi.

refus [ʀəfy] *s.m.* rifiuto || *ce n'est pas de —*, (*fam.*) volentieri, non dico di no.

refuser [ʀəfyze] *v.tr.* **1** rifiutare: — *une invitation*, declinare un invito || *il ne se refuse rien*, non si fa mancare niente || *le film est un succès, on refuse du monde*, il film è un successo, non si riesce a entrare **2** respingere || *être refusé à un examen*, essere respinto a un esame □ **se refuser** *v.pron.* rifiutarsi || *se — à l'évidence*, negare l'evidenza.

réfutable [ʀefytabl] *agg.* confutabile.

réfutation [ʀefytɑsjɔ̃] *s.f.* confutazione.

réfuter [ʀefyte] *v.tr.* confutare, ribattere.

regagner [ʀəɡaɲe] *v.tr.* riguadagnare.

regain [ʀəɡɛ̃] *s.m.* **1** (*agr.*) fieno di secondo taglio **2** (*fig.*) ritorno || *— de criminalité*, recrudescenza della criminalità.

régal [ʀegal] (pl. *-als*) *s.m.* **1** leccornia (*f.*) **2** (*fig.*) piacere, delizia (*f.*).

régalade [ʀegalad] *s.f.*: *boire à la —*, bere a garganella.

régaler [ʀegale] *v.tr.* (*fam.*) offrire un pranzo ♦ *v.intr.* (*fam.*) pagare da bere □ **se régaler** *v.pron.* **1** fare un buon pranzo **2** (*fam.*) gustare, godersi (qlco).

régalien [ʀegaljɛ̃] (f. *-enne*) *agg.* regio || (*dir.*) *droits régaliens*, regalie, prerogative regie.

regard [ʀəɡaʀ] *s.m.* **1** sguardo; occhiata (*f.*): *suivre du —*, seguire con gli occhi; — *en coin, en coulisse*, sguardo di sottecchi; *échanger des regards d'intelligence*, scambiare occhiate d'intesa || (*dir.*) *droit de —*, diritto d'ispezione || *en —*, a fronte || *au — de*, rispetto a, secondo **2** (*edil.*) pozzetto (di fognatura).

regardant [ʀəɡaʀdã] *agg.* tirchio.

regarder [ʀəɡaʀde] *v.tr.* **1** guardare || *non, mais regardez-moi ce gâchis!*, (*fam.*) ma guarda un po' che pasticcio!; *non, mais tu ne m'as pas regardé!*, (*fam.*) ma per chi mi prendi? **2** considerare **3** riguardare, concernere || *mêlez-vous de ce qui vous regarde*, badate ai fatti vostri ♦ *v.intr.* badare; guardare: *ne pas — à la dépense*, non badare a spese; *il n'y regarde pas de trop près*, non guarda troppo per il sottile; *regardes-y à deux fois avant de recommencer*, pensaci due volte prima di ricominciare □ **se regarder** *v.pron.* guardarsi.

régate [ʀegat] *s.f.* regata.

régatier [ʀegatje] (f.*-ère*) *s.m.* regatante, concorrente di una regata.

regel [ʀəʒɛl] *s.m.* rigelo.

regeler [ʀəʒle, ʀʒəle] (*coniug. come* semer) *v.tr.* e *intr.* rigelare.

régence [ʀeʒɑ̃s] *s.f.* reggenza.

régénérateur [ʀeʒeneʀatœʀ] (f.*-trice*) *agg.* e *s.m.* rigeneratore.

régénération [ʀeʒeneʀasjɔ̃] *s.f.* rigenerazione.

régénérer [ʀeʒeneʀe] (*coniug. come* céder) *v.tr.* rigenerare.

régent [ʀeʒã] *agg.* reggente ♦ *s.m.* **1** reggente **2** (*in Svizzera*) maestro (di scuola).

régenter [ʀeʒãte] *v.tr.* comandare, spadroneggiare (su) ♦ *v.intr.* dettare legge, dominare.

régicide[1] [ʀeʒisid] *agg.* e *s.m.* regicida.

régicide[2] *s.m.* regicidio.

régie [ʀeʒi] *s.f.* **1** (*dir.*) azienda autonoma statale: — *des tabacs*, monopolio dei tabacchi **2** (*dir.*) esattoria delle imposte indirette **3** (*teatr.*) direzione di scena **4** (*rad., tv*) sala di regia.

regimber [ʀəʒɛ̃be] *v.intr.* ricalcitrare.

régime [ʀeʒim] *s.m.* **1** regime || *à ce — là, il sera vite ruiné*, con questo andazzo, finirà presto sul lastrico **2** dieta (*f.*): *être au —*, essere a dieta || *il est au — sec*, non tocca più alcolici **3** (*mecc.*) funzionamento, regime **4** (*bot.*) casco.

régiment [ʀeʒimã] *s.m.* reggimento || *faire son —, être au —*, (*fam.*) fare la naia.

régimentaire [ʀeʒimãtɛʀ] *agg.* (*mil.*) reggimentale.

région [ʀeʒjɔ̃] *s.f.* **1** regione **2** zona **3** (*mil.*) circoscrizione territoriale comandata da un generale.

régional [ʀeʒjɔnal] (pl. *-aux*) *agg.* regionale.

régionalisme [ʀeʒjɔnalism] *s.m.* regionalismo.

régionaliste [ʀeʒjɔnalist] *agg.* regionalistico ♦ *s.m.* regionalista.

régir [ʀeʒiʀ] *v.tr.* reggere || *lois qui régissent le mouvement des astres*, leggi che regolano il movimento degli astri.

régisseur [ʀeʒisœʀ] *s.m.* **1** amministratore, intendente **2** (*cine.*) segretario di produzione; (*teatr.*) direttore di scena.

registre [ʀeʒistʀ] *s.m.* **1** registro: — *de l'état civil*, registro di stato civile, anagrafe; — *des salaires*, libro paga; — *du commerce*, albo dei commercianti; — *de comptabilité*, libro contabile || (*dir.*) —*d'audience*, ruolo d'udienza || *registres de langue*, registri di lingua || (*mus.*) —*haut*, registro alto (d'organo) **2** (*tecn.*) regolatore.

réglable [ʀeglabl] *agg.* regolabile.

réglage [ʀeglaʒ] *s.m.* **1** regolazione (*f.*) || (*mil.*) —*du tir*, aggiustamento del tiro **2** rigatura (della carta).

règle [ʀegl] *s.f.* **1** riga, righello (*m.*) **2** (*fig.*) regola: *donner des règles précises*, dare istruzioni precise; *dans toutes les règles de l'art*, a regola d'arte; *avoir pour —, se faire une — de*, aver per norma di, imporsi come regola di || *c'est la —*, è di prammatica || *en — générale*, in linea di massima || *en bonne —*, per buona norma **3** (*mat.*) operazione **4** *pl.* mestruazioni.

réglé [ʀegle] *agg.* **1** rigato **2** (*fig.*) regolato: *esprit —*, mente quadrata; *pouls —*, polso regolare; *travail bien —*, lavoro ben organizzato || *il est — comme du papier à musique*, è preciso come un orologio || *un compte —*, un conto saldato, regolato || *c'est une affaire réglée*, è un argomento chiuso.

règlement [ʀɛɡləmã] *s.m.* 1 regolamento, ordinamento; — *d'une société*, ordinamento di una società; — *d'une université*, statuto di un'università || *le* — *d'une affaire*, la sistemazione di un affare || — *d'un litige*, definizione di una controversia 2 (*comm.*) saldo (di un conto); (*paiement*) pagamento: — *par chèque*, pagamento con assegno.

réglementaire [ʀɛɡləmãtɛʀ] *agg.* regolamentare || (*mil.*) *tenue* —, divisa regolamentare || *jour* —, giorno designato.

réglementation [ʀɛɡləmãtasjɔ̃] *s.f.* regolamentazione.

réglementer [ʀɛɡləmãte] *v.tr.* regolamentare.

régler [ʀegle] (*coniug. come* céder) *v.tr.* 1 rigare, tracciare righe 2 regolare, adattare: — *sa conduite sur qqn*, modellare la propria condotta su quella di qlcu 3 sistemare: *tout est réglé*, è tutto a posto; — *un différend*, regolare una pendenza; — *une question*, risolvere una questione; — *un litige*, comporre una lite || — *un compte*, saldare un conto; *avoir un compte à* — *avec qqn*, (*fig.*) avere un conto in sospeso con qlcu; — *son compte à qqn*, (*fam.*) sistemare qlcu per le feste; — *son boucher*, regolare il conto del macellaio || — *un dossier*, evadere una pratica 4 (*tecn.*) regolare, mettere a punto || (*mil.*) — *le tir*, aggiustare il tiro □ **se régler** *v.pron.* regolarsi.

réglette [ʀeglɛt] *s.f.* quadrello (*m.*), regolo (*m.*).

régleur [ʀeglœʀ] (f. *-euse*) *s.m.* (*operaio*) regolatore.

réglisse [ʀeglis] *s.f.* liquirizia.

réglo [ʀeglo] *agg.* (*fam.*) per bene: *il est* — *en affaires*, è uno corretto negli affari.

réglure [ʀeglyʀ] *s.f.* rigatura (della carta).

régnant [ʀeɲã] *agg.* regnante; (*fig.*) imperante, dominante.

règne [ʀɛɲ] *s.m.* regno; (*fig.*) mondo, dominio.

régner [ʀeɲe] (*coniug. come* céder) *v.intr.* regnare.

regonfler [ʀəɡɔ̃fle] *v.tr.* e *intr.* rigonfiare.

regorgement [ʀəɡɔʀʒəmã] *s.m.* rigurgito.

regorger [ʀəɡɔʀʒe] (*coniug. come* manger) *v.intr.* rigurgitare, traboccare.

régresser [ʀegʀese] *v.intr.* regredire.

régressif [ʀegʀesif] (f.*-ive*) *agg.* regressivo.

régression [ʀegʀesjɔ̃] *s.f.* regressione || *l'économie est en* —, l'economia è in regresso.

regret [ʀəɡʀɛ] *s.m.* 1 rimpianto 2 dispiacere, rammarico: *j'ai le* — *de vous informer que...*, sono dolente di informarla che...; *je suis au* — *de ne pouvoir vous donner satisfaction*, sono davvero spiacente di non poter soddisfare la vostra richiesta || *à* —, a malincuore; *à mon grand* —, con mio grande rincrescimento 3 rimorso; pentimento.

regrettable [ʀəɡʀetabl] *agg.* 1 spiacevole, increscioso: *il serait* — *qu'ils s'en aillent*, sarebbe un peccato che se se andassero 2 deplorevole.

regretter [ʀəɡʀete] *v.tr.* 1 rimpiangere, avere nostalgia di: *il regrettait les jours heureux de son enfance*, rimpiangeva i giorni felici della sua infanzia; *elle regrettait son cher papa*, aveva nostalgia del suo adorato papà 2 dispiacere (a), rincrescere (a): *nous avons regretté de ne pouvoir venir*, ci è dispiaciuto (di), ci è rincresciuto (di) non poter venire; *elle regrette que tu ne puisse venir*, le dispiace, le rincresce che tu non possa venire 3 rammaricarsi (di): *j'ai regretté mon geste*, mi sono pentito del mio gesto; *il avait regretté de ne pas l'avoir rencontré*, si era rammaricato di non averlo incontrato || *vous le regretterez!*, ve ne pentirete!

regroupement [ʀəɡʀupmã] *s.m.* raggruppamento.

regrouper [ʀəɡʀupe] *v.tr.* raggruppare □ **se regrouper** *v.pron.* raggrupparsi; radunarsi.

régularisation [ʀeɡylaʀizasjɔ̃] *s.f.* regolarizzazione: — *d'un cours d'eau*, regolazione di un corso d'acqua.

régulariser [ʀeɡylaʀize] *v.tr.* regolarizzare; regolare; (*comm.*) pareggiare.

régularité [ʀeɡylaʀite] *s.f.* regolarità.

régulateur [ʀeɡylatœʀ] (f. *-trice*) *agg.* regolatore ♦ *s.m.* 1 orologio regolatore 2 (*tecn.*) regolatore.

régulation [ʀeɡylasjɔ̃] *s.f.* regolazione || — *des naissances*, controllo delle nascite.

régulier [ʀeɡylje] (f. *-ère*) *agg.* regolare || *être* — *en affaires*, essere corretto negli affari.

régulièrement [ʀeɡyljɛʀmã] *avv.* 1 regolarmente, stando alle regole 2 in modo uniforme.

régurgitation [ʀeɡyʀʒitasjɔ̃] *s.f.* rigurgito (*m.*).

régurgiter [ʀeɡyʀʒite] *v.tr.* rigurgitare.

réhabilitation [ʀeabilitasjɔ̃] *s.f.* riabilitazione.

réhabiliter [ʀeabilite] *v.tr.* riabilitare.

réhabituer [ʀeabitɥe] *v.tr.* riabituare.

rehaussement [ʀəosmã] *s.m.* rivalutazione (della moneta) || — *fiscal*, aggravio fiscale.

rehausser [ʀəose] *v.tr.* 1 rialzare, soprelevare 2 mettere in risalto; accentuare 3 (*pitt.*) lumeggiare.

rehaut [ʀəo] *s.m.* (*pitt.*) lumeggiatura (*f.*).

réimpression [ʀeɛ̃pʀesjɔ̃] *s.f.* (*tip.*) ristampa.

réimprimer [ʀeɛ̃pʀime] *v.tr.* (*tip.*) ristampare.

rein [ʀɛ̃] *s.m.* rene || — *flottant*, rene mobile || *coup de reins*, colpo di reni; *tour de reins*, colpo della strega || (*fig.*): *avoir les reins solides*, essere ricco, potente; *se casser les reins*, rimetterci le penne; *casser les reins à qqn*, schiacciare, distruggere qlcu.

réincarnation [ʀeɛ̃kaʀnasjɔ̃] *s.f.* reincarnazione.

réincarner, se [səʀeɛ̃kaʀne] *v.pron.* reincarnarsi.

reine [ʀɛn] *s.f.* 1 regina || *la* — *des abeilles*, l'ape regina 2 (*alle carte*) donna, regina.

reine-claude [ʀɛnklod] (pl. *reines-claudes*) *s.f.* (susina) regina claudia.

reine-marguerite [ʀɛnmaʀɡəʀit] (pl. *reines-marguerites*) *s.f.* (*bot.pop.*) astro della Cina.

reinette [ʀenɛt] *s.f.* (mela) renetta.

réinscrire [ʀeɛ̃skʀiʀ] *v.tr.* iscrivere di nuovo.

réinsérer [ʀeɛ̃seʀe] *v.tr.* reinserire.

réinsertion [ʀeɛ̃sɛʀsjɔ̃] *s.f.* reinserimento (*m.*).

réinstallation [ʀeɛ̃stalasjɔ̃] *s.f.* nuova installazione.

réinstaller [ʀeɛ̃stale] *v.tr.* installare di nuovo.

réinstaurer [ʀeɛ̃stɔʀe] *v.tr.* restaurare: — *le pouvoir légitime*, restaurare il potere legittimo.

réintégration [ʀeɛ̃tegʀasjɔ̃] *s.f.* reintegrazione.

réintégrer [ʀeɛ̃tegʀe] (*coniug.* come céder) *v.tr.* **1** (*dir.*) reintegrare (in un diritto, una funzione) **2** fare ritorno (in un luogo).

réintroduire [ʀeɛ̃tʀɔdɥiʀ] *v.tr.* reintrodurre.

réinventer [ʀeɛ̃vɑ̃te] *v.tr.* reinventare.

réinvestir [ʀeɛ̃vɛstiʀ] *v.tr.* reinvestire.

réitération [ʀeiteʀasjɔ̃] *s.f.* reiterazione.

réitérer [ʀeiteʀe] (*coniug.* come céder) *v.tr.* reiterare.

rejaillir [ʀəʒajiʀ] *v.intr.* **1** schizzare **2** (*fig.*) ricadere.

rejaillissement [ʀəʒajismɑ̃] *s.m.* **1** schizzo **2** (*fig.*) il ricadere.

rejet [ʀəʒɛ] *s.m.* **1** rigetto || *le — des conventions*, il rigetto, il rifiuto delle convenzioni **2** (*dir.*) reiezione (*f.*), rigetto **3** (*bot.*) (nuovo) getto.

rejeter [ʀəʒte, ʀəʒɛte] (*coniug.* come jeter) *v.tr.* **1** (ri)gettare, (ri)buttare || *— la tête*, gettare la testa all'indietro || *— une responsabilité sur qqn*, (*fig.*) far ricadere una responsabilità su qlcu **2** espellere: *il rejette tout ce qu'il mange*, rimette tutto quello che mangia **3** respingere || *— une tradition*, rinnegare una tradizione ♦ *v.intr.* (*bot.*) buttare □ **se rejeter** *v.pron.* ributtarsi || *se — en arrière*, fare un balzo all'indietro.

rejeton [ʀəʒtɔ̃, ʀəʒɛtɔ̃] *s.m.* **1** (*bot.*) pollone, getto **2** (*fig.*) rampollo, discendente.

rejoindre [ʀəʒwɛ̃dʀ] (*coniug.* come joindre) *v.tr.* **1** raggiungere: — *ses amis*, raggiungere gli amici || *cette route rejoint l'autoroute*, questa strada si congiunge con l'autostrada **2** congiungere □ **se rejoindre** *v.pron.* ritrovarsi, incontrarsi.

rejoint [ʀəʒwɛ̃] *part. pass. di* rejoindre.

rejouer [ʀəʒwe] *v.intr.* rigiocare ♦ *v.tr.* **1** (*mus.*) suonare di nuovo **2** (*teatr.*) recitare di nuovo; rappresentare di nuovo.

réjoui [ʀeʒwi] *agg.* allegro.

réjouir [ʀeʒwiʀ] *v.tr.* rallegrare □ **se réjouir** *v.pron.* rallegrarsi: *je me réjouis qu'il vienne, de ce qu'il viendra ce soir*, sono contento che venga stasera; *je me réjouis à la pensée que*, mi rallegra il pensiero che.

réjouissance [ʀeʒwisɑ̃s] *s.f.* **1** allegria, giubilo (*m.*) **2** *pl.* festeggiamenti (*m.*).

réjouissant [ʀeʒwisɑ̃] *agg.* allegro, divertente.

relâche [ʀəlɑʃ] *s.m.* e *f.* (momento, pausa di) riposo || *sans —*, senza posa, senza tregua || (*teatr.*) *jour de —*, giorno di riposo.

relâché [ʀəlɑʃe] *agg.* **1** allentato **2** (*fig.*) rilassato; (*estens.*) trasandato, sciatto.

relâchement [ʀəlɑʃmɑ̃] *s.m.* **1** allentamento; (*fig.*) rilassatezza (*f.*) **2** (*med.*) rilasciamento.

relâcher [ʀəlɑʃe] *v.tr.* **1** allentare: *elle a relâché son attention*, ha sua attenzione si è allentata || *— les muscles*, rilassare, sciogliere i muscoli **2** rilasciare, liberare ♦ *v.intr.* (*mar.*) fare scalo □ **se relâcher** *v.pron.* **1** allentarsi || *son attention se relâche*, la sua attenzione tende a calare **2** (*fig.*) lasciarsi andare, non impegnarsi.

relais [ʀəlɛ] *s.m.* **1** stazione di posta (per il cambio dei cavalli): *chevaux de —*, cavalli di posta, cavalli di ricambio || *— routier*, trattoria per camionisti || *prendre le — de qqn*, dare il cambio a qlcu, subentrare a qlcu || *équipe de —*, squadra che si dà il cambio con un'altra **2** (*fig.*) tappa intermedia; intermediario: *servir de —*, fare da intermediario **3** (*sport*) staffetta (*f.*): *course de —*, corsa a staffetta; *le quatre cents mètres —*, la 4 X 100 **4** (*elettr.*) relè, relais **5** (*rad.*) ripetitore.

relance [ʀəlɑ̃s] *s.f.* **1** rilancio (*m.*) || *la — du terrorisme*, la recrudescenza del terrorismo **2** (*comm.*) *lettre de —*, lettera di sollecito.

relancer [ʀəlɑ̃se] (*coniug.* come placer) *v.tr.* **1** rilanciare (*anche fig.*) **2** (*comm.*) sollecitare; (*fam.*) importunare, perseguitare.

relater [ʀəlate] *v.tr.* riportare.

relatif [ʀəlatif] (f. *-ive*) *agg.* relativo || *-ivement avv.*

relation[1] [ʀəlasjɔ̃] *s.f.* **1** relazione, nesso (*m.*) **2** *pl.* conoscenze, relazioni.

relation[2] *s.f.* relazione; resoconto (*m.*).

relativisme [ʀəlativism] *s.m.* relativismo.

relativité [ʀəlativite] *s.f.* relatività.

relax [ʀəlaks] *agg.* (*fam.*) **1** distensivo, rilassante || (*fauteuil*) —, poltrona a sdraio **2** rilassato, disteso: *il est très — au travail*, è molto rilassato sul lavoro ♦ *s.m.* relax, distensione (*f.*).

relaxant [ʀəlaksɑ̃] *agg.* rilassante, distensivo.

relaxation [ʀəlaksasjɔ̃] *s.f.* rilassamento (*m.*), distensione.

relaxe [ʀəlaks] *s.f.* (*dir.*) rilascio (*m.*).

relaxer[1] [ʀəlakse] *v.tr.* (*dir.*) rilasciare.

relaxer[2] *v.tr.* rilassare, distendere □ **se relaxer** *v.pron.* rilassarsi, distendersi.

relayer [ʀəleje] (*coniug.* come payer) *v.tr.* **1** sostituire, dare il cambio (a) **2** (*rad.*, *tv*) ritrasmettere (via satellite) □ **se relayer** *v.pron.* darsi il cambio, alternarsi.

relayeur [ʀəlɛjœʀ] (f. *-euse*) *s.m.* (*sport*) staffettista.

relecture [ʀəlɛktyʀ] *s.f.* rilettura.

relégation [ʀəlegasjɔ̃] *s.f.* (*dir.*) confino (*m.*).

reléguer [ʀəlege] (*coniug.* come céder) *v.tr.* **1** confinare **2** (*fig.*) relegare.

relent [ʀəlɑ̃] *s.m.* tanfo, puzzo; (*fig.*) sentore, traccia (*f.*).

relève [ʀəlɛv] *s.f.* cambio (*m.*): *prendre la —*, dare il cambio.

relevé [ʀəlve, ʀləve] *agg.* **1** rialzato, tirato su || *manches relevées*, maniche rimboccate **2** (*cuc.*) piccante (al gusto) **3** (*letter.*) elevato, nobile ♦ *s.m.* **1** nota (*f.*); rilevazione di dati: *— des dépenses*, nota delle spese || (*banca*): *— de compte*, estratto conto; *— de caisse*, estratto di cassa || (*dir.*) *— des condamnations*, estratto del casellario giudiziario || *— de compteur*, lettura del contatore **2** (*arch.*) rilievo (di un edificio).

relèvement [ʀəlɛvmɑ̃] *s.m.* **1** rialzo; aumento **2** (*fig.*) ripresa (*f.*): *le — d'un pays, d'une économie*, la ripresa di un paese, di un'economia **3** (*mar.*, *mat.*, *topografia*) rilevamento.

relever [ʀəlve, ʀləve] (*coniug.* come semer)

v.tr. **1** (ri)alzare, tirare su; rimettere in piedi; *(fig.)* risollevare: — *ses manches*, rimboccarsi le maniche; — *la tête*, rialzare la testa, *(fig.)* tirarsi su; — *l'économie, les finances*, risollevare l'economia, le finanze **2** alzare: — *les salaires*, alzare i salari **3** raccogliere *(anche fig.)*: — *les copies d'examen*, raccogliere, ritirare le prove d'esame; — *le gant, le défi, (fig.)* raccogliere il guanto, la sfida; — *une allusion*, raccogliere un'allusione || *(lavori a maglia)* — *une maille*, riprendere una maglia **4** notare, riscontrare: — *des fautes*, rilevare, riscontrare degli errori **5** *(cuc.)* insaporire **6** rilevare, compiere una rilevazione di: — *un compteur*, fare la lettura di un contatore || — *une empreinte digitale*, prendere un'impronta digitale **7** dare il cambio (a) **8** liberare, esonerare; sciogliere: — *qqn de ses fonctions*, esonerare qlcu dalle sue funzioni; — *qqn de ses vœux*, sciogliere qlcu dai suoi voti ♦ *v.intr.* **1** rimettersi (in salute), ristabilirsi: — *de maladie*, riprendersi dalla malattia **2** dipendere (da); essere di competenza (di) || *ces phénomènes relèvent de la psychanalyse*, queste manifestazioni rientrano nel campo della psicanalisi □ **se relever** *v.pron.* **1** rialzarsi; *(fig.)* riaversi, riprendersi **2** darsi il cambio.

releveur [ʀəlvœʀ] (f. -*euse*) *agg.* elevatore ♦ *s.m.* **1** *(tecn.)* elevatore, sollevatore **2** — *de compteurs*, letturista, lettore di contatori.

relief [ʀəljɛf] *s.m.* **1** rilievo *(anche fig.)* **2** *pl.* avanzi (di un pasto).

relier [ʀəlje] *v.tr.* **1** legare di nuovo **2** rilegare (un libro) **3** collegare *(anche fig.)*: — *le présent au passé*, mettere in relazione il presente con il passato.

relieur [ʀəljœʀ] (f. -*euse*) *agg.* e *s.m.* rilegatore || *boutique de* —, legatoria.

religieuse [ʀəliʒjøz] *s.f.* **1** suora, religiosa **2** *(cuc.)* dolce di bignè farciti di crema.

religieusement [ʀəliʒjøzmã] *avv.* **1** religiosamente **2** *(fig.)* scrupolosamente.

religieux [ʀəliʒjø] (f. -*euse*) *agg.* e *s.m.* religioso.

religion [ʀəliʒjɔ̃] *s.f.* religione || *entrer en* —, prendere i voti.

religiosité [ʀəliʒjozite] *s.f.* religiosità.

reliquaire [ʀəlikɛʀ] *s.m.* reliquiario.

reliquat [ʀəlika] *s.m.* residuo.

relique [ʀəlik] *s.f.* reliquia *(anche fig.)*.

relire [ʀəliʀ] *(coniug. come* lire*) v.tr.* rileggere □ **se relire** *v.pron.* rileggere ciò che si è scritto, rileggersi.

reliure [ʀəljyʀ] *s.f.* rilegatura.

relogement [ʀələʒmã] *s.m.* assegnazione di un nuovo alloggio.

reloger [ʀələʒe] *(coniug. come* manger*) v.tr.* rialloggiare.

relouer [ʀəlwe] *v.tr.* riaffittare.

relu [ʀəly] *part. pass. di* relire.

relui [ʀəlɥi] *part. pass. di* reluire.

reluire [ʀəlɥiʀ] *(coniug. come* conduire, *tranne al part.pass.* relui*) v.intr.* brillare, risplendere: *tout reluit chez elle*, la sua casa è uno specchio.

reluisant [ʀəlɥizã] *agg.* **1** lucido, splendente **2** *(fig.)* brillante || *un milieu pas très* —, un ambiente un po' squallido.

reluquer [ʀəlyke] *v.tr. (fam.)* adocchiare.

remâcher [ʀəmɑʃe] *v.tr.* ruminare; *(fig.)* rimuginare.

remaillage [ʀəmɑjaʒ] *s.m.* rammagliatura *(f.)*.

remailler [ʀəmɑje] *v.tr.* rammagliare.

rémanent [ʀemanã] *agg.* persistente.

remaniement [ʀəmanimã] *s.m.* rimaneggiamento.

remanier [ʀəmanje] *v.tr.* rimaneggiare.

remaquiller [ʀəmakije] *v.tr.* truccare di nuovo □ **se remaquiller** *v.rifl.* rifarsi il trucco.

remariage [ʀəmaʀjaʒ] *s.m.* il risposarsi, nuovo matrimonio.

remarier [ʀəmaʀje] *v.tr.* risposare □ **se remarier** *v.pron.* risposarsi.

remarquable [ʀəmaʀkabl] *agg.* notevole || -*ement avv.*

remarque [ʀəmaʀk] *s.f.* **1** nota, postilla **2** osservazione: *faire une* —, notare; *j'en avais déjà fait la* —, lo avevo già notato || *faire une* — *à qqn*, fare un'osservazione a qlcu.

remarquer [ʀəmaʀke] *v.tr.* notare.

remballage [ʀãbalaʒ] *s.m.* l'imballare di nuovo.

remballer [ʀãbale] *v.tr.* **1** rimballare **2** *(fam.)* mandare al diavolo.

rembarquement [ʀãbaʀkəmã] *s.m.* reimbarco.

rembarquer [ʀãbaʀke] *v.tr.* reimbarcare ♦ *v.intr.* reimbarcarsi □ **se rembarquer** *v.pron.* reimbarcarsi.

rembarrer [ʀãba(ɑ)ʀe] *v.tr. (fam.)* trattare male.

remblai [ʀãblɛ] *s.m.* **1** (terreno, materiale di) riporto **2** terrapieno **3** rinterro.

remblaiement [ʀãblɛmã] *s.m. (geol.)* colmata *(f.)*, deposito (di materiali trasportati dall'acqua).

remblaver [ʀãblave] *v.tr. (agr.)* riseminare (quando la prima semina non è riuscita).

remblayage [ʀãblɛjaʒ] *s.m.* riporto (di terra), rinterro.

remblayer [ʀãbleje] *(coniug. come* payer*) v.tr.* colmare, rinterrare.

rembobiner [ʀãbɔbine] *v.tr.* riavvolgere in bobina.

remboîter [ʀãbwate] *v.tr.* rimettere a posto; *(med.)* ridurre.

rembourrage [ʀãbuʀaʒ] *s.m.* imbottitura *(f.)*.

rembourrer [ʀãbuʀe] *v.tr.* imbottire.

remboursable [ʀãbuʀsabl] *agg.* rimborsabile.

remboursement [ʀãbuʀsəmã] *s.m.* rimborso; pagamento || *envoi contre* —, contro assegno.

rembourser [ʀãbuʀse] *v.tr.* rimborsare, risarcire (un danno); pagare.

rembrunir, se [səʀãbʀyniʀ] *v.pron.* rabbuiarsi, rannuvolarsi.

remède [ʀəmɛd] *s.m.* rimedio: — *de bonne femme*, rimedio empirico, della nonna.

remédiable [ʀəmedjabl] *agg.* rimediabile.

remédier [ʀəmedje] *v.intr.* rimediare (a).

remembrement [ʀəmãbʀəmã] *s.m.* accorpamento fondiario.

remembrer [ʀəmãbʀe] *v.tr.* accorpare (terreni).

remémorer, se sə[Rəmemɔre] *v.pron.* rammentarsi.

remerciement [Rəmɛrsimã] *s.m.* ringraziamento: *une lettre de remerciements*, una lettera di ringraziamento ‖ (*comm.*) *avec mes remerciements anticipés*, ringraziando anticipatamente.

remercier [Rəmɛrsje] *v.tr.* **1** ringraziare: — *verbalement, d'un sourire*, ringraziare a voce, con un sorriso; *"Voulez-vous que je vous aide?" "Je vous remercie"*, "Vuole che l'aiuti?" "Grazie, no" **2** (*estens.*) congedare, licenziare.

réméré [Remere] *s.m.* (*dir.*) riscatto: *vente à* —, vendita con patto di riscatto.

remettre [Rəmɛtr] (*coniug. come* mettre) *v.tr.* **1** rimettere: — *une montre à l'heure*, rimettere all'ora giusta, regolare un orologio; — *du sel*, aggiungere sale; — *en cause*, rimettere in causa, tirare in ballo di nuovo; — *en état*, ripristinare, restaurare; — *en question*, rimettere in discussione; — *à zéro*, azzerare; — *en esprit*, (far) ricordare; — *qqn*, (*fam.*) riconoscere qlcu ‖ *en* —, (*fam.*) esagerare ‖ — *ça*, (*fam.*) ricominciare ‖ — *un bras*, (*med.*) ridurre un braccio **2** rimettere (in salute), ristabilire **3** rimettere, consegnare; recapitare: — *à la justice*, consegnare alla giustizia; — *au hasard*, affidare al caso; — *sa démission*, dare le dimissioni **4** rimettere, condonare: — *une dette*, condonare un debito **5** rimandare: — *à plus tard*, rimandare a più tardi □ **se remettre** *v.pron.* **1** rimettersi ‖ *il s'est remis à l'anglais*, ha ricominciato con l'inglese **2** rimettersi (in salute), ristabilirsi ‖ *remettez-vous*, (*fam.*) si calmi **3** *s'en* — *à*, rimettersi, affidarsi a: *s'en* — *à la décision de qqn*, rimettersi, affidarsi alla decisione di qlcu; *remettez-vous-en à moi*, lasci fare a me.

remeubler [Rəmœble] *v.tr.* riammobiliare.

rémige [Remiʒ] *s.f.* (*zool.*) remigante.

remilitariser [Rəmilitarize] *v.tr.* rimilitarizzare.

réminiscence [Reminisãs] *s.f.* reminiscenza.

remis [Rəmi] *part. pass. di* remettre.

remise [Rəmiz] *s.f.* **1** rimessa, il rimettere: — *en ordre*, riordinamento; — *en état*, restauro, ripristino; — *en marche*, rimessa in moto, (*fig.*) ripresa; — *en service, en activité*, riattivazione; — *à zéro*, azzeramento **2** rimessa, consegna ‖ *la* — *du prix Nobel*, la consegna del premio Nobel **3** remissione, condono (*m.*): — *de dette*, remissione di un debito ‖ — *des péchés*, remissione dei peccati; — *de peine*, condono di pena **4** riduzione, sconto (*m.*): — *de 5%*, sconto del 5% **5** rinvio (*m.*) **6** ripostiglio (*m.*), rimessa.

remiser [Rəmize] *v.tr.* mettere al riparo, mettere al coperto; mettere in rimessa (una vettura ecc.).

rémissible [Remisibl] *agg.* remissibile, perdonabile; (*dir.*) condonabile.

rémission [Remisjɔ̃] *s.f.* **1** remissione, perdono (*m.*): — *de peine*, condono di pena; (*dir.*) *clause de* —, clausola remissiva ‖ *sans* —, senza remissione; implacabilmente **2** (*med.*) remissione.

remmailler [Rãmaje] *v.tr.* → **remailler**.

remmener [Rãmne] (*coniug. come* semer) *v.tr.* ricondurre.

remodelage [Rəmɔdlaʒ] *s.m.* **1** il rimodellare **2** riorganizzazione (*f.*).

remodeler [Rəmɔdle] (*coniug. come* semer) *v.tr.* rimodellare; ristrutturare (*anche fig.*).

rémois [Remwa] *agg.* di Reims.

remontage [Rəmɔ̃taʒ] *s.m.* **1** (*tecn.*) rimontaggio, rimontatura (*f.*) **2** ricarica (di orologio ecc.).

remontant [Rəmɔ̃tɑ̃] *agg. e s.m.* (*med.*) ricostituente.

remontée [Rəmɔ̃te] *s.f.* **1** risalita **2** (*sport*) rimonta **3** — *mécanique*, impianto di risalita (per sciare).

remonte-pente [Rəmɔ̃tpɑ̃t] (pl. *remonte-pentes*) *s.m.* ski-lift.

remonter [Rəmɔ̃te] *v.intr.* **1** risalire (*anche fig.*): — *dans sa chambre*, risalire in camera; *sa noblesse remonte au Moyen Age*, la sua nobiltà risale al, data dal Medioevo ‖ *le cours du franc remonte*, il corso del franco è in rialzo; *ses actions remontent*, (*fig.*) le sue azioni sono in rialzo **2** (*bot.*) rifiorire (nella stessa stagione) ♦ *v.tr.* **1** risalire: *le cycliste a remonté le peloton*, il ciclista ha rimontato il gruppo **2** riportare su: — *une malle au grenier*, riportare un baule in soffitta **3** tirare su (*anche fig.*): *remonte tes chaussettes*, tirati su le calze; *essaye de le* —, *de lui* — *le moral*, cerca di tirarlo su (di morale) **4** (*spec. tecn.*) rimontare: — *un moteur*, rimontare un motore; — *une montre*, ricaricare un orologio ‖ — *une pièce de théâtre*, allestire di nuovo un lavoro teatrale ‖ — *sa garde-robe*, rinnovare il guardaroba □ **se remonter** *v.pron.* **1** tirarsi su (di morale) **2** (*tecn.*) ricaricarsi.

remontoir [Rəmɔ̃twar] *s.m.* (*tecn.*) meccanismo di carica.

remontrance [Rəmɔ̃trɑ̃s] *s.f.* rimostranza.

remontrer [Rəmɔ̃tre] *v.tr.* mostrare di nuovo □ **en remontrer à**, dare dei punti a, saperla più lunga di.

rémora [Remɔra] *s.m.* (*zool.*) remora (*f.*).

remords [Rəmɔr] *s.m.* rimorso: *avoir le* — *de*, provare rimorso per.

remorquage [Rəmɔrkaʒ] *s.m.* il rimorchiare, rimorchio.

remorque [Rəmɔrk] *s.f.* rimorchio (*m.*) (*anche fig.*): (*câble de*) —, cavo di rimorchio ‖ *prendre en* —, rimorchiare ‖ *être à la* —, (*fam.*) restare indietro.

remorquer [Rəmɔrke] *v.tr.* rimorchiare (*anche fig.*).

remorqueur [Rəmɔrkœr] (f. *-euse*) *agg. e s.m.* rimorchiatore.

rémoulade [Remulad] *s.f.* (*cuc.*) maionese con senape e erbe aromatiche.

rémouleur [Remulœr] *s.m.* arrotino.

remous [Rəmu] *s.m.* **1** risucchio, mulinello; (*estens.*) turbine **2** (*fig.*) agitazione (*f.*): *les* — *de la foule*, l'ondeggiare della folla; *les grands* — *sociaux*, i grandi sommovimenti sociali **3** *bain à* —, idromassaggio.

rempailler [Rãpaje] *v.tr.* rimpagliare.

rempart [Rɑ̃paR] *s.m.* **1** *pl.* mura (*f.*), bastioni **2** (*fig.*) baluardo, difesa (*f.*): *se faire un — du corps de qqn*, farsi scudo con il corpo di qlcu.

rempiler [Rɑ̃pile] *v.intr.* (*mil. fam.*) rinnovare la ferma.

remplaçable [Rɑ̃plasabl] *agg.* sostituibile.

remplaçant [Rɑ̃plasɑ̃] *s.m.* **1** sostituto, supplente **2** (*sport*) riserva (*f.*).

remplacement [Rɑ̃plasmɑ̃] *s.m.* **1** sostituzione (*f.*): *en —*, in sostituzione, in cambio || *de —*, sostitutivo; *produit de —*, succedaneo **2** supplenza (*f.*) **3** (*amm.*) subentro, rimpiazzo.

remplacer [Rɑ̃plase] (*coniug. come* placer) *v.tr.* sostituire (con); (*fam.*) rimpiazzare (con): *— une sentinelle*, dare il cambio a una sentinella.

rempli [Rɑ̃pli] *agg.* pieno, colmo: *seau bien —*, secchio ricolmo; *— de son importance*, pieno di sé.

remplir [Rɑ̃pliR] *v.tr.* **1** riempire (*anche fig.*): *— ses poches, se — les poches*, riempirsi le tasche, (*fig.*) fare (i) soldi || *— de joie*, riempire, colmare di gioia || *— un formulaire*, riempire, compilare un modulo **2** adempiere, assolvere: *— une fonction*, adempiere, svolgere una funzione; (*à titre provisoire*) assolvere un incarico; *— une mission*, assolvere, compiere una missione; *— le rôle de*, ricoprire il ruolo di, fare da; *— une promesse*, adempiere, mantenere una promessa **3** soddisfare: *sa candidature remplit toutes les conditions nécessaires*, la sua candidatura soddisfa tutte le condizioni richieste || *— les espérances de qqn*, colmare, soddisfare le speranze di qlcu □ **se remplir** *v.pron.* riempirsi.

remplissage [Rɑ̃plisaʒ] *s.m.* **1** riempimento **2** (*fig.*) riempitivo.

remploi [Rɑ̃plwa] *s.m.* **1** reimpiego **2** (*edil.*) recupero.

remployer [Rɑ̃plwaje] (*coniug. come* employer) *v.tr.* reimpiegare.

remplumer, se [səRɑ̃plyme] *v.pron.* (*fam.*) rimpolparsi (*anche fig.*).

remporter [Rɑ̃pɔRte] *v.tr.* **1** riprendere **2** (*fig.*) ottenere: *— une victoire*, riportare una vittoria; *— un prix*, vincere un premio.

rempoter [Rɑ̃pɔte] *v.tr.* rinvasare.

remuant [Rəmɥɑ̃] *agg.* irrequieto, turbolento.

remue-ménage [Rəmymenaʒ] (*pl. invar.*) *s.m.* scompiglio, trambusto.

remuement [Rəmymɑ̃] *s.m.* movimento.

remuer [Rəmɥe] *v.tr.* **1** muovere, smuovere, agitare: *— la queue*, dimenare la coda, scodinzolare; *— son café*, mescolare il caffè || *il n'a pas remué le petit doigt*, (*fig.*) non ha mosso un dito || *— ciel et terre*, smuovere cielo e terra || *— des souvenirs*, rinvangare dei ricordi **2** rimuovere, spostare **3** commuovere ♦ *v.intr.* muoversi; agitarsi: *il ne peut pas rester une minute sans —*, non sta fermo un momento; *une dent qui remue*, un dente che balla □ **se remuer** *v.pron.* muoversi.

rémunérateur [RemyneratœR] (*f. -trice*) *agg.* rimunerativo.

rémunération [RemyneRasjɔ̃] *s.f.* rimunerazione, compenso (*m.*).

rémunérer [Remynere] (*coniug. come* céder) *v.tr.* rimunerare, retribuire (qlcu).

renâcler [Rənakle] *v.intr.* **1** sbuffare (spec. di animali) **2** (*fig.*) mostrare ripugnanza; essere riluttante (a): *— à la besogne*, essere recalcitrante al lavoro.

renaissance [Rənɛsɑ̃s] *s.f.* **1** rinascita **2** *la Renaissance*, il Rinascimento (*m.*) ♦ *agg.invar.* rinascimentale: *architecture Renaissance*, architettura rinascimentale.

renaître [RənɛtR] (*coniug. come* naître, *manca del part.pass. e dei tempi composti*) *v.intr.dif.* rinascere, risorgere (*anche fig.*).

rénal [Renal] (*pl. -aux*) *agg.* (*anat.*) renale.

renard [RənaR] *s.m.* volpe (*f.*) || *un fin —*, (*fig.*) una vecchia volpe, un volpone.

renarde [RənaRd] *s.f.* volpe femmina.

renardeau [RənaRdo] (*pl. -eaux*) *s.m.* volpacchiotto.

rencard [Rɑ̃kaR] *s.m.* → **rancard**.

renchérir [Rɑ̃ʃeRiR] *v. intr.* **1** rincarare || (*fig.*) *sur*, dire, fare di più **2** rilanciare (a un'asta).

renchérissement [Rɑ̃ʃeRismɑ̃] *s.m.* rincaro; rilancio (a un'asta).

rencontre [Rɑ̃kɔ̃tR] *s.f.* incontro (*m.*): *faire la — de qqn*, incontrare qlcu; *aller à la — de qqn*, andare incontro a qlcu; *— de deux cours d'eau*, confluenza di due corsi d'acqua; *une — de boxe*, un incontro di pugilato || *une — au pistolet*, un duello con la pistola || *de —*, occasionale, casuale; *par —*, per caso.

rencontrer [Rɑ̃kɔ̃tRe] *v.tr.* incontrare □ **se rencontrer** *v.pron.* incontrarsi: *nous nous sommes déjà rencontrés?*, ci conosciamo già? || *nos idées se rencontrent*, le nostre idee convergono.

rendement [Rɑ̃dmɑ̃] *s.m.* **1** rendimento: *le — d'une machine*, la resa di una macchina **2** potenza (di un motore).

rendez-vous [Rɑ̃devu] (*pl. invar.*) *s.m.* **1** appuntamento || *sur —*, per appuntamento **2** ritrovo; luogo d'incontro.

rendormir [Rɑ̃dɔRmiR] (*coniug. come* dormir) *v.pron.* riaddormentarsi.

rendre [Rɑ̃dR]

Indic.pres. je rends, tu rends, il rend, etc.; *imperf.* je rendais, etc.; *pass.rem.* je rendis, etc.; *fut.* je rendrai, etc. *Cond.* je rendrais, etc. *Cong.pres.* que je rende, etc.; *imperf.* que je rendisse, que tu rendisses, qu'il rendît, etc. *Part.pres.* rendant; *pass.* rendu. *Imp.* rends, rendons, rendez.

v.tr. **1** rendere (*anche fig.*); restituire: *il m'a rendu mon argent*, mi ha restituito i miei soldi || *— honneur à qqn*, onorare qlcu || *— à la liberté*, rimettere in libertà || *— à qqn son salut*, ricambiare il saluto di qlcu; *— une gentillesse*, ricambiare una gentilezza || *— les armes*, arrendersi || *— heureux*, far felice || *je lui fais confiance, il me le rend bien*, ho fiducia in lui, e sono pienamente contraccambiato **2** rendere, fruttare: *sa ferme lui* *rend peu*, la fattoria gli rende poco 3 esprimere; tradurre 4 (*dir.*) emettere: — *un jugement*, pronunciare una sentenza; — *un décret*, emanare un decreto 5 (*fam.*) vomitare ♦ *v.intr.* rendere: *mon commerce ne rend pas*, i miei affari non rendono □ **se rendre** *v.pron.* 1 recarsi 2 arrendersi (*anche fig.*): *se — aux prières de qqn*, cedere alle preghiere di qlcu 3 rendersi.

rendu [Rãdy] *part. pass. di* rendre ♦ *agg.* 1 reso 2 (*arrivé*) arrivato, giunto a destinazione 3 (*fatigué*) stanco: — *de fatigue*, sfinito dalla stanchezza ♦ *s.m.* 1 potenza espressiva 2 (*comm.*) oggetto reso.

rêne [REn] *s.f.* redine, briglia.

renégat [Rãnega] *s.m.* rinnegato.

renfermé [Rãfɛrme] *agg.* (*fig.*) chiuso ♦ *s.m.* odore di chiuso.

renfermer [Rãfɛrme] *v.tr.* 1 rinchiudere 2 racchiudere, contenere □ **se renfermer** *v.pron.* chiudersi (*spec.fig.*).

renflé [Rãfle] *agg.* rigonfio || (*arch.*) *colonne renflée*, colonna con entasi.

renflement [Rãflǝmã] *s.m.* 1 rigonfiamento 2 (*arch.*) entasi (*f.*).

renfler [Rãfle] *v.tr.* rigonfiare □ **se renfler** *v.pron.* gonfiarsi.

renflouage [Rãflua], **renflouement** [Rãflumã] *s.m.* (*mar.*) ricupero.

renflouer [Rãflue] *v.tr.* (*mar.*) ricuperare, riportare a galla (*anche fig.*).

renfoncement [Rãfõsmã] *s.m.* rientranza (*f.*).

renfoncer [Rãfõse] (*coniug. come* placer) *v.tr.* 1 ricacciare giù (*anche fig.*): — *son chapeau*, calcarsi il cappello in testa; — *un clou*, ripiantare un chiodo 2 (*tip.*) rientrare.

renforcement [Rãfɔrsǝmã] *s.m.* rafforzamento.

renforcer [Rãfɔrse] (*coniug. come* placer) *v.tr.* rinforzare, rafforzare (*anche fig.*).

renfort [Rãfɔr] *s.m.* rinforzo: *troupes en* —, truppe di rincalzo || *à grand — de*, a furia di, a forza di.

renfrogné [Rãfrɔɲe] *agg.* accigliato, imbronciato.

renfrogner, se [sǝRãfrɔɲe] *v.pron.* accigliarsi.

rengager [Rãgaʒe] (*coniug. come* manger) *v.tr.* 1 impegnare di nuovo 2 riassumere (un dipendente) 3 (*fam.*) ricominciare ♦ *v.intr.* (*mil.*) rinnovare la ferma □ **se rengager** *v.pron.* arruolarsi di nuovo.

rengaine [Rãgɛn] *s.f.* (*fam.*) ritornello (*m.*); (*fig.*) solfa.

rengainer [Rãgene] *v.tr.* rinfoderare (*anche fig.*).

rengorger, se [sǝRãgɔrʒe] (*coniug. come* manger) *v.pron.* 1 gonfiare il petto (degli uccelli) 2 (*fig.*) pavoneggiarsi.

reniement [Rǝnimã] *s.m.* il rinnegare.

renier [Rǝnje] *v.tr.* rinnegare (*anche fig.*): — *ses idées*, sconfessare le proprie idee; — *ses promesses*, non mantenere le promesse fatte.

reniflement [Rǝniflǝmã] *s.m.* 1 il tirare su col naso 2 rumore (che si fa tirando su col naso).

renifler [Rǝnifle] *v.intr.* tirar su col naso ♦ *v.tr.* annusare; (*fig.*) fiutare.

rennais [REnɛ] *agg.* di Rennes.

renne [REn] *s.m.* (*zool.*) renna (*f.*).

renom [Rǝnõ] *s.m.* rinomanza (*f.*), fama (*f.*): *de* —, rinomato, famoso.

renommé [Rǝnɔme] *agg.* rinomato, famoso.

renommée [Rǝnɔme] *s.f.* fama.

renommer [Rǝnɔme] *v.tr.* rinominare; rieleggere.

renon [Rǝnõ] *s.m.* (*in Belgio*) disdetta di un contratto di affitto.

renoncement [Rǝnõsmã] *s.m.* 1 rinuncia (*f.*) 2 abnegazione (*f.*).

renoncer [Rǝnõse] (*coniug. come* placer) *v.intr.* rinunciare.

renonciation [Rǝnõsjasjõ] *s.f.* 1 rinuncia 2 (*dir.*) recesso (*m.*).

renoncule [Rǝnõkyl] *s.f.* (*bot.*) ranuncolo (*m.*).

renouer [Rǝnwe] *v.tr.* riannodare, riallacciare: — *sa cravate*, rifarsi il nodo della cravatta; — *la conversation*, riprendere la conversazione ♦ *v.intr.* riallacciare (i rapporti con).

renouveau [Rǝnuvo] *s.m.* 1 rinnovamento, rinascita (*f.*) || *avoir un — de succès*, avere di nuovo successo 2 (*letter.*) stagione novella, primavera (*f.*).

renouvelable [Rǝnuvlabl] *agg.* rinnovabile.

renouveler [Rǝnuvle] (*coniug. come* appeler) *v.tr.* rinnovare: — *une expérience*, ripetere un'esperienza; — *l'air d'une pièce*, cambiare l'aria in una stanza || (*med.*) *traitement à —*, cura da ripetere || — *la douleur*, (*fig.*) ravvivare il dolore □ **se renouveler** *v.pron.* 1 rinnovarsi 2 ripetersi.

renouvellement [Rǝnuvelmã] *s.m.* rinnovamento, rinnovo: *le — des sciences et des arts*, (*fig.*) la rinascita delle scienze e delle arti.

rénovateur [Renɔvatœr] (*f. -trice*) *agg.* e *s.m.* rinnovatore.

rénovation [Renɔvasjõ] *s.f.* 1 rinnovazione, rinnovamento (*m.*) 2 (*edil.*) ristrutturazione.

rénover [Renɔve] *v.tr.* 1 rinnovare 2 (*edil.*) ristrutturare.

renseignement [Rãsɛɲmã] *s.m.* informazione (*f.*): *pour tous renseignements complémentaires s'adresser à...*, per ulteriori informazioni, rivolgersi a... || (*bureau de*) *renseignements*, ufficio informazioni; *où sont les renseignements?*, dov'è l'ufficio informazioni?; *aller aux renseignements*, (*fam.*) andare a informarsi || *Renseignements généraux* (*RG*), organismo della polizia di stato per la ricerca di informazioni a carattere politico e sociale || *Service de renseignements* (*SR*), servizi segreti.

renseigner [Rãseɲe] *v.tr.* informare (di) □ **se renseigner** *v.pron.* informarsi (di).

rentabiliser [Rãtabilize] *v.tr.* rendere redditizio.

rentabilité [Rãtabilite] *s.f.* redditività; rendimento (*m.*).

rentable [Rãtabl] *agg.* redditizio; (*fig.*) conveniente.

rente [Rãt] *s.f.* rendita: — *à cinq pour cent*, rendita del cinque per cento; *vivre de ses rentes*, vivere di rendita; *servir une — à qqn*, passare a qlcu una rendita.

rentier [Rãtje] (f. *-ère*) *s.m.* beneficiario di una rendita.

rentrant [Rãtrã] *agg.* rientrante || (*aer.*) *train d'atterrissage —*, carrello di atterraggio retrattile.

rentré [Rãtre] *agg.* **1** incavato, infossato **2** (*fig.*) represso.

rentrée [Rãtre] *s.f.* **1** rientro (*m.*), ritorno (*m.*): *on se reverra à la —*, ci rivedremo al ritorno dalle vacanze; *faire sa — politique*, ritornare alla vita politica; *la — parlementaire*, la ripresa dei lavori parlamentari || *la — (des classes)*, la riapertura delle scuole **2** (*econ.*) introito (*m.*), entrata: *— de fonds*, reintroito di fondi || *avoir une grosse — d'argent*, incassare una forte somma.

rentrer [Rãtre] *v.intr.* **1** rientrare, ritornare: *— chez soi*, (ri)tornare a casa, rincasare || *— dans l'ordre*, ritornare alla normalità || *— dans ses droits*, riacquistare i propri diritti; *— dans son bien*, rientrare in possesso dei propri beni || *je dois lui faire — ça dans la tête!*, (*fam.*) devo farglielo entrare in testa! || *la voiture est rentrée dans un mur*, la macchina è andata a sbattere contro un muro; *il m'est rentré dedans*, (*fam.*) mi ha picchiato **2** rientrare, fare parte di: *cela rentre dans mes attributions*, ciò fa parte delle mie mansioni; *ces boîtes rentrent les unes dans les autres*, queste scatole si incastrano l'una nell'altra ♦ *v.tr.* **1** riporre; ritirare: *— les foins*, riporre il fieno; *rentrons les chaises du jardin*, riportiamo dentro le sedie del giardino || *— le ventre*, tirare (in) dentro la pancia || *— ses griffes*, (*anche fig.*) rinfoderare gli artigli || *— la tête dans ses épaules*, incassare la testa nelle spalle **2** introdurre: *il avait du mal à — la clef dans la serrure*, faceva fatica a infilare la chiave nella toppa **3** (*fig.*) trattenere.

renversant [Rãversã] *agg.* (*fam.*) stupefacente.

renverse [Rãvers] *s.f.* salto (*m.*), cambiamento (di vento, di corrente marina) || (*in Canada*) *passer la —*, fare marcia indietro □ **à la renverse** *locuz.avv.* riverso, all'indietro.

renversé [Rãverse] *agg.* **1** rovesciato, capovolto: *la tête renversée sur le dossier du fauteuil*, la testa riversa sullo schienale della poltrona || *c'est le monde —*, il mondo va alla rovescia || (*cuc.*) *crème renversée*, crème caramel **2** (*fam.*) sconvolto.

renversement [Rãversəmã] *s.m.* **1** rovesciamento: *le — de la monarchie*, il rovesciamento della monarchia; *le — d'une situation*, il capovolgimento d'una situazione; *le — des valeurs*, il sovvertimento dei valori **2** inversione (*f.*).

renverser [Rãverse] *v.tr.* **1** capovolgere; rovesciare; buttare a terra: *— la tête en arrière*, rovesciare la testa all'indietro; *il a été renversé par une motocyclette*, è stato investito da una motocicletta || *— une situation*, capovolgere una situazione || *— l'ordre établi*, sovvertire l'ordine **2** invertire: *— la vapeur*, invertire il movimento di una locomotiva; (*fig.*) cambiare modo di agire **3** (*fig.*)

sconvolgere □ **se renverser** *v.pron.* rovesciarsi: *la voiture s'est renversée*, l'auto ha capottato.

renvoi [Rãvwa] *s.m.* **1** rinvio: *— en jugement*, rinvio a giudizio **2** aggiornamento **3** licenziamento: *— d'un élève*, espulsione di un allievo **4** rimando, richiamo (in un testo) **5** ripercussione (di un suono); riflessione (della luce) **6** (*fam.*) rutto **7** (*mus.*) ripresa (*f.*).

renvoyer [Rãvwaje] (*coniug. come* envoyer) *v.tr.* **1** rimandare, rinviare; rilanciare: *elle m'a renvoyé chez moi*, mi ha rimandato a casa || *cette note nous renvoie à la fin du livre*, questa nota ci rimanda alla fine del libro || *la brise nous renvoyait le parfum de la mer*, la brezza ci portava il profumo del mare || (*dir.*): *— un débat, un procès*, rinviare un dibattito, aggiornare un processo; *— d'accusation*, prosciogliere **2** mandare via; licenziare: *on m'a renvoyé de l'école*, mi hanno espulso dalla scuola; *— un malade de l'hôpital*, (*fam.*) dimettere un malato dall'ospedale; *— un ministre*, destituire un ministro □ **se renvoyer** *v.pron.* rinviarsi; scambiarsi.

réoccuper [Reɔkype] *v.tr.* rioccupare.

réopérer [Reɔpere] *v.tr.* rioperare.

réorganisation [Reɔrganizasjɔ̃] *s.f.* riorganizzazione.

réorganiser [Reɔrganize] *v.tr.* riorganizzare.

réouverture [Reuvertyr] *s.f.* riapertura.

repaire [Rəper] *s.m.* tana (*f.*) || *un — de brigands*, un covo di briganti.

repaître [Rəpetr] (*coniug. come* connaître) *v.tr.* pascere; nutrire (*spec. fig.*) □ **se repaître** *v.pron.* pascersi, nutrirsi (*anche fig.*).

répandre [Repãdr] (*coniug. come* rendre) *v.tr.* **1** spandere, spargere; versare: *— une couche de goudron sur la route*, stendere uno strato di catrame sulla strada; *— du sang*, spargere sangue; *il répandit toute la monnaie sur la table*, sparpagliò tutte le monetine sulla tavola; *— la terreur*, spargere il terrore || *il en a profité pour — tout son venin*, ha colto l'occasione per sfogare tutto il suo astio **2** divulgare: *— une nouvelle*, divulgare una notizia; *qui a bien pu — ce bruit?*, chi può avere diffuso questa voce?; *— une doctrine*, diffondere una dottrina **3** elargire; distribuire: *Dieu répand ses bienfaits*, Dio elargisce i suoi doni □ **se répandre** *v.pron.* **1** diffondersi, spargersi: *le bruit s'est répandu que...*, si è sparsa la voce che... **2** riversarsi: *se — dans les rues*, riversarsi nelle strade **3** profondersi (in); prorompere (in): *se — en compliments*, profondersi in complimenti; *se — en injures*, prorompere in ingiurie.

répandu [Repãdy] *part.pass. di* répandre ♦ *agg.* diffuso.

réparable [Reparabl] *agg.* riparabile.

reparaître [Rəparetr] (*coniug. come* connaître) *v.intr.* riapparire, ricomparire.

réparateur [Reparatœr] (f.-trice) *agg.* riparatore || *un sommeil —*, un sonno ristoratore ♦ *s.m.* riparatore.

réparation [Reparasjɔ̃] *s.f.* **1** riparazione ||

(*fig.*): *demander à qqn — d'un affront*, chiedere a qlcu riparazione, soddisfazione di un affronto; *la — d'un dommage*, il risarcimento di un danno || *en — d'un tort*, a riparazione di un torto 2 (*football*) rigore (*m.*).

reparcourir [ʀəpaʀkuʀiʀ] (*coniug. come* courir) *v.tr.* ripercorrere.

réparer [ʀepaʀe] *v.tr.* riparare, aggiustare; (*fig.*) porre rimedio (a):—*ses forces*, riprendere le forze.

reparler [ʀəpaʀle] *v.intr.* riparlare, parlare di nuovo, ripiovere.

repartie [ʀəpaʀti] *s.f.* battuta, replica.

repartir[1] [ʀəpaʀtiʀ] (*coniug.come* dormir) *v.tr.* e *intr.* replicare, ribattere.

repartir[2] (*coniug. come* dormir) *v.intr.* ripartire, partire di nuovo || *— à zéro*, (*fig.*) ricominciare da capo.

répartir [ʀepaʀtiʀ] *v.tr.* ripartire, suddividere; distribuire □ **se répartir** *v.pron.* suddividersi.

répartition [ʀepaʀtisjɔ̃] *s.f.* ripartizione: *— des tâches*, divisione dei compiti.

reparu [ʀəpaʀy] *part.pass. di* reparaître.

reparution [ʀəpaʀysjɔ̃] *s.f.* ricomparsa, il riapparire.

repas [ʀəpɑ] *s.m.* pasto; pranzo: *au —, en dehors des —, entre les —*, durante i pasti, fuori pasto □ **ticket-repas**, **bon-repas**, buono pasto; **chèque-repas**, ticket restaurant; **plateau- repas**, (vassoio del) pranzo.

repassage [ʀəpɑsaʒ] *s.m.* **1** stiratura (*f.*) **2** affilatura, arrotatura (di coltelli).

repasser [ʀəpɑse] *v.intr.* ripassare ♦ *v.tr.* **1** ripassare: *— ses leçons, un rôle*, ripassare le lezioni, una parte || *— dans son esprit*, riandare col pensiero || *repasse-moi le vin*, passami ancora il vino || *— de la cire sur les parquets*, passare di nuovo la cera sui pavimenti || *— un film*, proiettare di nuovo un film **2** stirare: *— à l'envers*, stirare dal rovescio; *— à la vapeur, avec la pattemouille*, stirare a vapore, con il panno bagnato || *planche, table, fer à —*, asse, tavolo, ferro da stiro **3** arrotare, affilare **4** (*fam.*) rifilare.

repasseur [ʀəpɑsœʀ] *s.m.* arrotino.

repasseuse [ʀəpɑsøz] *s.f.* stiratrice || *— électrique*, pressa da stiro.

repavage [ʀəpavaʒ], **repavement** [ʀəpavmɑ̃] *s.m.* nuova pavimentazione, rifacimento del selciato.

repayer [ʀəpeje] (*coniug. come* payer) *v.tr.* ripagare, pagare di nuovo.

repêchage [ʀəpɛʃaʒ] *s.m.* **1** il ripescare **2** (*fam.*) salvataggio, ricupero || *examens de —*, esami di riparazione.

repêcher [ʀəpeʃe] *v.tr.* ripescare, ricuperare || *— un candidat*, (*fam.*) salvare un candidato (in pericolo di essere bocciato).

repeindre [ʀəpɛ̃dʀ] (*coniug. come* peindre) *v.tr.* ridipingere.

repeint [ʀəpɛ̃] *part.pass. di* repeindre.

repenser [ʀəpɑ̃se] *v.intr.* ripensare; riflettere ♦ *v.tr.* riesaminare, riconsiderare.

repentant [ʀəpɑ̃tɑ̃] *agg.* che si pente, pentito.

repenti [ʀəpɑ̃ti] *agg.* e *s.m.* pentito.

repentir [ʀəpɑ̃tiʀ] *s.m.* **1** pentimento: *donner des marques de —*, dar segni di pentimento **2** pentimento, correzione (*f.*).

repentir, se [səʀəpɑ̃tiʀ] (*coniug. come* dormir) *v.pron.* pentirsi.

repérable [ʀəpeʀabl] *agg.* avvistabile, individuabile.

repérage [ʀəpeʀaʒ] *s.m.* **1** avvistamento, localizzazione (*f.*) || (*mil.*) *point de —*, punto di riscontro, di orientamento **2** (*cine.*) sopralluogo.

répercussion [ʀepeʀkysjɔ̃] *s.f.* ripercussione || (*fin.*) *— de l'impôt*, traslazione dell'imposta.

répercuter [ʀepeʀkyte] *v.tr.* **1** ripercuotere: *— des sons*, ripercuotere suoni **2** (*econ.*) trasferire □ **se répercuter** *v.pron.* ripercuotersi.

repère [ʀəpeʀ] *s.m.* **1** (segno di) riferimento; (*mat.*) sistema di riferimento **2** (*topografia*) caposaldo.

repérer [ʀəpeʀe] (*coniug. come* céder) *v.tr.* **1** fare un segno (di riferimento): *— le niveau*, segnare il livello **2** individuare: *— l'ennemi*, avvistare tra la folla; *— qqn dans la foule*, scoprire qlcu tra la folla; *se faire —*, farsi scoprire □ **se repérer** *v.pron.* (*fam.*) orientarsi (*anche fig.*).

répertoire [ʀepeʀtwaʀ] *s.m.* repertorio; (*inform.*) directory.

répertorier [ʀepeʀtɔʀje] *v.tr.* repertoriare.

répéter [ʀepete] (*coniug. come* céder) *v.tr.* **1** ripetere || *— le même motif décoratif*, riprodurre lo stesso motivo decorativo **2** (*teatr.*) fare le prove (di), provare □ **se répéter** *v.pron.* ripetersi.

répétiteur [ʀepetitœʀ] (f. *-trice*) *agg.* ripetitore ♦ *s.m.* **1** insegnante privato; (*antiq.*) precettore **2** (*tecn.*) ripetitore.

répétitif [ʀepetitif] (f. *-ive*) *agg.* ripetitivo.

répétition [ʀepetisjɔ̃] *s.f.* **1** ripetizione **2** (*teatr.*) prova: *mettre une pièce en —*, provare un lavoro teatrale.

répétitivité [ʀepetitivite] *s.f.* ripetitività.

repeuplement [ʀəpœpləmɑ̃] *s.m.* **1** ripopolamento **2** rimboschimento.

repeupler [ʀəpœple] *v.tr.* **1** ripopolare **2** rimboschire.

repiquage [ʀəpikaʒ], **repiquement** [ʀəpikmɑ̃] *s.m.* **1** (*agr.*) trapianto; monda (del riso) **2** nuova registrazione (di un disco).

repiquer [ʀəpike] *v.tr.* **1** pungere di nuovo **2** (*agr.*) trapiantare; mondare (il riso) **3** fare una nuova registrazione (di un disco).

répit [ʀepi] *s.m.* respiro; tregua (*f.*) || *sans —*, senza tregua.

replacement [ʀəplasmɑ̃] *s.m.* **1** ricollocamento **2** (*fin.*) reinvestimento.

replacer [ʀəplase] (*coniug. come* placer) *v.tr.* **1** ricollocare, riporre **2** (*fin.*) reinvestire □ **se replacer** *v.pron.* impiegarsi di nuovo.

replanter [ʀəplɑ̃te] *v.tr.* ripiantare.

replat [ʀəpla] *s.m.* (*geogr.*) ripiano.

replâtrage [ʀəplɑtʀaʒ] *s.m.* **1** rintonacatura (*f.*) **2** (*fig. fam.*) rabberciatura (*f.*).

replâtrer [Rəplɑtre] *v.tr.* **1** rintonacare **2** (*fig. fam.*) rabberciare.

replet [Rəplɛ] (f. *-ète*) *agg.* grassoccio, rotondetto.

repleuvoir [Rəplœvwar] (*coniug. come* pleuvoir) *v.intr.* piovere di nuovo, ripiovere.

repli [Rəpli] *s.m.* piega (*f.*), ripiegatura (*f.*) || *les replis de l'âme*, (*fig.*) i più intimi recessi dell'animo || (*mil.*) *manœuvre de —*, manovra di ripiegamento || *les replis du terrain*, le sinuosità del terreno.

repliable [Rəpliabl] *agg.* ripiegabile.

repliement [Rəplimã] *s.m.* ripiegamento.

replier [Rəplije] *v.tr.* ripiegare □ **se replier** *v.pron.* ripiegarsi: *se — sur soi-même*, (*fig.*) rinchiudersi in se stesso.

réplique [Replik] *s.f.* **1** replica, risposta || *un argument sans —*, un argomento irrefutabile; *il faut obéir sans —*, bisogna ubbidire senza discutere **2** (*teatr.*) battuta || *donner la —*, fare da spalla || *il a bien su lui donner la —*, ha saputo rispondergli a tono || *se donner la —*, discutere, rispondersi a vicenda **3** riproduzione, copia (di un'opera d'arte).

répliquer [Replike] *v.tr.* replicare, ribattere ♦ *v. intr.* rispondere, replicare.

reploiement [Rəplwamã] *s.m.* → **repliement**.

replonger [Rəplɔ̃ʒe] (*coniug. come* manger) *v.tr.* rituffare ♦ *v.intr.* rituffarsi □ **se replonger** *v.pron.* rituffarsi (*anche fig.*).

replu [Rəply] *part. pass. di* repleuvoir.

repolissage [Rəpolisaʒ] *s.m.* (*tecn.*) ripulitura (*f.*).

répondant [Repɔ̃dã] *s.m.* **1** (*dir.*) mallevadore, garante **2** (somma che serve di) garanzia || *avoir du —*, (*fam.*) avere le spalle coperte.

répondeur [Repɔ̃dœr] (f. *-euse*) *agg.* che risponde ♦ *s.m.*: — (*téléphonique*), segreteria telefonica.

répondre [Repɔ̃dr] (*coniug. come* rendre) *v.tr.* rispondere || (*alle carte*) *cœur*, rispondere a cuori ♦ *v.intr.* **1** rispondere: — *par signes*, rispondere a gesti; — *de la tête*, rispondere con un cenno del capo; — *par oui ou par non*, rispondere (con un) sì o (con un) no ; — *que oui, que non*, rispondere di sì, di no || *bien répondu*, (*fam.*) ben detto || *je réponds de mon fils*, rispondo io di mio figlio; *son organisme ne répond plus*, il suo organismo non reagisce, non risponde più; *je ne réponds de rien*, non garantisco nulla **2** (*fig.*) corrispondere: — *à l'attente*, corrispondere all'attesa □ **se répondre** *v.pron.* corrispondere.

répondu [Repɔ̃dy] *part.pass. di* répondre.

répons [Repɔ̃] *s.m.* (*eccl.*) responsorio.

réponse [Repɔ̃s] *s.f.* risposta: *en — à votre lettre du...*, in risposta alla vostra del... || *avoir — à tout*, aver sempre la risposta pronta || — *du jury*, verdetto della giuria || *droit de —*, diritto di replica || — *du médecin*, responso del medico □ **coupon-réponse**, tagliando di risposta.

repopulation [Rəpɔpylasjɔ̃] *s.f.* ripopolamento (*m.*).

report [Rəpɔr] *s.m.* **1** riporto: (*fin.*) — *à nouveau*, riporto a nuovo **2** rimando, rinvio: — *d'incorporation*, rinvio del servizio militare.

reportage [Rəpɔrtaʒ] *s.m.* **1** servizio (di inviato speciale ecc.): — *radiodiffusé, télévisé*, radiocronaca, telecronaca **2** mestiere del cronista □ **film-reportage**, film documentario.

reporter[1] [Rəpɔrte] *v.tr.* **1** riportare **2** rimandare, rinviare: — *à une date ultérieure*, rinviare a data da stabilirsi **3** riversare: *elle a reporté sur son fils toutes ses ambitions*, ha riversato sul figlio tutte le sue ambizioni □ **se reporter** *v.pron.* riferirsi || *il se reportait par la pensée aux jours heureux*, riandava con la mente ai giorni felici.

reporter[2] [Rəpɔrtɛr] *s.m.* reporter.

repos [Rəpo] *s.m.* **1** riposo || *n'avoir ni trêve ni —*, non avere un attimo di tregua, di respiro; *pas avoir de —*, non aver pace || (*banca*) *valeurs de tout —*, titoli di sicuro affidamento; *affaire de tout —*, affare sicuro || *au —*, a riposo; *en —*, in pace **2** (*edil.*) pianerottolo, riposo **3** (*mus.*) pausa (*f.*) **4** (*metrica*) cesura (*f.*).

reposant [Rəpozã] *agg.* riposante.

reposé [Rəpoze] *agg.* riposato || *à tête reposée*, a mente fresca.

repose-pied(s) [Rəpozpje] (pl. *repose-pieds*) *s.m.* poggiapiedi.

reposer[1] [Rəpoze] *v.tr.* posare di nuovo, riposare: *repose ton verre sur la table*, rimetti il bicchiere sulla tavola □ **se reposer** *v.pron.* posarsi di nuovo: *la question se repose dans les mêmes termes*, il problema si pone ancora negli stessi termini.

reposer[2] [Rəpoze] *v.intr.* **1** riposare || *il repose au cimetière Montmartre*, riposa nel cimitero di Montmartre; *ici repose...*, qui giace... **2** poggiare (*anche fig.*): *sa tête reposait sur un coussin*, la sua testa era adagiata su un cuscino || *la responsabilité de l'entreprise reposait sur lui*, la responsabilità dell'azienda gravava su di lui ♦ *v.tr.* **1** posare, lasciare andare **2** dar sollievo a: *cette lumière repose la vue*, questa luce riposa la vista □ **se reposer** *v.pron.* **1** riposarsi || *se — sur ses lauriers*, (*fig.*) riposarsi sugli allori **2** affidarsi (a), contare (su).

repose-tête [Rəpoztɛt] (pl. *invar.*) *s.m.* poggiatesta.

reposoir [Rəpozwar] *s.m.* (*eccl.*) repositorio.

repoussant [Rəpusã] *agg.* ripugnante, repellente.

repousse [Rəpus] *s.f.* ricrescita (di capelli).

repoussé [Rəpuse] *agg.* sbalzato, lavorato a sbalzo; (*di cuoio*) goffrato ♦ *s.m.* **1** lavoro a sbalzo **2** oggetto lavorato a sbalzo.

repousser [Rəpuse] *v.tr.* **1** respingere, spingere lontano da sé: — *qqn*, cacciare indietro qlcu, (*fig.*) respingere qlcu || — *une demande*, rifiutare, respingere una domanda **2** (*tecn.*) lavorare a sbalzo ♦ *v.intr.* ricrescere, rispuntare.

repoussoir [Rəpuswar] *s.m.* **1** (*tecn.*) cacciachiodo, ribuzzo || *servir de — à qqn*, (*fig.*) servire a mettere in risalto qlcu **2** (*fam.*) persona bruttissima.

répréhensible [Repreãsibl] *agg.* riprovevole, biasimevole.

reprendre [Rəprãdr] (*coniug. come* prendre) *v.tr.* riprendere, prendere di nuovo; (*fig.*) riacquistare: — *confiance*, riprendere, riacquistare fiducia || — *un employé*, riassumere un impiegato || *on ne m'y reprendra plus*, non ci ricascherò più || *ça le reprend!*, (*fam.*) ricomincia! || (*teatr.*) — *une pièce*, rimettere in scena un lavoro || — *qqn*, rimproverare, riprendere qlcu || — *un article*, rimaneggiare un articolo ♦ *v.intr.* riprendersi, prendere vigore || *au cas où la fièvre reprendrait, appelez le médecin*, caso mai la febbre dovesse ritornare, chiami il medico □ **se reprendre** *v.pron.* **1** riprendersi, tornare in sé **2** *se* — *à*, ricominciare, rimettersi: *je m'y suis repris à deux fois, mais j'y suis arrivé*, ho dovuto mettermici due volte, ma alla fine ci sono riuscito **3** riprendersi, correggersi.

repreneur [ʀəpʀənœʀ] *s.m.* (*econ.*) finanziere che rileva e risana un'azienda in difficoltà.

représailles [ʀəpʀezɑj] *s.f.pl.* rappresaglia (*sing.*): *user de* —, compiere una rappresaglia.

représentable [ʀəpʀezɑ̃tabl] *agg.* rappresentabile.

représentant [ʀəpʀezɑ̃tɑ̃] *s.m.* rappresentante (*anche comm.*); delegato.

représentatif [ʀəpʀezɑ̃tatif] (f. -*ive*) *agg.* rappresentativo.

représentation [ʀəpʀezɑ̃tasjɔ̃] *s.f.* **1** rappresentazione **2** rappresentanza: — *diplomatique*, rappresentanza diplomatica || *frais de* —, spese di rappresentanza || *faire de la* —, fare il rappresentante, il commesso viaggiatore.

représentativité [ʀəpʀezɑ̃tativite] *s.f.* rappresentatività.

représenter [ʀəpʀezɑ̃te] *v.tr.* **1** rappresentare, raffigurare: *on le représente souvent comme un aventurier*, lo descrivono spesso come un avventuriero || *il a représenté sa mère auprès du notaire*, ha fatto le veci di sua madre davanti al notaio **2** presentare di nuovo, ripresentare □ **se représenter** *v.pron.* **1** raffigurarsi, immaginare **2** ripresentarsi.

répressif [ʀepʀesif] (f. -*ive*) *agg.* repressivo.

répression [ʀepʀesjɔ̃] *s.f.* repressione.

réprimande [ʀepʀimɑ̃d] *s.f.* **1** rimprovero (*m.*) **2** (*dir.*) lieve pena disciplinare.

réprimander [ʀepʀimɑ̃de] *v.tr.* rimproverare, ammonire.

réprimer [ʀepʀime] *v.tr.* reprimere.

repris [ʀəpʀi] *part.pass. di* reprendre ♦ *s.m.* (*dir.*) — *de justice*, (delinquente) recidivo, pregiudicato.

reprisage [ʀəpʀizaʒ] *s.m.* il rammendare.

reprise [ʀəpʀiz] *s.f.* **1** ripresa: *la* — *des travaux*, la ripresa dei lavori || *à plusieurs reprises*, a più riprese || *la* — *d'une ville*, la riconquista di una città **2** rammendo (*m.*): *faire une* — *à*, rammendare; — *perdue*, rammendo invisibile **3** (*comm.*) — *des invendus*, accettazione di resa dell'invenduto.

repriser [ʀəpʀize] *v.tr.* rammendare.

réprobateur [ʀepʀɔbatœʀ] (f. -*trice*) *agg.* (pieno) di rimprovero: *silence* —, silenzio di rimprovero.

réprobation [ʀepʀɔbasjɔ̃] *s.f.* riprovazione, biasimo (*m.*).

reprochable [ʀəpʀɔʃabl] *agg.* **1** riprovevole **2** (*dir.*) ricusabile.

reproche [ʀəpʀɔʃ] *s.m.* **1** rimprovero, biasimo || *homme sans* —, uomo irreprensibile || *chevalier sans peur et sans* —, cavaliere senza macchia e senza paura **2** (*dir.*) rifiuto (di testimoni).

reprocher [ʀəpʀɔʃe] *v.tr.* **1** rimproverare; biasimare **2** rinfacciare **3** (*dir.*) rifiutare □ **se reprocher** *v.pron.* rimproverarsi.

reproducteur [ʀəpʀɔdyktœʀ] (f.-*trice*) *agg.* e *s.m.* riproduttore.

reproductible [ʀəpʀɔdyktibl] *agg.* riproducibile.

reproductif [ʀəpʀɔdyktif] (f. -*ive*) *agg.* riproduttivo.

reproduction [ʀəpʀɔdyksjɔ̃] *s.f.* riproduzione.

reproduire [ʀəpʀɔdɥiʀ] (*coniug. come* conduire) *v.tr.* riprodurre, produrre di nuovo || *on a reproduit cet article dans tous les journaux*, questo articolo è stato riportato su tutti i giornali □ **se reproduire** *v.pron.* riprodursi.

reproduit [ʀəpʀɔdɥi] *part.pass. di* reproduire.

réprouvé [ʀepʀuve] *agg.* e *s.m.* reietto (della società): *les justes et les réprouvés*, i giusti e i dannati.

réprouver [ʀepʀuve] *v.tr.* **1** disapprovare, riprovare **2** (*teol.*) condannare.

reps [ʀɛps] *s.m.* (*tessuto*) cordonato.

reptation [ʀɛptasjɔ̃] *s.f.* (*zool.*) reptazione.

reptile [ʀɛptil] *s.m.* rettile.

reptilien [ʀɛptiljɛ̃] (f. -*enne*) *agg.* (*zool.*) di rettile, relativo ai rettili.

repu [ʀəpy] *part.pass. di* repaître ♦ *agg.* sazio.

républicain [ʀepyblikɛ̃] *agg.* e *s.m.* repubblicano.

république [ʀepyblik] *s.f.* repubblica.

répudiation [ʀepydjasjɔ̃] *s.f.* ripudio (*m.*).

répudier [ʀepydje] *v.tr.* ripudiare.

répugnance [ʀepyɲɑs] *s.f.* ripugnanza, repulsione.

répugnant [ʀepyɲɑ̃] *agg.* ripugnante, ributtante.

répugner [ʀepyɲe] *v.intr.* ripugnare: — *à faire qqch*, provare ripugnanza a fare qlco; *il répugnait à s'engager dans cette voie*, gli ripugnava prendere quella strada.

répulsif [ʀepylsif] (f. -*ive*) *agg.* repellente.

répulsion [ʀepylsjɔ̃] *s.f.* repulsione.

réputation [ʀepytasjɔ̃] *s.f.* reputazione: *il n'a pas bonne* — *auprès de ses professeurs*, non è ben visto dai suoi professori; *perdre qqn de* —, screditare qlcu; *je ne le connais que de* —, lo conosco solo di fama; *avoir mauvaise* —, avere una cattiva fama.

réputé [ʀepyte] *agg.* **1** rinomato **2** ritenuto, considerato: *doctrine réputée hérétique*, dottrina considerata eretica.

réputer [ʀepyte] *v.tr.* reputare, stimare.

requalification [ʀəkalifikasjɔ̃] *s.f.* riqualificazione.

requérant [ʀəkeʀɑ̃] *agg.* e *s.m.* (*dir.*) richiedente.

requérir [ʀəkeʀiʀ] (*coniug. come* acquérir) *v.tr.* **1** richiedere, esigere **2** (*dir.*) chiedere; fare istanza di.

requête [Rǝkɛt] *s.f.* (*dir.*) richiesta; istanza: *à, sur la — de*, su richiesta di; *— en divorce*, istanza di divorzio || *Maître des requêtes* (*au Conseil d'Etat*), relatore sui ricorsi al Consiglio di Stato.

requiem [Rekцijεm] *s.m.* requiem.

requin [Rǝkɛ̃] *s.m.* pescecane, squalo || *petit —*, gattuccio || *— bleu*, verdesca.

requinquer [Rǝkɛ̃ke] *v.tr.* (*fam.*) ristabilire (in salute), rimettere in forma □ **se requinquer** *v.pron.* (*fam.*) ristabilirsi (in salute), rimettersi in forma.

requis [Rǝki] *part. pass. di requérir* ♦ *agg.* richiesto: *les qualités requises*, i requisiti richiesti, necessari ♦ *s.m.* civile mobilitato (in periodo di guerra).

réquisition [Rekizisjɔ̃] *s.f.* **1** requisizione (di cose); mobilitazione, precettazione (di persone) **2** *pl.* (*dir.*) requisitoria (*sing.*).

réquisitionner [Rekizisjɔne] *v.tr.* requisire (cose); mobilitare, precettare (persone).

réquisitoire [RekizitwaR] *s.m.* requisitoria (*f.*).

rescapé [Rɛskape] *agg. e s.m.* scampato, superstite.

rescindable [Rɛsɛ̃dabl] *agg.* (*dir.*) rescindibile.

rescinder [Rɛsɛ̃de] *v.tr.* (*dir.*) rescindere || *— un jugement*, annullare una sentenza.

rescision [Rɛsizjɔ̃] *s.f.* (*dir.*) rescissione || *— d'un jugement*, annullamento di una sentenza.

rescousse, à la [Rɛskus] *locuz.* alla riscossa.

réseau [Rezo] (pl. *-eaux*) *s.m.* **1** reticolo **2** (*estens.*) rete (*f.*): *— de chemin de fer*, rete ferroviaria; *— de distribution*, rete di distribuzione; *— d'espionnage*, rete di spionaggio || *— téléphonique*, rete telefonica; (*tv*) *— câblé*, rete via cavo; *— sauvage*, emittente (televisiva) pirata || *inextricable — de petites ruelles*, dedalo di viuzze.

résection [Resɛksjɔ̃] *s.f.* (*med.*) resezione.

réséda [Rezeda] *s.m.* (*bot.*) reseda (*f.*).

réséquer [Reseke] (*coniug. come* céder) *v.tr.* (*med.*) resecare.

réservation [RezɛRvasjɔ̃] *s.f.* prenotazione.

réserve [RezɛRv] *s.f.* **1** riserva: *toute — faite*, fatte le debite riserve || *une admiration sans —*, un'ammirazione senza riserve, cieca; *y croire sans —*, crederci ciecamente || *accepter sous — de vérification*, riservandosi di verificare; *sous — que*, con la riserva che; *sous toutes réserves*, con le, *avanzando le debite riserve* **2** riserva, scorta; (*di danaro*) riserva, fondo (*m.*): *— en espèces*, riserva liquida; *faire des réserves de*, fare scorta, provvista di; (*aut.*) *rouler sur la —*, essere in riserva; *avoir en —*, avere in serbo, da parte || *troupes en —*, truppe di riserva; *officier de —*, ufficiale della riserva, di complemento **3** riservatezza, riserbo (*m.*): *se tenir sur la —*, tenere un atteggiamento riservato **4** riserva (di caccia, pesca) **5** *pl.* (*di una biblioteca ecc.*), fondi (*m.*).

réservé [RezɛRve] *agg.* **1** prenotato, riservato **2** riservato, discreto.

réserver [RezɛRve] *v.tr.* **1** riservare; serbare, tenere in serbo (per): *— son jugement*, riservarsi il giudizio; *il vous en a réservé un morceau*, ne ha te-

nuto in serbo un pezzo per voi **2** prenotare, riservare □ **se réserver** *v.pron.*: *je me réserve d'intervenir au bon moment*, mi riservo d'intervenire al momento buono; *je me réserve pour la fin*, *pour une meilleure occasion*, aspetto la fine, una migliore occasione.

réserviste [Rezɛrvist] *s.m.* (*mil.*) riservista.

réservoir [Rezɛrvwar] *s.m.* serbatoio || *— d'air*, camera d'aria.

résidant [Rezidɑ̃] *agg. e s.m.* residente.

résidence [Rezidɑ̃s] *s.f.* **1** residenza, dimora: *— habituelle*, dimora abituale || *— forcée*, domicilio coatto **2** dimora, residenza; residence (*m.*); casa albergo; complesso residenziale: *— pour personnes âgées*, residence, casa albergo per persone anziane || *—universitaire*, collegio universitario || *—secondaire*, seconda casa.

résident [Rezidɑ̃] *s.m.* residente (fuori dal proprio paese): *les résidents espagnols en France*, gli spagnoli residenti in Francia.

résidentiel [Rezidɑ̃sjɛl] (f. *-elle*) *agg.* residenziale.

résider [Rezide] *v.intr.* risiedere (*anche fig.*).

résidu [Rezidy] *s.m.* residuo; scarto.

résiduel [Rezidyɛl] (f. *-elle*) *agg.* residuo.

résignation [Reziɲasjɔ̃] *s.f.* rassegnazione.

résigné [Reziɲe] *agg.* rassegnato.

résigner [Reziɲe] *v.tr.* rassegnare: *— sa charge*, rassegnare la carica, dimettersi □ **se résigner** *v.pron.* rassegnarsi.

résiliable [Reziljabl] *agg.* (*dir.*) rescindibile.

résiliation [Reziljasjɔ̃] *s.f.* (*dir.*) rescissione, risoluzione.

résilier [Rezilje] *v.tr.* (*dir.*) rescindere, risolvere.

résille [Rezij] *s.f.* retina, reticella (per capelli).

résine [Rezin] *s.f.* resina || *— liquide*, tallolio; *— de verre*, vetroresina.

résiné [Rezine] *agg.* resinato.

résineux [Rezinø] (f. *-euse*) *agg.* resinoso.

résinier [Rezinje] (f. *-ère*) *agg.* della resina ♦ *s.m.* operaio addetto alla raccolta della resina.

résipiscence [Resipisɑ̃s] *s.f.* resipiscenza.

résistance [Rezistɑ̃s] *s.f.* **1** resistenza: *faire* (*de la*) *—*, fare resistenza || (*st.*) *la Résistance*, la Resistenza **2** *pièce*, *plat de —*, piatto forte.

résistant [Rezistɑ̃] *agg.* resistente ♦ *s.m.* (*st.*) partigiano (durante la Resistenza).

résister [Reziste] *v.intr.* resistere: *il a bien résisté au traitement*, ha retto bene al trattamento; *elle n'aime pas qu'on lui résiste*, non le piace che le si opponga resistenza; *la porte résistait*, la porta faceva resistenza, non cedeva.

résolu [Rezɔly] *part. pass. di* résoudre[1] ♦ *agg.* risoluto, deciso: *il est — à tout*, è pronto a tutto || **-ument** *avv.*

résoluble [Rezɔlybl] *agg.* risolvibile.

résolutif [Rezɔlytif] (f. *-ive*) *agg. e s.m.* (*med.*) risolutivo.

résolution[1] [Rezɔlysjɔ̃] *s.f.* **1** risoluzione, decisione; (*intention*) proponimento (*m.*): *prendre la — de*, prendere la decisione, fare il proponimento di **2** risolutezza, fermezza **3** (ri)soluzione: *la — d'un problème*, *d'un cas de conscience*, la risoluzione di un problema, di un caso di coscienza **4** (*dir.*, *med.*) risoluzione.

résolution² *s.f.* trasformazione: — *de l'eau en vapeur*, trasformazione dell'acqua in vapore.

résolutoire [RezɔlytwaR] *agg.* (*dir.*) risolutivo.

résonance [Rezɔnɑ̃s] *s.f.* risonanza.

résonant, résonnant [Rezɔnɑ̃] *agg.* risonante.

résonner [Rezɔne] *v.intr.* risonare.

résorber [RezɔRbe] *v.tr.* riassorbire || — *un déficit*, colmare un deficit □ **se résorber** *v.pron.* riassorbirsi.

résorption [RezɔRpsjɔ̃] *s.f.* riassorbimento (*m.*).

résoudre¹ [RezudR] (*coniug. come* absoudre, *tranne al part.pass.* résolu) *v.tr.* **1** risolvere **2** decidere || — *qqn à faire qqch*, convincere qlcu a fare qlco **3** (*dir.*) risolvere, annullare □ **se résoudre** *v.pron.* risolversi, decidersi.

résoudre² (*coniug. come* absoudre) *v.tr.* **1** risolvere, trasformare **2** (*med.*) fare riassorbire □ **se résoudre** *v.pron.* tramutarsi.

résous [Rezu] *part. pass.* (*solo m.*) *di* résoudre².

respect [Rɛspɛ] *s.m.* **1** rispetto: *montrer du — envers qqn*, portare rispetto a qlcu; *les enfants doivent le — à leurs parents*, i figli devono rispetto ai genitori || *tenir en —*, tenere a bada || *sauf votre —*, con rispetto parlando **2** *pl.* rispetti, ossequi, omaggi.

respectabilité [Rɛspɛktabilite] *s.f.* rispettabilità.

respectable [Rɛspɛktabl] *agg.* rispettabile.

respecter [Rɛspɛkte] *v.tr.* rispettare □ **se respecter** *v.pron.* rispettarsi.

respectif [Rɛspɛktif] (*f.* -*ive*) *agg.* rispettivo || -**ivement** *avv.*

respectueux [Rɛspɛktɥø] (*f.* -*euse*) *agg.* rispettoso || *être* — *de*, rispettare, badare a || *se tenir à une distance respectueuse*, tenersi a rispettosa distanza || -**eusement** *avv.*

respirable [RɛspiRabl] *agg.* respirabile.

respirateur [RɛspiRatœR] *s.m.* respiratore.

respiration [RɛspiRasjɔ̃] *s.f.* respirazione || *retenir sa —*, trattenere il respiro, il fiato.

respiratoire [RɛspiRatwaR] *agg.* respiratorio.

respirer [RɛspiRe] *v.intr.* respirare: *il ment comme il respire*, mente spudoratamente ♦ *v.tr.* **1** respirare: — *du bon air*, respirare aria buona **2** odorare, annusare **3** spirare, emanare || *cet enfant respire la santé*, questo bambino è l'immagine della salute.

resplendir [Rɛsplɑ̃diR] *v.intr.* risplendere.

resplendissant [Rɛsplɑ̃disɑ̃] *agg.* (ri)splendente.

resplendissement [Rɛsplɑ̃dismɑ̃] *s.m.* splendore.

responsabilisation [Rɛspɔ̃sabilizasjɔ̃] *s.f.* responsabilizzazione.

responsabiliser [Rɛspɔ̃sabilize] *v.tr.* responsabilizzare.

responsabilité [Rɛspɔ̃sabilite] *s.f.* responsabilità: *poste de haute —*, posto di grande responsabilità.

responsable [Rɛspɔ̃sabl] *agg. e s.m.* responsabile.

resquille [Rɛskij] *s.f.* (*fam.*) scrocco (*m.*).

resquiller [Rɛskije] *v.intr.* (*fam.*) fare il portoghe-

se, entrare (in un luogo) senza pagare ♦ *v.tr.* scroccare.

resquilleur [RɛskijœR] (*f.* -*euse*) *s.m.* (*fam.*) scroccone.

ressac [Rɔsak] *s.m.* risacca (*f.*).

ressaisir [RɔseziR] *v.tr.* riafferrare, afferrare di nuovo □ **se ressaisir** *v.pron.* riprendersi, riprendere il controllo (di sé).

ressasser [Rɔsase] *v.tr.* ripetere (con insistenza), rimuginare.

ressaut [Rɔso] *s.m.* **1** sporgenza (*f.*) **2** dislivello.

ressemblance [Rɔsɑ̃blɑ̃s] *s.f.* somiglianza.

ressemblant [Rɔsɑ̃blɑ̃] *agg.* somigliante.

ressembler [Rɔsɑ̃ble] *v.intr.* (as)somigliare || *cette réponse ne vous ressemble pas*, questa risposta non è da voi; *ça lui ressemble!*, è proprio da lui; *à quoi ça ressemble de...*, che senso ha...; *cela ne ressemble à rien*, è una cosa senza senso □ **se ressembler** *v.pron.* somigliarsi, assomigliarsi.

ressemelage [Rɔsɔmlaʒ] *s.m.* (ri)solatura (*f.*).

ressemeler [Rɔsɔmle] (*coniug. come* appeler) *v.tr.* risolare.

ressemer [Rɔsme, Rɔsɔme] (*coniug. come* semer) *v.tr.* riseminare.

ressentiment [Rɔsɑ̃timɑ̃] *s.m.* risentimento.

ressentir [Rɔsɑ̃tiR] (*coniug. come* dormir) *v.tr.* **1** sentire, provare || *qu'est-ce que tu ressens?*, che cosa ti senti? **2** risentire (le conseguenze di) □ **se ressentir** *v.pron.* risentire (le conseguenze di): *il se ressent d'une mauvaise grippe*, soffre per i postumi di una grave influenza; *la nation se ressentit longtemps de la crise économique*, la nazione risentì a lungo della crisi economica.

resserre [RɔsɛR] *s.f.* ripostiglio (*m.*); rimessa.

resserré [RɔseRe] *agg.* stretto, angusto.

resserrement [RɔseRmɑ̃] *s.m.* restringimento; (*fig.*) rafforzamento || *le* — *du crédit*, la stretta creditizia.

resserrer [RɔseRe] *v.tr.* restringere, stringere di più, stringere di nuovo || — *les liens d'une amitié*, rafforzare i legami di un'amicizia □ **se resserrer** *v.pron.* restringersi; divenire più stretto (*anche fig.*).

resservir [RɔseRviR] (*coniug. come* dormir) *v.tr.* e *intr.* servire di nuovo.

ressort¹ [RɔsɔR] *s.m.* **1** molla (*f.*) || *faire —*, rimbalzare **2** (*fig.*) movente, molla (*f.*) **3** (*fig.*) forza (*f.*); energia (*f.*): *le* — *de la volonté*, la forza della volontà; *donner du —*, infondere energia; *faible et sans —*, debole e senza mordente.

ressort² *s.m.* (*dir.*) giurisdizione (*f.*), competenza (*f.*), spettanza (*f.*): *être du* — *des*, essere di competenza di || *en dernier —*, in ultima risorsa.

ressortir¹ [RɔsɔRtiR] (*coniug. come* dormir) *v. intr.* **1** (ri)uscire **2** risaltare, spiccare; stagliarsi (contro): *faire* — *qqch*, mettere in rilievo qlco ♦ *v.intr.impers.* risultare: *il en ressort que*, ne risulta che ♦ *v.tr.* ritirare fuori.

ressortir² (*coniug. regolare*) *v.intr.* essere di competenza (di).

ressortissant [RɔsɔRtisɑ̃] *agg.* di competenza

(di) ♦ *s.m.* cittadino residente all'estero (tutelato da organismi diplomatici del paese d'origine).

ressouder [Rəsude] *v.tr.* risaldare, saldare di nuovo.

ressource [Rəsurs] *s.f.* **1** risorsa || *homme de* —, uomo pieno di risorse; *avoir de la* —, essere pieno di risorse || *en dernière* —, come ultima risorsa **2** *pl.* risorse; beni (*m.*); mezzi (di sostentamento): *être sans ressources*, essere senza mezzi; *être à bout de ressources*, rimanere senza risorse, (*estens.*) essere sfinito.

ressouvenir, se [səRəsuvniR] *v.pron.* sovvenirsi, ricordarsi.

ressouvenu [Rəsuvny] *part. pass. di* ressouvenir.

ressusciter [Resysite] *v.tr.* e *intr.* risuscitare.

restant [Rɛstɑ̃] *agg.* restante, rimanente, residuo || *poste restante*, fermo posta || (*dir.*) *la seule personne restante*, l'unico superstite ♦ *s.m.* resto, rimanente: *le* — *de la journée*, il resto della giornata; *un* — *de lumière*, un residuo di luce.

restau [Rɛsto] *s.m.* (*fam.*) ristorante.

restaurant [RɛstoRɑ̃] *s.m.* ristorante || — *universitaire*, mensa universitaria.

restaurateur[1] [Rɛstɔratœr] (f. *-trice*) *s.m.* restauratore ♦ *agg.: chirurgie restauratrice*, chirurgia ricostruttiva.

restaurateur[2] (f. *-trice*) *s.m.* ristoratore, trattore.

restauration[1] [RɛstoRasjɔ̃] *s.f.* **1** restauro (*m.*) **2** (*pol.*) restaurazione || (*st.fr.*) *la Restauration*, la Restaurazione (1814-1830) **3** (*estens.*) ripristino (*m.*).

restauration[2] *s.f.* ristorazione.

restaurer[1] [Rɛstɔre] *v.tr.* **1** restaurare **2** (*fig.*) ripristinare.

restaurer[2] *v.tr.* ristorare □ **se restaurer** *v.pron.* ristorarsi.

reste [Rɛst] *s.m.* **1** resto || (*fig.*): *un* — *d'espoir*, un residuo di speranza; *un* — *de dignité*, un rimasuglio di dignità; *partir sans demander son* —, andarsene senza fiatare || *du* —, del resto || *de* —, d'avanzo; *il a de l'esprit de* —, ha spirito da vendere || *être en* — *avec qqn*, essere in debito con qlcu **2** *pl.* resti: *les restes (d'un repas)*, i resti, gli avanzi (di un pasto); *les restes de la vieille cité*, i resti, i ruderi della città vecchia; *restes (mortels)*, resti, spoglie mortali || *elle a encore de beaux restes*, (*fam.*) è ancora piacente.

rester [Rɛste] *v.intr.* restare, rimanere; stare; fermarsi, trattenersi (in un luogo): — *chez soi*, stare a casa; *reste tranquille!*, sta' fermo!; *il restera jusqu'à demain*, si fermerà fino a domani; *il restait des heures sur la même page*, stava ore e ore sulla stessa pagina; *sa méchanceté m'est restée sur le cœur*, non riesco a dimenticare la sua cattiveria || *en* — *à*, rimanere a; *restons-en là*, lasciamo perdere; *la chose en resta là*, tutto finì lì || *y* —, (*fam.*) lasciarci la pelle, rimanerci || — *en plan*, rimanere a metà, in sospeso; — *en route*, restare per strada || — *sur le champ de bataille*, morire sul campo di battaglia; *il n'est pas homme à* — *sur une injure*, non è uomo da passare sopra un'offesa ♦ *v.intr.impers.* rimanere, restare;

avanzare: *voilà ce qui reste de...*, ecco quel che resta di...; *il lui restait trente francs*, gli rimanevano trenta franchi || *il reste beaucoup à faire*, c'è ancora molto da fare || *reste à savoir si...*, resta, rimane da sapere se... || *reste qu'un appui est bien nécessaire dans ces cas-là!*, resta il fatto che un appoggio è molto utile in questi casi! || *il reste que...*, rimane il fatto che... || *il n'en reste pas moins que vous avez...*, ciò non toglie che abbiate...

restituer [Rɛstitɥe] *v.tr.* **1** restituire, rendere **2** ripristinare, ricostruire.

restitution [Rɛstitysjɔ̃] *s.f.* **1** restituzione **2** (*comm.*) resa: — *des invendus*, resa di merce invenduta.

resto [Rɛsto] *s.m.* (*fam.*) ristorante.

restoroute [Rɛstɔrut] *s.m.* autogrill.

resto-u [Rɛstoy] *s.m.* (*fam.*) mensa universitaria.

restreindre [RɛstRɛ̃dr] (*coniug. come* atteindre) *v.tr.* limitare, ridurre; restringere □ **se restreindre** *v.pron.* **1** ridursi, restringersi **2** limitarsi (nelle spese): *se* — *au strict nécessaire*, limitarsi allo stretto indispensabile.

restreint [RɛstRɛ̃] *part. pass. di* restreindre ♦ *agg.* ristretto, limitato || *au sens* — *du mot*, nel senso stretto della parola.

restrictif [Rɛstriktif] (f. *-ive*) *agg.* restrittivo, limitativo.

restriction [RɛstRiksjɔ̃] *s.f.* **1** limitazione || — *des crédits*, stretta creditizia || *faire des restrictions sur*, muovere delle riserve su; — *mentale*, riserva mentale **2** (*spec. pl.*) limitazione, riduzione delle spese; economie **3** *pl.* razionamento (di generi di consumo).

restructuration [Rəstryktyrasjɔ̃] *s.f.* ristrutturazione.

restructurer [Rəstryktyre] *v.tr.* ristrutturare.

resucée [Rəsyse] *s.f.* **1** (*fam.*) nuova bevuta **2** (*fig.*) rimasticatura; ripetizione.

résultant [Rezyltɑ̃] *agg.* risultante.

résultante [Rezyltɑ̃t] *s.f.* risultante.

résultat [Rezylta] *s.m.* risultato.

résulter [Rezylte] (*usato all'inf., part.pres. e 3a pers.*) *v.intr.* e *impers.* risultare; derivare, conseguire: *ce qui en résultera*, quel che ne verrà fuori; *il en résulte que*, ne consegue che; *il résulte de l'enquête que*, dall'inchiesta emerge che.

résumé [Rezyme] *s.m.* riassunto || *voilà en deux mots le* — *de ma situation*, eccovi in breve la mia situazione || *en* —, riassumendo, ricapitolando.

résumer [Rezyme] *v.tr.* riassumere □ **se résumer** *v.pron.* riassumere (quanto si è detto): *pour me* —..., riassumendo (quanto ho detto)... || *se* — *à*, ridursi a.

résurgence [Rezyrʒɑ̃s] *s.f.* il risorgere, il riaffiorare.

resurgir [Rəsyrʒir] *v.intr.* risorgere.

résurrection [Rezyreksjɔ̃] *s.f.* risurrezione.

retable [Rətabl] *s.m.* pala d'altare.

rétabli [Retabli] *agg.* ristabilito.

rétablir [Retablir] *v.tr.* **1** ristabilire || — *qqn dans ses fonctions*, reintegrare qlcu nelle sue funzioni || — *sa fortune*, riassestare il proprio patrimonio || — *les faits*, ricostruire i fatti || — *une loi*, rimettere in vigore una legge   2 rimettere (in salute), ristabilire: — *ses forces*, rimettersi in forze ☐ **se rétablir** *v.pron.* rimettersi (in salute), ristabilirsi.

rétablissement [Retablismɑ̃] *s.m.*   1 ristabilimento || *le* — *de la monarchie*, la restaurazione della monarchia || — *des finances*, riassestamento delle finanze|| — *d'une loi, d'un texte*, ripristino della legge, di un testo   2 guarigione (*f.*)   3 sollevamento del corpo (nella ginnastica agli anelli, alle sbarre).

retailler [Rɔtɑje] *v.tr.* tagliare di nuovo || — *un crayon*, temperare di nuovo una matita.

rétamage [Retamaʒ] *s.m.* (ri)stagnatura (*f.*).

rétamé [Retame] *agg.* (*fam.*) distrutto, a pezzi; completamente sbronzo.

rétamer [Retame] *v.tr.*   1 (ri)stagnare, stagnare di nuovo   2 (*fam.*) mettere fuori combattimento, distruggere || *se faire* —, farsi stangare (a un esame); farsi spennare (al gioco).

rétameur [Retamœr] *s.m.* stagnaio.

retape [Rɔtap] *s.f.* (*fam.*) adescamento (*m.*): *faire de la* —, adescare (i passanti) || *la* — *de la publicité*, lo spudorato martellamento della pubblicità.

retaper [Rɔtape] *v.tr.*   1 (*fam.*) rimettere a posto, aggiustare alla bell'e meglio: *maison à* —, casa da risistemare; — *un lit*, rassettare alla meglio un letto   2 (*fam.*)rimettere in forze   3 ribattere (spec. alla macchina per scrivere) ☐ **se retaper** *v.pron.* (*fam.*) rimettersi (in sesto), ristabilirsi.

retard [Rɔtar] *s.m.* ritardo: *avoir du* —, essere in ritardo; *prendre du* —, accumulare ritardo; *prendre du* — *dans qqch*, rimanere indietro in qlco; *mettre en* —, far ritardare; *se trouver en* — *sur son loyer*, essere in ritardo col pagamento dell'affitto; *avoir du courrier en* —, avere della corrispondenza arretrata (da sbrigare); *il est en* — *sur ses camarades*, è indietro rispetto ai compagni || *écritures-lui sans* —, scriveteli subito, senza indugio || — *de paiements*, morosità nei pagamenti; *intérêts de* —, interessi di mora ♦ *agg.invar.* (*med.*) ad azione ritardata: *insuline* —, insulina ad azione ritardata.

retardataire [Rɔtardatɛr] *agg.*   1 che è in ritardo, che arriva in ritardo || *enfants retardataires*, ragazzi in ritardo negli studi   2 (*dir.*) moroso ♦ *s.m.*   1 ritardatario   2 (*dir.*) (chi è) moroso.

retardé [Rɔtarde] *agg. e s.m.* ritardato.

retardement, à [aRɔtardɔmɑ̃] *locuz.avv.* a scoppio ritardato || *comprendre à* —, (*fig.*) capire in ritardo.

retarder [Rɔtarde] *v.tr.*   1 ritardare   2 far perdere tempo (a)   3 mettere indietro (un orologio) ♦ *v.intr.*   1 ritardare, andare indietro (di un orologio)   2 essere indietro (rispetto a), non essere aggiornato: *tu retardes!*, (*fam.*) sei rimasto indietro ☐ **se retarder** *v.pron.* attardarsi.

retendre [Rɔtɑ̃dr] (*coniug. come* rendre) *v.tr.* tendere di nuovo.

retenir [Rɔtnir, Rtɔnir] (*coniug. come* tenir) *v.tr.*   1 trattenere: — *qqn à déjeuner*, trattenere

qlcu a colazione; *le mauvais temps nous a retenus à la maison*, il brutto tempo ci ha costretto a restare a casa || *il m'a retenu l'argent du télégramme*, mi ha trattenuto i soldi del telegramma || *on a retenu votre candidature*, la vostra candidatura è stata accettata || *elle est incapable de → sa langue*, non sa tenere a freno la lingua || — *l'œil*, attirare l'occhio || *retenez-moi ou je fais un malheur!*, (*fam.scherz.*) tenetemi o faccio una strage!   2 ricordare || *tu devais venir à cinq heures, je te retiens pour ta ponctualité!*, (*fam.*) dovevi venire alle cinque, te la raccomando la tua puntualità!   3 fissare, prenotare   4 (*mat.*) riportare ☐ **se retenir** *v.pron.*   1 tenersi, aggrapparsi   2 trattenersi (da) || *se* — *au bord du précipice*, fermarsi sull'orlo del precipizio   3 (*fam.*) trattenere (un bisogno fisiologico).

rétenteur [Retɑ̃tœr] (*f. -trice*) *agg.* ritentivo; (*edil.*) di sostegno.

rétention [Retɑ̃sjɔ̃] *s.f.* ritenzione.

retentir [Rɔtɑ̃tir] *v.intr.*   1 risonare, echeggiare; rimbombare: *ses pas faisaient* — *le plancher*, i suoi passi facevano rimbombare il pavimento   2 squillare   3 (*fig.*) avere ripercussioni.

retentissant [Rɔtɑ̃tisɑ̃] *agg.*   1 risonante, (ri)echeggiante; rimbombante || *un scandale* —, uno scandalo che fa scalpore; *un succès* —, un successo strepitoso || *des mots retentissants*, parole altisonanti   2 squillante (di voce).

retentissement [Rɔtɑ̃tismɑ̃] *s.m.* eco, risonanza (*f.*); ripercussione (*f.*).

retenu [Rɔtny, Rtny] *part. pass.* di retenir.

retenue [Rɔtny, Rtɔny] *s.f.*   1 ritenuta, trattenuta: — *sur le salaire*, trattenuta sul salario, ritenuta salariale; — *à la source*, ritenuta d'acconto   2 (*mat.*) riporto (*m.*)   3 *mettre en* —, trattenere (a scuola) per castigo   4 (*fig.*) ritegno (*m.*).

rethélois [Rɔtelwa] *agg.* di Rethel.

réticence [Retisɑ̃s] *s.f.* reticenza: *sans* —, senza reticenze.

réticent [Retisɑ̃] *agg.* reticente.

réticulaire [Retikylɛr] *agg.* reticolare.

réticule [Retikyl] *s.m.*   1 reticolo   2 borsetta di rete.

réticulé [Retikyle] *agg.* reticolato; reticolare.

rétif [Retif] (*f. -ive*) *agg.*   1 restio, riluttante   2 (*fig.*) indocile, ribelle.

rétine [Retin] *s.f.* (*anat.*) retina.

retirage [Rɔtiraʒ] *s.m.* ristampa (*f.*).

retiré [Rɔtire] *agg.* appartato.

retirer [Rɔtire] *v.tr.*   1 ritirare; ritrarre; (*fig.*) ritirare, rinunciare (a): *il retira vivement sa main*, ritrasse bruscamente la mano; — *sa candidature*, ritirare la propria candidatura   2 togliere (da), ritirare (da): — *de l'argent à la banque*, prelevare denaro in banca; — *une marchandise de la douane*, sdoganare una merce; *les pêcheurs retirent leurs filets*, i pescatori tirano su le reti   3 ricavare (*anche fig.*): *il n'en a retiré que des déboires*, ne ha ricavato soltanto delle noie   4 (*mil.*) sparare, tirare di nuovo   5 (*tip.*) stampare di nuovo ♦ *v.intr.* ritirare ☐ **se retirer** *v.pron.* ritirarsi.

retombée [Rɔtɔ̃be] *s.f.* **1** il ricadere || *retombées radioactives*, ricaduta radioattiva **2** (*spec. pl.*) (*fig.*) effetti (*m.*), conseguenze; ripercussioni **3** *pl.* (*econ.*) benefici aggiunti, fringe benefits **4** (*arch.*) imposta.

retomber [Rɔtɔ̃be] *v.intr.* **1** ricadere, cadere di nuovo (*anche fig.*): — *sur ses pieds*, cadere in piedi || *un silence de mort retomba sur la foule*, un silenzio di morte scese di nuovo sulla folla || — *malade*, riammalarsi **2** (*fig.*) placarsi: *sa colère était retombée*, la sua ira era sbollita.

retordage [Rɔtɔʀdaʒ] *s.m.* (*ind. tess.*) ritorcitura (*f.*).

retordre [Rɔtɔʀdʀ] (*coniug. come* rendre) *v.tr.* (*ind. tess.*) ritorcere: *donner du fil à* —, (*fig.*) dare del filo da torcere.

retordu [Rɔtɔʀdy] *part. pass. di* retordre ♦ *agg.* ritorto.

rétorquer [Retɔʀke] *v.tr.* ribattere, replicare.

retors [Rətɔʀ] *agg.* **1** (*ind. tess.*) ritorto **2** (*fig.*) scaltro, astuto.

rétorsion [Retɔʀsjɔ̃] *s.f.* ritorsione: *par mesure de* —, come misura di ritorsione.

retouche [Rətuʃ] *s.f.* ritocco (*m.*); correzione; modifica: *faire des retouches à un texte*, fare delle correzioni a un testo; *faire des retouches à une photo*, fare dei ritocchi a una fotografia.

retoucher [Rətuʃe] *v.tr.* ritoccare; modificare, fare delle modifiche; correggere.

retoucheur [Rətuʃœʀ] (f. *-euse*) *s.m.* (*abbigl.*) lavorante che apporta modifiche agli abiti.

retour [Rətuʀ] *s.m.* **1** ritorno: *depuis son* —..., da quando è tornato...; *au* — *de*, di ritorno da; *de* — *chez moi*, al mio ritorno a casa; *être de* —, essere ritornato; *payer de* —, contraccambiare, (*estens.*) rendere la pariglia || *en* —, in cambio, di rimando; *choc en* —, contraccolpo; *effet en* —, ripercussione || *par* — *du courrier*, a giro di posta; *par un juste* — *des choses*, per la legge del contrappasso || *sans* —, per sempre, definitivo; *partir sans* — (*esprit de*) —, partire per non tornare più || *être sur le* —, stare per ritornare; *une femme sur le* —, una donna non più giovane || — *d'âge*, (*fam.*) menopausa; *c'est un cheval de* —, (*fam.*) è recidivo || — *en arrière*, flashback, scena retrospettiva; *faire un* — *en arrière*, (*fig.*) tornare indietro con la mente, fare un passo indietro || — *sur soi-même*, esame di coscienza **2** resa (*f.*), restituzione (*f.*): *marchandises de* —, merci di resa; — *des invendus*, resa di merce invenduta **3** ricomparsa (*f.*) **4** (*edil.*) gomito, angolo **5** reversina (*f.*), risvolto (di lenzuolo).

retournement [Rətuʀnəmɑ̃] *s.m.* (*fig.*) rovesciamento, ribaltamento.

retourner [Rətuʀne] *v.intr.* **1** ritornare, tornare **2** *v.pron. s'en* —, *chez soi*, ritornarsene a casa ♦ *v.tr.* **1** girare, rigirare, mescolare: — *la salade*, mescolare l'insalata; *tourner et* — *un projet dans sa tête*, rimuginare un progetto **2** rivoltare, voltare (dall'altra parte): *un coup de vent a retourné mon parapluie*, una ventata mi ha rovesciato l'ombrello; — *ses poches*, rovesciare le tasche || — *son arme contre soi*, puntare l'arma contro se stesso || — *la maison*, mettere sottosopra la casa || *la nouvelle de sa mort m'a tout retourné*, la notizia della sua morte mi ha sconvolto || — *qqn*, (*fam.*) far cambiare opinione a qlcu || — *une situation en sa faveur*, volgere una situazione a proprio favore || — *sa colère contre qqn*, rivolgere la propria ira contro qlcu; — *un argument contre qqn*, ritorcere un argomento contro qlcu **3** rimandare (indietro), restituire, rendere (*anche fig.*): — *une lettre*, rispedire (al mittente) una lettera; *emballage à* —, imballaggio a rendere || — *à qqn son compliment*, (*iron.*) ripagare qlcu della sua stessa moneta ♦ *v.intr.impers.*: *de quoi retourne-t-il?*, di chi si tratta? ☐ **se retourner** *v.pron.* rivoltarsi, rigirarsi: *se tourner et se* — *dans son lit*, girarsi e rigirarsi nel letto; *se* — *sur le dos*, girarsi sul dorso, sulla schiena; *à mon passage, il se retourna*, si voltò, si girò al mio passaggio; *la voiture s'est retournée*, l'automobile si è capovolta || *se* — *contre qqn*, rivoltarsi, ritorcersi contro qlcu || *ne pas laisser à qqn le temps de se* —, non lasciare a qlcu il tempo di riflettere.

retracer [Rətʀase] (*coniug. come* placer) *v.tr.* **1** tracciare di nuovo **2** esporre, descrivere, illustrare.

rétractation [Retʀaktasjɔ̃] *s.f.* ritrattazione.

rétracter [Retʀakte] *v.tr.* **1** ritrarre, tirare indietro **2** (*letter.*) ritrattare ☐ **se rétracter** *v.pron.* **1** ritrarsi **2** ritrattarsi.

rétractile [Retʀaktil] *agg.* retrattile.

rétraction [Retʀaksjɔ̃] *s.f.* contrazione.

retraduire [Rətʀadɥiʀ] (*coniug. come* conduire) *v.tr.* ritradurre.

retraduit [Rətʀadɥi] *part. pass. di* retraduire.

retrait [Rətʀɛ] *s.m.* **1** ritiro: — *du permis de conduire*, ritiro della patente; — *d'une somme d'argent*, ritiro, prelievo di una somma di denaro || — *du glacier*, arretramento del ghiacciaio **2** (*dir.*) retratto; riscatto ☐ **en retrait (de)** *locuz.* rientrante, arretrato (rispetto a): *terrasse en* — *de la façade*, terrazza arretrata rispetto alla facciata || *se tenir en* —, stare in disparte.

retraite [Rətʀɛt] *s.f.* **1** pensione: *prendre sa* —, andare in pensione; *être à la* —, essere in pensione; *toucher sa* —, percepire la pensione; *mise à la* —, collocamento a riposo, pensionamento; *caisse de* —, fondo pensioni; *officier en* —, ufficiale a riposo; *fonctionnaire en* —, funzionario in pensione || *maison de* —, casa di riposo **2** (*mil.*) ritirata **3** — *aux flambeaux*, fiaccolata **4** (*eccl.*) ritiro (spirituale) **5** (*letter.*) solitudine; luogo appartato, eremo (*m.*).

retraité [Rətʀete] *agg. e s.m.* pensionato.

retraitement [Rətʀɛtmɑ̃] *s.m.* (*tecn.*) ritrattamento.

retraiter [Rətʀete] *v.tr.* (*tecn.*) trattare di nuovo.

retranchement [Rətʀɑ̃ʃmɑ̃] *s.m.* (*mil.*) trinceramento: *forcer les derniers retranchements*, (*fig.*) abbattere le ultime difese.

retrancher [Rətʀɑ̃ʃe] *v.tr.* **1** togliere, levare,

sopprimere **2** (*una somma*) detrarre ☐ **se re-trancher** *v.pron.* trincerarsi.

retransmettre [ʀətʀɑ̃smɛtʀ] (*coniug. come* mettre) *v.tr.* (*rad.*, *tel.*) ritrasmettere; trasmettere.

retransmission [ʀətʀɑ̃smisjɔ̃] *s.f.* ritrasmissione.

retravailler [ʀətʀavaje] *v.tr.* e *intr.* riprendere (a lavorare); rimaneggiare, rielaborare.

retraverser [ʀətʀavɛʀse] *v.tr.* riattraversare.

rétréci [ʀetʀesi] *agg.* ristretto.

rétrécir [ʀetʀesiʀ] *v.tr.* restringere ♦ *v.intr.* restringersi, ritirarsi.

rétrécissement [ʀetʀesismɑ̃] *s.m.* restringimento.

retremper [ʀətʀɑ̃pe] *v.tr.* **1** rimettere a bagno **2** (*metall.*) ritemprare (*anche fig.*) ☐ **se retremper** *v.pron.* immergersi di nuovo, rituffarsi: *se — dans le milieu familial*, (*fig.*) riprendere i contatti con la famiglia.

rétribué [ʀetʀibɥe] *agg.* retribuito.

rétribuer [ʀetʀibɥe] *v.tr.* retribuire, ricompensare (in denaro).

rétribution [ʀetʀibysjɔ̃] *s.f.* retribuzione; ricompensa.

rétro [ʀetʀo] *agg.invar.* rétro, che imita il gusto degli anni 1920-60; (*estens.*) vecchiotto: *un petit côté —*, un aspetto un po' vecchiotto ♦ *s.m.invar.* gusto rétro ♦ *avv.* rétro: *s'habiller —*, vestirsi rétro.

rétro- *pref.* retro-

rétroactes [ʀetʀoakt] *s.m.pl.* (*in Belgio*) antecedenti: *les — d'une affaire*, l'antefatto di una vicenda.

rétroactif [ʀetʀoaktif] (f. *-ive*) *agg.* retroattivo || **-ivement** *avv.*

rétroaction [ʀetʀoaksjɔ̃] *s.f.* effetto retroattivo; (*biol.*) controreazione.

rétroactivité [ʀetʀoaktivite] *s.f.* (*dir.*) retroattività.

rétrocéder [ʀetʀosede] (*coniug. come* céder) *v.tr.* (*dir.*) retrocedere.

rétrocession [ʀetʀosesjɔ̃] *s.f.* (*dir.*) retrocessione.

rétrofléchi [ʀetʀofleʃi] *agg.* retroflesso.

rétrofusée [ʀetʀofyze] *s.f.* retrorazzo (*m.*).

rétrogradation [ʀetʀogradasjɔ̃] *s.f.* retrocessione.

rétrograde [ʀetʀograd] *agg.* retrogrado (*anche fig.*).

rétrograder [ʀetʀograde] *v.intr.* retrocedere; (*fig.*) retrocedere, regredire ♦ *v.tr.* retrocedere (di grado).

rétropédaler [ʀetʀopedale] *v.intr.* pedalare all'indietro.

rétroprojecteur [ʀetʀopʀoʒɛktœʀ] *s.m.* lavagna luminosa.

rétrospectif [ʀetʀospɛktif] (f. *-ive*) *agg.* retrospettivo || **-ivement** *avv.*

rétrospective [ʀetʀospɛktiv] *s.f.* retrospettiva.

retroussé [ʀətʀuse] *agg.* rialzato, voltato all'insù || *nez —*, naso all'insù.

retroussement [ʀətʀusmɑ̃] *s.m.* il rialzare; il voltare in su; rimboccatura (*f.*).

retrousser [ʀətʀuse] *v.tr.* alzare, sollevare; volta-

re in su || *— ses manches*, rimboccarsi le maniche || *— sa moustache*, arricciarsi i baffi.

retrouvailles [ʀətʀuvaj] *s.f.pl.* il ritrovarsi (dopo una separazione).

retrouver [ʀətʀuve] *v.tr.* **1** ritrovare (*anche fig.*); rintracciare: *il n'arrivait pas à — son nom*, non riusciva a ricordarsi il suo nome || *— la santé*, riacquistare la salute || *— ses esprits*, ritornare in sé **2** raggiungere: *je te retrouverai où tu voudras*, ti raggiungerò dove vorrai ☐ **se retrouver** *v.pron.* **1** ritrovarsi **2** orientarsi || *s'y —*, (*fig.*) raccapezzarsi, (*fam.*) cavarsela **3** (*l'un l'altro*) ritrovarsi.

rétroversion [ʀetʀovɛʀsjɔ̃] *s.f.* (*med.*) retroversione.

rétrovirus [ʀetʀoviʀys] *s.m.* (*biol.*) retrovirus.

rétroviseur [ʀetʀovizœʀ] *s.m.* (*aut.*) (specchietto) retrovisore.

rets [ʀɛ] *s.m.* rete (*f.*): *prendre dans ses —*, (*fig.*) irretire.

réunification [ʀeynifikasjɔ̃] *s.f.* riunificazione.

réunifier [ʀeynifje] *v.tr.* riunificare.

réunion [ʀeynjɔ̃] *s.f.* **1** il riunire, riunione; ricongiungimento (*m.*); raccolta **2** (*incontro*) riunione: *être en —*, essere in riunione.

réunionnais [ʀeynjonɛ] *agg.* (dell'isola) della Riunione.

réunir [ʀeyniʀ] *v.tr.* **1** riunire: *— des preuves*, mettere insieme delle prove; *— des fonds*, raccogliere fondi **2** ricongiungere; unire, collegare ☐ **se réunir** *v.pron.* **1** riunirsi **2** unirsi, congiungersi.

réussi [ʀeysi] *agg.* riuscito (*bien*) —, (ben) riuscito; *mal —*, mal riuscito || (*fam. iron.*) *c'est —!*, complimenti!

réussir [ʀeysiʀ] *v.intr.* **1** riuscire: *j'ai enfin réussi à le rencontrer*, sono finalmente riuscito a incontrarlo || *tout lui réussit*, tutto gli va per il verso giusto || *il commence à —*, comincia ad avere successo; *il a bien réussi*, è arrivato || *la plaisanterie réussissait toujours*, lo scherzo funzionava sempre || *la vigne réussit dans cette région*, la vigna viene bene in questa regione **2** giovare, far bene: *la montagne lui réussit*, la montagna gli giova ♦ *v.tr.* fare bene, riuscire in (qlco): *— un travail*, condurre a termine con successo un lavoro; *— un portrait*, fare un ritratto somigliante || *il a bien réussi son affaire*, ce l'ha fatta a ottenere ciò che voleva; *j'ai réussi ce plat*, questo piatto mi è riuscito bene; *— un examen*, passare un esame.

réussite [ʀeysit] *s.f.* **1** riuscita || *être, ne pas être une —*, essere bene, mal riuscito || *une — sociale*, professionnelle, un successo sociale, professionale **2** (*gioco di carte*) solitario (*m.*).

réutilisable [ʀeytilizabl] *agg.* **1** riutilizzabile **2** (*di veicoli spaziali*) recuperabile.

réutilisation [ʀeytilizasjɔ̃] *s.f.* riutilizzo (*m.*), riutilizzazione.

réutiliser [ʀeytilize] *v.tr.* riutilizzare.

revaccination [ʀəvaksinasjɔ̃] *s.f.* rivaccinazione.

revaloir [ʀəvalwaʀ] (*coniug. come* valoir) *v.tr.*

rendere la pariglia: *je lui revaudrai cela!*, gli renderò la pariglia!

revalorisation [Rəvalɔrizasjɔ̃] *s.f.* rivalutazione.

revaloriser [Rəvalɔrize] *v.tr.* rivalutare.

revanchard [Rəvɑ̃ʃaR] *agg.* revanscistico ♦ *s.m.* revanscista.

revanche [Rəvɑ̃ʃ] *s.f.* rivincita: *après sa défaite il ne pense qu'à la —*, dopo l'insuccesso pensa solo a rivalersi || *à charge de —*, a buon rendere || *en —*, invece, in compenso.

revanchisme [Rəvɑ̃ʃism] *s.m.* (*pol.*) revanscismo.

rêvasser [Rɛvase] *v.intr.* fantasticare.

rêvasserie [Rɛvasʀi] *s.f.* fantasticheria.

rêve [Rɛv] *s.m.* sogno.

rêvé [Rɛve] *agg.* ideale, di sogno.

revêche [Rəvɛʃ] *agg.* arcigno.

revécu [Rəveky] *part.pass. di* revivre.

réveil [Revɛj] *s.m.* **1** risveglio **2** (*orologio*) sveglia (*f.*): *— téléphoné*, sveglia telefonica.

réveille-matin [Revɛjmatɛ̃] (*pl. invar.*) *s.m.* sveglia (*f.*).

réveiller [Reveje] *v.tr.* **1** svegliare (*anche fig.*) **2** risvegliare □ **se réveiller** *v.pron.* svegliarsi; risvegliarsi (*anche fig.*).

réveillon [Revɛjɔ̃] *s.m.* cenone.

réveillonner [Revejɔne] *v.intr.* festeggiare la notte di capodanno.

révélateur [RevelatœR] (*f. -trice*) *agg.* rivelatore ♦ *s.m.* (*fot.*) rivelatore, sviluppatore.

révélation [Revelasjɔ̃] *s.f.* rivelazione.

révélé [Revele] *agg.* rivelato.

révéler [Revele] (*coniug. come* céder) *v.tr.* rivelare, svelare: *— un complot*, denunciare un complotto || *— l'avenir*, predire l'avvenire || *— une aptitude*, manifestare un'attitudine □ **se révéler** *v.pron.* rivelarsi.

revenant [Rəvnɑ̃] *s.m.* spirito, fantasma || *tiens, voilà un —!*, (*iron.*) guarda chi si rivede.

revendeur [Rəvɑ̃dœR] (*f. -euse*) *s.m.* rivenditore.

revendicateur [Rəvɑ̃dikatœR] (*f. -trice*) *agg.* e *s.m.* rivendicatore.

revendicatif [Rəvɑ̃dikatif] (*f. -ive*) *agg.* rivendicativo.

revendication [Rəvɑ̃dikasjɔ̃] *s.f.* rivendicazione.

revendiquer [Rəvɑ̃dike] *v.tr.* rivendicare.

revendre [Rəvɑ̃dR] (*coniug. come* rendre) *v.tr.* rivendere || *avoir de la patience à (en) —*, aver pazienza da vendere.

revendu [Rəvɑ̃dy] *part.pass. di* revendre.

revenez-y [Rəvnezi, Rəvənezi] *s.m.* (*pl.invar.*) **1** *le plat avait un petit goût de —*, (*fam.*) il piatto invitava a fare il bis **2** (*fig.*) ritorno: *un — d'amour*, un ritorno di fiamma.

revenir [RəvniR] (*coniug. come* tenir) *v.intr.* **1** ritornare, tornare: *je reviens dans une minute*, torno tra un momento || *son nom ne me revient pas*, non mi ritorna in mente il suo nome; *il m'est revenu qu'il était déjà parti*, mi sono ricordato che era già partito || *cette fête revient tous les ans à la même époque*, questa festa ricorre tutti gli anni alla stessa epoca || *l'appétit lui reviendra*, gli tornerà l'appetito || *il s'appelle reviens!*, (*fam.*) si chiama Pietro (torna indietro)! (riferito a una cosa prestata) || *le goût de l'oignon me revenait*, mi tornava in bocca il sapore della cipolla || *sa tête ne me revient pas!*, (*fam.*) la sua faccia non mi garba! || *à quoi bon — là-dessus?*, a che pro tornarci sopra? || *— à de meilleurs sentiments*, (*fig.*) venire a più miti consigli **2** rimettersi; riaversi: *— étonnement*, riaversi dalla sorpresa || *je n'en reviens pas, je n'en suis pas encore revenu*, non riesco a capacitarmene, a crederci || *il revient de loin!*, l'ha scampata bella! **3** ricredersi: *— de ses erreurs*, ravvedersi || *être revenu de tout*, essere nauseato, annoiato di tutto **4** spettare, toccare: *— (de droit)*, spettare di diritto; *la propriété devait lui — à sa majorité*, la proprietà doveva andare a lui una volta maggiorenne || *c'est à lui qu'il revient de payer*, tocca a lui pagare **5** venire (a costare): *le prix auquel revient cette marchandise est trop élevé*, il prezzo di quella merce è troppo alto; *cette voiture me revient cher*, quella macchina mi costa cara **6** (*cuc.*) rosolare, imbiondire **7** (*sport*) ricuperare, fare una rimonta □ **revenir à:** *— à soi*, tornare in sé, riaversi; *— à la surface*, ritornare a galla; *pour en — à notre problème...*, (*fig.*) per tornare al nostro problema... || *cela revient au même*, è, fa lo stesso || *cela revient à dire*, sarebbe come dire □ **revenir sur:** *la question revint sur le tapis*, il problema tornò sul tappeto; *— sur ce qu'on avait promis*, rimangiarsi una promessa; *— sur le compte de qqn*, ricredersi sul conto di qlcu; *il me revient tant sur cette opération boursière*, questa operazione in borsa mi frutta tot || *ce mot revient souvent sur ses lèvres*, ha spesso in bocca questa parola □ **s'en revenir** *v.pron.* (ri)tornarsene.

revente [Rəvɑ̃t] *s.f.* vendita, rivendita.

revenu [Rəvny, Rəvəny] *part.pass. di* revenir ♦ *s.m.* **1** reddito: *impôt sur le —*, imposta sui redditi; *revenus de l'Etat*, reddito pubblico **2** (*metall.*) rinvenimento.

rêver [Reve] *v.intr.* **1** sognare di, sognare (qlcu, qlco): *j'ai rêvé de toi*, ti ho sognato, ho sognato di te; *il rêve souvent de Paris*, sogna spesso Parigi; *il en rêve la nuit*, se lo sogna di notte; *on croit —*, sembra di sognare || *— tout éveillé, les yeux ouverts*, sognare a occhi aperti **2** sognare (qlco), fantasticare: *il rêve à une vie tranquille*, sogna una vita tranquilla; *à quoi rêves-tu?*, cosa vai fantasticando?; *il rêve d'avoir une nouvelle voiture*, sogna un'automobile nuova; *les vacances dont je rêve*, le vacanze che sogno || *— (in Canada) — aux cures*, avere gli incubi; *en — couleurs*, fantasticare ♦ *v.tr.* sognare: *c'est vous qui l'avez rêvé*, ve lo siete sognato || *il ne rêve que plaies et bosses*, va in cerca di guai.

réverbération [RevɛRbeRasjɔ̃] *s.f.* riverbero (*m.*), riverberazione.

réverbère [RevɛRbɛR] *s.m.* lampione.

réverbérer [RevɛRbeRe] (*coniug. come* céder) *v.tr.* riverberare, riflettere (luce, calore).

reverdir [RəveRdiR] *v.tr.* rinverdire, far tornare verde ♦ *v.intr.* rinverdire, ritornare verde.

révérence [ReveRɑ̃s] *s.f.* riverenza || *tirer sa* —, (*fam.*) salutare e andarsene; (*fig.*) rifiutare.

révérenciel [ReveRɑ̃sjɛl] (f.-*elle*) *agg.* reverenziale.

révérencieux [ReveRɑ̃sjø] (f. -*euse*) *agg.* deferente, ossequioso.

révérend [ReveRɑ̃] *agg.* e *s.m.* reverendo.

révérer [ReveRe] (*coniug. come* céder) *v.tr.* onorare, riverire.

rêverie [RevRi] *s.f.* fantasticheria, sogno (*m.*).

revernir [RəveRniR] *v.tr.* riverniciare.

revers [RəveR] *s.m.* rovescio; (*fig.*) disgrazia (*f.*): *le* — *de la main*, il dorso della mano; *un* — *de main*, un manrovescio || — *de pantalon*, risvolti dei calzoni || *prendre à, de* —, attaccare alle spalle || *notre armée a subi des* — , il nostro esercito ha subito delle sconfitte.

reversement [RəveRsəmɑ̃] *s.m.* trasferimento (di fondi).

reverser [RəveRse] *v.tr.* 1 versare di nuovo || — *le blâme sur d'autres*, far ricadere il biasimo sugli altri 2 (*comm., dir.*) trasferire.

réversibilité [ReveRsibilite] *s.f.* reversibilità.

réversible [ReveRsibl] *agg.* reversibile; (*abbigl.*) double face, rivoltabile.

réversion [ReveRsjɔ̃] *s.f.* reversione || *pension de* —, pensione di reversibilità.

revêtement [Rəvɛtmɑ̃] *s.m.* rivestimento, incamiciatura (*f.*) || — *de la chaussée*, manto stradale.

revêtir [RəvɛtiR] (*coniug. come* vêtir) *v.tr.* 1 indossare; rivestire || — *une forme humaine*, assumere sembianze umane || — *d'une signature*, munire di firma 2 ricoprire 3 investire, conferire (a) □ **se revêtir** *v.pron.* rivestirsi.

revêtu [Rəvɛty] *part.pass. di* revêtir.

rêveur [RevœR] (f. -*euse*) *agg.* sognante ♦ *s.m.* sognatore || *cela me laisse* —, (*fam.*) ciò mi lascia perplesso, mi dà da pensare.

rêveusement [Revøzmɑ̃] *avv.* con aria sognante.

revient [Rəvjɛ̃] *s.m.* (*comm.*) *prix de* —, costo di produzione.

revigorer [RəvigɔRe] *v.tr.* rinvigorire.

revirement [RəviRmɑ̃] *s.m.* 1 cambiamento repentino 2 (*mar.*) nuova virata di bordo.

révisable [Revizabl] *agg.* rivedibile, suscettibile di revisione.

réviser [Revize] *v.tr.* 1 rivedere, riprendere in esame || — *sa leçon*, ripassare la lezione 2 revisionare, controllare.

réviseur [RevizœR] *s.m.* revisore: — *aux comptes*, revisore dei conti.

révision [Revizjɔ̃] *s.f.* revisione || *faire ses révisions de géographie*, fare il ripasso di geografia || (*mil.*) *conseil de* —, commissione di leva; *passer le conseil de* —, sottoporsi alla visita di leva.

révisionnisme [Revizjɔnism] *s.m.* revisionismo.

révisionniste [Revizjɔnist] *agg.* e *s.m.* revisionista.

revisser [Rəvise] *v.tr.* riavvitare.

revitalisation [Rəvitalizasjɔ̃] *s.f.* rivitalizzazione.

revitaliser [Rəvitalize] *v.tr.* rivitalizzare.

reviviscence [Rəvivisɑ̃s] *s.f.* reviviscenza (*anche fig.*).

revivre [RəvivR] (*coniug. come* vivre) *v.tr.* e *intr.* rivivere.

révocabilité [Revɔkabilite] *s.f.* revocabilità.

révocable [Revɔkabl] *agg.* revocabile.

révocation [Revɔkasjɔ̃] *s.f.* revoca.

révocatoire [RevɔkatwaR] *agg.* revocativo.

revoici [Rəvwasi] *prep.* riecco, ecco qui: *me* —!, eccomi qui di nuovo!

revoilà [Rəvwala] *prep.* riecco: *le* —!, rieccolo! || *nous y* —!, ci risiamo!

revoir [RəvwaR] (*coniug. come* voir) *v.tr.* rivedere || — *ses maths*, ripassare matematica □ **au revoir**, arrivederci: *dire au* —, salutare □ **se revoir** *v.pron.* rivedersi.

révoltant [Revɔltɑ̃] *agg.* rivoltante.

révolte [Revɔlt] *s.f.* rivolta, ribellione.

révolté [Revɔlte] *agg.* e *s.m.* ribelle.

révolter [Revɔlte] *v.tr.* 1 far ribellare, sollevare 2 rivoltare, disgustare □ **se révolter** *v.pron.* rivoltarsi, ribellarsi.

révolu [Revɔly] *agg.* compiuto || *époque révolue*, epoca passata.

révolution [Revɔlysjɔ̃] *s.f.* rivoluzione.

révolutionnaire [RevɔlysjɔnɛR] *agg.* e *s.m.* rivoluzionario.

révolutionner [Revɔlysjɔne] *v.tr.* 1 rivoluzionare 2 (*estens.*) sconvolgere.

revolver [RevɔlvɛR] *s.m.* rivoltella (*f.*), revolver: *coup de* —, rivoltellata, revolverata.

révoquer [Revɔke] *v.tr.* revocare || *le ministre a été révoqué*, il ministro è stato rimosso dalla sua carica.

revu [Rəvy] *part.pass. di* revoir.

revue [Rəvy] *s.f.* 1 rivista; parata (di truppe): *passer en* —, passare in rassegna || — *de presse*, rassegna (della) stampa || *être de la* —, (*fam.*) restare con un palmo di naso 2 (*giornale*) rivista: — *hebdomadaire*, settimanale 3 (*teatr.*) rivista.

révulsé [Revylse] *agg.* stralunato: *des yeux révulsés*, occhi stravolti all'indietro (per malore).

révulser [Revylse] *v.tr.* 1 (*med.*) provocare una revulsione 2 ripugnare (a) □ **se révulser** *v.pron.* stralunare, strabuzzare (gli occhi): *ses yeux se révulsèrent et il s'évanouit*, stralunò gli occhi e svenne.

révulsif [Revylsif] (f.-*ive*) *agg.* e *s.m.* revulsivo.

révulsion [Revylsjɔ̃] *s.f.* (*med.*) revulsione.

rewriting [Ri(ə)Rajtiŋ] *s.m.* (*di un testo*) revisione (*f.*).

rez-de-chaussée [Redʃose] (pl. *invar.*) *s.m.* 1 pianterreno 2 appartamento al pianterreno.

rhabillage [Rabijaʒ] *s.m.* 1 il rivestire; il rivestirsi 2 (*tecn.*) riparazione (*f.*).

rhabiller [Rabije] *v.tr.* 1 rivestire 2 (*tecn.*) riparare □ **se rhabiller** *v.pron.* rivestirsi.

rhapsodie [Rapsɔdi] *s.f.* rapsodia.

rhénan [Renɑ̃] *agg.* renano.

rhéologie [Reɔlɔʒi] *s.f.* (*fis.*) reologia.

rhéostat [Reɔsta] *s.m.* reostato.

rhésus [rezys] *s.m.* (*zool.*) reso || (*med.*) *facteur Rhésus*, fattore Rh.

rhéteur [retœr] *s.m.* retore.

rhétorique [retɔrik] *agg.* retorico ♦ *s.f.* retorica: *figure de —*, figura retorica.

rhinite [rinit] *s.f.* (*med.*) rinite.

rhin(o)- *pref.* rino-

rhinocéros [rinɔserɔs] *s.m.* rinoceronte.

rhino-pharyngite [rinɔfarɛʒit] *s.f.* rinofaringite.

rhino-pharynx [rinɔfarɛ̃ks] *s.m.* rinofaringe (*f.*).

rhinoplastie [rinɔplasti] *s.f.* (*med.*) rinoplastica.

rhizome [rizom] *s.m.* (*bot.*) rizoma.

rhodanien [rɔdanjɛ̃] (f. *-enne*) *agg.* del Rodano.

rhodium [rɔdjɔm] *s.m.* (*chim.*) rodio.

rhododendron [rɔdɔdɛ̃drɔ̃] *s.m.* (*bot.*) rododendro.

rhombo- *pref.* rombo-

rhomboïde [rɔ̃bɔid] *s.m.* **1** (*mat.*) romboide **2** (*anat.*) (*muscolo*) romboide.

rhônalpin [ronalpɛ̃] *agg.* della regione Rhône-Alpes.

rhubarbe [rybarb] *s.f.* (*bot.*) rabarbaro (*m.*).

rhum [rɔm] *s.m.* rum.

rhumatisant [rymatizɑ̃] *agg.* e *s.m.* reumatico.

rhumatismal [rymatismal] (pl.*-aux*) *agg.* reumatico.

rhumatisme [rymatism] *s.m.* reumatismo.

rhumatologue [rymatɔlɔg] *s.m.* (*med.*) reumatologo.

rhume [rym] *s.m.* raffreddore: *— de cerveau*, raffreddore di testa; *— des foins*, raffreddore da fieno; *attraper un —*, prendersi un raffreddore.

rhumerie [rɔmri] *s.f.* distilleria di rum.

ri [ri] *part.pass. di* rire.

riant [rjɑ̃] *agg.* ridente.

ribambelle [ribãbel] *s.f.* (*fam.*) sfilza || *une — d'enfants*, una nidiata di bambini.

ribaude [ribod] *s.f.* prostituta.

riblon [riblɔ̃] *s.m.* truciolo di metallo.

ribonucléique [ribonykleik] *agg.* (*biochim.*) *acide —*, acido ribonucleico.

ribote [ribɔt] *s.f.* baldoria, bisboccia.

ribouldingue [ribuldɛ̃g] *s.f.* bisboccia, baldoria: *faire la —*, fare baldoria.

ricain [rikɛ̃] *agg.* e *s.m.* (*fam.*) americano (degli Stati Uniti).

ricanement [rikanmɑ̃] *s.m.* ghigno, sogghigno.

ricaner [rikane] *v.intr.* sogghignare; sghignazzare.

ricaneur [rikanœr] (f.*-euse*) *agg.* beffardo ♦ *s.m.* schernitore.

richard [riʃar] *s.m.* (*fam.*) riccone.

riche [riʃ] *agg.* ricco: *— en*, ricco di; *il est — d'espoirs*, è pieno di speranze; *être — à millions*, essere straricco || *c'est une — idée!*, (*fam.*) è proprio un'idea brillante! || *un — parti*, (*fam.*) un buon partito || *c'est une — nature*, è pieno di risorse ♦ *s.m.* ricco || *gosse de —*, (*fam.*) figlio di papà || *les nouveaux riches*, i nuovi ricchi, gli arricchiti.

richement [riʃmɑ̃] *avv.* **1** lussuosamente, sontuosamente **2** (*fam.*) riccamente; abbondante-mente: *doter — sa fille*, dare una ricca dote alla propria figlia.

richesse [riʃɛs] *s.f.* ricchezza: *— en matières premières*, abbondanza di materie prime.

richissime [riʃisim] *agg.* straricco.

ricin [risɛ̃] *s.m.* (*bot.*) ricino.

ricocher [rikɔʃe] *v.intr.* rimbalzare.

ricochet [rikɔʃɛ] *s.m.* rimbalzo || *faire des ricochets*, rimbalzare; (*gioco*) giocare a rimbalzello || (*al biliardo*) *— sur deux bandes, sur trois bandes*, rinterzo, rinquarto || *par —*, (*fig.*) di rimbalzo, di riflesso.

ric-rac [rikrak] *locuz.avv.* (*fam.*) con precisione; appena appena: *payer qqn —*, pagare qlcu fino all'ultimo centesimo.

rictus [riktys] *s.m.* rictus; ghigno.

ride [rid] *s.f.* ruga; grinza || *un front creusé de rides*, una fronte solcata di rughe || *les rides du terrain*, le ondulazioni del terreno || *le vent forme des rides sur l'eau*, il vento forma delle increspature sull'acqua.

ridé [ride] *agg.* rugoso.

rideau [rido] (pl. *-eaux*) *s.m.* **1** tenda (*f.*) || *doubles rideaux*, tende pesanti sovrapposte alle tendine || *un — de nuages, de brouillard*, una cortina di nubi, di nebbia || *un — d'arbres*, un filare d'alberi **2** (*teatr.*) sipario, tela (*f.*): *— d'avant-scène*, telone; *— de fond*, fondale || *tirons le — sur cette affaire*, stendiamo un velo su questa faccenda, non parliamone più **3** *— de fer*, saracinesca; serranda; (*st.*) cortina di ferro.

ridelle [ridel] *s.f.* (*di carro, di autocarro*) sponda.

rider [ride] *v.tr.* riempire di rughe || *pas un souffle ne ridait la surface du lac*, (*fig.*) neppure un soffio increspava la superficie del lago □ **se rider** *v.pron.* diventare rugoso: *elle s'est beaucoup ridée dernièrement*, si è riempita di rughe negli ultimi tempi.

ridicule [ridikyl] *agg.* e *s.m.* ridicolo || *tourner qqn en —*, mettere in ridicolo qlcu.

ridiculement [ridikylmɑ̃] *avv.* in maniera ridicola.

ridiculiser [ridikylize] *v.tr.* ridicolizzare; prendere in giro □ **se ridiculiser** *v.pron.* rendersi ridicolo.

rien [rjɛ̃] *pron.indef.* **1** (*in frasi negative*) niente, nulla: *je n'y peux —*, non posso farci niente; *cela n'a — à voir* (*avec...*), non ha niente a che vedere (con...); *ils sont partis sans — dire*, sono partiti senza dire nulla; *il n'a — compris*, non ha capito niente; *— ne m'étonne*, niente mi stupisce; *cela ne fait —*, non fa niente; *ce n'est —*, non è nulla; *ce n'est pas —!*, (*fam.*) non è roba da poco; *— n'y fait*, niente da fare; *— ne sert de pleurer*, non serve a niente piangere || *— d'autre →* autre **2** (*in frasi affirmative*) niente, poca cosa: *il compte pour —*, non conta niente, conta veramente poco; *je l'ai acheté (pour) trois, deux fois —*, l'ho pagato pochissimo, una sciocchezza; *avant qu'il ait — pu dire*, prima che potesse dire qualcosa; *il était incapable de — dire*, non era capace di pronunciare parola ♦ *s.m.* niente, nonnulla: *se fâcher pour un*

—, arrabbiarsi per un nonnulla; *ce sont de petits riens qui rendent la vie agréable*, sono le piccole cose che rendono piacevole la vita || *un* — *de sel*, un tantino di sale; *c'est un* — *trop salé*, è un tantino troppo salato || *en un* — *de temps*, in un batter d'occhio || *une* — *du tout*, un uomo, una donna da poco ♦ *avv.* (*fam.*) molto: *il a été* — *chouette!*, com'è stato gentile!; *elle est* — *drôle*, è molto buffa ♦ FRASEOLOGIA: — *du tout*, assolutamente niente; *un accident de* — *du tout*, un incidente da nulla; *c'est une histoire de* —, è una storia da poco; *c'est trois fois* —, è roba da poco, non è grave; *je n'en ai* — *à foutre*, (*molto fam.*) non me ne frega niente; *on ne fait* — *de* —, con niente si fa niente; — *de plus*, niente (di) più; *c'est cela ou* —, è così o (è) niente; *comme* —, come niente: *il parle de millions comme* —, parla di milioni come (se) fossero niente; *c'est moins que* —, non vale niente; *c'est, il est un moins que* —, è un uomo da niente; *c'est un propre, un bon à* —, è un buono a nulla; *en moins de* —, in un lampo, in men che non si dica; *comme si de* — *n'était*, come se niente fosse; *n'en faites* —*!*, non si disturbi!; *ce n'est pas pour* — *que j'ai pris des mesures*, non per nulla ho preso delle precauzioni; *je n'y suis pour* —*!*, io non c'entro affatto!; *cela n'a* — *d'impossible*, non è per niente impossibile; *il n'en est* —, non è affatto vero.

□ **rien que** *locuz.avv.* (anche) solo, (anche) soltanto: — *que d'y songer j'en frissonne*, solo a pensarci mi vengono i brividi; *je n'ai* — *que dix mille lires sur moi*, ho soltanto diecimila lire (con me); — *qu'une fois*, una pura una sola volta || — *que ça!*, nientemeno! □ **rien (de) moins que** *locuz.avv.* → moins.

rieur [ʀjœʀ] (f.-*euse*) *agg.* ridanciano || *yeux rieurs*, occhi ridenti ♦ *s.m.* burlone || *mettre les rieurs de son côté*, gettare il ridicolo sull'avversario.

rififi [ʀififi] *s.m.* (*argot*) zuffa (*f.*), rissa (*f.*).

riflard[1] [ʀiflaʀ] *s.m.*   **1** (*edil.*) spatola (*f.*)   **2** piallone, barlotta (del falegname)   **3** raspa (*f.*), lima (per metalli).

riflard[2] *s.m.*(*fam.*) ombrello.

rifle [ʀifl] *s.m.* carabina a canna lunga; pistola a canna lunga.

rigaudon [ʀigodɔ̃] *s.m.* musica e danza provenzale dei secoli XVII e XVIII.

rigide [ʀiʒid] *agg.* rigido || **-ement** *avv.*

rigidité [ʀiʒidite] *s.f.* rigidità, (*fig.*) rigidezza.

rigodon [ʀigodɔ̃] *s.m.* → **rigaudon**.

rigolade [ʀigolad] *s.f.* burla, scherzo (*m.*) || *prendre tout à la* —, non prendere nulla sul serio.

rigolard [ʀigolaʀ] *agg.* (*fam.*) allegro ♦ *s.m.* (*fam.*) buontempone.

rigole [ʀigol] *s.f.* canaletto (*m.*), fossatello (*m.*).

rigoler [ʀigole] *v.intr.* (*fam.*) ridere, scherzare: *il n'y a pas de quoi* —, non è affatto divertente.

rigolo [ʀigolo] (f. -*ote*) *agg.* divertente; ridicolo ♦ *s.m.* mattacchione, burlone.

rigorisme [ʀigoʀism] *s.m.* rigorismo.

rigoriste[ʀigoʀist] *agg.* rigoristico ♦ *s.m.* rigorista.

rigoureusement [ʀiguʀøzmɑ̃] *avv.* rigorosamente: *il est* — *interdit de fumer*, è severamente vietato fumare || — *parlant*, a rigor di termini.

rigoureux [ʀiguʀø] (f.-*euse*) *agg.* rigoroso || *hiver* —, inverno rigido.

rigueur[ʀigœʀ] *s.f.* rigore (*m.*); rigorosità: *à la* —, a rigore; *tenir* — *à qqn de qqch*, portare rancore a qlcu per qlco; *de* —, di rigore, d'obbligo; *tenue de soirée de* —, (è) di rigore l'abito da sera || *la* — *d'un raisonnement*, la rigorosità di un ragionamento || *la* — *d'une peine*, la severità di una pena || *délai de* —, termine tassativo || — *du climat*, la rigidezza, rigidità del clima.

rillettes [ʀijet] *s.f.pl.* carne (spec. di maiale) tritata cotta nello strutto.

rillons [ʀijɔ̃] *s.m.pl.* (*cuc.*) ciccioli.

rimailler [ʀimaje] *v.intr.* (*fam.*) comporre cattivi versi.

rimailleur [ʀimajœʀ] *s.m.* (*fam.*) versaiolo, poetastro.

rime [ʀim] *s.f.* rima: — *plate, suivie, accouplée*, rima accoppiata, baciata; — *embrassée, enlacée*, rima incrociata || *sans* — *ni raison*, senza ragioni; senza capo né coda.

rimer [ʀime] *v.intr.*   **1** rimare || *ça ne rime à rien*, non ha nessun senso   **2** (*letter.*) verseggiare ♦ *v.tr.* mettere in versi.

rinçage [ʀɛ̃saʒ] *s.m.* risciacquo, sciacquatura (*f.*).

rinceau [ʀɛ̃so] (pl. -*eaux*) *s.m.* (*arch.*) fogliame, viticcio.

rince-bouteilles [ʀɛ̃sbutej] (pl. *invar.*) *s.m.* lavabottiglie.

rince-doigts [ʀɛ̃sdwa] (pl. *invar.*) *s.m.* sciacquadita, lavadita.

rincée [ʀɛ̃se] *s.f.* (*fam.*)   **1** sacco di legnate, di botte   **2** acquazzone (*m.*), diluvio (*m.*).

rincer [ʀɛ̃se] (*coniug. come* placer) *v.tr.* sciacquare: *se* — *les mains*, risciacquarsi le mani || *se* — *l'œil*, lustrarsi gli occhi.

rincette [ʀɛ̃set] *s.f.* (*fam.*) goccio di acquavite (bevuto nella tazzina dopo il caffè).

ring[1] [ʀiŋ] *s.m.* (*boxe*) quadrato, ring.

ring[2] *s.m.* (in Belgio) raccordo anulare.

ringard [ʀɛ̃gaʀ] *agg.* (*fam.*) superato.

ripaille [ʀipaj] *s.f.* (*fam.*) bisboccia; abbuffata || *faire* —, gozzovigliare.

ripailler [ʀipaje] *v.intr.* (*fam.*) gozzovigliare, abbuffarsi.

ripailleur [ʀipajœʀ] (f. -*euse*) *s.m.* (*fam.*) bisboccione.

riper [ʀipe] *v.tr.* far scorrere ♦ *v.intr.* slittare.

ripolin [ʀipolɛ̃] *s.m.* vernice a smalto.

ripoliner [ʀipoline] *v.tr.* verniciare a smalto.

riposte [ʀipost] *s.f.* (*fam.*) risposta immediata, replica.

riposter [ʀiposte] *v.intr.* ribattere; replicare.

ripou [ʀipu] (pl. -*oux*, -*ous*) *s.m.* (*fam.*) poliziotto corrotto ♦ *agg.* corrotto.

riquiqui [ʀikiki] *agg.* (*fam.*) misero, striminzito.

rire[1] [ʀiʀ]

Indic.pres. je ris, etc., nous rions, etc.; *imperf.* je riais, etc., nous riions, etc.; *pass.rem.* je ris, etc.;

fut. je rirai, etc. *Cond.* je rirais, etc. *Cong.pres.* que je rie, etc., que nous riions, etc.; *imperf.*, *non usato* que je risse, etc. *Part.pres.* riant; *pass.* ri. *Imp.* ris, rions, riez.

─────────

v.intr. ridere: — *de bon cœur*, ridere di cuore; — *de toutes ses dents*, fare una bella risata aperta; — *aux larmes*, *à en pleurer*, ridere sino alle lacrime; — *à se tordre*, torcersi dalle risa; *crever*, *mourir de* —, scoppiare, morire dal ridere; — *des menaces de qqn*, ridersene delle minacce di qlcu; *il n'y a pas de quoi* —, non c'è niente da ridere ‖ *prendre les choses en riant*, prendere le cose sul ridere; *vous voulez* —!, volete scherzare! ‖ *histoire de* —, tanto per ridere □ **se rire** *v.pron.* ridersi, burlarsi.

rire[2] *s.m.* risata (*f.*); riso: *des éclats de* —, scoppi di risa.

ris de veau [ʀidvo] *s.m. invar.* (*cuc.*) animella di vitello.

risée[1] [ʀize] *s.f.* scherno (*m.*) ‖ *être la* — *de tout le monde*, essere lo zimbello di tutti.

risée[2] *s.f.* (*mar.*) lieve raffica di vento, refolo (*m.*).

risette [ʀizet] *s.f.* (*fam.*) sorrisino (di bambino).

risible [ʀizibl] *agg.* buffo, ridicolo.

risque [ʀisk] *s.m.* rischio ‖ *assurance tous risques*, assicurazione multirischio; (*pour les automobilistes*) assicurazione casco ‖ *appréciation des risques*, valutazione del rischio ‖ *à ses risques et périls*, a proprio rischio e pericolo ‖ *au* — *de*, a, col rischio di ‖ *à tout* —, per ogni evenienza.

risqué [ʀiske] *agg.* rischioso, pieno di rischi.

risquer [ʀiske] *v.tr.* **1** rischiare: — *son honneur*, porre, mettere a repentaglio il proprio onore ‖ — *des ennuis*, rischiare di aver delle noie ‖ — *gros*, rischiare una grossa somma (al gioco); (*fig.*) correre grossi rischi **2** tentare: — *le paquet*, (*fam.*) tentare il colpo **3** arrischiare, azzardare: — *une question*, azzardare una domanda □ **se risquer** *v.pron.* arrischiarsi; azzardarsi: *se* — *dans une affaire*, arrischiarsi in un affare ‖ *se* — *dans un lieu*, avventurarsi in un luogo.

risque-tout [ʀiskatu] (pl. *invar*) *s.m.* (*fam.*) scavezzacollo, spericolato.

rissoler [ʀisɔle] *v.tr. e intr.* (*cuc.*) (fare) rosolare, (fare) dorare.

ristourne [ʀisturn] *s.f.* sconto (*m.*), abbuono (*m.*).

ristourner [ʀisturne] *v.tr.* concedere una riduzione.

rital [ʀital] (pl. *-als*) *s.m.* (*fam.*) italiano.

rite [ʀit] *s.m.* rito.

ritournelle [ʀiturnɛl] *s.f.* ritornello (*m.*).

ritualiste [ʀitɥalist] *agg.* ritualistico ♦ *s.m.* ritualista.

rituel [ʀitɥel] (f. *-elle*) *agg. e s.m.* rituale.

rituellement [ʀitɥelmɑ̃] *avv.* ritualmente; invariabilmente.

rivage [ʀivaʒ] *s.m.* riva (*f.*).

rival [ʀival] (pl. *-aux*) *agg. e s.m.* rivale.

rivaliser [ʀivalize] *v.intr.* fare a gara, competere: *toute la famille rivalise d'efforts pour l'aider*, tutta la famiglia fa a gara per aiutarlo.

rivalité [ʀivalite] *s.f.* rivalità.

rive [ʀiv] *s.f.* riva, sponda ‖ — *gauche*, riva sinistra (spec. della Senna a Parigi) ‖ *poutre de* —, trave maestra (di ponte).

river [ʀive] *v.tr.* **1** chiodare, ribadire ‖ *il lui a rivé son clou*, (*fig.*) gli ha risposto per le rime **2** (*fig.*) attaccare, unire: *rester rivé à sa place*, rimanere inchiodato al proprio posto **3** fissare (*anche fig.*): *elle avait les yeux rivés sur moi*, mi guardava fissamente.

riverain [ʀivʀɛ̃] *agg.* rivierasco ♦ *s.m.* chi abita sulla sponda di un fiume, (*dir.*) frontista ‖ *stationnement interdit sauf que les riverains*, sosta vietata esclusi i residenti.

rivet [ʀive] *s.m.* ribattino, rivetto.

rivetage [ʀivtaʒ] *s.m.* ribaditura, chiodatura (*f.*).

riveter [ʀivte] (*coniug. come* jeter) *v.tr.* (*tecn.*) rivettare.

rivière [ʀivjɛʀ] *s.f.* **1** fiume (*m.*), corso d'acqua: *poissons de* —, pesci d'acqua dolce **2** — *de diamants*, collana di diamanti **3** (*sport*) fosso (*m.*).

rivure [ʀivyʀ] *s.f.* ribaditura, chiodatura.

rixe [ʀiks] *s.f.* rissa, mischia.

riz [ʀi] *s.m.* riso: — *cuit à l'eau*, riso in bianco.

rizerie [ʀizʀi] *s.f.* riseria.

rizicole [ʀizikɔl] *agg.* risicolo.

riziculture [ʀizikyltyʀ] *s.f.* risicoltura.

rizière [ʀizjɛʀ] *s.f.* risaia.

roannais [ʀɔanɛ] *agg.* di Roanne.

robe [ʀɔb] *s.f.* **1** vestito (*m.*), abito (da donna): *une petite* —, un abito semplice, un vestitino; — *de chambre*, veste da camera, vestaglia; — *de confection*, *de grand couturier*, abito in serie, di sartoria; — *de mariée*, abito da sposa ‖ — *de plage*, copricostume ‖ — *de moine*, veste monacale; — *de bure*, saio **2** (*di magistrato*) toga: *gens de* —, magistrati, uomini di legge ‖ (*st.*) *noblesse de* —, nobiltà di toga **3** (*di verdure*) pelle: *pommes de terre en* — *de chambre*, patate in camicia **4** (*di animali*) pelo (*m.*), pelame (*m.*).

robinet [ʀɔbinɛ] *s.m.* rubinetto.

robinetterie [ʀɔbinɛtʀi] *s.f.* rubinetteria.

robinier [ʀɔbinje] *s.m.* (*bot.*) robinia (*f.*).

robot [ʀɔbo] *s.m.* **1** robot, automa: *portrait-* —, *photo-* —, identikit **2** (*cuc.*) frullatore elettrico multiuso.

robotique [ʀɔbɔtik] *s.f.* robotica.

robuste [ʀɔbyst] *agg.* robusto, solido (*anche fig.*).

robustesse [ʀɔbystes] *s.f.* robustezza; forza.

roc [ʀɔk] *s.m.* roccia (*f.*); masso, macigno ‖ *ferme comme un* —, (*fig.*) irremovibile.

rocade [ʀɔkad] *s.f.* tangenziale.

rocaille [ʀɔkɑj] *s.f.* **1** pietraia **2** rocaille (tendenza delle arti decorative in voga in Francia nella prima metà del Settecento) ♦ *agg.invar.*: *style* —, stile rocaille.

rocailleux [ʀɔkɑjø] (f. *-euse*) *agg.* **1** sassoso **2** (*fig.*) aspro: *voix rocailleuse*, voce rauca ‖ *style* —, stile spigoloso.

rocambolesque [ʀɔkɑ̃bɔlɛsk] *agg.* rocambolesco.

rochassier [ʀɔʃasje] *s.m.* (*alpinismo*) rocciatore.

roche [ʀɔʃ] *s.f.* roccia: *eau de* —, acqua sorgiva ‖

clair comme de l'eau de —, *(fig.)* chiaro come acqua di fonte || *(min.) cristal de* —, cristallo di rocca.

rochefortais [ʀɔʃfɔʀtɛ] *agg.* di Rochefort.

rochelais [ʀɔʃlɛ], **rochelois** [ʀɔʃlwa] *agg.* di La Rochelle.

rocher [ʀɔʃe] *s.m.* **1** roccia *(f.)* || *(sport) faire du* —, praticare l'alpinismo su roccia **2** scoglio **3** *(anat.)* rocca petrosa **4** pralina al cioccolato.

rocheux [ʀɔʃø] *(f. -euse) agg.* roccioso.

rocker [ʀɔkœʀ] *s.m.* **1** cantante rock **2** *(fam.)* rockettaro.

rococo [ʀɔkɔ(o)ko, ʀɔkoko] *agg. e s.m.* rococò.

rodage [ʀɔdaʒ] *s.m.* rodaggio.

rodéo [ʀɔdeo] *s.m.* **1** rodeo **2** *(fam.)* sarabanda di macchine o moto.

roder [ʀɔde] *v.tr.* **1** rodare **2** *(fig.)* mettere a punto || *être rodé*, essere esperto, collaudato; *j'y suis rodé*, *(fam.)* ci sono abituato.

rôder [ʀɔde] *v.intr.* aggirarsi, vagare.

rôdeur [ʀɔdœʀ] *(f. -euse) s.m.* vagabondo.

rodomontade [ʀɔdɔmɔ̃tad] *s.f. (letter.)* rodomontata, spacconata.

rogations [ʀɔgasjɔ̃] *s.f.pl. (relig.)* rogazioni.

rogatoire [ʀɔgatwaʀ] *agg. (dir.)* rogatorio.

rogaton [ʀɔgatɔ̃] *s.m. (spec. pl.) (fam.)* avanzo (di cibo).

rogne [ʀɔɲ] *s.f. (fam.)* rabbia; malumore *(m.)*: *être en* —, essere incavolato; *mettre en* —, mandare in bestia; *se mettre en* —, incavolarsi.

rogner[1] [ʀɔɲe] *v.tr.* **1** rifilare || *(fig.)*: — *son capital*, intaccare il capitale; — *les ailes à qqn*, tarpare le ali a qlcu || — *une monnaie*, tosare una moneta **2** *(agr.)* diradare ♦ *v.intr. (fig. fam.)* lesinare: — *sur tout*, lesinare il centesimo.

rogner[2] *v.intr. (fam.)* essere incavolato.

rognon [ʀɔɲɔ̃] *s.m. (cuc.)* rognone.

rognure [ʀɔɲyʀ] *s.f. (spec. pl.)* ritaglio *(m.)*, avanzo *(m.)*; *(metall.)* truciolo *(m.)*, limatura || *rognures d'ongles*, pezzetti di unghia.

rogue [ʀɔg] *agg.* arrogante, tracotante.

roi [ʀwa(ɑ)] *s.m.* re *(anche fig.)* || *travailler pour le* — *de Prusse*, lavorare per la gloria || *le jour des Rois*, *les Rois*, l'Epifania; *tirer les Rois*, spartire un dolce contenente una fava (il giorno dell'Epifania) || *bleu* —, blu savoia.

roitelet [ʀwatlɛ] *s.m.* **1** reuccio; *(spreg.)* re da strapazzo **2** *(zool.)* regolo.

rôle [ʀol] *s.m.* **1** *(teatr.)* parte *(f.)*, ruolo: *jouer un* —, *(anche fig.)* interpretare una parte; *créer un* —, interpretare per primo una parte; *jouer un grand* —, *(fig.)* avere una influenza determinante || *il a joué un vilain* — *dans cette histoire*, ha fatto una partaccia in questa faccenda || *avoir le beau* —, fare bella figura **2** funzione *(f.)*, compito || *ce n'est pas mon* — *de le dire*, non spetta a me dirlo **3** ruolo, elenco: — *des contribuables*, ruolo dei contribuenti; — *des employés effectifs*, ruolo organico; *rôles militaires*, liste di leva || *à tour de* —, nell'ordine di iscrizione a ruolo; *(fig.)* a turno.

rôle-titre [ʀoltitʀ] *s.m.* (pl. *rôles-titres*) ruolo, parte del personaggio che dà il titolo a un'opera teatrale.

rollot [ʀɔlo] *s.m.* formaggio vaccino a pasta molle.

romain [ʀɔmɛ̃] *agg. e s.m.* romano || *travail de* —, *(fig.)* lavoro massacrante || *(tip.) caractères romains*, caratteri romani, tondi.

romaine[1] [ʀɔmɛn] *s.f.* stadera.

romaine[2] *s.f. (bot.)* lattuga romana.

roman[1] [ʀɔmɑ̃] *agg. e s.m.* **1** *(ling.)* romanzo **2** *(arte)* romanico.

roman[2] *s.m.* romanzo || — *à l'eau de rose*, romanzo rosa || *(fam.)*: *cela tient du* —, è roba da romanzo; *ton histoire c'est du* —*!*, la tua storia è romanzesca! □ **roman-feuilleton**, romanzo d'appendice, romanzo a puntate; **roman-fleuve**, romanzo fiume; **roman-photo**, fotoromanzo.

romance [ʀɔmɑ̃s] *s.f. (mus., lett.)* romanza.

romancer [ʀɔmɑ̃se] *(coniug. come* placer*) v.tr.* romanzare: *biographie romancée*, biografia romanzata.

romanche [ʀɔmɑ̃ʃ] *agg. e s.m.* romancio.

romancier [ʀɔmɑ̃sje] *(f. -ère) s.m.* romanziere.

romand [ʀɔmɑ̃] *agg.* romando: *la Suisse romande*, la Svizzera romanda.

romanesque [ʀɔmanesk] *agg.* **1** romanzesco **2** romantico: *un esprit* —, una natura sognatrice.

romani [ʀɔmani] *s.m.* lingua tzigana, lingua dei rom.

romanichel [ʀɔmaniʃel] *(f. -elle) s.m.* **1** rom, zingaro **2** *(spreg.)* vagabondo, zingaro.

romantique [ʀɔmɑ̃tik] *agg. e s.m.* romantico.

romantisme [ʀɔmɑ̃tism] *s.m. (lett.)* romanticismo.

romarin [ʀɔmaʀɛ̃] *s.m. (bot.)* rosmarino.

rombière [ʀɔ̃bjɛʀ] *s.f. (fam.)* carampana, befana.

rompre [ʀɔ̃pʀ] *(coniug. come* rendre *tranne la 3ª pers. sing. del pres. indic.*: *il rompt) v.tr.* **1** rompere *(anche fig.)*: — *un morceau de pain*, spezzare un pezzo di pane; — *une amitié*, troncare un'amicizia; — *ses fiançailles*, rompere il fidanzamento; — *un pacte, une promesse*, violare un patto, una promessa || *(eccl.)* — *ses vœux*, infrangere i voti || *se le cou*, rompersi l'osso del collo || *(mil.)*: *rompez!*, rompete le righe!, *(fam.)* fuori dai piedi!; — *les lignes ennemies*, sfondare le linee nemiche || *cette course m'a rompu*, *(fam.)* questa corsa mi ha stroncato || *à tout* —, fragorosamente **2** *(fig.)* addestrare, abituare: *il est rompu à la fatigue*, è rotto alla fatica ♦ *v.intr.* **1** rompersi **2** rompere i rapporti, troncare i rapporti: *ils ont rompu*, si sono lasciati □ **se rompre** *v.pron.* rompersi.

rompu [ʀɔ̃py] *part.pass.* di rompere ♦ *agg.* rotto *(anche fig.)*: — *de fatigue*, rotto, sfinito dalla stanchezza; *il est* — *aux affaires*, ha grande esperienza negli affari; — *au métier*, rotto a tutte le astuzie del mestiere.

romsteck [ʀɔmstɛk] *s.m. (cuc.)* codone (di bue).

ronce [ʀɔ̃s] *s.f.* **1** rovo *(m.)*, pruno *(m.)* **2** nodo *(m.)*, venatura (di certi legni) || — *de noyer*, radica di noce **3** — *artificielle*, filo spinato.

ronceraie [ʀɔ̃sʀe] *s.f.* roveto *(m.)*.

ronchon [ʀɔ̃ʃɔ̃] *(f. -onne) agg. e s.m. (fam.)* brontolone.

ronchonnement [rɔ̃ʃɔnmɑ̃] *s.m.* (*fam.*) brontolio, borbottio.

ronchonner [rɔ̃ʃɔne] *v.intr.* (*fam.*) brontolare, borbottare.

ronchonneur [rɔ̃ʃɔnœʀ] (f. *-euse*) *agg.* e *s.m.* (*fam.*) brontolone.

roncier [rɔ̃sje] *s.m.*, **roncière** [rɔ̃sjɛʀ] *s.f.* cespuglio di rovi.

rond[1] [rɔ̃] *agg.* **1** rotondo, tondo || *une petite bonne femme ronde*, (*fam.*) una donnina rotondetta || (*tip.*) *lettre ronde*, (carattere) tondo **2** curvo **3** tondo, intero (di un numero): *en chiffres ronds*, in cifra tonda; *cent francs tout ronds*, cento franchi tondi tondi; *compte —*, conto arrotondato **4** schietto, semplice: *— en affaires*, onesto negli affari **5** (*fam.*) sbronzo ♦ *avv.*: *ça ne tourne pas —*, (*anche fig.*) non funziona || *avaler tout —*, inghiottire senza masticare.

rond[2] *s.m.* **1** cerchio; anello: *des ronds de fumée*, anelli di fumo || *— de serviette*, portatovagliolo ad anello, a cerchietto || *des ronds de carotte, de saucisson*, fettine di carota, di salame || *en —*, in cerchio, in tondo; *tourner en —*, (*fig.*) girare a vuoto || *faire un — de jambe*, (danza) descrivere (con il piede) un semicerchio; *faire des ronds de jambe*, (*fig.*) profondersi in eccessive cerimonie **2** (*fam.*) soldo, quattrino: *il n'a pas le —*, non ha il becco di un quattrino.

rond-de-cuir [rɔ̃dkɥiʀ] (pl. *ronds-de-cuir*) *s.m.* (*fam.*) travet.

ronde [rɔ̃d] *s.f.* **1** ronda (*spec. mil.*): *le gardien faisait sa —*, la guardia faceva il giro d'ispezione **2** girotondo (m.) || *la — des jours*, (*fig.*) il susseguirsi dei giorni **3** (*mus.*) carola **4** filastrocca (cantata in girotondo) **5** scrittura rotonda **6** (*mus.*) semibreve □ **à la ronde**, nei dintorni, tutt'intorno, in giro: *à dix lieues à la —*, per tutto il vicinato; *boire à la —*, bere a turno; *passer qqch à la —*, passare qlco dall'uno all'altro.

rondeau [rɔ̃do] (pl. *-eaux*) *s.m.* (*lett.*, *mus.*) rondeau, rondò.

ronde-bosse [rɔ̃dbɔs] (pl. *rondes-bosses*) *s.f.* tutto tondo.

rondelet [rɔ̃dlɛ] (f. *-ette*) *agg.* (*fam.*) rotondetto || *une somme rondelette*, una bella sommetta.

rondelle [rɔ̃dɛl] *s.f.* **1** rondella, rosetta: *— de joint*, anello di guarnizione **2** (*cuc.*) fettina rotonda.

rondement [rɔ̃dmɑ̃] *avv.* **1** speditamente, con decisione **2** francamente, lealmente.

rondeur [rɔ̃dœʀ] *s.f.* **1** rotondità **2** (*fig.*) franchezza, lealtà.

rondo [rɔ̃do] *s.m.* (*mus.*) rondò.

rondouillard [rɔ̃dujaʀ] *agg.* (*fam.*) grassoccio.

rond-point [rɔ̃pwɛ̃] (pl. *ronds-points*) *s.m.* rondò, rotonda (*f.*).

ronéo [rɔneo] *s.m.* o *f.* ciclostile (*m.*).

ronéoter [rɔneɔte], **ronéotyper** [rɔneɔtipe] *v.tr.* ciclostilare: *texte ronéotypé*, ciclostilato.

ronflant [rɔ̃flɑ̃] *agg.* **1** rimbombante, reboante **2** (*fig.*) enfatico: *titre —*, titolo altisonante.

ronflement [rɔ̃fləmɑ̃] *s.m.* il russare || *le — du moteur*, il ronzio del motore.

ronfler [rɔ̃fle] *v.intr.* **1** russare; (*fam.*) ronfare **2** ronzare (di un motore).

ronfleur [rɔ̃flœʀ] (f. *-euse*) *s.m.* **1** chi russa per abitudine **2** (*elettr.*) cicalino.

ronger [rɔ̃ʒe] (*coniug. come* manger) *v.tr.* **1** rodere, rosicchiare: *se — les ongles*, (anche *fig.*) mangiarsi le unghie **2** corrodere; erodere **3** (*fig.*) rodere; tormentare: *il est rongé par l'envie*, l'invidia lo rode, è roso dall'invidia □ **se ronger** *v.pron.* (*fig.*) rodersi: *il se rongeait d'impatience*, fremeva d'impazienza.

rongeur [rɔ̃ʒœʀ] (f. *-euse*) *agg.* e *s.m.* roditore || (*in Canada*) *— (de balustre)*, ipocrita.

ronron [rɔ̃rɔ̃] *s.m.* (*onom.*) **1** ron ron: *faire —*, fare le fusa, ron ron (del gatto) || *le — du moteur*, il ron ron, il ronzio del motore **2** (*fig.*) routine (*f.*): *le — quotidien*, la monotonia quotidiana.

ronronnement [rɔ̃rɔnmɑ̃] *s.m.* **1** fusa (del gatto) **2** ronzio (di motore).

ronronner [rɔ̃rɔne] *v.intr.* **1** fare le fusa (del gatto) **2** ronzare (di motore ecc.): *la bouilloire ronronnait sur le feu*, il bricco borbottava sul fuoco.

roquefort [rɔkfɔr] *s.m.* formaggio di pecora erborinato, a pasta molle.

roquer [rɔke] *v.intr.* arroccare (agli scacchi).

roquet [rɔkɛ] *s.m.* **1** botolo, cagnetto ringhioso **2** (*fig.*) ometto iroso.

roquette[1] [rɔkɛt] *s.f.* (*mil.*) razzo (*m.*).

roquette[2] *s.f.* (*bot.*) ruchetta, rucola.

rorqual [rɔrkwal] (pl. *-als*) *s.m.* balenottera (*f.*).

rosace [rɔzas] *s.f.* (*arch.*) rosone (*m.*).

rosacé [rɔzase] *agg.* rosaceo.

rosaire [rɔzɛr] *s.m.* rosario.

rosat [rɔza] *agg.invar.* rosato.

rosâtre [rɔzɑtr] *agg.* (color) rosa spento, rosa sporco.

rosbif [rɔsbif] *s.m.* (*cuc.*) rosbif, roast-beef.

rose[1] [rɔz] *s.f.* **1** rosa: *— de bruyère*, rosa di macchia; *— thé*, rosa tea; *— pompon*, rosa di maggio; *couleur bois de —*, color rosa antico || *envoyer sur les roses*, mandare a quel paese || *— du Japon*, ortensia; *— de Chine*, rosa odorata; *— de Notre Dame*, peonia || *— des vents*, rosa dei venti || (*min.*) *— des sables*, rosa del deserto **2** (*arch.*) rosone (*m.*); rosa; fiorone (*m.*) **3** rosa, rosetta (di un diamante, di strumenti musicali a corda).

rose[2] *agg.* rosa, roseo ♦ *s.m.* (color) rosa: *vieux —*, rosa antico, spento; *— chair*, (rosa) carnicino.

rosé [rɔze] *agg.* roseo, rosa; rosato || (*vin*) *—*, (vino) rosato, rosé, rosatello.

roseau [rɔzo] (pl. *-eaux*) *s.m.* **1** canna (*f.*), calamo **2** (*arch.*) cannello.

rose-croix [rɔzkrwa] (pl. *invar.*) *s.m.* (*st.*) rosacroce.

rosée [rɔze] *s.f.* rugiada.

roséole [rɔzeɔl] *s.f.* (*med.*) roseola.

roseraie [rɔzrɛ] *s.f.* roseto (*m.*).

rosette [rɔzɛt] *s.f.* **1** nodo (*m.*), fiocco (*m.*); coccarda **2** rosetta **3** registro (di orologio).

rosier [rɔzje] *s.m.* rosaio; (pianta di) rosa.

rosière [ROZjɛR] *s.f.* (*fam.*) ragazza virtuosa.

rosir [ROZiR] *v.intr.* diventare roseo, colorirsi (di rosa) ♦ *v.tr.* rendere roseo, colorire (di rosa).

rosse [ROS] *s.f.* 1 ronzino (*m.*) 2 (*fig.fam.*) carogna ♦ *agg.* (*fam.*) severo, feroce.

rossée [ROSe] *s.f.* (*fam.*) sacco di botte, battuta.

rosser [ROSe] *v.tr.* (*fam.*) picchiare, pestare.

rosserie [ROSRi] *s.f.* (*fam.*) carognata, vigliaccheria.

rossignol [ROSiɲOl] *s.m.* 1 usignolo 2 *vieux* —, (*fam.*) roba vecchia, fondo di magazzino 3 (*tecn.*) grimaldello.

rossignolet [ROSiɲOlɛ] *s.m.* (*poet.*) giovane usignolo.

rossinante [ROSinɑ̃t] *s.f.* ronzinante (*m.*).

rossolis [ROSOli] *s.m.* rosolio.

rostre [ROStR] *s.m.* rostro.

rot [RO] *s.m.* rutto.

rôt [RO] *s.m.* (*ant.*) arrosto.

rotateur [RotatœR] (f. *-trice*) *agg.* rotatorio.

rotatif [Rotatif] (f. *-ive*) *agg.* (*tecn.*) rotativo.

rotation [Rotɑsjɔ̃] *s.f.* rotazione || — *du personnel*, turn over.

rotative [Rotativ] *s.f.* (*tip.*) rotativa.

rotatoire [RotatwaR] *agg.* rotatorio.

roter [Rote] *v.intr.* ruttare.

rôti [Roti] *s.m.* arrosto.

rôtie [RO(ɔ)ti] *s.f.* fetta di pane tostato || — *frottée d'ail*, bruschetta.

rotin [Rotɛ̃] *s.m.* giunco d'India.

rôtir [RO(ɔ)tiR] *v.tr.* e *intr.* arrostire ☐ **se rôtir** *v.pron.* arrostirsi: *se* — *au soleil*, arrostirsi al sole.

rôtissage [RO(ɔ)tisaʒ] *s.m.* arrostimento.

rôtisserie [RO(ɔ)tisRi] *s.f.* rosticceria.

rôtisseur [RO(ɔ)tisœR] (f. *-euse*) *s.m.* rosticciere.

rôtissoire [RO(ɔ)tiswaR] *s.m.* girarrosto.

rotogravure [RotogRavyR] *s.f.* rotocalcografia.

rotonde [Rotɔ̃d] *s.f.* (*arch.*) rotonda.

rotondité [Rotɔ̃dite] *s.f.* rotondità.

rotor [RotɔR] *s.m.* (*tecn.*) rotore.

rotule [Rotyl] *s.f.* 1 (*anat.*) rotula 2 (*tecn.*) giunto a sfera; raccordo sferico.

roture [RotyR] *s.f.* (*letter.*) 1 condizione di chi non è nobile di nascita: *naître dans la* —, nascere da famiglia non nobile 2 ceto plebeo; i ceti non nobili.

roturier [RotyRje] (f. *-ère*) *agg.* non nobile di nascita, plebeo || *des façons roturières*, modi plebei ♦ *s.m.* persona di origine plebea.

rouage [Rwaʒ] *s.m.* 1 rotismo; ingranaggio 2 (*fig.*) rotella dell'ingranaggio.

rouan [Rwɑ̃] (f. *-anne*) *agg.* e *s.m.* (*cavallo*) roano.

roubaisien [Rubɛzjɛ̃] (f. *-enne*) *agg.* di Roubaix.

roublard [RublaR] *agg.* furbo, scaltro ♦ *s.m.* volpone.

roublardise [RublaRdiz] *s.f.* furberia, astuzia, scaltrezza.

rouble [Rubl] *s.m.* rublo.

roucoulade [Rukulad] *s.f.* 1 il tubare 2 *pl.* (*letter.*) il tubare (di innamorati).

roucoulement [Rukulmɑ̃] *s.m.* il tubare.

roucouler [Rukule] *v.intr.* tubare (*anche fig.*) ♦ *v.tr.* cantare languidamente; gorgheggiare.

roue [Ru] *s.f.* ruota: — *de secours*, ruota di scorta || (*inform.*) — *de caractères*, ruota di stampa || *faire la* —, fare la ruota (di pavone ecc.); (*fig.*) pavoneggiarsi || *être la cinquième* — *du carrosse, de la charrette*, (*fam.*) essere l'ultima ruota del carro.

roué [Rwe] *agg.* 1 scaltro 2 — *de coups*, pestato a sangue; — *de fatigue*, sfinito ♦ *s.m.* volpe (*f.*); birbone.

rouelle [Rwɛl] *s.f.* (*macelleria*) fetta di girello di vitello.

rouennais [Rwane] *agg.* di Rouen.

rouer [Rwe] *v.tr.* 1 picchiare: — *qqn de coups*, pestare qlcu di santa ragione 2 (*ant.*) arrotare, sottoporre al supplizio della ruota.

rouerie [RuRi] *s.f.* scaltrezza.

rouet [Rwɛ] *s.m.* arcolaio.

rouf [Ruf] *s.m.* (*mar.*) tuga (*f.*).

rouflaquette [Ruflakɛt] *s.f.* (*fam.*) basetta.

rouge [Ruʒ] *agg.* 1 rosso || *fruits rouges*, frutti di bosco || *s'arrêter au* (*feu*) —, fermarsi al (semaforo) rosso 2 rovente 3 (*fam.*) rosso, comunista ♦ *s.m.* 1 rosso: — *feu*, rosso fuoco, rosso fiamma || *le* — *lui monta au visage*, il rossore gli salì al viso 2 belletto || — *à lèvres*, rossetto 3 (*fam.*) *gros* —, vino rosso 4 (*fam.*) rosso, comunista 5 (*in Canada*) membro, sostenitore del partito liberale ♦ *avv.*: *se fâcher tout* —, andare su tutte le furie; *voir* —, vedere rosso, perdere il lume degli occhi || *voter* —, (*fam.*) votare comunista.

rougeâtre [RuʒɑtR] *agg.* rossastro, rossiccio.

rougeaud [Ruʒo] *agg.* (*fam.*) rubicondo, rubizzo.

rouge-gorge [RuʒgɔRʒ] (pl. *rouges-gorges*) *s.m.* pettirosso.

rougeoiement [Ruʒwamɑ̃] *s.m.* riflesso rossastro; il rosseggiare.

rougeole [Ruʒɔl] *s.f.* (*med.*) morbillo (*m.*).

rougeoleux [Ruʒɔlø] (f. *-euse*) *agg.* e *s.m.* morbilloso.

rougeoyant [Ruʒwajɑ̃] *agg.* rosseggiante.

rougeoyer [Ruʒwaje] (*coniugato come* employer) *v.intr.* rosseggiare.

rouge-queue [Ruʒkø] (pl. *rouges-queues*) *s.m.* codirosso.

rouget [Ruʒɛ] *s.m.* (*zool.*) triglia (*f.*).

rougeur [RuʒœR] *s.f.* 1 rossore (*m.*) 2 *pl.* macchie rosse.

rougi [Ruʒi] *agg.* arrossato || *eau rougie*, acqua con un po' di vino.

rougir [RuʒiR] *v.tr.* 1 arrossare, tingere in rosso 2 arroventare ♦ *v.intr.* 1 arrossarsi, diventare rosso 2 arrossire: *elle avait rougi de honte*, era arrossita dalla vergogna || *il rougit de sa conduite*, si vergogna della sua condotta.

rougissant [Ruʒisɑ̃] *agg.* 1 rosseggiante 2 che arrossisce.

rouille [Ruj] *s.f.* ruggine.

rouillé [Ruje] *agg.* arrugginito.

rouiller [Ruje] *v.tr.* (*fare*) arrugginire ♦ *v.intr.* arrugginirsi ☐ **se rouiller** *v. pron.* arrugginirsi.

rouir [RwiR] *v.tr.* macerare (lino e canapa).

rouissage [ʀwisaʒ] *s.m.* macerazione (del lino e della canapa).

rouissoir [ʀwiswaʀ] *s.m.* (*ind. tess.*) maceratoio.

roulade [ʀulad] *s.f.* **1** (*mus.*) gorgheggio (*m.*) **2** (*cuc.*) involtino (*m.*).

roulage [ʀulaʒ] *s.m.* circolazione (di autoveicoli) || *entreprise de* —, impresa di trasporto merci.

roulant [ʀulɑ̃] *agg.* **1** a rotelle || *table roulante*, carrello **2** rotante: *escalier* —, scala mobile; *tapis* —, nastro trasportatore; *trottoir* —, tapis roulant || (*ferr.*) *matériel* —, materiale rotabile; (*mil.*) *cuisine roulante*, cucina da campo **3** (*mil.*) *feu* —, fuoco continuo || *il lui a fait subir un feu* — *de questions*, (*fig.*) lo ha tempestato di domande; *un feu* — *de mensonges*, una sfilza di bugie **4** (*fam.*) spassoso, divertente ♦ *s.m.* (*fam.*) il personale viaggiante.

roulé [ʀule] *agg.* arrotolato: *pull-over à col* —, maglione con il collo alto || *une fille bien roulée*, (*fam.*) una ragazza ben fatta.

rouleau [ʀulo] (*pl.* *-eaux*) *s.m.* **1** rotolo || *être au bout du* —, (*fam.*) avere esaurito i propri argomenti, le proprie risorse **2** (*tip.*) rullo: — *d'imprimerie, encreur*, rullo inchiostratore; (*cuc.*) — (*à pâtisserie*), matterello **3** — (*à mise en plis*), bigodino **4** (*arch.*) ghiera (*f.*).

rouleauté [ʀulote] *agg.* e *s.m.* → **roulotté**.

roulé-boulé [ʀulebule] (*p.* *roulés-boulés*) *s.m.* capriola (*f.*).

roulement [ʀulmɑ̃] *s.m.* **1** il rotolare, rotolamento || — *d'yeux*, il roteare gli occhi || — *de hanches*, l'ancheggiare **2** rimbombo, frastuono: *les roulements du tonnerre*, il brontolio del tuono || *le* — *de tambour*, il rullo di tamburo **3** giro, circolazione (di denaro): *fonds de* —, fondo di rotazione **4** avvicendamento, rotazione (di personale): *travailler par* —, lavorare a turno **5** (*mecc.*) cuscinetto: — *à billes, à rouleaux*, cuscinetto a sfere, a rulli.

rouler [ʀule] *v.tr.* **1** arrotolare || — *sa bosse*, (*fam.*) girare mezzo mondo **2** rotolare: *le torrent roule de gros galets*, il torrente trascina grossi ciottoli || *l'infirmière roula le fauteuil de l'infirme sur la terrasse*, l'infermiera spinse sulla terrazza la poltrona a rotelle del malato || — *les yeux*, roteare gli occhi || — *un projet dans sa tête*, rimuginare un progetto; *se les* —, girarsi i pollici **3** spianare: — *de la pâte*, spianare la pasta **4** (*fam.*) (*duper*) infinocchiare, raggirare **5** *les 'r'*, arrotare le 'r' ♦ *v.intr.* **1** rotolare || *il a roulé du haut de l'escalier*, è ruzzolato giù dalle scale || — *sous la table*, finire sotto il tavolo (di ubriaco) || — *des hanches*, ancheggiare **2** scorrere, colare: *de grosses larmes roulaient sur ses joues*, dei lacrimoni le scorrevano sulle gote **3** andare, correre: *la voiture roulait à grande allure*, l'automobile andava molto forte **4** (*fam.*) viaggiare, girare: *il a roulé un peu partout*, ha girato mezzo mondo **5** vertere; imperniarsi: *la conversation roulait sur la politique*, la conversazione verteva sulla politica **6** rimbombare, risuonare || — *le tambour*, rullare il tamburo || *le tonnerre roulait dans le*

lointain, il tuono brontolava in lontananza **7** circolare **8** (*mar.*) rullare, rollare □ **se rouler** *v. pron.* **1** rotolarsi || *c'est à se* — (*par terre*), (*fam.*) c'è da sbellicarsi dalle risa **2** avvolgersi: *se* — *dans une couverture*, avvolgersi in una coperta.

roulette [ʀulɛt] *s.f.* **1** rotella || — *de pâtissier*, tagliapasta || — *de dentiste*, (*fam.*) trapano || *aller, marcher comme sur des roulettes*, (*fam.*) andare a gonfie vele **2** (*gioco*) roulette.

rouleur [ʀulœʀ] *s.m.* **1** carrellista (operaio) **2** (*sport*) passista.

rouleuse [ʀuløz] *s.f.* (*in Canada*) sigaretta (fatta a mano).

roulis [ʀuli] *s.m.* **1** (*mar., aer.*) rollio **2** ondeggiamento, oscillazione (*f.*).

roulotte [ʀulɔt] *s.f.* **1** (*di zingari, del circo*) carrozzone (*m.*) **2** (*fam.*) *vol à la* —, furto di oggetti da un'auto in sosta.

roulotté [ʀulote] *agg.* e *s.m.* (*ourlet*) —, orlo arrotolato.

roulure [ʀulyʀ] *s.f.* **1** (*difetto del legno*) cipollatura **2** (*molto fam.*) donna di strada, battona.

roumain [ʀumɛ̃] *agg.* e *s.m.* rumeno, romeno.

roumi [ʀumi] *s.m.* (*nel mondo arabo*) cristiano.

roupie [ʀupi] *s.f.* rupia.

roupiller [ʀupije] *v.intr.* (*fam.*) ronfare, dormire.

roupillon [ʀupijɔ̃] *s.m.* (*fam.*) pisolino, sonnellino.

rouquette [ʀukɛt] *s.f.* (*bot.*) rucola.

rouquin [ʀukɛ̃] *agg.* (*fam.*) (*di capelli*) rosso ♦ *s.m.* uomo dai capelli rossi.

rouquine [ʀukin] *s.f.* rossa, donna dai capelli rossi.

rouscailler [ʀuskaje] *v.intr.* (*fam.*) brontolare.

rouspétance [ʀuspetɑ̃s] *s.f.* (*fam.*) protesta, lamentela.

rouspéter [ʀuspete] (*coniug. come* céder) *v.intr.* (*fam.*) brontolare.

rouspéteur [ʀuspetœʀ] (*f.* -*euse*) *s.m.* (*fam.*) brontolone.

roussâtre [ʀusɑtʀ] *agg.* rossiccio, rossastro.

rousse [ʀus] *s.f.* (*donna*) rossa, donna dai capelli rossi.

roussette[1] [ʀusɛt] *s.f.* (*zool.*) **1** rossetta **2** gattuccio (*m.*).

roussette[2] *s.f.* (*cuc.*) cencio (*m.*), chiacchiera.

rousseur [ʀusœʀ] *s.m.* colore rossiccio, rossore (*m.*) || *taches de* —, lentiggini, efelidi.

roussi [ʀusi] *s.m.* (odore di bruciaticcio: *ça sent le* —, c'è odore di bruciaticcio; *l'affaire sent le* —, (*fig.*) l'affare puzza.

roussillonnais [ʀusijɔnɛ] *agg.* del Rossiglione.

roussir [ʀusiʀ] *v.tr.* **1** abbruciacchiare, strinare **2** (*cuc.*) imbiondire, rosolare ♦ *v.intr.* **1** diventare rossiccio **2** (*cuc.*) dorarsi, rosolarsi.

roussissement [ʀusismɑ̃] *s.m.* **1** abbruciacchiamento, strinatura (*f.*) **2** (*cuc.*) rosolatura (*f.*).

routage [ʀutaʒ] *s.m.* selezione (*f.*), smistamento (di giornali, di lettere ecc.).

routard [ʀutaʀ] *s.m.* giramondo.

route [ʀut] *s.f.* 1 strada: — *pavée*, strada selciata; *la grande* —, *grand'* —, la strada maestra; *accident de la* —, incidente stradale; *transports par* —, trasporti su strada; *changer de* —, cambiare strada || *nous sommes arrivés à Rome par la* —, siamo arrivati a Roma in automobile || *fermer toutes les routes à l'ennemi*, precludere ogni via di scampo al nemico || *en cours de* —, strada facendo, cammin facendo || *faire* — *vers Paris*, dirigersi verso Parigi; *faire fausse* —, *(fig.)* prendere la strada sbagliata; *faire* — *avec qqn*, fare il cammino con qlcu || *se mettre en* —, mettersi in cammino || *la mise en* — *d'un programme*, il varo di un programma || *carnet de* —, taccuino di viaggio || *compagnon de* —, compagno di viaggio; *(fig.)* compagno di strada || *(mil.) feuille de* —, foglio di viaggio || *indemnité de* —, indennità di viaggio 2 *(mar., aer.)* rotta 3 corso (di sole, di pianeti).

router [ʀute] *v.tr.* selezionare, smistare (giornali, lettere ecc.).

routier¹ [ʀutje] (f. *-ère*) *agg.* stradale: *transports routiers*, trasporti su strada; *gare routière*, autostazione.

routier² *s.m.* 1 autotrenista, camionista 2 *(fig.)* uomo navigato 3 *(estens.)* trattoria (per camionisti) 4 *(sport)* ciclista su strada, stradista.

routière [ʀutjɛʀ] *s.f.* automobile (da) gran turismo.

routine [ʀutin] *s.f.* trantran *(m.)*, routine || *faire qqch par* —, fare qlco per abitudine || *la* — *administrative*, la prassi amministrativa || *de* —, abituale, di tutti i giorni; *les discours de* —, i soliti discorsi.

routinier [ʀutinje] (f. *-ère*) *agg.* abitudinario; *(fig.)* meccanico.

rouvert [ʀuvɛʀ] *part.pass. di* rouvrir.

rouvraie [ʀuvʀɛ] *s.f.* rovereto *(m.)*.

rouvre [ʀuvʀ] *s.m.* (*bot.*) rovere (f. e m.).

rouvrir [ʀuvʀiʀ] *(coniug. come* ouvrir) *v.tr.* riaprire ♦ *v.intr.* riaprirsi □ **se rouvrir** *v.pron.* riaprirsi.

roux [ʀu] (f. *rousse*) *agg.* rossiccio; dai capelli rossi, fulvo || *(cuc.) beurre* —, burro rosolato, dorato ♦ *s.m.* 1 (color) rosso: *une blonde tirant sur le* —, una bionda che tende al rosso 2 uomo dai capelli rossi 3 *(cuc.)* salsa a base di burro e farina molto rosolati.

royal [ʀwajal] (pl. *-aux*) *agg.* 1 reale || *prince* —, principe ereditario 2 *(fig.)* regale, principesco.

royale [ʀwajal] *s.f.* pizzetto *(m.)*, barbetta.

royalement [ʀwajalmɑ̃] *avv.* 1 magnificamente, sontuosamente 2 *(fam.)* moltissimo || *je m'en fiche* —, me ne infischio altamente.

royalisme [ʀwajalism] *s.m.* realismo.

royaliste [ʀwajalist] *agg. e s.m.* monarchico, realista.

royalties [ʀwajaltiz] *s.f.pl.* (*econ., dir.*) royalty *(sing.)*.

royaume [ʀwajom] *s.m.* regno, reame *(anche fig.)*.

royauté [ʀwajote] *s.f.* 1 regalità, sovranità ||

aspirer à la —, aspirare al regno, al trono 2 monarchia.

ru [ʀy] *s.m.* (*region. letter.*) rio, ruscello.

RU [ɛʀy] *s.m.* (*fam.*) mensa universitaria.

ruade [ʀɥad] *s.f.* calcio *(m.)*, scalciata (del cavallo ecc.): *lancer des ruades*, tirare, sferrare calci, scalciare.

ruban [ʀybɑ̃] *s.m.* 1 nastro || *centimètre à* —, centimetro (da sarto); — *gradué*, *métrique*, metro a nastro || — *encreur*, nastro inchiostrato, dattilografico || (*mecc.*) — *transporteur*, trasportatore a nastro, nastro trasportatore 2 nastrino (di onorificenza): *le* — *rouge*, il nastrino della Legion d'onore, la Legion d'onore; *le* — *violet*, onorificenza conferita agli insegnanti per meriti di lavoro; *(mar.) le* — *bleu*, il nastro azzurro, *(fig.)* primato.

rubéfaction [ʀybefaksjɔ̃] *s.f.* (*med.*) arrossamento (cutaneo).

rubéfier [ʀybefje] *v.tr.* (*med.*) arrossare la pelle.

rubéole [ʀybeɔl] *s.f.* (*med.*) rosolia.

rubicond [ʀybikɔ̃] *agg.* rubicondo.

rubidium [ʀybidjɔm] *s.m.* (*chim.*) rubidio.

rubigineux [ʀybiʒinø] (f. *-euse*) *agg.* rugginoso, arrugginito.

rubis [ʀybi] *s.m.* rubino || *payer* — *sur l'ongle*, pagare subito e tutto ♦ *agg.invar.* (colore) rosso rubino.

rubrique [ʀybʀik] *s.f.* 1 voce, classe, categoria: — *du bilan*, voce di bilancio; *classer sous la* —..., classificare alla voce, nella categoria... || — *d'encyclopédie*, voce di enciclopedia 2 rubrica (di giornale); *(spec. nel titolo)* cronaca: *tenir la* — *littéraire*, curare la rubrica letteraria, la terza pagina; *la* — *locale*, la cronaca cittadina; *la* — *des mondanités*, la cronaca mondana.

ruche [ʀyʃ] *s.f.* 1 alveare *(m.)*, arnia 2 (le api dell') alveare 3 *(fig.)* formicaio *(m.)*, alveare *(m.)* 4 *(abbigl.)* ruche (striscia di tessuto increspato usata come ornamento).

ruché [ʀyʃe] *s.m.* (*abbigl.*) gala *(f.)*, ruche *(f.)*: — *de soie*, una gala di seta.

rucher [ʀyʃe] *s.m.* apiario.

rude [ʀyd] *agg.* 1 ruvido || *voix* —, *(fig.)* voce aspra 2 duro, faticoso: *une* — *tâche*, un'ardua impresa, un lavoro duro || *climat* —, clima rigido 3 rude, rozzo: *des manières rudes*, modi rudi 4 duro, severo: *des mots rudes*, parole dure 5 *(fam.)* grande, notevole: *un* — *concurrent*, *adversaire*, un temibile concorrente, avversario.

rudement [ʀydmɑ̃] *avv.* 1 duramente; rudemente: *il a été* — *éprouvé*, è stato duramente provato; *traiter qqn* —, trattare qlcu bruscamente || *y aller* —, agire senza tanti complimenti 2 *(fam.)* molto, assai: *elle est* — *bien*, è una gran bella ragazza; *il fait* — *froid*, fa un freddo cane.

rudesse [ʀydɛs] *s.f.* 1 ruvidezza (al tatto); *(fig.)* durezza: *traiter qqn avec* —, trattare qlcu con durezza || *la* — *de sa voix*, il suono aspro della sua voce || *la* — *d'un climat*, il rigore di un clima 2 rozzezza, grossolanità.

rudiment [ʀydimɑ̃] *s.m.* rudimento.

rudimentaire [ʀydimɑ̃tɛʀ] *agg.* rudimentale.

rudoiement [ʀydwamɑ̃] *s.m.* maltrattamento, brutalità (*f.*).

rudoyer [ʀydwaje] (*coniug. come* employer) *v.tr.* maltrattare, strapazzare.

rue[1] [ʀy] *s.f.* strada (d'ol centro abitato); (*spec. seguito da denominazione*) via: *la grande —, la grand'—*, il corso, l'arteria principale (della città); *il habite — Victor Hugo*, abita in via Victor Hugo; *marcher dans la —*, camminare per (la) strada; *les enfants jouaient dans la —*, i bambini giocavano in strada || *bataille de rues*, sommossa di piazza; *descendre dans la —*, scendere in piazza || *fille des rues*, donna di strada || *jeter qqn à la —*, sbattere qlcu in mezzo a una strada; *être à la —*, essere ridotto sul lastrico || *ça court les rues*, è cosa risaputa, è sulla bocca di tutti; *les gens honnêtes ça ne court pas les rues*, le persone oneste non si trovano a ogni angolo di strada □ (*primo elemento di s. composti*): **-piétons**, strada, via pedonale; **-marché**, strada con mercato.

rue[2] *s.f.* (*bot.*) ruta.

ruée [ʀɥe] *s.f.* corsa; (*estens.*) assalto (*m.*) || *la — vers l'or*, la febbre dell'oro || *la — des barbares*, la calata dei barbari.

ruelle [ʀɥɛl] *s.f.* **1** vicolo (*m.*), viuzza, stradina **2** spazio fra due letti, spazio tra il letto e il muro.

ruer [ʀɥe] *v.intr.* scalciare, tirar calci || *— dans les brancards*, (*fig.*) ricalcitrare □ **se ruer** *v.pron.* **1** scagliarsi (contro), avventarsi: *se — à l'attaque*, lanciarsi, buttarsi all'attacco **2** precipitarsi (in massa): *la foule se rua vers la sortie*, la folla si precipitò verso l'uscita || *se — sur les gâteaux*, buttarsi a tuffo sui dolci.

ruf(f)ian [ʀyfjɑ̃] *s.m.* ruffiano; uomo senza scrupoli.

rugby [ʀygbi] *s.m.* (*sport*) rugby.

rugbyman [ʀygbiman] (pl. *rugbymen*) *s.m.* rugbista.

rugir [ʀyʒiʀ] *v.intr.* ruggire; (*estens.*) urlare.

rugissant [ʀyʒisɑ̃] *agg.* ruggente.

rugissement [ʀyʒismɑ̃] *s.m.* ruggito; (*estens.*) urlo.

rugosité [ʀygozite] *s.f.* rugosità.

rugueux [ʀygø] (f. *-euse*) *agg.* rugoso, ruvido.

ruine [ʀɥin] *s.f.* **1** rovina: *tomber en —*, cadere in rovina; *aller droit à la —*, andare incontro a rovina sicura; *menacer —*, stare per crollare, (*estens.*) essere sull'orlo del fallimento; *c'est la — de ses espérances*, è il crollo delle sue speranze **2** rudere (*m.*) || *ce n'est plus qu'une —*, (*di persona*) sembra un rudere **3** pl. rovine: *les ruines d'une cité antique*, le rovine, i ruderi di una città antica; *enseveli sous les ruines*, sepolto sotto le rovine, sotto le macerie.

ruiné [ʀɥine] *agg.* rovinato (finanziariamente).

ruiner [ʀɥine] *v.tr.* rovinare; danneggiare; distruggere: *— sa santé*, rovinarsi la salute; *— le bonheur de qqn*, distruggere la felicità di qlcu □ **se ruiner** *v.pron.* rovinarsi.

ruineux [ʀɥinø] (f. *-euse*) *agg.* rovinoso; (*coûteux*) dispendioso || **-eusement** *avv.*

ruisseau [ʀɥiso] (pl. *-eaux*) *s.m.* **1** ruscello || *un — de larmes*, (*letter.*) un fiume di lacrime **2** rigagnolo (di scolo) || (*fig.*): *tomber, rouler dans le —*, cadere molto in basso; *tirer qqn du —*, ramasser qqn dans le —*, togliere, raccogliere qlcu dalla strada.

ruisselant [ʀɥislɑ̃] *agg.* grondante: *— d'eau, de sueur*, grondante acqua, sudore.

ruisseler [ʀɥisle] (*coniug. come* appeler) *v.intr.* colare, scendere; sgorgare (da): *le sang ruisselait de la blessure*, il sangue sgorgava dalla ferita || *— d'eau, de sueur*, grondare acqua, sudore.

ruisselet [ʀɥislɛ] *s.m.* ruscelletto; rivolo.

ruissellement [ʀɥiselmɑ̃] *s.m.* ruscellamento, lo scorrere (di acque pluviali): *eaux de —*, acque pluviali di scolo || *des ruissellements de lumières*, cascate di luce.

rumen [ʀymɛn] *s.m.* (*zool.*) rumine.

rumeur [ʀymœʀ] *s.f.* **1** rumore (*m.*), brusio (*m.*) **2** frastuono (*m.*), strepito (*m.*) **3** diceria, voce: *la — publique*, la voce pubblica.

ruminant [ʀyminɑ̃] *agg.* e *s.m.* (*zool.*) ruminante.

rumination [ʀyminɑsjɔ̃] *s.f.* (*zool.*) ruminazione.

ruminer [ʀymine] *v.tr.* ruminare (*anche fig.*) ♦ *v.intr.* (*fig.*) rimuginare.

rune [ʀyn] *s.f.* runa.

runique [ʀynik] *agg.* runico.

rupestre [ʀypɛstʀ] *agg.* rupestre.

rupicole [ʀypikɔl] *s.m.* (*zool.*) rupicola (*f.*).

rupin [ʀypɛ̃] *agg.* (*fam.*) elegante, ricco, lussuoso ♦ *s.m.* (*fam.*) riccone.

rupture [ʀyptyʀ] *s.f.* rottura (*anche fig.*) || *être en — avec*, essere in rotta con; *être en — (de)*, rinunciare (a), liberarsi (di) || (*elettr.*): *— de circuit*, interruzione del circuito; *dispositif de —*, ruttore || (*inform.*) *— de contrôle*, caduta di controllo.

rural [ʀyʀal] (pl. *-aux*) *agg.* rurale ♦ *s.m.* **1** *les ruraux*, i contadini **2** (*in Svizzera*) azienda agricola.

ruse [ʀyz] *s.f.* scaltrezza, furberia, astuzia: *les ruses du métier*, i trucchi del mestiere; *déjouer les ruses de qqn*, smascherare il gioco di qlcu; *user de —*, giocare d'astuzia || (*mil.*) *— de guerre*, stratagemma.

rusé [ʀyze] *agg.* e *s.m.* furbo, astuto, scaltro.

ruser [ʀyze] *v.intr.* giocare d'astuzia, agire con scaltrezza.

rush [ʀœʃ] *s.m.* **1** (*sport*) attacco, assalto; volata (finale di una corsa) **2** (*fig.*) *le grand — des vacances*, il grande esodo (delle vacanze); *les heures de —*, le ore di punta; *le — des étudiants vers cette faculté*, l'assalto degli studenti a quella facoltà.

rushes [ʀœʃ] *s.m.pl.* (*cine.*) prima stampa.

russe [ʀys] *agg.* e *s.m.* russo.

russule [ʀysyl] *s.f.* (*bot.*) rossola.

rustaud [ʀysto] *agg.* rozzo, zotico ♦ *s.m.* zoticone.

rusticité [ʀystisite] *s.f.* **1** rustichezza, rozzezza || *— des mœurs*, rusticità, semplicità dei costumi **2** rusticità (di piante e animali).

rustine [ʀystin] *s.f.* toppa di gomma (per riparare camere d'aria).

rustique [ʀystik] *agg.* **1** rustico, campagnolo: *les travaux rustiques*, i lavori della campagna; *une maison —*, una casa rurale; *divinité —*, divinità dei campi || *plante —*, pianta rustica, che resiste alle intemperie || *une villa —*, una villetta rustica, un rustico; *mobilier —*, mobilio rustico; *bois —*, legno grezzo **2** (*fig.*) rustico, rozzo.

rustiquer [ʀystike] *v.tr.* (*edil.*) bugnare.

rustre [ʀystʀ] *agg.* e *s.m.* zotico, villano: *quel —!*, che cafone!

rut [ʀyt] *s.m.* fregola (di mammiferi).

rutabaga [ʀytabaga] *s.m.* (*bot.*) rutabaga (*f.*).

ruthénium [ʀytenjɔm] *s.m.* (*chim.*) rutenio.

rutilant [ʀytilɑ̃] *agg.* rutilante, risplendente; (*letter.*) rutilante, rosso fiammante.

rutiler [ʀytile] *v.intr.* (*letter.*) risplendere, rifulgere.

rythme [ʀitm] *s.m.* ritmo || *au — de*, a ritmo di.

rythmé [ʀitme] *agg.* ritmato.

rythmer [ʀitme] *v.tr.* ritmare.

rythmeur [ʀitmœʀ] *s.m.* (*inform.*) temporizzatore.

rythmique [ʀitmik] *agg.* ritmico ♦ *s.f.* ritmica.

S

s [ɛs] (pl. *invar.*) *s.m.* s (*m.* e *f.*): *un virage en —*, una curva a s || (*tel.*) *— comme Suzanne*, s come Savona.

sa [sa] *agg.poss.f.sing.* → son[1].

sabayon [sabajɔ̃] *s.m.* (*cuc.*) zabaione.

sabbat [saba] *s.m.* 1 sabato (ebraico) 2 (*mit.*) sabba 3 (*fam.*) pandemonio.

sabbatique [sabatik] *agg.* sabbatico.

sabir [sabiʀ] *s.m.* 1 lingua franca, mista di arabo, francese, italiano e spagnolo, parlata nel Levante e in Algeria 2 (*fig.*) linguaggio incomprensibile.

sablage [sablaʒ] *s.m.* sabbiatura (*f.*).

sablais [sablɛ] *agg.* di Les Sables-d'Olonne.

sable [sabl] *s.m.* 1 sabbia (*f.*): *sables mouvants*, sabbie mobili || (*med.*) *bain de —*, sabbiatura || (*fig. fam.*): *le marchand de — est passé*, è ora di andare a fare la nanna; *être sur le —*, essere al verde, senza lavoro 2 (*med.*) renella (*f.*) ♦ *agg.invar.* (color) sabbia.

sablé [sable] *agg.* 1 coperto di sabbia, sabbioso 2 (*cuc.*) *pâte sablée*, pasta frolla ♦ *s.m.* (*cuc.*) frollino, biscotto di pasta frolla.

sabler [sable] *v.tr.* 1 coprire di sabbia 2 (*tecn.*) sabbiare 3 *— le champagne*, bere abbondante champagne (per festeggiare).

sableur [sablœʀ] *s.m.* (*operaio*) sabbiatore.

sableuse [sabløz] *s.f.* (macchina) sabbiatrice.

sableux [sablø] (f. *-euse*) *agg.* sabbioso.

sablier [sa(a)blije] *s.m.* clessidra (*f.*).

sablière [sa(a)blijɛʀ] *s.f.* 1 cava di sabbia 2 (*ferr.*) sabbiera 3 (*edil.*) trave di collegamento longitudinale.

sablonner [sa(a)blɔne] *v.tr.* (*tecn.*) sabbiare.

sablonneux [sa(a)blɔnø] (f. *-euse*) *agg.* sabbioso.

sabord [sabɔʀ] *s.m.* (*mar.*) portello di murata || *mille sabords!*, mille balene!

sabordage [sabɔʀdaʒ] *s.m.* 1 (*mar.*) affondamento; autoaffondamento 2 (*fig.*) sabotaggio.

saborder [sabɔʀde] *v.tr.* 1 affondare (una nave, aprendo una falla) 2 (*fig.*) sabotare □ **se saborder** *v.pron.* 1 (*mar.*) autoaffondarsi 2 (*fig.*) mettere fine alla propria attività.

sabot [sabo] *s.m.* 1 zoccolo || *dormir comme un —*, dormire come un sasso || (*fam.*): *jouer comme un —*, suonare come un cane; *je le vois venir avec ses gros sabots*, capisco dove vuole andare a parare 2 (*zool.*) zoccolo, unghia (*f.*) 3 *baignoire —*, semicupio 4 (*mecc.*) *— (de frein)*, ceppo, gana-

scia (del freno) 5 *— (de Denver)*, ceppo (per bloccare la ruota di auto in sosta vietata).

sabotage [sabotaʒ] *s.m.* sabotaggio.

sabot-de-Vénus [sabodvenys] (pl. *sabots-de-Vénus*) *s.m.* (*bot.*) pianella della Madonna, scarpetta di Venere.

saboter [sabote] *v.tr.* sabotare; (*fig.*) rovinare.

saboteur [sabotœʀ] (f. *-euse*) *s.m.* sabotatore.

sabre [sabʀ] *s.m.* sciabola (*f.*).

sabrer [sabʀe] *v.tr.* 1 sciabolare 2 (*fig.*) tagliare: *un article*, tagliare un articolo 3 bocciare || (*fam.*) *se faire —*, farsi licenziare.

sac[1] [sak] *s.m.* 1 sacco: *— à blé*, sacco per grano; *— de blé*, sacco di grano || *course en —*, corsa nei sacchi || *— à malices*, cappello del prestigiatore || (*fig.*): *mettre dans le même —*, far d'ogni erba un fascio; *avoir plus d'un tour dans son —*, averne sempre una in serbo || (*fam.*): *l'affaire est dans le —*, l'affare è fatto; *vider son —*, vuotare il sacco 2 borsa (*f.*): *gros —*, borsone; *— (à main)*, borsetta 3 (*fam.*) denaro: *il a le —*, è ricco; *il a épousé le gros —*, ha sposato una piena di soldi 4 (*argot*) mille franchi vecchi □ **sac à dos**, zaino; **sac à ouvrage**, borsa da lavoro; **sac à provisions**, sporta, borsa della spesa; **sac à vin**, ubriacone; **sac de couchage**, sacco a pelo; **sac de nœuds**, affare ingarbugliato; **sac de voyage**, borsa da viaggio; **sac-poubelle**, sacco della spazzatura.

sac[2] *s.m.* sacco, saccheggio.

saccade [sakad] *s.f.* scossone (*m.*) || *par saccades*, a scatti.

saccadé [sakade] *agg.* a scatti; irregolare.

saccage [sakaʒ] *s.m.* saccheggio, sacco.

saccager [sakaʒe] (*coniug. come* manger) *v.tr.* 1 saccheggiare 2 (*fam.*) mettere sottosopra.

saccageur [sakaʒœʀ] (f. *-euse*) *s.m.* saccheggiatore; (*estens.*) vandalo.

saccharide [sakaʀid] *s.m.* (*chim.*) saccaride.

saccharifère [sakaʀifɛʀ] *agg.* saccarifero.

saccharification [sakaʀifikasjɔ̃] *s.f.* saccarificazione.

saccharine [sakaʀin] *s.f.* saccarina.

saccharomyces [sakaʀɔmisɛs] *s.m.* (*bot.*) saccaromicete.

saccharose [sakaʀoz] *s.m.* (*chim.*) saccarosio.

sacerdoce [sasɛʀdɔs] *s.m.* sacerdozio.

sacerdotal [sasɛʀdotal] (pl. *-aux*) *agg.* sacerdotale.

sachet [saʃɛ] *s.m.* sacchetto ‖ *thé en —*, tè in bustina.

sacoche [sakɔʃ] *s.f.* **1** borsa a tracolla, sacca: *— à outils*, borsa degli attrezzi; *— d'écolier*, sacca per la scuola; *— de bicyclette*, sacca per la bicicletta **2** borsello (per uomo).

sacquer [sake] *v.tr.* (*fam.*) cacciare via ‖ *je ne peux pas le —*, non lo posso soffrire.

sacral [sakʀal] (pl. *-aux*) *agg.* sacrale.

sacraliser [sakʀalize] *v.tr.* sacralizzare.

sacralité [sakʀalite] *s.f.* sacralità.

sacramentel [sakʀamɑ̃tel] (f. *-elle*) *agg.* sacramentale.

sacre [sakʀ] *s.m.* incoronazione (di un re); consacrazione (di un vescovo ecc.) ‖ (*mus.*) *le Sacre du printemps*, la Sagra della Primavera.

sacré[1] [sakʀe] *agg.* **1** sacro ‖ *le feu —*, (*fig.*) il sacro fuoco, il sacro zelo **2** (*fam. con uso rafforzativo*) grande: *un — menteur*, un bugiardo spudorato; *une sacrée chance*, una fortuna sfacciata; *il a un — culot!*, ha una bella faccia tosta!; *un — bonhomme*, un tipo in gamba ♦ *s.m.* sacro: *le — et le profane*, il sacro e il profano.

sacré[2] *agg.* (*anat.*) sacrale.

Sacré-Cœur [sakʀekœʀ] *s.m.* (*teol.*) Sacro Cuore.

sacrement [sakʀemɑ̃] *s.m.* sacramento ‖ *Saint Sacrement*, Santissimo Sacramento.

sacrément [sakʀemɑ̃] *avv.* (*fam.*) maledettamente, terribilmente.

sacrer [sakʀe] *v.tr.* consacrare (un vescovo); incoronare (un re ecc.) ♦ *v.intr.* (*fam.*) bestemmiare, imprecare.

sacrifice [sakʀifis] *s.m.* sacrificio: *offrir en —*, sacrificare; *faire le — de sa vie*, sacrificare la propria vita.

sacrifier [sakʀifje] *v.tr.* e *intr.* sacrificare (*anche fig.*) ‖ *prix sacrifiés*, prezzi stracciati; *marchandises sacrifiées*, merci svendute □ **se sacrifier** *v.pron.* sacrificarsi.

sacrilège[1] [sakʀilɛʒ] *s.m.* sacrilegio.

sacrilège[2] *agg.* e *s.m.* sacrilego.

sacristain [sakʀistɛ̃] *s.m.* sagrestano.

sacristie [sakʀisti] *s.f.* sagrestia.

sacro-saint [sakʀɔsɛ̃] (pl. *sacro-saints*) *agg.* sacrosanto.

sacrum [sakʀɔm] *s.m.* (*anat.*) (osso) sacro.

sadique [sadik] *agg.* e *s.m.* sadico ‖ **-ement** *avv.*

sadisme [sadism] *s.m.* sadismo.

sadomasochisme [sadɔmazɔʃism] *s.m.* sadomasochismo.

safari [safaʀi] *s.m.* safari □ **safari-automobile**, safari automobilistico; **safari-photo**, safari fotografico.

safran[1] [safʀɑ̃] *s.m.* (*bot.*) croco; zafferano (*anche cuc.*) ‖ *— des prés*, colchico ♦ *agg.invar.* e *s.m.* (color) zafferano.

safran[2] *s.m.* (*mar.*) pala (del timone).

saga [saga] *s.f.* saga.

sagace [sagas] *agg.* sagace.

sagacité [sagasite] *s.f.* sagacia.

sagaie [sagɛ] *s.f.* zagaglia.

sage [saʒ] *agg.* e *s.m.* saggio: *c'est — de sa part de*

renoncer, ha dato prova di saggezza rinunciando; *les sept sages*, i sette savi; *comité de sages*, comitato di esperti; *sois —*, fai il bravo; *une fille aussi — que belle*, una ragazza bella e virtuosa.

sage-femme [saʒfam] (pl. *sages-femmes*) *s.f.* levatrice; ostetrica (in ospedale).

sagement [saʒmɑ̃] *avv.* saggiamente: *il s'est couché — à sept heures*, è andato a letto buono buono alle sette.

sagesse [saʒes] *s.f.* **1** sapienza, saggezza: *— des nations*, saggezza popolare **2** senno (*m.*), buon senso: *des réponses pleines de —*, risposte molto assennate ‖ *il a eu la — d'attendre*, ha avuto l'accortezza di aspettare **3** obbedienza, bontà **4** castità.

sagittaire [saʒitɛʀ] *s.m.* **1** (*st.*) sagittario, arciere **2** (*astr.*) *Sagittaire*, Sagittario ♦ *s.f.* (*bot.*) sagittaria.

sagittal [saʒital] (pl. *-aux*) *agg.* (*anat.*, *mat.*) sagittale.

sagouin [sagwɛ̃] *s.m.* (*fam.*) sudicione.

saharien [saaʀjɛ̃] (f. *-enne*) *agg.* sahariano.

saharienne [saaʀjɛn] *s.f.* (*abbigl.*) sahariana.

sahraoui [saʀawi] *agg.* del Sahara (spec. Occidentale).

saie [sɛ] *s.f.* (*st. abbigl.*) saio (*m.*).

saignant [sɛɲɑ̃] *agg.* sanguinante ‖ *bifteck —*, bistecca al sangue.

saignée [sɛɲe] *s.f.* **1** salasso (*m.*) (*anche fig.*) **2** (*pli*) piega tra braccio e avambraccio **3** (*edil.*) traccia, scanalatura **4** (*tecn.*) intaglio (*m.*), incisione (su un albero).

saignement [sɛɲmɑ̃] *s.m.* emorragia (spec. dal naso).

saigner [sɛɲe] *v.intr.* sanguinare (*anche fig.*): *son doigt saigne*, gli sanguina il dito; *il saigne du nez*, gli esce il sangue dal naso; *— comme un bœuf*, perdere molto sangue ♦ *v.tr.* **1** cavare sangue a: *— à blanc*, dissanguare **2** sgozzare, scannare **3** (*fig.*) dissanguare, salassare □ **se saigner** *v.pron.* (*fig. fam.*) dissanguarsi: *se — aux quatre veines*, svenarsi.

saillant [sajɑ̃] *agg.* **1** sporgente **2** (*fig.*) saliente (*m.*): *faire, former —*, sporgere; *en —*, sporgente **2** (*letter.*) battuta di spirito.

saillie[1] [saji] *s.f.* **1** (*arch.*) sporgenza, aggetto (*m.*): *faire, former —*, sporgere; *en —*, sporgente **2** (*letter.*) battuta di spirito.

saillie[2] *s.f.* (*zool.*) monta.

saillir[1] [sajiʀ]

Si usa solo alla 3ᵃ pers. sing. e pl.: Indic.pres. il saille, ils saillent; *imperf.* il saillait, ils saillaient; *fut.* il saillera, ils sailleront. *Cond.* il saillerait, ils sailleraient. *Cong.pres.* qu'il saille, qu'ils saillent. *Part.pres.* saillant; *pass.* sailli.

---

v.intr.dif. sporgere, (*fig.*) risaltare.

saillir[2] (*coniug. come* finir, *si usa all'inf., alla 3ᵃ pers. sing. e pl., al part.pres. e pass.*) *v.tr. s'accoupler*, (*di animali*) accoppiarsi con, montare.

sain [sɛ̃] *agg.* **1** sano **2** salubre, sano **3** (*fig.*) retto, giusto: *des idées saines*, sani principi; *une affaire saine*, un affare pulito; *de saines lectures*, delle buone letture.

saindoux [sɛ̃du] *s.m.* (*cuc.*) strutto.

sainfoin [sɛ̃fwɛ̃] *s.m.* (*bot.*) lupinella (*f.*).

saint [sɛ̃] *agg.* e *s.m.* santo: *année sainte*, anno santo; *images saintes*, immagini sacre; *l'histoire sainte*, la storia sacra || *la Sainte Famille*, la sacra famiglia || *les saintes femmes*, le pie donne || *la Saint-Sylvestre*, (il giorno di) San Silvestro; *la cathédrale Saint-Paul de Londres*, la cattedrale di San Paolo a Londra || *j'ai une sainte horreur de la pluie*, detesto la pioggia || (*fam.*): *il y a de quoi lasser un —*, c'è di che far perdere la pazienza a un santo; *ce n'est quand même pas un petit —*, non è poi uno stinco di santo; *comme on connaît ses saints on les honore*, se conosci il tuo pollo sai come cucinarlo; *il vaut mieux s'adresser à Dieu qu'à ses saints*, meglio rivolgersi direttamente al capo || *le — des saints*, (*anche fig.*) il sancta sanctorum.

saintais [sɛ̃tɛ] *agg.* di Saintes.

saint-bernard [sɛ̃bɛʀnaʀ] (pl. *invar.*) *s.m.* (cane) sanbernardo.

saint-claudien [sɛ̃klodjɛ̃] (f. *saint-claudienne*) *agg.* di Saint-Claude.

saint-cyrien [sɛ̃siʀjɛ̃] (pl. *saint-cyriens*) *s.m.* allievo dell'Accademia militare di Saint-Cyr.

sainte-barbe [sɛ̃tbaʀb] (pl. *saintes-barbes*) *s.f.* (*mar.*) santabarbara.

saintement [sɛ̃tmɑ̃] *avv.* santamente.

saint-émilion [sɛ̃temiljɔ̃] (pl. *invar.*) *s.m.* saint-émilion (vino Bordeaux rosso molto pregiato).

sainte-nitouche [sɛ̃tnituʃ] (pl. *saintes-nitouches*) *s.f.* santarellina.

Saint-Esprit [sɛ̃tɛspʀi] *s.m.* (*teol.*) Spirito Santo || *par l'opération du —*, (*fam.*) per opera dello Spirito Santo.

sainteté [sɛ̃te] *s.f.* santità.

saint-frusquin [sɛ̃fʀyskɛ̃] (pl. *invar.*) *s.m.* (*fam.*) carabattole (*f.pl.*)

saint-gaudinois [sɛ̃godinwa] (f. *saint-gaudinoise*) *agg.* di Saint-Gaudens.

saint-germinois [sɛ̃ʒɛʀminwa] (f. *saint-germinoise*) *agg.* di Saint-Germain-en-Laye.

saint-glinglin, à la [alasɛ̃glɛ̃glɛ̃] *locuz.avv.* (*fam.*) mai, nel giorno di San Mai.

saint-honoré [sɛ̃tɔnɔʀe] (pl. *invar.*) *s.m.* (*cuc.*) saint-honoré (dolce guarnito di bignè alla crema e panna montata).

saint-nectaire [sɛ̃nɛktɛʀ] (pl. *invar.*) *s.m.* formaggio vaccino con crosta violaceo-grigiastra prodotto in Alvernia.

saintongeais [sɛ̃tɔ̃ʒɛ] *agg.* della contea di Saintonge.

saint-paulin [sɛ̃polɛ̃] (pl. *invar.*) *s.m.* formaggio vaccino molle con la crosta lavata.

saint-pierre [sɛ̃pjɛʀ] (pl. *invar.*) *s.m.* (pesce) sampietro.

saint-quentinois [sɛ̃kɑ̃tinwa] *agg.* di Saint-Quentin.

Saint-Siège [sɛ̃sjɛʒ] *s.m.* (*eccl.*) Santa Sede.

saisi [sezi] *s.m.* (*dir.*) pignoratario ♦ *agg.* (*dir.*) pignorato.

saisie [sezi] *s.f.* (*dir.*) pignoramento (*m.*); sequestro (*m.*).

saisie-arrêt [seziaʀɛ] (pl. *saisies-arrêts*) *s.f.* (*dir.*) sequestro presso terzi; pignoramento presso terzi.

saisie-mobilière [sezimɔbiljɛʀ] (pl. *saisies-mobilières*) *s.f.* (*dir.*) pignoramento mobiliare.

saisine [sezin] *s.f.* (*dir.*) deferimento (*m.*), ricorso (a un tribunale, a un giudice).

saisir [seziʀ] *v.tr.* **1** afferrare, prendere; (*fig.*) cogliere: — *par la taille*, afferrare alla vita || *être saisi de peur, d'étonnement*, essere colto dalla paura, dallo stupore || — *à bras le corps*, agguantare per la vita || — *la balle au bond*, cogliere la palla al balzo || *il saisit d'un coup d'œil la situation*, gli bastò un'occhiata per capire come stavano le cose || *as-tu saisi?*, hai capito? **2** gelare || *cette nuit la gelée a saisi la mare*, questa notte l'acqua della gora è gelata **3** (*cuc.*) passare a fuoco vivo **4** (*dir.*) sequestrare, pignorare **5** (*dir.*) adire, investire: — *un tribunal d'une affaire*, investire di una causa un tribunale.

saisissable [sezisabl] *agg.* **1** percepibile **2** (*dir.*) pignorabile, sequestrabile.

saisissant [sezisɑ̃] *agg.* che colpisce, sorprendente; (*estens.*) commovente.

saisissement [sezismɑ̃] *s.m.* **1** brivido di freddo **2** sensazione improvvisa; emozione profonda.

saison [sezɔ̃] *s.f.* stagione || *hôtel ouvert en toute —*, albergo aperto tutto l'anno || *faire une — à Vichy*, andare a Vichy per un periodo di cura || *être de —*, *être hors de —*, (*fig.*) essere opportuno, essere inopportuno □ **saison-pluie** (*in Africa*) stagione delle piogge, (*estens.*) anno.

saisonnier [sezɔnje] (f. *-ère*) *agg.* e *s.m.* stagionale || *les saisonniers*, i villeggianti.

sajou [saʒu] *s.m.* (*zool.*) cebo.

salace [salas] *agg.* salace, lubrico.

salade [salad] *s.f.* **1** insalata: *trier, tourner la —*, mondare, mescolare l'insalata || — *de fruits*, macedonia di frutta || — *composée*, insalata mista **2** (*fig. fam.*) pasticcio (*m.*); (*mensonge*) storia, fandonia || *il vend bien sa —!*, sa vendersi bene!

saladier [saladje] *s.m.* insalatiera (*f.*).

salage [salaʒ] *s.m.* salatura (*f.*).

salaire [salɛʀ] *s.m.* salario, stipendio: *toucher son —*, riscuotere lo stipendio; — *de base*, stipendio base; — *journalier*, retribuzione a giornata; — *brut*, salario lordo; — *majoré*, superminimo; — *-plafond*, tetto, plafond salariale; — *aux pièces*, salario a cottimo || *fourchette des salaires*, fascia retributiva || — *minimum interprofessionnel de croissance* (*SMIC*), minimo salariale.

salaison [salɛzɔ̃] *s.f.* **1** salatura **2** (*pl.*) cibi conservati sotto sale.

salamalecs [salamalɛk] *s.m.pl.* salamelecchi.

salamandre [salamɑ̃dʀ] *s.f.* (*zool.*) salamandra.

salami [salami] *s.m.* salame (italiano).

salant [salɑ̃] *agg.* **1** *marais —*, salina **2** *puits —*, mola ♦ *s.m.* terreno salino.

salarial [salaʀjal] (pl. *-aux*) *agg.* salariale || *la masse salariale*, il monte salari.

salariat [salaʀja] *s.m.* **1** condizione del lavora-

sanction

tore dipendente **2** (insieme dei) lavoratori dipendenti.
salarié [salaʀje] *agg.* e *s.m.* salariato, stipendiato.
salarier [salaʀje] *v.tr.* salariare, stipendiare.
salaud [salo] *s.m.* (*fam.*) carogna (*f.*), stronzo ♦ *agg.* stronzo.
sale [sal] *agg.* sporco || (*fam.*): *c'est une — affaire,* è un brutto affare; *c'est un — type,* è un losco individuo, un tipaccio || *quel — temps!,* che tempaccio! || *il a une — maladie,* ha una brutta malattia.
salé [sale] *agg.* **1** salato **2** (*fig.*) piccante ♦ *s.m.* **1** carne di maiale salata || *petit —,* carne di maiale cotta con spezie in acqua salata **2** (ciò che è) salato: *je n'aime pas le —,* non mi piacciono i cibi salati.
salement [salmɑ̃] *avv.* (*fam.*) in modo riprovevole || *agir —,* comportarsi da mascalzone || *manger —,* mangiare come un maiale.
saler [sale] *v.tr.* **1** salare **2** (*fam.*) far pagare caro, pelare **3** (*fam.*) punire severamente.
salésien [salezjɛ̃] (*f. -enne*) *agg.* e *s.m.* salesiano.
saleté [salte] *s.f.* **1** sporcizia, sporco (*m.*), sudiciume (*m.*) || *je dois avoir une — dans l'œil,* devo avere un bruscolo in un occhio **2** (*fig.*) porcheria, vigliaccheria.
salicylique [salisilik] *agg.* salicilico.
salière [saljɛʀ] *s.f.* saliera.
saligaud [saligo] *s.m.* (*fam.*) sporcaccione, sudicione; carogna (*f.*).
salin [salɛ̃] *agg.* salino ♦ *s.m.* salina (*f.*).
salinage [salinaʒ] *s.m.* salina (*f.*).
saline [salin] *s.f.* fabbrica per la produzione del sale.
salinier [salinje] *s.m.* produttore di sale.
salinité [salinite] *s.f.* salinità.
salique [salik] *agg.* (*st.*) salico.
salir [saliʀ] *v.tr.* sporcare; (*fig.*) insozzare || *— du papier,* imbrattar carte || *— la réputation de qqn,* macchiare la reputazione di qlcu.
salissant [salisɑ̃] *agg.* **1** che sporca **2** sporchevole: *couleur salissante,* colore sporchevole.
salissure [salisyʀ] *s.f.* sporcizia, lordura; (*estens.*) macchia.
salivaire [salivɛʀ] *agg.* salivale, salivare.
salivation [salivasjɔ̃] *s.f.* salivazione.
salive [saliv] *s.f.* saliva || *dépenser beaucoup de —,* (*fam.*) parlare molto || *perdre sa —,* (*fam.*) sprecare fiato.
saliver [salive] *v.intr.* salivare.
salle [sal] *s.f.* sala; salone (*m.*): *— à manger,* sala da pranzo; *— de bains,* (stanza da) bagno; *— d'eau,* stanza da bagno (solo con doccia e lavabo); *— de bal,* salone da ballo; *— de classe,* aula; *— des ventes,* sala delle aste || *— commune,* corsia (di ospedale) || (*in Africa*) *— de passage,* sala d'aspetto || *faire — comble,* fare un pienone (a teatro) || *la — était debout et applaudissait,* tutto il teatro era in piedi per applaudire.
salmigondis [salmigɔ̃di] *s.m.* **1** (*cuc.*) spezzatino fatto con carne avanzata **2** (*fam.*) guazzabuglio.

salmis [salmi] *s.m.* (*cuc.*) spezzatino di selvaggina o di pollame già cotti allo spiedo.
salmonellose [salmɔneloz] *s.f.* (*vet., med.*) salmonellosi.
saloir [salwaʀ] *s.m.* salatoio.
salon [salɔ̃] *s.m.* **1** salotto; sala (*f.*) || *— de thé,* sala da tè; *— de coiffure,* parrucchiere || *les salons littéraires,* i salotti letterari || *— automobile,* autosalone **2** *Salon,* Salone (mostra, esposizione).
salonard, salonnard [salɔnaʀ] *s.m.* (*spreg.*) salottiero.
salopard [salɔpaʀ] *s.m.* (*fam.*) bastardo, stronzo.
salope [salɔp] *s.f.* (*fam.*) carogna; stronza.
saloper [salɔpe] *v.tr.* (*fam.*) raffazzonare, abborracciare.
saloperie [salɔpʀi] *s.f.* (*fam.*) **1** porcheria **2** vigliaccheria, mascalzonata.
salopette [salɔpet] *s.f.* salopette.
salpêtre [salpɛtʀ] *s.m.* (*chim.*) salnitro, nitrato di potassio.
salpêtrer [salpetʀe] *v.tr.* coprire di salnitro.
salpingite [salpɛ̃ʒit] *s.f.* (*med.*) salpingite.
salse [sals] *s.f.* (*geol.*) salsa.
salsifis [salsifi] *s.m.* (*bot.*) barba (*f.*), scorzobianca (*f.*) || *— noir,* scorzonera.
saltimbanque [saltɛ̃bɑ̃k] *s.m.* saltimbanco.
salubre [salybʀ] *agg.* salubre.
salubrité [salybʀite] *s.f.* salubrità.
saluer [salɥe] *v.tr.* salutare: *— qqn d'un geste de la main,* salutare qlcu con un gesto della mano.
salure [salyʀ] *s.f.* salsedine.
salut [saly] *s.m.* **1** salvezza (*f.*); scampo **2** (*teol.*) salvezza (*f.*), salute eterna || *Armée du Salut,* Esercito della Salvezza **3** saluto **4** (*eccl.*) benedizione (*f.*) ♦ *inter.* ciao!, salve!
salutaire [salytɛʀ] *agg.* salutare.
salutation [salytɑsjɔ̃] *s.f.* saluto (*m.*).
salutiste [salytist] *s.m.* salutista (membro dell'Esercito della Salvezza) ♦ *agg.* dell'Esercito della Salvezza, dei salutisti.
salvateur [salvatœʀ] (*f. -trice*) *agg.* (*letter.*) salvatore.
salve [salv] *s.f.* salva, scarica || *une — d'applaudissements salua son entrée,* (*fig.*) una salva di applausi salutò il suo ingresso.
samaritain[1] [samaʀitɛ̃] *agg.* samaritano.
samaritain[2] *s.m.* (in Svizzera) soccorritore; chi appartiene a una squadra di soccorso.
samedi [samdi] *s.m.* sabato.
samouraï [samuʀaj] (*pl. invar.*) *s.m.* samurai.
sampant [sɑ̃pɑ̃] *s.m.* (in Africa) irrefrenabile (di sentimenti).
sana [sana] *s.m.* (*fam.*) sanatorio.
sanatorium [sanatɔʀjɔm] *s.m.* sanatorio.
sanctifiant [sɑ̃ktifjɑ̃] *agg.* santificante.
sanctificateur [sɑ̃ktifikatœʀ] (*f. -trice*) *agg.* e *s.m.* santificatore || (*teol.*) *le Sanctificateur,* lo Spirito Santo.
sanctification [sɑ̃ktifikɑsjɔ̃] *s.f.* santificazione.
sanctifier [sɑ̃ktifje] *v.tr.* santificare || *— un lieu,* consacrare un luogo.
sanction [sɑ̃ksjɔ̃] *s.f.* **1** sanzione, ratificazione;

approvazione; conferma: *avoir reçu la* — *de l'usage*, essere sancito dall'uso || *l'insuccès fut la* — *de sa paresse*, l'insuccesso fu la conseguenza della sua pigrizia 2 sanzione, misura (repressiva): *prendre des sanctions*, prendere provvedimenti, adottare misure disciplinari.

sanctionner [sãksjɔne] *v.tr.* 1 sancire; approvare; confermare 2 punire.

sanctuaire [sãktɥɛʀ] *s.m.* santuario (*anche fig.*).

sandale [sãdal] *s.f.* sandalo (*m.*).

sandalette [sãdalɛt] *s.f.* sandaletto (*m.*), sandalino (*m.*).

sandow [sãdo] *s.m.* cavo elastico (usato per estensori da ginnastica, per il lancio degli alianti, per fissare oggetti su un portabagagli ecc.).

sandre [sãdʀ] *s.f.* (*zool.*) lucioperca (*m.*).

sandwich [sãdwitʃ] *s.m.* tramezzino, panino imbottito || *être pris en* —, (*fig.*) essere tra due fuochi.

sanforiser [sãfɔʀize] *v.tr.* sanforizzare.

sang [sã] *s.m.* sangue: *le* — *a coulé*, è stato versato sangue, c'è stato spargimento di sangue; *sans effusion de* —, senza spargimento di sangue; *tout en* —, tutto insanguinato; *fouetter jusqu'au* —, frustare a sangue || (*med.*) *coup de* —, colpo apoplettico || *des êtres de chair et de* —, esseri in carne e ossa || *à feu et à* —, a ferro e fuoco || *un apport de* — *frais*, un apporto di nuove energie, (*estens.*) un apporto di nuovi capitali || *non* — *n'a fait qu'un tour*, non ci ho più visto; *avoir du* — *de poulet*, avere un coraggio da coniglio; *avoir du* — *de navet*, non avere sangue nelle vene || *se faire un* — *d'encre*, farsi sangue amaro; *se ronger les sangs*, (*fam.*) mangiarsi, rodersi il fegato || *suer* — *et eau*, sudare sangue, sudare sette camicie || *bon* —!, diamine!; *bon* — *de bonsoir!*, porca miseria || *avoir du* — *bleu*, essere di sangue blu, avere sangue blu nelle vene.

sang-froid [sãfʀwa] (pl. *invar.*) *s.m.* sangue freddo || *de* —, a sangue freddo, con freddezza.

sanglant [sãglã] *agg.* 1 sanguinoso, cruento 2 insanguinato 3 (*fig.*) feroce, sferzante.

sangle [sãgl] *s.f.* cinghia || *lit de* —, branda.

sangler [sãgle] *v.tr.* 1 cinghiare, mettere le cinghie a 2 (*estens.*) stringere forte □ **se sangler** *v.pron.* serrarsi, stringersi forte (in un'uniforme, in un busto ecc.).

sanglier [sãglije] *s.m.* (*zool.*) cinghiale.

sanglot [sãglo] *s.m.* singhiozzo: *la voix entrecoupée de sanglots*, la voce rotta dal pianto; *avoir des sanglots dans la voix*, parlare con voce rotta dal pianto; *les sanglots lui nouaient la gorge*, il pianto le serrava la gola.

sangloter [sãglɔte] *v.intr.* singhiozzare.

sang-mêlé [sãmele] (pl. *invar.*) *s.m.* sanguemisto, meticcio.

sangsue [sãsy] *s.f.* sanguisuga, mignatta (*anche fig.*).

sanguin [sãgɛ̃] *agg.* e *s.m.* sanguigno.

sanguinaire[1] [sãgineʀ] *agg.* 1 sanguinario, crudele 2 sanguinoso, cruento.

sanguinaire[2] *s.f.* (*bot.*) sanguinaria.

sanguine [sãgin] *s.f.* 1 (*arte*) sanguigna 2 (*bot.*) arancia sanguigna.

sanguinolent [sãginɔlã] *agg.* sanguinolento.

sanguisorbe [sãgisɔʀb] *s.f.* (*bot.*) sanguisorba, pimpinella.

sanhédrin [sanedʀɛ̃] *s.m.* (*st.*) sinedrio.

sanie [sani] *s.f.* (*med.*) sanie, materia purulenta.

sanieux [sanjø] (f. *-euse*) *agg.* (*med.*) sanioso, purulento.

sanisette [sanizɛt] *s.f.* gabinetto pubblico (con accesso e pulizia automatizzati).

sanitaire [sanitɛʀ] *agg.* 1 sanitario 2 (*appareil*) —, apparecchio igienico, sanitario ♦ *s.m.* (*pl.*) servizi (igienici), bagni.

sans [sã] *prep.* senza; (*davanti a pronome personale*) senza di: *il est sorti* — *imperméable ni parapluie*, è uscito senza impermeabile né ombrello; *vous partirez* — *moi*, partirete senza di me; *non* — *plaisir*, non senza piacere || *c'est* — *espoir*, non c'è speranza || *cela va* — *dire*, è naturale, è ovvio || — *compter que...*, senza contare che... || *tu n'es pas* — *savoir que...*, certamente saprai già che... || *être* — *un*, (*fam.*) non avere un becco di quattrino ♦ *avv.* (*usato in modo assoluto*) (*fam.*) senza: *les jours* — *et les jours avec*, i giorni senza e i giorni con; *que ferions-nous* —?, come faremmo senza? □ **sans cesse** *locuz.avv.* incessantemente □ **sans doute** *locuz.avv.* forse, probabilmente: — *doute viendra-t-il ce soir*, verrà probabilmente stasera □ **sans (aucun) doute** *locuz.avv.* indubbiamente, senza dubbio: *c'est* — *aucun doute un bon livre*, è senza (alcun) dubbio un buon libro □ **sans faute** *locuz.avv.* senza fallo, senz'altro □ **sans même** *locuz.avv.* senza neppure, senza nemmeno □ **sans plus** *locuz.avv.* (senza) niente di più, e basta: *c'est un employé consciencieux* — *plus*, è un impiegato diligente, niente (di) più □ **sans que** *locuz.cong.* senza che: *le professeur m'a puni* — *que j'aie pu m'expliquer*, il professore mi ha punito senza che potessi spiegarmi □ **sans quoi**, **sans cela** *locuz.cong.* altrimenti, se no.

sans-abri [sãzabʀi] (pl. *invar.*) *s.m.* senzatetto.

sans-cœur [sãkœʀ] (pl. *invar.*) *s.m.* (*fam.*) (persona) senza cuore.

sanscrit [sãskʀi] *agg.* e *s.m.* → **sanskrit**.

sans-culotte [sãkylɔt] (pl. *sans-culottes*) *s.m.* (*st.*) sanculotto.

sans-défense [sãdefãs] (pl. *invar.*) *s.m.* indifeso.

sans-dessein [sãdesɛ̃] (pl. *invar.*) *s.m.* (*in Canada*) incapace, inetto.

sans-emploi [sãzãplwa] (pl. *invar.*) *s.m.* disoccupato.

sans-façon [sãfasɔ̃] (pl. *invar.*) *s.m.* estrema disinvoltura.

sans-faute [sãfot] (pl. *invar.*) *s.m.* esecuzione perfetta; prestazione perfetta.

sans-fil [sãfil] (pl. *invar.*) *s.f.* telegrafia senza fili, radiotelegrafia ♦ *s.m.* (*dépêche par*) —, radiogramma.

sans-gêne [sãʒɛn] (pl. *invar.*) *s.m.* 1 sfrontatezza (*f.*), sfacciataggine (*f.*) 2 persona sfrontata, sfacciata.

sanskrit [sãskʀi] *agg.* e *s.m.* sanscrito.
sans-le-sou [sãlsu] (pl. *invar.*) *s.m.* (*fam.*) spiantato, squattrinato.
sans-logis [sãlɔʒi] (pl. *invar.*) *s.m.* senzatetto.
sansonnet [sãsɔnɛ] *s.m.* (*zool.*) storno, stornello.
sans-soin [sãswɛ̃] (pl. *invar.*) *s.m.* sciupone.
sans-souci [sãsusi] (pl. *invar.*) *agg.* e *s.m.* spensierato.
sans-travail [sãtʀavaj] (pl. *invar.*) *s.m.* disoccupato.
santal [sãtal] (pl. -*als,* -*aux*) *s.m.* (*bot.*) sandalo.
santé [sãte] *s.f.* **1** salute: *c'est mauvais pour ta* —, ti fa male alla salute; *avoir une petite* —, (*fam.*) avere poca salute, essere cagionevole di salute; *se refaire une* —, ristabilirsi (in salute); *elle respire la* —, sprizza salute da tutti i pori || *maison de* —, casa di cura, clinica || *à ta* —!, alla tua salute! **2** — (*publique*) sanità; *Ministère de la Santé publique*, Ministero della Sanità || *la Santé*, la sanità marittima.
santiag [sãtjag] (pl. *santiagues*) *s.f.* durango (*m.*), stivale a punta con tacco obliquo.
santon [sãtɔ̃] *s.m.* statuina del presepe.
sanve [sãv] *s.f.* (*bot.*) senape selvatica.
saoudien [saudjɛ̃] (f. -*enne*) *agg.* e *s.m.* saudita.
saoul [su] *agg.* → **soûl.**
saouler [sule] *v.tr.* → **soûler.**
sapajou [sapaʒu] *s.m.* **1** (*zool.*) cebo **2** (*fig.*) scimmiotto.
sape¹ [sap] *s.f.* **1** trincea **2** scavo (per scalzare le fondamenta): *travaux de* —, lavori di scavo || *mener un travail de* —, (*fig.*) agire in modo sotterraneo.
sape² *s.f.* (*spec. pl.*) (*fam.*) vestito (*m.*), abito (*m.*).
sapement [sapmã] *s.m.* **1** lo scalzare (le fondamenta) **2** (*geol.*) erosione (provocata dall'acqua).
saper¹ [sape] *v.tr.* **1** scalzare (le fondamenta) || — *le moral,* (*fig.*) minare il morale **2** (*dell'acqua*) erodere, intaccare lentamente.
saper² *v.tr.* (*fam.*) vestire, agghindare: *comme elle est bien, mal sapée!*, come è tutta in tiro, conciata! □ **se saper** *v.pron.* vestirsi, agghindarsi.
saperlipopette [sapɛʀlipɔpɛt], **saperlotte** [sa pɛʀlɔt] *inter.* (*antiq.*) perdindirindina!
sapeur [sapœʀ] *s.m.* (*mil.*) geniere.
sapeur-pompier [sapœʀpɔ̃pje] (pl. *sapeurs-pompiers*) *s.m.* pompiere, vigile del fuoco.
saphène [safɛn] *s.f.* (*anat.*) safena.
saphique [safik] *agg.* saffico.
saphir [safiʀ] *s.m.* **1** zaffiro **2** puntina (di grammofono).
sapide [sapid] *agg.* sapido.
sapidité [sapidite] *s.f.* sapidità.
sapience [sapjãs] *s.f.* (*ant.*) sapienza.
sapientiaux [sapjãsjo] *agg.* e *s.m.pl.* (*livres*) —, libri sapienziali.
sapin [sapɛ̃] *s.m.* abete || *sentir le* —, (*fam.*) avere un piede nella fossa || (*in Canada*) *se faire passer un* —, farsi imbrogliare.
sapine [sapin] *s.f.* **1** abetella, trave d'abete **2** mastello in legno d'abete.

sapinette [sapinɛt] *s.f.* abete del Canada.
sapinière [sapinjɛʀ] *s.f.* abetaia, abetina.
saponacé [saponase] *agg.* saponaceo.
saponaire [saponɛʀ] *s.f.* (*bot.*) saponaria.
saponification [saponifikɑsjɔ̃] *s.f.* saponificazione.
saponifier [saponifje] *v.tr.* saponificare.
saponine [saponin] *s.f.* (*chim.*) saponina.
sapote [sapɔt] *s.f.* (*frutto*) sapodilla.
sapotier [sapɔtje] *s.m.* (*pianta*) sapota (*f.*).
sapotille [sapɔtij] *s.f.* → **sapote.**
sapotillier [sapɔtije] *s.m.* → **sapotier.**
sapristi [sapʀisti] *inter.* diamine!, caspita!
saprophage [sapʀɔfaʒ] *agg.* e *s.m.* (*biol.*) saprofago.
saprophyte [sapʀɔfit] *agg.* e *s.m.* (*biol.*) saprofito.
saquer [sake] *v.tr.* → **sacquer.**
sarabande [saʀabãd] *s.f.* sarabanda (*anche fig.*) || *faire la* —, fare chiasso, baccano.
sarbacane [saʀbakan] *s.f.* cerbottana.
sarcasme [saʀkasm] *s.m.* sarcasmo.
sarcastique [saʀkastik] *agg.* sarcastico || -**ement** *avv.*
sarcelle [saʀsɛl] *s.f.* (*zool.*) — *d'été,* marzaiola; — *d'hiver,* alzavola; — *marbrée,* garganella.
sarclage [saʀklaʒ] *s.m.* (*agr.*) sarchiatura (*f.*).
sarcler [saʀkle] *v.tr.* (*agr.*) sarchiare.
sarclette [saʀklɛt] *s.f.* sarchiello (*m.*).
sarcloir [saʀklwaʀ] *s.m.* sarchio.
sarcome [saʀkom] *s.m.* (*med.*) sarcoma.
sarcophage [saʀkɔfaʒ] *s.m.* sarcofago.
sarcopte [saʀkɔpt] *s.m.* (*zool.*) acaro della scabbia.
sarde [saʀd] *agg.* e *s.m.* sardo.
sardine [saʀdin] *s.f.* sardina, sarda: *sardines salées,* sarde sotto sale; *sardines à l'huile,* sardine sott'olio.
sardinier [saʀdinje] (f. -*ère*) *agg.* delle sardine: *pêche sardinière,* pesca delle sardine; *bateau* —, peschereccio per la pesca delle sardine ♦ *s.m.* **1** pescatore di sardine **2** operaio addetto alla preparazione delle sardine **3** peschereccio (per la pesca delle sardine).
sardonique [saʀdɔnik] *agg.* sardonico || -**ement** *avv.*
sargasse [saʀgas] *s.f.* (*bot.*) sargasso (*m.*).
sargue [saʀg] *s.m.* (*zool.*) sarago.
sarigue [saʀig] *s.m.* **1** (*zool.*) sariga (*f.*) **2** (pelliccia di) opossum.
sarmatique [saʀmatik] *agg.* sarmatico.
sarment [saʀmã] *s.m.* sarmento, tralcio: *des sarments de vigne,* tralci di vite.
sarrasin¹ [saʀazɛ̃] *agg.* saraceno.
sarrasin² *s.m.* (*bot.*) grano saraceno.
sarrau [saʀo] (pl. -*aus,* -*aux*) *s.m.* camiciotto; casacca (*f.*); grembiule (degli scolari).
sarregueminois [saʀgeminwa] *agg.* di Sarreguemines.
sarriette [saʀjɛt] *s.f.* (*bot.*) santoreggia.
sarrois [saʀwa] *agg.* della Saar.
sartenais [saʀtənɛ] *agg.* di Sartène.

sarthois [saʀtwa] *agg.* del dipartimento della Sarthe.

sas [sɑ, sas] *s.m.* **1** vasca di chiusa **2** camera stagna **3** setaccio.

sasser [sase] *v.tr.* stacciare, setacciare.

sasseur [sasœʀ] (f. *-euse*) *s.m.* crivellatore.

satané [satane] *agg.* (*fig. fam.*) dannato.

satanique [satanik] *agg.* satanico.

satellisation [sate(el)lizɑsjɔ̃] *s.f.* **1** (*astr.*) lancio di satelliti artificiali **2** (*fig.*) satellizzazione, assoggettamento (*m.*).

satelliser [sate(el)lize] *v.tr.* **1** mettere in orbita **2** (*fig.*) satellizzare.

satellite [sate(el)lit] *agg. e s.m.* satellite || *ville* —, città satellite.

satiété [sasjete] *s.f.* sazietà || *répéter qqch (jusqu')à* —, ripetere qlco fino alla nausea.

satin [satɛ̃] *s.m.* raso || *une peau de* —, una pelle vellutata.

satiné [satine] *agg.* satinato || *peau satinée*, pelle vellutata ♦ *s.m.* lucentezza (*f.*).

satiner [satine] *v.tr.* satinare.

satinette [satinɛt] *s.f.* rasatello (*m.*).

satire [satiʀ] *s.f.* satira.

satirique [satiʀik] *agg. e s.m.* satirico || **-ement** *avv.*

satiriste [satiʀist] *s.m.* scrittore di satira, satirico ♦ *s.f.* satirica.

satisfaction [satisfaksjɔ̃] *s.f.* soddisfazione; appagamento (*m.*): *cet employé ne donne pas* —, quell'impiegato non lavora in modo soddisfacente; *donner* — *aux grévistes*, accogliere le richieste degli scioperanti || (*comm.*) *nous ferons tout notre possible pour vous donner* —, faremo il possibile per venirvi incontro || *à la* — *générale*, con soddisfazione di tutti.

satisfaire [satisfɛʀ] (*coniug. come* faire) *v.tr.* soddisfare ♦ *v.intr.* soddisfare, adempiere: — *à ses obligations*, adempiere ai propri obblighi □ **se satisfaire** *v.pron.* soddisfarsi: *se* — *de peu*, accontentarsi di poco.

satisfaisant [satisfɛzɑ̃] *agg.* soddisfacente.

satisfait [satisfɛ] *part.pass. di* satisfaire ♦ *agg.* soddisfatto, contento.

satisfecit [satisfesit] (pl. *invar.*) *s.m.* attestato di benemerenza (dato a un allievo o a un dipendente).

satrape [satʀap] *s.m.* satrapo (*anche fig.*).

satrapie [satʀapi] *s.f.* (*st.*) satrapia.

saturant [satyʀɑ̃] *agg.* che satura || (*chim.*) *vapeur saturante*, vapore saturo.

saturateur [satyʀatœʀ] *s.m.* **1** (*chim.*) saturatore **2** evaporatore (per termosifoni).

saturation [satyʀɑsjɔ̃] *s.f.* saturazione.

saturé [satyʀe] *agg.* **1** saturo || *couleur saturée*, colore intenso **2** (*fig.*) sazio: *être* — *de qqch*, averne fin sopra i capelli.

saturer [satyʀe] *v.tr.* **1** saturare **2** (*fig.*) saziare.

saturnien [satyʀnjɛ̃] (f. *-enne*) *agg.* saturniano.

saturnin [satyʀnɛ̃] *agg.* (*med.*) saturnino.

saturnisme [satyʀnism] *s.m.* (*med.*) saturnismo.

satyre [satiʀ] *s.m.* satiro.

satyrique [satiʀik] *agg.* satiresco, di satiro.

sauce [sos] *s.f.* **1** salsa: — *épicée*, salsa con spezie || *la* — *du rôti*, il sugo dell'arrosto || *on le met à toutes les sauces*, gli fanno fare di tutto **2** pastello (per disegno).

saucée [sose] *s.f.* (*fam.*) acquazzone (*m.*), rovescio (*m.*): *recevoir une* —, prendersi un (bell')acquazzone.

saucer [sose] (*coniug. come* placer) *v.tr.* intingere nella salsa || *se faire* —, prendersi un acquazzone.

saucier [sosje] *s.m.* cuoco addetto alla preparazione delle salse.

saucière [sosjɛʀ] *s.f.* salsiera.

saucisse [sosis] *s.f.* salsiccia || *chair à saucisses*, carne suina tritata.

saucisson [sosisɔ̃] *s.m.* **1** (*cuc.*) salame; salsicciotto **2** (*mil.*) salsiccia (*f.*).

saucissonner [sosisɔne] *v.intr.* (*fam.*) fare uno spuntino ♦ *v.tr.* (*fam.*) **1** dividere in piccole parti, spezzettare **2** legare come un salame.

sauf¹ [sof] (f. *sauve*) *agg.* salvo: *avoir la vie sauve*, avere salva la vita.

sauf² *prep.* salvo, tranne, fuorché || — *avis contraire*, salvo parere contrario || (*comm.*): — *bonne fin*, salvo buon fine; — *vendu*, se disponibile || — *votre respect*, (*letter.*) senza offenderla, con rispetto parlando □ **sauf que** *locuz.cong.* a parte il fatto che, tranne che.

sauf-conduit [sofkɔ̃dɥi] (pl. *sauf-conduits*) *s.m.* salvacondotto.

sauge [soʒ] *s.f.* (*bot.*) salvia.

saugrenu [sogʀəny] *agg.* strambo, strampalato.

saulaie [solɛ] *s.f.* saliceto (*m.*).

saule [sol] *s.m.* salice || — *pleureur*, salice piangente.

saumâtre [somɑtʀ] *agg.* **1** salmastro **2** (*fam.*) duro da mandare giù.

saumon [somɔ̃] *s.m.* **1** salmone **2** (*metall.*) lingotto, pane ♦ *agg.invar.* (color) salmone.

saumoné [somɔne] *agg.* *truite saumonée*, trota salmonata.

saumoneau [somɔno] *s.m.* giovane salmone.

saumurage [somyʀaʒ] *s.m.* il mettere in salamoia.

saumure [somyʀ] *s.f.* **1** salamoia **2** (*nelle saline*) acqua di mare (che ha già subito una forte evaporazione).

saumurer [somyʀe] *v.tr.* mettere in salamoia.

saumurois [somyʀwa] *agg.* di Saumur.

sauna [sona] *s.m.* sauna (*f.*).

saunage [sonaʒ] *s.m.* salinatura (*f.*).

sauner [sone] *v.intr.* **1** salinare, estrarre sale **2** produrre sale (detto delle saline).

saunier [sonje] *s.m.* **1** salinaio, salinatore **2** chi vende sale.

saupiquet [sopikɛ] *s.m.* (*cuc.*) salsa piccante.

saupoudrage [sopudʀaʒ] *s.m.* **1** il cospargere (di sale ecc.) **2** (*econ.*) frazionamento (eccessivo) di stanziamenti.

saupoudrer [sopudʀe] *v.tr.* **1** cospargere (di sale ecc.) **2** (*econ.*) polverizzare, frazionare eccessivamente (stanziamenti).

saupoudreuse [sopudʀøz] *s.f.* contenitore con tappo bucherellato.

saur [sɔʀ] *agg.*: *hareng* —, aringa affumicata.

saurer [sɔʀe] *v.tr.* affumicare.

sauriens [sɔʀjɛ̃] *s.m.pl.* (*zool.*) sauri.

saurissage [sɔʀisaʒ] *s.m.* affumicamento, affumicatura (delle aringhe).

saussaie [sosɛ] *s.f.* → **saulaie.**

saut [so] *s.m.* **1** salto: — *en longueur, en hauteur*, salto in lungo, in alto; *triple* —, salto triplo || *faire un — chez qqn*, fare una scappata da qlcu || *il me reçut au — du lit*, mi ricevette appena alzato **2** lancio (col paracadute).

saut-de-lit [sodli] (pl. *sauts-de-lit*) *s.m.* vestaglia di stoffa leggera, scendiletto.

saut-de-mouton [sodmutɔ̃] (pl. *sauts-de-mouton*) *s.m.* cavalcavia.

saute [sot] *s.f.* salto (*m.*); sbalzo (*m.*) || — *d'humeur*, sbalzo improvviso d'umore.

sauté [sote] *agg.* (*cuc.*) saltato, rosolato a fuoco vivo: *pommes de terre sautées*, patate saltate (in padella) ♦ *s.m.* (*cuc.*) (tipo di) spezzatino.

saute-mouton [sotmutɔ̃] *s.m.invar.* (*gioco*) cavallina (*f.*).

sauter [sote] *v.intr.* **1** saltare: — *sur ses pieds*, balzare in piedi || *deux boutons de mon gilet ont sauté*, due bottoni del mio gilè sono saltati via || *il m'a sauté dessus*, mi è saltato addosso; *cela saute aux yeux*, salta agli occhi, è lampante **2** esplodere: *la voiture piégée a sauté*, l'autobomba è saltata per aria; *faire — les plombs*, far saltare le valvole || *finissez-moi ce travail, et que ça saute!*, (*fam.*) finite questo lavoro, e di corsa! ♦ *v.tr.* **1** saltare: *il a sauté le mur*, ha saltato il muro **2** (*cuc.*) cuocere al salto, fare saltare.

sauterelle [sotʀɛl] *s.f.* **1** cavalletta **2** (*edil.*) falsa squadra **3** (*fam.*) spilungona.

sauterie [sotʀi] *s.f.* festicciola (da ballo).

sauternes [sotɛʀn] *s.m.* vino bianco dolce della regione di Sauternes.

sauteur [sotœʀ] (f. *-euse*) *agg.* saltatore ♦ *s.m.* **1** saltatore **2** (*fig.*) girella (*f.*), banderuola (*f.*).

sauteuse [sotøz] *s.f.* **1** casseruola **2** (*fig.*) una poco di buono **3** (*tecn.*) sega a svolgere.

sautillant [sotijɑ̃] *agg.* saltellante.

sautiller [sotije] *v.intr.* saltellare, salterellare.

sautoir [sotwaʀ] *s.m.* **1** (*arald.*) decusse (*f.*), croce di Sant'Andrea **2** collana lunga sino alla vita **3** (*sport*) luogo attrezzato per il salto, saltatoio **4** (*cuc.*) tegame.

sauvage [sovaʒ] *agg.* **1** selvaggio (*anche fig.*) **2** selvatico: *canard* —, anitra selvatica ♦ *s.m.* selvaggio.

sauvagement [sovaʒmɑ̃] *avv.* selvaggiamente.

sauvageon [sovaʒɔ̃] *s.m.* **1** (*agr.*) franco, arbusto non innestato **2** (f. *-onne*) (*fig.*) ragazzo selvaggio, poco socievole.

sauvagerie [sovaʒʀi] *s.f.* **1** stato selvaggio **2** (*fig.*) selvatichezza, mancanza di socievolezza **3** (*fig.*) efferatezza, crudeltà.

sauvagin [sovaʒɛ̃] *agg.* e *s.m.* (odore, gusto di) selvatico.

sauvagine [sovaʒin] *s.f.* selvaggina di penna.

sauvegarde [sovgaʀd] *s.f.* **1** salvaguardia, custodia, tutela (*anche fig.*) **2** (*mar.*) cima di salvataggio.

sauvegarder [sovgaʀde] *v.tr.* salvaguardare, tutelare; difendere (*anche fig.*).

sauve-qui-peut [sovkipø] (pl. *invar.*) *s.m.* fuggi fuggi; sbandamento.

sauver [sove] *v.tr.* salvare: — *sa peau*, salvare la pelle || — *les meubles*, (*fam.*) salvare lo stretto indispensabile □ **se sauver** *v.pron.* **1** salvarsi (*anche fig.*): *se — de l'ennui*, fuggire la noia || *sauve qui peut!*, si salvi chi può **2** scappare: *se — à toutes jambes*, darsela a gambe || *il faut que je me sauve, je suis déjà en retard*, (*fam.*) devo scappare, sono in ritardo.

sauvetage [sovtaʒ] *s.m.* salvataggio.

sauveteur [sovtœʀ] *agg.* e *s.m.* che, chi compie un salvataggio.

sauvette, à la [alasovet] *locuz.avv.* in fretta e furia e di nascosto || *marchand à la* —, venditore ambulante non autorizzato.

sauveur [sovœʀ] (f. *salvatrice*) *agg.* e *s.m.* salvatore.

savamment [savamɑ̃] *avv.* dottamente; con competenza, sapientemente.

savane [savan] *s.f.* savana.

savant [savɑ̃] *agg.* **1** competente, profondo conoscitore (di): *il est très — en histoire*, è molto ferrato in storia **2** sapiente, dotto, colto **3** abile, capace || *une savante manœuvre*, un'abile manovra || *chien* —, cane ammaestrato ♦ *s.m.* scienziato, studioso.

savate [savat] *s.f.* **1** ciabatta || *traîner la* —, (*fam.*) vivere nella miseria; oziare, fare flanella **2** (*sport*) lotta libera francese.

savernois [savɛʀnwa] *agg.* di Saverne.

savetier [savtje] *s.m.* **1** (*ant.*) ciabattino, calzolaio **2** (*zool.*) spinarello.

saveur [savœʀ] *s.f.* sapore (*m.*), gusto (*m.*).

savoir[1] [savwaʀ]

Indic. pres. je sais, etc., nous savons, etc.; *imperf.* je savais, etc.; *pass.rem.* je sus, etc.; *fut.* je saurai, etc. *Cond.* je saurais, etc. *Cong.pres.* que je sache, etc.; *imperf.* que je susse, etc. *Part.pres.* sachant; *pass.* su. *Imp.* sache, sachons, sachez.

v.tr. **1** sapere: *il ne sait que nous répondre*, non sa che cosa risponderci; *je ne sais où aller*, non so dove andare; *c'est bon à* —, buono a sapersi; *je le sais dans les difficultés*, so che si trova in certe acque; *qui sait s'il viendra!*, chissà se verrà!; *"Est-il malade?" "Pas que je sache"*, "È ammalato?" "Non mi risulta"; *en — long sur le compte de qqn*, saperla lunga sul conto di qlcu || *savoir vivre* — *y faire*, saperci fare || (*comm.*) *je vous saurais gré de me répondre par retour du courrier*, le sarò grato se mi risponderà a giro di posta **2** conoscere: *je sais un endroit où...*, conosco un posto dove... **3** (*al cond. e con* ne) potere: *je ne sau-*

rais rien imaginer de plus beau, non potrei immaginarne nulla di più bello; *on ne saurait penser à tout*, non si può pensare a tutto □ **se savoir** *v.pron.* sapere di essere □ **(à) savoir (que)** *locuz.avv.* e *cong.* e cioè: *il nous a tout dit à —...*, ci ha detto tutto, e cioè...; *il faut se rappeler trois choses (à) —...*, bisogna ricordarsi tre cose e cioè...

savoir² *s.m.* sapere, cultura (*f.*).

savoir-faire [savwaʀfɛʀ] (pl. *invar.*) *s.m.* tatto, diplomazia (*f.*).

savoir-vivre [savwaʀvivʀ] (pl.*invar.*) *s.m.* 1 educazione (*f.*), garbo 2 galateo.

savoisien [savwazjɛ̃] (f. *-enne*) *agg.* savoiardo.

savon [savɔ̃] *s.m.* sapone: *— en paillettes*, sapone a scaglie || *passer un — à qqn*, (*fig.*) dare una lavata di capo a qlcu.

savonnage [savɔnaʒ] *s.m* insaponatura (*f.*).

savonner [savɔne] *v.tr.* insaponare □ **se savonner** *v.pron.* insaponarsi.

savonnerie [savɔnʀi] *s.f.* saponificio (*m.*).

savonnette [savɔnɛt] *s.f.* saponetta.

savonneux [savɔnø] (f. *-euse*) *agg.* saponoso, saponaceo.

savonnier [savɔnje] (f. *-ère*) *agg.* saponiero ♦ *s.m.* 1 saponiere 2 (*bot.*) sapindo.

savourer [savuʀe] *v.tr.* assaporare.

savoureusement [savuʀøzmɑ̃] *avv.* (*letter.*) con gusto, in modo gustoso: *plat — préparé*, piatto cucinato ad arte.

savoureux [savuʀø] (f. *-euse*) *agg.* saporito, gustoso (*anche fig.*).

savoyard [savwajaʀ] *agg.* savoiardo.

saxe [saks] *s.m.* porcellana di Sassonia.

saxo [sakso] *s.m.* (*abbr. di* saxophone) sax.

saxon [saksɔ̃] (f.*-onne*) *agg.* sassone.

saxophone [saksɔfɔn] *s.m.* sassofono.

saxophoniste [saksɔfɔnist] *s.m.* sassofonista, saxofonista.

saynète [sɛnɛt] *s.f.* 1 (*teatr. sp.*) sainete (*m.*) 2 atto unico; sketch (*m.*).

sbire [sbiʀ] *s.m.* (*spreg.*) scagnozzo.

scabieuse [skabjøz] *s.f.* (*bot.*) scab(b)iosa.

scabreux [skabʀø] (f. *-euse*) *agg.* scabroso.

scalaire [skalɛʀ] *agg.* (*mat.*) scalare.

scalène [skalɛn] *agg.* scaleno.

scalp [skalp] *s.m.* scalpo.

scalpel [skalpɛl] *s.m.* (*med.*) scalpello.

scalper [skalpe] *v.tr.* scotennare, scalpare.

scandale [skɑ̃dal] *s.m.* scandalo || *au grand — de*, con grande scandalo di.

scandaleuse [skɑ̃daløz] *s.f.* (*in Niger*) donna attaccabrighe.

scandaleux [skɑ̃dalø] (f.*-euse*) *agg.* scandaloso || *-eusement avv.*

scandaliser [skɑ̃dalize] *v.tr.* scandalizzare.

scander [skɑ̃de] *v.tr.* scandire.

scandinave [skɑ̃dinav] *agg.* e *s.m.* scandinavo.

scanner [skanɛʀ] *s.m.* (*med.*) TAC (tomografia assiale computerizzata).

scansion [skɑ̃sjɔ̃] *s.f.* scansione.

scaphandre [skafɑ̃dʀ] *s.m.* scafandro || *— autonome*, autorespiratore.

scaphandrier [skafɑ̃dʀije] *s.m.* palombaro.

scapulaire [skapylɛʀ] *agg.* e *s.m.* scapolare.

scarabée [skaʀabe] *s.m.* scarabeo.

scarificateur [skaʀifikatœʀ] *s.m.* scarificatore.

scarification [skaʀifikasjɔ̃] *s.f.* scarificazione.

scarifier [skaʀifje] *v.tr.* scarificare.

scarlatine [skaʀlatin] *s.f.* (*med.*) scarlattina.

scarole [skaʀɔl] *s.f.* (*bot.*) scarola.

scatologie [skatɔlɔʒi] *s.f.* scatologia.

scatologique [skatɔlɔʒik] *agg.* scatologico.

sceau [so] (pl. *sceaux*) *s.m.* 1 sigillo || *sous le — du secret*, in gran segreto || *Garde des Sceaux*, guardasigilli 2 (*fig.*) impronta (*f.*).

scélérat [seleʀa] *agg.* e *s.m.* scellerato.

scélératesse [seleʀatɛs] *s.f.* scelleratezza.

scellement [sɛlmɑ̃] *s.m.* (*tecn.*) sigillatura (*f.*); ingessatura (*f.*).

sceller [sele] *v.tr.* 1 sigillare 2 (*fig.*) suggellare 3 (*tecn.*) sigillare; ingessare.

scellés [sele] *s.m.pl.* sigilli.

scénario [senaʀjo] *s.m.* 1 (*cine.*) sceneggiatura (*f.*), scenario 2 (*teatr.*) canovaccio 3 testo (di fumetti).

scénariste [senaʀist] *s.m.* (*cine.*) sceneggiatore.

scène [sɛn] *s.f.* 1 scena || *la grande — (du deux)*, la scena madre 2 scenata, scena; litigio (*m.*): *une — de ménage*, una lite tra marito e moglie 3 palcoscenico (*m.*); scena || *avant —*, proscenio || *metteur en —*, regista || *à la — comme dans la vie*, sulla scena come nella vita 4 scena (dipinta), scenografia || *la — du crime*, il luogo del delitto 5 teatro (*m.*); scena: *les chefs-d'œuvre de la —*, i capolavori teatrali.

scénique [senik] *agg.* scenico.

scénographe [senɔgʀaf] *s.m.* scenografo.

scénographie [senɔgʀafi] *s.f.* scenografia.

scénographique [senɔgʀafik] *agg.* scenografico.

scepticisme [sɛptisism] *s.m.* scetticismo.

sceptique [sɛptik] *agg.* e *s.m.* scettico.

sceptre [sɛptʀ] *s.m.* scettro.

schah [ʃa] *s.m.* scià.

schako [ʃako] *s.m.* → **shako.**

scheik [ʃɛk] *s.m.* → **cheik.**

schelem [ʃlem] *s.m.* → **chelem.**

schéma [ʃema] *s.m.* schema.

schématique [ʃematik] *agg.* schematico || *-ement avv.*

schématisation [ʃematizasjɔ̃] *s.f.* schematizzazione.

schématiser [ʃematize] *v.tr.* schematizzare.

schématisme [ʃematism] *s.m.* schematismo.

scherzo [skɛʀts(dz)o] *s.m.* (*mus.*) scherzo.

schismatique [ʃismatik] *agg.* e *s.m.* scismatico.

schisme [ʃism] *s.m.* scisma.

schiste [ʃist] *s.m.* (*geol.*) scisto, schisto.

schisteux [ʃistø] (f. *-euse*) *agg.* (*geol.*) scistoso.

schizoïde [skizɔid] *agg.* e *s.m.* schizoide.

schizophrène [skizɔfʀɛn] *agg.* e *s.m.* schizofrenico.

schizophrénie [skizɔfʀeni] *s.f.* schizofrenia.

schizophrénique [skizɔfʀenik] *agg.* schizofrenico.

schlass [ʃla(a)s] *agg.* (*argot*) sbronzo.
schlittage [ʃlitaʒ] *s.m.* trasporto (di legname) con una slitta.
schlitte [ʃlit] *s.f.* slitta (per trasportare legname).
schnaps [ʃnaps] *s.m.* (*fam.*) acquavite (*f.*).
schnock, schnoque [ʃnɔk] *s.m.* (*fam.*) *un vieux* —, un vecchiaccio.
schnouff, schnouf [ʃnuf] *s.f.* (*argot*) droga, roba.
schuss [ʃus] *s.m.* (*sci*) discesa diretta lungo la pendenza maggiore || *tout* —, (*fam.*) a tutta velocità.
sciage [sjaʒ] *s.m.* segatura (*f.*), il segare || (*bois de*) —, legno da costruzione o da falegnameria.
scialytique [sjalitik] *s.m.* lampada scialitica.
sciant [sjɑ̃] *agg.* (*fam.*) sbalorditivo, sorprendente.
sciatique [sjatik] *agg.* (*anat.*) sciatico ♦ *s.f.* (*med.*) sciatica.
scie [si] *s.f.* 1 sega || *en dents de* —, dentato, frastagliato || *quelle* — *cette fille*, (*fam.*) che lagna quella ragazza 2 (*fig.*) ritornello alla moda; tiritera.
sciemment [sjamɑ̃] *avv.* scientemente; consapevolmente.
science [sjɑ̃s] *s.f.* scienza.
science-fiction [sjɑ̃sfiksjɔ̃] *s.f.* fantascienza.
scientifique [sjɑ̃tifik] *agg.* scientifico ♦ *s.m.* scienziato.
scientifiquement [sjɑ̃tifikmɑ̃] *avv.* scientificamente, dal punto di vista scientifico.
scientisme [sjɑ̃tism] *s.m.* scientismo.
scier [sje] *v.tr.* 1 segare 2 (*fam.*) sorprendere: *cette nouvelle m'a scié*, questa notizia mi ha lasciato di stucco, di sasso.
scierie [siʀi] *s.f.* segheria.
scieur [sjœʀ] *s.m.* segatore; segantino || — *de long*, segatore di assi.
scinder [sɛ̃de] *v.tr.* scindere; scomporre □ **se scinder** *v.pron.* scindersi; dividersi.
scintigraphie [sɛ̃tigʀafi] *s.f.* (*med.*) scintigrafia.
scintillant [sɛ̃tijɑ̃] *agg.* scintillante.
scintillation [sɛ̃tijasjɔ̃], **scintillement** [sɛ̃tijmɑ̃] *s.m.* luccichio, scintillio.
scintiller [sɛ̃tije] *v.intr.* scintillare, sfavillare.
scion [sjɔ̃] *s.m.* (*bot.*) pollone; marza (*f.*).
scission [sisjɔ̃] *s.f.* scissione.
scissionnaire [sisjɔnɛʀ], **scissionniste** [sisjɔnist], *agg.* e *s.m.* scissionista.
scissure [sisyʀ] *s.f.* (*anat.*) scissura.
sciure [sjyʀ] *s.f.* segatura.
sclérose [skleʀoz] *s.f.* sclerosi (*anche fig.*): — *en plaques*, sclerosi a placche; — *bureaucratique*, sclerosi dell'apparato burocratico.
scléroser [skleʀoze] *v.tr.* (*med.*) sclerosare, sclerotizzare (*anche fig.*) □ **se scléroser** *v.pron.* (*med.*) sclerosarsi, sclerotizzarsi (*anche fig.*).
sclérotique [skleʀɔtik] *s.f.* sclerotica (dell'occhio).
scolaire [skɔlɛʀ] *agg.* scolastico || *âge* —, età scolare ♦ *s.m.* ragazzo in età scolare.
scolarisable [skɔlaʀizabl] *agg.* scolarizzabile.
scolarisation [skɔlaʀizasjɔ̃] *s.f.* scolarizzazione.

scolariser [skɔlaʀize] *v.tr.* scolarizzare.
scolarité [skɔlaʀite] *s.f.* 1 scolarità 2 frequenza scolastica || — *obligatoire*, obbligo scolastico.
scolastique [skɔlastik] *agg.* e *s.m.* (*fil.*) scolastico ♦ *s.f.* (*fil.*) scolastica.
scolie [skɔli] *s.f.* (*bibliografia*) scolio (*m.*) ♦ *s.m.* (*mat.*) scolio.
scoliose [skɔljoz] *s.f.* (*med.*) scoliosi.
scolopendre [skɔlɔpɑ̃dʀ] *s.f.* 1 (*bot.*) scolopendrio (*m.*) 2 (*zool.*) scolopendra.
scombre [skɔ̃bʀ] *s.m.* (*zool.*) sgombro, scombro.
sconse [skɔ̃s] *s.m.* moffetta (*f.*).
scooter [skutœʀ, skutɛʀ] *s.m.* motoretta (*f.*), scooter: — *des neiges*, motoslitta; — *des mers*, scooter acquatico.
scootériste [skuteʀist] *s.m.* scooterista.
scorbut [skɔʀbyt] *s.m.* scorbuto.
scorbutique [skɔʀbytik] *agg.* e *s.m.* (*med.*) scorbutico.
score [skɔʀ] *s.m.* punteggio, punti (*pl.*); risultato.
scorie [skɔʀi] *s.f.* (*spec.pl.*) scoria.
scorpion [skɔʀpjɔ̃] *s.m.* 1 scorpione 2 (*astr.*) *Scorpion*, Scorpione.
scorsonère [skɔʀsɔnɛʀ] *s.f.* (*bot.*) scorzonera.
scotch[1] [skɔtʃ] *s.m.* scotch (whisky).
scotch[2] *s.m.* scotch, nastro adesivo.
scotcher [skɔtʃe] *v.tr.* incollare con lo scotch, con nastro adesivo.
scottish-terrier [skɔtiʃteʀje] *s.m.* (pl. *scottish-terriers*) *s.m.* (cane) terrier scozzese.
scout [skut] *s.m.* esploratore, scout ♦ *agg.* scoutistico.
scoutisme [skutism] *s.m.* scoutismo.
scrabble [skʀabəl] *s.m.* scarabeo (gioco di società).
scriban [skʀibɑ̃] *s.m.*, **scribanne** [skʀiban] *s.f.* (*mobile*) trumeau (*m.*).
scribe [skʀib] *s.m.* 1 (*st.*) scriba 2 (*spreg.*) scribacchino.
scribouillard [skʀibujaʀ] *s.m.* (*fam.*) imbrattacarte; (*estens.*) burocrate.
script [skʀipt] *s.m.* 1 scrittura a mano 2 (*cine.*, *teatr.*) copione.
scripte [skʀipt] *s.m.* e *f.* (*cine.*, *tv*) segretario/a di produzione.
script-girl [skʀiptgœʀl] (pl. *script-girls*) *s.f.* (*cine.*) segretaria di produzione.
scriptural [skʀiptyʀal] (pl. *-aux*) *agg.* (*econ.*) scritturale.
scrofuleux [skʀɔfylø] (f. *-euse*) *agg.* e *s.m.* scrofoloso.
scrotum [skʀɔtɔm] *s.m.* (*anat.*) scroto.
scrupule [skʀypyl] *s.m.* scrupolo.
scrupuleux [skʀypylø] (f. *-euse*) *agg.* scrupoloso || *-eusement* *avv.*
scrutateur [skʀytatœʀ] (f. *-trice*) *agg.* e *s.m.* scrutatore.
scruter [skʀyte] *v.tr.* scrutare; sondare.
scrutin [skʀytɛ̃] *s.m.* scrutinio: *dépouiller le* —, scrutinare || *par voie de* —, con scrutinio.
sculpter [skylte] *v.tr.* scolpire: — *du bois*, intagliare il legno ♦ *v.intr.* fare lo scultore.

sculpteur [skyltœʀ] *s.m.* (f. *trice*) scultore || (*femme*) —, scultrice.

sculptural [skyltyʀal] (pl. *-aux*) *agg.* scultorio; (*fig.*) scultoreo.

sculpture [skyltyʀ] *s.f.* scultura.

scythe [sit] *agg.* scitico ♦ *s.m.* scita.

SDF [ɛsdeɛf] *s.m.* persona senza fissa dimora; senzatetto • Da *Sans Domicile Fixe.*

se [sə] *pron.pers. di 3ª pers.sing. e pl.* (*si apostrofa davanti a vocale o h muta*) **1** (*nella coniugazione dei verbi pron.*) si; (+ *pron.* le, la, les, en) se: — *laver, coiffer*, lavarsi, pettinarsi; *elle s'est cassé la jambe*, *si è rotta una gamba; ils — sont rencontrés plusieurs fois,* si sono incontrati più volte; *il — l'est fait répéter*, se lo è fatto ripetere; *il s'en moque*, se ne infischia **2** (*passivante*) si: *ce produit ne — fait plus*, quel prodotto non si fabbrica più **3** (*in frasi impersonali*) si: *il s'agit de ton avenir*, si tratta del tuo avvenire.

séance [seɑ̃s] *s.f.* **1** seduta || — *tenante*, seduta stante **2** (*cine.*) spettacolo (*m.*): *en — privée*, in visione privata.

séant¹ [seɑ̃] *agg.* (*letter.*) conveniente: *il n'est pas — de...*, è disdicevole...

séant² *s.m.* (*letter.*) sedere: *tomber sur son —*, cadere col sedere per terra; *se mettre sur son —*, mettersi a sedere.

seau [so] (pl. *seaux*) *s.m.* **1** secchio, secchiello: — *à champagne*, — *à glace*, secchiello per il ghiaccio; — *à ordures*, pattumiera **2** (*mar.*) bugliolo.

sébacé [sebase] *agg.* sebaceo.

sébile [sebil] *s.f.* piattino (per l'elemosina).

séborrhée [sebɔʀe] *s.f.* seborrea.

sébum [sebɔm] *s.m.* sebo.

sec [sɛk] (f. *sèche*) *agg.* **1** secco; asciutto: *fruits secs*, frutta secca; *le linge est —*, la biancheria è asciutta; *terrain —*, terreno arido || *mur en pierres sèches*, muro a secco || *whisky —*, whisky liscio || *saucisson —*, salame stagionato || (*mus.*) *guitare sèche*, chitarra classica || *traverser un ruisseau à pied —*, traversare un ruscello senza bagnarsi i piedi **2** magro, secco **3** (*fig.*) brusco: *il répondit par un non —*, rispose con un no secco || *regarder d'un œil —*, guardare con freddezza; *un cœur —*, un cuore arido ♦ *avv.* seccamente, bruscamente: *répondre aussi —*, rispondere di getto || *frapper —*, picchiare sodo || *boire —*, bere forte || *couper —*, tagliare di netto || *aussi — (fam.)*, senza indugio, di botto ♦ *s.m.* (luogo) asciutto □ **à sec** *locuz.avv.* a secco, in secco: *ce cours d'eau est à —*, questo corso d'acqua è in secca; *mettre à —*, prosciugare, (*mar.*) tirare in secco || *être, rester à —*, (*fam.*) essere, restare al verde.

sécant [sekɑ̃] *agg.* (*mat.*) secante.

sécante [sekɑ̃t] *s.f.* (*mat.*) secante.

sécateur [sekatœʀ] *s.m.* cesoie (da giardino).

sécession [sesesjɔ̃] *s.f.* secessione.

sécessionnisme [sesesjɔnism] *s.m.* secessionismo.

sécessionniste [sesesjɔnist] *agg. e s.m.* secessionista.

séchage [seʃaʒ] *s.m.* **1** asciugatura (*f.*): — *des cheveux*, asciugatura dei capelli **2** (*tecn.*) essiccamento; essiccazione (*f.*) || *le — du bois*, la stagionatura del legno.

sèche [sɛʃ] *s.f.* **1** (*mar.*) secca **2** (*fam.*) paglia, sigaretta.

sèche-cheveux [sɛʃʃəvø] (pl. *invar.*) *s.m.* asciugacapelli, fon.

sèche-linge [sɛʃlɛ̃ʒ] (pl. *invar.*) *s.m.* asciugabiancheria (*f.*).

sèche-mains [sɛʃmɛ̃] (pl. *invar.*) *s.m.* asciugatore a getto d'aria calda (per le mani).

sèchement [sɛʃmɑ̃] *avv.* seccamente; bruscamente.

sécher [seʃe] (*coniug. come* céder) *v.tr.* **1** seccare; asciugare: *le froid sèche la peau*, il freddo inaridisce la pelle; *se — les cheveux*, asciugarsi i capelli; *poisson séché*, pesce essiccato || — *les larmes de qqn*, (*fig.*) consolare qlcu **2** — *un cours*, (*argot*) marinare una lezione ♦ *v.intr.* **1** diventare secco; asciugare: *ces roses ont séché*, le rose (si) sono appassite || — *d'ennui*, (*fig.*) morire di noia **2** (*argot*) fare scena muta: — *à un examen*, cannare un esame □ **se sécher** *v.pron.* seccarsi; asciugarsi.

sécheresse [se(e)ʃʀɛs] *s.f.* **1** siccità **2** secchezza, aridità (*anche fig.*): *répondre avec —*, rispondere freddamente, seccamente.

séchoir [seʃwaʀ] *s.m.* **1** stenditoio (per biancheria) **2** (*à cheveux*), asciugacapelli.

second [səgɔ̃] *agg.* **1** *num.ord.* secondo: (*mat.*) *équation de — degré*, equazione di secondo grado || *de seconde main*, di seconda mano; (*estens.*) indirettamente **2** altro, secondo: *c'est un — Cicéron*, è un novello Cicerone ♦ *s.m.* **1** secondo **2** secondo piano: *il habite au —*, abita al secondo piano **3** braccio destro, collaboratore **4** (*mar.*) primo ufficiale, comandante in seconda □ **en second** *locuz.avv.* in seconda.

secondaire [səgɔ̃dɛʀ] *agg.* secondario || (*geol.*) *l'ère —, le Secondaire*, l'era secondaria, mesozoica || **-ement** *avv.*

seconde [səgɔ̃d] *s.f.* **1** secondo (*m.*): *attends-moi une —*, aspettami un attimo, un secondo **2** (*ferr.*) — (*classe*), seconda (classe) **3** (*aut.*) seconda (marcia): *passer en —*, mettere la seconda **4** (*classe de*) —, (in Francia) classe corrispondente alla seconda superiore.

secondement [səgɔ̃dmɑ̃] *avv.* in secondo luogo.

seconder [səgɔ̃de] *v.tr.* **1** aiutare, assistere **2** assecondare.

secouer [səkwe] *v.tr.* scuotere (*anche fig.*): — *la tête*, scrollare il capo; *cette maladie l'a fort secoué*, la malattia l'ha molto provato || — *qqn*, (*fam.*) dare una strigliata a qlcu || *secouez vous!*, muovetevi! || *quel voyage!, j'ai été secoué comme dans un panier à salade*, che viaggio! sono stato sballottato come un sacco di patate □ **se secouer** *v.pron.* scuotersi (*anche fig.*).

secourable [səkuʀabl] *agg.* caritatevole, pietoso.

secourir [səkuʀiʀ] (*coniug. come* courir) *v.tr.* soccorrere.

secourisme [sǝkuʀism] *s.m.* servizio di soccorso e salvataggio.

secouriste [sǝkuʀist] *s.m.* membro di un'organizzazione di pronto soccorso; soccorritore.

secours [sǝkuʀ] *s.m.* soccorso, aiuto: *au — de qqn*, in soccorso, in aiuto di qlcu; *appeler à son —*, chiamare in aiuto; *crier au —*, gridare aiuto; *au —!*, aiuto!; *des — en espèces*, un aiuto in denaro; *les — de la religion*, i conforti religiosi || *association de — mutuel*, società di mutuo soccorso; *caisse de —*, fondo assistenza || *poste de —*, pronto soccorso || *sortie de —*, uscita di sicurezza || *(inform.) de —*, (di) riserva.

secousse [sǝkus] *s.f.* scossa (*anche fig.*): *il se dégagea d'une violente —*, si liberò con uno strattone; *par secousses*, a sbalzi, a scossoni.

secret [sǝkʀɛ] (f. *-ète*) *agg.* e *s.m.* segreto: *code —*, codice segreto; *un homme très —*, un uomo molto riservato; *demander le — le plus absolu*, raccomandare la massima segretezza || *être dans le —*, essere a conoscenza, al corrente; *mettre qqn dans le —*, mettere qlcu a parte di un segreto; *dans le — des dieux*, addentro alle segrete cose || *sous le sceau du —*, sotto il vincolo del segreto || *— d'instruction*, segreto istruttorio.

secrétaire[1] [sǝkʀetɛʀ] *s.m.* e *f.* segretario/a.

secrétaire[2] *s.m.* (*mobile*) secrétaire; stipo.

secrétariat [sǝkʀetaʀja] *s.m.* segreteria (*f.*): *au —*, in segreteria || *le — général de l'ONU*, il segretariato dell'ONU || *— de rédaction*, comitato di redazione || *école de —*, scuola per segretarie d'azienda.

secrètement [sǝkʀɛtmã] *avv.* segretamente, in segreto.

sécréter [sekʀete] (*coniug. come* céder) *v.tr.* secernere; (*fig.*) emanare.

sécrétion [sekʀesjõ] *s.f.* secrezione; (prodotto) secreto.

sécrétoire [sekʀetwaʀ] *agg.* (*biol.*) secretivo.

sectaire [sɛktɛʀ] *agg.* e *s.m.* settario.

sectarisme [sɛktaʀism] *s.m.* settarismo.

sectateur [sɛktatœʀ] (f. *-trice*) *s.m.* (*letter.*) seguace.

secte [sɛkt] *s.f.* setta.

secteur [sɛktœʀ] *s.m.* settore; zona (*f.*), area (*f.*): *— privé, public*, settore privato, pubblico; *— de forêt*, area forestale || *(mil.) — postal*, numero convenzionale di una zona di operazione || *(amm.) le 10ᵉ —*, la decima ripartizione || *(elettr.) panne de —*, guasto in zona || (*fig.*): *il va falloir changer de —*, sarà meglio cambiare aria; *qu'est-ce que tu fais dans le —?*, cosa fai da queste parti?

section [sɛksjõ] *s.f.* sezione: *— de vote*, sezione elettorale || (*mat.*) *point de —*, punto di intersezione || *— d'une ligne d'autobus*, tratta di una linea di autobus; *combien de sections pour l'Opéra?*, (*in autobus*) quanto costa il biglietto per l'Opéra?; *— d'autoroute*, tratto autostradale.

sectionnement [sɛksjɔnmã] *s.m.* sezionamento; (*fig.*) suddivisione (*f.*), frazionamento.

sectionner [sɛksjɔne] *v.tr.* **1** sezionare (*anche med.*); suddividere **2** recidere: *doigt sectionné*

par une machine, dito tranciato da una macchina.

sectoriel [sɛktɔʀjɛl] (f. *-elle*) *agg.* settoriale.

sécu [seky] *s.f.* (*fam.*) *abbr. di* Sécurité sociale (→ sécurité).

séculaire [sekylɛʀ] *agg.* secolare || *cérémonie —*, cerimonia per il centenario || *année —*, ultimo anno di un secolo.

sécularisation [sekylaʀizɑsjõ] *s.f.* secolarizzazione.

séculariser [sekylaʀize] *v.tr.* secolarizzare; laicizzare.

séculier [sekylje] (f. *-ère*) *agg.* e *s.m.* secolare, laico.

secundo [sǝgõdo] *avv.* in secondo luogo, secondo.

sécurisant [sekyʀizã] *agg.* rassicurante.

sécuriser [sekyʀize] *v.tr.* **1** rassicurare **2** (*tecn.*) rendere sicuro.

sécuritaire [sekyʀitɛʀ] *agg.* relativo all'ordine pubblico.

sécurité [sekyʀite] *s.f.* sicurezza: *en —*, al sicuro, in salvo || *mesures, consignes de —*, misure, norme di sicurezza || *la — publique, la Sécurité*, la pubblica sicurezza || *Sécurité sociale*, previdenza sociale; (*fam.*) mutua || *— de l'emploi*, sicurezza del posto di lavoro; *— du travail*, sicurezza sul lavoro.

sedanais [sǝdanɛ] *agg.* di Sedan.

sédatif [sedatif] (f. *-ive*) *agg.* e *s.m.* sedativo.

sédentaire [sedãtɛʀ] *agg.* e *s.m.* sedentario.

sédentariser [sedãtaʀize] *v.tr.* rendere sedentario □ **se sédentariser** *v.pron.* diventare sedentario.

sédentarité [sedãtaʀite] *s.f.* sedentarietà.

sédiment [sedimã] *s.m.* sedimento.

sédimentaire [sedimãtɛʀ] *agg.* sedimentario.

sédimentation [sedimãtɑsjõ] *s.f.* sedimentazione.

sédimenter [sedimãte] *v.intr.* sedimentare □ **se sédimenter** *v.pron.* sedimentare.

séditieux [sedisjø] (f. *-euse*) *agg.* e *s.m.* sedizioso.

sédition [sedisjõ] *s.f.* sedizione.

séducteur [sedyktœʀ] (f. *-trice*) *agg.* e *s.m.* seduttore.

séduction [sedyksjõ] *s.f.* seduzione.

séduire [seduiʀ] (*coniug. come* conduire) *v.tr.* **1** sedurre **2** affascinare: *cette idée me séduit*, è un'idea che mi alletta.

séduisant [seduizã] *agg.* seducente; affascinante; allettante.

séduit [sedui] *part.pass.* di séduire.

séfarade [sefaʀad] *agg.* e *s.m.* sefardita.

segment [sɛgmã] *s.m.* segmento || (*mecc.*) *— d'étanchéité*, anello di tenuta ermetica || (*aut.*) *— de frein*, ferodo.

segmentation [sɛgmãtɑsjõ] *s.f.* segmentazione.

segmenter [sɛgmãte] *v.tr.* segmentare.

segréen [sǝgʀeɛ̃] (f. *-enne*) *agg.* di Segré.

ségrégation [segʀegɑsjõ] *s.f.* segregazione || *— sociale*, emarginazione sociale; *— culturelle*, isolamento culturale.

ségrégationnisme [segʀegɑsjɔnism] *s.m.* segregazionismo.

ségrégationniste [segʀegɑsjɔnist] *agg.* e *s.m.* segregazionista.

seiche[1] [sɛʃ] *s.f.* (*zool.*) seppia.

seiche[2] *s.f.* sessa.

séide [seid] *s.m.* (*letter.*) fanatico; devoto.

seigle [segl] *s.m.* segala (*f.*): — *ergoté,* segala cornuta.

seigneur [sɛɲœʀ] *s.m.* **1** signore || *se montrer grand* —, mostrarsi magnanimo; *vivre en grand* —, far vita da gran signore || (*prov.*) *à tout* — *tout honneur,* onore al merito **2** *le Seigneur,* il Signore, Dio; *Notre-Seigneur,* Gesù Cristo, Nostro Signore.

seigneurial [sɛɲœʀjal] (pl. *-aux*) *agg.* feudale; signorile.

seigneurie [sɛɲœʀi] *s.f.* **1** signoria **2** *Seigneurie,* (*titolo*) Signoria || *Votre Seigneurie,* Sua Signoria.

sein [sɛ̃] *s.m.* **1** seno, petto: *donner le* — *à un enfant,* allattare un bambino; *presser, serrer sur, contre son* —, stringere al seno, al petto || *porter un enfant dans son* —, portare un bambino in grembo || *au* — *de, dans le* — *de,* in seno a **2** (*geogr.*) piccola insenatura.

seing [sɛ̃] *s.m.* (*dir. antiq.*) firma (*f.*) || *acte sous* — *privé,* scrittura privata.

séisme [seism] *s.m.* **1** sisma: — *sous-marin,* maremoto **2** (*fig.*) terremoto, cataclisma.

séismique [seismik] *agg.* → **sismique**.

séismographe [seismɔgʀaf] *s.m.* → **sismographe**.

séismologie [seismɔlɔʒi] *s.f.* → **sismologie**.

seize [sez] *agg.num.card.* e *s.m.* sedici: — *cents,* milleseicento ♦ *agg.num.ord.* sedicesimo: *Louis* —, Luigi XVI; *page* —, pagina sedici.

seizième [sezjɛm] *agg.num.ord.* e *s.m.* sedicesimo.

séjour [seʒuʀ] *s.m.* **1** soggiorno || (*med.*) *long* —, lungodegenza (per anziani) **2** luogo, località di soggiorno **3** (*salle de*) —, (stanza di) soggiorno.

séjourner [seʒuʀne] *v.intr.* **1** soggiornare, dimorare **2** permanere, restare; (*di acque*) ristagnare.

sel [sɛl] *s.m.* **1** sale: *gros* —, — *fin,* sale grosso, sale fino || *sels de bains,* sali da bagno || — *amer,* sale amaro, inglese **2** (*fig.*) spirito, arguzia (*f.*) **3** *pl.* sali (per rianimare).

select [selɛkt] (f. *invar.*) *agg.* (*fam.*) di prim'ordine, selezionato; esclusivo.

sélecteur [selɛktœʀ] (f. *-trice*) *agg.* selettivo ♦ *s.m.* selettore || (*tel.*) — *manuel,* disco combinatore.

sélectif [selɛktif] (f. *-ive*) *agg.* selettivo.

sélection [selɛksjɔ̃] *s.f.* selezione || *comité de* —, commissione selezionatrice.

sélectionné [selɛksjɔne] *agg.* e *s.m.* selezionato.

sélectionner [selɛksjɔne] *v.tr.* selezionare.

sélectionneur [selɛksjɔnœʀ] (f. *-euse*) *s.m.* selezionatore.

sélectivement [selɛktivmɑ̃] *avv.* selettivamente.

sélectivité [selɛktivite] *s.f.* selettività.

sélénium [selenjɔm] *s.m.* (*chim.*) selenio.

self-service [sɛlfsɛʀvis] (pl. *self-services*) *s.m.* self-service.

selle [sɛl] *s.f.* sella; sellino (di bicicletta ecc.) || *être bien en* —, reggersi bene in sella; (*fig.*) essere ben sistemato, essere a cavallo || — *de mouton,* sella di montone || *aller à la* —, andare di corpo.

seller [sele] *v.tr.* sellare.

sellerie [sɛlʀi] *s.f.* **1** selleria **2** finimenti (del cavallo).

sellette [sɛlɛt] *s.f.* **1** (*antiq.*) banco, scanno (degli accusati) || *mettre sur la* —, (*fam.*) tartassare (di domande) **2** sgabello (*m.*).

sellier [selje] *s.m.* sellaio.

selon [səlɔ̃] *prep.* secondo: — *mes prévisions,* secondo le mie previsioni; — *Kant,* secondo Kant || *c'est* —, (*fam.*) dipende □ **selon que** *locuz.cong.* secondo che, a seconda che.

semailles [səmɑj] *s.f.pl.* semina (*sing.*); seminagione (*sing.*).

semaine [səmɛn] *s.f.* settimana: *trois fois par* —, tre volte la settimana; *dans le courant de la* —, in settimana; *en* — *il est toujours là,* durante la settimana è sempre qui; *payer à la* —, pagare settimanalmente || *la* — *anglaise,* la settimana corta || *la* — *du blanc,* la fiera del bianco || *être de* —, svolgere un turno di servizio settimanale || *à la petite* —, senza piani prestabiliti; *travailler à la petite* —, lavorare saltuariamente || *toucher sa* —, riscuotere la paga settimanale.

semainier [səmɛnje] *s.m.* **1** agenda da tavolo (divisa secondo le settimane) **2** settimanile (sorta di cassettone).

sémantique [semɑ̃tik] *agg.* semantico ♦ *s.f.* semantica.

sémaphore [semafɔʀ] *s.m.* (*mar., ferr.*) semaforo.

semblable [sɑ̃blabl] *agg.* e *s.m.* simile: *aimer ses semblables,* amare il prossimo.

semblant [sɑ̃blɑ̃] *s.m.* sembianza (*f.*); parvenza (*f.*) || *un* — *de jardin,* (*spreg.*) una specie di giardino || *faire* — *de,* fare finta di; *ne faire* — *de rien,* fare finta di niente.

sembler [sɑ̃ble] *v.intr.* sembrare, parere: *cela m'a semblé intéressant,* mi è sembrato, mi è parso interessante; *elle semble dormir,* sembra dormire, che dorma ♦ *v.impers.* sembrare, parere: *il me semble que je rêve, il me semblait que je rêvais,* mi sembra, mi sembrava di sognare; *il semble que oui, que non,* sembra di sì, di no; *il va de mieux en mieux, semble-t-il, ce me semble,* va migliorando sempre più, mi sembra, mi pare; *à ce qu'il semble,* a quanto sembra, pare || *si, quand bon te, lui, etc. semble,* se, quando ti, gli ecc. pare, se quando vuoi, vuole ecc.; *je fais ce que bon me semble,* faccio quel che mi pare e piace; *faites ce que bon vous semblera,* fate quel che volete.

séméiologie [semejɔlɔʒi] *s.f.* (*med.*) semeiotica, semiologia.

semelle [səmɛl] *s.f.* suola: — *de liège,* soletta di sughero || *battre la* —, battere i piedi per terra (per riscaldarsi), (*fig.*) aspettare a lungo || *il ne me quitte pas d'une* —, non mi lascia di un passo ||

(*fig.*): *ne pas avancer d'une* —, non fare alcun passo avanti; *ne pas reculer d'une* —, non cedere di un pollice || *la* — *d'un fer à repasser*, la piastra di un ferro da stiro.

semence [səmãs] *s.f.* 1 seme (*m.*), semente; (*fig.*) germe (*m.*): *blé de* —, grano da seme 2 (*clou*) semenza (piccolo chiodo).

semer [səme]
___
Cambia la e *in* è *davanti a sillaba muta, p.e.*: je sème, tu sèmes, etc.; je sèmerai, tu sèmeras, etc.
___
v.tr. 1 seminare (*anche fig.*) 2 (co)spargere: *pré semé de marguerites*, prato cosparso di margherite; *un chemin semé d'embûches*, (*fig.*) un cammino irto di ostacoli 3 (*fig.*): — *la discorde*, seminare discordia; — *des bruits, des calomnies*, diffondere voci, calunnie 4 (*fam.*) seminare, fare perdere le proprie tracce a: *le voleur a semé les flics*, il ladro ha seminato i poliziotti.

semestre [səmɛstʀ] *s.m.* semestre.
semestriel [səmɛstʀijɛl] (f. -*elle*) *agg.* semestrale || -**ellement** *avv.*
semeur [səmœʀ] (f. -*euse*) *s.m.* seminatore; (*fig.*) propagatore.
semeuse [səmøz] *s.f.* (*agr.*) (macchina) seminatrice.
semi- *pref.* semi-
semi-automatique [səmiɔ(o)tɔmatik] *agg.* semiautomatico.
semi-auxiliaire [səmiɔ(o)ksiljɛʀ] *agg.* e *s.m.* (*gramm.*) (verbo) servile.
semi-conducteur [səmikɔ̃dyktœʀ] *s.m.* (*fis.*) semiconduttore.
semi-consonne [səmikɔ̃sɔn] *s.f.* semiconsonante.
semi-fini [səmifini] *agg.* semilavorato: *produits semi-finis*, semilavorati.
semi-liberté [səmilibɛʀte] *s.f.* (*dir.*) semilibertà.
sémillant [semijã] *agg.* vivace, brioso.
séminaire [seminɛʀ] *s.m.* seminario.
séminal [seminal] (pl. -*aux*) *agg.* seminale.
séminariste [seminaʀist] *s.m.* seminarista.
séminifère [seminifɛʀ] *agg.* (*anat.*) seminifero.
sémiologie [semjɔlɔʒi] *s.f.* semiologia.
sémiologue [semjɔlɔg] *s.m.* semiologo.
sémiotique [semjɔtik] *s.f.* semiotica.
semi-ouvré [səmiuvʀe] *agg.* semilavorato.
semi-public [səmipyblik] (f. *semi-publique*) *agg.* parastatale.
semi-remorque [səmiʀəmɔʀk] *s.m.* autoarticolato.
semi-rigide [səmiʀiʒid] *agg.* semirigido.
semis [səmi] *s.m.* 1 semina (*f.*), messa a dimora 2 (campo) seminato, semenzaio 3 piantina (*f.*), pianticella (*f.*) (di vivaio).
sémite [semit] *agg.* e *s.m.* semita.
sémitique [semitik] *agg.* semitico.
semi-voyelle [səmivwajɛl] *s.f.* semivocale.
semoir [səmwaʀ] *s.m.* (*agr.*) (macchina) seminatrice || — *à engrais*, spandiconcime.
semonce [səmɔ̃s] *s.f.* 1 ramanzina, rimprovero

(*m.*) 2 (*mar.*) intimazione (a un natante) 3 (*fig.*) avvertimento (*m.*).
semoncer [səmɔ̃se] (*coniug. come* placer) *v.tr.* 1 rimproverare 2 (*mar.*) intimare (a una nave) di fermarsi.
semoule [səmul] *s.f.* semola; semolino (*m.*).
sempiternel [sãpitɛʀnɛl] (f. -*elle*) *agg.* (*scherz.*) perpetuo, sempiterno.
sénat [sena] *s.m.* senato.
sénateur [senatœʀ] *s.m.* senatore.
sénatorial [senatɔʀjal] (pl. -*aux*) *agg.* senatoriale; (*st.*) senatorio: *commission sénatoriale*, commissione del senato; *élections sénatoriales*, elezioni per il senato.
sénéchal [seneʃal] (pl. -*aux*) *s.m.* (*st.*) 1 siniscalco 2 capitano di giustizia (sotto l'Ancien Régime).
sénescence [senesãs] *s.f.* senescenza.
senestre [sənɛstʀ], **sénestre** [senɛstʀ] *agg.* (*scient.*) sinistrorso.
sénevé [sɛnve] *s.m.* senape nera.
s'en-fout-la-mort [sãfulamɔʀ] (pl. *invar.*) *s.m.* (*in Africa*) (individuo) temerario; scavezzacollo.
sénile [senil] *agg.* senile.
sénilité [senilite] *s.f.* senilità.
senior [senjɔʀ] *agg.* e *s.m.* (*sport*) senior.
senlisien [sãlizjɛ̃] (f. -*enne*) *agg.* di Senlis.
sénologie [senɔlɔʒi] *s.f.* (*med.*) senologia.
sénonais [senɔnɛ] *agg.* di Sens.
sens [sãs] *s.m.* 1 senso (*anche fig.*): *le* — *de l'orientation*, il senso dell'orientamento; *reprendre ses* —, riprendere i sensi || *cela tombe sous le* —, (*fig.*) è evidente 2 senno, discernimento: *bon* —, buonsenso || — *commun*, senso comune; *ça n'a pas de* — *commun!*, è pazzesco! || *à mon* —, a mio avviso 3 significato, senso: *des mots vides de* —, parole prive di senso || *faux* —, interpretazione errata (in una traduzione) || *au* — *de la loi*, ai sensi, a termine di legge 4 direzione (*f.*), senso; parte (*f.*): — *unique, interdit*, senso unico, vietato; *dans le* — *des aiguilles d'une montre*, in senso orario; *dans le* — *de la longueur*, per il lungo || *aller dans le* — *du progrès*, marciare col progresso || — *dessus dessous*, sottosopra; — *devant derrière*, all'incontrario.
sensa [sãsa], **sensas**, **sensass** [sãsas] *agg.* (*abbr. fam. di* sensationnel) sensazionale, super, mega.
sensation [sãsasjɔ̃] *s.f.* sensazione || *faire* —, fare colpo.
sensationnalisme [sãsasjɔnalism] *s.m.* sensazionismo, gusto del sensazionale.
sensationnaliste [sãsasjɔnalist] *agg.* sensazionalistico.
sensationnel [sãsasjɔnɛl] (f. -*elle*) *agg.* sensazionale, clamoroso; (*fam.*) notevole ♦ *s.m.* sensazionale.
sensé [sãse] *agg.* sensato, assennato.
sensibilisation [sãsibilizasjɔ̃] *s.f.* sensibilizzazione.
sensibiliser [sãsibilize] *v.tr.* sensibilizzare.
sensibilité [sãsibilite] *s.f.* sensibilità: *d'une*

grande —, molto sensibile || *il a une certaine* — *à gauche*, (*fig.*) propende per la sinistra.

sensible [sãsibl] *agg.* sensibile (*anche fig.*): *une baisse* — *des prix*, un sensibile ribasso dei prezzi; *avoir la gorge* —, avere la gola delicata; *avoir l'oreille* —, essere fine d'orecchi || *un dossier* —, un dossier che scotta || *c'est son endroit, sa partie* —, (*fig.*) è il suo punto debole, vulnerabile || -**ement** *avv.*

sensiblerie [sãsiblǝri] *s.f.* sensibilità morbosa, ipersensibilità; sensibilità affettata.

sensitif [sãsitif] (f. -*ive*) *agg.* e *s.m.* sensitivo; ipersensibile, emotivo.

sensitive [sãsitiv] *s.f.* (*bot.*) sensitiva.

sensoriel [sãsɔrjɛl] (f. -*elle*) *agg.* sensoriale, sensorio.

sensualisme [sãsɥalism] *s.m.* (*fil.*) sensismo.

sensualité [sãsɥalite] *s.f.* sensualità.

sensuel [sãsɥɛl] (f. -*elle*) *agg.* e *s.m.* sensuale.

sente [sãt] *s.f.* (*letter.*) viottolo (*m.*).

sentence [sãtãs] *s.f.* sentenza (*anche dir.*); detto (*m.*) || (*dir.*) — *arbitrale*, lodo arbitrale.

sentencieux [sãtãsjø] (f. -*euse*) *agg.* sentenzioso || -**eusement** *avv.*

senteur [sãtœr] *s.f.* profumo (*m.*), fragranza.

senti [sãti] *agg.* sentito.

sentier [sãtje] *s.m.* sentiero: *sortir des sentiers battus*, (*fig.*) percorrere strade nuove, essere originale.

sentiment [sãtimã] *s.m.* **1** sentimento: *les grands sentiments*, i nobili sentimenti || *sentiments dévoués, distingués, respectueux*, distinti saluti; *veuillez croire, Monsieur, à l'expression de mes meilleurs sentiments*, la prego di gradire i miei migliori saluti || (*fam.*): *pas de* —!, niente sentimentalismi!; *tu ne m'auras pas au* —!, con me non attacca! **2** coscienza (*f.*): *avoir le* — *de sa force*, avere coscienza della propria forza; — *d'infériorité*, senso di inferiorità **3** (*letter.*) opinione (*f.*): *à mon* —, a mio parere.

sentimental [sãtimãtal] (pl. -*aux*) *agg.* e *s.m.* sentimentale; romantico.

sentimentalement [sãtimãtalmã] *avv.* sentimentalmente.

sentimentalisme [sãtimãtalism] *s.m.* sentimentalismo.

sentimentalité [sãtimãtalite] *s.f.* sentimentalità.

sentinelle [sãtinɛl] *s.f.* sentinella.

sentir [sãtir] (*coniug. come* dormir) *v.tr.* **1** sentire: *je me sens fiévreux*, mi sento la febbre; — *une douleur aiguë*, provare un dolore intenso || *vraiment je ne m'en sens pas le courage!*, proprio non me la sento! **2** capire, sapere, aver coscienza di: *je sentais à l'avance que tout irait mal*, già sapevo che sarebbe andata male; *on sent en lui une profonde sensibilité*, si avverte in lui una profonda sensibilità **3** sapere di, aver sapore di, avere odore di: *cette chambre sent le renfermé*, in questa camera c'è odore di chiuso; *ça sent le brûlé*, c'è odore di bruciato; *la viande sent* —, la carne sa di bruciato; (*fig.*) gatta ci cova || *il sent son paysan*, tradisce le sue origini contadine **4**

odorare, annusare || *je ne peux pas le* —, (*fam.*) non lo posso soffrire ♦ *v.intr.* **1** sentire **2** mandare odore; mandare profumo: *ça sent bon*, ha un buon odore; *ça sent mauvais*, puzza; (*fig.*) tira una brutta aria; *cette viande commence à* —, questa carne incomincia a puzzare □ **se sentir** *v.pron.* **1** sentirsi: *se* — *bien, mal*, sentirsi bene, male; *il se sentait dans son tort*, si sentiva in torto || *je ne me sentais plus de joie*, ero fuori di me, non stavo più nella pelle dalla gioia **2** (*fam.*) soffrirsi: *ils ne peuvent pas se* —, non si possono soffrire.

seoir [swar]

Usato solo alla 3ª pers. di: *Indic. pres.* il sied, ils siéent; *imperf.* il seyait, ils seyaient; *fut.* il siéra, ils siéront. *Cond.* il siérait, ils siéraient. *Cong. pres. non com.* qu'il siée, qu'ils siéent.

v.intr.dif. stare bene; addirsi: *cette coiffure ne te sied pas*, questa pettinatura non ti sta bene ♦ *v.impers.* addirsi.

sépale [sepal] *s.m.* (*bot.*) sepalo.

séparable [separabl] *agg.* separabile.

séparateur [separatœr] (f. -*trice*) *agg.* e *s.m.* separatore.

séparation [separasjõ] *s.f.* separazione || (*dir.*): — *de biens*, separazione dei beni (fra coniugi); — *de corps*, separazione legale || — *des pouvoirs*, divisione dei poteri || *la* — *d'un missile*, il distacco di un missile.

séparatisme [separatism] *s.m.* separatismo.

séparatiste [separatist] *agg.* e *s.m.* separatista.

séparé [separe] *agg.* separato, diviso.

séparément [separemã] *avv.* separatamente.

séparer [separe] *v.tr.* **1** separare, dividere: — *une chose d'une autre*, separare, dividere una cosa da un'altra; — *une pièce en deux*, dividere in due una stanza **2** distinguere, separare: *la raison sépare l'homme des animaux*, la ragione distingue l'uomo dagli animali □ **se séparer** *v.pron.* separarsi, dividersi || *l'assemblée s'est séparée au milieu d'un tumulte général*, l'assemblea si è sciolta in un tumulto generale || *se* — *de corps*, (*dir.*) separarsi legalmente.

sépia [sepja] *s.f.* nero di seppia || *une* —, *un dessin à la* —, disegno al nero di seppia ♦ *agg.invar.* (color) seppia.

sépiole [sepjɔl] *s.f.* (*zool.*) seppiolina.

seps [sɛps] *s.m.* luscengola (*f.*), cicigna (*f.*).

sept [sɛt] *agg.num.card.* e *s.m.* sette ♦ *agg.num.ord.* settimo.

septain [sɛtɛ̃] *s.m.* strofa di sette versi.

septante [sɛptãt] *agg.num.card.* e *s.m.* (*in Belgio e Svizzera*) settanta.

septembre [sɛptãbr] *s.m.* settembre.

septennal [sɛpte(ɛn)nal] (pl. -*aux*) *agg.* settennale.

septennat [sɛpte(ɛn)na] *s.m.* settennato, settennio.

septentrion [sɛptãtrijõ] *s.m.* settentrione.

septentrional [sɛptãtrijɔnal] (pl. -*aux*) *agg.* settentrionale.

septicémie [sɛptisemi] *s.f.* setticemia.

septicémique [sɛptisemik] *agg.* (*med.*) settice-mico.

septicité [sɛptisite] *s.f.* (*med.*) setticità.

septième [sɛtjɛm] *agg.num.ord.* e *s.m.* settimo ♦ *s.f.* **1** (*classe de*) —, (classe corrispondente alla) quinta elementare **2** (*mus.*) settima.

septièmement [sɛtjɛmmɑ̃] *avv.* in settimo luogo.

septimo [sɛptimo] *avv.* in settimo luogo.

septique [sɛptik] *agg.* settico.

septuagénaire [sɛptɥaʒenɛR] *agg.* e *s.m.* settua-genario.

septuagésime [sɛptɥaʒezim] *s.f.* settuagesima.

septuor [sɛptɥɔR] *s.m.* (*mus.*) settimino.

sépulcral [sepylkral] (pl. *-aux*) *agg.* sepolcrale (*anche fig.*).

sépulcre [sepylkR] *s.m.* sepolcro || *le Saint-Sépulcre*, il Santo Sepolcro.

sépulture [sepyltyR] *s.f.* sepoltura.

séquelle [sekɛl] *s.f.* (*spec.pl.*) conseguenze (di un fatto, un avvenimento); postumi (di malattia).

séquence [sekɑ̃s] *s.f.* sequenza.

séquentiel [sekɑ̃sjɛl] (f. *-elle*) *agg.* sequenziale.

séquestration [sekɛstRasjɔ̃] *s.f.* (*dir.*) sequestro (*m.*).

séquestre [sekɛstR] *s.m.* (*dir.*) **1** sequestro: *mettre en*, *sous* —, mettere sotto sequestro, se-questrare **2** *pl.* beni sequestrati **3** sequestrata-rio.

séquestrer [sekɛstRe] *v.tr.* sequestrare.

sequin [səkɛ̃] *s.m.* zecchino (antica moneta d'o-ro).

séquoia [sekɔja] *s.m.* (*bot.*) sequoia (*f.*).

sérac [seRak] *s.m.* (*geogr.*) seracco.

sérail [seRaj] *s.m.* serraglio || *avoir été élevé*, *nourri dans le* —, conoscere a fondo il palazzo, le stanze del potere **2** harem.

séraphin [seRafɛ̃] *s.m.* **1** (*teol.*) serafino **2** (*in Canada*) (*fam.*) taccagno.

séraphique [seRafik] *agg.* (*letter.*) angelico, cele-stiale.

serbe [sɛRb] *agg.* e *s.m.* serbo.

serbo-croate [sɛRbɔkRɔat] (pl. *serbo-croates*) *agg.* e *s.m.* serbo-croato.

serein [səRɛ̃] *agg.* sereno || *-ement* *avv.*

sérénade [seRenad] *s.f.* **1** serenata **2** (*fam.*) rimproveri (*m.pl.*): *entendre la* —, prendersi una strigliata.

sérénissime [seRenisim] *agg.* serenissimo.

sérénité [seRenite] *s.f.* serenità (*anche fig.*).

séreux [seRø] (f. *-euse*) *agg.* sieroso.

serf [sɛRf] (f. *serve*) *s.m.* servo della gleba.

serfouette [sɛRfwet] *s.f.* (*agr.*) zappa.

serfouir [sɛRfwiR] *v.tr.* (*agr.*) zappettare.

serge [sɛRʒ] *s.f.* (*tess.*) sargia, saia: — *de laine*, ra-scia.

sergé [sɛRʒe] *s.m.* (*tess.*) saia (*f.*).

sergent [sɛRʒɑ̃] *s.m.* sergente || — *de ville*, (*antiq.*) guardia municipale.

sergent-chef [sɛRʒɑ̃ʃef] (pl. *sergents-chefs*) *s.m.* (*mil.*) sergente maggiore.

sériciculteur [seRisikyltœR] (f. *-trice*) *s.m.* seri-coltore.

sériciculture [seRisikyltyR] *s.f.* sericoltura.

série [seRi] *s.f.* **1** serie: *fabriquer en* —, produrre in serie; *prix de fin de* —, prezzi di saldo || — *noire*, (*fig.*) serie di guai || *hors* —, fuori serie; (*exceptionnel*) fuori classe **2** (*sport*) batteria.

sériel [seRjɛl] (f. *-elle*) *agg.* seriale.

sérier [seRje] *v.tr.* classificare per serie.

sérieusement [seRjøzmɑ̃] *avv.* seriamente, sul serio || *il est* —, è ferito gravemente.

sérieux [seRjø] (f. *-euse*) *agg.* serio: *ce n'est pas* —, *voyons!*, ma non è una cosa seria! || *être* — *comme un pape*, essere serissimo || *une maladie sérieuse*, una malattia grave ♦ *s.m.* serietà (*f.*): *prendre qqch au* —, prendere qlco sul serio; *garder son* —, restare serio.

sérigraphie [seRigRafi] *s.f.* serigrafia.

sérigraphique [seRigRafik] *agg.* serigrafico.

serin [səRɛ̃] *s.m.* **1** (*zool. pop.*) verzellino, cana-rino **2** (*fam.*) merlo, allocco.

seriner [səRine] *v.tr.* (*fam.*) ripetere più volte (per fare imparare).

serinette [səRinet] *s.f.* organetto (per ammae-strare al canto gli uccelli canterini).

seringa [səRɛ̃ga] *s.m.* (*bot.*) fior d'angelo.

seringue [səRɛ̃g] *s.f.* siringa.

serment [sɛRmɑ̃] *s.m.* giuramento || — *d'ivro-gne*, promessa da marinaio.

sermon [sɛRmɔ̃] *s.m.* predica (*f.*), sermone; (*fam.*) paternale (*f.*) || (*Bibbia*) *le Sermon sur la montagne*, il Discorso della montagna.

sermonner [sɛRmɔne] *v.tr.* fare una predica, una paternale (a).

sermonneur [sɛRmɔnœR] (f. *-euse*) *s.m.* e *agg.* (*spreg.*) predicatore.

sér(o)- *pref.* siero-

sérodiagnostic [seRɔdjagnɔstik] *s.m.* sierodia-gnosi (*f.*).

sérologie [seRɔlɔʒi] *s.f.* sierologia.

séronégatif [seRɔnegatif] (f. *-ive*) *agg.* e *s.m.* sie-ronegativo.

séropositif [seRɔpozitif] (f. *-ive*) *agg.* e *s.m.* siero-positivo.

séropositivité [seRɔpozitivite] *s.f.* sieropositivi-tà.

sérosité [seRozite] *s.f.* sierosità.

sérothérapie [seRɔteRapi] *s.f.* sieroterapia.

serpe [sɛRp] *s.f.* roncola, falcetto (*m.*) || *taillé à coups de* — (o *à la* —), (*fig.*) tagliato con l'accetta.

serpent [sɛRpɑ̃] *s.m.* **1** serpente, serpe (*anche fig.*): — *à sonnettes*, serpente a sonagli; — *à lunet-tes*, serpente dagli occhiali || *nourrir*, *réchauffer un* — *dans son sein*, (*fig.*) nutrire, scaldare una serpe in seno **2** (*mus.*) serpentone.

serpentaire [sɛRpɑ̃tɛR] *s.m.* (*zool.*) serpentario.

serpenteau [sɛRpɑ̃to] (pl. *-eaux*) *s.m.* serpentel-lo.

serpenter [sɛRpɑ̃te] *v.intr.* serpeggiare.

serpentin [sɛRpɑ̃tɛ̃] *s.m.* (*tecn.*) serpentino, ser-pentina (*f.*).

serpillière [sɛRpijɛR] *s.f.* straccio (per lavare pa-vimenti).

serpolet [sɛRpɔlɛ] *s.m.* (*bot.*) serpillo.

serrage [sɛraʒ] *s.m.* (*tecn.*) serraggio.

serran [sɛrɑ̃] *s.m.* (*zool.*) sciarrano.

serre [sɛr] *s.f.* **1** serra **2** *pl.* artigli (*m.*).

serré [se(ɛ)re] *agg.* stretto; serrato (*anche fig.*): *veste serrée à la taille*, giacca stretta in vita; *une discussion serrée*, una discussione serrata ‖ *être* —, avere pochi soldi ‖ *tissu* —, tessuto fitto ‖ *café* —, caffè ristretto.

serre-file [sɛrfil] (pl. *invar.*) *s.m.* (*mil. mar.*) serrafila.

serre-fils [sɛrfil] (pl. *invar.*) *s.m.* (*elettr.*) serrafilo.

serre-joint(s) [sɛrʒwɛ̃] (pl. *invar.*) *s.m.* (*falegnameria*) sergente.

serre-livres [sɛrlivr] (pl. *invar*) *s.m.* reggilibro.

serrement [sɛrmɑ̃] *s.m.* **1** stretta (*anche fig.*) **2** (*miner.*) sbarramento.

serrer [se(ɛ)re] *v.tr.* stringere; serrare: — *qqn dans ses bras*, stringere qlcu tra le braccia ‖ (*fig.*): *se — la ceinture*, tirare la cinghia; — *la vis*, dare un giro di vite ‖ — *les freins à bloc, à fond*, bloccare i freni ‖ *cette traduction ne serre pas le texte d'assez près*, questa traduzione non è abbastanza aderente al testo ‖ (*sport*) — *un concurrent de près*, stringere, incalzare un concorrente ♦ *v.intr.* (*aut.*) — *à droite, sur sa droite*, tenere la destra □ **se serre** *v.pron.* stringersi.

serre-tête [sɛrtet] (pl. *invar.*) *s.m.* cerchietto, fascia (per trattenere i capelli).

serrure [sɛryr] *s.f.* serratura.

serrurerie [sɛryrri] *s.f.* **1** arte, lavoro del fabbro ferraio **2** fabbricazione di ferramenta ‖ — *d'art*, lavori artistici in ferro battuto.

serrurier [sɛryrje] *s.m.* fabbro (ferraio).

serruté [sɛryte] *agg.* (*in Senegal*) chiuso a chiave.

sertir [sɛrtir] *v.tr.* **1** incastonare ‖ *une couronne sertie de diamants*, una corona tempestata di diamanti **2** (*tecn.*) aggraffare.

sertissage [sɛrtisaʒ] *s.m.* **1** incastonatura (*f.*) **2** (*tecn.*) aggraffatura (*f.*).

sertisseur [sɛrtisœr] (f. *-euse*) *s.m.* **1** incastonatore **2** (*tecn.*) aggraffatore.

sertissure [sɛrtisyr] *s.f.* incastonatura.

sérum [serɔm] *s.m.* (*biol.*) siero.

servage [sɛrvaʒ] *s.m.* **1** servitù della gleba **2** servaggio, servitù (*f.*).

serval [sɛrval] (pl. *-als*) *s.m.* (*zool.*) servalo, gattopardo africano.

servant [sɛrvɑ̃] *agg.* servente ‖ *chevalier* —, cavalier servente ‖ (*eccl.*) *frère* —, frate converso ♦ *s.m.* (*mil.*) servente.

servante [sɛrvɑ̃t] *s.f.* **1** serva, fantesca **2** (*tecn.*) supporto (*m.*), sostegno (*m.*).

serveur [sɛrvœr] *s.m.* **1** cameriere (di bar e ristoranti) **2** (*tennis*) battitore.

serveuse [sɛrvøz] *s.f.* cameriera (di bar e ristoranti).

serviabilité [sɛrvjabilite] *s.f.* l'essere servizievole; compiacenza.

serviable [sɛrvjabl] *agg.* servizievole.

service [sɛrvis] *s.m.* **1** servizio: — *national*, servizio militare; *bon pour le* — (*militaire*), abile (al servizio militare) ‖ *il est interdit de fumer pen-*

dant le —, è proibito fumare sul lavoro ‖ *je suis à votre* —, sono a sua completa disposizione; *à votre* —!, (*fam.*) ai suoi ordini! ‖ *qu'y a-t-il pour votre* —?, (*fam.*) cosa posso fare per lei? ‖ *hors de* —, fuori servizio, uso; *mise en* —, entrata in funzione ‖ — *de nettoyage*, impresa di pulizia ‖ (*ferr.*) — *d'été, d'hiver*, orario estivo, invernale ‖ — *à thé*, servizio da tè ‖ — *de jour, de nuit*, turno diurno, notturno **2** piacere, cortesia: *rendre* — *à qqn*, fare un favore, un piacere a qlcu **3** (*di una struttura*) reparto: *le* — *des réclamations*, l'ufficio reclami; — *après-vente* (*SAV*), assistenza ai clienti; *chef de* —, capo servizio; — *de pédiatrie*, reparto pediatria **4** consegna (*f.*): — *à domicile*, consegna, servizio a domicilio **5** (*relig.*) funzione (*f.*), servizio **6** (*tennis*) servizio, battuta (*f.*).

serviette [sɛrvjet] *s.f.* **1** — (*de table*), tovagliolo **2** — (*de toilette*) asciugamano **3** — *hygiénique, périodique*, assorbente igienico **4** cartella, borsa: — *de médecin*, borsa del medico; — *de l'avocat*, cartella dell'avvocato.

serviette-éponge [sɛrvjetepɔ̃ʒ] (pl. *serviettes-éponges*) *s.f.* asciugamano di spugna.

servile [sɛrvil] *agg.* servile ‖ *-ement* *avv.*

servilisme [sɛrvilism] *s.m.* servilismo.

servilité [sɛrvilite] *s.f.* servilità.

servir [sɛrvir] (*coniug. come* dormir) *v.tr.* **1** servire ‖ *reprends du gâteau, tu as été mal servi*, prendi un'altra fetta di dolce, ne hai avuto poco ‖ *il nous sert toujours les mêmes histoires*, ci propina sempre le stesse storie ‖ *en fait d'embêtements on a été servis!*, (*fam.*) quanto a guai, abbiamo avuto la nostra parte! **2** aiutare, servire: *en quoi puis-je vous* —?, in che cosa posso esserle utile? **3** versare; pagare ♦ *v.intr.* servire: *cela n'a servi à rien*, non è servito a niente; *à quoi sert de se plaindre?*, a che serve lamentarsi?; *elle lui sert de secrétaire*, gli fa da segretaria; *ce coin lui sert de bureau*, quest'angolo gli serve da ufficio □ **se servir** *v.pron.* servirsi: *elle s'est servie de lui*, si è servita di lui.

serviteur [sɛrvitœr] *s.m.* servitore.

servitude [sɛrvityd] *s.f.* schiavitù; (*dir.*) servitù.

servo- *pref.* servo-

servofrein [sɛrvofrɛ̃] *s.m.* (*aut.*) servofreno.

servomoteur [sɛrvomotœr] *s.m.* (*aut.*) servomotore.

ses [se] *agg.poss.pl.m.* e *f.* → **son**[1].

sésame [sezam] *s.m.* (*bot.*) sesamo.

session [sesjɔ̃] *s.f.* sessione.

sesterce [sɛstɛrs] *s.m.* sesterzio.

set [sɛt] *s.m.* **1** (*cine.*) set **2** (*tennis*) partita (*f.*), set **3** — (*de table*), servizio (da tavola) all'americana.

setier [sətje] *s.m.* antica misura per granaglie (= 150/300 litri).

setter [setɛr] *s.m.* (cane) setter.

seuil [sœj] *s.m.* soglia (*f.*) ‖ *au* — *de*, (*fig.*) alle soglie di, all'inizio di ‖ (*econ.*) — *de rentabilité*, punto di pareggio.

seul [sœl] *agg.* **1** solo: *parler* — *à* — *avec qqn*, parlare a quattr'occhi, a tu per tu con qlcu ‖ *tout*

si

—, (completamente) solo; da solo: *il était tout* —, *elle était toute seule dans un coin*, era solo soletto, sola soletta in un angolo; *parler, rire tout* —, parlare, ridere da solo; *débrouillez-vous tout* —, se la sbrighi da solo; *il s'est invité tout* —, (*fam.*) si è invitato da sé, si è autoinvitato; *cela va tout* —, va da sé || *moi* —, *nous seuls, etc.*, solo, soltanto io, noi ecc.: *vous seuls pouvez me comprendre*, solo, soltanto voi potete capirmi; *elle ne doit sa réussite qu'à elle seule*, deve il proprio successo solo a se stessa || *à moi, toi, etc.* (*tout*) —, *à nous, vous, etc.* (*tout*) —, da solo, da soli; *il a mangé un pastèque à lui* (*tout*) *seul*, si è mangiato da solo un intero cocomero **2** solo, unico: *je ne lui ai parlé qu'une seule fois*, gli ho parlato una sola, un'unica volta; *la seule pensée de la solitude m'effraie*, il solo, il semplice pensiero della solitudine mi spaventa || *un caractère d'une seule pièce*, un carattere tutto di un pezzo || *il n'est pas resté un* — *petit morceau de gâteau*, non è rimasto neanche un pezzettino di torta **3** (*all'inizio di proposizione*, +*s.*) solo (*invar.*), soltanto: *seuls les résultats comptent*, soltanto i risultati contano; *seules les filles seront admises*, solo le ragazze saranno ammesse.

seulement [sœlmɑ̃] *avv.* solo, solamente, soltanto: *si* — *je pouvais dormir!*, se solo, magari potessi dormire!; *deux jours* —, solo due giorni, due soli giorni || *il vient* — *d'arriver*, è appena arrivato || *on arrive et on repart sans avoir* — *eu le temps de se voir*, si arriva e si riparte senza neppure avere avuto il tempo di vedersi || *elle ne savait pas* — *comment faire*, non sapeva nemmeno cosa fare.

seulet [sœlɛ] (f. -*ette*) *agg.* (*letter.*, *fam.*) (solo) soletto.

sève [sɛv] *s.f.* **1** linfa **2** (*fig.*) forza; linfa (vitale).

sévère [sevɛʀ] *agg.* **1** severo **2** grave; duro: *un* — *handicap*, un grave handicap; *une défaite* —, una dura sconfitta.

sévèrement [sevɛʀmɑ̃] *avv.* **1** severamente **2** (*estens.*) gravemente; duramente.

sévérité [severite] *s.f.* **1** severità **2** (*estens.*) gravità; durezza.

sévices [sevis] *s.m.pl.* sevizie (*f.*).

sévillan [sevijɑ̃] *agg.* sivigliano.

sévir [seviʀ] *v.intr.* **1** infierire **2** imperversare: *le froid sévit depuis bientôt deux mois*, il freddo imperversa da ormai quasi due mesi.

sevrage [səvʀaʒ] *s.m.* **1** svezzamento **2** astinenza (da stupefacenti o alcol).

sevrer [səvʀe] (*coniug. come* semer) *v.tr.* **1** svezzare, divezzare **2** disassuefare (da stupefacenti o alcol).

sèvres [sɛvʀ] *s.m.* porcellana di Sèvres.

sexagénaire [sɛgz(ks)aʒenɛʀ] *agg.* e *s.m.* sessantenne.

sexagésimal [sɛgzaʒezimal] (pl. -*aux*) *agg.* sessagesimale.

sexe [sɛks] *s.m.* sesso || *le* (*beau*) —, il gentil sesso; *le deuxième* —, le donne; *le troisième* —, gli omosessuali.

sexisme [sɛksism] *s.m.* maschilismo.

sexiste [sɛksist] *s.m.* maschilista.

sexologie [sɛksɔlɔʒi] *s.f.* sessuologia.

sexologue [sɛksɔlɔg] *s.m.* sessuologo.

sextant [sɛkstɑ̃] *s.m.* sestante.

sextine [sɛkstin] *s.f.* sestina.

sexto [sɛksto] *avv.* in sesto luogo.

sextuor [sɛkstyɔʀ] *s.m.* (*mus.*) sestetto.

sextupler [sɛkstyple] *v.tr.* sestuplicare.

sextuplés [sɛkstyple] *s.m.pl.* sei gemelli (nati da un solo parto).

sexualité [sɛksɥalite] *s.f.* sessualità.

sexué [sɛksɥe] *agg.* sessuato.

sexuel [sɛksɥel] (f. -*elle*) *agg.* sessuale || -**ellement** *avv.*

sexy [sɛksi] *agg.* sexy, affascinante.

seyant [sejɑ̃] *agg.* che sta bene, che dona.

sézig, sézigue [sezig] *pron.pers. di I*ᵃ *pers.sing.* (*molto fam.*) se stesso.

shah [ʃa] *s.m.* → **schah**.

shaker [ʃɛkœʀ] *s.m.* shaker, miscelatore (per cocktails).

shakespearien [ʃɛkspiʀjɛ̃] (f. -*enne*) *agg.* shakespeariano, scespiriano.

shako [ʃako] *s.m.* (*st. abbigl.*) sciaccò.

shampooing [ʃɑ̃pwɛ̃] *s.m.* shampoo, sciampo.

shampouiner [ʃɑ̃pwine] *v.tr.* lavare i capelli, fare uno sciampo || — *la moquette*, lavare la moquette.

shampouineur [ʃɑ̃pwinœʀ] (f. -*euse*) *s.m.* **1** (*dal parrucchiere*) sciampista **2** (*macchina*) lavamoquette.

shantoung, shantung [ʃɑ̃tuŋ] *s.m.* (*tessuto*) shantung.

shérif [ʃeʀif] *s.m.* sceriffo.

sherpa [ʃɛʀpa] *s.m.* sherpa, scerpa.

shetland [ʃetlɑ̃d] *s.m.* shetland.

shinto [ʃɛ̃to, ʃinto], **shintoïsme** [ʃɛ̃tɔism, ʃintɔism] *s.m.* scintoismo.

shirting [ʃœʀtiŋ] *s.m.* shirting (tela per camicie).

shit [ʃit] *s.m.* (*fam.*) hashish.

shogoun, shogun [ʃɔgun] *s.m.* (*st.*) shogun.

shoot [ʃut] *s.m.* **1** (*calcio*) tiro **2** (*fam.*) pera (*f.*), buco.

shooté [ʃute] *agg.* (*fam.*) fatto, drogato.

shooter [ʃute] *v.intr.* (*calcio*) tirare □ **se shooter** *v.pron.* (*fam.*) drogarsi, bucarsi.

shopping [ʃɔpiŋ] *s.m.* shopping: *faire du* —, fare delle compere.

short [ʃɔʀt] *s.m.* calzoncini corti: — *de plage*, costume da bagno (maschile).

show [ʃo] *s.m.* show; spettacolo di varietà: — *télévisé*, spettacolo televisivo.

show-business [ʃobiznɛs], **show(-)biz** [ʃobiz] *s.m.* show business, industria dello spettacolo.

shunt [ʃœ̃t] *s.m.* (*elettr.*) shunt, derivazione (*f.*).

si¹ [si] (*si apostrofa davanti a* il) *cong.* **1** (*ipotesi*) se: — *tu agis ainsi, tu as tort*, se agisci così, hai torto; *s'il l'avait su, il aurait parlé*, (*letter.*) *s'il l'eût su, il eût parlé*, se l'avesse saputo avrebbe parlato; — *tu agissais ainsi, tu aurais tort*, se tu agissi così avresti torto; — *j'ai le temps, je viendrai*, se avrò tempo, verrò; *s'il est libre et qu'il en ait* (o a) *envie, il t'accompagnera*, se sarà libero e (se) ne avrà voglia, ti accompagnerà; — *j'étais toi, vous, etc...*, se fossi in te, in voi ecc...; *jamais il ne finira*, — *je ne l'aide*, non finirà mai se io non lo aiuto; — *tu savais!*, — *vous saviez!*, se sapessi!, se sapeste! || *(in proposizioni ipotetiche comparative)*: *j'ai plus faim que* — *je n'avais pas mangé*, ho più fame che se non avessi mangiato || *(con valore causale)*: — *tu le savais, pourquoi ne m'as-tu pas averti?*, se lo sapevi, perché non mi hai avvisato? || *(per esprimere un augurio)*: — *je pouvais revoir mon pays natal!*, se potessi rivedere il mio paese natale!; — *j'avais su!*, se avessi saputo! || *comme si*, come se: *elle continuait à me regarder comme* — *elle ne me reconnaissait pas*, continuava a guardarmi come se non mi riconoscesse || *même si*, anche se: *même s'il changeait d'avis le résultat serait le même*, anche se cambiasse idea il risultato sarebbe lo stesso || *même pas si, pas même si*, nemmeno se: *je n'accepterais même pas* (o *pas même*) *s'il me suppliait*, non accetterei neanche se mi supplicasse || *si jamais*, se mai, caso mai: — *jamais il te téléphonait*, caso mai ti telefonasse **2** *(introduttiva di proposizioni interrogative indirette)*: *je ne sais pas* — *vous aimerez la cuisine française*, non so se vi piacerà la cucina francese ♦ *s.m.* (pl. *invar.*) se: *il n'y a pas de* — *qui tiennent*, non ci sono se che tengano || *avec des* — *on mettrait Paris en bouteille*, a parole si può far tutto □ **si ce n'est** *locuz.prep.* **1** se non: *un des meilleurs*, — *ce n'est le meilleur*, uno dei migliori, se non il migliore **2** se non, all'infuori di: *il ne fréquente personne* — *ce n'est des gens de son milieu*, non frequenta nessuno all'infuori delle persone del suo ambiente; — *ce n'était un dimanche, je serais venu*, non fosse stata una domenica, sarei venuto □ **si ce n'est que** *locuz.cong.* se non che; se non fosse che: *je ne prétends rien* — *ce n'est qu'on me respecte*, pretendo solo che mi si rispetti; — *ce n'était qu'il fait froid, je sortirais*, se non facesse freddo uscirei □ **si tant est que** *locuz.cong.* (+ *cong.*) ammesso che, posto che: — *tant est qu'il ait compris*, amesso che abbia capito.

si² *avv.* **1** *(di affermazione, in risposta a interrogative negative)* sì, certo: *"Tu ne viens donc pas?" "Mais* —*, je viens!"*, "Non vieni?" "Ma sì, vengo!" **2** *(di quantità)* così, tanto: *après tout, ce n'est pas* — *compliqué*, dopo tutto, non è così complicato; *dire que j'ai* — *faim...!*, e dire che ho tanta fame...! □ **si... que 1** *(in proposizioni comparative e negative)* così... come: *l'épreuve n'est pas* — *difficile qu'on le prétend*, la prova non è così difficile come la si vuol fare credere **2** *(in proposizioni concessive)* per quanto: — *bien qu'il écrive, il fait quelquefois des fautes d'orthographe*, per quanto scriva bene, talvolta fa errori di ortografia; — *habiles que vous soyez, vous n'aurez pas plus de chance que les autres*, per quanto abili siate, non avrete più fortuna degli altri || *cette maison*, — *grande soit-elle...*, — *grande qu'elle soit...*, quella casa, per quanto grande essa sia... **3** *(in proposizioni consecutive)* così... che...: *il était* — *ému qu'il ne pouvait pas parler*, era così commos-

so che non poteva parlare □ **si bien que** *locuz.cong.* sicché, cosicché: *il n'avait pas téléphoné* — *bien que nous sommes partis sans lui*, non aveva telefonato, sicché siamo partiti senza di lui.

si³ (pl. *invar.*) *s.m.* (*mus.*) si.

siamois [sjamwa] *agg. e s.m.* siamese.

sibérien [siberjɛ̃] (f. *-enne*) *agg. e s.m.* siberiano || *un froid* —, un freddo polare.

sibylle [sibil] *s.f.* sibilla.

sibyllin [sibilɛ̃] *agg.* sibillino.

sic [sik] *avv.* sic.

sicaire [siker] *s.m.* sicario.

siccatif [sikatif] (f. *-ive*) *agg.* siccativo, seccativo ♦ *s.m.* essiccante.

siccité [siksite] *s.f.* siccità.

sicilien [sisiljɛ̃] (f. *-enne*) *agg. e s.m.* siciliano.

SIDA [sida] *s.f.* (*med.*) AIDS (f. e m.) • Da *Syndrome Immunodéficitaire Acquis*, sindrome da immunodeficienza acquisita.

sidatique [sidatik] *agg. e s.m.* malato di AIDS.

side-car [sidkar, sajdkar] (pl. *side-cars*) *s.m.* sidecar, motocarrozzetta (f.).

sidéen [sideɛ̃] (f. *-éenne*) *agg. e s.m.* → **sidatique**.

sidéral [sideral] (pl. *-aux*) *agg.* (*astr.*) siderale, sidereo.

sidérant [siderɑ̃] *agg.* (*fig. fam.*) strabiliante.

sidéré [sidere] *agg.* stupefatto, sbalordito.

sidérer [sidere] (*coniug. come* céder) *v.tr.* sbalordire.

sidérurgie [sideryrʒi] *s.f.* siderurgia.

sidérurgique [sideryrʒik] *agg.* siderurgico.

sidérurgiste [sideryrʒist] *s.m.* (operaio) siderurgico.

sidi [sidi] *s.m.* **1** *(nell'Africa del Nord)* signor, signore **2** *(fam.)* nordafricano (trasferitosi in Francia).

sidologue [sidɔlɔg] *s.m.* (*med.*) medico specialista dell'AIDS.

siècle [sjɛkl] *s.m.* secolo: *au quatorzième* —, nel quattordicesimo secolo, nel (mille)trecento || *les plaisirs du* —, i piaceri del mondo; *renoncer au* —, abbandonare il secolo, entrare nella vita monastica.

siège [sjɛʒ] *s.m.* **1** sede (f.): — *social*, sede sociale **2** (*mil.*) assedio: *mettre le* — *devant une ville*, assediare, mettere l'assedio a una città || *faire le* — *de qqn*, (*fig.*) assillare qlcu **3** seggio: — *vacant*, — *à pourvoir*, seggio vacante || (*dir.*) *magistrat*, *magistrature du* —, magistrato, magistratura giudicante **4** sedile, sedia (f.): — *avant*, *arrière d'une automobile*, sedile anteriore, posteriore di un'automobile; — *pliant*, seggiolino pieghevole; *prenez un* —, prenda una sedia, si accomodi || *le cocher monta sur son* —, il cocchiere salì a cassetta.

siéger [sjeʒe] (*coniug. come* abréger) *v.intr.* **1** sedere: — *au Sénat*, sedere in Senato **2** avere sede, risiedere **3** (*fig.*) trovarsi, stare: *c'est là que siège la difficulté*, la difficoltà sta tutta qui, lì.

sillon

sien [sjɛ̃]

sing.m. **sien** suo; *f.* **sienne** sua
pl.m. **siens** suoi; *f.* **siennes** sue

pron.poss.m..sing. suo: *mon cahier et le —*, il mio quaderno e il suo; *ta chambre et la sienne*, la tua camera e la sua; *mes parents et les siens*, i miei genitori e i suoi, i miei e i suoi genitori || *il a encore fait des siennes!*, ne ha fatta ancora una delle sue ♦ *s.m.* **1** suo, ciò che è suo: *à chacun le —*, a ciascuno il suo || *il faut qu'il y mette du —*, bisogna che si impegni, che ci metta della buona volontà **2** *les siens*, i suoi (genitori, sostenitori ecc.) ♦ *agg.poss.* (*ant. letter.*) *mon patrimoine sera — un jour*, un giorno il mio patrimonio sarà suo.

sienne [sjɛn] *pron.poss.f.sing.* → **sien**.

siennois [sjɛnwa] *agg.* e *s.m.* senese.

sieste [sjɛst] *s.f.* siesta.

siester [sjɛste] *v.intr.* (*in Africa*) fare la siesta.

sieur [sjœʀ] *s.m.* (*antiq.*) signore, messere || *le — Un tel*, (*spreg.*) il (signor) Tal dei tali.

sifflant [siflɑ̃] *agg.* sibilante || (*consonne*) *sifflante*, (consonante) sibilante.

sifflement [sifləmɑ̃] *s.m.* fischio; sibilo: *le — du serpent*, il sibilo del serpente; *le — des balles*, il sibilo delle pallottole.

siffler [sifle] *v.intr.* fischiare; sibilare; (*zool.*) zirlare: *les mots sifflaient dans sa bouche*, le parole gli uscivano di bocca sibilando; *les balles lui sifflaient aux oreilles*, le pallottole gli fischiavano vicino agli orecchi ♦ *v.tr.* **1** fischiare: *l'arbitre siffle la mi-temps*, l'arbitro fischia la fine del primo tempo || *— son chien*, chiamare il cane con un fischio **2** (*fam.*) bere d'un fiato, scolare.

sifflet [siflɛ] *s.m.* **1** fischietto: *coup de —*, fischio || *il m'a coupé le —*, (*fam.*) mi ha fatto rimanere senza parole || (*agr.*) *greffe en —*, innesto a linguetta || (*tecn.*) *en —*, a ugnatura **2** *pl.* fischi (di protesta, di disapprovazione).

siffleur [siflœʀ] (*f. -euse*) *agg.* e *s.m.* fischiatore.

siffleux [siflø] *s.m.* (*in Canada*) marmotta (*f.*).

sifflotement [siflɔtmɑ̃] *s.m.* il fischiettare, il fischierellare.

siffloter [siflɔte] *v.intr.* e *tr.* fischiettare.

sigillé [siʒile] *agg.* sigillato.

sigisbée [siʒisbe] *s.m.* cicisbeo.

sigle [sigl] *s.m.* sigla (*f.*).

signal [siɲal] (pl. *-aux*) *s.m.* segnale || (*segnaletica stradale*) *— d'interdiction*, segnale di divieto || *donner le —*, (*fig.*) dare il via, l'avvio.

signalé [siɲale] *agg.* notevole, insigne || *rendre un — service*, rendere un grande servizio.

signalement [siɲalmɑ̃] *s.m.* connotati (*pl.*).

signaler [siɲale] *v.tr.* segnalare: *sa beauté la signalait à l'attention de tous*, la sua bellezza suscitava l'attenzione di tutti || *je te signale que...*, ti segnalo, ti informo che... ◻ **se signaler** *v.pron.* segnalarsi, distinguersi.

signalétique [siɲaletik] *agg.* segnaletico ♦ *s.f.* segnaletica.

signalisation [siɲalizɑsjɔ̃] *s.f.* **1** segnalazione **2** segnaletica stradale).

signaliser [siɲalize] *v.tr.* apporre la segnaletica (stradale): *une route mal signalisée*, una strada con la segnaletica insufficiente.

signataire [siɲatɛʀ] *agg.* e *s.m.* firmatario.

signature [siɲatyʀ] *s.f.* **1** firma **2** (*tip.*) segnatura.

signe [siɲ] *s.m.* **1** segno || *faire son — de croix*, farsi il segno della croce || *sous le — de ...*, all'insegna di... **2** segno, indizio; sintomo || *— distinctif*, contrassegno, segno particolare **3** segno, gesto, cenno: *par signes*, a gesti; *il fit — que oui, que non*, fece segno di sì, di no; *d'un — de tête*, con un cenno del capo || *donner — de vie*, farsi vivo || *faire — à qqn*, fare un cenno a qlcu; (*fig.*) farsi vivo con qlcu **4** (*tip.*) battuta (*f.*).

signé [siɲe] *agg.* firmato.

signer [siɲe] *v.tr.* firmare: *— au bas de la page*, mettere la firma in calce; *— d'une croix*, firmare con una croce; *— (de) son nom*, apporre la propria firma ♦ *v.intr.* firmare, sottoscrivere (in qualità di testimone) ◻ **se signer** *v.pron.* segnarsi, farsi il segno della croce.

signet [siɲe] *s.m.* segnalibro.

signifiant [siɲifjɑ̃] *s.m.* significante.

significatif [siɲifikatif] (*f. -ive*) *agg.* significativo; (*estens.*) sintomatico, rivelatore.

signification [siɲifikɑsjɔ̃] *s.f.* **1** significato (*m.*) **2** (*dir.*) notificazione, notifica **3** (*ling.*) significazione.

significativement [siɲifikativmɑ̃] *avv.* in modo significativo.

signifié [siɲifje] *s.m.* (*ling.*) significato.

signifier [siɲifje] *v.tr.* **1** significare, voler dire **2** esprimere, manifestare: *je lui ai signifié mes intentions*, gli ho espresso chiaramente le mie intenzioni **3** (*dir.*) notificare || *— à qqn son congé*, licenziare qlcu.

silence [silɑ̃s] *s.m.* **1** silenzio: *— de mort*, silenzio di tomba; *imposer — à*, imporre il silenzio a, tacitare || *le — de la loi en cette matière*, le carenze legislative in materia **2** (*mus.*) pausa (*f.*).

silencieusement [silɑ̃sjøzmɑ̃] *avv.* silenziosamente.

silencieux [silɑ̃sjø] *agg.* (f. *-euse*) silenzioso ♦ *s.m.* silenziatore.

silène [silɛn] *s.m.* (*bot.*) silene (*f.*).

silex [silɛks] *s.m.* selce (*f.*).

silhouette [silwɛt] *s.f.* **1** sagoma, profilo (*m.*), contorno (*m.*) **2** figura, silhouette, linea (di una persona).

silhouetter [silwete] *v.tr.* (*letter.*) schizzare, delineare i contorni di, disegnare di profilo.

silicate [silikat] *s.m.* (*chim.*) silicato.

silice [silis] *s.f.* (*min.*) silice.

siliceux [siliso] (f. *-euse*) *agg.* siliceo.

silicium [silisjɔm] *s.m.* silicio.

silicone [silikɔn] *s.f.* (*chim.*) silicone (*m.*).

silicose [silikoz] *s.f.* (*med.*) silicosi.

sillage [sijaʒ] *s.m.* scia (*f.*) || *marcher dans le — de qqn*, (*fig.*) seguire le orme di qlcu.

sillet [sijɛ] *s.m.* (*mus.*) capotasto.

sillon [sijɔ̃] *s.m.* solco.

sillonner [sijɔne] *v.tr.* **1** tracciare solchi (in un campo) **2** (*fig.*) solcare **3** percorrere in lungo e in largo.

silo [silo] *s.m.* silo: — *à grains*, silo da granaglie.

silphe [silf] *s.m.* (*zool.*) silf (*f.*).

silure [silyʀ] *s.m.* (*zool.*) pesce siluro.

simagrée [simagʀe] *s.f.* (*spec.pl.*) (*fam.*) moina, smorfia: *que de simagrées pour rien!*, quante storie per nulla!

simarre [simaʀ] *s.f.* (*st. abbigl.*) zimarra.

simbleau [sɛ̃blo] (pl. *-eaux*) *s.m.* randa (del carpentiere).

simien [simjɛ̃] (f. *-enne*) *agg.* scimmiesco, di scimmia.

simiesque [simjɛsk] *agg.* scimmiesco, da scimmia.

similaire [similɛʀ] *agg.* simile, similare.

simili [simili] *s.m.* imitazione (*f.*): *bijoux en —*, gioielli falsi.

simil(i)- *pref.* simil-, imitazione.

similicuir [similikɥiʀ] *s.m.* finta pelle, similpelle (*f.*).

similigravure [similigʀavyʀ] *s.f.* (*tip.*) mezzatinta, autotipia, fotoincisione.

similimarbre [similimaʀbʀ] *s.m.* finto marmo, imitazione marmo.

similitude [similityd] *s.f.* **1** similitudine (*anche mat.*) **2** (*estens.*) somiglianza; analogia.

similor [similɔʀ] *s.m.* similoro.

simoniaque [simɔnjak] *agg.* e *s.m.* simoniaco.

simonie [simɔni] *s.f.* simonia.

simoun [simun] *s.m.* (vento) simun.

simple [sɛ̃pl] *agg.* semplice: *c'est bien —*, è semplicissimo; *ce n'est pas si — que ça*, non è poi tanto facile; *une robe toute —*, un vestito semplice semplice; *je l'ai fait par — courtoisie*, l'ho fatto per pura cortesia; *je le crois sur sa — parole*, gli credo sulla parola || — (*d'esprit*), sempliciotto || *dans le plus — appareil*, in costume adamitico || (*gramm.*) *passé —*, passato remoto || *un aller —*, un biglietto di sola andata ♦ *s.m.* **1** persona semplice, sempliciotto **2** (ciò che è) semplice: *le — et le double*, il semplice e il doppio; *passer du — au double*, raddoppiare **3** (*tennis*) singolare, singolo.

simplement [sɛ̃pləmɑ̃] *avv.* semplicemente.

simples [sɛ̃pl] *s.m.pl.* semplici, piante medicinali.

simplet [sɛ̃plɛ] (f. *-ette*) *agg.* sempliciotto.

simplicité [sɛ̃plisite] *s.f.* **1** semplicità: *d'une grande —*, molto semplice, di estrema semplicità; *en toute —*, senza complimenti **2** (*estens.*) ingenuità, dabbenaggine.

simplification [sɛ̃plifikasjɔ̃] *s.f.* semplificazione.

simplifier [sɛ̃plifje] *v.tr.* semplificare.

simplisme [sɛ̃plism] *s.m.* semplicismo.

simpliste [sɛ̃plist] *agg.* semplicistico ♦ *s.m.* semplicista.

simulacre [simylakʀ] *s.m.* simulacro; (*fig.*) parvenza (*f.*), ombra (*f.*): *un — de paix*, una finta pace.

simulateur [simylatœʀ] (f. *-trice*) *s.m.* simulatore || (*aer.*) — *de vol*, simulatore di volo.

simulation [simylasjɔ̃] *s.f.* simulazione.

simulé [simyle] *agg.* simulato || *facture simulée*, fattura proforma.

simuler [simyle] *v.tr.* simulare: *il simulait la folie*, fingeva di essere pazzo.

simultané [simyltane] *agg.* simultaneo || **-ément** *avv.*

simultanéité [simyltaneite] *s.f.* simultaneità, contemporaneità.

sinanthrope [sinɑ̃tʀɔp] *s.m.* sinantropo.

sinapisé [sinapize] *agg.* senapato.

sincère [sɛ̃sɛʀ] *agg.* sincero || *mes vœux les plus sincères*, vivissimi auguri; (*corrispondenza*) *veuillez agréer, Monsieur, mes sincères salutations*, con i più cordiali saluti.

sincèrement [sɛ̃sɛʀmɑ̃] *avv.* sinceramente || *—, je n'y crois pas*, a essere sincero, non ci credo || (*corrispondenza*) — *vôtre*, cordialmente suo.

sincérité [sɛ̃seʀite] *s.f.* sincerità: *en toute —*, con tutta sincerità, sinceramente.

sinécure [sinekyʀ] *s.f.* sinecura || *ce n'est pas une —!*, (*fam.*) non è un affare da poco!

sine die [sinedje] *locuz.avv.* sine die || *réunion ajournée —*, riunione aggiornata in data da stabilirsi.

sine qua non [sinekwanɔn] *locuz.avv.*: *condition —*, condizione sine qua non, indispensabile.

singe [sɛ̃ʒ] *s.m.* **1** scimmia (*f.*) || *arrête de faire le —*, smettila di fare smorfie || *payer en monnaie de —*, ricompensare a chiacchiere, con promesse fasulle **2** (*fam.*) carne in scatola, scatolame.

singer [sɛ̃ʒe] (*coniug. come* manger) *v.tr.* scimmiottare; fare il verso a.

singerie [sɛ̃ʒʀi] *s.f.* **1** smorfia, moina: *arrête tes singeries!*, smettila di fare tutte queste scene! **2** scimmiottatura, imitazione **3** gabbia per scimmie.

single [singəl] *s.m.* **1** camera (d'albergo) singola; (vagone letto) singolo **2** (*tennis*) singolo, singolare **3** disco singolo (a 45 giri).

singlet [sɛ̃glɛ] *s.m.* (*in Belgio*) canottiera (*f.*).

singulariser [sɛ̃gylaʀize] *v.tr.* distinguere dagli altri, rendere singolare □ **se singulariser** *v.pron.* farsi notare, distinguersi.

singularité [sɛ̃gylaʀite] *s.f.* **1** singolarità, particolarità **2** (*spec.pl.*) stranezza, stravaganza, eccentricità.

singulier [sɛ̃gylje] (f. *-ère*) *agg.* **1** singolare || *combat —*, singolar tenzone **2** eccezionale, singolare **3** inusitato, singolare, strano: *il est — que...*, è curioso che... **4** (*ant.*) particolare ♦ *s.m.* (*gramm.*) singolare.

singulièrement [sɛ̃gyljɛʀmɑ̃] *avv.* **1** molto; straordinariamente **2** in modo stravagante **3** particolarmente, specialmente.

siniser [sinize] *v.tr.* cinesizzare.

sinistre [sinistʀ] *agg.* **1** sinistro, funesto **2** bieco, ostile, sinistro: *un regard —*, uno sguardo bieco ♦ *s.m.* sinistro; disgrazia (*f.*).

sinistré [sinistʀe] *agg.* **1** sinistrato **2** (*estens.*) malandato, malridotto, cadente ♦ *s.m.* sinistrato.

sinistrose [sinistʀoz] *s.f.* **1** (*psic.*) sinistrosi **2** (*estens.*) catastrofismo (*m.*).

sinité [sinite] *s.f.* carattere cinese, natura cinese, cinesità.

sinologie [sinɔlɔʒi] *s.f.* sinologia.

sinologue [sinɔlɔg] *s.m.* sinologo.

sinon [sinɔ̃] *cong.* se non □ **sinon que** *locuz.cong.* se non che.

sinueux [sinɥø] (f. *-euse*) *agg.* sinuoso, tortuoso; (*fig.*) contorto.

sinuosité [sinɥozite] *s.f.* sinuosità, tortuosità.

sinus [sinys] *s.m.* seno.

sinusite [sinyzit] *s.f.* sinusite.

sinusoïdal [sinyzɔidal] (pl. *-aux*) *agg.* sinusoidale.

sinusoïde [sinyzɔid] *s.f.* sinusoide.

sionisme [sjɔnism] *s.m.* sionismo.

sioniste [sjɔnist] *agg.* e *s.m.* sionista.

sioux [sju] *agg.* e *s.m.* sioux.

siphon [sifɔ̃] *s.m.* sifone.

siphonné [sifɔne] *agg.* (*fam.*) suonato, tocco.

siphonner [sifɔne] *v.tr.* travasare con un sifone.

siphonneux [sifɔnø] (f. *-euse*) *s.m.* (*in Canada*) sfruttatore.

siquidilatif [sikilidatif] *agg.* (*in Africa*) degno di fiducia; promettente.

sire [siʀ] *s.m.* **1** sire, maestà (f.) **2** (*ant.*) messere, signore || *un pauvre —*, un poveraccio; *un triste —*, un tristo figuro.

sirène [siʀɛn] *s.f.* sirena.

sirocco [siʀɔko] *s.m.* (*vento*) scirocco.

sirop [siʀo] *s.m.* sciroppo: *— contre la toux*, sciroppo per la tosse || *au —*, sciroppato (di frutta).

siroter [siʀɔte] *v.tr.* e *intr.* (*fam.*) centellinare, sorseggiare.

sirupeux [siʀypø] (f. *-euse*) *agg.* sciropposo.

sis [si] *agg.* (*dir.*) situato.

sisal [sizal] (pl. *-als*) *s.m.* (*bot.*) sisal (f.).

sismique [sismik] *agg.* sismico.

sism(o)- *pref.* sism(o)-

sismographe [sismɔgʀaf] *s.m.* sismografo.

sismologie [sismɔlɔʒi] *s.f.* sismologia.

sismologue [sismɔlɔg] *s.m.* sismologo.

site [sit] *s.m.* **1** sito, paesaggio || *protection des sites*, difesa del paesaggio || *— archéologique*, zona archeologica **2** (*geogr.*) configurazione (di un terreno); posizione (di un luogo) **3** (*mil.*) sito.

sitôt [sito] *avv.* **1** così presto: *je ne finirai pas — que vous*, non finirò (così) prima come voi; *presque — après son départ*, (*letter.*) quasi subito dopo la sua partenza || *— dit, — fait*, detto fatto **2** (non) appena: *— franchi le seuil...*, (non) appena varcata la soglia... □ **pas de sitôt** *locuz.avv.* non così presto: *son projet ne devait pas se réaliser de —*, il suo progetto non doveva realizzarsi così presto □ **sitôt que** *locuz.cong.* (non) appena (che).

situation [sitɥasjɔ̃] *s.f.* **1** situazione || *— de famille*, stato di famiglia || *être en — de faire qqch.*, essere in grado di fare qlco || *femme dans une — intéressante*, donna in stato interessante **2** posizione, ubicazione **3** sistemazione; impiego (*m.*): *se faire une —*, farsi una posizione; *avoir une belle —*, avere una buona posizione (professionale); *perdre sa —*, perdere il posto.

situé [sitɥe] *agg.* ubicato, esposto: *maison bien située*, casa in una bella posizione || (*in Africa*) *il est bien —*, ha una buona posizione (professionale).

situer [sitɥe] *v.tr.* **1** situare || *l'auteur a situé son roman en province*, l'autore ha ambientato il suo romanzo in provincia **2** individuare, localizzare || *je ne le situe pas bien*, (*fam.*) non riesco bene a inquadrarlo.

six [sis] *agg.num.card.* e *s.m.* sei ♦ *agg.num.ord.* sesto.

sixain [sizɛ̃] *s.m.* → **sizain**.

six-huit [sisɥit] (pl. *invar.*) *s.m.* (*mus.*) sei ottavi.

sixième [sizjɛm] *agg.num.ord.* e *s.m.* sesto ♦ *s.f.* (*classe de*) —, (classe corrispondente alla) prima media.

sixièmement [sizjɛmmɑ̃] *avv.* in sesto luogo, sesto.

six-jours [siʒuʀ] *s.m.pl.* (*sport*) seigiorni (*f.sing.*).

six-quatre-deux, à la [alasiskatdø] *locuz.avv.* (*fam.*) alla bell'e meglio.

sixte [sikst] *s.f.* (*mus.*) sesta.

sizain [sizɛ̃] *s.m.* (*metrica*) sestina (*f.*).

ski [ski] *s.m.* (*sport*) sci: *faire du —*, sciare, fare dello sci; *faire du — de fond*, fare (sci di) fondo; *— de randonnée*, sci-alpinismo || *bâtons de —*, racchette da sci || *— nautique*, sci d'acqua, nautico.

skiable [skjabl] *agg.* sciabile: *piste —*, pista sciabile.

skier [skje] *v.intr.* sciare.

skieur [skjœʀ] (f. *-euse*) *s.m.* sciatore.

skipper [skipœʀ] *s.m.* (*mar.*) skipper.

skunks [skɔ̃s] *s.m.* → **sconse**.

slalom [slalɔm] *s.m.* (*sport*) slalom; discesa obbligata.

slalomer [slalɔme] *v.intr.* effettuare un percorso a slalom.

slalomeur [slalɔmœʀ] (f. *-euse*) *s.m.* slalomista.

slave [slav] *agg.* e *s.m.* slavo.

slip [slip] *s.m.* slip.

slogan [slɔgɑ̃] *s.m.* slogan.

slovaque [slɔvak] *agg.* e *s.m.* slovacco.

slovène [slɔvɛn] *agg.* e *s.m.* sloveno.

smala(h) [smala] *s.f.* **1** famiglia e seguito di potente capo arabo **2** (*fig. fam.*) famiglia numerosa, tribù.

smash [smaʃ] *s.m.* (*tennis*) schiacciata (*f.*).

SMIC [smik] *s.m.* salario minimo (intercategoriale) garantito; minimo salariale • Da *Salaire Minimum Interprofessionnel de Croissance*.

smicard [smikaʀ] *s.m.* (*fam.*) chi percepisce lo → SMIC.

smocks [smɔk] *s.m.pl.* (ricamo a) punto smock.

smoking [smɔkiŋ] *s.m.* (*abbigl.*) smoking.

sniffer [snife] *v.tr.* (*fam.*) sniffare (droga).

snob [snɔb] *agg. invar.* e *s.m.* snob.

snober [snɔbe] *v.tr.* snobbare.

snobinard [snɔbinaʀ] *agg.* e *s.m.* (*fam.*) un po' snob.

snobinette [snɔbinet] *s.f.* (*fam.*) tipetto snob.

snobisme [snɔbism] *s.m.* snobismo.

sobre [sɔbʀ] *agg.* sobrio; morigerato || *— de compliments*, di pochi complimenti.

sobrement [sɔbʀəmɑ̃] *avv.* sobriamente; in modo sobrio.

sobriété [sɔbʀijete] *s.f.* sobrietà.

sobriquet [sɔbʀikɛ] *s.m.* soprannome, nomignolo.

soc [sɔk] *s.m.* vomere (dell'aratro).

sociabilité [sɔsjabilite] *s.f* socievolezza.

sociable [sɔsjabl] *agg.* socievole.

social [sɔsjal] (pl. *-aux*) *agg.* e *s.m.* sociale || *il travaille dans le —*, lavora nel campo delle attività sociali || **-ement** *avv.*

social-démocrate [sɔsjaldemɔkʀat] (pl. *sociaux-démocrates*) *agg.* e *s.m.* socialdemocratico.

social-démocratie [sɔsjaldemɔkʀasi] *s.f.* socialdemocrazia.

socialisant [sɔsjalizɑ̃] *agg.* e *s.m.* che, chi mostra tendenze socialiste; progressista || *historien —*, storico sociale.

socialisation [sɔsjalizasjɔ̃] *s.f.* socializzazione.

socialiser [sɔsjalize] *v.tr.* socializzare.

socialisme [sɔsjalism] *s.m.* socialismo.

socialiste [sɔsjalist] *agg.* e *s.m.* socialista.

sociétaire [sɔsjetɛʀ] *s.m.* socio, membro ♦ *agg.* societario.

sociétariat [sɔsjetaʀja] *s.m.* condizione di societario.

société [sɔsjete] *s.f.* **1** società: *— capitaliste*, società capitalista, capitalistica || *faire un travail en —*, fare un lavoro in collaborazione **2** ente (*m.*); società: *— savante*, associazione di scienziati || *— anonyme, civile, par actions, de capitaux*, società anonima, semplice, per azioni, a capitali; *— à participation de l'État*, società a partecipazione statale; *— à responsabilité limitée*, società a responsabilità limitata; *— en commandite simple*, società in accomandita semplice || (*cine.*) *— de production*, casa produttrice.

socio- *pref.* socio-

socioculturel [sɔsjɔkyltyʀɛl] (f. *-elle*) *agg.* socioculturale.

sociologie [sɔsjɔlɔʒi] *s.f.* sociologia.

sociologique [sɔsjɔlɔʒik] *agg.* sociologico || **-ement** *avv.*

sociologue [sɔsjɔlɔg] *s.m.* sociologo.

socio(-)professionnel [sɔsjɔpʀɔfesjɔnɛl] (f. *-elle*) *agg.* socioprofessionale.

socle [sɔkl] *s.m.* zoccolo; basamento.

socque [sɔk] *s.m.* **1** zoccolo **2** (*st. teatr.*) socco.

socquette [sɔkɛt] *s.f.* calzino (*m.*).

socratique [sɔkʀatik] *agg.* socratico.

soda [sɔda] *s.m.* (acqua) di soda.

sodique [sɔdik] *agg.* sodico.

sodium [sɔdjɔm] *s.m.* sodio.

sodomie [sɔdɔmi] *s.f.* sodomia.

sodomiser [sɔdɔmize] *v.tr.* sodomizzare.

sodomite [sɔdɔmit] *s.m.* sodomita.

sœur [sœʀ] *s.f.* **1** sorella: *— aînée, grande —*, sorella maggiore; *— puînée, petite —*, sorellina || *l'âme —*, l'anima gemella || *— d'infortune*, (*letter.*) compagna di sventura || *les Neuf Sœurs*,

le Muse || *et ta — ?*, (*fam.*) che te ne importa? **2** suora, sorella; (*davanti a nomi propri*) suor: *bonne —*, monaca; *oui, ma —*, sì, sorella.

sœurette [sœʀɛt] *s.f.* (*fam.*) sorellina.

sofa [sɔfa] *s.m.* sofà, divano.

soi [swa] *pron.pers. di 3ª pers.sing.* sé: *la maîtrise de —*, la padronanza di sé; *être sûr de —*, essere sicuro di sé; *ne pas avoir d'argent sur —*, non avere denaro con sé; *la chose en — n'a pas d'importance*, la cosa in sé non ha importanza; *cela va de —*, (questo) va da sé, è evidente, è chiaro || *chez —*, a casa (propria) || *soi-même: aimer son prochain comme soi-même*, amare il prossimo come se stesso; *il faudrait être plus sévère envers soi-même*, bisognerebbe essere più severi con se stessi; *faire qqch soi-même*, fare qlco da solo || *revenir à —*, tornare in sé, riaversi || *prendre sur —*, assumersi la responsabilità di ♦ *s.m.* sé: *un autre soi-même*, un altro se stesso, un amico intimo || (*fil.*) *le —*, il sé.

soi-disant [swadizɑ̃] *agg.invar.* sedicente; cosiddetto: *le — directeur*, il sedicente direttore; il supposto direttore ♦ *avv.* facendo credere che.

soie [swa] *s.f.* **1** seta **2** seta: *brosse en —*, spazzola di setola.

soierie [swaʀi] *s.f.* **1** (tessuto di) seta || *être dans la —*, commerciare in seterie **2** (*ind.*) seteria, setificio (*m.*).

soif [swaf] *s.f.* sete: *avoir très —, grand —*, avere molta sete; *donner —*, far venire sete || *boire à sa —*, bere a sazietà || *boire jusqu'à plus —*, bere smodatamente || *rester sur sa —*, tenersi la sete; (*fig.*) rimanere a bocca asciutta.

soiffard [swafaʀ] *agg.* e *s.m.* (*fam.*) beone.

soignant [swaɲɑ̃] *agg.* curante || *le personnel —*, il personale medico e paramedico (di un ospedale) ♦ *s.m.pl.* il personale medico e paramedico.

soigné [swaɲe] *agg.* **1** curato, accurato (*anche fig.*) **2** (*fam.*) unico nel suo genere; solenne: *un rhume —*, un solenne raffreddore.

soigner [swaɲe] *v.tr.* **1** curare: *— son rhume*, curarsi il raffreddore **2** occuparsi (di), prendersi cura (di), curare: *tu devrais — davantage tes devoirs*, dovresti fare i compiti con maggiore cura || *elle avait soigné son dîner*, aveva preparato un buon pranzetto □ **se soigner** *v.pron.* curarsi.

soigneur [swaɲœʀ] *s.m.* (*sport*) massaggiatore.

soigneusement [swaɲøzmɑ̃] *avv.* accuratamente.

soigneux [swaɲø] (f. *-euse*) *agg.* **1** accurato: *soigneuses recherches*, ricerche accurate **2** coscienzioso: *un ouvrier —*, un operaio coscienzioso **3** che ha cura (di), ordinato: *c'est une petite fille très soigneuse*, è una bambina molto ordinata; *elle est très soigneuse de sa personne*, è sempre molto curata.

soin [swɛ̃] *s.m.* **1** cura (*f.*): *avoir — de, prendre — de*, aver cura di; occuparsi di **2** incarico; responsabilità (*f.*): *j'ai laissé à d'autres le — de vous avertir*, ho lasciato ad altri l'incarico di avvertirla **3** *pl.* attenzioni (*f.*); cure (*f.*) || *il est aux petits soins pour sa femme*, è pieno di premure per sua moglie || *M. X aux bons soins de la Maison Dupont*, Signor X presso la ditta Dupont **4** *pl.* (*med.*) cure (*f.*): *recevoir les premiers soins*, ricevere i primi soccorsi; — *ambulatoires*, cure ambulatoriali.

soir [swaʀ] *s.m.* **1** sera (*f.*): *le — descend, tombe*, scende la sera, si fa sera; *la presse du —*, i giornali della sera || *la veille au —*, la sera del giorno prima || *ce —*, questa sera, stasera **2** (*nelle Antille*) pomeriggio.

soirée [swaʀe] *s.f.* serata || *ce film sera projeté en —*, questo film sarà proiettato la sera || *tenue de —*, abito da sera.

soissonnais [swasɔnɛ] *agg.* di Soissons.

soit [swa] *cong.* **1** cioè, ossia: *j'ai gagné une forte somme d'argent, — trois cent cinquante mille lires*, ho guadagnato una forte somma di denaro e cioè trecentocinquantamila lire **2** (*correlativo*) *soit...soit..., o...o*: — *mon père, — mon cousin me conduira à la gare*, o mio padre o mio cugino lo accompagneranno alla stazione **3** sia, dato: — *le triangle ABC...*, dato il triangolo ABC... ♦ *avv.* (e) sia; sia pure: —, *j'accepte*, e sia, accetto □ **soit que... soit que...**; **soit que... ou que** *locuz.cong.* sia che... sia che.

soixantaine [swasɑ̃tɛn] *s.f.* sessantina.

soixante [swasɑ̃t] *agg.num.card.* e *s.m.* sessanta || *— et onze*, settantuno: *soixante-douze*, settantadue ♦ *agg.num.ord.* sessantesimo.

soixante-dix [swasɑ̃tdis] *agg.num.card.* e *s.m.* settanta ♦ *agg.num.ord.* settantesimo.

soixante-huitard [swasɑ̃tɥitaʀ] (pl. *soixante-huitards*) *s.m.* sessantottino ♦ *agg.* sessantottino, sessantottesco.

soixantième [swasɑ̃tjɛm] *agg.num.ord.* e *s.m.* sessantesimo.

soja [sɔʒa] *s.m.* (*bot.*) soia (*f.*).

sol¹ [sɔl] *s.m.* **1** terreno; suolo || *poser au —*, posare per terra; *s'écraser au —*, schiantarsi al suolo, a terra || *au ras du —*, raso terra || *à même le —*, sulla nuda terra, per terra **2** pavimento: *un — carrelé*, un pavimento a piastrelle.

sol² (pl. *invar.*) *s.m.* (*mus.*) sol.

solaire [sɔlɛʀ] *agg.* solare.

solarium [sɔlaʀjɔm] *s.m.* solario, solarium.

soldat [sɔlda] *s.m.* soldato: — *de fortune*, soldato di ventura; *simple —*, soldato semplice || *jouer au petit —*, (*fam.*) fare il furbo; fare l'eroe || *tombe du — inconnu*, tomba del milite ignoto || — *de plomb*, soldatino di piombo.

soldate [sɔldat] *s.f.* soldatessa.

soldatesque [sɔldatɛsk] *agg.* soldatesco ♦ *s.f.* soldataglia.

solde¹ [sɔld] *s.f.* soldo (*m.*): *toucher sa —*, prendere la paga (per il soldato) || *être à la — de qqn*, essere al soldo di qlcu.

solde² *s.m.* **1** saldo, residuo (di denaro): — *créditeur, débiteur*, saldo a credito, a debito || *pour — de tout compte*, a saldo (di quanto dovuto) **2** liquidazione (*f.*), saldo (di merce): *vendre en —*, vendere a saldo; *marchandise en —*, merce di saldo, in liquidazione.

soldé [sɔlde] *agg.* (venduto) in saldo, di saldo.

solder¹ [sɔlde] *v.tr.* (*antiq.*) assoldare.

solder² *v.tr.* (*comm.*) **1** saldare: — *un compte*, saldare un conto **2** liquidare, vendere in liquidazione □ **se solder** *v.pron.* (*di conto*) saldarsi, chiudersi con un residuo: *le budget se solde par un déficit net de...*, il bilancio si chiude con un deficit netto di... || *cette aventure s'est soldée par un échec*, (*fig.*) l'avventura si è conclusa con un fallimento.

soldeur [sɔldœʀ] (f. *-euse*) *s.m.* commerciante in saldi, in merci di saldo; stocchista.

sole¹ [sɔl] *s.f.* (*zool.*) sogliola.

sole² *s.f.* (*agr.*) terreno sottoposto alla rotazione delle colture.

sole³ *s.f.* **1** (*edil.*) suola, piano di posa **2** (*metall.*) suola (di forno).

sole⁴ *s.f.* (*vet.*) suola.

solécisme [sɔlesism] *s.m.* solecismo.

soleil [sɔlɛj] *s.m.* **1** sole: *il fait* (*du*) —, c'è (il) sole; *en plein —, au grand —*, in pieno sole; — *de plomb*, sole a picco; *lézarder au —*, crogiolarsi al sole || *avoir du bien au —*, aver beni al sole; *avoir sa place au —*, avere un posto al sole || *coup de —*, colpo di sole, insolazione **2** (*bot. pop.*) girasole **3** (*pirotecnica*) girandola (*f.*) **4** (*eccl.*) ostensorio **5** (*abbigl.*) *plissé —*, pieghettatura soleil.

solennel [sɔlanɛl] (f. *-elle*) *agg.* solenne || *-ellement avv.*

solenniser [sɔlanize] *v.tr.* solennizzare.

solennité [sɔlanite] *s.f.* solennità.

solfatare [sɔlfataʀ] *s.f.* solfatara.

solfège [sɔlfɛʒ] *s.m.* solfeggio.

solfier [sɔlfje] *v.tr.* solfeggiare.

solidaire [sɔlidɛʀ] *agg.* **1** solidale (con): *être solidaires les uns des autres*, essere solidali gli uni con gli altri **2** (*dir.*) solidale, in solido **3** interdipendente; correlato: *deux problèmes solidaires*, due problemi che vanno di pari passo.

solidairement [sɔlidɛʀmɑ̃] *avv.* **1** solidalmente, in modo solidale **2** (*dir.*) solidalmente, in solido.

solidariser, se [sɔsɔlidaʀize] *v.pron.* solidarizzare, mostrarsi solidale.

solidarité [sɔlidaʀite] *s.f.* solidarietà.

solide [sɔlid] *agg.* **1** solido || *un — gaillard*, un pezzo d'uomo || *avoir le cœur —*, avere il cuore forte, robusto; *avoir les nerfs solides*, avere i nervi saldi || *être — sur ses jambes*, essere saldo sulle gambe; *être — au poste*, essere sempre presente sul lavoro; essere irremovibile || *c'est quelqu'un de —*, (*fig.*) è una persona su cui si può contare || *il a un — coup de fourchette*, (*fam.*) è una buona forchetta **2** (*fig.*) valido, serio, solido: *avoir de solides raisons pour qqch*, avere validi motivi per qlco ♦ *s.m.* **1** (*fis., mat.*) (corpo) solido **2** (*fig.*) ciò che è reale, positivo: *c'est du —!*, (*fam.*) è una cosa seria, su cui si può contare; *leur amitié, c'est du —!*, la loro, è un'amicizia a tutta prova; *leur fortune, c'est du —!*, la loro fortuna è molto solida.

solidement [sɔlidmɑ̃] *avv.* saldamente.

solidification [sɔlidifikasjɔ̃] *s.f.* solidificazione.

solidifier [sɔlidifje] *v.tr.* solidificare □ **se solidifier** *v.pron.* solidificarsi.

solidité [sɔlidite] *s.f.* solidità (*anche fig.*).

soliflore [sɔliflɔr] *s.m.* vaso a stelo (per un solo fiore).

soliloque [sɔlilɔk] *s.m.* soliloquio, monologo.

soliloquer [sɔlilɔke] *v.intr.* fare un soliloquio; monologare.

solipsisme [sɔlipsism] *s.m.* (*fil.*) solipsismo.

soliste [sɔlist] *agg.* e *s.m.* (*mus.*) solista.

solitaire [sɔlitɛr] *agg.* solitario || *avoir l'humeur —*, (*fam.*) essere in vena di solitudine ♦ *s.m.* **1** eremita, solitario: *vivre en —*, vivere in solitudine **2** (*gioco di carte*) solitario **3** (*brillante*) solitario.

solitairement [sɔlitɛrmɑ̃] *avv.* da solo, in solitudine.

solitude [sɔlityd] *s.f.* solitudine: *vivre dans la —*, vivere in solitudine.

solive [sɔliv] *s.f.* (*edil.*) travetto (*m.*), corrente (*m.*).

soliveau [sɔlivo] (pl. *-eaux*) *s.m.* (*edil.*) travicello, correntino.

sollicitation [sɔllisitɑsjɔ̃] *s.f.* sollecitazione (*anche fig.*): *céder aux sollicitations de qqn*, cedere alle pressioni di qlcu || *lettre de —*, lettera di sollecito.

solliciter [sɔllisite] *v.tr.* sollecitare.

solliciteur [sɔllisitœr] (f. *-euse*) *s.m.* postulante.

sollicitude [sɔllisityd] *s.f.* sollecitudine.

solo [sɔlo] *s.m.* (*mus.*) assolo, (a) solo: *jouer en —*, eseguire un assolo || *une escalade en —*, una scalata in solitaria, una solitaria; *la vie en —*, la vita da single ♦ *agg.invar.* solo.

solognot [sɔlɔɲo] *agg.* e *s.m.* della Sologne.

solstice [sɔlstis] *s.m.* (*astr.*) solstizio.

solubilité [sɔlybilite] *s.f.* solubilità.

soluble [sɔlybl] *agg.* **1** solubile **2** (*fig.*) risolvibile, solubile.

soluté [sɔlyte] *s.m.* (*chim.*) soluto || *— physiologique*, (*chim.*) soluzione fisiologica.

solution [sɔlysjɔ̃] *s.f.* soluzione || *— de continuité*, (*anche fig.*) soluzione di continuità.

solutionner [sɔlysjɔne] *v.tr.* risolvere.

solvabilité [sɔlvabilite] *s.f.* solvibilità, solvenza.

solvable [sɔlvabl] *agg.* solvibile || *débiteur —*, debitore solvente.

solvant [sɔlvɑ̃] *s.m.* (*chim.*) solvente.

somali [sɔmali] *agg.* e *s.m.* **1** → **somalien 2** (*lingua*) somalo.

somalien [sɔmaljɛ̃] (f. *-enne*) *agg.* e *s.m.* somalo.

somatique [sɔmatik] *agg.* somatico.

somatisation [sɔmatizɑsjɔ̃] *s.f.* (*med.*) somatizzazione.

somatiser [sɔmatize] *v.tr.* e *intr.* somatizzare.

sombre [sɔ̃br] *agg.* **1** buio; scuro || *il fait —*, è buio, c'è poca luce **2** (*fig.*) tetro, cupo; fosco: *il avait le visage —*, era cupo, scuro in volto; *c'est une — histoire*, è una fosca, brutta faccenda || *un — idiot*, (*fam.*) un emerito imbecille.

sombrer [sɔ̃bre] *v.intr.* **1** affondare **2** (*estens.*) sprofondare: *— dans l'alcool, la boisson*, darsi al-

l'alcol, al bere; *— dans la folie*, sprofondare nelle tenebre della follia || *sa raison a sombré*, ha perso la ragione.

sommaire [sɔmɛr] *agg.* e *s.m.* sommario || *-ement avv.*

sommation [sɔmmɑsjɔ̃] *s.f.* intimazione; ingiunzione: *— de déménager*, intimazione di sfratto; *— de payer*, ingiunzione di pagamento.

somme[1] [sɔm] *s.f.* **1** somma: *la — des informations*, l'insieme delle informazioni; *une — d'efforts considérable*, una considerevole mole di sforzi || (*in Africa*) *infliger une —*, multare **2** summa, compendio (*m.*) □ **en somme** *locuz.* insomma □ **somme toute** *locuz.* tutto sommato, tutto sommato.

somme[2] *s.f.*: *bête de —*, bestia da soma.

somme[3] *s.m.* (*fam.*) sonnellino: *faire un petit —*, fare un pisolino.

sommeil [sɔmɛj] *s.m.* sonno: *avoir très —*, avere molto sonno; *trouver le —*, prendere sonno; *prendre sur ses heures de —*, rubare le ore al sonno; *dormir du juste*, dormire il sonno del giusto || *mettre en —*, (*fig.*) lasciare in sospeso; accantonare; ridurre, sospendere l'attività || (*med.*) *faire une cure de —*, fare la cura del sonno.

sommeiller [sɔmeje] *v.intr.* sonnecchiare; dormicchiare.

sommelier [sɔmǝlje] *s.m.* credenziere, dispensiere; cantiniere, (*in un ristorante*) sommelier.

sommelière [sɔmǝljɛr] *s.f.* (*in Svizzera*) cameriera (in un bar, un ristorante).

sommer[1] [sɔme] *v.tr.* ingiungere, intimare: *la police l'a sommé de s'arrêter*, la polizia gli ha intimato di fermarsi; *— qqn de, à comparaître*, citare qlcu in giudizio.

sommer[2] *v.tr.* sommare.

sommet [sɔme] *s.m.* **1** sommità (*f.*), cima (*f.*); (*di montagna*) vetta (*f.*) || *au — de*, sulla sommità di, in cima a; (*di una montagna*) in vetta a; (*fig.*) all'apice di **2** (*conférence, réunion au*) —, (incontro al) vertice, summit **3** (*mat.*) vertice: *angles opposés par le —*, angoli opposti ai vertice **4** (*anat.*) apice; vertice.

sommier[1] [sɔmje] *s.m.* **1** pagliericcio: *— (métallique)*, rete (del letto); *— à ressorts*, elastico a molle **2** (*edil.*) elemento portante; (*di porta, di finestra*) architrave; (*di arco, volta*) imposta (*f.*), peduccio.

sommier[2] *s.m.* **1** registro || *le — judiciaire*, *les sommiers*, (*dir.*) casellario giudiziale (centrale) **2** (*comm.*) libro cassa.

sommité [sɔmmite] *s.f.* (*fam.*) luminare (*m.*), personalità.

somnambule [sɔmnɑ̃byl] *agg.* e *s.m.* sonnambulo.

somnambulisme [sɔmnɑ̃bylism] *s.m.* sonnambulismo.

somnifère [sɔmnifɛr] *agg.* sonnifero; (*fig.*) soporifero ♦ *s.m.* sonnifero.

somnolence [sɔmnɔlɑ̃s] *s.f.* sonnolenza; (*torpeur*) torpore (*m.*).

somnolent [sɔmnɔlɑ̃] *agg.* sonnolento.

somnoler [sɔmnɔle] *v.intr.* sonnecchiare.

somptuaire [sɔ̃ptɥɛʀ] *agg.* (*dir.*) suntuario; (*estens.*) di lusso || *dépenses somptuaires*, spese voluttuarie.

somptueux [sɔ̃ptɥø] (f. *-euse*) *agg.* sontuoso; lussuoso; sfarzoso || *-eusement avv.*

somptuosité [sɔ̃ptɥozite] *s.f.* sontuosità; sfarzo (*m.*); fasto (*m.*).

son¹ [sɔ̃]

sing.m. **son** suo; *f.* **sa, son** (*davanti a vocale o h muta*) sua

pl.m. e *f.* **ses** suoi, sue

agg.poss.m.sing. suo: *— père et sa mère, ses père et mère*, suo padre e sua madre; *ses frères et (ses) sœurs*, i suoi fratelli e le sue sorelle; *— amie, — histoire*, la sua amica, la sua storia; *ses amis*, i suoi amici; (*l'*) *un de ses enfants*, uno dei suoi figli.

son² *s.m.* suono: *au —, aux sons de*, al suono di || *le — d'un film*, il sonoro di un film; *ingénieur du —*, tecnico del suono, fonico; *prise de —*, registrazione del suono; *bande (du) —*, colonna sonora || *baisser le — d'un poste*, abbassare il volume della radio.

son³ *s.m.* crusca (*f.*) || *tache de —*, (*fam.*) lentiggine.

sonar [sɔnaʀ] *s.m.* sonar, ecogoniometro.

sonate [sɔnat] *s.f.* (*mus.*) sonata.

sonatine [sɔnatin] *s.f.* sonatina.

sondage [sɔ̃daʒ] *s.m.* sondaggio || *— (d'opinion)*, sondaggio (d'opinione); *— d'écoute*, verifica dell'indice di ascolto.

sonde [sɔ̃d] *s.f.* sonda; (*mar.*) scandaglio (*m.*).

sondé [sɔ̃de] *s.m.* intervistato (in un sondaggio statistico, d'opinione).

sonder [sɔ̃de] *v.tr.* sondare, scandagliare (*anche fig.*).

sondeur [sɔ̃dœʀ] *s.m.* **1** scandaglio **2** (*operaio*) sondatore **3** *— d'opinion*, intervistatore (in sondaggi statistici, di opinione).

sondeuse [sɔ̃døz] *s.f.* **1** (*macchina*) trivella **2** *— d'opinion*, intervistatrice (in sondaggi statistici, di opinione).

songe [sɔ̃ʒ] *s.m.* (*letter.*) sogno.

songe-creux [sɔ̃ʒkʀø] (pl. *invar*) *s.m.* (*letter.*) sognatore; persona che insegue vane chimere.

songer [sɔ̃ʒe] (*coniug. come* manger) *v.intr.* pensare: *sans — à mal*, senza pensar male, senza malizia || *mais vous n'y songez pas!*, ma sta scherzando! ♦ *v.tr.* pensare, considerare.

songerie [sɔ̃ʒʀi] *s.f.* fantasticheria.

songeur [sɔ̃ʒœʀ] (f. *-euse*) *agg.* pensieroso ♦ *s.m.* (*letter.*) sognatore.

sonnaille [sɔnɑj] *s.f.* **1** sonaglio (*m.*) **2** (*spec. pl.*) scampanellio (*m.*).

sonnailler [sɔnɑje] *v.intr.* scampanellare.

sonnant [sɔnɑ̃] *agg.* **1** (*di ora*) in punto: *à cinq heures sonnantes*, allo scoccare delle cinque, alle cinque in punto **2** *espèces sonnantes et trébuchantes*, moneta sonante.

sonné [sɔne] *agg.* sonato || *quarante ans bien sonnés*, (*fam.*) quarant'anni sonati || *il est com-*

plètement —, (*fam.*) è completamente sonato, tocco.

sonner [sɔne] *v.intr.* suonare: *il a sonné*, ha suonato; *— du cor*, suonare il corno ♦ *v.tr.* suonare: *la pendule sonnait minuit*, l'orologio scandiva la mezzanotte || *— un domestique*, chiamare (con il campanello) un domestico || (*fam.*): *on ne t'a pas sonné!*, ma chi ti ha chiesto niente!; *— qqn*, pestare qlcu, suonarle a qlcu, (*fig.*) stordire, sbalordire qlcu; *se faire —*, farsele suonare, farsi menare di santa ragione, (*fig.*) prenderci una lavata di capo; *je lui ai sonné les cloches!*, gli ho dato una bella strigliata!

sonnerie [sɔnʀi] *s.f.* **1** soneria **2** suono di campanello; squillo (*m.*); scampanio (di campane): *la — du téléphone*, lo squillo, il trillo del telefono **3** suono, segnale di tromba.

sonnet [sɔnɛ] *s.m.* (*lett.*) sonetto.

sonnette [sɔnɛt] *s.f.* **1** campanello (*m.*): *appuyer sur la —*, premere, suonare il campanello; *coup de —*, scampanellata || *— de nuit*, campanello per chiamate notturne (nelle farmacie) **2** (*edil.*) battipalo (*m.*).

sonneur [sɔnœʀ] *s.m.* **1** campanaro || *dormir comme un —*, dormire come un sasso **2** suonatore (di tromba, di corno).

sono [sɔno] *s.f.* (*fam.*) abbr. → **sonorisation** 2.

sonore [sɔnɔʀ] *agg.* sonoro || *une salle —*, una sala con una buona acustica.

sonorisation [sɔnɔʀizasjɔ̃] *s.f.* **1** sonorizzazione **2** impianto stereo.

sonoriser [sɔnɔʀize] *v.tr.* **1** sonorizzare **2** munire di impianto per la diffusione del suono.

sonorité [sɔnɔʀite] *s.f.* sonorità.

sonothèque [sɔnɔtek] *s.f.* archivio di registrazioni sonore.

sophisme [sɔfism] *s.m.* sofisma.

sophiste [sɔfist] *agg.* sofistico ♦ *s.m.* sofista.

sophistication [sɔfistikasjɔ̃] *s.f.* sofisticatezza; (*spreg.*) sofisticheria.

sophistiqué [sɔfistike] *agg.* sofisticato.

sophistiquer [sɔfistike] *v.tr.* rendere più sofisticato.

sophrologie [sɔfʀɔlɔʒi] *s.f.* sofrologia.

soporifique [sɔpɔʀifik] *agg.* soporifero ♦ *s.m.* sonnifero.

soprano [sɔpʀano] *s.m.* soprano.

sorbe [sɔʀb] *s.f.* (*bot.*) sorba.

sorbet [sɔʀbɛ] *s.m.* sorbetto.

sorbetière [sɔʀbətjɛʀ] *s.f.* sorbettiera, gelatiera.

sorbier [sɔʀbje] *s.m.* (*bot.*) sorbo.

sorbonnard [sɔʀbɔnaʀ] *agg.* e *s.m.* (*fam.*) studente, professore della Sorbona.

sorcellerie [sɔʀselʀi] *s.f.* stregoneria.

sorcier [sɔʀsje] *s.m.* stregone || *il ne faut pas être — pour s'en apercevoir*, non bisogna essere un indovino per accorgersene ♦ *agg.invar.*: *ce n'est pas —!*, (*fam.*) non è poi così difficile!

sorcière [sɔʀsjɛʀ] *s.f.* strega.

sordide [sɔʀdid] *agg.* sordido || *-ement avv.*

sorgho [sɔʀgo], **sorgum** [sɔʀgom] *s.m.* (*bot.*) sorgo; saggina (*f.*).

sornette [sɔrnɛt] *s.f.* (*spec.pl.*) sciocchezza, stupidaggine: *débiter des sornettes*, dire baggianate.

sororal [sɔrɔral] (pl. *-aux*) *agg.* sororale.

sort [sɔr] *s.m.* **1** sorte (*f.*), destino: *le mauvais —*, la mala sorte || *s'en remettre au — des armes*, rimettere la decisione alle armi || *pleurer sur son —*, piangersi addosso || *améliorer son propre —*, migliorare la propria condizione || *tirer au —*, tirare a sorte, sorteggiare || *le — en est jeté*, il dado è tratto || *faire un — à une bouteille*, (*fam.*) far fuori, scolarsi una bottiglia **2** sortilegio; malocchio: *jeter un — sur qqn*, gettare il malocchio su qlcu.

sortable [sɔrtabl] *agg.* presentabile; decente.

sortant [sɔrtɑ̃] *agg.* **1** estratto (a sorte) **2** uscente: *le député —*, il deputato uscente ♦ *s.m.* chi esce.

sorte [sɔrt] *s.f.* **1** sorta, genere (*m.*), specie: *dans cette pâtisserie il y a toute —, toutes sortes de bonnes choses*, in questa pasticceria c'è ogni ben di Dio; *toute(s) sorte(s) de pensées s'agitaient dans sa tête*, pensieri d'ogni sorta si agitavano nella sua mente; *un homme de cette — est capable de tout*, un uomo di quel genere è capace di tutto **2** modo (*m.*), maniera: *ne parle pas de la —*, non parlare in questo modo || *en quelque —*, in un certo senso || *de — que*, così che; *de telle — que*, in modo tale da; *fais en — d'être prêt*, fa' in modo di essere pronto.

sortie [sɔrti] *s.f.* **1** uscita: *il a fait hier sa première —*, è uscito ieri per la prima volta || *il s'est ménagé une —*, (*fig.*) si è garantito una scappatoia || *jour de —*, giorno di libera uscita (di un domestica, di un soldato); *il est de —*, è il suo giorno di riposo || *— de voitures*, passo carrabile || *une — malencontreuse*, un'uscita poco gentile || *droit de —*, dazio d'esportazione **2** (*mil.*) sortita; (*aer.*) incursione **3** (*idraulica*) scarico (*m.*).

sortie(-)de(-)bain [sɔrtidəbɛ̃] (pl. *sorties-de-bain*) *s.f.* accappatoio (*m.*).

sortilège [sɔrtilɛʒ] *s.m.* sortilegio.

sortir¹ [sɔrtir] (*coniug. come* dormir) *v.intr.* **1** uscire: *il est sorti acheter des cigarettes*, è uscito, è andato fuori a comprare le sigarette; *le sang lui sortait du nez*, gli usciva il sangue dal naso; *nous sortions à peine de table quand il est arrivé*, arrivò che ci eravamo appena alzati da tavola; *une bonne odeur sortait de la cuisine*, un buon odore usciva, proveniva dalla cucina; *il sort d'une très bonne famille*, proviene da un'ottima famiglia || *il sort de l'Université*, è appena uscito dall'università, ha appena finito l'università || *il en est sorti avec tous les honneurs*, ne è uscito, venuto fuori con onore || *cette revue sort le samedi*, questa rivista esce il sabato; *mon livre vient de —*, il mio libro è appena uscito, è appena stato pubblicato || *ses robes sortent de chez Dior*, i suoi vestiti sono di Dior **2** sporgere, uscire, venir fuori: *son mouchoir sortait de sa poche*, gli usciva il fazzoletto dalla tasca; *un clou sortait de la planche de bois*, un chiodo spuntava, sporgeva dall'asse di legno; *les yeux lui sortaient de la tête*, (*fig. fam.*) aveva

gli occhi fuori della testa || *la vérité sort enfin*, finalmente vien fuori la verità; *rien de bon n'est encore sorti de nos recherches*, non è ancora emerso nulla di buono dalle nostre ricerche; *qu'en sortira-t-il? mystère!*, che cosa ne verrà fuori? mistero! ♦ *v.tr.* **1** tirare fuori, estrarre: *elle sortit ses clefs de son sac*, tirò fuori le chiavi dalla borsetta; *— les mains de tes poches*, tirar fuori, togliere le mani di tasca; *ne sors pas la tête!*, non sporgere la testa!, non sporgerti con la testa! || *cela nous sort de l'ordinaire*, (*fig.*) questo esula dalle nostre abitudini **2** portare fuori (a passeggio): *un enfant, un chien*, portar fuori, a passeggio un bambino, un cane; *il sort sa femme tous les samedis*, porta fuori la moglie ogni sabato || (*fam.*): *sortez-le!*, fatelo uscire!, buttatelo fuori!; *je me suis fait —*, mi sono fatto buttare fuori **3** (*fam.*) dire: *elle sort de ces histoires!*, tira fuori certe storie! **4** (*fam.*) produrre, mettere in commercio: *cette usine sortait 3000 voitures par jour*, quella fabbrica produceva 3000 automobili al giorno; *la maison a sorti un nouveau modèle de machine à laver*, la ditta produce, ha lanciato un nuovo modello di lavatrice □ **s'en sortir** *v.pron.* cavarsela: *votre malade s'en sortira*, il vostro malato se la caverà.

♦ FRASEOLOGIA: *son argent, ses titres, toujours la même rengaine, il ne sort pas de là!*, i suoi soldi, i suoi titoli sempre la stessa solfa, non sa parlare d'altro!; *j'ai trop à faire, je n'en sors pas*, ho troppo da fare, non ne vengo fuori || *tiens, d'où sors-tu?*, tò, da dove sbuchi?; *vous ne connaissez pas cet artiste, mais d'où sortez-vous?*, non conosce quell'artista? ma in che mondo vive?

sortir² *s.m.* uscita (*f.*) || *au — de*, all'uscita da: *au — de l'hiver*, alla fine dell'inverno.

SOS [esoɛs] *s.m.* (*tel.*) sos: *envoyer, lancer un —*, mandare, lanciare un sos.

sosie [sozi] *s.m.* sosia.

sot [so] (f. *sotte*) *agg.* **1** sciocco; stupido || *il n'y a pas de — métier*, tutti i lavori hanno una loro dignità **2** balordo; increscioso ♦ *s.m.* stupido, sciocco.

sotie [sɔti] *s.f.* → **sottie**.

sot-l'y-laisse [soliles] (pl. *invar.*) *s.m.* (*fam.*) boccone del prete; bocconcino prelibato (di pollame).

sottement [sɔtmɑ̃] *avv.* scioccamente; stupidamente.

sottie [sɔti] *s.f.* (*lett.*) forma drammatica satirica fiorita in Francia tra il sec. XIV e il XVI.

sottise [sɔtiz] *s.f.* sciocchezza, stupidaggine.

sottisier [sɔtizje] *s.m.* stupidario.

sou [su] *s.m.* **1** soldo; quattrino: *il ne te fera pas grâce d'un —*, ti farà pagare fino all'ultimo centesimo || *machine à sous*, slot machine || *avoir des sous*, avere soldi || *n'avoir pas le — de —, ne pas avoir un — vaillant, être sans le —*, non avere una lira, il becco di un quattrino || *une question de gros sous*, un affare, una faccenda da molti soldi || *n'avoir pas un — de bon sens*, non avere un briciolo di buonsenso; *ne pas avoir pour deux sous de cou-*

rage, non avere un briciolo di coraggio || *être propre, net comme un — neuf*, essere tutto lindo e pulito || *être près de ses sous*, essere attaccato ai soldi || *je ne suis pas jalouse pour un —*, non sono per niente gelosa || *journaliste à deux sous la ligne*, giornalista da strapazzo || *— à —, — par —*, a soldo a soldo; a poco a poco **2** (*in Canada*) moneta da un centesimo (di dollaro canadese).

soubassement [subɑsmɑ̃] *s.m.* **1** (*edil.*) zoccolo **2** (*arch.*) basamento, fondamento.

soubresaut [subʀəso] *s.m.* **1** (*di cavallo*) scarto **2** (*fig.*) trasalimento, sussulto.

soubrette [subʀɛt] *s.f.* **1** servetta, fantesca (di commedia) **2** (*fam.*) cameriera.

souche [suʃ] *s.f.* **1** (*di albero*) ceppo (*m.*) || *dormir comme une —*, dormire come un sasso **2** capostipite (di razza); stirpe: *être de bonne —*, essere di nobile famiglia, (*di animale*) essere di razza || *faire —*, dare principio a una discendenza || *mot de — indo-européenne*, parola di origine indoeuropea **3** (*comm.*) matrice, madre: *registre à souches*, registro a madre e figlia.

souci[1] [susi] *s.m.* preoccupazione (*f.*); cruccio: *se faire du — pour qqn*, stare in pensiero per qlcu || *par — de vérité*, per amore della verità || *c'est le dernier, le cadet de mes soucis*, è l'ultimo dei miei pensieri.

souci[2] *s.m.* (*bot.*) calendola (*f.*), fiorrancio.

soucier, se [səsusje] *v.pron.* preoccuparsi; curarsi.

soucieux [susjø] (f. *-euse*) *agg.* preoccupato.

soucoupe [sukup] *s.f.* piattino (di tazza) || *— volante*, disco volante || *ouvrir des yeux comme des soucoupes*, sgranare gli occhi.

soudage [sudaʒ] *s.m.* (operazione di) saldatura.

soudain[1] [sudɛ̃] *agg.* improvviso, repentino.

soudain[2] *avv.* improvvisamente, a un tratto, di botto.

soudainement [sudɛnmɑ̃] *avv.* subitamente, improvvisamente.

soudaineté [sudɛnte] *s.f.* subitaneità.

soudanais [sudanɛ], **soudanien** [sudanjɛ̃] (f. *-enne*) *agg.* e *s.m.* sudanese.

soudard [sudaʀ] *s.m.* (*antiq.*) soldato mercenario; (*fam.*) villano, rozzo.

soude [sud] *s.f.* soda.

souder [sude] *v.tr.* **1** saldare || *machine à —*, saldatrice **2** (*fig.*) unire, congiungere □ **se souder** *v.pron.* saldarsi.

soudeur [sudœʀ] (f. *-euse*) *s.m.* (operaio) saldatore.

soudier [sudje] (f. *-ère*) *agg.* di, della soda ♦ *s.m.* operaio dell'industria della soda.

soudière [sudjɛʀ] *s.f.* fabbrica di soda.

soudoyer [sudwaje] (*coniug. come* employer) *v.tr.* assoldare, prezzolare.

soudure [sudyʀ] *s.f.* saldatura || *faire la —*, (*fig.*) assicurare la continuità.

soue [su] *s.f.* porcile (*m.*).

soufflage [suflaʒ] *s.m.* **1** soffiatura (*f.*) **2** (*mar.*) controfasciame, bottazzo.

souffle [sufl] *s.m.* **1** soffio; respiro: *avoir le —*

court, avere il fiato grosso || *il n'a plus qu'un — de vie*, gli resta solo un alito di vita; *il n'y avait pas un — de vent*, non c'era un alito di vento || *avoir du —*, avere fiato, resistenza; (*fig.*) avere un grande estro || *c'est un spectacle qui coupe le —*, è uno spettacolo che mozza il fiato || *en avoir le — coupé*, restare senza fiato; *être à bout de —*, essere senza fiato, (*fig.*) essere esausto **2** spostamento d'aria (provocato da un'esplosione).

soufflé [sufle] *agg.* rovesciato, distrutto (da un'esplosione); *vitres soufflées par l'explosion*, vetri infranti dall'esplosione ♦ *s.m.* (*cuc.*) soufflé.

souffler [sufle] *v.intr.* **1** soffiare: *— dans ses doigts pour les réchauffer*, scaldarsi le mani col fiato || *il gravissait la pente en soufflant*, saliva ansimando il pendio; *— comme un bœuf, un phoque*, soffiare come un mantice || *il souffle un vent glacial*, tira un vento gelido **2** (ri)prendere fiato; tirare il fiato: *donnez-moi le temps de —*, lasciatemi tirare il fiato ♦ *v.tr.* **1** soffiare || *il souffla la chandelle*, spense la candela (con un soffio) || *beaucoup de maisons ont été soufflées par l'explosion*, molte case sono state spazzate via dall'esplosione || *— le verre*, soffiare il vetro **2** suggerire: *— son rôle à un acteur*, suggerire la parte a un attore **3** fiatare: *sans — mot*, senza fiatare **4** (*fam.*) soffiare, portar via: *— la place de qqn*, soffiare il posto a qlcu.

soufflerie [sufləʀi] *s.f.* **1** (*strumento chim.*) soffieria **2** *— aérodynamique*, galleria aerodinamica, galleria del vento.

soufflet[1] [suflɛ] *s.m.* mantice, soffietto (*— de train*), corridoio a soffietto (che collega due carrozze ferroviarie) || *poche à —*, tasca a soffietto.

soufflet[2] *s.m.* schiaffo; (*fig.*) affronto.

souffleter [suflɔte] (*coniug. come* jeter) *v.tr.* schiaffeggiare; (*fig.*) oltraggiare, umiliare.

souffleur [suflœʀ] (f. *-euse*) *s.m.* **1** (*teatr.*) suggeritore **2** (*ind. del vetro*) soffiatore.

souffleuse [sufløz] *s.f.* (*in Canada*) spazzaneve (*m.*).

soufflure [suflyʀ] *s.f.* (*metall., ind. del vetro*) soffiatura, bolla.

souffrance [sufʀɑ̃s] *s.f.* **1** sofferenza **2** (*comm.*) sofferenza: *marchandises en —*, merci giacenti.

souffrant [sufʀɑ̃] *agg.* sofferente; (*fam.*) indisposto.

souffre-douleur [sufʀədulœʀ] (pl. *invar.*) *s.m.* vittima (*f.*); zimbello.

souffreteux [sufʀətø] (f. *-euse*) *agg.* malaticcio.

souffrir [sufʀiʀ] (*coniug. come* offrir) *v.intr.* soffrire: *— du froid, de la faim*, soffrire (per) il freddo, la fame ♦ *v.tr.* **1** patire, soffrire: *— mort et passion*, patire le pene dell'inferno **2** subire **3** sopportare, soffrire: *je ne peux pas — le mensonge*, detesto le bugie **4** (*letter.*) ammettere, soffrire: *votre décision ne souffre aucun retard*, la sua decisione non consente alcun indugio □ **se souffrir** *v.pron.*: *ils ne peuvent pas se —*, non si possono vedere.

soufisme [sufism] *s.m.* (*relig.*) sufismo.

soufrage [sufʀaʒ] *s.m.* solforazione (*f.*), inzolfatura (*f.*).

soufre [sufʀ] *s.m.* zolfo.

soufrer [sufʀe] *v.tr.* solforare, inzolfare.

soufreur [sufʀœʀ] (f. *-euse*) *s.m.* zolfatore.

soufreuse [sufʀøz] *s.f.* (*macchina*) solforatrice.

soufrière [sufʀijɛʀ] *s.f.* solfara, giacimento di zolfo.

souhait [swɛ] *s.m.* **1** augurio || *chacun forme le — d'être heureux*, ognuno si augura di essere felice || *à vos souhaits!*, salute! (a chi starnutisce) **2** desiderio || *à —*, secondo i propri desideri; *a piacimento* || *à meraviglia*: *cette affaire marche à —*, questo affare va a gonfie vele.

souhaitable [swɛtabl] *agg.* augurabile, auspicabile: *il serait — qu'il guérisse au plus vite*, sarebbe auspicabile che guarisse al più presto.

souhaiter [swɛte] *v.tr.* **1** augurare, fare gli auguri (di) **2** augurarsi, sperare: *elle avait souhaité (de) le rencontrer*, si era augurata di incontrarlo || *il est à — que...*, c'è da augurarsi che...

souille [suj] *s.f.* **1** brago (*m.*) **2** (*mar.*) solco lasciato da una imbarcazione sulla sabbia.

souiller [suje] *v.tr.* insudiciare, insozzare || *— sa réputation*, (*fig.*) macchiare la propria reputazione.

souillon [sujɔ̃] *s.m.* sudicione, sporcaccione ♦ *s.f.* **1** sudiciona, sporcacciona **2** sguattera.

souillure [sujyʀ] *s.f.* macchia, lordura (*anche fig.*).

souk [suk] *s.m.* suk, suq (mercato arabo).

soûl [su] *agg.* **1** ubriaco: *être — comme un cochon*, essere ubriaco fradicio **2** (*fig.*) sazio; inebriato ♦ *s.m.* (*fam.*) sazietà (*f.*): *manger tout son —*, mangiare a sazietà; *pleurer tout son —*, piangere tutte le proprie lacrime.

soulagement [sulaʒmɑ̃] *s.m.* **1** sollievo **2** (*med.*) lenimento.

soulager [sulaʒe] (*coniug. come* manger) *v.tr.* **1** alleggerire, sgravare **2** (*fig.*) alleviare; calmare || *pleure, cela te soulagera*, piangi, ti farà bene **3** (*fig.*) soccorrere □ **se soulager** *v.pron.* **1** trovare conforto, sollievo **2** (*fam.*) fare un bisogno, liberarsi.

soûlant [sulɑ̃] *agg.* (*fig. fam.*) pesante, barboso.

soûlaud [sulo] *s.m.* (*fam.*) ubriacone.

soûler [sule] *v.tr.* **1** ubriacare **2** (*fig.*) annoiare, stufare □ **se soûler** *v.pron.* ubriacarsi (*anche fig.*); sbronzarsi.

soûlerie [sulʀi] *s.f.* (*fam.*) sbronza, sbornia.

soulèvement [sulɛvmɑ̃] *s.m.* **1** sollevamento || *— de cœur, d'estomac*, conato di vomito **2** (*fig.*) sollevazione (*f.*), sommossa (*f.*).

soulever [sulve] (*coniug. come* lever) *v.tr.* sollevare: *— le dégoût*, provocare disgusto || *— le peuple*, sollevare, fare insorgere il popolo || *— le cœur*, dare la nausea, rivoltare lo stomaco □ **se soulever** *v.pron.* sollevarsi; (*fig.*) ribellarsi.

soulier [sulje] *s.m.* scarpa (*f.*) || *être dans ses petits souliers*, (*fig.*) sentirsi a disagio.

soulignage [suliɲaʒ], **soulignement** [suliɲmɑ̃] *s.m.* sottolineatura (*f.*).

souligner [suliɲe] *v.tr.* sottolineare.

soûlographie [sulɔgʀafi] *s.f.* (*fam.*) ubriachezza.

soulte [sult] *s.f.* (*dir.*) conguaglio (*m.*), perequazione.

soumettre [sumɛtʀ] (*coniug. come* mettre) *v.tr.* **1** sottoporre **2** sottomettere **3** (*econ.*) assoggettare □ **se soumettre** *v.pron.* sottoporsi; sottomettersi.

soumis [sumi] *part.pass. di* soumettre ♦ *agg.* sottomesso, remissivo || (*comm.*) — *au droit de timbre*, soggetto al bollo.

soumission [sumisjɔ̃] *s.f.* **1** sottomissione: *faire sa —*, fare atto di sottomissione, sottomettersi **2** (*dir.*) offerta (in una gara di appalto).

soumissionnaire [sumisjɔnɛʀ] *s.m.* (*dir.*) offerente, concorrente a una gara di appalto.

soumissionner [sumisjɔne] *v.tr.* (*dir.*) fare un'offerta di appalto.

soupape [supap] *s.f.* valvola.

soupçon [supsɔ̃] *s.m.* **1** sospetto: *éveiller des soupçons*, insospettire || *j'ai quelque — qu'il me fera faux bond*, mi sorge il dubbio che non manterrà il suo impegno **2** ombra (*f.*), traccia (*f.*): *une tasse de thé avec un — de lait*, una tazza di tè con una lacrima di latte.

soupçonnable [supsɔnabl] *agg.* sospettabile.

soupçonner [supsɔne] *v.tr.* sospettare (di).

soupçonneux [supsɔnø] (f. *-euse*) *agg.* sospettoso.

soupe [sup] *s.f.* **1** zuppa || *trempé comme une —*, bagnato come un pulcino, bagnato fradicio **2** minestra: *faire la —*, fare, cuocere la minestra; *servir la —*, scodellare la minestra || (*fam.*) *c'est l'heure de la —*, è ora di pranzo, è ora di mangiare; *à la —!*, a tavola! || *— populaire*, mensa dei poveri || *un gros plein de —*, (*fam.*) un ciccione || *cracher dans la —*, (*fig. fam.*) sputare nel piatto in cui si mangia **3** (*argot mil.*) rancio (*m.*) **4** (*in Mali*) innamorata.

soupente [supɑ̃t] *s.f.* soppalco (*m.*); soffitta : *— d'escalier*, sottoscala.

souper[1] [supe] *s.m.* cena (*f.*); cenetta (a sera tarda, dopo uno spettacolo).

souper[2] *v.intr.* cenare; fare una cenetta, uno spuntino (a sera tarda dopo uno spettacolo) || *j'en ai soupé de ses histoires!*, (*fam.*) ne ho fin sopra i capelli delle sue storie.

soupeser [supɔze] (*coniug. come* semer) *v.tr.* soppesare.

soupière [supjɛʀ] *s.f.* zuppiera.

soupir [supiʀ] *s.m.* sospiro: *il poussait des soupirs à fendre l'âme*, i suoi sospiri spezzavano il cuore || *rendre le dernier —*, esalare l'ultimo respiro.

soupirail [supiʀaj] (pl. *-aux*) *s.m.* **1** (*edil.*) spiraglio **2** (*mecc.*) sfiatatoio.

soupirant [supiʀɑ̃] *s.m.* spasimante.

soupirer [supiʀe] *v.intr.* sospirare, trarre sospiri: *— d'aise*, trarre un sospiro di sollievo || *— d'amour pour qqn*, essere innamorato di qlcu || *— après, pour qqch*, desiderare ardentemente qlco ♦ *v.tr.* (*poet.*) dire sospirando.

souple [supl] *agg.* **1** flessibile; agile; (*fig.*) docile, arrendevole: *un corps —*, un corpo flessuoso; *une* *démarche* — *et légère*, un'andatura sciolta e leggera; *une intelligence* —, un'intelligenza pronta, vivace || *avoir l'échine* —, *(fig. spreg.)* essere servile **2** morbido || *col* —, colletto floscio.

souplement [suplǝmɑ̃] *avv.* agilmente; *(fig.)* docilmente.

souplesse [suplɛs] *s.f.* **1** flessibilità, agilità; *(fig.)* docilità, duttilità: *ces exercices doivent être exécutés en* —, questi esercizi debbono essere eseguiti con scioltezza; *manquer de* —, *(anche fig.)* essere poco elastico, agile **2** morbidezza.

souquer [suke] *v.tr.* *(mar.)* stringere ♦ *v.intr.* *(mar.)* — *aux avirons*, arrancare.

source [suʀs] *s.f.* **1** sorgente; fonte: *prendre sa* —, nascere (di fiume); — *lumineuse, de lumière*, sorgente luminosa || *clair comme l'eau de* —, chiaro come il sole **2** *(fig.)* fonte; origine: *remonter aux sources*, risalire alla fonte, all'origine || *(ling.)* *langue* —, lingua di partenza || *de bonne* —, *de* — *sûre*, da fonte attendibile, sicura || *(econ.)* *retenue à la* —, ritenuta d'acconto.

sourcier [suʀsje] (f. *-ère*) *s.m.* rabdomante.

sourcil [suʀsi] *s.m.* sopracciglio.

sourcilier [suʀsilje] (f. *-ère*) *agg.* sopracciliare.

sourciller [suʀsije] *v.intr.* aggrottare, corrugare le sopracciglia || *il n'a pas sourcillé*, non ha battuto ciglio.

sourcilleux [suʀsijø] (f. *-euse*) *agg.* accigliato.

sourd [suʀ] *agg.* sordo: — *de naissance*, sordo dalla nascita || — *comme un pot*, sordo come una campana || *couleur sourde*, colore spento ♦ *s.m.* sordo: *c'est comme si l'on parlait à un* —, è come parlare al muro || *je t'assure que ce qu'il m'a dit n'est pas tombé dans l'oreille d'un* —, ho capito benissimo, non ha parlato al vento || *crier comme un* —, gridare come un pazzo || *frapper comme un* —, dare botte da orbi.

sourdement [suʀdǝmɑ̃] *avv.* sordamente; di nascosto.

sourdine [suʀdin] *s.f.* sordina: *en* —, in sordina.

sourd-muet [suʀmyɛ] (pl. *sourds-muets*; f. *sourde-muette*) *agg.* e *s.m.* sordomuto.

sourdre [suʀdʀ]

Usato all'Indic. pres. il sourd, ils sourdent; *imperf.* il sourdait; *pass.rem.* il sourdit; *fut.* il sourdra. *Cond.* il sourdrait. *Cong.pres.* qu'il sourde; *imperf.* qu'il sourdît. *Part.pres.* sourdant.

v.intr.dif. *(letter.)* sgorgare; scaturire.

souri [suʀi] *part.pass. di* sourire.

souriant [suʀjɑ̃] *agg.* sorridente.

souriceau [suʀiso] (pl. *-eaux*) *s.m.* topolino.

souricier [suʀisje] *s.m.* *(zool.)* mangiatore di topi.

souricière [suʀisjɛʀ] *s.f.* **1** trappola per topi **2** *(fig.)* trappola, tranello *(m.)*.

sourire[1] [suʀiʀ] *(coniug. come* rire) *v.intr.* sorridere *(anche fig.)*.

sourire[2] *s.m.* sorriso: *un demi-sourire*, un sorriso a denti stretti || *garder le* —, *(fam.)* non perdere il buonumore.

souris [suʀi] *s.f.* **1** topo *(m.)* **2** *(argot)* pupa, ragazza **3** *(inform.)* mouse *(m.)*.

sournois [suʀnwa] *agg.* e *s.m.* sornione, ipocrita.

sournoisement [suʀnwazmɑ̃] *avv.* subdolamente, in modo sornione.

sournoiserie [suʀnwazʀi] *s.f.* ipocrisia, dissimulazione.

sous [su] *prep.* sotto || *mettre* — *enveloppe*, mettere in busta || *se mettre qqch* — *la dent*, mettere qlco sotto i denti || — *prétexte de...*, con la scusa di... || — *peu (de temps)*, tra poco.

sous- *pref.* sotto-, sub-

sous-alimentation [suzalimɑ̃tasjɔ̃] *s.f.* alimentazione scarsa, insufficiente; denutrizione; ipoalimentazione.

sous-alimenté [suzalimɑ̃te] *agg.* denutrito.

sous-alimenter [suzalimɑ̃te] *v.tr.* *(med., elettr.)* sottoalimentare.

sous-bail [subaj] (pl. *-aux*) *s.m.* *(dir.)* subaffitto.

sous-bois [subwa] *s.m.* sottobosco.

sous-chef [suʃɛf] *s.m.* sottocapo: — *de bureau*, vicecapufficio.

sous-commission [sukɔmisjɔ̃] *s.f.* sottocommissione.

sous-continent [suk3tinɑ̃] *s.m.* subcontinente.

souscripteur [suskʀiptœʀ] *s.m.* **1** sottoscrittore **2** *(comm.)* firmatario.

souscription [suskʀipsjɔ̃] *s.f.* sottoscrizione: *lancer une* —, promuovere la sottoscrizione.

souscrire [suskʀiʀ] *(coniug. come* écrire) *v.tr.* sottoscrivere; firmare ♦ *v.intr.* sottoscrivere (qlco); *(fig.)* aderire: — *pour 100 francs à une cotisation*, aderire a una sottoscrizione con 100 franchi; *je souscris à ta proposition*, approvo, sottoscrivo la tua proposta.

souscrit [suskʀi] *part.pass. di* souscrire.

sous-cutané [sukytane] *agg.* sottocutaneo.

sous-développé [sudevlɔpe] *agg.* sottosviluppato || *région sous-développée*, area depressa.

sous-développement [sudevlɔpmɑ̃] *s.m.* *(econ.)* sottosviluppo.

sous-directeur [sudiʀɛktœʀ] (f. *-trice*) *s.m.* vicedirettore.

sous-emploi [suzɑ̃plwa] *s.m.* sottoccupazione *(f.)*.

sous-employé [suzɑ̃plwaje] *agg.* sottoccupato.

sous-employer [suzɑ̃plwaje] *v.tr.* impiegare in maniera insufficiente; sottoutilizzare.

sous-ensemble [suzɑ̃sɑ̃bl] *s.m.* *(mat.)* sottoinsieme.

sous-entendre [suzɑ̃tɑ̃dʀ] *(coniug. come* rendre) *v.tr.* sottintendere *(anche fig.)*.

sous-entendu [suzɑ̃tɑ̃dy] *part.pass. di* sous-entendre ♦ *s.m.* sottinteso.

sous-entrepreneur [suzɑ̃tʀǝpʀǝnœʀ] *s.m.* subappaltatore.

sous-épidermique [suzepidɛʀmik] *agg.* ipodermico, sottocutaneo.

sous-équipé [suzekipe] *agg.* insufficientemente attrezzato; sottodimensionato: *région sous-équipée*, regione scarsamente industrializzata.

sous-équipement [suzekipmɑ̃] *s.m.* insufficienza di attrezzature; sottodimensionamento; industrializzazione insufficiente.

sous-espèce [suzɛspɛs] *s.f.* sottospecie.
sous-estimation [suzɛstimɑsjɔ̃] *s.f.* sottovalutazione.
sous-estimer [suzɛstime] *v.tr.* sottovalutare □ **se sous-estimer** *v.pron.* sottovalutarsi.
sous-évaluer [suzevalɥe] *v.tr.* sottovalutare.
sous-exploitation [suzɛksplwatɑsjɔ̃] *s.f.* scarso utilizzo, scarso sfruttamento (di cose).
sous-exploité [suzɛksplwate] *agg.* sottoutilizzato.
sous-exploiter [suzɛksplwate] *v.tr.* sfruttare, utilizzare solo parzialmente.
sous-exposition [suzɛkspozisjɔ̃] *s.f.* (*fot.*) sottoesposizione.
sous-ferme [sufɛrm] *s.f.* (*dir.*) subaffitto (*m.*).
sous-fifre [sufifʀ] *s.m.* (*fam.*) tirapiedi.
sous-gorge [sugɔʀʒ] *s.f.* sottogola (del cavallo).
sous-gouverneur [suguvɛʀnœʀ] *s.m.* vicegovernatore.
sous-groupe [sugʀup] *s.m.* sottogruppo.
sous-humain [suzymɛ̃] *agg.* subumano.
sous-inspecteur [suzɛ̃spɛktœʀ] *s.m.* viceispettore.
sous-jacent [suʒasɑ̃] *agg.* inferiore; sottostante; (*fig.*) sotterraneo; insito; implicito.
sous-lieutenant [suljøtnɑ̃] *s.m.* (*mil.*) sottotenente.
sous-locataire [sulɔkatɛʀ] *s.m.* sublocatario.
sous-location [sulɔkɑsjɔ̃] *s.f.* sublocazione, subaffitto (*m.*).
sous-louer [sulwe] *v.tr.* subaffittare.
sous-main [sumɛ̃] *s.m.* cartella da scrittoio ‖ *en* —, sottomano, di nascosto.
sous-marin [sumaʀɛ̃] *agg.* sottomarino; subacqueo: *flore sous-marine,* flora sottomarina; *pêche sous-marine,* pesca subacquea ♦ *s.m.* **1** sottomarino, sommergibile **2** (*fam.*) spia (*f.*); infiltrato **3** (*in Canada*) panino imbottito **4** (*in Benin*) amante (di una donna).
sous-médicalisé [sumedikalize] *agg.* privo (del tutto o in parte) di un'adeguata assistenza medico-sanitaria.
sous-multiple [sumyltipl] *agg.* e *s.m.* sottomultiplo.
sous-nappe [sunap] *s.f.* mollettone (posto sotto la tovaglia).
sous-nutrition [sunytʀisjɔ̃] *s.f.* nutrizione insufficiente, nutrizione carente.
sous-occupé [suzɔkype] *agg.* sottoccupato.
sous-œuvre [suzœvʀ] (pl. *invar.*) *s.m.* (*edil.*) sottomurazione (*f.*) ‖ *en* —, per sottomurazione.
sous-off [suzɔf] *s.m.* (*fam.*) sottufficiale.
sous-officier [suzɔfisje] *s.m.* sottufficiale.
sous-ordre [suzɔʀdʀ] *s.m.* **1** sottordine **2** (impiegato) subalterno.
sous-payer [supeje] (*coniug. come* payer) *v.tr.* sottopagare.
sous-peuplé [supœple] *agg.* sottopopolato.
sous-pied [supje] *s.m.* (*di calzoni ecc.*) staffa (*f.*); passante.
sous-préfectoral [supʀefɛktɔʀal] (pl. *sous-*

préfectoraux) *agg.* del sottoprefetto; della sottoprefettura.
sous-préfecture [supʀefɛktyʀ] *s.f.* sottoprefettura.
sous-préfet [supʀefɛ] *s.m.* sottoprefetto, viceprefetto.
sous-préfète [supʀefɛt] *s.f.* **1** moglie del sottoprefetto **2** (donna) sottoprefetto.
sous-pression [supʀɛsjɔ̃] *s.f.* (*fis.*) spinta (verso l'alto).
sous-production [supʀɔdyksjɔ̃] *s.f.* sottoproduzione.
sous-produit [supʀɔdɥi] *s.m.* sottoprodotto.
sous-programme [supʀɔgʀam] *s.m.* (*inform.*) sottoprogramma.
sous-prolétaire [supʀɔletɛʀ] *agg.* e *s.m.* sottoproletario.
sous-prolétariat [supʀɔletaʀja] *s.m.* sottoproletariato.
sous-pull [supul] *s.m.* maglietta dolcevita (da portare sotto un altro indumento).
sous-qualification [sukalifikɑsjɔ̃] *s.f.* scarsa qualificazione professionale.
sous-refroidi [suʀəfʀwadi] *agg.* (*chim.*) sottoraffreddato.
sous-saturé [susatyʀe] *agg.* (*geol.*) sottosaturo.
sous-secrétaire [susəkʀetɛʀ] *s.m.* sottosegretario.
sous-secrétariat [susəkʀetaʀja] *s.m.* sottosegretariato.
sous-secteur [susɛktœʀ] *s.m.* sottosettore (*anche mil.*).
sous-section [susɛksjɔ̃] *s.f.* sottosezione.
sous-seing [susɛ̃] *s.m.* (*dir.*) scrittura privata.
soussigné [susiɲe] *agg.* e *s.m.* **1** sottoscritto: *je* — *déclare que...,* il sottoscritto dichiara che... **2** (*amm.*) scrivente: *la société soussignée,* la ditta scrivente.
soussigner [susiɲe] *v.tr.* sottoscrivere.
sous-sol [susɔl] *s.m.* **1** sottosuolo **2** (*di un edificio*) scantinato, seminterrato: *garage en* —, garage nel seminterrato.
sous-solage [susɔlaʒ] *s.m.* (*agr.*) ripuntatura (*f.*).
sous-tasse [sutas] *s.f.* (*in Belgio*) sottotazza; sottocoppa; piattino (*m.*).
sous-tendre [sutɑ̃dʀ] (*coniug. come* rendre) *v.tr.* **1** (*mat.*) sottendere **2** (*fig.*) stare alla base.
sous-titrage [sutitʀaʒ] *s.m.* sottotitolazione (*f.*).
sous-titre [sutitʀ] *s.m.* sottotitolo.
sous-titré [sutitʀe] *agg.* con sottotitoli, sottotitolato.
sous-titrer [sutitʀe] *v.tr.* sottotitolare.
sous-titreur [sutitʀœʀ] *s.m.* (*tv*) decodificatore che fa apparire i sottotitoli (in un programma televisivo).
soustraction [sustʀaksjɔ̃] *s.f.* sottrazione.
soustraire [sustʀɛʀ] (*coniug. come* traire) *v.tr.* sottrarre □ **se soustraire** *v.pron.* sottrarsi, sfuggire.
soustrait [sustʀɛ] *part.pass. di* soustraire.
sous-traitance [sutʀɛtɑ̃s] *s.f.* subappalto (*m.*).
sous-traitant [sutʀɛtɑ̃] *s.m.* subappaltatore.

sous-traiter [sutʀete] *v.tr.* subappaltare.
sous-utiliser [suzytilize] *v.tr.* sottoutilizzare.
sous-ventrière [suvɑ̃tʀijeʀ] *s.f.* sottopancia (*m.*).
sous-verre [suveʀ] (pl. *invar.*) *s.m.* foto, stampa ecc. incorniciati a vista.
sous-vêtement [suvetmɑ̃] *s.m.* indumento intimo; (*pl.*) biancheria intima.
sous-virer [suviʀe] *v.intr.* (*aut.*) sottosterzare.
soutache [sutaʃ] *s.f.* (*cucito*) spighetta; gallone (*m.*).
soutane [sutan] *s.f.* abito talare, sottana (di ecclesiastico).
soute [sut] *s.f.* **1** (*mar.*) deposito (*m.*); stiva: — *à combustible*, bunker (di nave) || — *à charbon*, carbonile **2** (*aer.*) stiva (di velivolo) **3** (*pl.*) combustibile liquido (per navi).
soutenable [sutnabl] *agg.* sostenibile.
soutenance [sutnɑ̃s] *s.f.*: — (*de thèse*), discussione della tesi.
soutenant [sutnɑ̃] *s.m.* chi discute la tesi.
soutènement [sutɛnmɑ̃] *s.m.* (*edil.*) sostegno, appoggio: *mur de* —, muro di sostegno, muro portante.
souteneur [sutnœʀ] *s.m.* **1** protettore (di prostituta) **2** (*antiq.*) sostenitore, difensore.
soutenir [sutniʀ] (*coniug. come* tenir) *v.tr.* **1** sostenere (*anche fig.*); sorreggere: *il m'a soutenu par le bras*, mi ha sorretto per il braccio; *ils m'ont beaucoup soutenu*, mi hanno molto appoggiato; *ils m'ont soutenu de leurs précieux conseils*, mi hanno incoraggiato con i loro preziosi consigli; *son amitié m'a soutenu dans l'adversité*, la sua amicizia mi è stata di aiuto nell'avversità; *la seule chose qui le soutienne c'est...*, l'unica cosa che lo fa andare avanti è...; — *le moral de qqn*, essere di sostegno a qlcu; — *l'intérêt des lecteurs*, mantenere vivo l'interesse dei lettori || — *son effort*, perseverare nello sforzo **2** difendere, sostenere, appoggiare || — *sa thèse de doctorat*, discutere la tesi di dottorato **3** affermare, sostenere **4** sostenere; resistere a □ **se soutenir** *v.pron.* sostenersi; reggersi (*anche fig.*).
soutenu [sutny] *part.pass. di* soutenir ♦ *agg.* **1** sostenuto **2** costante **3** profondo, intenso.
souterrain [suteʀɛ̃] *agg.* sotterraneo; (*fig.*) sotterraneo, nascosto; clandestino ♦ *s.m.* sotterraneo.
soutien [sutjɛ̃] *s.m.* **1** sostegno || (*mil.*): *unité de* —, unità di rinforzo; *position de* —, posizione di rincalzo **2** (*in Belgio*) reggiseno.
soutien-gorge [sutjɛ̃gɔʀʒ] (pl. *soutiens-gorge*) *s.m.* reggiseno, reggipetto.
soutier [sutje] *s.m.* (*mar.*) carbonaio.
soutirage [sutiʀaʒ] *s.m.* **1** travaso (di vino ecc.) **2** (*fig.*) lo spillare (denaro); il carpire (informazioni).
soutirer [sutiʀe] *v.tr.* **1** travasare (vino ecc.) **2** (*fig.*) spillare (denaro); carpire (informazioni ecc.).
souvenance [suvnɑ̃s] *s.f.* (*letter.*) *avoir* —, sovvenirsi di.
souvenir[1] [suvniʀ] *s.m.* **1** ricordo: *des souvenirs littéraires*, reminiscenze letterarie || (*corrispon-*

denza) *affectueux souvenirs*, un affettuoso ricordo || *mon bon* — *à votre mère*, mi saluti sua madre; *rappelez-moi au bon* — *de votre femme*, mi ricordi alla signora **2** (*oggetto*) souvenir, ricordo: *ce n'est qu'un petit* —, è solo un ricordino **3** *pl.* memorie (*f.*), ricordi.
souvenir[2] (*coniug. come* tenir) *v.impers.* (*letter.*) ricordare: *pour autant qu'il m'en souvienne...*, per quanto io mi ricordi... □ **se souvenir** *v.pron.* ricordarsi.
souvent [suvɑ̃] *avv.* spesso, sovente: *c'est bien le plus* — *ce qui arrive*, è quello che capita spesso, di solito || *plus* — *qu'à mon* (*ton, son*) *tour*, più spesso di quanto me lo (te lo, se lo) meriti.
souvenu [suvny] *part.pass. di* souvenir.
souverain [suvʀɛ̃] *agg.* sovrano; (*estens.*) supremo: *tribunal* —, tribunale supremo ♦ *s.m.* sovrano, monarca.
souveraine [suvʀen] *s.f.* sovrana.
souverainement [suvʀɛnmɑ̃] *avv.* sommamente: *conférence* — *ennuyeuse*, conferenza estremamente noiosa.
souveraineté [suvʀɛnte] *s.f.* **1** sovranità **2** (*fig.*) superiorità, sovranità.
soviet [sɔvjɛt] *s.m.* soviet.
soviétique [sɔvjetik] *agg. e s.m.* sovietico.
soya [sɔja] *s.m.* → **soja**.
soyeux [swajø] (f. -*euse*) *agg.* di seta (*anche fig.*) ♦ *s.m.* (*a Lione*) industriale della seta.
spacieux [spasjø] (f. -*euse*) *agg.* spazioso || -*eusement* *avv.*
spadassin [spadasɛ̃] *s.m.* **1** (*antiq.*) spadaccino **2** (*letter.*) sicario.
spaghetti [spage(ɛt)ti] *s.m.pl.* (*cuc.*) spaghetti.
sparadrap [spaʀadʀa] *s.m.* cerotto.
sparklet [spaʀklɛt] *s.m.* cartuccia (per preparare l'acqua di selz).
spart, sparte [spaʀt] *s.m.* (*bot.*) sparto.
sparterie [spaʀtəʀi] *s.f.* oggetti artigianali in fibre vegetali.
spartiate [spaʀsjat] *agg. e s.m.* spartano || *à la* —, spartanamente ♦ *s.f.pl.* sandali alla schiava.
spasme [spasm] *s.m.* spasmo.
spasmodique [spasmɔdik] *agg.* spasmodico.
spath [spat] *s.m.* (*min.*) spato: — *fluor*, fluorite.
spatial [spasjal] (pl. -*aux*) *agg.* spaziale || *guerres spatiales*, guerre stellari ♦ *s.m.* ciò che riguarda lo spazio (ricerca, industria, armamenti).
spatialité [spasjalite] *s.f.* spazialità.
spationaute [spasjɔnot] *s.m.* astronauta.
spatio-temporel [spasjɔtɑ̃pɔʀɛl] (f. *spatio-temporelle*, pl. *spatio-temporels*) *agg.* spaziotemporale.
spatule [spatyl] *s.f.* **1** spatola: *en* —, a spatola **2** punta (di uno sci) **3** (*zool.*) spatola.
speaker [spikœʀ] *s.m.* (*rad., tv*) annunciatore, presentatore, speaker.
speakerine [spikʀin] *s.f.* (*rad., tv*) annunciatrice, presentatrice.
spécial [spesjal] (pl. -*aux*) *agg.* speciale; particolare; eccezionale: *autorisation spéciale*, autorizzazione, permesso speciale; *mesures spéciales*,

misure eccezionali; *c'est un cas* —, è un caso particolare; *il n'y a rien de* — *à faire voir*, non c'è niente di particolare da far vedere || *par une faveur spéciale*, in via del tutto eccezionale || *il est un peu* —, è un tipo un po' strano || *envoyé* —, inviato speciale; *édition spéciale*, edizione straordinaria.

spécialement [spesjalmɑ̃] *avv.* specialmente || *pas* —, non particolarmente; non proprio.

spécialisation [spesjalizasjɔ̃] *s.f.* specializzazione.

spécialisé [spesjalize] *agg.* specializzato.

spécialiser [spesjalize] *v.tr.* specializzare □ **se spécialiser** *v.pron.* specializzarsi.

spécialiste [spesjalist] *s.m.* **1** esperto; specialista **2** (medico) specialista: — *de médecine interne*, internista ♦ *agg.* specialistico.

spécialité [spesjalite] *s.f.* specialità (*anche cuc.*).

spécieusement [spesjøzmɑ̃] *avv.* in modo specioso.

spécieux [spesjø] (f. *-euse*) *agg.* specioso.

spécification [spesifikasjɔ̃] *s.f.* specificazione.

spécificité [spesifisite] *s.f.* specificità.

spécifier [spesifje] *v.tr.* specificare.

spécifique [spesifik] *agg.* e *s.m.* specifico || **-ement** *avv.*.

spécimen [spesimɛn] *s.m.* **1** esemplare; esempio, modello **2** specimen, campione; (*tip.*) specimen, saggio: (*numéro*) — *d'une revue*, specimen di una rivista.

spectacle [spɛktakl] *s.m.* spettacolo || (*cine.*) — *permanent*, spettacolo continuato || *se donner*, *s'offrir en* —, dare spettacolo di sé || *à grand* —, spettacolare.

spectaculaire [spɛktakylɛr] *agg.* spettacolare; spettacoloso.

spectateur [spɛktatœr] (f. *-trice*) *s.m.* spettatore: *être le* — *de*, essere spettatore di.

spectral [spɛktral] (pl. *-aux*) *agg.* spettrale.

spectre [spɛktr] *s.m.* spettro.

spectrographie [spɛktrɔgrafi] *s.f.* spettrografia.

spectrométrie [spɛktrɔmetri] *s.f.* spettrometria.

spectroscopie [spɛktrɔskɔpi] *s.f.* spettroscopia.

spectroscopique [spɛktrɔskɔpik] *agg.* spettroscopico.

spéculaire [spekylɛr] *agg.* speculare.

spéculateur [spekylatœr] (f. *-trice*) *agg.* e *s.m.* speculatore.

spéculatif [spekylatif] (f. *-ive*) *agg.* speculativo.

spéculation [spekylasjɔ̃] *s.f.* speculazione.

spéculer [spekyle] *v.intr.* speculare.

spéculum [spekylɔm] *s.m.* (*med.*) specolo.

speech [spitʃ] *s.m.* (*fam.*) breve discorso di circostanza.

spéléo- *pref.* speleo-

spéléologie [speleɔlɔgi] *s.f.* speleologia.

spéléologue [speleɔlɔg] *s.m.* speleologo.

spermatozoïde [spɛrmatozɔid] *s.m.* spermatozoo.

sperme [spɛrm] *s.m.* sperma.

spermicide [spɛrmisid] *agg.* e *s.m.* spermicida.

sphère [sfɛr] *s.f.* sfera || —*d'attributions*, sfera di

competenza; *hors de la* — *familiale*, fuori dell'ambiente familiare.

sphéricité [sferisite] *s.f.* sfericità.

sphérique [sferik] *agg.* sferico.

sphéroïde [sferɔid] *s.m.* sferoide.

sphincter [sfɛktɛr] *s.m.* sfintere.

sphinx [sfɛks] *s.m.* sfinge (*f.*).

spi [spi] *s.m.* → **spinnaker**.

spinal [spinal] (pl. *-aux*) *agg.* spinale.

spinalien [spinaljɛ̃] (f. *-enne*) *agg.* di Épinal.

spinnaker [spinakə(ɛ)r] *s.m.* (*mar.*) spinnaker.

spiral [spiral] (pl. *-aux*) *agg.* spirale ♦ *s.m.* (*ressort*) —, (*dell'orologio*) (molla a) spirale.

spirale [spiral] *s.f.* spirale: *escalier en* —, scala a chiocciola || *les spirales de la fumée*, le volute del fumo.

spire [spir] *s.f.* spira.

spirite [spirit] *agg.* spiritico ♦ *s.m.* spiritista.

spiritisme [spiritism] *s.m.* spiritismo.

spiritual [spirityɔl] (pl. *-als*) *s.m.* spiritual.

spiritualisation [spirityalizasjɔ̃] *s.f.* spiritualizzazione.

spiritualiser [spirityalize] *v.tr.* spiritualizzare.

spiritualisme [spirityalism] *s.m.* spiritualismo.

spiritualiste [spirityalist] *agg.* spiritualistico ♦ *s.m.* spiritualista.

spiritualité [spirityalite] *s.f.* spiritualità.

spirituel [spirityɛl] (f. *-elle*) *agg.* **1** spirituale **2** spiritoso; arguto ♦ *s.m.*: *le* (*pouvoir*) —, il potere spirituale.

spirituellement [spirityɛlmɑ̃] *avv.* **1** spiritualmente **2** spiritosamente, con spirito, brio.

spiritueux [spirityø] (f. *-euse*) *agg.* e *s.m.* alcolico.

spleen [splin] *s.m.* (*letter.*) spleen, profonda malinconia.

splendeur [splɑ̃dœr] *s.f.* splendore (*m.*).

splendide [splɑ̃did] *agg.* splendido || **-ement** *avv.*.

splénique [splenik] *agg.* (*anat.*) splenico.

spoliateur [spɔljatœr] (f. *-trice*) *agg.* che spoglia, che depreda ♦ *s.m.* depredatore, spogliatore.

spoliation [spɔljasjɔ̃] *s.f.* spoliazione, defraudamento (*m.*).

spolier [spɔlje] *v.tr.* spogliare, defraudare.

spongieux [spɔ̃ʒjø] (f. *-euse*) *agg.* spugnoso.

spongiosité [spɔ̃ʒjozite] *s.f.* spugnosità.

sponsor [spɔ̃nsɔr] *s.m.* (*econ.*) sponsor.

sponsoring [spɔ̃sɔriŋ] *s.m.* sponsorizzazione (*f.*).

sponsoriser [spɔ̃sɔrize] *v.tr.* sponsorizzare.

spontané [spɔ̃tane] *agg.* spontaneo || *combustion spontanée*, autocombustione.

spontanéité [spɔ̃taneite] *s.f.* spontaneità.

spontanément [spɔ̃tanemɑ̃] *avv.* spontaneamente.

sporadicité [spɔradisite] *s.f.* sporadicità.

sporadique [spɔradik] *agg.* sporadico || **-ement** *avv.*.

sporange [spɔrɑ̃ʒ] *s.m.* (*bot.*) sporangio.

spore [spɔr] *s.f.* spora.

sport [spɔr] *s.m.* sport: *terrain de* —, campo sportivo; *voiture de* —, vettura sportiva; *chaussures de* —, scarpe da ginnastica || *sports d'hiver*, sport invernali, vacanze invernali || *il va y avoir*

du —, (*fam.*) ci sarà baruffa ♦ *agg.* (*fam.*) sportivo || *être* —, saper perdere.
sportif [spɔʀtif] (f. *-ive*) *agg.* e *s.m.* sportivo.
sportivement [spɔʀtivmɑ̃] *avv.* **1** sportivamente, lealmente **2** (*fig.*) sportivamente; con filosofia.
sportivité [spɔʀtivite] *s.f.* sportività.
spot [spɔt] *s.m.* spot || — *applique*, faretto da muro.
sprat [spʀat] *s.m.* (*zool.*) spratto.
spray [spʀɛ] *s.m.* spray; (bomboletta) spray.
sprint [spʀint] *s.m.* (*sport*) **1** sprint, scatto finale **2** (*atletica, ciclismo*) corsa piana; corsa su breve distanza.
sprinter[1] [spʀintœʀ] *s.m.* (*sport*) scattista, velocista.
sprinter[2] [spʀinte] *v.intr.* (*sport*) scattare.
spumeux [spymø] (f. *-euse*) *agg.* spumoso, schiumoso.
squale [skwal] *s.m.* (*zool.*) squalo.
squame [skwam] *s.f.* scaglia; squama (*anche med.*).
squameux [skwamø] (f. *-euse*) *agg.* squamoso.
square [skwaʀ] *s.m.* giardinetto pubblico (in mezzo a una piazza).
squash [skwaʃ] *s.m.* (*sport*) squash.
squat [skwat] *s.m.* occupazione abusiva di una casa; (*estens.*) casa occupata.
squatine [skwatin] *s.m.* (*zool.*) squatina (*f.*), squadro.
squatter[1] [skwatœʀ, skwatɛʀ] *s.m.* occupante abusivo (di locale, di appartamento).
squatter[2] [skwate], **squattériser** [skwateʀize] *v.tr.* occupare abusivamente (un locale, un appartamento).
squelette [skəlɛt] *s.m.* scheletro.
squelettique [skəletik] *agg.* scheletrico.
stabilisateur [stabilizatœʀ] (f. *-trice*) *agg.* e *s.m.* stabilizzatore.
stabilisation [stabilizasjɔ̃] *s.f.* stabilizzazione.
stabiliser [stabilize] *v.tr.* stabilizzare □ **se stabiliser** *v.pron.* stabilizzarsi.
stabilité [stabilite] *s.f.* stabilità.
stable [stabl] *agg.* stabile.
stade [stad] *s.m.* stadio || *à ce* —..., (*fig.*) a questo punto...
staff[1] [staf] *s.m.* tipo di stucco (per decorazioni).
staff[2] *s.m.* staff; personale.
stage [staʒ] *s.m.* **1** tirocinio, pratica (*f.*): *faire son* — *chez un notaire*, fare pratica in uno studio notarile; *faire un* — *dans un hôpital*, fare tirocinio in un ospedale **2** stage, corso di formazione o di specializzazione professionale.
stagiaire [staʒjɛʀ] *agg.* e *s.m.* tirocinante; chi fa uno stage.
stagnant [stagnɑ̃] *agg.* stagnante.
stagnation [stagnasjɔ̃] *s.f.* ristagno (*m.*).
stagner [stagne] *v.intr.* (ri)stagnare (*anche fig.*).
stakhanovisme [stakanɔvism] *s.m.* stacanovismo.
stakhanoviste [stakanɔvist] *agg.* e *s.m.* stacanovista.

stalactite [stalaktit] *s.f.* stalattite.
stalagmite [stalagmit] *s.f.* stalagmite.
stalinien [stalinjɛ̃] (f. *-enne*) *agg.* e *s.m.* staliniano, stalinista.
stalinisme [stalinism] *s.m.* stalinismo.
stalle [stal] *s.f.* **1** (*nel coro di una chiesa*) stallo (*m.*), scanno (*m.*) **2** (*nelle scuderie*) box (*m.*).
staminé [stamine] *agg.* (*bot.*) staminifero || *fleur staminée*, fiore maschile.
stance [stɑ̃s] *s.f.* (*lett.*) stanza.
stand [stɑ̃d] *s.m.* **1** stand **2** — *de tir*, stand, campo di tiro al bersaglio **3** (*negli autodromi*) box, stand.
standard[1] [stɑ̃daʀ] *agg.* e *s.m.* standard, tipo || — *de vie*, tenore di vita || *le français* —, il francese corrente.
standard[2] *s.m.* centralino (telefonico).
standardisation [stɑ̃daʀdizasjɔ̃] *s.f.* standardizzazione.
standardisé [stɑ̃daʀdize] *agg.* standardizzato.
standardiser [stɑ̃daʀdize] *v.tr.* standardizzare.
standardiste [stɑ̃daʀdist] *s.m.* e *f.* (*tel.*) centralinista.
standing [stɑ̃diŋ] *s.m.* **1** tenore di vita; posizione sociale **2** (*di case, di appartamenti*) lusso, comodità (*f.*): *appartement de grand* —, *de bon* —, appartamento di lusso, signorile.
staphylocoque [stafilɔkɔk] *s.m.* stafilococco.
star [staʀ] *s.f.* stella del cinema, star.
stariser [staʀize] *v.tr.* trasformare in star.
starlette [staʀlɛt] *s.f.* stellina (del cinema).
starter [staʀtɛʀ] *s.m.* **1** (*sport*) giudice di partenza **2** (*aut.*) starter; dispositivo di avviamento a freddo.
stase [staz] *s.f.* (*med.*) stasi.
station [sta(a)sjɔ̃] *s.f.* **1** stazione, posizione **2** stazione, luogo di fermata: — *de métro*, stazione della metropolitana; — *de taxis*, posteggio di taxi; (—) *terminus*, capolinea **3** luogo di soggiorno: — *de sports d'hiver*, stazione invernale **4** osservatorio (*m.*); laboratorio (*m.*): — *météorologique*, osservatorio meteorologico, stazione meteorologica || (*rad.*) — *d'émission*, stazione emittente.
stationnaire [stasjɔnɛʀ] *agg.* stazionario.
stationnement [stasjɔnmɑ̃] *s.m.* sosta (*f.*); stazionamento: — *interdit*, divieto di sosta; — *unilatéral*, sosta permessa su un lato solo (della strada); *aire de* —, area di parcheggio; *parc de* — *gardé*, parcheggio custodito.
stationner [stasjɔne] *v.intr.* sostare, stazionare: *être stationné*, essere in sosta.
station-service [stasjɔ̃sɛʀvis] (pl. *stations-service*) *s.f.* area, stazione di servizio.
statique [statik] *agg.* statico ♦ *s.f.* (*fis.*) statica.
statisticien [statistisjɛ̃] (f. *-enne*) *s.m.* statistico, studioso di statistica.
statistique [statistik] *agg.* statistico ♦ *s.f.* statistica.
statuaire [statyɛʀ] *agg.* e *s.m.* statuario ♦ *s.f.* statuaria.
statue [staty] *s.f.* statua.

statuer [statɥe] *v.tr.* statuire, decretare: — *une enquête*, decretare, ordinare un'inchiesta ♦ *v.intr.* deliberare.

statuette [statɥet] *s.f.* statuetta, statuina.

statufier [statyfje] *v.tr.* innalzare una statua a; (*fig.*) pietrificare.

stature [statyʀ] *s.f.* statura.

statut [staty] *s.m.* (*dir.*) **1** statuto, regolamento **2** *pl.* (*di società*) statuto (*sing.*) **3** condizione (*f.*): *le — de la femme dans la société*, la posizione della donna nella società.

statutaire [statytɛʀ] *agg.* (*dir.*) statutario.

statutairement [statytɛʀmã] *avv.* in conformità con lo statuto.

steak [stɛk] *s.m.* bistecca (*f.*): — *frites*, bistecca con patatine fritte; — *haché*, hamburger, svizzera.

steamer [stimœʀ] *s.m.* nave a vapore.

stéatite [steatit] *s.f.* (*min.*) steatite.

steeple [stipl], **steeple-chase** [stiplʃɛz] (pl. *steeple-chases*) *s.m.* **1** (*ippica*) steeple-chase **2** (*atletica*) corsa a ostacoli.

stégosaure [stegosɔʀ] *s.m.* stegosauro.

stèle [stɛl] *s.f.* stele.

stellaire [ste(el)lɛʀ] *agg.* stellare ♦ *s.f.* (*bot.*) stellaria.

stencil [stɛnsil] *s.m.* matrice per ciclostile.

stendhalien [stɛ̃daljɛ̃] (f. -*enne*) *agg.* stendhaliano.

sténo [steno] *s.m.* (*abbr.*) → **sténographe** ♦ *s.f.* (*abbr.*) → **sténographie.**

sténodactylo [stenɔdaktilo] *s.m.* stenodattilografo ♦ *s.f.* stenodattilografa.

sténodactylographie [stenɔdaktilɔgʀafi] *s.f.* stenodattilografia.

sténographe [stenɔgʀaf] *s.m.* e *f.* stenografo/a.

sténographie [stenɔgʀafi] *s.f.* stenografia.

sténographier [stenɔgʀafje] *v.tr.* stenografare.

sténographique [stenɔgʀafik] *agg.* stenografico.

sténose [stenoz] *s.f.* (*med.*) stenosi.

sténotypie [stenɔtipi] *s.f.* stenotipia.

stentor [stãtɔʀ] *s.m.* **1** *voix de —*, voce stentorea **2** (*zool.*) stentor.

stéphanois [stefanwa] *agg.* di Saint-Étienne.

steppe [step] *s.f.* steppa.

steppique [stepik] *agg.* stepposo; steppico.

stère [stɛʀ] *s.m.* stero.

stéréo [steʀeo] (*abbr. di* stéréophonique) *agg.* stereo, stereofonico ♦ (*abbr. di* stéréophonie) *s.f.* stereofonia.

stéréo- *pref.* stereo-

stéréométrie [steʀeɔmetʀi] *s.f.* stereometria.

stéréophonie [steʀeɔfɔni] *s.f.* stereofonia.

stéréophonique [steʀeɔfɔnik] *agg.* stereofonico.

stéréoscope [steʀeɔskɔp] *s.m.* (*fis.*) stereoscopio.

stéréoscopie [steʀeɔskɔpi] *s.f.* stereoscopia.

stéréoscopique [steʀeɔskɔpik] *agg.* stereoscopico.

stéréotomie [steʀeɔtɔmi] *s.f.* (*mat.*) stereotomia.

stéréotype [steʀeɔtip] *agg.* e *s.m.* stereotipo.

stéréotypé [steʀeɔtipe] *agg.* stereotipato.

stéréotyper [steʀeɔtipe] *v.tr.* **1** (*tip.*) stereotipare **2** (*fig.*) rendere stereotipato.

stéréotypie [steʀeɔtipi] *s.f.* stereotipia.

stérile [steʀil] *agg.* sterile || -**ement** *avv.*

stérilet [steʀilɛ] *s.m.* (*med.*) spirale (intrauterina).

stérilisant [steʀilizã] *s.m.* (*med.*) anticoncezionale.

stérilisateur [steʀilizatœʀ] *s.m.* (*apparecchio*) sterilizzatore.

stérilisation [steʀilizasjɔ̃] *s.f.* sterilizzazione.

stérilisé [steʀilize] *agg.* sterilizzato.

stériliser [steʀilize] *v.tr.* rendere sterile; (*med.*) sterilizzare.

stérilité [steʀilite] *s.f.* sterilità.

sterling [stɛʀliŋ] (pl. *invar.*) *agg.* e *s.m.*: *livre —*, (lira) sterlina.

sterne [stɛʀn] *s.f.* (*zool.*) sterna.

sternum [stɛʀnɔm] *s.m.* (*anat.*) sterno.

sternutatoire [stɛʀnytatwaʀ] *agg.* starnutatorio.

stéroïde [steʀɔid] *agg.* (*biochim.*) steroideo: *hormone —*, ormone steroideo ♦ *s.m.* steroide.

stéthoscope [stetɔskɔp] *s.m.* stetoscopio.

steward [stjuwaʀt, stiwaʀt] *s.m.* steward; (*sugli aerei*) assistente di volo; (*sulle navi*) assistente di bordo.

stick [stik] *s.m.* **1** canna (*f.*); frustino **2** (*sport*) bastone, mazza (per hockey) **3** (*mil.*) pattuglia di paracadutisti **4** (*cosmetica*) stick.

stigmate [stigmat] *s.m.* **1** stigma, marchio **2** (*bot., zool.*) stigma **3** *pl.* (*relig.*) stimmate (*f.*).

stigmatiser [stigmatize] *v.tr.* stigmatizzare.

stilligoutte [stilligut] *s.m.* (*med.*) contagocce.

stimulant [stimylã] *agg.* e *s.m.* stimolante.

stimulateur [stimylatœʀ] *s.m.* (*med.*) stimolatore.

stimulation [stimylasjɔ̃] *s.f.* stimolo (*m.*); stimolazione || (*econ.*) — *des ventes*, incentivazione delle vendite.

stimuler [stimyle] *v.tr.* stimolare.

stimulus [stimylys] *s.m.* stimolo.

stipe [stip] *s.m.* (*bot.*) stipite.

stipendier [stipãdje] *v.tr.* assoldare, prezzolare.

stipulation [stipylasjɔ̃] *s.f.* (*dir.*) clausola contrattuale; patto (*m.*).

stipuler [stipyle] *v.tr.* **1** stipulare, pattuire; inserire una clausola in un contratto **2** specificare.

stock [stɔk] *s.m.* stock, scorte (*f.pl.*); giacenze (*f.pl.*); (*estens.*) scorta (*f.*) || *garder en —*, tenere in magazzino.

stockage [stɔkaʒ] *s.m.* stoccaggio, immagazzinamento.

stocker [stɔke] *v.tr.* immagazzinare; mettere scorte in magazzino; (*estens.*) ammassare.

stockfish [stɔkfiʃ] *s.m.* stoccafisso.

stockiste [stɔkist] *s.m.* **1** stockista, depositario delle merci di un fabbricante **2** concessionario (di pezzi di ricambio di un costruttore).

stoïcien [stɔisjɛ̃] (f. -*enne*) *agg.* e *s.m.* stoico.

stoïcisme [stɔisism] *s.m.* stoicismo.

stoïque [stɔik] *agg.* e *s.m.* stoico || -**ement** *avv.*

stomacal [stɔmakal] (pl. -*aux*) *agg.* stomacale.

stomachique [stɔmaʃik] *agg.* e *s.m.* (*med.*) stomachico.

stomatite [stɔmatit] *s.f.* stomatite.

stomatologie [stɔmatɔlɔʒi] *s.f.* stomatologia.

stomatologiste [stɔmatɔlɔʒist], **stomatologue** [stɔmatɔlɔg] *s.m.* stomatologo.

stop [stɔp] *inter.* stop!, alt! ♦ *s.m.* 1 stop 2 (*fam.*) autostop: *faire du* —, fare l'autostop.

stoppage [stɔpaʒ] *s.m.* 1 (*cucito*) rammendo invisibile 2 (*sport*) stoppata (*f.*).

stopper[1] [stɔpe] *v.tr.* rammendare, fare un rammendo invisibile (a, su).

stopper[2] *v.tr.* fermare, bloccare ♦ *v.intr.* arrestarsi.

stoppeur [stɔpœʀ] *s.m.* (*fam.*) autostoppista.

stoppeuse [stɔpøz] *s.f.* rammendatrice.

store [stɔʀ] *s.m.* 1 tenda (*f.*); tendone; stuoia (*f.*) ‖ *stores vénitiens*, (tende) veneziane 2 tapparella (*f.*), avvolgibile.

storiste [stɔʀist] *s.m.* tapparellista.

strabique [stʀabik] *agg.* e *s.m.* strabico.

strabisme [stʀabism] *s.m.* strabismo.

stradivarius [stʀadivaʀjys] *s.m.* (*mus.*) stradivario.

stramoine [stʀamwan] *s.f.* (*bot.*) stramonio (*m.*).

strangulation [stʀɑ̃gylasjɔ̃] *s.f.* strangolamento (*m.*).

strapontin [stʀapɔ̃tɛ̃] *s.m.* strapuntino ‖ *on lui a offert un* — *au conseil*, gli hanno offerto un ruolo secondario in consiglio.

strasbourgeois [stʀasbuʀʒwa] *agg.* di Strasburgo.

strass [stʀas] *s.m.* 1 strass 2 (*fig.*) falso luccichio; orpello.

stratagème [stʀataʒɛm] *s.m.* stratagemma; astuzia (*f.*), espediente.

strate [stʀat] *s.f.* (*geol.*) strato (*m.*).

stratège [stʀatɛʒ] *s.m.* stratega.

stratégie [stʀateʒi] *s.f.* strategia.

stratégique [stʀateʒik] *agg.* strategico ‖ **-ement** *avv.*

stratif [stʀatif] *s.m.* (*in Africa*) funzionario pubblico; burocrate.

stratification [stʀatifikasjɔ̃] *s.f.* stratificazione.

stratifié [stʀatifje] *agg.* 1 stratificato, disposto a strati 2 (*tecn.*) laminato ♦ *s.m.* laminato plastico.

stratifier [stʀatifje] *v.tr.* stratificare.

stratigraphie [stʀatigʀafi] *s.f.* stratigrafia.

strato-cumulus [stʀatɔkymylys] (pl. *invar.*) *s.m.* stratocumulo.

stratosphère [stʀatɔsfɛʀ] *s.f.* stratosfera.

stratosphérique [stʀatɔsfeʀik] *agg.* stratosferico.

stratus [stʀatys] *s.m.* (*meteor.*) strato.

streptocoque [stʀeptɔkɔk] *s.m.* streptococco.

streptomycine [stʀeptɔmisin] *s.f.* streptomicina.

stress [stʀes] *s.m.* stress.

stressant [stʀesɑ̃] *agg.* stressante.

stressé [stʀese] *agg.* stressato.

stresser [stʀese] *v.tr.* stressare.

stretch [stʀetʃ] *agg.* stretch, elasticizzato ♦ *s.m.* tessuto stretch, tessuto elasticizzato.

stretching [stʀetʃiŋ] *s.m.* (*ginnastica*) stretching.

strict [stʀikt] *agg.* 1 stretto: *stricte observation du règlement*, stretta, rigorosa osservanza del regolamento; *la stricte vérité*, la pura verità 2 duro, severo: *un professeur très* —, un professore molto severo ‖ *il est* — *en affaires*, è rigoroso, non ammette deroghe negli affari 3 sobrio, rigoroso.

strictement [stʀiktəmɑ̃] *avv.* rigorosamente; strettamente; severamente.

striction [stʀiksjɔ̃] *s.f.* (*med.*) stenosi.

stridence [stʀidɑ̃s] *s.f.* (*letter.*) stridore (*m.*).

strident [stʀidɑ̃] *agg.* stridente, stridulo.

stridulation [stʀidylasjɔ̃] *s.f.* stridulazione.

strie [stʀi] *s.f.* stria; striatura; (*arch.*) scanalatura.

strié [stʀije] *agg.* striato; rigato; (*arch.*) scanalato.

strier [stʀije] *v.tr.* striare.

string [stʀiŋ] *s.m.* (*abbigl.*) tanga.

strip-tease [stʀiptiz] (pl. *strip-teases*) *s.m.* spogliarello, strip-tease.

strip-teaseuse [stʀiptizøz] (pl. *strip-teaseuses*) *s.f.* spogliarellista.

striure [stʀijyʀ] *s.f.* stria; striatura.

stroboscope [stʀɔbɔskɔp] *s.m.* (*fis.*) stroboscopio.

strontium [stʀɔ̃sjɔm] *s.m.* (*chim.*) stronzio.

strophe [stʀɔf] *s.f.* strofa, strofe.

structural [stʀyktyʀal] (pl. *-aux*) *agg.* strutturale.

structuralisme [stʀyktyʀalism] *s.m.* strutturalismo.

structuraliste [stʀyktyʀalist] *agg.* strutturalistico ♦ *s.m.* strutturalista.

structurant [stʀyktyʀɑ̃] *agg.* strutturante; che determina una struttura.

structuration [stʀyktyʀasjɔ̃] *s.f.* strutturazione.

structure [stʀyktyʀ] *s.f.* struttura ‖ (*biol.*) *gène de* —, gene strutturale ‖ *structures d'accueil*, centri d'accoglienza.

structuré [stʀyktyʀe] *agg.* strutturato.

structurel [stʀyktyʀel] (f. *-elle*) *agg.* strutturale ‖ *chômage* —, disoccupazione endemica ‖ **-ellement** *avv.*

structurer [stʀyktyʀe] *v.tr.* strutturare.

strychnine [stʀiknin] *s.f.* stricnina.

stuc [styk] *s.m.* stucco.

stucage [stykaʒ] *s.m.* stuccatura (*f.*).

stucateur [stykatœʀ] *s.m.* stuccatore.

studette [stydet] *s.f.* (piccolo) monolocale.

studieusement [stydjøzmɑ̃] *avv.* con diligenza, con cura.

studieux [stydjø] (f. *-euse*) *agg.* 1 studioso; amante dello studio 2 consacrato allo studio; *une journée studieuse*, una giornata di studio; *des vacances studieuses*, vacanze di studio, dedicate allo studio.

studio [stydio] *s.m.* 1 monolocale; miniappartamento 2 (*cine.*, *tv.*) studio, teatro di posa 3 — *d'enregistrement*, sala di registrazione 4 — (*d'art et d'essai*), cinema d'essai.

stup [styp] (*abbr. di* stupéfiant) *s.m.* stupefacente: *brigade des stups*, nucleo antidroga.

stupéfaction [stypefaksjɔ̃] *s.f.* stupefazione, stupore (*m.*).

stupéfait [stypefe] *agg.* stupefatto, sbalordito: *je*

suis — d'apprendre que..., sono sbalordito nel-l'apprendere che...

stupéfiant [stypefjɑ̃] *agg.* **1** stupefacente, sbalorditivo **2** *(di sostanza)* stupefacente ♦ *s.m.* *(sostanza)* stupefacente.

stupéfier [stypefje] *v.tr.* stupefare, sbalordire.

stupeur [stypœʀ] *s.f.* stupore *(m.)*; sbalordimento *(m.)*.

stupide [stypid] *agg.* e *s.m.* stupido || **-ement** *avv.*

stupidité [stypidite] *s.f.* stupidità; stupidaggine.

stupre [stypʀ] *s.m.* *(letter.)* lussuria *(f.)*.

stuquer [styke] *v.tr.* stuccare.

style [stil] *s.m.* **1** stile || *meubles de —*, mobili in stile || *dans le — de...,* (in) stile... || *de grand —,* in grande stile **2** *(archeol.)* stilo **3** stilo (ago della meridiana) **4** *(bot.)* stilo.

stylé [stile] *agg.* che ha stile: *un maître d'hôtel —,* un maggiordomo impeccabile.

stylet [stile] *s.m.* **1** stiletto **2** *(del chirurgo)* specillo **3** *(zool.)* rostro.

stylisation [stilizasjɔ̃] *s.f.* stilizzazione.

stylisé [stilize] *agg.* stilizzato.

styliser [stilize] *v.tr.* stilizzare.

styliste [stilist] *s.m.* stilista; designer.

stylistique [stilistik] *agg.* stilistico ♦ *s.f.* stilistica.

stylo [stilo] *s.m.*: *— à bille,* penna a sfera, biro.

stylobate [stilɔbat] *s.m.* *(arch.)* stilobate.

stylobille [stilɔbji] *s.m.* penna a sfera, biro *(f.)*.

stylo-feutre [stiloføtʀ] (pl. *stylos-feutres*) *s.m.* pennarello (a punta fine).

stylomine [stilɔmin] *s.f.* *(matita)* portamina *(m.)*.

styrax [stiʀaks] *s.m.* *(bot.)* storace.

su [sy] *part.pass. di* savoir ♦ *agg.* saputo || *(au vu et) au — de tout le monde,* a saputa di tutti, come tutti sanno.

suaire [sɥɛʀ] *s.m.* sudario || *(eccl.) le Saint Suaire,* la Sacra Sindone.

suant [sɥɑ̃] *agg.* *(fam. antiq.)* scocciante.

suave [sɥav] *agg.* soave || **-ement** *avv.*

suavité [sɥavite] *s.f.* soavità.

sub- *pref.* sub-; sotto-

subaigu [sybegy] (f. *-guë*) *agg.* *(med.)* subacuto.

subalpin [sybalpɛ̃] *agg.* subalpino.

subalterne [sybaltɛʀn] *agg.* **1** subalterno **2** *(estens.)* di secondo piano, secondario ♦ *s.m.* subalterno.

subconscient [sybkɔ̃sjɑ̃] *agg.* e *s.m.* subcosciente, subconscio.

subdiviser [sybdivize] *v.tr.* suddividere.

subdivision [sybdivizjɔ̃] *s.f.* **1** suddivisione **2** *(mil., pol.)* circoscrizione, distretto *(m.)*.

subéreux [sybeʀø] (f. *-euse*) *agg.* sugheroso.

subir [sybiʀ] *v.tr.* subire; sopportare: *— avec patience,* sopportare con pazienza; *je l'ai subi toute la soirée,* *(fam.)* me lo sono sorbito tutta la sera.

subit [sybi] *agg.* improvviso; subitaneo, istantaneo: *changement —,* cambiamento repentino.

subitement [sybitmɑ̃] *avv.* improvvisamente, all'improvviso, tutto a un tratto.

subito [sybito] *avv.* *(fam.)* improvvisamente || *— presto,* seduta stante.

subjectif [sybʒɛktif] (f. *-ive*) *agg.* soggettivo || **-ivement** *avv.*

subjectivisme [sybʒɛktivism] *s.m.* soggettivismo.

subjectivité [sybʒɛktivite] *s.f.* soggettività.

subjonctif [sybʒɔ̃ktif] (f. *-ive*) *agg.* e *s.m.* congiuntivo.

subjuguer [sybʒyge] *v.tr.* soggiogare.

sublimation [syblimasjɔ̃] *s.f.* sublimazione.

sublime [syblim] *agg.* e *s.m.* sublime.

sublimé [syblime] *s.m.* sublimato.

sublimer [syblime] *v.tr.* sublimare.

sublimité [syblimite] *s.f.* sublimità.

sublingual [syblɛ̃gwal] (pl. *-aux*) *agg.* *(med.)* sublinguale.

submerger [sybmɛʀʒe] *(coniug. come* manger*)* *v.tr.* **1** sommergere *(anche fig.)* **2** *(fig.)* sopraffare.

submersible [sybmɛʀsibl] *agg.* subacqueo ♦ *s.m.* sommergibile.

submersion [sybmɛʀsjɔ̃] *s.f.* *(letter.)* sommersione.

subodorer [sybɔdɔʀe] *v.tr.* **1** *(fig.)* subodorare **2** *(antiq.)* fiutare.

subordination [sybɔʀdinasjɔ̃] *s.f.* subordinazione.

subordonné [sybɔʀdɔne] *agg.* e *s.m.* subordinato, dipendente.

subordonnée [sybɔʀdɔne] *s.f.* *(gramm.)* subordinata, dipendente.

subordonner [sybɔʀdɔne] *v.tr.* subordinare.

subornation [sybɔʀnasjɔ̃] *s.f.* subornazione.

suborner [sybɔʀne] *v.tr.* subornare.

suborneur [sybɔʀnœʀ] (f. *-euse*) *agg.* e *s.m.* corruttore, subornatore.

subreptice [sybʀɛptis] *agg.* **1** *(dir.)* surrettizio **2** furtivo.

subrepticement [sybʀɛptismɑ̃] *avv.* furtivamente; impercettibilmente.

subrogation [sybʀɔgasjɔ̃] *s.f.* *(dir.)* surrogazione, surroga.

subrogatoire [sybʀɔgatwaʀ] *agg.* *(dir.)* surrogatorio.

subrogé [sybʀɔʒe] *agg.* *(dir.)* sostituto.

subroger [sybʀɔʒe] *(coniug. come* manger*)* *v.tr.* *(dir.)* surrogare.

subséquent [sypsekɑ̃] *agg.* susseguente || **-emment** *avv.*

subside [sypsid] *s.m.* sussidio.

subsidiaire [syps(bz)idjɛʀ] *agg.* sussidiario.

subsistance [subzistɑ̃s] *s.f.* sostentamento *(m.)* || *(mil.) service des subsistances,* sussistenza militare.

subsister [sybziste] *v.intr.* **1** permanere, rimanere, sussistere **2** vivere, sostentarsi || *travailler pour —,* lavorare per guadagnarsi da vivere.

substance [sypstɑ̃s] *s.f.* sostanza || *voici la — de son discours,* ecco il succo del suo discorso.

substantiel [sypstɑ̃sjɛl] (f. *-elle*) *agg.* **1** sostanziale, essenziale: *cela vous donnera des avantages substantiels,* ciò vi darà notevoli vantaggi **2** sostanzioso.

substantif [sypstãtif] (f. *-ive*) *agg.* e *s.m.* sostantivo.

substantifique [sypstãtifik] *agg.*: — *moelle*, nutrimento dello spirito.

substantiver [sypstãtive] *v.tr.* sostantivare.

substituer [sypstitɥe] *v.tr.* sostituire.

substitut [sypstity] *s.m.* sostituto || — *du procureur de la République*, sostituto procuratore della repubblica.

substitutif [sypstitytif] (f. *-ive*) *agg.* sostitutivo (*anche med.*).

substitution [sypstitysjɔ̃] *s.f.* sostituzione.

substrat [sypstʀa], **substratum** [sypstʀatɔm] *s.m.* sostrato, substrato (*anche estens.*).

subterfuge [syptɛʀfyʒ] *s.m.* sotterfugio: *user de subterfuges*, ricorrere a sotterfugi.

subtil [syptil] *agg.* acuto, sottile; ingegnoso.

subtilement [syptilmã] *avv.* sottilmente; ingegnosamente.

subtilisation [syptilizasjɔ̃] *s.f.* il sottilizzare; cavillosità.

subtiliser [syptilize] *v.tr.* (*fam.*) portare via, fare sparire; rubare ♦ *v.intr.* sottilizzare.

subtilité [syptilite] *s.f.* sottigliezza.

subtropical [sybtʀɔpikal] (pl. *-aux*) *agg.* subtropicale.

suburbain [sybyʀbɛ̃] *agg.* suburbano.

subvenir [sybvəniʀ] (*coniug. come* venir) *v.intr.* sovvenire; provvedere.

subvention [sybvãsjɔ̃] *s.f.* sovvenzione, sussidio (*m.*).

subventionner [sybvãsjɔne] *v.tr.* sovvenzionare.

subvenu [sybvəny] *part.pass. di* subvenir.

subversif [sybvɛʀsif] (f. *-ive*) *agg.* sovversivo, eversivo.

subversion [sybvɛʀsjɔ̃] *s.f.* sovversione, sovvertimento (*m.*).

subvertir [sybvɛʀtiʀ] *v.tr.* sovvertire.

suc [syk] *s.m.* (*biol.*) succo.

succédané [syksedane] *agg.* e *s.m.* succedaneo, surrogato.

succéder [syksede] (*coniug. come* céder) *v.intr.* succedere, subentrare (*anche fig.*): *il a succédé à son père*, è succeduto al padre □ **se succéder** *v.pron.* succedersi; avvicendarsi; susseguirsi: *les événements se sont succédé rapidement*, gli avvenimenti si sono susseguiti rapidamente.

succès [syksɛ] *s.m.* successo, riuscita (*f.*): *un demi-succès*, un modesto successo || *écrivain à —*, scrittore di successo.

successeur [syksesœʀ] *s.m.* successore.

successif [syksesif] (f. *-ive*) *agg.* **1** successivo **2** (*dir.*) successorio, di successione.

succession [syksesjɔ̃] *s.f.* successione, il susseguirsi, il succedersi || (*dir.*) *droits de —*, tassa di successione.

successivement [syksesivmã] *avv.* successivamente.

successoral [syksesɔʀal] (pl. *-aux*) *agg.* (*dir.*) successorio.

succinct [syksɛ̃] *agg.* succinto || *-ement avv.*

succion [syksjɔ̃] *s.f.* suzione, aspirazione.

succomber [sykɔ̃be] *v.intr.* soccombere.

succube [sykyb] *s.m.* succube, succubo.

succulence [sykylãs] *s.f.* succulenza.

succulent [sykylã] *agg.* gustoso, succulento.

succursale [sykyʀsal] *agg.* e *s.f.* succursale || *succursales de banques*, filiali bancarie.

succursalisme [sykyʀsalism] *s.m.* commercializzazione attraverso una fitta rete di succursali.

sucement [sysmã] *s.m.* succhiamento; suzione (*f.*).

sucer [syse] (*coniug. come* placer) *v.tr.* succhiare || *pastilles à — lentement*, pastiglie da sciogliere lentamente in bocca.

sucette [sysɛt] *s.f.* **1** lecca lecca (*m.*) **2** succhiotto (*m.*).

suceur [sysœʀ] (f. *-euse*) *agg.* succhiatore.

suçoir [syswaʀ] *s.m.* **1** (*zool.*) succhiatoio **2** (*bot.*) pollone, succhione.

suçon [sysɔ̃] *s.m.* (*fam.*) succhiotto (sulla pelle).

suçoter [sysɔte] *v.tr.* succhiare lentamente.

sucrage [sykʀaʒ] *s.m.* zuccheraggio (di mosti, di vini).

sucre [sykʀ] *s.m.* zucchero: *morceau de —*, zolletta di zucchero || *casser du — sur le dos de qqn*, tagliare i panni addosso a qlcu || (*in Canada*) *les sucres*, raccolta della linfa dell'acero.

sucré [sykʀe] *agg.* zuccherato; dolce || *faire la sucrée*, (*fam.*) fare la smorfiosa ♦ *s.m.*: *le — et le salé*, il dolce e il salato.

sucrer [sykʀe] *v.tr.* zuccherare || *— les fraises*, (*fam.*) avere la mano che trema || *se faire — le permis de conduire*, farsi ritirare la patente □ **se sucrer** *v.pron.* (*fam.*) fare la parte del leone, trattarsi bene.

sucrerie [sykʀəʀi] *s.f.* **1** zuccherificio (*m.*) **2** *pl.* dolciumi (*m.*).

sucrette [sykʀɛt] *s.f.* dolcificante (in compresse).

sucrier [sykʀije] (f. *-ère*) *agg.* zuccheriero, saccarifero: *industrie sucrière*, industria zuccheriera, saccarifera ♦ *s.m.* **1** produttore di zucchero **2** zuccheriera (*f.*).

sud [syd] *s.m.* **1** sud: *au —*, al sud **2** (*geogr.*) *le Sud*, il Sud, il Meridione ♦ *agg.* sud, meridionale.

sud-africain [sydafʀikɛ̃] *agg.* e *s.m.* sudafricano.

sud-américain [sydameʀikɛ̃] *agg.* e *s.m.* sudamericano.

sudation [sydasjɔ̃] *s.f.* **1** (*med.*) sudorazione, traspirazione **2** (*bot.*) traspirazione.

sud-est [sydɛst] *s.m.* **1** sud-est **2** vento di sud-est, scirocco ♦ *agg.* di sud-est, sudorientale.

sudiste [sydist] *s.m.* (*st.*) sudista.

sudorifique [sydɔʀifik] *agg.* e *s.m.* sudorifero.

sudoripare [sydɔʀipaʀ] *agg.* sudoriparo.

sud-ouest [sydwɛst] *s.m.* **1** sud-ovest **2** vento di sud-ovest, libeccio ♦ *agg.* di sud-ovest, sudoccidentale.

suède [sɥɛd] *s.m.* pelle scamosciata (per guanti).

suédé [sɥede] *agg.* scamosciato.

suédois [sɥedwa] *agg.* e *s.m.* svedese.

suée [sɥe] *s.f.* (*fam.*) sudata.

suer [sɥe] *v.intr.* sudare: — *à grosses gouttes*, grondare sudore || *faire —*, (*fam.*) scocciare; *se*

faire —, rompersi ♦ *v.tr.* sudare; trasudare (*anche fig.*) || *— sang et eau*, (*fig.*) sudare sette camicie.
sueur [sɥœʀ] *s.f.* sudore (*m.*): *tout en* —, in un bagno di sudore || *donner des sueurs froides*, (*fam.*) far venire i sudori freddi || *à la — de son front*, con il sudore della fronte.
suffi [syfi] *part.pass. di* suffire.

suffire [syfiʀ]

Indic.pres. je suffis, etc., nous suffisons, etc.; *imperf.* je suffisais, etc.; *pass.rem.* je suffis, etc.; *fut.* je suffirai, etc. *Cond.* je suffirais, etc. *Cong.pres.* que je suffise, etc.; *imperf.* que je suffisse, etc. *Part.pres.* suffisant; *pass.* suffi. *Imp.* suffis, suffisons, suffisez.

v.intr. bastare, essere sufficiente: *un jour a suffi*, è bastato un giorno; *deux heures ont suffi*, sono bastate, sono state sufficienti due ore || *il ne suffit pas à sa tâche*, non è in grado di svolgere il suo compito || (*ça*) *suffit*, basta; *ça suffit comme ça*, basta così ♦ *v.intr.impers.* bastare: *il vous suffira de dire votre nom*, basterà dire, che diciate il vostro nome; *il suffit que tu me le demandes*, basta che tu me lo chieda; *il suffisait que tu le dises*, bastava che tu lo dicessi; *il a suffi d'un mot de sa part*, è bastata una sua parola; *il suffit d'une fois!*, basta una volta! □ **se suffire** *v.pron.* bastare: *se — à soi-même*, bastare a se stesso.
suffisamment [syfizamɑ̃] *avv.* sufficientemente; abbastanza.
suffisance [syfizɑ̃s] *s.f.* **1** (*letter.*) sufficienza || *en* —, a sufficienza || *boire, manger à* (*sa*) —, bere, mangiare a sazietà **2** sufficienza, sussiego (*m.*) || *il est plein de* —, ha un atteggiamento di sufficienza.
suffisant [syfizɑ̃] *agg.* sufficiente.
suffixe [syfiks] *s.m.* suffisso.
suffocant [syfɔkɑ̃] *agg.* soffocante.
suffocation [syfɔkasjɔ̃] *s.f.* soffocazione, soffocamento (*m.*).
suffoquer [syfɔke] *v.tr. e intr.* soffocare.
suffrage [syfʀaʒ] *s.m.* suffragio, voto.
suffragette [syfʀaʒɛt] *s.f.* suffragista; (*scherz.*) suffragetta.
suggérer [sygʒeʀe] (*coniug. come* céder) *v.tr.* suggerire.
suggestibilité [sygʒɛstibilite] *s.f.* suggestionabilità.
suggestible [sygʒɛstibl] *agg.* suggestionabile.
suggestif [sygʒɛstif] (f. *-ive*) *agg.* suggestivo, evocatore || *un décolleté très* —, una scollatura conturbante.
suggestion [sygʒɛstjɔ̃] *s.f.* **1** suggerimento (*m.*) **2** (*psic.*) suggestione.
suggestionner [sygʒɛstjɔne] *v.tr.* suggestionare.
suggestivité [sygʒɛstivite] *s.f.* suggestività.
suicidaire [sɥisidɛʀ] *agg.* suicida: *tendances suicidaires*, tendenze suicide ♦ *s.m.* suicida; chi propende al suicidio.
suicide [sɥisid] *s.m.* suicidio.
suicidé [sɥiside] *agg. e s.m.* suicida.
suicider, se [səsɥiside] *v.pron.* suicidarsi.

suie [sɥi] *s.f.* fuliggine.
suif [sɥif] *s.m.* sego, sevo || (*bot.*) *arbre à* —, albero del sego.
suiffer [sɥife] *v.tr.* spalmare, ricoprire di sego.
suint [sɥɛ̃] *s.m.* grasso di pecora (che si mescola alla lana); untume di lana.
suintement [sɥɛ̃tmɑ̃] *s.m.* **1** (*di muro, roccia ecc.*) stillicidio, trasudazione (*f.*) **2** trasudamento (di una piaga).
suinter [sɥɛ̃te] *v.intr.* stillare, gocciolare (umidità ecc.); trasudare.
suisse [sɥis] *agg.* svizzero ♦ *s.m.* **1** (f. *Suissesse*) svizzero **2** (*eccl.*) cerimoniere ecclesiastico **3** *petit* —, formaggino bianco fresco.
suite [sɥit] *s.f.* **1** seguito (*m.*), corteo (*m.*) || *le vote fit — à cette proposition*, a quella proposta seguì la votazione || *il prit la — de son père dans les affaires*, successe a suo padre negli affari || *Dupont, prenez la* —, Dupont, continui lei (a scuola, durante la lettura) || (*comm.*): *— à votre lettre du*, facendo seguito alla vostra lettera del; *donner — à une commande*, evadere un ordine; *articles sans* —, articoli unici || *— page...*, continua a pag... (in giornali e riviste) **2** seguito (*m.*), successione, serie: *une longue — de colonnes*, una lunga fila di colonne || (*mat.*) *la — des nombres premiers*, la serie dei numeri primi **3** (*in un albergo*) appartamento (*m.*) **4** conseguenza; postumi (*m.pl.*) **5** coerenza; nesso (*m.*): *des propos sans* —, discorsi sconclusionati || *esprit de* —, coerenza di idee || *avoir de la — dans les idées*, essere coerente **6** (*mus.*) suite **7** (*inform.*) sequenza **8** (*dir.*) *droit de* —, diritto di sequela □ **de suite** *locuz.avv.* di seguito, senza interruzione: *et ainsi de* —, e così via, e via discorrendo, e così di seguito □ **tout de suite** *locuz.avv.* subito, immediatamente □ **par la suite** *locuz.avv.* in seguito, più avanti □ **dans la suite** *locuz. avv.* in seguito, col passare del tempo □ **par suite de** *locuz.prep.* in conseguenza di, a causa di □ **à la suite de** *locuz.prep.* a causa di; dietro.
suivant¹ [sɥivɑ̃] *prep.* secondo; a seconda di □ **suivant que** *locuz.cong.* secondo che, a seconda che: *— qu'il fait chaud ou froid*, secondo che faccia caldo o freddo.
suivant² *agg.* seguente ♦ *s.m.* **1** *au* —!, (*per chiamare qlcu in attesa*) avanti un altro! **2** *pl.* seguito (*sing.*).
suivante [sɥivɑ̃t] *s.f.* (*ant.*) dama di compagnia.
suiveur [sɥivœʀ] (f. *-euse*) *agg.* che segue: *voiture suiveuse*, automobile che segue una corsa ciclistica ♦ *s.m.* **1** (*ciclismo*) suiveur, chi segue le corse ciclistiche in veste ufficiale **2** chi segue passivamente (una causa, una persona).
suivi [sɥivi] *part.pass. di* suivre ♦ *agg.* **1** coerente, logico **2** continuo, ininterrotto, regolare || (*comm.*) *article* —, articolo di serie **3** (*metrica*) baciato, accoppiato ♦ *s.m.* controllo periodico permanente.
suivisme [sɥivism] *s.m.* sudditanza (*f.*), dipendenza (intellettuale).

1 De nombreux suffixes ajoutent une nuance diminutive, augmentative ou péjorative aux **noms** et **adjectifs** auxquels ils se rattachent.
Ci-dessous les cas les plus fréquents:

DIMINUTIFS

-EAU	arbre	arbrisseau	*arbusto*
	chèvre	chevreau	*capretto*
	ver	vermisseau	*vermiciattolo*
-ELLE	tour	tourelle	*torretta*
	rue	ruelle	*stradina*
-ET	jardin	jardinet	*giardinetto*
	fille	fillette	*ragazzina*
	malle	mallette	*bauletto*
	maigre	maigrelet	*magrolino*
-IN	blond	blondin	*biondino*
-ON	chaîne	chaînon	*piccola catena*
	Luis; Louise	Louison	*Luigino; Luigina*
	maigre	maigrichon	*magrolino*
-OT	jeune	jeunot	*giovincello*
	pâle	pâlot	*pallidino, palliduccio*
	Pierre	Pierrot	*Pierino*
	maigre	maigriot	*magrolino*
-ULE	ride	ridule	*rughina*

- ces suffixes peuvent se combiner

	blond	blondin, blondinet	*biondino*

- moins communs qu'en italien, les suffixes diminutifs sont très souvent substitués par les adjectifs *petit* et *joli*

PÉJORATIFS

-ARD	chauffeur	chauffard	*cattivo conducente*
(*souvent avec une valeur augmentative*)			
	riche	richard	*riccastro; riccone*
-ASSE	blond	blondasse	*biondiccio*
-AUD	lourd	lourdaud	
	noir	noiraud	
-ÂTRE	(*avec une idée d'approximation*)		
	doux	douceâtre	*dolciastro*
	blanc	blanchâtre	*biancastro*
	vert	verdâtre	*verdastro*

2 Les **verbes** aussi peuvent être modifiés par un suffixe:

DIMINUTIFS

-ILLER	mordre	mordiller	*mordicchiare*
	sauter	sautiller	*saltellare*
-ONNER	chanter	chantonner	*canticchiare*
-OTER	tousser	toussoter	*tossicchiare*
	siffler	siffloter	*fischiettare*
-OUILLER	pendre	pendouiller	*spenzolare*

PÉJORATIFS (*souvent avec une valeur itérative*)

-AILLER	écrire	écrivailler	
-ASSER	rêver	rêvasser	

suivre [sɥivʀ]

Indic. pres. je suis, etc., nous suivons, etc.; *imperf.* je suivais, etc.; *pass.rem.* je suivis, etc.; *fut.* je suivrai, etc. *Cond.* je suivrais, etc. *Cong. pres.* que je suive, etc.; *imperf.* que je suivisse, etc. *Part.pres.* suivant; *pass.* suivi. *Imp.* suis, suivons, suivez.

v.tr. seguire ‖ *prière de faire* —, si prega di inoltrare ‖ *lettre suit*, segue lettera (nei telegrammi) ‖ *à* —, continua (*nei giornali, riviste*) ‖ *vous n'avez pas suivi mes ordres*, lei non ha rispettato i miei ordini ♦ *v.intr.impers.* (*letter.*) risultare, conseguire: *il suit de là que...*, ne consegue che... □ **se suivre** *v.pron.* susseguirsi.

sujet[1] [syʒɛ] *s.m.* **1** argomento, tema; soggetto: *être plein de son* —, essere preso dall'argomento; *traitez le* — *suivant*, svolgete il seguente tema ‖ *sur, à ce* —, a questo proposito; *au* — *de qqn, de qqch*, riguardo a, a proposito di qlcu, di qlco ‖ (*al telefono*) *c'est à quel* —?, a che proposito? **2** motivo, ragione (*f.*) **3** individuo, soggetto: *un bon* —, un bravo ragazzo; *un mauvais* —, un cattivo soggetto; *un excellent* —, un ottimo elemento (a scuola) ‖ (*dir.*) — *de droit*, titolare di diritto **4** (*gramm.*) soggetto.

sujet[2] (f. -*ette*) *agg.* soggetto: *je suis sujette à la migraine*, vado soggetta all'emicrania ‖ *cela est* — *à caution*, non ci si può fidare (di ciò) ‖ *être* — *à boire*, essere incline al bere ♦ *s.m.* suddito.

sujétion [syʒesjɔ̃] *s.f.* soggezione, sottomissione; schiavitù.

sulfamide [sylfamid] *s.m.* sulfamidico.

sulfatage [sylfataʒ] *s.m.* (*agr.*) ramatura (*f.*).

sulfate [sylfat] *s.m.* solfato.

sulfaté [sylfate] *agg.* (*chim.*) solfatato.

sulfater [sylfate] *v.tr.* (*agr.*) ramare.

sulfateuse [sylfatøz] *s.f.* **1** (*agr.*) irroratrice (per solfato di rame) **2** (*argot*) mitra (*m.*).

sulfhydrique [sylfidʀik] *agg.* (*chim.*) solfidrico.

sulfite [sylfit] *s.m.* solfito.

sulfurage [sylfyʀaʒ] *s.m.* (*agr.*) solforatura (*f.*), inzolfatura (*f.*).

sulfuration [sylfyʀasjɔ̃] *s.f.* solforazione.

sulfure [sylfyʀ] *s.m.* solfuro.

sulfuré [sylfyʀe] *agg.* solforato.

sulfurer [sylfyʀe] *v.tr.* solforare.

sulfureux [sylfyʀø] (f. -*euse*) *agg.* solforoso, sulfurico ‖ *exhalaison sulfureuse*, putizza ‖ *propos* —, (*fig.*) discorsi che puzzano di zolfo, poco ortodossi.

sulfurique [sylfyʀik] *agg.* solforico.

sulfurisé [sylfyʀize] *agg.* trattato con acido solforico ‖ *papier* —, carta impermeabilizzata; (*cuc.*) carta da forno.

sultan [syltɑ̃] *s.m.* sultano.

sultanat [syltana] *s.m.* sultanato.

sultane [syltan] *s.f.* sultana.

sumérien [symeʀjɛ̃] (f. -*enne*) *agg.* sumerico ♦ *s.m.* sumero.

summum [sɔmmɔm] *s.m.* culmine, sommità (*f.*), apogeo.

sunlight [sœnlajt] *s.m.* (*cine.*) proiettore.

sunnite [synnit] *s.m.* sunnita.

super[1] [sypɛʀ] *s.m.* (benzina) super.

super[2] *agg.* (*fam.*) fantastico, super, favoloso: *elle a une chaîne hi-fi* —, ha un mega hi-fi.

super- *pref.* super-; sovra-; iper-

superbe [sypɛʀb] *agg.* superbo, magnifico, splendido ♦ *s.m.* (*antiq.*) superbo ♦ *s.f.* (*antiq.*) superbia, presunzione.

superbement [sypɛʀbəmɑ̃] *avv.* superbamente, magnificamente.

superbénéfice [sypɛʀbenefis] *s.m.* (*econ.*) extraprofitto.

supercarburant [sypɛʀkaʀbyʀɑ̃] *s.m.* supercarburante; benzina super.

supercherie [sypɛʀʃəʀi] *s.f.* frode, inganno (*m.*).

supérette [sypeʀɛt] *s.f.* minimercato (*m.*), minimarket (*m.*).

superfétatoire [sypɛʀfetatwaʀ] *agg.* superfluo.

superficialité [sypɛʀfisjalite] *s.f.* superficialità.

superficie [sypɛʀfisi] *s.f.* superficie (*anche fig.*).

superficiel [sypɛʀfisjɛl] (f. -*elle*) *agg.* superficiale ‖ -**ellement** *avv.*

superflu [sypɛʀfly] *agg.* e *s.m.* superfluo.

superfluité [sypɛʀflyite] *s.f.* **1** superfluità **2** *pl.* cose superflue; superfluo (*m.sing.*).

superforme [sypɛʀfɔʀm] *s.f.* (*fam.*) forma eccellente, forma smagliante.

supergendarme [sypɛʀʒɑ̃daʀm] *s.m.* testa di cuoio (corpo speciale della polizia).

supergrand [sypɛʀgʀɑ̃] *s.m.* (*fam.*) superpotenza (*f.*).

super-huit [sypɛʀɥit] (pl. *invar.*) *agg.* e *s.m.* (*cine.*) superotto.

supérieur [sypeʀjœʀ] *agg.* superiore (*anche fig.*) ‖ *les cadres supérieurs d'une entreprise*, gli alti dirigenti di un'azienda ‖ *il l'observait d'un air* —, l'osservava con aria di superiorità ♦ *s.m.* superiore (di comunità religiose).

supérieure [sypeʀjœʀ] *s.f.* superiora (di comunità religiose).

supérieurement [sypeʀjœʀmɑ̃] *avv.* superlativamente; sommamente.

supériorité [sypeʀjɔʀite] *s.f.* superiorità ‖ (*gramm.*) *comparatif de* —, comparativo di maggioranza.

superlatif [sypɛʀlatif] (f. -*ive*) *agg.* e *s.m.* superlativo ‖ *adjectif au* —, aggettivo di grado superlativo.

supermarché [sypɛʀmaʀʃe] *s.m.* supermercato.

superphosphate [sypɛʀfɔsfat] *s.m.* superfosfato, perfosfato.

superposable [sypɛʀpozabl] *agg.* sovrapponibile.

superposer [sypɛʀpoze] *v.tr.* sovrapporre (*anche fig.*).

superposition [sypɛʀpozisjɔ̃] *s.f.* sovrapposizione.

superproduction [sypɛʀpʀɔdyksjɔ̃] *s.f.* (*cine.*) kolossal (*m.*), supercolosso (*m.*).

superpuissance [sypɛʀpɥisɑ̃s] *s.f.* superpotenza.

supersonique [sypɛʀsɔnik] *agg.* supersonico ♦ *s.m.* aereo supersonico.

superstitieux [sypɛʀstisjø] (f. *-euse*) *agg. e s.m.* superstizioso || **-eusement** *avv.*

superstition [sypɛʀstisjɔ̃] *s.f.* 1 superstizione 2 (*estens.*) mania.

superstructure [sypɛʀstʀyktyʀ] *s.f.* sovrastruttura.

superviser [sypɛʀvize] *v.tr.* 1 sopraintendere (a) 2 controllare, esercitare una supervisione su.

superviseur [sypɛʀvizœʀ] *s.m.* supervisore; sovrintendente.

supervision [sypɛʀvizjɔ̃] *s.f.* supervisione, controllo (*m.*).

supin [sypɛ̃] *s.m.* (*gramm.*) supino.

supplanter [syplɑ̃te] *v.tr.* soppiantare.

suppléance [sypleɑ̃s] *s.f.* supplenza.

suppléant [sypleɑ̃] *agg. e s.m.* supplente.

suppléer [syplee] *v.tr. e intr.* supplire (a): — *un manque*, supplire a una mancanza; — *un professeur malade*, sostituire, supplire un professore malato; — *au manque d'argent par l'imagination*, supplire alla mancanza di denaro con l'inventiva.

supplément [syplemɑ̃] *s.m.* supplemento: *cela demande un — de travail*, questo richiede del lavoro in più || *payer 20 francs en —*, pagare 20 franchi di supplemento; *vin et café en —*, vino e caffè (da pagare) a parte.

supplémentaire [syplemɑ̃tɛʀ] *agg.* 1 supplementare || *heures supplémentaires*, ore straordinarie, gli straordinari || *trains supplémentaires*, treni straordinari 2 (*dir.*) supplente.

supplémentairement [syplemɑ̃tɛʀmɑ̃] *avv.* in più.

supplétif [sypletif] (f. *-ive*) *agg.* (*mil.*) *troupes supplétives*, truppe coloniali ausiliarie.

suppliant [syplijɑ̃] *agg.* supplichevole, supplicante ♦ *s.m.* supplicante, supplice.

supplication [syplikasjɔ̃] *s.f.* supplica.

supplice [syplis] *s.m.* supplizio; tortura (*f.*): *mettre au —*, (*anche fig.*) torturare, tormentare; *être au —*, soffrire le pene dell'inferno.

supplicié [syplisje] *agg. e s.m.* suppliziato.

supplicier [syplisje] *v.tr.* (*letter.*) suppliziare; torturare.

supplier [syplije] *v.tr.* supplicare || *je vous en supplie!*, vi supplico!

SUPERLATIF RELATIF

FRANÇAIS	ITALIANO
1 **le, la, les plus, moins** + adjectif **le plus, moins** + adverbe	**il, la, i, le più, meno** + aggettivo **più, meno** + avverbio
elle est la plus jolie *c'est nous les plus, les moins gais* *elle y est allée le plus souvent qu'elle a pu*	è la più carina siamo noi i più, i meno allegri ci è andata più spesso che ha potuto
• si un adjectif possessif précède *plus* et *moins*, l'article n'est pas exprimé	
voilà mon plus cher ami	• se l'articolo determinativo precede il sostantivo, non viene ripetuto prima del superlativo
c'est le restaurant le plus renommé de Milan *voilà les robes les plus, les moins chères*	è il ristorante più famoso di Milano ecco i vestiti più, meno cari
2 **le plus** et **le moins**, rapportés à un verbe, le suivent	riferiti a un verbo, **(di) più**, **(di) meno** lo seguono; **più**, **meno** lo precedono
c'est la fleur que j'aime le plus *ce sont les fleurs qui durent le moins*	è il fiore che mi piace di più, che più mi piace sono i fiori che durano (di) meno
3 si le superlatif relatif est suivi d'un complément, on emploie **de** + **nom** ou **que** + **verbe**	
ce sont les livres les plus anciens de la bibliothèque *cours le plus vite que tu peux*	sono i libri più antichi della biblioteca corri più veloce che puoi

supplique [syplik] *s.f.* supplica.

support [sypɔʀ] *s.m.* supporto || *les supports d'une voûte*, i sostegni di una volta || *(mecc.)* — *antivibratoire*, ammortizzatore || *supports publicitaires*, supporti, veicoli pubblicitari.

supportable [sypɔʀtabl] *agg.* sopportabile, tollerabile.

supporter[1] [sypɔʀtœʀ] *s.m.* tifoso; sostenitore.

supporter[2] [sypɔʀte] *v.tr.* **1** sostenere, reggere *(anche fig.)*; sopportare: — *des frais*, sostenere delle spese; *je ne supporte pas le vin*, non reggo il vino; *ces arbres ne supportent pas la gelée*, questi alberi non resistono al gelo; *elle supporte tout de son fils*, si lascia fare di tutto dal figlio; *j'ai dû le pendant deux heures*, me lo sono sorbito per due ore; *c'est dur à* —!, è difficile da mandare giù! **2** *(fam.)* fare il tifo (per), tifare (per) **3** *(in Africa)* mantenere; sostentare □ **se supporter** *v.pron.* sopportarsi (a vicenda): *ils se supportent*, si tollerano (a malapena).

supposé [sypoze] *agg.* supposto, presunto: *étant* — *que...*, ammesso, supposto, che... || *nom* —, falso nome □ **supposé que** *locuz.cong.* ammesso, supposto che.

supposer [sypoze] *v.tr.* **1** supporre, immaginare: *je suppose qu'ils sont amis*, suppongo, presumo che siano amici || *pourquoi le* — *coupable de ce crime?*, perché sospettarlo di questo delitto? || *vous me supposez un mérite que je n'ai pas*, mi attribuite un merito che non ho **2** supporre, fare l'ipotesi: *supposons qu'il ait raison*, supponiamo, poniamo che abbia ragione || *à* — *que...*, anche ammesso che... **3** implicare; presupporre: *les droits supposent des devoirs*, i diritti presuppongono dei doveri **4** *(dir.)* sostituire fraudolentemente.

supposition [sypozisjɔ̃] *s.f.* **1** supposizione, ipotesi || *une* — *que...*, *(fam.)* supponiamo che... **2** *(dir.)* supposizione, sostituzione: — *d'enfant*, supposizione di parto; — *de testament*, sostituzione di testamento.

suppositoire [sypozitwaʀ] *s.m.* *(med.)* supposta *(f.)* || — *vaginal*, candeletta.

suppôt [sypo] *s.m.* *(letter.)* seguace, accolito || — *de Satan*, *(fam.)* anima dannata.

suppression [sypʀesjɔ̃] *s.f.* soppressione; abolizione; revoca (di una legge ecc.); *(amm.)* stralcio *(m.)*.

supprimer [sypʀime] *v.tr.* **1** sopprimere, eliminare **2** *(amm.)* stralciare; abrogare (una legge ecc.) **3** ritirare, togliere: — *à qqn son permis de conduire*, ritirare la patente a qlcu □ **se supprimer** *v.pron.* uccidersi.

suppurant [sypyʀɑ̃] *agg.* *(med.)* in suppurazione.

suppuratif [sypyʀatif] (f. *-ive*) *agg.* suppurativo.

suppuration [sypyʀasjɔ̃] *s.f.* suppurazione.

suppurer [sypyʀe] *v.intr.* suppurare.

supputation [sypytasjɔ̃] *s.f.* **1** calcolo *(m.)*, computo *(m.)* **2** *(estens.)* supposizione.

supputer [sypyte] *v.tr.* **1** calcolare, computare **2** *(estens.)* supporre.

supra [sypʀa] *avv.* sopra, in precedenza: *voir* —, vedi sopra.

supra- *pref.* sopra-, sovra-, super-, ultra-

supranational [sypʀanasjɔnal] (pl. *-aux*) *agg.* soprannazionale.

supraterrestre [sypʀateʀʀɛstʀ] *agg.* ultraterreno.

suprématie [sypʀemasi] *s.f.* supremazia.

suprême [sypʀɛm] *agg.* supremo || *ses suprêmes volontés*, le ultime volontà || *rendre les honneurs suprêmes*, rendere gli estremi onori || *l'heure* —, l'ora estrema, il momento del trapasso || *le pouvoir* —, la sovranità || *au* — *degré*, in sommo grado ♦ *s.m.* *(cuc.)* — *de volaille*, *de poisson*, filetti di pollame, di pesce serviti con salsa alla panna.

suprêmement [sypʀɛmmɑ̃] *avv.* sommamente.

sur[1] [syʀ] *prep.* **1** su: — *la table*, sul tavolo; *une maison* — *une colline*, una casa in collina; *il portait un béret* — *la tête*, portava un berretto in testa; — *la place Manzoni*, in piazza Manzoni; *la clé est* — *la porte*, la chiave è nella porta; *la fenêtre donne* — *un jardin*, la finestra guarda su un giardino; *tirer* — *qqn*, sparare su, contro qlcu; *neuf fois* — *dix*, nove volte su dieci; *un jour* — *deux*, un giorno sì e uno no; — *papier timbré*, in carta da bollo || — *moi*, *toi*, *nous*, su di me, su di te, su di noi: *j'ai toujours mes papiers d'identité* — *moi*, ho sempre i documenti d'identità con me || *(comm.)* — *votre demande*, su, dietro vostra richiesta || *je suis* — *une affaire intéressante*, sto dietro a, mi sto occupando di un affare interessante; *je suis* — *ce travail depuis un mois*, sto dietro a quel lavoro da un mese || — *Paris il y a une forte tension*, a Parigi c'è una forte tensione; *revenir* — *Paris*, ritornare a Parigi || — *le journal*, *(fam.)* nel giornale || — *ce, je vous quitte*, detto ciò, e con questo vi lascio **2** *(tempo)* verso: — *le soir*, verso sera, sul far della sera; — *les dix heures*, verso le dieci || *elle va* — *ses vingts ans*, va per i vent'anni **3** *(misura)* per: *une table de deux mètres* — *deux*, un tavolo di due metri per due **4** *être* — *le point de* (+ infinito), *être* — (+ sostantivo), essere sul punto di, stare per: *il est* — *le point de partir*, — *son départ*, sta per partire, è sul piede di partenza.

sur[2] *agg.* aspro, asprigno.

sûr [syʀ] *agg.* **1** sicuro || *le temps n'est pas* —, il tempo è instabile, incerto || *avoir la main sûre*, avere la mano sicura, ferma; *marcher d'un pied* —, camminare con passo sicuro || *mettre qqch en lieu* —, mettere qlco al sicuro **2** certo, sicuro: *le plus* — *est de ne pas sortir*, è più sicuro non uscire; *je suis* — *et certain qu'il vous en parlera*, sono più che certo che ve ne parlerà; *c'est* — *et certain*, è poco ma sicuro; *tenir pour* —, non avere il minimo dubbio ♦ *avv.: bien* — *(que oui)!*, ma certo! || *pour* — *que je l'aime bien*, *(fam. antiq.)* certo che le voglio bene.

sur- *pref.* sopra-, sovra-, super-, sur-, sor-, iper-

surabondamment [syʀabɔ̃damɑ̃] *avv.* in modo sovrabbondante: *expliquer*, *décrire* —, spiegare, descrivere con dovizia di particolari.

surabondance [syʀabɔ̃dɑ̃s] *s.f.* sovrabbondanza; esuberanza.

surabondant [syʀabɔ̃dɑ̃] *agg.* sovrabbondante; esuberante.

surabonder [syʀabɔ̃de] *v.intr.* sovrabbondare.

suractivité [syʀaktivite] *s.f.* iperattività.

suraigu [syʀegy] (f. *-guë*) *agg.* acutissimo || (*mus.*) *une note suraiguë*, una nota sopracuta || (*med.*) *inflammation suraiguë*, infiammazione iperacuta.

surajouter [syʀaʒute] *v.tr.* aggiungere (in più); introdurre in aggiunta.

suralimentation [syʀalimɑ̃tasjɔ̃] *s.f.* **1** sovralimentazione, sovranutrizione **2** (*di motore*) sovralimentazione.

suralimenté [syʀalimɑ̃te] *agg.* sovralimentato; (*di persona*) ipernutrito.

suralimenter [syʀalimɑ̃te] *v.tr.* sovralimentare.

suranné [syʀane] *agg.* **1** antiquato; sorpassato, superato **2** (*dir.*) prescritto.

surarmement [syʀaʀməmɑ̃] *s.m.* (*mil.*) eccesso di armamenti (rispetto alle necessità della difesa).

surate [syʀat] *s.f.* (*capitolo del Corano*) sura.

surbaissé [syʀbese] *agg.* abbassato, schiacciato || (*arch.*) *arc —*, arco ribassato || (*aut.*) *carrosserie surbaissée*, carrozzeria aerodinamica.

surbaisser [syʀbese] *v.tr.* abbassare, diminuire in altezza.

surboum [syʀbum] *s.f.* (*fam.*) festicciola.

surcharge [syʀʃaʀʒ] *s.f.* **1** sovraccarico (*m.*); (*fig.*) eccesso (*m.*) || *poids en —*, peso in eccesso, sovrappeso **2** aggravio (di imposta ecc.) **3** parola scritta su un'altra; (*filatelia*) sovrastampa.

surcharger [syʀʃaʀʒe] (*coniug. come* manger) *v.tr.* **1** sovraccaricare; (*di lavoro, di imposte*) oberare **2** scrivere una parola su un'altra; (*filatelia*) sovrastampare.

surchauffage [syʀʃofaʒ] *s.m.* surriscaldamento.

surchauffe [syʀʃof] *s.f.* **1** surriscaldamento (*m.*) **2** (*econ.*) tensione congiunturale.

surchauffé [syʀʃofe] *agg.* surriscaldato; (*fig.*) sovreccitato.

surchauffer [syʀʃofe] *v.tr.* surriscaldare.

surchoix [syʀʃwa] *s.m.* (*comm.*) prima scelta, prima qualità.

surclasser [syʀklase] *v.tr.* surclassare.

surcomposé [syʀkɔ̃poze] *agg.* (*gramm.*) *temps —*, tempo passato coniugato con doppio ausiliare.

surconsommation [syʀkɔ̃sɔmasjɔ̃] *s.f.* consumo eccessivo; spreco (*m.*): *société de la —*, società degli sprechi, dei consumi; del consumismo.

surcontrer [syʀkɔ̃tʀe] *v.tr.* (*bridge*) surcontrare, dichiarare surcontre.

surcot [syʀko] *s.m.* (*st. abbigl.*) sopravveste (*f.*).

surcoupe [syʀkup] *s.f.* (*alle carte*) il giocare una carta più alta (dell'avversario).

surcouper [syʀkupe] *v.tr.* (*alle carte*) giocare una carta più alta (dell'avversario).

surcoût [syʀku] *s.m.* (*econ.*) sovraccosto.

surcroît [syʀkʀwa] *s.m.* sovrappiù: *un — de besogne*, un lavoro in più || *par —*, *de —*, per di più.

surdi-mutité [syʀdimytite] *s.f.* (*med.*) sordomutismo (*m.*).

surdité [syʀdite] *s.f.* sordità.

surdosage [syʀdozaʒ] *s.m.* (*med.*) iperdosaggio, dose eccessiva di medicinali.

surdose [syʀdoz] *s.f.* **1** (*med.*) iperdosaggio (*m.*) **2** overdose (di droga).

surdoué [syʀdwe] *agg.* e *s.m.* superdotato.

sureau [syʀo] (pl. *-eaux*) *s.m.* (*bot.*) sambuco.

sureffectif [syʀefɛktif] *s.m.* esuberanza di manodopera: *en —*, (con organico) in soprannumero.

surélévation [syʀelevasjɔ̃] *s.f.* **1** soprelevazione; sopralzo (*m.*) **2** rialzo eccessivo, ulteriore aumento.

surélever [syʀelve] (*coniug. come* semer) *v.tr.* **1** soprelevare: *rez-de-chaussée surélevé*, piano rialzato **2** aumentare in modo eccessivo.

sûrement [syʀmɑ̃] *avv.* **1** in modo sicuro, saldo **2** sicuramente, certamente.

suremploi [syʀɑ̃plwa] *s.m.* (*econ.*) sovraoccupazione (*f.*).

surenchère [syʀɑ̃ʃɛʀ] *s.f.* (*all'asta*) rilancio (*m.*) || *— électorale*, (di partiti, candidati ecc.) gara di promesse all'elettorato || *faire de la —*, rincarare la dose || *la — de la violence*, la spirale, il crescendo della violenza.

surenchérir [syʀɑ̃ʃeʀiʀ] *v.intr.* **1** (*all'asta*) fare un'offerta maggiore; rilanciare **2** (*fig.*) rincarare la dose; fare di più; promettere di più.

surenchérisseur [syʀɑ̃ʃeʀisœʀ] *s.m.* (*all'asta*) maggiore offerente.

surendettement [syʀɑ̃dɛtmɑ̃] *s.m.* indebitamento eccessivo.

surentraînement [syʀɑ̃tʀɛnmɑ̃] *s.m.* (*sport*) superallenamento.

suréquipé [syʀekipe] *agg.* superequipaggiato, superattrezzato.

surestimation [syʀɛstimasjɔ̃] *s.f.* sopravvalutazione.

surestimer [syʀɛstime] *v.tr.* sopravvalutare.

suret [syʀɛ] (f. *-ette*) *agg.* acidulo, asprigno.

sûreté [syʀte] *s.f.* **1** sicurezza (*anche fig.*) || *mettre en —*, mettere al sicuro, al riparo || *à — intégrée*, (di un dispositivo) intrinsecamente sicuro || *la Sûreté* (*nationale*), la Pubblica Sicurezza; *agent de la Sûreté*, agente di Pubblica Sicurezza **2** sistema di sicurezza **3** (*dir.*) garanzia: *pour — d'une dette*, a garanzia di un debito.

surévaluer [syʀevalɥe] *v.tr.* sopravvalutare.

surexcitable [syʀɛksitabl] *agg.* sovreccitabile.

surexcitation [syʀɛksitasjɔ̃] *s.f.* sovreccitazione.

surexcité [syʀɛksite] *agg.* sovreccitato.

surexciter [syʀɛksite] *v.tr.* sovreccitare.

surexploiter [syʀɛksplwate] *v.tr.* sovrautilizzare, sfruttare eccessivamente.

surexposer [syʀɛkspoze] *v.tr.* (*fot.*) sovresporre.

surexposition [syʀɛkspozisjɔ̃] *s.f.* (*fot.*) sovresposizione.

surf [sœʀf] *s.m.* (*sport*) surf, surfing.

surface [syʀfas] *s.f.* **1** superficie || *revenir à la —*, ritornare a galla; *faire —*, (di sottomarino) riemergere || *refaire —*, (fig.) ritornare a galla; riprendersi || *avoir de la* —, (*comm.*) essere solvibile, (*fig.*) avere credito 2 (*calcio*) — *de réparation*, area di rigore 3 *grande* —, ipermercato.

surfaire [syʀfɛʀ] (*coniug. come* faire) *v.tr.* (*letter.*) stimare eccessivamente: sopravvalutare (*anche fig.*).

surfait [syʀfɛ] *agg.* sopravvalutato.

surfer [sœʀfe] *v.intr.* praticare il surf.

surfeur [sœʀfœʀ] (f. *-euse*) *s.m.* surfista.

surfil [syʀfil] *s.m.* (*cucito*) sopraffilo.

surfiler [syʀfile] *v.tr.* (*cucito*) sopraffilare.

surfin [syʀfɛ̃] *agg.* sopraffino, finissimo.

surgélateur [syʀʒelatœʀ] *s.m.* surgelatore ♦ *agg.*: *bateau* —, peschereccio surgelatore.

surgelé [syʀʒəle] *agg. e s.m.* surgelato.

surgeler [syʀʒəle] (*coniug. come* semer) *v.tr.* surgelare.

surgénérateur [syʀʒeneʀatœʀ] (f. *-trice*) *agg.* (*tecn.*) surgeneratore, surrigeneratore ♦ *s.m.* (*fis.*) (*réacteur*) —, reattore autofertilizzante.

surgeon [syʀʒɔ̃] (*bot.*) *s.m.* pollone.

surgir [syʀʒiʀ] *v.intr.* 1 spuntare, venir fuori 2 (*fig.*) sorgere.

surgissement [syʀʒismɑ̃] *s.m.* il sorgere.

surgreffage [syʀɡʀɛfaʒ] *s.m.* (*agr.*) sovrainnesto.

surhaussé [syʀose] *agg.* (*arch.*) rialzato: *arc* —, arco rialzato.

surhaussement [syʀosmɑ̃] *s.m.* 1 soprelevamento 2 (*arch.*) rialzamento.

surhausser [syʀose] *v.tr.* 1 rialzare (*anche fig.*) 2 soprelevare.

surhomme [syʀɔm] *s.m.* superuomo.

surhumain [syʀymɛ̃] *agg.* sovrumano.

suricate, surikate [syʀikat] *s.m.* (*zool.*) suricato.

surimposer [syʀɛ̃poze] *v.tr.* mettere una soprattassa (su); oberare di tasse.

surimposition [syʀɛ̃pozisjɔ̃] *s.f.* sovrimposta, soprattassa; sovraccarico d'imposta.

surimpression [syʀɛ̃pʀesjɔ̃] *s.f.* sovrimpressione.

surin [syʀɛ̃] *s.m.* 1 (*agr.*) melo non ancora innestato 2 (*fam.*) coltello.

suriner [syʀine] *v.tr.* (*argot*) accoltellare.

surinfection [syʀɛ̃fɛksjɔ̃] *s.f.* (*med.*) superinfezione.

surinformer [syʀɛ̃fɔʀme] *v.tr.* sovr(a)informare.

surintendance [syʀɛ̃tɑ̃dɑ̃s] *s.f.* soprintendenza.

surintendant [syʀɛ̃tɑ̃dɑ̃] *s.m.* soprintendente.

surintensité [syʀɛ̃tɑ̃site] *s.f.* (*elettr.*) sovracorrente.

surir [syʀiʀ] *v.intr.* inacidire.

surjet [syʀʒɛ] *s.m.* (*cucito*) sopraggitto.

surjeter [syʀʒəte] (*coniug. come* jeter) *v.tr.* sopraggittare.

sur-le-champ [syʀləʃɑ̃] *locuz.avv.* immediatamente, subito.

surlendemain [syʀlɑ̃dmɛ̃] *s.m.*: *le* —, due giorni dopo.

surligneur [syʀliɲœʀ] *s.m.* evidenziatore.

surmenage [syʀmənaʒ] *s.m.* affaticamento, strapazzo.

surmener [syʀməne] (*coniug. come* mener) *v.tr.*

affaticare, sovraccaricare di lavoro □ **se surmener** *v.pron.* affaticarsi, sovraccaricarsi di lavoro.

surmoi [syʀmwa] *s.m.* super-io.

surmontable [syʀmɔ̃tabl] *agg.* superabile.

surmonter [syʀmɔ̃te] *v.tr.* sormontare, superare.

surmortalité [syʀmɔʀtalite] *s.f.* tasso di mortalità più alto (rispetto a un altro).

surmulet [syʀmyle] *s.m.* (*zool.*) triglia (*f.*).

surmulot [syʀmylo] *s.m.* (*zool.*) surmolotto.

surnager [syʀnaʒe] (*coniug. come* manger) *v. intr.* 1 galleggiare, restare a galla 2 (*fig.*) rimanere, sussistere.

surnatalité [syʀnatalite] *s.f.* tasso di natalità eccessivo.

surnaturel [syʀnatyʀɛl] (f. *-elle*) *agg. e s.m.* soprannaturale.

surnom [syʀnɔ̃] *s.m.* soprannome.

surnombre [syʀnɔ̃bʀ] *s.m.* soprannumero.

surnommer [syʀnɔme] *v.tr.* soprannominare.

surnuméraire [syʀnymeʀɛʀ] *agg.* in soprannumero ♦ *s.m.* impiegato soprannumerario.

suroffre [syʀɔfʀ] *s.f.* offerta superiore.

suroît [syʀwa] *s.m.* (*mar.*) 1 libeccio; vento di sudovest 2 (*cappello*) nordovest.

surpassement [syʀpɑsmɑ̃] *s.m.* il superare (*anche fig.*); sorpasso.

surpasser [syʀpɑse] *v.tr.* superare □ **se surpasser** *v.pron.* fare meglio di quanto si è già fatto.

surpayer [syʀpeje] (*coniug. come* payer) *v.tr.* strapagare, pagare più del dovuto.

surpeuplé [syʀpœple] *agg.* sovrappopolato, sovraffollato.

surpeuplement [syʀpœpləmɑ̃] *s.m.* sovrappopolazione (*f.*), sovraffollamento.

surpiqûre [syʀpikyʀ] *s.f.* (*cucito*) impuntura (di guarnizione).

surplace [syʀplas] *s.m.* (*ciclismo*) surplace: *faire du* —, rimanere in surplace, (*fig.*) rimanere bloccato, non procedere.

surplis [syʀpli] *s.m.* (*abbigl. eccl.*) cotta (*f.*).

surplomb [syʀplɔ̃] *s.m.* strapiombo: *en* —, a strapiombo.

surplombant [syʀplɔ̃bɑ̃] *agg.* (che è) a strapiombo.

surplomber [syʀplɔ̃be] *v.intr.* strapiombare ♦ *v.tr.* essere a strapiombo (su).

surplus [syʀply] *s.m.* 1 sovrappiù, eccedenza (*f.*) || *au* —, del resto, d'altronde: *au* — *je l'avais averti*, e per di più l'avevo avvertito 2 negozio di capi d'abbigliamento americani (spec. militari) || *les* —, i residuati di guerra.

surpopulation [syʀpɔpylasjɔ̃] *s.f.* sovrappopolazione.

surprenant [syʀpʀənɑ̃] *agg.* sorprendente.

surprendre [syʀpʀɑ̃dʀ] (*coniug. come* prendre) *v.tr.* sorprendere; cogliere sul fatto || *il est venu me* — *hier*, ieri mi ha fatto la sorpresa di venirmi a trovare || *je serais bien surpris s'il n'arrivait pas à temps*, mi meraviglierebbe che non arrivasse in tempo □ **se surprendre** *v.pron.* sorprendersi.

surpris [syʀpʀi] *part.pass. di* surprendre.

surprise [syʀpʀiz] *s.f.* sorpresa: *à ma grande* —,

con mia gran meraviglia || *par* —, di sorpresa || *jouer la* —, fingersi sorpreso || *grève* —, sciopero improvviso, non previsto.

surprise-partie [syʀpʀizpaʀti] (pl. *surprises-parties*) *s.f.* festicciola (da ballo).

surproduction [syʀpʀɔdyksjɔ̃] *s.f.* sovrapproduzione.

surprotéger [syʀpʀɔteʒe] (*coniug. come* abréger) *v.tr.* avere un atteggiamento iperprotettivo.

surréalisme [syʀʀealism] *s.m.* surrealismo.

surréaliste [syʀʀealist] *agg.* surrealista, surrealistico ◆ *s.m.* surrealista.

surréel [syʀʀeel] (f. *-elle*) *agg.* e *s.m.* surreale.

surrégénérateur [syʀʀeʒeneʀatœʀ] (f. *-trice*) *agg.* → **surgénérateur.**

surrénal [syʀʀenal] (pl. *-aux*) *agg.* surrenale.

surrénale [syʀʀenal] *s.f.* surrene (*m.*).

sursalaire [syʀsalɛʀ] *s.m.* superminimo.

sursaturer [syʀsatyʀe] *v.tr.* soprassaturare.

sursaut [syʀso] *s.m.* 1 sussulto, sobbalzo || *en* —, di soprassalto 2 guizzo; rigurgito: *un* — *nationaliste*, un rigurgito nazionalista.

sursauter [syʀsote] *v.intr.* sobbalzare, trasalire, sussultare.

surseoir [syʀswaʀ]

Indic.pres. je sursois, etc., nous sursoyons, vous sursoyez, ils sursoient; *imperf.* je sursoyais, etc.; *pass.rem.* je sursis, etc.; *fut.* je surseoirai, etc. *Cond.* je surseoirais, etc. *Cong.pres.* que je sursoie, etc., que nous sursoyions, que vous sursoyiez, qu'ils sursoient; *imperf.* que je sursisse, etc. *Part.pres.* sursoyant; *pass.* sursis. *Imp.* sursois, sursoyons, sursoyez.

v.tr. (*antiq.*) differire, sospendere ◆ *v.intr.* soprassedere: — *à une exécution*, soprassedere a una esecuzione.

sursis [syʀsi] *part.pass. di* surseoir ◆ *s.m.* (*dir.*) rinvio, sospensiva (*f.*); aggiornamento || *avec* —, col beneficio della condizionale.

sursitaire [syʀsitɛʀ] *s.m.* beneficiario di un rinvio (spec. degli obblighi di leva).

surtaxe [syʀtaks] *s.f.* soprattassa || — *progressive*, imposta complementare.

surtaxer [syʀtakse] *v.tr.* soprattassare, imporre una soprattassa.

surtemps [syʀtɑ̃] *s.m.* (*in Canada*) (lavoro) straordinario; (*sport*) tempo supplementare.

surtension [syʀtɑ̃sjɔ̃] *s.f.* (*elettr.*) sovratensione.

surtitre [syʀtitʀ] *s.m.* (*in un articolo di giornale*) soprattitolo.

surtout[1] [syʀtu] *avv.* soprattutto □ **surtout que** *locuz.avv.* (*fam.*) tanto più che.

surtout[2] *s.m.* trionfo, centro tavola.

survécu [syʀveky] *part.pass. di* survivre.

surveillance [syʀvejɑ̃s] *s.f.* sorveglianza, vigilanza.

surveillant [syʀvejɑ̃] *s.m.* 1 sorvegliante, guardiano 2 incaricato della disciplina in assenza dell'insegnante (a scuola).

surveiller [syʀveje] *v.tr.* 1 sorvegliare, vigila-

re 2 (*fig.*) controllare, moderare □ **se surveiller** *v.pron.* controllarsi.

survenance [syʀvənɑ̃s] *s.f.* sopravvenienza.

survenir [syʀvəniʀ] (*coniug. come* venir) *v.intr.* sopravvenire; accadere inaspettatamente.

survente [syʀvɑ̃t] *s.f.* vendita a prezzo eccessivo.

survenu [syʀvəny] *part.pass. di* survenir.

survêtement [syʀvɛtmɑ̃] *s.m.* (*abbigl.*) tuta (sportiva).

survie [syʀvi] *s.f.* sopravvivenza.

survivance [syʀvivɑ̃s] *s.f.* 1 sopravvivenza || *c'est une* — *du Moyen-Age*, è un retaggio medievale 2 (*dir.*) diritto di scegliersi il successore (un tempo accordato dal re al titolare di una carica).

survivant [syʀvivɑ̃] *agg.* e *s.m.* superstite, sopravvissuto.

survivre [syʀvivʀ] (*coniug. come* vivre) *v.intr.* 1 sopravvivere 2 (*fig.*) reggere, resistere □ **se survivre** *v.pron.* sopravvivere.

survol [syʀvɔl] *s.m.* sorvolo.

survoler [syʀvɔle] *v.tr.* 1 sorvolare 2 (*fig.*) esaminare rapidamente.

survolté [syʀvɔlte] *agg.* 1 (*elettr.*) survoltato; elettrizzato 2 (*fig.*) sovreccitato.

survolter [syʀvɔlte] *v.tr.* (*elettr.*) survoltare.

survolteur [syʀvɔltœʀ] *s.m.* (*elettr.*) survoltore.

sus [sys] *avv.* (*letter.*) sopra || *courir* — *à l'ennemi*, attaccare il nemico □ **en sus** *locuz.avv.* in più □ **en sus de** *locuz.prep.* in più di, oltre a.

sus- *pref.* su-, sopra-

susceptibilité [sysɛptibilite] *s.f.* suscettibilità.

susceptible [sysɛptibl] *agg.* 1 suscettibile || *il est* — *d'obtenir un avancement*, ha buone probabilità di ottenere una promozione 2 (*di persona*) suscettibile, permaloso.

susciter [sysite] *v.tr.* suscitare; far nascere.

suscription [syskʀipsjɔ̃] *s.f.* soprascritta (su una busta).

susdit [sysdi] *agg.* e *s.m.* suddetto.

sus-jacent [sysʒasɑ̃] (pl. *sus-jacents*) *agg.* (*geol.*) sovrastante, superiore.

susmentionné [sysmɑ̃sjɔne] *agg.* soprammenzionato.

susnommé [sysnɔme] *agg.* e *s.m.* sopraccitato.

suspect [syspɛkt] *agg.* sospetto: *considérer comme* —, tenere in sospetto, sospettare ◆ *s.m.* indiziato, persona sospetta.

suspecter [syspɛkte] *v.tr.* sospettare (di).

suspendre [syspɑ̃dʀ] (*coniug. come* pendre) *v.tr.* 1 sospendere, appendere 2 sospendere, interrompere || *ce journal a été suspendu*, è stata sospesa la pubblicazione di questo giornale □ **se suspendre** *v.pron.* appendersi.

suspendu [syspɑ̃dy] *part.pass. di* suspendre ◆ *agg.* 1 sospeso || *voiture bien suspendue*, macchina ben molleggiata || *jardin* —, giardino pensile || *être* — *aux lèvres de qqn*, pendere dalle labbra di qlcu 2 sospeso (da una carica ecc.).

suspens [syspɑ̃] *agg.* (*eccl.*) colpito da sospensione: *prêtre* —, sacerdote sospeso a divinis □ **en suspens** *locuz.avv.* in sospeso.

suspense [syspɛns] *s.m.* suspense (*f.*).

suspensif [syspɑ̃sif] (f. *-ive*) *agg.* sospensivo.

suspension [syspɑ̃sjɔ̃] *s.f.* **1** sospensione; interruzione || — *d'armes*, tregua d'armi || (*dir.*) — *des poursuites*, moratoria **2** sospensione (da una carica ecc.): — *d'un prêtre*, sospensione a divinis.

suspicieux [syspisjø] (f. *-euse*) *agg.* (*letter.*) sospettoso.

suspicion [syspisjɔ̃] *s.f.* suspicione, sospetto (*m.*).

sussultoire [sysyltwaʀ] *agg.* sussultorio.

sustentation [systɑ̃tasjɔ̃] *s.f.* **1** (*aer.*) sostentazione **2** (*fis.*) *polygone de* —, base d'appoggio **3** — *magnétique*, levitazione magnetica.

sustenter [systɑ̃te] *v.tr.* sostentare □ **se sustenter** *v.pron.* sostentarsi.

susurrement [sysyʀmɑ̃] *s.m.* sussurro, mormorio.

susurrer [sysyʀe] *v.tr.* e *intr.* sussurrare, mormorare.

suture [sytyʀ] *s.f.* sutura.

suturer [sytyʀe] *v.tr.* suturare.

suzerain [syzʀɛ̃] *agg.* (*st. feudale*) sovrano ♦ *s.m.* (*st. feudale*) signore; feudatario.

suzeraineté [syzʀɛnte] *s.f.* (*st.feudale*) sovranità; dignità di feudatario.

svastika [svastika] *s.m.* svastica (*f.*).

svelte [svɛlt] *agg.* svelto; agile: *avoir la taille* —, essere slanciato.

sveltesse [svɛltɛs] *s.f.* sveltezza, agilità.

swahili [swaili] *agg.* e *s.m.* swahili.

sweater [switœʀ] *s.m.* cardigan.

sweat-shirt [switʃœʀt] (pl. *sweat-shirts*) *s.m.* (*abbigl.*) felpa (*f.*).

sybarite [sibaʀit] *s.m.* sibarita: *vivre en* —, (*fig.*) fare una vita da sibarita.

sybaritisme [sibaʀitism] *s.m.* vita sibaritica.

sycomore [sikɔmɔʀ] *s.m.* (*bot.*) sicomoro.

syllabaire [silabɛʀ] *s.m.* sillabario.

syllabe [silab] *s.f.* sillaba.

syllabique [silabik] *agg.* sillabico.

syllogisme [silɔʒism] *s.m.* sillogismo.

sylphe [silf] *s.m.* silfo.

sylphide [silfid] *s.f.* silfide.

sylvestre [silvɛstʀ] *agg.* silvestre.

sylvicole [silvikɔl] *agg.* **1** (*tecn.*) silvicolo **2** (*antiq.*) che vive nelle foreste.

sylviculteur [silvikyltœʀ] *s.m.* silvicoltore.

sylviculture [silvikyltyʀ] *s.f.* silvicoltura.

symbiose [sɛ̃bjoz] *s.f.* simbiosi.

symbiotique [sɛ̃bjɔtik] *agg.* simbiotico.

symbole [sɛ̃bɔl] *s.m.* simbolo.

symbolique [sɛ̃bɔlik] *agg.* simbolico ♦ *s.f.* **1** simbolica; simbologia **2** simbolismo (*m.*) || **-ement** *avv.*

symboliser [sɛ̃bɔlize] *v.tr.* **1** simboleggiare **2** attribuire un valore simbolico (a).

symbolisme [sɛ̃bɔlism] *s.m.* simbolismo.

symboliste [sɛ̃bɔlist] *agg.* simbolistico ♦ *s.m.* simbolista.

symétrie [simetʀi] *s.f.* simmetria.

symétrique [simetʀik] *agg.* simmetrico || **-ement** *avv.*

sympa [sɛ̃pa] *agg.* (*abbr. fam. di* sympathique) simpatico.

sympathie [sɛ̃pati] *s.f.* simpatia: *se prendre de* — *pour qqn*, provare simpatia per qlcu || *toute ma* —, partecipo al suo dolore (nelle condoglianze).

sympathique [sɛ̃patik] *agg.* e *s.m.* simpatico || **-ement** *avv.*

sympathisant [sɛ̃patizɑ̃] *agg.* e *s.m.* simpatizzante.

sympathiser [sɛ̃patize] *v.intr.* simpatizzare.

symphonie [sɛ̃fɔni] *s.f.* sinfonia.

symphonique [sɛ̃fɔnik] *agg.* sinfonico.

symphoniste [sɛ̃fɔnist] *s.m.* sinfonista.

symposium [sɛ̃pozjɔm] *s.m.* simposio.

symptomatique [sɛ̃ptɔmatik] *agg.* sintomatico.

symptomatologie [sɛ̃ptɔmatɔlɔʒi] *s.f.* sintomatologia.

symptôme [sɛ̃ptom] *s.m.* sintomo.

synagogue [sinagɔg] *s.f.* sinagoga.

synchrone [sɛ̃kʀɔn] *agg.* sincrono.

synchronie [sɛ̃kʀɔni] *s.f.* sincronia.

synchronique [sɛ̃kʀɔnik] *agg.* sincronico || **-ement** *avv.*

synchronisation [sɛ̃kʀɔnizasjɔ̃] *s.f.* sincronizzazione.

synchroniser [sɛ̃kʀɔnize] *v.tr.* sincronizzare.

synchronisme [sɛ̃kʀɔnism] *s.m.* sincronismo.

synchrotron [sɛ̃kʀɔtʀɔ̃] *s.m.* sincrotrone.

syncopal [sɛ̃kɔpal] (pl. *-aux*) *agg.* sincopale.

syncope [sɛ̃kɔp] *s.f.* sincope: *il est tombé en* —, ha avuto una sincope.

syncopé [sɛ̃kɔpe] *agg.* (*mus., fon.*) sincopato.

syncrétisme [sɛ̃kʀetism] *s.m.* sincretismo.

syndic [sɛ̃dik] *s.m.* **1** rappresentante; curatore (di corporazione, di società ecc.) **2** amministratore (di immobili).

syndical [sɛ̃dikal] (pl. *-aux*) *agg.* sindacale.

syndicalisation [sɛ̃dikalizasjɔ̃] *s.f.* sindacalizzazione.

syndicaliser [sɛ̃dikalize] *v.tr.* sindacalizzare.

syndicalisme [sɛ̃dikalism] *s.m.* sindacalismo.

syndicaliste [sɛ̃dikalist] *agg.* sindacalistico ♦ *s.m.* sindacalista.

syndicat [sɛ̃dika] *s.m.* **1** sindacato: *syndicats ouvriers*, sindacati operai **2** consorzio, sindacato **3** — *d'initiative*, Azienda Autonoma di Soggiorno.

syndicataire [sɛ̃dikatɛʀ] *agg.* di sindacato ♦ *s.m.* (*dir.*) membro di sindacato finanziario.

syndiqué [sɛ̃dike] *agg.* e *s.m.* sindacalizzato: (*ouvrier*) —, (operaio) iscritto a un sindacato.

syndiquer [sɛ̃dike] *v.tr.* organizzare in sindacato, sindacalizzare □ **se syndiquer** *v.pron.* sindacalizzarsi.

syndrome [sɛ̃dʀo(ɔ)m] *s.m.* sindrome (*f.*).

synecdoque [sinɛkdɔk] *s.f.* (*ret.*) sineddoche.

synergie [sinɛʀʒi] *s.f.* sinergia.

synodal [sinɔdal] (pl. *-aux*) *agg.* sinodale.

synode [sinɔd] *s.m.* (*eccl.*) sinodo.

synodique [sinɔdik] *agg.* **1** (*astr.*) sinodico **2** (*eccl.*) sinodico, sinodale: *lettre* —, lettera sinodica ♦ *s.m.* raccolta delle decisioni dei sinodi.

synonyme [sinɔnim] *agg.* e *s.m.* sinonimo.
synonymie [sinɔnimi] *s.f.* sinonimia.
synonymique [sinɔnimik] *agg.* sinonimico.
synopsis [sinɔpsis] *s.m.* **1** sinossi (*f.*) **2** soggetto cinematografico.
synoptique [sinɔptik] *agg.* sinottico.
synovial [sinɔvjal] (pl. *-aux*) *agg.* sinoviale.
synovie [sinɔvi] *s.f.* sinovia.
synovite [sinɔvit] *s.f.* sinovite.
syntagme [sɛ̃tagm] *s.m.* sintagma.
syntaxe [sɛ̃taks] *s.f.* sintassi.
syntaxique [sɛ̃taksik] *agg.* sintattico.
synthèse [sɛ̃tɛz] *s.f.* sintesi.
synthétique [sɛ̃tetik] *agg.* **1** sintetico **2** artificiale, sintetico.
synthétiquement [sɛ̃tetikmɑ̃] *avv.* sinteticamente.
synthétiser [sɛ̃tetize] *v.tr.* sintetizzare.
synthétiseur [sɛ̃tetizœr] *s.m.* sintetizzatore.
syntonie [sɛ̃tɔni] *s.f.* sintonia.
syntonisation [sɛ̃tɔnizɑsjɔ̃] *s.f.* sintonizzazione.
syntoniser [sɛ̃tɔnize] *v.tr.* sintonizzare.
syntoniseur [sɛ̃tɔnizœr] *s.m.* sintonizzatore.
syphilis [sifilis] *s.f.* (*med.*) sifilide.

syphilitique [sifilitik] *agg.* e *s.m.* sifilitico.
syriaque [siʀjak] *agg.* e *s.m.* (*lingua*) siriaco.
syrien [siʀjɛ̃] (f. *-enne*) *agg.* e *s.m.* siriano.
syrinx [siʀɛ̃ks] *s.f.* (*zool.*) siringe.
syrphe [siʀf] *s.m.* (*zool.*) sirfo.
systématique [sistematik] *agg.* sistematico; (*inform.*) incondizionato ♦ *s.f.* sistematica.
systématiquement [sistematikmɑ̃] *avv.* sistematicamente.
systématisation [sistematizɑsjɔ̃] *s.f.* sistematizzazione, il ridurre a sistema.
systématiser [sistematize] *v.tr.* ridurre a sistema.
système [sistɛm] *s.m.* sistema || *taper, porter sur le —*, (*fig.*) dare ai nervi || *son grand tort c'est d'avoir un esprit de — trop poussé*, il suo principale difetto consiste nel voler rendere tutto sistematico || (*econ.*) *Système monétaire européen*, Sistema monetario europeo || (*inform.*) *— de programmation*, programmi applicativi.
systémicien [sistemisjɛ̃] (f. *-enne*) *s.m.* (*inform.*) sistemista.
systole [sistɔl] *s.f.* (*med.*) sistole.
syzygie [siziʒi] *s.f.* (*astr.*) sizigia.

T

t [te] *s.m.* t (*m.* e *f.*) || (*tel.*) — *comme Thérèse*, t come Torino.

ta [ta] *agg.poss.f.sing.* → **ton**.

tabac[1] [taba] *s.m.* tabacco: *débit, bureau de* —, tabaccheria || — *à priser*, tabacco da fiuto || *les Tabacs*, la Manifattura dei Tabacchi ♦ *agg.invar.* (color) tabacco.

tabac[2] *s.m.* (*fam.*) **1** *passage à* —, pestaggio **2** *faire un* —, avere un successone.

tabagie [tabaʒi] *s.f.* **1** luogo dove si fuma molto e che resta impregnato di odore di fumo **2** (*in Canada*) tabaccheria.

tabagisme [tabaʒism] *s.m.* (*med.*) tabagismo.

tabassage [tabasaʒ] *s.m.*, **tabassée** [tabase] *s.f.* (*fam.*) pestaggio (*m.*).

tabasser [tabase] *v.tr.* (*fam.*) pestare.

tabatière [tabatjɛʀ] *s.f.* **1** tabacchiera **2** (*fenêtre*) lucernario (*m.*).

tabellion [tabeljɔ̃] *s.m.* (*scherz.*) notaio.

tabernacle [tabɛʀnakl] *s.m.* tabernacolo.

tabès [tabɛs] *s.m.* (*med.*) tabe (*f.*).

tablar(d) [tablaʀ] *s.m.* (*in Svizzera*) mensola (*f.*).

tablature [tablatyʀ] *s.f.* (*mus.*) intavolatura.

table [tabl] *s.f.* **1** tavolo (*m.*): — *de nuit, de chevet*, comodino **2** tavola: *mettre, dresser la* —, apparecchiare (la tavola); *se mettre à* —, mettersi a tavola, (*fig.*) vuotare il sacco, cantare; *occuper le haut, le bout de la* —, essere seduti a capo tavola; *inviter, recevoir qqn à sa* —, invitare, avere qlcu a pranzo; *manger à* — *d'hôte*, mangiare alla tavola comune || (*in Belgio*) *faire longue* —, banchettare || (*eccl.*) *la Sainte Table*, la Sacra Mensa; *s'approcher de la Sainte Table*, accostarsi ai sacramenti **3** tavola, asse: — *à repasser*, asse da stiro; — *de cuisson*, piano di cottura || — *à langer*, fasciatoio **4** (*estens.*) tavola; tabella; indice (*m.*): — *des matières*, indice; — *des abréviations*, elenco delle abbreviazioni; — *des valeurs*, scala dei valori; — *de multiplication*, tavola pitagorica **5** (*geogr.*) tavolato (*m.*).

tableau [tablo] (pl. *-eaux*) *s.m.* **1** quadro; dipinto; (*fig.*) descrizione (*f.*): — *d'autel*, pala, quadro d'altare; — *de chasse*, quadro di caccia; (*fig.*) selvaggina uccisa || *un vieux* —, (*fig.*) una vecchia befana; *un rudere* || *pour achever le* —, (*fig.*) per completare il quadro; *brosser un* — *de la situation économique*, tracciare un quadro della situazione economica; *tu vois d'ici le* —!, (*fam.*) ti puoi immaginare la situazione || *gagner sur tous les tableaux*, (*fig.*) vincere su tutti i fronti || (*teatr.*) *drame en 3 actes et 10 tableaux*, dramma in 3 atti e 10 quadri **2** (*tecn.*) quadro, pannello: — *d'affichage*, bacheca; — *de contrôle*, quadro di controllo || (*aut., aer.*) — *de bord*, cruscotto, quadro degli strumenti || (*ferr.*): — *horaire*, quadro orario; — *d'affichage des trains au départ*, tabellone, quadro dei treni in partenza || (*in Senegal*) — *d'arrêt*, (segnale di) fermata d'autobus || (*elettr.*) — *de commande*, pannello di comando **3** (*estens.*) quadro, tavola (*f.*), tabella (*f.*) || (*teatr.*) — *de service*, ordine del giorno || — *indicateur*, tabella delle istruzioni **4** quadro, albo (professionale): — *d'avancement*, graduatoria del personale (nella pubblica amministrazione) **5** — (*noir*), lavagna **6** (*nei tavoli di baccarà ecc.*) tableau **7** (*mar.*) quadro di poppa.

tableautin [tablotɛ̃] *s.m.* quadretto.

tablée [table] *s.f.* tavolata.

tabler [table] *v.intr.* contare, fare assegnamento.

tablette [tablɛt] *s.f.* **1** mensola; piano (*m.*), ripiano (*m.*) **2** tavoletta || *mettez cela sur vos tablettes*, (*scherz.*) prendetene buona nota **3** (*in Africa*) — *de chocolat*, terreno accidentato.

tabletter [tablete] *v.tr.* (*in Canada*) mettere in disparte.

tabletterie [tabletʀi] *s.f.* **1** oggetti di legno intarsiato, di ebano, di avorio ecc. **2** ebanisteria (fabbricazione e bottega).

tablier [tablije] *s.m.* **1** grembiule, grembiale || *rendre son* —, (*fig.*) licenziarsi **2** piano stradale (di un ponte).

tabloïd, tabloïde [tablɔid] *agg.* e *s.m.* (*tip.*) tabloid.

tabou [tabu] *agg.* e *s.m.* tabù.

taboulé [tabule] *s.m.* piatto libanese a base di semola di grano, pomodori, cipolle, menta.

tabouret [tabuʀɛ] *s.m.* sgabello; poggiapiedi.

tabulaire [tabylɛʀ] *agg.* **1** a forma di tavola **2** (*mat.*) tabulare.

tabulateur [tabylatœʀ] *s.m.* tabulatore.

tabulatrice [tabylatʀis] *s.f.* **1** tabulatrice **2** (*tecn., inform.*) incolonnatore (*m.*).

tac [tak] *onom.* e *s.m.* tac || *répondre du* — *au* —, rispondere per le rime.

tacca [taka] *s.m.* (*bot.*) tacca (*f.*).

tache [taʃ] *s.f.* **1** macchia (*anche fig.*) || — *de vin*, voglia di vino || *faire* — *d'huile*, (*fig.*) allargarsi a macchia d'olio || *faire* —, stonare, non armonizzarsi **2** (*scient.*) macchia; macula.

tâche [tɑʃ] *s.f.* compito (*m.*); incarico (*m.*); dovere (*m.*): *s'acquitter de sa* —, svolgere il proprio compito, il proprio lavoro; *remplir sa*—, assolvere il proprio dovere || *travailler à la* —, lavorare a cottimo.

tachéomètre [takeɔmɛtʀ] *s.m.* (*tecn.*) tacheometro.

tacher [taʃe] *v.tr.* macchiare □ **se tacher** *v.pron.* macchiarsi.

tâcher [taʃe] *v.intr.* cercare; sforzarsi; fare in modo.

tâcheron [taʃʀɔ̃] *s.m.* 1 cottimista 2 (*spreg.*) mestierante: *ce n'est pas un artiste, ce n'est qu'un* —, non è un artista, è solo un mestierante.

tacheté [taʃte] *agg.* macchiato, chiazzato.

tacheter [taʃte] (*coniug. come* jeter) *v.tr.* macchiare, chiazzare.

tachisme [taʃism] *s.m.* (*pitt.*) tachisme (pittura a macchie).

tachiste [taʃist] *agg.* e *s.m.* (*pitt.*) tachista.

tachy- *pref.* tachi-

tachycardie [takikaʀdi] *s.f.* tachicardia.

tachycardique [takikaʀdik] *agg.* e *s.m.* tachicardico.

tachymètre [takimɛtʀ] *s.m.* 1 tachimetro 2 contagiri.

tacite [tasit] *agg.* tacito || **-ement** *avv.*

taciturne [tasityʀn] *agg.* taciturno.

tacot [tako] *s.m.* (*fam.*) vecchia automobile, macinino.

tact [takt] *s.m.* tatto, delicatezza (*f.*).

tacticien [taktisjɛ̃] *s.m.* (*mil.*) tattico.

tactile [taktil] *agg.* tattile.

tactique [taktik] *s.f.* tattica ♦ *agg.* tattico || **-ement** *avv.*

tænia [tenja] *s.m.* → **ténia**.

taffetas [tafta] *s.m.* taffet(t)à: — *glacé, changeant*, taffetà cangiante.

tagète, tagetes, tagette [taʒɛt] *s.m.* (*bot.*) tagete.

tagine [taʒin] *s.m.* 1 (*cuc. marocchina, tunisina*) spezzatino di montone o di pollo con verdure 2 recipiente di terracotta in cui viene cotto il tagine.

tahitien [taitjɛ̃] (f. *-enne*) *agg.* e *s.m.* tahitiano.

taie [tɛ] *s.f.* 1 federa 2 (*med.*) albugine.

taïga [tajga] *s.f.* (*geogr.*) taiga.

taillable [tɑ(a)jabl] *agg.* (*st. medievale*) soggetto a una taglia.

taillade [tɑ(a)jad] *s.f.* 1 taglio (nella pelle, nella carne) 2 taglio in lungo (nella stoffa).

taillader [tɑ(a)jade] *v.tr.* tagliare; tagliuzzare.

taillanderie [tɑ(a)jɑ̃dʀi] *s.f.* fabbricazione, commercio di strumenti da taglio.

taillandier [tɑ(a)jɑ̃dje] *s.m.* fabbro ferraio (specializzato nella fabbricazione di strumenti da taglio).

taillant [tɑjɑ̃] *s.m.* taglio (di lama).

taille [tɑj] *s.f.* 1 statura, altezza: *une femme d'une* — *moyenne*, una donna di media statura || *je me sens bien de* — *à le faire*, mi sento in grado di farlo || *une erreur de* —, (*fam.*) un errore madornale || *de* —, (*fam.*) enorme 2 (*abbigl.*) taglia, misura; (*d'objets*) dimensione: *quelle* — *avez-vous?*, che

taglia porta?; *grandes tailles*, taglie forti || (*in Africa*) *faire la* —, essere a dieta 3 vita: *tour de* —, giro vita; *une* — *de guêpe*, un vitino di vespa; *cette robe lui prend bien la* —, quel vestito le aderisce bene in vita 4 taglio (*m.*): — *brute*, sbozzatura 5 (*agr.*) potatura, taglio (*m.*) 6 taglio (*m.*), filo (della spada ecc.) 7 (*arte*) incisione, intaglio (*m.*) 8 (*st. medievale*) taglia, imposta.

taillé [tɑje] *agg.* 1 tagliato || — *à la serpe*, tagliato con l'accetta || *garçon* — *en athlète*, ragazzo dal fisico atletico 2 ricavato, tagliato: *refuge* — *dans le rocher*, rifugio scavato nella roccia.

taille-crayon [tɑjkʀɛjɔ̃] (pl. *invar.*) *s.m.* temperamatite.

taille-douce [tɑjdus] (pl. *tailles-douces*) *s.f.* (*arte*) incisione in cavo su metallo (tecnica e stampa).

tailler [tɑje] *v.tr.* 1 tagliare: — *un diamant à facettes*, sfaccettare un diamante || — *un crayon*, temperare una matita || *notre armée fut taillée en pièces par l'ennemi*, il nostro esercito fu fatto a pezzi dal nemico || — *une bavette*, (*fam.*) fare una bella chiacchierata 2 (*agr.*) potare 3 ricavare, tagliare || *cet acteur s'est taillé un franc succès*, quell'attore ha ottenuto un gran successo □ **se tailler** *v.pron.* (*fam.*) svignarsela, tagliare la corda || *se* — *une place dans la société*, (*fig.*) conquistarsi un posto nella società.

taillerie [tɑjʀi] *s.f.* 1 taglio (*m.*), sfaccettatura (delle pietre preziose) 2 laboratorio per il taglio, per la sfaccettatura delle pietre preziose.

tailleur [tɑjœʀ] *s.m.* 1 sarto (spec. da uomo): *en* —, a gambe incrociate, alla turca 2 — (*de pierres*), tagliapietre, scalpellino 3 (*abbigl.*) abito a giacca (da donna), tailleur.

tailleur-pantalon [tɑjœʀpɑ̃talɔ̃] (pl. *tailleurs-pantalons*) *s.m.* (*abbigl.*) tailleur-pantalone.

taillis [tɑji] *s.m.* bosco ceduo ♦ *agg.* ceduo.

tailloir [tɑ(a)jwaʀ] *s.m.* 1 tagliere 2 (*arch.*) abaco.

tain [tɛ̃] *s.m.* (*negli specchi*) foglia (di stagno, di argento ecc.): *glace sans* —, vetro a specchio unidirezionale, specchio segreto.

taire [tɛʀ] (*coniug. come* plaire *tranne alla 3ᵃ pers. del pres. indic.*: il tait) *v.tr.* tacere: *faire* —, far tacere; (*fig.*) mettere a tacere □ **se taire** *v.pron.* tacere, zittirsi: *elle s'est tue*, ha taciuto.

taiseux [tezø] (f. *-euse*) *agg.* e *s.m.* (*in Belgio*) taciturno.

tajine [taʒin] *s.m.* → **tagine**.

talc [talk] *s.m.* talco.

talé [tale] *agg.* ammaccato (spec. di frutta).

talent [talɑ̃] *s.m.* talento; ingegno: *il est plein de* —, *c'est quelqu'un de* —, ha talento, è una persona d'ingegno; *encourager les jeunes talents*, incoraggiare i giovani talenti.

talentueux [talɑ̃tɥø] (f. *-euse*) *agg.* pieno di talento.

talion [taljɔ̃] *s.m.* taglione.

talisman [talismɑ̃] *s.m.* talismano (*anche fig.*).

talkie-walkie [tɔkiwɔlki, tɔlkiwalki] (pl. *talkies-walkies*) *s.m.* walkie-talkie.

taller [tale] *v.intr.* accestire, tallire.

taloche[1] [talɔʃ] *s.f.* (*fam.*) scapaccione (*m.*), sberla.

taloche[2] *s.f.* (*edil.*) frettazzo (*m.*), frettazzino (*m.*).

talocher [talɔʃe] *v.tr.* (*fam.*) prendere a scapaccioni, a sberle.

talon [talɔ̃] *s.m.* **1** tallone, calcagno: *tourner les talons*, girare sui tacchi; *la police était sur ses talons*, la polizia gli era alle calcagna || *le — d'Achille*, il tallone d'Achille || *avoir l'estomac dans les talons*, (*fig.*) avere una fame da lupi || (*tecn.*) *le — d'un archet*, il tallone di un archetto **2** tacco (della scarpa): *chaussures à talons plats*, scarpe basse; *talons aiguilles*, tacchi a spillo || *talons bottier*, mezzi tacchi || *— rouge*, nobile (nel XVII sec.) **3** talloncino, tagliando, matrice (*f.*): *le — d'un chèque*, il talloncino di un assegno; *le — d'un mandat poste*, la matrice di un vaglia; *le — d'une facture*, la madre di una bolletta **4** pezzo: *un — de fromage*, un fondo di formaggio **5** (*giochi di carte*) tallone, mazzetto: *piocher dans le —*, pescare nel mazzo.

talonnade [talɔnad] *s.f.* (*rugby*) tallonata.

talonnage [talɔnaʒ] *s.m.* (*rugby*) tallonamento.

talonnement [talɔnmɑ̃] *s.m.* **1** tallonamento **2** (*di nave*) urto sul fondo.

talonner [talɔne] *v.tr.* **1** tallonare, stare alle calcagna: *— l'ennemi*, incalzare il nemico || *une peur terrible le talonnait*, (*fig.*) una terribile paura lo assillava **2** spronare: *— un cheval*, spronare un cavallo ♦ *v.intr.* (*mar.*) tallonare, urtare il fondo.

talonnette [talɔnɛt] *s.f.* **1** rivestimento interno della scarpa **2** battitacco (dei pantaloni) **3** (*calzoleria*) alzatacco (*m.*).

talonneur [talɔnœʀ] *s.m.* (*rugby*) tallonatore.

talquer [talke] *v.tr.* cospargere di talco.

talus [taly] *s.m.* scarpata (*f.*) || *le — herbeux de la route*, il bordo erboso della strada || *en —*, a scarpa.

tamanoir [tamanwaʀ] *s.m.* (*zool.*) formichiere gigante.

tamarin[1] [tamaʀɛ̃] *s.m.* (*frutto e pianta*) tamarindo.

tamarin[2] *s.m.* (*zool.*) tamarino.

tamarinier [tamaʀinje] *s.m.* (*albero*) tamarindo.

tamaris [tamaʀis] *s.m.* (*bot.*) tamerice (*f.*).

tambouille [tɑ̃buj] *s.f.* (*fam.*) cucina: *faire la —*, fare da mangiare.

tambour [tɑ̃buʀ] *s.m.* **1** tamburo: (*mus.*) *— de basque*, tamburello, tamburo basco || *— battant*, a tamburo battente; *mener une classe — battant*, far rigar dritto una classe; *mener une affaire — battant*, condurre un affare alla svelta || *il a décampé sans — ni trompette*, è filato via alla chetichella **2** (*per fare merletti*) tombolo; (*per ricamare*) telaio da ricamo **3** (*tecn.*) tamburo: *— câble*, tamburo per fune || (*cine.*) *— presseur*, rullo compressore **4** (*di una porta*) bussola (*f.*) || *— vitré*, bussola, porta girevole.

tambourin [tɑ̃buʀɛ̃] *s.m.* tamburello.

tambourinage [tɑ̃buʀinaʒ] *s.m.* tamburreggiamento, rullo di tamburo.

tambouriner [tɑ̃buʀine] *v.intr.* **1** tamburreggiare, sonare il tamburo **2** (*estens.*) tamburellare; battere ripetutamente ♦ *v.tr.* strombazzare.

tambourineur [tɑ̃buʀinœʀ] (f. *-euse*) *s.m.* suonatore di tamburo; suonatore di tamburello.

tambour-major [tɑ̃buʀmaʒɔʀ] (pl. *tambours-majors*) *s.m.* tamburo maggiore, capotamburo.

tamier [tamje] *s.m.* (*bot.*) tamaro.

tamis [tami] *s.m.* crivello, vaglio, setaccio || *passer au —*, setacciare; (*fig.*) passare al setaccio, vagliare.

tamisage [tamizaʒ] *s.m.* vagliatura (*f.*), stacciatura (*f.*).

tamiser [tamize] *v.tr.* **1** setacciare, vagliare **2** (*fig.*) attenuare, temperare, smorzare (la luce) ♦ *v.intr.* **1** passare attraverso lo staccio **2** (*di vela*) lasciar passare il vento.

tamiseur [tamizœʀ] (f. *-euse*) *s.m.* stacciatore, crivellatore.

tampon [tɑ̃pɔ̃] *s.m.* **1** tampone, tappo || *servir de —*, (*fig.*) fare da cuscinetto || (*pol.*) *Etat —*, Stato cuscinetto **2** (*med.*) tampone, stuello || *— hygiénique*, *périodique*, tampone, assorbente igienico interno **3** *— (buvard)*, tampone (della carta assorbente) **4** *— (encreur)*, tampone, cuscinetto per timbri **5** timbro **6** (*ferr.*) respingente, tampone **7** *(d'égout)*, tombino, chiusino **8** (*chim.*) tampone: *solution —*, soluzione tampone **9** (*tecn.*) tassello.

tamponnage [tɑ̃pɔnaʒ] *s.m.* (*in Africa*) scontro; tamponamento (di veicoli).

tamponnement [tɑ̃pɔnmɑ̃] *s.m.* **1** tamponamento **2** (*in Africa*) investimento.

tamponner [tɑ̃pɔne] *v.tr.* **1** tamponare; tappare, turare || (*tecn.*) *— un mur*, mettere un tassello nel muro **2** (*aut.*) tamponare, scontrarsi (con) □ **se tamponner** *v.pron.* (*aut.*) tamponarsi, scontrarsi.

tamponneur [tɑ̃pɔnœʀ] (f. *-euse*) *agg.* investitore || *autos tamponneuses*, autoscontro.

tam-tam [tamtam] (pl. *tam-tams*) *s.m.* tam-tam || *faire du —*, (*fig.*) battere la grancassa, far molto rumore.

tan [tɑ̃] *s.m.* tanno.

tancer [tɑ̃se] (*coniug. come* placer) *v.tr.* rimproverare con severità, rimbrottare.

tanche [tɑ̃ʃ] *s.f.* (*zool.*) tinca.

tandem [tɑ̃dɛm] *s.m.* **1** (bicicletta a) tandem **2** (*fig. fam.*) duo, coppia (*f.*).

tandis que [tɑ̃dika] *locuz.cong.* **1** (*per indicare simultaneità di due azioni*) mentre: *— qu'il écoutait la radio j'ai mis de l'ordre dans mes livres*, mentre ascoltava la radio ho messo in ordine i miei libri **2** (*per indicare opposizione di due azioni*) mentre, invece: *vous subissez les événements — qu'il faudrait les affronter*, subite gli eventi mentre occorrerebbe affrontarli.

tangage [tɑ̃gaʒ] *s.m.* (*mar.*) beccheggio: *coup de —*, beccheggiata.

tangence [tɑ̃ʒɑ̃s] *s.f.* tangenza.

tangent [tɑ̃ʒɑ̃] *agg.* tangente; (*fig.*) di stretta misura, per un pelo.

tangente [tɑ̃ʒɑ̃t] *s.f.* (*mat.*) tangente || *prendre la*

—, (*fam.*) filare per la tangente; (*fig. fam.*) cavarsela con una scappatoia.

tangentiel [tɑ̃ʒɑ̃sjɛl] (f. *-elle*) *agg.* tangenziale.

tangible [tɑ̃ʒibl] *agg.* tangibile.

tango [tɑ̃go] *s.m.* tango ♦ *agg.invar.* (color) arancione.

tanguer [tɑ̃ge] *v.intr.* **1** (*mar., aer.*) beccheggiare **2** (*fig. fam.*) traballare, dondolare.

tanière [tanjɛʀ] *s.f.* tana (*anche fig.*).

tanin [tanɛ̃] *s.m.* tannino.

tank [tɑ̃k] *s.m.* **1** carro armato, tank **2** (*mar.*) nave cisterna, tanca (*f.*).

tanker [tɑ̃kɛʀ] *s.m.* nave cisterna.

tankiste [tɑ̃kist] *s.m.* (*mil.*) carrista.

tannage [tanaʒ] *s.m.* (*ind. chim.*) concia (*f.*), conciatura (*f.*).

tannant [tanɑ̃] *agg.* **1** (*chim.*) conciante **2** (*fig.*) scocciante, seccante.

tanné [tane] *agg.* **1** conciato **2** molto abbronzato || *visage — par le soleil*, volto cotto dal sole.

tannée [tane] *s.f.* **1** (*chim.*) concia **2** (*fam.*) scarica di botte **3** (*estens.*) batosta.

tanner [tane] *v.tr.* **1** conciare **2** (*fam.*) scocciare, seccare.

tannerie [tanʀi] *s.f.* conceria; concia.

tanneur [tanœʀ] (f. *-euse*) *s.m.* conciatore.

tannin [tanɛ̃] *s.m.* tannino.

tannique [tanik] *agg.* tannico.

tant [tɑ̃] *avv.* **1** tanto: *je voudrais — avoir terminé ce travail!*, vorrei tanto aver finito quel lavoro; *on m'a — parlé de vous*, mi hanno parlato tanto di voi || *— soit peu*, un tantino || *le docteur Tant-Pis, Tant-Mieux*, (*fam.*) un medico che vede tutto nero, tutto rosa **2** talmente, tanto che: *personne ne l'aime — il est égoïste*, è talmente egoista che nessuno gli vuol bene **3** *— de* (+ *s.*), tanto, tanta, tanti, tante: *j'aurais — de choses à vous dire*, avrei da dirvi tante cose; *ne fais pas comme — d'autres*, non fare come tanti altri; *je ne l'avais jamais entendu parler avec — d'enthousiasme*, non l'avevo mai sentito parlare con tanto entusiasmo **4** *—... que...*, (*in proposizioni consecutive*) tanto... che...: *il a — mangé qu'il en tombé malade*, ha mangiato tanto che si è ammalato; — *il est vrai que...*, tant'è vero che... || *— et si bien que...*, a tal punto che..., tanto che... **5** *—... que...*, (*in proposizioni comparative negative*) tanto... quanto...: *il n'a pas — de livres que moi*, non ha tanti libri come me, quanti ne ho io; *il n'est pas — question d'intelligence que de volonté*, non è tanto (una) questione di intelligenza quanto di volontà; *il ne travaille pas — que moi*, non lavora quanto me; *tiens-tu — que cela à cet objet?*, tieni tanto, ci tieni proprio a quell'oggetto? **6** (*correlativo*) sia... sia..., sia... che...: *les écrivains — anciens que modernes*, gli scrittori sia antichi, sia moderni; — *en France qu'en Italie*, sia in Francia che in Italia || *— bien que mal*, così così, alla meno peggio ♦ *pron.indef.invar.* tanto, tanta, tanti, tante: *tu peux en trouver — que tu en voudras*, puoi trovarne (tanti) quanti ne vorrai || *tous — que nous sommes, que vous êtes*, tutti quanti || *vous m'en*

direz —!, (*fam.*) ah, ho capito!, tutto si spiega || *— que faire se peut, se pourra*, per quanto possibile ♦ *s.m.* un tanto: *gagner — par mois*, guadagnare un tanto al mese; *nous nous reverrons le —*, ci rivedremo il giorno tale □ **en tant que** *locuz.avv.* in quanto: *le théâtre en — qu'art*, il teatro in quanto arte □ **si tant est que** *locuz.cong.* ammesso che: *j'irai si — est que je puisse*, vi andrò ammesso che io possa, che mi sia possibile □ **tant il y a que** *locuz.cong.* fatto sta che, in poche parole: *je ne sais pas ce qui m'a pris, — il y a que je me suis mis en colère*, non so che cosa mi sia preso, fatto sta che mi sono arrabbiato □ **tant que** *locuz.cong.* **1** finché, fintantoché: *il m'a aidé — qu'il a pu*, mi ha aiutato finché ha potuto; — *qu'il pleuvra nous ne pourrons pas sortir*, fintanto che pioverà non potremo uscire; — *que la vue peut s'étendre*, fin dove lo sguardo può arrivare; — *qu'il vous plaira, fintantoché le piacerà* || — *qu'il y a de vie, il y a de l'espoir*, finché c'è vita c'è speranza **2** giacché: — *qu'à le punir, punis-le sévèrement*, giacché lo devi punire, puniscilo severamente; — *que j'y suis!, — que tu y es!, etc.*, già che ci sono!, già che ci sei! ecc. || — *qu'à faire il vaut mieux y aller*, (*fam.*) a questo punto tanto vale andarci.

tantale[1] [tɑ̃tal] *s.m.* (*zool.*) tantalo.

tantale[2] *s.m.* (*chim.*) tantalio.

tante [tɑ̃t] *s.f.* **1** zia || *grand-tante*, prozia || *chez ma —*, (*fam.*) al monte di pietà **2** (*molto fam.*) checca, finocchio (*m.*) **3** (*nelle Seychelles*) cesto (*m.*).

tantième [tɑ̃tjɛm] *agg.: la — partie d'un tout*, una data parte del tutto ♦ *s.m.* (*dir.*) percentuale (*f.*).

tantine [tɑ̃tin] *s.f.* (*fam.*) zietta.

tantinet [tɑ̃tinɛ] *s.m.* (*fam.*) tantino, un po'.

tantôt [tɑ̃to] *avv.* **1** (*fam.*) questo pomeriggio || *à —*, a fra poco; *a questo pomeriggio* **2** *tantôt... tantôt...*, talvolta... talaltra...; ora... ora...

taoïsme [taɔism] *s.m.* taoismo.

taoïste [taɔist] *agg.* e *s.m.* taoista.

taon [tɑ̃] *s.m.* (*zool.*) tafano, mosca cavallina.

tapage [tapaʒ] *s.m.* baccano, chiasso || — *nocturne*, schiamazzo notturno || *la nouvelle fit beaucoup de —*, (*fig.*) la notizia suscitò grande scalpore.

tapageur [tapaʒœʀ] (f. *-euse*) *agg.* chiassoso (*anche fig.*); vistoso.

tapant [tapɑ̃] *agg.: à dix heures tapantes*, alle dieci precise, alle dieci in punto.

tape [tap] *s.f.* pacca: *une — amicale dans le dos*, una pacca amichevole sulla schiena.

tapé [tape] *agg.* **1** (*di frutta*) ammaccato; sciupato **2** (*fam.*) azzeccato, indovinato **3** (*fam.*) picchiatello, tocco.

tape-à-l'œil [tapalœj] (pl. *invar.*) *agg.* (*fam.*) sgargiante ♦ *s.m.* ciò che è vistoso, pacchiano.

tapecul [tapky] *s.m.* **1** altalena (*f.*) **2** vettura mal molleggiata.

tapée [tape] *s.f.* (*fam.*) caterva, sacco (*m.*).

tapement [tapmɑ̃] *s.m.* martellamento: *elle lui*

répondit par des tapements de pieds rageurs, rispose pestando rabbiosamente i piedi.

taper [tape] *v.tr.* **1** picchiare; battere || (*fam.*): *se* — *la tête contre les murs*, sbattere la testa contro il muro; *il y a de quoi se* — *le derrière par terre*, sono cose da far ridere i polli **2** *se* — *qqch*, (*fig.*) sobbarcarsi, accollarsi: *il s'est tapé tout le travail*, si è accollato tutto il lavoro; *se* — *qqn*, (*fam.*) sciropparsi, sorbirsi qlcu || *il s'est tapé tout le gâteau*, si è fatto fuori tutta la torta **3** battere, scrivere a macchina **4** (*fam.*) spillare denaro (a), batter cassa (da) ♦ *v.intr.* picchiare, battere: — *du pied*, pestare, battere i piedi (per terra); — *dans ses mains*, battere le mani || *elle tapait toute la journée sur son piano*, strimpellava tutto il giorno il pianoforte || (*fam.*): — *dans l'œil*, fare colpo; — *sur qqn*, sparlare di qlcu; *ça tape aujourd'hui*, oggi il sole picchia forte □ **se taper** *v.pron.* battersi || *je m'en tape*, (*fam.*) me ne infischio.

tapette [tapɛt] *s.f.* **1** battipanni (*m.*) **2** (*tip.*) tampone (*m.*) **3** (*gioco*) rimbalzino (*m.*) **4** (*argot*) finocchio (*m.*), frocio (*m.*).

tapeur [tapœʀ] (f. -*euse*) *s.m.* (*fam.*) scroccone.

tapin [tapɛ̃] *s.m.*: *faire le* —, (*molto fam.*) battere il marciapiede.

tapinois, en [ɑ̃tapinwa] *locuz.avv.* di soppiatto, di nascosto, furtivamente.

tapioca [tapjɔka] *s.m.* tapioca (*f.*).

tapir [tapiʀ] *s.m.* (*zool.*) tapiro.

tapir, se [sətapiʀ] *v.pron.* rifugiarsi; acquattarsi.

tapis [tapi] *s.m.* **1** tappeto: — *d'escalier*, passatoia, guida || — *vert*, tappeto verde, tavolo da gioco; tavolo di una conferenza diplomatica o politica || — *du billard*, panno del biliardo || *mettre sur le* —, (*fig.*) mettere sul tappeto || *marchand de* —, (*spreg.*) persona meschina che mercanteggia per principio **2** (*sport*) materassino || (*boxe*) *envoyer au* —, mandare al tappeto.

tapis-brosse [tapibʀɔs] (pl. *tapis-brosses*) *s.m.* zerbino.

tapisser [tapise] *v.tr.* tappezzare, ricoprire.

tapisserie [tapisʀi] *s.f.* **1** tappezzeria **2** (*arte*) arazzo (*m.*) || — *au petit point*, ricamo a piccolo punto.

tapissier [tapisje] *s.m.* **1** arazziere **2** tappezziere.

tapotement [tapɔtmɑ̃] *s.m.* picchiettio.

tapoter [tapɔte] *v.tr.* picchiettare; strimpellare (al piano) || — *la joue de*, dare un buffetto sulla gota a ♦ *v.intr.* tamburellare.

tap-tap [taptap] (pl. *invar.*) *s.m.* (*nelle Antille*) autobus.

tapuscrit [tapyskʀi] *s.m.* dattiloscritto.

taquet [takɛ] *s.m.* **1** zeppa (*f.*) **2** (*tecn.*) nottolino di arresto **3** (*mar.*) galloccia (*f.*).

taquin [takɛ̃] *agg.* dispettoso.

taquiner [takine] *v.tr.* stuzzicare, punzecchiare.

taquinerie [takinʀi] *s.f.* dispetto (*m.*).

tarabiscoté [taʀabiskɔte] *agg.* (*fam.*) arzigogolato; contorto.

tarabiscoter [taʀabiskɔte] *v.tr.* sovraccaricare d'ornamenti; rendere complicato.

tarabuster [taʀabyste] *v.tr.* infastidire; tormentare; preoccupare.

tarage [taʀaʒ] *s.m.* taratura (*f.*).

tarare [taʀaʀ] *s.m.* (*agr.*) tarara (*f.*), vaglio.

tarasconnais [taʀaskɔnɛ] *agg.* e *s.m.* tarasconese.

tarasque [taʀask] *s.m.* babau, uomo nero.

taratata [taʀatata] *inter.* (*fam.*) frottole!

taraud [taʀo] *s.m.* (*mecc.*) maschio.

taraudage [taʀodaʒ] *s.m.* (*mecc.*) filettatura di fori, maschiatura (*f.*).

tarauder [taʀode] *v.tr.* **1** (*mecc.*) filettare, maschiare **2** (*anche fig.*) rodere.

taraudeuse [taʀodøz] *s.f.* (*mecc.*) filettatrice, maschiatrice.

taraxacum [taʀaksakɔm] *s.m.* (*bot.*) tarassaco.

tarbais [taʀbɛ] *agg.* di Tarbes.

tard [taʀ] *avv.* tardi || *tôt ou* — *il faudra se décider*, prima o poi bisognerà decidersi || — *dans l'après-midi*, nel tardo pomeriggio ♦ *s.m.*: *sur le* —, sul tardi; in tarda età, con l'età.

tarder [taʀde] *v.intr.* **1** indugiare, attardarsi: *il a tardé en chemin*, si è attardato per strada || *sans* —, subito, senza indugio **2** tardare: *elle a tardé à donner une réponse*, ha tardato a dare una risposta ♦ *v.impers.*: *il me tarde de, que...*, non vedo l'ora di, che...

tardif [taʀdif] (f. -*ive*) *agg.* **1** tardivo: *regrets tardifs*, rimpianti tardivi **2** tardo: *heure tardive*, ora tarda.

tardivement [taʀdivmɑ̃] *avv.* tardivamente, tardi.

tare [taʀ] *s.f.* tara.

taré [taʀe] *agg.* tarato ♦ *s.m.* cretino, imbecille.

tarentelle [taʀɑ̃tɛl] *s.f.* tarantella.

tarentule [taʀɑ̃tyl] *s.f.* (*zool.*) tarantola.

tarer [taʀe] *v.tr.* tarare.

targette [taʀʒɛt] *s.f.* paletto (*m.*), chiavistello (*m.*).

targuer, se [sətaʀge] *v.pron.* vantarsi, menar vanto.

targui [taʀgi] *agg.* → **touareg**.

tari [taʀi] *agg.* prosciugato; secco, asciutto.

tarière [taʀjɛʀ] *s.f.* succhiello (*m.*).

tarif [taʀif] *s.m.* tariffa (*f.*) || *les tarifs*, il listino prezzi || *pour toi, ce sera le même* — *que pour ta sœur*, (*fam.*) ti farò lo stesso prezzo che ho fatto a tua sorella || *c'est le* —, (*fig.*) è il prezzo, lo scotto da pagare.

tarifaire [taʀifɛʀ] *agg.* (*comm.*) tariffario.

tarifer [taʀife] *v.tr.* (*comm.*) tariffare, sottoporre a tariffa.

tarification [taʀifikasjɔ̃] *s.f.* (*comm.*) tariffazione.

tarin [taʀɛ̃] *s.m.* **1** (*zool.*) lucherino **2** (*fam.*) naso.

tarir [taʀiʀ] *v.tr.* seccare, prosciugare; inaridire (*anche fig.*) ♦ *v.intr.* **1** seccarsi, inaridirsi, prosciugarsi **2** (*fig.*) cessare; esaurirsi || *ne pas* — *sur un sujet*, essere inesauribile su un argomento; *il ne tarissait pas de...*, non la finiva più di... □ **se tarir** *v.pron.* seccarsi, inaridirsi, esaurirsi (*anche fig.*).

tarissable [taʀisabl] *agg.* che può inaridirsi, disseccarsi.

tarissement [taʀismɑ̃] *s.m.* prosciugamento, inaridimento; (*fig.*) esaurimento.

tarlatane [taʀlatan] *s.f.* (*tess.*) tarlatana.

tarots [taʀo] *s.m.pl.* tarocchi.

tarpan [taʀpɑ̃] *s.m.* (*zool.*) tarpano.

tarse [taʀs] *s.m.* (*anat.*) tarso.

tarsier [taʀsje] *s.m.* (*zool.*) tarsio.

tartan [taʀtɑ̃] *s.m.* tartan (tessuto di lana a grandi quadri).

tartare [taʀtaʀ] *agg.* e *s.m.* tartaro ♦ *s.f.* (*cuc.*) tartara.

tartarin [taʀtaʀɛ̃] *s.m.* (*fam.*) spaccone, gradasso.

tarte [taʀt] *s.f.* 1 torta, crostata || — *à la crème*, (*fig.*) luogo comune, banalità || *c'est de la* —, è facile, è uno scherzo 2 (*fam.*) sberla, ceffone (*m.*) ♦ *agg.* (*fam.*) cretino, idiota.

tartelette [taʀtəlɛt] *s.f.* (*cuc.*) crostatina.

tartempion [taʀtɑ̃pjɔ̃] *s.m.* (*fam.*) *Monsieur* —, Pinco Pallino.

tartine [taʀtin] *s.f.* 1 tartina: *une* — *de beurre et de confiture*, una fetta di pane con burro e marmellata 2 (*fam.*) tiritera, sbrodolata.

tartiner [taʀtine] *v.tr.* spalmare (con burro, con marmellata ecc. una fetta di pane): *fromage à* —, formaggio da spalmare.

tartre [taʀtʀ] *s.m.* 1 tartaro 2 incrostazione (di caldaie, di tubi ecc.).

tartrique [taʀtʀik] *agg.* (*chim.*) tartarico.

tartuffe [taʀtyf] *s.m.* (*fam.*) 1 tartufo, ipocrita 2 (*antiq.*) bigotto.

tartuf(f)erie [taʀtyfʀi] *s.f.* ipocrisia.

tas [tɑ] *s.m.* 1 mucchio; (*fam.*) sacco: *des* — *des* — *de*, (*fam.*) una gran quantità di || — *d'idiots!*, (*fam.*) branco di idioti! || *frapper dans le* —, colpire nel mucchio || — *de boue, de ferraille*, (*fam.*) vecchia automobile, vecchia carcassa 2 *sur le* —, sul posto, in loco || *grève sur le* —, sciopero bianco || *apprendre sur le* —, (*fam.*) imparare lavorando 3 (*édil.*) — *de charge*, piano di imposta.

tasmanien [tasmanjɛ̃] (*f. -enne*) *agg.* tasmaniano.

tasse [tɑs] *s.f.* tazza: — *à café*, tazzina da caffè || *boire une, la* —, (*fam.*) fare una bevuta (nuotando), (*estens.*) fallire || *ce n'est pas ma* — *de thé*, non fa per me, non mi si confà.

tassé [tɑse] *agg.* 1 pigiato; compresso || *une bière bien tassée*, (*fam.*) un bicchiere di birra pieno fino all'orlo; *un café bien* —, caffè ristretto 2 (*estens.*) rannicchiato, raggomitolato.

tasseau [tɑso] (*pl. -eaux*) *s.m.* (*tecn.*) tassello.

tassement [tɑsmɑ̃] *s.m.* 1 cedimento, assestamento (spec. di terreno ecc.) || *le* — *de l'âge*, il rattrappimento dovuto all'età || (*med.*) — *des vertèbres*, schiacciamento delle vertebre 2 (*fig.*) rallentamento.

tasser [tɑse] *v.tr.* pigiare; stipare □ **se tasser** *v.pron.* 1 rannicchiarsi, raggomitolarsi || *se* — *avec l'âge*, rattrappirsi con l'età 2 assestarsi (spec. di terreno ecc.) || *ça va se* —, (*fig.*) tutto si sistemerà per il meglio 3 (*fam.*) far fuori, papparsi.

taste-vin [tastəvɛ̃] (*pl. invar.*) *s.m.* saggiavino.

tata [tata] *s.f.* (*fam.*) zia, zietta.

tâter [tɑte] *v.tr.* 1 tastare 2 (*fig.*) sondare, saggiare ♦ *v.intr.* gustare (qlco), assaggiare (qlco) □ **se tâter** *v.pron.* 1 tastarsi || *je me tâte!*, (*fig.*) mi domando se sogno o son desto! 2 (*fig.*) valutare il pro e il contro, esitare.

tatillon [tatijɔ̃] (*f. -onne*) *agg.* e *s.m.* (*fam.*) pignolo.

tatillonner [tatijɔne] *v.intr.* fare il pignolo.

tâtonnant [tɑtɔnɑ̃] *agg.* (che procede) a tentoni, incerto, esitante.

tâtonnement [tɑtɔnmɑ̃] *s.m.* brancolamento (*anche fig.*): *après de nombreux tâtonnements*, dopo aver brancolato a lungo nel buio.

tâtonner [tɑtɔne] *v.intr.* brancolare, andare tentoni (*anche fig.*).

tâtons, à [atatɔ̃] *locuz.avv.* tastoni, (a) tentoni.

tatou [tatu] *s.m.* (*zool.*) armadillo.

tatouage [tatwaʒ] *s.m.* tatuaggio.

tatouer [tatwe] *v.tr.* tatuare.

tatoueur [tatwœʀ] *s.m.* chi esegue tatuaggi.

tau [to] *s.m.* (*eccl.*) pastorale.

taudis [todi] *s.m.* catapecchia (*f.*), tugurio, stamberga (*f.*).

taudisard [todizaʀ] *agg.* e *s.m.* (*in Brasile*) baraccato.

taulard [tolaʀ] *s.m.* (*fam.*) carcerato.

taule [tol] *s.f.* 1 (*fam.*) camera 2 (*argot*) galera.

taulier [tolje] (*f. -ère*) *s.m.* (*fam.*) albergatore.

taupe [top] *s.f.* 1 talpa || *noir comme une* —, nero come il carbone || *vieille* —!, vecchia befana! 2 (*argot studentesco*) corso propedeutico all'Ecole Polytechnique.

taupe-grillon [topgʀijɔ̃] (*pl. taupes-grillons*) *s.m.* grillotalpa.

taupinière [topinjɛʀ] *s.f.* monticello di terra sollevato dalle talpe.

taureau [tɔʀo] (*pl. -eaux*) *s.m.* 1 toro || *cou de* —, collo taurino 2 (*astr.*) *le Taureau*, il Toro.

taurillon [tɔʀijɔ̃] *s.m.* (*zool.*) torello.

taurin [tɔʀɛ̃] *agg.* taurino.

tauromachie [tɔʀomaʃi] *s.f.* tauromachia.

tauromachique [tɔʀomaʃik] *agg.* della tauromachia, che concerne la tauromachia.

tautologie [totolɔʒi] *s.f.* tautologia.

tautologique [totolɔʒik] *agg.* tautologico.

taux [to] *s.m.* 1 (*econ.*) tasso: — *d'escompte*, tasso, saggio di sconto, — *d'intérêt*, tasso, saggio d'interesse; — *de change*, tasso di cambio, corso delle valute; — *de base*, saggio base || (*fin.*) — *de l'impôt*, aliquota d'imposta 2 (*stat.*) tasso, percentuale (*f.*): (*rad.*, *tv*) — *d'écoute*, indice di ascolto 3 (*tecn.*) tasso, rapporto: (*aut.*) — *de compression*, rapporto di compressione.

tavelé [tavle] *agg.* picchiettato, punteggiato || *fruit* —, frutto ticchiolato.

taveler [tavle] (*coniug. come* appeler) *v.tr.* punteggiare, macchiettare.

tavelure [tavlyʀ] *s.f.* 1 macchia, chiazza 2 (*agr.*) ticchiolatura.

taverne [tavɛʀn] *s.f.* caffè, trattoria (volutamente rustici).

tavernier [tavɛʀnje] (f. *-ère*) *s.m.* (*antiq.*) taverniere, oste.

taxable [taksabl] *agg.* tassabile.

taxatif [taksatif] (f. *-ive*) *agg.* (*dir.*) tassabile.

taxation [taksɑsjɔ̃] *s.f.* tassazione; calmieramento (*m.*).

taxe [taks] *s.f.* **1** tassa; imposta: — *d'exploitation*, tassa di esercizio || *prix hors taxes*, prezzo tasse escluse || (*dir.*) — *des dépens*, spese giudiziali **2** (*rad.*, *tv*) canone (di abbonamento).

taxer[1] [takse] *v.tr.* **1** tassare **2** calmierare: *prix taxés*, prezzi imposti (dal governo); (*dir.*) — *les dépens*, determinare le spese giudiziali di **3** (*fam.*) rubare; scroccare: — *qqn de qqch*, alleggerire qlcu di qlco; *il m'a taxé d'une cigarette*, mi ha scroccato una sigaretta.

taxer[2] *v.tr.* accusare, tacciare.

taxi [taksi] *s.m.* taxi, tassì: *chauffeur de* —, tassista || *elle fait le*, *elle est* —, fa la tassista □ **femme-taxi**, tassista donna; **avion-taxi**, aerotaxi.

taxi-brousse [taksibʀus] (pl. *taxis-brousse*) *s.m.* (*in Africa*) tassì collettivo.

taxidermie [taksidɛʀmi] *s.f.* tassidermia.

taxieur [taksjœʀ] *s.m.* (*in Algeria*) tassista.

taximètre [taksimɛtʀ] *s.m.* tassametro.

taxinomie [taksinɔmi] *s.f.* (*scient.*) tassonomia.

taxiphone [taksifɔn] *s.m.* telefono pubblico a gettone.

taylorisme [telɔʀism] *s.m.* taylorismo.

tchadien [tʃadjɛ̃] (f. *-enne*) *agg.* del Chad.

tchador [tʃadɔʀ] *s.m.* (*abbigl.*) chador.

tchécoslovaque [tʃekɔslɔvak] *agg.* e *s.m.* cecoslovacco.

tchèque [tʃɛk] *agg.* e *s.m.* ceco.

tchin(-)tchin [tʃintʃin] *inter.* cin cin!

te [tə] *pron.pers. 2ᵃ pers.sing.* (*si apostrofa davanti a vocale o* h *muta*) **1** (*compl.ogg.* e *compl. di termine*) ti; (+ *pron.* en) ti, la, les, en) te: *je t'accompagne volontiers*, ti accompagno volentieri; *je* — *donnerai une réponse*, ti darò una risposta; *ils* — *les montreront*, te li mostreranno; *il t'en parlera*, te ne parlerà **2** (*nella coniugazione dei verbi pron.*) ti; (+ *pron.* en) te: *tu* — *fâches pour un rien*, ti irriti per un nonnulla; *est-ce que tu t'en souviens?*, te ne ricordi?; *va-t'en*, *ne t'en va pas*, vattene, non andartene.

té[1] [te] *s.m.* **1** *en* —, a T **2** riga a T (per disegnatori).

té[2] *inter.* (*region.*) to'!; guarda!

technicien [tɛknisjɛ̃] (f. *-enne*) *s.m.* tecnico || — *de surface*, addetto alle pulizie (in uffici e luoghi pubblici) ♦ *agg.* tecnologico.

technicité [tɛknisite] *s.f.* **1** tecnicità: *travail d'une haute* —, lavoro altamente tecnico **2** tecnicismo (*m.*): *la* — *d'un mot*, il tecnicismo di una parola.

technico-commercial [tɛknikokɔmɛʀsjal] *agg.* tecnico-commerciale ♦ *s.m.* addetto alle vendite con conoscenze tecniche del prodotto.

technique [tɛknik] *agg.* tecnico || *collège* —, scuola professionale ♦ *s.f.* tecnica || **-ement** *avv.*

techno- *pref.* tecno-; tecnico-

technocrate [tɛknɔkʀat] *s.m.* tecnocrate.

technocratie [tɛknɔkʀasi] *s.f.* tecnocrazia.

technocratique [tɛknɔkʀatik] *agg.* tecnocratico.

technologie [tɛknɔlɔʒi] *s.f.* tecnologia || — *commerciale*, merceologia.

technologique [tɛknɔlɔʒik] *agg.* tecnologico.

teck [tɛk] *s.m.* teak (albero e legno).

teckel [tɛkɛl] *s.m.* (*cane*) bassotto tedesco.

tectonique [tɛktɔnik] *agg.* (*geol.*) tettonico ♦ *s.f.* (*geol.*) tettonica.

tégument [tegymɑ̃] *s.m.* (*biol.*) tegumento.

teigne [tɛɲ] *s.f.* **1** (*zool.*) tignola, tarma **2** (*med.*) tigna **3** (*fig.*) vipera, serpente (*m.*); peste.

teigneux [tɛɲø] (f. *-euse*) *agg.* e *s.m.* **1** tignoso **2** (*fig.*) astioso.

teindre [tɛ̃dʀ] (*coniug. come* peindre) *v.tr.* tingere: — *en rouge*, tingere di rosso || (*se*) — *les cheveux*, tingersi i capelli □ **se teindre** *v.pron.* tingersi (i capelli).

teint[1] [tɛ̃] *s.m.* **1** carnagione (*f.*), colorito: *avoir le* — *fleuri*, essere colorito in volto **2** colore, tinta (*f.*): *bon*, *grand* —, (dai) colori solidi; *bon* —, (*fig.*) convinto.

teint[2] *part.pass. di* teindre ♦ *agg.* tinto: — *en bleu*, tinto di blu.

teinte [tɛ̃t] *s.f.* **1** tinta; colore (*m.*) **2** (*fig.*) sfumatura: *une* — *de malice*, un'ombra di malizia.

teinté [tɛ̃te] *agg.* (leggermente) colorato: *verres teintés*, lenti azzurrate.

teinter [tɛ̃te] *v.tr.* tingere (*anche fig.*); colorare (leggermente) □ **se teinter** *v.pron.* colorarsi (*anche fig.*).

teinture [tɛ̃tyʀ] *s.f.* **1** tintura || — *pour cheveux*, tintura per i capelli || (*med.*) — *d'iode*, tintura di iodio **2** (*fig.*) infarinatura.

teinturerie [tɛ̃tyʀʀi] *s.f.* tintoria.

teinturier [tɛ̃tyʀje] (f. *-ère*) *agg.* e *s.m.* tintore: *chez le* —, in tintoria, in lavanderia.

tel [tɛl] (f. *telle*) *agg.* tale, simile, siffatto: *de tels propos m'avaient indigné*, tali discorsi mi avevano indignato; *de telle façon*, in tal modo; *à* (*un*) — *point* (*que*), a tal punto (che); *je n'ai jamais rien vu de* —, non ho mai visto niente di simile; *par une telle chaleur*, con un caldo simile || *rien de* — *pour...*, niente di meglio per... || *comme* —, *en tant que* —, come tale, in quanto tale || — *père*, — *fils*, tale padre tale figlio ♦ *agg.* e *pron.indef.* tale: *il partira* — *jour pour telle destination*, partirà il tal giorno per la tale destinazione || —*...*, — *autre*, tale..., il talaltro || — *et* —, tale e talaltro: *dis-lui que tu n'es pas d'accord pour telle et telle raison*, digli che non sei d'accordo per tale e talaltra ragione || — *ou* —, tale o talaltro: *ce n'est pas* — *ou* — *détail que je considère mais tout l'ensemble*, non considero tanto questo o quel particolare, quanto tutto l'insieme || *Monsieur Un* —, *Madame Une telle*, il signora, la signora Tal dei Tali; *la famille Un* —, la famiglia Tal dei Tali || — *est pris qui croyait prendre*, chi la fa l'aspetti □ **tel quel**, tale e quale: *j'ai retrouvé la maison telle*

télétype

quelle, ho trovato la casa tale e quale □ **tel que** 1 *(con valore esemplificativo)* quale, come: *un artiste — que vous mérite le succès,* un artista come lei merita successo; *— qu'il est, il serait capable de...,* uno come lui sarebbe capace di...; *plusieurs langues, telles que le grec et le latin...,* diverse lingue come il greco e il latino... ‖ *laissons les choses telles que,* lasciamo le cose (così) come stanno 2 *(con valore comparativo)* (tale e) quale, come: *je te rends ton livre — que tu me l'as prêté,* ti restituisco il tuo libro tale e quale me l'hai prestato □ **tel... que...,** **tel que** *(con valore consecutivo)* tale... che..., tale da: *j'ai éprouvé une telle peur que j'en suis encore bouleversé,* ho provato una tale paura che ne sono ancora sconvolto; *son autorité n'est pas telle qu'elle puisse vous intimider,* la sua autorità non è tale da intimidirvi.

télé [tele] *s.f.* (*fam.*) tele, tv; televisore (*m.*) □ **journaliste-télé,** giornalista televisivo, telegiornalista; **feuilleton-télé,** sceneggiato televisivo; (*spreg.*) serial, telenovela.

télé- *pref.* tele-

téléachat [teleaʃa] *s.m.* acquisto per televendita.

téléaffichage [teleafiʃaʒ] *s.m.* affissione elettronica degli orari (in una stazione o in un aeroporto).

téléappel [teleapɛl] *s.m.* cercapersone.

télébenne [telebɛn], **télécabine** [telekabin] *s.f.* cabinovia, ovovia.

télécarte [telekaʀt] *s.f.* carta telefonica.

télécommande [telekɔmɑ̃d] *s.f.* telecomando (*m.*).

télécommander [telekɔmɑ̃de] *v.tr.* 1 telecomandare 2 (*fig.*) dirigere da lontano.

télécommunication [telekɔmynikasjɔ̃] *s.f.* telecomunicazione.

téléconférence [telekɔ̃feʀɑ̃s] *s.f.* teleconferenza.

télécopie [telekɔpi] *s.f.* (tele)fax (*m.*).

télécopier [telekɔpie] *v.tr.* trasmettere con un fax.

télécopieur [telekɔpjœʀ] *s.m.* (*tecn.*) (tele)fax.

télécran [telekʀɑ̃] *s.m.* teleschermo (gigante).

télédiffuser [teledifyze] *v.tr.* telediffondere.

télédiffusion [teledifyzjɔ̃] *s.f.* (*tv*) telediffusione.

télédistribution [teledistʀibysjɔ̃] *s.f.* (*tv*) teledistribuzione, trasmissione via cavo.

téléécriture [teleekʀityʀ] *s.f.* telescrittura.

téléenseignement [teleɑ̃sɛɲmɑ̃] *s.m.* telescuola (*f.*).

téléfilm [telefilm] *s.m.* telefilm.

télégénique [teleʒenik] *agg.* telegenico.

télégramme [telegʀam] *s.m.* telegramma.

télégraphe [telegʀaf] *s.m.* telegrafo.

télégraphie [telegʀafi] *s.f.* telegrafia.

télégraphier [telegʀafje] *v.tr.* e *intr.* telegrafare.

télégraphique [telegʀafik] *agg.* telegrafico ‖ -**ement** *avv.*

télégraphiste [telegʀafist] *s.m.* 1 telegrafista 2 (*facteur*) —, fattorino del telegrafo.

télégueule [telegœl] *s.m.* (*nelle Antille*) tamtam (passaparola di notizie).

téléguidé [telegide] *agg.* 1 teleguidato 2 (*fig.*) manovrato.

téléguider [telegide] *v.tr.* 1 teleguidare 2 (*fig.*) manovrare.

téléimprimeur [teleɛ̃pʀimœʀ] *s.m.* telescrivente (*f.*).

télémaniaque [telemanjak] *agg.* teledipendente.

télématique [telematik] *s.f.* telematica ♦ *agg.* telematico.

télémètre [telemɛtʀ] *s.m.* telemetro.

télémétrie [telemetʀi] *s.f.* telemetria.

téléobjectif [teleɔbʒɛktif] *s.m.* teleobiettivo.

téléologie [teleɔlɔʒi] *s.f.* teleologia.

téléologique [teleɔlɔʒik] *agg.* teleologico.

télépathe [telepat] *s.m.* 1 soggetto telepatico 2 medium ♦ *agg.* telepatico.

télépathie [telepati] *s.f.* telepatia.

télépathique [telepatik] *agg.* telepatico.

téléphérique [telefeʀik] *s.m.* teleferica (*f.*); funivia (*f.*).

téléphone [telefɔn] *s.m.* telefono: — *à carte,* telefono a scheda ‖ *un coup de* —, una telefonata: *passer un coup de* — *à qqn,* fare una telefonata a qlcu, telefonare a qlcu ‖ — *arabe,* (*fam.*) tam tam; passaparola.

téléphoner [telefɔne] *v.tr.* e *intr.* telefonare.

téléphonie [telefɔni] *s.f.* telefonia.

téléphonique [telefɔnik] *agg.* telefonico ‖ -**ement** *avv.*

téléphoniste [telefɔnist] *s.m.* e *f.* telefonista.

téléphoto [telefɔto] *s.f.* telefoto.

téléphotographie [telefɔtɔgʀafi] *s.f.* telefotografia.

téléreportage [teleʀəpɔʀtaʒ] *s.m.* telecronaca (*f.*); servizio televisivo.

téléreporter [teleʀəpɔʀtɛʀ] *s.m.* reporter televisivo, telecronista.

téléroman [teleʀɔmɑ̃] *s.m.* (*in Canada*) teleromanzo.

télescopage [telɛskɔpaʒ] *s.m.* scontro, tamponamento (di veicoli).

télescope [telɛskɔp] *s.m.* telescopio.

télescoper [telɛskɔpe] *v.tr.* urtare, tamponare □ **se télescoper** *v.pron.* 1 urtarsi, tamponarsi 2 (*fig.*) compenetrarsi.

télescopique [telɛskɔpik] *agg.* telescopico.

téléscripteur [teleskʀiptœʀ] *s.m.* telescrivente (*f.*).

télésiège [telesjɛʒ] *s.m.* seggiovia (*f.*).

téléski [teleski] *s.m.* sciovia (*f.*), skilift.

téléspectateur [telespɛktatœʀ] (*f.* -*trice*) *s.m.* telespettatore.

télésurveillance [telesyʀvɛjɑ̃s] *s.f.* telesorveglianza.

télétel [teletɛl] *s.m.* (*système*) —, televideo, videotel.

télétex [teletɛks] *s.m.* teletex.

télétexte [teletɛkst] *s.m.* teletext, teletex (tramite rete telefonica).

télétraitement [teletʀɛtmɑ̃] *s.m.* (*tel.*) teletrattamento.

télétransmission [teletʀɑ̃smisjɔ̃] *s.f.* teletrasmissione.

télétype [teletip] *s.m.* → **téléimprimeur.**

télétypiste [teletipist] *s.m.* e *f.* telescriventista.

télévente [televɑ̃t] *s.f.* televendita.

télévisé [televize] *agg.* televisivo, teletrasmesso: *reportage* —, servizio televisivo; *jeu* —, telequiz.

téléviser [televize] *v.tr.* teletrasmettere, trasmettere per televisione.

téléviseur [televizœʀ] *s.m.* televisore: — *couleur*, televisore a colori.

télévision [televizjɔ̃] *s.f.* **1** televisione: — *commerciale*, televisione privata || *de* —, televisivo **2** (*fam.*) televisore (*m.*).

télévisuel [televizɥɛl] (f. -*elle*) *agg.* televisivo.

télex [teleks] *s.m.* telex.

télexer [telekse] *v.tr.* trasmettere per telex.

télexiste [teleksist] *s.m.* addetto al telex.

tellement [tɛlmɑ̃] *avv.* **1** talmente, così, a tal punto: *il a* — *travaillé que maintenant il lui faut du repos*, ha talmente lavorato che ora si deve riposare; *il est* — *bête!*, è così stupido! || *j'ai* — *d'ennuis!*, (*fam.*) ho così tante preoccupazioni! **2** talmente, da tanto che: *il est sans voix* — *il a parlé*, è senza voce da tanto (che) ha parlato **3** (*rafforzativo di un comparativo*) tanto: *il est* — *plus ponctuel que toi!*, è tanto più puntuale di te! **4** (*in frasi negative o interrogative*) molto: *"Tu aimes ça?" "Pas* —*"*, "Ti piace?" "Non molto"; *ce n'est plus* — *à la mode*, non è più molto di moda; *es-tu* — *persuadé d'avoir raison?*, sei proprio convinto di aver ragione?

telline [tɛlin] *s.f.* (*zool.*) tellina.

tellurien [telyʀjɛ̃] (f. -*enne*), **tellurique** [telyʀik] *agg.* tellurico.

téméraire [temeʀɛʀ] *agg.* e *s.m.* temerario.

témérité [temeʀite] *s.f.* temerarietà.

témoignage [temwaɲaʒ] *s.m.* **1** testimonianza (*f.*): *appeler en* —, chiamare a testimoniare; *rendre* — *à qqn*, testimoniare a favore di qlcu || *je rends* —*à son honnêteté*, (*fig.*) mi inchino davanti alla sua onestà **2** segno, prova (*f.*): *en* — *de ma reconnaissance*, in segno, a prova della mia riconoscenza.

témoigner [temwaɲe] *v.tr.* **1** testimoniare **2** manifestare: — *par des actes*, testimoniare con gli atti ♦ *v.intr.* (*dir.*) testimoniare.

témoin [temwɛ̃] *s.m.* **1** testimone: *je vous prends tous à* —, (vi) prendo tutti a testimonio, siete tutti testimoni; *témoin(s) les deux femmes...*, testimoni le due donne... || *témoins d'un mariage*, testimoni di un matrimonio || *les peintures de Lascaux, témoins de l'art préhistorique*, le pitture di Lascaux, testimonianza dell'arte preistorica **2** (*dir.*) teste, testimone: *faux* —, teste falso **3** padrino (di un duello) **4** (*geol.*) campione di trivellazione, carota (*f.*) **5** (*sport*) testimone (della staffetta) □ **appartement témoin**, appartamento campione, tipo; **groupe témoin**, gruppo di riferimento; **lampe témoin**, lampada spia; **opération témoin**, (*comm.*) operazione sperimentale; **ville témoin**, città campione; **zone témoin**, (*comm.*) zona sperimentale.

tempe [tɑ̃p] *s.f.* (*anat.*) tempia.

tempérament [tɑ̃peʀamɑ̃] *s.m.* **1** tempera-

mento, carattere **2** (*comm.*) *à* —, a rate: *vente à* —, vendita a rate **3** (*isola Riunione*) morale, umore.

tempérance [tɑ̃peʀɑ̃s] *s.f.* temperanza || *société de* —, lega antialcolica.

tempérant [tɑ̃peʀɑ̃] *agg.* e *s.m.* sobrio.

température [tɑ̃peʀatyʀ] *s.f.* **1** temperatura **2** febbre, temperatura: *avoir de la* —, avere la febbre; *prendre sa* —, misurarsi la temperatura || *prendre la* — *de l'opinion publique*, (*fig.*) tastare il polso all'opinione pubblica.

tempéré [tɑ̃peʀe] *agg.* temperato.

tempérer [tɑ̃peʀe] (*coniug. come* céder) *v.tr.* moderare, mitigare.

tempête [tɑ̃pɛt] *s.f.* tempesta: — *de mer*, mareggiata || (*fig.*): *une* — *de rires*, uno scroscio di risa; *une* — *d'injures*, una valanga d'insulti; *déchaîner la* —, scatenare un putiferio || *briquet* —, accendino antivento.

tempêter [tɑ̃pɛte] *v.intr.* (*letter.*) tempestare: — *contre qqn*, infuriarsi con qlcu.

temple [tɑ̃pl] *s.m.* tempio || (*st.*) *l'ordre du Temple*, l'ordine dei Templari.

templier [tɑ̃plije] *s.m.* (*st.*) (cavaliere) templare.

tempo [tempo, tɛpo] *s.m.* **1** (*mus.*) tempo **2** (*estens.*) ritmo (narrativo).

temporaire [tɑ̃pɔʀɛʀ] *agg.* temporaneo; provvisorio || *travail* —, lavoro saltuario; *entreprise de travail* —, società di servizi che offre personale per lavoro saltuario a terzi || -*ement avv.*

temporal [tɑ̃pɔʀal] (pl. -*aux*) *agg.* e *s.m.* (*anat.*) temporale.

temporalité [tɑ̃pɔʀalite] *s.f.* **1** temporalità **2** (*gramm.*) valore temporale.

temporel [tɑ̃pɔʀel] (f. -*elle*) *agg.* temporale.

temporisateur [tɑ̃pɔʀizatœʀ] (f. -*trice*) *agg.* e *s.m.* temporeggiatore || *politique temporisatrice*, politica attendista.

temporisation [tɑ̃pɔʀizasjɔ̃] *s.f.* il prendere tempo, l'indugiare.

temporiser [tɑ̃pɔʀize] *v.intr.* temporeggiare.

temps [tɑ̃] *s.m.* tempo: *ne pas avoir le* — *de*, non fare in tempo a; *manquer de* —, non avere tempo; *prendre son* —, prendere tempo; *travailler à plein* —, *à mi-* —, lavorare a tempo pieno, a mezzo tempo; *il était* — *que nous arrivions*, era tempo che arrivassimo; *il trouve le* — *long*, il tempo non gli passa mai; *cette affaire lui prend beaucoup de* —, quest'affare gli porta via molto tempo; *le* — *des moissons*, l'epoca del raccolto; — *d'attente*; *au* — *où*, al tempo in cui || — *d'arrêt*, (*fig.*) battuta d'arresto; *après un* —, dopo una pausa || *le* — *est au beau*, c'è bel tempo; *le* — *se met à la pluie*, sta per piovere; *par tous les* —, con qualsiasi tempo; *un* — *de chien*, un tempaccio || (*mar.*): — *calme*, bonaccia; *gros* —, mare grosso; *un coup de* —, un temporale || (*mil.*): — *de service*, periodo di leva; *faire son* —, fare il servizio militare, (*estens.*) scontare la pena || (*basket*) — *mort*, tempo sospeso; (*pallavolo*) tempo morto ♦ FRASEOLOGIA: *se donner du bon* —, darsi alla bella vita; *prendre, se payer du bon* —, concedersi degli svaghi; *avoir fait son* —, essere superato; *retarder sur son* —, essere in ritardo sui tempi; *par le* — *qui court*, coi tempi che corrono; *de mon* —, ai miei tempi; *en moins de* — *qu'il n'en faut pour le dire*, in men che non si dica; *n'avoir qu'un* —, essere di breve durata; *il est* (*grand*) — *de...*, il n'e-*st que* — *de...*, è ora di...

□ **à peu de temps de là**, poco tempo dopo; **à temps**, in, a tempo; **à temps perdu**, a tempo perso; **dans le(s) temps**, un tempo; tempo fa; **dans peu de temps**, fra poco; **depuis ce temps-là**, da quel tempo; **depuis le temps que...**, dal tempo che...; **depuis peu de temps**, da poco tempo; **de temps en temps, de temps à autre**, di quando in quando; **de tout temps**, da sempre, in ogni tempo; **en ce temps-là**, a quel tempo; **en même temps**, nello stesso tempo, contemporaneamente; **en peu de temps**, in poco tempo; **en son temps**, a suo tempo, al momento giusto; **en temps et lieu**, a tempo e luogo; **en temps voulu**, a tempo debito; **en tout temps**, in ogni tempo; **entre temps**, nel frattempo; **en un rien de temps**, in un attimo; **pendant ce temps-là**, nel frattempo; **peu de temps avant, après**, poco tempo prima, dopo; **tout le temps**, sempre, perennemente.

tenable [tənabl] *agg.* (*spec. in frasi negative*) sopportabile, sostenibile; (*mil.*) difendibile.

tenace [tənas] *agg.* tenace: *des préjugés tenaces*, pregiudizi radicati; *une douleur* —, un dolore persistente || **-ement** *avv.*

ténacité [tenasite] *s.f.* tenacia.

tenaille [tənɑj] *s.f.* (*spec. pl.*) tenaglia: *tenailles coupantes*, tronchesi.

tenailler [tənɑje] *v.tr.* (*fig.*) attanagliare, tormentare.

tenancier [tənɑ̃sje] (f. *-ère*) *s.m.* **1** tenutario (di casa da gioco ecc.) **2** gestore (di hotel ecc.).

tenant¹ [tənɑ̃] *agg.*: *séance tenante*, seduta stante.

tenant² *s.m.* **1** (*sport*) detentore **2** difensore, sostenitore **3** *pl.* (*dir.*) terre finitime (di una proprietà) || *les tenants et les aboutissants*, (*fig.*) gli annessi e i connessi, i minimi particolari □ **d'un (seul) tenant, tout d'un tenant**, in un pezzo solo: *terrain d'un* (*seul*) —, terreno non frazionato.

tendance [tɑ̃dɑ̃s] *s.f.* tendenza: *avoir* — *à*, tendere a || *faire un procès de* —, fare il processo alle intenzioni.

tendanciel [tɑ̃dɑ̃sjɛl] (f. *-elle*) *agg.* tendenziale.

tendancieux [tɑ̃dɑ̃sjø] (f. *-euse*) *agg.* tendenzioso || **-eusement** *avv.*

tendeur [tɑ̃dœR] *s.m.* cinghia elastica.

tendineux [tɑ̃dinø] (f. *-euse*) *agg.* (*anat.*) tendineo.

tendinite [tɑ̃dinit] *s.f.* (*med.*) tendinite.

tendon [tɑ̃dɔ̃] *s.m.* (*anat.*) tendine.

tendre¹ [tɑ̃dR] (*coniug. come* rendre) *v.tr.* **1** tendere (*anche fig.*): — *ses muscles*, tendere i muscoli; *il lui tendit son paquet de cigarettes*, gli porse il suo pacchetto di sigarette; — *l'oreille*, tendere l'orecchio, ascoltare **2** stendere, tendere || — *un mur de tissu*, tappezzare, rivestire un muro di tessuto || *une église tendue de noir*, una chiesa pa-

rata a lutto ♦ *v.intr.* dirigersi; tendere (*anche fig.*): *je tends à penser que vous avez tort*, sono incline a pensare che abbiate torto.

tendre² *agg.* e *s.m.* tenero: *âge* —, — *enfance*, tenera età; *bleu, rose* —, blu, rosa tenue; *il y a du* — *entre eux*, c'è del tenero tra loro || *c'est un* —, (*fam.*) è un cuore tenero || **-ement** *avv.*

tendresse [tɑ̃dRɛs] *s.f.* **1** tenerezza; affetto (*m.*) **2** *pl.* tenerezze, affettuosità; (*fam.*) simpatie.

tendreté [tɑ̃dRəte] *s.f.* (*di carne ecc.*) tenerezza, morbidezza.

tendron [tɑ̃dRɔ̃] *s.m.* **1** (*fam.*) ragazzina (*f.*) **2** *pl.* (*cuc.*) bianco costato (di vitello).

tendu [tɑ̃dy] *part.pass. di* tendre ♦ *agg.* teso (*anche fig.*).

ténèbres [tenɛbR] *s.f.pl.* tenebre (*anche fig.*).

ténébreux [tenebRø] (f. *-euse*) *agg.* e *s.m.* tenebroso (*anche fig.*) || **-eusement** *avv.*

teneur [tənœR] *s.f.* **1** termini esatti, tenore (di un atto, di un documento) **2** tenore (*m.*), quantità (in) percentuale: — *en alcool*, gradazione alcolica; — *en acide*, acidità; — *en eau*, grado di umidità.

ténia [tenjɑ] *s.m.* tenia (*f.*), verme solitario.

tenir [təniR]

Indic.pres. je tiens, tu tiens, il tient, nous tenons, vous tenez, ils tiennent; *imperf.* je tenais, etc.; *pass.rem.* je tins, etc., nous tînmes, etc.; *fut.* je tiendrai, etc. *Cond.* je tiendrais, etc. *Cong.pres.* que je tienne, etc., que nous tenions, que vous teniez, qu'ils tiennent; *imperf.* que je tinsse, que tu tinsses, qu'il tînt, etc. *Part.pres.* tenant; *pass.* tenu. *Imp.* tiens, tenons, tenez.

v.tr. **1** tenere; reggere, sostenere; mantenere: — *à la main*, tenere in mano; — *dans ses bras*, tenere in braccio, fra le braccia; — *par la main, par la taille*, tenere per mano, per la vita || *on tient le coupable*, il colpevole è nelle nostre mani; *si je le tenais!*, se lo avessi tra le mani! || *la colère le tient*, è in preda alla collera || *ce bateau tient bien la mer*, questa barca regge bene il mare; — *le vin*, reggere il vino || *il tient bien sa place à table*, fa onore alla tavola || *Mlle Dupont tiendra le piano*, sarà al pianoforte la signorina Dupont || — *le rôle de*, sostenere, interpretare la parte di || (*fam.*): *tiens!*, ecco!; to'!; guarda!; *tiens, passe-moi ton verre*, su, passami il bicchiere; *tenez, je vais vous raconter ce qui m'est arrivé*, state a sentire, vi racconto quel che mi è capitato **2** serbare; tenere; mantenere: — *rancune à qqn*, serbare rancore a qlcu; — *un serment*, tenere fede a un giuramento **3** fare, tenere (un discorso ecc.): *il tient des raisonnements absurdes*, fa ragionamenti assurdi **4** avere; tenere: — *le mot de l'énigme*, avere la chiave dell'enigma || (*fam.*): *il tient une de ces cuites!*, ha una tale sbornia!; *qu'est-ce qu'il tient!*, che sbornia! **5** contenere, tenere **6** gestire: — *un café*, gestire un bar; — *un magasin*, avere un negozio **7** ritenere, considerare: *je tiens l'affaire comme faite*, ritengo l'affare concluso ♦ *v.intr.* **1** reggere; resistere, tenere; essere saldo, stare attaccato: — *debout*, reggersi, stare in piedi; *ce timbre ne tient pas*, quel francobollo non sta attaccato; *ce clou ne tient pas*, questo chiodo non regge; *la corde tint bon*, la corda resistette; *des couleurs qui tiennent bien*, colori solidi; *cette mode ne tiendra pas*, questa moda non durerà; *les soldats tinrent jusqu'au soir*, i soldati resistettero fino alla sera || *il n'y a pas d'excuse qui tienne*, non c'è scusa che tenga || *ça tient toujours pour samedi?*, (*fam.*) allora siamo sempre d'accordo per sabato? **2** stare, essere contenuto: *tous mes meubles ne tiennent pas dans ce petit appartement*, non ci stanno tutti i miei mobili in quest'appartamentino; *ce que je veux vous dire tient en quelques mots*, quello che devo dirvi si può riassumere in poche parole □ **tenir à 1** tenere a, essere attaccato a (*anche fig.*): *le miroir tient au mur par des clous*, lo specchio è attaccato al muro con dei chiodi; *le paysan tient à sa terre*, il contadino è attaccato alla sua terra; *il tient beaucoup à vous voir*, ci tiene molto a vedervi || *on tient à six à cette table*, ci si sta in sei a questo tavolo **2** dipendere da: *cela tient à son éducation*, ciò dipende dalla sua educazione; *il ne tient qu'à lui d'y aller*, dipende solo da lui andarci; *s'il ne tenait qu'à moi!*, se dipendesse solo da me!; *qu'à cela ne tienne!*, non importa! **3** essere attiguo, vicino: *notre jardin tient au sien*, il nostro giardino è adiacente al suo □ **tenir de 1** ricevere da: — *des renseignements de bonne source*, avere informazioni di fonte sicura; *de qui tenez-vous cela?*, da chi l'ha saputo?; *elle tient sa timidité de sa mère*, ha ereditato la timidezza da sua madre **2** (*ressembler*) assomigliare a: *elle tient de sa mère*, ha preso dalla madre; *elle a de qui —!*, (*iron.*) è figlia di sua madre!, si capisce da chi ha preso! || *sa guérison tient du miracle*, la sua guarigione ha del miracoloso □ **tenir pour**, ritenere, considerare: *on le tient pour un grand artiste*, è considerato un grande artista; — *pour vrai*, ritenere vero □ **y tenir**, tenerci: *si vous y tenez!*, se volete!; *je n'y tiens pas*, non ci tengo, non mi attira; *ne plus y —*, non poter più resistere. □ **se tenir** *v.pron.* **1** tenersi, reggersi; trattenersi: *il se tenait d'une main à la rampe*, si teneva, si reggeva con una mano alla ringhiera; *son raisonnement se tient*, (*fig.*) il suo ragionamento regge || *tout se tient*, (*fig.*) tutto è strettamente collegato **2** restare; stare; rimanere; tenersi: *se — prêt*, stare, tenersi pronto; *se — à sa place*, (*anche fig.*) stare al proprio posto; *se — à jour*, tenersi, essere aggiornato; *il sait se — à cheval*, sa stare in sella; *tiens-toi droit!*, stai dritto! **3** comportarsi: *tiens-toi bien à table!*, comportati bene a tavola!; *elle ne sait pas se —*, non sa comportarsi; *tiens-toi bien!*, stai composto!, (*fam.*) tienti forte!; *il n'a qu'à bien se —!*, (*fig.*) deve stare attento! **4** considerarsi, ritenersi: *se — pour battu*, ritenersi sconfitto **5** tenersi, aver luogo **6** tenersi (l'un l'altro): *se — par la main*, tenersi per mano □ **s'en tenir à**, limitarsi; attenersi: *il s'en est tenu à des menaces*, si è limitato alle minacce; *je m'en tiens à ton con-*

seil, mi attengo al tuo consiglio; *je m'en tiens à ce qu'on m'a dit*, mi attengo a quello che mi hanno detto; *pour aujourd'hui je m'en tiendrai là*, per oggi non vado oltre || *je sais à quoi m'en — sur son compte*, so che tipo è.

tennis [tenis] *s.m.* **1** tennis: *jouer au —*, giocare a tennis **2** scarpe da tennis.

tenon [tənɔ̃] *s.m.* (*tecn.*) tenone.

ténor [tenɔr] *s.m.* **1** tenore **2** (*fam.*) papavero, big.

tenseur [tɑ̃sœr] *agg. e s.m.* tensore.

tensioactif [tɑ̃sjɔaktif] (f. *-ive*) *agg. e s.m.* tensioattivo.

tension [tɑ̃sjɔ̃] *s.f.* tensione (*anche fig.*) || — *d'esprit*, tensione mentale || (*med.*): — *artérielle*, tensione arteriosa; *prendre la —*, misurare la pressione; *avoir de la —*, (*fam.*) avere la pressione alta.

tentaculaire [tɑ̃takyler] *agg.* tentacolare.

tentacule [tɑ̃takyl] *s.m.* tentacolo.

tentant [tɑ̃tɑ̃] *agg.* allettante, invitante: *c'est —!*, che tentazione!

tentateur [tɑ̃tatœr] (f. *-trice*) *agg. e s.m.* tentatore.

tentation [tɑ̃tɑsjɔ̃] *s.f.* tentazione.

tentative [tɑ̃tativ] *s.f.* tentativo (*m.*) || (*dir.*) — *d'homicide*, tentato omicidio.

tente [tɑ̃t] *s.f.* tenda.

tente-abri [tɑ̃tabri] (pl. *tentes-abris*) *s.f.* tenda da campo.

tenter [tɑ̃te] *v.tr. e intr.* tentare: — *la chance*, tentare la fortuna.

tenture [tɑ̃tyr] *s.f.* **1** tappezzeria; parato (*m.*) || *les tentures du salon*, i tendaggi del salotto **2** paramento funebre.

tenu [tɑny] *part.pass.* di *tenir* ♦ *agg.* **1** *bien —*, ben curato, in ordine; *mal —*, trasandato **2** obbligato, tenuto **3** (*Borsa*) fermo, sostenuto ♦ *s.m.* (*sport*) fallo per (palla) trattenuta.

ténu [teny] *agg.* tenue, sottile; fragile.

tenue [tɑny] *s.f.* **1** il tenere, la tenuta; — *de route*, tenuta di strada **2** (*estens.*) gestione, amministrazione: *il veille à la bonne — de son établissement*, egli cura il buon andamento della sua azienda **3** (*di stoffa*) consistenza **4** contegno (*m.*), comportamento (*m.*): *avoir de la —*, avere modi corretti; *manquer de —*, mancare di correttezza; *il n'a pas de —*, si comporta in modo poco decoroso || *ce journal manque de —*, questo giornale manca di serietà **5** modo di vestire; tenuta; divisa, uniforme: — *de soirée*, abito da sera || *en petite —*, in — *légère*, (*fam.*) in abbigliamento succinto || (*mil.*): — *léopard*, tuta mimetica; *en grande —*, in grande uniforme **6** (*mus.*) nota tenuta, tenuto (*m.*) **7** (*Borsa*) fermezza, sostenutezza.

ténuité [tenɥite] *s.f.* (*letter.*) tenuità.

ter [ter] *avv.* (*mus.*) tre volte ♦ *agg.num.* ter.

tératogène [teratɔʒɛn] *agg.* (*med.*) teratogeno.

tératologie [teratɔlɔʒi] *s.f.* teratologia.

tercet [terse] *s.m.* (*metrica*) terzina (*f.*).

térébenthine [terebɑ̃tin] *s.f.* trementina.

tergal [tergal] *s.m.* (*tessuto*) terital.

tergiversation [tɛʀʒivɛʀsɑsjɔ̃] *s.f.* tergiversazione.

tergiverser [tɛʀʒivɛʀse] *v.intr.* tergiversare.

terme[1] [tɛʀm] *s.m.* **1** termine: *notre travail touche à son —*, il nostro lavoro sta volgendo al termine ‖ *à — échu*, dopo il termine, dopo la scadenza; *passé le —*, scaduto il termine; *à court*, *à long —*, a breve, a lungo termine ‖ *accouchement avant —*, parto prematuro **2** affitto, pigione (*f.*) **3** *vendre à —*, vendere a rate.

terme[2] *s.m.* **1** termine, parola (*f.*): *en termes flatteurs*, con parole lusinghiere; *parler sans ménager ses termes*, parlare senza mezzi termini; *en d'autres termes*, in altri termini, in altre parole ‖ *aux termes de la loi*, a norma di legge ‖ *être en bons termes avec qqn*, essere in buoni rapporti con qlcu **2** (*mat.*) termine (*anche estens.*): *— d'une addition*, addendo ‖ *moyen —*, (*fig.*) via di mezzo, soluzione intermedia.

terme[3] *s.m.* (*st. arte*) erma (*f.*).

terminaison [tɛʀminɛzɔ̃] *s.f.* **1** terminazione **2** (*gramm.*) desinenza.

terminal[1] [tɛʀminal] (pl. *-aux*) *agg.* terminale; ultimo ‖ *formule terminale d'une lettre*, formula di chiusura di una lettera ‖ (*classe*) *terminale*, ultimo anno di scuola media superiore.

terminal[2] (pl. *-aux*) *s.m.* **1** (*trasporti*) terminal **2** (*inform.*) terminale.

terminer [tɛʀmine] *v.tr.* e *intr.* finire, terminare; concludere: *— par*, *en*, finire con, in ‖ *et pour —, je vous parlerai de...*, e infine vi parlerò di... ‖ *en — avec qqch*, farla finita con qlco □ **se terminer** *v.pron.* finire, terminare; concludersi.

terminologie [tɛʀminɔlɔʒi] *s.f.* terminologia.

terminus [tɛʀminys] *s.m.* capolinea; (*ferr.*) stazione di testa.

termite [tɛʀmit] *s.m.* (*zool.*) termite (*f.*).

termitière [tɛʀmitjɛʀ] *s.f.* termitaio (*m.*).

ternaire [tɛʀnɛʀ] *agg.* ternario.

terne[1] [tɛʀn] *s.m.* (*ai dadi, al lotto ecc.*) terno.

terne[2] *agg.* spento; scialbo.

ternir [tɛʀniʀ] *v.tr.* **1** appannare; offuscare (*anche fig.*) **2** (*un colore*) sbiadire.

ternissure [tɛʀnisyʀ] *s.f.* appannatura.

terrain [tɛʀɛ̃] *s.m.* terreno; suolo ‖ (*fig.*): *— brûlant*, terreno che scotta; *— glissant*, terreno minato; *être sur son —*, muoversi su un terreno conosciuto; *céder du —*, fare concessioni; *se conduire comme en — conquis*, farla da padrone; *rester maître du —*, restare padrone del campo ‖ *sur le —*, sul campo, (*fig.*) sul campo ‖ *homme de —*, uomo d'azione **2** (*appezzamento di*) terreno: *terrains irrigués*, comprensorio irriguo; *— à bâtir*, area, terreno fabbricabile **3** campo: *— de camping*, campeggio; *— d'aviation*, campo d'aviazione; *— de jeu*, campo da gioco; *— de foot* (*ball*), campo di calcio; (*sport*) *aller sur le —*, scendere in campo; *jouer sur son propre —*, giocare in casa □ **tout terrain** *locuz.* polivalente: (*voiture*) *tout —*, fuoristrada; *vélo tout —*, mountain bike.

terrasse [tɛʀas] *s.f.* **1** terrazza ‖ *toit en —*, tetto a terrazza; *cultures en terrasses*, coltivazioni a terrazza **2** esterno di bar o ristorante (attrezzato con tavolini).

terrassement [tɛʀasmɑ̃] *s.m.* sterro.

terrasser [tɛʀase] *v.tr.* atterrare, buttare a terra (*anche fig.*); sgominare ‖ *il a été terrassé par un infarctus*, è stato stroncato da un infarto.

terrassier [tɛʀasje] *s.m.* sterratore, badilante.

terre [tɛʀ] *s.f.* **1** terra: *tomber par*, *à —*, cadere per, a terra; *s'asseoir par —*, sedersi per terra ‖ (*elettr.*) *mettre à la —*, mettere a terra ‖ *face contre —*, faccia a terra ‖ *mettre qqn en —*, seppellire qlcu ‖ *avoir les pieds sur —*, avere i piedi per, sulla terra ‖ *rentrer sous —*, sprofondare sotto terra; *souhaiter être à cent pieds sous —*, desiderare di sprofondare sotto terra ‖ *revenir sur —*, tornare alla realtà; *être sur —*, vivere, esistere; *quitter cette —*, lasciare questa terra, morire; *être seul sur la —*, essere solo al mondo ‖ *sur la — comme au ciel*, come in cielo così in terra ‖ *sur — et sur mer*, per terra e per mare **2** (*appezzamento di*) terreno, terra: *— à blé*, terra coltivata, terreno coltivato a grano; *acheter*, *vendre une —*, acquistare, vendere un terreno **3** (*astr.*, *geogr.*) *Terre*, Terra □ **terre à terre** *locuz.agg.* terra terra.

terreau [tɛʀo] (pl. *-eaux*) *s.m.* **1** terriccio: *— de feuilles*, terriccio di copertura **2** (*fig.*) humus.

terre-neuvas [tɛʀnœva] (pl. *invar.*) *s.m.* peschereccio adibito alla pesca dei merluzzi sui banchi di Terranova.

terre-neuve [tɛʀnœv] (pl. *invar.*) *s.m.* (*cane*) terranova.

terre-neuvier [tɛʀnœvje] (pl. *terre-neuviers*) *s.m.* → **terre-neuvas**.

terre-plein [tɛʀplɛ̃] (pl. *terre-pleins*) *s.m.* terrapieno.

terrer, se [sətɛʀe] *v.pron.* rintanarsi: *se — chez soi*, (*fig.*) rintanarsi in casa.

terrestre [tɛʀɛstʀ] *agg.* terrestre ‖ *les joies terrestres*, le gioie terrene.

terreur [tɛʀœʀ] *s.f.* terrore (*m.*) ‖ *jouer les terreurs*, (*fam.*) fare il duro, il cattivo ‖ (*st.*) *la Terreur*, il Terrore (1793-94).

terreux [tɛʀø] (f. *-euse*) *agg.* **1** terreo **2** (*chim.*) terroso.

terrible [tɛʀibl] *agg.* **1** terribile, tremendo **2** (*fam.*) fantastico: *pas — ce film*, *on a vu mieux*, non è un granché quel film, si è visto di meglio ♦ *s.m.* (*fam.*) cosa terribile, guaio ♦ *avv.* (*fam.*) moltissimo.

terriblement [tɛʀibləmɑ̃] *avv.* **1** terribilmente **2** (*estens.*) fantasticamente.

terrien [tɛʀjɛ̃] (f. *-enne*) *agg.* terriero; campagnolo ♦ *s.m.* terrestre.

terrier[1] [tɛʀje] *s.m.* tana (*f.*); covo (*anche fig.*).

terrier[2] *s.m.* (*cane*) terrier.

terrifiant [tɛʀifjɑ̃] *agg.* terrificante, spaventoso.

terrifier [tɛʀifje] *v.tr.* terrificare, terrorizzare.

terril [tɛʀil] *s.m.* (*miner.*) discarica (*f.*).

terrine [tɛʀin] *s.f.* **1** terrina **2** (*cuc.*) pasticcio di carne o di selvaggina, pâté (*m.*).

territoire [tɛʀitwaʀ] *s.m.* territorio.

territorial [tɛritɔrjal] (pl. *-aux*) *agg.* territoriale.

territorialité [tɛritɔrjalite] *s.f.* territorialità.

terroir [tɛrwar] *s.m.* terra (*f.*), terreno (agricolo) || *vin qui sent le —*, vino dal gusto genuino || *produits du —*, prodotti locali.

terroriser [tɛrɔrize] *v.tr.* terrorizzare, atterrire.

terrorisme [tɛrɔrism] *s.m.* terrorismo.

terroriste [tɛrɔrist] *agg.* terroristico ♦ *s.m.* terrorista.

tertiaire [tɛrsjɛr] *agg.* e *s.m.* terziario.

tertio [tɛrsjo] *avv.* in terzo luogo.

tertre [tɛrtr] *s.m.* poggio, collinetta (*f.*) || *— funéraire*, tumulo.

tes [te] *agg.poss.pl.m.* e *f.* → **ton.**

tessinois [tesinwa] *agg.* e *s.m.* ticinese.

tessiture [tesityr] *s.f.* (*mus.*) tessitura.

tesson [tesɔ̃] *s.m.* coccio.

test [tɛst] *s.m.* test; prova (*f.*) □ **ville-test**, città campione; **sérum-test**, sierotest.

testament [tɛstamɑ̃] *s.m.* testamento: *faire son —*, fare testamento, testare || *l'Ancien, le Nouveau Testament*, l'Antico, il Nuovo Testamento.

testamentaire [tɛstamɑ̃tɛr] *agg.* (*dir.*) testamentario.

testateur [tɛstatœr] (f. *-trice*) *s.m.* (*dir.*) testatore.

tester[1] [tɛste] *v.intr.* (*dir.*) testare, fare testamento.

tester[2] *v.tr.* **1** sottoporre a un test (psicologico) **2** sperimentare, provare.

testeur [tɛstœr] *s.m.* **1** esperto in test **2** (*tecn.*) tester.

testicule [tɛstikyl] *s.m.* testicolo.

testimonial [tɛstimɔnjal] (pl. *-aux*) *agg.* (*dir.*) testimoniale.

testostérone [tɛstɔsterɔn] *s.f.* testosterone (*m.*).

tétanique [tetanik] *agg.* tetanico.

tétanos [tetanos] *s.m.* (*med.*) tetano.

têtard [tɛtar] *s.m.* (*zool.*) girino.

tête [tɛt] *s.f.* **1** testa; capo (*m.*): *détourner la —*, voltare la testa, distogliere lo sguardo; *tomber la — la première*, cadere a testa in giù; *il la dépassait d'une —*, era più alto di lei di tutta la testa; *j'étais pressé, j'ai juste passé la —*, avevo fretta, ho solo messo dentro la testa || *— nue*, a capo scoperto, con niente in testa; *la — haute, basse*, a testa alta, a capo chino || *se jeter — baissée dans qqch*, scagliarsi a testa bassa contro qlco, (*fig.*) buttarsi a capofitto in qlco; *donner — baissée dans la — de qqn*, cascarci in pieno || *se jeter à la — de qqn*, buttarsi tra le braccia di qlcu; *jeter qqch à la — de qqn*, tirare qlco in testa a qlcu, (*fig.*) rinfacciare qlco a qlcu || *mettre à prix la — de qqn*, mettere una taglia sulla testa di qlcu || *coup de —*, (*anche fig.*) colpo di testa || (*calcio*) *faire une —*, tirare di testa **2** (*fig.*) testa; cervello (*m.*): mente: *une grosse —*, un cervellone; *une petite —*, un cervellino; *une — bien faite*, una bella mente; *à — reposée*, a mente fresca || *n'en faire qu'à sa —*, *faire à sa —*, fare di testa propria; *qu'est-ce qui te passe par la —?*, cosa ti passa per la testa?; cosa ti salta in mente?; *tourner et retourner qqch dans sa —*, rimuginare qlco; *chercher qqch dans sa —*, cercare di ricordare qlco; *avoir toute sa —*, essere luci-

do; *il n'a plus* (*toute*) *sa —*, non c'è più con la testa || *calculer de —*, calcolare a mente **3** faccia; aspetto (*m.*): *il a une bonne —*, ha un'aria da buono, una faccia onesta; *avoir la — à l'envers*, essere sfasato; *une sale —*, un'aria poco raccomandabile; *une — d'assassin*, una faccia da galera; *avoir une — à coucher dehors*, avere una faccia da far paura; *il a fait une drôle de —*, ha fatto una faccia strana; *il a fait une de ces têtes!*, ha fatto una faccia!; *faire la —*, fare, tenere il broncio; *faire une grosse — à qqn*, cambiare i connotati a qlcu || *juger qqn à sa —*, giudicare qlcu dalle apparenze; *à la — du client*, come gli gira **4** (*parte iniziale, superiore*) testa || *— de lit*, testata del letto; *la — d'un arbre, d'une montagne*, la cima di un albero, di una montagna; *— d'épingle*, capocchia di spillo; *— de lecture*, (*di magnetofono*) testina di riproduzione || *la — de la classe*, (*fig.*) i migliori della classe || (*bot.*) *— d'ail*, testa d'aglio **5** *— (de bétail)*, capo (di bestiame) **6** *— de ligne*, capolinea **7** *— de liste*, capolista **8** *— de mort*, teschio

♦ FRASEOLOGIA: *— de mule*, testa di legno, testa dura; *— de linotte*, testolina leggera, sventata; *— de cochon, de lard*, zuccone, testone; *une mauvaise —*, un indisciplinato, un ribelle; *une forte —*, un uomo irriducibile, un caratteraccio; *— brûlée*, testa calda; *garder la — froide*, avere sangue freddo || *femme de —*, donna di polso; *amour de —*, amore cerebrale || *laver la — à qqn*, dare una lavata di capo a qlcu || *avoir la grosse —*, darsi delle arie || *avoir ses têtes*, avere le proprie simpatie || *risquer sa —*, rischiare la vita, rischiare grosso || *se payer la — de qqn*, prendere in giro qlcu || *se creuser, se casser la —*, spremersi le meningi; *tu me casses la — avec tes commérages*, mi fai la testa come un pallone con le tue chiacchiere; *ce bruit nous casse la —*, questo rumore ci rompe i timpani || *se taper, se cogner la — contre les murs*, battere la testa contro il muro, (*estens.*) fare sforzi disperati; *il ne sait pas où donner de la —*, non sa dove sbattere la testa || *avoir une idée derrière la —*, avere uno scopo recondito || *j'en ai par-dessus la — de ce travail*, ne ho fin sopra i capelli di questo lavoro || *je ne peux tout de même pas marcher sur la —*, non posso certo fare i salti mortali; *être tombé sur la —*, (*fam.*), dare i numeri || *répondre de qqn sur sa —*, rispondere personalmente di qlcu || *prendre la —*, passare in testa. □ **à la tête de**, alla testa di; (*fig.*) a capo di □ **en tête** *à testa*; (*au commencement*) all'inizio **2** (*tip.*) in alto a sinistra □ **par tête**, a testa, pro capite.

tête-à-queue [tɛtakø] (pl. *invar.*) *s.m.* testa coda.

tête-à-tête [tɛtatɛt] (pl. *invar.*) *s.m.* **1** colloquio a quattrocchi, a tu per tu || *en —*, a quattrocchi, faccia a faccia **2** servizio da tè o da caffè, per due **3** divano a due posti a forma di S, amorino.

tête-bêche [tɛtbɛʃ] *locuz.avv.* testa piedi.

tête-de-loup [tɛtdəlu] (pl. *têtes-de-loup*) *s.f.* scopettone per soffitti.

tête-de-nègre [tɛtdənɛgr] (pl. *invar.*) *agg.* e *s.m.* (colore) testa di moro.

tétée [tete] *s.f.* poppata.

téter [tete] (*coniug. come* céder) *v.tr.* poppare: — *son biberon, sa mère*, prendere il biberon, succhiare il latte materno.

téterelle [tetʀɛl] *s.f.* tiralatte (*m.*).

tétine [tetin] *s.f.* 1 tettarella; (*estens.*) ciuccio (*m.*), succhiotto (*m.*) 2 (*di animali*) mammella.

téton [tetɔ̃] *s.m.* 1 (*fam.*) tetta (*f.*) 2 (*tecn.*) nasello.

tétra- *pref.* tetra-

tétraèdre [tetʀaɛdʀ] *s.m.* tetraedro.

tétragone [tetʀagɔn] *agg.* tetragono, tetragonale.

tétralogie [tetʀalɔʒi] *s.f.* tetralogia.

tétraplégie [tetʀapleʒi] *s.f.* tetraplegia.

tétraplégique [tetʀapleʒik] *agg.* tetraplegico.

tétrarchie [tetʀaʀʃi] *s.f.* tetrarchia.

tétras [tetʀɑ] *s.m.* (*zool.*) tetraone.

têtu [tety] *agg. e s.m.* testardo, cocciuto.

teuf-teuf [tœftœf] (pl. *teufs-teufs* o *invar.*) *s.m.* vecchia automobile, macinino.

teuton [tøtɔ̃] (f. *-onne*) *agg. e s.m.* 1 (*st.*) teutone 2 (*spreg.*) tedesco.

teutonique [tøtɔnik] *agg.* teutonico.

texan [tɛksɑ̃] *agg. e s.m.* texano.

texte [tɛkst] *s.m.* testo || *lire un auteur dans le* —, leggere un autore nella versione originale.

textile [tɛkstil] *agg. e s.m.* tessile.

textuel [tɛkstɥɛl] (f. *-elle*) *agg.* testuale: *traduction textuelle*, traduzione letterale || *-ellement avv.*

texture [tɛkstyʀ] *s.f.* 1 grana 2 (*geol.*) tessitura 3 consistenza (degli alimenti) 4 (*fig.*) struttura.

TGV [teʒeve] *s.m.* TGV, treno ad alta velocità.

thaï [taj] *agg. e s.m.* tailandese.

thaïlandais [tajlɑ̃dɛ] *agg. e s.m.* tailandese.

thalamus [talamys] *s.m.* (*anat.*) talamo.

thalassémie [talasemi] *s.f.* (*med.*) talassemia.

thalasso- *pref.* talasso-

thalassothérapie [talasɔteʀapi] *s.f.* talassoterapia.

thalle [tal] *s.m.* (*bot.*) tallo.

thaumaturge [tomatyʀʒ] *s.m.* taumaturgo.

thaumaturgie [tomatyʀʒi] *s.f.* taumaturgia.

thé [te] *s.m.* tè: *service à* —, servizio da tè.

théâtral [teatʀal] (pl. *-aux*) *agg.* teatrale || *-ement avv.*

théâtraliser [teatʀalize] *v.tr.* teatralizzare.

théâtralité [teatʀalite] *s.f.* (*letter.*) teatralità.

théâtre [teatʀ] *s.m.* 1 teatro: — *en, de plein air*, teatro all'aperto; — *a*, a teatro; *faire du* —, fare teatro || *coup de* —, (*anche fig.*) colpo di scena 2 (*fig.*) teatro, scena (*f.*): *être le* — *de*, essere teatro di.

théier [teje] *s.m.* (*pianta*) tè.

théière [tejɛʀ] *s.f.* teiera.

théine [tein] *s.f.* teina.

théisme [teism] *s.m.* (*fil.*) teismo.

théiste [teist] *agg.* teistico ♦ *s.m.* teista.

thématique [tematik] *agg.* tematico ♦ *s.f.* tematica.

thème [tɛm] *s.m.* 1 tema, argomento 2 (*scuo-la*) traduzione (*f.*), versione (in lingua straniera): — *latin*, versione in latino || *un fort en* —, (*gergo scolastico*) un secchione 3 (*mus.*) tema.

théo- *pref.* teo-

théocratie [teɔkʀasi] *s.f.* teocrazia.

théocratique [teɔkʀatik] *agg.* teocratico.

théodolite [teɔdɔlit] *s.m.* teodolite.

théogonie [teɔgɔni] *s.f.* teogonia.

théologal [teɔlɔgal] (pl. *-aux*) *agg.* teologale.

théologie [teɔlɔʒi] *s.f.* teologia || *faire sa* —, studiare teologia.

théologien [teɔlɔʒjɛ̃] (f. *-enne*) *s.m.* teologo.

théologique [teɔlɔʒik] *agg.* teologico || *-ement avv.*

théorème [teɔʀɛm] *s.m.* teorema.

théorétique [teɔʀetik] *agg.* teoretico.

théoricien [teɔʀisjɛ̃] (f. *-enne*) *s.m.* teorico.

théorie [teɔʀi] *s.f.* teoria || *en* —, in teoria, teoricamente.

théorique [teɔʀik] *agg.* teorico || *-ement avv.*

théoriser [teɔʀize] *v.tr.* teorizzare.

théosophie [teɔzɔfi] *s.f.* teosofia.

thérapeute [teʀapøt] *s.m.* terapeuta.

thérapeutique [teʀapøtik] *agg.* terapeutico ♦ *s.f.* terapeutica; terapia; trattamento (*m.*).

thérapie [teʀapi] *s.f.* terapia.

thermal [tɛʀmal] (pl. *-aux*) *agg.* termale.

thermes [tɛʀm] *s.m.pl.* terme (*f.*).

thermidorien [tɛʀmidɔʀjɛ̃] (f. *-enne*) *agg. e s.m.* (*st.*) termidoriano.

thermie [tɛʀmi] *s.f.* (*fis.*) termia.

thermique [tɛʀmik] *agg.* termico.

thermite [tɛʀmit] *s.f.* (*chim.*) termite.

thermo- *pref.* termo-

thermochimie [tɛʀmɔʃimi] *s.f.* termochimica.

thermodynamique [tɛʀmɔdinamik] *s.f.* termodinamica ♦ *agg.* termodinamico.

thermoélectrique [tɛʀmɔelɛktʀik] *agg.* termoelettrico.

thermogène [tɛʀmɔʒɛn] *agg.* termogeno.

thermographie [tɛʀmɔgʀafi] *s.f.* (*med.*) termografia.

thermomètre [tɛʀmɔmɛtʀ] *s.m.* termometro (*anche fig.*).

thermométrique [tɛʀmɔmetʀik] *agg.* termometrico.

thermonucléaire [tɛʀmɔnykleɛʀ] *agg.* termonucleare.

thermoplastique [tɛʀmɔplastik] *agg.* termoplastico.

thermoréacteur [tɛʀmɔʀeaktœʀ] *s.m.* (*fis.*) termoreattore.

thermorégulateur [tɛʀmɔʀegylatœʀ] (f. *-trice*) *agg. e s.m.* termoregolatore.

thermos [tɛʀmos] *s.m.* o *f.* thermos (*m.*).

thermosiphon [tɛʀmɔsifɔ̃] *s.m.* termosifone.

thermostat [tɛʀmɔsta] *s.m.* termostato.

thermostatique [tɛʀmɔstatik] *agg.* termostatico.

thermothérapie [tɛʀmɔteʀapi] *s.f.* (*med.*) termoterapia.

thésard [tezaʀ] *s.m.* (*fam.*) chi prepara una tesi di dottorato.

thésaurisation [tezɔʀizɑsjɔ̃] *s.f.* tesaurizzazione.
thésauriser [tezɔʀize] *v.tr.* tesaurizzare.
thésauriseur [tezɔʀizœʀ] (f. *-euse*) *agg.* e *s.m.* tesaurizzatore.
thèse [tez] *s.f.* tesi: — *de troisième cycle*, — *de recherche*, tesi di dottorato post-laurea.
thiamine [tjamin] *s.f.* (*chim.*) tiamina.
thiernois [tjɛʀnwa] *agg.* di Thiers.
thomisme [tɔmism] *s.m.* tomismo.
thomiste [tɔmist] *agg.* tomistico ♦ *s.m.* tomista.
thon [tɔ̃] *s.m.* (*zool.*) tonno.
thonier [tɔnje] *s.m.* imbarcazione (per la pesca del tonno).
thoracique [tɔʀasik] *agg.* toracico.
thorax [tɔʀaks] *s.m.* (*anat.*) torace.
thorium [tɔʀjɔm] *s.m.* (*chim.*) torio.
thrombine [tʀɔ̃bin] *s.f.* (*biochim.*) trombina.
thrombose [tʀɔ̃boz] *s.f.* (*med.*) trombosi.
thrombus [tʀɔ̃bys] *s.m.* (*med.*) trombo.
thune [tyn] *s.f.* (*argot*) denaro (*m.*): *je n'ai pas une* —, non ho il becco di un quattrino.
thuya [tyja] *s.m.* (*bot.*) tuia (*f.*).
thym [tɛ̃] *s.m.* (*bot.*) timo.
thymus [timys] *s.m.* (*anat.*) timo.
thyroïde [tiʀɔid] *s.f.* (*anat.*) tiroide.
thyroïdien [tiʀɔidjɛ̃] (f. *-enne*) *agg.* tiroideo.
thyroïdisme [tiʀɔidism] *s.m.* tiroidismo.
thyrse [tiʀs] *s.m.* tirso.
tiags, tiagues [tjag] *s.f.pl.* (*abbr. di* santiagues, santiagos) campero (stivali messicani).
tiare [tjaʀ] *s.f.* tiara || *recevoir la* —, diventare papa.
tibétain [tibetɛ̃] *agg.* e *s.m.* tibetano.
tibia [tibja] *s.m.* tibia (*f.*).
tic [tik] *s.m.* tic, ticchio, mania (*f.*).
ticket [tikɛ] *s.m.* biglietto, scontrino, tagliando: — *de caisse*, scontrino (fiscale) || (*ferr.*) — *de quai*, biglietto di accesso ai binari || — *de rationnement*, tagliando della tessera annonaria □ **ticket-repas**, buono pasto; **ticket-restaurant**, ticket-restaurant.
tic tac [tiktak] *onom.* tic tac ♦ *s.m.* (pl. *invar.*): *le* — *d'une montre*, il tic tac di un orologio.
tictaquer [tiktake] *v.intr.* fare tic tac.
tiédasse [tjedas] *agg.* (sgradevolmente) tiepido.
tiède [tjed] *agg.* tiepido || *-ement avv.*
tiédeur [tjedœʀ] *s.f.* tepore (*m.*); (*fig.*) tiepidezza.
tiédir [tjediʀ] *v.intr.* intiepidirsi ♦ *v.tr.* intiepidire.
tiédissement [tjedismã] *s.m.* intiepidimento, l'intiepidirsi.
tien [tjɛ̃]

sing.m. **tien** tuo, f. **tienne** tua; *pl.m.* **tiens** tuoi, f. **tiennes** tue

pron.poss.m.sing. tuo: *mes amis et les tiens*, i miei amici e i tuoi, i miei e i tuoi amici; *ma mère et la tienne*, mia madre e la tua || (*nei brindisi*) *à la tienne!*, alla tua (salute)!; *tu en fais toujours des tiennes!*, ne fai sempre qualcuna delle tue! ♦ *s.m.* **1** tuo, ciò che è tuo || *mets-y du* —!, datti da fare, impegnati; mettici della buona volontà **2**

les tiens, i tuoi (genitori, sostenitori ecc.) ♦ *agg.poss.* (*ant.letter.*) *cette œuvre est tienne*, quest'opera è tua.
tienne [tjɛn] *pron.poss.f.sing.* → **tien**.
tierce [tjɛʀs] *s.f.* **1** terza || (*alle carte*) — *à la dame*, terza alla donna **2** (*tip.*) terza bozza, bozza definitiva.
tiercé [tjɛʀse] *agg.* (*ippica*) tris ♦ *s.m.* **1** (*ippica*) (corsa) tris: *jouer au* —, scommettere su una corsa tris **2** (*estens.*) trio: *le* — *des favoris*, il trio dei superfavoriti.
tiercelet [tjɛʀsəlɛ] *s.m.* (*zool.*) terzuolo.
tierceron [tjɛʀsəʀɔ̃] *s.m.* (*arch.*) costolone gotico.
tiers [tjɛʀ] (f. *tierce*) *agg.num.ord.* terzo || *le* — *monde*, il terzo mondo || (*med.*) *fièvre tierce*, terzana || (*dir.*): *tierce opposition*, opposizione di terzi; *en main tierce*, in mano di terzi; — *opposant*, terzo opponente ♦ *s.m.* **1** (un) terzo, terza parte: *aux deux* —, per due terzi || (*fin.*) *le* — *provisionnel*, acconto d'imposta **2** terza persona: *pour le compte d'un* —, per conto terzi; *il est entré en* — *dans notre société*, è entrato nella nostra società come terzo socio || — *payant*, assistenza (medica) diretta.
tiers-monde [tjɛʀmɔ̃d] (pl. *tiers-mondes*) *s.m.* terzo mondo.
tiers-mondisme [tjɛʀmɔ̃dism] *s.m.* terzomondismo.
tiers-mondiste [tjɛʀmɔ̃dist] (pl. *tiers-mondistes*) *agg.* e *s.m.* terzomondista.
tif, tiffe [tif] *s.m.* (*fam.*) capello.
tige [tiʒ] *s.f.* **1** gambo (*m.*), stelo (*m.*): *arbre de haute* —, albero di alto fusto **2** (*tecn.*) asta **3** gambale (*m.*), gambaletto (*m.*) **4** (*arch.*) fusto (*m.*) **5** (*ricamo*) *point de* —, punto erba.
tignasse [tiɲas] *s.f.* (*fam.*) zazzera.
tigre [tigʀ] *s.m.* tigre (*f.*).
tigré [tigʀe] *agg.* tigrato.
tigresse [tigʀɛs] *s.f.* **1** tigre femmina **2** (*fig.*) donna gelosissima, belva.
tigron [tigʀɔ̃] *s.m.* (*zool.*) **1** ligre (ibrido di tigre femmina e leone) **2** tigone (ibrido di tigre maschio e leonessa).
tilde [tild] *s.m.* (*fon.*) tilde (*f.*).
tilleul [tijœl] *s.m.* **1** tiglio **2** tisana di tiglio.
tilt [tilt] *s.m.* tilt: *faire* —, (*fam.*) avere un lampo di genio.
timbale [tɛ̃bal] *s.f.* **1** (*strumento cuc.*) timballo (*m.*) **2** bicchiere (di metallo): *décrocher la* —, (*fam.*) vincere un premio; spuntarla **3** (*mus.*) timballo (*m.*), timpano (*m.*).
timbalier [tɛ̃balje] *s.m.* (*mus.*) sonatore di timballo, timpanista.
timbrage [tɛ̃bʀaʒ] *s.m.* timbratura (*f.*); stampigliatura (*f.*).
timbre [tɛ̃bʀ] *s.m.* **1** timbro: *voix sans* —, voce bianca **2** stampiglia (*f.*), timbro **3** — (*-poste*), francobollo; — (*fiscal*), marca da bollo **4** campanello.
timbré [tɛ̃bʀe] *agg.* **1** bollato; timbrato: *papier* —, carta bollata, da bollo; *enveloppe timbrée*, let-

tera affrancata **2** (*fig.*) tocco, picchiatello **3** *voix bien timbrée*, voce che ha un bel timbro.
timbre-poste [tɛ̃bʀəpɔst] (pl. *timbres-poste*) *s.m.* francobollo.
timbre-quittance [tɛ̃bʀəkitɑ̃s] (pl. *timbres-quittance*) *s.m.* bollo di quietanza, marca da bollo.
timbrer [tɛ̃bʀe] *v.tr.* timbrare.
timbre-taxe [tɛ̃bʀətaks] (pl. *timbres-taxe*) *s.m.* segnatasse, marca di soprattassa.
timide [timid] *agg.* e *s.m.* timido || **-ement** *avv.*
timidité [timidite] *s.f.* timidezza.
timon [timɔ̃] *s.m.* timone (dell'aratro ecc.).
timonerie [timɔnʀi] *s.f.* (*mar.*) timoneria.
timonier [timɔnje] *s.m.* (*mar.*) timoniere.
timoré [timɔʀe] *agg.* timorato, timoroso.
tinctorial [tɛ̃ktɔʀjal] (pl. *-aux*) *agg.* tintorio.
tinette [tinɛt] *s.f.* **1** bugliolo (*m.*) **2** (*fam.*) cesso (*m.*).
tintamarre [tɛ̃tamaʀ] *s.m.* frastuono; baccano.
tintement [tɛ̃tmɑ̃] *s.m.* **1** tintinnio **2** tocco, rintocco (di campana) **3** — d'oreilles, ronzio dell'orecchio.
tinter [tɛ̃te] *v.intr.* **1** rintoccare **2** tintinnare: *faire — des pièces*, far tintinnare delle monete || *les oreilles me tintent*, (*anche fig.*) mi fischiano le orecchie ♦ *v.tr.* fare rintoccare.
tintouin [tɛ̃twɛ̃] *s.m.* (*fam.*) **1** baccano **2** pensiero, preoccupazione (*f.*): *donner du* —, dare grattacapi.
tique [tik] *s.f.* (*zool.*) zecca.
tiquer [tike] *v.intr.* **1** avere un tic **2** (*fig.*) storcere il naso: *il n'a pas tiqué*, (*fam.*) non ha fatto una piega.
tiqueté [tikte] *agg.* maculato, screziato.
tir [tiʀ] *s.m.* **1** tiro: — *à la cible*, tiro al bersaglio, tiro a segno || (*calcio*) — *au but*, tiro in porta **2** (*balistica*) fuoco: — *d'artillerie*, fuoco d'artiglieria.
tirade [tiʀad] *s.f.* tirata || — *d'injures*, sequela d'ingiurie.
tirage [tiʀaʒ] *s.m.* **1** trazione (*f.*), rimorchio **2** (*di metalli*) trafilatura (*f.*), tiratura (*f.*) **3** (*ind. tess.*) trattura (*f.*) **4** (*di camino, stufa ecc.*) tiraggio **5** (*tip.*) stampa (*f.*); tiratura (*f.*): — *à la presse mécanique*, stampa con la pressa meccanica || *journal à grand* —, giornale a forte tiratura || *ce roman est déjà à son vingtième* —, questo romanzo ha già raggiunto la ventesima ristampa **6** (*alla lotteria*) estrazione (*f.*): — *au sort*, sorteggio **7** (*comm.*) traenza (*f.*), emissione di tratta: — *en l'air*, emissione di tratta a vuoto **8** (*fig. fam.*) screzio, dissenso.
tiraillement [tiʀajmɑ̃] *s.m.* **1** il tirare a strappi, strattoni **2** crampo, spasmo; (*fig.*) dissenso || *les tiraillements de la faim*, i morsi della fame.
tirailler [tiʀaje] *v.tr.* **1** tirare a strappi; dare strattoni (a) **2** (*fig.*) tormentare: *être tiraillé entre deux sentiments opposés*, essere combattuto tra due sentimenti opposti ♦ *v.intr.* sparare qua e là, sparacchiare.
tirailleur [tiʀajœʀ] *s.m.* (*mil.*) esploratore || *en tirailleurs*, in ordine sparso.

tirant [tiʀɑ̃] *s.m.* **1** cordone (di borsa) **2** (*edil.*) trave (di tetti) **3** (*tecn.*) tirante || — *d'air*, altezza di sollevamento || (*mar.*) — *d'eau*, immersione, pescaggio.
tire [tiʀ] *s.f.* **1** tirata || *vol à la* —, borseggio; *voleur à la* —, borseggiatore **2** (*argot*) macinino (*m.*), macchina.
tiré [tiʀe] *agg.* **1** tirato **2** tratto: *mots tirés du latin*, parole derivate dal latino **3** (*comm.*) (di assegno, di tratta) emesso, spiccato; (*di persona*) trassato ♦ *s.m.* **1** (*comm.*) trattario, trassato **2** — *à part*, estratto (di rivista, giornale) **3** bosco ceduo per la caccia alla selvaggina.
tire-au-cul [tiʀoky], **tire-au-flanc** [tiʀoflɑ̃] (pl. *invar.*) *s.m.* (*fam.*) scansafatiche, fannullone.
tire-botte [tiʀbɔt] (pl. *tire-bottes*) *s.m.* cavastivali, tirastivali.
tire-bouchon [tiʀbuʃɔ̃] (pl. *tire-bouchons*) *s.m.* cavatappi || *en* —, a spirale, a tortiglione.
tire-bouchonner [tiʀbuʃɔne] *v.tr.* avvolgere a spirale ♦ *v.intr.* formare spirali, avvolgersi a spirale; (*di capelli*) formare riccioli.
tire-clou [tiʀklu] (pl. *tire-clous*) *s.m.* cacciachiodo, cacciachiodi.
tire-d'aile, à [atiʀdɛl] *locuz.avv.* in un frullio d'ali; ad ali spiegate.
tire-éclair [tiʀeklɛʀ] (pl. *invar.*) *s.m.* (*in Africa*) cerniera lampo.
tire-fesses [tiʀfɛs] (pl. *invar.*) *s.m.* (*fam.*) skilift, sciovia (*f.*).
tire-fond [tiʀfɔ̃] (pl. *invar.*) *s.m.* **1** anello a vite (per trattenere il lampadario al soffitto) **2** (*ferr.*) caviglia (*f.*).
tire-jus [tiʀʒy] (pl. *invar.*) *s.m.* (*argot*) moccichino.
tire-lait [tiʀlɛ] (pl. *invar.*) *s.m.* tiralatte.
tire-larigot, à [atiʀlaʀigo] *locuz.avv.* (*fam.*) a più non posso, moltissimo.
tire-ligne [tiʀliɲ] (pl. *tire-lignes*) *s.m.* tiralinee.
tirelire [tiʀliʀ] *s.f.* salvadanaio (*m.*).
tirer [tiʀe] *v.tr.* **1** tirare: — *l'aiguille*, cucire || *je vous tire ma révérence*, vi saluto e me ne vado; *tiro il cappello!* || *après lui il faut — l'échelle!*, nessuno potrà fare meglio di lui! || *cette affiche tire l'œil*, quel cartellone pubblicitario dà nell'occhio || (*tip.*) *bon à* —, visto, si stampi || — *une ligne*, tracciare una riga || (*fam.*): — *six mois de prison*, fare sei mesi di carcere; *encore une semaine de tirée!*, un'altra settimana è passata! || (*mar.*) *un navire qui tire 6 mètres d'eau*, una nave che pesca 6 metri d'acqua **2** tirare fuori, estrarre, trarre, cavare: — *l'épée du fourreau*, sguainare la spada; — *des larmes à qqn*, strappare lacrime a qlcu; *je n'ai pas pu lui* — *un seul mot*, non sono riuscito a cavargli una parola di bocca || — *la langue à qqn*, mostrare la lingua a qlcu || — *le vin*, spillare il vino || (*cartomanzia*) — *les cartes*, fare le carte || — *une bonne carte*, pescare una buona carta || *la loterie sera tirée dans quinze jours*, l'estrazione della lotteria avrà luogo tra quindici giorni || — *qqn de sa torpeur*, scuotere qlcu dal suo torpore || — *qqn du doute*, liberare qlcu dal dubbio || — *qqn de*

prison, fare uscire qlcu di prigione **3** (*fig.*) ricavare, trarre, derivare (da): — *les conclusions,* trarre le conclusioni || — *vanité de qqch,* vantarsi di qlco **4** tirare (a), sparare (a) || *il s'est tiré une balle dans la tête,* si è sparato un colpo in testa **5** (*comm.*) emettere, spiccare: — *une traite sur qqn,* spiccare tratta su qlcu ♦ *v.intr.* **1** tirare: *les chiens tiraient sur leur chaîne,* i cani davano strattoni alla catena **2** (*di camino ecc.*) tirare, aspirare **3** (*di colore*) tendere (a) **4** sparare, tirare: — *à la carabine, au fusil,* tirare alla carabina, col fucile; — *à l'arc,* tirare con l'arco; — *sur un oiseau,* sparare a un uccello || — *à sa fin,* volgere alla fine □ **se tirer** *v.pron.* **1** (*fam.*) tagliare la corda: *allez! on se tire!,* su, leviamo le tende! **2** *s'en* —, cavarsela.

tiret [tiRε] *s.m.* lineetta (*f.*), trattino.

tirette [tiRεt] *s.f.* **1** ripiano estensibile: *table à* —, tavolo con ripiano estensibile **2** (*in Belgio*) cerniera lampo.

tireur [tiRœR] (f. -*euse*) *s.m.* **1** tiratore **2** (*comm.*) traente; emittente (di assegno).

tireuse [tiRøz] *s.f.* **1** —*de cartes,* cartomante **2** (*fot.*) bromografo (*m.*).

tiroir [tiRwaR] *s.m.* cassetto || (*roman*) *à tiroirs,* romanzo a incastro (con più intrecci).

tiroir-caisse [tiRwakεs] (pl. *tiroirs-caisses*) *s.m.* (cassetto del) registratore di cassa.

tisane [tizan] *s.f.* tisana.

tisanière [tizanjεR] *s.f.* tisaniera.

tison [tizɔ̃] *s.m.* tizzone.

tisonner [tizɔne] *v.tr.* e intr. attizzare (il fuoco).

tisonnier [tizɔnje] *s.m.* attizzatoio.

tissage [tisaʒ] *s.m.* tessitura (*f.*).

tisser [tise] *v.tr.* tessere.

tisserand [tisRɑ̃] *s.m.* tessitore (a mano).

tisserin [tisRɛ̃] *s.m.* (*zool.*) tessitore.

tisseur [tisœR] (f. -*euse*) *s.m.* tessitore.

tissu [tisy] *s.m.* tessuto: — *qui a du corps, de la tenue,* tessuto sostenuto; — *uni, fantaisie,* tessuto in tinta unita, fantasia.

tissu-éponge [tisyepɔ̃ʒ] (pl. *tissus-éponges*) *s.m.* (*tess.*) spugna (*f.*).

tissure [tisyR] *s.f.* (*tecn.*) tessitura: — *serrée,* trama fitta.

titan [titɑ̃] *s.m.* titano || *effort de* —, sforzo titanico.

titane [titan] *s.m.* (*chim.*) titanio.

titanesque [titanεsk], **titanique** [titanik] *agg.* titanico; gigantesco.

titi [titi] *s.m.* (*fam.*) monello (parigino).

titillation [titil/asjɔ̃] *s.f.* titillamento (*m.*).

titiller [titil/e, titije] *v.tr.* **1** titillare **2** solleticare, stuzzicare leggermente ♦ *v.intr.* provare una sensazione di titillamento.

titisme [titism] *s.m.* (*pol.*) titoismo.

titrage [titraʒ] *s.m.* (*chim.*) titolazione (*f.*).

titre [titR] *s.m.* **1** titolo: — *sur cinq colonnes à la une,* titolo in prima pagina su cinque colonne; (*page de*) —, titolo, frontespizio; (*tip.*) *faux* —, occhiello **2** titolo: *titres de noblesse,* titoli nobiliari; *titres universitaires,* titoli accademici || *professeur en* —, professore titolare, di ruolo; *four*

nisseur en —, fornitore ufficiale || (*football*) *lutter pour le* —, essere in lizza per il titolo, lo scudetto **3** (*fig.*) titolo, motivo, diritto: *à quel* —?, con che diritto? || *à* — *gracieux,* per graziosa concessione, gratuitamente || *à* — *officiel,* in veste ufficiale; *à* — *privé,* in forma privata || *à juste, à bon* —, a buon diritto || *à double* —, doppiamente || *à* — *d'ami, à* — *amical,* a titolo d'amicizia || *à* — *d'indemnité,* per indennizzo **4** (*econ.*) titolo: — *de transport,* documento di viaggio **5** (*chim.*) titolo: — *alcoolique,* gradazione alcolica.

titré [titRe] *agg.* titolato.

titrer [titRe] *v.tr.* **1** dare un titolo **2** (*chim.*) titolare.

titubant [titybɑ̃] *agg.* vacillante, barcollante.

titubation [titybasjɔ̃] *s.f.* il vacillare, il barcollare.

tituber [titybe] *v.intr.* vacillare, barcollare.

titulaire [titylεR] *agg.* e *s.m.* titolare: *être* —, essere di ruolo || (*comm.*) — *d'une licence de commerce,* intestatario, titolare di una licenza d'esercizio.

titularisation [titylaRizasjɔ̃] *s.f.* passaggio di ruolo.

titulariser [titylaRize] *v.tr.* passare di ruolo, rendere titolare.

toast[1] [tost] *s.m.* brindisi: *porter un* —, fare un brindisi, brindare.

toast[2] *s.m.* toast, fetta di pane abbrustolito.

toboggan [tɔbɔgɑ̃] *s.m.* scivolo.

toc [tɔk] *onom.* toc ♦ *s.m.* paccottiglia (*f.*): *des bijoux en* —, gioielli falsi.

tocade [tɔkad] *s.f.* → **toquade.**

tocante [tɔkɑ̃t] *s.f.* → **toquante.**

tocard [tɔkaR] *agg.* (*fam.*) incapace; (*di cosa*) scadente ♦ *s.m.* (*fam.*) brocco.

toccata [tɔkata] (pl. *toccate*) *s.f.* (*mus.*) toccata.

tocsin [tɔksɛ̃] *s.m.* campana a martello.

toge [tɔʒ] *s.f.* toga.

tohu-bohu [tɔybɔy] (pl. *invar.*) *s.m.* baraonda (*f.*).

toi [twa] *pron.pers.* di *2ª* pers. *sing. m.* e *f.* **1** *sogg.* te; (*nelle comparazioni*) te: — *et moi,* tu e io, io e te; *François et* —, *vous viendrez chez moi,* tu e Francesco verrete a casa mia; —, *me répondre sur ce ton!,* tu, rispondermi con quel tono!; — *parti, elle s'est mise à pleurer,* dopo che sei partito tu, lei si è messa a piangere; *ce n'est pas* —, non sei tu; *c'est* — *qui le dis,* lo dici tu; *je n'agirais pas comme* —, io non agirei come te; *je suis plus frileux que* —, sono più freddoloso di te || — *aussi* → aussi || *toi-même* → même **2** (*compl.ogg.* e *compl. retto da prep.*) te: *maman a grondé ton frère et* —, la mamma ha sgridato te e tuo fratello; *je compte sur* —, conto su di te; *c'est à* — *que je pose cette question,* questa domanda, la rivolgo a te; *ce livre est à* —, questo libro è tuo; *l'idée était de* —, l'idea era tua; *si j'étais* —, se fossi in te **3** (*dopo un imperativo affermativo nella coniugazione dei verbi pron.*) ti: *lave-toi bien,* lavati bene; *dépêche-toi!,* sbrigati! || *dis-toi bien que...,* sta' pur certo che...

toilage [twalaʒ] *s.m.* fondo (di ricamo).

toile [twal] *s.f.* **1** tela || — *d'araignée,* ragnate la 2 (*pitt.*) tela, dipinto (*m.*): *une — de maître*, un quadro d'autore 3 (*teatr.*) telone (*m.*) || *— de fond*, fondale, sfondo 4 (*mar.*) vela; velatura 5 (*fam.*) film (*m.*): *se faire, se payer une —*, andare al cinema.

toilettage [twalɛtaʒ] *s.m.* 1 pulizia (*f.*) 2 (*di animali*) toelettatura (*f.*).

toilette [twalɛt] *s.f.* 1 toilette, toeletta: *faire sa —*, lavarsi; *trousse de —*, bustina (da viaggio) per riporre oggetti da toilette 2 mobile da toeletta 3 (*abbigl.*) toilette || *être en grande —*, essere in ghingheri 4 (*pl.*) bagno (*m. sing.*), toilette (*sing.*): *aller aux toilettes*, andare in bagno.

toiletter [twalete] *v.tr.* 1 — *un chien*, lavare e tosare un cane 2 (*in Africa*) lavarsi; mettersi in ghingheri.

toise [twaz] *s.f.* 1 tesa (antica misura) 2 (*strumento*) antropometro (*m.*).

toiser [twaze] *v.tr.* squadrare, guardare da capo a piedi.

toison [twazɔ̃] *s.f.* 1 vello (*m.*) || (*mit.*) *la Toison d'or*, il Vello d'oro 2 (*fam.*) capigliatura.

toit [twa] *s.m.* 1 tetto: *habiter sous les toits*, abitare in una mansarda || *crier sur les toits*, (*fig.*) strombazzare 2 (*fig.*) casa (*f.*), tetto.

toiture [twatyʀ] *s.f.* (*edil.*) tetto (*m.*).

tôle [tol] *s.f.* 1 latta, lamiera || (*in Africa*) *— ondulée*, terreno accidentato 2 (*fam.*) → taule.

tolérable [tɔleʀabl] *agg.* tollerabile.

tolérance [tɔleʀɑ̃s] *s.f.* tolleranza.

tolérant [tɔleʀɑ̃] *agg.* tollerante.

tolérer [tɔleʀe] (*coniug. come* céder) *v.tr.* tollerare; sopportare.

tôlerie [tolʀi] *s.f.* 1 industria, fabbrica, commercio della latta, della lamiera 2 oggetti di latta, di lamiera.

tolet [tɔlɛ] *s.m.* scalmo.

tôlier¹ [tolje] *s.m.* lattoniere.

tôlier² (f. -ère) *s.m.* → taulier.

tolite [tɔlit] *s.f.* tritolo (*m.*).

tollé [tɔlle] *s.m.* protesta (*f.*): *soulever un — général*, provocare una protesta generale.

tomaison [tɔmɛzɔ̃] *s.f.* indicazione del tomo (sulla copertina, sul frontespizio di un'opera).

tomate [tɔmat] *s.f.* pomodoro (*m.*): *sauce —*, salsa di pomodoro.

tombal [tɔ̃bal] (*pl. -aux*) *agg.* tombale.

tombant [tɔ̃bɑ̃] *agg.* cadente: *à la nuit tombante*, sul far della notte || *épaules tombantes*, spalle spioventi.

tombe [tɔ̃b] *s.f.* tomba.

tombeau [tɔ̃bo] (*pl. -eaux*) *s.m.* tomba (*f.*); sepolcro: *mettre au —*, seppellire; *mise au —*, seppellimento || *à — ouvert*, a rotta di collo.

tombée [tɔ̃be] *s.f.* caduta; il cadere: *à la — de la nuit, du jour*, sul fare della notte o sul calare della sera.

tomber [tɔ̃be] *v.intr.* 1 cadere (*anche fig.*); cascare, precipitare: *— à l'eau*, cadere in acqua; (*fig.*) finire in niente, sfumare || *— comme une masse*, stramazzare al suolo; *— sur ses pieds*, (*fig.*) cadere in piedi || *tu es tombé sur la tête, par*

hasard?, (*fam.*) sei caduto da piccolo, per caso? || *— de Charybde en Scylla*, cadere dalla padella nella brace || *ça tombe sous le sens!*, (*fam.*) è chiaro come il sole!; — *sous la patte, la coupe de qqn*, (*fam.*) cadere sotto le grinfie di qlcu; *la fraude alimentaire tombe sous le coup de la loi*, la frode alimentare è punibile a norma di legge || *— évanoui*, svenire || *— en enfance*, rimbambire 2 cadere, morire (in battaglia) 3 scendere, calare: *le rideau tombe*, cala il sipario || *il est tombé bien bas*, è caduto molto in basso 4 ricadere, cadere: *ses cheveux lui tombaient sur les épaules*, i capelli le ricadevano sulle spalle; *cette robe tombe bien*, questo vestito cade bene 5 declinare; languire; placarsi: *le jour tombe*, il giorno declina; *la conversation tombait*, la conversazione languiva; *sa colère tomba tout de suite*, la sua collera sbollì di colpo; *ses forces tombent peu à peu*, le forze gli vengono meno a poco a poco 6 gettarsi; piombare; abbattersi: — *sur l'ennemi à l'improviste*, piombare all'improvviso sul nemico; *la foudre est tombée sur cet arbre*, il fulmine si è abbattuto su quell'albero || *ils me sont tous tombés sur le dos*, (*fam.*) mi sono saltati tutti addosso 7 sboccare; andare a finire: *prenez cette rue, vous tomberez place de la République*, prenda questa strada e si troverà in Piazza della Repubblica 8 capitare; cadere; imbattersi (in): — *sur qqn, sur qqch*, imbattersi in qlcu, in qlco; *elle est mal tombée*, è capitata male; *je suis tombé sur la question la plus difficile*, mi è capitata la domanda più difficile; *sa lettre m'est tombée sous la main*, *entre les mains*, la sua lettera mi è capitata fra le mani || *pas d'école jeudi, ça tombe bien*, giovedì è vacanza, va proprio bene || *— dans une erreur*, incorrere in un errore || *ma division tombe juste*, la mia divisione non ha resto 9 (*di ricorrenza, di data ecc.*) ricorrere, cadere || *cette année, Noël tombe un mardi*, quest'anno Natale cade di martedì 10 *laisser —*, (*fam.*) lasciar perdere; trascurare: *mes amis m'ont laissé —*, i miei amici mi hanno piantato ♦ *v.tr.* 1 (*lotta*) atterrare 2 — *la veste*, (*fam.*) togliersi la giacca 3 (*fam.*) sedurre: — *une femme*, sedurre una donna.

tombereau [tɔ̃bʀo] (*pl. -eaux*) *s.m.* 1 tombarello 2 carrettata (*f.*), contenuto di un tombarello.

tombeur [tɔ̃bœʀ] *s.m.* (*fam.*) 1 lottatore (che atterra l'avversario) 2 — (*de femmes*), seduttore; dongiovanni, donnaiolo.

tome [tom] *s.m.* tomo; volume.

tomette [tɔmɛt] *s.f.* mattonella esagonale di cotto (per pavimenti).

tomme [tɔm] *s.f.* formaggio della Savoia.

tomographie [tɔmɔgʀafi] *s.f.* tomografia: — *axiale informatisée, computérisée*, tomografia assiale computerizzata.

tom-pouce [tɔmpus] (*pl. invar.*) *s.m.* ombrello pieghevole.

ton¹ [tɔ̃]

sing.m. **ton** tuo, *f.* **ta**, **ton** (*davanti a vocale o* h *muta*) tuo; *pl.m.* e *f.* **tes** tuoi, tue *agg.poss.m.sing.* tuo: — *père et ta mère, tes père et mère,* tuo padre e tua madre; — *accusation,* — *habileté,* la tua accusa, la tua abilità; *tes camarades et tes amies,* i tuoi compagni e le tue amiche.

ton² *s.m.* **1** tono, intonazione (*f.*) **2** educazione (*f.*), modi (*pl.*): *le bon* —, le buone maniere; *une conversation de bon* —, una conversazione garbata **3** tono; tonalità (*f.*): *donner le* —, dettare la moda ‖ *dans le même* —, della stessa tonalità ‖ — *sur* —, colore su colore, tono su tono.

tonal [tɔnal] (pl. *-als*) *agg.* tonale.

tonalité [tɔnalite] *s.f.* tonalità; (*tel.*) segnale di linea libera.

tondage [tɔ̃daʒ] *s.m.* **1** tosatura (*f.*) **2** (*ind.tess.*) cimatura (*f.*).

tondaison [tɔ̃dɛzɔ̃] *s.f.* → **tonte**.

tondeur [tɔ̃dœʀ] (f. *-euse*) *s.m.* **1** (*operaio*) tosatore **2** (*ind.tess.*) cimatore.

tondeuse [tɔ̃døz] *s.f.* (*macchina*) **1** tosatrice ‖ — *à gazon,* falciatrice per prati **2** (*ind.tess.*) cimatrice; rasatrice.

tondre [tɔ̃dʀ] (*coniug. come* rendre) *v.tr.* **1** tosare ‖ (*fig.*): — *qqn,* derubare, pelare qlcu; *se laisser* — *la laine sur le dos,* lasciarci la camicia, lasciarsi levare la camicia di dosso **2** (*bot., ind.tess.*) cimare.

tondu [tɔ̃dy] *part.pass. di* tondre ♦ *agg.* **1** tosato **2** (*bot., ind.tess.*) cimato ♦ *s.m.*: *quatre pelés et un* —, (*fam.*) quattro gatti.

tonicardiaque [tɔnikaʀdjak] *agg.* cardiotonico.

tonicité [tɔnisite] *s.f.* (*med.*) tonicità.

tonifiant [tɔnifjɑ̃] *agg.* tonificante, stimolante.

tonifier [tɔnifje] *v.tr.* tonificare, rinvigorire.

tonique [tɔnik] *agg.* tonico ♦ *s.m.* tonico; cordiale (liquore) ♦ *s.f.* (*mus.*) tonica.

tonitruant [tɔnitʀyɑ̃] *agg.* tonante.

tonnage [tɔnaʒ] *s.m.* tonnellaggio.

tonnant [tɔnɑ̃] *agg.* tonante.

tonne [tɔn] *s.f.* **1** tonnellata **2** grossa botte.

tonneau [tɔno] (pl. *-eaux*) *s.m.* **1** botte (*f.*); barile: *mettre en* —, imbottare; *un* — *d'huile,* un barile d'olio ‖ (*aut.*) *faire un* —, *deux tonneaux,* capovolgersi, ribaltarsi **2** (*mar.*) tonnellata (di stazza).

tonnelage [tɔnlaʒ] *s.m.*: *marchandises de* —, merci in botte.

tonnelet [tɔnlɛ] *s.m.* barilotto, botticello.

tonnelier [tɔnǝlje] *s.m.* bottaio.

tonnelle [tɔnɛl] *s.f.* **1** pergolato (*m.*), chiosco di verzura **2** (*arch.*) volta a botte.

tonnellerie [tɔnɛlʀi] *s.f.* **1** mestiere del bottaio **2** bottega del bottaio.

tonner [tɔne] *v.intr.impers.* tuonare: *il a tonné toute la nuit,* è tuonato tutta la notte ‖ — *contre qqn,* (*fig.*) tuonare, inveire contro qlcu.

tonnerre [tɔnɛʀ] *s.m.* **1** tuono ‖ *du* —, (*fam.*) formidabile, fantastico ‖ *coup de* —, (*fig.*) fulmine a ciel sereno ‖ —*!, mille tonnerres!,* tuoni e fulmini! **2** (*fam.*) fulmine **3** (*fig.*) scroscio, uragano.

tonsillaire [tɔ̃silɛʀ] *agg.* tonsillare.

tonsure [tɔ̃syʀ] *s.f.* (*eccl.*) tonsura.

tonsurer [tɔ̃syʀe] *v.tr.* (*eccl.*) tonsurare.

tonte [tɔ̃t] *s.f.* **1** tosatura **2** stagione della tosatura.

tontine [tɔ̃tin] *s.f.* (*econ.*) tontina.

tonton [tɔ̃tɔ̃] *s.m.* (*fam.*) zio, zietto.

tonus [tɔnys] *s.m.* (*med.*) tono.

top [tɔp] *s.m.* (*nei segnali orari*) tocco ‖ — *sonore* (*d'un répondeur*), segnale acustico (di una segreteria telefonica).

topaze [tɔpaz] *s.f.* topazio (*m.*).

toper [tɔpe] *v.intr.* accettare (qlco); essere d'accordo: *tope (là)!,* (*fam.*) d'accordo!; qua la mano!

topinambour [tɔpinɑ̃buʀ] *s.m.* (*bot.*) topinambur.

topique [tɔpik] *agg.* e *s.m.* (luogo) topico.

topo [tɔpo] *s.m.* (*fam.*) **1** pianta (*f.*) **2** discorso, relazione (*f.*).

topo- *pref.* topo-

topographe [tɔpɔgʀaf] *s.m.* topografo.

topographie [tɔpɔgʀafi] *s.f.* topografia.

topographique [tɔpɔgʀafik] *agg.* topografico.

topologie [tɔpɔlɔʒi] *s.f.* (*geogr., mat.*) topologia.

toponomastique [tɔpɔnɔmastik] *s.f.* toponomastica.

toponymie [tɔpɔnimi] *s.f.* toponimia.

toquade [tɔkad] *s.f.* (*fam.*) infatuazione, cotta.

toquante [tɔkɑ̃t] *s.f.* (*molto fam.*) orologio (*m.*).

toque [tɔk] *s.f.* (*abbigl.*) tocco (*m.*).

toqué [tɔke] *agg.* (*fam.*) **1** tocco, sonato **2** (*fig.*) infatuato, cotto.

toquer, se [sǝtɔke] *v.pron.* (*fam.*) infatuarsi.

torche [tɔʀʃ] *s.f.* torcia.

torché [tɔʀʃe] *agg.* (*fam.*) *c'est bien* —, è ben fatto; *c'est* —, è mal fatto, è fatto con i piedi.

torcher [tɔʀʃe] *v.tr.* (*fam.*) **1** pulire, ripulire **2** raffazzonare **3** (*in Africa*) illuminare (con una torcia) **4** (*in Belgio*) *se* — *le pied,* prendere una storta.

torchère [tɔʀʃɛʀ] *s.f.* torciera.

torchis [tɔʀʃi] *s.m.* malta di fango e di paglia.

torchon [tɔʀʃɔ̃] *s.m.* strofinaccio, canovaccio da cucina ‖ *coup de* —, (*fig.*) colpo di spugna ‖ *le* — *brûle,* (*fam.*) c'è aria di tempesta.

torchonner [tɔʀʃɔne] *v.tr.* **1** asciugare (con uno strofinaccio) **2** (*fam.*) raffazzonare.

tordant [tɔʀdɑ̃] *agg.* (*fam.*) spassosissimo: *c'est* —*!,* c'è da crepar dal ridere!

tord-boyaux [tɔʀbwajo] (pl. *invar.*) *s.m.* (*fam.*) (*acquavite*) torcibudella.

tordre [tɔʀdʀ] (*coniug. come* rendre) *v.tr.* torcere; storcere: — *du linge,* strizzare i panni ‖ — *le cou,* tirare il collo; strangolare ‖ *se* — *le pied,* prendere una storta a un piede □ **se tordre** *v.pron.* **1** torcersi, contorcersi **2** (*fam.*) sbellicarsi, torcersi (dalle risa).

tordu [tɔʀdy] *part.pass. di* tordre ♦ *agg.* **1** storto ‖ *faire un coup* — *à qqn,* giocare un brutto tiro a qlcu **2** contorto: *un esprit* —, una mente contorta **3** (*fam.*) svitato, suonato ♦ *s.m.* svitato, suonato.

tore [tɔʀ] *s.m.* **1** (*arch., mat.*) toro **2** (*inform.*) nucleo.

toréador [tɔʀeadɔʀ] *s.m.* torero, toreador.

toréer [tɔʀee] *v.intr.* toreare.

torero [tɔʀeʀo] *s.m.* torero.

torgnole [tɔʀɲɔl] *s.f. (fam.)* sventola, cazzotto (*m.*).

toril [tɔʀil] *s.m.* locale attiguo all'arena, per i tori prima della corrida.

tornade [tɔʀnad] *s.f.* tornado (*m.*).

toron [tɔʀɔ̃] *s.m.* (*di fune*) legnolo; trefolo.

torpeur [tɔʀpœʀ] *s.f.* torpore (*m.*).

torpillage [tɔʀpijaʒ] *s.m.* siluramento (*anche fig.*).

torpille [tɔʀpij] *s.f.* **1** (*zool.*) torpedine **2** (*mil.*) siluro (*m.*), torpedine.

torpiller [tɔʀpije] *v.tr.* silurare (*anche fig.*).

torpilleur [tɔʀpijœʀ] *s.m.* **1** silurante (*f.*); torpediniera (*f.*) **2** silurista.

torque [tɔʀk] *s.m.* (*archeol.*) collare di metallo degli antichi Galli.

torréfacteur [tɔʀʀefaktœʀ] *s.m.* **1** macchina per torrefazione, tostatrice (*f.*) **2** commerciante che vende caffè di sua torrefazione.

torréfaction [tɔʀʀefaksjɔ̃] *s.f.* torrefazione, tostatura.

torréfier [tɔʀʀefje] *v.tr.* torrefare, tostare.

torrent [tɔʀɑ̃] *s.m.* torrente: *des torrents de larmes*, fiumi di lacrime; *il pleut à torrents*, piove a dirotto.

torrentiel [tɔʀɑ̃sjɛl] (*f. -elle*) *agg.* torrenziale || *régime—des eaux*, regime torrentizio delle acque.

torride [tɔʀid] *agg.* torrido.

tors [tɔʀ] *agg.* torto || (*arch.*) *colonne torse*, colonna tortile || *jambes torses*, gambe arcuate.

torsade [tɔʀsad] *s.f.* **1** frangia torta || *cheveux en —*, capelli raccolti a crocchia, a treccia **2** (*arch.*) tortiglione (*m.*).

torsader [tɔʀsade] *v.tr.* avvolgere a tortiglione, a treccia.

torse [tɔʀs] *s.m.* **1** (*anat.*) tronco: *— nu*, (a) torso nudo **2** (*scultura*) torso; busto.

torsion [tɔʀsjɔ̃] *s.f.* torsione; (*tess.*) torcitura.

tort [tɔʀ] *s.m.* torto: *faire du, porter — à qqn*, fare torto a qlcu; *le divorce a été prononcé aux torts du mari*, è stata emessa la sentenza di divorzio per colpa del marito; *être, se mettre dans son —*, essere, passare dalla parte del torto || *à — et à travers*, a vanvera, a sproposito.

torticolis [tɔʀtikɔli] *s.m.* torcicollo.

tortillard [tɔʀtijaʀ] *s.m.* (*fam.*) (treno) accelerato.

tortillement [tɔʀtijmɑ̃] *s.m.* attorcigliamento; contorcimento.

tortiller [tɔʀtije] *v.tr.* attorcigliare ♦ *v.intr.* **1** (*fam.*) tergiversare, fare storie: *il n'y a pas à —!*, poche storie! **2** *— des hanches*, ancheggiare □ **se tortiller** *v.pron.* contorcersi.

tortillon [tɔʀtijɔ̃] *s.m.* **1** tortiglione **2** (*abbigl.*) cercine **3** (*disegno*) sfumino.

tortionnaire [tɔʀsjɔnɛʀ] *s.m.* seviziatore, torturatore.

tortu [tɔʀty] *agg.* storto; tortuoso (*anche fig.*).

tortue [tɔʀty] *s.f.* tartaruga, testuggine || *quelle —!*, (*fig.*) che lumaca!

tortueux [tɔʀtɥø] (*f. -euse*) *agg.* tortuoso || **-euse-ment** *avv.*

torturant [tɔʀtyʀɑ̃] *agg.* straziante, lancinante.

torture [tɔʀtyʀ] *s.f.* tortura, supplizio (*m.*) (*anche fig.*): *être à la —*, essere sulle spine; *mettre qqn à la —*, mettere in croce qlcu.

torturer [tɔʀtyʀe] *v.tr.* torturare, tormentare (*anche fig.*): *la douleur torturait ses traits*, il dolore le deformava i lineamenti || *— un texte*, falsare, forzare un testo □ **se torturer** *v.pron.* torturarsi.

torve [tɔʀv] *agg.* torvo, bieco.

toscan [tɔskɑ̃] *agg.* e *s.m.* toscano.

tôt [to] *avv.* presto: *au plus —*, al più presto; *au plus — dans une semaine*, non prima di una settimana; *— ou tard*, presto o tardi, prima o poi || *ce n'est pas trop —!*, era ora!

total [tɔtal] (*pl. -aux*) *agg.* e *s.m.* totale || (*amm.*) *montant —*, ammontare complessivo; *— des heures*, monte ore || *au —*, a conti fatti, tutto sommato ♦ *avv.* (*fam.*) in conclusione: *—, il est arrivé en retard*, risultato, è arrivato in ritardo || **-ement** *avv.*

totalisateur [tɔtalizatœʀ] *s.m.* totalizzatore.

totalisation [tɔtalizɑsjɔ̃] *s.f.* totalizzazione.

totaliser [tɔtalize] *v.tr.* totalizzare; sommare.

totalitaire [tɔtalitɛʀ] *agg.* totalitario.

totalitarisme [tɔtalitaʀism] *s.m.* totalitarismo.

totalité [tɔtalite] *s.f.* totalità: *la — de ses amis*, tutti i suoi amici || *en —*, totalmente, in blocco.

totem [tɔtɛm] *s.m.* totem.

toto [tɔto] *s.m.* (*fam.*) pidocchio.

touage [twaʒ] *s.m.* **1** (*mar.*) tonneggio **2** (*in Canada*) rimozione (forzata di un veicolo).

touareg [twaʀeg] (*f. -ègue*) *agg.* e *s.m.* tuareg.

toubab [tubab] *s.m.* (*in Africa*) **1** europeo, bianco **2** africano che ha adottato uno stile di vita europeo.

toubib [tubib] *s.m.* (*fam.*) dottore, medico.

toucan [tukɑ̃] *s.m.* (*zool.*) tucano.

touchant¹ [tuʃɑ̃] *agg.* toccante, commovente.

touchant² *prep.* (*letter.*) riguardo a, in merito a.

touche [tuʃ] *s.f.* **1** tasto (*m.*) **2** (*spec. fig.*) tocco (*m.*): *peindre à larges touches*, dipingere a grandi pennellate || *pierre de —*, pietra di paragone; (*fig.*) banco di prova **3** (*biliardo, scherma*) toccata, colpo (*m.*) **4** (*pesca*) abbocco (*m.*) || *faire une —*, (*fam.*) fare una conquista, fare colpo **5** (*fam.*) aspetto (*m.*): *une drôle de —*, uno strano aspetto || *elle avait une de ces touches!*, era conciata in un modo! **6** (*sport*) fallo laterale: *ligne de —*, linea laterale del campo; *— longue, courte*, rimessa in gioco lunga, corta || *juge de —*, guardalinee || *être sur la —*, (*fig. fam.*) essere messo in disparte.

touche-à-tout [tuʃatu] (*pl. invar.*) *s.m.* **1** toccatutto; (*fig.*) ficcanaso **2** persona dispersiva.

toucher¹ [tuʃe] *v.tr.* **1** toccare: *— du doigt*, (*fig.*) toccare con mano || *— un adversaire, la cible*, colpire un avversario, il bersaglio || *touchez-là*, (*fam.*) qua la mano || *l'église touchant la maison*, la chiesa attigua alla casa || *où peut-on vous —?*, (*fig.*) dove è possibile trovarla, contattarla?; *—*

qqn par téléphone, mettersi in contatto telefonico con qlcu || *je lui en toucherai un mot*, gliene farò parola || — *de près qqn*, (*fig.*) essere molto vicino a qlcu **2** (*fig.*) toccare, colpire; commuovere: — *au vif*, toccare nel vivo; *cela ne me touche en rien*, questo non mi tocca affatto; *touché!*, colpito!, (*fig.*) hai colto nel segno! || *en ce qui touche ma mère*, per quanto riguarda mia madre **3** ricevere; riscuotere: — *ses appointements*, riscuotere lo stipendio ♦ *v.intr.* **1** toccare (qlco): *il touche à tout*, mette le mani dappertutto; *sa maison touche à la mienne*, la sua casa confina con la mia || — *au terme, à la fin*, volgere al termine, alla fine **2** intaccare (qlco) (*anche fig.*): — *à son capital*, intaccare il capitale || *sans avoir l'air d'y* —, facendo finta di niente □ **se toucher** *v.pron.* toccarsi: *nos deux maisons se touchent*, le nostre case sono adiacenti.

toucher² *s.m.* **1** tatto: *ce tissu a le* — *de la soie*, questo tessuto, al tatto, dà la sensazione della seta || *le* — *d'un pianiste*, il tocco di un pianista **2** (*med.*) esplorazione (manuale).

touffe [tuf] *s.f.* ciuffo (*m.*).

touffu [tufy] *agg.* folto, fitto: *arbre* —, albero frondoso || *style* —, (*fig.*) stile ridondante.

touiller [tuje] *v.tr.* (*fam.*) rimestare.

toujours [tuʒuʀ] *avv.* **1** sempre: *depuis, pour* —, da, per sempre; *ce n'est pas* — *vrai*, non è sempre vero || — *pas*, non ancora **2** (*fam.*) intanto; pure: *viens* —, on *verra bien*, intanto vieni, poi si vedrà; *cause* —!, (*iron.*) parla pure, tanto è lo stesso! **3** comunque: *ce n'est* — *pas le courage qui me manque*, non è comunque il coraggio che mi manca ♦ *s.m.* sempre □ **toujours est-il que** *locuz.cong.* fatto sta che: — *est-il qu'elle avait raison*, fatto sta che aveva ragione.

toulois [tulwa] *agg.* di Toul.

toulonnais [tulɔnɛ] *agg.* di Tolone.

toulousain [tuluzɛ̃] *agg.* tolosano.

toundra [tundʀa] *s.f.* (*geogr.*) tundra.

toupet [tupɛ] *s.m.* **1** ciuffo: *faux* —, posticcio di capelli **2** (*fig. fam.*) sfrontatezza (*f.*): *avoir du* —, avere faccia tosta; *avoir le* — *de*, avere la sfacciataggine di.

toupie [tupi] *s.f.* **1** trottola **2** (*falegnameria*) fresatrice, sagomatrice.

toupine [tupin] *s.f.* (*in Svizzera*) giara.

touque [tuk] *s.f.* fusto (metallico), bidone (*m.*).

tour¹ [tuʀ] *s.m.* **1** giro: — *de clé*, giro di chiave || *à* — *de bras*, con tutta la forza possibile || — *d'esprit*, mentalità || *prendre un mauvais* —, (*fig.*) prendere una brutta piega || *il a compris au quart de* —, (*fig.*) ha capito al volo **2** circonferenza (*f.*), giro: *le* — *de taille*, il giro vita; *le mur fait le* — *du jardin*, il muro circonda il giardino || — *de cou*, collarino || (*dischi*) *quarante-cinq, trente-trois tours*, quarantacinque, trentatre giri || — *d'horizon*, giro d'orizzonte; *faire le* — *de la situation*, esaminare la situazione **3** giro, passeggiata (*f.*): *faire un* — *en ville*, fare un giro in città || *les tours et les détours d'un chemin*, le curve della strada **4** volta (*f.*), turno: *à qui le* —?, a chi tocca?; *tu*

dois parler à ton —, devi parlare quando è il tuo turno; *c'est* (*à*) *mon* — *d'entrer en scène*, è il mio turno di entrare in scena; *à ton* — *de parler*, spetta a te parlare || — *à* —, a turno || *premier* — *de scrutin*, prima tornata elettorale || — *de table*, (*fam.*) giro di interventi (in un dibattito) **5** (*fig. fam.*) tiro, scherzo: *faire, jouer un* — *à qqn*, fare uno scherzo a qlcu; *il m'a joué un* — *de sa façon*, mi ha fatto uno dei suoi scherzi **6** numero (di abilità): *faire des tours d'acrobate*, (*anche fig.*) fare acrobazie || — *de passe-passe, d'adresse*, gioco di prestigio || — *de main*, abilità (manuale); *en un* —, in un attimo || — *de chant*, esibizione di un cantante.

tour² *s.m.* tornio || *des jambes faites au* —, (*fig.*) gambe ben tornite.

tour³ *s.f.* **1** torre || *s'enfermer dans sa* — *d'ivoire*, (*fig.*) chiudersi in una torre d'avorio **2** (*arch.*) grattacielo (*m.*).

tourangeau [tuʀɑ̃ʒo] (f. -*elle*, pl. -*eaux*) *agg.* della Turenna; di Tours.

tourbe¹ [tuʀb] *s.f.* torba.

tourbe² *s.f.* (*letter., spreg.*) turba, volgo (*m.*).

tourbière [tuʀbjɛʀ] *s.f.* torbiera.

tourbillon [tuʀbijɔ̃] *s.m.* turbine, vortice (*anche fig.*): *les tourbillons d'un fleuve*, i gorghi di un fiume.

tourbillonnant [tuʀbijɔnɑ̃] *agg.* vorticoso, turbinoso.

tourbillonnement [tuʀbijɔnmɑ̃] *s.m.* turbinio (*anche fig.*).

tourbillonner [tuʀbijɔne] *v.intr.* turbinare (*anche fig.*).

tourelle [tuʀɛl] *s.f.* torretta.

tourillon [tuʀijɔ̃] *s.m.* (*tecn.*) perno; cardine.

tourisme [tuʀism] *s.m.* turismo: *agence de* —, agenzia turistica, di viaggi || *office, bureau du* —, ente del turismo || *voiture de* —, autovettura (privata); *avion de* —, aereo da turismo || — *rural, vert*, agriturismo.

touriste [tuʀist] *s.m.* e *f.* turista || *classe* —, classe turistica.

touristique [tuʀistik] *agg.* turistico.

tour-lanterne [tuʀlɑ̃tɛʀn] *s.f.* (pl. *tours-lanternes*) tiburio (*m.*).

tourmaline [tuʀmalin] *s.f.* (*min.*) tormalina.

tourment [tuʀmɑ̃] *s.m.* tormento (*anche fig.*).

tourmente [tuʀmɑ̃t] *s.f.* **1** tormenta, bufera **2** (*fig.*) tempesta.

tourmenté [tuʀmɑ̃te] *agg.* **1** tormentato, travagliato || *mer tourmentée*, mare molto agitato **2** accidentato, aspro.

tourmenter [tuʀmɑ̃te] *v.tr.* **1** tormentare (*anche fig.*) || — *de questions*, assillare di domande **2** (*préoccuper*) preoccupare, sconvolgere □ **se tourmenter** *v.pron.* preoccuparsi.

tournage [tuʀnaʒ] *s.m.* **1** (*mecc.*) tornitura (*f.*) **2** (*cine.*) ripresa (*f.pl.*).

tournailler [tuʀnɑje] *v.intr.* (*fam.*) gironzolare, aggirarsi.

tournant¹ [tuʀnɑ̃] *agg.* **1** girevole **2** (*tortueux*) tortuoso (*anche fig.*).

tournant[2] *s.m.* curva (*f.*); svolta (*f.*) (*anche fig.*): — *relevé*, curva soprelevata || (*fig.*): *attendre qqn au* —, aspettare qlcu al varco; *l'affaire a pris un bon, un mauvais* —, l'affare ha preso una buona, una brutta piega.

tourné [tuʀne] *agg.* **1** tornito (*spec. fig.*) || *mal* —, brutto; *avoir l'esprit mal* —, interpretare in modo malizioso **2** andato a male: *vin* —, vino inacidito.

tournebouler [tuʀnəbule] *v.tr.* (*fam.*) scombussolare.

tournebroche [tuʀnəbʀɔʃ] *s.m.* girarrosto.

tourne-disque [tuʀnədisk] (pl. *tourne-disques*) *s.m.* giradischi.

tournedos [tuʀnədo] *s.m.* (*cuc.*) medaglione di filetto.

tournée [tuʀne] *s.f.* **1** giro (*m.*) || *faire la* — *des grands ducs*, (*fam.*) fare il giro dei locali eleganti **2** (*teatr., sport*) tournée **3** (*fam.*) bevuta, bicchierata: *payer, offrir une* —, pagare da bere a tutti; *c'est ma* —!, questa volta offro io! **4** (*fam.*) botte (*pl.*), legnate (*pl.*).

tournemain, en un [ɑ̃nœtuʀnəmɛ̃] *locuz.avv.* in un batter d'occhio.

tourner [tuʀne] *v.tr.* **1** girare: — *les talons*, girare sui tacchi || — *le dos*, (*anche fig.*) voltare le spalle || — *la loi*, aggirare la legge; — *une difficulté*, aggirare una difficoltà **2** (*fam.*) rivoltare: *cela m'a tourné l'estomac*, mi ha rivoltato lo stomaco **3** (*remuer*) girare, mescolare **4** (*cine.*) girare, filmare **5** volgere, rivolgere: *les arbres tournent leurs branches vers le ciel*, gli alberi volgono i rami verso il cielo; — *les choses à son avantage*, volgere le cose a proprio favore || — *au tragique*, buttarla sul tragico **6** (*mecc.*) tornire (*anche fig.*): — *un compliment*, fare un complimento garbato ◆ *v. intr.* **1** girare (*anche fig.*): — *à vide*, girare a vuoto; *la tête me tourne*, mi gira la testa; *la tête lui a tourné*, gli ha dato di volta il cervello; *la chance a tourné*, la fortuna ha girato || *faire* — *une usine*, far funzionare una fabbrica **2** girare, voltare: *au prochain feu tournez à gauche*, al prossimo semaforo volti a sinistra || *cette affaire a mal tourné*, questo affare è andato male **3** volgersi; trasformarsi (in); tendere (a): *la grippe a tourné à la pneumonie*, l'influenza è degenerata in polmonite; *ce rouge tourne à l'orange*, questo rosso tende all'arancione; *le temps tourne à la pluie*, il tempo volge alla pioggia, al brutto; *le lait a tourné*, il latte è andato a male **4** (*cine.*) girare: *elle a tourné dans plusieurs films*, ha girato molti film □ **se tourner** *v.pron.* **1** voltarsi, girarsi **2** trasformarsi (in).

tournesol [tuʀnəsɔl] *s.m.* **1** (*bot.*) girasole **2** (*chim.*) tornasole: *papier de* —, cartina di tornasole.

tourneur [tuʀnœʀ] (f. -*euse*) *s.m.* tornitore.

tournevis [tuʀnəvis] *s.m.* cacciavite.

tournicoter [tuʀnikɔte], **tourniquer** [tuʀnike] *v.intr.* (*fam.*) gironzolare.

tourniole [tuʀnjɔl] *s.f.* (*med. pop.*) giradito (*m.*).

tourniquet [tuʀnikɛ] *s.m.* **1** tornello **2** esposi-

tore girevole **3** arganello: — *de jardinier*, mulinello idraulico **4** (*med.*) laccio emostatico.

tournis [tuʀni] *s.m.* (*fam.*) capogiro.

tournoi [tuʀnwa] *s.m.* torneo.

tournoiement [tuʀnwamɑ̃] *s.m.* turbinio, vortice (*anche fig.*).

tournoyer [tuʀnwaje] (*coniug. come* employer) *v.intr.* girare (su se stesso); volteggiare || *la fumée s'élève en tournoyant*, il fumo si alza in volute.

tournure [tuʀnyʀ] *s.f.* **1** aspetto (*m.*): *une jolie* —, una bella figura || — *d'esprit*, forma mentis || *vu la* — *des événements*, visto la piega che hanno preso gli eventi || — *prendre* —, prender forma, delinearsi **2** forma, costruzione (di frase).

tour-opérateur [tuʀɔpeʀatœʀ] (pl. *tour-opérateurs*) *s.m.* tour operator, operatore turistico.

tourte [tuʀt] *s.f.* **1** (*cuc.*) tortino (*m.*), pasticcio (*m.*) **2** (*fam.*) tonto (*m.*).

tourteau[1] [tuʀto] (pl. -*eaux*) *s.m.* **1** pagnotta (*f.*) **2** (*agr.*) panello.

tourteau[2] (pl. -*eaux*) *s.m.* (*zool.*) granciporro.

tourtereau [tuʀtəro] (pl. -*eaux*) *s.m.* **1** (*zool.*) tortorella (*f.*) **2** *pl.* (*fig.*) piccioncini (giovani innamorati).

tourterelle [tuʀtəʀel] *s.f.* (*zool.*) tortora.

tourtière [tuʀtjeʀ] *s.f.* tortiera.

Toussaint, la [latusɛ̃] *s.f.* (la festa di) Ognissanti.

tousser [tuse] *v.intr.* tossire || *moteur qui tousse*, motore che scoppietta.

toussotement [tusɔtmɑ̃] *s.m.* il tossicchiare.

toussoter [tusɔte] *v.intr.* tossicchiare.

tout [tu; tut *davanti a vocale o* h *muta*]

sing. m. **tout**, *f.* **toute**; *pl. m.* **tous**, *f.* **toutes**

agg. qualificativo (*solo sing.*) tutto (quanto); intero: — *ce que j'aime*, tutto quello che mi piace; *c'est* — *ce qu'il y a de mieux*, è quanto vi è di meglio; *c'est* — *ce qu'il y a de plus vrai*, (*fam.*) non c'è niente di più vero; — *cet été*, — *un hiver*, tutta l'estate, un inverno intero; *il rêvait d'une vie toute de recherches et de travail*, sognava una vita tutta di ricerche e lavoro; *en toute simplicité*, in tutta semplicità; *pour toute réponse*, per tutta risposta || *il a lu* — *Colette*, ha letto tutta Colette; *il a lu* — *Andromède, toutes Les fleurs du mal*, ha letto tutta 'Andromède', tutti 'I fiori del male' || — *Rome*, tutta Roma || *il avait pour* — *ami son cousin*, il suo solo amico era il cugino || *elle était toute à sa cuisine*, era tutta indaffarata a cucinare || *c'est* — *braves gens*, (*fam.*) è tutta brava gente || — *le monde* → monde || — *le temps* → temps ◆ *agg. indef.* **1** tutti (*con s.pl.*), ogni (*con s.sing.*): *tous les hommes ont droit à la liberté*, tutti gli uomini hanno diritto alla libertà; — *homme a droit à la liberté*, ogni uomo ha diritto alla libertà; *tous les matins*, tutte le mattine, ogni mattina; *toutes les fois que...*, tutte le volte che, ogni volta che... || *tous (les) deux, tous (les) trois*, tutte e due, tutti e tre || *tous les combien?*, ogni quanto? || (*nella segnaletica stradale*) *toutes directions*, tutte le direzioni || — *autre* → autre **2** (*seguito da agg.num.*) ogni: *tous les dix mètres, toutes les cinq minutes,* ogni dieci metri, ogni cinque minuti; *tous les deux jours*, ogni due giorni, un giorno sì e uno no ♦ *pron.indef.* **1** *sing.* tutto: — *va bien*, va tutto bene; *un peu de* —, un po' di tutto, di tutto un po'; *il voulait* — *acheter*, voleva comperare tutto; *j'ai* — *compris*, ho capito tutto || *beau comme* —, veramente bello, bello come non so cosa || *c'est* —, è tutto, basta così; *ce sera* — *pour aujourd'hui*, basta così per oggi; *un point, c'est* —, punto e basta || *on aura* — *vu*, — *entendu*, se ne vedono di tutti i colori, si sente proprio di tutto || *ce n'est pas* — *(que) de lire, il faut aussi comprendre ce qu'on lit*, non basta leggere, bisogna anche capire quel che si legge || *(fam.) c'est pas* (le) — *de bavarder, mais il faut que j'y aille!*, basta con le chiacchiere, adesso devo andare! || *après* —, dopo tutto || *avant* —, prima di tutto || *en* —, in tutto || *et* — *et* —, eccetera eccetera, e così via || *par-dessus* —, soprattutto || *plus que* —, più di tutto **2** *pl.* (*m.* **tous** [tus], *f.* **toutes**) tutti, tutte: *vous êtes tous des lâches*, siete tutti dei vigliacchi; *nous irons toutes ensemble*, andremo tutte insieme; *tous à la fois*, tutti insieme; *tous tant que vous êtes*, tutti quanti ♦ *s.m.* **2** tutto: *risquer, tenter le* — *pour le* —, rischiare, tentare il tutto per tutto || *il a changé du* — *au* —, è completamente cambiato **2** il tutto, l'essenziale: *le* — *est de savoir...*, l'essenziale è sapere... ♦ *avv.* tutto, completamente: *un homme* — *jeune*, un uomo giovane giovane; *la ville* — *entière*, l'intera città; *elle était* — *heureuse*, era tutta felice; *elle était toute honteuse*, era tutta vergognosa; *une toute petite fille*, una bambina piccola; *le* — *premier jour*, *les* — *premiers jours*, il primissimo giorno, i primissimi giorni; — *simplement*, molto semplicemente; *je suis* — *à vous*, sono completamente a vostra disposizione, sono tutto per voi; *elle était* — *en larmes*, era tutta in lacrime; *il était toute bonté et indulgence*, era tutto bontà e indulgenza; *ils sont* — *sourire*, sono tutto un sorriso; *une table* — *d'une pièce*, un tavolo in un pezzo solo || — *laine*, — *soie*, tutta pura lana, tutta pura seta || — *autre* → autre □ **tout à fait** *locuz.avv.* completamente, interamente; (*vraiment*) veramente, proprio: *il est* — *à fait différent*, è completamente diverso; *tu as* — *à fait raison*, hai proprio ragione; *"Vous êtes d'accord?" "Tout à fait, pas* — *à fait"*, "Siete d'accordo?" "Assolutamente, non del tutto" □ **tout de même** *locuz.avv.* ugualmente, lo stesso: *je t'inviterai* — *de même*, ti inviterò ugualmente || *tu exagères*, — *de même!*, però esageri! □ **tout (en)** (+ *part.pres.*): *elle lisait* — *en fumant*, leggeva fumando; *il arriva* — *courant*, (*fam., region.*) arrivò correndo || — *en travaillant beaucoup...*, pur lavorando molto...; — *en sachant que...*, pur sapendo che... □ **tout... que** (+ *indic.*), per quanto, sebbene (+ *cong.*): — *riche qu'il est*, — *riches qu'ils sont*, per quanto sia ricco, per ricco che sia, per quanto, sebbene siano ricchi □ **du tout** *locuz.avv.* (*in frasi negative*) assolutamente: *il ne fait pas froid du* —, non fa assolutamente freddo; *je n'ai plus du* — *sommeil*, non ho assolutamente più,

non ho proprio più sonno; *rien du* —, *pas du* —, (niente) affatto, proprio niente.

tout-à-l'égout [tutalegu] (pl. *invar.*) *s.m.* sistema di fognatura a scarico diretto.

toute, à [atut] *locuz.avv.* (*in Africa*) a fra poco.

toutefois [tutfwa] *avv.* tuttavia, nondimeno.

toute-puissance [tutpɥisãs] *s.f.* onnipotenza.

toutou [tutu] *s.m.* (*fam.*) cagnolino.

tout-petit [tupəti] (pl. *tout-petits*) *s.m.* piccolino, bebè.

tout-puissant [tutpɥisã] (pl. *tout-puissants*, f. *toute-puissante*) *agg.* **1** onnipotente || *le Tout-Puissant*, l'Onnipotente **2** (*fig.fam.*) potentissimo.

tout-venant [tuvnã] (pl. *invar.*) *s.m.* cosa, persona qualsiasi.

toux [tu] *s.f.* tosse.

toxicité [tɔksisite] *s.f.* tossicità, velenosità.

toxico [tɔksiko] *s.m.* (*fam.*) *abbr.* → **toxicomane**.

toxico-dépendance [tɔksikɔdepãdãs] *s.f.* tossicodipendenza.

toxicologie [tɔksikɔlɔʒi] *s.f.* tossicologia.

toxicologique [tɔksikɔlɔʒik] *agg.* tossicologico.

toxicologue [tɔksikɔlɔg] *s.m.* tossicologo.

toxicomane [tɔksikɔman] *s.m.* tossicomane.

toxicomanie [tɔksikɔmani] *s.f.* tossicomania.

toxicose [tɔksikoz] *s.f.* (*med.*) tossicosi.

toxine [tɔksin] *s.f.* (*biol.*) tossina.

toxique [tɔksik] *agg.* e *s.m.* tossico.

trac [tʀak] *s.m.* (*fam.*) tremarella (*f.*); fifa (*f.*).

traçant [tʀasã] *agg.* **1** (*bot.*) strisciante **2** (*mil.*) tracciante.

tracas [tʀaka] *s.m.* (*fam.*) grattacapo; seccatura (*f.*): *susciter des* — *à qqn*, fare avere noie a qlcu.

tracasser [tʀakase] *v.tr.* preoccupare, inquietare □ **se tracasser** *v.pron.* preoccuparsi, prendersela.

tracasserie [tʀakasʀi] *s.f.* fastidio (*m.*), seccatura.

tracassier [tʀakasje] (f. *-ère*) *agg.* molesto, fastidioso ♦ *s.m.* seccatore, scocciatore.

trace [tʀas] *s.f.* **1** traccia; orma || *suivre qqn à la* —, seguire le tracce di qlcu **2** (*nelle Antille*) sentiero (*m.*).

tracé [tʀase] *s.m.* tracciato.

tracement [tʀasmã] *s.m.* tracciamento.

tracer [tʀase] (*coniug. come* placer) *v.tr.* tracciare ♦ *v.intr.* **1** (*di rami, di radici*) strisciare **2** (*di animali*) scavare gallerie (a fior di terra) **3** (*fam.*) correre, filare.

trachéal [tʀakeal] (pl. *-aux*) *agg.* tracheale.

trachée [tʀaʃe], **trachée-artère** [tʀaʃeaʀtɛʀ] (pl. *trachées-artères*) *s.f.* trachea.

trachéen [tʀakeẽ] (f. *-enne*) *agg.* tracheale.

trachéite [tʀakeit] *s.f.* (*med.*) tracheite.

trachéotomie [tʀakeɔtɔmi] *s.f.* tracheotomia.

trachome [tʀakom] *s.m.* (*med.*) tracoma.

tract [tʀakt] *s.m.* volantino propagandistico.

tractation [tʀaktasjɔ̃] *s.f.* **1** trattativa (segreta) **2** *pl.* maneggi (*m.*).

tracter [tʀakte] *v.tr.* trainare.

tracteur [tʀaktœʀ] *s.m.* trattore.

traction [tʀaksjɔ̃] *s.f.* trazione: — *par câble*, tra-

zione a fune; (*aut.*) — *avant*, trazione anteriore.
tradition [tʀadisjɔ̃] *s.f.* tradizione.
traditionalisme [tʀadisjɔnalism] *s.m.* tradizionalismo.
traditionaliste [tʀadisjɔnalist] *s.m.* tradizionalista ♦ *agg.* tradizionalistico.
traditionnel [tʀadisjɔnɛl] (f. *-elle*) *agg.* tradizionale || **-ellement** *avv.*
traducteur [tʀadyktœʀ] (f. *-trice*) *s.m.* traduttore.
traduction [tʀadyksjɔ̃] *s.f.* **1** traduzione **2** (*fig.*) espressione, manifestazione.
traduire [tʀadɥiʀ] (*coniug. come* conduire) *v.tr.* **1** tradurre **2** (*fig.*) rendere, esprimere **3** (*dir.*) trasferire, tradurre || — *en justice*, tradurre davanti alla giustizia □ **se traduire** *v.pron.* esprimersi.
traduisible [tʀadɥizibl] *agg.* traducibile.
traduit [tʀadɥi] *part.pass. di* traduire.
trafic [tʀafik] *s.m.* traffico: — *frontalier*, traffico di frontiera || (*dir.*) — *d'influence*, millantato credito.
trafiquant [tʀafikɑ̃] *s.m.* trafficante.
trafiquer [tʀafike] *v.intr.* **1** trafficare, commerciare **2** (*fig.*) sfruttare, fare commercio (di) ♦ *v.tr.* (*fam.*) **1** sofisticare, adulterare **2** combinare, trafficare.
tragédie [tʀaʒedi] *s.f.* tragedia.
tragédien [tʀaʒedjɛ̃] (f. *-enne*) *s.m.* attore tragico.
tragi-comédie [tʀaʒikɔmedi] (pl. *tragi-comédies*) *s.f.* tragicommedia.
tragi-comique [tʀaʒikɔmik] (pl. *tragi-comiques*) *agg.* tragicomico.
tragique [tʀaʒik] *agg.* tragico ♦ *s.m.* **1** tragico, tragicità (*f.*): *prendre au —*, prendere sul tragico **2** (*lett.*) (autore) tragico.
tragiquement [tʀaʒikmɑ̃] *avv.* tragicamente.
trahir [tʀaiʀ] *v.tr.* tradire || — *la pensée de qqn*, travisare il pensiero di qlcu □ **se trahir** *v.pron.* tradirsi.
trahison [tʀaizɔ̃] *s.f.* tradimento (*m.*).
train [tʀɛ̃] *s.m.* **1** treno: — *de banlieue*, treno suburbano; — *de voyageurs, de marchandises*, treno passeggeri, (treno) merci; — *sanitaire*, treno ospedale; *il a eu son —*, (*fam.*) è riuscito a prendere il treno; *voyager par le —*, viaggiare in treno || (*in Africa*) *prendre le* — *onze*, andare a piedi **2** fila (*f.*); (*tecn.*) treno: — *de péniches*, colonna di chiatte **3** velocità (*f.*), andatura (*f.*); andamento: *marcher, aller bon —*, procedere di buon passo; *aller un* — *d'enfer*, andare a velocità folle; *du* — *dont vont les choses...*, da come vanno le cose...; *le travail va son —*, il lavoro procede regolarmente; *la vie reprend son —*, la vita riprende il suo corso || *à fond de —*, a tutta velocità; (*fig.*) a gonfie vele || (*sport*) *mener le —*, condurre la corsa || *ne pas être en —*, non sentirsi in forma, in vena || *mettre un travail en —*, avviare un lavoro **4** — (*de vie*) tenore di vita: *mener grand —*, far vita da gran signore **5** (*di animali*) treno: — *de devant*, — *de derrière du cheval*, treno anteriore, treno posteriore del cavallo **6** (*aut.*) treno: — *avant*, treno

anteriore, avantreno; — *arrière*, treno posteriore || (*aer.*) — *d'atterrissage*, carrello (di aereo) □ **être en train de** (+ *inf.*) stare (+ *gerundio*): *il est en — de travailler*, sta lavorando.
traînage [tʀɛnaʒ] *s.m.* **1** traino **2** trasporto su slitta.
traînailler [tʀɛnaje] *v.tr.* e *intr.* → **traînasser**.
traînant [tʀɛnɑ̃] *agg.* **1** che strascica: *une robe traînante*, un vestito che strascica per terra **2** strascicato; monotono: *voix traînante*, voce strascicata.
traînard [tʀɛnaʀ] *s.m.* **1** chi rimane indietro (in una marcia ecc.) **2** (*fig. fam.*) tartaruga (*f.*), lumaca (*f.*).
traînasser [tʀɛnase] *v.tr.* (*fam.*) tirare per le lunghe, dilungare ♦ *v.intr.* (*fam.*) bighellonare.
traîne [tʀɛn] *s.f.* (*abbigl.*) strascico (*m.*) □ **à la traîne** *locuz.avv.* **1** (*mar.*) alla traina; (*fig. fam.*) indietro: *à l'école il est toujours à la —*, a scuola è sempre l'ultimo **2** (*di cose*) in disordine, in abbandono.
traîneau [tʀɛno] (pl. *-eaux*) *s.m.* slitta (*f.*).
traînée [tʀɛne] *s.f.* **1** traccia, scia, striscia || — *de poudre*, notizia che si sparge in un lampo **2** (*aer.*) resistenza (di scia) **3** (*fam.*) prostituta, zoccola.
traîner [tʀɛne] *v.tr.* **1** trascinare, tirare || *faire — une affaire en longueur*, tirare una faccenda per le lunghe **2** strascicare: — *les pieds*, strascicare i piedi; — *la voix*, strascicare la voce **3** (*fam.*) rimorchiare; portare con sé: *il le traîne partout*, se lo porta sempre dietro; — *ses valises*, trascinarsi dietro le valigie ♦ *v.intr.* **1** trascinarsi, strascinarsi || *cette jupe traîne par terre*, questa gonna tocca per terra **2** rimanere indietro: — *loin derrière*, restare indietro per strada **3** perdere tempo; attardarsi **4** essere in disordine, essere fuori posto: *il laisse toujours — ses affaires*, lascia sempre in giro le sue cose **5** trascinarsi, andare per le lunghe || *affaire qui traîne*, faccenda che va per le lunghe **6** persistere, perdurare □ **se traîner** *v.pron.* **1** trascinarsi **2** (*fig. fam.*) andare di malavoglia.
traîne-savates [tʀɛnsavat] (pl. *invar.*) *s.m.* (*fam.*) straccione.
traîneux [tʀɛnø] (f. *-euse*) *s.m.* (*in Canada*) disordinato.
train-train [tʀɛ̃tʀɛ̃] (pl. *invar.*) *s.m.* (*fam.*) tran-tran.
traire [tʀɛʀ]

Usato all'indic.pres. je trais, tu trais, il trait, nous trayons, vous trayez, ils traient; *imperf.* je trayais, etc.; *fut.* je trairai, etc. *Cond.* je trairais, etc. *Part.pres.* trayant; *pass.* trait. *Imp.* trais, trayons, trayez.

---

v.tr.dif. mungere (*anche fig.*) || *machine à —*, mungitrice.
trait¹ [tʀɛ] *s.m.* **1** traino, tiro: *bête de —*, bestia da tiro || *pêche au —*, pesca a strascico **2** tratto, linea (*f.*); riga (*f.*): *faire un — sur un mot*, tirare una riga su una parola || *à grands traits*, a grandi

linee; (*fig.*) per grandi linee || — *d'union*, lineetta; (*fig.*) intermediario || *copier* — *pour* —, copiare punto per punto || *avoir* — *à qqn, qqch*, riguardare qlcu, qlco **3** tratto, lineamento, fattezza (*f.*); (*fig.*) aspetto || *lire sur les traits de qqn*, leggere sul volto di qlcu || *la joie illuminait ses traits*, la gioia illuminava il suo volto **4** dardo, freccia (*f.*), strale (*anche fig.*) || — *d'esprit*, motto, arguzia; — *de génie*, colpo di genio **5** sorso, sorsata (*f.*): *tout d'un, d'un seul* —, in un sorso solo, tutto d'un fiato **6** (*letter.*) episodio importante, fatto memorabile: *un* — *de courage*, un atto di coraggio.

trait² *part.pass. di* traire.

traitable [tʀɛtabl] *agg.* trattabile.

traitant [tʀɛtɑ̃] *agg.* curante, curativo.

traite [tʀɛt] *s.f.* **1** mungitura **2** tratto (*m.*), percorso (*m.*): *tout d'une (seule)* —, tutto d'un fiato **3** tratta, traffico (*m.*): *la* — *des nègres*, la tratta dei negri **4** (*comm.*) tratta, cambiale.

traité [tʀete] *s.m.* trattato.

traitement [tʀɛtmɑ̃] *s.m.* **1** trattamento: *mauvais traitements*, maltrattamenti **2** trattamento, retribuzione (*f.*): — *de base*, stipendio base **3** (*med.*) terapia (*f.*) || *en* —, in cura **4** (*inform.*) elaborazione (*f.*); trattamento: — *des données*, elaborazione (dei) dati; — *de texte(s)*, videoscrittura; — *de base*, programma secondario.

traiter [tʀete] *v.tr.* **1** trattare || — *qqn de voleur*, dare del ladro a qlcu || — *de choses sérieuses*, discutere di cose serie || — *une affaire*, trattare un affare **2** curare, avere in cura: — *un malade par antibiotiques*, curare un malato con gli antibiotici **3** (*inform.*) elaborare ♦ *v.intr.* trattare.

traiteur [tʀɛtœʀ] *s.m.* **1** rosticciere || *rayon* — *d'un supermarché*, reparto gastronomico di un supermercato **2** (*nello Zaire*) avventuriero.

traître [tʀɛtʀ] (*f. -esse*) *agg. e s.m.* traditore || *ne pas dire un* — *mot*, non dir parola; *ne pas y comprendre un* — *mot*, non capirci un'acca || *en* —, a tradimento.

traîtreusement [tʀɛtʀøzmɑ̃] *avv.* a tradimento; proditoriamente.

traîtrise [tʀetʀiz] *s.f.* **1** tradimento (*m.*) **2** perfidia.

trajectoire [tʀaʒɛktwaʀ] *s.f.* traiettoria.

trajet [tʀaʒɛ] *s.m.* tragitto; percorso.

tralala [tʀalala] *s.m.* (*fam.*) sfarzo, orpello: *en grand* —, in pompa magna.

trâlée [tʀɑle] *s.f.* (*in Canada, Svizzera*) grande quantità.

tram [tʀam] *s.m.* tram.

trame [tʀam] *s.f.* **1** trama (di tessuto) **2** (*fig.*) intrigo (*m.*), complotto (*m.*) **3** (*fig.*) intreccio (*m.*), trama: *la* — *d'un film*, la trama di un film.

tramer [tʀame] *v.tr.* tramare (*anche fig.*).

tramontane [tʀamɔ̃tan] *s.f.* tramontana.

trampoline [tʀɑ̃pɔlin] *s.m.* tappeto elastico (per acrobati e ginnasti).

tramway [tʀamwɛ] *s.m.* **1** tranvia (*f.*): *ligne de* —, linea tranviaria **2** tram, tranvai.

tranchage [tʀɑ̃ʃaʒ] *s.m.* (*tecn.*) sfogliatura (*f.*), tranciatura (*f.*).

tranchant [tʀɑ̃ʃɑ̃] *agg.* tagliente (*anche fig.*) ♦ *s.m.* **1** taglio, filo (di lama) **2** (*fig.*) perentorietà (*f.*), tono tagliente, decisione (*f.*).

tranche [tʀɑ̃ʃ] *s.f.* **1** fetta || — *de vie*, (*fig.*) quadro di vita vissuta || — *grasse*, taglio di bue || *s'en payer une* —, (*fam.*) sbellicarsi dalle risa **2** (*fig.*) parte, serie, lotto (*m.*) || *versement d'une somme en deux tranches*, versamento di una somma in due tempi || *émission d'un emprunt par tranches*, emissione di un prestito a lotti || — *de revenu*, scaglione di reddito **3** (*tip.*) taglio (*m.*): *livre doré sur* —, libro con taglio in oro.

tranché [tʀɑ̃ʃe] *agg.* netto, marcato.

tranchée [tʀɑ̃ʃe] *s.f.* trincea.

trancher [tʀɑ̃ʃe] *v.tr.* **1** troncare, mozzare: — *avec un couteau*, tagliare con un coltello **2** (*fig.*) decidere; risolvere; mettere fine (a): — *la discussion*, troncare la discussione ♦ *v.intr.* **1** sentenziare: — *sur tout*, trinciare giudizi su tutto **2** risaltare, spiccare, stagliarsi.

tranchet [tʀɑ̃ʃɛ] *s.m.* trincetto (del calzolaio).

tranchoir [tʀɑ̃ʃwaʀ] *s.m.* tagliere.

tranquille [tʀɑ̃kil] *agg.* tranquillo, calmo: *laisse-le* —!, lascialo stare! || *avoir la conscience* —, avere la coscienza a posto.

tranquillement [tʀɑ̃kilmɑ̃] *avv.* tranquillamente.

tranquillisant [tʀɑ̃kilizɑ̃] *agg.* tranquillizzante ♦ *s.m.* tranquillante.

tranquilliser [tʀɑ̃kilize] *v.tr.* tranquillizzare □ **se tranquilliser** *v.pron.* tranquillizzarsi.

tranquillité [tʀɑ̃kilite] *s.f.* tranquillità, quiete.

trans- *pref.* trans-

transaction [tʀɑ̃zaksjɔ̃] *s.f.* **1** (*dir., comm.*) transazione || *par* —, a titolo di transazione **2** (*fig.*) transazione, patto (*m.*), accomodamento (*m.*).

transactionnel [tʀɑ̃zaksjɔnel] (*f. -elle*) *agg.* (*dir., comm.*) transattivo.

transalpin [tʀɑ̃zalpɛ̃] *agg.* transalpino.

transat [tʀɑ̃zat] *s.m.* (*fam.*) sedia a sdraio ♦ *s.f.* (*abbr. di* transatlantique) regata velica transatlantica.

transatlantique [tʀɑ̃zatlɑ̃tik] *agg.* transatlantico ♦ *s.m.* **1** transatlantico **2** (sedia a) sdraio.

transbahuter [tʀɑ̃sbayte] *v.tr.* (*fam.*) trasportare, spostare.

transbordement [tʀɑ̃sbɔʀdəmɑ̃] *s.m.* trasbordo.

transborder [tʀɑ̃sbɔʀde] *v.tr.* trasbordare.

transbordeur [tʀɑ̃sbɔʀdœʀ] *s.m.* (*tecn.*) trasbordatore.

transcendance [tʀɑ̃sɑ̃dɑ̃s] *s.f.* trascendenza.

transcendant [tʀɑ̃sɑ̃dɑ̃] *agg.* **1** trascendente **2** (*fam.*) eccelso, sublime.

transcendantal [tʀɑ̃sɑ̃dɑ̃tal] (pl. *-aux*) *agg.* trascendentale.

transcender [tʀɑ̃sɑ̃de] *v.tr.* trascendere.

transcodage [tʀɑ̃skɔdaʒ] *s.m.* (*inform., tv*) transcodifica (*f.*).

transcoder [tʀɑ̃skɔde] *v.tr.* (*inform., tv*) transcodificare.

transcontinental [tʀɑ̃skɔ̃tinatal] (pl. *-aux*) *agg.* transcontinentale.

transcripteur [trɑ̃skriptœr] (f. *-euse*) *s.m.* trascrittore.

transcription [trɑ̃skripsjɔ̃] *s.f.* trascrizione.

transcrire [trɑ̃skrir] (*coniug. come* écrire) *v.tr.* trascrivere.

transcrit [trɑ̃skri] *part.pass. di* transcrire.

transe [trɑ̃s] *s.f.* 1 angoscia, ansia 2 trance, stato ipnotico.

transept [trɑ̃sɛpt] *s.m.* (*arch.*) transetto.

transférable [trɑ̃sferabl] *agg.* trasferibile.

transférer [trɑ̃sfere] (*coniug. come* céder) *v.tr.* trasferire, tradurre (*anche fig.*).

transfert [trɑ̃sfɛr] *s.m.* 1 trasferimento, traslazione (*f.*) 2 (*psic.*) transfert, trasferimento.

transfiguration [trɑ̃sfigyrasjɔ̃] *s.f.* trasfigurazione.

transfigurer [trɑ̃sfigyre] *v.tr.* trasfigurare.

transfo [trɑ̃sfo] *s.m.* (*fam.*) *abbr.* → **transformateur**.

transformable [trɑ̃sfɔrmabl] *agg.* trasformabile || *fauteuil —*, poltrona-letto.

transformateur [trɑ̃sfɔrmatœr] (f. *-trice*) *agg.* e *s.m.* trasformatore.

transformation [trɑ̃sfɔrmasjɔ̃] *s.f.* trasformazione.

transformer [trɑ̃sfɔrme] *v.tr.* trasformare □ **se transformer** *v.pron.* trasformarsi.

transformisme [trɑ̃sfɔrmism] *s.m.* (*biol.*) trasformismo.

transformiste [trɑ̃sfɔrmist] *agg.* trasformistico ♦ *s.m.* trasformista.

transfuge [trɑ̃sfyʒ] *s.m.* transfuga (*anche fig.*).

transfuser [trɑ̃sfyze] *v.tr.* fare una trasfusione di sangue a.

transfusion [trɑ̃sfyzjɔ̃] *s.f.* (*med.*) trasfusione.

transfusionnel [trɑ̃sfyzjɔnɛl] (f. *-elle*) *agg.* trasfusionale.

transgresser [trɑ̃sgrese] *v.tr.* trasgredire.

transgresseur [trɑ̃sgresœr] *s.m.* trasgressore.

transgressif [trɑ̃sgresif] (f. *-ive*) *agg.* trasgressivo.

transgression [trɑ̃sgresjɔ̃] *s.f.* trasgressione.

transhumance [trɑ̃zymɑ̃s] *s.f.* transumanza.

transhumer [trɑ̃zyme] *v.intr.* transumare ♦ *v.tr.* far transumare.

transi [trɑ̃zi] *agg.* intirizzito; (*fig.*) paralizzato: *— de peur*, paralizzato dalla paura.

transiger [trɑ̃ziʒe] (*coniug. come* manger) *v.intr.* (*dir.comm.*) venire a una transazione; (*fig.*) venire a patti, transigere.

transir [trɑ̃zir] *v.tr.* (*letter.*) intirizzire; (*fig.*) paralizzare.

transistor [trɑ̃zistɔr] *s.m.* transistore.

transistoriser [trɑ̃zistɔrize] *v.tr.* transistorizzare.

transit [trɑ̃zit] *s.m.* transito: *permis de —*, licenza di transito || *cité de —*, alloggi provvisori.

transitaire [trɑ̃zitɛr] *agg.* di transito.

transiter [trɑ̃zite] *v.tr.* far transitare ♦ *v.intr.* transitare.

transitif [trɑ̃zitif] (f. *-ive*) *agg.* transitivo || **-ivement** *avv.*

transition [trɑ̃zisjɔ̃] *s.f.* transizione; passaggio (*m.*) (*anche fig.*) || *de —*, transitorio.

transitoire [trɑ̃zitwar] *agg.* transitorio.

translatif [trɑ̃slatif] (f. *-ive*) *agg.* (*dir.*) traslativo: *acte — de propriété*, voltura.

translation [trɑ̃slasjɔ̃] *s.f.* traslazione.

translit(t)érer [trɑ̃slitere] (*coniug. come* céder) *v.tr.* traslitterare.

translucide [trɑ̃slysid] *agg.* traslucido.

transmetteur [trɑ̃smetœr] *s.m.* (*tel.*) trasmettitore.

transmettre [trɑ̃smetr] (*coniug. come* mettre) *v.tr.* trasmettere || (*comm.*) *— une commande*, passare un'ordinazione || (*amm.*) *— une circulaire*, diramare una circolare □ **se transmettre** *v.pron.* trasmettersi.

transmigration [trɑ̃smigrasjɔ̃] *s.f.* trasmigrazione.

transmigrer [trɑ̃smigre] *v.intr.* trasmigrare.

transmis [trɑ̃smi] *part.pass. di* transmettre.

transmissible [trɑ̃smisibl] *agg.* 1 trasmissibile 2 (*fin.*) cedibile, trasferibile.

transmission [trɑ̃smisjɔ̃] *s.f.* 1 trasmissione || (*tel.*) *— de message*, smistamento dei messaggi 2 *pl.* (*mil.*) trasmissioni 3 (*comm.*) inoltro (*m.*).

transmuer [trɑ̃smɥe] *v.tr.* trasmutare, tramutare.

transmutable [trɑ̃smytabl] *agg.* tra(s)mutabile.

transmutation [trɑ̃smytasjɔ̃] *s.f.* trasmutazione.

transmuter [trɑ̃smyte] *v.tr.* → **transmuer**.

transocéanien [trɑ̃zoseanjɛ̃] (f. *-enne*), **transocéanique** [trɑ̃zoseanik] *agg.* transoceanico.

transparaître [trɑ̃sparɛtr] (*coniug. come* connaître) *v.intr.* trasparire.

transparence [trɑ̃sparɑ̃s] *s.f.* trasparenza || *par —*, in trasparenza.

transparent [trɑ̃sparɑ̃] *agg.* trasparente (*anche fig.*).

transparu [trɑ̃spary] *part.pass. di* transparaître.

transpercer [trɑ̃sperse] (*coniug. come* placer) *v.tr.* 1 trapassare; trafiggere (*anche fig.*) 2 passare attraverso, penetrare (in).

transpiration [trɑ̃spirasjɔ̃] *s.f.* traspirazione, sudore (*m.*).

transpirer [trɑ̃spire] *v.intr.* 1 traspirare; sudare 2 (*fig.*) trapelare.

transplant [trɑ̃splɑ̃] *s.m.* (*med.*) organo, tessuto trapiantato.

transplantation [trɑ̃splɑ̃tasjɔ̃] *s.f.* trapianto (*m.*).

transplanter [trɑ̃splɑ̃te] *v.tr.* trapiantare (*anche fig.*) □ **se transplanter** *v.pron.* trapiantarsi, trasferirsi.

transport [trɑ̃spɔr] *s.m.* 1 trasporto (*anche fig.*): *— par mer, par terre*, trasporto marittimo, terrestre; *— routier*, trasporto su strada; || (*géol.*) *terrains de —*, terreni alluvionali || *transports de joie*, (*fig.*) impeti di gioia || (*dir.*) *— sur les lieux*, accesso in luogo || (*med. fam.*) *— au cerveau*, congestione cerebrale 2 (*mar.*) cargo 3 *pl.* mezzi di trasporto: *transports en commun*, mezzi pubblici **4** (*dir.*) cessione (*f.*): — *de créance*, cessione di credito.

transportable [tʀɑ̃spɔʀtabl] *agg.* trasportabile.

transporter [tʀɑ̃spɔʀte] *v.tr.* **1** trasportare; trasferire || — *une créance*, trasferire un credito **2** (*fig.*) trascinare: *être transporté de joie*, essere sopraffatto dalla gioia **3** (*dir.*) deportare □ **se transporter** *v.pron.* trasportarsi (*anche fig.*); trasferirsi.

transporteur [tʀɑ̃spɔʀtœʀ] (f.) *agg.* e *s.m.* trasportatore: *compagnie transporteuse*, compagnia di trasporti.

transposable [tʀɑ̃spozabl] *agg.* **1** che si può trasporre **2** trasferibile **3** (*mus.*) trasportabile.

transposer [tʀɑ̃spoze] *v.tr.* **1** trasporre **2** (*mus.*) trasportare.

transposition [tʀɑ̃spozisjɔ̃] *s.f.* **1** trasposizione **2** (*mus.*) trasporto (*m.*), trasposizione.

transsaharien [tʀɑ̃s(s)aaʀjɛ̃] (f. *-enne*) *agg.* transahariano.

transsexuel [tʀɑ̃ssɛksɥɛl] (f. *-elle*) *agg.* e *s.m.* transessuale.

transsibérien [tʀɑ̃s(s)ibeʀjɛ̃] (f. *-enne*) *agg.* transiberiano.

transsubstantiation [tʀɑ̃ssypstɑ̃sjasjɔ̃] *s.f.* transustanziazione.

transsudat [tʀɑ̃ssyda] *s.m.* (*med.*) trasudato.

transsuder [tʀɑ̃ssyde] *v.intr.* trasudare.

transvasement [tʀɑ̃svɑzmɑ̃] *s.m.* travaso, travasamento.

transvaser [tʀɑ̃svɑze] *v.tr.* travasare.

transversal [tʀɑ̃svɛʀsal] (pl. *-aux*) *agg.* trasversale || **-ement** *avv.*

transverse [tʀɑ̃svɛʀs] *agg.* (*anat.*) trasversale.

transvider [tʀɑ̃svide] *v.tr.* travasare.

trapèze [tʀapɛz] *s.m.* trapezio.

trapéziste [tʀapezist] *s.m.* e *f.* trapezista.

trapézoïdal [tʀapezɔidal] (pl. *-aux*) *agg.* trapezoidale.

trappe[1] [tʀap] *s.f.* **1** trappola **2** botola; trabocchetto (*m.*).

trappe[2] *s.f.* (*eccl.*) **1** ordine dei trappisti **2** trappa, convento di trappisti.

trappeur [tʀapœʀ] *s.m.* cacciatore di pellicce (nel Nord America).

trappiste [tʀapist] *s.m.* (*eccl.*) trappista.

trapu [tʀapy] *agg.* **1** tarchiato, tozzo **2** (*fam.*) bravo: — *en maths*, forte in matematica **3** (*fam.*) difficile.

traque [tʀak] *s.f.* (*fam.*) (*caccia*) battuta.

traquenard [tʀaknaʀ] *s.m.* trappola (*f.*), trabocchetto (*anche fig.*).

traquer [tʀake] *v.tr.* **1** (*caccia*) battere **2** braccare (*anche fig.*).

traumatique [tʀomatik] *agg.* traumatico.

traumatiser [tʀomatize] *v.tr.* traumatizzare.

traumatisme [tʀomatism] *s.m.* trauma.

traumatologie [tʀomatɔlɔʒi] *s.f.* traumatologia.

traumatologiste [tʀomatɔlɔʒist] *s.m.* (*med.*) traumatologo.

travail [tʀavaj] (pl. *-aux*) *s.m.* **1** lavoro: — *à plein-temps*, lavoro a giornata intera, a tempo pieno; — *à mi-temps*, lavoro a mezza giornata, a

mezzo tempo; — *à temps partiel*, lavoro part-time, a tempo parziale; — *différencié*, lavoro a tempo determinato, con contratto a termine; — *au noir*, lavoro nero; *cessation du* —, interruzione del lavoro; *travaux d'aiguille, de dames*, lavori femminili || *publier un* — *sur Molière*, pubblicare un lavoro, uno studio su Molière || *le* — *du temps*, l'azione del tempo **2** lavorazione (*f.*): — *à la main*, lavorazione a mano; *le fin* — *d'un bijou*, la raffinata esecuzione di un gioiello **3** (*med.*) travaglio (di parto) **4** *pl.* (*letter.*) gesta (*f.*); fatiche (*f.*).

travaillé [tʀavaje] *agg.* **1** lavorato **2** (*fig.*) elaborato **3** (*fig.*) tormentato.

travailler [tʀavaje] *v.intr.* **1** lavorare: — *aux champs*, lavorare nei campi; — *à son succès*, lavorare per consolidare il proprio successo; — *à la perte de qqn*, macchinare la rovina di qlcu || *faire* — *son argent*, fare fruttare il proprio denaro **2** (*del vino*) fermentare **3** (*del legno*) imbarcarsi ♦ *v.tr.* **1** lavorare; (*fig.*) elaborare **2** studiare, esercitarsi (a): — *son piano*, esercitarsi al pianoforte **3** addestrare, esercitare **4** (*fig.*) tormentare; agitare **5** (*fig.*) influenzare: — *l'opinion publique*, influenzare l'opinione pubblica.

travailleur [tʀavajœʀ] (f. *-euse*) *agg.* e *s.m.* lavoratore || — *social*, operatore sociale.

travaillisme [tʀavajism] *s.m.* (*pol.*) laburismo.

travailliste [tʀavajist] *agg.* e *s.m.* laburista.

travailloter [tʀavajɔte] *v.intr.* (*fam.*) lavoricchiare.

travée [tʀave] *s.f.* **1** (*arch.*) campata; arcata **2** fila di banchi (in un'aula ecc.).

travelling [tʀavliŋ] *s.m.* (*cine.*) carrellata (*f.*) || — *optique*, zumata || *tourner en* —, carrellare.

travelo [tʀavlo] *s.m.* (*fam.*) travestito.

travers [tʀavɛʀ] *s.m.* **1** bizzarria (*f.*); piccolo difetto **2** (*mar.*) traverso □ **à travers** *locuz.prep.* e *avv.* attraverso □ **au travers de** *locuz.prep.* attraverso: *passer au* — (*de qqch*), (*fig.*) scampare, sfuggire (a qlco) □ **de travers** *locuz.avv.* **1** di traverso, di sbieco: *porter son chapeau de* —, portare il cappello sulle ventitré; *regarder de* —, guardare di traverso; *j'ai avalé de* —, mi è andato di traverso **2** male, malamente: *interpréter de* —, fraintendere; *comprendre tout de* —, capire una cosa per l'altra □ **en travers** *locuz.avv.*, **en travers de** *locuz.prep.* di traverso a, trasversalmente a: *un arbre en* — *de la route*, un albero di traverso sulla strada; *se mettre en* — *de qqch*, opporsi a, ostacolare qlco || *si rien ne se met en* —, se niente si frappone.

traversable [tʀavɛʀsabl] *agg.* attraversabile.

traverse [tʀavɛʀs] *s.f.* **1** traversa; sbarra trasversale || (*chemin de*) —, scorciatoia || (*rue de*) —, strada traversa **2** (*ferr.*) traversina (*f.*), traversa.

traversée [tʀavɛʀse] *s.f.* traversata: *la* — *de la ville*, l'attraversamento della città.

traverser [tʀavɛʀse] *v.tr.* (at)traversare (*anche fig.*).

traversier [tʀavɛʀsje] (f. *-ère*) *agg.* trasversale ||

flûte traversière, flauto traverso || *barque traversière*, traghetto ♦ *s.m.* (*in Canada*) traghetto.

traversin [tʀavɛʀsɛ̃] *s.m.* capezzale, cuscino cilindrico.

travertin [tʀavɛʀtɛ̃] *s.m.* (*min.*) travertino.

travesti [tʀavɛsti] *agg.* in maschera, mascherato ♦ *s.m.* **1** (*teatr.*) attore che interpreta travestito un ruolo del sesso opposto **2** travestito.

travestir [tʀavɛstiʀ] *v.tr.* **1** travestire, mascherare **2** (*fig.*) travisare □ **se travestir** *v.pron.* travestirsi, mascherarsi.

travestissement [tʀavɛstismɑ̃] *s.m.* **1** travestimento **2** (*fig.*) travisamento.

traviole, de [dətʀavjɔl] *locuz.avv.* (*fam.*) di traverso.

trayeuse [tʀejøz] *s.f.* (*tecn.*) mungitrice.

trayon [tʀejɔ̃] *s.m.* capezzolo (di animali).

trébuchant [tʀebyʃɑ̃] *agg.* malsicuro, incerto.

trébucher [tʀebyʃe] *v.intr.* inciampare (*anche fig.*).

trébuchet [tʀebyʃɛ] *s.m.* **1** trappola (per uccelli); (*fig.*) trabocchetto **2** (*tecn.*) bilancina (*f.*).

tréfilage [tʀefilaʒ] *s.m.* trafilatura (*f.*).

tréfiler [tʀefile] *v.tr.* (*metall.*) trafilare.

trèfle [tʀɛfl] *s.m.* **1** trifoglio □ — *à quatre feuilles*, quadrifoglio **2** (*alle carte*) fiori (*pl.*) **3** (*arch.*) trilobo, trifoglio.

tréfonds [tʀefɔ̃] *s.m.* **1** sottosuolo **2** (*fig.*) intimo || *le fond et le* — *d'une histoire*, i retroscena di una faccenda.

trégorois [tʀegɔʀwa] *agg.* di Tréguier.

treillage [tʀejaʒ] *s.m.* graticolato.

treille [tʀej] *s.f.* pergolato di viti || *le jus de la* —, il vino.

treillis[1] [tʀeji] *s.m.* **1** traliccio; graticcio (*edil.*) **1** travatura reticolare.

treillis[2] *s.m.* (*abbigl.*) **1** traliccio: *mettre son pantalon de* —, mettersi in tenuta da lavoro **2** (*estens.*) tenuta da combattimento, tuta mimetica.

treize [tʀɛz] *agg.num.card.* e *s.m.* tredici || — *cents*, milletrecento ♦ *agg.num.ord.* tredicesimo.

treizième [tʀɛzjɛm] *agg.num.ord.* e *s.m.* tredicesimo: *le* — *siècle*, il Duecento.

treizièmement [tʀɛzjɛmmɑ̃] *avv.* in tredicesimo luogo.

tréma [tʀema] *s.m.* dieresi (*f.*).

tremblant [tʀɑ̃blɑ̃] *agg.* tremante; tremolante.

tremble [tʀɑ̃bl] *s.m.* (pioppo) tremolo.

tremblé [tʀɑ̃ble] *agg.* tremolante.

tremblement [tʀɑ̃bləmɑ̃] *s.m.* tremore; tremito; tremolio || *et tout le* —, (*fam.*) e compagnia bella, e tutto il resto □ **tremblement de terre** *s.m.* terremoto.

trembler [tʀɑ̃ble] *v.intr.* **1** tremare; (*estens.*) vibrare **2** (*fig.*) trepidare, tremare, temere: *je tremble qu'il ne soit malade*, ho paura che sia malato.

trembleur [tʀɑ̃blœʀ] (f. -*euse*) *agg.* timido, pauroso ♦ *s.m.* (*elettr.*) interruttore automatico.

tremblotant [tʀɑ̃blɔtɑ̃] *agg.* tremolante.

tremblote [tʀɑ̃blɔt] *s.f.*: *avoir la* —, (*fam.*) avere la tremarella.

tremblotement [tʀɑ̃blɔtmɑ̃] *s.m.* (*fam.*) tremolio.

trembloter [tʀɑ̃blɔte] *v.intr.* (*fam.*) tremare, tremolare.

trémie [tʀemi] *s.f.* tramoggia.

trémière [tʀemjɛʀ] *agg.*: (*bot.*) *rose* —, malvone, malvarosa.

trémolo [tʀemɔlo] *s.m.* (*mus.*) tremolo; tremolio (della voce).

trémoussement [tʀemusmɑ̃] *s.m.* dimenio.

trémousser, se [sətʀemuse] *v.pron.* dimenarsi, dondolarsi.

trempage [tʀɑ̃paʒ] *s.m.* ammollo; macerazione (*f.*).

trempe [tʀɑ̃p] *s.f.* **1** tempra (*anche fig.*) **2** (*fam.*) fracco di botte.

trempé [tʀɑ̃pe] *agg.* **1** temprato (*anche fig.*) **2** bagnato, inzuppato: — *comme une soupe*, (*fam.*) bagnato come un pulcino.

tremper [tʀɑ̃pe] *v.tr.* **1** temprare (*anche fig.*) **2** inzuppare, imbevere; bagnare, immergere (nell'acqua): — *une plume* (*dans l'encrier*), intingere una penna (nel calamaio) || — *la soupe*, versare brodo sul pane; *la soupe est trempée*, (*fam.*) la minestra è in tavola || — *son vin*, annacquare il vino ♦ *v.intr.* stare in ammollo, a bagno; macerarsi: *faire* — *du linge*, mettere a bagno, in ammollo la biancheria || — *dans une affaire louche*, (*fig.*) essere invischiato in una faccenda losca □ **se tremper** *v.pron.* inzupparsi.

trempette [tʀɑ̃pɛt] *s.f.* (*fam.*) *faire* —, fare un rapido bagno.

tremplin [tʀɑ̃plɛ̃] *s.m.* (*sport*) trampolino (*anche fig.*); pedana (*f.*).

trench [tʀɛnʃ], **trench-coat** [tʀɛnʃkot] (pl. *trench-coats*) *s.m.* impermeabile.

trentaine [tʀɑ̃tɛn] *s.f.* trentina.

trente [tʀɑ̃t] *agg.num.card.* e *s.m.* trenta || *se mettre sur son* — *et un*, (*fam.*) mettersi in ghingheri ♦ *agg.num.ord.* trentesimo.

trentenaire [tʀɑ̃tnɛʀ] *agg.* trentennale.

trente-six [tʀɑ̃tsis] *agg.num.card.* trentasei || (*fam.*): *il fait* — *choses à la fois*, fa mille cose insieme; *tous les* — *du mois*, ogni morte di Papa.

trentième [tʀɑ̃tjɛm] *agg.num.ord.* e *s.m.* trentesimo.

trépan [tʀepɑ̃] *s.m.* trapano.

trépanation [tʀepanasjɔ̃] *s.f.* trapanazione.

trépaner [tʀepane] *v.tr.* trapanare.

trépas [tʀepa] *s.m.* trapasso, morte (*f.*) || *passer de vie à* —, (*fam.*) passare a miglior vita.

trépasser [tʀepase] *v.intr.* trapassare, morire.

trépidant [tʀepidɑ̃] *agg.* **1** tremante, fremente **2** (*estens.*) frenetico.

trépidation [tʀepidasjɔ̃] *s.f.* **1** vibrazione **2** tremito (*m.*), tremore (*m.*).

trépider [tʀepide] *v.intr.* vibrare.

trépied [tʀepje] *s.m.* **1** treppiede **2** (*ant.*) tripode.

trépignement [tʀepiɲmɑ̃] *s.m.* il pestare i piedi (per terra).

trépigner [tʀepiɲe] *v.intr.* pestare, battere i piedi (per terra) || *il commençait à* —, incominciava a spazientirsi.

très [tʀɛ; tʀɛz *davanti a vocale o* h *muta*] *avv.* **1** (+ *agg. e avv. forma il superlativo assoluto*) molto, assai: — *riche*, ricchissimo; — *souvent*, spessissimo; — *bon marché*, molto a buon mercato, molto conveniente **2** (+ *s.*) molto: *il fait* — *froid*, fa molto freddo; *j'ai* — *mal à la tête*, mi duole molto la testa; *il est resté* — *enfant*, è rimasto molto bambino; *"Avez-vous chaud?" "Très"*, (*fam.*) "Avete caldo?" "Molto".

Très-Haut, le [lətʀeo] *no.pr.m.* l'Altissimo (Dio).

trésor [tʀezɔʀ] *s.m.* tesoro || *l'île au* —, l'isola del tesoro || *mon* —, tesoro, tesorino mio || *le Trésor* (*public*), l'erario; *bons du Trésor*, buoni del Tesoro.

trésorerie [tʀezɔʀʀi] *s.f.* **1** tesoreria **2** (*econ.*) liquidità || *difficultés de* —, (*fam.*) difficoltà finanziarie.

trésorier [tʀezɔʀje] *s.m.* tesoriere || *trésorier-payeur général*, intendente di finanza.

tressage [tʀesaʒ] *s.m.* intrecciatura (*f.*).

tressaillement [tʀesajmɑ̃] *s.m.* sussulto.

tressaillir [tʀesajiʀ] (*coniug. come* assaillir) *v. intr.* trasalire, sussultare.

tressautement [tʀesotmɑ̃] *s.m.* sobbalzo, sussulto.

tressauter [tʀesote] *v.intr.* sussultare, sobbalzare.

tresse [tʀɛs] *s.f.* **1** treccia **2** (*passamaneria*) gallone (*m.*); spighetta **3** (*arch.*) intreccio (*m.*).

tresser [tʀese] *v.tr.* intrecciare.

tréteau [tʀeto] (*pl. -eaux*) *s.m.* **1** cavalletto, trespolo **2** *pl.* palco di saltimbanchi, di ciarlatani ecc. || *monter sur les tréteaux*, (*fig.*) calcare le scene.

treuil [tʀœj] *s.m.* (*mecc.*) verricello; argano.

trêve [tʀɛv] *s.f.* tregua (*anche fig.*) || — *de cérémonies!*, bando ai complimenti!

tri [tʀi] *s.m.* **1** cernita (*f.*), selezione (*f.*) **2** vaglio; smistamento.

tri- *pref.* tri-

triade [tʀijad] *s.f.* triade.

triage [tʀijaʒ] *s.m.* scelta (*f.*); vaglio; smistamento || (*ferr.*) *gare de* —, stazione di smistamento.

triangle [tʀijɑ̃gl] *s.m.* triangolo.

triangulaire [tʀijɑ̃gylɛʀ] *agg.* triangolare.

triangulation [tʀijɑ̃gylasjɔ̃] *s.f.* triangolazione.

trias [tʀijɑs] *s.m.* (*geol.*) trias, periodo triassico.

triasique [tʀijazik] *agg.* (*geol.*) triassico.

triathlon [tʀijatlɔ̃] *s.m.* (*sport*) triatlon.

tribal [tʀibal] (*pl. -aux*) *agg.* tribale.

tribord [tʀibɔʀ] *s.m.* (*mar.*) tribordo, dritta (*f.*): *bordée de* —, fiancata destra; guardia di dritta.

tribu [tʀiby] *s.f.* tribù || *chef de* —, capotribù.

tribulation [tʀibylasjɔ̃] *s.f.* tribolazione, pena.

tribule [tʀibyl] *s.m.* (*bot.*) tribolo.

tribun [tʀibœ̃] *s.m.* tribuno.

tribunal [tʀibynal] (*pl. -aux*) *s.m.* tribunale: —

pour enfants, tribunale dei minorenni; *citer devant les tribunaux*, citare in giudizio.

tribune [tʀibyn] *s.f.* **1** podio (*m.*); (*spec. di stadio, ippodromo ecc.*) tribuna: *parler à la* —, parlare dal podio; *monter à la* —, salire sul podio, sul palco degli oratori || *la* — *de la presse*, la tribuna della stampa **2** (*estens.*) dibattito (*m.*): *organiser une* —, organizzare un dibattito || — *libre*, tribuna (di un giornale o di una trasmissione radiotelevisiva) **3** (*arch.*) tribuna, galleria; (*nelle chiese*) matroneo (*m.*): — *des chanteurs, des chantres*, cantoria; — *aux harangues*, arengario.

tribut [tʀiby] *s.m.* tributo.

tributaire [tʀibytɛʀ] *agg. e s.m.* tributario.

tricentenaire [tʀisɑ̃tnɛʀ] *s.m.* terzo centenario.

tricéphale [tʀisefal] *agg.* (*med. letter.*) tricefalo.

triceps [tʀisɛps] *agg. e s.m.* tricipite.

tricératops [tʀiseratɔps] *s.m.* (*paleont.*) triceratopo.

triche [tʀiʃ] *s.f.* (*fam.*) imbroglio (*m.*); truffa.

tricher [tʀiʃe] *v.intr.* barare; usare delle astuzie: — *sur son âge*, barare sull'età, nascondere l'età ◆ *v.tr.* truffare, imbrogliare.

tricherie [tʀiʃʀi] *s.f.* **1** il barare (al gioco) **2** imbroglio (*m.*), truffa.

tricheur [tʀiʃœʀ] (f. *-euse*) *s.m.* **1** baro **2** imbroglione, truffatore.

trichinose [tʀikinoz] *s.f.* (*med., vet.*) trichinosi.

trichloréthylène [tʀiklɔʀetilɛn] *s.m.* tricloroetilene, trielina (*f.*).

trichromie [tʀikʀɔmi] *s.f.* (*tip.*) tricromia.

triclinium [tʀiklinjɔm] *s.m.* triclinio.

tricoises [tʀikwaz] *s.f.pl.* tronchese (*sing.*).

tricolore [tʀikɔlɔʀ] *agg.* tricolore ◆ *s.m.* (*sport*) giocatore della squadra nazionale (francese).

tricorne [tʀikɔʀn] *s.m.* tricorno.

tricot [tʀiko] *s.m.* **1** maglia (*f.*): *vêtements en* —, abiti di maglia **2** (lavoro a) maglia: *faire du* —, lavorare a maglia **3** (*abbigl.*) golf, maglia (*f.*), maglione: *un* — *de corps, de peau*, una maglietta intima.

tricotage [tʀikɔtaʒ] *s.m.* il lavorare a maglia.

tricoter [tʀikɔte] *v.tr.* lavorare a maglia: *aiguille à* —, ferro da calza; *machine à* —, macchina per maglieria ◆ *v.intr.* (*fam.*) — (*des jambes*), darsela a gambe.

tricoteuse [tʀikɔtøz] *s.f.* **1** magliaia **2** macchina per maglieria.

trictrac [tʀiktʀak] *s.m.* tric trac.

tricuspide [tʀikyspid] *agg.* tricuspide.

tricycle [tʀisikl] *s.m.* triciclo.

trident [tʀidɑ̃] *s.m.* tridente.

tridimensionnel [tʀidimɑ̃sjɔnɛl] (f. *-elle*) *agg.* tridimensionale.

triduum [tʀidyɔm] *s.m.* (*eccl.*) triduo.

trièdre [tʀijɛdʀ] *agg. e s.m.* (*mat.*) triedro.

triennal [tʀijɛnnal] (*pl. -aux*) *agg.* triennale.

triennat [tʀjɛnna] *s.m.* triennio.

trier [tʀije] *v.tr.* **1** scegliere, selezionare || — *sur le volet*, (*fig.*) scegliere con cura **2** smistare: — *le courrier*, smistare la posta **3** (*estens.*) mondare: — *les lentilles*, mondare le lenticchie.

trière [tʀijɛʀ] *s.f.* (*st. mar.*) trireme.

trieur [tʀijœʀ] (f. *-euse*) *s.m.* selezionatore, cernitore.

trieuse [tʀijøz] *s.f.* (macchina) selezionatrice, (macchina) cernitrice.

trifolié [tʀifɔlje] *agg.* (*bot.*) trifogliato.

triforium [tʀifɔʀjɔm] *s.m.* (*arch.*) triforio.

trifouiller [tʀifuje] *v.intr.* (*fam.*) frugare, rovistare.

trigémellaire [tʀiʒeme(εl)lɛʀ] *agg.* trigemino.

trigle [tʀigl] *s.m.* (*zool.*) triglione.

triglycéride [tʀigliseʀid] *s.m.* (*biochim.*) trigliceride.

triglyphe [tʀiglif] *s.m.* (*arch.*) triglifo.

trigone [tʀigɔn] *agg.* (*scient.*) trigono.

trigonelle [tʀigɔnεl] *s.f.* (*bot.*) trigonella.

trigonométrie [tʀigɔnɔmetʀi] *s.f.* trigonometria.

trigonométrique [tʀigɔnɔmetʀik] *agg.* trigonometrico.

trijumeau [tʀiʒymo] (pl. *-eaux*) *agg.* e *s.m.* (*anat.*) trigemino.

trilingue [tʀilɛ̃g] *agg.* trilingue.

trille [tʀij] *s.m.* trillo.

trillion [tʀiljɔ̃] *s.m.* trilione.

trilobé [tʀilɔbe] *agg.* trilobato.

trilobée [tʀilɔbe] *s.f.* (*arch.*) trifora.

trilogie [tʀilɔʒi] *s.f.* trilogia.

trimaran [tʀimaʀɑ̃] *s.m.* (*mar.*) trimarano.

trimbal(l)er [tʀɛ̃bale] *v.tr.* (*fam.*) rimorchiarsi; portare in giro || *se faire — en voiture*, farsi scarrozzare □ **se trimbal(l)er** *v.pron.* (*fam.*) spostarsi, andare avanti e indietro.

trimer [tʀime] *v.intr.* (*fam.*) sfacchinare, sgobbare.

trimestre [tʀimεstʀ] *s.m.* trimestre.

trimestriel [tʀimεstʀijεl] (f. *-elle*) *agg.* trimestrale || *-ellement avv.*

trimoteur [tʀimɔtœʀ] *agg.* e *s.m.* trimotore.

tringle [tʀɛ̃gl] *s.f.* **1** asta, bacchetta: *— à rideaux*, bacchetta per tenda, riloga; *— à journaux*, bastone portagiornali **2** (*arch.*) listello (*m.*).

trinitaire [tʀinitɛʀ] *agg.* trinitario.

trinité [tʀinite] *s.f.* trinità.

trinôme [tʀinom] *agg.* e *s.m.* trinomio.

trinquer [tʀɛ̃ke] *v.intr.* **1** brindare **2** (*fam.*) trincare **3** (*fam.*) andarci di mezzo.

trinquet [tʀɛ̃ke] *s.m.* (*mar.*) trinchetto.

trio [tʀijo] *s.m.* (*mus.*) trio; (*di voci*) terzetto.

triode [tʀijɔd] *s.f.* triodo (*m.*).

triolet [tʀijɔlε] *s.m.* **1** (*metrica*) componimento di 8 versi su 2 rime **2** (*mus.*) terzina (*f.*).

triomphal [tʀijɔ̃fal] (pl. *-aux*) *agg.* trionfale || *-ement avv.*

triomphalisme [tʀijɔ̃falism] *s.m.* trionfalismo.

triomphaliste [tʀijɔ̃falist] *agg.* trionfalistico; trionfalista ♦ *s.m.* trionfalista.

triomphant [tʀijɔ̃fɑ̃] *agg.* trionfante.

triomphateur [tʀijɔ̃fatœʀ] (f. *-trice*) *agg.* e *s.m.* trionfatore.

triomphe [tʀijɔ̃f] *s.m.* trionfo.

triompher [tʀijɔ̃fe] *v.intr.* **1** trionfare **2** vincere (qlco); superare (qlco): *— de ses adversaires*, trionfare sugli avversari; *— des difficultés*, superare le difficoltà.

triparti [tʀipaʀti] *agg.* tripartito: *gouvernement tripartite*, governo tripartitico.

tripartisme [tʀipaʀtism] *s.m.* (*pol.*) (governo, sistema) tripartito; tripartitismo.

tripartite [tʀipaʀtit] *agg.* → **triparti.**

tripartition [tʀipaʀtisjɔ̃] *s.f.* tripartizione.

tripatouillage [tʀipatujaʒ] *s.m.* (*fam.*) rimaneggiamento, manomissione (*f.*) || *tripatouillages électoraux*, brogli elettorali.

tripatouiller [tʀipatuje] *v.tr.* (*fam.*) manipolare, manomettere.

tripe [tʀip] *s.f.* **1** *pl.* budella, intestini (*m.*) (di animali) || *rendre ses tripes*, vomitare l'anima **2** (*spec.pl.*) (*cuc.*) trippa.

triperie [tʀipʀi] *s.f.* tripperia.

tripette [tʀipεt] *s.f.*: *ne pas valoir —*, (*fam.*) non valere un fico secco.

triphasé [tʀifaze] *agg.* trifase.

triphtongue [tʀiftɔ̃g] *s.f.* (*fon.*) trittongo (*m.*).

tripier [tʀipje] *s.m.* trippaio, trippaiolo.

triple [tʀipl] *agg.* **1** triplice **2** triplo || (*mus.*) *— croche*, biscroma || *un — sot*, (*fam.*) un perfetto idiota || *au — galop*, a gran galoppo, di gran carriera ♦ *s.m.* triplo.

triplement [tʀipləmɑ̃] *avv.* tre volte ♦ *s.m.* triplicazione (*f.*).

tripler [tʀiple] *v.tr.* triplicare ♦ *v.intr.* triplicarsi.

triplés [tʀiple] *s.m.pl.* gemelli nati da un parto trigemino.

triplex [tʀiplεks] (pl. *invar.*) *s.m.* appartamento su tre piani.

triplure [tʀiplyʀ] *s.f.* teletta (da sartoria).

tripode [tʀipɔd] *agg.* a tre piedi.

triporteur [tʀipɔʀtœʀ] *s.m.* triciclo; furgoncino (a pedali).

tripot [tʀipo] *s.m.* bisca (*f.*): *tenancier de —*, biscazziere.

tripotage [tʀipɔtaʒ] *s.m.* (*fam.*) **1** cincischiamento, maneggiamento **2** imbroglio, truffa (*f.*): *tripotages électoraux*, brogli elettorali.

tripotée [tʀipɔte] *s.f.* (*fam.*) **1** scarica di botte **2** mucchio (*m.*), caterva.

tripoter [tʀipɔte] *v.tr.* (*fam.*) **1** maneggiare; palpeggiare **2** (*fig.*) manipolare, combinare ♦ *v.intr.* (*fam.*) **1** pasticciare; frugare **2** speculare, trafficare.

tripoteur [tʀipɔtœʀ] (f. *-euse*) *s.m.* (*fam.*) **1** maneggione **2** palpeggiatore, pomicione.

tripous, tripoux [tʀipu] *s.m.pl.* (*cuc.*) trippa e zampetti di castrato (piatto dell'Alvernia).

triptyque [tʀiptik] *s.m.* trittico.

trique [tʀik] *s.f.* manganello (*m.*), randello (*m.*).

triréacteur [tʀiʀeaktœʀ] *s.m.* (*aer.*) trireattore.

trirème [tʀiʀεm] *s.f.* (*st. mar.*) trireme.

trisaïeul [tʀizajœl] (pl. *-euls*) *s.m.* trisavolo.

trisannuel [tʀizanɥεl] (f. *-elle*) *agg.* triennale.

trisection [tʀisεksjɔ̃] *s.f.* (*mat.*) trisezione.

trisser [tʀise] *v.intr.* **1** (*della rondine*) garrire **2** ripetere tre volte.

triste [tʀist] *agg.* **1** triste: *être dans un — état*, essere in cattivo stato || *avoir le vin —*, avere la sbornia triste || *faire — figure*, essere a disagio; essere depresso **2** tristo, cattivo.

tristement [tʀistəmɑ̃] *avv.* tristemente, malinconicamente.

tristesse [tʀistɛs] *s.f.* tristezza, malinconia.

tristounet [tʀistunɛ] (f. *-ette*) *agg.* (*fam.*) un po' triste; grigio.

trisyllabe [tʀisil/ab], **trisyllabique** [tʀisil/abik] *agg.* trisillabico.

tritium [tʀitjɔm] *s.m.* (*chim.*) trizio.

triton [tʀitɔ̃] *s.m.* tritone.

triturateur [tʀityʀatœʀ] *s.m.* (*tecn.*) trituratore.

trituration [tʀityʀasjɔ̃] *s.f.* triturazione, trituramento (*m.*).

triturer [tʀityʀe] *v.tr.* triturare || *se — les méninges, la cervelle*, spremersi le meningi, il cervello.

triumvir [tʀijɔmviʀ] *s.m.* triumviro.

triumvirat [tʀijɔmviʀa] *s.m.* triumvirato.

trivial [tʀivjal] (pl. *-aux*) *agg.* triviale, volgare || *-ement avv.*

trivialité [tʀivjalite] *s.f.* trivialità, volgarità.

troc [tʀɔk] *s.m.* baratto, permuta (*f.*) || (*comm.*) *économie de —*, economia naturale || *il fait du —*, campa di piccoli commerci.

trochée [tʀɔʃe] *s.f.* (*metrica*) trocheo.

troène [tʀɔɛn] *s.m.* (*bot.*) ligustro.

troglodyte [tʀɔglɔdit] *s.m.* **1** troglodita **2** (*zool.*) scricciolo.

troglodytique [tʀɔglɔditik] *agg.* trogloditico.

trogne [tʀɔɲ] *s.f.* (*fam.*) faccia rubiconda.

trognon [tʀɔɲɔ̃] *s.m.* torsolo || *jusqu'au —*, (*fam.*) fino in fondo, completamente, del tutto.

troïka [tʀɔika] *s.f.* troica.

trois [tʀwa; tʀwaz *davanti a vocale o h muta*] *agg.num.card. e s.m.* tre || *diviser en —*, dividere in tre parti || *il dort les — quarts du temps*, dorme la maggior parte del tempo ♦ *agg. num.ord.* terzo || *page —*, pagina tre.

trois(-)étoiles [tʀwazetwal] *s.m. e agg.invar.* (a) tre stelle; segno tipografico costituito da tre asterischi || *Monsieur —*, il Signor NN, il signor X; *hôtel —*, albergo tre stelle, di lusso.

trois-huit [tʀwaɥit] (pl. *invar.*) *s.m.* **1** (*mus.*) tempo in tre ottavi **2** *pl.* le otto ore: *faire les —*, fare un turno di otto ore.

troisième [tʀwazjɛm] *agg.num.ord. e s.m.* terzo ♦ *s.f.* **1** (*classe de*) —, (classe corrispondente alla) prima superiore **2** (*aut.*) *— (vitesse)*, terza (marcia).

troisièmement [tʀwazjɛmmɑ̃] *avv.* in terzo luogo.

trois-mâts [tʀwama] (pl. *invar.*) *s.m.* (*mar.*) trealberi.

trois-quarts [tʀwakaʀ] (pl. *invar.*) *s.m.* trequarti.

troll [tʀɔl] *s.m.* (*mit.*) folletto, gnomo.

trolley [tʀɔlɛ] *s.m.* **1** (*elettr.*) trolley, presa ad asta **2** carrello.

trolleybus [tʀɔlebys] *s.m.* filobus, filovia (*f.*).

trombe [tʀɔb] *s.f.* (*meteor.*) tromba || *en —*, (*fig.*) in tromba, di gran carriera.

trombine [tʀɔbin] *s.f.* (*fam.*) muso (*m.*), faccia.

trombinoscope [tʀɔbinɔskɔp] *s.m.* (*fam.*) fascicolo contenente i ritratti dei membri di un gruppo o un comitato.

tromblon [tʀɔblɔ̃] *s.m.* **1** (*mil.*) tromboncino lanciabombe **2** (*st. mil.*) trombone.

trombone [tʀɔbɔn] *s.m.* **1** (*mus.*) trombone **2** (sonatore di) trombone, trombonista **3** fermaglio (per fogli, lettere ecc.).

tromboniste [tʀɔbɔnist] *s.m.* (suonatore di) trombone, trombonista.

trompe [tʀɔp] *s.f.* **1** corno (*m.*) **2** (*aut.*) tromba **3** (*di elefante ecc.*) proboscide; (*di insetti*) tromba, succhiatoio (*m.*) **4** (*anat.*) tuba, tromba **5** (*arch.*) (pennacchio a) tromba, volta conica **6** (*tecn.*) pompa.

trompé [tʀɔpe] *agg.* ingannato; tradito.

trompe-l'œil [tʀɔplœj] (pl. *invar.*) *s.m.* **1** (*pitt.*) trompe-l'œil **2** (*fig.*) falsa apparenza.

tromper [tʀɔpe] *v.tr.* **1** ingannare || *— la faim*, ingannare la fame **2** tradire: *— son mari*, tradire il marito **3** eludere **4** deludere: *— l'attente de qqn*, deludere l'attesa di qlcu □ **se tromper** *v.pron.* sbagliare, sbagliarsi, ingannarsi: *elle s'est trompée*, si è sbagliata, ha sbagliato; *se — de chemin*, sbagliare strada; *si je ne me trompe...*, se non sbaglio..., se non erro.

tromperie [tʀɔpʀi] *s.f.* inganno (*m.*), frode.

trompeter [tʀɔpəte] (*coniug. come* jeter) *v. intr.* **1** suonare la tromba **2** gridare (dell'aquila) ♦ *v.tr.* (*fig.*) strombazzare; gridare ai quattro venti.

trompette [tʀɔpet] *s.f.* **1** tromba || *nez en —*, naso all'insù || *sans tambour ni —*, alla chetichella **2** (*zool.*) (pesce) trombetta ♦ *s.m.* trombettiere.

trompettiste [tʀɔpetist] *s.m.* trombettista, sonatore di tromba.

trompeur [tʀɔpœʀ] (f. *-euse*) *agg.* ingannevole, ingannatore, fallace ♦ *s.m.* ingannatore.

trompeusement [tʀɔpøzmɑ̃] *avv.* falsamente, subdolamente.

tronc [tʀɔ̃] *s.m.* **1** tronco **2** (*nelle chiese*) cassetta delle elemosine.

tronche [tʀɔ̃ʃ] *s.f.* **1** ceppo (*m.*), ciocco (*m.*) **2** tronco d'albero (privato dei rami) **3** (*molto fam.*) grugno (*m.*), muso (*m.*): *une sale —*, un brutto muso.

tronçon [tʀɔ̃sɔ̃] *s.m.* **1** troncone, pezzo **2** tronco: *— de chemin de fer*, tronco ferroviario; *un — de route*, un tronco, un tratto di strada.

tronconique [tʀɔ̃kɔnik] *agg.* troncoconico.

tronçonnage [tʀɔ̃sɔnaʒ], **tronçonnement** [tʀɔ̃sɔnmɑ̃] *s.m.* **1** il tagliare a pezzi, in tronconi **2** (*zootecn.*) taglia-coda.

tronçonner [tʀɔ̃sɔne] *v.tr.* tagliare a pezzi.

tronçonneuse [tʀɔ̃sɔnøz] *s.f.* (*macchina*) tagliatrice, trancia, tranciatrice: *— à bois*, trancia per legno.

trône [tʀon] *s.m.* trono: *l'héritier du —*, l'erede al trono; *monter sur le —*, salire al trono.

trôner [tʀone] *v.intr.* troneggiare.

tronqué [tʀɔ̃ke] *agg.* troncato, tronco.

tronquer [tʀɔ̃ke] *v.tr.* troncare, mutilare.

trop [tʀo; tʀɔp *davanti a vocale o* h *muta*] *avv.* **1** troppo: *cette pièce est — froide*, questa stanza è troppo fredda; *il est — rusé pour qu'on puisse le duper*, è troppo scaltro perchè lo si possa imbrogliare; *je ne voudrais pas — déranger*, non vorrei disturbare troppo || *cela n'a que — duré*, è durata anche troppo || *je ne vous crois pas —*, non vi credo molto || *c'en est —!*, (*fam.*) questo passa i limiti! || *— tard*, troppo tardi; *— peu*, troppo poco; *beaucoup —*, *bien —*, veramente troppo || *par —*, (*fam.*) un po' troppo **2** molto: *Madame, vous êtes — aimable*, lei è molto gentile, signora; *je suis — heureux de te voir*, sono felicissimo di vederti; *cela n'est pas — sûr*, questo non è molto sicuro || *je ne sais pas — où trouver cet argent*, non so proprio dove trovare quel denaro **3** *trop de*, (+ *s.*) troppo, troppa, troppi, troppe: *— de choses*, troppe cose; *— de monde*, troppa gente ♦ *pron.in-def.* troppo, troppa; troppi, troppe: *"Veux-tu boire du café?" "Volontiers, mais pas —"*, "Vuoi del caffè?" "Volentieri, ma non troppo"; *c'en est —!*, questo è troppo! ♦ *agg.* (*dopo il v. être*) troppo, troppa ecc.: *vous êtes —!*, siete troppi!; *c'est —!*, è troppo ♦ *s.m.* troppo: *le — d'indulgence*, la troppa indulgenza; *le — et le pas assez*, il troppo e il troppo poco || *— c'est —*, il troppo stroppia □ **de trop** *locuz.agg.* di troppo: *boire un verre de —*, bere un bicchiere di troppo; *être de —*, essere di troppo; *"Vous le trouvez bien?" "Oh, rien de —!"*, "Le piace?" "Oh, non troppo!".

trope [tʀɔp] *s.m.* (*ret.*) tropo.

tropézien [tʀopezjɛ̃] (f. *-enne*) *agg.* di Saint-Tropez.

trophée [tʀofe] *s.m.* trofeo.

tropical [tʀopikal] (pl. *-aux*) *agg.* tropicale.

tropine [tʀopin] *s.f.* (*chim.*) tropina.

tropique [tʀopik] *agg. e s.m.* tropico.

tropisme [tʀopism] *agg. e s.m.* tropismo.

tropopause [tʀopopoz] *s.f.* (*geogr.*) tropopausa.

troposphère [tʀoposfɛʀ] *s.f.* (*meteor.*) troposfera.

trop-perçu [tʀopɛʀsy] (pl. *trop-perçus*) *s.m.* somma ricevuta in più del dovuto.

trop-plein [tʀoplɛ̃] (pl. *trop-pleins*) *s.m.* **1** liquido in eccesso **2** (*dispositivo*) sfiatatore; troppo pieno **3** (*fig.*) eccesso; esuberanza (*f.*).

troquer [tʀoke] *v.tr.* barattare; scambiare.

troquet [tʀoke] *s.m.* (*fam.*) bar, caffè; osteria (*f.*).

trot [tʀo] *s.m.* trotto: *courses de —*, corse al trotto || *au —*, al trotto, (*fam.*) alla svelta, di corsa.

trotskisme, **trotskysme** [tʀotskism] *s.m.* (*st. pol.*) trotzkismo.

trotte [tʀot] *s.f.* (*fam.*) tratto di strada (da percorrere): *d'ici à la gare il y a une bonne —*, da qui alla stazione c'è un bel pezzo di strada da fare, c'è da fare una bella scarpinata.

trotte-menu [tʀotmany] (pl. *invar.*) *agg.*: *la gent —*, (*letter.*) i sorci.

trotter [tʀote] *v.intr.* **1** trottare; andare su e giù; correre qua e là || *— dans la tête*, ronzare nella te-

sta, ossessionare **2** (*di cavallo*) andare al trotto □ **se trotter** *v.pron.* (*fam.*) filarsela, squagliarsela.

trotteur [tʀotœʀ] (f. *-euse*) *agg. e s.m.* (*di cavallo*) trottatore.

trotteuse [tʀotøz] *s.f.* lancetta dei secondi (dell'orologio).

trottinement [tʀotinmɑ̃] *s.m.* il trotterellare.

trottiner [tʀotine] *v.intr.* trotterellare.

trottinette [tʀotinet] *s.f.* monopattino (*m.*).

trottoir [tʀotwaʀ] *s.m.* marciapiede || *faire le —*, (*fig.*) battere il marciapiede.

trottoire [tʀotwaʀ] *s.f.* (*in Africa*) prostituta.

trou [tʀu] *s.m.* **1** buco; (*spec. tecn.*) foro || *un — de mémoire*, un vuoto di memoria; (*aer.*) *— d'air*, vuoto d'aria || *un petit — pas cher*, un alberghetto a buon mercato; *habiter un — perdu*, vivere in un posto sperduto; *rester dans son —*, starsene rintanato; *il n'est jamais sorti de son —*, non si è mai allontanato dal paesello || *elle a fait son — dans les assurances*, (*fam.*) ha fatto carriera, si è sistemata nelle assicurazioni || *vouloir disparaître dans un — (de souris)*, voler sprofondare sotto terra || *boire comme un —*, bere come una spugna || *ne pas avoir les yeux en face des trous*, (*fam.*) essere rintonato || *être, mettre au —*, (*fam.*) essere, mettere al fresco, in galera **2** buca (*f.*) || (*teatr.*) *— du souffleur*, buca del suggeritore **3** *faire le — normand*, bere, a metà pasto, un bicchiere per digerire.

troubadour [tʀubaduʀ] *s.m.* trovatore (poeta lirico in lingua d'oc) ♦ *agg.* trobadorico.

troublant [tʀublɑ̃] *agg.* inquietante; sconcertante || *beauté troublante*, bellezza conturbante.

trouble[1] [tʀubl] *s.m.* **1** scompiglio; disordine; discordia (*f.*): *causer un —*, creare scompiglio **2** (*fig.*) turbamento; smarrimento; imbarazzo **3** (*med.*) disturbo; turba (*f.*).

trouble[2] *agg.* torbido; (*fig.*) torbido, morboso: *pêcher en eau —*, pescare nel torbido; *vivre dans une époque —*, vivere in un'epoca inquieta, in tempi torbidi || *sa vue est devenue—*, gli si è offuscata la vista ♦ *avv.*: *voir —*, veder torbido, avere la vista offuscata.

trouble-fête [tʀublofɛt] (pl. *trouble-fêtes* o *invar.*) *s.m. e f.* guastafeste.

troubler [tʀuble] *v.tr.* **1** intorbidare; offuscare **2** (*fig.*) turbare; inquietare, preoccupare; disturbare; infastidire □ **se troubler** *v.pron.* **1** intorbidarsi, offuscarsi **2** (*fig.*) turbarsi, confondersi || *sans se —*, senza scomporsi.

trouée [tʀue] *s.f.* apertura, passaggio (*m.*); varco (*m.*); (*mil.*) breccia.

trouer [tʀue] *v.tr.* bucare, forare; squarciare; aprire un varco (in) || (*fam.*) *— la peau à qqn*, ammazzare qlcu; *se faire — la peau*, lasciarci la pelle.

troufion [tʀufjɔ̃] *s.m.* (*fam.*) soldato semplice.

trouillard [tʀujaʀ] *agg. e s.m.* (*fam.*) fifone.

trouille[tʀuj] *s.f.*(*fam.*) *avoir la —*, aver fifa, paura.

trou-madame [tʀumadam] (pl. *trous-madame*) *s.m.* (*antiq.*) (sorta di) biliardino.

troupe [tʀup] *s.f.* **1** truppa: *homme de —*, soldato semplice **2** (*estens.*) turba, frotta (di persone);

branco (di animali) **3** compagnia (teatrale); troupe (cinematografica, televisiva).

troupeau [tʀupo] (pl. *-eaux*) *s.m.* branco; gregge (di ovini); mandria (di bovini).

troupier [tʀupje] *s.m.* (*fam.*) soldato ♦ *agg.*: *comique* —, comicità da caserma.

trousse [tʀus] *s.f.* **1** custodia, astuccio (*m.*); borsa (per utensili): — *de toilette*, nécessaire da viaggio; — *à ongles*, nécessaire per manicure **2** *être aux trousses de qqn*, tallonare, inseguire qlcu; *avoir qqn à ses trousses*, avere qlcu alle calcagna.

trousseau [tʀuso] (pl. *-eaux*) *s.m.* **1** corredo **2** — *de clés*, mazzo di chiavi.

trousser [tʀuse] *v.tr.* **1** alzare, tirare su || — *un compliment*, (*iron.*) fare un complimento ben tornito || — *une femme*, (*pop.*) sedurre, possedere una donna **2** (*cuc.*) accosciare, preparare un pollo per la cottura.

trousseur [tʀusœʀ] *s.m.* (*antiq.*) — *de jupons*, donnaiolo.

trou-trou [tʀutʀu] (pl. *trou-trous*) *s.m.* passanastro.

trouvable [tʀuvabl] *agg.* reperibile.

trouvaille [tʀuvɑj] *s.f.* trovata || *qu'est-ce que c'est que cette* —?, (*iron.*) che idea è mai questa?

trouvé [tʀuve] *agg.* **1** trovato: *enfant* —, trovatello; *objets trouvés*, oggetti smarriti || *tout* —, evidente **2** indovinato, azzeccato: *mot bien* —, parola azzeccata; *expression trouvée*, espressione felice || *c'est bien* —!, però, mica male!

trouver [tʀuve] *v.tr.* **1** trovare: — *du travail*, trovare lavoro; — *une femme*, trovare moglie; — *le sommeil*, prendere sonno; — (*le*) *moyen de...*, trovare il modo di...; *il ne trouvait plus ses mots*, non trovava più le parole || *il a trouvé à qui parler*, *il a trouvé son maître*, ha trovato chi gli tiene testa; *où avez-vous trouvé cela?*, (*fam.*) che cosa ve lo fa credere?; *si tu me cherches, tu vas me* —, (*fam.*) sei in cerca di guai? **2** trovare, giudicare, ritenere: *je trouve le temps long*, il tempo mi pare lungo; *comment trouvez-vous ce tableau?*, che ve ne pare di questo quadro?; *je te trouve bonne mine*, ti trovo bene; — *bon, mauvais que...*, ritenere opportuno, sbagliato che... || *la* — *mauvaise*, (*fam.*) rimanerci male || *tu trouves?*, ti pare?, credi? □ **se trouver** *v.pron.* trovarsi, stare, essere: *il se trouva fort embarrassé*, fu molto imbarazzato; *je me trouve dans l'impossibilité de...*, sono nell'impossibilità di...; *il se trouvait donc être libre*, era quindi libero || *se* — *mal*, sentirsi male, svenire ♦ *v.impers.*: *il se trouve que...*, si dà il caso, succede che... || *si ça se trouve!*, (*fam.*) può anche darsi, forse!; *si ça se trouve il a raison*, potrebbe anche avere ragione.

trouvère [tʀuvɛʀ] *s.m.* troviero (poeta lirico in lingua d'oïl) || *le Trouvère*, il Trovatore.

trouvillais [tʀuvije] *agg.* di Trouville.

troyen[1] [tʀwajɛ̃] (f. *-enne*) *agg.* troiano.

troyen[2] (f. *-enne*) *agg.* di Troyes.

truand [tʀyɑ̃] *s.m.* malavitoso, malvivente.

truander [tʀyɑ̃de] *v.tr.* (*fam.*) imbrogliare, truffare; derubare.

trublion [tʀyblijɔ̃] *s.m.* agitatore, sobillatore.

truc [tʀyk] *s.m.* **1** trucco || *avoir, connaître le* —, conoscere il trucco, sapere come si fa || *c'est pas mon* —, non è il mio forte **2** (*fam.*) coso, affare, aggeggio || *j'ai un* — *à te dire*, ho una cosa da dirti **3** *Truc*, Tizio: *j'ai rencontré Truc qui m'a dit...*, ho incontrato Tizio che mi ha detto...

trucage [tʀykaʒ] *s.m.* → **truquage**.

truchement [tʀyʃmɑ̃] *s.m.* tramite: *servir de* —, fare da tramite; *par le* — *de*, per il tramite di.

trucider [tʀyside] *v.tr.* (*iron.*) massacrare, uccidere.

truculence [tʀykylɑ̃s] *s.f.* (*fig.*) crudezza, realismo (*m.*); (*di stile*) eccesso di colore, di immagini.

truculent [tʀykylɑ̃] *agg.* (*fig.*) crudo; a forti tinte.

truelle [tʀyɛl] *s.f.* (*edil.*) cazzuola.

truffe [tʀyf] *s.f.* **1** tartufo (*m.*) **2** naso (del cane e del gatto) **3** (*fam. scherz.*) nasone (*m.*), proboscide.

truffé [tʀyfe] *agg.* **1** (*cuc.*) tartufato **2** (*fam.*) infarcito; pieno.

truffer [tʀyfe] *v.tr.* **1** (*cuc.*) tartufare **2** (*fam.*) infarcire, riempire.

truffier [tʀyfje] (f. *-ère*) *agg.*: *région truffière*, regione produttrice di tartufi; *chien* —, cane da tartufi.

truffière [tʀyfjɛʀ] *s.f.* tartufaia.

truie [tʀɥi] *s.f.* scrofa.

truisme [tʀyism] *s.m.* verità ovvia.

truite [tʀɥit] *s.f.* trota.

trumeau [tʀymo] (pl. *-eaux*) *s.m.* pannello dipinto, specchio posto tra due finestre o sopra un caminetto.

truquage [tʀykaʒ] *s.m.* trucco (spec. cinematografico).

truquer [tʀyke] *v.tr.* truccare.

truqueur [tʀykœʀ] (f. *-euse*) *s.m.* **1** falsificatore, imbroglione **2** (*cine.*, *tv*) addetto agli effetti speciali.

truquiste [tʀykist] *s.m.* (*cine.*, *tv*) addetto agli effetti speciali.

trust [tʀœst] *s.m.* (*econ.*) trust, cartello.

truster [tʀœste] *v.tr.* **1** unire in un trust, in un cartello **2** (*fam.*) monopolizzare.

trypanosome [tʀipanozɔm] *s.m.* (*zool.*) tripanosoma.

tsar [dzaʀ, tsaʀ] *s.m.* zar.

tsarévitch [tsaʀevitʃ, dzaʀevitʃ] *s.m.* zarevic.

tsarine [tsaʀin, dzaʀin] *s.f.* zarina.

tsarisme [tsaʀism, dzaʀism] *s.m.* regime zarista.

tsariste [tsaʀist, dzaʀist] *agg.* e *s.m.* zarista.

tsé-tsé [tsetse] *s.f.* e *agg.*: (*mouche*) —, (mosca) tse-tse.

tsigane [tsigan] *agg.* e *s.m.* zigano.

tu[1] [ty] *pron.pers.* di *2ª* pers.sing.sogg. (*nella lingua fam. si elide davanti a verbo che comincia per vocale o h muta*) tu: — *as raison*, hai ragione; *as-tu compris?*, hai capito?; *je ne t'oublierai jamais, disais-tu*, non ti dimenticherò mai, dicevi || (*fam.*): *t'es fou?*, sei pazzo?; *t'as vu?*, hai visto? ||

être à — *et à toi avec qqn*, avere molta familiarità con qlcu || *dire* — *à qqn*, dare del tu a qlcu.
tu² *part.pass. di* taire.
tuant [tɥɑ̃] *agg.* (*fam.*) penoso, faticoso; massacrante.
tub [tœb] *s.m.* **1** tinozza (*f.*), mastello **2** (*estens.*) bagno.
tuba¹ [tyba] *s.m.* (*mus.*) tuba (*f.*).
tuba² *s.m.* boccaglio (dei sub).
tubage [tybaʒ] *s.m.* **1** (*med.*) intubatura (*f.*), intubazione (*f.*) **2** tubatura (*f.*), tubazione (*f.*).
tubard [tybaʀ] *agg. e s.m.* (*fam.*) tubercolotico.
tube [tyb] *s.m.* **1** tubo || — *à essai*, provetta (per analisi); — *d'un canon*, bocca di un cannone || *à plein*(*s*) *tube*(*s*), (*fam.*) al massimo, a tutta birra **2** tubetto: *un* — *de rouge* (*à lèvres*), un rossetto **3** cappello a cilindro, tuba (*f.*) **4** (*fam.*) successo, hit (di musica leggera).
tubercule¹ [tybɛʀkyl] *s.m.* (*med.*) tubercolo.
tubercule² *s.m.* (*bot.*) tubero.
tuberculeux [tybɛʀkylø] (*f. -euse*) *agg. e s.m.* tubercoloso.
tuberculine [tybɛʀkylin] *s.f.* tubercolina.
tuberculose [tybɛʀkyloz] *s.f.* tubercolosi.
tubéreuse [tyberøz] *s.f.* (*bot.*) tuberosa.
tubéreux [tyberø] (*f. -euse*) *agg.* tuberoso.
tubulaire [tybylɛʀ] *agg.* tubolare.
tubulure [tybylyʀ] *s.f.* (*mecc.*) tubatura; bocchettone (*m.*).
tué [tɥe] *s.m.* ucciso; morto.
tue-mouches [tymuʃ] (*pl. invar.*) *s.m.* (*bot.*) ovolo malefico, ovolaccio ♦ *agg.* moschicida.
tuer [tɥe] *v.tr.* uccidere, ammazzare: — *dans l'œuf*, stroncare sul nascere || *être tué à l'ennemi*, morire in guerra || *il me tue avec son insistance*, mi asfissia con la sua insistenza || — *le temps*, ammazzare il tempo □ **se tuer** *v.pron.* uccidersi, ammazzarsi || *se* — *à répéter qqch*, sgolarsi a ripetere qlco.
tuerie [tyʀi] *s.f.* massacro (*m.*); strage; carneficina.
tue-tête, à [atytɛt] *locuz.avv.* a squarciagola.
tueur [tɥœʀ] (*f. -euse*) *s.m.* **1** uccisore **2** (*di animali*) macellaio, macellatore **3** — (*à gages*), killer, sicario.
tuf [tyf] *s.m.* tufo.
tuile [tɥil] *s.f.* **1** tegola **2** (*fig.*) guaio (*m.*), grana **3** (*cuc.*) biscotto (a forma di tegola).
tuilerie [tɥilʀi] *s.f.* **1** industria delle tegole **2** fornace (per tegole).
tuilier [tɥilje] *s.m.* chi fabbrica, vende tegole ♦ *agg.: industrie tuilière*, industria delle tegole.
tulipe [tylip] *s.f.* tulipano (*m.*).
tulipier [tylipje] *s.m.* (*bot.*) liriodendro.
tulle [tyl] *s.m.* tulle.
tulliste [tylist], **tullois** [tylwa] *agg.* di Tulle.
tuméfaction [tymefaksjɔ̃] *s.f.* tumefazione.
tuméfier [tymefje] *v.tr.* tumefare, gonfiare □ **se tuméfier** *v.pron.* tumefarsi, gonfiarsi.
tumescence [tymesɑ̃s] *s.f.* tumescenza.
tumescent [tymesɑ̃] *agg.* tumescente.
tumeur [tymœʀ] *s.f.* tumore (*m.*).

tumoral [tymɔʀal] (*pl. -aux*) *agg.* tumorale.
tumulte [tymylt] *s.m.* tumulto: *faire du* —, tumultuare.
tumultueusement [tymyltɥøzmã] *avv.* tumultuosamente, in modo tumultuoso.
tumultueux [tymyltɥø] (*f. -euse*) *agg.* **1** tumultuoso, tumultuante **2** (*fig.*) irrequieto, movimentato.
tumulus [tymylys] *s.m.* tumulo.
tune [tyn] *s.f.* → **thune**.
tuner [tynɛʀ, tjunœʀ] *s.m.* sintonizzatore.
tungstène [tœ̃kstɛn] *s.m.* tungsteno.
tunique [tynik] *s.f.* **1** tunica **2** giacca lunga dei militari, giubba **3** (*eccl.*) tunicella, dalmatica minore.
tunisien [tynizjɛ̃] (*f. -enne*) *agg. e s.m.* tunisino (della Tunisia).
tunisois [tynizwa] *agg. e s.m.* tunisino (di Tunisi).
tunnel [tynɛl] *s.m.* tunnel, galleria (*f.*); traforo.
turban [tyʀbɑ̃] *s.m.* turbante.
turbidité [tyʀbidite] *s.f.* (*fis., med.*) torbidezza, torbidità.
turbin [tyʀbɛ̃] *s.m.* (*fam.*) lavoro.
turbine [tyʀbin] *s.f.* turbina.
turbiner [tyʀbine] *v.intr.* (*fam.*) sgobbare.
turbo- *pref.* turbo-
turbocompressé [tyʀbɔkɔ̃pʀese] *agg.*: (*moteur*) —, motore turbo.
turbocompresseur [tyʀbɔkɔ̃pʀesœʀ] *s.m.* turbocompressore.
turbomoteur [tyʀbɔmɔtœʀ] *s.m.* (*mecc.*) turbomotore.
turbopropulseur [tyʀbɔpʀɔpylsœʀ] *s.m.* (*aer.*) turbopropulsore, turboelica.
turboréacteur [tyʀbɔʀeaktœʀ] *s.m.* turboreattore, turbogetto.
turbot [tyʀbo] *s.m.* (*zool.*) rombo.
turbotrain [tyʀbɔtʀɛ̃] *s.m.* turbotreno.
turbulence [tyʀbylɑ̃s] *s.f.* turbolenza.
turbulent [tyʀbylɑ̃] *agg.* turbolento.
turc [tyʀk] (*f. turque*) *agg. e s.m.* turco || *fort comme un Turc*, forte come un toro || *être la tête de* — *de qqn*, essere lo zimbello di qlcu.
turf [tyʀf] *s.m.* (*ippica*) **1** pista (*f.*) **2** ippica (*f.*); ambiente delle corse.
turfiste [tyʀfist] *s.m.* appassionato di corse di cavalli.
turgescence [tyʀʒesɑ̃s] *s.f.* turgidità, turgore (*m.*).
turgescent [tyʀʒesɑ̃] *agg.* turgido.
turinois [tyʀinwa] *agg. e s.m.* torinese.
turlupiner [tyʀlypine] *v.tr.* (*fam.*) infastidire, tormentare.
turlututu [tyʀlytyty] *inter.* maramao!
turne [tyʀn] *s.f.* (*fam.*) camera.
turpitude [tyʀpityd] *s.f.* turpitudine, azione turpe.
turquerie [tyʀkəʀi] *s.f.* opera, oggetto di ispirazione orientale.
turquoise [tyʀkwaz] *s.f.* turchese ♦ *s.m.* (colore) turchese.

tutélaire [tyteleʀ] *agg.* tutelare || (*dir.*) *gestion* —, tutela.

tutelle [tytel] *s.f.* **1** (*dir.*) tutela; curatela: *être sous la* — *de qqn*, essere sotto la tutela di qlcu || *autorité de* —, autorità tutelare || *juge des tutelles*, giudice tutelare **2** (*fig.*) autorità, protezione, tutela.

tuteur [tytœʀ] (f. *-trice*) *s.m.* **1** (*dir.*) tutore; curatore || — *ad hoc*, protutore **2** (*agr.*) tutore, sostegno (per le piante).

tutoiement [tytwamɑ̃] *s.m.* il dare, il darsi del tu.

tutoyer [tytwaje] (*coniug. come* employer) *v.tr.* dare del tu a □ **se tutoyer** *v.pron.* darsi del tu.

tutu [tyty] *s.m.* tutu.

tuyau [tɥijo] (pl. *-aux*) *s.m.* **1** tubo; canna (*f.*) || — *d'arrosage*, idrante || — *de cheminée*, gola del camino || — *de la pipe*, cannello della pipa || — *d'orgue*, canna d'organo **2** (*fam.*) informazione confidenziale **3** (*zool.*) calamo **4** stelo cavo (di graminacee).

tuyautage [tɥijotaʒ] *s.m.* **1** pieghettatura a cannoncini **2** tubolatura (*f.*).

tuyauté [tɥijote] *s.m.* pieghettatura a cannoncini.

tuyauter [tɥijote] *v.tr.* dare una dritta, passare un'informazione confidenziale.

tuyauterie [tɥijotʀi] *s.f.* tubazione, tubatura.

tuyère [ty(ɥi)jeʀ] *s.f.* (*tecn.*) ugello (*m.*).

tympan [tɛ̃pɑ̃] *s.m.* **1** timpano: *caisse du* —, cassa timpanica || *briser le* — *à qqn*, rompere i timpani a qlcu **2** (*arch.*) timpano **3** (*mecc.*) pignone **4** (*tecn.*) ruota idraulica.

tympanon [tɛ̃panɔ̃] *s.m.* (*mus.*) tympanon, cetra (*f.*).

type [tip] *s.m.* **1** tipo **2** (*fam.*) tipo, individuo: *un pauvre* —, un povero diavolo; *un* — *épatant*, uno in gamba; *un brave*, *un bon* —, una brava persona; *un sale* —, uno sporco individuo **3** (*tip.*) carattere ♦ *agg. invar.* tipo.

typé [tipe] *agg.* con caratteristiche molto marcate: *elle est typée!*, è un tipo!

typer [tipe] *v.intr.* caratterizzare, tipi(ci)zzare: — *un personnage*, caratterizzare un personaggio.

typesse [tipes] *s.f.* (*fam.*) tipa, tizia.

typhique [tifik] *agg.* **1** tifico **2** malato di tifo.

typhoïde [tifoid] *agg.* tifoide, tifoideo ♦ *s.f.* (*fam.*) tifo (*m.*).

typhoïdique [tifɔidik] *agg.* tifoideo, tifoide.

typhon [tifɔ̃] *s.m.* tifone.

typhus [tifys] *s.m.* tifo.

typique [tipik] *agg.* tipico; caratteristico.

typiquement [tipikmɑ̃] *avv.* tipicamente.

typo [tipo] *s.m.* (*fam.*) *abbr.* → **typographe** ♦ *s.f. abbr.* → **typographie**.

typographe [tipɔgʀaf] *s.m.* tipografo.

typographie [tipɔgʀafi] *s.f.* **1** tipografia **2** veste (tipo)grafica.

typographique [tipɔgʀafik] *agg.* tipografico.

typologie [tipɔlɔʒi] *s.f.* tipologia: — *humaine*, tipologia umana.

typologique [tipɔlɔʒik] *agg.* tipologico.

tyran¹ [tiʀɑ̃] *s.m.* tiranno.

tyran² *s.m.* (*zool.*) tiranno.

tyranneau [tiʀano] (pl. *-eaux*) *s.m.* tirannello.

tyrannicide¹ [tiʀanisid] *s.m.* tirannicidio.

tyrannicide² *agg. e s.m.* tirannicida.

tyrannie [tiʀani] *s.f.* tirannia, tirannide (*anche fig.*).

tyrannique [tiʀanik] *agg.* tirannico.

tyranniser [tiʀanize] *v.tr.* tiranneggiare.

tyrolien [tiʀɔljɛ̃] (f. *-enne*) *agg. e s.m.* tirolese.

tyrolienne [tiʀɔljen] *s.f.* (*mus.*) tirolese.

tyrrhénien [tiʀenjɛ̃] (f. *-enne*) *agg.* tirreno || *mer Tyrrhénienne*, (mar) Tirreno.

tzar [tsaʀ] *s.m.* → **tsar**.

tzigane [tsigan] *agg. e s.m.* → **tsigane**.

U

u *s.m.* u (*m.* e *f.*) || (*tel.*) — *comme Ursule,* u come Udine.

ubac [ybak] *s.m.* (*geogr.*) versante in ombra o a bacio.

ubiquité [ybikųite] *s.f.* ubiquità.

ubuesque [ybɥɛsk] *agg.* ubuesco, grottescamente crudele, assurdo.

uhlan [ylɑ̃] *s.m.* ulano.

ukrainien [ykʀɛnjɛ̃] (f. -*enne*) *agg.* e *s.m.* ucraino.

ulcération [ylseʀɑsjɔ̃] *s.f.* (*med.*) ulcerazione; ulcera.

ulcère [ylsɛʀ] *s.m.* ulcera (*f.*).

ulcérer [ylseʀe] (*coniug.come* céder) *v.tr.* **1** ulcerare **2** (*fig.*) esacerbare.

ulcéreux [ylseʀø] (f.-*euse*) *agg.* ulceroso.

uléma [ylema] *s.m.* ulema (teologo e giurista musulmano).

ultérieur [ylteʀjœʀ] *agg.* ulteriore || -**ement** *avv.*

ultimatum [yltimatɔm] (pl. *ultimatums, ultimata*) *s.m.* ultimatum.

ultime [yltim] *agg.* ultimo.

ultra [yltʀa] *s.m.* e *agg.* ultrà, estremista.

ultra- *pref.* ultra-

ultramontain [yltʀamɔ̃tɛ̃] *agg.* e *s.m.* **1** (*pol., relig.*) ultramontano **2** (*geogr.*) oltremontano.

ultrason [yltʀasɔ̃] *s.m.* ultrasuono.

ultrasonique [yltʀasɔnik] *agg.* ultrasonico.

ultrasonore [yltʀasɔnɔʀ] ultrasonoro.

ultra-terrestre [yltʀatɛʀɛstʀ] *agg.* ultraterreno.

ultraviolet [yltʀavjɔlɛ] *agg.* ultravioletto.

ululation [ylylɑsjɔ̃] *s.f.*, **ululement** [ylylmɑ̃] *s.m.* urlo (*m.*), grido (di rapaci notturni).

ululer [ylyle] *v.intr.* stridere, gridare (di rapaci notturni).

un¹ [œ̃] (f. *une*) *agg.num.card.* uno: *trente et — soldats, trente et une pages,* trentun(o) soldati, trentun(o) pagine; *quarante et — mille tonnes,* quarantunmila tonnellate || *pourcentage d'— pour cent,* percentuale dell'uno per cento || — *à —, — par —,* a uno a uno, uno per uno || *en colonne par —,* in fila per uno || *ne faire qu'—, faire tout —,* fare tutt'uno || *ne faire, sans faire ni un(e) ni deux,* (*fam.*) senza pensarci due volte || *et d'—!, et d'une!,* e uno!, e una! ♦ *agg.num.ord.invar.* uno; primo: *page —,* pagina uno; *acte —, scène —,* atto primo, scena prima || *l'an — de l'ère chrétienne,* l'anno primo dell'era cristiana || *la* (*page*) *one,* (*fam.*) la prima pagina (di un giornale ecc.) ♦ *agg. qualificativo* uno; unico: *la vérité est une,* la verità è una || *c'est tout —, ce n'est qu'—,* è tutt'uno, è la stessa cosa ♦ *s.m.invar.* uno || *il habite le, au —, rue des Vosges,* abita al numero uno di via dei Vosgi.

un² *art.indef.* un: *j'ai reçu une lettre importante,* ho ricevuto una lettera importante || *c'est — Visconti,* è un (membro della famiglia) Visconti ♦ *pron.indef.* uno: (*l'*) — *de nous, d'eux, d'entre eux,* uno di noi, di loro; (*l'*)*une d'elles,* una di loro; *plus d'— des invités était, étaient en habit,* più di un invitato era in abito da cerimonia || *des deux choses l'une,* delle due l'una || *l'— l'autre, l'— et l'autre, ni l'— ni l'autre, etc.* → autre □ **pas un** *agg.* e *pron.indef.* neppure uno, nessuno: *pas — cri,* non, neppure un grido; *il se débrouille comme pas —,* si cava d'impaccio come nessun altro; *il n'y en avait pas — de capable,* non ce n'era uno (che fosse) capace; *pas — seul,* neanche uno, neppure uno; *pas — n'était absent,* neanche, nemmeno uno, nessuno mancava; *pas — (seul) ne m'aida,* non uno, nessuno mi aiutò.

unanime [ynanim] *agg.* unanime, concorde.

unanimement [ynanimmɑ̃] *avv.* unanimemente, all'unanimità.

unanimité [ynanimite] *s.f.* unanimità.

uni [yni] *agg.* **1** uniforme, piano: *chemin —,* sentiero senza asperità || *un front —,* una fronte liscia, senza rughe **2** (*di colore*) unito; (*di stoffa*) in tinta unita **3** unito, concorde **4** (*letter.*) monotono, piatto ♦ *s.m.* tessuto in tinta unita.

uni- *pref.* uni-, mono-

unicellulaire [ynise(ɛl)lylɛʀ] *agg.* unicellulare.

unicité [ynisite] *s.f.* unicità.

unidimensionnel [ynidimɑ̃sjɔnɛl] (f. -*elle*) *agg.* unidimensionale.

unidirectionnel [ynidiʀeksjɔnɛl] (f. -*elle*) *agg.* unidirezionale.

unidose [ynidoz] *agg.* monodose.

unième [ynjɛm] *agg.num.ord.* (*usato solo dopo le decine, le centinaia e le migliaia*) -unesimo: *le vingt et — jour du mois,* il ventunesimo giorno del mese.

unièmement [ynjɛmmɑ̃] *avv.* (*usato solo dopo le decine, le centinaia e le migliaia*): *vingt et —,* il ventunesimo luogo.

unificateur [ynifikatœʀ] (f. -*trice*) *agg.* e *s.m.* unificatore.

unification [ynifikɑsjɔ̃] *s.f.* unificazione.

unifier [ynifje] *v.tr.* unificare □ **s'unifier** *v.pron.* unificarsi.

uniforme¹ [ynifɔʀm] *agg.* uniforme || -**ément** *avv.*

uniforme[2] *s.m.* uniforme (*f.*), divisa (*f.*) || *quitter l'—*, (*fig.*) lasciare l'esercito, la vita militare.

uniformisation [ynifɔrmizasjɔ̃] *s.f.* uniformazione.

uniformiser[ynifɔrmize] *v.tr.* uniformare.

uniformité [ynifɔrmite] *s.f.* uniformità.

unijambiste [yniʒãbist] *agg.* e *s.m.* che, chi è privo di una gamba.

unilatéral [ynilateral] (pl. *-aux*) *agg.* unilaterale || *stationnement —*, sosta consentita su un solo lato della carreggiata || **-ement** *avv.*

unilingue [ynilɛ̃g] *agg.* monolingue.

uniment [ynimã] *avv.*: *dire tout —*, dire in poche parole.

uninominal [yninɔminal] (pl. *-aux*) *agg.* uninominale.

union [ynjɔ̃] *s.f.* **1** unione **2** associazione, unione.

unioniste [ynjɔnist] *agg.* e *s.m.* unionista.

unique [ynik] *agg.* **1** unico, solo || (*ferr.*) *ligne à voie —*, linea a binario semplice **2** unico; straordinario.

uniquement [ynikmã] *avv.* unicamente; esclusivamente.

unir [ynir] *v.tr.* unire, congiungere □ **s'unir** *v.pron.* unirsi, congiungersi.

unisexe [yniseks] *agg.* unisex.

unisson [ynisɔ̃] *s.m.* unisono (*anche fig.*).

unitaire [yniter] *agg.* unitario.

unité [ynite] *s.f.* **1** unità; (*fig.*) uniformità; armonia: *— de vues*, identità di vedute **2** unità, elemento (*m.*), singolo oggetto (di un gruppo ecc.) || *commande de cent unités*, ordine di cento pezzi || *prix à l'—*, prezzo unitario || *— monétaire*, unità monetaria || *grandeur —*, grandezza campione || (*inform.*) *— centrale*, unità centrale, elaboratore centrale || *— de valeur*, disciplina d'insegnamento universitario.

univalent [ynivalã] *agg.* (*chim.*) monovalente.

univers [yniver] *s.m.* universo (*anche fig.*).

universaliser[yniversalize]*v.tr.* universalizzare.

universalisme [yniversalism] *s.m.* universalismo.

universalité [yniversalite]*s.f.* universalità.

universel [yniversel] (f. *-elle*) *agg.* e *s.m.* universale || **-ellement** *avv.*

universitaire [yniversiter] *agg.* universitario ♦ *s.m.* professore universitario.

université [yniversite] *s.f.* università.

univocité [ynivosite] *s.f.* univocità.

univoque [ynivɔk] *agg.* univoco.

uranie [yrani] *s.f.* (*zool.*) urania.

uranium [yranjɔm] *s.m.* (*chim.*) uranio.

urbain [yrbɛ̃] *agg.* urbano.

urbanisation [yrbanizasjɔ̃] *s.f.* **1** urbanizzazione **2** urbanesimo (*m.*).

urbaniser [yrbanize] *v.tr.* urbanizzare.

urbanisme [yrbanism] *s.m.* urbanistica (*f.*).

urbaniste [yrbanist] *agg.* urbanistico ♦ *s.m.* urbanista.

urbanité [yrbanite] *s.f.* urbanità, cortesia.

urée [yre] *s.f.* urea.

urémie [yremi] *s.f.* uremia.

uretère [yreter] *s.m.* uretere.

urétral [yretral] (pl. *-aux*) *agg.* uretrale.

urètre [yretr] *s.m.* uretra (*f.*).

urgence [yrʒãs] *s.f.* **1** urgenza || *état d'—*, stato di emergenza || *il y a —*, (*fam.*) è urgente **2** (*med.*) caso urgente || *service des urgences*, pronto soccorso (di ospedale).

urgent [yrʒã] *agg.* urgente.

urger [yrʒe] (*coniug. come* manger) *v.impers.* (*fam.*) essere urgente, urgere.

uricémie [yrisemi] *s.f.* uricemia.

urinaire [yriner] *agg.* urinario.

urinal [yrinal] (pl. *-aux*) *s.m.* orinale, pappagallo.

urine [yrin] *s.f.* urina, orina.

uriner [yrine] *v.intr.* urinare, orinare.

urinoir [yrinwar] *s.m.* orinatoio.

urique [yrik] *agg.* urico.

urne [yrn] *s.f.* urna.

uroculture [yrɔkyltyr] *s.f.* (*med.*) urinocoltura.

uro-génital [yrɔʒenital] (pl. *uro-génitaux*) *agg.* urogenitale.

urographie [yrɔgrafi] *s.f.* urografia.

urologie [yrɔlɔʒi] *s.f.* urologia.

urologique [yrɔlɔʒik] *agg.* urologico.

urologue [yrɔlɔg] *s.m.* urologo.

ursuline [yrsylin] *s.f.* (suora) orsolina.

urticaire [yrtiker] *s.f.* orticaria.

urticant [yrtikã] *agg.* orticante.

uruguayen [yrygwejɛ̃] *agg.* uruguaiano.

us [ys] *s.m.*: *— et coutumes*, usi e costumi.

usage [yza3] *s.m.* **1** uso: *faire — de*, fare uso di; *faire bon — de*, fare buon uso di || *faire de l'—*, durare **2** uso; consuetudine (*f.*): *c'est l'—*, si usa (così) || *l'— général*, la prassi generale || *manquer d'—*, essere maleducato || *contraire aux usages*, contrario alle abitudini || *comme il est d'—*, come si usa fare, come vuole la consuetudine □ **à l'usage** *locuz.avv.* all'uso; con l'uso □ **à l'usage de** *locuz.prep.* destinato a, a uso (di), per: *à l'— de la jeunesse*, per ragazzi; *locaux à — d'habitation*, *de bureaux*, locali a uso abitazione, uso ufficio; *médicaments à — interne*, *externe*, medicine per uso interno, esterno; *édition à l'— des écoles*, edizione scolastica □ **d'usage** *locuz.agg.* d'uso (corrente), corrente: *il est d'— de...*, *de...*, si usa... || *comme il est d'—*, come si usa fare □ **en usage** *locuz.agg.* in uso, usato □ **hors d'usage** *locuz.agg.* fuori uso □ **par l'usage** *locuz.avv.* con la pratica.

usagé [yza3e] *agg.* usato; (*fig.*) trito e ritrito.

usager [yza3e] (f. *-ère*) *s.m.* utilizzatore; utente.

usance [yzãs] *s.f.* (*comm.*) mese convenzionale di trenta giorni: *effet à double —*, effetto pagabile a sessanta giorni.

usant [yzã] *agg.* (*fam.*) logorante, sfibrante; (*di persona*) snervante.

usé [yze] *agg.* logoro; consumato, consunto; (*spec. di tessuto*) liso: *des draps usés*, lenzuola lise; *— jusqu'à la corde*, frusto, che mostra la corda || *santé usée*, salute malandata; *homme — avant l'âge*, *— par l'alcool*, uomo invecchiato anzitempo, distrutto dall'alcol; *plaisanterie usée*, battuta trita e ritrita || *eaux usées,* acque reflue, di scolo.

user [yze] *v.tr.* logorare (*anche fig.*); consumare; sciupare, rovinare: — *sa santé,* rovinarsi la salute ♦ *v.intr.* usare (qlco), servirsi: — *d'un droit,* valersi di un diritto ☐ **s'user** *v.pron.* logorarsi (*anche fig.*); consumarsi.

usinage [yzinaʒ] *s.m.* lavorazione (di metalli).

usine [yzin] *s.f.* fabbrica, stabilimento (*m.*): — *textile,* manifattura tessile || (*comm.*) *départ —,* franco fabbrica.

usiner [yzine] *v.tr.* lavorare (un pezzo) a macchina.

usinier [yzinje] (f. -*ère*) *agg.* industriale; manifatturiero.

usité [yzite] *agg.* usato, in uso.

ussellois [yselwa] *agg.* di Ussel.

ustensile [ystɑ̃sil] *s.m.* utensile; attrezzo.

usucapion [yzykapjɔ̃] *s.f.* (*dir.*) usucapione.

usuel [yzɥɛl] (f. -*elle*) *agg.* usuale || *nom —,* nome volgare (di animali e vegetali) || **-ellement** *avv.*

usufruit [yzɥfrɥi] *s.m.* (*dir.*) usufrutto.

usufruitier [yzyfrɥitje] (f. -*ère*) *agg.* e *s.m.* (*dir.*) usufruttuario.

usuraire [yzyrɛr] *agg.* usurario.

usure[1] [yzyr] *s.f.* usura || *avec —,* a usura.

usure[2] *s.f.* logorio (*m.*), usura || *guerre d' —,* guerra di logoramento || *avoir qqn à l' —,* (*fam.*) averla vinta a furia di insistere.

usurier [yzyrje] (f. -*ère*) *s.m.* usuraio; strozzino.

usurpateur [yzyrpatœr] (f. -*trice*) *agg.* e *s.m.* usurpatore.

usurpation [yzyrpɑsjɔ̃] *s.f.* usurpazione.

usurper [yzyrpe] *v.tr.* usurpare.

ut [yt] *s.m.* (*mus.*) ut, do.

utérin [yterɛ̃] *agg.* uterino.

utérus [yterys] *s.m.* (*anat.*) utero.

utile [ytil] *agg.* utile: *il est — de savoir que...,* è bene sapere che... || **-ement** *avv.*

utilisable [ytilizabl] *agg.* utilizzabile.

utilisateur [ytilizatœr] (f. -*trice*) *s.m.* utente.

utilisation [ytilizɑsjɔ̃] *s.f.* utilizzazione, utilizzo (*m.*).

utiliser [ytilize] *v.tr.* utilizzare, adoperare; sfruttare.

utilitaire [ytilitɛr] *agg.* utilitario; utilitaristico || (*véhicule*) —, veicolo milleusi, pulmino.

utilitarisme [ytilitarism] *s.m.* utilitarismo.

utilitariste [ytilitarist] *agg.* utilitaristico ♦ *s.m.* utilitarista.

utilité [ytilite] *s.f.* **1** utilità **2** vantaggio (*m.*); tornaconto (*m.*) ♦ *s.f.pl.* (*teatr.*) parte di generico; generico (*m.sing.*).

utopie [ytɔpi] *s.f.* utopia.

utopique [ytɔpik] *agg.* utopistico, utopico.

utopiste [ytɔpist] *agg.* utopistico ♦ *s.m.* utopista.

uxoricide [yksɔrisid] *s.m.* **1** uxoricidio **2** uxoricida.

V

v [ve] *s.m.* v (*m.* e *f.*) || (*tel.*) — *comme Victor*, v come Venezia || *en V*, a forma di V.

va [va] *inter.*: *va pour mille lires*, (*fam.*) facciamo mille lire; — *pour cette fois*, per questa volta passi || — *donc, eh patate!*, (*fam.*) dai, muoviti, salame!

vacance [vakãs] *s.f.* **1** vacanza (di ufficio, di carica ecc.) || *il y a une* — *dans le personnel*, c'è un posto da riempire nel personale || — *de pouvoir*, vuoto di potere **2** *pl.* vacanza (*sing.*), ferie: *les grandes vacances*, le vacanze, le ferie estive; *un lieu de vacances*, un luogo di villeggiatura; *partir en vacances*, partire per le vacanze, andare in vacanza □ **services-vacances**, servizi turistici; **village-vacances**, villaggio turistico.

vacancier [vakãsje] (f. *-ère*) *s.m.* villeggiante ♦ *agg.*: *climat* —, clima vacanziero; *migration vacancière*, esodo di massa (per le ferie).

vacant [vakã] *agg.* vacante.

vacarme [vakaʀm] *s.m.* baccano, fracasso.

vacataire [vakatɛʀ] *agg.* e *s.m.* precario, avventizio.

vacation [vakɑsjɔ̃] *s.f.* (*dir.*) vacazione; emolumento (per una vacazione).

vaccin [vaksɛ̃] *s.m.* vaccino.

vaccination [vaksinɑsjɔ̃] *s.f.* vaccinazione.

vaccine [vaksin] *s.f.* vaiolo vaccino; vaiolo equino.

vacciner [vaksine] *v.tr.* **1** vaccinare (*anche fig.*) **2** (*in Africa*) praticare incisioni (contro il malocchio ecc.).

vache [vaʃ] *s.f.* **1** vacca, mucca || — *à lait*, vacca da latte, (*fig.*) persona da sfruttare || (*fam.*): *c'est une grosse* —, è un donnone; *il pleut comme* — *qui pisse*, piove che Dio la manda; *un coup en* —, un colpo basso; *manger de la* — *enragée*, tirare la cinghia; *c'est une* — *de moto*, è uno schianto di moto **2** vacchetta, pelle di vacca conciata **3** (*molto fam.*) carogna, disgraziato (*m.*); (*spreg.*) sbirro (*m.*): *quelle* (*peau de*) —!, che carogna! ♦ *agg.* (*fam.*) severo; cattivo; crudele || *c'est* — *ce qui lui arrive!*, che scalogna gli è capitata! □ **la vache!** *inter.* accidenti!

vachement [vaʃmã] *avv.* (*fam.*) maledettamente, terribilmente.

vacher [vaʃe] *v.intr.* (*in Canada*) poltrire.

vacherie [vaʃʀi] *s.f.* (*molto fam.*) carognata || *quelle* — *de temps!*, che schifo di tempo!

vacherin [vaʃʀɛ̃] *s.m.* **1** dolce di meringa **2** formaggio vaccino, a pasta molle, prodotto nella Franca Contea e in Svizzera.

vachette [vaʃɛt] *s.f.* vacchetta.

vacillant [vasijã] *agg.* vacillante || *démarche vacillante*, passo incerto, malfermo.

vacillation [vasijɑsjɔ̃] *s.f.*, **vacillement** [vasijmã] *s.m.* il vacillare, vacillamento (*m.*).

vaciller [vasije] *v.intr.* vacillare (*anche fig.*).

vacuité [vakɥite] *s.f.* vacuità.

vade-mecum [vademekɔm] (pl. *invar.*) *s.m.* vademecum.

vadrouille[1] [vadʀuj] *s.f.* (*fam.*) passeggiata: *en* —, a zonzo, a spasso.

vadrouille[2] *s.f.* (*in Canada*) scopa (di frange di cotone).

vadrouiller [vadʀuje] *v.intr.* (*fam.*) andare a zonzo, a spasso.

va-et-vient [vaevjɛ̃] (pl. *invar.*) *s.m.* **1** (movimento di) va e vieni || *faire le* — *entre l'école et la maison*, fare la spola tra la scuola e la casa || *porte* —, porta a vento **2** viavai, andirivieni **3** (*elettr.*) interruttore bipolare **4** (*tecn.*) dispositivo a va e vieni.

vagabond [vagabɔ̃] *agg.* e *s.m.* vagabondo || *humeur vagabonde*, umore fantastico, sognante.

vagabondage [vagabɔ̃daʒ] *s.m.* vagabondaggio.

vagabonder [vagabɔ̃de] *v.intr.* vagabondare.

vagin [vaʒɛ̃] *s.m.* vagina (*f.*).

vaginal [vaʒinal] (pl. *-aux*) *agg.* vaginale.

vaginite [vaʒinit] *s.f.* (*med.*) vaginite.

vagir [vaʒiʀ] *v.intr.* **1** vagire **2** (*di coniglio ecc.*) zigare; (*di coccodrillo*) piangere.

vagissement [vaʒismã] *s.m.* **1** vagito **2** (*di coniglio ecc.*) lo zigare; (*di coccodrillo*) il piangere.

vague[1] [vag] *agg.* vago, indefinito ♦ *s.m.* vago: *regarder dans le* —, guardare nel vuoto; guardare con occhi trasognati || *avoir du* — *à l'âme*, provare un senso di inspiegabile malinconia.

vague[2] *s.f.* onda, flutto (*m.*); ondata (*anche fig.*) || *être au creux de la* —, (*fig.*) attraversare un brutto periodo || *nouvelle* —, nuova generazione.

vague[3] *agg.*: *terrain* —, terreno in abbandono.

vaguelette [vaglɛt] *s.f.* piccola onda, ondina.

vaguement [vagmã] *avv.* vagamente.

vaguer [vage] *v.intr.* vagare.

vaillamment [vajamã] *avv.* valorosamente, coraggiosamente; strenuamente.

vaillance [vajãs] *s.f.* coraggio (*m.*), forza.

vaillant [vajã] *agg.* **1** prode, audace || *il n'a un sou* —, non ha il becco di un quattrino **2** (*estens.*) in forma, in perfetta salute.

vain [vɛ̃] *agg.* vano || *en* —, invano, inutilmente.

vaincre [vɛ̃kʀ]

Indic.pres. je vaincs, tu vaincs, il vainc, nous vainquons, etc.; *imperf.* je vainquais, etc.; *pass.rem.* je vainquis, etc.; *fut.* je vaincrai, etc. *Cond.* je vaincrais, etc. *Cong.pres.* que je vainque, etc.; *imperf.* que je vainquisse, etc. *Part.pres.* vainquant; *pass.* vaincu. *Imp.* vaincs, vainquons, vainquez.

v.tr. vincere; superare □ **se vaincre** *v.pron.* vincersi, dominarsi.
vaincu [vɛ̃ky] *part.pass. di* vaincre ♦ *agg.* e *s.m.* vinto.
vainement [vɛnmɑ̃] *avv.* invano, inutilmente.
vainqueur [vɛ̃kœʀ] *agg.m.* (da) vincitore ♦ *s.m.* vincitore.
vair [vɛʀ] *s.m.* vaio.
vairon[1] [vɛʀɔ̃] *s.m.* (*zool.*) vairone.
vairon[2] *agg.* (*di occhio*) discromico.
vaisseau [vɛso] (pl. *-eaux*) *s.m.* **1** (*antiq.*) vascello || — *amiral*, nave ammiraglia; — *de guerre*, nave da guerra || — *spatial*, navicella spaziale || *brûler ses vaisseaux*, (*letter.*) tagliare i ponti **2** (*anat.*) vaso **3** (*arch.*) navata (*f.*).
vaisselier [vɛsəlje] *s.m.* credenza (con piattaia).
vaisselle [vɛsɛl] *s.f.* stoviglie (*pl.*); vasellame (*m.*) || *faire la* —, lavare i piatti; *eau de* —, risciacquatura di piatti.
val [val] (pl. *vals, vaux*) *s.m.* valle (*f.*), vallata (*f.*).
valable [valabl] *agg.* valido; valevole (per).
valablement [valabləmɑ̃] *avv.* validamente.
valaisan [valɛzɑ̃] *agg.* del Vallese.
valdinguer [valdɛ̃ge] *v.intr.* (*fam.*) fare un volo, un capitombolo || *envoyer* —, mandare a gambe all'aria, (*fam.*) mandare al diavolo.
valdôtain [valdotɛ̃] *agg.* e *s.m.* valdostano.
valence [valɑ̃s] *s.f.* (*chim.*) valenza.
valenciennes [valɑ̃sjɛn] *s.f.* pizzo di Valenciennes.
valenciennois [valɑ̃sjɛnwa] *agg.* di Valenciennes.
valériane [valeʀjan] *s.f.* valeriana.
valet [valɛ] *s.m.* **1** domestico; garzone: — *de chambre*, cameriere; — *de pied*, domestico, (*ant.*) palafreniere; — *de ferme*, garzone di fattoria; — *d'écurie*, mozzo di stalla || — *de nuit*, servo muto (portabiti) **2** (*spreg.*) servo **3** (*alle carte*) fante.
valetaille [valtɑj] *s.f.* (*antiq.spreg.*) servitorame (*m.*).
valétudinaire [valetydinɛʀ] *agg.* e *s.m.* valetudinario.
valeur [valœʀ] *s.f.* **1** valore (*m.*) || *mettre en* —, valorizzare; *être* (*mis*) *en* —, essere valorizzato, risaltare; *mise en* —, valorizzazione || *donner de la* — *à*, dar valore a || *la* — *de...*, l'equivalente di... || *jugement de* —, giudizio di merito **2** (*antiq.*) valore (*m.*), ardimento (*m.*): *croix de la* — *militaire*, croce al valore militare **3** (*econ.*) valore (*m.*): — *de facture*, valore fatturato || *valeurs mobilières*, titoli mobiliari || *valeurs en portefeuille*, effetti in portafoglio || *jour de* —, giorno di valuta.

valeureux [valœʀø] (f. *-euse*) *agg.* valoroso || *-eusement avv.*
valeur-refuge [valœʀəfyʒ] (pl. *valeurs-refuge*) *s.m.* bene rifugio.
valgus [valgys] *agg.* (*med.*) valgo.
validation [validɑsjɔ̃] *s.f.* (*dir.*) convalida.
valide [valid] *agg.* valido || *-ement avv.*
valider [valide] *v.tr.* convalidare.
validité [validite] *s.f.* validità.
valise [valiz] *s.f.* **1** valigia **2** (*in Africa*) ventiquattr'ore.
valkyrie [valkiʀi] *s.f.* → **walkyrie**.
vallée [vale] *s.f.* valle, vallata.
vallon [valɔ̃] *s.m.* valletta (*f.*); avvallamento.
vallonné [valɔne] *agg.* ondulato.
vallonnement [valɔnmɑ̃] *s.m.* ondulazione (*f.*).
valoche [valɔʃ] *s.f.* (*fam.*) valigia.
valoir [valwaʀ]

Indic.pres. je vaux, tu vaux, il vaut, nous valons, etc.; *imperf.* je valais, etc.; *pass.rem.* je valus, etc.; *fut.* je vaudrai, etc. *Cond.* je vaudrais, etc. *Cong.pres.* que je vaille, etc., que nous valions, que vous valiez, qu'ils vaillent; *imperf.* que je valusse, etc. *Part.pres.* valant; *pass.* valu.

v.intr. e *tr.* **1** valere: *cela ne vaut pas cher*, non vale molto || *il ne fait rien qui vaille*, non fa niente di buono; *ce garçon ne me dit rien qui vaille*, quel ragazzo non mi dà affidamento || *vaille que vaille*, alla meno peggio; sia quel che sia || *il ne vaut pas son frère*, vale meno di suo fratello || *cela ne vaut la peine, le coup*, (*fam.*) vale la pena || *cela ne vous vaut rien*, questo non vi giova || *ce devoir vaut une bonne note*, questo compito merita un bel voto; *cette église vaut la visite*, questa chiesa merita una visita **2** *faire* —, far valere; *se faire* —, farsi valere || *faire* — *son argent*, fare fruttare il proprio denaro || *on lui fit* — *que...*, gli si fece pesare il fatto che... **3** — *mieux*, essere meglio: *il valait mieux que tu partes*, sarebbe meglio che tu partissi; *mieux vaudrait ne pas y aller*, sarebbe meglio non andarci; *ça vaut mieux* (*comme ça*)!, (*fam.*) meglio così! □ **se valoir** *v.pron.* equivalersi (l'un l'altro): *ça se vaut*, una cosa vale l'altra □ **à valoir** *avv.* in acconto, come acconto (su).
valorisant [valɔʀizɑ̃] *agg.* qualificante
valorisation [valɔʀizɑsjɔ̃] *s.f.* valorizzazione.
valoriser [valɔʀize] *v.tr.* valorizzare □ **se valoriser** *v.pron.* valorizzarsi, mettersi in valore.
valse [vals] *s.f.* **1** valzer (*m.*) **2** (*fig.*) altalena; girandola.
valser [valse] *v.intr.* ballare (il valzer) || *envoyer* —, scaraventare; sbarazzarsi di; *faire* — *l'argent*, spendere e spandere.
valseur [valsœʀ] (f. *-euse*) *s.m.* ballerino (di valzer).
valu [valy] *part. pass. di* valoir.
valve [valv] *s.f.* **1** (*bot., zool.*) valva **2** (*elettr., tecn.*) valvola **3** *pl.* (*in Belgio*) bacheca (*sing.*).
valvulaire [valvylɛʀ] *agg.* (*med.*) valvolare.
valvule [valvyl] *s.f.* **1** (*anat.*) valvola **2** (*bot.*) piccola valva.

vamp [vɑ̃p] *s.f.* vamp; donna fatale.
vamper [vɑ̃pe] *v.tr.* (*fam.*) sedurre, ammaliare.
vampire [vɑ̃piʀ] *s.m.* vampiro.
vampiriser [vɑ̃piʀize] *v.tr.* (*fam.*) schiavizzare.
vampirisme [vɑ̃piʀism] *s.m.* vampirismo.
van[1] [vɑ̃] *s.m.* (*agr.*) vaglio: *passer au* —, spulare, ventilare.
van[2] *s.m.* **1** furgone per il trasporto di cavalli da corsa **2** minibus.
vanadium [vanadjɔm] *s.m.* vanadio.
vandale [vɑ̃dal] *s.m.* vandalo, barbaro (*anche fig.*).
vandalisme [vɑ̃dalism] *s.m.* vandalismo.
vanesse [vanɛs] *s.f.* (*zool.*) vanessa.
vanille [vanij] *s.f.* vaniglia.
vanillé [vanije] *agg.* vanigliato.
vanillier [vanilje] *s.m.* (*albero*) vaniglia (*f.*).
vanité [vanite] *s.f.* **1** vanità || *tirer* — *de*, menar vanto di; *soit dit sans* —, non per vantarmi **2** (*arte*) Vanitas.
vaniteux [vanitø] (f. *-euse*) *agg.* vanitoso || **-eusement** *avv.*
vanity-case [vaniti(e)kɛz] (pl. *vanity-cases*) *s.m.* beauty-case.
vannage[1] [vanaʒ] *s.m.* (*idraulica*) sistema di cateratte.
vannage[2] *s.m.* (*agr.*) spulatura (*f.*).
vanne[1] [van] *s.f.* **1** (*idraulica*) paratoia; saracinesca; cateratta: — *de décharge, de passe*, paratoia di piena **2** (*mecc.*) valvola: — *papillon*, valvola a farfalla.
vanne[2] *s.f.* (*fam.*) frecciata, battuta maliziosa.
vanné [vane] *agg.* (*fam.*) spompato, sfinito.
vanneau [vano] (pl. *-eaux*) *s.m.* (*zool.*) pavoncella (*f.*).
vanner [vane] *v.tr.* **1** (*agr.*) spulare, ventilare **2** (*fam.*) sfinire, spossare.
vannerie [vanʀi] *s.f.* **1** arte del cestaio **2** industria del vimine **3** articoli di vimini **4** (*arch.*) canestro (*m.*).
vannetais [vantɛ] *agg.* di Vannes.
vanneur [vanœʀ] *s.m.* (*agr.*) spulatore.
vannier [vanje] *s.m.* cestaio.
vannure [vanyʀ] *s.f.* pula.
vantail [vɑ̃taj] (pl. *-aux*) *s.m.* battente, anta (*f.*).
vantard [vɑ̃taʀ] *agg.* e *s.m.* spaccone.
vantardise [vɑ̃taʀdiz] *s.f.* vanteria, spacconata.
vanter [vɑ̃te] *v.tr.* vantare □ **se vanter** *v.pron.* vantarsi.
va-nu-pieds [vanypje] (pl. *invar.*) *s.m.* (*fam.*) pezzente, straccione.
vapes [vap] *s.f.pl.* (*fam.*) *être dans les* —, essere nel pallone.
vapeur[1] [vapœʀ] *s.f.* vapore (*m.*): — *d'eau*, vapore acqueo || *les vapeurs de l'ivresse*, i fumi dell'alcol || *avoir des vapeurs*, (*fam.*) avere le caldane.
vapeur[2] *s.m.* vaporetto, battello a vapore.
vaporeux [vapoʀø] (f. *-euse*) *agg.* vaporoso.
vaporisateur [vapoʀizatœʀ] *s.m.* vaporizzatore.
vaporisation [vapoʀizasjɔ̃] *s.f.* vaporizzazione.
vaporiser [vapoʀize] *v.tr.* vaporizzare.

vaquer [vake] *v.intr.* attendere, accudire; occuparsi (di).
varan [vaʀɑ̃] *s.m.* (*zool.*) varano.
varangue [vaʀɑ̃g] *s.f.* (*mar.*) madiere (*m.*).
varappe [vaʀap] *s.f.* (*alpinismo*) ascensione su parete rocciosa.
varappeur [vaʀapœʀ] (f. *-euse*) *s.m.* (*alpinismo*) rocciatore.
varech [vaʀɛk] *s.m.* alga bruna.
vareuse [vaʀøz] *s.f.* **1** casacca; camiciotto (*m.*) **2** giubba (di uniforme).
variabilité [vaʀjabilite] *s.f.* variabilità.
variable [vaʀjabl] *agg.* e *s.f.* variabile.
variante [vaʀjɑ̃t] *s.f.* variante.
variation [vaʀjɑsjɔ̃] *s.f.* **1** variazione **2** *spec.pl.* variante.
varice [vaʀis] *s.f.* (*med.*) varice.
varicelle [vaʀisɛl] *s.f.* varicella.
varié [vaʀje] *agg.* **1** vario: *nourriture, cuisine variée*, alimentazione, cucina varia, variata || (*cuc.*) *hors-d'œuvre variés*, antipasto misto **2** (*mus.*) con variazioni.
varier [vaʀje] *v.tr.* e *intr.* variare; cambiare, mutare.
variété [vaʀjete] *s.f.* **1** varietà **2** *pl.* (*teatr.*) varietà (*m.sing.*).
variole [vaʀjɔl] *s.f.* vaiolo (*m.*).
variolé [vaʀjɔle] *agg.* butterato.
varioleux [vaʀjɔlø] (f. *-euse*) *agg.* e *s.m.* vaioloso.
variqueux [vaʀikø] (f. *-euse*) *agg.* varicoso.
varlope [vaʀlɔp] *s.f.* pialla.
varloper [vaʀlɔpe] *v.tr.* piallare.
varois [vaʀwa] *agg.* del Var.
varus [vaʀys] *agg.* (*med.*) varo.
vasculaire [vaskylɛʀ] *agg.* vascolare.
vase[1] [vɑz] *s.f.* fango (*m.*), melma.
vase[2] *s.m.* vaso || *vivre en* — *clos*, vivere sotto una campana di vetro.
vasectomie [vazɛktɔmi] *s.f.* (*med.*) vasectomia.
vaseline [vazlin] *s.f.* vaselina.
vaseliner [vazline] *v.tr.* spalmare di vaselina.
vaseux [vazø] (f. *-euse*) *agg.* **1** fangoso, melmoso **2** (*fam.*) fiacco, sfasato **3** (*fam.*) fumoso, contorto.
vasistas [vazistas] *s.m.* (porta, finestra a) vasistas.
vasoconstricteur [vazɔkɔ̃stʀiktœʀ] (f. *-trice*) *agg.* e *s.m.* (*med.*) vasocostrittore.
vasoconstriction [vazɔkɔ̃stʀiksjɔ̃] *s.f.* (*med.*) vasocostrizione.
vasodilatateur [vazɔdilatatœʀ] (f. *-trice*) *agg.* e *s.m.* (*med.*) vasodilatatore.
vasodilatation [vazɔdilatɑsjɔ̃] *s.f.* (*med.*) vasodilatazione.
vasomoteur [vazɔmɔtœʀ] (f. *-trice*) *agg.* **1** (*anat.*) vasomotore **2** (*med.*) vasomotorio.
vasouillard [vazujaʀ] *agg.* (*fam.*) confuso, fumoso.
vasouiller [vazuje] *v.intr.* (*fam.*) ingarbugliarsi, impappinarsi.
vasque [vask] *s.f.* **1** vasca, tazza (di fontana), bacino (*m.*) **2** coppa centrotavola.

vassal [vasal] (pl. -*aux*) *agg.* e *s.m.* vassallo.

vassalisation [vasalizɑsjɔ̃] *s.f.* asservimento (*m.*).

vassaliser [vasalize] *v.tr.* asservire.

vassalité [vasalite] *s.f.*, **vasselage** [vasəlaʒ] *s.m.* vassallaggio (*m.*).

vaste [vast] *agg.* 1 vasto, ampio || *une — intelligence*, una grande intelligenza 2 (*fig.*) di ampio respiro.

vatican [vatikɑ̃] *agg.* vaticano.

vaticaniste [vatikanist] *s.m.* vaticanista.

vaticination [vatisinɑsjɔ̃] *s.f.* vaticinio (*m.*).

vaticiner [vatisine] *v.intr.* vaticinare.

va-tout [vatu] (pl. *invar.*) *s.m.* (*alle carte*) puntata globale (in un solo colpo) || *jouer son —*, (*fig.*) giocare l'ultima carta.

vauclusien [voklyzjɛ̃] (f. -*enne*) *agg.* valchiusano.

vaudeville [vodvil] *s.m.* commedia leggera.

vaudevillesque [vodvilɛsk] *agg.* farsesco, comico.

vaudevilliste [vodvilist] *s.m.* autore di commedie leggere.

vaudois [vodwa] *agg.* e *s.m.* valdese.

vaudou [vodu] (pl. *invar.*) *s.m.* e *agg.* vudu.

vau-l'eau, à [avolo] *locuz.avv.* seguendo la corrente, sul filo dell'acqua: *aller à —*, seguire la corrente, (*fig.*) andare a catafascio.

vaurien [voʀjɛ̃] (f. -*enne*) *agg.* e *s.m.* mascalzone || *un petit —*, un ragazzaccio.

vautour [votuʀ] *s.m.* avvoltoio (*anche fig.*).

vautrer, se [sovotʀe] *v.pron.* 1 rotolarsi || *se — dans le vice*, crogiolarsi nel vizio 2 sdraiarsi; sprofondarsi (in poltrona).

va-va [vava] (pl. *invar.*) *s.m.* (*in Svizzera*) *avoir le —*, non essere capace di star fermo, essere irrequieto.

va(-)vite, à la [alavavit] *locuz.avv.* alla spiccia, alla bell'e meglio.

veau [vo] (pl. *veaux*) *s.m.* 1 vitello: *— de lait, — sous la mère*, vitello da latte 2 (pelle di) vitello: *— velours*, vitello scamosciato 3 (*zool.*) *— marin*, vitello marino 4 (*fig. spreg.*) (*persona ottusa*) bue; (*di veicolo, cavallo*) carretta (*f.*), lumaca (*f.*) 5 (*in Belgio*) *— de mars*, acquazzone primaverile.

vécés [vese] *s.m.pl.* (*fam.*) water(-closet) (*sing.*), gabinetto (*sing.*).

vecteur [vɛktœʀ] *s.m.* 1 vettore 2 (*fig.*) veicolo ♦ *agg.* vettore.

vectoriel [vɛktɔʀjɛl] (f. -*elle*) *agg.* vettoriale.

vécu [veky] *part. pass. di* vivre ♦ *s.m.* (*psic.*) *le —*, il vissuto, l'esperienza vissuta.

vedettariat [vədetaʀja] *s.m.* 1 l'essere una star; condizione di star: *accéder au —*, (*fig.*) salire alla ribalta 2 star system 3 divismo; atteggiamento divistico.

vedette[1] [vədet] *s.f.* divo (*m.*), diva, star; (*sport*) asso (*m.*) || *les vedettes de la politique*, i personaggi alla ribalta della politica || *jouer les vedettes*, mettersi in mostra || (*teatr.*) *avoir la —*, avere il primo posto in cartellone, (*estens.*) essere al centro dell'attenzione; *tenir la —*, essere alla ribalta || *mettre en —*, mettere in rilievo.

vedette[2] *s.f.* (*mar.*) (moto)vedetta.

végétal [veʒetal] (pl. -*aux*) *agg.* e *s.m.* vegetale.

végétalien [veʒetaljɛ̃] (f. -*enne*) *agg.* e *s.m.* vegetalista, vegetariano puro.

végétarien [veʒetaʀjɛ̃] (f. -*enne*) *agg.* e *s.m.* vegetariano.

végétarisme [veʒetaʀism] *s.m.* alimentazione vegetariana.

végétatif [veʒetatif] (f. -*ive*) *agg.* vegetativo.

végétation [veʒetɑsjɔ̃] *s.f.* 1 vegetazione 2 pl. (*med.*) *végétations* (*adénoïdes*), (vegetazioni) adenoidi.

végéter [veʒete] (*coniug. come* céder) *v.intr.* vegetare.

véhémence [veemɑ̃s] *s.f.* veemenza.

véhément [veemɑ̃] *agg.* veemente || -*ement avv.*

véhiculaire [veikylɛʀ] *agg.* e *s.m.*: (*langue*) —, lingua veicolare.

véhicule [veikyl] *s.m.* veicolo (*anche fig.*).

véhiculé [veikyle] *agg.* (*in Africa*) *être* (*un*) —, essere motorizzato.

véhiculer [veikyle] *v.tr.* 1 trasportare (per mezzo di un veicolo) 2 (*scient.*) veicolare 3 (*fig.*) diffondere.

veille [vɛj] *s.f.* 1 veglia: *entre la — et le sommeil*, nel dormiveglia 2 vigilia: *pain de la —*, pane del giorno prima; *la — au soir*, la sera della vigilia || *l'avant —*, l'antivigilia || *à la — de*, alla vigilia di, sul punto di.

veillée [veje] *s.f.* 1 veglia; (tarda) serata 2 riunione serale.

veiller [veje] *v.intr.* e *tr.* vegliare || *— sur qqn*, vigilare qlcu || *— à*, badare a, che: *veillez à ce que rien ne manque*, fate attenzione che non manchi niente; *veillons à ne pas perdre notre calme*, cerchiamo di non perdere la calma || (*nelle Antille*) *— la télé*, guardare la televisione.

veilleur [vejœʀ] *s.m.* 1 (*mil.*) sentinella (*f.*), guardia (*f.*) 2 *— de nuit*, guardiano notturno.

veilleuse [vejøz] *s.f.* 1 lume da notte || *mettre en —*, (*fig.*) ridurre l'attività 2 (*aut.*) luci di posizione 3 *— du chauffe-eau*, fiammella dello scaldabagno.

veinard [vɛnaʀ] *agg.* e *s.m.* (*fam.*) fortunato.

veine [vɛn] *s.f.* 1 vena (*anche fig.*): *s'ouvrir les veines*, tagliarsi, recidersi le vene 2 pl. vene, venature (di legno, di pietra); nervature (di foglia) 3 (*fam.*) fortuna: *avoir de la —*, essere fortunato; *pas de —!*, peccato!, che sfortuna!

veiné [vene] *agg.* venato; con venature || *main veinée*, mano con le vene in evidenza.

veiner [vene] *v.tr.* venare.

veineux [venø] (f. -*euse*) *agg.* venoso || *bois —*, legno venato.

veinule [venyl] *s.f.* 1 (*anat.*) venula 2 (*bot.*) piccola nervatura.

vêlage [vɛlaʒ] *s.m.* parto (di vacca).

vélaire [velɛʀ] *agg.* e *s.f.* (*ling.*) velare.

vélani [velani] *s.m.* (*bot.*) vallonea (*f.*).

vélar [velaʀ] *s.m.* (*bot.*) sisimbrio.

vêler [vele] *v.intr.* (*di vacca*) figliare.

vélin [velɛ̃] *s.m.* **1** pergamena finissima **2** (*papier*) —, carta velina.

véliplanchiste [veliplɑ̃ʃist] *s.m.* (wind)surfista.

vélique [velik] *agg.* (*mar.*) velico || *point* —, centro velico.

vélivole [velivɔl], **vélivoliste** [velivɔlist] *agg.* (*aer.*) volovelistico ♦ *s.m.* (*aer.*) volovelista.

vellave [vɛl*l*av] *agg.* del Velay.

velléitaire [ve(ɛl)leiteʀ] *agg.* e *s.m.* velleitario.

velléité [ve(ɛl)leite] *s.f.* velleità.

vélo [velo] *s.m.* (*fam.*) bici(cletta) (*f.*): *faire du* —, andare in bicicletta; *à, en, sur son* —, in bicicletta. **véloce** [velɔs] *agg.* (*letter.*) veloce, rapido.

vélocipède [velɔsipɛd] *s.m.* (*antiq.*) velocipede.

vélocité [velɔsite] *s.f.* (*letter.*) velocità, rapidità.

vélodrome [velɔdʀɔm] *s.m.* velodromo.

vélomoteur [velɔmɔtœʀ] *s.m.* ciclomotore, motorino.

velours [vɔluʀ] *s.m.* velluto (*anche fig.*): — *frappé, froissé*, velluto stampato, marezzato || *le — d'une pêche*, la pelle vellutata di una pesca || *à pas de* —, con passo felpato || *faire des yeux de* —, fare gli occhi dolci || *sur le* —, (*fig.*) senza sforzo, rischio.

velouté [vɔlute] *agg.* vellutato (*anche fig.*) || (*cuc.*) *potage* —, vellutata || *vin* —, vino amabile ♦ *s.m.* **1** aspetto vellutato: *le — d'une étoffe*, la morbidezza di una stoffa **2** (*cuc.*) vellutata (*f.*).

velu [vɔly] *agg.* villoso, peloso.

vélum [velɔm] *s.m.* velario, tendale.

venaison [vɔnɛzɔ̃] *s.f.* (*cuc.*) cacciagione.

vénal [venal] (pl. *-aux*) *agg.* venale.

vénalité [venalite] *s.f.* venalità.

venant [vɔnɑ̃] *s.m.*: *à tout* —, al primo venuto, a chiunque.

vençois [vɑ̃swa] *agg.* di Vence.

vendable [vɑ̃dabl] *agg.* vendibile.

vendange [vɑ̃dɑ̃ʒ] *s.f.* vendemmia || *presser la* —, pigiare l'uva.

vendanger [vɑ̃dɑ̃ʒe] (*coniug. come* manger) *v.tr.* e *intr.* vendemmiare.

vendangeur [vɑ̃dɑ̃ʒœʀ] (f. *-euse*) *s.m.* vendemmiatore.

vendéen [vɑ̃deɛ̃] (f. *-enne*) *agg.* e *s.m.* vandeano.

vendémiaire [vɑ̃demjɛʀ] *s.m.* (*st. fr.*) vendemmiaio (primo mese del calendario rivoluzionario).

vendetta [vɛ̃de(ɛt)ta] *s.f.* (*in Corsica*) vendetta tra due famiglie.

vendeur [vɑ̃dœʀ] (f. *-euse*) *s.m.* **1** venditore **2** commesso (di negozio).

vendômois [vɑ̃domwa] *agg.* di Vendôme.

vendre [vɑ̃dʀ] (*coniug. come* rendre) *v.tr.* vendere (*anche fig.*) || *à* —, da vendere: *appartement à* —, vendesi appartamento □ **se vendre** *v.pron.* vendersi.

vendredi [vɑ̃dʀədi] *s.m.* venerdì.

vendu [vɑ̃dy] *part. pass. di* vendre ♦ *agg.* e *s.m.* venduto (*anche fig.*).

venelle [vɔnɛl] *s.f.* stradina, viuzza.

vénéneux [venenø] (f. *-euse*) *agg.* velenoso.

vénérable [veneʀabl] *agg.* venerabile, venerando.

vénération [veneʀasjɔ̃] *s.f.* venerazione.

vénérer [veneʀe] (*coniug. come* céder) *v.tr.* venerare.

vénerie [venʀi] *s.f.* caccia coi cani.

vénérien [veneʀjɛ̃] (f. *-enne*) *agg.* venereo.

vénète [venɛt] *agg.* e *s.m.* veneto.

veneur [vɔnœʀ] *s.m.* capocaccia || *grand* —, capo delle cacce reali.

vengeance [vɑ̃ʒɑ̃s] *s.f.* vendetta: *tirer — de*, vendicarsi di.

venger [vɑ̃ʒe] (*coniug. come* manger) *v.tr.* vendicare □ **se venger** *v.pron.* vendicarsi.

vengeur [vɑ̃ʒœʀ] (f. *-eresse*) *agg.* e *s.m.* vendicatore: *esprit* —, spirito vendicativo.

véniel [venjel] (f. *-elle*) *agg.* veniale.

venimeux [vɔnimø] (f. *-euse*) *agg.* velenoso.

venin [vɔnɛ̃] *s.m.* veleno (*anche fig.*).

venir [vɔniʀ] (*coniug. come* tenir) *v.intr.* **1** venire; arrivare; giungere: *il ne fait qu'aller et* —, continua ad andare avanti e indietro || *— à ses fins*, raggiungere lo scopo || *je le vois* —, (*fig.*) vedo già dove vuole arrivare || *où veut-il en* —?, dove vuole arrivare?; *d'où vient que...?*, come mai...? per quale motivo...? || *j'en viens à votre question*, vengo alla vostra domanda; *il en vint à pleurer de rage*, giunse al punto di piangere di rabbia || *à* —, venturo, futuro **2** provenire, venire (da); (*fig.*) derivare (da): *cela vient de ce que...*, ciò deriva dal fatto che... □ **venir de** (+ *inf.*, *per indicare un'azione appena conclusa*): *il vient de manger*, ha appena mangiato; *il vient de sortir*, è appena uscito, è uscito poco fa.

vénitien [venisjɛ̃] (f. *-enne*) *agg.* e *s.m.* veneziano.

vent [vɑ̃] *s.m.* **1** vento: *une journée de* —, una giornata ventosa; *il fait du* —, tira vento; *en plein* —, esposto al vento || *marcher le nez au* —, camminare col naso per aria || (*mus.*) *instruments à* —, strumenti a fiato || *un coup de* —, un colpo di vento, una ventata, (*mar.*) burrasca; *en coup de* —, (*fig.*) come un fulmine; *il est venu me voir en coup de* —, è venuto a farmi una visita lampo || (*mar.*): *— devant, arrière*, vento di prora, di poppa; *être sous le* —, essere sottovento || *aux quatre vents, à tous les vents*, ai quattro venti || *être dans le* —, essere alla moda || (*fig.*): *le — tourne*, le cose cambiano; *avoir — de qqch*, avere sentore di qlco; *c'est du* —, sono tutte chiacchiere; *autant en emporte le* —, sono parole buttate al vento; (*titolo di film*) 'Via col vento' **2** (*fam.*) peto, vento **3** *pl.* (*mus.*) strumenti a fiato, fiati.

vente [vɑ̃t] *s.f.* vendita: *produit de bonne* —, prodotto che si vende bene; *— publique*, asta pubblica; *volume des ventes*, fatturato || *— de charité*, vendita di beneficenza.

venté [vɑ̃te] *agg.* ventoso, battuto dal vento.

venter [vɑ̃te] *v.intr.impers.* tirare vento.

venteux [vɑ̃tø] (f. *-euse*) *agg.* ventoso.

ventilateur [vɑ̃tilatœʀ] *s.m.* **1** ventilatore **2** (*aut.*) ventola (*f.*).

ventilation¹ [vɑ̃tilasjɔ̃] *s.f.* ventilazione.

I verbi di opinione esprimono un'opinione, un'idea, un giudizio, un'affermazione:
credere, dire, sperare, ritenere, giudicare, negare, pensare, pretendere, sembrare, immaginare ecc.;
essere del parere, essere certo, evidente, sicuro, vero ecc.

FRANÇAIS   ITALIANO

1 + indicatif   **+ indicativo o congiuntivo**

quando sono usati alla forma affermativa e quando si vuole sottolineare la realtà, la certezza:

je crois que vous avez tort	credo che abbiate torto
je suis sûr que tu as raison	sono sicuro che hai, che tu abbia ragione
j'espère que tu as bien compris	spero che tu abbia capito bene
il me semble, il nous semble qu'il est déjà parti	mi sembra, ci sembra che sia già partito

2 + indicatif futur   **+ indicativo futuro o congiuntivo**

quando si vuole esprimere un'idea di futuro:

je crois qu'il viendra bientôt	credo che venga, che verrà presto
penses-tu que nous réussirons?	pensi che riusciremo?
j'espère qu'il arrivera à temps	spero che arrivi, che arriverà in tempo
espérez-vous qu'il vous rendra votre argent?	sperate che vi restituisca il vostro denaro?
il me semble qu'il ira loin	mi sembra che andrà lontano

3 + conditionnel simple   **+ condizionale composto**

quando sono usati a un tempo passato e esprimono un'idea di futuro:

il croyait que je partirais avec lui	credeva che sarei partito con lui
il était sûr que tout irait bien	era sicuro che tutto sarebbe andato bene
j'espérais, j'avais espéré qu'il partirait avec moi	speravo, avevo sperato che sarebbe partito con me
je n'espérais pas qu'il viendrait	non speravo che sarebbe venuto
pensais-tu, espérais-tu qu'il viendrait?	pensavi, speravi che sarebbe venuto?
il me semblait que ce ne serait pas trop difficile	mi sembrava che non sarebbe stato troppo difficile

4 + subjonctif   **+ congiuntivo**

quando sono usati alla forma negativa o dubitativa (**se...**) e quando si vuol sottolineare il dubbio, l'ipotesi:

je ne suis pas certain, sûr qu'il sache le faire	non sono certo, sicuro che sappia farlo
je ne pense pas que vous ayez tort	non penso che abbiate torto
je ne dis pas qu'il soit menteur	non dico che sia bugiardo
pensez-vous qu'il ait tort?	pensate che abbia torto?
si tu crois que je puisse le faire je le ferai	se tu credi che possa farlo, lo farò
espérez-vous qu'il vous rende votre argent?	sperate che vi renda il vostro denaro?
n'espérez-pas qu'il dise la vérité	non sperate che dica la verità
je n'espère plus qu'il vienne	non spero più che venga

• quando il verbo della principale è al passato, in italiano, il verbo della subordinata è al congiuntivo imperfetto, mentre, in francese, si preferisce il congiuntivo presente:

non pensavo che dicesse la verità	*je ne pensais pas qu'il dise la vérité*
non era sicuro che sapessero farlo	*il n'était pas sûr qu'ils sachent le faire*
non speravo più che venisse	*je n'espérais plus qu'il vienne*
ero sicuro che tutto andasse bene	*j'étais sûr que tout allait bien*
mi sembrava che non fosse troppo difficile	*il me semblait que ce n'était pas trop difficile*

5 + infinitif   **+ di + infinito**

il pense terminer pour samedi	pensa di finire per sabato
j'espère avoir bien compris	spero di aver capito bene
il me semble te l'avoir déjà dit	mi sembra di avertelo già detto

ventilation[2] *s.f.* (*econ.*) ripartizione, suddivisione.

ventiler[1] [vãtile] *v.tr.* ventilare.

ventiler[2] *v.tr.* (*econ.*) ripartire, suddividere.

ventôse [vãtoz] *s.m.* (*st. fr.*) ventoso (sesto mese del calendario rivoluzionario).

ventouse [vãtuz] *s.f.* ventosa || *faire* —, aderire.

ventral [vãtral] (pl. *-aux*) *agg.* ventrale.

ventre [vãtr] *s.m.* **1** ventre, pancia (*f.*): *prendre du* —, mettere su pancia || — *à terre*, ventre a terra, di gran carriera || *sur le* —, *à plat* —, bocconi; *se mettre à plat* — *devant qqn*, (*fig.*) strisciare davanti a qlcu || (*fam.*): *mettre, remettre du cœur au* —, ridare coraggio; *avoir quelque chose dans le* —, avere del fegato, carattere; *ça me fait mal au* —, mi fa venire la nausea **2** (*estens.*) pancia (*f.*), rigonfiamento (di un oggetto).

ventrée [vãtre] *s.f.* (*fam.*) scorpacciata, spanciata.

ventriculaire [vãtrikyler] *agg.* ventricolare.

ventricule [vãtrikyl] *s.m.* ventricolo.

ventriloque [vãtrilok] *agg.* e *s.m.* ventriloquo.

ventripotent [vãtripotã], **ventru** [vãtry] *agg.* (*fam.*) panciuto.

venu [vəny] *part. pass. di* venir ♦ *agg.* e *s.m.* venuto; arrivato: *le premier* —, il primo venuto, chiunque; *le dernier, le tard* —, l'ultimo arrivato; *entrer dans le premier café* —, entrare nel primo bar che capita || *estampe mal venue*, stampa mal riuscita, venuta male; *réflexion mal venue*, osservazione infelice || *il serait mal* — *d'insister*, sarebbe inopportuno insistere.

venue [vəny] *s.f.* venuta, arrivo (*m.*) || *à sa* — *au*

monde, alla nascita || *être d'une belle* —, venire su, crescere bene || *tout d'une* —, *d'une seule* —, uniforme, senza soluzione di continuità; (*fig.*) tutto d'un fiato, di getto.

vénus [venys] *s.f.* (*zool.*) venere.

vêpres [vepr] *s.f.pl.* (*eccl.*) vespri (*m.*).

ver [ver] *s.m.* verme; larva (*f.*): — *de terre*, lombrico; — *à soie*, baco da seta; — *solitaire*, verme solitario; — *blanc*, larva del maggiolino, tormentone || (*fam.*): *tuer le* —, bersi un bicchierino (a stomaco vuoto); *tirer les vers du nez de qqn*, far cantare, parlare qlcu.

véracité [verasite] *s.f.* veracità, veridicità.

véranda [verãda] *s.f.* veranda.

verbal [verbal] (pl. *-aux*) *agg.* verbale || **-ement** *avv.*

verbalisation [verbalizasjõ] *s.f.* redazione di un verbale.

verbaliser [verbalize] *v.intr.* stendere un verbale, verbalizzare.

verbe [verb] *s.m.* **1** verbo **2** (*fig.*) parola (*f.*); linguaggio || *avoir le* — *haut*, parlare con arroganza.

verbeux [verbø] (f. *-euse*) *agg.* verboso.

verbiage [verbjaʒ] *s.m.* vaniloquio; sproloquio.

verbicruciste [verbikrysist] *s.m.* autore di cruciverba.

verbosité [verbozite] *s.f.* verbosità.

verdâtre [verdatr] *agg.* verdastro.

verdelet [verdələ] (f. *-ette*) *agg.* asprigno, agretto.

verdeur [verdœr] *s.f.* **1** (*di frutta, vino*) asprezza || — *de langage*, crudezza di linguaggio **2** (*fig.*) vigore (*m.*); giovinezza.

VERBES DE SENTIMENT

I verbi di sentimento esprimono la gioia, lo stupore, la tristezza, il rimpianto, l'ammirazione, il dolore ecc.: *stupirsi, rimpiangere, congratularsi, rallegrarsi, lamentarsi; essere contento, felice, vergognoso, triste* ecc.

FRANÇAIS	ITALIANO
+ que + subjonctif + de ce que + indicatif	**+ che + congiuntivo + del, per il fatto che + indicativo**
je m'étonne que vous soyez, de ce que vous êtes arrivés si tôt	mi stupisco che siate, del fatto che siete arrivati così presto
je suis heureux que tu aies, de ce que tu as trouvé un bon travail	sono felice che tu abbia, per il fatto che hai trovato un buon lavoro
nous nous réjouissons qu'il ait, de ce qu'il a obtenu son diplôme	siamo felici ch'egli abbia, per il fatto che ha ottenuto il diploma
il se plaint de ce qu'il n'a pas été averti	si lamenta di non essere stato, per il fatto che non è stato avvertito

• quando il verbo della principale è al passato o al condizionale, in italiano, il verbo della subordinata è al congiuntivo imperfetto, mentre, in francese, si preferisce il congiuntivo presente:

ero contento, sarei contento che partiste con noi	*j'étais content, je serais content que vous partiez avec nous*
si lamentava che tutto andasse male	*il se plaignait que tout aille mal*

verdict [vɛʀdikt] *s.m.* verdetto; responso.
verdier [vɛʀdje] *s.m.* (*zool.*) verdello.
verdir [vɛʀdiʀ] *v.tr.* e *intr.* (r)inverdire.
verdoyant [vɛʀdwajɑ̃] *agg.* verdeggiante.
verdoyer [vɛʀdwaje] (*coniug. come* employer) *v.intr.* verdeggiare.
verdunisation [vɛʀdynizasjɔ̃] *s.f.* (*chim.*) verdunizzazione.
verdunois [vɛʀdynwa] *agg.* di Verdun.
verdure [vɛʀdyʀ] *s.f.* 1 verzura; vegetazione: *tapis de —*, tappeto d'erba 2 (*fam.*) verdura cruda (per insalata).
verdurier [vɛʀdyʀje] *s.m.* (*in Belgio*) ortolano.
véreux [veʀø] (f. *-euse*) *agg.* 1 bacato 2 (*fig.*) equivoco, losco.
verge [vɛʀʒ] *s.f.* 1 verga, bacchetta 2 (*tecn.*) asta; bacchetta 3 (*anat.*) verga, pene (*m.*).
vergé [vɛʀʒe] *agg.* vergato: (*papier*) —, carta vergatina.
verger [vɛʀʒe] *s.m.* frutteto.
vergeté [vɛʀʒəte] *agg.* (*della pelle*) smagliato.
vergeture [vɛʀʒətyʀ] *s.f.* smagliatura (della pelle).
verglacé [vɛʀɡlase] *agg.* coperto di ghiaccio; ghiacciato.
verglacer [vɛʀɡlase] (*coniug. come* placer) *v. intr.impers.* ghiacciare, gelare.
verglas [vɛʀɡlɑ] *s.m.* strato di ghiaccio (sul terreno).
vergogne [vɛʀɡɔɲ] *s.f.*: *sans —*, senza pudore, sfacciatamente.
vergue [vɛʀɡ] *s.f.* (*mar.*) pennone (*m.*): *grande —*, pennone di maestra.
véridicité [veʀidisite] *s.f.* veridicità.
véridique [veʀidik] *agg.* veridico, verace || *-ement avv.*
vérifiable [veʀifjabl] *agg.* verificabile.
vérificateur [veʀifikatœʀ] (f. *-trice*) *s.m.* verificatore, controllore ♦ *agg.* di verifica.

vérificatif [veʀifikatif] (f. *-ive*) *agg.* che serve di verifica.
vérification [veʀifikasjɔ̃] *s.f.* 1 verifica; accertamento (*m.*) || *— de caisse*, riscontro di cassa || *— faite*, dopo aver verificato 2 conferma.
vérifier [veʀifje] *v.tr.* 1 verificare, controllare 2 confermare 3 accertare, appurare: *je voulais — qu'elle y était*, volevo accertarmi che ci fosse □ **se vérifier** *v.pron.* verificarsi; (*se révéler exact*) avverarsi.
vérin [veʀɛ̃] *s.m.* (*mecc.*) binda (*f.*), martinetto.
vérisme [veʀism] *s.m.* (*lett. it.*) verismo.
vériste [veʀist] *agg.* e *s.m.* (*lett. it.*) verista.
véritable [veʀitabl] *agg.* vero.
véritablement [veʀitabləmɑ̃] *avv.* realmente, veramente.
vérité [veʀite] *s.f.* 1 verità || *sérum de —*, il siero della verità || *— de La Palice*, verità lapalissiana || *toute — n'est pas bonne à dire*, non si può sempre dire la verità || *(à) chacun sa —*, ognuno la pensa a modo suo || *être dans la —*, essere nel vero || *dire ses quatre vérités*, dire il fatto suo || *portrait d'une grande —*, ritratto molto fedele 2 (*secondo elemento di s. composti*) realistico, fedele alla realtà: *photo- —*, foto documento; *cinéma- —*, cinemaverità □ **à la vérité, en (toute) vérité** *locuz.avv.* in verità, a dire il vero □ **au-dessous de la vérité** *locuz.agg.* inferiore alla realtà.
verjus [veʀʒy] *s.m.* 1 (*qualità di uva acidula*) agresta (*f.*); uva acerba 2 succo di agresta, agresto.
verlan [vɛʀlɑ̃] *s.m.* gergo nel quale si invertono le sillabe delle parole (p.e.: *verlan*, da *l'envers*; *laisse béton* per *laisse tomber*, lascia stare).
vermeil [vɛʀmɛj] (f. *-eille*) *agg.* vermiglio ♦ *s.m.* vermeil, argento dorato.
vermicelle [vɛʀmisɛl] *s.m.* (*cuc.*) vermicelli (*pl.*): *potage au(x) vermicelle(s)*, minestra di vermicelli.
vermiculaire [vɛʀmikylɛʀ] *agg.* vermiforme.

Verbes de volonté

I verbi di volontà esprimono una volontà, un desiderio, un ordine, una proibizione: *preferire, decidere, proibire, desiderare, esigere, ordinare, permettere, volere ecc.*

FRANÇAIS	ITALIANO
+ subjonctif	**+ congiuntivo**
il exige que tout soit prêt pour dimanche	esige che tutto sia pronto per domenica
elle aime mieux que vous partiez ensemble	preferisce che partiate insieme
dites-lui qu'il vienne demain	ditegli che venga domani
j'entends que vous le fassiez tout de suite	intendo che lo facciate subito

• quando il verbo della principale è al passato o al condizionale, in italiano, il verbo della subordinata è al congiuntivo imperfetto, mentre, in francese, si preferisce il congiuntivo presente:

pretendeva che fossimo puntuali	*il prétendait que nous soyons à l'heure*
vorrei che lo faceste per mezzogiorno	*je voudrais que vous le fassiez pour midi*

vermiculite [vɛrmikylit] *s.f.* (*min.*) vermiculite.
vermiforme [vɛrmifɔrm] *agg.* vermiforme.
vermifuge [vɛrmify3] *agg.* e *s.m.* vermifugo.
vermillon [vɛrmijɔ̃] (pl. *invar.*) *s.m.* e *agg.* (color) vermiglio, (color) rosso acceso.
vermine [vɛrmin] *s.f.* 1 insetti parassiti dell'uomo 2 (*fam.*) canagliume (*m.*).
vermisseau [vɛrmiso] (pl. *-eaux*) *s.m.* vermiciattolo.
vermoulu [vɛrmuly] *agg.* tarlato; (*fig.*) decrepito.
vermoulure [vɛrmulyr] *s.f.* tarlatura.
vermouth [vɛrmut] *s.m.* vermut.
vernaculaire [vɛrnakylɛr] *agg.* vernacolo.
vernal [vɛrnal] (pl. *-aux*) *agg.* primaverile.
verni [vɛrni] *agg.* verniciato || *souliers vernis*, scarpe di vernice || *être —*, (*fam.*) essere nato con la camicia.
vernir [vɛrnir] *v.tr.* verniciare: — *au pistolet*, verniciare a spruzzo.
vernis [vɛrni] *s.m.* 1 vernice (*f.*) || *— à ongles*, smalto per unghie 2 (*fig.*) vernice (*f.*), patina (*f.*) 3 (*bot. pop.*) — *du Japon*, ailanto.
vernissage [vɛrnisa3] *s.m.* 1 verniciatura (*f.*) 2 vernice (di una mostra d'arte).
vernissé [vɛrnise] *agg.* (*di ceramica ecc.*) verniciato; invetriato.
vernisser [vɛrnise] *v.tr.* (*ceramica ecc.*) verniciare; invetriare.
vérole [vɛrɔl] *s.f.* 1 (*fam.*) sifilide 2 *petite —*, vaiolo.
véronique [vɛrɔnik] *s.f.* (*bot.*) veronica, ederella.
verrat [vɛra] *s.m.* (*zool.*) verro.
verre [vɛr] *s.m.* 1 vetro: — *de lampe*, globo (di lampada a petrolio) || *papier de —*, carta vetrata 2 bicchiere: — *à pied*, (bicchiere a) calice; *boire un petit —*, bere un bicchierino; *payer un —*, (*fam.*) pagare da bere || *se jeter un petit — derrière la cravate*, (*fam.*) bersi un bicchierino, brindare a || *avoir un — dans le nez*, essere brillo 3 lente (*f.*): — *grossissant*, lente d'ingrandimento; — *de contact*, lente a contatto.
verrée [vɛre] *s.f.* (*in Svizzera*) bicchierata.
verrerie [vɛrɛri] *s.f.* 1 arte vetraria 2 (*fabbrica*) vetreria 3 oggetti in vetro, vetrerie (*pl.*): *magasin de —*, negozio di vetrerie, di cristallerie || *— de laboratoire*, cristalleria chimica || *— de table*,

vasellame da tavola in vetro; — *d'art*, vetri d'arte.
verrier [vɛrje] *s.m.* 1 vetraio 2 industriale del vetro 3 pittore su vetro.
verrière [vɛrjɛr] *s.f.* 1 vetrata; invetriata 2 lucernario (*m.*).
verroterie [vɛrɔtri] *s.f.* conterie (*pl.*), perline di vetro.
verrou [vɛru] *s.m.* chiavistello, catenaccio: — *de sûreté*, serratura di sicurezza || *sous les verrous*, in prigione.
verrouillage [vɛruja3] *s.m.* 1 il chiudere col catenaccio; bloccaggio (di congegni meccanici) 2 (*mil.*) sbarramento 3 (*inform.*) blocco alla tastiera.
verrouiller [vɛruje] *v.tr.* 1 chiudere con il catenaccio 2 (*estens.*) sbarrare, bloccare □ **se verrouiller** *v.pron.* chiudersi a chiave.
verrue [vɛry] *s.f.* verruca.
vers[1] [vɛr] *s.m.* verso.
vers[2] *prep.* 1 (*direzione*) verso: *tourne-toi —moi*, voltati verso di me 2 (*tempo*) verso, circa, all'incirca: — *midi*, — (*les*) *deux heures*, verso mezzogiorno, verso le due || *— trente ans j'ai commencé à travailler*, ho cominciato a lavorare intorno ai trent'anni.
versaillais [vɛrsaje] *agg.* di Versailles.
versant [vɛrsɑ̃] *s.m.* versante.
versatile [vɛrsatil] *agg.* volubile, incostante.
versatilité [vɛrsatilite] *s.f.* volubilità, incostanza.
versé [vɛrse] *agg.* esperto (in, di).
verse, à [avɛrs] *locuz.avv.*: *pleuvoir à —*, piovere a dirotto.
verseau [vɛrso] (pl. *-eaux*) *s.m.* (*edil.*) pendenza (di cornicione).
Verseau [vɛrso] *s.m.* (*astr.*) Acquario.
versement [vɛrsəmɑ̃] *s.m.* versamento (di denaro) || *— d'une indemnité*, corresponsione di una indennità || *contre — de...*, dietro versamento di...
verser [vɛrse] *v.tr.* 1 versare, mescere: — *à boire*, versare da bere 2 versare, rovesciare, spargere: — *des larmes*, versare lacrime 3 versare (una somma) || *— un document à un dossier*, allegare un documento a una pratica 4 (*mil.*) assegnare: *il a été versé dans une autre compagnie*, è

Verlan

Linguaggio gergale in cui le sillabe di una parola vengono invertite. La parola stessa *Verlan* è l'inversione fonetica di (à) l'envers. Il *Verlan* è entrato nell'uso corrente a partire dagli anni '70 con un certo numero di vocaboli oggi accolti nei dizionari.

Eccone alcuni esempi:

barjo	jobard	laisse béton	laisse tomber
beur	arabe	meuf	femme
feuj	juif	ripou	pourri
keuf	flic	zarbi	bizarre

stato assegnato a un'altra compagnia ♦ *v.intr.* **1** (*di veicoli*) capovolgersi, rovesciarsi **2** (*fig.*) inclinare (a), essere portato (a); darsi (a).
verset [vɛʀsɛ] *s.m.* versetto (spec. della Bibbia).
verseur [vɛʀsœʀ] *agg.*: *bouchon, bec* —, tappo salvagocce ♦ *s.m.* mescitore.
verseuse [vɛʀsøz] *s.f.* cuccuma, bricco (*m.*).
versificateur [vɛʀsifikatœʀ] *s.m.* verseggiatore.
versification [vɛʀsifikɑsjɔ̃] *s.f.* versificazione.
versifier [vɛʀsifje] *v.tr.* mettere in versi ♦ *v.intr.* comporre versi.
version [vɛʀsjɔ̃] *s.f.* versione || (*a scuola*) — *latine*, versione dal latino.
verso [vɛʀso] *s.m.* (*tip.*) tergo: *au* —, a tergo, sul retro.
verste [vɛʀst] *s.f.* versta (antica misura di lunghezza russa).
vert [vɛʀ] *agg.* verde || *le billet* —, il dollaro || (*cuc.*) *sauce verte*, maionese con prezzemolo, estragone, cerfoglio ecc. || *revêtir l'habit* —, entrare a far parte dell'Accademia di Francia || *avoir la main verte*, (*fig.*) avere il pollice verde || *plantes vertes*, sempreverdi; *légumes verts*, ortaggi freschi; *vin* —, vino giovane, aspro || (*fig.*): *un vieillard encore* —, un vecchio ancora in gamba; *une verte réprimande*, un aspro rimprovero; *la langue verte*, l'argot; *en dire de(s) vertes et de(s) pas mûres*, dirne di cotte e di crude || *station verte*, località di villeggiatura in campagna ♦ *s.m.* **1** verde: — *bleu*, verde azzurro || *se mettre au* —, (*fam.*) andare a riposarsi in campagna **2** *pl. les Verts*, i Verdi, gli ecologisti.
vert-de-gris [vɛʀdəgʀi] *s.m.* verderame.
vert-de-grisé [vɛʀdəgʀize] *agg.* coperto di verderame.
vertébral [vɛʀtebʀal] (*pl. -aux*) *agg.* vertebrale.
vertèbre [vɛʀtebʀ] *s.f.* vertebra.
vertébré [vɛʀtebʀe] *agg. e s.m.* vertebrato.
vertement [vɛʀtəmɑ̃] *avv.* vivacemente, aspramente: *répondre* —, rispondere per le rime.
vertical [vɛʀtikal] (*pl. -aux*) *agg.* verticale: *station verticale*, posizione eretta || **-ement** *avv.*
verticale [vɛʀtikal] *s.f.* verticale || *à la* —, in verticale, a perpendicolo.
verticalité [vɛʀtikalite] *s.f.* verticalità.
verticille [vɛʀtisil] *s.m.* (*bot.*) verticillo.
verticillé [vɛʀtisil/e] *agg.* (*bot.*) verticillato.
vertige [vɛʀtiʒ] *s.m.* capogiro; vertigini (*f.pl.*); (*fig.*) ebbrezza (*f.*): *avoir le* —, soffrire di vertigini; *à donner le* —, (*anche fig.*), da capogiro.
vertigineux [vɛʀtiʒinø] (*f. -euse*) *agg.* vertiginoso || **-eusement** *avv.*
vertigo [vɛʀtigo] *s.m.* (*vet.*) capogatto, capostorno.
vertu [vɛʀty] *s.f.* virtù || *femme de petite* —, donna di facili costumi.
vertueux [vɛʀtɥø] (*f. -euse*) *agg.* virtuoso || **-eusement** *avv.*
vertugadin [vɛʀtygadɛ̃] *s.m.* (*st.abbigl.*) verdugale, guardinfante.

verve [vɛʀv] *s.f.* estro (*m.*); brio (*m.*) || *être en* —, essere in vena.
verveine [vɛʀvɛn] *s.f.* verbena || — *odorante*, cedrina.
vesce [vɛs] *s.f.* (*bot.*) veccia.
vésical [vezikal] (*pl. -aux*) *agg.* (*anat.*) vescicale.
vésicant [vezikɑ̃] *agg.* vescicante.
vésication [vezikɑsjɔ̃] *s.f.* (*med.*) vescicazione.
vésicatoire [vezikatwaʀ] *agg. e s.m.* vescicante, vescicatorio.
vésiculaire [vezikylɛʀ] *agg.* vescicolare.
vésicule [vezikyl] *s.f.* vescicola, vescichetta.
vésiculeux [vezikylø] (*f. -euse*) *agg.* (*biol.*) vescicoloso; vescicolare.
vespasienne [vɛspazjɛn] *s.f.* vespasiano (*m.*).
vespéral [vɛsperal] (*pl. -aux*) *agg.* (*letter.*) vespertino.
vesse-de-loup [vɛsdəlu] (*pl. vesses-de-loup*) *s.f.* (*bot.*) vescia.
vessie [vesi] *s.f.* vescica || *prendre des vessies pour des lanternes*, prendere lucciole per lanterne.
vestale [vɛstal] *s.f.* vestale.
veste [vɛst] *s.f.* giacca: — *d'intérieur*, giacca da camera; — *droite, croisée*, giacca a un petto, a doppiopetto || (*fam.*): *tomber la* —, mettersi in maniche di camicia, essere pronto a menare le mani; *retourner sa* —, voltar gabbana; *prendre une* —, fare fiasco.
vestiaire [vɛstjɛʀ] *s.m.* **1** spogliatoio; (*nei luoghi pubblici*) guardaroba **2** (*gli abiti di una persona*) vestiario, guardaroba.
vestibule [vɛstibyl] *s.m.* **1** vestibolo, atrio; (*di appartamento*) anticamera (*f.*) **2** (*anat.*) vestibolo.
vestige [vɛstiʒ] *s.m.* vestigio.
vestimentaire [vɛstimɑ̃tɛʀ] *agg.* che riguarda il vestiario, l'abbigliamento.
veston [vɛstɔ̃] *s.m.* giacca (da uomo): — *droit, croisé*, giacca a un petto, a doppiopetto.
vêtement [vɛtmɑ̃] *s.m.* abito, vestito; indumento || *industrie du* —, industria dell'abbigliamento.
vétéran [veteʀɑ̃] *s.m.* veterano.
vétérinaire [veteʀinɛʀ] *agg. e s.m.* veterinario.
vétille [vetij] *s.f.* bagattella, inezia.
vétilleux [vetijø] (*f. -euse*) *agg.* cavilloso; pignolo.

vêtir [vetiʀ]

Indic.pres. je vêts, tu vêts, il vêt, nous vêtons, vous vêtez, ils vêtent; *imperf.* je vêtais, etc.; *pass.rem.* je vêtis, etc.; *fut.* je vêtirai, etc. *Cond.* je vêtirais, etc. *Cong.pres.* que je vête, etc.; *imperf.* que je vêtisse, etc. *Part.pres.* vêtant; *pass.* vêtu. *Imp.* vêts, vêtons, vêtez.

v.tr. (*letter.*) vestire □ **se vêtir** *v.pron.* vestirsi.
veto [veto] (*pl. invar.*) *s.m.* veto: *mettre, opposer son* —, porre il veto.
vêtu [vety] *part. pass. di* vêtir ♦ *agg.* vestito ♦ *s.m.* (*arald.*) scudo vestito.
vêture [vetyʀ] *s.f.* (*eccl.*) vestizione.
vétuste [vetyst] *agg.* vetusto, molto vecchio.
vétusté [vetyste] *s.f.* vetustà, vecchiaia.
veuf [vœf] (*f. veuve*) *agg. e s.m.* vedovo.

veule [vøl] *agg.* molle, debole; accidioso.

veulerie [vølʀi] *s.f.* mollezza; accidia.

veuvage [vœvaʒ] *s.m.* vedovanza (*f.*).

veuve [vœv] *s.f.* vedova || *défendre la — et l'orphelin*, difendere i deboli e gli oppressi.

vexant [vɛksɑ̃] *agg.* **1** offensivo **2** irritante, seccante.

vexation [vɛksasjɔ̃] *s.f.* umiliazione.

vexatoire [vɛksatwaʀ] *agg.* vessatorio.

vexé [vɛkse] *agg.* umiliato; dispiaciuto, contrariato: *il était — que tu ne viennes pas*, era rimasto male che tu non venissi.

vexer [vɛkse] *v.tr.* offendere, umiliare; contrariare □ **se vexer** *v.pron.* offendersi; indispettirsi: *elle se vexe facilement*, è molto permalosa; *ne te vexe pas!*, non te la prendere!

vézelien [vezljɛ̃] (f. *-enne*) *agg.* di Vézelay.

via [vja] *prep.* via.

viabiliser [vjabilize] *v.tr.* urbanizzare.

viabilité[1] [vjabilite] *s.f.* vitalità (neonatale).

viabilité[2] *s.f.* **1** viabilità **2** urbanizzazione.

viable [vjabl] *agg.* vitale (*anche fig.*) || *projet —*, progetto suscettibile di sviluppo.

viaduc [vjadyk] *s.m.* viadotto; cavalcavia.

viager [vjaʒe] (f. *-ère*) *agg.* e *s.m.* (*dir.*) vitalizio || *mettre des biens en —*, fare un vitalizio.

viande [vjɑ̃d] *s.f.* **1** carne (commestibile) **2** (*argot*) corpo (umano); carcassa.

viatique [vjatik] *s.m.* viatico.

vibrant [vibʀɑ̃] *agg.* vibrante (*anche fig.*).

vibraphone [vibʀafɔn] *s.m.* (*mus.*) vibrafono.

vibrateur [vibʀatœʀ] *s.m.* (*mecc.*) vibratore.

vibratile [vibʀatil] *agg.* vibratile.

vibration [vibʀasjɔ̃] *s.f.* vibrazione.

vibratoire [vibʀatwaʀ] *agg.* vibratorio.

vibrer [vibʀe] *v.intr.* vibrare (*anche fig.*).

vibreur [vibʀœʀ] *s.m.* **1** (*elettr.*) vibratore **2** (*in Africa*) festaiolo.

vibrion [vibʀijɔ̃] *s.m.* (*biol.*) vibrione.

vibrionner [vibʀijɔne] *v.intr.* (*fam.*) agitarsi.

vibrisse [vibʀis] *s.f.* (*zool., anat.*) vibrissa.

vibromasseur [vibʀɔmasœʀ] *s.m.* vibromassaggiatore, vibratore.

vicaire [vikɛʀ] *s.m.* vicario.

vicariat [vikaʀja] *s.m.* vicariato.

vice [vis] *s.m.* **1** vizio **2** difetto.

vice- *pref.* vice-

vicennal [vise(ɛn)nal] (pl. *-aux*) *agg.* ventennale.

vice-présidence [vispʀezidɑ̃s] *s.f.* vicepresidenza.

vice-président [vispʀezidɑ̃] *s.m.* vicepresidente.

vice-roi [visʀwa] *s.m.* viceré.

vice versa [visevɛʀsa, visvɛʀsa] *locuz.avv.* viceversa.

vichy [viʃi] *s.m.* (*stoffa*) zefir a quadretti.

vichyssois [viʃiswa] *agg.* di Vichy.

vicié [visje] *agg.* viziato (*anche dir.*).

vicier [visje] *v.tr.* viziare (*anche dir.*).

vicieusement [visjøzmɑ̃] *avv.* viziosamente.

vicieux [visjø] (f. *-euse*) *agg.* **1** vizioso **2** viziato: *position vicieuse du corps*, posizione viziata

del corpo || (*dir.*) *contrat —*, contratto viziato || (*sport*) *balle vicieuse*, palla tagliata **3** difettoso **4** ombroso ♦ *s.m.* vizioso, depravato.

vicinal [visinal] (pl. *-aux*) *agg.*: *chemin —*, strada vicinale, comunale.

vicissitude [visisityd] *s.f.* (*spec. pl.*) vicissitudine, traversia.

vicomte [vikɔ̃t] *s.m.* visconte.

vicomtesse [vikɔ̃tes] *s.f.* viscontessa.

victime [viktim] *s.f.* vittima (*anche fig.*) || *être — de ses vices*, soggiacere ai propri vizi.

victoire [viktwaʀ] *s.f.* vittoria.

victoria [viktɔʀja] *s.m.* (*bot.*) vittoria regia.

victorien [viktɔʀjɛ̃] (f. *-enne*) *agg.* vittoriano.

victorieux [viktɔʀjø] (f. *-euse*) *agg.* vittorioso, vincitore || *un air —*, un'aria trionfante || *-eusement avv.*

victuailles [viktɥaj] *s.f.pl.* viveri (*m.*), vettovaglie.

vidage [vidaʒ] *s.m.* svuotamento || (*inform.*) *— de mémoire*, azzeramento della memoria.

vidange [vidɑ̃ʒ] *s.f.* **1** scarico (*m.*), svuotamento (*m.*); spurgo (di fossi, latrine) **2** (*aut.*) cambio dell'olio **3** (*in Belgio*) vuoto (di bottiglia).

vidanger [vidɑ̃ʒe] (*coniugato come* manger) *v.tr.* spurgare (fossi, latrine ecc.).

vidangeur [vidɑ̃ʒœʀ] *s.m.* **1** bottinaio **2** (*in Canada*) netturbino.

vide [vid] *agg.* e *s.m.* vuoto (*anche fig.*): *à moitié —, à demi —*, mezzo vuoto, semivuoto || *— de*, sprovvisto di, privo di; senza || *parler dans le —*, parlare al muro, al vento || *à —*, (a) vuoto: (*tecn.*) *passage à —*, giro a vuoto, (*fig.*) calo di prestigio, momento di stanca || *emballage sous —*, confezione sotto vuoto || (*fis.*) *— élevé, poussé*, vuoto spinto || (*edil.*) *— sanitaire*, vespaio.

vidé [vide] *agg.* **1** vuoto || *poisson déjà —*, pesce già pulito **2** (*fam.*) esausto, svuotato.

vidéo [video] (pl. *invar.*) *s.f.* **1** video (*m.*) **2** videotape (*m.*), videonastro (*m.*) **3** attrezzatura per la videoregistrazione ♦ *agg.* video.

vidéo- *pref.* video-

vidéocassette [videokaset] *s.f.* videocassetta.

vidéogame [videogɛm] *s.m.* videogame, videogioco.

vidéophone [videofɔn] *s.m.* → visiophone.

vide-ordures [vidɔʀdyʀ] *s.m.* (pl. *invar.*) scarico (per rifiuti domestici).

vidéothèque [videotɛk] *s.f.* videoteca.

vide-poches [vidpɔʃ] (pl. *invar.*) *s.m.* **1** vuotatasche **2** (*aut.*) vano portaoggetti.

vider [vide] *v.tr.* **1** vuotare, svuotare: *vider un poisson*, pulire un pesce || *— son cœur*, (*fig.*) aprire il cuore (a qlcu) **2** sgombr(a)rare: *— les lieux*, sloggiare || (*fam.*): *videz le plancher!*, fuori dai piedi!; *— qqn*, cacciare via qlcu **3** sfinire qlcu **4** (*inform.*) cancellare □ **se vider** *v.pron.* svuotarsi.

videur [vidœʀ] *s.m.* buttafuori (di un locale).

vidoir [vidwaʀ] *s.m.* sportello di scarico (dei rifiuti domestici).

vie [vi] *s.f.* **1** vita: *mener la grande —*, fare la gran vita; *avoir la — douce*, avere la vita facile; *il* *nous fait la —dure*, ci rende la vita difficile; *avoir la — dure*, essere duro a morire; *payer de sa —*, pagare con la vita; *refaire sa —*, rifarsi una vita, risposarsi || *à la —, à la mort*, per la vita e per la morte, per sempre || *femme de mauvaise —*, donna di vita   **2** vita, vitalità; *(fig.)* animazione || *surabondance de —*, esuberanza   **3** essere vivente, vita: *cette guerre a coûté beaucoup de vies*, questa guerra è costata molte vite, molti uomini.

vieil [vjɛj] *agg.* → **vieux**.

vieillard [vjɛjaʀ] *s.m.* vecchio; anziano.

vieillerie [vjɛjʀi] *s.f.* vecchiume (*m.*).

vieillesse [vjɛjɛs] *s.f.*   **1** vecchiaia || *assurance —*, pensione (di vecchiaia)   **2** terza età, anziani (*m.pl.*)   **3** invecchiamento (del vino).

vieilli [vjeji] *agg.* invecchiato; antiquato.

vieillir [vjejiʀ] *v.tr.* e *intr.* invecchiare: *elle a beaucoup vieilli*, è molto invecchiata □ **se vieillir** *v.pron.* invecchiarsi, aumentarsi l'età.

vieillissant [vjejisɑ̃] *agg.* che sta invecchiando.

vieillissement [vjejismɑ̃] *s.m.*   **1** invecchiamento (*anche fig.*)   **2** (*tecn.*) stagionatura (*f.*).

vieillot [vjejo] (f. *-otte*) *agg.* vecchiotto, antiquato.

vielle [vjɛl] *s.f.* (*mus.*) ghironda.

viennois [vjɛnwa] *agg.*   **1** (*Austria*) viennese   **2** (*Francia*) di Vienne.

viennoiserie [vjɛnwazʀi] *s.f.* pasticceria di panetteria (brioches ecc.).

vierge [vjɛʀʒ] *agg.* vergine (*anche fig.*) ♦ *s.f.*   **1** vergine || *la* (*Sainte*) *Vierge*, la (Santa) Vergine, la Madonna   **2** (*astr.*) *Vierge*, Vergine.

vietnamien [vjɛtnamjɛ̃] (f. *-enne*) *agg.* e *s.m.* vietnamita.

vieux [vjø] (*davanti a vocale o h muta* vieil [vjɛj], *f.* vieille [vjɛj]) *agg.*   **1** vecchio: *devenir —, se faire —*, invecchiare; *être — avant l'âge*, invecchiare prima del tempo || *vivre —*, vivere sino a tarda età || *les — jours*, la vecchiaia || *être — dans le métier*, essere vecchio del mestiere || *il fait très vieille France*, ricorda la Francia d'altri tempi || *un vieil ivrogne*, un ubriacone inveterato   **2** antico: *le bon — temps*, il buon tempo antico; *le — français*, il francese antico; *— rose*, rosa antico || *le — Nice*, la (parte) vecchia (della città di) Nizza ♦ *s.m.* (f. *vieille*) vecchio: *les —*, gli anziani || *(fam.): mes —*, i miei vecchi, i miei genitori; *mon —*, vecchio mio || *prendre un coup de —*, invecchiare improvvisamente ♦ *avv.* vecchio: *ça fait —*, fa vecchio; *s'habiller —*, vestirsi da vecchio.

vif [vif] (f. *vive*) *agg.*   **1** vivo || *l'air — de la montagne*, l'aria frizzante della montagna || *plaie vive*, ferita aperta || *des yeux vifs*, occhi vivaci || *bleu —*, azzurro intenso || *un froid très —*, un freddo pungente   **2** violento, brusco: *caractère —*, carattere collerico ♦ *s.m.*   **1** vivo || *trancher, couper dans le —*, prendere misure energiche || *cela touche au plus — de mes intérêts*, ciò tocca nel vivo i miei interessi; *piquer au —*, pungere nel vivo || *nerfs à —*, (*fig.*) nervi a fior di pelle || *de vive force*, a viva forza || *sur le —*, dal vivo, dal vero   **2** (*dir.*) vivo, persona viva   **3** pesciolino per esca: *pêcher au —*, pescare con esca viva.

vif-argent [vifaʀʒɑ̃] *s.m.* argento vivo (*anche fig.*).

vigie [viʒi] *s.f.* vedetta: *être de, en —*, essere di vedetta.

vigilance [viʒilɑ̃s] *s.f.* vigilanza.

vigilant [viʒilɑ̃] *agg.* vigilante, vigile: *soins vigilants*, cure sollecite ♦ *s.m.* guardia notturna.

vigile[1] [viʒil] *s.f.* (*eccl.*) vigilia.

vigile[2] *s.m.* guardiano notturno, metronotte.

vigne [viɲ] *s.f.*   **1** vite || *feuille de —*, foglia di fico || *— blanche*, vitalba, clematide   **2** vigna.

vigneron [viɲʀɔ̃] (f. *-onne*) *s.m.* vignaiolo; viticoltore.

vignette [viɲɛt] *s.f.*   **1** vignetta; fregio (*m.*)   **2** (*aut.*) bollo di circolazione   **3** talloncino (*m.*), bollino (*m.*); contrassegno (*m.*)   **4** (*sulla confezione dei medicinali*) fustella.

vignoble [viɲɔbl] *s.m.* vigna (*f.*), vigneto || *le — bordelais*, i vigneti della regione di Bordeaux.

vigogne [viɡɔɲ] *s.f.* vigogna.

vigoureux [viɡuʀø] (f. *-euse*) *agg.* vigoroso; energico (*anche fig.*): *enfant —*, bambino robusto || **-eusement** *avv.*

vigueur [viɡœʀ] *s.f.* vigore (*m.*), vigoria (*anche fig.*) || *agir avec —*, agire con determinazione || *en —*, in vigore, vigente.

viking [vikiŋ] *agg.* e *s.m.* vichingo.

vil [vil] *agg.* spregevole || *à — prix*, a prezzo molto basso.

vilain[1] [vilɛ̃] *agg.*   **1** brutto: *un — temps*, un tempaccio; *de vilains mots*, parolacce || *il fait — aujourd'hui*, (*fam.*) fa brutto oggi   **2** (*fam.*) brutto, cattivo: *tu as été —, ce matin*, hai fatto il cattivo, questa mattina ♦ *s.m.* (*fam.*) cosa brutta, spiacevole || *il va y avoir du —*, qui si mette male.

vilain[2] *s.m.* (*antiq.*) villano, contadino.

vilainement [vilɛnmɑ̃] *avv.*   **1** male, malamente: *il est — bâti*, è mal fatto   **2** (*antiq.*) in modo sgarbato.

vilebrequin [vilbʀəkɛ̃] *s.m.*   **1** (*tecn.*) trapano a manovella   **2** (*aut.*) albero a gomiti.

vilement [vilmɑ̃] *avv.* in modo spregevole, indegno.

vilenie [vilni] *s.f.* (*letter.*) bassezza; contumelia.

villa [villa] *s.f.*   **1** villa   **2** (*voie*) via privata (con giardini).

village [vilaʒ] *s.m.* villaggio; paese || *— olympique*, villaggio olimpico; *— de vacances*, *— club*, villaggio turistico; *— de toile*, tendopoli.

villageois [vilaʒwa] *agg.* campagnolo, paesano: *fête villageoise*, festa del villaggio ♦ *s.m.* abitante di un villaggio, paesano.

villanelle [vilanɛl] *s.f.* (*mus.*) villanella.

ville [vil] *s.f.* città: *— d'eau*(*x*), città termale; *aller, se rendre à la —*, recarsi in città; *la vieille —*, la città vecchia, il centro storico (di una città); *aller en —*, andare in centro; *dîner en —*, pranzare fuori (casa) || *— nouvelle*, città nuova, città satellite.

villégiature [vileʒjatyʀ] *s.f.* villeggiatura.

villégiaturer [vileʒjatyʀe] *v.intr.* (*fam.*) villeggiare.

villeneuvois [vilnœvwa] *agg.* di Villeneuve-sur-Lot.

villeurbannais [vilœʀbanɛ] *agg.* di Villeurbanne.

villosité [vil/ozite] *s.f.* **1** villosità **2** (*anat.*) villo (*m.*).

vin [vɛ̃] *s.m.* **1** vino: *vins fins, vins de cru,* vini pregiati; *vins courants, ordinaires,* vini comuni; — *de table,* vino da pasto || *tenir bien le* —, reggere bene il vino || — *d'honneur,* bicchierata, brindisi **2** (*fig.*) ubriachezza (*f.*); sbornia (*f.*): *avoir le* — *gai,* avere la sbornia allegra || *être entre deux vins,* essere un po' brillo.

vinaigre [vinɛgʀ] *s.m.* aceto: *cornichons au* —, cetrioli sottaceto; — *parfumé,* aceto aromatico || *tourner au* —, (*fig.*) mettersi male || *faire* —, (*fam.*) spicciarsi.

vinaigrer [vinɛgʀe] *v.tr.* condire con l'aceto.

vinaigrette [vinɛgʀɛt] *s.f.* (*cuc.*) vinaigrette, pinzimonio (*m.*).

vinaigrier [vinɛgʀije] *s.m.* ampolla dell'aceto.

vinasse [vinas] *s.f.* (*fam.*) vino mediocre.

vindicatif [vɛ̃dikatif] (f. -*ive*) *agg.* e *s.m.* vendicativo.

vineux [vinø] (f. -*euse*) *agg.* **1** alcolico **2** vinoso, che ha gusto o colore od odore di vino.

vingt [vɛ̃] *agg. num. card.* e *s.m.* venti: — *et un, vingt-quatre francs,* ventuno, ventiquattro franchi ♦ *agg. num. ord.* ventesimo.

vingtaine [vɛ̃tɛn] *s.f.* ventina.

vingt-deux [vɛ̃tdø] *agg.num.card.* e *s.m.* ventidue.

vingtième [vɛ̃tjɛm] *agg.num.ord.* e *s.m.* ventesimo.

vinicole [vinikɔl] *agg.* vinicolo.

vinification [vinifikasjɔ̃] *s.f.* vinificazione.

vinifier [vinifje] *v.tr.* vinificare.

vinosité [vinozite] *s.f.* alta gradazione alcolica di un vino.

vinyle [vinil] *s.m.* (*chim.*) vinile.

vinylique [vinilik] *agg.* (*chim.*) vinilico.

viol [vjɔl] *s.m.* **1** violenza carnale, stupro **2** violazione (*f.*).

violacé [vjɔlase] *agg.* violaceo.

violacer, se [sǝvjɔlase] (*coniug. come* placer) *v.pron.* assumere un colore violaceo.

violateur [vjɔlatœʀ] *s.m.* profanatore; chi infrange (una legge ecc.).

violation [vjɔlasjɔ̃] *s.f.* **1** violazione: — *des correspondances,* violazione del segreto epistolare **2** profanazione.

violâtre [vjɔlɑtʀ] *agg.* violaceo.

viole [vjɔl] *s.f.* (*mus.*) viola.

violemment [vjɔlamɑ̃] *avv.* violentemente.

violence [vjɔlɑ̃s] *s.f.* violenza.

violent [vjɔlɑ̃] *agg.* **1** violento **2** (*fam.*) eccessivo ♦ *s.m.* violento.

violenter [vjɔlɑ̃te] *v.tr.* violentare.

violer [vjɔle] *v.tr.* **1** violare; profanare **2** violentare, stuprare.

violet [vjɔlɛ] (f. -*ette*) *agg.* e *s.m.* viola, violetto.

violette [vjɔlɛt] *s.f.* viola, violetta, mammola.

violeur [vjɔlœʀ] *s.m.* stupratore, violentatore.

violier [vjɔlje] *s.m.* violacciocca (*f.*).

violine [vjɔlin] *agg.* e *s.m.* (color) viola porpora, (color) vinaccia.

violiste [vjɔlist] *s.m.* (suonatore di) viola.

violon [vjɔlɔ̃] *s.m.* violino || — *d'Ingres,* passatempo (preferito), hobby || *accordez vos violons,* mettetevi d'accordo; *aller plus vite que les violons,* essere troppo precipitoso || *passer la nuit au* —, (*fam.*) passare la notte in guardina, al fresco.

violoncelle [vjɔlɔ̃sɛl] *s.m.* violoncello.

violoncelliste [vjɔlɔ̃selist] *s.m.* violoncellista.

violoneux [vjɔlɔnø] *s.m.* **1** violinista (che suona nelle feste di campagna) **2** violinista da strapazzo.

violoniste [vjɔlɔnist] *s.m.* violinista.

viorne [vjɔʀn] *s.f.* (*bot.*) viburno (*m.*).

vipère [vipɛʀ] *s.f.* vipera || *nœud de vipères,* (*fig.*) groviglio di vipere.

vipereau [vipʀo], **vipéreau** [vipeʀo] (pl. -*eaux*) *s.m.* piccolo della vipera.

vipérin [vipeʀɛ̃] *agg.* viperino.

vipérine [vipeʀin] *s.f.* biscia (d'acqua).

virage [viʀaʒ] *s.m.* **1** curva (*f.*); svolta (*f.*) (*anche fig.*): *faire un* — *à gauche,* svoltare a sinistra **2** (*mar., aer.*) virata (*f.*) **3** (*scient., fot.*) viraggio || (*med.*) — *de la cuti-réaction,* cutireazione positiva.

virago [viʀago] *s.f.* virago.

virais [viʀɛ] *agg.* di Vire.

viral [viʀal] (pl. -*aux*) *agg.* virale.

vire [viʀ] *s.f.* cengia.

virée [viʀe] *s.f.* (*fam.*) passeggiata, giro (*m.*).

virelai [viʀlɛ] *s.m.* (*lett.fr.*) composizione poetica medievale.

virement [viʀmɑ̃] *s.m.* trasferimento (di denaro); (*banca*) giroconto: — *bancaire,* bonifico bancario; — *budgétaire,* storno di bilancio.

virer [viʀe] *v.intr.* **1** virare; girare (su se stesso) || (*mar.*): — *vent avant, vent arrière,* girare vento in prora, vento in poppa; — *de bord,* (*anche fig.*) virare di bordo || *au lavage les couleurs ont viré,* dopo il lavaggio i colori sono cambiati; — *à l'aigre,* inacidire **2** (*mar.*) virare (qlco): — *au cabestan,* virare l'argano ♦ *v.tr.* **1** trasferire (denaro) **2** (*fot.*) sottoporre al viraggio (una copia fotografica) **3** (*fam.*) licenziare, cacciar via.

virevoltant [viʀvɔltɑ̃] *agg.* volteggiante.

virevolte [viʀvɔlt] *s.f.* **1** giravolta **2** (*fig.*) voltafaccia (*m.*).

virevolter [viʀvɔlte] *v.intr.* fare giravolte, volteggiare.

virgilien [viʀʒiljɛ̃] (f. -*enne*) *agg.* virgiliano.

virginal [viʀʒinal] (pl. -*aux*) *agg.* virginale.

virginie [viʀʒini] *s.m.* (*tabacco*) virginia || *un cigar, une cigarette de Virginie,* un virginia, una virginia.

virginité [viʀʒinite] *s.f.* verginità.

virgule [viʀgyl] *s.f.* virgola.

viril [viʀil] *agg.* virile || *âge* —, età adulta || -*ement avv.*

viriliser [viʀilize] *v.tr.* virilizzare.

virilité [viʀilite] *s.f.* virilità.

virole [viʀɔl] *s.f.* **1** ghiera **2** conio (di monete e medaglie).

viroler [viʀɔle] *v.tr.* **1** munire di ghiera **2** introdurre nel conio.

virologie [viʀɔlɔʒi] *s.f.* virologia.

virose [viʀoz] *s.f.* virosi.

virtualité [viʀtɥalite] *s.f.* virtualità.

virtuel [viʀtɥɛl] (f. *-elle*) *agg.* virtuale ‖ **-ellement** *avv.*

virtuose [viʀtɥoz] *s.m.* virtuoso.

virtuosité [viʀtɥozite] *s.f.* virtuosismo (*m.*), virtuosità.

virulence [viʀylɑ̃s] *s.f.* virulenza.

virulent [viʀylɑ̃] *agg.* virulento.

virus [viʀys] *s.m.* virus ‖ (*fig.*): *le — de l'anarchie*, il germe dell'anarchia; *le — du cinéma*, la mania del cinema.

vis [vis] *s.f.* vite: — *mère*, madrevite; — *à droite*, *à gauche*, vite destrorsa, sinistrorsa; — *à œil*, vite a occhiello; — *à oreilles*, (vite a) galletto ‖ *serrer la* —, (*fig.*) dare un giro di vite ‖ *à* —, a vite, a spirale; *escalier à*, *en* —, scala a chiocciola.

visa [viza] *s.m.* visto: *apposer*, *mettre un* —, vidimare.

visage [vizaʒ] *s.m.* **1** volto, viso, faccia (*f.*): *prendre un — de circonstance*, fare un viso di circostanza ‖ *un* — *volontaire*, *énergique*, una espressione volitiva, energica ‖ *à* — *découvert*, (*fig.*) a viso aperto, apertamente **2** (*fig.*) volto, aspetto.

visagiste [vizaʒist] *s.m.* e *f.* visagista.

vis-à-vis [vizavi] *s.m.* **1** persona o cosa che si trova dirimpetto: *il était mon — à table*, mi stava di fronte a tavola **2** amorino (divanetto a due posti a forma di S) ♦ *avv.* di fronte, faccia a faccia □ **vis-à-vis** de *locuz.prep.* **1** di fronte a, dirimpetto a **2** (*fig.*) nei confronti di, di fronte a.

viscéral [viseʀal] (pl. *-aux*) *agg.* viscerale ‖ **-ement** *avv.*

viscère [viseʀ] *s.m.* viscere (*f.pl.*).

viscose [viskoz] *s.f.* viscosa.

viscosité [viskozite] *s.f.* vischiosità; (*chim.*, *fis.*) viscosità.

visé [vize] *agg.* preso di mira ♦ *s.m.*: *tirer un* —, sparare prendendo la mira.

visée [vize] *s.f.* **1** mira **2** (*fig.*) scopo (*m.*), intento (*m.*), mira.

viser[1] [vize] *v.tr.* mirare (a) (*anche fig.*) ‖ *sa remarque visait toute la famille*, la sua osservazione toccava tutti i membri della famiglia ‖ *vise moi ça!*, *vise un peu ça!*, (*molto fam.*) ma guarda un po'! ♦ *v.intr.* mirare ‖ — *au cœur*, (*fig.*) fare centro.

viser[2] *v.tr.* vistare, vidimare; autenticare.

viseur [vizœʀ] *s.m.* **1** mirino **2** (*mar.*) puntatore.

visibilité [vizibilite] *s.f.* visibilità.

visible [vizibl] *agg.* **1** visibile ‖ *être* —, (*fam.*) essere presentabile, essere disposto a ricevere una visita **2** (*fig.*) evidente ♦ *s.m.* (mondo) visibile.

visiblement [vizibləmɑ̃] *avv.* **1** visibilmente, in modo visibile **2** (*fig.*) evidentemente, palesemente.

visière [vizjɛʀ] *s.f.* visiera (di casco, elmo, berretto) ‖ *rompre en* —, (*fig.*) attaccare, contraddire apertamente.

visioconférence [vizjokɔ̃feʀɑ̃s] *s.f.* videoconferenza.

vision [vizjɔ̃] *s.f.* **1** visione ‖ *tu as des visions!*, (*fam.*) ma tu vaneggi! **2** vista; capacità visiva: *troubles de la* —, disturbi della vista.

visionnage [vizjɔnaʒ] *s.m.* (*tv*, *cine.*) il visionare, visione (*f.*).

visionnaire [vizjɔnɛʀ] *agg.* e *s.m.* visionario.

visionner [vizjɔne] *v.tr.* **1** visionare **2** esaminare alla moviola **3** guardare (le diapositive) col visore.

visionneuse [vizjɔnøz] *s.f.* **1** visore (per diapositive) **2** (*cine.*) moviola.

visiophone [vizjɔfɔn] *s.m.* videocitofono; videotelefono.

visitation [vizitasjɔ̃] *s.f.* (*relig.*, *arte*) visitazione.

visite [vizit] *s.f.* **1** visita: *rendre* — *à qqn.*, far visita a qlcu **2** visita (medica): *passer la* — *médicale*, sottoporsi a una visita medica ‖ *avoir de la* —, avere visite **3** esame (*m.*), ispezione: — *d'un appartement*, visita, sopralluogo di un appartamento ‖ (*dir.*) — *domiciliaire*, perquisizione domiciliare.

visiter [vizite] *v.tr.* **1** visitare (un luogo) **2** far visita (a), recarsi presso **3** esaminare, ispezionare; (*mecc.*) revisionare.

visiteur [vizitœʀ] (f. *-euse*) *s.m.* **1** visitatore ‖ — *médical*, rappresentante farmaceutico ‖ (*dir.*) — *de prison*, volontario che presta assistenza ai carcerati **2** ispettore; controllore.

vison [vizɔ̃] *s.m.* visone.

visqueux [viskø] (f. *-euse*) *agg.* **1** vischioso, viscoso **2** viscido (*anche fig.*).

vissage [visaʒ] *s.m.* avvitamento.

vissé [vise] *agg.* avvitato; (*fig.*) inchiodato: — *au téléviseur*, inchiodato davanti al televisore.

visser [vise] *v.tr.* **1** avvitare **2** (*fig. fam.*) tenere a freno; dare un giro di vite.

visserie [visʀi] *s.f.* **1** viteria **2** bulloneria.

visseuse [visøz] *s.f.* (*mecc.*) (*macchina*) avvitatrice.

visualisation [vizɥalizasjɔ̃] *s.f.* visualizzazione.

visualiser [vizɥalize] *v.tr.* **1** visualizzare **2** (*fig.*) immaginare, figurare **3** (*cine.*) tradurre in immagini.

visuel [vizɥɛl] (f. *-elle*) *agg.* visivo ♦ *s.m.* **1** (*grafica pubblicitaria*) visualità (*f.*) **2** (*inform.*) schermo di visualizzazione, display.

visuellement [vizɥɛlmɑ̃] *avv.* visivamente; de visu.

vital [vital] (pl. *-aux*) *agg.* vitale: *c'est* —, è di vitale importanza ‖ *le minimum* —, il minimo per vivere.

vitalisme [vitalism] *s.m.* vitalismo.

vitalité [vitalite] *s.f.* vitalità.

vitamine [vitamin] *s.f.* vitamina.

vitaminé [vitamine] *agg.* vitaminico; vitaminizzato.

vite [vit] *avv.* presto, in fretta: *et plus — que ça!*, forza, muoversi! || *(fam.)*: — *fait*, in fretta, alla svelta; *tu auras — fait de comprendre*, capirai in fretta; *on a — fait de dire que...*, si fa presto a dire che... || *au plus —*, al più presto || *il y va un peu —*, fa le cose un po' troppo in fretta, *(fig.)* corre troppo (con la fantasia) ♦ *agg.* (*in Canada*) svelto: *ne pas être — sur ses patins*, *(fig.)* essere duro di comprendonio.

vite-fait [vitfɛ] *agg.* (*fam.*) rapido, veloce.

vitellin [vite(ɛl)lɛ̃] *agg.* (*biol.*) vitellino.

vitellus [vite(ɛl)lys] *s.m.* (*biol.*) vitello.

vitesse [vitɛs] *s.f.* **1** velocità: *prendre de —*, (*anche fig.*) superare in velocità; *faire de la —*, correre (in automobile ecc.) || *à toute —*, a gran velocità; *à petite —*, a bassa velocità || *en —*, velocemente || *en perte de —*, che perde velocità, (*fig.*) in declino || (*sport*): (*course de*) —, gara di velocità; *coureur de —*, velocista **2** (*aut.*) marcia: *levier (de changement) de —*, leva del cambio (con la velocità) || *vitesses au plancher*, cambio a cloche || *en quatrième —*, (*fam.*) in fretta e furia; in quarta, a tutta birra.

viticole [vitikɔl] *agg.* viticolo.

viticulteur [vitikyltœʀ] (f. *-trice*) *s.m.* viticoltore.

viticulture [vitikyltyʀ] *s.f.* viticoltura.

vitrage [vitʀaʒ] *s.m.* **1** vetrata (*f.*), invetriata (*f.*) **2** (insieme di) vetri (di una finestra ecc.) **3** invetriatura (*f.*), posa dei vetri **4** (*rideau de*) —, tendina a vetro.

vitrail [vitʀaj] (pl. *-aux*) *s.m.* vetrata (artistica).

vitre [vitʀ] *s.f.* **1** vetro (di finestra ecc.) **2** finestrino (di automobile ecc.) || — *avant*, parabrezza; — *arrière*, lunotto.

vitré [vitʀe] *agg.* **1** a vetri: *une baie vitrée*, una vetrata **2** (*anat.*) vitreo.

vitrer [vitʀe] *v.tr.* munire di vetri, mettere i vetri (a).

vitrerie [vitʀəʀi] *s.f.* vetreria; industria del vetro.

vitreux [vitʀø] (f. *-euse*) *agg.* **1** vetroso **2** vitreo.

vitrier [vitʀije] *s.m.* vetraio.

vitrification [vitʀifikɑsjɔ̃] *s.f.* vetrificazione.

vitrifier [vitʀifje] *v.tr.* vetrificare.

vitrine [vitʀin] *s.f.* vetrina: *lécher les vitrines*, andare per negozi, fare shopping.

vitriol [vitʀijɔl] *s.m.* vetriolo.

vitrioler [vitʀijɔle] *v.tr.* vetrioleggiare.

vittellois [vitɛlwa] *agg.* di Vittel.

vitupération [vitypeʀasjɔ̃] *s.f.* vituperazione.

vitupérer [vitypeʀe] (*coniug. come* céder) *v.tr.* vituperare; imprecare (contro), inveire (contro) ♦ *v.intr.* imprecare, inveire.

vivable [vivabl] *agg.* vivibile; (*estens.*) sopportabile, tollerabile.

vivace[1] [vivas] *agg.* **1** resistente, duraturo **2** (*fig.*) tenace, persistente || *une foi —*, una fede viva || *des préjugés vivaces*, pregiudizi radicati, duri a morire **3** (*bot.*) perenne.

vivace[2] *avv.* e *agg.invar.* (*mus.*) vivace.

vivacité [vivasite] *s.f.* vivacità || *discuter avec —*,

discutere animatamente || *la — de l'air*, la freschezza dell'aria; l'aria fresca, frizzante || — *d'esprit*, vivacità d'ingegno; prontezza di spirito.

vivandière [vivɑ̃djɛʀ] *s.f.* vivandiera.

vivant [vivɑ̃] *agg.* **1** vivo, vivente: *il est bien —!*, è vivo e vegeto! **2** (*fig.*) pieno di vita, animato ♦ *s.m.* vivo || *un bon —*, un buontempone || *du —de*, al tempo di; *du — de son père*, quando era vivo suo padre || *en, de son —*, da vivo.

vivarium [vivaʀjɔm] *s.m.* biorama (ambiente in cui si riproduce l'habitat naturale degli animali).

vivat [viva] *s.m.* evviva ♦ *inter.* (*antiq.*) viva!, evviva!

vive[1] [viv] *inter.* viva!, evviva!

vive[2] *s.f.* (*zool.*) trachino dragone, pesce ragno.

vive-eau [vivo] (pl. *vives-eaux*) *s.f.* alta marea del plenilunio.

vivement [vivmɑ̃] *avv.* **1** vivamente **2** con vigore; rapidamente ♦ *inter.*: — *les vacances!*, (*fam.*) non vedo l'ora che arrivino le vacanze!

viveur [vivœʀ] *s.m.* gaudente.

vividité [vividite] *s.f.* vividezza, vivezza.

vivier [vivje] *s.m.* vivaio (*anche fig.*).

vivifiant [vivifjɑ̃] *agg.* vivificante, tonificante.

vivifier [vivifje] *v.tr.* vivificare, tonificare.

vivipare [vivipaʀ] *agg.* e *s.m.* viviparo.

vivisection [vivisɛksjɔ̃] *s.f.* vivisezione.

vivoir [vivwaʀ] *s.m.* (*in Canada*) (stanza di) soggiorno.

vivoter [vivɔte] *v.intr.* (*fam.*) vivacchiare.

vivre[1] [vivʀ]

Indic.pres. je vis, etc., nous vivons, etc.; *imperf.* je vivais, etc.; *pass.rem.* je vécus, etc.; *fut.* je vivrai, etc., *Cond.* je vivrais, etc. *Cong.pres.* que je vive, etc.; *imperf.* que je vécusse, etc. *Part.pres.* vivant; *pass.* vécu. *Imp.* vis, vivons, vivez.

---

v.intr. e *tr.* vivere: *il a vécu deux ans à Paris*, ha, è vissuto due anni a Parigi; *il a vécu une heure d'angoisse*, ha vissuto un'ora di angoscia; *les bons moments que nous avons vécus ensemble*, i bei momenti che abbiamo vissuto insieme; — *de rien*, vivere con niente; — *à deux*, vivere in due || *personne facile à —*, persona accomodante; *il est difficile à —*, è difficile vivere con lui || *il faut bien —!*, bisogna pur vivere! || *se laisser —*, tirare a campare || *prendre le temps de —*, assaporare la vita || *faire — qqn*, mantenere qlcu || *je vais t'apprendre à —!*, ti faccio vedere io!

vivre[2] *s.m.* **1** vitto || *le — et le couvert*, il vitto e l'alloggio **2** *pl.* viveri.

vivrier [vivʀije] (f. *-ère*) *agg.* (per uso) alimentare.

vizir [viziʀ] *s.m.* visir.

vlan, v'lan [vlɑ̃] *inter.* paffete!

vocable [vɔkabl] *s.m.* vocabolo, parola (*f.*).

vocabulaire [vɔkabylɛʀ] *s.m.* vocabolario || *quel —!*, che linguaggio!

vocal [vɔkal] (pl. *-aux*) *agg.* vocale.

vocalique [vɔkalik] *agg.* vocalico.

vocalisation [vɔkalizasjɔ̃] *s.f.* vocalizzazione.

vocalise [vɔkaliz] *s.f.* vocalizzo (*m.*).

vocaliser [vɔkalize] *v.tr.* vocalizzare.

vocalisme [vɔkalism] *s.m.* vocalismo.
vocatif [vɔkatif] *s.m.* vocativo.
vocation [vɔkasjɔ̃] *s.f.* vocazione: *manquer sa —*, non seguire la propria vocazione, (*fam.*) sbagliare mestiere || *avoir — à, pour qqch*, essere fatto per, essere adatto a qlco.
vocifération [vɔsifeʀɑsjɔ̃] *s.f.* **1** lo sbraitare **2** *pl.* urla, grida.
vociférer [vɔsifeʀe] (*coniug. come* céder) *v.intr.* sbraitare ♦ *v.tr.* urlare.
vodka [vɔdka] *s.f.* vodka.
vœu [vø] (pl. *vœux*) *s.m.* **1** (*eccl.*) voto **2** promessa (*f.*); giuramento: *faire — de*, giurare di **3** desiderio, voto; augurio: *un — pieux*, un pio desiderio; *les vœux de la nation*, le aspirazioni del paese; *faire le — que*, augurarsi che; *je fais des vœux pour qu'il réussisse*, mi auguro di cuore che riesca (nella vita); *fais un —!*, esprimi un desiderio! || *présenter tous ses vœux de bonne année*, porgere i migliori auguri di buon anno **4** (*pol.*) parere (consultivo).
vogue [vɔg] *s.f.* popolarità || *être en —*, essere in voga.
voguer [vɔge] *v.intr.* (*letter.*) navigare || *vogue la galère*, (*fam.*) vada come vada.
voici [vwasi] *prep.* **1** ecco (qui): *me —, te —, les —*, eccomi, eccoti, eccola, eccoli, eccole; *en — quelques-uns*, eccone alcuni || *Monsieur que —*, il signore qui presente; *le livre que —*, questo libro || *— ce qu'il en est...*, le cose stanno così..., ecco come stanno le cose... **2** (*in proposizioni temporali*) (*letter.*) *— presque un an*, quasi un anno fa; *— quelques jours que je ne l'ai vu*, sono alcuni giorni che non lo vedo.
voie [vwa] *s.f.* **1** via, strada (*anche fig.*): *— express*, strada a scorrimento veloce || *être dans la bonne —*, essere sulla buona strada; *être en bonne —*, essere su una buona strada || *par — de terre*, via terra || (*dir.*) *la — publique*, la pubblica via || (*fig.*): *par la — hiérarchique*, per via gerarchica; *par — de conséquence*, di conseguenza; *par des voies détournées*, per vie traverse || *en — de*, in via di **2** corsia (spec. di autostrada): *route à trois voies*, strada a tre corsie; *— de détresse*, corsia di emergenza **3** (*ferr.*) binario (*m.*): *— de garage*, binario morto; *défense de traverser la —*, è proibito attraversare i binari || *— ferrée*, strada ferrata **4** (*ferr.*) scartamento (*m.*); (*aut.*) distanza tra le ruote (di un assale) **5** (*anat.*) via: *les voies digestives*, il tubo digerente **6** (*dir.*) via: *par — de droit*, per le vie legali; *se livrer à des voies de fait*, passare alle vie di fatto **7** (*alpinismo*) via **8** (*mar.*) *— d'eau*, falla.
voilà [vwala] *prep.* **1** ecco: *me, te, le —*, eccomi, eccoti, eccolo; *nous y —*, eccoci quà; (*fig.*) eccoci (arrivati) al punto; *le — parti*, ecco che è partito; *— ce que c'est que de...*, ecco cosa succede a... || *— (et) — tout!*, ecco tutto!, (è) tutto qui! || *— bien les hommes!, les femmes!*, gli uomini, le donne sono quel che sono! || *nous — bien!, nous — frais!*, (*iron.*) adesso sì che siamo a posto! || *— qui est bien!*, così va bene!; *— qui est nouveau!*, questa

poi è nuova! || *— ce qui s'appelle parler*, questo sì che è parlare || *ces gens que —*, quelle persone; *l'homme que —*, quell'uomo || *— où j'en suis*, ecco qual è la situazione; *ecco a che punto sono* || *en — assez!*, basta (così)! || *en — un imbécile!*, che imbécille!; *en — des façons!*, che modi! || *ne voilà-t-il pas que*, (*letter.*) quand'ecco che || *j'arrive et voilà-t-il pas qu'il s'en va*, (*fam.*) io arrivo ed ecco che lui se ne va **2** (*in proposizioni temporali*): *— trois mois qu'il est parti*, è partito da tre mesi, sono tre mesi che è partito; *— dix ans que je ne l'ai pas vu*, non lo vedo da dieci anni ♦ *inter.* ecco! □ **en veux-tu en voilà** *locuz.avv.* a bizzeffe, chi più ne ha più ne metta.
voilage [vwalaʒ] *s.m.* tendaggio (in tessuto leggero).
voile¹ [vwal] *s.m.* **1** velo; (*fig.*) velo, ombra (*f.*): *soulever un coin du —*, (*fig.*) lasciar trapelare qlco || *sous le — de l'anonymat*, sotto il velo dell'anonimato **2** (*tessuto*) voile **3** (*anat.*) *— du palais*, velo pendulo (del palato).
voile² *s.f.* vela: *à pleines voiles, toutes voiles dehors*, a vele spiegate, (*fig.*) a gonfie vele; *mettre à la —*, armare le vele || *mettre les voiles*, (*fig.*) tagliare la corda, svignarsela; *avoir du vent dans les voiles*, (*fam.*) essere un po' brillo || (*sport*) *faire de la —*, fare vela || *aller à — et à vapeur*, (*fam.*) essere bisessuale.
voilé [vwale] *agg.* **1** velato (*anche fig.*) || *parler en termes voilés*, parlare in modo allusivo **2** (*ingranaggio ecc.*) deformato, storto.
voilement [vwalmã] *s.m.* (*tecn.*) deformazione superficiale (del legno, di un metallo ecc. dovuta a un peso eccessivo).
voiler¹ [vwale] *v.tr.* velare (*anche fig.*) || *se — la face*, fingere di non vedere; vergognarsi □ **se voiler** *v.pron.* velarsi (*anche fig.*).
voiler² *v.tr.* **1** armare di vele (un'imbarcazione) **2** (*tecn.*) deformare □ **se voiler** *v.pron.* (*tecn.*) deformarsi.
voilette [vwalɛt] *s.f.* veletta.
voilier [vwalje] *s.m.* **1** veliero **2** barca a vela **3** (*oiseau*)—, volatore.
voilure [vwalyʀ] *s.f.* **1** (*mar.*) velatura, velame (*m.*) || *surface de —*, superficie velica || *centre de —*, centro velico **2** (*aer.*) ala (di aereo): *— tournante*, ala rotante **3** calotta (di paracadute) **4** (*tecn.*) deformazione; curvatura.

voir [vwaʀ]

Indic.pres. je vois, etc., nous voyons, vous voyez, ils voient; *imperf.* je voyais, etc., nous voyions etc.; *fut.* je verrai, etc. *Cond.* je verrais, etc. *Cong.pres.* que je voie, etc., que nous voyions, qu'ils voient; *imperf.* que je visse, etc. *Part.pres.* voyant; *pass.* vu. *Imp.* vois, etc. *Part.pass.* voyant; *pass.* vu. *Imp.* vois, etc.

v.tr. **1** vedere || *cela se voit tous les jours*, è cosa di tutti i giorni; *j'en ai vu bien d'autres*, ho visto di peggio || *vous m'en voyez navré*, ne sono veramente costernato **2** fare visita (a), visitare: *le docteur m'a vu ce matin*, il medico mi ha visitato questa mattina **3** capire, cogliere: *vous voyez ce* *que je veux dire?*, capite quello che voglio dire? || *n'y — que du feu*, non accorgersi di nulla ♦ *v.intr.* (*letter.*) procurare, cercare: *voyez que rien ne lui manque*, procurate che non gli manchi nulla □ **se voir** *v.pron.* **1** vedersi: *je me vois mal accepter sa proposition*, non mi ci vedo proprio ad accettare la sua proposta; *elle s'est vu refuser son offre*, si è vista rifiutare la sua offerta; *elle ne s'est pas vue mourir*, non si è accorta di morire **2** (*l'un l'altro*) vedersi.

♦ FRASEOLOGIA: *il faudrait —à ne pas...*, vedi, vedete un po' di non... || *je ne peux pas le —*, non lo sopporto; *je l'ai assez vu*, non lo sopporto più || *qu'il aille se faire —!*, che vada al diavolo!; *va — ailleurs si j'y suis!*, vai fuori dai piedi!; *tu vois ça d'ici!*, puoi immaginarti come andranno le cose!; *je voudrais t'y —!*, vorrei vedere te!; *on aura tout vu!*, roba da matti!; *on va — ce qu'on va —!*, staremo a vedere!; *essaie un peu pour —!*, provaci un po', se osi! || *dites- —!*, dite un po'!; *voyons!*, ma via! insomma!; *voyez-vous ça!*, ma guarda un po'! || *on verra bien*, si vedrà, vedremo!; *c'est tout vu!*, è già deciso!; *vous voyez bien*, lo vedete.

voire [vwaʀ] *avv.* perfino.

voirie [vwaʀi] *s.f.* **1** rete stradale **2** amministrazione statale delle strade || *travaux de —*, lavori di costruzione e manutenzione della rete stradale **3** discarica || *service de —*, servizio di nettezza urbana.

voisin [vwazɛ̃] *agg.* vicino || *être — de*, (*fig.*) rasentare ♦ *s.m.* vicino.

voisinage [vwazinaʒ] *s.m.* **1** vicinato || *vivre en bon —*, vivere in rapporti di buon vicinato **2** vicinanza (*f.*), vicinanze (*f.pl.*): *il habite dans le —*, abita qui vicino; *les maisons du —*, le case vicine || *au — de*, nelle vicinanze di.

voisiner [vwazine] *v.intr.* **1** frequentarsi (tra vicini) **2** essere accanto (a), essere vicino (a).

voiturage [vwatyʀaʒ] *s.m.* carreggio, trasporto (con carri ecc.).

voiture [vwatyʀ] *s.f.* **1** automobile, macchina **2** (*ferr.*) carrozza **3** veicolo da trasporto, carrozza, vettura: *— à bras*, carretto a mano || *— d'enfant, d'infirme*, carrozzella per bambini, per invalidi **4** (*comm.*) *lettre de —*, lettera di vettura □ **voiture-balai** (*ciclismo*) automobile scopa; **voiture-bar**, carrozza bar; **voiture-épave**, automobile abbandonata; **voiture-lit**, carrozza, vagone letto; **voiture-piège**, autocivetta (della polizia); **voiture-poste**, vagone postale.

voiturer [vwatyʀe] *v.tr.* **1** (*antiq.*) trasportare (in un veicolo) **2** (*fam.*) scarrozzare (in automobile).

voiturette [vwatyʀɛt] *s.f.* automobile di piccola cilindrata, vetturetta.

voiturier [vwatyʀje] *s.m.* (*ant.*) vetturale.

voix [vwa] *s.f.* **1** voce: *grosse —*, vocione || *de vive —*, a viva voce || *concert de —*, (*mus.*) concerto vocale || *donner de la —*, (*fig.*) farsi sentire || *mais tu entends des —!*, (*iron.*) hai le travegole! **2** (*di animali*) verso (*m.*); grido (*m.*) **3** (*gramm.*) forma (di verbo) **4** voto (*m.*), suffragio (*m.*).

vol[1] [vɔl] *s.m.* furto; rapina (*f.*).

vol[2] *s.m.* **1** volo: *prendre son —*, (*anche fig.*) prendere, spiccare il volo || *de haut —*, di alto livello || *à — d'oiseau*, in linea d'aria **2** stormo (di uccelli ecc.).

volage [vɔlaʒ] *agg.* volubile, incostante.

volaille [vɔlaj] *s.f.* **1** pollame (allevato per le uova o la carne) **2** (*cuc.*) volatile (pollo, tacchino, anatra ecc.).

volailler [vɔlaje], **volailleur** [vɔlajœʀ] *s.m.* pollivendolo.

volant[1] [vɔlɑ̃] *s.m.* **1** volante (di automobile) **2** (gioco del) volano **3** (*mecc.*) volano **4** (*cucito*) volant, balza (*f.*): *— festonné*, frappa **5** (*comm.*) figlia (di registro a madre e figlia) || *— de trésorerie*, riserva di cassa || *— de sécurité*, (*fig.*) margine di sicurezza **6** (*aer.*) membro del personale navigante.

volant[2] *agg.* volante || *camp —*, accampamento mobile; *pont —*, ponte mobile || (*aer.*) *personnel —*, personale navigante.

volatil [vɔlatil] *agg.* volatile.

volatile [vɔlatil] *s.m.* (*zool.*) volatile.

volatilisation [vɔlatilizasjɔ̃] *s.f.* volatilizzazione.

volatiliser [vɔlatilize] *v.tr.* **1** volatilizzare **2** (*fig.*) far sparire □ **se volatiliser** *v.pron.* volatilizzarsi.

volatilité [vɔlatilite] *s.f.* volatilità.

vol-au-vent [vɔlovɑ̃] (pl. *invar.*) *s.m.* (*cuc.*) vol-au-vent (pasta sfoglia farcita con preparazioni di carni o verdure).

volcan [vɔlkɑ̃] *s.m.* vulcano.

volcanique [vɔlkanik] *agg.* vulcanico (*anche fig.*).

volcanisme [vɔlkanism] *s.m.* vulcanismo.

volcanologie [vɔlkanɔlɔʒi] *s.f.* vulcanologia.

volcanologue [vɔlkanɔlɔg] *s.m.* vulcanologo.

volé [vɔle] *agg.* rubato; (*di persona*) derubato.

volée [vɔle] *s.f.* **1** volo (*m.*): *prendre sa —*, (*anche fig.*) spiccare il volo || *à la —*, al volo; (*agr.*) *semer à la —*, seminare alla volata || *à toute —*, di volata; *les cloches sonnaient à toute —*, le campane suonavano a distesa || *de haute —*, d'alto bordo **2** (*di uccelli*) volo (*m.*), stormo (*m.*) **3** scarica (di botte), raffica (di colpi di arma da fuoco): *une — de bois vert*, (*fam.*) una scarica di legnate **4** (*sport con la palla*) volée **5** (*in Svizzera*) gruppo di persone ate o diplomate lo stesso anno.

voler[1] [vɔle] *v.intr.* **1** volare (*anche fig.*): *l'oiseau a volé sur la branche*, l'uccello è volato sul ramo; *ils ont volé à haute altitude*, (*in aereo*) hanno volato ad alta quota **2** (*in Africa*) guidare pericolosamente.

voler[2] *v.tr.* **1** rubare (*anche fig.*) || *il ne l'a pas volé*, se lo è meritato **2** derubare ♦ *v.intr.* rubare.

volet [vɔlɛ] *s.m.* **1** (*di porta, finestra*) imposta (*f.*), scuro, persiana (*f.*): *— roulant*, avvolgibile, tapparella **2** (*arte*) sportello, anta (di un trittico) **3** (*tip.*) faccia, pagina (di un opuscolo piegato in tre o più parti); risvolto (di copertina) **4** (*fig.*) parte (di un insieme) || *trier sur le —*, scegliere, selezionare con cura **5** (*aer.*) aletta (*f.*), ipersostentatore **6** (*aut.*) — (*du carburateur*), farfalla (del carburatore).

voleter [vɔlte] (*coniug.* come jeter) *v.intr.* svolazzare.

voleur [vɔlœʀ] (f. *-euse*) *agg.* e *s.m.* ladro.

volière [vɔljeʀ] *s.f.* uccelliera, voliera.

volige [vɔliʒ] *s.f.* (*edil.*) travicello (per orditura di tetto).

voligeage [vɔliʒaʒ] *s.m.* (*edil.*) impalcatura (di tetto).

volitif [vɔlitif] (f. *-ive*) *agg.* volitivo.

volition [vɔlisjɔ̃] *s.f.* (*psic.*) volizione.

volley-ball [vɔlebol] *s.m.* pallavolo (*f.*).

volleyeur [vɔlejœʀ] (f. *-euse*) *s.m.* **1** pallavolista **2** (*tennis*) specialista della volée.

volontaire [vɔlɔ̃teʀ] *agg.* **1** volontario **2** volitivo; caparbio ♦ *s.m.* (soldato) volontario.

volontairement [vɔlɔ̃teʀmɑ̃] *avv.* volontariamente.

volontariat [vɔlɔ̃taʀja] *s.m.* volontariato.

volontarisme [vɔlɔ̃taʀism] *s.m.* decisionismo.

volontariste [vɔlɔ̃taʀist] *agg.* decisionista.

volonté [vɔlɔ̃te] *s.f.* volontà || *il a toujours fait ses quatre volontés*, (*fam.*) ha sempre fatto tutto quello che ha voluto || *de sa propre* —, di sua spontanea volontà || *à* —, a volontà, a piacere || (*comm.*) *payable à* —, pagabile a vista.

volontiers [vɔlɔ̃tje] *avv.* volentieri, di buon grado || *on croit* — *que...*, si è propensi a credere che...

volt [vɔlt] *s.m.* (*elettr.*) volt.

voltage [vɔltaʒ] *s.m.* voltaggio.

voltaïque [vɔltaik] *agg.* (*elettr.*) voltaico.

voltaire [vɔlteʀ] *s.m.* poltrona alla Voltaire (a schienale alto).

voltairianisme [vɔlteʀjanism] *s.m.* volter(r)ianesimo.

voltairien [vɔlteʀjɛ̃] (f. *-enne*) *agg.* e *s.m.* volter(r)iano.

voltamètre [vɔltametʀ] *s.m.* voltametro.

voltampère [vɔltɑ̃peʀ] *s.m.* (*elettr.*) voltampere.

volte [vɔlt] *s.f.* **1** (*equitazione*) volta **2** (*ginnastica*) volteggio (*m.*).

volte-face [vɔltəfas] (pl. *invar.*) *s.f.* voltafaccia.

voltige [vɔltiʒ] *s.f.* volteggio (*m.*): *exercices de haute* —, esercizi di alta acrobazia.

voltigement [vɔltiʒmɑ̃] *s.m.* svolazzo, sfarfallio; volteggiamento.

voltiger [vɔltiʒe] (*coniug.* come manger) *v.intr.* volteggiare.

voltigeur [vɔltiʒœʀ] (f. *-euse*) *s.m.* acrobata; trapezista.

voltmètre [vɔltmetʀ] *s.m.* voltmetro.

volubile [vɔlybil] *agg.* verboso.

volubilis [vɔlybilis] *s.m.* (*bot.*) ipomea (*f.*).

volubilité [vɔlybilite] *s.f.* verbosità.

volume[1] [vɔlym] *s.m.* volume: *mesurer le* — *de...*, calcolare il volume di... || *faire du* —, far volume || *augmenter le* — *de la radio*, alzare il volume della radio.

volume[2] *s.m.* (*libro*) volume.

volumétrie [vɔlymetʀi] *s.f.* volumetria.

volumétrique [vɔlymetʀik] *agg.* volumetrico.

volumineux [vɔlyminø] (f. *-euse*) *agg.* voluminoso.

volupté [vɔlypte] *s.f.* voluttà.

voluptuaire [vɔlyptɥeʀ] *agg.* voluttuario.

voluptueux [vɔlyptɥø] (f. *-euse*) *agg.* voluttuoso || **-eusement** *avv.*

volute [vɔlyt] *s.f.* voluta.

volvaire [vɔlveʀ] *s.f.* (*bot.*) volvaria.

volve [vɔlv] *s.f.* (*bot.*) volva.

vomer [vɔmeʀ] *s.m.* (*anat.*) vomere, vomero.

vomi [vɔmi] *s.m.* (*fam.*) vomito.

vomique [vɔmik] *agg.*: *noix* —, (*frutto*) noce vomica.

vomiquier [vɔmikje] *s.m.* (*albero*) noce vomico.

vomir [vɔmiʀ] *v.tr.* vomitare (*anche fig.*).

vomissement [vɔmismɑ̃] *s.m.* vomito: *elle a eu des vomissements*, ha avuto una crisi di vomito; — *de sang*, sbocco di sangue.

vomissure [vɔmisyʀ] *s.f.* vomito (*m.*).

vomitif [vɔmitif] (f. *-ive*) *agg.* **1** emetico **2** (*fam.*) vomitevole, stomachevole ♦ *s.m.* emetico.

vorace [vɔʀas] *agg.* vorace || **-ement** *avv.*

voracité [vɔʀasite] *s.f.* voracità (*anche fig.*).

vortex [vɔʀteks] *s.m.* (*scient.*) vortice.

vorticelle [vɔʀtisel] *s.f.* (*zool.*) vorticella.

vos [vo] *agg.poss.pl.m.* e *f.* → **votre**.

vosgien [voʒjɛ̃] (f. *-enne*) *agg.* (del dipartimento) dei Vosgi.

votant [vɔtɑ̃] *agg.* e *s.m.* votante.

votation [vɔtasjɔ̃] *s.f.* (*in Svizzera*) votazione.

vote [vɔt] *s.m.* voto, votazione (*f.*): *bureau de* —, seggio elettorale.

voter [vɔte] *v.tr.* e *intr.* votare.

votif [vɔtif] (f. *-ive*) *agg.* votivo || *fête votive*, festa del (santo) patrono.

votre [vɔtʀ]
_____

sing.m. e *f.* **votre** vostro, vostra; *pl.m.* e *f.* **vos** vostri, vostre

agg.poss.m. e *f.sing.* **1** vostro, vostra: — *père et* — *mère*, *vos père et mère*, vostro padre e vostra madre; *vos frères et vos sœurs*, i vostri fratelli e le vostre sorelle || (*nella corrispondenza comm.*) *en réponse à* — *lettre du...*, in risposta alla V. del... **2** (*nelle formule di cortesia*) suo, sua; (*riferito a pl.*) vostro, vostra: *comment va* — *mère?*, *comment vont vos parents?*, come sta sua, vostra madre?, come stanno i suoi, i vostri genitori?

vôtre [votʀ] *pron.poss.m.* e *f.sing.* **1** vostro, vostra: *sa mère et la* —, sua madre e la vostra; *notre livre et le* —, il nostro e il vostro libro; *nos amis et les vôtres*, i nostri amici e i vostri, i nostri e i vostri amici || *vous avez encore fait des vôtres*, ne avete fatta ancora una delle vostre **2** (*nelle formule di cortesia*) suo, sua; (*riferito a pl.*) vostro, vostra: *ma mère et la* —, mia madre e la sua, la vostra; *c'est le* —!, è il suo!, il vostro! || (*nei brindisi*) *à la* (*bonne*) —!, alla sua!, alla vostra! ♦ *s.m.* **1** (ciò che è) vostro || *mettez-y du* —!, impegnatevi!, datevi da fare! **2** (*nelle formule di cortesia*) (ciò che è) suo; (*riferito a pl.*) (ciò che è) vostro **3** *les vôtres*, i vostri (*genitori, sostenitori ecc.*); (*nelle* *formule di cortesia*) i suoi ♦ *agg.poss.* (*ant. letter.*) vostro, vostra; (*nelle formule di cortesia*) suo, sua: *vous savez bien que notre maison est —,* sapete bene che la nostra casa è vostra, sa bene che la nostra casa è sua.

vouer [vwe] *v.tr.* votare, consacrare, dedicare ‖ *— une reconnaissance éternelle,* giurare eterna riconoscenza ‖ *action vouée à l'échec,* azione destinata a fallire ☐ **se vouer** *v.pron.* votarsi, consacrarsi.

vouivre [vwivʀ] *s.f.* (*arald.*) biscione (*m.*).

vouloir[1] [vulwaʀ]

Indic.pres. je veux, tu veux, il veut, nous voulons, vous voulez, ils veulent; *imperf.* je voulais, etc.; *pass.rem.* je voulus, etc.; *fut.* je voudrai, etc. *Cond.* je voudrais, etc. *Cong.pres.* que je veuille, etc., que nous voulions, que vous vouliez, qu'ils veuillent; *imperf.* que je voulusse, que je voulusses, qu'il voulût, etc. *Part.pres.* voulant; *pass.* voulu. *Imp.* veuille, veuillons, veuillez.

v.tr. volere: *il veut être obéi, il veut qu'on lui obéisse,* vuole essere obbedito; *ils ont voulu partir la nuit,* hanno voluto partire, sono voluti partire di notte; *je lui ai rendu tous les livres qu'il a voulu (que je lui rende),* ho restituito tutti i libri che ha voluto (che gli rendessi); *faites ce que vous voudrez,* fate quel che volete; *que voulez-vous de moi?,* (*fam.*) cosa volete da me? ‖ *— du bien, du mal à qqn,* volere il bene, il male di qlcu ‖ *je voudrais vous y voir!,* vorrei veder voi! ‖ *vous l'avez voulu,* l'avete voluto voi; *tu l'auras voulu!,* peggio per te ‖ *sortons, voulez-vous?,* usciamo? ‖ *elle en veut!,* (*fam.*) è ambiziosa!, ha grinta! ‖ *si vous voulez, si tu veux, si on veut,* per modo di dire: *"Tu t'es bien amusé?" "Si on veut",* "Ti sei divertito?" "Per modo di dire" ‖ *il veut à tout prix l'avoir connu,* pretende di averlo conosciuto ‖ (*corrispondenza comm.*) *veuillez effectuer le paiement par chèque,* la preghiamo di effettuare il pagamento con assegno ‖ *— bien: je voudrais bien le connaître,* vorrei proprio conoscerlo; *je voudrais bien voir ça,* vorrei anche vedere; *il est honnête, je veux bien, mais...,* è onesto, lo ammetto, tuttavia...; *moi, je veux bien,* per me, ben volentieri; *"Un bonbon?" "Je veux bien, merci",* "Una caramella?" "Volentieri, grazie" ♦ *v.intr.* volere (qlco, qlcu): *voulez-vous de moi?,* mi volete (con voi)?; *je ne veux pas de vos excuses,* non so che farmene delle sue scuse ☐ **se vouloir** *v.pron.* voler essere, atteggiarsi: *il se veut poète,* si crede un poeta; *un article qui se veut objectif,* un articolo che pretende di essere obiettivo ☐ **en vouloir à qqn,** serbare rancore a qlcu, avercela con qlcu: *je ne vous en veux pas,* non vi serbo rancore; *je lui en veux de ses mensonges,* ce l'ho con lui per le sue bugie ‖ *je m'en veux d'avoir refusé,* mi pento amaramente di aver rifiutato ☐ **en vouloir à qqch,** mirare a qlco: *il en veut à votre argent,* mira al vostro denaro; *en — à la vie de qqn,* volere la morte di qlcu .

vouloir[2] *s.m.* (*letter.*) **1** volere **2** volontà (*f.*):

bon —, beneplacito, gentile concessione: *nous ferons selon votre bon —,* agiremo secondo i vostri desideri.

voulu [vuly] *part.pass. di* vouloir ♦ *agg.* **1** voluto **2** richiesto, necessario ‖ *au moment —,* al momento opportuno.

vous [vu] *pron.pers. di* 2^a *pers.pl.* **1** (*sogg. e compl. retto da preposizione*) voi: *— êtes nés en France,* (voi) siete nati in Francia; *avez-vous bien compris?,* avete capito bene?; *et nous partirons, avez-vous ajouté,* e noi partiremo, avete aggiunto; *toi et lui, — avez raison,* tu e lui avete ragione ‖ *si j'étais —,* se fossi in voi ‖ *à — trois — y arriverez,* in tre ci riuscirete ‖ *de — à moi,* detto tra noi, in confidenza ‖ *— autres,* voialtri ‖ *— aussi — aussi* ‖ *vous-mêmes* → même **2** (*compl. retto da un verbo*) vi; (+ *pron.* le, la, les, en) ve: *je — verrai demain,* vi vedrò domani; *il — parle,* vi parla; *il — en parle,* ve ne parla; *il — le disait,* ve lo diceva **3** (*nella coniugazione dei verbi pron.*) vi; + *pron.* en) ve: *asseyez-vous,* sedetevi; *vous — en repentirez,* ve ne pentirete **4** (*con uso impers.*) voi, si (*sing.*): *quand — considérez que...,* quando considerate che..., se si pensa che... ♦ *s.m.* il voi, il lei.

voussoir [vuswaʀ] *s.m.* (*arch.*) cuneo, concio.

voussure [vusyʀ] *s.f.* (*arch.*) curvatura (di volta, di arco).

voûte [vut] *s.f.* volta: *— en croisée d'ogives,* volta a costoloni.

voûté [vute] *agg.* **1** (*arch.*) (con soffitto) a volta **2** (*di persona*) curvo, ingobbito.

voûter [vute] *v.tr.* **1** (*arch.*) coprire con (soffitto a) volta **2** incurvare, ingobbire ☐ **se voûter** *v.pron.* ingobbirsi, incurvarsi.

vouvoiement [vuvwamɑ̃] *s.m.* il dare del lei, del voi.

vouvoyer [vuvwaje] (*coniug. come* employer) *v.tr.* dare del lei, del voi (a).

voyage [vwajaʒ] *s.m.* viaggio: *partir en —,* partire per un viaggio; *chèque de —,* traveller's cheque ‖ *les gens du —,* gli attori girovaghi, gli artisti del circo ‖ (*in Canada*) *avoir son —,* averne abbastanza.

voyager [vwajaʒe] (*coniug. come* manger) *v. intr.* **1** viaggiare **2** (*in Africa*) partire per un viaggio.

voyageur [vwajaʒœʀ] (f. -*euse*) *agg. e s.m.* viaggiatore ‖ *il a l'humeur voyageuse,* gli piace viaggiare ‖ *— (de commerce),* commesso viaggiatore.

voyagiste [vwajaʒist] *s.m.* operatore turistico.

voyance [vwajɑ̃s] *s.f.* veggenza.

voyant[1] [vwajɑ̃] *agg.* vistoso, sgargiante.

voyant[2] *s.m.* **1** vedente **2** veggente.

voyant[3] *s.m.* spia (luminosa), segnale (luminoso).

voyelle [vwajɛl] *s.f.* vocale.

voyeur [vwajœʀ] *s.m.* voyeur, guardone.

voyeurisme [vwajœʀism] *s.m.* voyeurismo, scopofilia (*f.*).

voyou [vwaju] *s.m.* **1** mascalzone, canaglia (*f.*) **2** giovinastro, ragazzaccio ♦ *agg.* da canaglia, da mascalzone.

vulve

voyoucratie [vwajukʀasi] *s.f.* (*in Africa*) comportamento amorale, sregolato.

vrac, en [ɑ̃vʀak] *locuz.avv.* alla rinfusa; (*di merce*) sfuso.

vrai [vʀɛ] *agg.* vero: *la vérité vraie*, la pura (sacrosanta) verità; *aussi — que tu me vois*, com'è vero che son qui; *tu as raison, mais il n'en est pas moins — que...*, hai ragione, nondimeno...; *c'est pas —?*, no, ma davvero? || *voir une chose sous son — jour*, vedere una cosa nella giusta luce ♦ *s.m.* vero: *à — dire, à dire (le) —*, a dire il vero || *pour de —*, (*fam.*) davvero || *c'est du —*, (*fam.*) è vero, è autentico (di pietre, metalli preziosi), (*estens.*) è genuino ♦ *avv.* (*fam.*) per davvero, veramente: *—, tu te maries?*, davvero ti sposi?; *tu me le dirais, pas —?*, me lo diresti, (non è) vero?

vraiment [vʀɛmɑ̃] *avv.* veramente, proprio.

vraisemblable [vʀɛsɑ̃blabl] *agg.* verosimile; plausibile || **-ement** *avv.*

vraisemblance [vʀɛsɑ̃blɑ̃s] *s.f.* verosimiglianza: *selon toute —*, verosimilmente, con ogni probabilità.

vraquier [vʀakje] *s.m.* nave da carico, cargo.

vrille [vʀij] *s.f.* **1** (*bot.*) cirro (*m.*), viticcio (*m.*) **2** (*arch.*) viticcio (*m.*) **3** (*tecn.*) succhiello (*m.*) **4** (*aer.*) vite.

vriller [vʀije] *v.tr.* succhiellare ♦ *v.intr.* **1** salire, cadere a spirale **2** attorcigliarsi.

vrombir [vʀɔ̃biʀ] *v.intr.* **1** rombare **2** ronzare.

vrombissement [vʀɔ̃bismɑ̃] *s.m.* **1** rombo **2** ronzio.

vroum [vʀum] *inter. onom.* vroom (espressione di velocità e accelerazione).

VTT [vetete] *s.m.* mountain-bike (*f.*) • Da *Vélo Tout Terrain*.

vu [vy] *part.pass.* di voir ♦ *agg.* visto: *bien —*, benvisto; *mal —*, malvisto || *ni — ni connu*, (*fig.*) rimanga tra noi ♦ *s.m.*: *au — et au su de tout le monde*, alla luce del sole, sotto gli occhi di tutti; *c'est du déjà —*, non è una novità ♦ *prep.* dato, visto, considerato: *— la situation*, vista la situazione □ **vu que** *locuz. cong.* visto che, considerato che.

vue [vy] *s.f.* **1** vista: *détourner la —*, distogliere lo sguardo || *à perte de —*, a perdita d'occhio|| *à — de nez*, a (lume di) naso || *en mettre plein la —*, (*fam.*) far colpo, abbagliare **2** vista; veduta; panorama (*m.*) || (*cine.*) *prise de vues*, ripresa **3** occhiata: *à première —*, a prima vista **4** veduta, (*fam.*) avoir des vues sur qqn*, avere delle mire su qlcu **5** *pl.* vedute, opinioni □ **en vue de** *locuz.* in vista di; con l'intento di.

vulcanisateur [vylkanizatœʀ] *s.m.* vulcanizzatore.

vulcanisation [vylkanizasjɔ̃] *s.f.* vulcanizzazione.

vulcaniser [vylkanize] *v.tr.* vulcanizzare.

vulcanologie [vylkanɔlɔʒi] *s.f.* vulcanologia.

vulcanologue [vylkanɔlɔg] *s.m.* vulcanologo.

vulgaire [vylgɛʀ] *agg.* volgare ♦ *s.m.* il volgo, l'uomo della strada.

vulgairement [vylgɛʀmɑ̃] *avv.* volgarmente.

vulgarisateur [vylgaʀizatœʀ] (*f. -trice*) *agg.* e *s.m.* volgarizzatore; divulgatore.

vulgarisation [vylgaʀizasjɔ̃] *s.f.* volgarizzazione; divulgazione: *ouvrage de — scientifique*, opera di divulgazione scientifica.

vulgariser [vylgaʀize] *v.tr.* **1** volgarizzare; divulgare **2** rendere, far sembrare volgare.

vulgarisme [vylgaʀism] *s.m.* volgarismo.

vulgarité [vylgaʀite] *s.f.* volgarità; pacchianeria.

vulnérabilité [vylneʀabilite] *s.f.* vulnerabilità.

vulnérable [vylneʀabl] *agg.* **1** vulnerabile **2** (*bridge*) in zona.

vulve [vylv] *s.f.* vulva.

W

w [dubləve] *s.m.* w (*m.* e *f.*) ‖ (*tel.*) — *comme William*, w come Washington.

wagon [vagɔ̃] *s.m.* (*ferr.*) **1** vagone, carro: — *à bestiaux*, carro bestiame; — *de marchandises*, vagone merci **2** carrozza (*f.*) ◻ **wagon-citerne**, vagone cisterna; **wagon-couchettes**, carrozza cuccette; **wagon-foudre**, carro botte; **wagon-lit**, vagone letto; **wagon-poste**, vagone postale; **wagon-restaurant**, vagone ristorante.

wagnérien [vagneʀjɛ̃] (f. *-enne*) *agg.* e *s.m.* wagneriano.

wagonnet [vagɔnɛ] *s.m.* vagonetto, vagoncino.

walkyrie [valkiʀi] *s.f.* valchiria.

wallon [walɔ̃] (f. *-onne*) *agg.* e *s.m.* vallone.

warrant [w(v)aʀɑ̃] *s.m.* (*comm.*) nota di pegno, warrant.

water-ballast [watɛʀbalast] (pl. *water-ballasts*) *s.m.* (*mar.*) **1** cassa di zavorra **2** cassa d'immersione (in un sommergibile).

water-closet [watɛʀklozɛt] (pl. *water-closets*) *s.m.* water-closet, gabinetto.

water-polo [watɛʀpolo] *s.m.* pallanuoto (*f.*).

watt [wat] *s.m.* (*elettr.*) watt.

week-end [wikɛnd] (pl. *week-ends*) *s.m.* weekend, fine settimana.

western [wɛstɛʀn] *s.m.* western: — *-spaghetti*, western all'italiana.

wharf [waʀf] *s.m.* (*mar.*) banchina (*f.*).

white-spirit [wajtspiʀit] (pl. *white-spirits*) *s.m.* (*chim.*) acquaragia minerale.

wisigoth(e) [vizigo(ɔt)] *agg.* e *s.m.* (*st.*) visigoto.

wisigothique [vizigɔtik] *agg.* visigotico.

wissembourgeois [visɑ̃buʀʒwa] *agg.* di Wissembourg.

WC [vese] *s.m.pl.* → **water-closet**.

X

x [iks] *s.m.* x (*m.* e *f.*) ‖ (*tel.*) — *comme Xavier*, x come Xeres.

xénisme [ksenizm] *s.m.* (*ling.*) forestierismo.

xén(o)- *pref.* xeno-

xénophile [ksenɔfil] *agg.* e *s.m.* esterofilo.

xénophilie [ksenɔfili] *s.f.* esterofilia.

xénophobe [ksenɔfɔb] *agg.* e *s.m.* xenofobo.

xénophobie [ksenɔfɔbi] *s.f.* xenofobia.

xérès [xeʀɛs, keʀɛs, gzeʀɛs] *s.m.* jerez, sherry.

xérographie [kseʀɔgʀafi] *s.f.* xerografia.

xylographe [ksilɔgʀaf] *s.m.* silografo.

xylographie [ksilɔgʀafi] *s.f.* silografia.

xylographique [ksilɔgʀafik] *agg.* silografico.

xylophone [ksilɔfɔn] *s.m.* xilofono, silofono.

Y

y¹ [igʀɛk] *s.m.* y (*m.* e *f.*) || (*tel.*) — *comme Yvonne*, y come yacht.

y² [i] *avv.* ci, vi, là: *allez-y!*, *n'— allez pas!*, andateci!, non ci andate!; *nous — voilà*, eccoci qua, ci siamo; *vas-y*, *n'— va pas*, vacci, non andarci || — *être*: *il n'y est pour rien*, non c'entra per nulla, affatto; *j'— suis!*, *tu — es?*, ci sono!, ho capito!, ci sei?, hai capito? || — *avoir* → avoir ♦ *pron.* **1** (*riferito a cosa*) ci, vi: *j'— renonce*, ci rinuncio; *penses-y*, *n'— pense plus*, pensaci, non pensarci più; *il n'— peut rien*, non può farci nulla; *tu peux — compter*, puoi contarci, ci puoi contare; *je n'— manquerai pas*, non mancherò; *tu t'— prends mal*, non ci sai fare; *ça — est!*, ecco fatto!, finalmente!, ci siamo!; *s'— faire*, farci l'abitudine **2** (*riferito a persona*): *c'est une femme menteuse*, *ne t'— fie pas*, è una donna bugiarda, non fidarti **3** (*fam.*) (*in sostituzione di* il): *c'est-y pas malheureux de voir une chose pareille!*, cosa non bisogna vedere! □ **m'y**, mi ci: *il m'— accompagnera*, mi ci accompagnerà; *fais-m'— penser*, fammici pensare; **t'y**, ti ci: *il faut que tu t'— mettes*, bisogna che tu ti ci metta; *je ne pourrai pas t'— accompagner*, non potrò accompagnartici; **s'y**, ci si, vi si: *mes principes s'— opposent*, vi si oppongono i miei principi; *il faut s'— habituer*, bisogna abituarcisi; **nous y**, ci ci: *il nous — a fait entrer*, ci ha fatti entrare; **vous y**, vi ci: *il vous — a amenés peu à peu*, vi ci ha portati a poco a poco; *on pourra vous — amener*, potremo portarvici; **l'y**, ce lo, ce la: *je l'— mis moi-même*, ce l'ho messo io stesso; **les y**, ce li, ce le: *nous ne les — avons plus trouvés*, non ce li abbiamo più trovati.

yacht [jɔt] *s.m.* panfilo.

yachting [jɔtiŋ] *s.m.* navigazione da diporto.

yack, yak [jak] *s.m.* (*zool.*) yak.

yaourt [jauʀt] *s.m.* yoghurt, yogurt.

yaourtière [jauʀtjɛʀ] *s.f.* yogurtiera.

yard [jaʀd] *s.m.* yard, iarda (*f.*).

yatagan [jatagɑ̃] *s.m.* (*arma*) iatagan.

yéti [jeti] *s.m.* yeti.

yeuse [jøz] *s.f.* (*bot.*) leccio (*m.*).

yeux [jø] *s.m.pl.* → œil.

yiddish [jidiʃ] (pl. *invar.*) *agg.* e *s.m.* yiddish, jiddish.

yod [jɔd] *s.m.* (*ling.*) iod.

yoga [jɔga] *s.m.* yoga.

yogourt [jɔguʀt] *s.m.* → yaourt.

yougoslave [jugɔslav] *agg.* e *s.m.* iugoslavo.

youpi [jupi] *inter.* urrà, evviva.

youpin [jupɛ̃] *agg.* e *s.m.* (*spreg.*) ebreo, giudeo.

youyou¹ [juju] *s.m.* (*mar.*) lancia (*f.*).

youyou² (pl. *invar.*) *s.m.* (*in Nord Africa*) grido ripetuto (emesso dalle donne per esprimere un'emozione).

ypérite [ipeʀit] *s.f.* (*chim.*) iprite.

ysopet [izɔpɛ] *s.m.* (*lett. fr.*) raccolta medievale di favole (di impronta esopica).

Z

z [zɛd] *s.m.* z (*m.* e *f.*) || (*tel.*) — *comme Zoé*, z come Zara.

zakouski [zakuski] *s.m.pl.* (*cuc.*) zakuski.

zapper [zape] *v.intr.* fare lo zapping.

zapping [zapiŋ] *s.m.* zapping (cambio dei canali televisivi con il telecomando).

zarbi [zaʀbi] *agg.* (*fam.*) strambo, bizzarro.

zèbre [zɛbʀ] *s.m.* **1** zebra (*f.*) || *courir, filer comme un* —, correre come una lepre **2** (*fam.*) tizio, tipo: *c'est un drôle de* —*!*, che strano tipo!

zébré [zebʀe] *agg.* zebrato; a strisce.

zébrer [zebʀe] (*coniug. come* céder) *v.tr.* striare, rigare.

zébrure [zebʀyʀ] *s.f.* zebratura.

zébu [zeby] *s.m.* (*zool.*) zebù.

zélateur [zelatœʀ] (*f. -trice*) *s.m.* zelatore.

zèle [zɛl] *s.m.* zelo || *faire du* —, fare lo zelante.

zélé [zele] *agg.* zelante.

zélote [zelɔt] *s.m.* (*relig. ebraica*) zelota.

zen [zɛn] *agg.* e *s.m.* zen.

zénith [zenit] *s.m.* zenit; (*fig.*) culmine, apogeo.

zéphyr [zefiʀ] *s.m.* **1** zefiro **2** (*tess.*) zefir.

zéro [zero] *agg.num.* e *s.m.* zero: *être à* —, segnare zero || — *pointé*, voto insufficiente (che determina la bocciatura a un esame) || *deux zéros*, due zeri || (*fis., mat.*) *mettre au* —, azzerare || *cet homme est un* —, quest'uomo è una nullità || *recommencer à* —, ricominciare da zero || *avoir le moral à* —, avere il morale a terra.

zérotage [zerɔtaʒ] *s.m.* taratura (del termometro) al punto zero (della scala centigrada).

zest [zɛst] *s.m.*: *entre le zist et le* —, così così.

zeste [zɛst] *s.m.* scorza, buccia (di arancia, di limone).

zeuzère [zøzɛʀ] *s.f.* (*zool.*) zeuzera.

zézaiement [zezɛmɑ̃] *s.m.* pronuncia blesa.

zézayer [zezeje] (*coniug. come* payer) *v.intr.* parlare bleso.

zézère [zezɛʀ] *s.m.* (*isola Riunione*) innamorato.

zibeline [ziblin] *s.f.* zibellino (*m.*).

zieuter [zjøte] *v.tr.* (*fam.*) sbirciare.

zig [zig] *s.m.* (*fam.*) tipo, individuo: *un bon* —, un brav'uomo.

ziggourat [ziguʀat] *s.f.* (*archeol.*) ziqqurat.

zigoto [zigɔto] *s.m.* (*fam.*) tipo: *un drôle de* —, un dritto || *faire le* —, fare il bullo.

zigouiller [ziguje] *v.tr.* (*fam.*) scannare; ammazzare.

zigue [zig] *s.m.* → **zig**.

zigzag [zigzag] *s.m.* zigzag: *en* —, a zigzag.

zigzaguer [zigzage] *v.intr.* zigzagare.

zinc [zɛ̃g] *s.m.* **1** zinco **2** (*fam.*) bancone, banco (di bar) **3** (*fam.*) aeroplano.

zincographie [zɛ̃kɔgʀafi] *s.f.* zincografia.

zincogravure [zɛ̃kɔgʀavyʀ] *s.f.* zincografia.

zingage [zɛ̃gaʒ] *s.m.* zincatura (*f.*).

zingué [zɛ̃ge] *agg.* zincato.

zinguer [zɛ̃ge] *v.tr.* zincare.

zingueur [zɛ̃gœʀ] *agg.* e *s.m.* zincatore.

zinnia [zinja] *s.m.* (*bot.*) zinnia (*f.*).

zinzin [zɛ̃zɛ̃] *agg.* tocco, suonato: *il est un peu* —, è un po' tocco ♦ *s.m.* coso.

zip [zip] *s.m.* (*chiusura*) lampo, zip.

zipper [zipe] *v.tr.* munire di (chiusura) lampo.

zircon [ziʀkɔ̃] *s.m.* zircone.

zist [zist] *s.m.* → **zest**.

zizanie [zizani] *s.f.* zizzania: *semer la* —, seminare zizzania.

zizi [zizi] *s.m.* **1** (*zool.*) zigolo nero **2** (*fam.*) pisello, pisellino (in genere di bambino).

zodiacal [zɔdjakal] (*pl. -aux*) *agg.* zodiacale.

zodiaque [zɔdjak] *s.m.* zodiaco.

zombi(e) [zɔ̃bi] *s.m.* zombi.

zona [zona] *s.m.* (*med.*) herpes zoster, zona (*f.*).

zonage [zonaʒ] *s.m.* (*urbanistica*) zoning, zonizzazione (*f.*).

zonard [zonaʀ] *s.m.* (*fam.*) abitante delle periferie più povere; coatto.

zone [zon] *s.f.* **1** zona: — *franche*, zona franca || — *de stationnement*, area di parcheggio || *de seconde* —, (*fig.*) di serie B || (*econ.*) — *monétaire*, area monetaria || *abattement de* —, riduzione locale dello SMIC, salario minimo garantito || (*inform.*) — *de mémoire*, area di memoria || (*anat.*) — *corticale*, area corticale **2** periferia povera, borgata || *c'est la* —, è squallido.

zoo [zoo] *s.m.* zoo.

zoo- *pref.* zoo-

zoologie [zɔɔlɔʒi] *s.f.* zoologia.

zoologique [zɔɔlɔʒik] *agg.* zoologico.

zoologiste [zɔɔlɔʒist] *s.m.* zoologo.

zoomer [zume] *v.tr.* (*cine.*) zumare.

zoomorphe [zoomɔʀf], **zoomorphique** [zoomɔʀfik] *agg.* zoomorfo.

zoophilie [zɔɔfili] *s.f.* zoofilia.

zoophobie [zɔɔfɔbi] *s.f.* zoofobia.

zootechnicien [zɔɔtɛknisjɛ̃] (*f. -enne*) *s.m.* zootecnico.

zootechnie [zɔɔtɛkni] *s.f.* zootecnia.

zootechnique [zɔɔtɛknik] *agg.* zootecnico.

zoreil(le) [zɔʀɛj] *s.m.* (*nei territori francesi d'oltremare*) chi è nato in Francia, metropolitano.

zoroastrien [zɔʀɔastʀijɛ̃] (f. *-enne*) *agg.* e *s.m.* zoroastriano.

zou [zu] *inter.* sciò (suono che accompagna un gesto brusco).

zouave [zwav] *s.m.* (*st. mil.*) zuavo ‖ *faire le —*, (*fam.*) fare il pagliaccio ‖ *pantalon à la —*, pantaloni alla zuava.

zouaver [zwave] *v.tr.* (*in Africa*) imbrogliare.

zoulou [zulu] *agg.* e *s.m.* zulù.

zozotement [zɔzɔtmɑ̃] *s.m.* → **zézaiement**.

zozoter [zɔzɔte] *v.intr.* → **zézayer**.

zurichois [zyʀikwa] *agg.* e *s.m.* zurighese.

zut [zyt] *inter.* (*fam.*) uffa! ‖ *— alors!*, accidenti!

zyeuter [zjøte] *v.tr.* → **zieuter**.

zygoma [zigɔma] *s.m.* (*anat.*) zigomo.

zygote [zigɔt] *s.m.* (*biol.*) zigote: *formation de zygotes*, zigosi.

ITALIANO • FRANCESE

A

a¹ *s.f.* a (*m.*) || (*tel.*) — *come Ancona*, a comme Anatole || (*sport*) *campionato di serie A*, championnat de première division || *i cittadini di serie A*, les privilégiés || *essere alla* —, (*fig.*) être au commencement || *dalla* — *alla z*, de a à z || *non dire né* — *né ba*, ne pas souffler mot.

a², **ad** (*usata davanti a parola iniziante con a, meno com. davanti alle altre vocali*)

+ art.det. =	*m. sing.*	**al allo all'**
	m.pl.	**ai agli**
	f.sing.	**alla all'**
	f.pl.	**alle**

prep. **1** à: — *mezzogiorno, alle tre*, à midi, à trois heures; — *Natale,* — *S.Giuseppe*, à Noël, à la Saint-Joseph; (*al*)*la sera*, (*al*)*la domenica*, le soir, le dimanche; *dalle tre alle quattro*, de trois (heures) à quatre heures; *dal 1980 al 1990*, de 1980 à 1990 || *abitare* — *Le Havre*, habiter au Havre; *andare* — *Creta*, aller en Crète || *lotta alla droga, al terrorismo*, lutte contre la drogue, contre le terrorisme || *lavorare alle Poste, all'ONU*, travailler aux PTT, à l'ONU; *lavorare alla Fiat, alla Pirelli*, travailler chez Fiat, chez Pirelli || — *occhi chiusi, aperti*, les yeux fermés, ouverts; — *testa alta*, la tête haute **2** (*distributivo*) à, par: — *due* — *due*, deux à deux; — *gruppi,* — *centinaia*, par groupes, par centaines; *cinquanta chilometri* (*al*)*l'ora*, cinquante kilomètres à l'heure; *guadagna due milioni al mese*, il gagne deux millions par mois; *le do diecimila lire all'ora*, je lui donne dix mille lires de l'heure **3** (+ *infinito*): *l'ho costretto* — *rimanere*, je l'ai obligé à rester; *è facile a dirsi*, c'est facile à dire; *si sporse* — *guardare*, il se pencha pour regarder; *come fare ad avvertirlo?*, comment faire pour l'avertir?; *...e lui* — *piangere*, ...et lui de pleurer; *al sentire quelle parole...*, en entendant ces mots...; — *voler essere ottimisti*, si l'on veut être optimiste • Dopo i verbi di movimento non si traduce: *va* — *vedere*, va voir; *corse* — *dirglielo*, il courut le lui dire.

a-, **an-** *pref.* a-, an-

abaco (pl. *-chi*) *s.m.* abaque.

abate *s.m.* abbé.

abat-jour (pl. *invar.*) *s.m.* **1** lampe de chevet • Falso francesismo **2** (*paralume*) abat-jour*.

abbacchiarsi *v.pron.* (*fam.*) se déprimer.

abbacchiato *agg.* (*fam.*) déprimé: *oggi sono* —, aujourd'hui je suis à plat.

abbacchio *s.m.* (*region.*) agneau de lait.

abbacinare *v.tr.* éblouir.

abbagliante *agg.* éblouissant || (*aut.*) (*fari*) *abbaglianti*, feux de route, phares.

abbagliare *v.tr.* éblouir.

abbaglio *s.m.* (*errore*) méprise (*f.*) || *prendere un* —, commettre une bévue.

abbaiare *v.intr.* aboyer* (après, contre): *il cane abbaia festosamente al padrone*, le chien aboie joyeusement en voyant son maître || *più che cantare abbaia*, il ne chante pas, il braille.

abbaino *s.m.* **1** lucarne (*f.*) **2** (*soffitta*) mansarde (*f.*).

abbandonare *v.tr.* **1** abandonner (*anche fig.*); (*lasciare*) quitter; (*lasciare in balia di*) livrer: — *nel bisogno, al proprio destino*, abandonner dans le besoin, à son destin; — *la speranza*, abandonner tout espoir; — *il proprio paese*, quitter son pays; *non abbandonarmi!*, ne me quitte pas!; — *a se stesso*, livrer à soi-même || — *il campo*, (*fig.*) abandonner la partie **2** (*allentare*) lâcher: — *la presa*, lâcher prise **3** (*far ricadere*) laisser tomber: — *il capo sul petto*, laisser tomber la tête sur sa poitrine □ **abbandonarsi** *v.pron.* **1** s'abandonner; (*lasciarsi andare*) se laisser aller; (*darsi*) se livrer: — *all'ira, ai sogni*, se laisser aller à la colère, à la rêverie **2** (*lasciarsi cadere*) se laisser tomber **3** (*rilassarsi*) se détendre*.

abbandonato *agg.* **1** abandonné || *le braccia abbandonate lungo i fianchi*, les bras le long du corps, les bras ballants || *è abbandonata a se stessa*, elle est livrée à elle-même **2** (*trascurato, non curato*) à l'abandon: *giardino* —, jardin à l'abandon.

abbandono *s.m.* **1** abandon || *lasciare in* —, laisser à l'abandon **2** (*dir., comm.*) abandon; (*assicur.*) délaissement.

abbarbicare (*coniug. come* mancare) *v.intr.* prendre* racine □ **abbarbicarsi** *v.pron.* **1** prendre* racine || *si sono abbarbicati in casa nostra*, ils se sont incrustés chez nous **2** (*avvinghiarsi*) s'accrocher (à), s'attacher (à) || — *al braccio di qlcu*, se cramponner au bras de qqn.

abbassamento *s.m.* (*l'abbassare*) abaissement; (*riduzione, diminuzione*) baisse (*f.*): — *di livello, di temperatura*, baisse de niveau, de température; — *dell'età pensionabile*, abaissement de l'âge de la retraite || — *del suolo*, affaissement du sol || (*med.*) — *di un organo*, descente d'un organe || — *di voce*, extinction de voix.

abbassare *v.tr.* **1** baisser: — *il sipario*, baisser le rideau; — *una manopola*, abaisser une manette; — *un muro*, diminuer la hauteur d'un mur || — *un primato*, améliorer un record || — *la guardia*, ouvrir sa garde, (*fig.*) ne plus être sur ses gardes || — *le armi*, mettre bas les armes **2** (*mat.*) abaisser **3** (*fig.*) (*umiliare*) abaisser □ **abbassarsi** *v.pron.* **1** (*diminuire*) baisser: *la temperatura si è abbassata*, la température a baissé; *la vista gli si abbassa*, sa vue baisse || *la febbre gli si è abbassata*, sa fièvre a diminué **2** (*chinarsi*) se baisser **3** (*fig.*) se plier (à), s'abaisser (à) || *non si abbassa davanti a nessuno*, il ne plie devant personne; *non abbassarti così!*, ne t'humilie pas ainsi!

abbasso *avv.* (*region.*) en bas ♦ *inter.* à bas!

abbastanza *avv.* assez; *sei — sveglio da, per capire questo*, tu es assez, suffisamment intelligent pour comprendre cela || *non —*, pas assez || *ne ho —!*, j'en ai assez! ♦ *agg.invar.* assez de: *hai detto — sciocchezze per oggi*, tu as dit assez de bêtises pour aujourd'hui; *ho aspettato — (tempo)*, j'ai assez attendu; *non ho dormito —*, je n'ai pas assez dormi; *hai — (denaro) per pagare?*, tu as assez (d'argent) pour payer?

abbattere (*coniug. come* battere) *v.tr.* abattre* || — *un aereo*, abattre, descendre un avion; *l'hanno abbattuto con una raffica di mitra*, ils l'ont descendu d'une rafale de mitraillette; *il cacciatore ha abbattuto due lepri*, le chasseur a tué deux lièvres || — *il governo, un regime*, renverser le gouvernement, un régime □ **abbattersi** *v. pron.* **1** s'abattre* || — *al suolo*, s'écraser **2** (*fig.*) (*avvilirsi*) se décourager.

abbattimento *s.m.* **1** abattement; (*demolizione*) démolition (*f.*) **2** (*di alberi, animali*) abattage **3** (*fig.*) (*prostrazione*) abattement.

abbattuto *agg.* abattu (*anche fig.*).

abbazia *s.f.* abbaye.

abbecedario *s.m.* abécédaire.

abbellimento *s.m.* **1** embellissement **2** *pl.* (*mus.*) agréments.

abbellire (*coniug. come* finire) *v.tr.* **1** embellir; (*di persona*) avantager **2** (*adornare, decorare*) orner □ **abbellirsi** *v.pron.* **1** (s')embellir **2** (*adornarsi*) se parer.

abbeverare *v.tr.* abreuver □ **abbeverarsi** *v.pron.* s'abreuver.

abbeveratoio *s.m.* abreuvoir.

abbicci *s.m.* a b c: *essere all'—*, (*fig.*) en être au BA-BA.

abbiente *agg.* aisé: *i ceti abbienti*, les gens aisés ♦ *s.m.pl.* les gens aisés || *i non abbienti*, les économiquement faibles; *i meno abbienti*, les personnes défavorisées.

abbietto e *deriv.* → **abietto** e *deriv.*

abbigliamento *s.m.* habillement; (*quanto serve a vestirsi*) vêtements (*pl.*): *spese d'—*, frais d'habillement; — *maschile, femminile*, vêtements pour hommes, pour femmes || *lavora nell'—*, il travaille dans le vêtement; *l'industria dell'—*, la confection; *negozio d'—*, magasin de confection || *curare il proprio —*, soigner sa mise; *si fa notare*

per il suo — bizzarro, elle se fait remarquer par son accoutrement.

abbigliare *v.tr.* habiller □ **abbigliarsi** *v.pron.* s'habiller.

abbinamento *s.m.* **1** jumelage **2** (*di colori ecc.*) assortiment **3** (*tra società e sponsor*) parrainage, sponsoring.

abbinare *v.tr.* **1** combiner; (*mettere insieme*) regrouper || — *a...*, unir à..., associer à... **2** (*colori ecc.*) assortir **3** (*nelle lotterie ecc.*) jumeler*.

abbinata *s.f.* → **accoppiata**.

abbindolamento *s.m.* duperie (*f.*).

abbindolare *v.tr.* embobiner: *ti fai sempre —!*, tu te fais toujours avoir!

abbioccarsi (*coniug. come* mancare) *v.pron.* (*region.*) s'engourdir.

abbiocco (*pl. -chi*) *s.m.* (*region.*) petit coup de pompe.

abbisognare *v.intr.* avoir* besoin (de): *ci abbisognano somme ingenti*, nous avons besoin de grosses sommes.

abboccamento *s.m.* **1** entretien **2** (*tecn., med.*) abouchement.

abboccare (*coniug. come* mancare) *v.intr.* **1** (*di pesci*) mordre* || (*fig.*): *abbocca a tutto quello che le dicono*, elle gobe tout ce qu'on lui dit; *non ha abboccato*, il n'a pas mordu à l'hameçon; *non abbocco!*, ça ne prend pas! **2** (*combaciare*) être* abouché, se joindre* ♦ *v.tr.* (*far combaciare*) aboucher.

abboccato *agg.*: *vino —*, vin mœlleux.

abbonamento *s.m.* abonnement: (*tessera di*) —, (carte d') abonnement; *fare un —*, prendre, souscrire un abonnement; *fare l'— a...*, s'abonner à...; *pagare, versare l'—*, payer l'abonnement; *disdire un —*, se désabonner || (*teatr.*) *poltrona, serata in —*, fauteuil d'abonné, soirée réservée aux abonnés || *canone d'— alla radio, alla televisione*, redevance radiophonique, de télévision || *in —*, par abonnement.

abbonare[1] *v.tr.* abonner □ **abbonarsi** *v.pron.* prendre* un abonnement, souscrire* un abonnement, s'abonner (à).

abbonare[2] *v.tr.* **1** remettre* || *ti abbono anche questa, ma è l'ultima volta!*, je te pardonne cette fois encore mais c'est la dernière || — *degli esami*, reconnaître des examens **2** (*detrarre*) défalquer (une somme) || *gli hanno abbonato un terzo del dovuto*, on a lui rabattu un tiers de ce qu'il devait.

abbonato *agg.* abonné || *è — ai brutti voti*, il collectionne les mauvaises notes; *ho ancora l'influenza, ormai sono —*, j'ai encore la grippe, j'y suis abonné ♦ *s.m.* **1** abonné || *gli abbonati alla radio, alla televisione*, les usagers de la radio, de la télévision **2** (*frequentatore assiduo*) habitué.

abbondante *agg.* abondant; (*ricco di*) riche (en) || *aggiungere — acqua*, ajouter beaucoup d'eau || *un'ora —*, une bonne heure; *un chilo —*, un bon kilo; *tre etti abbondanti*, un peu plus de trois cents grammes; *una giacca —*, une veste un peu large.

abbondantemente *avv.* abondamment || *è stato — pagato*, on l'a payé généreusement.

abbondanza *s.f.* abondance || *con grande — di mezzi*, avec une grande richesse de moyens || *il corno dell'—*, la corne d'abondance.

abbondare *v.intr.* abonder (en): *i soldi non abbondano in quella famiglia*, dans cette famille il n'y a pas beaucoup d'argent || *— in attenzioni*, avoir des attentions exagérées; *non — in complimenti con loro!*, ne fais pas trop de manières avec eux!

abbordabile *agg.* abordable; (*di luogo*) accessible || *persona facilmente, difficilmente —*, personne d'un abord facile, difficile.

abbordaggio *s.m.* abordage.

abbordare *v.tr.* aborder (*anche fig.*).

abborracciare (*coniug. come* cominciare) *v.tr.* bâcler.

abbottonare *v.tr.* boutonner: *— il cappotto a un bambino*, boutonner le manteau d'un enfant; *abbottonati la giacca*, boutonne ton veston □ **abbottonarsi** *v.pron.* se boutonner.

abbottonato *agg.* 1 boutonné 2 (*fam.*) (*cauto, riservato*) réservé.

abbottonatura *s.f.* 1 boutonnage (*m.*) 2 (*bottoniera*) rangée de boutons.

abbozzare[1] *v.tr.* ébaucher.

abbozzare[2] *v.intr.* (*fam.*) laisser tomber; (*incassare*) encaisser.

abbozzo *s.m.* 1 ébauche (*f.*) 2 (*di disegno*) esquisse (*f.*).

abbracciare (*coniug. come* cominciare) *v.tr.* embrasser (*anche fig.*); (*stringere fra le braccia*) serrer dans ses bras □ **abbracciarsi** *v.pron.* 1 embrasser (qqn, qqch) 2 (*l'un l'altro*) s'embrasser.

abbraccio *s.m.* embrassade (*f.*): *scambiarsi —*, s'embrasser || (*nella corrispondenza*) *un —...*, je t'embrasse... || *un — fraterno*, une accolade fraternelle.

abbreviare *v.tr.* abréger*.

abbreviazione *s.f.* 1 abrègement (*m.*) 2 (*gramm.*) abréviation.

abbrivio, abbrivo *s.m.* (*mar.*) erre (*f.*): *prendere l'—*, (*anche fig.*) prendre de l'erre.

abbronzante *agg.* bronzant ♦ *s.m.* crème bronzante.

abbronzare *v.tr.* bronzer □ **abbronzarsi** *v.pron.* (se) bronzer: *si è abbronzata senza scottarsi*, elle a bronzé sans se brûler.

abbronzato *agg.* (*di pelle*) bronzé, *hâlé.

abbronzatura *s.f.* bronzage (*m.*).

abbrunare *v.tr.* mettre* un crêpe (à); (*una bandiera*) cravater de crêpe.

abbrunato *agg.* (*bandiera*) cravaté de crêpe.

abbrustolimento *s.m.* (*del pane*) grillage; (*del caffè*) torréfaction (*f.*).

abbrustolire (*coniug. come* finire) *v.tr.* (faire*) griller □ **abbrustolirsi** *v.pron.*: *— (al sole)*, se rôtir (au soleil).

abbrustolita *s.f.*: *dare un'— a*, faire légèrement griller.

abbrustolito *agg.* grillé.

abbrutimento *s.m.* abrutissement.

abbrutire (*coniug. come* finire) ♦ *v.tr.* abrutir ♦ *v.intr.*, **abbrutirsi** *v.pron.* s'abrutir: *si è abbrutito per il troppo lavoro*, l'excès de travail l'a abruti.

abbuffarsi *v.pron.* (*fam.*) s'empiffrer.

abbuffata *s.f.* (*fam.*) bouffe: *fare un'—*, s'empiffrer.

abbuiare *v.tr.* assombrir ♦ *v.intr.impers.* (*farsi notte*) se faire* nuit □ **abbuiarsi** *v.pron.* s'assombrir.

abbuono *s.m.* 1 réduction (*f.*) 2 (*comm.*) (*su pagamento in contanti*) escompte; (*per avaria, ritardo ecc.*) rabais; (*su grosse quantità*) remise (*f.*) 3 (*sport*) bonification (*f.*).

abdicare (*coniug. come* mancare) *v.intr.* 1 — (*al trono*), abdiquer (la couronne) 2 (*rinunciare*) abdiquer (qqch) 3 (*venir meno*) manquer (à).

abdicazione *s.f.* abdication.

abducente *agg.* (*anat.*) abducteur.

abduttore *agg. e s.m.* (muscle) abducteur.

aberrante *agg.* aberrant.

aberrazione *s.f.* aberration.

abete *s.m.* sapin.

abietto *agg.* ignoble.

abiezione *s.f.* abjection.

abile *agg.* 1 habile; (*nelle attività fisiche*) adroit: *— nel suo mestiere*, habile dans son métier; *— nel fare qlco*, habile à faire qqch; *avere le mani abili*, être adroit de ses mains 2 (*idoneo a*) apte (à).

abilità *s.f.* habileté; (*spec. manuale*) adresse.

abilitare *v.tr.* 1 conférer (à qqn) son certificat d'aptitude 2 (*dir.*) habiliter.

abilitato *agg. e s.m.* (celui*) qui a obtenu un certificat d'aptitude à exercer une profession || (*professore*) —, (professeur) certifié.

abilitazione *s.f.* 1 certificat d'aptitude à exercer une profession 2 (*dir.*) habilitation.

abilmente *avv.* habilement.

abiotico (pl. *-ci*) *agg.* (*biol.*) abiotique.

abissale *agg.* abyssal* || *essere di un'ignoranza —*, être d'une ignorance monstrueuse.

abissino *agg. e s.m.* abyssinien*.

abisso *s.m.* 1 abîme (*anche fig.*) 2 (*spec.pl.*) (*del mare*) abysse.

abitabile *agg.* habitable.

abitabilità *s.f.* habitabilité || *licenza di —*, certificat de conformité.

abitacolo *s.m.* habitacle.

abitante *s.m.* habitant.

abitare *v.intr. e tr.* habiter: *abito a Milano*, j'habite (à) Milan; *abita in questa città*, il habite cette ville; *abito in via X, al n. 10 di via Manzoni*, j'habite rue X, (au) 10 (de la) rue Manzoni; *— da, presso qlcu*, habiter chez qqn || *— in famiglia*, vivre avec ses parents.

abitativo *agg.* d'habitation: *edilizia abitativa*, industrie du logement.

abitato *agg.* habité; (*popolato*) peuplé ♦ *s.m.* agglomération (*f.*).

abitatore (f. *-trice*) *s.m.* habitant.

abitazione *s.f.* habitation; (*alloggio*) logement (*m.*); (*edificio*) maison; (*appartamento*) appar-

tement (*m.*) || *a uso* (*di*) —, à usage d'habitation.
abito *s.m.* **1** vêtement; (*spec. da donna*) robe (*f.*); (*spec. da uomo*) costume: — *fatto, di confezione*, vêtement tout fait, (de) prêt-à-porter; — *da sera*, tenue de soirée; — *da cerimonia*, tenue de cérémonie; — *da lavoro, sportivo*, tenue de travail, de sport; — *a giacca*, tailleur **2** — (*talare*), soutane (*f.*), habit: *prendere l'*—, prendre l'habit **3** (*abitudine*) habitude (*f.*) || — *mentale*, tournure d'esprit.
abituale *agg.* habituel*.
abitualmente *avv.* d'habitude.
abituare *v.tr.* habituer □ **abituarsi** *v.pron.* s'habituer, se faire* || — *al pericolo*, se familiariser avec le danger.
abituato *agg.* habitué || *come sono* — *a fare*, comme c'est dans mes habitudes.
abitudinario *agg.* e *s.m.* routinier*: *è un* —, il a ses petites habitudes.
abitudine *s.f.* habitude: *fare l'*— *a qlco*, s'habituer à qqch; *ci farò l'*—, je m'y ferai || *è sua* —..., d'habitude, il...; *come è sua* —, *secondo le sue abitudini*, comme il a l'habitude de faire; *contrariamente alle sue abitudini*, contrairement à son habitude || *per* —, par habitude, par routine.
abiura *s.f.* abjuration: *fare* —, abjurer.
abiurare *v.tr.* abjurer.
ablativo *agg.* e *s.m.* ablatif.
ablazione *s.f.* ablation.
abluzione *s.f.* ablution.
abnegazione *s.f.* abnégation.
abnorme *agg.* anormal*.
abolire (*coniug. come* finire) *v.tr.* abolir; (*sopprimere*) supprimer.
abolizione *s.f.* abolition.
abolizionismo *s.m.* abolitionnisme.
abolizionista *agg.* e *s.m.* e *f.* abolitionniste.
abolizionistico *agg.* abolitionniste.
abominevole *agg.* abominable.
abominio *s.m.* abomination (*f.*).
aborigeno *agg.* e *s.m.* aborigène.
aborrire *v.tr.* abhorrer ♦ *v.intr.* avoir* horreur (de).
aborrito *agg.* exécré.
abortire (*coniug. come* finire) *v.intr.* avorter (*anche fig.*); (*naturalmente*) faire* une fausse couche: *il tentativo è abortito*, la tentative a avorté, échoué.
abortista *agg.* favorable à l'avortement: *campagna* —, campagne pour l'avortement légal ♦ *s.m.* partisan de la liberté d'avortement.
abortivo *agg.* e *s.m.* abortif*.
aborto *s.m.* fausse couche; (*procurato*) avortement; (*fig.*) avorton.
abrasione *s.f.* abrasion.
abrasivo *agg.* e *s.m.* abrasif*.
abrogare (*coniug. come* legare) *v.tr.* abroger*.
abrogazione *s.f.* abrogation.
abruzzese *agg.* abruzzain, des Abruzzes ♦ *s.m.* Abruzzain.
abside *s.f.* abside.
abulia *s.f.* aboulie.
abulico (pl. -*ci*) *agg.* aboulique.

abusare *v.intr.* abuser.
abusivismo *s.m.* illégalité (*f.*) || — *edilizio*, urbanisation sauvage.
abusivo *agg.* abusif*, illégal*: (*dir.*) *esercizio* — *di un diritto*, usurpation d'un droit; *costruzioni abusive*, constructions abusives || *posteggiatore* —, gardien de parking non autorisé; *tassista* —, chauffeur de taxi sans licence || **-mente** *avv.*
abuso *s.m.* abus: *fare* — *di*, abuser de || (*dir.*) — *di titolo*, usurpation de titre.
acacia (pl. -*cie*) *s.f.* acacia (*m.*).
acanto *s.m.* acanthe (*f.*).
acaro *s.m.* acarien.
acca *s.m.* o *f.invar.*: *non capire un'*—, n'y rien comprendre.
accademia *s.f.* **1** (*scuola*) académie, école: — (*d'arte*) *drammatica*, école d'art dramatique; — *militare*, école militaire || *Accademia di Belle Arti*, Ecole des Beaux-Arts **2** (*associazione di studiosi*) Académie || *fare dell'*—, (*fig.*) tenir des discussions académiques.
accademico (pl. -*ci*) *agg.* académique || *corpo* —, corps universitaire; *anno* —, année universitaire, académique ♦ *s.m.* (*di accademia*) académicien*; (*professore universitario*) universitaire.
accademismo *s.m.* académisme.
accadere (*coniug. come* cadere) *v.intr.* arriver: *che è accaduto?*, qu'est-il arrivé?, que s'est-il passé?; *accade che...*, il arriva, il advint que... || *accada quel che accada*, advienne que pourra.
accaduto *agg.* qui est arrivé: *raccontare i fatti accaduti*, raconter les événements qui sont arrivés ♦ *s.m.* (*solo sing.*) ce qui est arrivé.
accalappiacani *s.m.invar.* employé de la fourrière.
accalappiare *v.tr.* attraper (*anche fig.*).
accalcarsi (*coniug. come* mancare) *v.pron.* se presser.
accaldarsi *v.pron.* être* en sueur; (*fig.*) s'échauffer.
accaldato *agg.* en sueur.
accalorarsi *v.pron.* s'échauffer.
accampamento *s.m.* campement; (*mil.*) camp: *porre l'*—, établir le camp.
accampare *v.tr.* **1** (*mil.*) camper **2** (*fig.*) alléguer* || — *diritti su*, prétendre à || — *pretese*, afficher des prétentions □ **accamparsi** *v.pron.* camper.
accanimento *s.m.* acharnement.
accanirsi (*coniug. come* finire) *v.pron.* s'acharner.
accanitamente *avv.* avec acharnement.
accanito *agg.* acharné.
accanto *avv.* à côté: *qua* —, *qui* —, (tout, jouste) à côté; *là* —, *lì* —, (tout) à côté ♦ *agg.invar.* à côté □ **accanto a** *locuz.prep.* à côté de; près de.
accantonamento *s.m.* **1** (*il lasciare da parte*) mise en veilleuse: *l'*— *di un progetto*, la mise en veilleuse d'un projet **2** constitution de réserves **3** (fonds de) réserve (*f.*).
accantonare *v.tr.* **1** laisser de côté: — *un lavo-*

ro, laisser de côté un travail || *— un progetto,* écarter (provisoirement) un projet **2** (*mettere da parte*) mettre* de côté; (*merci*) stocker.

accaparramento *s.m.* accaparement || *— di capitali,* drainage de capitaux.

accaparrare *v.tr.* **1** (*fare incetta di*) stocker; (*per far aumentare i prezzi*) accaparer **2** (*fig.*) accaparer; (*procurarsi*) s'assurer.

accaparratore *s.m.* accapareur.

accapigliarsi *v.pron.* **1** (*di donne*) en venir* aux mains; se crêper le chignon **2** (*fig.*) se disputer.

accapo *avv.* à la ligne ♦ *s.m.* alinéa.

accappatoio *s.m.* peignoir (de bain).

accapponarsi *v.pron.*: *mi si accappona la pelle,* j'ai la chair de poule; *far accapponare la pelle,* donner la chair de poule.

accarezzare *v.tr.* **1** caresser (*anche fig.*) **2** (*lusingare*) flatter.

accartocciare (*coniug. come* cominciare) *v.tr.* rouler en cornet □ **accartocciarsi** *v.pron.* se recroqueviller.

accartocciato *agg.* recroquevillé.

accasare *v.tr.* marier □ **accasarsi** *v.pron.* se marier, se caser: *si è accasata bene,* elle a fait un bon mariage.

accasato *agg.* marié, casé.

accasciare *v.tr.* abattre*, accabler □ **accasciarsi** *v.pron.* s'affaisser, s'écrouler.

accasciato *agg.* abattu.

accatastare *v.tr.* empiler; (*senz'ordine*) entasser.

accattivante *agg.* captivant, fascinant.

accattivare *v.tr.* s'attirer, gagner: *accattivarsi le simpatie di qlcu,* s'attirer la sympathie de qqn; *si è saputo — il suo favore,* il a su gagner ses faveurs.

accattonaggio *s.m.* mendicité (*f.*).

accattone *s.m.* mendiant.

accavallare *v.tr.* chevaucher; (*incrociare*) croiser || *— una maglia,* rabattre une maille □ **accavallarsi** *v.pron.* **1** se chevaucher; (*di nubi*) s'amonceler*; (*fig.*) se superposer **2** (*aggrovigliarsi*) s'enchevêtrer || *mi si è accavallato un tendine,* je me suis froissé un tendon.

accecamento *s.m.* **1** le fait d'aveugler, de crever les yeux **2** (*fig.*) aveuglement.

accecante *agg.* aveuglant.

accecare (*coniug. come* mancare) *v.tr.* **1** crever* les yeux (à); (*fig.*) aveugler **2** (*ostruire*) obturer; (*chiudere*) aveugler, murer: *— una galleria,* murer une galerie || *— un chiodo,* noyer (la tête d') un clou ♦ *v.intr.* devenir* aveugle □ **accecarsi** *v.pron.* se crever les yeux.

accedere *v.intr.* accéder*.

accelerare *v.tr.* accélérer* || *— il passo,* hâter, presser le pas ♦ *v.intr.* accélérer*, prendre* de la vitesse.

accelerato *agg.* **1** accéléré **2** (*treno*) —, (train) omnibus.

acceleratore (f.-*trice*) *agg. e s.m.* accélérateur: *premere l'—,* appuyer sur l'accélérateur.

accelerazione *s.f.* **1** accélération **2** (*cine.*) accéléré (*m.*).

accendere (*coniug. come* prendere) *v.tr.* **1** allu-

mer (*anche fig.*): *per favore mi fai — ?,* donne-moi du feu, s'il te plaît! || *— gli animi,* exciter les esprits || *— una speranza,* faire naître un espoir **2** (*comm.*) ouvrir*; (*un'ipoteca*) constituer □ **accendersi** *v.pron.* **1** s'allumer || *— in viso,* s'empourprer **2** (*fig.*) s'enflammer || *— come un fiammifero,* prendre feu facilement.

accendigas (pl. *invar.*) *s.m.* allume-gaz*.

accendino *s.m.* briquet.

accendisigaro (pl. -*ri o invar.*) *s.m.* briquet.

accennare *v.intr.* **1** (*fare cenno*) faire* signe || *— di sì col capo,* approuver de la tête **2** (*fare accenno*) faire* allusion (à): *non mi ha mai accennato al problema,* il n'a jamais abordé ce problème devant moi || *come vi avevo già accennato,* comme je vous l'avais déjà laissé entendre **3** (*dar segno*) avoir* l'air (de); (*parere*) sembler: *il tempo accenna a migliorare,* le temps semble vouloir s'arranger ♦ *v.tr.* **1** (*abbozzare*) esquisser, ébaucher: *— un motivo,* donner les premières notes d'un motif musical || *il professore ha accennato all'argomento,* le professeur a seulement effleuré le sujet **2** (*indicare*) montrer.

accenno *s.m.* **1** allusion (*f.*): *fare un — a,* faire allusion à **2** (*segno, avvertimento*) signe; (*traccia*) ombre (*f.*).

accensione *s.f.* **1** allumage (*m.*) || (*aut.*) *chiavetta d'—,* clé de contact **2** (*di conto, prestito*) ouverture; (*di ipoteca*) constitution.

accentare *v.tr.* accentuer.

accentazione *s.f.* accentuation.

accento *s.m.* **1** accent: *parlare con — inglese,* parler avec un accent anglais **2** (*tono*) ton: *con — umile,* humblement.

accentramento *s.m.* concentration (*f.*) || *— di poteri,* centralisation des pouvoirs.

accentrare *v.tr.* **1** centraliser || *accentra tutto su di sé,* il veut tout régenter || *— l'attenzione su di sé,* attirer l'attention sur soi **2** (*radunare in un luogo*) concentrer, réunir □ **accentrarsi** *v.pron.* se concentrer.

accentratore (f. -*trice*) *agg.* centralisateur* ♦ *s.m.*: *è un —,* il veut tout régenter.

accentuare *v.tr.* **1** (*pronunciare con forza*) appuyer* (sur) **2** (*far risaltare*) accentuer, faire* ressortir **3** (*accrescere*) accentuer.

accentuato *agg.* accentué: *lineamenti accentuati,* traits prononcés.

accentuazione *s.f.* accentuation.

accerchiamento *s.m.* encerclement; (*di polizia*) bouclage.

accerchiare *v.tr.* encercler; (*della polizia*) boucler.

accertabile *agg.* **1** (*verificabile*) vérifiable **2** (*valutabile*) évaluable.

accertamento *s.m.* **1** vérification (*f.*) || *fare un sopralluogo per accertamenti,* faire une descente sur les lieux **2** (*valutazione*) évaluation (*f.*): *— fiscale,* contrôle fiscal **3** (*dir.*) constatation (*f.*): *— della verità,* établissement de la vérité; *— dell'identità,* vérification d'identité; *— del valore,* estimation.

accertare *v.tr.* **1** vérifier **2** (*valutare*) évaluer; (*stabilire*) établir □ **accertarsi** *v.pron.* s'assurer: *mi accerterò che...*, je m'assurerai si...

acceso *agg.* **1** allumé || *— in volto*, les joues en feu **2** (*vivo*) vif* **3** (*fig.*) enflammé: *una lotta accesa*, un combat acharné; *— d'ira*, enflammé de colère.

accessibile *agg.* accessible; (*di persona*) abordable.

accessibilità *s.f.* accessibilité.

accessione *s.f.* **1** (*dir.*) accession **2** (*acquisto*) achat (*m.*), acquisition || *strada d'—*, voie d'accès.

accesso *s.m.* **1** accès (*anche fig*): *di difficile —*, d'un accès difficile; *— di febbre*, accès, poussée de fièvre; *— di collera*, accès de colère **2** entrée (*f.*): *divieto d'—*, entrée interdite.

accessoriato *agg.* équipé.

accessorio *agg.* e *s.m.* accessoire.

accetta *s.f.* *hache, *hachette || *tagliato con l'—*, (*fig.*) taillé à la serpe.

accettabile *agg.* acceptable.

accettare *v.tr.* accepter || *— una sfida*, relever un défi.

accettazione *s.f.* **1** acceptation || *per —*, vu et accepté **2** réception: (*ufficio di*) —, (bureau de) réception; (*negli ospedali*) bureau* des entrées.

accetto *agg.* bien accueilli (par); (*di persone*) bien vu (de).

accezione *s.f.* acception.

acchiappare *v.tr.* attraper; (*afferrare*) saisir.

acchito *s.m.* (*biliardo*) acquit || *di primo —*, du premier coup; *d'— ho risposto alla sua domanda*, j'ai répondu d'emblée à sa question.

acciaccare (*coniug. come* mancare) *v.tr.* (*schiacciare*) écraser; (*sgualcire*) froisser.

acciacco (pl. *-chi*) *s.m.* ennui de santé.

acciaieria *s.f.* aciérie.

acciaio *s.m.* acier: *una tempra d'—*, (*fig.*) un caractère bien trempé.

acciambellarsi *v.pron.* se lover.

acciarino *s.m.* **1** briquet **2** (*di ruota*) esse (*f.*).

accidentale *agg.* accidentel*.

accidentalità *s.f.* **1** *hasard (*m.*) **2** inégalité: *l'— del terreno*, l'inégalité du terrain.

accidentalmente *avv.* accidentellement.

accidentato *agg.* accidenté || *viaggio —*, voyage plein d'imprévus.

accidente *s.m.* **1** accident, hasard || *per —*, par accident, par hasard **2** (*fam.*) attaque (d'apoplexie); (*malanno*) mal: *ti prenderai un —!*, tu vas attraper du mal!; *per poco non mi è venuto un —*, ça m'a flanqué un coup || *mandare un — a qlcu*, maudire qqn; *che ti venga un —!*, le diable t'emporte! **3** (*fam.*) (*di persona*) fléau: *quel bambino è un —*, cet enfant est une peste **4** (*fam.*) (*niente*) rien: *non ha combinato un —*, il n'a rien fichu; *non ci capisco un —*, je n'y comprends goutte.

accidenti *inter.* zut!, flûte!

accidia *s.f.* paresse.

accigliarsi *v.pron.* froncer* le(s) sourcil(s).

accigliato *agg.* renfrogné, rembruni.

accingersi (*coniug. come* spingere) *v.pron.* s'apprêter, se préparer.

acciottolato *s.m.* pavé de cailloux.

accipicchia *inter.* mince alors!

acciuffare *v.tr.* attraper.

acciuga (pl. *-ghe*) *s.f.* anchois (*m.*) || *pigiati come acciughe*, serrés comme des sardines || *magro come un'—*, maigre comme un clou.

acclamare *v.tr.* **1** acclamer **2** (*approvare*) applaudir (à) ♦ *v.intr.* applaudir (à).

acclamazione *s.f.* acclamation.

acclimatare *v.tr.* acclimater □ **acclimatarsi** *v.pron.* s'acclimater.

acclimatazione *s.f.* acclimatation.

accludere (*coniug. come* chiudere) *v.tr.* joindre*, inclure* || *vi accludiamo copia...*, nous vous remettons ci-joint, ci-inclus copie...

accluso *agg.* ci-joint, ci-inclus: *i documenti* (*qui*) *acclusi*, les pièces ci-jointes, ci-incluses; (*qui*) *acclusa copia del contratto*, vous trouverez ci-joint, ci-inclus copie du contrat.

accoccolarsi *v.pron.* s'accroupir.

accodare *v.tr.* mettre* l'un derrière l'autre □ **accodarsi** *v.pron.* se mettre* derrière; (*fare la coda*) faire* la queue.

accogliente *agg.* accueillant.

accoglienza *s.f.* accueil (*m.*).

accogliere (*coniug. come* cogliere) *v.tr.* **1** accueillir*; (*ricevere*) recevoir*: *siamo stati accolti in casa loro*, nous avons été reçus chez eux **2** (*esaudire*) accepter || (*comm.*) *— una richiesta*, donner suite à une demande || (*dir.*) *— un ricorso*, recevoir un pourvoi.

accolito *s.m.* acolyte.

accollare *v.tr.* faire* endosser: *accollarsi la responsabilità di qlco*, endosser la responsabilité de qqch.

accollato *agg.* montant.

accollatura *s.f.* encolure.

accoltellamento *s.m.* agression au couteau; (*l'effetto*) blessure par coup de couteau.

accoltellare *v.tr.* frapper à coups de couteau, poignarder □ **accoltellarsi** *v.pron.* se battre* au couteau.

accomandante *s.m.* commanditaire.

accomandatario *s.m.* commandité.

accomandita *s.f.* commandite.

accomiatare *v.tr.* congédier □ **accomiatarsi** *v.pron.* prendre* congé (de).

accomodamento *s.m.* arrangement || *in via di —*, par voie d'accommodement.

accomodante *agg.* accommodant.

accomodare *v.tr.* **1** arranger*; (*riparare*) réparer: *non è stato accomodato bene*, il n'a pas été bien réparé **2** (*appianare*) apaiser ♦ *v.intr.* arranger* □ **accomodarsi** *v.pron.* **1** (*entrare*) entrer; (*sedersi*) s'asseoir* **2** se mettre* d'accord.

accompagnamento *s.m.* **1** accompagnement || (*dir.*) *mandato di —*, mandat d'amener **2** (*seguito*) suite (*f.*); (*scorta*) escorte (*f.*) || *— funebre*, convoi funèbre.

accompagnare *v.tr.* **1** accompagner: *— un re-*

galo con una lettera, joindre une lettre à un cadeau || — *qlcu in macchina alla stazione*, conduire qqn à la gare en voiture || — *con lo sguardo*, suivre des yeux || — *la porta*, fermer doucement la porte 2 *(far armonizzare)* assortir □ **accompagnarsi** *v.pron.* 1 s'acheminer (avec); se joindre* (à) 2 *(armonizzarsi)* être* assorti.

accompagnatore (f. *-trice*) *s.m.* accompagnateur*; *pl.* (*seguito*) suite (*f.sing.*).

accomunare *v.tr.* 1 mettre en commun 2 *(unire)* unir: — *gli sforzi*, unir tous les efforts || *nulla ci accomuna*, nous n'avons rien de commun.

acconciare *(coniug. come* cominciare) *v.tr.* 1 arranger* || *acconciarsi i capelli*, se coiffer 2 *(preparare)* préparer: — *l'animo a qlco*, se préparer à qqch □ **acconciarsi** *v.pron.* se coiffer; *(vestirsi)* s'habiller, se préparer.

acconciatore (f. *-trice*) *s.m.* coiffeur*.

acconciatura *s.f.* coiffure.

accondiscendente *agg.* → condiscendente.

accondiscendenza *s.f.* → condiscendenza.

accondiscendere *(coniug. come* prendere) *v. intr.* céder*; *(consentire)* consentir*.

acconsentire *v.intr.* consentir* || *—a una richiesta*, accéder à une requête.

accontentare *v.tr.* contenter; *(soddisfare)* satisfaire*: *mi piacerebbe accontentarti, ma...*, j'aimerais te faire plaisir, mais... || *è difficile da —*, il n'est jamais content □ **accontentarsi** *v.pron.* se contenter; faire* avec: *si accontenta di, con poco*, il se contente de peu.

acconto *s.m.* acompte: *lasciare un —*, donner des arrhes || *in, come —*, en acompte, à valoir sur.

accoppare *v.tr.* tuer* □ **accopparsi** *v.pron.* se tuer.

accoppiamento *s.m.* 1 accouplement 2 *(tecn.)* couplage.

accoppiare *v.tr.* accoupler □ **accoppiarsi** *v.pron.* 1 former un couple; *(disporsi a coppie)* se mettre* deux à, par deux 2 *(di colori)* être* assorti 3 *(di animali)* s'accoupler.

accoppiata *s.f.* *(ippica)* pari couplé.

accorare *v.tr.* peiner, affliger* □ **accorarsi** *v.pron.* s'affliger* (de).

accoratamente *avv.* avec affliction.

accorato *agg.* chagriné; *(afflitto)* affligé.

accorciamento *s.m.* raccourcissement.

accorciare *(coniug. come* cominciare) *v.tr.* raccourcir; *(abbreviare)* abréger* || — *le distanze*, rapprocher les distances ♦ *v.intr.* raccourcir □ **accorciarsi** *v.pron.* se raccourcir; *(della vista)* baisser.

accordabile *agg.* accordable.

accordare *v.tr.* 1 accorder || — *un'indennità*, allouer une indemnité 2 *(far armonizzare)* harmoniser, assortir □ **accordarsi** *v.pron.* 1 *(armonizzare)* s'harmoniser 2 *(mettersi d'accordo)* s'accorder.

accordato *agg.* accordé.

accordatore (f. *-trice*) *s.m.* accordeur*.

accordatura *s.f.* accordage (*m.*).

accordo *s.m* accord: *andare d'—*, bien s'entendre; *trovarsi d'—*, tomber d'accord; *come d'—*,

comme convenu || — *sulla contingenza*, convention d'indexation || *(mus.)* essere in —, être accordé; *(di voci)* chanter juste.

accorgersi *(coniug. come* scorgere) *v.pron.* s'apercevoir* || *si sono accorti di avere sbagliato*, ils se sont rendu compte qu'ils s'étaient trompés.

accorgimento *s.m.* 1 *(espediente)* moyen; *(precauzione)* précaution (*f.*) 2 *(intuito)* intelligence (*f.*); *(sagacia)* perspicacité (*f.*).

accorpamento *s.m.* unification (*f.*).

accorpare *v.tr.* unifier.

accorrere *(coniug. come* correre) *v.intr.* accourir*.

accortezza *s.f.* adresse.

accorto *agg.* *(avveduto)* avisé; perspicace; *(cauto)* prudent || *stare —*, faire attention.

accostabile *agg.* accessible, accostable; *(di persona)* abordable.

accostamento *s.m.* rapprochement; *(di colori)* assortiment.

accostare *v.tr.* 1 *(mettere vicino)* approcher (de); *(tirare vicino)* rapprocher: *accostò a sé la sedia*, il rapprocha la chaise 2 *(persone)* accoster, aborder 3 *(porte, finestre)* pousser, entrouvrir*, entrebâiller 4 *(colori ecc.)* assortir ♦ *v.intr.* 1 *(avvicinarsi)* s'approcher (de): *la nave stava accostando alla banchina*, le navire était en train d'accoster les quai; *accosta qui al marciapiede*, rangetoi près du trottoir 2 *(mar.)* *(cambiar direzione)* changer* de cap, abattre* 2 **accostarsi** *v.pron.* *(avvicinarsi)* s'approcher (de) || — *a una dottrina, a un partito*, se rapprocher d'une doctrine, d'un parti.

accovacciarsi *(coniug. come* cominciare) *v. pron.* s'accroupir.

accozzaglia *s.f.* ramassis *(m.)*; *(di cose)* fatras *(m.)* || *un'— di stili*, un méli-mélo de styles.

accozzare *v.tr.* mélanger* || —*colori*, faire jurer des couleurs.

accozzo *s.m.* fouillis, méli-mélo.

accreditabile *agg.* qu'on peut créditer.

accreditare *v.tr.* 1 accréditer || — *una notizia*, accréditer une nouvelle 2 *(comm.)* créditer.

accreditato *agg.* 1 accrédité 2 *(di somma)* crédité.

accredito *s.m.* crédit.

accrescere *(coniug. come* crescere) *v.tr.* accroître* □ **accrescersi** *v.pron.* s'accroître*.

accrescimento *s.m.* accroissement.

accrescitivo *agg.* e *s.m.* augmentatif*.

accucciarsi *(coniug. come* cominciare) *v. pron.* 1 *(di cane)* se coucher 2 *(di persona)* s'accroupir.

accudire *(coniug. come* finire) *v.intr.* vaquer ♦ *v.tr.* soigner, assister.

acculturare *v.tr.* acculturer, soumettre* à un processus d'acculturation □ **acculturarsi** *v.pron.* s'acculturer.

acculturazione *s.f.* acculturation.

accumulare *v.tr.* accumuler: — *denaro*, entasser de l'argent || — *due incarichi*, cumuler deux fonctions □ **accumularsi** *v.pron.* s'accumuler ||

nuvole temporalesche si accumulano all'orizzon-te, des nuages orageux s'amoncellent à l'horizon.
accumulatore *s.m.* (*tecn.*) accumulateur.
accumulo *s.m.* accumulation (*f.*).
accuratamente *avv.* soigneusement, avec soin.
accuratezza *s.f.* **1** soin (*m.*) **2** (*esecuzione accurata*) précision.
accurato *agg.* **1** soigneux*; (*curato*) soigné **2** (*di persone*) scrupuleux*.
accusa *s.f.* accusation: *muovere delle accuse*, porter des accusations; *l'— è di omicidio*, c'est une inculpation d'homicide; *testimone d'—*, témoin à charge || *sotto l'— di*, sous l'inculpation de || *la pubblica —*, le ministère public; *l'— ha pronunciato la sua requisitoria*, le procureur a prononcé son réquisitoire.
accusare *v.tr.* **1** accuser **2** (*sentire*) ressentir*.
accusativo *agg.* e *s.m.* (*gramm.*) accusatif.
accusato *s.m.* accusé.
accusatore (*f. -trice*) *s.m.* accusateur* || *il pubblico —*, le procureur de la République.
accusatorio *agg.* accusateur*.
acefalo *agg.* acéphale.
acerbo *agg.* **1** vert || *età acerba*, jeune âge || *essere troppo — per*, ne pas être assez mûr pour || *morte acerba*, mort prématurée **2** (*aspro*) âpre || *un dolore —*, une douleur poignante.
acero *s.m.* érable.
acerrimo *agg.* implacable.
acetato *agg.* vinaigré ♦ *s.m.* (*chim.*) acétate.
acetico (pl. *-ci*) *agg.* (*chim.*) acétique.
acetificare (*coniug. come* mancare) *v.tr.* acétifier.
acetilene *s.m.* acétylène.
aceto *s.m.* vinaigre: *condire con l'—*, vinaigrer.
acetone *s.m.* acétone (*f.*).
acetosa *s.f.* (*bot.*) oseille.
acetosella *s.f.* (*bot.*) petite oseille.
acetoso *agg.* acéteux*.
achillea *s.f.* (*bot.*) achillée.
acidificare (*coniug. come* mancare) *v.tr.* (*chim.*) acidifier.
acidità *s.f.* **1** acidité || *— di stomaco*, aigreurs d'estomac **2** (*fig.*) aigreur.
acido *agg.* aigre ♦ *s.m.* **1** (*chim.*) acide **2** (*sapore acre*) aigre.
acidulo *agg.* acidulé || *con tono —*, d'un ton plutôt âpre.
acino *s.m.* grain.
acme *s.f.* acmé (*m.*).
acne *s.f.* acné || *— rosacea*, couperose.
acqua *s.f.* **1** eau*: *stare in —*, rester dans l'eau; *gettare in —*, jeter à l'eau || *— santa*, eau bénite || *acque di fogna, di scolo*, eaux usées || *navigare in acque territoriali*, naviguer dans les eaux territoriales || *far la cura delle acque*, faire une cure thermale || *l'— del cocomero*, le jus de la pastèque || *— di tiglio*, infusion de tilleul || *— di rose*, eau de rose || *diamante di prima —*, diamant de la première eau; *un bugiardo della più bell'—*, un menteur de première **2** (*pioggia*) pluie: *che — ieri sera!*, quelle pluie hier soir!; *ho preso tanta di quell'—!*, je me suis trempé jusqu'aux os!

♦ FRASEOLOGIA: *questo caffè è — sporca!*, ce café, c'est de la flotte! || *una ragazza — e sapone*, une jeune fille toute simple || *la barca fa —*, la barque fait eau, (*fig.*) l'entreprise est en train de couler; *un ragionamento che fa — da tutte le parti*, un raisonnement qui ne tient pas debout; *un alibi che fa —*, un alibi qui ne tient pas || *assomigliarsi come due gocce d'—*, se ressembler comme deux gouttes d'eau || *essere come un pesce fuor d'—*, se sentir mal à l'aise || *navigare in cattive acque*, être dans de mauvais draps || *calmare le acque*, calmer la tempête || *ne è passata di — sotto i ponti!*, il est passé beaucoup d'eau sous les ponts! || *è — passata*, c'est du passé || *scoprire l'— calda*, enfoncer une porte ouverte || *intorbidire le acque*, semer le trouble || (*nei giochi infantili*) *—, —!*, tu gèles!
acquaforte (pl. *acqueforti*) *s.f.* eau-forte*.
acquaio *s.m.* évier.
acquamarina (pl. *acquemarine*) *s.f.* aigue-marine*.
acquaplano *s.m.* aquaplane.
acquaragia, acqua ragia *s.f.* térébenthine.
acquario *s.m.* aquarium.
acquartierare *v.tr.* (*mil.*) loger* (dans un quartier) □ **acquartierarsi** *v.pron.* (*mil.*) prendre* ses quartiers.
acquasantiera *s.f.* bénitier (*m.*).
acquatico (pl. *-ci*) *agg.* aquatique.
acquatinta (pl. *acquetinte*) *s.f.* aquatinte.
acquattarsi *v.pron.* se tapir.
acquavite (pl. *acquaviti, acqueviti*) *s.f.* eau-de-vie*.
acquazzone *s.m.* averse (*f.*).
acquedotto *s.m.* aqueduc.
acqueo *agg.* aqueux* || *vapore —*, vapeur d'eau.
acquerellista *s.m.* aquarelliste.
acquerello *s.m.* aquarelle (*f.*).
acquerugiola *s.f.* bruine.
acquiescente *agg.* consentant; (*sottomesso*) soumis (à).
acquiescenza *s.f.* aquiescement (*m.*).
acquietare *v.tr.* apaiser, calmer □ **acquietarsi** *v.pron.* s'apaiser, se calmer.
acquifero *agg.* aquifère.
acquirente *agg.* e *s.m.* acheteur*; (*spec. di oggetti di valore*) acquéreur || *la parte —*, l'acquéreur.
acquisire (*coniug. come* finire) *v.tr.* acquérir*.
acquisito *agg.* acquis || *parente —*, parent par alliance.
acquisizione *s.f.* acquisition; (*acquisto*) achat (*m.*).
acquistare *v.tr.* **1** acheter* **2** (*acquisire*) acquérir* (*anche fig.*); (*guadagnare*) gagner: *— sicurezza*, acquérir de l'assurance; *— (la) fama di*, se faire une réputation de; *— valore*, prendre de la valeur; *— velocità*, prendre de la vitesse; *acquistarsi la fiducia di*, gagner la confiance de; *acquistarsi degli amici*, se faire des amis ♦ *v.intr.* gagner (en): *ha acquistato in bellezza*, elle a gagné en beauté.
acquisto *s.m.* achat; (*acquisizione*) acquisition

(f.) || *ha fatto un buon* —, il a fait une bonne affaire || *ufficio acquisti*, bureau d'achats || *parente d'*—, parent par alliance.

acquitrino *s.m.* marécage.

acquitrinoso *agg.* marécageux*.

acquolina *s.f.*: *l'*— *in bocca*, l'eau à la bouche.

acquoso *agg.* aqueux*.

acre *agg.* âcre; *(acido)* aigre *(anche fig.).*

acredine *s.f.* aigreur.

acrilico (pl. -ci) *agg.* acrylique.

acrimonia *s.f.* acrimonie.

acrimonioso *agg.* acrimonieux*.

acritico (pl. -ci) *agg.* irrationnel*.

acro *s.m.* acre.

acrobata *s.m.* acrobate.

acrobatico (pl. -ci) *agg.* acrobatique.

acrobazia *s.f.* acrobatie.

acronimo *s.m.* acronyme.

acropoli *s.f.* acropole.

acrostico (pl. -ci) *s.m.* acrostiche.

acuire *(coniug. come* finire) *v.tr.* aiguiser; *(aumentare)* augmenter || — *il desiderio*, exciter le désir □ **acuirsi** *v.pron.* devenir* plus vif*, augmenter.

aculeo *s.m.* **1** *(di animali)* piquant; *(pungiglione)* aiguillon *(f.)* *(di piante)* aiguillon, épine *(f.).*

acume *s.m.* finesse *(f.)* || *uomo di grande* —, homme d'une grande perspicacité.

acuminato *agg.* pointu.

acustica *s.f.* acoustique.

acustico (pl. -ci) *agg.* acoustique || *chitarra acustica*, guitare sèche || *impianto* —, (installation de) sonorisation.

acutamente *avv.* **1** *(intensamente)* intensément **2** *(con acume)* avec finesse.

acutangolo *agg.* acutangle.

acutezza *s.f.* **1** acuité *(anche fig.)* **2** *(acume)* finesse.

acutizzare *v.tr.* aiguiser; *(aggravare)* aggraver □ **acutizzarsi** *v.pron.* devenir* plus aigu*; *(aggravarsi)* s'aggraver.

acuto *agg.* **1** *(aguzzo)* aigu*; *(appuntito)* pointu || *(mat.)* *angolo* —, angle aigu **2** *(fig.)* aigu* || *vista acuta*, vue perçante || *desiderio* —, désir intense || *freddo* —, froid piquant || *odore* —, odeur pénétrante || *febbre acuta*, fièvre très forte || *(gramm.)* *accento* —, accent aigu **3** *(perspicace)* fin, subtil ♦ *s.m.* aigu* || *gli acuti*, les notes aiguës.

ad *prep.* → **a²**.

adagiare *(coniug. come* mangiare) *v.tr.* étendre*, coucher □ **adagiarsi** *v.pron.* **1** s'étendre*, se coucher **2** *(fig.)* *(abbandonarsi)* s'abandonner (à): *è uno che si adagia facilmente*, c'est quelqu'un qui se laisse un peu trop aller.

adagio¹ *avv.* **1** lentement || — —, petit à petit **2** *(con cautela)* doucement ♦ *s.m.invar.* *(mus.)* adagio.

adagio² *s.m.* adage, dicton.

adamantino *agg.* *(letter.)* adamantin || *coscienza adamantina*, conscience droite.

adamitico (pl. -ci) *agg.* adamique || *in costume* —, *(scherz.)* en costume d'Adam.

adattabile *agg.* **1** adaptable **2** *(di persona)* qui s'adapte facilement.

adattabilità *s.f.* faculté d'adaptation.

adattamento *s.m.* adaptation *(f.):* — *televisivo, cinematografico, teatrale di un'opera letteraria*, adaptation pour la télévision, pour le grand écran, pour la scène d'une œuvre littéraire.

adattare *v.tr.* **1** *(rendere adatto a)* adapter || *due poltrone da* — *al divano*, deux fauteuils qui puissent aller avec le divan; *gli ha adattato un vecchio cappotto*, elle a mis à sa taille un vieux manteau **2** *(una cosa a un'altra)* ajuster **3** *(trasformare in)* transformer (en) □ **adattarsi** *v.pron.* **1** *(adeguarsi)* s'adapter; *(abituarsi)* s'habituer || *bisogna* —!, il faut s'y faire! **2** *(essere adatto)* convenir*; *(per misura, forma)* s'ajuster; *(esteticamente)* s'harmoniser (avec).

adattato *agg.* refait; *(trasformato in)* transformé en.

adattatore *s.m.* *(tecn.)* adapteur.

adatto *agg.* **1** *(di cosa)* *(indicato)* indiqué; *(appropriato)* approprié: *spettacolo* — *per bambini*, spectacle indiqué pour les enfants; *non è il mezzo più* —, ce n'est pas le meilleur moyen || *il momento* —, le bon moment || *fare la faccia adatta alle circostanze*, se composer une tête de circonstance || *non essere* — *a...*, *(non addirsi, non star bene con)* ne pas aller avec... **2** *(di persona)* indiqué; *(dotato per, fatto per)* doué pour*, fait (pour) || *è la persona meno adatta per...*, c'est la dernière personne qui puisse... || *è l'uomo* —, c'est l'homme qu'il faut; *ci vuole la persona adatta*, il faut une personne qualifiée.

addebitare *v.tr.* **1** débiter || — *una somma a qlcu, su un conto*, débiter qqn, un compte d'une somme **2** *(fig.)* attribuer.

addebito *s.m.* **1** débit: *fare un* —, débiter (une somme) **2** *(accusa)* imputation *(f.):* *muovere un* — *a qlcu di qlco*, imputer qqch à qqn.

addendo *s.m.* terme *(d'une addition).*

addensamento *s.m.* épaississement || *addensamenti di nuvole*, grande concentration de nuages.

addensarsi *v.pron.* s'épaissir; *(di persone)* se presser || *nubi si addensavano all'orizzonte*, des nuages s'amoncelaient à l'horizon.

addentare *v.tr.* mordre* (à): *il cane mi ha addentato la gamba*, ce chien m'a mordu à la jambe.

addentellato *s.m.* **1** appui **2** *(connessione)* rapport.

addentrarsi *v.pron.* s'enfoncer*; *(fig.)* pénétrer* || — *in una discussione*, s'engager dans une discussion || — *in una questione*, approfondir une question.

addentro *avv.* profondément □ **addentro a, in** *locuz.prep.:* *molto* — *nella foresta*, au fin fond de la forêt; *essere molto* — *in un problema*, connaître à fond une question; *è molto* — *nella politica*, il très engagé dans la politique.

addestramento *s.m.* entraînement; *(delle reclute)* instruction *(f.):* *(di animali)* dressage || — *professionale*, formation professionnelle.

addestrare *v.tr.* exercer*; (*ammaestrare*) dresser □ **addestrarsi** *v.pron.* s'exercer*, s'entraîner.

addetto *agg.* préposé (à), chargé (de) ♦ *s.m.* 1 préposé (à) || *i non addetti ai lavori*, les personnes étrangères aux travaux 2 — (*d'ambasciata*), attaché (d'ambassade) 3 — *stampa*, attaché de presse.

addì *avv.* le: — *25 maggio*, le 25 mai.

addiaccio *s.m.*: all'—, à la belle étoile.

addietro *avv.* auparavant: *tempo* —, il y a quelque temps □ **per l'addietro** *locuz.avv.* autrefois.

addio *inter.* adieu || — *vacanza!*, adieu (les) vacances! || *se non va*, —, si ça ne marche pas, c'est fini! || —*!*, *l'ho rotto*, ça y est!, je l'ai cassé ♦ *s.m.* adieu*: *fare gli addii*, faire ses adieux || *dare l'*—*a qlco*, (*fig.*) dire adieu à qqch.

addirittura *avv.* 1 carrément; (*veramente*) vraiment: *è* — *ridicolo*, c'est carrément ridicule; *dimmi* — *sì o no*, dis-moi carrément oui ou non; *è* — *fuori di sé*, il est vraiment hors de lui || —*!*, vraiment!; (*fino a questo punto*) à ce point-là! 2 (*persino*) même: *ha* — *detto che se ne andrà*, il est allé jusqu'à dire qu'il s'en irait; *ha* — *battuto il record del mondo*, mais il a même battu le record du monde 3 (*direttamente*) directement: *scrivilo* — *in bella copia*, écris-le directement au propre.

addirsi (*coniug. come* dire; *si usa alle terze persone del pres. e imperf. indic. e congiunt.*) *v.pron.* convenir*; (*star bene*) aller* bien.

additare *v.tr.* 1 montrer (du doigt) 2 (*fig.*) (*mostrare*) montrer; (*esporre*) exposer.

additivo *s.m.* additif.

addivenire (coniugato come *venire*) *v.intr.* en venir* (à).

addizionale *agg.* additionnel*.

addizionare *v.tr.* additionner (de).

addizione *s.f.* addition.

addobbare *v.tr.* décorer || — *a lutto*, tendre de crêpe; — *a festa*, pavoiser.

addobbo *s.m.* décoration (f.) || *addobbi funebri*, tentures (funèbres).

addolcire (*coniug. come* finire) *v.tr.* 1 sucrer 2 (*fig.*) adoucir; (*mitigare*) atténuer □ **addolcirsi** *v.pron.* s'adoucir (*anche fig.*).

addolorare *v.tr.* peiner, affliger* || *m'addolora sapere che...*, je suis navré d'apprendre que...

addolorato *agg.* affligé (de) || *sono* — *di dovervi annunciare che...*, je suis navré de vous annoncer que...

addome *s.m.* abdomen.

addomesticabile *agg.* apprivoisable.

addomesticare (*coniug. come* mancare) *v.tr.* 1 apprivoiser 2 (*falsare*) falsifier; (*truccare*) truquer.

addomesticato *agg.* 1 apprivoisé 2 (*truccato*) truqué; (*falsato*) falsifié.

addominale *agg.* abdominal*.

addormentare *v.tr.* 1 endormir* 2 (*fig.*) (*calmare*) calmer; (*intorpidire*) engourdir □ **addormentarsi** *v.pron.* 1 s'endormir* 2 (*intorpidirsi*) s'engourdir: *mi si è addormentata una gamba*, ma jambe est tout engourdie.

addormentato *agg.* 1 endormi (*anche fig.*): *cadere* —, s'endormir 2 (*intorpidito*) engourdi.

addossare *v.tr.* 1 adosser (à, contre) 2 (*fig.*) (*attribuire*) faire* endosser; (*gravare di*) charger* (de): *gli hanno addossato un lavoro difficile*, on l'a chargé d'un travail difficile; *gli hanno addossato tutte le spese*, il a dû payer tous les frais de sa poche 3 *addossarsi*, prendre sur soi: *mi sono addossato tutte le spese*, j'ai pris tous les frais à mon compte □ **addossarsi** *v.pron.* (*appoggiarsi*) s'adosser (à, contre).

addossato *agg.* adossé (à).

addosso *avv.* sur moi, toi, etc.: *che cosa hai* —*?*, qu'est-ce que tu as sur toi?, (*fig.*) qu'est-ce que tu as? || *non stare così, senza niente* —, (*sulle spalle*) ne reste pas comme ça, sans rien sur le dos || *avere il diavolo* —, avoir le diable au corps; *avere l'argento vivo* —, avoir du vif-argent dans les veines || *avere la febbre* —, avoir de la température □ **addosso a** *locuz.prep.* 1 sur: *bada di non rovesciarti* — *il caffè*, attention à ne pas renverser le café sur toi || *mettersi* — *qlco*, (*sulle spalle*) se mettre qqch sur le dos || *gli è andato* — *con tutto il suo peso*, il lui est tombé dessus de tout son poids || *andare* — *a qlcu*, heurter qqn || *piombare* — *al nemico*, fondre sur l'ennemi || *mettere le mani* — *a qlcu*, (*picchiarlo*) lever la main sur qqn; (*afferrarlo*) attraper qqn || *mettere gli occhi* — *a*, jeter les yeux sur qqn || *tagliare i panni* — *a qlcu*, casser du sucre sur le dos de qqn || *gettare la colpa* — *a qlcu*, rejeter toute la faute sur qqn || *tirarsi* — *dei guai*, s'attirer des ennuis || *mettere* — *una paura terribile*, faire terriblement peur || *mi venne* — *un gran sonno*, je fus pris d'une grande envie de dormir || *eravamo uno* — *all'altro*, nous étions les uns sur les autres || *stare sempre* — *a qlcu*, (*fig.*) être toujours sur le dos de qqn; *non starmi così* —*!*, écarte-toi un peu! 2 (*contro*) contre; sur: *tirare qlco* — *a qlcu*, lancer qqch contre qqn; *gettarsi* — *a qlcu*, se jeter sur qqn; *dare* — *a qlcu*, (*fig.*) s'acharner sur qqn □ **d'addosso** *locuz.avv.* → **dosso** 1.

addurre (*coniug. come* condurre) *v.tr.* fournir || — *a pretesto*, prétexter || — *a esempio*, citer comme exemple || — *un testimonio*, produire un témoin || *adduce come giustificazione...*, pour se justifier, il...

adduttore *agg. e s.m.* adducteur.

adeguamento *s.m.* 1 (*dei salari, dei prezzi*) rajustement (en fonction de) 2 (*adattamento*) adaptation (*f.*).

adeguare *v.tr.* 1 proportionner; (*salari, prezzi*) rajuster (en fonction de) 2 (*conformare*) adapter □ **adeguarsi** *v.pron.* s'adapter.

adeguatamente *avv.* de façon adéquate.

adeguatezza *s.f.* justesse.

adeguato *agg.* 1 proportionné || *è un prezzo* —, c'est le juste prix 2 (*adatto*) approprié.

adempiere (*coniug. come* compiere) *v.intr. e tr.* s'acquitter (de); accomplir || — *un ordine*, exécuter un ordre || — *ai propri doveri*, accomplir son devoir || (*dir.*) — *un'obbligazione* (*a*), satisfaire une obligation □ **adempiersi** *v.pron.* se réaliser.

adempimento *s.m.* accomplissement; (*realizzazione*) réalisation (*f.*) || — *di un contratto*, exécution d'un contrat.

adenoidi *s.f.pl.* végétations (adénoïdes).

adenoma *s.m.* (*med.*) adénome.

adepto *s.m.* adepte.

aderente *agg.* **1** adhérent **2** (*di indumenti*) collant; (*attillato*) moulant **3** (*fig.*) (*fedele*) fidèle || *un'interpretazione — ai fatti*, une interprétation correspondant aux faits ♦ *s.m.* adhérent.

aderenza *s.f.* **1** adhérence (*anche med.*) **2** *pl.* (*relazioni*) relations.

aderire (*coniug. come* finire) *v.intr.* **1** adhérer*; (*appiccicarsi*) coller || — *al testo*, suivre le texte de très près **2** (*associarsi*) adhérer* || — *a una richiesta*, satisfaire une requête.

adescamento *s.m.* **1** séduction (*f.*) **2** (*dir.*) racolage **3** (*idraulica*) amorçage.

adescare (*coniug. come* mancare) *v.tr.* **1** allécher **2** (*di prostituta*) racoler **3** (*attirare con un'esca*) appâter **4** (*idraulica*) amorcer*.

adescatore (f. *-trice*) *s.m. e agg.* racoleur*.

adesione *s.f.* adhésion.

adesivo *agg. e s.m.* **1** adhésif* **2** (*pubblicitario*) autocollant.

adesso *avv.* **1** (*ora*) maintenant; (*al momento attuale*) à présent || *per —*, pour le moment; — *come —*, pour l'instant || *fino (ad) —*, jusqu'à maintenant || *da — in poi*, dorénavant **2** (*or ora*) à l'instant || *l'ho incontrato —*, je viens de le rencontrer **3** (*fra poco, subito*) tout de suite || — *vengo*, je viens tout de suite || — *arriverà*, il va venir.

adiacente *agg.* adjacent || — *a*, proche de.

adiacenza *s.f.* (*spec.pl.*) proximité.

adibire (*coniug. come* finire) *v.tr.* affecter, destiner.

adipe *s.m.* graisse (*f.*).

adiposità *s.f.* adiposité.

adiposo *agg.* adipeux*.

adirarsi *v.pron.* se mettre* en colère (contre).

adirato *agg.* en colère || *uno sguardo —*, un regard furieux.

adire (*coniug. come* finire) *v.tr.* (*dir.*) — *le vie legali*, avoir recours aux voies de droit.

adito *s.m.* accès || *dare — a sospetti*, faire naître des soupçons.

adocchiare *v.tr.* **1** lorgner **2** (*scorgere*) apercevoir*.

adolescente *agg. e s.m.* adolescent*.

adolescenza *s.f.* adolescence.

adolescenziale *agg.* de l'adolescence.

adombrare *v.tr.* (*velare, nascondere*) voiler □ **adombrarsi** *v.pron.* prendre* ombrage (de).

adone *s.m.* adonis.

adontarsi *v.pron.* s'offenser, s'indigner.

adoperare, adoprare *v.tr.* (*servirsi di*) se servir* (de); (*usare*) employer*: — *la forza*, employer la force □ **adoperarsi** *v.pron.* mettre* tout en œuvre || — *per, a favore di*, se prodiguer pour.

adorabile *agg.* adorable.

adorare *v.tr.* adorer.

adorazione *s.f.* adoration.

adornare *v.tr.* décorer.

adorno *agg.* paré, orné.

adottabile *agg.* adoptable.

adottabilità *s.f.* adoptabilité.

adottare *v.tr.* adopter; (*prendere*) prendre*.

adottato *agg. e s.m.* adopté.

adottivo *agg.* adoptif*.

adozione *s.f.* adoption.

adrenalina *s.f.* adrénaline.

adriatico (pl. *-ci*) *agg.* de l'Adriatique.

adulare *v.tr.* flatter.

adulatore (f. *-trice*) *s.m.* flatteur*.

adulazione *s.f.* adulation, flatterie.

adultera *s.f.* adultère.

adulterare *v.tr.* **1** frelater **2** (*fig.*) altérer*.

adulterato *agg.* **1** frelaté **2** (*fig.*) falsifié.

adulterazione *s.f.* **1** frelatage (*m.*) **2** (*fig.*) altération, falsification.

adulterino *agg.* adultérin; (*extraconiugale*) adultère.

adulterio *s.m.* adultère.

adultero *agg. e s.m.* adultère.

adulto *agg. e s.m.* adulte.

adunanza *s.f.* assemblée; (*seduta*) séance.

adunare *v.tr.* rassembler; (*convocare*) convoquer □ **adunarsi** *v.pron.* **1** se rassembler **2** (*fig.*) se réunir.

adunata *s.f.* rassemblement (*m.*).

adunco (pl. *-chi*) *agg.* crochu.

aedo *s.m.* aède.

aerare *v.tr.* aérer*.

aeratore *s.m.* aérateur.

aerazione *s.f.* aération.

aereo[1] *agg.* aérien* ♦ *s.m.* (*antenna*) aérien.

aereo[2] *s.m.* → **aeroplano**.

aero- *pref.* aéro-

aerobica *s.f.* aérobic (*m.*).

aerobus *s.m.* airbus.

aerodinamica *s.f.* aérodynamique.

aerodinamico (pl. *-ci*) *agg.* aérodynamique.

aerodromo *s.m.* aérodrome.

aerofotografia *s.f.* photographie aérienne.

aerografo *s.m.* (*tecn.*) aérographe.

aerolito *s.m.* aérolit(h)e.

aeromobile *s.m.* aéronef.

aeromodellismo *s.m.* aéromodélisme.

aeronautica *s.f.* aéronautique || — *navale*, aéronavale || *ufficiale dell'Aeronautica*, officier de l'Armée de l'Air || *Ministero dell'Aeronautica*, Ministère de l'Air.

aeronautico (pl. *-ci*) *agg.* aéronautique.

aeronavale *agg.* aéronaval*.

aeroplano *s.m.* avion: *in —*, en avion; — *da trasporto*, avion-cargo.

aeroporto *s.m.* aéroport.

aeroportuale *agg.* aéroportuaire ♦ *s.m.* employé d'un aéroport.

aeroscalo *s.m.* aéroport, aérodrome.

aerosol *s.m.* aérosol.

aerospaziale *agg.* aérospatial*.

aerostatica *s.f.* aérostatique.
aerostatico (pl. -ci) *agg.* aérostatique.
aerostato *s.m.* aérostat.
aerostazione *s.f.* aérogare.
aerotaxi *s.m.* avion taxi.
aerotrasportato *agg.* aéroporté, aérotransporté.
aerotrasporto *s.m.* transport par avion.
afa *s.f.* chaleur étouffante || *che —!*, qu'il fait lourd!
afasia *s.f.* (*med.*) aphasie.
afelio *s.m.* (*astr.*) aphélie.
aferesi *s.f.* (*ling.*) aphérèse.
affabile *agg.* affable || **-mente** *avv.*
affabilità *s.f.* affabilité.
affabulazione *s.f.* affabulation.
affaccendarsi *v.pron.* s'affairer (à).
affaccendato *agg.* affairé; (*occupato*) occupé || *essere in ben altre faccende —*, avoir d'autres chats à fouetter.
affacciarsi (*coniug. come* cominciare) *v.pron.* **1** se montrer || *stava affacciata alla finestra, alla porta*, elle était à la fenêtre, sur la porte **2** (*essere esposto*) donner (sur): *la finestra si affaccia sul cortile*, la fenêtre donne sur la cour.
affamare *v.tr.* affamer.
affamato *agg.* e *s.m.* affamé.
affannarsi *v.pron.* se fatiguer; (*sforzarsi*) s'évertuer || *non affannarti tanto!*, ne te presse pas!; (*non darti troppo da fare*) ne te donne pas trop de mal!
affannato *agg.* essoufflé.
affanno *s.m.* **1** essoufflement: *avere l'—*, être essoufflé; *dare l'—*, essoufler **2** (*fig.*) (*ansia*) anxiété (*f.*); (*angoscia*) angoisse (*f.*).
affannosamente *avv.* **1** (*con affanno*): *respirare —*, respirer avec difficulté **2** (*febbrilmente*) fébrilement.
affannoso *agg.* **1** (*di respiro*) *haletant || una ricerca affannosa*, une recherche fébrile **2** (*fig.*) agité.
affare *s.m.* **1** affaire (*f.*): *giro d'affari*, chiffre d'affaires; *essere in trattative d'affari con qlcu.*, être en pourparlers d'affaires avec qqn; *fare affari*, faire des affaires **2** (*questione*) affaire (*f.*); (*faccenda*) histoire (*f.*): *è un — serio*, c'est grave; *è un — da nulla*, ce n'est rien; *questo è un altro —*, ça c'est une autre histoire; *è un brutto —*, c'est une vilaine histoire; *non è — vostro*, ça ne vous regarde pas, ce n'est pas votre affaire; *affari suoi!*, c'est son affaire!; *fatti gli affari tuoi*, (*fam.*) occupe-toi de tes affaires || *affari pubblici*, affaires de l'État; *ne ha fatto un — di stato*, (*fig.*) il en a fait toute une affaire **3** (*oggetto*) truc, machin: *dammi quell'—*, passe-moi ce truc; *cos'è quell'—?*, qu'est-ce que c'est que ce machin-là?
affarismo *s.m.* affairisme.
affarista *s.m.* affairiste.
affascinante *agg.* séduisant, fascinant.
affascinare *v.tr.* **1** fasciner **2** (*fig.*) fasciner; (*sedurre*) séduire*.
affastellare *v.tr.* accumuler (confusément) || *— idee*, mélanger des idées || *— parole*, entasser des mots.

affaticamento *s.m.* fatigue (*f.*) || *— della mente*, surmenage intellectuel.
affaticare (*coniug. come* mancare) *v.tr.* fatiguer □ **affaticarsi** *v.pron.* **1** se fatiguer **2** (*darsi da fare*) se donner de la peine, peiner: *si è affaticato tutta la vita per...*, il a peiné toute sa vie pour...
affaticato *agg.* fatigué.
affatto *avv.* **1** (*in frasi affermative*) tout à fait: *un'opinione — diversa*, une opinion tout à fait différente **2** (*in frasi negative*) du tout: *non è — vero*, ce n'est pas du tout vrai || *niente —*, pas du tout.
affatturare *v.tr.* (*stregare*) ensorceler*.
afferente *agg.* afférent.
affermare *v.tr.* **1** affirmer: *afferma di averlo visto*, il affirme l'avoir vu, (*dire di sì*) *dire* que oui || *— con un cenno del capo*, faire un signe de tête affirmatif □ **affermarsi** *v.pron.* s'imposer.
affermativo *agg.* affirmatif* || *in caso —*, dans l'affirmative || **-mente** *avv.*
affermato *agg.* qui a réussi.
affermazione *s.f.* **1** affirmation **2** (*successo*) succès (*m.*).
afferrare *v.tr.* saisir □ **afferrarsi** *v.pron.* s'agripper, s'accrocher (*anche fig.*).
affettare[1] *v.tr.* couper (en tranches).
affettare[2] *v.tr.* (*ostentare*) affecter.
affettato[1] *agg.* en tranches ♦ *s.m.* charcuterie (en tranches): *affettati misti*, charcuteries variées.
affettato[2] *agg.* (*ostentato*) affecté.
affettatrice *s.f.* coupe-jambon* (*m.*).
affettazione *s.f.* affectation || *senza —*, sans apprêt.
affettività *s.f.* affectivité.
affettivo *agg.* affectif* || **-mente** *avv.*
affetto[1] *agg.* atteint: *è — da un tic*, il a un tic || (*dir.*) *proprietà affetta da ipoteche*, domaine grevé d'hypothèques.
affetto[2] *s.m.* affection (*f.*): *nutrire — per*, avoir de l'affection pour || *è il suo unico —*, c'est sa seule attache || *gli affetti più cari*, tout ce qu'on a de plus cher || *con —*, affectueusement.
affettuosamente *avv.* affectueusement || *vi siamo — vicini*, nous sommes de tout cœur avec vous.
affettuosità *s.f.* tendresse.
affettuoso *agg.* affectueux*.
affezionarsi *v.pron.* s'attacher (à): *mi ci sono affezionato*, je m'y suis attaché; *una persona cui ci si affeziona facilmente*, une personne attachante.
affezionato *agg.* attaché || *un amico —*, un ami fidèle; *un cliente —*, un client fidèle || (*in chiusura di lettera*) *vostro affezionatissimo*, votre affectionné.
affezione *s.f.* affection || *prezzo d'—*, prix d'ami.
affiancare (*coniug. come* mancare) *v.tr.* **1** mettre* côte à côte **2** (*fig.*) adjoindre* (à); (*sostenere*) seconder, soutenir*: *gli hanno affiancato un tecnico*, on lui a adjoint un technicien; *era affiancato da validi collaboratori*, il était secondé par des collaborateurs valables; *lo affianca nella lotta*

politica, il le soutient dans sa lutte politique □ **affiancarsi** *v.pron.* se mettre* à côté de; (*fig.*) se joindre* (à), s'associer.

affiancato *agg.* (placé) côte à côte || — *da*, flanqué de.

affiatamento *s.m.* accord, entente (*f.*); cohésion (*f.*).

affiatarsi *v.pron.* bien s'entendre*.

affiatato *agg.* très uni.

affibbiare *v.tr.* 1 boucler 2 (*fig.*) (*appioppare*) gratifier (de); (*addossare*) faire* endosser; (*rifilare*) refiler: — *un anno di prigione*, coller un an de prison; — *la colpa a qlcu*, faire porter le chapeau à qqn; — *mille lire false*, refiler un faux billet de mille lires || — *un soprannome a qlcu*, affubler qqn d'un surnom || — *uno schiaffo, una pedata*, flanquer une gifle, décocher un coup de pied.

affidabile *agg.* fiable.

affidabilità *s.f.* fiabilité: *di scarsa* —, peu fiable.

affidamento *s.m.* 1 confiance (*f.*): *dare* —, inspirer confiance || *fare* — *su...*, compter sur... 2 (*consegna*) remise (*f.*) 3 (*dir.*) droit de garde.

affidare *v.tr.* confier|| — *qlco alla memoria*, garder le souvenir de qqch || (*dir.*) — *la custodia di un bambino a*, donner le droit de garde d'un enfant à □ **affidarsi** *v.pron.* s'en remettre* (à) || — *al caso*, se fier au hasard || — *alle proprie forze*, compter sur ses forces.

affievolire (*coniug. come* finire) *v.tr.* affaiblir □ **affievolirsi** *v.pron.* faiblir, devenir* de plus en plus faible; s'affaiblir (*anche fig.*).

affiggere (*Pass.rem.* io affissi, tu affiggesti ecc. *Part.pass.* affisso) *v.tr.* afficher.

affilare *v.tr.* 1 aiguiser 2 (*assottigliare*) amaigrir || — *le armi*, (*fig.*) fourbir ses armes □ **affilarsi** *v.pron.* s'effiler.

affilato *agg.* 1 tranchant || *avere la lingua affilata*, (*fig.*) avoir une langue de vipère 2 (*sottile*) effilé.

affilatura *s.f.* aiguisage (*m.*).

affiliare *v.pron.* s'affilier.

affiliato *agg.* e *s.m.* affilié.

affiliazione *s.f.* 1 affiliation 2 (*dir.*) adoption (simple).

affinamento *s.m.* affinement.

affinare *v.tr.* affiner □ **affinarsi** *v.pron.* s'affiner.

affinché *cong.* afin que, pour que: *gli ho parlato — sapesse come comportarsi*, je lui ai parlé afin (*o* pour) qu'il sache comment se conduire.

affine *agg.* semblable (à), proche (de) || (*prodotti*) *affini*, produits similaires || *parole affini*, mots apparentés || (*bot., zool.*) *specie affini*, espèces voisines ♦ *s.m.* parent par alliance.

affinità *s.f.* affinité.

affioramento *s.m.* affleurement; (*dall'acqua*) émersion (*f.*) || *sottomarino in* —, sous-marin qui fait surface.

affiorare *v.intr.* affleurer; (*dall'acqua*) émerger*: — *alla memoria*, revenir à l'esprit; *sono affiorati nuovi indizi*, on a trouvé de nouveaux indices || *il*

sottomarino è affiorato, le sous-marin a fait surface.

affissione *s.f.* affichage (*m.*) || *divieto di* —, défense d'afficher || (*dir.*) *affissioni pubbliche*, affiches officielles.

affisso *agg.* affiché.

affittacamere *s.m.invar.* logeur*.

affittanza *s.f.* bail* à ferme.

affittare *v.tr.* louer || *affittasi appartamento*, appartement à louer.

affitto *s.m.* 1 location (*f.*); (*di fondo rustico*) fermage: *dare in* —, donner en location, louer; *prendere in* —, prendre en location, louer || *contratto d'* —, bail, (*di fondo rustico*) bail à ferme (*canone da pagare*) loyer.

affittuario *s.m.* locataire; (*di fondo rustico*) fermier*.

affliggere (*Pass.rem.* io afflissi, tu affliggesti ecc. *Part.pass.* afflitto) *v.tr.* 1 affliger* 2 (*tormentare*) accabler (de) || *era afflitto dal mal di denti*, il souffrait d'une rage de dents □ **affliggersi** *v.pron.* s'affliger*, se tourmenter.

afflitto *agg.* affligé (par); (*tormentato*) accablé (de).

afflizione *s.f.* affliction.

afflosciare (*coniug. come* cominciare) *v.tr.* rendre* mou* □ **afflosciarsi** *v.pron.* s'affaisser || *il pallone si è afflosciato*, le ballon s'est dégonflé || *si afflosciò sulla sedia*, il se laissa tomber sur la chaise.

affluente *s.m.* affluent.

affluenza *s.f.* affluence || *l'— delle merci sul mercato*, l'arrivée massive des marchandises sur le marché.

affluire (*coniug. come* finire) *v.intr.* affluer: *gli spettatori sono affluiti verso l'uscita*, les spectateurs ont afflué vers la sortie.

afflusso *s.m.* afflux.

affogamento *s.m.* noyade (*f.*): *morte per* —, mort par noyade.

affogare (*coniug. come* legare) *v.tr.* noyer* || — *un dispiacere nell'alcol*, noyer son chagrin dans l'alcool || — *nei debiti*, être accablé de dettes ♦ *v.intr.*, **affogarsi** *v.pron.* se noyer*.

affogato *agg.* e *s.m.* noyé: *morire* —, se noyer || (*cuc.*) *uova affogate*, œufs pochés; *un* (*gelato*) — *al caffè*, café liégeois.

affollamento *s.m.* foule (*f.*); (*calca*) cohue (*f.*).

affollare *v.tr.* se presser (sur, dans) || *i turisti affollano le spiagge*, les touristes envahissent les plages; *i tifosi affollano gli stadi*, les supporters remplissent les stades □ **affollarsi** *v.pron.* se presser.

affollato *agg.* bondé, comble; (*fitto di folla*) bourré (de monde).

affondamento *s.m.* 1 envoi par le fond 2 (*naufragio*) naufrage (*anche fig.*).

affondare *v.tr.* 1 (*mandare a fondo*) envoyer* par le fond, couler || (*mar.*) — *l'ancora*, mouiller l'ancre 2 (*far penetrare*) enfoncer*; (*immergere*) plonger* || — *le mani nelle tasche*, enfoncer ses mains dans ses poches || — *i denti in qlco*, planter ses dents dans qqch || — *nella notte dei tempi*,

affondo (*fig.*) se perdre dans la nuit des temps ♦ *v.intr.* 1 (*andare a fondo*) couler, sombrer 2 (*sprofondare*) s'enfoncer* (*anche fig.*).

affondo *s.m.* (*ginnastica, scherma*) fente (*f.*).

affossamento *s.m.* 1 enfoncement, affaissement || *l'— di un progetto*, (*fig.*) l'enterrement d'un projet 2 (*avvallamento*) dépression (*f.*); (*fossa*) fossé.

affossare *v.tr.* (*fig.*) enterrer □ **affossarsi** *v.pron.* (*di occhi*) s'enfoncer*; (*di guance*) se creuser.

affossatore *s.m.* fossoyeur.

affrancamento *s.m.* affranchissement.

affrancare (*coniug. come* mancare) *v.tr.* affranchir □ **affrancarsi** *v.pron.* s'affranchir.

affrancatura *s.f.* (*l'affrancare*) affranchissement (*m.*); (*i francobolli*) timbres (*m.pl.*): *quanto di —?*, quel est le tarif?; *lettera senza —*, lettre non affranchie || *— a carico del destinatario*, port payé par le destinataire.

affranto *agg.* (*dalla fatica*) fourbu, *harassé; (*dal dolore*) brisé.

affratellamento *s.m.* fraternisation (*f.*).

affratellare *v.tr.* unir □ **affratellarsi** *v.pron.* fraterniser.

affrescare (*coniug. come* mancare) *v.tr.* peindre* à fresque.

affrescato *agg.* décoré de fresques.

affresco (pl. *-chi*) *s.m.* fresque (*f.*).

affrettare *v.tr.* 1 presser, *hâter 2 (*anticipare*) avancer* □ **affrettarsi** *v.pron.* 1 se *hâter (de) 2 (*sbrigarsi*) se dépêcher; (*in frasi negative*) se presser 3 (*farsi premura di*) s'empresser (de).

affrettatamente *avv.* 1 (*rapidamente*) rapidement, vite 2 (*in modo poco accurato*) à la hâte 3 (*in tutta fretta*) en toute hâte.

affrettato *agg.* 1 pressé || *fare un pasto —*, manger rapidement || *una partenza affrettata*, un départ précipité 2 (*poco accurato*) *hâtif*.

affrontare *v.tr.* affronter || *— un problema*, aborder un problème || *— la realtà*, faire face à la réalité || *— delle spese*, faire face à des frais □ **affrontarsi** *v.pron.* s'affronter.

affronto *s.m.* affront.

affumicare (*coniug. come* mancare) *v.tr.* 1 enfumer 2 (*cuc.*) fumer.

affumicato *agg.* 1 enfumé || *lenti affumicate*, verres fumés 2 (*cuc.*) fumé.

affusolare *v.tr.* fuseler*.

affusolato *agg.* fuselé.

affusto *s.m.* affût.

afgano, afghano *agg.* e *s.m.* afghan.

afide *s.m.* (*zool.*) aphidien.

afono *agg.* aphone.

aforisma *s.m.* aphorisme.

afoso *agg.* étouffant, lourd: *tempo —*, temps lourd.

africanismo *s.m.* africanisme.

africanista *s.m.* africaniste.

africano *agg.* e *s.m.* africain.

afrikaans *s.m.* afrikaans.

afrikaner (pl. *invar.*) *s.m.* afrikaner.

afro- *pref.* afro-

afroamericano *agg.* afro-américain.

afrodisiaco (pl. *-ci*) *agg.* e *s.m.* aphrodisiaque.

afta *s.f.* (*med.*) aphte (*m.*) || (*vet.*) *— epizootica*, fièvre aphteuse.

agamia *s.f.* (*biol.*) agamie.

agape *s.f.* 1 (*relig.*) agape 2 (*cena*) agapes (*pl.*).

agata *s.f.* agate.

agave *s.f.* (*bot.*) agave (*m.*).

agenda *s.f.* 1 agenda (*m.*) 2 (*ordine del giorno*) ordre du jour.

agente *s.m.* agent || *— teatrale*, imprésario; — (*di polizia*), agent de police; — *investigativo*, détective; — *di custodia*, gardien de prison.

agenzia *s.f.* agence || *— giornalistica, d'informazioni*, agence de presse; — *fotografica*, agence de photos; — *investigativa*, agence d'investigation.

agevolare *v.tr.* 1 (*cosa*) faciliter, rendre* plus facile 2 (*persona*) aider 3 (*comm.*) accorder des facilités: — *nei pagamenti*, accorder des facilités de paiement.

agevolato *agg.* favorisé.

agevolazione *s.f.* facilité || *agevolazioni fiscali*, allégements fiscaux.

agevole *agg.* aisé; (*facile*) facile || **-mente** *avv.*

agganci *s.m.pl.* accointances (*f.*).

agganciamento *s.m.* accrochage.

agganciare (*coniug. come* cominciare) *v.tr.* accrocher (*anche fig.*).

aggeggio *s.m.* truc, machin.

aggettivale *agg.* (*gramm.*) adjectif*: *con funzione —*, faisant fonction d'adjectif.

aggettivo *s.m.* adjectif.

aggetto *s.m.* (*arch.*) saillie (*f.*).

agghiacciante *agg.* terrifiant.

agghiacciare (*coniug. come* cominciare) *v.tr.* glacer*: *quella vista gli agghiacciò il sangue*, ce spectacle, son sang se glaça dans ses veines □ **agghiacciarsi** *v.pron.* se glacer*: *le si è agghiacciato il sangue per lo spavento*, son cœur s'est glacé d'effroi.

agghindare *v.tr.* parer, pomponner □ **agghindarsi** *v.pron.* se parer, se pomponner.

agghindato *agg.* pomponné.

aggio *s.m.* (*econ.*) agio || *fare — sull'oro*, faire prime sur l'or || *— dell'esattore*, prime de recouvrement.

aggiogare (*coniug. come* legare) *v.tr.* atteler*.

aggiornamento *s.m.* 1 mise à jour; (*di impianto ecc.*) modernisation (*f.*); (*di tariffe, prezzi*) ajustement || *corso d'—*, stage d'information 2 (*rinvio*) ajournement 3 (*riqualifica*) recyclage.

aggiornare *v.tr.* 1 mettre* à jour 2 (*tariffe, prezzi*) ajuster 3 (*mettere al corrente*) mettre* au courant || (*rinviare*) ajourner || *— un pagamento*, différer un paiement 5 (*riqualificare*) recycler □ **aggiornarsi** *v.pron.* 1 se mettre* à jour (sur), s'informer (sur) 2 (*di assemblea ecc.*) ajourner: *la corte si aggiorna*, la cour est ajournée.

aggiornato *agg.* 1 (*di persona*) au courant (de) 2 (*di pubblicazione ecc.*) mis à jour.

aggiotaggio *s.m.* agiotage: *fare dell'—*, agioter.

agonistico

aggiramento *s.m.* encerclement || — *di un osta-colo*, contournement d'un obstacle.

aggirare *v.tr.* (*accerchiare*) encercler || — *la leg-ge*, *un ostacolo*, contourner la loi, une difficulté □

aggirarsi *v.pron.* **1** rôder; (*vagare*) errer **2** (*di quantità, approssimarsi*) s'élever* environ (à) **3** (*vertere su*) rouler (sur).

aggiudicare (*coniug. come* mancare) *v.tr.* adjuger*; (*conferire*) décerner || *aggiudicarsi un premio*, remporter, gagner un prix.

aggiudicazione *s.f.* attribution; (*dir.*) adjudication.

aggiungere (*coniug. come* giungere) *v.tr.* ajouter || *alla cultura aggiunge il fascino*, il joint le charme à la culture □ **aggiungersi** *v.pron.* s'ajouter.

aggiunta *s.f.* addition, adjonction; (*la cosa aggiunta*) ajout (*m.*) || *nuova edizione con aggiunte*, nouvelle édition augmentée.

aggiuntivo *agg.* additionnel*.

aggiunto *agg.* e *s.m.* adjoint.

aggiustaggio *s.m.* (*mecc.*) ajustage.

aggiustamento *s.m.* **1** (*accomodamento*) arrangement **2** (*econ., fin.*) rajustement, ajustement.

aggiustare *v.tr.* **1** réparer; (*rattoppare*) raccommoder: *me lo sai —?*, tu saurais me le réparer? **2** (*sistemare*) ajuster, arranger*: *aggiustarsi i capelli*, arranger ses cheveux || *ora ti aggiusto io!*, je vais t'arranger! || — *i conti*, (*anche fig.*) régler les comptes □ **aggiustarsi** *v.pron.* s'arranger*: *le cose si sono aggiustate*, les choses se sont arrangées.

agglomeramento *s.m.* agglomération (*f.*).

agglomerare *v.tr.* agglomérer*.

agglomerato *s.m.* **1** — (*urbano*), agglomération (urbaine), conurbation **2** (*geol.*) agglomérat **3** (*edil.*) aggloméré.

agglomerazione *s.f.* agglomération.

agglutinare *v.tr.* agglutiner.

aggomitolare *v.tr.* → **raggomitolare**.

aggradare *v.intr.*: *fate come vi aggrada*, faites comme il vous plaira; *se vi aggrada*, si cela vous plaît.

aggraffare *v.tr.* agrafer.

aggraffatrice *s.f.* agrafeuse.

aggrapparsi *v.pron.* s'accrocher, se cramponner.

aggravamento *s.m.* aggravation (*f.*).

aggravante *agg.* aggravant: (*dir.*) *circostanza —*, circonstance aggravante ♦ *s.f.* aggravante.

aggravare *v.tr.* aggraver □ **aggravarsi** *v.pron.* s'aggraver.

aggravio *s.m.* augmentation (*f.*): — *fiscale*, augmentation des impôts.

aggraziato *agg.* gracieux* || *ha un fare —*, elle a une façon de faire agréable.

aggredire (*coniug. come* finire) *v.tr.* agresser; attaquer || — *con rimproveri*, accabler de reproches.

aggregare (*coniug. come* legare) *v.tr.* **1** associer, agréger* **2** (*riunire a*) réunir (à) □ **aggregarsi** *v.pron.* se joindre*.

aggregato *agg.* associé ♦ *s.m.* agrégat.

aggregazione *s.f.* agrégation || *centro di — gio-vanile*, lieu de rencontre pour jeunes.

aggressione *s.f.* agression: — *a mano armata*, attaque à main armée.

aggressività *s.f.* agressivité.

aggressivo *agg.* agressif*.

aggressore *agg.* e *s.m.* agresseur.

aggrottare *v.tr.*: — *le sopracciglia*, froncer les sourcils; — *la fronte*, plisser le front.

aggrottato *agg.* **1** sourcilleux* **2** (*accigliato*) renfrogné: — *in volto*, le visage renfrogné.

aggrovigliare *v.tr.* embrouiller □ **aggrovigliarsi** *v.pron.* s'embrouiller.

aggrovigliato *agg.* embrouillé.

aggrumarsi *v.pron.* se grumeler*.

agguantare *v.tr.* saisir.

agguato *s.m.* embuscade (*f.*), guet-apens*: *tendere un —*, tendre une embuscade || *essere in —*, être aux aguets.

agguerrire (*coniug. come* finire) *v.tr.* aguerrir □ **agguerrirsi** *v.pron.* s'aguerrir.

agguerrito *agg.* aguerri.

aghifoglio *agg.* (*bot.*) angustifolié.

aghiforme *agg.* en forme d'aiguille; (*bot., min.*) aciculaire.

agiatezza *s.f.* aisance; (*benessere*) bien-être (*m.*).

agiato *agg.* aisé.

agibile *agg.* praticable; (*di edificio*) habitable.

agibilità *s.f.* (*di edifici*) habitabilité; (*di impianti*) autorisation d'exploitation; (*di strade*) viabilité.

agile *agg.* agile || **-mente** *avv.*

agilità *s.f.* agilité.

agio *s.m.* **1** aise (*f.*): *essere, trovarsi a proprio —*, être à l'aise, à son aise **2** *pl.* aisance (*f.sing.*): *negli agi*, dans l'aisance.

agiografia *s.f.* hagiographie.

agiografico (pl. -*ci*) *agg.* hagiographique.

agire (*coniug. come* finire) *v.intr.* **1** agir: *ha agito bene, male*, il a bien, mal agi **2** (*di un meccanismo*) fonctionner.

agitare *v.tr.* agiter || — *le menti*, troubler les esprits || — *un problema*, traiter un problème □ **agitarsi** *v.pron.* s'agiter.

agitato *agg.* e *s.m.* agité.

agitatore (f. -*trice*) *s.m.* agitateur*.

agitazione *s.f.* agitation: *mettere in —*, agiter.

agli *prep.art.m.pl.* → **a**^{2}.

aglio *s.m.* ail*.

agnati *s.m.pl.* (*zool.*) agnathes.

agnello *s.m.* agneau* (*anche fig.*) || *lupo in veste d'—*, loup déguisé en brebis.

agnostico (pl. -*ci*) *agg.* e *s.m.* agnostique.

ago (pl. *aghi*) *s.m.* aiguille (*f.*); (*da calza*) aiguille à tricoter; (*del cuoiaio, del materassaio*) alêne (*f.*).

agognato *agg.* convoité.

agonia *s.f.* agonie: *essere in —*, être à l'agonie.

agonismo *s.m.* esprit de compétition: *darsi all'—*, s'adonner à la compétition.

agonistico (pl. -*ci*) *agg.* de compétition, sportif: *spirito —*, esprit combatif.

agonizzante *agg.* e *s.m.* agonisant (*anche fig.*): *essere* —, être à l'agonie.

agonizzare *v.intr.* agoniser.

agopuntura *s.f.* acupuncture, acopuncture.

agorafobia *s.f.* agoraphobie.

agoraio *s.m.* étui à aiguilles, porte-aiguilles*.

agostiniano *agg.* **1** (*appartenente all'ordine agostiniano*) augustin **2** (*relativo all'ordine agostiniano*) augustinien ♦ *s.m.* augustin.

agosto *s.m.* août.

agraria *s.f.* agronomie.

agrario *agg.* agricole || *perito* —, agronome || *scuola agraria*, école d'agriculture ♦ *s.m.* **1** propriétaire foncier **2** spécialiste en agronomie.

agreste *agg.* agreste || *la pace* —, la paix des champs || *popolazioni agresti*, populations rurales.

agri- *pref.* agro-

agricolo *agg.* agricole.

agricoltore (f. *-trice*) *s.m.* agriculteur*.

agricoltura *s.f.* agriculture.

agrifoglio *s.m.* *houx.

agrimensore *s.m.* arpenteur.

agrimensura *s.f.* arpentage (*m.*).

agriturismo *s.m.* tourisme rural, agriturisme.

agro[1] *agg.* aigre (*anche fig.*) ♦ *s.m.* aigre || (*cuc.*) *all'—*, au citron.

agro[2] *s.m.* campagne (*f.*).

agro- *pref.* agro-

agroalimentare *agg.* agroalimentaire.

agrodolce *agg.* aigre-doux*.

agronomia *s.f.* agronomie.

agronomico (pl. *-ci*) *agg.* agronomique.

agronomo *s.m.* agronome.

agrume *s.m.* (*spec. pl.*) agrume.

agrumeto *s.m.* plantation d'agrumes.

aguzzare *v.tr.* **1** appointer, tailler en pointe **2** (*fig.*) aiguiser.

aguzzino *s.m.* geôlier; (*fig.*) tyran, bourreau*.

aguzzo *agg.* pointu.

ah *inter.* ah!

ahi *inter.* aïe!

ahimè *inter.* hélas!

ai *prep.art.m.pl.* → **a**[2].

aia *s.f.* aire || *menare il can per l'*—, (*fig.*) tourner autour du pot.

AIDS *s.m.* e *f.* (*med.*) SIDA (*m.*).

aiola *s.f.* → **aiuola**.

airone *s.m.* (*zool.*) *héron.

aitante *agg.* vigoureux*.

aiuola *s.f.* parterre (*m.*); (*spec. circolare*) corbeille; (*spec. rettangolare*) plate-bande*.

aiutante *s.m.* aide; (*assistente*) assistant || (*mil.*): — *di campo*, aide de camp; — *maggiore*, adjudant-major.

aiutare *v.tr.* **1** aider **2** (*agevolare*) faciliter, aider (à) □ **aiutarsi** *v.pron.* **1** s'aider (de); (*ingegnarsi*) faire* de son mieux || — *con le mani e con i piedi*, s'aider des pieds et des mains **2** (*l'un l'altro*) s'entraider.

aiuto *s.m.* **1** aide (*f.*); (*soccorso*) secours: *dare* — *a qlcu*, aider qqn; *con l'*— *della madre*, avec l'aide de sa mère; *con l'*— *di una lente d'ingrandimento*, à l'aide d'une loupe; *portare* —, donner de l'aide; *venire in* — *a qlcu*, venir en aide à qqn, au secours de qqn ||—!, au secours!; *invocare* —, appeler à l'aide, crier au secours **2** (*aiutante*) aide; (*assistente*) assistant.

aizzare *v.tr.* exciter; (*spingere*) pousser.

al *prep.art.m.sing.* → **a**[2].

ala *s.f.* **1** aile: *battere le ali*, battre des ailes || (*fig.*): *in un batter d'ali*, en moins de rien; *avere le ali ai piedi*, avoir des ailes; *abbassare le ali*, baisser la crête **2** (*schieramento*) *haie: *fare* — *al passaggio di qlcu*, faire la haie au passage de qqn || *tra due ali di folla*, entre deux files de personnes **3** (*del cappello*) bord (*m.*) **4** (*calcio*) ailier (*m.*): *mezz'*— *destra, sinistra*, inter droit, gauche.

alabastro *s.m.* albâtre.

alacre *agg.* diligent, prompt; (*fig.*) (*vivace*) vif*.

alacremente *avv.* avec zèle.

alacrità *s.f.* célérité; (*zelo*) zèle (*m.*).

alaggio *s.m.* (*mar.*) *halage.

alamaro *s.m.* (*spec.pl.*) brandebourg.

alambicco (pl. *-chi*) *s.m.* alambic.

alano *s.m.* (*zool.*) grand danois.

alare[1] *s.m.* (*del camino*) chenet.

alare[2] *agg.* alaire.

alato *agg.* ailé (*anche fig.*).

alba *s.f.* aube (*anche fig.*): *sta spuntando l'*—, le jour pointe.

albanese *agg.* e *s.m.* albanais.

albatro *s.m.* (*zool.*) albatros.

albeggiare (*coniug. come* mangiare) *v.intr.impers.* faire* jour.

alberato *agg.* bordé d'arbres, planté d'arbres.

alberatura *s.f.* (*mar.*) mâture.

albergare (*coniug. come* legare) *v.tr.* héberger*, loger*; (*fig.*) abriter ♦ *v.intr.* loger*.

albergatore (f. *-trice*) *s.m.* hôtelier*.

alberghiero *agg.* hôtelier || *industria alberghiera*, hôtellerie; *ricettività alberghiera*, capacités d'accueil ♦ *s.m.pl.* le personnel hôtelier.

albergo (pl. *-ghi*) *s.m.* **1** hôtel: ||—*diurno*, bains publics || *casa* —, résidence **2** (*rifugio*) abri; (*ospitalità*) hospitalité (*f.*).

albero *s.m.* **1** arbre: — *da frutto*, arbre fruitier; — *della gomma*, arbre à caoutchouc; — *di Natale*, arbre, sapin de Noël || — *della cuccagna*, mât de cocagne **2** (*mar.*) mât: — *maestro, maggiore, di maestra*, grand mât **3** (*mecc.*) arbre: — *motore*, arbre moteur; — *a gomito*, vilebrequin.

albicocca (pl. *-che*) *s.f.* abricot (*m.*).

albicocco (pl. *-chi*) *s.m.* abricotier.

albigese *agg* e *s.m.* (*st.relig.*) albigeois.

albinismo *s.m.* albinisme.

albino *agg.* e *s.m.* albinos.

albo *s.m.* **1** tableau* (d'affichage): *essere iscritto all'*—, figurer au tableau **2** (*elenco di professionisti*) tableau* || — *d'oro*, livre d'or || — *dei vincitori, dei premiati*, palmarès **3** (*fumetto*) album.

albore *s.m.* (*fig.*) *gli albori della civiltà*, l'aube de la civilisation.

alborella *s.f.* (*zool.*) ablette.

album (pl. *invar.*) *s.m.* album || — *da disegno*, cahier à dessin.
albume *s.m.* **1** (*biol.*) albumen **2** (*dell'uovo*) blanc (d'œuf).
albumina *s.f.* (*biol.*) albumine.
alcali *s.m.* (*chim.*) alcali.
alcalinità *s.f.* (*chim.*) alcalinité.
alcalino *agg.* alcalin.
alcaloide *s.m.* (*chim.*) alcaloïde.
alce *s.m.* (*zool.*) élan.
alchechengi *s.m.* (*bot.*) alkékenge.
alchermes (pl. *invar.*) *s.m.* alkermès.
alchimia *s.f.* alchimie.
alchimista *s.m.* alchimiste.
alchimistico (pl. *-ci*) *agg.* alchimique.
alcione *s.m.* (*zool.*) alcyon.
alcol (pl. *-li*) *s.m.* alcool: — *puro*, alcool pur, absolu || *darsi all'*—, s'adonner à la boisson.
alcolemia *s.f.* (*med.*) alcoolémie.
alcolicità *s.f.* degré alcoolique.
alcolico (pl. *-ci*) *agg.* alcoolique ♦ *s.m.pl.* boissons alcoolisées.
alcolimetro *s.m.* (*chim.*) alcoomètre.
alcolismo *s.m.* alcoolisme.
alcolista *s.m.* alcoolique.
alcolizzato *agg.* e *s.m.* alcoolique.
alcoltest *s.m.* alcootest.
alcova *s.f.* alcôve.
alcun *agg.indef. forma tronca di* → **alcuno**[1].
alcunché *pron.indef.* (*letter.*) **1** (*in frasi affermative*) quelque chose; (*qualsiasi cosa*) n'importe quoi: *vi era in lui* — *di indefinibile*, il y avait en lui quelque chose d'indéfinissable **2** (*in frasi negative*) rien: *non ricorda* — *di quanto gli ho detto*, il ne se rappelle rien de ce que je lui ai dit.
alcuno[1] *agg.indef.* **1** *pl.* (*con valore affermativo*) quelques || *alcuni tuoi, vostri colleghi*, quelques-uns de tes, de vos collègues, quelques collègues à toi, à vous; *alcune mie, nostre amiche*, quelques-unes de mes, de nos amies, quelques amies à moi, à nous **2** (*con valore negativo di nessuno*) aucun: *non gli serbo alcun rancore*, je ne lui garde pas du tout rancune **3** (*con valore di* un, qualche, un certo) quelque: *vi è forse alcun dubbio?*, y aurait-il quelque doute? • *Alcuno* si usa solo davanti a sostantivi inizianti per s impura, gn, ps, x, z; il *f. alcuna* non si elide.
alcuno[2] *pron.indef.* **1** *pl.* (*con valore affermativo*) quelques-uns*, certains: *alcuni di noi*, quelques-uns d'entre nous; *alcune di loro*, quelques-unes d'entre elles || *alcuni..., alcuni....; alcuni..., altri...*, quelques-uns..., d'autres... **2** (*con valore negativo*) (*assoluto e riferito solo a persone*) personne; (*seguito da partitivo e riferito a cose e persone*) aucun: *non vidi* —, je ne vis personne; *non mi rivolgo ad* — *dei miei colleghi*, je ne m'adresse à aucun de mes collègues; *non vi fu* — *di loro che tradì i compagni*, parmi eux, aucun n'a trahi.
aldeide *s.f.* (*chim.*) aldéhyde (*m.*).
aldilà *s.m.* au-delà.
alé *inter.* (*fam.*) allez!; vas-y!
alea *s.f.* (*dir.*) aléa (*m.*).

aleatorio *agg.* aléatoire.
aleggiare (*coniug. come* mangiare) *v.intr.* **1** (*alitare*) flotter **2** (*di aliante*) planer.
alesaggio *s.m.* (*mecc.*) alésage.
alesare *v.tr.* (*mecc.*) aléser*.
alesatrice *s.f.* (*mecc.*) aléseuse.
alesatura *s.f.* (*mecc.*) alésage (*m.*).
alessandrino *agg.* e *s.m.* alexandrin.
aletta *s.f.* **1** aileron (*m.*) || (*aer.*) — *di compensazione*, volet de compensation || (*mar.*) — *di rollio*, aileron anti-roulis **2** (*mecc.*) ailette.
alettone *s.m.* (*aer.*) aileron.
alfa[1] *s.m.* o *f.invar.* (*lettera dell'alfabeto greco*) alpha (*m.*) || *dall'* — *all'omega*, de a jusqu'à z.
alfa[2] *s.f.* (*bot.*) alfa (*m.*).
alfabeta *agg.* e *s.m.* alphabète.
alfabetico (pl. *-ci*) *agg.* alphabétique: *in, per ordine* —, par ordre alphabétique || **-mente** *avv.*
alfabetizzare *v.tr.* alphabétiser.
alfabetizzazione *s.f.* alphabétisation.
alfabeto *s.m.* alphabet.
alfanumerico (pl. *-ci*) *agg.* alphanumérique.
alfiere[1] *s.m.* (*mil.*) porte-drapeau* (*anche fig.*).
alfiere[2] *s.m.* (*scacchi*) fou.
alfine *avv.* (*letter.*) enfin.
alga (pl. *-ghe*) *s.f.* (*bot.*) algue.
algebra *s.f.* algèbre.
algebrico (pl. *-ci*) *agg.* algébrique || **-mente** *avv.*
algoritmo *s.m.* (*mat.*) algorithme.
aliante *s.m.* (*aer.*) planeur.
alias *avv.* alias.
alibi *s.m.* alibi || — *di ferro*, (*fig.*) alibi en béton.
alice *s.f.* (*zool.*) anchois (*m.*): *alici sott'olio*, anchois à l'huile.
alienabile *agg.* (*dir.*) aliénable: *non* —, inaliénable.
alienante *agg.* aliénant.
alienare *v.tr.* aliéner* (*anche fig.*): — *la simpatia di qlcu*, (*fig.*) s'aliéner qqn □ **alienarsi** *v.pron.* s'aliéner*; (*estraniarsi*) s'éloigner (de).
alienato *agg.* e *s.m.* aliéné.
alienazione *s.f.* aliénation.
alienista *s.m.* aliéniste.
alieno *agg.* étranger* (à) || *uomo* — *da compromessi*, homme hostile à tout compromis || *essere* — *dal*, réfuser (de) ♦ *s.m.* extraterrestre.
alimentare[1] *agg.* alimentaire || *negozio di* (*generi*) *alimentari*, épicerie.
alimentare[2] *v.tr.* alimenter (*anche fig.*) □ **alimentarsi** *v.pron.* s'alimenter (*anche fig.*).
alimentarista *s.m.* diététicien*.
alimentatore *s.m.* (*mecc., elettr.*) alimentateur, chargeur.
alimentazione *s.f.* alimentation: — *liquida*, régime liquide || — *a benzina*, alimentation en essence || (*tecn.*) — *a vuoto*, alimentation par le vide || (*inform.*) — *del nastro*, avancement de la bande.
alimento *s.m.* **1** aliment (*anche fig.*): *trarre* —, s'alimenter || *l'* — *dello spirito*, les nourritures spirituelles **2** *pl.* (*dir.*) aliments, pension alimentaire: *obbligo degli alimenti*, obligation aliment-

taire; *pagare*, *passare gli alimenti*, verser une pension alimentaire, payer les aliments.

aliquota *s.f.* **1** quote-part* **2** (*fin.*) taux (*m.*): — *progressiva*, *proporzionale*, impôt progressif || — *del premio*, (*assicur.*) montant de la prime.

aliscafo *s.m.* hydrofoil, hydroglisseur.

aliseo *agg.* e *s.m.* (*spec.pl.*) alizé.

alitare *v.intr.* (*letter.*) **1** (*respirare*) respirer **2** (*soffiare*) souffler.

alito *s.m.* **1** haleine (*f.*) || *finché mi rimarrà un* — *di vita*, tant qu'il me restera un souffle de vie **2** (*di vento*) souffle.

alitosi *s.f.* (*med.*) mauvaise haleine.

alla *prep.art.f.sing.* → a².

allacciamento *s.m.* (*del telefono ecc.*) branchement; (*ferroviario*) raccordement.

allacciare (*coniug. come* cominciare) *v.tr.* **1** (*con lacci*, *stringhe*) lacer*; (*con fibbia*) boucler; (*con bottoni*) boutonner: *allacciati* (*le stringhe del*)*le scarpe*, lace tes chaussures || — *la cintura*, (*in aereo*) attacher sa ceinture, (*in auto*) mettre sa ceinture **2** (*annodare*) nouer (*anche fig.*) **3** (*collegare*) raccorder; (*il telefono ecc.*) brancher.

allacciatura *s.f.* fermeture; (*con lacci*, *stringhe*) laçage (*m.*); (*con bottoni*) boutonnage (*m.*).

allagamento *s.m.* inondation (*f.*).

allagare (*coniug. come* legare) *v.tr.* inonder □ **allagarsi** *v.pron.* être* inondé.

allampanato *agg.* efflanqué.

allargamento *s.m.* élargissement; (*ampliamento*) extension (*f.*).

allargare (*coniug. come* legare) *v.tr.* **1** élargir; (*ingrandire*) agrandir; (*distanziare*) espacer || — *le braccia*, ouvrir les bras en signe de résignation || — *il cuore*, réchauffer le cœur **2** (*estendere*) étendre □ **allargarsi** *v.pron.* s'élargir; (*ingrandirsi*) s'agrandir || *ci siamo allargati un po'*, (*fam.*) maintenant on est plus au large; *potete allargarvi*, (*a tavola*) espacez-vous || *mi si allargò il cuore*, mon cœur se remplit de joie || *il problema si allarga*, le problème s'élargit.

allarmante *agg.* alarmant.

allarmare *v.tr.* alarmer □ **allarmarsi** *v.pron.* s'alarmer.

allarmato *agg.* inquiet*.

allarme *s.m.* **1** alarme (*anche fig.*); (*spec. mil.*) alerte (*f.*): *mettersi in* —, se mettre en alarme; *mettere in* —, alerter; *suscitare* —, jeter l'alarme || *segnale*, *campanello d'*—, signal d'alarme; *sirena d'*—, sirène d'alerte || *essere in* — *per...*, être inquiet pour... **2** (*dispositivo d'*) —, (dispositif d') alarme || — *sonoro*, avertisseur sonore.

allarmismo *s.m.* **1** alarmisme **2** (*estens.*) inquiétude (*f.*): *c'era un diffuso* —, il y avait un climat d'inquiétude.

allarmista *s.m.* alarmiste.

allarmistico (pl. *-ci*) *agg.* alarmiste.

allato, **a lato** *avv.* → accanto.

allattamento *s.m.* allaitement.

allattare *v.tr.* allaiter: — *artificialmente*, allaiter au biberon.

alle *prep.art.f.pl.* → a².

alleanza *s.f.* alliance.

allearsi *v.pron.* s'allier (à, avec).

alleato *agg.* e *s.m.* allié.

allegare (*coniug. come* legare) *v.tr.* **1** → accludere **2** (*allappare*) agacer*.

allegato *s.m.* annexe (*f.*), pièce jointe || *in* — *copia della fattura*, ci-joint une copie de la facture ♦ *agg.* → accluso.

alleggerimento *s.m.* allégement.

alleggerire (*coniug. come* finire) *v.tr.* alléger*; (*fig.*) (*alleviare*) soulager* || *lo hanno alleggerito del portafogli*, on l'a soulagé de son portefeuille; — *le tasche di qlcu*, soulager les poches de qqn □ **alleggerirsi** *v.pron.* **1** s'habiller plus légèrement **2** (*liberarsi*) se délivrer (*anche fig.*).

allegoria *s.f.* allégorie.

allegorico (pl. *-ci*) *agg.* allégorique || **-mente** *avv.*

allegramente *avv.* gaiement || *prendersela* —, prendre les choses du bon côté; *prendila* —*!*, ne t'en fais pas trop!

allegria *s.f.* gaieté || *stare in* —, s'amuser; *vivere in* —, mener joyeuse vie; *mettere* —, mettre de bonne humeur || *che* —*!*, c'est gai!

allegro *agg.* **1** gai; joyeux*: *temperamento* —, tempérament gai; *un'allegra serata*, une joyeuse soirée; *in allegra compagnia*, en joyeuse compagnie || *tenere* — *qlcu*, égayer qqn || *stare allegri*, se donner du bon temps; *stiamo allegri*, un peu de bonne humeur!; *c'è poco da stare allegri*, il n'y a pas de quoi se réjouir || *la Vedova Allegra*, la Veuve Joyeuse || *finanza allegra*, joyeux gaspillage; *amministrazione allegra*, une gestion frivole **2** (*di colore*) riant, gai **3** (*alticcio*) éméché ♦ *avv.* e *s.m.* (*mus.*) allegro.

allegrone *s.m.* boute-en-train*.

alleluia *s.m.* alléluia.

allenamento *s.m.* entraînement: *essere in* —, être à l'entraînement; *mantenersi in* —, se maintenir en forme; *tenere in* —, (*esercitare*) exercer.

allenare *v.tr.* entraîner; (*esercitare*) exercer* □ **allenarsi** *v.pron.* s'entraîner, s'exercer.

allenato *agg.* entraîné; (*abituato*) habitué.

allenatore (f. *-trice*) *s.m.* entraîneur.

allentamento *s.m.* **1** relâchement (*anche fig.*) **2** (*di viti*, *bulloni ecc.*) desserrage.

allentare *v.tr.* **1** (*rendere meno stretto*) desserrer: — *la morsa*, (*anche fig.*) desserrer l'étau **2** (*rendere meno teso*, *meno rigido*) relâcher: — *la sorveglianza*, relâcher la surveillance || — *i freni a*, (*fig.*) lâcher la bride à || — *uno schiaffo*, allonger une gifle □ **allentarsi** *v.pron.* **1** (*diventare meno stretto*) se desserrer; (*meno teso*) se détendre* **2** (*fig.*) se relâcher; (*diminuire*) s'atténuer || *la morsa del gelo si è allentata*, le grand froid s'est adouci.

allergene *s.m.* (*med.*) allergène.

allergia *s.f.* allergie.

allergico (pl. *-ci*) *agg.* allergique.

allergizzante *agg.* (*med.*) allergisant.

allergologia *s.f.* (*med.*) allergologie.

allergologo (pl. *-gi*) *s.m.* allergologue.

allerta, **all'erta** *avv.* e *s.f.* alerte: *stare* —, être sur ses gardes.

alma

allertare v.tr. mettre* en alerte.

allestimento s.m. préparation (f.) || l'— di una nave, l'équipement d'un navire || — (teatrale), mise en scène; — (scenico), décor.

allestire (coniug. come finire) v.tr. **1** préparer || — una flotta, équiper une flotte || — una nave, armer un navire **2** (teatr.) mettre* en scène, monter.

allettamento s.m. attrait, séduction (f.).

allettante agg. alléchant.

allettare v.tr. allécher* || ciò mi alletta, non mi alletta, cela me séduit, cela ne me sourit guère.

allevamento s.m. **1** élevage **2** (di bambini) éducation (f.).

allevare v.tr. élever* || — una serpe in seno, (fig.) réchauffer un serpent dans son sein.

allevatore (f. -trice) s.m. éleveur*.

alleviamento s.m. soulagement.

alleviare v.tr. soulager*.

allibire (coniug. come finire) v.intr. rester stupéfait, rester interdit.

allibito agg. stupéfait.

allibratore (f. -trice) s.m. bookmaker.

allietare v.tr. égayer*: la casa è stata allietata dalla nascita di un bambino, la naissance d'un enfant est venue égayer sa maison.

allievo s.m. élève.

alligatore s.m. (zool.) alligator.

allignare v.intr. prendre* racine, pousser.

allineamento s.m. alignement || — dei salari, dei prezzi, ajustement des salaires, des prix.

allineare v.tr. aligner □ **allinearsi** v.pron. s'aligner.

allineato agg. aligné.

allitterazione s.f. allitération.

allo prep.art.m.sing. → **a²**.

allo- pref. allo-

allocazione s.f. (econ.) (assegnazione) allocation, affectation; (ripartizione) répartition.

allocco (pl. -chi) s.m. **1** (zool.) *hulotte (f.) **2** (fig.) nigaud, sot: rimanere come un —, rester tout bête.

allocuzione s.f. allocution: fare un'—, adresser une allocution.

allodola s.f. alouette.

alloggiamento s.m. **1** (mil.) cantonnement **2** (mecc.) logement.

alloggiare (coniug. come mangiare) v.tr. e intr. loger*.

alloggio s.m. **1** logement || la crisi degli alloggi, la crise du logement || vitto e —, le gîte et le couvert **2** (appartamento) appartement **3** (ospitalità) hospitalité (f.): chiedere — a qlcu, demander l'hospitalité à qqn || prendere, trovare — presso qlcu, loger chez qqn **4** (sulle navi) cabines (f.pl.).

allontanamento s.m. **1** éloignement **2** (il mandar via) renvoi.

allontanare v.tr. **1** éloigner: le nuove amicizie lo hanno allontanato da me, ses nouvelles fréquentations l'ont éloigné de moi; il suo carattere lo allontana da tutti, il fait le vide autour de lui || — un pericolo, éloigner un danger; — i sospetti, détourner les soupçons **2** (mandare via) renvoyer*: —

dalla scuola, renvoyer de l'école □ **allontanarsi** v.pron. **1** s'éloigner || — da casa, quitter sa maison || devo allontanarmi un momento, je dois m'absenter un instant **2** (deviare) s'écarter: — dalla retta via, s'écarter du droit chemin.

allora avv. **1** alors; (in quel preciso momento) à ce moment-là; (a quei tempi) en ce temps-là: soltanto — mi accorsi che, alors seulement je m'aperçus que; proprio — avresti dovuto intervenire, c'est juste à ce moment-là que tu aurais dû intervenir; — si viaggiava in diligenza, en ce temps-là on voyageait en diligence || — —, tout juste || di —, d'—, d'alors; de ce temps-là || da — (in poi), depuis lors, dès lors || fino (ad) —, jusque là; jusqu'alors (riferito solo al pass.) || fino d'—, dès ce moment || per —, pour cette époque-là || — come —, en ce temps-là || avevo —, proprio — annunciato che, je venais d'annoncer que; era — — partito, il venait de partir **2** (interrogativo o esclamativo) alors: —, che aspetti?, alors, qu'attends-tu? ♦ cong. alors ♦ agg.invar.: l'— presidente, le président de l'époque.

allorché cong. lorsque.

alloro s.m. laurier || dormire, riposare sugli allori, s'endormir, se reposer sur ses lauriers.

allorquando cong. (letter.) lorsque.

allotropico (pl. -ci) agg. allotropique.

alluce s.m. gros orteil.

allucinante agg. (fam.) incroyable.

allucinato agg. halluciné: occhi allucinati, yeux hagards.

allucinazione s.f. hallucination.

allucinogeno agg. e s.m. hallucinogène.

alludere (coniug. come chiudere) v.intr. faire* allusion (à).

allume s.m. alun.

allumina s.f. (chim.) alumine.

alluminio s.m. aluminium || carta d'—, papier alu.

allunaggio s.m. alunissage.

allunare v.tr. alunir.

allungabile agg. allongeable || tavolo —, table à rallonges.

allungamento s.m. allongement; (nel tempo) prolongation (f.).

allungare (coniug. come legare) v.tr. **1** allonger* || — l'orecchio, tendre l'oreille; — la mano, il piatto, tendre la main, l'assiette || — le mani su qlco, (rubacchiare) chiper qqch; — le mani, (molestare sessualmente) avoir les mains baladeuses || — il vino, couper le vin **2** (prolungare) prolonger* **3** (porgere) passer: allungami il giornale, passe-moi le journal □ **allungarsi** v.pron. s'allonger* || come si è allungato!, (fam.) comme il a grandi!

allungo (pl. -ghi) s.m. **1** (ciclismo) accélération (f.) **2** (atletica) allongement de la foulée **3** (football) passe en profondeur **4** (scherma, boxe) allonge (f.).

allusione s.f. allusion.

allusivo agg. allusif*.

alluvionato agg. e s.m. inondé.

alluvione s.f. inondation.

alma s.f. (letter.) âme.

almanaccare (*coniug. come* mancare) *v.intr.* **1** (*fantasticare*) rêvasser **2** *almanaccarsi* (*il cervello*), se creuser la cervelle.

almanacco (pl. *-chi*) *s.m.* almanach.

almeno *avv.* **1** au moins || — *si decidesse!*, si au moins il se décidait! || — *una volta...*, pour une fois... || — —, tout au moins **2** (*con valore restrittivo*) du moins: *è partito,* —*così si dice*, il est parti, du moins on le dit.

aloe *s.m.* (*bot.*) aloès.

alogeno *s.m. e agg.* (*chim.*) halogène || *lampada alogena*, lampe halogène.

alone *s.m.* **1** *halo (anche fig.)* **2** (*di macchia*) auréole (*f.*).

alopecia (pl. *-ce*) *s.f.* (*med.*) alopécie.

alosa *s.f.* (*zool.*) alose.

alpaca (pl. *invar.*) *s.m.* (*zool.*) alpaga.

alpacca *s.f.* (*metall.*) maillechort (*m.*).

alpe *s.f.* alpe.

alpeggio *s.m.* alpage.

alpestre *agg.* alpestre.

alpigiano *agg. e s.m.* montagnard.

alpinismo *s.m.* alpinisme.

alpinista *s.m. e f.* alpiniste.

alpino *agg.* alpin, des Alpes: *club* —, club alpin; *sistema* —, chaîne des Alpes || *guida alpina*, guide de montagne || (*bot.*) *stella alpina*, edelweiss ♦ *s.m.* (*mil.*) (chasseur) alpin.

alquanto *agg.indef.* **1** *sing.* un certain, quelque; (*una certa quantità di*) une certaine quantité de **2** *pl.* (*alcuni*) quelques; (*un certo numero di*) un certain nombre de ♦ *pron.indef.pl.* quelques-uns; (*un certo numero*) un certain nombre ♦ *avv.* (*piuttosto*) quelque peu; (*abbastanza*) assez; (*spec. davanti a comparativi*) sensiblement: *è* — *invecchiato*, il a quelque peu vieilli; *è una storia* — *strana*, c'est une histoire assez bizarre; *sta* — *meglio oggi*, il va sensiblement mieux aujourd'hui.

alsaziano *agg. e s.m.* alsacien*.

alt *inter.* *halte!

alta fedeltà *s.f.invar.* *haute-fidélité: *impianto ad* —, chaîne haute-fidélité.

altalena *s.f.* (*sospesa a due funi*) balançoire; (*tavola messa in bilico*) bascule || *la vita è un'* —, dans la vie il y a des hauts et des bas || *un'* — *di notizie contraddittorie*, une alternance d'informations contradictoires.

altamente *avv.* (+ *agg.*) très; (+ *verbo*) beaucoup || *un operaio* — *specializzato*, un ouvrier hautement spécialisé.

altana *s.f.* belvédère (*m.*).

altare *s.m.* autel: — *maggiore*, maître-autel || *andare all'* —, se marier; *condurre all'* —, conduire à l'autel || *porre qlcu sugli altari*, canoniser qqn, (*fig.*) dresser des autels à qqn || *scoprire gli altarini*, (*scherz.*) découvrir le pot aux roses.

alterabile *agg.* **1** altérable **2** (*irritabile*) irritable.

alterare *v.tr.* **1** altérer* (*anche fig.*) || *il caldo ha alterato il latte*, la chaleur a fait tourner le lait || *è alterato dal vino*, il est ivre **2** (*irritare*) irriter □

alterarsi *v.pron.* **1** s'altérer* (*anche fig.*) **2** (*irritarsi*) s'irriter.

alterato *agg.* **1** altéré || — *dal vino*, ivre **2** (*irritato*) irrité.

alterazione *s.f.* **1** altération || *avere un po' d'* —, (*un po' di febbre*) avoir un peu de fièvre **2** (*irritazione*) irritation.

altercare (*coniug. come* mancare) *v.intr.* se disputer.

alterco (pl. *-chi*) *s.m.* dispute (*f.*), altercation (*f.*).

alterigia *s.f.* *hauteur.

alternanza *s.f.* alternance.

alternare *v.tr.* faire* alterner || — *il lavoro con il riposo*, couper le travail par des moments de repos || — *momenti di entusiasmo ad altri di depressione*, passer facilement de l'enthousiasme à la dépression □ **alternarsi** *v.pron.* **1** succéder* **2** (*l'un l'altro*) se relayer*.

alternativa *s.f.* **1** succession **2** (*scelta*) alternative.

alternativamente *avv.* alternativement.

alternativo *agg.* alternatif*: *una soluzione alternativa sarebbe di...*, une autre solution serait de... || *medicina alternativa*, médecine parallèle.

alternato *agg.* alterné; (*con senso di avvicendamento*) alternatif* || (*agr.*) *coltivazione alternata*, culture alterne || *corrente alternata*, courant alternatif || *rime alternate*, rimes croisées.

alternatore *s.m.* (*elettr.*) alternateur.

alterno *agg.* **1** alternatif* || *a giorni alterni*, tous les deux jours || *le alterne vicende della vita*, les hauts et les bas de la vie **2** (*geom.*) alterne **3** (*inform.*) alterné.

altero *agg.* altier*.

altezza *s.f.* **1** *hauteur; (*dopo una misura*) *haut (*m.*): *da un'* — *di 10 metri, da 10 metri d'* —, d'une hauteur de 10 mètres, de 10 mètres de haut **2** (*profondità*) profondeur **3** (*altitudine, quota*) altitude: *a 500 metri di* —, à une altitude de 500 mètres **4** (*di persona*) taille **5** (*di tessuto*) largeur: *l'* — *di questa stoffa è di 70 cm*, ce tissu est en 70 cm **6** (*fig.*) noblesse || — *d'ingegno*, profondeur d'esprit **7** (*titolo principesco*) *Altezza*, Altesse □ **all'altezza di** *locuz.prep.* à la *hauteur de || *essere all'* — *dei tempi*, (*fig.*) marcher avec son temps.

altezzosamente *avv.* avec *hauteur.

altezzosità *s.f.* *hauteur, morgue.

altezzoso *agg.* *hautain.

alticcio *agg.* gris, éméché.

altimetrico (pl. *-ci*) *agg.* altimétrique.

altimetro *s.m.* altimètre.

altipiano *s.m.* → **altopiano**.

altisonante *agg.* retentissant || *un nome* —, (*fig.*) un nom illustre.

Altissimo *s.m.* le Très-Haut.

altitudine *s.f.* altitude.

alto[1] *agg.* **1** *haut; (*di persona*) grand: — *4 metri*, haut de 4 mètres || *quanto sei* —?, combien est-ce que tu mesures?; *è alta 1,70*, elle mesure 1 m 70 || *sul ripiano più* —, sur le rayon du, d'en haut; *stanze col soffitto* —, pièces hautes de plafond || *andàre a testa alta*, (*fig.*) marcher la tête haute || *avere il morale —*, avoir un moral || *pensare ad alta voce*, penser tout haut; *non ho paura di dirlo ad alta voce*, je ne crains pas de le dire tout haut || *uomo di — ingegno*, homme d'une grande intelligence || *alti ideali*, idéals nobles || *l'alta borghesia*, la grande bourgeoisie || *alta Italia*, Italie du Nord || *Alto Medioevo*, le haut Moyen Âge || *alta stagione*, pleine saison 2 (*spesso*) épais* 3 (*di prezzo, cifra ecc.*) élevé || *pressione alta*, tension élevée 4 (*di tessuto*) large 5 (*profondo*) *haut: qui l'acqua è alta 7 metri*, ici l'eau a une profondeur de 7 mètres || *— mare*, haute mer, pleine mer || *siamo in — mare*, (*fig.*) il n'y a encore rien de fait || *a notte alta*, en pleine nuit ♦ *avv.* *haut.

alto² *s.m.* *haut: *dall'— in basso*, de haut en bas □ **in alto** *locuz.avv.* en *haut; (*preceduto da avv. che non sia* tout) *haut || *in — i cuori!*, haut les cœurs! || *mani in—!*, haut les mains!

altoatesino *agg.* du *Haut-Adige.

altoforno *s.m.* (*metall.*) *haut fourneau*.

altolà *inter.* *halte-là ♦ *s.m.* *halte (*f.*).

altolocato *agg.* *haut placé.

altoparlante *s.m.* *haut-parleur*.

altopiano *s.m.* *haut plateau*.

altorilievo *s.m.* *haut-relief*.

altresì *avv.* aussi.

altrettanto *agg.indef.* autant de: *dieci libri e altrettanti quaderni*, dix livres et autant de cahiers; *un uomo dotato di grande intelligenza e di — fascino*, un homme qui a autant d'intelligence que de charme; *ho altrettante preoccupazioni quante ne hai tu*, j'ai autant de soucis que toi; *non ha — ingegno quanto suo fratello*, il n'a pas autant de talent que son frère; *ho due fratelli e altrettante sorelle*, j'ai deux frères et deux sœurs ♦ *pron.indef.* autant (*invar.*): *tanto ho dato a tuo fratello, — riceverai tu*, tu recevras autant que ton frère; *cerca di fare —*, tâche d'en faire autant; *egli si alzò e io feci —*, il se leva et j'en fis tout autant || *"Buona notte" "Grazie —!"*, "Bonne nuit" "Merci, à vous aussi, à vous de même!" ♦ *avv.* 1 (*con agg. e avv.*) aussi: *è intelligente e — furbo*, il est aussi intelligent que malin; *si è dimostrato — generoso quanto te, quanto suo fratello*, il s'est montré aussi généreux que toi, que son frère; *peccato che non sia — intelligente quanto suo fratello*, dommage qu'il ne soit pas (aus)si intelligent que son frère; *questa volta la torta non mi è riuscita — bene*, cette fois-ci, je n'ai pas aussi bien réussi ce gâteau || *non è forse — vero che...?*, n'est-il pas tout aussi vrai que...? 2 (*con verbi*) autant: *abbiamo mangiato molto e bevuto —*, nous avons beaucoup mangé et bu tout autant.

altri *pron.indef.sing.invar.* (*letter.*) 1 un autre, quelqu'un d'autre; (*nei compl. indir.*) autrui; (*nessun altro*) personne (d'autre) || *chi —?*, qui d'autre?; *non — che lui*, aucun autre que lui 2 (*correlativo*) *taluno, uno..., — ...*, l'un ..., l'autre...; *les uns..., d'autres...* 3 (*uno, qualcuno*) on: *non*

altrimenti *avv.* autrement ♦ *cong.* autrement, sinon.

altro *agg.indef.* 1 autre; (*partitivo*) d'autre: *un'altra città*, une autre ville; *altre città*, d'autres villes || *molti altri*, bien d'autres || *certi altri*, certains autres, d'autres || *pochi altri*, quelques (autres): *io e pochi altri amici*, quelques amis et moi || *quest'—, quell'—*, (cet) autre: *prenderò quell'— treno*, je prendrai l'autre train 2 (+ *agg.poss.* o *num.*) autre: *conosci l'— suo fratello?*, connais-tu son autre frère?; *ho dovuto rinunciare agli altri miei progetti*, j'ai dû renoncer à mes autres projets; *dove sono le altre mie due cravatte?*, où sont mes deux autres cravates? 3 (*in più, ancora*) autre, encore: *metterei — zucchero*, je mettrais encore du sucre, davantage de sucre; *ci sono altre novità?*, y a-t-il encore du nouveau?; *ripetilo un'altra volta*, répète-le encore une fois; *vuoi dell'— caffè?*, veux-tu encore du café?; *dammene un — po'*, donne-m'en encore un peu 4 (*in espressioni di tempo passato*) autre, dernier*: *l'— giorno*, l'autre jour; *l'altr'anno*, l'année dernière; *l'altra settimana*, l'autre semaine, la semaine dernière; *ieri l'—*, avant-hier; *l'— lunedì*, lundi dernier; *l'altra volta*, l'autre, la dernière fois 5 (*in espressioni di tempo futuro*) prochain: *ci vedremo quest'altra settimana*, nous nous verrons la semaine prochaine; *arrivederci a quest'— lunedì*, au revoir à lundi prochain; *quest'altr'anno*, l'année prochaine; *quest'altra volta*, la prochaine fois; *domani l'—*, après-demain 6 (*in correlazione con* uno) autre 7 (*rimanente*) qui reste: *cosa vuoi fare dell'— denaro?*, qu'est-ce que tu veux faire de l'argent qui reste? 8 *noi altri, voi altri →* noialtri, voialtri.

♦ *pron.indef.* 1 autre; *pl.* (*partitivo*) d'autres: *non ve ne sono altri, altre*, il n'y en a pas d'autres; *altri pensano che...*, d'autres pensent que...; *l'ho dato agli altri*, je l'ai donné aux autres; *ci rivolgeremo ad altri*, nous nous adresserons à d'autres; *non ti occupare degli affari degli altri*, ne t'occupe pas des affaires des autres || *ne vuoi dell'—?*, en veux-tu encore? || *raccontalo ad altri!*, (*fam.*) à d'autres! || *pare un —*, *è (diventato) un —*, on dirait, c'est un autre homme || *c'erano, tra gli altri, due medici*, il y avait, entre autres, deux médecins || *pochi altri*, quelques autres || *molti altri*, beaucoup d'autres, bien d'autres 2 (*correlativo*) autre: *in un modo o nell'—*, d'une façon ou d'une autre; *da una parte e dall'altra*, de part et d'autre || *l'uno e l'—*, l'un et l'autre; *gli uni e gli altri*, les uns et les autres; (*così*) *gli uni come gli altri*, les uns comme les autres || *né l'uno né l'—*, ni l'un ni l'autre || *sono entrati uno dopo l'—*, ils sont entrés l'un après l'autre || *o l'uno o l'altro*, l'un ou l'autre || *uno..., un —...*, un..., un autre...; *le une..., le altre...*, les uns..., les autres... || *alcuni..., altri...*, quelques-unes..., d'autres... 3 (*reciproco*) autre: *si aiutano l'un l'—*, ils s'aident l'un l'autre; *si insultano gli uni con gli altri*, ils s'insultent les uns les autres **4** (*altra cosa, altre cose*) autre chose: *ha fatto questo e* —, il a fait cela et autre chose encore; *ci sarebbe ben* — *da dire*, il y en aurait d'autres à dire; *ti serve* —?, as-tu besoin d'autre chose?; *non è tutto, c'è dell'*—, ce n'est pas tout, il y a plus, il y a encore autre chose; *ci vuol* —!, il en faut bien d'autres! || *vuole* —, *signora?*, et avec cela, Madame? || — *è dire questo*, — *è farlo*, dire cela est une chose, le faire en est une autre; — *è promettere*, — *è mantenere*, promettre et tenir, cela fait deux **5** (*niente altro*) rien d'autre: *non voglio sapere* —, je ne veux pas en savoir davantage || *se non vi serve* —..., (*oggetti, cose ecc.*) si vous n'avez besoin de rien d'autre...; (*servizi ecc.*) si vous n'avez plus besoin de moi... **6** *non...* — *che*, (*con valore di* soltanto) ne... que: *non fuma* — *che le sigarette inglesi*, il ne fume que des cigarettes anglaises; *non devi fare* — *che telefonargli*, tu n'as qu'à lui téléphoner; *non sei* — *che un bugiardo!*, *bugiardo che non sei* —!, tu n'es qu'un menteur! □ **altro che!**, et comment!, bien sûr!; — *che storie!*, ce ne sont pas des histoires! □ **chi altro, chi altri**, qui d'autre □ **chiunque altro**, tout autre, n'importe qui; (*come secondo termine di paragone*) personne, n'importe qui: *chiunque* — *avrebbe taciuto*, n'importe qui à sa place, tout autre (que lui) se serait tu; *meglio, meno, più di chiunque* —, mieux, moins, plus que personne □ **cos'altro, che altro**, quoi d'autre: *che* — *ti manca?*, que te faut-il de plus, encore? □ **nessun altro** (*agg.*) aucun autre; (*pron.*) personne d'autre; (*solo sogg. e solo riferito a persona*) nul autre: *nessun* — *ne è capace*, nul autre n'en est capable; *nessun* — *di noi, dei nostri amici*, aucun autre de nous, de nos amis; *da nessun'altra parte, in nessun* — *luogo*, nulle part ailleurs □ **nient'altro**, rien d'autre: *non mi aveva detto nient'*—, il ne m'avait rien dit d'autre; *non era nient'*— *che uno scherzo*, ce n'était (rien d'autre) qu'une plaisanterie; *non fa nient'*— *che dormire*, il ne fait que dormir; (*non*) *è nient'*— *che un bugiardo*, ce n'est qu'un menteur; *se non vi serve nient'*—..., (*oggetti, cose ecc.*) si vous n'avez besoin de rien d'autre...; (*servizi ecc.*) si vous n'avez plus besoin de moi... □ **ogni altro, qualunque altro**, n'importe quel autre, tout autre: *qualunque, ogni altra soluzione sarebbe accettabile*, toute autre solution serait acceptable; *qualunque* — *libro ti andrà bene*, n'importe quel autre livre fera ton affaire; *ogni altra cosa*, n'importe quoi □ **per altro**, d'ailleurs □ **più che altro**, surtout □ **qualche altro**, d'autres, quelques autres; (*alcuni*) quelques; (*un altro*) un autre: *in qualche* — *luogo, in qualche altra parte*, quelque part ailleurs; *qualche altra persona*, quelqu'un d'autre: *aspetti qualche* — *tuo amico?*, est-ce que tu attends encore quelques amis, quelque autre ami? □ **qualcos'altro**, encore quelque chose, quelque chose d'autre: *questo pesce non è fresco, mi porti qualcos'*—, ce poisson n'est pas frais, apportez-moi quelque chose d'autre, autre chose □ **qualcun altro**, quelqu'un d'autre; (*con valore pl.*) quelques autres; (*altri*) d'autres: *potrebbe farlo*

qualcun'altra, une autre pourrait le faire □ **se non altro**, au moins, du moins: *se non* — *avresti potuto avvertirmi*, tu aurais pu m'avertir, au moins; *non voglio comperare se non* — *perché costa poco*, je veux l'acheter, ne serait-ce que parce qu'il n'est pas cher □ **senz'altro**, (*sicuramente*) sans faute, sûrement; (*indubbiamente*) sans aucun doute, sûrement □ **tra l'altro**, entre autres (choses) □ **tutt'altro**, tout autre (*invar.*); (*all'opposto*) au contraire; (*niente affatto*) pas du tout: *avresti dovuto dare tutt'altra risposta*, tu aurais dû donner une tout autre réponse; *è tutt'*—, *è tutt'altra cosa*, c'est tout autre chose; *è tutt'* — *che stupido*, il est loin d'être bête.

altrove *avv.* ailleurs.

altrui *agg.poss.invar.* d'autrui: *vivere alle spalle* —, vivre aux dépens d'autrui.

altruismo *s.m.* altruisme.

altruista *s.m.* altruiste.

altruisticamente *avv.* avec altruisme.

altruistico (pl. *-ci*) *agg.* altruiste.

altura *s.f.* **1** *hauteur **2** (*mar.*) haute mer, pleine mer: *la pesca d'*—, la pêche en haute mer.

alunno *s.m.* élève.

alveare *s.m.* **1** ruche (f.) **2** (*di caseggiato*) caserne (f.).

alveo *s.m.* (*di corso d'acqua*) lit.

alveolo *s.m.* alvéole.

alzabandiera (pl. *invar.*) *s.m.* le lever des couleurs || *fare l'*—, hisser les couleurs.

alzaia *s.f.* **1** câble de *halage **2** chemin de *halage.

alzare *v.tr.* **1** lever* || — *la bandiera*, hisser le drapeau; (*mar.*) — *le vele*, hisser les voiles; (*salpare*) mettre à la voile || *la signora non è ancora alzata*, Madame n'est pas encore levée || — *le carte*, couper les cartes || — *il volume della radio*, augmenter le volume de la radio; — *la voce*, hausser la voix; — *i prezzi*, hausser les prix **2** (*costruire*) construire*, bâtir; (*innalzare*) élever* **3** (*soprelevare*) surélever* □ **alzarsi** *v.pron.* **1** se lever* || — *sulla punta dei piedi*, se hausser sur la pointe des pieds || — *in volo*, s'envoler; (*aer.*) décoller **2** (*innalzarsi*) s'élever* **3** (*salire*) monter **4** (*crescere in altezza*) grandir.

alzata *s.f.* **1** (*l'alzare*) *haussement (m.); (*l'alzarsi*) lever (m.) || — *di scudi*, levée de boucliers || — *di testa*, coup de tête || — *d'ingegno*, trait de génie **2** (*vassoio a più ripiani*) valet de table **3** (*specchiera di cassettone*) glace; (*di credenza*) vaisselier (m.); (*di letto*) tête **4** (*di gradino*) montée.

alzato *agg.* levé: *rimanere* — *fino a mezzanotte*, rester debout jusqu'à minuit ♦ *s.m.* (*arch.*) projection verticale.

alzo *s.m.* *hausse (f.).

amabile *agg.* aimable || *vino* —, vin mœlleux || **-mente** *avv.*

amabilità *s.f.* amabilité.

amaca (pl. *-che*) *s.f.* *hamac (m.).

amalgama *s.m.* amalgame.

amalgamare *v.tr.* amalgamer □ **amalgamarsi** *v.pron.* s'amalgamer.

amante *agg.* amateur: *essere — della buona tavola*, aimer la bonne chère; *essere — della musica*, être (un) amateur de musique; *un uomo — della giustizia*, un homme aimant la justice ♦ *s.m.* amant ♦ *s.f.* maîtresse.

amanuense *s.m.* copiste.

amaramente *avv.* amèrement.

amaranto *agg.* e *s.m.* amarante (*f.*).

amare *v.tr.* aimer.

amareggiare (*coniug. come* mangiare) *v.tr.* **1** rendre* amer* (*anche fig.*) || *l'insuccesso l'ha molto amareggiato*, son échec l'a aigri **2** (*fig.*) peiner, faire* de la peine □ **amareggiarsi** *v.pron.* avoir* de la peine.

amareggiato *agg.* peiné: *—dalla vita*, aigri par la vie.

amarena *s.f.* griotte.

amaretto *s.m.* macaron.

amarezza *s.f.* **1** amertume (*anche fig.*) **2** (*spec.pl.*) (*dispiacere*) déception.

amaro *agg.* amer* || *sale —*, sel d'Angleterre || *lasciare la bocca amara*, (*fig.*) remplir d'amertume || *inghiottire un boccone —*, (*fig.*) avaler des couleuvres ♦ *s.m.* **1** amer: *sapere di —*, avoir un goût amer **2** (*aperitivo*) amer.

amarognolo *agg.* légèrement amer*.

amarrare *v.tr.* (*mar.*) amarrer.

amata *s.f.* bien-aimée.

amato *s.m.* bien-aimé.

amatore *s.m.* amateur.

amatoriale *agg.* de connaisseur, d'amateur.

amazzone *s.f.* amazone: *all'—*, en amazone.

ambasceria *s.f.* ambassade.

ambasciata *s.f.* **1** ambassade **2** (*messaggio*) message (*m.*): *fare un'—*, transmettre un message.

ambasciatore *s.m.* ambassadeur || *— di buone notizie*, porteur de bonnes nouvelles.

ambasciatrice *s.f.* ambassadrice.

ambedue *agg.num.* e *pron.invar.* → **entrambi**.

ambi- *pref.* ambi-

ambidestro *agg.* ambidextre.

ambientale *agg.* ambiant; (*ecol.*) environnemental*, de l'environnement: *caratteristiche ambientali*, caractéristiques du milieu ambiant.

ambientalista *agg.* e *s.m.* e *f.* environnementaliste.

ambientamento *s.m.* acclimatation (*f.*); adaptation (*f.*).

ambientare *v.tr.* **1** acclimater **2** (*una vicenda ecc.*) situer □ **ambientarsi** *v.pron.* s'acclimater; s'adapter.

ambientazione *s.f.* **1** acclimatation **2** (*di una vicenda ecc.*) reconstitution (d'un milieu).

ambiente *s.m.* **1** milieu* (*anche fig.*); environnement: *tutela dell'—*, protection de l'environnement || *sentirsi nel proprio —*, se sentir dans son élément || *temperatura —*, température ambiante || *vino a temperatura —*, vin chambré **2** (*atmosfera, clima psicologico*) ambiance (*f.*) **3**

(*locale*) pièce (*f.*) **4** (*inform.*) ambiance (*f.*), environnement.

ambiguamente *avv.* de façon ambiguë.

ambiguità *s.f.* ambiguïté*.

ambiguo *agg.* **1** ambigu* **2** (*equivoco*) équivoque; (*sospetto*) douteux*.

ambire (*coniug. come* finire) *v.tr.* e *intr.* ambitionner (qqch) || *— (a) una carica*, aspirer à une charge.

ambito¹ *agg.* convoité.

ambito² *s.m.* **1** (*spazio circoscritto*) enceinte (*f.*) **2** (*fig.*) (*cerchio*) cercle; (*campo*) domaine; (*quadro*) cadre || *nell'— della sua famiglia*, dans sa famille || *non rientra nell'— delle mie funzioni*, cela ne fait pas partie de mes fonctions.

ambivalente *agg.* ambivalent.

ambivalenza *s.f.* ambivalence.

ambizione *s.f.* ambition.

ambizioso *agg.* e *s.m.* ambitieux*: *è — di gloria*, il aspire à la gloire || **-mente** *avv.*

ambo¹ *agg.num.* deux: *d'— le parti*, des deux côtés.

ambo² *s.m.* (*al lotto e alla tombola*) ambe.

ambosessi *agg.invar.* des deux sexes.

ambra *s.f.* ambre (*m.*).

ambrato *agg.* ambré.

ambrosia *s.f.* ambroisie.

ambrosiano *agg.* ambrosien*; (*milanese*) milanais.

ambulacro *s.m.* **1** (*arch.*) promenoir **2** (*zool.*) ambulacre.

ambulante *agg.* ambulant || *una biblioteca —*, un bibliobus; (*fig.*) un puits de science ♦ *s.m.* marchand ambulant, forain.

ambulanza *s.f.* ambulance.

ambulatoriale *agg.* ambulatoire.

ambulatorio *s.m.* **1** cabinet de consultation **2** (*dispensario*) dispensaire.

ameba *s.f.* amibe.

amen *inter.* amen, ainsi soit-il.

amenità *s.f.* **1** aménité **2** (*spec. pl.*) (*facezia*) facétie; (*sciocchezza*) sottise.

ameno *agg.* **1** agréable **2** (*divertente*) amusant.

amenorrea *s.f.* (*med.*) aménorrhée.

amento *s.m.* (*bot.*) chaton.

americanismo *s.m.* américanisme.

americanizzare *v.tr.* américaniser □ **americanizzarsi** *v.pron.* s'américaniser.

americano *agg.* e *s.m.* américain.

amerindio *agg.* e *s.m.* amérindien*.

ametista *s.f.* améthyste.

amfetamina *s.f.* amphétamine.

amianto *s.m.* amiante.

amica (pl. *-che*) *s.f.* **1** amie: *— del cuore*, amie intime **2** (*amante*) (bonne) amie; (*fidanzata*) petite amie.

amichevole *agg.* amical* || *composizione —*, arrangement à l'amiable.

amichevolmente *avv.* (*cordialmente*) amicalement, de façon amicale; (*da amico*) en ami.

amicizia *s.f.* **1** amitié || *in —*, en toute amitié **2** *pl.* (*amici*) amis (*m.*); (*conoscenze*) connaissances

|| *le cattive amicizie*, les mauvaises fréquentations.

amico (pl. *-ci*) *s.m.* **1** ami: — *del cuore*, ami intime || — *mio!*, mon cher! || *amici per la pelle*, des amis inséparables || *...e amici come, più di prima*, plus amis que jamais || *fingersi* — *di qlcu*, feindre de l'amitié pour qqn **2** (*amante*) (bon) ami; (*fidanzato*) petit ami ♦ *agg.* ami.

amidaceo *agg.* amylacé.

amido *s.m.* amidon.

amletico (pl. *-ci*) *agg.* irrésolu.

ammaccare (*coniug. come* mancare) *v.tr.* cabosser □ **ammaccarsi** *v.pron.* **1** se cabosser **2** (*fam.*) (*prodursi contusioni*) se couvrir* de bleus.

ammaccato *agg.* **1** cabossé || *frutta ammaccata*, des fruits abîmés, talés **2** (*fam.*) (*contuso*) meurtri.

ammaccatura *s.f.* **1** bosse || *il paraurti è pieno di ammaccature*, le pare-choc est tout cabossé **2** (*contusione*) bleu* (*m.*).

ammaestrabile *agg.* qu'on peut dresser.

ammaestramento *s.m.* (*di animali*) dressage; (*l'istruire*) instruction (*f.*).

ammaestrare *v.tr.* (*di animali*) dresser; (*istruire*) instruire*.

ammaestrato *agg.* dressé || *cane* —, chien savant.

ammainabandiera *s.m.invar.* salut aux couleurs || *fare l'*—, amener les couleurs.

ammainare *v.tr.* amener*: — *la bandiera*, amener les couleurs.

ammalarsi *v.pron.* tomber malade: *si è ammalato di bronchite*, il a eu une bronchite; *si è ammalato di morbillo*, il a attrapé la rougeole; — *di fegato*, tomber malade du foie.

ammalato *agg. e s.m.* malade: *è* — *di stomaco*, il souffre de l'estomac; *è* — *di cancro*, il est atteint d'un cancer; *è* — *di cuore*, il est cardiaque.

ammaliante *agg.* fascinant, ensorcelant.

ammaliare *v.tr.* envoûter, ensorceler*.

ammaliatore (f. *-trice*) *agg.* ensorcelant ♦ *s.m.* charmeur: *è una vera ammaliatrice*, c'est une enjôleuse.

ammanco (pl. *-chi*) *s.m.* (*comm.*) manque, manquant: — *di cassa*, trou dans la caisse.

ammanettare *v.tr.* passer les menottes (à); (*estens.*) arrêter.

ammanicato *agg.* qui a des appuis.

ammannire (*coniug. come* finire) *v.tr.* **1** préparer **2** (*fam. scherz.*) coller.

ammansire (*coniug. come* finire) *v.tr.* apprivoiser; (*fig.*) apaiser □ **ammansirsi** *v.pron.* s'apprivoiser; (*fig.*) s'apaiser.

ammantare *v.tr.* **1** recouvrir* d'une cape **2** (*fig.*) recouvrir* || — *la verità*, masquer la vérité □ **ammantarsi** *v.pron.* (*fig.*) se couvrir* d'un manteau (de) || — *di dignità*, se draper dans sa dignité.

ammaraggio *s.m.* amerrissage.

ammarare *v.intr.* amerrir.

ammarrare *v.tr.* (*mar.*) amarrer.

ammassare *v.tr.* (*persone*) amasser; (*cose*) accumuler □ **ammassarsi** *v.pron.* s'amasser, se masser; (*accumularsi*) s'accumuler.

ammasso *s.m.* amas, tas (*anche fig.*) || *mettere il cervello all'*—, (*fam.*) perdre son esprit critique.

ammattire (*coniug. come* finire) *v.intr.*, **ammattirsi** *v.pron.* devenir* fou*: (*ti*) *sei ammattito?*, tu deviens fou?; *fare* —, rendre fou; *c'era da* —!, il y avait de quoi devenir fou!

ammattonato *s.m.* pavement de briques.

ammazzare *v.tr.* tuer || — *di botte*, rouer de coups || — *il tempo, la noia*, (*fig.*) tuer le temps, l'ennui; *lavori che ammazzano*, des travaux épuisants □ **ammazzarsi** *v.pron.* se tuer; (*l'un l'altro*) s'entre-tuer.

ammazzata *s.f.* (*fig. fam.*) tour de force: *è stata un'*—, ça a été vraiment esquintant, exténuant.

ammenda *s.f.* amende (*anche fig.*).

ammennicolo *s.m.* **1** (*aggeggio*) truc; (*cosa di poco conto*) babiole (*f.*); (*accessorio*) bricole (*f.*) **2** (*cavillo*) chicane (*f.*); (*pretesto*) prétexte.

ammesso *agg.* admis || *verità universalmente ammessa*, vérité universellement reconnue ♦ *s.m.* (candidat) reçu □ **ammesso che** *locuz.cong.* en admettant que; (*supponendo*) en supposant que; (*purché*) à condition que || — *e non concesso che...*, même en admettant que...

ammettere (*coniug. come* mettere) *v.tr.* **1** admettre* **2** (*riconoscere*) reconnaître*: *ammetto di avere torto*, je reconnais que j'ai tort.

ammezzato *s.m.* (*edil.*) entresol.

ammiccamento *s.m.* **1** clignement d'œil **2** (*occhiolino*) clin d'œil.

ammiccare (*coniug. come* mancare) *v.intr.* faire* un clin d'œil.

ammina *s.f.* (*chim.*) amine.

amministrare *v.tr.* administrer; (*gestire*) gérer*: — *un condominio*, gérer un immeuble || — *le proprie forze*, mesurer ses forces □ **amministrarsi** *v.pron.* se conduire*.

amministrativo *agg.* administratif* || *anno* —, année budgétaire || *l'apparato* —, l'administration || **-mente** *avv.*

amministratore (f. *-trice*) *s.m.* administrateur*: — *di immobili*, gérant d'immeubles, syndic; — *di impresa*, gérant; — *delegato*, administrateur délégué || *gli amministratori locali*, les élus locaux.

amministrazione *s.f.* **1** administration: — *patrimoniale*, gestion de patrimoine; *la pubblica* —, l'Administration || *sono cose di ordinaria* —, ça fait partie de la routine **2** (*gli amministratori*) cadres administratifs || *le amministrazioni locali*, les collectivités locales **3** (*uffici amministrativi*) bureaux de l'administration.

amminoacido *s.m.* aminoacide, acide aminé.

ammirabile *agg.* admirable.

ammiraglia *s.f.* (*nave*) —, vaisseau* amiral*.

ammiragliato *s.m.* amirauté (*f.*).

ammiraglio *s.m.* amiral.

ammirare *v.tr.* **1** admirer **2** *essere, rimanere ammirato*, être* ébloui (par).

ammiratore (f. *-trice*) *s.m.* **1** admirateur* **2** (*di attori ecc.*) fan.

ammirazione *s.f.* admiration: *stare in* — *davanti a*, être en admiration devant.

ammirevole *agg.* admirable || **-mente** *avv.*

ammissibile *agg.* admissible.

ammissione *s.f.* **1** admission: *esame d'—*, examen d'entrée; (*nella scuola media*) examen de passage || *tassa d'—*, droit d'inscription **2** (*assenso*) consentement (*m.*) || *per comune —*, de l'avis de tous.

ammobiliare *v.tr.* meubler.

ammobiliato *agg.* meublé: *appartamento —*, (appartement) meublé.

ammodernamento *s.m.* modernisation (*f.*).

ammodernare *v.tr.* moderniser.

ammodo *agg. e avv.* comme il faut.

ammogliare *v.tr.*, **ammogliarsi** *v.pron.* → **maritare, maritarsi**.

ammogliato *agg.* marié ♦ *s.m.* homme marié.

ammollare *v.tr.* (faire*) tremper: *— la biancheria*, mettre le linge à tremper □ **ammollarsi** *v.pron.* se mouiller.

ammollire (*coniug. come* finire) *v.tr.* amollir (*anche fig.*) □ **ammollirsi** *v.pron.* (*fig.*) s'amollir.

ammollo *s.m.* (*del bucato*) trempage: *mettere in —*, mettre à tremper.

ammoniaca *s.f.* (*chim.*) ammoniaque.

ammoniacale *agg.* (*chim.*) ammoniacal*.

ammoniaco (pl. *-ci*) *agg.* (*chim.*) ammoniac*.

ammonico (pl. *-ci*) *agg.* (*chim.*) d'ammonium.

ammonimento *s.m.* avertissement; (*rimprovero*) réprimande (*f.*) || *che ti serva da —*, que cela te serve de leçon || *dir.*) *— del giudice*, admonition du juge.

ammonio *s.m.* (*chim.*) ammonium.

ammonire (*coniug. come* finire) *v.tr.* **1** avertir, mettre* en garde; (*rimproverare*) réprimander **2** (*sport*) donner un avertissement: *quel giocatore è stato ammonito*, ce joueur a reçu un avertissement **3** (*dir.*) admonester.

ammonito *s.m.* (*dir.*) repris de justice.

ammonizione *s.f.* **1** avertissement (*m.*) (*anche sport*) **2** (*rimprovero*) réprimande **3** (*dir.*) admonition.

ammontare *v.intr.* (*comm.*) s'élever*, (se) monter: *a quanto ammonta il mio debito?*, quel est le montant de ma dette? ♦ *s.m.* (*comm.*) montant: *per l'— di...*, du montant...

ammonticchiare *v.tr.* amonceler*, entasser.

ammorbare *v.tr.* **1** (*infettare*) infecter **2** (*di cattivi odori*) empester.

ammorbidente *agg. e s.m.* assouplissant; (*per la lana*) adoucissant.

ammorbidire (*coniug. come* finire) *v.tr.* **1** assouplir; (*rendere molle*) amollir **2** (*fig.*) adoucir □ **ammorbidirsi** *v.pron.* **1** s'assouplir; (*diventare molle*) s'amollir **2** (*fig.*) s'adoucir.

ammortamento *s.m.* (*comm., econ.*) amortissement.

ammortizzabile *agg.* (*comm., econ.*) amortissable.

ammortizzare *v.tr.* amortir.

ammortizzatore *s.m.* (*mecc.*) amortisseur.

ammosciare (*coniug. come* cominciare) *v.tr.* flétrir; (*fam.*) rendre* mollasse □ **ammosciarsi** *v.pron.* (*di frutta*) devenir* blet*; (*di fiori*) se faner; (*fam.*) s'avachir.

ammosciato *agg.* (*fam.*) mollasse, avachi; (*abbacchiato*) abattu.

ammucchiare *v.tr.* entasser; (*fig.*) accumuler: *— dei libri*, entasser des livres □ **ammucchiarsi** *v.pron.* **1** s'entasser **2** (*accalcarsi*) se presser.

ammucchiata *s.f.* (*fam.*) **1** ramassis (*m.*) **2** (*orgia*) orgie.

ammuffire (*coniug. come* finire) *v.intr.* moisir (*anche fig.*): *il formaggio è ammuffito*, le fromage a moisi.

ammuffito *agg.* moisi || *idee ammuffite*, (*fig.*) idées dépassées.

ammutinamento *s.m.* mutinerie (*f.*).

ammutinarsi *v.pron.* se mutiner: *i prigionieri si sono ammutinati*, les prisonniers se sont mutinés.

ammutinato *agg. e s.m.* mutiné.

ammutolire (*coniug. come* finire) *v.intr.*, **ammutolirsi** *v.pron.* **1** rester sans voix **2** (*tacere improvvisamente*) se taire* subitement.

amnesia *s.f.* amnésie || *ho un'—*, (*fam.*) j'ai un trou de mémoire.

amnio *s.m.* (*biol.*) amnios.

amniocentesi *s.f.* (*med.*) amniocentèse.

amniotico (pl. *-ci*) *agg.* (*biol.*) amniotique.

amnistia *s.f.* amnistie.

amnistiare *v.tr.* amnistier.

amo *s.m.* hameçon: *pescare con l'—*, pêcher à la ligne; *abboccare all'—*, (*anche fig.*) mordre à l'hameçon || *prendere qlcu all'—*, (*fig.*) prendre qqn dans ses filets.

amorale *agg.* amoral*.

amoralità *s.f.* amoralité.

amorazzo *s.m.* (*spreg.*) aventure (amoureuse).

amore *s.m.* **1** amour*: *— per il prossimo*, l'amour du prochain || *amor proprio*, amour-propre || *fare all'—*, *fare l'—*, faire l'amour, (*fam.*) (*amoreggiare*) flirter || *per amor mio*, pour moi, pour me faire plaisir; *fallo per amor mio*, fais-le pour l'amour de moi || *per — o per forza*, de gré ou de force, bon gré mal gré; *solo per — del denaro*, rien que pour l'argent; *per — di lucro*, par goût du gain; *per — del sapere*, par amour de la science; *per amor di pace*, pour avoir la paix; *per amor di giustizia*, pour être juste; *per amor d'esattezza*, par souci d'exactitude || *andare d'— e d'accordo*, s'entendre à merveille; *vivere d'aria e d'—*, vivre d'amour et d'eau fraîche **2** (*spec. pl.*) (*vicende amorose*) amours* (*f.*) **3** (*passione*) passion (*f.*); (*interesse*) intérêt: *mette molto — nel suo lavoro*, il met un grand intérêt dans son travail **4** (*l'amato*) bien-aimé*; (*l'amata*) bien-aimée* (*f.*) **5** (*persona, cosa graziosa*) amour*: *una bambina che è un —*, un amour de petite fille **6** (*mit., teol.*) *Amore*, Amour.

amoreggiare (*coniug. come* mangiare) *v.intr.* flirter.

amorevole *agg.* tendre; (*affettuoso*) affectueux*.

amorevolmente *avv.* avec tendresse.

amorfo *agg.* amorphe (*anche fig.*).

amorino *s.m.* (petit) Amour.

amorosamente *avv.* **1** amoureusement **2** (*teneramente*) tendrement.

amoroso *agg.* **1** (*affettuoso*) affectueux*; (*tenero*) tendre **2** (*d'amore*) amoureux*: *sguardi amorosi*, regards amoureux; *passione amorosa*, passion (d'amour) ♦ *s.m.* (*teatr.*) *il primo* —, le jeune premier.

amovibile *agg.* amovible.

amperaggio *s.m.* (*elettr.*) ampérage.

ampere (pl. *invar.*) *s.m.* (*elettr.*) ampère.

amperometro *s.m.* ampèremètre.

ampiamente *avv.* **1** (*completamente*) tout à fait, entièrement **2** (*diffusamente*) amplement.

ampiezza *s.f.* **1** étendue (*anche fig.*); (*di ambiente*) grandes dimensions || *l'— della sua cultura*, (*fig.*) l'étendue de sa culture **2** (*dimensioni*) dimensions (*pl.*), grandeur **3** (*larghezza*) largeur (*anche fig.*): *l'— di una gonna*, l'ampleur d'une jupe **4** (*scient.*) amplitude || (*mat.*) — *di un angolo*, ouverture d'un angle.

ampio *agg.* **1** grand, vaste; (*largo*) large, ample **2** (*fig.*) large: *nel senso più* — *della parola*, au sens le plus large du mot; *uomo di ampie vedute*, homme d'une grande largeur de vues; *ampi particolari*, beaucoup de détails; *ha ampi poteri*, il a des pouvoirs étendus.

amplesso *s.m.* **1** rapport sexuel **2** (*letter.*) étreinte (*f.*).

ampliamento *s.m.* agrandissement; (*allargamento*) élargissement (*anche fig.*): *lavori d'—*, travaux d'agrandissement || *l'— del suo potere*, l'accroissement de son pouvoir; *l'— di un'attività commerciale*, le développement d'une activité commerciale.

ampliare *v.tr.* **1** agrandir; (*allargare*) élargir **2** (*fig.*) étendre*; (*accrescere*) augmenter: — *le proprie cognizioni*, enrichir ses connaissances □ **ampliarsi** *v.pron.* s'agrandir; (*allargarsi*) s'élargir.

amplificare (*coniug. come* mancare) *v.tr.* **1** amplifier **2** (*fig.*) (*magnificare*) exalter.

amplificatore *s.m.* amplificateur.

amplificazione *s.f.* amplification (*anche fig.*).

amplissimo *agg. superl. di →* **ampio**.

ampolla *s.f.* fiole; (*fiala*) ampoule; (*dell'olio, dell'aceto*) burette (à huile, à vinaigre).

ampollosità *s.f.* boursouflure.

ampolloso *agg.* ampoulé.

amputare *v.tr.* amputer: — *un braccio*, amputer d'un bras.

amputazione *s.f.* amputation.

amuleto *s.m.* amulette (*f.*).

an- *pref.* → **a-**

anabattista *s.m.* anabaptiste.

anabbagliante *agg. e s.m.* (*aut.*) (*faro*) —, feu* de croisement, phare code.

anabolizzante *agg. e s.m.* anabolisant.

anaconda *s.m.* (*zool.*) anaconda.

anacoreta *s.m.* anachorète.

anacronismo *s.m.* anachronisme.

anacronistico (pl. -*ci*) *agg.* anachronique.

anaerobico (pl. -*ci*) *agg.* (*biol.*) anaérobie.

anaerobio *s.m.* (*biol.*) anaérobie.

anafilassi *s.f.* (*med.*) anaphylaxie.

anafilattico (pl. -*ci*) *agg.* (*med.*) anaphylactique.

anafora *s.f.* (*ret.*) anaphore.

anagrafe *s.f.* registre d'état civil || *Ufficio Anagrafe*, Bureau de l'état civil || — *tributaria*, registre des contributions.

anagrafico (pl. -*ci*) *agg.* de l'état civil || *dati anagrafici*, état civil ♦ *s.m.* (*comm.*) — *clienti*, fichier clients.

anagramma *s.m.* anagramme (*f.*).

anagrammare *v.tr.* anagrammatiser.

analcolico (pl.-*ci*) *agg.* sans alcool ♦ *s.m.* boisson sans alcool.

anale *agg.* (*anat.*) anal*.

analettico (pl. -*ci*) *agg. e s.m.* (*med.*) analeptique.

analfabeta *s.m.* analphabète, illettré.

analfabetismo *s.m.* analphabétisme.

analgesico (pl.-*ci*) *agg. e s.m.* (*med.*) analgésique.

analisi *s.f.* analyse || (*gramm.*) — *del periodo*, analyse logique || (*med.*) — *del sangue*, analyse du sang || (*psic.*) *essere in* —, être en cours d'analyse.

analista *s.m.* analyste || (*inform.*) — *programmatore*, analyste-programmeur.

analitico (pl. -*ci*) *s.m.* analytique || -**mente** *avv.*

analizzabile *agg.* analysable.

analizzare *v.tr.* analyser.

anallergico (pl. -*ci*) *agg.* anallergique.

analogamente *avv.* d'une manière analogue.

analogia *s.f.* analogie.

analogico (pl. -*ci*) *agg.* **1** analogique; (*per analogia*) par analogie **2** (*inform.*) analogique: *computer* —, calculateur analogique.

analogismo *s.m.* analogisme.

analogo (pl. -*ghi*) *agg.* analogue.

anamnesi *s.f.* anamnèse.

anamnestico (pl. -*ci*) *agg.* (*med.*) anamnestique.

ananas , **ananasso** *s.m.invar.* ananas.

anarchia *s.f.* anarchie.

anarchico (pl. -*ci*) *agg.* anarchique; (*favorevole all'anarchia*) anarchiste ♦ *s.m.* anarchiste.

anarchismo *s.m.* anarchisme.

anarcoide *agg. e s.m.* anarchisant.

anastatico (pl. -*ci*) *agg.* (*tip.*) anastatique.

anatema *s.m.* anathème.

anatomia *s.f.* anatomie.

anatomico (pl. -*ci*) *agg.* anatomique || *teatro* —, amphithéâtre d'anatomie ♦ *s.m.* anatomiste || -**mente** *avv.*

anatomista *s.m.* anatomiste.

anatomizzare *v.tr.* disséquer*.

anatra *s.f.* canard (*m.*); (*femmina*) cane.

anatroccolo *s.m.* caneton || *il brutto* —, le vilain petit canard.

anca (pl. *anche*) *s.f.* *hanche.

ancella *s.f.* servante.

ancestrale *agg.* ancestral*.

anche *cong.* **1** aussi; (*in frasi negative*) non plus: — *tu*, — *noi*, — *loro*, toi aussi, nous aussi, eux aussi; *vengo anch'io*, je viens aussi, moi aussi je viens; — *tuo padre ha ragione*, ton père aussi a raison; — *mio fratello non fuma*, mon frère non plus ne fume pas   **2** (*persino*) même: *ho pazien-tato — troppo!*, j'ai même trop patienté!, je n'ai que trop patienté!; *— voi mi avete ingannato!*, même vous, vous aussi vous m'avez trompé!; *così è — più facile*, c'est même plus facile comme ça || *— pregandolo non verrebbe*, même si on le priait, il ne viendrait pas || *il dolce è riuscito — meglio dell'altra volta*, le gâteau est encore mieux réussi que la dernière fois   **3** (*in proposizioni ipotetiche*) bien, aussi (bien): *potrei venire — domani*, je pourrais aussi (bien) venir demain □ **anche se, se anche, anche a** *locuz.cong.* même si: *— a consigliarlo...*, même si on lui donne des conseils...; *— se lo spedissi subito...*, même si je l'expédiais tout de suite... □ **quand'anche, anche quando** *locuz.cong.* quand (bien) même: *quand'— glielo dicessi...*, quand (bien) même je le lui dirais...

ancheggiare (*coniug. come* mangiare) *v.intr.* se déhancher.

anchilosarsi *v.pron.* s'ankyloser.

anchilosato *agg.* ankylosé.

anchilosi *s.f.* (*med.*) ankylose.

ancia (pl. *-ce*) *s.f.* (*mus.*) anche.

ancona *s.f.* (*arch.*) retable (*m.*).

anconetano, anconitano *agg.* anconitain, d'Ancone.

àncora[1] *s.f.*   **1** ancre: *— di salvezza*, (*fig.*) ancre de salut; *gettare, salpare l'—*, mouiller l'ancre, appareiller || *essere all'—*, être au mouillage   **2** (*elettr.*) armature.

ancora[2] *avv.* encore: *non sono — arrivati*, ils ne sont pas encore arrivés; *venite — a trovarci*, revenez nous voir || *nevica —?*, (*continua a nevicare*) il neige encore (*o* toujours)?; *— niente?*, (*continua a non esserci niente*) toujours rien?

ancoraggio *s.m.* ancrage.

ancorare *v.tr.* (*mar.*) ancrer □ **ancorarsi** *v. pron.*   **1** (*mar.*) mouiller (l'ancre)   **2** (*fig.*) s'accrocher; (*fermarsi stabilmente*) s'établir; (*fondarsi su*) se baser (sur): *— a una speranza*, se raccrocher à un espoir.

andamento *s.m.* marche (*f.*); (*corso*) cours; (*sviluppo*) développement || *prendere un buon —*, prendre une bonne tournure.

andante *agg.* (*di poco pregio*) ordinaire ♦ *avv.* e *s.m.* (*mus.*) andante.

andare[1] (*Indic.pres.* io vado, tu vai, egli va, noi andiamo, voi andate, essi vanno; *fut.* io andrò ecc. *Imp.* va *o* va', andate) *v.intr.*   **1** aller*: *— a dormire*, aller dormir; *— a far compere*, aller faire des courses || *— per funghi*, aller aux champignons || *vado e torno*, je ne fais qu'aller et venir; *vacci!*, vas-y!; *non —!*, *non andarci!*, n'y va pas!; *— di buon passo, di corsa, di galoppo*, marcher d'un bon pas, courir, galoper; *— zoppo, curvo*, boiter, marcher tout courbé; *— a tentoni*, marcher à tâtons; (*fig.*) tâtonner; *— a quattro zampe*, marcher à quatre pattes || *mi è andato di traverso* (*un sorso*), j'ai avalé (une gorgée) de travers; *tutto mi va di traverso*, (*fig.*) rien ne me réussit || *questo vino va alla testa*, ce vin monte à la tête; *parole che vanno al cuore*, des paroles qui vont droit au cœur || *chi va là?*, qui vive?, qui va là?; *stare sul chi va là*, être sur le qui-vive || *è andato via*, il est parti; *questo prodotto fa andar via le macchie*, ce produit fait partir les taches || *— in porto, a buon fine*, arriver à bon port   **2** *andarsene*, s'en aller: *me ne vado*, je m'en vais; *vattene!*, va-t'en!; *è meglio che ce ne andiamo*, il vaut mieux partir; *se ne è andato improvvisamente*, il est parti brusquement || *i soldi se ne vanno che è una bellezza*, l'argent file à plaisir || *se ne andò serenamente come era vissuto*, il mourut aussi sereinement qu'il avait vécu   **3** (*procedere*) marcher; aller*: *gli affari gli vanno male, di traverso*, ses affaires périclitent; *spero che le cose vadano bene*, j'espère que tout se passera bien; *com'è andata?*, comment ça s'est passé?; *l'esame ti è andato bene?*, tu as réussi à ton examen?   **4** (*trascorrere*) passer: *l'estate è già andata*, l'été est déjà passé   **5** (*funzionare*) marcher: *quest'orologio va avanti, indietro*, cette montre avance, retarde || *far — il motore*, mettre le moteur en marche || *in quest'ufficio c'è qlco che non va*, dans ce bureau il y a qqch qui cloche; *questa traduzione non va*, cette traduction n'est pas bonne   **6** (*stare, essere*) être*: *il tuo cappello mi va largo*, ton chapeau est trop large pour moi || *la lettera andò smarrita*, la lettre fut égarée   **7** (*dover essere*) devoir* être; (*essere necessario*) falloir*: *non va presa alla lettera*, cela ne doit pas être pris à la lettre   **8** (*convenire*) convenir*; (*essere adatto, accordarsi*) aller*: *mi andrebbe bene il treno delle sei*, le train de six heures me conviendrait, m'irait; *mi andrebbe bene se tu potessi venire domani*, (*fam.*) cela m'arrangerait si tu pouvais venir demain   **9** (*piacere, essere gradito*) plaire*: *a me non va bene che ritorni così tardi*, ça ne me plaît pas du tout que tu rentres si tard || *non mi va affatto*, ça ne me dit rien du tout; *ti va?*, ça te va?   **10** (*essere di moda, avere successo*) *quest'anno va molto il velluto*, cette année les velours est très à la mode; *è un prodotto che va molto*, c'est un produit qui se vend beaucoup; *i giornali del mattino sono andati a ruba*, on s'est arraché les journaux du matin   **11** (*valere, essere in corso*) avoir* cours   **12** (*accedere*) entrer: *con quel diploma può — all'università*, avec ce diplôme, il peut entrer à l'université   **13** (+ *gerundio*): *la sua malattia va peggiorando di giorno in giorno*, son mal s'aggrave de jour en jour   **14** (*trasformarsi, divenire*): *— in pezzi*, tomber en morceaux; *il latte è andato a male*, le lait a tourné. ♦ FRASEOLOGIA: *andiamo su, coraggio!*, allons, courage! || *vallo a contare a un altro!*, raconte ça à d'autres! || *vatti a fidare di un amico!*, allez donc vous fier à un ami! || *va bene!*, d'accord!; *e va bene, facciamo come vuoi tu*, d'accord, faisons comme tu veux || *va da sé che...*, il va de soi que..., il va sans dire que... || *o la va o la spacca*, advienne que pourra; *come va va*, (*fam.*) ça ira comme ça pourra; *tentiamo, se va non va, non si ha pazienza!*, essayons toujours, si ça ne va pas, tant pis! || *ne va della mia vita*, il y va de ma vie || *e così ci sono anda-*

to di mezzo io!, et comme ça c'est moi qui ai tout pris || *— a vuoto, a monte*, tomber à l'eau.

andare² *s.m.* **1** (*l'andare*) aller || *un — e venire di gente*, un va-et-vient de gens || *a lungo —*, à la longue || *con l'— del tempo*, avec le temps **2** (*andatura*) allure (*f.*), démarche (*f.*) || *correva a tutt'—*, il courait à toute allure || *spende a tutt'—*, il dépense sans compter.

andata *s.f.* aller (*m.*) || (*sport*) *il girone di —*, le premier tour.

andato *agg.* **1** (*trascorso*) passé || *nei tempi andati*, dans le temps **2** (*fam.*) (*spacciato, rovinato*) fichu.

andatura *s.f.* **1** (*dell'uomo*) démarche, allure || (*sport*) *fare l'—*, donner l'allure **2** (*di animali*) allure; (*da soma o da tiro*) train (*m.*) || (*ippica*) *rompere* (*l'—*), changer d'allure.

andazzo *s.m.* **1** habitudes (*f.pl.*) || *seguire l'—*, suivre le mouvement **2** (*di cose*) tournure (*f.*).

andicappare *v.tr.* *handicaper.

andirivieni (pl. *invar.*) *s.m.* va-et-vient.

andito *s.m.* (*corridoio*) couloir; (*vestibolo*) vestibule; (*entrata*) entrée (*f.*).

andro- *pref.* andro-

androgeno *agg.* e *s.m.* (*biol.*) androgène.

androgino *agg.* e *s.m.* androgyne.

andrologo (pl. -*gi*) *s.m.* (*med.*) andrologue.

androne *s.m.* hall.

aneddotico (pl. -*ci*) *agg.* anecdotique.

aneddoto *s.m.* anecdote (*f.*).

anelare *v.intr.* **1** (*ansare*) *haleter* **2** (*fig.*) aspirer ardemment.

anelito *s.m.* **1** *halètement **2** (*fig.*) désir ardent.

anello *s.m.* **1** (*gioiello*) bague (*f.*); anneau*: *— di fidanzamento*, bague de fiançailles; *— matrimoniale*, alliance, anneau nuptial || *— con monogramma, con stemma*, chevalière || (*eccl.*) *— pastorale*, anneau pastoral **2** (*cerchio*) anneau*: *l'— di una catena*, l'anneau d'une chaîne || *— portatovagliolo*, rond de serviette || (*mar.*) *— d'ormeggio*, boucle de quai || *— stradale*, (boulevard) périphérique, bretelle || *— di congiunzione*, (*fig.*) trait d'union || *formare anelli di fumo*, faire des ronds de fumée || *ad —*, en anneau **3** (*tecn.*) bague (*f.*) **4** (*inform.*) anneau*; bague (*f.*): *— di retroazione*, boucle de réaction.

anemia *s.f.* anémie.

anemico (pl. -*ci*) *agg.* anémique.

anemometro *s.m.* anémomètre.

anemone *s.m.* anémone (*f.*).

anestesia *s.f.* anesthésie.

anestesista *s.m.* anesthésiste.

anestetico (pl. -*ci*) *agg.* e *s.m.* anesthésique.

anestetizzare *v.tr.* anesthésier.

aneurisma *s.m.* (*med.*) anévrisme.

anfibio *agg.* amphibie ♦ *s.m.* **1** (*zool.*) amphibien **2** (*scarponi*) anfibi, rangers **3** (*mezzo navale*) *— da sbarco*, engin amphibie de débarquement.

anfiteatro *s.m.* amphithéâtre.

anfitrione *s.m.* amphitryon.

anfora *s.f.* amphore.

anfratto *s.m.* anfractuosité (*f.*).

anfrattuoso *agg.* anfractueux*.

angariare *v.tr.* tourmenter.

angelico (pl. -*ci*) *agg.* angélique || -**mente** *avv.*

angelo *s.m.* ange || *un — di ragazza*, un amour de fille || *è buono come un —*, il est sage comme une image || *lunedì dell'Angelo*, Lundi de Pâques.

angheria *s.f.* brimade: *fare ogni sorta di angherie*, faire toutes sortes de misères.

angina *s.f.* angine: *— pectoris*, angine de poitrine.

angi(o)- *pref.* angi(o)-

angiografia *s.f.* angiographie.

angioino *agg.* e *s.m.* angevin.

angiologo (pl. -*gi*) *s.m.* angiologue.

angioma *s.m.* (*med.*) angiome.

angiporto *s.m.* (*stradetta angusta*) ruelle (*f.*); (*vicolo cieco*) impasse (*f.*).

anglicanesimo, anglicanismo *s.m.* anglicanisme.

anglicano *agg.* e *s.m.* anglican.

anglicismo, anglismo *s.m.* anglicisme.

anglista *s.m.* angliciste.

anglo- *pref.* anglo-

angloamericano *agg.* e *s.m.* anglo-américain*.

anglosassone *agg.* e *s.m.* anglo-saxon*.

angolare *agg.* angulaire ♦ *s.m.* (*tecn.*) cornière (*f.*).

angolato *agg.* (*sport*) *tiro —*, tir dans l'angle.

angolazione *s.f.* **1** (*fot., cine., tv*) angle de prise de vue; prise de vue angulaire **2** (*estens.*) point de vue.

angoliera *s.f.* encoignure.

angolo *s.m.* **1** coin: *d'—*, de coin || *casa d'—*, maison qui fait l'angle; *abita all'—*, il habite la maison qui fait l'angle || *la farmacia qui all'—*, la pharmacie au coin; *all'—, sull'— di via X*, au coin de la rue X; *in via Mazzini, — via Verdi*, à l'angle de la rue Mazzini et de la rue Verdi; *via X fa — con la via Y*, la rue X croise la rue Y; *giri l'—*, tournez là au coin (de la rue); *non sappiamo cosa c'è dietro l'—*, (*fig.*) on ne sait pas ce qui nous attend || *un — di cielo, di mare*, un coin de ciel, de mer || *— (di) cottura*, coin-cuisine || *un angolino appartato*, un endroit à l'écart; *starsene in un —*, rester dans son coin || *mettere un bambino nell'—*, mettre un enfant au coin; (*boxe*) *chiudere l'avversario nell'—*, serrer l'adversaire dans le coin **2** (*mat., fis.*) angle || *smussare gli angoli*, (*fig.*) arrondir les angles **3** (*football*) (*calcio d'*) *—*, corner; *mandare in calcio d'—*, tirer en corner.

angoloso *agg.* anguleux*.

angora *s.f.invar.*: *gatto d'—*, (chat) angora; (*lana d'*) *—*, (laine) angora.

angoscia (pl. -*sce*) *s.f.* angoisse.

angosciare (*coniug. come* cominciare) *v.tr.* angoisser □ **angosciarsi** *v.pron.* s'inquiéter*.

angosciato *agg.* angoissé.

angoscioso *agg.* **1** (*che dà angoscia*) angoissant **2** (*pieno di angoscia*) plein d'angoisse.

angostura *s.f.* angusture.

anguilla *s.f.* anguille.

anguria *s.f.* (*region.*) pastèque, melon d'eau.

angustia *s.f.* **1** (*strettezza*) étroitesse; (*penuria*)

pénurie || *vivere nelle angustie*, vivre dans la gêne **2** (*preoccupazione*) souci (*m.*), peine: *stare in — per qlcu*, être en peine, se faire du souci pour qqn; *non tenermi in —*, ne me laisse pas en peine.

angustiare *v.tr.* **1** tourmenter **2** (*preoccupare*) inquiéter* □ **angustiarsi** *v.pron.* s'inquiéter* (de), se faire* du souci (pour).

angustiato *agg.* **1** tourmenté **2** (*preoccupato*) inquiet* (de).

angusto *agg.* étroit (*anche fig.*).

anice *s.m.* **1** (*bot.*) anis **2** (*liquore*) anisette (*f.*).

anidride *s.f.* anhydride (*m.*).

anilina *s.f.* aniline.

anima *s.f.* **1** âme: *l'uomo è formato di corpo e di —*, l'homme est formé d'un corps et d'une âme || *le anime beate, purganti, dannate*, les bienheureux, les âmes du purgatoire, les damnés; *gridare come un — dannata*, crier comme un possédé; *un' — in pena*, une âme en peine || *è l' — nera del partito*, il est le mauvais ange du parti || *render l' — (a Dio)*, rendre l'âme || *darsi — e corpo a qlco*, se donner corps et âme à qqch; *darsi — e corpo al lavoro*, se jeter à corps perdu dans le travail; *essere un corpo e un' — sola*, ne former qu'une seule âme || *reggere l' — coi denti*, (*fam.*) n'avoir plus qu'un souffle de vie || *darebbe l' — per i suoi figli*, elle se ferait tuer pour ses enfants || *rompere l'—*, (*fam.*) casser les pieds || *ti giuro sull' — mia che...*, en mon âme et conscience, je te jure que... || *un villaggio di mille anime*, un village de mille âmes; *un' — lunga*, (*di persona alta*) une grande asperge; *la buon' — di mio padre*, mon pauvre père; *quel l' — candida di sua zia lo ha sempre difeso*, naïve comme elle était, sa tante l'a toujours défendu; *qualche — buona ci aiuterà*, une âme charitable nous viendra en aide || *non c'era — viva*, il n'y avait pas un chat; *non dirlo ad — viva*, n'en parle à personne || *— mia!*, mon cœur! || *all'—!*, (*fam.*) fichtre! **2** (*sede dei sentimenti; sentimento*) âme; (*cuore*) cœur (*m.*): *con tutta l'—*, de toute son âme, du fond de l'âme; *volersi un bene dell'—*, s'aimer de tout son cœur; *arrivare all'—*, fendre le cœur; *fino in fondo all'—*, jusqu'au fond du cœur; *metter l' — in...*, mettre tout son cœur dans... || *rodersi l'—*, (*fam.*) se ronger les sangs **3** (*parte interna*) (*di cavo, matita, violino, cannone ecc.*) âme; (*di legno, di frutto*) cœur (*m.*); (*di bottone*) moule (*m.*); (*di cravatta*) doublure **4** (*metall.*) noyau* (*m.*).

animale *agg. e s.m.* animal*.

animalesco (pl. *-chi*) *agg.* bestial*.

animalista *agg. e s.m.* animalier*.

animalità *s.f.* animalité.

animare *v.tr.* **1** animer || *essere animato dalle migliori intenzioni*, être plein de bonnes intentions **2** (*dare vivacità, brio*) illuminer: *la gioia le animava il volto*, la joie illuminait son visage □ **animarsi** *v.pron.* s'animer || *l'atmosfera si andava animando*, il commençait à y avoir de l'ambiance.

animatamente *avv.* avec animation.

animato *agg.* animé (*anche fig.*).

animatore (f. *-trice*) *agg. e s.m.* animateur*.

animazione *s.f.* animation.

animelle *s.f.pl.* (*macelleria*) ris (*m.sing.*).

animismo *s.m.* animisme.

animista *s.m.* animiste.

animistico (pl. *-ci*) *agg.* animiste.

animo *s.m.* **1** (*mente*) esprit; (*cuore*) cœur; (*anima*) âme (*f.*): *persona d' — buono*, personne qui a bon cœur; *avere l' — tranquillo*, avoir l'esprit tranquille; *con — leggero*, d'un cœur léger; *con — sereno*, sereinement; *giudicare qlco con — sereno*, porter un jugement serein sur qqch || *con l' — di*, avec l'intention de; *avere in — di*, avoir l'intention de || *l'ho sempre vivo nell'—*, il est toujours présent dans ma mémoire; *fino nel profondo dell' —*, au plus profond du cœur || *cattivarsi l' — di qlcu*, s'attacher qqn || *mettersi l' — in pace*, prendre son parti || *stare con l' — sospeso*, avoir le cœur en peine || *non era nello stato d' — giusto per farlo*, il n'était pas dans l'état d'esprit de le faire || *forza d'—*, force d'âme **2** (*coraggio*) cœur, courage: *non ho l' — di*, je n'ai pas le cœur, le courage de; *farsi —*, prendre courage; *perdersi d'—*, se décourager || *—!, (coraggio!)* haut les cœurs!; (*suvia, forza!*) allons!, bon courage! □ **di buon animo**, de bon gré, de bon cœur; **di mal animo**, à contrecœur.

animosamente *avv.* (*con rancore*) avec animosité.

animosità *s.f.* animosité.

animoso *agg.* **1** hostile **2** (*letter.*) courageux*.

anisetta *s.f.* anisette.

anitra *s.f.* → **anatra**.

annacquare *v.tr.* **1** couper avec de l'eau, diluer **2** (*fig.*) (*mitigare*) adoucir || *— la verità*, édulcorer la vérité.

annacquato *agg.* **1** coupé d'eau **2** (*fig.*) (*attenuato*) atténué || *colori annacquati*, couleurs délavées || *sole —*, soleil pâle; *stile —*, style plat.

annaffiare *v.tr.* arroser.

annaffiatoio *s.m.* arrosoir.

annaffiatrice *agg. e s.f.* (*autobotte*) —, arroseuse.

annaffiatura *s.f.* arrosage (*m.*).

annali *s.m.pl.* annales (*f.*).

annalista *s.m.* annaliste.

annaspare *v.intr.* **1** se débattre*, se démener* || *— nel buio*, (*fig.*) avancer à tâtons, à l'aveuglette **2** (*fig.*) tâtonner.

annata *s.f.* **1** année **2** (*di vino*) millésime (*m.*): *vino d'—*, vin millésimé.

annebbiamento *s.m.* (*fig.*) obscurcissement.

annebbiare *v.tr.* **1** embrumer **2** (*offuscare*) brouiller: *— la vista, le idee*, brouiller la vue, les idées □ **annebbiarsi** *v.pron.* **1** s'embrumer **2** (*offuscarsi*) se brouiller.

annebbiato *agg.* brumeux* || *mente annebbiata*, esprit brumeux; *vista annebbiata*, vue brouillée; *cervello — dall'alcol*, cerveau embrumé par l'alcool.

annegamento *s.m.* noyade (*f.*): *morto per —*, mort par noyade, mort noyé.

annegare (*coniug. come legare*) *v.tr.* noyer* ♦ *v.intr.* se noyer* || *— in un mare di guai*, (*fig.*) être dans les ennuis jusqu'au cou □ **annegarsi** v.pron. se noyer*.

annegato agg. e s.m. noyé.

annerire (coniug. come finire) v.tr. e intr. noircir □ **annerirsi** v.pron. se noircir: il quadro (si) è annerito col tempo, le tableau a noirci avec le temps.

annessione s.f. annexion.

annessionista agg. e s.m. annexionniste ||

annesso agg. annexe; (allegato) annexé || gli annessi e connessi, (fig.) les tenants et les aboutissants.

annettere (Part.pass. annesso) v.tr. **1** (pol.) annexer **2** (aggiungere) ajouter; (accludere) joindre* || — importanza a, attacher de l'importance à.

annichilire (coniug. come finire) v.tr. anéantir □ **annichilirsi** v.pron. s'anéantir.

annichilito agg. anéanti.

annidarsi v.pron. se nicher, se cacher || l'odio si annidava nel suo cuore, la haine couvait dans son cœur.

annientamento s.m. anéantissement.

annientare v.tr. anéantir.

anniversario agg. e s.m. anniversaire: nel quarto — di..., à l'occasion du quatrième anniversaire de...

anno s.m. **1** année (f.): l'— corrente, l'— in corso, l'année courante, l'année en cours; nell'— in corso, cette année; nel corso dell'—, en cours d'année, dans le courant de l'année; entro l'—, avant la fin de l'année; l'— prossimo, l'— che viene, un altr'—, quest'altr'—, l'année prochaine; l'— scorso, l'— passato, l'altr'—, l'année passée, l'année dernière; l'— prima, l'— precedente, l'année avant; l'— dopo, l'— seguente, l'année suivante; durante (tutto) l'—, per tutto l'—, pendant, pour toute l'année; per parecchi, molti anni, pendant des années; di — in —, d'année en année; da un — all'altro, d'une année à, sur l'autre || sono anni che..., il y a des années que... || augurare buon —, souhaiter la bonne année; buon —!, bonne année!; viva l'— nuovo!, vive la nouvelle année!; — nuovo, vita nuova!, à année nouvelle, vie nouvelle **2** (spec. accompagnato da un numerale cardinale nel computo del tempo) an: tra due anni, dans deux ans; due anni fa, or sono, il y a deux ans; due anni prima, deux ans auparavant; due anni dopo, deux ans après; ogni due anni, tous les deux ans; tre volte all'—, trois fois par an; un — sì e uno no, tous les deux ans, une année sur deux; sarà un — a maggio, cela fera, il y aura un an en mai; sono due anni che..., il y a, voilà, cela fait deux ans que... || l'—, all'—, par an; tre volte all'—, trois fois par an || l'— 200 a.C., l'an 200 avant J.-C.; l'— 1000 d.C., l'an 1000 après J.-C.; nell'— 1930, en 1930; nell'— di grazia 1492, en l'an de grâce 1492; nell'— 1648 della nostra era, en l'an 1648 de notre ère.

♦ FRASEOLOGIA: quanti anni hai?, quel âge as-tu?; quanti anni mi dai?, quel âge me donnes-tu?; quanti anni avrà?, quel âge peut-il avoir?; ha vent'anni, il a vingt ans, il est âgé de vingt ans; essere

nel ventesimo — (di età), être dans sa vingtième année; va per i trent'anni, il va sur ses trente ans; domani compie trent'anni, demain il aura trente ans; si avvicina ai quarant'anni, il approche de la quarantaine; ha sessant'anni compiuti, il a soixante ans révolus || essere avanti con gli anni, être d'un âge avancé; gli anni verdi, les jeunes années, le jeune âge; porta bene, non dimostra i suoi anni, elle ne paraît pas son âge; togliersi gli anni, se rajeunir; nascondersi gli anni, cacher son âge; essere carico d'anni, avere molti anni addosso, ne plus compter ses années; avere gli anni di Matusalemme, di Noè, être vieux comme Mathusalem; sentire il peso, il fardello degli anni, sentir le poids des ans || col passar degli anni, (col tempo) avec le temps, (con l'età) avec l'âge; sarà un — che lo aspetto, voilà un siècle que je l'attends; è un — che aspetto l'autobus, ça fait des heures que j'attends l'autobus; mi par mill'anni che..., il y a un siècle que... || gli anni venti, (il decennio 1920-30) les années vingt.

annodare v.tr. nouer (anche fig.) || annodarsi i lacci delle scarpe, lacer ses souliers.

annodatura s.f. **1** nouage (m.) **2** (nodo) nœud (m.).

annoiare v.tr. ennuyer*: — a morte, ennuyer à mourir □ **annoiarsi** v.pron. **1** s'ennuyer* **2** (stancarsi) se lasser, se fatiguer: si è annoiato di aspettare, il s'est lassé, fatigué d'attendre.

annoiato agg. **1** ennuyé: essere —, s'ennuyer; hai l'aria annoiata, mi sembri —, tu as l'air de t'ennuyer **2** (stanco) las: — di aspettare, las d'attendre.

annona s.f. **1** approvisionnement (m.), ravitaillement (m.) **2** (st.) annone.

annonario agg.: carta, tessera annonaria, carte de ravitaillement, d'alimentation.

annoso agg. vieux*.

annotare v.tr. **1** (prendere nota di) noter **2** (corredare di note) annoter: — in margine, annoter dans la marge.

annotazione s.f. annotation; (appunto) note.

annottare v.intr.impers. se faire* nuit.

annoverare v.tr. **1** compter (parmi), ranger* (au nombre de) **2** (enumerare) énumérer*.

annuale agg. annuel* ♦ s.m. anniversaire.

annualità s.f. **1** (l'essere annuale) annualité **2** (durata di un anno) annalité **3** (rata annuale) annuité: pagabile in —, payable en annuités **4** (entrata annuale) revenu annuel; (pagamento annuale) an (m.): un'— d'affitto, un an de loyer.

annualmente avv. annuellement.

annuario s.m. annuaire.

annuire (coniug. come finire) v.intr. acquiescer* d'un signe de tête, faire* signe que oui.

annullabile agg. annulable.

annullamento s.m. **1** annulation (f.) **2** (di francobolli) oblitération (f.).

annullare v.tr. **1** annuler: — gli effetti di, supprimer les effets de; tutti i nostri sforzi sono stati annullati, tous nos efforts ont été rendus inutiles || — un testamento, révoquer un testament **2**

(*francobolli*) oblitérer* □ **annullarsi** *v.pron.* s'annuler.

annullo *s.m.* (*di francobolli*) oblitération (*f.*).

annunciare (*coniug. come* cominciare) *v.tr.* annoncer*: *farsi — a qlcu*, se faire annoncer auprès de qqn □ **annunciarsi** *v.pron.* **1** s'annoncer* **2** (*estens.*) (*prepararsi*) se préparer.

annunciatore *s.m.* **1** (*rad., tv*) speaker; (*presentatore*) présentateur; (*intrattenitore*) meneur de jeu **2** (*chi annuncia*) annonciateur ♦ *agg.* (f. *-trice*) annonciateur* || *segni annunciatori di tempesta*, signes avant-coureurs de tempête; *messaggio — di sventura*, message porteur de malheur.

annunciatrice *s.f.* (*rad., tv*) speakerine; (*presentatrice*) présentatrice.

annunciazione *s.f.* annonciation || (*festa dell'*) *Annunciazione*, (fête de l') Annonciation.

annuncio *s.m.* annonce (*f.*) || *dare l'— di qlco*, annoncer qqch || *annunci economici*, petites annonces; *mettere un — sul giornale*, passer une annonce dans le journal.

annuo *agg.* annuel*.

annusare *v.tr.* flairer: — *un pericolo*, (*fig.*) flairer un danger || — *tabacco*, priser du tabac.

annuvolamento *s.m.* nuages (*pl.*), ciel nuageux.

annuvolarsi *v.pron.* **1** se couvrir* de nuages **2** (*fig.*) s'assombrir, se rembrunir.

ano *s.m.* (*anat.*) anus.

anodino *agg.* anodin (*anche fig.*).

anodo *s.m.* (*fis.*) anode (*f.*).

anomalia *s.f.* anomalie.

anomalo *agg.* anomal*.

anonimato *s.m.* anonymat.

anonimo *agg. e s.m.* anonyme || *-mente* *avv.*

anoressia *s.f.* (*med.*) anorexie.

anoressico (pl. *-ci*) *agg. e s.m.* (*med.*) anorexique.

anormale *agg. e s.m.* anormal* || *-mente* *avv.*

anormalità *s.f.* anormalité.

ansa *s.f.* **1** (*manico*) anse **2** (*di fiume*) sinuosité; (*meandro*) méandre (*m.*); (*insenatura*) anse **3** (*anat.*) anse.

ansante *agg.* *haletant.

ansare *v.intr.* *haleter*.

ansia *s.f.* anxiété: *essere in —*, être anxieux; *stare in —*, être préoccupé; *mettere in — qlcu*, donner de l'inquiétude à qqn.

ansietà *s.f.* anxiété.

ansimante *agg.* *haletant.

ansimare *v.intr.* *haleter*; (*sbuffare*) souffler.

ansiogeno *agg.* anxiogène.

ansiolitico (pl. *-ci*) *agg. e s.m.* anxiolytique.

ansiosamente *avv.* anxieusement.

ansioso *agg.* **1** anxieux* **2** (*impaziente*) impatient: *sono — di*, je suis impatient de.

anta[1] *s.f.* (*di armadio*) porte; (*di finestra*) volet (*m.*); (*di polittico*) volet (*m.*).

anta[2] *s.m.pl.* (*scherz.*) (*la quarantina*) la quarantaine: *passare gli —*, passer la quarantaine.

antagonismo *s.m.* antagonisme.

antagonista *agg. e s.m.* antagoniste.

antalgico (pl. *-ci*) *agg. e s.m.* (*med.*) antalgique.

antartico (pl. *-ci*) *agg.* antarctique.

ante- *pref.* anti-

antecedente *agg. e s.m.* antécédent.

antecedentemente *avv.* précédemment.

antecedenza *s.f.* antériorité, antécédence || *in —*, précédemment.

antefatto *s.m.* ce qui a précédé.

anteguerra (pl. *invar.*) *s.m.* avant-guerre* ♦ *agg.* d'avant-guerre.

ante litteram *locuz.avv.* à l'avance ♦ *locuz.agg.* avant-coureur*, précurseur.

antelucano *agg.*: *alzarsi a ore antelucane*, se lever avant l'aube.

antenato *s.m.* ancêtre.

antenna *s.f.* antenne.

antennista *s.m.* antenniste, poseur d'antennes.

anteporre (*coniug. come* porre) *v.tr.* faire* passer avant || — *il soggetto al verbo*, placer le sujet avant le verbe □ **anteporsi** *v.pron.* passer avant.

anteprima *s.f.* avant-première*.

antera *s.f.* (*bot.*) anthère.

anteriore *agg.* antérieur.

anteriorità *s.f.* antériorité.

anteriormente *avv.* antérieurement □ **anteriormente a** *locuz.prep.* avant.

antesignano *s.m.* précurseur.

anti- *pref.* anti-

antiabbagliante *agg.* → **anabbagliante**.

antiabortista *agg. e s.m.* (celui* qui est) contre l'avortement.

antiaerea *s.f.* défense antiaérienne.

antiaereo *agg.* antiaérien*.

antiallergico (pl. *-ci*) *agg. e s.m.* antiallergique.

antiappannante *agg.* antibuée.

antiatomico (pl. *-ci*) *agg.* antiatomique: *rifugio —*, abri antiatomique.

antibagno *s.m.* dégagement (précédant une salle de bains).

antibatterico (pl. *-ci*) *agg.* antibactérien*.

antibiogramma *s.m.* (*med.*) antibiogramme.

antibiotico (pl. *-ci*) *s.m.* antibiotique.

anticaglia *s.f.* (*spreg.*) vieillerie.

anticamente *avv.* autrefois.

anticamera *s.f.* antichambre || *non mi è neanche passato per l'— del cervello*, (*fam.*) ça ne m'est même pas venu à l'idée.

anticancro (pl. *invar.*) *agg. e s.m.* anticancéreux*.

anticarro *agg.invar.* antichar*.

antichità *s.f.* antiquité: *fin dalla più remota —*, de tout temps || *negozio di —*, magasin d'antiquités; *collezione di —*, collection d'antiques.

anticiclone *s.m.* anticyclone.

anticiclonico (pl. *-ci*) *agg.* anticyclonique.

anticipare *v.tr.* **1** avancer* || — *una notizia*, donner une nouvelle à l'avance || — *i ringraziamenti*, remercier d'avance || — *i tempi*, (*precorrendoli*) devancer son temps; (*abbreviandoli*) avancer l'échéance; *non anticipiamo i tempi!*, n'anticipons pas! **2** (*dare in anticipo*) donner à l'avance; (*pagare in anticipo*) avancer*: — *del denaro*, avancer de l'argent || — *un pagamento*, payer à l'avance, anticiper un paiement **3** (*pre-*

venire) anticiper; (*prevedere*) prévoir* ♦ *v.intr.* (*essere in anticipo*) être* en avance; (*arrivare in anticipo*) arriver en avance.

anticipatamente *avv.* d'avance.

anticipato *agg.* **1** anticipé || *pagare tre mesi anticipati*, verser trois mois d'avance **2** (*dato in anticipo*) avancé ♦ *avv.* (*comm.*) d'avance: *pagare —*, payer d'avance.

anticipazione *s.f.* **1** anticipation || *decidere l'— degli esami*, décider d'avancer la date des examens **2** (*anticipo*) avance **3** (*previsione*) prévision.

anticipo *s.m.* **1** avance (*f.*) || *un — di... lire*, un à-valoir de... lires || (*comm.*) *— di una scadenza*, anticipation d'une échéance || (*aut.*) *— dell'accensione*, avance à l'allumage || *in —*, en avance; *ti dico in — che...*, je te dis par avance que... **2** (*sport*) anticipation (*f.*): *scattare in —*, *battere sull'—*, anticiper || *giocare d'— su qlcu*, (*fig.*) devancer qqn.

anticlericale *agg.* e *s.m.* anticlérical*.

anticlericalismo *s.m.* anticléricalisme.

antico (pl. *-chi*) *agg.* **1** ancien*; (*molto vecchio*) vieux*: *un — castello*, un vieux château; *mobile —*, (*di antiquariato*) meuble ancien || *Antico Testamento*, Ancien Testament || *il buon tempo —*, le bon vieux temps || *è gente all'antica*, ce sont des gens vieux jeu **2** (*dell'antichità*) antique, ancien*: *storia antica*, histoire ancienne; *l'arte antica*, l'art antique; *i filosofi antichi*, les philosophes de l'Antiquité; *gli antichi romani*, les anciens Romains; *l'— Egitto*, l'ancienne Egypte; *l'antica Roma*, la Rome antique || *greco —*, grec ancien; *francese —*, ancien français **3** (*precedente*, *passato*) vieux*: *l'antica amicizia rinacque tra loro*, leur vieille amitié refleurit ♦ *s.m.* antico.

anticoagulante *agg.* e *s.m.* anticoagulant.

anticolonialista *agg.* e *s.m.* anticolonialiste.

anticomunismo *s.m.* anticommunisme.

anticomunista *agg.* e *s.m.* anticommuniste.

anticoncezionale *agg.* anticonceptionnel* ♦ *s.m.* produit anticonceptionnel.

anticonformismo *s.m.* anticonformisme.

anticonformista *s.m.* e *f.* anticonformiste.

anticongelante *agg.* e *s.m.* antigel.

anticorpo *s.m.* (*biol.*) anticorps.

anticostituzionale *agg.* anticonstitutionnel*.

anticrimine *agg.invar.* antigang.

anticristo (pl. *invar.*) *s.m.* antéchrist.

anticrittogamico (pl. *-ci*) *agg.* e *s.m.* anticryptogramique.

antidatare *v.tr.* antidater.

antidemocratico (pl. *-ci*) *agg.* antidémocratique.

antidepressivo *agg.* e *s.m.* antidépresseur || *terapia antidepressiva*, traitement antidépressif.

antidifterico (pl. *-ci*) *agg.* antidiphtérique.

antidiluviano *agg.* antédiluvien*.

antidisturbo *agg.invar.* (*elettr.*) antiparasite.

antidolorifico (pl. *-ci*) *agg.* contre la douleur.

antidoto *s.m.* antidote (contre, à).

antidroga *agg.invar.* antidrogue*.

antiemorragico (pl. *-ci*) *agg.* antihémorragique.

antieroe *s.m.* antihéros.

antiestetico (pl. *-ci*) *agg.* inesthétique.

antifascismo *s.m.* antifascisme.

antifascista *agg.* e *s.m.* antifasciste.

antifebbrile *agg.* → **antipiretico**.

antifecondativo *agg.* anticonceptionnel* ♦ *s.m.* contraceptif*.

antifona *s.f.* antienne || *capir l'—*, (*fig.*) saisir l'allusion.

antiforfora *agg.invar.* antipelliculaire.

antifumo *agg.invar.* antitabac*.

antifurto (pl. *invar.*) *agg.* e *s.m.* antivol*.

antigas *agg.invar.*: *maschera —*, masque à gaz.

antigelo *agg.* e *s.m.invar.* antigel.

antigene *s.m.* antigène.

antigienico (pl. *-ci*) *agg.* antihygiénique.

antigrandine *agg.invar.* paragrêle.

antilope *s.f.* antilope.

antimafia *agg.invar.* antimafia.

antimateria *s.f.* (*fis.*) antimatière.

antimeridiano[1] *agg.* du matin: *le sette antimeridiane*, sept heures du matin.

antimeridiano[2] *s.m.* (*geogr.*) antiméridien.

antimilitarista *agg.* e *s.m.* antimilitariste.

antimissile *agg.invar.* antimissile*.

antimonio *s.m.* (*chim.*) antimoine.

antinazista *agg.* e *s.m.* antinazi.

antincendio *agg.invar.* contre les incendies.

antinebbia (pl. *invar.*) *agg.* e *s.m.* antibrouillard.

antinevralgico (pl. *-ci*) *agg.* e *s.m.* antinevralgique.

antinfiammatorio *agg.* anti-inflammatoire.

antinfluenzale *agg.* antigrippe*.

antinquinamento *agg.invar.* antipollution*.

antinucleare *agg.* antinucléaire.

antiorario *agg.* en sens inverse de celui des aiguilles d'une montre.

antipapa *s.m.* antipape.

antiparassitario *agg.* antiparasite.

antipastiera *s.f.* plat à hors-d'œuvre.

antipasto *s.m.* *hors-d'œuvre*.

antipatia *s.f.* antipathie || *prendere in —*, prendre en aversion.

antipatico (pl. *-ci*) *agg.* **1** antipathique **2** (*spiacevole*) désagréable.

antipatriottico (pl. *-ci*) *agg.* antipatriotique.

antipiega *agg.invar.* infroissable.

antipiretico (pl. *-ci*) *agg.* e *s.m.* antipyrétique.

antipode *s.m.* (*spec. pl.*) antipode || *essere agli antipodi*, (*fig.*) n'avoir rien en commun.

antipolio (pl. *invar.*) *agg.* e *s.f.* antipolio*: (*vaccinazione*) —, vaccination antipolio.

antiproiettile *agg.invar.* pare-balles*.

antiquariato *s.m.* commerce de meubles et d'objets d'art || *negozio di —*, magasin d'antiquaire || *oggetti d'—*, meubles et objets anciens; *un pezzo d'—*, un meuble, un objet ancien.

antiquario *agg.* de meubles et d'objets anciens || *libreria antiquaria*, librairie ancienne ♦ *s.m.* antiquaire.

antiquato *agg.* **1** vieilli **2** (*retrogrado*) arriéré **3** (*fuori moda*) démodé.

antirabbico (pl. -*ci*) *agg.* antirabique.

antirazzista *agg.* e *s.m.* antiraciste.

antireumatico (pl. -*ci*) *agg.* e *s.m.* antirhumatismal*.

antiriflesso *agg.invar.* antireflet*.

antiruggine (pl. *invar.*) *agg.* e *s.m.* antirouille*.

antirughe *agg.invar.* antirides*.

antiscippo *agg.invar.* antivol*.

antisdrucciolo *agg.invar.* antidérapant: *tuta da sci* —, combinaison de ski antiglisse.

antisemita *s.m.* antisémite ♦ *agg.* antisémitique.

antisemitismo *s.m.* antisémitisme.

antisettico (pl. -*ci*) *agg.* e *s.m.* antiseptique.

antisismico (pl. -*ci*) *agg.* antisismique.

antismog *agg.invar.* antipollution*.

antisociale *agg.* antisocial*.

antispasmodico, **antispastico** (pl. -*ci*) *agg.* e *s.m.* antispasmodique.

antisportivo *agg.* antisportif*.

antistaminico (pl. -*ci*) *s.m.* antihistaminique.

antistante *agg.* d'en face || — *a*, en face de.

antistatico (pl. -*ci*) *agg.* antistatique.

antistorico (pl. -*ci*) *agg.* contraire au sens de l'histoire, contraire à l'évolution historique.

antisudorifero *agg.* antitranspirant, antisudoral.

antitarlo (pl. *invar.*) *agg.* e *s.m.* (produit) contre les vers du bois.

antitarmico (pl. -*ci*) *agg.* e *s.m.* antimite.

antitartaro *agg.invar.* antitartre*.

antiterrorista *agg.* e *s.m.*, **antiterroristico** (pl. -*ci*) *agg.* antiterroriste.

antitesi *s.f.* antithèse || *essere in* — *con*, être l'antithèse de, être en contradiction avec.

antitetanico (pl. -*ci*) *agg.* antitétanique.

antitetico (pl. -*ci*) *agg.* antithétique || *essere* — *a*, être opposé à.

antitumorale *agg.* e *s.m.* anticancéreux*.

antiuomo *agg.invar.* (*mil.*) antipersonnel*.

antiurto *agg.invar.* antichoc.

antivaioloso *agg.* antivariolique.

antivigilia *s.f.* avant-veille*.

antivipera *agg.invar.* antivenimeux: *siero* —, sérum antivenimeux.

antologia *s.f.* anthologie.

antologico (pl. -*ci*) *agg.* anthologique: *mostra antologica*, exposition (d'œuvres choisies).

antonomasia *s.f.* antonomase: *per* —, par antonomase.

antracite *s.f.* (*min.*) anthracite.

antro *s.m.* 1 antre (*anche med.*), caverne (*f.*) 2 (*fig.*) (*stamberga*) taudis.

antropico (pl. -*ci*) *agg.* humain.

antrop(o)- *pref.* anthrop(o)-

antropocentrico (pl. -*ci*) *agg.* anthropocentrique.

antropocentrismo *s.m.* anthropocentrisme.

antropofagia *s.f.* anthropophagie.

antropofago (pl. -*gi*) *agg.* e *s.m.* anthropophage.

antropoide *agg.* e *s.m.* anthropoïde.

antropologia *s.f.* anthropologie.

antropologico (pl. -*ci*) *agg.* anthropologique.

antropologo (pl. -*gi*) *s.m.* anthropologue, anthropologiste.

antropometrico (pl. -*ci*) *agg.* anthropométrique.

antropomorfismo *s.m.* anthropomorphisme.

antropomorfo *agg.* anthropomorphe.

anulare *agg.* e *s.m.* annulaire.

anzi *cong.* 1 (*al contrario*) au contraire: *non è noioso, — è molto divertente*, ce n'est pas ennuyeux, (bien) au contraire c'est très amusant 2 (*o meglio, o piuttosto*) ou mieux, ou plutôt: *gli scrivo, — gli telefono*, je vais lui écrire, ou plutôt je vais lui téléphoner || — *che no*, plutôt 3 (*rafforzativo*) même: *era un amico, — un fratello*, c'était un ami pour moi, (je dirais) même un frère.

anzianità *s.f.* ancienneté || *promozione per* —, avancement à l'ancienneté; — *di servizio*, ancienneté de service.

anziano *agg.* 1 (*d'età*) âgé 2 (*nel mestiere*) ancien: *il socio* —, l'associé le plus ancien ♦ *s.m.* personne âgée.

anziché *cong.* 1 (*piuttosto che*) plutôt que: *prendere l'aereo* — *il treno*, prendre l'avion plutôt que le train 2 (*invece di*) au lieu de: — *piangere, faresti meglio a chiedergli scusa*, au lieu de pleurer, tu ferais mieux de lui demander pardon.

anzidetto *agg.* susdit.

anzitempo *avv.* 1 avant la date fixée; (*troppo presto*) trop à l'avance 2 (*prematuramente*) avant l'âge.

anzitutto *avv.* 1 (tout) d'abord: *raccontami — come è andato il viaggio*, raconte-moi d'abord comment le voyage s'est passé 2 (*più di ogni altra cosa*) avant tout: *è — un poeta*, c'est avant tout un poète.

aorta *s.f.* (*anat.*) aorte.

aostano *agg.* d'Aoste.

apartitico (pl. -*ci*) *agg.* n'appartenant à aucun parti politique.

apatia *s.f.* apathie.

apatico (pl. -*ci*) *agg.* apathique.

ape *s.f.* abeille: — *operaia*, ouvrière; — *regina*, reine || *a nido d'*—, en nid d'abeilles; *tessuto a nido d'*—, tissu nid d'abeilles.

aperitivo *s.m.* apéritif.

apertamente *avv.* franchement; ouvertement.

aperto *agg.* 1 ouvert: *è una questione sempre aperta*, c'est une question encore pendante || *a cuore* —, à cœur ouvert || *a viso* —, à visage découvert || — *a tutte le esperienze*, prêt à toute sorte d'expériences || *in aperta campagna*, en pleine campagne; *in mare* —, en pleine mer; *all'aria aperta*, en plein air; *vivere all'aria aperta*, vivre au grand air 2 (*manifesto*) évident; (*dichiarato*) déclaré: *un'aperta dimostrazione di simpatia*, des marques de sympathie évidentes ♦ *s.m.*: *all'*—, en plein air; *dormire all'*—, coucher à la belle étoile.

apertura *s.f.* 1 ouverture: — *di credito*, ouverture de crédit || *tradurre ad* — *di libro*, traduire à livre ouvert || *articolo di* — *di un giornale*, article de tête || *l'*— *delle scuole*, la rentrée des classes 2 (*apertura alare*) envergure.

apicale *agg.* apical*.

apice *s.m.* 1 (*culmine*) (*spec.fig.*) sommet,

faîte 2 (*scient.*) apex || *l'— del cuore*, la pointe du cœur 3 (*segno grafico*) apex.
apicoltore (f. *-trice*) *s.m.* apiculteur*.
apicoltura *s.f.* apiculture.
apnea *s.f.* (*med.*) apnée.
apo- *pref.* apo-
apocalisse *s.f.* apocalypse.
apocalittico (pl. *-ci*) *agg.* apocalyptique.
apocope *s.f.* (*gramm.*) apocope.
apocrifo *agg.* e *s.m.* apocryphe.
apofisi *s.f.* (*anat.*) apophyse.
apogeo *s.m.* apogée.
apolide *agg.* e *s.m.* apatride.
apolitico (pl. *-ci*) *agg.* apolitique.
apollo *s.m.* apollon.
apologeta *s.m.* apologiste.
apologetica (pl. *-che*) *s.f.* apologétique.
apologia *s.f.* apologie.
apologista *s.m.* apologiste.
apologo (pl. *-ghi*) *s.m.* apologue.
apoplessia *s.f.* apoplexie.
apoplettico (pl. *-ci*) *agg.* e *s.m.* apoplectique || *colpo —*, attaque d'apoplexie.
apostasia *s.f.* apostasie.
apostata *s.m.* apostat.
apostolato *s.m.* apostolat.
apostolico (pl. *-ci*) *agg.* apostolique.
apostolo *s.m.* apôtre.
apostrofare[1] *v.tr.* mettre* l'apostrophe (à).
apostrofare[2] *v.tr.* (*rivolgersi a*) apostropher.
apostrofe *s.f.* apostrophe.
apostrofo *s.m.* apostrophe (*f.*).
apotema *s.m.* (*mat.*) apothème.
apoteosi *s.f.* apothéose.
appagabile *agg.* qu'on peut satisfaire, qui peut être satisfait.
appagamento *s.m.* assouvissement.
appagare (*coniug. come* legare) *v.tr.* satisfaire* || *— l'ambizione*, assouvir l'ambition || *— la sete, la fame*, étancher sa soif, assouvir sa faim || *— l'occhio*, flatter l'œil.
appaiare *v.tr.* apparier, appareiller || *— i buoi*, accoupler, atteler les bœufs || *— colori*, assortir des couleurs.
appallottolare *v.tr.* faire* une boule (de); faire* des boulettes (de) □ **appallottolarsi** *v.pron.* se rouler en boule.
appaltare *v.tr.* 1 (*dare in appalto*) adjuger* 2 (*prendere in appalto*) prendre* en adjudication.
appaltatore (f. *-trice*) *agg.* e *s.m.* 1 (*che, chi prende in appalto*) adjudicataire 2 (*che, chi dà in appalto*) adjudicateur*.
appalto *s.m.* adjudication (*f.*) || *appalti pubblici*, marchés publics || *gara d'—*, appel d'offres || *scrittura di —*, contrat d'entreprise || *offerta di —*, soumission || *concorrere a un —*, soumissionner.
appannaggio *s.m.* apanage.
appannamento *s.m.* 1 (*atto*) ternissement; (*effetto*) ternissure (*f.*) 2 (*della vista*) obscurcissement.
appannare *v.tr.* embuer; (*fig.*) brouiller □ **appannarsi** *v.pron.* s'embuer; (*fig.*) se brouiller.

appannato *agg.* embué; (*fig.*) voilé.
apparato *s.m.* 1 appareil: *— produttivo*, appareil productif; (*anat.*) *— digerente*, appareil digestif; *— motore*, appareil moteur || *l'— statale*, l'appareil, les organismes de l'Etat; *l'— di un partito*, l'appareil d'un parti 2 (*addobbo*) apparat: *cerimonia senza —*, cérémonie sans apparat || *— di forze*, déploiement de forces || *— scenico*, décors et accessoires de la scène.
apparecchiare *v.tr.* apprêter || *— (la tavola)*, mettre le couvert, la table.
apparecchiatura *s.f.* 1 (*attrezzatura*) appareillage (*m.*), équipement (*m.*); (*utensili*) outillage (*m.*): *— elettrica*, appareillage électrique; *apparecchiature elettroniche*, appareils électroniques 2 — (*di carta, tessuti, cuoio*) apprêt (*m.*), apprêtage (*m.*) 3 — (*della tavola*) préparation (de la table).
apparecchio *s.m.* 1 appareil || *— radio*, (poste de) radio; *— ricevente*, poste récepteur 2 (*aeroplano*) avion.
apparentarsi *v.pron.* s'apparenter (à) (*anche fig.*); s'allier.
apparente *agg.* apparent.
apparentemente *avv.* apparemment.
apparenza *s.f.* apparence: *in —, all'—*, en apparence; *giudicare dalle apparenze*, se fier aux apparences; *a giudicare dall'—*, à en juger par les apparences.
apparire (*Indic.pres.* io appaio, tu appari, egli appare, noi appariamo, voi apparite, essi appaiono; *pass.rem.* io apparvi, tu apparisti ecc. *Cong.pres.* che io appaia ecc. *Part.pass.* apparso) *v.intr.* 1 apparaître*; (*mostrarsi*) paraître*: *— in sogno*, apparaître en songe; *è apparso al balcone*, il a paru au balcon || *al suo —*, lorsqu'il apparut || *— in libreria*, paraître en librairie 2 (*sembrare*) paraître*, sembler 3 (*risultare*) ressortir* || *appare chiaro che...*, il est évident que...
appariscente *agg.* voyant.
apparizione *s.f.* apparition.
appartamento *s.m.* appartement || *— modello*, appartement témoin.
appartarsi *v.pron.* s'écarter || *— dagli altri*, s'isoler.
appartato *agg.* écarté; (*in disparte*) à l'écart.
appartenenza *s.f.* appartenance.
appartenere (*coniug. come* tenere) *v.intr.* appartenir*: *quella casa è appartenuta alla mia famiglia*, cette maison a appartenu à ma famille.
appassionante *agg.* passionnant.
appassionare *v.tr.* passionner □ **appassionarsi** *v.pron.* se passionner (pour).
appassionatamente *avv.* passionnément.
appassionato *agg.* e *s.m.* passionné.
appassire (*coniug. come* finire) *v.intr.*, **appassirsi** *v.pron.* se faner, se flétrir (*anche fig.*).
appassito *agg.* fané, flétri.
appellarsi *v.pron.* 1 (*rivolgersi a*) faire* appel (à) 2 (*dir.*) faire* appel (contre), appeler* (de) || *— a*, en appeler à.
appellativo *s.m.* surnom; (*nomignolo*) sobriquet.

appello *s.m.* appel || (*dir.*) *ricorrere in* —, se pourvoir en appel || *Corte d'Appello*, Cour d'Appel || *senza possibilità di* —, (*fig.*) sans appel.

appena *avv.* à peine: *un ragazzo* — *diciottenne*, un garçon d'à peine dix-huit ans; *hanno finito* — *in tempo*, ils ont terminé juste à temps || *me ne occorrono* — *due*, il ne m'en faut que deux || — —, tout juste || *ero* — *arrivato*, je venais (juste) d'arriver □ **(non) appena (che)** *locuz. cong.* dès que (*riferito sia al pass. sia al fut.*); à peine, aussitôt que, sitôt que (*riferiti solo al pass.*): (*non*) — *verrà*, dès qu'il viendra.

appendere (*coniug. come* prendere) *v.tr.* accrocher; (*sospendere*) suspendre* || *essere appeso a un filo*, (*fig.*) ne tenir qu'à un fil.

appendiabiti *s.m.* portemanteau*; (*gruccia*) cintre; (*di negozio*) portant.

appendice *s.f.* appendice (*m.*) || *romanzo d'*—, roman-feuilleton.

appendicite *s.f.* appendicite.

appenninico (pl. *-ci*) *agg.* des Apennins.

appesantire (*coniug. come* finire) *v.tr.* alourdir; (*spec.fig.*) appesantir || *palpebre appesantite dal sonno*, paupières lourdes de sommeil □ **appesantirsi** *v.pron.* **1** s'alourdir **2** (*fam.*) (*ingrassare*) s'empâter.

appestare *v.tr.* empester.

appestato *s.m.* pestiféré.

appetibile *agg.* désirable.

appetito *s.m.* appétit (*anche fig.*): *togliere l'*—, couper l'appétit; *avere, non avere* —, avoir de l'appétit, ne pas avoir d'appétit; *avere molto* —, avoir un grand appétit.

appetitoso *agg.* appétissant.

appezzamento *s.m.* morceau de terrain.

appianare *v.tr.* aplanir (*anche fig.*).

appiattimento *s.m.* aplatissement; (*fig.*) nivellement.

appiattire (*coniug. come* finire) *v.tr.* aplatir □ **appiattirsi** *v.pron.* s'aplatir.

appiccare (*coniug. come* mancare) *v.tr.* **1** — *il fuoco*, mettre* le feu **2** (*appendere*) accrocher.

appiccicare (*coniug. come* mancare) *v.tr.* coller || — *un soprannome*, affubler d'un sobriquet □ **appiccicarsi** *v.pron.* se coller.

appiccicaticcio (pl.f. *-ce*), **appiccicoso** *agg.* collant (*anche fig.*); (*di mani, capelli ecc.*) poisseux*.

appiedare *v.tr.* (*mil.*) démonter; (*da un veicolo*) faire* descendre (d'un véhicule).

appiè di *prep.* au pied de; au bas de: — *del monte*, au pied de la montagne; — *di pagina*, au bas de la page.

appieno *avv.* pleinement.

appigliarsi *v.pron.* s'accrocher (*anche fig.*).

appiglio *s.m.* **1** point d'appui; (*spec. alpinismo*) prise (*f.*) **2** (*pretesto*) prétexte.

appiombo *s.m.* aplomb ♦ *avv.* d'aplomb, verticalement.

appioppare *v.tr.* **1** (*affibbiare*) flanquer, appliquer || — *un soprannome*, affubler d'un sobriquet **2** (*rifilare*) refiler.

appisolarsi *v.pron.* s'assoupir.

applaudire *v.tr.* e *intr.* applaudir.

applauso *s.m.* applaudissement.

applicabile *agg.* applicable.

applicare (*coniug. come* mancare) *v.tr.* **1** appliquer || — *un coperchio*, ajuster un couvercle; — *del pizzo a un vestito*, incruster de la dentelle sur une robe || *applicò l'orecchio all'uscio*, il colla son oreille à la porte || (*dir.*) — *le attenuanti di legge*, accorder les circonstances atténuantes **2** (*dare*) donner □ **applicarsi** *v.pron.* s'appliquer: *devi applicarti di più*, tu dois être plus appliqué.

applicato *agg.* appliqué ♦ *s.m.* employé (de bureau): — *di segreteria*, secrétaire adjoint.

applicazione *s.f.* application || (*cucito*): *applicazioni di velluto*, applications de velours; — *di pizzo*, incrustation de dentelle.

appoggiapiedi *s.m.* repose-pied*.

appoggiare (*coniug. come* mangiare) *v.tr.* **1** appuyer*; (*posare*) poser, mettre* — *la testa sul guanciale*, appuyer sa tête sur l'oreiller; — *una tazza sul tavolo, un pacco per terra*, poser une tasse sur la table, un paquet par terre; *mi appoggiò una mano sulla spalla*, il mit une main sur mon épaule || (*football*) — *la palla*, passer le ballon **2** (*addossare*) appuyer* (contre) **3** (*fig.*) (*sostenere*) appuyer*, soutenir*: — *una candidatura*, appuyer une candidature ♦ *v.intr.* (*poggiare*) reposer (sur) □ **appoggiarsi** *v.pron.* **1** s'appuyer*: *camminava appoggiandosi al bastone*, il marchait en s'appuyant sur une canne; — *al braccio di qlcu*, s'appuyer au bras de qqn; *s'appoggiava al tavolo per non cadere*, il s'appuyait à la table pour ne pas tomber; — *al muro*, s'appuyer contre le mur; — *con la schiena a un albero*, s'adosser contre un arbre; — *col fianco alla porta*, s'accoter à la porte; — *al davanzale della finestra*, s'accouder à la fenêtre **2** (*fig.*) (*basarsi sull'aiuto di*) s'appuyer* (sur).

appoggiatesta (pl. *invar.*) *s.m.* appui(e)-tête*.

appoggio *s.m.* **1** appui: *dare* — donner son appui; *d'*—, d'appui; *avere molti appoggi*, (*fig.*) avoir beaucoup d'appuis || (*comm.*): *documento d'*—, voucher; *i documenti d'*—, les documents à l'appui || *nave* —, navire-atelier.

appollaiarsi *v.pron.* se percher.

apporre (*coniugato come* porre) *v.tr.* apposer.

apportare *v.tr.* apporter || — *danni alle colture*, causer des dommages aux cultures.

apporto *s.m.* apport.

appositamente *avv.* exprès; (*specificamente*) spécialement: *è venuto* — *per te*, il est venu exprès pour toi; *una macchina* — *concepita*, une machine spécialement conçue.

apposito *agg.* (*fatto apposta*) fait exprès; (*adatto*) approprié; (*speciale*) spécial*: *l'* — *modulo*, l'imprimé spécial; *gettare i rifiuti negli appositi cestini!*, jetez les détritus dans les poubelles destinées à cet effet!

apposizione *s.f.* apposition.

apposta *avv.* exprès || *neanche a farlo* —, comme par un fait exprès ♦ *agg.* (*fam.*) exprès (*invar.*).

appostamento *s.m.* **1** embuscade (*f.*) **2** (*mil.*)

poste d'observation; (*postazione*) position (*f.*) **3** (*caccia*) affût.

appostarsi *v.pron.* se poster.

apprendere (*coniugato come* prendere) *v.tr.* apprendre*.

apprendimento *s.m.* apprentissage; (*studio*) étude (*f.*) || *di facile —*, facile à apprendre.

apprendista *s.m.* apprenti.

apprendistato *s.m.* apprentissage.

apprensione *s.f.* appréhension: *essere in — per*, (*in tensione*) avoir de l'appréhension pour, (*in ansia*) éprouver de l'inquiétude pour; *la sua salute mi mette in —*, sa santé m'inquiète.

apprensivo *agg.* anxieux*.

appressarsi *v.pron.* approcher (de).

appresso *avv.* **1** (*nel tempo*) ensuite; (*nello spazio*) plus loin: *come si dirà —*, comme on le dira ensuite; *come si vede —*, comme on le verra plus loin || *come —*, comme ci-après **2** (*dietro*) derrière: *andare —*, suivre ♦ *agg.* suivant: *il giorno —*, le jour suivant □ **appresso a** *locuz.prep.* (*vicino*) auprès de; (*dietro*) après, derrière: *stare — a qlcu*, rester auprès de qqn; *se lo portava — ovunque*, elle l'emmenait partout avec elle; *si teneva sempre — quel bambino*, elle avait toujours cet enfant avec elle; *camminavano uno — all'altro*, ils marchaient l'un derrière l'autre || *andare — a qlcu*, suivre qqn.

apprestare *v.tr.* préparer □ **apprestarsi** *v.pron.* s'apprêter.

apprettare *v.tr.* apprêter.

appretto *s.m.* apprêt.

apprezzabile *agg.* appréciable.

apprezzamento *s.m.* appréciation (*f.*); (*giudizio*) jugement: *fare apprezzamenti*, porter des jugements; *gli apprezzamenti degli altri*, l'opinion des autres.

apprezzare *v.tr.* **1** apprécier **2** (*valutare*) estimer, évaluer.

approccio *s.m.* **1** avances (*f.pl.*): *tentare un —*, *fare i primi approcci*, faire des avances || *dopo i primi approcci*, après la première prise de contact **2** (*modo di accostarsi*) approche (*f.*): *un diverso — all'insegnamento*, une nouvelle approche de l'enseignement.

approdare *v.intr.* **1** aborder **2** (*fig.*) aboutir.

approdo *s.m.* **1** (*l'approdare*) abordage **2** (*luogo d'approdo*) lieu* d'abordage, point d'abordage.

approfittare *v.intr.*, **approfittarsi** *v.pron.* **1** profiter **2** (*abusare*) abuser (de); (*sfruttare*) exploiter (qqn, qqch): *— della credulità altrui*, abuser de la crédulité d'autrui; *tutti si approfittano di lui*, tout le monde l'exploite.

approfondimento *s.m.* approfondissement.

approfondire (*coniug. come* finire) *v.tr.* **1** approfondir **2** (*accentuare*) accentuer □ **approfondirsi** *v.pron.* **1** s'approfondir **2** (*accentuarsi*) s'accentuer.

approfonditamente *avv.* d'une façon approfondie.

approfondito *agg.* approfondi.

approntamento *s.m.* préparation (*f.*).

approntare *v.tr.* préparer.

appropriare *v.tr.* **1** (*adattare*) approprier **2** *appropriarsi qlco*, s'approprier qqch □ **appropriarsi** *v.pron.* s'approprier (qqch).

appropriato *agg.* convenable || **-mente** *avv.*

appropriazione *s.f.* appropriation || *— indebita*, appropriation illicite.

approssimarsi *v.pron.* approcher (*anche fig.*); (*avvicinarsi a*) s'approcher (de).

approssimativo *agg.* approximatif* || **-mente** *avv.*

approssimato *agg.* approximatif* || *— per difetto, per eccesso*, (*mat.*) approché par défaut, par excès.

approssimazione *s.f.* approximation || *c'è molta — nel suo discorso*, son discours est très approximatif.

approvare *v.tr.* approuver || *approvo!*, je suis d'accord!

approvazione *s.f.* approbation.

approvvigionamento *s.m.* approvisionnement (en).

approvvigionare *v.tr.* approvisionner (en); (*mil.*) ravitailler □ **approvvigionarsi** *v.pron.* s'approvisionner, se ravitailler.

appuntamento *s.m.* rendez-vous*: *avere un — con qlcu*, avoir rendez-vous avec qqn || *visite per —*, consultations sur rendez-vous.

appuntare¹ *v.tr.* **1** (*fissare con spilli*) épingler; (*con una cucitura*) coudre*, fixer || *— uno spillo, un ago* (*su*), piquer une épingle, une aiguille (dans) || *—, appuntarsi i capelli con delle forcine*, retenir ses cheveux par des épingles **2** (*appuntire*) appointer || *— una matita*, tailler un crayon □ **appuntarsi** *v.pron.* se fixer.

appuntare² *v.tr.* (*prendere appunti*) noter.

appuntato *s.m.* (*Carabinieri e Finanza*) caporal-chef*.

appuntino *avv.* bien comme il faut || *cotto —*, cuit à point.

appuntire (*coniug. come* finire) *v.tr.* appointer || *— una matita*, tailler un crayon.

appuntito *agg.* pointu || *una matita ben appuntita*, un crayon bien taillé.

appunto¹ *s.m.* **1** (*annotazione*) note (*f.*): *prendere un —*, prendre note; *prendere appunti*, prendre des notes **2** (*osservazione*) remarque (*f.*): *muovere un —*, faire une remarque, une observation.

appunto² *avv.* justement: *— per questo*, c'est justement pour cela; *è* (*per l'*) *— questo che intendevo dire*, c'est justement ce que je voulais dire || (*per l'*) *—*, (*nelle risposte*) absolument, tout à fait.

appurare *v.tr.* vérifier, contrôler; (*accertare*) s'assurer: *sono riuscito ad — che*, j'ai pu m'assurer que **2** (*provare, dimostrare*) établir: *la verità dei fatti è stata appurata*, la vérité des faits a été établie.

appurato *agg.* établi: *è ormai — che...*, il est désormais bien établi que...

apribile *agg.* (*che si apre*) ouvrant.

apribottiglie *s.m.* ouvre-bouteille*.

aprile *s.m.* avril.

apripista (pl. *invar.*) *s.m.* bulldozer.

aprire (*Pass.rem.* io aprii, tu apristi ecc. *Part.pass.* aperto) *v.tr.* ouvrir* (*anche fig.*): — *il corteo*, ouvrir le cortège || — *il discorso*, commencer le discours || — *le trattative*, entrer en pourparlers || — *le braccia a qlcu*, accueillir qqn à bras ouverts || *aprirsi un varco tra la folla*, se frayer un chemin au milieu de la foule; — *una breccia nelle linee nemiche*, percer les lignes ennemies || — *la radio*, allumer la radio ♦ *v.intr.* ouvrir*: *la caccia aprirà domenica prossima*, on ouvrira la chasse dimanche prochain; *la scuola apre in ottobre*, l'école commence en octobre || — *a fiori*, (*alle carte*) ouvrir à trèfle □ **aprirsi** *v.pron.* 1 s'ouvrir* || — *con qlcu*, (*fig.*) ouvrir son cœur à qqn 2 (*del tempo, rasserenarsi*) s'éclaircir.

apriscatole *s.m.* ouvre-boîtes*.

apuano *agg.* apuan.

Aquario *s.m.* (*astr.*) Verseau.

aquila *s.f.* 1 aigle (*m.*) || *vista d'*—, œil de lynx || *strillare come un'*—, crier comme un putois 2 (*insegna, vessillo*) aigle (*f.*).

aquilano *agg.* de l'Aquila.

aquilino *agg.*: *naso* —, nez aquilin.

aquilone *s.m.* 1 (*vento*) aquilon 2 (*gioco*) cerf-volant*.

aquilotto *s.m.* aiglon.

ara[1] *s.f.* autel (*m.*).

ara[2] *s.f.* (*misura*) are (*m.*).

arabescare (*coniug. come* mancare) *v.tr.* décorer d'arabesques.

arabescato *agg.* décoré d'arabesques; (*di tessuto*) à ramages.

arabesco (pl. *-chi*) *s.m.* arabesque (*f.*).

arabico (pl. *-ci*) *agg.* arabique || *gomma arabica*, gomme arabique; *cifre arabe*, chiffres arabes.

arabile *agg.* arable, labourable.

arabista *s.m.* arabisant.

arabizzare *v.tr.* arabiser.

arabizzazione *s.f.* arabisation.

arabo *agg.* e *s.m.* arabe || *parlare* —, (*fig.*) parler chinois; *per me è* —, pour moi c'est de l'hébreu.

arachide *s.f.* 1 (*pianta*) arachide 2 (*frutto*) cacahouète.

aragonese *agg.* e *s.m.* aragonais.

aragosta *s.f.* langouste.

araldica *s.f.* héraldique, blason (*m.*).

araldico (pl. *-ci*) *agg.* héraldique.

araldo *s.m.* *héraut.

aranceto *s.m.* orangeraie (*f.*).

arancia (pl. *-ce*) *s.f.* orange (*m.*) || — *amara*, bigarade.

aranciata *s.f.* 1 orangeade 2 (*succo d'arancia*) jus d'orange.

aranciato *agg.* e *s.m.* orangé.

arancio *s.m.* 1 oranger || — *amaro*, bigaradier 2 (*colore*) orange ♦ *agg.invar.* orange*.

arancione *agg.* e *s.m.* orangé.

arare *v.tr.* labourer || — *il mare*, (*fare un lavoro inutile*) peigner la girafe.

arativo *agg.* e *s.m.* (*terreno*) —, (terrain) labourable.

aratore *s.m.* laboureur.

aratro *s.m.* charrue (*f.*).

aratura *s.f.* labour (*m.*); (*l'arare*) labourage (*m.*) || *la stagione dell'*—, la saison des labours.

arazzo *s.m.* tapisserie (*f.*).

arbitrale *agg.* arbitral* || (*sport*) *terna* —, l'arbitre et les deux juges de touche.

arbitrare *v.tr.* e *intr.* arbitrer.

arbitrario *agg.* arbitraire || **-mente** *avv.*

arbitrato *s.m.* arbitrage: *sottoporre ad* —, soumettre à l'arbitrage.

arbitrio *s.m.* 1 volonté (*f.*) || *dipendere dall'*— *di qlcu*, être soumis au bon plaisir de qqn || *prendersi l'*— *di* —, se permettre, prendre la liberté de || (*fil.*) *libero* —, libre arbitre 2 (*sopruso*) abus.

arbitro *s.m.* arbitre || *essere* — *delle proprie azioni*, être maître de ses actions; *essere* — *del destino di qlcu*, être l'arbitre, le maître du sort de qqn.

arboreo *agg.* 1 d'arbre, d'arbres: *vegetazione arborea*, végétation formée d'arbres 2 (*che ha aspetto d'albero*) arborescent.

arborescente *agg.* arborescent.

arboricolo *agg.* arboricole.

arboricoltura *s.f.* arboriculture.

arboscello *s.m.* (*albero piccolo*) arbrisseau*; (*giovane*) jeune arbre.

arbusto *s.m.* arbuste, arbrisseau*.

arca (pl. *-che*) *s.f.* 1 arche || *un'* — *di scienza*, (*fig.*) un puits de science 2 (*sarcofago*) sarcophage (*m.*).

arcadico (pl. *-ci*) *agg.* 1 (*idillico*) idyllique 2 (*st.lett.*) arcadien*.

arcaicità *s.f.* archaïsme (*m.*).

arcaico (pl. *-ci*) *agg.* archaïque.

arcaismo *s.m.* archaïsme.

arcaizzante *agg.* archaïsant.

arcangelo *s.m.* archange.

arcano *agg.* mystérieux* ♦ *s.m.* mystère.

arcata *s.f.* arcade; (*di ponte*) arche.

archeologia *s.f.* archéologie.

archeologico (pl. *-ci*) *agg.* archéologique.

archeologo (pl. *-gi*) *s.m.* archéologue.

archetipo *s.m.* archétype.

archetto *s.m.* (*mus.*) archet.

archi- *pref.* arch(i)-

archibugiere *s.m.* arquebusier.

archibugio *s.m.* arquebuse (*f.*).

archimandrita *s.m.* archimandrite.

architettare *v.tr.* (*ordire*) monter, tramer: — *inbrogli*, tramer des intrigues; — *un piano*, échafauder un plan.

architetto *s.m.* architecte (*anche fig.*).

architettonicamente *avv.* du point de vue architectonique.

architettonico (pl. *-ci*) *agg.* architectural*; (*termine specifico*) architectonique: *elemento, motivo* —, élément, motif architectural; *metodi architettonici*, méthodes architectoniques.

architettura *s.f.* 1 architecture 2 (*opera architettonica*) monument (*m.*) 3 (*fig.*) (*struttura*) structure.

architrave *s.m.* architrave (*f.*); (*di finestra*) linteau*.

archiviare *v.tr.* archiver, mettre* aux archives; (*amm.*) classer.

archiviazione *s.f.* classement (*m.*); archivage (*m.*) || (*dir.*) *ordinanza di* —, ordonnance de non-lieu.

archivio *s.m.* **1** archives (*f.pl.*): *mettere in* —, classer aux archives; *l'Archivio di stato*, les Archives nationales; — *fotografico*, photothèque; — *discografico*, phonothèque, discothèque **2** (*schedario*) fichier **3** (*inform.*) → file.

archivista *s.m. e f.* archiviste.

arci- *pref.* archi-

arcidiacono *s.m.* archidiacre.

arciduca (pl. -*chi*) *s.m.* archiduc.

arciduchessa *s.f.* archiduchesse.

arciere *s.m.* archer.

arcigno *agg.* *hargneux*, revêche.

arcione *s.m.* arçon || *montare in* —, monter en selle.

arcipelago (pl. -*ghi*) *s.m.* archipel.

arciprete *s.m.* archiprêtre.

arcivescovado *s.m.* archevêché.

arcivescovile *agg.* archiépiscopal*.

arcivescovo *s.m.* archevêque.

arco (pl. -*chi*) *s.m.* **1** arc: *ad* —, en arc; *tiro con l'*—, tir à l'arc; (*mat.*) — *di circonferenza*, arc de cercle || (*arch.*): — *a tutto sesto, a pieno centro*, arc en plein cintre; — *a sesto acuto, ogivale*, arc brisé, en ogive; — *a sesto rialzato, ribassato*, arc surhaussé, surbaissé || (*geogr.*) *l'* — *alpino*, la chaîne des Alpes || (*anat.*) — *aortico*, arc aortique || (*estens.*): *l'* — *delle sopracciglia*, l'arcade sourcilière; *l'* — *del piede*, la cambrure du pied || (*elettr.*) — *voltaico*, arc voltaïque || (*fig.*): *l'intero* — *costituzionale*, l'ensemble des partis; *un ampio* — *di possibilità*, un vaste éventail de possibilités; *un breve* — *di tempo*, un bref laps de temps; *nell'* — *di un mese*, en un mois, (*fra un mese*) dans un mois; *nell'* — *della sua carriera*, tout au long de sa carrière; *avere molte frecce al proprio* —, avoir plusieurs cordes à son arc **2** (*mus.*) archet || *strumenti ad* —, *gli archi*, instruments à cordes; *quartetto d'archi*, quatuor à cordes.

arcobaleno *s.m.* arc-en-ciel*.

arcolaio *s.m.* dévidoir; (*per filare*) rouet.

arcuare *v.tr.* arquer □ **arcuarsi** *v.pron.* se voûter.

arcuato *agg.* arqué: *ciglia arcuate*, cils recourbés; *schiena arcuata*, dos voûté.

ardente *agg.* ardent (*anche fig.*): *occhi ardenti di febbre*, des yeux brûlants de fièvre.

ardentemente *avv.* ardemment.

ardere (*Pass.rem.* io arsi, tu ardesti ecc. *Part.pass.* arso) *v.tr.* brûler (*anche fig.*); (*disseccare*) dessécher* ♦ *v.intr.* brûler (*anche fig.*) || — *dalla sete*, avoir une soif ardente || — *d'ira*, être enflammé de colère || *gli occhi le ardevano dalla felicità*, ses yeux rayonnaient de bonheur || *arde la lotta*, le combat fait rage.

ardesia *s.f.* ardoise || *cava di* —, ardoisière.

ardimento *s.m.* *hardiesse (*f.*), courage.

ardimentoso *agg.* *hardi.

ardire[1] (*coniug. come* finire) *v.intr.* oser.

ardire[2] *s.m.* **1** *hardiesse (*f.*); (*coraggio*) courage || *pieno di* —, plein d'audace **2** (*impudenza*) impudence (*f.*).

arditezza *s.f.* **1** *hardiesse **2** (*impudenza*) audace, impudence.

ardito *agg.* *hardi || *farsi* — (*da*), s'enhardir (à, jusqu'à) || -**mente** *avv.*

ardore *s.m.* ardeur (*anche fig.*): *nell'* — *della discussione*, dans le feu de la discussion.

arduo *agg.* ardu (*anche fig.*).

area *s.f.* **1** zone: — *del dollaro*, zone dollar || *i paesi dell'* — *comunista*, les pays du bloc communiste; *i deputati dell'* — *comunista*, les députés de l'aile communiste || (*anat.*): — *corticale*, zones corticales; — *embrionale*, aire embryonnaire **2** (*terreno*) terrain (*m.*) || — *di stazionamento*, aire de stationnement; — *di sosta*, aire de repos; — *di servizio*, station service || (*calcio*) — *di rigore*, surface de réparation; (*rugby*) — *di meta*, en but || — *di lancio*, aire de lancement **3** (*mat.*) aire.

areca *s.f.* (*bot.*) arec (*m.*).

arena[1] *s.f.* (*sabbia*) sable (*m.*).

arena[2] *s.f.* **1** arène (*anche fig.*) **2** (*anfiteatro*) arènes (*pl.*).

arenaria *s.f.* grès (*m.*) || *cava di* —, grésière.

arenarsi *v.pron.* (*mar.*) s'ensabler.

arengario *s.m.* (*st.*) hôtel de ville.

arenile *s.m.* plage (*f.*).

areopago (pl. -*ghi*) *s.m.* aréopage.

aretino *agg. e s.m.* arétin.

argano *s.m.* (*mecc.*) treuil || *ci son voluti gli argani per convincerlo*, (*fig.*) on a eu bien du mal à le convaincre.

argentare *v.tr.* argenter.

argentato *agg.* argenté: *posate argentate*, couverts en métal argenté.

argenteo *agg.* **1** d'argent, en argent **2** (*color argento*) argenté.

argenteria *s.f.* argenterie.

argentiere *s.m.* orfèvre.

argentifero *agg.* argentifère.

argentina *s.f.* tricot (sans col, à manches longues).

argentino *agg.* argentin.

argento *s.m.* **1** argent || — *vivo*, vif-argent: *ha l'* — *vivo addosso*, il a du vif-argent dans les veines || *grigio* —, gris argenté **2** *pl.* (*argenteria*) argenterie (*f. sing.*).

argilla *s.f.* **1** argile (*anche fig.*) || *cava d'* —, argilière **2** (*per vasai*) glaise.

argilloso *agg.* argileux*.

arginare *v.tr.* endiguer (*anche fig.*): — *la folla*, contenir la foule || — *l'avanzata del nemico*, enrayer l'avance de l'ennemi.

argine *s.m.* berge (*f.*); (*artificiale*) levée de terre, digue (*f.*) || *fare* — *a*, (*anche fig.*) opposer une barrière à; *porre* — *a*, (*fig.*) mettre un frein à, contenir.

argomentare *v.tr.* déduire*, arguer* ♦ *v.intr.* argumenter.

argomentazione *s.f.* argumentation.

argomento *s.m.* **1** argument **2** (*soggetto*) sujet: — *di conversazione*, sujet de conversation; *torneremo sull'*—, nous reviendrons sur ce point; *cambiare* —, changer de sujet; *entrare in* —, entrer dans le (vif du) sujet; *film di* — *storico*, film historique || *l'*— *è chiuso*, la discussion est close   **3** (*motivo*) matière (*f.*); (*pretesto*) prétexte: *offrire* — *di critica*, prêter le flanc à la critique || *è un buon* — *per...*, c'est une bonne raison pour...

arguire (*coniug.* come finire) *v.tr.* déduire*, arguer*.

argutamente *avv.* finement, subtilement; (*con spirito*) spirituellement.

arguto *agg.* subtil, fin; (*spiritoso*) spirituel*; (*vivace*) vif* || *motti arguti*, des mots d'esprit || *un'aria arguta*, un air malin.

arguzia *s.f.*   **1** finesse   **2** (*facezia*) boutade, mot d'esprit.

aria *s.f.*   **1** air (*m.*): *dare* — *a una stanza*, aérer une pièce; *dare* — *a un vestito*, mettre un vêtement à l'air; *qui manca l'*—, il n'y a pas d'air ici; *mi manca l'*—, je manque d'air, j'étouffe; *prendere l'*—, prendre l'air; *l'* — *è stagnante*, il fait lourd || *è solo* — *fritta*, (*fig.*) ce sont des paroles en l'air || *le Forze dell'*—, les Forces aériennes || *a mezz'*—, en l'air || *in* —, *per* —, en l'air; *librarsi, levarsi in* —, s'envoler; (*aer.*) décoller; *c'è qualcosa in* —, (*fig.*) il y a quelque chose dans l'air; *ha sempre la testa per* —, (*fig.*) il a toujours la tête dans les nuages || *all'*—, en l'air; *buttare all'*—, (*mettere in disordine*) mettre sens dessus dessous; (*scombussolare*) chambouler; *il matrimonio è andato all'*—, le mariage est tombé à l'eau   **2** (*vento*) vent (*m.*): *c'è* — *oggi*, il y a un peu de vent aujourd'hui || (*fig.*): *non tira* — *buona per lui*, ça sent mauvais, le roussi pour lui; *che* — *tira oggi?*, comment ça va aujourd'hui?; *tira* — *di bufera*, il y a de l'orage dans l'air || *farsi* — *col ventaglio*, s'éventer   **3** (*clima*) air (*m.*): — *di mare*, air de la mer, marin; — *di montagna*, air des montagnes || —*!*, —*!*, filez!, décampez!   **4** (*aspetto, apparenza*) air (*m.*): *un'* — *trasandata*, un aspect négligé; *cos'è quell'*— *preoccupata?*, qu'est-ce qui te tracasse?; *questa mela ha l'*— *di essere matura*, cette pomme a l'air mûr; *ha tutta l'* — *di essere una cosa seria*, cela m'a tout l'air d'être sérieux; *ha l'*— *di voler piovere*, on dirait qu'il va pleuvoir || *darsi delle arie* (*di*), se donner, prendre des airs (de)   **5** (*mus.*) air (*m.*)   **6** (*metall.*) *tirata d'*—, évent (*m.*).

arianesimo *s.m.* arianisme.

ariano[1] *agg.* e *s.m.* (*st. relig.*) arien*.

ariano[2] *agg.* e *s.m.* (*indoeuropeo*) aryen*.

aridamente *avv.* avec aridité, de façon aride.

aridità *s.f.* aridité (*anche fig.*); (*di clima*) sécheresse || — *di cuore*, aridité, sécheresse de cœur.

arido *agg.* aride (*anche fig.*).

arieggiare (*coniug.* come mangiare) *v.tr.*   **1** aérer*   **2** (*fig.*) (*imitare*) imiter; rappeler*.

arieggiato *agg.* aéré.

ariete *s.m.*   **1** bélier   **2** (*astr.*) *Ariete*, Bélier.

arietta *s.f.*   **1** brise   **2** (*mus.*) petit air; (*di opera ecc.*) ariette.

aringa (pl. -*ghe*) *s.f.* *hareng (*m.*).

ario *agg.* e *s.m.* aryen* || *gli arii*, les Aryens.

arioso *agg.* bien aéré || *stile* —, style ample.

arista *s.f.* (*cuc.*) carré de porc.

aristocratico (pl. -*ci*) *agg.* aristocratique ♦ *s.m.* aristocrate || -**mente** *avv.*

aristocrazia *s.f.* aristocratie.

aristotelico (pl. -*ci*) *agg.* e *s.m.* aristotélicien*.

aritmetica (pl. -*che*) *s.f.* arithmétique.

aritmetico (pl. -*ci*) *agg.* arithmétique ♦ *s.m.* arithméticien*.

aritmia *s.f.* (*med.*) arythmie.

aritmico (pl. -*ci*) *agg.* arythmique.

arlecchino *s.m.* (*fig.*) arlequin: *fare l'*—, faire le pitre ♦ *agg.invar.* bariolé.

arma (pl. *armi*) *s.f.* arme: — *da fuoco*, arme à feu; *armi nucleari*, armes, engins nucléaires; *armi di difesa, di offesa*, armes défensives, offensives; *combattimento ad armi bianche*, combat à l'arme blanche; *lotta ad armi pari*, lutte à armes égales; *concedere l'onore delle armi*, accorder les honneurs de la guerre; *chiamare, andare sotto le armi*, appeler, aller sous les drapeaux; *levarsi in armi*, courir aux armes || *compagno d'armi*, compagnon d'armes || *porto d'armi*, port d'armes || *galleria d'armi*, collection d'armes || (*fig.*): *essere alle prime armi*, faire ses premières armes; *con armi e bagagli*, avec armes et bagages; *prendere armi e bagagli*, prendre ses cliques et ses claques || — *di fanteria*, — *di artiglieria*, infanterie, artillerie; *l'Arma Azzurra*, l'Armée de l'Air; *l'Arma (benemerita)*, les Carabiniers.

armadillo *s.m.* (*zool.*) tatou.

armadio *s.m.* armoire (*f.*): — *a muro*, placard; — *a più ante*, armoire à plusieurs portes.

armaiolo *s.m.* armurier.

armamentario *s.m.* attirail*; (*attrezzatura*) équipement; (*insieme di attrezzi*) outillage; (*fam.*) barda.

armamento *s.m.*   **1** (*mil., mar.*) armement   **2** (*tecn.*) équipement.

armare *v.tr.*   **1** armer || — *una nave*, armer, équiper un navire   **2** (*tecn. miner.*) boiser □ **armarsi** *v.pron.* s'armer (*anche fig.*).

armata *s.f.* armée: — *navale*, armée de mer.

armato *agg.* armé (*anche fig.*): — *di tutto punto*, armé de pied en cap; *a mano armata*, à main armée; — *di buoni propositi*, animé de bonnes intentions || *le Forze Armate*, les Forces armées ♦ *s.m.* (*spec.pl.*) soldat.

armatore *s.m.*   **1** (*mar.*) armateur   **2** (*miner.*) boiseur   **3** (*ferr.*) poseur (de voies) ♦ *agg.* (f. -*trice*): *società armatrice*, société d'armement.

armatura *s.f.*   **1** armure   **2** (*edil.*) charpente; (*in ferro*) armature   **3** (*tecn.miner.*) boisage (*m.*).

arme *s.f.* (*arald.*) armes (*pl.*), armoiries (*pl.*).

armeggiare (*coniug.* come mangiare) *v.intr.*   **1** trafiquer; (*aggiustare alla meglio*) bricoler   **2** (*brigare*) manœuvrer.

armeggio *s.m.*   **1** remue-ménage*   **2** (*intrigo*) manigance (*f.*), manœuvre (*f.*).

armeno *agg.* e *s.m.* arménien*.

armento *s.m.* troupeau*.

armeria *s.f.* (*deposito d'armi*) dépôt d'armes; (*collezione di armi*) collection d'armes; (*negozio di armi*) armurerie.

armigero *s.m.* (*letter.*) homme d'armes, soldat.

armistizio *s.m.* armistice.

armo *s.m.* (*mar.*) équipe (*f.*).

armonia *s.f.* harmonie || *in — con*, en accord avec.

armonica (pl. *-che*) *s.f.* (*mus.*) harmonica (*m.*).

armonicamente *avv.* harmonieusement.

armonico (pl. *-ci*) *agg.* **1** harmonique || *cassa armonica*, caisse de résonance **2** (*armonioso*) harmonieux*.

armonioso *agg.* harmonieux* || *-mente* *avv.*

armonista *s.m.* (*mus.*) harmoniste.

armonium *s.m.* (*mus.*) harmonium.

armonizzare *v.tr.* harmoniser □ **armonizzarsi** *v.pron.* s'harmoniser || *— con*, aller bien avec.

armonizzazione *s.f.* harmonisation.

armoricano *agg.* e *s.m.* armoricain.

arnese *s.m.* **1** outil **2** (*fam.*) (*oggetto qualsiasi*) truc, machin **3** *essere bene, male in —*, (*per il vestire*) être bien mis, mal mis; (*per lo stato fisico*) être bien, mal en point; *rimettersi in —*, (*fig.*) se remettre à flot.

arnia *s.f.* ruche.

arnica (pl. *-che*) *s.f.* (*bot.*) arnica.

aro *s.m.* (*bot.*) arum.

aroma *s.m.* **1** arôme || *l'— del vino*, le bouquet, le fumet du vin **2** (*sostanza odorosa*) aromate || (*cuc.*) *gli aromi*, les aromates.

aromatico (pl. *-ci*) *agg.* aromatique || *pianta aromatica*, aromate.

aromatizzare *v.tr.* aromatiser.

arpa *s.f.* *harpe.

arpeggiare (*coniug. come* mangiare) *v.intr.* (*mus.*) jouer de la *harpe; (*eseguire arpeggi*) arpéger*.

arpeggio *s.m.* (*mus.*) arpège.

arpia *s.f.* (*mit.*) *harpie || *una vecchia —*, (*fig.*) une vieille harpie.

arpionare *v.tr.* *harponner.

arpione *s.m.* *harpon.

arpista *s.m.* e *f.* *harpiste.

arrabattarsi *v.pron.* se donner du mal; se donner un mal fou.

arrabbiarsi *v.pron.* se mettre* en colère (contre), se fâcher (contre) || *non farmi arrabbiare!*, ne m'énerve pas!; *lo fa sempre arrabbiare*, il le fait toujours enrager.

arrabbiato *agg.* **1** enragé: *essere — con qlcu*, être en colère contre qqn **2** (*accanito*) enragé, acharné.

arrabbiatura *s.f.* colère: *prendersi un'—*, piquer une colère.

arraffare *v.tr.* **1** rafler **2** (*strappare*) arracher.

arrampicarsi (*coniug. come* mangiare) *v.pron.* grimper: *si è arrampicato*, il a grimpé || *arrampicarsi sui vetri*, (*fig.*) se donner un mal de chien.

arrampicata *s.f.* **1** grimpée **2** (*alpinismo*) varappe.

arrampicatore (f. *-trice*) *s.m.* grimpeur*; (*alpinismo*) varappeur* || *— sociale*, arriviste.

arrancare (*coniug. come* mancare) *v.intr.* **1** marcher péniblement: *arrancavano in salita*, ils gravissaient péniblement la pente **2** (*mar.*) souquer (sur les avirons).

arrangiamento *s.m.* arrangement.

arrangiare (*coniug. come* mangiare) *v.tr.* arranger* || *ora ti arrangio io!*, tu vas avoir affaire à moi! □ **arrangiarsi** *v.pron.* **1** se débrouiller **2** (*mettersi d'accordo*) s'arranger*.

arrangiatore (f. *-trice*) *s.m.* arrangeur*.

arrapare *v.tr.* (*fam.*) faire* bander □ **arraparsi** *v.pron.* (*fam.*) s'exciter (sexuellement).

arrapato *agg.* (*volg.*) excité (sexuellement).

arrecare (*coniug. come* mancare) *v.tr.* (*cagionare*) causer.

arredamento *s.m.* **1** ameublement (et décoration) || *un — moderno*, un intérieur moderne **2** (*teatr., cine.*) décor.

arredare *v.tr.* meubler et décorer.

arredatore (f. *-trice*) *s.m.* décorateur*.

arredo *s.m.* (*spec.pl.*) **1** décoration (*f.sing.*) **2** (*sacri*) objets du culte || *— urbano*, aménagement urbain.

arrembaggio *s.m.* abordage.

arrendersi (*coniug. come* prendere) *v.pron.* se rendre* || *— al destino*, s'en remettre à son propre destin.

arrendevole *agg.* **1** conciliant || *mostrarsi — alle preghiere di qlcu*, céder facilement aux prières de qqn **2** (*fig.*) (*duttile*) malléable.

arrendevolezza *s.f.* complaisance; esprit de conciliation.

arrestare *v.tr.* **1** (*fermare*) arrêter (*anche fig.*) **2** (*trarre in arresto*) arrêter, appréhender **3** (*tecn.*) interrompre*, stopper □ **arrestarsi** *v.pron.* s'arrêter.

arresto *s.m.* **1** (*interruzione*) arrêt || (*segnaletica*) *linea d'—*, ligne de stop || (*mus.*) *battuta d'—*, pause; (*fig.*) temps d'arrêt **2** (*dir.*) arrestation (*f.*): *dichiarare in —*, arrêter, mettre en état d'arrestation; *mandato di —*, mandat d'arrêt; *spiccare un mandato d'—*, émettre un mandat d'arrêt; *arresti domiciliari*, assignation à résidence **3** *pl.* (*mil.*) arrêts **4** (*tecn.*) arrêt.

arretramento *s.m.* recul.

arretrare *v.intr.* reculer || *— dalla decisione presa*, revenir sur sa décision ♦ *v.tr.* (*spostare più indietro*) reculer; (*fare indietreggiare*) faire* reculer.

arretratezza *s.f.* retard (*m.*), sous-développement (*m.*).

arretrato *agg.* arriéré || *lavoro —*, travail en retard || *i numeri arretrati (di un giornale)*, les anciens numéros ♦ *s.m.* (*spec.pl.*) arriéré, arrérages (*pl.*) || *avere un — con*, (*fig.*) avoir un vieux compte à régler avec □ **in arretrato** *locuz.avv.* en retard: *essere in — con*, être en retard pour.

arricchimento *s.m.* enrichissement.

arricchire (*coniug. come* finire) *v.tr.* enrichir □ **arricchirsi** *v.pron.* s'enrichir.

arricchito *agg.* enrichi ♦ *s.m.* nouveau* riche.

arricciare (*coniug. come* cominciare) *v.tr.* **1** friser || *arricciarsi i baffi*, retrousser sa moustache ||

— *il naso,* froncer le nez 2 (*cucito*) froncer* 3 (*drizzare*) *hérisser: — *il pelo,* hérisser son poil 4 (*edil.*) crépir □ **arricciarsi** *v.pron.* 1 friser 2 (*drizzarsi*) se dresser, se *hérisser.

arricciato *agg.* 1 frisé 2 (*cucito*) froncé.

arricciatura *s.f.* 1 (*di capelli*) boucles (*pl.*) 2 (*cucito*) fronces (*pl.*), froncis (*m.*) 3 (*edil.*) (*azione*) crépissage (*m.*); (*effetto*) crépi (*m.*).

arridere (*coniug. come* ridere) *v.intr.* sourire*.

arringa (pl. *-ghe*) *s.f.* *harangue; (*in tribunale*) plaidoirie.

arringare (*coniug. come* legare) *v.tr.* *haranguer.

arrischiare *v.tr.* risquer □ **arrischiarsi** *v.pron.* se risquer.

arrischiato *agg.* risqué.

arrivare *v.intr.* 1 arriver: — *primo,* arriver le premier; *è arrivata una lettera per te,* il est arrivé une lettre pour toi; *non gli è arrivata la cartolina,* il n'a pas reçu la carte postale; *mi sono arrivati dei libri,* j'ai reçu des livres; *la musica arrivava fino a noi,* la musique parvenait jusqu'à nous || — *al traguardo,* franchir la ligne d'arrivée || — *alla meta, allo scopo,* arriver au but || — *in porto,* (*fig.*) arriver à bon port || *siamo arrivati a buon punto col nostro lavoro,* notre travail est bien avancé 2 (*giungere*) arriver: — *al ginocchio,* arriver aux genoux; *è arrivato a rubare per pagarsi la droga,* il en est même arrivé à, il est allé jusqu'à voler pour se payer sa drogue || *guarda a che punto siamo arrivati!,* tu vois où nous en sommes! || *il suo stipendio non arriva a 700.000 lire,* ses appointements n'atteignent pas 700 000 lires; *questo pollo non arriva a due chili,* ce poulet ne fait pas deux kilos || *è arrivato a dire che,* il en est arrivé à dire que 3 (*essere sufficiente*) suffire* (pour) 4 (*riuscire*) arriver, parvenir*: *non arrivo mai a fare tutto,* je ne réussis jamais à tout faire.

arrivato *agg.* 1 arrivé || *il nuovo* —, le nouveau venu 2 *ben* —, bienvenu: *ben arrivata, signora!,* soyez la bienvenue, madame! ♦ *s.m.* homme arrivé.

arrivederci, arrivederla *inter.* au revoir.

arrivismo *s.m.* arrivisme.

arrivista *s.m.* arriviste.

arrivo *s.m.* 1 arrivée (*f.*) || *sono in* —, ils arriveront bientôt || (*comm.*) *all'* — *della presente,* au reçu de la présente 2 (*di merce*) arrivage (*m.*).

arroccamento *s.m.* 1 (*mil.*) rocade (*f.*) 2 (*scacchi*) roque.

arroccare (*coniug. come* mancare) *v.tr.* (*scacchi*) roquer □ **arroccarsi** *v.pron.* se retrancher.

arrochirsi (*coniug. come* finire) *v.pron.* s'enrouer, devenir* rauque.

arrogante *agg.* arrogant.

arroganza *s.f.* arrogance.

arrogarsi (*coniug. come* legare) *v.tr.* s'arroger*.

arrossamento *s.m.* rougeur (*f.*).

arrossare *v.tr.* rougir □ **arrossarsi** *v.pron.* rougir.

arrossire (*coniug. come* finire) *v.intr.* rougir (de): *è arrossito di vergogna,* il a rougi de honte.

arrostire (*coniug. come* finire) *v.tr.* e *intr.* 1

rôtir; (*sulla graticola*) griller 2 (*ind. metall.*) griller □ **arrostirsi** *v.pron.* se rôtir.

arrosto *agg.* e *s.m.* rôti.

arrotare *v.tr.* 1 aiguiser, affûter: — *i denti,* (*fig.*) grincer des dents; — *la erre,* rouler les r 2 (*investire*) (*una persona*) renverser; (*un veicolo*) accrocher □ **arrotarsi** *v.pron.* (*di veicoli*) s'accrocher.

arrotatura *s.f.* aiguisement (*m.*), affilage (*m.*).

arrotino *s.m.* rémouleur.

arrotolare *v.tr.* rouler, enrouler.

arrotondamento *s.m.* arrondissement.

arrotondare *v.tr.* 1 arrondir 2 (*una cifra*) (*per eccesso*) arrondir; (*per difetto*) diminuer pour faire un chiffre rond; — *alle 1000 lire superiori,* arrondir à 1000 lires □ **arrotondarsi** *v.pron.* s'arrondir.

arrovellare *v.tr.*: *arrovellarsi il cervello,* se creuser la cervelle □ **arrovellarsi** *v.pron.* 1 (*arrabbiarsi*) se mettre* en colère, s'emporter 2 (*darsi da fare*) s'évertuer.

arroventare *v.tr.* 1 rendre* brûlant 2 (*metalli*) chauffer au rouge, à blanc □ **arroventarsi** *v. pron.* 1 devenir* brûlant 2 (*di metalli*) devenir* rouge.

arroventato *agg.* 1 brûlant 2 (*di metalli*) rouge.

arruffare *v.tr.* 1 (*capelli*) ébouriffer; (*pelo*) *hérisser 2 (*confondere*) embrouiller (*anche fig.*) || — *la matassa,* (*fig.*) compliquer les choses.

arruffone *s.m.* brouillon.

arrugginire (*coniug. come* finire) *v.tr.* rouiller (*anche fig.*) □ **arrugginirsi** *v.pron.* (se) rouiller.

arrugginito *agg.* rouillé.

arruolamento *s.m.* (*mil.*) enrôlement; (*reclutamento*) recrutement.

arruolare *v.tr.* (*mil.*) enrôler, recruter □ **arruolarsi** *v.pron.* s'enrôler, s'engager*.

arsenale *s.m.* arsenal*.

arsenico *s.m.* (*chim.*) arsenic.

arso *agg.* 1 (*bruciato*) brûlé 2 (*secco*) sec*; (*seccato*) desséché: *gola arsa,* gorge sèche; *terreno* —, terrain aride.

arsura *s.f.* 1 chaleur brûlante 2 (*siccità*) sécheresse 3 (*febbrile*) brûlure 4 (*secchezza in gola*) soif ardente.

art director *s.m.* directeur artistique.

arte *s.f.* 1 art (*m.*): *arti applicate,* arts décoratifs || *un'opera d'* —, un chef-d'œuvre || *nome d'* —, nom d'artiste; *XY, in* — *X, XY,* de son nom d'artiste *Z* || *figlio d'* —, enfant de la balle || *scuola d'* —, école des beaux-arts 2 (*mestiere*) métier (*m.*) || *non avere né* — *né parte,* être sans le sou et bon à rien 2 (*complesso di regole*) art (*m.*) || *a regola d'* —, dans les règles de l'art) 4 (*abilità, astuzia*) art (*m.*), habileté: *non ha certo l'* — *di farsi amare,* il n'a certainement pas l'art de se faire aimer || *mettere in opera tutte le proprie arti per...,* déployer tout son savoir-faire pour... || *con male arti,* par des moyens malhonnêtes || *arti magiche,* artifices de magie || *fare qlco ad* —, faire qqch de propos délibéré 5 (*st.*) corporation.

artefatto *agg.* **1** (*adulterato*) frelaté **2** (*fig.*) (*artificioso*) artificiel*, affecté.

artefice *s.m.* artisan (*anche fig.*).

artemisia *s.f.* (*bot.*) armoise.

arteria *s.f.* artère || — *ferroviaria*, grande ligne (de chemin de fer).

arteriosclerosi *s.f.* artériosclérose.

arteriosclerotico (pl. *-ci*) *agg.* e *s.m.* (*fam.*) gâteux*.

arterioso *agg.* artériel*.

artesiano *agg.* artésien*.

artico (pl. *-ci*) *agg.* arctique.

articolare[1] *agg.* articulaire.

articolare[2] *v.tr.* **1** articuler **2** (*suddividere*) diviser □ **articolarsi** *v.pron.* s'articuler (*anche fig.*).

articolato[1] *agg.* **1** articulé **2** (*geog.*) (*frastagliato*) découpé.

articolato[2] *agg.*: *preposizione articolata*, article contracté.

articolazione *s.f.* articulation.

articolista *s.m.* auteur (d'un article de journal), rédacteur*.

articolo *s.m.* article || — *di fondo*, éditorial || *in* — *di morte*, à l'article de la mort.

artificiale *agg.* artificiel*.

artificialmente *avv.* artificiellement.

artificiere *s.m.* artificier.

artificio *s.m.* **1** artifice: *ottenere qlco con artifici*, user d'artifice pour obtenir qqch || *fuoco d'*—, feu d'artifice **2** (*accorgimento*) procédé **3** (*affettazione*) affectation (*f.*).

artificiosamente *avv.* sans naturel.

artificioso *agg.* artificiel*; (*affettato*) affecté, artificieux*.

artigianale *agg.* artisanal* || **-mente** *avv.*

artigianato *s.m.* artisanat.

artigiano *agg.* artisanal* ♦ *s.m.* artisan.

artigliere *s.m.* artilleur.

artiglieria *s.f.* artillerie.

artiglio *s.m.* griffe (*f.*); (*di rapaci*) serre (*f.*).

artista *s.m.* e *f.* artiste.

artistico (pl.*-ci*) *agg.* artistique || **-mente** *avv.*

arto *s.m.* membre.

artrite *s.f.* (*med.*) arthrite.

artritico (pl. *-ci*) *agg.* e *s.m.* arthritique.

artropode *s.m.* (*zool.*) arthropode.

artrosi *s.f.* (*med.*) arthrose.

aruspice *s.m.* (*st.*) (h)aruspice.

arvicola *s.f.* (*zool.*) campagnol (*m.*).

arzigogolato *agg.* tarabiscoté.

arzigogolo *s.m.* **1** sophisme **2** (*fantasticheria*) rêvasserie (*f.*).

arzillo *agg.* guilleret*.

asburgico (pl. *-ci*) *agg.* des *Habsbourg.

ascella *s.f.* aisselle.

ascellare *agg.* axillaire.

ascendente *agg.* e *s.m.* ascendant.

ascendenza *s.f.* ascendance.

ascendere (*coniug. come* prendere) *v.intr.* **1** monter (*anche fig.*): — *al trono*, monter sur le trône **2** (*ammontare*) (se) monter (à).

ascensionale *agg.* ascensionnel*.

ascensione *s.f.* ascension || (*eccl.*) (*festa dell'*) *Ascensione*, (fête de l') Ascension.

ascensore *s.m.* ascenseur.

ascensorista *s.m.* liftier*.

ascesa *s.f.* (*spec.fig.*) ascension.

ascesi *s.f.* ascèse.

ascesso *s.m.* abcès.

asceta *s.m.* ascète.

ascetica *s.f.* ascétique.

asceticamente *avv.* en ascète.

ascetico (pl. *-ci*) *agg.* ascétique.

ascetismo *s.m.* ascétisme.

ascia (pl. *asce*) *s.f.* *hache.

asciugabiancheria (pl. *invar.*) *s.m.* sèche-linge*.

asciugacapelli *s.m.* sèche-cheveux*.

asciugamano *s.m.* serviette (de toilette); (*spec. per le mani*) essuie-mains*: — *di spugna*, serviette-éponge.

asciugare (*coniug. come* legare) *v.tr.* sécher*; (*spec. con un panno*) essuyer*: *asciugarsi i capelli*, se sécher les cheveux || *asciugarsi le lacrime*, essuyer ses larmes; — *le lacrime a qlcu*, sécher les larmes de qqn || —, *asciugarsi una bottiglia*, (*scherz.*) vider une bouteille ♦ *v.intr.* sécher* □ **asciugarsi** *v.pron.* se sécher*; (*spec. con un panno*) s'essuyer*: — *al sole*, se sécher au soleil || *con l'età si è asciugata*, avec l'âge, elle s'est desséchée.

asciugatura *s.f.* séchage (*m.*); (*spec. con un panno*) essuyage (*m.*).

asciuttezza *s.f.* sécheresse.

asciutto *agg.* sec* (*anche fig.*) || *un viso* —, un visage maigre || *conservare in luogo* —, à conserver au sec || *a occhi asciutti*, d'un œil sec || *una persona di modi asciutti*, une personne aux manières brusques || *rimanere a bocca asciutta*, rester sur sa faim, (*fig.*) rester les mains vides; *rimanere all'*—, (*fig.*) rester sans un sou ♦ *s.m.* sec* ♦ *avv.* sèchement*.

ascoltare *v.tr.* écouter || — *la messa*, assister à la messe.

ascoltatore (f. *-trice*) *s.m.* auditeur*.

ascolto *s.m.* écoute (*f.*): *essere in* —, être à l'écoute; *mettersi in* —, prendre l'écoute; *impedire l'*—, empêcher d'écouter || *al primo* —, à la première audition || *dare* — *a*, prêter attention à.

ascorbico (pl. *-ci*) *agg.* (*chim.*) ascorbique.

ascrivere (*coniug. come* scrivere) *v.tr.* **1** attribuer || — *a biasimo*, blâmer; — *a lode*, louer **2** (*accettare*) admettre* (au sein de).

asessuale *agg.* asexuel*.

asessuato *agg.* asexué.

asettico (pl. *-ci*) *agg.* aseptique: *rendere* —, aseptiser.

asfaltare *v.tr.* goudronner.

asfaltatura *s.f.* goudronnage (*m.*).

asfalto *s.m.* goudron || *sull'*—, sur la chaussée.

asfissia *s.f.* asphyxie.

asfissiante *agg.* **1** asphyxiant; (*estens.*) étouffant **2** (*fam.*) (*noioso*) assommant.

asfissiare *v.tr.* **1** asphyxier; (*estens.*) étouffer **2** (*fam.*) (*tediare*) assommer ♦ *v.intr.* asphyxier; (*estens.*) étouffer.

asfissiato *agg.* e *s.m.* asphyxié: *morire* —, mourir par asphyxie.

asfittico (pl. *-ci*) *agg.* asphyxié.

asiago *s.m.* asiago (fromage de lait de vache à pâte peu friable et à croûte lisse).

asiatico (pl. *-ci*) *agg.* e *s.m.* asiatique.

asilo *s.m.* asile || — (*infantile*), jardin d'enfants: — *nido*, crèche.

asimmetria *s.f.* asymétrie.

asimmetrico (pl. *-ci*) *agg.* asymétrique.

asina *s.f.* ânesse.

asinata *s.f.* ânerie.

asincrono *agg.* asynchrone.

asinello *s.m.* (*piccolo dell'asino*) ânon; (*asino di piccola taglia*) bourricot.

asineria *s.f.* ânerie.

asinino *agg.* d'âne || (*med.*) *tosse asinina*, coqueluche.

asino *s.m* âne || *a dorso d'*—, à dos d'âne || *strada a schiena d'*—, route à dos d'âne || *sgobbare come un* —, travailler comme un bœuf || *la bellezza dell'asino*, la beauté du diable || *un* — *calzato e vestito*, (*fig.*) un âne bâté || *pezzo d'*—!, espèce d'imbécile!; *è un pezzo d'*—, c'est un âne; *che* —!, quel idiot! || *è un* —, (*a scuola*) c'est un cancre; *è un* — *in latino*, il est nul en latin || *qui casca l'*—!, c'est là que le bât blesse! || *credere che un* — *voli*, (*fam.*) gober n'importe quoi.

asma *s.f.* asthme (*m.*).

asmatico (pl. *-ci*) *agg.* e *s.m.* asthmatique || *motore* —, (*fig.*) moteur poussif.

asociale *agg.* asocial*.

asola *s.f.* boutonnière.

asparago (pl. *-gi*) *s.m.* asperge (*f.*).

aspergere (*coniug. come* immergere) *v.tr.* asperger*.

asperità *s.f.* aspérité || *le* — *della vita*, les difficultés de la vie.

asperrimo *agg.* âpre.

aspersione *s.f.* aspersion.

aspersorio *s.m.* goupillon.

aspettare *v.tr.* attendre*: *aspetta, aspetta, finalmente arrivò*, j'ai attendu, j'ai attendu, et finalement il est arrivé || *c'era da aspettarselo*, il fallait bien s'y attendre; *non te l'aspettavi, vero?*, tu ne t'y attendais pas, hein?; *da lui non me l'aspettavo*, je ne m'attendais pas à cela de sa part; *non mi sarei mai aspettato una cosa simile*, je ne me serais jamais attendu à une chose pareille; *non aspettarti niente da lui*, n'attends rien de lui || *aspettarsi di, che*, s'attendre à, à ce que: *non mi aspettavo di incontrarvi*, je ne m'attendais pas à vous rencontrer.

aspettativa *s.f.* **1** attente; (*speranza*) espoir (*m.*); (*previsione*) prévision **2** (*sospensione temporanea dal lavoro*) congé (*m.*) || *porre in* —, mettre en disponibilité.

aspetto[1] *s.m.* **1** aspect: *che* — *ha?*, à quoi est-ce qu'il ressemble?; *la città ha l'* — *di un'enorme fiera*, la ville donne l'impression d'une immense kermesse **2** (*di persona*) mine (*f.*): *avere un buon* —, avoir bonne mine; *dall'* — *poco rassicurante*, à la mine peu rassurante; *un mostro dall'* — *umano*, un monstre à figure humaine; *persona di bell'* —, personne de belle allure; *giudicare all'* —, juger sur la mine; *all'* — *gli si darebbero vent'anni*, à le voir, on lui donnerait vingt ans **3** (*punto di vista*) angle, point de vue: *sotto questo* —, sous cet angle, aspect.

aspetto[2] *s.m.*: *sala d'* —, salle d'attente || *battuta d'* — (*mus.*) pause.

aspide *s.m.* (*zool.*) aspic.

aspidistra *s.f.* (*bot.*) aspidistra (*m.*).

aspirante *agg.* aspirant ♦ *s.m.* **1** (*pretendente*) prétendant; (*candidato*) candidat: — *al trono*, prétendant au trône **2** (*mil.mar.*) aspirant.

aspirapolvere *s.m.* aspirateur.

aspirare *v.tr.* e *intr.* aspirer.

aspirato *agg.* (*fon.*) aspiré.

aspiratore *s.m.* aspirateur.

aspirazione *s.f.* aspiration.

aspirina *s.f.* aspirine.

aspo *s.m.* dévidoir.

asportabile *agg.* **1** à emporter || *pezzo* — (*di una macchina*), pièce démontable (d'une machine) **2** (*med.*) extirpable.

asportare *v.tr.* **1** emporter **2** (*med.*) extirper, pratiquer l'ablation (de).

asportazione *s.f.* (*med.*) extirpation, ablation.

asporto *s.m.*: *da* —, à emporter.

aspramente *avv.* âprement; (*del parlare*) vertement.

aspretto *agg.* aigrelet*; (*acidulo*) suret*.

asprezza *s.f.* âpreté.

asprì *s.m.* aigrette (*f.*).

asprigno *agg.* aigrelet*; (*acidulo*) suret*.

aspro *agg.* **1** (*di sapore, odore, suono*) aigre || *s aspra*, s sourd **2** (*ruvido*) âpre, rêche; (*accidentato*) raboteux **3** (*duro*) rude, dur (*anche fig.*) **4** (*accanito*) âpre.

assaggiare (*coniug. come* mangiare) *v.tr.* goûter: *assaggia se è cotto!*, (*fam.*) goûte pour voir si c'est cuit!; *ha assaggiato un po' di tutto*, il a goûté à tout; *non ho mai assaggiato questo vino*, je n'ai jamais goûté de ce vin; *ha appena assaggiato la cena*, il a à peine touché au dîner || *far* — *il bastone*, (*fig.*) faire tâter du bâton.

assaggiatore *s.m.* (*di vini ecc.*) dégustateur.

assaggio *s.m.* **1** (*l'assaggiare*) dégustation (*f.*) **2** (*piccola quantità*) petit morceau*: *ne prendo solo un* —, j'en prends juste un petit morceau; *è solo un* —, c'est juste pour goûter, (*fig.*) ce n'est qu'un début; *gli ha dato un* — *della sua forza*, il lui a donné un avant-goût de sa force **3** (*prova*) essai **4** (*tecn.*) (*prelievo*) sondage.

assai *avv.* **1** (*molto*) (+ *agg.* e *avv.*) bien, très; (+ *compar.*) bien, beaucoup; (*in unione a verbi*) beaucoup: — *meglio, peggio*, bien mieux, bien pis; — *migliore, peggiore*, bien meilleur, bien pire; — *prima, dopo*, bien avant, bien après; *ho dormito* —, j'ai beaucoup dormi || — *sgarbatamente*, de très mauvaise grâce || —, énormément || *m'importa* —!, peu importe! **2** (*abbastanza*) || assez: *hai parlato* —, tu as assez parlé ♦ *agg.invar.* beaucoup de (*invar.*) || *grazie —*, merci beaucoup.

assale *s.m.* essieu*.

assalire (*coniug. come* salire) *v.tr.* 1 assaillir*, attaquer 2 (*fig.*) assaillir* (de); (*prendere, cogliere*) prendre* (de), saisir (de) || *lo assalì la nostalgia*, la nostalgie s'empara de lui; *fummo assaliti dal temporale*, nous fûmes surpris par l'orage.

assalitore (f. *-trice*) *s.m.* assaillant, attaquant.

assaltare *v.tr.* attaquer || *— una fortezza*, prendre d'assaut une forteresse.

assalto *s.m.* assaut; (*attacco*) attaque (*f.*): *andare all'—*, monter à l'assaut || *truppe d'—*, troupes de choc; *mezzi d'—*, navires d'assaut.

assaporare *v.tr.* savourer.

assassinare *v.tr.* 1 assassiner 2 (*fig.*) massacrer.

assassinio *s.m.* 1 assassinat, meurtre: *commettere un —*, commettre un meurtre 2 (*fig.*) crime, massacre.

assassino *agg. e s.m.* assassin.

asse[1] (pl. *assi*) *s.f.* (*tavola di legno*) planche || *— da stiro*, planche à repasser || (*ginnastica*) *— di equilibrio*, poutrelle (d'équilibre).

asse[2] *s.m.* axe || *— (delle ruote)*, essieu*.

asse[3] *s.m.* (*dir.*) patrimoine || *— demaniale*, Domaine.

assecondare *v.tr.* 1 seconder; (*favorire*) favoriser || *assecondava col corpo il ritmo della danza*, son corps suivait le rythme de la danse 2 (*esaudire*) exaucer*; (*cedere a*) céder* à.

assediante *agg. e s.m.*

assediare *v.tr.* assiéger* (*anche fig.*) || *— di domande*, assaillir de questions.

assediato *agg. e s.m.* assiégé.

assedio *s.m.* siège: *cingere d'—*, assiéger.

assegnamento *s.m.* → assegnazione 1 || *fare — su*, compter sur.

assegnare *v.tr.* 1 assigner; (*aggiudicare*) attribuer: *— un compito*, assigner une tâche; *— una parte*, attribuer un rôle 2 (*una somma di denaro*) allouer (à): *— una rendita a*, constituer une rente à 3 (*destinare a*) affecter (à) 4 (*concedere*) donner, accorder: *il tempo assegnato è scaduto*, le temps (qui vous est) accordé est terminé.

assegnatario *s.m.* (*dir.*) assignataire.

assegnato *agg.*: *spedire* (*in*) *porto —*, expédier port dû.

assegnazione *s.f.* 1 attribution; (*stanziamento*) affectation || *— delle terre ai contadini*, distribution des terres aux paysans 2 (*dir.*) adjudication; assignation.

assegno *s.m.* 1 chèque: *libretto degli assegni*, carnet de chèques, chéquier; *— circolare, sbarrato, trasferibile*, chèque de banque, barré, ouvert; *— all'ordine, al portatore*, chèque à ordre, au porteur; *— in bianco*, chèque en blanc; *— a vuoto, scoperto*, chèque sans provision; *— fuori piazza, su piazza*, chèque hors place, sur place || *spedizione contro —*, envoi contre remboursement; *n°... della Banca... di Roma per lire...*, chèque bancaire n°... sur la Banque... de Rome d'un

montant de... lires 2 *— familiare*, allocation familiale; *assegni di disoccupazione*, allocations (de) chômage; *— alimentare*, pension alimentaire.

assemblaggio *s.m.* assemblage || (*tecn.*) *— di componenti*, intégration.

assemblare *v.tr.* assembler.

assemblatore *s.m.* assembleur.

assemblea *s.f.* assemblée.

assembleare *agg.* de l'assemblée.

assembramento *s.m.* rassemblement.

assembrarsi *v.pron.* se rassembler.

assennatamente *avv.* sagement.

assennatezza *s.f.* bon sens (*m.*).

assennato *agg.* sage, judicieux*, raisonnable.

assenso *s.m.* assentiment; (*approvazione*) approbation (*f.*); (*autorizzazione*) autorisation (*f.*).

assentarsi *v.pron.* s'absenter.

assente *agg. e s.m.* absent || *risultare — all'appello*, ne pas répondre à l'appel.

assenteismo *s.m.* absentéisme.

assenteista *s.m.* absentéiste.

assentire *v.intr.* acquiescer*; (*aderire*) adhérer*: *— col capo*, acquiescer d'un signe de tête.

assenza *s.f.* absence: *per molte assenze*, s'absenter souvent || *in — di*, en l'absence de || *— di gravità*, apesanteur.

assenzio *s.m.* absinthe (*f.*).

asserire (*coniug. come* finire) *v.tr.* affirmer, soutenir*; (*cosa presumibilmente non vera*) prétendre*.

asserragliarsi *v.pron.* se barricader; (*estens.*) s'enfermer.

assertore (f. *-trice*) *s.m.* partisan, champion*.

asservimento *s.m.* asservissement.

asservire (*coniug. come* finire) *v.tr.* asservir.

asserzione *s.f.* assertion.

assessorato *s.m.* 1 (*carica di assessore*) mandat de conseiller municipal (délégué à un service particulier) 2 (*gli uffici e il personale*) division (*f.*), service.

assessore *s.m.* conseiller municipal* (délégué à).

assestamento *s.m.* 1 mise en ordre, mise en état 2 (*del terreno ecc.*) tassement || (*geol.*) *scosse di —*, réplique 3 (*fig.*) stabilisation (*f.*) || (*econ.*) *— del bilancio*, redressement d'un budget.

assestare *v.tr.* 1 (*mettere in ordine*) arranger*; (*sistemare*) remettre* en place || (*econ.*) *— un conto*, redresser un compte 2 (*regolare*) ajuster: *— la mira*, ajuster le tir || *— un colpo*, assener un coup; *— un ceffone*, envoyer une bonne gifle □ **assestarsi** *v.pron.* 1 s'organiser 2 (*installarsi*) s'installer 3 (*di terreno ecc.*) se tasser 4 (*rimettersi in sesto*) se remettre* en place, trouver son aplomb || (*fig.*): *si è assestato grazie alle medicine*, il a retrouvé son équilibre grâce aux médicaments; *la situazione si è assestata*, la situation s'est stabilisée; *il tempo si sta assestando*, le temps s'arrange.

assestata *s.f.*: *dare un'— a qlco*, mettre en ordre, arranger qqch.

assetare *v.tr* altérer* || — *una città*, priver d'eau une ville.

assetato *agg.* assoiffé.

assettare *v.tr.* ranger*, arranger*; (*i vestiti, i capelli ecc.*) rajuster □ **assettarsi** *v.pron.* s'arranger*.

assetto *s.m.* rangement, mise en ordre; (*organizzazione*) organisation (*f.*) || — *territoriale*, aménagement du territoire || *in* — *di guerra*, sur le pied de guerre, (*dei soldati*) en tenue de campagne.

assiale *agg.* axial.

assicella *s.f.* planchette.

assicurare *v.tr.* **1** assurer; (*garantire*) garantir || — *alla giustizia*, livrer à la justice **2** (*coprire con assicurazione*) assurer: *per quanto sei assicurato contro gli incidenti?*, à combien s'élève ton assurance accidents? || — *un pacco, una lettera*, charger un paquet, une lettre **3** (*fissare, legare*) assurer □ **assicurarsi** *v.pron.* **1** (*accertarsi*) s'assurer **2** (*coprirsi con un'assicurazione*) s'assurer: — *sulla vita*, prendre une assurance-vie **3** (*legarsi*) s'attacher.

assicurata *s.f.* lettre chargée.

assicurativo *agg.* d'assurance || *le ritenute assicurative*, le précompte.

assicurato *agg.* assuré; (*di posta*) chargé.

assicuratore *s.m.* assureur ♦ *agg.* (f. -*trice*) d'assurances.

assicurazione *s.f.* assurance; (*garanzia*) garantie: *dare* — *che*, donner l'assurance que || — *autoveicoli*, assurance automobile; — *contro le malattie*, assurance maladie; — *contro gli infortuni sul lavoro*, assurance contre les accidents du travail; — *sulla vita*, assurance-vie; — *multirischio*, assurance tous risques; *polizza d'*—, police d'assurance; *fare un'*—, s'assurer; *coprire con un'*—, couvrir par une assurance.

assideramento *s.m.* congélation (*f.*): *morte per* —, mort par congélation.

assiderarsi *v.pron.* geler*, mourir* de froid.

assiderato *agg.* transi (de froid), gelé: *morire* —, mourir de froid.

assiduamente *avv.* assidûment.

assiduità *s.f.* assiduité.

assiduo *agg.* assidu || *un frequentatore, un cliente* —, un habitué.

assieme *avv., prep.* e *s.m.* → **insieme**.

assiepare *v.tr.* remplir □ **assieparsi** *v.pron.* se presser.

assiepato *agg.* **1** (*ammassato*) entassé **2** (*di luogo chiuso*) bondé; (*di strada, piazza ecc.*) noir de monde.

assillante *agg.* obsédant || *lavoro* —, travail astreignant.

assillare *v.tr.* *harceler*; (*ossessionare*) obséder*.

assillo *s.m.* *hantise (*f.*); (*ossessione*) obsession: *essere sotto l'* — *di*, avoir la hantise de; *aveva l'* — *del denaro*, il était obsédé par l'argent.

assimilabile *agg.* assimilable.

assimilare *v.tr.* assimiler (*anche fig.*).

assimilazione *s.f.* assimilation.

assiolo *s.m.* (*zool.*) petit duc.

assioma *s.m.* axiome.

assiomatico (pl. -*ci*) *agg.* axiomatique.

assiro *agg.* e *s.m.* assyrien*.

assise *s.f.pl.* assises || *Corte d'Assise*, Cour d'assises.

assistente *agg.* e *s.m.* assistant: — *universitario*, assistant (à l'université); — *medico*, médecin assistant || — *ai lavori*, conducteur de travaux ♦ *s.f.* assistante: — *sociale*, assistante sociale.

assistenza *s.f.* assistance: *ente di* —, organisme d'assistance || — *ospedaliera gratuita*, hospitalisation gratuite; *impieghi di* — *domiciliare*, emplois de proximité || — *giudiziaria*, aide judiciaire || *mutua* —, entraide || (*comm.*) — *ai clienti*, service après-vente.

assistenziale *agg.* d'assistance: *ente* —, organisme d'assistance; *stato* —, Etat-providence.

assistenzialismo *s.m.* politique de l'Etat-providence.

assistere (*coniug. come* insistere) *v.intr.* e *tr.* assister.

assistito *agg.* e *s.m.* assisté || (*inform.*) *progettazione assistita da calcolatore*, conception assistée par ordinateur.

assito *s.m.* **1** (*parete*) cloison (*f.*) de planches **2** (*pavimento*) parquet **3** (*steccato*) palissade (*f.*).

asso *s.m.* **1** as || *avere l'*— *nella manica*, (*fig.*) avoir des atouts dans son jeu **2** (*campione*) as **3** *piantare in* —, planter là.

associare (*coniug. come* cominciare) *v.tr.* **1** associer; (*unire*) unir || — *alle carceri*, écrouer **2** (*ammettere come socio*) associer □ **associarsi** *v.pron.* **1** s'associer || *mi associo al vostro dolore*, je prends part à votre douleur **2** (*comm.*) — *i capitali*, mettre ses capitaux en société **3** (*diventare membro di un'organizzazione*) s'inscrire*.

associativo *agg.* associatif*.

associato *agg.* associé || (*università*) *professore* —, maître de conférences.

associazione *s.f.* association || — *alle carceri*, emprisonnement.

associazionismo *s.m.* associationnisme.

assodare *v.tr.* **1** affermir; (*indurire*) durcir **2** (*accertare*) constater; (*verificare*) vérifier; (*provare*) prouver □ **assodarsi** *v.pron.* se consolider; (*indurirsi*) durcir.

assoggettamento *s.m.* assujettissement.

assoggettare *v.tr.* assujettir □ **assoggettarsi** *v.pron.* s'assujettir.

assolato *agg.* **1** brûlé par le soleil; inondé de soleil **2** (*soleggiato*) ensoleillé.

assoldare *v.tr.* **1** soudoyer* **2** (*assumere al proprio servizio*) engager*.

assolo *s.m.* (*mus.*) solo.

assolutamente *avv.* **1** absolument **2** (*del tutto*) tout à fait.

assolutismo *s.m.* absolutisme.

assolutista *s.m.* absolutiste.

assolutistico (pl. -*ci*) *agg.* absolutiste.

assoluto *agg.* e *s.m.* absolu || *te lo dico con assoluta certezza*, je suis absolument certain de ce que je te dis || *avevo* — *bisogno di parlarti*, j'avais absolument besoin de te parler || *un'assoluta parità di diritti*, une entière égalité de droits || (*in una competizione*) *risultare il primo* —, arriver bon premier || *in assoluto*, dans l'absolu.

assolutorio *agg.* (*dir.*) absolutoire.

assoluzione *s.f.* 1 (*dir.*) acquittement (*m.*); (*perché il fatto non costituisce reato*) absolution 2 (*relig.*) absolution.

assolvere (*Pass.rem.* io assolsi *o* assolvei, tu assolvesti ecc. *Part.pass.* assolto) *v.tr.* 1 (*dir.*) acquitter; (*perché il fatto non costituisce reato*) absoudre* 2 (*relig.*) absoudre* 3 (*adempiere*) remplir || — *un debito*, s'acquitter d'une dette.

assolvimento *s.m.* acquittement.

assomigliare *v.intr.* ressembler □ **assomigliarsi** *v.pron.* se ressembler.

assommare *v.tr.* (*riunire*) réunir ♦ *v.intr.* (*ammontare*) s'élever*.

assonante *agg.* assonant.

assonanza *s.f.* assonance.

assonnato *agg.* endormi.

assonometria *s.f.* axonométrie.

assopimento *s.m.* assoupissement.

assopire (*coniug. come* finire) *v.tr.* assoupir □ **assopirsi** *v.pron.* s'assoupir.

assorbente *agg. e s.m.* absorbant || *carta* —, papier buvard || *assorbenti igienici*, serviettes hygiéniques || (*edil.*) — *acustico*, isolant acoustique.

assorbimento *s.m.* absorption (*f.*).

assorbire *v.tr.* 1 absorber (*anche fig.*) 2 (*assimilare*) assimiler 3 (*attirare a sé*) drainer.

assordante *agg.* assourdissant.

assordare *v.tr.* assourdir; (*fig.*) casser la tête.

assortimento *s.m.* assortiment; (*scelta*) choix.

assortire (*coniug. come* finire) *v.tr.* assortir || — *un negozio*, approvisionner un magasin.

assortito *agg.* assorti.

assorto *agg.* absorbé; (*immerso*) plongé; (*pensieroso*) pensif*.

assottigliare *v.tr.* 1 amincir 2 (*diminuire*) réduire* □ **assottigliarsi** *v.pron.* 1 (*dimagrire*) s'amincir 2 (*diminuire*) se réduire*.

assuefare (*coniug. come* fare) *v.tr.* habituer □ **assuefarsi** *v.pron.* s'habituer.

assuefatto *agg.* habitué.

assuefazione *s.f.* accoutumance.

assumere (*Pass.rem.* io assunsi, tu assumesti ecc. *Part.pass.* assunto) *v.tr.* 1 assumer; (*prendere*) prendre*: — *un incarico*, assumer une responsabilité; — *il comando*, prendre le commandement || *assumersi la responsabilità di qlco*, endosser la responsabilité de qqch; *assumersi tutta la colpa*, prendre sur soi la faute 2 (*prendere alle proprie dipendenze*) engager*; (*operai*) embaucher 3 (*innalzare*) élever*.

assunto *s.m.* thèse (*f.*); (*asserzione*) assertion (*f.*) ♦ *agg.* (*di impiegato*) engagé; (*di operaio*) embauché.

assunzione *s.f.* 1 (*di impiegati ecc.*) engagement (*m.*); (*di operai*) embauchage (*m.*): — *temporanea*, emploi temporaire 2 (*di un incarico*)

prise en charge || — *del potere*, prise du pouvoir 3 (*l'ingerire*) ingestion 4 (*avvento*) avènement (*m.*): — *al trono*, accession au trône 5 (*teol.*) *l'Assunzione*, l'Assomption.

assurdità *s.f.* absurdité.

assurdo *agg. e s.m.* absurde || *ragionamento per* —, raisonnement par l'absurde || **-amente** *avv.*

assurgere (*coniug. come* scorgere) *v.intr.* (*innalzarsi*) s'élever*; (*essere innalzato*) être* élevé.

asta *s.f.* 1 barre; (*di bandiera, di lancia*) *hampe; (*di tram*) perche (*m.*); (*di compasso, occhiali*) branche 2 (*tecn.*) tige 3 (*attrezzo ginnico*) perche 4 (*vendita all'*) —, vente aux enchères: *banditore d'*—, commissaire-priseur; *avviso d'*—, annonce de vente publique || *casa delle aste*, hôtel des ventes 5 *pl.* (*esercizio di scrittura*) bâtons (*m.*) 6 (*di una lettera dell'alfabeto*) jambage (*m.*).

astante *s.m.* 1 *pl.* assistance (*f.sing.*) 2 (*medico di guardia*) médecin de garde.

astemio *agg. e s.m.* qui ne boit jamais d'alcool.

astenersi (*coniug. come* tenere) *v.pron.* s'abstenir*: — *dal vino*, ne pas boire de vin.

astenia *s.f.* (*med.*) asthénie.

astenico (pl. *-ci*) *agg. e s.m.* asthénique.

astensione *s.f.* abstention: — *dal lavoro*, arrêt de travail.

astensionismo *s.m.* abstentionnisme.

astensionista *agg. e s.m.* abstentionniste.

astenuto *agg.* abstenu ♦ *s.m.* abstentionniste: *gli astenuti furono il 20%*, il y a eu 20% d'abstentions.

asterisco (pl. *-chi*) *s.m.* astérisque.

asteroide *s.m.* (*astr.*) astéroïde.

astice *s.m.* (*zool.*) *homard.

asticella *s.f.* baguette.

astigmatico (pl. *-ci*) *agg.* astigmate.

astigmatismo *s.m.* astigmatisme.

astinenza *s.f.* abstinence.

astio *s.m.* rancœur (*f.*) || *rispondere con* —, répondre avec hargne.

astiosamente *avv.* avec rancune, avec hostilité, avec *hargne.

astiosità *s.f.* rancune.

astioso *agg.* rancunier*: *con tono* —, d'un ton hargneux.

astragalo *s.m.* astragale.

astrakan *s.m.* astracan, astrakan.

astrale *agg.* astral*.

astrarre (*coniug. come* trarre) *v.tr.* 1 abstraire* 2 (*distogliere*) détourner ♦ *v.intr.* faire* abstraction (de)□ **astrarsi** *v.pron.* s'abstraire*.

astrattezza *s.f.* caractère abstrait.

astrattismo *s.m.* art abstrait.

astrattista *agg. e s.m.*: (*pittore*) —, peintre abstrait.

astratto *agg. e s.m.* abstrait || **-mente** *avv.*

astrazione *s.f.* abstraction.

astringente *agg. e s.m.* astringent.

astro *s.m.* astre (*anche fig.*).

astrofisica *s.f.* astrophysique.

astrofisico (pl. *-ci*) *s.m.* astrophysicien*.

astrolabio *s.m.* (*astr.*) astrolabe.

astrologia (pl.-*gie*) *s.f.* astrologie.

astrologico (pl. -*ci*) *agg.* astrologique.

astrologo (pl. -*gi*) *s.m.* **1** astrologue **2** (*indovino*) devin.

astronauta *s.m.* astronaute.

astronautica *s.f.* astronautique.

astronautico (pl. -*ci*) *agg.* astronautique.

astronave *s.f.* vaisseau* spatial*.

astronomia *s.f.* astronomie.

astronomico (pl. -*ci*) *agg.* astronomique.

astronomo *s.m.* astronome.

astruseria, astrusità *s.f.* obscurité: *l'— di un concetto, dello stile*, le manque de clarté d'une idée, du style || *non dire astruserie!*, ne dis pas d'absurdités!

astruso *agg.* obscur.

astuccio *s.m.* **1** étui: *— degli occhiali*, étui à lunettes **2** (*per utensili*) trousse (*f.*) || *— portapenne*, trousse (d'écolier), plumier.

astutamente *avv.* astucieusement.

astuto *agg.* **1** rusé **2** (*fatto con astuzia*) astucieux*.

astuzia *s.f.* ruse; astuce.

atavico (pl. -*ci*) *agg.* atavique.

atavismo *s.m.* atavisme.

ateismo *s.m.* athéisme.

atemporale *agg.* (*fil.*) intemporel*; (*ling.*) atemporel*.

ateneo *s.m.* (*università*) université (*f.*).

ateniese *agg.* e *s.m.* athénien*.

ateo *agg.* e *s.m.* athée.

atipico (pl. -*ci*) *agg.* atypique.

atlante *s.m.* atlas.

atlantico (pl. -*ci*) *agg.* atlantique.

atleta *s.m.* athlète.

atletica *s.f.* athlétisme (*m.*): *— leggera*, athlétisme; *— pesante*, haltérophilie; (*lotta*) lutte.

atletico (pl. -*ci*) *agg.* athlétique || -**mente** *avv.*

atmosfera *s.f.* atmosphère; (*fig.*) ambiance.

atmosferico (pl.-*ci*) *agg.* atmosphérique.

atollo *s.m.* atoll.

atomico (pl. -*ci*) *agg.* atomique.

atomizzare *v.tr.* atomiser.

atomizzatore *s.m.* atomiseur, vaporisateur.

atomo *s.m.* atome.

atonale *agg.* (*mus.*) atonal*.

atonalità *s.f.* (*mus.*) atonalité.

atonia *s.f.* (*med.*) atonie.

atonico (pl. -*ci*) *agg.* (*med.*) atone.

atono *agg.* atone.

atossico (pl. -*ci*) *agg.* atoxique.

atrio *s.m.* **1** *hall **2** (*arch.*) porche; (*nelle antiche case romane*) atrium **3** (*anat.*) oreillette (*f.*).

atroce *agg.* atroce || -**mente** *avv.*

atrocità *s.f.* atrocité.

atrofia *s.f.* atrophie.

atrofico (pl.-*ci*) *agg.* atrophique; atrophié.

atrofizzare *v.tr.* atrophier □ **atrofizzarsi** *v.pron.* s'atrophier.

attaccabile *agg.* attaquable.

attaccabottoni *s.m.* (*fam.*) crampon.

attaccabrighe *s.m.* mauvais coucheur*.

attaccamento *s.m.* attachement || *dimostrare — al lavoro*, faire son travail avec beaucoup de zèle.

attaccante *agg.* e *s.m.* attaquant.

attaccapanni *s.m.* portemanteau*.

attaccare (*coniug. come* mancare) *v.tr.* **1** accrocher || *è molto attaccato al padre adottivo*, il est très attaché à son père adoptif || *stare attaccato alle gonne di qlcu*, être dans les jupes de qqn || *la sua vita è attaccata a un filo*, sa vie ne tient qu'à un fil || *— i cavalli*, atteler les chevaux **2** (*fare aderire*) coller **3** (*cucire*) coudre* **4** (*assalire*) attaquer (*anche fig.*) **5** (*intaccare*) attaquer **6** (*dare inizio a*) attaquer **7** (*trasmettere per contagio*) donner: *non voglio che mi attacchi l'influenza*, je ne veux pas que tu me passes ta grippe; *mi ha attaccato il vizio di fumare*, il m'a donné, communiqué la mauvaise habitude de fumer ♦ *v. intr.* **1** (*aderire*) prendre*, tenir* **2** (*attecchire*) prendre* (*anche fig.*) **3** (*avere inizio*) commencer* □ **attaccarsi** *v.pron.* **1** se coller **2** (*aggrapparsi*) s'accrocher (*anche fig.*) **3** (*trasmettersi per contagio*) se transmettre* **4** (*affezionarsi*) s'attacher.

attaccaticcio *agg.* **1** poisseux* **2** (*fig. fam.*) collant.

attaccato *agg.* attaché (*spec. fig.*): *sempre — al telefono*, toujours pendu au téléphone.

attaccatura *s.f.* **1** attache **2** (*della manica*) emmanchure **3** (*dei capelli*) implantation.

attacchino *s.m.* colleur d'affiches.

attacco (pl. -*chi*) *s.m.* **1** attaque (*f.*): *andare all'—*, attaquer || *ritornare all'—*, revenir, retourner à la charge **2** (*med.*) crise (*f.*): *— di tosse*, quinte de toux **3** (*sport*) attaque (*f.*) **4** (*attaccatura*) attache (*f.*) **5** (*degli sci*) fixation (*f.*) **6** (*elettr.*) prise de courant **7** (*mus.*) attaque (*f.*).

attanagliare *v.tr.* serrer || *essere attanagliato dal rimorso*, (*fig.*) être tenaillé par le remords.

attardarsi *v.pron.* s'attarder.

attardato *agg.* attardé (*anche fig.*).

attecchire (*coniug. come* finire) *v.intr.* s'enraciner; prendre* (*anche fig.*).

atteggiamento *s.m.* attitude (*f.*).

atteggiare (*coniug. come* mangiare) *v.tr.* **1** prendre* (un air, une attitude): *atteggiò il volto a meraviglia*, il prit un air étonné; *aveva la bocca atteggiata a disprezzo*, il avait une moue de mépris **2** (*le mani ecc.*) tenir* (ses mains, etc.) □ **atteggiarsi** *v.pron.* se poser (en), prendre* des airs (de).

attempato *agg.* âgé, d'un certain âge.

attendarsi *v.pron.* camper.

attendente *s.m.* (*mil.*) ordonnance (*f.*).

attendere (*coniug. come* prendere) *v.tr.* attendre*: *attenderò qui che ritorni*, j'attendrai ici que tu reviennes, j'attendrai ton retour ici || (*comm.*): *attendiamo sollecita risposta*, dans l'attente d'une prompte réponse de votre part; *la prego di voler cortesemente — una settimana*, nous vous prions de bien vouloir patienter une semaine ♦ *v.intr.* vaquer (à); (*occuparsi di*) s'occuper (de); (*applicarsi*) s'appliquer (à).

attendibile *agg.* digne de foi, crédible || *sapere da fonte —*, tenir de bonne source.

attendibilità *s.f.* crédibilité.

attendismo *s.m.* (*pol.*) attentisme.

attenersi (*coniug. come* tenere) *v.pron.* s'en tenir*; (*conformarsi*) se conformer.

attentamente *avv.* attentivement; (*con cura*) soigneusement.

attentare *v.intr.* attenter; (*fig.*) porter atteinte.

attentato *s.m.* attentat (contre qqn, à qqch); (*fig.*) atteinte (*f.*).

attentatore (f. *-trice*) *s.m.* auteur* de l'attentat.

attenti *inter.* **1** garde-à-vous! **2** (*in piedi!*) debout! ♦ *s.m.* garde-à-vous*: *sull'—*, au garde-à-vous || *mettere sull'—*, (*fig.*) remettre en place.

attento *agg.* attentif*; (*diligente*) diligent; (*premuroso*) empressé || *stai —!*, fais attention!; *attenti al cane!*, attention au chien!

attenuante *agg.* atténuant ♦ *s.f.* (*dir.*) circonstance atténuante || *non hai attenuanti,* (*estens.*) tu n'as pas d'excuses.

attenuare *v.tr.* atténuer □ **attenuarsi** *v.pron.* s'atténuer (*anche fig.*); (*affievolirsi*) s'affaiblir.

attenuazione *s.f.* atténuation.

attenzione *s.f.* attention: *prestare scarsa —*, ne pas faire grande attention; *colmare di attenzioni,* combler d'attentions; *è pieno di attenzioni per lei,* il est plein d'égards pour elle || *—!*, attention!; prends, prenez garde! || (*comm.*) *alla cortese — di,* à l'attention de.

attero *agg.* (*zool.*) aptère.

atterraggio *s.m.* atterrissage.

atterramento *s.m.* (*sport*) (*lotta*) tombé; (*rugby*) plaquage; (*salto*) chute (*f.*).

atterrare *v.tr.* **1** jeter* à terre; (*abbattere*) abattre*; (*una persona*) terrasser: *— con un pugno,* jeter à terre d'un coup de poing || *— un avversario,* (*lotta, boxe*) terrasser un adversaire, (*rugby*) plaquer, (*football*) faucher **2** (*fig.*) abattre*; (*prostrare*) atterrer ♦ *v.intr.* (*aer.*) atterrir: *l'aereo è atterrato alle nove,* l'avion a atterri à neuf heures.

atterrire (*coniug. come* finire) *v.tr.* frapper de terreur, terrifier □ **atterrirsi** *v.pron.* être* saisi de terreur.

atterrito *agg.* terrifié.

attesa *s.f.* attente: *essere in — di,* attendre || *in — di...,* dans l'attente de...; *deludere le attese di qlcu,* décevoir les expectatives de qqn.

atteso *agg.* attendu || *— che,* attendu que.

attestare[1] *v.tr.* attester (*anche fig.*).

attestare[2] *v.tr.* **1** abouter || *— un ponte alla riva,* fixer un pont aux deux rives **2** (*mil.*) faire* prendre position □ **attestarsi** *v.pron.* (*mil.*) prendre* position || *— su posizioni antiquate,* (*fig.*) s'accrocher à des idées vieillies.

attestato *s.m.* attestation (*f.*), certificat || *in — di,* en témoignage de.

attestazione *s.f.* **1** attestation **2** (*dimostrazione*) témoignage (*m.*).

attico (pl. *-ci*) *s.m.* (*arch.*) attique.

attiguo *agg.* contigu*; à côté de.

attillato *agg.* collant, ajusté.

attimo *s.m.* **1** instant: *in pochi attimi,* en un rien de temps; *nell'— stesso in cui...,* à l'instant même où... || *in un —,* en un clin d'œil || *di — in —,* d'un moment à l'autre **2** *tirati un — più in là,* (*fam.*) pousse-toi donc un peu.

attinente *agg.* relatif* || *non — a,* qui n'a rien à voir avec.

attinenza *s.f.* **1** rapport (*m.*), relation **2** *pl.* (*annessi*) annexes.

attingere (*coniug. come* spingere) *v.tr.* puiser (*anche fig.*): *— l'acqua dal pozzo, al ruscello,* puiser de l'eau au puits, dans le ruisseau || *— notizie da fonte sicura,* tenir des nouvelles d'une source sûre.

attinia *s.f.* (*zool.*) actinie.

attirare *v.tr.* attirer (par) (*anche fig.*): *si è attirata il disprezzo di tutti,* elle s'est attirée le mépris de tous; *questo film mi attira,* ce film me tente.

attitudinale *agg.* d'aptitude: *test —,* test d'aptitude.

attitudine *s.f.* **1** aptitude, disposition: *avere — per lo studio,* avoir des dispositions pour l'étude **2** (*atteggiamento del corpo*) attitude.

attivamente *avv.* activement.

attivare *v.tr.* activer: *— un impianto,* mettre en route, en marche une installation; *— una mina,* amorcer une mine; *— una linea di metropolitana,* mettre en service une ligne de métro; *— una pratica,* hâter l'examen d'un dossier.

attivazione *s.f.* **1** mise en service, mise en route **2** (*scient.*) activation.

attivismo *s.m.* activisme.

attivista *agg.* e *s.m.* activiste.

attività *s.f.* activité: *— lavorativa,* travail; *qual è la tua —?,* quelle est ta profession?; *ha molteplici —,* il a de multiples occupations || *campo di —,* champ d'action || (*comm.*) *le — e le passività,* l'actif et le passif.

attivo *agg.* actif* || *l'impianto è — da poco tempo,* l'installation est en service, fonctionne depuis peu; *vulcano —,* volcan en activité || (*comm.*): *azienda attiva,* affaire rentable; *interessi attivi,* intérêts à recevoir; *cambiale attiva,* effet à recevoir || (*mil.*) *ufficiale in servizio —,* officier d'active || (*chim.*) *carbone —,* charbon activé ♦ *s.m.* **1** actif: (*comm.*) *mettere all' —,* inscrire à l'actif **2** (*pol.*) (*organico militante*) l'appareil et l'état-major: *l'— sindacale,* le comité d'action syndicale.

attizzare *v.tr.* attiser (*anche fig.*).

attizzatoio *s.m.* tisonnier, pique-feu*; (*tecn.*) attisoir.

atto[1] *s.m.* **1** acte: *all'— della consegna,* à la livraison; *all'— dell'ordinazione,* à la commande; *all'— della partenza,* au moment du départ || *all'— pratico,* dans la pratique || *l'inflazione in —,* l'inflation en cours; *mettere, tradurre in —,* mettre à exécution, réaliser; *il programma è già in —,* le programme est en cours de réalisation **2** (*gesto*) geste: *fece — di colpirlo,* il fit le geste de le frapper; *fece — di scappare,* il fit mine de s'enfuir || *nell'— di scrivere,* en train d'écrire || *dare — di,* reconnaître **3** (*dir.*) acte; (*pl.*) (*documenti*) actes, pièces (*f.*) || *mettere agli atti*, classer || *fare gli atti a qlcu.*, actionner qqn **4** (*teatr.*) acte || — *unico*, pièce en un acte.

atto² *agg.* apte, bon* (pour): — *al lavoro*, apte au travail; *provvedimento* — *a*, mesure propre à; *mezzi atti allo scopo*, moyens adaptés au but; — *alle armi*, apte au, bon pour le service (militaire).

attonito *agg.* stupéfait.

attorcigliamento *s.m.* (en)tortillement.

attorcigliare *v.tr.* (en)tortiller; (*avvolgere*) enrouler□**attorcigliarsi** *v.pron.* s'enrouler, s'entortiller.

attore *s.m.* **1** acteur; (*di tragedia*) tragédien; (*di commedia*) comédien: *attor giovane*, jeune premier; *primo* —, acteur principal; *primo attor giovane*; jeune premier **2** (*dir.*) demandeur.

attorniare *v.tr.* entourer; (*accerchiare*) cerner □ **attorniarsi** *v.pron.* s'entourer.

attorno *avv.* dans les environs, dans les parages: *è a spasso qui* —, il se promène dans les parages || *andare* —, (*bighellonare*) flâner || *tutt'* —, tout autour || — *a*, autour de; *guardarsi* —, (*anche fig.*) regarder autour de soi; *le mura* — *alla città*, les remparts entourant la ville || *d'* —, → **dattorno**.

attraccare (*coniug. come* mancare) *v.tr.* (*mar.*) accoster: — *una nave al molo*, amarrer un navire au môle ♦ *v.intr.* (*mar.*) accoster: — *alla banchina*, accoster le quai.

attracco (pl. *-chi*) *s.m.* (*mar.*) **1** accostage **2** (*il luogo in cui si attracca*) quai.

attraente *agg.* (*di persona*) charmant; (*di cosa*) attrayant: *ragazza molto* —, jeune fille qui a beaucoup de charme.

attrarre (*coniug. come* trarre) *v.tr.* attirer (*anche fig.*): *la sua bellezza lo attrae*, sa beauté le séduit □ **attrarsi** *v.pron.* s'attirer.

attrattiva *s.f.* attrait (*m.*); attraction; (*fascino*) charme: *le attrattive della carriera cinematografica*, les attraits de la carrière cinématographique.

attraversamento *s.m.* **1** traversée (*f.*) **2** (*luogo*) passage: — *pedonale*, passage clouté, protégé.

attraversare *v.tr.* **1** traverser (*anche fig.*): *un veicolo ci attraversò la strada*, un véhicule nous coupa la route; — *la strada a qlcu*, (*fig.*) barrer la route à qqn || — *un periodo difficile*, (*fig.*) passer par une mauvaise période **2** (*varcare*) franchir, passer.

attraverso *prep.* **1** à travers, (*spec. incontrando resistenza*) au travers de: *guardare qlco* — *una lente*, regarder qqch à travers une loupe; *il proiettile passò* — *la parete*, le projectile passa au travers de la cloison; *prendere* — *i campi*, couper à travers champs **2** (*trasversalmente*) en travers de **3** (*tramite*) par; (*riferito solo a persona*) par l'intermédiaire de.

attrazione *s.f.* attraction.

attrezzare *v.tr.* **1** (*fornire di attrezzi*) outiller: — *un'officina*, outiller un atelier **2** (*estens.*) équiper **3** (*mar.*) gréer □ **attrezzarsi** *v.pron.* s'équiper.

attrezzatura *s.f.* **1** matériel (*m.*); (*equipaggia-*

mento) équipement (*m.*); (*insieme di attrezzi*) outillage (*m.*): — *industriale*, outillage industriel; — *elettrica*, appareillage électrique; *attrezzature turistiche*, équipements touristiques; — *di soccorso, di riserva*, installation de secours **2** (*mar.*) gréement (*m.*).

attrezzista *s.m.* **1** (*sport*) gymnaste **2** (*teatr.*) accessoiriste **3** (*operaio*) outilleur.

attrezzistica *s.f.* (*sport*) exercices aux agrès.

attrezzo *s.m.* **1** outil; (*utensile*) ustensile **2** *pl.* (*da ginnastica*) agrès.

attribuibile *agg.* attribuable.

attribuire (*coniug. come* finire) *v.tr.* attribuer.

attributivo *agg.* (*gramm.*) attributif* || *complemento* —, complément d'attribution.

attributo *s.m.* attribut.

attribuzione *s.f.* attribution: *d'incerta* —, dont l'attribution est incertaine.

attrice *s.f.* actrice.

attrito *s.m.* frottement; (*frizione*) friction (*f.*) (*anche fig.*): (*fis.*) — *volvente, radente*, frottement de roulement, de glissement; *l'* — *dell'aria*, la friction de l'air; *c'era un forte* — *tra loro*, (*fig.*) il y avait de grosses frictions entre eux.

attuabile *agg.* réalisable, faisable.

attuale *agg.* actuel* || *-mente* *avv.*

attualità *s.f.* actualité || *di* —, d'actualité, actuel; *di viva* —, de grande actualité || — *cinematografiche*, actualités.

attualizzare *v.tr.* actualiser.

attualizzazione *s.f.* actualisation.

attuare *v.tr.* réaliser □ **attuarsi** *v.pron.* se réaliser.

attuariale *agg.* (*écon.*) actuariel*.

attuario *s.m.* actuaire.

attuazione *s.f.* réalisation || *mettere in* —, mettre à exécution.

attutire (*coniug. come* finire) *v.tr.* **1** amortir **2** (*fig.*) calmer, apaiser □ **attutirsi** *v.pron.* **1** s'amortir **2** (*fig.*) s'apaiser.

attutito *agg.* amorti; (*fig.*) apaisé.

audace *agg.* audacieux*, *hardi || *proposte audaci*, propositions hardies; *barzelletta* —, plaisanterie osée; *scollatura* —, décolleté audacieux ♦ *s.m.* audacieux.

audacemente *avv.* audacieusement.

audacia *s.f.* audace.

audience (pl. *invar.*) *s.f.* (*tv*) audience.

audio (pl. *invar.*) *s.m.* (*tv*) son ♦ *agg.invar.* du son.

audio- *pref.* audio-

audioleso *agg.* e *s.m.* malentendant.

audiometrico (pl. *-ci*) *agg.* audiométrique.

audiovisivo *agg.* e *s.m.* audio-visuel*.

audit *s.m.* (*fin.*) (*revisione dei conti*) audit, révision des comptes.

auditorio *s.m.* auditorium.

audizione *s.f.* audition: *fare un'* —, passer une audition.

auf(f) *inter.* → **uffa**.

auge *s.m.* apogée || *essere in* —, jouir d'un grand crédit; (*andare per la maggiore*) être en vogue.

augurabile *agg.* souhaitable.

augurale *agg.* de vœux.

augurare *v.tr.* souhaiter: *mi auguro di tornare presto,* j'espère revenir bientôt.

augure *s.m.* (*st.*) augure.

augurio *s.m.* **1** vœu*, souhait: *gli auguri di Natale e Capodanno,* les vœux de Noël et du nouvel an; *tanti auguri!,* tous mes vœux! **2** (*fortuna*) chance (*f.*): *auguri per i tuoi esami!,* bonne chance pour tes examens! || *di buon, di cattivo —,* de bon, de mauvais augure.

augusto[1] *agg.* auguste.

augusto[2] *s.m.* (*circo equestre*) auguste.

aula *s.f.* salle: — *universitaria,* amphi; — *magna,* grand amphithéâtre.

aulico (pl. -*ci*) *agg.* **1** (*di corte*) de cour **2** (*fig.*) élevé.

aumentare *v.tr.* augmenter || (*econ.*) — *il tasso di interesse,* élever le taux d'intérêt ♦ *v.intr.* augmenter; (*accrescersi*) s'accroître*: *il caldo è aumentato,* la chaleur a augmenté; *la popolazione è aumentata di due milioni,* la population s'est accrue de deux millions; *il numero delle vittime è destinato ad —,* le nombre des victimes est destiné à s'accroître; *sono aumentata di un chilo,* j'ai grossi d'un kilo, j'ai pris un kilo.

aumento *s.m.* **1** augmentation (*f.*): *essere in continuo —,* ne faire qu'augmenter || *l'— demografico,* la croissance démographique **2** (*rialzo*) *hausse (*f.*): — *di temperatura,* hausse de la température.

aura *s.f.* (*letter.*) **1** (*brezza*) brise **2** (*fig.*) aura.

aureo *agg.* (*d'oro, dorato*) d'or; (*fatto d'oro*) en or || (*fin.*): *riserva aurea,* réserve (en) or; (*econ.*) *sistema —,* étalon-or || *il periodo — della letteratura francese,* l'âge d'or de la littérature française || *aurea mediocrità,* médiocrité dorée || (*mat.*) *sezione aurea,* section dorée.

aureola *s.f.* auréole (*anche fig.*) || *crearsi un'— di bontà,* se faire une réputation de bonté.

aureolare *v.tr.* auréoler.

auricolare *agg.* auriculaire ♦ *s.m.* (*di microtelefono*) écouteur; (*pl.*) (*cuffia*) casque d'écoute, baladeur.

aurifero *agg.* aurifère.

aurora *s.f.* aurore (*anche fig.*): — *boreale,* aurore boréale, polaire.

auscultare *v.tr.* ausculter.

auscultazione *s.f.* auscultation.

ausiliare *agg.* e *s.m.* auxiliaire.

ausiliario *agg.* e *s.m.* auxiliaire.

ausilio *s.m.* (*letter.*) secours, aide (*f.*).

auspicabile *agg.* souhaitable.

auspicare (*coniug. come* mancare) *v.tr.* souhaiter.

auspice *s.m.* (*st.*) auspice || — *il ministro,* sous les auspices du ministre.

auspicio *s.m.* **1** auspice || *sotto gli auspici di qlcu,* sous les auspices de qqn **2** (*augurio, presagio*) augure.

austerità *s.f.* austérité.

austero *agg.* austère.

australe *agg.* austral*.

australiano *agg.* e *s.m.* australien*.

austriaco (pl.-*ci*) *agg.* e *s.m.* autrichien*.

austro- *pref.* austro-

autarchia *s.f.* autarcie.

autarchico (pl.-*ci*) *agg.* autarcique.

aut-aut *s.m.* alternative (*f.*): *essere all'—,* être au pied du mur.

autentica (pl. -*che*) *s.f.* → **autenticazione**.

autenticare (*coniug. come* mancare) *v.tr.* authentifier.

autenticazione *s.f.* authentification.

autenticità *s.f.* authenticité.

autentico (pl.-*ci*) *agg.* authentique || *un — genio,* (*fam.*) un véritable génie || -**amente** *avv.*

autismo *s.m.* (*psic.*) autisme.

autista[1] *s.m.* chauffeur: — *di camion,* camionneur.

FARE GLI AUGURI

Buon Natale. Buone feste	*Joyeux Noël*
Buon Anno	*Bonne année*
Buona Pasqua	*Joyeuses Pâques*
Buon compleanno	*Bon anniversaire*
Buon onomastico	*Bonne fête*
Auguri!	*Tous mes souhaits!*
Auguri di felicità!	*Tous mes vœux de bonheur!*
	Meilleurs vœux de bonheur!
Auguri di pronta guarigione!	*Meilleure santé!*
Buone vacanze	*Bonnes vacances*
Buon viaggio	*Bon voyage*
Buona fortuna	*Bonne chance*
Forza, coraggio. Buon lavoro!	*Bon courage!*
Buon appetito	*Bon appétit*
(*si risponde*: Grazie, altrettanto)	(*on répond: Merci, vous aussi*)
Cin cin. Alla salute. Alla tua (nostra, vostra...)	*À ta (votre) santé*
Salute (*a chi starnuta*)	*À tes (vos) souhaits*
Divertiti!	*Amuse-toi bien*

autista[2] *s.m.* (*psic.*) autiste.
autistico (pl. -*ci*) *agg.* (*psic.*) autiste.
auto *s.f. abbr. di* → **automobile**.
auto- *pref.* auto-
autoaccensione *s.f.* auto-allumage* (*m.*).
autoadesivo *agg.* e *s.m.* autocollant.
autoambulanza *s.f.* ambulance.
autoarticolato *s.m.* semi-remorque* (*f.*).
autobiografia *s.f.* autobiographie.
autobiografico (pl. -*ci*) *agg.* autobiographique.
autoblindato *agg.* blindé.
autoblindo (pl. *invar.*) *s.m.* automitrailleuse (*f.*), (engin) blindé.
autobotte *s.f.* camion-citerne* (*m.*).
autobus *s.m.* autobus, bus.
autocarro *s.m.* camion, poids lourd.
autocensura *s.f.* autocensure.
autocisterna *s.f.* camion-citerne* (*m.*).
autoclave *s.f.* autoclave (*m.*).
autocombustione *s.f.* combustion spontanée.
autocommiserazione *s.f.* le fait de s'apitoyer sur soi-même.
autocontrollo *s.m.* maîtrise de soi.
autocoscienza *s.f.* conscience de soi; (*estens.*) connaissance de soi.
autocrate *s.m.* autocrate (*anche fig.*).
autocrazia *s.f.* autocratie.
autocritica (pl. -*che*) *s.f.* autocritique.
autocritico (pl. -*ci*) *agg.* d'autocritique.
autoctono *agg.* autochtone.
autodeterminazione *s.f.* autodétermination.
autodidatta *s.m.* autodidacte.
autodifesa *s.f.* autodéfense.
autodisciplina *s.f.* autodiscipline.
autodromo *s.m.* autodrome, circuit.
autoferrotranviario *agg.* des transports publics.
autofficina *s.f.* **1** camion atelier **2** atelier de réparations.
autofinanziarsi *v.pron.* s'autofinancer*.
autogeno *agg.* autogène.
autogestione *s.f.* autogestion.
autogo(a)l *s.m.* (*football*) auto-but*.
autogoverno *s.m.* (*pol.*) autonomie de gouvernement.
autografo *agg.* autographe ♦ *s.m.* **1** autographe **2** manuscrit original*.
autogrill *s.m.* restoroute.
autogrù *s.f.* dépanneuse.
autolavaggio *s.m.* lavage automatique (de voitures).
autolesionismo *s.m.* **1** (*med.*) automutilation (*f.*) **2** (*fig.*) masochisme.
autolesionista *s.m.* e *f.* **1** (*med.*) qui pratique l'automutilation **2** (*fig.*) masochiste.
autolinea *s.f.* ligne de cars; (*servizio di automezzi*) service de cars.
automa *s.m.* automate (*anche fig.*).
automatico (pl. -*ci*) *agg.* automatique || (*bottone*) —, (bouton-)pression* || -**mente** *avv.*
automatismo *s.m.* automatisme.
automatizzare *v.tr.* automatiser.
automazione *s.f.* automation.

automezzo *s.m.* → **autoveicolo**.
automobile *s.f.* voiture, automobile.
automobilismo *s.m.* automobilisme.
automobilista *s.m.* automobiliste.
automobilistico (pl. -*ci*) *agg.* automobile || *incidente* —, accident de voiture || *patente automobilistica*, permis de conduire || *circolazione automobilistica*, circulation routière.
automotrice *s.f.* automotrice, autorail (*m.*).
autonoleggio *s.m.* location de voitures.
autonomia *s.f.* autonomie.
autonomista *agg.* e *s.m.* autonomiste.
autonomistico (pl. -*ci*) *agg.* autonomiste.
autonomo *agg.* autonome.
autopalpazione *s.f.* (*med.*) auto-examen* (*m.*).
autopista *s.f.* **1** (*regioni desertiche*) piste (pour véhicules) **2** (*luna-park*) piste d'autos-tamponneuses.
autopompa *s.f.* autopompe.
autopsia *s.f.* autopsie.
autopullman *s.m.* autocar.
autoradio (pl. *invar.*) *s.f.* autoradio (*m.*).
autoraduno *s.m.* rallye.
autore *s.m.* auteur || *quadro d'*—, tableau de maître.
autoregolazione *s.f.* autorégulation.
autorespiratore *s.m.* scaphandre autonome.
autorete *s.f.* (*sport*) auto-but* (*m.*).
autorevole *agg.* **1** influent || *un aspetto* —, un air d'autorité **2** (*degno di fede*) digne de foi || *fonte* —, source autorisée.
autorevolezza *s.f.* autorité.
autorevolmente *avv.* avec autorité.
autorimessa *s.f.* garage (*m.*).
autorità *s.f.* autorité || *è un'*— *nel suo campo*, il fait autorité dans son domaine.
autoritario *agg.* autoritaire.
autoritarismo *s.m.* autoritarisme.
autoritratto *s.m.* autoportrait.
autorizzare *v.tr.* autoriser.
autorizzazione *s.f.* autorisation.
autosalone *s.m.* hall d'exposition (d'un concessionnaire automobile).
autoscatto *s.m.* (*fot.*) déclencheur automatique.
autoscontro *s.m.* autos-tamponneuses* (*f.pl.*).
autoscuola *s.f.* auto-école*.
autosilo *s.m.* parking à étages.
autosnodato *s.m.* autobus articulé, autobus à soufflet.
autostazione *s.f.* gare routière.
autostop *s.m.* auto-stop*.
autostoppista *s.m.* auto-stoppeur*.
autostrada *s.f.* autoroute.
autostradale *agg.* de l'autoroute: *traffico* —, circulation sur l'autoroute.
autosufficiente *agg.* qui se suffit à soi-même.
autosufficienza *s.f.* autosuffisance.
autosuggestione *s.f.* autosuggestion.
autotassazione *s.f.* calcul de l'impôt à discrétion du contribuable.
autotrapianto *s.m.* autogreffe (*f.*).
autotrasfusione *s.f.* autotransfusion.

autotrasportatore *s.m.* camionneur.

autotrasporto *s.m.* transport automobile.

autotrazione *s.f.* autotraction.

autotreno *s.m.* camion-remorque*.

autoveicolo *s.m.* véhicule automobile.

autovettura *s.f.* automobile.

autrice *s.f.* auteur (*m.*); (*scrittrice*) (femme) écrivain.

autunnale *agg.* de l'automne.

autunno *s.m.* automne: *d'—*, en automne; *è —*, c'est l'automne.

avallare *v.tr.* avaliser; (*fig.*) (*confermare*) confirmer.

avallo *s.m.* aval*.

avambraccio *s.m.* avant-bras.

avamposto *s.m.* (*mil.*) avant-poste.

avana *s.f.* *havane.

avancarica, ad *locuz.avv.*: *caricamento ad —* , chargement par la gueule.

avancorpo *s.m.* (*edil.*) avant-corps.

avanguardia *s.f.* avant-garde.

avannotto *s.m.* (*zool.*) alevin.

avanscoperta *s.f.*: *in —*, en reconnaissance.

avanspettacolo *s.m.* spectacle de variétés (précédant la projection d'un film).

avanti *avv.* **1** (*in*) —, en avant || *la farmacia è un po' più —*, la pharmacie est un peu plus loin || *mandare — qlcu.*, (*farsi precedere*) envoyer qqn devant || *andare —*, (*avanzare*) avancer; (*continuare*) continuer (de), poursuivre; (*precedere*) aller, passer devant: *andate — fino al secondo semaforo*, continuez jusqu'au deuxième feu || *va' — tu, non far complimenti*, ne fais pas de cérémonies, passe le premier || *andare — e indietro*, marcher de long en tang; (*fare la spola*) faire la navette || *si tira —*, (*fam.*) on fait aller; *riusciamo appena appena a tirare —*, nous arrivons à peine à joindre les deux bouts || *questa sveglia va —*, ce réveil avance; *mettere — un orologio*, avancer une montre; *sono — di cinque minuti*, ma montre avance de cinq minutes || *più si va —*, *negli anni...*, plus on se fait vieux...; *essere — negli anni*, être d'un âge avancé || *essere — in un lavoro*, être en avance dans un travail || *— un altro*, au suivant || *Chi è? Avanti!*, Qui est-là? Entrez! || *—, marc'!*, en avant, marche! || *—, non prendertela!*, allez, ne t'en fais pas! **2** (*in espressioni temporali*) avant || *non ora, più —*, pas maintenant, plus tard; *di qui in —*, *d'ora in —*, dorénavant ♦ *agg.: il giorno —*, la veille ♦ *prep.* avant: *— Cristo*, avant Jésus-Christ (av. J.-C.) || *— lettera*, avant la lettre ♦ *s.m.* (*sport*) avant.

avantieri *avv.* avant-hier.

avantreno *s.m.* avant-train.

avanzamento *s.m.* **1** avancement; (*fig.*) progrès || *— di grado*, avancement; *— per anzianità*, avancement à l'ancienneté **2** (*inform.*) avancement; progrès: *— carta*, défilement, avancement du papier.

avanzare[1] *v.intr.* **1** avancer* (*anche fig.*): *dovettero — a piedi*, ils durent avancer à pied || *— negli anni*, se faire vieux || *— di grado*, monter en grade **2** (*fam.*) (*sporgere*) dépasser ♦ *v.tr.* **1** (*superare*) devancer* **2** (*promuovere di grado*) promouvoir* **3** (*presentare*) avancer* || *— delle scuse*, alléguer des excuses; *— una richiesta*, présenter une demande □ **avanzarsi** *v.pron.* s'avancer*.

avanzare[2] *v.intr.* rester: *se ti avanza tempo*, s'il te reste du temps || *c'è pane per tutti e ne avanza*, il y a du pain pour tout le monde et plus qu'il n'en faut.

avanzata *s.f.* progression, avance.

avanzato *agg.* avancé (*anche fig.*): *tecnica avanzata*, technique de pointe || *ad autunno —*, vers la fin de l'automne.

avanzo *s.m.* reste (*anche fig.*) || *avanzi di magazzino*, fonds de magasin || *— di galera*, gibier de potence || *ce n'è d'—*, il y en a plus qu'il n'en faut || *averne d'—*, en avoir assez || (*mat.*) *con l'— di due*, et il reste deux.

avaria *s.f.* avarie; (*di meccanismi*) panne: *motore in —*, moteur en panne.

avariare *v.tr.* avarier □ **avariarsi** *v.pron.* s'avarier.

avariato *agg.* avarié.

avarizia *s.f.* avarice.

avaro *agg.* e *s.m.* avare.

ave *inter.* salut || *Ave Maria*, Je vous salue, Marie ♦ *s.f.* (*preghiera*) Ave* (*m.*).

avemaria, avemmaria, ave Maria *s.f.* **1** (*preghiera*) Ave Maria*, avé (*m.*) || *sapere come l'—*, connaître sur le bout du doigt **2** (*preghiera della sera*) Angélus (*m.*) **3** (*grano del rosario*) avé (*m.*).

avena *s.f.* avoine.

avere[1]

Indic.pres. io ho, tu hai, egli ha, noi abbiamo, voi avete, essi hanno; *pass.rem.* io ebbi, tu avesti, egli ebbe, noi avemmo, voi aveste, essi ebbero; *fut.* io avrò ecc. *Cong.pres.* io abbia ecc., noi abbiamo, voi abbiate, essi abbiano. *Imp.* abbi, abbiate. *Part.pass.* avuto.

v.tr. **1** avoir*: *—, non — coraggio*, avoir du, manquer de courage; *l'impressione che ho avuto era sbagliata*, l'impression que j'ai eue était fausse; *gli imprevisti che abbiamo avuto*, les imprévus que nous avons eus; *ha la moglie ammalata*, sa femme est malade; *ha la macchina guasta*, sa voiture est en panne; *ha sempre gli occhiali*, il porte toujours des lunettes; *ho avuto una notte insonne*, j'ai passé une nuit blanche || *ha avuto tutto dalla vita*, la vie lui a tout donné || *"Quanti ne abbiamo oggi?" "Ne abbiamo due"*, "Le combien sommes-nous aujourd'hui?" "Nous sommes le deux" || *ha avuto due anni (di carcere)*, il a été condamné à deux ans (de prison) || *ha molto della madre*, il tient beaucoup de sa mère || *ha un po' del matto*, il n'est un peu fou || *ha del prodigioso*, cela tient du prodige || *ha avuto le sue nella vita*, a eu son compte dans la vie **2** (*ausiliare*) avoir* □ **avere a** (*letter.*): *avrai a pentirti di quel che hai detto*, tu te repentiras de ce que tu as dit; *temo che abbia a essere un insuccesso*, je crains que cela ne soit qu'un échec; **avere (a) che**: *avrà (a) che fare* *con me!*, il aura affaire à moi!; *non voglio averci* (*niente*) *a che fare*, je ne veux pas avoir affaire à lui; — (*a*) *che dire con qlcu*, avoir maille à partir avec qqn; *questo non ha niente a che vedere con il resto*, cela n'a rien à voir avec le reste; **avercela con**, en vouloir* à: *con chi ce l'hai?*, à qui en veux-tu?; *ce l'ha sempre con me*, il en a toujours après moi; **avere da**, avoir* à: *ho da scrivere una lettera*, j'ai une lettre à écrire; *non hanno da mangiare*, ils n'ont pas à manger, de quoi manger; *ha poco da vivere*, il lui reste peu de temps; *ha ancora da nascere l'uomo che...*, il n'est pas encore né l'homme qui...; **avere di che**, avoir* de quoi.

avere² *s.m.* **1** (*spec.pl.*) avoir (*solo sing.*): *ho perduto tutti i miei averi*, j'ai perdu tout ce que j'avais **2** (*amm., comm.*) avoir, crédit: *registrare all'— di un conto*, inscrire à l'avoir d'un compte; *esige il suo —*, il exige son dû; *a vostro —*, à votre crédit; *in —*, au crédit.

averla *s.f.* (*zool.*) pie-grièche*.
aviatore (f. *-trice*) *s.m.* aviateur*.
aviazione *s.f.* aviation.
avicolo *agg.* avicole.
avicoltore *s.m.* aviculteur.
avicoltura *s.f.* aviculture.
avidità *s.f.* avidité.
avido *agg.* avide || *— di guadagno*, âpre au gain; *— di novità*, épris de nouveautés || **-mente** *avv.*
aviere *s.m.* aviateur*.
aviogetto *s.m.* avion à réaction, jet.
aviolinea *s.f.* ligne aérienne.
aviotrasportare *v.tr.* transporter par avion || *truppe aviotrasportate*, troupes aéroportées, aérotransportées.
avitaminosi *s.f.* (*med.*) avitaminose.
avito *agg.* ancestral*.
avo *s.m.* **1** (*letter.*) aïeul* **2** *pl.* (*antenati*) ancêtres, aïeux.
avocado *s.m.* **1** (*frutto*) avocat **2** (*albero*) avocatier.
avocare (*coniug. come* mancare) *v.tr.* **1** évoquer **2** (*confiscare*) confisquer.
avorio *s.m.* ivoire*.
avulsione *s.f.* avulsion.
avulso *agg.* **1** (*estraneo*) étranger* **2** (*strappato via*) arraché.
avvalersi (*coniug. come* valere) *v.pron.* se servir*: *— di un diritto*, user d'un droit.
avvallamento *s.m.* dépression (*f.*); vallon.
avvalorare *v.tr.* **1** confirmer **2** (*valorizzare*) mettre* en valeur ☐ **avvalorarsi** *v.pron.* s'affirmer, se confirmer.
avvampare *v.intr.* **1** prendre* feu **2** (*estens.*) s'enflammer (de) **3** (*arrossire*) rougir.
avvantaggiare (*coniug. come* mangiare) *v.tr.* avantager*; (*favorire*) favoriser* ☐ **avvantaggiarsi** *v.pron.* **1** tirer avantage, tirer profit **2** (*guadagnare tempo*) gagner du temps **3** (*avere la meglio*) prendre* le dessus.
avvedersi (*coniug. come* vedere; *part. pass.* avveduto) *v.pron.* s'apercevoir*; (*rendersi conto*) se rendre* compte.

avvedutamente *avv.* prudemment; (*sagacemente*) adroitement.
avveduto *agg.* avisé.
avvelenamento *s.m.* empoisonnement (par).
avvelenare *v.tr.* **1** empoisonner (*anche fig.*) **2** (*corrompere*) corrompre* **3** (*inquinare*) polluer ☐ **avvelenarsi** *v.pron.* s'empoisonner; (*fig.*) s'envenimer.
avvelenato *agg.* empoisonné; (*fig.*) envenimé || *avere il dente — contro qlcu*, (*fig.*) avoir une dent contre qqn.
avvenente *agg.* séduisant.
avvenenza *s.f.* beauté; charme (*m.*).
avvenimento *s.m.* événement.
avvenire¹ (*coniug. come* venire) *v.intr.* se passer; (*capitare*) arriver; (*verificarsi*) se produire*: *che cosa avviene laggiù?*, que se passe-t-il là-bas?; *è avvenuta una disgrazia*, il est arrivé un malheur; *è avvenuto per colpa sua*, c'est à cause de lui si c'est arrivé; *è avvenuto spesso che fosse in ritardo*, il lui est souvent arrivé d'être en retard; *come spesso avviene*, comme il arrive souvent; *qualunque cosa avvenga*, quoi qu'il arrive, quoi qu'il advienne.
avvenire² *s.m.* avenir || *in — andrà meglio*, à l'avenir ce sera mieux; *cosa farai in —?*, qu'est -ce que tu feras plus tard? || *un giovane di grande —*, un jeune homme qui promet ♦ *agg.* futur, à venir.
avveniristico (pl. *-ci*) *agg.* précurseur*, avant-coureur*, du futur: *romanzo —*, roman d'anticipation.
avventare *v.tr.* **1** jeter*, lancer* **2** (*fig.*) (*azzardare*) *hasarder ☐ **avventarsi** *v.pron.* se jeter* (sur), se lancer* (sur): *gli si avventò contro*, il se rua sur lui.
avventatamente *avv.* inconsidérément: *agire —*, agir inconsidérément.
avventato *agg.* inconsidéré, irréfléchi: *decisione avventata*, décision hasardée.
avventizio *agg.* **1** (*di lavoratore*) vacataire: *personale —*, personnel vacataire; (*impiegati*) *avventizi*, vacataires **2** (*venuto da fuori*) (venu) du dehors **3** (*bot.*) adventif*: *piante avventizie*, plantes adventices.
avvento *s.m.* **1** avènement **2** (*relig.*) Avent.
avventore (f. *-trice*) *s.m.* client.
avventura *s.f.* aventure || *andare in cerca di avventure*, chercher l'aventure || *per —*, par hasard.
avventurarsi *v.pron.* s'aventurer.
avventuriero *s.m.* aventurier* ♦ *agg.* d'aventure: *spirito —*, esprit d'aventure.
avventuristico (pl. *-ci*) *agg.* aventuriste.
avventuroso *agg.* aventureux* || **-mente** *avv.*
avverarsi *v.pron.* s'accomplir; (*realizzarsi*) se réaliser.
avverbiale *agg.* (*gramm.*) adverbial* || **-mente** *avv.*
avverbio *s.m.* (*gramm.*) adverbe.
avversare *v.tr.* contrecarrer.
avversario *agg.* adverse ♦ *s.m.* adversaire.
avversativo *agg.* (*gramm.*) adversatif*.
avversione *s.f.* aversion (pour, contre): *— per il*

cibo, dégoût pour la nourriture || *prendere in* —, prendre en grippe.

avversità *s.f.* adversité (*spec. sing.*) || *l'— delle condizioni atmosferiche*, les mauvaises conditions atmosphériques || *l'— della sorte*, le sort adverse.

avverso *agg.* adverse; (*ostile*) hostile; (*sfavorevole*) défavorable.

àvvero *agg.* 1 soin (*m.*): *avere l'— di*, avoir soin de 2 (*avvertimento*) avertissement (*m.*); (*consiglio*) conseil (*m.*) 3 (*introduzione a un libro*) avertissement (*m.*) 4 *pl.* instructions.

avvertimento *s.m.* avertissement; (*consiglio*) conseil.

àvvertire *v.tr.* 1 (*avvisare*) prévenir*, avertir: *hanno avvertito la polizia*, on a alerté la police 2 (*percepire*) percevoir*; (*sentire*) ressentir*; (*cogliere*) saisir.

avvertito *agg.* (*sagace*) perspicace.

avvezzo *agg.* habitué, accoutumé.

àvviamento *s.m.* 1 mise en train, mise en chantier; (*di industria ecc.*) mise sur pied: *dopo un buon — la trattativa ha rischiato di fallire*, après avoir bien démarré les négociations ont failli échouer || *codice di — postale*, code postal 2 (*il preparare*) préparation (*f.*) || *— allo studio del francese*, introduction à l'étude du français 3 (*comm.*) achalandage (d'un magasin) 4 (*mecc.*) mise en marche, démarrage || *motorino d'—*, démarreur.

avviare *v.tr.* 1 acheminer; (*indirizzare*) diriger* (vers); (*iniziare a*) pousser: — *all'avvocatura*, diriger vers le barreau; — *al vizio*, pousser au vice 2 (*cominciare*) commencer*; (*trattative ecc.*) entamer; (*una conversazione*) engager* || — *un'industria*, mettre sur pied une entreprise; — *un affare*, mettre une affaire en train 3 (*mettere in moto*) mettre* en marche, faire* démarrer □ **avviarsi** *v.pron.* 1 (*dirigersi*) s'acheminer (vers), se diriger (vers); (*andare*) aller*; (*andarsene*) partir*: *è ora di —*, c'est l'heure de partir; — *alla rovina*, (*fig.*) aller à la ruine || *la festa si avviava verso la fine*, la fête touchait à sa fin 2 (*stare per*) être* en passe de 3 (*di motore, veicolo*) démarrer, partir.

avviato *agg.* en route (*anche fig.*); (*di trattative ecc.*) entamé; (*di conversazione ecc.*) engagé: *il lavoro è ormai —*, le travail est désormais bien avancé || *impresa bene avviata*, entreprise prospère; *è ben — negli studi*, il a bien commencé ses études.

avvicendamento *s.m.* 1 alternance (*f.*) || *l'— delle colture*, (*agr.*) la rotation des cultures || *l'— del personale di un'azienda*, le roulement du personnel d'une entreprise || (*mil.*) *l'— dei reparti*, la relève des troupes 2 (*inform.*) plan; liste (*f.*); inventaire.

avvicendare *v.tr.* 1 faire* alterner 2 (*agr.*) alterner □ **avvicendarsi** *v.pron.* se succéder*; (*spec. di persone*) se relayer* || *l'— delle stagioni*, l'alternance des saisons.

avvicinamento *s.m.* approche (*f.*).

avvicinare *v.tr.* 1 (*cosa*) approcher (de): *avvicina un po' il tavolo*, approche un peu la table 2 (*persona*) aborder, approcher || *uomo difficile da —*, homme d'un abord difficile □ **avvicinarsi** *v.pron.* 1 s'approcher (de); (*essere vicino*) approcher (de): *si avvicinò alla porta*, il s'approcha de la porte;— *alla meta*, approcher du but; *le si avvicinò in silenzio*, il s'approche d'elle en silence; *l'e-state si avvicina*, l'été approche || — *a Dio*, se rapprocher de Dieu || *all'— di*, à l'approche de 2 (*assomigliare*) ressembler; rappeler*.

avvilente *agg.* avilissant.

avvilimento *s.m.* 1 (*scoraggiamento*) découragement 2 (*degradazione*) dégradation (*f.*), avilissement.

avvilire (*coniug. come* finire) *v.tr.* 1 humilier 2 (*scoraggiare*) décourager*, abattre*: *non bisogna avvilirlo con continui rimproveri*, il ne faut pas le mortifier par des reproches continuels 3 (*degradare*) dégrader, avilir □ **avvilirsi** *v.pron.* 1 (*scoraggiarsi*) se décourager* 2 (*umiliarsi*) s'humilier, s'avilir.

avviluppare *v.tr.* envelopper □ **avvilupparsi** *v.pron.* s'envelopper.

avvinazzato *agg.* aviné ♦ *s.m.* ivrogne.

avvincente *agg.* captivant; (*affascinante*) fascinant.

avvincere (*coniug. come* vincere) *v.tr.* 1 (*letter.*) (*stringere*) étreindre*; (*legare*) entraver 2 (*fig.*) captiver; (*affascinare*) fasciner || *personalità che avvince*, personnalité très attachante.

avvinghiare *v.tr.* (*stringere*) enserrer: *lo avvinghiò alla gola*, il le saisit à la gorge; — *al collo di*, se pendre au cou de □ **avvinghiarsi** *v.pron.* s'accrocher; (*l'un l'altro*) s'enlacer*.

avvio *s.m.* 1 départ: *prendere — da*, partir de; *dare l'— a qlco*, commencer qqch; *l'episodio diede l'— a un'inchiesta*, l'épisode donna lieu à une enquête; *l'affare ha avuto un buon —*, l'affaire a bien démarré 2 (*tecn.*) démarrage.

avvisaglia *s.f.* 1 (*scaramuccia*) escarmouche 2 (*segno*) symptôme (*m.*): *le prime avvisaglie del male*, les premiers signes du mal.

avvisare *v.tr.* avertir, prévenir*; (*informare*) informer: *non siamo stati avvisati in tempo*, on ne nous a pas avertis à temps; *avvisami quando vieni*, préviens-moi de ton arrivée.

avviso *s.m.* 1 avis: — *al pubblico*, avis au public; *affiggere un —*, apposer un avis || *questo ti serva d'—*, que cela te serve d'avertissement || *mettere sull'—* mettre en garde; *stare sull'—*, être, se tenir sur ses gardes 2 (*notifica*) avis; (*inserzione*) annonce (*f.*): — *di pagamento*, avis de payement; — *di ricevimento*, accusé de réception 3 (*opinione*) avis: *a nostro —*, à notre avis.

avvistamento *s.m.* repérage.

avvistare *v.tr.* repérer*, apercevoir*.

avvitamento *s.m.* 1 vissage 2 (*aer., sport*) vrille (*f.*).

avvitare *v.tr.* visser □ **avvitarsi** *v.pron.* (*aer., sport*) vriller.

avviticchiarsi *v.pron.* s'entortiller.

avvizzire (*coniug. come* finire) *v.intr.* se flétrir (*anche fig.*) ♦ *v.tr.* flétrir.

avvizzito *agg.* flétri (*anche fig.*).

avvocatessa *s.f.* **1** avocate, femme avocat **2** (*scherz.*) femme bavarde et intrigante.

avvocato *s.m.* avocat: *fare l'—*, être avocat || *da strapazzo*, avocassier || *l'— Neri*, Maître Neri; *buongiorno —!*, bonjour, Maître!

avvocatura *s.f.* **1** profession d'avocat: *esercitare l'—*, être avocat **2** (*l'insieme degli avvocati*) barreau (*m.*).

avvolgere (*coniug. come* volgere) *v.tr.* **1** enrouler; (*arrotolare*) rouler **2** (*avviluppare*) envelopper (*anche fig.*) □ **avvolgersi** *v.pron.* s'enrouler: *si avvolse in una coperta*, il s'enveloppa dans une couverture.

avvolgibile *s.m.* (*di finestre e negozi*) store.

avvolgimento *s.m.* **1** enroulement; enveloppement **2** (*tecn.*) bobinage.

avvoltoio *s.m.* vautour.

avvoltolare *v.tr.* rouler □ **avvoltolarsi** *v.pron.* se rouler, se vautrer.

azalea *s.f.* (*bot.*) azalée.

azienda *s.f.* entreprise; (*ditta*) maison; (*stabilimento*) établissement (*m.*); (*attività commerciale, industriale*) affaire: *— di trasporti*, entreprise, compagnie de transports; *— statale, di Stato*, entreprise nationalisée, régie; *— a partecipazione statale*, entreprise de capitaux publics et privés; *— autonoma municipalizzata*, régie communale; *— elettrica*, compagnie d'électricité; *— commerciale*, maison de commerce; *— agricola*, exploitation agricole || *Azienda autonoma di soggiorno*, Syndicat d'initiative.

aziendale *agg.* de l'entreprise || *esperto in organizzazione —*, ingénieur-conseil || *mensa —*, cantine.

azimut *s.m.* (*astr.*) azimut(h).

azionare *v.tr.* actionner.

azionariato *s.m.* actionnariat.

azionario *agg.* (*fin.*) d'actions: *capitale —*, capital-actions.

azione *s.f.* action || *avere il coraggio delle proprie azioni*, avoir le courage de ses actes; *— gratuita*, acte gratuit || *mettere in —*, actionner, mettre en marche || *farmaco ad — immediata, ritardata*, médicament à effet immédiat, retardé || (*mil.*) *— di ripiegamento*, mouvement de repli || (*sport*) *—*

di attacco, di difesa, attaque, défense || (*dir.*): *— giudiziaria*, action en justice; *promuovere un'— legale*, intenter une action || *società per azioni*, société par actions || (*Borsa*) *— ordinaria, privilegiata*, action ordinaire, privilégiée.

azionista *s.m.* actionnaire.

azotato *agg.* (*chim.*) azoté.

azotemia *s.f.* (*med.*) azotémie.

azoto *s.m.* (*chim.*) azote.

azteco (pl. *-chi*) *agg.* e *s.m.* aztèque.

azzannare *v.tr.* saisir entre ses crocs, *happer: il cane lo azzannò al braccio*, le chien lui a mordu le bras □ **azzannarsi** *v.pron.* s'entre-déchirer.

azzardare *v.tr.* risquer (*anche fig.*) || *— una domanda*, hasarder une question □ **azzardarsi** *v.pron.* se *hasarder; (*osare*) oser.

azzardo *s.m.* *hasard: || quest'impresa è un —*, cette entreprise est un risque || *giocare d'—*, jouer aux jeux de hasard; (*fig.*) tenter sa chance.

azzeccare (*coniug. come* mancare) *v.tr.* **1** tomber (sur); (*indovinare*) deviner, trouver: *l'ho azzeccata, ci ho azzeccato*, j'ai mis dans le mille **2** (*aver fortuna*) avoir* de la chance, bien tomber: *non ne azzecca una*, il n'a pas de chance; *ci azzecca sempre*, il a du nez, de la chance.

azzeccato *agg.*: (*bene*) *—*, (*indovinato*) juste: *risposta azzeccata*, réponse juste; *una scelta azzeccata*, un bon choix.

azzeramento *s.m.* mise à zéro || (*inform.*) *— della memoria*, vidage mémoire.

azzerare *v.tr.* mettre* à zéro: *— un debito*, éponger une dette.

azzimato *agg.* pomponné, tiré à quatre épingles.

azzimo *agg.* azyme.

azzittire (*coniug. come* finire) *v.tr.* faire* taire ♦ *v.intr.*, **azzittirsi** *v.pron.* se taire*.

azzoppare *v.tr.* rendre* boiteux* □ **azzopparsi** *v.pron.* devenir* boiteux*.

azzuffarsi *v.pron.* en venir* aux mains.

azzurrare *v.tr.* colorer en bleu.

azzurrato *agg.* azuré: *lenti azzurrate*, des verres bleutés.

azzurrino *agg.* bleu pâle, azuré.

azzurro *agg.* bleu (ciel) || *grigio —*, gris bleu || *il Principe Azzurro*, le Prince Charmant ♦ *s.m.* **1** bleu (clair) **2** (*cielo*) ciel, azur **3** (*sport*) *gli azzurri*, l'équipe nationale italienne.

azzurrognolo *agg.* bleuâtre.

B

b *s.f.* e *m.* b (*m.*) || (*tel.*) — *come Bologna*, b comme Berthe.

babà *s.m.* (*cuc.*) baba.

babau *s.m.* (*fam.*) croque-mitaine*.

babbeo *agg.* e *s.m.* nigaud.

babbo *s.m.* (*fam.*) papa.

babbuccia *s.f.* babouche; (*pantofola*) pantoufle; (*per neonato*) chausson (*m.*).

babbuino *s.m.* (*zool.*) babouin.

babele *s.f.* (*confusione*) pagaille || *è una vera —!*, quel capharnaüm!

babilonese *agg.* e *s.m.* babylonien*.

babilonia *s.f.* capharnaüm.

babirussa (pl. *invar.*) *s.m.* (*zool.*) babiroussa.

babordo *s.m.* (*mar.*) bâbord.

baby-sitter (pl. *invar.*) *s.f.* e *m.* baby-sitter*: *fare la —*, faire du baby-sitting.

bacato *agg.* véreux*; (*fig.*) taré || *ha il cervello —*, il est toqué.

bacca (pl. -*che*) *s.f.* (*bot.*) baie.

baccalà *s.m.* **1** (*cuc.*) morue sèche || *magro, secco come un —*, maigre comme un hareng **2** (*fig. fam.*) (*persona stupida*) andouille (*f.*).

baccanale *s.m.* bacchanale (*f.*).

baccano *s.m.* **1** vacarme: *non fate —, ragazzi!*, ne faites pas de chahut, les enfants **2** (*fig.*) bruit.

baccante *s.f.* bacchante.

baccarà[1] *s.m.* (*gioco d'azzardo*) baccara.

baccarà[2] *s.m.* (*cristallo*) baccarat.

baccello *s.m.* cosse (*f.*).

bacchetta *s.f.* baguette || *comandare a —*, mener à la baguette || *— di tenda*, tringle à rideaux.

bacchettata *s.f.* coup de baguette.

bacchettone *s.m.* bigot.

bacchiare *v.tr.* gauler.

bacchiatura *s.f.* gaulage (*m.*).

bacheca (pl. -*che*) *s.f.* vitrine; (*per annunci*) panneau d'affichage || *esporre in —*, afficher.

bachelite *s.f.* bakélite.

bacherozzo *s.m.* **1** vermisseau* **2** (*region.*) cafard.

bachicoltore *s.m.* magnanier.

bachicoltura *s.f.* magnanerie.

baciamano (pl. -*ni*) *s.m.* baisemain.

baciapile *s.m.* bigot ♦ *s.f.* punaise de sacristie.

baciare (*coniug. come* cominciare) *v.tr.* embrasser || *— la mano a una signora*, baiser la main d'une dame || *la fortuna lo ha baciato in fronte*, la fortune lui a souri || *— la polvere*, (*fig.*) mordre la poussière □ **baciarsi** *v.pron.* s'embrasser.

baciato *agg.*: *rima baciata*, rime suivie, plate.

bacile *s.m.* **1** bassin, cuvette (*f.*) **2** (*arch.*) échine (*f.*).

bacillare *agg.* (*biol.*) bacillaire.

bacillo *s.m.* bacille.

bacinella *s.f.* cuvette || (*fot.*) cuve: — *per sviluppo*, cuve à développement.

bacino *s.m.* bassin: — *lacustre*, bassin d'un lac; — *carbonifero*, bassin houiller; (*mar.*) — *in muratura*, cale sèche || — *di utenza*, zone urbaine de référence.

bacio *s.m.* baiser (*f.*): — *con lo schiocco*, baiser sonore; *vieni a darmi il — della buonanotte*, viens m'embrasser avant que je m'endorme || *dare, darsi un —*, embrasser, s'embrasser; *dai un bacino alla mamma*, fais une bise à maman || *al —!*, (*fam.*) au poil!

baco (pl. -*chi*) *s.m.* ver: — *da seta*, ver à soie.

bacucco (pl. -*chi*) *agg.* gâteux*.

bada *s.f.*: *tenere a — con la pistola*, tenir en respect avec son revolver; *tienilo a — se no...*, surveille-le bien sinon...; *tenetelo a — che non scappi*, prenez garde qu'il ne se sauve || *tenere a — i creditori*, faire patienter les créanciers; (*con promesse illusorie*) amuser les créanciers.

badare *v.intr.* **1** s'occuper (de) || *— a se stesso*, (*cavarsela*) se débrouiller **2** (*fare attenzione*) faire* attention; (*aver cura di*) prendre* garde, veiller: *bada molto alla sua salute*, il s'occupe beaucoup de sa santé; *bada di non arrivare tardi*, veille à ne pas arriver tard; — *che non manchi nulla*, veiller à ce que rien ne manque; *bada che non ti veda*, prends garde qu'il ne te voie || *non — a spese*, ne pas regarder à la dépense || *bada!*, gare à toi! **3** (*pensare a*) penser (de): *bada solo a divertirsi*, il ne pense qu'à s'amuser || *tu bada a lavorare, al resto penserò io*, occupe-toi de ton travail, je m'occuperai du reste; *bada ai fatti tuoi!*, occupe-toi de tes affaires!

badessa *s.f.* abbesse || *fare la madre —*, (*fig.*) se donner des airs.

badia *s.f.* abbaye.

badilata *s.f.* **1** coup de pelle **2** (*contenuto di un badile*) pelletée.

badile *s.m.* pelle (*f.*).

baffo *s.m.* **1** moustache (*f. spec. sing.*): *baffi a spazzola, a punta, spioventi*, moustache(s) en brosse, en crocs, à la gauloise; *uomo coi baffi, coi baffi grigi*, homme avec des moustaches, avec une moustache grise; *un bel paio di baffi biondi*,

ballata

une belle moustache blonde, de belles moustaches blondes || *lavoro coi baffi*, (*fig.*) travail impeccable || *ridere sotto i baffi*, rire sous cape, dans sa barbe || *me ne faccio un —*, (*fam.*) je m'en bats l'œil **2** (*macchia*) tache (*f.*): *un — di rossetto*, une trace de rouge || *ti sei fatto un — di vino*, tu t'es fait une moustache de vin.

baffuto *agg.* moustachu.

bagagliaio *s.m.* **1** (*ferr.*) fourgon à bagages **2** (*aut.*) coffre (à bagages).

bagaglio *s.m.* bagage || *il deposito bagagli*, la consigne.

bagarinaggio *s.m.* vente à la sauvette de billets de théâtre, etc.

bagarino *s.m.* vendeur à la sauvette de billets de théâtre, etc.

bagattella *s.f.* bagatelle.

baggianata *s.f.* bêtise.

baggiano *s.m.* nigaud, niais.

bagliore *s.m.* lueur (*f.*).

bagnante *s.m.* baigneur ♦ *s.f.* baigneuse.

bagnare *v.tr.* **1** mouiller: *bagna la biancheria prima di stirarla*, mouille le linge avant de le repasser **2** (*mettere a bagno, inzuppare*) tremper **3** (*di fiume, di mare*) arroser, baigner: *città bagnata dal mar*, ville au bord de la mer **4** (*annaffiare*) arroser □ **bagnarsi** *v.pron.* se mouiller; (*inzupparsi*) se tremper.

bagnarola *s.f.* **1** baignoire **2** (*fam.*) (*automobile antiquata*) vieille bagnole; (*vecchia barca*) sabot (*m.*).

bagnasciuga (pl. *invar.*) *s.m.* **1** (*di uno scafo*) ligne de flottaison **2** (*battigia*) ligne de brisement (des vagues).

bagnata *s.f.*: *prendere una —*, (*fam.*) prendre une douche, se tremper.

bagnato *agg.* mouillé; (*inzuppato*) trempé: *era — fino alle ossa*, il était trempé jusqu'aux os ♦ *s.m.*: *avere odore di —*, sentir le mouillé; *camminare sul —*, (*fam.*) marcher dans l'eau || *piove sempre sul —*, (*fig.*) l'argent appelle l'argent.

bagnino *s.m.* maître nageur.

bagno *s.m.* **1** bain: *fare il —*, (*in casa*) prendre un bain, (*al mare*) se baigner; *fare a — un bambino*, baigner un enfant || *mettere a — il bucato*, faire tremper la lessive; *tenere a — fagioli secchi*, faire tremper des haricots secs || *essere in un — di sudore*, être en nage **2** (*vasca da bagno*) baignoire (*f.*) **3** (*stanza da bagno*) salle de bains: *in —*, dans le salle de bains; *andare in —*, aller aux toilettes **4** *pl.* (*bagni termali*) bains; (*stabilimento di bagni*) (établissement de) bains **5** (*chim.*) bain **6** (*bagno penale*) bagne.

bagnomaria *s.m.* bain-marie.

bagnoschiuma (pl. *invar.*) *s.m.* bain moussant.

bagordare *v.intr.* faire* la noce.

bagordo *s.m.* noce (*f.*); bombe (*f.*): *darsi ai bagordi*, faire la noce.

baia *s.f.* (*geogr.*) baie.

baiadera *s.f.* bayadère.

bailamme (pl. *invar.*) *s.m.* **1** (*gran confusione*) tohu-bohu **2** (*di gente*) cohue.

baio *agg. e s.m.* (cheval) bai.

baiocco (pl. *-chi*) *s.m.* baïoque (*f.*) || *non avere un —*, ne pas avoir un sou.

baionetta *s.f.* baïonnette: *— in canna*, baïonnette au fusil || (*mecc.*) *innesto a —*, joint à baïonnette.

baita *s.f.* chalet (*m.*).

balalaica (pl. *-che*) *s.f.* (*mus.*) balalaïka.

balaustra *s.f.* balustrade.

balbettamento *s.m.* → **balbettio**.

balbettare *v.intr. e tr.* bégayer*; (*farfugliare*) bredouiller; (*spec. dei bambini*) balbutier.

balbettio *s.m.* bégaiement; (*farfugliamento*) bredouillement; (*dei bambini*) balbutiement.

balbuzie *s.f.* bégaiement (*m.*).

balbuziente *agg. e s.m.* bègue.

balcanico (pl. *-ci*) *agg.* balkanique.

balconata *s.f.* balcon (*m.*).

balconcino *s.m.* **1** petit balcon **2** (*abbigl.*): *reggiseno a —*, balconnet.

balcone *s.m.* balcon.

baldacchino *s.m.* baldaquin.

baldanza *s.f.* *hardiesse; (*sicurezza*) assurance.

baldanzoso *agg.* *hardi; (*sicuro di sé*) plein d'assurance.

baldo *agg.* *hardi; (*coraggioso*) vaillant.

baldoria *s.f.* bombance.

balena *s.f.* baleine.

balenare *v.intr.impers.* faire* des éclairs ♦ *v. intr.* **1** briller, étinceler* (*fig.*) traverser l'esprit || *mi è balenata un'idea*, il m'est venu une idée.

baleniera *s.f.* baleinier (*m.*), baleinière.

balenio *s.m.* série d'éclairs.

baleno *s.m.* éclair || *in un —*, en un éclair.

balenotto *s.m.* baleineau*.

balestra *s.f.* **1** arbalète **2** (*ant.*) ressort à lames.

balia[1] *s.f.* nourrice: *a —*, en nourrice || *aver bisogno della —*, (*fig.*) avoir besoin d'être couvé || *non siamo stati a — insieme*, (*fam.*) on n'a pas gardé les cochons ensemble!

balia[2], **in** *locuz.prep.*: *— di se stesso*, livré à soi-même; *— di qlcu*, à la merci de qqn; *in — delle onde*, ballotté par les flots.

balistica *s.f.* balistique.

balistico (pl. *-ci*) *agg.* balistique.

balivo *s.m.* (*st.*) bailli.

balla *s.f.* **1** ballot (*m.*); (*di fibre tessili e merci*) balle; (*di vegetali*) botte: *una — di paglia*, une botte de paille **2** (*molto fam.*) (*frottola*) bobard (*m.*).

ballabile *agg.* dansant ♦ *s.m.* musique dansante.

ballare *v.intr.* danser || *— sulle punte*, faire des pointes || *— dalla gioia*, danser de joie || *la nave ballava molto*, le bateau bougeait beaucoup || *questo tavolino balla*, cette table branle || *il vestito le balla addosso*, elle nage dans sa robe || *quando si è in ballo bisogna —*, quand le vin est tiré il faut le boire || *se non obbedisci, ti faccio — io!*, si tu n'obéis pas, tu vas avoir de mes nouvelles! ♦ *v.tr.* danser.

ballata *s.f.* ballade.

ballatoio *s.m.* coursive (*f.*).

ballerina *s.f.* **1** danseuse || *prima — assoluta*, danseuse étoile || *— di fila*, girl **2** (*scarpa*) ballerine **3** (*zool.*) bergeronnette.

ballerino *s.m.* danseur || *— di varietà*, boy.

balletto *s.m.* ballet.

ballista *s.f.* (*molto fam.*) bluffeur*.

ballo *s.m.* **1** danse (*f.*): *musica da —*, musique de danse || *corpo di —*, corps de ballet || (*fam.*): *è in — la mia carriera*, ma carrière est en jeu; *tirare in —*, mettre en cause; *tirare in — una questione*, mettre une question sur le tapis; *sono in — da due mesi*, ça fait deux mois que ça dure; *sono entrate in — nuove difficoltà*, de nouvelles difficultés se sont présentées **2** (*festa da*) —, bal: *— in maschera*, bal masqué.

ballonzolare *v.intr.* dansotter.

ballottaggio *s.m.* ballottage.

balneare *agg.* balnéaire: *stabilimento —*, établissement balnéaire.

balneazione *s.f.* balnéation: *divieto di —*, baignade interdite.

baloccarsi (*coniug. come* mancare) *v.pron.* s'amuser.

balocco (pl. *-chi*) *s.m.* jouet.

balordaggine *s.f.* balourdise.

balordo *agg.* **1** nigaud **2** (*bislacco*) drôle (de): *che tempo —*, quel drôle de temps || *ragionamento —*, raisonnement qui ne tient pas debout **3** (*intontito*) drôle.

balsamico (pl. *-ci*) *agg.* balsamique; (*salubre*) salubre.

balsamina *s.f.* (*bot.*) balsamine.

balsamo *s.m.* baume; (*per capelli*) démêlant.

baltico (pl. *-ci*) *agg.* balte.

baluardo *s.m.* rempart.

baluginare *v.intr.* **1** clignoter (vaguement) **2** (*fig.*) (*affacciarsi alla mente*) passer par la tête.

balza *s.f.* **1** corniche; (*scarpata*) escarpement (*m.*) **2** (*di abito, tende ecc.*) volant (*m.*) **3** (*del cavallo*) balzane.

balzano *agg.* **1** (*di cavallo*) balzan **2** (*fig.*) (*stravagante*) drôle (de) || *è un cervello —*, c'est un original.

balzare *v.intr.* bondir || *— in piedi*, sauter sur ses pieds || *— addosso a qlcu*, se jeter sur qqn || *è una verità che balza agli occhi*, c'est une vérité qui saute aux yeux.

balzellare *v.intr.* sautiller.

balzelloni, (a) *avv.* en sautant.

balzo[1] *s.m.* bond || *fare un — in avanti*, (*fig.*) faire un grand pas en avant || *il cuore mi diede un —*, mon sang ne fit qu'un tour || *cogliere la palla al —*, (*fig.*) saisir la balle au bond.

balzo[2] *s.m.* (*rupe*) escarpement.

bambagia (pl. *-gie*) *s.f.* **1** ouate || *allevare nella —*, (*fig.*) élever dans du coton **2** (*cascami di cotone*) déchets de coton.

bambina *s.f.* petite fille: *è una — deliziosa*, c'est une enfant délicieuse.

bambinaia *s.f.* bonne d'enfants.

bambinata *s.f.* enfantillage (*m.*).

bambino *s.m.* enfant: *un — appena nato*, un nouveau-né; *ha tre bambini e una bambina*, elle a trois garçons et une fille || *è un — pestifero*, c'est une petite peste || *il Bambino Gesù, Gesù Bambino*, l'Enfant Jésus ♦ *agg.* enfant || *mente bambina*, esprit puéril || *scienza ancora bambina*, science à ses premiers balbutiements.

bamboccio *s.m.* **1** poupard **2** (*ragazzo ingenuo*) grand bébé **3** (*fantoccio di stracci*) poupée de chiffon.

bambola *s.f.* poupée: *giocare con la —*, jouer à la poupée.

bamboleggiare (*coniug. come* mangiare) *v.intr.* minauder.

bambolotto *s.m.* **1** (*bambola*) poupon, baigneur **2** (*di bambino*) poupon.

bambù *s.m.* bambou.

banale *agg.* banal*.

banalità *s.f.* banalité.

banalizzare *v.tr.* banaliser.

banalizzazione *s.f.* banalisation.

banana *s.f.* **1** banane **2** (*rotolo di capelli*) coque, boucle.

bananeto *s.m.* bananeraie (*f.*).

banano *s.m.* bananier.

banca (pl. *-che*) *s.f.* banque: *andare, lavorare in —*, aller, travailler à la banque; *aprire un conto, versare in —*, ouvrir un compte, verser à la banque; *avere un conto in —*, avoir un compte en banque.

bancale *s.m.* palette (*f.*).

bancarella *s.f.* banc (au marché); (*spec. di libri*) étalage (*m.*); (*di fiori*) kiosque (*m.*): *l'ho comperato su una — (del mercato)*, je l'ai acheté au marché; *ha trovato questo libro su una —*, il a trouvé ce livre chez un bouquiniste.

bancarellista *s.m.* vendeur* de marché, (marchand) forain; (*di libri d'occasione*) bouquiniste.

bancario *agg.* bancaire || *scoperto —*, découvert (en banque) ♦ *s.m.* employé de banque.

bancarotta *s.f.* banqueroute.

bancarottiere *s.m.* banqueroutier.

banchettare *v.intr.* banqueter*.

banchetto[1] *s.m.* banquet, festin.

banchetto[2] *s.m.* (*piccolo banco*) petit banc.

banchiere *s.m.* banquier.

banchina *s.f.* **1** quai (*m.*) **2** (*di strada*) accotement (*m.*) **3** (*per ciclisti*) piste cyclable.

banchisa *s.f.* banquise.

banco[1] (pl. *-chi*) *s.m.* **1** banc || *— di laboratorio*, pupitre; *— di falegname*, banc, établi de menuisier || *scaldare i banchi*, (*fig.*) user ses fonds de culotte sur les bancs de l'école **2** (*di vendita, di mescita*) comptoir: *prendere un caffè al —*, boire un café au comptoir || *vendere sotto —*, vendre sous le manteau; *dare sotto —*, donner en cachette; *merce sotto —*, marchandise vendue clandestinement **3** (*ammasso*) banc: *— di sabbia, di sardine*, banc de sable, de sardines.

banco[2] *s.m.* **1** (*banca*) banque (*f.*) || *— di sconto*, comptoir d'escompte || *— del lotto*, bureau de loterie **2** (*gioco*) banque (*f.*): *tenere il* —, tenir la banque, (*fig. fam.*) tenir le crachoir.

bancogiro *s.m.* (*comm.*) virement (de compte); (*passaggio di cassa*) cession (*f.*), transfert.

bancomat *s.m.* **1** DAB (Distributeur Automatique de Billets) **2** (*tessera*) —, carte bancaire.

bancone *s.m.* **1** comptoir **2** (*tip.*) rang.

banconota *s.f.* billet de banque.

banda[1] *s.f.* **1** bande: — *di ladri*, bande de voleurs **2** (*complesso musicale*) fanfare, musique.

banda[2] *s.f.* **1** bande **2** (*striscia*) rayure: *tessuto a bande colorate*, tissu à rayures colorées **3** (*di capelli*) bandeau* (*m.*).

banda[3] *s.f.* **1** (*letter.*) (*parte*) côté (*m.*) **2** (*mar.*) bande: *andare alla* —, donner de la bande.

banderuola *s.f.* **1** girouette **2** (*di nave*) banderole **3** (*piccola bandiera*) flamme.

bandiera *s.f.* **1** drapeau* (*m.*): *alzare* — *bianca*, (*anche fig.*) hisser le drapeau blanc || *a bandiere spiegate*, les enseignes déployées || *portare alta la* — *di qlco* honneur à qqch || *mutare* —, (*fig.*) tourner casaque || *il punto della* —, le but qui sauve l'honneur || *giocare a* —, jouer au foulard **2** (*mar.*) pavillon (*m.*): — *ombra, di comodo*, pavillon de complaisance.

bandierina *s.f.* fanion (*m.*) || (*calcio*) — *dell'angolo, del corner*, drapeau de coin.

bandire (*coniug. come* finire) *v.tr.* **1** proclamer || — *un concorso*, ouvrir un concours; — *una crociata*, (*fig.*) prêcher une croisade **2** (*mettere al bando*) bannir || — *i complimenti*, (*fig.*) ne pas faire de façons.

bandista *s.m.* musicien* de fanfare.

bandistico (*pl. -ci*) *agg.* de fanfare; pour fanfare: *concerto* —, concert de fanfare; *musica bandistica*, musique de fanfare.

bandita *s.f.* (*di caccia, di pesca*) réserve.

banditesco (*pl. -chi*) *agg.* criminel*.

banditismo *s.m.* banditisme.

bandito *agg.* **1** (*esiliato*) banni **2** *tenere corte bandita*, (*letter.*) tenir maison ouverte ♦ *s.m.* bandit.

banditore *s.m.* (*di aste pubbliche*) commissaire-priseur*.

bando *s.m.* **1** avis: — *di concorso*, avis de concours **2** (*esilio*) exil, ban: *mettere al* —, mettre au ban, bannir; *è stato messo al* — *da tutti*, (*fig.*) tout le monde le l'évite || — *alla tristezza!*, adieu la tristesse!; — *alle chiacchiere!*, trêve de bavardages!; — *ai complimenti!*, pas de façons!

bandoliera *s.f.* bandoulière || *a* —, en bandoulière.

bandolo *s.m.* bout de l'écheveau || (*fig.*): *cercare il* — (*della matassa*), chercher le nœud de la question; *ho trovato il* —, j'ai trouvé le nœud de l'affaire; *ho perso il* — (*della matassa*), j'ai perdu le fil.

bang *inter. e s.m.* bang.

bangio, banjo *s.m.* (*mus.*) banjo.

bantù *agg. e s.m.* bantou.

baobab *s.m.* (*bot.*) baobab.

bar (*pl. invar.*) *s.m.* **1** bar, café **2** (*mobile*) cave à liqueurs.

bara *s.f.* bière, cercueil (*m.*).

baracca (*pl. -che*) *s.f.* **1** baraque || *fa fatica a mandare avanti la* —, il a du mal à mener son affaire, (*a far quadrare il bilancio*) il a du mal à boucler son budget, à faire bouillir la marmite || *piantar* — *e burattini*, tout plaquer **2** (*fam.*) (*cosa in cattivo stato*) patraque; (*veicolo malandato*) tacot (*m.*).

baraccamento *s.m.* baraquement.

baraccato *s.m.* qui vit dans un baraquement, dans une baraque.

baracchino *s.m.* kiosque.

baraccone *s.m.* **1** grande baraque **2** (*alla fiera*) baraque foraine || *un fenomeno da* —, (*fig.*) un phénomène de foire.

baraccopoli *s.f.* bidonville.

baraonda *s.f.* (*di cose*) pagaille; (*di gente*) cohue; (*frastuono*) vacarme (*m.*); (*rissa*) bagarre: *è una* —, c'est une pétaudière; *fare* —, faire du chahut.

barare *v.intr.* tricher (*anche fig.*).

baratro *s.m.* **1** gouffre; (*burrone*) ravin **2** (*fig.*) abîme.

barattare *v.tr.* troquer: — *una cosa con un'altra*, troquer une chose contre une autre.

baratto *s.m.* troc, échange: *fare* — *di una cosa con un'altra*, troquer une chose contre une autre.

barattolo *s.m.* pot; (*scatola di legno, metallo ecc.*) boîte (*f.*): *un* — *di marmellata*, un pot de confiture; *un* — *di senape*, un pot de moutarde; *un* — *di piselli*, une boîte de petits pois; — *per il sale*, boîte à sel.

barba *s.f.* barbe: — *a punta, alla Cavour, a pizzo*, barbe en pointe, en collier, bouc; *crema da* —, crème à raser; *sapone da* —, savon à barbe; *lamette da* —, lames de rasoir; *hai la* — *lunga*, tu as de la barbe; *l'ho servito di* — *e capelli*, (*fig.*) je l'ai bien arrangé || *quei discorsi mi fanno venire la* —, ces discours me barbent; *che* —!, la barbe! || *non c'è* — *d'uomo che possa impedirmelo*, personne au monde ne pourra m'empêcher de le faire || *farla in* — *a qlcu*, agir à la barbe de qqn; *farla in* — *alla legge*, contourner la loi || (*bot.*) — *di frate, di cappuccino*, barbe-de-capucin; — *di bosco*, usnée barbue; — *di becco*, barbe de bouc; — *di Giove*, barbe de Jupiter, joubarbe || — *di carciofo*, foin d'artichaut.

barbabietola *s.f.* betterave: — *da zucchero*, betterave sucrière.

barbablù *s.m.* croquemitaine.

barbacane *s.m.* barbacane (*f.*).

barbagianni *s.m.* **1** (*zool.*) effraie (*f.*) **2** (*fig.*) (*sciocco*) balot, idiot.

barbaramente *avv.* barbarement, sauvagement.

barbaresco (*pl. -chi*) *agg.* (*della Barberia*) barbaresque || (*cavallo*) —, barbe.

barbarico (*pl. -ci*) *agg.* barbare.

barbarie *s.f.* barbarie || *è una vera* —, c'est du vandalisme, (*una crudeltà*) c'est de la cruauté pure.

barbarismo *s.m.* barbarisme.

barbaro agg. e s.m. barbare || che gusti barbari!, quels drôles de goûts!

barbatella s.f. (della vite) provin (m.).

barbera s.m. barbera (vin rouge du Piémont).

barbetta s.f. (piccola barba) barbiche.

barbiere s.m. coiffeur (pour hommes) || negozio di —, salon de coiffure pour hommes.

barbino agg.: fare una figura barbina, faire une piètre figure.

barbiturico (pl. -ci) agg. e s.m. barbiturique.

barbo s.m. (zool.) barbeau*.

barbogio agg. gâteux*: un vecchio —, un vieux gâteux, gaga.

barboncino s.m. (cane) caniche.

barbone s.m. 1 (cane) —, caniche 2 (vagabondo) clochard.

barboso agg. (fam.) barbant, rasoir*.

barbugliare v.intr. bredouiller.

barbuto agg. barbu.

barca (pl. -che) s.f. bateau* (m.), barque: andare in —, aller en bateau; (sport) faire du bateau || una — di soldi, un tas d'argent || fa fatica a mandare avanti la —, il a du mal à mener son affaire, (a far quadrare il bilancio) il a du mal à boucler son budget; siamo tutti nella stessa barca, nous sommes tous logés à la même enseigne; oggi sono completamente in —, (fig.) aujourd'hui je suis dans les vapes.

barcaccia (pl. -ce) s.f. (teatr.) loge d'avant-scène.

barcaiolo s.m. 1 batelier 2 (traghettatore) passeur 3 (noleggiatore di barche) loueur de barques.

barcamenarsi v.pron. mener* habilement sa barque; (cavarsela) se débrouiller.

barcarola s.f. (mus.) barcarolle.

barchetta s.f. petit bateau.

barcollante agg. chancelant.

barcollare v.intr. chanceler*.

barcolloni avv. en chancelant.

barcone s.m. chaland, péniche (f.).

bardana s.f. (bot.) bardane.

bardare v.tr. 1 barder; (mettere i finimenti) *harnacher 2 (estens.) attifer □ **bardarsi** v.pron. s'attifer.

bardato agg. 1 *harnaché 2 (estens.) attifé: era — a festa, il avait mis ses habits du dimanche 3 (rivestito, adorno) recouvert.

bardatura s.f. 1 *harnachement (m.) 2 (estens.) accoutrement (m.).

bardo s.m. barde.

bardolino s.m. bardolino (vin rouge des bords du lac de Garde).

bardotto s.m. (zool.) bardot.

barella s.f. brancard (m.), civière.

barelliere s.m. brancardier*.

barena s.f. lagune.

barese agg. de Bari.

bargiglio s.m. barbillon; (di tacchino) caroncule (f.).

bari- pref. bary-

baricentro s.m. barycentre.

barico (pl. -ci) agg. (meteor.) de pression: gradiente —, gradient de pression || indice —, indice barométrique || pressione barica, pression atmosphérique.

barile s.m. baril; (per le aringhe) caque (f.); (per le acciughe) barrot || (fig.) essere un —, être un pot à tabac; fare a scarica barile, se renvoyer la balle; fare il pesce in —, faire semblant de rien.

barilotto s.m. barillet.

bario s.m. (chim.) baryum.

barista s.m. garçon de café ♦ s.f. serveuse (de café).

baritonale agg. de baryton.

baritono s.m. (mus.) baryton.

barlume s.m. lueur (f.) || non avere neanche il più piccolo — (di qlco), ne pas avoir le moindre idée (de qqch).

barman (pl. invar.) s.m. barman*.

baro s.m. tricheur*.

barocchetto s.m. (arte) baroque tardif.

barocco (pl. -chi) agg. e s.m. (arte) baroque.

barolo s.m. barolo (vin rouge du Piémont).

barometrico (pl. -ci) agg. barométrique.

barometro s.m. baromètre.

baronale agg. de baron.

barone s.m. baron.

baronessa s.f. baronne.

baronetto s.m. baro(n)net.

baronia s.f. 1 (titolo di barone) baronnage (m.) 2 (i domini del barone) baronnie (f.).

barra s.f. barre.

barracano s.m. djellaba (f.), burnous.

barracuda (pl. invar.) s.m. (zool.) barracuda.

barrare v.tr. barrer || assegno barrato, chèque barré.

barricare (coniug. come mancare) v.tr. barricader □ **barricarsi** v.pron. se barricader || (fig.): si barrica dietro gli ordini ricevuti, il se retranche derrière les ordres reçus; si è barricato dietro un silenzio impenetrabile, il s'est retranché dans un silence absolu.

barricata s.f. barricade: è morto sulle barricate, il est mort sur la barricade; essere dall'altra parte della —, (fig.) être de l'autre côté de la barricade.

barriera s.f. 1 barrière || — corallina, récif, barrière de corail || — architettonica, obstacle architectural pour les handicapés moteurs 2 (equitazione) *haies (pl.) 3 (sport) mur (m.).

barrire (coniug. come finire) v.intr. barrir.

barrito s.m. barrissement.

barrocciaio s.m. charretier.

barroccio s.m. (a due ruote) charrette (f.); (a quattro ruote) chariot.

baruffa s.f. bagarre, querelle: far —, se quereller, se disputer.

baruffare v.intr. se quereller, se disputer.

barzelletta s.f. petite histoire, blague, histoire drôle || prendere in —, prendre à la légère.

basalto s.m. (min.) basalte.

basamento s.m. 1 (di edificio) soubassement; (di colonna, statua) socle, base (f.) 2 (zoccolo di pareti) plinthe (f.), (di muro esterno) empattement 3 (mecc.) (di motore) carter (du moteur); (bancale di macchina) bâti.

basare *v.tr.* fonder, baser □ **basarsi** *v.pron.* se fonder, se baser.

basca (pl. *-che*), **baschina** *s.f.* basque.

basco (pl. *-chi*) *agg.* basque: (*berretto*) —, béret basque.

base *s.f.* base (*anche fig.*) || *ragionamento privo di basi*, raisonnement sans fondement || *— monetaria*, étalon monétaire || *a — di*, à base de || *in — a*, d'après || (*mil.*) *rientrare alla* —, rentrer à la base; (*fig.*) rentrer chez soi || *basi missilistiche*, bases lance-missiles ♦ *agg.* de base: *alimento* —, aliment de base; *stipendio* —, traitement, salaire de base.

baseball *s.m.* (*sport*) base-ball.

basetta *s.f.* rouflaquette.

basettone *s.m.* favori.

basico (pl. *-ci*) *agg.* (*chim.*) basique.

basilare *agg.* fondamental*.

basilica (pl. *-che*) *s.f.* basilique.

basilico *s.m.* (*bot.*) basilic.

basilisco (pl. *-chi*) *s.m.* basilic.

basista *s.m.* **1** (*pol.*) militant de base **2** (*di una banda di malfattori*) cerveau* (d'une bande).

bassa *s.f.*: *la — padana*, la plaine au sud du Pô.

bassamente *avv.* bassement.

bassezza *s.f.* bassesse.

basso *agg.* **1** bas*: *a — prezzo*, à bas prix || *tacchi bassi*, talons plats || *acqua bassa*, eau peu profonde || *bassa marea*, marée basse || *— ventre*, bas-ventre || *numeri bassi*, petits nombres || *le parti basse*, (*fam.*) (*i genitali*) les parties honteuses || *la bassa gente*, les petites gens || *bassa Italia*, Italie du Sud || *Basso Reno*, Bas-Rhin **2** (*rivolto a terra*) baissé || *camminare a testa bassa*, marcher la tête basse || *tenere la radio bassa*, laisser la radio en sourdine ♦ *avv.* bas ♦ *s.m.* **1** bas || *gli alti e i bassi della vita*, les hauts et les bas de la vie **2** (*mus.*) basse (*f.*) || *una voce di — profondo*, une voix de basse □ **da basso** *locuz.avv.* en bas □ **in basso** *locuz.avv.* bas: *scendere, cadere in* —, (*fig.*) tomber très bas || *guardare dall'alto in* —, regarder de son haut.

bassofondo (pl. *bassifondi*) *s.m.* bas-fonds.

bassopiano (pl. *bassopiani* o *bassipiani*) *s.m.* basse plaine.

bassorilievo *s.m.* bas-relief*.

bassotto *s.m.* (*cane*) basset.

basta *inter.* ça suffit, assez: *ho detto troppo, —!*, j'en ai déjà trop dit!; *punto e —*, un point, c'est tout; *— con le chiacchiere!*, trêve de bavardages!; *— con i sogni!*, assez rêvé! || *—!, grazie*, ça va!, merci.

bastarda *s.f.* (*scrittura*) bâtarde.

bastardaggine *s.f.* bâtardise.

bastardo *agg.* e *s.m.* bâtard.

bastare *v.intr.* suffire*: *— a se stessi*, se suffire (à soi-même); *due ore basti*, deux heures suffisent; *mi bastano pochi soldi per vivere*, il me suffit de très peu d'argent pour vivre; *è bastato un niente per farlo arrabbiare*, un rien a suffi, il a suffi d'un rien pour le mettre en colère; *questo cappotto deve bastarti per parecchi anni*, il faut que ce manteau te fasse plusieurs années || (*nelle ricette ecc.*) *quel tanto che basta*, juste ce qu'il faut; *quanto basta*, en quantité suffisante ♦ *v.impers.* suffire*: *bastava che me lo chiedeste gentilmente*, il suffisait que vous me le demandiez gentiment; *non basta, ci vuole più farina*, il faut plus de farine, ça ne suffit pas || *basterà partire a mezzogiorno*, il suffira de partir à midi; *basta dare, basta che diate il vostro indirizzo*, il vous suffit de donner votre adresse || *basta così!*, ça suffit! || *e non basta, è anche un ladro*, et ce n'est pas tout, c'est aussi un voleur □ **basta che** (*purché*) pourvu que.

bastimento *s.m.* **1** navire **2** (*carico*) cargaison (*f.*).

bastione *s.m.* bastion (*anche fig.*).

bastita *s.f.* bastide.

basto *s.m.* bât.

bastonare *v.tr.* donner des coups de bâton (à), battre*: *— di santa ragione*, battre comme plâtre □ **bastonarsi** *v.pron.* se battre* à coups de bâton.

bastonata *s.f.* **1** coup de bâton **2** (*fig.*) (*danno*) perte considérable; (*colpo*) rude coup (*m.*).

bastonatura *s.f.* coups de bâton.

bastoncino *s.m.* bâtonnet || *— di liquerizia*, bâton de réglisse.

bastone *s.m.* bâton; (*da passeggio*) canne (*f.*): *— da montagna*, alpenstock; *— animato*, canne-épée || *tenere il — del comando*, (*fig.*) tenir les rênes; *è il — della mia vecchiaia*, c'est mon bâton de vieillesse || (*fig.*) *mettere il — fra le ruote*, mettre des bâtons dans les roues; *usare il metodo del — e della carota*, employer le bâton et la carotte.

batacchio *s.m.* **1** (*pertica*) gaule (*f.*) **2** (*di campana*) battant **3** (*di porta*) *heurtoir, marteau*.

batata *s.f.* (*patata americana*) patate (douce).

bati- *pref.* bathy-

batiale *agg.* bathyal*.

batimetria *s.f.* bathymétrie.

batiscafo *s.m.* bathyscaphe.

batisfera *s.f.* (*mar.*) bathysphère.

batista *agg.* e *s.f.*: (*tela*) —, batiste.

batosta *s.f.* **1** (*percossa*) coup (de bâton) **2** (*fig.*) (*colpo*) rude coup (*m.*); (*sconfitta*) échec (*m.*).

battaglia *s.f.* bataille; (*combattimento*) combat (*m.*): *— campale*, bataille rangée; *dare* —, livrer bataille; *schierarsi in* —, se ranger en ordre de bataille || *preparare un piano di* —, (*anche fig.*) dresser un plan de bataille.

battagliare *v.intr.* combattre*; (*fig.*) batailler.

battagliero *agg.* batailleur*.

battaglio *s.m.* **1** (*di campana*) battant **2** (*di porta*) *heurtoir.

battaglione *s.m.* bataillon.

battaglista *s.m.* peintre de batailles.

battelliere *s.m.* batelier.

battello *s.m.* bateau* || *— pneumatico*, canot pneumatique.

battente *s.m.* **1** (*di porta, di finestra*) battant || *la Fiera apre oggi i battenti*, la Foire ouvre ses portes aujourd'hui **2** (*di soneria*) marteau* **3** (*ind. tess.*) battant.

battere (Pass.rem. *io battei, tu battesti ecc.*) *v.tr.* **1** battre*; taper: — *un chiodo col martello,* taper sur, enfoncer un clou avec un marteau; — *le mani,* taper des mains || *se ci sei batti un colpo,* si tu es là, frappe un coup || — *la carne,* aplatir la viande || — *le noci,* gauler les noix || *l'orologio ha battuto le tre,* trois heures viennent de sonner || (*sport*) — *una punizione,* tirer un coup franc || — *i denti,* claquer des dents || (*mus.*) — *il tempo,* battre la mesure || *battersela,* (*fam.*) mettre les voiles **2** (*urtare*) taper, cogner **3** (*scrivere a macchina*) taper **4** (*sconfiggere*) battre*: *furono battuti per la terza volta,* ils ont été battus pour la troisième fois || (*sport*) — *ai punti,* battre aux points || — *un primato,* battre un record || *in quella materia nessuno lo batte,* dans ce domaine, il est imbattable || *è stato battuto su tutta la linea,* il a été battu à plate couture **5** (*percorrere*) battre* || (*fig.*): — *una cattiva strada,* être dans une mauvaise voie; — *il marciapiede,* faire le trottoir ♦ *v.intr.* **1** battre*; (*picchiare*) frapper: *è battuta la mezza,* la demie vient de sonner || *il sole batte forte,* le soleil tape dur || (*mecc.*) — *in testa,* cogner **2** (*insistere*) insister: *batti oggi, batti domani, alla fine ci è riuscito,* à force d'insister il a réussi || — *sempre sullo stesso tasto,* (*fig.*) taper toujours sur le même clou **3** (*pulsare*) battre*: *le batteva il cuore per l'emozione,* son cœur battait d'émotion **4** (*tennis*) servir*: *tocca a me* —, c'est à moi de servir □ **battersi** *v.pron.* se battre*: *la legge proibisce di* — *in duello,* il est interdit par la loi de se battre en duel.

batteria *s.f.* **1** batterie: — *contraerea,* batterie de défense antiaérienne || (*elettr.*) *scaricare la* —, décharger la batterie || (*mus.*) *suonare la* —, jouer de la batterie || — *da cucina,* batterie de cuisine **2** (*sport*) (*gara eliminatoria*) éliminatoire.

battericida *agg.* e *s.m.* bactéricide.
batterico (pl. *-ci*) *agg.* bactérien*.
batterio *s.m.* bactérie (*f.*).
batteriologia *s.f.* bactériologie.
batteriologico (pl. *-ci*) *agg.* bactériologique.
batteriologo (pl. *-gi*) *s.m.* bactériologiste.
batterista *s.m.* (*mus.*) batteur.
battesimale *agg.* baptismal*.
battesimo *s.m.* baptême: *tenere qlcu a* —, tenir qqn sur les fonts baptismaux || — *sotto condizione,* ondoiement || — *di sangue,* baptême du sang.
battezzare *v.tr.* **1** baptiser || — *sotto condizione,* ondoyer **2** (*fam.*) (*soprannominare*) baptiser; (*chiamare*) appeler*.
battezzato *agg.* e *s.m.* baptisé; (*fig.*) surnommé, appelé.
battibaleno *s.m.*: *in un* —, en un clin d'œil.
battibeccarsi (*coniug. come* mancare) *v.pron.* se disputer.
battibecco (pl. *-chi*) *s.m.* prise de bec.
battibile *agg.* battable.
batticarne (pl. *invar.*) *s.m.* pilon à viande.
batticuore *s.m.* **1** battement(s) de cœur: *avere il* —, avoir des battements de cœur **2** (*ansia*) an-

xiété (*f.*): *stare col* —, être dans une grande anxiété || *far venire il* —, donner mal au cœur.
battigia (pl. *-gie*) *s.f.* ligne de brisement des vagues.
battimano *s.m.* (*spec.pl.*) battement de mains.
battipanni (pl. *invar.*) *s.m.* tapette (*f.*).
battipista (pl. *invar.*) *s.m.* → **apripista**.
battiscopa (pl. *invar.*) *s.m.* plinthe (*f.*).
battista *s.m.* (*st. relig.*) baptiste.
battistero *s.m.* **1** (*arch.*) baptistère **2** (*fonte battesimale*) fonts baptismaux.
battistrada (pl. *invar.*) *s.m.* **1** tête de file || *fare da* — *a qlcu,* précéder qqn; (*fig.*) tracer son chemin à qqn; *ha fatto da* — *per tutta la corsa,* il a mené pendant toute la course **2** (*di pneumatico*) bande de roulement.
battitappeto *s.m.* aspirateur (à tapis).
battito *s.m.* battement || (*aut.*) — *in testa,* cognement.
battitore *s.m.* **1** (*caccia*) batteur || (*tennis, calcio*) serveur **2** (*a un'asta*) commissaire-priseur*.
battitura *s.f.* **1** coup (*m.*) **2** (*agr.*) (*del grano*) battage (*m.*) **3** (*di macchina per scrivere*) frappe: *un errore di* —, une faute de frappe.
battuta *s.f.* **1** (*atto*) battement (*m.*) **2** (*effetto*) coup (*m.*) **3** (*tip.*) frappe, signe (*m.*) **4** (*mus.*) mesure || *essere alle prime battute,* (*fig.*) être au début; *in poche battute,* (*fig.*) en deux temps trois mouvements || *una* — *d'arresto,* (*fig.*) un temps d'arrêt **5** (*teatr.*) réplique || *avere sempre la* — *pronta,* (*fig.*) avoir la répartie facile **6** — (*di spirito*), boutade, trait d'esprit **7** — (*di caccia*), partie de chasse **8** (*tennis*) service (*m.*).
battuto *agg.* battu ♦ *s.m.* (*cuc.*) *hachis (de lard, de fines herbes).
batuffolo *s.m.* (*di ovatta*) tampon; (*di lana e simili*) flocon.
bau *onom.* oua-oua.
baud (pl. *invar.*) *s.m.* (*inform.*) baud: — *di frequenza,* baud de fréquence.
baule *s.m.* malle (*f.*): — *armadio,* malle-armoire || *fare i bauli,* (*fig.*) plier bagage, faire ses malles.
bauletto *s.m.* **1** mallette (*f.*) **2** (*cofanetto*) coffret.
bauxite *s.f.* (*min.*) bauxite.
bava *s.f.* **1** bave || (*fig.*): *avere la* — *alla bocca,* écumer de rage; *far venire la* — *alla bocca,* faire enrager **2** (*di seta*) bourre **3** — *di vento,* souffle de vent.
bavaglino *s.m.* bavoir.
bavaglio *s.m.* bâillon: *mettere il* — *a qlcu,* (*anche fig.*) bâillonner qqn.
bavarese *s.f.* (*dolce*) bavaroise.
bavero *s.m.* col || *prendere per il* —, prendre au collet; (*fig.*) se payer la tête de qqn.
bavoso *agg.* baveux*.
bazar (pl. *invar.*) *s.m.* bazar.
bazza[1] *s.f.* chance.
bazza[2] *s.f.* (*mento sporgente*) menton en galoche.
bazzecola *s.f.* bagatelle.
bazzica *s.f.* **1** (*alle carte*) bésigue **2** (*al biliardo*) poule.

bazzicare (*coniug. come* mancare) *v.tr.* fréquenter ♦ *v.intr.* fréquenter (un lieu): *non bazzica più da queste parti*, on ne le voit plus par ici.

bazzotto *agg.*: *uovo* —, œuf mollet.

be *inter.* → beh.

beante *agg.* (*med.*) béant.

bearsi *v.pron.* se délecter.

beatamente *avv.* béatement.

beatificare (*coniug. come* mancare) *v.tr.* (*teol.*) béatifier.

beatificazione *s.f.* béatification.

beatitudine *s.f.* béatitude.

beato *agg.* **1** heureux*; béat: *avere un'aria beata*, avoir l'air béat || *fare una vita beata*, mener la bonne vie; — *il giorno in cui ti conobbi!*, béni soit le jour où je t'ai connu! || — *lui che ha risolto i suoi problemi!*, il en a de la chance d'avoir résolu toutes ses difficultés || — *chi ti vede!*, tiens, un revenant!; — *te!*, veinard! **2** (*eccl.*) bienheureux* || *i Beati Apostoli*, les Saints Apôtres || *Beatissimo Padre*, (*appellativo del Papa*) Très-Saint Père ♦ *s.m.* (*eccl.*) bienheureux*.

beauty-case (pl. *invar.*) *s.m.* mallette de maquillage, vanity-case*; (*fam.*) baise-en-ville*.

bebè *s.m.* bébé.

beccaccia (p. *-ce*) *s.f.* (*zool.*) bécasse || — *d'acqua*, barge.

beccaccino *s.m.* **1** (*zool.*) bécassine (*f.*) **2** (*mar.*) snipe.

beccamorto *s.m.* fossoyeur*: *avere una faccia da* —, avoir une tête de croque-mort.

beccare (*coniug. come* mancare) *v.tr.* **1** becqueter*, picorer **2** (*colpire col becco*) donner des coups de bec (à); (*di insetti*) piquer **3** (*fig.*) (*stuzzicare*) lancer* des pointes (contre); taquiner **4** (*fam.*) (*prendere*) attraper; (*guadagnare*) gagner: *beccarsi un raffreddore*, attraper, choper un mauvais rhume; *beccarsi una bella sommetta*, empocher une belle petite somme || *non mi becchi più*, tu ne m'auras pas deux fois || *l'hanno beccato mentre stava rubando*, ils l'ont pincé en train de voler □ **beccarsi** *v.pron.* **1** se donner des coups de bec **2** (*fig.*) se lancer* des pointes; (*bisticciarsi*) se chamailler.

beccata *s.f.* **1** coup de bec **2** (*di insetto*) piqûre.

beccheggiare (*coniug. come* mangiare) *v.intr.* tanguer.

beccheggio *s.m.* tangage.

becchime *s.m.* pâtée (*f.*).

becchino *s.m.* **1** fossoyeur **2** (*zool.*) nécrophore.

becco[1] (pl. *-chi*) *s.m.* bec || (*fig.*): *chiudi il* —, ferme ton bec; *mettere il* — *in*, se mêler de || *senza il* — *di un quattrino*, sans un sou vaillant.

becco[2] *s.m.* (*zool.*) bouc.

beccuccio *s.m.* **1** bec **2** (*per capelli*) pince (à cheveux).

becero *s.m.* goujat, malotru.

beduino *s.m.* bédouin.

bee *onom.* bê.

beeper (pl. *invar.*) *s.m.* avertisseur sonore.

befana *s.f.* **1** vieille fée (bienfaisante qui le jour des Rois apporte des cadeaux aux enfants sages) **2** (*fig.*) vieille sorcière || *che* —, *quella ragazza!*, (*per cattivo carattere*) quelle chipie!, (*per bruttezza*) quelle mocheté, cette fille! **3** (*Epifania*), Epiphanie, jour des Rois.

beffa *s.f.* moquerie; (*burla*) tour (*m.*), farce: *farsi beffe di*, se moquer de; *farsi beffe ai danni di qlcu*, se payer la tête de qqn || *una* — *del destino*, une ironie du sort || *rimanere col danno e con le beffe*, être le dindon de la farce.

beffardo *agg.* railleur*, moqueur*.

beffare *v.tr.* bafouer, berner □ **beffarsi** *v.pron.* se moquer.

beffeggiare (*coniug. come* mangiare) *v.tr.* railler, se moquer (de).

bega (pl. *-ghe*) *s.f.* **1** accrochage (*m.*), dispute **2** (*fam.*) (*grattacapo*) histoire, problème (*m.*).

beghina *s.f.* (*st.*) béguine; (*bigotta*) bigote.

beghinaggio (*st.*) *s.m.* béguinage.

begonia *s.f.* (*bot.*) bégonia (*m.*).

beh *inter.* **1** (*interrogativo e concessivo*) eh bien: —, *che ve ne pare?*, eh bien, qu'en pensez-vous? **2** (*con senso conclusivo*) bon: —, *andiamo*, bon, alors allons-y.

beige *agg. e s.m.* (*colore*) beige.

belare *v.intr.* **1** bêler **2** (*fig.*) pleurnicher.

belato *s.m.* bêlement.

belga (pl.m. *-gi*; f. *-ghe*) *agg. e s.m.* belge.

bella *s.f.* **1** (*donna bella*) beauté; belle || *la sua* —, (*innamorata*) sa chère et tendre || *la Bella Addormentata nel bosco*, la Belle au bois dormant || (*bot.*) — *di giorno*, belle-de-jour || *oh,* —!, ça, par exemple! || *questa è una menzogna* — *e buona*, c'est bel et bien un mensonge **2** (*bella copia*) copie définitive: *ricopiare, mettere in* —, mettre au propre, au net **3** (*al gioco*) belle: *fare la* —, jouer la belle.

belladonna *s.f.* (*bot.*) belladone.

bellamente *avv.* **1** tranquillement **2** (*con garbo*) gentiment, poliment; (*iron.*) tout bonnement.

belletto *s.m.* **1** fard **2** (*fig.*) artifice.

bellezza *s.f.* **1** beauté || *che* —!, quelle joie! || *un giardino che è una* —, un jardin magnifique; *si sta comodi che è una* —, on est délicieusement bien ici; *cresce che è una* —, c'est un plaisir de le voir grandir; *canta che è una* —, elle chante à ravir || *ci ho messo la* — *di due ore*, j'ai mis deux bonnes heures; *costa la* — *di un milione*, cela coûte la modeste somme d'un million || *per* —, pour faire joli || *in* —, en beauté **2** (*bella donna*) beauté || *addio,* —!, adieu, ma belle!

bellicismo *s.m.* bellicisme.

bellicista *agg. e s.m.* belliciste.

bellico (pl. *-ci*) *agg.* de guerre.

bellicoso *agg.* belliqueux*.

belligerante *agg. e s.m.* belligérant.

belligeranza *s.f.* belligérance: *non* —, non-belligérance.

bellimbusto *s.m.* bellâtre.

bello *agg.* **1** beau* || *farsi bella*, se faire une beauté || *farsi* — *di qlco*, (*fig.*) se vanter de qqch || *sarebbe* — *se andassimo*, ce serait bien si nous partions || *sarebbe — che...*, (*iron.*) ce serait drôle si... || *eccone una bella!*, (*fam.*) vous m'en direz tant!; *l'hai fatta bella!*, tu as fait une belle bêtise || *che —!*, splendide! || *questa è bella!*, elle est bien bonne! || *bella gente*, des gens chics; *il bel mondo*, la crème (de la société) || *bella roba!* (*fam.*) c'est du joli, du propre || *le Belle Arti*, les Beaux-Arts   2 (*buono*) bon*: *hai fatto un bel lavoro*, tu as fait un bon travail; (*iron.*) tu as fait du beau travail! || *bell'affare!*, la belle affaire!   3 (*grande, forte*) grand, beau*: *ha fatto dei bei progressi*, il a fait de grands progrès; *ci vuole un bel coraggio*, il en faut du courage; *è un — sfacciato*, c'est un bel effronté; *una bella bronchite*, une bonne bronchite; *una bella sommetta*, une jolie petite somme; *un bel pezzo di torta*, un bon morceau de gâteau || *i miei vent'anni sono passati da un bel pezzo*, il y a belle lurette que je n'ai plus vingt ans   4 (*con valore rafforzativo*): *gli ho detto un bel no*, je lui ai dit carrément non || *nel bel mezzo di...*, au beau milieu de... || *hanno un bel dire*, ils ont beau dire || *si è preso una bella sgridata*, on lui a passé un de ces savons! || *una truffa bella e buona*, une escroquerie pure et simple || *bell'e pronto*, prêt; *è bell'e finito*, c'est bel et bien terminé || *bell'e morto*, raide mort || *alla bell'e meglio*, tant bien que mal || *bel —*, tout tranquillement • *Bello* (pl. *begli*) davanti a *s* impura, *gn, ps, x, z*; *bell'* (pl. *bei*) davanti a vocale; negli altri casi *bel* ♦ *s.m.*   1 beau || *sul più —*, au plus beau moment || *adesso viene il —*, mais voilà le plus beau || *il — è che...*, le plus beau c'est que... || *cosa fai di —?*, qu'est-ce que tu fais de beau? || *il tempo si mette al —*, le temps se met au beau   2 (*fam.*) (*innamorato*) le cher et tendre || *— mio!*, mon chou!

beltà *s.f.* beauté.

beluga (pl. *invar.*) *s.m.* (*zool.*) bélouga.

belva *s.f.* bête féroce.

belvedere *s.m.*   1 belvédère   2 (*mar.*) perruche (*f.*).

bemolle (pl. *invar.*) *s.m.* (*mus.*) bémol.

benché *cong.* bien que, quoique: *— parlassero spesso di lui, non lo conoscevano*, bien qu'ils, quoiqu'ils parlent souvent de lui, ils ne le connaissaient pas || *non avevo il — minimo sospetto*, je n'avais pas le moindre soupçon.

benda *s.f.*   1 bandeau* (*m.*) || *avere le bende sugli occhi*, (*fig.*) avoir un bandeau sur les yeux   2 (*per ferite*) bande   3 (*degli antichi sacerdoti*) bandelette.

bendaggio *s.m.* bandage.

bendare *v.tr.* bander.

bendato *agg.* bandé: *avere gli occhi bendati*, avoir un bandeau sur les yeux || *la dea bendata*, la déesse de la Fortune.

bendatura *s.f.* bandage (*m.*).

bene¹ *avv.*   1 bien; *di — in meglio*, de mieux en mieux; *imparerà a comportarsi —*, il apprendra à bien se conduire; *hai fatto — ad avvertirmi*, tu as bien fait de m'avertir || *stare, sentirsi —*, (*in salute*) se sentir bien; *stare, trovarsi —*, (*in un luogo*) être bien || *né — né male*, ni bien ni mal || *per —*,

comme il faut: *persona per —*, personne comme il faut; *gente per —*, des gens bien; *lavoro fatto per —*, travail bien fait, fait comme il faut   2 (*rafforzativo*) bien: *dovrà ben accettare prima o poi!*, tôt ou tard, il faudra bien qu'il accepte!; *l'ho aspettato per ben due ore*, je l'ai attendu deux heures || *ben venga l'estate!*, l'été sera le bienvenu! || *c'è ben altro!*, il y a encore autre chose!; *si tratta di ben altro!*, il s'agit de tout autre chose! || *l'ho sgridato ben —*, je l'ai grondé comme il faut   3 (*con valore interiettivo*): *Bene! Bravo!*, Bien! Bravo!; *—, basta così!*, bon, ça suffit! ♦ *agg.invar.* bien (*invar.*): *la gente —*, les gens bien; *la società —*, la bonne société; *una ragazza —*, une fille bon chic bon genre (*o fam.* b.c.b.g.); *famiglia della Milano —*, famille de la haute société milanaise; *i circoli — della città*, les meilleurs clubs de la ville □ **benino** *avv.* assez bien: *il ragazzo —, va — a scuola*, ce garçon travaille assez bien à l'école || *per —*, comme il faut; (*accuratamente*) soigneusement: *una ragazza tutta per —*, une fille très comme il faut □ **benissimo** *avv.* très bien, fort bien; (*in modo meraviglioso*) à merveille: *sta —* (*di salute*), elle se porte comme un charme; (*di aspetto*) elle est très en beauté; *può darsi — che...*, il est bien possible que... □ **benone** *avv.*   1 très bien, tout à fait bien   2 (*d'accordo*) bon, d'accord, entendu || *—!, si è anche messo a piovere!*, parfait! (o c'est le bouquet!), voilà encore qu'il se met à pleuvoir.

bene² *s.m.*   1 bien: *parlare — di qlcu*, dire du bien de qqn || *opere di —*, œuvres de bienfaisance; *faresti un'opera di — se...*, tu ferais œuvre utile si... || *agire a fin di —*, agir dans une bonne intention   2 (*affetto*) amour, affection (*f.*): *nonostante tutto il — che gli voglio*, malgré tout l'amour que je lui porte, malgré toute l'affection que j'ai pour lui; *gli ha voluto molto —*, elle l'a beaucoup aimé; *le vuole un — dell'anima*, il l'adore   3 (*uomo amato*) bien-aimé; (*donna amata*) bien-aimée: *l'amato —*, mon bien-aimé, ma bien-aimée   4 (*utilità, vantaggio*) bien: *la pioggia fa — alle piante*, la pluie fait du bien aux plantes; *sarà — avvertirlo*, il vaudrait mieux l'avertir; *ti auguro ogni —*, je te souhaite tout le bonheur possible   5 (*spec.pl.*) (*ricchezze*) bien || *in quella casa c'è ogni ben di Dio*, dans cette maison, il y a toutes sortes de bonnes choses || *i beni culturali e ambientali di un paese*, les monuments historiques et les sites classés d'un pays || (*dir.*) *comunione dei beni*, communauté de biens; *beni acquisiti*, acquêts.

benedettino *agg.* bénédictin ♦ *s.m.*   1 bénédictin   2 (*liquore*) bénédictine (*f.*).

benedetto *agg.*   1 béni: *una terra benedetta*, une terre bénie   2 (*consacrato*) bénit: *acqua benedetta*, eau bénite   3 (*santo*) saint: *la Vergine benedetta*, la Sainte Vierge   4 (*nelle esclamazioni*) sacré: *quando arriverà questo — treno?*, quand va-t-il arriver ce sacré train? || *ma cosa fa, benedett'uomo?*, mais qu'est-ce que vous êtes en train de faire, mon cher?

bestia

benedire (*coniug. come* dire. *Imp.* benedici, benedite) *v.tr.* bénir* || (*fig.*): *mandare a farsi —*, envoyer promener; *andare a farsi —*, tomber à l'eau.
benedizione *s.f.* bénédiction || *è la — della sua famiglia*, il fait le bonheur de sa famille.
beneducato *agg.* bien élevé.
benefattore (f. *-trice*) *s.m.* bienfaiteur*.
beneficare (*coniug. come* mancare) *v.tr.* faire* du bien (à).
beneficenza *s.f.* bienfaisance: *dedicarsi alla —*, se consacrer aux œuvres de bienfaisance; *vendita di —*, vente de charité.
beneficiare (*coniug. come* cominciare) *v.intr.* bénéficier.
beneficiario *agg.* **1** (*dir.*) bénéficiaire **2** (*eccl.*) bénéficial* ♦ *s.m.* bénéficiaire.
beneficio *s.m.* **1** bienfait **2** (*vantaggio*) avantage; (*profitto*) profit: *gode di particolari benefici*, il jouit d'avantages particuliers; *trarre — da qlco*, tirer profit de qqch; *— fiscale*, allégement de l'impôt; *deve andare al mare, ne trarrà —*, elle doit aller à la mer, cela lui fera du bien || *a — di*, au bénéfice de **3** (*dir.*) bénéfice: *con — d'inventario*, sous bénéfice d'inventaire.
benefico (pl. *-ci*) *agg.* bienfaisant.
benemerenza *s.f.* (titre de) mérite (*m.*) || *attestato di —*, diplôme d'honneur || *per —*, en récompense.
benemerito *agg.* e *s.m.* méritant.
beneplacito *s.m.* **1** consentement, approbation (*f.*) **2** (*volontà*) gré, volonté (*f.*).
benessere *s.m.* bien-être.
benestante *agg.* aisé ♦ *s.m.* personne aisée.
benestare *s.m.* autorisation (*f.*).
beneventano *agg.* e *s.m.* bénéventin.
benevolenza *s.f.* bienveillance.
benevolmente *avv.* avec bienveillance.
benevolo *agg.* bienveillant.
benfatto *agg.* bien fait.
bengala (pl. *invar.*) *s.m.* feu* de Bengale.
bengalese *agg.* e *s.m.* bengali.
bengalino *s.m.* (*zool.*) bengali.
bengodi *s.m.* cocagne (*f.*).
beniamino *s.m.* enfant gâté, chouchou*.
benignità *s.f.* **1** bienveillance **2** (*di malattia, di clima*) douceur.
benigno *agg.* **1** bienveillant || *astro —*, astre propice, bénéfique **2** (*di malattia ecc.*) bénin* **3** (*di clima*) doux*.
beninteso *avv.* bien entendu.
benna *s.f.* (*mecc.*) benne.
benpensante *s.m.* bien-pensant*.
benservito *s.m.* certificat de travail, attestation (*f.*) d'emploi || *dare il —*, donner son congé.
bensì *cong.* mais (plutôt).
benvenuto *agg.* bienvenu: (*di cartelli turistici*) *benvenuti in Piemonte*, le Piémont vous souhaite la bienvenue ♦ *s.m.* bienvenue (*f.*).
benvisto *agg.* bien vu.
benvolere (usati solo l'*inf.pres.* e il *part.pass.*) *v.tr.*: *farsi — da*, s'attirer la sympathie de; *prendere a —*, prendre en affection.

benvoluto *agg.*: *era — da tutti*, il était aimé de tous.
benzene *s.m.* (*chim.*) benzène.
benzina *s.f.* **1** essence: *sono rimasto senza —*, je suis en panne d'essence **2** (*purificata*) benzine.
benzinaio *s.m.* pompiste.
benzoino *s.m.* (*chim.*) benjoin.
benzolo *s.m.* (*chim.*) benzol.
beone *s.m.* gros buveur.
beota *s.m.* béotien*.
bequadro *s.m.* (*mus.*) bécarre.
berbero *agg.* berbère ♦ *s.m.* (*cavallo*) barbe.
bere[1] (*Indic.pres.* io bevo ecc.; *pass.rem.* io bevvi, tu bevesti ecc.; *fut.* io berrò ecc. *Part.pass* bevuto) *v.tr.* boire*: *— alla bottiglia*, boire au goulot; *andiamo a — un bicchiere*, allons prendre un verre; *da — (che) cosa desiderano?*, que désirez-vous boire? || *bersi un uovo*, gober un œuf || *un uovo da —*, un œuf du jour || *semplice come — un bicchier d'acqua*, simple comme bonjour || *tuffandomi ho bevuto*, en plongeant j'ai bu une tasse || *non me la dai a —!*, tu ne me feras pas avaler cela!
bere[2] *s.m.* (*il bere*) boisson (*f.*): *il — e il mangiare*, le boire et le manger; *darsi al —*, s'adonner à la boisson || *il troppo — fa male*, il n'est pas bon de trop boire.
bergamasco (pl. *-chi*) *agg.* e *s.m.* bergamasque.
bergamotto *s.m.* (*albero*) bergamotier; (*frutto*) bergamote (*f.*).
berillo *s.m.* (*min.*) béryl.
berlina[1] *s.f.* (*gogna*) pilori (*m.*): *mettere alla —*, clouer au pilori; (*fig.*) exposer qqn à la risée publique.
berlina[2] *s.f.* (*aut.*) berline.
berlinese *agg.* e *s.m.* berlinois.
bermuda *s.m.pl.* bermuda(s): *indossare i —*, porter un bermuda, des bermudas.
bernese *agg.* e *s.m.* bernois.
bernoccolo *s.m.* bosse (*f.*).
berretta *s.f.*, **berretto** *s.m.* bonnet (*m.*); (*con visiera*) casquette.
bersagliare *v.tr.* **1** tirer (sur) **2** (*fig.*) (*perseguire*) poursuivre*, *harceler*.
bersagliera *s.m.* bersagliere □ **alla bersagliera** *locuz.avv.* sur l'oreille; (*fig.*) (*con slancio*) avec élan.
bersaglio *s.m.* cible (*f.*): *centrare il —*, toucher la cible; (*fig.*) atteindre son but; *prendere a —*, prendre pour cible || *è sempre lui che vien preso a —*, c'est la tête de turc de tout le monde.
bertuccia (pl. *-ce*) *s.f.* **1** (*zool.*) magot (*m.*) **2** (*fig.*) (*donna brutta*) guenon.
besciamella *s.f.* (*cuc.*) béchamel.
bestemmia *s.f.* **1** blasphème (*m.*) **2** (*imprecazione*) juron (*m.*): *tirar bestemmie*, lâcher des jurons **3** (*sproposito*) énormité.
bestemmiare *v.tr.* **1** blasphémer* (contre): *— Dio*, blasphémer le nom du Seigneur **2** (*parlare in modo scorretto*) baragouiner ♦ *v.intr.* **1** (*imprecare*) jurer **2** (*dire spropositi*) dire* des énormités.
bestemmiatore (f. *-trice*) *s.m.* blasphémateur*.
bestia *s.f.* **1** bête || *lavorare come una —*, tra-

vailler comme une brute; *lavoro da* —, travail de forçat || *andare, mandare in* —, se mettre, mettre en colère **2** *pl.* (*bestiame*) bétail (*m.sing.*) **3** (*fam.*) (*ignorante*) bête: — *che non sei altro!*, espèce d'idiot! || *in latino è una* —, il est bouché en latin.

bestiale *agg.* bestial* || (*fam.*): *un caldo* —, *un freddo* —, une chaleur étouffante, un froid de canard; *un dolore* —, une douleur terrible.

bestialità *s.f.* **1** bestialité **2** (*fam.*) (*sproposito*) bêtise, énormité.

bestialmente *avv.* bestialement; (*stupidamente*) bêtement.

bestiame *s.m.* bétail*.

bestiario[1] *s.m.* (*st. lett.*) bestiaire.

bestiario[2] *s.m.* (*st.*) bestiaire.

bestiola, bestiolina *s.f.* bestiole; (*fig. fam.*) bête: *sei una* —, que tu es bête.

bestione *s.m.* **1** grosse bête **2** (*uomo ignorante*) grosse bête **3** (*persona grande e grossa*) malabar **4** (*uomo rozzo*) rustre.

beta *s.m. e f.* (*seconda lettera dell'alfabeto greco*) bêta (*m.*).

betel *s.m.* (*bot.*) bétel.

betonica *s.f.*: *essere* (*conosciuto*) *come l'erba* —, être connu comme le loup blanc.

betoniera *s.f.* bétonnière.

bettola *s.f.* gargote, caboulot (*m.*).

bettolina *s.f.* (*mar.*) porteur à déblais.

betulla *s.f.* bouleau* (*m.*).

beuta *s.f.* (*chim.*) matras (*m.*).

bevanda *s.f.* boisson.

beveraggio *s.m.* breuvage; (*beverone per animali*) barbotage.

beverino *s.m.* auget.

beverone *s.m.* **1** breuvage; (*pastone per animali*) barbotage **2** (*spreg.*) mixture (*f.*).

bevibile *agg.* buvable.

bevitore (*f.* -*trice*) *s.m.* buveur*.

bevuta *s.f.*: *dopo questa* — *mi sento meglio*, maintenant que j'ai bu, je me sens mieux; *fare una* —, boire un coup, (*nuotando*) boire une tasse; *ci siamo fatti una bella* —!, on a bien bu.

bevuto *agg.* (*fam.*) soûl.

bi- *pref.* bi-

biacca (*pl.* -*che*) *s.f.* céruse, blanc d'argent.

biacco (*pl.* -*chi*) *s.m.* couleuvre verte et jaune.

biada *s.f.* avoine || *dare la* — *all'asino*, (*fig.*) donner de la confiture aux cochons.

bianca (*pl.* -*che*) *s.f.* (*tip.*) recto (*m.*): — *e volta*, recto verso.

biancastro *agg.* blanchâtre.

biancheggiare (*coniug. come* mangiare) *v.intr.* être* blanc*, paraître* blanc*.

biancheria *s.f.* linge (*m.*): — *intima*, (*da uomo e bambino*) linge (de corps), (*da donna*) lingerie || — *da casa*, linge de maison.

bianchetti *s.m.pl.* blanchaille (*f.sing.*).

bianchetto *s.m.* **1** (*chim.*) blanc **2** (*belletto*) blanc de fard **3** (*correttore liquido*) blanc correcteur, correcteur liquide **4** (*per scarpe*) blanc à chaussures **5** (*sbiancante*) produit blanchissant.

bianchezza *s.f.* blancheur.

bianchiccio *agg.* blanchâtre.

bianchino *s.m.* un petit (verre de) blanc.

bianco (pl. -*chi*) *agg.* blanc*: — *avorio, latte, gesso*, blanc ivoire, de lait, crayeux; — *come un cencio, come un panno lavato*, blanc comme un linge; *è* — *e rosso come una mela*, il est à croquer; — *di paura, per lo spavento*, blanc (de peur); *mi fai venire i capelli bianchi*, tu me donnes des cheveux blancs || *settimana bianca*, semaine au, de ski ♦ *s.m.* blanc: *vestire di* —, s'habiller en blanc; *cucitrice di* —, lingère (en blanc); *dare una mano di* —, donner une couche de blanc || *passare una notte in* —, passer une nuit blanche || *mangiare in* —, manger léger; *pasta, riso in* —, pâtes, riz au beurre; *pesce in* —, poisson bouilli || *cambiale in* —, effet en blanc; *firma in* —, blanc-seing || *film in* — *e nero*, film en noir et blanc || *lasciare uno spazio in* —, laisser un blanc || *andare in* —, faire fiasco || *oggi dice* — *e domani nero*, il dit tantôt blanc, tantôt noir.

biancomangiare *s.m.* (*cuc.*) (*dolce*) blanc-manger*.

biancore *s.m.* (*letter.*) blancheur (*f.*).

biancospino *s.m.* aubépine (*f.*).

biascicare (*coniug. come* mancare) *v.tr.* **1** marmonner: — *le parole*, marmonner ses paroles **2** (*articolare in modo indistinto*) marmotter, bredouiller: — *orazioni*, marmotter des prières **3** (*una lingua*) baragouiner: *biascica un po' di tedesco*, il baragouine un peu d'allemand.

biasimabile *agg.* blâmable.

biasimare *v.tr.* blâmer.

biasimevole *agg.* blâmable.

biasimo *s.m.* blâme: *degno di* —, blâmable || *dare una nota di* —, (*a scuola*) infliger un blâme.

Bibbia *s.f.* Bible.

biberon (pl. *invar.*) *s.m.* (*poppatoio*) biberon.

bibita *s.f.* boisson.

biblico (pl. -*ci*) *agg.* biblique.

bibliobus (pl. *invar.*) *s.m.* bibliobus.

bibliofilia *s.f.* bibliophilie.

bibliofilo *s.m.* bibliophile.

bibliografia *s.f.* bibliographie.

bibliografico (pl. -*ci*) *agg.* bibliographique.

biblioteca (pl. -*che*) *s.f.* bibliothèque: *andare in* —, aller à la bibliothèque || — *circolante*, bibliothèque de prêt || *una* — *ambulante*, (*fig.*) une bibliothèque vivante || *topo di* —, (*fig.*) rat de bibliothèque.

bibliotecario *s.m.* bibliothécaire.

bica (pl. -*che*) *s.f.* meule, gerbier (*m.*).

bicamerale *agg.* bicaméral*.

bicameralismo *s.m.* bicaméralisme, bicamérisme.

bicamere *agg.* → **bilocale**.

bicamerismo *s.m.* bicamérisme, bicaméralisme.

bicarbonato *s.m.* bicarbonate.

bicchierata *s.f.* beuverie: *fare una* —, boire un coup; *ci siamo fatti una bella* —!, c'était une belle beuverie!

bicchiere *s.m.* verre: — *a calice*, verre à pied; —

da vino, verre à vin; — *da birra,* bock; — *da spumante,* flûte; *alzare il* — *alla salute di qlcu,* lever son verre à la santé de qqn || *il* — *della staffa,* le coup de l'étrier || *è un fondo di* —, *(brillante falso)* c'est du toc || *affogare in un bicchier d'acqua,* se noyer dans un verre d'eau.

bicefalo *agg.* bicéphale.

bicentenario *s.m.* bicentenaire.

bici (pl. *invar.*) *s.f.* (*fam.*) vélo (*m.*), bécane.

bicicletta *s.f.* bicyclette; (*fam.*) vélo (*m.*): — *a motore,* vélomoteur; *in* —, à bicyclette.

bicipite *agg.* bicéphale ♦ *s.m.* (*anat.*) biceps.

bicocca (pl. *-che*) *s.f.* bicoque.

bicolore *agg.* bicolore || *una matita* —, un crayon à deux couleurs || *governo* —, gouvernement bipartite.

bidè *s.m.* bidet.

bidella *s.f.* femme de service; (*nella scuola media e superiore*) concierge.

bidello *s.m.* concierge, agent de service; (*nell'università*) appariteur.

bidimensionale *agg.* à deux dimensions.

bidonare *v.tr.* (*fam.*) **1** (*imbrogliare*) rouler: *ti hanno bidonato!,* on t'a roulé **2** (*mancare a un appuntamento*) poser un lapin (à qqn).

bidonata *s.f.* (*fam.*): *quest'automobile è una vera* —, cette voiture, c'est de la ferraille; *quel film è un'autentica* —!, ce film est un vrai navet!; *fare una* —, jouer un sale tour; *dare una* — *con merce scadente,* refiler de la camelote.

bidone *s.m.* **1** bidon: *un* — *di benzina, di latte,* un bidon d'essence, de lait || — *delle immondizie,* poubelle **2** *fare un* — *a qlcu,* (*fam.*) (*imbrogliare*) rouler qqn, (*mancare a un appuntamento*) poser un lapin (à qqn).

bidonvia *s.f.* télébenne.

biecamente *avv.* de travers || — *repressivo,* brutalement repressif.

bieco (pl. *-chi*) *agg.* (*torvo*) torve, farouche.

biella *s.f.* bielle: — *di guida,* bielle de piston.

biennale *agg.* **1** biennal* || *corso* —, cours de deux ans ♦ *s.f.* biennale **2** (*bot.*) bisannuel*.

biennio *s.m.* **1** (espace de) deux ans **2** (*scuola*) cours de deux ans.

bieta *s.f.* → **bietola**.

bieticolo *agg.* betteravier*.

bieticoltore (f. *-trice*) *s.m.* betteravier*.

bieticoltura *s.f.* culture betteravière.

bietola *s.f.* bette, poirée.

bietolone *s.m.* **1** (*bot.*) arroche (*f.*), bonne dame **2** (*fam.*) grand nigaud.

bietta *s.f.* **1** (*mecc.*) clavette **2** (*cuneo*) coin (*m.*).

bifase *agg.* (*fis.*) biphasé, diphasé.

biffa *s.f.* (*topografia*) jalon (*m.*).

biffare[1] *v.tr.* (*segnare con biffe*) jalonner.

biffare[2] *v.tr.* (*cancellare*) biffer.

bifido *agg.* bifide.

bifocale *agg.* (*fis.*) bifocal*: *lente* —, lentille bifocale.

bifolco (pl. *-chi*) *s.m.* paysan (*anche fig.*).

bifora *s.f.* (*arch.*) fenêtres géminées, fenêtre à double baie.

biforcarsi (*coniug. come* mancare) *v.pron.* bifurquer.

biforcazione *s.f.* bifurcation.

biforcuto *agg.* fourchu, bifide || *lingua biforcuta,* (*fig.*) langue de vipère.

bifronte *agg.* **1** bifront || *erma* —, bifront || *Giano* —, Janus bifrons **2** (*fig.*) double.

big (pl. *invar.*) *s.m.* (*fam.*): *un* — *della finanza,* un gros bonnet de la finance; *un* — *dell'industria,* un magnat de l'industrie; *i* — *della canzone,* les grands noms de la chanson.

bigamia *s.f.* bigamie.

bigamo *agg.* e *s.m.* bigame.

bigemino *agg.* (*med.*): *parto* —, accouchement gémellaire; *polso* —, pouls bigéminé.

bighellonare *v.intr.* flâner.

bighellone *s.m.* flâneur*.

bigiare (*coniug. come* mangiare) *v.tr.* (*region.*): — (*la scuola*), sécher* les cours.

bigino *s.m.* (*gergo scolastico*) **1** livre de traductions juxtalinéaires des classiques **2** (*manualetto riassuntivo*) aide-mémoire*.

bigio *agg.* bis; (*grigio*) gris: *pane* —, pain bis || *tempo* —, temps gris.

bigiotteria *s.f.* **1** bijoux (de) fantaisie **2** (*negozio*) magasin de bijoux (de) fantaisie.

bigliettaio *s.m.* **1** (*di trasporto pubblico*) receveur **2** (*addetto a una biglietteria*) employé (préposé à la vente des billets au guichet).

biglietteria *s.f.* (*di stazione*) guichets (de délivrance des billets); (*di teatro*) guichets, bureau* de location; (*di cinema*) caisse || — *automatica,* billetterie automatique, Distributeur Automatique de Billets.

bigliettino *s.m.* **1** carte (*f.*): — (*d'auguri*), carte de voeux **2** (*messaggio*) (petit) mot: *se esci lasciami un* —, si tu sors laisse-moi un mot.

biglietto *s.m.* billet; (*cartoncino*) carte (*f.*); (*spec. su mezzi di trasporto pubblici*) ticket: *fare il* —, prendre son billet, son ticket; — *a prezzo ridotto,* billet (à tarif) réduit; *un* — *di sola andata,* un aller; *un* — *di andata e ritorno,* un aller retour || — *di invito,* carte d'invitation; — *da visita,* carte de visite || — *postale,* carte-lettre || — *di favore, omaggio,* billet de faveur, billet gratuit || *mezzo* —, billet à demi-tarif || — *da mille,* billet de mille (lires).

bigliettone *s.m.* (*fam.*) gros billet.

bignè *s.m.* (*cuc.*) chou* à la crème.

bigodino *s.m.* bigoudi.

bigoncia (pl. *-ce*) *s.f.* comporte || *a bigonce,* en grande quantité.

bigoncio *s.m.* **1** baquet, baillotte (*f.*) **2** (*teatr.*) cassette (*f.*).

bigotteria *s.f.*, **bigottismo** *s.m.* bigoterie (*f.*), bigotisme (*m.*).

bigotto *agg.* e *s.m.* bigot.

bikini *s.m.* bikini, (maillot) deux-pièces.

bilama *agg.invar.* à double lame.

bilancia (pl. *-ce*) *s.f.* **1** balance: — *a ponte, a bilico,* bascule; — *a molla,* peson, balance à ressort; — *pesabambini,* pèse-bébé; — *da bagno,* pèse-personne; — *per lettere*, pèse-lettres; — *dell'orafo*, trébuchet || *(fig.)*: *far pendere la* —, emporter la balance; *pesare con la* — *del farmacista*, couper les cheveux en quatre 2 *(astr.) Bilancia*, Balance 3 *(econ.)* balance: — *dei pagamenti*, balance des paiements 4 *(rete da pesca)* échiquier *(m.)*, carrelet *(m.)* 5 *(teatr.)* *(apparecchio di illuminazione)* *herse 6 *(di orologio)* balancier *(m.)* 7 *(edil.)* *(ponteggio provvisorio)* échafaud volant.

bilanciare *(coniug. come* cominciare) *v.tr.* 1 équilibrer; *(tenere in equilibrio)* tenir* en équilibre 2 *(fig.)* balancer*; *(ponderare)* peser*: — *il pro e il contro*, balancer le pour et le contre; — *le parole*, peser ses paroles □ **bilanciarsi** *v.pron.* 1 se tenir* en équilibre || *(comm.)* — *con*, présenter un solde de 2 *(l'un l'altro)* s'équilibrer, se balancer*.

bilanciere *s.m.* 1 balancier || *molla del* —, *(nell'orologio)* (ressort) spiral 2 *(mecc.)* culbuteur 3 *(asta dei funamboli)* balancier; *(dei portatori d'acqua)* palanche *(f.)*.

bilancina *s.f.* pesette.

bilancino *s.m.* 1 trébuchet: *pesare col* —, *(fig.)* couper les cheveux en quatre 2 *(mecc.)* palonnier.

bilancio *s.m.* 1 *(preventivo; insieme delle entrate e delle uscite)* budget: *iscrivere nel, a* —, budgétiser; *entrate del* —, recettes budgétaires; *previsioni di* —, prévisions budgétaires, du budget || *far quadrare il* —, équilibrer son budget 2 *(consuntivo; prospetto contabile dell'attivo e del passivo)* bilan: *portare in* —, porter, inscrire au bilan 3 *(differenza tra il dare e l'avere)* balance *(f.)*: *fare il* — *di un conto*, établir la balance d'un compte.

bilarzia *s.f.* bilharzie.

bilaterale *agg.* bilatéral* || -*mente avv.*

bile *s.f.* bile: *travaso di* —, débordement de bile || *(fig.)*: *avere un travaso di* —, piquer une colère noire; *rodersi dalla* —, se faire de la bile; *riversare la propria* — *su qlcu*, jeter son venin sur qqn; *crepare dalla* —, crever de dépit; *verde dalla* —, vert de colère; *far mangiar* —, faire enrager.

bilia *s.f.* 1 *(al biliardo)* *(buca)* blouse; *(palla)* bille: *far* —, blouser 2 *(pallina di vetro)* bille.

biliardino *s.m.* petit billard; *(flipper)* flipper; *(calcetto)* baby-foot*.

biliardo *s.m.* billard: *partita a* —, partie de billard; *farsi una partitina a* —, *(fam.)* se faire un petit billard.

biliare *agg.* biliaire.

bilico (pl. -*chi*) *s.m.* bascule *(f.)*; *(di porta)* gond; *(di bilancia)* couteau: *ponte a* —, pont-bascule || *essere, tenere in* —, être, tenir en équilibre, *(fig.)* être, tenir en suspense; *in* — *tra la vita e la morte*, entre la vie et la mort.

bilingue *agg.* bilingue.

bilinguismo *s.m.* bilinguisme.

bilione *s.m.* billion.

bilioso *agg. e s.m.* bilieux*.

bilirubina *s.f.* *(biochim.)* bilirubine.

bilobato, **bilobo** *agg.* bilobé.

bilocale *agg. e s.m.* deux-pièces*.

bimba *s.f.* enfant, petite fille.

bimbo *s.m.* enfant, petit garçon.

bimensile *agg.* bimensuel*.

bimestrale *agg.* 1 bimestriel* 2 *(che dura due mesi)* de deux mois.

bimestre *s.m.* bimestre: *si pubblica ogni* —, publication bimestrielle || *un* — *di affitto*, deux mois de loyer.

bimotore *agg. e s.m. (aer.)* bimoteur.

binario[1] *s.m.* voie *(f.)*: — *a scartamento ridotto, allargato*, voie étroite, métrique; — *morto*, voie de garage || *uscire dai binari*, *(anche fig.)* dérailler.

binario[2] *agg.* binaire.

binato *agg.* jumelé.

binocolo *s.m.* jumelle *(f.)*; *(spec. da teatro)* jumelles *(f.pl.)*: *guardare con il* —, *(fig.)* regarder à la loupe || *quest'anno, le vacanze le vedrò col* —, *(fig.)* cette année, je peux faire une croix sur mes vacances.

binoculare *agg.* binoculaire.

binomio *s.m.* 1 binôme *(anche fig.)* 2 *(coppia di persone)* duo.

bio- *pref.* bio-

bioccolo *s.m.* flocon.

biochimica *s.f.* biochimie.

biochimico (pl. -*ci*) *agg.* biochimique ♦ *s.m.* biochimiste.

biodegradabile *agg.* biodégradable.

biodegradazione *s.f.* *(biochim.)* biodégradation.

bioetica *s.f.* bioéthique.

biofisica *s.f.* biophysique.

biofisico (pl. -*ci*) *agg.* de la biophysique.

biogenetica *s.f.* théorie biogénétique.

biogenetico (pl. -*ci*) *agg.* biogénétique.

biografia *s.f.* biographie.

biografico (pl. -*ci*) *agg.* biographique.

biografo *s.m.* biographe.

bioingegneria *s.f.* ingénierie biomédicale.

biologia *s.f.* biologie.

biologico (pl. -*ci*) *agg.* biologique.

biologo (pl. -*gi*) *s.m.* biologiste.

bionda *s.f.* blonde.

biondastro *agg.* blondasse.

biondiccio *agg.* blondasse.

biondino *s.m.* blondinet.

biondo *agg. e s.m.* blond: — *cenere, platino, dorato*, blond cendré, platiné, doré; — *rossiccio*, blond vénitien.

biondona *s.f.* *(scherz.)* belle blonde.

bionica *s.f.* bionique.

bionico (pl. -*ci*) *agg.* bionique.

biopsia *s.f.* *(med.)* biopsie.

bioritmo *s.m.* biorythme.

biosfera *s.f.* biosphère.

biossido *s.m.* *(chim.)* bioxyde.

bipartitico (pl. -*ci*) *agg.* *(pol.)* biparti, bipartite.

bipartitismo *(pol.)* *s.m.* bipartisme.

bipartito *agg. e s.m.* biparti, bipartite.

bipartizione *s.f.* bipartition.

bipede *agg. e s.m.* bipède.

bipolare *agg.* (*scient.*) bipolaire.

bipolarismo *s.m.* bipolarisme.

biposto (pl. *invar.*) *agg.* e *s.m.* (*aereo*) biplace ♦ *s.f.* (*automobile*) coupé (*m.*).

birba *s.f.*, **birbante** *s.m.* (*birichino*) petit fripon*, coquin (*m.*).

birbanteria *s.f.* (*birichinata*) coquinerie.

birbantesco (pl. *-chi*) *agg.* fripon*.

birbonata *s.f.* gaminerie.

birboncello *s.m.* polisson*.

birbone *s.m.* chenapan, gredin; (*scherz.*) coquin ♦ *agg.*: *un freddo* —, un froid de canard; *un vento* —, un vent glacial; *una paura birbona*, une peur bleue; *un tiro* —, une entourloupette.

bireattore *s.m.* (*aereo*) biréacteur.

bireme *s.f.* (*mar.*) birème.

birichinata, biricchinata *s.f.* gaminerie.

birichino *s.m.* polisson* ♦ *agg.* espiègle.

birifrangenza *s.f.* (*fis.*) biréfringence.

birignao (pl. *invar.*) *s.m.* (*di un attore*) débit traînant et nasal.

birillo *s.m.* quille (*f.*): *gioco dei birilli*, jeu de quilles.

biro *s.f.* stylo (à) bille.

birra *s.f.* bière: — *chiara*, *scura*, bière blonde, brune; — *alla spina*, bière (à la) pression; *fabbrica di* —, brasserie || (*fam.*) *a tutta* —, à toute pompe; *dare la* — *a qlcu*, faire la pige à qqn, (*aut.*) semer* qqn.

birraio *s.m.* brasseur.

birreria *s.f.* brasserie.

birrificio *s.m.* brasserie (*f.*).

bis *agg.* e *s.m.* bis: *chiedere il* — *a qlcu*, bisser qqn; *fare il* —, bisser, (*a tavola*) en reprendre.

bis- *pref.* bis-

bisaccia (pl. *-ce*) *s.f.* besace, bissac (*m.*).

bisavolo *s.m.* bisaïeul*.

bisbetico (pl. *-ci*) *agg.* acariâtre.

bisbigliare *v.intr.* chuchoter ♦ *v.tr.* chuchoter, murmurer: — *all'orecchio*, chuchoter à l'oreille; — *una preghiera*, murmurer une prière || *si bisbiglia che...*, le bruit court que... ♦ *s.m.* chuchotement.

bisbiglio[1] *s.m.* **1** chuchotement || *in un* —, (en) murmurant **2** (*pettegolezzo*) commérage.

bisbiglio[2] *s.m.* (*mormorio*) murmure, bruit léger.

bisboccia (pl. *-ce*) *s.f.* bombance: *fare* —, faire bombance.

bisca (pl. *-che*) *s.f.* tripot (*m.*).

biscazziere *s.m.* **1** (*chi tiene una bisca*) tenancier de tripot **2** (*chi frequenta le bische*) habitué des tripots.

biscia (pl. *-sce*) *s.f.* couleuvre.

biscottato *agg.* grillé (au four) || *fetta biscottata*, biscotte.

biscottiera *s.f.* boîte à biscuits.

biscottificio *s.m.* biscuiterie (*f.*).

biscotto *s.m.* petit gâteau* sec, biscuit.

biscroma *s.f.* (*mus.*) double croche.

bisdrucciolo *agg.* (*gramm.*) qui a l'accent tonique sur la syllabe précédant l'antépénultième.

bisecante *agg.* bissecteur* ♦ *s.f.* (*mat.*) bissectrice.

bisellare *v.tr.* (*tecn.*) biseauter.

bisenso *s.m.* mot à double sens.

bisessuale *agg.* bisexuel*.

bisessualità *s.f.* bisexualité.

bisessuato *agg.* bisexué.

bisestile *agg.* bissextile.

bisettimanale *agg.* bihebdomadaire.

bisettrice *s.f.* (*mat.*) bissectrice.

bisex (pl. *invar.*) *agg.* **1** bisexuel* **2** (*di indumenti*) unisexe ♦ *s.m.* e *f.* bisexuel*.

bisillabico (pl. *-ci*) *agg.* dissyllabe, dissyllabique.

bisillabo *agg.* e *s.m.* dissyllabe, dissyllabique.

bislacco (pl. *-chi*) *agg.* farfelu; (*stravagante*) extravagant: *è un po'* —, il est un peu farfelu, loufoque || *una testa bislacca*, un cerveau dérangé.

bislungo (pl. *-ghi*) *agg.* oblong*.

bismuto *s.m.* bismuth.

bisnipote *s.m.* (*di nonni*) arrière-petit-fils*; (*di zii*) petit-neveu*.

bisnonna *s.f.* arrière-grand-mère*.

bisnonno *s.m.* **1** arrière-grand-père* **2** *pl.* ancêtres, aïeux.

bisognare *v.intr.impers.* falloir*: *bisognerebbe che tu venissi subito*, il faudrait que tu viennes immédiatement; *bisogna avere pazienza, tempo*, il faut de la patience, du temps; *ce n'è più che non bisogni*, il y en a plus qu'il n'en faut ♦ *v.intr.* (*usato solo nella 3ª pers. sing. e pl.*) avoir* besoin (de); (*necessitare*) falloir*.

bisognino *s.m.* (*fam.*): *avere un* —, avoir envie de faire pipi.

bisogno *s.m.* besoin: *ho* — *che tu mi aiuti*, j'ai besoin que tu m'aides; *ho urgente* — *di parlarti*, il faut absolument que je te parle; *non c'è* — *di gridare*, ce n'est pas la peine de crier; *che* — *c'era di dirglielo?*, c'était la peine de le lui dire?; *c'è* — *di pane*, il faut du pain; *c'è* — *del medico*, il faut appeler le médecin || *lavorare per* —, travailler par nécessité; *trovarsi nel* —, être dans le besoin; *è gente che non ha* —, ce sont des gens qui n'ont pas de quoi; *spendere più del* —, dépenser plus qu'il n'est nécessaire || *in caso di* —, en cas de besoin; *al* —, au besoin || *fare i propri bisogni*, (*fam.*) faire ses besoins.

bisognoso *agg.* e *s.m.* indigent || — *di aiuto*, qui a besoin d'aide.

bisonte *s.m.* bison.

bissare *v.tr.* bisser.

bisso *s.m.* **1** (*tess.*) linon **2** (*zool.*) byssus.

bistecca (pl. *-che*) *s.f.* steak (*m.*), bifteck (*m.*): *una* — *al sangue*, *ben cotta*, *cotta al punto giusto*, un steak saignant, bien cuit, à point.

bistecchiera *s.f.* gril (*m.*).

bisticciare *v.intr.*, **bisticciarsi** *v.pron.* (*coniug. come* cominciare) se disputer: *hanno bisticciato*, *si sono bisticciate*, ils se sont disputés.

bisticcio *s.m.* dispute (*f.*), querelle (*f.*): *un* — *da ragazzi*, une querelle d'enfants || — (*di parole*), calembour, jeu de mots.

bistrare *v.tr.* bistrer.

bistrattare *v.tr.* maltraiter; (*a parole*) dénigrer.

bistro *s.m.* bistre.

bisturi *s.m.* bistouri.

bisunto *agg.* graisseux*; (*sporco*) crasseux*.

bit (pl. *invar.*) *s.m.* (*inform.*) bit: — *per pollice, al secondo*, bit/pouce, bit/seconde; — *di dati*, bit d'information.

bitorzolo *s.m.* loupe (*f.*); (*bernoccolo*) bosse (*f.*).

bitta *s.f.* (*mar.*) bitte.

bitumare *v.tr.* goudronner.

bitumatrice *s.f.* (*macchina*) goudronneuse.

bitume *s.m.* goudron; (*chim.*) bitume.

bituminoso *agg.* bitumineux*.

bivaccare (*coniug. come* mancare) *v.intr.* bivouaquer.

bivacco (pl. *-chi*) *s.m.* bivouac.

bivalente *agg.* bivalent.

bivalve *agg.* e *s.m.* (*zool.*) bivalve.

bivio *s.m.* **1** bifurcation (*f.*) **2** (*fig.*) carrefour.

bizantino *agg.* e *s.m.* byzantin.

bizza *s.f.* caprice (*m.*).

bizzarria *s.f.* bizarrerie.

bizzarro *agg.* bizarre || **-mente** *avv.*

bizzeffe, a *locuz.avv.* à foison.

bizzoso *agg.* capricieux*; (*di cavallo*) ombrageux*.

bla-bla (pl. *invar.*) *s.m.* (*fam.*) blabla*, bla-blabla*.

blackout (pl. *invar.*) *s.m.* **1** (*elettr.*) black-out; (*improvvisa interruzione*) coupure d'électricité **2** (*della stampa*) black-out **3** (*fig.*) (*vuoto di memoria*) trou de mémoire.

blandamente *agg.* doucement; légèrement.

blandire (*coniug. come* finire) *v.tr.* (*lusingare*) flatter; (*lenire*) apaiser, adoucir.

blando *agg.* léger* || *luce blanda*, lumière tamisée || *voce blanda*, voix calme, douce.

blasfemo *agg.* blasphématoire ♦ *s.m.* blasphémateur*.

blasonato *agg.* titré ♦ *s.m.* noble.

blasone *s.m.* blason.

blaterare *v.intr.* e *tr.* jacasser.

blatta *s.f.* (*zool.*) blatte.

blenda *s.f.* (*min.*) blende.

bleso *agg.* e *s.m.*: *essere, parlare —*, zézayer*, bléser; *pronuncia blesa*, zézaiement.

bleu *agg.* → **blu**.

blindare *v.tr.* blinder.

blindato *agg.* e *s.m.* blindé.

blindatura *s.f.* blindage (*m.*).

blitz (pl. *invar.*) *s.m.* raid; opération coup de poing.

bloccaggio *s.m.* blocage.

bloccare (*coniug. come* mancare) *v.tr.* bloquer (*anche fig.*): *ci ha bloccati la pioggia*, la pluie nous a retenus || — *lo sterzo*, verrouiller la direction || *beni bloccati*, biens gelés □ **bloccarsi** *v.pron.* se bloquer; (*incepparsi*) se coincer*.

bloccasterzo (pl. *invar.*) *s.m.* verrou de direction.

blocchista *s.m.* grossiste.

blocco¹ (pl. *-chi*) *s.m.* **1** bloc || (*sport*) *blocchi di partenza*, starting-blocks, marques || (*mecc.*) — *motore*, bloc-moteur || — *per appunti*, bloc-notes

|| — *operatorio*, (*negli ospedali*) bloc opératoire || *in —*, en bloc **2** (*inform.*) unité d'entrée, unité de sortie: — *di entrata*, zone d'entrée, d'introduction.

blocco² *s.m.* **1** blocus: — *economico*, blocus économique || *posto di —*, barrage de police; (*mil.*) poste de contrôle || — *stradale*, barrage routier **2** (*econ.*) blocage, congélation (*f.*): — *dei prezzi, degli affitti*, blocage des prix, des loyers; — *dei salari*, blocage des salaires **3** (*med.*) bloc; blocage: — *del cuore*, bloc cardiaque; — *renale*, blocage rénal **4** (*tecn.*) bloc, blocage: (*elettr.*) — *automatico*, blocage automatique; (*ferr.*) *cabina di —*, cabine de cantonnement; (*inform.*) — *di memoria*, bloc mémoire.

bloc(k)-notes (pl. *invar.*) *s.m.* bloc-notes*.

blu (pl. *invar.*) *agg.* e *s.m.* bleu* (foncé): — *scuro*, bleu marine; — *Savoia*, bleu roi; — *cobalto*, bleu de cobalt; — *di metilene*, bleu de méthylène; *vestire di —*, être habillé en bleu foncé || *morbo —*, maladie bleue.

bluastro *agg.* bleuâtre.

bluffare *v.intr.* bluffer.

bluffatore (f. *-trice*) *s.m.* bluffeur*.

blusa *s.f.* blouse.

blusotto *s.m.* blouson.

boa¹ (pl. *invar.*) *s.m.* (*zool.*) boa.

boa² *s.f.* **1** (*mar.*) bouée: — *di segnalazione*, bouée à voyant **2** (*aer.*) balise.

boato *s.m.* grondement.

bob (pl. *invar.*) *s.m.* (*sport*) bob.

bobina *s.f.* bobine || (*cine.*) — *di alimentazione, di avvolgimento*, bobine débitrice, réceptrice.

bobinare *v.tr.* bobiner.

bobinatrice *s.f.* (*elettr.*) bobineuse; (*tess.*) bobinoir (*m.*).

bobinatura *s.f.* bobinage (*m.*).

bocca (pl. *-che*) *s.f.* **1** bouche: *la sigaretta in —*, la cigarette à la bouche; *non mettere le dita in —*, ne mets pas tes doigts dans ta bouche || *avere la — cattiva*, avoir mauvaise bouche || *fare la — a qlco*, s'habituer à qqch || *far boccuccia*, (*fig.*) faire la petite bouche || *essere di — buona*, ne pas être difficile || *a — aperta*, bouche bée; *respirare a — aperta*, respirer la bouche ouverte || *la — della verità*, la voix de la vérité || *medicina da prendere per —*, remède à prendre par voie orale || *l'ho saputo per — di suo fratello*, je l'ai su par son frère; *Dio ha parlato per — dei profeti*, Dieu a parlé par la bouche des prophètes || *acqua in —!*, bouche cousue! || *non ha aperto —*, il n'a pas dit un mot; *non ha chiuso — un momento*, il n'a pas arrêté un moment de parler; *tieni la — chiusa!*, tais-toi! || *mettere in — un discorso*, intervenir dans une conversation || *ha ammesso a — stretta di aver torto*, il a admis du bout des lèvres qu'il avait tort || *ha sempre in — le parolacce*, il a toujours des gros mots plein la bouche || *passare di — in —*, se répandre de bouche à oreille; *essere sulla — di tutti*, tout le monde en parle **2** (*di animali*) bouche; (*di carnivori*) gueule **3** (*apertura*) bouche, gueule: *la — di un forno*, la bouche, la gueule d'un four; *la — di un sacco, di un vaso, di una caverna*, l'ouverture d'un sac, l'embouchure d'un vase, l'entrée d'une caverne || *la — dello stomaco*, le creux de l'estomac || *— di scarico*, goulotte d'évacuation || *— d'incendio*, bouche d'incendie || *(mil.)* *— da fuoco*, bouche à feu **4** *pl.* *(geogr.)* bouches **5** *(bot.)* *— di leone*, gueule de loup.

boccaccesco (pl. *-chi*) *agg.* croustillant; *(licenzioso)* graveleux*.

boccaccia (pl. *-ce*) *s.f.* **1** grimace: *fare il boccacce a qlcu*, faire la grimace à qqn **2** *(persona maldicente)* mauvaise langue.

boccaglio *s.m.* **1** *(mecc.)* ajutage **2** *(di respiratore subacqueo)* embout.

boccale[1] *agg.* buccal*.

boccale[2] *s.m.* *(per vino)* gobelet (avec une anse); *(per birra)* chope *(f.)*.

boccaporto *s.m.* écoutille *(f.)*; *(di sommergibile)* capot.

boccata *s.f.* bouchée; *(di fumo)* bouffée || *prendere una — d'aria*, prendre un peu d'air.

boccetta *s.f.* flacon *(m.)*.

boccheggiante *agg.* *haletant; *(morente)* mourant.

boccheggiare *(coniug. come* mangiare*) v.intr.* *haleter* || *il pesce boccheggiava sulla sabbia*, le poisson mourait sur le sable.

bocchetta *s.f.* **1** *(di strumento a fiato)* embouchure; *(di annaffiatoio)* pomme **2** *(di scarico)* goulotte; *— stradale*, bouche d'égout **3** *(della serratura)* gâche.

bocchettone *s.m.* tubulure *(f.)*, goulotte *(f.)*.

bocchino *s.m.* **1** *(per sigarette)* fume-cigarette*; *(per sigari)* fume-cigare* **2** *(di strumenti musicali)* embouchure *(f.)*.

boccia (pl. *-ce*) *s.f.* **1** carafe **2** *(palla)* boule: *il gioco delle bocce*, le jeu de boules **3** *(scherz.)* *(testa)* boule, caboche.

bocciare *(coniug. come* cominciare*) v.tr.* **1** rejeter*, repousser **2** *(agli esami)* recaler, coller.

bocciatura *s.f.* *(agli esami)* échec *(m.)*.

boccino *s.m.* *(alle bocce)* cochonnet.

boccio *s.m.* bouton: *rosa in —*, bouton de rose; *essere in —*, être en bouton || *in —*, *(fig.)* en herbe.

bocciodromo *s.m.* boulodrome.

bocciofilo *s.m.* *(sport)* bouliste ♦ *agg.* de boulistes: *società bocciofila*, association de boulistes.

bocciolo *s.m.* bouton.

boccola *s.f.* **1** *(orecchino)* boucle d'oreille **2** *(ferr.)* boîte de l'essieu, boîte à graisse.

boccolo *s.m.* *(ricciolo)* boucle *(f.)*.

bocconcino *s.m.* **1** petit morceau: *un — di pane*, une bouchée de pain; *è un — prelibato*, c'est un morceau de roi || *quella ragazza è un —*, *(fig.)*, c'est un beau brin de fille **2** *pl.* *(cuc.)* ragoût *(sing.)*.

boccone *s.m.* **1** bouchée *(f.)*: *mangiare un —*, manger un morceau, *(fam.)* casser la croûte; *appena in tempo per mangiare un —*, juste le temps d'avaler une bouchée; *mangiare in un boccone*, *(anche fig.)* n'en faire qu'une bouchée || *uscire con il — in gola*, sortir dès la dernière bouchée;

parleremo tra un — e l'altro, on parlera en mangeant || *(fig.)*: *togliersi il — di bocca*, s'ôter le pain de la bouche; *mandare giù bocconi amari*, avaler des couleuvres **2** *(cibo ghiotto)* fin morceau*, morceau* exquis || *— del prete*, *(fam.)* sot-l'y-laisse **3** *(pezzetto)* morceau*, bout || *a pezzi e bocconi*, *(fig.)* par bribes.

bocconi *avv.* à plat ventre.

body building *s.m.* musculation || *palestra di —*, salle de musculation.

boero *agg.* e *s.m.* *(geogr.)* boer ♦ *s.m.* *(dolce)* chocolat contenant une cerise à l'eau-de-vie.

bofonchiare *v.intr.* bougonner.

boh *inter.* *(fam.)* bof!

bohémien (pl. *invar.*) *s.m.* e *agg.* *(scapigliato)* bohème.

boia (pl. *invar.*) *s.m.* bourreau* ♦ *agg.* *(molto fam.)*: *— d'un mondo*, misère de misère!; *freddo —*, froid de canard; *fame —*, faim de loup.

boiata *s.f.* *(fam.)* ânerie: *questo film è una —*, ce film est un navet.

boicottaggio *s.m.* boycottage.

boicottare *v.tr.* boycotter.

boicottatore (f. *-trice*) *s.m.* boycotteur*.

boiler (pl. *invar.*) *s.m.* *(scaldabagno)* chauffe-eau*.

bolero *s.m.* boléro.

boleto *s.m.* *(bot.)* bolet.

bolgia (pl. *-ge*) *s.f.* pagaille.

bolide *s.m.* **1** bolide || *entrare come un —*, entrer en coup de vent **2** *(fam.)* *(persona grossa)* barrique *(f.)*, baleine *(f.)*.

bolina *s.f.* *(mar.)* bouline || *di —*, au plus près.

bolla[1] *s.f.* **1** bulle || *finire in una — di sapone*, finir en queue de poisson **2** *(vescica)* cloque.

bolla[2] *s.f.* **1** *(st.eccl.)* bulle **2** *(comm.)* bulletin *(m.)*, bon *(m.)*: *— di accompagnamento, di consegna*, bon, bulletin de livraison; *— di transito*, acquit de transit.

bollare *v.tr.* **1** timbrer; *(con marchio a fuoco)* marquer; *(metalli preziosi)* poinçonner: *— a fuoco*, marquer au fer rouge **2** *(fig.)* marquer.

bollato *agg.* **1** timbré: *carta bollata*, papier timbré **2** *(a fuoco)* marqué *(anche fig.)*.

bollente *agg.* bouillant *(anche fig.)*; *(rovente)* brûlant || *calmare i bollenti spiriti*, *(scherz.)* calmer les esprits.

bolletta *s.f.* **1** *(comm.)* acquit *(m.)*; bulletin *(m.)*: *— doganale*, acquit de la douane; *— di consegna, d'accompagnamento*, bulletin, bordereau de livraison **2** *(fattura)* facture *(f.)*: *— del gas, della luce, del telefono*, note de gaz, d'électricité, de téléphone || *essere in —*, *(fam.)* être fauché.

bollettario *s.m.* *(comm.)* carnet à souches.

bollettino *s.m.* **1** bulletin: *— medico*, bulletin de santé || *— di guerra*, communiqué des opérations (de guerre) || *— ufficiale*, communiqué officiel **2** *(modulo)* formulaire: *— di sottoscrizione*, formulaire de souscription **3** *(pubblicazione periodica)* bulletin.

bollino *s.m.* coupon.

bollire *v.intr.* bouillir* *(anche fig.)*; *(bollire ada-*

gio) mijoter: *qlco bolle in pentola*, il y a qqch qui mijote ♦ *v.tr.* (*fam.*) faire* bouillir.

bollito *agg.* bouilli: *riso* —, riz à l'eau; *pesce* —, poisson au court-bouillon ♦ *s.m.* (*cuc.*) pot-au-feu.

bollitore *s.m.* (*cuc.*) bouilloire (*f.*).

bollitura *s.f.* **1** (*atto*) ébullition **2** (*durata*) temps d'ébullition.

bollo *s.m.* **1** timbre || *marca da* —, timbre fiscal || *carta da* —, papier timbré || *tassa di* —, droit de timbre || — *postale*, cachet de la poste **2** (*cedola di avvenuto pagamento di una tassa*) vignette (*f.*): — *di circolazione*, vignette automobile **3** (*francobollo*) timbre-poste* **4** (*su carni macellate*) marque (de contrôle sanitaire) **5** (*fam.*) (*ammaccatura*) marque (*f.*).

bollore *s.m.* **1** ébullition (*f.*): *a* —, à ébullition; *al primo* —, au premier bouillon **2** (*fig.*) ardeur (*f.*), bouillonnement || *gli farà passare i bollori*, ça le calmera.

bolo *s.m.* bol.

bolognese *agg.* e *s.m.* bolonais, de Bologne.

bolscevico (pl. *-chi*) *agg.* bolchevique ♦ *s.m.* bolcheviste, bolchevik.

bolscevismo *s.m.* bolchevisme.

bolso *agg.* **1** (*di cavallo*) poussif* **2** (*fig.*) (*fiacco*) faible || *stile* —, style languissant.

boma (pl. *invar.*) *s.m.* (*mar.*) bôme (*f.*), gui.

bomba[1] *s.f.* **1** bombe (*anche fig.*): — *a mano*, grenade; — *a, all'idrogeno*, bombe à hydrogène || *a prova di* —, à toute épreuve **2** (*gergo sport*) (*eccitante*) doping (*m.*).

bomba[2] *s.f.* (*gioco di bambini*) but (*m.*) || *tornare a* —, (*fig.*) revenir à ses moutons.

bombarda *s.f.* bombarde.

bombardamento *s.m.* bombardement || — *a tappeto*, pilonnage || (*fig.*): *un* — *di pugni*, une avalanche de coups de poing; — *pubblicitario*, intoxication (*o fam.* intox *o* intoxe) publicitaire.

bombardare *v.tr.* bombarder (*anche fig.*).

bombardiere *s.m.* bombardier.

bombato *agg.* bombé; (*gonfio*) gonflé.

bombetta *s.f.* (*chapeau*) melon (*m.*).

bombice *s.m.* (*zool.*) bombyx.

bombola *s.f.* **1** bouteille **2** (*med.*) ballon: — *di ossigeno*, ballon d'oxygène **3** (*spray*) bombe: — *di lacca* (*per capelli*), bombe à laque.

bomboletta *s.f.* **1** (*med.*) aérosol (*m.*) **2** (*cosmetologia*) atomiseur (*m.*) spray (*m.*).

bomboniera *s.f.* bonbonnière.

bompresso *s.m.* (*mar.*) beaupré.

bonaccia (pl. *-ce*) *s.f.* **1** (*mar.*) calme plat, bonace: *fa* —, c'est le calme plat **2** (*fig.*) calme (*m.*).

bonaccione *agg.* bonasse ♦ *s.m.* bon bougre.

bonapartismo *s.m.* (*st.*) bonapartisme.

bonapartista *s.m.* (*st.*) bonapartiste.

bonariamente *avv.* avec bonhomie, débonnairement.

bonarietà *s.f.* bonhomie.

bonario *agg.* débonnaire.

bonifica (pl. *-che*) *s.f.* **1** bonification, assainissement (*m.*); (*di paludi*) assèchement (*m.*) **2** (*terreno bonificato*) terrain bonifié; (*se paludoso*) ter-

rain assaini **3** (*mil.*) (*dalle mine*) déminage (*m.*); (*dai gas*) dégazage (*m.*).

bonificare (*coniug. come* mancare) *v.tr.* **1** (*agr.*) bonifier, assainir; (*paludi*) assécher* **2** (*mil.*) déminer **3** (*abbuonare*) bonifier **4** (*banca*) virer.

bonifico (pl. *-ci*) *s.m.* **1** (*abbuono*) bonification (*f.*) **2** (*banca*) virement.

bonomia *s.f.* bonhomie.

bontà *s.f.* **1** bonté || — *mia, tua, sua ecc.*, grâce à moi, toi, lui, etc. || (*iron.*): *finalmente,* — *sua, s'è degnato di venire*, enfin, il m'a fait la grâce de venir; — *tua!*, tu es bien aimable! **2** (*buona qualità*) bonne qualité; (*buon sapore*) saveur agréable || *questo dolce è una* —*!*, ce gâteau est exquis!; *che* —*!*, c'est divin! **3** (*di clima*) douceur.

bonus (pl. *invar.*) *s.m.* bonus.

bonzo *s.m.* bonze.

boomerang (pl. *invar.*) *s.m.* boomerang || *il suo gesto si è rivelato un* —, (*fig.*) son geste s'est retourné contre lui.

borace *s.m.* (*chim.*) borax.

boracifero *agg.*: (*geol.*) *soffione* —, soufflard.

borbonico (pl. *-ci*) *agg.* **1** bourbonien* **2** (*estens.*) (*reazionario*) réactionnaire.

borborigmo *s.m.* borborygme.

borbottare *v.intr.* **1** bougonner, grommeler* || *il tuono borbottava in lontananza*, le tonnerre grondait dans le lointain || *i fagioli borbottano nella pentola*, les haricots bouillottent dans la marmite **2** (*dell'intestino*) gargouiller ♦ *v.tr.* marmotter, marmonner || — *delle scuse*, bredouiller des excuses.

borbottio *s.m.* marmottement, marmonnement; murmure; (*del tuono*) grondement; (*dell'intestino*) gargouillement.

borchia *s.f.* clou (*m.*); (*dei finimenti del cavallo*) bossette; (*di mobili*) cabochon (*m.*); (*di tappezzeria*) broquette; (*di rubinetti, lampadari*) garniture.

borchiato *agg.* clouté.

bordare *v.tr.* border.

bordata *s.f.* (*mar.*) bordée.

bordatura *s.f.* bordage (*m.*).

bordeggiare (*coniug. come* mangiare) *v.intr.* (*mar.*) louvoyer*.

bordello *s.m.* bordel (*anche fig.*).

borderò *s.m.* (*comm.*) bordereau*.

bordino *s.m.* lisière; (*nastrino, cordoncino*) ganse (*f.*); (*orlino*) ourlet.

bordo *s.m.* **1** bord: *la gente di* —, les hommes du bord; *gettare fuori* —, jeter par dessus bord || *gente di alto* —, des gens du grand monde; *prostituta di alto* —, poule de luxe **2** (*orlo, margine*) bord **3** (*tappezzeria ecc.*) bordure (*f.*); (*fascia, nastro decorativo*) galon; (*di abito*) (*all'orlo*) bordure (*f.*); (*al collo, alle maniche*) bord; (*profilo*) ganse (*f.*) **4** (*di moneta, medaglia*) tranche (*f.*).

bordò *agg.* e *s.m.*: (*color*) —, bordeaux*.

bordone *s.m.* (*mus.*) bourdon || *tenere* —, (*fig.*) prêter la main.

bordura *s.f.* **1** bordure **2** (*cuc.*) garniture.

boreale *agg.* boréal*.

borgata *s.f.* bourgade.
borghese *agg.* **1** bourgeois **2** (*civile*) civil: *abito* —, tenue civile || *in* —, en civil || *nella vita* —, dans le civil ♦ *s.m.* bourgeois.
borghesia *s.f.* bourgeoisie.
borgo (pl. *-ghi*) *s.m.* **1** bourg **2** (*sobborgo*) faubourg.
borgognone *agg.* bourguignon*.
borgomastro *s.m.* bourgmestre.
boria *s.f.* morgue: *metter su* —, prendre de grands airs.
borico (pl. *-ci*) *agg.* (*chim.*) borique.
borioso *agg.* plein de morgue.
boro *s.m.* (*chim.*) bore.
borotalco *s.m.* talc.
borraccia (pl. *-ce*) *s.f.* gourde.
borraggine *s.f.* (*bot.*) bourrache.
borsa *s.f.* sac (*m.*): — (*da donna*), sac (à main); — *della spesa*, sac à provisions, cabas; — *dei ferri*, (*di operai*) trousse à outils, (*del medico*) trousse; — *da professionista*, serviette, porte-documents || — *del tabacco*, blague à tabac; — *dell'acqua* (*calda*), bouillotte; — *da ghiaccio*, vessie à glace; — *termica*, glacière || *avere le borse sotto gli occhi*, avoir des poches sous les yeux || *avere la* — *piena*, *vuota*, avoir une bourse bien garnie, plate; *i cordoni della* —, les cordons de sa bourse; *mettere mano alla* —, mettre la main au portefeuille || — *di studio*, bourse d'études || *la* — *del canguro*, poche du kangourou.
Borsa *s.f.* Bourse: — *valori*, *merci*, Bourse des valeurs, des marchandises; *agente di* —, agent de change; *commissionario di* —, courtier en Bourse; *listino di* —, cote de la Bourse; *le quotazioni di* —, les cours de la Bourse; *quotato in* —, coté en Bourse; *giocare in* —, jouer à la Bourse; *rialzo*, *ribasso in* —, hausse, baisse à la Bourse; *crollo della* —, chute de la Bourse; *ammissione in* —, admission à la cote.
borsaiolo *s.m.* pickpocket, voleur* à la tire.
borsanera, borsa nera *s.f.* marché noir, marché parallèle.
borseggiatore (f. *-trice*) *s.m.* pickpocket, voleur* à la tire.
borseggio *s.m.* vol à la tire.
borsellino *s.m.* porte-monnaie*: *mettere mano al* —, mettre la main au porte-monnaie.
borsello *s.m.* sacoche (pour hommes).
borsetta *s.f.* sac (à main); (*a forma di busta*) pochette.
borsista *s.m.* boursier*.
borsistico (pl. *-ci*) *agg.* boursier*.
boscaglia *s.f.* maquis (*m.*), fourré (*m.*).
boscaiolo *s.m.* bûcheron || (*cuc.*) *scaloppine alla boscaiola*, escalopes forestières.
boschetto *s.m.* petit bois, boqueteau*; (*in un giardino*) bosquet.
boschivo *agg.* **1** boisé **2** (*dei boschi*) sylvestre, des bois.
boscimano *agg.* e *s.m.* bochiman.
bosco (pl. *-chi*) *s.m.* **1** bois, forêt (*f.*): — *di querce*, bois, forêt de chênes; *andare nel* —, aller au

bois || — *d'alto fusto*, haute futaie **2** (*bachicoltura*) ramée (*f.*): *andare al* —, monter (à la ramée).
boscosità *s.f.* (*superfici boscose*) surfaces boisées.
boscoso *agg.* boisé.
bosso *s.m.* (*bot.*) buis.
bossolo *s.m.* **1** boîte (*f.*); (*per elemosine*) tronc; (*per schede*) urne (*f.*); (*per dadi*) gobelet, cornet (à dés) **2** (*di cartuccia*) douille (*f.*), étui.
botanica *s.f.* botanique.
botanico (pl. *-ci*) *agg.* botanique ♦ *s.m.* botaniste.
botola *s.f.* trappe.
botta *s.f.* **1** coup (*m.*) || *fare a botte*, se bagarrer; *dare botte da orbi*, frapper comme un sourd; *riempire qlcu di botte*, donner une raclée à qqn; *prendersi un sacco di botte*, recevoir une volée de coups || *ho preso una* — *contro il tavolo*, je me suis cogné contre la table **2** (*fig.*) coup (*m.*), choc (*m.*) || *che* —!, (*fam.*) (*che caro!*) quel coup de bambou! || *a* — *calda*, sur le coup **3** (*scherma*) botte || — *e risposta*, du tac au tac; *fare a* — *e risposta*, se répondre du tac au tac.
bottaio *s.m.* tonnelier.
bottarga *s.f.* (*cuc.*) boutargue.
botte *s.f.* tonneau* (*m.*); (*per il mosto*) cuve || *sembrare una* —, être gros comme une barrique; *essere in una* — *di ferro*, être en position de force; *dare un colpo al cerchio e uno alla* —, ménager la chèvre et le chou || (*arch.*) *volta a* —, voûte en berceau.
bottega (pl. *-ghe*) *s.f.* (*negozio*) boutique; magasin (*m.*); (*laboratorio*) atelier (*m.*) || *aprire*, *chiudere* —, (*anche fig.*) ouvrir, fermer boutique || *fondi di* —, fonds de boutique || *mettere a* —, mettre en apprentissage; *giovane di* —, apprenti; (*di un'opera d'arte*) œuvre d'atelier || *è tutto casa e* —, il est très travail-famille.
bottegaio *s.m.* boutiquier*.
botteghino *s.m.* guichet; (*di teatro*) guichet, bureau* de location; (*del lotto*) bureau* de loterie.
botticella *s.f.* (*piccola botte*) tonnelet (*m.*).
bottiglia *s.f.* bouteille: *una mezza* —, une demibouteille || *vino di* —, *in* —, vin bouché || *fondi di* —, dépôt de vin || *attaccarsi alla* —, s'adonner à la boisson || — *Molotov*, cocktail Molotov.
bottiglieria *s.f.* débit de boissons; cave.
bottiglione *s.m.* grosse bouteille de vin (d'environ deux litres).
bottino *s.m.* butin.
botto *s.m.* coup || *di* —, tout à coup; (*improvvisamente*) brusquement || *in un* (*sol*) —, d'un seul coup.
bottone *s.m.* **1** bouton: *bottoni da polso*, (*gemelli*) boutons de manchettes; *attaccare un* —, coudre un bouton || *attaccare un* — *a qlcu*, tenir la jambe à qqn; *attacca* — *con tutti*, il parle à tout le monde || *stanza dei bottoni*, (*fig.*) salle des commandes **2** (*bot. pop.*) — *d'oro*, bouton-d'or*.
bottoniera *s.f.* **1** rangée de boutons **2** (*occhiello*) boutonnière **3** (*quadro con pulsanti*) tableau* de commande.
bottonificio *s.m.* boutonnerie (*f.*).
botulino *agg.* e *s.m.*: (*bacillo*) —, bacille botulique.

botulismo *s.m.* (*med.*) botulisme.

bovaro *s.m.* bouvier.

bove *s.m.* (*letter.*) bœuf.

bovino *agg.* e *s.m.* bovin.

box *s.m.* 1 (*per cavalli, per auto*) box 2 (*nelle gare automobilistiche*) stand 3 (*recinto per bambini*) parc.

boxare *v.intr.* boxer.

boxe *s.f.* boxe.

boxer *s.m.* (*cane*) boxer.

boy-scout (*pl. invar.*) *s.m.* scout.

bozza¹ *s.f.* 1 (*arch.*) bossage (*m.*) || *mezza* —, demi-bosse 2 (*bernoccolo*) bosse || (*anat.*) *bozze frontali, parietali,* bosses frontales, pariétales.

bozza² *s.f.* 1 (*abbozzo*) ébauche, esquisse || — *di un contratto,* projet de contrat 2 (*tip.*) épreuve: *bozze in colonna,* placards; *bozze impaginate,* épreuves de mise en page; *ultima* —, dernière épreuve, bon à tirer, (*di giornale*) morasse épreuve.

bozzettista *s.m.* 1 (*autore di bozzetti letterari*) nouvelliste 2 (*disegnatore di cartelloni pubblicitari*) dessinateur* de publicité.

bozzetto *s.m.* 1 ébauche (*f.*), esquisse (*f.*); (*scultura, architettura*) maquette (*f.*) 2 (*arte figurativa*) tableau*, scène de genre; (*letter.*) nouvelle (*f.*).

bozzo *s.m.* (*bernoccolo*) bosse (*f.*).

bozzolo *s.m.* 1 cocon: *uscire dal* —, (*anche fig.*) sortir de sa coquille; *chiudersi nel proprio* —, (*fig.*) se renfermer dans sa coquille 2 (*nodo di lana, filo*) nœud 3 (*grumo*) grumeau*.

braca (*pl. -che*) *s.f.* 1 jambe (du pantalon) 2 *pl.* pantalon (*m.sing.*), caleçon (*m.sing.*) 3 (*ant.*) braies (*pl.*) 4 (*sistema di legatura*) braye.

braccare (*coniug. come* mancare) *v.tr.* traquer.

braccetto, a *locuz.avv.* bras dessus bras dessous || *tenere qlcu a* —, donner le bras à qqn.

bracciale *s.m.* 1 brassard 2 (*braccialetto*) bracelet.

braccialetto *s.m.* bracelet: — *a catena,* (bracelet) gourmette || *orologio a* —, montre-bracelet.

bracciante *s.m.* ouvrier* agricole.

bracciata *s.f.* 1 brassée 2 (*nuoto*) brasse.

braccio *s.m.* (pl. *le braccia,* del corpo umano e come misura; *i bracci,* negli altri significati) bras: *fra le braccia, in* —, dans ses bras; *prendere qlcu sotto* —, prendre qqn sous le bras || *avere un* — *al collo,* avoir le bras en écharpe || *sotto* —, dessus bras dessous || *a braccia,* à bras; (*in modo approssimativo*) d'une façon approximative; *parlare a braccia,* improviser; *misurare a braccia,* mesurer à vue d'œil || *fare a* — *di ferro,* faire le bras de fer || (*fig.*): *il* — *e la mente,* la tête et les bras; *avere le braccia legate,* avoir pieds et mains liés; *vivere con il lavoro delle proprie braccia,* vivre de ses bras; *non ho cento braccia,* je n'ai que deux mains; *mi cadono le braccia,* les bras m'en tombent || *il* — *di un edificio,* l'aile d'un bâtiment; *il* — *della morte,* (*un carcere*) le couloir de la mort || — *per stirare,* (*le maniche*) jeannette.

bracciolo *s.m.* bras, accoudoir.

bracco (*pl. -chi*) *s.m.* braque.

bracconaggio *s.m.* braconnage.

bracconiere *s.m.* braconnier.

brace *s.f.* braise || (*cuc.*): *alla* —, sur la braise || (*fig.*): *farsi di* —, rougir violemment; *soffiare sulla* —, jeter de l'huile sur le feu; *cadere dalla padella nella* —, tomber de Charybde en Scylla.

brachicefalo *agg.* brachycéphale.

braciere *s.m.* brasero.

braciola *s.f.*: — *di maiale,* côtelette, côte de porc.

brado *agg.* (à l'état) sauvage.

brahmanesimo *s.m.* brahmanisme.

brahmano *s.m.* brahmane.

brama *s.f.* soif || *eccitare le brame,* exciter les convoitises.

bramano *agg.* e *s.m.* brahmane.

bramare *v.tr.* convoiter (qqch); désirer ardemment.

bramire (*coniug. come* finire) *v.intr.* bramer.

bramito *s.m.* bramement, brame.

bramosia *s.f.* convoitise, soif.

bramoso *agg.* avide.

branca (*pl. -che*) *s.f.* 1 griffe; (*di rapaci*) serre 2 (*tecn.*) mors (*m.*) 2 (*fig.*) (*ramo*) branche.

brancata *s.f.* poignée.

branchia *s.f.* (*spec.pl.*) branchie.

branchiale *agg.* branchial*.

brancicare (*coniug. come* mancare) *v.tr.* tripoter ♦ *v.intr.* tâtonner, aller* à tâtons.

branco (*pl. -chi*) *s.m.* troupeau*; (*di bufali, lupi, selvaggina*) bande (*f.*); (*di cervi*) *harde (*f.*); (*di uccelli, anatre*) volée (*f.*); (*di pesci*) banc || (*a branchi,* par troupeaux, par bandes, etc.; (*spreg.*) (*di persone*) bande (*f.*).

brancolare *v.intr.* avancer* à tâtons (*anche fig.*).

branda *s.f.* 1 lit pliant, de camp; (*mil.*) lit de sangle 2 (*su navi*) *hamac (*m.*).

brandello *s.m.* 1 lambeau* || *a brandelli,* en lambeaux; *fare a brandelli,* mettre en pièces 2 (*fig.*) (*bricolo*) bribe (*f.*); brin.

brandire (*coniug. come* finire) *v.tr.* brandir.

brano *s.m.* 1 lambeau* || *a brani,* en lambeaux; *fare a brani,* mettre en pièces 2 (*di opera letteraria, musicale*) morceau*.

branzino *s.m.* (*zool.*) bar.

brasare *v.tr.* (*cuc.*) braiser.

brasato *agg.* (*cuc.*) braisé ♦ *s.m.* bœuf braisé.

brasiliano *agg.* e *s.m.* brésilien*.

brattea *s.f.* (*bot.*) bractée.

bravaccio *s.m.* bravache.

bravamente *avv.* 1 bravement, courageusement 2 (*con decisione*) avec décision.

bravata *s.f.* bravade.

bravo *agg.* 1 bon*: *è* — *nel suo mestiere,* il fait bien son métier; *è* — *a scuola,* il réussit bien à l'école; *è il più* — *della classe,* il est le premier de sa classe; *è* — *in latino,* il est bon en latin; *sei* — *solo a far pasticci,* tu n'es bon qu'à faire des bêtises || *brava, hai vinto,* bravo, tu as gagné || *se ci capisci qlco sei* —, si tu y comprends qqch, tu as de la chance || —! *bis!,* bravo! bis! || — *furbo!,* c'est malin! 2 (*buono*) brave; (*di bambini*) sage || *su, da* —!, courage!, (*sii buono!*) sois sage!; *su da bra-*

vi, aiutatemi!, soyez gentils, aidez-moi! || *bra-v'uomo!*, brave homme! **3** (*fam.*) (*rafforzativo*): *ha le sue brave ragioni per rifiutare*, il a de bonnes raisons pour refuser; *ha dormito le sue brave otto ore*, il a dormi ses huit heures ☐ **alla brava** *locuz.avv.* d'un air de défi; (*rapidamente*) rapidement ♦ *s.m.* (*st.*) (*sgherro*) bravo.

bravura *s.f.* habileté.

breccia[1] (pl. *-ce*) *s.f.* brèche: *essere sulla —*, (*fig.*) être toujours sur la brèche || *far — su qlcu*, (*fig.*) gagner l'estime de qqn; *far — nell'animo, nel cuore di qlcu*, (*fig.*) toucher le cœur de qqn, trouver le chemin du cœur de qqn.

breccia[2] *s.f.* cailloutis (*m.*).

brefotrofio *s.m.* orphelinat.

bresaola *s.f.* (*cuc. region.*) viande séchée.

bresciano *agg.* de Brescia.

bretella *s.f.* **1** (*abbigl.*) bretelle **2** (*raccordo*) bretelle || (*aer.*) *bretelle di rullaggio*, voies de circulation.

bretone *agg.* e *s.m.* breton*.

breve *agg.* **1** bref*; court: *progetti a — scadenza*, des projets à court terme, à brève échéance; *un — tragitto*, un court trajet; *prendere la strada più —*, prendre le chemin le plus court || *nel più — termine*, au plus vite || *tra —*, sous peu **2** (*conciso*) bref* || *in —*, en quelques mots || *per farla —, in —*, bref ♦ *s.f.* brève.

brevemente *avv.* **1** sous peu **2** (*concisamente*) brièvement.

brevettare *v.tr.* breveter*.

brevettato *agg.* **1** breveté **2** (*scherz.*) (*efficace, sicuro*) infaillible.

brevetto *s.m.* brevet: *— industriale*, brevet d'invention.

breviario *s.m.* **1** bréviaire **2** (*compendio*) précis.

brevità *s.f.* brièveté || *per —*, pour abréger.

brezza *s.f.* brise.

bricco (pl. *-chi*) *s.m.* verseuse (*f.*): *— del latte*, pot à lait.

bricconata *s.f.* espièglerie.

briccone *s.m.* fripon* (*anche scherz.*).

bricconeria *s.f.* friponnerie.

briciola *s.f.* miette || *andare in briciole*, s'effriter.

briciolo *s.m.* petit morceau*, petit bout; (*fig.*) brin || *un — di amor proprio*, un brin d'amour-propre; *un — di tempo*, un moment.

briga (pl. *-ghe*) *s.f.* **1** (*pasticcio*) ennui (*m.*), tracas (*m.*); (*fastidio*) peine: *prendersi la — di*, se donner la peine de **2** (*lite*) chicane, querelle: *attaccar — con*, chercher chicane, querelle à.

brigadiere *s.m.* brigadier.

brigantaggio *s.m.* brigandage.

brigante *s.m.* brigand.

brigantino *s.m.* brigantin, brick.

brigare (*coniug. come* legare) *v.tr.* briguer ♦ *v. intr.* intriguer.

brigata *s.f.* **1** bande **2** (*mil.*) brigade **3** *brigate rosse*, brigades rouges.

brigatista *s.m.* membre des brigades rouges ♦ *agg.* des brigades rouges.

briglia *s.f.* bride: *allentare, tirare le briglie*, (*anche fig.*) lâcher, serrer la bride || *a — sciolta*, (*anche fig.*) à bride abattue, à toute bride.

brillamento *s.m.* **1** (*di mine*) explosion (*f.*) **2** (*del sole*) éruption chromosphérique.

brillantante *s.m.* e *agg.*: (*liquido*) —, liquide de rinçage (pour vaisselle).

brillante *agg.* e *s.m.* brillant.

brillantemente *avv.* brillamment.

brillantezza *s.f.* brillant (*m.*).

brillantina *s.f.* brillantine.

brillare[1] *v.intr.* **1** briller: *gli astri brillano nel firmamento*, les astres brillent au firmament **2** (*far*) — *una mina*, faire* sauter une mine.

brillare[2] *v.tr.* (*riso ecc.*) glacer.

brillatura *s.f.* (*del riso ecc.*) glaçage (*m.*).

brillio *s.m.* scintillement.

brillo *agg.* (*fam.*) gris, pompette.

brina *s.f.* givre (*m.*).

brinare *v.intr.impers.* givrer: *questa notte è brinato*, cette nuit, il a givré ♦ *v.tr.* givrer.

brinata *s.f.* gelée blanche: *stanotte avremo una —*, cette nuit, il va givrer.

brindare *v.intr.* porter un toast.

brindello *s.m.* lambeau*.

brindisi *s.m.* toast: *fare un —*, porter un toast.

brio *s.m.* verve (*f.*); (*gaiezza*) entrain.

brioche (pl. *invar.*) *s.f.* croissant (*m.*).

briosamente *avv.* avec verve; (*gaiezza*) gaiement.

briosità *s.f.* verve; (*gaiezza*) vivacité, entrain (*m.*).

brioso *agg.* plein de verve; (*gaio*) plein d'entrain.

briscola *s.f.* **1** jeu de cartes ressemblant à la belote **2** (*carta*) atout (*m.*) || *avere in mano tutte le briscole*, (*fig.*) avoir tous les atouts en main.

britannico (pl. *-ci*) *agg.* e *s.m.* britannique.

brivido *s.m.* frisson: *dare i brividi*, donner le frisson.

brizzolato *agg.* grisonnant, aux cheveux gris: *capelli brizzolati*, cheveux grisonnants, poivre et sel.

brocca (pl. *-che*) *s.f.* pot, cruche: *— dell'acqua*, pot à eau.

broccato *s.m.* (*tess.*) brocart, broché.

brocco (pl. *-chi*) *s.m.* **1** (*ronzino*) tocard, canasson **2** (*di persona*) tocard.

broccolo *s.m.* brocoli.

broda, brodaglia *s.f.* eau* de vaisselle, lavasse.

brodetto *s.m.* (*cuc.*) soupe de poisson.

brodo *s.m.* bouillon: *— lungo*, bouillon clair; *— ristretto*, consommé; *— di pesce*, court-bouillon || *minestra in —*, soupe; *riso in —*, potage au riz || *lasciare cuocere qlcu nel proprio —*, laisser qqn cuire dans son jus || *tutto fa —*, tout peut servir.

brodoso *agg.* clair.

brogliaccio *s.m.* brouillard, main courante.

brogliare *v.intr.* tripoter.

broglio *s.m.* manigance || *— elettorale*, truquage des élections.

broker *s.m.* broker; (*assicurazioni*) courtier.

brokeraggio *s.m.* courtage.

bromo *s.m.* (*chim.*) brome.

bromuro *s.m.* (*chim.*) bromure.

bronchiale *agg.* bronchique.

bronchite *s.f.* (*med.*) bronchite.

broncio *s.m.* bouderie (*f.*) || *mettere, fare il* —, bouder; *tenere il* — *a qlcu*, faire la tête à qqn.

bronco (pl. *-chi*) *s.m.* (*anat.*) bronche (*f.*).

bronco- *pref.* broncho-

broncopolmonite *s.f.* broncho-pneumonie*.

brontolamento *s.m.* grognement.

brontolare *v.intr.* **1** grogner, grommeler*; (*protestare*) rouspéter* **2** (*del tuono*) gronder ♦ *v.tr.* grommeler*.

brontolio *s.m.* **1** grognement **2** (*del tuono*) grondement.

brontolone *agg.* e *s.m.* grognon*.

bronzeo *agg.* **1** (*di bronzo*) de bronze **2** (*color bronzo*) bronzé.

bronzina *s.f.* (*mecc.*) coussinet (*m.*) || (*aut.*) *fondere le bronzine*, couler une bielle.

bronzo *s.m.* bronze; (*fig.*) airain || *avere una faccia di* —, (*fig.*) avoir du toupet || *incidere nel* —, (*fig.*) graver dans l'airain.

brossura *s.f.* (*tip.*) brochure: *libro in* —, livre broché; *rilegare in* —, brocher.

brucare (*coniug. come* mancare) *v.tr.* brouter.

bruciacchiare *v.tr.* roussir, brûler légèrement.

bruciapelo, a *locuz.avv.* à brûle-pourpoint; (*da vicino*) à bout portant.

bruciare (*coniug. come* cominciare) *v.tr.* **1** brûler: *bruciare l'arrosto*, faire brûler le rôti; *questo disinfettante non brucia*, ce désinfectant ne brûle pas || — *i ponti*, (*fig.*) couper les ponts || *l'ha bruciato sul traguardo*, il l'a battu au sprint **2** (*sciupare, consumare*) gaspiller; (*compromettere*) compromettre*: — *le proprie energie*, gaspiller ses forces; *quello scandalo lo ha bruciato*, ce scandale a irrémédiablement compromis sa carrière ♦ *v.intr.* **1** brûler (*anche fig.*): — *dal desiderio*, brûler de désir; *la fronte gli bruciava per la febbre*, son front brûlait de fièvre; *mi bruciano gli occhi*, les yeux me piquent, brûlent **2** (*fig.*) (*di offesa, ingiuria ecc.*) blesser: *è un'osservazione che brucia*, c'est une réflexion cuisante □ **bruciarsi** *v.pron.* se brûler || *si è bruciata la lampadina*, l'ampoule a grillé.

bruciaticcio *s.m.* **1** (*odore di bruciato*) roussi; (*sapore di bruciato*) goût de brûlé **2** (*residui di cosa bruciata*) débris brûlés.

bruciato *agg.* e *s.m.* brûlé: *questa carne sa di* —, cette viande sent le brûlé || *color marrone* —, brun roux || *gioventù bruciata*, (*fig.*) jeunesse perdue.

bruciatore *s.m.* (*mecc.*) brûleur.

bruciatura *s.f.* brûlure.

bruciore *s.m.* brûlure (*f.*).

bruco (pl. *-chi*) *s.m.* chenille (*f.*).

brufolo *s.m.* (*fam.*) bouton.

brufoloso *agg.* boutonneux*.

brughiera *s.f.* bruyère.

brulicante *agg.* fourmillant, grouillant.

brulicare (*coniug. come* mancare) *v.intr.* fourmiller.

brulichio *s.m.* fourmillement.

brullo *agg.* nu, aride.

bruma *s.f.* brume.

bruna *s.f.* brune.

brunire (*coniug. come* finire) *v.tr.* brunir.

brunitura *s.f.* brunissure; (*operazione*) brunissage (*m.*).

bruno *agg.* e *s.m.* brun.

bruscamente *avv.* brusquement.

bruschetta *s.f.* (*cuc.*) tranche de pain de campagne grillée, frottée d'ail et assaisonnée d'huile d'olive et de sel.

brusco (pl. *-chi*) *agg.* brusque || *vino* —, vin aigre ♦ *s.m.* aigreur (*f.*) || *tra il lusco e il* —, entre chien et loup.

bruscolo *s.m.* (*fuscello*) fétu; (*granello di polvere*) grain de poussière.

brusio *s.m.* bourdonnement; (*fruscio*) bruissement.

brutale *agg.* brutal*.

brutalità *s.f.* brutalité.

brutalizzare *v.tr.* brutaliser.

brutalmente *avv.* brutalement.

bruto *agg.* brut ♦ *s.m.* brute (*f.*); (*uomo di istinti perversi*) maniaque.

brutta *s.f.* brouillon (*m.*): *consegnare il compito in* —, remettre, rendre son brouillon.

bruttezza *s.f.* laideur (*anche fig.*).

brutto *agg.* **1** laid; (*spec. di cose*) vilain: — *come il peccato, come il demonio*, laid comme les sept péchés capitaux, comme un pou; *le brutte parole*, les vilains mots; *una brutta storia*, une sale histoire || *un* — *sogno*, un mauvais rêve || *una brutta poesia*, un mauvais poème || *un brano* — *da tradurre*, un passage difficile à traduire || *passare un* — *quarto d'ora*, passer un mauvais quart d'heure || *me la son vista brutta*, j'ai eu chaud **2** (*cattivo*) mauvais, vilain: *una brutta notizia*, une mauvaise nouvelle; *un* — *segno*, un mauvais signe; *giocare un* — *tiro*, jouer un sale tour **3** (*grave*) mauvais: *un* — *raffreddore*, un mauvais rhume || *una brutta ferita*, une vilaine blessure || *sono tempi brutti*, les temps sont durs **4** (*di tempo*) mauvais: *fa* —, il fait mauvais **5** (*rafforzativo*): — *cattivo!*, vilain garnement!; — *stupido*, espèce d'idiot!; *è un gran* — *vivere!*, quelle vie de chien! ♦ *s.m.* **1** laid, laideur (*f.*) || *il* — *è che...*, le malheur, c'est que... **2** (*di tempo*) mauvais temps || *il tempo si è messo al* —, le temps s'est gâté □ *di brutto locuz.avv.* (*fam.*): *guardare qlcu (di)* —, regarder qqn de travers || *si è fatto male di* —, il s'est fait très mal.

bruttura *s.f.* **1** laideur **2** (*cosa sudicia*) saleté.

bua *s.f.* (*linguaggio infantile*) bobo (*m.*).

bubbola *s.f.* **1** (*frottola*) sornette **2** (*bagattella*) bagatelle.

bubbone *s.m.* bubon.

bubbonico (pl. *-ci*) *agg.* bubonique.

buca (pl. *-che*) *s.f.* trou (*m.*); (*biliardo*) blouse || — *delle lettere*, boîte aux lettres.

bucaneve (pl. *invar.*) *s.m.* perce-neige*.

bucaniere *s.m.* (*st.*) boucanier.

bucare (*coniug. come* mancare) *v.tr.* **1** trouer;

buono

(*forare*) percer*; (*un biglietto ecc.*) poinçonner; (*un pneumatico*) crever* **2** (*fam.*) (*pungere*) piquer □ **bucarsi** *v.pron.* **1** se crever*; (*pungersi*) se piquer **2** (*fam.*) (*drogarsi*) se shooter.

bucato¹ *agg.* troué; (*forato*) percé.

bucato² *s.m.* lessive (*f.*) || *stendere il —*, étendre le linge.

bucatura *s.f.* **1** percement (*m.*) **2** (*buco*) trou (*m.*); (*di pneumatico*) crevaison.

buccia (pl. *-ce*) *s.f.* **1** peau*; (*scorza*) écorce || *— di limone*, zeste de citron **2** *pl.* (*scarti della mondatura*) épluchures || *rivedere le bucce a qlcu*, (*fig.*) éplucher le travail de qqn **3** (*corteccia*) écorce.

buccina *s.f.* (*strumento a fiato*) buccin (*m.*).

bucherellare *v.tr.* cribler de trous.

bucherellato *agg.* criblé de trous.

bucinare *v.tr.* ébruiter.

buco (pl. *-chi*) *s.m.* **1** trou: *fare un — nell'acqua*, (*fig.*) donner un coup d'épée dans l'eau || *abita in un —*, il habite un trou || *stare nel proprio —*, (*fig.*) ne pas sortir de son trou || *non è riuscito a trovare un —*, (*a sistemarsi*) il n'est pas arrivé à se loger || *l'ho cercato in tutti i buchi*, je l'ai cherché dans tous les coins **2** (*fam.*) (*di droga*) piqûre (*f.*).

bucolica (pl. *-che*) *s.f.* bucolique.

bucolico (pl. *-ci*) *agg.* bucolique.

buddismo *s.m.* bouddhisme.

buddista *s.m. e f.* bouddhiste.

budello (pl. *budella*, (*estens.*) *budelli*) *s.m.* **1** boyau*; (*di persona*) entrailles (*pl.*), intestin **2** (*estens.*) boyau*.

budgetario *agg.* (*econ.*) budgétaire: *politica budgetaria*, politique budgétaire; *controllo —*, contrôle budgétaire.

budino *s.m.* flan.

bue (pl. *buoi*) *s.m.* **1** bœuf: *— giovane*, bouvillon **2** *— marino*, morse **3** (*fig.*) (*ignorante*) lourdaud.

bufala *s.f.* **1** (*zool.*) bufflonne **2** (*fig. scherz.*) (*errore grossolano*) bévue; (*cosa noiosa*) ennui (*m.*).

bufalo *s.m.* buffle.

bufera *s.f.* tempête (*anche fig.*).

buffè (pl. *invar.*) *s.m.* buffet.

buffetto *s.m.* chiquenaude (*f.*).

buffo¹ *agg.* **1** drôle, (*strano*) bizarre || *questa sì è buffa!*, ça, alors, c'est la meilleure **2** (*mus.*) opera buffa, opéra bouffe.

buffo² *s.m.* (*colpo di vento*) bouffée (*f.*).

buffonata *s.f.* pitrerie; (*farsa*) farce.

buffone *s.m.* **1** bouffon; (*fig.*) pitre: *smettila di fare il —*, arrête de faire le pitre **2** (*fig.*) (*persona non affidabile*) guignol (*f.*).

buffonesco (pl. *-chi*) *agg.* bouffon*.

buganvillea *s.f.* (*bot.*) bougainvillée.

buggerare *v.tr.* (*molto fam.*) rouler.

buggeratura *s.f.* tromperie.

bugia¹ *s.f.* mensonge (*m.*).

bugia² *s.f.* (*candeliere*) bougeoir (*m.*).

bugiardaggine *s.f.* vice de mentir.

bugiardo *agg.* **1** menteur*: *dare del —*, traiter de menteur **2** (*ingannevole*) mensonger* ♦ *s.m.*

menteur: *è un — patentato*, c'est un fieffé menteur.

bugigattolo *s.m.* cagibi; (*ripostiglio*) débarras.

bugliolo *s.m.* seau*.

bugnato *s.m.* (*arch.*) bossage.

buio *agg.* sombre ♦ *s.m.* noir: *sta venendo —*, il commence à faire nuit; *in inverno si fa — presto*, en hiver la nuit tombe vite; *è — pesto*, il fait noir comme dans un four || *restare al —*, rester dans l'obscurité || *essere al — di qlco*, (*fig.*) ignorer qqch || *fare un salto nel —*, (*fig.*) se lancer à l'aveuglette || (*poker*) *aprire al —*, ouvrir sans voir.

bulbo *s.m.* bulbe || *— oculare*, globe oculaire.

bulgaro *agg. e s.m.* bulgare.

bulimia *s.f.* (*med.*) boulimie.

bulino *s.m.* burin.

bulldog (pl. *invar.*) *s.m.* bouledogue.

bulldozer (pl. *invar.*) *s.m.* bulldozer.

bullo *s.m.* (*fam.*) macho.

bullone *s.m.* boulon.

bum *onom.* boum!

bumerang (pl. *invar.*) *s.m.* boomerang.

buon *agg.* → **buono**.

buonafede, **buona fede** *s.f.* **1** bonne foi: *l'ha detto in perfetta —*, il l'a dit en toute bonne foi; *ho agito in —*, j'ai agi de bonne foi **2** (*fiducia*) confiance, bonne foi: *approfittare della — di qlcu*, abuser de la bonne foi de qqn.

buonanima, **buon'anima** *s.f.*: *la — di nostro padre...*, notre père, Dieu ait son âme...; *mio nonno —*, feu mon grand-père.

buonanotte *s.f. e inter.* bonne nuit: *augurare, dare la —*, souhaiter une bonne nuit || *dagli i suoi soldi e —!*, donne-lui son argent, point final!

buonasera *s.f.* bonsoir (*m.*).

buoncostume *s.m.* bonnes mœurs (*f.pl.*): *offesa al —*, attentat aux mœurs || *squadra del —*, police des mœurs.

buondì, **buon dì** *s.m.* bonjour.

buongiorno, **buon giorno** *s.m. e inter.* bonjour: *— a tutti!*, bonjour, tout le monde!

buongrado, **di** *avv.* de bon gré.

buongustaio *s.m.* gourmet.

buongusto, **buon gusto** *s.m.* (bon) goût: *vestire con —*, s'habiller avec goût.

buono¹ *agg.* **1** bon*: *troppo —!*, trop aimable! **2** (*dabbene*) brave: *un buon uomo*, un brave homme; *è un buon diavolo*, (*fam.*) c'est un brave homme **3** (*giudizioso*) sage **4** (*con riferimento alla qualità*) bon*: *un buon cliente*, un bon client; *respirare aria buona*, respirer du bon air || *la buona stagione*, la belle saison || *il vestito —*, la robe du dimanche **5** (*valido*) bon*, valable: *non è un buon motivo per andartene*, ce n'est pas une (bonne) raison pour que tu t'en ailles || *ho le mie buone ragioni*, j'ai mes raisons **6** (*abbondante*) bon*: *un'ora buona di strada*, une bonne heure de chemin || *tenersi — qlcu*, ménager qqn; *siamo a buon punto col lavoro*, notre travail avance || *una cena alla buona*, un dîner à la bonne franquette; *è gente alla buona*, ce sont des gens sans façons || *è buona norma...*, il est bon de... || *buon per me che...*, heureusement pour moi que... ||

questa è buona!, elle est bien bonne celle-là! || *prendere qlcu con le buone*, prendre qqn du bon côté || *essere in buona con qlcu*, (fam.) être en bons termes avec qqn • *Buono* si usa solo davanti a *s* impura, *gn*, *ps*, *x*, *z* ♦ *s.m.* bon: *è un —*, c'est un brave type; *fa' il —!*, sois (bien) sage! || *un poco di —*, un pas grand-chose; *una poco di —*, une femme de rien || *portar —*, porter bonheur.

buono² *s.m.* (comm.) bon: *buono benzina*, chèque-essence; *buoni-premio*, bons prime || *— del Tesoro a 3, a 12 mesi*, bon du Trésor à 3, à 12 mois; *— pagabile a vista*, bon à vue.

buonora, buon'ora *s.f.*: *di —*, de bonne heure; *alla —!*, à la bonne heure!

buonsenso, buon senso *s.m.* bon sens.

buontempone *s.m.* bon vivant.

buonumore, buon umore *s.m.* bonne humeur (f.).

buonuscita, buon'uscita *s.f.* **1** (*per locazione*) indemnité d'éviction, d'expulsion **2** (*liquidazione*) indemnité de départ, de licenciement.

burattinaio *s.m.* **1** montreur de marionnettes, marionnettiste **2** (*fig.*) celui qui tire les ficelles.

burattino *s.m.* marionnette (à gaine): *teatro dei burattini*, théâtre de marionnettes; *andare ai burattini*, aller au guignol || (*fig.*): *è un vero —*, c'est une vraie marionnette, un vrai pantin; *piantare baracca e burattini*, tout plaquer.

buratto *s.m.* blutoir.

burbanza *s.f.* morgue, arrogance.

burbanzoso *agg.* *hautain, arrogant.

burbero *agg.* e *s.m.* bourru || *fare il —*, jouer les gros durs.

burgundo *agg.* e *s.m.* burgonde.

buriana *s.f.* (*confusione*) confusion; (*baldoria*) ribouldingue.

burino *s.m.* péquenot, plouc.

burla *s.f.* plaisanterie: *volgere in —*, tourner en plaisanterie; *per —*, par plaisanterie, pour rire; *nemmeno per —*, même pour plaisanter || *avvocato da —*, avocat de comédie.

burlare *v.tr.* berner, duper □ **burlarsi** *v.pron.* se moquer (de).

burlesco (*pl. -chi*) *agg.* **1** plaisant **2** (*letter.*) burlesque ♦ *s.m.* (*letter.*) burlesque.

burletta *s.f.* plaisanterie || *mettere in —*, tourner en ridicule || *finire in —*, tourner à la farce || *da —*, de comédie.

burlone *s.m.* farceur*.

burocrate *s.m.* bureaucrate.

burocratico (*pl. -ci*) *agg.* bureaucratique || *-mente* *avv.*

burocratizzare *v.tr.* bureaucratiser.

burocratizzazione *s.f.* bureaucratisation.

burocrazia *s.f.* bureaucratie.

burotica *s.f.* bureautique.

burrasca (*pl. -che*) *s.f.* **1** orage (m.): *c'è tempo di —*, le temps est à l'orage; *c'è aria di —*, (*anche fig.*) il y a de l'orage dans l'air || *mare in —*, mer en furie **2** (*mar.*) coup de vent.

burrascoso *agg.* orageux* (*anche fig.*) || *mare —*, mer démontée, houleuse.

burriera *s.f.* beurrier (m.).

burro *s.m.* beurre || *è un —*, c'est très tendre || *ha delle mani di —*, elle est maladroite de ses mains.

burrone *s.m.* ravin.

burroso *agg.* **1** crémeux* **2** (*che si scioglie in bocca*) fondant.

bus (*pl. invar.*) *s.m.* bus.

buscare (*coniug. come* mancare) *v.tr.* attraper: *mi sono buscato un raffreddore*, j'ai attrapé un rhume || *si è buscato dello stupido*, on l'a traité d'imbécile || *buscarsi una ramanzina*, se faire attraper || *buscarne, buscarle* (*di santa ragione*), (*fam.*) recevoir une (belle) raclée.

busillis *s.m.*: *qui sta il —*, voilà le hic; *è un —*, c'est un problème.

bussare *v.intr.* frapper || *— a quattrini*, (*fam.*) demander de l'argent.

bussola¹ *s.f.* **1** boussole || *perdere la —*, (*fig.*) perdre la boussole, le nord **2** (*mar.*) compas (m.).

bussola² *s.f.* **1** (*portantina*) chaise à porteurs **2** (*di una porta*) tambour (m.) **3** (*urna*) urne **4** (*cassetta per elemosine*) tronc (m.).

bussolotto *s.m.* gobelet || *giochi di bussolotti*, (*fig.*) tours de passe-passe.

busta *s.f.* **1** enveloppe: *— con intestazione*, enveloppe à en-tête; *lettera in — chiusa, sigillata*, lettre sous enveloppe cachetée; *in — aperta*, sous enveloppe ouverte; *— a finestra*, enveloppe à fenêtre || *— paga*, (feuille de) paye **2** (*custodia per documenti*) serviette **3** (*astuccio*) étui (m.).

bustaia *s.f.* corsetière.

bustarella *s.f.* (*fam.*) pot-de-vin* (m.): *pagare una —*, verser un pot-de-vin.

bustina *s.f.* **1** petite enveloppe **2** (*per contenere sostanze in polvere e simili*) sachet (m.): *una — di zucchero*, un sachet de sucre; *tè in bustine*, thé en sachets **3** (*di fiammiferi*) pochette **4** (*berretto*) bonnet de police, calot (m.) **5** (*borsetta*) pochette.

bustino *s.m.* bustier.

busto *s.m.* **1** buste **2** (*abbigl.*) corset || *— ortopedico*, corset orthopédique.

butano *s.m.* (*chim.*) butane.

butirrico (*pl. -ci*) *agg.* (*chim.*) butyrique.

buttafuori *s.m.* (*teatr.*) avertisseur; (*di locale pubblico*) videur.

buttare *v.tr.* **1** jeter*: *— dalla finestra, in una vasca, nella spazzatura, al di là del muro*, jeter par la fenêtre, dans un bassin, aux ordures, par-dessus le mur; *— indietro la testa*, rejeter la tête en arrière; *buttarsi addosso uno scialle*, jeter un châle sur ses épaules || *sistema le scarpe, non buttarle là*, range tes chaussures, ne les jette pas comme ça; *— là un'idea*, lancer (négligemment) une idée; *— là una proposta*, faire une proposition **2** (*emettere*) jeter*: *il comignolo buttava fumo nero*, la cheminée rejetait une fumée noire; *il vulcano butta lava*, le volcan crache de la lave || *buttare sangue*, saigner ♦ *v.intr.* **1** (*volgere a*) tourner: *il tempo butta al bello*, le temps tourne au beau || *butta male!*, ça tourne mal! **2** (*di piante*) (*germo-*

gliare) bourgeonner □ **buttarsi** *v.pron.* se jeter*: — *dalla finestra, dal trampolino*, se jeter par la fenêtre, du tremplin; — *contro un avversario*, se jeter sur un adversaire; — *all'indietro*, se renverser en arrière || — *nella politica*, (*fig.*) se lancer dans la politique || — *a indovinare*, chercher à deviner || *io mi butto!*, (*fam.*) je me lance! □ **buttare fuori**, jeter* || *l'hanno buttato fuori*, on l'a flanqué à la porte; *l'hanno buttato fuori di casa*, on l'a chassé de chez lui || *se hai qualcosa da dire, buttala fuori*, (*fam.*) si tu as quelque chose à dire, sors-le □ **buttare giù**, jeter*, lancer*; (*rovesciare*) renverser; (*inghiottire*) avaler; (*demolire*) abattre*; (*indebolire*) affaiblir; (*deprimere*) déprimer, démoraliser; (*denigrare*) dénigrer || — *giù dal letto*, faire sortir du lit; — *giù una porta*, enfoncer une porte || — *giù la pasta*, (*fam.*) mettre les pâtes dans

l'eau || *buttami giù due righe su questo*, écris-moi deux lignes là-dessus; — *giù un disegno*, esquisser un dessin; *un articolo buttato giù alla buona*, un article écrit à la va-vite □ **buttarsi giù**, se jeter*; (*coricarsi*) s'allonger, s'étendre*; (*scoraggiarsi*) se décourager*; (*sminuirsi*) se rabaisser || — *giù dal letto*, sauter du lit □ **buttare via**, jeter* || — *via tempo e denaro*, gaspiller son temps et son argent || *non è da — via!*, ce n'est pas mal du tout! □ **buttarsi via**, perdre son temps et sa peine.

butterato *agg.* grêlé.

buttero *s.m.* gardien de bestiaux (en Maremme).

buzzo *s.m.*: *di — buono*, (*fam.*) avec entrain.

buzzurro *s.m.* rustre, rustaud.

by-pass (pl. *invar.*) *s.m.* (*med.*) by-pass*, pontage (coronarien).

byte (pl. *invar.*) *s.m.* (*inform.*) octet.

C

c *s.f.* e *m.* c (*m.*) || (*tel.*) — *come Como*, c comme Camille.

cabala *s.f.* cabale (*anche fig.*).

cabalistico (pl. *-ci*) *agg.* cabalistique.

cabila *agg.* e *s.m.* kabyle.

cabina *s.f.* cabine: — *balneare*, cabine de plage; — *elettorale*, isoloir; — *di regia*, régie || — *singola*, cabine à une couchette || — *di comando*, cabine de manœuvre; — *di guida*, (*di camion*) cabine du conducteur; (*di gru*) guérite du conducteur; (*di locomotore*) cabine de conduite; (*di funivia*) cabine, télécabine.

cabinato *s.m.* (*mar.*) cabin-cruiser: — *a motore*, bateau à moteur habitable.

cabinovia *s.f.* télébenne, télécabine.

cablaggio *s.m.* (*elettr.*) câblage.

cablogramma *s.m.* câblogramme, câble.

cabotaggio *s.m.* cabotage || *nave di piccolo —*, caboteur.

cabotiero *agg.* (*mar.*) caboteur.

cabrare *v.intr.* (*aer.*) se cabrer.

cacao *s.m.* (*pianta*) cacaoyer, cacaotier; (*seme, polvere*) cacao.

cacare (*coniug. come* mancare) *v.intr.* e *tr.* (*volg.*) chier.

cacarella *s.f.* (*volg.*) (*diarrea*) chiasse.

cacasotto *s.m.* (*molto fam.*) trouillard, foireux*.

cacatoa, cacatua *s.m.* cacatoès.

cacca *s.f.* caca (*m.*).

caccia[1] (pl. *-ce*) *s.f.* chasse: — *grossa*, chasse à la grosse bête; — *in palude*, chasse au marais; — *a cavallo*, chasse à courre; — *di frodo*, braconnage; *stagione di —*, saison de la chasse; *andare a —*, aller à la chasse; *andare a — di notizie*, faire la chasse aux nouvelles.

caccia[2] *s.m.* (*aer.*) chasseur, avion de chasse.

cacciabombardiere *s.m.* chasseur bombardier.

cacciagione *s.f.* gibier (*m.*).

cacciare (*coniug. come* cominciare) *v.tr.* 1 chasser: — *di frodo*, braconner; — *in riserva*, tirer en chasse gardée 2 (*scacciare*) chasser: *l'hanno cacciato di casa*, on l'a chassé de chez lui; *caccia via quella bestiaccia*, chasse-moi cette horrible bête 3 (*ficcare*) fourrer || *cacciarsi le mani in tasca*, enfoncer ses mains dans ses poches; — *qlcu in prigione*, jeter qqn en prison || *cacciati bene in testa questo*, mets-toi bien cela dans la tête || *si cacciò addosso una maglietta*, il mit un T-shirt — (*fuori*), sortir*: *caccia* (*fuori*) *i soldi!*, sors l'argent! || — *un urlo*, pousser un grand cri □ **cacciarsi** *v.pron.* se fourrer (*anche fig.*): — *nei guai*, se fourrer dans de mauvais draps || — *fra la folla*, se faufiler dans la foule.

cacciasommergibili *s.m.* chasseur de sous-marins.

cacciata *s.f.* (*espulsione*) expulsion.

cacciatora, alla *locuz. avv.* 1 *giacca alla —*, veste de chasse 2 (*cuc.*) *pollo alla —*, poulet sauté chasseur.

cacciatore (f. *-trice*) *s.m.* 1 chasseur* || — *di frodo*, braconnier || — *di dote*, coureur de dot 2 (*cuc.*) saucisson de ménage.

cacciatorpediniere *s.m.* contre-torpilleur.

cacciavite *s.m.* tournevis.

cacciucco *s.m.* (*cuc.*) soupe de poissons (typique de la région de Livourne).

caccola *s.f.* (*fam.*) 1 (*sterco di ovino*) crottes (*pl.*) 2 (*moccio*) morve 3 (*cispa*) chassie.

cachemire (pl. *invar.*) *s.m.* cachemire.

cachessia *s.f.* (*med.*) cachexie.

cachet *s.m.* 1 (*med.*) cachet 2 (*retribuzione*) cachet: *lavorare a —*, travailler au cachet 3 (*tintura per capelli*) rinçage.

cachi[1] *agg.* e *s.m.* (couleur) kaki.

cachi[2] *s.m.* 1 (*pianta*) plaqueminier 2 (*frutto*) kaki, plaquemine (*f.*).

cacio *s.m.* fromage || *alto* (*come*) *un soldo di —*, haut comme trois pommes || *cascare come il — sui maccheroni*, (*fam.*) tomber à pic.

caciocavallo *s.m.* fromage de l'Italie du Sud à forme allongée.

caciotta *s.f.* petit fromage rond de l'Italie Centrale.

cacofonia *s.f.* cacophonie.

cacofonico (pl. *-ci*) *agg.* cacophonique.

cactus *s.m.* cactus.

cadauno *pron.indef.* chacun; (*fam.*) chaque: *questi pompelmi costano settecento lire —*, ces pamplemousses coûtent sept cents lires pièce ♦ *agg.* chaque.

cadavere *s.m.* cadavre: *rinvenire —*, trouver mort.

cadaverico (pl. *-ci*) *agg.* cadavérique || *avere un aspetto —*, (*fig.*) avoir l'air d'un cadavre.

cadente *agg.* croulant (*anche fig.*) || *un vecchio —*, un vieillard décrépit || *stella —*, étoile filante || *guance cadenti*, des joues tombantes.

cadenza *s.f.* 1 cadence || — *della voga*, cadence des rameurs || *in —*, en cadence 2 (*inflessione*) accent (*m.*).

cadenzare *v.tr.* cadencer* || *a passo cadenzato*, au pas cadencé.

cadere (*Pass.rem.* io caddi, tu cadesti ecc.) *v. intr.* **1** tomber: — *come un sacco di patate*, tomber comme une masse; *il governo è caduto*, le gouvernement est tombé || *mi cadono le braccia*, (*fig.*) les bras m'en tombent || *è caduto da piccolo*, (*fam.*) il est tombé sur la tête || *ogni speranza è ormai caduta*, désormais tout espoir est perdu || *è caduto agli esami su una domanda facilissima*, il a échoué aux examens sur une question très facile || *la colpa cadde su di lui*, la faute retombe sur lui || *mi è caduto l'occhio, lo sguardo sul tuo disegno*, mon regard est tombé sur ton dessin || — *nel volgare, nel ridicolo*, tomber dans la vulgarité, dans le ridicule || — *dalle nuvole*, tomber des nues || — *nel nulla*, tomber à l'eau || *gli angeli caduti*, les anges déchus || (*metrica*) *l'accento cade sulla terza sillaba*, l'accent porte sur la troisième syllabe || *questo vestito cade bene*, cette robe tombe bien **2** (*crollare*) s'écrouler: *è caduto il soffitto*, le plafond s'est écroulé **3** (*calare*) baisser: *la febbre è caduta*, la fièvre est tombée, a baissé ♦ *s.m.*: *al* — *del giorno, della sera, al* — *del sole*, au coucher du soleil; *al* — *delle prime foglie*, lorsque les premières feuilles commencent à tomber.

cadetto *agg.* e *s.m.* cadet*.

cadmio *s.m.* (*chim.*) cadmium.

caduceo *s.m.* caducée.

caducità *s.f.* fragilité, précarité.

caduco (pl. -*chi*) *agg.* caduc* || *denti caduchi*, dents de lait.

caduta *s.f.* chute: *una brutta* —, une mauvaise chute.

caduto *s.m.* mort (pour la patrie): *monumento ai Caduti*, monument aux Morts.

caffè *s.m.* **1** café: — *espresso, alla turca*, café express, turc; — *macchiato, corretto*, café avec un nuage de lait, arrosé; — *forte, ristretto, carico*, café serré || (*pianta del*) —, caféier || *color* —, (couleur) café **2** (*locale pubblico*) café || —*concerto*, café-concert.

caffeina *s.f.* caféine.

caffelatte, caffellatte (pl. *invar.*) *s.m.* café au lait.

caffettano *s.m.* caf(e)tan.

caffetteria *s.f.* buffet (*m.*).

caffettiera *s.f.* **1** cafetière **2** (*vecchia automobile*) guimbarde, tacot (*m.*).

cafonaggine, cafonata *s.f.* (*villania*) muflerie; (*cosa di cattivo gusto*) faute de goût.

cafone *s.m.* mufle; (*nuovo ricco*) parvenu.

cafoneria *s.f.* → **cafonaggine**.

cagare (*coniug. come* legare) *v.tr.* e *intr.* → **cacare**.

cagionare *v.tr.* causer, occasionner.

cagione *s.f.*: *a* — *di*, à cause de.

cagionevole *agg.* délicat, fragile: — *di salute*, de santé délicate.

cagliare *v.intr.* cailler □ **cagliarsi** *v.pron.* se cailler.

cagliata *s.f.* caillé (*m.*).

caglio *s.m.* **1** (*presame*) présure (*f.*) **2** (*abomaso*) caillette (*f.*).

cagna *s.f.* chienne.

cagnara *s.f.* (*fam.*) tapage (*m.*), chahut (*m.*): *far* —, faire du tapage.

cagnesco (pl. -*chi*) *agg.* de chien || *guardare in* —, regarder de travers; *guardarsi in* —, se regarder en chiens de faïence.

caicco (pl. -*chi*) *s.m.* (*mar.*) caïque.

caimano *s.m.* (*zool.*) caïman.

caino *s.m.* fratricide; (*traditore*) traître.

cala[1] *s.f.* petite baie, anse.

cala[2] *s.f.* (*di una nave*) cale.

calabrese, calabro *agg.* e *s.m.* calabrais.

calabrone *s.m.* bourdon.

calafataggio *s.m.* (*mar.*) calfatage.

calafatare *v.tr.* (*mar.*) calfater.

calamaio *s.m.* encrier.

calamaro *s.m.* calmar || *fritto di calamaretti*, des calamars frits.

calamina *s.f.* (*min.*) calamine.

calamita *s.f.* aimant (*m.*) || *è una* —, (*fig.*) elle attire les gens comme un aimant.

calamità *s.f.* calamité.

calamitare *v.tr.* aimanter; (*fig.*) attirer.

calanco (pl. -*chi*) *s.m.* calanque (*f.*).

calandra *s.f.* (*tecn., aut.*) calandre.

calandrare *v.tr.* calandrer.

calandratura *s.f.* calandrage (*m.*).

calante *agg.* décroissant || *marea* —, marée descendante.

calare *v.tr.* **1** (*far scendere*) descendre*; (*abbassare*) baisser: — *le vele*, amener les voiles || — *le reti*, jeter ses filets || *calarsi il cappello sugli occhi*, rabattre son chapeau sur ses yeux **2** (*nei lavori a maglia*) diminuer ♦ *v.intr.* **1** (*scendere*) descendre*: — *al piano*, descendre vers la plaine; *in estate molti turisti calano in Italia*, pendant l'été beaucoup de touristes déferlent sur l'Italie **2** (*tramontare*) se coucher || *al* — *del sole, del giorno*, au coucher du soleil, à la tombée du jour **3** (*diminuire*) diminuer; (*di acque, prezzi*) baisser: *la febbre è calata*, la fièvre a baissé || *mi è calata la voce*, je n'ai presque plus de voix **4** (*dimagrire*) maigrir: *sono calato di quattro chili*, j'ai maigri de, j'ai perdu quatre kilos □ **calarsi** *v.pron.* se laisser glisser || (*fig.*) — *nel personaggio*, se mettre dans la peau du personnage.

calata *s.f.* **1** descente: *la* — *dei barbari*, l'invasion, la descente des barbares || *la* — *del sipario*, la chute du rideau || *la* — *del sole*, le coucher du soleil **2** (*banchina*) quai (*m.*).

calca *s.f.* cohue, foule: *fare* —, se presser.

calcagno (pl. *i calcagni*, nel sign. proprio; *le calcagna*, in talune loc. fig.) *s.m.* talon; *avere qlcu alle calcagna*, avoir qqn à ses trousses; *stare alle calcagna di qlcu*, être toujours sur les talons de qqn.

calcare[1] *s.m.* calcaire.

calcare[2] (*coniug. come* mancare) *v.tr.* **1** (*calpestare*) fouler; (*premere*) appuyer* (sur) || *calca le scene da quarant'anni*, (*fig.*) il est sur les planches depuis quarante ans || — *la mano*, (*fig.*) avoir la main lourde **2** (*pigiare*) tasser: *calcarsi il cappello in testa*, enfoncer son chapeau sur sa tête **3** (*dare rilievo a*) appuyer* **4** (*ricalcare*) calquer.

calcareo *agg.* calcaire.

calce[1] *s.f.* (*chim.*) chaux.

calce[2] (*solo sing.*) *s.m.*: *in* —, au bas (de).

calcedonio *s.m.* calcédoine (*f.*).

calcemia *s.f.* (*med.*) calcémie.

calcestruzzo *s.m.* béton; (*di malta pozzolana*) mortier: *costruire in* —, bétonner.

calcetto *s.m.* **1** (*calcio-balilla*) baby-foot* **2** (*sport*) football à cinq ou sept.

calciare (*coniug. come* cominciare) *v.intr.* (*di animali*) ruer; (*di persone*) donner des coups de pied ♦ *v.tr.* (*sport*) shooter: — *in porta*, shooter au but.

calciatore (f. -*trice*) *s.m.* footballeur*, joueur* de football.

calcificare (*coniug. come* mancare) *v.tr.* calcifier.

calcificazione *s.f.* calcification.

calcina *s.f.* chaux éteinte; (*malta*) mortier (*m.*).

calcinaccio *s.m.* **1** plâtras **2** *pl.* (*rovine*) gravats.

calcinare *v.tr.* calciner.

calcio[1] *s.m.* **1** coup de pied; (*di cavallo, asino ecc.*) ruade (*f.*): *tirare calci*, donner des coups de pied, (*di cavallo ecc.*) ruer; *prendere a calci qlcu*, donner des coups de pied à qqn || *dare un* — *a qlco*, (*fig.*) tourner le dos à qqch **2** (*sport*) coup: — *d'inizio*, coup d'envoi **3** (*gioco del*) —, football: *campo da* —, terrain de foot.

calcio[2] *s.m.* (*di arma*) crosse (*f.*).

calcio[3] *s.m.* (*chim.*) calcium.

calcio-balilla (pl. *invar.*) *s.m.* baby-foot*.

calcistico (pl. -*ci*) *agg.* de football.

calcite *s.f.* (*min.*) calcite.

calco (pl. -*chi*) *s.m.* **1** moulage **2** (*copia di disegno*) calque **3** (*tip.*) cliché **4** (*ling.*) calque.

calcografia *s.f.* chalcographie.

calcolabile *agg.* calculable.

calcolare *v.tr.* **1** calculer; (*valutare*) évaluer: — *i danni*, évaluer, estimer les dommages **2** (*contare, pensare*) compter; (*prendere in considerazione*) considérer*, calculer: *calcolavo di arrivare prima di te*, je comptais arriver avant toi; *si devono* — *i pericoli*, on doit considérer les dangers; *non calcolarmi*, ne compte pas sur moi || *tutto calcolato*, tout bien considéré **3** (*ponderare*) peser*; (*misurare*) mesurer: *calcola ogni parola*, il pèse tous ses mots; *calcola ogni gesto*, il mesure tous ses gestes.

calcolatore (f. -*trice*) *agg.* **1** à calcul; à calculer: *regolo* —, règle à calcul; *macchina calcolatrice*, machine à calculer **2** (*fig.*) calculateur* ♦ *s.m.* **1** calculateur* **2** (*inform.*) → elaboratore.

calcolatrice *s.f.* calculatrice || — *tascabile*, calculette.

calcolo[1] *s.m.* calcul: — *a memoria*, calcul mental, oral; *fare il* — *di una spesa*, évaluer une dépense; *abile nel* —, fort en calcul; *secondo i miei calcoli*, d'après mes calculs; *faccio* — *di finire domani*, je compte terminer demain || *fare* — *su*, compter sur.

calcolo[2] *s.m.* (*med.*) calcul.

caldaia *s.f.* chaudière.

caldamente *avv.* chaleureusement.

caldana *s.f.* bouffée de chaleur.

caldarrosta (pl. *caldarroste*) *s.f.* marron grillé.

caldeggiare (*coniug. come* mangiare) *v.tr.* appuyer*, soutenir*.

calderaio *s.m.* chaudronnier.

calderone *s.m.* grande chaudière || *mettere nello stesso* —, (*fig.*) mettre dans le même sac, panier.

caldo *agg.* **1** chaud (*anche fig.*) || *una testa calda*, une tête brûlée || *prendersela calda*, se donner un mal fou; (*risentirsi*) s'en faire, se fâcher || *notizia calda calda*, nouvelle toute chaude **2** (*caloroso*) chaleureux*; (*fervente*) fervent: *una calda accoglienza*, un accueil chaleureux; *una calda preghiera*, une prière fervente ♦ *s.m.* chaud; (*temperatura esterna*) chaleur (*f.*): *fa* —, il fait chaud; *sentire, avere* —, avoir chaud; *che* —!, quelle chaleur!; *i primi caldi*, les premières chaleurs; *fa un* — *opprimente*, il fait lourd || *tenere in* —, tenir au chaud; (*fig.*) garder en réserve || *a* —, à chaud || *tenere il* —, (*sulla confezione di medicinali ecc.*) tenir à l'abri de la chaleur ♦ *avv.* chaud: *servire* —, servir chaud.

caledoniano *agg.* e *s.m.* calédonien*.

caleidoscopico (pl. -*ci*) *agg.* kaléidoscopique.

caleidoscopio *s.m.* kaléidoscope.

calendario *s.m.* calendrier: — *da tavolo*, agenda de table.

calende *s.f.pl.* calendes.

calendola, calendula *s.f.* (*bot.*) souci (*m.*).

calesse *s.m.* cabriolet.

calibrare *v.tr.* **1** calibrer (*anche fig.*) **2** (*standardizzare*) étalonner.

calibrato *agg.* **1** *misure calibrate* **2** (*fig.*) (*misurato*) *discorso* —, discours modéré.

calibratore *s.m.* (*tecn.*) calibreur.

calibratura *s.f.* (*tecn.*) calibrage (*m.*).

calibro *s.m.* calibre (*anche fig.*) || *i grossi calibri dell'industria*, les gros bonnets de l'industrie.

calice *s.m.* **1** (*bicchiere*) verre à pied: *un* — *di spumante*, une coupe de champagne || *levare i calici in onore di qlcu*, lever les verres en l'honneur de qqn **2** (*eccl.*) calice || *bere l'amaro* —, (*fig.*) avaler la pilule **3** (*anat., bot.*) calice.

calicò *s.m.* (*tess.*) calicot.

califfato *s.m.* califat, khalifat.

califfo *s.m.* calife, khalife.

caligine *s.f.* brouillard (*m.*), brume.

caliginoso *agg.* brumeux* (*anche fig.*).

calla *s.f.* (*bot.*) calla.

calle *s.m.* (*poet.*) sentier, chemin ♦ *s.f.* calle (rue à Venise).

calli- *pref.* calli-

callifugo (pl. -*ghi*) *agg.* e *s.m.* coricide.

calligrafia *s.f.* **1** (*scrittura*) écriture **2** (*bella scrittura*) calligraphie.

calligrafico (pl. -*ci*) *agg.* **1** calligraphique || *peri-*

zia calligrafica, expertise graphologique **2** (*fig.*)
maniéré, affecté.
callista *s.m.* pédicure.
callo *s.m.* **1** cal*, durillon; (*spec. di piedi*) cor ||
(*fig.*): *pestare i calli a qlcu*, marcher sur les pieds
de qqn; *ci ho fatto il* —, je m'y suis fait **2** (*med.*)
cal*: — *osseo*, cal osseux **3** (*dei cavalli*) châtaigne (*f.*).
callosità *s.f.* callosité; (*parte callosa*) rugosité.
calloso *agg.* calleux*.
calma *s.f.* calme (*m.*): *perdere la* —, perdre son
calme; *un momento di* —, un moment de répit ||
(*meteor.*): — *assoluta*, calme plat; — *momenta-
nea*, accalmie || (*comm.*) *la* — *degli affari*, la
stagnation des affaires || *prendersela con* —,
prendre tout son temps || —*!*, on se calme!, du
calme!
calmante *agg.* e *s.m.* calmant.
calmare *v.tr.* calmer || — *la fame*, apaiser sa faim
□ **calmarsi** *v.pron.* **1** se calmer **2** (*meteor.*) cal-
mir.
calmierare *v.tr.* taxer: *prezzi calmierati*, prix taxés.
calmiere *s.m.* prix plafond: *listino dei prezzi di*
—, barème des prix.
calmo *agg.* calme || *stai un po'* —, tiens-toi un
peu tranquille.
calmucco (pl. *-chi*) *agg.* e *s.m.* kalmouk.
calo *s.m.* **1** diminution (*f.*); (*abbassamento*)
baisse (*f.*) (*anche fig.*): *subire un* —, diminuer,
(*fig.*) baisser; *un* — *di energie, di pressione*, une
baisse d'énergie, de pression; *avere un* — *fisico*,
avoir une perte de forme **2** (*econ.*) baisse (*f.*), rabais: — *dei prezzi*, baisse des prix; — *delle vendite*, diminution des ventes; — *in Borsa*, fléchissement en Bourse **3** (*comm.*) déchet; (*di merce
immagazzinata*) discale (*f.*); (*durante il trasporto*) déchet de route, freinte (*f.*).
calore *s.m.* **1** chaleur (*f.*) (*anche fig.*) || *nel* — *del-
la discussione*, dans le feu de la discussion || (*cuc.*)
cuocere a — *basso, medio, alto*, cuire à petit feu, à
feu doux, à feu vif || (*vet.*) *in* —, en chaleur **2**
(*med. fam.*) éruption (*f.*).
caloria *s.f.* calorie.
calorico (pl. *-ci*) *agg.* calorique: *fabbisogno* —,
ration calorique.
calorifero *s.m.* **1** (*radiatore*) radiateur **2** (*impianto*) chauffage central.
calorifico (pl. *-ci*) *agg.* calorifique.
calorimetro *s.m.* calorimètre.
calorosamente *avv.* chaleureusement.
caloroso *agg.* **1** chaleureux* (*anche fig.*) **2** (*che
non soffre il freddo*) qui ne craint pas le froid: *come sei* —*!*, mais tu n'as jamais froid, toi!
calotta *s.f.* calotte || (*mecc.*) — *dello spinteroge-
no*, couvercle du delco.
calpestare *v.tr.* piétiner; fouler aux pieds (*anche
fig.*) || *è vietato* — *le aiole*, défense de marcher sur
les plates-bandes.
calpestio *s.m.* piétinement.
calunnia *s.f.* calomnie; (*estens.*) (*bugia*) mensonge (*m.*).

calunniare *v.tr.* calomnier.
calunniatore (f. *-trice*) *agg.* e *s.m.* calomniateur*.
calunnioso *agg.* calomnieux* || -**mente** *avv.*
calura *s.f.* grande chaleur (de l'été).
calvario *s.m.* calvaire.
calvinismo *s.m.* calvinisme.
calvinista *s.m.* calviniste.
calvizie *s.f.* calvitie.
calvo *agg.* chauve.
calza *s.f.* (*da uomo*) chaussette; (*lunga, spec. da
donna*) bas (*m.*): *calze autoreggenti*, bas auto-
fixants; *calze a rete*, bas résille; — *elastica*, bas
élastique, à varices; *ho una* — *smagliata*, mon
bas a filé || *fare la* —, tricoter; *ferri da* —, aiguilles
à tricoter || *la* — *della Befana*, pour l'Epiphanie,
chaussette dans laquelle on met de menus ca-
deaux pour les enfants.
calzamaglia (pl. *calzemaglie*) *s.f.* collant (*m.*);
(*di ballerine ecc.*) maillot (*m.*).
calzante *agg.* **1** qui chausse bien **2** (*fig.*) pertinent, approprié ♦ *s.m.* chausse-pied*.
calzare *v.tr.* chausser; (*guanti*) enfiler: *che numero calzi?*, quelle est ta pointure?, tu chausses du
combien? ♦ *v.intr.* aller*; (*di scarpe*) chausser; (*di
cappelli*) coiffer || *ti calza come un guanto*, cela te
va comme un gant || *questo esempio calza a pen-
nello*, (*fig.*) cet exemple convient parfaitement.
calzascarpe (pl. *invar.*) *s.m.* chausse-pied*.
calzatura *s.f.* chaussure: *numero di* —, pointure.
calzaturificio *s.m.* fabrique de chaussures.
calzerotto *s.m.* socquette (*f.*).
calzetta *s.f.* chaussette || *fare la* —, tricoter || *è
una mezza* —, (*spreg.*) c'est un(e) minus.
calzettone *s.m.* chaussette (*f.*), mi-bas*.
calzificio *s.m.* fabrique de chaussettes.
calzino *s.m.* chaussette (*f.*); (*spec. per bambini*)
socquette (*f.*).
calzolaio *s.m.* cordonnier*.
calzoleria *s.f.* cordonnerie; (*negozio di calzatu-
re*) magasin de chaussures.
calzoncini *s.m.pl.* (*spec. per ragazzi*) culottes
courtes; short(s) || — *da bagno*, caleçon (de bain),
maillot de bain.
calzone *s.m.* **1** → calzoni **2** (*cuc.*) sorte de
chausson fourré de fromage fondu et de jambon.
calzoni *s.m.pl.* pantalon (*sing.*): *infilarsi i* —, enfiler son pantalon; — *corti*, culotte (courte); —
con risvolto, pantalon à revers.
camaleonte *s.m.* caméléon (*anche fig.*).
camaleontico (pl. *-ci*) *agg.* (*fig.*) versatile, changeant.
cambiale *s.f.* lettre de change, effet (*m.*); (*pagherò*) billet (à ordre); (*tratta*) traite: *cambiali attive,
passive*, effets à recevoir, à payer; — *di comodo*,
effet de complaisance.
cambiamento *s.m.* changement: *ha fatto un
gran* —, il a beaucoup changé.
cambiare *v.tr.* **1** changer* (de); (*spec. se l'oggetto è determinato da art. o agg.*) changer*: — *metodo, abitudine*, changer de méthode, d'habitude; — *il proprio metodo, le proprie abitudini*,
changer sa méthode, ses habitudes; — *le lenzuo-*

la, changer les draps || *cambiarsi camicia, scarpe*, changer de chemise, de chaussures || *— treno*, changer de train || *— marcia*, changer de vitesse || *— vita, aria*, changer de vie, d'air || *— colore, aspetto*, changer de couleur, d'aspect || *ma allora la cosa cambia aspetto!*, mais cela change tout! || *tanto per —!*, pour changer! || 2 (*mutare*) changer*; (*trasformare*) transformer || *— in meglio, in peggio*, changer en mieux, en pire 3 (*scambiare*) changer*, échanger*: *— dei libri con dei dischi*, changer, échanger des livres contre des disques; *ha cambiato la sua automobile con un'altra*, il a changé sa voiture pour une autre || *mi cambi mille lire?*, as-tu la monnaie de mille lires, peux-tu me changer mille lires?; *non ho spiccioli, devo —*, je n'ai pas de monnaie, il faut que j'en fasse; *— un assegno*, encaisser un chèque ♦ *v.intr.* changer*: *è molto cambiata*, elle a beaucoup changé || *la situazione è cambiata*, la situation a changé □ **cambiarsi** *v.pron.* se changer*: *— d'abito*, se changer, changer de vêtement.

cambiario *agg.* de change || *vaglia —*, billet à ordre.

cambiavalute *s.m.* changeur.

cambio *s.m.* 1 échange: *fare il — di un libro con un altro*, échanger, changer un livre contre un autre || *in — di*, en échange de || *guadagnarci, perderci nel —*, gagner, perdre au change || *il — della guardia*, la relève de la garde; *dare il — a qlcu*, prendre la relève de qqn; *ogni due ore si dà il — alle sentinelle*, on relève les sentinelles toutes les deux heures; *darsi il — al volante*, se relayer au volant 2 (*comm.*) change 3 (*mecc.*): *scatola del —*, boîte de vitesses; *la leva del —*, le levier du changement de vitesses; *— al volante, a cloche*, vitesses au volant, au plancher; *— (della bicicletta)*, dérailleur (de la bicyclette).

cambusa *s.f.* cambuse.

cambusiere *s.m.* cambusier.

camelia *s.f.* camélia (*m.*).

camera *s.f.* 1 chambre: *— da letto*, chambre à coucher; *— da pranzo*, salle à manger; *— degli ospiti*, chambre d'amis; *— matrimoniale, a due letti*, chambre avec un grand lit, à deux lits; *— ammobiliata*, chambre meublée; *— con bagno*, chambre avec salle de bains; *— vista mare*, chambre avec vue sur la mer; *in —*, dans la chambre; *dormire in camere separate*, faire chambre à part || *giacca da —*, veste d'intérieur || *musica da —*, musique de chambre || *— blindata*, chambre forte || *— mortuaria*, morgue || *— ardente*, chapelle ardente || *— a gas*, chambre à gaz || *— di scoppio*, chambre d'explosion || *— di decompressione*, chambre de décompression || (*fot.*) *— oscura*, chambre noire || (*d'aria pneumatico*) *— d'aria*, chambre à air || *Camera (dei Deputati)*, Chambre (des Députés); *Camera di Commercio*, Chambre de Commerce || *Camera del Lavoro*, Bourse du travail 2 (*locale, vano*) pièce.

cameraman *s.m.* cameraman*; (*tv*) opérateur de prises de vues.

camerata¹ *s.f.* chambrée.

camerata² *s.m.* 1 camarade, copain* de chambre; (*compagno d'armi*) compagnon 2 (*st.*) nom que se donnaient les membres du parti fasciste.

cameratesco (pl. *-chi*) *agg.* de camaraderie.

cameratismo *s.m.* camaraderie (*f.*).

cameriera *s.f.* femme de chambre; (*di sala*) serveuse.

cameriere *s.m.* 1 (*in case private, in alberghi*) domestique; (*al ristorante, al bar*) garçon || *— personale*, valet de chambre 2 (*titolo onorifico*) camérier.

camerino *s.m.* 1 (*teatr.*) loge (*f.*) 2 (*mar. mil.*) (*alloggio ufficiali*) cabine (*f.*).

camerlengo *s.m.* camerlingue.

camice *s.m.* blouse (*f.*); (*del sacerdote*) aube (*f.*).

camiceria *s.f.* (*fabbrica e negozio*) chemiserie.

camicetta *s.f.* (*camicia*) chemisier (*m.*), chemisette.

camicia (pl. *-cie*) *s.f.* chemise: *— da notte*, chemise de nuit || *— di forza*, camisole de force || *darebbe anche la — per suo figlio*, il se met en quatre pour son fils || *giocarsi anche la —*, jouer jusqu'à sa dernière chemise || *si è ridotto in —*, (*fam.*) il s'est fait nettoyer || *sei nato con la —*, (*fig.*) tu es né coiffé || *sudare sette camicie*, suer sang et eau.

camiciaia *s.f.* chemisière.

camiciaio *s.m.* chemisier.

camicino *s.m.* (*da neonato*) brassière de dessous.

camiciola *s.f.* 1 (*maglia*) maillot de corps 2 (*camicia estiva*) chemisette.

camiciotto *s.m.* blouse (*f.*).

caminetto *s.m.* cheminée (*f.*).

camino *s.m.* cheminée (*f.*): *accendere il —*, allumer le feu dans la cheminée; *sedersi all'angolo del —*, s'asseoir au coin du feu.

camion *s.m.* camion || *trasportare con —*, camionner.

camionabile *agg.* ouvert aux poids lourds ♦ *s.f.* route ouverte aux poids lourds.

camioncino *s.m.* camionnette (*f.*).

camionetta *s.f.* camionnette.

camionista *s.m.* camionneur; (*su lunghi percorsi*) routier.

cammelliere *s.m.* chamelier.

cammello *s.m.* 1 chameau* 2 (*lana e tessuto*) poil de chameau.

cammeo *s.m.* camée.

camminamento *s.m.* (*mil.*) boyau*.

camminare *v.intr.* 1 marcher || *lo riconosco dal modo di —*, je le reconnais à sa démarche || *cammina!, (vai avanti!)* avance!; (*affrettati!*) dépêchetoi!; (*vattene!*) laisse-moi tranquille! || *cammina, cammina...*, après avoir longtemps marché... || (*fig.*): *— sulle uova*, marcher sur des œufs; *— sul sicuro*, jouer sur du velours; *cammina dritto, altrimenti te ne pentirai!*, file droit, sinon tu t'en repentiras! || *il mondo cammina*, les temps changent 2 (*funzionare, procedere*) marcher ♦ *s.m.* 1 marche (*f.*): *sono stanco per il troppo —*, je suis fatigué d'avoir trop marché 2 (*andatura*) démarche (*f.*).

camminata *s.f.* 1 marche; (*passeggiata*) promenade; (*gita*) excursion || *c'è ancora una bella —*, il

canale

y a encore un bon bout de chemin 2 (*andatura*) démarche.
camminatore (f. *-trice*) *s.m.* marcheur*.
cammino *s.m.* 1 chemin, marche (f.); (*strada*) route (f.): *mettersi in* —, se mettre en route, en chemin; *riprendere il* —, reprendre son chemin || *in* —!, en marche! || *a metà* —, à mi-chemin || *il* — *del sole*, la course du soleil 2 (*fig.*) voie (f.), chemin; (*progresso*) progrès.
camomilla *s.f.* camomille.
camorra *s.f.* 1 camorra (à Naples a partir du temps des Bourbons, association de malfaiteurs) 2 (*estens.*) maf(f)ia: *è una vera* —!, c'est la mafia!
camorrista *s.m.* camorriste (membre de la camorra); (*estens.*) maf(f)ioso || *è un* —!, c'est un mafioso!
camoscio *s.m.* chamois.
campagna *s.f.* 1 campagne: *andare in* —, aller à la campagne; *gente di* —, gens de la campagne || — *pubblicitaria*, campagne publicitaire 2 (*terra coltivata*) terre || *quest'anno la* — *promette bene*, cette année la récolte sera bonne 3 (*villeggiatura*) vacances (*pl.*): *andare in* —, aller en vacances.
campagnolo *agg.* de la campagne, campagnard ♦ *s.m.* paysan, campagnard.
campale *agg.* (*mil.*) de campagne || *battaglia* —, bataille rangée || *giornata* —, (*fig.*) rude journée.
campana *s.f.* *suonare le campane a stormo, a distesa, a festa*, sonner les cloches à toute volée; *concerto di campane*, carillon || (*fig.*): *sordo come una* —, sourd comme un pot; *sentire tutte e due le campane*, entendre les deux sons de cloche; *è stonato come una* —, il chante faux; *tenere sotto una* — *di vetro*, garder sous cloche.
campanaccio *s.m.* sonnaille (f.).
campanaro *s.m.* sonneur de cloches.
campanella *s.f.* clochette.
campanello *s.m.* sonnette (f.) || *suonare il* —, sonner.
campanile *s.m.* clocher; (*staccato dalla chiesa*) campanile || *amore di* —, (*fig.*) esprit de clocher || (*sport*) *tiro a* —, tir en chandelle.
campanilismo *s.m.* esprit de clocher.
campanilista *s.m.* celui qui a l'esprit de clocher.
campanilistico (pl. *-ci*) *agg.* de clocher: *atteggiamento* —, attitude régionaliste.
campano *agg.* e *s.m.* campanien*.
campanula *s.f.* campanule.
campare *v.intr.* vivre*: *tira a* —, il se laisse vivre || — *di stenti*, tirer le diable par la queue; — *d'aria*, vivre de l'air du temps || *si campa!*, on vivote!
campata *s.f.* (*arch.*) travée.
campato *agg.*: — *in aria*, en l'air; (*infondato*) sans fondement.
campeggiare[1] (*coniug. come* mangiare) *v.intr.* camper.
campeggiare[2] *v.intr.* (*risaltare*) trancher (*anche fig.*).
campeggiatore (f. *-trice*) *s.m.* campeur*.
campeggio *s.m.* camping.
camper (pl. *invar.*) *s.m.* camping-car*.

campestre *agg.* champêtre: (*sport*) *corsa* —, cross-country.
campiello *s.m.* petite place (à Venise).
camping (pl. *invar.*) *s.m.* camping; (*terreno per campeggio*) terrain de camping.
campionamento *s.m.* échantillonnage.
campionare *v.tr.* échantillonner.
campionario *s.m.* carnet d'échantillons ♦ *agg.* d'échantillons.
campionato *s.m.* championnat.
campionatura *s.f.* échantillonnage (*m.*).
campione *s.m.* 1 (*comm.*) échantillon 2 (*persona che eccelle*) champion 3 (*grandezza convenzionale*) étalon ♦ *agg.* 1 (*vincitore*) victorieux*: *la squadra* —, l'équipe victorieuse 2 (*preso a modello*) exemplaire || *indagine* —, (*di persone*) enquête par sondage, sondage d'opinion; (*di cose*) contrôle par échantillonnage.
campionessa *s.f.* championne.
campire (*coniug. come* finire) *v.tr.* peindre* (le fond, les figures d'un tableau).
campo *s.m.* 1 champ: *fiori di* —, fleurs des champs || *decorato sul* —, décoré sur le champ de bataille; *morire sul* — (*di battaglia*), mourir au champ d'honneur; *combattere in* — *aperto*, combattre en rase campagne; *scendere in* —, entrer en lice; *mettere in* —, mener au combat, (*fig.*) avancer; *lasciar il* —, (*anche fig.*) abandonner le terrain || *ora entra in* — *un'altra difficoltà*, ici une autre difficulté se présente || *ospedale da* —, hôpital de campagne 2 (*accampamento*) camp: *mettere, levare il* —, dresser, lever le camp || *cucina da* —, cuisine roulante || — *profughi*, centre d'accueil des réfugiés 3 (*spec. adibito a uso determinato*) terrain; champ: — *da gioco*, terrain de jeu; — *di corse*, champ de course; — *da tennis*, court de tennis; *campi da sci*, pistes de ski; — *di golf*, terrain de golf; (*aer.*) — *di fortuna*, terrain de fortune || (*sport*) *entrare in* —, entrer sur le terrain, (*fig.*) intervenir || *fuori* —, hors limite 4 (*fig.*) domaine: *nel* — *scientifico*, dans le domaine scientifique; *non è il mio* —, ce n'est pas mon domaine || — *di indagini, di osservazione*, champ d'investigations, d'observation || — *visivo*, champ visuel 5 (*fis.*) champ || — *d'azione*, champ d'action 6 (*cine.*) plan: — *lungo*, plan général || *voce fuori* —, voix off 7 (*inform.*) zone (f.); (*tel.*) domaine: — *di controllo*, zone de gestion; — *di dati*, zone; — *di variabilità*, gamme.
camposanto (pl. *campisanti*) *s.m.* cimetière.
camuffamento *s.m.* déguisement; (*mil.*) camouflage.
camuffare *v.tr.* déguiser (*anche fig.*); (*mil.*) camoufler □ **camuffarsi** *v.pron.* se déguiser.
camuso *agg.* camus.
canadese *agg.* e *s.m.* canadien* || (*tenda*) —, tente canadienne || *giacca* —, canadienne.
canaglia *s.f.* canaille.
canagliata *s.f.* canaillerie.
canaglіesco (pl. *-chi*) *agg.* canaille.
canale *s.m.* canal*: *canali di distribuzione*, canaux de distribution || (*rad., tv*): — *di frequenza*,

canal (de fréquences); *primo, secondo* —, première, deuxième chaîne || (*inform.*) — *analogico, di trasmissione dati,* canal, voie de transmission (de données).

canalizzare *v.tr.* canaliser.

canalizzazione *s.f.* canalisation.

canalone *s.m.* (*geogr.*) couloir.

canapa *s.f.* chanvre (*m.*): *industria della* —, industrie chanvrière.

canapè *s.m.* canapé.

canapificio *s.m.* filature de chanvre.

canapo *s.m.* cordage de chanvre.

canarino *s.m.* serin, canari ♦ *agg.* jaune canari.

canasta *s.f.* (*carte*) canasta.

cancan *s.m.* **1** cancan **2** (*fam.*) (*baccano*) chahut, boucan; (*fig.*) bruit: *non fate tanto* —*!,* ne faites pas tant de chahut!; *fare tutto un* — *per nulla,* faire autant de bruit pour rien.

cancellare *v.tr.* **1** effacer* (*anche fig.*); (*con la penna*) biffer, raturer; (*con la gomma*) gommer || — *un nome da una lista,* rayer un nom d'une liste; — *dall'albo,* radier de l'ordre **2** (*annullare*) annuler □ **cancellarsi** *v.pron.* s'effacer*.

cancellata *s.f.* grille.

cancellatura *s.f.* effacement (*m.*); (*con la penna*) rature, biffure.

cancellazione *s.f.* **1** (*il radiare*) radiation **2** (*annullamento*) annulation **3** (*inform.*) effacement de zone.

cancelleria *s.f.* **1** chancellerie || *Cancelleria giudiziaria,* greffe **2** (*oggetti di*) —, articles de bureau.

cancelliere *s.m.* **1** chancelier **2** (*di tribunale*) greffier.

cancellino *s.m.* chiffon du tableau (noir).

cancello *s.m.* grille (*f.*): — *automatico,* portail automatique.

cancerogeno *agg.* cancérogène.

cancerologia *s.f.* cancérologie.

cancerologo (pl. -*gi*) *s.m.* cancérologue.

canceroso *agg.* e *s.m.* cancéreux*.

cancrena *s.f.* **1** gangrène: *andare in* —, se gangrener **2** (*fig.*) plaie.

cancrenoso *agg.* gangreneux*.

cancro *s.m.* **1** cancer || *il* — *della gelosia,* les tourments de la jalousie; *è un* —*!,* il est tuant! **2** (*astr.*) *Cancro,* Cancer.

candeggiante *agg.* blanchissant: (*prodotto*) —, produit blanchissant.

candeggiare (*coniug. come* mangiare) *v.tr.* blanchir.

candeggina *s.f.* eau de Javel.

candeggio *s.m.* blanchiment.

candela *s.f.* **1** (*di cera*) bougie; (*di resina, sego*) chandelle || *a lume di* —, à la chandelle, à la lueur d'une bougie; *un pranzo a lume di* —, un dîner aux chandelles || *accendere una* — *a un santo,* brûler un cierge à un saint; *puoi accendere una* — (*alla Madonna*)*!,* (*fam.*) tu dois une fière chandelle à la Sainte Vierge! || *tenere la* —, (*fam.*) tenir la chandelle || *il gioco non vale la* —, le jeu n'en vaut pas la chandelle || *avere la* — *al naso,* (*fam.*)

avoir la chandelle **2** (*fis., mecc.*) bougie: *le candele sono sporche,* les bougies sont encrassées.

candelabro *s.m.* candélabre.

candeletta *s.f.* (*med.*) suppositoire vaginal.

candeliere *s.m.* chandelier.

candelotto *s.m.:* — *fumogeno, lacrimogeno,* grenade fumigène, lacrymogène.

candidamente *avv.* candidement, avec candeur.

candidare *v.tr.* proposer comme candidat, poser la candidature (de qqn) □ **candidarsi** *v.pron.* se porter candidat (à): — *alle elezioni, alla presidenza,* se porter candidat, poser sa candidature aux élections, à la présidence.

candidato *s.m.* candidat: *presentarsi* (*come*) —, se porter candidat.

candidatura *s.f.* candidature: *presentare la propria* —, poser sa candidature.

candido *agg.* **1** blanc* || *tovaglia candida,* nappe d'une blancheur éclatante **2** (*fig.*) candide.

candire (*coniug. come* finire) *v.tr.* confire* (dans du sucre).

candito *s.m.* fruit confit ♦ *agg.* confit.

candore *s.m.* **1** blancheur (*f.*) **2** (*fig.*) candeur (*f.*).

cane (f. *cagna*) *s.m.* **1** chien: — *da caccia,* chien de chasse; — *randagio,* chien errant; — *per ciechi,* — *guida,* chien d'aveugle; — *da pagliaio,* chien de basse-cour; — *da slitta,* chien d'Esquimau; — *da salotto,* chien d'appartement || *attenti al* —*!,* chien méchant! || *seguire qlcu come un* —, suivre qqn comme un petit chien || *essere mogio come un* — *bastonato,* avoir l'air d'un chien battu || *stare da cani,* être mal foutu || *che vita da cani!,* quelle vie de chien! || *lavoro fatto da cani,* travail mal fait || *quell'attore è un* —, cet acteur joue comme un pied || *mangiare da cani,* (*fam.*) manger très mal || *un male* —, un mal de chien || (*molto fam.*): *mondo* —*!,* chienne de vie!; *porco* —*!,* nom d'un chien!; *quel* — *me la pagherà,* l'animal! il me le paiera!; — *d'un traditore!,* sale traître! || *non c'è un* —, il n'y a pas un chat || *cercare di raddrizzare le gambe ai cani,* chercher à laver la tête d'un nègre || *non svegliare il can che dorme,* ne réveillez pas le chat qui dort **2** (*del fucile ecc.*) chien.

canestro[1] *s.m.* panier; (*con anse*) corbeille (*f.*).

canestro[2] *s.m.* (*di benzina*) jerrican.

canfora *s.f.* camphre (*m.*).

canforato *agg.* camphré.

cangiante *agg.* changeant.

canguro *s.m.* kangourou.

canicola *s.f.* canicule.

canicolare *agg.* caniculaire.

canile *s.m.* **1** chenil **2** (*cuccia*) niche (*f.*).

canino *agg.* canin || *tosse canina,* (*fam.*) coqueluche || *rosa canina,* églantine.

canizie *s.f.* **1** canitie **2** (*capelli bianchi*) cheveux blancs; (*vecchiaia*) vieillesse.

canna *s.f.* **1** roseau* (*m.*) || — *da zucchero,* canne à sucre || — *d'India, di bambù,* jonc d'Inde, bambou; — *indica,* balisier; — *di palude,* phragmite || *essere come una — al vento*, être comme un oiseau sur la branche || *povero in —*, pauvre comme Job **2** (*tubo, conduttura*) tuyau* (*m.*); (*di armi da fuoco*) canon (*m.*) || *— fumaria*, conduit de fumée || (*ind. vetraria*) *— da soffio*, canne || *la — della bicicletta*, le cadre de la bicyclette; *portare in — della bicicletta*, porter sur le cadre **3** — *da pesca*, canne à pêche; *pescare con la —*, pêcher à la ligne.

cannella[1] *s.f.* tuyau* (*m.*); (*di botte*) cannelle.

cannella[2] *s.f.* **1** (*pianta*) cannelier (*m.*) **2** (*spezia*) cannelle.

cannello *s.m.* chalumeau* || *il — della pipa*, le tuyau de la pipe.

canneto *s.m.* cannaie (*f.*).

cannibale *s.m.* cannibale.

cannibalismo *s.m.* cannibalisme.

cannicciata *s.f.*, **canniccio** *s.m.* claie (*f.*).

cannocchiale *s.m.* longue-vue* (*f.*), lunette (d'approche): *— astronomico*, lunette astronomique.

cannolo *s.m.* (*cuc.*) rouleau de pâte feuilletée rempli de crème ou de chocolat.

cannonata *s.f.* coup de canon || *è una —*, (*fam.*) c'est du tonnerre || *non lo svegliano nemmeno le cannonate*, même le bruit du canon ne le réveille pas.

cannoncino *s.m.* **1** (*cuc.*) rouleau de pâte fourré de crème **2** (*abbigl.*) petit pli rond.

cannone *s.m.* **1** canon: *sparare col —*, tirer au canon || *— antigrandine, sparaneve*, canon paragrêle, è neige || (*fis.*) *— elettronico*, canon à électrons || *carne da —*, chair à canon || *donna —*, femme-canon *essere un — in...*, (*fam.*) être un as, être fort en...; *sei un —!*, tu es un as!, tu es formidable! **3** (*abbigl.*) pli rond.

cannoneggiamento *s.m.* canonnade (*f.*).

cannoneggiare *v.tr.* canonner.

cannoniera *s.f.* (*mar.*) canonnière.

cannoniere *s.m.* **1** (*mil.*) canonnier **2** (*football*) buteur.

cannuccia (pl. *-ce*) *s.f.* (*per bibite*) paille, chalumeau* (*m.*); (*di penna*) porte-plume* (*m.*).

cannula *s.f.* (*med.*) canule.

canoa *s.f.* canoë (*m.*): *andare in —, fare —*, faire du canoë.

canocchia *s.f.* (*zool.*) squille.

canoista *s.m.* canoéiste.

canone *s.m.* **1** canon || *comportarsi secondo i canoni*, agir selon les règles **2** (*somma da pagare*) redevance (*f.*) || *— d'affitto*, loyer; *— d'abbonamento*, (*alla radio*) redevance radiophonique; (*alla tv*) redevance tv **3** (*eccl.*) canon.

canonica (pl. *-che*) *s.f.* presbytère (*m.*).

canonico[1] (pl. *-ci*) *agg.* (*eccl.*) canonique || *ora canonica*, (*fig.*) moment opportun.

canonico[2] *s.m.* chanoine.

canonizzare *v.tr.* canoniser.

canonizzazione *s.f.* canonisation.

canopo *s.m.* (*archeol.*) canope.

canoro *agg.* (*dalla voce melodiosa*) chanteur*; (*melodioso*) mélodieux* || *doti canore*, qualités

vocales || *manifestazioni canore dell'estate*, festivals d'été de la chanson.

canotta *s.f.* (*abbigl.*) débardeur (*m.*).

canottaggio *s.m.* aviron: *gara di —*, course à l'aviron.

canottiera *s.f.* (*maglietta intima*) maillot de corps, tricot de corps; (*maglietta estiva senza maniche*) débardeur (*m.*).

canottiere *s.m.* canoteur.

canotto *s.m.* canot: *— di gomma*, canot pneumatique.

canovaccio *s.m.* **1** (*di cucina*) torchon **2** (*per ricamo*) canevas **3** (*fig.*) canevas.

cantabile *agg.* **1** chantant **2** (*mus.*) cantabile.

cantante *s.m.* chanteur: *— lirico*, chanteur d'opéra ♦ *s.f.* **1** chanteuse **2** (*lirica*) cantatrice.

cantare *v.tr.* chanter || *gliel'ho cantata chiara*, je lui ai dit ses quatre vérités; *quante gliene ho cantate!*, je lui en ai dit de toutes les couleurs! ♦ *v. intr.* **1** chanter: *canta da soprano*, c'est un soprano || *la lettera canta chiaro*, la lettre est sans équivoque; *carta canta*, les écrits restent **2** (*gergo*) (*confessare*) se mettre* à table: *far — qlcu*, faire parler qqn.

cantastorie *s.m.* chanteur de rue.

cantata *s.f.* (*mus.*) cantate || *fare una —*, (*fam.*) chanter.

cantautore (f. *-trice*) *s.m.* chanteur-compositeur (-interprète).

canterano *s.m.* commode (*f.*).

canterellare *v.tr. e intr.* chantonner, fredonner.

canterino *agg.* chanteur*.

cantica (pl. *-che*) *s.f.* poème (*m.*); (*della Divina Commedia*) partie.

canticchiare *v.tr. e intr.* chantonner, fredonner.

cantico (pl. *-ci*) *s.m.* cantique.

cantiere *s.m.* chantier: *mettere in —*, (*anche fig.*) mettre en chantier; *essere in —*, (*fig.*) être en cours de réalisation.

cantilena *s.f.* cantilène; (*nenia, filastrocca*) rengaine.

cantilenante *agg.*: *parlare con voce —*, parler d'une voix, d'un ton monocorde.

cantina *s.f.* **1** cave: *in —*, à la cave **2** (*per vinificare*) cellier (*m.*) **3** (*spaccio*) débit de boissons **4** (*nelle caserme e nei cantieri*) cantine.

cantiniere *s.m.* sommelier; (*di caserma, cantiere*) cantinier.

canto[1] *s.m.* **1** chant: *maestro di canto*, professeur de chant || *— fermo*, chant grégorien || *il bel —*, le bel canto **2** (*lett.*) poème; (*parte di un poema*) chant.

canto[2] *s.m.* **1** coin: *mettersi in un —*, (*fig.*) se tenir à l'écart **2** (*parte, lato*) côté || *da un —... d'altro —...*, d'une part... d'autre part... || *dal — mio*, pour ma part.

cantonale[1] *agg.* (*dei Cantoni svizzeri*) cantonal*.

cantonale[2] *s.m.* (*mobile*) encoignure (*f.*).

cantonata *s.f.* **1** coin de la rue **2** (*errore*) bévue: *prendere una —*, commettre une bévue.

cantone[1] *s.m.* coin.

cantone[2] *s.m.* (*della Svizzera*) canton.

cantoniere *s.m.* cantonnier.

cantore *s.m.* chantre.

cantoria *s.f.* tribune des chantres.

cantuccio *s.m.* **1** coin, recoin || *starsene in un* —, se tenir à l'écart **2** (*pezzetto*) bout || — *di pane*, croûton de pain.

canuto *agg.* (*lett.*) chenu.

canzonare *v.tr.* se moquer (de), railler.

canzonatorio *agg.* railleur*, moqueur*, goguenard.

canzonatura *s.f.* raillerie, moquerie.

canzone *s.f.* chanson || *le canzoni di Petrarca*, les 'canzoni' de Pétrarque || — *a ballo*, ballade.

canzonetta *s.f.* chanson.

canzonettista *s.m.* chansonnier.

canzoniere *s.m.* recueil de chansons || (*lett.*) *il 'Canzoniere' del Petrarca*, le 'Canzoniere' de Pétrarque.

caolino *s.m.* kaolin.

caos *s.m.* chaos (*anche fig.*): *che* —*!*, quelle confusion!

caotico (pl. -*ci*) *agg.* chaotique.

capace *agg.* **1** capable: *sei* — *di nuotare?*, sais-tu nager? || *è capacissimo di...*, il est tout à fait capable de... **2** (*atto a contenere*) capable de contenir, qui peut contenir: *questa botte è* — *di cento litri*, ce tonneau contient cent litres **3** (*spazioso*) spacieux* □ **è capace che..., è capace di...**, il se peut que...: *è* — *che piova, è* — *di mettersi a piovere*, il se peut qu'il pleuve.

capacità *s.f.* capacité || — *di compiere un lavoro*, capacité de, aptitude à faire un travail; *questo problema supera le sue* —, ce problème le dépasse || *botte della* — *di 50 litri*, tonneau d'une capacité de 50 litres || (*dir.*) — *di testare*, capacité pour tester.

capacitarsi *v.pron.* se persuader: *non riesco a capacitarmi*, je ne parviens pas à me persuader; *non riusciva a* — *che*, il n'arrivait pas à réaliser que.

capanna *s.f.* cabane; (*col tetto di paglia*) chaumière; (*per riparo temporaneo*) *hutte; (*degli indigeni dei paesi tropicali*) case, paillotte || *un cuore e una* —, un cœur et une chaumière || (*arch.*) *tetto a* —, toit à double pente.

capannello *s.m.* groupe.

capanno *s.m.* **1** cabane (*f.*); (*di paglia*) *hutte (*f.*) **2** (*balneare*) cabine (*f.*).

capannone *s.m.* *hangar.

caparbiamente *avv.* obstinément.

caparbietà *s.f.* obstination; (*testardaggine*) entêtement (*m.*).

caparbio *agg.* obstiné; (*testardo*) têtu.

caparra *s.f.* arrhes (*pl.*): *somma di* —, somme à titre d'arrhes.

capata, **capatina** *s.f.*: *fare una* —, faire un saut, une rapide apparition.

capeggiare (*coniug. come* mangiare) *v.tr.* être* à la tête (de).

capello *s.m.* **1** cheveu*: *capelli dritti come spinaci*, cheveux raides comme des baguettes de tambour; *un bel taglio di capelli*, une belle coupe || (*fig.*): *mettersi le mani nei capelli*, s'arracher les cheveux; *se prendre la tête dans les mains*; *prendersi per i capelli*, se prendre aux cheveux, (*riferito a donne*) se crêper le chignon; *far rizzare i capelli* (*in testa*), faire dresser les cheveux sur la tête; *far venire i capelli bianchi*, donner des cheveux blancs; *averne fin sopra i capelli*, en avoir par-dessus la tête, (*fam.*) en avoir marre; *mi hanno tirato per i capelli*, on m'y a forcé; *non gli hanno torto un* —, on ne lui a pas touché un cheveu; *c'è mancato un* — *che...*, il n'a tenu qu'à un cheveu que...; *spaccare un* — *in quattro*, couper les cheveux en quatre **2** (*cuc.*) *capelli d'angelo*, cheveux d'ange.

capellone *s.m.* (*fam.*) (*negli anni Sessanta*) baba (cool); (*estens.*) garçon, homme aux cheveux longs.

capelluto *agg.*: *cuoio* —, cuir chevelu.

capelvenere *s.m.* (*bot.*) capillaire.

capestro *s.m.* **1** corde (*f.*): *condannare al* —, condamner à la pendaison **2** (*cavezza*) licou, licol || *mettere il* — *a qlcu*, (*fig.*) tenir qqn en laisse ♦ *agg.invar.* léonin: *clausola* —, clause léonine.

capetingio *agg.* capétien* || (*st.*) *i Capetingi*, les Capétiens.

capezzale *s.m.* chevet.

capezzolo *s.m.* **1** mamelon **2** (*di animali*) tétine (*f.*); (*di mucca, capra ecc.*) trayon.

capiente *agg.* d'une grande capacité, de grande contenance: *un armadio* —, une grande armoire; *un locale* —, un vaste local.

capienza *s.f.* capacité || *il teatro ha una* — *di...*, le théâtre peut accueillir... || *l'autobus ha una* — *di...*, l'autobus peut transporter...

capigliatura *s.f.* chevelure.

capillare *agg.* capillaire || (*fig.*): *analisi* —, analyse minutieuse; *organizzazione* — *di vendita*, réseau de vente très dense; *organizzazione* —, organisation très ramifiée; *propaganda* —, propagande diffuse ♦ *s.m.* (*anat.*) capillaire.

capillarità *s.f.* capillarité || (*fig.*): — *di un'organizzazione*, ramification d'une organisation; — *di un'analisi*, minutie d'une analyse; — *di una rete di vendita*, densité d'un réseau de vente.

capinera *s.f.* fauvette (à tête noire).

capire (*coniug. come* finire) *v.tr.* comprendre*; (*afferrare, cogliere*) saisir: *ha capito di aver torto*, il a compris qu'il avait tort; *non capirci proprio niente*, n'y comprendre rien de rien; *non ci capisco niente di matematica*, je ne comprends rien aux mathématiques; *non capire un fico secco, un accidente, un'acca*, comprendre que dalle || — *la musica*, être sensible à la musique || *non voler* —, faire la sourde oreille; *non la vuol* —, il ne veut pas entendre raison; *la vuoi* — *che bisogna studiare?*, veux-tu te le mettre dans la tête, qu'il faut étudier? || *è un ragazzo che capisce*, c'est un garçon intelligent; *capisce per la sua età*, il est très éveillé pour son âge || *ah capisci!*, tu vois!; *si capisce!*, (*è comprensibile*) ça se comprend!, (*certamente*) bien sûr!; *si capisce che pagherò io*, il est entendu que c'est moi qui paierai; *capirai!*, figure-toi!; *capirà!, capirete!*, pensez-vous! □ **capirsi** *v.pron.* se comprendre*; (*andare d'accordo*) s'entendre*: *lui e sua moglie non si capivano*, il ne s'entendait pas avec sa femme.

capitale[1] *agg.* capital* (*anche fig.*) || *i sette peccati capitali*, les sept péchés capitaux || *in, a lettere capitali*, en capitales.

capitale[2] *s.m.* capital*: — *azionario*, capital-actions; — *liquido*, capital disponible; — *a fondo perduto*, capital à fonds perdu; — *d'esercizio*, capital roulant, d'exploitation; — *di rischio*, capital-risque; — *e interessi*, principal et intérêts || *m'è costato un —*, ça m'a coûté une fortune.

capitale[3] *s.f.* (*città*) capitale.

capitalismo *s.m.* capitalisme.

capitalista *s.m.* capitaliste.

capitalistico (pl. *-ci*) *agg.* capitaliste.

capitalizzare *v.tr.* capitaliser.

capitanare *v.tr.* être* à la tête (de).

capitaneria *s.f.* capitainerie.

capitano *s.m.* capitaine.

capitare *v.intr.* **1** tomber: *capitai in casa di gente per bene*, je suis tombé chez des gens bien; *gli è capitato un ottimo insegnante*, il est tombé sur un excellent professeur || — *bene, male*, bien, mal tomber **2** (*giungere*) arriver; (*passare per*) passer par: *sei capitato in un brutto momento*, tu es arrivé à un mauvais moment; *se capiti a Milano, telefonami*, si tu passes par Milan, donne-moi un coup de téléphone || *capita sempre quando meno te lo aspetti*, il tombe toujours au mauvais moment **3** (*presentarsi*) se présenter: *se capita una buona occasione*, si une bonne occasion se présente **4** (*accadere*) arriver (*spec.impers.*): *gli è capitata una disgrazia*, il lui est arrivé un malheur; *cosa ti capita?*, qu'est-ce qui te prend?; *sono cose che capitano*, ce sont des choses qui arrivent || *capita!*, ça arrive! || *capiti quel che capiti*, advienne que pourra || *capitano tutte a me!*, ça n'arrive qu'à moi! || *doveva proprio — a me!*, c'est à moi que ça devait arriver! ♦ *v.impers.* arriver: *capita spesso che io sia in ritardo*, il m'arrive souvent d'être en retard || *chi capita, il primo che capita*, le premier venu || *come, dove, quando capita*, n'importe comment, où, quand || *a chi capita, capita*, ça peut arriver à tout le monde.

capitello *s.m.* **1** chapiteau* **2** (*di libro*) tranchefile (*f.*).

capitolare[1] *agg.* e *s.m.* capitulaire.

capitolare[2] *v.intr.* capituler.

capitolato *s.m.* (*dir.*) cahier: — *d'oneri*, *d'appalto*, cahier des charges.

capitolazione *s.f.* capitulation.

capitolino *agg.* du Capitole; (*di Roma*) de Rome || *Giove —*, Jupiter capitolin.

capitolo *s.m.* **1** chapitre || *è un — chiuso*, (*fig.*) c'est du passé **2** (*di contratto, legge*) article; (*di bilancio*) chapitre || (*eccl.*) chapitre || *avere voce in —*, (*fig.*) avoir voix au chapitre.

capitombolare *v.intr.* tomber; (*rotolar giù*) dégringoler: — *per le scale*, dégringoler dans l'escalier.

capitombolo *s.m.* chute (*f.*); (*rotolone*) dégringolade (*f.*): *fare un —*, faire une culbute.

capitone *s.m.* (grosse) anguille.

capo *s.m.* **1** tête (*f.*): *scoprirsi il —*, se découvrir || *a — scoperto*, tête nue, nu-tête || *da — a piedi*, de la tête aux pieds; *armato da — a piedi*, armé de pied en cap || *la notizia mi arrivò tra — e collo*, la nouvelle m'est tombée dessus à l'improviste || *discorso senza — né coda*, des propos sans queue ni tête **2** (*estremità*) bout || *lana a due capi*, laine à deux fils || *a — (del) letto*, à la tête du lit || *in — al mondo*, au bout du monde || *cominciare da —*, recommencer (du début); *siamo da —!*, *punto e a —!*, nous y revoilà! || *in — a un mese*, au bout d'un mois || *andare a —*, (*nello scrivere*) aller à la ligne; *punto a —*, point à la ligne || *venire a — di qlco*, venir à bout de qqch **3** (*chi comanda, dirige*) chef: — *famiglia*, chef de famille; — *contabile*, chef comptable; — *reparto*, chef de rayon; — *settore*, chef de secteur; *redattore —*, rédacteur en chef; *comandante in —*, commandant en chef || *l'organizzazione fa — a*, l'organisation est dirigée par; *la strada fa — alla piazza*, la rue aboutit à la place **4** (*geogr.*) cap **5** (*di bestiame*) pièce (*f.*), tête (*f.*) **6** (*di vestiario*) vêtement: *un — di biancheria*, de la lingerie **7** (*parte di un testo*) point; (*capitolo*) chapitre: *esporre qlco per sommi capi*, exposer les points principaux de qqch || — *primo*, — *secondo*, premièrement, deuxièmement || (*dir.*) *i capi d'accusa*, les chefs d'accusation □ **a capo di**, à la tête de.

capoarea (pl. *capiarea*) *s.m.* (*comm.*) chef de zone.

capobanda (pl. *capibanda*) *s.m.* **1** chef de bande **2** (*mus.*) directeur de fanfare.

capobranco (pl. *capibranco*) *s.m.* chef du troupeau.

capocannoniere (pl. *capicannonieri*) *s.m.* **1** (*mil.*) chef canonnier **2** (*sport*) meilleur buteur.

capocchia *s.f.* tête || *rispondere a —*, répondre au hasard; *fare a —*, faire n'importe comment.

capoccia (pl. *invar.*) *s.m.* **1** chef de famille **2** (*sorvegliante di lavoratori*) contremaître **3** (*scherz.*) (*capo*) patron.

capoccione *s.m.* (*fam.*) (*cervellone*) grosse tête; (*persona importante*) grosse légume.

capoclasse (pl. *capiclasse*) *s.m.* chef de classe.

capocomico (pl. *capocomici*) *s.m.* (*teatr.*) directeur de troupe.

capocordata (pl. *capicordata*) *s.m.* premier de cordée.

capocronista (pl. *capicronisti*) *s.m.* responsable de la chronique locale.

capodanno, **capo d'anno** *s.m.* le jour de l'an.

capodimonte (pl. *invar.*) *agg.* e *s.m.* porcelaine de Capodimonte (Naples).

capodoglio *s.m.* (*zool.*) cachalot.

capofamiglia (pl. *capifamiglia*) *s.m.* chef de famille.

capofila (pl. *capifila*) *s.m.* chef de file.

capofitto, a *locuz.avv.* la tête la première; (*fig.*) à corps perdu.

capogiro (pl. *capogiri*) *s.m.* vertige: *cifra da —,* somme faramineuse.

capogruppo (pl. *capigruppo*) *s.m.* chef de groupe.

capolavoro (pl. *capolavori*) *s.m.* chef-d'œuvre*.

capolinea (pl. *capilinea*) *s.m.* (*di partenza*) tête de ligne; (*di arrivo*) terminus.

capolino *s.m.* 1 *far —,* (*affacciarsi*) passer la tête (à travers), (*spuntare*) percer*, pointer 2 (*bot.*) capitule.

capolista (pl. *invar.*) *s.m.* tête de liste || *a —,* en tête de liste.

capoluogo (pl. *capoluoghi*) *s.m.* chef-lieu*.

capomastro (pl. *capomastri*) *s.m.* maître maçon.

caponata *s.f.* (*cuc.*) hors-d'œuvre sicilien à base de légumes, olives et câpres.

capopopolo (pl. *capipopolo*) *s.m.* meneur; (*demagogo*) démagogue.

caporale *s.m.* 1 caporal* 2 (*scherz.*) (*persona autoritaria*) gendarme.

caporalesco (pl. -*chi*) *agg.* de caporal; (*fig.*) brusque.

caporalmaggiore *s.m.* caporal-chef*.

caporedattore (pl. *capiredattori*; f. -*trice*) *s.m.* rédacteur* en chef.

caporeparto (pl. *capireparto*) *s.m.* (*di fabbrica*) chef d'atelier; (*di grande magazzino*) chef de rayon; (*di azienda, ospedale ecc.*) chef de service.

caporione *s.m.* chef de bande.

caposala (pl.m. *capisala*; f. *invar.*) *s.m.* gardien de salle ♦ *s.f.* gardienne de salle.

caposaldo (pl. *capisaldi*) *s.m.* 1 repère 2 (*mil.*) point d'appui 3 (*fig.*) fondement.

caposcuola (pl. *capiscuola*) *s.m.* chef de file.

caposervizio (pl. *capiservizio*) *s.m.* chef de service.

caposquadra (pl. *capisquadra*) *s.m.* 1 contremaître; (*in miniera*) porion 2 (*mil.*) chef d'escouade 3 (*sport*) chef, responsable d'équipe.

capostazione (pl.m. *capistazione*; f. *invar.*) *s.m.* chef de gare.

capostipite (pl. *capostipiti*) *s.m.* 1 fondateur* de dynastie; (*fig.*) premier* de lignée 2 (*filologia*) archétype.

capotasto (pl. *capitasti*) *s.m.* (*mus.*) sillet.

capotavola (pl.m. *capitavola*; f. *invar.*) *s.m.* 1 celui qui occupe le haut bout de la table 2 (*posto d'onore*) *haut bout de la table: sedere a —,* occuper le haut bout de la table.

capotreno (pl. *capotreni*) *s.m.* chef de train.

capotribù (pl. *capitribù*) *s.m.* chef de tribu.

capotta *s.f.* capote.

capottare *v.intr.* capoter.

capoufficio (pl.m. *capiufficio*; f. *invar.*) *s.m.* e *f.* chef de service.

capoverso (pl. *capoversi*) *s.m.* alinéa.

capovolgere (*coniug. come* volgere) *v.tr.* retourner; (*rovesciare*) renverser; (*fig.*) bouleverser || *un'ondata ha capovolto la barca,* une vague a fait chavirer la barque □ **capovolgersi** *v.pron.* se retourner; (*fig.*) se renverser.

capovolgimento *s.m.* 1 retournement; (*fig.*)

renversement 2 (*di imbarcazione*) chavirement; (*di automobile, aereo*) capotage.

capovolta *s.f.* 1 retournement (*m.*); (*fam.*) galipette 2 (*atletica*) culbute; (*nuoto*) virage-culbute* (*m.*).

capovolto *agg.* renversé: *sedia capovolta,* chaise renversée.

cappa *s.f.* 1 cape; (*di cardinale*) chape || *— di piombo,* (*fig.*) chape de plomb || *romanzo di — e spada,* roman de cape et d'épée 2 (*di camino, cucina*) *hotte 3 (*mar.*) capot (*m.*).

cappa(lunga) *s.f.* (*zool.*) couteau* (*m.*).

cappella[1] *s.f.* chapelle.

cappella[2] *s.f.* (*di funghi*) chapeau* (*m.*).

cappellaio *s.m.* chapelier.

cappellano *s.m.* chapelain || *— militare,* aumônier militaire; *— maggiore,* premier aumônier.

cappellata *s.f.* 1 chapeau* plein de || *a cappellate,* à foison 2 (*fam.*) bourde.

cappelliera *s.f.* carton à chapeaux.

cappellificio *s.m.* chapellerie (*f.*).

cappello *s.m.* 1 chapeau*: *— a cilindro,* haut-de-forme; *— a tesa larga,* chapeau à larges bords; *— a tre punte,* tricorne || *far tanto di — a qlcu,* (*fig.*) tirer son chapeau à qqn || *prendere —,* (*fig.*) prendre ombrage || *— di tromba,* sourdine de trompette 2 (*preambolo*) introduction (*f.*); (*di un articolo*) chapeau*.

cappero *s.m.* (*pianta*) câprier; (*frutto*) câpre (*f.*).

cappio *s.m.* nœud coulant.

cappone *s.m.* chapon.

cappotta *s.f.* → **capotta**.

cappotto[1] *s.m.* manteau*; (*mil.*) capote (*f.*).

cappotto[2] *s.m.* capot || *dare —,* battre à plate couture.

cappuccetto *s.m.* petit chaperon || *Cappuccetto Rosso,* le Petit Chaperon Rouge.

cappuccino *s.m.* 1 capucin 2 (*caffè con latte*) café crème.

cappuccio[1] *s.m.* capuchon; (*dei cappuccini*) capuce; (*di penna*) capuchon.

cappuccio[2] *agg.*: *cavolo —,* chou cabus.

capra *s.f.* 1 chèvre || *salvare — e cavoli,* (*fig.*) ménager la chèvre et le chou 2 (*edil.*) chèvre.

capraio *s.m.* chevrier*.

caprese *agg.* e *s.m.* capriote || (*cuc.*) (*insalata*) *—,* salade de tomates à la mozzarella.

capretta *s.f.* chevrette.

capretto *s.m.* chevreau*.

capriata *s.f.* (*edil.*) ferme.

capriccio *s.m.* 1 fantaisie (*f.*), caprice: *levarsi un —,* se passer une fantaisie || *agire a —,* agir par caprice || *essere pieno di capricci,* être très capricieux 2 (*infatuazione*) caprice 3 (*mus.*) caprice.

capriccioso *agg.* capricieux* || *carattere —,* caractère bizarre.

capricorno *s.m.* capricorne || (*astr.*) *Capricorno,* Capricorne.

caprifoglio *s.m.* chèvrefeuille.

caprino *agg.* (*di capra*) de chèvre; (*di caprone*) de

bouc || *razze caprine*, races caprines ♦ *s.m.* **1** odeur de bouc **2** (*formaggio*) (fromage de) chèvre.

capriola *s.f.* **1** cabriole, culbute **2** (*equitazione*) cabriole.

capriolo *s.m.* chevreuil.

capro *s.m.* bouc || — *espiatorio*, bouc émissaire.

caprone *s.m.* bouc.

capsula *s.f.* capsule: — *di dente*, couronne; — *gelatinosa*, (*med.*) gélule.

captare *v.tr.* capter || — *uno sguardo*, intercepter un coup d'œil || — *il pensiero di qlcu*, deviner la pensée de qqn.

capufficio *s.m.* → **capoufficio**.

capzioso *agg.* captieux*.

carabattola *s.f.* **1** bagatelle **2** *pl.* affaires.

carabina *s.f.* carabine.

carabiniere *s.m.* carabinier || *fare il* —, (*fig.*) faire le gendarme.

caracollare *v.intr.* caracoler.

caraffa *s.f.* carafe.

caraibico (pl. -*ci*) *agg.* caraïbe.

carambola *s.f.* carambolage (*m.*) (*anche fig.*).

caramella *s.f.* bonbon (*m.*): — *di menta*, bonbon à la menthe.

caramellare *v.tr.* caraméliser.

caramello *s.m.* caramel.

caramelloso *agg.* doucereux*.

caramente *avv.* affectueusement.

carapace *s.m.* (*zool.*) carapace (*f.*).

carato *s.m.* **1** carat **2** (*mar.*) quirat.

carattere *s.m.* caractère || *a caratteri d'oro, di fuoco*, en lettres d'or, de feu || *conferenza di* — *letterario*, conférence à caractère littéraire || *essere in* — *con*, être en harmonie avec || *è un uomo di* —, il a du caractère.

caratteriale *agg.* caractériel.

caratterista *s.m.* acteur* de genre.

caratteristica (pl. -*che*) *s.f.* caractéristique.

caratteristico (pl. -*ci*) *agg.* **1** caractéristique; (*tipico*) typique || *locale* —, local typique || *parla con un accento* —, il parle avec un accent particulier || *note caratteristiche*, appréciations **2** *essere* — *di*, être le propre de.

caratterizzare *v.tr.* **1** (*dare un carattere*) camper **2** (*distinguere*) caractériser.

caratterizzazione *s.f.* caractérisation.

caratura *s.f.* **1** mesurage en carats **2** (*mar.*) quirat (*m.*).

caravan *s.m.* caravane (*f.*).

caravanserraglio *s.m.* **1** caravansérail **2** (*fig.*) foire (*f.*).

caravella *s.f.* caravelle.

carb(o)- *pref.* carb(o)-

carboidrati *s.m.pl.* hydrates de carbone.

carbonaia *s.f.* **1** meule de charbonnière **2** (*deposito del carbone*) charbonnerie; (*mar.*) soute à charbon.

carbonaio *s.m.* charbonnier.

carbonara, alla *locuz.agg.* (*cuc.*) *spaghetti alla* —, spaghetti avec des lardons frits, des œufs, du parmesan et du poivre.

carbonaro *agg.* (*st.*) des carbonari ♦ *s.m.* (*st.*) carbonaro.

carbonato *s.m.* carbonate.

carbonchio *s.m.* (*vet.*, *agr.*) charbon.

carboncino *s.m.* fusain.

carbone *s.m.* charbon; (*fossile*) *houille (*f.*) || *nero come il* —, noir comme du charbon || *stare sui carboni accesi*, être sur des charbons ardents || — *bianco*, houille blanche.

carbonella *s.f.* charbon de bois.

carboneria *s.f.* (*st.*) charbonnerie, carbonarisme (*m.*).

carbonico (pl. -*ci*) *agg.* **1** (*chim.*) carbonique **2** (*geol.*) carbonifère.

carbonifero *agg.* carbonifère, *houiller*: *bacino* —, bassin houiller.

carbonio *s.m.* carbone.

carbonizzare *v.tr.* carboniser □ **carbonizzarsi** *v.pron.* se carboniser.

carburante *agg.* e *s.m.* carburant.

carburare *v.tr.* carburer.

carburatore *s.m.* carburateur.

carburazione *s.f.* carburation.

carburo *s.m.* (*chim.*) carbure.

carcadè *s.m.* (*pianta*) hibiscus || *un infuso di* —, une infusion de fleurs d'hibiscus.

carcassa *s.f.* carcasse; (*di veicolo*) vieux clou.

carcerario *agg.* carcéral*, de(s) prison(s) || *sistema* —, système pénitentiaire.

carcerato *agg.* prisonnier* ♦ *s.m.* détenu.

carcerazione *s.f.* incarcération.

carcere (pl. *le carceri*) *s.m.* prison (*f.*): — *giudiziario*, maison d'arrêt.

carceriere *s.m.* **1** gardien de prison; (*estens.*) geôlier **2** (*fig.*) garde-chiourme*.

carcinoma *s.m.* (*med.*) carcinome.

carciofo *s.m.* artichaut.

cardanico (pl. -*ci*) *agg.* (*mecc.*) de cardan; à cardan: *giunto* —, joint de cardan.

cardano *s.m.* (*mecc.*) cardan.

cardare *v.tr.* carder.

cardatore (f. -*trice*) *s.m.* cardeur*.

cardatrice *s.f.* (*macchina*) cardeuse.

cardatura *s.f.* cardage (*m.*).

cardellino *s.m.* chardonneret.

cardiaco (pl. -*ci*) *agg.* cardiaque.

cardinale[1] *agg.* cardinal*.

cardinale[2] *s.m.* cardinal*.

cardinalizio *agg.* cardinalice || *cappello* —, chapeau de cardinal.

cardine *s.m.* **1** gond **2** (*fig.*) pivot.

cardi(o)- *pref.* cardi(o)-

cardiochirurgia *s.f.* chirurgie cardiaque.

cardiochirurgo (pl. -*ghi* o -*gi*) *s.m.* chirurgien* cardiaque.

cardiocircolatorio *agg.* cardio-vasculaire*.

cardiologia *s.f.* cardiologie.

cardiologo (pl. -*gi*) *s.m.* cardiologue.

cardiopalma, cardiopalmo *s.m.* palpitations (*f.pl.*).

cardiopatia *s.f.* cardiopathie.

cardiopatico (pl. -*ci*) *agg.* e *s.m.* cardiaque.

cardiotonico (pl. -*ci*) *agg.* e *s.m.* cardiotonique, tonicardiaque.

cardo *s.m.* **1** (*bot.*) chardon; (*commestibile*) cardon **2** (*strumento per cardare*) carde (*f.*).

carena *s.f.* carène.

carenaggio *s.m.* carénage: *bacino di* —, bassin de radoub.

carenare *v.tr.* caréner*.

carenatura *s.f.* (*mar.*, *aer.*) carénage (*m.*).

carente *agg.* insuffisant; (*carente di*) pauvre (en) || *è un po'* — *in matematica*, il est faible en maths.

carenza *s.f.* carence; (*scarsità*) pénurie: — *di vitamine*, carence en vitamines; — *di personale*, pénurie, manque de personnel || *malattie da* —, maladies par carence, carentielles.

carenziale *agg.* carentiel*.

carestia *s.f.* **1** disette, famine **2** (*scarsità*) pénurie.

carezza *s.f.* caresse.

carezzevole *agg.* caressant.

cargo (pl. *invar.*) *s.m.* cargo.

cariare *v.tr.* **1** carier **2** (*corrodere*) ronger* □ **cariarsi** *v.pron.* se carier: *mi si è cariato un dente*, j'ai une dent cariée.

cariatide *s.f.* (*arch.*) cariatide || *è una* —, (*fig.*) c'est un vieux tableau.

caribico (pl. -*ci*) *agg.* caraïbe, des Caraïbes.

caribù *s.m.* (*zool.*) caribou.

carica (pl. -*che*) *s.f.* charge (*anche fig.*) || *occupare, ricoprire un'alta* —, occuper un poste élevé; *entrare in* —, entrer en fonction; *indennità di* —, frais de représentation; *le alte cariche dello Stato*, les hautes fonctions de l'État || *avere una grande* — *umana, di umanità*, avoir de grandes qualités humaines || *dare la* — *al pendolo*, remonter la pendule || *la* — *di un giocattolo*, le ressort d'un jouet || (*mil.*) *fare una* —, charger || (*fig.*): *ritornare alla* —, revenir à la charge; *dar la* — *a qlcu*, remonter qqn; *perdere la* —, être à plat.

caricamento *s.m.* chargement.

caricare (*coniug. come* mancare) *v.tr.* charger*: — *il nemico*, charger l'ennemi; — *un fucile*, charger un fusil; — *eccessivamente*, surcharger, charger à l'excès || — *la dose*, augmenter la dose; (*fig.*) forcer la dose || — *le tinte*, renforcer les couleurs || *caricarsi lo stomaco*, se charger l'estomac || — *la pipa*, bourrer sa pipe || — *un orologio*, remonter une montre || *l'autobus non ha caricato i passeggeri*, l'autobus n'a pas fait monter les passagers || — *di lavoro*, — *di compiti*, surcharger de travail, de devoirs || — *d'ingiurie*, abreuver d'injures || — *di botte*, rouer de coups || *il successo l'ha molto caricato*, (*fig.*) le succès l'a remonté à bloc □ **caricarsi** *v.pron.* (*fig.*) se couvrir*: — *di debiti*, se couvrir de dettes.

caricato *agg.* chargé, affecté.

caricatore *s.m.* (*mecc.*) chargeur.

caricatura *s.f.* caricature: *fare la* — *di qlcu*, faire la caricature de qqn, caricaturer qqn || (*fig.*) *mettere in* —, tourner en ridicule.

caricaturale *agg.* caricatural*.

caricaturista *s.m.* caricaturiste.

carico[1] (pl. -*chi*) *agg.* **1** chargé **2** (*fig.*) accablé: — *di debiti*, criblé de dettes || — *di impegni*, très occupé **3** (*di pipa ecc.*) bourré **4** (*di orologio*) remonté **5** (*di colori*) soutenu **6** (*di bevande*) fort.

carico[2] *s.m.* **1** charge (*f.*); (*le merci caricate*) chargement; (*su nave*) cargaison (*f.*), chargement || *nave da* —, cargo || *assicurazione sul* —, assurance sur facultés **2** (*azione del caricare*) chargement: *le operazioni di* —, le chargement || *nave sotto* —, navire en chargement **3** (*fig.*) charge (*f.*): *avere un* — *sulla coscienza*, avoir un poids sur la conscience; *farsi* — *di qlco*, se charger de qqch; *essere a* — *di qlcu*, être à la charge de qqn; *persone a* —, personnes à charge; *spedizione a* — *del destinatario*, frais d'expédition à charge du destinataire || (*dir.*): *prove a* — *di un imputato*, charges produites contre un accusé; *testimoni a* —, témoins à charge **4** (*comm.*) débit || *registro di* — *e scarico*, livre de magasin.

carie *s.f.* (*med.*, *bot.*) carie.

carillon *s.m.* **1** (*di campane*) carillon **2** (*scatola musicale*) boîte à musique.

carino *agg.* **1** joli; mignon* **2** (*gentile*) gentil*.

cario- *pref.* caryo-

cariogeno *agg.* (*med.*) cariogène, cariant.

carisma *s.m.* charisme.

carità *s.f.* **1** charité; (*amore*) amour (*m.*) || *trattare qlcu con* —, traiter qqn charitablement || *è senza* —, il n'a pas de cœur || — *di patria*, amour de la patrie || *per* —!, pour l'amour de Dieu! **2** (*beneficenza*) charité; (*elemosina*) aumône: *vivere di* —, vivre d'aumône || — *pelosa*, (*iron.*) charité intéressée || *fammi la* — *di star zitto!*, (*fam.*) fais-moi le plaisir de te taire!

caritatevole *agg.* charitable || *opere caritatevoli*, œuvres caritatives || **-mente** *avv.*

carlinga (pl. -*ghe*) *s.f.* carlingue.

carlino *s.m.* (*cane*) carlin.

carlona, alla *locuz.avv.* (*fam.*) à la va-comme-je-te-pousse.

carmagnola *s.f.* (*st.*) carmagnole.

carme *s.m.* poème; chanson (*f.*).

carmelitana *s.f.* carmélite.

carmelitano *agg.* du Carmel: *ordine* —, ordre du Carmel || (*frate*) — *scalzo*, carme déchaussé; (*suora*) *carmelitana*, carmélite.

carminio *agg.* e *s.m.* carmin*.

carnagione *s.f.* teint (*m.*).

carnaio *s.m.* charnier; (*massacro*) carnage || *quella spiaggia è un vero* —, (*spreg.*) cette plage grouille de monde.

carnale *agg.* charnel* || *violenza* —, viol || *fratello* —, frère; *cugino* —, cousin germain, (*dir.*) germain.

carne *s.f.* **1** chair: *la pallottola gli penetrò nella* —, la balle lui pénétra dans les chairs || *essere bene in* —, être bien en chair || *rimettersi in* —, remplumer || *in* — *e ossa*, en chair et en os || *calze color* —, des bas couleur chair **2** (*come alimento*) viande || *né* — *né pesce*, (*fig.*) ni chair ni pois-

son || *avere, mettere troppa — al fuoco*, (*fig.*) courir deux lièvres à la fois.
carnefice *s.m.* bourreau* (*anche fig.*).
carneficina *s.f.* carnage (*m.*).
carneo *agg.* carné.
carnevalata *s.f.* mascarade (*anche fig.*).
carnevale *s.m.* carnaval*.
carnevalesco (pl. *-chi*) *agg.* carnavalesque.
carniere *s.m.* gibecière (*f.*), carnier.
carnivoro *agg.* e *s.m.* carnivore; (*di animale che si nutre solo di carne*) carnassier* || (*zool.*) *i Carnivori*, les Carnivores.
carnoso *agg.* charnu.
caro *agg.* **1** cher*; (*amato*) aimé || *un — ricordo*, un doux souvenir || *un — amico*, un bon ami || *avere — qlcu, qlco*, tenir beaucoup à qqn, à qqch || *mi è molto —*, je l'aime bien || *tener — qlcu*, aimer qqn, tenir à qqn; *terrò cari i tuoi consigli*, je tiendrai le plus grand compte de tes conseils || *la salute è cara a tutti*, tout le monde tient à sa santé || *— lei!*, mon cher! || (*corrispondenza*): *— papà, carissimi genitori*, cher papa, très chers parents; *cari saluti*, amitiés; (*comm.*) *— signor Rossi*, Cher Monsieur; *— signore*, (*a un cliente*) Monsieur cher Client **2** (*amabile*) gentil* **3** (*costoso*) cher*: *pagare a — prezzo*, payer cher || *questi guanti costano cari*, ces gants coûtent cher; *vendere cara la pelle*, vendre chèrement sa peau ♦ *s.m.* **1** (*come appellativo*) cher ami, (*alla persona amata*) chéri **2** *pl.* (*genitori*) parents; (*famiglia*) famille (*f.sing.*) ♦ *avv.* cher.
carogna *s.f.* charogne || (*che*) *—!*, quelle vache!
carognata *s.f.* (*fam.*) vacherie, crasse.
carolingio *agg.* e *s.m.* (*st.*) carolingien* || *i Carolingi*, les Carolingiens.
carosello *s.m.* carrousel.
carota *s.f.* carotte.
carotaggio *s.m.* (*tecn. miner.*) carottage.
carotare *v.tr.* (*tecn. miner.*) carotter.
carotene *s.m.* (*biochim.*) carotène.
carotide *s.f.* (*anat.*) carotide.
carovana *s.f.* caravane.
carovaniere *s.m.* caravanier*.
carovita (solo *sing.*) *s.m.* coût élevé de la vie || *indennità di —*, indemnité de vie chère.
carpa *s.f.* (*zool.*) carpe.
carpaccio *s.m.* (*cuc.*) carpaccio.
carpentiere *s.m.* charpentier.
carpione *s.m.* truite de lac || (*cuc.*) *in —*, en escabèche.
carpire (*coniug. come* finire) *v.tr.* (*estorcere*) soutirer; (*fig.*) arracher: *— la buona fede di qlcu*, profiter de la bonne foi de qqn.
carpo *s.m.* (*anat.*) carpe.
carponi *avv.* à quatre pattes.
carrabile *agg.* carrossable || *passo —*, passage (pour voitures).
carraio *agg.*: *porta carraia*, porte cochère || *lasciare libero il passaggio, passo —*, défense de stationner, sortie de voitures ♦ *s.m.* charron.
carré *s.m.* **1** (*cucito*) empiècement **2** (*macelleria*) carré ♦ *agg.*: *pan —*, pain de mie.

carreggiabile *agg.* carrossable.
carreggiata *s.f.* **1** chaussée; (*di autostrada*) voie || (*fig.*): *uscire dalla —*, sortir du droit chemin; *rimettersi in —*, rentrer dans le droit chemin, (*ricuperare il tempo perduto*) rattraper le temps perdu **2** (*solco lasciato dalle ruote*) ornière **3** (*distanza fra due ruote*) voie.
carreggio *s.m.* (*su carri*) charriage; (*su vagonetti ecc.*) roulage.
carrellata *s.f.* **1** (*cine., tv*) travelling (*m.*) **2** (*fig.*) aperçu (*m.*) || *— sulle notizie del giorno*, flash d'information.
carrellista *s.m.* **1** (*cine., tv*) travelling man **2** (*nelle stazioni*) vendeur* du buffet roulant.
carrello *s.m.* **1** chariot: *— portabagagli*, chariot à bagages; *— ferroviario*, bog(g)ie || *— portavivande*, table roulante || *— della spesa*, poussette; *— di supermercato*, caddie, chariot || *— tenda*, caravane pliante **2** (*aer.*) train: *— di atterraggio*, train d'atterrissage **3** (*cine., tv*) chariot.
carretta *s.f.* **1** charrette || *tirare la —*, (*fig.*) mener la barque **2** (*mar.*) cargo vagabond **3** (*fam.*) (*automobile malandata*) (vieux) tacot.
carrettata *s.f.* charretée; (*fig.*) tas (*m.*) || *a carrettate*, (*fig.*) à charretées entières.
carrettiere *s.m.* charretier*.
carretto *s.m.* charrette (*f.*); (*di campagna*) carriole (*f.*) || *il —, carrettino dei gelati*, la voiturette du glacier.
carriera *s.f.* **1** carrière: *fare —*, faire carrière; *farà —*, il ira loin **2** *di gran —*, à toute allure.
carrierismo *s.m.* carriérisme.
carrierista *s.m.* e *f.* carriériste.
carriola *s.f.* **1** brouette **2** (*contenuto di una carriola*) brouettée.
carrista *s.m.* (*mil.*) tankiste ♦ *agg.* blindé: *reparto —*, division blindée.
carro *s.m.* **1** charrette (*f.*), char: *— allegorico, mascherato*, char allégorique, de Carnaval; *— funebre*, corbillard; *— armato*, char d'assaut, de combat || *mettere il — davanti ai buoi*, (*fig.*) mettre la charrue devant les bœufs || (*astr.*) *Grande Carro, Piccolo Carro*, Grand, Petit Chariot **2** (*contenuto di un carro*) charretée (*f.*) **3** (*veicolo a trazione meccanica*) wagon: *— ferroviario*, wagon; *— attrezzi*, dépanneuse; *— bestiame*, fourgon, wagon à bétail; *— botte*, wagon-citerne; *— merci*, wagon de marchandises.
carrozza *s.f.* **1** voiture; (*di piazza*) fiacre (*m.*) **2** (*ferr.*) wagon (*m.*), voiture: *— letto*, wagon-lit; *— ristorante*, wagon-restaurant.
carrozzabile *agg.* carrossable.
carrozzella *s.f.* **1** (*per bambini*) voiture d'enfant, landau* (*m.*) **2** (*per invalidi*) fauteuil roulant **3** (*di piazza*) fiacre (*m.*).
carrozzeria *s.f.* carrosserie.
carrozziere *s.m.* carrossier.
carrozzina *s.f.* → **carrozzella** 1.
carrozzone *s.m.* **1** roulotte (*f.*) **2** (*fig. spreg.*) pétaudière (*f.*).
carruba *s.f.* (*bot.*) caroube.
carrucola *s.f.* (*mecc.*) poulie.

carsico (pl. -ci) agg. karstique.

carsismo s.m. (geol.) karst.

carta s.f. **1** papier (m.): — adesiva, papier collant; — quadrettata, a quadretti, papier quadrillé; — rigata, a righe, papier rayé; — da disegno, papier à dessin; — da giornali, papier journal; — da imballo, papier d'emballage; — da lettere, papier à lettres; — intestata, papier à en-tête; — lucida, da lucido, da ricalco, papier calque; — da minuta, papier brouillon; — da visita, carte de visite; — da musica, papier à musique || (colore) — da zucchero, gris-bleu **2** (pezzo di carta, foglio) papier (m.): in — semplice, libera, sur papier libre || dare — bianca a qlcu, donner carte blanche à qqn || — da mille, billet de mille lires **3** (documento) papier (m.); (tessera) carte: — d'identità, carte d'identité; — di credito, carte de crédit || — verde, (aut.) papier vert, (ferr.) papier jeune; (ferr.) d'argento, papier vermeil **4** (lista delle vivande) carte **5** (pol.) Charte **6** (rappresentazione grafica) carte: — automobilistica, carte routière **7** — (da gioco), carte (à jouer): buttar giù le carte, (a fine gioco) abattre son jeu; avere buone carte in mano, avoir de belles cartes, (fig.) avoir des atouts en main || (fig.): giocare a carte scoperte, jouer cartes sur table; cambiare le carte in tavola, changer les données du jeu; mettere le carte in tavola, dévoiler ses batteries; giocare l'ultima —, jouer sa dernière carte.

cartacarbone, **carta carbone** (pl. cartecarbone) s.f. papier carbone.

cartaccia (pl. -ce) s.f. vieux papier.

cartaceo agg. de papier || moneta cartacea, papier-monnaie.

cartaginese agg. e s.m. carthaginois.

cartamodello (pl. cartamodelli) s.m. (sartoria) patron.

cartamoneta (pl. cartemonete) s.f. papier-monnaie* (m.).

cartapecora (pl. cartapecore) s.f. parchemin (m.).

cartapesta (pl. cartapeste) s.f. papier mâché.

cartario agg. papetier*.

cartastraccia, **carta straccia** (pl. cartestracce) s.f. vieux papiers; (scartoffie) paperasses (pl.).

cartavetrare v.tr. passer au papier de verre.

carteggiare (coniug. come mangiare) v.intr. (letter.) entretenir* une correspondance; (mar., aer.) (tracciare o verificare una data rotta) pointer ♦ v.tr. (pulire una superficie con carta vetrata) passer au papier de verre.

carteggio s.m. correspondance (f.).

cartella s.f. **1** (di cartone) chemise; (di pelle) serviette; (per scolari) cartable (m.); (da scrivania) sous-main* (m.) **2** (pagina manoscritta) page manuscrite; (pagina dattiloscritta) page dactylographiée **3** (scheda) fiche: — clinica, dossier médical, fiche médicale; — personale, (di impiegato ecc.) dossier **4** (biglietto) billet (m.): — della lotteria, billet de loterie **5** (econ.) titre (m.) || — esattoriale, delle tasse, feuille d'impôts.

cartellino s.m. **1** étiquette (f.) **2** (targa dell'uscio) plaque (f.) **3** (scheda) fiche (f.) **4** — di pre-

senza, carte, fiche de présence: timbrare il —, pointer.

cartello[1] s.m. **1** pancarte (f.), écriteau*, panneau*: — (di protesta), pancarte (de protestation); — pubblicitario, panneau, affiche, placard publicitaire; — di 'Affittasi', écriteau 'A louer'; sfilare con un —, porter une pancarte dans un défilé || cartelli stradali, panneaux de signalisation || cantante di —, chanteur à succès **2** (insegna di negozio) enseigne (f.) **3** (nel duello) — di sfida, cartel.

cartello[2] s.m. (econ., pol.) cartel.

cartellone s.m. **1** placard, affiche (f.) **2** (di spettacoli) affiche (f.) || essere in —, être au programme **3** (della tombola) tableau*.

cartellonista s.m. affichiste.

carter s.m. (mecc.) carter.

cartesiano agg. e s.m. cartésien*.

cartiera s.f. papeterie.

cartiglio s.m. (scultura, arch.) cartouche.

cartilagine s.f. cartilage (m.).

cartilagineo agg. cartilagineux*.

cartina s.f. **1** (di medicinale) sachet (m.) **2** (contenente piccoli oggetti) paquet (m.) **3** (piccola carta geografica) carte; (piantina) plan (m.) **4** — (per sigarette), papier à cigarettes.

cartoccio s.m. **1** (pacchetto) paquet (m.); (in forma di cono) cornet **2** (cuc.) papillote (f.) **3** (mil.) gargousse (f.) **4** (di granoturco) bractée (f.).

cartografia s.f. cartographie.

cartografico (pl. -ci) agg. cartographique.

cartolaio s.m. papetier*.

cartoleria s.f. papeterie.

cartolibreria s.f. librairie-papeterie*.

cartolina s.f. carte (postale): — postale, carte-lettre.

cartomante s.m. cartomancien ♦ s.f. cartomancienne.

cartomanzia s.f. cartomancie.

cartonato agg. cartonné.

cartoncino s.m. **1** (biglietto) carte (f.) **2** (cartone leggero) carton léger.

cartone s.m. **1** carton: una scatola di —, un carton || (cine.) cartoni animati, dessins animés **2** (fam.) (pugno) torgnole.

cartongesso s.m. placoplâtre.

cartotecnica s.f. papeterie.

cartuccia (pl. -ce) s.f. cartouche || (fig.): sparare l'ultima —, brûler ses dernières cartouches; è una mezza —, c'est un minus.

cartucciera s.f. cartouchière.

caruncola s.f. (anat., bot.) caroncule.

casa s.f. **1** maison; (stabile) immeuble (m.); (alloggio) logement (m.): case popolari, habitation à loyer modéré (HLM); cambiar —, changer de domicile; sta di — a Milano, il habite Milan; — in affitto, maison en location || la sua — è sistemata con gusto, son intérieur est arrangé avec goût || metter su —, monter son ménage; metter su — insieme, se mettre en ménage || spese di —, dépenses du ménage || — di pena, pénitencier || — dello studente, foyer universitaire **2** (fami-

glia) famille; (*genitori*) parents (*m.pl.*): *tanti saluti a —* (*tua*), bien des choses chez toi || *è una persona di —*, c'est qqn qui fait partie de la famille || *è un uomo tutto —*, c'est un homme très casanier; *è un uomo tutto — e ufficio*, cet homme partage tout son temps entre sa famille et son bureau || *fare gli onori di —*, faire les honneurs de la maison || (*tel.*) *pronto, — Rossi*, allô, ici Rossi || *il padrone di —*, (*il capofamiglia*) le maître de la maison **3** (*ditta, società*) maison: *— editrice*, maison d'édition **4** (*stirpe*) famille || *la Casa Reale*, la Maison Royale **5** (*baseball*) *— base*, base de départ **6** (*di scacchiera*) case □ **in casa (di), a casa (di), da casa (di), di casa; per casa**: *in, a —*, à la maison; *entrare in —*, entrer dans la maison, (*a casa propria*) rentrer à la maison; *abitare in — di qlcu*, habiter chez qqn; *il signore non è in —*, Monsieur est sorti; *restare in, a —*, rester chez soi; *tornare a —*, rentrer (chez soi); *uscir di —*, sortir (de chez soi); *passeranno da — nostra*, ils passeront chez nous; *davanti a — mia, dietro — mia, sotto — mia*, devant, derrière chez moi, au-dessous de chez moi || *in — Rossi*, chez les Rossi || *fate come se foste a — vostra!*, faites comme chez vous! || (*sport*) *giocare in —, fuori —*, jouer chez soi, en déplacement || *dolce fatto in —*, gâteau maison || *girano per — strani tipi*, il y a des types étranges dans la maison.

casacca (pl. *-che*) *s.f.* casaque || *voltar —*, (*fig.*) tourner casaque.

casaccio, a *locuz.avv.* au *hasard; (*senza cura né ordine*) n'importe comment; (*a vanvera*) à tort et à travers.

casale *s.m.* **1** *hameau* **2** (*casolare*) ferme (*f.*).

casalinga (pl. *-ghe*) *s.f.* **1** ménagère **2** (*nel linguaggio burocratico*) sans profession.

casalingo (pl. *-ghi*) *agg.* casanier* || *un piatto —*, un plat maison || *cucina casalinga*, cuisine traditionnelle ♦ *s.m.pl.* articles ménagers.

casamento *s.m.* **1** grande bâtisse **2** (*insieme degli inquilini*) locataires (d'un immeuble).

casanova (pl. *invar.*) *s.m.* tombeur de femmes, grand séducteur.

casareccio *agg.* → **casereccio**.

casata *s.f.* famille, maison.

casato *s.m.* (*stirpe*) famille (*f.*), maison (*f.*).

casba *s.f.* casbah.

cascame *s.m.* déchet.

cascamorto *s.m.* amoureux transi || *fare il — con qlcu*, faire les yeux doux à qqn.

cascante *agg.* tombant.

cascare (*coniug. come* mancare) *v.intr.* tomber || *mi cascano le braccia*, les bras m'en tombent; *mi fa — le braccia*, il me sidère || *— bene, — male*, (*fig.*) bien tomber, mal tomber || *dopo tutto, non casca il mondo!*, après tout, ce n'est pas la fin du monde! || *cascarci*, se faire avoir.

cascata *s.f.* **1** cascade, chute || *le cascate del Niagara*, les chutes du Niagara **2** (*di perle ecc.*) cascade.

caschetto, a *locuz.avv.*: *capelli a —*, cheveux coupés au carré.

cascina *s.f.* vacherie; (*fattoria*) ferme.

cascinale *s.m.* (*casolare*) ferme (*f.*).

casco[1] (pl. *-chi*) *s.m.* casque.

casco[2] *s.m.* (*del banano*) régime.

caseario *agg.* fromager*.

caseggiato *s.m.* **1** (*edificio*) immeuble; (*isolato*) pâté de maisons **2** (*agglomerato*) agglomération (*f.*).

caseificazione *s.f.* caséification.

caseificio *s.m.* fromagerie (*f.*).

caseina *s.f.* (*chim.*) caséine.

casella *s.f.* **1** case || *— postale*, boîte postale **2** (*riquadro di un foglio*) carré (*m.*).

casellante *s.m.* **1** (*di passaggio a livello*) garde-barrière* **2** (*di autostrada*) péagiste.

casellario *s.m.* **1** (*mobile*) casier || *— postale*, casier postal (*ufficio*) casier: *— giudiziale, giudiziario*, (*locale*) casier judiciaire; (*centrale*) sommiers judiciaires.

casello *s.m.* **1** (*ferr.*) guérite (du garde-barrière) **2** (*dell'autostrada*) péage.

casereccio *agg.* maison, de ménage || *pane —*, pain de campagne.

caserma *s.f.* caserne.

cashmere *s.m.* cachemire.

casino *s.m.* **1** pavillon de chasse **2** (*circolo*) cercle, club **3** (*molto fam.*) bordel || *c'era un — di gente*, il y avait un monde fou.

casinò *s.m.* casino.

casistica (pl. *-che*) *s.f.* (*teol.*) casuistique.

caso *s.m.* **1** cas || *pensa ai casi tuoi!*, occupe-toi de tes affaires! || *i casi sono due...*, de deux choses l'une... || *poniamo il — che...*, admettons que... || *in — contrario*, dans le cas contraire; *in ogni —*, en tout cas || *far — a*, faire attention à || *non è più il — di aspettarlo*, ce n'est plus la peine de l'attendre; *è il — di restare*, il vaut mieux rester || *questa è la persona che fa al — nostro*, c'est la personne qu'il nous faut || *in ogni —*, (*comunque*) en tout cas; (*ugualmente*) quand même **2** (*sorte*) sort, *hasard*: *i casi della vita*, les hasards de la vie || *guarda —, era proprio lui*, regardez un peu quel hasard, c'était justement lui || *potrebbe* (*proprio*) *darsi il — che...*, il se pourrait bien (que)...; *si dà il — che...*, il arrive justement que... **3** (*gramm.*) cas □ **a caso** *locuz. avv.* au hasard □ **per caso** *locuz.avv.* par hasard □ **nel caso in cui (che)** *locuz.cong.* au cas où.

casolare *s.m.* maison isolée dans la campagne.

casomai *cong.* **1** (*eventualmente*) éventuellement **2** (*nell'ipotesi che*) au cas où: *— ti occorresse qualcosa*, au cas où tu aurais besoin de quelque chose.

casotto *s.m.* (*della sentinella*) guérite (*f.*); (*per bagnanti*) cabine (*f.*); (*del guardiano*) maison du gardien.

caspita *inter.* dis donc!, dites donc!

cassa *s.f.* **1** caisse || *— da morto*, cercueil **2** (*cavità in cui è contenuto qlco*) boîte; caisse || *— dell'orologio*, caisse d'horloge; (*da polso*) boîtier de montre || *— del pianoforte, del violino*, caisse du piano, du violon; *— dell'organo*, buffet d'orgue; *gran* —, grosse caisse || (*nei sommergibili*) — *compenso*, ballast de plongée || — *del fucile*, monture || (*anat.*): — *toracica*, cage thoracique; — *del timpano*, caisse du tympan 3 (*comm.*) caisse: *registratore di* —, caisse enregistreuse; — *continua*, guichet automatique || *pagare a pronta* —, payer comptant || *Cassa di Risparmio*, Caisse d'Épargne 4 (*tip.*) casse: *alta, bassa* —, haut, bas de casse.

cassaforma (pl. *casseforme*) *s.f.* (*edil.*) coffrage (*m.*).

cassaforte (pl. *casseforti*) *s.f.* coffre-fort* (*m.*).

cassaintegrato *agg. e s.m.* ouvrier* en chômage technique.

cassaintegrazione *s.f.* chômage technique.

cassapanca (pl. *-che*) *s.f.* coffre (*m.*).

cassare *v.tr.* 1 (*con un tratto di penna*) biffer, raturer 2 (*dir.*) (*un atto ecc.*) casser; (*un debito*) annuler.

cassata *s.f.* cassate.

cassazione *s.f.* (*dir.*) cassation.

cassero *s.m.* 1 (*mar.*) gaillard 2 (*edil.*) coffrage.

casseruola *s.f.* casserole.

cassetta *s.f.* 1 caisse, caissette: *una* — *di mele*, un cageot de pommes || — *delle lettere*, boîte aux lettres || — *delle elemosine*, tronc || — *di pronto soccorso*, trousse d'urgence || — *di sicurezza*, coffre || *pane a, in* —, pain de mie 2 (*elettr.*) bac (*m.*), caisse: — *di accumulatore*, bac d'accumulateur; (*di nastro magnetico*) cassette; (*fam.*) k7 3 (*sedile del cocchiere*) siège (*m.*): *stare a* —, être sur le siège 4 (*di spettacolo*) recette: *film di* —, film qui fait recette.

cassettiera *s.f.* chiffonnier (*m.*).

cassetto *s.m.* tiroir.

cassettone *s.m.* 1 commode (*f.*) 2 (*arch.*) caisson: *soffitto a cassettoni*, plafond à caissons.

cassia *s.f.* (*bot.*) casse.

cassiere *s.m.* caissier*.

cassone *s.m.* 1 grande caisse 2 (*cassapanca*) coffre 3 (*recipiente metallico per lavori sott'acqua*) caisson 4 (*di autocarro*) caisse (*f.*).

cassonetto *s.m.* 1 (*edil.*) (*di tapparella*) coffre 2 (*per i rifiuti*) conteneur.

casta *s.f.* caste.

castagna *s.f.* châtaigne, marron (*m.*): *castagne arrostite*, châtaignes grillées, (*vendute per strada*) marrons chauds || (*fig.*): *prendere in* —, prendre sur le fait; *levare le castagne dal fuoco*, tirer les marrons du feu.

castagnaccio *s.m.* gâteau à base de farine de châtaigne.

castagneto *s.m.* châtaigneraie (*f.*).

castagno *s.m.* châtaignier || — *d'India*, marronnier d'Inde.

castagnola *s.f.* (*petardo*) pétard (*m.*).

castaldo *s.m.* intendant; (*fattore*) fermier.

castamente *avv.* chastement.

castano *agg.* châtain.

castellana *s.f.* châtelaine.

castellano *s.m.* châtelain.

castelletto *s.m.* 1 châtelet 2 (*banca*) crédit maximum.

castello *s.m.* 1 château* || *un* — *di bugie*, un tissu de mensonges || *fare castelli in aria*, faire des châteaux en Espagne 2 (*mar.*) gaillard 3 (*impalcatura*) échafaudage || (*aer.*) — *motore*, bâti-moteur || *letti a* —, lits superposés.

castigare (*coniug. come* legare) *v.tr.* châtier, punir.

castigatezza *s.f.* pureté.

castigato *agg.* châtié; (*morigerato*) austère || *abito* —, robe sévère || *linguaggio* —, langage épuré.

castigo (pl. *-ghi*) *s.m.* punition (*f.*), châtiment: *essere in* —, être puni; *mettere un bambino in* —, punir un enfant.

castità *s.f.* chasteté; (*di stile, di lingua*) pureté.

casto *agg.* 1 chaste 2 (*fig.*) pur.

castorino *s.m.* ragondin.

castoro *s.m.* castor.

castrare *v.tr.* châtrer, castrer; (*fig.*) inhiber.

castrato *agg.* 1 châtré 2 (*fig.*) mou*, efféminé ♦ *s.m.* 1 (*di agnello*) mouton 2 (*cantante evirato*) castrat.

castrazione *s.f.* castration.

castroneria *s.f.* (*fam.*) bêtise, connerie.

casuale *agg.* fortuit; casuel*.

casualità *s.f.* *hasard (*m.*).

casualmente *avv.* par *hasard, fortuitement.

casuario *s.m.* (*zool.*) casoar.

casupola *s.f.* masure.

cataclisma *s.m.* cataclysme.

catacomba *s.f.* catacombes (*pl.*).

catafalco (pl. *-chi*) *s.m.* catafalque.

catafascio, a *locuz.avv.* pêle-mêle* || *andare a* —, aller à la catastrophe.

catalessi *s.f.* catalepsie.

catalettico (pl. *-ci*) *agg.* cataleptique.

catalitico (pl. *-ci*) *agg.* catalytique || (*aut.*) *marmitta catalitica*, pot catalytique.

catalizzare *v.tr.* catalyser.

catalizzatore *s.m.* catalyseur.

catalogare (*coniug. come* legare) *v.tr.* cataloguer.

catalogo (pl. *-ghi*) *s.m.* 1 catalogue 2 (*enumerazione*) liste (*f.*), énumération (*f.*).

catamarano *s.m.* catamaran.

catanese *agg. e s.m.* catanais.

catapecchia *s.f.* masure.

cataplasma *s.m.* 1 (*med.*) cataplasme 2 (*fig.*) geignard.

catapulta *s.f.* catapulte.

catapultare *v.tr.* catapulter (*anche fig.*) □ **catapultarsi** *v.pron.* (*fig.*) se catapulter.

catarifrangente *agg.* réfléchissant ♦ *s.m.* catadioptre.

cataro *agg. e s.m.* (*st. relig.*) cathare.

catarro *s.m.* catarrhe.

catarsi *s.f.* catharsis.

catasta *s.f.* pile, tas (*m.*).

catastale *agg.* cadastral*.

catasto *s.m.* 1 cadastre 2 (*ufficio del catasto*) bureau* du cadastre.

catastrofe *s.f.* catastrophe || — *finanziaria*, débâcle financière.

catastrofico (pl. -*ci*) *agg.* **1** catastrophique **2** (*estens.*) pessimiste.

catechesi *s.f.* catéchèse.

catechismo *s.m.* catéchisme.

catechista *s.m.* catéchiste.

catechizzare *v.tr.* catéchiser.

catecumeno *s.m.* catéchumène.

categoria *s.f.* catégorie || *di* —, de catégorie, categoriel; *contratto di* —, contrat professionnel; *impiegato di prima* —, employé de première classe || —*salariale*, fourchette de salaires.

categorico (pl. -*ci*) *agg.* **1** catégorique **2** (*per categoria*) par professions || -**mente** *avv.*

catena *s.f.* chaîne (*anche fig.*): *una* — *d'oro*, une chaîne en or, d'or; — *montuosa*, chaîne de montagnes; — *di giornali*, chaîne de journaux; (*aut.*) *catene* (*da neve*), chaînes; — *di produzione*, chaîne de production, de fabrication || *la* — *del camino*, la crémaillère || *mettere in catene*, enchaîner; *prigionieri in catene*, prisonniers enchaînés || *tenere in catene, alla* —, (*anche fig.*) tenir dans les chaînes || *spezzare le catene*, (*fig.*) briser ses chaînes || (*tecn.*): — *di montaggio*, chaîne de montage; *lavoro a* —, travail à la chaîne || (*scient.*) *reazione a* —, réaction en chaîne.

catenaccio *s.m.* **1** verrou: *chiudere col* —, fermer au verrou **2** (*vecchia automobile*) vieille bagnole **3** (*football*) verrou.

catenella *s.f.* chaînette, petite chaîne.

catenina *s.f.* chaînette: — *d'oro*, chaînette en or.

cateratta *s.f.* **1** cataracte (*anche med.*) **2** (*chiusa*) vanne || *si sono aperte le cateratte del cielo*, (*fig.*) il pleut à torrents.

catering *s.m.* (*servizio di ristorazione per comunità*) restauration (*f.*).

caterva *s.f.* tas (*m.*): *una* — *di gente*, un monde fou.

catetere *s.m.* (*med.*) cathéter.

cateto *s.m.* (*mat.*) côté.

catinella *s.f.* cuvette || *piove a catinelle*, il pleut à verse.

catino *s.m.* cuvette (*f.*).

catione *s.m.* (*fis.*, *chim.*) cation.

catodico (pl. -*ci*) *agg.* (*fis.*) cathodique.

catodo *s.m.* (*fis.*) cathode (*f.*).

catorcio *s.m.* (*fam.*) vieux clou || *mi sento un* —, je me sens patraque; *è un* —, il a l'air patraque.

catramare *v.tr.* goudronner.

catramatrice *s.f.* goudronneuse.

catrame *s.m.* goudron.

cattedra *s.f.* **1** bureau* (*m.*) || *montare in* —, (*fig.*) pontifier **2** (*ufficio d'insegnante di ruolo*) (*nelle scuole medie*) poste de professeur; (*nelle scuole superiori e università*) chaire || *concorso a cattedre*, concours pour une chaire (de) **3** (*eccl.*) chaire.

cattedrale *s.f.* cathédrale.

cattedratico (pl. -*ci*) *agg.* doctoral*, professoral* ♦ *s.m.* titulaire d'une chaire.

cattivarsi *v.tr.* gagner.

cattiveria *s.f.* méchanceté.

cattività *s.f.* captivité.

cattivo *agg.* **1** mauvais || *essere su una cattiva strada*, être sur une mauvaise pente || *prendere qlcu con le cattive*, prendre qqn à rebrousse-poil; *con le buone o con le cattive*, de gré ou de force **2** (*malvagio*) méchant; (*che denota cattiveria*) mauvais: *un uomo, uno sguardo* —, un homme, un regard méchant; *una cattiva azione*, une mauvaise action; *cattive intenzioni*, de mauvaises intentions; *una cattiva lingua*, une mauvaise langue || *essere* (*di animo*) —, être mauvais ♦ *s.m.* (*persona cattiva*) méchant; (*cosa cattiva*) mauvais: *non fare il* —, ne fais pas le méchant; *sapere di* —, (*odore*) sentir mauvais; (*sapore*) avoir un mauvais goût.

cattolicesimo *s.m.* catholicisme.

cattolico (pl. -*ci*) *agg.* e *s.m.* catholique.

cattura *s.f.* capture || (*dir.*) *mandato di* —, mandat d'arrêt.

catturare *v.tr.* capturer.

caucasico (pl. -*ci*) *agg.* e *s.m.* caucasien* || *razza caucasica*, race caucasique.

caucciù *s.m.* caoutchouc.

caudale *agg.* caudal*.

causa *s.f.* **1** cause || *a* — *di*, à cause de; *la casa è in vendita a* — *del fallimento*, la maison est en vente pour cause de faillite; *a* — *di un errore*, par suite d'une erreur || *per* — *di*, par (la) faute de || *non è senza* — *che...*, ce n'est pas sans raison que... **2** (*ideale*) cause: *guadagnare alla propria* —, gagner à sa cause || *la giusta* —, (*fig.*) la bonne cause || *far* — *comune con qlcu*, faire cause commune avec qqn **3** (*dir.*) cause; (*processo*) procès (*m.*); (*azione legale*) plainte: *le parti in* —, les parties en cause; *intentare* — *a qlcu*, intenter un procès à, contre qqn; *gli ho fatto* — *per danni*, je l'ai poursuivi en dommages-intérêts; *essere in* — *con qlcu*, être en procès avec qqn || (*fig.*): *avere* — *vinta*, avoir gain de cause; *mettere qlcu fuori* —, mettre qqn hors de combat.

causale *agg.* causal* ♦ *s.f.* (*causa*) cause.

causalità *s.f.* causalité || *nesso di* —, lien de causalité.

causare *v.tr.* causer; (*provocare*) provoquer.

causticità *s.f.* causticité (*anche fig.*).

caustico (pl. -*ci*) *agg.* caustique (*anche fig.*).

cautamente *avv.* prudemment, avec prudence.

cautela *s.f.* précaution; (*prudenza*) prudence: *usare le dovute cautele*, prendre toutes les précautions d'usage || (*dir.*) — *giudiziaria*, mesure préventive.

cautelare[1] *agg.* (*dir.*) pris par mesure de précaution, conservatoire: *adottare provvedimenti cautelari*, prendre des mesures conservatoires || *custodia* —, détention préventive.

cautelare[2] *v.tr.* protéger*, assurer □ **cautelarsi** *v.pron.* se prémunir, se garantir.

cautelativo *agg.* de précaution.

cauterizzare *v.tr.* (*med.*) cautériser.

cauterizzazione *s.f.* (*med.*) cautérisation.

cauto *agg.* prudent || *andar* —, agir avec prudence.

cauzionale *agg.* (*dir.*) cautionnaire || *deposito* —, cautionnement.

cauzione *s.f.* caution; (*fin.*) cautionnement (*m.*); (*Borsa*) couverture: *versare una* —, verser une caution || (*dir.*) *liberare dietro* —, mettre en liberté sous caution.

cava *s.f.* carrière.

cavalcare (*coniug. come* mancare) *v.tr.* **1** monter; (*stare a cavalcioni di*) chevaucher, être* à califourchon (sur) **2** (*di ponti ecc.*) enjamber ♦ *v. intr.* **1** monter à cheval || *vado spesso a* —, je vais souvent faire du cheval **2** (*percorrere a cavallo*) chevaucher.

cavalcata *s.f.* chevauchée: *fare una* —, faire une promenade à cheval.

cavalcatura *s.f.* monture.

cavalcavia (pl. *invar.*) *s.m.* saut-de-mouton*; (*spec. ferr.*) passage supérieur.

cavalcioni, a *locuz.avv.* à califourchon (sur).

cavaliere *s.m.* **1** cavalier || *a* — *di due secoli*, (*fig.*) à cheval sur deux siècles **2** (*fig.*) (*accompagnatore*) cavalier: *far da* — *a*, être le cavalier de; *sii* —!, sois galant! || *cavalier servente*, chevalier servant **3** (*st. e titolo onorifico*) chevalier: — *del lavoro*, chevalier de l'ordre national du mérite; — *della Legion d'onore*, chevalier de la Légion d'honneur || — *senza macchia e senza paura*, chevalier sans peur et sans reproche.

cavalla *s.f.* jument.

cavallerescamente *avv.* de façon chevaleresque.

cavalleresco (pl. *-chi*) *agg.* chevaleresque (*anche fig.*): *torneo* —, tournoi de chevaliers; *poema, romanzo* —, poème, roman de chevalerie; *ordine* —, ordre de chevalerie || *uomo leale e* —, homme loyal et généreux || *codice* —, code de l'honneur || *onorificenza cavalleresca*, distinctions honorifiques.

cavalleria *s.f.* **1** (*mil.*) cavalerie: — *leggera, pesante*, cavalerie légère, grosse cavalerie **2** (*nel medioevo*) chevalerie **3** (*fig.*) politesse; (*galanteria*) galanterie.

cavallerizza *s.f.* amazone; (*spec. di circo*) écuyère.

cavallerizzo *s.m.* **1** cavalier **2** (*acrobata e maestro di equitazione*) écuyer.

cavalletta *s.f.* (*zool.*) sauterelle.

cavalletto *s.m.* chevalet: — *del pittore*, chevalet de peintre || — *della macchina fotografica*, trépied; — *di sostegno*, (*per motocicli*) béquille.

cavallina *s.f.* **1** pouliche || *correre la* —, (*fig.*) courir le jupon **2** (*gioco*) saute-mouton* (*m.*) **3** (*sport*) cheval sautoir.

cavallino[1] *agg.* chevalin || *mosca cavallina*, (*anche fig.*) taon.

cavallino[2] *s.m.* (*puledro*) poulain.

cavallo *s.m.* **1** cheval*: — *da monta*, étalon; — *da corsa*, cheval de course; *artiglieria a* —, artillerie à cheval; *polizia a* —, police montée || *andare a* —, aller à cheval; (*fare equitazione*) faire du cheval || *a* — *di*, à cheval, (à califourchon) sur; *a* — *tra due secoli*, à cheval sur deux siècles || (*fig.*): *ora sono a* —, maintenant je suis bien en selle; *ormai siamo a* —!, maintenant ça y est! **2** (*sport*) cheval* d'arçon **3** (*fis.*) — (*vapore*), cheval* (-vapeur) || — *fiscale*, cheval fiscal, CV **4** (*cavallo dei pantaloni*) entrejambes.

cavallone *s.m.* (*mar.*) grosse vague.

cavalluccio *s.m.* **1** petit cheval* || *a* —, sur les épaules **2** (*zool. pop.*) — *marino*, cheval* marin.

cavapietre (pl. *invar.*) *s.m.* carrier.

cavare *v.tr.* **1** (*strappare*) arracher; (*tirare fuori*) sortir* || *ho dovuto cavargli le parole di bocca*, j'ai dû lui tirer les vers du nez; *non sono riuscito a cavargli una parola di bocca*, je ne suis pas arrivé à tirer de lui un seul mot || *cavarsi gli occhi*, (*fig.*) se crever les yeux **2** (*levare, togliere di dosso*) enlever*: *cavarsi le scarpe*, se déchausser || *cavarsi una voglia*, se passer une envie; *si caverebbe la camicia per noi*, il donnerait sa chemise pour nous **3** (*ricavare, ottenere*) tirer: *se ci cavo le spese*, si j'arrive à couvrir mes frais; *che cosa ci avete cavato?*, qu'est-ce que vous y avez gagné? □ **cavarsi** *v.pron.* **1** se tirer (de): — *d'impaccio*, se tirer d'embarras, d'affaire **2** *cavarsela*, se tirer d'affaire: *se l'è cavata bene*, il s'en est bien tiré, (*da un incidente*) il s'en est tiré par miracle || *come te la cavi?*, comment ça va? || *se l'è cavata con un po' di paura*, *con un bello spavento*, il en a été quitte pour la peur.

cavatappi, cavaturaccioli *s.m.* tire-bouchon*.

caveau *s.m.* (*spec. di banca*) chambre forte.

cavedio *s.m.* **1** (*arch.*) courette (*f.*), puits (de lumière) **2** (*archeol.*) atrium.

caverna *s.f.* **1** caverne || *uomo delle caverne*, homme des cavernes; (*fig. scherz.*) homme des bois **2** (*abitazione malsana*) tanière.

cavernicolo *agg.* (*zool.*) cavernicole ♦ *s.m.* **1** homme des cavernes; (*fig. scherz.*) homme des bois **2** (*zool.*) cavernicole.

cavernoso *agg.* caverneux*.

cavetto *s.m.* (*elettr.*) petit câble.

cavezza *s.f.* licou (*m.*) || *mettere la* — *al collo di qlcu*, (*fig.*) tenir la bride haute à qqn.

cavia *s.f.* cobaye (*m.*).

caviale *s.m.* caviar.

cavicchio *s.m.* **1** cheville (*f.*) **2** (*agr.*) plantoir.

caviglia *s.f.* **1** cheville (*anche tecn.*) **2** (*mar.*) (*del timone*) poignée.

cavigliera *s.f.* bande de crêpe élastique.

cavillare *v.intr.* chicaner, ergoter; (*sottilizzare*) subtiliser.

cavillo *s.m.* **1** argument spécieux, argument captieux; (*spec.pl.*) (*sottigliezza*) subtilités (*f.pl.*); (*pretesto*) prétexte || *cercare cavilli*, chercher chicane, des poux || *cavilli procedurali*, avocasseries **2** (*minuzia*) vétille (*f.*): *attaccarsi a dei cavilli*, ergoter sur des vétilles.

cavillosamente *avv.* de façon spécieuse, captieuse.

cavillosità *s.f.* caractère spécieux, caractère captieux.

cavilloso *agg.* **1** chicaneur*, ergoteur* || *una*

mente cavillosa, un esprit vétilleux **2** (*fondato su cavilli*) captieux*, spécieux*.

cavità *s.f.* cavité.

cavo[1] *agg.* creux* || (*anat.*) (*vena*) *cava*, veine cave ♦ *s.m.* creux; (*cavità*) cavité (*f.*): *— orale*, cavité orale.

cavo[2] *s.m.* câble: *via —*, par câble.

cavolata *s.f.* (*fam.*) (*sciocchezza*) bêtise || *è una —*, c'est de la rigolade.

cavolfiore *s.m.* chou-fleur*.

cavolo *s.m.* chou* || (*molto fam.*): *non capisce un —*, il ne comprend que dalle; *non me ne importa un —*, je m'en fiche royalement; *col —!*, mon œil!, des clous!; *sono cavoli miei!*, c'est mes oignons!; *fatti i cavoli tuoi*, occupe-toi de tes oignons; *non vale un —*, il (ne) vaut pas un clou; *—!*, zut!

cazzata *s.f.* (*volg.*) connerie.

cazzo *s.m.* (*volg.*) bitte (*f.*).

cazzotto *s.m.* (*fam.*) marron, torgnole (*f.*): *fare a cazzotti*, échanger des torgnoles; *mollare un —*, flanquer un marron.

cazzuola *s.f.* truelle.

ce *pron.pers. di 1ª pers. pl.* **1** (*compl. di termine in presenza dei pron.* lo, la, li, le) nous; (*pleonastico non si traduce*): *— lo scrisse*, il nous l'écrivit; *— li ha regalati lui*, c'est lui qui nous les a offerts; *prestateceli*, prêtez-les-nous; *avrebbero dovuto consegnarcela oggi*, ils auraient dû nous la livrer aujourd'hui; *— li mangeremo subito*, nous les mangerons tout de suite **2** (*legato al pronome* ne) nous en; (*con valore enfatico e pleonastico, non si traduce*): *— ne siamo pentiti*, nous nous en sommes repentis; *parlacene, non parlarcene*, parle-nous en, ne nous en parle pas; *non — ne vogliamo andare, non vogliamo andarcene*, nous ne voulons pas nous en aller; *noi — ne andiamo a spasso*, nous allons nous promener; *— ne siamo venuti via subito*, nous sommes partis tout de suite; *— ne prendiamo quattro*, nous en prenons quatre ♦ *avv.* (*di luogo*) y, là: *— l'ho messo io*, je l'y ai mis moi-même (*o* c'est moi qui l'ai mis là) || *essercene→* essere; *volercene→* volere.

cecchino *s.m.* tireur d'élite; franc-tireur*.

cece *s.m.* pois chiche.

cecità *s.f.* **1** cécité **2** (*fig.*) aveuglement (*m.*).

ceco (pl. *-chi*) *agg. e s.m.* tchèque.

cedere *v.intr.* **1** céder* (*anche fig.*) || *— allo sconforto*, se laisser vaincre par le découragement || *non sono disposto a —*, je n'en démordrai pas || *questa stoffa non cede*, cette étoffe tient bien **2** (*crollare*) s'effondrer, céder*: *il pavimento ha ceduto*, le plancher s'est effondré, a cédé; *i prezzi hanno ceduto*, les prix ont fléchi ♦ *v.tr.* céder*: *— un negozio*, céder un magasin || *— le armi*, (*anche fig.*) rendre les armes || *— terreno*, (*anche fig.*) céder du terrain || *— la strada*, laisser le passage || *in quanto a coraggio non (la) cede a nessuno*, en matière de courage, il n'a pas son pareil || (*fin.*): *— un credito*, transporter une créance; *— delle azioni*, transférer des actions.

cedevole *agg.* malléable, mou* (*anche fig.*) || *terreno —*, terrain mouvant.

cedibile *agg.* cessible || *non —*, incessible.

cediglia *s.f.* (*gramm.*) cédille.

cedimento *s.m.* affaissement; (*crollo*) effondrement (*anche fig.*): *— degli argini*, écroulement des digues; *cedimento fisico*, défaillance de l'organisme.

cedola *s.f.* coupon (*m.*): *— di commissione libraria*, bon de commande de librairie.

cedolare *agg.*: *imposta —*, impôt proportionnel sur les dividendes.

cedrata *s.f.* boisson à base de sirop de cédrat.

cedro[1] *s.m.* (*agrume*) **1** (*pianta*) cédratier **2** (*frutto*) cédrat.

cedro[2] *s.m.* (*pianta conifera*) cèdre.

cedrone *s.m.* (*zool. pop.*) (*gallo*) —, coq de bruyère.

ceduo *agg. e s.m.*: (*bosco*) —, taillis.

cefalea *s.f.* (*med.*) céphalée, mal de tête.

cefalico (pl. *-ci*) *agg.* céphalique.

cefalo *s.m.* (*zool.*) muge, mulet.

cefalopode *s.m.* (*zool.*) céphalopode.

ceffo *s.m.* **1** museau*, mufle **2** (*individuo losco*) drôle de type|| *che — quel tipo!*, il a une sale tête ce type!

ceffone *s.m.* gifle (*f.*).

celacanto *s.m.* (*zool.*) cœlacanthe.

celare *v.tr.* cacher□**celarsi** *v.pron.* se cacher.

celeberrimo *agg.* très célèbre.

celebrare *v.tr.* célébrer*.

celebrativo *agg.* **1** (*commemorativo*) commémoratif **2** (*elogiativo*) de louange (pour).

celebrazione *s.f.* célébration.

celebre *agg.* célèbre.

celebrità *s.f.* célébrité.

celere *agg.* **1** rapide || *truppe celeri*, troupes légères **2** accéléré.

celerino *s.m.* (*fam.*) policier CRS.

celerità *s.f.* rapidité.

celermente *avv.* rapidement, vite.

celeste *agg.* **1** céleste (*anche fig.*) || *il regno —*, le royaume des cieux **2** (*colore*) bleu ciel ♦ *s.m.* **1** bleu ciel **2** *pl.* esprits célestes; (*mit.*) les dieux de l'Olympe.

celestiale *agg.* céleste.

celia *s.f.* badinage (*m.*) || *senza —*, plaisanterie à part || *l'ho detto per —*, je l'ai dit pour plaisanter.

celiare *v.intr.* plaisanter.

celibato *s.m.* célibat.

celibe *agg. e s.m.* célibataire.

cella *s.f.* cellule: (*in prigione*) *— di isolamento*, cellule d'isolement || *— frigorifera*, chambre froide.

cellofan *s.m.* cellophane (*f.*).

cellofanare *v.tr.* emballer sous cellophane.

cellula *s.f.* cellule.

cellulare *agg.* cellulaire || (*furgone*) —, voiture || *telefono —*, téléphone cellulaire.

cellulite *s.f.* cellulite.

celluloide *s.f.* celluloïd (*m.*) || *il mondo della —*, (*fig.*) le monde du cinéma.

cellulosa *s.f.* cellulose.

celtico (pl. *-ci*) *agg.* celtique.

cembalo *s.m.* **1** (*clavicembalo*) clavecin **2** *pl.* (*antico strumento a percussione*) cymbales.

cementare *v.tr.* cimenter □ **cementarsi** *v.-pron.* **1** s'affermir à l'aide du ciment **2** (*fig.*) se cimenter, se consolider.

cementificio *s.m.* cimenterie (*f.*).

cemento *s.m.* **1** ciment || — *armato*, béton armé **2** (*anat.*) cément.

cena *s.f.* dîner (*m.*); (*di notte, dopo il teatro ecc.*) souper (*m.*); (*di Natale, di Capodanno*) réveillon (*m.*): *andare a* — *da qlcu*, aller dîner chez qqn; *stasera siamo a* — *da loro*, ce soir, nous dînons chez eux || *l'Ultima Cena*, la Cène.

cenacolo *s.m.* cénacle || *il 'Cenacolo' di Leonardo da Vinci*, la 'Cène' de Léonard de Vinci.

cenare *v.intr.* dîner; (*di notte, dopo il teatro ecc.*) souper.

cencio *s.m.* **1** chiffon; (*veste poverissima o lacera*) *haillon, guenille (*f.*): *coperto di cenci*, couvert de haillons, en guenilles; *quell'abito è diventato un* —, cette robe n'est plus qu'une loque || *passare il* — *su*, donner un coup de chiffon à || *bianco come un* — *lavato*, blanc comme un linge || *la malattia l'ha ridotto un* —, la maladie en a fait une loque || *trattare come un* —, traiter par-dessous la jambe **2** (*region.*) (*cuc.*) roussette (*f.*).

cencioso *agg.* déguenillé, en loques.

cenere *s.f.* cendre || *ridurre in* —, réduire en cendres || *color biondo* —, (d'un) blond cendré.

cenerentola *s.f.* cendrillon.

cenerino *agg.* cendré.

cenno *s.m.* **1** (*segno*) signe; (*gesto*) geste: *fare un* — *d'intesa*, faire un signe d'intelligence; *capirsi a cenni*, se comprendre par gestes || *far* — *di sì*, faire oui de la tête || (*comm.*): — *di ricevuta*, accusé de réception; *nell'attesa di un vostro cortese* — *di riscontro*, dans l'attente de vous lire **2** (*indizio*) symptôme, signe **3** (*spec.pl.*) (*brevi notizie*) aperçu: *cenni biografici*, notice biographique || *fare* — *a*, faire allusion à.

cenobita *s.m.* cénobite (*anche fig.*).

cenone *s.m.* réveillon.

cenotafio *s.m.* cénotaphe.

censimento *s.m.* recensement.

censire (*coniug. come* finire) *v.tr.* recenser.

censo *s.m.* **1** patrimoine **2** (*st.*) cens.

censore *s.m.* censeur (*anche fig.*).

censorio *agg.* de, du censeur.

censura *s.f.* censure.

censurabile *agg.* censurable.

censurare *v.tr.* censurer.

centaurea *s.f.* (*bot.*) centaurée.

centellinare *v.tr.* siroter.

centenario *agg.* **1** (*che ha cento anni*) centenaire **2** (*che si ripete ogni cento anni*) centennal* ♦ *s.m.* centenaire.

centennale *agg.* **1** (*che dura cento anni*) qui dure cent ans **2** (*che si ripete ogni cento anni*) centennal* ♦ *s.m.* (*centesimo anniversario*) centenaire.

centennio *s.m.* (espace de) cent ans.

centesimale *agg.* centésimal*.

centesimo *agg.num.ord.* centième ♦ *s.m.* **1** centième || *vorrei avere un* — *della tua memoria*, je voudrais avoir ne serait-ce qu'une parcelle de ta mémoire **2** (*moneta*) centime; (*soldo*) sou: *contare, lesinare il* —, compter ses sous; *pagare, calcolare al* —, payer, calculer jusqu'au dernier centime.

centi- *pref.* centi-

centigrado *agg.* centigrade.

centigrammo *s.m.* centigramme.

centilitro *s.m.* centilitre.

centimetrato *agg.* divisé en centimètres.

centimetro *s.m.* centimètre.

centina *s.f.* (*edil.*) cintre (*m.*).

centinaio (pl.f. *centinaia*) *s.m.* centaine (*f.*): *un* — *di uova*, une centaine d'œufs; *a 300 lire il* —, 300 lires les cent || *a centinaia*, par centaines.

cento *agg.num.card.* e *s.m.* cent: — *e un libro*, cent un livres; *duecento*, deux cents; *duecentodieci*, deux cent dix; *quattrocento mila*, quatre cent mille; *a pagina cinquecento*, à la page cinq cent; *il dieci aprile millenovecento*, le dix avril mil neuf cent || *fare i* — (*chilometri*) *all'ora*, faire du cent à l'heure; *ha passato i cent'anni*, il a dépassé cent ans || *al* — *per* —, (à) cent pour cent; *interesse del cinque per* —, intérêt de cinq pour cent; *il per* —, le pourcentage || (*sport*) *i* — (*metri*), les cent mètres || *le* — (*lire*), les cent lires || *hai* — *e una ragione*, tu as cent fois raison || *sono cent'anni che non lo vedo*, cela fait des siècles que je ne le vois pas || *farsi in* —, déborder d'activité; *farsi in* — *per qlcu*, se mettre en quatre pour qqn || (*st.*) *la guerra dei Cento Anni*, la guerre de Cent Ans || *a* — *a* —, par centaines || *saranno un* — *chilometri*, il y aura une centaine de kilomètres; *ci vorranno un* — *mila lire*, il faudra compter plus ou moins cent mille lires || — *di questi giorni!*, (*compleanno*) bon anniversaire!; (*onomastico*) bonne fête!; (*altre ricorrenze*) bonheur, santé et prospérité!

centodieci *agg.num.card.* (*valutazione massima all'esame di laurea*) mention très bien: — *e lode*, mention très bien et félicitations du jury ♦ *s.m.pl.* (*sport*) *correre i* — (*a ostacoli*), courir le cent dix mètres haies.

centodue *agg.num.card.* e *s.m.* cent deux.

centometrista *s.m.* e *f.* sprinter de cent mètres.

centomila *agg.num.card.* cent mille ♦ *s.m.* (pl. *f.*) (billet de) cent mille lires.

centomillesimo *agg.num.ord.* e *s.m.* cent millième.

centopiedi *s.m.* mille-pattes*.

centouno *agg.num.card.* e *s.m.* cent un.

centrale *agg.* central* ♦ *s.f.* centrale; (*telefonica*) central* (m.) || — *del latte*, laiterie municipale || — *di polizia*, commissariat central.

centralina *s.f.* central (m.); — *di regolazione*, central de réglage; — *di rilevamento dell'inquinamento atmosferico*, poste de mesure de la pollution atmosphérique || (*tel.*) — *telefonica*, central téléphonique.

centralinista *s.m.* e *f.* standardiste.

centralino *s.m.* (*tel.*) standard.

centralismo *s.m.* centralisme.
centralità *s.f.* position centrale.
centralizzare *v.tr.* centraliser.
centralizzatore *agg.* e *s.m.* centralisateur*.
centralizzazione *s.f.* centralisation.
centrare *v.tr.* 1 toucher || — *il bersaglio*, faire mouche; — *il problema*, cerner le problème || *l'attore ha centrato il suo personaggio*, le comédien est vraiment entré dans le personnage 2 (*fissare nel centro*) centrer || — *la punta del compasso su un foglio*, fixer la pointe d'un compas sur une feuille 3 (*sport*) centrer.
centrato *agg.* 1 touché 2 (*fissato nel centro*) centré.
centrattacco (pl. -*chi*) *s.m.* → **centravanti.**
centravanti *s.m.* avant-centre*.
centrifuga (pl. -*ghe*) *s.f.* centrifugeuse; (*per la biancheria, l'insalata*) essoreuse.
centrifugare (*coniug. come* legare) *v.tr.* centrifuger*.
centrifugazione *s.f.* centrifugation.
centrifugo (pl. -*ghi*) *agg.* centrifuge.
centrino *s.m.* napperon.
centripeto *agg.* centripète.
centrismo *s.m.* centrisme.
centrista *agg.* e *s.m.* e *f.* centriste.
centro *s.m.* 1 centre || *al* — *di, nel* — *di*, au milieu de, au centre de || *fare* —, faire mouche || *abitare in* —, habiter au centre; *andare in* —, aller en ville || *il* — *storico di Milano*, le vieux Milan || — *profughi*, centre d'accueil pour les réfugiés || — *balneare*, station balnéaire || — *sperimentale di cinematografia*, institut d'études cinématographiques || (*inform.*) — *di calcolo*, centre de calcul || (*anat.*) *centri nervosi*, centres nerveux 2 (*agglomerato urbano*) ville (*f.*): *vivere in un grande* —, vivre dans une grande ville; *un* — *popoloso*, une grosse agglomération 3 (*centrino*) napperon.
centrocampista *s.m.* (*sport*) milieu de terrain.
centrocampo *s.m.* (*sport*) centre (du terrain).
centrodestra *s.m.* centre droit.
centroeuropeo *agg.* de l'Europe centrale.
centrosinistra *s.m.* centre gauche.
centuplicare (*coniug. come* mancare) *v.tr.* centupler.
centuplo *agg.* e *s.m.* centuple.
centuria *s.f.* (*st.*) centurie.
centurione *s.m.* (*st.*) centurion.
ceppo *s.m.* 1 souche (*f.*): (*ciocco*) bûche (*f.*): *ardere un* —, brûler une bûche || *lingue di* — *indoeuropeo*, langues de souche indo-européenne 2 (*stirpe*) souche (*f.*); (*origine*) origine (*f.*) 3 (*dell'incudine*) billot; (*dell'aratro*) talon; (*dell'ancora*) jas; (*dell'automobile*) mâchoire de frein 4 *pl.* fers (*anche fig.*): *mettere in ceppi*, mettre aux fers 5 (*cassetta delle elemosine*) tronc.
cera[1] *s.f.* cire: — *da pavimenti*, cire à parquet || — *da scarpe*, cirage.
cera[2] *s.f.* mine || *far buona, cattiva* —, faire bonne, mauvaise mine.
ceralacca (pl. -*che*) cire à cacheter.

ceramica (pl. -*che*) *s.f.* céramique.
ceramico (pl. -*ci*) *agg.* céramique.
ceramista *s.m.* e *f.* céramiste.
cerata *s.f.* (*mar.*) ciré (*m.*).
cerato *agg.* ciré.
cerbero *s.m.* (*fig.*) cerbère.
cerbiatto *s.m.* faon.
cerbottana *s.f.* sarbacane.
cerca *s.f.* 1 recherche: *in* — *di*, à la recherche de; *andare in* — *di fortuna, di guai*, chercher fortune, des ennuis 2 (*questua*) quête.
cercapersone (pl. *invar.*) *s.m.* récepteur d'appel, téléappel.
cercare (*coniug. come* mancare) *v.tr.* 1 chercher: *che cosa stai cercando?*, qu'est-ce que tu cherches? || *cercasi apprendisti*, on demande des apprentis || — *moglie*, — *marito*, chercher femme, chercher un mari || — *guai*, chercher des ennuis || *te la sei proprio cercata!*, (*fam.*) tu l'as voulu! 2 (*chiedere di*) demander: — *al telefono*, demander au téléphone ♦ *v.intr.* chercher (à); (*tentare di*) tâcher (de): *cercherò di fare presto*, je tâcherai de me dépêcher; *ho cercato di aiutarlo*, j'ai tenté de l'aider.
cercatore (f. -*trice*) *agg.* e *s.m.* chercheur*.
cerchia *s.f.* 1 ceinture || *la* — *delle mura*, l'enceinte des murs 2 (*fig.*) cercle (*m.*).
cerchiare *v.tr.* cercler; (*ruote*) embattre*.
cerchiato *agg.*: *occhi cerchiati*, yeux cernés.
cerchiatura *s.f.* (*di botti*) cerclage (*m.*); (*di ruote*) embattage (*m.*).
cerchietto *s.m.* 1 (*anello, braccialetto*) jonc; (*vera matrimoniale*) alliance (*f.*) 2 (*per i capelli*) serre-tête* 3 *pl.* (*gioco*) jeu de grâces.
cerchio *s.m.* 1 cercle: — *massimo*, grand cercle || *far* — *intorno a qlcu*, faire cercle autour de qqn || — *ballare, sedersi in* —, danser, s'asseoir en rond || *avere un* — *alla testa*, avoir une barre (à la tête) 2 (*della botte*) cerceau*, cercle; (*della ruota*) jante (*f.*) 3 (*gioco*) cerceau*: *giocare con il* —, jouer au cerceau.
cerchione *s.m.* (*di ruota di carro*) bandage; (*aut.*) jante (*f.*).
cereale *agg.* e *s.m.* céréale (*f.*).
cerealicolo *agg.* céréalier*.
cerebrale *agg.* cérébral*.
cerebroleso *agg.* e *s.m.* (*med.*) encéphalopathique.
cereo *agg.* cireux* (*anche fig.*).
ceretta *s.f.* cire dépilatoire: *farsi la* —, se dépiler à la cire.
cerfoglio *s.m.* (*bot.*) cerfeuil.
cerimonia *s.f.* 1 cérémonie 2 *pl.* (*complimenti, formalità*) manières.
cerimoniale *s.m.* cérémonial*.
cerimoniere *s.m.* (*a Corte*) maître des cérémonies.
cerimonioso *agg.* cérémonieux* || -**mente** *avv.*
cerino *s.m.* allumette de cire.
cernecchio *s.m.* mèche (*f.*).
cernia *s.f.* (*zool.*) mérou (*m.*).

cerniera *s.f.* **1** (*mecc.*) charnière || — *doppia*, (*di porta, finestra*) penture **2** (*fermaglio*) fermoir (*m.*) **3** — *lampo*, fermeture éclair.

cernita *s.f.* **1** tri (*m.*) **2** (*ind.*) triage (*m.*).

cernitore *s.m.* trieur*.

cernitrice *s.f.* (*macchina*) trieuse.

cero *s.m.* cierge || *puoi accendere un* —*!*, tu peux brûler un cierge!

cerone *s.m.* (*cosmetico*) fard (pour la scène).

ceroso *agg.* cireux*.

cerotto *s.m.* sparadrap.

cerro *s.m.* chêne vert.

certamente *avv.* **1** certainement **2** (*nelle risposte*) bien sûr: *sì* —*!*, bien sûr (que oui)!; *no* —*!*, bien sûr que non!, certainement pas!

certezza *s.f.* certitude: *con assoluta* —, en toute certitude.

certificare (*coniug. come* mancare) *v.tr.* certifier.

certificato *s.m.* certificat; (*atto*) acte: — *di nascita*, acte de naissance; — *di stato di famiglia*, fiche d'état civil; — *penale, giudiziario*, extrait du casier judiciaire; — *elettorale*, carte d'électeur; — *di credito*, titre de crédit; — *di deposito*, récépissé de dépôt; — *di buona condotta*, certificat de bonne vie et mœurs; — *di garanzia*, bulletin de garantie; — *di origine*, certificat d'origine.

certificazione *s.f.* certification.

certo[1] *agg.* certain, sûr: *ne sono più che* —, j'en suis sûr et certain; *stai pur* — *che...*, dis-toi bien que...; *ho la prova certa di quanto affermo*, j'ai la preuve absolue de ce que j'affirme; *è un rimedio* — *contro l'influenza*, c'est un remède infaillible contre la grippe || *successo* —, succès assuré || *la sua guarigione è certa*, sa guérison ne fait pas de doute ♦ *avv.* bien sûr: — *che ne ha fatta di strada!*, on peut dire qu'il en a fait, du chemin!; *non è* — *un capolavoro*, ce n'est sûrement pas un chef-d'œuvre ♦ *s.m.* certain: *lasciare il* — *per l'incerto*, lâcher la proie pour l'ombre; *sapere per* —, savoir de façon certaine; *dare per* —, assurer, garantir; *avere qlco per* —, être sûr de qqch □ **di certo** *locuz.avv.* certainement.

certo[2] *agg.indef.* **1** certain: *un* — *signor X*, un certain Monsieur X || *quel* — *non so che*, un je ne sais quoi || *ho certi nervi oggi!*, ce que je peux être énervé aujourd'hui!; *certi miei, tuoi amici*, certains de mes, de tes amis (*o* certains amis à moi, à toi): *ho passato la serata da certi miei amici*, j'ai passé la soirée chez des amis || *certi..., certi...*, certains..., d'autres... **2** (*tale, simile*) tel*, pareil*, ce*: *aveva certi dolori che svenne*, elle avait de telles douleurs qu'elle s'évanouit; *non tratto con certa gente*, je ne veux pas avoir affaire avec des gens pareils; *ho visto certe facce in quel bar!*, j'ai vu de ces têtes dans ce café!; *ha raccontato certe bugie!*, il a raconté de ces mensonges!; *certe cose non si dicono*, il y a des choses qu'on ne dit pas ♦ *pron.indef.pl.* certains: *certi di noi, di voi*, certains d'entre nous, d'entre vous || *certi..., (certi) altri...*, certains..., d'autres...

certosa *s.f.* chartreuse.

certosino *s.m.* chartreux || *lavoro da* —, travail de bénédictin || *fare una vita da* —, vivre en ermite.

certuni *pron.indef.pl.* certains: — *dicono che...*, certains disent que...; *vi sono* — *che...*, il y a des gens qui... || —*..., cert'altri...*, certains..., d'autres...

ceruleo *agg.* bleu clair.

cerume *s.m.* cérumen.

cerva *s.f.* biche.

cervelletto *s.m.* cervelet.

cervellino *s.m.* (*fig.*) tête de linotte.

cervello *s.m.* **1** cerveau* (*anche fig.*): *il* — *dell'impresa*, le cerveau, la tête de l'entreprise; *fuga dei cervelli*, exode des cerveaux; *è un gran* —, c'est une grosse tête; *lavaggio del* —, lavage de cerveau; *essere tocchi nel* —, avoir le cerveau un peu dérangé; *lambiccarsi il* —, se creuser le cerveau, la cervelle; *ciascuno ragiona col proprio* —, chacun raisonne à sa façon; *non mi passa neanche per l'anticamera del* —, ça ne m'effleure même pas l'esprit; *usa il* —*!*, fais fonctionner tes méninges!; *è un ragazzo senza* —, ce garçon n'a pas de tête || *avere il* — *di una gallina*, avoir une cervelle d'oiseau, de moineau || *gli ha dato di volta il* —, il a perdu la tête; *il dolore gli ha sconvolto il* —, la douleur a troublé son esprit; *mi farete uscire di* —*!*, vous allez me rendre fou!; *farsi saltare le cervella*, se brûler la cervelle **2** (pl. *le cervella*) (*cuc.*) cervelle (*f.*).

cervellone *s.m.* grand cerveau* || — (*elettronico*), cerveau électronique.

cervellotico (pl. -*ci*) *agg.* extravagant, bizarre.

cervicale *agg.* cervical*.

cervice *s.f.* nuque || — *uterina*, col (utérin).

cervo *s.m.* cerf: — *volante*, cerf-volant.

cesareo *agg. e s.m.* (*taglio, parto*) —, césarienne.

cesellare *v.tr.* ciseler*.

cesellatore (f. -*trice*) *s.m.* ciseleur*.

cesello *s.m.* ciselet.

cesoia *s.f.*, **cesoie** *s.f.pl.* cisaille (*sing.*), cisailles (*pl.*); (*per giardinaggio*) sécateur (*m.sing.*).

cespite *s.m.* source de profit.

cespo *s.m.* touffe (*f.*) || *un* — *di lattuga*, un pied de laitue.

cespuglio *s.m.* buisson.

cespuglioso *agg.* buissonneux* || *sopracciglia cespugliose*, sourcils broussailleux, touffus.

cessare *v.tr. e intr.* cesser: *la polizia ha cessato le ricerche*, la police a suspendu les recherches; *il vento è cessato*, le vent est tombé, a cessé.

cessazione *s.f.* cessation.

cessione *s.f.* cession || — *di beni immobili*, transfert d'immeubles.

cesso *s.m.* (*volg.*) chiottes (*pl.*).

cesta *s.f.* corbeille; (*paniere*) panier (*m.*): — *della biancheria*, panier à linge; — *del pane*, corbeille à pain.

cestaio *s.m.* vannier.

cestello *s.m.* **1** corbeille (*f.*) **2** (*di lavatrice*) tambour; (*di lavastoviglie*) panier; (*per la cottura a vapore*) panier **3** — *portabottiglie*, casier, panier à bouteilles.

cestinare *v.tr.* jeter* au panier.

cestino *s.m.* corbeille (*f.*), panier: — *da lavoro*, panier, corbeille à ouvrage; — *della carta straccia*, corbeille à papier || — *da viaggio*, panier-repas.

cestista *s.m.* (*sport*) basketteur*.

cesto[1] *s.m.* **1** → cesta **2** (*basket*) panier.

cesto[2] *s.m.* (*bot.*) pied.

cesura *s.f.* césure.

cetaceo *s.m.* cétacé.

ceto *s.m.* classe (*f.*): *il — medio*, les classes moyennes; *il — operaio*, la classe ouvrière; *il — impiegatizio*, le tertiaire; *i ceti alti*, les hautes classes; *i ceti bassi*, les basses classes.

cetonia *s.f.* (*zool.*) cétoine.

cetra *s.f.* cithare; (*strumento usato dal Medioevo al XVIII sec.*) cistre (*m.*).

cetriolino *s.m.*: *cetriolini sott'aceto*, cornichons.

cetriolo *s.m.* concombre.

chador *s.m.* tchador.

che[1] *agg.escl.invar.* **1** quel*: — *bella giornata!*, quelle belle journée!; — *brutto tempo!*, quel temps affreux! || *oh, — bei fiori!*, oh, les belles fleurs! **2** (*come*) qu'est-ce que, (ce) que, comme: — *stupido sei!*, (qu'est-ce) que tu es bête!; — *strano!*, que (o comme) c'est drôle!; — *simpatico il tuo amico!*, (qu'est-ce) qu'il (o comme il) est sympathique ton ami! ♦ *pron.escl.* que, qu'est-ce que: *ma — fate?*, mais qu'est-ce que vous faites?; — *dici mai!*, qu'est-ce que tu racontes!; — (*cosa*) *mi doveva capitare!*, non, mais regarde un peu ce qui m'est arrivé!; — (*cosa*) *mi tocca sentire!*, que me faut-il entendre! || *altro —!*, et comment! ♦ *inter.* quoi!

che[2] *agg.interr.invar.* quel*: — *libro vuoi?*, quel livre veux-tu?; *dimmi — domande ti hanno fatto*, dis-moi quelles questions on t'a posées || *a — pro?*, à quoi bon? ♦ *pron.interr.* **1** (*nelle interrogative dirette*) (*sogg.*) qu'est-ce qui; (*ogg.*) que, qu'est-ce que; (*compl.indir.* e in espressioni fam. o ellittiche*) quoi: — (*cosa*) *ti preoccupa?*, qu'est-ce qui te préoccupe?; — *vuoi?*, que veux-tu?, qu'est-ce que tu veux?; *a — pensi?*, à quoi penses-tu?; *di — ti lamenti?*, de quoi te plains-tu?; *"Dimmelo" "E dirti —?"*, "Dis-le moi" "Te dire quoi?"; — *di più assurdo?*, quoi de plus absurde? || — *fare, — dire?*, que faire, que dire?, (*fam.*) quoi faire, quoi dire? || — (*cosa*) *è questo?*, qu'est-ce que (c'est que) cela? || *e —?, c'è qualcosa che non va?*, quoi?, quelque chose ne va pas? **2** (*nelle interrogative indirette*) (*sogg.*) ce qui; (*ogg.*) ce que; (*compl.indir.* e talvolta ogg. in espressioni fam.*) quoi: *non so — (cosa) sia accaduto*, je ne sais pas ce qui s'est passé; *vorrei sapere — ne pensate*, j'aimerais savoir ce que vous en pensez; *non capisco — ci sia di strano*, je ne comprends pas ce qu'il y a d'étrange; *ignoro — (cosa) sia il mal di denti*, j'ignore ce que c'est qu'une rage de dents; *dimmi in — consiste quella prova*, dis-moi en quoi consiste cette épreuve; *chiedigli a — serve questa molla*, demande-lui à quoi sert ce ressort; *non so — dire*, je ne sais que dire; *mi disse non so più —*, il me dit je ne sais plus quoi || *spera di ottenere chi sa —*,

Dieu sait ce qu'il espère obtenir || — *è, — non è*, (*fam.*) tout à coup, soudain.

che[3] *pron.rel.invar.* **1** (*sogg.*) qui (*non si apostrofa*): *chi è la signora, quella signora — ti ha salutato?*, qui est la dame qui t'a salué?; *tu — avresti potuto aiutarlo non l'hai fatto*, toi qui aurais pu l'aider, tu ne l'as pas fait; *gli studenti — desiderano parlare al direttore*, les étudiants désirant parler au directeur; *da bello — era, il cielo è diventato nuvoloso*, de beau qu'il était, le ciel est devenu nuageux **2** (*ogg.*) que (*si apostrofa davanti a vocale e h muta*): *ecco i libri — mi ha chiesto*, voici les livres qu'il m'a demandés **3** (*compl.indir.*) quoi: *non hanno di — vivere*, ils n'ont pas de quoi vivre; *dopo di —*, après quoi; *senza di —*, sans quoi || *"Grazie" "Non c'è di —"*, "Merci" "Il n'y a pas de quoi" || *questo non ha niente a — vedere con quel che faccio*, cela n'a rien à voir avec ce que je fais **4** (*fam.*) (*con valore di compl. di tempo*) où: *il giorno — sono arrivato*, le jour où je suis arrivé; *la prima volta — l'ho visto*, la première fois que je l'ai vu **5** (*fam.*) (*con valore di compl. di luogo*) que: *è là — abitano*, c'est là qu'ils habitent □ **il che**, **la qual cosa**, (*sogg.*) ce qui; (*ogg.*) ce que: *il — mi fa piacere*, ce qui me fait plaisir; *il — tutti sanno*, ce que tout le monde sait □ **al che**, sur quoi: *al — gli ordinai di lasciare la stanza*, sur quoi je le lui ai ordonné de quitter la pièce □ **dal che**, d'où: *dal — deduco che...*, d'où je déduis que... □ **del che**, ce dont: *del — mi rallegro proprio*, ce dont je me réjouis vraiment.

che[4] *pron.indef.invar.*: *un* (*certo*) —, quelque chose; *un* (*certo*) *non so* —, un je ne sais quoi || *gran —*: *"Hai dormito bene?" "Non un gran —"*, "Tu as bien dormi?" "Pas très bien"; *ho lavorato ma non un gran —*, j'ai travaillé, mais pas énormément; *oggi non ho concluso un gran —*, aujourd'hui je n'ai pas fait grand-chose; *quella commedia non è un gran —*, cette pièce ne vaut pas grand-chose.

che[5] *cong.* **1** que: *mi meraviglio — non vi abbiano avvertito*, cela m'étonne qu'on ne vous ait pas prévenu; *non già — io voglia rifiutare...*, ce n'est pas que je veuille refuser...; *è più facile parlare — agire*, il est plus facile de parler que d'agir || *scrivigli — porti degli abiti di lana*, écris-lui d'apporter des vêtements de laine || *arrivò — era mezzogiorno*, quand il arriva, il était midi; *dettato — ebbe il telegramma...*, dès qu'il eut dicté le télégramme...; *partito — fu...*, une fois qu'il fut parti... || *è magro — fa paura*, il est maigre à faire peur **2** (*restrittivo*) que: *non ha scritto — romanzi polizieschi*, il n'a écrit que des romans policiers || *non fa — dire sciocchezze*, il ne dit que des bêtises **3** (*per introdurre proposizioni interr. ed esclamative*): — *sia partito?*, serait-il parti?; — *non si possa mai star tranquilli?*, est-il possible de ne jamais pouvoir être tranquille? || *chi sa — non sia già morto*, et s'il était déjà mort? || — *abbia perso il treno?*, il n'a pas perdu le train, quand même! || — *ci sia lo sciopero dei doganieri?*, il n'y aurait pas la grève des douaniers, par hasard! ||

forse — non lo sapevi?, peut-être ne le savais-tu pas? || *sia che..., sia che...* → sia.

che[6] *cong.* **1** (*interr. e finale*) que: *avvicinati, — io ti possa parlare*, approche-toi que je puisse te parler **2** (*causale*) car, parce que: *copriti, — fa freddo*, couvre-toi, car il fait froid.

ché *cong.* (*antiq., letter.*) **1** (*interr. e finale*) que **2** (*causale*) parce que.

checca (pl. *-che*) *s.f.* pédé (*m.*).

checché *pron.rel.indef.invar.* (*letter.*) quoi que: *— avvenga*, quoi qu'il arrive.

check-up *s.m.* (*med.*) bilan de santé.

chef *s.m.* chef (cuisinier).

chefir *s.m.* képhir, kéfir.

chela *s.f.* pince.

chemioterapia *s.f.* (*med.*) chimiothérapie.

chemisier *s.m.* robe chemisier.

chepi *s.m.* képi.

cheque *s.m.* chèque.

cheratina *s.f.* kératine.

cheratite *s.f.* (*med.*) kératite.

chermes *s.m.* (*chim.*) kermès.

cherosene *s.m.* kérosène.

cherubino *s.m.* chérubin.

chetare *v.tr.* calmer, apaiser □ **chetarsi** *v.pron.* se calmer.

chetichella, alla *locuz.avv.* en douce: *andarsene alla —*, partir en douce, filer à l'anglaise.

cheto *agg.* tranquille || *un'acqua cheta*, (*fig.*) une sainte-nitouche.

chetone *s.m.* (*chim.*) cétone (*f.*).

chi[1] *pron.interr.invar.* qui (*non si apostrofa*); (*solo nelle interrogative dirette*) qui est-ce qui (*sogg.*), qui est-ce que (*ogg.*): *— è?, — siete?*, qui est-ce?, qui êtes-vous?; *— sarà mai?*, qui peut-il être?; *— è stato* (*a rompere il bicchiere*)?, (*o* qui est-ce qui) a cassé le verre?; *— hai incontrato?*, qui as-tu (*o* qui est-ce que tu as) rencontré?; *— di voi l'ha visto?*, qui de (*o* parmi) vous (*o* lequel d'entre vous) l'a vu?; *a — scrivi?*, à qui écris-tu?; *di — stavi parlando?*, de qui parlais-tu?; *ditemi — avete scelto*, dites-moi qui vous avez choisi; *non saprei a — chiederlo*, je ne saurais pas à qui le demander ♦ *pron.escl.invar.* qui: (*guarda*) *— si vede!*, regarde un peu qui est là!; *— (mai) l'avrebbe detto!*, qui l'aurait (*o* l'eût) dit! || *a — lo dici!*, à qui le dis-tu!

chi[2] *pron.rel.dimostr.invar.* (*sogg.*) celui* qui; (*ogg.*) celui* que; (*con valore indeterminato, spec. in locuzioni proverbiali*) qui: *ho già parlato con — mi sostituirà*, j'ai déjà parlé avec celui (*o* celle *o* la personne) qui me remplacera; *ho già parlato con — sostituirò*, j'ai déjà parlé avec celui (*o* celle que *o* la personne) que je remplacerai; *non parlo volentieri con — non conosco*, je ne parle pas volontiers avec les gens que je ne connais pas; *ho incontrato — tu sai*, j'ai rencontré qui tu sais; *per — non lo sapesse i negozi domani saranno chiusi*, pour ceux qui ne le sauraient pas, demain les magasins seront fermés; *— di voi lo sa...*, celui (d'entre vous) qui le sait... || *a — lo dica!*, à qui de droit ♦ *pron.rel.indef.invar.* **1** (*chiunque*) qui: *partite con — volete*, partez avec

qui vous voulez || *— ha capito questo, ha capito tutto*, quiconque a compris cela, a tout compris || *venga — vuole*, vienne qui voudra || *— desideri* (*avere*) *ulteriori informazioni si rivolga a...*, pour de plus amples informations s'adresser à... || *— che sia, — si sia* → chicchessia **2** (*qualcuno che*) quelqu'un qui; (*nessuno che*) personne qui: *c'è — potrebbe farlo*, il y a quelqu'un qui pourrait le faire; *c'è — dice che...*, il y en a qui disent que...; *non trova — possa aiutarlo*, il ne trouve personne pour l'aider; *per — ci rifletta un po'...*, pour quelqu'un qui y réfléchirait un peu... **3** *chi... chi...*, qui... qui...; les uns... d'autres...: *tutti i bambini ebbero un dono, — un libro, — un giocattolo, — dei dolci*, tous les enfants ont eu un cadeau, qui un livre, qui un jouet, qui des gâteaux; *— parlava, — studiava — giocava*, les uns parlaient, d'autres étudiaient, d'autres encore jouaient || *tutti, — più, — meno, hanno collaborato*, ils ont tous plus ou moins collaboré.

chiacchiera *s.f.* **1** bavardage (*m.*): *poche chiacchiere!*, trêve de bavardages! || *son tutte chiacchiere*, ce n'est que du bla bla bla || *fare due, quattro chiacchiere*, faire un brin de causette **2** (*pettegolezzo*) rumeur, bruit (*m.*): *chiacchiere da donnetta*, des ragots de bonne femme; *fare chiacchiere sul suo conto di qlcu*, jaser de qqn; *non curarsi delle chiacchiere della gente*, ne pas se soucier du qu'en-dira-t-on **3** (*facilità di parola*) bagou (*m.*): *ha molta —*, elle a un bagou étonnant **4** *pl.* (*cuc.*) roussettes.

chiacchierare *v.intr.* **1** causer, bavarder || *— del più e del meno*, parler de choses et d'autres || *chiacchiera troppo*, il a la langue trop longue **2** (*spettegolare*) jaser: *— sul conto di qlcu*, jaser à propos de qqn || *la gente chiacchiera*, les gens causent, parlent.

chiacchierata *s.f.* causerie: *farsi una bella —*, faire un bon brin de causette; *ho voglia di fare una — con te*, j'ai envie de parler un peu avec toi.

chiacchieratina *s.f.* causette: *fare una —*, faire un brin de causette.

chiacchierino *agg.* qui fait jaser.

chiacchierino *agg.* e *s.m.* bavard.

chiacchierio *s.m.* bavardage.

chiacchierone *s.m.* bavard || *che —!*, quel moulin à paroles!

chiamare *v.tr.* **1** appeler* — *un cane con un fischio*, appeler un chien en sifflant; *— da parte*, prendre à part || *— aiuto*, appeler au secours || *lo chiamano al telefono*, on vous demande au téléphone || *è stato chiamato in causa*, il a été mis en cause || *(mil.) — alle armi*, appeler (sous les drapeaux) || *(dir.): — in giudizio*, appeler en justice; *— qlcu a testimonio*, en appeler au témoignage de qqn || *chiamare tre volte alla ribalta un attore*, rappeler un acteur trois fois || *Dio l'ha chiamato a sé*, Dieu l'a rappelé à lui || *— pane il pane e vino il vino*, appeler un chat un chat **2** (*alle carte*) demander □ **chiamarsi** *v.pron.* s'appeler*: *come ti chiami?*, comment t'appelles-tu?; *si chiama Giovanni*, il s'appelle Jean || *questo si* *chiama parlar chiaro!*, voilà ce qui s'appelle parler clairement!

chiamata *s.f.* **1** appel (*m.*): *una — telefonica*, un appel, une communication téléphonique || (*teatr.*) — *alla ribalta*, rappel || — *di controllo*, revue d'appel **2** (*alle carte*) demande.

chiamavetture *s.m.* aboyeur.

chianti *s.m.* vin rouge produit en Toscane.

chiara *s.f.* (*fam.*) blanc d'œuf.

chiaramente *avv.* **1** clairement **2** (*francamente, recisamente*) carrément.

chiaretto *s.m.* (*vino*) clairet.

chiarezza *s.f.* clarté (*anche fig.*).

chiarificare (*coniug. come* mancare) *v.tr.* clarifier.

chiarificatore (f. *-trice*) *agg.* éclairant.

chiarificazione *s.f.* clarification (*anche fig.*).

chiarimento *s.m.* éclaircissement.

chiarire (*coniug. come* finire) *v.tr.* **1** éclaircir; (*mettere in chiaro*) tirer au clair; (*rendere comprensibile*) éclairer: *chiarirsi le idee*, s'éclaircir les idées; *voglio — questa faccenda*, je veux tirer au clair cette affaire; — *il senso di una frase*, éclairer le sens d'une phrase **2** (*purificare*) clarifier □ **chiarirsi** *v.pron.* s'éclaircir.

chiaro *agg.* **1** clair: *verde —*, vert clair; *una voce chiara*, une voix claire; *è giorno —*, il fait grand jour; *è — come il sole*, c'est clair comme le jour **2** (*fig.*) illustre: *uno scienziato di chiara fama*, un savant illustre ♦ *avv.* clair: *dire — e tondo*, dire clair et net || *scrivere —*, écrire lisiblement ♦ *s.m.* clair: — *di luna*, clair de lune || *mettere in —*, tirer au clair.

chiarore *s.m.* lueur (*f.*).

chiaroscuro *s.m.* clair-obscur*.

chiaroveggente *agg.* clairvoyant ♦ *s.m.* (*indovino*) voyant.

chiaroveggenza *s.f.* **1** clairvoyance **2** (*dono profetico*) voyance, divination.

chiassata *s.f.* **1** chahut (*m.*) **2** (*scenata*) scène.

chiasso *s.m.* tapage, vacarme; (*fig.*) bruit.

chiassoso *agg.* **1** bruyant **2** (*fig.*) tapageur*, criard.

chiatta *s.f.* chaland (*m.*), péniche: *ponte di chiatte*, pont flottant, de bateaux.

chiavarda *s.f.* cheville.

chiave *s.f.* clé, clef: — *di accensione*, clé de contact; — *femmina*, clé forée; *chiudere con due giri di —*, fermer à double tour; *mettere, tenere sotto —*, mettre sous clé || *vendita chiavi in mano*, vente clés en main || (*tecn.*) — *inglese*, clé anglaise || *la — del problema*, (*fig.*) la clé du problème || *il personaggio — d'una commedia*, le personnage clé d'une pièce; *romanzo a —*, roman à clé || *in — politica*, politiquement parlant.

chiavetta *s.f.* **1** (*del gas ecc.*) robinet (*m.*) **2** (*mecc.*) clavette.

chiavica (pl. *-che*) *s.f.* égout (*m.*).

chiavistello *s.m.* verrou: *chiudere col —*, verrouiller.

chiazza *s.f.* **1** tache **2** (*med.*) plaque.

chiazzare *v.tr.* tacheter*; (*sporcare*) tacher.

chicca (pl. *-che*) *s.f.* bonbon (*m.*), dragée, sucrerie || *che —!, è una vera —!*, (*fig.*) c'est une belle trouvaille!

chicchera *s.f.* tasse.

chicchessia *pron.indef.* (*letter.*) (*retto da verbi al pres. o al fut.*) qui que ce soit; (*retto da verbi al pass. o al condiz.*) qui que ce fût.

chicchirichì *onom.* cocorico.

chicco (pl. *-chi*) *s.m.* **1** grain **2** (*di grandine*) grêlon.

chiedere (*Pass.rem.* io chiesi, tu chiedesti. *Part.pass.* chiesto) *v.tr.* demander: *è meglio che tu chieda all'ufficio informazioni*, il vaut mieux que tu demandes, que tu t'adresses au bureau de renseignements || — *scusa*, s'excuser || — *di*, demander à; *non chiede di meglio che...*, il ne demande qu'à.... ♦ *v.intr.* (*domandare notizie*) demander: *chiedono di lei*, on vous demande; *mi chiede sempre di te*, il me demande toujours de tes nouvelles.

chierica (pl. *-che*) *s.f.* tonsure.

chierichetto *s.m.* enfant de chœur.

chierico (pl. *-ci*) *s.m.* **1** (*seminarista, membro del clero*) clerc **2** (*chierichetto*) enfant de chœur.

chiesa *s.f.* **1** église; (*protestante*) temple (*m.*): *andare in —*, aller à l'église; *entrare in —*, entrer dans l'église || *essere di —*, être dévot **2** (*comunità religiosa*) Eglise: *la Chiesa cattolica*, l'Église catholique.

chiesastico (pl. *-ci*) *agg.* **1** (*religioso*) religieux* **2** (*spreg.*) (*clericale*) clérical*.

chiffon *s.m.* (*tess.*) mousseline de soie.

chiglia *s.f.* (*mar.*) quille.

chilo¹ *s.m.* (*biol.*) chyle || *fare il —*, (*fig.*) faire la sieste.

chilo² *s.m.* kilo.

chilo- *pref.* kilo-

chilogrammetro *s.m.* (*fis.*) kilogrammètre.

chilogrammo *s.m.* kilogramme.

chilometraggio *s.m.* kilométrage.

chilometrico (pl. *-ci*) *agg.* kilométrique.

chilometro *s.m.* kilomètre.

chilowatt *s.m.* (*elettr.*) kilowatt.

chilowattora *s.m.* (*elettr.*) kilowattheure.

chimera *s.f.* chimère.

chimerico (pl. *-ci*) *agg.* chimérique.

chimica *s.f.* chimie.

chimicamente *avv.* chimiquement.

chimico (pl. *-ci*) *agg.* chimique ♦ *s.m.* chimiste.

chimono *s.m.* kimono.

china¹ *s.f.* pente, *mettersi su una brutta —*, (*fig.*) être sur la mauvaise pente || *essere sulla — degli anni*, être d'un âge avancé.

china² *s.f.* (*bot.*) quinquina (*m.*).

china³ *s.f.*: *inchiostro di —*, encre de Chine.

chinare *v.tr.* courber; (*abbassare*) baisser: — *il capo*, (*anche fig.*) courber la tête □ **chinarsi** *v.pron.* se courber, se baisser; (*spec. fig.*) se pencher.

chincaglieria *s.f.* quincaillerie.

chinesi- *pref.* kin(ési)-

chinesiterapia *s.f.* (*med.*) kinésithérapie.

chinina *s.f.*, **chinino** *s.m.* quinine (*f.*).

chino *agg.* penché, courbé || *a capo —*, la tête basse.

chinotto *s.m.* (*bibita*) boisson à base de kumquat.

chioccia (pl. *-ce*) *s.f.* (poule) couveuse; (*fig.*) mère poule.

chiocciare (*coniug. come* cominciare) *v.intr.* **1** glousser **2** (*covare*) couver.

chiocciola *s.f.* (co)limaçon (*m.*) || *a —*, en (co)limaçon.

chiodato *agg.* **1** clouté: *bastone —*, bâton ferré **2** (*mecc.*) cloué: *lamiere chiodate*, tôles clouées.

chiodatura *s.f.* **1** clouage (*m.*); (*di scarpe*) cloutage (*m.*) **2** (*tecn.*) rivetage (*m.*).

chiodino *s.m.* (*bot.*) armillaire couleur de miel.

chiodo *s.m.* clou: *— da cavallo*, clou à chevaux; *— da roccia*, piton d'alpiniste; *— da ghiaccio*, broche, piton à glace || *appendere al —*, (*i guantoni, la bicicletta ecc.*) (*fig.*) se retirer de la compétition || *magro come un —*, maigre comme un clou || *roba da chiodi!*, c'est inouï! || (*fig.*): *— fisso*, idée fixe; *piantar chiodi*, laisser les ardoises partout; *— scaccia —*, un clou chasse l'autre.

chioma *s.f.* **1** chevelure **2** (*criniera*) crinière.

chiomato *agg.* chevelu.

chiosa *s.f.* glose.

chiosare *v.tr.* gloser.

chiosco (pl. *-chi*) *s.m.* **1** kiosque **2** (*pergolato a cupola*) pavillon.

chiostro *s.m.* cloître.

chip *s.m.* (*elettr.*) puce (*f.*).

chiromante *s.m.* chiromancien ♦ *s.f.* chiroman-cienne.

chiromanzia *s.f.* chiromancie.

chiropratico (pl. *-ci*) *agg.* (*med.*) chiropracteur, chiropraticien*.

chirurgia *s.f.* chirurgie.

chirurgico (pl. *-ci*) *agg.* chirurgical* || *sala chirurgica*, salle d'opération || *-mente* *avv.*

chirurgo (pl. *-ghi* o *-gi*) *s.m.* chirurgien*.

chissà, **chi sa** *avv.* **1** qui sait: *— quanti sono!*, qui sait combien ils sont! **2** (*forte probabilità*) peut-être: *— che non riesca a convincerlo*, peut-être que j'arriverai à le convaincre.

chitarra *s.f.* guitare.

chitarrista *s.m.* e *f.* guitariste.

chiudere (*Pass.rem.* io chiusi, tu chiudesti ecc. *Part.pass.* chiuso) *v.tr.* **1** fermer **2** (*rinchiudere*) enfermer; (*fig.*) (*celare*) cacher || *— in carcere, in convento*, mettre en prison, au couvent **3** (*cingere, recintare*) entourer (de) **4** (*stringere*) serrer || *— il pugno*, serrer le poing || *— le ali*, replier ses ailes **5** (*terminare*) terminer; (*concludere*) conclure*: *— un discorso con...*, conclure un discours par... || *la cavalleria chiudeva la sfilata*, la cavalerie fermait le défilé || *l'udienza è chiusa*, l'audience est levée; *— una discussione*, mettre fin à une discussion; *l'incidente è chiuso*, l'incident est clos || *— la vendita*, arrêter la vente || *le iscrizioni si chiudono il 20 settembre*, les inscriptions seront closes le 20 septembre || *—*

col passato, rompre avec son passé **6** (*tappare*) boucher || *— una falla*, aveugler une voie d'eau **7** (*ostruire*) obstruer; (*bloccare*) bloquer: *— le vie d'accesso alla città*, bloquer les voies d'accès à la ville **8** (*comm.*) arrêter **9** (*nei giochi di carte*) finir: *— in mano*, faire rami ♦ *v.intr.* **1** fermer **2** (*un'attività*) fermer; (*bruscamente*) cesser (toute activité): *la ditta ha chiuso dall'oggi al domani*, l'entreprise a cessé toute activité du jour au lendemain || *con lei ho chiuso*, avec elle c'est terminé □ **chiudersi** *v.pron.* **1** se fermer **2** (*rinchiudersi*) s'enfermer: *mi sono chiuso dentro per sbaglio*, je me suis enfermé à l'intérieur par erreur || *— in se stessi*, (*fig.*) se renfermer en, se replier sur soi-même || *— nel proprio dolore*, (*fig.*) s'abîmer dans sa douleur **3** (*del cielo*) (*coprirsi*) se couvrir*.

chiunque *pron.indef.* **1** (*indic. o condiz.*) n'importe qui: *— può, potrebbe farlo*, n'importe qui peut, pourrait le faire; *puoi dirlo a —*, tu peux le dire à n'importe qui || *— di voi* (*due*), *di loro* (*tre*), n'importe lequel d'entre vous, d'entre eux **2** (*+ cong.*) quiconque; (*sogg.*) qui que ce soit qui, (*tutti coloro che*) tous ceux qui; (*ogg.*) qui que ce soit que, (*tutti coloro che*) tous ceux que: *— l'abbia fatto ha torto*, quiconque l'a fait, a tort; *riceverò — si presenti*, je recevrai quiconque se présentera; *lo dirò a — vorrà ascoltarmi*, je le dirai à tous ceux qui voudront m'écouter; *lo direi a — me lo domandasse*, je le dirais à tous ceux qui me le demanderaient; *fermava — incontrasse*, il arrêtait tous ceux qu'il rencontrait; *— di voi abbia occasione di vederlo, lo avverta*, ceux d'entre vous qui auraient l'occasion de le voir sont priés de l'avertir; *— ve lo dica, ve l'abbia detto*, qui que ce soit qui vous le dise, qui vous l'ait dit; *— ve lo dicesse, ve l'avesse detto*, qui que ce soit qui vous l'ai dit **3** (*seguito dal verbo* essere *o da* dovere *e* potere *+* essere) qui que; (*riferito alla 3ª* persona sing. e pl.) quel* que: *— tu sia, — voi siate*, qui que tu sois, qui que vous soyez; *— fosse, potesse essere*, quel qu'il fût || *— sia l'uomo che voi accusate...*, quel que soit l'homme que vous accusez...; *— fosse la responsabile...*, quelle que soit la responsable...; *di — sia* (*questo*), *non toccarlo*, qu'il soit à n'importe qui, ne le touche pas.

chiurlo *s.m.* courlis.

chiusa *s.f.* **1** (*recinto*) clôture, enclos (*m.*) **2** (*idraulica*) écluse **3** (*di lettera, di discorso*) fin, conclusion.

chiusino *s.m.* grille (*f.*).

chiuso *agg.* **1** fermé: *è ancora —*, c'est encore fermé || *avere il naso —*, (*per raffreddore*) avoir le nez bouché **2** (*introverso*) renfermé **3** (*terminato*) terminé: *la vendita dei biglietti è chiusa*, la vente des billets est terminée || *la questione è chiusa*, la discussion est close **4** (*comm.*) arrêté || *conto —*, compte balancé ♦ *s.m.* **1** (*riparo*) abri; (*recinto*) enclos; (*per il bestiame*) parc **2** *avere odore di —*, sentir le renfermé || *stare al —*, rester à l'intérieur d'une maison.

chiusura *s.f.* fermeture; (*comm., econ.*) clôture: *orario di —*, horaire de fermeture || *— di un dibattito*, clôture d'un débat.

ci[1] *avv.* (*di luogo*) **1** (*in questo, in quel luogo*) y: *non — siamo mai andati, ma speriamo di andarci prima o poi*, nous n'y sommes jamais allés mais nous espérons y aller un jour ou l'autre; *vacci subito*, vas-y tout de suite; *non andarci da solo*, n'y va pas tout seul || *— andrò domani*, j'irai demain; *— andremmo volentieri*, nous irions volontiers **2** (*per questo, per quel luogo*) par là, y: *— passo tutti i giorni*, j'y passe (*o* je passe par là) tous les jours **3** (*generalmente si omette se pleonastico*): *— vai a quella festa?*, tu (y) vas à cette fête?; *da quella finestra — viene un'aria!*, de cette fenêtre vient un courant d'air terrible!; *godiamoci queste vacanze!*, profitons de ces vacances!

ci[2] *pron.pers. di 1ª pers.pl.* **1** (*compl. ogg. e compl. di termine*) nous: *tutti — guardano*, tout le monde nous regarde; *non è neppure venuto a salutarci*, il n'est même pas venu nous dire bonjour; *guardateci attentamente*, regardez-nous bien; *non lasciateci soli*, ne nous laissez pas seuls; *non hanno voluto parlarci, non — hanno voluto parlare*, ils n'ont pas voulu nous parler **2** (*compl. di termine con valore di possesso o di legame personale; se pleonastico non si traduce*) notre*: *— ha preso la macchina*, il a pris notre voiture; *quando — si presenterà l'occasione*, quand nous en aurons l'occasion; *— starà seduto vicino*, il sera assis à côté de nous; *— costruiremo una bella casetta in campagna*, nous construirons une belle petite maison à la campagne **3** (*nella coniug. dei verbi pron.*) nous: *— siamo alzati presto*, nous nous sommes levés tôt; *sediamoci qui*, asseyons-nous ici; *non facciamoci troppe illusioni*, ne nous faisons pas trop d'illusions **4** (*con costr. impers.*) on: *sovente — si lagna, — lagniamo per cose da nulla*, on se plaint souvent pour des riens; *in casa nostra — si alza presto*, chez nous on se lève tôt ♦ *pron.dimostr.* (*a ciò, su questo ecc.*) y: *— rinuncio*, j'y renonce; *pensateci bene*, pensez-y bien; *non pensarci più*, n'y pense plus; *— puoi contare, puoi contarci*, tu peux y compter; *a me non — pensi mai*, tu ne penses jamais à moi.

ciabatta *s.f.* pantoufle, (*scarpa scalcagnata*) savate.

ciabattino *s.m.* cordonnier.

ciac, ciak (pl. *invar.*) *s.m.* (*cine.*) —, *si gira*, moteur ♦ *inter.* (*di schiaffo*) paf; (*di acqua*), plouf.

cialda *s.f.* **1** (*cuc.*) gaufrette **2** (*ostia per medicinali*) cachet (*m.*).

cialtrone *s.m.* **1** canaille **2** (*sciattone*) personne débraillée.

cialtroneria *s.f.* **1** canaillerie **2** (*sciatteria*) débraillé (*m.*).

ciambella *s.f.* **1** couronne, gimblette || *non tutte le ciambelle riescono col buco*, on ne fait pas de mouche à tous les coups **2** — *di salvataggio*, bouée de sauvetage.

ciambellano *s.m.* chambellan.

ciancia (pl. *-ce*) *s.f.* **1** bla-bla* (*m.*); (*pettegolez-*

zo) potin (*m.*), commérage (*m.*) **2** (*fandonia*) baliverne.

cianciare (*coniug. come* cominciare) *v.intr.* faire* du bla-bla.

cianfrusaglia *s.f.* (*spec.pl.*) bric-à-brac* (*m.*).

ciano *s.f.* → **cianografica**.

cian(o)- *pref.* cyan(o)-

cianografica (pl. *-che*) *s.f.* (*tip.*) ozalid (*m.*), bleu* (*m.*).

cianosi *s.f.* (*med.*) cyanose.

cianotico (pl. *-ci*) *agg.* (*med.*) cyanotique || *colorito —*, teint cyanosé.

cianuro *s.m.* (*chim.*) cyanure.

ciao *inter.* (*fam.*) salut! || *dire —*, dire bonjour.

ciarda *s.f.* (*mus.*) csardas.

ciarla *s.f.* (*spec. pl.*) **1** bavardage (*m.*) **2** (*pettegolezzo*) commérage (*m.*), potin (*m.*).

ciarlare *v.intr.* caqueter*.

ciarlataneria *s.f.* charlatanisme (*m.*).

ciarlatano *s.m.* charlatan.

ciarliero *agg.* bavard.

ciarpame *s.m.* bric-à-brac*.

ciascun, ciascuno *agg.indef.* (*solo sing.*) chaque (*invar.*): *ciascun vostro desiderio sarà esaudito*, chacun de vos désirs sera exaucé • *Ciascuno* si usa solo davanti a sostantivi inizianti per *s* impura, *gn, ps, x, z*; il *f. ciascuna* si elide davanti a sostantivi inizianti per vocale ♦ *pron.indef.* (*solo sing.*) chacun: *hanno portato — il proprio dizionario*, chacun a apporté son dictionnaire; *— tornò a casa propria, sua*, chacun rentra chez lui; *— di noi, di voi, di loro*, chacun de nous, de vous, d'eux; *abbiamo avuto un libro* (*per*) *—*, nous avons eu chacun un livre || *a — il suo*, chacun le sien; (*ciò che gli spetta*) à chacun son dû.

cibare *v.tr.* nourrir (*anche fig.*) □ **cibarsi** *v.pron.* se nourrir.

cibarie *s.f.pl.* victuailles.

cibernetica *s.f.* cybernétique.

cibernetico (pl. *-ci*) *agg.* cybernétique, cybernéticien* ♦ *s.m.* cybernéticien*.

cibo *s.m.* **1** nourriture (*f.*) (*anche fig.*); (*alimento*) aliment (*piatto, vivanda*) mets || *non prendere, toccare —*, ne pas manger **2** (*pasto*) repas.

ciborio *s.m.* (*eccl.*) (*pisside*) ciboire.

cicala *s.f.* **1** (*zool.*) cigale **2** (*cicalino*) sonnette.

cicalare *v.intr.* jacasser.

cicaleccio *s.m.* caquetage.

cicalino *s.m.* sonnette (*f.*).

cicatrice *s.f.* cicatrice.

cicatrizzante *agg. e s.m.* cicatrisant.

cicatrizzare *v.tr.* cicatriser ♦ *v.intr.*, **cicatrizzarsi** *v. pron.* se cicatriser.

cicatrizzazione *s.f.* cicatrisation.

cicca[1] (pl. *-che*) *s.f.* (*mozzicone di sigaretta*) mégot (*m.*) || *non vale una —*, (*fam.*) ça ne vaut pas un clou.

cicca[2] *s.f.* (*region.*) (*gomma da masticare*) chewing-gum (*m.*).

ciccare (*coniug. come* mancare) *v.intr.* (*region.*) (*masticare tabacco*) chiquer.

cicchetto *s.m.* (*fam.*) **1** (*bicchierino di vino ecc.*)

goutte (f.); petit verre **2** (ramanzina) savon: fare un —, passer un savon.

ciccia s.f. (fam.) graisse || metter su —, prendre de l'embonpoint.

cicciona s.f. (fam.) dondon.

ciccione s.m. (fam.) gros lard.

cicerone s.m. cicérone, guide.

cicisbeo s.m. sigisbée || fare il —, faire le joli cœur.

ciclabile agg. cyclable: pista —, piste cyclable.

ciclamino s.m. (bot.) cyclamen.

ciclico (pl. -ci) agg. cyclique || **-mente** avv.

ciclismo s.m. cyclisme.

ciclista s.m. **1** cycliste **2** (venditore e riparatore) réparateur de cycles.

ciclistico (pl. -ci) agg. cycliste.

ciclo[1] s.m. cycle: — produttivo, cycle de production; — lavorativo, cycle de travail || un — di conferenze, une série de conférences.

ciclo[2] s.m. (mecc.) cycle; (bicicletta) vélo.

ciclo- pref. cyclo-

ciclocampestre agg. e s.f.: (corsa) —, cyclo-cross* (m.).

ciclocross (pl. invar.) s.m. cyclo-cross*, bicross.

cicloide s.f. (mat.) cycloïde.

ciclomotore s.m. cyclomoteur.

ciclone s.m. cyclone.

ciclonico (pl. -ci) agg. cyclonal*.

ciclopico (pl. -ci) agg. cyclopéen*.

ciclostilare v.tr. polycopier, ronéotyper.

ciclostilato agg. e s.m. polycopié, ronéotypé.

ciclostile s.m. ronéo (f.), machine à polycopier.

ciclotrone s.m. (fis.) cyclotron.

cicloturismo s.m. cyclotourisme.

cicogna s.f. (zool.) cigogne.

cicoria s.f. chicorée.

cicuta s.f. ciguë.

ciecamente avv. aveuglément.

cieco (pl. -chi) agg. **1** aveugle: — dalla nascita, aveugle de naissance; — da un occhio, borgne || bisogna esser ciechi per non vederlo, il faut avoir un bandeau sur les yeux pour ne pas le voir **2** (fig.) aveugle; (accecato) aveuglé: finestra cieca, fenêtre aveugle; — di rabbia, aveuglé par la colère ♦ s.m. aveugle || nel regno dei ciechi beato chi ha un occhio, au royaume des aveugles les borgnes sont rois □ **alla cieca** locuz.avv. à l'aveuglette; (a caso) au hasard.

cielo s.m. ciel*: l'immensità dei cieli, l'immensité des cieux; i cieli di Turner, les ciels de Turner || miniera a — aperto, carrière à ciel ouvert; dormire a — aperto, coucher à la belle étoile || (fig.): toccare il — con un dito, essere al settimo —, être aux anges; non sta né in — né in terra, ça ne tient pas debout, (è inaudito) c'est inouï || grazie al —!, Dieu merci!; santo —!, juste ciel!; volesse il —!, plût au ciel!; lo sa il —!, Dieu sait!; apriti —!, catastrophe!; caschi, cascasse il —!, coûte que coûte || (relig.): gloria a Dio nel più alto dei cieli, gloire à Dieu au plus haut des cieux; così in — come in terra, sur la terre comme au ciel.

cifosi s.f. (med.) cyphose.

cifra s.f. **1** chiffre (m.) || fare — tonda, arrondir **2** (somma di denaro) somme: chiedere una — esagerata, demander un prix exagéré **3** (scrittura segreta) chiffre (m.): scrivere in —, écrire en chiffres; messaggio in —, message chiffré, codé.

cifrare v.tr. chiffrer.

cifrario s.m. code.

cifrato agg. chiffré.

ciglio (pl.f. ciglia; pl.m. cigli nel sign. 2) s.m. **1** cil || senza batter —, sans sourciller; in un batter di —, en un clin d'œil **2** (bordo) bord: sul — della strada, au bord de la route.

ciglione s.m. (di strada) talus; (di fiume) berge (f.); (di precipizio) bord.

cigno s.m. cygne.

cigolare v.intr. grincer*.

cigolio s.m. grincement.

cilecca s.f.: far —, rater; (di arma da fuoco) s'enrayer*: ha fatto —, (fig.) il a raté son coup; le gambe gli hanno fatto —, les jambes lui ont manqué.

cilicio s.m. cilice.

ciliegia (pl. -gie o -ge) s.f. cerise: — duracina, bigarreau || una — tira l'altra, (fig.) jamais deux sans trois.

ciliegio s.m. cerisier: — duracino, bigarreautier.

cilindrare v.tr. (tecn.) cylindrer.

cilindrata s.f. (mecc.) cylindrée.

cilindratura s.f. (tecn.) cylindrage (m.).

cilindrico (pl. -ci) agg. cylindrique.

cilindro s.m. **1** cylindre || (aut.) una sei cilindri, une six-cylindres **2** (cappello) *haut-de-forme*.

cima s.f. **1** sommet (m.), cime; (di edifici) faîte (m.); (parte superiore) *haut (m.) || da — a fondo, de haut en bas, de fond en comble; leggere un libro da — a fondo, lire un livre d'un bout à l'autre || avere in — ai propri pensieri, avoir toujours présent **2** (estremità) bout (m.) **3** (fam.) (persona eminente) crack (m.), as (m.): non è una —, il n'est pas génial **4** (mar.) bout (m.) **5** (bot.) cyme (f.) (cuc.) cime di rapa, navets-asperges □ **in cima (a)**, au sommet (de): in — alle scale, en haut de l'escalier; sullo scaffale in —, sur l'étagère d'en haut; seduto in — al muretto, assis juste sur le bord du mur; in — alla strada, au bout de la rue.

cimare v.tr. **1** (agr.) étêter, écimer; (cespugli) tondre* **2** (ind. tess.) tondre*.

cimasa s.f. (arch.) cimaise.

cimatore s.m. (ind. tess.) tondeur*.

cimatrice s.f. (ind. tess.) tondeuse.

cimatura s.f. (ind. tess.) tondage (m.).

cimelio s.m. **1** relique (f.); vestige **2** (scherz.) (anticaglia) vieillerie (f.).

cimentare v.tr. risquer □ **cimentarsi** v.pron. se risquer || — con qlcu, se mesurer avec qqn || voglio cimentarmi col russo, je veux me lancer dans l'étude du russe.

cimice s.f. punaise.

cimiero s.m. cimier.

ciminiera s.f. cheminée.

cimitero s.m. cimetière.

cimosa, cimossa s.f. (ind. tess.) lisière.

cimurro s.m. morve (f.), gourme (f.).

cinabro s.m. cinabre.

cincia (pl. *-ce*) *s.f.* (*zool.*) mésange.

cincillà (pl. *invar.*) *s.m.* chinchilla.

cin cin *inter.* à votre santé!

cincischiare *v.tr.* tripoter; (*tagliuzzare malamente*) déchiqueter* || — *le parole*, (*fig.*) manger ses mots ♦ *v.intr.* (*perdere tempo*) traînasser.

cine *s.m.* (*fam.*) *abbr.* → **cinema**.

cine- *pref.* ciné-

cineamatore *s.m.* cinéaste amateur.

cineasta *s.m.* cinéaste.

cineclub *s.m.* ciné-club*.

cinefilo *s.m.* cinéphile.

cineforum (pl. *invar.*) *s.m.* débat avant ou après un film; (*estens.*) ciné-club*.

cinegiornale *s.m.* actualités (*f.pl.*).

cinema (pl. *invar.*) *s.m.* **1** cinéma **2** (*locale*) salle de cinéma.

cinemascope *s.m.* cinémascope.

cinematica *s.f.* cinématique.

cinematico (pl. *-ci*) *agg.* cinématique.

cinematografia *s.f.* cinématographie.

cinematografico (pl. *-ci*) *agg.* cinématographique: *attore* —, acteur de cinéma; *pellicola cinematografica*, bande, film || **-mente** *avv.*

cinematografo *s.m.* cinéma(tographe).

cineoperatore *s.m.* cadreur*, opérateur (de prises de vue), caméraman.

cinepresa *s.f.* caméra.

cinerama *s.m.* cinérama.

cineraria *s.f.* (*bot.*) cinéraire.

cinerario *agg.* cinéraire ♦ *s.m.* (*archeol.*) urne cinéraire.

cinereo *agg.* (couleur) de cendre || *luce cinerea*, lumière blafarde.

cineromanzo *s.m.* cinéroman*.

cinescopio *s.m.* (*tv*) kinescope.

cinese *agg.* e *s.m.* chinois.

cineseria *s.f.* (*spec.pl.*) chinoiserie.

cinesi- *pref.* kin(ési)-

cineteca (pl. *-che*) *s.f.* cinémathèque.

cinetico (pl. *-ci*) *agg.* cinétique.

cingere (*coniug. come* spingere) *v.tr.* ceindre* || — *le spalle con il braccio*, passer le bras autour des épaules || *un muro cinge l'orto*, un mur entoure le verger || — *d'assedio*, assiéger.

cinghia *s.f.* **1** (*dei pantaloni*) ceinture || *tirare la* —, (*fig.*) se serrer la ceinture **2** (*per i libri*) sangle; (*di elastico*) élastique (*m.*) **3** (*mecc.*) courroie.

cinghiale *s.m.* **1** sanglier; (*femmina*) laie (*f.*); (*piccolo*) marcassin **2** (*pelle*) pécari.

cingolato *agg.* chenillé.

cingolo *s.m.* **1** chenille (*f.*): *su cingoli*, chenillé **2** (*eccl.*) cordon (d'aube).

cinguettare *v.intr.* **1** gazouiller **2** (*fig.*) jacasser.

cinguettio *s.m.* gazouillement.

cinico (pl. *-ci*) *agg.* e *s.m.* cynique || **-mente** *avv.*

ciniglia *s.f.* chenille.

cinismo *s.m.* cynisme: *con freddo* —, froidement.

cinodromo *s.m.* cynodrome.

cinofilo *agg.* **1** cynophile || *unità cinofile della polizia*, groupe cynophile de la police **2** (*che*

concerne la cinofilia) de cynophilie ♦ *s.m.* cynophile.

cinquanta *agg.num.card.* e *s.m.* cinquante.

cinquantadue *agg.num.card.* e *s.m.* cinquante-deux.

cinquantamila *agg.num.card.* cinquante mille ♦ *s.m.* (pl. *f.*) (billet de) cinquante mille lires.

cinquantenario *agg.* de cinquante ans; (*di esseri viventi*) cinquantenaire ♦ *s.m.* cinquantenaire.

cinquantennale *agg.* **1** (*che dura cinquanta anni*) qui dure cinquante ans **2** (*che ricorre ogni cinquanta anni*) qui a lieu tous les cinquante ans.

cinquantenne *agg.* (âgé) de cinquante ans ♦ *s.m.* e *f.* homme (âgé), femme (âgée) de cinquante ans.

cinquantennio *s.m.* (*période de*) cinquante ans.

cinquantesimo *agg.num.ord.* cinquantième || *capitolo* —, chapitre cinquante.

cinquantina *s.f.* cinquantaine.

cinquantuno *agg.num.card.* e *s.m.* cinquante et un.

cinque *agg.num.card.* e *s.m.* cinq.

cinquecentesco (pl. *-chi*) *agg.* du XVIᵉ siècle.

cinquecentista *s.m.* **1** (*scrittore, artista*) écrivain, artiste du XVIᵉ siècle **2** (*studioso del Cinquecento*) spécialiste du XVIᵉ siècle, seiziémiste.

cinquecento *agg.num.card.* e *s.m.* cinq cents || *nel Cinquecento*, au seizième (XVIᵉ) siècle.

cinquemila *agg.num.card.* cinq mille ♦ *s.m.* **1** *correre i* — (*metri*), courir les cinq mille mètres **2** (*pl. f.*) (billet de) cinq mille lires.

cinquina *s.f.* (*lotto e tombola*) quine (*m.*).

cinta *s.f.* **1** enceinte || — *daziaria*, limite de l'octroi **2** (*cintura*) ceinture.

cintare *v.tr.* enceindre*; (*circondare*) entourer.

cinto¹ *agg.* ceint; (*circondato*) entouré.

cinto² *s.m.*: — (*erniario*), bandage herniaire.

cintola *s.f.* (*vita*) taille; (*cintura*) ceinture: *una pistola alla* —, un pistolet à la ceinture; *l'acqua gli arrivava alla* —, l'eau lui arrivait à la ceinture, jusqu'à la taille || *dalla* — *in su, in giù*, de la ceinture jusqu'à la tête, jusqu'aux pieds.

cintura *s.f.* ceinture || — *di salvataggio, di sicurezza*, ceinture de sauvetage, de sécurité || (*estens.*) *la* — *industriale di Milano*, la zone industrielle de Milan.

cinturato *agg.* (*di pneumatico*) radial*, à carcasse radiale.

cinturino *s.m.* (*di orologio*) bracelet; (*di scarpa*) bride (*f.*).

cinturone *s.m.* ceinturon.

cinz *s.m.* (*tessuto*) chintz.

ciò *pron.dimostr.* **1** (*questa cosa*) ceci; (*quella cosa*) cela; (*fam.*) ça: — *non ti riguarda*, cela ne regarde pas; — *mi stupisce proprio*, ça m'étonne vraiment || *detto* —, cela dit || *e con* —, *che cosa vuoi dire?*, qu'est-ce que tu veux dire par là? || *e con* —, *vi saluto*, et sur ce (*o* là-dessus) je vous salue || *con tutto* —, avec tout cela, (*malgrado*) malgré tout cela || *da* —, d'où, de là || *non v'era in* — *nessun sottinteso*, il n'y avait là aucun sous-entendu || *oltre a* —, en plus de cela (*o* en outre) || *a* —, (*a tal fine*) dans ce but || — *nondimeno*, — *no-*

nostante, cependant, toutefois **2** (*antecedente di pron.rel.*) ce: *farò* — *che vuoi*, je ferai ce que tu voudras.

ciocca (pl. *-che*) *s.f.* mèche.

ciocco (pl. *-chi*) *s.m.* bûche (*f.*).

cioccolata *s.f.* chocolat (*m.*).

cioccolatino *s.m.* chocolat.

cioccolato *s.m.* chocolat: *una tavoletta di* —, une tablette de chocolat; *biscotti al* —, gâteaux au chocolat.

cioè *avv.* **1** c'est-à-dire: *verrà tra due giorni,* — *giovedì*, il viendra dans deux jours, c'est-à-dire jeudi || *e* —?, c'est-à-dire? || *un assegno dello stesso importo,* — *1500 F*, un chèque du même montant, soit 1500 F **2** (*nelle enumerazioni*) à savoir: *ha altri due fratelli, e* — *Paolo e Carlo*, il a deux autres frères, à savoir: Paul et Charles **3** (*anzi*) ou mieux, ou plutôt: *gli scriverò,* — *gli telefonerò*, je lui écrirai, ou plutôt je lui téléphonerai.

ciondolare *v.intr.* **1** dodeliner: *gli ciondolava la testa*, il dodelinait de la tête || — *dal sonno*, tomber de sommeil **2** (*fig.*) (*girovagare*) flâner ♦ *v.tr.* balancer*.

ciondolio *s.m.* dodelinement.

ciondolo *s.m.* breloque (*f.*); (*di collana*) pendentif: *orecchini a* —, pendants (d'oreilles).

ciondoloni, (a) *avv.* ballant (*agg.*): *tenere le braccia* —, avoir les bras ballants || *andare* —, flâner || *starsene* —, rester oisif.

ciononostante, ciò nonostante *locuz.cong.* malgré cela.

ciotola *s.f.* bol (*m.*), écuelle; (*per gli spiccioli*) sébile.

ciottolo *s.m.* caillou*; (*arrotondato dalla corrente*) galet.

cip *s.m.* (*nel poker*) mise (*f.*).

cip-cip *onom.* cui-cui.

cipiglio *s.m.* air courroucé; air sévère: *con* —, d'un air courroucé || *fare il* —, prendre un air courroucé.

cipolla *s.f.* **1** oignon (*m.*): — *bianca, rossa, dorata*, oignon blanc, rouge, jaune || *mangiare pane e* —, (*fig.*) se serrer la ceinture **2** (*scherz.*) (*orologio da tasca*) oignon (*m.*) **3** (*dell'innaffiatoio*) pomme; (*di lumi a petrolio ecc.*) réservoir (*m.*).

cippo *s.m.* **1** cippe (*f.*) **2** (*di confine*) borne (*f.*).

cipresso *s.m.* cyprès.

cipria *s.f.* poudre: *darsi la* —, se poudrer; *piumino della* —, houppette à poudre.

cipriota *agg. e s.m.* cypriote.

circa *avv.* à peu près, environ; (*spec. davanti a numerale*) quelque (*invar.*): *erano* — *le dieci*, il était à peu près dix heures (*o dix heures environ*); *me ne occorre* — *la metà*, il m'en faut à peu près (*o environ*) la moitié; *avrà* — *cinquant'anni*, il doit avoir sur les cinquante ans; *ci saranno* — *tre chilometri da qui alla stazione*, d'ici à la gare, il doit y avoir quelque (*o près de o environ*) trois kilomètres ♦ *prep.* (*a proposito di*) au sujet de, à propos de; (*per quanto riguarda*) en ce qui concerne, pour ce qui est (de) || — *la vostra richiesta*

di impiego, siamo spiacenti..., en réponse à votre demande d'emploi, nous sommes au regret de vous communiquer que...

circense *agg.* du cirque

circo (pl. *-chi*) *s.m.* cirque.

circolante *agg.* **1** circulant: (*capitale*) —, capital circulant, fonds de roulement **2** *biblioteca* —, bibliothèque de prêt.

circolare[1] *agg.* circulaire ♦ *s.f.* **1** (*avviso*) circulaire **2** (*linea filotranviaria*) ligne de ceinture.

circolare[2] *v.intr.* **1** circuler (*anche fig.*) || *circolano strane voci sul suo conto*, des bruits étranges courent sur son compte **2** (*di capitali*) rouler.

circolatorio *agg.* circulatoire.

circolazione *s.f.* circulation || *divieto di* —, interdiction de circuler || *contrassegno della tassa di* —, vignette || *libretto di* —, permis de circulation, carte grise || (*econ.*): — *cambiaria*, endos; *essere in* —, (*di moneta*) avoir cours || *togliere dalla* —, (*fig.*) faire disparaître de la circulation.

circolo *s.m.* **1** cercle: *sedersi in* —, s'asseoir en cercle, en rond || *tenere* —, (*fig.*) retenir l'attention générale (*par ses propos*) || — *vizioso*, cercle vicieux || — *letterario*, cercle littéraire **2** (*ambiente*) milieu*: *nei circoli ben informati...*, dans les milieux bien informés... **3** (*club*) club: *trovarsi al* —, se retrouver au club **4** (*biol.*) circulation (*f.*): *entrare in* —, agir.

circoncidere (*coniug. come* ridere) *v.tr.* circoncire*.

circoncisione *s.f.* circoncision.

circonciso *agg.* circoncis.

circondare *v.tr.* entourer (de): *circondato da una siepe*, entouré d'une haie || — *qlcu di premure*, (*fig.*) entourer qqn de prévenances □ **circondarsi** *v.pron.* s'entourer.

circondario *s.m.* **1** environs (*pl.*), alentours (*pl.*) **2** (*circoscrizione amministrativa*) circonscription (*f.*).

circonferenza *s.f.* circonférence, tour (*m.*).

circonflesso *agg.* (*gramm.*) circonflexe.

circonfuso *agg.* auréolé.

circonlocuzione *s.f.* circonlocution.

circonvallazione *s.f.* route de ceinture || *viale di* —, boulevard extérieur, (*boulevard*) périphérique || *linea di* —, ligne de ceinture.

circonvenzione *s.f.* abus (*m.*): — *di incapace*, abus d'irresponsable.

circonvoluzione *s.f.* circonvolution.

circoscritto *agg.* circonscrit.

circoscrivere (*coniug. come* scrivere) *v.tr.* circonscrire*.

circoscrizione *s.f.* circonscription.

circospetto *agg.* circonspect: *con fare* —, avec circonspection.

circospezione *s.f.* circonspection.

circostante *agg.* environnant.

circostanza *s.f.* circonstance (*spec.pl.*): *in una triste* —, en de tristes circonstances; *date le circostanze*, étant donné les circonstances; *per un insieme di circostanze non mi è stato possibile parti-*

re, un concours de circonstances m'a empêché de partir.

circostanziare *v.tr.* donner des détails circonstanciés (sur).

circostanziato *agg.* circonstancié.

circuire (*coniug. come* finire) *v.tr.* circonvenir* (par).

circuito[1] *s.m.* circuit.

circuito[2] *agg.* dupé, abusé.

circum- *pref.* circum-

circumnavigare (*coniug. come* legare) *v.tr.* faire* la circumnavigation (de).

circumnavigazione *s.f.* circumnavigation.

cireneo *s.m.* (*fig.*) bouc émissaire.

cirillico (pl. *-ci*) *agg.* cyrillique.

cirro *s.m.* (*meteor.*) cirrus.

cirrosi *s.f.* cirrhose: — *epatica*, cirrhose du foie.

cisalpino *agg.* cisalpin || (*st.*) *Repubblica Cisalpina*, République Cisalpine.

cispa *s.f.* chassie.

cisposità *s.f.* chassie.

cisposo *agg.* chassieux*.

cisterciense *agg.* e *s.m.* cistercien*.

cisterna *s.f.* citerne || *nave* —, bateau-citerne; *auto* —, camion-citerne; *carro* —, wagon-citerne.

cisti *s.f.* (*med.*) kyste (*m.*).

cistico (pl. *-ci*) *agg.* (*med.*) kystique: *tumore* —, tumeur kystique.

cistifellea *s.f.* vésicule biliaire.

cistite *s.f.* cystite.

cisto- *pref.* cyst(i)-, cysto-

citabile *agg.* qu'on peut citer.

citare *v.tr.* citer: — *a esempio*, citer en exemple || (*dir.*): — *in giudizio*, citer en justice; — *per danni*, poursuivre en dommages et intérêts || *la citavano per la sua eleganza*, elle était connue pour son élégance.

citarista *s.m.* cithariste.

citato *agg.*: *sopra* —, *sotto* —, ci-dessus, ci-dessous.

citazione *s.f.* **1** citation **2** (*dir.*) assignation; (*spec. di testimoni*) citation: *notificare una* —, présenter une assignation.

cito- *pref.* cyto-

citofonare *v.tr.* appeler*, parler à l'interphone.

citofono *s.m.* interphone.

citologia *s.f.* (*biol.*) cytologie.

citoplasma *s.m.* (*biol.*) cytoplasme.

citrato *s.m.* citrate.

citrico (pl. *-ci*) *agg.* citrique.

citronella *s.f.* (*bot.*) citronnelle.

citrullo *agg.* e *s.m.* nigaud, stupide.

città *s.f.* ville: *la — vecchia di Nizza*, le vieux Nice; *la gente di* —, les gens de la ville; *ama molto la vita di* —, il aime beaucoup vivre en ville; *abitare in, fuori* —, habiter en ville, hors de la ville; *andare in* —, aller en ville || *le grandi — del Rinascimento*, les grandes cités de la Renaissance □ **città dormitorio**, cité-dortoir, ville-dortoir; **città giardino**, cité-jardin; **città satellite**, cité satellite, ville-satellite; **città universitaria**, cité universitaire.

cittadella *s.f.* citadelle.

cittadina *s.f.* (*piccola città*) petite ville.

cittadinanza *s.f.* **1** nationalité || *avere la — onoraria*, être citoyen d'honneur || *diritto di* —, droit de citoyenneté, (*fig.*) droit de cité **2** (*popolazione*) population.

cittadino *s.m.* **1** citoyen || *— onorario*, citoyen d'honneur || *privato* —, (simple) particulier **2** (*abitante di una città*) habitant (d'une ville); (*in opposizione a chi vive in campagna*) citadin ♦ *agg.* **1** (*della città*) de la ville; (*urbano*) urbain: *i parchi cittadini*, les parcs de la ville; *per le vie cittadine*, dans les rues de la ville; *i trasporti cittadini*, les transports urbains **2** (*da cittadino*) (de) citadin.

ciucca (pl. *-che*) *s.f.* cuite.

ciucciare (*coniug. come* cominciare) *v.tr.* e *intr.* (*fam.*) sucer*.

ciuccio[1] *s.m.* âne.

ciuccio[2], **ciucciotto** *s.m.* (*fam.*) → **succhiotto**.

ciuco (pl. *-chi*) *s.m.* âne, bourrique.

ciuffo *s.m.* **1** touffe (*f.*) || *un — di alberi*, un bouquet d'arbres **2** (*di lana, crine*) toupet; (*di capelli*) mèche (*f.*), toupet **3** (*di uccelli*) *houppe (*f.*), *huppe (*f.*).

ciuffolotto *s.m.* (*zool.*) bouvreuil.

ciurlare *v.intr.*: — *nel manico*, tergiverser.

ciurma *s.f.* **1** équipage (*m.*) **2** (*fig. spreg.*) canaille.

ciurmaglia *s.f.* canaille.

civetta *s.f.* **1** (*zool.*) chouette || *auto* —, (*della polizia*) voiture banalisée; *prezzo, prodotto* —, prix, produit promotionnel **2** (*donna leggera*) coquette.

civettare *v.intr.* faire* la coquette.

civetteria *s.f.* coquetterie.

civettuolo *agg.* coquet*.

civico (pl. *-ci*) *agg.* **1** (*del cittadino*) civique **2** (*della città; comunale*) municipal*: *museo* —, musée municipal || *il numero* —, le numéro d'une maison.

civile *agg.* **1** civil || *medaglia al valor* —, médaille du mérite civil || (*dir.*) *costituirsi parte* —, se porter partie civile || *Ufficio di Stato Civile*, Service de l'État Civil **2** (*cortese*) poli **3** (*civilizzato*) civilisé ♦ *s.m.* civil.

civilista *s.m.* **1** avocat de causes civiles **2** (*studioso di diritto civile*) civiliste.

civilizzare *v.tr.* civiliser □ **civilizzarsi** *v.pron.* civiliser.

civilizzatore (f. *-trice*) *agg.* e *s.m.* civilisateur*.

civilizzazione *s.f.* civilisation.

civilmente *avv.* civilement.

civiltà *s.f.* **1** civilisation **2** (*cortesia*) civilité.

civismo *s.m.* civisme.

clacson (pl. *invar.*) *s.m.* klaxon, avertisseur sonore.

claire *s.f.* (*saracinesca di negozio*) rideau* de fer.

clamore *s.m.* **1** clameur (*f.*) **2** (*fig.*) bruit: *suscitare* —, faire un grand bruit.

clamorosamente *avv.* avec de grandes clameurs; (*fig.*) de façon retentissante.

clamoroso *agg.* bruyant; (*fig.*) sensationnel*.

clan *s.m.* clan.

clandestinamente *avv.* clandestinement.

clandestinità *s.f.* clandestinité.

clandestino *agg.* e *s.m.* clandestin || *lotta clande-stina*, mouvements de résistance.

clarinettista *s.m.* clarinettiste.

clarinetto, clarino *s.m.* (*mus.*) clarinette (*f.*).

clarissa *s.f.* clarisse.

classe *s.f.* classe || *la lotta di —*, la lutte des clas-ses || (*mat.*) *una — di grandezze*, une classe de grandeurs || (*econ.*) *— di reddito*, catégorie de re-venu || *che — fai?*, dans quelle classe es-tu? || *una donna di —*, une femme qui a de la classe.

classicheggiante *agg.* qui imite les classiques.

classicismo *s.m.* classicisme.

classicista *s.m.* **1** classique, partisan du classi-cisme **2** (*studioso*) spécialiste de l'antiquité clas-sique.

classicità *s.f.* caractère classique.

classico (pl. *-ci*) *agg.* e *s.m.* classique.

classifica (pl. *-che*) *s.f.* classement (*m.*): *in —*, au classement.

classificabile *agg.* qui peut être classé.

classificare (*coniug. come* mancare) *v.tr.* **1** classer **2** (*a scuola*) noter: *— con 6*, noter 6 □ **classificarsi** *v.pron.* se classer.

classificatore *s.m.* (*cartella*) dossier; (*mobile*) classeur.

classificazione *s.f.* **1** classification, classement (*m.*) **2** (*valutazione*) note.

classismo *s.m.* esprit de classe.

classista *s.m.* qui a un esprit de classe ♦ *agg.* de classe.

classistico (pl. *-ci*) *agg.* fondé sur la lutte des classes.

claudicante *agg.* claudicant.

clausola *s.f.* clause.

claustrale *agg.* claustral*.

claustrofobia *s.f.* claustrophobie.

clausura *s.f.* (*eccl.*) clôture || *suore di —*, religieu-ses cloîtrées.

clava *s.f.* **1** massue **2** (*ginnastica*) mil (*m.*).

clavicembalista *s.m.* claveciniste.

clavicembalo *s.m.* clavecin.

clavicola *s.f.* (*anat.*) clavicule.

clematide *s.f.* (*bot.*) clématite.

clemente *agg.* clément.

clementina *s.f.* (*bot.*) clémentine.

clemenza *s.f.* clémence.

cleptomane *s.m.* cleptomane.

cleptomania *s.f.* cleptomanie.

clericale *agg.* e *s.m.* clérical*.

clericalismo *s.m.* cléricalisme.

clero *s.m.* clergé.

clessidra *s.f.* (*a sabbia*) sablier (*m.*); (*ad acqua*) clepsydre.

cliente *s.m.* client || *è una nostra —*, c'est une de nos clientes || *un — abituale*, un habitué.

clientela *s.f.* clientèle.

clientelare *agg.* de favoritisme, de faveur: *as-sunzione —*, embauche de faveur, de favoritisme.

clientelismo *s.m.* copinage, clientélisme.

clima *s.m.* climat.

climaterio *s.m.* (*med.*) climatère.

climatico (pl. *-ci*) *agg.* climatique.

climatizzare *v.tr.* climatiser.

climatizzato *agg.* climatisé.

climatizzazione *s.f.* climatisation.

clinica (pl. *-che*) *s.f.* clinique.

clinicamente *avv.* du point de vue clinique.

clinico (pl. *-ci*) *agg.* clinique ♦ *s.m.* clinicien*.

clip[1] *s.f.* clip (*m.*).

clip[2] *s.m. abbr.* → **videoclip.**

clisma *s.m.* (*med.*) lavement: *— opaco*, lave-ment baryté.

clistere *s.m.* lavement.

clitoride *s.f.* o *m.* (*anat.*) clitoris (*m.*).

cloaca (pl. *-che*) *s.f.* cloaque (*m.*) (*anche fig.*).

cloche *s.f.* **1** (*aer.*) cloche **2** (*aut.*) *cambio a —*, changement de vitesse au plancher **3** (*cappello*) cloche.

clorato *agg.* (*chim.*) chloré.

clorella *s.f.* (*bot.*) chlorelle.

cloridrico (pl. *-ci*) *agg.* chlorhydrique.

cloro *s.m.* (*chim.*) chlore.

clor(o)- *pref.* chlor(o)-

clorofilla *s.f.* (*bot.*) chlorophylle.

clorofilliano *agg.* chlorophyllien*.

cloroformio *s.m.* chloroforme.

cloroformizzare *v.tr.* chloroformer.

cloruro *s.m.* (*chim.*) chlorure.

clownesco (pl. *-chi*) *agg.* clownesque.

cluniacense *agg.* e *s.m.* clunisien*.

co- *pref.* co-

coabitare *v.intr.* cohabiter.

coabitazione *s.f.* cohabitation.

coacervo *s.m.* **1** tas, amas, monceau* **2** (*fin.*) accumulation (*f.*).

coadiutore *s.m.* **1** collaborateur **2** (*eccl.*) coad-juteur.

coadiuvante *agg.* e *s.m.* **1** collaborateur* **2** (*med.*) adjuvant.

coadiuvare *v.tr.* collaborer (avec).

coagulante *agg.* e *s.m.* coagulant.

coagulare *v.tr.* coaguler; (*del latte*) cailler □ **coa-gularsi** *v.pron.* se coaguler; (*del latte*) se cailler.

coagulazione *s.f.* coagulation.

coagulo *s.m.* caillot; (*med.*) coagulum.

coalizione *s.f.* coalition.

coalizzare *v.tr.* coaliser □ **coalizzarsi** *v.pron.* se coaliser.

coartare *v.tr.* (*letter.*) contraindre* (à): *— la vo-lontà di qlcu*, forcer la volonté de qqn.

coartazione *s.f.* **1** (*letter.*) contrainte **2** (*med.*) coarctation: *— dell'aorta*, aortica, coarctation de l'aorte.

coassiale *agg.* coaxial*; (*tel.*) *cavo —*, câble coaxial.

coattivo *agg.* **1** (*coercitivo*) coercitif* **2** (*obbli-gatorio*) forcé || *servitù coattiva*, servitude légale.

coatto *agg.* forcé || (*dir.*) *domicilio —*, résidence forcée.

coautore (f. *-trice*) *s.m.* coauteur.

coazione *s.f.* (*dir.*) coaction, coercition.

cobalto *s.m.* (*chim.*) cobalt.

cobaltoterapia *s.f.* (*med.*) cobaltothérapie, cobalthérapie.

cobra (pl. *invar.*) *s.m.* cobra.

coca *s.f.* coca.

coca(-cola) (pl. *invar.*) *s.f.* coca(-cola) (*m.*).

cocaina *s.f.* cocaïne.

cocainomane *s.m.* cocaïnomane.

cocca (pl. *-che*) *s.f.* **1** (*di freccia*) coche, encoche **2** (*angolo di fazzoletto ecc.*) coin (*m.*).

coccarda *s.f.* cocarde.

cocchiere *s.m.* cocher.

cocchio *s.m.* carrosse.

coccia (pl. *-ce*) *s.f.* **1** (*scorza, buccia*) cosse || *aver la — dura*, (*region.*) (*avere la testa dura*) avoir la caboche dure **2** (*dell'elsa*) garde.

coccige *s.m.* (*anat.*) coccyx.

coccinella *s.f.* coccinelle.

cocciniglia *s.f.* cochenille.

coccio *s.m.* **1** (*terracotta*) terre (cuite) **2** (*frammento*) tesson, débris.

cocciutaggine *s.f.* entêtement (*m.*).

cocciuto *agg.* têtu.

cocco[1] (pl. *-chi*) *s.m.* (*pianta*) cocotier; (*frutto*) (*noce di*) —, (noix de) coco.

cocco[2] *s.m.* (*biol.*) coque.

cocco[3] *s.m.* (*fam.*) chouchou*: *è il — della mamma*, c'est le chouchou de sa maman; *è un — di mamma*, c'est un fils à sa maman; *povero —!*, pauvre (petit) chou!

cocco[4] *s.m.* (*linguaggio infantile*) (*uovo*) coco.

coccodè *s.m.* (*onom.*) cot cot codet; (*il verso*) caquet: *fare —*, caqueter.

coccodrillo *s.m.* crocodile.

coccoina *s.f.* colle (blanche) à papier.

coccola *s.f.* (*fam.*) (*carezza*) câlin (*m.*): *fare le coccole*, câliner.

coccolare *v.tr.* câliner, cajoler.

coccolo *s.m.* joli petit bout de chou.

coccoloni *avv.* à croupetons.

cocente *agg.* **1** brûlant **2** (*fig.*) cuisant || *lacrime cocenti*, des larmes brûlantes.

cocker (pl. *invar.*) *s.m.* (*cane*) cocker.

cocomero *s.m.* pastèque (*f.*), melon d'eau.

cocorita *s.f.* (*zool.*) perruche.

cocuzzolo *s.m.* sommet; (*del cappello*) calotte (*f.*).

coda *s.f.* **1** queue (*anche fig.*); (*conseguenza*) suite: *la polemica ha avuto code spiacevoli*, la polémique a eu des suites regrettables || *code degli sci*, talons des skis || *— dell'abito da sposa*, traîne de la robe de mariée || (*fig.*): *andarsene con la — fra le gambe*, s'en aller la queue entre les jambes; *avere la — di paglia*, ne pas avoir la conscience tranquille || *guardare con la — dell'occhio*, regarder du coin de l'œil || *in — a*, à la fin de, au bout de **2** (*fila*) queue: *essere in —, fare la —*, faire la queue □ **coda di cavallo 1** (*acconciatura*) queue de cheval: *pettinarsi con, farsi — di cavallo*, se coiffer en queue de cheval **2** (*bot.pop.*) prêle des champs, queue-de-cheval □ **coda di rondine 1** (*tecn.*) incastro a — di rondine, assemblage à

queue-d'aronde **2** *abito a —* (*di rondine*), queue-de-morue, queue-de-pie □ **coda di rospo** (*cuc.*) lotte de mer □ **coda di topo** (*cucito*) cordonnet tubulaire en soie.

codardia *s.f.* couardise.

codardo *agg. e s.m.* couard, lâche.

codazzo *s.m.* (*spreg.*) cohorte (*f.*), cour (*f.*).

codeina *s.f.* (*chim.*) codéine.

codesto *agg.dimostr.* (*region.letter.*) → **questo**.

codice *s.m.* **1** code || *messaggio in —*, message codé; *trascrivere in —*, chiffrer, écrire en code; *decifrare un —*, décoder; *— stradale, della strada*, code de la route; *— fiscale, postale*, code fiscal, postal; *— area*, indicatif régional; (*inform.*) *— a barre*, code (à) barre || *— di etica professionale*, normes d'éthique professionnelle **2** (*manoscritto antico*) manuscrit.

codicillo *s.m.* (*dir.*) codicille; (*poscritto*) post-scriptum*.

codifica (pl. *-che*) *s.f.* **1** codification **2** (*traduzione in codice*) codage (*m.*).

codificare (*coniug. come* mancare) *v.tr.* **1** codifier **2** (*tradurre in codice*) coder.

codificatore *s.m.* (*elettr.*) codeur; (*inform.*) encodeur.

codificazione *s.f.* **1** codification **2** (*traduzione in codice*) codage (*m.*).

codino *s.m.* **1** queue (*f.*) **2** (*delle parrucche del Settecento*) queue (*f.*); (*ciuffo di capelli trattenuto da un fermaglio*) couette (*f.*); (*treccina*) natte (*f.*); (*acconciatura a coda di cavallo*) queue de cheval **3** (*fig.*) réactionnaire.

codirosso *s.m.* (*zool.*) rouge-queue*.

codolo *s.m.* (*di attrezzo*) queue (*f.*).

codrione *s.m.* croupion.

coedizione *s.f.* coédition.

coefficiente *s.m.* coefficient.

coercitivo *agg.* coercitif*.

coercizione *s.f.* coercition.

coerede *s.m. e f.* cohéritier*.

coerente *agg.* cohérent; (*coerente con*) conforme à; (*di persona*) conséquent (avec).

coerenza *s.f.* cohérence.

coesione *s.f.* cohésion.

coesistenza *s.f.* coexistence.

coesistere (*coniug. come* insistere) *v.intr.* coexister.

coetaneo *agg.* du même âge: *essere coetanei*, avoir le même âge ♦ *s.m.* personne du même âge: *ha sposato un —*, elle a épousé un garçon de son âge; *gioca con i tuoi coetanei*, joue avec les enfants de ton âge.

coevo *agg.* contemporain.

cofanetto *s.m.* coffret; (*custodia*) étui.

cofano *s.m.* **1** coffre **2** (*aut.*) capot.

coffa *s.f.* (*mar.*) *hune.

cogestione *s.f.* cogestion.

cogestire (*coniug. come* finire) *v.tr.* cogérer*.

cogitabondo *agg.* pensif*.

cogli *prep.art.m.pl.* → **con**.

cogliere (*Indic.pres.* io colgo, tu cogli ecc.; *pass.rem.* io colsi, tu cogliesti ecc. *Part.pass.* colto) *v.tr.* **1** cueillir*: *ho colto una mela dall'albero*, j'ai cueilli une pomme sur l'arbre || (*fig.*): — *i piaceri della vita*, goûter les joies de la vie; — *il frutto del proprio lavoro*, recueillir le fruit de son travail **2** (*raccogliere da terra*) ramasser: — *funghi*, ramasser des champignons **3** (*colpire*) toucher: — *il bersaglio*, toucher la cible || (*fig.*): — *nel segno*, mettre das le mille; — *in pieno il problema*, comprendre où est le problème **4** (*prendere*) prendre*; (*sorprendere*) surprendre*: *è stata colta dal terrore*, elle a été prise de terreur; *la morte lo colse all'improvviso*, la mort l'a pris, saisi à l'improviste; *è stato colto da un malore*, il a eu un malaise; *furono colti dal temporale*, ils furent surpris par l'orage || *l'ho colto mentre dormiva*, je l'ai surpris en train de dormir **5** (*afferrare*) attraper; (*fig.*) saisir: — *il pallone al volo*, attraper le ballon au vol || (*fig.*): — *il momento buono*, choisir le bon moment; *la sua osservazione non è stata colta*, sa remarque est tombée à plat; — *la vittoria*, obtenir la victoire **6** (*capire*) comprendre*: *non riesco a* — *il significato delle sue parole*, je ne parviens pas à comprendre, saisir ce qu'il dit.

coglione *s.m.* (*volg.*) **1** couille (*f.*): *far girare*, *rompere i coglioni*, casser les couilles; *levati dai coglioni!*, casse-toi! **2** (*fig.*) gros con, couillon: *fare la figura del* —, avoir l'air d'un con.

cognata *s.f.* belle-sœur*.

cognato *s.m.* beau-frère*.

cognitivo *agg.* cognitif*.

cognizione *s.f.* connaissance; (*nozione*) notion || *con* — *di causa*, en connaissance de cause; *senza* — *di causa*, sans connaître les faits.

cognome *s.m.* nom (de famille) || *nome e* —, prénom et nom.

coi *prep.art.m.pl.* → **con**.

coibentare *v.tr.* isoler; (*per il calore*) calorifuger*.

coibentazione *s.f.* isolement (*m.*); (*del calore*) calorifugeage (*m.*).

coibente *s.m.* isolant; (*del calore*) calorifuge.

coibenza *s.f.* isolement thermique.

coincidenza *s.f.* **1** coïncidence || — *d'idee, di vedute*, correspondance d'idées **2** (*ferr.*) correspondance.

coincidere (*coniug. come* ridere) *v.intr.* coïncider.

coinquilino *s.m.* colocataire.

cointeressare *v.tr.* intéresser.

cointeressato *agg. e s.m.* intéressé aux bénéfices de l'entreprise: *essere* — *in un'azienda*, participer aux bénéfices de l'entreprise.

cointeressenza *s.f.* participation aux bénéfices.

coinvolgente *agg.* absorbant, prenant.

coinvolgere (*coniug. come* volgere) *v.tr.* **1** impliquer: *rimanere coinvolto in un tumulto*, être pris dans une émeute; *lo ha coinvolto in una brutta storia*, il l'a entraîné dans une sale histoire; *non coinvolgermi*, ne me mêle pas à tes histoires **2** (*estens.*) intéresser: *la maestra ha saputo* — *tutta la classe*, la maîtresse a su intéresser toute la classe || *la cosa mi coinvolge molto*, la chose me

touche beaucoup || *si lascia troppo* — *dal lavoro*, il se laisse trop absorber par son travail.

coinvolgimento *s.m.* **1** implication (*f.*) **2** (*partecipazione*) participation (*f.*).

coinvolto *agg.* concerné; (*implicato*) impliqué || *essere* — *emotivamente*, être touché.

coito *s.m.* coït.

coke *s.m.* coke.

col *prep.art.m.sing.* → **con**.

cola *s.f.* (*bot.*) kola (*m.*).

colà *avv.* là-bas.

colabrodo (pl. *invar.*) *s.m.* chinois.

colapasta (pl. *invar.*) *s.m.* trépied.

colare *v.tr.* **1** passer; (*filtrare*) filtrer || — *la pasta*, égoutter les pâtes **2** (*fondere*) fondre*; (*di statue*) couler ♦ *v.intr.* **1** couler; (*sgocciolare*) dégouliner: *la cera è colata sulla tovaglia*, la cire a coulé sur la nappe **2** — *a picco*, couler à pic.

colata *s.f.* coulée.

colazione *s.f.* déjeuner (*m.*): *far* —, déjeuner; *una* — *fredda*, un repas froid; (*prima*) —, petit déjeuner; *fare (la prima)* —, prendre son petit déjeuner; *fare* — *con un caffè*, déjeuner d'un café || — *al sacco*, pique-nique; *fare la* — *al sacco*, pique-niquer.

colbacco (pl. *-chi*) *s.m.* colback.

colchico (pl. *-ci*) *s.m.* (*bot.*) colchique.

colcos *s.m.* kolkhoze.

colecisti *s.f.* (*anat.*) cholécyste.

coledoco (pl. *-chi*) *s.m.* (*anat.*) cholédoque.

colei *pron.dimostr.f.sing.* **1** (*antecedente di pron. rel.*) celle **2** (*spec. spreg.*) celle-là.

coleottero *s.m.* coléoptère.

colera *s.m.* (*med.*) choléra.

coleroso *agg. e s.m.* (*med.*) cholérique.

colesterolo *s.m.* cholestérol.

colf (pl. *invar.*) *s.f.* travailleuse familiale.

colibacillo *s.m.* (*biol.*) colibacille.

colibrì *s.m.* colibri.

colica (pl. *-che*) *s.f.* colique.

colino *s.m.* petite passoire, passette (*f.*); (*da tè*) passe-thé*.

colite *s.f.* (*med.*) colite.

colla[1] *s.f.* colle: — *da falegname*, colle à bois; *stick di* —, bâton de colle.

colla[2] *prep.art.f.sing.* → **con**.

collaborare *v.intr.* **1** collaborer **2** (*contribuire*) contribuer **3** (*con qlcu*) coopérer* (avec), travailler (avec).

collaboratore (f. *-trice*) *s.m.* collaborateur*.

collaborazione *s.f.* collaboration: *prestare la propria* —, apporter sa collaboration || *non* —, manque de collaboration.

collaborazionismo *s.m.* collaboration (*f.*).

collaborazionista *s.m.* collaborateur*.

collagene *s.m.* collagène.

collana *s.f.* **1** collier (*m.*) **2** (*di libri*) collection.

collant (pl. *invar.*) *s.m.* collant: — *riposanti*, collants anti-fatigue.

collante *agg. e s.m.* adhésif*.

collare *s.m.* **1** collier **2** (*del sacerdote*) col romain.

collarino *s.m.* collier.

collasso *s.m.* (*med.*) collapsus.

collaterale *agg.* e *s.m.* collatéral*.

collaudare *v.tr.* **1** (*costruzioni, edifici*) vérifier; (*macchine, motori*) essayer*; (*rodare*) roder **2** (*fig.*) roder.

collaudato *agg.* rodé (*anche fig.*) || *ricetta collaudata,* recette qui a fait ses preuves.

collaudatore (f. *-trice*) *s.m.* essayeur* || *pilota —,* pilote d'essai.

collaudo *s.m.* essai: *sottoporre a —,* soumettre à un essai; *superare un —,* subir un essai avec succès; *prove di —,* essais; *volo di —,* vol d'essai || *certificato di —,* certificat de bon fonctionnement.

collazionare *v.tr.* collationner.

collazione *s.f.* collation.

colle[1] *s.m.* coteau*, colline (*f.*).

colle[2] *s.m.* (*valico*) col.

colle[3] *prep.art.f.pl.* → **con**.

collega (pl. *-ghi*) *s.m.* e *f.* collègue; (*tra medici, avvocati*) confrère, consœur (*f.*); (*compagno*) camarade.

collegabile *agg.* qui peut être relié.

collegamento *s.m.* **1** liaison (*f.*): — *ferroviario,* liaison ferroviaire, communications ferroviaires; — *telefonico,* liaison, communication téléphonique; — *diretto,* liaison en direct || *ufficiale di —,* officier de liaison **2** (*tecn.*) connexion (*f.*); (*allacciamento*) branchement; (*mecc.*) jonction (*f.*) **3** (*fig.*) connexion (*f.*), liaison (*f.*): — *di idee,* connexion d'idées; *essere, mettere in —,* être, mettre en contact.

collegare (*coniug. come* legare) *v.tr.* **1** relier **2** (*elettr.*) brancher; (*mecc.*) joindre*, assembler || — *dei vagoni,* atteler des wagons **3** (*fig.*) relier; (*coordinare*) coordonner; (*ricondurre*) rapporter □ **collegarsi** *v.pron.* **1** (*mettersi in contatto*) établir une liaison, entrer en liaison **2** (*unirsi*) s'allier: — *con società straniere,* s'allier à des sociétés étrangères.

collegato *agg.* **1** uni, joint **2** (*associato*) associé: *società collegate,* sociétés associées **3** (*tecn.*) connecté.

collegiale *agg.* **1** collégial* **2** (*da collegio*) de pensionnat: *disciplina —,* discipline de pensionnat ♦ *s.m.* pensionnaire || *comportarsi da —,* se conduire en collégien.

collegialità *s.f.* collégialité.

collegialmente *avv.* collégialement.

collegiata *s.f.* collégiale.

collegio *s.m.* **1** collège || — *degli avvocati,* ordre des avocats; — *dei notai,* chambre des notaires; — *dei probiviri,* conseil des prud'hommes; — *dei periti,* comité des experts; — *dei docenti,* assemblée des professeurs; *il — sindacale* (*di una società*), les commissaires aux comptes (d'une société) **2** (*convitto*) pensionnat: *in —,* au pensionnat; *mettere in —,* mettre en pension.

collera *s.f.* colère: *andare in —,* se mettre en colère; *in un momento, in un accesso di —,* dans un accès de colère.

collerico (pl. *-ci*) *agg.* e *s.m.* coléreux*, colérique.

colletta *s.f.* collecte.

collettivamente *avv.* collectivement.

collettivismo *s.m.* collectivisme.

collettività *s.f.* collectivité.

collettivizzare *v.tr.* collectiviser.

collettivo *agg.* collectif* ♦ *s.m.* **1** (*gramm.*) (nom) collectif **2** comité; assemblée (*f.*).

colletto *s.m.* **1** col: — *alla marinara,* col marin; — *a uomo,* col tailleur **2** (*anat.*) collet.

collettore *s.m.* **1** receveur **2** (*mecc.*) collecteur ♦ *agg.* (f. *-trice*) collecteur*.

collezionare *v.tr.* collectionner.

collezione *s.f.* collection.

collezionista *s.m.* collectionneur*.

collidere (*coniug. come* ridere) *v.intr.* entrer en collision.

collimare *v.intr.* **1** se toucher **2** (*fig.*) concorder ♦ *v.tr.* (*fis.*) viser.

collina *s.f.* colline || *in —,* sur la colline.

collinetta *s.f.* butte.

collinoso *agg.* vallonné.

collirio *s.m.* collyre.

collisione *s.f.* collision.

collo[1] *s.m.* **1** cou || *avere un braccio al —,* porter le bras en écharpe || *prendere qlcu per il —,* serrer le cou à qqn; (*fig.*) mettre le couteau sous la gorge à qqn **2** (*colletto*) col: — *a scialle,* col châle; — *a uomo,* col chemisier; — *rotondo,* col rond; — *alto,* col montant **3** (*di recipiente*) col; (*di bottiglia*) goulot **4** (*anat.*) *il — del piede,* le cou-de-pied **5** (*mecc.*) — *d'oca,* col-de-cygne.

collo[2] *s.m.* (*pacco*) colis.

collo[3] *prep.art.m.sing.* → **con**.

collocamento *s.m.* mise en place; (*sistemazione*) placement; (*posa*) pose (*f.*): *il — dei tubi,* la pose des tuyaux; — *di capitali,* placement de capitaux || *ufficio di —,* bureau de placement; (*organismo*) *ufficiale* Agence nationale pour l'emploi, ANPE || — *a riposo,* mise à la retraite || (*di piante*) — *a dimora,* mise en place.

collocare (*coniug. come* mancare) *v.tr.* placer* (*anche fig.*); (*ordinare, allineare*) ranger* || — *a riposo,* mettre à la retraite || — *una buona parte della merce,* placer, écouler une bonne partie de la marchandise.

collocazione *s.f.* **1** (*il collocare*) placement (*m.*), mise en place **2** (*disposizione*) disposition **3** (*di libri in una biblioteca*) emplacement (*m.*); (*segnatura del libro*) cote.

colloidale *agg.* colloïdal*.

colloide *s.m.* (*chim.*) colloïde.

colloquiale *agg.* familier*.

colloquio *s.m.* entrevue (*f.*); (*conversazione*) entretien: *avere un —,* avoir une entrevue; *sono stati a — per due ore,* ils ont eu un entretien de deux heures.

colloso *agg.* gluant, visqueux*.

collottola *s.f.* nuque || *prendere qlcu per la —,* (*fig.*) passer un savon à qqn.

collusione *s.f.* (*dir.*) collusion.

736

collusivo, collusorio *agg.* (*dir.*) collusoire.

collutorio *s.m.* collutoire.

colluttazione *s.f.* corps à corps.

colmare *v.tr.* **1** remplir jusqu'au bord; (*interrare*) combler: — *una fossa*, combler une fosse **2** (*fig.*) combler || — *d'improperi*, abreuver d'injures.

colmata *s.f.* **1** remblayage (*m.*) **2** (*terreno di colmata*) remblai (*m.*).

colmo[1] *agg.* plein (jusqu'au bord) || *la misura è colma!*, la mesure est comble!

colmo[2] *s.m.* **1** sommet; (*arch.*) faîte **2** (*fig.*) comble: *questo è il —!*, c'est le comble! || *nel — della gioventù*, en pleine jeunesse.

colomba *s.f.* **1** colombe **2** (*cuc.*) gâteau de Pâques en forme de colombe.

colombaia *s.f.* colombier (*m.*).

colombario *s.m.* columbarium.

colombella *s.f.* **1** biset (*m.*) **2** (*fig.*) oie blanche.

colombo *s.m.* **1** pigeon **2** *pl.* (*fig.*)(*innamorati*) tourtereaux.

colon *s.m.* (*anat.*) côlon.

colonia[1] *s.f.* colonie || — (*estiva*) *marina*, colonie de vacances à la mer.

colonia[2] *s.f.* (*acqua di*) —, eau de Cologne.

coloniale *agg.* colonial* || (*color*) —, sable ♦ *s.m.* **1** colon, colonial* **2** (*spec.pl.*) denrées coloniales.

colonialismo *s.m.* colonialisme.

colonialista *agg.* e *s.m.* colonialiste.

colonico (pl. -ci) *agg.* du métayer || *casa colonica*, ferme.

colonizzare *v.tr.* coloniser.

colonizzatore (f. *-trice*) *s.m.* e *agg.* colonisateur*.

colonizzazione *s.f.* colonisation.

colonna *s.f.* colonne || *è la — della famiglia*, il est le soutien de sa famille || *mettersi in —*, se mettre en colonne || *la quinta —*, (*fig.*) la cinquième colonne || (*cine.*) *la — sonora di un film*, la bande sonore, la bande originale d'un film.

colonnato *s.m.* colonnade (*f.*).

colonnello *s.m.* colonel.

colono *s.m.* **1** métayer **2** (*abitante di una colonia*) colon.

colorante *agg.* e *s.m.* colorant.

colorare *v.tr.* colorer (*anche fig.*); (*applicare colori su un oggetto*) colorier: — *una stoffa di rosso*, teindre un tissu en rouge || *album da —*, album à colorier □ **colorarsi** *v.pron.* **1** se colorer **2** (*arrossire*) rougir.

colorato *agg.* de couleur; (*dipinto*) colorié; (*spec. specificando il colore*) coloré (en): *matite colorate*, crayons de couleur.

colorazione *s.f.* **1** coloration **2** (*colore*) couleur.

colore *s.m.* **1** couleur (*f.*): *scatola dei colori*, boîte de couleurs; *dare il —*, appliquer la couleur; *lasciare il —*, perdre la couleur || *gente di —*, gens de couleur || *fotografia, film a colori*, photo, film en couleurs || *di che — politico è?*, quelle est sa couleur politique? **2** (*colorito*) couleur (*f.*); teint: — *terreo*, teint terreux; *avere un bel —*, avoir de belles couleurs; *avere un brutto —*, avoir un vilain teint; *diventare di tutti i colori*, passer par toutes les couleurs **3** (*delle carte da gioco*) couleur (*f.*) || *fare —*, (*al poker*) faire flush (*o* floche).

colorificio *s.m.* fabrique de peintures; (*negozio*) magasin de couleurs.

colorire (*coniug. come* finire) *v.tr.* colorier; (*fig.*)

COLORI

arancione	*orange* (*invar.*)
azzurro	*bleu*
bianco	*blanc*
blu (*invar.*)	*bleu marine* (*invar.*), *bleu foncé* (*invar.*)
celeste	*bleu ciel* (*invar.*), *bleu clair* (*invar.*)
giallo	*jaune*
grigio	*gris*
marrone	*marron* (*invar.*)
nero	*noir*
rosa (*invar.*)	*rose*
rosso	*rouge*
verde	*vert*
viola (*invar.*)	*violet*

• gli aggettivi che indicano un colore sono invariabili se seguiti da un altro aggettivo o da un sostantivo che ne precisino la sfumatura:

delle gonne verdi	*des jupes vertes*
delle gonne verde chiaro	*des jupes vert clair*
delle bluse rosa	*des blouses roses*
delle bluse rosa scuro	*des blouses rose foncé*
un vestito verde	*une robe verte*
un vestito verde chiaro	*une robe vert clair*

colorer □ **colorirsi** *v.pron.* (*arrossire*) rougir; (*prender colore*) prendre* des couleurs.

colorito *agg.* coloré; (*fig.*) *haut en couleur: sei più — del solito*, tu as plus de couleurs que d'habitude; *essere molto —*, avoir de belles couleurs ♦ *s.m.* coloris (*anche fig.*).

coloritura *s.f.* coloriage (*m.*); (*colore*) coloris (*m.*).

coloro *pron.dimostr.m.* e *f.pl.* **1** (*antecedente di pron. rel.*) ceux (*m.*), celles (*f.*) **2** (*spec. spreg.*) ceux-là (*m.*), celles-là (*f.*).

colossale *agg.* colossal*.

colosso *s.m.* colosse.

colostro *s.m.* (*biol.*) colostrum.

colpa *s.f.* faute: *macchiarsi di una —*, commettre une faute; *sentirsi in —*, se sentir fautif, coupable; *di chi è la —?*, à qui la faute?; *non è — mia*, ce n'est pas (de) ma faute; *per — mia*, par ma faute; *è (tutta) — di*, c'est la faute de; *che — ne ho io se...?*, est-ce ma faute si...?; *avere la — di qlco*, être responsable de qqch; *dare la — a*, jeter la faute sur; *dare a qlcu la — di qlco*, attribuer à qqn la responsabilité de qqch; *addossarsi la —*, prendre sur soi la responsabilité || (*psic.*) *complesso, senso di —*, complexe, sentiment de culpabilité.

colpevole *agg.* e *s.m.* coupable.

colpevolezza *s.f.* culpabilité.

colpevolista *s.m.* partisan de la culpabilité ♦ *agg.: tesi —*, thèse soutenant la culpabilité.

colpevolizzare *v.tr.* culpabiliser □ **colpevolizzarsi** *v.pron.* se sentir* coupable.

colpire (*coniug. come* finire) *v.tr.* frapper (*anche fig.*) || *— il bersaglio*, toucher la cible; *— nel vivo*, piquer au vif || *la città è stata colpita dal terremoto*, la ville a connu un tremblement de terre; *una tempesta ha colpito le coste della Normandia*, une tempête s'est abattue sur les côtes de Normandie || *colpito da una grave malattia*, atteint d'une grave maladie.

colpo *s.m.* coup || (*apoplettico*) attaque d'apoplexie; *gli è venuto un — vedendolo*, (*fam.*) ça lui a fait un coup de le voir || *fare un bel —*, faire, réussir un beau coup; *fallire il —*, manquer, rater son coup; *al primo —*, du premier coup || *un — da maestro*, un coup de maître || *— ladresco, vol* || *un brutto —*, un coup dur || *andare a — sicuro*, aller à coup sûr || *— senza — ferire*, sans coup férir || *far —*, faire sensation; *è una ragazza che fa —*, c'est une fille qu'on remarque; *ha fatto — su di lui*, il a fait une vive impression sur lui || *di —*, tout à coup || *sul —*, sur le coup || *tutto d'un —*, tout d'un coup • *Per* colpo + *s. vedere i relativi sostantivi.*

colposo *agg.* (*dir.*) fautif* || *omicidio —*, homicide par imprudence, sans préméditation.

coltellaccio *s.m.* **1** coutelas **2** (*mar.*) bonnette (*f.*).

coltellata *s.f.* coup de couteau.

coltelleria *s.f.* coutellerie.

coltellinaio *s.m.* coutelier.

coltello *s.m.* couteau* || *avere il — dalla parte del manico*, (*fig.*) être maître de la situation.

coltivabile *agg.* cultivable.

coltivare *v.tr.* **1** cultiver: *— la terra*, cultiver la terre || *— il proprio orto*, (*fig.*) cultiver son jardin || *— l'amicizia di qlcu*, cultiver l'amitié de qqn || *— un hobby*, avoir un violon d'Ingres **2** (*dedicarsi a*) s'adonner (à): *— la musica*, s'adonner à la musique **3** (*tecn. miner.*) exploiter □ **coltivarsi** *v.pron.* se cultiver.

coltivato *agg.* cultivé || *terreno — a...*, terrain planté de...; *campo — a grano*, champ de blé ♦ *s.m.* terrain cultivé.

coltivatore (*f. -trice*) *s.m.* cultivateur* || *— diretto*, exploitant agricole.

coltivazione *s.f.* **1** culture **2** (*tecn. miner.*) exploitation.

coltivo *agg.* **1** (*coltivabile*) cultivable **2** (*coltivato*) cultivé.

colto[1] *agg.* cultivé.

colto[2] *agg.* **1** (*raccolto*) cueilli **2** (*sorpreso*) cueilli, surpris: *— nella notte*, surpris par la nuit; *— sul fatto*, cueilli sur le fait.

coltre *s.f.* **1** couverture; (*fig.*) manteau* (*m.*) **2** (*drappo funebre*) poêle (*m.*).

coltro *s.m* (*dell'aratro*) coutre.

coltura *s.f.* **1** culture **2** (*allevamento*) élevage (*m.*).

colubrina *s.f.* couleuvrine.

colui *pron.dimostr.m.sing.* **1** (*antecedente di pron.rel.*) celui **2** (*spec.spreg.*) celui-là.

colza *s.f.* (*bot.*) colza (*m.*).

coma *s.m.* coma: *— irreversibile*, coma dépassé.

comacino *agg.* comasque || *Maestri Comacini*, Maîtres comasques.

comandamento *s.m.* commandement.

comandante *s.m.* commandant.

comandare *v.tr.* **1** commander: *— a bacchetta*, commander à la baguette || *— su*, commander à || *comandi!*, à vos ordres! || *cosa comanda?*, que désirez-vous? **2** (*destinare*) affecter; (*un funzionario*) détacher ♦ *v.intr.* commander: *chi comanda qui?*, qui est-ce qui commande ici?

comandata *s.f.* (*mil., mar.*) corvée.

comandato *agg.* **1** (*eccl.*) d'obligation: *feste comandate*, fêtes d'obligation **2** (*incaricato di*) chargé (de); (*di impiegato*) affecté à; (*di funzionario*) détaché à.

comando *s.m.* **1** commandement || *stare ai comandi di qlcu*, être sous les ordres de qqn **2** (*tecn.*) commande (*f.*).

comare *s.f.* (*region.*) commère.

comasco (pl. *-chi*) *agg.* e *s.m.* comasque.

comatoso *agg.* comateux*.

combaciare (*coniug. come* cominciare) *v.intr.* joindre*; (*coincidere*) coïncider; (*fig.*) correspondre* (à).

combattente *agg.* e *s.m.* combattant.

combattere (*coniug. come* battere) *v.intr.* e *tr.* combattre* (*anche fig.*) □ **combattersi** *v.pron.* se battre*.

combattimento *s.m.* combat || *morire in —*, mourir sur le champ de bataille || *fuori —*, (*anche fig.*) hors de combat.

combattività *s.f.* combativité.
combattivo *agg.* combatif*.
combattuto *agg.* (*travagliato*) tourmenté; (*incerto fra*) tiraillé.
combinare *v.tr.* **1** combiner; (*conciliare*) concilier || — *bene i colori*, bien assortir les couleurs || — *il pranzo con la cena*, (*fig.*) joindre les deux bouts **2** (*organizzare*) arranger* **3** (*concludere*) conclure*: — *un affare*, conclure une affaire **4** (*stabilire*) convenir*, décider **5** (*fam.*) (*fare*) faire*: *non combina altro che guai*, il ne fait que des sottises; *cosa stai combinando?*, qu'est-ce que tu es en train de fabriquer?; *ne ha combinata una delle sue*, il a encore fait des siennes; *ne ha combinate delle belle, delle grosse*, il en a fait de belles; *l'hai combinata bella, grossa*, tu as fait du joli; *combinarne di tutti i colori*, en faire de toutes les couleurs ♦ *v.intr.* **1** concorder **2** se mettre* d'accord □ **combinarsi** *v.pron.* **1** (*chim.*) se combiner **2** (*fam.*) s'accoutrer: *come ti sei combinata!*, comment tu t'es arrangée!
combinata *s.f.* (*sport*) combiné (*m.*).
combinato *agg.* **1** assorti: *colori mal combinati*, des couleurs mal assorties || *sono proprio — male*, (*fam.*) je suis vraiment mal fichu **2** (*concluso*) arrangé || *matrimonio —*, mariage arrangé **3** (*mil.*) combiné: *operazioni combinate*, opérations combinées.
combinazione *s.f.* **1** combinaison **2** (*caso*) *hasard (*m.*): *che bella —!*, quel heureux hasard! || *ma guarda che —!*, ça alors, quelle coïncidence! || *per —*, par hasard.
combriccola *s.f.* bande.
comburente *agg.* e *s.m.* (*chim.*) comburant.
combustibile *agg.* e *s.m.* combustible.
combustione *s.f.* combustion.
combusto *agg.* (*scient.*) brûlé.
combutta *s.f.* bande || *essere in — con*, être de connivence avec; *mettersi in — con*, s'acoquiner avec.
come *avv.* **1** (*in frasi interr. dirette e indirette*) comment; (*a che punto*) comme: — *stai?*, comment vas-tu?; —*?, ripeti per favore*, comment?, tu peux répéter, s'il te plaît? *dimmi — si fa*, dis-moi comment on fait; *non puoi immaginare — questo mi abbia contrariato*, tu ne peux pas t'imaginer comme cela m'a contrarié || *ma com'è possibile?*, est-ce possible? || *com'è, — non è*, (*fam.*) (*all'improvviso*) tout à coup **2** (*in frasi esclamative*) comme; (*in che modo*) comment; (*quanto*) que: — *parla bene l'italiano!*, comme il parle bien l'italien!; *dovresti vedere — tratta suo padre!*, tu devrais voir comment il traite son père!; *"Ti sei divertito?" "Sì, e —!"*, "T'es-tu amusé?" "Oui, et comment!"; — *sei cresciuto!*, que tu as grandi!; — *è ingenuo tuo fratello!*, qu'il est naïf ton frère!; *guardate — è piccolo il mondo!*, voyez comme le monde est petit! **3** (*in frasi comparative*) comme; (+ *agg. o avv.*) aussi ... que; (*legato a un v.*) autant ... que: *è alto — te*, il est grand comme toi (*o aussi grand que toi*); *non arriverò lontano — voi*, je n'arriverai pas aussi (*o si*) loin que vous;

questo libro non mi piace — l'altro, ce livre ne me plaît pas autant (*o* tant) que l'autre; *l'esame è andato meglio di — pensassi*, l'examen s'est passé mieux que je ne pensais; *non è tardi — pensavo*, il n'est pas si tard que je le pensais; *è — parlare a un sordo*, c'est comme si on parlait à un sourd **4** (*in modo in cui, nel modo in cui*) comme: *hai fatto — ti avevo detto?*, as-tu fait comme je t'avais dit?; *sai com'è*, tu sais comme il est; *l'ho ritrovato esattamente — quando l'avevo lasciato*, je l'ai retrouvé exactement tel que je l'avais quitté; *l'inglese — si parla a Oxford*, l'anglais tel qu'on le parle à Oxford; *attento a — parli*, fais attention à ce que tu dis; *tutto dipende da — mi sentirò domani*, tout dépend de l'état dans lequel je serai demain; *da — si comporta...*, de la manière dont il se comporte...; *se devo giudicare da — si comporta*, si j'en juge par sa conduite || *sai bene — è avaro*, tu sais bien comme (*o* combien) il est avare || — *che sia*, de toute manière **5** (*in qualità di*) comme, en tant que: *lo scelse — testimonio*, il l'a choisi comme témoin; *è qui — rappresentante del governo*, il est ici en tant que représentant du gouvernement || *ti parlo — medico, — amico*, je te parle en médecin, en ami **6** (*per indicare somiglianza*) comme: *bianco — la neve*, blanc comme la neige; *sarà medico — suo padre*, il sera médecin comme son père; *è ben diversa da — me l'immaginavo*, elle est très différente de ce que j'imaginais || *aveva — un bernoccolo sulla fronte*, il avait comme une bosse sur le front ♦ *cong.* **1** (*appena*) dès que, aussitôt que; (*a mano a mano*) à mesure que: — *mi vide mi venne incontro*, dès, aussitôt qu'il me vit il vint à ma rencontre; — *gli ospiti arrivavano, venivano introdotti nel salotto*, à mesure que les invités arrivaient, on les faisait entrer dans le salon **2** (*oggettiva*) que: *voi sapete — io non sia responsabile dell'accaduto*, vous savez bien que je ne suis pas responsable de ce qui est arrivé ♦ *s.m.* comment: *non ha voluto spiegare né il perché né il per —*, il n'a voulu expliquer ni pourquoi ni comment □ **come... così**, ainsi que (*o* de même que)... ainsi (*o* de même) || — *farai tu così farò io*, je ferai exactement ce que tu feras □ **(così)... come; (così) come**, aussi... que, comme: *mio fratello non è (così) forte — te*, mon frère n'est pas aussi fort que toi; *niente è così difficile — accettare la vecchiaia*, il n'y a rien de plus difficile que d'accepter la vieillesse; *lascia le cose così — stanno*, laisse les choses comme elles sont; *lascialo così com'è*, laisse-le tel qu'il est; *tutto è andato (così) — speravamo*, tout s'est passé comme on l'espérait; *(così, tanto) di giorno — di notte*, le jour comme la nuit; *(così) forte — sei, potresti...*, fort comme tu l'es, tu pourrais... □ **come mai...; come va che...; com'è che...**, (*nelle interrogative dirette*) comment se fait-il que...(+ *cong.*); (*fam.*) comment ça se fait que... (+ *indic.*); (*nelle interrogative indirette*) (*come*) comment; (*perché*) pourquoi □ **come pure**, ainsi que, de même que: *parla l'inglese — pure il tedesco e il russo*, il parle l'anglais, ainsi que l'allemand et le russe □ **come se**, comme si: *mi tratta* — *se fossi un bambino*, il me traite comme si j'étais un enfant; *non è mio padre ma è* — *se lo fosse*, ce n'est pas mon père, mais c'est tout comme || — *se ciò non bastasse*, comme si cela ne suffisait pas, *(per giunta)* par-dessus le marché, *(inoltre)* en outre, en plus.

comedone *s.m.* (*med.*) comédon.

cometa *s.f.* comète.

comfort (pl. *invar.*) *s.m.* confort.

comica (f. *-che*) *s.f.* film comique || *(di situazione) che* —*!*, quelle drôle de situation!

comicamente *avv.* d'une façon drôle.

comicità *s.f.* comique (*m.*).

comico (pl. *-ci*) *agg.* comique ♦ *s.m.* **1** (*attore*) comique **2** (*scrittore di commedie*) auteur comique **3** (*comicità*) comique.

comignolo *s.m.* **1** cheminée (*f.*) **2** (*linea del tetto*) faîte du toit.

cominciare (*Indic.fut.* io comincerò ecc.) *v.tr.* commencer*: *comincerete da lunedì*, vous commencerez lundi; — *a leggere*, commencer à lire; *cominciò col dire che*, il commença par dire que; *comincia a star zitto!*, commence par te taire! || — *delle trattative*, entamer, engager des pourparlers || *la difficoltà sta nel* —, les débuts sont toujours difficiles ♦ *v.intr.* commencer*: *la scuola è cominciata alcuni giorni fa*, l'école a commencé il y a quelques jours; *è cominciato a nevicare*, il a commencé à neiger || *a* — *da*, à partir de.

comitato *s.m.* comité || — *di redazione*, (*di un giornale*) secrétariat de rédaction.

comitiva *s.f.* groupe (*m.*).

comizio *s.m.* comice; (*elettorale*) meeting.

comma *s.m.* **1** (*capoverso*) alinéa **2** (*mus.*) comma.

commando (pl. *invar.*) *s.m.* commando.

commedia *s.f.* comédie (*anche fig.*): — *dell'arte*, commedia dell'arte || *smettila di fare la* —*!*, arrête de jouer la comédie! || *finire in* —, (*fig.*) finir en farce.

commediante *s.m.* comédien*.

commediografo *s.m.* auteur dramatique.

commemorare *v.tr.* commémorer.

commemorativo *agg.* commémoratif*.

commemorazione *s.f.* commémoration.

commenda *s.f.* **1** (*eccl.*) commenderie **2** grade de commandeur (dans un ordre de chevalerie).

commendatore *s.m.* commandeur (dans un ordre de chevalerie); (*vocativo*) Monsieur.

commendevole *agg.* (*letter.*) louable.

commensale *s.m.* convive; commensal*.

commensurabile *agg.* commensurable.

commentare *v.tr.* commenter.

commentatore (f. *-trice*) *s.m.* commentateur*.

commento *s.m.* commentaire || *il* — *musicale di un film*, la musique d'un film.

commerciale *agg.* commercial*: *azienda* —, maison de commerce || *nome* —, raison sociale || *città* —, ville commerçante, marchande || *valore* —, valeur marchande || *-mente* *avv.*

commercialista *agg.* e *s.m.*: *ragioniere* —, comptable; *dottore* —, expert-comptable.

commercializzare *v.tr.* commercialiser.

commercializzazione *s.f.* commercialisation.

commerciante *s.m.* commerçant; (*con negozio*) négociant.

commerciare (*coniug. come* cominciare) *v.intr.* commercer*: *commerciare in*) être* dans le commerce de ♦ *v.tr.* être* dans le commerce de; (*trattare*) traiter.

commercio *s.m.* commerce: — *al minuto, al dettaglio*, commerce de détail; — *all'ingrosso*, commerce en gros; — *estero*, commerce extérieur; — *ambulante*, colportage, commerce ambulant || *essere in* —, être en vente, dans le commerce || *fuori* —, hors commerce || *darsi al* —, se mettre dans le commerce || *far* — *di sé*, faire commerce de son corps.

commessa[1] *s.f.* (*di negozio*) vendeuse.

commessa[2] *s.f.* (*comm.*) commande.

commesso *s.m.* **1** commis || — *viaggiatore*, commis voyageur **2** (*di notaio, avvocato*) clerc **3** (*di negozio*) vendeur* **4** (*fattorino*) garçon de courses; (*usciere*) huissier.

commestibile *agg.* comestible ♦ *s.m.pl.* denrées alimentaires, (*negozio di*) *commestibili*, magasin d'alimentation, (*insegna di negozio*) alimentation générale.

commettere (*coniug. come* mettere) *v.tr.* **1** commettre* **2** (*unire*) assembler, joindre* **3** (*ordinare*) commander; (*incaricare*) charger* ♦ *v.intr.* (*combaciare*) joindre*.

commiato *s.m.* congé; (*addio*) adieu*.

commilitone *s.m.* compagnon d'armes.

comminare *v.tr.* (*dir.*) prescrire*.

comminerabile *agg.* pitoyable.

commiserare *v.tr.* plaindre*, s'apitoyer* (sur) ☐

commiserarsi *v.pron.* se plaindre*.

commiserazione *s.f.* commisération.

commiserevole *agg.* **1** pitoyable **2** (*compassionevole*) compatissant.

commissariare *v.tr.* **1** désigner un commissaire dans un siège périphérique **2** désigner un administrateur judiciaire.

commissariato *s.m.* commissariat.

commissario *s.m.* commissaire || (*a scuola*): — *governativo*, inspecteur (de l'Etat); — *d'esami*, membre du jury d'examen || (*sport*) — *tecnico*, sélectionneur || (*dir.*) — (*fallimentare*), administrateur judiciaire.

commissionare *v.tr.* (*comm.*) commander.

commissionario *s.m.* commissionnaire ♦ *agg.* de commission.

commissione *s.f.* **1** (*incarico*) commission: *sbrigare una* —, faire une commission; *fare delle commissioni*, faire des courses, des commissions **2** (*ordinazione*) commande: *su* —, sur commande || (*comm.*) *copia* —, bon de commande **3** (*provvigione*) commission: — *del 15%*, commission de 15% **4** (*comitato*) commission || — *d'esami, esaminatrice*, jury d'examen || — *interna, di fabbrica*, comité d'entreprise; *membro della* — *interna*, délégué du personnel.

commisurare *v.tr.* proportionner.

committente *s.m.* acquéreur*.

commosso *agg.* ému; (*intenerito*) touché.

commovente *agg.* émouvant, touchant.

commozione *s.f.* **1** émotion || *essere facile alla* —, être très émotif **2** (*med.*) commotion.

commuovere (*coniug.* come muovere) *v.tr.* émouvoir*; (*intenerire*) toucher, attendrir □ **commuoversi** *v.pron.* s'émouvoir*: *si commuove per un nonnulla*, un rien l'émeut.

commutare *v.tr.* commuer || — *i fattori di una moltiplicazione*, intervertir les facteurs d'une multiplication.

commutativo *agg.* commutatif*.

commutatore *s.m.* **1** (*elettr.*) commutateur **2** (*tel.*) cadran.

commutazione *s.f.* commutation.

comò *s.m.* commode (*f.*).

comodamente *avv.* **1** confortablement **2** (*facilmente*) tranquillement.

comodare *v.intr.* (*fam.*) *fa' quel che ti comoda*, fais ce qui te plaît; *fai come ti comoda*, fais comme tu préfères.

comodino *s.m.* table de nuit.

comodità *s.f.* confort (*m.*) || *avere la* — *di*, avoir l'avantage de || *per maggior* —, pour plus de commodité.

comodo *agg.* **1** confortable; (*conveniente*) commode || *gli piace la vita comoda*, il aime la vie facile || *prendersela comoda*, prendre son temps; *sarebbe troppo* —!, ce serait trop commode! || — *farsi mantenere dai genitori!*, c'est facile de se faire entretenir par ses parents! **2** (*a proprio agio*) à l'aise: *si sta comodi in questa poltrona*, on est à l'aise, bien dans ce fauteuil || *state* —, ne vous dérangez pas **3** (*grande*) grand; (*ampio*) large: *questo vestito ti sta un po'* —, ce vêtement est un peu grand, large pour toi ♦ *s.m.* **1** aise (*f.*): *fare il proprio* —, *i propri comodi*, en prendre à son aise, faire ses quatre volontés || *se ti fa, se ti torna* —, (*se ti conviene*) si ça t'arrange, te convient, (*se non ti disturba*) si cela ne te dérange pas, (*se sei d'accordo*) si tu es d'accord; *mi farebbe* —..., ça m'arrangerait de...; *un paio di milioni mi farebbero* —, deux millions, ça m'arrangerait bien || *come le fa* —!, comme il vous plaira! || *me lo restituirai con* —, tu me le rendras quand tu voudras; *fallo con* —, prends ton temps; *ne parliamo poi con* —, nous en parlerons avec calme || *soluzione di* —, solution de facilité; *nome, bandiera di* —, nom, pavillon de complaisance **2** *pl.* (*comodità*) confort (*sing.*).

compaesano *s.m.* compatriote; (*region.*) pays.

compagine *s.f.* **1** ensemble (*m.*); (*struttura*) structure **2** (*gruppo di persone*) équipe: *la* — *governativa*, l'équipe gouvernementale.

compagna *s.f.* **1** camarade; (*spec. con interessi e aspirazioni comuni*) amie; (*fam.*) copine: — *di scuola, di giochi*, camarade d'école, de jeux; — *di stanza*, compagne de chambre; *la fedele* — *della sua vita, la sua* —, la fidèle compagne de sa vie, sa

compagne || *abbiamo la fortuna per* —, (*fig.*) nous avons la chance avec nous || *dov'è la* — *di questa scarpa?*, (*fam.*) où est l'autre chaussure? **2** (*al gioco, negli sport*) partenaire **3** (*pol.*) camarade ♦ *agg.* → compagno.

compagnia *s.f.* **1** compagnie || *non posso rimanere, sono in* —, je ne peux pas rester, je suis avec des amis; *in* — *dei loro amici*, avec leurs amis || *non sa stare in* —, elle n'est pas sociable; *è un uomo di* —, c'est un homme de bonne compagnie **2** (*gruppo di persone*) compagnie; (*fam.*) bande || *frequentare cattive compagnie*, avoir de mauvaises fréquentations; *scegliersi la* —, choisir ses amis || *...e* — *bella*, (*fam.*) (*di persone*) ...et ainsi de suite **3** (*teatr.*) troupe (de théâtre), compagnie (théâtrale): — *stabile*, troupe permanente; — *di giro*, troupe itinérante **4** (*società*) compagnie: — *di bandiera*, compagnie nationale || *Rossi e* — (*& C.*), Rossi et Compagnie (& Cie) **5** (*mil.*) compagnie || (*st.*) — *di ventura*, grande compagnie.

compagno *s.m.* **1** camarade; (*spec. con interessi e aspirazioni comuni*) ami; (*fam.*) copain: — *di giochi*, camarade, compagnon de jeux, copain; — *di lavoro, di studi*, camarade de travail, d'études; — *di scuola*, camarade d'école, copain; — *di banco*, voisin; — *di stanza*, compagnon de chambre; — *di viaggio, di strada*, compagnon de voyage, de route; — *di prigionia*, camarade de captivité; — *di squadra*, coéquipier; — *di bagordi*, compagnon de plaisirs; — *di sventura*, compagnon, camarade d'infortune; *il fedele* — *della sua vita, il suo* —, le fidèle compagnon de sa vie, son compagnon; *frequentare cattivi compagni*, avoir de mauvaises fréquentations || *la Ditta Rossi e Compagni* (*& C.*), la Maison Rossi et Compagnie (& Cie) || *il* — *di questo guanto*, l'autre gant **2** (*al gioco, negli sport*) partenaire **3** (*pol.*) camarade ♦ *agg.* (*fam.*) *un vino* — (*di questo*), un vin pareil, comme celui-ci; *la scarpa compagna* (*di questa*), l'autre chaussure.

compagnone *s.m.* bon vivant.

comparabile *agg.* comparable.

comparare *v.tr.* comparer || *letterature comparate*, littératures comparées.

comparativo *agg.* e *s.m.* comparatif*.

comparazione *s.f.* comparaison.

compare *s.m.* **1** (*padrino*) parrain; (*di matrimonio*) témoin **2** (*complice*) compère.

comparire (*coniug.* come apparire) *v.intr.* **1** paraître*: *è comparso sulla porta*, il a paru à la porte; *oggi non è comparso*, aujourd'hui on ne l'a pas vu; *il tuo nome non compare nella lista*, ton nom n'est pas sur la liste || — *in sogno*, apparaître en rêve || *ci tiene a* —, il aime se faire voir; *non vuole* —, ne veut pas se mettre en évidence **2** (*dir.*) comparaître*; (*presentarsi*) se présenter: — *in giudizio*, comparaître en justice.

comparizione *s.f.* comparution.

comparsa *s.f.* **1** apparition **2** (*teatr.*, *cine.*) comparse, figurant (*m.*), figurante: *far da* —, (*anche fig.*) jouer un rôle secondaire.

COMPARATIVO DI MAGGIORANZA E DI MINORANZA

ITALIANO	FRANÇAIS

1 **più, meno** (+ aggettivo *o* avverbio) + **di**

è più, meno elegante di me, di sua sorella
corre più, meno velocemente di te,
di Giovanni

plus, moins (+ adjectif *ou* adverbe) + **que**

elle est plus, moins élégante que moi, que sa sœur
il court plus, moins rapidement que toi, que Jean

2 **più, meno** + sostantivo + **di**

ha più, meno denaro di me, di suo fratello

plus de, moins de + nom + **que**

il a plus, moins d'argent que moi, que son frère

3 verbo + **più di, meno di**

lavora più, meno di lui, di suo padre

verbe + **plus que, moins que**

il travaille plus, moins que lui, que son père

4 **più, meno** (+ aggettivo *o* avverbio) + **che**

è più, meno gentile con me che con te,
che con Giovanni
corre più, meno veloce con la moto che con la
macchina

plus, moins (+ adjectif *ou* adverbe) + **que**

il est plus, moins aimable avec moi qu'avec toi,
qu'avec Jean
il va plus, moins vite avec sa moto qu'avec sa
voiture

5 **più, meno** + sostantivo + **che**

ha offerto più, meno denaro a me che a te,
che a Giovanni

plus de, moins de + nom + **que**

il m'a offert plus, moins d'argent qu'à toi,
qu'à Jean

6 verbo + **più, meno che**

lavora più per te che per me, che per sua sorella

verbe + **plus que, moins que**

il travaille plus pour toi que pour moi, que pour
sa sœur

7 per paragonare due sostantivi indeterminati:

più, meno + sostantivo + **che** + sostantivo

mangerò più, meno insalata che frutta

plus de, moins de + nom + **que de** + nom

je mangerai plus, moins de salade que de fruits

8 per paragonare due aggettivi o due avverbi:

più, meno + aggettivo *o* avverbio + **che** +
aggettivo *o* avverbio

è più, meno furbo che intelligente
si esprime più elegantemente che
intelligentemente

plus, moins + adjectif *ou* adverbe + **que** +
adjectif *ou* adverbe

il est plus, moins malin qu'intelligent
il s'exprime plus élégamment qu'intelligemment

9 per paragonare due verbi:

più, meno... + verbo + **che** + verbo

è più, meno piacevole viaggiare che restare
a casa

plus, moins... de + verbe + **que de** + verbe

il est plus, moins agréable de voyager que de
rester chez soi

10 quando il 2° termine è una proposizione:

più, meno... di quanto (verbo al congiuntivo)

è più, meno intelligente di quanto si pensi
erano più, meno ricchi di quanto dicessero

plus, moins... que (*ne* explétif + indicatif)

il est plus, moins intelligent qu'on ne le pense
ils étaient plus, moins riches qu'ils ne (le) disaient

compartecipazione *s.f.* participation || — *aziendale*, coparticipation (d'entreprise).
compartecipe *agg.*: *essere* —, participer.
compartimentale *agg.* départemental*.
compartimento *s.m.* compartiment || (*mar.*) — *stagno*, compartiment étanche, (*fig.*) cloison étanche.
comparto *s.m.* **1** compartiment **2** (*settore economico*) secteur.
compassato *agg.* compassé.
compassionare *v.tr.* plaindre*.
compassione *s.f.* compassion: *muoversi a* —, être pris de compassion; *muovere a* —, *fare* —, faire pitié || *per* —, par pitié; *senza* —, sans pitié.
compassionevole *agg.* **1** (*pieno di compassione*) compatissant **2** (*che fa compassione*) pitoyable.
compasso *s.m.* compas.
compatibile *agg.* compatible.
compatibilità *s.f.* compatibilité.
compatibilmente *avv.*: — *con i miei impegni*, dans la mesure où mes engagements me le permettront; — *con le vostre necessità*, selon vos possibilités.
compatimento *s.m.* compassion (*f.*); (*sufficienza*) suffisance (*f.*).
compatire (*coniug. come* finire) *v.tr.* **1** plaindre* (de) || *lo compatisco perché è ignorante,* j'ai pitié de lui parce qu'il est ignorant || *farsi* —, se faire plaindre **2** (*essere indulgente*) être* indulgent (envers); (*perdonare*) pardonner.
compatriota *s.m.* e *f.* compatriote.
compattare *v.tr.* **1** compacter **2** (*fig.*) unir □ **compattarsi** *v.pron.* (*fig.*) s'unir.
compattezza *s.f.* **1** compacité **2** (*fig.*) union, solidarité.
compatto *agg.* **1** compact **2** (*fig.*) uni: *votare compatti per...*, voter en masse pour...
compendiare *v.tr.* résumer.
compendio *s.m.* précis, abrégé; (*fig.*) synthèse (*f.*), combinaison (*f.*) || *in* —, en résumé.
compenetrare *v.tr.* pénétrer* (dans) □ **compenetrarsi** *v.pron.* se pénétrer*.
compenetrazione *s.f.* fusion || — *di interessi*, communauté d'intérêts.
compensare *v.tr.* **1** (*retribuire*) rétribuer, rémunérer*; (*indennizzare*) dédommager* **2** (*bilanciare*) compenser (par).
compensato *agg.* e *s.m.* (*legno*) —, contre-plaqué.
compensatore *agg.* compensateur*.
compensazione *s.f.* compensation.
compenso *s.m.* rémunération (*f.*), rétribution (*f.*); (*indennizzo*) dédommagement || *dietro* —, contre paiement; *senza* —, en pure perte; *un* — *simbolico*, une somme symbolique || *per tutto* —,

---

COMPARATIVO DI UGUAGLIANZA

ITALIANO	FRANÇAIS
1 (**così +**) aggettivo *o* avverbio + **come**; (**tanto**)... **quanto**; (**altrettanto**)... **quanto**	**aussi** + adjectif *ou* adverbe + **que**
sono tanto, altrettanto ricchi quanto generosi	ils sont aussi riches que généreux
è intelligente come, quanto suo fratello	il est aussi intelligent que son frère
è (tanto) alta quanto sua cugina	elle est aussi grande que sa cousine
2 tanto, altrettanto + sostantivo + **quanto**, **come** + sostantivo determinato *o* pronome	**autant de** + nom + **que** + nom déterminé *ou* pronom
ha tanta pazienza quanto te, tuo fratello	il a autant de patience que toi, que ton frère
3 tanto, altrettanto + sostantivo + **quanto** + sostantivo indeterminato	**autant de** + nom + **que de** + nom
ha mangiato tante pere quante mele	il a mangé autant de poires que de pommes
comprerò tanti, altrettanti libri che quaderni	j'achèterai autant de livres que de cahiers
4 verbo + (**tanto**) **quanto, come**	verbe + **autant que**
l'apprezziamo (tanto) quanto, come voi	nous l'apprécions autant que vous
	• Si la phrase est négative on peut employer *tant* à la place de *autant* et *si* à la place de *aussi*
non è così ricco come noi	il n'est pas si riche que nous
non ha tanti amici come te	elle n'a pas tant d'amis que toi
non ha invitato tanti ragazzi quante ragazze	il n'a pas invité tant de garçons que de filles
non l'apprezziamo (tanto) quanto, come voi	nous ne l'apprécions pas tant que vous

pour tout remerciement || *in* —, en revanche; (*in cambio*) en échange.

compera *s.f.* achat (*m.*), emplette.

comperare *v.tr.* e *deriv.* → **comprare** e *deriv.*

competente *agg.* compétent || *mancia* —, bonne récompense.

competenza *s.f.* **1** compétence || *rientra nelle competenze di*, c'est de la compétence de; *non è di mia* —, cela n'entre pas dans mes compétences, ce n'est pas de mon ressort; *le formalità di nostra* —, les formalités qui nous incombent **2** *pl.* (*onorario*) honoraires (*m.*).

competere (manca del *part.pass.*) *v.intr.* **1** rivaliser **2** (*riguardare*) être* de la compétence (de), être* du ressort (de) || *non mi compete giudicarlo*, il ne m'appartient pas de le juger **3** (*spettare*) revenir*: *quel che gli compete*, ce qui lui revient, ce qui lui est dû.

competitività *s.f.* compétitivité; (*concorrenza*) concurrence.

competitivo *agg.* **1** (*di competizione*) de compétition: *sport* —, sport de compétition **2** (*concorrenziale*) compétitif*.

competizione *s.f.* compétition.

compiacente *agg.* complaisant || *donna* —, (*spreg.*) femme facile.

compiacenza *s.f.* complaisance, obligeance: *abbia la* — *di*, auriez-vous l'obligeance de.

compiacere (*coniug. come* piacere) *v.tr.* contenter, satisfaire* ♦ *v.intr.* faire* plaisir: *fallo per compiacermi*, fais-le pour me faire plaisir □ **compiacersi** *v.pron.* **1** se complaire* **2** (*rallegrarsi*) se réjouir (de); (*congratularsi*) féliciter (qqn de).

compiacimento *s.m.* satisfaction (*f.*).

compiaciuto *agg.* satisfait.

compiangere (*coniug. come* piangere) *v.tr.* plaindre* □ **compiangersi** *v.pron.* pleurer sur soi-même.

compianto *agg.* regretté ♦ *s.m.* douleur (*f.*).

compiere (*Indic.imperf.* io compivo ecc.; *fut.* io compirò ecc.; *pass.rem.* io compii ecc. *Cong.pres.* che io compia ecc.; *pass.* che io compissi ecc.) *v.tr.* **1** accomplir, faire*: — *una buona azione*, faire une bonne action; — *il proprio dovere*, accomplir, remplir son devoir; — *un delitto*, commettre un crime; — *una difficile impresa*, réaliser une entreprise difficile; — *un salvataggio*, opérer un sauvetage **2** (*finire*) achever* || *non ha compiuto vent'anni*, il n'a pas vingt ans; *ha compiuto ieri vent'anni*, il a eu vingt ans hier; *compie gli anni il 7 marzo*, elle fête son anniversaire le 7 mars □ **compiersi** *v.pron.* **1** (*giungere a termine*) s'achever* **2** (*avverarsi*) s'accomplir.

compieta *s.f.* (*eccl.*) complies (*pl.*).

compilare *v.tr.* **1** (*mettere insieme*) compiler **2** (*redigere*) dresser **3** (*completare*) remplir: — *un modulo*, remplir un formulaire.

compilativo *agg.* de compilation.

compilatore *s.m.* compilateur*.

compilazione *s.f.* compilation.

compimento *s.m.* **1** accomplissement **2** (*fine, conclusione*) achèvement: *portare a* —, achever,

mener à terme || *a* — *dell'opera*, (*iron.*) pour couronner le tout.

compire *v.tr.* → **compiere**.

compitare *v.tr.* épeler*.

compito[1] *agg.* bien élevé || *tutto* —, l'air compassé.

compito[2] *s.m.* **1** (*lavoro, incarico*) tâche (*f.*); (*dovere*) devoir || *è* — *mio ecc.*, c'est à moi, etc. (de) **2** (*scolastico*) (*a casa*) devoir; (*in classe*) devoir en classe; interrogation écrite; (*trimestrale*) composition (*f.*) || *foglio del* — (*in classe*), copie; — *in bianco*, feuille blanche.

compiutamente *avv.* complètement.

compiutezza *s.f.* (*completezza*) caractère exhaustif; (*perfezione*) perfection.

compiuto *agg.* accompli.

compleanno *s.m.* anniversaire.

complementare *agg.* complémentaire || (*imposta*) —, impôt sur le revenu global .

complemento *s.m.* complément || (*gramm.*) — *oggetto*, complément d'objet || (*mil.*) *di* —, de réserve.

complessato *agg.* e *s.m.* complexé.

complessità *s.f.* complexité.

complessivamente *avv.* en tout; (*nel complesso*) dans l'ensemble.

complessivo *agg.* global*; (*d'insieme*) d'ensemble || *punteggio* —, total des points.

complesso *agg.* complexe ♦ *s.m.* **1** ensemble || *per un* — *di motivi*, pour un tas de raisons || *in* —, dans l'ensemble, tout compte fait **2** (*organismo*) complexe, ensemble **3** (*mus.*) ensemble || — *rock*, groupe rock **4** (*psic.*) complexe **5** (*chim.*) complexe.

completamente *avv.* complètement.

completamento *s.m.* complètement; (*fine, conclusione*) achèvement || *a* — *dell'opera*, pour compléter l'œuvre, (*fig.*) par-dessus le marché.

completare *v.tr.* compléter*; (*finire*) achever* || *per* — *l'opera*, pour couronner le tout □ **completarsi** *v.pron.* se compléter*.

completezza *s.f.* caractère exhaustif.

completo *agg.* complet* || *completa fiducia*, confiance totale || — *di*, avec || *al* (*gran*) —, au (grand) complet ♦ *s.m.* **1** (*abito*) complet; (*da donna*) ensemble: — *di maglia*, ensemble de tricot; — *da sci, da tennis*, ensemble de ski, de tennis **2** — *da toeletta*, nécessaire de toilette; — *da scrivania*, garniture de bureau.

complicare (*coniug. come* mancare) *v.tr.* compliquer || *complicarsi la vita*, se rendre la vie plus compliquée □ **complicarsi** *v.pron.* se compliquer.

complicato *agg.* compliqué.

complicazione *s.f.* complication.

complice *s.m.* e *f.* complice.

complicità *s.f.* complicité.

complimentare *v.tr.* complimenter, féliciter □ **complimentarsi** *v.pron.* féliciter (qqn de qqch): *si sono complimentati con lui per la vittoria*, ils l'ont félicité de sa victoire.

complimento *s.m.* compliment || *senza complimenti*, sans façons || *ti prego di non fare complimenti*, je t'en prie, ne fais pas de manières; *se de-*

744

vo dire qualcosa, non faccio complimenti, si je
dois dire quelque chose, je le dis carrément || *i
miei complimenti a sua moglie*, mes hommages à
votre femme || *complimenti!*, compliments, bravo!
complimentoso *agg.* complimenteur*, cérémonieux*.
complottare *v.intr. e tr.* comploter || — *una burla*, ourdir un mauvais tour.
complotto *s.m.* complot.
componente *agg.* composant ♦ *s.m.* 1 composant || *componenti per auto*, pièces détachées
pour voitures 2 (*persona*) membre ♦ *s.f.* composante.
componentistica *s.f.* composants (*m.pl.*).
componibile *agg.* à éléments: *cucina* —, cuisine
à éléments, encastrable.
componimento *s.m.* 1 (*letterario*) pièce (*f.*);
(*musicale*) composition (*f.*) 2 (*scolastico*) rédaction (*f.*) 3 (*dir.*) — *di una lite*, accommodement.
comporre (*coniug. come* porre) *v.tr.* 1 composer || (*mus.*) *l'arte di* —, l'art de la composition 2 (*mettere in ordine*) arranger*: *comporsi i
capelli*, arranger ses cheveux || *le salme furono
composte nella bara*, les corps furent mis en
bière 3 (*appianare*) accommoder 4 (*tip.*) composer □ **comporsi** *v.pron.* 1 se composer 2
(*assumere un atteggiamento composto*) se tenir*
correctement.
comportamentale *agg.* comportemental*.
comportamento *s.m.* comportement; (*contegno*) tenue (*f.*); (*atteggiamento*) attitude (*f.*) || *il* —
dei prezzi, le cours des prix; *il* — *del mercato*,
l'état du marché.
comportare *v.tr.* comporter; (*avere come conseguenza*) entraîner □ **comportarsi** *v.pron.* se conduire*.
compositivo *agg.* 1 constitutif* 2 (*relativo al
comporre*) de la composition.
composito *agg.* composite.
compositoio *s.m.* (*tip.*) composteur.
compositore (f. -*trice*) *s.m.* compositeur*.
composizione *s.f.* 1 composition 2 (*accomodamento*) arrangement (*m.*), accommodement
(*m.*): — *amichevole*, arrangement à l'amiable.
composta *s.f.* (*cuc.*) compote.
compostamente *avv.* correctement, convenablement.
compostezza *s.f.* 1 maintien correct, bonne tenue 2 (*fig.*) (*ordine, moderazione*) sobriété.
compostiera *s.f.* compotier (*m.*).
composto *agg.* 1 composé 2 (*in ordine*) en
ordre, bien arrangé || *sta'* —!, tiens-toi bien!; *modi composti*, maintien correct ♦ *s.m.* composé;
(*cuc.*) mélange.
compra *s.f.* → **compera**.
comprare *v.tr.* acheter*: *ho comprato questa casa dai miei amici*, j'ai acheté cette maison à mes
amis || *chi disprezza compra*, qui dénigre veut
acheter.
compratore (f. -*trice*) *s.m.* acheteur*.

compravendita *s.f.* achat et vente: *contratto di*
—, contrat de vente.
comprendere (*coniug. come* prendere) *v.tr.*
comprendre* || — *al volo*, comprendre à demi-mot □ **comprendersi** *v.pron.* se comprendre*.
comprendonio *s.m.* (*fam.*) comprenette (*f.*): *essere duro di* —, avoir la comprenette difficile.
comprensibile *agg.* compréhensible.
comprensibilmente *avv.* d'une manière compréhensible.
comprensione *s.f.* compréhension.
comprensivo *agg.* 1 compréhensif* 2 (*inclusivo*) comprenant (qqch).
comprensorio *s.m.* zone (*f.*).
compresenza *s.f.* présence simultanée; (*fig.*)
coexistence.
compreso *agg.* 1 compris; (*quando è anteposto*) y compris (*invar.*): *tutto* —, tout compris; *siamo in dieci, compresa mia sorella*, nous sommes
dix, y compris ma sœur, ma sœur comprise 2
(*capito*) compris 3 (*assorto*) absorbé (dans);
(*compenetrato*) pénétré (de).
compressa *s.f.* 1 (*di garza*) compresse 2
(*pastiglia*) comprimé (*m.*).
compressione *s.f.* compression.
compresso *agg.* 1 comprimé 2 (*fig.*) (*represso*) refoulé.
compressore *agg. e s.m.* compresseur.
comprimario *agg. e s.m.* (*attore*) —, second rôle:
avere un ruolo —, jouer le second rôle.
comprimere (*Pass.rem.* io compressi, tu comprimesti ecc. *Part.pass.* compresso) *v.tr.* comprimer.
comprimibile *agg.* compressible.
comprimibilità *s.f.* compressibilité.
compromesso *agg. e s.m.* compromis.
compromettente *agg.* compromettant.
compromettere (*coniug. come* mettere) *v.tr.*
compromettre* || *erano compromessi nello scandalo*, ils étaient impliqués dans le scandale.
compromissione *s.f.* compromission.
comproprietà *s.f.* copropriété.
comproprietario *s.m.* copropriétaire.
comprovare *v.tr.* prouver; (*dimostrare*) démontrer.
compunto *agg.* contrit.
compunzione *s.f.* componction.
computabile *agg.* calculable.
computare *v.tr.* 1 calculer 2 (*addebitare*) débiter (qqn de).
computazionale *agg.* de calcul; informatisé.
computer (pl. *invar.*) *s.m.* ordinateur; (*calcolatore*) calculateur: *micro* —, micro-ordinateur; *personal* —, ordinateur personnel, PC.
computer graphics *s.f.* infographie.
computerizzare *v.tr.* informatiser.
computerizzato *agg.* sur ordinateur; informatisé.
computerizzazione *s.f.* informatisation.
computista *s.m. e f.* comptable.
computisteria *s.f.* comptabilité.
computo *s.m.* compte; (*calcolo*) calcul.

comunale *agg.* communal*; (*dell'amministrazione comunale*): *consiglio* —, conseil municipal || *strada, via* —, route communale || *impiegato* —, employé de mairie; *segretario* —, secrétaire de mairie || *palazzo* —, hôtel de ville.

comunanza *s.f.* communauté.

comune¹ *agg.* **1** commun: *per il bene* —, pour le bien de tous || *di* — *accordo*, d'un commun accord || *per* — *consenso*, à l'unanimité || *nel* — *interesse*, dans l'intérêt de tous; *è nel nostro* — *interesse che*, il est dans notre intérêt à tous que, nous avons tous intérêt à ce que || *andare per la* —, faire comme tout le monde **2** (*frequente, diffuso*) courant: *è* (*una*) *cosa* — *in Italia*, c'est une chose courante en Italie || *è opinione* — *che*, l'opinion générale est que; *è opinione* — *a molte persone*, c'est une opinion répandue chez beaucoup de gens || *è un'usanza* —, il est d'usage (de) **3** (*normale, ordinario*) courant: *di uso* —, d'un usage courant; *merce* —, marchandise courante || *vino* —, vin ordinaire || *intelligenza non* —, intelligence peu commune || *luoghi comuni*, lieux communs || *un uomo* —, un homme quelconque; *la gente* —, les gens; *i comuni mortali*, le commun des mortels ♦ *s.m.* commun: *mettere in* —, mettre en commun; *non avete nulla in* —, (*fig.*) vous n'avez rien de commun; *hanno interessi in* —, ils ont des intérêts communs; *abbiamo un amico in* —, nous avons un ami commun || *ingegno fuori del* —, intelligence hors pair, hors du commun ♦ *s.f.* (*teatr.*) fond (*m.*) || *uscire per la* —, (*anche fig.*) abandonner la scène.

comune² *s.m.* **1** commune (*f.*) **2** (*organo amministrativo*) municipalité (*f.*), mairie (*f.*); (*palazzo del Comune*) mairie (*f.*); (*di edificio storico; in Belgio, in Svizzera*) hôtel de ville: *si sono sposati in* —, ils se sont mariés à la mairie **3** (*st. medievale*) commune (*f.*) **4** (*pol.*) *Camera dei Comuni*, (Chambre des) Communes ♦ *s.f.* **1** (*st.*) commune: *la Comune di Parigi*, la Commune **2** (*comunità agricola cinese*) commune; (*estens.*) communauté: *negli anni Settanta ha vissuto in una* —, dans les années soixante-dix il a vécu dans une communauté.

comunella *s.f.*: *far* — (*con qlcu*), s'acoquiner avec qqn.

comunemente *avv.* communément.

comunicabile *agg.* communicable.

comunicando *s.m.* communiant.

comunicante *agg.* communicant.

comunicare (*coniug. come* mancare) *v.tr.* **1** communiquer || — *una malattia*, transmettre, passer une maladie || — *calore, energia*, (*fis.*) transmettre de la chaleur, de l'énergie **2** (*eccl.*) (*amministrare la Comunione*) donner la communion (à) ♦ *v.intr.* **1** communiquer **2** (*essere in comunicazione*) communiquer (avec) □ **comunicarsi** *v.pron.* **1** se communiquer **2** (*eccl.*) (*ricevere la Comunione*) communier: *si sono comunicati ieri*, ils ont communié hier.

comunicativa *s.f.* expansivité: *avere poca, molta* —, être peu, très communicatif.

comunicativo *agg.* communicatif*.

comunicato *s.m.* communiqué: — *stampa*, communiqué de presse || — *commerciale*, annonce publicitaire.

comunicazione *s.f.* communication: *dare* — *di qlco*, communiquer qqch || *strada di grande* —, route à grande circulation || (*tel.*): — *a carico del destinatario*, (communication en) PCV (*acronimo di* à PerCeVoir); — *con preavviso*, communication avec préavis (*o* PAV) || (*dir.*) — *giudiziaria*, notification.

comunione *s.f.* **1** (*dir.*): — *di beni*, communauté de biens: *in regime di* — *dei beni*, sous le régime de la communauté **2** (*eccl.*) *Comunione*, communion; *fare, ricevere la Comunione*, communier.

comunismo *s.m.* communisme.

comunista *agg. e s.m.* communiste.

comunità *s.f.* **1** communauté || — *terapeutica*, communauté thérapeutique || — *montana*, regroupement de villages de montagne liés par des intérêts communs **2** — *di intenti, interessi*, intérêts, buts communs.

comunitario *agg.* communautaire.

comunque *cong.* **1** (*in qualunque modo*) de quelque façon que: — *tu decida,...,*, quelle que soit ta décision,..., de quelque façon que tu t'y prennes,... || — *sia,* — *vadano le cose...*, quoi qu'il en soit **2** (*tuttavia*) quand même; (*in ogni caso*) de toute façon: *non ne ho voglia,* — *verrò*, je n'en ai pas envie, mais je viendrai quand même; *non sarei venuto,* — *dovevi avvertirmi*, je ne serais pas venu, mais de toute façon tu aurais dû m'avertir ♦ *avv.* (*in ogni caso*) de toute façon; (*ugualmente*) quand même: *devo* — *andarmene domani*, de toute façon, je dois m'en aller demain; *ci vado* —, j'y vais quand même || —, *devo riflettere*, quoi qu'il en soit, je dois réfléchir.

con *prep.* **1** avec: — *tutti i suoi guai è sempre allegro*, avec tous (*o* malgré) les ennuis qu'il a il est toujours gai || — *mia grande gioia, soddisfazione*, à ma grande joie, satisfaction; — *vivo rincrescimento*, à mon vif regret || *col primo di giugno si apre la stagione dei festival estivi*, la saison des festivals d'été commence le premier juin || — *la fine del secolo*, à (partir de) la fin du siècle || *avere del denaro* — *sé*, avoir de l'argent sur soi || *tè* — *latte*, thé au lait; *frittata coi carciofi*, omelette aux artichauts **2** (*seguito da parole designanti parti del corpo o atteggiamenti*): *fare un cenno* — *la mano*, faire signe de la main; *spingere col piede*, pousser du pied; — *tono burbero*, d'un ton bourru; — *un gran sorriso*, d'un grand sourire || — *le lacrime agli occhi*, les larmes aux yeux; — *le braccia penzoloni*, les bras ballants; — *le gambe accavallate*, les jambes croisées || *tieni il volante* — *tutte e due le mani*, tiens le volant avec les deux mains || *come stai* — *la tua gamba?*, comment va ta jambe?; — *la salute ora vado meglio*, ma santé va mieux maintenant **3** (*verso, nei riguardi di*) envers, à l'égard de; (*contro*) contre: *essere gentile* — *qlcu*, être aimable envers, à l'égard de qqn;

adirarsi, battersi — *qlcu*, se fâcher, se battre contre qqn   **4** (*mezzo*) par; (*con l'aiuto, l'ausilio di*) à: *arrivare col treno*, arriver par le train; *gli ho risposto* — *un fax*, je lui ai répondu par fax; *è stato eletto* — *più di centomila voti*, il a eu plus de cent mille voix aux dernières élections; *ottenere* — *la forza*, obtenir par la force; *cosa vuoi dire* — *questo?*, que veux-tu dire par là?; *fatto* — *la penna,* — *la matita*, fait à la plume, au crayon; *tagliare* — *il coltello*, couper au couteau; *lavare* — *acqua corrente*, laver à grande eau ‖ *cenare* — *un panino*, dîner d'un sandwich ‖ *e* — *ciò vi saluto*, et là-dessus je vous salue   **5** (*per indicare una qualità, una caratteristica*) à: *ragazzo coi capelli biondi*, garçon aux cheveux blonds; *scarpe col tacco basso*, des chaussures à talons plats   **6** (*meteor.*) par: *non uscire* — *questo tempo*, ne sors pas par ce temps ‖ *siamo partiti* — *una pioggia torrenziale*, nous sommes partis sous une pluie battante ‖ *guidare col buio*, conduire la nuit ‖ *arrivammo col bel tempo*, il faisait beau temps quand nous arrivâmes   **7** (+ *inf.*) en (+ *gerundio*): *col gridare non otterrà mai nulla*, il n'obtiendra jamais rien en criant   **8** (*dopo verbi come* finire, continuare, cominciare) par: *finì col dargli ragione*, il finit par lui donner raison.

con- *pref.* con-

conato *s.m.* effort ‖ *avere conati di vomito*, avoir des haut-le-cœur.

conca (pl. *-che*) *s.f.* **1** cuve   **2** — *idraulica*, écluse   **3** (*geogr.*) cuvette; (*vallata aperta*) vallée ouverte.

concatenare *v.tr.* (*fig.*) enchaîner □ **concatenarsi** *v.pron.* s'enchaîner ‖ *il* — *delle circostanze*, l'enchaînement des circonstances.

concatenazione *s.f.* enchaînement (*m.*), concaténation.

concausa *s.f.* cause concomitante.

concavità *s.f.* concavité.

concavo *agg.* concave.

concedere (*Pass.rem.* io concessi, tu concedesti ecc. *Part.pass.* concesso) *v.tr.* **1** accorder ‖ *gentilmente concesso*, gracieusement mis à disposition ‖ — *la grazia*, gracier ‖ *concedersi un po' di svago*, s'accorder un petit moment de détente; *concedersi una vacanza*, s'offrir des vacances   **2** (*permettere*) permettre*: *mi conceda...*, permettez...   **3** (*ammettere*) admettre*, concéder*: *hai ragione, te lo concedo*, tu as raison, je l'admets; *mi conceda che ho le mie buone ragioni*, convenez que j'ai de bonnes raisons ‖ *dato e non concesso che*, à supposer que □ **concedersi** *v.pron.* se donner.

concentramento *s.m.* concentration (*f.*) ‖ *campo di* —, camp de concentration; *relativo ai campi di* —, concentrationnaire.

concentrare *v.tr.* concentrer □ **concentrarsi** *v.pron.* se concentrer.

concentrato *agg.* **1** concentré   **2** (*fig.*) absorbé ♦ *s.m.* concentré.

concentrazione *s.f.* concentration.

concentrico (pl. *-ci*) *agg.* concentrique.

concepibile *agg.* concevable.

concepimento *s.m.* conception (*f.*).

concepire (*coniug. come* finire) *v.tr.* concevoir*.

concepito *agg.* conçu: *così* —, ainsi conçu.

conceria *s.f.* tannerie.

concernente *agg.* concernant; (*relativo a*) relatif* (à).

concernere (manca il *part.pass.*) *v.tr.* concerner ‖ *per quanto concerne*, en ce qui concerne, quant à.

concertare *v.tr.* **1** (*mus.*) diriger*; (*armonizzare*) harmoniser; (*orchestrare*) orchestrer   **2** (*fig.*) (*organizzare, ordire*) concerter.

concertato *agg.* concerté ‖ *all'ora concertata*, à l'heure convenue ♦ *s.m.* (*mus.*) morceau* d'ensemble.

concertatore *agg.* e *s.m.* (*mus.*) (*maestro*) — *e direttore d'orchestra*, chef d'orchestre.

concertazione *s.f.* (*mus.*) direction; (*orchestrazione*) orchestration.

concertista *s.m.* e *f.* concertiste.

concertistico (pl. *-ci*) *agg.* **1** de concert: *stagione concertistica*, saison musicale   **2** (*da concertista*) de concertiste.

concerto *s.m.* concerto: — *vocale, strumentale*, concert de musique vocale, de musique instrumentale; — *di musica sacra*, concert spirituel ‖ *agire di* —, agir de concert.

concessionario *agg.* e *s.m.* concessionnaire.

concessione *s.f.* concession ‖ *per sua stessa* —, de son propre aveu.

concessivo *agg.* (*gramm.*) concessif*: *proposizione concessiva*, concessive.

concetto *s.m.* **1** (*idea*) idée (*f.*), conception (*f.*); (*fil.*) concept ‖ *hai afferrato il* —?, tu as saisi?! ‖ *lavoro di* —, travail intellectuel   **2** (*opinione*) opinion (*f.*): *che* — *ti sei fatto di lui?*, qu'est-ce que tu penses de lui?

concettoso *agg.* **1** (*denso di concetti*) plein d'idées   **2** (*troppo ricercato*) alambiqué.

concettuale *agg.* conceptuel*.

concettualizzare *v.tr.* conceptualiser.

concezione *s.f.* conception.

conchiglia *s.f.* **1** coquillage (*m.*); (*guscio*) coquille   **2** (*metall., arch.*) coquille.

concia *s.f.* **1** (*delle pelli*) tannage (*m.*); (*del cuoio*) corroi (*m.*)   **2** (*di vegetali*) traitement (*m.*)   **3** (*sostanza per conciare*) tan (*m.*).

conciare (*coniug. come* cominciare) *v.tr.* **1** (*pelli*) tanner; (*cuoio*) corroyer*; (*prodotti vegetali*) traiter   **2** (*fam.*) (*vestire in modo ridicolo*) affubler   **3** (*ridurre in cattivo stato*) (*persone*) arranger*; (*cose*) réduire*: *guarda come hai conciato il libro*, regarde dans quel état tu as réduit ce livre; *l'hanno conciato per le feste!*, on l'a drôlement arrangé! □ **conciarsi** *v.pron.* (*fam.*) s'accoutrer: *guarda come ti sei conciato!*, regarde comment tu t'es arrangé!

conciato *agg.* **1** (*di pelli*) tanné; (*di vegetali*) traité   **2** (*fam.*) (*malridotto*) mal en point; (*malvestito*) accoutré, affublé: *è* — *male*, il est mal fichu.

conciatore (f. *-trice*) *s.m.* tanneur*; (*del cuoio*) corroyeur*.

conciliabolo *s.m.* conciliabule.

conciliante *agg.* conciliant.

conciliare[1] *v.tr.* concilier || *— una contravvenzione*, régler une contravention; *concilia?*, vous payez tout de suite? || *la televisione concilia il sonno*, la télévision fait dormir; *medicina che concilia il sonno*, médicament qui favorise le sommeil □ **conciliarsi** *v.pron.* 1 (*riconciliarsi*) se réconcilier; (*andare d'accordo*) s'accorder 2 (*adattarsi*) se faire*.

conciliare[2] *agg.* (*eccl.*) conciliaire.

conciliatore (f. *-trice*) *agg.* e *s.m.* conciliateur* || (*dir.*) (*giudice*) —, juge d'instance; (*antiq.*) juge de paix.

conciliazione *s.f.* conciliation.

concilio *s.m.* concile || *tenere* —, (*scherz.*) être en grande réunion.

concimare *v.tr.* mettre* de l'engrais (à), engraisser; (*spec. con letame*) fumer.

concimazione *s.f.* fumage (*m.*).

concime *s.m.* engrais; (*letame*) fumier.

concio[1] *s.m.* (*arch.*) voussoir.

concio[2] *s.m.* (*edil.*) moellon.

concisamente *avv.* avec concision.

concisione *s.f.* concision.

conciso *agg.* concis.

concistoro *s.m.* (*eccl.*) consistoire.

concitatamente *avv.* avec agitation.

concitato *agg.* agité; (*di voce*) altéré; (*di persona*) surexcité: *in tono* —, avec agitation.

concitazione *s.f.* surexcitation.

concittadino *s.m.* concitoyen*.

conclamato *agg.* 1 (*letter.*) (*chiaro*) éclatant 2 (*med.*) (*dichiarato*) déclaré.

conclave *s.m.* (*eccl.*) conclave.

concludente *agg.* 1 (*convincente*) probant, concluant 2 (*efficiente*) efficient.

concludere (*coniug. come* chiudere) *v.tr.* conclure*: *— la pace*, conclure la paix; *concluse il discorso con una citazione*, il termina son discours par une citation; *è ora di* —, il est temps d'arriver à une conclusion; *conclusero che si trattava di un omicidio*, on conclut à un homicide || *oggi ho concluso poco*, je n'ai pas fait grand-chose aujourd'hui; *ieri non ho concluso niente*, hier je n'ai rien fait; *gli ho parlato ma non ho concluso niente*, je lui ai parlé mais sans résultat; *con le chiacchiere si conclude poco*, avec les bavardages, on n'arrive pas à grand-chose || *dunque, concludendo...*, donc, en conclusion... □ **concludersi** *v.pron.* se terminer: *— felicemente*, avoir une fin heureuse; *la partita si è conclusa con un pareggio*, les équipes ont fait match nul.

conclusione *s.f.* conclusion: *non ne vedremo la* —, nous n'en verrons pas la fin; *venire alla —*, venir à la conclusion; *manca un giro alla — della gara*, il reste plus qu'un tour pour terminer la course || *tratte le debite conclusioni*, tout bien considéré || *in —*, en conclusion.

conclusivo *agg.* 1 (*ultimo*) dernier*: *nella parte conclusiva*, dans la partie finale, à la fin 2 (*definitivo*) définitif*, conclusif*.

concomitante *agg.* concomitant.

concomitanza *s.f.* concomitance.

concordanza *s.f.* concordance || *in — a*, conformément à || (*gramm.*): — *di caso, genere, numero*, accord en cas, genre, nombre; — *dei tempi*, concordance des temps.

concordare *v.tr.* 1 accorder 2 (*stabilire di comune accordo*) déterminer, fixer ♦ *v.intr.* 1 concorder; (*essere d'accordo*) s'accorder (pour) 2 (*gramm.*) s'accorder.

concordatario *agg.* (*eccl., dir.*) concordataire || *matrimonio* —, (*in Italia*) mariage religieux ayant effet juridique.

concordato *s.m.* (*dir., eccl.*) concordat.

concorde *agg.* (*di cose*) concordant (sur), conforme (sur); (*di persone*) d'accord (sur).

concordemente *avv.* d'un commun accord: *è stato — rilevato che...*, on s'est accordé à reconnaître que...

concordia *s.f.* concorde.

concorrente *agg.* e *s.m.* concurrent || *i concorrenti al posto*, les candidats au poste.

concorrenza *s.f.* concurrence: *competere con la* —, rivaliser avec la concurrence || *fino alla — di...*, jusqu'à concurrence de... || *ciò è dovuto alla — di vari fattori*, cela est dû au concours de plusieurs facteurs.

concorrenziale *agg.* concurrentiel*: *offerta* —, offre compétitive.

concorrenzialità *s.f.* compétitivité.

concorrere (*coniug. come* correre) *v.intr.* 1 (*competere*) concourir*; (*fig.*) entrer en concurrence: *— a un premio*, concourir pour un prix || *— a un appalto*, soumissionner à une adjudication 2 (*convergere*) converger* 3 (*contribuire*) concourir*, contribuer: *tutto concorse a farmi perdere il treno*, tout contribua à me faire rater le train; *— alle spese*, contribuer aux dépenses || (*dir.*) — *in un reato*, participer à un délit.

concorso *s.m.* concours: *vincere un* —, réussir à un concours; — *a un posto*, concours pour une place; — *a premi*, concours doté de prix || — *di bellezza*, concours de beauté || *un gran — di spettatori*, une grande affluence de spectateurs || (*dir.*): — *nel reato*, participation au délit; — *di colpa*, faute concurrente.

concretamente *avv.* concrètement.

concretare *v.intr.* → **concretizzare**.

concretezza *s.f.* (caractère) concret: *dare — a un'idea*, concrétiser une idée.

concretizzare *v.tr.* concrétiser □ **concretizzarsi** *v.pron.* se concrétiser.

concreto *agg.* e *s.m.* concret* (*anche fig.*) || *è un uomo* —, c'est un (homme) réaliste || *venire al —*, en venir aux faits; *in —, che cosa vuoi?*, en fin de compte, qu'est-ce que tu veux?

concrezione *s.f.* concrétion.

concubina *s.f.* concubine.

concubinaggio, concubinato *s.m.* concubinage, union libre.

concubino *s.m.* concubin.
concupire (*coniug. come* finire) *v.tr.* convoiter.
concupiscente *agg.* concupiscent.
concupiscenza *s.f.* concupiscence.
concussionario *s.m.* (*dir.*) concussionnaire.
concussione *s.f.* (*dir.*) concussion.
condanna *s.f.* condamnation (*anche fig.*) || *scontare una —*, purger une peine; *sentenza di —*, sentence condamnatoire.
condannabile *agg.* condamnable.
condannare *v.tr.* condamner (*anche fig.*): *è stato condannato a una forte multa*, il a été condamné à payer une grosse amende.
condannato *agg.* e *s.m.* condamné.
condensa *s.f.* buée.
condensare *v.tr.* condenser (*anche fig.*) □ **condensarsi** *v.pron.* se condenser.
condensato *agg.* condensé (*anche fig.*) ♦ *s.m.* concentré: *quell'uomo è un — di stupidità*, c'est un imbécile fini.
condensatore *s.m.* condenseur; (*elettr.*) condensateur.
condensazione *s.f.* condensation.
condimento *s.m.* condiment; (*il condire*) assaisonnement.
condire (*coniug. come* finire) *v.tr.* assaisonner (*anche fig.*): *— un rimprovero con un sorriso*, accompagner un reproche d'un sourire.
condirettore (f. *-trice*) *s.m.* codirecteur*.
condirezione *s.f.* codirection.
condiscendente *agg.* **1** (*indulgente*) indulgent; (*compiacente*) complaisant; (*arrendevole*) conciliant **2** (*di degnazione*) condescendant.
condiscendenza *s.f.* **1** (*indulgenza*) indulgence; (*compiacenza*) complaisance **2** (*degnazione*) condescendance.
condiscendere (*coniug. come* prendere) *v.intr.* condescendre*.
condiscepolo *s.m.* condisciple.
condividere (*coniug. come* ridere) *v.tr.* partager* (*anche fig.*).
condivisibile *agg.* partageable (*anche fig.*).
condizionale *agg.* conditionnel* || (*dir.*): *sospensione — della pena*, sursis; *condanna —*, condamnation avec sursis ♦ *s.m.* (*gramm.*) conditionnel ♦ *s.f.* (*dir.*) sursis (*m.*): *con la —*, avec sursis.
condizionamento *s.m.* **1** conditionnement **2** (*dell'aria*) climatisation (*f.*): *impianto di —*, climatiseur.
condizionare *v.tr.* conditionner (*anche fig.*): *— l'aria*, conditionner, climatiser l'air; *— dei prodotti*, conditionner des produits.
condizionato *agg.* **1** conditionné || *camera con aria condizionata*, chambre climatisée **2** (*sottoposto a riserva*) sous conditions || (*comm.*) *accettazione condizionata*, acceptation spécifiée.
condizione *s.f.* condition || *essere in eccellenti condizioni fisiche*, être en pleine forme; *è in — da far pietà*, il est dans un état pitoyable; *ricoverare in gravi condizioni*, hospitaliser dans un état grave; *automobile in buone condizioni*, voiture en bon état || *buone, cattive condizioni finanziarie*, bonne situation financière, situation financière difficile || *per le cattive condizioni del tempo*, par suite du mauvais temps || *essere in — di*, être en état de, être à même de || *resa senza condizioni*, capitulation sans conditions || *alla —, con la —*, à la condition || *a — che*, à condition que: *ho accettato a — che mi accompagnasse*, j'ai accepté à condition qu'il m'accompagne || *per, a nessuna —*, à aucun prix || (*comm.*): *alle solite condizioni*, aux conditions habituelles: *alle condizioni pattuite*, aux conditions requises; *condizioni da convenirsi*, conditions à établir || *famiglia di umile —*, famille de condition modeste.
condoglianza *s.f.* (*spec.pl.*) condoléance(s): *la prego di porgere le mie condoglianze a suo fratello*, je vous prie de présenter mes condoléances à votre frère.
condominiale *agg.* de copropriété, de copropriétaires: *riunione —*, réunion de copropriétaires; *spese condominiali*, frais de copropriété.
condominio *s.m.* **1** copropriété (*f.*): *assemblea di —*, assemblée de copropriétaires **2** (*edificio*) immeuble en copropriété.
condomino *s.m.* copropriétaire.
condonabile *agg.* rémissible.
condonare *v.tr.* remettre*.
condono *s.m.* (*dir.*) rémission (*f.*) || *— fiscale*, amnistie fiscale; *— edilizio*, amnistie portant sur des abus immobiliers.
condor (pl. *invar.*) *s.m.* (*zool.*) condor.
condotta *s.f.* **1** conduite: *affidare la — delle trattative, dei lavori*, confier la conduite des négociations, la direction des travaux; *vinse per l'abile — di gara*, il gagna grâce à sa façon habile de mener la course **2** (*comportamento*) conduite || *certificato di buona —*, certificat de bonne vie et mœurs **3** *— (medica)*, (*incarico*) charge de médecin municipal; (*circoscrizione*) circonscription du médecin municipal **4** (*tecn.*) (*tubazione*) conduit (*m.*), conduite.
condottiero *s.m.* chef (militaire).
condotto[1] *agg.*: *medico —*, médecin municipal.
condotto[2] *s.m.* (*tecn.*) conduit, conduite (*f.*); (*anat.*) conduit, canal || (*geol.*) *— eruttivo*, cheminée (du volcan).
conducente *s.m.* conducteur*; (*di taxi*) chauffeur.
conducibile *agg.* (*riferibile*) rapportable.
condurre (*Indic.pres.* io conduco ecc.; *pass.rem.* io condussi, tu conducesti ecc. *Part.pass.* condotto) *v.tr.* **1** conduire*; (*spec. fig.*) mener*; (*in un luogo, da qlcu*) amener*; (*accompagnare, portare con sé*) emmener*: *— i ragazzi a scuola*, conduire, emmener les enfants à l'école; *quando vieni conduci tua sorella con te*, quand tu viendras, amène ta sœur avec toi; *conducimi con te*, emmène-moi; *— alla rovina*, mener à la ruine; *— a termine*, mener à terme || *— una vita felice*, mener une vie heureuse **2** (*guidare*) conduire*, mener*; (*dirigere*) diriger*: *— alla vittoria*, conduire, mener à la victoire; *— le trattative*, mener les

négociations; — *un dibattito*, conduire, diriger un débat; — *un'azienda*, diriger, conduire une entreprise; *questo film è condotto molto bene*, le film est très bien dirigé || — *l'auto*, conduire une voiture || *la nostra squadra conduce per due a zero*, notre équipe mène par deux à zéro; — *la classifica*, être à la tête du classement ♦ *v.intr.* mener*: *questa strada conduce all'altro capo della città*, cette rue mène à l'autre bout de la ville.

conduttore (f. -*trice*) *agg.* conducteur* ♦ *s.m.* 1 conducteur* || — (*del treno*), mécanicien (du train) || — (*televisivo*), présentateur 2 (*locatore*) locataire; (*agricolo*) exploitant agricole, fermier* 3 (*fis.*) conducteur.

conduttura *s.f.* conduite; (*pl.*) tuyauterie (*sing.*).

conduzione *s.f.* 1 gestion || *azienda a — familiare*, entreprise familiale || *la — di un programma televisivo*, la conduite d'un programme télévisé 2 (*dir.*) location; (*di fondo rustico*) fermage (*m.*) 3 (*fis.*) conduction.

conestabile *s.m.* (*st.*) connétable.

confabulare *v.intr.* discuter; (*complottare*) comploter.

confacente *agg.* qui convient (à).

confarsi (*coniug. come* fare; *usato alle 3e pers.*) *v.pron.* convenir*.

confederale *agg.* confédéral*.

confederarsi *v.pron.* se confédérer.

confederato *agg.* e *s.m.* confédéré.

confederazione *s.f.* confédération.

conferenza *s.f.* conférence || — *stampa*, conférence de presse.

conferenziere *s.m.* conférencier*.

conferimento *s.m.* 1 attribution (*f.*); (*di titolo, di grado*) collation (*f.*); (*consegna*) remise (*f.*): — *di una carica*, remise d'une charge 2 (*econ.*) apport.

conferire (*coniug. come* finire) *v.tr.* conférer* || — *grazia*, donner du charme ♦ *v.intr.* avoir* un entretien.

conferma *s.f.* confirmation; (*prova*) preuve: *nel suo atteggiamento trovo la — dei miei sospetti*, son attitude me confirme dans mes soupçons || — *in servizio*, maintien en service || *a — di...*, en confirmation de..., pour confirmer..., confirmant...; *a — di quanto ho detto*, à l'appui de ce que j'ai dit.

confermare *v.tr.* confirmer □ **confermarsi** *v. pron.* (*dare conferma*): *si è confermato il migliore in campo*, il a confirmé qu'il était le meilleur sur le terrain; *si sta confermando un bravo medico*, il confirme ses capacités de médecin || — *nelle proprie opinioni*, renforcer ses opinions.

confessabile *agg.* avouable.

confessare *v.tr.* avouer; (*spec. relig.*) confesser: *confessa di aver torto*, avoue que tu as tort; — *un segreto*, révéler un secret □ **confessarsi** *v.pron.* s'avouer, se reconnaître*; (*spec. relig.*) confesser || *andare a —*, aller à confesse.

confessionale *agg.* 1 confessionnel* 2 (*della confessione*) de la confession ♦ *s.m.* confessional*.

confessione *s.f.* 1 aveu* (*m.*); (*spec. relig.*) confession || *rendere piena —*, faire des aveux complets 2 (*fede religiosa*) confession.

confesso *agg.*: *essere reo —*, plaider coupable.

confessore *s.m.* confesseur.

confettare *v.tr.* dragéifier.

confetteria *s.f.* confiserie.

confetto *s.m.* dragée (*f.*).

confettura *s.f.* confiture.

confezionare *v.tr.* 1 confectionner || — *su misura*, confectionner sur mesure 2 (*impacchettare*) empaqueter*; (*incartare*) envelopper; (*in modo industriale*) conditionner.

confezionato *agg.* 1 *abiti confezionati*, vêtements de confection; prêt-à-porter 2 *prodotti confezionati*, produits conditionnés.

confezione *s.f.* 1 confection; (*industriale*) conditionnement (*m.*) 2 (*la cosa confezionata*) boîte; paquet (*m.*): — *regalo*, paquet-cadeau 3 (*abbigl.*) confection, prêt-à-porter (*m.*): *negozio di confezioni*, magasin de prêt-à-porter.

conficcare (*coniug. come* mancare) *v.tr.* enfoncer* || *conficcatelo bene in testa*, fourre-toi bien ça dans le crâne □ **conficcarsi** *v.pron.* se planter.

confidare *v.intr.* avoir* confiance; (*contare su*) compter (sur): *confido di riuscire*, je compte réussir ♦ *v.tr.* confier □ **confidarsi** *v.pron.* se confier (à), s'ouvrir* (à).

confidente *agg.* confiant ♦ *s.m.* 1 confident 2 (*della polizia*) indicateur (de police).

confidenza *s.f.* 1 confidence || *te lo dico in —*, entre nous soit dit 2 (*familiarità*) familiarité || *essere in —*, être intime; *prendere —*, se familiariser || *dare — a qlcu*, se mettre au niveau de qqn; *è una persona che dà subito —*, c'est une personne d'un abord facile.

confidenziale *agg.* 1 confidentiel* || *in via —*, par voie confidentielle 2 (*cordiale*) familier*.

configurarsi *v.pron.* prendre* forme: *il caso si configura interessante*, le cas prend une tournure intéressante.

configurazione *s.f.* configuration.

confinante *agg.* limitrophe: — *con...*, qui confine avec... ♦ *s.m.* voisin.

confinare *v.intr.* confiner (à, avec) ♦ *v.tr.* 1 confiner, reléguer* 2 (*assegnare al confino*) assigner* à résidence forcée □ **confinarsi** *v.pron.* se confiner.

confinato *agg.* e *s.m.* assigné à résidence forcée.

confine *s.m.* limite (*f.*); (*frontiera*) frontière (*f.*): *linea di —*, ligne de frontière || (*ceppo di*) —, borne || *senza confini*, sans limites, sans bornes || *ai confini del —*, aux confins de || *al — tra la vita e la morte*, entre la vie et la mort.

confino *s.m.* résidence forcée: *mandare al —*, assigner à résidence forcée.

confisca (*pl.* -*che*) *s.f.* confiscation.

confiscare (*coniug. come* mancare) *v.tr.* confisquer.

conflagrazione *s.f.* conflagration.

conflitto *s.m.* conflit || — *di competenza*, conflit d'attribution.

conflittuale *agg.* conflictuel*.
conflittualità *s.f.* conflictualité.
confluente *s.m.* confluent.
confluenza *s.f.* confluence.
confluire (*coniug. come* finire) *v.intr.* confluer (avec); (*gettarsi in*) se jeter* (dans).
confondere (*coniug. come* fondere) *v.tr.* 1 brouiller: — *le idee*, brouiller les idées; — *la vista*, brouiller la vue; — *hai confuso tutte le mie carte*, tu as mélangé tous mes papiers || — *le carte in tavola*, (*fig.*) brouiller les cartes || *mi confondi con le tue interruzioni!*, tu m'embrouilles avec tes interruptions!; *la tua domanda l'ha confuso*, ta question l'a désarçonné || *le vostre premure mi confondono*, vos attentions me confondent 2 (*scambiare*) confondre*: — *i nomi*, confondre les noms □ **confondersi** *v.pron.* 1 se brouiller: *mi si confonde la vista*, j'ai la vue brouillée || — *tra la folla*, se perdre dans la foule 2 (*sbagliarsi*) se tromper || *si è confuso nel racconto, con le date*, il s'est embrouillé dans le récit, dans les dates 3 (*turbarsi*) rester confus.
conformare *v.tr.* conformer; (*adattare*) adapter □ **conformarsi** *v.pron.* se conformer.
conformazione *s.f.* conformation.
conforme *agg.* conforme.
conformemente *avv.* conformément.
conformismo *s.m.* conformisme.
conformista *agg.* e *s.m.* conformiste.
conformità *s.f.* conformité || *in — di*, conformément (à).
confort (pl. *invar.*) *s.m.* confort.
confortante *agg.* réconfortant.
confortare *v.tr.* 1 réconforter || — *un condannato a morte*, assister un condamné à mort 2 (*avvalorare*) appuyer* (sur), étayer* (sur) □ **confortarsi** *v.pron.* se consoler.
confortevole *agg.* 1 réconfortant 2 (*comodo*) confortable.
conforto *s.m.* 1 réconfort: *essere di —*, apporter du réconfort || *i conforti religiosi*, les derniers sacrements || *generi di —*, petits remontants 2 (*sostegno*) appui: *a — di*, à l'appui de 3 *pl.* (*comodità*) conforts.
confratello *s.m.* confrère; (*tra monaci*) frère.
confraternita *s.f.* confrérie.
confrontare *v.tr.* comparer || *confronta* (abbr. *cfr.*), confer (*abbr.* conf., cf.) □ **confrontarsi** *v.pron.* 1 être* confronté (à); (*misurarsi*) se mesurer (avec) 2 (*l'un l'altro*) se mesurer.
confronto *s.m.* 1 comparaison (*f.*): *non temere confronti*, ne pas avoir son pareil, ne pas avoir d'égal; *mettere a —*, comparer || *senza confronti*, sans comparaison possible || *a — di, in — a*, par rapport à || *nei confronti di*, envers, à l'égard de 2 (*dir.*) confrontation (*f.*): *mettere a —*, confronter 3 (*dibattito*) débat 4 (*sport*) compétition (*f.*).
confucianesimo *s.m.* confucianisme.
confusamente *avv.* confusément; (*in disordine*) en désordre.

confusionale *agg.* (*med.*) confusionnel*; de confusion mentale.
confusionario *agg.* e *s.m.* brouillon*.
confusione *s.f.* 1 confusion; (*disordine*) désordre (*m.*) || *ho una gran — in testa*, mes idées se brouillent dans ma tête || *c'era una tale — di gente!*, il y avait une telle foule! 2 (*chiasso*) brouhaha (*m.*), vacarme (*m.*) 3 (*turbamento*) confusion, embarras (*m.*).
confuso *agg.* confus || — *tra la folla*, perdu dans la foule.
confutabile *agg.* réfutable.
confutare *v.tr.* réfuter.
confutazione *s.f.* réfutation.
congedare *v.tr.* 1 congédier; (*allontanare*) renvoyer* 2 (*mil.*) libérer* □ **congedarsi** *v.pron.* prendre* congé.
congedato *s.m.* soldat (du contingent) libéré de ses obligations militaires.
congedo *s.m.* 1 congé || *visita di —*, visite d'adieu 2 (*permesso*) congé: — *matrimoniale*, congé de mariage 3 (*mil.*) libération (de la classe): *andare, essere in —*, être libéré de ses obligations militaires; *foglio di —*, attestation de libération de classe || *la forza in —*, les hommes en disponibilité.
congegnare *v.tr.* agencer*; (*ideare, organizzare*) monter.
congegno *s.m.* mécanisme; (*dispositivo*) dispositif.
congelamento *s.m.* congélation (*f.*); (*econ.*) gel.
congelare *v.tr.* congeler*; (*fig.*) geler* □ **congelarsi** *v.pron.* se congeler*; (*avere freddo; essere colpito da congelamento*) geler*.
congelato *agg.* 1 congelé || (*econ.*) *beni congelati*, biens gelés 2 (*colpito da congelamento*) gelé.
congelatore *s.m.* congélateur.
congelazione *s.f.* → congelamento.
congenere *agg.* analogue.
congeniale *agg.* fait (pour).
congenito *agg.* congénital*.
congerie *s.f.* amas (*m.*).
congestionare *v.tr.* congestionner.
congestionato *agg.* congestionné.
congestione *s.f.* congestion || *la — del traffico*, les embouteillages.
congettura *s.f.* conjecture.
congetturale *agg.* conjectural*.
congetturare *v.tr.* conjecturer.
congiungere (*coniug. come* giungere) *v.tr.* 1 joindre* || *ci congiungono gli stessi ideali*, (*fig.*) nous partageons les mêmes idéaux || — *in matrimonio*, unir par le mariage 2 (*collegare*) relier □ **congiungersi** *v.pron.* se rejoindre* || — *in matrimonio*, s'unir en mariage; — *carnalmente*, s'unir charnellement.
congiungimento *s.m.* jonction (*f.*); (*fig.*) union (*f.*).
congiuntamente *avv.* conjointement.
congiuntiva *s.f.* (*anat.*) conjonctive.
congiuntivite *s.f.* conjonctivite.

Quando è diverso nelle due lingue:

ITALIANO	FRANÇAIS

1 congiuntivo presente o imperfetto — **indicatif présent ou imparfait**

a interrogative indirette

non so dove vadano	je ne sais pas où ils vont
non sapevo dove vivesse	je ne savais pas où il vivait
mi chiedevo chi fosse	je me demandais qui il était

b subordinate comparative

è più ricco di quanto tu creda	il est plus riche que tu ne crois
è molto meglio di quanto io pensassi	il est bien meilleur que je ne pensais

c per quanto + aggettivo *o* avverbio — **tout** + adjectif *ou* adverbe

per quanto intelligente sia	tout intelligent qu'il est
per quanto simpatiche fossero	toutes sympathiques qu'elles étaient
per quanto miseramente viva	tout pauvrement qu'il vit

2 congiuntivo presente — **indicatif présent ou futur**

per esprimere un'ipotesi, un'eventualità spec. con **chiunque/quiconque** (principale al presente):

chiunque lo conosca capisce che...	quiconque le connaît comprend que...
lo offrirò a chiunque me lo chieda	je l'offrirai à quiconque me le demandera

3 congiuntivo imperfetto — **conditionnel**

per esprimere un'ipotesi, un'eventualità (principale al condizionale):

lo offrirei a chiunque me lo chiedesse	je l'offrirais à quiconque me le demanderait
un ragazzo che facesse regolarmente dello sport sarebbe più equilibrato	un garçon qui ferait régulièrement du sport serait plus équilibré
coloro che volessero una risposta dovrebbero mandare un francobollo	ceux qui voudraient une réponse devraient envoyer un timbre

4 congiuntivo imperfetto — **indicatif imparfait**

dopo **se/si** nelle frasi ipotetiche (principale all'indicativo presente o al condizionale):

ti parlo come se fossi tuo padre	je te parle comme si j'étais ton père
se tu facessi dello sport dormiresti meglio	si tu faisais du sport tu dormirais mieux
se mai andassimo in Giappone...	si jamais nous allions au Japon...
fosse vero!	si c'était vrai!
sapessi!	si tu savais!

5 congiuntivo imperfetto — **indicatif présent**

dopo **se/si** nelle frasi ipotetiche (principale al futuro):

se venisse, gli chiederai il suo indirizzo	s'il vient tu lui demenderas son adresse
se volesse aiutarti, lo lascerai fare	s'il veut t'aider, tu le laisseras faire

• per l'uso dei tempi e dei modi dopo i verbi di opinione, di sentimento e di volontà → Verbes d'opinion, → Verbes de sentiment e → Verbes de volonté

congiuntivo *agg.* **1** conjonctif* **2** (*gramm.*) (*modo*) —, (mode) subjonctif.

congiunto *agg.* joint, conjoint || *sforzi congiunti*, efforts conjugués; *forze congiunte*, forces conjuguées ♦ *s.m.* (*parente*) parent.

congiuntura *s.f.* **1** (*giuntura*) jointure **2** (*circostanza*) conjoncture (*anche econ.*) || *è un periodo di* —, (*fam.*) c'est une période de crise.

congiunturale *agg.* conjoncturel*.

congiunzione *s.f.* **1** jonction **2** (*astr., gramm.*) conjonction.

congiura *s.f.* conjuration; (*complotto*) complot (*m.*) || *— del silenzio*, conspiration du silence.

congiurare *v.intr.* conspirer.

congiurato *s.m.* conjuré.

conglobamento *s.m.* intégration (*f.*).

conglobare *v.tr.* intégrer*.

conglomerare *v.tr.* conglomérer* □ **conglomerarsi** *v.pron.* s'agglomérer*.

conglomerato *s.m.* **1** conglomérat, agglomérat (*anche fig.*) **2** (*edil.*) aggloméré **3** (*geol.*) conglomérat.

congratularsi *v.pron.* féliciter (qqn): *mi sono congratulato con lui*, je l'ai félicité; *me ne congratulo con te*, je t'en félicite.

congratulazioni *s.f.pl.* félicitations: *fare le proprie — a qlcu*, féliciter qqn.

congrega (pl. *-ghe*) *s.f.* bande.

congregazione *s.f.* congrégation.

congressista *s.m.* congressiste.

congresso *s.m.* congrès.

congressuale *agg.* du congrès.

congrua *s.f.* (*eccl.*) portion congrue.

congruente *agg.* (*coerente*) cohérent; (*conveniente*) adéquat.

congruenza *s.f.* cohérence; (*mat.*) congruence.

congruo *agg.* (*adeguato*) approprié, adéquat; (*estens.*) beau*, généreux*.

conguagliare *v.tr.* (*calcolare il conguaglio di*) balancer* (un compte); (*pagare il conguaglio di*) payer* (le solde de).

conguaglio *s.m.* ajustement; (*di un conto*) balance (*f.*) || *a* —, pour solde.

coniare *v.tr.* **1** frapper **2** (*fig.*) créer, forger*.

coniatura, coniazione *s.f.* frappe.

conica (pl. *-che*) *s.f.* (*mat.*) conique.

conico (pl. *-ci*) *agg.* conique.

conifera *s.f.* conifère (*m.*).

conigliera *s.f.* lapinière; (*gabbia*) clapier (*m.*).

coniglietto *s.m.* lapereau*, petit lapin.

coniglio *s.m.* **1** lapin **2** (*fig.*) lâche.

conio *s.m.* **1** coin, virole (*f.*) || *sono dello stesso* —, (*fig.*) ils sortent du même moule **2** (*coniatura; impronta del conio*) frappe (*f.*): *una moneta di nuovo* —, une monnaie nouvellement frappée || *vocabolo di nuovo* —, (*fig.*) mot de formation récente **3** (*cuneo*) coin.

coniugale *agg.* conjugal*.

coniugalmente *avv.* maritalement.

coniugare (*coniug. come* legare) *v.tr.* (*gramm.*) conjuguer; (*fig.*) (*unire*) allier □ **coniugarsi** *v.pron.* (*unirsi*) s'allier; (*sposarsi*) se marier.

coniugato *agg.* **1** conjugué **2** (*sposato*) marié.

coniugazione *s.f.* conjugaison.

coniuge *s.m.* conjoint || *i coniugi Rossi*, Monsieur et Madame Rossi.

connaturale *agg.* inné*: *l'aggressività è — ai felini*, l'agressivité est innée chez les félins.

connaturato *agg.* invétéré; essentiel* (à), consubstanciel*: *abitudini profondamente connaturate*, habitudes qui sont devenues une seconde nature.

connazionale *s.m.* compatriote.

connessione *s.f.* connexion.

connesso *agg.* connexe; cfr. ♦ *s.m.pl. gli annessi e connessi*, les tenants et les aboutissants.

connettere (*Part.pass.* connesso) *v.tr.* **1** joindre* **2** (*fig.*) (*mettere in relazione*) mettre* en rapport; (*concatenare*) enchaîner || *non connette più*, il divague **3** (*tecn.*) relier; assurer la liaison □ **connettersi** *v.pron.* (*essere in relazione*) se rapporter (à).

connettivo *agg.* **1** connectif* **2** (*fig.*) de connexion ♦ *s.m.* (*elemento di connessione*) élément de connexion.

connettore *s.m.* connecteur.

connivente *agg.* e *s.m.* complice.

connivenza *s.f.* connivence.

connotare *v.tr.* caractériser □ **connotarsi** *v.pron.* se caractériser.

connotato *s.m.* (*spec. pl.*) signalement (*sing.*): *i connotati di un criminale*, le signalement d'un criminel || *cambiare i connotati a qlcu*, (*fig.*) abîmer le portrait à qqn.

connotazione *s.f.* connotation.

connubio *s.m.* union (*f.*).

cono *s.m.* cône || *cappello a* —, hennin || *— gelato*, cornet de glace.

conocchia *s.f.* quenouille.

conoscente *s.m.* e *f.* connaissance (*f.*).

conoscenza *s.f.* **1** connaissance: *essere, venire a — di qlco*, avoir connaissance de, apprendre qqch; *venire, portare a — di qlcu*, venir, porter à la connaissance de qqn || *per* —, pour information || *la nostra è una — di fresca data*, nos relations sont de fraîche date **2** (*conoscente*) connaissance || *avere molte conoscenze*, connaître énormément de gens || *delle conoscenze che contano*, des relations qui comptent **3** (*i sensi*) connaissance: *perdere la* —, perdre connaissance; *privo di* —, sans connaissance.

conoscere (*Pass.rem.* io conòbbi, tu conoscésti ecc. *Part.pass.* conosciuto) *v.tr.* **1** connaître*: *mi fece — la sua storia*, il m'a raconté son histoire; *faranno — i loro prodotti su scala nazionale*, ils lanceront leurs produits à l'échelle nationale; *le sue ricerche lo hanno fatto — ovunque*, ses recherches l'ont rendu célèbre partout; *si fece — per i suoi film*, il devint célèbre grâce à ses films || *lo conosco per (un) galantuomo*, je sais que c'est un honnête homme || *non l'ho mai visto né conosciuto*, je ne le connais ni d'Eve ni d'Adam; *l'ho conosciuto ieri*, j'ai fait sa connaissance hier; *dovresti farmi — tua sorella*, tu devrais me présenter ta sœur || *non conosce il mondo*, il ne sait rien de la vie **2** (*riconoscere*) reconnaître*; (*distinguere*) distinguer: — *dal sapore*, reconnaître à la saveur; — *il bene dal male*, distinguer, discerner le bien du mal □ **conoscersi** *v.pron.* se connaître*.

conoscitivo *agg.* cognitif*.

conoscitore (f. *-trice*) *s.m.* connaisseur*.

conosciuto *agg.* connu || *mai visto né* —, jamais vu de ma vie || *di conosciuta esperienza*, d'une expérience reconnue.

conquibus (pl. *invar.*) *s.m.* (*scherz.*) (*denaro*) liard .

conquista *s.f.* conquête (*anche fig.*).

conquistare *v.tr.* conquérir* || *si è conquistato la stima di tutti*, il a gagné l'estime de tous || *conquistarsi una bella posizione sociale*, se faire une belle position sociale || *un sorriso che conquista*, un sourire séduisant.

conquistatore *s.m.* **1** conquérant **2** (*scherz.*) (*rubacuori*) bourreau* des cœurs.

conquistatrice *s.f.* **1** conquérante **2** (*scherz.*) (*seduttrice*) séductrice.

consacrare *v.tr.* consacrer; (*conferire un titolo*) sacrer; (*sacerdoti*) ordonner □ **consacrarsi** *v.pron.* se vouer.

consacrato *agg.* consacré (*anche fig.*).

consacrazione *s.f.* consécration || *la* — *di un imperatore*, le sacre d'un empereur.

consanguineità *s.f.* consanguinité.

consanguineo *agg. e s.m.* consanguin.

consapevole *agg.* conscient.

consapevolezza *s.f.* conscience.

consapevolmente *avv.* consciemment.

consciamente *avv.* consciemment.

conscio *agg.* conscient.

consecutivo *agg.* **1** suivant (qqch): *i giorni consecutivi alla nostra partenza*, les jours qui ont suivi notre départ **2** (*di seguito*) consécutif* **3** (*gramm.*) consécutif*.

consegna *s.f.* **1** livraison: *all'atto della* —, à (la) livraison; *in caso di mancata* —, en cas de non-livraison || — *di una lettera, di un premio*, remise d'une lettre, d'un prix || — *a domicilio*, (*di giornali*), portage à domicile || *ho lasciato un pacco in* — *alla portinaia*, j'ai déposé un paquet chez la concierge; *mi ha dato in* — *i suoi gioielli*, elle m'a confié ses bijoux; *prendere in* — *del materiale*, prendre en charge du matériel; *il facchino prese in* — *le valigie*, le porteur se chargea des valises; *gli agenti presero in* — *il prigioniero*, les agents prirent en charge le prisonnier; *ho in* — *il figlio dei vicini*, j'ai la garde du fils de mes voisins **2** (*ordine*) consigne (*anche mil.*) || *fare la consegne*, passer les consignes **3** (*mil.*) (*punizione*) consigne.

consegnare *v.tr.* **1** livrer; (*recapitare, dare*) remettre*: *consegnate i compiti*, remettez, rendez vos devoirs; *si è consegnato al nemico*, il s'est rendu à l'ennemi || — *la città al nemico*, livrer la ville à l'ennemi **2** (*mil.*) consigner.

conseguente *agg. e s.m.* conséquent.

conseguentemente *avv.* conséquemment.

conseguenza *s.f.* conséquence || *l'incidente non ha avuto conseguenze*, l'incident n'a pas eu de suites || *per, di* —, par conséquent || *in* — *di*, par suite de.

conseguimento *s.m.* obtention (*f.*).

conseguire *v.tr.* atteindre*; (*ottenere*) obtenir*; (*riportare*) remporter : — *uno scopo*, atteindre un but; — *una promozione, un diploma*, obtenir une promotion, un diplôme; — *un premio, una vittoria*, remporter un prix, une victoire ♦ *v.intr.* s'ensuivre*, résulter: *ne consegue che...*, il s'ensuit que...

consenso *s.m.* consentement; (*approvazione*) approbation (*f.*).

consensuale *agg.* (*dir.*) consensuel*.

consensualmente *avv.* (*dir.*) d'un commun accord.

consentire *v.tr.* permettre* || *mi consenta...*, permettez-moi... ♦ *v.intr.* **1** consentir*; être* d'accord **2** (*accondiscendere*) céder*.

consenziente *agg.* consentant.

consequenziale *agg.* conséquent (avec).

consequenzialità *s.f.* consécution.

conserto *agg.*: *a braccia conserte*, les bras croisés.

conserva *s.f.* **1** conserve **2** (*serbatoio*) réservoir (*m.*).

conserva, di *locuz.avv.* (*mar.*) de conserve.

conservante *s.m.* conservateur: *non contiene conservanti né colorantı*, ne contient ni conservateurs ni colorants.

conservare *v.tr.* conserver; (*serbare*) garder: — *il sangue freddo*, garder son sang-froid □ **conservarsi** *v.pron.* **1** se conserver || *si conservi!*, ménagez-vous! **2** (*restare*) rester: — *fedele a*, rester fidèle à.

conservativo *agg.* (*dir.*) conservatoire.

conservato *agg.* conservé; (*di cibi*) en conserve.

conservatore (f.*-trice*) *agg. e s.m.* conservateur*.

conservatorio *s.m.* conservatoire (de musique).

conservatorismo *s.m.* (*pol.*) conservatisme.

conservazione *s.f.* conservation.

conserviero *agg.*: *industria conserviera*, conserverie.

consesso *s.m.* assemblée (*f.*).

considerare *v.tr.* **1** considérer*; tenir* compte (de) || *senza* — *le spese*, sans compter les frais || *tutto considerato*, tout compte fait || (*visto e*) *considerato che*, vu que **2** (*reputare*) considérer*: *lo considero il mio migliore amico*, je le considère comme mon meilleur ami || *i suoi superiori lo considerano molto*, ses supérieurs ont beaucoup de considération pour lui **3** (*dir.*) (*contemplare*) prévoir* □ **considerarsi** *v.pron.* s'estimer.

considerato *agg.* **1** (*apprezzato*) considéré, apprécié **2** (*ponderato*) pondéré.

considerazione *s.f.* considération: *prendere in* —, prendre en considération; *tenere qlco in* —, tenir compte de qqch; *tenere qlcu in* —, avoir de la considération, de l'estime pour qqn || *in* — *di*, en considération de.

considerevole *agg.* considérable.

consigliabile *agg.* à conseiller; *questo spettacolo non è* —, ce spectacle est à déconseiller.

consigliare *v.tr.* conseiller || *farsi* — *dalla paura*, se laisser conduire par la peur □ **consigliarsi** *v.pron.* demander conseil (à).

consigliere *s.m.* conseiller* || — *delegato*, administrateur délégué.

consiglio *s.m.* conseil: *su* — *di*, sur les conseils de || *venire a più miti consigli*, modérer ses prétentions || — *comunale*, conseil municipal || — *d'amministrazione*, conseil d'administration || — *di fabbrica*, comité d'entreprise || *Consiglio di Sicurezza* (*alle Nazioni Unite*) Conseil de Sécurité || *riunirsi in* —, tenir conseil.

consiliare *agg.* du conseil: *sala, aula* —, salle du conseil.

consistente *agg.* consistant || *una cifra, una somma* —, une somme considérable.

consistenza *s.f.* consistance || (*econ.*) — *di cassa*, encaisse.

consistere (*coniug. come* insistere) *v.intr.* consister: *in cosa consiste il problema?*, en quoi consiste le problème?; *la sua abilità consiste nel sapersi servire degli altri*, son habileté consiste à savoir se servir des autres.

consociare (*coniug. come* cominciare) *v.tr.* associer □ **consociarsi** *v.pron.* s'associer.

consociato *agg. e s.m.* associé.

consociazione *s.f.* 1 association 2 (*agr.*) assolement (*m.*).

consocio *s.m.* associé.

consolante *agg.* consolant.

consolare[1] *v.tr.* consoler; (*alleviare*) soulager*: — *il dolore di qlcu*, soulager la douleur de qqn □ **consolarsi** *v.pron.* 1 se consoler 2 (*rallegrarsi*) se réjouir.

consolare[2] *agg.* consulaire.

consolato *s.m.* consulat.

consolatore (f. -*trice*) *agg. e s.m.* consolateur*.

consolatorio *agg.* consolateur*.

consolazione *s.f.* consolation.

console[1] *s.m.* consul.

console[2] (pl. *invar.*) *s.f.* console.

consolidamento *s.m.* consolidation (*f.*).

consolidare *v.tr.* consolider □ **consolidarsi** *v.pron.* se solidifier; (*fig.*) se consolider.

consolle (pl. *invar.*) *s.f.* → **console**[2].

consonante *s.f.* consonne.

consonanza *s.f.* consonance; (*fig.*) correspondance.

consono *agg.* conforme (à).

consorella *s.f.* 1 (*eccl.*) consœur 2 (*comm.*) société-sœur.

consorte *s.m.* époux, mari || *principe* —, prince consort ♦ *s.f.* épouse, femme.

consorteria *s.f.* coterie.

consorziare *v.tr.* réunir en consortium □ **consorziarsi** *v.pron.* se réunir en consortium.

consorzio *s.m.* 1 (*letter.*) société (*f.*) 2 (*econ.*) consortium 3 — (*agrario*), coopérative (agricole); — *di bonifica*, coopérative d'amélioration foncière.

constare *v.intr.* se composer ♦ *v.intr. impers.*: *non consta che*, il ne résulte pas que; *mi consta che*, je crois savoir que; *per quanto mi consta*, que je sache.

constatare *v.tr.* constater.

constatazione *s.f.* constatation.

consueto *agg.* habituel* ♦ *s.m.* habitude (*f.*): *più del* —, plus que d'habitude.

consuetudinario *agg.* coutumier*.

consuetudine *s.f.* 1 (*usanza*) usage (*m.*), coutume; (*tradizione*) tradition: *è* —..., la coutume veut que...; *un'antica* —, une ancienne tradition 2 (*abitudine*) habitude 3 (*dir.*) coutume 4 (*dimestichezza*) familiarité.

consulente *agg.* consultant ♦ *s.m.* expert; (*consigliere*) conseiller: — *fiscale*, conseil fiscal; — *legale, avvocato* —, conseil juridique, avocat-conseil; — *contabile*, comptable.

consulenza *s.f.* consultation; (*parere*) avis (*m.*) || *contratto di* —, contrat de collaboration.

consulta *s.f.* conseil (*m.*) || — *di stato*, consulte d'État.

consultare *v.tr.* consulter □ **consultarsi** *v.pron.* 1 consulter (qqn) 2 (*l'un l'altro*) se consulter.

consultazione *s.f.* consultation.

consultivo *agg.* consultatif*.

consulto *s.m.* consultation (*f.*): *chiamare a* —, appeler en consultation.

consultorio *s.m.* dispensaire: — *familiare*, centre de planning familial.

consumare[1] *v.tr.* 1 consommer || — *i pasti al ristorante*, prendre ses repas au restaurant || *da* — *preferibilmente entro il*..., à consommer de préférence avant le... 2 (*logorare*) user; (*fig.*) consumer || *consumarsi la vista sui libri*, (*fig.*) s'user les yeux à lire 3 (*sprecare*) gaspiller □ **consumarsi** *v.pron.* se consumer; (*logorarsi*) s'user.

consumare[2] *v.tr.* (*compiere*) consommer.

consumato[1] *agg.* (*logoro*) usé.

consumato[2] *agg.* (*abile, esperto*) consommé.

consumatore (f. -*trice*) *s.m.* consommateur*.

consumazione *s.f.* consommation.

consumismo *s.m.*: *è tipico del* —, c'est caractéristique de la société de consommation; *un tipico prodotto del* —, c'est un produit-type de la société de consommation.

consumistico (pl. -*ci*) *agg.* de consommation.

consumo *s.m.* consommation (*f.*): *di largo* —, de grande consommation || *fare un gran* — *di*, consommer beaucoup de || *beni di* —, biens de consommation.

consuntivo *agg. e s.m.* (*bilancio*) —, bilan.

consunto *agg.* consumé; (*logoro*) usé.

consunzione *s.f.* consomption.

consuocera *s.f.*: *è la mia* —, c'est la mère de mon gendre, de ma belle-fille.

consuocero *s.m.*: *è il mio* —, c'est le père de mon gendre, de ma belle-fille.

consustanziale *agg.* (*teol.*) consubstantiel*.

conta *s.f.*: *fare la* —, faire, chanter une comptine.

contabile *agg. e s.m.* comptable.

contabilità *s.f.* (*comm.*) **1** comptabilité **2** (*ufficio*) (service) comptabilité.
contabilizzare *v.tr.* comptabiliser.
contabilizzazione *s.f.* comptabilisation.
contachilometri (pl. *invar.*) *s.m.* compteur kilométrique.
contadinesco (pl. *-chi*) *agg.* paysan*.
contadino *s.m.* e *agg.* paysan*.
contado *s.m.* campagne (*f.*).
contagiare (*coniug. come* mangiare) *v.tr.* contaminer.
contagio *s.m.* contagion (*f.*).
contagioso *agg.* contagieux*.
contagiri (pl. *invar.*) *s.m.* (*tecn.*) compte-tours*.
contagocce (pl. *invar.*) *s.m.* compte-gouttes*.
container (pl. *invar.*) *s.m.* container, conteneur.
contaminare *v.tr.* contaminer; (*fig.*) souiller.
contaminazione *s.f.* contamination.
contaminuti (pl. *invar.*) *s.m.* minuteur.
contante *agg.* e *s.m.* comptant: *comprare in contanti*, acheter au comptant; *pagare a, in contanti*, payer comptant.
contare *v.tr.* **1** compter: — *per due*, compter par deux, (*fig.*) compter pour deux || — *sulle dita*, compter sur les doigts de la main || *gli errori non si contano*, on ne compte plus les fautes || *conta di partire*, il compte partir **2** (*raccontare*) raconter ♦ *v.intr.* compter || *contateci!*, vous pouvez y compter! || *non — niente*, ne compter pour rien.
contasecondi (pl. *invar.*) *s.m.* (*cronometro*) chronomètre.
contato *agg.* compté: *ha i giorni contati*, ses jours sont comptés; *ho i minuti contati*, je n'ai pas une minute à perdre || *avere il denaro —*, avoir juste le compte || *prepararsi col denaro —*, préparer la monnaie.
contatore *s.m.* compteur: — *del gas, della luce*, compteur de gaz, d'électricité || (*inform.*): — *di posizione*, compteur ordinal; — *di totalizzazione*, compteur cumulatif.
contattare *v.tr.* contacter.
contatto *s.m.* contact: *a — con*, en contact avec; *trasmettersi per —*, se transmettre par simple contact; *prendere —*, prendre contact; *mettersi in —*, se mettre en contact; (*elettr.*) *stabilire il —*, établir le contact.
conte *s.m.* comte.
contea *s.f.* comté (*m.*).
conteggiare (*coniug. come* mangiare) *v.tr.* compter.
conteggio *s.m.* comptage; (*conto*) compte || (*med.*) — *dei globuli*, numération globulaire.
contegno *s.m.* **1** conduite (*f.*); (*atteggiamento*) attitude (*f.*): *tenere un buon —*, bien se tenir **2** (*atteggiamento dignitoso*) contenance (*f.*): *darsi un —*, se donner une contenance.
contegnoso *agg.* réservé.
contemplare *v.tr.* **1** contempler **2** (*dir.*) (*considerare*) prévoir*.
contemplativo *agg.* contemplatif*.
contemplazione *s.f.* contemplation.
contempo, nel *locuz.avv.* en même temps.

contemporaneamente *avv.* en même temps.
contemporaneo *agg.* **1** contemporain **2** (*simultaneo*) simultané ♦ *s.m.* contemporain.
contendente *agg.* adverse ♦ *s.m.* adversaire.
contendere (*coniug. come* prendere) *v.tr.* disputer ♦ *v.intr.* rivaliser; (*litigare*) se disputer □ **contendersi** *v.pron.* se disputer.
contenente *agg.* qui contient, contenant (*invar.*): *scatola — un regalo*, boîte contenant un cadeau ♦ *s.m.* contenant: *il — e il contenuto*, le contenant et le contenu.
contenere (*coniug. come* tenere) *v.tr.* contenir* || — *le spese*, limiter les dépenses □ **contenersi** *v.pron.* se contenir*, se maîtriser; (*comportarsi*) se tenir*.
contenimento *s.m.* (*econ.*) limitation (*f.*), restriction (*f.*).
contenitore *s.m.* récipient; (*mecc.*) conteneur.
contentare *v.tr.* contenter; (*soddisfare*) satisfaire*: — *i capricci di qlcu*, passer tous ses caprices à qqn □ **contentarsi** *v.pron.* se contenter.
contentezza *s.f.* joie.
contentino *s.m.* petit quelque chose en plus || *per —*, comme consolation.
contento *agg.* content: — *tu...*, puisque tu es content... || — *come una pasqua*, heureux comme un roi || *è un cuor —*, (*fam.*) c'est un sans-souci.
contenuto *agg.* e *s.m.* contenu.
contenzione *s.f.* (*med.*) contention.
contenzioso *agg.* e *s.m.* contentieux* || (*ufficio del*) —, (service du) contentieux.
conterraneo *agg.* du même pays ♦ *s.m.* compatriote.
contesa *s.f.* **1** querelle **2** (*gara*) concours (*m.*).
conteso *agg.* disputé.
contessa *s.f.* comtesse.
contestabile *agg.* contestable.
contestare *v.tr.* **1** contester **2** (*notificare*) notifier || — *una contravvenzione*, dresser une contravention.
contestatario *agg.* contestataire.
contestatore (f. *-trice*) *s.m.* e *f.* contestataire.
contestazione *s.f.* **1** contestation **2** (*notificazione di un'imputazione*) notification.
contesto *s.m.* contexte.
contiguità *s.f.* contiguïté.
contiguo *agg.* contigu*.
continentale *agg.* continental*.
continente[1] *s.m.* continent.
continente[2] *agg.* continent || *essere — nel bere*, boire avec modération.
continenza *s.f.* continence.
contingentare *v.tr.* contingenter.
contingente[1] *agg.* contingent.
contingente[2] *s.m.* contingent || (*mil.*) — *di leva*, contingent.
contingenza *s.f.* **1** contingence **2** (*circostanza fortuita*) circonstance || (*indennità*) *di —*, indexation.
continuamente *avv.* continuellement; (*ininterrottamente*) sans cesse || *piove —*, il ne fait que pleuvoir.

continuare *v.tr.* continuer: — *gli studi*, continuer, poursuivre ses études ♦ *v.intr.* 1 continuer: *la discussione è continuata a lungo*, la discussion a continué, se poursuivit longtemps; *continuò a lavorare*, il continua à, de travailler; *continuò nel suo viaggio*, il poursuivit, continua son voyage; *il programma continua con uno spettacolo musicale*, le programme continue par un spectacle musical; *continua sempre a scriverti?*, est-ce qu'il t'écrit toujours?; *non continuate a seccarmi*, cessez de m'embêter || — *per la propria strada*, poursuivre son chemin || *continua*, (*nella segnaletica stradale*) rappel, (*in uno scritto a puntate*) à suivre; *continua a pagina...*, suite (à la) page... 2 (*durare*) durer: *il temporale è continuato tutta la notte*, l'orage a duré toute la nuit.

continuativo *agg.* continu, durable || *lavoro* —, travail à temps indéterminé.

continuato *agg.* continu: *orario* —, (*di lavoro*) journée continue.

continuatore (f. *-trice*) *s.m.* continuateur*.

continuazione *s.f.* continuation, poursuite; (*seguito*) suite || *in* —, sans arrêt, continuellement.

continuità *s.f.* continuité.

continuo *agg.* 1 (*ininterrotto*) continu || *ha nevicato per tre giorni continui*, il neigé sans arrêt pendant trois jours 2 (*frequente, ripetuto*) continuel*: *continue lamentele*, des plaintes continuelles || *di* —, continuellement, sans cesse.

conto *s.m.* 1 compte: *essere bravo nei conti*, être fort en calcul; *sa già far di* —, il sait déjà compter; *i conti non tornano*, les comptes ne sont pas justes, (*fig.*) nous n'y sommes pas; *i conti tornano*, le compte y est, (*fig.*) nous y sommes; *regolare, fare i conti con qlcu*, régler les comptes avec qqn, (*fig.*) régler son compte à qqn; *dovrà fare i conti con me*, il aura affaire à moi; *fare i conti con qlco*, tenir compte de qqch; *ho fatto male i conti*, j'ai mal fait mes comptes, (*fig.*) j'ai mal calculé || *fare i conti in tasca a qlcu*, se mêler des finances de qqn 2 (*registrazione di un'operazione economica*) compte: *mettere una somma in* —, mettre une somme en compte; *mettere in* — *spese generali*, compter aux frais généraux; *mettere qlco in* —, (*fig.*) tenir compte de qqch; *diecimila lire in* — *mancia*, dix mille lires de pourboire; *avere un* — *aperto con qqn*, (*fig.*) avoir un compte à régler avec qqn || (*banca*): — *corrente*, compte courant, compte-chèque; — *scoperto*, compte à découvert; *versare una somma sul* — *di qlcu*, verser une somme au compte de qqn 3 (*nota di spesa*) note (*f.*); (*al ristorante*) addition (*f.*).

♦ FRASEOLOGIA: *fate* — *su di me*, comptez sur moi; *facevo* — *di venire prima*, je comptais venir plus tôt; *facciamo* — *di essere...*, supposons que nous soyons...; *fate* — *che io non ci sia*, faites comme si je n'y étais pas || *fare gran* — *di qlco*, faire grand cas de qqch; *avere, tenere in gran* —, tenir en haute estime; *è una persona di gran* —, c'est une personne très importante; *di poco* —, de rien || *tenere qlco in* — *di...*, considérer qqch comme...; *tener qlco in poco* —, ne pas tenir

compte de qqch || *tenere da* —, prendre soin de || *non mette* — *di*, ce n'est pas la peine de || *non c'è niente da dire sul suo* —, il n'y a rien à dire sur son compte || *per* — *mio*, à mon avis; *per* — *mio non ho niente da aggiungere*, pour ma part, je n'ai rien à ajouter; *si è messo per* — *suo*, il s'est mis à son compte; *amano stare per proprio* —, ils aiment rester seuls; *per* — *di terzi*, pour compte de tiers || *in fin dei conti*, en fin de compte; *a conti fatti*, tout compte fait || *a (ogni) buon* — *io ci vado*, en tout cas, moi j'y vais; *a buon* — *ti avviso che*, à toutes fins utiles, je te préviens que.

contorcersi (*coniug. come* torcere) *v.pron.* se tordre* (de), se contorsionner.

contorcimento *s.m.* contorsion (*f.*).

contornare *v.tr.* entourer (de) □ **contornarsi** *v.pron.* s'entourer (de).

contorno *s.m.* 1 contour || *la città aveva un* — *di colline*, la ville était entourée de collines 2 (*cuc.*) garniture (*f.*); (*verdure*) légumes (*pl.*): *di* —, comme légumes; *pollo con* — *di piselli*, poulet aux petits pois; *bistecca con* —, bifteck garni.

contorsione *s.f.* contorsion.

contorsionismo *s.m.* contorsions (*f.pl.*).

contorsionista *s.m.* contorsionniste.

contorto *agg.* tordu || (*fig.*): *stile* —, style contourné; *ragionamento* —, raisonnement tortueux; *ha un carattere* —, c'est un esprit compliqué.

contra- *pref.* contre-

contrabbandare *v.tr.* introduire* en contrebande, faire* la contrebande de; (*fig.*) faire passer (pour).

contrabbandato *agg.* de contrebande.

contrabbandiere *s.m. e agg.* contrebandier*.

contrabbando *s.m.* contrebande (*f.*): *di* —, en contrebande.

contrabbasso *s.m.* contrebasse (*f.*).

contraccambiare *v.tr.* 1 retourner; (*restituire*) rendre*: — *il male col bene*, rendre le bien pour le mal || *ringraziandovi contraccambio vivissimi auguri*, je vous remercie et je vous adresse à mon tour mes vœux les plus sincères || *spero di poterti* —, j'espère pouvoir te rendre la pareille 2 (*corrispondere*) répondre* (à) || *un amore non contraccambiato*, un amour non partagé.

contraccambio, in *locuz.avv.* en retour.

contraccettivo *agg. e s.m.* contraceptif*.

contraccezione *s.f.* contraception.

contraccolpo *s.m.* 1 choc en retour, contrecoup (*anche fig.*) 2 (*di arma da fuoco*) recul 3 (*rimbalzo*) ricochet.

contrada *s.f.* 1 contrée 2 (*in città*) (*quartiere*) quartier (*m.*); (*strada*) rue.

contraddanza *s.f.* (*mus., danza*) contredanse.

contraddire (*coniug. come* dire. *Imp.* contraddici) *v.tr.* contredire* ♦ *v.intr.* être* en contraste (avec) □ **contraddirsi** *v.pron.* se contredire*.

contraddistinguere (*coniug. come* distinguere) *v.tr.* marquer (de); caractériser (par) □ **contraddistinguersi** *v.pron.* se distinguer (par).

contraddittorio *agg.* contradictoire ♦ *s.m.* réplique (*f.*); (*discussione*) débat || **-mente** *avv.*

contraddizione *s.f.* contradiction: *essere, cadere in* —, se contredire, être en contradiction || — *in termini*, contradiction dans les termes.

contraente *agg. e s.m.* contractant.

contraereo *agg.* (*mil.*) antiaérien*.

contraffare (*coniug. come* fare) *v.tr.* contrefaire*; (*adulterare*) falsifier, frelater.

contraffatto *agg.* contrefait; (*adulterato*) falsifié, frelaté; (*deformato*) déformé; (*sfigurato*) défiguré.

contraffazione *s.f.* contrefaçon.

contrafforte *s.m.* contrefort.

contraltare *s.m.*: *fare, servire da* —, (*fig.*) servir de contrepoids à, être une alternative à.

contralto *s.m.* contralto, alto; (*uomo*) *haute-contre* || *chiave di* —, clé d'ut.

contrammiraglio *s.m.* contre-amiral*.

contrappasso *s.m.* peine du talion: *la legge del* —, la loi du talion.

contrappeso *s.m.* contrepoids: *fare da* — *a*, (*fig.*) faire contrepoids à.

contrapporre (*coniug. come* porre) *v.tr.* 1 opposer 2 (*fig.*) (*confrontare*) comparer □ **contrapporsi** *v.pron.* s'opposer.

contrapposizione *s.f.* opposition.

contrapposto *agg.* opposé || *per* —, par opposition.

contrappunto *s.m.* (*mus.*) contrepoint || *fare il* — *a*, (*fig.*) fournir un contrepoint à.

contrariamente *avv.* contrairement (à), en opposition (avec).

contrariare *v.tr.* contrarier.

contrariato *agg.* contrarié.

contrarietà *s.f.* 1 contrariété 2 (*spec.pl.*) (*avversità, difficoltà*) difficulté.

contrario *agg.* contraire || *fino a prova contraria*, jusqu'à preuve du contraire || *sono di parere* — *al tuo*, je ne suis pas de ton avis, je ne suis pas d'accord avec toi || *è un bastian* —, (*fam.*) il a l'esprit de contradiction || *il ministro è* — *a fare nuove concessioni*, le ministre s'oppose à de nouvelles concessions; *il tabacco è* — *alla salute*, le tabac est mauvais pour la santé ♦ *s.m.* contraire □ **in contrario** *locuz.avv.* contre, à redire: *non ho nulla in* —, je n'ai rien contre, à redire □ **al contrario** *locuz.avv.* au contraire; (*alla rovescia*) à l'envers; (*in senso opposto*) en sens inverse □ **al contrario di** 1 *locuz.prep.* au contraire de, contrairement à 2 *locuz.cong.* autrement que: *al* — *di quanto pensassi*, autrement que je ne (le) pensais.

contrarre (*coniug. come* trarre) *v.tr.* 1 contracter: — *le mascelle*, contracter ses mâchoires; — *un'abitudine*, contracter, prendre une habitude 2 (*ridurre*) réduire*, diminuer 3 (*concludere*) conclure*; (*stringere*) lier || — *matrimonio*, se marier □ **contrarsi** *v.pron.* 1 se contracter 2 (*diminuire*) baisser.

contrassegnare *v.tr.* marquer.

contrassegno¹ *s.m.* 1 marque (*f.*) 2 (*segno particolare*) signe distinctif; (*distintivo*) insigne (*f.*) 3 (*contromarca*) contremarque (*f.*).

contrassegno² *locuz.avv.*: *pagamento, spedizione* —, envoi, paiement contre remboursement; *merce* —, marchandise payée par chèque.

contrastante *agg.* contrastant.

contrastare *v.intr.* contraster (avec); (*fig.*) être* en contradiction (avec) ♦ *v.tr.* s'opposer (à): — *la vittoria a qlcu*, faire obstacle à la victoire de qqn || — *il passo*, disputer le passage || — *un diritto*, contester un droit.

contrastato *agg.* contrasté.

contrastivo *agg.* (*ling.*) contrastif*.

contrasto *s.m.* 1 contraste; (*differenza*) différence (*f.*): *fare* —, contraster || *essere in* — *con qlco*, être en contradiction avec qqch || *senza* —, sans conteste 2 (*dissidio*) désaccord: *essere in* —, être en désaccord.

contrattaccare (*coniug. come* mancare) *v.tr.* contre-attaquer.

contrattacco (pl. *-chi*) *s.m.* contre-attaque (*f.*).

contrattare *v.tr.* négocier; (*mercanteggiare*) marchander.

contrattazione *s.f.* négociation (*spec.pl.*).

contrattempo *s.m.* contretemps.

contrattista *s.m.* travailleur* engagé sur contrat à durée déterminée.

contratto¹ *agg.* contracté || *muscoli contratti per lo sforzo*, muscles tendus par l'effort.

contratto² *s.m.* contrat: — *a tempo determinato*, contrat à durée déterminée; — *di categoria*, contrat professionnel; — *di formazione*, contrat d'apprentissage; — *collettivo di lavoro*, convention collective || — *di noleggio di nave*, charte-partie || *per* —, par contrat; *come da* —, aux termes du contrat; *a* —, stipulé par contrat.

contrattuale *agg.* contractuel* || **-mente** *avv.*

contravveleno *s.m.* contrepoison.

contravvenire (*coniug. come* venire) *v.intr.* contrevenir*, enfreindre* (qqch).

contravventore *s.m.* contrevenant.

contravvenzione *s.f.* contravention: *cadere in* —, commettre une infraction || *verbale di* —, procès-verbal.

contrazione *s.f.* 1 contraction 2 (*riduzione*) réduction || — *dei prezzi, della produzione*, baisse des prix, de la production.

contribuente *s.m.* contribuable.

contribuire (*coniug. come* finire) *v.intr.* 1 contribuer: — *a fare opera di convincimento*, contribuer à convaincre 2 (*partecipare*) participer.

contributivo *agg.* contributif*.

contributo *s.m.* 1 contribution (*f.*) || — *di sangue*, impôt du sang || (*amm.*): *contributi diretti, indiretti*, contributions directes, indirectes; — *assicurativo, sindacale*, cotisation des assurances, syndicale; *contributi volontari, obbligatori*, cotisations volontaires, obligatoires; — *a carico del datore di lavoro*, cotisation patronale; *contributi previdenziali, sociali*, charges sociales 2 (*sovvenzione*) subvention (*f.*).

contribuzione *s.f.* contribution.

contristare *v.tr.* attrister □ **contristarsi** *v.pron.* s'attrister.

contrito *agg.* contrit.

contrizione *s.f.* contrition.

contro *prep.* contre: *battere — un albero*, se cogner contre un arbre; *voltarsi — il muro*, se tourner contre, vers le mur || *non ho nulla — di te*, je n'ai rien contre toi; *scommettere cento — uno*, parier cent contre un || *dar — a qlcu*, être contre qqn || *(comm.) — pagamento*, contre paiement ♦ *s.m.* contre □ **di contro** *locuz.agg.* d'en face □ **di contro a** *locuz.prep.* en face de, vis-à-vis de □ **per contro** *locuz.avv.* par contre.

contro- *pref.* contre-

controbattere *(coniug. come* battere*) v.tr.* repousser, s'opposer (à); *(ritorcere)* rétorquer (à): *— un'accusa*, repousser une accusation; *puoi sempre — la sua tesi*, tu peux toujours contredire ses idées; *— le argomentazioni dell'avversario*, riposter aux arguments de son adversaire.

controbilanciare *(coniug. come* cominciare*) v.tr.* contrebalancer* □ **controbilanciarsi** *v.pron.* se compenser.

controcanto *s.m. (mus.)* contre-chant*.

controcorrente, contro corrente *avv.* à contre-courant, contre le courant ♦ *agg.* à contre-courant.

controfagotto *s.m. (mus.)* contrebasson.

controffensiva *s.f.* contre-offensive.

controfferta *s.f.* contre-offre, suroffre; *(alle aste)* surenchère.

controfigura *s.f. (cine.)* doublure; *(cascatore)* cascadeur (m.).

controfiletto *s.m. (macelleria)* contre-filet.

controfirma *s.f.* contreseing (m.).

controfirmare *v.tr.* contresigner.

controindicato *agg.* contre-indiqué; *(sconsigliato)* déconseillé.

controindicazione *s.f.* contre-indication.

controllare *v.tr.* contrôler || *— i propri nervi*, maîtriser ses nerfs □ **controllarsi** *v.pron.* se contrôler: *— nel mangiare*, contrôler son alimentation.

controllato *agg.* contrôlé || *è una persona molto controllata*, il est toujours maître de lui.

controllo *s.m.* **1** contrôle || *non avere il — dei propri nervi*, n'être plus maître de ses nerfs; *perdere il — (di sé)*, perdre son sang-froid, son self-control || *— incrociato*, recoupement **2** *(sorveglianza)* surveillance *(f.)*: *eludere il — di qlcu*, tromper la surveillance de qqn || *tenere sotto —*, suivre de très près; *la situazione è sotto —*, la situation est bien en main; *mettere un telefono sotto —*, mettre un téléphone sur table d'écoutes **3** *(tecn.) (comando)* commande *(f.)*; *(regolazione)* réglage; *(osservazione del funzionamento)* surveillance *(f.)*.

controllore *s.m.* contrôleur: *— ferroviario*, contrôleur des chemins de fer; *— delle dogane*, agent de douanes; *— di volo*, contrôleur de la navigation aérienne, aiguilleur du ciel.

controluce *s.m.* photo prise à contre-jour □ **(in) controluce** *locuz.avv.* à contre-jour.

contromano, contro mano *avv.* en sens contraire.

contromarca *s.f.* contremarque.

contromarcia *s.f. (aut.)* marche arrière.

contromisura *s.f.* contre-mesure.

contromossa *s.f.* contre-attaque.

controparte *s.f. (dir.)* partie adverse; *(in un contratto)* contrepartie.

contropartita *s.f.* contrepartie || *come, in —*, en compensation, en échange, en contrepartie.

contropelo *s.m.* contre-poil: *fare il —*, raser à contre-poil || *fare il pelo e il —, (fig.)* passer un savon ♦ *avv.* à rebrousse-poil, à contre-poil.

contropiede *s.m.* contre-pied: *di, in —*, à contre-pied; *cogliere in —, (fig.)* prendre au dépourvu.

controproducente *agg.* qui produit un effet contraire: *non farlo, è —*, ne fais pas cela, tu obtiendrais l'effet contraire.

controprova *s.f.* contre-épreuve.

contrordine *s.m.* contrordre: *c'è un —*, il y a contrordre.

controriforma *s.f. (st.)* contre-réforme.

controsenso *s.m.* **1** contresens **2** *(contraddizione)* contradiction *(f.)* ♦ *avv. (contromano)* à contresens.

controsoffitto *s.m.* faux plafond.

controspionaggio *s.m.* contre-espionnage.

controtendenza *s.f.* tendance opposée.

controvalore *s.m. (econ.)* contre-valeur *(f.)*.

controvento *avv.* contre le vent || *andare —, (fig.)* aller à contre-courant.

controversia *s.f.* **1** controverse: *materia di —*, matière à controverse || *controversie familiari*, conflits familiaux **2** *(dir.)* différend (m.); *(lite)* litige (m.): *— di lavoro*, conflit du travail; *far sorgere una —*, occasionner un litige; *comporre una —*, régler un différend.

controverso *agg.* controversé.

controviale *s.m.* contre-allée *(f.)*.

controvoglia *locuz.avv.* à contrecœur.

contumace *agg.* e *s.m. (dir.)* contumax.

contumacia *s.f.* **1** *(dir.)* contumace; défaut (m.): *essere in —*, être en état de contumace; *processato in —*, jugé par contumace **2** *(quarantena)* quarantaine.

contumelia *s.f. (letter.)* injure, insulte.

contundente *agg.* contondant: *corpo —*, objet contondant.

conturbante *agg.* troublant.

conturbare *v.tr.* troubler □ **conturbarsi** *v.pron.* se troubler.

contusione *s.f.* contusion.

contuso *agg.* contus, contusionné ♦ *s.m.* blessé léger.

conurbazione *s.f.* conurbation.

convalescente *agg.* e *s.m.* convalescent || *essere — da una malattia*, se relever d'une maladie.

convalescenza *s.f.* convalescence.

convalescenziario *s.m.* maison de convalescence.

convalida *s.f. (dir.)* validation; *(conferma)* confirmation; *(ratifica)* ratification.

convalidare *v.tr.* **1** *(dir.)* valider || *— una firma,* authentifier une signature 2 (*avvalorare*) confirmer.

convegno *s.m.* 1 congrès; (*riunione*) réunion (*f.*): *sala convegni*, salle de réunion(s) 2 (*appuntamento, luogo di ritrovo*) rendez-vous*.

convenevoli *s.m.pl.* civilités (*f.*) || *senza —*, sans façons, sans manières.

conveniente *agg.* 1 avantageux* 2 (*adatto*) convenable; (*adeguato*) adéquat.

convenientemente *avv.* 1 convenablement 2 (*vantaggiosamente*) avantageusement; (*a buon mercato*) bon marché.

convenienza *s.f.* 1 intérêt (*m.*), avantage (*m.*): *ci trova la sua —*, il y trouve son intérêt, son avantage; *lo ha fatto per sua —*, il l'a fait parce qu'il y trouvait son compte || *matrimonio di —*, mariage de convenance 2 (*cortesia*) convenance 3 *pl.* convenances.

convenire (*coniug. come* venire) *v.intr.* 1 venir* 2 (*concordare*) convenir* (de); (*essere d'accordo*) s'accorder (à), être* d'accord (pour): *abbiamo convenuto di...*, nous sommes convenus de...; *— sul prezzo*, convenir du prix; *prezzo da convenirsi*, prix à débattre, à établir || *ne convengo*, je suis d'accord || *tutti convengono che...*, tous s'accordent à dire que..., sont d'accord pour dire que... 3 (*essere adatto*) être* approprié (à), convenir* 4 (*riconoscere, ammettere*) admettre*: *alla fine ha convenuto di aver torto*, à la fin il a admis qu'il avait tort 5 (*bisognare*) falloir* || *converrà rassegnarsi*, il faudra bien se résigner ♦ *v. intr.impers.* 1 (*essere utile*) convenir* (de); (*bisognare, occorrere*) falloir*: *che cosa conviene fare?*, qu'est-ce qu'il convient de faire?; *converrà rassegnarsi*, il faudra bien se résigner 2 (*essere meglio*) valoir* mieux: *conviene che io resti*, il vaut mieux que je reste 3 (*aver interesse a*) avoir* intérêt (à): *non mi conviene (affatto) accettare*, je n'ai aucun intérêt à accepter ♦ *v.tr.* (*pattuire*) établir* □ **convenirsi** *v.pron.* convenir*: *si comporta come si conviene*, il se conduit comme il faut.

convento *s.m.* couvent: *entrare in —*, entrer au couvent.

conventuale *agg.* e *s.m.* (*eccl.*) conventuel*.

convenuto *agg.* convenu ♦ *s.m.* 1 ce qui a été convenu 2 (*spec.pl.*) participant 3 (*dir.*) défendeur*.

convenzionale *agg.* 1 conventionnel* (*anche fig.*) 2 (*tradizionale*) traditionnel* || **-mente** *avv.*

convenzionare *v.tr.* (*comm.*) fixer par convention □ **convenzionarsi** *v.pron.* passer, faire une convention (avec).

convenzionato *agg.* conventionné || *prezzi convenzionati*, prix fixés par convention.

convenzione *s.f.* convention.

convergente *agg.* convergent.

convergenza *s.f.* 1 convergence (*anche fig.*) || *— politica*, accord politique 2 (*aut.*) pincement (*m.*).

convergere (*coniug. come* immergere; raro il *part.pass.* convèrso) *v.intr.* converger*.

conversa *s.f.* (*eccl.*) sœur converse.

conversare *v.intr.* converser, causer.

conversatore (f. *-trice*) *s.m.* causeur*.

conversazione *s.f.* conversation; (*colloquio*) entretien (*m.*); (*discorso*) causerie: *fare — con*, converser, causer avec.

conversione *s.f.* 1 conversion || *— di dollari in lire*, convertissement de dollars en lires || (*mar.*) *— di rotta*, conversion (de cap); (*aut.*) *— a U*, demi-tour 2 (*scient.*) transformation.

converso *s.m.* (*eccl.*) frère convers.

convertibile *agg.* convertible ♦ *s.f.* voiture décapotable.

convertire *v.tr.* convertir; (*trasformare*) transformer || (*mar.*) *— di rotta*, faire une conversion de cap □ **convertirsi** *v.pron.* se convertir; (*trasformarsi*) se transformer.

convertito *agg.* e *s.m.* converti.

convertitore *s.m.* convertisseur.

convessità *s.f.* convexité.

convesso *agg.* convexe.

convettore *s.m.* (*fis.*) convecteur.

convezione *s.f.* (*fis.*) convection.

convincente *agg.* convaincant.

convincere (*coniug. come* vincere) *v.tr.* convaincre* (de): *l'ho convinto a partecipare al concorso*, je l'ai convaincu de participer au concours; *si è lasciato —*, il s'est laissé persuader || *questa storia non mi convince*, cette histoire me laisse perplexe □ **convincersi** *v.pron.* se convaincre*: *non riesce a — di quel che è successo*, il n'arrive pas à croire que ce soit arrivé.

convincimento *s.m.* 1 → convinzione 2 *fare opera di —*, (*fig.*) tout faire pour convaincre qqn.

convinto *agg.* convaincu: *è — delle sue idee*, il est sûr de ses idées || (*dir.*) *reo —*, accusé convaincu de culpabilité.

convinzione *s.f.* conviction.

convitato *s.m.* convive.

convitto *s.m.* (*per ragazzi*) internat; (*spec. per ragazze*) pensionnat.

convittore (f. *-trice*) *s.m.* pensionnaire.

convivente *agg.* qui habite avec ♦ *s.m.* e *f.* personne vivant sous le même toit, cohabitant; (*di una coppia*) concubin || *conviventi a carico*, parents à charge.

convivenza *s.f.* 1 cohabitation, vie en commun; (*di una coppia*) concubinage (*m.*): *la — familiare*, la vie en famille; *dopo anni di — si sono separati*, après avoir vécu ensemble pendant des années, ils se sont séparés 2 (*coesistenza*) (*fra comunità*) cohabitation; (*fra nazioni*) coexistence.

convivere (*coniug. come* vivere) *v.intr.* vivre* (avec); (*coabitare*) cohabiter: *non sono sposati, convivono*, ils ne sont pas mariés, ils vivent ensemble.

conviviale *agg.* de la table, convivial*: *i piaceri conviviali*, les plaisirs de la table; *atmosfera —*, atmosphère conviviale || *carmi conviviali*, chansons de table.

convocare (*coniug. come* mancare) *v.tr.* convoquer.

convocazione *s.f.* convocation || *in prima* —, en première séance.

convogliare *v.tr.* **1** diriger* (*anche fig.*); (*incanalare*) canaliser: *queste tubature convogliano l'acqua all'interno dell'edificio*, ces conduits acheminent l'eau dans le bâtiment **2** (*trascinare*) charrier: *il fiume convoglia sabbia*, le fleuve charrie du sable.

convoglio *s.m.* convoi.

convolare *v.intr.* convoler: — *a* (*giuste*) *nozze*, convoler (en justes noces).

convolvolo *s.m.* (*bot.*) liseron.

convulsione *s.f.* convulsion: *dare le convulsioni*, convulsionner.

convulsivo *agg.* convulsif*.

convulso *agg.* **1** convulsif* || (*med.*) *tosse convulsa*, toux convulsive **2** (*frenetico*) frénétique ♦ *s.m.* convulsion (*f.*) || *avere un — di pianto*, pleurer convulsivement || **-mente** *avv.*

cooperare *v.intr.* coopérer*.

cooperativa *s.f.* coopérative: — *edilizia*, coopérative de construction.

cooperativismo *s.m.* coopératisme.

cooperativistico (pl. -*ci*) *agg.* coopératif*.

cooperativo *agg.* coopératif*.

cooperatore (f. -*trice*) *agg.* e *s.m.* coopérateur*.

cooperazione *s.f.* coopération.

cooptare *v.tr.* coopter.

cooptazione *s.f.* cooptation.

coordinamento *s.m.* coordination (*f.*).

coordinare *v.tr.* coordonner.

coordinata *s.f.* coordonnée.

coordinativo *agg.* de coordination.

coordinato *agg.* e *s.m.* coordonné.

coordinatore (f. -*trice*) *agg.* e *s.m.* coordinateur*.

coordinazione *s.f.* coordination.

coorte *s.f.* cohorte.

copale *s.f.* o *m.* copal (*m.*) || *albero del* —, copalier || *scarpe di* —, souliers vernis.

copeco (pl. -*chi*) *s.m.* kopeck.

coperchio *s.m.* couvercle: — *a vite*, couvercle qui se visse.

coperta *s.f.* **1** couverture || — *da cavallo*, couverture (*o* housse) de cheval || — *per stirare*, molleton **2** (*fodera*) *housse; couverture **3** (*mar.*) pont supérieur: *in* —, sur le pont; *sotto* —, à l'abri; *sopra* —, sur le pont.

copertamente *avv.* **1** (*di nascosto*) en cachette **2** (*velatamente*) de façon voilée.

copertina *s.f.* couverture; (*sovraccoperta*) jaquette: — *di un disco*, pochette (de disque) || *prezzo di* —, prix de catalogue.

coperto¹ *agg.* couvert: *piscina coperta*, piscine couverte; *cielo*, ciel couvert || *volto* — *di rossore*, visage en feu || *assegno* —, chèque certifié; *rischio* — *da assicurazione*, risque couvert par l'assurance ♦ *s.m.* abri: *al* —, sous abri || *al* — *da ogni rischio*, à l'abri de tout risque.

coperto² *s.m.* couvert: *tavola con dodici coperti*, table de douze couverts; — *e servizio sono compresi nel conto*, le service est compris dans l'addition.

copertone *s.m.* **1** (*di pneumatico*) enveloppe (*f.*) **2** (*telone impermeabile*) bâche (*f.*).

copertura *s.f.* couverture (*anche fig.*): *fare da* —, (*fig.*) servir de couverture || (*econ.*) — *aurea*, couverture or || — *dell'imposta, dell'ipoteca*, assiette de l'impôt, de l'hypothèque.

copia¹ *s.f.* **1** copie: — (*con carta*) *carbone*, copie au carbone; *come da* — *acclusa*, conformément à la copie ci-incluse || *bella* —, copie au net; *brutta* —, brouillon; *in bella* —, au net, au propre; *in brutta* —, au brouillon || *è la* — *di suo padre*, c'est le portrait de son père || (*inform.*): — *di riserva*, copie de sauvegarde; — *su supporto rigido*, hardcopy, copie **2** (*esemplare*) exemplaire (*m.*): *tiratura di centomila copie*, tirage à cent mille exemplaires **3** (*fot.*) épreuve.

copia² *s.f.* grande quantité || *in gran* —, à foison, en abondance.

copiare *v.tr.* copier: — *da qlcu*, copier sur qqn.

copiativo *agg.* à copier.

copiatrice *s.f.* (photo)copieur (*m.*), photocopieuse.

copiatura *s.f.* **1** transcription **2** (*la cosa copiata*) copie **3** (*di scolari*) copiage (*m.*).

copiglia *s.f.* (*mecc.*) goupille.

copilota *s.m.* (*aer.*) copilote.

copione¹ *s.m.* scénario; (*cine.*) (*di montaggio*) découpage.

copione² *s.m.* (*gergo scolastico*) copieur*.

copioso *agg.* copieux* || **-mente** *avv.*

copista *s.m.* copiste.

copisteria *s.f.* bureau* de copie.

coppa¹ *s.f.* coupe || *le coppe della bilancia*, les plateaux de la balance || — *dell'olio*, carter à huile || — (*del reggiseno*) bonnet || *fante di coppe*, (*alle carte*) valet de coupes.

coppa² *s.f.* (*salume*) coppa.

coppella *s.f.* (*metall.*) coupelle.

coppia *s.f.* **1** couple (*m.*); (*paio*) paire, couple: *una* — *di giovani sposi*, un jeune couple; *una* — *d'amici inseparabili*, une paire d'amis inséparables; *una* — *di piccioni*, (*un paio*) un couple, une paire de pigeons, (*maschio e femmina*) un couple de pigeons || *a coppie*, par couples; (*a due a due*) deux par deux || *fanno* — *fissa*, ils sont inséparables || *giocare in* —, faire équipe **2** (*alle carte*) paire: *doppia* —, deux paires **3** (*scient., tecn.*) couple (*m.*).

coppietta *s.f.* couple (d'amoureux).

coppiglia *s.f.* → **copiglia**.

coppola *s.f.* casquette.

copricalorifero *s.m.* cache-radiateur*.

copricapo *s.m.* couvre-chef*; (*cappello*) chapeau*.

copricostume (pl. *invar.*) *s.m.* robe de plage.

coprifasce (pl. *invar.*) *s.m.* brassière (*f.*).

coprifuoco (pl. *invar.*) *s.m.* couvre-feu*.

copriletto (pl. *invar.*) *s.m.* couvre-lit*, dessus-de-lit*.

coprimozzo (pl. *invar.*) *s.m.* (*aut.*) enjoliveur.

copripiedi (pl. *invar.*) *s.m.* couvre-pied(s)*.

copripiumino, **copripiumone** (pl. *invar.*) *s.m.* *housse de couette.

copripresa (pl. *invar.*) *s.m.* (*elettr.*) cache-prise*.

coprire (*coniug.* come aprire) *v.tr.* **1** couvrir* (de); (*completamente*) recouvrir* (de): — *un bambino*, habiller, couvrir un enfant; *la nebbia copriva la città*, le brouillard recouvrait la ville; *coprirsi il capo*, se mettre qqch sur la tête || (*comm.*) — *il disavanzo*, combler le déficit || (*mil.*) *coprirsi le spalle*, couvrir ses arrières || — *il re*, (*agli scacchi*) protéger le roi **2** (*nascondere*) cacher: *cercava di — le mancanze del figlio*, elle essayait de cacher les fautes de son fils **3** (*occupare*) occuper, remplir: — *una cattedra*, occuper un poste, (*all'università*) occuper une chaire; — *un'alta carica*, remplir de hautes fonctions || — *una distanza*, couvrir une distance □ **coprirsi** *v.pron.* se couvrir* (*anche fig.*) || — *contro un rischio*, se couvrir d'un risque.

coprivaso (pl. *invar.*) *s.m.* cache-pot*.

coprocoltura *s.f.* (*med.*) coproculture.

coproduzione *s.f.* coproduction.

copto *agg.* e *s.m.* copte.

copula *s.f.* **1** copulation **2** (*gramm.*) copule.

copulativo *agg.* (*gramm.*) copulatif*.

copulazione *s.f.* copulation.

copywriter (pl. *invar.*) *s.m.* concepteur-rédacteur publicitaire.

coraggio *s.m.* **1** courage: *un uomo di grande —*, un homme très courageux; *fare, infondere —*, donner du courage; *perdersi di —*, perdre (tout) courage; *farsi —*, être courageux; *mi è mancato il — di affrontarlo*, le courage m'a manqué pour l'affronter || *prendere —*, s'enhardir || *fatti —!*, bon courage! || *che —!*, quelle audace! **2** (*impudenza*) toupet: *ci vuol un bel — per*, il faut en avoir du toupet pour.

coraggioso *agg.* courageux* || **-mente** *avv.*

corale *agg.* **1** choral* || *rappresentazione —*, (*fig.*) fresque d'ensemble **2** (*fig.*) (*unanime*) unanime; (*generale*) général* ♦ *s.m.* (*mus.*) choral* ♦ *s.f.* (*società*) chorale.

coralità *s.f.* **1** (*insieme*) ensemble (*m.*) **2** (*unanimità*) unanimité.

corallifero *agg.* **1** (*ricco di coralli*) corallifère **2** (*formato da coralli*) corallien*.

corallino *agg.* **1** corallien* || *barriera corallina*, barrière de corail **2** (*fig.*) corallin.

corallo *s.m.* corail*: *pescatore di coralli*, corailleur || *labbra di —*, lèvres corallines.

corame *s.m.* cuir ouvré.

Corano *s.m.* Coran.

corazza *s.f.* **1** cuirasse; (*fig.*) carapace **2** (*zool.*) carapace.

corazzare *v.tr.* cuirasser □ **corazzarsi** *v.pron.* se cuirasser (*anche fig.*).

corazzata *s.f.* (*mar.*) cuirassé (*m.*).

corazzato *agg.* **1** (*mil.*) blindé: *mezzi corazzati*, engins blindés **2** (*fig.*) cuirassé.

corazziere *s.m.* (*mil.*) cuirassier.

corba *s.f.* panier (*m.*).

corbelleria *s.f.* bêtise.

corbello *s.m.* panier.

corbezzolo *s.m.* (*bot.*) arbousier.

corda *s.f.* **1** corde || *scarpe di —*, espadrilles || *ha tirato troppo la —*, (*fig.*) il a trop tiré sur la corde || *dar la — a un orologio*, remonter une montre || *se le dai — ti racconterà tutto*, si tu la laisses parler elle te racontera tout || *giù di —*, (*fam.*) à plat || (*fig.*): *tagliare la —*, filer à l'anglaise; *essere con la — al collo*, être sur la corde raide; *mettere la — al collo a qlcu*, passer la corde au cou de qqn, (*estens.*) se faire épouser || (*boxe*) *mettere l'avversario alle corde*, acculer l'adversaire; (*fig.*) mettre l'adversaire au pied du mur **2** (*trama*) corde: *mostrare la —*, être usé jusqu'à la corde; (*fig.*) montrer la corde **3** (*supplizio*) estrapade || *tenere qlcu sulla —*, (*fig.*) laisser qqn sur les charbons ardents.

cordame *s.m.* cordages (*pl.*).

cordata *s.f.* cordée.

cordiale *agg.* e *s.m.* cordial* || *saluti cordiali*, bien cordialement.

cordialità *s.f.* cordialité || (*molte*) —, (bien) cordialement.

cordialmente *avv.* cordialement || (*nella corrispondenza*) (*molto*) —, (bien) cordialement, (*commerciale*) meilleures (*o* sincères) salutations.

cordigliera *s.f.* cordillère.

cordiglio *s.m.* (*eccl.*) cordelière (*f.*).

cordoglio *s.m.* douleur profonde: *telegramma di —*, télégramme de condoléances.

cordolo *s.m.* bord (de pierre).

cordone *s.m.* **1** cordon || — *sanitario*, cordon sanitaire **2** (*arch.*) (*di muro*) cordon; (*di marciapiede*) bordure (*f.*).

corea *s.f.* (*med.*) chorée.

coreografia *s.f.* chorégraphie.

coreografico (pl. -*ci*) *agg.* **1** chorégraphique **2** (*fig.*) spectaculaire.

coreografo *s.m.* chorégraphe.

coriaceo *agg.* coriace.

coriandolo *s.m.* confetti (*pl.*).

coricare (*coniug.* come mancare) *v.tr.* coucher □ **coricarsi** *v.pron.* se coucher, s'allonger*.

corifeo *s.m.* coryphée.

corindone *s.m.* (*min.*) corindon.

corinzio *agg.* corinthien*.

corista *s.m.* e *f.* choriste ♦ *s.m.* (*strumento mus.*) diapason.

cormorano *s.m.* (*zool.*) cormoran.

cornacchia *s.f.* corneille.

cornamusa *s.f.* cornemuse.

cornata *s.f.* coup de corne.

cornea *s.f.* (*anat.*) cornée.

corneale *agg.* cornéen* || *lenti corneali*, lentilles cornéennes.

corneo *agg.* corné.

cornetta *s.f.* **1** (*mus.*) cornet à pistons **2** (*fam.*) (*ricevitore telefonico*) récepteur (*m.*).

cornetto *s.m.* **1** — *acustico*, cornet acoustique **2** (*brioche*) croissant.

cornice *s.f.* **1** cadre (*m.*): *mettere in —*, encadrer

|| *far da* —, servir de cadre   **2** (*di roccia*) corniche.

corniciaio *s.m.* encadreur*.

cornicione *s.m.* corniche (*f.*).

corniola[1] *s.f.* cornaline.

corniola[2] *s.f.* (*bot.*) cornouille.

corniolo *s.m.* (*pianta*) cornouiller.

corno (pl. *corna* nel significato 1; *corni* negli altri) *s.m.*   **1** corne (*f.*); (*dei cervidi*) bois (*pl.*) || *rompersi le corna*, (*fig.*) se casser le nez || *fare le corna al marito*, cocufier son mari || *fare le corna a qlcu*, (*gesto*) faire, montrer les cornes à qqn; *facciamo le corna!*, touchons du bois! || (*fam.*): *non capire un* —!, ne comprendre que dalle!; *un* —!, des nèfles! || *dire peste e corna di qlcu*, dire pis que pendre de qqn   **2** (*oggetto a forma di corno*) corne (*f.*): — *da scarpe*, corne à chaussure || *i corni dell'incudine*, les bigornes de l'enclume || *i corni di un dilemma*, les alternatives d'un dilemme   **3** (*mus.*) cor   **4** (*mar.*) — *da nebbia*, trompe de brume.

cornucopia *s.f.* corne d'abondance.

cornuto *agg.*   **1** cornu: *bestia cornuta*, bête à cornes   **2** (*fig.*) (*molto fam.*) (*marito tradito*) cocu || (*insulto*) —!, conard!

coro *s.m.*   **1** chœur (*anche fig.*) || *far* — *a qlcu*, faire chorus avec qqn   **2** (*arch.*) chœur.

corolla *s.f.* corolle.

corollario *s.m.* corollaire.

corona *s.f.*   **1** couronne || *fare* — *intorno a qlcu*, entourer qqn || — *di rosario*, chapelet || — *di un dente*, couronne d'une dent || (*moneta*) — *svedese*, couronne suédoise || (*aut.*) — *del differenziale*, couronne du différentiel   **2** (*mus.*) point d'orgue.

coronamento *s.m.* couronnement.

coronare *v.tr.* couronner.

coronarico (pl. -ci) *agg.* (*med.*) coronarien*.

coronario *agg.* (*anat.*) coronaire.

corpacciuto *agg.* corpulent.

corpetto *s.m.*   **1** brassière (*f.*)   **2** (*di abiti femminili*) corsage, *haut (de la robe).

corpino *s.m.* corsage, *haut (de la robe).

corpo *s.m.* corps || *ginnastica a* — *libero*, exercices au sol || *a* — *a* —, corps à corps || *a* — *morto*, à corps perdu || *non aver più fiato in* —, être à bout de souffle; *andare di* —, aller à la selle || — *di Bacco*, diantre! || (*dir.*) — *del reato*, corps du délit || — *contundente*, objet contondant || *dare, prender* —, (*fig.*) donner, prendre corps || *dar* — *a un'accusa*, formuler une accusation || *dar* — *alle ombre*, s'alarmer pour des riens || *nel* — *di un discorso*, au cours d'une conversation || — *delle leggi*, corps des lois || — *diplomatico, accademico*, corps diplomatique, universitaire; — *di ballo*, corps de ballet || *spirito di* —, esprit de corps || (*med.*) *un* — *estraneo*, un corps étranger || (*tip.*) — *di un carattere*, corps d'un caractère.

corporale *agg.* corporel*.

corporativismo *s.m.* corporatisme.

corporativistico (pl. -ci) *agg.* corporatiste.

corporativo *agg.* corporatif*.

corporatura *s.f.* taille; (*corpo*) corps (*m.*).

corporazione *s.f.* corporation.

corporeo *agg.* corporel*.

corposo *agg.* (*di pittura, tinte*) vigoureux*; (*di prosa*) riche || *vino* —, vin qui a du corps.

corpulento *agg.* corpulent.

corpuscolare *agg.* corpusculaire.

corpuscolo *s.m.* corpuscule.

Corpus Domini *s.m.* Fête-Dieu (*f.*).

corredare *v.tr.*   **1** (*rifornire*) équiper   **2** (*accompagnare*) accompagner.

corredino *s.m.* layette (*f.*).

corredo *s.m.*   **1** trousseau*; (*di neonato*) layette (*f.*)   **2** (*fig.*) (*insieme di nozioni*) bagage.

correggere (*coniug. come* leggere) *v.tr.* corriger* || — *il vino con l'acqua*, couper le vin avec de l'eau □ **correggersi** *v.pron.* se corriger*; (*parlando*) reprendre*.

correggia (pl. -ge) *s.f.* courroie.

corregionale *agg.* de la même région ◆ *s.m.* personne originaire de la même région.

correità *s.f.* (*dir.*) complicité.

correlare *v.tr.* mettre* en corrélation.

correlativo *agg.* corrélatif*.

correlazione *s.f.* corrélation.

correligionario *agg.* de la même religion ◆ *s.m.* coreligionnaire.

corrente[1] *agg.* courant || *opinione* —, opinion commune; *moda* —, mode répandue □ **al corrente** *locuz.* au courant.

corrente[2] *s.f.* courant (*m.*): *contro* —, à contre-courant || (*elettr.*) — *continua*, courant continu.

correntemente *avv.* couramment.

correntista *s.m. e f.* titulaire d'un compte courant.

correo *s.m.* (*dir.*) complice.

correre (*Pass.rem.* io corsi, tu corresti ecc. *Part.pass.* corso) *v.intr.*   **1** courir* || — *via*, se sauver; — *dietro a qlcu, a qlco*, (*anche fig.*) courir après qqn, qqch || *è corso dal medico*, il a couru chez le médecin || *abbiamo corso per due ore*, nous avons couru pendant deux heures || — *ad aiutare*, courir aider || *un corri corri generale*, sauve-qui-peut général || *leggi più lentamente, non* —, lis plus lentement, ne va pas si vite || *l'occhio gli corse alla firma*, son regard chercha la signature || *corsi col pensiero a mia madre*, ma première pensée fut pour ma mère || *corre in bicicletta, in automobile*, il est coureur cycliste, coureur automobile || — *a cavallo*, faire des courses de chevaux   **2** (*di veicoli*) rouler   **3** (*scorrere, passare*) courir* || *tra loro non corre buon sangue*, ils sont à couteaux tirés || *corsero parole grosse*, il y eut un échange d'injures || *tra noi non corrono più buoni rapporti*, nos rapports se sont gâtés || *lasciar* —, laisser tomber; *per questa volta lasciamo* —, passons, pour cette fois-ci || *con i tempi che corrono*, par le temps qui court || *correva l'anno 1841*, (*letter.*) c'était l'an 1841   **4** (*circolare*) courir*: *corre voce che...*, le bruit court que...   **5** (*intercorrere*) (*di luogo*) y avoir*; (*di tempo*) s'écouler || *ci corre poco*, (*fig.*) il s'en faut de peu; *ci corre molto tra...*, il y a une grande différence entre... ♦ *v.tr.* (*percorrere*) courir*, parcourir* || — *un rischio*, courir un risque.

corresponsabile *agg.* coresponsable.

corresponsabilità *s.f.* (*dir.*) complicité.

corresponsione *s.f.* 1 paiement (*m.*) 2 (*fig.*) réciprocité.

correttamente *avv.* correctement.

correttezza *s.f.* 1 exactitude; (*proprietà*) propriété 2 (*fig.*) correction: *comportarsi con* —, se conduire correctement.

correttivo *agg. e s.m.* correctif*.

corretto *agg.* 1 correct (*anche fig.*) 2 (*di caffè ecc.*) arrosé (de).

correttore (f. *-trice*) *s.m.* correcteur*.

correzionale *agg.* (*dir.*) correctionnel*.

correzione *s.f.* 1 correction || *la* — *dei vini*, la coupe des vins 2 (*punizione*) punition 3 (*modificazione*) modification.

corrida *s.f.* corrida.

corridoio *s.m.* couloir; (*di una nave*) coursive (*f.*) || — *aereo*, couloir aérien || *il* — *di Danzica*, le corridor de Dantzig.

corridore *s.m.* coureur || — *ciclista su strada*, routier.

corriera *s.f.* car (*m.*).

corriere *s.m.* 1 courrier 2 (*chi trasporta merci*) expéditionnaire: *spedire per* —, envoyer par courrier.

corrimano *s.m.* main courante.

corrispettivamente *avv.* à proportion.

corrispettivo *agg. e s.m.* 1 correspondant, équivalent 2 (*retribuzione*) rétribution (*f.*).

corrispondente *agg.* 1 correspondant 2 (*proporzionato*) proportionné ♦ *s.m.* correspondant || — *estero*, correspondant à l'étranger.

corrispondenza *s.f.* 1 correspondance; (*posta*) courrier (*m.*) || — *amorosa*, lettres d'amour 2 (*il corrispondere*) correspondance || — *di gusti, di idee*, similitude de goûts, d'idées.

corrispondere (*coniug. come* rispondere) *v. intr.* 1 correspondre* || — *alle esigenze di qlcu*, répondre aux exigences de qqn || *il tratteggio sulla carta corrisponde ai confini*, sur la carte, les lignes en pointillé représentent les frontières || *le nostre ferie non corrispondono*, nos jours de congés ne coïncident pas 2 (*ricambiare un sentimento*) répondre* || *egli mi corrispose con l'ingratitudine*, il me paya d'ingratitude 3 (*essere in corrispondenza*) être* en correspondance 4 (*essere prospiciente*) donner (sur) ♦ *v.tr.* (*pagare*) payer*; (*versare*) verser.

corrisposto *agg.* 1 (*pagato*) payé; (*versato*) versé 2 (*ricambiato*) partagé: *amore* —, amour partagé, payé de retour.

corrivo *agg.* 1 enclin (à) 2 (*indulgente*) indulgent.

corroborante *agg. e s.m.* fortifiant.

corroborare *v.tr.* 1 fortifier 2 (*fig.*) corroborer.

corrodere (*coniug. come* chiudere) *v.tr.* corroder, ronger* (*anche fig.*) □ **corrodersi** *v.pron.* se corroder.

corrompere (*coniug. come* rompere) *v.tr.* cor-

rompre* □ **corrompersi** *v.pron.* se corrompre*.

corrosione *s.f.* corrosion.

corrosivo *agg. e s.m.* corrosif* (*anche fig.*).

corroso *agg.* corrodé.

corrotto *agg.* corrompu.

corrucciarsi (*coniug. come* cominciare) *v.pron.* se courroucer*.

corrucciato *agg.* courroucé.

corruccio *s.m.* courroux.

corrugamento *s.m.* plissement, froncement || (*geol.*) *corrugamenti terrestri*, plissements terrestres.

corrugare (*coniug. come* legare) *v.tr.* plisser □ **corrugarsi** *v.pron.* se plisser.

corruttela *s.f.* (*letter.*) corruption.

corruttibile *agg.* corruptible.

corruttore (f.-*trice*) *agg. e s.m.* corrupteur*.

corruzione *s.f.* corruption || (*dir.*) — *di minorenne*, détournement de mineur.

corsa *s.f.* course || *è vietato scendere dalla vettura in* —, il est interdit de descendre avant l'arrêt complet de la voiture; *salì sull'autobus in* —, il monta dans l'autobus en marche || *faccio una* — *dal calzolaio*, je fais un saut chez le cordonnier || *ci passò davanti di* —, il passa en courant devant nous; *andare di* —, aller au pas de course; *è ripartito di* —, il est reparti à toute vitesse; *fare le cose di* —, faire tout à la hâte || *bicicletta da* —, vélo de course || (*di tram, autobus ecc.*) *quant'è il prezzo della* —?, combien coûte le billet?; (*di tassì*) quel est le prix de la course?

corsaro *agg. e s.m.* corsaire.

corsetteria *s.f.* corsets (*m.pl.*); (*negozio*) magasin de corsets, magasin de lingerie.

corsetto *s.m.* corset.

corsia *s.f.* 1 couloir (*m.*); (*di teatro, cinema*) allée; (*di strada*) voie: *autostrada a quattro corsie*, autoroute à quatre voies; — *preferenziale*, couloir d'autobus; — *di emergenza*, voie de détresse, bande d'arrêt d'urgence 2 (*camerata di ospedale*) salle 3 (*passatoia*) tapis d'escalier.

corsivo *agg.* cursif* || (*tip.*) *carattere* —, caractère en italique ♦ *s.m.* 1 cursive (*f.*) 2 (*tip.*) italique 3 (*giornalismo*) billet.

corso[1] *s.m.* 1 cours (*anche fig.*): *il* — *di un fiume*, le cours d'un fleuve || *dare* — *a una pratica*, engager une procédure; *dare* — *ai lavori*, commencer les travaux; *dare libero* — *alla fantasia*, donner libre cours à son imagination; *nel* — *di*, au cours de || *in* —, en cours || (*mar.*) *capitano di lungo* —, capitaine au long cours || *corsi e ricorsi storici*, cycles historiques 2 (*serie di lezioni*) cours; (*anno scolastico*) année (*f.*): (*all'università*) *studente fuori* —, étudiant dont le cursus dépasse le nombre d'années prévues 3 (*strada*) avenue (*f.*), cours 4 (*sfilata*) défilé || — *dei fiori*, corso fleuri 5 (*prezzo*) cours: — *del cambio*, taux de change, cours du change || *moneta in* —, *fuori* —, monnaie en cours, qui n'a plus cours || *mettere in* — *una moneta*, mettre une monnaie en circulation.

corso[2] *agg. e s.m.* corse.

corte *s.f.* **1** cour || *dama di corte*, dame de la cour || *fare la — a una ragazza*, faire la cour à une jeune fille || *(dir.) Corte di cassazione*, Cour de cassation; *Corte marziale*, Cour martiale **2** *(cortile)* cour.

corteccia (pl. *-ce*) *s.f.* écorce *(anche fig.)* || *(anat.)* — *cerebrale, surrenale*, cortex cérébral, surrénal.

corteggiamento *s.m.* cour *(f.)*.

corteggiare *(coniug. come* mangiare*) v.tr.* courtiser, faire* la cour (à).

corteggiatore (f. *-trice*) *s.m.* soupirant.

corteggio *s.m.* suite *(f.)*.

corteo *s.m.* cortège || *sfilare in* —, défiler || *un* — *di dimostranti*, un défilé de manifestants.

cortese *agg.* aimable || *(lett.) poesia* —, poésie courtoise.

cortesemente *avv.* gentiment, aimablement || *(comm.) vogliate* —..., ayez l'obligeance de...

cortesia *s.f.* **1** courtoisie, gentillesse, amabilité: *visita di* —, visite de courtoisie; *mancare di* — *verso qlcu*, manquer de politesse envers qqn || *(comm.) avere la — di*..., avoir l'obligeance de... **2** *(piacere)* service *(m.)*; plaisir *(m.)*: *fare, usare una* —, rendre un service; *fammi la — di*, fais-moi le plaisir de || *per* —, *(per favore)* s'il vous plaît **3** *pl. (atti, parole cortesi)* amabilités; *(attenzioni)* attentions.

corticale *agg.* cortical*.

cortico- *pref.* cortico-

corticoide *s.m. (biochim.)* corticoïde.

cortigiana *s.f.* **1** dame de la Cour **2** *(meretrice)* courtisane.

cortigiano *agg.* e *s.m.* courtisan.

cortile *s.m.* **1** cour *(f.)* **2** *(di casa colonica)* basse-cour* *(f.)* || *gli animali da* —, la basse-cour.

cortiletto *s.m.* courette *(f.)*.

cortina *s.f.* rideau* *(m.)*.

cortisone *s.m.* cortisone *(f.)*.

cortisonico (pl. *-ci*) *agg.* cortisonique: *cura cortisonica*, traitement à la cortisone.

corto *agg.* court: *prendere la via più corta*, *(anche fig.)* aller par le plus court chemin || *settimana corta*, semaine anglaise || *essere — di gambe*, avoir les jambes courtes; *essere — di mente, di cervello*, être borné || *essere a — di*, être à court de || *venire alle corte*, en venir au fait; *andare per le*

corte, aller à l'essentiel; *tagliar* —, couper court; *per tagliar* —, *per farla corta*, bref.

cortocircuito *s.m.* court-circuit*.

cortometraggio *s.m. (cine.)* court-métrage*.

corvetta *s.f.* corvette.

corvino *agg. (di capelli)* noir.

corvo *s.m.* corbeau*.

cosa *s.f.* **1** chose: *devo dirti una* —, *parlarti di una* —, j'ai quelque chose à te dire, je veux te parler de quelque chose; *dimmi una* —, dis-mois un peu; *beviamo una* —, buvons quelque chose; *le cose si sono messe male*, l'affaire a mal tourné; *s'interessa di cose sportive, di cose africane*, il s'intéresse aux sports, aux questions africaines; *è (una) — sua*, ce sont ses affaires; *dobbiamo metterci in mente una* —, nous devons bien nous dire ceci || *è poca* —, c'est peu de chose; *gli ho regalato una — da poco*, je lui ai fait un petit cadeau; *è una — da nulla*, ce n'est rien; *non è gran* —, ce n'est pas grand-chose; *mi aspettavo grandi cose da lui*, j'attendais beaucoup de lui; *fa le cose in grande*, il fait les choses en grand || *è un'altra* —, c'est autre chose; *è la stessa* —, c'est la même chose || *nessuna* —, rien || *questa, quella* —, *queste, quelle cose*, ceci, cela || *per prima* —..., pour commencer...; *fra le altre cose*..., entre autres choses... || *per la qual* —..., c'est pour cette raison que... || *la — va da sé*, ça va de soi; *così vanno le cose del mondo*, ainsi va le monde; *come vanno le cose?*, comment ça va? || *a cose fatte*, après coup || *stando così le cose*, les choses étant ce qu'elles sont; *ecco come stanno le cose*, voilà les choses telles qu'elles sont || *per forza di cose*, par la force des choses || *tante (belle) cose!*, bien des choses! || *cos'è — non è*, tout à coup, soudain || *(che)* — → che || *la — che, la — di cui* ecc. → ciò || *qualche* —, *qualunque* —, ogni — → qualche, qualunque, ogni **2** *(spec.pl.)* *(oggetti personali)* affaires *(pl.)* **3** *(riferito a persona femminile)* Machine **4** *(accompagnato da agg. con i verbi* essere *e* trattarsi *)* ce + être*: *è una — vergognosa*, c'est honteux, c'est une honte; *era una — seria*, c'était sérieux, c'était une affaire sérieuse; *è una brutta — che*..., il est déplorable que...; *è una* —, *sono cose da nulla*, ce n'est rien • *Si veda anche* → être.

cosà *avv.*: *così e* —, comme ci et comme cà; *o così*

o —, ou ça ou ça; *né così né* —, ni de cette façon ni d'autre; *così* —, comme ci, comme ça.

cosacco (pl. *-chi*) *agg.* e *s.m.* cosaque.

cosca (pl. *-che*) *s.f.* clan de malfaiteurs (liés à la mafia).

coscia (pl. *-sce*) *s.f.* 1 cuisse 2 (*cuc.*) (*di pollo*) cuisse; (*di cinghiale, cervo*) cuissot (*m.*); (*di montone, capretto*) gigot (*m.*); (*di capriolo*) gigue; (*di vitello*) cuisseau* (*m.*).

cosciente *agg.* 1 conscient 2 (*coscienzioso*) consciencieux*.

coscientemente *avv.* consciemment.

coscienza *s.f.* conscience: *un uomo che non ha* —, un homme sans conscience; *un atto contrario alla* —, une action que la conscience réprouve || *mi rimorde la* —, j'ai du remords || *togliere un peso dalla* —, délivrer d'un grand poids || *avere, mettersi la* — *in pace*, avoir, se donner bonne conscience; *mettersi una mano sulla* —, faire appel à sa conscience || *ricade sulla sua* —, cela retombe sur lui || *in (tutta)* —, en (toute) conscience || *con* —, consciencieusement.

coscienziosità *s.f.* conscience.

coscienzioso *agg.* consciencieux*; (*scrupoloso*) scrupuleux*; (*diligente*) diligent; (*serio*) sérieux*; (*accurato*) minutieux*.

cosciotto *s.m.* (*cuc.*) → **coscia**.

coscritto *s.m.* (*mil.*) conscrit.

coscrizione *s.f.* (*mil.*) conscription.

coseno *s.m.* (*mat.*) cosinus.

cosentino *agg.* de Cosenza.

così *avv.* 1 ainsi; (*fam.*) comme ça: *bisogna fare* —, il faut faire ainsi, c'est comme ça qu'il faut faire; *fu* — *che diventammo amici*, c'est ainsi, comme ça que nous sommes devenus amis; *è fatto* —, il est comme ça, c'est sa façon d'être; *la matematica non si insegna più* —, on n'enseigne plus les mathématiques de cette manière; *ha detto proprio* —, c'est exactement ce qu'il a dit; *fermi* —, *per favore!*, ne bougez plus, s'il vous plaît!; *hanno acquistato la casa e* — *pure il giardino*, ils ont acheté la maison, ainsi que, et aussi le jardin 2 (*riferito a misura o dimensione*) comme ça: *un buco grosso* —, un trou gros comme ça; *questa gonna va accorciata circa* —, *di tanto* —, cette jupe doit être raccourcie à peu près de ça; *non più grande di* —, pas plus grand que ça; *non posso fare più*, *meno di* —, je ne peux pas faire plus, moins que ça; *non si può fare meglio di* —, on ne peut pas faire mieux (que ça) 3 (*tanto, talmente*) si: *mi è sembrato* — *stanco!*, il m'a paru si fatigué!; *non ho mai visto niente di* — *bello*, je n'ai jamais rien vu d'aussi beau 4 (*altrettanto, la stessa cosa*) de même: *lui se ne andò e* — *feci io*, il s'en alla et je fis de même ♦ *agg.* (*tale, siffatto*) pareil*, tel*: *non avevo mai visto un incendio* —, je n'avais jamais vu un incendie pareil; *di amici* — *non voglio più sentirne parlare*, d'amis de ce genre je préfère ne plus en entendre parler ♦ *cong.* 1 (*sicché, perciò*) et, et alors: *ho perso il treno,* — *eccomi qua*, j'ai raté mon train et me voilà; *avevo aspettato anche troppo,* — *decisi di andar-*

mene, je n'avais que trop attendu, c'est pourquoi je pris la décision de m'en aller 2 (*desiderativo*) si (seulement): — *volesse il cielo!*, — *fosse!*, s'il pouvait en être ainsi!; — *fosse vero!*, si (seulement) c'était vrai! ♦ FRASEOLOGIA: *l'ho detto* — *per dire*, j'ai dis ça comme ça; *stando* — *le cose, se le cose stanno* —, les choses étant ce qu'elles sont; *per* — *dire*, pour ainsi dire; — *facendo*, ce faisant; — *dicendo*, sur ces mots; *e* — *via*, et ainsi de suite; — *è*, il en est ainsi; *non è* —?, n'est-ce pas?; — *sia*, ainsi soit-il; *fai* — *e* — *e vedrai che...*, fais comme ça et tu verras que...; *gli dirò* — *e* —, je lui dirai tout ça; *"Come stai?" "Così (e)* —*", "*Comment vas-tu?" "Comme ci, comme ça"*, (*fam.*) "Couci-couça"; *è cambiato da* — *a* —, il a changé du tout au tout; *proviamo a mettere il tavolo per* —, essayons de mettre la table dans ce sens; *se si spostasse il letto da* — *a* — ?, si on déplaçait le lit dans ce sens-là? || (*con valore conclusivo*): *e* — ?, et après?; *e* —, *cosa farai?*, alors, que feras-tu?; *e* —, *per concludere...*, donc, en conclusion; *e* —, *eccoci arrivati*, nous voici donc arrivés.

□ **così... che** *locuz.cong.* (*con agg. e avv.*) si... que; (*con verbo*) tellement... que: *ero* — *emozionato che...*, j'étais si ému que...; *è stato* — *maltrattato che...*, on l'a tellement maltraité que... □ **così... da** *locuz.cong.* (*con agg. e avv.*) (*in frasi affermative*) si... que; (*in frasi negative*) assez... pour; (*con verbi*) tellement... que: *era* — *stanco da non poter continuare*, il était si fatigué qu'il ne pouvait pas continuer; *non è poi* — *sciocco da non saperlo*, il n'est pas assez bête pour ne pas savoir cela; *ha mangiato* — *tanto da star male*, il a tellement mangé qu'il s'est senti mal || *vieni presto* — *da poter chiacchierare tranquillamente*, viens tôt de manière à ce que (*o* afin que) nous puissions bavarder tranquillement □ **così come; così... come; come... così** → come.

cosicché, così che *cong.* 1 de sorte que: *vieni presto,* — *si possa parlare*, viens de bonne heure, de sorte qu'on puisse parler 2 (*perciò*) c'est pourquoi: *non so nulla,* — *preferirei tacere*, je ne sais rien, c'est pourquoi j'aimerais mieux me taire.

cosiddetto *agg.* soi-disant*; (*apparente, supposto*) prétendu || *il* — *Terzo Mondo*, ledit Tiers-Monde.

cosiffatto *agg.* tel*.

cosina *s.f.*, **cosino** *s.m.* un petit quelque chose; (*di bambino*) petit bonhomme; (*di ragazza*) frêle jeune fille.

cosmesi, cosmetica *s.f.* cosmétologie.

cosmetico (pl. *-ci*) *agg.* e *s.m.* cosmétique.

cosmico (pl. *-ci*) *agg.* cosmique.

cosmo *s.m.* 1 (*universo*) cosmos 2 (*spazio intersiderale*) espace intersidéral.

cosm(o)- *pref.* cosm(o)-

cosmogonia *s.f.* cosmogonie.

cosmografia *s.f.* cosmographie.

cosmologia (pl. *-gie*) *s.f.* cosmologie.

cosmonauta *s.m.* cosmonaute.

cosmonave *s.f.* vaisseau* spatial*.

cosmopolita *agg.* e *s.m.* cosmopolite.

cosmopolitismo *s.m.* cosmopolitisme.

coso *s.m.* (*fam.*) truc, machin; (*riferito a persona*) Machin.

cospargere (*coniug. come* spargere) *v.tr.* parsemer*; (*zucchero, cacao ecc.*) saupoudrer: — *il letame*, épandre le fumier.

cosparso *agg.* parsemé, jonché; (*di zucchero, cacao ecc.*) saupoudré: *un prato — di fiori*, un gazon parsemé de fleurs; *un vialetto — di petali di rose*, un chemin jonché de pétales de roses || *il capo — di cenere*, la tête couverte de cendre.

cospetto *s.m.* présence (*f.*): *al — di*, en présence de, devant.

cospicuità *s.f.* importance.

cospicuo *agg.* **1** gros*, considérable **2** (*eminente*) influent; (*importante*) important: *avere una parte cospicua in*, jouer un rôle important dans.

cospirare *v.intr.* conspirer.

cospiratore (*f. -trice*) *s.m.* conspirateur*.

cospirazione *s.f.* conspiration: *essere coinvolto in una —*, tremper dans une conspiration.

costa *s.f.* **1** (*costola*) côte || (*estens.*): *velluto a coste*, velours côtelé; *punto a —*, (*lavori a maglia*) point de côte **2** (*litorale*) côte **3** (*falda di monte, pendio*) côte, pente || *a mezza —*, à mi-côte || (*sci*) *discesa a mezza —*, descente de biais **4** (*di libro, coltello*) dos (*m.*) **5** (*di foglia*) nervure **6** *pl.* (*bot.*) cardes.

costà *avv.* → **costì**.

costale *agg.* (*anat.*) costal*.

costante *agg.* constant || *tempo —*, temps stable; *pioggia —*, pluie continuelle; *un dolore —*, une douleur persistante; *— nelle amicizie*, fidèle à ses amitiés ♦ *s.f.* constante.

costantemente *avv.* constamment; (*senza sosta*) sans cesse; (*in ogni momento*) à tout instant.

costanza *s.f.* constance; (*perseveranza*) persévérance; (*invariabilità*) permanence.

costare *v.intr.* coûter: *mi è costato un patrimonio*, cela m'a coûté une fortune; *quanto costa?*, combien ça coûte?; *quanto costano tutte e due?*, c'est combien pour les deux? || *oggi la vita costa*, aujourd'hui la vie est chère || *— caro*, (*anche fig.*) coûter cher; — *troppo*, coûter trop cher; — *poco*, ne coûter pas cher; — *salato*, (*fam.*) être salé; — *un occhio* (*della testa*), coûter les yeux de la tête || *quanto mi costa rinunciarvi!*, il m'en coûte beaucoup d'y renoncer! || *andiamo, cosa ti costa?*, allons qu'est-ce que ça te coûte? || *costi quel che costi!*, coûte que coûte!

costata *s.f.* côte.

costato *s.m.* côté.

costeggiare (*coniug. come* mangiare) *v.tr.* côtoyer*: — *la riva*, côtoyer le rivage, longer la côte.

costei *pron.dimostr.f.sing.* celle-ci, celle-là.

costellare *v.tr.* consteller.

costellato *agg.* constellé || *compito — di errori*, (*fig.*) devoir truffé d'erreurs.

costellazione *s.f.* constellation.

costernare *v.tr.* consterner.

costernato *agg.* consterné || *sono —*, je suis désolé.

costernazione *s.f.* consternation.

costì *avv.* là; (*laggiù*) là-bas; (*presso*) près de toi, de vous; (*a casa di*) chez toi, chez vous: *che fai —?*, que fais-tu là?; *come vi trovate —?*, comment vous trouvez-vous là-bas?; *che tempo fa —?*, quel temps fait-il chez vous?

costiera *s.f.* côte.

costiero *agg.* côtier*.

costina *s.f.* (*cuc.*) côte.

costipare *v.tr.* (*med.*) constiper □ **costiparsi** *v.pron.* **1** (*prendere un raffreddore*) s'enrhumer **2** (*divenire stitico*) être* constipé.

costipato *agg.* **1** (*raffreddato*) enrhumé **2** (*stitico*) constipé.

costipazione *s.f.* **1** (*raffreddore*) rhume (*m.*) **2** (*stitichezza*) constipation.

costituente *agg.* e *s.m.* constituant.

costituire (*coniug. come* finire) *v.tr.* constituer || (*dir.*) *il fatto non costituisce reato*, ce fait ne constitue pas un délit || *la danza costituisce la sua unica passione*, la danse est son unique passion || *l'appartamento è costituito da cinque vani*, l'appartement se compose de cinq pièces □ **costituirsi** *v.pron.* se constituer || (*dir.*) — *in giudizio*, se constituer devant le juge.

costituito *agg.* constitué.

costitutivo *agg.* constitutif*.

costituzionale *agg.* constitutionnel* || **-mente** *avv.*

costituzionalista *s.m.* spécialiste de droit constitutionnel.

costituzionalità *s.f.* constitutionnalité.

costituzione *s.f.* constitution || *essere di robusta —*, être d'une robuste constitution; *certificato di sana e robusta —*, certificat de (bonne) santé.

costo *s.m.* coût; (*prezzo*) prix; (*spese*) frais || (*comm.*): *consegna — e nolo*, livraison coût et fret; *a prezzo di —*, à prix coûtant; *sotto —*, au-dessous du prix de revient; *a basso —*, à bas prix || *a — della vita*, au risque de sa vie; *a — di...*, dussé-je... || *a ogni —*, coûte que coûte; *a tutti i costi*, à tout prix; *a nessun —*, à aucun prix.

costola *s.f.* **1** côte || *rompere le costole a qlcu*, rouer qqn de coups || (*fig.*): *mettersi alle costole di qlcu*, s'attacher aux pas de qqn; *stare alle costole di qlcu*, être sur le dos de qqn; *avere qlcu alle costole*, avoir qqn à ses trousses **2** (*di libro, posata ecc.*) dos (*m.*) **3** (*di cardo, bietola ecc.*) carde **4** (*arch.*) nervure.

costoletta *s.f.* côtelette: — *alla milanese*, côtelette panée.

costolone *s.m.* (*arch.*) nervure (*f.*) || *volta a costoloni*, voûte en croisée d'ogives.

costoro *pron.dimostr.m.* e *f.pl.* ceux-ci, ceux-là (*m.*); celles-ci, celles-là (*f.*): *che fanno — a casa mia?*, qu'est-ce qu'ils font ces gens-là chez moi?

costoso *agg.* coûteux* || **-mente** *avv.*

costretto *agg.* **1** contraint; (*obbligato*) obligé, forcé **2** (*stretto, compresso*) serré, comprimé.

costringere (*coniug. come* spingere) (*Part. pass.*

costretto *v.tr.* **1** contraindre*; (*obbligare*) obliger* (à), forcer* (à): — *con le minacce*, contraindre par la menace **2** (*stringere, comprimere*) serrer.

costrittivo *agg.* constringent; (*coercitivo*) coercitif*.

costrizione *s.f.* contrainte.

costruire (*coniug. come* finire) *v.tr.* construire*; (*spec. edil.*) bâtir, élever* || — *un sistema filosofico*, créer un système philosophique || *costruirsi un alibi*, se forger un alibi.

costruttivo *agg.* **1** constructif* **2** (*edil.*) de la construction.

costrutto *s.m.* **1** (*di una frase*) construction (*f.*), tournure (*f.*) || *discorso senza* —, propos dénués de sens **2** (*vantaggio*) avantage || *senza* —, sans profit, (*senza scopo*) sans résultat.

costruttore (f. *-trice*) *agg. e s.m.* constructeur* || — *navale*, constructeur de navires; — (*edile*), bâtisseur de maisons.

costruzione *s.f.* **1** construction **2** (*edificio*) bâtiment (*m.*), construction.

costui *pron.dimostr.m.sing.* celui-ci, celui-là.

costume *s.m.* **1** coutume (*f.*); (*abitudine*) habitude (*f.*); (*usanza*) usage; (*tradizione*) tradition (*f.*); (*pl.*) mœurs (*f.*): *gli usi e costumi*, les us et les coutumes; *è* —..., il est d'usage...; *non è suo* —, il n'est pas dans ses habitudes (de); *come di* —, *com'è* —, comme d'habitude **2** *pl.* (*condotta morale*) mœurs (*f.*): *donna di facili costumi*, femme (de mœurs) facile(s), de mauvaises mœurs || *la squadra del buon* —, la police des mœurs **3** (*abbigl.*) costume: *ballo in* —, bal en costume, costumé; *in* — *adamitico*, en costume d'Adam, d'Eve || — *da bagno*, maillot de bain; — (*a due pezzi*), deux pièces.

costumista *s.m.* costumier*.

cote *s.f.* pierre à aiguiser.

cotechino *s.m.* (*cuc.*) saucisson à cuire.

cotenna *s.f.* couenne.

cotica (pl. *-che*) *s.f.* couenne: *fagioli, minestra con le cotiche*, haricots, soupe aux couennes.

cotillon *s.m.* (objet de) cotillon.

cotogna *s.f. e agg.* (*mela*) —, coing (*m.*).

cotognata *s.f.* pâte de coings.

cotogno *s.m.* cognassier.

cotoletta *s.f.* → **costoletta**.

cotonare *v.tr.* (*i capelli*) crêper.

cotonato *agg.* (*di capelli*) crêpé ♦ *s.m.* (*tessuto*) cotonnade (*f.*).

cotonatura *s.f.* (*di capelli*) crêpage (*m.*).

cotone *s.m.* **1** coton: (*di*) *puro* —, 100% coton || — *a fibra corta, lunga*, coton courtes fibres, longues fibres || *piantagione di* —, cotonnerie **2** (*pianta*) cotonnier **3** (*ovatta*) coton.

cotonerie *s.f.pl.* cotonnades.

cotoniere *s.m.* industriel du coton.

cotoniero *agg.* cotonnier*.

cotonificio *s.m.* cotonnerie (*f.*).

cotonina *s.f.* cotonne, cotonnette.

cotonoso *agg.* cotonneux*.

cotta[1] *s.f.* **1** (*cottura*) cuisson; (*dello zucchero*) cuite || *è un furbo di tre cotte*, c'est un fin renard **2** (*gergo sportivo*) coup de pompe **3** (*fig. scherz.*) (*innamoramento*) béguin (*m.*): *prendersi, avere una* —, s'amouracher.

cotta[2] *s.f.* **1** (*eccl.*) surplis (*m.*) **2** (*st. mil.*) cotte.

cottimo *s.m.* travail* à la pièce || *a* —, à la pièce, aux pièces.

cotto *agg.* **1** cuit || — *dal sole*, brûlé par le soleil || *di cotte e di crude*, (*fig.*) de toutes les couleurs **2** (*fam.*) (*innamorato*) amoureux* fou*; (*esausto*) claqué || *sono* — *di sonno*, je tombe de sommeil ♦ *s.m.* brique (*f.*).

cottura *s.f.* **1** cuisson || *portare a* —, faire cuire || *passato di* —, trop cuit || *di pronta, rapida* —, vite cuit **2** (*dei mattoni ecc.*) cuite.

coturnice *s.f.* (*zool.*) bartavelle.

coupon *s.m.* coupon; (*scontrino*) ticket; (*ricevuta*) récépissé || — (*per la*) *benzina*, bon d'essence.

couture *s.f.* (*alta moda*) *haute* couture.

cova *s.f.* **1** couvaison: *essere in* —, couver; *mettere in* —, faire couver **2** (*luogo della cova*) nichoir (*m.*).

covare *v.tr.* couver || — *tristi pensieri*, entretenir de tristes pensées || — *con gli occhi*, couver des yeux ♦ *v.intr.* couver || — *sotto la cenere*, couver sous la cendre || *gatta ci cova!*, il y a anguille sous roche!

covata *s.f.* couvée.

covile *s.m.* tanière (*f.*).

covo *s.m.* repaire (*anche fig.*).

covone *s.m.* meule (*f.*).

coyote *s.m.* coyote.

cozza *s.f.* moule.

cozzare *v.intr.* **1** *heurter, se *heurter || (*fig.*): — *contro le difficoltà*, se heurter aux difficultés; *i miei interessi cozzano con i suoi*, mes intérêts vont contre les siens; *idee che cozzano tra di loro*, idées qui se contredisent || *questi colori cozzano tra di loro*, ces couleurs jurent **2** (*di animali*) donner de la corne ♦ *v.tr.* *heurter: — *il capo contro il muro*, se cogner la tête contre le mur.

cozzo *s.m.* **1** (*urto*) *heurt; (*scontro*) choc **2** (*colpo dato con le corna*) coup de cornes.

crac *onom.* crac ♦ *s.m.* (*fallimento*) krach.

crack *s.m.* → **crac**.

cra cra *onom.* (*verso della cornacchia*) croa-croa ♦ *s.m.* croassement.

crampo *s.m.* crampe (*f.*): — *allo stomaco*, crampe d'estomac; *mi è venuto un* —, j'ai eu une crampe; *mi vengono spesso dei crampi alle gambe*, j'ai souvent des crampes aux jambes.

cranico (pl. *-ci*) *agg.* crânien*.

cranio *s.m.* crâne; (*fig.*) tête (*f.*).

crapula *s.f.* débauche.

crapulone *s.m.* bambocheur*.

crasso *agg.* **1** *ignoranza crassa*, ignorance crasse **2** (*anat.*) *intestino* —, gros intestin.

cratere *s.m.* cratère.

crauti *s.m.pl.* (*cuc.*) choucroute (*f.sing.*).

cravatta *s.f.* cravate || — *a farfalla*, (nœud) papillon.

creanza *s.f.* éducation: *buona, mala* —, politesse, impolitesse; *persona senza —*, personne mal élevée.

creare *v.tr.* créer || *— scompiglio*, provoquer la confusion.

creatività *s.f.* créativité.

creativo *agg.* creatif*.

creato *agg.* créé ♦ *s.m.* création (*f.*).

creatore (f. *-trice*) *s.m.* créateur* || *andare al Creatore*, rendre son âme à Dieu || *mandare al Creatore*, envoyer qqn dans l'autre monde.

creatura *s.f.* 1 créature 2 (*bambino*) enfant (*m.*).

creazione *s.f.* création.

credente *agg.* e *s.m.* croyant.

credenza[1] *s.f.* 1 croyance: *è — popolare che...*, la croyance populaire dit que... || *è — generale che...*, c'est une opinion répandue que... 2 (*credito*) créance, crédit (*m.*): *trovare — presso qlcu*, trouver crédit auprès de qqn.

credenza[2] *s.f.* buffet (*m.*).

credenziale *agg.* (*lettere*) credenziali, lettres de créance.

credere[1] *v.tr.* croire*: *credo che piova*, je crois qu'il pleut; *credo che vada, che andrà a Roma*, je crois qu'il ira à Rome; *credi che venga?, che verrà?*, crois-tu qu'il vienne?, qu'il viendra?; *non credo che venga, che verrà*, je ne crois pas qu'il vienne; *credevo che sarebbe venuto*, je croyais qu'il viendrait; *ho creduto di sentire dei passi*, j'ai cru entendre des pas; *crede di essere intelligente*, il croit être intelligent, il se croit intelligent; *chi l'avrebbe creduto?*, qui l'eût cru?; *credo di sì, di no*, je crois que oui, que non || *credette bene andarsene*, il jugea bon de partir || *lo credo bene!*, je crois bien! || *fate come credete*, faites comme bon vous semble ♦ *v.intr.* 1 croire* (à); (*prestare fede a*) croire* (qqn, qqch): *non credo ai fantasmi*, je ne crois pas aux fantômes; *non credo in questa medicina*, je ne crois pas en ce médicament; *devi credergli*, tu dois le croire; *— sulla parola*, croire sur parole; *non — ai propri occhi*, ne pas en croire ses yeux 2 (*aver fiducia in*) croire* (en, à): *— in qlcu*, croire en qqn; *— nell'avvenire, nel progresso*, croire en l'avenir, au progrès □ **credersi** *v.pron.* se croire*: *chi credi d'essere?*, qui te crois-tu?, pour qui te prends-tu?

credere[2] *s.m.*: *a mio —*, à mon avis || (*comm.*) *star del credere*, ducroire.

credibile *agg.* croyable; (*di persona*) crédible.

credibilità *s.f.* 1 crédibilité 2 (*reputazione*) crédit (*m.*): *perdere di —*, perdre son crédit; *guadagnare in —*, augmenter son crédit (auprès de qqn).

creditizio *agg.* de crédit.

credito *s.m.* 1 crédit: *trovare — presso qlcu*, avoir du crédit auprès de qqn; *questa notizia merita —*, cette nouvelle est digne de foi; *perdere —*, perdre tout crédit || *meritar —*, être digne de foi || *dare — a*, croire à 2 (*somma dovuta al creditore; condizione di creditore*) créance (*f.*): *riscuotere un —*, recouvrer une créance; *sono in — con lui di mille lire*, il me doit mille lires; *mettere a — di*

qlcu, porter au crédit de qqn || *piccolo —*, prêt personnel 3 (*comm.*) (*prestito di somme di denaro*) crédit: *— a breve scadenza*, crédit à court terme; *— allo scoperto*, découvert || *— agrario*, crédit agricole || *lettera, titolo di —*, lettre, titre de crédit.

creditore (f. *-trice*) *s.m.* créancier* ♦ *agg.* créditeur*.

credo (p. *invar.*) *s.m.* 1 (*teol.*) Credo 2 (*fig.*) credo.

credulità *s.f.* crédulité.

credulone *agg.* crédule ♦ *s.m.* gobeur*.

crema *s.f.* crème (*anche fig.*): *— da barba*, crème à raser; *— di cioccolato*, (*cuc.*) crème au chocolat || (*liquore*) *— caffè, cacao*, crème de moka, crème de cacao ♦ *agg.* (*colore*) crème*.

cremagliera *s.f.* crémaillère.

cremare *v.tr.* incinérer*.

crematorio *agg.* crématoire: *forno —*, four crématoire ♦ *s.m.* crématorium.

cremazione *s.f.* crémation.

crème caramel *s.f.* (*cuc.*) crème (moulée) au caramel, crème renversée.

cremino *s.m.* 1 (*cioccolatino*) chocolat fourré 2 (*formaggino*) petit fromage.

cremisi *agg.* e *s.m.* cramoisi.

cremonese *agg.* de Crémone.

cremoso *agg.* crémeux*; (*di cibi*) onctueux*: *uno yogurt —*, un yaourt velouté.

creolina *s.f.* (*chim.*) créoline.

creolo *agg.* e *s.m.* créole.

crepa *s.f.* (*di muro*) lézarde, fissure; (*di terreno*) crevasse; (*di vaso*) fêlure.

crepaccio *s.m.* crevasse (*f.*).

crepacuore *s.m.* crève-cœur*.

crepapelle, a *locuz.avv.*: *mangiare a —*, manger à claquer; *ridere a —*, rire comme un bossu, des bossus.

crepare *v.intr.* 1 (*di muro*) se lézarder; (*di legno*) se fendiller; (*di vaso ecc.*) se fêler; (*di tubazioni ecc.*) éclater 2 (*fam.*) (*morire*) crever*: *— di sete, — d'invidia*, crever de soif, d'envie; *— di rabbia*, être fou de colère; *— di salute*, péter de santé || *crepa!*, va te faire pendre! || *crepi l'avarizia!*, au diable l'avarice!

crepella *s.f.* crêpe (*m.*).

crepitare *v.intr.* crépiter; (*di foglie secche*) craquer.

crepitio *s.m.* crépitement; (*di foglie secche*) craquement.

crepuscolare *agg.* crépusculaire.

crepuscolo *s.m.* crépuscule.

crescendo *s.m.* (*mus.*) crescendo* (*anche fig.*).

crescente *agg.* croissant || *la luna è nella fase —*, la lune est dans son croissant.

crescenza *s.f.* croissance: *febbri di —*, fièvres de croissance.

crescere (*Pass.rem.* io crebbi, tu crescesti ecc. *Part.pass.* cresciuto) *v.intr.* 1 grandir; (*fam.*) pousser: *è cresciuto di sei centimetri*, il a grandi de six centimètres; *il bambino cresce bene*, l'enfant pousse bien; *quando sarete cresciuti*, quand vous serez grands || — *tra gli agi*, grandir dans l'aisance || *la luna cresce*, la lune croît **2** (*di piante*) pousser; (*vivere*) croître*: *questa pianta cresce bene*, cette plante pousse bien; *le ninfee crescono nell'acqua*, les nénuphars croissent dans l'eau || *le case sono cresciute come funghi*, (*fig.*) les maisons ont poussé comme des champignons **3** (*di capelli, denti, unghie*) pousser: *farsi — la barba*, laisser pousser sa barbe **4** (*aumentare*) augmenter; (*salire*) monter; (*fig.*) croître* (en): — *di volume*, augmenter de volume; — *di numero*, augmenter en nombre; — *in lunghezza*, pousser; — *in altezza*, grandir; — *in saggezza*, croître en sagesse || *la popolazione è cresciuta*, la population a augmenté; *la febbre non è cresciuta*, la fièvre n'a pas monté; *il lievito fa — la pasta*, la levure fait monter la pâte; — *nella stima di qlcu*, monter dans l'estime de qqn || *è cresciuta di due chili*, elle a grossi de deux kilos || *la famiglia quest'anno è cresciuta*, cette année la famille s'est agrandie **5** (*fam.*) (*avanzare*) rester: *quello che cresce*, ce qui reste; *"Ne hai abbastanza?" "Me ne cresce!"*, "Tu en as assez?" "J'en ai de trop!" ♦ *v.tr.* **1** (*aumentare*) augmenter || (*nel lavoro a maglia*) — *una maglia*, augmenter d'une maille **2** (*allevare*) élever*.

crescione *s.m.* (*bot.*) cresson.

crescita *s.f.* **1** croissance; (*di piante*) croissance; pousse; (*di unghie, di capelli ecc.*) pousse || — *economica*, croissance économique **2** (*aumento*) augmentation; (*dei prezzi*) *hausse; (*delle acque di un fiume*) crue.

cresima *s.f.* confirmation: *fare la —*, recevoir la confirmation; *tenere a —*, être parrain, marraine de confirmation.

cresimando *s.m.* (*eccl.*) confirmand.

cresimare *v.tr.* confirmer □ **cresimarsi** *v.pron.* recevoir* la confirmation.

crespa *s.f.* pli (*m.*).

crespato *agg.* crêpé: *carta crespata*, papier crépon.

crespo *agg.* crépu, crêpelé ♦ *s.m.* crêpe.

cresta[1] *s.f.* **1** crête; (*di alcuni uccelli*) *huppe, *houppe || *alzare, abbassare la —*, lever, baisser la crête; *far abbassare la — a qlcu*, (*fig.*) rabattre, rabaisser le caquet à qqn **2** (*di montagna*) crête, arête; (*di onda*) crête || *essere sulla — dell'onda*, (*fig.*) tenir la vedette.

cresta[2] *s.f.*: *fare la — sulla spesa*, faire danser l'anse du panier.

crestina *s.f.* coiffe.

creta *s.f.* argile, glaise.

cretaceo *agg.* e *s.m.* (*geol.*) crétacé.

cretese *agg.* e *s.m.* crétois.

cretinata *s.f.* sottise: *dire, fare una —*, dire, faire une imbécillité; *ma è semplicissimo, è una —!*, c'est bête comme chou!

cretineria *s.f.* bêtise.

cretinismo *s.m.* crétinisme.

cretino *agg.* e *s.m.* crétin, imbécile.

cric *s.m.* (*mecc.*) cric.

cricca (pl. *-che*) *s.f.* clique.

cricco (pl. *-chi*) *s.m.* (*mecc.*) cric.

criceto *s.m.* (*zool.*) *hamster.

criminale *agg.* e *s.m.* criminel* || **-mente** *avv.*

criminalità *s.f.* criminalité.

criminalizzare *v.tr.* considérer* comme un criminel.

crimine *s.m.* crime.

criminologia *s.f.* criminologie.

criminologo (pl. *-gi*) *s.m.* criminologiste, criminologue.

criminoso *agg.* criminel* || **-mente** *avv.*

crinale *s.m.* ligne de faîte.

crine *s.m.* crin.

criniera *s.f.* crinière.

crinolina *s.f.* crinoline.

criochirurgia *s.f.* (*med.*) cryochirurgie.

crioterapia *s.f.* (*med.*) cryothérapie.

cripta *s.f.* crypte.

criptico (pl. *-ci*) *agg.* (*fig.*) caché, obscur.

cript(o)- *pref.* crypt(o)-

crisalide *s.f.* chrysalide.

crisantemo *s.m.* chrysanthème.

crisi *s.f.* crise.

crisma *s.m.* (*eccl.*) chrême; (*fig.*) (*approvazione*) approbation (*f.*) || *con tutti i crismi*, selon les règles.

cristalleria *s.f.* cristallerie.

cristalliera *s.f.* cristallier (*m.*).

cristallino *agg.* cristallin (*anche fig.*) || *coscienza cristallina*, (*fig.*) conscience pure comme le cristal ♦ *s.m.* (*anat.*) cristallin.

cristallizzare *v.tr.* cristalliser (*anche fig.*) ♦ *v.intr.* cristalliser □ **cristallizzarsi** *v.pron.* se cristalliser; (*fig.*) se fossiliser (dans).

cristallizzazione *s.f.* cristallisation.

cristallo *s.m.* cristal*.

cristianesimo *s.m.* christianisme.

cristianità *s.f.* **1** christianisme (*m.*) **2** (*l'insieme dei cristiani*) chrétienté.

cristianizzare *v.tr.* christianiser.

cristiano *agg.* e *s.m.* chrétien* || *un cibo da cristiani*, une nourriture décente || *comportati da —*, tâche d'être convenable || *parla da —*, parle clairement.

Cristo *s.m.* Christ || *un povero cristo*, un pauvre diable.

criterio *s.m.* **1** critère **2** (*fam.*) (*buon senso*) jugement || *comportarsi con —*, agir avec discernement.

critica (pl. *-che*) *s.f.* critique.

criticabile *agg.* critiquable.

criticamente *avv.* (*con metodo critico*) en critique; (*con occhio critico*) d'un œil critique.

criticare (*coniug. come* mancare) *v.tr.* critiquer || *non farti —!*, ne te fais pas remarquer!; *c'è poco da —*, garde tes réflexions pour toi.

critico (pl. *-ci*) *agg.* e *s.m.* critique.

critt(o)- *pref.* crypt(o)-

crittogama *s.f.* (*bot.*) cryptogame || — *della vite*, oïdium.

crittogramma *s.m.* cryptogramme.

crivellare *v.tr.* cribler.

crivello *s.m.* crible.

croato *agg.* e *s.m.* croate.

croccante *agg.* croquant; (*di pane*) croustillant ♦ *s.m.* nougat aux amandes.

crocchetta *s.f.* (*cuc.*) croquette.

crocchia *s.f.* chignon (*m.*); (*di capelli intrecciati*) chignon natté: *raccogliere i capelli in una —, se* faire un chignon.

crocchio *s.m.* cercle, groupe.

croce *s.f.* croix: *fare, farsi il segno della —,* faire le signe de la croix, se signer; *firmare con una —,* signer d'une croix; (*arch.*) *pianta a — gre- ca, latina,* plan en croix grecque, latine || *con le braccia in —,* les bras croisés || *punto a —,* (*rica- mo*) point de croix || *la spada e la —,* le sabre et le goupillon || (*fig.*): *è la mia —,* c'est ma croix, mon tourment; *essere — e delizia di qlcu,* faire le tour- ment et la joie de qqn; *mettere in —,* tourmenter; *gettare la — addosso a,* s'en prendre à; *facci una — (sopra)!,* tu peux faire une croix dessus! || *fare a testa e —,* jouer à pile ou face.

crocerossina *s.f.* infirmière de la Croix-Rouge.

crocevia *s.m.* carrefour, croisement.

crociata *s.f.* croisade (*anche fig.*).

crociato *agg.* e *s.m.* croisé: *farsi —,* se croiser, se faire croisé || *parole crociate,* mots croisés.

crocicchio *s.m.* carrefour, croisement.

crociera[1] *s.f.* **1** croisillon (*m.*) **2** (*arch.*) croisée || *volta a —,* voûte d'arêtes.

crociera[2] *s.f.* (*mar.*) croisière; *andare in —,* partir en croisière.

crocifiggere (*coniug. come* affiggere) *v.tr.* cruci- fier (*anche fig.*).

crocifissione *s.f.* crucifixion, crucifiement (*m.*).

crocifisso *agg.* crucifié ♦ *s.m.* (*oggetto*) crucifix.

croco (pl. *-chi*) *s.m.* (*bot.*) crocus.

crogiolarsi *v.pron.* **1** se prélasser **2** (*fig.*) se complaire*: *— nei ricordi,* se délecter de souve- nirs.

crogiolo *s.m.* creuset (*anche fig.*).

crollare *v.intr.* crouler, s'écrouler; (*cedere, spro- fondare*) s'effondrer (*anche fig.*): *il tetto è crollato,* le toit s'est effondré; *la casa è crollata,* la maison s'est écroulée; *crollò esausto sulla sedia,* il s'effon- dra à bout de forces sur la chaise; *i prezzi crolla- no,* les prix s'effondrent || *— dal sonno,* tomber de sommeil || (*fig.*): *sembrava che il teatro crollas- se sotto gli applausi,* le théâtre semblait crouler sous les applaudissements; *mi è crollato tutto ad- dosso,* tout s'est écroulé autour de moi; *è stato co- me se il mondo mi crollasse addosso,* ça a été com- me si le monde s'écroulait autour de moi || *il suo alibi è crollato,* son alibi n'a pas tenu ♦ *v.tr.* → scrollare.

crollo *s.m.* écroulement, effondrement (*anche fig.*); (*disfatta, rovina*) débâcle (*f.*): *il — di un edifi- cio,* l'écroulement d'un édifice; *il — di una fortu- na,* l'effondrement d'une fortune; *— fisico,* ef- fondrement physique; *il — dei valori,* l'effrite- ment des valeurs; *il — di Napoleone,* la chute de Napoléon; *un — finanziario,* une débâcle finan- cière || *il — della Borsa,* le krach de la Bourse.

croma *s.f.* (*mus.*) croche.

cromare *v.tr.* (*tecn.*) chromer.

cromatico (pl. *-ci*) *agg.* chromatique.

cromatismo *s.m.* chromatisme.

cromatura *s.f.* chromage (*m.*).

cromo *s.m.* (*chim.*) chrome.

cromo- *pref.* chromo-

cromolitografia *s.f.* chromolithographie.

cromosoma *s.m.* (*biol.*) chromosome.

cromosomico (pl. *-ci*) *agg.* chromosomique.

cronaca (pl. *-che*) *s.f.* chronique: *— cittadina,* chronique locale; *la — rosa,* la chronique mon- daine, les échos || (*rad., tv*) *la — registrata di un incontro sportivo,* le compte-rendu en différé d'un match || *un fatto di —,* un fait divers; *— ne- ra,* faits divers || *far parlare di sé la —,* défrayer la chronique; *ne ha parlato la —,* la presse en a parlé.

cronachista *s.m.* (*st.*) chroniqueur.

cronicario *s.m.* hospice.

cronicità *s.f.* chronicité.

cronicizzare *v.tr.* rendre* chronique □ **croniciz- zarsi** *v.pron.* devenir* chronique.

cronico (pl. *-ci*) *agg.* chronique || *malato —,* per- sonne atteinte d'une maladie chronique || *abitu- dine cronica,* habitude invétérée.

cronista *s.m.* chroniqueur: *— teatrale,* chroni- queur dramatique; *— mondano,* échotier; *— te- levisivo,* reporter.

cronistoria *s.f.* historique (*m.*).

crono- *pref.* chrono-

cronografo *s.m.* chronographe.

cronologia *s.f.* chronologie.

cronologico (pl. *-ci*) *agg.* chronologique || **-men- te** *avv.*

cronometraggio *s.m.* chronométrage.

cronometrare *v.tr.* chronométrer*.

cronometrico (pl. *-ci*) *agg.* chronométrique.

cronometrista *s.m.* chronométreur.

cronometro *s.m.* chronomètre || (*ciclismo*) *corsa a —,* course contre la montre.

crosta *s.f.* croûte (*anche fig.*) || (*geol.*) *— terrestre,* écorce terrestre || (*med.*) *— lattea,* croûte de lait || *quel quadro è una —,* ce tableau c'est une croûte.

crostacei *s.m.pl.* crustacés.

crostata *s.f.* tarte: *— di mele,* tarte aux pommes.

crostino *s.m.* croûton.

crucciare (*coniug. come* cominciare) *v.tr.* affli- ger*; (*tormentare*) tourmenter □ **crucciarsi** *v.pron.* s'inquiéter*, se faire* du souci.

crucciato *agg.* **1** soucieux* **2** (*adirato*) fâché.

cruccio *s.m.* souci: *farsene un —,* se faire du sou- ci, se tracasser (pour).

cruciale *agg.* crucial*.

cruciforme *agg.* cruciforme.

cruciverba (pl. *invar.*) *s.m.* mots croisés.

cruciverbista *s.m.* cruciverbiste.

crudamente *avv.* crûment.

crudele *agg.* cruel* || **-mente** *avv.*

crudeltà *s.f.* cruauté || *è una vera —,* c'est vrai- ment cruel.

crudezza *s.f.* **1** crudité (*anche fig.*) **2** (*di clima ecc.*) rudesse, rigueur.

crudo *agg.* **1** cru: *luce cruda*, lumière crue ‖ *seta cruda*, soie écrue **2** (*di clima ecc.*) rude **3** (*fig.*) dur ‖ *la cruda sorte*, le sort cruel.

cruento *agg.* sanglant.

crumiro *s.m.* jaune, briseur de grève.

cruna *s.f.* chas (*m.*).

crusca *s.f.* son (*m.*).

cruscotto *s.m.* (*aut.*) tableau* de bord.

cubatura *s.f.* cubage (*m.*).

cubetto *s.m.* cube: — *di ghiaccio*, glaçon; *formaggio a cubetti*, fromage en petits dés.

cubico (pl. -*ci*) *agg.* cubique.

cubilotto *s.m.* (*metall.*) cubilot.

cubismo *s.m.* cubisme.

cubista *agg.* e *s.m.* cubiste.

cubitale *agg.* **1** (*anat.*) cubital* **2** (*di lettera, carattere*) gros*: *a caratteri cubitali*, en gros caractères.

cubito *s.m.* **1** (*anat.*) cubitus **2** (*antica misura di lunghezza*) coudée (*f.*).

cubo *s.m.* e *agg.* cube: *metro* —, mètre cube.

cuccagna *s.f.* **1** *paese di* —, pays de cocagne; *albero della* —, mât de cocagne **2** (*fam.*) aubaine, veine ‖ *che* —*!*, quelle aubaine!; *è finita la* —*!*, la fête est finie!

cuccetta *s.f.* couchette.

cucchiaiata *s.f.* cuillerée.

cucchiaino *s.m.* petite cuiller: — *da caffè, da tè*, cuiller à café, à thé.

cucchiaio *s.m.* cuiller (*f.*), cuillère (*f.*): — *da tavola*, cuiller à soupe ‖ *dolci al* —, entremets (sucrés).

cuccia (pl. -*ce*) *s.f.* **1** niche (à chien) ‖ *fa' la* —, *Fido!*, (va) coucher, Fido! **2** (*scherz.*) (*di letto*) grabat (*m.*).

cucciolata *s.f.* portée.

cucciolo *s.m.* petit: — (*di cane*), jeune chien, chiot; — (*di gatto*) chaton.

cuccuma *s.f.* cafetière.

cucina *s.f.* **1** cuisine: *essere in* —, être à la cuisine; *entrare in* —, entrer dans la cuisine; — *regionale, tipica*, cuisine du terroir ‖ (*mil.*) — *da campo*, cuisine roulante **2** (*cucina economica*) cuisinière.

cucinare *v.tr.* cuisiner, faire* la cuisine.

cucinato *agg.* cuisiné.

cucinino, cucinotto *s.m.* kitchenette (*f.*), cuisinette (*f.*).

cucire (*Ind.pres.* io cucio ecc.) *v.tr.* **1** coudre*; (*ricucire*) recoudre*: *macchina per, da* —, machine à coudre ‖ (*fig.*): — *la bocca a qlcu*, fermer la bouche à qqn; *cuciti la bocca!*, bouche cousue! **2** (*legatoria*) brocher.

cucito *agg.* cousu: — *a mano*, cousu (à la) main; — (*con punti metallici*), agrafé ♦ *s.m.* couture (*f.*).

cucitore *s.m.* couseur.

cucitrice *s.f.* **1** couseuse: — *di bianco*, lingère **2** (*macchina industriale*) couseuse, piqueuse; (*attrezzo di cancelleria*) agrafeuse.

cucitura *s.f.* **1** couture **2** (*legatoria*) brochage (*m.*).

cucù *s.m.* coucou ‖ *orologio a* —, coucou.

cuculo *s.m.* (*zool.*) coucou.

cuffia *s.f.* **1** (*copricapo*) coiffe, bonnet (*m.*) **2** (*tecn.*) casque (*m.*): *radio a* —, radio à écouteurs; — *antirumore*, casque antibruit **3** (*rivestimento*) protecteur (*m.*) **4** (*teatr.*) capot (*m.*).

cugina *s.f.* cousine.

cugino *s.m.* cousin: — *primo*, cousin germain; — *per parte di madre*, cousin germain du côté de la mère.

cui

1 può essere sostituito da *il quale* → quale *pron.rel.*

2 *il cui, la cui, i cui, le cui* + s. (*riferito al soggetto*) dont le, dont la, dont les + s.

3 *il cui, la cui, i cui, le cui* + s. (*riferito al compl.oggetto*) dont... le, la, les + s.

4 *a cui* (*preceduto da* ciò, niente, nulla, qualcosa) à quoi

5 *di cui* (*preceduto da* ciò, niente, nulla, qualcosa) dont

6 *di cui* (*in espressioni partitive con ellissi del verbo*) dont

7 *in cui* (*nei compl. di luogo e di tempo*) où

8 *prep.*+ *cui* (*preceduto da* ciò, niente, nulla, qualcosa) prep. + quoi

9 *prep. articolata* o *prep.* + *articolo* + *cui* + s. prep. articolata o prep. + articolo + duquel, de laquelle ecc. o (*solo per le persone*) de qui

10 (**ragione, motivo**) *per cui* voilà pourquoi, c'est pourquoi

pron.rel.invar. **2** *è un avvocato il* — *nome è noto a tutti*, c'est un avocat dont le nom est connu de tous **3** *è un avvocato il* — *nome già conosci*, c'est un avocat dont tu connais déjà le nom **4** *non vi è nulla a* — *non sia preparato*, il n'y a rien à quoi je ne sois préparé; *ciò a* — *state pensando*, ce à quoi vous êtes en train de penser **5** *ecco ciò di* — *ho paura*, voilà ce dont j'ai peur; *non vi è nulla di* — *dobbiate preoccuparvi*, il n'y a rien dont vous ayez à vous inquiéter **6** *ho parecchi libri di* — *alcuni rilegati*, j'ai plusieurs livres dont quelques-uns sont reliés **7** *ecco la casa in* — *sono nato*, voilà la maison où je suis né; *l'anno in* — *nacque*, l'année où il naquit **8** *ciò su* — *contavo tanto*, ce sur quoi je comptais tant; *non c'è nulla su* — *io possa contare*, il n'y a rien sur quoi je puisse compter **9** *è un uomo della* — *onestà non dubito minimamente*, c'est un homme de l'honnêteté duquel (*o* de qui) je ne doute point; *l'albero sui* — *rami si era arrampicato*, l'arbre sur les branches duquel il avait grimpé **10** *non conosco l'argomento, per* — *preferisco tacere*, je ne connais pas l'argument: voilà pourquoi, c'est pourquoi je préfère me taire.

culatello *s.m.* jambon de Parme de qualité supérieure.

culatta *s.f.* (*mil.*) culasse.

culinario *agg.* culinaire.

culla *s.f.* berceau* (*m.*): *fin dalla* —, dès le berceau.

cullare *v.tr.* bercer* (*anche fig.*) □ **cullarsi** *v.pron.* se bercer*: — *in false speranze*, se bercer de faux espoirs.

culminante *agg.* culminant.

culminare *v.intr.* **1** se terminer (par) || *la sua carriera culminò con la nomina a presidente*, sa carrière fut couronnée par sa nomination au poste de président **2** (*astr.*) culminer.

culmine *s.m.* sommet (*anche fig.*); (*di tetto*) faîte.

culo *s.m.* (*volg.*) cul || (*fig. fam.*) *prendere per il — qlcu*, se foutre de qqn.

culto *s.m.* culte (*anche fig.*).

cultore (f. *-trice*) *s.m.* amateur || *un — della materia*, un expert en la matière.

cultuale *agg.* cultuel*.

cultura *s.f.* culture || *la — francese*, la civilisation française || *persona di grande —*, personne très cultivée.

culturale *agg.* culturel* || **-mente** *avv.*

culturismo *s.m.* culturisme.

culturista *s.m.* culturiste.

cumino *s.m.* (*bot.*) cumin.

cumulabile *agg.* cumulable.

cumulare *v.tr.* cumuler.

cumulativo *agg.* cumulatif*.

cumulo *s.m.* **1** cumul **2** (*mucchio*) tas: *un — di legna*, un tas de bois; *un — di sciocchezze*, un amas de sottises **3** (*meteor.*) cumulus.

cuneese, cuneense *agg.* de Cuneo.

cuneiforme *agg.* cunéiforme.

cuneo *s.m.* coin.

cunetta *s.f.* **1** (*ai bordi delle strade*) caniveau* (*m.*) **2** (*avvallamento del fondo stradale*) cassis (*m.*): *una strada piena di cunette*, une route défoncée.

cunicolo *s.m.* galerie (*f.*).

cuoca (pl. *-che*) *s.f.* cuisinière.

cuocere (*Indic.pres.* io cuocio ecc.; *pass.rem.* io cossi, tu cuocesti ecc. *Part.pass.* cotto) *v.tr. e intr.* cuire*: — a lesso, in umido, arrosto*, cuire à l'eau, à l'étuvée, rôtir; — *a fuoco lento, a fuoco vivo*, cuire à feu doux, à feu vif || *lasciar — qlcu nel suo brodo*, (*fig.*) laisser cuire qqn dans son jus.

cuoco (pl. *-chi*) *s.m.* cuisinier; chef; (*su nave*) coq || *un — molto abile*, un cordon bleu.

cuoiame *s.m.* cuirs (*pl.*).

cuoio (pl. *cuoi*; *le cuoia* in locuz.) *s.m.* cuir || *tirare le cuoia*, (*fig.*) casser sa pipe.

cuore *s.m.* cœur (*anche fig. e estens.*): *attacco di —*, crise cardiaque; *stringere al —*, serrer sur son cœur; *serbare in —*, garder dans son cœur || *lo ama con tutto il —*, elle l'aime de tout son cœur; *lo faccio di —*, je le fais de grand cœur; *ringraziare di —*, remercier de tout cœur; *ridere di —*, rire de bon cœur; *una persona di (buon) —*, une personne qui a bon cœur; *il suo amico del —*, son meilleur ami || *fare strage di cuori*, faire des ravages || *con la morte nel —*, la mort dans l'âme; *col — in gola*, le cœur battant; *avere il — in gola*, être à bout de souffle; *è gente con il — in mano*, ils ont le cœur sur la main || *in cuor suo*, au fond de son cœur || *mettersi una mano sul —*, se mettre une main sur la conscience || *sentire un tuffo al —*, sentir un coup au cœur || *avere una spina nel —*, avoir un poids sur le cœur; *togliere una spina dal —*, tirer une épine du pied || *avere il — stretto*,

avoir le cœur gros || *avere molto a —*, avoir fort à cœur; *stare a —*, tenir à cœur || *mi si allarga il —*, mon cœur se remplit de joie; *mi si stringe il —*, j'ai le cœur serré; *mi piange il —*, ça me fend le cœur || *mi mancò il — di*, je n'ai pas eu le cœur, le courage de □ **nel cuore di** *locuz.prep.* au cœur de.

cupamente *avv.* **1** sombrement **2** (*di suono*) sourdement.

cupezza *s.f.* obscurité; couleur sombre: *la — del cielo*, un ciel sombre; — *di carattere*, caractère morose; *la — del suo volto, del suo sguardo*, son visage, son regard sombre.

cupidigia, cupidità *s.f.* convoitise.

cupido *agg.* avide; (*di ricchezze*) cupide; (*concupiscente*) concupiscent.

cupo *agg.* **1** sombre (*anche fig.*): *essere — in volto*, avoir l'air sombre; *farsi — in volto*, s'assombrir || *cupe minacce*, de sombres menaces **2** (*profondo*) profond **3** (*di colore*) foncé **4** (*di suono*) sourd.

cupola *s.f.* **1** (*vista dall'interno*) coupole; (*vista dall'esterno*) dôme (*m.*) || *la — del cielo*, la voûte du ciel **2** (*tetto apribile*) coupole **3** (*di cappello*) calotte.

cupula *s.f.* (*bot.*) cupule.

cura *s.f.* **1** soin (*m.*): *avere — di*, prendre soin de; *prendersi — di*, avoir soin, s'occuper de; *fare con (la massima) —*, faire avec le plus grand soin || *abbi — di non farlo cadere*, fais attention à ne pas le faire tomber; *abbiate — di essere puntuali*, veillez à être ponctuels || *abbiti —!*, fais attention à toi || *traduzione a — di...*, traduit par...; *collana a — di...*, collection dirigée par...; *scelta di fotografie a — di...*, photos choisies par... || *sarà nostra —...*, nous veillerons à... || *a nostra —*, par nos soins || *la — del patrimonio*, la gestion des biens; *la — della casa*, l'entretien de la maison **2** *spec.pl.* (*premure*) soins (*m.*); (*attenzioni*) attentions **3** (*preoccupazione*) préoccupation, souci (*m.*) || *darsi — di*, se donner la peine de **4** (*med.*) traitement (*m.*); (*metodo terapeutico*) cure: *essere in —*, être en traitement, se soigner; *avere in —*, soigner; — *termale, dimagrante, del sonno*, cure thermale, amaigrissante, de sommeil || *casa di —*, maison de santé **5** (*relig.*) charge: — *d'anime*, charge d'âmes **6** (*dir.*) (*curatela*) curatelle.

curabile *agg.* curable.

curante *agg.* traitant.

curare *v.tr.* **1** soigner; (*occuparsi di*) s'occuper (de): *cura molto l'educazione dei figli*, elle prend grand soin de l'éducation de ses enfants; *cura molto la cucina*, elle fait une cuisine très soignée || — *l'edizione di un libro*, éditer un livre; — *una collana*, diriger une collection **2** (*procurare*) veiller (à) **3** (*med.*) soigner □ **curarsi** *v.pron.* **1** se soigner **2** (*preoccuparsi*) se donner la peine; (*occuparsi di*) s'occuper: *non si è curato di rispondermi*, il ne s'est pas donné la peine de me répondre; *non ti curare dei pettegolezzi*, ne t'occupe pas des potins || *non me ne curo affatto*, c'est le dernier de mes soucis.

curaro *s.m.* curare.

curatela *s.f.* (*dir.*) curatelle.

curativo *agg.* curatif*.

curato[1] *agg.* **1** soigné **2** (*di un libro*) édité; (*di collana editoriale*) dirigé.

curato[2] *s.m.* curé; (*coadiutore*) vicaire.

curatore (f. *-trice*) *s.m.* **1** (*dir.*) curateur* || — *di fallimento*, syndic de faillite **2** (*di un libro*) éditeur.

curdo *agg.* e *s.m.* kurde.

curia *s.f.* curie.

curiale *agg.* (*forense*) du palais; (*aulico*) de la cour.

curiosamente *avv.* curieusement.

curiosare *v.intr.* voir*; (*frugare*) fouiller (dans); (*spiare*) épier: *si affacciò a* —, il se mit à la fenêtre pour voir ce qui se passait; *viene qui solo a* —, il ne vient ici que par curiosité; — *negli affari altrui*, mettre son nez dans les affaires des autres; *se ne andò a* — *per la città*, il partit à la découverte de la ville.

curiosità *s.f.* **1** curiosité: *mettere in* —, éveiller la curiosité || *mi venne la* — *di conoscerlo*, j'eus envie de faire sa connaissance || *levami questa* —, ôte-moi un doute **2** (*interesse*) intérêt (*m.*): — *scientifica*, intérêt pour les sciences **3** (*cosa rara*) curiosité **4** (*stravaganza*) extravagance, bizarrerie.

curioso *agg.* **1** curieux* **2** (*singolare*) curieux*, drôle; (*stravagante*) extravagant, bizarre: *un tipo* —, un type curieux, un drôle de type || *questa è curiosa!*, tiens, elle est bonne, celle-là! || —*!*, bizarre! **3** (*interessato a*) curieux* (de), qui s'intéresse (à) ♦ *s.m.* curieux*.

curriculum *s.m.* curriculum || *il* — *di studi*, les études faites.

cursore *s.m.* (*tecn.*) curseur.

curva *s.f.* **1** courbe || *una ragazza tutta curve*, (*fam.*) une fille bien balancée **2** (*di una strada*) virage (*m.*); (*di un fiume*) coude (*m.*); (*svolta*) détour (*m.*): *prender male una* —, manquer un

virage; *curve per 2 km*, virages sur 2 km; *alla* — *della strada*, au détour de la rue; *strada a curve*, route en lacets.

curvare *v.tr.* **1** courber (*anche fig.*) **2** (*metall.*) cintrer ♦ *v.intr.* **1** (*di veicoli*) virer, prendre* le virage **2** (*di strada, fiume*) tourner □ **curvarsi** *v.pron.* **1** (*piegarsi*) se courber; (*cedere*) fléchir **2** (*chinarsi*) se baisser.

curvatura *s.f.* (*atto*) courbement (*m.*); (*effetto*) courbure: *dare una* — *a qlco*, courber qqch.

curvilineo *agg.* curviligne ♦ *s.m.* (*tecn.*) pistolet.

curvo *agg.* **1** courbe **2** (*piegato*) courbé || — *per l'età*, voûté par l'âge; *avere le spalle curve*, avoir les épaules voûtées || — *sui libri*, penché sur ses livres.

cuscinetto *s.m.* **1** coussinet || —*puntaspilli*, pelote; — *per timbri*, tampon encreur || — *di grasso*, bourrelet de graisse || (*fig.*): *servire da* —, servir de tampon; *Stato* —, État tampon **2** (*mecc.*) roulement, coussinet: — *a sfere*, roulement à billes.

cuscino *s.m.* coussin; (*del letto*) oreiller.

cuscus (pl. *invar.*) *s.m.* (*cuc.*) couscous.

cuspide *s.f.* **1** pointe **2** (*arch.*) couronnement (*m.*); (*di campanile*) flèche **3** (*anat., bot.*) cuspide.

custode *s.m.* **1** gardien* || *angelo* —, ange gardien **2** (*portinaio*) concierge.

custodia *s.f.* **1** garde: *avere in* — *qlco*, avoir la garde de qqch; *lasciare un oggetto in* — *presso qlcu*, confier la garde d'un objet à qqn || *agente di* —, gardien de prison; — *preventiva*, détention préventive **2** (*astuccio*) étui (*m.*).

custodire (*coniug. come* finire) *v.tr.* garder.

cutaneo *agg.* cutané.

cute *s.f.* peau.

cutireazione *s.f.* cuti-réaction, cuti.

cutrettola *s.f.* (*zool.*) bergeronnette.

cutter (pl. *invar.*) *s.m.* (*mar.*) cotre.

cyclette (pl. *invar.*) *s.f.* vélo d'appartement.

D

d *s.f.* e *m.* d (*m.*) || (*tel.*) — *come Domodossola*, d comme Désiré.

da

+art.det. =	*m.sing.*	**dal dallo dall'**
	m.pl.	**dai dagli**
	f.sing.	**dalla dall'**
	f.pl.	**dalle**

prep. **1** de*: *viene* — *Le Mans*, il vient du Mans; *torna dall'Asia, dalla Germania*, il revient d'Asie, d'Allemagne || *a due metri* — *terra*, à deux mètres au-dessus du sol || *copiare dal compagno, dal libro*, copier sur son camarade, sur le livre || *apprendere una notizia dai giornali, dalla radio*, apprendre une nouvelle par les journaux, par la radio || *ricominciare dal principio*, recommencer depuis le début || *vi trasmettiamo il concerto* — *Taormina, dal teatro greco di Taormina*, nous vous transmettons le concert depuis Taormine, depuis le théâtre grec de Taormine || *non so* — *dove cominciare*, je ne sais (pas) (par) où commencer || *credo che abiti* — *quelle parti*, je crois qu'il habite dans les parages **2** (*moto per luogo*) par: *siamo passati* — *Parigi*, nous sommes passés par Paris; *sono fuggiti dalla finestra*, ils se sont enfuis par la fenêtre **3** (*in casa di, presso*) chez; (*da casa di*) de chez: *andare dal medico*, aller chez le médecin; *ritorno adesso dal medico*, je reviens à l'instant de chez le médecin **4** (*agente e causa efficiente*) par; (*con verbi di stima o esprimenti un sentimento dell'animo*) de*: *la città è stata distrutta* — *un terremoto*, la ville a été détruite par un tremblement de terre; *un uomo amato, stimato* — *tutti noi*, un homme aimé, estimé de nous tous **5** (*tempo*) (*riferito al pass.*) depuis; (*riferito al fut.*) dès, à partir de; (*con valore di* fin da) dès: *lo aspetto* — *due ore*, je l'attends depuis deux heures, voilà deux heures que je l'attends; *è dalle due che l'aspetto*, je l'attends depuis deux heures; — *Gesù Cristo in poi*, depuis Jésus Christ; — *domani mi alzerò alle sette*, à partir de, dès demain, je me lèverai à sept heures; — *oggi* (*in poi*), dès aujourd'hui, à partir d'aujourd'hui **6** (*causa*) de: *saltare dalla gioia*, sauter de joie; *cadere dal sonno*, tomber de sommeil; *Barbarossa dal colore della sua barba*, Barberousse à cause de la couleur de sa barbe **7** (*qualità*) à: *un bambino dai capelli biondi*, un enfant aux cheveux blonds **8** (*in base a*) à, d'après: — *quel che dicono...*, à, d'après ce qu'on dit; *dalla sua voce, ho capito che...*, au ton de sa voix, j'ai compris que... || — *Manzoni*, d'après Manzoni || *a giudicare dai fatti, dalle apparenze...*, à en juger d'après les faits, les apparences... **9** (*come, a somiglianza di; in qualità di*) en: *comportarsi* — *eroe*, se comporter en héros; *era travestito* — *Pierrot*, il était déguisé en Pierrot; *lasciarsi* — *buoni amici*, se quitter (en) bons amis **10** (*per indicare condizione*) lorsque, quand; — *vecchi*, lorsqu'on est vieux **11** (*fine, scopo*) à; de; pour: *spazzolino* — *denti*, brosse à dents; *costume* — *bagno*, maillot de bain; *scarpe* — *bambini*, chaussures pour enfants **12** (*valore*) de; (*prezzo*) à: *una vecchia moneta* — *venti lire*, une pièce de vingt lires; *un gelato* — *duemila lire*, une glace à deux mille lires || *scarpe* — *centomila lire*, chaussures à cent mille lires, (*a partire da*) à partir de cent mille lires **13** (*mezzo*) par: *te lo manderò* — *un mio amico*, je te le ferai parvenir par un de mes amis; *l'ho saputo* — *un telegramma*, je l'ai su par un télégramme **14** (+ *inf.*) à; (*con valore di* di che) de quoi: *hai molto* — *fare?*, tu as beaucoup à faire?; *c'è* — *impazzire*, c'est à, il y a de quoi devenir fou; *non hanno neppure* — *vivere*, ils n'ont même pas de quoi vivre || *mi ha lasciato i suoi bambini* — *custodire*, elle m'a confié la garde de ses enfants □ **da... a...**, de... à...: *ragazzi dai sei ai dieci anni*, garçons de six à dix ans; *dal primo all'ultimo*, depuis le (*o* du) premier jusqu'au (*o* au) dernier; *dall'A alla Z*, de A à Z; *dalle otto alle nove*, de huit (heures) à neuf (heures); *dal* (*gennaio*) *1945 al* (*settembre*) *1946*, de (Janvier) 1945 à (Septembre) 1946.

dabbasso, **da basso** *avv.* en bas.

dabbenaggine *s.f.* naïveté; (*sciocchezza*) bêtise.

dabbene *agg.* comme il faut.

daccapo, **da capo** *avv.* **1** (*di nuovo*) de nouveau; (*ancora*) encore || *siamo* —*!*, ça recommence! **2** (*dall'inizio*) depuis le début || *punto e* —, (*anche fig.*) point à la ligne.

dacché *cong.* depuis que || — *mondo è mondo*, depuis que le monde est monde.

dacia (pl. -*cie* o -*ce*) *s.f.* datcha.

dadaismo *s.m.* dadaïsme.

dadaista *s.m.* dadaïste, dada.

dado *s.m.* **1** dé || *il* — *è tratto*, le sort en est jeté **2** — (*per brodo*), cube de bouillon, bouillon cube **3** (*mecc.*) écrou **4** (*arch.*) dé.

daffare, **da fare** (*pl.invar.*) *s.m.* travail || *avere un gran* —, avoir beaucoup à faire || *darsi* —, se donner du mal; *datti* —*!*, secoue-toi un peu!; *si*

dare

dà — anche lui, il met lui-aussi la main à la pâte.
dafne *s.f.* (*bot.*) daphné (*m.*).
daga (pl. *-ghe*) *s.f.* dague.
dagherrotipo *s.m.* (*fot.*) daguerréotype.
dagli[1] *prep.art.m.pl.* → **da.**
dagli[2] *inter.* **1** allez!, vas-y! || *— al ladro!,* au voleur! **2** (*ancora, di nuovo*) encore!, de nouveau! || *e — oggi, — domani...!,* à force (d'insister...)!
dai[1] *prep.art.m.pl.* → **da.**
dai[2] *inter.* → **dagli**[2].
daina *s.f.* daine.
daino *s.m.* daim: *giacca in* (*pelle di*) *—,* veste en daim; *pelle di —,* (*per pulire vetri*) peau de chamois.
dal *prep.art.m.sing.* → **da.**
dalia *s.f.* dahlia (*m.*).
dalla *prep.art.f.sing.* → **da.**
dalle *prep.art.f.pl.* → **da.**
dallo *prep.art.m.sing.* → **da.**
dalmata *s.m.* (*cane*) dalmatien.
daltonico (pl. *-ci*) *agg. e s.m.* daltonien*.
daltonismo *s.m.* daltonisme.
d'altronde *loc.avv.* d'ailleurs.
dama *s.f.* **1** dame || *— di corte,* dame de la Cour **2** (*gioco*) dames (*pl.*): *il gioco della —,* le jeu de dames; *giocare a —,* jouer aux dames; *la* (*scacchiera della*) *—,* le damier.
damascato *agg.* damassé: *tovaglia damascata,* nappe en damassé.
damaschinare *v.tr.* damasquiner.
damasco (pl. *-chi*) *s.m.* damas.
damerino *s.m.* gandin.
damigella *s.f.* demoiselle || *—* (*d'onore*), demoiselle d'honneur.
damigiana *s.f.* dame-jeanne*.
danaroso *agg.* riche.
danda *s.f.* lisière.
danese *agg. e s.m.* danois.
dannare *v.tr.* damner □ **dannarsi** *v.pron.* se damner || *si dannerebbe per i soldi,* il vendrait son âme pour de l'argent || *sono due ore che mi danno per risolvere il problema,* voilà deux heures que je me casse la tête sur ce problème.
dannatamente *avv.* extrêmement || *darsi — da fare,* se donner un mal de chien.
dannato *agg. e s.m.* damné: *una dannata faccenda,* (*fam.*) une sacrée histoire || *quel — ragazzo!,* ce sacré garçon!; *un — imbroglione,* un sacré filou || *nella dannata ipotesi in cui...,* si par malheur... || *fare una vita dannata,* faire une vie d'enfer; *lavorare come un —,* travailler comme un forçat.
dannazione *s.f.* damnation || *sarà la mia —,* il me fera damner || *—!,* (*fam.*) zut!
danneggiamento *s.m.* endommagement.
danneggiare (*coniug. come* mangiare) *v.tr.* (*cose*) endommager*; (*persone*) causer du dommage (à); (*nuocere a*) nuire* (à) || *il suo buon nome è stato danneggiato da quella brutta faccenda,* cette vilaine affaire a terni sa réputation.
danneggiato *agg.* endommagé ♦ *s.m.* (*dir.*) partie plaignante.
danno *s.m.* dommage; (*prodotto da causa violenta*) dégât: *arrecare —,* causer un dommage, un préjudice; *arrecare — alla salute,* nuire à la santé; *i danni dell'alcol,* les méfaits de l'alcool; *chiedere i danni,* demander les dommages-intérêts || *nessun — alle persone,* aucun blessé || *è un — per la sua reputazione,* cela ternit sa réputation || *a (tutto) — di,* au détriment de; *a mio —,* à mon désavantage, (*a mie spese*) à mes frais || *restare col — e con le beffe,* payer les pots cassés.
dannoso *agg.* nuisible.
dantesco (pl. *-chi*) *agg.* **1** de Dante; (*secondo lo stile di Dante*) dantesque **2** (*che riguarda Dante e la sua opera*) sur Dante.
danubiano *agg.* danubien*.
danza *s.f.* danse: *aprire le danze,* ouvrir la danse.
danzante *agg.* dansant.
danzare *v.intr. e tr.* danser.
danzatore (f. *-trice*) *s.m.* danseur*.
dappertutto *avv.* partout.
dappocaggine *s.f.* ineptie; (*sciocchezza*) bêtise.
dappoco *agg.invar.* de rien.
dappresso, da presso *avv.* de près.
dapprima *avv.* d'abord, au début.
dapprincipio, da principio *avv.* au début; (*all'inizio*) au commencement.
dardo *s.m.* trait || *i dardi del sole,* les rayons du soleil || *i dardi dell'amore,* les flèches de l'amour.
dare[1] (*Indic.pres.* io do, tu dai, egli dà, noi diamo, voi date, essi danno; *pass.rem.* io diedi, tu desti, egli diede, noi demmo, voi deste, essi diedero. *Cong.pres.* che io dia ecc.; *imperf.* che io dessi ecc. *Imp.* dai, dà) *v.tr.* **1** donner: *darei non so cosa per...,* je donnerais n'importe quoi pour...; *non gli darei più di 30 anni,* je ne lui donnerais pas plus de trente ans; *non gli si dà la sua età,* il ne paraît pas son âge || *se non la smetti te le do,* si tu n'arrêtes pas, tu vas recevoir une râclée || *non voglio dargliela vinta,* je ne veux pas avoir le dessous || *cosa danno a teatro?,* qu'est-ce qu'on donne au théâtre?; *cosa danno stasera alla tv, al cinema?,* qu'est-ce qu'on passe ce soir à la télé, au cinéma? || *questa vigna dà poca uva,* ce vignoble produit peu de raisin; *questo investimento dà il 12%,* cet investissement rapporte 12% || *— un suono stridulo,* rendre un son grinçant || *mi dà molte preoccupazioni,* cela me cause bien des soucis || *darsi la cipria,* se poudrer; *darsi il rossetto,* se mettre du rouge à lèvres || *— il benvenuto,* souhaiter la bienvenue || *— le proprie generalità,* décliner son identité **2** (*affidare*) confier: *— un incarico,* confier une charge **3** (*pagare*) donner, payer*: *quanto avete dato per questo quadro?,* combien avez-vous payé ce tableau? ♦ *v.intr.* **1** (*di colori, tendere*) tirer (sur) **2** (*essere esposto*) donner: *una stanza che dà sul giardino,* une pièce qui donne sur le jardin **3** (*battere*) cogner: *ho dato col ginocchio per terra,* je me suis cogné le genou par terre **4** (*dare l'appellativo di*): *— del cavaliere,* donner le titre de chevalier; *— dell'imbecille, del ladro a qlcu,* traiter qqn d'imbécile, de voleur; *— del tu,* tutoyer; *— del lei, del voi,* vouvoyer □ **darsi** *v.pron.* **1** se donner **2** *impers.*:

può —, c'est possible; *può* — *che*, il est possible que || *si dà il caso che*, il arrive que; *potrebbe* — *il caso che*, il se pourrait (bien) que □ **dare**, **darsi a:** — *a...*, donner à ...; — *a intendere*, faire croire; *darsi al nemico*, se rendre à l'ennemi; *darsi al bere*, s'adonner à la boisson; *darsi allo studio*, se consacrer à ses études □ **dare**, **darsi da:** — *da...*, donner à...; *mi ha dato da dormire*, il m'a fait coucher chez lui; — *da vivere*, donner de quoi vivre; *mi hanno dato da fare una traduzione*, on m'a donné une traduction à faire; *ti darà da pensare*, cela va te faire réfléchir; *mi dà da pensare*, ce retard m'inquiète; *darsi a gridare*, se mettre à crier; *questa traduzione mi ha dato (molto) da fare*, cette traduction m'a donné beaucoup de mal; *valeva la pena di darti tanto da fare?*, ça valait la peine de te donner tant de mal?; *devi darti da fare se...*, il faut que tu te remues si...; *si dà da fare tutto il giorno*, il n'arrête pas de toute la journée □ **dare**, **darsi per:** — *per scontato*, donner pour sûr; *i medici lo danno per spacciato*, pour les médecins il est perdu; — *per morto*, *per disperso*, compter au nombre des morts, porter disparu; *darsi per vinto*, s'avouer vaincu; *darsi (per) malato*, se faire passer pour malade; *non darsi per inteso di qlco*, ne pas tenir compte de qqch □ **dar**, **darci dentro** *(fam.)*: *dar dentro a qlco*, *(urtare)* se cogner contre qqch; *ho dato dentro la mia vecchia automobile e ho comperato...*, on a repris ma vieille voiture quand j'ai acheté...; *devi darci dentro se vuoi finire il lavoro in tempo*, il faut que tu bosses dur si tu veux terminer ton travail à temps □ **dar fuori** *(fam.)*: *dar fuori un lavoro*, donner un travail à l'extérieur; *dar fuori (di matto)*, ne plus se sentir □ **dare indietro** *(fam.)* rendre*: *puoi darmi indietro i miei libri?*, peux-tu me rendre mes livres? □ **dare via** donner; *(sbarazzarsi)* se débarrasser (de); *(cedere a basso prezzo)* brader.

dare² *s.m.* débit || *il* — *e l'avere*, le doit et l'avoir, *(negli inventari)* passif et actif, *(nei bilanci)* débit et crédit, *(nello scadenziario)* sommes à recevoir et sommes à payer.

darsena *s.f.* darse.

darvinismo *s.m.* darwinisme.

data *s.f.* date: — *di scadenza*, date d'échéance, *(di medicina)* date de péremption, *(di alimento)* date limite de consommation; — *ultima*, date limite; *rimandare ad altra* —, remettre à une date ultérieure; *in* — *da stabilirsi*, à une date qui sera fixée ultérieurement; *in che* —*...?*, à quelle date...?; *in* — *odierna*, en date d'aujourd'hui; *in ordine di* —, dans l'ordre chronologique || *(comm.)* *a trenta giorni* —, à trente jours à partir de la date || *da lunga* —, depuis longtemps.

data base *s.f.* *(inform.)* base de données.

databile *agg.* datable; *(che si suppone risalga a)* qui peut dater (de).

datare *v.tr.* e *intr.* dater (de).

datario *agg.* e *s.m.* dateur*.

datato *agg.* *(caduto in disuso)* qui date, démodé.

datazione *s.f.* datation.

dativo *agg.* e *s.m.* *(caso)* —, datif.

dato *agg.* **1** *(determinato)* donné, certain: *entro un* — *periodo*, avant une certaine date || *date le circostanze*, vu les circonstances || — *un triangolo ABC...*, soit un triangle ABC... **2** *(dedito)* adonné **3** *(concesso)*: *non è* — *saperlo*, il n'est pas donné de le savoir; *non mi è* — *sperare tanto*, il ne m'est pas permis d'en espérer tant ♦ *s.m.* donnée *(f.)*; *(elemento)* élément || *è un* — *di fatto*, c'est un fait établi, acquis □ **dato che** *locuz.cong.* étant donné que || — *(e non concesso) che*, au cas où.

datore *(f. -trice)* *s.m.* donneur* || — *di lavoro*, employeur.

dattero *s.m.* *(frutto)* datte *(f.)*; *(albero)* dattier || *(zool.)* — *di mare*, amande de mer.

dattilo *s.m.* *(metrica)* dactyle.

dattilografa *s.f.* dactylo.

dattilografare *v.tr.* dactylographier.

dattilografia *s.f.* dactylographie.

dattilografo *s.m.* dactylographe.

dattiloscritto *s.m.* texte dactylographié; *(testo non stampato)* manuscrit.

dattorno *avv.* tout autour || *darsi* —, *(darsi da fare)* se donner de la peine, *(brigare)* se remuer || *togliti* —, ôte-toi de là, va-t'en; *togliersi* — *qlcu*, se débarrasser de qqn || *aver qlcu* —, *(anche fig.)* avoir qqn dans les jambes □ **dattorno a** *locuz.prep.* autour de || *mi sta sempre* —, il est toujours dans mes jambes; *(fig.)* il m'importune, *(mi assilla)* il me harcèle.

davanti *avv.* devant: *ho* — *due settimane*, j'ai deux semaines devant moi || *si sale* —, on monte à l'avant || *levati* —*!*, ôte-toi de là! || *l'abito è macchiato* —, le costume est taché sur le devant ♦ *agg.* *(anteriore)* avant *(invar.)*; *(sul davanti)* de devant: *le ruote* —, les roues avant; *le zampe* —, les pattes de devant ♦ *s.m.invar.* devant; *(che è posto prima)* avant: *il* — *di una casa*, le devant d'une maison; *il* — *di una camicia*, le devant d'une chemise; *il* — *di un'automobile*, l'avant d'une voiture □ **davanti a** *locuz.prep.* **1** — *a me*, devant moi; — *alla casa*, devant la maison; *guardare* — *(a sé)*, regarder devant soi; *ha un avvenire* — *a sé*, il a de l'avenir (devant lui) || — *a notaio*, par-devant notaire **2** *(dirimpetto a)* en face de **3** *(avanti a, prima di)* avant.

davantino *s.m.* plastron; *(con volanti)* jabot; *(pettorina)* bavette *(f.)*.

davanzale *s.m.* bord de fenêtre: *affacciarsi al* —, se mettre à la fenêtre.

davanzo, **d'avanzo** *avv.* en surplus: *ce n'è* —, c'est plus que suffisant.

davvero *avv.* **1** *(veramente)* vraiment || *no*, —*!*, non, franchement, *(niente affatto)* pas du tout, *(neanche per sogno)* jamais de la vie || —*!*, sans blague! **2** *(sul serio)* sérieusement || *per* —, pour de bon.

daziario *agg.* de l'octroi.

dazio *s.m.* **1** droit(s) **2** *(ant.)* octroi: *(casello del)* —, octroi || *fare il tonto per non pagare il* —, *(fam.)* se faire passer pour un imbécile.

debolezza

de- *pref.* dé-, dés-, é-, dis-
dea *s.f.* déesse (*anche fig.*).
deambulare *v.intr.* déambuler.
deambulatorio *agg.* (*arch.*) déambulatoire.
deambulazione *s.f.* déambulation.
debbio *s.m.* (*agr.*) écobuage.
debellare *v.tr.* écraser; (*fig.*) vaincre*.
debilitante *agg.* débilitant.
debilitare *v.tr.* débiliter □ **debilitarsi** *v.pron.* se débiliter.
debitamente *avv.* dûment.
debito¹ *agg.* dû; (*opportuno*) voulu: *rilasciare debita ricevuta*, délivrer le reçu d'usage; *con le debite cautele*, avec les précautions nécessaires; *con il — riguardo*, avec la considération voulue; *a tempo —*, en temps voulu, (*nei limiti di tempo fissati*) dans les délais fixés; *nel — modo*, comme il faut; *nelle debite forme*, en bonne et due forme || *fatte le debite riserve*, toutes réserves faites.
debito² *s.m.* **1** dette (*f.*): *essere in — verso qlcu*, *avere un — in sospeso con qlcu*, avoir une dette en suspens envers qqn; *essere pieno di debiti*, être criblé de dettes; *affogare, essere nei debiti fino al collo*, être endetté jusqu'au cou; *assolvere il proprio —*, payer sa dette; *sono in — verso di lui*, je suis son débiteur, j'ai une dette envers lui; *mi sento in — verso di lui*, je me considère son débiteur; *sono in — con lui di una lettera*, je lui dois une lettre || *ogni promessa è —*, chose promise, chose due **2** (*addebito*) débit: *segnare a —*, porter au débit; *saldo a —*, solde débiteur.
debitore (*f.* -*trice*) *s.m.* débiteur* || *essere — di qlco a qlcu*, être redevable de qqch à qqn.
debole *agg.* **1** faible (*anche fig.*): *essere — di vista*, avoir la vue faible; *aver la memoria —*, avoir mauvaise mémoire; *essere — di stomaco*, avoir l'estomac délicat || *sentirsi — di gambe*, se sentir les jambes faibles **2** (*fragile*) frêle: *tutto è sulle sue deboli spalle*, tout repose sur ses frêles épaules ♦ *s.m.* faible || *il gioco è il suo —*, *ha un — per il gioco*, il a un faible pour le jeu.
debolezza *s.f.* faiblesse; débilité: *sentirsi addosso una gran —*, se sentir envahi par une grande faiblesse.

ESPRIMERE LA DATA

Che giorno è oggi?	*Quel jour sommes-nous aujourd'hui?*
Oggi è giovedì, è il trenta	*Aujourd'hui c'est jeudi, c'est le trente*
Quanti ne abbiamo (del mese)?	*On est le combien?*
	Le combien sommes-nous?
avantieri, l'altro ieri	*avant-hier*
ieri	*hier*
oggi	*aujourd'hui*
dopodomani	*après-demain*
tra una settimana	*dans une semaine*
da una settimana	*depuis une semaine*
una settimana fa	*il y a une semaine*
ogni due settimane	*toutes les deux semaines*
la settimana scorsa	*la semaine passée, dernière*
la settimana prossima, ventura	*la semaine prochaine*
in questa settimana o nell'altra	*cette semaine ou la prochaine*
in questo mese	*ce mois-ci*
in questo mese di giugno	*en ce mois de juin*
in giugno, nel mese di giugno	*en juin, au mois de juin*
a metà giugno, a metà ottobre	*à la mi-juin, à la mi-octobre*
all'inizio, alla fine,	*au début, à la fin, au milieu*
alla metà di questo mese	*(o vers le milieu) de ce mois*
ai primi, agli ultimi del mese	*au début, à la fin du mois*
di qui a un mese	*d'ici un mois*
esattamente un mese dopo	*un mois après, jour pour jour*
oggi (a) otto	*d'aujourd'hui en huit*
lunedì (a) otto	*lundi en huit*
il 1993, nel 1993	*1993, en 1993*
nel ventesimo secolo	*au vingtième siècle*
il Settecento	*le XVIIIe siècle*
10 a.C. (avanti Cristo)	*10 av. J.-C. (avant Jésus-Christ)*
10 d.C. (dopo Cristo)	*10 apr. J.-C. (après Jésus-Christ)*

debolmente *avv.* faiblement.

debordare *v.intr.* déborder.

debosciato *agg.* e *s.m.* débauché.

debuttante *agg.* e *s.m.* débutant ♦ *s.f.* débutante.

debuttare *v.intr.* débuter.

debutto *s.m.* début.

deca- *pref.* déca-

decade *s.f.* décade.

decadente *agg.* décadent; (*in decadenza*) en décadence.

decadentismo *s.m.* décadentisme.

decadenza *s.f.* **1** décadence **2** (*di un diritto*) déchéance.

decadere (*coniug. come* cadere) *v.intr.* **1** (*andare in decadenza*) être* en décadence; (*cadere in disuso*) tomber en désuétude **2** (*perdere un diritto*) déchoir* || — *da un diritto*, être déchu d'un droit.

decaduto *agg.* déchu.

decaedro *s.m.* (*mat.*) décaèdre.

decaffeinare *v.tr.* décaféiner.

decaffeinato *agg.* e *s.m.* décaféiné; (*fam.*) déca.

decagono *s.m.* (*mat.*) décagone.

decagramma, decagrammo *s.m.* décagramme.

decalcare (*coniug. come* mancare) *v.tr.* décalquer.

decalcificante *agg.* décalcifiant.

decalcificare (*coniug. come* mancare) *v.tr.* décalcifier □ **decalcificarsi** *v.pron.* se décalcifier.

decalcificazione *s.f.* décalcification.

decalcomania *s.f.* décalcomanie.

decalitro *s.m.* décalitre.

decalogo (pl. *-ghi*) *s.m.* **1** décalogue **2** (*fig.*) (*regole fondamentali*) règles fondamentales.

decametro *s.m.* décamètre.

decano *s.m.* doyen*.

decantare[1] *v.tr.* vanter.

decantare[2] *v.tr.* e *intr.* (*chim.*) décanter.

decantazione *s.f.* (*chim.*) décantation, décantage (*m.*).

decapaggio *s.m.* (*metall.*) décapage || *sostanza, prodotto per* —, décapant.

decapare *v.tr.* (*metall.*) décaper.

decapitare *v.tr.* décapiter.

decapitazione *s.f.* décapitation.

decappottabile *agg.* décapotable.

decappottare *v.tr.* décapoter.

decapsulare *v.tr.* décapsuler.

decathlon *s.m.* décathlon.

decatizzare *v.tr.* décatir.

decedere *v.intr.* décéder*.

deceduto *agg.* décédé.

decelerare *v.tr.* ralentir ♦ *v.intr.* ralentir, décélérer*.

decelerazione *s.f.* décélération.

decemviro *s.m.* décemvir.

decennale *agg.* décennal* ♦ *s.m.* dixième anniversaire.

decenne *agg.* (âgé) de dix ans: *un* (*ragazzo*) —, un enfant (âgé) de dix ans.

decennio *s.m.* (période de) dix ans, décennie (*f.*).

decente *agg.* décent.

decentralizzazione *s.f.* décentralisation.

decentramento *s.m.* décentralisation (*f.*).

decentrare *v.tr.* décentraliser.

decentratore (f. *-trice*) *agg.* décentralisateur*.

decenza *s.f.* décence; (*pudore*) pudeur || *gabinetto, luogo di* —, lieux d'aisance.

decesso *s.m.* décès.

deci- *pref.* déci-

decidere (*coniug. come* ridere) *v.tr.* e *intr.* décider: *che cosa hai deciso?*, qu'est-ce que tu as décidé?; *ho deciso di partire*, j'ai décidé de partir □ **decidersi** *v.pron.* se décider, se déterminer.

decifrabile *agg.* déchiffrable.

decifrare *v.tr.* déchiffrer.

decifrazione *s.f.* déchiffrement (*m.*); déchiffrage (*m.*).

decigrammo *s.m.* décigramme.

decilitro *s.m.* décilitre.

decima *s.f.* (*st.*) dîme.

decimale *agg.* décimal*.

decimare *v.tr.* décimer.

decimazione *s.f.* décimation.

decimetro *s.m.* décimètre.

decimo *agg.num.ord.* dixième; (*nella progressione di re, papi, capitoli ecc.*) dix ♦ *s.m.* dixième.

decimoprimo, decimosecondo ecc. *agg.num. ord.* → **undicesimo, dodicesimo** ecc.

decina *s.f.* dizaine || *a decine*, par dizaines.

decisamente *avv.* **1** avec décision **2** (*indubbiamente*) décidément.

decisionale *agg.* de décision, décisionnel*: *capacità* —, capacité de décision.

decisione *s.f.* décision.

decisionismo *s.m.* (*pol.*) pouvoir décisionnaire; (*estens.*) aptitude au commandement.

decisivo *agg.* décisif* || **-mente** *avv.*

deciso *agg.* décidé.

declamare *v.tr.* e *intr.* déclamer.

declamatorio *agg.* déclamatoire.

declamazione *s.f.* déclamation.

declassare *v.tr.* déclasser.

declinabile *agg.* déclinable.

declinare *v.intr.* **1** décliner || *sul* — *del giorno*, au déclin du jour **2** (*digradare*) descendre* (vers): — *sul mare*, descendre vers la mer **3** (*fig.*) (*deviare*) s'écarter ♦ *v.tr.* décliner.

declinazione *s.f.* déclinaison.

declino *s.m.* déclin: *in* —, en déclin; (*verso la fine*) à son déclin.

declivio *s.m.* pente (*f.*).

decodifica (pl. *-che*) *s.f.* → **decodificazione**.

decodificare (*coniug. come* mancare) *v.tr.* décoder.

decodificatore *s.m.* décodeur.

decodificazione *s.f.* décodage (*m.*).

decollare *v.intr.* décoller.

decollo *s.m.* décollage.

decolonizzare *v.tr.* décoloniser.

decolonizzazione *s.f.* décolonisation.

decolorante *agg.* e *s.m.* décolorant.

decolorare *v.tr.* décolorer.

decolorazione *s.f.* décoloration.

decomporre (*coniug. come* porre) *v.tr.* décomposer □ **decomporsi** *v.pron.* se décomposer.

decomposizione *s.f.* décomposition.

decomposto *agg.* décomposé.

decompressione *s.f.* décompression.

deconcentrato *agg.* déconcentré.

deconcentrazione *s.f.* manque de concentration.

decongelare *v.tr.* décongeler*.

decongestionare *v.tr.* décongestionner.

decontaminazione *s.f.* décontamination.

decorare *v.tr.* décorer.

decorativo *agg.* décoratif*.

decorato *agg.* e *s.m.* décoré.

decoratore (f. *-trice*) *s.m.* décorateur*.

decorazione *s.f.* décoration.

decoro *s.m.* dignité (*f.*): *è privo di* —, il n'a aucune dignité; *essere vestito con* —, être convenablement vêtu || *mantenere un certo* —, garder un certain décorum.

decorosamente *avv.* dignement || *vivere* —, vivre avec un certain décorum.

decoroso *agg.* (*decente*) convenable; (*dignitoso*) digne.

decorrenza *s.f.*: *con* — *da...*, à partir de...

decorrere (*coniug. come* correre) *v.intr.* **1** partir* || *a* — *da*, à partir de **2** (*trascorrere*) passer.

decorso *s.m.* cours.

decotto *s.m.* décoction (*f.*).

decremento *s.m.* diminution (*f.*).

decrepitezza *s.f.* décrépitude (*anche fig.*).

decrepito *agg.* décrépit.

decrescente *agg.* décroissant || *la luna è in fase* —, la lune est dans son décroît || *la marea* —, la marée descendante.

decrescenza *s.f.* décroissance; (*delle acque*) décrue.

decrescere (*coniug. come* crescere) *v.intr.* décroître*.

decretare *v.tr.* **1** décréter* **2** (*concedere*) accorder: — *i massimi onori*, accorder les plus grands honneurs.

decreto *s.m.* **1** arrêté **2** (*atto normativo del governo*) décret, arrêté: — *ingiuntivo*, décret d'injonction || *decreto-legge*, décret-loi.

decubito *s.m.* décubitus.

decuplicare (*coniug. come* mancare) *v.tr.* décupler.

decuplo *agg.* e *s.m.* décuple.

decurtare *v.tr.* diminuer, réduire*.

decurtazione *s.f.* diminution, réduction.

dedalo *s.m.* dédale.

dedica (pl. *-che*) *s.f.* dédicace || *con la* —, dédicacé.

dedicare (*coniug. come* mancare) *v.tr.* **1** dédier **2** (*fig.*) consacrer: *una rassegna dedicata al film sovietico*, un festival consacré aux films soviétiques □ **dedicarsi** *v.pron.* se consacrer.

dedito *agg.*: *essere* — *a*, s'adonner à || *è tutto* — *alla famiglia*, il se consacre entièrement à sa famille.

dedizione *s.f.* dévouement (*m.*).

deducibile *agg.* **1** qu'on peut déduire **2** (*di spese ecc.*) déductible: *oneri deducibili*, charges déductibles.

dedurre (*coniug. come* condurre) *v.tr.* déduire*: *da ciò si deduce che*, de là on déduit que || *dedotte le spese*, tous frais déduits.

deduttivo *agg.* déductif*.

deduzione *s.f.* déduction.

defalcare (*coniug. come* mancare) *v.tr.* défalquer.

defalcazione *s.f.* défalcation.

defecare (*coniug. come* mancare) *v.intr.* e *tr.* déféquer*.

defecazione *s.f.* défécation.

defenestrare *v.tr.* **1** défénestrer **2** (*licenziare*) limoger*.

defenestrazione *s.f.* **1** défénestration **2** (*licenziamento*) limogeage (*m.*).

deferente *agg.* déférent.

deferenza *s.f.* déférence.

deferimento *s.m.* renvoi.

deferire (*coniug. come* finire) *v.tr.* (*dir.*) déférer*.

defezionare *v.intr.* faire* défection.

defezione *s.f.* défection.

deficiente *agg.* **1** insuffisant || *forze deficienti*, forces défaillantes || — *in latino*, faible en latin **2** (*med.*) déficient; (*fam.*) idiot ◆ *s.m.* (*med.*) déficient; (*fam.*) idiot, taré.

deficienza *s.f.* **1** manque (*m.*), insuffisance **2** (*lacuna*) lacune **3** (*med.*) déficience; (*estens.*) idiotie.

deficit *s.m.* déficit: *il bilancio si chiude in* —, le bilan se solde par un déficit.

deficitario *agg.* **1** déficitaire **2** (*insufficiente*) insuffisant.

defilare *v.tr.* défiler □ **defilarsi** *v.pron.* (*fam.*) se défiler.

defilato *agg.* (*mil.*) défilé: *zona defilata*, zone défilée || *stare* —, (*fam.*) se tenir de côté.

definibile *agg.* définissable.

definire (*coniug. come* finire) *v.tr.* **1** définir **2** (*risolvere*) régler*: — *una faccenda*, régler une affaire.

definitiva, in *locuz.avv.* en définitive.

definitivo *agg.* définitif* || **-mente** *avv.*

definito *agg.* défini.

definizione *s.f.* **1** définition **2** (*risoluzione*) règlement (*m.*) **3** (*fot.*) netteté; (*tv*) définition.

deflagrare *v.intr.* déflagrer.

deflagrazione *s.f.* déflagration.

deflazione *s.f.* déflation.

deflazionistico (pl. *-ci*) *agg.* déflationniste.

deflessione *s.f.* déflexion.

deflettere (*Part.pass.* deflesso) *v.intr.* **1** dévier **2** (*fig.*) renoncer* (à); (*spec. in frasi negative*) démordre*.

deflettore *s.m.* déflecteur.

deflorare *v.tr.* déflorer.

deflorazione *s.f.* défloration.

defluire (*coniug. come* finire) *v.intr.* s'écouler (*anche fig.*).

deflusso *s.m.* **1** débit; (*di marea*) jusant, reflux **2** (*fig.*) sortie (*f.*) || (*econ.*) — *di capitali*, fuite des capitaux.

defoliante *agg.* e *s.m.* défoliant.

deformante *agg.* déformant.

deformare *v.tr.* déformer □ **deformarsi** *v.pron.* se déformer.

deformazione *s.f.* déformation.

deforme *agg.* difforme.

deformità *s.f.* difformité.

defraudare *v.tr.* frustrer.

defunto *agg.* défunt, feu: *la mia defunta zia*, feu ma tante, ma feue tante ♦ *s.m.* défunt.

degenerare *v.intr.* dégénérer*.

degenerativo *agg.* dégénératif*.

degenerato *agg.* e *s.m.* dégénéré.

degenerazione *s.f.* dégénérescence, dégénération.

degenere *agg.* indigne.

degente *agg.* alité: *è — all'ospedale*, il est à l'hôpital; *rimanere — a letto*, garder le lit ♦ *s.m.* malade.

degenza *s.f.* (période d') hospitalisation: *durante la —*, pendant son hospitalisation; *quanto è durata la sua —?*, combien de temps est-il resté à l'hôpital?

degli *prep.art.m.pl.* → **di**.

deglutire (*coniug. come* finire) *v.tr.* déglutir.

deglutizione *s.f.* déglutition.

degnare *v.tr.* daigner: *non mi ha degnato di uno sguardo*, il n'a pas daigné me jeter un regard □ **degnarsi** *v.pron.* daigner: *degnatevi di rispondere*, daignez répondre; *non si sono degnati di parlarci*, ils n'ont pas daigné parler avec nous.

degnazione *s.f.* condescendance.

degno *agg.* digne || *è una degna persona*, c'est une personne estimable || **-mente** *avv.*

degradabile *agg.* dégradable.

degradante *agg.* dégradant.

degradare *v.tr.* dégrader (*anche fig.*) □ **degradarsi** *v.pron.* se dégrader (*anche fig.*).

degradato *agg.* en état de dégradation.

degradazione *s.f.* dégradation.

degrado *s.m.* dégradation (*f.*).

degustare *v.tr.* déguster.

degustazione *s.f.* **1** dégustation **2** (*mescita*) débit (*m.*) || — *vini*, cave à dégustation.

deh *inter.* (*letter.*) de grâce.

dei *prep.art.m.pl.* → **di**.

deiezione *s.f.* déjection.

deificare (*coniug. come* mancare) *v.tr.* déifier; (*fig.*) diviniser.

deindustrializzare *v.tr.* désindustrialiser.

del *prep.art.m.sing.* → **di**.

delatore (*f.* -*trice*) *s.m.* délateur*.

delazione *s.f.* délation.

delega (pl. -*ghe*) *s.f.* délégation: *per —*, par délégation.

delegare (*coniug. come* legare) *v.tr.* déléguer*: — *a riscuotere una somma*, déléguer à l'encaissement d'une somme.

delegato *agg.* e *s.m.* délégué.

delegazione *s.f.* délégation.

delegittimare *v.tr.* délégitimer.

deleterio *agg.* délétère (*anche fig.*): *l'alcol è — per l'organismo*, l'alcool est mauvais pour, très nuisible à l'organisme.

delfino[1] *s.m.* (*zool.*) dauphin.

delfino[2] *s.m.* (*st.*) dauphin.

delibera *s.f.* délibération, arrêté (*m.*).

deliberante *agg.* délibérant.

deliberare *v.tr.* **1** délibérer* (sur); (*decidere*) décider **2** (*aggiudicare*) adjuger*.

deliberatamente *avv.* délibérément.

deliberativo *agg.* délibératif*.

deliberato *agg.* délibéré: *con animo —*, de propos délibéré || *col — proposito di*, exprès pour, dans le but délibéré de || — *a*, déterminé à ♦ *s.m.* délibération (*f.*).

deliberazione *s.f.* délibération; (*decisione*) décision.

delicatamente *avv.* délicatement.

delicatezza *s.f.* **1** délicatesse **2** *pl.* (*cibi delicati*) mets délicats.

delicato *agg.* délicat || *è una persona delicata*, elle a une santé délicate; (*fig.*) c'est une personne pleine de tact || *un orecchio —*, une oreille sensible || *congegno —*, mécanisme fragile.

delimitare *v.tr.* délimiter.

delimitazione *s.f.* délimitation.

delineare *v.tr.* tracer* le contour (de) || — *un programma di studio*, (*fig.*) tracer un programme d'études □ **delinearsi** *v.pron.* se dessiner; (*fig.*) s'annoncer*.

delineato *agg.* défini.

delinquente *s.m.* délinquant: — *abituale*, délinquant d'habitude || *faccia da —*, tête d'assassin.

delinquenza *s.f.* délinquance: — *minorile*, enfance délinquante, délinquance juvénile.

delinquenziale *agg.* criminel*.

delinquere (*usato solo nell'inf.*) *v.intr.* commettre* un crime: *istigazione a —*, instigation au crime || *associazione per —*, association de malfaiteurs.

deliquio *s.m.* évanouissement: *cadere in —*, s'évanouir.

delirante *agg.* délirant.

delirare *v.intr.* délirer: — *per la febbre*, délirer de fièvre.

delirio *s.m.* délire (*anche fig.*): *andare in —*, (*fig.*) délirer de joie.

delitto *s.m.* **1** (*omicidio*) crime: — *perfetto*, crime parfait; — *di sangue*, meurtre || *è un —!*, (*fam.*) c'est un crime! **2** (*dir.*) (*reato con pena afflittiva o infamante*) crime; (*reato con pena correzionale e reato in generale*) délit.

delittuoso *agg.* délictueux*, criminel*.

delizia *s.f.* délice* (*m.*): *essere la — di*, faire la joie de; *una — per gli occhi*, un régal pour les yeux; *le delizie della tavola*, les plaisirs de la table || *che —!*, (*iron.*) quel plaisir!

deliziare *v.tr.* charmer (par) □ **deliziarsi** *v.pron.* se délecter (à).

delizioso *agg.* délicieux*: *una ragazza deliziosa*, une fille charmante || **-mente** *avv.*

della *prep.art.f.sing.* → **di**.

delle *prep.art.f.pl.* → **di**.

dello *prep.art.m.sing.* → **di**.

delta (pl. *invar.*) *s.m.* delta.

deltaplano *s.m.* deltaplane.

delucidare *v.tr.* élucider.

delucidazione *s.f.* élucidation; (*spiegazione*) explication.

deludente *agg.* décevant.

deludere (*coniug. come* chiudere) *v.tr.* décevoir*.

delusione *s.f.* déception; (*disappunto*) désappointement (*m.*).

deluso *agg.* déçu.

demagogia *s.f.* démagogie.

demagogico (pl. *-ci*) *agg.* démagogique || **-mente** *avv.*

demagogo (pl. *-ghi*) *s.m.* démagogue.

demandare *v.tr.* (*dir.*) déférer*.

demaniale *agg.* domanial*.

demanio *s.m.* domaine (de l'État).

demarcare (*coniug. come* mancare) *v.tr.* délimiter.

demarcazione *s.f.* démarcation.

demente *agg.* e *s.m.* dément.

demenza *s.f.* démence.

demenziale *agg.* démentiel*.

demeritare *v.tr.* ne plus mériter: — *la stima di qlcu*, perdre l'estime de qqn ♦ *v.intr.* démériter (auprès de).

demerito *s.m.* démérite || *una nota di* —, un blâme.

demilitarizzare *v.tr.* e *deriv.* → **smilitarizzare** e *deriv.*

demineralizzare *v.tr.* déminéraliser.

demistificare (*coniug. come* mancare) *v.tr.* démystifier.

demistificazione *s.f.* démystification.

demiurgo (pl. *-ghi*) *s.m.* démiurge.

democraticamente *avv.* démocratiquement.

democratico (pl. *-ci*) *agg.* **1** démocratique **2** (*nella denominazione dei partiti politici*) démocrate **3** (*alla mano*) simple et affable ♦ *s.m.* démocrate.

democratizzare *v.tr.* démocratiser.

democratizzazione *s.f.* démocratisation.

democrazia *s.f.* démocratie.

demografia *s.f.* démographie.

demografico (pl. *-ci*) *agg.* démographique: *calo* —, baisse de natalité.

demolire (*coniug. come* finire) *v.tr.* démolir.

demolitore (f. *-trice*) *agg.* **1** démolisseur* **2** (*fig.*) destructeur* ♦ *s.m.* démolisseur (*anche fig.*) || — *di automobili*, casseur.

demolizione *s.f.* démolition || *materiali di* —, démolitions || — *di automobili*, casse.

demoltiplica (pl. *-che*) *s.f.* (*mecc.*) démultiplication.

demoltiplicare (*coniug. come* mancare) *v.tr.* (*mecc.*) démultiplier.

demone *s.m.* démon.

demonetizzare *v.tr.* démonétiser.

demoniaco (pl. *-ci*) *agg.* démoniaque.

demonio *s.m.* démon || *quel bambino è un* —, cet enfant est épouvantable; *furbo come il* —, malin comme un singe || *non è poi il* —, il n'est pas si terrible que ça.

demonizzare *v.tr.* présenter sous un aspect démoniaque.

demoralizzare *v.tr.* démoraliser □ **demoralizzarsi** *v.pron.* se démoraliser.

demoralizzazione *s.f.* démoralisation.

demordere *v.intr.* (*coniug. come* ardere; *rar. nei tempi comp.*) *v.intr.* démordre*.

demoscopico (pl. *-ci*) *agg.* relatif* à un sondage d'opinion || *indagine demoscopica*, sondage d'opinion.

demotivare *v.tr.* démotiver □ **demotivarsi** *v.pron.* perdre* toute motivation.

denaro *s.m.* **1** argent: *il* — *pubblico*, les deniers publics; *impiego di* —, (*investimento*) placement d'argent; *far buon uso del proprio* —, faire bon emploi de son argent || — *sporco*, argent sale || *il tempo è* —, le temps c'est de l'argent **2** (*moneta antica, ind. tess.*) denier **3** *pl.* (*seme delle carte*) carreau*.

denaturare *v.tr.* (*chim.*) dénaturer.

denaturato *agg.* (*chim.*) dénaturé.

denazionalizzare *v.tr.* dénationaliser.

denazionalizzazione *s.f.* dénationalisation.

denicotinizzare *v.tr.* dénicotiniser.

denigrare *v.tr.* dénigrer.

denigratore (f. *-trice*) *s.m.* dénigreur*.

denigratorio *agg.* dénigrant.

denigrazione *s.f.* dénigrement (*m.*)

denominare *v.tr.* appeler* □ **denominarsi** *v.pron.* se nommer.

denominativo *agg.* e *s.m.* dénominatif*.

denominatore *s.m.* (*mat.*) dénominateur: *il minimo, massimo comun* —, le plus petit, le plus grand dénominateur commun.

denominazione *s.f.* dénomination || — *di origine controllata* (DOC), appellation d'origine contrôlée (AOC).

denotare *v.tr.* dénoter.

densamente *avv.* densément || *regione* — *popolata*, région très peuplée.

densità *s.f.* densité.

denso *agg.* **1** dense; (*spesso*) épais* **2** (*pieno*) plein (de).

dentale *agg.* (*fon.*) dental*.

dentario *agg.* dentaire.

dentata *s.f.* morsure.

dentato *agg.* **1** denté **2** (*bot., anat., arald.*) dentelé.

dentatura *s.f.* denture.

dente *s.m.* dent (*f.*): *denti superiori, inferiori*, dents du haut, du bas; *denti del giudizio*, dents de sagesse; *mettere i denti*, faire ses dents; *forte mal di denti*, rage de dents || *battere i denti dal freddo*, claquer des dents de froid; *stringere i denti*, (*anche fig.*) serrer les dents; *non avere nulla da mettere sotto i denti*, n'avoir rien à se mettre sous la dent || *ridere a denti stretti*, rire jaune || *parlare tra i denti*, parler entre les dents || *avere il* — *avve-*

lenato contro qlcu, avoir une dent contre qqn || *si è battuto con le unghie e coi denti*, il s'est battu toutes griffes dehors || *questa impresa non è pane per i tuoi denti*, cette entreprise est au-dessus de tes forces || *occhio per occhio, — per —*, œil pour œil, dent pour dent || *fuori il, — via il dolore*, (*fig.*) aux grands maux les grands remèdes || (*zool.*) — *di elefante, di cinghiale*, défense d'éléphant, de sanglier || (*di ruota dentata*) — *riportato*, alluchon || (*mecc.*) — *di arresto*, cliquet d'arrêt || (*cuc.*) *al —*, al dente.

dentellato *agg.* dentelé; (*arch.*) denticulé.

dentellatura *s.f.* dentelure.

dentello *s.m.* dent (*f.*).

dentice *s.m.* (*zool.*) dentex.

dentiera *s.f.* dentier (*m.*).

dentifricio *agg. e s.m.* dentifrice.

dentina *s.f.* (*anat.*) dentine.

dentista *s.m.* dentiste.

dentistico (pl. *-ci*) *agg.* de dentiste.

dentizione *s.f.* dentition.

dentro *avv.* dedans, à l'intérieur; (*in casa*) à l'intérieur || *vieni —!*, entre! || *fa freddo, è meglio andar —*, il fait froid, il vaut mieux rentrer; *là —, lì —*, là-dedans; *qua —, qui —*, dedans || *o — o fuori!*, entre ou sors!; (*fig.*) c'est oui ou non! || *passare di, da —, (dalla parte interna)* passer par l'intérieur, par le dedans; *gridò a quelli di —*, il cria à ceux qui étaient à l'intérieur || *camminare con i piedi in —*, marcher les pieds en dedans; *state in —!*, rentrez! || *essere —, andare — (in prigione)*, être en prison, se faire coffrer; *ha passato — tre anni*, il a passé trois ans en prison || *tiene tutto —, (nel suo animo)* il garde tout pour lui ♦ *prep.* (*talvolta seguito da* di *e a* e *nell'uso fam.* da in) **1** à l'intérieur (de): *— il cassetto*, dans le tiroir || *— di me, di lui*, en moi-même, en lui-même **2** (*con valore temporale*) dans: *— l'anno*, dans l'année, avant la fin de l'année ♦ *s.m.* intérieur: *il (di) — e il (di) fuori*, l'intérieur et l'extérieur || *guardare dal (di) —*, regarder de l'intérieur || *visto dal (di) —*, vu de l'intérieur.

denuclearizzare *v.tr.* dénucléariser.

denuclearizzazione *s.f.* dénucléarisation.

denudare *v.tr.* **1** dénuder **2** (*fig.*) dépouiller □ **denudarsi** *v.pron.* se dénuder.

denuncia (pl. *-ce*) *s.f.* **1** dénonciation: *sporgere —*, porter plainte **2** (*dichiarazione*) déclaration: *— dei redditi*, déclaration des revenus.

denunciare (*coniug. come* cominciare) *v.tr.* **1** dénoncer* (*anche fig.*): *l'ha denunciato un vicino di casa*, c'est un voisin qui l'a dénoncé **2** (*dir.*) (*sporgere denuncia*) porter plainte: *se continua così la denuncio*, si vous continuez, je porte plainte contre vous **3** (*dichiarare*) déclarer.

denutrito *agg.* sous-alimenté*.

denutrizione *s.f.* dénutrition, sous-alimentation.

deodorante *agg. e s.m.* déodorant; (*per ambienti*) désodorisant.

deodorare *v.tr.* désodoriser.

depauperamento *s.m.* appauvrissement.

depauperare *v.tr.* appauvrir.

depenalizzare *v.tr.* dépénaliser.

depenalizzazione *s.f.* dépénalisation.

depennare *v.tr.* biffer, rayer* (*anche fig.*).

deperibile *agg.* périssable.

deperimento *s.m.* **1** dépérissement **2** (*di merce*) détérioration (*f.*).

deperire (*coniug. come* finire) *v.intr.* **1** (*in salute*) dépérir: *è deperito molto*, il s'est beaucoup affaibli **2** (*deteriorarsi*) se détériorer.

depigmentazione *s.f.* dépigmentation.

depilare *v.tr.* épiler □ **depilarsi** *v.pron.* s'épiler.

depilatorio *agg. e s.m.* dépilatoire, épilatoire || *pinzette depilatorie*, pince à épiler || *crema depilatoria*, crème dépilatoire.

depilazione *s.f.* épilation, dépilation.

depistaggio *s.m.* dépistage.

depistare *v.tr.* **1** (*med.*) dépister **2** (*far perdere le tracce*) faire* perdre la trace; (*confondere*) confondre*; déconcerter, troubler.

deplorare *v.tr.* déplorer.

deplorazione *s.f.* (*biasimo*) blâme (*m.*).

deplorevole *agg.* déplorable || *-mente* *avv.*

deponente *agg.* **1** (*dir.*) déposant **2** (*gramm.*) déponent ♦ *s.m.* (*dir.*) témoin déposant.

deporre (*coniug. come* porre) *v.tr.* **1** déposer || *Gesù Cristo fu deposto dalla croce*, Jésus-Christ fut déposé au pied de la croix || (*fig.*): *— le armi*, déposer les armes; *— un'idea*, renoncer à une idée || *— le uova*, pondre || *— le carte*, étaler **2** (*testimoniare*) déposer || *— il falso*, faire un faux témoignage.

deportare *v.tr.* déporter.

deportato *agg. e s.m.* déporté.

deportazione *s.f.* déportation.

depositante *s.m.* déposant.

depositare *v.tr.* **1** déposer (*merci nei magazzini*) entreposer **2** (*posare*) poser.

depositario *s.m.* dépositaire.

depositato *agg.* déposé: *marchio —*, marque déposée.

deposito *s.m.* **1** dépôt: *ricevere in —*, recevoir en dépôt; *fare un — in banca*, déposer de l'argent à la banque **2** (*cauzione*) dépôt de garantie, caution (*f.*) **3** (*luogo in cui si deposita*) dépôt; (*alla stazione*) consigne (*f.*); (*magazzino*) entrepôt || *certificato di —*, bulletin de dépôt, (*contromarca*) ticket de consigne **4** (*sedimento*) dépôt.

deposizione *s.f.* déposition || *la Deposizione di Cristo*, la Déposition de croix.

depravato *agg. e s.m.* dépravé.

depravazione *s.f.* dépravation.

deprecabile *agg.* peu souhaitable; (*riprovevole*) blâmable.

deprecare (*coniug. come* mancare) *v.tr.* **1** (*disapprovare*) désapprouver **2** (*scongiurare*) conjurer.

deprecativo *agg.* déprécatif*.

deprecazione *s.f.* déprécation.

depredare *v.tr.* piller; (*una persona*) dépouiller.

depressionario *agg.* (*meteor.*) dépressionnaire.

depressione *s.f.* dépression.

depressivo *agg.* dépressif*.

depresso *agg.* 1 déprimé (*anche fig.*) 2 (*econ.*) sous-développé*: *area, zona depressa*, zone sous-développée.

depressurizzare *v.tr.* dépressuriser.

deprezzamento *s.m.* dépréciation (*f.*).

deprezzare *v.tr.* déprécier (*anche fig.*).

deprimente *agg.* déprimant.

deprimere (*coniug. come* comprimere) *v.tr.* déprimer.

depurare *v.tr.* dépurer.

depurativo *agg. e s.m.* dépuratif*.

depuratore *s.m.* épurateur.

depurazione *s.f.* dépuration.

deputare *v.tr.* députer.

deputata *s.f.* femme député.

deputato *s.m.* député ◆ *agg.* destiné (à); (*designato*) désigné (pour).

deputazione *s.f.* députation.

dequalificare (*coniug. come* mancare) *v.tr.* disqualifier.

dequalificato *agg.* disqualifié.

dequalificazione *s.f.* déqualification.

deragliamento *s.m.* déraillement.

deragliare *v.intr.* dérailler.

derapare *v.intr.* déraper.

derapata *s.f.* dérapage (*m.*).

derattizzare *v.tr.* dératiser.

derattizzazione *s.f.* dératisation.

deregolamentazione, deregulation *s.f.* (*econ.*) déréglementation.

derelitto *agg. e s.m.* délaissé, abandonné.

deresponsabilizzare *v.tr.* réduire* les responsabilités (de).

deretano *s.m.* derrière.

deridere (*coniug. come* ridere) *v.tr.* se moquer (de): *fu deriso da tutti*, tout le monde s'est moqué de lui.

derisione *s.f.* dérision.

derisorio *agg.* railleur*.

deriva *s.f.* dérive (*anche fig.*).

derivare[1] *v.intr.* 1 dériver || *tutto ciò deriva dalla sua leggerezza*, tout cela est dû à son insouciance; *ne derivò che*, il s'ensuivit que; *ciò deriva dal fatto che*, cela provient du fait que; *ne è derivato un gran male*, cela a eu des conséquences fâcheuses 2 (*di corsi d'acqua*) prendre* sa source (à) ◆ *v.tr.* 1 dériver 2 (*trarre, ricavare*) tirer.

derivare[2] *v.intr.* (*mar.*) dériver.

derivata *s.f.* (*mat.*) dérivée.

derivato *agg. e s.m.* dérivé || *i derivati del petrolio*, les sous-produits du pétrole.

derivazione *s.f.* dérivation.

derma *s.m.* derme.

dermatite *s.f.* dermatite, dermite.

dermatologo (pl. -*gi*) *s.m.* dermatologue.

dermatosi *s.f.* dermatose.

dermico (pl. -*ci*) *agg.* dermique.

deroga (pl. -*ghe*) *s.f.* dérogation: *in* — *a*, par dérogation à.

derogabile *agg.* auquel on peut déroger.

derogare (*coniug. come* legare) *v.intr.* déroger*:

— *alla consuetudine*, déroger à l'usage || — *ai consigli del medico*, ne pas suivre les conseils du médecin.

derogatorio *agg.* (*dir.*) dérogatoire.

derogazione *s.f.* dérogation.

derrata *s.f.* (*spec.pl.*) denrée: *derrate alimentari*, denrées alimentaires.

derubare *v.tr.* voler: — *qlcu del portafogli*, voler à qqn son portefeuille.

derubato *s.m.* victime d'un vol.

derviscio *s.m.* derviche.

desacralizzare *v.tr.* désacraliser.

deschetto *s.m.* table (de cordonnier).

desco (pl. -*chi*) *s.m.* table (*f.*).

descolarizzazione *s.f.* déscolarisation.

descrittivo *agg.* descriptif*.

descrittore *s.m.* descripteur.

descrivere (*coniug. come* scrivere) *v.tr.* décrire*.

descrizione *s.f.* description.

desensibilizzare *v.tr.* désensibiliser.

desensibilizzazione *s.f.* désensibilisation.

desertico (pl. -*ci*) *agg.* désertique.

desertificazione *s.f.* désertification.

deserto *agg. e s.m.* désert || *l'udienza andò deserta*, personne ne s'est présenté à l'audience.

desiderabile *agg.* désirable || *sarebbe* — *che...*, il serait souhaitable que...

desiderare *v.tr.* désirer: *desidero esser lasciato solo*, je désire qu'on me laisse seul; *desidero andarci*, je désire y aller || *è desiderata al telefono*, on vous demande au téléphone || *la sua educazione lascia molto a* —, son éducation laisse beaucoup à désirer || *si fa* — *questo aperitivo!*, il se fait attendre cet apéritif!

desiderio *s.m.* désir: *avevo un gran* — *di vederlo*, j'avais très envie de le voir.

desideroso *agg.* désireux*: *è molto* — *di conoscerti*, il désire beaucoup faire ta connaissance.

design *s.m.* design: *il* — *italiano*, le design italien; *vendere articoli di* —, vendre du design; *mobili di* —, meubles design.

designare *v.tr.* désigner.

designato *agg.* 1 désigné 2 (*convenuto*) fixé.

designazione *s.f.* désignation.

desinare *v.intr.* déjeuner ◆ *s.m.* déjeuner.

desindacalizzazione *s.f.* désyndicalisation.

desinenza *s.f.* désinence.

desio *s.m.* (*letter.*) → **desiderio**.

desistere (*coniug. come* insistere) *v.intr.* se désister (de), renoncer* (à).

desolante *agg.* désolant.

desolare *v.tr.* désoler; (*affliggere*) affliger*.

desolato *agg.* désolé || (*comm.*) *siamo desolati di apprendere che...*, nous regrettons d'apprendre que...

desolazione *s.f.* désolation.

despota *s.m.* despote.

desquamazione *s.f.* desquamation.

destabilizzante *agg.* déstabilisant.

destabilizzare *v.tr.* déstabiliser.

destabilizzazione *s.f.* déstabilisation.

destare *v.tr.* 1 réveiller 2 (*fig.*) éveiller; exciter: — *sospetti*, éveiller des soupçons; — *entusiasmo*, exciter l'enthousiasme || — *preoccupazioni*, causer des soucis □ **destarsi** *v.pron.* **1** se réveiller **2** (*fig.*) s'éveiller.

destinare *v.tr.* **1** destiner **2** (*assegnare*) affecter.

destinatario *s.m.* destinataire.

destinazione *s.f.* **1** destination: *con — New York*, à destination de New York **2** (*residenza, ufficio assegnato a un funzionario*) affectation.

destino *s.m.* **1** destin, destinée (*f.*) || *abbandonare qlcu al proprio —*, abandonner qqn à son sort || *era —!*, c'était écrit!; *era — che finisse così*, cela devait finir ainsi **2** (*avvenire*) avenir: *cosa ci riserva il —?*, que nous réserve l'avenir?

destituire (*coniug. come* finire) *v.tr.* destituer, relever* (qqn) de ses fonctions: — *qlcu da un incarico*, destituer qqn de sa charge.

destituzione *s.f.* destitution.

desto *agg.* éveillé || *tener —*, (*fig.*) tenir en éveil || *sogno o son —?*, est-ce que je rêve?

destra *s.f.* **1** (*main*) droite **2** (*lato destro*) droite: *tenere la —*, garder, tenir sa droite.

destreggiarsi (*coniug. come* mangiare) *v.pron.* se débrouiller; (*manovrare*) manœuvrer; (*trarsi d'impaccio*) se tirer d'affaire.

destrezza *s.f.* adresse (*anche fig.*): *giochi di —*, tours d'adresse || (*dir.*) *furto con —*, vol à la tire.

destriero *s.m.* (*letter.*) coursier; (*da battaglia*) destrier.

destrismo *s.m.* **1** dextralité (*f.*) **2** (*pol.*) droitisme; (*politica di destra*) politique de droite.

destro *agg.* **1** droit **2** (*abile*) adroit ♦ *s.m.* **1** occasion (*f.*), opportunité (*f.*) **2** (*sport*) droit **3** (*pol.*) homme de droite.

destrorso *agg.* dextrorsum*, dextrorse: *vite destrorsa*, vis (avec pas) à droite; *conchiglia destrorsa*, coquille dextre || *è un —*, (*scherz.*) c'est quelqu'un qui penche à droite.

destrosio *s.m.* (*chim.*) dextrose.

destrutturare *v.tr.* déstructurer.

destrutturazione *s.f.* déstructuration.

desueto *agg.* désuet*.

desumere (*coniug. come* assumere) *v.tr.* **1** (*dedurre*) déduire*: *donde si desume che*, d'où l'on peut déduire que **2** (*ricavare*) tirer.

desumibile *agg.* qu'on peut déduire: *da ciò è — che*, on peut déduire de cela que.

detassare *v.tr.* détaxer.

detassazione *s.f.* détaxation.

detective (pl. *invar.*) *s.m.* (*agente investigativo*) détective, enquêteur; (*investigatore privato*) détective privé || — *story*, roman policier.

detector (pl. *invar.*) *s.m.* (*tecn.*) détecteur.

deteinato *agg.* déthéiné.

detenere (*coniug. come* tenere) *v.tr.* détenir*.

detentivo *agg.* de détention.

detentore (f. *-trice*) *agg.* e *s.m.* détenteur* || (*dir.*) — *di oggetti rubati*, receleur || (*fin.*) — *di azioni*, porteur d'actions.

detenuto *agg.* e *s.m.* détenu.

detenzione *s.f.* (*dir.*) détention || — *abusiva di armi*, possession illicite d'armes.

detergente *agg.* e *s.m.* détergent || (*latte*) —, (lait) démaquillant.

detergere (*coniug. come* immergere) *v.tr.* essuyer*: *detergersi il sudore dalla fronte*, essuyer la sueur sur son front.

deteriorabile *agg.* périssable.

deterioramento *s.m.* détérioration (*f.*): *soggetto a —*, périssable.

deteriorare *v.tr.* détériorer □ **deteriorarsi** *v.pron.* se détériorer.

deteriore *agg.* inférieur || *nel senso — del termine*, dans le mauvais sens du terme.

determinante *agg.* e *s.m.* déterminant.

determinare *v.tr.* **1** déterminer; (*definire*) définir **2** (*provocare*) provoquer **3** (*decidere*) décider **4** (*indurre*) décider, déterminer.

determinativo *agg.* e *s.m.* déterminatif*.

determinato *agg.* déterminé || *in determinati momenti*, à certains moments; *in determinati giorni*, certains jours.

determinazione *s.f.* détermination || — *dei prezzi*, formation des prix.

determinismo *s.m.* déterminisme.

deterrente *agg.* de dissuasion ♦ *s.m.* force de dissuasion (*anche fig.*): *misura che serve da — a*, mesure de dissuasion contre || — *atomico*, armes nucléaires de dissuasion.

detersivo *agg.* e *s.m.* détergent; (*spec. tecn.*) détersif*.

detestabile *agg.* détestable.

detestare *v.tr.* détester.

detonante *agg.* détonant.

detonare *v.intr.* détoner.

detonatore *s.m.* détonateur.

detonazione *s.f.* détonation.

detraibile *agg.* déductible.

detrarre (*coniug. come* trarre) *v.tr.* déduire*.

detrattore (f. *-trice*) *s.m.* détracteur*.

detrazione *s.f.* déduction, abattement (*m.*): *detrazioni fiscali*, abattements fiscaux, décotes || *in —*, déduit (de).

detrimento *s.m.* dommage, préjudice; (*letter.*) détriment: *a — di*, au détriment de; *recare —*, porter préjudice.

detrito *s.m.* (*spec.pl.*) détritus; (*macerie*) décombres (*pl.*); (*scorie di lavorazione*) déchets (*pl.*) || — *della società*, (*fig.*) rebut de la société.

detronizzare *v.tr.* détrôner.

detta a *locuz.avv.* au dire; (*secondo*) d'après: *a sua —*, d'après lui.

dettagliante *s.m.* détaillant.

dettagliare *v.tr.* détailler.

dettagliatamente *avv.* en détail.

dettaglio *s.m.* détail: *entrare nei dettagli*, entrer dans le détail || (*comm.*) *al —*, au détail; *prezzo al —*, prix de détail.

dettame *s.m.* précepte || *i dettami della ragione*, les lois de la raison; *i dettami della coscienza*, ce que dicte la conscience || *i dettami della moda*, les impératifs de la mode.

diagramma

dettare *v.tr.* dicter (*anche fig.*) || *dettar legge*, (*fig.*) faire la loi || — *le norme*, établir les règles || *agire come dettano le circostanze*, agir comme l'exigent les circonstances.

dettato *s.m.* dictée (*f.*) || (*dir.*): *secondo il — costituzionale*, d'après la Constitution; *il — della legge*, le texte, les dispositions de la loi.

dettatura *s.f.* dictée: *sotto* —, sous la dictée.

detto *agg.* **1** (*chiamato*) dit **2** (*menzionato*) susdit, dit **3** (*stabilito*) fixé ♦ *s.m.* **1** (*parola*) mot: *ogni suo* —, tout ce qu'il dit **2** (*motto*) dicton || *i detti di Socrate*, les paroles de Socrate.

deturpare *v.tr.* **1** défigurer; (*un'opera d'arte*) dégrader **2** (*imbruttire*) gâcher; (*fig.*) souiller.

deturpazione *s.f.* **1** défiguration **2** (*imbruttimento*) enlaidissement (*m.*).

deumidificatore *s.m.* (*tecn.*) déshumidificateur.

deuterio *s.m.* (*chim.*) deutérium.

devastare *v.tr.* dévaster; ravager* (*anche fig.*).

devastatore (f. *-trice*) *agg.* e *s.m.* dévastateur*.

devastazione *s.f.* dévastation || *seminare rovina e* —, semer la ruine et la désolation.

deviante *agg.* déviant.

deviare *v.intr.* dévier, virer: — *a sinistra*, tourner à gauche; — *dalla strada maestra*, sortir de la route principale; — *dalla retta via*, (*fig.*) s'écarter du droit chemin || — *dal filo del discorso*, s'écarter de son sujet ♦ *v.tr.* dévier; (*un corso d'acqua, la corrente elettrica*) détourner; (*fig.*) détourner.

deviatore *s.m.* **1** (*ferr.*) aiguilleur **2** (*elettr.*) commutateur.

deviazione *s.f.* déviation; (*di corso d'acqua, della corrente elettrica*) détournement (*m.*): *per l'incidente ho fatto una* —, j'ai fait un détour à cause de l'accident.

devitalizzare *v.tr.* (*med.*) dévitaliser.

devoluto *agg.* dévolu, affecté.

devoluzione *s.f.* dévolution.

devolvere (*Part. pass.* devoluto) *v.tr.* (*trasmettere*) transmettre*; (*legare*) léguer*; (*destinare*) affecter (à).

devoto *agg.* **1** dévot, pieux*: *essere — a*, avoir une dévotion pour || *in — silenzio*, dans un silence religieux || *in devota preghiera*, dans une prière fervente **2** (*affezionato*) dévoué || *il vostro devotissimo*, (*nelle lettere*) votre très, tout dévoué ♦ *s.m.* dévot.

devozione *s.f.* **1** dévotion || *dire le devozioni*, dire ses prières **2** (*dedizione*) dévouement (*m.*).

di

+art.det. =	*m.sing.*	**del dello dell'**
	m.pl.	**dei degli**
	f.sing.	**della dell'**
	f.pl.	**delle**

prep. **1** de*: *un negozio — via Guardi*, un magasin de la rue Guardi; *la farmacia — via Mazzini 65*, la pharmacie de, rue Mazzini; *ho visitato alcune città della Francia*, j'ai visité quelques villes de France; *visiterà qualche città della Francia del Nord*, il visitera quelques villes de la

France du Nord; *il treno delle dieci*, le train de dix heures; *interesse del 10%*, intérêt de 10%; *una torre — 25 metri*, une tour (haute) de 25 mètres; *un uomo — grande onestà*, un homme d'une grande honnêteté || *il primo* (—) *dicembre*, le premier décembre; *l'ottobre del 1965*, le mois d'octobre 1965; *nel mese — settembre*, au mois de septembre || *il treno — Parigi*, (*in partenza*) le train de Paris; (*in arrivo*) le train venant de Paris || *sono passato — là*, je suis passé par là || *Carlo — Luigi*, Charles, fils de Louis || *mercato dei fiori, del pesce*, marché aux fleurs, aux poissons || *vino* (*vecchio*) — *sette anni*, vin vieux de sept ans **2** (*possesso*) de*; (*col v.* essere) à, (*se indica l'autore*) de: — *chi è questo libro?*, à qui est ce livre?, (*chi ne è l'autore*) de qui est ce livre?; *non so — chi sia questo libro*, je ne sais pas à qui est ce livre; *questa poesia è del Leopardi*, le poème est de Leopardi **3** (*specificazione partitiva*) de*; (+ *pron.pers.*) d'entre: *dei tre romanzi non so quale consigliarti*, des, sur ces trois romans je ne sais pas lequel te conseiller; *due d'entre vous* **4** (*tempo*): — *domenica*, le dimanche; — *settembre*, en septembre; *è arrivato — lunedì*, il est arrivé un lundi **5** (*materia*) de*, en: *statua — bronzo*, statue de, en bronze || *hai una mamma d'oro*, (*fig.*) tu as une maman en or || *frittata — carciofi*, omelette aux artichauts; *minestra — riso*, potage au riz **6** (*nei compar.*) que; (*nei superl. rel.*) de*: *è più studioso — te*, il est plus appliqué que toi; *il più veloce — tutti*, le plus rapide de tous **7** (*si omette davanti all'inf. con i verbi di affermazione, opinione, speranza*): *egli dice — essere innocente*, il dit qu'il est, il se dit innocent; *pensa — aver ragione*, il pense avoir raison **8** (*preceduto da altra prep. in locuzioni prepositive non si traduce*): *prima — voi*, avant vous; *dopo — loro*, après eux, elles; *su — lui*, sur lui.

dì *s.m.* (*giorno*) jour: *notte e* —, jour et nuit; *al* —, par jour.

di- *pref.* di-, bi-

dia- *pref.* dia-

diabete *s.m.* diabète.

diabetico (pl. *-ci*) *agg.* e *s.m.* diabétique.

diabolico (pl. *-ci*) *agg.* diabolique || **-mente** *avv.*

diaconato *s.m.* (*eccl.*) diaconat.

diacono *s.m.* (*eccl.*) diacre.

diade *s.f.* dyade.

diadema *s.m.* diadème.

diafano *agg.* diaphane.

diaframma *s.m.* **1** diaphragme **2** (*parete divisoria*) cloison (*f.*) (*anche fig.*).

diagnosi *s.f.* diagnostic (*m.*): *sbagliare* —, faire une erreur de diagnostic.

diagnostica *s.f.* diagnostic (*m.*).

diagnosticare (*coniug. come* mancare) *v.tr.* diagnostiquer (*anche fig.*).

diagnostico (pl. *-ci*) *agg.* diagnostique.

diagonale *agg.* diagonal* ♦ *s.f.* diagonale || *in* —, *lungo la* —, en diagonale || **-mente** *avv.*

diagramma *s.m.* diagramme: — *a blocchi*, schéma fonctionnel, diagramme par blocs || —

del traffico, courbe du trafic || (*econ.*) — *di gestione*, tableau de bord.

dialettale *agg.* dialectal*: *poesia* —, poésie en dialecte.

dialettica (pl. *-che*) *s.f.* dialectique.

dialettico (pl. *-ci*) *agg.* dialectique ♦ *s.m.* dialecticien*.

dialetto *s.m.* dialecte.

dialettologia *s.f.* dialectologie.

dialisi *s.f.* dialyse.

dializzato *agg.* e *s.m.* dialysé.

dialogare (*coniug. come* legare) *v.intr.* dialoguer || *le parti dialogate di un romanzo*, les dialogues d'un roman.

dialogista *s.m.* dialoguiste.

dialogo (pl. *-ghi*) *s.m.* dialogue || *tra loro non c'è* —, il n'y a pas d'entente entre eux; *ha un bel — con i genitori*, il s'entend bien avec ses parents.

diamante *s.m.* **1** diamant **2** (*baseball*) petit champ.

diamantifero *agg.* diamantifère.

diametrale *agg.* diamétral* || **-mente** *avv.*

diametro *s.m.* diamètre.

diamine *inter.* (*fam.*) diable!, diantre!

dianzi *avv.* tout à l'heure, tantôt.

diapason *s.m.* diapason || *giungere al* —, (*fig.*) atteindre son paroxysme.

diapositiva *s.f.* diapositive; (*fam.*) diapo.

diarchia *s.f.* dyarchie.

diaria *s.f.* indemnité journalière.

diario *s.m.* journal* || — *scolastico*, cahier de textes.

diarrea *s.f.* (*med.*) diarrhée.

diaspora *s.f.* diaspora.

diaspro *s.m.* (*min.*) jaspe.

diastole *s.f.* (*med.*) diastole.

diatonico (pl. *-ci*) *agg.* (*mus.*) diatonique.

diatriba *s.f.* diatribe.

diavola, alla *locuz.avv.* (*cuc.*) *pollo alla* —, poulet à la diable.

diavoleria *s.f.* **1** diablerie **2** (*fam.*) (*coso*) machin (*m.*), truc (*m.*).

diavolessa *s.f.* diablesse.

diavoletto *s.m.* (*bambino vivace*) diablotin, petit diable.

diavolo *s.m.* diable || *è un buon* —, *un povero* —, c'est un brave type, un pauvre diable || *furbo come il* —, malin comme un singe || *un freddo, una fame del* —, un froid, une faim de tous les diables; *avere una furia, una fretta del* —, être diablement pressé || *avere il — in corpo, addosso*, avoir le diable au corps; *avere un — per capello*, être hors de soi || *abitare a casa del* —, habiter au diable (vauvert) || *ne sa una più del* —, il a plus d'un tour dans son sac || *fare la parte del* —, *fare l'avvocato del* —, se faire l'avocat du diable || *il — se lo porti!*, que le diable l'emporte!; *va' al* —, au diable; *dove — l'hai cacciato?*, où diable l'as-tu fourré? || *il — ci ha messo la coda, lo zampino, le corna*, le diable s'en est mêlé || *non è poi il* —, ce n'est pas la mer à boire || *essere come il — e l'acqua santa*, être comme chien et chat.

dibattere (*coniug. come* battere) *v.tr.* débattre*: — *questione dibattuta*, question controversée □ **dibattersi** *v.pron.* se débattre* (*anche fig.*).

dibattimento *s.m.* **1** débat, discussion (*f.*) **2** (*dir.*) débats (*pl.*).

dibattito *s.m.* débat || — *televisivo*, émission-débat; *giornata di* —, journée-débat.

diboscamento *s.m.* déboisement.

diboscare (*coniug. come* mancare) *v.tr.* déboiser.

dicastero *s.m.* ministère.

dicembre *s.m.* décembre.

diceria *s.f.* racontar (*m.*) || *vi sono state molte dicerie sul suo conto*, on a raconté beaucoup de choses sur son compte.

dichiarante *s.m.* (*dir.*) déclarant.

dichiarare *v.tr.* **1** déclarer: *dichiara di averlo appena conosciuto*, il déclare qu'il vient de faire sa connaissance; *il testimone dichiarò di non conoscere l'imputato*, le témoin déclara ne pas connaître l'accusé; *vi dichiaro in arresto!*, au nom de la loi, je vous arrête! || — *le proprie generalità*, décliner son identité || (*al bridge*) — *le proprie carte*, annoncer ses cartes **2** (*proclamare*) proclamer: — *vincitore*, proclamer vainqueur □ **dichiararsi** *v.pron.* **1** se déclarer **2** (*proclamarsi*) se proclamer: — *innocente*, se proclamer innocent, proclamer son innocence.

dichiaratamente *avv.* ouvertement.

dichiarativo *agg.* déclaratif*.

dichiarazione *s.f.* **1** déclaration: — *bancaria*, déclaration, état bancaire; — *dei redditi*, déclaration d'impôts **2** (*al bridge*) annonce.

diciannove *agg.num.card.* e *s.m.* dix-neuf.

diciannovenne *agg.* (âgé) de dix-neuf ans ♦ *s.m.* e *f.* jeune homme (âgé), jeune fille (âgée) de dix-neuf ans.

diciannovesimo *agg.num.ord.* e *s.m.* dix-neuvième; (*nella progressione di re, papi, capitoli ecc.*) dix-neuf.

diciassette *agg.num.card.* e *s.m.* dix-sept.

diciassettenne *agg.* (âgé) de dix-sept ans ♦ *s.m.* e *f.* jeune homme (âgé), jeune fille (âgée) de dix-sept ans.

diciassettesimo *agg.num.ord.* e *s.m.* dix-septième; (*nella progressione di re, papi, capitoli ecc.*) dix-sept.

diciottenne *agg.* (âgé) de dix-huit ans ♦ *s.m.* e *f.* jeune homme (âgé), jeune fille (âgée) de dix-huit ans.

diciottesimo *agg.num.ord.* e *s.m.* dix-huitième; (*nella progressione di re, papi, capitoli ecc.*) dix-huit.

diciotto *agg.num.card.* e *s.m.* dix-huit.

dicitore *s.m.* diseur*.

dicitura *s.f.* légende.

dicotomia *s.f.* dichotomie.

didascalia *s.f.* **1** légende **2** (*cine.*) sous-titre* (*m.*) **3** (*teatr.*) avertissement (*m.*).

didascalico (pl. *-ci*) *agg.* didactique.

didattica (pl. *-che*) *s.f.* didactique.

didattico (pl. *-ci*) *agg.* didactique || *direttore* —, directeur (d'école primaire) || **-mente** *avv.*

didentro, di dentro *avv.* à l'intérieur || *passare* —, (*dalla parte interna*) passer par l'intérieur, par le dedans; *gridò a quelli* —, il cria à ceux qui étaient à l'intérieur ♦ *s.m.* e *agg.* intérieur.

didietro, di dietro *s.m.invar.* **1** derrière; (*che è posto dopo*) arrière: *il* — *di un armadio*, le derrière d'une armoire; *il* — *di un'automobile*, l'arrière d'une voiture || *il* — *di un vestito, di una camicia*, le dos d'une robe, d'une chemise || *visto dal* —, vu de derrière, (*spec. di persona*) vu de dos **2** (*fam.*) (*sedere*) derrière ♦ *agg.* (*posteriore*) de derrière, arrière: *le zampe* —, les pattes de derrière; *i sedili* —, (*di una macchina*) les sièges arrière; *la tasca* —, (*dei pantaloni*) la poche de derrière, la poche revolver || *le file* —, les derniers rangs ♦ *avv.* (*fam.*) → dietro.

dieci *agg.num.card.* e *s.m.* dix.

diecimila *agg.num.card.* e *s.m.* dix mille ♦ *s.m.* (pl. *f.*) (billet de) dix mille lires.

diedro *agg.* e *s.m.* (*mat.*) dièdre.

dieresi *s.f.* diérèse.

diesel (pl. *invar.*) *agg.* e *s.m.* diesel.

diesis *s.m.* (*mus.*) dièse.

dieta[1] *s.f.* (*astinenza da certi cibi*) diète; (*regime alimentare*) régime (*m.*): — *dimagrante*, régime amaigrissant; *essere, mettere a* —, être, mettre à la diète (*o* au régime).

dieta[2] *s.f.* (*pol.*) diète.

dietetica *s.f.* diététique.

dietetico (pl. *-ci*) *agg.* diététique.

dietologo (pl. *-gi*) *s.m.* diététicien*.

dietro *avv.* derrière; (*nella parte posteriore*) à l'arrière: *qua, qui* —, ici derrière; *là* —, là derrière; *è* —, *non voltarti*, il est derrière (nous), ne te retourne pas; *si rivolse a quelli* (*di*) — *e disse...*, il s'adressa à ceux qui étaient derrière lui et il dit...; *sedersi* (*di*) — (*in macchina*), s'asseoir à l'arrière (d'une voiture); *passare da* —, passer par derrière; *visto di, da* —, vu de derrière, (*di persona*) vu de dos || *quest'abito si allaccia* —, cette robe se boutonne dans le dos ♦ *prep.* (*anche seguita da a e di*) **1** derrière; (*dopo*) après: *chiudere la porta* — *di sé*, fermer la porte derrière soi; *in fila uno* — *l'altro*, en rang l'un après l'autre; *leggere un libro* — *l'altro*, lire les livres, les uns après les autres || *andare, stare* — *a qlcu, a qlco*, suivre qqn, qqch || *portarsi* — *qlcu, qlco*, emmener qqn, emporter qqch **2** (*comm.*) sur; contre: — *domanda*, sur demande; — *versamento, pagamento*, contre versement, contre paiement ♦ *agg.* e *s.m.* → didietro.

dietrofront *s.m.* e *inter.* demi-tour*.

difatti *cong.* → **infatti**.

difendere (*coniug. come prendere*) *v.tr.* **1** défendre*: — *a spada tratta*, défendre l'arme au poing **2** (*proteggere, preservare*) protéger* (contre): — *dal freddo*, protéger du, contre le froid □ **difendersi** *v.pron.* se défendre* (contre): — *dai nemici*, se défendre contre ses ennemis; — *dal caldo*, se défendre, se protéger contre, de la chaleur || *si difende*, (*se la cava*) il se défend.

difendibile *agg.* défendable.

difensiva *s.f.* défensive.

difensivo *agg.* défensif*.

difensore *s.m.* défenseur || *avvocato* —, défenseur.

difesa *s.f.* **1** défense: *prendere le difese di qlcu*, prendre la défense de qqn || *accingersi alla* — *di qlcu, qlco*, se préparer à défendre qqn, qqch || *parlare in* — *di*, parler en faveur de; *combattere in* — *di qlcu, qlco*, combattre pour défendre qqn, qqch; *schierarsi in* — *di*, se battre pour; *non ho nulla da dire a mia* —, je n'ai rien à dire pour ma défense; *disporre le truppe a* — *del ponte*, disposer les troupes pour défendre le pont || (*dir.*) *teste a* —, témoin à décharge **2** (*parole, scritto di difesa*) défense, plaidoyer (*m.*) || (*dir.*) (*arringa di*) —, plaidoyer.

difeso *agg.* **1** défendu; (*protetto*) protégé, à l'abri **2** (*fortificato*) fortifié.

difettare *v.intr.* manquer: *difetta di mezzi finanziari*, il manque de moyens financiers, les moyens financiers lui font défaut || *l'organizzazione difettava sul piano operativo*, l'organisation n'était pas satisfaisante sur le plan opérationnel.

difettato *agg.* qui présente des défauts.

difettivo *agg.* défectif*.

difetto *s.m.* **1** défaut: — *di nascita, di conformazione*, défaut congénital, vice de conformation **2** (*colpa*) faute (*f.*): *essere in* —, être en faute, dans son tort **3** (*mancanza*) défaut, manque || *far* —, faire défaut; *non gli fa* —..., il ne manque pas de...

difettosamente *avv.* défectueusement.

difettoso *agg.* défectueux*; (*imperfetto*) imparfait; (*mal fatto*) mal fait.

diffamare *v.tr.* diffamer.

diffamatore (f. *-trice*) *s.m.* diffamateur*.

diffamatorio *agg.* diffamatoire.

diffamazione *s.f.* diffamation: — *a mezzo stampa*, diffamation par voie de presse.

differente *agg.* différent: *differenti di colore*, de couleurs différentes.

differentemente *avv.* différemment || — *da*, autrement que.

differenza *s.f.* différence: *c'è una* — *di qualche anno*, il y a quelques années de différence; *non fare* —, ne pas faire de différence; *non ci trovo* —, je n'y vois aucune différence || *questo fa* —, cela fait la différence; *per me non fa* —, cela m'est égal || *a* — *di*, à la différence de; *con la* — *che*, avec cette différence que.

differenziale *agg.* différentiel* ♦ *s.m.* **1** différentiel **2** (*estens.*) différence (*f.*).

differenziare *v.tr.* **1** différencier; (*distinguere*) distinguer **2** (*diversificare*) diversifier □ **differenziarsi** *v.pron.* **1** se différencier; — *nelle idee*, différer dans les idées; *si differenzia dagli altri*, il se distingue des autres **2** (*diversificarsi*) se diversifier.

differenziato *agg.* différencié; (*diversificato*) diversifié.

differenziatore (f. *-trice*) *agg.* différenciateur*.

differenziazione *s.f.* différenciation; (*distinzione*) distinction; (*diversificazione*) diversification.

differibile *agg.* qui peut être renvoyé; (*di pagamenti ecc.*) qui peut être différé.

differimento *s.m.* renvoi.

differire (*coniug. come* finire) *v.tr.* renvoyer*; (*spec. pagamenti*) différer* ♦ *v.intr.* différer*.

differita *s.f.* (*rad., tv*) (émission en) différé.

differito *agg.* différé: *scadenza differita*, échéance prolongée, ajournée.

difficile *agg.* 1 difficile: *di — lettura*, difficile à lire; *è — crederti*, il est difficile de te croire; *è — nel mangiare*, (*fam.*) il est difficile sur la nourriture; *viviamo in tempi difficili*, nous vivons des temps difficiles 2 (*improbabile*) peu probable; (*raro*) rare: *è — che venga*, il est peu probable qu'il vienne; *non è — che*, il est probable que; *è — che io esca di sera*, il est rare que je sorte le soir ♦ *s.m.* difficile.

difficilmente *avv.* 1 difficilement 2 (*con scarsa probabilità*) probablement pas: *un'occasione che — si presenterà ancora*, une occasion qui ne se présentera probablement plus 3 (*raramente*) rarement.

difficoltà *s.f.* difficulté: *fare —*, faire des difficultés; *la — sta nel fatto che...*, la difficulté est que...; *ha — di pronunzia*, il prononce mal || *essere in —*, être en difficulté, dans l'embarras, (*in ristrettezze*) avoir des embarras d'argent.

difficoltoso *agg.* difficile.

diffida *s.f.* 1 (*dir.*) sommation (de), intimation (à) || *pubblicare una —*, publier un arrêt 2 (*estens.*) avertissement (*m.*) || *— (di pagamento)*, mise en demeure (de payer).

diffidare *v.intr.* se méfier: *mia madre ha sempre diffidato di lui*, ma mère s'est toujours méfiée de lui ♦ *v.tr.* 1 (*dir.*) sommer: *lo diffidarono dal lasciare la città*, on le somme, on lui intima de ne pas quitter la ville 2 *— qlcu a pagare*, mettre qqn en demeure (de payer).

diffidente *agg.* méfiant, défiant.

diffidenza *s.f.* méfiance.

diffondere (*coniug. come* fondere) *v.tr.* diffuser, répandre*; (*propagare*) propager*; (*divulgare*) divulguer: *notizia diffusa dalla radio*, nouvelle diffusée par la radio; *— il contagio*, propager l'épidémie □ **diffondersi** *v.pron.* 1 se répandre*; (*propagarsi*) se propager*: *la notizia si diffuse velocemente*, la nouvelle se répandit rapidement 2 (*dilungarsi*) s'étendre*: *— nei particolari*, s'étendre sur les détails || *— in chiacchiere*, se perdre en bavardages.

difforme *agg.* non conforme (à).

difformità *s.f.* différence.

diffrazione *s.f.* diffraction.

diffusamente *avv.* diffusément; (*con abbondanza di dettagli*) avec force détails.

diffusione *s.f.* diffusion.

diffuso *agg.* 1 diffus 2 (*di notizia, opinione, uso*) répandu: *è opinione diffusa (che)...*, (c'est) de l'avis général (que)... 3 (*di mezzo di informazione, prodotto*) qui a une grande diffusion.

diffusore *s.m.* 1 diffuseur 2 — (*acustico*), (*impianto stereofonico*) enceinte (acoustique).

difilato *avv.* (*di seguito*) d'affilée: *dodici ore —*, douze heures d'affilée ♦ *avv. e agg.* (*velocemente*) tout de suite; (*direttamente*) tout droit.

difronte (a), di fronte (a) *avv., agg. e locuz.prep.* → **dirimpetto (a)**.

difterico (pl. -*ci*) *agg.* (*med.*) diphtérique.

difterite *s.f.* (*med.*) diphtérie.

diga (pl. -*ghe*) *s.f.* 1 barrage (*m.*) 2 (*argine contro il mare*) digue || *— foranea*, jetée 3 (*fig.*) (*freno*) frein (*m.*).

digerente *agg.*: *apparato, tubo —*, appareil, tube digestif.

digeribile *agg.* 1 digestible 2 *difficilmente —*, (*fig.*) difficile à digérer.

digerire (*coniug. come* finire) *v.tr.* digérer* (*anche fig.*): *— i sassi*, digérer des pierres || *non posso digerirlo*, je ne peux pas le souffrir.

digestione *s.f.* digestion: *difficoltà di —*, troubles de la digestion || *mi ha guastato la —*, (*fig.*) cela m'est resté sur l'estomac.

digestivo *agg. e s.m.* digestif*.

digià, di già *avv.* → **già**.

digitale[1] *agg.* digital*.

digitale[2] *agg.* (*numerico*) numérique, digital*: *orologio (da polso) —*, montre numérique.

digitale[3] *s.f.* (*bot.*) digitale.

digitalina *s.f.* digitaline.

digitalizzare *v.tr.* (*inform.*) digitaliser.

digitare *v.tr.* 1 (*inform.*) frapper (sur le clavier); (*introdurre dati a computer*) introduire* 2 (*estens.*) (*comporre su una tastiera*) composer.

digitigrado *agg.* (*zool.*) digitigrade.

digiunare *v.intr.* jeûner: *far —*, mettre au jeûne.

digiunatore *s.m.* jeûneur*.

digiuno[1] *agg.* à jeun || *è — di latino*, il ne connaît pas le latin.

digiuno[2] *s.m.* jeûne: *fare —*, jeûner || *a —*, à jeun || *essere a — di notizie*, manquer de nouvelles.

dignità *s.f.* dignité.

dignitario *s.m.* dignitaire.

dignitosamente *avv.* avec dignité; (*decentemente, decorosamente*) décemment.

dignitoso *agg.* 1 (*di persona*) digne 2 (*di cosa*) décent, convenable.

digradare *v.intr.* 1 descendre* (en pente douce) 2 (*di suono, luce*) s'estomper; (*di colore*) se dégrader.

digressione *s.f.* digression.

digrignare *v.tr.*: *— i denti*, grincer des dents.

dilagare (*coniug. come* legare) *v.intr.* se répandre*, se propager*; (*dilagare in*) envahir (qqch).

dilaniare *v.tr.* 1 déchiqueter*; (*di belve*) déchirer 2 (*fig.*) déchirer.

dilapidare *v.tr.* dilapider.

dilapidatore *s.m.* dilapidateur*.

dilapidazione *s.f.* dilapidation.

dilatabile *agg.* dilatable.

dilatare *v.tr.* 1 dilater 2 (*fig.*) (*sviluppare*) étendre* □ **dilatarsi** *v.pron.* se dilater (*anche fig.*).

dilatatore (f. -*trice*) *agg. e s.m.* dilatateur*.

diminuzione

dilatazione *s.f.* dilatation.

dilatorio *agg.* dilatoire.

dilavamento *s.m.* érosion (produite par l'eau).

dilavare *v.tr.* **1** (*geol.*) éroder **2** (*scolorire*) délaver.

dilavato *agg.* **1** (*geol.*) érodé (par l'eau) **2** (*scolorito*) délavé.

dilazionabile *agg.* qui peut être différé; (*scaglionabile nel tempo*) qui peut être échelonné (sur).

dilazionare *v.tr.* différer*; (*scaglionare nel tempo*) échelonner (sur).

dilazione *s.f.* délai (*m.*); (*scaglionamento nel tempo*) échelonnement (*m.*).

dileggiare (*coniug. come* mangiare) *v.tr.* (*letter.*) tourner en dérision.

dileggio *s.m.* dérision (*f.*).

dileguare *v.tr.* dissiper ♦ *v.intr.* s'évanouir □ **dileguarsi** *v.pron.* (*sparire*) disparaître*; (*diradarsi*) se dissiper; (*svanire*) s'évanouir; (*di suono*) se perdre* || — *tra la folla*, disparaître dans la foule.

dilemma *s.m.* dilemme || *i corni del —*, les termes du dilemme.

dilettante *agg. e s.m.* amateur*: *da —*, en amateur; *un — di musica, un musicista —*, un musicien amateur || *un — della politica*, un dilettante de la politique || *non sei che un —*, tu n'es qu'un débutant; *è un gioco da dilettanti*, c'est un jeu d'enfant.

dilettantesco (pl. *-chi*) *agg.* d'amateur || *interesse —*, intérêt superficiel || *recitare in modo —*, jouer comme un débutant.

dilettantismo *s.m.* **1** dilettantisme; (*spreg.*) amateurisme **2** (*sport*) amateurisme.

dilettantistico (pl. *-ci*) *agg.* d'amateur, fait en amateur.

dilettare *v.tr.* réjouir; (*divertire*) amuser □ **dilettarsi** *v.pron.* **1** se délecter (à), se plaire* (à) **2** (*fare qlco da dilettante*) faire* (qqch) en amateur || *mi diletto di cinema*, je fais du cinéma en dilettante.

dilettevole *agg. e s.m.* agréable: *unire l'utile al —*, joindre l'utile à l'agréable.

diletto[1] *agg. e s.m.* bien-aimé*: *figlia mia diletta*, mon enfant bien-aimée, ma chère enfant.

diletto[2] *s.m.* plaisir: *per —*, pour le plaisir; *con — di tutti*, pour le plaisir de tous.

diligente *agg.* **1** (*di persona*) scrupuleux*, consciencieux*; (*di studente*) appliqué || *è solo un esecutore —*, il n'est qu'un exécutant zélé **2** (*di cosa*) soigné.

diligentemente *avv.* **1** diligemment **2** (*accuratamente*) soigneusement.

diligenza[1] *s.f.* application; (*accuratezza*) soin (*m.*).

diligenza[2] *s.f.* (*carrozza*) diligence.

diluente *agg. e s.m.* diluant.

diluire (*coniug. come* finire) *v.tr.* diluer; (*una sostanza solida o in polvere*) délayer*: — *con acqua, in acqua*, délayer à l'eau, dans l'eau || — *una salsa con del brodo*, allonger une sauce avec du bouillon.

diluizione *s.f.* dilution; (*di sostanza solida o in polvere*) délayage (*m.*).

dilungarsi (*coniug. come* legare) *v.pron.* s'étendre*; (*soffermarsi*) s'attarder: *non dilungarti troppo* (*sull'argomento*), ne t'étends pas trop sur ce sujet, là-dessus; *non voglio dilungarmi oltre*, je ne veux pas m'étendre davantage || — *in chiacchiere*, se perdre en bavardages.

diluviare *v.intr.* **1** (*impers.*) pleuvoir* à verse **2** (*fig.*) pleuvoir*.

diluvio *s.m.* déluge (*anche fig.*): *con, sotto questo —*, sous ce déluge.

dimagramento *s.m.* amaigrissement.

dimagrante *agg.* amaigrissant: *cura —*, traitement amaigrissant, cure d'amaigrissement.

dimagrimento *s.m.* amaigrissement.

dimagrire (*coniug. come* finire) *v.intr.* maigrir: *è molto dimagrita*, elle a beaucoup maigri ♦ *v.tr.* **1** maigrir, amaigrir **2** (*far sembrare più magro*) amincir.

dimenare *v.tr.* agiter || — *la coda*, (*del cane*) remuer la queue || — *i fianchi*, se dandiner □ **dimenarsi** *v.pron.* se démener*, s'agiter; — *come un pazzo*, se démener comme un beau diable.

dimenio *s.m.* remuement.

dimensione *s.f.* dimension || (*fig.*) *di vaste dimensioni*, de grande envergure.

dimenticanza *s.f.* oubli (*m.*); (*svista*) omission.

dimenticare *v.tr.*, **dimenticarsi** (*coniug. come* mancare) *v.pron.* oublier: *mi sono dimenticato di...*, j'ai oublié de...; *me ne sono completamente dimenticata*, je l'ai complètement oublié.

dimenticatoio *s.m.*: *mettere nel —*, jeter aux oubliettes.

dimentico (pl. *-chi*) *agg.* (*letter.*) oublieux*.

dimessamente *avv.* (*modestamente*) modestement; (*umilmente*) humblement.

dimesso *agg.* modeste, humble.

dimestichezza *s.f.* familiarité || *avere — con qlcu*, avoir des rapports de familiarité avec qqn; *avere — con i gatti*, savoir y faire aver les chats; *non ho molta — con l'elettronica*, je ne m'y connais guère en électronique.

dimettere (*coniug. come* mettere) *v.tr.* **1** (*da un luogo di cura*) laisser sortir; (*essere dimesso*) sortir* **2** (*dal carcere*) relâcher **3** (*esonerare da un incarico*) congédier □ **dimettersi** *v.pron.* démissionner: *si è dimesso*, il a démissionné.

dimezzare *v.tr.* partager* en deux; (*tagliare a metà*) couper en deux **2** (*ridurre a metà*) réduire* de moitié □ **dimezzarsi** *v.pron.* se réduire* de moitié.

dimezzato *agg.* **1** partagé en deux; (*tagliato in due*) coupé en deux **2** (*ridotto a metà*) réduit de moitié.

diminuire (*coniug. come* finire) *v.tr.* diminuer (*anche fig.*) ♦ *v.intr.* **1** diminuer (*anche fig.*); baisser || — *di peso*, perdre du poids **2** (*dimagrire*) maigrir: *sono diminuito di due chili*, j'ai maigri de deux kilos.

diminutivo *agg. e s.m.* diminutif*.

diminuzione *s.f.* diminution; (*calo*) baisse: *la*

dimissionare   790

temperatura è in —, la température est en baisse
|| — *di imposte*, dégrèvement d'impôts || — *del ti-
tolo della moneta*, abaissement du titre de la
monnaie.

dimissionare *v.tr.* démissionner: *il direttore è
stato dimissionato*, (*iron.*) on a démissionné, renvoyé le directeur.

dimissionario *agg.* démissionnaire.

dimissione *s.f.* **1** (*spec.pl.*) démission: *dare, rassegnare, presentare le dimissioni*, donner sa
démission **2** (*di un degente*) autorisation de sortie (d'hôpital).

dimora *s.f.* **1** domicile (*m.*): *senza fissa* —, sans
domicile fixe || *mettere a* — *un albero*, planter un
arbre **2** (*il dimorare*) séjour (*m.*).

dimorare *v.intr.* demeurer.

dimostrabile *agg.* démontrable.

dimostrante *s.m.* manifestant.

dimostrare *v.tr.* **1** (*manifestare*) montrer; (*l'età,
gli anni*) paraître*; (*provare*) prouver: *dimostra
più, meno della sua età*, il fait plus, moins que son
âge; *non dimostra la sua età*, elle fait plus jeune
que son âge || — *amicizia per qlcu*, témoigner de
l'amitié pour qqn **2** (*provare come vero*) démontrer: *come volevasi* —, ce qu'il fallait démontrer ♦
v.intr. manifester ☐ **dimostrarsi** *v.pron.* se montrer; (*rivelarsi*) se révéler*.

dimostrativo *agg.* démonstratif* || *a puro scopo*
—, uniquement pour l'exemple || *azione dimo-
strativa*, (action de) démonstration.

dimostrato *agg.* avéré: *è* —*che...*, il est avéré que...

dimostratore (f. *-trice*) *s.m.* démonstrateur*.

dimostrazione *s.f.* **1** démonstration; (*prova*)
preuve: *è la* — *che*, c'est la preuve que **2** (*manifestazione pubblica*) manifestation.

dinamica (pl. *-che*) *s.f.* dynamique; (*sviluppo*)
déroulement (*m.*) || *le dinamiche sociali*, les com-
portements sociaux || *la* — *delle importazioni ed
esportazioni*, le mouvement des importations et
des exportations.

dinamicità *s.f.* (*spec.fig.*) dynamisme (*m.*).

dinamico (pl. *-ci*) *agg.* dynamique || **-mente** *avv.*

dinamismo *s.m.* dynamisme.

dinamitardo *agg.* à la dynamite ♦ *s.m.* dynamiteur*.

dinamite *s.f.* dynamite: *far saltare con la* —, faire
sauter à la dynamite.

dinamo (pl. *invar.*) *s.f.* dynamo.

dinamometro *s.m.* (*fis.*) dynamomètre.

dinanzi *avv.* → **davanti**.

dinastia *s.f.* dynastie.

dinastico (pl. *-ci*) *agg.* dynastique.

din don *onom.* ding dong.

diniego (pl. *-ghi*) *s.m.* refus.

dinnanzi *avv. e prep.* → **davanti**.

dinoccolato *agg.* dégingandé.

dinosauro *s.m.* dinosaure.

dintorni *s.m.pl.* environs, alentours: *nei* — *di*,
aux environs de.

dintorno, d'intorno *avv.* tout autour, alentour ||
levati —, ôte-toi de là ☐ **d'intorno (a)** *locuz.prep.*
autour de.

dio (pl. *dei*) *s.m.* **1** dieu* || *si crede un* —, il se
croit sorti de la cuisse de Jupiter || *da* —, (*fam.*)
divinement **2** *Dio*, Dieu || *Dio Padre*, Dieu le
Père || *la casa di Dio*, la maison du Seigneur; *esse-
re in grazia di* —, être en état de grâce || *piove che
— la manda!*, il pleut des hallebardes || *è un lavo-
ro fatto un po' come* — *vuole*, ce travail est fait à la
va comme je te pousse; *come* — *volle arrivammo
a destinazione*, finalement nous arrivâmes à
destination || *com'è vero* — ..., aussi vrai que
Dieu existe... || *se* — *vuole, tutto è finito*, Dieu
merci, tout est fini || *che* — *ce la mandi buona!*,
que le ciel nous assiste || *ringraziando* —, *grazie a*
—, grâce à Dieu || *per* —!, tonnerre de Dieu!

diocesano *agg.* diocésain.

diocesi *s.f.* diocèse (*m.*).

diodo *s.m.* (*elettr.*) diode (*f.*).

dionisiaco (pl. *-ci*) *agg.* dionysiaque.

diossina *s.f.* (*chim.*) dioxine.

diottria *s.f.* dioptrie.

dipanare *v.tr.* dévider; (*fig.*) démêler, débrouiller.

dipartimentale *agg.* départemental*.

dipartimento *s.m.* **1** département **2** (*in università*) UFR (Unité de Formation et de Recherche).

dipartirsi *v.pron.* (*di strada*) commencer*,
partir*: *una rete di autostrade si diparte da Parigi*, un réseau d'autoroutes rayonne (à partir) de
Paris.

dipartita *s.f.* (*letter.*) **1** départ (*m.*) **2** (*morte*)
trépas (*m.*).

dipendente *agg.* dépendant || (*gramm.*) *proposi-
zione* —, proposition subordonnée || *lavoratore*
—, travailleur salarié ♦ *s.m.* salarié; (*impiegato*)
employé; (*subordinato*) subordonné || — *pubbli-
co*, fonctionnaire public.

dipendenza *s.f.* **1** dépendance: *sostanza che dà*
—, substance qui crée une dépendance || *le di-
pendenze di qlcu*, sous la dépendance de qqn; *lavora alle dipendenze di un avvocato*, il travaille
pour un avocat; *il signor X lavora alle nostre di-
pendenze*, Monsieur X est à notre service || *ha
cento operai alle sue dipendenze*, il a cent ouvriers
sous ses ordres || *in* — *di ciò*, par conséquent **2**
(*edificio annesso*) dépendance.

dipendere (*coniug. come* prendere) *v.intr.*
dépendre* || *il ritardo è dipeso dal cattivo tem-
po*, le retard est dû au mauvais temps || *dipen-
de da me, da te ecc.*, cela dépend de moi, de toi,
etc.

dipingere (*coniug. come* spingere) *v. tr.* peindre*
(*anche fig.*): — *di rosso*, peindre en rouge || *dipin-
gersi le labbra*, se mettre du rouge à lèvres ☐ **dipingersi** *v.pron.* se peindre*; (*truccarsi*) se maquiller, se farder.

dipinto *agg.* peint: — *di fresco*, fraîchement peint
|| *non lo posso vedere neanche* —, je ne peux pas le
voir, même en peinture || *non ci andrei neanche*
—, il faudrait me payer pour que j'y aille ♦ *s.m.*
peinture (*f.*), tableau*.

diploma *s.m.* diplôme.

dirigenza

diplomare *v.tr.* diplômer □ **diplomarsi** *v.pron.* obtenir* un diplôme.

diplomatica *s.f.* diplomatique.

diplomaticamente *avv.* diplomatiquement (*anche fig.*).

diplomatico (pl. *-ci*) *agg.* diplomatique; (*fig.*) (*di persona*) diplomate; (*di modi, atti ecc.*) diplomatique ♦ *s.m.* diplomate: *è un brillante* —, c'est un diplomate brillant.

diplomato *agg.* e *s.m.* diplômé.

diplomazia *s.f.* diplomatie.

diporto *s.m.* plaisir: *viaggiare per* —, faire un voyage d'agrément ‖ *imbarcazione da* —, bateau de plaisance.

diradamento *s.m.* dispersion (*f.*), dissipation (*f.*): — *della nebbia*, dissipation du brouillard.

diradare *v.tr.* **1** dissiper ‖ — *un bosco*, éclaircir un bois **2** (*nel tempo*) espacer*: — *le visite*, espacer ses visites □ **diradarsi** *v.pron.* **1** s'éclaircir; (*disperdersi*) se disperser **2** (*nel tempo*) s'espacer*.

diramare *v.tr.* diffuser ‖ — *una circolare*, adresser une circulaire ‖ — *un ordine*, transmettre un ordre ‖ — *degli inviti*, envoyer des invitations □ **diramarsi** *v.pron.* **1** (*ramificarsi*) se ramifier; (*di strade, di fiumi ecc.*) partir* **2** (*diffondersi*) se répandre*.

diramazione *s.f.* **1** embranchement (*m.*) **2** (*diffusione*) diffusion.

dire[1] (*Indic.pres.* io dico ecc., noi diciamo, voi dite, essi dicono; *pass.rem.* io dissi, tu dicesti. *Cong.pres.* che io dica ecc., che noi diciamo, che voi diciate, che essi dicano. *Imp.* dì *o* di', dite. *Part.pass.* detto) *v.tr.* dire*: *ha detto che sarebbe ritornato*, il a dit qu'il reviendrait; *digli che venga*, dis-lui de venir; *così dicendo*, en disant ces mots, ce disant; *senza — una parola*, sans mot dire ‖ — *bene, male di qlcu*, dire du bien, du mal de qqn ‖ *non è ancora detta l'ultima parola*, tout n'est pas encore dit ‖ *dici sul serio?, dici davvero?*, tu parles sérieusement? ‖ — *di sì, di no*, dire (que) oui, (que) non; *non dico di no*, je ne le nie pas ‖ *tanto vale — che...*, autant dire que... ‖ *che ne direste di andare al cinema?*, ça vous dirait d'aller au cinéma? ‖ *secondo quel che dicono gli esperti*, au dire des experts ‖ *come si dice in francese?*, comment dit-on en français? ‖ *lo stesso dicasi per...*, il en est de même de... ‖ *quante me ne ha dette!*, qu'est-ce qu'il ne m'a pas dit! ‖ *a dirla schietta*, pour parler franchement ‖ *come si suol* —, comme on dit ‖ *a — il vero*, à vrai dire ‖ *si fa tanto per* —, histoire de parler ‖ *detto tra noi*, entre nous ‖ *detto fatto*, aussitôt dit, aussitôt fait ‖ *di', ti ascolto*, vas-y, je t'écoute ‖ *si fa presto a* —!, c'est vite dit! ‖ *lasciami* —!, laisse-moi parler! ‖ *di' un po'!*, dis donc! ‖ *dico a voi!*, c'est à vous que je parle! ‖ *come sarebbe a* —?, qu'est-ce à dire? ‖ *vale a* —, c'est-à-dire ‖ *non occorre dirlo*, cela va sans dire ‖ *volevo ben* —!, je l'avais bien dit! ‖ *non l'avrei mai detto!*, je ne l'aurais jamais cru!; *chi l'avrebbe mai detto!*, qui l'eût dit! ‖ *ho speso un milione e dico poco!*, j'ai dépensé pour le moins un million! ‖ *c'è*

poco da —, il n'y a pas grand chose à dire ‖ *ha sempre qualche cosa da — su tutti*, il trouve toujours à redire sur tout le monde ‖ *vuol — la sua su ogni cosa*, il a toujours son mot à dire ‖ *tanto disse e tanto fece che...*, il fit tant et si bien qu'à la fin... ‖ *in men che non si dica*, en moins de temps qu'il n'en faut pour le dire ‖ *vuol — che andrò io*, eh bien, j'irai moi-même □ **dirsi** *v.pron.* se dire*: *si diceva mio amico*, il se disait mon ami, il prétendait être mon ami.

dire[2] *s.m.* dire: *secondo il suo* —, selon ses dires; *si ha un bel* —, on a beau dire ‖ *tra il — e il fare c'è di mezzo il mare*, il y a loin du dire au faire.

directory *s.f.* (*inform.*) répertoire (*m.*).

diretta *s.f.* (*rad., tv*) direct (*m.*).

direttamente *avv.* directement.

direttissima *s.f.* **1** (*alpinismo*) voie (directe), direttissima **2** (*dir.*) giudizio per —, jugement en référé; *giudice competente in un processo per* —, juge des référés.

direttissimo *s.m.* (*ferr.*) express.

direttiva *s.f.* directive.

direttivo *agg.* **1** directeur* ‖ *consiglio* —, conseil de direction **2** (*di, da dirigente*) de direction ‖ *occupare un posto* —, être un des dirigeants ♦ *s.m.* direction (*f.*).

diretto *agg.* **1** direct **2** (*in direzione di*) en direction de, pour: *il treno — a Parigi*, le train pour, en direction de Paris ‖ *la nave era diretta verso sud*, le navire faisait route vers le sud **3** (*destinato*) destiné; (*indirizzato*) adressé ♦ *avv.* directement ♦ *s.m.* **1** (*ferr.*) direct **2** (*pugilato*) direct.

direttore *s.m.* directeur; — *di un giornale*, directeur d'un journal ‖ — *della produzione*, chef de production; — *delle vendite*, chef de vente ‖ (*teatr.*) — *di scena*, régisseur ‖ (*sport*) — *tecnico*, manager ‖ (*mar.*) — *di macchina*, chef mécanicien ♦ *agg.* directeur*.

direttoriale *agg.* directorial*.

direttorio *s.m.* directoire.

direttrice *s.f.* directrice.

direzionale *agg.* **1** directionnel* **2** (*direttivo*) de direction ‖ *centro* —, centre des affaires.

direzione *s.f.* direction: *prendere la — sbagliata*, se tromper de direction ‖ *in* — *di*, en direction de ‖ *essere alla — di un'azienda*, être à la tête d'une entreprise.

dirigente *agg.* dirigeant: *la classe* —, la classe dirigeante ‖ *il personale — di un'azienda*, les cadres d'une entreprise ♦ *s.m.* dirigeant; (*direttore*) directeur; (*qualifica amministrativa*) cadre: *è un* —, c'est un cadre ‖ *i dirigenti hanno deciso di assumere altro personale*, la direction a décidé d'embaucher du personnel supplémentaire ‖ *i dirigenti del partito*, les leaders du parti.

dirigenza *s.f.* direction: *gli hanno affidato la — degli uffici*, on lui a confié la direction des bureaux; *occupa un posto di alta* —, il occupe un poste important à la direction; *gli hanno dato la* —, on l'a nommé à la direction, (*come qualifica amministrativa*) on l'a, il est passé cadre.

dirigenziale *agg.* dirigeant; (*di direzione*) de direction: *responsabilità dirigenziali*, responsabilités de direction; *la categoria* —, les (cadres) dirigeants; *ha avuto una brillante carriera* —, il a eu une brillante carrière de dirigeant.

dirigere (*Pass.rem.* io diressi, tu dirigesti ecc. *Part.pass.* diretto) *v.tr.* **1** diriger* || — *uno spettacolo*, mettre en scène un spectacle; *questo film è ben diretto*, ce film a une bonne mise en scène **2** (*indirizzare*) adresser; (*rivolgere*) tourner: *il telegramma è diretto a me*, c'est à moi que le télégramme est adressé; — *lo sguardo verso*, tourner son regard vers □ **dirigersi** *v.pron.* se diriger*.

dirigibile *agg.* e *s.m.* dirigeable.

dirigismo *s.m.* dirigisme.

dirigista *s.m.* e *f.* dirigiste.

dirigistico (pl. *-ci*) *agg.* dirigiste*.

dirimere (*manca il part.pass.*) *v.tr.* (*dir.*) mettre* fin (à).

dirimpettaio *s.m.* (*fam.*) voisin d'en face; (*di pianerottolo*) voisin de palier.

dirimpetto *avv.* en face; (*faccia a faccia*) vis-à-vis: *le due case erano* —, les deux maisons se faisaient vis-à-vis; *erano seduti* —, ils étaient assis face à face ♦ *agg.* (d') en face □ **dirimpetto a** *locuz.prep.* en face de, vis-à-vis de.

diritto¹ *agg.* **1** droit (*anche fig.*): — *come un fuso*, droit comme un i || *capelli diritti*, cheveux lisses, plats **2** (*in piedi*) debout: *non riesce a stare* —, il n'arrive pas à se tenir debout ♦ *avv.* (tout) droit || *filare*, *rigare* —, filer doux || *tirare* — *per la propria strada*, faire son petit bonhomme de chemin ♦ *s.m.* **1** (*di tessuto*) endroit; (*di moneta*) face (*f.*) **2** (*tennis*) coup droit.

diritto² *s.m.* droit: — *penale*, droit pénal; — *commerciale*, droit commercial || *con qual* —...?, de quel droit...?; *ne ho tutto il* —, j'en ai tous les droits; *è nel suo pieno* — *di*, il a tout à fait le droit de || *diritti riservati*, tous droits réservés || *a buon* —, à bon droit || *a maggior* —, à plus forte raison.

dirittura *s.f.* **1** direction || (*sport*) — *d'arrivo*, ligne droite **2** (*rettitudine*) droiture: *di grande* —, d'une grande droiture morale.

diroccato *agg.* en ruine.

dirompente *agg.*: *bomba* —, bombe explosive.

dirottamente *avv.* (*piovere*) —, à verse; (*piangere*) —, à chaudes larmes.

dirottamento *s.m.* (*mar.*) déroutement: — *aereo*, détournement d'avion.

dirottare *v.tr.* dérouter; (*atto di pirateria*) détourner ♦ *v.intr.* changer* de route.

dirottatore *s.m.* pirate de l'air.

dirotto *agg.*: *pioggia dirotta*, pluie diluvienne; *sciogliersi in un pianto* —, fondre en larmes □ **a dirotto** *locuz.avv.* (*piovere*) à verse; (*piangere*) à chaudes larmes.

dirozzare *v.tr.* dégrossir (*anche fig.*).

dirupato *agg.* escarpé, abrupt: *sentiero* —, chemin escarpé.

dirupo *s.m.* escarpement.

dis- *pref.* dys-

disabile *agg.* e *s.m.* *handicapé.

disabilitare *v.tr.* désaffecter; (*togliere i collegamenti a*) débrancher.

disabitato *agg.* inhabité.

disabituare *v.tr.* déshabituer (de) □ **disabituarsi** *v.pron.* se déshabituer (de).

disabituato *agg.* qui n'est plus habitué (à).

disaccordo *s.m.* désaccord: *le cause del* — *della coppia moderna*, les causes de la mésentente du couple moderne.

disadattamento *s.m.* (*psic.*) inadaptation (*f.*).

disadattato *agg.* e *s.m.* inadapté, désadapté.

disadatto *agg.* inadapté.

disadorno *agg.* **1** nu **2** (*fig.*) dépouillé.

disaffezionarsi *v.pron.* se détacher (de).

disaffezione *s.f.* désaffection.

disagevole *agg.* malaisé; (*scomodo*) pénible.

disagiato *agg.* **1** (*scomodo*) inconfortable, incommode **2** (*bisognoso*) indigent, besogneux*: *aiutare le famiglie disagiate*, venir en aide aux familles en difficulté || *in condizioni disagiate*, dans la gêne.

disagio *s.m.* privation (*f.*); (*scomodità*) inconvénient || *sentirsi*, *mettere a* —, être, mettre mal à l'aise; *provare un senso di* —, éprouver un sentiment de gêne, de malaise.

disambientato *agg.* dépaysé, mal à l'aise.

disamina *s.f.* examen attentif.

disamorare *v.tr.* faire* perdre tout intérêt (pour) □ **disamorarsi** *v.pron.* perdre* tout intérêt (pour); (*cessare di amare qlcu*) se lasser de qqn.

disamorato *agg.* las, lassé.

disamore *s.m.* désaffection (*f.*); (*scarso interesse*) manque d'intérêt.

disancorare *v.tr.* (*mar.*) lever* l'ancre (à) □ **disancorarsi** *v.pron.* (*mar.*) lever* l'ancre; (*fig.*) s'affranchir: — *dalle consuetudini familiari*, se détacher des habitudes familiales.

disappannare *v.tr.* désembuer.

disapprovare *v.tr.* désapprouver.

disapprovazione *s.f.* désapprobation.

disappunto *s.m.* **1** (*delusione*) désappointement, déception (*f.*); (*irritazione*) irritation (*f.*): *puoi immaginare il mio* — *per la sua scortesia*, tu peux bien imaginer l'irritation que m'a causée son impolitesse **2** (*dispiacere*) regret: *con mio grande* —, à mon grand regret.

disarcionare *v.tr.* désarçonner (*anche fig.*).

disarmante *agg.* désarmant.

disarmare *v.tr.* e *v.intr.* désarmer (*anche fig.*) || *non disarma!*, il n'en démord pas!

disarmo *s.m.* désarmement.

disarmonia *s.f.* **1** manque d'harmonie; (*discordanza*) discordance; (*disaccordo*) désaccord (*m.*) **2** (*mus.*) dissonance.

disarmonico (pl. *-ci*) *agg.* peu inharmonieux*; (*discordante*) discordant.

disarticolato *agg.* inarticulé; (*incoerente*) incohérent: *suoni disarticolati*, sons inarticulés; *un discorso* —, des propos incohérents, décousus.

disarticolazione *s.f.* désarticulation; (*slogatura*) dislocation.

disassortito *agg.* désassorti: *campionario —,* échantillonnage désassorti, incomplet; *servizio da tavola —,* service de table désassorti (*o* déparéillé).

disastrato *agg.* **1** (*di cosa*) ravagé, dévasté, sinistré: *zona disastrata,* région sinistrée **2** (*di persona*) sinistré: *le famiglie disastrate,* les familles sinistrées ♦ *s.m.* sinistré.

disastro *s.m.* **1** désastre (*anche fig.*): *— naturale,* calamité naturelle; *— aereo, ferroviario,* catastrophe aérienne, ferroviaire; *che — questa traduzione!,* quel massacre cette traduction!; *il suo inglese è un —,* son anglais est désastreux; *a scuola è un —,* il ne fait rien à l'école **2** (*danno*) désastre.

disastrosamente *avv.* d'une façon désastreuse.

disastroso *agg.* désastreux*.

disattendere (*coniug. come* prendere) *v.tr.*: *— una norma,* ne pas observer une règle; *— una legge,* ne pas appliquer une loi; *— un consiglio,* ne pas suivre un conseil; *— le aspettative di qlcu,* décevoir les attentes de qqn.

disattento *agg.* inattentif*, distrait.

disattenzione *s.f.* **1** inattention, distraction; (*sventatezza*) étourderie || *errore di —,* faute d'étourderie || *per —,* par distraction **2** (*mancanza di riguardo*) manque d'égards.

disattivare *v.tr.* **1** (*disinnescare*) désamorcer*; (*elettr.*) débrancher **2** (*tecn.*) mettre* hors service; (*ferr., miner.*) ne plus exploiter **3** (*chim., fis.*) désactiver.

disavanzo *s.m.* (*econ.*) déficit.

disavveduto *agg.* irréfléchi.

disavventura *s.f.* **1** mésaventure **2** (*sfortuna*) malheur (*m.*) || *per —,* par malheur; *per mia —,* pour mon malheur.

disavvertenza *s.f.* inadvertance, inattention.

disavvezzo *agg.* peu habitué, non habitué.

disboscare *v.tr.* → **diboscare**.

disbrigare *v.tr.* → **sbrigare**.

disbrigo (pl. *-ghi*) *s.m.* expédition (*f.*): *sollecitare il — di una pratica,* accélérer le traitement d'un dossier; *procedere al — della corrispondenza,* expédier son courrier.

discapito *s.m.*: *a — di,* au détriment de, au désavantage de; *a tuo —,* à ton détriment.

discarica (pl. *-che*) *s.f.* décharge (des ordures): *divieto di —,* décharge interdite; *— industriale,* décharge de déchets industriels.

discarico (pl. *-chi*) *s.m.* décharge (*f.*); (*dir.*) *teste a —,* témoin à décharge.

discendente *agg. e s.m.* descendant.

discendenza *s.f.* descendance: *era di — normanna,* il était d'origine normande.

discendere (*coniug. come* prendere) *v.intr.* descendre*: (*dir.*) *ne discende che,* il s'ensuit que.

discente *agg. e s.m.* apprenant, élève.

discepolo *s.m.* disciple.

discernere (raro il *Pass.rem.*; manca il *Part. pass.*) *v.tr.* discerner (*anche fig.*).

discernimento *s.m.* discernement.

discesa *s.f.* descente; (*declivio*) pente: *camminare in —,* marcher en descente; *strada in —,* descente; *una ripida —,* une pente raide || (*sci*): *— libera,* descente; *— obbligata,* slalom || *— ai parcheggi,* rampe d'accès (au parking) || *popolarità in —,* (*fig.*) popularité en baisse.

discesismo *s.m.* (*sport*) ski de descente.

discesista *s.m.* (*sport*) descendeur*.

discettare *v.intr.* (*letter.*) disserter (sur, de).

discettazione *s.f.* (*letter.*) dissertation.

dischetto *s.m.* **1** (*football*) point de penalty, point de réparation **2** (*inform.*) disquette (*f.*).

dischiudere (*coniug. come* chiudere) *v.tr.* entrouvrir* || *— le dita,* desserrer les doigts □ **dischiudersi** *v.pron.* s'entrouvrir*; (*sbocciare*) s'épanouir || *l'uovo si è dischiuso,* l'œuf est éclos.

discinto *agg.* à moitié nu.

disciogliere (*coniug. come* cogliere) *v.tr.* (faire*) dissoudre*; (*fondere*) faire* fondre □ **disciogliersi** *v.pron.* se dissoudre*; (*fondere*) fondre*: *la neve si è disciolta,* la neige a fondu.

disciolto *agg.* dissous*: *sostanza disciolta,* substance dissoute.

disciplina *s.f.* discipline || *— dei prezzi,* contrôle des prix; *— del lavoro,* réglementation du travail || *una severa — alimentare,* un sévère régime alimentaire.

disciplinare[1] *agg.* disciplinaire.

disciplinare[2] *v.tr.* **1** (*regolare*) régler*; (*regolamentare*) réglementer: *— il traffico,* régler la circulation **2** (*fig.*) contrôler **3** (*non com.*) discipliner.

disciplinatamente *avv.* en bon ordre.

disciplinato *agg.* discipliné || *traffico —,* circulation fluide.

disco (pl. *-chi*) *s.m.* disque || *cambiare —,* (*anche fig.*) changer de disque || *— orario,* disque bleu; *zona —,* zone bleue || (*tel.*) *— combinatore,* cadran (d'appel) || (*inform.*): *— fisso, rigido,* disque dur (DD); *— estraibile,* disque amovible || (*sport*) *lancio del —,* (lancer du) disque; *— da hockey,* palet || (*aut.*) *freni a —,* freins à disque || (*med.*) *ernia del —,* hernie discale || *— volante,* soucoupe volante.

discobolo *s.m.* discobole.

discofilo *s.m.* discophile.

discografia *s.f.* discographie.

discografico (pl. *-ci*) *agg.* discographique, du disque: *successo —,* succès discographique; *casa discografica,* maison de disques; *registrazione discografica,* enregistrement sur disque; ♦ *s.m.* personne qui travaille dans l'industrie du disque; (*industriale*) industriel du disque.

discoidale *agg.* discoïde || (*biol.*) *segmentazione —,* segmentation discoïdale.

discoide *s.m.* (*med.*) pastille (*f.*) ♦ *agg.* discoïde.

discolo *agg.* espiègle, dissipé ♦ *s.m.* polisson*.

discolpa *s.f.* décharge || (*dir.*) *testimonianza a —,* témoignage à disculpation.

discolpare *v.tr.* disculper □ **discolparsi** *v.pron.* se disculper; (*giustificarsi*) se justifier.

disco-music (pl. *invar.*) *s.f.* (musique) disco.

disconoscere (*coniug. come* conoscere) *v.tr.* **1** méconnaître* **2** (*dir.*) désavouer: — *la paternità di un figlio*, désavouer un enfant.

disconoscimento *s.m.* désaveu* || (*dir.*): — *di paternità*, désaveu de paternité; — *di parentela*, reniement de parenté; — *di debito*, répudiation de dette; — *di scrittura*, dénégation d'écriture.

discontinuità *s.f.* discontinuité.

discontinuo *agg.* discontinu; (*irregolare*) irrégulier*; (*intermittente*) intermittent || *rendimento* —, rendement inégal || *carattere* —, (*fig.*) caractère changeant.

discordante *agg.* discordant || *opinioni discordanti*, opinions divergentes.

discordanza *s.f.* discordance.

discordare *v.intr.* **1** (*di persone*) être* en désaccord **2** (*di cose*) être* discordant; (*differire*) différer* (de) **3** (*di suoni*) être* discordant; (*di colori*) jurer.

discorde *agg.* (*di persone*) en désaccord; (*di cose*) discordant || *pareri discordi*, opinions divergentes.

discordemente *avv.* de façon contradictoire.

discordia *s.f.* **1** désaccord (*m.*), mésentente; (*spec. letter.*) discorde || *portare la* — *in una famiglia*, porter le trouble dans une famille || *il pomo della* —, la pomme de discorde **2** (*divergenza di opinioni*) dissension, désaccord (*m.*), dissentiment (*m.*); (*discordanza*) discordance.

discorrere (*coniug. come* correre) *v.intr.* (*parlare di*) parler (de); (*a lungo*) discourir* (de); (*conversare*) causer (de), s'entretenir (de) || — *di politica*, parler politique || — *del più e del meno*, parler de choses et d'autres, de la pluie et du beau temps || *si fa per* —, histoire de parler || *e così discorrendo...*, et de fil en aiguille... || *via discorrendo*, et ainsi de suite.

discorsivamente *avv.* d'un ton familier; (*di stile*) dans un style familier, parlé.

discorsivo *agg.* **1** familier*, parlé **2** discursif*.

discorso *s.m.* **1** propos (*pl.*); (*a un pubblico*) discours; *d'occasione*, discours de circonstance, (*per festeggiare qlcu*) compliment; — *funebre*, oraison funèbre; — *programmatico*, discours-programme || *pochi discorsi!*, assez parlé!; *senza tanti discorsi*, sans faire trop d'histoires || *il Discorso sulla montagna*, (*Bibbia*) le Sermon sur la montagne **2** (*conversazione*) conversation (*f.*): *attaccar* —, engager la conversation; *il* — *cadde sulla politica*, la conversation prit un tour politique **3** (*argomento*) sujet: *cambiar* —, changer de sujet || *questo è un altro* —, ça, c'est une autre histoire || (*pol.*) *portare avanti un* — *poco chiaro*, poursuivre un objectif peu clair, suivre une ligne politique peu claire **4** (*gramm.*) discours: *le parti del* —, les parties du discours.

discostarsi *v.pron.* (*spec. fig.*) s'éloigner, s'écarter: — *dalla tradizione*, rompre avec la tradition; *la mia opinione si discosta leggermente dalla tua*, mon opinion diverge, diffère légèrement de la tienne.

discosto *agg.* éloigné (*anche fig.*) ♦ *avv.* loin; (*in disparte*) à l'écart.

discoteca (pl. *-che*) *s.f.* **1** discothèque; (*fam.*) boîte, disco **2** (*collezione di dischi*) discothèque, collection de disques.

discredito *s.m.* discrédit || *a* — *di*, au désavantage de.

discrepante *agg.* discordant.

discrepanza *s.f.* discordance; (*differenza*) différence.

discretamente *avv.* **1** discrètement **2** (*abbastanza*) assez: — *caro*, assez cher **3** (*abbastanza bene*) pas mal, assez bien; *è andata* —, ça s'est assez bien passé.

discreto *agg.* **1** discret*: *un abito* —, une robe discrète **2** (*moderato*) raisonnable: *prezzo* —, prix raisonnable **3** (*abbastanza buono*) assez bon*; (*passabile*) passable; (*abbastanza grande*) assez grand: *un vino* —, un assez bon vin; *un compito* —, un devoir passable; *un* — *numero di persone*, un assez grand nombre de personnes; *risultati più che discreti*, des résultats plus qu'honnêtes; *avere una discreta faccia tosta*, avoir pas mal de toupet || *godere di un* — *benessere*, jouir d'un certain bien-être; *ci vuole una discreta dose di coraggio*, il faut un certain courage.

discrezionale *agg.* discrétionnaire.

discrezionalità *s.f.* (*dir.*) pouvoir discrétionnaire.

discrezione *s.f.* discrétion.

discriminante *agg.* discriminant ♦ *s.f.* facteur discriminant.

discriminare *v.tr.* **1** distinguer, (*letter.*) discriminer **2** (*dir.*) discriminer.

discriminatorio *agg.* discriminatoire.

discriminazione *s.f.* discrimination.

discussione *s.f.* discussion: *essere materia di* —, donner matière à discussion; *mettere in* —, mettre en question || *basta con le discussioni!*, arrêtons de discuter! || — *di una tesi*, (*all'università*) soutenance d'une thèse || (*dir.*): — *a porte chiuse*, débats à huis clos; — *di una causa*, débats judiciaires.

discusso *agg.* discuté; (*controverso*) controversé.

discutere (*Pass.rem.* io discussi, tu discutesti ecc. *Part.pass.* discusso) *v.tr.* e *intr.* discuter: — *di politica*, discuter (de) politique: — *sul prezzo*, discuter le prix || (*dir.*) — *una causa*, plaider une cause || — *una tesi*, (*all'università*) soutenir une thèse || *non discuto se tu abbia ragione o torto*, je ne veux pas savoir si tu as tort ou raison || *finitela di* —!, arrêtez de vous disputer!

discutibile *agg.* discutable: *moralità* —, moralité douteuse.

disdegnare *v.tr.* dédaigner; (*rifiutare*) refuser.

disdegno *s.m.* dédain, mépris: *avere a, in* —, mépriser.

disdegnoso *agg.* (*letter.*) dédaigneux*.

disdetta *s.f.* **1** (*dir.*) (*di affitto*) congé (*m.*); (*di contratto, accordo ecc.*) dédit (*m.*), annulation || — *di abbonamento*, désabonnement **2** (*sfortuna*) malchance || *che* —*!*, (*fam.*) quelle déveine!

disdetto *agg.* annulé.

disdicevole *agg.* inconvenant, déplacé.

disdire[1] (*coniug. come* dire) *v.tr.* **1** décommander; (*annullare*) annuler; (*revocare*) révoquer: *un contratto*, révoquer, résilier un contrat || — *la casa*, résilier le bail de son appartement **2** (*ritrattare*) désavouer, rétracter.

disdire[2] *v.intr.* (*letter.*) ne pas être* convenable (pour), ne pas convenir* (à).

diseducare (*coniug. come* mancare) *v.tr.* annuler les effets d'une bonne éducation.

diseducativo *agg.* antiéducatif*.

disegnare *v.tr.* **1** dessiner || — *il nuovo piano della città*, tracer le nouveau plan de la ville **2** (*fig.*) (*delineare*) esquisser; (*descrivere*) décrire*; (*progettare*) projeter*.

disegnatore (f. -*trice*) *s.m.* dessinateur*: — *tecnico*, dessinateur d'études, d'exécutions; — *industriale*, dessinateur industriel; — *pubblicitario*, dessinateur de publicité || *disegnatrice di moda*, dessinatrice de mode, modéliste.

disegno *s.m.* **1** dessin: — *a mano libera*, dessin à main levée || — *industriale*, dessin industriel || (*cine.*) *disegni animati*, dessins animés **2** (*fig.*) dessein; (*progetto*) projet || — *di legge*, projet de loi.

disequazione *s.f.* (*mat.*) inéquation.

diserbante *agg.* e *s.m.* désherbant, herbicide.

diserbare *v.tr.* désherber.

diseredare *v.tr.* déshériter.

diseredato *agg.* e *s.m.* déshérité || *le classi diseredate*, les classes défavorisées.

disertare *v.tr.* e *intr.* déserter || — *le lezioni*, ne pas aller aux cours || — (*da*) *un partito*, déserter un parti.

disertore *s.m.* déserteur.

diserzione *s.f.* désertion.

disfacimento *s.m.* **1** décomposition (*f.*) **2** (*fig.*) (*rovina, sfacelo*) désagrégation (*f.*); (*crollo*) écroulement || *cadere in* —, tomber en ruine.

disfare (*Indic.pres.* io disfo, tu disfi, egli disfa, noi disfiamo, voi disfate, essi disfano; *fut.* io disferò ecc. *Cong.pres.* io disfi ecc., noi disfiamo ecc.; *nelle altre forme è coniugato come* fare) *v.tr.* **1** défaire* (*anche fig.*) || — *una casa*, vider une maison de ses meubles; *i ragazzi mi hanno disfatto la casa*, les enfants m'ont mis la maison sens dessus dessous **2** (*sciogliere*) faire* fondre □ **disfarsi** *v.pron.* **1** (*liberarsi*) se débarrasser (de), se défaire* (de) **2** (*sciogliersi*) fondre*: *la neve si è disfatta*, la neige a fondu **3** (*decomporsi*) se décomposer.

disfatta *s.f.* défaite.

disfattismo *s.m.* défaitisme: *fare del* —, être défaitiste.

disfattista *agg.* e *s.m.* défaitiste.

disfatto *agg.* **1** défait || — *dal dolore*, prostré de douleur; — *dalla fatica*, épuisé de fatigue **2** (*liquefatto*) fondu **3** (*decomposto*) décomposé.

disfida *s.f.* (*letter.*) défi (*m.*).

disfunzione *s.f.* **1** trouble (*m.*) **2** (*cattivo funzionamento*) mauvais fonctionnement.

disgelare *v.tr.* e *intr.* dégeler* □ **disgelarsi** *v.pron.* se dégeler*.

disgelo *s.m.* dégel.

disgiungere (*coniug. come* giungere) *v.tr.* disjoindre*, désunir; (*separare*) séparer || — *le mani*, ouvrir ses mains.

disgiuntamente *avv.* séparément.

disgiuntivo *agg.* disjonctif*.

disgiunto *agg.* disjoint; (*separato*) séparé.

disgiunzione *s.f.* disjonction; (*separazione*) séparation.

disgrazia *s.f.* **1** malheur (*m.*): — *volle che...*, le malheur a voulu que... || *per* —, par malheur, (*sfortunatamente*) malheureusement; *per mia, tua* —, malheureusement pour moi, toi || *cadere in* —, tomber en disgrâce **2** (*incidente*) accident (*m.*): *in seguito a una* —, par suite d'un accident.

disgraziatamente *avv.* malheureusement.

disgraziato *agg.* malheureux* || *è davvero* —, il n'a vraiment pas de chance; *è nato* —, il n'a jamais eu de chance || *un giorno* —, un mauvais jour || *un fisico* —, un physique ingrat; — *dalla nascita*, handicapé de naissance ♦ *s.m.* **1** malheureux **2** (*persona senza scrupoli*) vaurien* || (*fam.*): *guida come un* —, il conduit comme un fou; *è un gran* —, c'est un vrai salaud.

disgregare (*coniug. come* legare) *v.tr.* désagréger* □ **disgregarsi** *v.pron.* se désagréger*.

disgregatore (f. -*trice*) *agg.* désagrégeant.

disgregazione *s.f.* désagrégation.

disguido *s.m.* **1** erreur (*f.*): *per un* — *postale*, par suite d'une erreur de la poste **2** (*malinteso*) malentendu: *non ti hanno telefonato perché c'è stato un* —, on ne t'a pas appelé par suite d'un malentendu.

disgustare *v.tr.* dégoûter □ **disgustarsi** *v.pron.* se dégoûter.

disgustato *agg.* dégoûté.

disgusto *s.m.* dégoût: *provare* —, éprouver du dégoût; *dare, provocare* —, provoquer du dégoût; *mi è venuto il* — *del vino*, je me suis dégoûté du vin.

disgustosamente *avv.* de manière dégoûtante.

disgustoso *agg.* **1** écœurant || *caffè* —, café infect **2** (*fig.*) dégoûtant.

disidratante *agg.* e *s.m.* déshydratant.

disidratare *v.tr.* déshydrater □ **disidratarsi** *v.pron.* se déshydrater.

disidratazione *s.f.* déshydratation.

disilludere (*coniug. come* chiudere) *v.tr.* faire* perdre ses illusions (à); (*deludere*) décevoir*: — *le aspettative di qlcu*, ne pas répondre à l'attente de qqn □ **disilludersi** *v.pron.* se détromper.

disillusione *s.f.* désillusion; (*delusione*) déception.

disilluso *agg.* désillusionné, désabusé; (*deluso*) déçu: — *della vita*, déçu par la vie.

disimballare *v.tr.* déballer.

disimparare *v.tr.* désapprendre*: *ho disimparato ad andare in bicicletta*, je ne sais plus faire du vélo.

disimpegnare *v.tr.* **1** dégager* (*anche fig.*) || *il corridoio disimpegna tutte le stanze*, le couloir dessert toutes les pièces **2** (*adempiere*) s'acquitter (de): — *un incarico*, s'acquitter d'une tâche □ **disimpegnarsi** *v.pron.* **1** se dégager* (de) || *appena riesco a disimpegnarmi vengo da te*, dès que je peux me libérer, je viens chez toi **2** (*recedere da impegno politico ecc.*) se désengager* **3** (*cavarsela*) se tirer d'affaire.

disimpegno *s.m.* **1** dégagement || (*locale di*) —, dégagement; (*ripostiglio*) débarras **2** (*fig.*) (*abbandono dell'impegno politico*) désengagement; (*mancanza di impegno politico*) absence d'engagement.

disincagliare *v.tr.* **1** (*mar.*) déséchouer; (*dalla sabbia*) désensabler **2** (*estens.*) (*sbloccare*) débloquer.

disincaglio *s.m.* (*mar.*) déséchouage.

disincantato *agg.* désenchanté, désabusé.

disincentivare *v.tr.* décourager*.

disincentivo *s.m.* mesure de dissuasion; (*freno*) frein.

disincrostante *agg. e s.m.* désincrustant.

disindustrializzare *v.tr.* désindustrialiser.

disinfestare *v.tr.* (*da insetti*) désinsectiser; (*da parassiti*) détruire* les parasites (de); (*derattizzare*) dératiser; (*dalle erbacce*) désherber.

disinfestazione *s.f.* désinsectisation; (*da parassiti*) élimination des parasites; (*derattizzazione*) dératisation; (*da erbacce*) désherbage (*m.*).

disinfettante *agg. e s.m.* désinfectant.

disinfettare *v.tr.* désinfecter.

disinfezione *s.f.* désinfection.

disinformare *v.tr.* désinformer.

disinformato *agg.* désinformé; (*male informato*) mal informé.

disinformazione *s.f.* non-information; (*carenza di informazione*) manque d'information.

disingannare *v.tr.* détromper.

disinganno *s.m.* déception (*f.*), désillusion (*f.*).

disingranare *v.tr.* désengrener*.

disinibire (*coniug. come* finire) *v.tr.* désinhiber.

disinibito *agg.* décomplexé; (*disinvolto*) décontracté; (*linguaggio, atteggiamento*) désinvolte.

disinnescare (*coniug. come* mancare) *v.tr.* désamorcer*.

disinnesco (pl. *-chi*) *s.m.* désamorçage.

disinnestare *v.tr.* **1** déconnecter **2** (*elettr.*) débrancher **3** (*aut.*) (*la frizione*) débrayer*; (*la marcia*) mettre* au point mort.

disinnesto *s.m.* déconnexion (*f.*); (*elettr.*) débranchement; (*aut.*) débrayage.

disinquinamento *s.m.* dépollution (*f.*).

disinquinare *v.tr.* dépolluer.

disinserire (*coniug. come* finire) *v.tr.* **1** déconnecter || (*aut.*) — *il motore*, débrayer **2** (*elettr.*) débrancher **3** (*inform.*) relâcher.

disintegrare *v.tr.* désintégrer* □ **disintegrarsi** *v.pron.* se désintégrer*.

disintegrazione *s.f.* désintégration.

disinteressarsi *v.pron.* se désintéresser (de).

disinteressatamente *avv.* d'une façon désintéressée.

disinteressato *agg.* désintéressé.

disinteresse *s.m.* **1** (*altruismo*) désintéressement **2** (*scarso interesse*) manque d'intérêt.

disintossicante *agg.*: *cura* —, cure de désintoxication.

disintossicare (*coniug. come* mancare) *v.tr.* désintoxiquer □ **disintossicarsi** *v.pron.* se désintoxiquer.

disintossicazione *s.f.* désintoxication.

disinvolto *agg.* **1** (*di persona*) plein d'aisance, désinvolte; (*di modi*) dégagé **2** (*sfrontato*) sans gêne **3** (*spregiudicato*) dénué de scrupules, de préjugés.

disinvoltura *s.f.* désinvolture, aisance || *mentire con molta* —, mentir avec une facilité incroyable.

disistima *s.f.* discrédit (*m.*): *provare* — *per qlcu*, ne pas avoir d'estime pour qqn.

disistimare *v.tr.* ne pas estimer.

dislessia *s.f.* (*psic.*) dyslexie.

dislivello *s.m.* **1** dénivellation (*f.*); (*tra due punti*) dénivelée (*f.*) **2** (*fig.*) dénivellation (*f.*); (*differenza*) différence (*f.*).

dislocamento *s.m.* **1** déplacement **2** (*sistemazione*) mise en place **3** (*distribuzione*) répartition (*f.*), distribution (*f.*).

dislocare (*coniug. come* mancare) *v.tr.* **1** déplacer* **2** (*collocare*) disposer **3** (*distribuire*) répartir.

dislocazione *s.f.* **1** déplacement (*m.*) **2** (*disposizione*) disposition **3** (*ubicazione*) emplacement (*m.*) **4** (*scient.*) dislocation.

dismesso *agg.* abandonné; qui n'est plus utilisé || *abito* —, robe qu'on ne porte plus || *fabbrica dismessa*, usine désaffectée || *aree dismesse*, friches industrielles.

dismisura, a *locuz.avv.* démesurément.

disobbligarsi (*coniug. come* legare) *v.pron.* s'acquitter: — *con qlcu per, di qlco*, s'acquitter de qqch, envers qqn; *come posso disobbligarmi?*, comment puis-je m'acquitter de ma dette envers vous?

disoccupato *agg.* sans travail, chômeur*: *essere* —, être au chômage || (*estens.*) *sono* —, je n'ai rien à faire; *se sei* —..., si tu n'as rien à faire... ♦ *s.m.* chômeur*, demandeur* d'emploi.

disoccupazione *s.f.* chômage (*m.*).

disomogeneità *s.f.* hétérogénéité.

disomogeneo *agg.* hétérogène.

disonestà *s.f.* malhonnêteté: *è una vera* — *fare*..., c'est tout à fait malhonnête de faire...

disonesto *agg. e s.m.* malhonnête.

disonorare *v.tr.* déshonorer.

disonorato *agg.* déshonoré.

disonore *s.m.* **1** déshonneur **2** (*vergogna*) *honte (*f.*).

disonorevole *agg.* déshonorant.

disopra, di sopra *avv.* (*al piano superiore*) en haut: *salire* —, monter ♦ *con valore di agg.* au-dessus ♦ *s.m.* (*la parte superiore*) dessus □ **al disopra di** *locuz.prep.* au-dessus de.

disordinare *v.tr.* mettre* en désordre.

disordinatamente *avv.* de manière confuse; (*in disordine*) en désordre.

disordinato *agg.* désordonné || *resoconto* — *dei fatti*, compte rendu confus des événements || *ha delle idee disordinate*, il a les idées confuses || *è* — *nel mangiare*, il mange n'importe comment.

disordine *s.m.* **1** désordre || *non posso presentarmi così in* —!, je ne peux pas me montrer dans cet état! || *avere il cuore, lo stomaco in* —, avoir le cœur fatigué, l'estomac dérangé **2** (*sregolatezza*) excès: — *nel mangiare*, excès de table **3** (*estens.*) (*confusione*) confusion (*f.*).

disorganicità *s.f.* manque de cohérence, manque d'ordre.

disorganico (pl. -*ci*) *agg.* incohérent: *lavoro* —, travail mal organisé.

disorganizzare *v.tr.* désorganiser.

disorganizzato *agg.* mal organisé.

disorganizzazione *s.f.* désorganisation.

disorientamento *s.m.* désorientation (*f.*) || *attimo di* —, instant de trouble.

disorientare *v.tr.* désorienter; (*sconcertare*) déconcerter □ **disorientarsi** *v.pron.* s'égarer; (*fig.*) perdre* le nord.

disorientato *agg.* désorienté: *si guardava attorno* —, il regardait autour de lui, l'air perdu.

disossare *v.tr.* désosser.

disossidante *agg.* e *s.m.* désoxydant.

disotto *avv.* en bas: *andare, scendere* —, descendre ♦ *con valore di agg.* du dessous ♦ *s.m.* (*la parte inferiore*) dessous □ (**al**) **disotto di** *locuz. prep.* au-dessous de || *rendere al* — *delle proprie capacità*, avoir un rendement inférieur à ses capacités.

dispaccio *s.m.* dépêche (*f.*).

disparato *agg.* disparate.

dispari *agg.* impair || *fare a pari e* —, faire à pile ou face.

disparità *s.f.* disparité; (*differenza*) différence.

disparte, in *locuz.avv.* à l'écart || *prendere in* —, prendre à part || *mettere in* —, mettre de côté.

dispendio *s.m.* dépense (*f.*); (*spreco*) gaspillage.

dispendioso *agg.* dispendieux* || **-mente** *avv.*

dispensa *s.f.* **1** (*per i cibi*) (*locale*) office (*m.*); (*mobile*) buffet (*m.*) **2** (*fascicolo*) fascicule (*m.*), livraison: *enciclopedia a dispense*, encyclopédie par fascicules; *pubblicare a dispense*, publier par livraisons || — *universitaria*, (cours) polycopié, (*fam.*) poly **3** (*esenzione*) dispense; exemption: — *dal servizio militare*, dispense du service militaire; — *dalle tasse universitarie*, exemption des taxes universitaires; *chiedere la* — *da...*, demander à être dispensé de... || — *matrimoniale*, dispense de mariage.

dispensare *v.tr.* **1** (*distribuire*) distribuer **2** (*esonerare*) dispenser (de), exonérer* (de): *di-*

spensatemi dall'accompagnarvi, dispensez-moi de vous accompagner; — *dalle tasse*, exonérer des impôts.

dispensario *s.m.* dispensaire.

dispensatore (f. -*trice*) *s.m.* dispensateur*.

dispenser (pl. *invar.*) *s.m.* (*espositore*) présentoir; (*confezione con dosatore*) doseur.

dispepsia *s.f.* (*med.*) dyspepsie.

dispeptico (pl. -*ci*) *agg.* e *s.m.* (*med.*) dyspepsique, dyspeptique.

disperare *v.intr.* désespérer* (de): *non dispero che riesca*, je ne désespère pas qu'il (ne) réussisse || *non farmi* —!, ne me fais pas perdre patience!; *mi fanno* —, ils me font damner; *questo mal di testa mi fa* —, ce mal de tête est épouvantable □ **disperarsi** *v.pron.* se désespérer*: — *per un insuccesso*, être au désespoir à cause d'un échec.

disperatamente *avv.* **1** désespérément **2** (*con grande impegno*) sans désemparer.

disperato *agg.* désespéré: *è* —, il est au désespoir || *in caso* —..., en cas de besoin... || *alla disperata*, à toute vitesse, (*in qualche modo*) n'importe comment, (*alla peggio*) au pire ♦ *s.m.* **1** désespéré || *correre, lavorare, urlare come un* —, courir comme un dératé, travailler comme un fou, hurler comme un sourd **2** (*fam.*) (*spiantato*) pauvre diable.

disperazione *s.f.* désespoir (*m.*): *strapparsi i capelli dalla* —, s'arracher les cheveux de désespoir; *essere la* — *di qlcu*, faire le désespoir de qqn; *è una* —, c'est désespérant; *queste zanzare sono una* —, ces moustiques sont un vrai cauchemar || *darsi all'alcol per* —, s'adonner à la boisson par désespoir; *ha accettato quel lavoro per* —, en désespoir de cause, il a accepté ce travail; *ci siamo rassegnati per* —, de guerre lasse, nous nous sommes résignés.

disperdere (*coniug. come* perdere; *part.pass.* disperso) **1** *v.tr.* disperser: *la memoria di ciò è andata dispersa*, on a perdu le souvenir de cela **2** (*dissipare*) dissiper □ **disperdersi** *v.pron.* se disperser (*anche fig.*): *la nebbia si disperderà a mezzogiorno*, le brouillard se dissipera à midi; *con la finestra aperta il calore si disperde*, si la fenêtre est ouverte il y a déperdition de chaleur; — *in particolari*, se perdre dans les détails.

dispersione *s.f.* **1** dispersion || *la* — *dei voti*, l'éparpillement des voix **2** (*diminuzione, perdita*) déperdition.

dispersivo *agg.* **1** dispersé: *ha un'attività dispersiva*, il agit sans esprit de suite; *è un ambiente* —, c'est une atmosphère qui disperse l'attention; *in modo* —, de façon désordonnée **2** (*fis.*) dispersif*.

disperso *agg.* **1** égaré || *soldato* —, soldat disparu **2** (*sparso*) éparpillé ♦ *s.m.* *i dispersi in Russia*, les (soldats) portés disparus en Russie; *dare per* —, porter disparu.

dispetto *s.m.* **1** (petite) méchanceté: *fare un* —, faire une méchanceté || *fare i dispetti a qlcu*, taquiner qqn || *per farmi* —, pour m'embêter; *l'ha fatto per* —, il l'a fait exprès **2** (*stizza*) dépit: *con* *mio grande* —, à mon grand dépit □ **a dispetto di** *locuz.prep.* en dépit de.

dispettoso *agg.* **1** taquin ‖ *che tempo* —*!*, quel temps agaçant! **2** *(fatto, detto per dispetto)* agaçant, qui contrarie.

dispiacere[1] *v.intr.* **1** *(essere spiacente)* regretter: *mi dispiace!*, je regrette! ‖ *non mi dispiacerebbe andarci*, j'aimerais bien y aller **2** *(in espressioni di cortesia)*: *mi dispiace*, je suis désolé; *le dispiacerebbe aprire un po' la finestra?*, voudriez-vous ouvrir un peu la fenêtre?; *ti dispiacerebbe accompagnarmi?*, cela ne t'ennuierait pas de m'accompagner?; *ti dispiace se fumo?*, ça ne t'ennuie pas si je fume?; *alzatevi, se non vi dispiace*, levez-vous, s'il vous plaît **3** *(provar pena, dolore)* avoir* de la peine; *(dar pena, dolore)* faire* de la peine **4** *(non piacere, essere sgradito)* déplaire*: *è dispiaciuto a tutti*, cela a déplu à tout le monde □ **dispiacersi** *v.pron.* regretter (de).

dispiacere[2] *s.m.* **1** chagrin: *è stato un grosso* — *per lui*, ça a été un grand chagrin pour lui; *ha avuto molti dispiaceri nella vita*, elle a eu beaucoup de malheurs dans sa vie ‖ *fare* —, faire de la peine ‖ *ho il* — *di...*, j'ai le regret de...; *non posso nascondere il mio* — *per il tuo comportamento*, je ne peux cacher la peine que ta conduite me cause **2** *(rincrescimento)* regret ‖ *con mio gran* —, à mon grand regret.

dispiaciuto *agg.* **1** *(spiacente)* désolé, navré **2** *(contrariato)* contrarié.

dispiegare *(coniug. come* legare*) v.tr.* déployer*.

display *s.m.* **1** *(comm.)* présentoir **2** *(inform.)* affichage; *(schermo)* écran.

displuvio *s.m.*: *(linea di)* —, ligne de partage des eaux.

dispnea *s.f.* *(med.)* dyspnée.

disponibile *agg.* disponible: — *a*, disposé à.

disponibilità *s.f.* disponibilité.

disporre *(coniug. come* porre*) v.tr.* **1** disposer *(anche fig.)* ‖ — *la cena*, préparer le dîner ‖ — *i posti a tavola*, placer les invités à table ‖ — *qlcu all'indulgenza*, *(fig.)* disposer qqn à l'indulgence **2** *(preparare)* préparer ‖ *ha disposto le cose in modo da essere libero*, il a tout arrangé de façon à être libre ‖ *la legge dispone il sequestro*, la loi prévoit le séquestre ♦ *v.intr.* **1** disposer ‖ *questa sala dispone di cento posti*, cette salle peut contenir cent personnes **2** *(ordinare)* donner l'ordre; *(stabilire)* disposer: *la legge dispone che...*, la loi dispose que... □ **disporsi** *v.pron.* se disposer; se préparer: — *su file parallele*, se mettre en rangs parallèles.

dispositivo *s.m.* **1** *(dir.)* dispositif **2** *(mecc.)* dispositif, mécanisme ‖ *(inform.)* — *di intercettazione*, porte; filtre.

disposizione *s.f.* **1** disposition ‖ *occuparsi della* — *dei posti a tavola*, s'occuper de placer les invités à table **2** *pl.* dispositions; *(ordini)* instructions ‖ *attenersi alle disposizioni*, s'en tenir aux dispositions ‖ *per* — *di legge*, aux termes de la loi **3** *(predisposizione)* disposition: *avere* — *per la musica*, avoir des dispositions pour la musi-

que ‖ *era in una* — *d'animo poco favorevole*, il était dans des dispositions peu favorables □ **a disposizione** *locuz.* à disposition; *(termine burocratico)* en disponibilité: *a* — *di*, à la disposition de.

disposto *agg.* disposé *(anche fig.)* ‖ *tendaggi disposti con eleganza*, des rideaux arrangées avec élégance ♦ *s.m.* *(dir.)* disposition *(f.)*.

dispotico *(pl. -ci) agg.* despotique.

dispotismo *s.m.* despotisme.

dispregiativo *agg.* **1** méprisant **2** *(gramm.)* péjoratif*.

dispregio *s.m.* *(letter.)* mépris ‖ *in* — *di*, au mépris de; *tenere in* —, mépriser; *cadere in* —, perdre l'estime.

disprezzabile *agg.* méprisable.

disprezzare *v.tr.* mépriser; *(disdegnare)* dédaigner □ **disprezzarsi** *v.pron.* se mépriser.

disprezzo *s.m.* mépris ‖ *nutrire* —, avoir du mépris.

disputa *s.f.* **1** *(discussione)* discussion **2** *(alterco)* dispute.

disputare *v.intr.* *(discutere)* discuter ♦ *v.tr.* **1** *(discutere)* discuter **2** *(sport)* disputer: *la partita sarà disputata a Pavia*, le match sera disputé à Pavie; *è stata una gara molto disputata*, la compétition a été acharnée ‖ — *un primato*, disputer un record □ **disputarsi** *v.pron.* se disputer.

disquisire *(coniug. come* finire*) v.intr.* discourir*, disserter.

disquisizione *s.f.* **1** débat *(m.)* **2** *(ricerca scritta)* dissertation; *(analisi)* analyse.

dissacrante *agg.* désacralisant, démystifiant.

dissacrare *v.tr.* démystifier, désacraliser: — *un'autorità*, démystifier une autorité.

dissacratorio *agg.* désacralisant.

dissacrazione *s.f.* désacralisation.

dissalare *v.tr.* dessaler.

dissalatore *s.m.* dessaleur.

dissaldare *v.tr.* dessouder, débraser.

dissanguamento *s.m.* **1** hémorragie *(f.)*: *morire per* —, mourir d'une hémorragie **2** *(fig.)* épuisement.

dissanguare *v.tr.* **1** saigner, faire* perdre son sang (à): — *un animale*, saigner un animal **2** *(fig.)* saigner (à blanc); épuiser: — *le finanze dello stato*, épuiser les finances de l'Etat □ **dissanguarsi** *v.pron.* perdre* tout son sang; *(morire dissanguato)* mourir* d'une hémorragie ‖ *si è dissanguato per la famiglia*, *(fig.)* il s'est saigné aux quatre veines pour sa famille.

dissanguato *agg.* **1** *morire* —, mourir d'une hémorragie **2** *(fig.)* épuisé.

dissapore *s.m.* *(léger)* désaccord.

disseccare *(coniug. come* mancare*) v.tr.* dessécher* □ **disseccarsi** *v.pron.* **1** se dessécher* **2** *(fig.)* se tarir.

disselciare *(coniug. come* cominciare*) v.tr.* dépaver.

dissellare *v.tr.* desseller.

disseminare *v.tr.* **1** disséminer **2** *(fig.)* semer*.

disseminazione *s.f.* dissémination.

distendere

dissennato *agg.* fou*.

dissenso *s.m.* **1** dissentiment; dissension (*f.*) **2** (*disapprovazione*) désapprobation (*f.*).

dissenteria *s.f.* dysenterie.

dissentire *v.intr.* ne pas être* d'accord (avec qqn sur qqch).

dissenziente *agg.* e *s.m.* (celui) qui n'est pas d'accord || *politica* —, politique dissidente.

disseppellire (*coniug. come* finire) *v.tr.* déterrer; (*esumare*) exhumer (*anche fig.*).

dissequestrare *v.tr.* lever la saisie: *il film è stato dissequestrato*, le film a été remis en circulation.

dissertare *v.intr.* disserter.

dissertazione *s.f.* dissertation.

disservizio *s.m.* mauvais fonctionnement.

dissestare *v.tr.* **1** disloquer; (*il fondo stradale*) défoncer* **2** (*fig.*) mettre* en crise, mettre* en difficulté: *il bilancio familiare*, déséquilibrer le budget familial.

dissestato *agg.* disloqué; (*del fondo stradale*) défoncé; (*fig.*) en mauvais état; (*in difficoltà*) en difficulté: *attenzione, strada dissestata*, attention, chaussée défoncée.

dissesto *s.m.* **1** (*degrado*) dégradation (*f.*) **2** (*econ.*) difficulté (*f.*) || *economia in* —, économie en difficulté.

dissetante *agg.* désaltérant.

dissetare *v.tr.* désaltérer* □ **dissetarsi** *v.pron.* se désaltérer*.

dissezione *s.f.* dissection.

dissidente *agg.* e *s.m.* dissident.

dissidenza *s.f.* dissidence.

dissidio *s.m.* dissension (*f.*) || *essere in* — *con*, être en désaccord avec.

dissimilare *v.tr.* rendre* dissemblable.

dissimile *agg.* dissemblable; (*seguito da complemento*) différent (de).

dissimulare *v.tr.* dissimuler.

dissimulatore (f. *-trice*) *agg.* e *s.m.* dissimulateur*.

dissimulazione *s.f.* dissimulation.

dissipare *v.tr.* dissiper (*anche fig.*) □ **dissiparsi** *v.pron.* se dissiper.

dissipatezza *s.f.* → **dissipazione**.

dissipato *agg.* dissolu.

dissipatore (f. *-trice*) *s.m.* dissipateur*.

dissipazione *s.f.* dissipation: *la* — *del patrimonio familiare*, la dilapidation du patrimoine familial; *la* — *delle proprie energie*, (*fig.*) le gaspillage de ses énergies.

dissociabile *agg.* dissociable.

dissociare (*coniug. come* cominciare) *v.tr.* dissocier □ **dissociarsi** *v.pron.* se dissocier, se désolidariser (de).

dissociativo *agg.* dissociatif*; de dissociation.

dissociato *agg.* **1** (*psic.*) atteint de dissociation (mentale) **2** (*che si dissocia*) qui s'est désolidarisé **3** (*dietetica*) *dieta dissociata*, régime dissocié ♦ *s.m.* **1** (*psic.*) personne atteinte de dissociation (mentale) **2** (*chi si è dissociato*) personne qui s'est désolidarisée.

dissociazione *s.f.* dissociation.

dissodamento *s.m.* défrichement.

dissodare *v.tr.* défricher.

dissolubile *agg.* soluble.

dissolutezza *s.f.* dissolution: *vivere nella* —, mener une vie dissolue.

dissoluto *agg.* dissolu.

dissoluzione *s.f.* dissolution (*anche fig.*).

dissolvenza *s.f.* (*cine.*) fondu (*m.*): — *in chiusura*, fermeture en fondu.

dissolvere (*coniug. come* assolvere) *v.tr.* **1** dissoudre* **2** (*fig.*) (*dissipare*) dissiper □ **dissolversi** *v.pron.* **1** se dissoudre* **2** (*fig.*) (*dissiparsi*) se dissiper.

dissomiglianza *s.f.* dissemblance.

dissonante *agg.* **1** (*mus.*) dissonant **2** (*fig.*) discordant.

dissonanza *s.f.* **1** (*mus.*) dissonance **2** (*fig.*) discordance.

dissotterramento *s.m.* déterrement.

dissotterrare *v.tr.* déterrer; (*esumare*) exhumer (*anche fig.*).

dissuadere (*coniug. come* invadere) *v.tr.* dissuader: *cerca di dissuaderlo da quel progetto*, essaie de le détourner de ce projet.

dissuasione *s.f.* dissuasion.

dissuasivo *agg.* dissuasif*.

distaccamento *s.m.* détachement.

distaccare (*coniug. come* mancare) *v.tr.* détacher; (*distanziare*) distancer* □ **distaccarsi** *v.pron.* se détacher.

distaccato *agg.* détaché (*anche fig.*).

distacco (pl. *-chi*) *s.m.* **1** décollement **2** (*separazione*) séparation (*f.*) **3** (*l'essere distaccato*) détachement; (*atteggiamento distaccato*) air détaché **4** (*sport*) écart; (*vantaggio*) avance (*f.*): *ha vinto per*, *con* —, il a gagné nettement détaché.

distante *agg.* **1** éloigné: *è molto* — *il paese?*, est-ce que le village est très loin?; *il paese è* — *10 km*, le village est à 10 km; *quant'è* — *il museo?*, quelle est la distance d'ici au musée? || — *nel tempo*, reculé dans le temps; (*per il futuro*) lointain **2** (*fig.*) (*distaccato*) distant ♦ *avv.* loin.

distanza *s.f.* **1** distance; (*di tempo*) intervalle (*m.*): *lo si vede a* —, on le voit de loin; *tenersi a debita, rispettosa* —, (*anche fig.*) se tenir à distance respectueuse; *a* — *di 2 m*, à un intervalle de 2 m; *a* — *di tre mesi*, au bout de trois mois; *a* — *di vent'anni*, (*riferito al passato*) vingt ans après || *a* —, de loin; *a poca* —, non loin de là || *mantenere le distanze*, garder ses distances **2** (*fig.*) (*differenza*) différence.

distanziamento *s.m.* espacement.

distanziare *v.tr.* distancer*.

distare *v.intr.* être* loin; (*seguito da complemento*) être* à: *il paese dista 5 km*, le village est à 5 km || *quanto dista la stazione?*, à quelle distance est la gare?; *quanto dista Roma da Milano?*, Rome est à combien de kilomètres de Milan?

distendere (*coniug. come* prendere) *v.tr.* **1** étendre* **2** (*spiegare*) déployer* **3** (*fig.*) (*rilas-*

sare) détendre* □ **distendersi** *v.pron.* **1** s'éten-
dre* **2** (*fig.*) (*rilassarsi*) se détendre*.

distensione *s.f.* détente.

distensivo *agg.* de détente: *un clima* —, une atmosphère détendue.

distesa *s.f.* étendue □ **a distesa** *locuz.avv.*: *cantare a* —, chanter à gorge déployée; *suonare a* —,
(*di campane*) sonner à la volée.

disteso *agg.* **1** étendu || *teneva le braccia distese
lungo i fianchi*, il avait les bras le long du corps ||
lungo —, de tout son long **2** (*spiegato*) déployé ||
cantare a voce distesa, chanter à gorge
déployée **3** (*fig.*) (*rilassato*) détendu.

distico (pl. *-ci*) *s.m.* distique.

distillare *v.tr.* e *intr.* distiller.

distillato *agg.* distillé ♦ *s.m.* distillat.

distillatore *s.m.* distillateur.

distillazione *s.f.* distillation.

distilleria *s.f.* distillerie.

distinguere (*Pass.rem.* io distinsi, tu distingue-
sti ecc. *Part.pass.* distinto) *v.tr.* **1** distinguer || *bi-
sogna* —!, il faut voir! **2** (*caratterizzare*) caractériser **3** (*contrassegnare*) marquer □ **distinguersi** *v.pron.* se distinguer.

distinta *s.f.* (*lista*) liste; (*nota*) note; (*comm.*) bor-
dereau* (*m.*).

distintamente *avv.* **1** distinctement || (*comm.*)
— *vi salutiamo*, veuillez agréer nos salutations
distinguées **2** (*separatamente*) distinctement,
séparément.

distintivo *agg.* distinctif* ♦ *s.m.* insigne (*f.*).

distinto *agg.* **1** distinct **2** (*signorile*) distingué ||
i posti distinti, les premières || (*comm.*): *Distinto
signore*, Monsieur; *distinti saluti*, veuillez agréer
nos salutations distinguées.

distinzione *s.f.* distinction || *una gran* — *di mo-
di*, des manières très distinguées.

distogliere (*coniug. come* cogliere) *v.tr.* **1** détourner **2** (*dissuadere*) dissuader.

distonia *s.f.* (*med.*) dystonie.

distorcere (*coniug. come* torcere) *v.tr.* **1** distor-
dre* || *distorcersi una caviglia*, se fouler une che-
ville **2** (*fig.*) (*deformare*) déformer.

distorsione *s.f.* **1** distorsion **2** (*med.*) entorse,
foulure.

distorto *agg.* **1** tordu (*anche fig.*) **2** (*med.*) foulé: *caviglia distorta*, cheville foulée **3** (*di suono,
immagine*) déformé.

distrarre (*coniug. come* trarre) *v.tr.* **1** dis-
traire* **2** (*distogliere*) détourner □ **distrarsi**
v.pron. se distraire*.

distrattamente *avv.* distraitement.

distratto *agg.* **1** distrait **2** (*sventato*) étourdi.

distrazione *s.f.* distraction || *per* —, par distrac-
tion || *errore di* —, faute d'étourderie.

distretto *s.m.* **1** arrondissement — *doganale*,
arrondissement douanier || — *urbano*, district
urbain || (*mil.*): — *militare*, circonscription mili-
taire; *presentarsi al* —, se présenter au bureau de
recrutement **2** (*dir.*) circonscription (*f.*).

distrettuale *agg.* de l'arrondissement; (*dir., mil.*)
de la circonscription.

distribuire (*coniug. come* finire) *v.tr.* **1** distribuer **2** (*disporre*) disposer; (*ripartire*) répartir:
— *bene il proprio tempo*, bien organiser son emploi du temps **3** (*stendere*) étendre*, étaler □ **di-
stribuirsi** *v.pron.* se disposer.

distributivo *agg.* distributif* || *criterio* —, critère
de distribution.

distributore (f. *-trice*) *s.m.* distributeur* || — *di
benzina*, pompe à essence.

distribuzione *s.f.* **1** distribution **2** (*ripartizione*) partage (*m.*), répartition: (*econ.*) — *degli utili*,
répartition des bénéfices.

districare (*coniug. come* mancare) *v.tr.* démêler,
débrouiller (*anche fig.*) □ **districarsi** *v.pron.* se tirer d'affaire, se débrouiller.

distrofia *s.f.* (*med.*) dystrophie.

distruggere (*Pass.rem.* io distrussi, tu distrugge-
sti ecc. *Part. pass.* distrutto) *v.tr.* détruire*;
(*demolire*) démolir.

distruttivo *agg.* destructif* (*anche fig.*) || *distilla-
zione distruttiva*, (*chim.*) distillation sèche.

distrutto *agg.* détruit; (*fig.*) brisé, anéanti; (*stanco*) épuisé.

distruttore (f. *-trice*) *agg.* e *s.m.* destructeur*.

distruzione *s.f.* destruction.

disturbare *v.tr.* **1** déranger* || *il caldo e il sole mi
disturbano*, la chaleur et le soleil m'incommo-
dent **2** (*ostacolare*) gêner **3** (*molestare, turbare*)
troubler || — *una trasmissione radiofonica*,
brouiller une émission de radio □ **disturbarsi**
v.pron. se déranger*.

disturbato *agg.* **1** (*fam.*) (*indisposto*) mal à
l'aise || *sono* — *di stomaco*, j'ai l'estomac bar-
bouillé **2** (*rad.*) brouillé.

disturbatore (f. *-trice*) *agg.* e *s.m.* perturbateur*.

disturbo *s.m.* **1** dérangement: *arrecare* —,
déranger; *non vorrei esserti di* —, je ne voudrais
pas te déranger; *togliamo il* —, nous ne voulons
pas vous déranger davantage; *scusi il* —, excusez-
moi de vous déranger || *non si è neanche preso il
— di ringraziare*, il n'a même pas pris la peine de
remercier **2** (*malessere*) trouble || *disturbi inte-
stinali*, ennuis intestinaux **3** (*rad., tel.*) dérangement.

disubbidiente *agg.* désobéissant.

disubbidienza *s.f.* désobéissance.

disubbidire (*coniug. come* finire) *v.intr.* désobéir.

disuguaglianza *s.f.* inégalité (*anche fig.*).

disuguale *agg.* **1** inégal* (*anche fig.*) **2** (*differente*) différent.

disumanità *s.f.* inhumanité.

disumanizzare *v.tr.* déshumaniser □ **disuma-
nizzarsi** *v.pron.* se déshumaniser.

disumanizzazione *s.f.* déshumanisation.

disumano *agg.* inhumain.

disunione *s.f.* désunion.

disunire (*coniug. come* finire) *v.tr.* désunir
(*anche fig.*).

disunito *agg.* désuni.

disusato *agg.* désuet*; (*inusitato*) inusité.

disuso *s.m.* désuétude (*f.*).

ditale *s.m.* **1** dé à coudre **2** (*per proteggere un dito malato*) doigtier.

ditata *s.f.* trace de doigts.

diteggiatura *s.f.* (*mus.*) doigté (*m.*).

ditirambo *s.m.* dithyrambe.

dito (pl. *le dita*; *i diti* quando è seguito dal nome) *s.m.* doigt; (*dei piedi*) orteil: *indicare, minacciare col* —, indiquer, menacer du doigt; *non ha la forza di alzare un* —, il n'a plus la force de remuer le petit doigt || *segnare a* —, montrer du doigt || *non muovere un* —, ne pas remuer le petit doigt || *me la lego al* —, je ne suis pas près de l'oublier || *dammene un* — *solo*, tu ne m'en donneras qu'une goutte || (*prov.*) *tra moglie e marito non mettere il* —, entre l'arbre et l'écorce, il ne faut pas mettre le doigt.

ditone *s.m.* gros orteil.

ditta *s.f.* **1** maison, firme || *devo passare in* —, il faut que je passe au bureau; *offre la* —, c'est la maison qui régale **2** (*teatr.*) compagnie.

dittafono *s.m.* dictaphone.

dittatore (f. *-trice*) *s.m.* dictateur*.

dittatoriale *agg.* dictatorial*.

dittatura *s.f.* dictature.

dittero *s.m.* (*zool.*) diptère.

dittico (pl. *-ci*) *s.m.* diptyque.

dittongo (pl. *-ghi*) *s.m.* diphtongue (*f.*).

diuretico (pl. *-ci*) *agg.* e *s.m.* diurétique.

diurno *agg.* diurne, de jour; (*del giorno*) du jour: *lavoro* —, travail de jour; *le ore diurne*, les heures du jour || (*teatr.*) *rappresentazione* (*in*) *diurna*, matinée || (*astr.*) *moto* —, mouvement diurne ♦ *s.m.* (*albergo*) —, bains publics.

diuturno *agg.* continuel*.

diva *s.f.* (*cine.*) star, vedette.

divagare (*coniug. come* legare) *v.intr.* s'écarter (de) || *non divaghiamo!*, ne nous écartons pas du sujet! ♦ *v.tr.* distraire* □ **divagarsi** *v.pron.* se distraire*.

divagazione *s.f.* digression.

divampare *v.intr.* flamber; (*di un incendio*) faire* rage; (*scoppiare*) éclater (*anche fig.*); (*diffondersi*) s'étendre* (*anche fig.*) || *la passione divampava nel suo cuore*, la passion embrasait son cœur.

divano *s.m.* canapé: — *letto*, canapé-lit.

divaricare (*coniug. come* mancare) *v.tr.* écarter.

divaricato *agg.* écarté: *a gambe divaricate*, (les) jambes écartées.

divaricazione *s.f.* écartement (*m.*), écart (*m.*).

divario *s.m.* différence (*f.*); (*scarto*) décalage.

divelto *agg.* déraciné.

divenire (*coniug. come* venire) *v.intr.* devenir* || (*fil.*) *in* —, en devenir.

diventare *v.intr.* devenir* || — *vecchio*, (*di persona*) vieillir || — *acido*, tourner à l'aigre || *un giorno sarebbe diventato avvocato*, un jour elle serait avocat || *mi farai* — *matto!*, tu me rendras fou!

diverbio *s.m.* querelle (*f.*), altercation (*f.*) || *venire a* —, se quereller.

divergente *agg.* divergent (*anche fig.*).

divergenza *s.f.* divergence.

divergere (*non usati Pass.rem.* e *Part.pass.*) *v. intr.* diverger*.

diversamente *avv.* **1** (*in modo diverso*) autrement (que) || — *da quanto avevo previsto*, contrairement à ce que j'avais prévu **2** (*se no, altrimenti*) autrement, sans quoi.

diversificare (*coniug. come* mancare) *v.tr.* diversifier □ **diversificarsi** *v.pron.* différer*.

diversione *s.f.* (*digressione*) digression; (*mil.*) diversion.

diversità *s.f.* **1** (*varietà*) diversité **2** (*differenza*) différence.

diversivo *s.m.* dérivatif ♦ *agg.* de diversion.

diverso *agg.* différent; (*vario*) divers; (*disuguale*) inégal*: *essere* — *da*, différer de || *è* — *da come me l'ero immaginato*, il n'est pas comme je croyais || *in caso* —, autrement || *aveva la consapevolezza di essere* —, il avait conscience d'être différent ♦ *agg.indef.* (*spec.pl.*) plusieurs*: *diversi mesi fa*, il y a plusieurs, quelques mois || *in diverse taglie e in diversi colori*, en plusieurs tailles et en coloris différents || *in diverse occasioni*, en diverses, différentes occasions ♦ *pron.indef.pl.* plusieurs*: *saremo in diversi*, nous serons plusieurs ♦ *s.m.* (*omosessuale*) homosexuel; (*handicappato*) *handicapé; (*emarginato*) marginal*.

divertente *agg.* amusant.

divertimento *s.m.* **1** amusement; (*svago, passatempo*) distraction (*f.*) || *per* —, pour s'amuser || *con le sue buffonerie è il* — *di tutti*, il amuse tout le monde par ses pitreries || *è un* — *starlo a sentire*, c'est un plaisir que de l'écouter || *buon* —!, amusez-vous bien! || *parco dei divertimenti*, parc d'attractions **2** (*mus.*) divertissement.

divertire *v.tr.* amuser; (*provar piacere a*) aimer bien: *la pesca lo diverte*, il aime bien la pêche □ **divertirsi** *v.pron.* s'amuser; (*provar piacere*) aimer: *si diverte con poco*, un rien l'amuse; *si diverte a giocare a carte*, il aime bien jouer aux cartes.

divertito *agg.* amusé.

divezzare *v.tr.* sevrer*.

dividendo *s.m.* dividende.

dividere (*coniug. come* ridere) *v.tr.* **1** diviser; (*ripartire*) répartir; (*spartire*) partager*: — *a metà*, diviser en deux; — *per cinque*, diviser par cinq; *35 si divide per 5 e per 7*, 35 est divisible par 5 et 7; — *il patrimonio tra i figli*, répartir sa fortune entre ses enfants; — *le spese*, partager les frais; *una siepe divide il giardino*, une haie partage le jardin; *sull'argomento gli specialisti si dividono*, sur cet argument les spécialistes sont partagés || *le opinioni si dividono*, les opinions divergent || *non ho niente da* — *con lui*, (*fig.*) je n'ai rien à faire avec lui **2** (*separare*) séparer □ **dividersi** *v.pron.* se diviser; (*spartirsi*) se partager* || *l'anno si divide in dodici mesi*, l'année se compose de douze mois.

divieto *s.m.* défense (*f.*), interdiction (*f.*) || — *di sosta*, stationnement interdit; — *di sorpasso*, interdiction de doubler || *è fatto* — *di*, défense de, il est interdit de.

divinamente *avv.* divinement.

divinatorio *agg.* divinatoire.

divinazione *s.f.* divination.

divincolarsi *v.pron.* se débattre*, se démener* || — *dalle mani di*, se dégager des mains de.

divinità *s.f.* divinité.

divinizzare *v.tr.* diviniser.

divino *agg.* 1 divin || *per diritto* —, de droit divin 2 (*fam.*) (*eccelso, splendido*) splendide; (*spec. riferito a persone*) divin ♦ *s.m.* divin.

divisa[1] *s.f.* 1 uniforme (*m.*); (*tenuta*) tenue || — *di portiere*, livrée de portier 2 (*motto*) devise.

divisa[2] *s.f.* (*moneta*) devise.

divisibile *agg.* divisible.

divisibilità *s.f.* divisibilité.

divisione *s.f.* 1 division 2 (*spartizione*) partage (*m.*).

divisionismo *s.m.* (*pitt.*) divisionnisme.

divismo *s.m.* culte des vedettes; (*atteggiamento divistico*) vedettariat.

diviso *agg.* 1 divisé 2 (*discorde*) partagé || *sono* —, *non so decidermi*, je suis partagé, je n'arrive pas à me décider 3 (*separato*) séparé.

divisore *s.m.* (*mat.*) diviseur: *il massimo comun* —, le plus grand commun diviseur.

divisorio *agg.* mitoyen*: *muro* —, mur mitoyen, (*interno*) cloison ♦ *s.m.* cloison (*f.*).

divistico (pl. -*ci*) *agg.* 1 (*da divo*) de vedette 2 (*del divismo*) relatif* au culte des vedettes.

divo *s.m.* vedette (*f.*).

divorare *v.tr.* dévorer.

divoratore (f. -*trice*) *agg.* dévorant ♦ *s.m.* gros* mangeur* || *un — di libri gialli*, un grand amateur de romans policiers.

divorziare *v.intr.* divorcer*: *ha divorziato da sua moglie*, il a divorcé de, d'avec sa femme.

divorziato *agg.* e *s.m.* divorcé.

divorzio *s.m.* divorce: *intentare azione di* —, introduire une instance de divorce.

divorzista *s.m.* partisan du divorce ♦ *agg.* 1 favorable au divorce 2 (*avvocato*) —, avocat spécialisé dans les actions en divorce.

divulgare (*coniug. come* legare) *v.tr.* 1 divulguer 2 (*diffondere in forma accessibile*) vulgariser □ **divulgarsi** *v.pron.* se répandre*.

divulgativo *agg.* de vulgarisation.

divulgatore (f. -*trice*) *s.m.* 1 divulgateur* 2 (*volgarizzatore*) vulgarisateur*.

divulgazione *s.f.* 1 divulgation 2 (*volgarizzazione*) vulgarisation.

dizionario *s.m.* dictionnaire: *nel, sul* —, dans le dictionnaire.

dizione *s.f.* 1 diction 2 (*recitazione in pubblico*) récital* poétique.

do *s.m.* (*mus.*) do, ut: — *acuto*, contre-ut.

doccia (pl. -*ce*) *s.f.* 1 douche: *fare la* —, prendre une douche 2 (*grondaia*) gouttière.

docciarsi (*coniug. come* cominciare) *v.pron.* se doucher.

doccione *s.m.* 1 (*arch.*) gargouille (*f.*) 2 (*edil.*) noulet.

docente *agg.* enseignant ♦ *s.m.* professeur.

docenza *s.f.* enseignement (*m.*).

docile *agg.* docile || — *come un agnellino*, doux comme un agneau || *legno* —, bois facile à travailler || -**mente** *avv.*

docilità *s.f.* 1 docilité 2 (*malleabilità*) malléabilité.

docimologia *s.f.* docimologie.

documentabile *agg.* qui peut être documenté.

documentalista *s.m.* documentaliste.

documentare *v.tr.* 1 documenter; (*provare*) prouver, appuyer* 2 (*informare*) informer □ **documentarsi** *v.pron.* se documenter.

documentario *agg.* e *s.m.* documentaire.

documentarista *s.m.* (*cine.*) documentariste.

documentato *agg.* documenté; (*menzionato*) mentionné.

documentazione *s.f.* 1 documentation 2 (*documenti*) pièces (*pl.*): — *giustificativa*, pièces justificatives.

documento *s.m.* 1 document || *documenti giustificativi*, pièces justificatives || (*inform.*) — *stampato*, copie sur papier 2 (*documento d'identità*) pièce d'identité; (*pl.*) papiers: — *di riconoscimento*, pièce d'identité; *documenti!*, vos papiers!

dodeca- *pref.* dodéca-

dodecaedro *s.m.* (*mat.*) dodécaèdre.

dodecafonia *s.f.* dodécaphonisme (*m.*).

dodecafonico (pl. -*ci*) *agg.* dodécaphonique.

dodecasillabo *s.m.* dodécasyllabe.

dodicenne *agg.* (âgé) de douze ans ♦ *s.m.* e *f.* garçon (âgé), fillette (âgée) de douze ans.

dodicesimo *agg.num.ord.* e *s.m.* douzième; (*nella progressione di re, papi, capitoli ecc.*) douze.

dodici *agg.num.card.* e *s.m.* douze || *sono le* —, il est midi.

dodo *s.m.* (*zool.*) dodo.

doga (pl. -*ghe*) *s.f.* douve || *letto a doghe*, sommier à lattes.

dogana *s.f.* 1 douane: *in* —, à la douane 2 (*dazio doganale*) (droits de) douane.

doganale *agg.* de douane, des douanes; (*riguardante le disposizioni doganali*) douanier*: *ufficio, agente* —, bureau, agent des douanes; *diritti doganali*, droits de douane; *accordo* —, accord douanier || *bolletta* —, certificat de franchise.

doganiere *s.m.* douanier.

doge *s.m.* doge.

doglie *s.f.pl.* douleurs (de l'accouchement): *avere le doglie*, être dans les douleurs.

dogma *s.m.* dogme.

dogmatico (pl. -*ci*) *agg.* e *s.m.* dogmatique || -**mente** *avv.*

dogmatismo *s.m.* dogmatisme.

dogmatizzare *v.intr.* dogmatiser.

dolce *agg.* 1 doux* (*anche estens. e fig.*) || *d'acqua* —, d'eau douce || *legno* —, bois tendre; *ferro* —, fer doux || — *risveglio*, réveil en douceur || *fare la — vita*, mener joyeuse vie; *il — far niente*, le farniente 2 (*zuccherato*) sucré: *bibita* —, boisson sucrée ♦ *s.m.* 1 gâteau*; (*pl.*) (*dolciumi*) sucreries (*f.*) 2 (*sapore dolce*) douceur (*f.*).

dolcemente *avv.* doucement; (*con dolcezza*) avec douceur.

dolcetto *s.m.* vin rouge du Piémont.

dolcevita (pl. *invar.*) *agg.* e *s.m.* col roulé.

dolcezza *s.f.* douceur || —!, — *mia!*, ma chérie!

dolciario *agg.* de la confiserie || *prodotto* —, confiserie; *prodotto* — *da forno*, viennoiserie.

dolciastro *agg.* douceâtre; (*fig.*) doucereux*.

dolcificante *agg.* e *s.m.* édulcorant.

dolcificare (*coniug. come* mancare) *v.tr.* **1** édulcorer **2** (*chim.*) adoucir.

dolcificatore *s.m.* (*chim.*) adoucisseur.

dolcificazione *s.f.* **1** édulcoration **2** (*chim.*) adoucissement (*m.*).

dolciumi *s.m.pl.* friandises (*f.*), sucreries (*f.*).

dolente *agg.* **1** douloureux*; *ho un braccio* —, j'ai mal à un bras || (*fig.*): *il punto* —, le point délicat; *il tasto* —, le point sensible; *qui incominciano le dolenti note*, c'est ici que les choses commencent à se gâter **2** (*di voce*) dolent **3** (*spiacente*) désolé || *siamo molto dolenti di...*, nous avons le regret de...

dolere (*Ind.pres.* io dolgo, tu duoli, egli duole, noi doliamo, voi dolete, essi dolgono; *fut.* io dorrò ecc.; *pass.rem.* io dolsi, tu dolesti ecc. *Cong.pres.* che io dolga ecc., che noi doliamo, che voi doliate, che essi dolgano) *v.intr.* **1** (*far male*) avoir* mal (à) **2** (*rincrescere*) regretter □ **dolersi** *v.pron.* **1** regretter **2** (*lamentarsi*) se plaindre*: *non ho di che dolermi*, je n'ai pas lieu de me plaindre.

dolicocefalo *agg.* e *s.m.* dolichocéphale.

dolina *s.f.* (*geol.*) doline.

dollaro *s.m.* dollar || (*econ.*) *area del* —, zone dollar.

dolmen (pl. *invar.*) *s.m.* dolmen.

dolo *s.m.* dol.

dolomia *s.f.* dolomie.

dolomitico (pl. *-ci*) *agg.* dolomitique.

dolorante *agg.* endolori.

dolore *s.m.* **1** douleur (*f.*), peine (*f.*); (*sofferenza*) souffrance (*f.*); (*dispiacere*) chagrin || (*relig.*) *atto di* —, acte de contrition || *con suo grande* —, à son regret **2** (*male fisico*) douleur (*f.*): *sono pieno di dolori*, *sono tutto un* —, j'ai des douleurs partout, j'ai mal partout || *letto di* —, lit de souffrance.

dolorifico (pl. *-ci*) *agg.* algésiogène.

doloroso *agg.* douloureux* || *un pianto* —, des larmes de douleur || *una vita dolorosa*, une vie pleine de chagrins || **-mente** *avv.*

doloso *agg.* (*dir.*) frauduleux* || *incendio* —, incendie volontaire.

domanda *s.f.* **1** question: *fare*, *rivolgere una* —, poser une question **2** (*richiesta*) demande: — *di matrimonio*, demande en mariage || — *di grazia*, recours en grâce.

domandare *v.tr.* e *intr.* demander: *mi ha domandato di te*, il m'a demandé de tes nouvelles; *domandano di lei*, on vous demande; — *scusa*, demander pardon; *ha domandato troppo*, (*un prezzo eccessivo*) il a demandé trop cher || *do-*

mando e dico!, je vous demande un peu! || *e me lo domandi?*, et tu as besoin de me le demander?

domani *avv.* demain: *dopo* —, — *l'altro*, après-demain || *parlerebbe fino a* —, il n'arrêterait plus de parler || *sì*, —!, (*iron.*) tu peux toujours attendre! ♦ *s.m.* **1** demain **2** (*avvenire*) avenir.

domare *v.tr.* dompter (*anche fig.*); (*vincere*, *reprimere*) maîtriser.

domatore (f. *-trice*) *s.m.* dompteur*.

domattina *avv.* demain matin.

domenica (pl *-che*) *s.f.* dimanche (*m.*): *lo vedo la* —, je le vois tous les dimanches; *due domeniche fa*, il y a eu quinze jours dimanche || — *delle Palme*, dimanche des Rameaux; — *in Albis*, dimanche de Quasimodo || *mettersi gli abiti della* —, s'endimancher.

domenicale *agg.* dominical* || *abiti domenicali*, les habits du dimanche.

domenicano *agg.* e *s.m.* dominicain.

domestica (pl. *-che*) *s.f.* bonne: — *fissa*, bonne; — *a ore*, femme de ménage; — *tutto fare*, bonne à tout faire.

domestico (pl. *-ci*) *agg.* **1** domestique; (*della famiglia*) familial*: *faccende domestiche*, travaux domestiques, le ménage; *le abitudini domestiche*, les habitudes familiales || *tra le pareti domestiche*, entre quatre murs; (*fig.*) dans l'intimité familiale || *focolare* —, foyer; *le divinità domestiche*, les dieux du foyer **2** (*di animali*) domestique ♦ *s.m.* domestique.

domiciliare[1] *agg.* (*dir.*) domiciliaire.

domiciliare[2] *v.tr.* (*comm.*) domicilier □ **domiciliarsi** *v.pron.* établir son domicile, se domicilier.

domiciliato *agg.* domicilié.

domicilio *s.m.* domicile: *a* —, à domicile; *vendere a* —, faire du porte à porte; *eleggere il* —, élire domicile; — *d'elezione*, domicile élu || (*dir.*): — *legale*, domicile légal, (*di ditta*) siège social; — *di pagamento*, domicile commercial.

dominante *agg.* dominant; *è il suo pensiero* —, c'est son principal souci || *nota* —, (*mus.*) dominante; (*fig.*) élément dominant.

dominare *v.tr.* dominer || — *la situazione*, être maître de la situation; — *la collera*, maîtriser sa colère || *un pensiero domina la sua mente*, une seule idée occupe son esprit || *è dominato dal vizio del gioco*, il est possédé par le démon du jeu ♦ *v.intr.* **1** dominer || *in quel paese domina l'anarchia*, dans ce pays règne l'anarchie **2** (*prevalere*) l'emporter (sur) □ **dominarsi** *v.pron.* se dominer.

dominatore (f. *-trice*) *agg.* e *s.m.* dominateur* || *è stato il* — *della gara*, il a dominé la course (du début jusqu'à la fin).

dominazione *s.f.* domination.

dominicano *agg.* e *s.m.* dominicain.

dominio *s.m.* **1** domination (*f.*); (*padronanza*) maîtrise (*f.*): *il* — *dei mari*, la maîtrise des mers; — *di sé*, maîtrise de soi-même **2** (*territorio*) domaine **3** (*dir.*) (*proprietà*) propriété (*f.*) || *essere di pubblico* —, tomber dans le domaine public, (*fig.*) être de notoriété publique **4** (*fig.*) (*campo*) domaine.

domino (pl. *invar*) *s.m.* **1** (*abbigl.*) domino **2** (*gioco*) dominos (*pl.*): giocare a — , jouer aux dominos.

don *s.m.* **1** abbé; (*non seguito dal nome proprio*) monsieur l'abbé: — *Rossi*, l'abbé Rossi; *buongiorno*, — *Carlo*, bonjour, monsieur l'abbé **2** (*titolo d'onore spagnolo*) don.

donare *v.tr.* **1** (*regalare*) donner, faire* cadeau (de); (*offrire*) offrir* || — *tutto se stesso a*, se consacrer entièrement à || — *il sangue*, donner son sang **2** (*dir.*) faire* une donation (de) ♦ *v.intr.* bien aller*: *l'azzurro le dona*, le bleu lui va bien.

donatario *s.m.* (*dir.*) donataire.

donativo *s.m.* cadeau*; (*ricompensa*) récompense (*f.*).

donatore (f. *-trice*) *s.m.* **1** donneur* **2** (*dir.*) donateur*.

donazione *s.f.* (*dir.*) donation.

donchisciotte *s.m.* don Quichotte*.

donde *avv.* (*letter.*) **1** d'où; (*dal luogo da cui*) du lieu d'où **2** (*perché*) pourquoi || *si lamenta e ne ha ben* — , il se plaint et pour cause ♦ *pron.rel.* (*letter.*) (*di cui, da cui*) dont; (*da dove*) d'où.

dondolare *v.tr.* balancer* ♦ *v.intr.* se balancer* || *quel tavolo dondola*, cette table branle, est bancale || *mi dondola un dente*, j'ai une dent qui branle □ **dondolarsi** *v.pron.* se balancer*.

dondolio *s.m.* balancement.

dondolo *s.m.* (*divano da giardino*) balancelle (*f.*) □ **a dondolo**, à bascule: *sedia, cavallo a* — , fauteuil, cheval à bascule.

dongiovanni *s.m.* don Juan.

donna *s.f.* **1** femme: *una brava* — *di casa*, une parfaite femme d'intérieur; *una* — *di mondo*, une femme du monde; *una* — *di classe*, une femme distinguée, qui a de la classe || *buona* — , (*fam.*) brave femme || (*fam.*): *è la mia* — , (*compagna*) c'est ma copine, ma petite amie; *a casa sua ne parlerò con le mie donne*, j'en parlerai aux femmes (de la maison)|| — *di servizio*, bonne (à tout faire); — *a ore*, femme de ménage; — *a giornata, a mezzo servizio*, femme de journée || *la prima* — , (*opera lirica*) la prima donna; *fare la prima* — , (*fig.*) jouer les vedettes || — *di facili costumi*, femme légère; — *di strada*, femme de mauvaise vie || *andare a donne*, (*fam.*) courir les filles **2** (*alle carte e agli scacchi*) dame **3** *Donna*, (*titolo onorifico*) Madame □ **donna poliziotto**, femme-policier; **ministro donna**, femme-ministre.

donnaiolo *s.m.* coureur de jupons, homme à femmes.

donnesco (pl. *-chi*) *agg.* féminin: *lavori donneschi*, travaux féminins.

donnetta *s.f.* (*spreg.*) bonne femme, petite sotte || *chiacchiere da donnette*, des bavardages de bonne femme.

donnicciola *s.f.* **1** (*spreg.*) petite sotte **2** (*riferito a uomo*) femmelette.

donnina *s.f.* **1** un petit bout de femme **2** (*bambina assennata*) petite femme **3** — *allegra*, femme de petite vertu.

donnino *s.m.* joli petit bout de femme.

donnola *s.f.* (*zool.*) belette.

dono *s.m.* **1** cadeau*: *dare, offrire qlco in* — , faire cadeau de qqch, offrir qqch **2** (*dote, disposizione*) don: *un* — *di natura*, un don naturel; *avere il* — *di una bella voce*, avoir une belle voix **3** (*dir.*) don, donation (*f.*).

donzella *s.f.* (*letter.*) jeune fille; demoiselle.

doping (pl. *invar.*) *s.m.* dopage, doping.

dopo *avv.* **1** (*tempo*) ensuite: *lo vedrò* — , je le verrai après; *prima studia, uscirai* — , travaille d'abord, tu sortiras ensuite; *poco, molto* (*tempo*) — , peu après, longtemps après; *un'ora* — , une heure après || *un giorno, un anno* — , un jour, un an plus tard || *prima o* — , tôt ou tard || (*poi*) — *si vedrà*, et puis on verra || *a* — , à plus tard; (*a tra poco*) à tout à l'heure || *un giorno* — , le lendemain; *due giorni* — , deux jours plus tard **2** (*luogo*) après ♦ *prep.* (*spesso seguita da* di) après: — *di te*, après toi; *fin* — *le due*, jusqu'après deux heures || — *Cristo*, après Jésus-Christ ♦ *cong.* après: — *aver parlato due ore*, après avoir parlé deux heures; — *mangiato faccio sempre una passeggiata*, après (le) déjeuner, je fais toujours une promenade ♦ *agg.* suivant: *il giorno* — , le jour suivant, le lendemain; *la settimana* — , la semaine suivante, d'après ♦ *s.m.*: *è il* — *che mi preoccupa*, c'est l'après-coup qui me tourmente; *il* — *Mao*, l'après Mao.

dopobarba (pl. *invar.*) *agg. e s.m.* après-rasage*.

dopocena (pl. *invar.*) *s.m.* après-dîner*.

dopoché, dopo che *cong.* après que; (*se il sogg. delle due proposizioni è il medesimo*) (*dacché*) depuis que: — *ebbe parlato, tutti applaudirono*, après qu'il eut parlé, tout le monde applaudit; — *ebbe parlato se ne andò*, il s'en alla après avoir parlé.

dopodomani *avv. e s.m.invar.* après-demain*.

dopoguerra (pl. *invar.*) *s.m.* après-guerre*.

dopolavoro *s.m.* institution qui organise les loisirs des travailleurs.

dopopranzo, dopo pranzo *avv.* dans l'après-midi: *arriverà* — , il arrivera cet après-midi ♦ *s.m.invar.* après-midi*.

doposci (pl. *invar.*) *agg. e s.m.* après-ski*.

doposcuola (pl. *invar.*) *s.m.* activités parascolaires (organisées l'après-midi).

dopotutto *avv.* après tout.

doppiaggio *s.m.* (*cine.*) doublage: *fare il* — *di un film*, doubler un film.

doppiamente *avv.* **1** doublement **2** (*fig.*) (*con doppiezza*) avec duplicité.

doppiare *v.tr.* doubler.

doppiato *agg.* (*cine.*) doublé ♦ *s.m.* (*cine.*) doublage.

doppiatore (f. *-trice*) *s.m.* (*cine.*) doubleur*.

doppietta *s.f.* **1** fusil de chasse (à deux canons) **2** (*doppio colpo di fucile*) doublé (*m.*) **3** (*aut.*) double débrayage.

doppiezza *s.f.* duplicité.

doppio *agg.* double (*anche fig.*): *un caffè* — , un double café; *in doppia copia*, en deux exemplaires, en double || *vivere una doppia vita*, mener une vie double; *avere una doppia personalità*, avoir une personnalité double || *frase a — senso*, phrase à double sens; *commedia piena di doppi sensi*, pièce pleine de mots à double sens || (*comm.*) *partita doppia*, partie double ♦ *avv.* double ♦ *s.m.* double: *guadagna il — di me*, il gagne deux fois plus que moi; *è più caro del —*, c'est deux fois plus cher; *è il — di me!*, il est deux fois plus grand (*o* gros) que moi! || (*tennis*) *— maschile, femminile*, double messieurs, dames.

doppiofondo (pl. *doppifondi*), **doppio fondo** *s.m.* double fond.

doppione *s.m.* **1** double **2** (*copia*) copie (*f.*); (*spreg.*) mauvaise copie; (*replica*) réplique (*f.*).

doppiopetto, doppio petto (pl. *invar.*) *agg.* e *s.m.*: *una giacca* (*a*) *—*, un veston croisé; *cappotto* (*a*) *—*, pardessus croisé; *tailleur —*, tailleur à veste croisée; *uomo in —*, homme portant un veston croisé.

dorare *v.tr.* dorer.

dorato *agg.* doré: *libro col taglio —*, livre doré sur tranche.

doratore *s.m.* doreur.

doratura *s.f.* dorure.

dorico (pl. *-ci*) *agg.* e *s.m.* **1** dorien* **2** (*arch.*) dorique.

dorifora *s.f.* (*zool.*) doryphore (*m.*).

dormicchiare *v.intr.* sommeiller.

dormiente *agg.* dormant ♦ *s.m.* dormeur*.

dormiglione *s.m.* (*fam.*) grand dormeur*.

dormire *v.intr.* **1** dormir*: *mettersi a —*, aller dormir; *mettere a —*, coucher, (*fig.*) mettre aux oubliettes; *guarda, si è messo a —*, tiens, il s'est endormi || *— a occhi aperti, in piedi*, tomber de sommeil, dormir debout; *è uno che dorme in piedi*, (*fig.*) il n'est pas du tout dégourdi, c'est un endormi; *non dormirci sopra*, ne perds pas de temps; *è meglio dormirci sopra*, la nuit porte conseil || *— da piedi*, dormir tête-bêche || *il pallone fa —*, un livre rasoir **2** (*coricarsi*) se coucher; (*pernottare*) coucher: *non posso darvi da —*, je n'ai pas de place pour vous coucher ♦ *v.tr.* dormir* (de): *— il sonno del giusto*, dormir du sommeil du juste; *— sonni agitati*, avoir le sommeil agité.

dormita *s.f.* somme (*m.*): *fare, farsi una bella —*, faire un bon somme; *si è fatto una — di dodici ore filate*, il a dormi douze heures d'affilée.

dormitorio *s.m.* dortoir || *— pubblico*, asile de nuit || *quartieri-dormitorio*, quartiers-dortoirs.

dormiveglia (pl. *invar.*) *s.m.* demi-sommeil* || *essere nel —*, être à moitié endormi.

dorsale *agg.* (*anat.*) dorsal* ♦ *s.f.* (*geogr.*) **1** chaîne: *la — appenninica*, la chaîne des Apennins **2** *— marina*, dorsale; *— oceanica*, dorsale océanique.

dorsista *s.m.* (*nuoto*) dossiste.

dorso *s.m.* **1** dos: *a — di cammello*, à dos de chameau || *nuotare a —*, nager sur le dos || *il — della mano, di un libro*, le dos de la main, d'un livre **2** (*di montagna*) crête (*f.*).

dosaggio *s.m.* dosage.

dosare *v.tr.* doser (*anche fig.*); (*soppesare*) mesurer.

dosatore *s.m.* doseur.

dose *s.f.* dose: *a piccole dosi*, par petites doses; *una forte —*, une dose massive; *rincarare la —*, augmenter la dose, (*fig.*) renchérir || *ha una bella — di sfacciataggine, di coraggio!*, il en a, du toupet, du courage!

dossier *s.m.* dossier || *film —*, film document.

dosso *s.m.* **1** (*piccola altura*) mamelon **2** (*segnale stradale*) dos-d'âne* □ **di dosso** *locuz.avv.*: *levarsi di — un vestito*, ôter, enlever ses vêtements; *levarsi di — una preoccupazione*, se libérer d'un souci; *strappare di — qlco*, arracher qqch; *scuotersi di — la neve*, secouer la neige de ses vêtements; *scuotersi un peso di —*, (*fig.*) se libérer d'un poids; *togliersi di — un seccatore*, (*fam.*) se débarrasser d'un raseur; *non togliere gli occhi di — a qlcu*, ne pas quitter qqn des yeux.

dotale *agg.* dotal*.

dotare *v.tr.* doter (*anche dir.*); (*fig.*) douer □ **dotarsi** *v.pron.* se doter; (*attrezzarsi*) s'équiper.

dotato *agg.* doué: *stanza d'albergo dotata di tutti i confort*, chambre d'hôtel tout confort.

dotazione *s.f.* **1** dotation: *assegnare in — qlco a qlcu*, doter qqn de qqch || (*comm.*) *— di cassa*, dotation, avoir en caisse || (*fin.*) *fondo di —*, fonds de dotation **2** (*attrezzatura*) équipement (*m.*): *avere in —*, être équipé de.

dote *s.f.* **1** dot: *portare in —*, apporter en dot **2** (*qualità*) qualité.

dotto[1] *agg.* e *s.m.* savant || *-mente* *avv.*

dotto[2] *s.m.* (*anat.*) canal*.

dottorale *agg.* doctoral*.

dottorato *s.m.* doctorat: *conseguire il —*, passer son doctorat.

dottore *s.m.* **1** (*dotto*) docteur: *parla come un —*, (*fam.*) il parle d'un ton doctoral **2** (*titolo accademico*) licencié; (*nelle apostrofi*) Monsieur: *— in lettere, in scienze*, licencié ès lettres, ès sciences; *— in legge*, licencié en droit **3** (*in medicina*) médecin, docteur: *chiamare il —*, appeler, faire venir le médecin; *buongiorno —!*, bonjour docteur!; *buongiorno, dottor Rossi!*, bonjour, Monsieur.

dottoressa *s.f.* **1** (*titolo accademico*) licenciée **2** (*in medicina*) docteur.

dottrina *s.f.* **1** (*sapere*) savoir (*m.*) **2** (*insieme di teorie*) doctrine **3** (*catechismo*) catéchisme (*m.*).

dottrinale *agg.* **1** doctrinal* **2** pédant.

dottrinario *agg.* e *s.m.* doctrinaire.

double-face *agg.* réversible ♦ *s.m.* (*tessuto*) tissu réversible.

dove *avv.* **1** où: *— andate?*, où allez-vous?; *dimmi — l'hai trovato*, dis-moi où tu l'as trouvé; *la casa — vive*, la maison où il vit; *da — vieni?*, d'où viens-tu?; *per, da — sei passato?*, par où es-tu passé?; *fin —*, jusqu'où **2** (*nel luogo in cui, il luogo in cui*) (là) où: *resta — sei*, reste (là) où tu es; *andate — volete*, allez où vous voulez; *ecco — abito*, voilà où j'habite; *riprendiamo da — eravamo rimasti,* reprenons là où nous en étions restés; *è qui, è lì — si è verificato l'incidente,* c'est ici, c'est là que l'accident s'est produit ♦ *s.m.: non so né il — né il quando,* je ne sais ni le lieu ni la date || *in ogni —, per ogni —,* partout || *da ogni —,* de partout.

dovere[1] (*Indic.pres.* io devo ecc., noi dobbiamo, voi dovete, essi devono; *pass.rem.* io dovetti, tu dovesti ecc.; *fut.* io dovrò ecc. *Cong.pres.* io debba ecc., noi dobbiamo ecc., essi debbano) *v.tr.* **1** devoir*: *sono, ho dovuto partire,* j'ai dû partir; *si è dovuto curare, ha dovuto curarsi,* il a dû se soigner; *lo avrei dovuto seguire, avrei dovuto seguirlo,* j'aurais dû le suivre || *devono essere le tre,* il doit être (à peu près) trois heures || *deve essersi sbagliato,* il a dû se tromper || *devo avere ancora mille lire da lui,* il doit encore me donner mille lires || *il suo successo è dovuto unicamente alla fortuna,* il doit son succès uniquement à la chance || *devo a te se ho imparato l'inglese,* j'ai appris l'anglais grâce à toi || *a cosa era dovuto il ritardo?,* quelle était la cause du retard? || *ciò si deve alla sua negligenza,* cela est dû à, cela vient de sa négligence || *l'incidente non era dovuto a un guasto,* l'accident n'a pas été causé par une panne || *se dovessi passare da Milano, telefonami,* si par hasard tu passes par Milan, téléphone-moi|| *doveva andare così,* ça devait finir comme ça; *si vede che doveva finire così,* c'était écrit || *dovesse morire, non parlerebbe,* il ne parlerait pas même si cela devait lui coûter la vie; *dovessi campare cent'anni,* dussé-je vivre cent ans **2** (*occorrere*) falloir*: *dovete sapere che...,* il faut savoir que...; *arrivando, si deve salutare,* quand on arrive, il faut saluer; *devo smettere di fumare,* il faut que j'arrête de fumer; *che cosa si dovrebbe fare per convincerlo?,* que faudrait-il faire pour le convaincre? || *che debba essere sempre così sfortunato?,* faut-il que j'aie toujours aussi peu de chance? || *come si deve,* comme il faut.

dovere[2] *s.m.* **1** devoir*: *è mio — informarvi che...,* il est de mon devoir de vous faire savoir que... || *fare le cose a —,* faire les choses comme il faut; *ti sistemerò, servirò a —,* je te réglerai ton compte || *sentirsi in — di...,* se sentir le devoir de..., se sentir obligé de... || *come di —,* comme il se doit **2** *pl.* (*ossequi*) hommages, devoirs.

doverosamente *avv.* comme il se doit; (*fam.*) comme de juste.

doveroso *agg.* juste.

dovizia *s.f.* (*letter.*) abondance; (*ricchezza*) richesse.

dovunque *avv.* partout; (*in qualsiasi luogo*) n'importe où ♦ *cong.* où que (+ *cong.*); partout où (+ *indic.*).

dovuto *agg.* **1** (qui est) dû*: *la somma dovutami,* la somme qui m'est due **2** (*necessario, opportuno*) nécessaire || *nel modo —,* comme il se doit || *nel tempo —,* dans les délais prévus ♦ *s.m.* dû: *rendere a qlcu il —,* rendre à qqn son dû; *dare, pagare più del —,* donner, payer plus que ce qui

est dû; *fa, ha fatto più del —,* il fait plus qu'il ne faut, il a fait plus qu'il ne fallait.

dozzina *s.f.* douzaine: *a dozzine,* par douzaines; *alla —,* à la douzaine || *scherzi di —,* plaisanteries de bas étage; *romanziere di —,* (*fig.*) romancier de second ordre.

dozzinale *agg.* ordinaire; (*mediocre*) médiocre: *profumo —,* parfum bon marché.

dracma *s.f.* drachme.

draconiano *agg.* draconien*.

draga (pl. *-ghe*) *s.f.* drague: *— a tazze,* drague à godets; *— ad aspirazione,* drague à succion.

dragaggio *s.m.* dragage.

dragamine *s.m.invar.* dragueur de mines.

dragare (*coniug. come* legare) *v.tr.* draguer.

drago (pl. *-ghi*) *s.m.* dragon || *è un — in matematica,* (*fam.*) il est calé, fort en maths.

dragoncello *s.m.* (*bot.*) estragon.

dragone *s.m.* dragon.

dramma *s.m.* drame || *un — radiofonico, televisivo,* une dramatique.

drammaticità *s.f.* (*potenza drammatica*) intensité dramatique; (*tragicità*) tragique (m.).

drammatico (pl. *-ci*) *agg.* dramatique || **-mente** *avv.*

drammatizzare *v.tr.* dramatiser.

drammaturgia *s.f.* dramaturgie.

drammaturgo (pl. *-ghi*) *s.m.* dramaturge.

drappeggiare (*coniug. come* mangiare) *v.tr.* draper □ **drappeggiarsi** *v.pron.* se draper.

drappeggio *s.m.* **1** draperie (*f.*); (*funebre*) tenture (*f.*) **2** (*di tenda*) plis (*pl.*); (*di vestito*) drapé.

drappello *s.m.* (*mil.*) détachement; (*di persone*) groupe.

drappo *s.m.* (*di seta*) drap de soie; (*di lana*) drap de laine.

drasticamente *avv.* sans réplique; (*energicamente*) énergiquement.

drastico (pl. *-ci*) *agg.* drastique; (*energico*) draconien*.

drenaggio *s.m.* drainage || *— fiscale,* augmentation de la pression fiscale || (*med.*) *tubo di —,* drain.

drenare *v.tr.* drainer.

dribblare *v.tr.* (*football*) dribbler.

dribbling *s.m.* (*football*) dribble.

drink (pl. *invar.*) *s.m.* drink: *prendere un —,* prendre un pot.

dritta *s.f.* **1** (*destra*) droite || *a — e a manca,* à droite et à gauche **2** (*mar.*) tribord (m.) **3** (*fam.*) (*informazione*) tuyau* (m.).

dritto *agg. e avv.* → diritto[1] ♦ *s.m.* **1** (*di tessuto*) endroit; (*di moneta*) face (*f.*) || (*nei lavori a maglia*) *un — e un rovescio,* une maille à l'endroit et une maille à l'envers **2** (*fam.*) malin.

drittofilo (pl. *invar.*) *s.m.* droit-fil*.

drizzare *v.tr.* **1** (*raddrizzare*) redresser || *— il tiro,* (*anche fig.*) rectifier le tir **2** (*erigere*) élever*; (*mettere in verticale*) dresser □ **drizzarsi** *v.pron.* se dresser.

droga (pl. *-ghe*) *s.f.* **1** (*spezia*) épice **2** (*stupefacente*) drogue: *— pesante, leggera,* drogue dure, douce; *fare uso di —,* se droguer.

drogare (*coniug. come* legare) *v.tr.* **1** épicer **2** (*con stupefacenti*) droguer; (*con eccitanti*) doper **3** (*fig.*) (*alterare*) altérer*, falsifier **4** (*eccitare*) exciter; (*stordire*) étourdir □ **drogarsi** *v.pron.* se droguer.

drogato *agg.* drogué; (*con eccitanti*) dopé ♦ *s.m.* drogué, toxicomane.

drogheria *s.f.* épicerie.

droghiere *s.m.* épicier*.

dromedario *s.m.* dromadaire.

druidico (pl. -*ci*) *agg.* druidique.

druido *s.m.* (*st.*) druide*.

duale *agg.* dual*.

dualismo *s.m.* dualisme.

dualità *s.f.* dualité.

dubbio[1] *agg.* **1** douteux*: *di dubbia moralità*, d'une moralité douteuse; *di — gusto*, d'un goût douteux **2** (*fig.*) louche; (*sospetto*) suspect.

dubbio[2] *s.m.* doute: *mi è venuto un —*, j'ai un doute; *ho i miei dubbi*, j'ai des doutes; *non c'è alcun — che...*, nul doute que...; *non ho dubbi che fossero le sue intenzioni*, je suis certain que c'étaient ses intentions; *non c'è il minimo —*, il n'y a pas l'ombre d'un doute, cela ne fait aucun doute: *senza (alcun) —*, *fuor d'ogni —*, sans aucun, nul doute; *senza ombra di —*, sans l'ombre d'un doute; *fuori di —*, hors de doute || *essere in — se...*, se demander si... || *avere il — che...*, avoir l'impression, la sensation que...

dubbiosamente *avv.* d'un air de doute.

dubbioso *agg.* **1** (*che esprime dubbio*) douteux*, plein de doute; (*esitante*) hésitant: *con aria dubbiosa*, d'un air de doute || *essere — se...*, se demander si... **2** (*non sicuro, incerto*) douteux*, incertain.

dubitare *v.intr.* **1** douter: *non —!*, n'en doute pas!; *non dubito che abbia ragione*, je ne doute pas qu'il (n') ait raison; *dubito che possa farcela*, je doute qu'il puisse s'en tirer; *dubito se andare o restare*, je me demande si je dois partir ou rester **2** (*temere, sospettare*) craindre*: *dubito che sia tardi*, je crains qu'il ne soit tard.

dubitativo *agg.* dubitatif* || (*dir.*) *assolvere con formula dubitativa*, acquitter avec le bénéfice du doute.

dublinese *agg.* e *s.m.* dublinois.

duca (pl. -*chi*) *s.m.* duc.

ducale *agg.* ducal*.

ducato *s.m.* **1** titre de duc **2** (*feudo*) duché **3** (*antica moneta*) ducat.

duce *s.m.* chef, guide || (*st.*) *il Duce*, le Duce.

duchessa *s.f.* duchesse.

due *agg.num.card* e *s.m.* **1** deux: *tutti e —*, tous (les) deux; *i — camminavano fianco a fianco*, ils marchaient tous les deux côte à côte || *una delle —*, *delle — una*, de deux choses l'une || *scrivere — righe a qlcu*, écrire un petit mot à qqn || *dire — parole a qlcu*, dire un mot à qqn; *gliene ho dette —*, (*fam.*) je lui ai dit ses quatre vérités || *da — soldi*, de quatre sous || *a — a —*, deux à deux, deux par deux; *per —*, *— per volta*, par deux; *salire i gradini a — a —*, *— alla volta*, monter l'escalier quatre à quatre || *mangiare per —*, manger comme quatre; *fare per —*, en valoir deux || *in — e — quattro*, en un clin d'œil || *non ci ha pensato — volte*, il n'a fait ni une ni deux **2** (*mar.*) *un — alberi*, un deux-mâts || (*canottaggio*) — *con*, — *senza*, deux barré, deux sans barreur.

duecentesco (pl. -*chi*) *agg.* du XIIIe siècle.

duecentesimo *agg.num.ord.* e *s.m.* deux centième.

duecentista *s.m.* **1** (*scrittore, artista*) écrivain, artiste du XIIIe siècle **2** (*studioso del Duecento*) spécialiste du XIIIe siècle **3** (*sport*) coureur de 200 mètres.

duecento *agg.num.card.* e *s.m.* deux cents || *nel Duecento*, au treizième siècle || (*sport*) *i — (metri)*, le deux cents mètres.

duellante *s.m.* duelliste.

duellare *v.intr.* se battre* en duel.

duello *s.m.* duel.

duemila *agg.num.card.* e *s.m.* deux mille || *il Duemila*, l'an deux mille.

duepezzi, due pezzi *s.m.* (*abbigl.*) deux-pièces*.

duetto *s.m.* duo.

dulcamara (pl. *invar.*) *s.m.* (*scherz.*) charlatan.

duna *s.f.* dune.

dunque *cong.* donc: *su — parla!*, parle donc! || *—?*, eh bien?, et alors? || *—, sì o no?*, alors, oui ou non? ♦ *s.m.*: *venire al —*, en venir au fait; *trovarsi al —*, se trouver au moment crucial.

duo *s.m.* **1** (*mus.*) duo **2** (*coppia*) couple.

duodenale *agg.* duodénal*.

duodeno *s.m.* (*anat.*) duodénum.

duomo *s.m.* cathédrale (*f.*) || *il — di Milano*, le dôme de Milan.

duplex *s.m.* **1** duplex **2** (*telefono*) —, ligne de téléphone avec deux abonnés différents.

duplicare (*coniug. come* mancare) *v.tr.* **1** (*raddoppiare*) doubler **2** (*riprodurre*) (*un documento*) faire* le duplicata de; (*un oggetto*) faire* le double de: *— una cassetta*, dupliquer une cassette.

duplicato *s.m.* **1** (*di documento*) duplicata* || *copia in —*, copie double **2** (*di oggetto*) double: *il — di una chiave*, le double d'une clé **3** (*tip.*) doublon.

duplicatore *s.m.* **1** duplicateur **2** (*fis.*) *— di frequenza*, doubleur de fréquence.

duplicazione *s.f.* duplication || *— di nastro magnetico*, copie de bande magnétique.

duplice *agg.* double: *in — copia*, en double exemplaire.

duplicità *s.f.* duplicité.

duracino *agg.*: *pesca duracina*, pavie; *ciliegia duracina*, bigarreau.

duralluminio *s.m.* duralumin.

duramadre, dura madre *s.f.* (*anat.*) dure-mère*.

duramente *avv.* durement.

durante *prep.* pendant || *me ne ricorderò vita naturale*, je m'en souviendrai (toute) ma vie durant.

durare *v.intr.* **1** durer; (*continuare*) continuer: *lo spettacolo è durato un'ora*, le spectacle a duré une heure; *quest'anno l'inverno è durato molto*, l'hiver a été très long cette année; *pare che il caldo voglia —*, il paraît que la chaleur va continuer; *la pioggia è durata tutta la notte*, il n'a pas arrêté de pleuvoir de toute la nuit; *questa moda non durerà a lungo*, cette mode ne durera, ne tiendra pas longtemps || *così non può —!*, cela ne peut pas continuer (comme ça)!; *speriamo che duri!*, pourvu que ça dure!; *almeno durasse!*, si cela pouvait durer! || *è durato da Natale a S. Stefano*, (*fig.*) cela n'a duré qu'un jour || *una stoffa che dura molto*, un tissu très résistant **2** (*rimanere*) rester: — *in carica*, rester en fonction **3** (*di cibo*) (*conservarsi*) se conserver ♦ *v.tr.*: — *fatica*, avoir du mal.

durata *s.f.* durée.

duraturo *agg.* durable; (*solido, resistente*) résistant.

durevole *agg.* durable || **-mente** *avv.*

durezza *s.f.* dureté || — *di modi*, rudesse de manières.

durlindana *s.f.* (*spada di Orlando*) Durendal; (*scherz.*) épée.

duro *agg.* dur || *cuore — come la pietra*, cœur de pierre || *carattere —*, caractère inflexible; *è — a cedere*, il cède difficilement; *e lui —!*, et lui, rien! || *una salita dura*, une rude montée || *carcere —*, cachot, (*fam.*) mitard ♦ *avv.* dur, durement: *lavorare —*, travailler dur; *colpire —*, frapper dur || *tener —*, tenir bon ♦ *s.m.* **1** (*di persona*) dur: *fare il —*, jouer les durs **2** (*di cosa*) le difficile: *il — deve ancora venire*, le pire doit encore arriver □ **sul duro** *locuz.* (*su una superficie dura*) sur quelque chose de dur: *non stare sul —, prendi un cuscino*, ne reste pas sur du dur, prends un coussin.

durone *s.m.* **1** durillon **2** (*region.*) (*ciliegia duracina*) bigarreau*.

duttile *agg.* **1** ductile **2** (*fig.*) souple, malléable.

duttilità *s.f.* **1** ductilité **2** (*fig.*) souplesse, malléabilité.

duty free *s.m.* magasin hors taxes, duty free.

E

e¹ *s.f.* e *m.* e (*m.*) || (*tel.*) — *come Empoli*, e comme Émile.

e², ed (*davanti alla vocale* e) *cong.* et || *le tre — cinque* (*minuti*), trois heures cinq || *tutti — due*, tous les deux || — *due!*, — *tre!*, et de deux!, et de trois! || *vuoi andare? E vacci!*, tu veux y aller? Eh bien, vas-y! || *il catalogo — il listino prezzi sono esauriti*, notre catalogue ainsi que notre tarif sont épuisés □ **e... e** (*sia... sia*) aussi bien... que, ...*autant que...*: — *i cinesi — i giapponesi*, aussi bien les Chinois que les Japonais; — *gli uomini — le donne*, les hommes autant que les femmes.

ebanista *s.m.* ébéniste.

ebanisteria *s.f.* ébénisterie.

ebanite *s.f.* ébonite.

ebano *s.m.* **1** (*albero*) ébénier **2** (*legno*) ébène (*f.*).

ebbene *cong.* eh bien.

ebbrezza *s.f.* ivresse (*anche fig.*): *l' — della velocità*, la griserie de la vitesse.

ebbro *agg.* ivre (*anche fig.*).

ebete *agg.* idiot; (*inebetito*) hébété ♦ *s.m.* abruti.

ebollizione *s.f.* ébullition.

ebraico (pl. -*ci*) *agg.* juif*; (*spec. riferito agli antichi ebrei*) hébraïque; (*di testo, autore*) hébreu* ♦ *s.m.* (*lingua*) hébreu*.

ebraismo *s.m.* **1** judaïsme; (*tradizione ebraica*) tradition juive **2** (*ling.*) hébraïsme.

ebreo *agg.* juif* ♦ *s.m.* Juif*, Hébreu*.

eburneo *agg.* d'ivoire.

ecatombe *s.f.* hécatombe: *fare un'—*, faire un massacre.

eccedente *agg.* excédant ♦ *s.m.* excédent.

eccedenza *s.f.* excédent (*m.*): — *di produzione*, excédent, surplus de production; — *di peso*, (*sovrappeso*) surcharge || *in —*, en trop.

eccedere *v.tr.* dépasser: *eccede le mie forze*, cela est au-dessus de mes forces ♦ *v.intr.* (*esagerare*) exagérer*.

eccellente *agg.* excellent || *cadavere —*, cadavre exquis.

eccellentissimo *agg.* illustre.

eccellenza *s.f.* **1** excellence || *per —*, par excellence **2** *Eccellenza*, (*titolo*) Excellence.

eccellere (*Pass.rem.* io eccelsi, tu eccellesti ecc. *Part.pass.* eccelso) *v.intr.* exceller: *eccelle sui compagni di scuola*, il est nettement meilleur que ses camarades; *eccelle per ignoranza*, il brille par son ignorance.

eccelso *agg.* très élevé; (*per qualità, meriti*) sublime || *l'Eccelso*, (*Dio*) le Très-Haut.

eccentricità *s.f.* excentricité.

eccentrico (pl. -*ci*) *agg.* e *s.m.* excentrique.

eccepire (*coniug. come* finire) *v.tr.* **1** redire*, objecter **2** (*dir.*) exciper (de).

eccessivamente *avv.* excessivement, trop.

eccessivo *agg.* excessif*.

eccesso *s.m.* excès || *in —*, de trop || *scrupoloso* (*fino*) *all'—*, scrupuleux à l'excès; *spingere le cose all'—*, pousser les choses trop loin || *peccare di — di zelo*, être trop zélé.

eccetera *avv.* et cætera, et cetera || — —, (*fam.*) (...*e così via*) et patati et patata.

eccetto *prep.* (*a volte seguita da* che) excepté, sauf: — *i bambini*, excepté, sauf les enfants (*o* les enfants exceptés) □ **eccetto che** *locuz.cong.* (*a meno che*) à moins que.

eccettuare *v.tr.* excepter || *senza — nessuno*, sans exception pour personne || *se si eccettua ciò*, à part ça.

eccettuato *agg.* excepté: *eccettuati i bambini*, les enfants exceptés, excepté les enfants, à l'exception des enfants || *nessuno —*, sans exception.

eccezionale *agg.* **1** exceptionnel* || *tribunali eccezionali*, tribunaux d'exception || *in via* (*del tutto*) —, exceptionnellement **2** (*estens.*) (*straordinario*) formidable.

eccezionalità *s.f.* caractère exceptionnel.

eccezionalmente *avv.* exceptionnellement.

eccezione *s.f.* **1** exception: *è davvero un'—*, c'est vraiment exceptionnel || *a — di*, à l'exception de; *con qualche rara —*, à peu d'exceptions près || *in via d'—*, exceptionnellement **2** (*obiezione, critica*) objection, critique **3** (*dir.*) exception.

ecchimosi *s.f.* (*med.*) ecchymose.

ecci *inter.* e *s.m.* atchoum!

eccidio *s.m.* massacre.

eccipiente *s.m.* excipient.

eccitabile *agg.* excitable.

eccitabilità *s.f.* excitabilité.

eccitamento *s.m.* excitation (*f.*).

eccitante *agg.* e *s.m.* excitant.

eccitare *v.tr.* exciter: *non bere troppo caffè, eccita*, ne bois pas trop de café, c'est un excitant □ **eccitarsi** *v.pron.* s'exciter: *si eccitò al solo pensiero*, la simple idée l'excita.

eccitato *agg.* excité.

eccitatore *s.m.* excitateur.

eccitazione *s.f.* excitation.

ecclesiastico (pl. *-ci*) *agg.* e *s.m.* ecclésiastique.

ecco *avv.* (*per indicare cosa o persona vicina, cosa da dirsi o da farsi*) voici; (*per indicare cosa o persona lontana, cosa detta o fatta*) voilà: — *la mamma che ritorna*, voici maman qui revient; — *ciò che mi ha detto*, voilà ce qu'il m'a dit; — *quello che succede a fare le cose in fretta*, voilà ce que c'est que de faire les choses trop vite; — *perché non ha più telefonato*, voilà pourquoi il n'a plus téléphoné; *eccoci finalmente a casa*, nous voici enfin à la maison; *eccoti il libro*, voilà ton livre; *eccoti servito!*, te voilà servi!; *eccomi!*, (*vengo subito*) j'arrive!; *eccolo di nuovo!*, le revoilà! || —, *siamo alle solite!*, voilà, ça recommence! || — *fatto*, voilà qui est fait || — *tutto*, voilà tout || *quand'*—, lorsque, (*improvvisamente*) tout à coup.

eccome *avv.* et comment.

echeggiare (*coniug. come* mangiare) *v.intr.* retentir, résonner.

echidna *s.f.* (*zool.*) échidné (*m.*).

echino *s.m.* (*arch.*) échine (*f.*).

Echinodermi *s.m.* (*zool.*) Echinodermes.

eclatante *agg.* (*fam.*) éclatant.

eclettico (pl. *-ci*) *agg.* e *s.m.* éclectique.

eclettismo *s.m.* éclectisme.

eclissare *v.tr.* éclipser □ **eclissarsi** *v.pron.* s'éclipser.

eclisse, **eclissi** *s.f.* éclipse.

eclittica (pl. *-che*) *s.f.* écliptique (*m.*).

eco (pl.m. *echi*) *s.f.* écho (*m.*) || *suscitare vasta* —, avoir un grand retentissement.

eco- *pref.* écho-

ecogoniometro *s.m.* sondeur à ultrasons; sonar.

ecografia *s.f.* échographie.

ecologia *s.f.* écologie.

ecologico (pl. *-ci*) *agg.* écologique.

ecologista *agg.* e *s.m.* écologiste; (*fam.*) écolo.

ecologo (pl. *-gi*) *s.m.* écologue, écologiste.

ecometro *s.m.* → **ecogoniometro**.

economato *s.m.* économat.

econometria *s.f.* économétrie.

econometrico (pl. *-ci*) *agg.* économétrique.

economia *s.f.* économie: *spendere senza* —, dépenser sans compter; *fare* —, faire des économies; *fare* — *d'acqua*, économiser l'eau || *lavori in* —, travaux à régie || — *pianificata*, économie planifiée; — *sommersa*, économie souterraine || — *domestica*, (*come insegnamento*) enseignement ménager.

economicamente *avv.* économiquement.

economicità *s.f.* le fait d'être à bon marché.

economico (pl. *-ci*) *agg.* économique || *annuncio* —, petite annonce.

economista *s.m.* économiste.

economizzare *v.tr.* économiser.

economo *agg.* e *s.m.* économe.

ecoscandaglio *s.m.* échosondeur.

ecosfera *s.f.* écosphère.

ecosistema *s.m.* écosystème.

ecto- *pref.* ecto-

ectoplasma *s.m.* ectoplasme.

ecu *s.m.* (*moneta europea*) écu • Da *European Currency Unit.*

ecumene *s.f.* écoumène (*m.*), œkoumène (*m.*).

ecumenico (pl. *-ci*) *agg.* œcuménique.

ecumenismo *s.m.* œcuménisme.

eczema *s.m.* (*med.*) eczéma.

ed *cong.* → **e**.

edema *s.m.* (*med.*) œdème.

edematico *agg.* (*med.*) œdémateux*.

eden (pl. *invar.*) *s.m.* eden.

edera *s.f.* (*bot.*) lierre (*m.*).

edibile *agg.* comestible.

edicola *s.f.* 1 kiosque (à journaux) 2 (*arch.*) édicule.

edicolante *s.m.* marchand de journaux.

edificabile *agg.* constructible, à bâtir: *aree edificabili*, terrains à bâtir || *non* —, inconstructible.

edificabilità *s.f.* constructibilité.

edificante *agg.* édifiant.

edificare (*coniug. come* mancare) *v.tr.* édifier (*anche fig.*); bâtir.

edificazione *s.f.* édification || *essere di* —, être exemplaire.

edificio *s.m.* édifice; (*complesso edilizio*) bâtiment; (*casa*) maison (*f.*): *edifici scolastici*, bâtiments scolaires; *edifici ospedalieri*, établissements hospitaliers; — *d'abitazione*, maison d'habitation || (*fig.*): *un* — *di menzogne*, un échafaudage de mensonges; *l'* — *della difesa è crollato*, l'édifice de la défense s'est écroulé.

edile *agg.*: *costruttore* —, entrepreneur en bâtiment; *impresa* —, entreprise de construction; *l'industria* —, le bâtiment || *perito* —, technicien du bâtiment; *ingegnere* —, ingénieur civil; *materiali, macchine edili*, matériaux de construction, machines pour bâtiment ♦ *s.m.* ouvrier du bâtiment || *gli edili*, le bâtiment.

edilizia *s.f.* bâtiment (*m.*); construction: *crisi dell'* —, crise du bâtiment; *l'* — *si è molto sviluppata*, la construction a pris un grand essor; *un capolavoro di* — *moderna*, un chef-d'œuvre de la construction moderne || — *agevolata*, construction avec facilités d'accès à la propriété || — *popolare, residenziale*, logements sociaux, résidentiels || *materiali per* —, matériaux de construction || *stanziare fondi per l'* — *scolastica*, attribuer des fonds pour les constructions scolaires.

edilizio *agg.* du bâtiment; de construction: *crisi edilizia*, crise du bâtiment; *lavori edilizi*, travaux du bâtiment; *regolamenti edilizi*, normes de construction; *piano* —, plan de construction; *commissione edilizia*, commission délivrant les permis de construire; *licenza edilizia*, permis de construire; *speculazione edilizia*, spéculation immobilière.

edipico (pl. *-ci*) *agg.* œdipien*.

edito *agg.* publié.

editore (f. *-trice*) *s.m.* éditeur*; (*casa editrice*) éditions (*f.pl.*): *pubblica presso l'* — *X*, il publie aux éditions X, chez X || *libraio* —, libraire-éditeur ♦ *agg.*: *casa editrice*, maison d'édition.

editoria *s.f.* édition.

editoriale *agg.* 1 (*giornalismo*) éditorial* 2 (*di editore, di editoria*) d'édition: *svolgere un'attività* —, travailler dans l'édition || *l'industria* —, l'édition ♦ *s.m.* (*giornalismo*) éditorial*.

editorialista *s.m.* éditorialiste.

editto *s.m.* édit.

edizione *s.f.* édition: — *in 16°*, édition in-seize; — *straordinaria*, edition spéciale || *la prima* — *del premio X*, la première attribution du prix X; *ha vinto la prima* — *del premio Viareggio*, il est le premier lauréat du prix Viareggio; *ha vinto la decima* — *del giro di Francia*, il a été le vainqueur du dixième tour de France.

edonismo *s.m.* hédonisme.

edonistico (pl. *-ci*) *agg.* hédoniste, hédonistique.

edotto *agg.* informé || *rendere* —, informer de.

educanda *s.f.* pensionnaire (chez les sœurs).

educandato *s.m.* pensionnat de jeunes filles.

educare (*coniug. come* mancare) *v.tr.* 1 éduquer; (*allevare*) élever*: — *la volontà*, éduquer la volonté; *non sa* — *i figli*, il ne sait pas élever ses enfants 2 (*avvezzare*) habituer || — *all'arte*, donner le goût de l'art.

educatamente *avv.* poliment.

educativo *agg.* éducatif*.

educato *agg.* 1 élevé; (*abituato*) habitué: — *nelle migliori scuole*, élevé dans les meilleures écoles; — *alla fatica*, habitué aux fatigues 2 (*beneducato*) bien élevé: *risposta educata*, réponse polie; *un orecchio* —, une oreille exercée; *voce* (*ben*) *educata*, voix bien travaillée.

educatore (f. *-trice*) *s.m.* éducateur*.

educazione *s.f.* éducation: *essere privo di* —, être mal élevé || *non conosce l'*—, il ignore tout de la politesse || *andate a imparare l'*—!, apprenez à être un peu polis! || *dove hai imparato l'*—?, (*fam.*) où est-ce que tu as été élevé? || *bella* —!, (*iron.*) en voilà des manières! || (*a scuola*): — *civica*, instruction civique; — *musicale, artistica*, (cours de) musique, dessin.

edulcorante *s.m.* édulcorant.

edulcorare *v.tr.* édulcorer (*anche fig.*).

efebico (pl. *-ci*) *agg.* (*letter.*) d'éphèbe.

efebo *s.m.* éphèbe.

efelide *s.f.* éphélide.

effemeride *s.f.* éphéméride.

effeminato *agg.* efféminé.

efferatezza *s.f.* atrocité, cruauté.

efferato *agg.* atroce.

effervescente *agg.* effervescent (*anche fig.*).

effervescenza *s.f.* effervescence (*anche fig.*).

effettivamente *avv.* effectivement.

effettivo *agg.* effectif*; (*reale*) réel*: *la causa effettiva di un fenomeno*, la cause réelle d'un phénomène || *soci onorari e soci effettivi*, membres honoraires et membres actifs || *ufficiale* —, officier de carrière ♦ *s.m.* 1 effectif 2 (*quantità reale*) ensemble, somme (*f.*).

effetto *s.m.* 1 effet || (*dir.*) *effetti giuridici*, effets d'une loi || (*cine.*) — *notte*, nuit américaine || *la legge avrà* — *a partire dall'anno prossimo*, la loi

entrera en vigueur au début de l'an prochain || *dare a* — *qlco*, mettre qqch à exécution; *mandare, recare a* — *qlco*, réaliser qqch || *fare* —, faire de l'effet; *gli insulti non gli fanno nessun* —, les insultes lui glissent dessus; *mi fa* —!, cela m'impressionne || *battute di, a* —, répliques à effet || *in effetti*, en effet || *per* — *di*, par suite de, en vertu de 2 (*comm.*) effet: — *negoziabile*, effet négociable 3 *pl.* effets: *gli effetti personali*, ses effets personnels.

effettuabile *agg.* réalisable; exécutable.

effettuare *v.tr.* 1 effectuer 2 (*realizzare*) réaliser: — *un piano*, réaliser un plan □ **effettuarsi** *v.pron.* se réaliser; (*aver luogo*) avoir* lieu: *il viaggio non si effettuerà più*, le voyage n'aura plus lieu.

effettuazione *s.f.* exécution.

efficace *agg.* efficace || *-mente* *avv.*

efficacia *s.f.* 1 efficacité 2 (*fig.*) (*vigore*) vigueur.

efficiente *agg.* efficace: *impiegato poco* —, un employé peu efficace || *motore* —, moteur performant || (*gramm.*) *complemento di causa* —, complément d'agent.

efficienza *s.f.* 1 efficacité; (*rendimento*) rendement (*m.*); (*di persona*) capacité: *mettere in* —, mettre en état de fonctionner || *l'impianto è in perfetta* —, l'installation est parfaitement au point; *l'esercito era in piena* —, l'armée était très bien entraînée; *questo stabilimento è in piena* —, cette usine travaille à plein rendement 2 (*econ.*) efficience.

effigiare *v.tr.* (*rappresentare*) représenter; (*dipingere*) peindre*; (*scolpire*) sculpter || *era effigiato sulla moneta*, son effigie figurait sur la monnaie.

effigie (pl. *-gie*) *s.f.* effigie.

effimero *agg.* éphémère.

efflorescenza *s.f.* efflorescence.

efflusso *s.m.* écoulement; (*fuoriuscita*) sortie (*f.*).

effluvio *s.m.* effluve.

effondere (*coniugato come* fondere) *v.tr.* épancher □ **effondersi** *v.pron.* s'épancher.

effrazione *s.f.* effraction.

effusione *s.f.* effusion (*anche fig.*).

egemone *agg.* → **egemonico**.

egemonia *s.f.* hégémonie.

egemonico (pl. *-ci*) *agg.* qui exerce l'hégémonie.

egemonizzare *v.tr.* exercer* son hégémonie (sur).

egemonizzazione *s.f.* hégémonie.

egeo *agg.* égéen*.

egida *s.f.* égide (*anche fig.*).

egira *s.f.* hégire.

egittologia *s.f.* égyptologie.

egittologo (pl. *-gi*) *s.m.* égyptologue.

egiziano *agg.* égyptien*.

egizio *agg.* égyptien*, d'Égypte: *le piramidi egizie*, les pyramides d'Égypte || *la schiavitù egizia*, l'esclavage en Égypte.

egli *pron.pers.m. di 3ª pers.sing.sogg.* il || *anch'* —, lui aussi || — *stesso*, — *medesimo*, lui-même.

egloga (pl. *-ghe*) *s.f.* églogue.

egocentrico (pl. *-ci*) *agg.* e *s.m.* égocentrique.
egocentrismo *s.m.* égocentrisme.
egoismo *s.m.* égoïsme.
egoista *agg.* e *s.m.* égoïste.
egoistico (pl. *-ci*) *agg.* égoïste || **-mente** *avv.*
egregiamente *avv.* remarquablement.
egregio *agg.* excellent, remarquable || *Egregio signore, Egregio sig. Rossi*, Monsieur, Monsieur Rossi.
eguale *agg.* e *deriv.* → **uguale** e *deriv.*
egualitario *agg.* e *s.m.* égalitaire.
egualitarismo *s.m.* égalitarisme.
eh *inter.* (*meraviglia, perplessità*) oh!; (*di sarcasmo*) *hé!, *hein!
ehi *inter.* (*per chiamare*) *hé!
ehm *inter.* *hum!
eiaculare *v.tr.* e *intr.* éjaculer.
eiaculazione *s.f.* éjaculation.
eiettabile *agg.* éjectable.
eiettare *v.tr.* éjecter.
eiettore *s.m.* (*tecn.*) éjecteur.
eiezione *s.f.* éjection.
elaborare *v.tr.* élaborer; (*inform.*) traiter.
elaborato *agg.* 1 compliqué 2 (*inform.*) traité: *non* —, brut ♦ *s.m.* produit; (*a scuola*) copie (*f.*).
elaboratore *s.m.* 1 (*chi elabora*) celui qui élabore 2 (*inform.*) — (*elettronico*), ordinateur: — *centrale*, unité centrale; — *da ufficio*, ordinateur de bureau.
elaborazione *s.f.* 1 élaboration 2 (*inform.*) traitement (*m.*): — *dei dati*, traitement des données; — *a distanza dei dati*, télétraitement; — *automatica dei testi*, traitement de texte.
elargire (*coniug. come* finire) *v.tr.* prodiguer (*anche fig.*).
elargizione *s.f.* 1 octroi (*m.*): *fare elargizioni ai poveri*, octroyer une aide aux miséreux 2 (*econ.*) distribution.
elasticamente *avv.* élastiquement; (*con scioltezza*) avec souplesse.
elasticità *s.f.* 1 élasticité 2 (*agilità*) souplesse || — *mentale*, agilité d'esprit.
elasticizzato *agg.* élastique: *tessuto* —, tissu élastique.
elastico (pl. *-ci*) *agg.* élastique: *una mente elastica*, un esprit souple || *orario* —, horaire flexible, souple || *calze elastiche*, bas de maintien ♦ *s.m.* 1 élastique 2 (*del letto*) sommier.
eldorado *s.m.* (*fig.*) Pérou.
elefante *s.m.* éléphant || *aver la grazia di un* —, avoir la grâce d'un hippopotame.
elefantesco (pl. *-chi*) *agg.* éléphantesque.
elefantessa *s.f.* éléphante.
elefantiasi *s.f.* 1 éléphantiasis (*m.*) 2 (*fig.*) développement exagéré.
elefantino *s.m.* (*zool.*) éléphanteau*.
elegante *agg.* élégant || *un vestito* —, (*da pomeriggio*) une robe habillée.
elegantemente *avv.* élégamment, avec élégance.
eleganza *s.f.* élégance || *tiene molto all'* —, elle tient beaucoup à être élégante.
eleggere (*coniug. come* leggere) *v.tr.* élire*.

eleggibile *agg.* éligible.
eleggibilità *s.f.* éligibilité.
elegia *s.f.* élégie.
elegiaco (pl. *-ci*) *agg.* élégiaque.
elementare *agg.* 1 élémentaire (*anche fig.*) || *è* —!, (*semplicissimo*) c'est enfantin! 2 (*di scuola, insegnamento ecc.*) primaire.
elementarità *s.f.* simplicité.
elemento *s.m.* élément: *non ho elementi per giudicare*, je n'ai pas les éléments nécessaires pour juger || *che* —!, (*fam.*) (*che tipo!*) quel numéro!
elemosina *s.f.* aumône: *vivere d'* —, vivre d'aumônes.
elemosinare *v.tr.* e *intr.* mendier (*anche fig.*).
elemosiniere *s.m.* (*st.*) aumônier.
elencare (*coniug. come* mancare) *v.tr.* 1 (*disporre in un elenco*) dresser une liste (de) 2 (*enumerare*) énumérer*.
elencazione *s.f.* liste, énumération.
elenco (pl. *-chi*) *s.m.* 1 liste (*f.*) 2 (*del telefono*) annuaire.
elettivo *agg.* électif*.
eletto *agg.* 1 élu 2 (*fig.*) (*elevato*) élevé, noble; (*scelto*) choisi ♦ *s.m.* élu.
elettorale *agg.* électoral* || *certificato* —, carte d'électeur || *scheda* —, bulletin de vote || *cabina* —, isoloir.
elettorato *s.m.* (*insieme degli elettori*) électeurs (*pl.*).
elettore (f. *-trice*) *s.m.* électeur*.
elettrauto (pl. *invar.*) *s.m.* 1 (*meccanico*) garagiste, mécanicien électricien 2 (*officina*) garage.
elettricamente *avv.* électriquement; à électricité.
elettricista *s.m.* électricien.
elettricità *s.f.* électricité.
elettrico (pl. *-ci*) *agg.* 1 électrique 2 (*fig.*) chargé d'électricité.
elettrificare (*coniug. come* mancare) *v.tr.* électrifier.
elettrificazione *s.f.* électrification.
elettrizzante *agg.* électrisant.
elettrizzare *v.tr.* électriser (*anche fig.*) □ **elettrizzarsi** *v.pron.* s'électriser; (*fig.*) s'exciter.
elettrizzazione *s.f.* électrisation.
elettro- *pref.* électro-
elettrocalamita *s.f.* électro-aimant (*m.*).
elettrocardiogramma *s.m.* électrocardiogramme, électro.
elettrochimica *s.f.* électrochimie.
elettrocoagulazione *s.f.* électrocoagulation.
elettrodinamica *s.f.* électrodynamique.
elettrodinamico (pl. *-ci*) *agg.* électrodynamique.
elettrodo *s.m.* électrode (*f.*).
elettrodomestico (pl. *-ci*) *agg.* e *s.m.* (appareil) électroménager.
elettrodotto *s.m.* ligne électrique.
elettroencefalogramma *s.m.* électro-encéphalogramme.
elettrogeno *agg.* électrogène.
elettrolisi *s.f.* électrolyse.
elettrolitico (pl. *-ci*) *agg.* électrolytique.
elettromagnete *s.m.* électro-aimant.

elettromagnetico (pl. *-ci*) *agg.* électromagnétique.

elettromagnetismo *s.m.* électromagnétisme.

elettromeccanica *s.f.* électromécanique.

elettromeccanico (pl. *-ci*) *agg.* électromécanique ♦ *s.m.* électromécanicien.

elettrometria *s.f.* électrométrie.

elettromotore *agg.* e *s.m.* électromoteur*.

elettromotrice *s.f.* automotrice électrique.

elettrone *s.m.* électron.

elettronegativo *agg.* électronégatif*.

elettronica *s.f.* électronique.

elettronico (pl. *-ci*) *agg.* électronique || *fisico —*, électronicien; *ingegnere —*, ingénieur électronicien.

elettronucleare *agg.* électronucléaire.

elettropompa *s.f.* électropompe.

elettropositivo *agg.* électropositif*.

elettroscopio *s.m.* électroscope.

elettroshock *s.m.* électrochoc.

elettrostatica *s.f.* électrostatique.

elettrostatico (pl. *-ci*) *agg.* électrostatique.

elettrotecnica *s.f.* électrotechnique.

elettrotecnico (pl. *-ci*) *agg.* électrotechnique || *ingegnere —*, ingénieur en électrotechnique ♦ *s.m.* électrotechnicien.

elettroterapia *s.f.* (*med.*) électrothérapie.

elettrotreno *s.m.* électrotrain.

elevare *v.tr.* élever*: — *d'un piano una casa*, surélever une maison d'un étage; — *l'animo a Dio*, élever son âme vers Dieu; — *al trono*, élever au trône || — *i prezzi*, augmenter les prix || — *lo sguardo, gli occhi*, lever le regard, les yeux || — *il proprio tenore di vita*, améliorer son niveau de vie || — *una contravvenzione*, dresser une contravention □ **elevarsi** *v.pron.* s'élever* || *un muro si eleva tra il giardino e la strada*, un mur se dresse entre le jardin et la rue.

elevatezza *s.f.* élévation.

elevato *agg.* élevé (*anche fig.*) || *a velocità elevata*, à forte allure.

elevatore *agg.* e *s.m.* élévateur*.

elevazione *s.f.* élévation.

elezione *s.f.* élection.

elfo *s.m.* elfe.

elianto *s.m.* (*bot.*) hélianthe.

elica (pl. *-che*) *s.f.* hélice: — *bipala, tripala*, hélice bipale, tripale.

elicoidale *agg.* hélicoïdal*.

elicotterista *s.m.* (*pilota*) pilote d'hélicoptère.

elicottero *s.m.* hélicoptère.

elidere (*coniug. come* ridere) *v.tr.* **1** annuler **2** (*gramm.*) élider □ **elidersi** *v.pron.* **1** (*gramm.*) s'élider **2** (*a vicenda*) s'annuler.

eligibile *agg.* éligible.

eligibilità *s.f.* éligibilité.

eliminare *v.tr.* éliminer.

eliminatoria *s.f.* (*sport*) éliminatoire.

eliminatorio *agg.* éliminatoire.

eliminazione *s.f.* élimination.

elio *s.m.* (*chim.*) hélium.

eliocentrico (pl. *-ci*) *agg.* (*astr.*) héliocentrique.

eliocentrismo *s.m.* (*astr.*) héliocentrisme.

eliografia *s.f.* héliographie.

elioterapia *s.f.* héliothérapie.

elioterapico (pl. *-ci*) *agg.* héliothérapique.

eliotipia *s.f.* héliotypie.

eliotropio *s.m.* héliotrope.

eliporto *s.m.* héliport.

Eliseo *s.m.* (*residenza del presidente della Repubblica Francese*) Élysée.

elisione *s.f.* élision.

elisir *s.m.* élixir.

elitario *agg.* élitaire.

elitarismo *s.m.* élitisme.

elitra *s.f.* élytre.

elitrasportato *agg.* héliporté.

ella *pron.pers.f. di 3ª pers.sing.sogg.* **1** elle || — *stessa*, — *medesima*, elle-même **2** *Ella*, (*allocutivo di cortesia*) vous: *Signor Ministro, Ella ben sa che..*, Monsieur le Ministre, vous n'êtes pas sans savoir que...

elleboro *s.m.* ellébore.

ellenico (pl. *-ci*) *agg.* hellénique.

ellenismo *s.m.* hellénisme.

ellenista *s.m.* helléniste.

ellenistico (pl. *-ci*) *agg.* hellénistique.

ellepì *s.m.invar.* (*disque*) 33 tours.

ellisse *s.f.* (*mat.*) ellipse.

ellissi *s.f.* (*gramm.*) ellipse.

ellissoidale *agg.* ellipsoïde.

ellissoide *s.m.* ellipsoïde.

ellittico (pl. *-ci*) *agg.* elliptique.

elmetto *s.m.* casque.

elmo *s.m.* casque; (*medievale*) *heaume.

elocuzione *s.f.* élocution.

elogiare (*coniug. come* mangiare) *v.tr.* louer; (*complimentare*) complimenter.

elogiativo *agg.* élogieux*.

elogio *s.m.* éloge: *merita un —*, il mérite des éloges; *ti faccio i miei elogi*, je te félicite.

elongazione *s.f.* élongation.

eloquente *agg.* éloquent.

eloquenza *s.f.* éloquence || *gesto pieno di —*, geste très éloquent.

eloquio *s.m.* élocution (*f.*).

elsa *s.f.* garde.

elucubrare *v.tr.* élucubrer.

elucubrazione *s.f.* élucubration.

eludere (*coniug. come* chiudere) *v.tr.* éluder || — *la legge*, tourner la loi || — *la sorveglianza*, tromper la surveillance.

elusivamente *avv.* évasivement.

elusivo *agg.* élusif*.

elvetico (pl. *-ci*) *agg.* helvétique ♦ *s.m.* (*abitante*) Suisse.

elzevirista *s.m.* (*giornalismo*) auteur d'articles de chronique littéraire ou artistique.

elzeviro *s.m.* article de chronique littéraire ou artistique.

emaciato *agg.* émacié.

emanare *v.intr.* émaner (*anche fig.*) ♦ *v.tr.* **1** (*esalare*) exhaler; (*sprigionare*) dégager*: — *un profumo*, exhaler un parfum; — *calore*, dégager de la chaleur 2 (*promulgare*) promulguer || — *una circolare*, envoyer une circulaire || — *disposizioni*, donner des dispositions.

emanazione *s.f.* 1 émanation 2 (*promulgazione*) promulgation.

emancipare *v.tr.* émanciper □ **emanciparsi** *v.pron.* s'émanciper || — *dalla famiglia*, s'affranchir de sa famille.

emancipato *agg.* émancipé.

emancipatore (f. *-trice*) *agg.* émancipateur*.

emancipazione *s.f.* émancipation; (*di schiavi*) affranchissement (*m.*).

emarginare *v.tr.* marginaliser; (*estens.*) mettre* à l'écart.

emarginato *agg. e s.m.* exclu; (*ai margini della vita sociale*) marginal*.

emarginazione *s.f.* marginalisation.

ematico (pl. *-ci*) *agg.* hématique.

ematite *s.f.* (*min.*) hématite.

emato- *pref.* hémato-

ematologia *s.f.* hématologie.

ematologo (pl. *-gi*) *s.m.* hématologue, hématologiste.

ematoma *s.m.* hématome.

emazia *s.f.* (*biol.*) hématie.

embargo (pl. *-ghi*) *s.m.* embargo.

emblema *s.m.* emblème.

emblematico (pl. *-ci*) *agg.* emblématique.

embolia *s.f.* (*med.*) embolie.

embolo *s.m.* (*med.*) embole.

embrice *s.m.* (*edil.*) noue (*f.*).

embrio- *pref.* embryo-

embriologia *s.f.* embryologie.

embrionale *agg.* embryonnaire.

embrione *s.m.* embryon: *in* —, (*fig.*) à l'état embryonnaire.

emendamento *s.m.* amendement.

emendare *v.tr.* amender □ **emendarsi** *v.pron.* s'amender.

emergente *agg.*: *i ceti emergenti*, les classes montantes; *i paesi emergenti*, les pays qui commencent à compter sur la scène internationale; *uno scrittore* —, un écrivain qui monte ♦ *s.m.* gli *emergenti*, les classes montantes.

emergenza *s.f.* urgence: *l'* — *droga*, le problème urgent de la drogue || *freno di* —, frein de secours.

emergere (*coniug. come* immergere) *v.intr.* 1 émerger* (*anche fig.*): *il sottomarino emerse vicino alla costa*, le sous-marin émergea, fit surface près de la côte; *il sommozzatore emerse in superficie*, le plongeur émergea, remonta à la surface de l'eau || *una montagna altissima emergeva all'orizzonte*, une montagne très haute s'élevait à l'horizon || *la sua voce emergeva nella confusione*, sa voix dominait le tumulte || *emerge tra i suoi contemporanei*, il est bien supérieur à ses contemporains || *vuole* — *a ogni costo*, il veut à tout prix se distinguer || *è emerso che...*, il résulte que... 2 (*elevarsi*) s'élever*.

emerito *agg.* 1 émérite, honoraire 2 (*eminente*) éminent || *è un* — *idiota*, c'est un parfait idiot.

emeroteca (pl. *-che*) *s.f.* hémérothèque.

emersione *s.f.* émersion || *sottomarino in* —, sous-marin en surface.

emerso *agg.* 1 *le terre emerse*, les terres émergées 2 (*di sottomarino*) en surface.

emetico (pl. *-ci*) *agg. e s.m.* émétique.

emettere (*coniug. come* mettere) *v.tr.* 1 émettre*; (*sprigionare*) dégager* || — *un grido*, pousser un cri 2 (*pronunciare*) rendre*; (*emanare*) publier: — *una sentenza*, rendre un arrêt 3 (*comm.*) émettre*: — *un assegno*, tirer un chèque; — *un ordine di pagamento*, emettre un ordre de paiement.

emi- *pref.* hémi-

emiciclo *s.m.* hémicycle.

emicrania *s.f.* migraine.

emigrante *agg. e s.m.* émigrant.

emigrare *v.intr.* émigrer: *è emigrata*, elle a émigré.

emigrato *agg. e s.m.* émigré.

emigratorio *agg.* migratoire.

emigrazione *s.f.* émigration; (*di animali*) migration.

emiliano *agg.* émilien*, de l'Émilie.

eminente *agg.* éminent (*spec. fig.*): *luogo* —, endroit élevé.

eminentemente *avv.* éminemment; (*specialmente*) spécifiquement.

eminenza *s.f.* 1 éminence 2 (*fig.*) supériorité 3 (*onorifico*) *Eminenza*, Éminence.

emiplegico (pl. *-ci*) *agg. e s.m.* (*med.*) hémiplégique.

emirato *s.m.* émirat.

emiro *s.m.* émir.

emisfero *s.m.* hémisphère.

emissario[1] *s.m.* 1 (*geogr.*) émissaire 2 (*nelle fognature*) égout collecteur 3 (*anat.*) veine émissaire.

emissario[2] *s.m.* (*inviato*) émissaire.

emissione *s.f.* émission.

emistichio *s.m.* hémistiche.

emittente *agg.* émetteur* || *banca* —, banque d'émission || (*stazione*) —, station d'émission, poste émetteur; — *privata*, radio libre ♦ *s.m.* (*fin.*) (*di titoli*) émetteur; (*di cambiale, di assegno*) tireur.

emo- *pref.* hémo-

emofilia *s.f.* (*med.*) hémophilie.

emofiliaco (pl. *-ci*) *agg. e s.m.* (*med.*) hémophile.

emoglobina *s.f.* hémoglobine.

emolisi *s.f.* (*biol.*) hémolyse.

emolliente *agg. e s.m.* émollient.

emolumento *s.m.* (*spec.pl.*) émoluments (*pl.*); (*onorario*) honoraires (*pl.*).

emorragia *s.f.* hémorragie.

emorragico (pl. *-ci*) *agg.* hémorragique.

emorroidi *s.f.pl.* hémorroïdes.

emostatico (pl. *-ci*) *agg. e s.m.* hémostatique.

emoteca (pl. *-che*) *s.f.* banque du sang.

emotività *s.f.* émotivité.

emotivo *agg.* 1 émotif*: *è troppo emotiva*, elle est trop émotive 2 (*che provoca emozione*) émouvant, touchant.

emottisi *s.f.* (*med.*) hémoptysie.

emozionale *agg.* émotionnel*.

emozionante *agg.* émouvant, palpitant.

emozionare *v.tr.* émotionner; (*commuovere*) émouvoir* □ **emozionarsi** *v.pron.* s'émotionner; (*commuoversi*) s'émouvoir*.

emozionato *agg.* émotionné; (*commosso*) ému.

emozione *s.f.* émotion; (*commozione*) émoi (*m.*).

empietà *s.f.* 1 impiété 2 (*malvagità*) cruauté.

empio *agg.* 1 impie 2 (*crudele*) cruel*.

empireo *agg.* e *s.m.*: (*cielo*)—, empyrée.

empirico (pl. *-ci*) *agg.* e *s.m.* empirique || **-mente** *avv.*

empirismo *s.m.* empirisme.

emporio *s.m.* 1 bazar; (*grande negozio*) grand magasin 2 (*centro commerciale*) centre commercial.

emù *s.m.* (*zool.*) émeu.

emulare *v.tr.* rivaliser (avec).

emulatore (f. *-trice*) *agg.* e *s.m.* émule.

emulazione *s.f.* émulation.

emulo *s.m.* émule.

emulsionante *agg.* e *s.m.* émulsifiant.

emulsionare *v.tr.* émulsionner.

emulsione *s.f.* émulsion.

encefalite *s.f.* encéphalite.

encefalo *s.m.* encéphale.

encefalo- *pref.* encéphalo-

encefalografia *s.f.* encéphalographie.

encefalogramma *s.m.* encéphalogramme.

encefalopatia *s.f.* encéphalopathie.

enciclica (pl. *-che*) *s.f.* encyclique.

enciclopedia *s.f.* encyclopédie.

enciclopedico (pl. *-ci*) *agg.* encyclopédique.

enciclopedista *s.m.* encyclopédiste.

encomiabile *agg.* digne d'éloges, louable.

encomiare *v.tr.* louer (publiquement).

encomiastico (pl. *-ci*) *agg.* élogieux*.

encomio *s.m.* éloge: *degno d'—*, digne d'éloges || *lettera d'—*, lettre de félicitations.

endecasillabo *agg.* e *s.m.* hendécasyllabe.

endemico (pl. *-ci*) *agg.* endémique.

endo- *pref.* endo-

endocrino *agg.* endocrinien*; (*di ghiandole*) endocrine.

endocrinologia *s.f.* endocrinologie.

endogamia *s.f.* endogamie.

endogeno *agg.* endogène.

endoscopia *s.f.* (*med.*) endoscopie.

endovena *s.f.* (*fam.*) intraveineuse.

endovenoso *agg.* intraveineux*: (*puntura*) *endovenosa*, (piqûre) intraveineuse.

energetico (pl. *-ci*) *agg.* énergétique: *bilancio*—, bilan énergétique; *crisi energetica*, crise de l'énergie; *fonte energetica*, source d'énergie ♦ *s.m.* stimulant.

energia *s.f.* énergie (*anche fig.*): *uomo privo di*—, homme sans énergie || —*solare*, énergie solaire.

energico (pl. *-ci*) *agg.* énergique || **-mente** *avv.*

energumeno *s.m.* énergumène.

enfasi *s.f.* emphase.

enfatico (pl. *-ci*) *agg.* emphatique || **-mente** *avv.*

enfatizzare *v.tr.* 1 (*pronunciare con enfasi*) prononcer* avec emphase 2 (*esagerare*) exagérer*, gonfler: — *un risultato elettorale*, gonfler un résultat électoral.

enfisema *s.m.* (*med.*) emphysème.

enigma *s.m.* énigme (*f.*).

enigmatico (pl. *-ci*) *agg.* énigmatique.

enigmista *s.m.* 1 (*chi redige enigmi*) auteur de jeux d'esprit (charades, rébus, mots croisés, énigmes) 2 (*appassionato di enigmistica*) amateur de jeux d'esprit.

enigmistica *s.f.* jeux d'esprit.

enigmistico (pl. *-ci*) *agg.*: *settimanale*—, hebdomadaire de jeux et mots croisés; *gioco* —, jeu d'esprit; *pagina enigmistica*, page des jeux.

ennesimo *agg.* nième: (*mat.*) *elevare all'ennesima potenza*, élever à la puissance n || *te lo ripeto per l'ennesima volta!*, je te le répète pour l'énième, la nième fois!

eno- *pref.* œno-

enologia *s.f.* œnologie.

enologico (pl. *-ci*) *agg.* œnologique.

enologo (pl. *-gi*) *s.m.* œnologue, œnologiste.

enorme *agg.* énorme || **-mente** *avv.*

enormità *s.f.* énormité (*anche fig.*).

enoteca (pl. *-che*) *s.f.* œnothèque; (*di azienda vinicola*) caveau* de dégustation.

ente *s.m.* 1 organisme, organisation (*f.*); office; institut: — *culturale, assistenziale*, organisme culturel, d'assistance; — *previdenziale*, (organisme de l') Assistance Sociale || *enti locali*, collectivités locales || *Ente Autonomo del Turismo*, Office du Tourisme 2 (*fil.*) être 3 (*dir.*) — *morale*, personne morale; — *pubblico*, organisme public.

enterite *s.f.* (*med.*) entérite.

entero- *pref.* entéro-

enteroclisma *s.m.* lavement.

enterocolite *s.f.* (*med.*) entérocolite.

entità *s.f.* 1 (*importanza*) importance: *di scarsa* —, de peu d'importance 2 (*fil.*) entité.

entomologia *s.f.* entomologie.

entomologo (pl. *-gi*) *s.m.* entomologiste.

entrambi *agg.pl.* les deux: — *i medici*, les deux médecins ♦ *pron.pl.* tous (les) deux: *hanno negato entrambe*, elles ont nié toutes les deux.

entrante *agg.* 1 entrant: *il sindaco* —, le maire entrant 2 (*prossimo*) prochain: *il mese* —, le mois prochain.

entrare *v.intr.* entrer || — *a far parte di un gruppo*, entrer dans un groupe || — *nei fatti altrui*, se mêler des affaires d'autrui || — *in una parte, in un personaggio*, entrer dans son rôle, dans (la peau de) son personnage || *entro nel ventiquattresimo anno d'età*, j'entre dans ma vingt-quatrième année || *non mi entra in testa*, ça ne m'entre pas dans la tête || *non entro più nei pantaloni*, je ne rentre plus dans mes pantalons; *queste scarpe non mi entrano*, je ne rentre pas dans ces chaussures || (*mat.*) *il due entra nell'otto quattro volte*, huit égale quatre fois deux || — *fuori tempo*, (*di strumento musicale*) ne pas attaquer au bon moment; *a questo punto entrano i violini*, à ce moment les violons attaquent □ **entrarci**: *non ci entriamo in quattro*, nous ne pouvons pas y tenir à quatre; *io non c'entro*, je n'y suis pour rien; *hanno fallito ma lui non c'entra*, ils ont échoué mais ce n'est pas lui le responsable; *la sua ambizione non c'entra per nulla*, son ambition n'a rien à voir là-dedans; *"E poi non ho soldi" "E questo che c'entra?"*, "Et puis je n'ai pas d'argent" "Quel est le rapport?".

entrata *s.f.* **1** entrée: *l'orario d'*—, les heures d'entrée **2** (*incasso*) recette; (*somma iscritta a credito*) entrée: *le entrate e le uscite*, les recettes et les dépenses; *imposta sull'*—, impôt sur le chiffre d'affaires **3** (*mus.*) (*attacco*) entrée **4** (*calcio*) intervention.

entratura *s.f.*: *avere* — *presso qlcu*, avoir ses entrées auprès de qqn.

entro *prep.* **1** (*riferito a tempo*) d'ici || — *domani*, — *il 20 luglio*, d'ici demain, d'ici le 20 juillet || — *oggi*, — *la settimana*, dans la journée, dans la semaine || — *quest'inverno*, — *l'inverno*, avant la fin de l'hiver || (*comm.*): *consegna* — *il 15 marzo*, — *15 giorni*, livraison avant le 15 mars, sous 15 jours; *spedizione* — *20 giorni*, expédition dans les 20 jours **2** (*riferito a luogo*) dans, à l'intérieur de.

entrobordo *s.m.* racer: — *da turismo*, canot automobile.

entropia *s.f.* entropie.

entroterra *s.m.invar.* arrière-pays*.

entusiasmante *agg.* enthousiasmant; (*appassionante*) passionnant.

entusiasmare *v.tr.* enthousiasmer □ **entusiasmarsi** *v.pron.* s'enthousiasmer.

entusiasmo *s.m.* enthousiasme: *con scarso* —, avec peu d'enthousiasme; *essere facile all'* —, s'enthousiasmer facilement; *farsi prendere dall'*—, se laisser gagner par l'enthousiasme; *avere grande* — *per la musica*, aimer passionnément la musique.

entusiasta *agg.* **1** enthousiaste **2** (*appassionato*) passionné (de) ♦ *s.m.* enthousiaste.

entusiasticamente *avv.* avec enthousiasme.

entusiastico (pl. -*ci*) *agg.* enthousiaste.

enucleare *v.tr.* **1** dégager* || — *un problema*, arriver au cœur du problème **2** (*med.*) énucléer.

enucleazione *s.f.* **1** mise en évidence || — *di un problema*, la mise en évidence des points essentiels d'un problème **2** (*med.*) énucléation.

enumerare *v.tr.* énumérer*.

enumerazione *s.f.* énumération.

enunciare (*coniug. come* cominciare) *v.tr.* énoncer*.

enunciato *s.m.* énoncé.

enunciazione *s.f.* énonciation.

enuresi *s.f.* (*med.*) énurésie.

enzima *s.m.* enzyme.

enzimatico (pl. -*ci*) *agg.* enzymatique.

eocene *s.m.* (*geol.*) éocène.

eolico (pl. -*ci*) *agg.* éolien*.

epatico (pl. -*ci*) *agg. e s.m.* hépatique.

epatite *s.f.* (*med.*) hépatite.

epat(o)- *pref.* hépat(o)-

eperlano *s.m.* (*zool.*) éperlan.

epi- *pref.* épi-

epica (pl. -*che*) *s.f.* poésie épique.

epicentro *s.m.* **1** épicentre **2** (*fig.*) foyer.

epico (pl. -*ci*) *agg.* épique.

epicureismo *s.m.* épicurisme.

epicureo *agg. e s.m.* épicurien*.

epidemia *s.f.* épidémie (*anche fig.*).

epidemico (pl. -*ci*) *agg.* épidémique.

epidermico (pl. -*ci*) *agg.* **1** épidermique **2** (*fig.*) (*superficiale*) superficiel*.

epidermide *s.f.* épiderme (*m.*).

epifania *s.f.* épiphanie || *l'Epifania*, le Jour des Rois.

epigastrio *s.m.* (*anat.*) épigastre.

epiglottide *s.f.* (*anat.*) épiglotte.

epigono *s.m.* épigone.

epigrafe *s.f.* inscription, épigraphe || *a* —, en épigraphe, en exergue.

epigrafia *s.f.* épigraphie.

epigrafico (pl. -*ci*) *agg.* épigraphique.

epigramma *s.m.* épigramme (*f.*).

epilessia *s.f.* (*med.*) épilepsie.

epilettico (pl. -*ci*) *agg. e s.m.* épileptique.

epilogo (pl. -*ghi*) *s.m.* épilogue, dénouement.

episcopale *agg.* épiscopal*.

episcopato *s.m.* épiscopat.

episodicamente *avv.* épisodiquement, de manière épisodique.

episodicità *s.f.* caractère épisodique.

episodico (pl. -*ci*) *agg.* épisodique || *un fatto* —, un épisode.

episodio *s.m.* épisode.

epistassi *s.f.* (*med.*) épistaxis.

epistemologia *s.f.* épistémologie.

epistola *s.f.* épître.

epistolare *agg.* épistolaire.

epistolario *s.m.* correspondance (*f.*).

epistolografia *s.f.* genre épistolaire.

epitaffio *s.m.* épitaphe (*f.*).

epitalamio *s.m.* épithalame.

epiteliale *agg.* épithélial*.

epitelio *s.m.* (*anat.*) épithélium.

epiteto *s.m.* épithète (*f.*): *epiteti irripetibili*, des épithètes que l'on ne peut décemment répéter.

epoca (pl. -*che*) *s.f.* époque || *l'* — *tra le due guerre*, l'entre-deux-guerres || *in quell'* —, *all'* —, à cette époque-là, à l'époque.

epodo *s.m.* (*metrica*) épode (*f.*).

eponimo *agg. e s.m.* éponyme.

epopea *s.f.* épopée.

epos *s.m.* **1** poème épique **2** (*ciclo di poemi epici*) épopée (*f.*).

eppure *cong.* pourtant: — *me lo avevi promesso!*, tu me l'avais pourtant promis!; — *è così!*, c'est pourtant comme ça!

epsilon *s.m.invar.* epsilon.

epta- *pref.* hepta-

epurare *v.tr.* épurer.

epurazione *s.f.* épuration.

ermellino

equamente *avv.* équitablement.

equanime *agg.* équitable.

equanimità *s.f.* impartialité.

equatore *s.m.* équateur: *sopra, sotto l' —*, au nord, au sud de l'équateur.

equatoriale *agg.* équatorial*.

equazione *s.f.* équation.

equestre *agg.* équestre.

equi- *pref.* équi-

Equidi *s.m.pl.* (*zool.*) Équidés.

equidistante *agg.* équidistant || *tenere un atteggiamento —*, maintenir les distances.

equidistanza *s.f.* équidistance.

equilatero *agg.* (*mat.*) équilatéral*.

equilibrare *v.tr.* équilibrer □ **equilibrarsi** *v.pron.* s'équilibrer.

equilibrato *agg.* équilibré.

equilibrio *s.m.* équilibre (*anche fig.*): *asse d'—*, poutre (horizontale) || *punto d'—*, point mort.

equilibrismo *s.m.* art de l'équilibriste || *— politico*, (*fig.*) acrobaties politiques.

equilibrista *s.m.* e *f.* équilibriste.

equino *agg.* chevalin: *macelleria equina*, boucherie chevaline || *carne equina*, viande de cheval ♦ *s.m.pl.* (*zool.*) Équidés.

equinoziale *agg.* équinoxial*.

equinozio *s.m.* équinoxe.

equipaggiamento *s.m.* équipement.

equipaggiare (*coniug. come* mangiare) *v.tr.* équiper □ **equipaggiarsi** *v.pron.* s'équiper.

equipaggiato *agg.* équipé.

equipaggio *s.m.* équipage.

equiparabile *agg.* assimilable, comparable.

equiparare *v.tr.* **1** assimiler; (*rendere di pari valore*) égaliser **2** (*mettere a confronto*) comparer.

equiparato *agg.* **1** assimilé; (*livellato*) égalisé **2** (*confrontato*) comparé, rapproché.

equiparazione *s.f.* assimilation; (*il rendere di pari valore*) égalisation.

equipollente *agg.* équivalent.

equiseto *s.m.* (*bot.*) equisetum.

equità *s.f.* équité.

equitazione *s.f.* équitation.

equivalente *agg.* e *s.m.* équivalent.

equivalenza *s.f.* équivalence.

equivalere (*coniug. come* valere) *v.intr.* équivaloir* □ **equivalersi** *v.pron.* s'équivaloir*, se valoir*.

equivocare (*coniug. come* mancare) *v.intr.* se méprendre* || *non equivochiamo*, entendons-nous bien.

equivocità *s.f.* **1** ambiguïté **2** (*di ambiente, persona*) aspect louche.

equivoco (pl.-*ci*) *agg.* équivoque, ambigu* ♦ *s.m.* équivoque (*f.*); (*sbaglio*) méprise (*f.*); (*malinteso*) malentendu: *dare adito a equivoci*, prêter à équivoque; *a scanso di equivoci*, pour éviter tout malentendu; *cadere in —*, se méprendre; *giocare sull'—*, jouer sur les mots.

equo *agg.* équitable.

era *s.f.* ère; (*epoca*) époque; (*periodo*) période.

erariale *agg.* du Trésor public.

erario *s.m.* Trésor public.

erba *s.f.* **1** herbe; (*tappeto erboso*) gazon (*m.*) || (*cuc.*) *erbe aromatiche*, fines herbes || *erbaccia*, mauvaise herbe || *non è rimasto neppure un filo d'—*, (*fig.*) il n'est rien resté || *fare d'ogni — un fascio*, mettre tout le monde dans le même sac || *in —*, (*anche fig.*) en herbe **2** *pl.* (*erbaggi, verdure*) légumes (*m.*) **3** (*bot. pop.*): *— cipollina*, ciboulette; *— da gatti*, herbe aux chats; *— medica, luzerne*; *— (della) miseria*, misère **4** (*ricamo*) *punto —*, point de tige **5** (*gergo*) (*marijuana*) herbe.

erbaceo *agg.* herbacé.

erbaggio *s.m.* herbe potagère; (*ortaggio*) légume.

erbario *s.m.* herbier.

erbicida *agg.* e *s.m.* herbicide.

erbivendolo *s.m.* marchand de fruits et de légumes; marchand des quatre-saisons.

erbivoro *agg.* herbivore.

erborista *s.m.* herboriste.

erboristeria *s.f.* **1** (*disciplina*) l'art d'herboriser **2** (*negozio*) herboristerie.

erboso *agg.* herbeux*, herbu || *tappeto —*, (tapis de) gazon.

ercole *s.m.* hercule.

erculeo *agg.* herculéen*.

erede *s.m.* héritier*: *suo nonno l'ha lasciato — delle sue sostanze*, son grand-père l'a fait hériter de ses biens.

eredità *s.f.* héritage (*m.*) (*anche fig.*).

ereditare *v.tr.* hériter.

ereditarietà *s.f.* hérédité.

ereditario *agg.* héréditaire || *principe —*, prince héritier || **-mente** *avv.*

ereditiera *s.f.* héritière.

eremita *s.m.* ermite.

eremitaggio *s.m.* ermitage.

eremitico (pl. -*ci*) *agg.* érémitique.

eremo *s.m.* ermitage.

eresia *s.f.* hérésie.

ereticale *agg.* hérétique.

eretico (pl. -*ci*) *agg.* e *s.m.* hérétique.

erettile *agg.* érectile.

eretto *agg.* bien droit.

erezione *s.f.* érection.

ergastolano *s.m.* prisonnier à perpétuité.

ergastolo *s.m.* **1** prison à perpétuité: *è stato condannato all'—*, il a été condamné à perpétuité **2** (*penitenziario*) maison d'arrêt, prison (*f.*).

ergere (*coniug. come* immergere. *Part. pass.* erto) élever* □ **ergersi** *v.pron.* se dresser.

ergonomia *s.f.* ergonomie.

ergoterapia *s.f.* ergothérapie.

erica (pl. -*che*) *s.f.* bruyère.

erigendo *agg.* qui doit être érigé.

erigere (*coniug. come* dirigere) *v.tr.* ériger* □ **erigersi** *v.pron.* s'ériger*: *—a giudice*, s'ériger en juge.

erisipela *s.f.* (*med.*) érysipèle (*m.*).

eritema *s.m.* (*med.*) érythème.

eritreo *agg.* e *s.m.* érythréen*.

ermafrodito *agg.* e *s.m.* hermaphrodite.

ermellino *s.m.* hermine (*f.*).

ermetico (pl. *-ci*) *agg.* hermétique || **-mente** *avv.*

ermetismo *s.m.* hermétisme.

ernia *s.f.* *hernie.

erniario *agg.* *herniaire.

erodere (*coniug. come* chiudere) *v.tr.* éroder.

eroe *s.m.* *héros.

erogare (*coniug. come* legare) *v.tr.* **1** attribuer, destiner **2** (*distribuire*) distribuer **3** (*acqua, luce ecc.*) débiter.

erogazione *s.f.* **1** affectation, destination **2** (*distribuzione*) distribution **3** (*di acqua, luce ecc.*) débit (*m.*).

erogeno *agg.* érogène.

eroico (pl. *-ci*) *agg.* héroïque || **-mente** *avv.*

eroina[1] *s.f.* héroïne.

eroina[2] *s.f.* (*chim.*) héroïne.

eroinomane *s.m.* héroïnomane.

eroismo *s.m.* héroïsme.

erompere (*coniug. come* rompere) *v.intr.* **1** se précipiter; (*scaturire*) jaillir **2** (*fig.*) éclater.

erosione *s.f.* érosion; (*di argini*) affouillement (*m.*).

erosivo *agg.* érosif*.

erotico (pl. *-ci*) *agg.* érotique.

erotismo *s.m.* érotisme.

erpete *s.m.* (*med.*) herpès.

erpicare (*coniug. come* mancare) *v.tr.* *herser.

erpice *s.m.* *herse (*f.*).

errabondo *agg.* errant.

errante *agg.* errant.

errare *v.intr.* **1** errer (*anche fig.*): — *per la campagna*, errer dans la campagne; — *per il mondo*, courir le monde **2** (*ingannarsi*) se tromper || *se non erro...*, si je ne me trompe... **3** (*commettere una colpa*) se rendre* coupable d'une faute.

erratico (pl. *-ci*) *agg.* erratique.

errato *agg.* erroné; (*scorretto*) incorrect; (*non esatto*) faux*: *pronuncia errata*, prononciation incorrecte; *calcoli errati*, des calculs faux; *interpretazione errata*, fausse interprétation, interprétation erronée || *se non vado* —, sauf erreur de ma part.

erroneamente *avv.* erronément.

erroneo *agg.* erroné; (*scorretto*) incorrect.

errore *s.m.* erreur (*f.*); (*spec. errore materiale, sbaglio*) faute (*f.*): *essere in* —, être dans l'erreur; *cadere in* —, se tromper; *riparare a un* —, réparer une faute || *per* —, par erreur; *in seguito a un* —, par suite d'une erreur || *salvo errori od omissioni*, sauf erreur ou omission || (*inform.*): — *da programma*, défaut de programmation; — *di macchina*, erreur de machine.

erta *s.f.* **1** rude montée **2** *all'*—!, alerte!; *stare all'*—, se tenir sur le qui-vive.

erto *agg.* raide, escarpé.

erudire (*coniug. come* finire) *v.tr.* instruire* □ **erudirsi** *v.pron.* s'instruire*.

erudito *agg. e s.m.* érudit: — *in archeologia*, calé en archéologie.

erudizione *s.f.* érudition: — *storica*, érudition en matière d'histoire.

eruttare *v.tr.* **1** (*di vulcano*) vomir **2** (*fig.*) éructer, vomir ♦ *v.intr.* éructer.

eruttazione *s.f.* éructation.

eruttivo *agg.* éruptif*.

eruzione *s.f.* éruption.

es(a)- *pref.* hex(a)-

esacerbare *v.tr.* (*inasprire*) exacerber; (*esasperare*) exaspérer*.

esacerbazione *s.f.* exacerbation.

esaedro *s.m.* hexaèdre.

esagerare *v.tr.* **1** exagérer* **2** (*caricare*) charger*: — *le tinte*, charger les couleurs, forcer les teintes ♦ *v.intr.* exagérer*: — *nei complimenti*, faire trop de compliments; — *nella modestia*, être trop modeste; *hai esagerato nella punizione*, tu l'as puni trop sévèrement; *tende sempre a* —, il a toujours tendance à exagérer || *hai esagerato con il sale*, tu as mis trop de sel.

esageratamente *avv.* exagérément; (*troppo*) trop.

esagerato *agg. e s.m.* exagéré || *che* —!, (*fam.*) tu exagères!

esagerazione *s.f.* exagération.

esagitato *agg.* agité, troublé.

esagonale *agg.* hexagonal*.

esagono *s.m.* hexagone.

esalare *v.tr.* exhaler ♦ *v.intr.* s'exhaler.

esalazione *s.f.* **1** exhalation **2** (*di vapori*) exhalaison.

esaltante *agg.* exaltant; (*straordinario*) éclatant.

esaltare *v.tr.* exalter || *al pontificato*, élever au pontificat □ **esaltarsi** *v.pron.* s'exalter.

esaltato *agg. e s.m.* exalté.

esaltazione *s.f.* exaltation.

esame *s.m.* examen || — *del sangue*, analyse de sang || *in* —, *all'*— (*di*), à l'examen (de); *il problema in* —, le problème à l'étude || *prendere in* —, examiner, analyser, prendre en considération || *fare l'* — *di coscienza*, faire son examen de conscience || *fare un* —, (*dell'esaminatore*) faire passer un examen; *fare, dare un* —, (*dell'esaminando*) passer un examen; *essere sotto esami*, être en période d'examens; *superare gli esami*, réussir aux examens; *essere respinto a un* —, échouer à un examen; *rifare, ridare un* —, repasser un examen || *ho passato l'* — *di guida*, j'ai eu mon permis de conduire.

esametro *s.m.* hexamètre.

esaminando *s.m.* candidat.

esaminare *v.tr.* **1** examiner || — *i propri sentimenti*, analyser ses sentiments **2** (*interrogare*) interroger*.

esaminatore (*f. -trice*) *s.m.* examinateur*.

esangue *agg.* exsangue.

esanime *agg.* inanimé.

esantema *s.m.* (*med.*) exanthème.

esantematico (pl. *-ci*) *agg.* (*med.*) exanthémateux* || *malattie esantematiche infantili*, maladies exhanthématiques infantiles.

esarca (pl. *-chi*) *s.m.* (*st.*) exarque.

esasperante *agg.* exaspérant.

esasperare *v.tr.* exaspérer*: *mi esasperi*, tu m'excèdes □ **esasperarsi** *v.pron.* s'exaspérer*.

esasperato *agg.* exaspéré: *sono — per la lentezza della burocrazia*, je suis excédé par la lenteur de la bureaucratie.

esasperazione *s.f.* exaspération: *spingere qlcu all'—*, excéder qqn.

esattamente *avv.* exactement.

esattezza *s.f.* exactitude; (*precisione*) précision: *per l'—*, pour être exact.

esatto *agg.* exact || *alle tre esatte*, à trois heures précises ♦ *avv.* absolument.

esattore (f. *-trice*) *s.m.* collecteur; (*delle imposte*) percepteur (des impôts); — *del gas, della luce*, employé du gaz, de l'EDF (chargé du recouvrement des factures).

esattoria *s.f.* perception.

esaudibile *agg.* qui peut être exaucé.

esaudimento *s.m.* exaucement.

esaudire (*coniug. come* finire) *v.tr.* exaucer*.

esauriente *agg.* 1 complet*, exhaustif* 2 (*convincente, decisivo*) convaincant, concluant.

esaurientemente *avv.* exhaustivement, de manière exhaustive.

esaurimento *s.m.* épuisement || — *psichico, nervoso*, dépression nerveuse; *avere un forte —*, (*fisico*) être complètement épuisé, (*psichico*) être très déprimé; *prendersi un bell'—*, (*fam.*) craquer, s'offrir une belle dépression.

esaurire (*coniug. come* finire) *v.tr.* 1 épuiser (*anche fig.*): — *l'argomento*, épuiser le sujet; *il lavoro lo ha esaurito*, le travail l'a épuisé 2 (*inaridire*) tarir 3 (*condurre a termine*) achever*; conclure* □ **esaurirsi** *v.pron.* 1 s'épuiser, être* épuisé: *lavora troppo, finirà con l'—*, il travaille trop, il finira par faire une dépression 2 (*inaridirsi*) tarir (*anche fig.*).

esaurito *agg.* 1 épuisé || *essere —*, être à bout de forces; *è un po' —*, il est un peu fatigué; *ti vedo —*, tu as l'air épuisé 2 (*inaridito*) tari 3 (*a teatro, al cinema ecc.*): *i posti a sedere sono esauriti*, toutes les places assises sont prises; *i biglietti sono esauriti*, il n'y a plus de billets disponibles; *il teatro è —*, le théâtre affiche complet; *tutto —*, complet; *fare il tutto —*, faire salle comble, jouer à guichets fermés.

esaustivo *agg.* exhaustif*.

esausto *agg.* 1 vide 2 (*fig.*) épuisé, à bout de forces: *sono —!*, je n'en peux plus!

esautorare *v.tr.* priver de son autorité, destituer.

esautorato *agg.* révoqué, destitué || *governo —*, gouvernement sans autorité.

esautorazione *s.f.* destitution, révocation.

esazione *s.f.* perception; (*recuperare*) recouvrement (*m.*).

esborso *s.m.* (*amm.*) débours.

esca (pl. *-che*) *s.f.* 1 amorce; appât (*m.*) || *gettare l'— a qlcu*, (*fig.*) essayer d'attirer qqn dans ses filets 2 (*miccia*) amadou (*m.*) || (*fig.*): *pigliar fuoco come l'—*, être soupe au lait; *dar — alla gelosia di qlcu*, susciter la jalousie de qqn; *aggiungere — al fuoco*, jeter de l'huile sur le feu.

escandescenza *s.f.* emportement (*m.*) || *dare in escandescenze*, sortir de ses gonds.

escatologia *s.f.* eschatologie.

escatologico (pl. *-ci*) *agg.* eschatologique.

escavatore *s.m.* excavateur, pelle mécanique: — *a tazze*, excavateur à godets.

escavatrice *s.f.* excavatrice.

escavazione *s.f.* excavation.

eschimese *agg.* e *s.m.* esquimau*.

esclamare *v.intr.* s'écrier, s'exclamer: *ha esclamato*, il s'est exclamé.

esclamativo *agg.* exclamatif* || *punto —*, point d'exclamation.

esclamazione *s.f.* exclamation.

escludere (*coniug. come* chiudere) *v.tr.* 1 exclure* (*anche fig.*) || *gli stranieri sono esclusi da questo impiego*, il n'est pas permis aux étrangers d'occuper ce poste || *lo escludo!*, impossible! || *i giurati hanno escluso le circostanze attenuanti*, les jurés ont rejeté les circonstances atténuantes 2 (*eccettuare*) excepter, faire* exception (de): *escludendo, se si escludono...*, si on excepte, exception faite pour...; *esclusi i tuoi fratelli*, sauf tes frères; *nessuno escluso*, sans exception □ **escludersi** *v.pron.* s'exclure*.

esclusione *s.f.* exclusion || *senza — di colpi*, (*anche fig.*) sans merci || *procedere per —*, procéder par élimination || *a — di*, à l'exclusion de, sauf.

esclusiva *s.f.* exclusivité || *in —*, en exclusivité.

esclusivamente *avv.* exclusivement: *leggo — autori contemporanei*, je ne lis que des auteurs contemporains.

esclusivismo *s.m.* exclusivisme.

esclusività *s.f.* exclusivité.

esclusivo *agg.* exclusif* || (*comm.*) *agente —*, représentant ayant l'exclusivité || *è un locale molto —*, c'est un endroit très sélect.

escluso *agg.* exclu.

escogitare *v.tr.* imaginer; (*combinare*) cogiter || *le escogita tutte*, il invente toutes les excuses.

escoriare *v.tr.* excorier.

escoriazione *s.f.* excoriation.

escremento *s.m.* excrément.

escrescenza *s.f.* excroissance.

escrezione *s.f.* excrétion.

escursione *s.f.* 1 (*tecn., scient.*) amplitude 2 (*gita*) excursion.

escursionista *s.m.* excursionniste.

escussione *s.f.* (*dir.*) audition.

esecrabile *agg.* exécrable.

esecrare *v.tr.* exécrer*.

esecrazione *s.f.* exécration.

esecutivo *agg.* 1 exécutif* 2 (*dir.*) (*che può ottenere immediata esecuzione*) exécutoire: *mandato —*, mandat exécutoire || *titolo —*, titre réalisable ♦ *s.m.* exécutif.

esecutore (f. *-trice*) *s.m.* 1 exécutant || *l'— materiale del delitto*, l'auteur du crime 2 (*mus.*) exécutant || *è un ottimo — di musica leggera*, c'est un excellent interprète de musique légère 3 (dir.) exécuteur* || — di giustizia, exécuteur des hautes œuvres.

esecutorio agg. (dir.) exécutoire.

esecuzione s.f. exécution: mettere in —, mettre à exécution; andare in —, être en voie de réalisation, (dir.) exécuter qqch || di facile —, facile à exécuter.

esedra s.f. (arch.) exèdre.

esegesi s.f. exégèse.

esegeta s.m. exégète.

esegetica s.f. science exégétique.

eseguire v.tr. exécuter || — una riparazione, faire une réparation, réparer || — un pagamento, effectuer un paiement.

esempio s.m. exemple: prendere a —, prendre en, pour exemple; prendere — da, prendre exemple sur; essere d'— a, être un exemple pour; essere un — di virtù, être un exemple, un modèle de vertu; citare a —, citer comme exemple || sull'— di, à, sur l'exemple de || per —, par exemple || a mo' d'—, à titre d'exemple.

esemplare[1] agg. exemplaire.

esemplare[2] s.m. exemplaire.

esemplificare (coniug. come mancare) v.tr. exemplifier.

esemplificativo agg. qui sert d'exemple.

esemplificazione s.f. exemplification: dare una — di qlco, illustrer par des exemples.

esentare v.tr. exempter || — da un incarico, relever d'une charge; — dal lavoro, dispenser du travail.

esentasse agg. exempt d'impôts.

esentato agg. exempté.

esente agg. exempt || — da ogni colpa, innocent de toute faute || — dal contagio, protégé de la contagion.

esenzione s.f. exemption.

esequie s.f.pl. obsèques.

esercente s.m. commerçant; (di bevande e tabacchi) débitant (de boissons, de tabacs); (di sale cinematografiche) exploitant.

esercitare v.tr. exercer*: — il mestiere di calzolaio, exercer le métier de cordonnier || — l'insegnamento, être dans l'enseignement || — pressioni su qlcu, faire pression sur qqn || — la pazienza di qlcu, mettre à l'épreuve la patience de qqn □ **esercitarsi** v.pron. s'exercer* || — al piano, in inglese, travailler son piano, son anglais || le truppe si stanno esercitando, les troupes sont à l'exercice.

esercitazione s.f. exercice (m.) || — navale, manœuvres navales || esercitazioni scolastiche, travaux pratiques.

esercito s.m. armée (f.) || l'— invasore, les troupes d'invasion || gli alti gradi dell'—, les officiers supérieurs.

eserciziario s.m. cahier d'exercices.

esercizio s.m. 1 exercice || esercizi a corpo libero, exercices au sol || tenersi in —, se maintenir en forme; esser fuori, giù d'—, manquer d'entraînement || nell'— delle sue funzioni, dans l'exercice de ses fonctions 2 (econ.) (gestione) gestion (f.), exploitation (f.); (periodo di gestione) exercice:

costi d'—, frais de gestion, charges d'exploitation || — provvisorio, douzième provisoire; chiusura di —, clôture du bilan 3 (spaccio, negozio) magasin: pubblico —, établissement public || licenza d'—, (di bar) licence de débit de boissons.

esibire (coniug. come finire) v.tr. exhiber □ **esibirsi** v.pron. s'exhiber; (dare spettacolo) se produire*.

esibizione s.f. 1 exhibition 2 (numero di un artista) numéro (m.).

esibizionismo s.m. exhibitionnisme.

esibizionista s.m. exhibitionniste.

esigente agg. exigeant.

esigenza s.f. exigence || per esigenze di servizio, pour raisons de service.

esigere (Part.pass. esatto) v.tr. 1 exiger* || — obbedienza, exiger l'obéissance 2 (comm.) (riscuotere) percevoir*; (recuperare) recouvrer.

esigibile agg. exigible.

esiguità s.f. petitesse; (di denaro) modicité || l'— dei mezzi usati, la modestie des moyens utilisés; l'— delle forze in campo, l'insuffisance des forces en jeu.

esiguo agg. petit; (di denaro) modique, modeste.

esilarante agg. hilarant.

esilarare v.tr. provoquer le rire (de).

esile agg. (sottile) mince; (fragile) frêle || con voce —, d'une voix fluette || argomentazioni esili, des arguments très faibles.

esiliare v.tr. exiler □ **esiliarsi** v.pron. s'exiler.

esiliato agg. e s.m. exilé.

esilio s.m. exil: scegliere la via dell'—, choisir l'exil.

esilità s.f. (sottigliezza) minceur; (gracilità) gracilité; (debolezza) faiblesse.

esimere (mancano Pass.rem. e Part.pass.) v.tr. exempter || — qlcu da una responsabilità, décharger qqn d'une responsabilité □ **esimersi** v.pron. se dispenser || — da un obbligo, se soustraire à une obligation.

esimio agg. éminent || donna di esimie virtù, femme d'une grande vertu || — professore, (nelle apostrofi) Monsieur le professeur.

esistente agg. existant.

esistenza s.f. 1 existence; (vita) vie 2 (comm.) existant (m.).

esistenziale agg. existentiel*.

esistenzialismo s.m. existentialisme.

esistenzialista agg. e s.m. existentialiste.

esistere (Part.pass. esistito) v.intr. 1 exister: il più grande genio che sia mai esistito, le plus grand génie qui n'ait jamais existé || per lui esiste solo la moglie, il n'y a que sa femme qui compte || non esistono dubbi (che...), il n'y a pas de doute, nul doute (que...) 2 (vivere) vivre*.

esitante agg. hésitant.

esitare v.intr. hésiter.

esitazione s.f. hésitation.

esito s.m. issue (f.), résultat || il buon — dell'impresa, le succès de l'entreprise || avere buono, cattivo —, réussir, ne pas réussir || dare — a una lettera, répondre à une lettre || (comm.) una merce

di facile —, une marchandise d'un débit facile.

esiziale *agg.* mortel*; (*funesto*) fatal*.

eskimo *s.m.* (*abbigl.*) parka.

es(o)- *pref.* ex(o)-

esodo *s.m.* exode.

esofago (pl. *-gi*) *s.m.* (*anat.*) œsophage.

esogeno *agg.* exogène.

esonerare *v.tr.* **1** exonérer*; (*esentare*) exempter, dispenser **2** (*destituire*) relever*.

esonero *s.m.* exonération (*f.*); (*esenzione*) exemption (*f.*).

esorbitante *agg.* exorbitant.

esorbitare *v.intr.* sortir*.

esorcismo *s.m.* exorcisme.

esorcista *s.m.* exorciste.

esorcizzare *v.tr.* exorciser.

esordiente *agg.* e *s.m.* débutant.

esordio *s.m.* **1** début; (*di discorso*) exorde **2** (*di attività*) début; (*di un attore*) débuts (*pl.*).

esordire (*coniug. come* finire) *v.intr.* **1** (*in un discorso*) commencer* **2** (*in una attività*) débuter.

esornativo *agg.* ornemental*.

esortare *v.tr.* exhorter.

esortazione *s.f.* exhortation.

esosfera *s.f.* (*fis.*) exosphère.

esosità *s.f.* **1** (*avidità*) avidité; (*avarizia*) avarice **2** (*di prezzi*) exagération.

esoso *agg.* **1** (*avido*) avide; (*avaro*) avare **2** (*di prezzo*) exorbitant.

esoterico (pl. *-ci*) *agg.* ésotérique.

esotermico (pl. *-ci*) *agg.* (*fis.*) exothermique.

esotico (pl. *-ci*) *agg.* exotique.

esotismo *s.m.* exotisme.

espandere (*Pass.rem.* io espansi, tu espandesti ecc. *Part.pass.* espanso) *v.tr.* **1** (*estendere*) étendre* **2** (*emanare*) exhaler □ **espandersi** *v.pron.* **1** s'étendre*: — *come una macchia d'olio*, faire tache d'huile **2** (*ingrandirsi*) s'agrandir; (*svilupparsi*) se développer **3** (*diffondersi*) se répandre*.

espansione *s.f.* **1** expansion (*anche fig.*) **2** (*effusione*) effusion ‖ *fu accolto con grandi espansioni*, il fut accueilli avec chaleur.

espansionismo *s.m.* expansionnisme.

espansionista *s.m.* e *agg.* expansionniste.

espansionistico (pl. *-ci*) *agg.* expansionniste.

espansività *s.f.* expansivité.

espansivo *agg.* expansif*.

espanso *agg.* **1** (*fis.*) dilaté: *gas* —, gaz dilaté **2** (*chim.*) expansé: (*polistirolo*) —, polystyrène expansé.

espatriare *v.intr.* s'expatrier.

espatrio *s.m.* expatriation (*f.*).

espediente *s.m.* expédient.

espellere (*Pass.rem.* io espulsi, tu espellesti ecc. *Part. pass.* espulso) *v.tr.* **1** expulser **2** (*tecn.*) éjecter.

esperanto *s.m.* espéranto.

esperienza *s.f.* expérience: *ho imparato per — che...*, l'expérience m'a appris que...

esperimentare *v.tr.* e *deriv.* → **sperimentare** e *deriv.*

esperimento *s.m.* **1** expérience (*f.*) ‖ *a titolo d'—*, à titre d'essai **2** (*a scuola*) interrogation écrite; (*trimestrale*) composition (*f.*).

esperire (*coniug. come* finire) *v.tr.* **1** (*svolgere*) mener* ‖ — *tutte le pratiche per...*, faire toutes les démarches pour... **2** (*tentare*) essayer* ‖ — *le vie legali*, recourir à la justice.

esperto *agg.* (*abile, provetto*) expert; (*che ha pratica, esperienza*) expérimenté ‖ *un uomo molto* —, un homme qui a beaucoup d'expérience ♦ *s.m.* expert.

espettorante *agg.* e *s.m.* expectorant.

espettorare *v.tr.* expectorer.

espiabile *agg.* expiable.

espianto *s.m* (*biol.*) explant.

espiare *v.tr.* expier ‖ — *una pena*, purger une peine.

espiatorio *agg.* expiatoire.

espiazione *s.f.* expiation.

espirare *v.tr.* e *intr.* expirer.

espirazione *s.f.* expiration.

espletamento *s.m.*: — *di un incarico*, accomplissement d'une mission; — *di una pratica*, expédition d'un dossier.

espletare *v.tr.* (*compiere*) remplir; (*sbrigare*) expédier: — *una pratica*, expédier un dossier ‖ — *le proprie funzioni*, s'acquitter de ses fonctions ‖ — *un programma*, mener à bien un programme.

esplicare (*coniug. come* mancare) *v.tr.* exercer*.

esplicativo *agg.* explicatif*.

esplicitare *v.tr.* expliciter.

esplicito *agg.* explicite ‖ *-mente* *avv.*

esplodere (*coniug. come* chiudere) *v.intr.* exploser: *la bomba è esplosa qui*, la bombe a explosé ici ♦ *v.tr.* (*sparare*) décharger*: *gli esplose contro tre colpi di fucile*, il déchargea sur lui trois coups de fusil.

esplorare *v.tr.* **1** explorer **2** (*sondare*) sonder **3** (*med.*) sonder **4** (*inform.*) explorer, analyser.

esplorativo *agg.* d'exploration.

esploratore (*f. -trice*) *s.m.* **1** explorateur* ‖ (*scoutismo*) *giovane* —, éclaireur; (*cattolico*) scout **2** (*nave da guerra*) éclaireur, patrouilleur.

esplorazione *s.f.* exploration.

esplosione *s.f.* explosion.

esplosivo *agg.* e *s.m.* explosif* ‖ *miscela* —, mélange détonant.

esponente *s.m.* **1** (*rappresentante*) représentant **2** (*lemma*) article **3** (*mat.*) exposant.

esponenziale *agg.* exponentiel*.

esporre (*coniug. come* porre) *v.tr.* **1** exposer **2** (*mettere in mostra*) étaler; (*affiggere*) afficher ‖ — *la bandiera*, hisser le drapeau □ **esporsi** *v.pron.* **1** s'exposer (*anche fig.*) **2** (*fig.*) (*compromettersi*) s'avancer* **3** (*inform.*) exposer, donner accès (à).

esportabile *agg.* exportable (*anche fig.*).

esportare *v.tr.* exporter.

esportatore (*f. -trice*) *agg.* e *s.m.* exportateur*.

esportazione *s.f.* exportation.

esposimetro *s.m.* (*fot.*) posemètre, exposimètre.

espositivo *agg.* expositif* || *quartiere* —, quartier des expositions.

espositore (f. *-trice*) *s.m.* **1** exposant **2** (*commentatore*) commentateur* ♦ *agg.* qui expose: *le ditte espositrici*, les sociétés qui exposent.

esposizione *s.f.* exposition || (*fot.*) *tempo di* —, temps de pose.

esposto *agg.* **1** exposé || (*med.*) *frattura esposta*, fracture ouverte **2** (*messo in mostra*) étalé; (*affisso*) affiché: *opere esposte*, œuvres exposées ♦ *s.m.* exposé.

espressamente *avv.* **1** (*in modo esplicito*) expressément **2** (*di proposito*) exprès.

espressione *s.f.* expression || *leggere con* —, lire d'une manière expressive || *accolga le espressioni di...*, agréez l'expression de...

espressionismo *s.m.* expressionnisme.

espressionista *s.m.* expressionniste.

espressivamente *avv.* de façon expressive.

espressività *s.f.* puissance expressive.

espressivo *agg.* expressif*.

espresso *agg.* **1** (*esplicito*) exprès* **2** (*Poste*) exprès* **3** (*di treno*) express **4** (*di caffè*) express ♦ *s.m.* **1** (*Poste*) exprès || *per* —, par exprès **2** (*treno*) express **3** (*caffè*) express.

esprimere (*coniug. come* comprimere) *v.tr.* exprimer || — *dissenso*, manifester son désaccord || *questa frase non esprime nulla*, cette phrase ne veut rien dire □ **esprimersi** *v.pron.* s'exprimer || *come esprimermi?*, (*fam.*) comment dire?

esprimibile *agg.* exprimable.

espropriare *v.tr.* exproprier.

espropriazione *s.f.*, **esproprio** *s.m.* expropriation (f.).

espugnabile *agg.* expugnable.

espugnare *v.tr.* **1** s'emparer (de) **2** (*fig.*) triompher (de).

espugnazione *s.f.* prise (d'assaut); conquête.

espulsione *s.f.* **1** expulsion **2** (*tecn.*) éjection.

espulso *agg.* **1** expulsé **2** (*tecn.*) éjecté.

espulsore *s.m.* éjecteur.

espungere *v.tr.* supprimer.

espurgare (*coniug. come* legare) *v.tr.* expurger*.

esquimese *agg.* e *s.m.* → **eschimese**.

essa *pron.pers.f. di 3ª pers.sing.sogg. e compl.* elle || *due, tre di esse*, deux, trois d'entre elles || *esse stesse*, elles-mêmes: *prima o poi esse stesse riconosceranno i loro errori*, tôt ou tard elles reconnaîtront elles-mêmes leurs fautes || (*burocrazia*) *la direttrice o chi per* —, la directrice ou la personne qui la représente.

essenza *s.f.* essence || *in* —, en substance.

essenziale *agg.* e *s.m.* essentiel* || *-mente* *avv.*

essenzialità *s.f.* caractère essentiel.

essere[1]

Indic.pres. io sono, tu sei, egli è, noi siamo, voi siete, essi sono; *imperf.* io ero ecc., noi eravamo ecc.; *fut.* io sarò ecc.; *pass.rem.* io fui, tu fosti, egli fu, noi fummo, voi foste, essi furono. *Cong.pres.* che io sia ecc.; *imperf.* che io fossi ecc. *Imp.* sii, siate. *Part.pass.* stato.

---

v.intr. **1** (*ausiliare*) être*: *sono stati accusati di furto*, ils ont été accusés de vol **2** (*con verbo servile*) avoir*: *è dovuto partire improvvisamente*, a dû partir à l'improviste ♦ *v.intr.* être* || — *da* (+ *inf.*), être à (+ *inf.*): *è un esempio da imitare*, c'est un exemple à suivre; *c'è da credere che...*, il est à croire que...; *non è uomo da tradire un amico*, il n'est pas homme à trahir un ami; *vedi questa lettera?, è da spedire subito*, tu vois cette lettre? il faut qu'elle soit envoyée tout de suite; *ecco degli ottimi saldi: sarebbe da approfittarne*, voilà des soldes sensationnels, ce serait le moment d'en profiter; *il direttore è da considerarsi responsabile*, le directeur doit être considéré responsable || — *da* (+ *s.*): *non è da ragazza perbene dire queste parolacce*, ce n'est pas une jeune fille bien qui dirait ces gros mots; *è da persona intelligente...*, c'est le fait d'une personne intelligente || — (*lì lì*) *per...*, être sur le point de... || — *dietro a*, (*fam.*) être en train de...

♦ FRASEOLOGIA: *che ne sarà di noi?*, que deviendrons-nous?, qu'allons-nous devenir?; *sia come sia*, quoi qu'il arrive; *sarà quel che sarà*, advienne que pourra; *quel che è stato è stato*, c'est du passé; *prendere la vita com'è*, prendre la vie comme elle vient; *sai com'è*, tu sais ce que c'est; *e sia* (*pure*)!, *ebbene sia!*, (et) soit!; *ma non può* —!, ce n'est pas possible!, c'est à ne pas y croire; *può* —!, c'est possible!; *"È arrivato dov'è grazie al suo lavoro!" "Sarà!"*, "C'est grâce à son travail qu'il est arrivé là où il est" "Peut-être (bien)"; *"Dichiara trent'anni..." "Sarà!"*, "Elle prétend avoir trente ans..." "Admettons"; *hai quattro automobili?... sarà!*, tu as quatre voitures?..., je veux bien te croire mais...; *sarà come tu dici ma...*, c'est peut-être comme tu le dis, mais...; *sarà sui quaranta*, elle doit avoir dans les quarante ans.

□ **esserci**, **esservi**, y avoir*: *c'è, ci sono*, il y a; *non c'era, non c'erano*, il n'y avait pas; *chi c'è?*, qui est là?; *c'è la signora Bianchi?*, est-ce que Madame Bianchi est là?; *Giovanni c'è, mi dispiace*, Jean n'est pas là (*o* est sorti), je regrette; *non riuscirai mai a conoscere tutti gli animali che ci sono*, tu ne réussiras jamais à connaître tous les animaux qui existent; *c'è da aver paura di lui*, il y a de quoi avoir peur de lui; *ci siamo!*, (*siamo arrivati*) voilà, nous y sommes, (*abbiamo finito*) enfin ça y est!, (*siamo alle solite*) nous y revoilà!; *allora, ci sei?*, alors, tu y es?; *ci sono, ho capito*, j'y suis!; *ci saranno state una ventina di persone*, il pouvait y avoir une vingtaine de personnes; *dopo tutte le difficoltà che ci sono state*, après toutes les difficultés qu'il y a eu || *c'era una volta un re*, il était une fois un roi.

□ **essercene**, **esservene**, y en avoir*: *ce n'è, ce ne sono*, il y en a; *ce n'è uno solo*, il n'y en a qu'un; *"Ci sono camere libere?" "Sì, dovrebbero essercene ancora"*, "Y a-t-il de chambres de libres?" "Oui, il devrait y en avoir encore".

□ **è 1** (+ *agg. o avv.*): *è vero?*, est-ce vrai?; *era così facile!*, c'était si facile!; *è molto meglio*, c'est beaucoup mieux, ça vaut mieux || *l'ho detto, è vero,*

ma..., je l'ai dit, il est vrai, mais...   **2** (+ *agg.* + *infinito*): *è utile riflettere*, il est utile de réfléchir   **3** (+ *agg.* + *che* + *v. coniugato*): *è utile che riflettiate*, il est utile que vous réfléchissiez   **4** (+ *sostantivo* + *infinito*): *è follia fare un viaggio simile*, c'est de la folie (que) de faire un tel voyage   **5** (+ *infinito*): *partire è morire un po'*, partir c'est mourir un peu; *la tristezza è partire*, l'ennui c'est de partir; *ecco cos'è disobbedire*, voilà ce que c'est (que) de désobéir   **6** (*riprendente un sogg. già espresso*): *la miglior giornata è il sabato*, la meilleure journée c'est le samedi; *la tua ultima speranza è parlargli*, ta dernière chance c'est de lui parler   **7** (+ *congiunzione*): *è perché tu lo sappia*, c'est pour que tu le saches; *non è che io sia infelice*, ce n'est pas que je sois malheureux.
□ **è**, **sono**   **1** (+ *sostantivo non determinato*): *è medico da anni*, il est médecin depuis des années; *sono architetti*, ils sont architectes   **2** (+ *sostantivo determinato* o *nome proprio*): *è tuo cugino?*, est-ce ton cousin?; *sono (dei) libri d'arte*, ce sont des livres d'art; *è stata una bella giornata*, ça a été une belle journée; *non è Michele*, ce n'est pas Michel; *erano Anna e Paolo*, c'étaient Anne et Paul; *sono cinquantamila lire, Signora*, c'est, cela fait cinquante mille lires, Madame   **3** (+ *pronome dimostrativo*): *è quello che parlava ieri*, c'est celui qui parlait hier; *erano quelli che viaggiavano con noi*, c'étaient ceux qui voyageaient avec nous   **4** (+ *pronome possessivo*): *è il mio, non è il tuo*, c'est le mien, ce n'est pas le tien; *erano i nostri*, c'étaient les nôtres   **5** (*nelle espressioni di tempo*): *che ora è, che ore sono?*, quelle heure est-il?; *che ora sarà, che ore saranno?*, quelle heure peut-il être?; *erano le tre*, il était trois heures; *saranno state le tre*, il pouvait être trois heures; *saranno le dieci*, il doit être dix heures; *è sabato, domenica*, c'est samedi, dimanche; *è notte, è mattino*, c'est la nuit, c'est le matin; *era il primo luglio*, c'était le premier juillet; *è tempo, è ora di partire*, il est temps, c'est l'heure de partir; *sono già due anni che non lo vedo*, il y a, cela fait déjà deux ans que je ne le vois pas; *sono ore che aspetto*, j'attends depuis des heures, il y a des heures que j'attends; *vent'anni or sono*, il y a environ vingt ans.
essere[2] *s.m.*   **1** être || *conoscere qlcu nel suo vero —*, connaître la véritable nature de qqn || *esseri extraterrestri*, des extraterrestres   **2** (*esistenza*) existence (*f.*).
essiccare (*coniug. come* mancare) *v.tr.*   **1** dessécher*   **2** (*ind.*) sécher* □ **essiccarsi** *v.pron.* se dessécher*.
essiccatoio *s.m.* séchoir.
essiccazione *s.f.* séchage (*m.*); (*chim.*) dessiccation.
esso *pron.pers.m. di* 3[a] *pers.sing.*   **1** (*sogg.*) il || *anch'—*, lui aussi; *anch'essi*, eux aussi || *— stesso*, lui-même; *essi stessi*, eux-mêmes: *essi stessi decideranno del loro avvenire*, ils décideront eux-mêmes de leur avenir   **2** (*compl.*) (*sing.*) lui; (*pl.*) eux; (*riferito a cose*) ceci, cela || *due, tre di essi*, deux, trois d'entre eux || (*burocrazia*) *il direttore o*

chi per —, le directeur ou celui qui le représente.
est *s.m.*   **1** est: *vento dell'—*, vent d'est; *a —*, à l'est   **2** (*geogr.*) *l'Est*, l'Est.
estasi *s.f.* extase || *andare in — per*, (*fig.*) s'extasier (sur).
estasiare *v.tr.* ravir, enthousiasmer □ **estasiarsi** *v.pron.* s'extasier (sur).
estasiato *agg.* extasié: *lo guardava —*, il le regardait d'un air extasié.
estate *s.f.* été (*m.*): *in, d', nell'—*, en été; *è —*, c'est l'été || *l'— di San Martino*, l'été de la Saint-Martin.
estaticamente *avv.* d'un air extasié.
estatico (pl. *-ci*) *agg.*   **1** extatique   **2** (*meravigliato*) extasié.
estemporaneità *s.f.* caractère improvisé.
estemporaneo *agg.* impromptu: *fare un discorso —*, improviser un discours || *traduzione estemporanea*, traduction à livre ouvert.
estendere (*coniug. come* prendere) *v.tr.*   **1** étendre* (*anche fig.*)   **2** (*compilare*) rédiger* □ **estendersi** *v.pron.* s'étendre* (*anche fig.*).
estensibile *agg.* extensible.
estensione *s.f.*   **1** extension || *per —*, extension   **2** (*distesa*) étendue (*anche fig.*): *avere una grande —*, être très étendu || *una bella — di voce*, une voix qui a de l'étendue.
estensivamente *avv.* d'une manière extensive.
estensivo *agg.* extensif*.
estensore *agg.* extenseur ♦ *s.m.*   **1** rédacteur*   **2** (*ginnastica*) extenseur.
estenuante *agg.* exténuant, épuisant.
estenuare *v.tr.*   **1** exténuer, épuiser   **2** (*fig.*) (*impoverire*) appauvrir □ **estenuarsi** *v.pron.* s'exténuer.
estenuato *agg.* exténué, épuisé.
estenuazione *s.f.* épuisement (*m.*).
estere *s.m.* (*chim.*) ester.
esteriore *agg.* e *s.m.* extérieur.
esteriorità *s.f.*   **1** apparence: *badare all'—*, se soucier des apparences || *essere tutto —*, être superficiel || *l'— del culto*, le cérémonial du culte   **2** (*fil.*) extériorité.
esteriorizzazione *s.f.* extériorisation.
esteriormente *avv.* extérieurement.
esternamente *avv.* extérieurement.
esternare *v.tr.* manifester.
esternazione *s.f.* manifestation; prise de position.
esterno *agg.* extérieur || *patologia esterna*, pathologie externe || *allievo —*, élève externe || *per uso —*, usage externe ♦ *s.m.*   **1** extérieur   **2** (*allievo esterno*) externe.
estero *agg.* étranger*: *politica estera*, politique extérieure; *la politica estera della Francia*, la politique étrangère de la France; *commercio —*, commerce extérieur || *ministero degli esteri*, ministère des Affaires étrangères ♦ *s.m.* étranger: *corrispondente dall'—*, correspondant à l'étranger.
esterofilia *s.f.* xénophilie.
esterofilo *agg.* e *s.m.* xénophile.
esterrefatto *agg.* terrifié; (*sbigottito*) abasourdi.

estesamente *avv.* amplement.

esteso *agg.* étendu □ **per esteso** *locuz.avv.* en entier; (*in modo particolareggiato*) en détail.

esteta *s.m.* e *f.* esthète.

estetica *s.f.* esthétique.

esteticamente *avv.* esthétiquement, de manière esthétique.

estetico (pl. -*ci*) *agg.* esthétique.

estetismo *s.m.* esthétisme.

estetista *s.f.* esthéticienne.

estetizzante *agg.* d'esthète.

estimatore (f. -*trice*) *s.m.* amateur.

estimo *s.m.* **1** estimation (*f.*); *fare l'— catastale*, déterminer la valeur cadastrale **2** (*edil.*) toisé, métré.

estinguere (*coniug. come* distinguere) *v.tr.* éteindre* (*anche fig.*): *— la sete*, étancher sa soif; *— un ricordo*, effacer un souvenir □ **estinguersi** *v.pron.* s'éteindre* (*anche fig.*).

estinto *agg.* éteint (*anche fig.*) ♦ *s.m.* défunt.

estintore *s.m.* extincteur.

estinzione *s.f.* extinction.

estirpare *v.tr.* extirper.

estirpazione *s.f.* extirpation.

estivo *agg.* d'été; estival*: *corsi estivi*, cours d'été; *temperatura estiva*, température estivale; *i temporali estivi*, les orages de l'été; *le vacanze estive*, les vacances d'été; *mettersi gli abiti estivi*, se mettre en tenue d'été.

estone *agg.* e *s.m.* estonien*.

estorcere (*coniug. come* torcere) *v.tr.* extorquer; (*strappare*) arracher.

estorsione *s.f.* extorsion.

estorto *agg.* extorqué; (*strappato*) arraché.

estra- *pref.* extra-

estradare *v.tr.* (*dir.*) extrader.

estradizione *s.f.* (*dir.*) extradition.

estraibile *agg.* extractible || *letto —*, lit escamotable.

estraneità *s.f.* **1** non-implication, le fait d'être en dehors du coup: *hanno provato la loro — all'accaduto*, ils ont prouvé qu'ils étaient étrangers à l'affaire **2** (*psic.*) étrangeté.

estraneo *agg.* e *s.m.* étranger*.

estraniare *v.tr.* éloigner □ **estraniarsi** *v.pron.* s'éloigner; (*astrarsi*) s'isoler.

estrapolare *v.tr.* e *intr.* extrapoler.

estrapolazione *s.f.* extrapolation.

estrarre (*coniug. come* trarre) *v.tr.* **1** extraire* **2** (*sorteggiare*) tirer || *i numeri estratti*, les numéros gagnants **3** (*inform.*) sortir*, extraire*.

estrattivo *agg.* extractif*.

estratto *s.m.* **1** extrait **2** (*comm.*) *— conto*, relevé de compte **2** (*compendio*) extrait; (*stralcio*) tirage à part **3** (*di sorteggio*) numéro gagnant.

estrattore *s.m.* extracteur.

estrazione *s.f.* **1** extraction (*anche fig.*) **2** (*di lotteria ecc.*) tirage (*m.*).

estremamente *avv.* extrêmement.

estremismo *s.m.* extrémisme.

estremista *s.m.* e *f.* extrémiste.

estremistico (pl. -*ci*) *agg.* extrémiste.

estremità *s.f.* extrémité, bout (*m.*): *all'— di*, au bout de.

estremizzare *v.tr.* pousser à l'extrême.

estremo *agg.* extrême || *le estreme regioni dell'Asia*, les régions les plus lointaines de l'Asie || *con estrema cortesia*, avec une grande politesse || *gli estremi onori, l'— saluto*, les derniers honneurs, le dernier adieu; *un — tentativo*, une dernière tentative || *l'ora estrema*, l'heure suprême || *con estrema eleganza*, avec une suprême élégance || *idee estreme*, idées excessives, extrêmes; *estrema destra, sinistra*, extrême droite, gauche; *a mali estremi, estremi rimedi*, aux grands maux, les grands remèdes ♦ *s.m.* **1** extrémité (*f.*) || *gli estremi si toccano*, les extrêmes se touchent **2** (*fig.*) (*limite*) bout: (*sino*) *all'—*, jusqu'au bout || *essere* (*ridotto*) *agli estremi*, être (réduit) à la dernière extrémité **3** (*fig.*) (*colmo*) comble, extrême: *l'— della felicità*, le comble du bonheur; *da un — all'altro*, d'un extrême à l'autre || *all'—*, à l'extrême **4** *pl.* (*dati essenziali*) données (essentielles), éléments (essentiels) || *gli estremi di una pratica*, la date et le numéro d'ordre d'un dossier || *non ci sono gli estremi per un processo contro di lui*, il n'y a pas assez d'éléments au dossier pour lui intenter un procès.

estrinsecare (*coniug. come* mancare) *v.tr.* manifester; (*esprimere*) exprimer □ **estrinsecarsi** *v.pron.* se manifester (par); (*esprimersi*) s'exprimer.

estrinsecazione *s.f.* manifestation; (*espressione*) expression.

estrinseco (pl. -*ci*) *agg.* extrinsèque.

estro *s.m.* **1** (*stimolo, impulso*) inspiration (*f.*); (*ispirazione artistica*) génie || *dipinge con —*, il peint de façon géniale **2** (*ghiribizzo*) fantaisie (*f.*): *quando mi viene l'—*, quand il me prend la fantaisie.

estrogeno *agg.* e *s.m.* (*biochim.*) œstrogène.

estromettere (*coniug. come* mettere) *v.tr.* (*escludere*) exclure*; (*espellere*) expulser.

estromissione *s.f.* (*esclusione*) exclusion; (*espulsione*) expulsion.

estrosità *s.f.* **1** fantaisie **2** (*bizzarria*) bizarrerie.

estroso *agg.* fantaisiste; (*capriccioso*) capricieux*; (*originale*) original*.

estroverso *agg.* (*psic.*) extraverti; (*espansivo*) expansif*, ouvert ♦ *s.m.* caractère ouvert; personne expansive.

estuario *s.m.* estuaire.

esuberante *agg.* exubérant; (*sovrabbondante*) surabondant || *manodopera —*, main-d'œuvre en excédent.

esuberanza *s.f.* exubérance; (*sovrabbondanza*) surabondance || *— di manodopera*, excédent de main-d'œuvre.

esulare *v.intr.* être* en dehors (de): *esula dalla mia competenza*, cela n'est pas de mon ressort; *ciò esula dai miei interessi*, cela ne m'intéresse pas.

esulcerare *v.tr.* ulcérer*; (*esacerbare*), exacerber.
esule *s.m.* exilé: *andar* —, aller en exil.
esultante *agg.* débordant de joie || *la folla* —, la foule en liesse.
esultanza *s.f.* allégresse, joie.
esultare *v.intr.* exulter.
esumare *v.tr.* exhumer (*anche fig.*).
esumazione *s.f.* exhumation (*anche fig.*).
età *s.f.* 1 âge (*m.*): *dimostrare la propria* —, paraître son âge; *non gli darei l'— che ha*, je ne lui donnerais pas son âge; *raggiungere i limiti di* —, atteindre la limite d'âge || *giovane, verde* —, jeune âge; — *dello sviluppo*, puberté; — *della crescita*, croissance; *l'— della ragione*, l'âge de raison; *in tenera* —, en bas âge; *in — da marito*, d'âge à se marier; *nell'— più bella*, au plus bel âge || *avere l'— per...*, être en âge de... || *le persone della nostra* —, les gens de notre génération || *persona di mezza* —, *di* — indéfinibile, personne entre deux âges, d'un âge incertain; *una donna di mezza* —, une femme d'une cinquantaine d'années; *persona in* —, *innanzi con l'*—, personne d'un âge avancé; *morì alla bella — di ottant'anni*, il mourut à l'âge respectable de quatre-vingts ans || (*dir.*) *la minore, maggiore* —, la minorité, la majorité 2 (*epoca*) époque || *— della pietra, del bronzo, del ferro*, âge de pierre, du bronze, du fer.
etere *s.m.* éther.
etereo *agg.* éthéré.
eternamente *avv.* éternellement.
eternare *v.tr.* immortaliser □ **eternarsi** *v.pron.* se rendre* immortel*.
eternità *s.f.* éternité.
eterno *agg. e s.m.* éternel*: *giurare — amore*, jurer un amour éternel || *un discorso* —, un discours interminable || *queste scarpe sono eterne*, ces chaussures sont inusables □ **in eterno** *locuz.avv.* à jamais, pour l'éternité.
etero- *pref.* hétéro-
eterodossia *s.f.* hétérodoxie.
eterodosso *agg.* hétérodoxe.
eterogamia *s.f.* (*biol.*) hétérogamie.
eterogeneità *s.f.* hétérogénéité.

eterogeneo *agg.* hétérogène.
eterosessuale *agg. e s.m.* hétérosexuel*.
etica *s.f.* éthique.
eticamente *avv.* du point de vue (de l')éthique.
etichetta[1] *s.f.* étiquette.
etichetta[2] *s.f.* (*cerimoniale*) étiquette || *senza* —, sans façons.
etichettare *v.tr.* étiqueter*.
etichettatrice *s.f.* étiqueteuse.
etichettatura *s.f.* étiquetage (*m.*).
eticità *s.f.* caractère éthique.
etico (pl. *-ci*) *agg.* éthique.
etile *s.m.* (*chim.*) éthyle.
etilene *s.m.* (*chim.*) éthylène.
etilico (pl. *-ci*) *agg.* (*chim.*) éthylique.
etilismo *s.m.* (*med.*) éthylisme.
etilista *s.m.* éthylique.
etimo *s.m.* étymon || *parola di — sconosciuto*, mot d'origine inconnue.
etimologia *s.f.* étymologie.
etimologico (pl. *-ci*) *agg.* étymologique || **-mente** *avv.*
etimologista *s.m.* étymologiste.
etiope *agg. e s.m.* éthiopien* .
etiopico (pl. *-ci*) *agg.* éthiopien*.
etisia *s.f.* (*med.*) phtisie.
etnia *s.f.* ethnie.
etnico (pl. *-ci*) *agg.* ethnique.
etn(o)- *pref.* ethn(o)-
etnografia *s.f.* ethnographie.
etnografico (pl. *-ci*) *agg.* ethnographique.
etnologia *s.f.* ethnologie.
etnologo (pl. *-gi*) *s.m.* ethnologue.
etologia *s.f.* éthologie.
etologo (pl. *-gi*) *s.m.* éthologiste.
etrusco (pl. *-chi*) *agg. e s.m.* étrusque.
ettagonale *agg.* heptagonal*.
ettagono *s.m.* heptagone ♦ *agg.* heptagonal*.
ettaro *s.m.* hectare.
ette *s.m.* (*fam.*): *non capire un* —, n'y comprendre goutte; *non dire un* —, ne souffler mot.
etto *s.m.* cent grammes: *due etti e mezzo di burro*,

ESPRIMERE L'ETÀ

Quanti anni hai?	Quel âge as-tu?
Quanti anni ha?	Quel âge avez-vous?
Ho trent'anni	J'ai trente ans
Quanti anni ha tuo fratello?	Quel âge a-t-il, ton frère?
Non ha ancora compiuto diciotto anni	Il n'a pas encore dix-huit ans
Ha compiuto vent'anni il mese scorso	Il a eu vingt ans le mois dernier
Ha vent'anni compiuti	Il a vingt ans révolus
Domani compie vent'anni	Demain il va avoir vingt ans
Ha tre anni più di me	Il a trois ans de plus que moi
Compio trent'anni in ottobre	Je vais avoir trente ans en octobre
non dimostrare la propria età	ne pas paraître son âge, ne pas faire son âge
essere sui trenta, vicino ai trenta	avoir environ trente ans, s'approcher de la trentaine
andare per i settanta	aller sur ses soixante-dix ans

deux cent cinquante grammes de beurre, (*nella pratica corrente*) une demi-livre de beurre.

etto- *pref.* hecto-

ettogrammo *s.m.* hectogramme.

ettolitro *s.m.* hectolitre.

ettometro *s.m.* hectomètre.

eucalipto *s.m.* (*bot.*) eucalyptus.

eucarestia, eucaristia *s.f.* eucharistie.

eucaristico (pl. *-ci*) *agg.* eucharistique.

euclideo *agg.* euclidien*.

eufemismo *s.m.* euphémisme.

eufemistico (pl. *-ci*) *agg.* euphémique || **-mente** *avv.*

eufonia *s.f.* euphonie.

eufonico (pl. *-ci*) *agg.* euphonique.

euforbia *s.f.* (*bot.*) euphorbe.

euforia *s.f.* euphorie: *in uno stato di* —, en pleine euphorie.

euforico (pl. *-ci*) *agg.* euphorique.

euganeo *agg.* (*geogr.*) euganéen*.

eugenetica *s.f.* eugénique.

eunuco (pl. *-chi*) *s.m.* eunuque.

eurasiatico (pl. *-ci*) *agg.* e *s.m.* eurasien*.

euritmia *s.f.* eurythmie.

euro- *pref.* euro-

eurocentrismo *s.m.* eurocentrisme.

eurodeputato *s.m.* eurodéputé.

eurodivisa *s.f.* eurodevise.

eurodollaro *s.m.* eurodollar.

euromercato *s.m.* euromarché.

euromissile *s.m.* euromissile.

europeismo *s.m.* européanisme.

europeista *s.m.* européen*.

europeizzare *v.tr.* européaniser.

europeo *agg.* e *s.m.* européen*.

eurovisione *s.f.* (*tv*) eurovision.

eutanasia *s.f.* euthanasie.

evacuamento *s.m.* évacuation (*f.*).

evacuare *v.tr.* évacuer.

evacuazione *s.f.* évacuation.

evadere (*coniug. come* invadere) *v.intr.* 1 s'évader: *è evaso dal carcere*, il s'est évadé de prison 2 (*eludere un obbligo*) échapper (à): — *al fisco*, échapper au fisc ♦ *v.tr.* 1 (*linguaggio burocratico*) donner suite (à) || — *una pratica*, expédier un dossier 2 (*eludere un obbligo*) échapper (à).

evanescente *agg.* évanescent.

evanescenza *s.f.* 1 évanescence; (*spec. di immagini*) flou (*m.*) 2 (*rad., tv*) évanouissement (*m.*).

evangelico (pl. *-ci*) *agg.* évangélique.

evangelista *s.m.* évangéliste.

evangelizzare *v.tr.* 1 évangéliser 2 (*fig.*) endoctriner.

evangelizzatore (f. *-trice*) *agg.* e *s.m.* évangélisateur*.

evangelizzazione *s.f.* évangélisation.

evaporare *v.intr.* s'évaporer.

evaporatore *s.m.* 1 (*tecn.*) évaporateur 2 (*umidificatore*) saturateur.

evaporazione *s.f.* évaporation.

evasione *s.f.* 1 évasion (*anche fig.*): *un tentativo d'*—, une tentative d'évasion || — *fiscale*, évasion fiscale 2 (*linguaggio burocratico*): *dare* — *a una pratica*, expédier une affaire; *dare* — *a un ordine*, donner suite à une commande.

evasività *s.f.* caractère évasif.

evasivo *agg.* évasif* || **-mente** *avv.*

evaso *agg.* e *s.m.* évadé.

evasore *s.m.* fraudeur du fisc.

evenienza *s.f.* circonstance; (*eventualità*) éventualité; (*caso*) cas (*m.*): *nell'*— *che*, au cas où; *nella sfortunata* — *che*, si malheureusement il arrive que || *per ogni* —, pour toute éventualité; *in ogni* —, *per ogni* — *puoi contare su di me*, quoi qu'il arrive, tu peux compter sur moi.

evento *s.m.* événement.

eventuale *agg.* éventuel*: *per eventuali informazioni scrivere a...*, pour d'éventuels renseignements écrire à...

eventualità *s.f.* éventualité; (*caso*) cas (*m.*): *nell'*— *di*, en cas de, dans l'éventualité de.

eventualmente *avv.* éventuellement: — *venisse...*, si, éventuellement, il venait, au cas où il viendrait.

eversione *s.f.* 1 subversion 2 (*med.*) éversion.

eversivo *agg.* subversif*.

eversore *s.m.* terroriste.

evezione *s.f.* (*astr.*) évection.

evidente *agg.* évident.

evidentemente *avv.* évidemment.

evidenza *s.f.* évidence || *con* —, de façon évidente || *arrendersi all'* —, se rendre à l'évidence; *chiudere gli occhi all'*—, fermer les yeux devant l'évidence.

evidenziare *v.tr.* mettre* en évidence; marquer.

evidenziatore *s.m.* marqueur.

evirare *v.tr.* émasculer.

evirato *agg.* émasculé ♦ *s.m.* castrat.

evirazione *s.f.* émasculation.

evitabile *agg.* évitable.

evitare *v.tr.* éviter: *evita che ti veda*, évite qu'il ne te voie || *evitò la morte per un pelo*, il échappa de justesse à la mort □ **evitarsi** *v.pron.* s'éviter.

evizione *s.f.* (*dir.*) éviction.

evo *s.m.* âge || *l'*— *antico*, l'antiquité; *l'*— *moderno*, les temps modernes.

evocare (*coniug. come* mancare) *v.tr.* évoquer.

evocativo *agg.* évocateur*.

evocatorio *agg.* évocatoire.

evocazione *s.f.* évocation.

evolutivo *agg.* évolutif* || (*psic.*) *l'età evolutiva*, la période juvénile.

evoluto *agg.* évolué.

evoluzione *s.f.* évolution.

evoluzionismo *s.m.* évolutionnisme.

evoluzionista *s.m.* évolutionniste.

evoluzionistico (pl. *-ci*) *agg.* évolutionniste.

evolvere *v.tr.*, **evolversi** (*Part.pass.* evoluto) *v.pron.* évoluer: *la situazione* (*si*) *è evoluta positivamente*, la situation a évolué de façon positive || *il tempo* (*si*) *evolve al brutto*, le temps se gâte.

evviva *s.m.* vivat, *hourra: *gridare* —, pousser

des vivats ♦ *inter.* *hourra!; (*seguito da s.*) vive!: — *la sincerità*, (*iron.*) bravo pour la sincérité.

ex *pref.* ex-, ancien* (*agg.*).

ex alunno *s.m.* ancien élève.

ex campione *s.m.* ex-champion.

ex combattente *s.m.* ancien combattant.

ex marito *s.m.* ex-mari.

ex ministro *s.m.* ex-ministre, ancien ministre.

ex moglie *s.f.* ex-femme.

export *s.m.* (*comm.*) exportation (*f.*).

extra *agg.* (*di ottima qualità*) extra*, de qualité supérieure; (*supplementare*) supplémentaire: *qualità* —, qualité extrafine || *spese* —, dépenses extra, supplémentaires || *spesa* — *bilancio*, dépense hors budget ♦ *s.m.* extra*; (*consumazione, servizio supplementare in alberghi ecc.*) supplément.

extra- *pref.* extra-

extracomunitario *agg.* hors CEE ♦ *s.m.* extra-communautaire.

extraconiugale *agg.* extraconjugal*.

extracorporeo *agg.* extracorporel*.

extraeuropeo *agg.* extra-européen*.

extraparlamentare *agg.*: *la sinistra* —, les gauchistes ♦ *s.m.* gauchiste.

extrasensoriale *agg.* extrasensoriel*.

extrasistole *s.f.* (*med.*) extra-systole.

extraterrestre *agg.* e *s.m.* extraterrestre.

extraterritoriale *agg.* extraterritorial*.

extraterritorialità *s.f.* extraterritorialité.

extraurbano *agg.*: *trasporti extraurbani*, transports de banlieue, transports suburbains.

eziolamento *s.m.* (*bot.*) étiolement.

eziologia *s.f.* étiologie.

F

f *s.f.* e *m.* f (*m.*) || (*tel.*) — *come Firenze*, f comme François.

fa¹ *s.m.invar.* (*mus.*) fa.

fa² *avv.* (*in espressioni di tempo*) il y a: *un mese —*, il y a un mois; *molto tempo —*, il y a longtemps; *poco* (*tempo*) —, *non molto tempo —*, il n'y a pas longtemps || *poco —*, il n'y a pas longtemps; *è uscito poco —*, il vient de sortir.

fabbisogno *s.m.* besoins (*pl.*): *il — di grano*, les besoins en blé; — *calorico*, ration calorique.

fabbrica (pl. *-che*) *s.f.* **1** fabrique; (*spec. di grandi dimensioni*) usine; (*spec. di piccole dimensioni*) atelier: *lavorare in —*, travailler en usine; *andare in —*, aller à l'usine || *a prezzo di —*, au prix de fabrique || *marchio di —*, marque de fabrique **2** (*costruzione*) construction || *corpodi —*, bâtiment.

fabbricabile *agg.* qui peut être fabriqué; (*edificabile*) constructible || *area —*, terrain à bâtir.

fabbricante *s.m.* fabricant.

fabbricare (*coniug. come* mancare) *v.tr.* **1** fabriquer **2** (*costruire*) construire*, bâtir.

fabbricato *s.m.* bâtiment, immeuble.

fabbricazione *s.f.* fabrication.

fabbro *s.m.* **1** (*ferraio*) forgeron **2** (*magnano*) serrurier.

faccenda *s.f.* affaire: *essere in faccende*, être affairé || *le faccende domestiche*, le ménage || *sono faccende che non ti riguardano*, ça ne te regarde pas; *la — si mette male*, ça tourne mal; *la — non mi interessa*, cette histoire ne m'intéresse pas.

faccendiere *s.m.* magouilleur.

faccetta *s.f.* **1** minois (*m.*) || *che — smunta!*, quelle petite mine! **2** (*di poliedro ecc.*) facette.

facchinaggio *s.m.* **1** factage **2** (*fig.*) travail de forçat.

facchino *s.m.* porteur || *comportarsi come un —*, avoir des manières de goujat.

faccia (pl. *-ce*) *s.f.* **1** figure, visage (*m.*): *quella non mi è nuova*, j'ai déjà vu cette tête **2** (*aspetto, espressione del volto*) mine, tête: *una brutta —*, mauvaise mine; (*da poco di buono*) une sale tête; *una — da buono*, (*fam.*) une bonne tête; *quel tipo ha una — che non mi piace* (*affatto*), ce type a une tête qui ne me revient pas; *ha la — di uno che se ne intende*, il a l'air de s'y connaître || *avessi visto che —!*, si tu avais vu sa tête! || *fare la — scura*, s'assombrir; *fare la — feroce*, prendre un air sévère **3** (*superficie*) face || *l'altra — della medaglia*, (*fig.*) le revers de la médaille || *le facce del problema*, (*fig.*) les aspects de la question; *un pro-*

blema a due facce, un problème se présentant sous un double aspect □ **in faccia** *locuz.*: *tirare, gettare in — a qlcu*, jeter à la figure de qqn; *ricevere un colpo in —*, recevoir un coup en pleine figure; *sputare in — a qlcu*, cracher à la figure de qqn; *avere il sole in —*, avoir le soleil dans la figure; *guardare in —*, regarder en face; *gli piantò gli occhi in —*, il le regarda bien en face; *gli chiuse la porta in —*, il lui ferma la porte au nez || *ridere in — a qlcu*, rire au nez de qqn || *dire la verità in —*, dire ses quatres vérités || *glielo si legge in —*, on le lit sur sa figure; *l'ha scritto in —*, il le porte écrit sur la figure || *è finita a torte in —*, ça s'est terminé à coups de poings, (*fig.*) ça a dégénéré ♦ FRASEOLOGIA: *dall'ultima volta che l'ho visto ha cambiato —*, depuis la dernière fois que je l'ai vu, il a changé; *il paese ha cambiato —*, le village a changé de physionomie || *non fare quella —!*, ne fais pas cette tête-là!; *quando mi ha visto ha fatto una —!*, quand il m'a vu, il a fait une de ces têtes!; *quando è imbarazzato fa delle facce!*, (*fam.*) quand il est mal à l'aise il fait de ces grimaces!; *salvare, perdere la —*, sauver, perdre la face || *ha una bella, gran — di bronzo*, il a un sacré toupet; *ha avuto la — (tosta) di chiedermi dei soldi*, il a eu le toupet de me demander de l'argent || *un uomo a due facce*, un faux jeton || *rompere, spaccare la — a qlcu*, casser la figure à qqn || *e perché dovrei farlo? per la sua bella —?*, et pourquoi est-ce que je ferais cela? pour ses beaux yeux? || (*molto fam.*): *alla —! com'è caro!*, fichtre! ce que c'est cher!; *alla —! quanto hai mangiato!*, bigre! qu'est-ce que tu as mangé!; *alla — della dieta!*, je m'en fous du régime!; *alla — della giustizia!*, bonjour la justice!; *alla — tua*, tant pis pour toi. □ **di faccia** *locuz.agg.* d'en face ♦ *locuz.avv.* e *prep.* en face: *abita di — a noi*, il habite en face de chez nous; *di — al municipio*, en face de la mairie □ **a faccia a faccia** *locuz.avv.* face à face □ **faccia a faccia** *s.m.* face à face.

facciale *agg.* facial*.

facciata *s.f.* **1** façade || *non si deve giudicare dalla —*, (*fig.*) il ne faut pas juger sur les apparences || *di —*, de parade **2** (*lato, faccia*) face; (*di foglio*) page: *— anteriore, posteriore*, recto, verso.

facente funzione *s.m.* remplaçant, substitut.

faceto *agg.* facétieux*.

facezia *s.f.* facétie, plaisanterie.

fachiro *s.m.* fakir.

facies *s.f.* faciès (*m.*).

facile *agg.* **1** facile ‖ *di — smercio, di — consul-tazione*, facile à vendre, facile à consulter ‖ *donna di facili costumi*, femme de petite vertu ‖ *essere — preda dell'ira*, se laisser emporter facilement par la colère ‖ *è più — dirlo che farlo*, c'est plus facile à dire qu'à faire ‖ *di notte è — perdersi*, la nuit on se perd facilement; *non è — stabilire chi abbia ragione*, il est difficile de dire qui a raison ‖ *non è così — (come sembra)*, ce n'est pas aussi simple que ça **2** *(incline)* enclin: *— alla malinconia*, enclin à la mélancolie **3** *(probabile)* probable: *niente di più —*, c'est plus que probable.

facilità *s.f.* facilité ‖ *— di parola*, facilité d'expression ‖ *con —*, facilement; *si esprime in francese con —*, il s'exprime en français avec aisance.

facilitare *v.tr.* faciliter.

facilitazioni *s.f.pl.* facilités.

facilmente *avv.* **1** facilement; *(senza sforzo)* aisément **2** *(probabilmente)* probablement.

facilone *agg. e s.m.* (homme) superficiel.

faciloneria *s.f.* superficialité.

facinoroso *agg. e s.m.* (individu) violent; *(ribelle)*, rebelle; *(dissidente)* dissident.

facocero *s.m.* *(zool.)* phacochère.

facoltà *s.f.* **1** faculté: *essere in pieno possesso delle proprie — mentali*, jouir de toutes ses facultés **2** *(autorità)* faculté; *(potere)* pouvoir *(m.)*: *avere — di*, avoir la faculté, le pouvoir de; *non è mia facoltà*, cela n'est pas en mon pouvoir; *questo esula dalle mie —*, cela dépasse mes compétences ‖ *questa medicina ha la — di guarire i reumatismi*, ce médicament a la propriété de guérir les rhumatismes **3** *(nelle università)* faculté: *che — frequenta?*, quelles études fait-il?; *frequenta la — di diritto*, il fait son droit, *(fam.)* il est en fac de droit.

facoltativo *agg.* facultatif* ‖ **-mente** *avv.*

facoltoso *agg.* aisé, riche.

facondia *s.f.* faconde.

facondo *agg.* qui a de la faconde; *(eloquente)* éloquent.

facsimile *s.m.* **1** fac-similé **2** *(fig.)* copie parfaite.

factotum *s.m.* factotum.

faggina *s.f.* → **faggiola**.

faggio *s.m.* *hêtre.

faggiola *s.f.* *(bot.)* faîne.

fagiano *s.m.* faisan.

fagiolino *s.m.* *haricot vert.

fagiolo *s.m.* *haricot: *— borlotto*, haricot rouge ‖ *(fig.): non mi va a —*, ça ne me revient pas; *capitare a —*, tomber à pic.

faglia *s.f.* *(geol.)* faille.

fagocita *s.m.* → **fagocito**.

fagocitare *v.tr.* **1** engloutir; *(assorbire)* absorber **2** *(biol.)* phagocyter.

fagocito *s.m.* *(biol.)* phagocyte.

fagottista *s.m.* *(mus.)* basson.

fagotto[1] *s.m.* ballot; *(fam.)* balluchon: *un — di biancheria*, un paquet de linge; *fare un — delle proprie cose*, faire un paquet de ses affaires ‖ *(fig.): far —*, faire son balluchon; *sembra un — di stracci*, il est mal ficelé.

fagotto[2] *s.m.* *(mus.)* basson.

faida *s.f.* conflit *(m.)*.

fai da te *locuz.invar.* bricolage.

faina *s.f.* *(zool.)* fouine.

falange *s.f.* phalange.

falangetta *s.f.* *(anat.)* phalangette.

falangina *s.f.* *(anat.)* phalangine.

falangista *agg. e s.m.* *(st.)* phalangiste.

falansterio *s.m.* phalanstère; *(grande fabbricato)* caserne *(f.)*.

falasco (pl. *-chi*) *s.m.* jonc des marais.

falcata *s.f.* **1** foulée ‖ *a grandi falcate*, à longues enjambées **2** *(del cavallo)* courbette.

falcato *agg.* en forme de croissant.

falce *s.f.* faux: *— messoria*, faucille ‖ *— e martello, (simbolo del socialismo)* la faucille et le marteau ‖ *— di luna*, croissant de lune.

falcetto *s.m.* faucille *(f.)*; *(per potare)* serpette *(f.)*.

falchetto *s.m.* *(zool.)* fauconneau*.

falciare *(coniug. come* cominciare) *v.tr.* faucher.

falciata *s.f.* coup de faux.

falciatrice *s.f.* faucheuse ‖ *— da prato*, tondeuse à gazon.

falciatura *s.f.* fauchage *(m.)*; *(epoca della falciatura)* fauchaison.

FALSO AMICO

Nome dato a una parola che pur corrispondendo in apparenza a quella di un'altra lingua, nel nostro caso il francese, ha tuttavia un significato completamente diverso:

assez	abbastanza	*e non* assai
atteindre	raggiungere	*e non* attendere
confettis	coriandoli	*e non* confetti
costume	completo da uomo	*e non* costume da bagno
fermer	chiudere	*e non* fermare
mare	stagno	*e non* mare
salir	sporcare	*e non* salire
signer	firmare	*e non* segnare
tourner	girare	*e non* tornare
veste	giacca	*e non* veste, abito

falcidia *s.f.* **1** forte réduction, forte diminution **2** (*strage*) hécatombe (*anche fig.*).

falcidiare *v.tr.* **1** réduire* considérablement **2** (*provocare una strage*) provoquer une hécatombe (de).

falco (pl. -*chi*) *s.m.* faucon || *occhi di —,* (*estens.*) yeux d'aigle || *i falchi e le colombe,* (*fig.*) les vautours et les colombes.

falcone *s.m.* faucon: *caccia col —,* chasse au faucon.

falconeria *s.f.* fauconnerie.

falda *s.f.* **1** lame, feuille || *nevicare a larghe falde,* neiger à gros flocons || *alle falde della montagna,* au pied de la montagne; *sulle falde della montagna,* sur les pentes de la montagne **2** (*geol.*) nappe, couche: — *acquifera,* nappe aquifère **3** (*lembo di tessuto*) pan (*m.*); (*di abito*) basque || *mettersi in falde,* se mettre en habit **4** (*del cappello*) bord (*m.*): *cappello a larga —,* chapeau à larges bords **5** (*del tetto*) versant (*m.*).

falegname *s.m.* menuisier.

falegnameria *s.f.* **1** menuiserie **2** (*bottega*) atelier de menuisier.

falena *s.f.* (*zool.*) phalène (*m.* e *f.*).

falla *s.f.* **1** (*mar.*) voie d'eau **2** (*fig.*) trou (*m.*).

fallace *agg.* fallacieux* || -**mente** *avv.*

fallacia *s.f.* fausseté.

fallare *v.intr.* (*letter.*) se tromper || *che non falla,* infaillible.

fallico (pl. -*ci*) *agg.* phallique.

fallimentare *agg.* **1** (*dir.*): *stato —,* état de faillite; *in stato —,* en faillite; *vendita —,* vente pour cause de faillite || *procedura —,* règlement judiciaire; *curatore —,* liquidateur judiciaire; *presentazione del bilancio —,* dépôt du bilan; *massa — attiva, passiva,* masse active, passive des biens (de la faillite) **2** (*fig.*) (*rovinoso*) ruineux*; (*disastroso*) désastreux* || *le mie finanze sono in stato —,* (*fam.*) je n'ai plus un sou.

fallimento *s.m.* **1** faillite (*f.*): — *doloso,* banqueroute || (*dir.*): *procedura di — (in amministrazione controllata),* redressement judiciaire; *curatore del —,* liquidateur judiciaire **2** (*fig.*) échec.

fallire (*coniug. come* finire) *v.intr.* **1** faire* faillite: *stare fallendo,* être en faillite **2** (*fig.*) échouer ♦ *v.tr.* manquer, rater.

fallito *agg.* **1** failli **2** (*fig.*) manqué, raté ♦ *s.m.* **1** failli **2** (*fig.*) raté.

fallo[1] *s.m.* **1** faute (*f.*), erreur (*f.*) || *cogliere in —,* prendre en faute; *s'è lasciato cogliere in —,* il s'est laissé prendre sur le fait || *essere in —,* être en défaut || *mettere un piede in —,* faire un faux pas || *senza —,* sans faute **2** (*difetto*) imperfection (*f.*), défaut **3** (*sport*) faute (*f.*): *commettere un —,* commettre une faute || (*calcio*) — *laterale, di fondo,* balle en touche; *mettere in — laterale,* mettre en touche.

fallo[2] *s.m.* phallus.

falloso *agg.* **1** (*difettoso*) défectueux* **2** (*sport*) (*scorretto*) incorrect; (*irregolare*) irrégulier*.

fall-out *s.m.* retombée radioactive; (*fig.*) (*ripercussioni*) retombées (*f.pl.*).

falò *s.m.* **1** feu* de bois **2** (*per segnali*) feu* de signalisation; (*per far festa*) feu* de joie.

falpalà *s.m.* falbala.

falsamente *avv.* faussement.

falsare *v.tr.* fausser; (*alterare*) altérer*; (*deformare*) déformer || — *una legge,* déformer l'esprit d'une loi.

falsariga (pl. *falsarighe*) *s.f.* **1** transparent (*m.*) **2** (*modello*) modèle (*m.*), exemple (*m.*): *sulla — di,* à l'exemple de; *seguire la — di qlcu,* prendre modèle sur qqn.

falsario *s.m.* (*di biglietti di banca*) contrefacteur; (*di documenti, firme ecc.*) faussaire, falsificateur; (*di monete*) faux-monnayeur*.

falsatura *s.f.* **1** (*cucito*) entre-deux (*m.*) **2** (*scarto, distanza*) écart (*m.*), décalage (*m.*).

falsetto *s.m.* (*mus.*) fausset.

falsificare (*coniug. come* mancare) *v.tr.* falsifier; (*firme e banconote*) contrefaire* || — *una notizia,* dénaturer une nouvelle || — *un bilancio,* altérer, maquiller un bilan.

falsificatore (f. -*trice*) *s.m.* falsificateur*.

falsificazione *s.f.* falsification, contrefaçon.

falsità *s.f.* **1** fausseté **2** (*menzogna*) mensonge (*m.*) **3** (*ipocrisia*) hypocrisie; (*doppiezza*) duplicité.

falso *agg.* faux*: *sotto — nome,* sous un faux nom || *mettere in una luce falsa,* (*fig.*) montrer sous un faux jour || *fare un passo —,* faire un faux pas || *toccare un tasto —,* (*fig.*) faire une gaffe || *pur di riuscire, farebbe carte false,* (*fig.*) pour réussir, il vendrait son âme au diable ♦ *s.m.* faux: (*dir.*) — *in atto pubblico,* faux en écriture; *quel quadro è un —,* ce tableau est un faux || *essere nel —,* être dans l'erreur.

fama *s.f.* **1** renommée; (*reputazione*) réputation; (*notorietà*) notoriété, renom (*m.*): *di dubbia —,* d'une réputation douteuse; *ha — di uomo onesto,* il passe pour être un homme honnête; *una grande — di chirurgo,* une grande renommée comme chirurgien; *conoscere per, di —,* connaître de réputation **2** (*voce, notizia*) bruit (*m.*): *è — che...,* le bruit court que... **3** (*celebrità*) célébrité.

fame *s.f.* **1** faim: *i morsi della —,* les tiraillements de la faim; *avere molta —,* avoir très faim; *ho una —!,* j'ai une de ces faims!; *non ci vedo dalla —!,* j'ai une de ces fringales!; *soffrire, ingannare la —,* souffrir de la faim, tromper sa faim; *togliersi la —,* se rassasier; *morire di —,* crever de faim; *fare la —,* manger de la vache enragée || *un morto di —,* un crève-la-faim || *brutto come la —,* laid comme un pou || *lungo come la —,* long comme un jour sans pain || *stipendi da —,* salaires de famine || *prendere per —,* affamer || (*fig.*): *aver — di onori, di ricchezze,* être assoiffé d'honneurs, de richesses; *aver — di affetto, di libertà,* avoir soif de tendresse, de liberté.

famelico (pl. -*ci*) *agg.* famélique; (*fig.*) avide.

famigerato *agg.* tristement célèbre.

famiglia *s.f.* famille: *un amico di —,* un ami de la famille; *nell'ambito della —,* dans le milieu fami-

lial; *aver* —, avoir de la famille; *avere la* — *a carico*, avoir charge de famille; *farsi una* —, *metter su* —, fonder un foyer, une famille; *essere di* —, faire partie de la famille; *è partito con tutta la sacra* —, (*fam.*) il est parti avec toute sa smala || *stato di* —, situation de famille; (*amm.*) fiche familiale d'état civil || *formato* —, format familial.
famigliare *agg. e deriv.* → **familiare** *e deriv.*
famigliola *s.f.* 1 petite famille: *sono una bella* —, c'est une gentille petite famille 2 (*bot.*) — *buona*, armillaire couleur de miel.
familiare *agg.* 1 familier*: *luoghi, visi familiari*, lieux, visages familiers; *modi troppo familiari*, des manières trop familières; *nel linguaggio* —, dans le langage familier 2 (*relativo alla famiglia*) familial* || *esercizio a conduzione* —, établissement à gestion familiale 3 (*che ha l'intimità e la semplicità della famiglia*) de famille: *un ambiente* —, une atmosphère familiale, (*alla buona*) une atmosphère bon enfant; *nell'ambito* —, dans le milieu familial || *pensione* —, pension de famille ♦ *s.m.* membre de la famille; *pl.* famille (*f.sing.*): *torni con un suo* —, revenez avec qqn de votre famille.
familiarità *s.f.* familiarité: *con molta* —, avec une grande familiarité; *si permette un'eccessiva* —, il est d'une familiarité excessive; *essere in rapporti di* — *con qlcu*, être intime avec qqn; *non ho* — *con i motori*, je ne connais rien aux moteurs; *prendere* — *con qlco*, se familiariser avec qqch.
familiarizzare *v.intr.* (*con una persona*) sympathiser, se faire* à; (*con una cosa*) se familiariser (avec); (*con un ambiente*) s'habituer (à) ♦ *v.tr.* ac-

coutumer, habituer □ **familiarizzarsi** *v.pron.* se familiariser; (*abituarsi*) s'habituer, s'accoutumer.
familiarmente *avv.* familièrement; (*informalmente*) simplement.
famoso *agg.* célèbre, fameux*.
fan *s.m.* fan.
fanale *s.m.* 1 feu*: *il* — *di coda*, le feu arrière; *i fanali di posizione*, les feux de position; — *di navigazione*, feu de route, de navigation 2 (*lampione stradale*) réverbère.
fanaleria *s.f.* système d'éclairage.
fanalino *s.m.* (*aut.*) — *di coda*, feu arrière, (*fig.*) lanterne rouge.
fanatico (pl. -*ci*) *agg. e s.m.* fanatique || **-mente** *avv.*
fanatismo *s.m.* fanatisme.
fanatizzare *v.tr.* fanatiser.
fanciulla *s.f.* petite fille; (*giovinetta*) jeune fille.
fanciullesco (pl. -*chi*) *agg.* enfantin, puéril.
fanciullezza *s.f.* enfance (*anche fig.*).
fanciullo *s.m.* enfant, petit garçon ♦ *s.m.* (*letter.*) jeune.
fandonia *s.f.* histoire, blague.
fanello *s.m.* (*zool.*) linotte (*f.*).
fanerogama *agg. e s.f.*: (*pianta*) —, (plante) phanérogame.
fanfara *s.f.* fanfare.
fanfaronata *s.f.* fanfaronnade.
fanfarone *s.m.* fanfaron*.
fanghiglia *s.f.* vase.
fango (pl. -*ghi*) *s.m.* boue (*f.*); (*fig.*) fange || *questo pesce sa di* —, ce poisson sent la vase || (*med.*) *fare i fanghi*, prendre des bains de boue.

fangoso *agg.* boueux*.
fannullone *s.m.* fainéant.
fanone *s.m.* fanon.
fantaccino *s.m.* fantassin.
fantapolitica (pl. *-che*) *s.f.* politique-fiction.
fantascientifico (pl. *-ci*) *agg.* de science-fiction.
fantascienza *s.f.* science-fiction.
fantasia *s.f.* **1** imagination **2** *pl.* (*fantasticherie*) rêveries: *sono tutte fantasie!*, c'est (une) pure invention! **3** (*capriccio*) fantaisie || *tessuto (di)* —, tissu fantaisie **4** (*mus.*) fantaisie; (*scelta di brani*) pot-pourri* (*m.*).
fantasioso *agg.* **1** qui a beaucoup d'imagination **2** (*pieno di estro*) plein de fantaisie; (*bizzarro*) bizarre **3** (*frutto di fantasia*) fantaisiste.
fantasista *s.m.* e *f.* fantaisiste.
fantasma *s.m.* fantôme || *i fantasmi dell'immaginazione*, les phantasmes de l'imagination || *governo* —, gouvernement fantôme.
fantasmagoria *s.f.* fantasmagorie (*anche fig.*).
fantasmagorico (pl. *-ci*) *agg.* fantasmagorique.
fantasmatico (pl. *-ci*) *agg.* (*psic.*) fantasmatique.
fantasticamente *avv.* fantastiquement.
fantasticare (*coniug. come* mancare) *v.tr.* e *intr.* rêvasser (à), rêver (à).
fantasticheria *s.f.* rêverie.
fantastico (pl. *-ci*) *agg.* **1** fantastique **2** (*irreale*) irréel*; (*immaginario*) imaginaire; *un mostro* —, un monstre imaginaire **3** (*straordinario*) extraordinaire, formidable **4** (*immaginativo*) d'imagination: *capacità fantastica*, imagination ♦ *s.m.* fantastique.
fante *s.m.* **1** fantassin **2** (*alle carte*) valet.
fanteria *s.f.* infanterie.
fantesca (pl. *-che*) *s.f.* servante.
fantino *s.m.* jockey.
fantoccio *s.m.* **1** mannequin; (*pupazzo*) poupée de chiffon; (*spaventapasseri*) épouvantail* **2** (*fig.*) fantoche, pantin.
fantomatico (pl. *-ci*) *agg.* **1** fantomatique **2** (*inafferrabile*) fantôme.
farabutto *s.m.* vaurien*, salaud.
faraglione *s.m.* îlot rocheux.
faraona *s.f.* pintade.
faraone *s.m.* pharaon.
faraonico (pl. *-ci*) *agg.* pharaonique.
farcire (*coniug. come* finire) *v.tr.* farcir.
farcito *agg.* farci.
fardello *s.m.* fardeau* (*anche fig.*) || *ognuno ha il suo* — *di dolori*, chacun a sa part de chagrins.
fare[1] *Indic.pres.* io faccio, tu fai, egli fa, noi facciamo, voi fate, essi fanno; *imperf.* io facevo ecc.; *pass.rem.* io feci, tu facesti, egli fece, noi facemmo, voi faceste, essi fecero; *fut.* io farò ecc. *Cong.pres.* io faccia ecc.; *imperf.* che io facessi ecc. *Imp.* fa', fai ecc. *Ger.* facendo. *Part.pres.* facente; *pass.* fatto) *v.tr.* **1** faire*: — *i duecento l'ora*, faire du deux cents à l'heure || — *acqua*, — *sangue*, faire eau, saigner || — *fiori e frutti*, donner des fleurs et des fruits || — *a pugni*, se battre à

coups de poing || *fai bene, fai male a rimproverarlo*, tu as raison, tu as tort de le gronder; *non faresti male a*, vous feriez bien de; *faresti meglio a*, tu ferais mieux de || *il latte mi fa male*, je ne supporte pas le lait || *non so cosa farmene del suo aiuto*, je n'ai que faire de son aide; *non so che farne*, je ne sais pas quoi en faire || *fate come se foste a casa vostra*, faites comme chez vous || *non può farci nulla*, il ne peut rien y faire; *ha fatto di tutto*, il a tout fait; *niente da* —, rien à faire || *ecco fatto*, ça y est, c'est fait || *ben fatto!*, c'est bien fait! || *avere a che* — *con*, avoir affaire à || *ce la farai da solo?*, tu t'en sortiras tout seul?; *ce l'ha fatta*, il a réussi; *non ce la faccio più*, je n'en peux plus || *saperci* —, savoir s'y prendre; *il saper* —, le savoir-faire || *chi me lo fa fare?*, et pourquoi devrais-je le faire? || *farla a qlcu*, rouler qqn; *me la non la si fa!*, je ne marche pas, moi!; *non riuscirai a fargliela*, tu ne réussiras pas à l'avoir || *fai tu*, décide toi-même; (*occupatene*) occupe-t'en toi-même || *tutte queste persone, le ho fatte venire appositamente*, toutes ces personnes, je les ai fait venir exprès || *che cosa fanno stasera alla tv?*, qu'est-ce qu'il y a ce soir à la télé? || *ieri sera abbiamo fatto le due*, hier soir nous sommes allés nous coucher à deux heures || *il villaggio fa cinquemila abitanti*, le village compte cinq mille habitants || *farsi la pelliccia, la macchina*, (*fam.*) se payer un manteau de fourrure, une voiture || *si è fatto cinque birre*, (*fam.*) il s'est tapé cinq bières **2** (*esercitare un'arte, una professione*) être*: — *il medico*, être médecin **3** (*servire da*) servir* de; (*far le funzioni di*) tenir* lieu de: — *da guida*, servir de guide; — *da padre*, tenir lieu de père **4** (*nominare*) faire*; (*eleggere*) élire*: *l'hanno fatto sindaco*, on l'a élu maire **5** (*credere*) croire*: *ti facevo a Roma*, je te croyais à Rome ♦ *v.intr.* **1** (*nelle espressioni di tempo*) y avoir*: *due mesi fa*, il y a deux mois; *due domeniche fa*, il y a quinze jours; *fanno tre anni oggi*, cela fait trois ans aujourd'hui **2** (*essere adatto*) être* fait: *l'ozio non fa per me*, je n'aime pas l'oisiveté ♦ *v.impers.* faire*: *fa giorno*, il fait jour || *faceva caldo*, il faisait chaud □ *farsi v.pron.* **1** se faire* || — *in quattro*, se mettre en quatre || *fatti più vicino*, viens plus près || — *avanti*, s'avancer; (*fig.*) se mettre en avant || — *valere*, se mettre en valeur || — *sull'uscio*, se mettre sur le pas de la porte || *si fa di eroina*, (*gergo*) il se défonce à l'héroïne **2** (*abituarsi*) s'habituer **3** (*impers.*) (*di tempo e di condizioni atmosferiche*) si fa tard, il se fait tard; *si fa chiaro*, il fait jour (*o* il fait clair); *si fa buio*, la nuit tombe (*o* il commence à faire nuit).
fare[2] *s.m.* **1** faire || *dal dire al* — *c'è di mezzo il mare*, il y a loin du dire au faire || *sul far della notte*, à la tombée de la nuit **2** (*modo di fare*) manières (*f.pl.*), façons (*f.pl.*).
faretra *s.f.* carquois (*m.*).
faretto *s.m.* spot: — *da muro*, spot applique; — *a pinza*, spot à pince.
farfalla *s.f.* papillon (*m.*) || *cravatta, nodo a* —,

(nœud) papillon || *(nuoto a)* —, brasse papillon || *(mecc.) valvola a* —, papillon.

farfallino *s.m. (abbigl.)* nœud papillon.

farfallone *s.m.* gros papillon; *(fig.)* homme volage.

farfugliare *v.tr.* e *intr.* bredouiller.

farina *s.f.* farine: — *fioretto, fior di* —, fleur de farine || *non è — del tuo sacco*, *(fig.)* ce n'est pas de ton cru.

farinaceo *agg.* farineux*, farinacé ♦ *s.m.pl.* farineux, féculents.

farinata *s.f. (cuc.)* **1** galette à base de farine de pois chiches **2** *(farina cotta nell'acqua bollente)* bouillie.

faringe *s.f. (anat.)* pharynx *(m.).*

faringeo *agg.* pharyngien*.

faringite *s.f. (med.)* pharyngite.

farinoso *agg.* farineux* || *neve farinosa*, neige poudreuse.

fariseo *s.m.* pharisien*.

farmaceutica *s.f.* pharmaceutique.

farmaceutico (pl. *-ci*) *agg.* pharmaceutique.

farmacia *s.f.* pharmacie.

farmacista *s.m.* pharmacien*.

farmaco (pl. *-ci*) *s.m.* médicament; *(fig.)* remède.

farmacologia *s.f.* pharmacologie.

farmacologico (pl. *-ci*) *agg.* pharmacologique.

farmacopea *s.f.* pharmacopée.

farneticare *(coniug. come* mancare) *v.intr.* **1** délirer **2** *(fig.)* radoter.

faro *s.m.* **1** phare *(anche fig.)* || *battello* —, bateau-phare **2** *(aut.)* phare.

farraginoso *agg.* confus.

farro *s.m. (bot.)* épeautre.

farsa *s.f.* farce.

farsesco (pl. *-chi*) *agg.* burlesque.

farsetto *s.m.* pourpoint.

fascetta *s.f.* **1** bande **2** *(busto leggero)* gaine.

fascia (pl. *-sce*) *s.f.* **1** bande *(anche fig.)*; *(sciarpa)* écharpe; *(per i capelli)* bandeau* *(m.)*: — *elastica*, bande élastique, *(guaina)* gaine; — *tricolore del sindaco*, écharpe tricolore du maire **2** *(per neonati)* lange *(m.)* || *avvolgere in fasce*, langer || *è ancora in fasce*, il est encore au berceau **3** *(geogr.)* bande || *(fig.)*: — *retributiva*, tranche de salaire; — *d'età*, tranche d'âge; *(rad., tv)* — *d'ascolto*, période d'écoute; — *oraria*, tranche horaire **4** *(anat.)* fascia *(m.)* **5** *(mecc.)* courroie.

fasciame *s.m. (mar.)* bordé.

fasciare *(coniug. come* cominciare) *v.tr.* bander; *(un neonato)* langer*.

fasciatoio *s.m.* table à langer.

fasciatura *s.f.* bandage *(m.)*; *(le fasce)* langes *(m.pl.)*.

fascicolatore *s.m.*, **fascicolatrice** *s.f. (tip.)* assembleuse *(f.)*.

fascicolo *s.m.* **1** fascicule **2** *(libretto)* plaquette *(f.)* **3** *(insieme di carte e documenti)* dossier.

fascina *s.f.* fagot *(m.)*.

fascino *s.m.* charme: *subire il — di*, être sous le charme de.

fascinoso *agg.* charmeur*.

fascio *s.m.* **1** faisceau* || — *littorio*, faisceau du licteur **2** *(di fiori, di spighe)* gerbe *(f.)*; *(di fieno, di paglia)* botte *(f.)*; *(di erba)* brassée *(f.)*; *(di lettere, di documenti)* liasse *(f.)* || *mettere in un sol* —, rassembler pêle-mêle.

fascismo *s.m.* fascisme.

fascista *agg.* e *s.m.* fasciste.

fase *s.f.* phase; *(stadio)* stade *(m.)* || *fasi di lavorazione*, cycles de production || *è in — di guarigione*, il est en train de se rétablir || *essere fuori* —, *(fam.)* ne pas être dans son assiette.

fastello *s.m.* fagot; *(di paglia)* botte *(f.)*; *(di erba)* brassée *(f.)*.

fastidio *s.m.* **1** gêne *(f.)* || *dar* —, gêner; *(scomodare)* déranger **2** *(seccatura)* ennui || *prendersi il — di*, se donner la peine de.

fastidiosamente *avv.* de façon ennuyeuse.

fastidioso *agg.* fastidieux*, ennuyeux*: *lavoro* —, travail fastidieux; *persona fastidiosa*, personne ennuyeuse; *presenza fastidiosa*, présence gênante.

fastigio *s.m.* faîte *(anche fig.)*.

fasto[1] *s.m.* faste.

fasto[2] *agg. (st. romana) giorni fasti*, jours fastes.

fastosità *s.f.* faste *(m.)*.

fastoso *agg.* fastueux* || *-mente* *avv.*

fasullo *agg. (fam.)* **1** *(falso)* faux* **2** *(incapace)* incapable; *(inefficace)* inefficace **3** *(ambiguo, strano)* drôle.

fata *s.f.* fée *(anche fig.)* || — *morgana*, mirage.

fatale *agg.* fatal* || *-mente* *avv.*

fatalismo *s.m.* fatalisme.

fatalista *s.m.* fataliste.

fatalità *s.f.* fatalité.

fatato *agg.* enchanté; *(magico)* magique.

fatica (pl. *-che*) *s.f.* **1** fatigue; *(difficoltà)* peine: *ammazzarsi di* —, s'éreinter; *non è una gran —!*, ce n'est pas si fatigant que ça!; *è stata una bella —!*, ça n'a pas été une partie de plaisir!; *è tutta — inutile!*, c'est peine perdue! || *mi costa — farlo*, il m'en coûte de le faire || *far — a*, avoir de la peine à; *faccio — a capire*, j'ai du mal à comprendre || *lo convinsi a* —, je l'ai convaincu à grand-peine; *il ferito respirava a* —, le blessé respirait avec difficulté || *uomo di* —, homme de peine; *abito di* —, vêtement de travail **2** *(lavoro)* travail* *(m.)*.

faticare *(coniug. come* mancare) *v.intr.* **1** peiner **2** *(fig.)* avoir* de la peine.

faticata *s.f.* travail pénible.

faticosamente *avv.* péniblement, avec peine.

faticoso *agg.* fatigant, pénible.

fatidico (pl. *-ci*) *agg.* fatidique.

fatiscente *agg.* délabré.

fato *s.m.* destin: *il — volle che...*, le sort a voulu que...

fatta *s.f.* acabit *(m.)*, espèce.

fattaccio *s.m.* sale affaire *(f.)*; *(delitto)* crime: *e poi è capitato il* —, et puis il y a eu cette sale affaire || *un — di cronaca*, un grave fait divers.

fattezze *s.f.pl.* traits *(m.)*.

fattibile *agg.* faisable.

fattispecie *s.f.* (*dir.*) espèce, cas d'espèce || *nella* —, en l'espèce.

fattivo *agg.* actif*; (*efficace*) efficace.

fatto[1] *agg.* fait: — *a mano*, fait à la main; *tratto — a matita*, trait au crayon; *dolce — in casa*, gâteau maison; *pane — in casa*, pain de ménage || *frasi fatte*, phrases toutes faites || *è una donna fatta ormai*, c'est une femme à présent || *abito* —, prêt-à-porter || *frutta fatta*, fruits mûrs || *era giorno* —, il faisait grand jour; *a giorno* —, en plein jour || *bell'e* —, tout prêt || *a conti fatti, a cose fatte*, tout compte fait, après coup || *se ti vien fatto di incontrarlo*, s'il t'arrive de le rencontrer || *è* —, (*gergo della droga*) il est en pleine défonce.

fatto[2] *s.m.* **1** fait: *un — di cronaca*, un fait divers; *ne fanno un — personale*, ils en font une affaire personnelle || *un grave — di sangue*, un crime; *fatti di sangue*, histoires de meurtres || *il — sta in questi termini*, l'affaire se résume en ces termes; *c'è un — nuovo*, il y a du nouveau; *il — si svolge in...*, l'action se déroule en... || *venire ai fatti*, en venir au fait || *alla prova dei fatti è risultato che...*, à l'épreuve il en démontré que... **2** (*affare*) affaire (*f.*): *sono fatti miei*, (*fam.*) ça me regarde || *me ne andavo per i fatti miei*, je marchais tranquillement || *non per sapere i fatti tuoi...*, je ne voudrais pas me mêler de tes affaires mais... || *avere un — personale con qlcu*, avoir une raison personnelle d'en vouloir à qqn || *un — di costume*, un trait de mœurs; *è un — di educazione*, c'est une question de politesse.

♦ FRASEOLOGIA: *sa il — suo*, il connaît son affaire, il s'y connaît; *dire a qlcu il — suo*, dire ses quatre vérités à qqn || *è un —!*, c'est incontestable! || *— sta che*, toujours est-il que || *quello è il —*, la question est là || *in — di cattiveria non lo batte nessuno*, il ne le cède à personne en (fait de) méchanceté || *di — non è così*, en fait, ce n'est pas comme ça || *esigere delle prove di —*, exiger des preuves tangibles.

fattore[1] *s.m.* (*di azienda agricola*) fermier*.

fattore[2] *s.m.* facteur: — *costo*, facteur coût; *il — ambientale*, le facteur environnement.

fattoria *s.f.* ferme.

fattoriale *agg. e s.m.* factoriel*.

fattorino *s.m.* coursier, garçon de courses.

fattrice *s.f.* (*giumenta*) poulinière; (*mucca*) vache reproductrice.

fattuale *agg.* factuel*.

fattucchiera *s.f.* sorcière.

fattura *s.f.* **1** facture; (*di abiti*) façon **2** (*comm.*) facture **3** (*maleficio*) maléfice (*m.*), sort (*m.*): *fare una* —, jeter un sort.

fatturare *v.tr.* **1** (*adulterare*) falsifier, frelater **2** (*comm.*) facturer.

fatturato *s.m.* (*comm.*) chiffre d'affaires.

fatturazione *s.f.* facturation.

fatturista *s.m.* (*comm.*) facturier*.

fatuità *s.f.* fatuité.

fatuo *agg.* fat || *fuoco* —, feu follet.

fauci *s.f.pl.* gueule (*sing.*) || *cadere nelle — di qlcu*, (*fig.*) tomber sous la griffe de qqn.

fauna *s.f.* faune.

fauno *s.m.* faune.

fausto *agg.* faste, heureux*.

fautore (f. -*trice*) *s.m.* partisan.

fauvismo *s.m.* (*st. arte*) fauvisme.

fava *s.f.* fève || *prendere due piccioni con una* —, (*fig.*) faire d'une pierre deux coups.

favella *s.f.* parole.

favilla *s.f.* étincelle.

favo *s.m.* **1** gaufre (*f.*) **2** (*med.*) favus.

favola *s.f.* **1** conte (*m.*) (de fées); (*fam.*) (*storia*) histoire; (*nella tradizione classica e quando illustri un precetto*) fable || *la morale della — è che...*, la morale de l'histoire, c'est que... || *la — del paese*, la fable du village **2** (*fandonia*) histoire, blague.

favoleggiare (*coniug. come* mangiare) *v.intr.* raconter.

favolistica *s.f.* contes (*m.pl.*); fables (*pl.*).

favoloso *agg.* fabuleux* || (*fam.*) *serata favolosa*, soirée formidable || -**mente** *avv.*

favore *s.m.* **1** faveur (*f.*): *godere il — di qlcu*, être en faveur auprès de qqn; *incontrare il — di*, jouir de la faveur de || *con il — della notte*, à la faveur de la nuit || *cambiali di* —, effets de complaisance || *condizioni di* —, des conditions de faveur **2** (*piacere*) service: *posso chiederti un —?*, est-ce que je peux te demander un service?; *avrei un — da chiederti*, j'ai un (petit) service à te demander || *fammi il — di tacere!*, fais-moi le plaisir de te taire!; *ma fammi il —!*, (*fam.*) ça alors! || *per* —, s'il vous plaît, s'il te plaît; *ve lo chiedo per* —, je vous le demande comme un service □ **a, in favore (di)** *locuz.* en faveur de, à la faveur de: *votare a — di*, voter pour; *versamento, spettacolo a — di*, versement, spectacle au profit de; (*dir.*) *testimonio a* —, témoin à décharge.

favoreggiamento *s.m.* (*dir.*) complicité (*f.*) || *— della prostituzione*, incitation à la prostitution.

favoreggiatore (f. -*trice*) *s.m.* (*dir.*) complice.

favorevole *agg.* favorable || -**mente** *avv.*

favorire (*coniug. come* finire) *v.tr.* **1** favoriser; (*sostenere*) soutenir*: — *la digestione*, aider à la digestion **2** (*nelle formule di cortesia*): *vuole —?*, (*per offrire qlco*) je vous en prie, servez-vous!; *favorisca alla cassa*, passez à la caisse, s'il vous plaît; *favorisca i documenti, per favore*, vos papiers, s'il vous plaît || (*corrispondenza commerciale*) *vorreste favorirci di una vostra visita?*, nous feriez-vous l'honneur d'une visite?

favorita *s.f.* favorite.

favoriti *s.m.pl.* (*fedine*) favoris.

favoritismo *s.m.* favoritisme.

favorito *agg.* favori*; (*preferito*) préféré ♦ *s.m.* favori.

fax (pl. *invar.*) *s.m.* **1** (*apparecchio*) télécopieur **2** (*documento trasmesso*) fax, télécopie: *fare un* —, faxer; *trasmettere con un* —, télécopier.

fazione *s.f.* faction.

faziosità *s.f.* partialité; attitude factieuse.

ferace

fazioso *agg.* e *s.m.* factieux*.

fazzoletto *s.m.* mouchoir; *(da taschino)* pochette *(f.)*; *(da collo, da testa)* foulard || *un — di terra*, *(fig.)* un bout de terrain || *fare un nodo al —*, faire un nœud à son mouchoir.

febbraio *s.m.* février.

febbre *s.f.* fièvre *(anche fig.)*: *avere la —*, avoir de la fièvre, de la température; *quanta — hai?*, quelle température as-tu?; *misurarsi la —*, prendre sa température; *ha la — a 40*, il a 40 de fièvre || *avere una — sul labbro*, avoir un bouton de fièvre sur la lèvre.

febbricitante *agg.* fiévreux*, fébrile.

febbrile *agg.* fiévreux*, fébrile *(anche fig.)*: *attesa —*, attente fébrile || **-mente** *avv.*

fecale *agg.* fécal*.

feccia (pl. *-ce*) *s.f.* lie *(anche fig.)*.

feci *s.f.pl.* selles.

fecola *s.f.* fécule.

fecondabile *agg.* fécondable.

fecondare *v.tr.* féconder *(anche fig.)*.

fecondativo *agg.* fécondant.

fecondatore (f. *-trice*) *agg.* e *s.m.* fécondateur*.

fecondazione *s.f.* fécondation: *— artificiale*, fécondation artificielle.

fecondità *s.f.* fécondité.

fecondo *agg.* fécond *(anche fig.)*.

fedain, fedayn (pl. *invar.*) *s.m.* fed(d)ayin.

fede *s.f.* **1** foi: *prestar —*, ajouter foi || *in buona, cattiva —*, de bonne, de mauvaise foi || *in —*, sur ma foi; *in — mia*, ma foi || *i conforti della —*, les secours de la religion **2** *(fiducia)* confiance **3** *(fedeltà)* fidélité: *tener — a*, demeurer fidèle à; *tener — alla parola data*, tenir sa parole **4** *(anello nuziale)* alliance **5** *(certificato)* extrait *(m.)*, acte *(m.)*.

fedecommesso *s.m.* *(dir.)* fidéicommis.

fedele *agg.* e *s.m.* fidèle || **-mente** *avv.*

fedeltà *s.f.* fidélité || *con —*, fidèlement || *ad alta —*, de haute fidélité, hi-fi.

federa *s.f.* taie (d'oreiller).

federale *agg.* fédéral*.

federalismo *s.m.* fédéralisme.

federalista *agg.* e *s.m.* fédéraliste.

federare *v.tr.* fédérer* □ **federarsi** *v.pron.* se fédérer*.

federativo *agg.* fédératif*.

federato *agg.* e *s.m.* fédéré.

federazione *s.f.* fédération.

fedifrago (pl. *-ghi*) *agg.* traître, parjure.

fedina *s.f.*: *— penale*, extrait du casier judiciaire; *— sporca, pulita*, casier judiciaire chargé, vierge.

fedine *s.f.pl.* favoris *(m.)*.

feeling *s.m.* feeling; *(intesa)* entente *(f.)* || *c'è un certo — tra noi due*, nous avons ensemble des atomes crochus.

fegatelli *s.m.pl.* *(cuc.)* morceaux de foie de porc entourés de crépine et cuits à la casserole ou sur le gril.

fegatini *s.m.pl.* *(cuc.)* foies de volaille.

fegato *s.m.* **1** foie: *soffrire di —*, souffrir du foie || *farsi venire il mal di —*, *(fig.)* se faire de la bile ||

(cuc.) — *d'oca*, foie gras **2** *(fig.)* *(audacia, coraggio)* cran || *ci vuole del —*, il ne faut pas avoir froid aux yeux.

felce *s.f.* *(bot.)* fougère.

feldspato *s.m.* feldspath.

felice *agg.* heureux* *(anche fig.)* || *felicissimo!, (nelle presentazioni)* enchanté! || *— anno nuovo!*, bonne et heureuse année || *una frase non molto —*, une expression malheureuse.

felicemente *avv.* heureusement; *(senza inconvenienti)* sans incidents; *(con successo)* avec succès.

felicità *s.f.* bonheur *(m.)*: *ti auguro ogni —*, je te souhaite tout le bonheur du monde.

felicitarsi *v.pron.* féliciter (qqn), se féliciter: *— con qlcu per qlco*, féliciter qqn de qqch.

felicitazioni *s.f.pl.* félicitations.

felino *agg.* e *s.m.* félin.

fellone *agg.* e *s.m.* félon.

felpa *s.f.* **1** *(tessuto)* molleton *(m.)*, coton molletonné **2** *(indumento)* sweat-shirt *(m.)*.

felpato *agg.* molletonné: *guanti felpati*, gants molletonnés || *a passi felpati*, *(fig.)* à pas feutrés.

feltrato *agg.* feutré.

feltro *s.m.* feutre.

feluca (pl. *-che*) *s.f.* *(cappello)* bicorne *(m.)*.

femmina *s.f.* **1** *(persona di sesso f.)* fille; *(spreg.)* femelle: *ha tre figli, un maschio e due femmine*, il a trois enfants, un garçon et deux filles **2** *(di animali)* femelle **3** *(tecn.)* femelle: *la — della vite*, la vis femelle ♦ *agg.* femelle || *vite —*, vis femelle || *chiave —*, clef en tube.

femmineo *agg.* **1** féminin **2** *(effeminato)* efféminé.

femminile *agg.* e *s.m.* féminin: *abito —*, vêtement de femme; *scuola —*, école de filles.

femminilità *s.f.* féminité.

femminilizzazione *s.f.* *(med.)* féminisation.

femminino *agg.* e *s.m.* féminin.

femminismo *s.m.* féminisme.

femminista *agg.* e *s.m.* féministe.

femminuccia *s.f.* **1** petite fille **2** *(spreg.)* femmelette.

femorale *agg.* *(anat.)* fémoral*.

femore *s.m.* *(anat.)* fémur.

fendente *s.m.* *(sport)* fendant.

fendere *v.tr.* fendre* *(anche fig.)* □ **fendersi** *v.pron.* se fendre*.

fendinebbia (pl. *invar.*) *agg.* antibrouillard ♦ *s.m.* phare antibrouillard.

fenditura *s.f.* fissure; *(in un muro)* lézarde.

fenice *s.f.* phénix *(m.)* || *araba —*, *(fig.)* oiseau rare.

fenicio *agg.* e *s.m.* phénicien*.

fenico (pl. *-ci*) *agg.* *(chim.)* phénique.

fenicottero *s.m.* *(zool.)* phénicoptère, flamant.

fenolo *s.m.* *(chim.)* phénol.

fenomenale *agg.* phénoménal*.

fenomeno *s.m.* phénomène || *(fam.)* *sei un —!*, *(molto bravo)* tu es génial!, *(simpatico)* tu es un sacré numéro!

fenomenologia *s.f.* phénoménologie.

ferace *agg.* fertile *(anche fig.)*.

ferale *agg.* (*letter.*) funeste.

feretro *s.m.* cercueil.

feriale *agg.* **1** ouvrable: *orario* —, horaire des jours ouvrables || *tariffa* —, tarif ordinaire **2** (*eccl.*) férial*.

ferie *s.f.pl.* vacances: *ferie estive*, grandes vacances; *al rientro dalle ferie*, à la rentrée || *ferie retribuite, pagate*, congés payés.

ferimento *s.m.* blessure (*f.*): *la rissa si è conclusa con, ha provocato il — di due persone*, la rixe a fait deux blessés.

ferino *agg.* **1** (*di fiera*) sauvage **2** (*fig.*) féroce, cruel*.

ferire (*coniug. come* finire) *v.tr.* blesser (*anche fig.*): — *con una fucilata*, blesser d'un coup de fusil; *tra i soldati venti furono feriti*, parmi les soldats il y en eut vingt de blessés || *senza colpo* —, sans coup férir □ **ferirsi** *v.pron.* se blesser.

ferita *s.f.* blessure (*anche fig.*): *ha riportato una — alla testa*, il a été blessé à la tête; — *d'arma da fuoco*, blessure par balle; — *da taglio*, estafilade.

ferito *agg.* e *s.m.* blessé.

feritoia *s.f.* **1** (*mil.*) meurtrière; (*nel carro armato*) fente de tir, de visée **2** (*stretta apertura*) fente.

feritore (f. -*trice*) *s.m.* (*aggressore*) agresseur.

ferma *s.f.* **1** service (militaire) || *rinnovare la* —, (se) rengager **2** (*caccia*) arrêt (*m.*): *cane da* —, chien couchant; *cane in* —, chien à l'arrêt.

fermacarte (pl. *invar.*) *s.m.* presse-papiers*.

fermaglio *s.m.* (*spilla*) broche (*f.*); (*per capelli*) barrette (*f.*); (*di cintura*) boucle (*f.*); (*di gioiello*) fermoir; (*per fogli*) agrafe (*f.*).

fermamente *avv.* fermement.

fermapiedi (pl. *invar.*) *s.m.* (*di bicicletta*) cale-pied*.

fermare *v.tr.* **1** (*arrestare*) arrêter (*anche fig.*); (*bloccare*) bloquer || (*comm.*) — *un assegno*, faire opposition à un chèque **2** (*fissare*) fixer (*anche fig.*) || — *un bottone*, recoudre un bouton **3** (*dir.*) (*mettere in stato di fermo*) arrêter **4** (*fig.*) (*prenotare*) réserver ♦ *v.intr.* s'arrêter, desservir*: *il treno ferma a tutte le stazioni*, le train s'arrête à, dessert toutes les gares □ **fermarsi** *v.pron.* **1** s'arrêter: — *a parlare con qlcu*, s'arrêter pour parler avec qqn **2** (*trattenersi*) rester: *quanto ti fermi a Parigi?*, combien de temps restes-tu à Paris?

fermata *s.f.* arrêt (*m.*).

fermentare *v.intr.* fermenter (*anche fig.*).

fermentazione *s.f.* fermentation.

fermento *s.m.* **1** ferment; (*del pane*) levain **2** (*fig.*) fermentation (*f.*); (*agitazione*) agitation (*f.*) || *in* —, en effervescence || *fermenti religiosi*, ferments religieux.

fermezza *s.f.* fermeté (*anche fig.*).

fermo *agg.* **1** (*che si è fermato*) arrêté; (*immobile*) immobile: *l'orologio è* —, la montre est arrêtée || *sta'* —!, reste tranquille!; *sta' — con i piedi!*, arrête avec tes pieds!; — *con le mani!*, tiens tes mains tranquilles; *non sta — un minuto*, il ne tient pas en place || *avere la mano ferma*, (*anche fig.*) avoir la main ferme || *tenetelo* —!, tenez-le bien! || *fermi tutti!*, que personne ne bouge! || *la si-*

tuazione è ferma, la situation est stable || *a piè* —, de pied ferme || (*sport*) *salto da* —, saut sans élan || *punto* —, (*segno di interpunzione*) point final **2** (*fig.*) (*tenace, risoluto*) ferme **3** (*stabilito*) convenu, entendu; (*certo*) certain: *resta* — *che*, il est convenu, entendu que || — *restando che...*, étant bien entendu que... || *tenere qlco per* —, tenir qqch pour certain **4** (*econ.*) ferme ♦ *s.m.* **1** (*chiusura*) fermeture (*f.*); (*arresto*) arrêt: — *automatico della lavatrice*, arrêt automatique de la machine à laver || (*comm.*) *mettere il — su un assegno*, bloquer un chèque || (*Borsa*) *vendere a* —, vendre à terme ferme **2** (*dir.*) (*arresto*) arrestation (*f.*): — *di polizia*, arrestation de police judiciaire; — *di pubblica sicurezza*, garde à vue, arrestation préventive; *mettere in stato di* —, appréhender.

fermoposta *avv.* e *s.m.* poste restante.

feroce *agg.* féroce (*anche fig.*); (*crudele*) cruel* || *una — concorrenza*, une concurrence farouche || (*fam.*): *un dolore* —, une douleur atroce; *fame* —, faim terrible.

ferocemente *avv.* férocement, avec férocité.

ferocia *s.f.* férocité.

ferodo *s.m.* (*tecn.*) garniture de freins.

ferraglia *s.f.* ferraille.

ferragosto *s.m.* (*giorno*) le quinze août; (*periodo*) mi-août* (*f.*).

ferramenta *s.f.pl.* quincaillerie (*sing.*): *negoziante di* —, quincaillier (*m.*).

ferrare *v.tr.* ferrer.

ferrarese *agg.* e *s.m.* ferrarais.

ferrato *agg.* ferré (*anche fig.*): *strada ferrata*, voie ferrée || (*alpinismo*) (*via*) *ferrata*, via ferrata.

ferreo *agg.* de fer (*anche fig.*).

ferriera *s.f.* **1** (*metall.*) forge, ferronnerie **2** (*miniera di ferro*) mine de fer.

ferro *s.m.* **1** fer: — *battuto*, fer forgé; *salute di* —, (*fig.*) santé de fer || *tocca* —!, touche du bois! || *battere il — finché è caldo*, battre le fer pendant qu'il est chaud || — *di cavallo*, fer à cheval; *mettere i ferri a un cavallo*, ferrer un cheval || (*cuc.*) *ai ferri*, sur le gril; *carne ai ferri*, grillade || *essere ai ferri corti*, être à couteaux tirés || *mettere a — e fuoco*, mettre à feu et à sang **2** *pl.* instruments; (*utensili*) outils: *i ferri del mestiere*, (*scherz.*) les outils **3** *pl.* (*ceppi*) fers.

ferrolega (pl. -*ghe*) *s.f.* ferro-alliage* (*m.*).

ferromagnetismo *s.m.* ferromagnétisme.

ferroso *agg.* ferreux*.

ferrovecchio (pl. *ferrivecchi*) *s.m.* ferrailleur.

ferrovia *s.f.* chemin de fer.

ferroviario *agg.* de chemin de fer, ferroviaire: *orario* —, indicateur des chemins de fer; *trasporto* —, transport par chemin de fer.

ferroviere *s.m.* employé des chemins de fer; (*fam.*) cheminot.

ferruginoso *agg.* ferrugineux*.

ferry-boat *s.m.* ferry-boat*.

fertile *agg.* **1** fertile (*anche fig.*): — *di*, fertile en **2** (*fecondo*) fécond.

fertilità *s.f.* **1** fertilité **2** (*fecondità*) fécondité.

fertilizzante *agg.* fertilisant ♦ *s.m.* engrais.

fertilizzare *v.tr.* fertiliser.

fervente *agg.* fervent.

fervere (mancano in *part.pass.* e *i tempi composti*) *v.intr.* battre* son plein.

fervidamente *avv.* avec ferveur.

fervido *agg.* ardent || *fervidi auguri*, les souhaits les plus chaleureux.

fervore *s.m.* ferveur (*f.*) || *nel — di*, dans le feu de.

fervorino *s.m.* sermon.

fesa *s.f.* (*macelleria*) — (*di vitello*), noix de veau.

fesseria *s.f.* (*fam.*) bêtise.

fesso[1] *agg.* e *s.m.* (*fam.*) crétin, idiot, imbécile || *è un fessacchiotto*, il n'est pas très futé || *fare — qlcu*, rouler qqn.

fesso[2] *agg.* e *s.m.* (*incrinato*) fêlé: *suono —*, son fêlé; *voce fessa*, voix fêlée.

fessura *s.f.* fente; (*interstizio*) interstice (*m.*); (*crepa*) fissure: *le fessure della finestra*, les interstices de la fenêtre; *la — di un muro*, la fissure d'un mur.

fessurarsi *v.pron.* se fissurer.

festa *s.f.* **1** fête: *feste comandate, di precetto*, fêtes d'obligation; *la — del patrono*, la fête patronale || *— da ballo*, bal; — *danzante*, soirée dansante || *la — dei lavoratori*, la fête du travail; *la — della mamma*, la fête des mères || *la — di S. Giuseppe*, la Saint-Joseph || *essere sotto le feste*, approcher de la période des fêtes || *città parata a —*, ville pavoisée (pour une fête); *il vestito della —*, le costume du dimanche || *bisogna fare un po' di —*, il faut faire une petite fête; *fare —, le feste a qlcu*, faire fête à qqn; *ha fatto molta — al mio regalo*, il a beaucoup apprécié mon cadeau; *abbiamo fatto — alla tua torta!*, on a fait un sort à ton gâteau! || *fare la — a qlcu*, (*fam.*) faire son affaire à qqn **2** (*fam.*) (*onomastico*) fête; (*compleanno*) anniversaire (*m.*) **3** (*vacanza*) congé (*m.*): *un giorno di —*, un jour de congé; *far —*, avoir congé.

festaiolo *agg.* qui aime s'amuser; *gente festaiola*, des gens qui aiment s'amuser || *atmosfera festaiola*, atmosphère de fête ♦ *s.m.* fêtard.

festante *agg.* joyeux* || *folla, città —*, foule, ville en liesse.

festeggiamento *s.m.* **1** célébration (*f.*) **2** *pl.* réjouissances (*f.*).

festeggiare (*coniug. come* mangiare) *v.tr.* fêter.

festeggiato *agg.* e *s.m.*: *è il —*, c'est lui qu'on fête; *congratularsi col —*, féliciter celui qui est à l'honneur; *brindare al —*, porter un toast en l'honneur de...

festicciola *s.f.* petite fête.

festino *s.m.* festin.

festival *s.m.* festival*.

festivaliero *agg.* du festival.

festività *s.f.* fête: *— pagata*, jour férié chômé et payé.

festivo *agg.* férié || *riposo —*, repos hebdomadaire || *orario —; tariffa festiva*, horaire, tarif des dimanches et jours fériés.

festone *s.m.* feston: *a festoni*, festonné.

festosamente *avv.* gaiement.

festosità *s.f.* (*allegria*) joie, gaieté; (*cordialità, calore*) cordialité, chaleur.

festoso *agg.* joyeux*; (*caloroso, cordiale*) chaleureux*: *un'accoglienza festosa*, un accueil chaleureux.

fetale *agg.* fœtal*.

fetente *agg.* puant, fétide ♦ *s.m.* (*fam.*) salaud.

feticcio *s.m.* fétiche.

feticismo *s.m.* fétichisme.

feticista *agg.* e *s.m.* fétichiste.

fetido *agg.* fétide.

feto *s.m.* fœtus.

fetore *s.m.* puanteur (*f.*).

fetta *s.f.* **1** tranche; (*piccola e rotonda*) rondelle: *tagliare a fette*, couper en tranches; *fare a fette*, (*fig.*) mettre en bouillie || *fetta di pane*, tartine de pain **2** (*estens.*) part: *una bella — di eredità*, une belle part d'héritage.

fettuccia (pl. -ce) *s.f.* extra-fort* (*m.*).

fettuccine *s.f.pl.* (*cuc.*) nouilles.

feudale *agg.* féodal*.

feudalesimo *s.m.* féodalisme.

feudalità *s.f.* féodalité.

feudatario *s.m.* **1** feudataire **2** (*fig.*) propriétaire terrien.

feudo *s.m.* fief.

fez *s.m.* fez.

fiaba *s.f.* **1** conte (de fées) || *paesaggio di —*, paysage féerique **2** (*estens.*) (*fandonia*) histoire.

fiabesco (pl. *-chi*) *agg.* féerique; (*fantastico*) fabuleux*: *castello —*, château de conte de fées; *racconto —*, récit fabuleux ♦ *s.m.* fantastique.

fiacca (pl. *-che*) *s.f.* (*svogliatezza*) flemme; (*stanchezza*) lassitude: *ho una gran — addosso*, je me sens très fatigué; *battere la —*, tirer sa flemme, avoir la flemme.

fiaccamente *avv.* sans entrain; (*mollemente*) mollement; (*debolmente*) faiblement.

fiaccare (*coniug. come* mancare) *v.tr.* fatiguer; (*indebolire*) affaiblir || *— la volontà, la resistenza*, briser la volonté, la résistance || *la salita fiacca le gambe*, la montée coupe les jambes.

fiacchezza *s.f.* lassitude; (*debolezza*) faiblesse: *sentirsi addosso una gran —*, se sentir très las || (*econ.*) *— del mercato*, morosité du marché.

fiacco (pl. *-chi*) *agg.* fatigué, las*; (*debole*) faible || *stile, discorso —*, style, discours plat || (*econ.*) *mercato —*, marché déprimé.

fiaccola *s.f.* flambeau* (*m.*).

fiaccolata *s.f.* retraite aux flambeaux.

fiala, fialetta *s.f.* ampoule.

fiamma *s.f.* **1** flamme (*anche fig.*): *riscaldarsi alla —*, se réchauffer au feu; *andare in fiamme, dare alle fiamme*, brûler || *i suoi occhi mandano fiamme*, ses yeux lancent des éclairs || *sentirsi salire le fiamme al viso*, avoir le visage en feu; *diventare di —*, rougir violemment || *— ossidrica*, chalumeau (oxhydrique) || (*cuc.*) *alla —*, flambé **2** (*colore rosso vivo*) rouge vif || *cielo di —*, ciel embrasé **3** (*fam.*) (*innamorato, innamorata*) béguin (*m.*) **4** *pl.* (*mil.*) écussons (*m.*) || *le Fiam-*

me verdi, chasseurs alpins; *Fiamme gialle*, corps militaire de la → Finanza; *Fiamme oro*, les Carabiniers.

fiammante *agg.* flamboyant, flambant || *rosso* —, rouge vif || *nuovo* —, flambant neuf: *un vestito nuovo* —, une robe flambant neuve, flambant neuf.

fiammata *s.f.* **1** flambée: *bruciare in una grande* —, brûler d'une seule flambée || *una* — *(di entusiasmo)*, un feu de paille **2** *(di motori, armi, razzi)* gerbe de flammes.

fiammato *agg.* flammé.

fiammeggiante *agg.* flamboyant || *(arch.) gotico* —, gothique flamboyant.

fiammeggiare *(coniug. come* mangiare) *v.intr.* **1** flamboyer* *(anche fig.)* **2** *(rosseggiare)* s'embraser.

fiammifero *s.m.* allumette *(f.)*: — *da cucina, svedese*, allumette suédoise || *prender fuoco come un* —, prendre feu facilement.

fiammingo[1] *(pl. -ghi) agg.* e *s.m.* flamand.

fiammingo[2] *s.m. (zool.)* flamant.

fiancata *s.f. (parte laterale, fianco)* partie latérale, côté *(m.)*; *(di nave)* flanc *(m.)*.

fiancheggiamento *s.m.* **1** *(mil.)* appui: *tiro di* —, tir d'appui **2** *(fig.)* appui indirect, soutien indirect.

fiancheggiare *(coniug. come* mangiare) *v.tr.* **1** border; *(di strade, viottoli ecc.)* longer*, côtoyer* **2** *(mil.)* flanquer **3** *(fig.) (sostenere)* appuyer*; *(spalleggiare)* épauler.

fiancheggiatore *(f. -trice) s.m.* partisan.

fianco *(pl. -chi) s.m.* **1** *(di persona)* côté; *(anca)* *hanche *(f.)*; *(di animale)* flanc: *dormire su un* —, dormir sur le côté; *portare, tenere la spada al* —, porter l'épée au côté; *mettersi le mani sui fianchi*, mettre les mains sur ses hanches || *tenersi i fianchi dal ridere*, se tordre de rire || *offrire, prestare il* — *a critiche*, prêter le flanc à la critique **2** *(parte laterale, lato)* partie latérale, côté; *(di esercito, di nave, di montagna)* flanc || — *dest', dest'!*, à droite, droite! □ **di fianco (a), a(l) fianco (di)** *locuz.* à côté (de): *siediti di* — *a me*, assieds-toi à côté de moi; *camminava di* — *a me, al mio* —, il marchait à mes côtés; *starò sempre al suo* —, *(fig.)* je serai toujours à ses côtés; *abita (proprio) di* — *al teatro*, il habite (juste) à côté du théâtre; *abita la casa di* —, il habite la maison d'à côté; *la strada che corre di* — *al palazzo*, la rue qui longe l'immeuble □ **fianco a fianco** *locuz.avv.* côte à côte.

fiandra *s.f.* lin (des Flandres).

fiasca *(pl. -che) s.f.* gourde.

fiaschetta *s.f.* petite gourde; *(tascabile)* flacon.

fiaschetteria *s.f.* débit de vin.

fiasco *(pl. -chi) s.m.* **1** fiasque *(f.)* **2** *(insuccesso)* échec: *il tentativo si è risolto in un* —, la tentative s'est soldée par un échec || *(teatr.): un* — *solenne*, un vrai fiasco; *la commedia ha fatto* —, la pièce a fait fiasco, un four; *ha fatto* — *agli esami*, *(estens.)* il a échoué à ses examens.

fiat *s.m.*: *in un* —, en un clin d'œil.

fiatare *v.intr.*: *non* —, ne pas souffler mot || *senza* —, sans mot dire.

fiato *s.m.* **1** souffle: *aver poco* —, manquer de souffle; *trattenere il* —, retenir son souffle; *avere il* — *grosso*, avoir le souffle court, être essoufflé || *non aver* — *in corpo*, être hors d'haleine; *finché avrò* — *in corpo*, jusqu'à mon dernier souffle || *gridai con quanto* — *avevo in gola*, j'ai crié à en perdre le souffle || *prendere* —, reprendre haleine || *tirare il* —, *(anche fig.)* souffler || *sprecare il* — *con qlcu*, parler inutilement avec qqn; *è* — *sprecato!*, c'est peine perdue! || *togliere il* — *a qlcu*, *(fam.)(assillarlo)* être toujours sur le dos de qqn || *sono rimasto senza* —, cela m'a coupé le souffle || *uno spettacolo che leva il* —, un spectacle à couper le souffle || *in un* —, en un instant || *(tutto) d'un* —, d'un seul trait **2** *(mus.)* strumenti a —, *fiati*, instruments à vent.

fiatone *s.m. (fam.)*: *avere il* —, être à bout de souffle.

fibbia *s.f.* boucle.

fibra *s.f.* **1** fibre **2** *(costituzione)* constitution: *una* — *robusta*, une forte constitution.

fibrilla *s.f. (anat.)* fibrille.

fibrina *s.f. (biochim.)* fibrine.

fibrocemento *s.m. (edil.)* fibrociment.

fibroma *s.m. (med.)* fibrome.

fibromatoso *agg. (med.)* fibromateux*.

fibroso *agg.* fibreux*.

fibula *s.f. (archeol.)* fibule.

fica *(pl. -che) s.f. (volg.)* con *(m.)*.

ficcanaso *s.m.* fouineur*.

ficcare *(coniug. come* mancare) *v.tr.* **1** enfoncer* **2** *(fam.)(mettere)* fourrer: *dove ho ficcato le chiavi?*, où est-ce que j'ai pu fourrer mes clés?; *ficcarsi le dita nel naso*, fourrer ses doigts dans son nez; — *il naso dappertutto*, *(fig.)* fourrer son nez partout || *ficcarsi il cappello in testa*, enfoncer son chapeau sur sa tête || — *gli occhi in viso a qlcu*, planter son regard sur qqn □ **ficcarsi** *v.pron.* se fourrer || *dove si saranno ficcati i miei guanti?*, où ai-je bien pu fourrer mes gants?

fico *(pl. -chi) s.m.* **1** *(albero)* figuier || *foglia di* —, feuille de figuier, *(scult., pitt.)* feuille de vigne **2** *(frutto)* figue *(f.)*: *fichi bianchi, neri*, figues blanches, violettes || *(fam.)*: *non me ne importa un* — *secco*, je m'en fiche éperdument; *non vale un* — *secco*, cela ne vaut pas un clou □ **fico d'India** *(albero)* figuier de Barbarie; *(frutto)* figue de Barbarie.

ficus *s.m. (bot.)* ficus.

fidanzamento *s.m.* fiançailles *(f.pl.)*.

fidanzare *v.tr.* fiancer* □ **fidanzarsi** *v.pron.* se fiancer*.

fidanzata *s.f.* fiancée.

fidanzato *agg.* e *s.m.* fiancé.

fidare *v.intr.* avoir* confiance (en); *(fare assegnamento)* compter (sur) □ **fidarsi** *v.pron.* **1** se fier (à); *(aver fiducia)* avoir* confiance (en); *(fare assegnamento)* compter (sur) || *(prov.)* — *è bene ma non* — *è meglio*, méfiance est mère de sûreté **2**

(*fam.*) (*avere il coraggio*) oser: *non mi fido a lasciarlo solo*, je n'ose pas le laisser seul.

fidato *agg.* sûr || *servo* —, domestique de confiance.

fideiussione *s.f.* caution (personnelle) || (*comm.*) *lettera di* —, lettre de garantie.

fideiussore *s.m.* (*dir.*) garant: *fare da* — *a qlcu*, se porter garant de qqn.

fido[1] *agg.* (*fedele*) fidèle; (*fidato*) de toute confiance.

fido[2] *s.m.* (*comm.*) crédit.

fiducia *s.f.* **1** confiance: *avere* — *in un amico*, avoir confiance en un ami; *riporre la massima* — *in qlcu*, placer toute sa confiance en qqn; *godere della* — *di tutti*, avoir la confiance de tout le monde; *con la massima* —, en toute confiance; — *in se stessi*, confiance en soi || *avvocato di* —, *uomo di* —, avocat, homme de confiance; *una persona di* — *cui dare le chiavi*, une personne sûre à qui donner les clés || (*pol.*) *chiedere la* —, poser la question de confiance || (*comm.*) *nella* — *che accoglierete la mia richiesta*, dans l'espoir que vous voudrez bien accueillir ma requête **2** (*credito*) crédit (*m.*).

fiduciario *agg.* **1** (*di fiducia*) de confiance: *rapporto* —, rapport de confiance **2** (*dir.*) fiduciaire: (*società*) *fiduciaria*, (société) fiduciaire ♦ *s.m.* (*dir.*) **1** fiduciaire **2** (*rappresentante*) délégué.

fiduciosamente *avv.* avec confiance.

fiducioso *agg.* confiant || *si rivolse a noi* — *che*, il s'adressa à nous, certain que.

fiele *s.m.* fiel: *amaro come il* —, amer comme chicotin.

fienagione *s.f.* **1** fenaison **2** (*essiccazione del fieno sul terreno*) fanage (*m.*).

fienile *s.m.* fenil, grange à foin.

fieno *s.m.* foin: *fare il* —, faire les foins || *raffreddore da* —, rhume des foins.

fiera[1] *s.f.* foire: — *del bestiame*, foire aux bestiaux; — (*campionaria*), foire, exposition; salon; — *del libro*, salon du livre || — *di beneficenza*, vente de charité.

fiera[2] *s.f.* (*belva*) fauve (*m.*).

fieramente *avv.* fièrement, avec fierté.

fierezza *s.f.* fierté.

fieristico (pl. -*ci*) *agg.* de (la) foire: *recinto* —, champ de foire; *quartiere* —, quartier de la foire.

fiero *agg.* fier*: *andare*, *essere* — *di* —, être fier de || *è stato un* — *colpo*, cela a été un coup dur.

fievole *agg.* faible || -*mente* *avv.*

fifa *s.f.* (*fam.*) frousse: *una* — *del diavolo*, une frousse de tous les diables; *aver* —, avoir la frousse || *una* — *blu*, une peur bleue.

fifone *agg.* e *s.m.* (*fam.*) froussard.

figlia *s.f.* **1** fille: — *da marito*, fille à marier **2** (*comm.*) volant (*m.*).

figliare *v.intr.* (*di animale*) mettre* bas, faire* ses petits.

figliastra *s.f.* belle-fille*.

figliastro *s.m.* **1** beau-fils* **2** *pl.* (*maschi e femmine*) beaux-enfants.

figliata *s.f.* portée.

figlio *s.m.* fils; (*senza riferimento al sesso*) enfant; (*di sesso maschile*) garçon: *quanti figli hai?*, combien d'enfants as-tu?; *ho tre figli e una figlia*, j'ai trois garçons et une fille || *di padre in* —, de père en fils || *un* — *di papà*, un fils à papa; *è un* — *di mammà*, il est encore dans les jupes de sa mère || — *d'arte*, enfant de la balle; *un vero* — *del Sud*, un vrai enfant du Midi; *un* — *del popolo*, un enfant du peuple || — *di buona donna*, fils de pute, enfant de salaud || *tale il padre, tale il* —, tel père, tel fils || *salute e figli maschi!*, santé et prospérité! || *i figli di Adamo, di Eva*, les hommes.

figlioccio *s.m.* filleul.

figliola *s.f.* (*figlia*) fille; (*ragazza*) (jeune) fille: *un bel pezzo di* —, un beau brin de fille.

figliolanza *s.f.* enfants (*m.pl.*).

figliolo *s.m.* **1** (*figlio*) fils; (*senza riferimento al sesso*) enfant: *l'ha allevato come un* —, il l'a élevé comme son fils || — *mio*, mon enfant **2** (*ragazzo*) garçon.

figura *s.f.* **1** silhouette; (*corporatura*) taille **2** (*forma di una cosa*) forme **3** (*illustrazione*) illustration: *libro con figure*, livre illustré **4** (*immagine disegnata, scolpita*) figure || — *allegorica*, figure allégorique || *ritratto a* — *intera*, *a mezzo busto*, portrait en pied, buste **5** (*personalità*) figure; (*personaggio*) personnage (*m.*): *le grandi figure della storia*, les grandes figures de l'histoire; *le figure di un romanzo*, les personnages d'un roman; *è una* — *di primo piano nell'azienda*, c'est un personnage de premier plan dans l'entreprise || *è una sporca* —, c'est un sale individu **6** (*mat.*) figure **7** (*simbolo*) symbole (*m.*): *il serpente è la* — *del diavolo*, le serpent est le symbole du diable **8** — *retorica*, figure de rhétorique **9** (*fam.*): *far* —, faire de l'effet; *fa la sua* —, cela fait son petit effet; *spero di fare una bella* —, j'espère donner une bonne impression; *spero che tu mi faccia fare una bella* —, j'espère que tu me feras honneur; *bella* — *mi hai fatto fare!*, (*iron.*) tu ne m'as pas fait honneur; *non potevi fare peggior* —, tu ne pouvais pas faire pis || *che* —!, quelle piètre figure!, (*che vergogna*) quelle honte! || *fare una* — *da peracottaio*, avoir l'air d'un rustre; *fare la* — *dello stupido*, passer pour un imbécile || *è lì solo per* —, il n'est là que pour épater **10** (*nelle carte da gioco, negli scacchi*) figure **11** (*nella danza ecc.*) figure: *figure libere, obbligate*, figures libres, imposées || (*aer.*) *figure acrobatiche*, acrobaties aériennes.

figuraccia (pl. -*ce*) *s.f.* piètre figure, triste figure: *che* —!, la honte!

figurante *s.m.* (*teatr.*) figurant.

figurare *v.tr.* **1** figurer, représenter **2** (*figurarsi*) se figurer, s'imaginer: *me l'ero figurato diverso*, je me le figurais différent; *figuratevi come rimasi!*, imaginez ma tête!; *figurati che non lo vedo da anni*, tu t'imagines, je ne le vois pas depuis de nombreuses années || *"La disturbo?" "Si figuri!"*, "Je vous dérange?" "Pas du tout!"; *"Ti ringrazio" "Figurati!"*, "Je te remercie" "De rien!"; *"Ti di-*

spiace se fumo?" "Figuriamoci!", "Ça t'ennuie si je fume?" "Pas du tout!"; *"Lei è molto gentile!" "Ma figuriamoci!",* "Vous êtes très gentil!" "Ce n'est rien!"; *"Credi che sarà puntuale?" "Figurati!",* "Crois-tu qu'il sera à l'heure?" "Tu parles!" ♦ *v.intr.* **1** figurer || *non figura come autore,* il n'est pas mentionné comme auteur **2** *(far figura)* faire* de l'effet; *ci tiene a —,* il tient aux apparences || *— bene,* faire une bonne impression; *— male,* faire une mauvaise impression.

figurativo *agg.* e *s.m.* figuratif* || *le arti figurative,* les arts plastiques.

figurato *agg.* **1** figuré **2** *(illustrato)* illustré; *(dipinto)* peint.

figurina *s.f.* **1** jolie silhouette **2** *(statuetta)* figurine **3** *(cartoncino con immagine colorata)* image; *(adesivo)* autocollant *(m.): far collezione di figurine,* collectionner des images.

figurinista *s.m.* modéliste.

figurino *s.m.* **1** dessin de mode || *sembrare, essere un —, (fig.)* être tiré à quatre épingles **2** *(giornale di moda)* journal* de mode.

figuro *s.m.* type.

figurona *s.f.,* **figurone** *s.m.: fare un —,* avoir un succès fou.

fila *s.f.* **1** file; *(riga)* rang *(m.); (serie ordinata)* rangée || *poltrona di prima —,* fauteuil de premier rang; *in prima, in seconda —,* au premier, au deuxième rang; *essere in prima —, (fig.) (farsi notare)* occuper le devant de la scène; *(impegnarsi)* être toujours sur la brèche || *in — indiana,* en file indienne, à la queue leu leu || *fare la —,* faire la queue || *in —!,* en rang!; *in — per uno,* en colonne un par un; *in — per due, per tre,* en rang par deux, par trois; *metti in — le bottiglie,* range les bouteilles; *mettersi in —,* se mettre en rang; *disporsi su due file,* se mettre sur deux rangs; *le macchine procedevano in —,* les voitures roulaient l'une derrière l'autre; *parcheggiare in doppia —,* se garer en double file || *serrare, disertare le file,* serrer, abandonner les rangs || *militare nelle file di un partito,* militer dans un parti; *ingrossare le file dei disoccupati,* grossir les rangs des chômeurs || *fuoco di —, (anche fig.)* feu roulant || *per — destr!, marc'!,* à droite, droite!; *per — sinist!, marc'!,* à gauche, gauche! **2** *(fig.) (serie)* suite || *di —,* de suite.

filaccia (pl. *-ce*) *s.f.* effilochure, effilure.

filaccioso *agg.* **1** effiloché **2** *(filamentoso)* filandreux*.

filamento *s.m.* filament.

filamentoso *agg.* filamenteux*.

filanca *s.f.* (fil synthétique) stretch.

filanda *s.f.* filature.

filante *agg.* filant || *stella —,* étoile filante; *(di carta)* serpentin.

filantropia *s.f.* philanthropie.

filantropicamente *avv.* en philanthrope.

filantropico (pl. *-ci*) *agg.* philanthropique.

filantropo *s.m.* philanthrope.

filare[1] *v.tr.* filer || *formaggio che fila,* fromage qui file ♦ *v.intr.* filer || *ragionamento che fila,* raison-

nement qui file || *tutto sembrava — liscio,* tout semblait marcher comme sur des roulettes || *è filata via, se l'è filata alla svelta,* elle a filé en vitesse || *— il perfetto amore,* filer le parfait amour; *hanno filato per qualche mese e poi si sono lasciati,* (fam.) ils se sont fréquentés pendant quelques mois, puis ils se sont quittés.

filare[2] *s.m.* rangée *(f.).*

filarmonica (pl. *-che*) *s.f.* orchestre philarmonique || *(società) —,* philharmonie.

filarmonico (pl. *-ci*) *agg.* philharmonique.

filastrocca (pl. *-che*) *s.f.* comptine; *(estens.)* rengaine: *— natalizia,* comptine de Noël.

filatelia *s.f.* philatélie.

filatelico (pl. *-ci*) *agg.* philatélique ♦ *s.m.* philatéliste.

filato *agg.* **1** filé || *zucchero —,* barbe à papa **2** *(fig.)* cohérent: *ragionamento —,* raisonnement cohérent **3** *(di seguito)* de suite || *diritto —,* tout droit ♦ *s.m. (tess.)* fil, filé: *— di lana,* fil de laine || *filati di lana,* filés de laine.

filatura *s.f.* filature; *(per la seta)* moulinage *(m.).*

file *s.m. (inform.)* fichier: *— originale,* fichier maître disque.

filettare *v.tr. (mecc.)* tarauder, fileter*.

filettato *agg.* **1** bordé **2** *(mecc.)* taraudé; *(di viti)* fileté.

filettatura *s.f. (mecc.)* taraudage *(m.); (di vite)* filetage *(m.).*

filetto *s.m.* **1** bordure *(f.),* ganse *(f.)* **2** *(mecc., tip., cuc.)* filet || *— di pollo,* blanc de poulet **3** *(delle lettere, nella scrittura)* délié **4** *(gioco)* marelle assise triple.

filiale[1] *agg.* filial*.

filiale[2] *s.f. (comm.)* filiale; *(di banca)* succursale, agence.

filiazione *s.f.* filiation *(anche fig.): (dir.) — in linea diretta,* filiation directe.

filibustiere *s.m.* filibustier; *(canaglia)* fripouille *(f.).*

filiera *s.f.* filière.

filiforme *agg.* filiforme.

filigrana *s.f.* filigrane *(m.).*

filippica (pl. *-che*) *s.f.* philippique || *fare una —,* faire un sermon; *fare una — a qlcu,* sermonner qqn.

filippino *agg.* e *s.m.* philippin.

filisteo *s.m. (fig.)* philistin.

fill(o)- *pref.* phyll(o)-

fillossera *s.f. (zool.)* phylloxéra *(m.).*

film (pl. *invar.*) *s.m.* film || *(cine.): — in bianco e nero,* film noir et blanc; *— con sottotitoli,* film sous-titré; *— a passo ridotto,* film de format réduit; *— catastrofico,* film-catastrophe; *— commerciale,* film pour le grand public.

filmare *v.tr.* filmer.

filmato *s.m. film: — pubblicitario,* film, bande publicitaire.

filmico (pl. *-ci*) *agg.* filmique.

filmina *s.f.* série de diapositives.

filmografia *s.f.* filmographie.

filmoteca (pl. *-che*) *s.f.* filmothèque.

filo (pl.m. *fili*; pl.f. *fila* solo in locuz. con valore collettivo) *s.m.* **1** fil: — *cucirino, forte, da macchina*, fil à coudre; (*elettr.*) — *di alimentazione*, fil d'amenée || *un* — *d'erba*, un brin d'herbe || *un* — *di perle*, un rang de perles || — *diretto*, antenne, (*fig.*) contact direct|| (*med.*) — *interdentale*, fil interdentaire || (*sport*) *sul* — *del traguardo*, sur la ligne d'arrivée, (*fig.*) de justesse, à la dernière minute || *legati a* — *doppio*, (*fig.*) très liés || *ridursi a un* —, (*fig.*) devenir mince comme un fil || *perdere il* — *del discorso*, perdre le fil || *raccontare per* — *e per segno*, raconter par le menu; *conoscere per* — *e per segno*, connaître à fond || (*fig.*): *tenere le fila di qlco*, tenir les fils de qqch; *tirare le fila*, faire un bilan || *fare il* — *a qlcu, a qlco*, (*fam.*) faire la cour à qqn, lorgner qqch **2** (*striscia sottile*) filet; (*piccola quantità*) brin (*anche fig.*); (*soffio*) souffle: *un* — *di fumo, d'acqua*, un filet de fumée, d'eau; *un* — *d'ombra, di speranza*, un brin d'ombre, d'espoir; *un* — *di vento, d'aria*, un souffle de vent, d'air; *un* — *di voce*, un filet de voix; *un* — *di sale*, un peu de sel.

fil(o)- *pref.* phil(o)-, pro-

filobus *s.m.* trolleybus.

filodendro *s.m.* (*bot.*) philodendron.

filodiffusione *s.f.* radiodistribution, radio par câble.

filodrammatica (pl. *-che*) *s.f.* compagnie (théâtrale) d'amateurs.

filodrammatico (pl. *-ci*) *s.m.* acteur* amateur ♦ *agg.*: *compagnia filodrammatica*, compagnie (théâtrale) d'amateurs.

filologia *s.f.* philologie.

filologico (pl. *-ci*) *agg.* philologique || **-mente** *avv.*

filologo (pl. *-gi*) *s.m.* philologue.

filoncino *s.m.* (*di pane*) ficelle (*f.*).

filone *s.m.* **1** (*geol.*) filon, veine (*f.*) **2** (*di corso d'acqua*) point où le courant est le plus vif **3** (*fig.*) courant, mouvement **4** (*di pane*) baguette (*f.*).

filosofale *agg.*: *pietra* —, pierre philosophale.

filosofare *v.intr.* philosopher.

filosofeggiare (*coniug. come* mangiare) *v.intr.* philosopher.

filosofia *s.f.* philosophie.

filosofico (pl. *-ci*) *agg.* philosophique || **-mente** *avv.*

filosofo *s.m.* philosophe.

filovia *s.f.* trolleybus (*m.*).

filtrabile *agg.* qui peut être filtré.

filtraggio *s.m.* filtrage.

filtrante *agg.* filtrant.

filtrare *v.tr.* e *intr.* filtrer (*anche fig.*): *la notizia è filtrata nonostante la censura*, la nouvelle a filtré malgré la censure.

filtrato *s.m.* filtrat.

filtro[1] *s.m.* **1** filtre: — *colorato*, filtre coloré; (*mecc.*) — *dell'olio, dell'aria, della benzina*, filtre à huile, à air, à essence; (*fis.*) — *passa-basso*, filtre passe-bas || *sigarette con* —, cigarettes (à bout) filtre **2** (*fig.*) crible.

filtro[2] *s.m.* (*pozione*) philtre.

filugello *s.m.* ver à soie.

filza *s.f.* **1** file, enfilade || — *di polli allo spiedo*, rangée de poulets à la broche || *una* — *di cipolle*, un chapelet d'oignons || — *di nomi*, suite de noms || *una* — *di ingiurie*, un chapelet d'injures **2** (*di documenti*) liasse (de documents) déposée aux archives.

fimosi *s.f.* (*med.*) phimosis (*m.*).

finale *agg.* e *s.m.* final* || (*econ.*) *beni finali*, biens de consommation || *il* — *del film*, la fin du film ♦ *s.f.* finale: (*sport*) *entrare in* —, arriver en finale.

finalista *agg.* e *s.m.* finaliste.

finalità *s.f.* **1** finalité **2** (*scopo*) but (*m.*).

finalizzare *v.tr.* finaliser: — *gli sforzi per raggiungere un obiettivo*, concentrer ses efforts sur un objectif || (*econ.*) *produzione finalizzata all'esportazione*, production orientée à l'exportation.

finalizzazione *s.f.* finalisation.

finalmente *avv.* enfin.

finanche *avv.* même, jusqu'à.

finanza *s.f.* finance: *le mie finanze non me lo permettono*, (*fam.*) l'état de mes finances ne me le permet pas || *Guardia di Finanza*, en Italie, corps militaire chargé de la police financière du territoire.

finanziamento *s.m.* financement.

finanziare *v.tr.* financer*.

finanziaria *s.f.* société financière.

finanziario *agg.* financier*: *amministrazione finanziaria*, administration des finances; *esercizio* —, exercice budgétaire || *legge finanziaria*, loi de finances || **-mente** *avv.*

finanziatore (f. *-trice*) *agg.* e *s.m.* commanditaire, bailleur* de fonds || — *di una costruzione*, maître de l'ouvrage.

finanziera *s.f.* (*cuc.*) financière.

finanziere *s.m.* **1** (*uomo d'affari*) financier **2** (*guardia di finanza*) militaire appartenant à la Guardia di Finanza.

finché, fin che *cong.* **1** (*fino al momento in cui*) jusqu'à ce que (+ *cong.*); jusqu'au moment où (+ *indic.*): *lo aspetterò* — (*non*) *verrà*, je l'attendrai jusqu'à ce qu'il (ne) vienne, jusqu'au moment où il viendra; *lo aspetterò* — (*non*) *tornerà*, j'attendrai son retour **2** (*per tutto il tempo che*) tant que: *lo puoi tenere* — *vuoi*, tu peux le garder tant que tu voudras.

fine[1] *s.f.* fin; (*fondo, estremità*) bout (*m.*): *mettere, porre a qlco*, mettre fin à qqch; *volgere alla* —, toucher à sa fin; *alla* — *di maggio*, fin mai; *per* — *anno*, pour la fin de l'année || *alla* — *della giornata*, en fin de journée || *alla* —, à la fin, finalement; *alla fin* —, à la fin des fins || *tutto ha* —, rien n'est éternel || *essere in fin di vita*, approcher de sa fin || *fare una brutta* —, mal finir; *che* — *ha fatto il tuo amico?*, qu'est devenu ton ami?; *che* — *hanno fatto le mie chiavi?*, où sont passées mes clés?; *farà la* — *di suo fratello*, il finira comme son frère; *quest'affare farà la stessa* — *degli altri*, cette affaire finira comme les autres || *buona* —, *miglior principio!*, (*augurio di buon anno*) bonne année! || *questo film è la* — *del mondo!*, ce film est formi-

fine

dable! ♦ *s.m.* **1** (*esito*) fin (*f.*): *giungere a buon* —, arriver à bon port; *romanzo a lieto* —, roman qui finit bien || (*comm.*) *a ogni buon* —, à toutes fins utiles **2** (*scopo*) but: *con il* — *di*, dans le but de; *con un secondo* —, avec une arrière-pensée; *a fin di bene*, dans une bonne intention || *a tal* —, dans ce but, à cette fin, à ces fins || — *a se stesso*, qui est une fin en soi.

fine[2] *agg.* **1** fin (*anche fig.*) || *aria* —, air pur **2** (*raffinato*) fin, raffiné; (*distinto*) distingué.

finemente *avv.* finement.

finestra *s.f.* **1** fenêtre —; *dalla* —, par la fenêtre || *buttare i soldi dalla* —, (*fig.*) jeter son argent par les fenêtres || — *finta*, fausse fenêtre **2** (*trafiletto sul giornale*) entrefilet (*m.*) **3** (*tip.*) fenêtre, blanc (*m.*).

finestrino *s.m.* (*di treno*) fenêtre (*f.*); (*di auto*) glace (*f.*) || *posto vicino al* —, place côté fenêtre.

finezza *s.f.* finesse.

fingere (*coniug. come* spingere) *v.tr.* **1** feindre*: *non sa* —, il est incapable de feindre; *ha finto di non vederlo*, il a fait semblant de ne pas le voir; — *di non sentire*, faire la sourde oreille **2** (*immaginare*) imaginer □ **fingersi** *v.pron.* faire* semblant (d'être): — *pazzo*, simuler la folie.

finimento *s.m.* **1** (*ornamento*) ornement, garniture (*f.*) **2** *pl.* (*bardatura di cavalli*) *harnais (*sing.*), *harnachement (*sing.*).

finimondo *s.m.* fin du monde: *pareva il* —!, on aurait dit la fin du monde!; *è successo il* —!, ça a été un véritable drame!

finire (*Indic.pres.* io finisco ecc., noi finiamo ecc.) *v.tr.* **1** finir, terminer; (*completare*) achever*: *torna appena finisci*, reviens dès que tu auras fini; — *di fare un lavoro*, terminer un travail || — *qlcu.*, (*dare il colpo di grazia*) achever qqn: *finì gloriosamente*, il mourut glorieusement **2** (*esaurire*) épuiser || *ho finito i miei soldi*, j'ai dépensé tout mon argent **3** *finirla*, (*smetterla*) en finir || *finiscila!*, arrête!; *è ora di finirla!*, maintenant, ça suffit! ♦ *v.intr.* **1** finir: *lo spettacolo finirà alle 11*, le spectacle se termine à 11 heures; *è finito in un fosso*, *contro un albero*, il a fini dans un fossé, contre un arbre; *parole che finiscono in vocale*, des mots qui se terminent par une voyelle; *sono finiti in un cattivo albergo*, ils ont échoué dans un mauvais hôtel; *come è finita*, *è andata a* — *quella storia?*, comment s'est terminée cette histoire?; *ha fatto una storia che non finiva più*, il a fait des histoires à n'en plus finir || *e la cosa finì qui*, *lì*, et les choses en restèrent là; *ma non finisce qui*, *lì!*, ça ne va pas se terminer comme ça! || *non so dove si andrà a* —, je ne sais pas comment ça va se terminer; *dove vuoi andare a* — *con le tue insinuazioni?*, où veux-tu en venir avec tes insinuations?; *ma dove è andato a* —?, mais où est-il passé?; *va a* — *che pianto tutto*, je finirai par tout envoyer promener; *dove andremo a* —?, où en arriverons-nous? || *qui finisce*, *va a* — *male*, ça va mal finir; *il ragazzo è finito male*, ce garçon a mal tourné **2** (*esaurirsi*) terminer **3** (*seguito da* con *o per + inf.*) finir (par): *finirai con l'ammalarti*,

tu finiras par tomber malade; *tutto finisce per sistemarsi*, tout finit par s'arranger **4** (*sboccare*) aboutir (à), déboucher (sur); (*di un corso d'acqua*) se jeter*; (*fig.*) (*sfociare*) finir, se terminer.

finissaggio *s.m.* finissage.

finito *agg.* **1** fini: *a festa finita*, quand la fête était finie || *ha sedici anni finiti*, il a seize ans révolus || *farla finita*, en finir, cesser; *falla finita!*, arrête! || *per lui è finita*, c'en est fait de lui || *sarta finita*, couturière habile; *un birbante fatto e* —, un fieffé coquin || (*tip.*) — *di stampare*, vient de paraître || (*gramm.*) *modi finiti del verbo*, modes personnels du verbe **2** (*limitato*) limité.

finitore (*f.* -*trice*) *s.m.* finisseur*.

finitura *s.f.* finissage (*m.*); (*rifinitura*) finition.

finlandese *agg. e s.m.* finlandais.

finnico (*pl.* -*ci*) *agg. e s.m.* finnois.

fino[1] *prep.* fin qui, jusqu'ici; *fin là*, *lì*, jusque-là; — *ora*, jusqu'à présent, jusqu'ici; — *a quel momento*, jusque-là; — *all'ultimo*, jusqu'à la fin || *fin dove siete arrivati?*, jusqu'où êtes-vous arrivés? || *arriviamo fin dove termina la strada*, nous arrivons jusqu'au point où se termine la route; *fin dove lo sguardo poteva giungere*, aussi loin que portait le regard || *gridò* — *a perdere il fiato*, il cria à en perdre le souffle; *si preoccupa* — *a soffrire*, il s'inquiète au point de se rendre malade □ **fin(o) da** *locuz. prep.* depuis; (*a partire da*) dès: *lo conosco fin da* (*quando era*) *bambino*, je le connais depuis son enfance; *fin da domani*, *fin da principio*, dès demain, dès le début; *si vedeva l'incendio fin da casa*, on voyait l'incendie de la maison || *fin da questo momento*, à partir de cet instant || *fin da quando me ne sono accorto*, dès que je m'en suis aperçu □ **fin che**, **fino a che** *locuz.cong.* → finché.

fino[2] *agg.* fin (*anche fig.*): *d'oro* —, d'or fin || *lavoro di* —, travail de précision || *fa* —, (*fam.*) ça fait bien, chic (de).

finocchio[1] *s.m.* (*bot.*) fenouil.

finocchio[2] *s.m.* (*spreg.*) (*omosessuale*) pédale (*f.*).

finora, **fin ora** *avv.* jusqu'à présent, jusqu'ici, jusqu'à maintenant.

finta *s.f.* feinte: *è tutta una* —, c'est de la pure comédie || *far* —, faire semblant de; *fare* — *di niente*, faire mine de rien; *facendo* — *di niente*, comme si de rien n'était.

fintantoché, **fintanto che** *locuz.cong.* → finché.

finto *agg.* faux* (*anche fig.*) || *finta pelle*, similicuir; *fiori finti*, fleurs artificielles.

finzione *s.f.* **1** feinte || *è una* —, c'est une comédie **2** (*invenzione*, *cosa immaginata*) fiction: — *scenica*, illusion scénique.

fio *s.m.*: *pagare il* —, payer les conséquences.

fioccare (*coniug. come* mancare) *v.intr.* **1** neiger* (à gros flocons) **2** (*fig.*) pleuvoir*; (*scrosciare*) crépiter.

fiocco[1] (*pl.* -*chi*) *s.m.* **1** flocon || *fiocchi d'avena*, flocons d'avoine || (*tess.*) — *artificiale*, fibranne textile **2** (*nodo*) nœud || *coi fiocchi*, (*fam.*) sensationnel.

fiocco[2] *s.m.* (*mar.*) foc.

fioccoso *agg.* floconneux*.

fiocina *s.f.* (*mar.*) *harpon (m.).

fiocinare *v.tr.* *harponner.

fioco (pl. -*chi*) *agg.* faible || -**mente** *avv.*

fionda *s.f.* lance-pierres* (*m.*), fronde.

fiondarsi *v.pron.* (*fam.*) débouler.

fioraia *s.f.* marchande de fleurs; (*nei locali*) bouquetière.

fioraio *s.m.* fleuriste.

fiorami *s.m.pl.* fleurage (*sing.*) || *a fiorami*, à fleurs.

fiorato *agg.* à fleurs.

fiordaliso *s.m.* 1 bleuet, bluet 2 (*arald.*) fleur de lis.

fiordo *s.m.* fjord, fiord.

fiore *s.m.* 1 fleur (*f.*): *fiori di campo*, fleurs des champs || *in* —, en fleur(s); *bellezza in* —, beauté épanouie || *fior di latte*, crème || *nel* — *degli anni*, dans, à la fleur de l'âge || *il fior* —, la fine fleur || *un* — *di ragazza*, un beau brin de fille; *un fior di galantuomo*, un parfait honnête homme; *un fior di canaglia*, une vraie canaille; *spendere fior di quattrini*, dépenser un argent fou || *a fior d'acqua*, à fleur d'eau; *a fior di labbra*, du bout des lèvres 2 *pl.* (*seme delle carte*) trèfle (*sing.*).

fiorellino *s.m.* petite fleur.

fiorente *agg.* (*fig.*) florissant || *ragazza* —, jeune fille épanouie.

fiorentina *s.f.* (*cuc.*) côte de bœuf (sur le gril).

fiorentino *agg.* e *s.m.* florentin.

fioretto[1] *s.m.* BA, bonne action.

fioretto[2] *s.m.* (*arma*) fleuret.

fioriera *s.f.* jardinière.

fiorino *s.m.* florin.

fiorire (*coniug. come* finire) *v.intr.* 1 fleurir* (*anche fig.*); (*di persona*) s'épanouir: *le viole sono già fiorite*, les violettes ont déjà fleuri 2 (*fig.*) naître* 3 (*coprirsi di muffa*) moisir; (*coprirsi di eruzioni cutanee*) bourgeonner.

fiorista *s.m.* fleuriste.

fiorito *agg.* 1 fleuri || *gotico* —, gothique flamboyant 2 (*coperto di muffa*) moisi; (*coperto di eruzioni cutanee*) boutonneux*.

fioritura *s.f.* floraison; (*di eruzione cutanea*) éruption; (*di muffa*) moisissure.

fiotto *s.m.* flot.

firma *s.f.* 1 signature: — *falsa*, fausse signature; — *di favore*, signature de complaisance; *mettere la* —, apposer sa signature (à, sur) || (*comm.*) *la* — *per una società*, la signature sociale || *libro (delle) firme*, (*negli uffici*) parapheur || *per onore di* —, pour maintenir la parole donnée || *ci farei la* — *ad andare*, (*fam.*) je ne demanderais pas mieux que d'y aller 2 (*nome noto*) nom (*m.*); (*marchio distintivo*) griffe: *le grandi firme del design*, les grands noms du design; *c'è la sua* —, (*fig.*) on y sent sa griffe.

firmamento *s.m.* firmament.

firmare *v.tr.* signer □ **firmarsi** *v.pron.* signer.

firmatario *s.m.* signataire || (*comm.*) — *di un assegno*, tireur d'un chèque.

firmato *agg.* (*moda*) griffé.

fisarmonica (pl. -*che*) *s.f.* accordéon (*m.*).

fisarmonicista *s.m.* accordéoniste.

fiscale *agg.* 1 fiscal* || *medico* —, médecin de contrôle 2 (*fig.*) (*intransigente*) intransigeant; (*pignolo*) tatillon*.

fiscalismo *s.m.* fiscalité (*f.*).

fiscalista *s.m.* fiscaliste.

fiscalità *s.f.* fiscalité.

fiscalizzazione *s.f.* fiscalisation || — *degli oneri sociali*, prise en charge par l'État du financement de la Sécurité Sociale.

fiscalmente *avv.* 1 fiscalement 2 (*con pignoleria, intransigenza*) d'une façon rigide, tatillonne.

fischiare *v.intr.* siffler: *fischiò al cane*, il siffla son chien || *mi fischiano le orecchie*, les oreilles me tintent ♦ *v.tr.* siffler: — *un attore*, siffler, huer un acteur.

fischiata *s.f.* (coup de) sifflet.

fischiatore (f. -*trice*) *agg.* e *s.m.* siffleur*.

fischiettare *v.tr.* e intr. siffloter.

fischietto *s.m.* sifflet.

fischio *s.m.* 1 sifflement: *il* — *dell'arbitro*, le coup de sifflet de l'arbitre || *fare un* —, (*fam.*) siffler; (*fig.*) faire signe || *a suon di fischi*, à coups de sifflets 2 (*fischietto*) sifflet || *prender fischi per fiaschi*, (*fig.*) prendre des vessies pour des lanternes; *capire fischi per fiaschi*, comprendre à l'envers.

fisco *s.m.* fisc.

fisica *s.f.* physique.

fisicamente *avv.* physiquement.

fisico (pl. -*ci*) *agg.* physique ♦ *s.m.* 1 (*studioso di fisica*) physicien* 2 (*corpo umano*) physique.

fisima *s.f.* lubie.

fisiologia *s.f.* physiologie.

fisiologico (pl. -*ci*) *agg.* physiologique.

fisionomia *s.f.* physionomie || *la sua* — *non mi è nuova*, son visage ne m'est pas inconnu.

fisionomista *agg.* e *s.m.* physionomiste.

fisioterapia *s.f.* physiothérapie.

fisioterapista *s.m.* kiné, kinésithérapeute.

fissa *s.f.* (*fam.*) (*fobia*) phobie; (*mania*) manie: *ha la* — *di ingrassare*, elle a la phobie de grossir; *ha la* — *della pulizia*, c'est une maniaque de la propreté.

fissaggio *s.m.* 1 (*atto del fissare*) fixation (*f.*) 2 (*fot.*) fixage.

fissamente *avv.* fixement.

fissare *v.tr.* 1 fixer: *l'appuntamento è fissato per il 31 luglio*, le rendez-vous est fixé pour le 31 juillet; — *al muro*, fixer au mur 2 (*guardare*) regarder; (*fissamente*) fixer 3 (*stabilire*) établir, convenir*: *resta fissato che...*, il reste convenu que...; — *un prezzo*, fixer un prix 4 (*prenotare*) retenir*, réserver: — *dei posti a teatro, una camera in albergo*, réserver des places au théâtre, retenir une chambre à l'hôtel □ **fissarsi** *v.pron.* 1 se fixer 2 (*mettersi in testa*) se mettre* dans la, en tête; (*ostinarsi*) s'obstiner.

fissativo *agg.* e *s.m.* (*chim., fot.*) fixatif*.

fissato *agg.* 1 fixé 2 (*fig.*) obsédé: *sei* — *con*

questa storia, cette histoire t'obsède ♦ *s.m. (fam.)* obsédé.

fissato-bollato *s.m.* papier timbré; *(Borsa)* déclaration de contrat conclu.

fissatore (f. *-trice*) *agg.* e *s.m.* 1 *(chim., fot., biol.)* fixateur* 2 *(per capelli)* fixatif*.

fissazione *s.f.* 1 fixation 2 *(idea fissa)* idée fixe; *(ossessione)* obsession; *(mania)* manie.

fissione *s.f. (fis.)* fission.

fissità *s.f.* fixité.

fisso *agg.* 1 fixé; *(fermo, stabile)* fixe: *tutti gli sguardi erano fissi su di lui*, tous les regards étaient fixés sur lui; *tenere lo sguardo — nel vuoto*, regarder fixement dans le vide; *prezzo —*, prix fixe || *punto —*, point fixe; *è il suo chiodo —*, c'est son idée fixe; *regola fissa*, règle fixe || *senza fissa dimora*, sans domicile fixe 2 *(risoluto, deciso)* ferme, résolu ♦ *s.m.* fixe ♦ *avv.* fixement.

fistola *s.f. (med.)* fistule.

fito- *pref.* phyto-

fitofarmaco (pl. *-ci*) *s.m. (agr.)* produit phytosanitaire.

fitoterapia *s.f. (med.)* phytothérapie.

fitta *s.f.* élancement *(m.)*, douleur || *provare una — al cuore, (fig.)* ressentir un coup au cœur.

fittamente *avv.* dru; *(densamente)* densément.

fittavolo *s.m.* fermier*; *(mezzadro)* métayer*.

fittile *agg.* de terre cuite, d'argile.

fittizio *agg.* fictif*.

fitto[1] *agg.* 1 enfoncé || *cadere a capo —*, tomber la tête la première; *buttarsi a capo — in un'impresa, (fig.)* se jeter à corps perdu dans une entreprise 2 *(denso)* épais* || *una rete fitta*, un filet à mailles serrées || *pioggia fitta*, pluie drue || *folla fitta*, foule dense || *una pagina fitta di notizie*, une page bourrée de nouvelles ♦ *s.m. (la parte più interna)* cœur.

fitto[2] *s.m.* → **affitto**.

fittone *s.m. (bot.)* pivot.

fiumana *s.f.* 1 courant (d'un fleuve en crue) 2 *(fig.) (moltitudine)* multitude || *una — di parole*, un torrent de paroles.

fiume *s.m.* fleuve *(anche fig.)*; *(che non sfocia in mare)* rivière *(f.)*: *un — di lacrime*, des torrents de larmes; *un — di sangue*, un fleuve de sang || *il processo ha fatto scorrere fiumi d'inchiostro*, ce procès a fait couler des flots d'encre || *un romanzo —*, un roman-fleuve.

fiutare *v.tr.* flairer || *— tabacco*, priser du tabac.

fiuto *s.m. (odorato)* odorat; *(il fiutare)* flair *(anche fig.)*: *ha un buon — per gli affari*, il a beaucoup de flair dans les affaires || *tabacco da —*, tabac à priser.

flaccidità *s.f.* flaccidité.

flaccido *agg.* flasque.

flacone *s.m.* flacon.

flagellare *v.tr.* 1 flageller *(anche fig.)* 2 *(fig.) (colpire con violenza)* fouetter □ **flagellarsi** *v.pron.* se flageller.

flagellazione *s.f.* flagellation.

flagello *s.m.* 1 *(frusta)* fouet 2 *(supplizio)* flagellation *(f.)* 3 *(fig.) (calamità)* fléau*.

flagrante *agg.* flagrant || *cogliere in — (delitto)*, prendre en flagrant délit.

flagranza *s.f.* flagrance.

flanella *s.f.* flanelle.

flangia (pl. *-ge*) *s.f. (mecc.)* bride, collerette.

flatulenza *s.f.* flatulence.

flautato *agg.* flûté.

flautista *s.m.* flûtiste.

flauto *s.m.* flûte *(f.)*.

flebile *agg. (lamentoso)* plaintif*; *(debole)* faible || *-mente* *avv.*

flebite *s.f. (med.)* phlébite.

fleboclisi *s.f. (med.)* perfusion; *(apparecchio)* goutte-à-goutte* *(m.)*.

flemma *s.f.* flegme *(m.)*.

flemmatico (pl. *-ci*) *agg.* flegmatique.

flemmone *s.m. (med.)* phlegmon.

flessibile *agg.* flexible *(anche fig.)*.

flessibilità *s.f.* flexibilité; *(fig.)* souplesse || *— dei prezzi*, élasticité des prix.

flessione *s.f.* 1 flexion 2 *(fig.) (diminuzione)* fléchissement *(m.)*.

flessuoso *agg.* flexible, souple; *(sinuoso)* sinueux*.

flettere *(Part.pass.* flesso*)* *v.tr.* 1 fléchir 2 *(gramm.)* décliner; *(un verbo)* conjuguer □ **flettersi** *v.pron.* fléchir; *(di persone)* se plier.

flicorno *s.m. (mus.)* bugle.

flirtare *v.intr.* flirter.

floppy disk *s.m. (inform.)* disquette *(f.)*, disque souple.

flora *s.f.* flore.

floreale *agg.* floral* || *(arte) stile —*, Art Nouveau.

floricoltore *s.m.* floriculteur.

floricoltura *s.f.* floriculture.

floridezza *s.f.* mine florissante; *(salute)* santé; *(prosperità)* prospérité.

florido *agg.* florissant; *(prospero)* prospère || *bambino —*, enfant robuste || *donna florida*, femme plantureuse.

florilegio *s.m.* florilège.

floscio *agg.* flasque; *(molle)* mou* *(anche fig.)*.

flotta *s.f.* flotte.

flottiglia *s.f.* flottille.

flox *s.m. (bot.)* phlox.

fluente *agg. (di stile)* coulant; *(di barba, capelli)* flottant.

fluentemente *avv. (fig.)* couramment.

fluidificante *s.m.* fluidifiant.

fluidificare *(coniug. come* mancare*)* *v.tr.* fluidifier.

fluidità *s.f.* fluidité *(anche fig.)*.

fluido *agg.* e *s.m.* fluide.

fluire *(coniug. come* finire*)* *v.intr.* couler *(anche fig.)*.

fluitazione *s.f.* flottage *(m.)*.

fluorato *agg. (chim.)* fluoré.

fluorescente *agg.* fluorescent.

fluorescenza *s.f.* fluorescence.

fluorite *s.f. (chim.)* fluorine.

fluoro *s.m. (chim.)* fluor.

fluorurato *agg. (chim.)* fluoré.

fluoruro *s.m.* (*chim.*) fluorure.

flusso *s.m.* **1** flux (*anche fig.*) || *il — del tempo*, la fluite du temps **2** (*inform.*) train.

flutto *s.m.* flot.

fluttuante *agg.* **1** flottant (*anche fig.*) **2** (*econ.*) fluctuant, flottant: *prezzi fluttuanti*, prix fluctuants; *moneta —*, monnaie flottante.

fluttuare *v.intr.* **1** flotter **2** (*econ.*) flotter, fluctuer.

fluttuazione *s.f.* **1** flottement (*m.*); (*fig.*) fluctuation **2** (*econ., fis., med.*) fluctuation.

fluviale *agg.* fluvial*.

FOB *agg. e avv.* (*comm.*) franc à bord.

fobia *s.f.* phobie.

fobico (pl. *-ci*) *agg. e s.m.* (*psic.*) phobique.

foca (pl. *-che*) *s.f.* phoque (*m.*).

focaccia (pl. *-ce*) *s.f.* (*cuc.*) (*salata*) sorte de fougasse provençale; (*dolce*) galette || *render a qlcu pan per —*, rendre à qqn la monnaie de sa pièce.

focaia *agg.*: *pietra —*, pierre à fusil.

focale *agg.* focal* || *il punto —*, (*fig.*) le point essentiel.

focalizzare *v.tr.* focaliser.

foce *s.f.* embouchure || *le foci del Rodano*, les bouches du Rhône.

fochista *s.m.* chauffeur.

focolaio *s.m.* foyer (*anche fig.*).

focolare *s.m.* foyer.

focomelia *s.f.* (*med.*) phocomélie.

focomelico (pl. *-ci*) *agg.* (*med.*) phocomèle.

focoso *agg.* fougueux* || **-mente** *avv.*

fodera *s.f.* **1** (*interna*) doublure **2** (*esterna*) *housse; (di libro)* jaquette.

foderare *v.tr.* **1** doubler **2** (*ricoprire*) recouvrir* || *un cassetto*, garnir l'intérieur d'un tiroir.

foderato *agg.* doublé; (*coperto*) recouvert || *avere gli occhi foderati di prosciutto*, avoir un bandeau sur les yeux.

fodero *s.m.* (*di spada*) fourreau*; (*di pugnale, ombrello*) gaine (*f.*).

foga (pl. *-ghe*) *s.f.* fougue || *nella — della discussione*, dans le feu de la discussion.

foggia (pl. *-ge*) *s.f.* forme: *a — di*, en forme de || *un abito di — antiquata, moderna*, une robe démodée, à la mode; *lampada di — antica*, lampe imitation ancien.

foggiare (*coniug. come* mangiare) *v.tr.* modeler*.

foglia *s.f.* feuille: *mettere le foglie*, se garnir de feuilles || *non si muove una —*, il n'y a pas un souffle de vent || (*fig.*): *ha mangiato la —*, il a gobé l'histoire; *ha mangiato la — e non è venuto*, il a compris la manœuvre et il n'est pas venu.

fogliame *s.m.* feuillage.

fogliazione *s.f.* feuillaison.

foglietto *s.m.* feuillet.

foglio *s.m.* feuille (*f.*).: *— a righe, a quadretti*, feuille de papier rayé, quadrillé; *— da disegno*, feuille de papier à dessin || *fogli volanti*, feuilles volantes; *scrivilo su un — volante, su un foglietto*, écris-le sur un bout de papier || *— illustrativo*, notice explicative || *consegnare il — in bianco*, (a un *esame*) remettre copie blanche || *— di via*, feuille de route || (*aut.*) *— rosa*, document permettant la conduite accompagnée avant l'obtention du permis de conduire || (*inform.*) *— elettronico*, tableur.

fogna *s.f.* **1** égout (*m.*) **2** (*fig.*) (*luogo immondo*) cloaque.

fognario *agg.* d'égouts: *rete fognaria*, réseau d'égouts.

fognatura *s.f.* égouts (*m.pl.*).

foiba *s.f.* (*geol.*) doline.

fola *s.f.* **1** fable **2** (*fandonia*) blague.

folade *s.f.* (*zool.*) pholade.

folaga (pl. *-ghe*) *s.f.* (*zool.*) foulque.

folata *s.f.* rafale.

folclore *s.m.* folklore.

folcloristico (pl. *-ci*) *agg.* folklorique.

folgorante *agg.* fulgurant; (*fulminante*) foudroyant: *un'occhiata —*, un regard foudroyant; *idea —*, idée fulgurante.

folgorare *v.tr.* foudroyer*: *mi folgorò* (con lo *sguardo*), il me foudroya (du regard); *fu folgorato dalla sua bellezza*, il fut frappé par sa beauté.

folgorazione *s.f.* **1** (*med.*) fulguration **2** (*fig.*) (*intuizione improvvisa*) éclair (*m.*).

folgore *s.f.* foudre.

folklore *s.m. e deriv.*, → **folclore** e *deriv.*

folla *s.f.* foule (*anche fig.*); (*gente*) monde (*m.*): *l'idolo delle folle*, l'idole de la foule; *c'è una gran —*, il y a foule.

follare *v.tr.* (*tess.*) fouler.

follatura *s.f.* (*tess.*) foulage (*m.*).

folle *agg. e s.m.* fou* || (*mecc.*) *essere in —*, tourner à vide; (*aut.*) *mettere, essere in —*, mettre, être au point mort.

folleggiare (*coniug. come* mangiare) *v.intr.* faire* des folies.

follemente *avv.* follement.

folletto *agg. e s.m.* (*spirito*) —, lutin.

follia *s.f.* folie: *amare* (*fino*) *alla —*, aimer à la folie.

follicolo *s.m.* follicule.

follone *s.m.* (*ind.tess.*) foulon, fouleuse (*f.*).

folto *agg.* **1** épais*; (*di erba ecc.*) touffu || *ha capelli folti*, il a beaucoup de cheveux **2** (*numeroso*) nombreux*: *un — pubblico*, il y avait un public nombreux; *eravamo* (*in*) *un — gruppo*, nous étions nombreux ♦ *s.m.*: *nel — di*, au cœur de || *nel — della mischia*, (*fig.*) au plus fort de la mêlée.

fomentare *v.tr.* fomenter.

fomentatore (f. *-trice*) *s.m.* fomentateur*.

fon. *s.m.* (*asciugacapelli*) séchoir, sèche-cheveux*.

fonatorio *agg.* phonateur*.

fonazione *s.f.* phonation.

fonda *s.f.* mouillage (*m.*).

fondaco (pl. *-chi*) *s.m.* entrepôt.

fondale *s.m.* **1** (*teatr.*) toile de fond **2** (*mar.*) fond: *basso —*, bas-fond; *alto —*, haut-fond || (*geogr.*) *fondali oceanici*, les grands fonds de l'océan.

fondamentale *agg.* fondamental* || **-mente** *avv.*

fondamento (pl.f. *fondamenta*, pl.m. *fondamenti* in senso fig.) *s.m.* **1** fondation (*f.*) || *rifare dalle fondamenta*, (*fig.*) repartir à zéro **2** (*fig.*)

fondement || *parlare con* —, parler en connaissance de cause || *spera, non senza* —, *che...*, il espère, non sans raison, que...

fondare *v.tr.* fonder (*anche fig.*) □ **fondarsi** *v.pron.* **1** se fonder (*anche fig.*) **2** (*fare assegnamento*) compter.

fondatamente *avv.* avec raison, à bon droit.

fondatezza *s.f.* fondement (*m.*); (*giustezza*) bien-fondé* (*m.*).

fondato *agg.* fondé || *ragioni fondate*, de bonnes raisons.

fondatore (f. *-trice*) *s.m.* fondateur*.

fondazione *s.f.* fondation.

fondello *s.m.* bout; (*di cartuccia*) culot; (*dei calzoni*) fond || *prendere qlcu per i fondelli*, (*fam.*) se moquer de qqn.

fondente *agg.* fondant || *cioccolato* —, chocolat noir ♦ *s.m.* (*dolce*) (bonbon) fondant.

fondere (*Pass.rem.* io fusi, tu fondesti ecc. *Part.pass.* fuso) *v.tr.* **1** fondre* (*anche fig.*) || *— il motore, le bronzine*, griller (le moteur), couler les bielles || *quattro ore di studio mi hanno fuso* (*il cervello*), (*fig.*) quatre heures à étudier m'ont complètement vidé **2** (*società, partiti*) fusionner ♦ *v.intr.* fondre* □ **fondersi** *v.pron.* **1** fondre* (*anche fig.*) || *la neve si è fusa al sole*, la neige a fondu au soleil || *le valvole si sono fuse*, les plombs ont sauté **2** (*di società, partiti*) fusionner.

fonderia *s.f.* fonderie.

fondiario *agg.* foncier*.

fondina[1] *s.f.* gaine, étui (*m.*).

fondina[2] *s.f.* (*region.*) assiette creuse.

fondista *s.m.* **1** (*sciatore*) fondeur; (*podista, ciclista*) coureur de fond **2** (*giornalista*) rédacteur d'articles de fond.

fonditore *s.m.* fondeur.

fondo[1] *s.m.* **1** fond || *problema di* —, problème fondamental || *la stanza di, in* —, la chambre du fond || *fondo di bottiglia*, (pietra falsa) bouchon de carafe || *toccare il* —, avoir pied, (*fig.*) toucher le fond || *pozzo senza* —, (*anche fig.*) puits sans fond; *avere uno stomaco senza* —, manger comme quatre || *dar* — *alle proprie energie, al patrimonio*, gaspiller son énergie, sa fortune; *dar* — *a un argomento*, épuiser un sujet || (*pitt.*) *mano di* —, première couche || (*calcio*) *linea di* —, ligne de but **2** (*stradale*) chaussée (*f.*) **3** (*sfondo*) fond **4** (*residuo*) reste, (*deposito*) dépôt; (*feccia*) lie; (*rimanenza*) fonds (*pl.*): *i fondi del vino, dell'aceto*, la lie, le dépôt du vin, du vinaigre; *fondi di magazzino, di bottega*, fonds de magasin || *fondi di caffé*, marc de café **5** (*sport*) fond **6** (*possedimento*) fonds **7** (*somma accantonata*) fonds: *fondi pensione*, fonds de pensions || *a* — *perso*, à fonds perdu □ **a fondo** *locuz.* à fond: *andare a* —, couler; *andare a* — *di una faccenda*, aller jusqu'au bout d'une histoire; *conoscere a* —, connaître parfaitement; □ **in fondo (a)** *locuz.* au fond (de): *in* — *alla stanza*, au fond de la pièce; *in* — *alla strada*, au bout de la rue; *in* — *alle scale*, au bas de l'escalier; *in* — *alla pagina*, au bas de la page; *leggere in* — *all'anima*, lire dans le cœur; *arri-*

vare in — *a un libro*, finir un livre; *in* — *sei tu che ci rimetti*, au fond, c'est toi qui y perds; *in* — *in* —, tout au fond; *fino in* —, jusqu'au bout; *non mi convince fino in* —, cela ne me convainc pas vraiment; *dire la verità fino in* —, dire toute la vérité; *si è bevuto la bottiglia fino in* —, il a bu la bouteille jusqu'à la dernière goutte.

fondo[2] *agg.* creux*; (*profondo*) profond: *piatto* —, assiette creuse; *un pozzo* — *dieci metri*, un puits profond de dix mètres || *è notte fonda*, il fait nuit noire.

fondotinta (pl. *invar.*) *s.m.* fond de teint.

fondovalle (pl. *fondivalle*) *s.m.* fond de la vallée.

fonduta *s.f.* (*cuc.*) fondue.

fonema *s.m.* phonème.

fonetica (pl. *-che*) *s.f.* phonétique.

fonetico (pl. *-ci*) *agg.* phonétique || *-mente* *avv.*

fonico (pl. *-ci*) *agg.* phonique.

fon(o)- *pref.* phon(o)-

fonografico (pl. *-ci*) *agg.* phonographique.

fonografo *s.m.* phonographe.

fonogramma *s.m.* message téléphoné.

fonoisolante *agg.* e *s.m.* isolant phonique.

fonologia *s.f.* phonologie.

fonologico (pl. *-ci*) *agg.* phonologique.

fonoteca (pl. *-che*) *s.f.* phonothèque.

fontana *s.f.* fontaine: — *murale*, fontaine adossée; — *a colonnetta*, borne-fontaine.

fontanella *s.f.* **1** fontaine **2** (*anat.*) fontanelle.

fontanile *s.m.* **1** (*geol.*) source (*f.*) **2** (*abbeveratoio*) abreuvoir.

fonte *s.f.* **1** source (*anche fig.*) ♦ *s.m.*: *il* — *battesimale*, les fonts baptismaux.

fontina *s.f.* fontine.

foraggero *agg.* fourrager*.

foraggiare (*coniug. come* mangiare) *v.tr.* **1** affourager* **2** (*fig.*) subventionner.

foraggio *s.m.* fourrage.

foraneo *agg.* **1** rural* **2** (*mar.*) *molo* —, môle forain.

forare *v.tr.* **1** percer*; (*biglietti*) poinçonner **2** (*pneumatici*) crever* □ **forarsi** *v.pron.* (*di pneumatici*) crever*.

forato *agg.* percé, troué; (*di pneumatico*) crevé || (*mattone*) —, brique creuse.

foratura *s.f.* percement (*m.*), perçage (*m.*); (*di biglietti*) poinçonnage (*m.*); (*di pneumatici*) crevaison.

forbice *s.f.* **1** *pl.* ciseaux (*m.*): — *per unghie, da ricamo, da sarta*, ciseaux à ongles, à broder, de couturière || *lavorare di forbici*, (*fig.*) donner des coups de ciseaux **2** (*fig.*) (*divaricazione*) fourchette **3** *salto a* —, saut en ciseaux.

forbiciata *s.f.* coup de ciseaux.

forbicina *s.f.* (*zool.*) perce-oreille*.

forbire (*coniug. come* finire) *v.tr.* polir.

forbitezza *s.f.* (*rar.*) élégance.

forbito *agg.* élégant, soigné ♦ *avv.*: *parlar* —, parler avec élégance.

forca (pl. *-che*) *s.f.* **1** fourche **2** (*patibolo*) potence, gibet (*m.*): *morire sulla* —, être pendu ||

faccia da —, mine patibulaire || *va' sulla* —*!*, va te faire pendre (ailleurs)! || *far la* — *a qlcu*, (*fam.*) tirer dans les jambes de qqn.

forcella *s.f.* **1** fourche **2** (*anat.*) enfourchure **3** (*per capelli*) épingle à cheveux **4** (*del telefono*) fourche **5** (*valico alpino*) col (*m.*).

forchetta *s.f.* fourchette: — *da pesce, da dolce*, fourchette à poisson, à dessert || (*fig.*): *una buona* —, une bonne fourchette; *parlare in punta di* —, parler avec affectation.

forchettata *s.f.* fourchetée.

forchettone *s.m.* grande fourchette.

forcina *s.f.* épingle à cheveux.

forcipe *s.m.* forceps.

forcone *s.m.* fourche (*f.*).

forcuto *agg.* fourchu: *piede* —, pied fourchu.

forense *agg.* du barreau || *linguaggio* —, langage du Palais.

foresta *s.f.* forêt.

forestale *agg.* forestier*.

forestazione *s.f.* foresterie.

foresteria *s.f.* hôtellerie || (*appartamento*) *uso* —, (appartement) de fonction.

forestierismo *s.m.* (*ling.*) xénisme.

forestiero *agg. e s.m.* étranger*.

forfetariamente *avv.* à forfait.

forfetario *agg.* forfaitaire.

forfora *s.f.* pellicules (*pl.*).

forgia (pl. *-ge*) *s.f.* forge.

forgiare (*coniug. come* mangiare) *v.tr.* forger* (*anche fig.*); (*su stampo*) matricer*.

foriero *agg. e s.m.* porteur* (de).

forma *s.f.* **1** forme || *in* — *benigna*, sous une forme bénigne || *in, sotto* — *di*, sous forme de || *a* — *di*, en forme de || *salvare la* —, sauver les apparences || *pro* —, pour la forme || *nella debita, dovuta* —, en bonne et due forme || *in* — *scritta*, par écrit || *in* — *privata*, (*personale*) à titre privé, (*non ufficiale*) non officiellement; *viaggio in* — *privata*, voyage non officiel; *in* — *solenne*, solennellement || *essere in* (*piena*) —, être en (pleine) forme; *essere giù di, fuori* —, ne pas être en forme || *peso* —, poids idéal **2** (*stampo*) moule (*m.*); (*dei calzolai*) forme □ **pro forma** *avv.* pour la forme, de pure forme ♦ *s.m.* formalité (*f.*).

formaggiera *s.f.* fromagère.

formaggino *s.m.* petit fromage.

formaggio *s.m.* fromage: — *stagionato, fresco*, fromage affiné, frais; — *da spalmare*, fromage à tartiner; *industria del* —, industrie fromagère.

formaldeide *s.f.* (*chim.*) formaldéhyde.

formale *agg.* formel*.

formalina *s.f.* (*chim.*) formaline.

formalismo *s.m.* formalisme.

formalista *s.m.* formaliste.

formalistico (pl. *-ci*) *agg.* formaliste.

formalità *s.f.* formalité.

formalizzare *v.tr.* formaliser □ **formalizzarsi** *v.pron.* se formaliser.

formalizzazione *s.f.* formalisation.

formalmente *avv.* formellement.

formare *v.tr.* **1** former **2** (*metall.*) (*forgiare*)

mouler □ **formarsi** *v.pron.* se former || *questa idea in lui si andò formando con gli anni*, cette idée mûrit en lui avec les années.

formativo *agg.* formatif*.

formato *agg.* **1** formé (de): *una giuria formata da molte personalità*, un jury formé de nombreuses personnalités **2** (*modellato*) fait, formé: *fisico ben* —, physique bien fait **3** (*sviluppato*) défini: *personalità non ancora formata*, personnalité pas encore définie ♦ *s.m.* format: *libro* — *tascabile*, livre de poche; *foto* — *tessera*, photomaton.

formattare *v.tr.* (*inform.*) formater.

formattazione *s.f.* (*inform.*) formatage (*m.*).

formatura *s.f.* **1** (*fonderia*) moulage (*m.*) **2** (*mecc.*) façonnage (*m.*), usinage (*m.*).

formazione *s.f.* formation: — *professionale*, formation professionnelle.

formella *s.f.* **1** (*per pavimenti*) carreau* (*m.*); (*di soffitto*) caisson (*m.*) **2** (*riquadro decorato o scolpito*) panneau* (*m.*).

formica (pl. *-che*) *s.f.* fourmi || *mangiare come una* —, avoir un appétit d'oiseau || *a passi di* —, à petits pas.

formicaio *s.m.* fourmillière (*f.*).

formicaleone *s.m.* fourmi-lion*, fourmilion.

formichiere *s.m.* fourmilier.

formico (pl. *-ci*) *agg.* (*chim.*) formique.

formicolare *v.intr.* fourmiller.

formicolio *s.m.* fourmillement.

formidabile *agg.* formidable.

formina *s.f.* moule (*m.*): *giocare con le formine sulla spiaggia*, jouer à faire des pâtés (de sable) sur la plage.

formoso *agg.* plantureux*; (*fam.*) bien roulé.

formula *s.f.* formule (*anche fig.*) || *assolvere con* — *piena*, acquitter || (*aut.*) *vetture di* — *1*, voitures de formule 1.

formulare *v.tr.* formuler.

formulario *s.m.* formulaire.

formulazione *s.f.* formulation.

fornace *s.f.* **1** four (*m.*) **2** (*fabbrica*) (*di tegole*) tuilerie; (*di mattoni*) briqueterie **3** (*fig.*) fournaise.

fornaio *s.m.* boulanger*.

fornello *s.m.* **1** réchaud: — *a spirito*, réchaud à alcool || (*mil.*) — *da campo*, fourneau || (*chim.*) — *da laboratorio*, four de laboratoire **2** (*della pipa*) fourneau **3** (*tecn. miner.*) cheminée (*f.*).

fornicare (*coniug. come* mancare) *v.intr.* forniquer.

fornicazione *s.f.* fornication.

fornice *s.m.* (*arch.*) arcade (*f.*).

fornire (*coniug. come* finire) *v.tr.* fournir; (*rifornire*) approvisionner || — *qlcu di denaro*, munir qqn d'argent || — *una casa di mobili*, meubler une maison.

fornito *agg.* fourni || *uomo* — *di senso pratico*, homme pourvu de sens pratique.

fornitore (f. *-trice*) *s.m.* fournisseur.

fornitura *s.f.* **1** fourniture; (*provvista, scorta*) approvisionnement (*m.*) **2** (*ordinazione*) commande.

forno *s.m.* **1** four: — *a microonde*, four à micro-ondes || *una bocca che pare un* —, une bouche fendue jusqu'aux oreilles || *par d'essere in un* —, c'est une fournaise **2** (*bottega del fornaio*) boulangerie (*f.*).

foro[1] *s.m.* trou.

foro[2] *s.m.* **1** (*st.*) forum **2** (*tribunale*) tribunal*; (*collegio degli avvocati*) barreau* || — *competente*, tribunal compétent || *un principe del* —, un as du barreau.

forra *s.f.* (*geol.*) ravin (*m.*).

forse *avv.* **1** peut-être: — *vi disturbo?*, je vous dérange peut-être?; — *non è molto intelligente, ma...*, il n'est peut-être pas très intelligent, mais...; — *ha dimenticato l'appuntamento*, peut-être qu'il a oublié son rendez-vous; — *ti sembrerà strano*, cela peut te paraître étrange || — (*che*) *sì*, — (*che*) *no*, peut-être bien que oui, que non **2** (*circa*) (+ *un numerale*) environ: *erano* — *le sette*, il était environ sept heures; *erano* — *dieci*, ils devaient être une dizaine || *avrà* — *cinquant'anni*, il doit avoir cinquante ans **3** (*con uso enfatico o retorico o rafforzativo*): *non siamo* — *amici?*, — *che non siamo amici?*, ne sommes-nous donc pas amis?; — *che non lo sapevi?*, tu ne le savais donc pas?; *avresti* — *paura?*, aurais-tu peur, par hasard?; *credi* — *che non mi dispiaccia?*, et tu crois que je ne le regrette pas?; *è* — *questo il modo di rispondere?*, c'est (là) une façon de répondre?; *avrò venti giorni di ferie*, — — *un mese*, j'aurai vingt jours de congé, peut-être même un mois; *e se,* —, *avesse ragione lui?*, et si, par hasard, il avait raison? ♦ *s.m.invar.*: *in* —, (*in sospeso*) en suspens || *essere in* —, (*non sapere se*) ne pas savoir si...; (*chiedersi se*) se demander si... || *rimanere in* —, rester dans le doute || *mettere in* —, mettre en doute || *mettere in* — *la propria vita*, (*rischiare*) risquer sa vie; *la sua vita è in* —, (*in pericolo*) sa vie est en danger || *non capisco proprio tutti i tuoi* —, je ne comprends vraiment pas toutes tes hésitations || *senza* —, (*sicuramente*) sûrement; (*senz'altro*) sans faute; (*senza dubbio*) sans aucun doute.

forsennatamente *avv.* furieusement, comme un fou.

forsennato *agg.* e *s.m.* forcené.

forsizia *s.f.* (*bot.*) forsythia (*m.*).

forte *agg.* fort (*anche fig.*) || *una* — *costituzione*, une robuste constitution || *farsi* — *di qlco*, se faire fort de qqch || *dar man* — *a qlcu*, prêter main forte à qqn || *parole forti*, de grands mots || *un* — *partito politico*, un parti politique puissant || *un colpo* —, un coup violent || *un* — *raffreddore*, un gros rhume || *vento* —, vent violent; *un* — *acquazzone*, une forte averse || *un* — *rumore*, un grand bruit || *una* — *spesa, somma*, une grosse dépense, somme || *gravano su di lui forti sospetti*, de graves soupçons pèsent sur lui; *ci sono forti motivi di credere che...*, il y a de fortes raisons de croire que...; *fare una* — *impressione*, faire une grande impression || — *bevitore, fumatore*, grand buveur, fumeur || *un* — *giocatore di scacchi*, un excellent joueur d'échecs || *cibi forti*, mets épicés; *caffè* —, café fort ♦ *s.m.* fort: *il suo* — *è il latino*, son fort, c'est le latin ♦ *avv.* **1** fort || *giocare* —, jouer gros **2** (*velocemente*) vite **3** (*assai*) fort || *piove* —, il pleut beaucoup || (*fam.*): *era arrabbiato* —!, il était fou de rage! *sei ignorante* —!, tu es d'une ignorance crasse!

fortemente *avv.* fortement.

fortezza *s.f.* **1** forteresse **2** (*fig.*) (*forza morale*) force.

fortificare (*coniug. come* mancare) *v.tr.* fortifier.

fortificazione *s.f.* fortification.

fortilizio *s.m.* fortin.

fortino *s.m.* (*mil.*) fortin.

fortuito *agg.* fortuit || -*mente* *avv.*

fortuna *s.f.* fortune; (*spec. buona*) chance: *rovescio di* —, revers de fortune; *colpo di* —, coup de chance; *avere* —, avoir de la chance; *tentare la* —, tenter sa chance; *fare* —, faire fortune || *il suo tentativo ebbe* —, sa tentative fut couronnée de succès || *portare* —, porter bonheur || *leggere la* —, dire la bonne aventure || *atterraggio di* —, atterrissage de fortune.

fortunale *s.m.* tempête (*f.*).

fortunatamente *avv.* heureusement.

fortunato *agg.* **1** chanceux*, heureux*: *puoi dirti* — *che...*, tu peux t'estimer heureux que...; — *te!*, tu en a de la chance! || *fortunatissimo di conoscerla!*, enchanté de faire votre connaissance! **2** (*che porta fortuna*) heureux*: *per un caso* —, par un heureux hasard **3** (*coronato da successo*) couronné de succès || *è stato un affare* —, cela a été une bonne affaire.

fortunosamente *avv.* (*avventurosamente*) aventureusement; (*fortuitamente*) fortuitement.

fortunoso *agg.* (*avventuroso*) aventureux*; (*fortuito*) fortuit.

foruncolo *s.m.* furoncle; bouton.

foruncolosi *s.f.* furoncolose.

forza *s.f.* force: *allo stremo delle forze*, à bout de forces; *rimettersi in forze*, reprendre des forces; *fare* — *sui remi*, faire force de rames || *avere* — *di volontà*, avoir de la volonté || *atto di* —, coup de force || *si fece* — *per non parlarne*, il s'imposa de ne pas en parler || *far* —, *dar* — *a*, donner du courage à; *cerca di farti* —, il faut que tu tâches d'être courageux || *con tutte le proprie forze*, de toutes ses forces || *gridavano "Forza!"*, ils criaient "Vas-y!" || *bella* —!, (*iron.*) rien d'étonnant! || *per* — *di cose*, par la force des choses || *caso di* — *maggiore*, cas de force majeure; *per causa di* — *maggiore*, par suite d'un événement indépendant de ma, ta, etc. volonté || (*mil.*): *forze di mare, di terra*, armée de mer, de terre; *Forze Armate*, Forces Armées || — *lavoro*, capacité de travail || (*mil.*): — *organica*, effectif de combat; — *d'urto*, force de frappe □ **per forza** *locuz.avv.*: *doveva per* — *obbedire*, il devait forcément obéir; *ha dovuto per* — *cedere*, il lui a bien fallu céder; *sono dovuto partire per* — —, j'ai été obligé de partir;

ha voluto per — regalarcelo, il a tenu absolument à nous en faire cadeau; *studiare per —*, être forcé d'étudier; *mangiare per —*, manger à contrecœur □ **a tutta forza** *locuz.avv.* de toutes ses forces □ **di forza** *locuz.avv.* de force □ **a (viva) forza** *locuz.avv.* de (vive) force □ **a forza di** *locuz.prep.* à force de; *farsi strada a — di gomiti*, se frayer un chemin en jouant des coudes □ **in forza di** *locuz.prep.* sur la base de; *in — della sua autorità*, en vertu de son autorité.

forzare *v.tr. e intr.* forcer* || *(fig.)*: — *la consegna*, forcer la consigne; — *la mano a qlcu*, forcer la main à qqn.

forzatamente *avv.* **1** *(in modo innaturale)* d'une manière forcée **2** *(per forza)*: *dovetti partire —*, je fus obligé de partir.

forzato *agg.* forcé: *lavori forzati*, travaux forcés ♦ *s.m.* forçat.

forzatura *s.f.* exagération.

forziere *s.m.* caisse *(f.)*; *(cassaforte)* coffre-fort*.

forzoso *agg.* forcé.

forzuto *agg.* costaud.

foschia *s.f.* brume.

fosco (pl. *-chi*) *agg.* *(tenebroso)* ténébreux*; *(di cielo, di tempo)* gris; *(scuro, tetro)* sombre *(anche fig.)* || *situazione a tinte fosche, (fig.)* situation en noir.

fosfato *s.m.* *(chim.)* phosphate.

fosf(o)- *pref.* phosph(o)-

fosforescente *agg.* phosphorescent.

fosforescenza *s.f.* phosphorescence.

fosforico (pl. *-ci*) *agg.* *(chim.)* phosphorique.

fosforo *s.m.* *(chim.)* phosphore.

fossa *s.f.* fosse || — *biologica, settica*, fosse septique || *(geol.)* *fosse oceaniche*, fosses océaniques; — *tettonica*, fossé tectonique || *(fig.)*: *avere un piede nella —*, avoir un pied dans la tombe; *portare qlcu alla —*, conduire qqn au tombeau; *scavarsi la — con le proprie mani*, creuser sa propre tombe.

fossato *s.m.* fossé.

fossetta *s.f.* fossette.

fossile *agg. e s.m.* fossile *(anche fig.)*.

fossilizzarsi *v.pron.* se fossiliser *(anche fig.)*.

fossilizzazione *s.f.* fossilisation.

fosso *s.m.* fossé || *saltare il —, (fig.)* franchir, sauter le pas.

foto *s.f.* photo.

foto- *pref.* photo-

fotocellula *s.f.* cellule photo-électrique*, cellule photo.

fotocompositore (f. *-trice) s.m.* *(tip.)* photocomposeur*.

fotocompositrice *s.f.* *(tip.)* photocomposeuse.

fotocomposizione *s.f.* photocomposition.

fotocopia *s.f.* photocopie.

fotocopiare *v.tr.* photocopier.

fotocopiatrice *s.f.* photocopieur *(m.)*, photocopieuse.

fotocromatico (pl. *-ci*) *agg.* photochromique.

fotocronaca (pl. *-che) s.f.* photoreportage* *(m.)*.

fotoelettrico (pl. *-ci*) *agg.* photoélectrique.

fotogenesi *s.f.* photogenèse.

fotogenico (pl. *-ci*) *agg.* photogénique.

fotografare *v.tr.* photographier.

fotografia *s.f.* photographie: *darsi alla —*, faire de la photographie; *farsi fare una —*, se faire photographier.

fotografico (pl. *-ci*) *agg.* photographique || *macchina fotografica*, appareil de photos || *studio —*, studio de photographe || *-mente avv.*

fotografo *s.m.* photographe.

fotogramma *s.m.* photogramme.

fotoincisione *s.f.* photogravure.

fotoincisore *s.m.* photograveur.

fotokit *s.m.* photo-robot* *(f.)*.

fotolito *s.m.* *(chim.)* photolyte.

fotomeccanica *s.f.* *(tip.)* photomécanique.

fotomodella *s.f.* mannequin.

fotomontaggio *s.m.* photomontage.

fotone *s.m.* *(fis.)* photon.

fotoreporter *s.m.* reporter-photographe*.

fotoromanzo *s.m.* photo-roman*, roman-photo*.

fotosafari *s.m.* safari photographique.

fotosensibile *agg.* photosensible.

fotosfera *s.f.* *(astr.)* photosphère.

fotosintesi *s.f.* photosynthèse.

fotostatico (pl. *-ci*) *agg.* photocopié: *copia fotostatica*, photocopie.

fototipia *s.f.* phototypie.

fototipista *s.m.* phototypeur.

fottere *v.tr.* *(volg.)* **1** *(avere rapporti sessuali)* baiser || *va' a farti —*, va te faire foutre **2** *(imbrogliare)* avoir*; *mi hanno fottuto*, ils m'ont eu || *mi hanno fottuto il portafoglio*, on m'a piqué mon portefeuille □ **fottersi** *v.pron.* *(volg.)* s'en foutre*.

fra¹ *prep.* **1** parmi; *(in mezzo a)* au milieu de: *c'è un medico — voi?*, y a-t-il un médecin parmi vous?; *arrivare — i primi*, arriver parmi, dans les premiers; *scomparve — la folla*, il disparut parmi, dans la foule; — *difficoltà d'ogni genere*, au milieu des difficultés de toute(s) sorte(s) || *cercava — i rifiuti*, il cherchait dans les ordures || — *tante preoccupazioni non ci mancava che questa*, avec tous ces soucis, il ne manquait plus que ça || — *tutti i suoi libri, quello che preferisco...*, de tous ses livres, celui que je préfère... || *sei qui — amici*, tu es (là) entouré d'amis || *mi disse — le lacrime*, elle me dit tout en larmes **2** *(tra due termini o per esprimere relazione, reciprocità)* entre: — *la vita e la morte*, entre la vie et la mort; *discutere — amici*, discuter entre amis; — *(di) noi*, — *(di) loro*, — *loro due*, entre nous, entre eux (deux); *avrà — i 40 e i 50 anni*, il doit avoir entre 40 et 50 ans; *la pace — le nazioni*, la paix entre les nations || — *libri e riviste spende un patrimonio*, entre les livres et les revues, il dépense une fortune; — *un discorso e l'altro*, entre un propos et l'autre || *spenderò — le venti e le trentamila lire*, je dépenserai de vingt à trente mille lires || *sorriso — l'ironico e il divertito*, sourire mi-affectueux, mi-ironique || *i* *giovani* — *i venti e i trent'anni*, les jeunes de vingt à trente ans **3** (*nel senso di* di qui a *nel tempo e nello spazio*) dans: — *un mese, un anno*, dans un mois, un an; — *quanto tempo*, — *quanti chilometri saremo a Roma?*, dans combien de temps, dans combien de kilomètres serons-nous à Rome? || — *200 metri c'è il mare*, la mer est à 200 mètre d'ici || — *oggi e domani*, d'ici à demain **4** (*partitivo*) d'entre: *uno, due* — (*di*) *noi*, l'un, deux d'entre nous **5** (*per indicare la somma di più persone o cose*) à: — *tutti riusciremo a convincerlo*, à nous tous, nous arriverons à le convaincre; — *tutti e due non sono stati capaci di...*, à eux deux, ils n'ont pas été capables de...

fra² *s.m.* frère.

frac *s.m.* frac.

fracassare *v.tr.* fracasser: — *con un pugno*, fracasser d'un coup de poing; — *le ossa a qlcu*, rompre les os à qqn □ **fracassarsi** *v.pron.* se fracasser.

fracasso *s.m.* vacarme; fracas: *far* —, (*fig.*) faire grand bruit.

fradicio *agg.* **1** (*marcio*) pourri (*anche fig.*) **2** (*inzuppato*) trempé: *bagnato* —, trempé jusqu'aux os; *sudato* —, trempé de sueur || *ubriaco* —, ivre mort.

fragile *agg.* fragile; (*gracile*) frêle.

fragilità *s.f.* fragilité.

fragola *s.f.* **1** (*pianta*) fraisier (*m.*) **2** (*frutto*) fraise.

fragore *s.m.* fracas.

fragoroso *agg.* bruyant || **-mente** *avv.*

fragrante *agg.* parfumé.

fragranza *s.f.* parfum (*m.*).

fraintendere (*coniug. come* prendere) *v.tr.* se méprendre* (sur); (*capire male*) comprendre* mal.

fraintendimento *s.m.* méprise (*f.*).

frainteso *agg.* mal compris.

frammentare *v.tr.* fragmenter.

frammentario *agg.* **1** fragmentaire: *opera frammentaria*, œuvre à l'état fragmentaire **2** (*disorganico*) décousu.

frammentazione *s.f.* fragmentation.

frammento *s.m.* morceau*; fragment.

frammettere (*coniug. come* mettere) *v.tr.* inter-poser □ **frammettersi** *v.pron.* **1** s'interposer **2** (*interferire*) se mêler (de).

frammischiare *v.tr.* mêler, entremêler; (*persone*) mélanger*.

frammisto *agg.* mélangé (avec); (*di persone*) mêlé (à).

frana *s.f.* **1** éboulement (*m.*); (*materiale caduto*) éboulis (*m.*) || *sei una* —!, (*fam.*) tu es un désastre! **2** (*caduta*) chute (*anche fig.*).

franare *v.intr.* **1** s'ébouler **2** (*crollare*) s'effondrer.

francamente *avv.* franchement.

francescano *agg.* e *s.m.* franciscain.

francese *agg.* e *s.m.* français || *la Svizzera* —, la Suisse romande.

francesismo *s.m.* gallicisme.

francesizzare *v.tr.* franciser.

franchezza *s.f.* **1** franchise **2** (*disinvoltura*) aisance.

franchigia (pl. -ge o -gie) *s.f.* **1** franchise **2** (*mar.*) quartier libre.

franchismo *s.m.* (*st.*) franquisme.

franchista *agg.* e *s.m.* (*st.*) franquiste.

franco¹ (pl. -chi) *agg.* **1** (*esente da dazi*) franc*; (*esente da spese di trasporto*) franco: *porto* —, port franc; *città franca*, ville franches; — *di porto*, franco (de port); — *bordo*, franco-bord; — *banchina*, franco sur quai || — *tiratore*, franc-tireur || *farla franca*, (*fam.*) se tirer d'affaire **2** (*leale*) franc*; (*sincero*) sincère **3** (*fig.*) (*disinvolto*) dégagé; (*sicuro*) assuré.

franco² *s.m.* (*moneta*) franc.

franco³ *agg.* **1** (*st.*) franc* **2** *lingua franca*, (*parlata un tempo nei porti del Mediterraneo*) langue franque ♦ *s.m.* (*st.*) Franc.

franco- *pref.* franco-

francobollo *s.m.* timbre-poste*, timbre.

francofilia *s.f.* francophilie.

francofilo *agg.* e *s.m.* francophile.

francofobo *agg.* e *s.m.* francophobe.

francofonia *s.f.* francophonie.

francofono *agg.* e *s.m.* francophone.

frangente *s.m.* **1** (*dove l'onda si frange*) brisant **2** (*onda*) lame (déferlant contre un écueil etc.) **3** (*fig.*) occurrence (*f.*); (*situazione*) situation (*f.*);

FRANCOFONIA

Oltre alla Francia, sono numerosi i paesi in cui si parla il francese come lingua madre (il Belgio vallone, la Svizzera romanda, lo stato canadese del Québec) oppure come lingua ufficiale o di scambio (nelle ex-colonie francesi e belghe e nei dipartimenti francesi d'oltremare) accanto agli idiomi locali.

Il francese dei diversi paesi francofoni presenta varietà lessicali, grammaticali e di pronuncia che esprimono culture, vicende storiche e sensibilità differenti:

voiture	in Canada:	char
au revoir	in Canada:	bonjour
déjeuner	in Belgio:	dîner
lycée	in Svizzera:	gymnase
allumette	in Africa:	bûchette
appeler	nelle Antille:	crier

frego

frattanto *avv.* en attendant; (*nel frattempo*) entre-temps.

(caso) cas: *in un brutto* —, dans une situation difficile || *in quel* —, en cette occurrence.

frangere (*coniug. come* piangere) *v.tr.* briser; (*schiacciare*) pressurer □ **frangersi** *v.pron.* se briser.

frangetta *s.f.* petite frange.

frangia (pl. -ge) *s.f.* 1 frange (*anche fig.*) || *discorso con molte frange*, discours fleuri 2 (*fascia costiera*) littoral* (*m.*).

frangiflutti (pl. *invar.*) *agg. e s.m.* brise-lames*.

frangivento (pl. *invar.*) *s.m.* brise-vent*.

franoso *agg.* ébouleux*.

frantoio *s.m.* 1 (*macchina*) broyeur; (*per olive*) pressoir à huile 2 (*luogo*) pressoir.

frantumare *v.tr.* 1 broyer* 2 (*fig.*) briser □ **frantumarsi** *v.pron.* se briser.

frantumazione *s.f.* broyage (*m.*).

frantume *s.m.* (*spec.pl.*) débris: *andare in frantumi*, voler en éclats; *ridurre in frantumi*, réduire en miettes.

frappa *s.f.* (*cucito*) volant festonné.

frappé *s.m.* (*frullato di latte*) milk-shake*.

frapporre (*coniug. come* porre) *v.tr.* interposer (*anche fig.*) □ **frapporsi** *v.pron.* s'interposer.

frapposto *agg.* interposé.

frasario *s.m.* langage; (*gergo*) jargon.

frasca (pl. -che) *s.f.* branche, branchage (*m.*) || *saltare di palo in* —, (*fig.*) faire des coqs-à-l'âne.

frase *s.f.* phrase || — *di circostanza*, paroles de circonstance || — *fatta*, phrase toute faite; cliché || — *musicale*, phrase musicale.

fraseggiare (*coniug. come* mangiare) *v.intr.* 1 tourner des phrases 2 (*mus.*) phraser.

fraseggio *s.m.* 1 tournure des phrases 2 (*mus.*) phrasé.

fraseologia *s.f.* phraséologie.

fraseologico (pl. -ci) *agg.* phraséologique.

frassino *s.m.* (*bot.*) frêne.

frastagliare *v.tr.* découper □ **frastagliarsi** *v. pron.* être* découpé.

frastagliato *agg.* découpé; (*bot.*) dentelé.

frastornare *v.tr.* étourdir.

frastornato *agg.* étourdi; (*scombussolato*) retourné; (*disorientato*) déconcerté.

frastuono *s.m.* vacarme.

frate *s.m.* frère; (*estens.*) moine: *frati minori, predicatori*, frères mineurs, prêcheurs; — *laico*, frère lai; *farsi* —, se faire moine || — *Cristoforo*, frère Christophe.

fratellanza *s.f.* fraternité (*anche fig.*).

fratellastro *s.m.* demi-frère*.

fratellino *s.m.* petit frère.

fratello *s.m.* frère.

fraternità *s.f.* fraternité.

fraternizzare *v.intr.* fraterniser.

fraterno *agg.* fraternel* || -**mente** *avv.*

fratesco (pl. -chi) *agg.* de(s) moine(s).

fratricida *agg. e s.m.* fratricide.

fratricidio *s.m.* fratricide.

fratta *s.f.* fourré (*m.*).

frattaglie *s.f.pl.* (*cuc.*) abats (*m.*).

frattempo *s.m.*: *nel* —, entre-temps; *in quel, questo* —, sur ces entrefaites, à ce moment.

fratto *agg.* (*mat.*): *numero* —, nombre fractionnaire || *A* — *B*, A sur B.

frattura *s.f.* 1 fracture 2 (*fig.*) rupture, cassure: *c'è stata una* —, ils ont rompu.

fratturare *v.tr.* fracturer.

fraudolento *agg.* frauduleux* || -**mente** *avv.*

frazionamento *s.m.* fractionnement; (*divisione*) division (*f.*).

frazionare *v.tr.* fractionner: — *una proprietà*, diviser, morceler une propriété.

frazionario *agg.* fractionnaire.

frazionato *agg.* fractionné; (*diviso*) divisé.

frazione *s.f.* 1 fraction: (*mat.*) — *decimale*, fraction décimale || (*sport*) *correre una* —, courir un relais || (*inform.*) — *di programma*, segment 2 (*gruppo di case*) *hameau* (*m.*).

frazionistico (pl. -ci) *agg.* fractionnel*.

freatico (pl. -ci) *agg.* (*geol.*) phréatique.

freccia (pl. -ce) *s.f.* 1 flèche || (*aut.*) — *di direzione*, clignotant 2 (*fig.*) pointe, flèche.

frecciata *s.f.* 1 flèche 2 (*fig.*) pointe.

freddamente *avv.* froidement, avec froideur; (*con sangue freddo*) avec sang froid.

freddare *v.tr.* 1 refroidir (*anche fig.*) || *mi ha freddato con una battuta*, sa réflexion m'a sidéré 2 (*uccidere*) foudroyer* □ **freddarsi** *v.pron.* (se) refroidir (*anche fig.*).

freddezza *s.f.* 1 froideur (*anche fig.*) 2 (*sangue freddo*) sang-froid* (*m.*).

freddo *agg.* froid (*anche fig.*): *doccia fredda*, (*anche fig.*) douche froide; *uomo dai modi freddi*, homme très distant; *arredamento* —, ameublement sans âme; *a mente fredda*, froidement ◆ *s.m.* froid: *avere, sentire* —, avoir froid; *un* — *cane, birbone*, un froid de canard || *mi viene* — *solo a pensarci*, cela me donne froid, j'ai la chair de poule rien que d'y penser || *non mi fa né caldo né* —, cela ne me fait ni chaud ni froid || *a* —, (*anche fig.*) à froid; *l'ha ucciso a* —, il l'a tué de sang-froid ◆ *avv.* froid: *servire* —, servir froid.

freddoloso *agg.* frileux* || -**mente** *avv.*

freddura *s.f.* trait d'esprit, boutade.

freezer *s.m.* freezer, congélateur.

fregare (*coniug. come* legare) *v.tr.* 1 frotter: *fregarsi gli occhi*, se frotter les yeux 2 (*fam.*) (*ingannare*) rouler; (*rubare*) chiper, faucher: *mi hanno fregato la bicicletta*, on a chipé mon vélo □ **fregarsene** *v.pron.* (*fam.*) s'en foutre*; s'en ficher.

fregata *s.f.* (mar., *zool.*) frégate.

fregatura *s.f.* (*fam.*) *dare una* — *a qlcu*, rouler qqn; *ho preso una* —, on m'a roulé; *questa stoffa è una* —!, cette étoffe, c'est du vol!

fregiare (*coniug. come* mangiare) *v.tr.* décorer, orner (*anche fig.*) □ **fregiarsi** *v.pron.* se décorer.

fregio *s.m.* 1 (*arch.*) frise (*f.*) 2 (*decorazione*) décoration (*f.*); (*ornamento*) ornement.

frego (pl. -ghi) *s.m.* 1 trait 2 (*fam.*) *un* — *di*, des tonnes de, un tas de.

fregola *s.f.* **1** chaleur; (*di mammiferi*) rut (*m.*); (*di pesci*) frai (*m.*) **2** (*fig. fam.*) caprice, fantaisie.

freisa *s.m.* freisa (vin rouge italien).

fremente *agg.* frémissant.

fremere *v.intr.* frémir; (*rabbrividire*) frissonner; (*di impazienza*) trépigner || *freme dal desiderio di partire*, il brûle de partir; *dentro di me fremevo di rabbia*, je bouillais.

fremito *s.m.* frémissement; (*brivido*) frisson.

frenaggio *s.m.* freinage.

frenare *v.tr.* e *intr.* freiner (*anche fig.*) □ **frenarsi** *v.pron.* (*controllarsi*) se contrôler, se maîtriser; (*trattenersi*) se retenir*.

frenastenia *s.f.* (*psic.*) phrénasthénie.

frenata *s.f.* coup de frein; (*frenatura*) freinage (*m.*).

frenatura *s.f.* freinage (*m.*).

frenesia *s.f.* frénésie.

frenetico (pl. *-ci*) *agg.* frénétique || *-mente avv.*

freno *s.m.* frein (*anche fig.*) || (*fig.*): *stringere i freni*, serrer la vis; *tenere a — qlcu*, tenir qqn en bride; *tenere a — la collera*, refréner sa colère; *tenere a — la lingua*, tenir sa langue || *senza —*, sans limites.

frenologia *s.f.* phrénologie.

frenulo *s.m.* (*anat.*) filet.

frequentare *v.tr.* **1** fréquenter: *— cattive compagnie*, avoir de mauvaises fréquentations **2** (*seguire regolarmente*) suivre* || *— la terza elementare*, être en dixième □ **frequentarsi** *v.pron.* se fréquenter.

frequentato *agg.* fréquenté || *corso molto —*, cours très suivi.

frequentatore (f. *-trice*) *s.m.*: *è un — abituale del club*, c'est un habitué du club; *è un assiduo — dei locali notturni*, il court les boîtes de nuit; *i frequentatori abituali della biblioteca sono studenti*, la bibliothèque est surtout fréquentée par des étudiants.

frequentazione *s.f.* fréquentation.

frequente *agg.* fréquent || *di —*, fréquemment, souvent.

frequentemente *avv.* fréquemment, souvent.

frequenza *s.f.* **1** fréquence || *con —*, fréquemment, souvent **2** (*il frequentare*) assistance: *la — alle lezioni è obbligatoria*, l'assiduité (aux cours) est obligatoire.

fresa *s.f.* (*mecc.*) fraise.

fresare *v.tr.* (*mecc.*) fraiser.

fresatrice *s.f.* (*mecc.*) fraiseuse.

fresatura *s.f.* (*mecc.*) fraisage (*m.*).

freschezza *s.f.* fraîcheur.

fresco (pl. *-chi*) *agg.* frais* (*anche fig.*): *uova fresche*, œufs frais, du jour || *egli è — di studi*, il vient de terminer ses études || *— di stampa*, fraîchement imprimé; *— di bucato*, fraîchement lavé; *rasato di —*, frais rasé || (*fam.*): *adesso sto —!*, me voilà frais!; *stai — se pensi che ti aiuterò*, tu peux toujours courir si tu penses que je t'aiderai ♦ *s.m.* **1** frais; (*frescura*) fraîcheur (*f.*): *mettere in —*, mettre au frais; *tenere in —*, réserver au frais ||

(*fig. iron.*) *andare al —*, aller en tôle **2** *dipingere a —*, peindre à fresque.

frescura *s.f.* fraîcheur.

fresia *s.f.* (*bot.*) freesia.

fretta *s.f.* *hâte: aver molta —*, être très pressé; *non ha mai —*, il n'est jamais pressé; *nella — di uscire ho dimenticato gli occhiali*, dans ma grande hâte j'ai oublié mes lunettes; *non c'è —!*, rien ne presse!; *fare — a qlcu*, presser qqn || *in —*, à la hâte; (*velocemente*) vite: *in — e furia, in tutta —*, à toute allure, en toute hâte; *farei più in — a ricominciare tutto*, j'aurais plus vite fait de tout recommencer; *fate in —!*, dépêchez-vous.

frettolosamente *avv.* *hâtivement, à la *hâte.

frettoloso *agg.* **1** pressé **2** (*fatto in fretta*) *hâtif* || *fare un saluto —*, saluer à la va-vite.

freudiano *agg.* freudien*.

friabile *agg.* friable.

friabilità *s.f.* friabilité.

fricassea *s.f.* (*cuc.*) fricassée.

fricativo *agg.* (*fon.*) fricatif*: (*consonante*) *fricativa*, (consonne) fricative.

friggere (*coniug. come* affliggere) *v.tr.* (faire*) frire: *— in padella*, (faire) frire dans la poêle || *va a farti —*, (*fam.*) va te faire pendre ♦ *v.intr.* **1** frire* **2** (*sfrigolare*) grésiller **3** (*fig.*) (*fremere*) frémir, trépigner.

friggitoria *s.f.* friterie.

friggitrice *s.f.* (*macchina*) friteuse.

frigidità *s.f.* frigidité.

frigido *agg.* frigide.

frigio *agg.* e *s.m.* phrygien*.

frignare *v.intr.* pleurnicher.

frignone *s.m.* pleurnicheur*.

frigo *s.m.* (*fam.*) frigo.

frigobar (pl. *invar.*) *s.m.* minibar.

frigorifero *agg.* frigorifique || *gruppo —*, groupe réfrigérant || *cella frigorifera*, chambre frigorifique ♦ *s.m.* réfrigérateur.

fringuello *s.m.* (*zool.*) pinson.

frinire (*coniug. come* finire) *v.intr.* (*delle cicale*) striduler.

frisona *s.f.* (*zootecn.*) frisonne.

frittata *s.f.* omelette || *fare una —*, (*scherz.*) (*rompere qlco*) faire de la casse, (*fig.*) (*combinare un guaio*) faire une bêtise; *rivoltare la —*, (*fig.*) changer les données du jeu.

frittella *s.f.* **1** beignet (*m.*) **2** (*fam.*) (*macchia d'unto*) tache de graisse.

fritto *agg.* frit || (*fig.*): *sono bell'e —*, je suis frit; *è una cosa fritta e rifritta*, c'est une vieille histoire; *è solo aria fritta*, ce sont des paroles en l'air ♦ *s.m.* friture (*f.*): *— misto*, friture variée à l'italienne.

frittura *s.f.* friture.

friulano *agg.* e *s.m.* frioulan.

frivolezza *s.f.* frivolité; (*futilità*) futilité.

frivolo *agg.* frivole.

frizionare *v.tr.* frictionner.

frizione *s.f.* **1** friction (*anche fig.*) **2** (*mecc.*) friction **3** (*aut.*) embrayage (*m.*): *disinnestare, innestare la —*, débrayer, embrayer.

frutta

frizzante *agg.* 1 (*di aria*) piquant, vif* 2 (*di bevande*) pétillant; (*di vino*) mousseux* 3 (*fig.*) (*vivace*) vif*.

frizzare *v.intr.* 1 piquer 2 (*essere effervescente*) pétiller; (*di vino*) mousser.

frizzo *s.m.* bon mot, mot d'esprit; (*molto pungente*) pointe (*f.*).

frocio *s.m.* (*volg.*) pédé.

frodare *v.tr.* frauder.

frodatore (f. *-trice*) *s.m.* fraudeur*.

frode *s.f.* fraude.

frodo *s.m.* fraude (*f.*); (*contrabbando*) contrebande: *pescare di* —, pêcher en fraude, braconner; *cacciatore, pescatore di* —, braconnier.

frogia (pl. *-ge* o *-gie*) *s.f.* naseau* (*m.*).

frollare *v.tr.* (*cuc.*) mortifier; (*la selvaggina*) faire* faisander ♦ *v.intr.* **frollarsi** *v.pron.* (*cuc.*) s'attendrir; (*di selvaggina*) se faisander.

frollino *s.m.* biscuit à pâte brisée.

frollo *agg.* (*cuc.*) 1 mortifié; (*di selvaggina*) faisandé 2 *pasta frolla* → pastafrolla.

fronda¹ *s.f.* 1 branche; *pl.* (*fogliame*) feuillage (*m.sing.*) 2 (*fig.*) (*ornamenti*) ornements (*m.*); (*a motivo floreale*) ramage (*m.*).

fronda² *s.f.* (*opposizione*) fronde.

frondista *s.m.* frondeur*.

frondoso *agg.* 1 feuillu 2 (*di stile ecc.*) fleuri, chargé.

frontale *agg.* 1 frontal* 2 (*di fronte*) de front ♦ *s.m.* devant; (*di chiesa*) façade (*f.*); (*del caminetto*) cheminée (*f.*).

frontaliere *s.m.* frontalier*.

frontalmente *avv.* de front.

fronte *s.f.* 1 front (*m.*): *in* —, sur le front; *corrugare la* —, froncer les sourcils; *battersi la* —, se frapper le front; *la fortuna l'ha baciato in* —, la fortune l'a favorisé || *ti si legge in* —, ça se voit sur ta figure || *traduzione con testo a* —, traduction avec texte en regard; *mettere a* —, mettre en comparaison; *stare a* — *con qlcu*, soutenir la comparaison avec qqn 2 (*parte anteriore, iniziale di qlco*) front (*m.*); (*facciata*) façade || *front' a sinist', front'!*, à gauche, gauche!; *front' a dest', front'!*, à droite, droite! ♦ *s.m.* front: *far* — *a*, faire face à || *caduto al* —, tué au champ d'honneur □ **a fronte di** *locuz.avv.* (*comm.*) *a* — *del pagamento*, dès réception de votre règlement; *a* — *dei documenti richiesti*, sur présentation des documents requis; *a* — *del vostro ordine del...*, relativement à votre commande du...; *abbiamo ricevuto la merce a* — *del nostro ordine N...*, nous avous reçu la marchandise faisant l'objet de notre commande N...; *a* — *delle sue affermazioni abbiamo deciso che...*, par rapport à ses affirmations nous avons décidé que... □ **di fronte** *locuz.avv.* 1 (*frontalmente*) de front 2 → dirimpetto □ **di fronte a** *locuz.prep.* 1 en face de; devant: *di* — *a tali argomenti*, devant de tels arguments; *il libro è lì di* — *a te*, le livre est là devant toi; *l'uno di* — *all'altro*, l'un en face de l'autre; *mettere di fronte a testimoni*, mettre en présence de témoins; *fuggire di* — *alle difficoltà*, fuir face aux difficultés; *è niente di*

— *al pericolo*, cela n'est rien par rapport au danger 2 → dirimpetto □ **in fronte a** *locuz.prep.* en tête de: *in* — *al libro*, en tête du livre.

fronteggiare (*coniug. come* mangiare) *v.tr.* 1 (*far fronte*) faire* face (à) 2 (*essere di fronte*) être* en face (de) □ **fronteggiarsi** *v.pron.* se faire* face.

frontespizio *s.m.* frontispice.

frontiera *s.f.* frontière: *zona di* —, zone frontière; *stazione di* —, gare frontière; *linea di* —, ligne de démarcation.

frontone *s.m.* (*arch.*) fronton.

fronzolo *s.m.* (*spec. pl.*) fanfreluche (*f.*): *mettersi in fronzoli*, se pomponner || *senza fronzoli*, (*fig.*) sans fioritures.

frotta *s.f.* bande || *a frotte*, par bandes.

frottola *s.f.* histoire, blague.

frufrù, fru fru *agg.* e *s.m.* frou-frou*, froufrou.

frugale *agg.* frugal* || **-mente** *avv.*

frugalità *s.f.* frugalité.

frugare (*coniug. come* legare) *v.intr.* e *tr.* fouiller: — *le, nelle tasche di qlcu*, fouiller (dans) les poches de qqn.

frugoletto, frugolo *s.m.* petit diable.

fruibile *agg.* dont on peut jouir.

fruire (*coniug. come* finire) *v.intr.* e *v.tr.* jouir de.

fruitore *s.m.* consommateur*; (*destinatario*) destinataire.

fruizione *s.f.* jouissance; (*uso*) emploi (*m.*).

frullare *v.tr.* (*cuc.*) fouetter; (*con frullatore elettrico*) passer au mixeur ♦ *v.intr.* (*di uccelli*) voler (avec un frémissement d'ailes); (*di trottola ecc.*) ronfler || (*fig.*): *che cosa ti frulla per il capo?*, qu'est-ce qui te passe par la tête?; *secondo come gli frulla*, selon son humeur du moment; *se gli frulla*, si l'envie le prend.

frullato *agg.* fouetté ♦ *s.m.* cocktail de fruits passés au mixer.

frullatore *s.m.* mixer, mixeur; (*per cucina, multiuso*) robot: — *a immersione*, mixeur plongeant.

frullino *s.m.* (*cuc.*) fouet; (*elettrico*) batteur.

frullio *s.m.* 1 (*di ali*) battement (d'ailes) continu 2 (*di trottola ecc.*) ronflement continu.

frullo *s.m.* battement (d'ailes).

frumento *s.m.* froment, blé.

frusciare (*coniug. come* cominciare) *v.intr.* bruire*; (*spec. di tessuto*) froufrouter.

fruscio *s.m.* bruissement; (*spec. di tessuto*) froufrou || (*rad.*) — *di fondo*, bruit de fond.

frusta *s.f.* fouet (*m.*) || *colpo di* —, coup de fouet, (*med. pop.*) coup du lapin.

frustare *v.tr.* 1 fouetter 2 (*fig.*) fustiger*.

frustata *s.f.* coup de fouet.

frustino *s.m.* cravache (*f.*).

frusto *agg.* 1 usé, râpé 2 (*fig.*) rebattu.

frustrante *agg.* frustrant.

frustrare *v.tr.* frustrer.

frustrato *agg.* frustré.

frustrazione *s.f.* frustration.

frutice *s.m.* (*bot.*) arbrisseau*.

frutta (pl. *invar.*) *s.f.* fruits (*m.pl.*); (*portata alla fine del pranzo*) dessert (*m.*): *essere alla* —, en être au dessert || — *cotta*, compote || *coltello da —*, couteau à dessert.

fruttare *v.intr.* **1** fructifier (*anche fig.*) **2** (*rendere*) rapporter; (*di denaro, capitali*) fructifier ♦ *v.tr.* **1** rapporter: *gli frutta il 5%*, cela lui rapporte 5% **2** (*fig.*) (*valere, procurare*) valoir*.

fruttato *s.m.* (*del vino*) fruité.

frutteto *s.m.* verger.

frutticolo *agg.* des fruits.

frutticoltore *s.m.* fructiculteur.

frutticoltura *s.f.* arboriculture fruitière.

fruttiera *s.f.* coupe à fruits.

fruttifero *agg.* **1** fructifère **2** (*fig.*) fructueux* || *deposito non —*, dépôt qui n'est pas porteur d'intérêt(s); *capitale —*, capital productif; *buoni fruttiferi*, titres de rente.

fruttificare (*coniug. come* mancare) *v.intr.* fructifier (*anche fig.*).

fruttivendolo *s.m.* marchand de légumes; (*spec. ambulante*) marchand des quatre-saisons.

frutto *s.m.* **1** fruit: *alberi da —*, arbres à fruits || (*fig.*): *dal — si conosce l'albero*, à l'œuvre on connaît l'artisan; *ogni — alla sua stagione*, toute chose en son temps || *frutti di mare*, fruits de mer **2** (*fig.*) fruit, résultat: *dare buoni frutti*, donner de bons résultats; *non tarderà a dare i suoi frutti*, cela ne tardera pas à porter ses fruits || *trarre — da qlco*, tirer profit de qqch || *senza* (*alcun*) —, sans résultat **3** (*rendita*) fruits (*pl.*); (*interesse*) intérêt: *mettere a — del denaro*, prêter de l'argent à intérêt.

fruttosio *s.m.* fructose.

fruttuosamente *avv.* fructueusement.

fruttuoso *agg.* fructueux*; (*che dà un utile*) rentable.

fu *agg.* feu*: *il — signor Rossi*, feu Monsieur Rossi; *Giuseppe R. — Vittorio*, Joseph R. fils de feu Victor.

fucilare *v.tr.* fusiller.

fucilata *s.f.* coup de fusil.

fucilazione *s.f.* exécution (par fusillade): *condannare alla —*, condamner à être passé par les armes.

fucile *s.m.* fusil: *— a una canna, a due canne*, fusil à un canon, à deux canons || *— subacqueo*, fusil sous-marin.

fucileria *s.f.*: *fuoco, scarica di —*, fusillade.

fuciliere *s.m.* fusilier: *— di marina*, fusilier marin.

fucina *s.f.* forge || (*fig.*): *una — di intrighi, di rivolte*, un foyer d'intrigues, de révoltes; *una — di artisti*, une pépinière d'artistes.

fucinatura *s.f.* forgeage (*m.*).

fuco (*pl. -chi*) *s.m.* faux-bourdon*.

fucsia *s.f.* fuchsia (*m.*).

fuga (*pl. -ghe*) *s.f.* **1** fuite: *mettere in —*, mettre en fuite; *darsi alla —*, prendre la fuite || *di —*, (*in fretta e furia*) à la hâte, (*di sfuggita*) en passant **2** (*serie di oggetti*) suite, enfilade **3** (*mus.*) fugue **4** (*ciclismo*) échappée.

fugace *agg.* fugace, fugitif*; (*effimero*)

éphémère: *gioia —*, joie éphémère; *sguardo —*, regard fugitif; *bellezza —*, beauté fugace.

fugacemente *avv.* (*in fretta e furia*) à la hâte; (*di sfuggita*) en passant.

fugacità *s.f.* fugacité.

fugare (*coniug. come* legare) *v.tr.* **1** mettre* en fuite **2** (*fig.*) (*dissipare*) dissiper.

fuggevole *agg.* fugitif*, fugace; (*effimero*) éphémère.

fuggevolmente *avv.* (*di sfuggita*) en passant.

fuggiasco (*pl. -chi*) *agg.* e *s.m.* fugitif*, fuyard.

fuggifuggi, fuggi fuggi *s.m.* sauve-qui-peut*.

fuggire *v.intr.* **1** fuir* (*anche fig.*); (*allontanarsi*) s'enfuir*; (*da un luogo chiuso*) s'échapper || *— via*, s'enfuir, (*fam.*) (*andarsene*) se sauver **2** (*ciclismo*) s'échapper **3** (*rifuggire*) fuir* ♦ *v.tr.* fuir*.

fuggitivo *agg.* e *s.m.* fugitif*.

fulcro *s.m.* **1** (*mecc.*) point d'appui; (*perno*) pivot; (*della bilancia*) couteau* **2** (*fig.*) cœur.

fulgidamente *avv.* avec éclat.

fulgido *agg.* éclatant; (*risplendente*) resplendissant || *un — esempio*, un bel exemple.

fulgore *s.m.* splendeur (*f.*), éclat || *nel momento di massimo —*, (*fig.*) dans toute sa splendeur.

fuliggine *s.f.* suie.

fuligginoso *agg.* fuligineux*.

full-time *avv.* e *agg.invar.* à plein temps ♦ *s.m.* travail à plein temps.

fulmicotone *s.m.* fulmicoton.

fulminante *agg.* **1** foudroyant (*anche fig.*) **2** (*che esplode detonando*) fulminant.

fulminare *v.tr.* foudroyer* || *— qlco di scomunica*, (*fig.*) lancer l'excommunication contre qqn || *che Dio mi fulmini*, que le diable m'emporte ♦ *v.intr.impers.* faire* des éclairs □ **fulminarsi** *v.pron.* brûler: *la lampadina si è fulminata*, l'ampoule a brûlé.

fulminato *agg.* foudroyé: *rimase fulminato alla notizia*, la nouvelle l'a foudroyé || *è morto fulminato* (*dalla corrente elettrica*), il a été électrocuté ♦ *s.m.* (*chim.*) fulminate.

fulminazione *s.f.* **1** foudroiement (*m.*) **2** (*med.*) fulguration.

fulmine *s.m.* foudre (*f.*) || *con la velocità del —*, en un éclair; *correr via come un —*, partir en coup de vent; *va, corre come un —*, il court ventre à terre; *la notizia fu un — a ciel sereno*, la nouvelle a éclaté comme une bombe; *i suoi occhi mandavano fulmini*, ses yeux lançaient des flammes; *colpo di —*, coup de foudre.

fulmineamente *avv.* avec la rapidité de l'éclair.

fulmineità *s.f.* rapidité foudroyante.

fulmineo *agg.* foudroyant.

fulvo *agg.* (*di pelo*) fauve; (*di capelli*) roux*.

fumaiolo *s.m.* cheminée (*f.*).

fumante *agg.* fumant.

fumare *v.intr.* e *tr.* fumer || *— come un turco, come una locomotiva*, fumer comme un pompier, comme une locomotive || *mi fuma la testa, il cervello*, (*fam.*) j'ai la cervelle en capilotade || *— di collera*, écumer de colère.

fumario *agg.*: *canna fumaria*, conduit de fumée.

fumarola *s.f.* (*geol.*) fumerolle.

fumata *s.f.* fumée || *farsi una* —, (*fam.*) fumer une cigarette, etc.

fumatore (f. *-trice*) *s.m.* fumeur*.

fumeria *s.f.* fumerie.

fumettista *s.m.* auteur de bandes dessinées.

fumettistico (pl. *-ci*) *agg.* **1** de bandes dessinées **2** (*spreg.*) de roman-photo; (*stereotipato*) à l'eau de rose.

fumetto *s.m.* **1** (*spec.pl.*) bande dessinée; (*fotoromanzo*) roman-photo*: *giornale a fumetti*, magazine de bandes dessinées **2** (*nuvoletta che contiene la battuta*) bulle **3** (*spreg.*) (*di romanzo*) feuilleton; (*di film*) mélo.

fumista *s.m.* fumiste.

fumo *s.m.* fumée (*f.*): *far* —, fumer || *rinunciare al* —, renoncer à fumer; *avere il vizio del* —, avoir la mauvaise habitude de fumer; *servizio da* —, nécessaire pour fumeur || *nero* —, noir de fumée || *in preda ai fumi dell'alcool*, en proie aux vapeurs de l'alcool || *è tutto* —!, (*fig.*) (*di qlco*) ce n'est que du vent!, (*di qlcu*) il n'est qu'apparences!; *molto* — *e poco arrosto!*, ce n'est que du vent! || *lo vedo come il* — *negli occhi*, (*fig.*) je ne peux pas le voir || *vender* —, jeter de la poudre aux yeux; *venditore di* —, fumiste || *mandare in* —, faire aller en fumée; *andare in* —, échouer || *color* —, — *di Londra*, anthracite.

fumogeno *agg.* e *s.m.* fumigène || *cortina fumogena*, rideau de fumée.

fumosità *s.f.* **1** caractère fumeux **2** (*fig.*) nébulosité.

fumoso *agg.* fumeux* (*anche fig.*).

funambolesco (pl. *-chi*) *agg.* funambulesque.

funambolico (pl. *-ci*) *agg.* funambulesque (*anche fig.*).

funambolismo *s.m.* **1** équilibrisme **2** (*fig.*) (*capacità di destreggiarsi*) acrobatie.

funambolo *s.m.* **1** (*acrobata*) funambule **2** (*fig.*) équilibriste, acrobate.

fune *s.f.* **1** corde; (*cavo*) câble (*m.*) **2** (*ginnastica*) corde (à sauter).

funebre *agg.* funèbre: (*impresa di*) *pompe funebri*, pompes funèbres.

funerale *s.m.* enterrement; (*imponente, fastoso*) funérailles (*f.pl.*) || *una faccia da* —, (*fig.*) une mine d'enterrement.

funerario *agg.* funéraire.

funereo *agg.* funéraire; (*funebre*) funèbre || *un aspetto* —, une mine d'enterrement; *colori funerei*, des couleurs d'enterrement.

funestare *v.tr.* endeuiller || *una disgrazia ha funestato la nostra famiglia*, un malheur a frappé notre famille.

funesto *agg.* funeste.

fungaia *s.f.* champignonnière.

fungere (*coniug. come* giungere) *v.intr.* faire* fonction (de); (*servire*) servir*.

funghetto *s.m.* petit champignon || (*cuc.*) *al* —, cuit avec de l'huile, de l'ail et du persil haché.

fungibile *agg.* (*dir.*) fongible.

fungicida *agg.* e *s.m.* fongicide.

fungino *agg.* fongique.

fungo (pl. *-ghi*) *s.m.* **1** champignon: — *prataiolo*, *coltivato*, champignon des prés, de couche; *funghi secchi*, *freschi*, champignons séchés, frais || *andare per funghi*, aller aux champignons || — *atomico*, champignon atomique **2** (*med.*) fongus.

funicella *s.f.* ficelle, cordelette.

funicolare *agg.* e *s.f.* funiculaire (*m.*).

funivia *s.f.* téléphérique (*m.*) || *carrello di* —, benne de téléphérique.

funzionale *agg.* fonctionnel*.

funzionalismo *s.m.* fonctionnalisme.

funzionalità *s.f.* **1** fonctionnalité **2** (*med.*) bon fonctionnement.

funzionamento *s.m.* fonctionnement.

funzionante *agg.* qui fonctionne (bien).

funzionare *v.intr.* **1** fonctionner; (*mecc.*) marcher; (*di dispositivo a molla*) jouer || *funziona male*, (*di un meccanismo*) il ne marche pas (bien) || *il piano non ha funzionato*, le plan n'a pas réussi; *molte cose non funzionano*, beaucoup de choses ne vont pas; *i tuoi trucchetti con me non funzionano*, (*fam.*) tes petits trucs ne marchent pas avec moi **2** (*fungere*) faire* fonction (de).

funzionario *s.m.* fonctionnaire.

funzione *s.f.* **1** fonction: *in* — *di*, en fonction de; *fare* — *di*, *assumere le funzioni di*, faire fonction de || *il segretario facente* —, le secrétaire suppléant; *il facente* —, le substitut || *avere funzioni direttive in un'azienda*, être dirigeant dans une entreprise || *essere in* —, fonctionner; *far entrare in* —, mettre en marche **2** (*eccl.*) (*cerimonia*) office (*m.*): — *funebre*, office des morts || *celebrare una* —, officier.

fuochista *s.m.* chauffeur.

fuoco (pl. *-chi*) *s.m.* **1** feu*: *dar* —, *appiccare il* — *a*, mettre le feu a; *gettare nel* —, jeter au feu || *bollare a* —, (*anche fig.*) marquer au fer rouge; *saldare a* —, souder à chaud || *a* — *lento*, *vivo*, *moderato*, à petit feu, à feu vif, à feu doux || *andare a* —, brûler; *prendere* — *per un nonnulla*, (*fig.*) s'emporter pour un rien || *sguardi*, *occhi di* —, regards, yeux de feu; *parole di* —, paroles enflammées || *mettere il* — *addosso*, enflammer; *avere il* — *addosso*, avoir du feu dans les veines || *gettare olio sul* —, verser de l'huile sur le feu; *gettare acqua sul* —, jeter de l'eau sur le feu || *metter troppa carne al* —, courir plusieurs lièvres à la fois || *la prova del* —, l'épreuve du feu, (*fig.*) l'épreuve décisive || *ci metterei la mano sul* —, j'en mettrais ma main au feu || *fare* — *e fiamme*, (*usare ogni mezzo*) faire des pieds et des mains, (*adirarsi*) jeter feu et flammes || *diventare di* —, devenir cramoisi || (*mar.*) *fuochi di segnalazione*, fusées de signalisation || *i vigili del* —, les pompiers || — *greco*, feu grégeois **2** (*mat.*, *fis.*) foyer || (*fot.*) *mettere a* —, mettre au point; *mettere a* — *qlco*, régler l'objectif sur qqch; *mettere a* — *un problema*, (*fig.*) focaliser un problème.

fuorché, **fuor che** *prep.* e *cong.* sauf, excepté: — *i* *bambini*, sauf les enfants, excepté les enfants, les enfants exceptés; *tutti*, — *Giacomo*, tous, à l'exception de Jacques; *qualsiasi cosa* — *partire*, n'importe quoi sauf, excepté de partir.

fuori *avv.* dehors; (*esternamente*) à l'extérieur: *là, lì* —, là-dehors; *qua, qui* —, ici dehors; *ti aspetto* (*di*) —, je t'attends dehors; (*di*) — *è smalto e* (*di*) *dentro oro*, à l'extérieur c'est de l'émail, dedans c'est de l'or; *vengo di, da* —, je viens du dehors || *il latte è andato tutto* (*di*) —, tout le lait s'est sauvé || *ceni fuori stasera?*, tu manges dehors ce soir?; *il signor X è* —, monsieur X n'est pas là, est sorti || (*vieni, venite*) —!, sors!, sortez!; — *i soldi!*, sortez vos sous!; (*teatr.*) — *l'autore!*, l'auteur (à la rampe)! || *è* — (*di prigione*) *da sei mesi*, il est sorti de prison depuis six mois || *uscire* —, sortir || *far* —, (*uccidere*) expédier (ad patres), (*sperperare*) gaspiller, (*consumare*) esquinter, (*mangiare*) engouffrer ♦ *prep.* (*spesso seguita da di o da*) *hors de*: — *del negozio*, hors du magasin; — *di qui!*, hors d'ici!; *gettare* — *dalla finestra*, jeter par la fenêtre; *mi è caduto* — *dalla borsa*, c'est tombé de mon sac || *lavorare* — *orario*, travailler en dehors de l'horaire || *vivere* — *del proprio tempo*, vivre en dehors de son temps || *è* — *di casa da stamani*, il est sorti depuis ce matin; *mettere* — *di casa*, chasser de la maison; *vive* — *di casa*, il ne vit plus chez ses parents; *siamo rimasti* — *di casa*, nous n'avons pas pu rentrer || *siamo* — *dell'inverno*, on est sorti de l'hiver || *finalmente ne sono venuto* —, (*da situazione difficile*) enfin je m'en suis sorti || *la questione non mi riguarda, ne sono* —, le problème ne me concerne pas, je suis en dehors du coup || *essere* — *di sé*, (*sragionare*) ne plus avoir sa tête, (*non dominarsi*) être hors de soi; *essere* — *di sé dalla gioia*, être fou de joie || (*fam.*): *siamo* — *di centomila lire*, il nous manque cent mille lires; *questo mese siamo* — *parecchio*, ce mois-ci nous avons dépensé plus que prévu ♦ *s.m.*: *il* (*di*) —, l'extérieur: *guardare dal* (*di*) —, regarder de l'extérieur || *visto dal* (*di*) —, du dehors □ **al di fuori di, da** *locuz.prep.* en dehors de □ **in fuori** *locuz.avv.* (en) dehors: *spingere in* —, pousser dehors; *sporgersi in* —, se pencher au dehors; *sporgere in* —, faire saillie à l'extérieur || *braccia in* —!, écartez les bras! || *occhi in* —, des yeux globuleux; *denti in* —, dents en avant (→ infuori).

fuoribordo *s.m.* *hors-bord*.

fuoricampo *agg. e s.m.* *hors champ*.

fuoriclasse (pl. *invar.*) *agg.* *hors classe* ♦ *s.m.* as, champion.

fuoricombattimento, fuori combattimento *avv. e s.m.* knock-out.

fuoricorso, fuori corso (pl. *invar.*) *agg.* (*di monete*) qui n'a plus cours ♦ *s.m.* étudiant universitaire qui n'a pas terminé ses études en temps voulu.

fuorigioco, fuori gioco (pl. *invar.*) *s.m.* (*sport*) *hors-jeu*.

fuorilegge (pl. *invar.*) *s.m.* *hors-la-loi*.

fuorimano *avv.*: *abitare* —, habiter loin du centre; *un quartiere* —, un quartier éloigné (du cen

tre) || *andare* —, (*di veicolo*) ne pas tenir sa droite.

fuorimisura, fuori misura *agg.invar.* trop grand; trop petit.

fuoripista *s.m.invar.* *hors-piste*.

fuoriprogramma, fuori programma (pl. *invar.*) *s.m.* *hors programme*.

fuorisede, fuori sede *avv.*: *è* —, il n'est pas là; *lavora* —, il travaille ailleurs.

fuoriserie, fuori serie (pl. *invar.*) *agg.* e *s.f.*: (*automobile*) —, voiture hors série.

fuoristrada (pl. *invar.*) *agg.* e *s.m.* (voiture) tout-terrain*.

fuoriuscire (*coniug. come* uscire) *v.intr.* sortir*.

fuoriuscita *s.f.* sortie; (*di liquidi*) écoulement (*m.*) || — *di pus*, écoulement de pus.

fuoriuscito *s.m.* réfugié politique.

fuorviante *agg.* fallacieux*; (*ingannevole*) trompeur*.

fuorviare *v.tr.* fourvoyer* (*anche fig.*).

furbacchiona *s.f.* (*fam.*) fine mouche.

furbacchione *agg.* malin* ♦ *s.m.* gros malin.

furbamente *avv.* astucieusement.

furberia *s.f.* ruse.

furbescamente *avv.* astucieusement.

furbesco (pl. -*chi*) *agg.* malin*; (*astuto*) astucieux*.

furbizia *s.f.* ruse.

furbo *agg.* (*astuto*) rusé; (*furbesco*) malin*; (*malizioso*) malicieux* ♦ *s.m.* malin; (*spreg.*) fourbe || *non fare il* —, n'essaie pas de tricher || *farsi* —, apprendre à se débrouiller || *bravo* —!, (*iron.*) gros malin!

furente *agg.* furieux* || — *d'ira*, fou de colère.

fureria *s.f.* bureau* de compagnie.

furetto *s.m.* (*zool.*) furet.

furfante *s.m.* vaurien, coquin.

furfanteria *s.f.* malhonnêteté.

furfantesco (pl. -*chi*) *agg.* de coquin.

furgoncino *s.m.* fourgonnette (*f.*); (*motofurgoncino*) triporteur.

furgone *s.m.* fourgon (*f.*): — *cellulare*, voiture cellulaire || —, *funebre*, corbillard.

furia *s.f.* **1** fureur || *nella* — *del combattimento*, dans le feu du combat || *montare, andare su tutte le furie*, monter sur ses grands chevaux || *a* — *di*, à force de **2** (*fretta*) *hâte*: *fare le cose con* —, faire les choses à la hâte || *aver* —, être très pressé; *far* — *a qlcu*, presser qqn **3** (*persona presa dall'ira*) furie.

furibondo *agg.* furibond.

furiere *s.m.* fourrier.

furiosamente *avv.* furieusement, avec fureur.

furioso *agg.* furieux*: *essere* — *per qlco*, être furieux à cause de qqch; *diventar* —, s'emporter.

furore *s.m.* fureur (*f.*): *fu preso da un* — *cieco*, il entra dans une fureur épouvantable; *è stato preso da sacro* — *per quel lavoro*, il a été pris d'une sainte ardeur pour ce travail || *a furor di popolo*, par la colère populaire; (*col consenso generale*) par la voix du peuple || *far* —, faire fureur.

furoreggiare (*coniug. come* mangiare) *v.intr.* faire* fureur.

furtivo *agg.* furtif* || **-mente** *avv.*

furto *s.m.* vol: — *aggravato*, vol qualifié.

fusa *s.f.pl.*: *fare le* —, ronronner.

fuscello *s.m.* brindille (*f.*) || *sottile come un* —, (*fig.*) mince comme un fil.

fusciacca (pl. *-che*) *s.f.* écharpe.

fusibile *agg. e s.m.* fusible.

fusiforme *agg.* fusiforme.

fusione *s.f.* **1** fusion, fonte **2** (*unione*) fusion.

fuso[1] *agg.* fondu || *sono* —, (*fam.*) je suis crevé.

fuso[2] *s.m.* **1** fuseau* || *diritto come un* —, droit comme un I || *è tornato a casa diritto come un* —, il est rentré tout droit chez lui **2** (*mar.*) — *dell'ancora*, tige de l'ancre.

fusoliera *s.f.* fuselage (*m.*).

fustagno *s.m.* futaine (*f.*).

fustella *s.f.* **1** emporte-pièce* (*m.*) **2** (*talloncino del prezzo sui medicinali*) vignette.

fustigare (*coniug. come* legare) *v.tr.* fustiger*; (*fig.*) stigmatiser.

fustigatore *s.m.* censeur.

fustigazione *s.f.* fustigation.

fustino *s.m.* baril || — *di detersivo*, baril de lessive.

fusto *s.m.* **1** (*di albero*) tronc; (*di canapa, lino*) tige (*f.*): *piante d'alto* —, arbres de haute futaie; *bosco d'alto* —, haute futaie || *il* — *di una colonna*, le fût d'une colonne; *il* — *di una chiave*, le canon d'une clé || *che* —!, (*fam.*) quel beau mec! **2** (*intelaiatura*) carcasse (*f.*), armature (*f.*) **3** (*recipiente*) fût || — *di trasporto*, barrique || *vino invecchiato in fusti di rovere*, vin vieilli en foudres de chêne.

futile *agg.* futile || **-mente** *avv.*

futilità *s.f.* futilité.

futurismo *s.m.* futurisme.

futurista *agg. e s.m.* futuriste.

futuristico (pl. *-ci*) *agg.* futuriste.

futuro *agg.* futur ♦ *s.m.* **1** avenir, futur || *guardare al* —, penser au lendemain || *in* —, à l'avenir; *in un prossimo* —, dans un proche avenir **2** (*gramm.*) futur.

futurologia *s.f.* futurologie.

G

g *s.f.* e *m.* g (*m.*) || (*tel.*) — *come Genova*, g comme Gaston.

gabbare *v.tr.* duper || *passata la festa, gabbato lo santo*, la fête passée, adieu le saint □ **gabbarsi** *v.pron.* se moquer (de).

gabbia *s.f.* **1** cage: *la — dei leoni*, la cage aux lions || *— degli imputati*, box des accusés || *un leone in —*, (*fig.*) un ours en cage || *una — di matti*, une maison de fous **2** (*mar.*) (*vela quadra*) *hunier (*m.*); (*piattaforma*) *hune.

gabbiano *s.m.* (*zool.*) mouette (*f.*).

gabella *s.f.* (*antiq.*) (*dazio*) octroi (*m.*); (*imposta*) impôt (*m.*); (*sul sale*) gabelle.

gabellare *v.tr.* faire* passer (pour).

gabinetto *s.m.* cabinet || *— medico*, cabinet de consultation (d'un médecin) || *gabinetti (di decenza*), toilettes, cabinets.

gaelico (pl. -*ci*) *agg.* e *s.m.* gaélique.

gag (pl. *invar.*) *s.f.* gag (*m.*).

gagà *s.m.* gommeux.

gaggia *s.f.* (*bot.*) cassie, cassier (*m.*).

gagliardetto *s.m.* fanion; (*mar.*) flamme (*f.*).

gagliardia *s.f.* (*letter.*) **1** vigueur **2** (*coraggio*) bravoure.

gagliardo *agg.* vigoureux*, fort || *con passo —*, d'un pas alerte.

gaglioffo *agg.* e *s.m.* **1** fripon* **2** (*goffo; buono a nulla*) balourd.

gaiamente *avv.* gaiement.

gaiezza *s.f.* gaieté.

gaio *agg.* gai; (*pieno di brio*) joyeux*.

gala[1] *s.f.*: *serata, abito di —*, soirée, habit de gala || *essere in gran —*, être en grande toilette.

gala[2] *s.f.* (*fiocco*) nœud (*m.*); (*volante*) volant (*m.*).

galalite *s.f.* galalithe.

galante *agg.* galant: *essere — con*, être galant envers || *un biglietto —*, un billet doux; *fare il —*, jouer les séducteurs.

galantemente *avv.* galamment: *offrire — il posto a una signora*, offrir galamment sa place à une dame.

galanteria *s.f.* **1** galanterie **2** (*complimento*) compliment: *dire delle galanterie*, faire des compliments.

galantina *s.f.* (*cuc.*) galantine.

galantuomo (pl. *galantuomini*) *s.m.* honnête homme || *è un furbo —*, c'est quelqu'un de bien || *parola di —*, parole d'honneur || *il tempo è —*, le temps rend justice.

galassia *s.f.* galaxie.

galateo *s.m.* étiquette (*f.*), savoir-vivre*: (*manuale di*) —, (manuel de) savoir-vivre.

galattico (pl. -*ci*) *agg.* **1** galactique **2** (*fig.*) cosmique.

galatt(o)- *pref.* galact(o)-

galattosio *s.m.* (*chim.*) galactose.

galena (*min.*) *s.f.* galène.

galeone *s.m.* (*mar.*) galion.

galeotto *s.m.* **1** (*st.*) galérien **2** (*detenuto*) forçat, bagnard **3** (*fig.*) (*furfante*) crapule.

galera *s.f.* **1** (*st., mar.*) galère **2** (*carcere*) prison; (*lavori forzati*) bagne (*m.*), galères (*pl.*) || *avanzo, pezzo di —*, gibier de potence || *faccia da —*, mine patibulaire || *vita da —*, vie de chien.

galero *s.m.* chapeau* de cardinal.

galileo *agg.* galiléen*.

galiziano *agg.* e *s.m.* galicien*.

galla *s.f.* (*bot.*) galle □ **a galla** *locuz.avv.* à la surface, sur l'eau: *venire a —*, remonter à la surface; *la verità viene sempre a —*, (*fig.*) la vérité remonte toujours; *stare a —*, flotter; *riportare a —*, remettre à flot.

gallato *agg.* (*di uovo*) fécondé.

galleggiamento *s.m.* flottement, flottaison (*f.*) || (*mar.*): *linea di —*, ligne de flottaison; *centro di —*, centre de carène.

galleggiante *agg.* flottant ♦ *s.m.* **1** flotteur **2** (*boa*) bouée (*f.*) **3** (*natante*) chaland.

galleggiare (*coniug. come* mangiare) *v.intr.* flotter; (*di liquido o sostanza oleosa*) surnager*.

galleria *s.f.* **1** galerie **2** (*tunnel*) tunnel (*m.*).

gallerista *s.m.* galériste.

gallese *agg.* e *s.m.* gallois.

galletta *s.f.* galette.

galletto *s.m.* jeune coq, coquelet || *fare il —*, (*fig.*) (*farsi bello*) se pavaner, (*fare l'impertinente*) faire l'impertinent.

gallicanesimo *s.m.* gallicanisme.

gallicano *agg.* e *s.m.* gallican.

gallicismo *s.m.* gallicisme.

gallico (pl. -*ci*) *agg.* e *s.m.* gaulois.

gallina *s.f.* poule || *zampe di —*, (*scrittura*) pattes de mouche, (*rughe*) pattes-d'oie || *cervello di —*, cervelle d'oiseau || *andare a letto con le galline*, se coucher comme les poules || *— vecchia fa buon brodo*, c'est dans les vieux pots qu'on fait la meilleure soupe.

gallinaccio *s.m.* (*bot.*) chanterelle (*f.*).

gallinaceo *agg.* e *s.m.* gallinacé.

gallinella *s.f.* poulette || *— d'acqua*, poule d'eau.

gallio *s.m.* (*chim.*) gallium.

gallismo *s.m.* donjuanisme.

gallo¹ *s.m.* coq: — *cedrone*, coq de bruyère || *fare il —*, (*fig.*) se pavaner || (*boxe*) *peso —*, poids coq.

gallo² *s.m.* (*st.*) Gaulois.

gallonato *agg.* galonné.

gallone¹ *s.m.* **1** galon **2** (*grado militare*) galon; (*in forma di V rovesciata*) chevron.

gallone² *s.m.* (*misura di capacità*) gallon.

gallo-romanzo *agg.* (*ling.*) gallo-roman*.

galoppante *agg.* galopant.

galoppare *v.intr.* galoper.

galoppata *s.f.* galopade || *che — per arrivare fin lassù!*, quelle trotte pour arriver jusque là-haut; *ho fatto una —!*, qu'est-ce que j'ai pu courir!

galoppatoio *s.m.* piste d'entraînement (pour les chevaux).

galoppino *s.m.* garçon de courses; (*spreg.*) galopin.

galoppo *s.m.* galop: *corse al —*, courses de galop || *al, di —*, (*fig.*) au grand galop.

galoscia (pl. -sce) *s.f.* caoutchouc (*m.*).

galvanico (pl. -ci) *agg.* galvanique.

galvanizzare *v.tr.* galvaniser.

galvanometro *s.m.* galvanomètre.

galvanoplastica *s.f.* (*chim.*) galvanoplastie.

gamba *s.f.* **1** jambe: *è tutto, solo gambe*, il est tout en jambes; *essere corto di gambe*, avoir les jambes courtes; *mi tremano le gambe*, j'ai les jambes qui tremblent; *avere le gambe che fanno giacomo giacomo*, avoir les jambes qui flageolent; *avere le gambe molli*, avoir les jambes en coton || *a mezza —*, à mi-jambe || *a gambe larghe*, les jambes écartées || *essere di buona —*, avoir de bonnes jambes || *ho fatto venti chilometri e me li sento tutti nelle gambe*, j'ai fait vingt kilomètres et j'en ai plein les jambes || *darsela a gambe*, filer à toutes jambes; *mettersi le gambe in spalla*, prendre ses jambes à son cou; *a gambe levate*, à toutes jambes; *andarsene a gambe levate*, déguerpir || *andare a gambe all'aria*, tomber les quatre fers en l'air, (*fig.*) faire faillite || *fare il passo più lungo della —*, aller au-delà de ses moyens || *prendere le cose sotto —*, prendre les choses par-dessous la jambe || *avrà quarant'anni per —!*, elle a deux fois quarante ans! **2** (*di animali*) jambe; (*zampa*) patte **3** (*di tavolo, di sedia ecc.*) pied (*m.*) **4** (*di segni grafici*) (*sotto il rigo*) queue; (*sopra il rigo*) jambage (*m.*): *la — della p*, la queue du p; *le gambe della m*, les jambages du m □ **in gamba** *locuz.agg.*: *un medico in —*, un bon médecin; *ragazzo in —*, garçon qui se débrouille bien; *sentirsi in —*, se sentir en pleine forme; *è di nuovo in —*, il s'est remis sur pied; *quel vecchio è ancora molto in — per la sua età*, ce vieillard est encore très vert pour son âge || *sta' in —!*, (*in buona salute*) porte-toi bien! || *essere in — in qlco*, être fort, calé en qqch.

gambale *s.m.* jambière (*f.*); (*dello stivale*) tige de botte.

gambaletto *s.m.* **1** (*calza*) chaussette (*f.*), mibas* **2** (*stivaletto*) bottine (*f.*) **3** (*ortopedia*) gouttière (*f.*).

gamberetto *s.m.* crevette (*f.*).

gambero *s.m.* (*di fiume*) écrevisse (*f.*); (*di mare*) *homard || rosso come un —*, rouge comme une écrevisse; *fare come i gamberi*, aller à reculons.

gambizzare *v.tr.* (*fam.*) blesser aux jambes.

gambo *s.m.* **1** tige (*f.*); (*di frutto, di foglia*) queue (*f.*); (*di fungo*) pied, tige (*f.*) || *— di sedano*, branche de céleri **2** (*sostegno simile a un gambo*) pied.

gamete *s.m.* (*biol.*) gamète.

gamma¹ *s.f.* gamme (*anche fig.*) || (*rad.*) — *d'onda*, bande d'ondes.

gamma² *s.m.* (*alfabeto greco*) gamma.

gam(o)- *pref.* gam(o)-

ganascia (pl. -sce) *s.f.* **1** mâchoire || *mangiare a quattro ganasce*, dévorer à belles dents **2** (*tecn.*) mâchoire; (*per bloccare le auto in sosta vietata*) sabot (*m.*).

gancio *s.m.* crochet.

ganga¹ *s.f.* gang (*m.*), bande.

ganga² (pl. -ghe) *s.f.* (*min.*) gangue.

ganghero *s.m.* gond || *uscire dai gangheri*, (*fig.*) sortir de ses gonds; *essere fuori dai gangheri*, être hors de soi.

ganglio *s.m.* **1** ganglion **2** (*fig.*) centre.

gangster (pl. invar.) *s.m.* gangster.

gangsterismo *s.m.* gangstérisme.

ganzo *s.m.* jules.

gara *s.f.* épreuve; (*competizione*) compétition || — *podistica, di fondo*, course à pied, de fond || *fuori —*, hors concours || *entrare, essere in — con qlcu*, entrer, être en compétition avec qqn || *tutti fanno a — per aiutarlo*, c'est à qui l'aidera le plus, le mieux.

garagista *s.m.* garagiste.

garante *agg. e s.m.* garant.

garantire (*coniug. come* finire) *v.tr.* garantir □ **garantirsi** *v.pron.* se garantir.

garantismo *s.m.* politique qui donne une importance prépondérante à la garantie constitutionnelle des droits civils.

garantito *agg.* garanti || *arriverà in ritardo, questo è —*, il arrivera en retard, ça c'est sûr.

garanzia *s.f.* garantie || (*dir.*) *avviso di —*, avis (d'ouverture) d'enquête.

garbare *v.intr.* plaire*.

garbato *agg.* poli; (*aggraziato*) gracieux* || -**mente** *avv.*

garbo *s.m.* **1** (*grazia*) grâce (*f.*); (*compitezza*) politesse (*f.*): *persona senza —*, personne grossière; *uomo di —*, homme aimable et poli || *un mal —*, une impolitesse || *dar — a un vestito*, donner du chic à une robe **2** (*delicatezza*) délicatesse (*f.*).

garbuglio *s.m.* **1** enchevêtrement (*anche fig.*) **2** (*disordine*) pagaille (*f.*).

gardenia *s.f.* (*bot.*) gardénia (*m.*).

gardesano *agg.* du Lac de Garde.

gareggiare (*coniug. come* mangiare) *v.intr.* **1** rivaliser (de): *gareggiano nell'usarmi gentilezze*, ils font assaut de gentillesses à mon égard 2 (*affrontarsi*) s'affronter.

garganella, a *locuz.avv.* à la régalade.

gargarismo *s.m.* gargarisme.

gargarozzo *s.m.* (*fam.*) gosier.

garibaldino *agg. e s.m.* garibaldien* || *alla garibaldina*, lestement.

gariga *s.f.* (*bot.*) garrigue.

garitta *s.f.* guérite.

garofano *s.m.* **1** œillet **2** (*pianta aromatica*) giroflier: *chiodi di —*, clous de girofle.

garrese *s.m.* garrot.

garretto *s.m.* jarret.

garrire (*coniug. come* finire) *v.intr.* (*di rondine*) trisser.

garrito *s.m.* (*di rondini*) gazouillement.

garrulo *agg.* (*letter.*) **1** qui crie, aux cris stridents **2** (*ciarliero*) bavard **3** (*chiassoso*) bruyant.

garza *s.f.* gaze.

garzone *s.m.* garçon || *— di stalla*, valet d'écurie || *— di fornaio*, garçon boulanger || *— di bottega*, commis || *— muratore*, aide-maçon.

gas (pl. *invar.*) *s.m.* gaz: *— nobili, rari*, gaz rares || (*aut.*) *dare, togliere il —*, mettre, couper les gaz || *a tutto —*, (*anche fig.*) à pleins gaz.

gasare *v.tr.* **1** → gassare **2** (*fam.*) (*montare la testa*) monter la tête (à qqn); (*eccitare*) emballer: *il successo l'ha gasato*, le succès lui a monté la tête □ **gasarsi** *v.pron.* (*fam.*) se monter la tête.

gasdotto *s.m.* gazoduc.

gasolio *s.m.* gasoil.

gas(s)are *v.tr.* **1** gazéifier **2** (*uccidere col gas*) gazer.

gas(s)ato *agg.* gazéifié || *acqua gassata*, eau gazeuse.

gas(s)ificare (*coniug. come* mancare) *v.tr.* gazéifier.

gas(s)ista *s.m.* gazier.

gas(s)ometro *s.m.* gazomètre.

gas(s)osa *s.f.* limonade.

gas(s)oso *agg.* gazeux*.

gasteropodo *s.m.* (*zool.*) gastéropode.

gastrectomia *s.f.* (*med.*) gastrectomie.

gastrico (pl. *-ci*) *agg.* gastrique || *lavanda gastrica*, lavage d'estomac.

gastrite *s.f.* (*med.*) gastrite.

gastro- *pref.* gastro-

gastroenterite *s.f.* (*med.*) gastro-entérite.

gastroenterologo (pl. *-gi*) *s.m.* (*med.*) gastro-entérologue.

gastronomia *s.f.* gastronomie.

gastronomico (pl. *-ci*) *agg.* gastronomique.

gastronomo *s.m.* gastronome.

gatta *s.f.* chatte || *pigliarsi una — da pelare*, se fourrer dans un guêpier || *è una bella — da pelare!*, cela va me donner du fil à retordre! || *ho altre gatte da pelare*, j'ai d'autres chats à fouetter || *— ci cova!*, il y a anguille sous roche!; *far la gatta morta*, faire la chattemite.

gattabuia *s.f.* (*scherz.*) (*prigione*) violon (*m.*), trou (*m.*).

gattamorta (pl. *gattemorte*) *s.f.* (*fam.*) mijaurée.

gattice *s.m.* (*bot.*) peuplier blanc.

gattino *s.m.* chaton.

gatto *s.m.* **1** chat: *— soriano*, chat tigré || *essere come cani e gatti*, être comme chien et chat || *c'erano quattro gatti*, il y avait trois pelés et un tondu **2** — *delle nevi*, dameuse (*f.*) **3** (*zool.*) *pesce —*, poisson-chat.

gattonare *v.tr.* suivre* furtivement ♦ *v.intr.* marcher en tapinois.

gattoni *avv.* à quatre pattes || (*fig.*) *gatton —*, (*di soppiatto*) en tapinois.

gattopardo *s.m.* (*zool.*) guépard, serval*: — *americano*, ocelot.

gattuccio *s.m.* (*zool.*) roussette (*f.*), chat de mer.

gaudente *agg.* joyeux* ♦ *s.m.* jouisseur*.

gaudio *s.m.* joie (*f.*) || *mal comune mezzo —*, mal commun n'est que demi-mal.

gavetta *s.f.* (*mil.*) gamelle || *venire dalla —*, (*di militari*) sortir des rangs, (*di borghesi*) s'être fait tout seul; *fare la —*, passer par toutes les étapes.

gavitello *s.m.* bouée (*f.*).

gavotta *s.f.* (*mus.*) gavotte.

gay (pl. *invar.*) *agg. e s.m.* (*omosessuale*) gay.

gazza *s.f.* pie.

gazzarra *s.f.* chahut (*m.*): *fare —*, chahuter.

gazzella *s.f.* gazelle.

gazzetta *s.f.* gazette || *Gazzetta Ufficiale*, Journal Officiel.

gazzettino *s.m.* gazette (*f.*) (*anche fig.*).

geco (pl. *-chi*) *s.m.* (*zool.*) gecko.

gelare *v.tr. e intr.* geler*; (*fig.*) glacer* || *sentirsi —*, (*fig.*) sentir son sang se glacer dans ses veines ♦ *v.intr.impers.* geler*: *la notte passata è, ha gelato*, la nuit dernière il a gelé ♦ *v.intr.*, **gelarsi** *v.pron.* geler*; (*fig.*) glacer*: *mi (si) sono gelate le orecchie*, j'ai les oreilles gelées.

gelata *s.f.* gelée.

gelataio *s.m.* glacier, marchand de glaces.

gelatiera *s.f.* sorbetière.

gelatina *s.f.* **1** (*cuc.*) gelée: *pollo in —*, poulet à la gelée **2** (*chim.*) gélatine.

gelatinoso *agg.* gélatineux*.

gelato *agg.* gelé || *acqua gelata*, eau glacée || *strada gelata*, route verglacée || *cono —*, cornet de glace ♦ *s.m.* glace (*f.*): *una coppa di —*, une coupe de glace; *— misto*, glace panachée || *— da passeggio*, esquimau (glacé).

gelido *agg.* glacial* (*anche fig.*) || *-mente* *avv.*

gelo *s.m.* **1** gel; (*gelata*) gelée (*f.*) || *farsi di —*, devenir de pierre **2** (*crosta di ghiaccio*) glace (*f.*); (*su strada*) verglas **3** (*freddo*) froid || *sentirsi il — addosso*, se sentir gelé jusqu'aux os.

gelone *s.m.* engelure (*f.*).

gelosia *s.f.* **1** jalousie **2** (*cura gelosa*) soin jaloux.

geloso *agg.* jaloux*.

gelso *s.m.* (*bot.*) mûrier.

gelsomino *s.m.* (*bot.*) jasmin.

gemellaggio *s.m.* jumelage.

gemellare *agg.* gémellaire: *parto —*, accouchement de jumeaux.

gemello *agg.* jumeau* || *anima gemella*, *(fig.)* âme sœur ♦ *s.m.* **1** jumeau* **2** *(astr.)* *Gemelli*, Gémeaux **3** *pl.* *(per polsini)* boutons de manchettes.

gemere *v.intr.* **1** gémir **2** *(stridere)* grincer*.

geminato *agg.* géminé.

gemito *s.m.* gémissement.

gemma *s.f.* **1** gemme: *tempestato di gemme*, incrusté de pierres précieuses || *le gemme della letteratura*, *(fig.)* les chefs-d'œuvre de la littérature **2** *(bot.)* bourgeon *(m.)*.

gemmato *agg.* *(bot.)* gemmé.

gemmazione *s.f.* *(bot.)* gemmation.

gendarme *s.m.* gendarme.

gendarmeria *s.f.* gendarmerie.

gene *s.m.* *(biol.)* gène.

genealogia *s.f.* généalogie.

genealogico *(pl. -ci)* *agg.* généalogique.

genepì *s.m.* genépi.

generale[1] *agg.* e *s.m.* général*: *è opinione — che*, l'opinion générale est que || *stare, mantenersi sulle generali*, s'en tenir aux généralités || *in —*, en général.

generale[2] *s.m.* *(mil.)* général*.

generalessa *s.f.* **1** générale **2** *(spreg.)* gendarme *(m.)*.

generalità *s.f.* **1** généralité; *(maggioranza)* majorité || *nella — dei casi*, dans la plupart des cas **2** *pl.* identité *(sing.)*: *declinare le proprie —*, décliner son identité.

generalizzare *v.tr.* généraliser □ **generalizzarsi** *v.pron.* se généraliser.

generalizzazione *s.f.* généralisation.

generalmente *avv.* en général, généralement.

generare *v.tr.* **1** engendrer, donner naissance (à) **2** *(produrre)* produire*; *(causare)* causer: *— malcontento*, causer du mécontentement; *— calore*, engendrer de la chaleur; *— diffidenza*, inspirer de la méfiance.

generatore *(f. -trice)* *agg.* e *s.m.* générateur*.

generazionale *agg.* de génération: *conflitto —*, conflit de génération; *gap —*, fossé des générations.

generazione *s.f.* **1** génération **2** *(produzione)* production; *(sviluppo)* dégagement *(m.)*.

genere *s.m.* **1** genre || *scherzo di cattivo —*, plaisanterie de mauvais goût || *persone di ogni —*, toutes sortes de gens || *spettacolo di nuovo —*, spectacle d'un genre nouveau || *non ho mai visto una cosa del —*, je n'ai jamais vu une chose pareille || *...e cose del —*, ... et de choses de ce genre; *vorrei qlco del —*, je voudrais qqch dans ce genre-là, dans ce style-là || *è di un — tutto suo*, c'est un type très particulier || *nel suo —*, en son genre **2** *(spec.pl.)* *(merce)* denrée *(f.)*; *(prodotto)* produit: *generi alimentari*, denrées alimentaires; *generi di prima necessità*, produits de première nécessité; *generi di lusso*, articles de luxe □ **in genere** *locuz.avv.* en général.

genericamente *avv.* d'une manière générale, en termes très généraux.

genericità *s.f.* vague *(m.)*: *cadere nella —*, tomber dans les généralités.

generico *(pl. -ci)* *agg.* générique; *(generale)* général*; *(vago)* vague: *nozioni generiche*, des notions très générales; *accuse generiche*, des accusations vagues || *medico —*, généraliste ♦ *s.m.* **1** vague **2** *(teatr.)* acteur qui joue les utilités: *far parti di —*, jouer les utilités.

genero *s.m.* gendre, beau-fils*.

generosità *s.f.* générosité.

generoso *agg.* généreux* (envers) || *-mente* *avv.*

genesi *s.f.* genèse.

genetica *s.f.* génétique.

genetico *(pl. -ci)* *agg.* génétique || *-mente* *avv.*

genetista *s.m.* généticien*.

genetliaco *(pl. -ci)* *agg.* e *s.m.* anniversaire.

genetta *s.f.* *(zool.)* genette.

gengiva *s.f.* gencive: *mi sanguinano le gengive*, mes gencives saignent.

gengivale *agg.* gingival*.

gengivite *s.f.* *(med.)* gingivite.

genia *s.f.* *(spreg.)* race: *non voglio aver a che fare con simile —*, je ne veux pas avoir affaire à cette engeance-là || *la — degli imbrattacarte*, la gent écrivassière.

geniale *agg.* génial* || *-mente* *avv.*

genialità *s.f.* génialité; *(genio)* génie *(m.)*; *(talento)* talent *(m.)*.

genialoide *s.m.* génie ♦ *agg.* génial*.

geniere *s.m.* *(mil.)* sapeur.

genio[1] *s.m.* **1** genie: *sei un —!*, tu es génial!; *è un —*, c'est une grosse tête; *si crede un —*, il se prend pour une lumière || *avere il — degli affari*, avoir la bosse des affaires; *avere — per qlco*, être doué pour qqch || *andare a —*, plaire beaucoup: *è di mio —*, de mon goût **2** *(divinità tutelare)* génie.

genio[2] *s.m.* *(mil.)* génie || *Genio Civile*, Génie Civil.

genitale *agg.* génital*.

genitivo *s.m.* *(gramm.)* génitif.

genitori *s.m.pl.* parents.

gennaio *s.m.* janvier.

genocidio *s.m.* génocide.

genoma *s.m.* *(biol.)* génome.

genotipo *s.m.* *(biol.)* génotype.

genovese *agg.* e *s.m.* génois.

gentaglia *s.f.* sales gens; racaille.

gente *s.f.* gens* *(m.pl.)*; *(non specificato)* monde *(m.)*: *è — per bene*, ce sont des gens bien, comme il faut; *c'è molta —*, il y a beaucoup de monde; *tutta la —*, tout le monde; *la — di città*, les gens, les habitants de la ville; *tutta la — che...*, tous ceux qui...; *la — dice che...*, on dit que...; *la — mormora, chiacchiera*, on murmure, on jase; *non preoccuparti di quel che può dire la —*, ne te soucie pas du qu'en-dira-t-on || *la mia —*, les miens || *l'apostolo delle genti*, l'Apôtre des Gentils • Se *gens* è immediatamente preceduto da *agg.* con forma del *f.* diversa da quella del *m.*, tale *agg.* e tutti quelli che lo precedono si accordano al *f.*: *certa —*, certaines gens; *è brava —*, ce sont de bonnes gens; *che — brava e onesta!*, quels bons et honnêtes gens!; *è — brava e coraggiosa*, ce sont des gens bons et courageux.

gentildonna *s.f.* dame.

gentile *agg.* **1** aimable; gentil*: *sei stato molto — a venire*, tu as été très aimable, gentil de venir || *Gentile signora*, (*nelle lettere*) Chère Madame; (*sulla busta*) Madame **2** (*nobile, delicato*) délicat **3** (*aggraziato*) gracieux* || *il gentil sesso*, le beau sexe.

gentilezza *s.f.* **1** gentillesse, amabilité; (*delicatezza*) délicatesse **2** (*favore*) plaisir (*m.*) || *per —*, s'il vous, s'il te plaît **3** *pl.* (*atti, parole gentili*) attentions.

gentilizio *agg.* nobiliaire || *stemma —*, armes.

gentilmente *avv.* aimablement, gentiment.

gentiluomo (pl. *gentiluomini*) *s.m.* gentilhomme*: *— di campagna*, gentilhomme campagnard; *comportarsi da —*, se conduire en gentleman || *parola di —*, parole d'honneur.

genuflessione *s.f.* génuflexion.

genuflettersi (Part.pass. *genuflesso*) *v.pron.* faire* une génuflexion; (*inginocchiarsi*) s'agenouiller.

genuinamente *avv.* naturellement.

genuinità *s.f.* **1** pureté; (*autenticità*) authenticité || *— dei cibi*, qualité des aliments **2** (*fig.*) sincérité; (*spontaneità*) spontanéité, naturel (*m.*).

genuino *agg.* **1** naturel*: *vino —*, vin naturel; *del chianti —*, du vrai chianti; *notizia genuina*, nouvelle authentique **2** (*fig.*) sincère; (*spontaneo*) spontané.

genziana *s.f.* (*bot.*) gentiane.

geo- *pref.* géo-

geocentrico (pl. *-ci*) *agg.* géocentrique.

geochimica *s.f.* géochimie.

geode *s.m.* géode (*f.*).

geodesia *s.f.* géodésie.

Uso del Gerundio

ITALIANO

FRANÇAIS

1 se può essere sostituito da **nel, col** + infinito o da **mentre, quando** + indicativo

en + participe présent

Quando le due azioni sono simultanee e compiute dal medesimo soggetto

ITALIANO	FRANÇAIS
uscirono cantando	ils sortirent en chantant
leggendo (*nel leggere*) *la sua lettera sorrideva*	en lisant sa lettre, il souriait
studiando (*con lo studiare*) *si impara*	en étudiant on apprend
non è piangendo (*col piangere*) *che risolverai i tuoi problemi*	ce n'est pas en pleurant que tu résoudras ton problème
l'ho visto entrando (*nell'entrare, mentre entravo*) *a scuola*	je l'ai vu en entrant à l'école
ascoltandola imparerai tante cose	en l'écoutant tu apprendras bien des choses

2 **pur** + gerundio

tout en + participe présent

pur leggendo seguiva la conversazione	tout en lisant elle suivait la conversation

3 se può essere sostituito da **poichè, siccome** + indicativo

participe présent

a le due azioni sono successive:

temendo (*poichè temeva*) *di disturbarmi non si mosse più*	craignant de me déranger il ne bougea plus
sperando (*siccome speravo*) *di vederti presto, non ho risposto alla tua lettera*	espérant te voir bientôt je n'ai pas répondu à ta lettre
conoscendo (*siccome conosci*) *il suo carattere non dovevi dirglielo*	connaissant son caractère tu n'aurais pas dû le lui dire

b i soggetti sono diversi:

stando le cose come stanno, taccio	les choses étant ce qu'elles sont, je me tais
essendo morto il padre, i figli si separarono	leur père étant mort les enfants se séparèrent

c il verbo è negativo o composto:

non sapendo più cosa dire...	ne sachant plus que dire...
non conoscendo nessuno qui...	ne connaissant personne ici...
avendo detto una stupidaggine...	ayant dit une bêtise...

geodetica *s.f.* géodésique.
geodetico (pl. *-ci*) *agg.* géodésique.
geofisica *s.f.* géophysique.
geografia *s.f.* géographie.
geografico (pl. *-ci*) *agg.* géographique: *atlante —*, atlas || **-mente** *avv.*
geografo *s.m.* géographe.
geoide *s.m.* géoïde.
geologia *s.f.* géologie.
geologico (pl. *-ci*) *agg.* géologique.
geologo (pl. *-gi*) *s.m.* géologue.
geometra *s.m.* géomètre.
geometria *s.f.* géométrie.
geometrico (pl. *-ci*) *agg.* géométrique || **-mente** *avv.*
geopolitica *s.f.* géopolitique.
geopolitico (pl. *-ci*) *agg.* géopolitique.
georgiano *agg.* e *s.m.* géorgien*.
geostazionario *agg.* géostationnaire.

geranio *s.m.* géranium.
gerarca (pl. *-chi*) *s.m.* dignitaire.
gerarchia *s.f.* *hiérarchie.
gerarchico (pl. *-ci*) *agg.* *hiérarchique || *per via gerarchica*, par (la) voie hiérarchique || **-mente** *avv.*
gerbera *s.f.* (*bot.*) gerbera (*m.*).
geremiade *s.f.* jérémiade.
gerente *s.m.* gérant.
gergale *agg.* argotique.
gergo (pl. *-ghi*) *s.m.* (*linguaggio convenzionale*) argot; (*linguaggio di una determinata classe, professione, attività*) jargon: *— della malavita*, argot du milieu; *— filosofico*, jargon des philosophes; *parlare in —*, parler argot.
geriatra *s.m.* gériatre.
geriatria *s.f.* gériatrie.
geriatrico (pl. *-ci*) *agg.* gériatrique.
gerla *s.f.* *hotte.

4	quando il verbo è impersonale e quando lo esige la chiarezza della frase	**comme, puisque, si** + indicatif

    trattandosi di voi...   puisqu'il s'agit de vous...
    occorrendo, partirò con lui   s'il le faut, je partirai avec lui
    dovendo io partire oggi stesso   comme je dois partir aujourd'hui même
    *volendo scrivere in francese, devi abituarti a   si tu veux écrire en français, tu dois t'habituer à
        pensare in francese*   penser en français

5	quando si trova tra due virgole	**si** + indicatif

    è un uomo importante e, volendo, ti può   c'est un homme important et, s'il le veut,
        aiutare   il peut t'aider
    continuando così, non arriverai a niente   si tu continues ainsi, tu n'arriveras à rien
    potendo, lo farò   si je peux, je le ferai

6	andare, venire + gerundio	**verbe conjugué**

    il tempo va cambiando   le temps change
    la sua malattia va peggiorando di giorno in   sa maladie s'aggrave, empire de jour en jour
        giorno
    mi veniva raccontando tutti i suoi mali   il me racontait tous ses maux

---

7	stare + gerundio	**être en train de** + infinitif *ou* **verbe conjugué**
		être sur le point de + infinitif *ou* **aller** + infinitif

    non vedi che sto mangiando?   ne vois-tu pas que je suis en train de manger?
    stava telefonando quando sono entrato   il était en train de téléphoner, il téléphonait
                                    lorsque je suis entré
    no, no, non stavo dormendo   non, non, je ne dormais pas
    stava uscendo   il était sur le point de sortir, il allait sortir

germanico (pl. *-ci*) *agg.* (*st.*, *ling.*) germanique; (*della Germania*) allemand.

germanismo *s.m.* germanisme.

germanista *s.m.* germaniste.

germanistica *s.f.* études germaniques.

germanizzare *v.tr.* germaniser.

germano[1] *agg.* germain: *cugino* —, cousin germain.

germano[2] *s.m.* (*zool.*) canard sauvage.

germano[3] *agg.* (*st.*) germain || *i germani*, les Germains.

germe *s.m.* germe (*anche fig.*).

germicida *agg.* e *s.m.* germicide.

germinare *v.intr.* germer (*anche fig.*).

germinativo *agg.* germinatif*.

germinazione *s.f.* germination.

germogliare *v.intr.* bourgeonner; (*fig.*) germer.

germoglio *s.m.* bourgeon, pousse (*f.*); (*fig.*) germe.

geroglifico (pl. *-ci*) *agg.* hiéroglyphique ♦ *s.m.* hiéroglyphe.

gerontocomio *s.m.* hospice (des vieux).

gerontologia *s.f.* gérontologie.

gerundio *s.m.* gérondif.

gessato *agg.* plâtré; (*di stoffa*) rayé ♦ *s.m.* (*abito maschile*) costume rayé.

gessetto *s.m.* craie (*f.*): *gessetti colorati*, craies de couleur; *scrivere con un* —, écrire à, avec la craie || — *per sarti*, craie (de) tailleur.

gesso *s.m.* **1** (*min.*) gypse; (*polvere del minerale*) plâtre (*anche med.*): *cava di* —, plâtrière **2** (*opera d'arte in gesso*) plâtre **3** (*gessetto*) craie (*f.*).

gessoso *agg.* plâtreux*; (*contenente gesso*) gypseux*.

gesta *s.f.pl.* exploit (*m.sing.*), *hauts faits || (*lett.*) *canzoni di* —, chansons de geste.

gestante *s.f.* femme enceinte.

gestazione *s.f.* gestation.

gesticolare *v.intr.* gesticuler.

gesticolazione *s.f.* gesticulation.

gestionale *agg.* de gestion.

gestione *s.f.* gérance; (*amm.*) gestion; (*messa a frutto*) exploitation: *la* — *di un caffè*, la gérance d'un bar; — *aziendale*, gestion d'entreprise; — *di una linea ferroviaria*, exploitation d'une ligne de chemin de fer; *assumere la* — *di*, prendre la gestion de || — *di fondi pubblici*, administration de deniers publics || (*inform.*) — *di files, dei dati*, gestion de fichiers, des données.

gestire[1] (*coniug. come* finire) *v.intr.* (*fare gesti*) faire* des gestes.

gestire[2] *v.tr.* **1** (*amministrare*) gérer* || *gestito dallo stato*, contrôlé par l'État || — *il proprio tempo*, aménager son temps **2** (*inform.*) diriger*.

gesto *s.m.* geste: *con un* — *del capo*, d'un hochement de tête.

gestore (f. *-trice*) *s.m.* gérant; (*amministratore*) administrateur*; (*di luoghi di spettacolo*) exploitant; (*mil.*) gestionnaire.

gestuale *agg.* gestuel*.

Gesù *no.pr.m.* Jésus: — *Cristo*, Jésus-Christ; — *Bambino*, l'Enfant Jésus, le Petit Jésus.

gesuita *s.m.* jésuite.

gesuitico (pl. *-ci*) *agg.* jésuitique, jésuite.

gesuitismo *s.m.* jésuitisme.

gettare *v.tr.* **1** jeter* (*anche fig.*): — *in terra*, *in acqua*, *in mare*, jeter à, par terre, à l'eau, à la mer; — (*fuori*) *dalla finestra*, jeter par la fenêtre; — *via*, jeter, (*fig.*) gaspiller; — *lontano*, lancer loin; — *insulti contro qlcu*, lancer des insultes à qqn || — *a mare un progetto*, (*fig.*) laisser tomber un projet || — *in mezzo a una strada*, jeter à la rue || — *un bacio*, envoyer un baiser || — *nella disperazione*, plonger dans le désespoir || *la ferita getta sangue*, la blessure saigne; *il vulcano gettava fiamme e lava*, le volcan vomissait des flammes et de la lave **2** (*tecn.*) jeter*; (*fondere*) couler ♦ *v.intr.* **1** (*germogliare*) bourgeonner **2** (*versare*) couler: *la fontana non getta più*, la fontaine ne coule plus □ **gettarsi** *v.pron.* se jeter* (*anche fig.*): *gli si gettò contro*, il se jeta sur lui.

gettata *s.f.* **1** (*metall.*) coulage (*m.*), coulée **2** (*diga*) jetée **3** (*med.*) — *cardiaca*, débit cardiaque.

gettito *s.m.* produit, rendement || — *fiscale*, recettes fiscales.

getto *s.m.* **1** jet || *a* — *continuo*, sans interruption || *di* —, d'un (seul) jet **2** (*tecn.*) (*gettata*) coulage, coulée (*f.*) **3** (*germoglio*) jet, bourgeon **4** (*metall.*) moulage, fonte (*f.*); (*pezzo*) pièce moulée: — *di bronzo*, moulage de bronze; — *di ghisa*, fonte moulée.

gettonare *v.tr.* (*fam.*) choisir une chanson || *una canzone gettonata*, un tube.

gettone *s.m.* **1** jeton: *apparecchio a* —, appareil automatique **2** (*da gioco*) fiche (*f.*).

gettoniera *s.f.* **1** (*distributrice*) distributeur de jetons **2** (*fessura*) fente.

geyser *s.m.* geyser.

ghepardo *s.m.* (*zool.*) guépard.

gheriglio *s.m.* cerneau*.

ghermire (*coniug. come* finire) *v.tr.* saisir (*anche fig.*).

gherone *s.m.* (*cucito*) soufflet.

ghetta *s.f.* **1** guêtre **2** *pl.* (*per bambini*) culotte-guêtres*.

ghettizzare *v.tr.* isoler, enfermer dans un ghetto.

ghettizzazione *s.f.* ségrégation.

ghetto *s.m.* ghetto (*anche fig.*).

ghiacciaia *s.f.* glacière.

ghiacciaio *s.m.* glacier.

ghiacciare (*coniug. come* cominciare) *v.tr.* **1** geler* **2** (*fig.*) glacer* ♦ *v.intr.*, **ghiacciarsi** *v.pron.* geler*.

ghiacciata *s.f.* granité (*m.*).

ghiacciato *agg.* **1** gelé **2** (*freddo come ghiaccio*) glacé.

ghiaccio *s.m.* glace (*f.*): *tenere in* —, conserver dans la glace; — *secco*, glace sèche || (*fig.*): *restare di* —, rester de glace; *rompere il* —, rompre la glace ♦ *agg.* glacé || *bianco* —, blanc bleuté.

ghiacciolo *s.m.* glaçon (*anche fig.*); (*da passeggio*) glace à l'eau.

ghiaia *s.f.* 1 gravier (*m.*) 2 (*per la copertura delle strade*) gravillon (*m.*).

ghiaione *s.m.* moraine (*f.*).

ghiaioso *agg.* graveleux*.

ghianda *s.f.* gland (*m.*).

ghiandaia *s.f.* (*zool.*) geai (*m.*).

ghiandola *s.f.* glande.

ghiandolare *agg.* (*anat.*) glandulaire.

ghibellino *agg.* e *s.m.* (*st.*) gibelin.

ghiera *s.f.* 1 (*di bastone ecc.*) embout (*m.*) 2 (*mecc.*) frette.

ghigliottina *s.f.* guillotine.

ghigliottinare *v.tr.* guillotiner.

ghignare *v.intr.* ricaner.

ghigno *s.m.* rictus; (*riso maligno*) ricanement.

ghinea *s.f.* guinée.

ghingheri *s.m.pl.*: *mettersi in* —, se mettre sur son trente et un.

ghiotto *agg.* 1 gourmand; (*seguito da compl.*) friand 2 (*appetitoso*) appétissant; (*fig.*) savoureux*.

ghiottone *s.m.* glouton*.

ghiottoneria *s.f.* gourmandise.

ghiozzo *s.m.* (*zool.*) goujon.

ghirba *s.f.* outre || (*gergo mil.*) *lasciarci la* —, y laisser sa peau.

ghiribizzo *s.m.* fantaisie (*f.*), lubie (*f.*).

ghirigoro *s.m.* gribouillis || *fare ghirigori*, (*scarabocchiare*) griffonner.

ghirlanda *s.f.* guirlande.

ghiro *s.m.* loir.

ghisa *s.f.* fonte.

già *avv.* 1 (*di*) —, déjà: *è* — *tanto, molto* (*se...*), c'est déjà beaucoup (si...) || — *citato, — descritto*, (qui a été) cité, décrit plus haut || *vedo* — *che...*, je vois bien que... || — *che ci siamo...*, puisque nous y sommes... 2 (*ex*) ex, ancien*: *il signor X, — ministro delle Finanze*, monsieur X, ex-ministre (*o ancora ministre*) des Finances 3 (*con valore di constatazione*) c'est vrai: *"Avresti dovuto intervenire"* *"Già, ma ero assente"*, *"Tu aurais dû intervenir"* *"C'est vrai, mais j'étais absent"*; — —, c'est vrai, mais oui, c'est vrai || — *sappiamo che non c'entri*, nous savons très bien que tu n'y es pour rien || —, *tu hai sempre ragione!*, (*iron.*) bien sûr, (toi) tu as toujours raison! || *"Me lo presti un milione?"* *"Già! e chi ce l'ha?"*, "Est-ce que tu me prêtes un million?" "Tu parles! il faudrait d'abord l'avoir" 4 (*con valore rafforzativo o pleonastico, non si traduce*): *non* — *come medico, ma come amico*, non pas en tant que médecin, mais comme ami.

giacca (f. *-che*) *s.f.* veste; (*di completo da uomo*) veston (*m.*): — *a un petto*, veston droit || — *a vento*, anorak.

giacché *cong.* puisque.

giacchetta *s.f.* (*da uomo*) veston.

giacchio *s.m.* épervier.

giaccone *s.m.* blouson.

giacente *agg.* 1 gisant || *statua* —, gisant 2 (*comm.*) en stock; (*non recapitato*) en souffrance 3 (*di capitale*) improductif*.

giacenza *s.f.* (*comm.*) (*di merce*) stock (*m.*); (*di denaro*) dépôt de capitaux || — *di cassa*, solde en caisse, encaisse || *in* —, en stock; (*inutilizzato*) improductif; (*invenduto*) invendu.

giacere (*coniug. come* piacere) *v.intr.* 1 gésir*; (*essere disteso*) être* couché || — *ammalato*, être malade || *buttarsi a* — (*su*), se laisser tomber (sur) || *qui giace*, (*sulle epigrafi tombali*) ci-gît 2 (*essere*) être* situé; (*trovarsi*) se trouver.

giaciglio *s.m.* grabat.

giacimento *s.m.* gisement.

giacinto *s.m.* jacinthe (*f.*).

giacitura *s.f.* posture, position.

giacobino *agg.* e *s.m.* (*st.*) jacobin.

giaculatoria *s.f.* 1 oraison jaculatoire 2 (*elenco noioso*) litanie.

giada *s.f.* jade (*m.*).

giaggiolo *s.m.* iris.

giaguaro *s.m.* jaguar.

giaietto *s.m.* jais.

giallastro *agg.* jaunâtre.

gialliccio *agg.* jaunâtre.

giallino *agg.* jaunet*.

giallo *agg.* jaune: *farina gialla*, farine de maïs; *diventar* — *dalla bile*, (*fig.*) verdir de rage; *era* — *per l'invidia*, (*fig.*) il était blême d'envie || *libro, film* —, roman, film policier ♦ *s.m.* 1 jaune || *passare col* —, (*a un semaforo*) passer à l'orange 2 (*libro, film*) roman policier, (*fam.*) polar; film policier.

giallognolo *agg.* jaunâtre.

giamaicano *agg.* e *s.m.* jamaïquain.

giammai *avv.* jamais.

giansenismo *s.m.* (*st.*) jansénisme.

giansenista *s.m.* (*st.*) janséniste.

giapponese *agg.* e *s.m.* japonais.

giara *s.f.* jarre.

giardinaggio *s.m.* jardinage || *fare del* —, jardiner.

giardinetta *s.f.* (*aut.*) fourgonnette.

giardiniera *s.f.* jardinière.

giardiniere *s.m.* jardinier.

giardino *s.m.* jardin: *in* —, au jardin || — *pensile*, jardin suspendu; — *all'italiana*, jardin classique, à la française; — *all'inglese*, jardin anglais || — *d'infanzia*, jardin d'enfants.

giarrettiera *s.f.* jarretelle; (*a banda circolare*) jarretière.

giavellotto *s.m.* javelot.

gibbone *s.m.* (*zool.*) gibbon.

gibbosità *s.f.* gibbosité.

gibboso *agg.* (*letter.*) gibbeux*.

giberna *s.f.* giberne.

gigante *agg.* e *s.m.* géant.

giganteggiare (*coniug. come* mangiare) *v.intr.* s'élever* au-dessus (de).

gigantesco (pl. *-chi*) *agg.* gigantesque.

gigantismo *s.m.* gigantisme.

gigantografia *s.f.* (*fot.*) gigantographie.

gigaro, gighero *s.m.* (*bot.*) arum.

gigione *s.m.* histrion; m'as-tu-vu*.

giglio *s.m.* lis, lys || — *di Francia*, fleur de lis.

gilè *s.m.* gilet.

gimnoto *s.m.* (*zool.*) gymnote.

gincana *s.f.* gymkhana (*m.*).

gineceo *s.m.* gynécée (*f.*).

gine(co)- *pref.* gyné(co)-

ginecologia *s.f.* gynécologie.

ginecologico (pl. -*ci*) *agg.* gynécologique.

ginecologo (pl. -*gi*) *s.m.* gynécologue.

ginepraio *s.m.* (*fig.*) guêpier.

ginepro *s.m.* (*arbusto*) genévrier; (*frutto, estratto*) genièvre (*f.*).

ginestra *s.f.* genêt (*m.*) || — *spinosa*, ajonc.

ginevrino *agg.* e *s.m.* genevois.

gingillarsi *v.pron.* **1** (*giocherellare*) jouer **2** (*perdere il tempo*) lambiner.

gingillo *s.m.* **1** jouet (*anche fig.*) **2** (*ninnolo*) bibelot; (*ciondolo*) breloque (*f.*).

ginnasiale *agg.* du lycée classique (premier cycle) ♦ *s.m.* élève du → ginnasio.

ginnasio *s.m.* en Italie cours d'études correspondant aux deux premières années du lycée classique.

ginnasta *s.m.* e *f.* gymnaste.

ginnastica *s.f.* gymnastique; (*fam.*) gym: *fare* —, faire de la gymnastique.

ginnico (pl. -*ci*) *agg.* gymnastique.

ginocchiera *s.f.* genouillère: — *elastica*, genouillère médicale.

ginocchio (pl. -*chi*; pl.f. -*chia*) *s.m.* genou*: *sino al* —, jusqu'aux genoux; *gli si piegavano le ginocchia*, ses genoux se dérobaient sous lui || *in* —, à genoux; *gettarsi alle ginocchia di qlcu*, se jeter aux pieds de qqn.

ginocchioni *avv.* à genoux.

giocare (*coniug. come* mancare) *v.intr.* **1** jouer (*anche fig.*): *ha giocato due ore al pallone*, il a joué pendant deux heures au ballon; *sai — a poker?*, tu sais jouer au poker?; — *forte*, jouer gros jeu; — *alle bambole*, jouer à la poupée; — *a palla*, jouer à la balle; — *a carte*, jouer aux cartes; *a chi tocca* —?, à qui le tour?; — *in due, in quattro*, jouer à deux, à quatre; *ha il vizio di* —, il a le vice du jeu || — *in Borsa*, jouer à la Bourse || (*fig.*): — *un gioco pericoloso*, jouer un jeu dangereux; — *sul sicuro*, jouer à coup sûr; *a che gioco giocate?*, quel jeu jouez-vous là? **2** (*entrare in gioco*) entrer en jeu: *in queste cose gioca la fortuna*, dans ces choses, la fortune entre en jeu ♦ *v.tr.* **1** jouer (*anche fig.*): — *una partita alle bocce, di calcio*, faire une partie de boules, un match de football; — *picche, colori*, jouer pique, en couleurs; *si è giocato una fortuna*, il a joué une fortune || (*fig.*): *ci giocherei la testa che...*, je donnerais ma tête à couper que... **2** (*rischiare*) risquer, jouer; (*perdere*) perdre*; (*compromettere*) compromettre*: *giocarsi l'avvenire*, risquer son avenir; *si è giocato il posto*, il a perdu sa place; *si è giocato la carriera*, il a compromis sa carrière **3** (*ingannare*) jouer, rouler.

giocata *s.f.* **1** partie || *ha fatto una bella* —, il a fait un coup de maître **2** (*posta*) mise, enjeu* (*m.*).

giocatore (f. -*trice*) *s.m.* joueur* || — *di Borsa*, celui qui joue à la Bourse.

giocattolo *s.m.* jouet || *essere un — nelle mani di qlcu*, être le jouet de qqn.

giocherellare *v.intr.* jouer.

giochetto *s.m.* **1** petit jeu*: *è un — (da niente) per lui*, c'est un jeu d'enfant pour lui **2** (*tiro, raggiro*) tour: *m'ha fatto un — poco simpatico*, il m'a joué un vilain tour.

gioco (pl. -*chi*) *s.m.* **1** jeu*: *giochi di prestigio*, tours de prestidigitation || *fare un — prudente*, jouer prudemment; *fare un — pericoloso*, (*anche fig.*) jouer un jeu dangereux || (*fig.*): *fare il doppio* —, jouer double jeu; *avere buon* —, avoir beau jeu; *è un — da ragazzi*, c'est un jeu d'enfant; *ho capito il vostro* —, je vois clair dans votre jeu; *stare al* —, jouer le jeu; *far buon viso a cattivo* —, faire contre mauvaise fortune bon cœur; *prendersi — di qlcu*, se jouer, se moquer de qqn || *il — è fatto*, les jeux sont faits || *per* —, par jeu || *fuori* —, hors du jeu || *entrare, essere in* —, entrer, être en jeu; *volgere tutto in* —, tourner tout en plaisanterie || *un bel — dura poco*, les meilleures plaisanteries sont les plus courtes **2** (*partita*) partie (*f.*); (*posta*) mise (*f.*): *raddoppiare il* —, doubler la mise **3** (*sport*) jeu*.

giocoliere *s.m.* jongleur, bateleur.

giocondità *s.f.* gaieté.

giocondo *agg.* joyeux*; (*lieto, gaio*) gai.

giocoso *agg.* gai || (*mus.*) *opera giocosa*, opéra comique.

giogaia¹ *s.f.* chaîne (de montagnes).

giogaia² *s.f.* (*dei ruminanti*) fanon (*m.*).

giogo (pl. -*ghi*) *s.m.* **1** joug (*anche fig.*): *mettere il — ai buoi*, atteler les bœufs au joug **2** (*della bilancia*) fléau* **3** (*geogr.*) dôme.

gioia¹ *s.f.* joie: *con mia grande* —, à ma grande joie; *matto dalla* —, fou de joie; *non sto in me dalla* —, je ne tiens plus de joie; *è la — della famiglia*, il fait la joie de sa famille || *darsi alla pazza* —, s'en donner à cœur joie || — *mia!*, mon trésor!

gioia² *s.f.* bijou* (*m.*).

gioielleria *s.f.* bijouterie.

gioielliere *s.m.* bijoutier*.

gioiello *s.m.* bijou* (*anche fig.*) || *i gioielli della Corona*, les joyaux de la Couronne.

gioiosamente *avv.* joyeusement.

gioioso *agg.* joyeux*; (*lieto, gaio*) gai.

gioire (*coniug. come* finire; *dif. del part.pres.*) *v.intr.* jouir.

giordano *agg.* e *s.m.* jordanien*.

giornalaio *s.m.* marchand de journaux.

giornale *s.m.* **1** journal*: *leggere sul* —, lire dans le journal; *è il direttore del — locale*, c'est le directeur du journal local || — *radio*, informations (à la radio) || — *di bordo, di navigazione*, journal de bord **2** pl. (*stampa*) presse (*f.sing.*) **3** (*diario, registro*) journal* **4** (*comm.*) livre journal*: *registrare a* —, porter au journal.

giornaliero *agg.* journalier*, quotidien*.

giornalino *s.m.* journal* pour enfants; — *a fumetti*, bédé; *il — della scuola*, le journal, bulletin de l'école.

giornalismo *s.m.* journalisme; (*stampa*) presse (*f.*).

giornalista *s.m.* journaliste.

giornalistico (pl. -ci) *agg.* journalistique.

giornalmente *avv.* journellement; tous les jours.

giornata *s.f.* journée: *una — nera*, une mauvaise journée; *è stata per me una — persa*, j'ai perdu ma journée; *le giornate si allungano, si accorciano*, les jours s'allongent, diminuent || *in —*, dans la journée || *fresco di —*, du jour || *lavorare a —*, travailler à la journée; *lavorare mezza —, a — piena*, travailler à mi-temps, à temps complet || *andare a —*, aller en journée; *prendere una domestica a —*, prendre une femme de ménage à la journée || *andare a giornate*, avoir ses bons et ses mauvais jours || *vivere alla —*, vivre au jour le jour || *è a due giornate di cammino*, cela se trouve à deux jours de marche || (*mil.*) *essere di —*, être de service || *— campale*, (*fig.*) rude journée.

giorno *s.m.* 1 jour: *che — è?*, (*della settimana*) quel jour sommes-nous?; (*del mese*) quel jour du mois sommes-nous?, (*fam.*) on est le combien?; *è il — tre*, on est le trois; *da quel — nessuno l'ha visto*, depuis lors, personne ne l'a vu; *verrà a giorni*, il viendra dans quelques jours || *il — prima*, la veille; *il — prima della partenza*, la veille du départ; *il — dopo*, le lendemain; *il — dopo il suo arrivo*, le lendemain de son arrivée; *due giorni dopo il nostro incontro*, deux jours après, le surlendemain de notre rencontre || (*comm.*) *a quindici giorni data*, à quinze jours de date || *dare gli otto giorni*, donner ses huit jours || *va a giorni*, cela dépend des jours, (*va a lune*) elle a ses bons et ses mauvais jours || *— per —*, jour après jour, (*alla giornata*) au jour le jour || *di — in —*, de jour en jour; *di — in —, da un — all'altro*, d'un jour à l'autre || *a' miei giorni*, de mon temps; *al — d'oggi*, de nos jours || *ai suoi bei giorni*, (*in gioventù*) de son jeune temps, (*al tempo del suo splendore*) au temps de sa splendeur || *verrà il — in cui...*, un jour viendra où... 2 (*in opposizione a notte*) jour; (*in rapporto alla sua durata*) journée (*f.*): *è — fatto*, il fait grand jour; *di, in pieno —*, le jour, en plein jour; *sul far del —*, au petit jour; *di, durante il —*, pendant la journée; (*per*) *tutto il —*, pendant toute la journée, de toute la journée || *sembra —*, on se croirait en plein jour || *veder la luce del —*, (*nascere*) voir le jour || *ci corre quanto dal — alla notte*, c'est comme le jour et la nuit || *illuminazione a —*, éclairage a giorno 3 (*luce*) jour || (*ricamo*) *a —*, à jour || *porta a —*, porte à claire-voie 4 *buon — →* buongiorno.

giostra *s.f.* 1 manège (*m.*): *andare sulla —, fare un giro in —*, faire un tour de manège 2 (*ant.*) joute.

giostrare *v.intr.* jongler ♦ *v.tr.* (*organizzare*) organiser; (*far giocare a proprio vantaggio*) profiter de: *— i propri impegni*, organiser son emploi du temps; *ha giostrato bene la situazione*, il a bien su profiter de la situation.

giovamento *s.m.* avantage; (*utilità*) utilité (*f.*): *essere di —*, être utile; *recare —*, faire du bien; *ha*

trovato — con quella cura, il a bien profité de ce traitement.

giovane *agg.* 1 jeune: *il fratello più —*, (*di molti*) le plus jeune des frères, (*di due*) le frère cadet; *da —, quand il était jeune* || *il — Dupont*, (*opposto al padre, al fratello maggiore*) Dupont junior; *la — Rossi*, la petite Rossi || *far —*, rajeunir 2 (*nuovo*) nouveau*; (*non stagionato*) frais*: *vino —*, vin nouveau; *formaggio —*, fromage frais ♦ *s.m.* 1 jeune homme, garçon || *i giovani*, les jeunes (gens) 2 (*aiuto*) (*di bottega*) garçon; (*di avvocato*) clerc ♦ *s.f.* jeune fille.

giovanile *agg.* (*dei giovani*) juvénile; (*della giovinezza*) de jeunesse; (*giovane*) jeune || *organizzazioni giovanili*, organisations de jeunes.

giovanotto *s.m.* 1 jeune homme, garçon 2 (*fam.*) (*scapolo*) vieux garçon.

giovare *v.intr.* 1 être* utile; (*servire*) servir*: *non giova a nulla*, ça ne sert à rien; *non giova alla sua reputazione*, cela n'aide pas à sa réputation 2 (*far bene*) faire* du bien: *una vacanza vi gioverà*, une période de vacances vous sera profitable ♦ *v.intr.impers.* être* utile, être* bon: *giova sapere che...*, il est utile, bon de savoir que...; *giova notare che...*, il faut remarquer que...; *non giova a nulla piangere*, il ne sert à rien de pleurer; *a che giova?*, à quoi bon? □ **giovarsi** *v.pron.* se servir* (de), profiter (de).

giovedì *s.m.* jeudi: *è arrivato di —*, il est arrivé un jeudi.

giovenca (pl. -che) *s.f.* génisse.

giovenco (pl. -chi) *s.m.* bouvillon.

gioventù *s.f.* 1 jeunesse: *in —, nella mia —*, dans ma jeunesse 2 (*i giovani*) les jeunes, la jeunesse.

giovevole *agg.* utile, profitable (pour).

gioviale *agg.* jovial* || **-mente** *avv.*

giovialità *s.f.* jovialité.

giovialone *s.m.* (*fam.*) bon vivant.

giovinastro *s.m.* vaurien.

giovincello (*antiq., scherz.*) *s.m.* jouvenceau*.

giovinetta *s.f.* jeune fille.

giovinetto *s.m.* (jeune) garçon.

giovinezza *s.f.* jeunesse: *nella prima —*, dans sa prime jeunesse; *non essere più nella prima —*, ne plus être de la première jeunesse.

gipeto *s.m.* (*zool.*) gypaète.

gipsoteca (pl. -che) *s.f.* collection de plâtres.

girabile *agg.* (*comm.*) endossable.

giradischi *s.m.* tourne-disque*.

giradito *s.m.* (*med. pop.*) tourniole (*f.*).

giraffa *s.f.* girafe (*anche cine., tv*).

giramento *s.m.*: *— di capo, di testa*, vertige; *far venire il — di testa*, faire tourner la tête.

giramondo *s.m.* globe-trotter*.

girandola *s.f.* 1 girandole 2 (*giocattolo*) moulin à vent 3 (*banderuola*) girouette (*anche fig.*) 4 (*fig.*) (*rapida successione*) succession rapide.

girandolare *v.intr.* flâner.

girandolone *s.m.* flâneur*.

girante *s.m.* (*comm.*) endosseur.

girare *v.tr.* e *intr.* tourner ‖ *la strada gira intorno alla collina*, la route fait le tour de la colline; *è difficile — la macchina in una strada così stretta*, il est difficile de faire demi-tour dans une rue si étroite; — *lo sguardo intorno*, jeter un regard autour de soi ‖ — *intorno a un argomento*, (*fig.*) tourner autour du pot ‖ — (*cine.*) — *un film*, tourner un film ‖ (*mar.*) — *un capo*, (*doppiarlo*) doubler un cap ‖ (*banca*) — *un assegno*, endosser un chèque ‖ — (*per*) *il mondo*, courir le monde; *ha girato tutti gli Stati Uniti*, il a parcouru les Etats-Unis en long et en large; *ha girato mezzo mondo*, il est allé aux quatre coins du monde; — (*per*) *i negozi*, courir les magasins; *ho girato tutte le farmacie*, j'ai fait toutes les pharmacies; — *per la città*, se promener dans la ville; — *in città, nel quartiere*, circuler en ville, dans le quartier; — *la città*, (*visitarla*) visiter la ville; *ha girato tutta la città*, il a couru toute la ville; *ho girato tutta la casa*, j'ai regardé dans toute la maison; — *da una stanza all'altra*, aller d'une pièce à l'autre; *ho girato mezz'ora per trovare un parcheggio*, j'ai cherché une demi-heure avant de trouver à me garer ‖ *girano tanti soldi*, il y a beaucoup d'argent qui circule; *girano biglietti falsi*, il y a de faux billets en circulation ‖ *gira la voce che...*, le bruit court que...; *girano delle voci sul suo conto*, des rumeurs circulent sur son compte ‖ *gli girerò la tua richiesta*, je lui passerai ta demande; *girami la sua telefonata*, passe-le sur ma ligne ‖ — *una domanda*, poser la question à qqn d'autre □ **girarsi** *v.pron.* se tourner ‖ *non so da che parte girarmi*, (*fig.*) je ne sais (pas) de quel côté me tourner.

♦ FRASEOLOGIA: *girala come vuoi*, tu peux dire ce que tu veux; *gira le cose come vuole lui*, il arrange les choses à sa façon ‖ *gira e rigira...*, à force de..., (*in fin dei conti*) au bout du compte... ‖ *ma che ti gira?*, mais qu'est-ce qui te prend?; *chissà come gli gira oggi*, (*riferito all'umore*) je me demande de quel pied il s'est levé; *cosa ti gira per la testa?*, qu'est-ce que tu as dans la tête?; *se mi gira*, si ça me dit; *fa come gli gira*, il n'en fait qu'à sa tête ‖ (*fam.*): *far — le scatole*, casser les pieds; *se mi girano* (*le scatole*)..., si ça m'emmerde...

girarrosto *s.m.* tournebroche.

girasole *s.m.* (*bot.*) tournesol.

girata *s.f.* **1** tour (*m.*). **2** (*alle carte*) donne **3** (*comm.*) endossement (*m.*).

giratario *s.m.* (*comm.*) endossataire.

giravolta *s.f.* **1** pirouette **2** (*tortuosità*) détour (*m.*) ‖ *strada a giravolte*, route en lacet **3** (*fig.*) (*mutamento d'opinione*) volte-face* (*m.*).

girellare *v.intr.* flâner.

girello *s.m.* **1** (*oggetto a forma di disco*) rondelle (*f.*) **2** (*sostegno per bambini*) chariot **3** (*macelleria*) gîte à la noix.

giretto *s.m.* (petit) tour.

girevole *agg.* tournant.

gir(i)falco *s.m.* (*zool.*) gerfaut.

girino *s.m.* (*zool.*) têtard.

giro *s.m.* **1** tour ‖ *l'automobile ha fatto un — su se stessa*, la voiture a virevolté ‖ *essere su di giri*,

(*di motore*) s'emballer, (*di persona*) être euphorique ‖ — *di parole*, périphrase, circonlocution ‖ *fare un — di telefonate*, donner une série de coups de fil ‖ *fare un — in città*, faire un tour en ville ‖ *per arrivare ho fatto un — lungo*, j'ai fait un long détour pour arriver ‖ — *d'ispezione*, tournée d'inspection ‖ *il — della morte*, (*al lunapark*) la grande roue ‖ *il — delle mura* (*della città*), l'enceinte (de la ville) ‖ *nel — di pochi anni, di pochi giorni*, en quelques années, en quelques jours ‖ *un notevole — di affari*, un chiffre d'affaires considérable; *aumentare il — dei propri affari*, augmenter le volume de ses affaires ‖ (*comm.*) *partita di —*, contrepartie ‖ *rispondere a* (*stretto*) — *di posta*, répondre par retour du courrier **2** (*cerchia*) entourage; (*ambiente*) milieu*: *uno stretto — di amicizie*, un petit groupe d'amis; *il — della droga*, le milieu de la drogue; *si è messo in un brutto —*, il a de mauvaises fréquentations; *se vuoi un consiglio, devi rivolgerti a uno del —*, si tu veux un conseil, tu dois t'adresser à quelqu'un du métier ‖ *è fuori dal —*, il n'est plus dans le coup ‖ *il — delle auto rubate*, le trafic des voitures volées **3** (*nei lavori a maglia*) rang □ **in giro** *locuz.avv.*: *sedersi in —*, s'asseoir en rond ‖ *volgere lo sguardo in —*, regarder tout autour ‖ *prendere in — qlcu*, se moquer de qqn ‖ *andare in —*, se promener, (*uscire*) sortir; *andare in — per* (*i*) *negozi*, faire les magasins; *è sempre in —*, il est toujours dehors; *mi ha portato in — per Roma*, il m'a fait visiter Rome ‖ *ci sono in — certi scocciatori!*, qu'est-ce qu'il y a comme casse-pieds!; *non lo vedo più in — da un pezzo*, ça fait longtemps que je l'ai vu; *hai visto in — il capo?*, tu as vu le chef par ici?; *c'è in — la voce che...*, le bruit court que...; *cosa si dice in —?*, que disent les gens?; *mettere in — la notizia che...*, faire circuler la nouvelle que... ‖ *lasciare in —*, laisser traîner; *lascia tutto in —*, il laisse ses affaires partout ‖ *mettere in —*, (*monete, francobolli*) mettre en circulation.

girocollo (pl. *invar.*) *agg.* e *s.m.* **1** (*scollatura*) encolure (*f.*) **2** *maglione* (*a*) —, pull ras du cou; *collana* (*a*) —, collier ras le cou.

giroconto *s.m.* (*comm.*) virement.

giromanica (pl. *invar.*) *s.m.* emmanchure (*f.*).

girondino *s.m.* (*st.*) girondin.

girone *s.m.* (*calcio*) tour: — *di andata*, matchs aller, retour.

gironzolare *v.intr.* flâner ‖ *non gironzolarmi intorno*, arrête de tourniquer autour de moi.

giropetto (pl. *invar.*) *s.m.* tour de poitrine.

giroscopico (pl. -*ci*) *agg.* gyroscopique.

giroscopio *s.m.* (*fis.*) gyroscope.

girotondo *s.m.* ronde (*f.*).

girovagare (*coniug. come legare*) *v.intr.* vagabonder, flâner.

girovago (pl. -*ghi*) *agg.* ambulant ♦ *s.m.* vagabond.

girovita (pl. *invar.*) *s.m.* tour de taille.

gita *s.f.* randonnée; (*escursione*) excursion; (*passeggiata*) promenade ‖ *una — di piacere*, un petit voyage d'agrément.

gitano *s.m.* gitan.

gitante *s.m.* e *f.* randonneur*; (*escursionista*) excursionniste.

gittata *s.f.* portée.

giù *avv.* bas; (*dabbasso*) en bas: *lì* —, là-bas; *venire di* —, venir d'en bas; *portare* — *i bagagli*, descendre les bagages; *andare* — *per le scale*, descendre l'escalier; *vado* — *un momento*, je descends un moment; *vieni* — *da quella scala!*, descends de cette échelle!; — (*di lì*)*!*, descends de là!; *è caduto* (—) *dal letto*, il est tombé du lit; *i capelli le scendevano* (—) *sulle spalle*, ses cheveux lui tombaient sur les épaules || *mettere* — *qlco*, (*posarla*) poser qqch || *andare su e* —, (*salire e scendere*) monter et descendre, (*andare avanti e indietro*) marcher de long en large, (*fare la spola*) faire la navette || — *le mani!*, bas les mains!; — *il cappello!*, ôtez vos chapeaux! || *e* — *botte!*, et les coups de pleuvoir! || *avrà vent'anni o* — *di lì*, il doit avoir à peu près vingt ans; *abita in via Roma o* — *di lì*, il habite rue de Rome ou dans les parages || *su per* —, à peu près || *è andato* — *negli ultimi tempi*, (*è deperito*) il a beaucoup décliné ces derniers temps; *le azioni sono andate* —, les actions ont baissé; *questo dolce non mi va* —, ce gâteau ne me plaît pas du tout; *questa storia non mi va* —, cette histoire m'est restée sur l'estomac || *esser* —, être à plat; *essere* — *di forma*, ne pas être en forme; *essere* — *di esercizio*, manquer d'entraînement; — *in fondo alla strada*, tout au fond de la rue □ **in giù** *locuz.avv.* en bas; plus loin: *a testa in* —, la tête en bas; *tuffarsi a testa in* —, plonger la tête la première; *guardare in* —, regarder vers le bas; *la chiesa è* (*un po'*) *più in* —, l'église se est (un peu) plus loin; *dal ginocchio, dalla vita in* —, à partir du genou, de la taille; *dai trent'anni in* —, au-dessous de trente ans; *dal direttore in* —, à partir du directeur || *all'in* —, → ingiù.

giubba *s.f.* **1** veste; (*dei fantini*) casaque **2** (*mil.*) (*lunga*) tunique; (*corta*) vareuse.

giubbetto *s.m.* blouson.

giubbotto *s.m.* blouson || — *antiproiettile, di salvataggio*, gilet pare-balles, de sauvetage.

giubilare *v.intr.* jubiler ♦ *v.tr.* (*mettere a riposo*) mettre* à la retraite; (*destituire da una carica*) destituer.

giubileo *s.m.* jubilé.

giubilo *s.m.* jubilation (*f.*).

giuda (pl. *invar.*) *s.m.* (*traditore*) judas.

giudaico (pl. *-ci*) *agg.* judaïque.

giudaismo *s.m.* judaïsme.

giudeo *agg.* e *s.m.* juif*.

giudicare (*coniug. come* mancare) *v.tr.* e *intr.* juger*: *l'hanno giudicato male*, ils l'ont mal jugé; *giudicò più opportuno andarsene*, il jugea qu'il était plus opportun de partir; — *col proprio metro*, juger d'après soi-même; — *dalle apparenze*, juger par les apparences; *a* — *dalle apparenze*, à en juger aux apparences; *a* — *dall'aspetto*, à en juger par son aspect || *giudichi lei se...*, à vous de juger si...

giudicato *s.m.* (*dir.*): *passare in* —, acquérir force de chose jugée.

giudice *s.m.* juge: — *istruttore, delle indagini preliminari* (GIP), juge d'instruction; — *conciliatore*, juge de paix; — *tutelare*, juge des tutelles || *è un buon* — *in materia*, il est bon juge en la matière || — *di gara*, juge de la compétition.

giudiziale *agg.* (*dir.*) judiciaire.

giudiziario *agg.* (*dir.*) judiciaire || *carcere* —, maison d'arrêt || *ufficiale* —, huissier.

giudizio *s.m.* **1** jugement, (*opinione*) avis, opinion (*f.*): *a mio* —, à mon avis; *a* — *di tutti*, de l'avis général **2** (*assennatezza*) jugement; (*buon senso*) bon sens: *un briciolo di* —, un brin de bon sens; *avere, mancare di* —, avoir du jugement, manquer de jugement; *mettere* —, devenir raisonnable || *abbiate* —, *bambini!*, soyez sages, mes enfants! || *con* —, raisonnablement || *l'età del* —, l'âge de raison || *denti del* —, dents de sagesse **3** (*teol.*) jugement **4** (*dir.*) justice (*f.*); (*processo*) procès; (*sentenza*) jugement.

giudizioso *agg.* judicieux* || **-mente** *avv.*

giuggiola *s.f.* jujube (*m.*) || *andare in brodo di giuggiole*, boire du petit lait.

giuggiolo *s.m.* (*bot.*) jujubier.

giuggiolone *s.m.* grand dadais.

giugno *s.m.* juin.

giugulare *agg.* e *s.m.* (*anat.*) jugulaire.

giulebbe *s.m.* julep.

giulivo *agg.* gai, joyeux* || *un'oca giuliva*, (*fam.*) une oie blanche.

giullare *s.m.* jongleur; (*buffone*) bouffon.

giumenta *s.f.* jument; (*mula*) mule; (*bestia da soma*) bête de somme.

giunca (pl. *-che*) *s.f.* jonque.

giuncaia *s.f.* jonchère.

giunchiglia *s.f.* (*bot.*) jonquille.

giunco (pl. *-chi*) *s.m.* jonc.

giungere (*Pass.rem.* io giunsi, tu giungesti ecc. *Part.pass.* giunto) *v.intr.* arriver || *l'affare è giunto in porto*, l'affaire a été menée à bien || *è giunto il momento*, le moment est venu || *m'è giunta notizia che...*, j'ai appris que... || *ecco a cosa siamo giunti*, voilà où nous en sommes; *a che punto siamo giunti!*, où en sommes-nous arrivés! || *è giunto a dire che...*, il est arrivé à dire que... || *non mi giunge nuovo*, ce n'est pas du nouveau; *ah! questo mi giunge nuovo!*, tiens! je ne le savais pas!; *il fatto mi giunge nuovo*, cela me surprend ♦ *v.tr.* joindre*.

giungla *s.f.* jungle.

giunonico (pl. *-ci*) *agg.* junonien*.

giunta[1] *s.f.* **1** addition || *per* —, par-dessus le marché **2** (*cucitura*) couture; (*pezza in allungo*) allonge.

giunta[2] *s.f.* commission, comité (*m.*) || *la* — *comunale*, le conseil municipal.

giuntare *v.tr.* joindre*; (*con cuciture*) coudre* ensemble.

giunto *agg.* e *s.m.* joint.

giuntura *s.f.* jointure.

giunzione *s.f.* jonction.

giuramento *s.m.* serment: *mancare al —,* se parjurer || *far — di...,* jurer de...

giurare *v.tr.* jurer: *giura di essere innocente,* il jure qu'il est innocent || *— e spergiurare,* jurer ses grands dieux || *non ci giurerei,* je n'en jurerais pas || *è vero, giuro,* c'est vrai, (ma) parole || *giuro, non è colpa mia,* je jure que ce n'est pas de ma faute || *gliel'ha giurata,* (*fam.*) il lui réserve un chien de sa chienne.

giurassico (pl. *-ci*) *agg.* e *s.m.* (*geol.*) jurassique.

giurato *s.m.* juré ♦ *agg.*: *nemico —,* ennemi juré, déclaré; *guardia giurata,* gardien assermenté; *testimone —,* témoin assermenté; *perito —,* expert juré; *deposizione giurata,* témoignage sous serment.

giureconsulto *s.m.* jurisconsulte.

giurì *s.m.* (*dir.*) jury.

giuria *s.f.* jury (*m.*).

giuridico (pl. *-ci*) *agg.* juridique || **-mente** *avv.*

giurisdizionale *agg.* juridictionnel*.

giurisdizione *s.f.* juridiction || *è fuori dalla mia —,* ce n'est pas de ma compétence.

giurisperito *s.m.* jurisconsulte.

giurisprudenza *s.f.* **1** (*dir.*) jurisprudence **2** (*scienza del diritto*) droit (*m.*): *facoltà di —,* faculté de droit.

giurista *s.m.* juriste.

giustacuore *s.m.* justaucorps.

giustamente *avv.* justement.

giustapporre (*coniug. come* porre) *v.tr.* juxtaposer.

giustapposizione *s.f.* juxtaposition.

giustezza *s.f.* **1** justesse; (*esattezza*) exactitude **2** (*tip.*) justification.

giustificabile *agg.* justifiable.

giustificare (*coniug. come* mancare) *v.tr.* justifier □ **giustificarsi** *v.pron.* se justifier; s'excuser.

giustificativo *agg.* e *s.m.* justificatif*.

giustificazione *s.f.* justification: *a — di qlco,* pour justifier qqch || (*a scuola*) *libretto delle giustificazioni,* le carnet de correspondance.

giustizia *s.f.* justice: *farsi — da sé,* se faire justice soi-même; *fare — sommaria,* appliquer une justice expéditive || *secondo —,* en toute justice.

giustiziare *v.tr.* exécuter || *— sulla sedia elettrica,* exécuter sur la chaise électrique.

giustiziato *agg.* e *s.m.* supplicié.

giustiziere *s.m.* bourreau*.

giusto *agg.* **1** juste || *dirla giusta,* dire la vérité || *fare le cose giuste,* (*che bisogna fare*) faire ce qu'il faut faire, (*con giustizia*) agir avec équité; *fare le parti giuste,* faire des parts équitables || *per dirla giusta,* à vrai dire || *come è —,* comme il se doit **2** (*adatto, appropriato*) juste, approprié; (*opportuno*) bon* || *il momento —,* le bon moment || *è l'ora giusta per...,* c'est l'heure de...; *è la strada giusta per...,* c'est la bonne route pour...; *trovo — che...,* je trouve bon que... || *l'uomo — al posto —,* l'homme qu'il faut là où il faut || *ha scelto la donna giusta, la facoltà giusta,* il a choisi la femme qu'il lui fallait, la faculté qui lui convenait **3** (*preciso*) exact: *il mio orologio non è —,*

ma montre n'est pas à l'heure || *statura giusta,* taille moyenne || *— di sale,* salé à point ♦ *avv.* juste; (*per l'appunto*) justement || *—!, volevo parlarti,* tiens, justement, je voulais te parler || (*fam.*): *ho — finito,* je viens juste de terminer; *sono venuto — per salutarti,* je suis venu seulement pour te saluer ♦ *s.m.* juste || *non chiedo che il —,* je ne demande que ce qui est juste; *pagare il —,* payer le juste prix; *pagare più, meno del —,* payer trop cher, un prix inférieur || *essere nel —,* être dans le vrai || *avere il —,* avoir son compte.

glabro *agg.* glabre; (*liscio*) lisse.

glaciale *agg.* **1** glacial* (*anche fig.*) **2** (*geol.*) glaciaire.

glaciazione *s.f.* (*geol.*) glaciation.

gladiatore *s.m.* gladiateur.

gladio *s.m.* glaive.

gladiolo *s.m.* (*bot.*) glaïeul.

glassa *s.f.* (*cuc.*) **1** (*di zucchero*) glace **2** (*di gelatina*) gelée.

glassare *v.tr.* (*cuc.*) **1** (*con zucchero*) glacer* **2** (*con gelatina*) recouvrir* de gelée.

glauco (pl. *-chi*) *agg.* glauque.

glaucoma *s.m.* (*med.*) glaucome.

gleba *s.f.* glèbe.

gli *art.det.m.pl.* → **il**.

gli² *pron.pers.* 3ª *pers.sing.* **1** (*compl. di termine sing.*) lui: *digli di venire alle otto,* dis-lui de venir à huit heures; *non dirgli che mi hai visto,* ne lui dis pas que tu m'as vu; *dovete parlargli, — dovete parlare subito,* vous devez lui parler tout de suite || *se la vedi, digli che le scriverò presto,* (*fam.*) si tu la vois, dis-lui que je lui écrirai bientôt **2** (*compl. di termine pl.*) leur: *mi hanno scritto diverse volte, ma io non — ho mai risposto,* ils m'ont écrit plusieurs fois mais je ne leur ai jamais répondu || *va' a chiamare le tue sorelle e digli che le sto aspettando giù,* va chercher tes sœurs et dis-leur que je les attends en bas **3** (*con valore di possesso o di legame personale*) son* (*pleonastico non si traduce*): *— ho preso l'impermeabile,* j'ai pris son imperméable; *— mise una mano sulla spalla,* il lui mit la main sur l'épaule; *la testa — doleva,* il avait mal à la tête; *— è morto il padre,* il a perdu son père; *— può cadere addosso,* cela peut tomber sur lui, lui tomber dessus • Per le forme composte con i pronomi *lo, la, li, le, ne* → **glielo, gliela, glieli, gliele, gliene**.

glicemia *s.f.* (*med.*) glycémie.

gliceride *s.m.* glycéride.

glicerina *s.f.* glycérine.

glicine *s.m.* (*bot.*) glycine (*f.*)

glico- *pref.* glyco-

gliela *pron.pers. composto* 3ª *pers.* **1** (*riferito a compl. di termine sing.*) la lui: *non potremo prepararglicla, non — potremo preparare,* nous ne pourrons pas la lui préparer; *offriglicla per Natale,* offre-la lui pour Noël; *non mandarglicla, non — mandare,* ne la lui envoie pas **2** (*riferito a compl. di termine pl.*) la leur: *i miei fratelli vorrebbero la mia auto, ma io non — presterò,* mes frères voudraient ma voiture, mais je ne la leur prêterai pas 3 (*nelle formule di cortesia*) vous la: *la lettera è pronta, signore: — spedirò oggi stesso*, la lettre est prête, Monsieur: je vous l'enverrai aujourd'hui même.

gliele *pron.pers. composto 3ª pers.* **1** (*riferito a compl. di termine sing.*) les lui: — *puoi portare?*, *puoi portargliele?*, peux-tu les lui apporter?; *tutte queste fatture, speditegliele per aereo*, toutes ces factures, envoyez-les lui par avion; *non vendetegliele, non — vendete*, ne les lui vendez pas **2** (*riferito a compl. di termine pl.*) les leur: *se i tuoi soci devono firmare queste lettere, la segretaria — porterà nel loro ufficio*, si tes associés doivent signer ces lettres, la secrétaire les leur apportera dans leur bureau **3** (*nelle formule di cortesia*) vous les: *signor Rossi, le fatture sono pronte, — farò avere domattina*, Monsieur Rossi, les factures sont prêtes, je vous les ferai parvenir demain matin.

glieli *pron.pers. composto 3ª pers.* **1** (*riferito a compl. di termine sing.*) les lui: — *puoi vendere*, *puoi venderglieli*, tu peux les lui vendre; *daglieli senza discutere*, donne-les lui sans discuter; *sono documenti privati: non — mostrare, non mostrarglieli*, ce sont des documents privés: ne les lui montre pas **2** (*riferito a compl. di termine pl.*) les leur: *i nonni avrebbero voluto i nipotini per le vacanze, ma non — hanno lasciati*, les grands-parents auraient voulu leurs petits-enfants pour les vacances, mais on ne les leur a pas laissés **3** (*nelle formule di cortesia*) vous les: *gentile signora, questi libri sono di gradevole lettura, — consiglio vivamente*, chère Madame, ces livres sont d'une lecture agréable, je vous les conseille vivement.

glielo *pron.pers. composto 3ª pers.* **1** (*riferito a compl. di termine sing.*) le lui: — *dovrò restituire*, *dovrò restituirglielo*, je devrai le lui rendre; *rendiglielo al più presto*, rends-le lui au plus tôt; *non dirglielo, non — dire*, ne le lui dis pas **2** (*riferito a compl. di termine pl.*) le leur: *non sapevano che ti eri sposato: — abbiamo detto noi*, ils ne savaient pas que tu t'étais marié: c'est nous qui le leur avons dit **3** (*nelle formule di cortesia*) vous le: *Egregio signore, a proposito dell'assegno a lei dovuto, — manderemo col fattorino*, Monsieur, en ce qui concerne le chèque qui vous est dû, nous vous le ferons parvenir par courrier.

gliene *pron.pers. composto 3ª pers.* **1** (*riferito a compl. di termine sing.*) lui en: *volevo parlargliene, — volevo parlare*, je voulais lui en parler; *offrigliene tre o quattro*, offre-lui en trois ou quatre; *non vendergliene più, non — vendere più*, ne lui en vends plus **2** (*riferito a compl. di termine pl.*) leur en: *non lo sanno ancora, ma — parleremo*, ils ne le savent pas encore, mais nous leur en parlerons **3** (*nelle formule di cortesia*) vous en: *gentile signora, il problema è importante, — parlerò al più presto*, chère Madame, le problème est important: je vous en parlerai au plus tôt.

glifo *s.m.* (*arch.*) glyphe.

glissare *v.intr.* glisser.

glittica *s.f.* glyptique.

globale *agg.* global* || **-mente** *avv.*

globalità *s.f.* globalité.

globo *s.m.* globe.

globulare *agg.* globulaire.

globulo *s.m.* globule.

globuloso *agg.* globuleux*.

gloria *s.f.* gloire ♦ *s.m.* gloria || *suonare le campane a —*, sonner à toute volée.

gloriarsi *v.pron.* se glorifier, se vanter: *non c'è proprio niente di cui —*, il n'y a pas de quoi se vanter.

glorificare (*coniug. come* mancare) *v.tr.* glorifier.

glorificazione *s.f.* glorification.

glorioso *agg.* glorieux* || **-mente** *avv.*

glossa *s.f.* glose.

glossare *v.tr.* gloser.

glossario *s.m.* glossaire.

gloss(o)- *pref.* gloss(o)-

glottide *s.f.* (*anat.*) glotte.

glott(o)- *pref.* glott(o)-

glottologia *s.f.* linguistique.

glottologo (pl. *-gi*) *s.m.* linguiste.

glucide *s.m.* (*chim.*) glucide.

gluc(o)- *pref.* gluc(o)-

glucosio *s.m.* glucose.

gluglu *onom.* glouglou || *far —*, glouglouter.

gluteo *s.m.* fesse (*f.*).

glutinato *agg.* au gluten.

glutine *s.m.* gluten.

gneiss *s.m.* (*geol.*) gneiss.

gnocco (pl. *-chi*) *s.m.* **1** pl. (*cuc.*) gnocchi **2** (*persona sciocca*) benêt, niais.

gnomo *s.m.* gnome.

gnomone *s.m.* gnomon.

gnorri *s.m.: far lo —*, faire l'imbécile.

gnosi *s.f.* gnose.

gnosticismo *s.m.* gnosticisme.

gnu *s.m.* (*zool.*) gnou.

goal *s.m.* but: *il — della bandiera*, le but de l'honneur.

gobba *s.f.* bosse.

gobbo[1] *agg.* bossu; (*curvo*) courbé, voûté; (*di naso*) busqué ♦ *s.m.* **1** (*persona gobba*) bossu **2** (*gobba*) bosse (*f.*) || *sul —*, (*fig. fam.*) sur les bras.

gobbo[2] *s.m.* **1** (*persona che suggerisce*) souffleur* **2** (*schermo*) écran protecteur de lumière.

goccia (pl. *-ce*) *s.f.* goutte: *è la — che fa traboccare il vaso*, c'est la dernière goutte qui fait déborder le vase || *formaggio con la —*, fromage très fait || *a — a —*, goutte à goutte || *diamante a —*, goutte en poire; *lampadario a gocce*, lustre à pendeloques.

goccio *s.m.* goutte (*f.*).

gocciola *s.f.* goutte.

gocciolare *v.intr.* **1** dégoutter; (*colare*) couler || *gocciolante di sudore*, ruisselant de sueur **2** (*di rubinetto ecc.*) goutter ♦ *v.tr.* laisser couler.

gocciolatoio *s.m.* (*edil.*) larmier.

gocciolio *s.m.* égouttement continu || *il — del rubinetto*, le bruit du robinet qui goutte.

gocciolo *s.m.* larme (*f.*); goutte (*f.*).

godere (*Fut.* io godrò) *v.intr.* **1** se réjouir **2**

(*fruire*) jouir ♦ *v.tr.* **1** profiter (de) || *ho goduto le mie vacanze*, j'ai passé de bonnes vacances || *mi sono goduto lo spettacolo*, le spectacle m'a plu || *se la gode*, il se la coule douce; *godersi la vita*, se donner du bon temps || *godetevela finché potete*, amusez-vous bien, tant que vous pouvez || *godersela a...*, prendre grand plaisir à... **2** (*fruire*) jouir (de).

godereccio *agg.*: *vita godereccia*, vie de plaisir; *gente godereccia*, des fêtards.

godimento *s.m.* **1** (*piacere*) plaisir **2** (*usufrutto*) jouissance (*f.*) || *avere qlco in —*, avoir la jouissance de qqch.

goffaggine *s.f.* gaucherie.

goffo *agg.* gauche || -**mente** *avv.*

goffrare *v.tr.* (*tecn.*) gaufrer.

goffratura *s.f.* gaufrage.

gogna *s.f.* pilori (*m.*).

gola *s.f.* **1** gorge; (*di animali*) gosier (*m.*): *avere mal di —*, avoir mal à la gorge; *soffre molto di mal di —*, il est sujet aux maux de gorge || *prendere per la —*, saisir qqn à la gorge; (*mettere alle strette*) prendre à la gorge || (*fig.*): *col cuore in —*, le cœur battant; *ricacciarsi il pianto in —*, avaler ses larmes || *ricacciare un'offesa in — a qlcu*, (*fig.*) faire ravaler une offense à qqn || (*fig.*): *aver l'acqua alla —*, être au bord du gouffre; *avere il coltello alla —*, avoir le couteau sous la gorge || *cantare a — spiegata*, chanter à plein gosier; *a — spiegata*, à gorge déployée **2** (*golosità*) gourmandise: *far —*, faire envie **3** (*di monti*) gorge; (*di mare*) détroit (*m.*) **4** (*di camino*) tuyau* (*m.*); (*di cannone*) gueule; (*di altoforno*) gueulard (*m.*).

goletta *s.f.* goélette.

golf *s.m.* **1** (*accollato o con colletto*) chandail; (*scollato o senza colletto*) pull-over*; (*abbottonato davanti*) cardigan **2** (*sport*) golf.

golfo *s.m.* golfe.

goliardia *s.f.* esprit estudiantin.

goliardico (pl. -*ci*) *agg.* estudiantin || *cappello —*, béret d'étudiant.

goliardo *s.m.* étudiant (de l'université).

golosità *s.f.* gourmandise.

goloso *agg.* **1** gourmand **2** (*avido*) avide.

golpe[1] *s.f.* (*bot.*) nielle.

golpe[2] *s.m.* putsch, coup d'Etat: *un pugno di militari si è impadronito del potere con un —*, un groupe de militaires a fait un coup d'Etat.

golpista *s.m.* e *agg.* putschiste.

gomena *s.f.* (*mar.*) amarre.

gomitata *s.f.* coup de coude || *farsi avanti a gomitate*, se frayer un chemin en jouant des coudes.

gomito *s.m.* coude: *dar di — a qlcu*, pousser qqn du coude; *appoggiarsi coi gomiti*, s'accouder || *lavorare di gomiti*, (*anche fig.*) jouer des coudes || *a — a —*, coude à coude; *trovarsi a — a — con qlcu*, coudoyer qqn || *alzare il —*, (*fam.*) lever le coude.

gomitolo *s.m.* pelote (*f.*): *avvolgere a —*, peloter.

gomma *s.f.* **1** caoutchouc (*m.*) || *soprascarpe di —*, caoutchoucs **2** (*pneumatico*) pneu* (*m.*) || *— di scorta*, pneu de secours **3** (*per cancellare*)

gomme (à effacer): *— da matita, da penna,* gomme à crayon, à encre **4** (*med.*) gomme.

gommapiuma *s.f.* caoutchouc mousse.

gommato *agg.* **1** caoutchouté **2** (*trattato con colla*) gommé.

gommina *s.f.* (*per capelli*) gomina.

gommista *s.m.* vendeur de pneus; réparateur de pneus.

gommone *s.m.* (*canotto pneumatico a motore*) canot pneumatique.

gommoso *agg.* caoutchouteux*; (*resinoso*) gommeux*.

gondola *s.f.* gondole.

gondoliere *s.m.* gondolier.

gonfalone *s.m.* gonfalon, gonfanon.

gonfaloniere *s.m.* gonfalonier, gonfanonier.

gonfiare *v.tr.* gonfler || *— la faccia di schiaffi*, gifler à tour de bras || *la cosa è stata troppo gonfiata*, (*fig.*) on a exagéré l'affaire ♦ *v.intr.* (*di pasta*) (*lievitare*) monter □ **gonfiarsi** *v.pron.* **1** gonfler; se gonfler; (*tumefarsi*) enfler: *le si è gonfiata la guancia*, sa joue a enflé **2** (*fig.*) (*insuperbirsi*) se gonfler (d'orgueil) **3** (*di pasta*) (*lievitare*) monter.

gonfiato *agg.* **1** gonflé || *è un pallone —*, (*fig.*) c'est une baudruche **2** (*fig.*) enflé.

gonfiatore *s.m.* (*per materassini da spiaggia*) gonfleur.

gonfiatura *s.f.* **1** gonflement (*m.*), gonflage (*m.*) **2** (*fig.*) (*esagerazione*) exagération.

gonfiezza *s.f.* **1** gonflement (*m.*) **2** (*fig.*) enflure.

gonfio *agg.* **1** gonflé; (*tumefatto*) enflé: *la caviglia è molto gonfia*, la cheville est très enflée || *avere il cuore —*, avoir le cœur gros || *essere — d'orgoglio*, crever d'orgueil **2** (*di stile*) enflé.

gonfiore *s.m.* enflure (*f.*): *ho un — alla caviglia*, j'ai la cheville enflée.

gong (pl. *invar.*) *s.m.* gong.

gongolare *v.intr.*: — (*di gioia*), jubiler.

goniometro *s.m.* goniomètre.

gonna *s.f.* jupe || *— pantalone*, jupe-culotte || *correre dietro alle gonne*, (*fig.*) courir les jupons.

gonococco (pl. -*chi*) *s.m.* (*biol.*) gonocoque.

gonzo *agg.* nigaud, niais.

gora *s.f.* **1** (*canale del mulino*) coursier (*m.*) **2** (*stagno*) étang (*m.*); (*palude*) marais (*m.*).

gordiano *agg.*: *nodo —*, nœud gordien.

gorgheggiare (*coniug. come* mangiare) *v.intr.* **1** ramager*; (*dell'usignolo*) chanter **2** (*di persona*) faire* des roulades.

gorgheggio *s.m.* **1** ramage; (*dell'usignolo*) rossignolade (*f.*) **2** (*di persone*) roulade (*f.*).

gorgiera *s.f.* gorgerette; (*dell'armatura*) gorgerin (*m.*); (*di abito del Seicento*) fraise.

gorgo (pl. -*ghi*) *s.m.* gouffre; (*mulinello*) tourbillon, remous (*anche fig.*).

gorgogliare *v.intr.* gargouiller; (*di ruscello*) murmurer.

gorgoglio *s.m.* gargouillis, gargouillement.

gorgonia *s.f.* (*zool.*) gorgone.

gorgonzola *s.m.* fromage italien proche du roquefort.

gorilla (pl. *invar.*) *s.m.* gorille.

gota *s.f.* joue.

gotico (pl. *-ci*) *agg.* e *s.m.* gothique.

gotta *s.f.* (*med.*) goutte.

gottazza *s.f.* (*mar.*) épuisette.

gottoso *agg.* goutteux*.

governabile *agg.* gouvernable.

governante *s.m.* gouvernant ♦ *s.f.* gouvernante; (*di bambini*) bonne.

governare *v.tr.* 1 gouverner; (*dirigere*) diriger* 2 (*aver cura di*) soigner || — (*un cavallo*), panser un cheval 3 (*mar.*) gouverner; (*estens.*) (*manovrare*) manœuvrer ♦ *v.intr.* (*mar.*) gouverner.

governativo *agg.* gouvernemental* || *maggioranza governativa*, majorité de gouvernement; *decreto* —, décret du gouvernement || *ambienti governativi*, milieux officiels; *stampa governativa*, presse officielle.

governatore *s.m.* gouverneur.

governo *s.m.* gouvernement: *entrare a far parte del* —, entrer au gouvernement || *crisi di* —, crise gouvernementale || *il* — *della casa*, la direction de la maison.

gozzo[1] *s.m.* goitre; (*di uccelli*) jabot || *mi sta sul* —, (*fam.*) il me tape sur les nerfs.

gozzo[2] *s.m.* (*barca da pesca*) canot de pêche.

gozzoviglia *s.f.* noce: *fare gozzoviglie*, faire la noce.

gozzovigliare *v.intr.* faire* la noce.

gozzuto *agg.* e *s.m.* goitreux*.

gracchiare *v.intr.* 1 (*della cornacchia, del corvo*) croasser; (*della gazza*) jacasser; (*della rana*) coasser 2 (*estens.*) jacasser; (*di altoparlante ecc.*) grésiller.

gracidare *v.intr.* 1 coasser; (*di oca ecc.*) criailler 2 (*estens.*) criailler.

gracidio *s.m.* coassements (*pl.*).

gracile *agg.* 1 frêle; (*delicato*) délicat; (*esile*) grêle, gracile 2 (*fig.*) (*senza vigore*) sans consistance.

gracilità *s.f.* gracilité.

gradasso *s.m.* fanfaron*.

gradatamente *avv.* graduellement.

gradazione *s.f.* 1 gradation 2 — (*alcolica*), degré alcool: *ad alta* — (*alcolica*), trés alcoolisé.

gradevole *agg.* agréable || **-mente** *avv.*

gradevolezza *s.f.*: *la* — *di una bevanda*, la saveur d'une boisson; *la* — *dei suoi modi*, la gentillesse de ses manières; *la* — *di un suono*, l'harmonie d'un son.

gradiente *s.m.* (*fis.*) gradient: — *barico*, gradient de pression.

gradimento *s.m.* 1 goût || *è di mio* —, c'est à mon goût || (*comm.*) *di vostro* —, qui vous convient 2 (*approvazione*) approbation (*f.*) || *indice di* —, cote de popularité.

gradinata *s.f.* escalier (*m.*); (*di stadio, teatro*) gradins (*m.pl.*).

gradino *s.m.* 1 marche (*f.*); (*di altare, anfiteatro ecc.*) gradin || *coltivare a gradini*, cultiver en terrasses (*fig.*) degré.

gradire (*coniug. come* finire) *v.tr.* 1 apprécier || *tanto per* —, pour vous faire plaisir || *voglia* — *i miei migliori saluti*, veuillez agréer, Monsieur, mes meilleures salutations 2 (*volere*) aimer, vouloir*: *gradirei che tu venissi*, j'aimerais que tu viennes || *gradireste una tazza di tè?*, acceptez-vous une tasse de thé?

gradito *agg.* agréable; (*bene accetto*) apprécié || *presenza non gradita*, présence indésirable || *ho ricevuto la tua gradita lettera*, j'ai bien reçu ta lettre; *in risposta alla vostra gradita lettera*, en réponse à votre gentille lettre || *riuscir* — *a*, plaire à || *fare cosa gradita a*, faire plaisir à.

grado[1] *s.m.* 1 degré: *di primo, secondo* —, du premier, du second degré; *cugino di primo, di secondo* —, cousin au premier, au second degré || *scuole di primo, di secondo* —, écoles primaires, secondaires || *fare il terzo* —, cuisiner || *a* — *a* —, graduellement || *per gradi*, par degrés || *in sommo* —, au plus haut degré 2 (*posizione gerarchica*) grade; *pl.* (*galloni*) galons; (*estens.*) rang: *avanzare, salire di* —, monter en grade; *conquistare i gradi sul campo*, conquérir ses galons sur le champ de bataille; *privare del* —, dégrader 3 (*categoria*) catégorie (*f.*) □ **in grado di** *locuz.* en mesure de: *sei più in* — *di me di giudicare*, tu es mieux placé pour juger; *sei in* — *di farlo funzionare?*, tu es capable de le faire fonctionner?; *un nuovo modello in* — *di interessare la clientela*, un nouveau modèle susceptible d'intéresser la clientèle.

grado[2] *s.m.*: *di buon* —, de bon gré.

graduabile *agg.* qu'on peut graduer.

graduabilità *s.f.* progression.

graduale *agg.* graduel*; (*progressivo*) progressif* ♦ *s.m.* graduel.

gradualità *s.f.* gradation.

gradualmente *avv.* graduellement.

graduare *v.tr.* graduer.

graduato *agg.* gradué ♦ *s.m.* (*mil.*) gradé.

graduatoria *s.f.* classement (*m.*); (*elenco*) liste: *essere il primo in* —, être tête de liste; *essere il secondo in* —, être le deuxième sur la liste, au classement général.

graduazione *s.f.* graduation.

graffa *s.f.* agrafe || (*parentesi*) —, accolade.

graffetta *s.f.* agrafe; (*fermaglio per fogli*) trombone (*m.*).

graffiante *agg.* (*fig.*) mordant.

graffiare *v.tr.* 1 griffer; (*produrre scalfitture*) égratiner; (*scrostare*) érafler; (*raschiare*) gratter: *mi sono graffiato una mano*, je me suis fait une égratignure à la main; — *il, sul viso*, s'égratigner le visage 2 (*fig.*) mordre*: *un'ironia che graffia*, une ironie mordante □ **graffiarsi** *v.pron.* 1 s'égratigner 2 (*rigarsi*) se rayer*: *...altrimenti si graffia*, ...il va se rayer.

graffiata *s.f.* 1 coup de griffe 2 (*graffio*) égratignure.

graffiatura *s.f.* égratignure.

graffio *s.m.* égratignure (*f.*): *non si è fatto neanche un* —, il s'en est tiré sans une égratignure.

graffito *s.m.* graffiti* ♦ *agg.* gravé.

grafia *s.f.* graphie.

grafica (pl. *-che*) *s.f.* **1** graphique || *la sua —*, son œuvre graphique **2** (*presentazione grafica*) présentation graphique.

graficamente *avv.* graphiquement.

grafico (pl. *-ci*) *agg.* graphique || *s.m.* **1** (*diagramma*) graphique **2** (*professionista*) graphiste; (*operaio*) imprimeur.

grafismo *s.m.* graphisme.

grafite *s.f.* graphite (*m.*).

grafo- *pref.* grapho-

grafologia *s.f.* graphologie.

grafologico (pl. *-ci*) *agg.* graphologique.

grafologo (pl. *-gi*) *s.m.* graphologue.

grafomane *s.m.* personne atteinte de graphomanie; (*fig.*) écrivassier*.

grafomania *s.f.* graphomanie.

gragnola *s.f.* grêle: *una — di pietre*, une grêle de pierres; *una — di colpi*, une volée de coups.

gramaglie *s.f.pl.* vêtements de deuil: *essere in —*, porter des vêtements de deuil.

gramigna *s.f.* (*bot.*) chiendent (*m.*) || *crescere come la —*, pousser comme la mauvaise herbe.

graminacea *s.f.* (plante) graminée || *le Graminacee*, les Graminacées.

grammatica (pl. *-che*) *s.f.* grammaire || *val più la pratica della —*, expérience passe science.

grammaticale *agg.* grammatical* || **-mente** *avv.*

grammatura *s.f.* grammage (*m.*).

grammo *s.m.* gramme.

grammofono *s.m.* phonographe.

gramo *agg.* **1** (*misero*) malheureux*; (*triste*) triste **2** (*scarso*) maigre: *un raccolto —*, une maigre récolte ♦ *s.m.: menar —*, porter malheur.

gran *agg.* → **grande**.

grana[1] *s.f.* grain (*m.*) ♦ *s.m.invar.* (*formaggio*) parmesan.

grana[2] *s.f.* (*fam.*) ennui (*m.*), embêtement (*m.*); (*questione cavillosa, litigiosa*) histoire: *è scoppiata una —*, il y a eu une histoire; *piantare grane*, chercher noise; *mi ha piantato una di quelle grane!*, il m'a fait une de ces histoires!

grana[3] *s.f.* (*fam.*) (*denaro*) fric (*m.*), blé (*m.*) || *sono senza —*, je suis fauché.

granaglie *s.f.pl.* grains (*m.*): *commercio di —*, graineterie.

granaio *s.m.* grenier.

granario *agg.* du blé.

granata[1] *s.f.* (*scopa*) balai (de bruyère).

granata[2] *s.f.* (*melagrana*) grenade ♦ *agg.invar.* grenat*.

granata[3] *s.f.* (*mil.*) obus (*m.*); (*a mano*) grenade.

granatiere *s.m.* grenadier.

granatina *s.f.* **1** grenadine **2** (*sciroppo con ghiaccio tritato*) granité (*m.*).

granato[1] *agg. e s.m.* **1** (*melo*) —, grenadier **2** (*color*) —, grenat*.

granato[2] *s.m.* (*pietra*) grenat.

grancassa *s.f.* (*mus.*) grosse caisse.

granceola *s.f.* (*zool. pop.*) araignée de mer.

granché, gran che *pron.indef.* → **che**[4] *pron.indef.*

granchio *s.m.* **1** crabe **2** (*fig.*) bévue (*f.*): *prendere un —*, commettre une bévue.

grandangolare *agg.* (*fot.*) grand angulaire.

grandangolo *s.m.* (*fot.*) grand-angle*.

grande[1] *agg.* grand (*anche fig.*): *quant'è —?*, de quelle dimension est-il?; *mi sta —*, il est trop grand pour moi; *un grand'uomo*, un grand homme; *avere un cuore — così*, avoir très bon cœur; *diventar —*, (*adulto*) grandir; *che cosa farai da —?*, qu'est-ce que tu feras quand tu seras grand? || *un animo —*, une âme noble; *una gran mente*, un esprit supérieur; *le grandi azioni*, les belles actions || *scrivere a grandi lettere*, (*fig.*) écrire en lettres majuscules || *a gran voce*, à grands cris; *reclamare a gran voce*, réclamer à cor et à cri || *avere una gran fame, un gran freddo*, avoir très faim, très froid; *un — imbroglione*, un grand filou; *vivere da gran signore*, vivre en grand seigneur || *sei stato —!*, (*fam.*) tu as été formidable! || *un gran brav'uomo*, un très brave homme || *una gran bella ragazza*, une fort jolie fille; *sarebbe una gran bella cosa*, cela serait bien beau; *un gran bel lavoro*, un travail formidable || *un gran brutto periodo*, un moment très difficile; *un gran brutto posto*, un endroit horrible || *dirne un gran bene*, en dire beaucoup de bien; *volere un gran bene a qlcu*, aimer beaucoup qqn || *se ne è fatto un gran parlare*, on en a beaucoup parlé || *non ci si capisce gran che*, on n'y comprend pas grand-chose || *un gran peccato che...*, c'est bien dommage que... • *Grande* può essere apostrofato davanti a vocale. Il troncamento *gran* è possibile, sia al sing. sia al pl., dinanzi a consonante che non sia *s* impura, *z, x, gn, ps.*

grande[2] *s.m.* **1** grande personne (*f.*), adulte **2** (*personaggio illustre*) grand || *fare il —*, faire le grand seigneur **3** (*grandezza*) grandeur (*f.*) || *in —*, en grand || *alla —*, (*fam.*) en grand style.

grandeggiare (*coniug. come* mangiare) *v.intr.* **1** dominer (qqch, qqn) **2** (*fare il grande*) faire le grand seigneur: *grandeggia nello spendere*, il dépense son argent comme un grand seigneur.

grandemente *avv.* grandement.

grandezza *s.f.* grandeur || *in, a — naturale*, grandeur nature || *di ogni —*, de toutes dimensions || *mania di —*, folie des grandeurs.

grandicello *agg.* grandelet*.

grandinare *v.intr.impers.* grêler: *è, ha grandinato*, il a grêlé ♦ *v.intr.* (*fig.*) tomber comme (de la) grêle.

grandinata *s.f.* **1** averse de grêle **2** (*fig.*) grêle.

grandine *s.f.* grêle: *un chicco di —*, un grêlon.

grandiosità *s.f.* **1** grandiose (*m.*) **2** *spec.pl.* (*ostentazione*) grandeurs.

grandioso *agg.* grandiose || *fare il —*, faire le grand seigneur.

granduca (pl. *-chi*) *s.m.* grand-duc*.

granducato *s.m.* grand-duché*.

granduchessa *s.f.* grande-duchesse*.

grand'ufficiale *s.m.* grand officier.

granello *s.m.* **1** grain **2** (*seme di frutto*) pépin.

graniglia *s.f.* grès (*m.*).

granita *s.f.* granité (*m.*).

granitico (pl. *-ci*) *agg.* **1** granitique **2** (*fig.*) (*incrollabile*) inébranlable.

granito *s.m.* (*min.*) granit(e).

grano *s.m.* **1** grain (*anche fig.*) **2** (*frumento*) blé; *pl.* (*cereali*) grains.

granturco *s.m.* maïs.

granulare *agg.* granulaire; (*ridotto in granuli*) granulé.

granulato *s.m.* granulé.

granulazione *s.f.* granulation.

granulite *s.f.* (*geol.*) granulite.

granulo *s.m.* granule || *in granuli*, granulé.

granulocita *s.m.* granulocyte.

granuloma *s.m.* (*med.*) granulome.

granulosità *s.f.* (*bot.*) granulation.

granuloso *agg.* granuleux*.

grappa[1] *s.f.* (*acquavite*) eau-de-vie* (de marc).

grappa[2] *s.f.* (*edil.*) crampon (*m.*).

grappino *s.m.* (*fam.*) goutte (*f.*), gnole: *farsi un —*, boire la goutte.

grappolo *s.m.* grappe (*f.*) || *a grappoli*, en grappes.

graspo *s.m.* rafle (*f.*).

grassaggio *s.m.* graissage.

grassatore *s.m.* voleur.

grassazione *s.f.* vol.

grassetto *agg.* e *s.m.*: (*carattere*) —, gras.

grassezza *s.f.* embonpoint (*m.*).

grasso *agg.* **1** gras* || *la grassa borghesia*, la grosse bourgeoisie || *un'annata grassa*, une bonne année || *fare grasse risate*, rire comme des fous || *far grassi guadagni*, gagner gros **2** (*di persone*) gros* || *diventar —*, grossir || *— come un maiale*, gras comme un cochon ♦ *s.m.* **1** (*sostanza grassa*) graisse (*f.*); (*parte grassa di qlco*) gras: *— di maiale*, graisse de porc; *il — del prosciutto*, le gras du jambon; *non digerire i grassi*, ne pas digérer la graisse || *cuocere senza grassi*, cuire sans corps gras **2** (*persona grassa*) gras*.

grassoccio *agg.* grassouillet*.

grassone *s.m.* gros lard.

grata *s.f.* grille.

gratella *s.f.* **1** grille; (*di acquaio*) crépine **2** (*graticola*) gril (*m.*).

graticciata *s.f.* clayonnage (*m.*), grillage (*m.*).

graticcio *s.m.* treillis; (*stuoia*) claie (*f.*).

graticola *s.f.* gril (*m.*): *cuocere sulla —*, griller; *carne in —*, viande grillée.

graticolato *s.m.* **1** grillage **2** (*arboricoltura*) treillage.

gratifica (pl. *-che*) *s.f.* gratification.

gratificante *agg.* gratifiant.

gratificare (*coniug. come* mancare) *v.tr.* gratifier.

gratificazione *s.f.* gratification.

gratinare *v.tr.* (*cuc.*) gratiner.

gratis *avv.* gratis, gratuitement ♦ *agg.* gratis*, gratuit.

gratitudine *s.f.* gratitude: *espressioni di —*, des marques de gratitude.

grato *agg.* **1** reconnaissant; obligé: *le sarei — di...*, je vous saurais gré de... || *con animo —*, avec

gratitude **2** (*piacevole*) agréable; (*gradito*) apprécié (de).

grattacapo *s.m.* (*preoccupazione*) souci; (*noia*) ennui.

grattacielo *s.m.* gratte-ciel*.

grattaculo *s.m.* (*bot. pop.*) gratte-cul*.

grattare *v.tr.* **1** gratter || *grattarsi la pancia*, (*fam.*) se tourner les pouces **2** (*grattugiare*) râper **3** (*fam.*) (*rubare*) faucher, piquer ♦ *v.intr.* gratter || *far — il cambio*, faire grincer la boîte de vitesses □ **grattarsi** *v.pron.* se gratter.

grattata *s.f.* **1** (*aut. fam.*) craquement **2** *darsi una —*, se gratter.

grattato *agg.* (*grattugiato*) râpé || *pan —*, chapelure.

grattugia (pl. *-gie*) *s.f.* râpe.

grattugiare (*coniug. come* mangiare) *v.tr.* râper.

gratuità *s.f.* gratuité (*anche fig.*).

gratuitamente *avv.* gratuitement (*anche fig.*), gratis; gracieusement.

gratuito *agg.* gratuit (*anche fig.*) || *a titolo —*, à titre gracieux.

gravame *s.m.* **1** poids (*anche fig.*) **2** (*imposta*) charge (*f.*).

gravare *v.intr.* **1** reposer (*anche fig.*); (*essere a carico di*) être* à la charge (de) **2** (*di imposte, ipoteche*) grever*: *sulla proprietà grava un'ipoteca*, cette propriété est grevée d'une hypothèque ♦ *v.tr.* **1** charger*; (*fig.*) surcharger* **2** (*di imposte, ipoteche*) grever* □ **gravarsi** *v.pron.* se charger*.

gravato *agg.* surchargé; (*di imposte, di ipoteche*) grevé: *— di debiti*, surendetté.

grave *agg.* grave; (*gravoso*) lourd; (*grande*) grand: *malattia —*, maladie grave; *gravi sacrifici*, de lourds sacrifices; *una — disgrazia*, un grand malheur; *esporsi a un — rischio*, s'exposer à un gros risque || *è un — colpo per noi*, c'est un coup dur pour nous || *un — lutto*, un deuil cruel || (*gramm.*) *accento —*, accent grave || *— d'anni*, chargé d'années ♦ *s.m.* **1** (*fis.*) corps, grave **2** (*cosa grave*): *il — è che...*, le plus grave est que...

gravemente *avv.* gravement || *ferito —*, grièvement blessé.

gravidanza *s.f.* grossesse.

gravidico (pl. *-ci*) *agg.* gravidique.

gravido *agg.* **1** (*di donna*) enceinte, grosse; (*di animali*) pleine **2** (*fig.*) (*carico*) chargé.

gravità *s.f.* gravité || (*fis.*): *legge di —*, loi de la pesanteur; *assenza di —*, apesanteur.

gravitare *v.intr.* graviter (*anche fig.*).

gravitazionale *agg.* gravitationnel*.

gravitazione *s.f.* gravitation.

gravosamente *avv.* lourdement.

gravoso *agg.* lourd; (*faticoso*) dur; (*oneroso*) onéreux*.

grazia *s.f.* grâce: *di buona, di mala —*, de bonne, de mauvaise grâce || *essere nelle grazie di qlcu*, être dans les bonnes grâces de qqn || *dare il colpo di —*, porter le coup de grâce || *ti faccio — dei particolari*, je te fais grâce des détails || *in — di*, grâce à || *per — di Dio*, par miracle, par la grâce de Dieu

|| *per — ricevuta*, grâce au Ciel || *quanta — di Dio!*, quelle abondance! || *troppa —* (*S. Antonio*)*!*, c'est beaucoup plus qu'il n'en faut! || *ministero di Grazia e Giustizia*, Ministère de la Justice.

graziare *v.tr.* gracier.

grazie *inter.* merci: — *tante!*, merci bien!; *mille —!*, mille fois merci; — *di cuore*, merci de tout cœur; — *di tutto*, merci pour tout; — *per il regalo*, merci du cadeau; — *per avermi risposto*, merci de m'avoir répondu || — *a Dio!*, Dieu merci! || — *a*, grâce à ♦ *s.m.* merci: *un — di cuore*, un grand merci du fond du cœur.

graziosamente *avv.* gracieusement.

grazioso *agg.* joli; (*aggraziato*) gracieux* || *fare il —*, faire l'aimable.

greca (pl. *-che*) *s.f.* (*arch.*) grecque.

grecale *s.m.* (vent) grec, vent du nord-est.

grecismo *s.m.* (*ling.*) hellénisme.

grecista *s.m.* helléniste.

greco (pl. *-ci*) *agg.* e *s.m.* grec*: *parlare in —*, parler grec.

greco-romano *agg.* gréco-romain*.

gregario *s.m.* 1 partisan || *è un semplice —*, il n'est qu'un simple exécuteur 2 (*sport*) coéquipier* ♦ *agg.* grégaire (*anche fig.*).

gregarismo *s.m.* grégarisme.

gregge (pl. *le greggi*) *s.m.* 1 troupeau* (*m.*) 2 (*fig. relig.*) (*i fedeli*) ouailles (*f.pl.*).

greggio *agg.* brut; (*tess.*) écru, grège ♦ *s.m.* (pétrole) brut.

gregoriano *agg.* grégorien*.

grembiule *s.m.* tablier.

grembo *s.m.* giron (*anche fig.*); (*ventre materno*) ventre, sein || *sedersi in — a qlcu*, s'asseoir sur les genoux de qqn || *nel — della Terra*, au sein de la Terre.

gremire (*coniug. come* finire) *v.tr.* remplir; (*ingombrare*) encombrer □ **gremirsi** *v.pron.* se remplir.

gremito *agg.* rempli; (*affollato*) bondé; (*ingombro*) encombré.

greppia *s.f.* mangeoire; (*letter.*) crèche; (*rastrelliera*) râtelier (*m.*).

gres *s.m.* grès.

greto *s.m.* grève (*f.*).

gretola *s.f.* (*di gabbia*) barreau* (*m.*).

grettezza *s.f.* 1 (*avarizia*) avarice 2 (*meschinità*) mesquinerie || *— d'animo*, petitesse d'esprit.

gretto *agg.* 1 (*avaro*) avare 2 (*meschino*) mesquin; (*ristretto*) étroit.

greve *agg.* lourd.

grezzo *agg.* 1 → greggio 2 (*fig.*) mal dégrossi, grossier*.

grida *s.f.* (*bando*) ban (*m.*).

gridare *v.intr.* e *tr.* crier: — *con quanto fiato si ha in gola*, crier à pleins poumons; — *evviva*, pousser des vivats; — *al miracolo*, crier (au) miracle || — *ai quattro venti*, crier sur les toits.

grido (pl. *le grida*, dell'uomo; *i gridi*, degli animali o dell'uomo se considerati uno per uno) *s.m.* cri: *dare, gettare, cacciare un —*, pousser un cri || *l'ultimo —* (*della moda*), le dernier cri (de la mode) || *di—*, de renom || (*Borsa*): *contrattazioni alle grida*, négociations à la criée; *recinto delle grida*, corbeille.

grifagno *agg.* 1 (*rapace*) rapace, de proie 2 (*fig.*) farouche.

griffa *s.f.* 1 (*mecc.*) agrafe; crampon (*m.*) 2 (*cine.*) crochet (*m.*).

griffato *agg.* (*fam.*) griffé.

grifone *s.m.* griffon.

grigiastro *agg.* grisâtre.

grigio *agg.* gris || *diventar —*, (*di capelli*) grisonner; *è già tutto —*, il a déjà les cheveux tout gris || *ambiente —*, (*fig.*) milieu morne, triste || *la vedo grigia*, (*fam.*) ça ne va pas être drôle ♦ *s.m.* gris: — *ferro*, gris-fer; — *perla*, gris perle; — *topo*, gris souris.

grigiore *s.m.* grisaille (*f.*).

grigioverde (pl. *-i* o invar.) *agg.* gris vert ♦ *s.m.* uniforme de l'armée italienne (jusqu'à 1945) || *indossare il —*, porter l'uniforme.

griglia *s.f.* 1 grille (*anche fig.*) 2 (*graticola*) gril (*m.*): *cuocere alla —*, (faire) griller; *carne alla —*, grillade.

grigliare *v.tr.* griller.

grigliata *s.f.* (*cuc.*) grillade: *fare una —*, faire une barbecue; — *mista*, mixed grill.

grill (pl. invar.) *s.m.* (*griglia*) gril; (*del forno*) grillon.

grilletto *s.m.* détente (*f.*): *premere il —*, appuyer sur la détente.

grillo *s.m.* 1 grillon || (*fig.*): *sveglio come un —*, frais comme un gardon; *vispo come un —*, très vif, (*allegro*) gai comme un pinson; *saltare come un —*, sauter comme un cabri 2 (*fig.*) (*capriccio*) fantaisie (*f.*) || *avere troppi grilli per la testa*, être plein de lubies.

grimaldello *s.m.* rossignol.

grinfia *s.f.* (*fam.*) griffe (*anche fig.*): *cadere nelle grinfie di*, tomber sous la griffe de.

grinta *s.f.* 1 tête 2 (*gergo sportivo*) poigne.

grintoso *agg.* e *s.m.* fonceur*, battant.

grinza *s.f.* 1 (*ruga*) ride 2 (*piega*) (faux) pli (*m.*) || *non fa una —!*, (*fig.*) c'est impeccable!

grinzoso *agg.* ridé; (*di tessuti ecc.*) froissé.

grippaggio *s.m.* (*mecc.*) grippage.

grippare *v.intr.* (*mecc.*) gripper □ **gripparsi** *v.pron.* (*mecc.*) se gripper.

grisaglia *s.f.* (*tess.*) grain de poudre.

grissino *s.m.* gressin.

grisù *s.m.* grisou.

groenlandese *agg.* e *s.m.* groenlandais.

gromma *s.f.* tartre (*m.*).

grommoso *agg.* incrusté (de tartre).

gronda *s.f.* avant-toit* (*m.*) || *cappello a —*, chapeau à bords baissés.

grondaia *s.f.* gouttière.

grondante *agg.* ruisselant.

grondare *v.intr.* 1 couler 2 (*essere grondante*) ruisseler* (de) || — *di sangue*, saigner (abondamment) ♦ *v.tr.* laisser couler: — *acqua*, ruisseler; — *sangue*, saigner abondamment.

grongo (pl. *-ghi*) *s.m.* (*zool.*) congre.

groppa *s.f.* croupe || *salire, saltare in* — *a un cavallo*, monter à cheval, sauter sur un cheval.

groppo *s.m.* nœud || *avere un* — *alla gola*, (*fig.*) avoir la gorge serrée || *restar sul* —, rester sur les bras.

groppone *s.m.* (*scherz.*) dos || *accarezzare il* —, frotter l'échine.

grossa *s.f.*: *dormire della* —, dormir comme une souche.

grossezza *s.f.* grosseur.

grossista *s.m.* grossiste, marchand en gros.

grosso *agg.* 1 gros* (*anche fig.*): *sale* —, gros sel, sel de cuisine; *fare un colpo* —, faire un gros coup || *essere in grossi guai*, avoir de graves ennuis || *labbra grosse*, lèvres épaisses, grosses lèvres || *mi ha fatto la testa grossa così!*, il m'a cassé la tête! || *l'ha detta grossa*, il a dit une énormité; *me l'ha fatta grossa!*, il m'a fait un de ces coups!; *questa è grossa!*, ça, alors, c'est fort! 2 (*fig. fam.*) (*importante, notevole*) important, grand: *un* — *nome della finanza*, un grand nom de la finance; *una grossa ditta*, une maison importante ♦ *s.m.* gros* || *in* —, en gros; *sbagliare, ingannarsi di* —, se tromper grossièrement ♦ *avv.* gros: *scrivere* —, écrire gros.

grossolanamente *avv.* 1 grossièrement 2 (*fig.*) approximativement.

grossolanità *s.f.* grossièreté (*anche fig.*) || — *di mente*, lourdeur d'esprit.

grossolano *agg.* grossier* (*anche fig.*); (*volgare*) vulgaire.

grossomodo, grosso modo *locuz.avv.* en gros.

grotta *s.f.* grotte.

grottesco (pl. *-chi*) *agg. e s.m.* grotesque || *-mente avv.*

groviera *s.m.* gruyère (m.); emmenthal.

groviglio *s.m.* enchevêtrement (*anche fig.*): — *d'edera*, entortillement de lierres; — *di gambe*, emmêlement de jambes.

gru *s.f.* (*zool., mecc.*) grue: — *a braccio*, grue à flèche.

gruccia (pl. *-ce*) *s.f.* 1 béquille: *camminare con le grucce*, marcher à l'aide de béquilles 2 (*appendiabiti*) cintre (m.) 3 (*posatoio per uccelli*) perchoir (m.).

grufolare *v.intr.* (*di maiale*) fouiller du groin; (*di cinghiali*) fouger* □ **grufolarsi** *v.pron.* se vautrer.

grugnire (*coniug. come* finire) *v.intr.* e *tr.* grogner.

grugnito *s.m.* grognement.

grugno *s.m.* 1 groin 2 (*spreg.*) museau*; gueule (f.) 3 (*broncio*) moue (f.): *fare, tenere il* —, faire la tête.

gruista *s.m.* grutier.

grullo *agg.* sot*, niais.

grumo *s.m.* grumeau*; (*di latte, di sangue*) caillot.

grumoso *agg.* grumeleux*.

gruppo *s.m.* groupe: — *editoriale*, (*di giornali*) groupe de presse || (*sport*) *distaccare il resto del* —, distancer le gros du peloton || *in gruppi, a gruppi*, par groupes || (*mil.*) — *tattico*, groupement tactique || (*inform.*) — *di lavori*, lot.

gruppuscolo *s.m.* groupuscule.

gruzzolo *s.m.* pécule; (*fam.*) magot.

guadabile *agg.* guéable.

guadagnare *v.tr.* 1 gagner: — *molto, una grossa somma*, gagner gros; — *bene, benino*, gagner bien, assez bien sa vie; *guadagnarsi il pane*, gagner son pain, sa vie; *guadagnarsi*, — *la stima*, gagner l'estime; — *tempo*, gagner du temps || *è tanto di guadagnato*, c'est autant de gagné || *ci guadagni a star zitto*, tu as tout intérêt à te taire; *che cosa ci guadagni con questi modi?*, à quoi bon te comporter ainsi?; *ci guadagna vestita di rosa*, le rose la flatte 2 (*meritare*) mériter: — *una ricompensa*, mériter une récompense.

guadagno *s.m.* gain; (*comm.*) bénéfice || *ci hai fatto un bel* —!, tu as fait là une belle affaire!

guadare *v.tr.* guéer.

guado *s.m.* gué.

guai *inter.* gare!: — *a chi osasse!*, gare à qui oserait! || (*fam.*): — *a parlargliene ancora!*, surtout ne va pas lui parler encore de ça!; — *a te!*, fais gaffe! || — *ai vinti!*, malheur aux vaincus!

guaina *s.f.* gaine.

guaio *s.m.* ennui; (*difficoltà*) difficulté (f.); (*sciocchezza*) bêtise (f.): *che* —!, quel ennui!; *è un* —, c'est embêtant; *c'è un* —, il y a un problème; *qui sta il* —!, voilà le hic!; *combinare guai*, faire des bêtises || *mettere, essere nei guai*, mettre, être dans de beaux draps; *è in un mare di guai*, il est dans le pétrin.

guaire (*coniug. come* finire) *v.intr.* glapir.

guaito *s.m.* (*di cane*) glapissement; (*estens.*) gémissement.

gualcire *v.tr.* → **sgualcire**.

gualdrappa *s.f.* caparaçon (m.).

guanaco (pl. *-chi*) *s.m.* (*zool.*) guanaco.

guancia (pl. *-ce*) *s.f.* 1 joue || *a* — *a* —, joue contre joue 2 (*di animali*) bajoue 3 (*di aratro*) oreille.

guanciale *s.m.* 1 oreiller || *dormire fra due guanciali*, dormir sur ses deux oreilles 2 (*region.*) joue de porc salée.

guano *s.m.* guano.

guantaio *s.m.* gantier*.

guanto *s.m.* gant: *mezzi guanti*, mitaines; *guanti chirurgici*, gants de chirurgien; *infilare, levarsi i guanti*, mettre, ôter ses gants || — *di ferro*, gantelet || *calzare come un* —, aller comme un gant || *trattare con i guanti*, traiter avec beaucoup d'égards.

guantone *s.m.* gant de boxe.

guardaboschi (pl. *invar.*) *s.m.* garde forestier.

guardacaccia (pl. *invar.*) *s.m.* garde-chasse*.

guardacoste (pl. *invar.*) *s.m.* garde-côte*.

guardalinee (pl. *invar.*) *s.m.* (*sport*) juge de touche; (*ferr.*) garde-voie*.

guardamacchine (pl. *invar.*) *s.m.* gardien de parking.

guardamano (pl. *invar.*) *s.m.* (*di spada ecc.*) garde (f.); (*di arma da fuoco*) pontet.

guardapesca (pl. *invar.*) *s.m.* garde-pêche*.

guardare *v.tr.* 1 regarder: *si volse a guardarlo*, elle se retourna pour le regarder; *si è guardata le*

mani, elle s'est regardé les mains **2** (*badare a*) surveiller; (*proteggere*) garder ♦ *v.intr.* **1** (*considerare*) regarder (qqn, qqch); (*badare a*) regarder (à): — *ai risultati*, regarder les résultats; *non* — *a spese*, ne pas regarder à la dépense; — *al futuro con fiducia*, envisager l'avenir avec confiance ‖ *guarda anche al tuo interesse*, ne perds pas de vue tes intérêts **2** (*cercare*) chercher (à), tâcher (de): *guarda di studiare*, tâche de travailler; *guardate di accontentarlo*, cherchez à le contenter **3** (*fare attenzione*) faire* attention; prendre* garde: *guarda di non farti male*, attention à ne pas te faire mal; *guarda bene a quel che fai*, prends garde à ce que tu fais; *guarda di non cadere*, prends garde de tomber **4** (*di luogo*) (*affacciarsi*) donner (sur) ‖ *la casa guarda a levante, la maison est exposée à l'est □ **guardarsi** *v.pron.* **1** se regarder: *si guarda allo specchio*, elle se regarde dans la glace; *si guardavano senza parlare*, ils se regardaient sans rien dire; *si guardavano negli occhi*, ils étaient là les yeux dans les yeux **2** (*proteggersi*) prendre* garde (à); (*astenersi*) se garder (de): *guardati dal protestare*, garde-toi de protester; *guardati da lui*, méfie-toi de lui.
♦ FRASEOLOGIA: *guarda un po'!*, *guarda che roba!*, regarde-moi ça!; *guarda chi si vede!*, regarde un peu qui est là!; *guarda che modi!*, en voilà des manières!; *guarda tu se ho torto*, dis-moi si j'ai tort; *no, guarda, stasera non esco*, non, vraiment, ce soir je ne sors pas; *Dio me ne guardi!*, Dieu m'en garde!; *a guardar bene...*, si on y pense, réfléchit bien...; *e, guarda caso...*, comme par un fait exprès...

guardaroba (pl. *invar.*) *s.m.* **1** (*armadio*) penderie (*f.*) **2** (*stanza o luogo*) vestiaire **3** (*l'abbigliamento di una persona*) garde-robe* (*f.*).

guardarobiera *s.f.* lingère; (*di locale pubblico*) dame du vestiaire.

guardarobiere *s.m.* préposé au vestiaire.

guardasigilli (pl. *invar.*) *s.m.* garde des sceaux.

guardata *s.f.* coup d'œil: *dare una —*, jeter un coup d'œil.

guardia *s.f.* **1** garde: *fare la — a qlco, qlcu*, garder qqch, qqn ‖ *montare la —*, monter la garde, (*mar.*) faire le quart; *essere di —*, être de garde, (*mar.*) être de bordée ‖ *turno di —*, tour de garde, (*mar.*) quart ‖ (*mil.*) *cambio della —*, relève de la garde, (*fig.*) changement dans l'équipe dirigeante ‖ *mettere in —*, mettre en garde; *stare in —*, se tenir en garde, (*fig.*) se tenir sur ses gardes ‖ — *medica*, poste de secours **2** (*chi sorveglia, fa la guardia*) garde (*m.*) ‖ — *di pubblica sicurezza*, agent de police; — *in borghese*, agent en civil; — *comunale, di città*, sergent de ville ‖ — *notturna*, veilleur de nuit ‖ — *carceraria*, gardien de prison ‖ *giocare a guardie e ladri*, jouer aux gendarmes et aux voleurs **3** (*di un fiume*) cote d'alerte **4** (*tip.*) (feuille de) garde.

guardiamarina (pl. *invar.*) *s.m.* enseigne de vaisseau de 2e classe.

guardiano *s.m.* **1** gardien ‖ — *notturno*, veil-

leur de nuit **2** (*di animali*) gardeur*; (*di pecore*) berger*; (*di capre*) chevrier*.

guardina *s.f.* chambre de sûreté ‖ *mettere in —*, mettre au violon ‖ *passare la notte in —*, passer la nuit au poste.

guardingo (pl. *-ghi*) *agg.* circonspect.

guardiola *s.f.* loge.

guardone *s.m.* (*fam.*) voyeur*.

guardrail (pl. *invar.*) *s.m.* glissière de sécurité.

guarentigia (pl. *-gie*) (*dir.*) *s.f.* garantie.

guaribile *agg.* guérissable ‖ *è — in venti giorni*, il sera guéri dans vingt jours.

guarigione *s.f.* guérison ‖ *augurare una pronta —*, souhaiter un prompt rétablissement.

guarire (*coniug. come* finire) *v.tr. e intr.* guérir.

guaritore (f. *-trice*) *s.m.* guérisseur*.

guarnigione *s.f.* garnison.

guarnire (*coniug. come* finire) *v.tr.* garnir (de) ♦ *v.intr.* être* décoratif*.

guarnizione *s.f.* garniture ‖ *con troppe guarnizioni*, trop chargé.

guascone *agg. e s.m.* gascon*.

guastafeste (pl. *invar.*) *s.m. e f.* trouble-fête*.

guastare *v.tr.* **1** abîmer; (*fig.*) gâcher; (*una persona*) nuire* (à): — *un'amicizia*, gâcher une amitié; *gli amici lo hanno guastato*, ses amis l'ont détourné du droit chemin ‖ *guastarsi la reputazione*, compromettre sa réputation ‖ — *il sonno*, troubler le sommeil; — *l'appetito*, couper l'appétit ‖ *guastarsi il sangue*, se faire du mauvais sang **2** (*un meccanismo*) détraquer **3** (*cibi*) gâter **4** (*nuocere*) faire* du mal: *un po' di allegria non guasta*, un po' de gaieté ne fait pas de mal □ **guastarsi** *v.pron.* **1** se gâter (*anche fig.*) ‖ *si è guastato frequentando cattive compagnie*, il a mal tourné a cause de ses mauvaises fréquentations **2** (*di meccanismi*) se détraquer **3** (*fig.*) (*troncare i rapporti*) se brouiller.

guastatore *s.m.* (*mil.*) sapeur*.

guasto[1] *agg.* **1** en panne; (*di meccanismi delicati*) détraqué; (*di installazioni*) en dérangement **2** (*di alimento*) (*avariato*) avarié; (*marcio*) pourri ‖ *dente —*, dent gâtée.

guasto[2] *s.m.* **1** dégât, dommage **2** (*avaria*) panne (*f.*); (*anomalia di funzionamento*) défaillance (*f.*); (*in una installazione*) dérangement **3** (*marcio*) pourri ‖ *c'è del — tra di loro*, il y a une brouille entre eux.

guatemalteco (pl. *-chi*) *agg. e s.m.* guatémaltèque.

guazza *s.f.* (forte) rosée.

guazzabuglio *s.m.* fatras; (*di cose*) capharnaüm.

guazzetto *s.m.* (*cuc.*) *in —*, à la nage.

guazzo *s.m.* (*pitt.*) gouache (*f.*).

guelfo *agg. e s.m.* (*st.*) guelfe.

guercio *agg.* bigleux*: *essere — (da)*, loucher (de) ♦ *s.m.* bigle.

guerra *s.f.* **1** guerre: *muovere —*, *fare — a*, faire la guerre à; *essere, entrare in —*, être, entrer en guerre; *andare in —*, aller à la guerre; *morire in —*, mourir à la guerre ‖ *di prima della —*, d'avant-guerre ‖ *il periodo tra le due guerre* (*mon-*

diali), l'entre-deux-guerres || *giocare alla* —, jouer à la petite guerre **2** (*fig.*) guerre; (*conflitto*) conflit (*m.*); (*contesa*) querelle || — *a coltello*, guerre à outrance.

guerrafondaio *s.m.* belliciste.

guerreggiare (*coniug. come* mangiare) *v.intr.* faire* la guerre (à); (*combattere*) combattre* (contre).

guerresco (pl. *-chi*) *agg.* **1** guerrier* **2** (*bellicoso*) belliqueux*.

guerriero *agg.* e *s.m.* guerrier*.

guerriglia *s.f.* guérilla.

guerrigliero *s.m.* guérillero.

gufo *s.m.* *hibou*: — *reale*, grand duc; — *selvatico*, hulotte.

guglia *s.f.* flèche; (*di montagna*) aiguille.

gugliata *s.f.* aiguillée.

guida *s.f.* **1** guide (*m.*): *essere di* — *a qlcu*, guider qqn; *affidarsi alla* — *di qlcu*, se laisser guider par qqn; *essere alla* — *di*, être à la tête de || *sotto la* — *di*..., sous la direction, la conduite de...; *l'esercito sotto la* — *di*, l'armée guidée par **2** (*repertorio di informazioni*) guide (*m.*) || — *telefonica*, annuaire du téléphone **3** (*aut.*) conduite: *essere alla* — *di un veicolo*, être au volant d'un véhicule || *scuola* —, auto-école || *il posto di* —, la place du conducteur **4** (*aer.*) (*di velivolo*) guidage (*m.*) **5** (*tappeto*) passage (*m.*) **6** (*tecn.*) coulisse, glissière; (*mecc.*) guide (*m.*).

guidare *v.tr.* **1** guider; (*animali, veicoli*) conduire* **2** (*fig.*) (*dirigere*) diriger*; (*condurre*) conduire* || — *una danza*, mener une danse.

guidatore (f. *-trice*) *s.m.* conducteur*.

guinzaglio *s.m.* laisse (*f.*) || *al* —, en laisse || *mettere il* — *a qlcu*, (*fig.*) tenir la bride haute à qqn.

guisa *s.f.*: *in tal* —, de cette manière; *in, di* — *che*, de manière que; *in, a* — *di*, en guise de.

guitto *s.m.* cabotin.

guizzante *agg.* frétillant.

guizzare *v.intr.* (*di pesce*) frétiller; (*di serpe*) glisser || *il ragazzo guizzò via*, le garçon s'éclipsa; *gli guizzò via di mano*, il lui glissa des mains.

guizzo *s.m.* (*di pesce*) frétillement; (*di serpe*) glissement: *dare un* —, frétiller; glisser || *il* — *dei lampi*, le zig-zag des éclairs; *il* — *della fiamma*, le vacillement de la flamme; *la fiamma diede un* —, la flamme vacilla.

gulasch *s.m.* (*cuc.*) goulache, goulasch.

guru (pl. *invar.*) *s.m.* gourou.

guscio *s.m.* **1** coquille (*f.*), coque (*f.*); (*di legumi*) cosse (*f.*); (*di tartaruga*) carapace (*f.*); (*di ostrica, di molluschi*) coquille (*f.*), écaille (*f.*): — *di noce*, (*anche fig.*) coquille de noix; (*casetta*) maison de poupée || *chiudersi nel proprio* —, rentrer dans sa coquille; *essere chiuso nel proprio* —, s'enfermer dans sa coquille **2** (*struttura di navi, di veicoli*) coque (*f.*) **3** (*arch.*) cavet.

gustare *v.tr.* **1** (*assaggiare*) goûter (à); (*spec. per la prima volta*) goûter (de) **2** (*assaporare*) savourer, déguster; (*fig.*) goûter ♦ *v.intr.* (*fam.*) aimer (qqch).

gustativo *agg.* gustatif*.

gusto *s.m.* **1** goût || *secondo il mio* —, à mon goût || *tutti i gusti sono gusti*, tous les goûts sont dans la nature || *non ha* — *nel vestire*, il s'habille sans goût || *quattro gusti di gelato*, quatre parfums de glace; *un gelato al* — *di limone*, une glace au citron **2** (*piacere*) plaisir: *che* — *ci provi a stuzzicarlo?*, quel plaisir as-tu à le taquiner?; *ci ho* (*un*) — (*matto*), ça me fait (un) plaisir (fou); *non c'è* — *a parlare con lui*, ce n'est vraiment pas agréable de parler avec lui; *prenderci* —, y prendre goût || *mi sono preso il* — *di*, je me suis payé le luxe de || *mangiare di* —, manger de bon appétit; *ridere di* —, rire de bon cœur **3** (*capriccio, voglia*) fantaisie, lubie (*f.*): *cavarsi il* — *di*, se passer la fantaisie de.

gustoso *agg.* savoureux*.

guttaperca *s.f.* gutta-percha*.

gutturale *agg.* guttural*.

H

h *s.f.* e *m.* h (*m.*) || (*tel.*) — *come hôtel,* h comme Henri.

habitat (pl. *invar.*) *s.m.* habitat (*anche fig.*).

habitué (pl. *invar.*) *s.m.* habitué.

haitiano *agg.* e *s.m.* *haïtien.

hall (pl. *invar.*) *s.f.* *hall (*m.*).

handicap (pl. *invar.*) *s.m.* *handicap.

handicappato *agg.* e *s.m.* *handicapé.

hangar (pl. *invar.*) *s.m.* *hangar.

hardware (pl. *invar.*) *s.m.* (*inform.*) matériel.

harem (pl. *invar.*) *s.m.* *harem.

hascisc, hashish (pl. *invar.*) *s.m.* *haschisch.

hawaiano *agg.* e *s.m.* hawaïen*.

henna *s.f.,* **henné** *s.m.* (*bot.*) *henné (*m.*).

herpes (pl. *invar.*) *s.m.* (*med.*) herpès.

hertz *s.m.* (*fis.*) hertz.

hertziano *agg.* (*fis.*) hertzien*.

hevea *s.f.* (*bot.*) hévéa (*m.*).

hi-fi *s.m.* e *agg.* *hi-fi (*f.*): *un impianto —,* une chaîne hi-fi.

himalaiano *agg.* himalayen*.

hindi *s.m.* (*lingua*) hindi.

hinterland (pl. *invar.*) *s.m.* arrière-pays*.

hippy *s.m.* *hippie.

hitleriano *agg.* e *s.m.* hitlérien*.

hit-parade (pl. *invar.*) *s.f.* *hit-parade* (*m.*), palmarès (*m.*).

hobby (pl. *invar.*) *s.m.* dada || *fare qlco per —,* faire qqch pour son propre plaisir.

hockeista *s.m.* *hockeyeur*.

hockey *s.m.* (*sport*) *hockey: — su prato,* hockey sur gazon.

hollywoodiano *agg.* hollywoodien*.

home computer (pl. *invar.*) *s.m.* ordinateur individuel.

hop *inter.* hop!, hop là!

hostess (pl. *invar.*) *s.f.* **1** (*assistente di volo*) hôtesse de l'air **2** (*accompagnatrice*) hôtesse d'accueil.

hôtel (pl. *invar.*) *s.m.* hôtel.

hovercraft (pl. *invar.*) *s.m.* aéroglisseur.

humus (pl. *invar.*) *s.m.* (*agr.*) humus.

hurrà *inter.* *hourra!, *hurrah!

I

i¹ *s.f. e m.* i (*m.*) || (*tel.*) — *come Imola*, i comme Irma.

i² *art.det.m.pl.* → **il**.

iarda *s.f.* yard (*m.*).

iato *s.m.* hiatus.

iattanza *s.f.* jactance; (*arroganza*) arrogance; (*vanità*) vanité.

iattura *s.f.* malchance; (*disgrazia*) malheur (*m.*).

iberico (pl. -*ci*) *agg.* ibérique.

ibernare *v.intr.* hiberner.

ibernazione *s.f.* hibernation.

ibis *s.m.* (*zool.*) ibis.

ibisco (pl. -*chi*) *s.m.* (*bot.*) hibiscus.

ibridazione *s.f.* hybridation.

ibrido *agg. e s.m.* hybride.

icastico (pl. -*ci*) *agg.* incisif*.

iceberg (pl. *invar.*) *s.m.* iceberg.

icneumonide *s.m.* (*zool.*) ichneumon.

icona *s.f.* icône.

iconoclasta *agg. e s.m.* iconoclaste.

iconoclastico (pl. -*ci*) *agg.* iconoclaste.

iconografia *s.f.* iconographie.

iconografico (pl. -*ci*) *agg.* iconographique.

iconostasi *s.f.* (*arch.*) iconostase.

ictus (pl. *invar.*) *s.m.* (*med.*) congestion (*f.*): — *cerebrale*, congestion cérébrale.

Iddio *s.m.* → **Dio**.

idea *s.f.* idée: *ho le mie idee in merito*, j'ai mon idée sur la question; *morire per un'* —, mourir pour ses idées || *che* — *te ne sei fatto?*, qu'est-ce que tu en penses? || *che* —*!*, quelle (drôle d') idée! || *dice di essere malato, ma son tutte idee*, il dit qu'il est malade, mais ce n'est qu'une idée || *neanche per* —*!*, jamais de la vie! || *ho una mezza* — *di partire*, j'ai presque envie de partir || *metti un'* — *di latte nel mio tè*, ne mets qu'un soupçon de lait dans mon thé.

ideale *agg. e s.m.* idéal* || *non è il mio* —, ce n'est pas exactement ce dont j'avais rêvé || *il mio* — *di vita sarebbe di...*, mon idéal serait de...

idealismo *s.m.* idéalisme.

idealista *s.m.* idéaliste.

idealistico (pl. -*ci*) *agg.* idéaliste.

idealità *s.f.* **1** idéalité **2** (*ideale*) idéal* (*m.*).

idealizzare *v.tr.* idéaliser.

idealizzazione *s.f.* idéalisation.

idealmente *avv.* idéalement.

ideare *v.tr.* **1** concevoir*; (*immaginare*) imaginer **2** (*inventare*) inventer **3** (*progettare*) projeter*.

ideatore (f. -*trice*) *s.m.* (*inventore*) inventeur*; (*autore*) auteur.

idem *avv.* idem.

identico (pl. -*ci*) *agg.* identique.

identificabile *agg.* identifiable.

identificare (*coniug. come* mancare) *v.tr.* identifier □ **identificarsi** *v.pron.* s'identifier (à, avec).

identificativo *s.m.* (*inform.*) identification (*f.*).

identificazione *s.f.* identification.

identikit (pl. *invar.*) *s.m.* portrait-robot*.

identità *s.f.* identité.

ideografico (pl. -*ci*) *agg.* idéographique.

ideogramma *s.m.* idéogramme.

ideologia *s.f.* idéologie.

ideologico (pl. -*ci*) *agg.* idéologique || **-mente** *avv.*

idilliaco, idillico (pl. -*ci*) *agg.* idyllique.

idillio *s.m.* idylle (*f.*).

idioma *s.m.* idiome.

idiomatico (pl. -*ci*) *agg.* idiomatique.

idiosincrasia *s.f.* **1** (*med.*) idiosyncrasie **2** (*fig.*) aversion (pour); horreur (de).

idiota *agg. e s.m.* idiot.

idiotamente *avv.* de manière idiote.

idiotismo *s.m.* idiotisme.

idiozia *s.f.* idiotie.

idolatra *agg. e s.m.* idolâtre.

idolatrare *v.tr.* idolâtrer.

idolatria *s.f.* idolâtrie.

idolo *s.m.* idole (*f.*).

idoneità *s.f.* aptitude.

idoneo *agg.* **1** apte || — (*al servizio militare*), bon pour le service (militaire) **2** (*adatto*) propre (à); (*appropriato*) approprié.

idra *s.f.* hydre.

idrante *s.m.* **1** bouche d'eau; (*antincendio*) lance d'incendie **2** (*autocisterna*) fourgon-pompe*.

idratante *agg.* hydratant.

idratare *v.tr.* hydrater.

idratazione *s.f.* hydratation.

idrato *s.m.* (*chim.*) hydrate.

idraulica *s.f.* hydraulique.

idraulico (pl. -*ci*) *agg.* hydraulique ♦ *s.m.* plombier.

idrico (pl. -*ci*) *agg.* hydrique.

idr(o)- *pref.* hydr(o)-

idrocarburo *s.m.* hydrocarbure.

idrocefalo *s.m.* hydrocéphale.

idrodinamica *s.f.* hydrodynamique.

idrodinamico (pl. -*ci*) *agg.* hydrodynamique.

idroelettrico (pl. *-ci*) *agg.* hydroélectrique.

idrofilo *agg.* hydrophile.

idrofobia *s.f.* hydrophobie.

idrofobo *agg.* **1** hydrophobe || *cane* —, chien enragé **2** (*fig.*) furieux*.

idrogeno *s.m.* hydrogène.

idrografia *s.f.* hydrographie.

idrografico (pl. *-ci*) *agg.* hydrographique.

idrolisi *s.f.* (*chim.*) hydrolyse.

idrolitico (pl. *-ci*) *agg.* (*chim.*) hydrolytique.

idrologia *s.f.* hydrologie.

idromassaggio *s.m.* hydromassage.

idromele *s.m.* hydromel.

idrometra *s.f.* (*zool.*) hydromètre.

idrometro *s.m.* hydromètre.

idropico (pl. *-ci*) *agg.* e *s.m.* hydropique.

idropisia *s.f.* (*med.*) hydropisie.

idroplano *s.m.* (*mar.*) hydroglisseur, hydroplane.

idrorepellente *agg.* hydrofuge.

idroscalo *s.m.* hydrobase (*f.*).

idroscivolante *s.m.* (*mar.*) hydroglisseur.

idrosfera *s.f.* (*geogr.*) hydrosphère.

idrosolubile *agg.* hydrosoluble.

idrossido *s.m.* (*chim.*) hydroxyde.

idrostatica *s.f.* hydrostatique.

idrostatico (pl. *-ci*) *agg.* hydrostatique.

idrotermale *agg.* hydrothermal*.

idrovia *s.f.* réseau* fluvial.

idrovolante *s.m.* hydravion.

idrovora *s.f.* (*mecc.*) pompe de drainage.

idrovoro *agg.* **1** (*di impianto*) de drainage **2** (*che assorbe acqua*) très perméable.

iella *s.f.* (*fam.*) guigne, poisse: *portare* —, porter la poisse.

iena *s.f.* (*zool.*) hyène.

ieratico (pl. *-ci*) *agg.* hiératique.

ieri *avv.* e *s.m.* hier: — *mattina*, hier matin; — *notte*, la nuit dernière; — *l'altro*, *l'altro* —, avant-hier.

iettatore (f. *-trice*) *s.m.* jeteur* de sort.

iettatura *s.f.* **1** sort (mauvais): *gettare la* — *su qlcu, qlco,* jeter un sort à qqn, sur qqch **2** (*sfortuna*) malchance.

igiene *s.f.* hygiène.

igienico (pl. *-ci*) *agg.* hygiénique || *impianti igienici,* installations sanitaires || *norme igieniche,* règles d'hygiène || **-mente** *avv.*

igienista *s.m.* hygiéniste.

iglò, igloo, iglù *s.m.* igloo, iglou.

igname *s.m.* (*bot.*) igname (*f.*).

ignaro *agg.* ignorant, ignare: — *del pericolo,* ignorant le danger; *è* — *di quel che accade,* il ignore ce qui se passe.

ignavia *s.f.* (*letter.*) indolence.

ignavo *agg.* e *s.m.* indolent.

ignifugo (pl. *-ghi*) *agg.* ignifuge.

ignobile *agg.* ignoble || **-mente** *avv.*

ignominia *s.f.* ignominie.

ignominioso *agg.* ignominieux*.

ignorante *agg.* e *s.m.* **1** ignorant: *è* — *di musica,* il ne connaît rien à la musique **2** (*fam.*) (*maleducato*) mal élevé.

ignoranza *s.f.* ignorance || *l'* — *della legge non scusa,* nul n'est censé ignorer la loi.

ignorare *v.tr.* ignorer.

ignoto *agg.* e *s.m.* inconnu: *figlio d'ignoti,* fils de parents inconnus || *Milite Ignoto,* Soldat Inconnu || (*dir.*) *sporgere denuncia contro ignoti,* porter plainte contre X.

ignudo *agg.* (*letter.*) nu.

igr(o)- *pref.* hygr(o)-

igrometro *s.m.* hygromètre.

iguana *s.f.* (*zool.*) iguane (*m.*).

iguanodonte *s.m.* iguanodon.

il

---

m.sing. **il**, *pl.* **i**
+ vocale = *sing.* **l'**, *pl.* **gli**
+ s impura, gn, pn, ps, x, z = *sing.* **lo**, *pl.* **gli**

f.sing. **la**, *pl.* **le**
+ vocale = *sing.* **l'**, *pl.* **le**

---

art.det. **1** le*: — *professore,* le professeur; *la camera,* la chambre; *gli uomini,* les hommes; *i nemici,* les ennemis; *le bambine,* les fillettes || *restituire* — *20% della somma,* rendre 20% de la somme; *accordo sul 2%,* accord sur 2% **2** (*quando indica possesso o parentela o un qualche legame personale*) mon, ton, etc.: *dimenticare* — *portafoglio,* oublier son portefeuille; *è uscito con la zia, con la zia Luisa,* il est sorti avec sa tante, avec (la) tante Louise; *mi mise la mano sulla spalla,* il mit sa main sur mon épaule **3** (*non si traduce davanti agli aggettivi possessivi*): — *tuo libro,* ton livre; *la porta della mia camera,* la porte de ma chambre; *le vostre idee,* vos idées **4** (*non si traduce davanti a nomi propri di persona*): — *Leopardi è un poeta italiano,* Leopardi est un poète italien; *lo Scotti si è presentato alla polizia,* monsieur Scotti s'est présenté à la police: *il vecchio Scotti,* le vieux Scotti; *la Giovanna e lo Stefano,* Jeanne et Stéphane; *la cara Giovanna,* la chère Jeanne; *la Deneuve e la Loren,* Catherine Deneuve et Sophie Loren; *il questo momento la Bianchi è al telefono,* en ce moment madame Bianchi est au téléphone; *passerò le vacanze con le Bianchi,* je passerai les vacances avec les filles Bianchi; *i Bianchi sono nostri amici,* les Bianchi sont des amis à nous || *abbiamo ammirato i Picasso del periodo blu,* nous avons admiré les Picasso de la période bleue **5** (*distributivo*): *costa duemila lire* — *metro,* cela coûte deux mille lires le mètre; *pagare diecimila lire l'ora,* payer dix mille lires (de) l'heure; *guadagna trecentomila lire la settimana,* il gagne trois cent mille lires par semaine **6** (*generalmente non si traduce davanti all'inf. con valore di s.*): *lo stare a lungo in piedi stanca,* rester debout longtemps est fatigant, il est fatigant de rester longtemps debout; — *perdonare le offese è una virtù,* le pardon des offenses est une vertu.

ilare *agg.* hilare; (*giulivo*) joyeux*.

ilarità *s.f.* hilarité.

ileo *s.m.* 1 (*osso*) ilion 2 (*intestino*) iléon 3 (*occlusione intestinale*) iléus.

iliaco (pl. *-ci*) *agg.* (*anat.*) iliaque.

illanguidire (*coniug. come* finire) *v.tr.* alanguir; (*indebolire*) affaiblir ♦ *v.intr.*, **illanguidirsi** *v.pron.* s'alanguir.

illazione *s.f.* conjecture.

illecito *agg.* illicite || **-mente** *avv.*

illegale *agg.* illégal* || **-mente** *avv.*

illegalità *s.f.* illégalité.

illeggibile *agg.* illisible.

illegittimamente *avv.* illégitimement.

illegittimità *s.f.* illégitimité.

illegittimo *agg.* illégitime: *figlio* —, enfant illégitime.

illeso *agg.* indemne, sain et sauf*.

illetterato *agg.* e *s.m.* illettré.

illibatezza *s.f.* 1 virginité 2 (*purezza*) pureté; (*integrità*) intégrité.

illibato *agg.* 1 vierge 2 (*puro*) pur: *vita illibata*, vie exemplaire.

illiceità *s.f.* illégalité; (*illegittimità*) illégitimité.

illimitato *agg.* illimité.

illividire (*coniug. come* finire) *v.intr.* devenir* livide, blêmir ♦ *v.tr.* rendre* livide.

illogicità *s.f.* illogisme (*m.*).

illogico (pl. *-ci*) *agg.* illogique || **-mente** *avv.*

illudere (*coniug. come* chiudere) *v.tr.* tromper □ **illudersi** *v.pron.* se faire* des illusions; (*credere, sperare vanamente*) se flatter.

illuminamento *s.m.* (*fis.*) éclairement.

illuminante *agg.* éclairant (*anche fig.*).

illuminare *v.tr.* éclairer (*anche fig.*); (*per sottolineare l'intensità della luce*) illuminer || — *a giorno*, illuminer à giorno □ **illuminarsi** *v.pron.* s'éclairer; s'illuminer (*anche fig.*).

illuminato *agg.* éclairé (*anche fig.*); illuminé.

illuminazione *s.f.* éclairage (*m.*); (*molto intensa*) illumination (*anche fig.*): — *a giorno*, illumination à giorno.

illuminismo *s.m.* (*st.*) siècle des lumières; (*fil.*) philosophie des lumières.

illuminista *s.m.* e *f.* (*st., fil.*) philosophe des lumières ♦ *agg.* de la philosophie des lumières.

illuministico (pl. *-ci*) *agg.* de la philosophie des lumières: *idee illuministiche*, idées du siècle des lumières.

illusione *s.f.* illusion.

illusionismo *s.m.* illusionnisme.

illusionista *s.m.* illusionniste.

illuso *agg.* e *s.m.* rêveur*, utopiste.

illusorio *agg.* illusoire.

illustrare *v.tr.* illustrer.

illustrativo *agg.* illustratif* || *note illustrative*, notes explicatives.

illustrato *agg.* illustré: *giornale* —, (journal) illustré || *cartolina illustrata*, carte postale.

illustratore (f. *-trice*) *s.m.* illustrateur*.

illustrazione *s.f.* 1 illustration 2 (*spiegazione*) explication.

illustre *agg.* illustre, célèbre.

imago *s.f.* (*psic.*) imago.

imbacuccare (*coniug. come* mancare) *v.tr.* emmitoufler □ **imbacuccarsi** *v.pron.* s'emmitoufler.

imbaldanzire (*coniug. come* finire) *v.tr.* enhardir ♦ *v.intr.*, **imbaldanzirsi** *v.pron.* s'enhardir.

imballaggio *s.m.* emballage; (*confezione*) conditionnement: — *a rendere*, — *a perdere*, emballage consigné, non consigné; *spese di* —, frais d'emballage.

imballare[1] *v.tr.* emballer.

imballare[2] *v.tr.* (*aut.*) emballer □ **imballarsi** *v.pron.* (*aut.*) s'emballer.

imballo *s.m.* → **imballaggio**.

imbalsamare *v.tr.* embaumer; (*animali*) empailler.

imbalsamatore (f. *-trice*) *s.m.* embaumeur; (*di animali*) empailleur.

imbalsamazione *s.f.* embaumement (*m.*); (*di animali*) empaillage (*m.*).

imbambolarsi *v.pron.* rester hébété.

imbambolato *agg.* hébété; (*stordito*) étourdi || *sguardo* —, regard perdu.

imbandierare *v.tr.* pavoiser.

imbandire (*coniug. come* finire) *v.tr.* préparer || — *la tavola*, mettre la table || *tenere tavola imbandita*, tenir table ouverte.

imbarazzante *agg.* gênant, embarrassant.

imbarazzare *v.tr.* embarrasser, gêner (*anche fig.*); (*ingombrare*) encombrer.

imbarazzato *agg.* embarrassé (*anche fig.*) || *essere — di stomaco*, avoir l'estomac lourde.

imbarazzo *s.m.* embarras; (*molestia; disagio*) gêne (*f.*): *essere in* —, être embarrassé; *essere d'* —, gêner; *levare d'* —, tirer d'embarras || *sentirsi in* —, être mal à l'aise || — *di stomaco*, embarras gastrique.

imbarbarimento *s.m.* retour à la barbarie; (*estens.*) corruption (*f.*).

imbarbarire (*coniug. come* finire) *v.tr.* rendre* barbare; (*estens.*) corrompre* ♦ *v.intr.*, **imbarbarirsi** *v.pron.* devenir* barbare; (*estens.*) se corrompre*.

imbarcadero *s.m.* embarcadère.

imbarcare (*coniug. come* mancare) *v.tr.* embarquer (*anche fig.*) □ **imbarcarsi** *v.pron.* 1 embarquer, s'embarquer (*anche fig.*): *si è imbarcato ieri*, il s'est embarqué, il a embarqué hier 2 (*deformarsi*) (se) gondoler.

imbarcazione *s.f.* embarcation, bateau* (*m.*).

imbarco (pl. *-chi*) *s.m.* embarquement.

imbardata *s.f.* (*aer.*) embardée.

imbastardire (*coniug. come* finire) *v.tr.* abâtardir (*anche fig.*) ♦ *v.intr.*, **imbastardirsi** *v.pron.* s'abâtardir (*anche fig.*).

imbastire (*coniug. come* finire) *v.tr.* 1 faufiler, bâtir 2 (*fig.*) (*abbozzare*) ébaucher.

imbastitura *s.f.* faufilure, bâti (*m.*).

imbattersi *v.pron.* tomber (sur) (*anche fig.*).

imbattibile *agg.* imbattable.

imbattibilità *s.f.* invincibilité.

imbattuto *agg.* invaincu.

imbavagliare *v.tr.* bâillonner (*anche fig.*): — *la stampa*, museler la presse.

imbeccare (*coniug. come* mancare) *v.tr.* donner la becquée; (*fig.*) souffler ses réponses (à).

imbeccata *s.f.* becquée || (*fig.*): *dare l'— a*, souffler la réponse à; *bisogna sempre dargli l'—*, il faut toujours lui mâcher la besogne.

imbecille *agg. e s.m.* imbécile.

imbecillità *s.f.* imbécillité.

imbelle *agg.* pusillanime (*anche fig.*).

imbellettare *v.tr.* farder □ **imbellettarsi** *v.pron.* se farder.

imbellire (*coniug. come* finire) *v.tr. e intr.* embellir.

imberbe *agg.* imberbe.

imbestialirsi (*coniug. come* finire) *v.pron.* devenir* fou* de rage.

imbevere (*coniug. come* bere; *fut.* io imbeverò ecc.) *v.tr.* imbiber □ **imbeversi** *v.pron.* s'imprégner* (*anche fig.*).

imbevibile *agg.* imbuvable.

imbevuto *agg.* **1** imbibé **2** (*fig.*) imbu.

imbiancamento *s.m.* blanchiment.

imbiancare (*coniug. come* mancare) *v.tr.* **1** blanchir **2** (*muri ecc.*) (re)peindre*; (*a calce*) badigeonner ♦ *v.intr.*, **imbiancarsi** *v.pron.* blanchir.

imbiancatura *s.f.* peinture; (*a calce*) badigeonnage (*m.*) || *dare un'—*, repeindre; (*a calce*) badigeonner.

imbianchino *s.m.* **1** peintre (en bâtiments) **2** (*spreg.*) barbouilleur.

imbianchire (*coniug. come* finire) *v.tr. e intr.* → imbiancare.

imbiondire (*coniug. come* finire) *v.tr.* **1** rendre* blond **2** (*cuc.*) blondir ♦ *v.intr.* blondir.

imbizzarrire (*coniug. come* finire) *v.intr.*, **imbizzarrirsi** *v.pron.* s'emballer (*anche fig.*).

imboccare (*coniug. come* mancare) *v.tr.* **1** faire* manger || *lo hanno imboccato*, (*fig.*) on lui a fait la leçon **2** (*entrare*) s'engager* (dans) (*anche fig.*): — *la porta*, passer par la porte; — *l'autostrada*, s'engager sur l'autoroute; — *la via giusta*, (*fig.*) s'engager dans le bon chemin; — *la via del successo*, (*fig.*) prendre le chemin du succès.

imboccatura *s.f.* **1** entrée; (*di fiumi*) embouchure: *l'— della galleria*, l'entrée du tunnel **2** (*di strumenti a fiato*) embouchure.

imbocco (pl. *-chi*) *s.m.* entrée (*f.*).

imbonimento *s.m.* boniment.

imbonire (*coniug. come* finire) *v.tr.* bourrer le crâne (à).

imbonitore (f. *-trice*) *s.m.* bonimenteur*.

imborghesimento *s.m.* embourgeoisement.

imborghesire (*coniug. come* finire) *v.tr.* embourgeoiser ♦ *v.intr.*, **imborghesirsi** *v.pron.* s'embourgeoiser.

imboscare (*coniug. come* mancare) *v.tr.* **1** embusquer **2** (*occultare*) cacher □ **imboscarsi** *v.pron.* s'embusquer.

imboscata *s.f.* embuscade.

imboscato *agg. e s.m.* embusqué.

imboschimento *s.m.* boisement.

imboschire (*coniug. come* finire) *v.tr.* boiser.

imbottigliamento *s.m.* **1** mise en bouteilles **2** (*fam.*) (*del traffico*) embouteillage.

imbottigliare *v.tr.* embouteiller □ **imbottigliarsi** *v.pron.* (*fam.*) être* pris dans un embouteillage.

imbottire (*coniug. come* finire) *v.tr.* **1** rembourrer || *porte imbottite*, portes capitonnées; *pareti imbottite*, murs capitonnés **2** (*un indumento*) doubler || *guanti imbottiti*, gants fourrés **3** (*farcire*) fourrer; (*fig.*) bourrer || *panino imbottito*, sandwich || *imbottito di piombo*, criblé de plomb □ **imbottirsi** *v.pron.* se bourrer.

imbottita *s.f.* couverture piquée.

imbottitura *s.f.* **1** rembourrage (*m.*) **2** (*di cappotto ecc.*) doublure; (*delle spalle*) épaulette.

imbracare (*coniug. come* mancare) *v.tr.* (*tecn.*) élinguer.

imbracatura *s.f.* **1** (*operazione*) élingage (*m.*) **2** (*fune, cinghia di sostegno*) élingue **3** (*di paracadutista*) *harnais (*m.*) **4** (*di alpinista*) baudrier (*m.*).

imbracciare (*coniug. come* cominciare) *v.tr.* (*infilare al braccio*) passer au bras; (*il fucile ecc.*) épauler.

imbragare (*coniug. come* legare) *v.tr.* → imbracare.

imbranato *agg. e s.m.* (*fam.*) empoté.

imbrattacarte (pl. *invar.*) *s.m.* (*spreg.*) écrivassier, personne qui aime noircir du papier.

imbrattare *v.tr.* barbouiller; (*sporcare*) salir □ **imbrattarsi** *v.pron.* se barbouiller; (*sporcarsi*) se salir.

imbrattatele (pl. *invar.*) *s.m.* (*spreg.*) barbouilleur* (de toiles).

imbrifero *agg.* (*geogr.*) *bacino, terreno —*, surface de captation.

imbrigliare *v.tr.* **1** brider (*anche fig.*) **2** (*fiumi*) endiguer; (*terreni*) consolider, clayonner.

imbrigliatura *s.f.* **1** (*le briglie*) brides (*pl.*) **2** (*di un fiume*) endiguement (*m.*); (*di un terreno*) clayonnage (*m.*).

imbrillantinarsi *v.pron.* se mettre* de la brillantine.

imbroccare (*coniug come* mancare) *v.tr.* **1** atteindre*, toucher **2** (*fig.*) (*azzeccare*) deviner || *non ne imbrocca mai una!*, il n'en rate jamais une.

imbrogliare *v.tr.* **1** (*raggirare*) tromper, rouler: — *il fisco*, frauder le fisc; *si è fatto —*, il s'est fait avoir **2** (*aggrovigliare*) embrouiller (*anche fig.*) || — *le carte*, brouiller les cartes **3** (*mar.*) carguer □ **imbrogliarsi** *v.pron.* s'embrouiller (*anche fig.*).

imbrogliata *s.f.*: *ho preso una* (*bella*) —, j'ai été (bien) roulé; *un'—*, c'est une affaire louche.

imbrogliato *agg.* enchevêtré, emmêlé; (*fig.*) embrouillé.

imbroglio *s.m.* **1** manigance; (*raggiro*) affaire de dupes; (*truffa*) escroquerie (*f.*) **2** (*pasticcio, situazione intricata*) imbroglio || *cacciarsi in un bell'—*, se mettre dans de beaux draps; *spero di uscire da questo —*, j'espère me tirer de ce mauvais pas **3** (*groviglio*) enchevêtrement.

imbrogliona *s.f.* fourbe.

imbroglione *s.m.* filou, escroc ♦ *agg.* malhonnête.

imbronciarsi (*coniug. come* cominciare) *v.pron.* faire* la moue; (*di cielo*) s'assombrir.

imbronciato *agg.* boudeur*, maussade || *cielo* —, ciel maussade.

imbrunire[1] (*coniug. come* finire) *v.intr.impers.* faire* nuit: *imbruniva*, la nuit tombait.

imbrunire[2] *s.m.* tombée du jour: *all', sull'*—, à la tombée de la nuit.

imbruttire (*coniug. come* finire) *v.tr.* enlaidir ♦ *v.intr.*, **imbruttirsi** *v.pron.* (s') enlaidir: (*si*) *è imbruttita*, elle a enlaidi.

imbucare (*coniug. come* mancare) *v.tr.* **1** (*impostare*) mettre* à la boîte (aux lettres), poster **2** (*biliardo*) — *una palla*, blouser une boule □ **imbucarsi** *v.pron.* se fourrer.

imbufalire (*coniug. come* finire) *v.intr.*, **imbufalirsi** *v.pron.* (*fam.*) sortir* de ses gonds.

imbullettare *v.tr.* clouer.

imbullonare *v.tr.* boulonner, fixer avec des clous.

imburrare *v.tr.* beurrer.

imbustare *v.tr.* mettre* sous enveloppe.

imbutiforme *agg.* en forme d'entonnoir.

imbuto *s.m.* entonnoir || *a* —, en entonnoir.

imene *s.m.* (*anat.*) hymen.

imeneo *s.m.* hyménée.

imenottero *s.m.* (*zool.*) hyménoptère || *gli Imenotteri*, les Hyménoptères.

imitabile *agg.* imitable.

imitare *v.tr.* imiter; (*con gesti*) mimer; (*contraffare*) contrefaire*.

imitativo *agg.* imitatif*.

imitatore (f. *-trice*) *s.m.* imitateur*.

imitazione *s.f.* imitation: *gioielli d'*—, bijoux fantaisie || *a* — *di*, à l'imitation de.

immacolato *agg.* immaculé (*anche fig.*) || *vita immacolata*, vie sans tache || (*teol.*) *l'Immacolata Concezione*, l'Immaculée Conception.

immagazzinabile *agg.* stockable.

immagazzinare *v.tr.* entreposer, stocker; (*fig.*) emmagasiner.

immaginabile *agg.* imaginable.

immaginare *v.tr.* imaginer; (*pensare*) penser: *è più interessante di quanto immaginassi*, c'est plus intéressant que je ne pensais; *immagino che sarà qui a momenti*, je pense qu'il arrivera d'un moment à l'autre; (*si*) *immagina di essere un grand'uomo*, il s'imagine être un grand homme || *non se lo poteva neanche* —, il ne pouvait même pas s'en douter || *immagina se potevo rifiutare!*, tu parles si je pouvais refuser!; *me l'ero immaginato!*, je m'y attendais! || *"Disturbo?" "S'immagini!"*, "Je dérange?" "Mais pas du tout!"; *"Posso entrare?" "S'immagini!"*, "Puis-je entrer?" "(Mais) bien sûr!".

immaginario *agg. e s.m.* imaginaire.

immaginativo *agg.* imaginatif* || *scrittore* —, écrivain qui a beaucoup d'imagination.

immaginazione *s.f.* imagination.

immagine *s.f.* image: *è l'* — *della salute*, c'est l'image même de la santé || *dare una buona* — *di sé*, faire bonne impression || *fatto a* — *di*, fait à l'i-

mage de || (*fot.*) — *rovesciata*, image inversée.

immaginetta *s.f.* image pieuse.

immaginoso *agg.* **1** (*di scrittore*) imaginatif* **2** (*di testo*) imagé.

immalinconire (*coniug. come* finire) *v.tr.* rendre* mélancolique; (*attristare*) attrister ♦ *v.intr.*, **immalinconirsi** *v.pron.* devenir* mélancolique.

immancabile *agg.* immanquable; inévitable.

immancabilmente *avv.* (*senza dubbio*) immanquablement; (*con regolarità*) régulièrement; (*sempre*) invariablement.

immane *agg.* **1** (*enorme*) énorme; (*smisurato*) démesuré **2** (*fig.*) (*spaventoso*) épouvantable.

immanente *agg.* immanent.

immanenza *s.f.* immanence.

immangiabile *agg.* immangeable.

immantinente *avv.* (*letter.*) immédiatement.

immateriale *agg.* immatériel*.

immatricolare *v.tr.* immatriculer □ **immatricolarsi** *v.pron.* s'inscrire*.

immatricolazione *s.f.* immatriculation || *tassa d'* — *all'università*, droits d'inscription à l'université.

immaturamente *avv.* prématurément.

immaturità *s.f.* immaturité.

immaturo *agg.* **1** (*acerbo*) vert **2** (*fig.*) (*puerile*) puéril, enfantin || *è ancora (un)* —, il est encore gamin **3** (*prematuro*) prématuré.

immedesimarsi *v.pron.* s'identifier (avec) || — *nel dolore di qlcu*, partager le chagrin de qqn.

immedesimazione *s.f.* identification.

immediatamente *avv.* immédiatement || — *prima, dopo*, tout de suite avant, après.

immediatezza *s.f.* **1** instantanéité; (*rapidità*) rapidité **2** (*spontaneità*) spontanéité.

immediato *agg.* immédiat || *essere alle immediate dipendenze di qlcu*, dépendre directement de qqn || *nell'* —, dans l'immédiat.

immemorabile *agg.* immémorial*.

immemore *agg.* oublieux*.

immensamente *avv.* immensément; (*enormemente*) énormément || *mi dispiace* —, je suis extrêmement désolé.

immensità *s.f.* **1** immensité (*anche fig.*) **2** (*grande quantità*) infinité.

immenso *agg.* immense || *un amore* —, un très grand amour.

immergere (*Pass.rem.* io immersi, tu immergesti ecc. *Part.pass.* immerso) *v.tr.* plonger* □ **immergersi** *v.pron.* (se) plonger* || — *nelle tenebre*, s'enfoncer dans les ténèbres.

immeritatamente *avv.* injustement || *ottenere qlco* —, obtenir qqch sans le mériter.

immeritato *agg.* immérité.

immeritevole *agg.*: *essere* — *di qlco*, ne pas mériter qqch.

immersione *s.f.* (*l'immergere*) immersion; (*l'immergersi*) plongée || *navigare in* —, naviguer en plongée || *linea di* —, ligne de flottaison.

immerso *agg.* plongé || *essere* — *nei debiti*, être couvert de dettes.

immettere (*coniug. come* mettere) *v.tr.* intro-

duire*; (*mettere*) mettre* ♦ *v.intr.* conduire* (à) □
immettersi *v.pron.* s'engager*.
immigrante *agg.* e *s.m.* immigrant.
immigrare *v.intr.* immigrer.
immigrato *agg.* e *s.m.* immigré.
immigrazione *s.f.* immigration || *ufficio* —, office national de l'immigration.
imminente *agg.* imminent.
imminenza *s.f.* imminence.
immischiare *v.tr.* mêler: *essere immischiato in uno scandalo*, être mêlé à un scandale □ **immischiarsi** *v.pron.* se mêler (de).
immiserimento *s.m.* appauvrissement.
immiserire (*coniug. come* finire) *v.tr.* appauvrir ♦ *v.intr.*, **immiserirsi** *v.pron.* s'appauvrir.
immissario *s.m.* (*geogr.*) tributaire (d'un lac).
immissione *s.f.* introduction || — *di capitale*, injection de capital || (*inform.*) — *di dati*, saisie de données.
immobile *agg.* immobile || *beni immobili*, biens immeubles ♦ *s.m.* immeuble; (*dir.*) bien-fonds*.
immobiliare *agg.* immobilier*.
immobilismo *s.m.* immobilisme.
immobilità *s.f.* immobilité.
immobilizzare *v.tr.* immobiliser.
immobilizzazione *s.f.* immobilisation.
immobilizzo *s.m.* immobilisation (*f.*).
immoderato *agg.* immodéré || **-mente** *avv.*
immodestia *s.f.* **1** (*presunzione*) présomption **2** (*impudicizia*) manque de pudeur, immodestie.
immodesto *agg.* prétentieux*.
immodificabile *agg.* non modifiable.
immodificato *agg.* immuable.
immolare *v.tr.* immoler □ **immolarsi** *v.pron.* s'immoler.
immondezza *s.f.* **1** ordures (*pl.*) **2** (*sporcizia*) saleté **3** (*fig.*) impureté.
immondezzaio *s.m.* **1** (dépôt d')ordures **2** (*pattumiera*) poubelle (*f.*) **3** (*fig.*) porcherie (*f.*), dépotoir.
immondizia *s.f.* **1** ordures (*pl.*): *buttare nell'*—, jeter aux ordures **2** (*sporcizia*) saleté.
immondo *agg.* immonde.
immorale *agg.* immoral*.
immoralità *s.f.* immoralité.
immortalare *v.tr.* immortaliser.
immortale *agg.* immortel*.
immortalità *s.f.* immortalité.
immotivato *agg.* injustifié, immotivé.
immoto *agg.* immobile.
immune *agg.* **1** immunisé: — *da contagio*, non contaminé **2** (*esente*) exempt (de).
immunità *s.f.* **1** immunité **2** (*esenzione*) exemption.
immunitario *agg.* immunitaire.
immunizzare *v.tr.* immuniser (contre).
immunizzato *agg.* immunisé.
immunodeficienza *s.f.* (*med.*) immunodéficience.
immunodepressore *s.m.* (*med.*) immunodépresseur.

immunologia *s.f.* immunologie.
immunologo (pl. -gi) *s.m.* immunologiste.
immunoterapia *s.f.* (*med.*) immunothérapie.
immusonirsi (*coniug. come* finire) *v.pron.* se renfrogner.
immusonito *agg.* renfrogné || *è rimasto* — *tutto il giorno*, il a fait la tête pendant toute la journée.
immutabile *agg.* immuable.
immutabilità *s.f.* stabilité.
immutato *agg.* inchangé || *con* — *affetto*, avec toute mon affection.
impacchettare *v.tr.* empaqueter* || *l'hanno impacchettato e messo in prigione*, ils l'ont embarqué et mis en prison.
impacciare (*coniug. come* cominciare) *v.tr.* **1** gêner **2** (*ingombrare*) encombrer.
impacciato *agg.* **1** gêné; (*goffo*) gauche **2** (*ingombro*) encombré.
impaccio *s.m.* **1** embarras, gêne (*f.*): *essere d'*—, *dare* —, gêner; *trovarsi in* —, se trouver dans l'embarras; *togliersi d'*—, se tirer d'embarras; *mi sei più d'*— *che di aiuto*, au lieu de m'aider tu me gênes **2** (*oggetto ingombrante*) objet encombrant.
impacco (pl. -*chi*) *s.m.* compresse (*f.*).
impadronirsi (*coniug. come* finire) *v.pron.* **1** s'emparer (de) || *si è impadronito delle mie idee*, il s'est approprié mes idées **2** (*imparare*) acquérir* la maîtrise (de): *non si è ancora impadronito del mestiere*, il n'a pas encore son métier bien en main.
impagabile *agg.* (*di cosa*) inestimable; (*di persona*) irremplaçable || *è un tipo* —, (*scherz.*) il est impayable.
impaginare *v.tr.* mettre* en pages.
impaginato *agg.* (*tip.*) mis en pages ♦ *s.m.* épreuve mise en pages.
impaginazione *s.f.* (*tip.*) mise en pages.
impagliare *v.tr.* empailler.
impagliatore (f. -*trice*) *s.m.* empailleur*.
impagliatura *s.f.* empaillage (*m.*).
impalarsi *v.pron.* se planter || — *sull'attenti*, se figer au garde-à-vous.
impalato *agg.* planté: *non star lì* —, (*fam.*) ne reste pas planté là.
impalcatura *s.f.* **1** échafaudage (*m.*); (*edil.*) (*struttura portante*) charpente; (*fig.*) structure || *l'*— *dello Stato*, les piliers de l'Etat **2** (*di albero*) embranchement (*m.*).
impallidire (*coniug. come* finire) *v.intr.* pâlir: *è impallidita*, elle a pâli || — *dalla paura*, blêmir de peur.
impallinare *v.tr.* cribler de balles.
impalmare *v.tr.* épouser.
impalpabile *agg.* impalpable.
impaludarsi *v.pron.* (*impelagarsi*) s'enliser.
impanare[1] *v.tr.* (*cuc.*) paner.
impanare[2] *v.tr.* (*tecn.*) fileter*.
impannata *s.f.* châssis de fenêtre.
impantanarsi *v.pron.* s'enliser (*anche fig.*).
impaperarsi *v.pron.* s'embrouiller || *mi sono impaperato*, la langue m'a fourché.

impappinarsi *v.pron.* s'empêtrer.

imparabile *agg.* (*football*) imparable.

imparare *v.tr.* apprendre* || *devi — a vivere!*, apprends donc à vivre! || *impara come si fa!*, prends-en de la graine! || *così impari!*, ça t'apprendra!

imparaticcio *s.m.* 1 carré d'essai 2 (*fig.*) à-peuprès* || *il suo discorso sa d'—*, son discours sent l'improvisation.

impareggiabile *agg.* incomparable, sans pareil.

imparentarsi *v.pron.* s'apparenter.

impari *agg.* 1 inégal* 2 (*inferiore*) inférieur 3 (*dispari*) impair.

imparità *s.f.* inégalité.

imparruccato *agg.* coiffé d'une perruque.

impartire (*coniug. come* finire) *v.tr.* donner.

imparziale *agg.* impartial* || **-mente** *avv.*

imparzialità *s.f.* impartialité.

impassibile *agg.* impassible: *ascoltava —*, il écoutait d'un air impassible || **-mente** *avv.*

impassibilità *s.f.* impassibilité.

impastare *v.tr.* 1 pétrir; (*mescolare*) mélanger*: *— la farina con le uova*, mélanger les œufs et la farine 2 (*calce ecc.*) gâcher.

impastato *agg.* 1 pétri: *— di orgoglio*, pétri d'orgueil || *occhi impastati di sonno*, des yeux pleins de sommeil || *avere la bocca impastata*, avoir la bouche pâteuse 2 (*di calce ecc.*) gâché.

impastatrice *s.f.* (*macchina*) (*per pane*) pétrisseuse; (*per cemento ecc.*) malaxeur (*m.*).

impasticcarsi (*coniug. come* mancare) *v.pron.* (*drogarsi*) se droguer.

impasto *s.m.* 1 pétrissage; (*di colori*) empâtement; (*di calce ecc.*) gâchage 2 (*pasta*) pâte (*f.*) 3 (*fig.*) mélange.

impastoiare *v.tr.* entraver.

impataccare (*coniug. come* mancare) *v.tr.* tacher, salir □ **impataccarsi** *v.pron.* se tacher, se salir.

impatto *s.m.* impact.

impaurire (*coniug. come* finire) *v.tr.* effrayer*, faire* peur □ **impaurirsi** *v.pron.* s'effrayer*, s'affoler.

impavido *agg.* intrépide, impavide.

impaziente *agg.* impatient.

impazientemente *avv.* impatiemment.

impazientirsi (*coniug. come* finire) *v.pron.* s'impatienter.

impazienza *s.f.* impatience.

impazzare *v.intr.* battre* son plein.

impazzata, all' *locuz.avv.* comme un fou*.

impazzimento *s.m.* 1 folie (*f.*) 2 (*della bussola*) affolement (*m.*)

impazzire (*coniug. come* finire) *v.intr.* 1 devenir* fou*: *fare —*, rendre fou 2 (*fig.*) (*tribolare*) se donner un mal fou || *— per una donna*, perdre la tête pour une femme 3 (*di bussola*) s'affoler 4 (*cuc.*) tourner.

impeccabile *agg.* impeccable || **-mente** *avv.*

impedenza *s.f.* (*elettr.*) impédance.

impedimento *s.m.* empêchement; (*ostacolo*) obstacle || *essere d'—*, être un obstacle.

impedire (*coniug. come* finire) *v.tr.* 1 empêcher: *impedirò con tutte le mie forze che egli se ne vada*, j'empêcherai de toutes mes forces qu'il s'en aille; *bisognava — che il prigioniero fuggisse*, il fallait empêcher que le prisonnier (ne) s'enfuie 2 (*ingombrare, ostruire*) encombrer, obstruer 3 (*impacciare*) gêner.

impedito *agg.* (*ingombro*) encombré, embarrassé; (*impacciato*) gêné; (*immobilizzato*) immobilisé; (*sbarrato, ostruito*) bouché, obstrué.

impegnare *v.tr.* 1 (*dare in pegno*) engager* 2 (*fig.*) engager*; (*obbligare*) obliger* || *— la propria parola*, engager sa parole 3 (*occupare*) occuper; (*nel tempo*) prendre*: *gli studi lo hanno impegnato per anni*, ses études lui ont pris des années 4 (*prenotare*) retenir* 5 (*intraprendere*) engager* || *— battaglia*, livrer bataille □ **impegnarsi** *v.pron.* 1 s'engager*; (*applicarsi*) s'appliquer (à) 2 (*promettere, garantire*) s'engager* (à): *ormai non posso dire di no, mi sono impegnato*, je ne peux plus refuser, je me suis engagé.

impegnativa *s.f.* prise en charge.

impegnativo *agg.* absorbant; (*importante*) important || *risposta poco impegnativa*, réponse peu compromettante.

impegnato *agg.* 1 (*dato in pegno*) engagé 2 (*preso, occupato*) pris, occupé 3 (*prenotato*) retenu 4 (*vincolato, obbligato*) tenu, obligé 5 (*fig.*) engagé || *la letteratura impegnata*, la littérature engagée.

impegno *s.m.* 1 engagement: *mancare a un —*, rompre un engagement || *è un uomo pieno di impegni*, c'est un homme très pris 2 (*zelo*) zèle: *mette sempre molto — in quello che fa*, il fait toujours preuve de beaucoup de zèle || *mettercisi d'—*, prendre les choses à cœur 3 (*fig.*) engagement.

impegolare *v.tr.* poisser □ **impegolarsi** *v.pron.* 1 se poisser 2 (*fig.*) s'enfoncer*; (*cacciarsi*) se fourrer.

impelagarsi (*coniug. come* legare) *v.pron.* s'engager*; (*cacciarsi*) se fourrer.

impellente *agg.* impérieux*, pressant.

impellicciato *agg.* enveloppé dans une fourrure.

impenetrabile *agg.* impénétrable.

impenitente *agg.* impénitent.

impennacchiato *agg.* empanaché.

impennaggio *s.m.* (*aer.*) empennage.

impennarsi *v.pron.* 1 se cabrer 2 (*fig.*) (*inalberarsi*) s'emporter.

impennata *s.f.* 1 (*di cavallo*) cabrement (*m.*) 2 (*di aereo*) cabrage (*m.*) 3 (*fig.*) (*di persona*) emportement (*m.*) 4 (*brusco rialzo*) *hausse.

impensabile *agg.* impensable.

impensato *agg.* (*inaspettato*) imprévu; (*insospettato*) insoupçonné.

impensierire (*coniug. come* finire) *v.tr.* préoccuper □ **impensierirsi** *v.pron.* se préoccuper.

impensierito *agg.* préoccupé.

imperante *agg.* dominant.

imperare *v.intr.* dominer.

imperativo *agg.* e *s.m.* impératif* || **-mente** *avv.*

imperatore *s.m.* empereur.

imperatrice *s.f.* impératrice.

impercettibile *agg.* imperceptible || **-mente** *avv.*

impercorribilità *s.f.* impraticabilité.

imperdonabile *agg.* impardonnable.

imperfetto *agg.* e *s.m.* imparfait.

imperfezione *s.f.* imperfection.

imperiale[1] *agg.* impérial*.

imperiale[2] *s.m.* (*di veicoli*) impériale (*f.*).

imperialismo *s.m.* impérialisme.

imperialista *s.m.* impérialiste.

imperialistico (pl. *-ci*) *agg.* impérialiste.

imperioso *agg.* impérieux* || **-mente** *avv.*

imperituro *agg.* impérissable.

imperizia *s.f.* inhabilité; (*inesperienza*) inexpérience.

imperlare *v.tr.* emperler □ **imperlarsi** *v.pron.* perler (à, sur).

impermalirsi (*coniug. come* finire) *v.pron.* se piquer, s'irriter.

impermalito *agg.* piqué, irrité.

impermeabile *agg.* e *s.m.* imperméable.

impermeabilità *s.f.* imperméabilité.

impermeabilizzare *v.tr.* imperméabiliser.

impermeabilizzazione *s.f.* imperméabilisation.

imperniare *v.tr.* **1** monter (qqch) sur un pivot **2** (*fig.*) axer, centrer || *tutto il lavoro è imperniato su di lui*, tout le travail repose sur lui □ **imperniarsi** *v.pron.* **1** pivoter **2** (*fig.*) rouler, tourner || *la faccenda s'impernia su di lui*, il est le pivot de l'affaire.

impero *s.m.* empire || *stile* —, style Empire.

imperscrutabile *agg.* impénétrable.

impersonale *agg.* impersonnel* || **-mente** *avv.*

impersonare *v.tr.* **1** personnifier; (*rappresentare concretamente*) incarner **2** (*di attori*) (*interpretare*) incarner le rôle (de) □ **impersonarsi** *v.pron.* **1** s'incarner **2** (*di attori*) se mettre* dans la peau du personnage.

imperterrito *agg.* imperturbable.

impertinente *agg.* impertinent.

impertinenza *s.f.* impertinence.

imperturbabile *agg.* imperturbable.

imperturbabilità *s.f.* imperturbabilité.

imperversare *v.intr.* **1** sévir, faire* rage **2** (*di persona*) (*infierire*) sévir **3** (*furoreggiare*) faire* fureur.

impervio *agg.* inaccessible.

impetigine *s.f.* (*med.*) impétigo (*m.*).

impeto *s.m.* **1** impétuosité (*f.*); (*violenza*) violence (*f.*): *l'* — *delle acque*, la violence des eaux; *l'* — *di un assalto*, l'impétuosité d'un assaut || *nell'* — *della corsa*, en pleine course **2** (*fig.*) (*slancio*) élan; (*accesso*) accès || *agire d'* —, agir par impulsion || *con* —, avec fougue || *nell'* — *della discussione*, dans le feu de la discussion.

impetrare *v.tr.* **1** (*ottenere supplicando*) obtenir* par des prières **2** (*domandare supplicando*) implorer.

impettito *agg.* en plastronnant.

impetuosità *s.f.* impétuosité (*anche fig.*).

impetuoso *agg.* impétueux* || **-mente** *avv.*

impiallacciare (*coniug. come* cominciare) *v.tr.* plaquer.

impiallacciato *agg.* plaqué.

impiallacciatura *s.f.* placage (*m.*).

impiantare *v.tr.* installer.

impiantista *s.m.* **1** (*di impianti domestici*) installateur; (*di impianti industriali*) monteur **2** (*progettista*) technicien spécialiste de projets et d'installations industrielles.

impiantito *s.m.* plancher.

impianto *s.m.* installation (*f.*).

impiastrare *v.tr.* **1** (*spalmare*) enduire* **2** (*imbrattare*) barbouiller □ **impiastrarsi** *v.pron.* se barbouiller.

impiastricciare (*coniug. come* cominciare) *v.tr.* barbouiller; (*rendere appiccicoso*) poisser □ **impiastricciarsi** *v.pron.* se barbouiller.

impiastro *s.m.* **1** emplâtre **2** (*fig.*) plaie (*f.*).

impiccagione *s.f.* pendaison: *condannare all'* —, condamner à être pendu.

impiccare (*coniug. come* mancare) *v.tr.* pendre* || *non lo farebbe neanche se lo impiccassero*, il ne le ferait pour rien au monde || *sono impiccato dal lavoro, dalle scadenze*, (*fig.*) le travail, les échéances me prennent à la gorge □ **impiccarsi** *v.pron.* se pendre* || *impiccati!*, (*fam.*) va te faire pendre!

impiccato *s.m.* pendu.

impicciare (*coniug. come* cominciare) *v.tr.* gêner □ **impicciarsi** *v.pron.* se mêler.

impiccio *s.m.* **1** (*fastidio*) gêne (*f.*): *essere d'* — *a qlcu*, être une gêne pour qqn **2** (*guaio*) pétrin; (*situazione imbrogliata*) embarras: *mettere in un* —, mettre dans le pétrin; *ti sei messo in un bell'* —, te voilà dans de beaux draps!; *è un bell'* —!, quelle poisse!

impiccione *s.m.* indiscret, importun.

impiegare (*coniug. come* legare) *v.tr.* **1** employer* (*utilizzare*) utiliser || *come impieghi il tuo tempo libero?*, comment occupes-tu tes loisirs? || *ha impiegato il nipote nell'azienda*, il a embauché son neveu dans son entreprise || *impiega il cervello!*, (*fam.*) fais travailler ta matière grise! || *impiegheremo almeno tre ore*, il nous faudra au moins trois heures; *impiegheremo il tempo che ci vorrà*, nous y mettrons le temps qu'il faudra **2** (*denaro*) engager*; (*investire*) investir □ **impiegarsi** *v.pron.* trouver un emploi, une situation: *si è impiegato molto bene*, il a trouvé une très bonne situation.

impiegata *s.f.* employée.

impiegatizio *agg.* de bureau, (*degli impiegati*) d'employé, des employés (de bureau): *ceto* —, *classe impiegatizia*, catégorie des employés (de bureau); *qualifica impiegatizia*, qualification d'employé; *lavoro* —, travail de bureau.

impiegato *s.m.* employé || — *statale*, fonctionnaire (de l'État); — *di concetto, d'ordine*, employé de bureau, subalterne; *fare l'* —, *essere* — , être employé; *è* — *alla FIAT, nella ditta X*, il est employé chez FIAT, de la société X ◆ *agg.* **1** employé, utilisé: *denaro, tempo bene* —, argent, temps bien employé **2** (*assunto*) employé **3** (*fin.*) placé, investi.

impiego (pl. *-ghi*) *s.m.* **1** emploi, situation (*f.*); (*utilizzazione*) utilisation (*f.*): *campo di* — *di un materiale*, champ d'utilisation, d'application d'un matériel || *ha un buon* —, il a une belle situation || *il pubblico* —, l'administration **2** (*di denaro*) placement.

impietosire (*coniug. come* finire) *v.tr.* apitoyer* □ **impietosirsi** *v.pron.* s'apitoyer*.

impietoso *agg.* impitoyable.

impietrire (*coniug. come* finire) *v.tr.* pétrifier (*anche fig.*) ♦ *v.intr.*, **impietrirsi** *v.pron.* se pétrifier; (*fig.*) être* pétrifié.

impigliare *v.tr.* accrocher □ **impigliarsi** *v.pron.* s'accrocher (à); (*rimanere preso*) rester pris; (*fig.*) s'empêtrer: *la gonna le s'impigliò negli arbusti*, sa jupe s'accrocha aux arbustes.

impigrire (*coniug. come* finire) *v.tr.* rendre* paresseux* □ **impigrirsi** *v.pron.* devenir* paresseux*.

impiombatura *s.f.* **1** plombage (*m.*) **2** (*mar.*) épissure.

impiumare *v.tr.* emplumer.

implacabile *agg.* implacable, acharné.

implantologia *s.f.* (*med.*) implantologie.

implicare (*coniug. come* mancare) *v.tr.* impliquer.

implicazione *s.f.* implication.

implicito *agg.* implicite || (*gramm.*) *proposizione implicita*, proposition impersonnelle.

implodere (*coniug. come* chiudere) *v.intr.* imploser.

implorare *v.tr.* implorer.

implorazione *s.f.* imploration.

implosione *s.f.* implosion.

implume *agg.* sans plumes.

impollinazione *s.f.* pollinisation.

impoltronire (*coniug. come* finire) *v.tr.* rendre* paresseux* ♦ *v.intr.*, **impoltronirsi** *v.pron.* devenir* paresseux*.

impolverare *v.tr.* couvrir* de poussière □ **impolverarsi** *v.pron.* se couvrir* de poussière.

impolverato *agg.* couvert de poussière.

impomatare *v.tr.* pommader □ **impomatarsi** *v.pron.* se pommader.

impomatato *agg.* pommadé.

imponderabile *agg.* e *s.m.* impondérable.

imponente *agg.* imposant.

imponenza *s.f.* majesté.

imponibile *agg.* imposable ♦ *s.m.* assiette de l'impôt.

impopolare *agg.* impopulaire.

impopolarità *s.f.* impopularité.

imporporarsi *v.pron.* **1** s'empourprer **2** (*arrossire*) rougir.

imporre (*coniug. come* porre) *v.tr.* **1** imposer **2** (*esigere*) demander, exiger*: *la situazione impone cautela*, la situation exige de la prudence □ **imporsi** *v.pron.* s'imposer: *si impone un cambiamento radicale*, un changement radical s'impose;

si impone che tu prenda una rapida decisione, une décision rapide s'impose.

import (pl. *invar.*) *s.m.* (*comm.*) importation (*f.*) || *una ditta di* — *-export*, une société d'import-export.

importabile *agg.* importable.

importante *agg.* e *s.m.* important.

importanza *s.f.* importance: *cosa di nessuna* —, chose sans importance; *non ha* —!, c'est sans importance! || *darsi* (*arie d'*) —, se donner des airs (importants).

importare[1] *v.tr.* importer.

importare[2] *v.intr.* importer: *mi importa la tua felicità*, ton bonheur m'importe || *questo non ti deve* —, cela ne te regarde pas ♦ *v.intr.impers.* **1** importer, être* important; (*avere importanza*) avoir* de l'importance: *importa sapere che...*, il importe, il est important de savoir que...; *che* (*cosa*) *importa?*, qu'importe?; *che t'importa?*, qu'est-ce que ça peut bien te faire?; *certo che m'importa*, bien sûr que ça m'importe; *che importa se piove?*, qu'importe s'il pleut?; *non importa, importa poco, poco importa*, peu importe; *se non puoi telefonarmi, non importa*, si tu ne peux pas me téléphoner, cela n'a pas d'importance; *importa molto, poco*, cela a beaucoup, peu d'importance || *non importa chi, come, quando, perché*, peu importe qui, comment, quand, pourquoi || *ma che vuoi che me ne importi?*, que veux-tu que cela me fasse?; *non me ne importa un bel niente*, (*fam.*) je m'en moque pas mal; *m'importa molto!*, (*iron.*) cela m'est complètement égal!; *m'importa di riuscire*, je tiens à réussir **2** (*essere necessario*) être* nécessaire; (*occorrere, bisognare*) falloir*: *non importa che tu telefoni*, il n'est pas nécessaire que tu téléphones; *importa che quel ragazzo studi*, il faut que ce garçon travaille.

importatore (f. *-trice*) *agg.* e *s.m.* importateur*.

importazione *s.f.* importation || *diritti d'*—, droits d'entrée.

importo *s.m.* montant; (*somma*) somme (*f.*): *una fattura dell'*— *di 5000 FF*, une facture s'élevant à 5000 FF; *fare acquisti per l'*— *di...*, faire des achats pour la somme de...

importunare *v.tr.* importuner; (*disturbare*) déranger*.

importuno *agg.* e *s.m.* importun || *non vorrei essere* —, je ne voudrais pas vous déranger.

imposizione *s.f.* **1** imposition || — (*fiscale*), impôt **2** (*ordine, comando*) ordre (*m.*): *non accetto imposizioni da nessuno*, je n'ai d'ordres à recevoir de personne.

impossessarsi *v.pron.* s'emparer (*anche fig.*); (*appropriarsi*) s'approprier (qqch) || — *di una lingua*, maîtriser une langue.

impossibile *agg.* e *s.m.* impossible: *è* — *continuare così*, il est impossible de continuer ainsi || *pare* —!, c'est incroyable!

impossibilità *s.f.* impossibilité.

impossibilitato *agg.*: *essere* — *a*, être dans l'impossibilité de.

imposta[1] *s.f.* impôt (*m.*) || — *doganale*, droits de douane; — *sui beni mobili*, cote mobilière; *modulo delle imposte*, feuille des contributions; *esonero dalle imposte*, exonération d'impôts || *Ufficio delle imposte*, Bureau des contributions directes.

imposta[2] *s.f.* **1** (*di finestre ecc.*) volet (*m.*) **2** (*arch.*) imposte.

impostare[1] *v.tr.* poster, mettre* à la boîte, mettre* à la poste.

impostare[2] *v.tr.* **1** (*tracciare*) tracer* (dans ses grandes lignes); (*un problema ecc.*) poser; (*un lavoro ecc.*) organiser: — *la linea politica di un partito*, tracer les lignes directrices de la politique d'un parti || (*mus.*) — *la voce*, placer la voix **2** (*impostare su, fondare su*) fonder (sur) **3** (*edil.*) asseoir*, poser **4** (*amm.*) (*di bilancio*) établir, dresser; (*di voce, di spesa in un bilancio*) enregistrer **5** (*mar.*) mettre* en chantier, mettre* sur cale **6** (*tip.*) imposer.

impostato *agg.* **1** (*tracciato*) tracé; (*di problema*) posé || *discorso bene* —, discours bien construit || *lavoro bene* —, *male* —, travail bien parti, mal goupillé; (*sport*) *rovescio bene* —, revers techniquement au point || *il lavoro è ormai* —, le travail est désormais en route || (*mus.*) *voce ben impostata*, voix bien posée **2** (*impostato, fondato su*) fondé.

impostazione[1] *s.f.* postage (*m.*).

impostazione[2] *s.f.* **1** (*di progetto, di piano*) esquisse; (*di questione, di problema*) position; (*di un lavoro ecc.*) organisation || (*mus.*) *l'— della voce*, la pose de la voix || (*sport*) *una buona* —, une bonne technique || (*amm.*): — *di bilancio*, établissement d'un bilan; — *di un conto*, enregistrement d'un compte; — *di una spesa in un bilancio*, inscription d'une dépense au bilan **2** (*edil.*) assiette, assise **3** (*mar.*) mise en chantier, mise sur cale **4** (*tip.*) imposition.

imposto *agg.* imposé: *prezzi imposti*, prix imposés.

impostore *s.m.* imposteur.

impostura *s.f.* imposture.

impotente *agg.* e *s.m.* impuissant.

impotenza *s.f.* impuissance.

impoverimento *s.m.* appauvrissement.

impoverire (*coniug. come* finire) *v.tr.* appauvrir ♦ *v.intr.*, **impoverirsi** *v.pron.* s'appauvrir.

impoverito *agg.* appauvri.

impraticabile *agg.* impraticable.

impraticabilità *s.f.* impraticabilité: (*sport*) *l'— del campo*, les mauvaises conditions du terrain.

impratichire (*coniug. come* finire) *v.tr.* entraîner □ **impratichirsi** *v.pron.* s'exercer*, s'entraîner: — *nella guida dell'automobile*, s'entraîner à conduire || *s'è impratichito del lavoro*, il a une bonne pratique de son travail || — *in una lingua*, se familiariser avec une langue; — *di un luogo*, se familiariser avec un lieu.

imprecare (*coniug. come* mancare) *v.intr.* pester.

imprecazione *s.f.* imprécation.

imprecisabile *agg.* indéterminable || *in data* —, à une date indéfinie.

imprecisato *agg.* non précisé, non spécifié || *una somma imprecisata*, une certaine somme.

imprecisione *s.f.* imprécision; (*inesattezza*) inexactitude.

impreciso *agg.* imprécis.

impregnare *v.tr.* imprégner*; (*imbevere*) imbiber □ **impregnarsi** *v.pron.* s'imprégner*.

imprendibile *agg.* imprenable; (*inafferrabile*) insaisissable.

imprenditore (*f.* -*trice*) *s.m.* entrepreneur*: — *edile*, entrepreneur de bâtiments || — *agricolo*, exploitant agricole.

imprenditoria *s.f.* entrepreneurs (*m.pl.*).

imprenditoriale *agg.* d'entrepreneur || *categoria* —, catégorie des entrepreneurs.

imprenditorialità *s.f.* **1** capacités d'entrepreneur **2** (*gli imprenditori*) entrepreneurs (*m.pl.*).

impreparato *agg.* non préparé || *alunno* —, élève mal préparé || *è* — *in francese*, il n'est pas prêt en français; *è* — *ad affrontare tutte le piste*, il n'est pas prêt pour affronter toutes les pistes || *cogliere impreparati*, prendre au dépourvu.

impreparazione *s.f.* manque de préparation.

impresa *s.f.* **1** entreprise || *è un'—!*, c'est toute une affaire!; *convincerlo sarà un'—!*, ça ne va pas être facile de le convaincre! || *via, non è un'—* — *impossibile!*, allons, ce n'est pas la mer à boire! **2** (*prodezza*) exploit (*m.*) || *bell'—!*, (*iron.*) voilà un bel exploit! **3** (*azienda*) entreprise || — *agricola*, exploitation agricole, entreprise agricole.

impresario *s.m.* **1** entrepreneur **2** (*teatr.*) imprésario.

imprescindibile *agg.* dont il faut tenir compte; (*indispensabile*) indispensable; (*tassativo*) impératif*.

imprescrittibile *agg.* (*dir.*) imprescriptible.

impresentabile *agg.* pas présentable.

impressionabile *agg.* impressionnable.

impressionante *agg.* impressionnant.

impressionare *v.tr.* impressionner; (*turbare, scuotere*) affecter, frapper □ **impressionarsi** *v.pron.* être* impressionné (par); (*essere turbato, essere scosso*) être* affecté (par).

impressione *s.f.* impression: *fa una certa* —..., cela fait une certaine impression que de...; *ho la vaga* — *che*, j'ai une vague impression que; *sarà una mia* — *, ma*..., c'est peut-être une impression, mais... || *fare una grande* —, faire sensation.

impressionismo *s.m.* (*pitt.*) impressionnisme.

impressionista *agg.* e *s.m.* (*pitt.*) impressionniste.

impressionistico *agg.* (*pitt.*) impressionniste.

impresso *agg.* **1** gravé || *mi è rimasto* — *nella mente*, c'est gravé dans ma mémoire **2** (*tip.*) imprimé.

imprestare *v.tr.* prêter.

imprevedibile *agg.* imprévisible || *uomo* —, homme plein de surprises.

imprevedibilità *s.f.* imprévisibilité.

imprevidente *agg.* imprévoyant.

imprevidenza *s.f.* imprévoyance.

imprevisto *agg.* e *s.m.* imprévu.

impreziosire (*coniug. come* finire) *v.tr.* enrichir (de).

imprigionare *v.tr.* emprisonner.

imprigionato *agg.* emprisonné: — *fra, sotto le macerie,* emprisonné sous les décombres || *la nave è rimasta imprigionata dai ghiacci,* le navire est resté bloqué dans les glaces; *è rimasto — nell'ingranaggio,* il est resté pris dans l'engrenage.

imprimere (*coniug. come* comprimere) *v.tr.* imprimer; (*fig.*) graver: *imprimersi nella mente,* graver dans son esprit || *imprimilo bene nella testa!,* mets-le-toi bien dans la tête! || — *un bacio sulle guance,* embrasser, faire une bise sur les joues.

improbabile *agg.* improbable.

improbabilità *s.f.* improbabilité.

improbo *agg.* rude || *lavoro—,* travail ingrat.

improcrastinabile *agg.* qu'on ne peut pas différer.

improduttività *s.f.* improductivité.

improduttivo *agg.* improductif*.

impronta *s.f.* empreinte.

improntare *v.tr.* caractériser || — *di sé un'epoca,* marquer une époque □ **improntarsi** *v.pron.: il suo viso si improntò alla collera,* la colère se peignit sur son visage.

improntato *agg.* plein (de).

improntitudine *s.f.* (*importunità*) importunité; (*sfacciataggine*) manque d'à propos.

impronto, all' *locuz.avv.* immédiatement || *tradurre all'—,* traduire à livre ouvert.

impronunciabile *agg.* imprononçable; (*da non dire*) tabou.

improperio *s.m.* injure (*f.*), insulte (*f.*).

improponibile *agg.* qui n'est pas proposable.

impropriamente *avv.* improprement.

improprietà *s.f.* impropriété; (*inesattezza*) inexactitude.

improprio *agg.* impropre || (*mat.*) *frazione impropria,* nombre fractionnaire || *armi improprie,* objets employés improprement comme des armes.

improrogabile *agg.* qui ne peut pas être prorogé || *termine—,* dernier délai.

improrogabilità *s.f.* impossibilité de délai.

improrogabilmente *avv.* sans délai; (*senz'altro*) sans faute.

improvvisamente *avv.* (*all'improvviso*) tout à coup; (*inaspettatamente*) à l'improviste || *morire —,* mourir subitement.

improvvisare *v.tr.* improviser □ **improvvisarsi** *v.pron.* s'improviser.

improvvisata *s.f.* surprise.

improvvisato *agg.* improvisé, impromptu || *lavoro—,* (*spreg.*) travail bâclé.

improvvisatore (f. *-trice*) *s.m.* improvisateur*.

improvvisazione *s.f.* improvisation.

improvviso *agg.* (*repentino*) soudain, subit; (*inatteso*) imprévu, inattendu || *all'—, d'—,* tout à coup, (*inaspettatamente*) à l'improviste ♦ *s.m.* (*mus.*) impromptu.

imprudente *agg.* imprudent: *sei stato — a partire,* tu as été imprudent de partir.

imprudentemente *avv.* imprudemment.

imprudenza *s.f.* imprudence.

impubblicabile *agg.* impubliable.

impudente *agg.* impudent.

impudentemente *avv.* impudemment.

impudenza *s.f.* impudence.

impudicizia *s.f.* impudicité.

impudico (pl. *-chi*) *agg.* impudique.

impugnabile *agg.* (*contestabile*) contestable; (*dir.*) attaquable.

impugnare[1] *v.tr.* empoigner || — *le armi,* (*fig.*) prendre les armes.

impugnare[2] *v.tr.* (*dir.*) attaquer || — *di falso un testamento,* s'inscrire en faux contre un testament.

impugnatura *s.f.* **1** poignée **2** (*atto, modo di impugnare*) prise.

impugnazione *s.f.* recours (contre).

impulsività *s.f.* impulsivité.

impulsivo *agg.* impulsif* || **-mente** *avv.*

impulso *s.m.* impulsion (*f.*): *dare — a,* donner une impulsion à || *d'—,* impulsivement; *per — naturale,* par instinct || *un — di corrente,* une arrivée de courant.

impunemente *avv.* impunément || *non te la caverai —!,* tu ne t'en sortiras pas comme ça!

impunità *s.f.* impunité.

impunito *agg.* impuni.

impuntarsi *v.pron.* **1** s'arrêter (net) || *si impunta ogni dieci parole,* il bute tous les dix mots **2** (*fig.*) s'obstiner: — *a dire di no,* s'obstiner dans son refus.

impuntatura *s.f.: prendere un'—,* s'obstiner.

impuntura *s.f.* piqûre.

impunturare *v.tr.* (*cucito*) piquer; (*guarnire di impunture*) garnir de piqûres.

impurità *s.f.* impureté.

impuro *agg.* impur (*anche fig.*) || *'s' impura,* 's' suivi d'une consonne || *razza impura,* (*di animali*) race croisée.

imputabile *agg.* imputable.

imputabilità *s.f.* (*dir.*) imputabilité.

imputare *v.tr.* **1** imputer **2** (*accusare*) accuser.

imputato *s.m.* accusé || — *a piede libero,* prévenu libre.

imputazione *s.f.* **1** imputation **2** (*accusa*) accusation.

imputrescibile *agg.* imputrescible.

imputridire (*coniug. come* finire) *v.intr.* pourrir, se putréfier; (*di acqua*) croupir ♦ *v.tr.* putréfier.

in

+ art.det. = *m.sing.* **nel nello nell'**
    m.pl. **nei negli**
    f.sing. **nella nell'**
    f.pl. **nelle**

---

prep. **1** (*luogo*) en; (*davanti a sost. determinati da art., agg. dimostr., agg.poss. ecc. e sempre qualora abbia valore di determin.*) dans; (*per sottolineare il luogo dove ci si trova, ci si reca ecc.*) à*: *andare — classe,* aller en classe; — *questa classe,* dans cette classe; *mettere — prigione,* mettre en prison; *nel-*

la prigione di Torino, dans la prison de Turin; *essere, andare — ufficio*, être, aller au bureau; *nel mio ufficio*, dans mon bureau || (*con nomi geografici*): — *Italia*, — *Francia*, en Italie, en France; *nell'Italia del Sud, nei Paesi nordici*, dans l'Italie du Sud, dans les Pays du Nord; — *Marocco*, — *Brasile*, au Maroc, au Brésil; *negli Stati Uniti, nelle Antille*, aux Etats-Unis, aux Antilles; *è nato — Firenze*, il est né à Florence; *andrà — Martinica*, il ira à la Martinique; *l'esercito entrò — Parigi*, l'armée entra dans Paris || *abita — quella città*, — *piazza Mazzini*, il habite cette ville, place Mazzini; — *via Carducci 23*, 23, rue Carducci || *entrò con il cappello — mano*, — *testa*, il entra son chapeau à la main, sur la tête || *si legge — Molière*, on lit chez Molière; *il misticismo — Claudel*, le mysticisme chez Claudel; *ciò che colpisce di più nei bambini*, ce qui frappe le plus chez les enfants || *Giovanna B. — C.*, Jeanne B. épouse C. **2** (*tempo*) en; dans; à*: — *marzo*, — *giugno*, en mars, en juin; *nel mese di marzo, di giugno*, au mois de mars, de juin; *nell'ottobre, nel dicembre* (*del*) *1963*, en octobre, en décembre 1963; *nel 1924*, en 1924; *nell'autunno* (*del*) *1929*, l'automne 1929; —, *nella mattinata*, —, *nella giornata*, dans la matinée, dans la journée; *nei momenti difficili, nelle ore liete*, dans les moments difficiles, aux heures de bonheur; *nel secolo scorso, nel secolo XIX*, au siècle dernier, au XIXe siècle; — *questo momento*, en ce moment; — *tutta la mia vita*, dans toute ma vie; — *gioventù*, dans ma (ta, sa, etc.) jeunesse; *tre volte — due anni*, trois fois en deux ans; *ho letto il libro — due ore*, j'ai lu le livre en deux heures || — *questo mese*, — *questa settimana*, ce mois (-ci), cette semaine (-ci); — *quel giorno*, — *quel momento*, ce jour-là, ce moment-là || — *una mattina d'autunno*, par une matinée d'automne; — *una notte stellata*, par une nuit étoilée **3** (*modo, mezzo, scopo, materia*) en **4** (*predicativo*): *erano — quattro*, — *molti*, ils étaient quatre, nombreux; *giocare — quattro*, jouer à quatre **5** (*seguita da inf. equivale a ger.*) en: *nel fare ciò*, en faisant cela; *nel salire — treno*, en montant dans le train || *nel lavarlo si è rotto*, il s'est cassé pendant que je le lavais.

inabile *agg.* **1** incapable (de): *essere — al lavoro*, être incapable de travailler || — *al servizio militare*, inapte au service militaire **2** (*handicappato*) *handicapé.

inabilità *s.f.* **1** incapacité (de) **2** (*mil.*) inaptitude.

inabissare *v.tr.* engouffrer □ **inabissarsi** *v.pron.* couler, sombrer: *la nave si è inabissata*, le navire a coulé, a sombré.

inabitabile *agg.* inhabitable.

inabitato *agg.* inhabité.

inaccessibile *agg.* inaccessible || *prezzi inaccessibili*, prix prohibitifs.

inaccessibilità *s.f.* inaccessibilité.

inaccettabile *agg.* inacceptable.

inacerbire (*coniug. come* finire) *v.tr.* exacerber ||

— *una pena*, aggraver une peine □ **inacerbirsi** *v.pron.* (*diventare più violento*) s'exacerber; (*più astioso*) s'aigrir.

inacetire (*coniug. come* finire) *v.intr.* tourner (en vinaigre): *il vino è inacetito*, le vin a tourné.

inacidire (*coniug. come* finire) *v.tr.* aigrir ♦ *v. intr.*, **inacidirsi** *v.pron.* **1** (s') aigrir: *la salsa* (*si*) *è inacidita*, la sauce a aigri, s'est aigrie **2** (*di latte, di vino*) tourner: *il latte è inacidito*, le lait a tourné.

inacidito *agg.* aigri (*anche fig.*); (*andato a male*) tourné.

inadattabile *agg.* inadaptable.

inadattabilità *s.f.* inadaptation.

inadatto *agg.* **1** (*di persone*) inadapte **2** (*di cose*) inadéquat, inapproprié.

inadeguatezza *s.f.* inadéquation.

inadeguato *agg.* inadéquat; (*insufficiente*) insuffisant; (*seguito da complemento*) qui ne suffit pas (à).

inadempiente *agg. e s.m.* défaillant || — *all'obbligo di leva*, réfractaire.

inadempienza *s.f.* défaillance; (*seguito da complemento*) inaccomplissement de || — *contrattuale*, inexécution d'un contrat || — *all'obbligo di leva*, insoumission.

inafferrabile *agg.* insaisissable.

inaffidabile *agg.* à qui on ne peut pas faire confiance.

inaffidabilità *s.f.* manque de fiabilité.

inaffondabile *agg.* insubmersible.

inagibile *agg.* impraticable; (*di immobile*) inhabitable.

inagibilità *s.f.* impraticabilité; (*di stabile*) inhabitabilité.

inalare *v.tr.* inhaler.

inalatore *s.m.* inhalateur.

inalazione *s.f.* inhalation.

inalberare *v.tr.* arborer || — *una vela*, hisser une voile □ **inalberarsi** *v.pron.* **1** (*di cavallo*) se cabrer **2** (*fig.*) se mettre en colère.

inalienabile *agg.* inaliénable (*anche fig.*).

inalienabilità *s.f.* inaliénabilité.

inalterabile *agg.* inaltérable.

inalterabilità *s.f.* inaltérabilité.

inalterato *agg.* inchangé.

inamidare *v.tr.* amidonner, empeser*.

inamidato *agg.* amidonné; empesé (*anche fig.*).

inamidatura *s.f.* amidonnage (*m.*), empesage (*m.*).

inammissibile *agg.* inadmissible.

inammissibilità *s.f.* inadmissibilité.

inamovibile *agg.* inamovible.

inamovibilità *s.f.* inamovibilité.

inane *agg.* (*letter.*) vain, inutile.

inanellato *agg.* **1** (*che ha forma di anello*) annelé, bouclé **2** (*ornato di anelli*) orné de bagues.

inanimato *agg.* inanimé.

inanità *s.f.* (*letter.*) inanité.

inanizione *s.f.* (*med.*) inanition.

inappagabile *agg.* inassouvissable, insatiable.

inappagato *agg.* insatisfait, inassouvi.

inappellabile *agg.* (*dir.*) sans appel.

inappellabilità *s.f.* (*dir.*) caractère sans appel (d'une sentence).

inappellabilmente *avv.* (*dir.*) sans appel.

inappetente *agg.* qui manque d'appétit.

inappetenza *s.f.* inappétence.

inapplicabile *agg.* inapplicable.

inapprezzabile *agg.* 1 (*inestimabile*) inappréciable; inestimable 2 (*irrilevante*) imperceptible, insaisissable.

inappuntabile *agg.* 1 (*irreprensibile*) irréprochable 2 (*impeccabile*) impeccable: *essere vestito in modo —*, avoir une mise impeccable.

inarcare (*coniug. come* mancare) *v.tr.* arquer, courber (en arc), cambrer || *— le sopracciglia,* lever les sourcils ☐ **inarcarsi** *v.pron.* (*piegarsi ad arco*) (s')arquer, se courber; (*sollevarsi ad arco*) se cambrer.

inaridire (*coniug. come* finire) *v.tr.* dessécher* (*anche fig.*); (*esaurire*) tarir (*anche fig.*) ♦ *v.intr.*, **inaridirsi** *v.pron.* se dessécher* (*anche fig.*); (*esaurirsi*) (se) tarir (*anche fig.*).

inarrestabile *agg.* incessant; (*incontenibile*) irrépressible.

inarrivabile *agg.* 1 (*irraggiungibile*) inaccessible 2 (*impareggiabile*) incomparable, sans pareil*.

inarticolato *agg.* inarticulé.

inascoltato *agg.* inécouté.

inaspettatamente *avv.* à l'improviste, de façon inattendue.

inaspettato *agg.* inattendu: *giunsero inaspettati,* ils arrivèrent à l'improviste.

inasprimento *s.m.* 1 aigrissement; (*di dolore, di odio*) exacerbation (*f.*) 2 (*aggravamento*) aggravation (*f.*) 3 (*di clima*) refroidissement.

inasprire (*coniug. come* finire) *v.tr.* 1 aigrir; (*esacerbare*) exacerber || *la sofferenza ha inasprito il suo animo,* la souffrance a durci son cœur 2 (*aggravare*) aggraver ♦ *v.intr.*, **inasprirsi** *v.pron.* 1 aigrir; (*fig.*) s'aigrir 2 (*di guerra, di lotta ecc.*) devenir* plus acharné; (*di controversia*) s'envenimer 3 (*di clima*) devenir* plus rude; (*di freddo*) devenir* plus fort.

inattaccabile *agg.* inattaquable (*anche fig.*).

inattendibile *agg.* qui n'est pas digne de foi.

inatteso *agg.* inattendu.

inattività *s.f.* inactivité.

inattivo *agg.* 1 inactif* 2 (*inform.*) mort.

inattuabile *agg.* irréalisable, inexécutable.

inattuale *agg.* inactuel*.

inaudito *agg.* inouï.

inaugurale *agg.* inaugural*.

inaugurare *v.tr.* inaugurer.

inaugurazione *s.f.* inauguration; (*di una mostra*) vernissage (*m.*).

inavveduto *agg.* 1 maladroit 2 (*involontario*) involontaire.

inavvertenza *s.f.* inadvertance.

inavvertitamente *avv.* par inadvertance.

inavvertito *agg.* inaperçu.

inazione *s.f.* inaction.

incagliare *v.tr.* (*ostacolare*) entraver; (*interrompere*) interrompre* ♦ *v.intr.*, **incagliarsi** *v. pron.* 1 (*mar.*) échouer, s'échouer 2 (*fig.*) s'arrêter; (*insabbiarsi*) arriver à un point mort.

incaglio *s.m.* (*ostacolo*) obstacle, entrave (*f.*); (*impedimento*) empêchement || *senza incagli,* sans accrocs.

incalcolabile *agg.* incalculable.

incallire (*coniug. come* finire) *v.tr.* rendre* calleux*; (*indurire*) durcir ♦ *v.intr.*, **incallirsi** *v.pron.* 1 devenir* calleux* 2 (*fig.*) s'endurcir || *— nel vizio,* croupir dans le vice.

incallito *agg.* 1 calleux* 2 (*fig.*) endurci || *criminale —,* criminel invétéré.

incalorire (*coniug. come* finire) *v.tr.* échauffer ☐ **incalorirsi** *v.pron.* (*spec.fig.*) s'échauffer, s'enflammer.

incalzante *agg.* pressant || *il ritmo — di una musica,* le rythme endiablé d'une musique.

incalzare[1] *v.tr.* *harceler*, presser || *il tempo incalza,* le temps presse || *il pericolo incalza,* le danger menace ☐ **incalzarsi** *v.pron.* se succéder* rapidement.

incalzare[2] *s.m.*: *l' — del tempo, delle stagioni,* la fuite du temps, des saisons.

incameramento *s.m.* confiscation (*f.*).

incamerare *v.tr.* confisquer.

incamminare *v.tr.* (*spec.fig.*) acheminer, diriger* ☐ **incamminarsi** *v.pron.* s'acheminer (*anche fig.*); (*mettersi in cammino*) se mettre en route.

incanalare *v.tr.* canaliser (*anche fig.*) ☐ **incanalarsi** *v.pron.* (*di acque*) se rassembler; (*fig.*) se diriger*.

incancellabile *agg.* ineffaçable.

incancrenire (*coniug. come* finire) *v.intr.*, **incancrenirsi** *v.pron.* 1 se gangrener* 2 (*fig.*) (*nel male*) croupir.

incandescente *agg.* 1 incandescent 2 (*fig.*) (*scottante*) brûlant; (*acceso*) tendu.

incandescenza *s.f.* incandescence.

incannucciare (*coniug. come* cominciare) *v.tr.* 1 (*sorreggere con canne*) ramer 2 (*coprire di canne*) couvrir* de claies de roseaux; (*circondare di canne*) entourer de claies de roseaux.

incantare *v.tr.* charmer; (*stregare*) ensorceler* || *quell'attore incanta il pubblico,* cet acteur tient le public sous son charme || *non m'incanti con le tue belle parole,* tes belles paroles ne me séduiront pas ☐ **incantarsi** *v.pron.* 1 tomber en extase 2 (*incepparsi*) s'enrayer*.

incantato *agg.* enchanté; (*affascinato*) fasciné: *rimasero ad ascoltarlo incantati,* ils l'écoutaient fascinés || *restare lì —,* rester là bouche bée.

incantatore (*f. -trice*) *s.m.* enchanteur*, ensorceleur* || *— di serpenti,* charmeur de serpents.

incantesimo *s.m.* enchantement, charme; (*sortilegio*) ensorcellement || *fare un — su qlcu,* jeter un sort à, sur qqn.

incantevole *agg.* charmant, ravissant.

incanto[1] *s.m.* enchantement; (*fascino*) charme || *quel bambino è un —,* cet enfant est une merveille || *stare d'—,* (*di persona*) se porter comme un charme; (*di abito*) aller à ravir; *balla che è un —*, elle danse à ravir.

incanto[2] *s.m.* encan || *vendita all'—*, vente à l'encan.

incanutire (*coniug. come* finire) *v.intr.* blanchir.

incapace *agg.* incapable (de).

incapacità *s.f.* incapacité (de).

incaparbire (*coniug. come* finire) *v.intr.*, **incaparbirsi** *v.pron.* s'obstiner, s'entêter.

incaponirsi (*coniug. come* finire) *v.pron.* s'obstiner, s'entêter.

incappare *v.intr.* tomber: — *in un tranello*, tomber dans un piège; — *in qlcu*, tomber sur qqn.

incappucciare (*coniug. come* cominciare) *v.tr.* encapuchonner.

incappucciato *agg.* encapuchonné.

incapricciarsi (*coniug. come* cominciare) *v. pron.* s'enticher.

incapsulare *v.tr.* (*med.*) mettre* une couronne (à).

incarcerare *v.tr.* incarcérer*.

incarcerazione *s.f.* incarcération.

incaricare (*coniug. come* mancare) *v.tr.* charger*: *sono stato incaricato di comunicarle...*, on m'a chargé de vous communiquer... □ **incaricarsi** *v.pron.* se charger*.

incaricato *agg.* chargé (de): (*professore*) —, professeur chargé de cours ♦ *s.m.* personne chargée (de): *un — del comune*, un envoyé de la mairie.

incarico (pl. -*chi*) *s.m.* charge (*f.*); (*compito*) tâche (*f.*), mission (*f.*) || *aver l'— di...*, être chargé de...; *fare un lavoro per — di qlcu*, être chargé par qqn de faire un travail || *ottenere un — in un liceo*, être chargé de cours dans un lycée.

incarnare *v.tr.* incarner □ **incarnarsi** *v.pron.* **1** s'incarner **2** → incarnire.

incarnato[1] *agg.* incarné.

incarnato[2] *agg. e s.m.* (*della carnagione*) incarnat.

incarnazione *s.f.* incarnation.

incarnire (*coniug. come* finire) *v.intr.*, **incarnirsi** *v.pron.* (*di unghia*) s'incarner.

incarnito *agg.*: *unghia incarnita*, ongle incarné.

incarognire (*coniug. come* finire) *v.intr.*, **incarognirsi** *v.pron.* devenir* vache, devenir* rosse.

incartamento *s.m.* dossier.

incartapecorire (*coniug. come* finire) *v.intr.*, **incartapecorirsi** *v.pron.* se parcheminer.

incartapecorito *agg.* parcheminé || *un vecchio —*, un vieillard ratatiné.

incartare *v.tr.* envelopper (dans du papier).

incasellare *v.tr.* ranger*, classer dans un casier || *— la posta*, faire le triage du courrier.

incasinare *v.tr.* (*molto fam.*) mettre* le bordel (dans).

incasinato *agg.* (*molto fam.*) *che stanza incasinata!*, quel capharnaüm!, quel pagaille dans cette pièce!; *è un tipo —*, (*che ha problemi*) il est coincé.

incassabile *agg.* encaissable.

incassamento *s.m.* encaissement.

incassare *v.tr.* **1** encaisser, toucher || *— un assegno*, toucher un chèque **2** (*in una cavità*) en-

castrer, emboîter **3** (*incastonare*) sertir, enchâsser.

incassato *agg.* **1** encaissé **2** (*incastrato*) encastré **3** (*incastonato*) serti, enchâssé.

incassatore (f. -*trice*) *s.m.*: *è un buon —*, (*fig.*) il encaisse bien.

incasso *s.m.* **1** (*riscossione*) encaissement, recouvrement || *effetti all'—*, effets à recevoir **2** (*somma incassata*) recette (*f.*) **3** *da —*, encastrable.

incastellatura *s.f.* (*edil.*) échafaudage (*m.*).

incastonare *v.tr.* sertir, enchâsser.

incastonatura *s.f.* **1** sertissage (*m.*), enchâssement (*m.*) **2** (*montatura*) sertissure.

incastrare *v.tr.* **1** emboîter; (*incassare*) encastrer **2** (*fig.*) coincer*: *li abbiamo incastrati*, on les a coincés □ **incastrarsi** *v.pron.* **1** s'emboîter; (*incassarsi*) s'encastrer **2** (*bloccarsi*) se coincer*.

incastro *s.m.* **1** emboîtement; (*incassatura*) encastrement **2** (*cavità*) emboîture (*f.*).

incatenare *v.tr.* **1** enchaîner **2** (*fig.*) captiver: *— l'attenzione*, captiver l'attention.

incatramare *v.tr.* goudronner.

incattivire (*coniug. come* finire) *v.tr.* rendre* méchant ♦ *v.intr.*, **incattivirsi** *v.pron.* devenir* méchant.

incautamente *avv.* imprudemment.

incauto *agg.* imprudent.

incavare *v.tr.* évider.

incavato *agg.* creux* || *occhi incavati*, yeux enfoncés.

incavatura *s.f.* **1** creusement (*m.*) **2** (*cavità*) creux (*m.*).

incavo *s.m.* **1** creux; cavité (*f.*) || *lavoro d'—*, travail en creux, (*su pietre preziose*) entaille **2** (*scanalatura*) entaille (*f.*), rainure (*f.*).

incavolarsi *v.pron.* (*fam.*) se mettre* en rogne || *non t'incavolare!*, ne t'énerve pas!

incavolato *agg.* (*fam.*) furax.

incazzarsi *v.pron.* (*volg.*) se foutre* en rogne.

incazzato *agg.* (*volg.*) furibard.

incedere[1] *v.intr.* avancer* d'un pas majestueux.

incedere[2] *s.m.* allure majestueuse.

incendiare *v.tr.* **1** incendier **2** (*fig.*) enflammer □ **incendiarsi** *v.pron.* prendre* feu; (*fig.*) s'enflammer.

incendiario *agg. e s.m.* incendiaire.

incendio *s.m.* incendie.

incenerimento *s.m.* incinération (*f.*).

incenerire (*coniug. come* finire) *v.tr.* réduire* en cendres || *— con lo sguardo*, foudroyer du regard □ **incenerirsi** *v.pron.* se réduire* en cendres.

inceneritore *s.m.* incinérateur.

incensamento *s.m.* encensement.

incensare *v.tr.* encenser □ **incensarsi** *v.pron.* se jeter* des fleurs.

incensatore (f. -*trice*) *s.m.* encenseur*.

incenso *s.m.* encens.

incensurabile *agg.* irréprochable.

incensurato *agg.* irréprochable || (*dir.*) *essere —*, avoir un casier judiciaire vierge.

incentivare *v.tr.* stimuler, encourager*: — *la produzione*, stimuler la production; — *le vendite*, encourager les ventes.

incentivazione *s.f.* encouragement (*m.*).

incentivo *s.m.* 1 incitation (*f.*) || *l'— del guadagno*, l'appât du gain; *essere di —*, servir d'encouragement 2 (*comm.*) (*premio*) prime (*f.*): *incentivi di vendita*, primes à la vente.

incentrare *v.tr.* centrer □ **incentrarsi** *v.pron.* être* centré.

inceppamento *s.m.* coincement; (*di arma da fuoco*) enrayage; (*ostacolo*) obstacle, entrave (*f.*): — *di un meccanismo*, coincement d'un mécanisme; — *di un motore*, grippage d'un moteur.

inceppare *v.tr.* (*ostacolare*) entraver □ **incepparsi** *v.pron.* se coincer*; (*spec. di arma da fuoco*) s'enrayer*; (*dell'ancora*) surjaler.

inceppato *agg.* (*bloccato*) bloqué; (*di arma da fuoco*) enrayé || — *nei movimenti*, (*di persona*) gêné dans ses mouvements.

incerare *v.tr.* cirer.

incerata *s.f.* 1 (*tela cerata*) toile cirée 2 (*impermeabile*) ciré (*m.*).

inceratura *s.f.* cirage (*m.*).

incerottare *v.tr.* mettre* un pansement.

incertezza *s.f.* 1 incertitude: *tenere nell'—*, laisser dans l'incertitude 2 (*indecisione*) indécision; (*esitazione*) hésitation || *nell'—*, dans le doute.

incerto *agg.* 1 (*di cose*) incertain || *camminare con passo —*, marcher d'un pas mal assuré 2 (*di persona*) incertain; (*indeciso*) indécis; (*esitante*) hésitant || *sono — sul da farsi*, je ne sais pas ce que je dois faire; *sono — se restare o partire*, je ne sais pas si je dois rester ou partir || *essere — sugli sci, nella guida*, ne pas être sûr sur ses skis, au volant ♦ *s.m.* 1 incertain 2 *pl.* (*rischi*) aléas 3 *pl.* (*guadagni casuali*) rentrées occasionnelles.

incespicare (*coniug. come* mancare) *v.intr.* 1 buter (contre), trébucher (sur) 2 (*fig.*) se *heurter (à) 3 (*nel parlare*) bafouiller.

incessante *agg.* incessant.

incessantemente *avv.* incessamment.

incesto *s.m.* inceste.

incestuoso *agg.* incestueux*.

incetta *s.f.* accaparement (*m.*) || *fare — di qlco*, accaparer qqch.

incettare *v.tr.* accaparer.

inchiavardare *v.tr.* boulonner.

inchiesta *s.f.* enquête.

inchinare *v.tr.* incliner, baisser □ **inchinarsi** *v.pron.* s'incliner (devant); (*abbassarsi*) se baisser.

inchino *s.m.* révérence (*f.*).

inchiodare *v.tr.* clouer || *con un pugno l'inchiodò al muro*, d'un coup de poing il le colla au mur || — *a letto*, clouer au lit; *rimase inchiodato sulla sedia dalla sorpresa*, la surprise le cloua sur sa chaise || — *qlcu alle proprie responsabilità*, mettre qqn devant ses responsabilités; *le prove lo hanno inchiodato*, les preuves à son égard étaient accablantes □ **inchiodarsi** *v.pron.* (*bloccarsi*) se bloquer.

inchiostrare *v.tr.* encrer.

inchiostrazione *s.f.* (*tip.*) encrage (*m.*).

inchiostro *s.m.* encre (*f.*) || *versare fiumi di —*, (*fig.*) faire couler beaucoup d'encre.

inciampare *v.intr.* 1 trébucher (sur), buter (contre): — *in una difficoltà*, (*fig.*) trébucher sur une difficulté || (*fam.*) — *nel codice*, violer la loi 2 (*nel parlare*) bafouiller.

inciampo *s.m.* obstacle: *essere d'—*, faire obstacle.

incidentale *agg.* incident.

incidentalmente *avv.* incidemment.

incidente[1] *agg.* incident.

incidente[2] *s.m.* 1 incident: *l'— è chiuso*, l'incident est clos 2 (*infortunio, sciagura*) accident: — *sul lavoro*, accident du travail; — *stradale, aereo*, accident de la route, d'avion.

incidenza *s.f.* incidence.

incidere[1] (*coniug. come* ridere) *v.tr.* 1 graver (*anche fig.*) 2 (*tagliare*) inciser 3 (*registrare un suono*) enregistrer.

incidere[2] *v.intr.* avoir* une incidence; (*ripercuotersi*) avoir* une répercussion; (*gravare*) peser*.

incinerazione *s.f.* incinération.

incinta *agg.*: *donna —*, femme enceinte.

incipiente *agg.*: *raffreddore —*, commencement de rhume; *una calvizie —*, un début de calvitie; *gravidanza —*, grossesse à ses débuts.

incipriare *v.tr.* poudrer: *incipriarsi il naso*, se poudrer le nez.

incirca, all' *avv.* à peu près, environ.

incisione *s.f.* 1 incision 2 (*riproduzione di disegni*) gravure: — *a colori*, gravure, planche en couleurs 4 (*registrazione di suoni*) enregistrement (*m.*): *sala di —*, studio d'enregistrement.

incisività *s.f.* caractère incisif.

incisivo *agg.* incisif* ♦ *s.m.* (*dente*) incisive (*f.*).

inciso *s.m.* (*gramm., mus.*) incise (*f.*) || *per —*, en passant.

incisore *s.m.* graveur.

incistarsi *v.pron.* s'enkyster.

incitamento *s.m.* incitation (à).

incitare *v.tr.* inciter; (*incoraggiare*) encourager* || — *un cavallo*, éperonner un cheval.

incitrullire (*coniug. come* finire) *v.tr.* abrutir ♦ *v.intr.*, **incitrullirsi** *v.pron.* s'abrutir.

incivile *agg.* 1 barbare 2 (*maleducato*) grossier*, impoli ♦ *s.m.* barbare.

incivilimento *s.m.* civilisation (*f.*).

incivilire (*coniug. come* finire) *v.tr.* civiliser □ **incivilirsi** *v.pron.* se civiliser.

incivilmente *avv.* impoliment.

inciviltà *s.f.* 1 barbarie 2 (*maleducazione*) grossièreté, impolitesse.

inclassificabile *agg.* 1 inclassable 2 (*inqualificabile*) inqualifiable.

inclemente *agg.* 1 sévère, impitoyable 2 (*del tempo*) inclément.

inclemenza *s.f.* 1 sévérité 2 (*del tempo*) inclémence.

inclinabile *agg.* inclinable.

inclinare *v.tr.* incliner, pencher (*anche fig.*) ♦ *v. intr.* pencher; (*fig.*) être* porté, être* enclin.

inclinazione *s.f.* 1 (*pendenza*) inclinaison 2 (*fig.*) inclination, penchant (*m.*); (*disposizione*) disposition: *seguire la propria* —, suivre son penchant naturel.

incline *agg.* porté, enclin.

inclito *agg.* (*letter.*) noble; (*glorioso*) glorieux*.

includere (*coniug. come* chiudere) *v.tr.* **1** (*allegare*) joindre* (à). inclure* (dans) **2** (*comprendere, contenere*) comprendre* || — *nel numero*, mettre au nombre.

inclusione *s.f.* inclusion.

inclusivo *agg.* inclusif*.

incluso *agg.* **1** inclus || *tutto* —, tout compris **2** (*allegato*) ci-inclus*: *la lettera* (*qui*) *inclusa*, la lettre ci-incluse; *vi inviamo* (*qui*) *inclusa la fattura*, nous vous adressons ci-inclus notre facture.

incoercibile *agg.* incoercible.

incoerente *agg.* incohérent.

incoerenza *s.f.* incohérence.

incogliere (*coniug. come* cogliere) *v.intr.*: *mal gliene incolse*, mal lui en prit.

incognita *s.f.* inconnue || *quell'uomo è un* —, cet homme est une énigme.

incognito *s.m.* incognito || *in* —, incognito; *in stretto* —, dans le plus strict incognito.

incollare *v.tr.* coller || *incollato alla poltrona*, vissé sur son fauteuil □ **incollarsi** *v.pron.* se coller (sur) (*anche fig.*).

incollatura[1] *s.f.* **1** collage (*m.*) **2** (*superficie incollata*) point de collage, surface de collage.

incollatura[2] *s.f.* encolure.

incollerito *agg.* en colère.

incolmabile *agg.* qu'on ne peut remplir: *vuoto* —, vide immense.

incolonnamento *s.m.* **1** (*l'incolonnare, l'incolonnarsi*) mise en colonne **2** (*disposizione in colonna*) disposition en colonne; (*colonna*) colonne (*f.*).

incolonnare *v.tr.* disposer en colonne □ **incolonnarsi** *v.pron.* se mettre* en colonne.

incolore *agg.* incolore.

incolpare *v.tr.* accuser □ **incolparsi** *v.pron.* s'accuser.

incolpevole *agg.* innocent.

incolto *agg.* inculte.

incolume *agg.* **1** indemne, sain et sauf* **2** (*di cosa*) intact.

incolumità *s.f.* intégrité; (*sicurezza*) sécurité.

incombente *agg.* **1** dominant (qqch) **2** (*fig.*) (*pressante*) pressant; (*minacciante*) menaçant.

incombenza *s.f.* tâche; (*incarico*) charge.

incombere (manca il *part.pass.*) *v.intr.* **1** (*sovrastare*) menacer* (qqn, qqch) || *una condanna incombe sul suo capo*, il est sous la menace d'une condamnation **2** (*spettare*) incomber || *incombe a te dirglielo*, c'est à toi de le lui dire.

incombustibile *agg.* incombustible.

incominciare *v.tr.* e *intr.* → **cominciare.**

incommensurabile *agg.* incommensurable.

incomodare *v.tr.* déranger* □ **incomodarsi** *v.pron.* se déranger*.

incomodo *agg.* (*scomodo*) incommode; (*inopportuno*) inopportun ◆ *s.m.* dérangement; (*fastidio*) ennui: *dare* —, *essere d'* —, déranger || *fare da*

terzo —, (*fam.*) être de trop || *troppo* —!, vous vous dérangez trop!; *scusi l'* —, pardonnez-moi si je vous dérange; *tolgo l'* —, je vous ai assez dérangé || *quanto devo per il suo* —?, (*fam.*) combien vous dois-je pour le dérangement?

incomparabile *agg.* incomparable || **-mente** *avv.*

incompatibile *agg.* incompatible.

incompatibilità *s.f.* incompatibilité.

incompetente *agg.* incompétent: — *in materia*, incompétent en la matière ◆ *s.m.* personne incompétente: *è un* —, c'est un incapable.

incompetenza *s.f.* incompétence.

incompiutezza *s.f.* inachèvement (*m.*).

incompiuto *agg.* inachevé.

incompletezza *s.f.* caractère incomplet.

incompleto *agg.* incomplet*.

incomprensibile *agg.* incompréhensible; (*indecifrabile*) indéchiffrable.

incomprensione *s.f.* **1** incompréhension **2** (*malinteso*) malentendu (*m.*).

incompreso *agg.* e *s.m.* incompris.

incompressibile *agg.* (*fis.*) incompressible.

incomunicabile *agg.* incommunicable.

incomunicabilità *s.f.* incommunicabilité.

inconcepibile *agg.* inconcevable; (*inammissibile*) inadmissible.

inconciliabile *agg.* inconciliable; (*incompatibile*) incompatible.

inconciliabilità *s.f.* inconciliabilité; (*incompatibilità*) incompatibilité.

inconcludente *agg.* qui ne mène à rien; (*di persona*) sans esprit de suite.

incondizionatamente *avv.* inconditionnellement.

incondizionato *agg.* inconditionnel*.

inconfessabile *agg.* inavouable.

inconfessato *agg.* inavoué.

inconfondibile *agg.* unique; (*caratteristico*) particulier* || *il tocco — di un grande pittore*, la touche incomparable d'un grand peintre.

inconfutabile *agg.* irréfutable || **-mente** *avv.*

incongruente *agg.* **1** inconséquent; (*incoerente*) incohérent **2** (*diverso da*) contraire (à).

incongruenza *s.f.* inconséquence; (*incoerenza*) incohérence.

incongruo *agg.* **1** (*insufficiente*) insuffisant; (*inadeguato*) inadéquat **2** (*spropositato*) disproportionné.

inconoscibile *agg.* e *s.m.* inconnaissable.

inconsapevole *agg.* **1** dans l'ignorance de tout; (*ignaro di*) ignorant: — *del pericolo*, ignorant du danger; *essere — di qlco*, ignorer qqch **2** (*involontario*) involontaire.

inconsapevolmente *avv.* sans s'en rendre compte; (*involontariamente*) sans le vouloir.

inconsciamente *avv.* inconsciemment.

inconscio *agg.* e *s.m.* inconscient.

inconseguente *agg.* inconséquent.

inconseguenza *s.f.* inconséquence.

inconsistente *agg.* inconsistant.

inconsistenza *s.f.* inconsistance.

inconsolabile *agg.* inconsolable (de).

inconsueto *agg.* insolite, inhabituel*.

inconsulto *agg.* inconsidéré.

incontaminato *agg.* sans tache; non contaminé.

incontenibile *agg.* irrésistible; *(irrefrenabile)* irrépressible.

incontentabile *agg.* difficile à contenter, insatisfait.

incontentabilità *s.f.* impossibilité d'être satisfait.

incontestabile *agg.* incontestable.

incontestato *agg.* incontesté.

incontinente *agg.* incontinent.

incontinenza *s.f.* incontinence.

incontrare *v.tr.* **1** rencontrer *(anche fig.)*: *è venuto a incontrarmi per strada, alla stazione*, il est venu à ma rencontre dans la rue, me chercher à la gare; *— lo sguardo di qlcu*, croiser le regard de qqn ‖ *— delle spese*, faire face à des dépenses ‖ *— il favore del pubblico*, avoir la faveur du public ‖ *— il cattivo tempo*, trouver le mauvais temps ‖ *— la morte in battaglia*, trouver la mort au combat **2** *(imbattersi in)* tomber sur: *ho incontrato una persona onesta*, je suis tombé sur une personne honnête **3** *(mat.)* couper ♦ *v.intr. (avere successo)* avoir* du succès: *quella commedia non incontra*, cette pièce n'a pas de succès; *genere che incontra*, genre qui plaît □ **incontrarsi** *v.pron.* **1** rencontrer (qqn); *(l'un l'altro)* se rencontrer: *ci siamo incontrati per caso*, nous nous sommes rencontrés par hasard **2** *(imbattersi)* tomber (sur) **3** *(fig.) (accordarsi, armonizzarsi)* s'accorder; *(essere d'accordo su)* être* d'accord (pour) ‖ *i nostri gusti s'incontrano*, nous avons les mêmes goûts.

incontrario, all' *locuz.avv.* au contraire; *(al rovescio)* à l'envers.

incontrastabile *agg.* **1** *(ineluttabile)* inéluctable **2** *(inattaccabile)* inattaquable.

incontrastato *agg.* **1** incontesté **2** *(non contrariato)* sans rencontrer d'opposition.

incontro[1] *s.m.* **1** rencontre *(f.)*: *combinare, fissare un —*, organiser une entrevue ‖ *al primo —*, au premier abord **2** *(sport)* rencontre *(f.)*; *(fra due squadre)* match.

incontro[2] *avv. (non com.)* en face: *abitano qui —*, ils habitent en face □ **incontro a** *locuz.prep.* à la rencontre de, au-devant de: *andare — a qlcu*, *(presente)* aller à la rencontre de qqn; *(in arrivo)* aller au-devant de qqn ‖ *andare — alle richieste di qlcu*, devancer les requêtes de qqn ‖ *ho cercato di venirgli —*, *(di aiutarlo)* j'ai essayé de lui venir en aide; *(di favorirlo)* de le favoriser; *il prezzo è alto, ma cercheremo di venirle —*, le prix est élevé, mais nous essayerons de vous faire de bonnes conditions ‖ *andare — all'inverno*, aller vers l'hiver ‖ *andare — a guai, a spese*, s'exposer à des ennuis, à des frais.

incontrollabile *agg.* incontrôlable.

incontrollato *agg.* incontrôlé.

incontrovertibile *agg.* incontestable, indiscutable.

inconveniente *s.m.* inconvénient.

inconvertibile *agg.* inconvertible.

incoraggiamento *s.m.* encouragement ‖ *bell'—!*, *(iron.)* drôle de façon de m'encourager!

incoraggiante *agg.* encourageant.

incoraggiare *(coniug. come* mangiare*)* *v.tr.* encourager* ‖ *— le arti*, protéger les arts.

incordare *v.tr.* corder; *(strumenti musicali)* mettre* les cordes (à).

incordatura *s.f.* cordage *(m.)*.

incornare *v.tr.* encorner.

incorniciare *(coniug. come* cominciare*)* *v.tr.* encadrer *(anche fig.)*.

incorniciatura *s.f.* encadrement *(m.)*.

incoronare *v.tr.* couronner *(anche fig.)*.

incoronazione *s.f.* couronnement *(m.)*.

incorporabile *agg.* incorporable.

incorporare *v.tr.* incorporer.

incorporazione *s.f.* incorporation.

incorporeo *agg.* incorporel*.

incorreggibile *agg.* incorrigible.

incorrere *(coniug. come* correre*)* *v.intr.* encourir* (qqch) ‖ *— in un pericolo*, courir un danger ‖ *— nel ridicolo*, s'exposer au ridicule ‖ *— in un errore*, tomber dans une erreur.

incorrotto *agg.* intact; *(fig.) (sano)* sain; *(puro)* pur; *(integro)* intègre.

incorruttibile *agg.* incorruptible ‖ **-mente** *avv.*

incorruttibilità *s.f.* incorruptibilité.

incosciente *agg.* e *s.m.* inconscient.

incoscientemente *avv.* inconsciemment.

incoscienza *s.f.* inconscience.

incostante *agg.* inconstant; *(disuguale)* inégal*; *(variabile)* variable.

incostanza *s.f.* inconstance; *(variabilità)* variabilité.

incostituzionale *agg.* inconstitutionnel*.

incostituzionalità *s.f.* inconstitutionnalité.

incredibile *agg.* incroyable ‖ **-mente** *avv.*

incredulità *s.f.* incrédulité.

incredulo *agg.* e *s.m.* incrédule.

incrementare *v.tr.* **1** augmenter; *(far prosperare)* donner de l'essor (à) **2** *(inform.)* incrémenter.

incremento *s.m.* augmentation *(f.)*, accroissement; *(fig.)* essor: *l'— dei prezzi*, l'augmentation des prix; *l'— della produzione*, l'accroissement de la production; *dare —*, donner de l'essor.

increscioso *agg.* fâcheux*.

increspare *v.tr.* rider; *(una stoffa)* froncer*; *(capelli)* crêper: *— la fronte*, plisser le front □ **incresparsi** *v.pron.* se rider; *(di capelli)* se crêper; *(di stoffe)* se froncer*.

increspatura *s.f.* ridement *(m.)*; *(di stoffe)* froncis *(m.)*; *(di capelli)* frisure.

incretinire *v.tr.* → rincretinire.

incriminare *v.tr.* incriminer; inculper (de).

incriminazione *s.f.* incrimination.

incrinare *v.tr.* fêler **2** *(fig.)* entamer □ **incrinarsi** *v.pron.* **1** se fêler **2** *(fig.)* se gâter.

incrinatura *s.f.* **1** fêlure **2** *(med.)* fissure, fêlure **3** *(fig.)* faille.

incrociare *(coniug. come* cominciare*)* *v.tr.* croiser ‖ *— le dita*, toucher du bois; *— le braccia*, (*fig.*) faire grève ♦ *v.intr.* (*mar.*) croiser □ **incrociarsi** *v.pron.* se croiser.

incrociato *agg.* croisé || *rima incrociata*, rime embrassée.

incrociatore *s.m.* (*mar.*) croiseur.

incrocio *s.m.* 1 croisement 2 (*punto d'incrocio*) croisée (*f.*) 3 (*crocevia*) carrefour 4 (*biol.*) croisement.

incrollabile *agg.* inébranlable.

incrostare *v.tr.* incruster □ **incrostarsi** *v.pron.* s'incruster.

incrostazione *s.f.* incrustation.

incrudelire (*coniug. come* finire) *v.intr.* 1 devenir* cruel* 2 (*infierire*) sévir (contre), s'acharner (contre, sur).

incruento *agg.* sans effusion de sang.

incubare *v.tr.* 1 (*med.*) couver 2 (*zool.*) incuber.

incubatrice *s.f.* couveuse.

incubazione *s.f.* incubation.

incubo *s.m.* cauchemar: *avere un* —, faire un cauchemar; *l'* — *degli esami*, l'angoisse des examens; *giornata da* —, journée d'enfer.

incudine *s.f.* enclume.

inculare *v.tr.* (*volg.*) enculer.

inculcare (*coniug. come* mancare) *v.tr.* inculquer (à).

incultura *s.f.* inculture.

incunabolo *s.m.* incunable.

incuneare *v.tr.* 1 enfoncer* (*anche fig.*) 2 (*fissare*) assujettir avec des coins □ **incunearsi** *v.pron.* s'enfoncer*; (*fig.*) pénétrer*.

incupire (*coniug. come* finire) *v.tr.* assombrir (*anche fig.*); (*un colore*) foncer* ♦ *v.intr.*, **incupirsi** *v.pron.* s'assombrir.

incurabile *agg.* incurable.

incurante *agg.* insouciant.

incuranza *s.f.* insouciance.

incuria *s.f.* 1 incurie, négligence 2 (*trascuratezza*) manque de soin.

incuriosire (*coniug. come* finire) *v.tr.* intriguer; (*interessare*) intéresser || *tutto l'incuriosisce*, tout pique sa curiosité □ **incuriosirsi** *v.pron.* être* intrigué (par); (*interessarsi*) s'intéresser (à).

incursione *s.f.* incursion || — *aerea*, raid.

incursore *agg.*: *aereo* —, avion participant à un raid ♦ *s.m.* (*mil.*) commando.

incurvare *v.tr.* courber, incurver; (*per il calore, l'umidità ecc.*) faire* gondoler □ **incurvarsi** *v.pron.* 1 se courber, s'incurver; (*per il calore, l'umidità ecc.*) gondoler; (*cedere*) fléchir 2 (*di persona*) se voûter.

incustodito *agg.* sans surveillance || *passaggio a livello* —, passage à niveau non gardé.

incutere (*coniug. come* discutere) *v.tr.* inspirer || — *soggezione*, en imposer.

indaco *s.m.* indigo.

indaffarato *agg.* affairé; (*occupato*) occupé: *essere* — *in qlco*, s'affairer à faire qqch; *è sempre* —, il a toujours beaucoup à faire.

indagare (*coniug. come* legare) *v.tr.* (*cercare di conoscere*) chercher à connaître; (*cercare di pene-*

trare) chercher à pénétrer ♦ *v.intr.* enquêter (sur), faire* une enquête (sur): *la polizia indaga*, la police enquête.

indagato *agg.* mis en examen ♦ *s.m.* personne mise en examen.

indagatore (f. -*trice*) *agg.* e *s.m.* investigateur*, enquêteur* || *commissione indagatrice*, commission d'enquête.

indagine *s.f.* enquête: *dalle indagini risulta che...*, d'après l'enquête il résulte que... || — *storica*, recherches historiques; — *di mercato*, étude de marché.

indebitamente *avv.* indûment; (*illegittimamente*) illégitimement; (*ingiustamente*) injustement.

indebitamento *s.m.* endettement.

indebitare *v.tr.* endetter □ **indebitarsi** *v.pron.* s'endetter (avec) || — *fino al collo, fin sopra i capelli*, se couvrir de dettes.

indebito *agg.* 1 (*non dovuto*) indu 2 (*illecito*) illégitime; (*ingiusto*) injuste; (*immeritato*) immérité.

indebolimento *s.m.* affaiblissement.

indebolire (*coniug. come* finire) *v.tr.* affaiblir: — *la resistenza di qlcu*, abattre la résistance de qqn □ **indebolirsi** *v.pron.* 1 s'affaiblir; (*affievolirsi*) faiblir; (*calare*) diminuer 2 (*della memoria, della vista ecc.*) baisser.

indecente *agg.* indécent || -**mente** *avv.*

indecenza *s.f.* indécence || *è un* —!, c'est honteux!

indecifrabile *agg.* indéchiffrable.

indecisione *s.f.* indécision, irrésolution.

indeciso *agg.* 1 indécis, irrésolu; (*incerto*) incertain || *sono ancora* — *se partire o no*, je n'ai pas encore décidé si je dois partir ou non 2 (*non risolto*) à résoudre, indéfini.

indeclinabile *agg.* (*gramm.*) indéclinable.

indecorosamente *avv.* de façon inconvenante.

indecoroso *agg.* malséant; (*sconveniente*) inconvenant: *contegno* —, tenue peu convenable.

indefessamente *avv.* infatigablement; (*senza respiro*) sans relâche || *lavorare* —, travailler d'arrache-pied.

indefesso *agg.* infatigable, inlassable; (*assiduo*) assidu.

indefettibile *agg.* indéfectible.

indefinibile *agg.* indéfinissable.

indefinito *agg.* e *s.m.* indéfini || -**mente** *avv.*

indeformabile *agg.* indéformable.

indegnità *s.f.* indignité || *per* —, pour cause d'indignité.

indegno *agg.* indigne || -**mente** *avv.*

indelebile *agg.* indélébile.

indelebilmente *avv.* de manière indélébile.

indelicatezza *s.f.* indélicatesse.

indelicato *agg.* indélicat || -**mente** *avv.*

indemoniato *agg.* 1 possédé; (*indiavolato*) endiablé 2 (*furioso*) furieux* ♦ *s.m.* possédé; (*fou**) furieux*.

indenne *agg.* indemne.

indennità *s.f.* indemnité || — *di maternità*, allocation, prestation d'accouchement.

indennizzare *v.tr.* indemniser.

indennizzo *s.m.* (*risarcimento*) indemnisation (*f.*); (*somma risarcita*) dommages et intérêts: *corrispondere un —*, indemniser.

indentro *avv.* en dedans; (*indietro*) en arrière || *mettere, spostare —*, reculer; *spingere — un cassetto*, repousser un tiroir □ **all'indentro** *locuz.avv.* (*verso l'interno*) à l'intérieur.

inderogabile *agg.* inéluctable || *principi inderogabili*, des principes auxquels on ne peut déroger.

inderogabilmente *avv.* inéluctablement.

indescrivibile *agg.* indescriptible.

indesiderabile *agg.* e *s.m.* indésirable.

indesiderato *agg.* non désiré; (*di persone*) indésirable.

indeterminabile *agg.* indéterminable.

indeterminatezza *s.f.* indétermination.

indeterminativo *agg.* (*gramm.*) indéfini.

indeterminato *agg.* indéterminé || (*gramm.*) *articolo —*, article indéfini.

indi *s.m.* (*lingua*) hindi.

indiano *agg.* e *s.m.* indien* || *fare l' —*, (*fig.*) faire l'innocent.

indiavolato *agg.* (*sfrenato*) endiablé; (*furente*) furieux* || *fracasso —*, vacarme de tous les diables.

indicare (*coniug. come* mancare) *v.tr.* **1** indiquer; (*mostrare*) montrer **2** (*denotare*) dénoter; (*dimostrare*) démontrer.

indicativo *agg.* e *s.m.* indicatif*.

indicato *agg.* (*adatto*) indiqué; (*opportuno*) opportun.

indicatore (f. *-trice*) *agg.* indicateur* ♦ *s.m.* indicateur || (*aut.*) *— di direzione*, clignotant.

indicazione *s.f.* indication.

indice *s.m.* **1** (*dito*) index || *puntare l' — verso, contro qlcu*, montrer qqn du doigt **2** (*ago di strumento*) aiguille (*f.*), index **3** (*segno, indizio*) signe, indice || *questo è — di negligenza*, ceci dénote de la négligence **4** (*di libro*) table des matières, index **5** (*stat.*) indice: *— azionario*, indice des actions; *— di disoccupazione*, taux de chômage.

indicibile *agg.* indicible || **-mente** *avv.*

indicizzare *v.tr.* (*econ.*) indexer.

indicizzazione *s.f.* (*econ.*) indexation.

indietreggiare (*coniug. come* mangiare) *v.intr.* reculer (*anche fig.*).

indietro *avv.* en arrière: *guarda avanti, non —*, regarde en avant, pas en arrière || *andare, farsi —*, reculer || *fare un passo —*, (*anche fig.*) faire un pas en arrière || *tenere — la folla*, contenir la foule || *quest'orologio è — (di 5 minuti)*, cette montre retarde (de 5 minutes) || (*fam.*): *voglio — i miei soldi*, je veux récupérer mon argent; *essere — con il lavoro*, être en retard dans son travail; *essere — in latino*, être faible en latin, (*essere rimasto indietro*) avoir du retard en latin; *essere, rimanere — un anno*, (*a scuola*) être en retard d'un an; *quel ragazzo è un po' —*, cet enfant est un peu retardé; *come sei —!*, que tu es bête! || *non andare né avanti né —*, (*anche fig.*) ne pouvoir ni avancer ni reculer || *fare marcia —*, (*anche fig.*) faire marche

arrière || *lasciare —*, (*lasciare in sospeso*) laisser en suspens; *ha lasciato — un intero capitolo*, (*lo ha saltato*) il a sauté un chapitre entier; *mi tocca lasciare — molte cose*, je dois négliger bien des choses □ **all'indietro** *locuz.avv.*: *camminare all' —*, marcher à reculons; *cadere all'—*, tomber à la renverse.

indifeso *agg.* sans défense, sans protection.

indifferente *agg.* indifférent || *non —*, considérable.

indifferenza *s.f.* indifférence.

indifferenziato *agg.* indifférencié.

indifferibile *agg.* que l'on ne peut pas remettre.

indigeno *agg.* e *s.m.* indigène.

indigente *agg.* e *s.m.* indigent.

indigenza *s.f.* indigence.

indigestione *s.f.* indigestion (*anche fig.*): *fare —*, avoir une indigestion.

indigesto *agg.* indigeste (*anche fig.*); (*di persona*) imbuvable || *le uova mi sono indigeste*, je ne digère pas les œufs.

indignare *v.tr.* indigner □ **indignarsi** *v.pron.* s'indigner (de).

indignato *agg.* indigné.

indignazione *s.f.* indignation.

indimenticabile *agg.* inoubliable.

indimostrabile *agg.* indémontrable.

indio *s.m.* indien* (de l'Amérique du Sud).

indipendente *agg.* e *s.m.* indépandant.

indipendentemente *avv.* indépendamment (de).

indipendentismo *s.m.* (*pol.*) indépendantisme.

indipendentista *agg.* e *s.m.* indépendantiste.

indipendenza *s.f.* indépendance.

indire (*coniug. come* dire) *v.tr.* convoquer || *— una celebrazione*, prescrire une célébration || *le elezioni*, fixer les élections || *— un concorso*, ouvrir un concours || *— una vendita all'asta*, annoncer une vente aux enchères.

indiretto *agg.* indirect || *per via indiretta*, d'une manière indirecte || **-mente** *avv.*

indirizzare *v.tr.* **1** adresser (à); (*mandare*) envoyer* **2** (*dirigere*) diriger* (vers), orienter; (*rivolgere*) adresser **3** (*scrivere l'indirizzo*) écrire* l'adresse (de) □ **indirizzarsi** *v. pron.* s'adresser.

indirizzario *s.m.* carnet, liste d'adresses.

indirizzo *s.m.* **1** adresse (*f.*): *ti lascio il mio — e numero di telefono*, je te laisse mes coordonnées || (*inform.*) *— mobile*, adresse relative **2** (*orientamento*) orientation (*f.*); (*linea di condotta*) voie (*f.*) || *architettura a — urbanistico*, architecture cursus urbanisme.

indisciplina *s.f.* indiscipline.

indisciplinatezza *s.f.* **1** indiscipline **2** (*atto di indisciplina*) acte d'indiscipline.

indisciplinato *agg.* indiscipliné.

indiscreto *agg.* indiscret*: *se non sono —, posso...?*, sans indiscrétion, puis-je...? || **-mente** *avv.*

indiscrezione *s.f.* indiscrétion.

indiscriminatamente *avv.* sans discrimination.

indiscriminato *agg.* aveugle || *uso — di farmaci*, utilisation inconsidérée de médicaments.

indiscusso *agg.* indiscuté; (*evidente*) indiscutable.

indiscutibile *agg.* indiscutable || **-mente** *avv.*

indispensabile *agg.* e *s.m.* indispensable.

indispettire (*coniug. come* finire) *v.tr.* agacer*, irriter □ **indispettirsi** *v.pron.* se fâcher, s'irriter.

indispettito *agg.* dépité.

indisponente *agg.* agaçant.

indisponibile *agg.* indisponible.

indisponibilità *s.f.* indisponibilité.

indisporre (*coniug. come* porre) *v.tr.* indisposer.

indisposizione *s.f.* indisposition.

indisposto *agg.* indisposé.

indissolubile *agg.* indissoluble || **-mente** *avv.*

indissolubilità *s.f.* indissolubilité.

indistinto *agg.* indistinct || **-mente** *avv.*

indistruttibile *agg.* indestructible.

indisturbato *agg.* sans être dérangé.

indivia *s.f.* (*bot.*) endive.

individuale *agg.* individuel*: *lezione* —, cours privé.

individualismo *s.m.* individualisme.

individualista *s.m.* individualiste.

individualistico (pl. *-ci*) *agg.* individualiste.

individualità *s.f.* individualité.

individualizzare *v.tr.* individualiser.

individualmente *avv.* individuellement.

individuare *v.tr.* **1** (*caratterizzare*) caractériser **2** (*determinare*) déterminer **3** (*localizzare*) repérer* **4** (*scoprire*) découvrir*; (*riconoscere*) reconnaître*.

individuazione *s.f.* **1** (*caratterizzazione*) caractérisation **2** (*localizzazione*) repérage (*m.*); (*determinazione*) détermination.

individuo *s.m.* individu.

indivisibile *agg.* **1** indivisible **2** (*fig.*) (*inseparabile*) inséparable.

indivisibilità *s.f.* indivisibilité.

indiviso *agg.* **1** indivisé **2** (*dir.*) indivis.

indiziare *v.tr.* **1** compromettre* **2** (*qlcu di qlco*) faire* soupçonner (qqn de qqch).

indiziato *agg.* e *s.m.* suspect.

indizio *s.m.* indice.

indocile *agg.* indocile; (*recalcitrante*) rétif*.

indocinese *agg.* e *s.m.* indochinois.

indoeuropeo *agg.* e *s.m.* indo-européen*.

indole *s.f.* **1** (*di persona*) naturel (*m.*); (*natura*) nature; (*carattere*) tempérament (*m.*), caractère (*m.*): *cattivo d'*—, d'un naturel méchant; *d'* — *non è cattivo* il n'est pas foncièrement méchant; *d'* — *generosa*, d'un naturel généreux **2** (*di cosa*) caractère (*m.*), nature || *d'* — *disciplinare*, d'ordre disciplinaire.

indolente *agg.* e *s.m.* indolent.

indolentemente *avv.* indolemment.

indolenza *s.f.* indolence.

indolenzimento *s.m.* courbature (*f.*): *sentire* — *alle gambe*, ressentir une courbature dans les jambes.

indolenzire (*coniug. come* finire) *v.tr.* endolorir □ **indolenzirsi** *v.pron.* être* endolori.

indolenzito *agg.* endolori.

indolore *agg.* indolore, sans douleur.

indomabile *agg.* indomptable.

indomani, l' *locuz.avv.* le lendemain: *all'*— *del mio arrivo*, le, au lendemain de mon arrivée.

indomato, indomito *agg.* (*letter.*) indompté.

indonesiano *agg.* e *s.m.* indonésien*.

indorare *v.tr.* dorer (*anche fig.*) □ **indorarsi** *v.pron.* se dorer.

indossare *v.tr.* (*mettere indosso*) mettre*; (*avere indosso*) porter.

indossatore *s.m.* mannequin.

indossatrice *s.f.* mannequin (*m.*).

indosso *avv.* → **addosso**.

indotto *agg.* **1** (*spinto*) poussé (par) **2** (*econ., elettr.*) induit ♦ *s.m.* (*econ., elettr.*) induit.

indottrinamento *s.m.* endoctrinement.

indottrinare *v.tr.* endoctriner.

indovina *s.f.* diseuse de bonne aventure.

indovinare *v.tr.* **1** deviner || *tirare a* —, répondre au petit bonheur || *chi l'indovina è bravo*, bien malin qui trouvera **2** (*azzeccare*) réussir || *ha indovinato l'accostamento dei colori*, il a su marier les couleurs || *una volta tanto, l'ho indovinata*, pour une fois j'ai eu la main heureuse || *non ne indovina mai una*, il ne tombe jamais juste.

indovinato *agg.* réussi; (*felice*) heureux* || *un vestito* —, une robe bien choisie.

indovinello *s.m.* devinette (*f.*); (*fig.*) (*enigma*) énigme (*f.*): *parlare per indovinelli*, parler par énigmes.

indovino *s.m.* devin.

indù *agg.* e *s.m.* hindou.

indubbiamente *avv.* sans aucun doute, indubitablement.

indubbio *agg.* indubitable.

indubitabile *agg.* indubitable || **-mente** *avv.*

indubitato *agg.* indubitable.

indugiare (*coniug. come* mangiare) *v.intr.* hésiter; (*tardare*) tarder □ **indugiarsi** *v.pron.* s'attarder.

indugio *s.m.* atermoiements (*pl.*); (*ritardo*) retard (*spec.sing.*): *dopo lungo* —, après de longs atermoiements; *porre indugi a partire*, tarder à partir || *senza* —, sans délai || *senza* (*frapporre*) *altri indugi*, sans plus tarder || *rompere gli indugi*, décider.

induismo *s.m.* hindouisme.

induista *s.m.* hindouiste, hindou ♦ *agg.* hindouiste.

induistico (pl. *-ci*) *agg.* hindouiste.

indulgente *agg.* indulgent (pour).

indulgenza *s.f.* indulgence (pour): *lo tratta con troppa* —, il est trop indulgent avec lui.

indulgere (*coniug. come* volgere) *v.intr.* se plier; (*fig.*) (*abbandonarsi*) se laisser aller || — *ai capricci di qlcu*, passer à qqn tous ses caprices.

indulto *s.m.* (*dir.*) remise de peine.

indumento *s.m.* vêtement: *indumenti sacri*, des vêtements liturgiques || *indumenti intimi*, des sous-vêtements.

indurente *agg.* e *s.m.* durcisseur*.

indurimento *s.m.* durcissement; (*fig.*) endurcissement.

indurire (*coniug. come* finire) *v.tr.* durcir; (*spec.fig.*) endurcir ♦ *v.intr.*, **indurirsi** *v.pron.* (se) durcir; (*spec.fig.*) s'endurcir.

indurre (*coniug. come* condurre) *v.tr.* **1** induire*: — *in tentazione*, induire en tentation; — *qlcu a partire*, persuader qqn de partir; *fu indotto dalle circostanze a...*, ce sont les circonstances qui l'ont poussé à...; *tutto m'induce a credere che...*, tout me porte à croire que... **2** (*elettr.*) induire*.

industria *s.f.* **1** industrie (*anche fig.*) **2** (*fabbrica*) fabrique, usine.

industriale *agg.* e *s.m.* industriel*.

industrializzare *v.tr.* industrialiser □ **industrializzarsi** *v.pron.* s'industrialiser.

industrializzazione *s.f.* industrialisation.

industrialmente *avv.* industriellement.

industriarsi *v.pron.* s'arranger* || *si industria per guadagnare di più*, il fait tout son possible pour gagner davantage.

industrioso *agg.* industrieux*.

induttanza *s.f.* (*elettr.*) inductance.

induttivo *agg.* inductif*.

induttore (f. *-trice*) *agg.* inducteur* ♦ *s.m.* (*elettr.*) inducteur.

induzione *s.f.* induction.

inebetire (*coniug. come* finire) *v.tr.* hébéter* ♦ *v.intr.*, **inebetirsi** *v.pron.* s'abrutir.

inebetito *agg.* hébété.

inebriante *agg.* enivrant.

inebriare *v.tr.* griser □ **inebriarsi** *v.pron.* se griser.

ineccepibile *agg.* irréprochable.

inedia *s.f.* inanition.

inedito *agg.* e *s.m.* inédit.

ineducato *agg.* impoli.

ineffabile *agg.* ineffable || **-mente** *avv.*

ineffabilità *s.f.* ineffabilité.

inefficace *agg.* inefficace.

inefficacia *s.f.* inefficacité.

inefficiente *agg.* inefficace; (*di motore ecc.*) qui fonctionne mal.

inefficienza *s.f.* manque d'efficience; (*di motore ecc.*) manque de rendement.

ineguagliabile *agg.* inégalable.

ineguaglianza *s.f.* inégalité.

ineguagliato *agg.* inégalé.

ineguale *agg.* inégal* || **-mente** *avv.*

inelegante *agg.* inélégant.

ineleganza *s.f.* inélégance.

ineleggibile *agg.* inéligible.

ineluttabile *agg.* inéluctable || **-mente** *avv.*

inenarrabile *agg.* inénarrable.

inequivocabile *agg.* sans équivoque.

inequivocabilmente *avv.* sans équivoque, sans possibilité d'erreur.

inerente *agg.* inhérent; (*relativo a*) relatif* (à).

inerme *agg.* sans armes, désarmé; (*indifeso*) sans défense.

inerpicarsi (*coniug. come* mancare) *v.pron.* gravir (qqch); (*scalare*) escalader (qqch); (*di strada che sale*) monter.

inerpicato *agg.* perché: *un paesino — in cima al-*

la montagna, un petit village perché sur la montagne.

inerte *agg.* inerte (*anche fig.*) || (*comm.*) *capitale —*, capital improductif.

inerzia *s.f.* inertie: *per forza d'—*, par inertie.

inesattezza *s.f.* inexactitude.

inesatto *agg.* inexact.

inesaudito *agg.* inexaucé.

inesauribile *agg.* inépuisable.

ineseguibile *agg.* inexécutable.

ineseguito *agg.* inexécuté.

inesigibile *agg.* inexigible.

inesistente *agg.* inexistant.

inesistenza *s.f.* inexistence.

inesorabile *agg.* inexorable || **-mente** *avv.*

inesorabilità *s.f.* inexorabilité.

inesperienza *s.f.* inexpérience.

inesperto *agg.* (*senza esperienza*) inexpérimenté; (*senza pratica, esercizio*) inexercé; (*senza abilità*) inexpert: *essere — di*, être inexpert en matière de.

inespiabile *agg.* inexpiable.

inespiato *agg.* inexpié.

inesplicabile *agg.* inexplicable || **-mente** *avv.*

inesplorabile *agg.* inexplorable.

inesplorato *agg.* inexploré.

inesploso *agg.* qui n'a pas explosé.

inespressivo *agg.* inexpressif*.

inespresso *agg.* inexprimé.

inesprimibile *agg.* inexprimable.

inespugnabile *agg.* inexpugnable.

inestensibile *agg.* inextensible.

inestimabile *agg.* inestimable.

inestinguibile *agg.* inextinguible.

inestirpabile *agg.* inextirpable.

inestricabile *agg.* inextricable || **-mente** *avv.*

inettitudine *s.f.* **1** (*mancanza di attitudine*) inaptitude **2** (*dappocaggine*) ineptie.

inetto *agg.* **1** (*inadatto*) inapte **2** (*incapace*) incapable ♦ *s.m.* incapable.

inevaso *agg.* (*comm.*) resté sans réponse || *pratica inevasa*, affaire à expédier.

inevitabile *agg.* inévitable || **-mente** *avv.*

inezia *s.f.* (*sciocchezza*) bagatelle; (*nonnulla*) rien (*m.*).

infagottare *v.tr.* **1** emmitoufler; (*vestire in qualche modo*) fagoter **2** (*di abiti*) engoncer* □ **infagottarsi** *v.pron.* s'emmitoufler; (*vestirsi in qualche modo*) se fagoter.

infagottato *agg.* emmitouflé; (*vestito in qualche modo*) mal fagoté.

infallibile *agg.* infaillible || **-mente** *avv.*

infallibilità *s.f.* infaillibilité.

infamante *agg.* infamant.

infamare *v.tr.* (*disonorare*) déshonorer; (*diffamare*) diffamer □ **infamarsi** *v.pron.* se déshonorer.

infame *agg.* **1** infâme **2** (*malfamato*) malfamé **3** (*fam.*) (*pessimo*) infect, immonde, ignoble || *tempo —*, temps de chien; *mestiere —*, sale métier; *una fatica —*, un effort incroyable.

infamia *s.f.* infamie || *senza — e senza lode*, sans plus.

infangare (*coniug. come* legare) *v.tr.* **1** crotter: *ti sei infangato le scarpe*, tu as crotté tes souliers **2** (*fig.*) souiller, salir □ **infangarsi** *v.pron.* se crotter.

infante[1] *s.m.* petit enfant; (*neonato*) nouveau-né*.

infante[2] *s.m.* (*st.*) infant.

infanticida *s.m.* infanticide.

infanticidio *s.m.* infanticide.

infantile *agg.* **1** enfantin; (*spreg.*) (*puerile*) puéril || *asilo* —, école maternelle **2** (*med.*) infantile.

infantilismo *s.m.* (*med.*) infantilisme.

infantilmente *avv.* puérilement.

infanzia *s.f.* enfance || *asilo d'* —, école maternelle.

infarcire (*coniug. come* finire) *v.tr.* farcir; (*fig.*) truffer.

infarinare *v.tr.* enfariner; (*estens.*) (*imbiancare*) blanchir □ **infarinarsi** *v.pron.* s'enfariner.

infarinatura *s.f.*: *dare un'* —, enfariner || *un' — di latino*, quelques notions de latin.

infarto *s.m.* (*med.*) infarctus: *morire d'* —, mourir d'un infarctus || *se lo sa, gli viene un* —, (*fam.*) s'il l'apprend, ça va lui faire un sacré coup.

infastidire (*coniug. come* finire) *v.tr.* ennuyer*; (*irritare*) agacer*, énerver □ **infastidirsi** *v.pron.* s'embêter; (*irritarsi*) s'énerver.

infastidito *agg.* énervé, agacé; (*molestato*) importuné.

infaticabile *agg.* infatigable || **-mente** *avv.*

infatti *cong.* en effet.

infatuarsi *v.pron.* s'enticher, s'engouer.

infatuato *agg.* entiché || — (*di se stesso*), infatué.

infatuazione *s.f.* engouement (*m.*) || *prendersi un' — per*, s'enticher de.

infausto *agg.* funeste.

infecondità *s.f.* infécondité.

infecondo *agg.* infécond.

infedele *agg. e s.m.* infidèle || **-mente** *avv.*

infedeltà *s.f.* infidélité.

infelice *agg.* malheureux* || *traduzione* —, traduction maladroite; *iniziativa* —, fâcheuse initiative; *un luogo* —, un triste endroit; *clima* —, climat exécrable ♦ *s.m.* malheureux ♦ *s.f.* malheureuse.

infelicemente *avv.* malheureusement.

infelicità *s.f.* **1** malheur (*m.*) **2** (*inopportunità*) inopportunité.

infeltrimento *s.m.* feutrage.

infeltrire (*coniug. come* finire) *v.tr. e intr.* feutrer □ **infeltrirsi** *v.pron.* se feutrer.

inferi *s.m.pl.* (*mit.*) **1** (*oltretomba*) enfers **2** (*dèi dell'oltretomba*) divinités infernales.

inferiore *agg. e s.m.* inférieur: *molto* —, bien inférieur; — *di numero*, inférieur en nombre || *scuole medie inferiori*, collège ♦ *s.m.* (*subalterno*) inférieur.

inferiorità *s.f.* infériorité.

inferiormente *avv.* dans la partie inférieure.

inferire (*spec. usato al pass.rem.* io infersi ecc. *e al part.pass.* inferto) *v.tr.* porter; (*infliggere*) infliger*.

infermeria *s.f.* infirmerie.

infermiera *s.f.* **1** infirmière || — *volontaria*, infirmière bénévole || *suora* —, (*di ospedale*) sœur hospitalière **2** (*di case private*) garde-malade*: *fare da* —, servir de garde-malade.

infermiere *s.m.* **1** infirmier **2** (*di case private*) garde-malade*.

infermieristico (pl. *-ci*) *agg.* d'infirmier: *personale* —, personnel infirmier, soignant.

infermità *s.f.* infirmité || — *mentale*, maladie mentale.

infermo *agg.* infirme || — *di mente*, malade mental ♦ *s.m.* malade.

infernale *agg.* infernal*.

inferno *s.m.* enfer: *andare all'* —, aller en enfer || *d'* —, infernal || *soffrire le pene dell'* —, souffrir le martyre || *mandare all'* —, envoyer au diable; *va' all'* —!, va-t-en au diable!

inferocire (*coniug. come* finire) *v.tr.* rendre* furieux*; (*un animale*) rendre* féroce ♦ *v.intr.*, **inferocirsi** *v.pron.* devenir* furieux*; (*di animale*) devenir* féroce.

inferocito *agg.* furieux*, enragé || *se ne andò* —, il s'en alla fou de rage || *la folla inferocita*, la foule déchaînée.

inferriata *s.f.* grille.

infervorare *v.tr.* enflammer □ **infervorarsi** *v.pron.* s'échauffer.

infervorato *agg.* enflammé; (*appassionato*) passionné || *parlava tutto* —, il parlait avec passion.

infestante *agg.* (*di insetti*) qui infeste; (*di piante*) qui envahit || *erba* —, mauvaise herbe.

infestare *v.tr.* infester (*anche fig.*).

infestazione *s.f.* **1** envahissement (*m.*) **2** (*med.*, *vet.*) infestation.

infettare *v.tr.* infecter; (*inquinare*) polluer; (*contaminare*) contaminer (*anche fig.*) □ **infettarsi** *v.pron.* s'infecter.

infettivo *agg.* (*med.*) infectieux*.

infetto *agg.* **1** infecté; (*contaminato*) contaminé; (*inquinato*) pollué **2** (*fig.*) (*corrotto*) corrompu.

infeudare *v.tr.* inféoder □ **infeudarsi** *v.pron.* s'inféoder.

infezione *s.f.* infection: *fare* —, s'infecter.

infiacchimento *s.m.* affaiblissement.

infiacchire (*coniug. come* finire) *v.tr.* affaiblir ♦ *v.intr.*, **infiacchirsi** *v.pron.* s'affaiblir.

infiammabile *agg.* inflammable || *temperamento* —, tempérament prompt ♦ *s.m.* matière inflammable.

infiammabilità *s.f.* inflammabilité.

infiammare *v.tr.* enflammer □ **infiammarsi** *v.pron.* s'enflammer.

infiammato *agg.* enflammé.

infiammatorio *agg.* inflammatoire.

infiammazione *s.f.* inflammation: — *ai bronchi*, inflammation des bronches.

infiascare (*coniug. come* mancare) *v.tr.* mettre* en flasques.

inficiare (*coniug. come* cominciare) *v.tr.* invalider || — *di falso un testimone*, s'inscrire en faux contre un témoin.

infido *agg.* (*subdolo*) sournois; (*falso, sleale*) faux*, déloyal*; (*sospetto*) suspect || *mare —*, mer traîtresse; *terreno —*, terrain dangereux.

infierire (*coniug. come* finire) *v.intr.* **1** s'acharner (contre, sur) **2** (*imperversare*) sévir, faire* rage.

infiggere (*coniug. come* affiggere) *v.tr.* enfoncer* □ **infiggersi** *v.pron.* s'enfoncer* || *— nella testa, nella memoria*, se graver dans l'esprit, dans la mémoire.

infilare *v.tr.* **1** (*passare il filo attraverso, infilzare*) enfiler; (*mettere*) mettre*; (*introdurre*) introduire*; (*far passare, insinuare*) passer: *— una collana, le perle di una collana*, enfiler un collier, les perles d'un collier; *— gli occhiali nell'astuccio*, mettre ses lunettes dans l'étui; *— la chiave nella toppa*, introduire la clef dans la serrure || *— l'anello al dito*, (*sposare*) passer la bague au doigt || *— il braccio sotto il braccio di un amico*, passer son bras sous le bras d'un ami || *gli infilò una mano in tasca*, il glissa une main dans sa poche **2** *infilarsi*, (*indossare*) enfiler: *mi infilo la giacca e vengo*, j'enfile ma veste et j'arrive **3** (*prendere, imbroccare*) prendre*: *— la porta*, prendre la porte; *— una strada*, s'engager dans une rue || *ho infilato tre giorni di tempo buono*, j'ai eu trois jours de beau temps consécutifs || (*fig.*): *non ne infila una!*, (*nel parlare*) il n'en rate pas une!, (*nell'agire*) il fait tout de travers!; *infila una sciocchezza dopo l'altra*, il accumule sottise sur sottise □ **infilarsi** *v.pron.* se faufiler: *— tra la folla*, se faufiler dans la foule || *— nel letto, fra le lenzuola*, se glisser dans son lit, sous ses draps.

infilata *s.f.* enfilade || *un'— di ingiurie*, une bordée d'injures || *d'—*, en enfilade.

infiltrarsi *v.pron.* s'infiltrer.

infiltrato *agg.* e *s.m.* infiltré.

infiltrazione *s.f.* infiltration.

infilzare *v.tr.* enfiler: *— (con la spada)*, enfiler d'un coup d'épée || *— i tordi sullo spiedo*, embrocher des grives || *— bugie*, débiter des mensonges □ **infilzarsi** *v.pron.* s'empaler.

infilzata *s.f.* (*serie*) file, enfilade.

infimo *agg.* très bas*; (*pessimo*) dernier*: *d'infima qualità*, de la dernière qualité, de qualité inférieure; *albergo, ristorante di infima categoria*, hôtel misérable, restaurant infect; *persona di infima condizione*, personne de très basse condition.

infine *avv.* enfin; (*finalmente*) finalement; (*alla fine*) à la fin: *— si decise a parlare*, il se décida enfin à parler, finalement il se décida à parler || *bisogna — che tu ti decida*, il va falloir que tu te décides à la fin || *— aveva ragione lui*, finalement c'est lui qui avait raison.

infingardaggine *s.f.* **1** (*pigrizia*) fainéantise, paresse **2** (*falsità*) fausseté.

infingardo *agg.* e *s.m.* **1** (*pigro*) fainéant, paresseux* **2** (*infido*) trompeur*.

infinità *s.f.* **1** infinité **2** (*grande quantità*) tas (*m.*).

infinitamente *avv.* infiniment || *questo va — meglio*, c'est décidément mieux.

infinitesimale *agg.* infinitésimal*.

infinitesimo *agg.* infinitésimal* ♦ *s.m.* partie infinitésimale.

infinito *agg.* infini || *una storia infinita*, une histoire sans fin; *metterci un tempo —*, mettre un temps fou || *infinite difficoltà*, d'infinies difficultés; *una serie infinita di guai*, une kyrielle d'ennuis; *ha sopportato infinite traversie*, il a supporté une quantité de revers; *mi usò infinite cortesie*, il m'a comblé de politesses ♦ *s.m.* **1** infini **2** (*gramm.*) infinitif: *l'— storico*, l'infinitif de narration.

infinocchiare *v.tr.* (*fam.*) rouler.

infiocchettare *v.tr.* enrubanner; (*fig.*) embellir □ **infiocchettarsi** *v.pron.* s'enrubanner.

infiochirsi (*coniug. come* finire) *v.pron.* s'affaiblir.

infiorare *v.tr.* fleurir; (*fig.*) orner || *compito infiorato di errori*, devoir truffé de fautes.

infiorescenza *s.f.* inflorescence.

infiorettare *v.tr.* orner.

infirmare *v.tr.* infirmer.

infischiarsi *v.pron.* se ficher (de); *infischiarsene di tutto e di tutti*, se contre-ficher de tout.

infisso *s.m.* (*di porta, finestra*) cadre.

infittire (*coniug. come* finire) *v.tr.* **1** épaissir; (*moltiplicare*) multiplier **2** (*restringere*) rétrécir ♦ *v.intr.*, **infittirsi** *v.pron.* s'épaissir (*anche fig.*) **2** (*di pioggia ecc.*) tomber dru **3** (*infeltrire*) se feutrer.

inflazionare *v.tr.* (*econ.*) porter à l'inflation || *— il mercato di prodotti stranieri*, inonder le marché de produits étrangers || *— i prezzi*, gonfler les prix.

inflazionato *agg.* **1** (*econ.*) porté à l'inflation **2** (*fig.*) à la mode, très répandu.

inflazione *s.f.* inflation.

inflazionistico (pl. -ci) *agg.* inflationniste.

inflessibile *agg.* inflexible || **-mente** *avv.*

inflessibilità *s.f.* inflexibilité.

inflessione *s.f.* inflexion.

infliggere (*coniug. come* affliggere) *v.tr.* infliger*.

influente *agg.* influent.

influenza *s.f.* **1** influence **2** (*med.*) grippe: *prendersi l'—*, attraper la grippe.

influenzabile *agg.* influençable.

influenzale *agg.* grippal* || *epidemia —*, épidémie de grippe.

influenzare *v.tr.* influencer*.

influenzato *agg.* **1** influencé **2** (*malato d'influenza*) grippé.

influire (*coniug. come* finire) *v.intr.* influer; influencer* (qqch): *l'educazione influisce sul carattere*, l'éducation influe sur le caractère; *ciò non influirà sulle mie decisioni*, cela n'influencera pas mes décisions || (*stat.*) *— sulla media*, affecter la moyenne.

influsso *s.m.* influence (*f.*).

infocare *v.tr.* → infuocare.

infognarsi *v.pron.* (*fam.*) s'embourber.

in-folio (pl. *invar.*) *agg.* e *s.m.* in-folio*.

infoltire (*coniug. come* finire) *v.intr.* devenir* touffu; (*di piante*) s'épaissir || *una cura per — i ca-*

pelli, un traitement énergisant (pour les cheveux).
infondatamente *avv.* sans fondement.
infondatezza *s.f.* manque de fondement.
infondato *agg.* sans fondement; (*ingiustificato*) injustifié || — *luogo comune* —, lieu commun dénué de tout fondement.
infondere (*coniug. come* fondere) *v.tr.* inspirer; (*incutere*) imprimer || — *coraggio*, donner du courage; — *nuovo vigore*, redonner de la force.
inforcare (*coniug. come* mancare) *v.tr.* (*mettersi a cavalcioni su*) enfourcher || — *gli occhiali*, chausser des lunettes.
informale *agg.* informel*.

informare *v.tr.* **1** informer (de); (*dare informazioni*) renseigner **2** (*conformare*) conformer □
informarsi *v.pron.* **1** (*chiedere notizie*) s'informer; (*chiedere informazioni*) se renseigner **2** (*adeguarsi*) s'adapter, se conformer.
informatica *s.f.* informatique.
informatico (pl. -*ci*) *agg.* informatique ♦ *s.m.* informaticien*.
informativa *s.f.* note d'information.
informativo *agg.* d'information: *a titolo* —, à titre d'information || *i criteri informativi di una legge*, les principes de base d'une loi.
informatizzare *v.tr.* informatiser.
informatizzazione *s.f.* informatisation.

USO DELL'INFINITO

Quando è diverso nelle due lingue:

ITALIANO	FRANÇAIS
1 preceduto da articolo o aggettivo possessivo o dimostrativo	**substantif correspondant**
si sentiva il gracidare delle rane	on entendait les coassements des grenouilles
il suo continuo piangere	ses pleurs continuels
il troppo mangiare fa male	l'excès de nourriture nuit à la santé
il mangiare e il bere	le manger et le boire
l'essere e l'avere	l'être et l'avoir
2 preceduto da preposizione articolata	**en + participe présent**
nel vedere quel film si mise a piangere	en voyant ce film il se mit à pleurer
3 usato come imperativo negativo singolare	**impératif négatif singulier**
non parlare così!	ne parle pas ainsi!
non insistere!	n'insiste pas!
4 quando esprime un desiderio	**si + indicatif imparfait**
avere ancora vent'anni!	si je pouvais avoir encore vingt ans!
saperlo!	si je le savais!
5 preceduto o no da preposizione	
a infinito senza preposizione	**de + infinitif**
dopo alcuni verbi impersonali come *convenire, bastare, importare* ecc.; e quando l'infinito è soggetto logico del verbo (spec. **essere** + **aggettivo** o **sostantivo**) p.e. *essere gradevole, sgradevole, facile, difficile, necessario, importante, urgente* ecc.; *essere peccato, un delitto, un errore* ecc.)	après certains verbes impersonnels comme *convenir, suffire, importer, etc.*; et lorsque l'infinitif est le sujet logique du verbe (spéc. **être** + **adjectif** ou **nom**) p.e. *être agréable, désagréable, facile, difficile, nécessaire, important, urgent, etc.*; *être dommage, un crime, une erreur, etc.*)
converrebbe partire insieme	il conviendrait de partir ensemble
bastava saperlo	il suffisait de le savoir
è importante farlo subito	il importe, il est important de le faire tout de suite
è facile sbagliarsi	il est facile de se tromper
sarebbe un errore crederlo	ce serait une erreur de le croire
è peccato doversene andare	il est dommage d'être obligé de partir

informato *agg.* 1 informé 2 (*improntato, ispirato*) conforme.

informatore (f. *-trice*) *agg.* qui inspire (qqch), qui anime (qqch) ♦ *s.m.* informateur* || — *di polizia*, indicateur de police.

informazione *s.f.* 1 information: *diritto d'—, all'—*, droit à l'information 2 (*spec.pl.*) (*ragguaglio*) renseignement (*m.*), information: *ufficio informazioni*, bureau de renseignements; *per informazioni rivolgersi a...*, pour tous renseignements s'adresser à... 3 (*pl.*) (*rad., tv*) (*notizie*) informations.

informe *agg.* informe.

informicolirsi (*coniug.* come finire) *v.pron.* fourmiller: *mi si sono informicoliti i piedi*, j'ai des fourmis dans les pieds.

infornare *v.tr.* enfourner.

infornata *s.f.* 1 (*l'infornare*) enfournage (*m.*) 2 (*la cosa infornata*) fournée (*anche fig.*).

infortunarsi *v.pron.* avoir* un accident: — *sul lavoro*, avoir un accident du travail || — *a una gamba*, se blesser à la jambe.

infortunato *agg.*: *rimanere — sul lavoro*, avoir un accident du travail; *operaio — sul lavoro*, ouvrier victime d'un accident du travail ♦ *s.m.* accidenté.

infortunio *s.m.* accident.

infortunistica *s.f.* étude et prévention des accidents du travail.

infossarsi *v.pron.* se creuser; (*nel terreno*) s'enfoncer*.

infra- *pref.* infra-

infradiciare (*coniug.* come cominciare) *v.tr.* tremper ☐ **infradiciarsi** *v.pron.* 1 se tremper 2 (*marcire*) pourrir.

infradito (pl. *invar.*) *s.m.* e *f.* nu-pieds* (*m.*).

inframmettere (*coniug.* come mettere) *v.tr.* interposer ☐ **inframmettersi** *v.pron.* s'ingérer*; s'entremettre*.

inframmezzare *v.tr.* couper (par); (*alternare*) alterner: *conversazione inframmezzata da pause*, conversation entrecoupée de silences; — *il lavoro allo svago*, alterner le travail et les distractions.

inframmischiare *v.tr.* → frammischiare.

infrangere (*coniug.* come piangere) *v.tr.* 1 briser (*anche fig.*) 2 (*fig.*) (*violare*) enfreindre* || — *un segreto*, violer un secret ☐ **infrangersi** *v.pron.* se briser (*anche fig.*).

infrangibile *agg.* incassable.

infranto *agg.* brisé (*anche fig.*).

infrarosso *agg.* e *s.m.* infrarouge.

infrascritto *agg.* (*scritto sotto*) mentionné ci-dessous; (*seguente*) suivant.

infrasettimanale *agg.* (qui tombe) au cours de la semaine || *festività —*, jour férié (autre que le dimanche) || *giorno di chiusura* (—), (*di negozi*) jour de fermeture.

infrastruttura *s.f.* infrastructure.

infrasuono *s.m.* infrason.

infrattarsi *v.pron.* (*fam.*) 1 se planquer 2 (*per amoreggiare*) aller* aux fraises.

infrazione *s.f.* infraction (à).

infreddarsi *v.pron.* s'enrhumer.

---

b   a + infinito

dopo i verbi di moto: *andare, venire, correre, salire, scendere ecc.*

vado a prendere del pane
è venuta a curare i suoi genitori
è uscito a salutare i suoi amici
sono salito a vedere i bambini

c   di + infinito

dopo alcuni verbi, in particolare di opinione, come *affermare, assicurare, giudicare, mancare, negare, pretendere, riconoscere, ritenere, supporre ecc.*

spero di finire per domani
non si è nemmeno degnato di rispondere
confessa di essersi sbagliato
conto di rimanere con te
pensa di finire in tempo
mi sembra di avertelo già detto
si augura di trovare un buon lavoro

d   a + infinito, con uso narrativo-storico

e tutti ad applaudire

infinitif sans préposition

après les verbes de mouvement *aller, venir, courir, monter, descendre, etc.*

je vais chercher du pain
elle est venue soigner ses parents
il est sorti saluer ses amis
je suis monté voir les enfants

infinitif sans préposition

après certains verbes, spécialement d'opinion, comme *affirmer, assurer, juger, faillir, nier, prétendre, reconnaître, estimer, supposer, etc.*

j'espère terminer pour demain
il n'a même pas daigné répondre
il avoue s'être trompé
je compte rester avec toi
il pense terminer à temps
il me semble te l'avoir déjà dit
il souhaite trouver un bon emploi

de + infinitif

et tout le monde d'applaudir

infreddatura *s.f.* rhume (*m.*).

infreddolirsi (*coniug. come* finire) *v.pron.* prendre* froid.

infreddolito *agg.* transi de froid.

infrequente *agg.* rare; (*sporadico*) sporadique.

infrollire (*coniug. come* finire) *v.intr.*, **infrollirsi** *v.pron.* 1 (*di carne*) se mortifier; (*di selvaggina*) se faisander 2 (*fig.*) s'amollir.

infruttifero *agg.* 1 infructueux* || *albero* —, arbre qui ne donne pas de fruits 2 (*comm.*) improductif*.

infruttuosamente *avv.* 1 infructueusement 2 (*vanamente*) vainement 3 (*senza profitto*) sans profit.

infruttuoso *agg.* infructueux* (*anche fig.*).

infuocare (*coniug. come* mancare) *v.tr.* 1 embraser, enflammer (*anche fig.*) 2 (*metall.*) chauffer □ **infuocarsi** *v.pron.* (*infervorarsi*) s'enflammer.

infuocato *agg.* brûlant; (*fig.*) enflammé: *parole infuocate*, paroles de feu || *guance infuocate*, joues en feu || *clima* —, climat brûlant, (*fig.*) atmosphère surchauffée.

infuori, all' *locuz.avv.* (*verso l'esterno*) à l'extérieur □ **all'infuori di** *locuz.prep.* sauf, excepté: *all'— di noi*, sauf, excepté nous, nous exceptés; *all'— di mia madre*, sauf, excepté ma mère, à l'exception de ma mère.

infuriare *v.intr.* faire* rage; (*di malattie*) sévir □ **infuriarsi** *v.pron.* s'emporter; se mettre* en colère.

infuriato *agg.* furieux*.

infusione *s.f.* infusion: *lasciare in* —, faire infuser.

infuso *agg.*: *scienza infusa*, (*fig.*) science infuse ♦ *s.m.* infusion (*f.*).

ingabbiare *v.tr.* 1 encager* 2 (*fig.*) coincer*; (*imprigionare*) emprisonner.

ingabbiatura *s.f.* (*edil.*) charpente; (*di monumenti*) échafaudage (*m.*).

ingaggiare (*coniug. come* mangiare) *v.tr.* 1 engager*; (*mil.*) recruter 2 (*dare inizio a*) livrer, engager* □ **ingaggiarsi** *v.pron.* s'engager*.

ingaggio *s.m.* engagement; (*mil.*) recrutement.

ingagliardire (*coniug. come* finire) *v.tr.* (*render forte*) fortifier; (*dare vigore*) donner de la vigueur (à) ♦ *v.intr.*, **ingagliardirsi** *v.pron.* se fortifier.

ingannare *v.tr.* 1 tromper: *vi siete lasciati* —, on vous a roulés || *l'apparenza inganna*, les apparences sont trompeuses 2 (*deludere*) décevoir* □ **ingannarsi** *v.pron.* se tromper.

ingannatore (f. *-trice*) *agg. e s.m.* trompeur*.

ingannevole *agg.* trompeur*.

inganno *s.m.* 1 tromperie (*f.*), duperie (*f.*); (*astuzia*) ruse (*f.*): *tramare un* —, ourdir une machination; *cadere in* —, se tromper; *con l'*—, par la ruse 2 (*errore*) erreur (*f.*): *trarre in* —, induire en erreur.

ingarbugliare *v.tr.* 1 embrouiller; (*fig.*) brouiller 2 (*confondere*) entortiller □ **ingarbugliarsi** *v.pron.* s'embrouiller (*anche fig.*).

ingegnarsi *v.pron.* (*sforzarsi*) s'ingénier, s'éver-

tuer; (*arrangiarsi*) s'arranger || *non è molto abile, ma si ingegna*, il n'est pas très habile, cependant il se débrouille.

ingegnere *s.m.* ingénieur: — *civile*, ingénieur des ponts et chaussées; — *edile*, ingénieur du bâtiment; — *consulente*, ingénieur-conseil; *fare l'*—, être ingénieur.

ingegneria *s.f.* génie (*m.*): — *chimica*, génie chimique; — *industriale*, engineering, ingénierie; — *genetica*, génie, ingénierie génétique || *studiare* —, faire des études d'ingénieur; *laurea in* — *civile*, diplôme d'ingénieur du génie civil; *laureato in* —, ingénieur; *iscriversi alla facoltà di* —, entrer dans une école d'ingénieur.

ingegno *s.m.* 1 esprit; (*talento*) talent; (*intelligenza*) intelligence (*f.*): *le opere dell'*—, les œuvres de l'esprit; *le doti dell'*—, les qualités de l'esprit; *artista d'*—, artiste de talent; *non manca d'*—, il ne manque pas de talent; *fornito di grande* —, doué d'une grande intelligence; *un prodigio d'*—, une merveille d'intelligence; *dar prova d'*—, faire preuve d'intelligence 2 (*persona dotata di grande intelligenza*) esprit || *un bell'*—, une belle intelligence 3 (*ingegnosità*) ingéniosité (*f.*).

ingegnosità *s.f.* ingéniosité.

ingegnoso *agg.* ingénieux* || **-mente** *avv.*

ingelosire (*coniug. come* finire) *v.tr.* rendre* jaloux* □ **ingelosirsi** *v.pron.* devenir* jaloux*.

ingenerare *v.tr.* engendrer: — *odio*, engendrer la haine; — *confusione*, jeter la confusion dans les esprits.

ingeneroso *agg.* qui manque de générosité: *mostrarsi* —, se montrer peu généreux.

ingente *agg.* considérable.

ingentilire (*coniug. come* finire) *v.tr.* affiner □ **ingentilirsi** *v.pron.* s'affiner; (*addolcirsi*) s'adoucir.

ingenua *s.f.* (*teatr.*) ingénue || *fare l'*—, (*fig.*) jouer les ingénues.

ingenuamente *avv.* naïvement, ingénument.

ingenuità *s.f.* naïveté, ingénuité || *è un'*— *pensare che...*, il est naïf de penser que...

ingenuo *agg. e s.m.* naïf*, ingénu.

ingerenza *s.f.* ingérence.

ingerire (*coniug. come* finire) *v.tr.* ingérer* □ **ingerirsi** *v.pron.* s'ingérer*.

ingessare *v.tr.* 1 plâtrer 2 (*murare con gesso*) sceller avec du plâtre.

ingessatura *s.f.* plâtre (*m.*).

ingestione *s.f.* ingestion.

inghiottire *v.tr.* avaler (*anche fig.*); (*con avidità*) engloutir (*anche fig.*): — *un boccone di pane*, avaler une bouchée de pain; *la nave fu inghiottita dai flutti*, le navire fut englouti par les flots || *è dura da* —!, (*fig.*) c'est dur à avaler!

inghippo *s.m.* mauvais tour: *ficcarsi in un* —, se mettre dans un mauvais pas; *scoprire l'*—, découvrir le pot aux roses.

inghirlandare *v.tr.* enguirlander, orner de guirlandes □ **inghirlandarsi** *v.pron.* se parer de guirlandes.

ingiallire (*coniug. come* finire) *v.tr.* jaunir ♦ *v.*

intr., **ingiallirsi** *v.pron.* jaunir: *la lana* (*si*) *è ingiallita*, la laine a jauni.

ingigantire (*coniug. come* finire) *v.tr.* (a)grandir, grossir; (*esagerare*) exagérer* ♦ *v.intr.*, **ingigantirsi** *v.pron.* grandir démesurément; s'amplifier.

inginocchiarsi *v.pron.* s'agenouiller.

inginocchiatoio *s.m.* prie-Dieu*.

ingioiellare *v.tr.* couvrir* de bijoux; (*fig.*) embellir □ **ingioiellarsi** *v.pron.* se couvrir* de bijoux.

ingiù, all' *locuz.avv.* vers le bas, en bas: *guardare* —, regarder vers le bas; *con la testa all'* —, la tête en bas; *avere i baffi* (*piegati*) *all'* —, porter la moustache à la gauloise.

ingiungere (*coniug. come* giungere) *v.tr.* enjoindre*, sommer (qqn); (*intimare*) intimer.

ingiunzione *s.f.* **1** ordre (*m.*) **2** (*dir.*) injonction, sommation: — *di pagamento*, injonction de payer.

ingiuria *s.f.* injure: *recare* — *a*, faire injure à; *scambiarsi ingiurie*, échanger des injures || *le ingiurie del tempo*, (*fig.*) les outrages du temps.

ingiuriare *v.tr.* injurier □ **ingiuriarsi** *v.pron.* s'injurier.

ingiurioso *agg.* injurieux* || **-mente** *avv.*

ingiustificabile *agg.* injustifiable.

ingiustificato *agg.* injustifié.

ingiustizia *s.f.* injustice.

ingiusto *agg. e s.m.* injuste: — *con qlcu*, injuste envers qqn || **-mente** *avv.*

inglese *agg. e s.m.* anglais || *sale* —, sel d'Angleterre || *all'* —, à l'anglaise: *filarsela all'* —, filer à l'anglaise; (*cuc.*) *riso all'* —, riz nature.

inglobare *v.tr.* englober; (*assorbire*) absorber.

ingloriosamente *avv.* sans gloire.

inglorioso *agg.* peu glorieux*; (*disonorevole*) *honteux*.

ingluvie *s.f.* (*zool.*) jabot (*m.*).

ingobbire (*coniug. come* finire) *v.intr.*, **ingobbirsi** *v.pron.* se voûter.

ingobbito *agg.* voûté, courbé.

ingoffare *v.tr.* engoncer*.

ingoiare *v.tr.* avaler (*anche fig.*); (*con avidità*) engloutir || — *le lacrime*, ravaler ses larmes.

ingolfare *v.tr.* (*il motore*) noyer* □ **ingolfarsi** *v.pron.* **1** (*fig.*) s'enfoncer*, se plonger*: — *in un mare di debiti*, s'enfoncer dans les dettes jusqu'au cou **2** (*di motore*) se noyer* **3** (*formare un golfo*) former un golfe.

ingolosire (*coniug. come* finire) *v.tr.* rendre* gourmand; (*fig.*) allécher* □ **ingolosirsi** *v.pron.* devenir* gourmand.

ingombrante *agg.* encombrant.

ingombrare *v.tr.* encombrer (*anche fig.*).

ingombro *agg.* encombré ♦ *s.m.* encombrement || *essere d'* —, être encombrant, encombrer.

ingordamente *avv.* goulûment.

ingordigia *s.f.* **1** gloutonnerie, goinfrerie: *mangiare con* —, manger comme un goinfre **2** (*fig.*) avidité.

ingordo *agg.* **1** goulu **2** (*fig.*) avide ♦ *s.m.* goinfre.

ingorgare (*coniug. come* legare) *v.tr.* engorger* □ **ingorgarsi** *v.pron.* **1** s'engorger*, se boucher **2** (*di traffico ecc.*) se bloquer.

ingorgo *agg.* (pl. *-ghi*) *s.m.* engorgement; (*stradale*) embouteillage.

ingovernabile *agg.* ingouvernable.

ingovernabilità *s.f.*: *si prospetta l'* — *del paese*, on prévoit que le pays sera ingouvernable.

ingozzare *v.tr.* **1** gaver **2** (*inghiottire*) engloutir, avaler □ **ingozzarsi** *v.pron.* se gaver; (*fam.*) s'empiffrer.

ingranaggio *s.m.* engrenage (*anche fig.*): *scatola degli ingranaggi*, boîte à engrenages, carter d'engrenages.

ingranare *v.tr.* engrener*: (*aut.*) — *una marcia*, passer une vitesse || (*fig.*): *oggi non ingrano*, c'est pas mon jour; *gli affari cominciano a* —, les affaires commencent à démarrer.

ingrandimento *s.m.* agrandissement || *lente d'* —, loupe.

ingrandire (*coniug. come* finire) *v.tr.* agrandir, grossir (*anche fig.*) ♦ *v.intr.*, **ingrandirsi** *v.pron.* s'agrandir (*anche fig.*).

ingrassaggio *s.m.* (*mecc.*) graissage.

ingrassamento *s.m.* **1** engraissement **2** (*agr.*) fumage.

ingrassare *agg.* qui fait grossir.

ingrassare *v.tr.* **1** grossir; (*animali*) engraisser **2** (*lubrificare*) graisser **3** (*concimare*) engraisser ♦ *v.intr.*, **ingrassarsi** *v.pron.* grossir; (*di animali*) s'engraisser: (*si*) *è ingrassata molto*, elle a beaucoup grossi || — *a spese degli altri*, (*fig.*) s'enrichir aux dépens des autres.

ingrasso *s.m.* engrais.

ingratitudine *s.f.* ingratitude.

ingrato *agg. e s.m.* ingrat.

ingravidare *v.tr.* rendre* grosse ♦ *v.intr.* devenir* grosse.

ingraziarsi *v.tr.* gagner les bonnes grâces (de).

ingrediente *s.m.* ingrédient.

ingresso *s.m.* entrée (*f.*): *vietato l'* —, entrée interdite; — *a pagamento*, entrée payante || (*locale d'*) —, entrée; (*di alberghi*) hall.

ingrigire (*coniug. come* finire) *v.intr.*, **ingrigirsi** *v.pron.* **1** grisonner **2** (*fig.*) (*invecchiare*) prendre* un coup de vieux; (*intristire*) devenir* terne.

ingrossamento *s.m.* grossissement; (*rigonfiamento*) renflement.

ingrossare *v.tr.* grossir ♦ *v.intr.*, **ingrossarsi** *v.pron.* grossir: *il fiume* (*si*) *è ingrossato*, la rivière a grossi || (*med.*) *fegato ingrossato*, congestion du foie.

ingrosso, all' *locuz.avv.* en gros: *commercio, vendita all'* —, commerce, vente en, de gros; *commerciare all'* —, faire du commerce de gros; *prezzi all'* —, prix de gros.

ingrugnare *agg.* (*fam.*) renfrogné.

inguaiare *v.tr.* (*fam.*) mettre* dans le pétrin □ **inguaiarsi** *v.pron.* (*fam.*) se mettre* dans le pétrin.

inguainare *v.tr.* (en)gainer.

inguaicibile *agg.* infroissable.

inguantato *agg.* ganté.

inguaribile *agg.* **1** inguérissable, incurable **2** (*fig.*) incorrigible.

inguinale *agg.* (*anat.*) inguinal*.

inguine *s.m.* (*anat.*) aine (*f.*).

ingurgitare *v.tr.* ingurgiter.

inibire (*coniug. come* finire) *v.tr.* **1** (*vietare*) interdire* **2** (*scient.*) inhiber.

inibito *agg.* e *s.m.* refoulé; (*psic.*) inhibé.

inibitore (*f. -trice*) *agg.* (*scient.*) inhibiteur*.

inibitorio *agg.* **1** inhibiteur* || *manca di freni inibitori*, il manque totalement de contrôle sur lui-même || (*che proibisce*) prohibitif*; (*repressivo*) répressif*.

inibizione *s.f.* **1** inhibition **2** (*divieto*) défense; (*proibizione*) prohibition.

inidoneo *agg.* inapte.

iniettabile *agg.* injectable.

iniettare *v.tr.* injecter || *occhi iniettati di sangue*, des yeux injectés de sang.

iniettore *s.m.* (*tecn.*) injecteur.

iniezione *s.f.* injection: (*med.*) *fare un'*—, faire une piqûre || *fare un'*— *di coraggio a qlcu*, (*fig.*) redonner courage à qqn.

inimicare (*coniug. come* mancare) *v.tr.* brouiller || *se lo è inimicato*, il se l'est mis à dos □ **inimicarsi** *v.pron.* s'aliéner* les sympathies (de); (*l'un l'altro*) se brouiller.

inimicizia *s.f.* inimitié.

inimitabile *agg.* inimitable.

inimmaginabile *agg.* inimaginable.

ininfluente *agg.* insignifiant; peu important.

inintelligibile *agg.* inintelligible.

inintermediari *locuz.avv.* sans intermédiaire.

ininterrottamente *avv.* sans interruption.

ininterrotto *agg.* ininterrompu.

iniquità *s.f.* iniquité || *l'*— *della sorte*, l'injustice du sort.

iniquo *agg.* inique || **-mente** *avv.*

iniziale *agg.* initial* ♦ *s.f.* initiale.

inizialmente *avv.* initialement.

iniziare *v.tr.* **1** (*cominciare*) commencer*: *la scuola è iniziata da qualche giorno*, l'école a commencé il y a quelques jours || — *da*, commencer par **2** (*avviare, introdurre*) initier (à) ♦ *v.intr.*, **iniziarsi** *v.pron.* commencer*.

iniziatico (*pl. -ci*) *agg.* initiatique.

iniziativa *s.f.* initiative || *per* — *di*, sur l'initiative de.

iniziato *agg.* e *s.m.* initié.

iniziatore (*f. -trice*) *s.m.* initiateur*.

iniziazione *s.f.* initiation.

inizio *s.m.* début, commencement; (*pl.*) débuts: *l'*— *di questo lavoro è stato difficile*, au début ce travail a été difficile; *dare* — *a qlco*, commencer qqch; *avere* —, commencer; *all'*— *quell'attore ha faticato*, à ses débuts cet acteur a eu du mal; *all'*— *del secolo*, au début du siècle || *dall'*— *alla fine*, du commencement à la fin || *l'*— *dell'anno scolastico*, la rentrée des classes.

innaffiare *v.tr.* e *deriv.* → **annaffiare** e *deriv.*

innalzamento *s.m.* élévation (*f.*).

innalzare *v.tr.* élever* || — *un'antenna*, installer une antenne || — *gli occhi al cielo*, lever les yeux au ciel || — *all'onore degli altari*, canoniser || — *lo stile*, ennoblir son style □ **innalzarsi** *v.pron.* s'élever*.

innamoramento *s.m.* amour: *è facile all'*—, il tombe facilement amoureux.

innamorare *v.tr.* séduire*; (*di cose*) enchanter □ **innamorarsi** *v.pron.* tomber amoureux*.

innamorata *s.f.* petite amie; (*fidanzata*) fiancée.

innamorato *agg.* e *s.m.* amoureux* || — *della musica*, passionné de musique.

innanzi *avv.* **1** (*tempo*) avant, auparavant: *due giorni* —, deux jours avant, auparavant || *d'ora* —, dorénavant; *da quel giorno* —, depuis ce jour-là **2** (*luogo*) en avant || *più* —, plus loin ♦ *agg.* d'avant: *il giorno* —, le jour d'avant □ **innanzi** (**a**) *prep.* **1** (*tempo*) avant: — *tempo*, avant le temps **2** (*luogo*) devant: *guardare* — *a sé*, regarder devant soi.

innanzitutto, **innanzi tutto** *locuz.avv.* (*soprattutto*) surtout; (*prima di tutto*) avant tout.

innato *agg.* inné.

innaturale *agg.* contre nature; (*artefatto*) artificiel*; (*affettato*) affecté.

innegabile *agg.* indéniable, incontestable.

innegabilmente *avv.* incontestablement.

inneggiare (*coniug. come* mangiare) *v.intr.* (*celebrare*) célébrer* (qqn, qqch); (*esaltare, acclamare*) exalter (qqch), acclamer (qqn): — *alla pace*, exalter la paix; — *al vincitore*, acclamer le vainqueur || — *al Signore*, chanter des hymnes à la louange de Dieu.

innervare *v.tr.* (*anat.*) innerver.

innervazione *s.f.* innervation.

innervosire (*coniug. come* finire) *v.tr.* énerver □ **innervosirsi** *v.pron.* s'énerver.

innervosito *agg.* énervé.

innescare (*coniug. come* mancare) *v.tr.* amorcer*; (*fig.*) (*scatenare*) déclencher.

innesco (*pl. -chi*) *s.m.* amorce (*f.*).

innestare *v.tr.* **1** greffer || (*med.*) — *il vaiolo*, inoculer la variole || (*aut.*): — (*la frizione*), embrayer*; — (*una marcia*), passer une vitesse **2** (*fig.*) (*introdurre*) introduire* □ **innestarsi** *v.pron.* se greffer; (*ricollegarsi*) se rattacher (à).

innesto *s.m.* **1** greffe (*f.*) || (*med.*) — *del vaiolo*, inoculation de la variole || (*aut.*): — (*della frizione*) embrayage; — (*della marcia*) passage de la vitesse **2** (*elettr.*) branchement || — *a baionetta*, monture à baïonnette **3** (*mecc.*) — *a denti*, clabot, clabotage **4** (*fig.*) greffe (*f.*); (*apporto*) apport: *con l'*— *di*, par l'apport de.

innevamento *s.m.* enneigement.

innevare *v.tr.* enneiger* □ **innevarsi** *v.pron.* se couvrir* de neige.

innevato *agg.* enneigé.

inno *s.m.* hymne (*f.* in senso religioso).

innocente *agg.* e *s.m.* innocent.

innocentemente *avv.* innocemment.

innocentista *s.m.* partisan de l'innocence (d'un accusé).

innocenza *s.f.* innocence.

innocuità *s.f.* innocuité.

innocuo *agg.* inoffensif*.

innominabile *agg.* innommable.

innovare *v.tr.* innover.

innovativo, innovatore (f. *-trice*) *agg.* novateur*, innovateur*.

innovazione *s.f.* innovation.

innumerevole *agg.* innombrable.

inoculare *v.tr.* inoculer.

inoculazione *s.f.* inoculation.

inodore, inodoro *agg.* inodore.

inoffensivo *agg.* inoffensif*.

inoltrare *v.tr.* **1** envoyer*, expédier **2** (*per via burocratica*) transmettre* || — *una domanda al ministro*, adresser une demande au ministre □ **inoltrarsi** *v.pron.* s'avancer*; (*fig.*) avancer*, progresser.

inoltrato *agg.* avancé || *era inverno* —, on était en plein hiver || *a notte inoltrata*, en pleine nuit.

inoltre *avv.* en outre, de plus; (*anche*) également.

inoltro *s.m.* envoi, expédition (*f.*); (*per via burocratica*) transmission (*f.*) || *con preghiera di* —, prière de faire suivre.

inondare *v.tr.* inonder.

inondazione *s.f.* inondation.

inoperabile *agg.* (*med.*) inopérable.

inoperante *agg.* inopérant.

inoperosità *s.f.* inaction; (*ozio*) désœuvrement (*m.*).

inoperoso *agg.* (*inattivo*) inactif*; (*ozioso*) oisif*, désœuvré || *giorno* —, journée inoccupée || *denaro* —, argent inemployé.

inopinatamente *avv.* inopinément.

inopportunamente *avv.* inopportunément.

inopportunità *s.f.* inopportunité.

inopportuno *agg.* inopportun; (*fuori luogo*) déplacé; (*di persona*) qui tombe mal à propos.

inoppugnabile *agg.* incontestable; (*irrefutabile*) irréfutable || *prova* —, preuve inattaquable || (*dir.*) *eccezione* —, exception inopposable.

inorganicità *s.f.* incohérence.

inorganico (pl. *-ci*) *agg.* **1** inorganique **2** (*fig.*) incohérent || *opera inorganica*, œuvre mal construite.

inorgoglire (*coniug. come* finire) *v.tr.* enorgueillir ♦ *v.intr.*, **inorgoglirsi** *v.pron.* s'enorgueillir(de).

inorridire (*coniug. come* finire) *v.tr.* horrifier ♦ *v.intr.* être* saisi d'horreur || *inorridisco all'idea di rivederlo*, (*fam.*) je tremble à l'idée de le revoir.

inorridito *agg.* horrifié.

inospitale *agg.* inhospitalier*.

inosservante *agg.* qui ne respecte pas.

inosservanza *s.f.* inobservance; (*dir.*) inobservation.

inosservato *agg.* **1** inaperçu **2** (*non rispettato*) inobservé.

inossidabile *agg.* inoxydable.

inox *agg.* inox.

input *s.m.* **1** (*inform.*) saisie (de données); (*dati da trattare*) données à traiter: — *output*, entrée-sortie **2** (*estens.*) coup d'envoi.

inquadramento *s.m.* encadrement.

inquadrare *v.tr.* **1** encadrer **2** (*fig.*) situer **3** (*fot., cine.*) cadrer □ **inquadrarsi** *v.pron.* s'insérer*.

inquadratura *s.f.* (*fot., cine.*) cadrage (*m.*); (*piano*) plan (*m.*): — *ravvicinata*, plan rapproché; *una bella* —, une belle photo.

inqualificabile *agg.* inqualifiable.

in-quarto *agg.* (*tip.*) in-quarto.

inquietante *agg.* inquiétant.

inquietare *v.tr.* inquiéter* □ **inquietarsi** *v.pron.* s'inquiéter*; (*adirarsi*) se fâcher (contre).

inquieto *agg.* **1** (*agitato*) agité **2** (*tormentato; preoccupato*) inquiet*: *ciò mi rende* —, cela m'inquiète **3** (*adirato*) fâché (contre).

inquietudine *s.f.* **1** inquiétude **2** (*preoccupazione*) souci (*m.*).

inquilino *s.m.* locataire.

inquinamento *s.m.* pollution (*f.*) || — *acustico*, nuisances acoustiques || (*dir.*) — *delle prove*, dissimulation des preuves.

inquinante *agg.* e *s.m.* polluant.

inquinare *v.tr.* **1** polluer **2** (*fig.*) (*alterare*) dénaturer || (*dir.*) — *le prove*, dissimuler les preuves.

inquinato *agg.* **1** pollué **2** (*fig.*) dénaturé.

inquirente *agg.* e *s.m.* enquêteur* || *magistratura* —, magistrature debout || *commissione* —, commission d'enquête.

inquisire (*coniug. come* finire) *v.tr.* e *intr.* s'enquérir* (sur), se renseigner (sur); (*dir.*) enquêter (sur).

inquisitore (f. *-trice*) *agg.* e *s.m.* inquisiteur; (*dir.*) enquêteur* || *giudice* —, juge enquêteur.

inquisitorio *agg.* inquisiteur || (*dir.*) *processo* —, procédure inquisitoire.

inquisizione *s.f.* inquisition.

insabbiamento *s.m.* ensablement || (*fig.*): *l'* — *di una pratica*, l'enterrement d'un dossier; *l'* — *di un'inchiesta*, l'étouffement d'une enquête.

insabbiare *v.tr.* ensabler || (*fig.*): — *una pratica*, enterrer un dossier; — *un'inchiesta*, étouffer une enquête □ **insabbiarsi** *v.pron.* s'ensabler || (*fig.*): *la pratica si è insabbiata*, le dossier a été enterré; *il progetto di legge si è insabbiato al Senato*, le projet de loi s'est enlisé au Sénat.

insaccare (*coniug. come* mancare) *v.tr.* **1** ensacher **2** (*carne di maiale*) mettre en saucisses.

insaccato *agg.* ensaché || — *nelle spalle*, la tête rentrée dans les épaules ♦ *s.m.pl.* charcuterie (saucisses et saucissons).

insalata *s.f.* salade (*anche fig.*): — *mista*, salade composée || — *di pollo*, poulet en salade || *mangiarsi qlcu in* —, (*fam.*) ne faire qu'une bouchée de qqn.

insalatiera *s.f.* saladier (*m.*).

insalubre *agg.* insalubre.

insalubrità *s.f.* insalubrité.

insalutato *agg.*: *andarsene — ospite*, (*scherz.*) filer à l'anglaise.

insanabile *agg.* **1** inguérissable **2** (*fig.*) inguérissable; (*implacabile*) implacable; (*irrimediabile*) irrémédiable.

insanguinare *v.tr.* ensanglanter.

insania *s.f.* (*letter.*) folie.

insano *agg.* fou*; (*insensato*) insensé.

insaponare *v.tr.* savonner.

insaponata *s.f.* savonnage (*m.*): *dare un' — a qlco,* savonner qqch.

insapore *agg.* fade.

insaporire (*coniug. come* finire) *v.tr.* donner du goût (à): *far — le verdure nel burro,* faire revenir les légumes dans le beurre □ **insaporirsi** *v.pron.* devenir* savoureux*.

insaputa, all' *locuz.avv.* à l'insu.

insaturo *agg.* (*chim.*) insaturé, non saturé.

insaziabile *agg.* insatiable.

insaziabilità *s.f.* insatiabilité.

inscatolamento *s.m.* mise en boîtes.

inscatolare *v.tr.* mettre* en boîte.

inscenare *v.tr.* **1** mettre* en scène **2** (*fig.*) organiser.

inscindibile *agg.* inséparable || **-mente** *avv.*

inscindibilità *s.f.* inséparabilité.

inscrivere (*coniug. come* scrivere) *v.tr.* (*mat.*) inscrire* □ **inscriversi** *v.pron.* s'inscrire*.

insediamento *s.m.* **1** installation (*f.*) **2** (*stanziamento*) établissement.

insediare *v.tr.* (*eccl.*) introniser □ **insediarsi** *v.pron.* s'installer; (*stanziarsi*) s'établir || *si è insediato in casa mia,* (*scherz.*) il s'est installé chez moi.

in-sedicesimo *agg.* e *s.m.* (*tip.*) in-seize.

insegna *s.f.* **1** (*di negozio*) enseigne || *all' — dell'allegria,* (*fig.*) sous le signe de la gaieté **2** (*emblema*) insigne (*m.*) || *deporre le insegne del comando,* (*fig.*) renoncer au commandement **3** (*decorazione*) décoration **4** (*vessillo*) étendard (*m.*); (*mar.*) marque || *sotto le insegne di,* (*fig.*) sous l'étendard de **5** (*stemma*) armoiries (*pl.*).

insegnamento *s.m.* enseignement.

insegnante *agg.* e *s.m.* (*di scuola elementare*) instituteur; (*di scuola media*) professeur: — *privato,* professeur particulier ♦ *s.f.* (*di scuola elementare*) institutrice; (*di scuola media*) professeur (*m.*).

insegnare *v.tr.* **1** apprendre*: *me l'ha insegnato lui,* c'est lui qui me l'a appris **2** (*dare, impartire lezioni*) enseigner: *suo padre insegna al liceo,* son père enseigne, est professeur au lycée || *mia sorella insegna,* ma sœur est dans l'enseignement **3** (*indicare*) indiquer.

inseguimento *s.m.* poursuite (*f.*).

inseguire *v.tr.* poursuivre* □ **inseguirsi** *v.pron.* se poursuivre*.

inseguitore (f. *-trice*) *agg.* e *s.m.* **1** poursuivant **2** (*ciclismo*) poursuiteur.

inselvatichire (*coniug. come* finire) *v.tr.* rendre* sauvage ♦ *v.intr.*, **inselvatichirsi** *v.pron.* devenir* sauvage; (*di piante*) dégénérer.

inseminare *v.tr.* inséminer.

inseminazione *s.f.* insémination.

insenatura *s.f.* (*piccola*) crique, anse; (*grande*) baie.

insensatamente *avv.* de façon insensée; (*scioccamente*) bêtement.

insensatezza *s.f.* sottise.

insensato *agg.* e *s.m.* insensé; (*scriteriato*) écervelé.

insensibile *agg.* **1** insensible **2** (*impercettibile*) imperceptible.

insensibilità *s.f.* insensibilité.

insensibilmente *avv.* **1** insensiblement **2** (*impercettibilmente*) imperceptiblement; (*a poco a poco*) doucement, peu à peu.

inseparabile *agg.* inséparable || **-mente** *avv.*

insepolto *agg.* sans sépulture.

inserimento *s.m.* **1** insertion (*f.*); (*introduzione*) introduction (*f.*) || (*elettr.*) *l'— della corrente,* le branchement **2** (*di persona in un gruppo ecc.*) insertion (*f.*); (*integrazione*) intégration (*f.*).

inserire (*coniug. come* finire) *v.tr.* insérer* || — *un tubo in un altro,* introduire un tuyau dans un autre; — *un nuovo argomento nell'ordine del giorno,* ajouter une nouvelle question à l'ordre du jour || (*elettr.*): — *la corrente in un circuito,* brancher un circuit; — *l'allarme,* brancher l'alarme || (*fin.*) — *a bilancio,* inscrire au budget □ **inserirsi** *v.pron.* s'insérer* || — *in una conversazione,* se mêler à une conversation **2** (*integrarsi*) s'intégrer*: *queste case s'inseriscono bene nel paesaggio,* ces maisons s'intègrent bien dans le paysage.

inserto *s.m.* **1** (*fascicoletto*) supplément; (*foglio*) encart **2** — (*filmato*), insert (filmé) **3** (*cucito*) découpe (*f.*).

inservibile *agg.* inutilisable.

inserviente *s.m.* homme de peine; (*domestico*) domestique || — *d'ospedale,* garçon de salle ♦ *s.f.* servante || — *d'ospedale,* fille de salle.

inserzione *s.f.* **1** insertion; (*introduzione*) introduction **2** (*annuncio pubblicitario*) (petite) annonce.

inserzionista *agg.* e *s.m.* annonceur.

insetticida *agg.* e *s.m.* insecticide.

insettivoro *agg.* e *s.m.* insectivore.

insetto *s.m.* insecte.

insicurezza *s.f.* insécurité.

insicuro *agg.* peu sûr; (*incerto*) incertain; (*spec. di persona*) (*indeciso*) indécis ♦ *s.m.* indécis.

insidia *s.f.* embûche; (*tranello*) piège (*m.*).

insidiare *v.tr.* e *intr.* **1** dresser des embûches (à); (*tendere tranelli*) tendre* des pièges (à) **2** (*attentare*) attenter (à) || — *una donna,* poursuivre une femme de ses assiduités.

insidiosamente *avv.* insidieusement.

insidioso *agg.* insidieux*; (*pericoloso*) dangereux*: *luogo —,* endroit dangereux.

insieme[1] *avv.* **1** ensemble: *tutti —,* tous ensemble || *ha venduto la merce tutta* —, il a vendu la marchandise en bloc || (*fam.*): *la maionese mi è andata* —, ma mayonnaise a tourné; *gli è andato* — *il cervello*, il a perdu la tête; *stanno* — *da anni*, ils ont une liaison depuis des années, (*convivendo*) ils vivent ensemble depuis des années; *mettersi* —, se mettre en ménage; *questa sedia non sta più* —, (*va in pezzi*) cette chaise tombe en morceaux || *guerra e miseria vanno* —, guerre et misère vont de pair **2** (*nello stesso momento*) ensemble, en même temps; (*al tempo stesso*) à la fois: *arrivare* —, arriver ensemble, en même temps; *è* — *severo e giusto*, il est (tout) à la fois sévère et juste □ **insieme a**, **con** *locuz.prep.* **1** (*compagnia*) avec: *è uscito* — *a suo padre*, il est sorti avec son père **2** (*contemporaneità*) en même temps que: *sono arrivato alla stazione proprio* — *a lui*, je suis arrivé à la gare juste en même temps que lui.

insieme² *s.m.* **1** ensemble || *d'* —, d'ensemble || *nell'* —, dans l'ensemble || *a giudicare dall'* — *dei fatti*, en jugeant l'ensemble des faits **2** (*assortimento*) assortiment: *curioso* — *di colori*, curieux assortiment, curieuse alliance de couleurs **3** (*set, servizio*) service **4** (*abbigl.*) ensemble **5** (*mat.*) ensemble.

insiemistica *s.f.* (*mat.*) théorie des ensembles.

insigne *agg.* **1** (*di persona*) éminent **2** (*di monumento, di città ecc.*) célèbre; (*di opera*) insigne.

insignificante *agg.* insignifiant.

insignire (*coniug. come* finire) *v.tr.* décorer || *qlcu del titolo di...*, conférer à qqn le titre de...

insincero *agg.* pas sincère: *essere* —, ne pas être sincère.

insindacabile *agg.* **1** sans appel || *a suo* — *giudizio*, irrévocablement **2** (*incontestabile*) incontestable, inattaquable.

insinuante *agg.* insinuant.

insinuare *v.tr.* insinuer □ **insinuarsi** *v.pron.* s'insinuer || — *tra la folla*, se faufiler dans la foule.

insinuazione *s.f.* insinuation (*anche dir.*).

insipido *agg.* fade, insipide.

insipiente *agg.* ignorant et sot.

insipienza *s.f.* (*letter.*) ignorance, sottise.

insistente *agg.* **1** insistant: *non essere* —!, n'insiste pas!; *uno sguardo* —, un regard insistant **2** (*persistente*) persistant.

insistentemente *avv.* **1** avec insistance **2** (*incessantemente*) sans arrêt.

insistenza *s.f.* insistance.

insistere (*Part.pass.* insistito) *v.intr.* **1** insister; (*continuare*) persister; (*perseverare*) persévérer*: — *nell'aiutare qlcu*, insister pour aider qqn; — *con, presso qlcu*, insister auprès de qqn; *insisteva nel dire che*, il persistait à dire que; — *in un proposito*, persévérer dans un but **2** (*mat.*) — *su un arco*, intercepter un arc.

insito *agg.* inhérent (à); (*innato*) inné (chez).

insoddisfacente *agg.* pas satisfaisant.

insoddisfatto *agg.* insatisfait.

insoddisfazione *s.f.* insatisfaction.

insofferente *agg.* intolérant; (*impaziente*) impatient; (*irritabile*) irritable || *sono* — *di imposizioni*, je ne supporte pas qu'on m'impose qqch; *è* — *di ogni vincolo*, il ne supporte aucune contrainte.

insofferenza *s.f.* intolérance; (*impazienza*) impatience; (*irritabilità*) irritabilité.

insolazione *s.f.* insolation.

insolente *agg.* e *s.m.* insolent.

insolentire (*coniug. come* finire) *v.intr.* (*diventare insolente*) devenir* insolent; (*comportarsi in modo insolente*) se montrer insolent (à l'égard de) ♦ *v.tr.* dire* des insolences (à).

insolenza *s.f.* insolence.

insolitamente *avv.* exceptionnellement.

insolito *agg.* insolite; (*non abituale*) inhabituel*; (*fuori dal comune, strano*) étrange.

insolubile *agg.* insoluble.

insolubilità *s.f.* insolubilité.

insoluto *agg.* **1** non résolu **2** (*chim.*) non dissous* **3** (*non pagato*) impayé.

insolvente *agg.* insolvable.

insolvenza *s.f.* insolvabilité.

insolvibile *agg.* insolvable.

insomma *avv.* **1** enfin, bref || — *lei non è soddisfatto!*, en somme vous n'êtes pas satisfait! **2** (*per esprimere impazienza*) enfin, à la fin: —, *finiamola!*, finissons-en à la fin! **3** (*fam.*) (*né bene né male*) couci, couça: "*Come stai?*" "*Insomma...!*", "Comment vas-tu?" "Couci, couça!".

insondabile *agg.* insondable.

insonne *agg.* éveillé || *attese* — *il suo ritorno*, il attendit son retour sans pouvoir s'endormir || *notti insonni*, des nuits blanches; *trascorrere ore insonni sui libri*, passer des heures sur ses livres au lieu de dormir || *lavoratore* —, travailleur infatigable.

insonnia *s.f.* insomnie: *soffrire d'* —, avoir des insomnies.

insonnolito *agg.* ensommeillé.

insonorizzare *v.tr.* insonoriser.

insonorizzato *agg.* insonore || *sala insonorizzata*, salle insonorisée.

insonorizzazione *s.f.* insonorisation.

insopportabile *agg.* insupportable.

insopprimibile *agg.* qu'on ne peut pas supprimer; (*fig.*) irrésistible.

insorgenza *s.f.* apparition.

insorgere (*coniug. come* scorgere) *v.intr.* **1** s'insurger* || — *in armi contro qlcu*, prendre les armes contre qqn **2** (*manifestarsi*) se déclarer; (*sorgere*) surgir ♦ *con uso di s.m.* apparition (*f.*); (*inizio*) début.

insormontabile *agg.* insurmontable.

insorto *agg.* e *s.m.* insurgé.

insospettabile *agg.* insoupçonnable.

insospettato *agg.* **1** insoupçonné **2** (*inatteso*) inattendu.

insospettire (*coniug. come* finire) *v.tr.* éveiller les soupçons (de), (*donner des soupçons (à)*) □ **insospettirsi** *v.pron.* avoir* des soupçons.

insostenibile *agg.* insoutenable || *attacco* —, attaque irrésistible; *posizione* —, position intenable || *è una spesa per me* —, c'est une dépense au-dessus de mes moyens.

insostituibile *agg.* irremplaçable.

insozzare *v.tr.* salir □ **insozzarsi** *v.pron.* se salir.

insperabile *agg.* inespéré; (*inatteso*) inattendu.

insperato *agg.* inespéré.

inspiegabile *agg.* inexplicable || **-mente** *avv.*

inspirare *v.tr.* inspirer.

inspirazione *s.f.* inspiration.

instabile *agg.* instable.

instabilità *s.f.* instabilité.

installare *v.tr.* installer □ **installarsi** *v.pron.* s'installer.

installatore *s.m.* installateur*.

installazione *s.f.* installation.

instancabile *agg.* infatigable || **-mente** *avv.*

instaurare *v.tr.* instaurer.

instaurazione *s.f.* instauration.

insù, in su *avv.* en *haut □ **all'insù** *locuz.avv.* (*verso l'alto*) vers le *haut || *i baffi all'*—, la moustache en croc || *il balzo all'*— *dei prezzi*, la montée, flambée des prix.

insubordinato *agg. e s.m.* insubordonné.

insubordinazione *s.f.* insubordination.

insuccesso *s.m.* insuccès.

insudiciare (*coniug. come* cominciare) *v.tr.* souiller □ **insudiciarsi** *v.pron.* se salir.

insufficiente *agg.* insuffisant || (*a scuola*): *voto* —, note au-dessous de la moyenne; *è* — *in matematica*, il n'a pas la moyenne en mathématiques.

insufficientemente *avv.* insuffisamment.

insufficienza *s.f.* 1 insuffisance || (*dir.*) — *di prove*, manque de preuves || (*med.*) — *epatica*, insuffisance hépatique 2 (*a scuola*) note au-dessous de la moyenne: *ha preso una* — *in latino*, il n'a pas eu la moyenne en latin.

insufflare *v.tr.* insuffler.

insulare *agg.* insulaire.

insularità *s.f.* insularité.

insulina *s.f.* insuline.

insulsaggine *s.f.* 1 (*di cosa*) fadeur; (*di persona*) niaiserie 2 (*cosa insulsa*) niaiserie, fadaise.

insulso *agg.* fade; (*di persona*) niais.

insultante *agg.* insultant.

insultare *v.tr.* insulter □ **insultarsi** *v.pron.* s'insulter.

insulto *s.m.* insulte (*f.*) || (*med.*): — (*di tosse*), accès (de toux); — (*cardiaco*), crise (cardiaque); — (*apoplettico*), attaque d'apoplexie.

insuperabile *agg.* 1 infranchissable 2 (*fig.*) insurmontable; (*imbattibile*) imbattable || *un attore* —, un acteur incomparable.

insuperato *agg.* inégalé.

insuperbire (*coniug. come* finire) *v.tr.* remplir d'orgueil ♦ *v.intr.*, **insuperbirsi** *v.pron.* s'enorgueillir (de).

insurrezionale *agg.* insurrectionnel*.

insurrezione *s.f.* insurrection.

insussistente *agg.* inexistant; (*infondato*) sans fondement.

insussistenza *s.f.* inexistence; (*infondatezza*) manque de fondement.

intabarrato *agg.* emmitouflé.

intaccare (*coniug. come* mancare) *v.tr.* 1 entamer (*anche fig.*) 2 (*far tacche*) entailler; (*in una lama*) ébrécher*.

intaccatura *s.f.* (*tacca*) encoche, cran (*m.*); (*intaglio*) entaille; (*in una lama*) brèche.

intagliare *v.tr.* sculpter; (*incidere*) graver.

intagliatore *s.m.* sculpteur; (*incisore*) graveur: — *in legno*, sculpteur, graveur sur bois.

intaglio *s.m.* sculpture (*f.*); (*incisione*) gravure (*f.*) || *una cornice a* —, un cadre sculpté.

intangibile *agg.* intangible.

intangibilità *s.f.* intangibilité.

intanto *avv.* 1 (*nel medesimo tempo*) (*riferito a due soggetti*) pendant ce temps; (*riferito allo stesso soggetto*) en même temps: *io leggevo e* — *lui studiava*, je lisais et pendant ce temps il étudiait; *guardavo la televisione e* — *lavoravo a maglia*, je regardais la télévision et en même temps je tricotais 2 (*nel frattempo*) en attendant: *e* — *il tempo passa!*, en attendant le temps passe! 3 (*per il momento*) pour le moment, pour l'instant: (*per*) — *questo può bastare*, cela suffira pour l'instant 4 (*in ogni caso, comunque*) de toute façon, dans tous les cas; (*invece*) tandis que, pendant que; (*ciò nonostante*) cependant, malgré cela: ...— *chi comanda sono io*, ...de toute façon c'est moi qui commande; *io mi affanno a fare economie, tu* — *sperperi denaro*, moi je me tue à faire des économies, pendant que toi tu jettes l'argent par les fenêtres; *dice di sì e* — *fa quello che vuole*, il dit oui et en attendant il fait ce qu'il veut || —*ce l'ho fatta!*, en attendant, j'ai réussi! 5 (*fam.*) (*in primo luogo*) d'abord: — *non avresti dovuto rispondergli...*, d'abord tu n'aurais pas dû lui répondre... □ **intanto che** *locuz.cong.* pendant que: — *che aspetto farò una telefonata*, pendant que j'attends, je donnerai un coup de fil.

intarsiare *v.tr.* marqueter*.

intarsiato *agg.* marqueté.

intarsiatore *s.m.* marqueteur.

intarsio *s.m.* marqueterie (*f.*).

intasamento *s.m.* engorgement, obstruction (*f.*) || *l'* — *del traffico*, les embouteillages de la circulation.

intasare *v.tr.* engorger* || — *il traffico*, emboutteiller la circulation □ **intasarsi** *v.pron.* être* engorgé, être* bouché.

intasato *agg.* bouché.

intascare (*coniug. come* mancare) *v.tr.* empocher.

intatto *agg.* intact.

intavolare *v.tr.* entamer, engager* || *ha intavolato una discussione inutile*, il s'est engagé dans une discussion inutile.

integerrimo *agg.* d'une intégrité à toute épreuve.

integrale *agg.* intégral* || *pane* —, pain complet; *farina* —, farine de blé complet ♦ *s.m.* (*mat.*) intégrale (*f.*).

integralismo *s.m.* intégrisme.

integralista *agg.* e *s.m.* intégriste.

integralmente *avv.* intégralement.

integrante *agg.* intégrant.

integrare *v.tr.* compléter* (par) || — *un alimento*, (*arricchirlo*) enrichir un aliment □ **integrarsi** *v.pron.* 1 s'intégrer* 2 (*a vicenda*) se compléter*.

integrativo *agg.* complémentaire.

integrato *agg.* 1 complété (par) || *dieta integrata*, régime enrichi 2 (*assimilato*) intégré 3 (*tecn.*) intégré.

integratore *agg.*: — *alimentare*, complément alimentaire, microaliment.

integrazione *s.f.* 1 intégration 2 (*aggiunta*) complément (*m.*): — *dello stipendio*, complément du salaire.

integrità *s.f.* intégrité.

integro *agg.* 1 (*completo*) intégral* 2 (*intatto*) intact 3 (*fig.*) (*onesto*) intègre.

intelaiare *v.tr.* 1 fixer sur le métier; (*un quadro*) fixer sur le châssis 2 (*mecc.*) monter.

intelaiatura *s.f.* 1 (*l'intelaiare*) montage (*m.*) 2 (*telaio*) (*di finestra, di macchina ecc.*) châssis (*m.*); (*di bicicletta*) cadre (*m.*); (*edil.*) charpente 3 (*fig.*) (*struttura*) structure.

intellettivo *agg.* de l'intellect: *facoltà intellettive*, facultés intellectuelles.

intelletto *s.m.* 1 intelligence (*f.*); (*ragione*) raison (*f.*) || *l'— umano*, l'esprit humain || *perdere il ben dell'—*, perdre la raison 2 (*persona di ingegno*) esprit.

intellettuale *agg.* e *s.m.* intellectuel*.

intellettualismo *s.m.* intellectualisme.

intellettualistico (pl. *-ci*) *agg.* intellectualiste.

intellettualità *s.f.* intellectualité.

intellettualmente *avv.* intellectuellement.

intellettualoide *agg.* e *s.m.* (*spreg.*) pseudo-intellectuel*.

intelligente *agg.* intelligent || **-mente** *avv.*

intelligenza *s.f.* 1 intelligence || *con —*, intelligemment || *quoziente d'—*, quotient intellectuel 2 (*persona intelligente*) esprit (*m.*) 3 (*comprensione*) compréhension: *per maggiore — dei lettori*, pour une meilleure compréhension (de la part) des lecteurs 4 (*accordo*) intelligence.

intellighenzia *s.f.* intelligentsia.

intelligibile *agg.* e *s.m.* intelligible || **-mente** *avv.*

intelligibilità *s.f.* intelligibilité.

intemerato *agg.* sans tache; (*di persona*) intègre || *fede intemerata*, foi pure.

intemperante *agg.* intempérant: *essere — nel mangiare, nel bere*, manger et boire avec intempérance || *linguaggio —*, langage cru.

intemperanza *s.f.* intempérance.

intemperie *s.f.pl.* intempéries.

intempestivo *agg.* intempestif*.

intendente *s.m.* intendant.

intendenza *s.f.* intendance || *— di Finanza*, perception, recette des finances.

intendere (*coniugato come* tendere) *v.tr.* 1 entendre*: *ho inteso dire che ci lasci*, j'ai entendu

dire que tu nous quittes || *intendimi bene*, écoutemoi bien; *non intende consigli*, il n'écoute personne 2 (*capire*) comprendre*: *hai inteso male il suo gesto*, tu as mal compris son geste; *io lo intendo così*, c'est ainsi que je le comprends; *che cosa si intende per libertà?*, qu'est-ce qu'on entend par liberté? || *dare a —*, faire accroire; *non cercare di darmela a —*, n'essaie pas de me le faire accroire || *s'intende che...*, il est entendu que...; *vieni con me, s'intende*, tu viens avec moi, cela va sans dire; *"Ci andiamo insieme?" "S'intende!"*, "Nous y allons ensemble?" "Bien entendu!" || *chi ha orecchie per —, intenda*, à bon entendeur salut 3 (*volere*) entendre*, vouloir*; (*avere intenzione*) avoir* l'intention (de); (*pensare*) penser: *di chi intendi parlare?*, de qui entends-tu parler?; *che intendi (dire)?*, qu'entends-tu par là?; *che intendi fare?*, que penses-tu faire?; *intendo partire domani*, j'ai l'intention de partir demain; *intendo essere lasciato in pace*, je veux qu'on me laisse en paix; *non intendo che mi si tratti così*, je n'admets pas qu'on me traite de cette manière □ **intendersi** *v.pron.* 1 s'entendre* || (*fam.*) *intendersela*, (*andare d'accordo*) s'entendre, (*essere complici*) être de mêche, (*avere una relazione amorosa*) avoir une liaison 2 (*capirsi*) se comprendre* || *tanto per intenderci*, pour mettre les choses au clair 3 (*avere conoscenza, esperienza*) s'y connaître (en): *si intende di musica*, il s'y connaît en musique; *non me ne intendo*, je ne m'y connais pas; *ne parla da persona che se ne intende*, il (en) parle en connaisseur.

intendimento *s.m.* 1 (*intenzione*) intention (*f.*) 2 (*intelligenza*) intelligence (*f.*): *di scarso —*, peu intelligent.

intenditore (f. *-trice*) *s.m.* connaisseur*: *con aria da —*, en connaisseur; *è un'— di pittura*, il s'y connaît en fait de peinture || *a buon — poche parole*, à bon entendeur, salut!

intenerimento *s.m.* attendrissement.

intenerire (*coniug. come* finire) *v.tr.* attendrir ♦ *v.intr.*, **intenerirsi** *v.pron.* s'attendrir.

intensamente *avv.* intensément.

intensificare (*coniug. come* mancare) *v.tr.* intensifier □ **intensificarsi** *v.pron.* s'intensifier.

intensificazione *s.f.* intensification.

intensità *s.f.* intensité: *diminuire d'—*, perdre de son intensité.

intensivamente *avv.* intensivement.

intensivo *agg.* intensif*.

intenso *agg.* intense.

intentare *v.tr.* intenter.

intentato *agg.* non tenté || *non lasciare nulla d'—*, tout essayer.

intento[1] *agg.* 1 (*di persona*) occupé: *era — al suo lavoro*, il était absorbé dans, par son travail; *era — ad ascoltarmi*, il m'écoutait attentivement 2 (*di occhi*) fixé; (*di orecchi*) attentif*.

intento[2] *s.m.* but: *con un — ben preciso*, dans un but bien précis || *nell'—*, dans l'entreprise || *con l'— di*, dans l'intention de.

intenzionale *agg.* intentionnel* || **-mente** *avv.*

intenzionalità *s.f.* intentionnalité.

intenzionato *agg.* intentionné: *essere — a*, avoir l'intention de.

intenzione *s.f.* intention: *che intenzioni hai?*, que penses-tu faire?; *che intenzioni hai nei suoi riguardi?*, quelles sont tes intentions à son égard?; *è mia ferma — parlargliene*, j'ai la ferme intention de lui en parler || *avrei una mezza — di andare al mare*, j'aurais envie d'aller à la mer || *con l'— di*, dans l'intention de || *con —*, exprès; *senza —*, sans le vouloir || *fare il processo alle intenzioni*, faire un procès d'intention.

inter- *pref.* inter-

interagire (*coniug. come* finire) *v.intr.* interagir.

interamente *avv.* entièrement.

interattivo *agg.* interactif*; interdépendant.

interazione *s.f.* interaction.

interbancario *agg.* interbancaire.

interbellico (pl. *-ci*) *agg.* entre deux guerres || *il periodo —*, l'entre-deux-guerres.

intercalare[1] *agg.* intercalaire ♦ *s.m.* **1** tic de langage **2** (*ritornello*) refrain.

intercalare[2] *v.tr.* intercaler.

intercambiabile *agg.* interchangeable.

intercapedine *s.f.* interstice (*m.*).

intercategoriale *agg.* interprofessionnel*.

intercedere *v.intr.* **1** intercéder* **2** (*intercorrere*) y avoir*; (*di tempo*) s'écouler.

intercessione *s.f.* intercession, entremise: *per — del Santo Padre*, par l'intercession du Saint Père; *per l'— di un amico*, par l'entremise d'un ami.

intercessore *s.m.* intercesseur.

intercettare *v.tr.* intercepter.

intercettazione *s.f.* interception.

interclassismo *s.m.* (*pol.*) théorie favorable à la collaboration entre les classes sociales.

intercomunale *agg.* intercommunal* || (*telefonata*) —, communication interurbaine.

intercomunicante *agg.* intercommunicant.

intercontinentale *agg.* intercontinental*.

intercorrere (*coniug. come* correre) *v.intr.* **1** y avoir* || *intercorsero parole grosse fra di loro*, il y eut un échange d'injures entre eux **2** (*di tempo*) s'écouler, passer **3** (*di spazio*) y avoir* (une distance de) || *la distanza che intercorre tra le due città*, la distance qui sépare les deux villes.

intercostale *agg.* intercostal*.

interdetto *agg.* e *s.m.* interdit.

interdipendente *agg.* interdépendant.

interdipendenza *s.f.* interdépendance.

interdire (*coniug. come* dire) *v.tr.* **1** interdire* **2** (*inform.*) invalider.

interdisciplinare *agg.* interdisciplinaire.

interdizione *s.f.* interdiction.

interessamento *s.m.* **1** (*interesse*) intérêt **2** (*appoggio*) appui.

interessante *agg.* intéressant || *donna in stato —*, femme enceinte, dans un état intéressant.

interessare *v.tr.* intéresser || *questi fenomeni interessano la scienza*, ces phénomènes concernent la science ♦ *v.intr.* intéresser (qqn) || *mi interessa*

molto che tu ci vada, je tiens beaucoup à ce que tu y ailles □ **interessarsi** *v.pron.* **1** s'intéresser (à) **2** (*avere cura*) s'occuper: *ci siamo interessati del suo caso*, nous nous sommes occupés de votre cas || *interessati degli affari tuoi*, mêle-toi de tes affaires.

interessatamente *avv.* de manière intéressée; (*per interesse*) par intérêt.

interessato *agg.* e *s.m.* intéressé.

interesse *s.m.* intérêt: *lo fa per —*, il agit par intérêt; *è nel nostro comune — che...*, il est dans notre intérêt à tous que...; *avere — per qlcu*, porter de l'intérêt à qqn; *prendere — a*, s'intéresser à || *l'— del 3%*, l'intérêt de 3%; *gli interessi decorrono dall'inizio del mese*, les intérêts courent depuis le début du mois.

interezza *s.f.* intégrité.

interfaccia (pl. *-ce*) *s.f.* (*inform.*) interface.

interfacoltà *s.f.* association des étudiants.

interferenza *s.f.* interférence.

interferire (*coniug. come* finire) *v.intr.* **1** (*fis.*) interférer* **2** (*fig.*) intervenir*.

interiezione *s.f.* interjection.

interim (pl. *invar.*) *s.m.* intérim: *ad —*, par intérim.

interinale *agg.* intérimaire.

interinato *s.m.* intérim.

interiora *s.f.pl.* entrailles; (*cuc.*) fressure (*sing.*).

interiore *agg.* intérieur.

interiorità *s.f.* vie intérieure.

interiorizzare *v.tr.* (*psic.*) intérioriser.

interiormente *avv.* intérieurement.

interlinea *s.f.* interligne (*m.*).

interlocutore (f. *-trice*) *s.m.* interlocuteur*.

interlocutorio *agg.* **1** préalable **2** (*dir.*) interlocutoire.

interloquire (*coniug. come* finire) *v.intr.* (*intervenire*) intervenir* || *è falso!, interloquì*, c'est faux!, interrompit-il.

interludio *s.m.* interlude.

intermediario *agg.* e *s.m.* intermédiaire.

intermediazione *s.f.* entremise, médiation; (*banca*) intermédiation || *— finanziaria*, courtage; *compensi di —*, courtage, commission.

intermedio *agg.* intermédiaire || *muro —*, mur mitoyen.

intermezzo *s.m.* **1** (*azione scenica*) intermède **2** (*interludio*) interlude **3** (*intervallo*) entracte.

interminabile *agg.* interminable.

interministeriale *agg.* interministériel*.

intermittente *agg.* intermittent.

intermittenza *s.f.* intermittence: *a —*, par intermittence; *lampada a —*, lampe à allumage intermittent.

internamente *avv.* intérieurement.

internamento *s.m.* internement.

internare *v.tr.* interner.

internato[1] *agg.* e *s.m.* interné.

internato[2] *s.m.* **1** interne **2** (*collegio*) internat.

internazionale *agg.* international*.

internazionalismo *s.m.* internationalisme.
internazionalità *s.f.* internationalité.
internazionalizzazione *s.f.* internationalisation.

internista *s.m.* e *f.* spécialiste de médecine interne.
interno *agg.* **1** intérieur *(anche fig.)* || *lotte inter-
ne,* luttes intestines || *alunno* —, interne **2**

PRONOMI INTERROGATIVI

ITALIANO	FRANÇAIS
1 soggetto: **chi** (interrogative dirette e indirette)	**qui** (interrogatives directes et indirectes); **qui est-ce qui** (interrogatives directes)
chi l'ha visto? *chi ha rotto, chi è stato a rompere questo vaso?* *chi sono i nuovi proprietari?* *chi siete?* *vorrei sapere chi l'ha visto*	qui l'a vu?, qui est-ce qui l'a vu? qui a cassé, qui est-ce qui a cassé ce vase? qui sont les nouveaux propriétaires? qui êtes-vous? je voudrais savoir qui l'a vu
2 compl. oggetto: **chi** (interrogative dirette e indirette)	**qui** (interrogatives directes et indirectes); **qui est-ce que** (interrogatives directes)
chi hai incontrato? *dimmi chi hai incontrato*	qui as-tu rencontré?, qui est-ce que tu as rencontré dis-moi qui tu as rencontré
3 compl. indiretto retto da preposizione: **chi**	**qui**
a chi scrivi? *di chi stavi parlando?* *con chi hai viaggiato?* *in casa di chi passerai le vacanze?* *non saprei a chi chiedere* *vorrei sapere con chi hai pranzato*	à qui écris-tu? de qui parlais-tu? avec qui as-tu voyagé? chez qui passeras-tu les vacances? je ne saurais pas à qui demander je voudrais savoir avec qui tu as déjeuné
4 soggetto: **che, che cosa, cosa** (interrogative dirette e indirette)	**qu'est-ce qui** (interrogatives directes); **ce qui** (interrogatives indirectes)
(che) cosa vi ha fatto ridere? *(che) cosa succede?* *dimmi (che) cosa ti preoccupa*	qu'est-ce qui vous a fait rire? qu'est-ce qui se passe? dis-moi ce qui te préoccupe
5 compl. oggetto: **che, che cosa, cosa** (interrogative dirette e indirette)	**que, qu'est-ce que** (interrogatives directes); **ce que** (interrogatives indirectes); suivi d'un infinitif **que**; dans les expressions familières ou elliptiques **quoi**
(che) cosa avete fatto? *(che) cosa stai dicendo?* *dimmi cosa dovrò fare* *non so più cosa fare, che dire* *"dimmelo" "dirti cosa?"* *e che? c'è qualcosa che non va?*	qu'avez-vous fait?, qu'est-ce que vous avez fait? que dis-tu?, qu'est-ce que tu dis? dis-moi ce que je devrai faire je ne sais plus que, *(fam.)* quoi faire, dire "dis-le-moi" "te dire quoi?" quoi? quelque chose ne va pas?
6 compl. indiretto retto da preposizione: **che, che cosa, cosa** (interrogative dirette e indirette)	**quoi** (interrogatives directes et indirectes)
di che si tratta? *su che cosa ti basi per...?* *chiedigli a che serve questo arnese*	de quoi s'agit-il? sur quoi te bases-tu pour...? demande-lui à quoi sert cet outil

(*scient.*) interne: *angoli interni*, angles internes ‖ *emorragia interna*, hémorragie interne ♦ *s.m.* 1 intérieur ‖ *nell'— dell'Africa*, au cœur de l'Afrique ‖ *scala A, — 10*, escalier A, porte 10 ‖ *telefono 4854, — 22*, numéro de téléphone 4854, poste 22 ‖ *Ministero degli Interni*, (Ministère de) l'Intérieur 2 (*studente, medico che fa l'internato di medicina*) interne 3 (*abbigl.*) doublure (*f.*).

intero *agg.* (*tout*) entier*; (*tutto quanto*) tout*: *l'— paese lo festeggiò*, le pays tout entier lui fit fête; *si è mangiata un'intera scatola di biscotti*, elle a mangé toute une boîte de biscuits; *pagare il biglietto —*, payer place entière; *sapere l'intera verità*, savoir toute la vérité; *avere intera fiducia in qlcu*, avoir pleine confiance en qqn ‖ *il vaso è caduto ma è rimasto —*, le vase est tombé mais il est resté intact ♦ *s.m.* entier ‖ *per —*, en entier.

interparlamentare *agg.* interparlementaire.

interpellante *agg.* qui interpelle ♦ *s.m.* interpellateur*.

interpellanza *s.f.* interpellation.

interpellare *v.tr.* interpeller ‖ *— il medico*, consulter le médecin.

interplanetario *agg.* interplanétaire.

interpolare *v.tr.* interpoler.

interpolazione *s.f.* interpolation.

interporre (*coniug. come* porre) *v.tr.* 1 interposer ‖ *— tempo*, laisser passer du temps; *— una pausa*, faire une pause 2 (*dir.*) *— appello*, interjeter appel □ **interporsi** *v.pron.* s'interposer.

interposto *agg.* interposé ‖ *per interposta persona*, par personne interposée.

interpretabile *agg.* interprétable.

interpretare *v.tr.* interpréter*.

interpretariato *s.m.* interprétariat.

interpretativo *agg.* interprétatif*.

interpretazione *s.f.* interprétation ‖ *di facile —*, facile à interpréter.

interprete *s.m.* e *f.* interprète: *gli ha fatto da — per due mesi*, elle a été son interprète pendant deux mois ‖ *farsi — dei sentimenti di qlcu*, se faire l'interprète des sentiments de qqn.

interprofessionale *agg.* interprofessionnel*.

interramento *s.m.* 1 (*il coprire di terra*) enfouissement 2 (*il riempire di terra*) comblement.

interrare *v.tr.* 1 (*coprire di terra*) enterrer, enfouir 2 (*colmare di terra*) combler (de terre) □ **interrarsi** *v.pron.* s'ensabler.

interregionale *agg.* interrégional*.

interregno *s.m.* interrègne.

FORMA INTERROGATIVA DIRETTA

In italiano la forma interrogativa si esprime con il punto interrogativo nella lingua scritta e con l'intonazione della voce nella lingua orale.

In francese la forma interrogativa si può costruire in tre differenti modi:

1 con l'inversione del soggetto

a quando il soggetto è un pronome personale o il dimostrativo **ce** o il pronome **on**; il soggetto è posto dopo il verbo e unito a esso con un trattino

avez-vous compris?	*où est-il né?*
doit-on payer tout de suite?	*quand partirons-nous?*
est-ce un homme honnête?	*lequel as-tu choisi?*
que dites-vous?	

• se il verbo alla 3ª persona singolare termina per vocale, si mette una **t** eufonica tra il verbo e il pronome personale **il, elle, on**

finira-t-il pour ce soir?	*que fera-t-on demain?*
parle-t-elle anglais?	

b quando il soggetto è un sostantivo o un pronome non personale; esso conserva il suo posto prima del verbo ma viene ripreso poi dal pronome personale corrispondente, unito al verbo con un trattino

ton frère viendra-t-il avec nous?	*chacun l'a-t-il bien regardé?*
Marie est-elle déjà arrivée?	*pourquoi ton frère a-t-il già risposto?*
quelqu'un est-il parti en avion?	

• quando il verbo è immediatamente preceduto da **combien, comment, lequel, où, quand, que, quel, qui, quoi** si può anche mettere il sostantivo direttamente dopo il verbo

que fait ton frère?	*ton frère que fait-il?*
comment s'appelle ton père?	*comment ton père s'appelle-t-il?*
où est allée ta maman?	*où ta maman est-elle allée?*

interrogare (*coniug. come* legare) *v.tr.* interroger*: — *qlcu dal posto*, interroger qqn à sa place; — *con gli occhi*, interroger des yeux; *fu interrogato a lungo*, il a été longuement interrogé.

interrogativamente *avv.* interrogativement.

interrogativo *agg.* interrogatif* || *punto —*, point d'interrogation ♦ *s.m.* problème, question (*f.*) || *l'avvenire è un grande —*, l'avenir présente de nombreuses inconnues.

interrogato *agg.* interrogé ♦ *s.m.* la personne interrogée.

interrogatorio *agg.* interrogatif*, interrogateur* ♦ *s.m.* interrogatoire.

interrogazione *s.f.* **1** interrogation **2** (*parlamentare*) interpellation **3** (*inform.*) interrogation, consultation.

interrompere (*coniug. come* rompere) *v.tr.* **1** interrompre* || (*tel.*) — *una comunicazione*, couper une communication || — *la seduta, le trattative*, suspendre la séance, les pourparlers **2** (*inform.*) (*un programma*) arrêter **3** (*una strada*) barrer, couper □ **interrompersi** *v.pron.* **1** s'interrompre* **2** (*di strada*) s'arrêter.

interrotto *agg.* **1** interrompu; (*spezzato*) entrecoupé **2** (*di strada*) barré.

interruttore *s.m.* interrupteur*.

interruzione *s.f.* interruption; (*elettr.*) coupure, panne || *senza —*, sans interruption: *dormire dodici ore senza —*, dormir douze heures d'affilée.

interscambio *s.m.* **1** échange **2** (*svincolo stradale*) échangeur (routier).

intersecare (*coniug. come* mancare) *v.tr.* couper □ **intersecarsi** *v.pron.* se couper.

intersezione *s.f.* intersection.

intersiderale *agg.* intersidéral*.

interstellare *agg.* interstellaire.

interstizio *s.m.* interstice.

intertempo *s.m.* (*sport*) temps de passage.

interurbana *s.f.* (*tel.*) communication interurbaine.

interurbano *agg.* interurbain.

intervallare *v.tr.* espacer*.

intervallo *s.m.* **1** intervalle || *a intervalli*, par intervalles **2** (*a scuola*) récréation (*f.*); (*teatr.*) entracte; (*sport*) mi-temps* (*f.*).

intervenire (*coniug. come* venire) *v.intr.* **1** intervenir* **2** (*essere presente*) assister, prendre* part **3** (*sopraggiungere*) arriver, survenir*.

interventismo *s.m.* (*pol.*) interventionnisme.

interventista *s.m.* (*pol.*) interventionniste.

---

2 nell'uso corrente con **est-ce que** posto prima di soggetto e verbo

est-ce que tu partiras demain?
est-ce que ta femme est là?
pourquoi est-ce que tu ne parles pas?
à quoi est-ce que tu penses?

avec qui est-ce que vous voulez rester?
combien est-ce qu'il l'a payé?
où est-ce qu'il habite?

Questa forma è in taluni casi obbligatoria:

a quando il verbo, seguito dal pronome **je**, risulterebbe difficilmente pronunciabile oppure produrrebbe un suono sgradevole

est-ce que je reste ici?

b quando il verbo è un monosillabo a eccezione di alcuni verbi molto usati (**ai-je, dois-je, puis-je, suis-je**)

est-ce que je cours si vite?   *est-ce que je pars en avion?*

c quando il verbo termina con due o più consonanti

est-ce que je réponds tout de suite?   *est-ce que je prétends la vérité?*

d quando il verbo termina per **ge** e **ce**

est-ce que je mange tout?   *est-ce que je commence à m'habiller?*

3 nella lingua parlata si esprime molto spesso semplicemente con l'intonazione della voce

alors, tu viens?
il s'appelle comment?

comment? il est déjà parti?
tu l'as payé combien?

interventistico (pl. -*ci*) *agg.* interventionniste.
intervento *s.m.* **1** intervention (*f.*) || (*pol.*) *il principio del non* —, le principe de non-intervention || — *chirurgico*, intervention chirurgicale **2** (*partecipazione*) participation (*f.*); (*presenza*) présence (*f.*): *con l'* — *di*, avec la participation de.
intervenuto *s.m.* participant || *gli intervenuti*, les présents.
intervista *s.f.* interview.
intervistare *v.tr.* interviewer.
intervistatore (f.-*trice*) *s.m.* interviewer.
intesa *s.f.* entente; (*accordo*) accord (*m.*): *agire d'* — *con qlcu*, agir en accord avec qqn; *essere d'* —, être d'accord || *come d'* —, comme convenu || *con l'* — *che...*, étant entendu que...
inteso *agg.* **1** entendu || (*siamo*) *intesi!*, c'est entendu!; *resta* — *che*, il est entendu que || *essere intesi sul da farsi*, être d'accord sur ce qu'il y a à faire **2** (*che mira a un fine*) visant (à), tendant (à) **3** (*capito*) compris, interprété.
intessere *v.tr.* tisser || — *l'elogio, le lodi di qlcu*, (*fig.*) faire l'éloge de qqn || — *una congiura*, tramer une conspiration.
intessuto *agg.* broché, tissé.
intestardirsi (*coniug. come* finire) *v.pron.* s'entêter.
intestare *v.tr.* **1** donner un titre (à) || *intestate il foglio*, mettez la date et votre nom sur la feuille **2** (*comm., dir.*) mettre* au nom (de) || — *una fattura a qlcu*, facturer au nom de qqn □ **intestarsi** *v.pron.* s'entêter.
intestatario *agg.* e *s.m.* titulaire.
intestato[1] *agg.* **1** à en-tête **2** (*comm., dir.*) au nom (de) **3** (*ostinato*) obstiné.
intestato[2] *agg.* (*dir.*) (*senza testamento*) intestat*.
intestazione *s.f.* en-tête* (*m.*); (*di capitolo*) tête (*f.*); (*di giornale*) titre (*m.*).
intestinale *agg.* intestinal*.
intestino *agg.* e *s.m.* intestin || — *cieco*, cæcum.
intiepidire (*coniug. come* finire) *v.tr.* attiédir, tiédir (*anche fig.*) || *un malinteso ha intiepidito la loro amicizia*, un malentendu a refroidi leur amitié ♦ *v.intr.*, **intiepidirsi** *v.pron.* s'attiédir, tiédir (*anche fig.*).
intimamente *avv.* intimement.
intimare *v.tr.* **1** intimer l'ordre (de), enjoindre* (de)|| — *la guerra*, déclarer la guerre **2** (*dir.*) sommer (qqn de): — *a qlcu il pagamento di qlco*, sommer qqn de payer qqch.
intimazione *s.f.* **1** ordre (*m.*) || *resistere a un'* —, refuser d'obtempérer || — *di guerra*, déclaration

de guerre **2** (*dir.*) sommation: — *di pagamento*, sommation de payer.
intimidatorio *agg.* intimidateur*.
intimidazione *s.f.* intimidation.
intimidire (*coniug. come* finire) *v.tr.* intimider (par) □ **intimidirsi** *v.pron.* être* intimidé (par); devenir* timide.
intimismo *s.m.* intimisme.
intimista *agg.* e *s.m.* intimiste.
intimità *s.f.* intimité: *vivere in* — *con qlcu*, vivre dans l'intimité de qqn; *essere in* — *con qlcu*, être intime avec qqn || *nell'* — *della coscienza*, dans son for intérieur.
intimo *agg.* intime: *è in intimi rapporti con lui*, ils sont très intimes; *l'* — *significato di una parola*, le sens profond d'un mot || *legge ogni mio* — *pensiero*, il lit au fond de ma pensée ♦ *s.m.* **1** intime: *per pochi intimi*, réservé aux intimes, (*scherz.*) pour quelques privilégiés **2** (*biancheria intima*) sous-vêtements (*pl.*): *l'* — *donna*, la lingerie féminine □ **nell'intimo** (di), au fond (de), au plus profond de: *nel mio* —, au fond de moi; *nel suo* —, au plus profond de lui-même.
intimorire (*coniug. come* finire) *v.tr.* effrayer* □ **intimorirsi** *v.pron.* s'effrayer*.
intingere (*coniug. come* spingere) *v.tr.* tremper.
intingolo *s.m.* sauce (*f.*).
intirizzire (*coniug. come* finire) *v.tr.* engourdir, transir ♦ *v.intr.*, **intirizzirsi** *v.pron.* être* transi (de froid).
intirizzito *agg.* transi (de froid), engourdi.
intitolare *v.tr.* **1** donner un titre (à); (*seguito dal titolo*) intituler: *come lo hanno intitolato?*, quel titre lui ont-ils donné? **2** (*strada*) donner le nom (de qqn) □ **intitolarsi** *v.pron.* avoir* pour titre; (*essere dedicato*) être* dédié: *come s'intitola questa poesia?*, quel est le titre de cette poésie?
intoccabile *agg.* e *s.m.* intouchable.
intollerabile *agg.* intolérable; (*insopportabile*) insupportable.
intollerabilità *s.f.* intolérabilité.
intollerante *agg.* e *s.m.* intolérant || *essere* —, ne pas tolérer, ne pas supporter.
intolleranza *s.f.* intolérance (à).
intonacare (*coniug. come* mancare) *v.tr.* (*con calce, gesso*) enduire* de plâtre, plâtrer; (*con malta*) crépir; (*con cemento*) enduire* de ciment.
intonaco (pl. -*ci* o -*chi*) *s.m.* (*di calce, di gesso*) plâtre; (*di prima mano*) crépi; (*di cemento*) enduit de ciment || *dare l'* — *a un muro*, enduire un mur.

<small>FORMA INTERROGATIVA - NEGATIVA</small>

La forma interrogativa-negativa del verbo si costruisce come la forma positiva, ma facendo precedere e seguire il verbo dalle due parti della negazione **ne... pas, jamais, plus, rien** ecc.

n'avez-vous pas compris?
est-ce que vous ne pouvez pas payer?
vous ne partez pas tout de suite?

est-ce que tu n'as rien à faire?
n'avez-vous plus d'argent?

intonare *v.tr.* **1** entonner **2** (*accordare uno strumento*) accorder **3** (*armonizzare*) assortir (à) □ **intonarsi** *v.pron.* (*fig.*) aller* (avec), s'harmoniser (avec).

intonato *agg.* **1** (*di voce*) juste; (*di strumento musicale*) accordé: *essere, non essere* —, chanter juste, faux **2** (*fig.*) assorti.

intonazione *s.f.* **1** (*mus.*) intonation: *l'* — *giusta*, la justesse **2** (*di strumento musicale*) accordage (*m.*) **3** (*di colori*) harmonie **4** (*fon.*) intonation **5** (*fig.*) ton (*m.*).

intonso *agg.* (*di libro*) non coupé; (*estens.*) neuf*, intact.

intontimento *s.m.* étourdissement.

intontire (*coniug. come* finire) *v.tr.* abrutir; (*stordire*) étourdir □ **intontirsi** *v.pron.* s'abrutir.

intontito *agg.* abruti; (*stordito*) étourdi: — *dal sonno*, abruti de sommeil || *sguardo* —, regard hébété.

intoppo *s.m.* obstacle; difficulté (*f.*) || *senza intoppi*, sans encombre.

intorbidire (*coniug. come* finire) *v.tr.* troubler □ **intorbidirsi** *v.pron.* se troubler.

intorno *avv.* autour: (*tutt'*) —, (tout) autour; *c'era molta gente* (*d'*) —, *all'* —, il y avait beaucoup de monde tout autour || *ha troppi amici* (*d'*) —, il a trop d'amis autour de lui; *levarsi qlcu d'*—, se débarrasser de qqn; *levati d'*—, débarrasse te plancher || *qua, qui* —, *là, lì* —, tout autour, (*nei dintorni*) aux alentours, (*vicino*) tout près: *di solito passeggia qua, qui* —, d'habitude il se promène par ici || *per un miglio* —, une lieue à la ronde ♦ *agg.* d'alentour: *i paesi* —, les villages d'alentour □ **intorno a** *locuz.prep.* **1** autour de: *le mura* — *alla città*, les remparts entourant la ville; *mi sta sempre* —, (*mi assilla*) il est toujours collé à moi **2** (*circa*) à peu près; (*di tempo*) vers: *costerà* — *alle centomila lire*, ça doit coûter à peu près, environ cent mille lires; *è* — *ai 50*, il doit avoir dans les cinquante ans; — *a Natale*, vers, aux approches de Noël **3** (*di argomento*): *saggio* — *alla conoscenza umana*, essai sur la connaissance humaine; *discutere* — *a un argomento*, discuter d'un sujet.

intorpidimento *s.m.* engourdissement.

intorpidire (*coniug. come* finire) *v.tr.* engourdir □ **intorpidirsi** *v.pron.* s'engourdir.

intorpidito *agg.* engourdi.

intossicante *agg.* intoxicant.

intossicare (*coniug. come* mancare) *v.tr.* intoxiquer (*anche fig.*) □ **intossicarsi** *v.pron.* s'intoxiquer.

intossicato *agg.* e *s.m.* intoxiqué (*anche fig.*).

intossicazione *s.f.* intoxication: — *da tabacco*, intoxication par le tabac.

intra- *pref.* intra-, entre-

intradermico (pl. *-ci*) *agg.* (*med.*) intradermique.

intradosso *s.m.* (*arch.*) intrados.

intraducibile *agg.* intraduisible.

intralciare (*coniug. come* cominciare) *v.tr.* gêner, entraver.

intralcio *s.m.* entrave (*f.*): *essere d'* — *a*, entraver, gêner || — *del traffico*, embouteillage || *senza intralci*, sans encombre.

intrallazzare *v.intr.* intriguer; (*fam.*) magouiller.

intrallazzatore (f. *-trice*) *s.m.* intrigant; (*fam.*) magouilleur*.

intrallazzo *s.m.* combine (*f.*), manigance (*f.*).

intramezzare *v.tr.* → **inframmezzare**.

intramontabile *agg.* indémodable.

intramuscolare *agg.* intramusculaire.

intransigente *agg.* e *s.m.* intransigeant.

intransigenza *s.f.* intransigeance.

intransitabile *agg.* impraticable.

intransitabilità *s.f.* impraticabilité.

intransitivo *agg.* e *s.m.* (*gramm.*) intransitif* || **-mente** *avv.*

intrappolare *v.tr.* prendre* (au piège).

intraprendente *agg.* entreprenant.

intraprendenza *s.f.* caractère entreprenant, *hardiesse.

intraprendere (*coniug. come* prendere) *v.tr.* entreprendre*: — *una carriera*, embrasser une carrière.

intrasportabile *agg.* intransportable.

intrattabile *agg.* intraitable || *argomento* —, sujet inabordable.

intrattenere (*coniug. come* tenere) *v.tr.* entretenir* (de) || — *gli ospiti*, s'occuper des invités; *cerca di intrattenerlo*, essaye de lui tenir compagnie □ **intrattenersi** *v.pron.* **1** s'entretenir* **2** (*dilungarsi*) s'attarder.

intrattenimento *s.m.* divertissement || *chi si occuperà dell'* — *degli ospiti?*, qui est-ce qui s'occupera des invités?

intrattenitore (f. *-trice*) *s.m.* **1** causeur* **2** (*animatore*) animateur*; (*presentatore*) présentateur*.

intrauterino *agg.* (*med.*) intra-utérin || *dispositivo* — (*IUD*), dispositif intra-utérin (DIU).

intravedere (*coniug. come* vedere) *v.tr.* entrevoir*.

intrecciare (*coniug. come* cominciare) *v.tr.* **1** entrelacer*; (*capelli, nastri ecc.*) tresser, natter || — *le maglie*, (*nei lavori a maglia*) croiser les mailles **2** (*fig.*) nouer.

intreccio *s.m.* **1** entrelacement **2** (*l'intrecciare*) tressage **3** (*tess.*) texture (*f.*) **4** (*fig.*) intrigue (*f.*).

intrepidezza *s.f.* intrépidité.

intrepido *agg.* intrépide || *procedeva* —, il avançait intrépidement || **-mente** *avv.*

intricare (*coniug. come* mancare) *v.tr.* enchevêtrer, embrouiller (*anche fig.*) □ **intricarsi** *v.pron.* s'enchevêtrer, s'embrouiller (*anche fig.*).

intricato *agg.* embrouillé, enchevêtré.

intrico (pl. *-chi*) *s.m.* enchevêtrement.

intridere (*coniug. come* ridere) *v.tr.* imprégner*, tremper.

intrigante *agg.* e *s.m.* intrigant.

intrigare (*coniug. come* legare) *v.intr.* intriguer || *un film che intriga*, (*fig.*) un film passionnant.

intrigo (pl. *-ghi*) *s.m.* **1** intrigue (*f.*) **2** (*impiccio*) embarras.

intrinsecamente *avv.* essentiellement; en soi; (*fil.*) intrinsèquement.

intrinseco (pl. *-ci*) *agg.* intrinsèque.

intriso *agg.* trempé; (*fig.*) pétri || *mani intrise di sangue*, des mains imprégnées de sang || *essere — di sudore*, être en nage.

intristire (*coniug. come* finire) *v.intr.*, **intristirsi** *v.pron.* (s') attrister; s'étioler.

introdotto *agg.* introduit; (*conosciuto*) connu; (*importato*) importé.

introdurre (*coniug. come* condurre) *v.tr.* introduire* || *— furtivamente*, glisser || *— un discorso*, commencer; ouvrir un discours || *— allo studio della musica*, initier à l'étude de la musique || *— alla presenza di*, introduire chez || (*inform.*) *— in memoria*, charger □ **introdursi** *v.pron.* s'introduire* || *— in una conversazione*, intervenir dans une conversation.

introduttivo *agg.* introductif*.

introduttore (f. *-trice*) *s.m.* introducteur*.

introduzione *s.f.* introduction.

introiettare *v.tr.* introjecter.

introiezione *s.f.* introjection.

introito *s.m.* **1** (*spec.pl.*) recette (*f.*) || *i miei introiti non me lo permettono*, mon budget ne me le permet pas **2** (*liturgia*) introït.

intromettersi (*coniug. come* mettere) *v.pron.* s'entremettre*; (*interporsi*) s'interposer; (*intervenire*) intervenir*; (*immischiarsi*) se mêler.

intromissione *s.f.* (*intervento*) intervention; (*ingerenza*) ingérence; (*intrusione*) intrusion.

intronare *v.tr.* abasourdir; (*stordire*) étourdir.

introspettivo *agg.* introspectif*.

introspezione *s.f.* introspection.

introvabile *agg.* introuvable.

introversione *s.f.* introversion.

introverso *agg.* e *s.m.* introverti.

introvertito *agg.* introverti.

intrufolare *v.tr.* (*fam.*) fourrer □ **intrufolarsi** *v.pron.* (*in un gruppo*) se faufiler; (*in un luogo*) se fourrer.

intruglio *s.m.* mixture (*f.*); (*fig.*) mélange.

intruppare *v.tr.* attrouper □ **intrupparsi** *v. pron.* **1** (*irreggimentarsi*) s'enrôler (dans) **2** (*riunirsi in gruppo*) s'attrouper.

intrusione *s.f.* intrusion.

intruso *agg.* e *s.m.* intrus.

intubare *v.tr.* (*med.*) intuber.

intubazione *s.f.* (*med.*) tubage (*m.*), intubation.

intuibile *agg.* prévisible.

intuire (*coniug. come* finire) *v.tr.* comprendre* par intuition; (*presagire*) pressentir*, avoir* l'intuition (de).

intuitivo *agg.* intuitif* || **-mente** *avv.*

intuito *s.m.* intuition (*f.*): *per —*, par intuition.

intuizione *s.f.* intuition.

inturgidirsi (*coniug. come* finire) *v.pron.* enfler, se gonfler.

inumano *agg.* inhumain; (*crudele*) cruel*.

inumare *v.tr.* inhumer, enterrer.

inumazione *s.f.* inhumation, enterrement (*m.*).

inumidire (*coniug. come* finire) *v.tr.* humidifier; (*umettare*) humecter □ **inumidirsi** *v.pron.* s'humecter.

inurbamento *s.m.* exode rural.

inurbanamente *avv.* incivilement.

inurbanità *s.f.* incivilité, impolitesse.

inurbano *agg.* incivil, impoli.

inusitato *agg.* inusité.

inutile *agg.* inutile || **-mente** *avv.*

inutilità *s.f.* inutilité.

inutilizzabile *agg.* inutilisable.

inutilizzato *agg.* inutilisé.

invadente *agg.* envahissant ♦ *s.m.* importun; (*indiscreto*) indiscret*.

invadenza *s.f.* sans-gêne (*m.*); (*indiscrezione*) indiscrétion.

invadere (*Pass.rem.* io invasi, tu invadesti ecc. *Part.pass.* invaso) *v.tr.* **1** envahir (*anche fig.*) **2** (*usurpare*) empiéter* (sur).

invaghirsi (*coniug. come* finire) *v.pron.* s'éprendre*.

invaghito *agg.* épris.

invalicabile *agg.* infranchissable.

invalidamento *s.m.* (*dir.*) invalidation (*f.*).

invalidante *agg.* invalidant.

invalidare *v.tr.* (*dir.*) invalider.

invalidazione *s.f.* → **invalidamento**.

invalidità *s.f.* invalidité: *assicurazione per l'—*, assurance invalidité.

invalido *agg.* e *s.m.* invalide || *grandi invalidi*, grands mutilés.

invalso *agg.* établi.

invano *avv.* en vain || *tutto fu —*, tout a été inutile.

invariabile *agg.* invariable || **-mente** *avv.*

invariabilità *s.f.* invariabilité.

invariante *agg.* e *s.m.* (*mat.*, *fis.*) invariant.

invarianza *s.f.* (*mat.*, *fis.*) invariance.

invariato *agg.* **1** inchangé **2** (*gramm.*) invariable.

invasare[1] *v.tr.* posséder* □ **invasarsi** *v.pron.* (*fam.*) se passionner (pour); se surexciter.

invasare[2] *v.tr.* (*mettere in vaso*) empoter.

invasato *agg.* possédé.

invasione *s.f.* invasion.

invaso *s.m.* **1** mise en pot **2** (*capacità*) capacité (*f.*), contenance (*f.*).

invasore *agg.* e *s.m.* envahisseur*: *l'esercito —*, l'armée des envahisseurs; *il popolo —*, le peuple envahisseur.

invecchiamento *s.m.* vieillissement.

invecchiare *v.tr.* e *intr.* vieillir: *è invecchiata*, elle a vielli.

invece *avv.* **1** (*al contrario*) au contraire: *ero certo che l'avrebbe fatto, — si è rifiutato*, j'étais certain qu'il le ferait, au contraire il a refusé || *credevo di avere finito, e —...!*, et dire que je croyais avoir fini! **2** (*ma*) mais: *pensavo di trovarlo, — era già uscito*, je pensais le trouver, mais il était déjà sorti **3** (*fam.*) (*pleonastico*): *devo lavorare, mentre (—) vorrei andare al cinema*, je dois travailler, alors que j'aimerais aller au cinéma **4**

(*piuttosto*) plutôt: *non bere più, mangia — qlco,* ne bois plus, mange plutôt qqch □ **invece di** *lo-cuz.* prep. au lieu de; (*in sostituzione di*) à la place de: — *di partire,* au lieu de partir; — *di mio fratello verrò io,* je viendrai à la place de mon frère.

inveire (*coniug. come* finire) *v.intr.* invectiver.

invendibile *agg.* invendable.

invenduto *agg.* invendu.

inventare *v.tr.* inventer ‖ *ne inventa delle belle!,* il a de ces inventions! ‖ *ne inventa una ogni giorno,* il nous réserve tous les jours une surprise.

inventariare *v.tr.* (*comm.*) inventorier.

inventario *s.m.* **1** inventaire ‖ *con beneficio d'—,* (*anche fig.*) sous bénéfice d'inventaire **2** (*fig.*) énumération (*f.*).

inventiva *s.f.* imagination.

inventivo *agg.* inventif*.

inventore (f. *-trice*) *agg.* qui invente; (*creatore*) créateur* ♦ *s.m.* inventeur*.

invenzione *s.f.* **1** invention ‖ *è tutta un'—,* ce ne sont que des inventions **2** (*immaginazione*) imagination.

inverecondia *s.f.* impudeur, immodestie; (*sfacciataggine*) impudence.

inverecondo *agg.* impudique; (*sfacciato*) impudent.

invernale *agg.* hivernal* ‖ *sport invernali,* sports d'hiver; *sonno —,* (*letargo*) sommeil hibernal.

invernata *s.f.* hiver (*m.*).

inverno *s.m.* hiver: *d', in, nell'—,* en hiver; *è —,* c'est l'hiver.

invero *avv.* en vérité.

inverosimiglianza *s.f.* invraisemblance.

inverosimile *agg.* e *s.m.* invraisemblable.

inversione *s.f.* **1** inversion **2** (*scambio*) interversion: — *dei termini di una proposizione,* interversion des termes d'une proposition **3** (*aut., aer.*) changement (*m.*) ‖ — *di marcia,* demi-tour.

inverso *agg.* inverse; (*contrario*) contraire: *in ordine —,* dans l'ordre inverse; *in senso —,* en sens contraire ‖ *in ragione inversa a,* en raison inverse à ♦ *s.m.* inverse ‖ *all'—,* au contraire.

invertebrato *agg.* e *s.m.* invertébré.

invertibile *agg.* **1** réversible **2** (*fot.*) inversible.

invertire *v.tr.* **1** inverser, invertir ‖ — *la rotta, la direzione di marcia,* faire demi-tour **2** (*scambiare*) intervertir: — *i termini di una proposizione,* intervertir les termes d'une proposition ‖ — *le parti,* (*fig.*) intervertir les rôles.

invertito *agg.* inversé, inverti; (*rovesciato*) renversé ♦ *s.m.* inverti.

invertitore *s.m.* (*mecc.*) inverseur.

investigare (*coniug. come* legare) *v.tr.* (*esaminare, studiare*) étudier; (*ricercare*) rechercher ♦ *v. intr.* enquêter.

investigativo *agg.* investigateur* ‖ *agente —,* détective.

investigatore (f. *-trice*) *s.m.* investigateur* ‖ — *privato,* détective privé.

investigazione *s.f.* (*studio, esame*) investigation; (*ricerca*) recherche; (*dir.*) enquête.

investimento *s.m.* **1** (*econ.*) investissement,

placement: *politica degli investimenti,* politique des investissements; *politica d'—,* politique de placement **2** (*collisione*) collision (*f.*); tamponnement.

investire *v.tr.* **1** investir: — *di pieni poteri,* investir des pleins pouvoirs; — *in azioni,* investir dans des actions **2** (*cozzare contro un ostacolo*) *heurter; (di navi*) aborder ‖ *l'automobile ha investito la folla,* la voiture est entrée dans la foule; *frenare per evitare d'— due persone,* freiner pour éviter de renverser deux personnes **3** (*assalire*) assaillir*; (*mil.*) investir ‖ *un'ondata investì la barca,* une vague recouvrit la barque ‖ *mi investì con una valanga d'ingiurie,* il me lança une bordée d'injures ‖ — *qlcu di domande,* presser qqn de questions **4** (*econ.*) investir, placer* □ **investirsi** *v.pron.* se pénétrer* ‖ — *della propria parte,* entrer dans son rôle.

investitore (f. *-trice*) *agg.* e *s.m.* tamponneur*.

investitura *s.f.* investiture.

inveterato *agg.* invétéré.

invetriata *s.f.* vitrage (*m.*).

invettiva *s.f.* invective ‖ *scagliare invettive,* invectiver.

inviare *v.tr.* envoyer*; (*spedire*) expédier ‖ *vi invio i miei migliori saluti,* (*nelle lettere*) je vous prie d'agréer, Monsieur, mes meilleures salutations.

inviato *s.m.* envoyé.

invidia *s.f.* envie: *nutrire — per,* envier; *essere verde d'—,* crever d'envie; *con occhi pieni d'—,* avec un œil d'envie; *sguardo pieno d'—,* un regard d'envie; *che — mi fai!,* qu'est-ce que je t'envie!

invidiabile *agg.* enviable.

invidiare *v.tr.* envier; (*essere invidioso di qlcu*) jalouser (qqn).

invidioso *agg.* envieux*; (*spec. di qlcu*) jaloux*: *essere — di,* envier ‖ *con occhio —,* d'un œil d'envie ♦ *s.m.* envieux*.

invigorire (*coniug. come* finire) *v.tr.* fortifier.

invilire (*coniug. come* finire) *v.tr.* **1** avilir **2** (*deprezzare*) déprécier.

inviluppare *v.tr.* envelopper.

inviluppo *s.m.* **1** (*insieme di cose sviluppate*) paquet **2** (*intrico*) enchevêtrement.

invincibile *agg.* invincible ‖ *antipatia —,* antipathie insurmontable.

invincibilità *s.f.* invincibilité.

invio *s.m.* envoi ‖ (*inform.*) *tasto —,* touche entrée.

inviolabile *agg.* inviolable.

inviolabilità *s.f.* inviolabilité.

inviolato *agg.* inviolé.

inviperirsi (*coniug. come* finire) *v.pron.* devenir* furieux*.

inviperito *agg.* furieux*.

invischiare *v.tr.* engluer ‖ *lasciarsi — in un affare losco,* (*fig.*) se laisser entraîner dans une affaire louche □ **invischiarsi** *v.pron.* (*fig.*) s'embourber.

invisibile *agg.* invisible.

invisibilità *s.f.* invisibilité.

inviso *agg.* mal vu (de).

invitante *agg.* engageant; (*attraente*) attrayant.

invitare *v.tr.* inviter.

invitato *agg. e s.m.* invité.

invito *s.m.* **1** invitation (*f.*): *a* —, sur invitation; — *a presentarsi*, convocation **2** (*a carte*) invite.

invitto *agg.* invaincu.

invivibile *agg.* invivable.

invocare (*coniug. come* mancare) *v.tr.* invoquer || — *aiuto, soccorso*, appeler au secours.

invocazione *s.f.* invocation || *un'* — *d'aiuto*, un appel au secours.

invogliare *v.tr.* donner (à qqn) envie (de).

involare *v.tr.* (*letter.*) dérober □ **involarsi** *v.pron.* s'envoler; (*di persona*) se volatiliser.

involgarire (*coniug. come* finire) *v.tr.* rendre* vulgaire ♦ *v.intr.*, **involgarirsi** *v.pron.* devenir* vulgaire.

involgere (*coniug. come* volgere) *v.tr.* envelopper.

involo *s.m.* (*aer.*) envol.

involontario *agg.* involontaire || **-mente** *avv.*

involtare *v.tr.* envelopper.

involtino *s.m.* (*cuc.*) rouleau*, paupiette (*f.*).

involto *s.m.* **1** (*pacco, fagotto*) paquet **2** (*involucro*) enveloppe (*f.*).

involucro *s.m.* enveloppe (*f.*).

involutivo *agg.* régressif*.

involuto *agg.* contourné.

involuzione *s.f.* **1** (*regressione*) régression; (*declino*) déclin (*m.*) **2** (*biol.*) involution.

invulnerabile *agg.* invulnérable.

invulnerabilità *s.f.* invulnérabilité.

inzaccherare *v.tr.* crotter □ **inzaccherarsi** *v.pron.* se crotter; se tacher de boue.

inzeppare *v.tr.* (*riempire*) bourrer (*anche fig.*).

inzigare (*coniug. come* legare) *v.tr.* embêter, taquiner.

inzotichire (*coniug. come* finire) *v.tr.* rendre* rustre ♦ *v.intr.* devenir* rustre.

inzuppare *v.tr.* tremper.

inzuppato *agg.* trempé.

io *pron.pers. di 1ª pers. sing.* je (*si elide davanti a vocale o* h *muta*); (*quando in italiano non può essere sottinteso*) moi: *se* (—) *ho fame, mangio*, si j'ai faim je mange; — *andrò oggi, tu domani*, moi j'irai aujourd'hui, toi (tu iras) demain; *te lo dico* —, c'est moi qui te le dis; *"Chi è?" "(Sono)* —*", "*Qui-est-ce?" "(C'est) moi"; *sono* —, *non sono* — *il responsabile*, c'est moi, ce n'est pas moi le responsable; *sono* — *che te l'ho detto, sono stato* — *a dirtelo*, c'est moi qui te l'ai dit; *non sarò certo* — *a denunciarlo, che lo denuncerò*, ce n'est sûrement pas moi qui le dénoncerai; *non ho forse ragione* —*?*, n'est-ce pas moi qui ai raison? || *anch'* —, moi aussi: *anch'* — *sono responsabile*, je suis moi aussi responsable || *proprio* —, — *stesso*, moi-même: — *stesso ho fatto di tutto per aiutarlo*, j'ai fait moi-même tout mon possible pour l'aider || — *sottoscritto XY*, je soussigné XY || — *come* — *non lo farei*, si c'était moi, je ne le ferais pas || *glielo dirò o non sono più* —, je le lui dirai, parole d'honneur; *se non riesco a saperlo, allora non sono più* —, si je n'arrive pas à le savoir, je ne me reconnais plus || *da quel giorno non sono stato più* —, depuis ce jour-là je n'ai plus été moi-même ♦ *s.m.* moi: *pensare solo al proprio* —, ne penser qu'à soi || *mettere il proprio* — *davanti a tutto*, faire passer son intérêt avant tout || *nel proprio* —, (*nell'intimo*) au plus profond de soi-même || (*fil.*) *l'* — *e il non-io*, le moi et le non-moi.

iodato *agg.* iodé.

iodico (pl. -*ci*) *agg.* iodique.

iodio *s.m.* iode || *tintura di* —, teinture d'iode.

ioduro *s.m.* (*chim.*) iodure.

iogurt *s.m.* → **yogurt.**

ioide *agg. e s.m.* (*anat.*) hyoïde.

ione *s.m.* (*chim., fis.*) ion.

ionico (pl. -*ci*) *agg.* **1** ionien* **2** (*arch., metrica*) ionique.

ionizzare *v.tr.* (*chim., fis.*) ioniser.

ionizzazione *s.f.* (*chim., fis.*) ionisation.

ionosfera *s.f.* ionosphère.

iosa, a *locuz.avv.* à foison.

iota *s.m. e f.* (*alfabeto greco*) iota (*m.*) || *non vale uno* —, cela ne vaut pas un clou.

ipecacuana *s.f.* (*bot.*) ipécacuana (*m.*), ipéca (*m.*).

iper- *pref.* hyper-

iperattività *s.f.* hyperactivité.

iperbole *s.f.* hyperbole.

iperbolico (pl. -*ci*) *agg.* hyperbolique.

ipercalorico (pl. -*ci*) *agg.* hypercalorique.

ipercritico (pl. -*ci*) *agg.* hypercritique.

iperemotività *s.f.* (*psic.*) hyperémotivité.

ipermercato *s.m.* hypermarché, grande surface.

ipermetrope *agg.* hypermétrope.

ipermetropia *s.f.* (*med.*) hypermétropie.

iperrealismo *s.m.* hyperréalisme.

ipersensibile *agg. e s.m.* hypersensible.

ipertensione *s.f.* (*med.*) hypertension.

iperteso *agg. e s.m.* hypertendu.

ipertiroideo *agg.* (*med.*) hyperthyroïdien*.

ipertiroidismo *s.m.* (*med.*) hyperthyroïdie (*f.*).

ipertrofia *s.f.* hypertrophie.

ipertrofico (pl. -*ci*) *agg.* hypertrophique; (*fig.*) hypertrophié.

ipno *s.m.* (*bot.*) hypne (*f.*).

ipno- *pref.* hypno-

ipnosi *s.f.* hypnose.

ipnotico (pl. -*ci*) *agg. e s.m.* hypnotique.

ipnotismo *s.m.* hypnotisme.

ipnotizzare *v.tr.* hypnotiser.

ipnotizzatore (f. -*trice*) *s.m.* hypnotiseur*.

ipo- *pref.* hypo-

ipoallergico (pl. -*ci*) *agg.* hypoallergique.

ipocalorico (pl. -*ci*) *agg.* hypocalorique.

ipocentro *s.m.* (*geol.*) hypocentre.

ipocondria *s.f.* hypocondrie.

ipocondriaco (pl. -*ci*) *agg. e s.m.* hypocondriaque.

ipocrisia *s.f.* hypocrisie.

ipocrita *agg. e s.m.* hypocrite || **-mente** *avv.*

ipodermico (pl. -*ci*) *agg.* hypodermique.

ipodermoclisi *s.f.* hypodermoclyse.

ipofisi *s.f.* (*anat.*) hypophyse.

ipogeo *agg.* souterrain ♦ *s.m.* (*archeol.*) hypogée.

ipoglicemia *s.f.* (*med.*) hypoglycémie.

ipoglicemico (pl. *-ci*) *agg.* (*med.*) hypoglycémique.

ipotalamo *s.m.* hypothalamus.

ipoteca (pl. *-che*) *s.f.* hypothèque: — *di primo grado*, hypothèque de premier rang; *mettere un'— su un immobile*, grever un immeuble d'une hypothèque; *riscatto di un'—*, purge d'une hypothèque; *grado dell'—*, rang de l'hypothèque.

ipotecabile *agg.* hypothécable.

ipotecare (*coniug. come* mancare) *v.tr.* hypothéquer*.

ipotecario *agg.*: *mutuo —*, emprunt par une hypothèque.

ipotensione *s.f.* hypotension.

ipotenusa *s.f.* (*mat.*) hypoténuse.

ipotermia *s.f.* (*med.*) hypothermie.

ipotesi *s.f.* hypothèse: *per —*, par hypothèse || *nell'— che venisse*, dans l'hypothèse où il viendrait.

ipoteso *agg.* e *s.m.* hypotendu.

ipotetico (pl. *-ci*) *agg.* hypothétique || -**mente** *avv.*

ipotiroideo *agg.* (*med.*) hypothyroïdien*.

ipotiroidismo *s.m.* (*med.*) hypothyroïdie (*f.*).

ipotizzabile *agg.* supposable, imaginable.

ipotizzare *v.tr.* supposer.

ippica *s.f.* hippisme (*m.*).

ippico (pl. *-ci*) *agg.* hippique.

ippocampo *s.m.* (*zool.*) hippocampe.

ippocastano *s.m.* marronnier d'Inde.

ippodromo *s.m.* hippodrome.

ippogrifo *s.m.* hippogriffe.

ippopotamo *s.m.* hippopotame.

ipsilon *s.m.* e *f.* upsilon (*m.*).

ipsometria *s.f.* hypsométrie.

ipsometrico (pl. *-ci*) *agg.* hypsométrique.

ira *s.f.* colère: *scatto d'—*, mouvement de colère; *fuori di sé dall'—*, fou de rage || *è un'— di Dio*, c'est une peste; *costare l'— di Dio*, coûter les yeux de la tête; *fare un'— di Dio*, faire un vacarme de tous les diables.

iracheno *agg.* e *s.m.* irakien*, iraquien*.

iracondia *s.f.* colère.

iracondo *agg.* irascible.

iraniano *agg.* e *s.m.* iranien*.

iranico (pl. *-ci*) *agg.* e *s.m.* iranien*.

irascibile *agg.* irascible.

irascibilità *s.f.* irascibilité.

irato *agg.* en colère; (*corrucciato*) irrité || *sguardo —*, regard plein de colère.

ireos *s.m.* → **iris**.

iridato *agg.* irisé || (*ciclismo*) *maglia iridata*, maillot arc-en-ciel ♦ *s.m.* (*ciclismo*) champion du monde.

iride *s.f.* **1** (*dell'occhio*) iris (*m.*) **2** (*arcobaleno*) arc-en-ciel* (*m.*).

iridescente *agg.* iridescent.

iridescenza *s.f.* irisation.

iridio *s.m.* (*chim.*) iridium.

iris *s.f.* (*bot.*) iris (*m.*).

irlandese *agg.* e *s.m.* irlandais.

irochese *agg.* e *s.m.* iroquois.

ironia *s.f.* ironie || *fare dell'— su*, ironiser sur; *fare dell'—*, faire de l'ironie || *per — della sorte*, par une ironie du sort.

ironico (pl. *-ci*) *agg.* ironique || -**mente** *avv.*

ironizzare *v.intr.* ironiser.

irosamente *avv.* avec colère, rageusement.

iroso *agg.* (*adirato*) plein de colère; (*collerico*) colérique.

irradiamento *s.m.* rayonnement.

irradiare *v.tr.* **1** (*illuminare*) éclairer (*anche fig.*) **2** (*emanare, diffondere*) diffuser || — *gioia*, rayonner de joie **3** (*med.*) irradier ♦ *v.intr.* rayonner; (*emanare*) émaner (*anche fig.*) ☐ **irradiarsi** *v.pron.* partir* de; (*diffondersi*) se répandre*; (*diramarsi*) rayonner.

irradiato *agg.* irradié.

irradiazione *s.f.* rayonnement (*m.*); (*scient.*) irradiation.

irraggiamento *s.m.* rayonnement.

irraggiungibile *agg.* impossible à atteindre; (*di persona*) injoignable.

irragionevole *agg.* **1** non raisonnable **2** (*contrario alla ragione*) irraisonné; (*assurdo*) absurde.

irragionevolezza *s.f.* **1** manque de bon sens **2** (*assurdità*) absurdité.

irrancidire (*coniug. come* finire) *v.intr.* rancir: *il burro è irrancidito*, le beurre a ranci.

irrazionale *agg.* irrationnel*.

irrazionalità *s.f.* irrationalité.

irreale *agg.* irréel*.

irrealizzabile *agg.* irréalisable.

irrealtà *s.f.* irréalité.

irrecuperabile *agg.* irrécupérable (*anche fig.*); (*che non si può riavere, inesigibile*) irrécouvrable: *tesoro —*, trésor irrécupérable; *soggetto —*, sujet irrécupérable; *un credito —*, une créance irrécouvrable; *la sua vista è —*, sa vue est irrécouvrable.

irrecusabile *agg.* irrécusable.

irredentismo *s.m.* irrédentisme.

irredentista *agg.* e *s.m.* irrédentiste.

irredento *agg.*: *terre irredente*, terres irrédentes; *popolo —*, population d'une terre irrédente.

irrefragabile *agg.* (*letter.*) irréfragable.

irrefrenabile *agg.* irrésistible || *riso —*, rire incoercible.

irrefutabile *agg.* irréfutable || -**mente** *avv.*

irreggimentare *v.tr.* enrégimenter.

irregolare *agg.* irrégulier*.

irregolarità *s.f.* irrégularité.

irregolarmente *avv.* irrégulièrement.

irreligione *s.f.* irréligion.

irreligiosità *s.f.* irréligiosité.

irreligioso *agg.* irréligieux*.

irremissibile *agg.* irrémissible.

irremovibile *agg.* inébranlable.

irreparabile *agg.* irréparable || -**mente** *avv.*

irreperibile *agg.* introuvable: *rendersi —*, se rendre introuvable, (*per sottrarsi a impegni ecc.*) n'y être pour personne.

irreprensibile *agg.* irréprochable.

irreprensibilmente *avv.* irréprochablement.

irreprimibile *agg.* irrépressible.

irrequietezza *s.f.* **1** agitation; (*inquietudine*) inquiétude **2** (*turbolenza*) turbulence.

irrequieto *agg.* **1** agité **2** (*inquieto*) inquiet* **3** (*turbolento*) turbulent.

irrequietudine *s.f.* agitation; (*inquietudine*) inquiétude.

irresistibile *agg.* irrésistible || **-mente** *avv.*

irresolutezza *s.f.* irrésolution.

irresoluto *agg.* irrésolu.

irrespirabile *agg.* irrespirable.

irresponsabile *agg.* irresponsable.

irresponsabilità *s.f.* irresponsabilité.

irresponsabilmente *avv.* de façon irresponsable; (*sconsideratamente*) inconsidérément.

irrestringibile *agg.* irrétrécissable.

irretire (*coniug. come* finire) *v.tr.* (*sedurre*) séduire*; (*raggirare*) duper.

irreversibile *agg.* irréversible.

irreversibilità *s.f.* irréversibilité.

irrevocabile *agg.* irrévocable || **-mente** *avv.*

irrevocabilità *s.f.* irrévocabilité.

irriconoscente *agg.* ingrat.

irriconoscibile *agg.* méconnaissable.

irridere (*coniug. come* ridere) *v.tr.* railler, se moquer (de).

irriducibile *agg.* irréductible || **-mente** *avv.*

irriferibile *agg.* imprononçable; inracontable.

irriflessivo *agg.* irréfléchi.

irrigabile *agg.* irrigable.

irrigare (*coniug. come* legare) *v.tr.* irriguer.

irrigazione *s.f.* irrigation.

irrigidimento *s.m.* **1** raidissement; (*delle membra*) engourdissement; (*della temperatura, clima*) refroidissement **2** (*fig.*) durcissement; (*aggravamento*) aggravation (*f.*).

irrigidire (*coniug. come* finire) *v.tr.* **1** raidir; (*di membra*) engourdir **2** (*fig.*) durcir; (*aggravare*) aggraver □ **irrigidirsi** *v.pron.* **1** se raidir; (*di membra*) s'engourdir; (*di clima, temperatura*) devenir* plus rigoureux*: *mi si è irrigidita la gamba dal freddo*, le froid m'a engourdi la jambe **2** (*fig.*) se raidir || *— sull'attenti*, se figer au garde-à-vous.

irrigidito *agg.* **1** raidi; (*di membra*) engourdi **2** (*fig.*) figé; (*ostinato*) ferme, inflexible: *— in una smorfia*, figé dans une grimace.

irriguardoso *agg.* irrespectueux* (envers).

irriguo *agg.* **1** (*irrigato*) bien irrigué **2** (*che irriga*) d'irrigation.

irrilevante *agg.* insignifiant.

irrilevanza *s.f.* peu d'importance.

irrimediabile *agg.* irrémédiable.

irrimediabilmente *avv.* irrémédiablement; (*irreparabilmente*) irréparablement; (*definitivamente*) définitivement.

irrinunciabile *agg.* auquel* on ne peut pas renoncer || *diritti irrinunciabili*, droits inaliénables, inaccessibles.

irripetibile *agg.* **1** (*unico*) unique **2** (*che non si osa ripetere*) qu'on ne peut pas répéter.

irriproducibile *agg.* qu'on ne peut pas reproduire.

irrisione *s.f.* dérision.

irriso *agg.* ridiculisé.

irrisolto *agg.* irrésolu || *è un problema ancora —*, c'est un problème en suspens.

irrisolvibile *agg.* insoluble.

irrisorio *agg.* **1** railleur* **2** (*minimo, insufficiente*) dérisoire.

irrispettoso *agg.* irrespectueux* || **-mente** *avv.*

irritabile *agg.* irritable.

irritabilità *s.f.* irritabilité.

irritante *agg.* irritant.

irritare *v.tr.* **1** agacer* **2** (*med.*) irriter □ **irritarsi** *v.pron.* **1** s'irriter (contre) **2** (*med.*) (*infiammarsi*) s'irriter.

irritato *agg.* irrité: *essere — con qlcu*, être irrité, en colère contre qqn.

irritazione *s.f.* irritation: *essere al colmo dell'—*, être au comble de l'irritation, de la colère.

irriverente *agg.* irrévérencieux* || **-mente** *avv.*

irriverenza *s.f.* irrévérence.

irrobustire (*coniug. come* finire) *v.tr.* fortifier □ **irrobustirsi** *v.pron.* devenir* (de plus en plus) robuste.

irrogare (*coniug. come* legare) *v.tr.* (*dir.*) infliger*.

irrompere (*coniug. come* rompere; *manca il part.pass.*) *v.intr.* faire* irruption: *irruppero nella piazza*, ils envahirent la place.

irrorare *v.tr.* **1** mouiller **2** (*agr.*) pulvériser.

irroratrice *s.f.* (*agr.*) pulvérisateur (*m.*).

irrorazione *s.f.* (*agr.*) pulvérisation.

irruente *agg.* impétueux* (*anche fig.*).

irruenza *s.f.* impétuosité; (*fig.*) fougue, ardeur.

irruvidirsi (*coniug. come* finire) *v.pron.* devenir* rugueux*; (*di mani, di labbra*) gercer*.

irruzione *s.f.* irruption.

irsuto *agg.* hirsute.

irto *agg.* *hérissé: — di ostacoli*, hérissé d'obstacles.

isabella *agg.* isabelle* || *uva —*, raisin framboise ♦ *s.m.* (*cavallo*) isabelle.

isba *s.f.* isba.

ischeletrire (*coniug. come* finire) *v.tr.*, **ischeletrirsi** *v.pron.* devenir* squelettique.

ischemia *s.f.* (*med.*) ischémie.

ischio *s.m.* (*anat.*) ischion.

iscritto *agg.* e *s.m.* inscrit: *studente — al III anno*, étudiant inscrit en IIIe année; *un — al sindacato*, un membre du, un adhérent au syndicat, un syndiqué || *i non iscritti*, (*a partito ecc.*) les inorganisés.

iscritto, per *locuz. avv.* par écrit.

iscrivere (*coniug. come* scrivere) *v.tr.* inscrire* □ **iscriversi** *v.pron.* s'inscrire*.

iscrizione *s.f.* inscription.

islam *s.m.* (*st. relig.*) islam.

islamico (pl. *-ci*) *agg.* islamique.

islamismo *s.m.* islamisme, islam.

islamizzare *v.tr.* islamiser.

islamizzazione *s.f.* islamisation.

islandese *agg.* e *s.m.* islandais.

iso- *pref.* iso-

isobara *s.f.* isobare.

isobarico (pl. *-ci*), **isobaro** *agg.* isobare.
isobata *s.f.* isobathe.
isocronismo *s.m.* isochronisme.
isocrono *agg.* isochrone, isochronique.
isoieta *s.f.* isohyète.
isoipsa *s.f.* (*geogr.*) courbe de niveau.
isola *s.f.* **1** île **2** (*fig.*, *anat.*) îlot (*m.*) || — *culturale*, isolat culturel **3** (*isolato*) îlot (*m.*) **4** (*spartitraffico*) îlot directionnel; (*per pedoni*) refuge (*m.*) || — *pedonale*, zone piétonnière, zone piétonne.
isolamento *s.m.* **1** isolement || (*med.*) *reparto di* —, rayon, service des contagieux **2** (*fis.*) isolation (*f.*).
isolano *agg.* e *s.m.* insulaire.
isolante *agg.* e *s.m.* isolant.
isolare *v.tr.* isoler || — *acusticamente*, insonoriser □ **isolarsi** *v.pron.* s'isoler.
isolatamente *avv.* isolément.
isolato¹ *agg.* isolé.
isolato² *s.m.* (*urbanistica*) îlot.
isolazionismo *s.m.* isolationnisme.
isolazionista *agg.* e *s.m.* isolationniste.
isoletta *s.f.*, **isolotto** *s.m.* îlot (*m.*).
isomeria *s.f.* (*chim.*) isomérie.
isomero *agg.* e *s.m.* (*chim.*) isomère.
isometrico (pl. *-ci*) *agg.* isométrique.
isomorfo *agg.* isomorphe.
isoscele *agg.* isocèle.
isoterma *s.f.* isotherme.
isotermico (pl. *-ci*) *agg.* isotherme.
isotopo *agg.* e *s.m.* (*chim.*) isotope.
ispanico (pl. *-ci*) *agg.* hispanique.
ispanismo *s.m.* hispanisme.
ispanista *s.m.* hispanisant.
ispano- *pref.* hispano-
ispano-americano *agg.* hispano-américain*.
ispessimento *s.m.* épaississement.
ispessire (*coniug. come* finire) *v.tr.* épaissir □ **ispessirsi** *v.pron.* (s')épaissir.
ispettorato *s.m.* (*organo e sede*) inspection (*f.*).
ispettore (f. *-trice*) *s.m.* inspecteur*: — *fiscale*, inspecteur des contributions; — *scolastico*, inspecteur (de l'enseignement) primaire.
ispezionare *v.tr.* inspecter.
ispezione *s.f.* inspection || — *doganale*, visite de la douane || *diritto d'*—, droit de regard.
ispido *agg.* **1** hirsute || — *come un porcospino*, hérissé comme un porc-épic **2** (*fig.*) épineux*; (*di persona*) revêche.
ispirare *v.tr.* inspirer □ **ispirarsi** *v.pron.* s'inspirer (de).
ispirato *agg.* inspiré: — *a*, inspiré de, par.
ispiratore (f. *-trice*) *agg.* e *s.m.* inspirateur*.
ispirazione *s.f.* inspiration: *trarre* — *da qlco*, tirer son inspiration, s'inspirer de qqch || *mi è venuta l'*— *d'agire così*, l'idée m'est venue d'agir ainsi.
israeliano *agg.* e *s.m.* israélien*.
israelita *agg.* e *s.m.* israélite.
issa *inter.* *hisse!*, *hissez!
issare *v.tr.* *hisser □ **issarsi** *v.pron.* se *hisser.

issopo *s.m.* (*bot.*) hysope.
istantanea *s.f.* (*fot.*) instantané (*m.*).
istantaneo *agg.* instantané: *decisione istantanea*, décision immédiate || **-mente** *avv.*
istante *s.m.* instant: *durare un solo* —, ne durer qu'un instant; *pochi istanti*, quelques instants; *un* — *di gioia*, un moment de joie || *all'*—, *sull'*—, à l'instant || *nell'*— *che...*, à l'instant même où...
istanza *s.f.* **1** instance || *fare* — *per ottenere qlco*, solliciter qqch || (*dir.*) — *di divorzio*, instance de divorce || *a*, *per* — *di qlcu*, sur la demande, la requête de qqn || *in ultima* —, (*fig.*) dernier ressort **2** (*esigenza*) exigence: *le istanze sociali*, les exigences de la collectivité.
isteria *s.f.* (*med.*) hystérie (*anche fig.*).
isterico (pl. *-ci*) *agg.* e *s.m.* hystérique || *attacco* —, crise d'hystérie || *gravidanza isterica*, grossesse nerveuse.
isterilire (*coniug. come* finire) *v.tr.* rendre* stérile (*anche fig.*) □ **isterilirsi** *v.pron.* devenir* stérile.
isterismo *s.m.* hystérie (*f.*).
istigare (*coniug. come* legare) *v.tr.* inciter, pousser.
istigatore (f. *-trice*) *s.m.* instigateur*.
istigazione *s.f.* incitation; instigation.
istillare *v.tr.* instiller.
istillazione *s.f.* instillation.
istintivo *agg.* e *s.m.* instinctif* || **-mente** *avv.*
istinto *s.m.* instinct: *seguire l'*—, suivre son instinct.
istituire (*coniug. come* finire) *v.tr.* instituer; (*fondare*) fonder: — *un premio letterario*, fonder un prix littéraire || *una legge*, établir une loi.
istitutivo *agg.* (*dir.*) constitutif*.
istituto *s.m.* **1** institut; (*scolastico, ospedaliero, di pena*) établissement; (*di beneficenza*) institution (*f.*); (*collegio*) pensionnat: — *bancario*, établissement bancaire; — *di credito*, institut de crédit || — *tecnico*, école technique || — *di bellezza*, institut de beauté **2** (*nelle università*) institut **3** (*dir.*) (*istituzione*) institution (*f.*): *l'*— *della famiglia*, l'institution de la famille.
istitutore *s.m.* **1** (*fondatore*) fondateur **2** (*educatore*) instituteur, précepteur*.
istitutrice *s.f.* (*educatrice*) institutrice.
istituzionale *agg.* institutionnel* || *corso* —, cours de bases.
istituzionalizzare *v.tr.* institutionnaliser.
istituzione *s.f.* **1** institution **2** *pl.* (*fondamenti*) bases || *istituzioni di diritto romano*, instituts de droit romain.
istmico (pl. *-ci*) *agg.* isthmique.
istmo *s.m.* isthme.
istogramma *s.m.* histogramme.
istologia *s.f.* histologie.
istologico (pl. *-ci*) *agg.* histologique.
istoriare *v.tr.* historier.
istradare *v.tr.* acheminer; (*fig.*) orienter □ **istradarsi** *v.pron.* s'acheminer; (*fig.*) s'orienter.
istriano *agg.* e *s.m.* istrien*.
istrice *s.m.* **1** porc-épic* **2** (*fig.*) *hérisson*.

istrione *s.m.* histrion (*anche fig.*).

istrionismo *s.m.* façons d'histrion.

istruire (*coniug. come* finire) *v.tr.* **1** instruire* **2** (*insegnare*) apprendre*: — *qlcu su, in qlco,* apprendre à qqn qqch ‖ — *un cane,* dresser un chien ‖ *ti hanno istruito bene!,* (*iron.*) tu sais bien ta leçon! **3** (*consigliare*) conseiller **4** (*dir.*) instruire* □ **istruirsi** *v.pron.* **1** s'instruire* **2** (*informarsi*) s'informer.

istruito *agg.* instruit.

istruttivo *agg.* instructif*.

istruttore (f. -*trice*) *s.m.* **1** instructeur **2** (*aut., sport*) moniteur* ♦ *agg.* (*dir.*) giudice —, juge instructeur, d'instruction.

istruttoria *s.f.* (*dir.*) instruction.

istruttorio *agg.* (*dir.*) d'instruction: *procedimento* —, procédure d'information.

istruzione *s.f.* **1** instruction; (*insegnamento*) enseignement (*m.*); (*formazione*) formation: — *obbligatoria,* instruction obligatoire; — *superiore,* enseignement supérieur; — *pubblica, privata,* enseignement public, privé; — *permanente,* formation continue, permanente ‖ *Ministero della Pubblica Istruzione,* Ministère de l'Education Nationale; (*in Svizzera*) Ministère de l'Instruction Publique **2** (*cultura*) instruction, culture: *senza* —, sans instruction **3** (*spec.pl.*) (*direttive*) instructions(*pl.*) ‖ *attenersi alle istruzioni del medico,* suivre les prescriptions du médecin; *istruzioni per l'uso,* mode d'emploi **4** (*dir.*) instruction.

istupidire (*coniug. come* finire) *v.tr.* abrutir □ **istupidirsi** *v.pron.* s'abrutir.

italianismo *s.m.* italianisme.

italianista *agg. e s.m.* italianisant.

italianizzare *v.tr.* italianiser.

italiano *agg. e s.m.* italien*.

italico (pl. -*ci*) *agg.* **1** italique **2** (*letter.*) italien*.

italo- *pref.* italo-

italoamericano *agg.* italo-américain.

italo-francese *agg.* italo-français, franco-italien.

iter (pl. *invar.*) *s.m.* procédure (*f.*): — *burocratico,* procédure bureaucratique ‖ *l'— parlamentare di una legge,* le cheminement parlementaire d'une loi.

iterativo *agg.* itératif*.

iterato *agg.* répété.

iterazione *s.f.* itération.

itinerante *agg.* itinérant.

itinerario *s.m. e agg.* itinéraire.

itterizia *s.f.* jaunisse.

ittero *s.m.* (*med.*) ictère.

ittico (pl. -*ci*) *agg.* du poisson: *settore* —, secteur de la pêche et de la conservation du poisson ‖ *patrimonio* —, ressources en poissons.

ittiofago (pl. -*gi*) *agg. e s.m.* ichtyophage.

ittiolo *s.m.* (*med.*) ichtyol.

ittiologia *s.f.* ichtyologie.

ittiologico (pl. -*ci*) *agg.* ichtyologique.

ittiologo (pl. -*gi*) *s.m.* ichtyologiste.

ittita *agg. e s.m.* *hittite.

IUD *s.m.* (*med.*) stérilet.

iugoslavo *agg. e s.m.* yougoslave.

iuta *s.f.* jute (*m.*).

ivi *avv.* (*letter.*) **1** là ‖ — *compreso l'imballaggio,* l'emballage (y) compris **2** (*nelle citazioni*) ibidem.

J

j *s.m.* e *f.* j (*m.*) ‖ (*tel.*) — *come jersey*, j comme Jean.
jazz *s.m.* jazz.
jazzista *s.m.* joueur de jazz, jazzman.
jazzistico (pl. *-ci*) *agg.* de jazz.
jeans (pl. *invar.*) *s.m.* jean (*sing.*), jeans.
jet (pl. *invar.*) *s.m.* (*aer.*) avion à réaction, jet.
jolly (pl. *invar.*) *s.m.* joker.

joule *s.m.* (*elettr.*) joule.
joystick (pl. *invar.*) *s.m.* (*inform.*) manche à balai.
judo *s.m.* judo.
judoista *s.m.* judoka.
jugoslavo *agg.* → iugoslavo.
jukebox (pl. *invar.*) *s.m.* juke-box.
jumbo-jet (pl. *invar.*) *s.m.* jumbo-jet*.
junior *agg.* e *s.m.* junior.

K

k *s.f.* e *m.* k (*m.*) ‖ (*tel.*) — *come Kursaal*, k comme Kléber.

kafkiano *agg.* (*st. lett.*) kafkaïen*.

kajal (pl. *invar.*) *s.m.* (*cosmesi*) khôl, kohol.

kaki *agg.invar.* (*colore*) kaki.

kantiano *agg.* kantien*.

kapok *s.m.* (*bot.*) capoc.

karatè *s.m.* karaté.

kart (pl. *invar.*) *s.m.* (*sport*) kart.

kayak (pl. *invar.*) *s.m.* (*sport*) kayak.

keniano, keniota *agg.* e *s.m.* kényan*.

khan (pl. *invar.*) *s.m.* khan.

khmer (pl. *invar.*) *agg.* e *s.m.* khmer*.

kibbutz *s.m.* kibboutz.

killer (pl. *invar.*) *s.m.* tueur à gages.

kimono (pl. *invar.*) *s.m.* kimono.

kip(p)ur (pl. *invar.*) *s.m.* kippour, kippur.

kirghiso *agg.* e *s.m.* kirghiz, kirghize.

kit (pl. *invar.*) *s.m.* (*modellismo, fai-da-te*) kit, prêt-à-monter* ‖ — *di sopravvivenza*, équipement de survie.

kitsch *agg.* e *s.m.* kitsch, kitch.

kiwi (pl. *invar.*) *s.m.* (*bot.*) kiwi.

koala (pl. *invar.*) *s.m.* (*zool.*) koala.

krapfen (pl. *invar.*) *s.m.* (*cuc.*) beignet, pet-de-nonne.

kümmel (pl. *invar.*) *s.m.* kummel.

kuwaitiano *agg.* e *s.m.* koweïtien.

L

l *s.f.* e *m.* l (*m.*) || (*tel.*) — *come Livorno*, l comme Louis || *a* (*forma di*) *L*, en forme de L.
la¹ *art.det.f.sing.* → **il.**
la² *pron.pers.f. di 3ª pers.sing.* **1** (*compl.ogg.*) la (*si elide davanti a vocale e* h *muta*): *l'ho incontrata sabato*, je l'ai rencontrée samedi; *devo vederla,* — *devo vedere domani*, je dois la voir demain; *aspettiamola qui*, attendons-la ici; *rendimela*, rends-la-moi; *non rendermela, non me* — *rendere*, ne me la rends pas; *guardandola*, en la regardant • Per le forme composte con il pron. *gli* → **gliela 2** (*compl.ogg.*) (*formula di cortesia*) vous: — *ringrazio signora, signore*, je vous remercie Madame, Monsieur **3** (*region.*) (*con funzione di sogg.*): — *mi dica*, dites-moi; — *si decida*, décidez-vous.
la³ *s.m.* (*mus.*) la.
là *avv.* **1** là || *zitti* —*!*, silence, là-bas! || *guarda che disordine!*, regardez-moi un peu ce désordre! || *ehi* —*!, ohi* —*!*, (*per richiamo o rimprovero*) eh là!; —*, ho finito!*, ça y est! j'ai fini! || *chi è* —*?, chi va* —*?*, qui est là, qui vive?; *essere sul chi va* —, être sur le qui-va-là || (*ma*) *va'* —*!*, (*fam.*) (*figurati!*) tu parles!; (*non ci credo!*) sans blagues!; (*non preoccuparti!*) ne t'en fais pas!; *va'* — *che la sai lunga!*, allez, tu en sais long toi! **2** (*rafforzativo di* quello) -là: *quell'uomo* —, cet homme-là; *comperò quello* —, j'achèterai celui-là □ *di là* *locuz.* (*moto da luogo*) de là; (*moto per luogo*) par là: (*vai*) *via di* —, sors de là; *passerò di* — *alle 5*, je passerai par là à cinq heures; *si esce di* —, (*da quella parte*) on sort de ce côté-là, c'est par là qu'on sort; *è di* —, (*nell'altra stanza*) il est à côté, il est (dans la pièce) à côté; *di* — *da venire*, encore à venir; *il mondo di* —, l'au-delà; *è più di* — *che di qua*, (*fam.*) il n'en a plus pour longtemps □ **in là** *locuz.*: *voltarsi in* —, se tourner de l'autre côté; *tirarsi, farsi (più) in* —, s'écarter; *andare in* — (*procedere*) (*anche fig.*) avancer, (*ritardare*) traîner; *andare in* — *con gli anni*, avancer en âge; *essere in* — *con gli anni*, être d'un âge avancé; *penso che andremo in* — *con gli esami*, je pense que les examens dureront plus longtemps que prévu; *più in* —, (*più indietro*) plus en arrière; (*più lontano*) plus loin; (*più tardi*) plus tard; *è andato troppo in* —, (*fig.*) il est allé trop loin □ **al di là, (al) di là da** *locuz.avv.* e *locuz.prep.* au-delà (de).
labaro *s.m.* bannière (*f.*), étendard.
labbro (pl. *le labbra*; *i labbri* nei significati di bordo, margine di una ferita) *s.m.* **1** lèvre (*f.*): *avere*

la sigaretta tra le labbra, avoir la cigarette aux lèvres; *dalle sue labbra non è mai uscito un lamento*, jamais une plainte ne s'est échappée de ses lèvres || *pendere dalle labbra di qlcu*, être pendu aux lèvres de qqn || *a fior di labbra*, du bout des lèvres || *i labbri di una ferita*, les lèvres d'une blessure **2** (*bordo*) bord: *i labbri di un vaso*, les bords d'un pot.
labiale *agg.* labial* ♦ *s.f.* (*fon.*) labiale.
labile *agg.* **1** (*fugace*) passager* **2** (*debole*) faible, labile.
labilità *s.f.* fragilité, caducité.
labirinto *s.m.* labyrinthe.
laboratorio *s.m.* **1** laboratoire; (*fam.*) labo || *assistente di* —, laborantin **2** (*di operai, artigiani*) atelier.
laboratorista *s.m.* laborantin ♦ *s.f.* laborantine.
laboriosità *s.f.* **1** (*difficoltà*) difficulté **2** (*operosità*) diligence; activité laborieuse.
laborioso *agg.* laborieux* || *-mente* *avv.*
labrador *s.m.* (*cane*) labrador.
labradorite *s.f.* (*min.*) labrador (*m.*), labradorite.
laburismo *s.m.* (*pol.*) travaillisme.
laburista *agg.* e *s.m.* travailliste.
lacca (pl. *-che*) *s.f.* laque || — *per unghie*, vernis à ongles ♦ *agg.*: *gomma*—, gomme laque; *rosso* —, rouge laque.
laccare (*coniug. come* mancare) *v.tr.* laquer || *laccarsi le unghie*, se mettre du vernis à ongles.
laccato *agg.* laqué || *unghie laccate*, ongles vernis.
laccatura *s.f.* laquage (*m.*).
lacchè *s.m.* laquais.
laccio *s.m.* **1** lacet; nœud coulant; (*per catturare animali bradi*) lasso || *mettere, avere il* — *al collo*, (*fig.*) mettre, avoir la corde au cou **2** (*insidia*) piège **3** (*stringa*) lacet || (*med.*) — *emostatico*, garrot, tourniquet **4** (*fig.*) (*legame*) lien.
lacerante *agg.* déchirant.
lacerare *v.tr.* déchirer (*anche fig.*) □ **lacerarsi** *v.pron.* se déchirer.
lacerazione *s.f.* déchirement (*m.*); (*ferita*) déchirure.
lacero *agg.* **1** déchiré || *ferita lacero-contusa*, plaie contuse **2** (*che porta abiti laceri*) déguenillé.
laconicità *s.f.* laconisme (*m.*).
laconico (pl. *-ci*) *agg.* laconique || *-mente* *avv.*
lacrima *s.f.* larme: *gli vennero le lacrime agli occhi*, il en eut les larmes aux yeux; *asciugare le lacrime a qlcu*, (*anche fig.*) essuyer les larmes de qqn || *ridere fino alle lacrime*, rire aux larmes ||

avere le lacrime in tasca, avoir la larme facile ||
una — *di vino*, (*estens.*) un soupçon de vin.

lacrimale *agg.* lacrymal* || (*archeol.*) *vaso* —, la-
crymatoire.

lacrimare *v.intr.* e *tr.* pleurer: *mi lacrimano gli
occhi*, j'ai les yeux qui pleurent.

lacrimazione *s.f.* larmoiement (*m.*).

lacrimevole *agg.* larmoyant.

lacrimogeno *agg.* lacrymogène.

lacrimoso *agg.* larmoyant.

lacuale *agg.* de lac, lacustre || *navigazione* —, na-
vigation sur le lac.

lacuna *s.f.* lacune.

lacunare *s.m.* (*arch.*) caisson.

lacunoso *agg.* plein de lacunes.

lacustre *agg.* lacustre.

laddove *avv.* là où ♦ *cong.* **1** (*mentre*) tandis
que **2** (*se*) si, en cas de.

ladino *agg.* e *s.m.* ladin.

ladreria *s.f.* vol (*m.*); volerie.

ladresco (pl. *-chi*) *agg.* de voleur.

ladro *s.m.* voleur*: — *di strada*, voleur de grand
chemin || — *in guanti gialli*, gentleman cambrio-
leur || — *di cuori*, bourreau des cœurs || *tempo da
ladri*, temps de chien || *giocare a guardie e ladri*,
jouer aux gendarmes et aux voleurs ♦ *agg.* mal-
honnête || (*elettr.*) *spina ladra*, prise voleuse ||
l'occasione fa l'uomo —, l'occasion fait le larron.

ladrone *s.m.* larron; (*grassatore*) voleur de grand
chemin.

lager *s.m.* camp de concentration || *quel collegio
è un* —, (*fig.*) ce collège, c'est le bagne.

laggiù *avv.* là-bas: *fin* —, jusque là-bas; *di* —, de
là-bas.

lagna *s.f.* **1** (*persona noiosa*) raseur (*m.*) **2**
(*cosa noiosa*) barbe || *finiscila con quella* —, finis-
en avec ces jérémiades.

lagnanza *s.f.* plainte, doléance.

lagnarsi *v.pron.* se plaindre*: — *presso qlcu di
qlco*, se plaindre de qqch à qqn || *non puoi lagnar-
ti*, tu n'as pas à te plaindre.

lagnoso *agg.* (*fam.*) pleurard; (*noioso*) rasant.

lago (pl. *-ghi*) *s.m.* lac; — *glaciale*, lac glaciaire; —
alluvionale, lac d'origine alluviale || *in un* — *di
sangue*, dans une mare de sang || *in un* — *di sudo-
re*, tout en nage.

laguna *s.f.* lagune.

lagunare *agg.* lagunaire.

laicale *agg.* laïque, laïc*.

laicità *s.f.* laïcité.

laicizzare *v.tr.* **1** laïciser **2** (*ridurre allo stato
laicale*) rendre* à la condition laïque.

laicizzazione *s.f.* **1** laïcisation **2** (*riduzione allo stato laicale*) perte de l'état ecclésiastique.

laico (pl. *-ci*) *agg.* e *s.m.* laïque, laïc* || (*frate*) —,
(frère) lai.

laidezza *s.f.* *hideur.

laido *agg.* (*letter.*) *hideux*.

lama[1] *s.f.* lame: *il filo della* —, le tranchant de la
lame.

lama[2] (pl. *invar.*) *s.m.* (*zool.*) lama.

lama[3] (pl. *invar.*) *s.m.* (*monaco buddista*) lama.

lambda *s.m.* e *f.* (*undicesima lettera dell'alfabeto
greco*) lambda (*m.*) ♦ *s.m.* (*anat.*) lambda.

lambiccare (*coniug. come* mancare) *v.tr.*: *lam-
biccarsi il cervello*, (*fig.*) se creuser la cervelle.

lambiccato *agg.* (*fig.*) alambiqué.

lambire (*coniug. come* finire) *v.tr.* lécher*.

lambrusco *s.m.* vin rouge italien.

lamé *agg.* e *s.m.* (*tess.*) lamé.

lamella *s.f.* lamelle.

lamellare *agg.* lamellaire.

lamentare *v.tr.* déplorer: *non si lamentano vittime*, on ne déplore aucune victime □ **lamentarsi**
v.pron. se plaindre* (de qqch à qqn): *non posso la-
mentarmi*, je n'ai pas à me plaindre.

lamentazione *s.f.* lamentation.

lamentela *s.f.* plainte.

lamentevole *agg.* **1** plaintif*; (*piagnucoloso*)
geignant **2** (*degno di pietà*; *deplorevole*) lamen-
table.

lamento *s.m.* **1** plainte (*f.*); (*gemito*) gémissement **2** (*lett.*) complainte (*f.*).

lamentoso *agg.* plaintif*.

lametta *s.f.* lame de rasoir.

lamiera *s.f.* tôle: *un ammasso di lamiere contor-
te*, un amas de tôles froissées.

lamierino *s.m.* tôle fine.

lamina *s.f.* lame || *una* — *di legno*, *di vetro*, une
feuille de bois, de verre.

laminare[1] *agg.* laminaire.

laminare[2] *v.tr.* **1** laminer **2** (*ricoprire di lami-
ne*) plaquer.

laminato[1] *agg.* e *s.m.* **1** (*metall.*) laminé || —
grezzo, brut de laminage **2** (*di altri materiali*) la-
mifié, stratifié.

laminato[2] *agg.* e *s.m.* (*tessuto*) lamé.

laminatoio *s.m.* laminoir: — *per lamiere*, laminoir à tôles.

laminatura *s.f.* laminage (*m.*).

lampada *s.f.* **1** lampe: — *da tavolo*, lampe de
bureau; — *a stelo*, *a piede*, lampadaire; — *a muro*, applique; — *spia*, voyant; — *da minatore*,
lampe de mineur, (*portata sul berretto*) lampe de
chapeau; — *per saldare*, lampe à souder **2** (*lampadina*) ampoule.

lampadario *s.m.* lustre.

lampadina *s.f.* ampoule: — *smerigliata*, ampoule dépolie; — *intermittente*, lampe cligno-
tante; — *mignon*, lampe à petite vis; *la* — (*si*) *è ful-
minata*, l'ampoule est grillée || *a un tratto mi si è
accesa la* —, (*fig.*) tout à coup j'ai eu le déclic.

lampante *agg.* éclatant, évident: *ma è* —, ça
saute aux yeux.

lampara *s.f.* (*mar.*) lamparo (*m.*).

lampeggiamento *s.m.* éclairs (*pl.*); (*di luci*) clignotement.

lampeggiare (*coniug. come* mangiare) *v.intr.* **1**
étinceler* || (*fig.*): *l'ira lampeggia nei suoi occhi*,
la colère brille dans ses yeux; *il* — *del suo sguardo*,
l'éclat de son regard **2** (*di luce intermittente*) clignoter; (*aut.*) faire* clignoter les phares ♦
v.intr.impers. faire* des éclairs.

lampeggiatore *s.m.* (*aut.*) clignotant.

lampeggio *s.m.* éclairs (*pl.*); (*di luci*) clignotement.

lampionaio *s.m.* allumeur de réverbères.

lampioncino *s.m.* lanterne vénitienne, lampion.

lampione *s.m.* lanterne (*f.*); (*stradale*) réverbère.

lampo *s.m.* éclair || *la giornata è passata in un* —, la journée a passé comme un éclair || — *di genio*, trait de génie ♦ *agg.invar.* éclair: *visita* —, visite éclair || *chiusura, cerniera* —, fermeture éclair.

lampone *s.m.* (*frutto*) framboise (*f.*); (*pianta*) framboisier.

lampreda *s.f.* (*zool.*) lamproie.

lana *s.f.* laine: *stoffa di* —, tissu en laine, lainage; — *mista*, mi-laine || *lana-seta*, laine et soie || — *di ferro*, paille de fer || (*fig.*): *è una buona* —, c'est un mauvais sujet; *essere della stessa* —, être du même acabit; *fare questioni di* — *caprina*, discuter sur la pointe d'une aiguille.

lanca (pl. -*che*) *s.f.* anse retirée (d'une rivière).

lanceolato *agg.* lancéolé.

lancetta *s.f.* **1** (*di orologio*) aiguille: — *delle ore, dei minuti, dei secondi*, petite aiguille, grande aiguille (*o* trotteuse), aiguille des secondes **2** (*di un indicatore di livello*) jauge **3** (*chir.*) lancette.

lancia¹ (pl. -*ce*) *s.f.* lance: *spezzare una* — *in favore di qlcu*, (*fig.*) rompre une lance pour qqn || — *in resta*, lance en arrêt || — *di idrante*, lance d'incendie || — *termica*, chalumeau.

lancia² *s.f.* (*mar.*) chaloupe, canot (*m.*); (*vedetta*) vedette.

lanciafiamme (pl. *invar.*) *agg.* e *s.m.* lance-flammes*.

lanciamissili (pl. *invar.*) *agg.* e *s.m.* lance-missiles*.

lanciarazzi (pl. *invar.*) *agg.* e *s.m.* lance-fusées*; (*arma*) lance-roquettes*: *pistola* —, pistolet lance-fusées; *nave* —, navire lance-fusées.

lanciare (*coniug. come* cominciare) *v.tr.* lancer* (*anche fig.*) || — *un grido*, pousser un cri □ **lanciarsi** *v.pron.* **1** se lancer* (*anche fig.*): — *col paracadute*, se lancer en parachute **2** (*avventarsi*) se jeter*.

lanciasiluri (pl. *invar.*) *s.m.* (*mar. mil.*) lance-torpilles*.

lanciato *agg.* lancé (*anche fig.*).

lanciatore (f. -*trice*) *s.m.* (*sport*) lanceur*.

lanciere *s.m.* lancier.

lancinante *agg.* lancinant || *grido* —, hurlement déchirant.

lancio *s.m.* **1** lancement (*anche fig.*); (*getto*) jet: *il* — *di una bomba*, le lancement, le largage d'une bombe; — *di pietre*, jet de pierres; — *pubblicitario*, lancement publicitaire || *ponte di* —, (*di portaerei*) pont d'envol || *rampa di* —, rampe de lancement || *pesca a* —, pêche au lancer **2** (*il lanciare col paracadute*) largage; (*il lanciarsi*) saut **3** (*sport*) lancement; (*disciplina atletica*) lancer: *un* — *di giavellotto*, un lancement de javelot; *il* — *del giavellotto*, le lancer du javelot; *gli atleti avranno diritto a cinque lanci*, les athlètes auront droit à cinq essais **4** (*salto*) saut: — *dal trampolino*, saut

du tremplin || *trampolino di* —, (*fig.*) rampe de lancement.

landa *s.f.* lande.

landò *s.m.* landau*.

lanetta *s.f.* lainage fin.

langore → **languore**.

languidamente *avv.* langoureusement.

languidezza *s.f.* langueur; (*debolezza*) faiblesse || — *di stomaco*, creux à l'estomac.

languido *agg.* langoureux*; (*debole*) faible.

languire (*coniug. come* finire) *v.intr.* languir (*anche fig.*).

languore *s.m.* langueur (*f.*) || — *di stomaco*, creux à l'estomac.

laniccio *s.m.* (*sotto i letti*) moutons (*pl.*); (*nelle pieghe dei vestiti*) poussière (*f.*).

laniero *agg.* lainier*.

lanificio *s.m.* lainerie (*f.*).

lanolina *s.f.* lanoline.

lanosità *s.f.* nature laineuse; aspect laineux.

lanoso *agg.* laineux* (*anche fig.*).

lanterna *s.f.* lanterne || — *cieca*, lanterne sourde.

lanternino *s.m.*: *cercare qlco col* —, chercher qqch à la loupe.

lanugine *s.f.* duvet (*m.*).

lanuginoso *agg.* lanugineux*.

lanzichenecco (pl. -*chi*) *s.m.* (*st.*) lansquenet.

laotiano *agg.* e *s.m.* laotien*.

lapalissiano *agg.*: *verità lapalissiana*, lapalissade, une vérité de La Palisse.

laparotomia *s.f.* (*med.*) laparotomie.

lapidare *v.tr.* lapider (*anche fig.*).

lapidario *agg.* lapidaire (*anche fig.*).

lapidazione *s.f.* lapidation.

lapide *s.f.* (*sepolcrale*) pierre tombale; (*commemorativa*) plaque; (*sul pavimento*) dalle.

lapillo *s.m.* lapilli (*pl.*).

lapis (pl. *invar.*) *s.m.* crayon.

lapislazzuli *s.m.* lapis, lapis-lazuli.

lappare *v.intr.* laper.

lappone *agg.* e *s.m.* lapon.

lapsus *s.m.* lapsus.

lardellare *v.tr.* larder.

lardellatura *s.f.* (*cuc.*) entrelardement (*m.*).

lardello *s.m.* lardon.

lardo *s.m.* lard.

lardoso *agg.* lardeux*; (*grasso*) gras*.

lare *s.m.* (*mit.*) lare || *tornare ai patri lari, ai propri lari*, regagner ses pénates.

largamente *avv.* largement; (*diffusamente*) amplement || *ha risposto* — *alle domande*, il a abondamment répondu aux questions.

largheggiare (*coniug. come* mangiare) *v.intr.* être* généreux* (en, dans) || *è ricco e può* —, il est riche et peut faire des largesses || *largheggia col denaro*, il dépense sans compter.

larghezza *s.f.* **1** largeur; (*abbondanza*) abondance: — *massima*, largeur maximum; *di 5 m*, d'une largeur de 5 m || *aveva grande* — *di mezzi*, il avait de larges moyens || — *di vedute*, largeur d'idées || *giudicare con* —, être large d'esprit || *calcolare con* —, calculer largement **2** (*liberalità*) largesse; (*generosità*) générosité: *di-*

mostrare — con qlcu, se montrer généreux envers qqn; *distribuire con —*, distribuer généreusement || *raccontare con — di particolari*, raconter avec abondance de détails **3** (*di vestito*) ampleur; (*delle spalle*) largeur, carrure.

largo (pl. *-ghi*) *agg.* **1** large; (*ampio*) ample; (*grande*) grand: *un tavolo — un metro*, une table large d'un mètre; *quanto è — il tavolo?*, quelle est la largeur de la table?; *avere i fianchi larghi, essere larga di fianchi*, avoir le bassin large; *una bocca larga*, une grande bouche; *un vestito —*, une robe large, ample; *questa giacca mi è larga*, mon veston est trop large; *una larga parte del pubblico*, une grande partie du public; *un — margine di guadagno, di sicurezza*, une large marge de bénéfice, de sécurité; *un — tratto di terra*, une vaste étendue de terre || *stare a gambe larghe*, se tenir les jambes écartées || *stare larghi*, (*fam.*) être à l'aise || *devi prendere le curve più larghe*, ne prend pas tes virages si serrés || *prenderla larga*, faire un détour, (*fig.*) tourner autour du pot || *avere larghi mezzi*, avoir de gros moyens || *ho fatto un conto — delle spese per le vacanze*, j'ai calculé largement mon budget pour les vacances || *con larga approssimazione*, très approximativement || *essere — di idee*, être large d'idées **2** (*generoso*) généreux*; (*prodigo*) prodigue: *è — nelle mance*, il donne des pourboires généreux; *è — con gli amici*, il est généreux avec ses amis; *è — di consigli*, il est prodigue de conseils **3** (*abbondante*) abondant: *larga messe*, moisson abondante **4** (*allentato*) lâche: *nodo —*, nœud lâche; *una fasciatura larga*, un bandage trop lâche ♦ *s.m.* **1** large: *in, per —*, en large || *camminare in lungo e in —*, marcher de long en large || *per il —*, dans le sens de la largeur || (*fate*) —!, dégagez!; (*fate*) — *ai giovani!*, (faites) place aux jeunes!; *farsi —*, frayer un chemin **2** (*alto mare*) large || *vento dal —*, vent du large **3** (*piazza*) place (*f.*): — *C. Battisti*, place C. Battisti **4** (*mus.*) largo □ **al largo** *locuz.avv. e prep.*: *al — di Marsiglia*, au large de Marseille; *gira al —!*, décampe! □ **alla larga** *locuz.avv. e prep.*: *stare alla larga da*, ne pas s'approcher de; *stammi alla larga*, laisse-moi tranquille; *devo stargli alla larga*, il faut que je l'évite || *tieniti alla larga da quella gente!*, ne fréquente pas ces gens-là!

lariano *agg.* (du lac) de Côme.
larice (*bot.*) *s.m.* mélèze.
laringe *s.f.* larynx (*m.*).
laringeo *agg.* laryngé, laryngien*.
laringite *s.f.* (*med.*) laryngite.
laring(o)- *pref.* laryng(o)-
laringoiatra *s.m.* laryngologiste, laryngologue.
laringoiatria *s.f.* laryngologie.
larva *s.f.* larve || *una — d'uomo*, une larve humaine.
larvale *agg.* larvaire.
larvatamente *avv.* à demi-mot; indirectement.
larvato *agg.* larvé.
lasagne *s.f.pl.* (*cuc.*) lasagnes.
lasca (pl. *-che*) *s.f.* (*zool.*) loche.

lasciapassare (pl. *invar.*) *s.m.* laissez-passer* || — *doganale*, passavant.

lasciare (*coniug. come* cominciare) *v.tr.* **1** laisser: *lascia che dicano*, laisse-les dire; *lascia che ti racconti*, laisse-moi te raconter; *prendere o —*, c'est à prendre ou à laisser; *si sono lasciati convincere*, ils se sont laissé convaincre || *un film che si lascia vedere*, un film qu'on peut voir; *il muro non lascia vedere il giardino*, le mur ne permet pas de voir le jardin || *lasciamo perdere*, n'en parlons plus || — *detto che...*, laisser un message en disant que... || — *a mezzo, in tronco un lavoro*, laisser un travail en plan; — *a mezzo, in tronco un discorso*, s'arrêter au beau milieu d'une phrase || *si è lasciato dietro molti debiti*, il a laissé derrière lui beaucoup de dettes; *ci siamo ormai lasciati dietro Firenze*, (*fam.*) nous avons déjà dépassé Florence || — *fuori: lascia fuori il cane*, laisse le chien dehors; *lascia fuori quei libri*, (*non riporli*) ne range pas ces livres; — *fuori da una lista*, exclure d'une liste; *hanno invitato tutti ma io sono stato lasciato fuori*, tout le monde a été invité sauf moi (*o* mais moi j'ai été exclu) || — *indietro: ha lasciato indietro tutti i concorrenti*, il a devancé tous les concurrents, il a laissé tous les concurrents loin derrière; *ha lasciato indietro un intero capitolo*, (*lo ha saltato*) il a sauté un chapitre entier; *se non riesci a fare questo problema, lascialo indietro*, si tu n'arrives pas à résoudre ce problème, saute-le; *sono costretto a — indietro parecchie cose per mancanza di tempo*, faute de temps je suis obligé de laisser tomber beaucoup de choses **2** (*lasciare andare, mollare*) lâcher: *non lasciate il cane*, ne lâchez pas le chien; *lasciami!*, lâche-moi!; — *la presa*, lâcher prise || *ha lasciato tutto per dedicarsi alla musica*, il a tout laissé pour (se consacrer à) la musique || (*ciclismo*) — *il gruppo*, lâcher le peloton **3** (*allontanarsi da*) quitter; (*abbandonare*) abandonner: *ha già lasciato la città*, il a déjà quitté la ville; *la fede non lo ha mai lasciato*, la foi ne l'a jamais quitté; — *la fidanzata*, quitter sa fiancée; — *gli studi, l'impiego*, abandonner ses études, quitter son emploi || — *il mondo*, (*fig.*) (*per la vita monastica*) quitter le monde, (*morire*) quitter cette terre ♦ *v.pron.* se quitter: *dopo molti anni si sono lasciati*, après de nombreuses années ils se sont quittés □ **lasciare, lasciarsi andare** (se) laisser aller: *ha lasciato andare la fune ed è caduto*, il a lâché la corde et il est tombé; *lasciami andare, mi fai male*, lâche-moi, tu me fais mal; *lasciati andare senza paura*, laisse-toi aller, n'aie pas peur; *lasciami andare, che è tardi*, laisse-moi partir, il est tard; *lascia andare, non è il caso di prendersela*, laisse tomber, ce n'est pas la peine de s'en faire || *mi sono lasciato andare su una poltrona*, je me suis laissé tomber dans un fauteuil || — *andare un pugno, uno schiaffo*, flanquer un coup de poing, une gifle □ **lasciare stare**: *lascia stare quei fiori*, ne touche pas à ces fleurs; *lascialo stare* (*in pace*)!, laisse-le tranquille!; *lasciamo stare!*, (*fam.*) laissons tomber!

lascito *s.m.* legs.

lascivia *s.f.* lasciveté.

lascivo *agg.* lascif* || **-mente** *avv.*

lasco (pl. -chi) *agg.* lâche || (*mar.*) *navigare di gran* —, aller grand largue.

laser (pl. *invar.*) *s.m.* laser*.

lassativo *agg.* e *s.m.* laxatif*.

lassismo *s.m.* laxisme.

lassista *agg.* e *s.m.* laxiste.

lasso *s.m.* laps || *in questo* — *di tempo*, pendant ce temps; *in questo ultimo* — *di tempo*, dernièrement.

lassù *avv.* là-haut: — *in cima* (*a*), là-haut (sur).

lastra *s.f.* **1** plaque|| (*spec. di pietra, marmo ecc.*) dalle; (*di metallo*) feuille || — *d'ardesia*, plaque, feuille d'ardoise || — *di ghiaccio*, plaque de glace, (*nei mari, fiumi del Nord*) bloc; *spessa* — *di ghiaccio*, épaisse couche de glace; *la strada era una* — *di ghiaccio*, la route était toute verglacée **2** (*di vetro*) (*per vetrine ecc.*) vitre || (*per finestre*) vitre, carreau* (*m.*) **3** (*fot.*) plaque || (*tip.*) *stereotipica, offset*, cliché, plaque offset || — *radiografica*, radiographie.

lastricare (*coniug. come* mancare) *v.tr.* paver.

lastricato *agg.* pavé ♦ *s.m.* pavage.

lastricatura *s.f.* pavage (*m.*).

lastrico (pl. -chi) *s.m.* pavé || *ridursi sul* —, être réduit à l'indigence || *essere, gettare sul* —, être, jeter sur le pavé.

lastrone *s.m.* **1** plaque (*f.*) **2** (*parete di roccia*) paroi lisse.

latente *agg.* latent.

latenza *s.f.* latence.

laterale *agg.* **1** latéral* || (*sport*) *linea* —, ligne de touche || (*football*): *fallo* —, sortie en touche; *rimessa* —, remise en jeu (*o* touche) || (*abbigl.*): *tasca* —, poche côté; *giacca con spacchi laterali*, veste fendue sur les côtés **2** (*secondario*) secondaire ♦ *s.m.* (*football*) demi || **-mente** *avv.*

lateranense *agg.* du Latran.

laterite *s.f.* (*min.*) latérite.

laterizio *agg.* (*in terracotta*) en terre cuite; (*di mattone*) en brique || *materiale* —, matériau en brique || *industria laterizia*, industrie de matériel de construction ♦ *s.m.pl.* briques (*f.*).

latice *s.m.* latex.

latifoglio *agg.* (*bot.*) latifolié.

latifondista *s.m.* grand propriétaire foncier.

latifondo *s.m.* grande propriété foncière.

latineggiante *agg.* à la manière latine.

latinismo *s.m.* latinisme.

latinista *s.m.* latiniste.

latinità *s.f.* latinité.

latinizzare *v.tr.* latiniser.

latino *agg.* e *s.m.* latin.

latino-americano *agg.* e *s.m.* latino-américain.

latitante *agg.* (*dir.*): *colpevole* —, coupable en fuite; *testimone condannato perché* —, témoin condamné par contumace || *classe politica* —, (*estens.*) classe politique inconsistante ♦ *s.m.* personne en état de contumace: *catturare un* —, arrêter un prévenu, un accusé fugitif.

latitanza *s.f.* (*dir.*) défaut (*m.*): *darsi alla* —,

prendre la fuite; *durante la* —, pendant sa fuite || *la* — *del governo*, (*fig.*) l'absence du gouvernement.

latitare *v.intr.* être* absent.

latitudinale *agg.* latitudinal*.

latitudine *s.f.* latitude: *alle nostre latitudini*, sous nos latitudes.

lato¹ *agg.*: *in senso* —, au sens large.

lato² *s.m.* **1** côté (*anche fig.*): *a* — *di*, à côté de; *ai lati, ai due lati dell'edificio*, de chaque côté, des deux côtés du bâtiment; *da, su ogni* — *di*, de, sur tous les côtés de; *dal* — *nord*, sur le côté nord || *il* — *maggiore, minore*, (*di un rettangolo*) la largeur, la longueur || *considerare una questione da tutti i lati*, considérer une question sous toutes ses faces || *d'altro* —, d'autre part || *dal* — *morale*, du point de vue moral **2** (*sport*) touche (*f.*): *mandare la palla a* —, mettre la balle en touche.

latore (f. -*trice*) *s.m.* porteur*: *il* — *della presente*, le porteur de (la lettre).

latrare *v.intr.* *hurler.

latrato *s.m.* aboiement.

latria *s.f.* (*teol.*) latrie.

latrina *s.f.* latrines (*pl.*).

latrocinio *s.m.* vol.

latta *s.f.* **1** fer-blanc* (*m.*) **2** (*recipiente*) bidon (*m.*).

lattaio *s.m.* laitier*, crémier*.

lattante *agg.* à la mamelle ♦ *s.m.* nourrisson.

lattario *s.m.* (*bot.*) lactaire.

lattazione *s.f.* lactation.

latte *s.m.* lait: — *magro*, lait maigre; *bianco come il* —, blanc comme du lait || *succhiare, dare il* —, téter, allaiter; *levare il* —, sevrer; *mandare indietro il* —, arrêter la montée du lait || *ha ancora il* — *alla bocca*, il est encore au biberon || *far venire il* — *alle ginocchia*, couper les bras || *piangere sul* — *versato*, pleurer sur les pots cassés.

latteo *agg.* (*a base di latte*) lacté; (*simile al latte*) laiteux*: *bianco* —, blanc laiteux || *montata lattea*, montée du lait || (*astr.*) *Via Lattea*, Voie Lactée.

latteria *s.f.* crémerie, laiterie.

lattescenza *s.f.* lactescence.

latticello *s.m.* (*ind. casearia*) babeurre.

latticino *s.m.* (*spec. pl.*) laitage.

lattico (pl. -ci) *agg.* (*chim.*) lactique.

lattiera *s.f.* pot à lait.

lattiero *agg.* laitier*.

lattifero *agg.* laitier*.

lattiginoso *agg.* laiteux*.

lattina *s.f.* **1** bidon (*m.*): *una* — *d'olio*, un bidon d'huile **2** (*di bevanda*) boîte: *birra in* —, canettes de bière.

lattoniere *s.m.* ferblantier.

lattonzolo *s.m.* cochon de lait.

lattosio *s.m.* lactose.

lattuga (pl. -ghe) *s.f.* laitue.

laudano *s.m.* laudanum.

laurea *s.f.* diplôme universitaire • In Francia: *licence* (dopo il primo ciclo di studi universitari di due o tre anni); *maîtrise* (dopo il secondo ciclo di successivi due anni e discussione di una tesi): — *in diritto*, licence, maîtrise de droit; — *in lettere, in scienze*, licence, maîtrise ès lettres, ès sciences; — *in tedesco*, licence, maîtrise d'allemand.

laureando *agg. e s.m.* (étudiant) qui prépare son diplôme universitaire; (étudiant) en licence, en maîtrise.

laureare *v.tr.* conférer* son diplôme universitaire, sa licence, sa maîtrise (à) || *questa facoltà laurea ogni anno cento ingegneri*, cette faculté décerne chaque année cent diplômes d'ingénieurs □ **laurearsi** *v.pron.* obtenir* son diplôme universitaire, sa licence, sa maîtrise; (*in medicina*) être* reçu docteur en médecine (→ laurea) || *la squadra si è laureata campione d'Italia*, l'équipe a remporté le titre de champion d'Italie.

laureato *agg. e s.m.* qui a obtenu un diplôme universitaire; licencié; qui a obtenu une maîtrise || — *in ingegneria*, (diplômé) ingénieur || *poeta* —, poète lauréat || — *in medicina*, docteur en médecine (→ laurea).

lauro *s.m.* laurier.

lautamente *avv.* (*con abbondanza*) copieusement; (*con generosità*) généreusement.

lauto *agg.* copieux*; (*generoso*) généreux*; (*di guadagno*) considérable.

lava *s.f.* lave.

lavabile *agg.* lavable.

lavabo *s.m.* lavabo.

lavacro *s.m.* lavage.

lavaggio *s.m.* lavage || — *a secco*, nettoyage à sec || — *del cervello*, (*fig.*) lavage de cerveau.

lavagna *s.f.* **1** ardoise **2** (*a scuola*) tableau* noir **3** — *luminosa*, projecteur overhead; tableau lumineux.

lavamacchine (pl. *invar.*) *s.m.* laveur* de voitures.

lavamoquette (pl. *invar.*) *s.f.* shampouineur (*m.*).

lavanda[1] *s.f.* lavage (*m.*) || — *gastrica*, lavage d'estomac.

lavanda[2] *s.f.* (*bot.*) lavande.

lavandaia *s.f.* blanchisseuse, lavandière.

lavanderia *s.f.* **1** blanchisserie || — *automatica*, laverie (automatique) || — *a secco*, teinturerie **2** (*nelle case*) buanderie.

lavandino *s.m.* évier.

lavapiatti (pl. *invar.*) *s.m.* plongeur* ♦ *s.f.* (*macchina*) lave-vaisselle* (*m.*).

lavare *v.tr.* laver (*anche fig.*): — *con acqua e sapone, con acqua calda*, laver à l'eau et au savon, à l'eau chaude || — *a secco*, nettoyer à sec □ **lavarsi** *v.pron.* se laver.

lavastoviglie (pl. *invar.*) *s.f.* lave-vaisselle* (*m.*).

lavata *s.f.*: *dare una* — *a qlco*, passer à l'eau qqch; *darsi una* —, faire un brin de toilette || *dare una* — *di capo a qlcu*, (*fig.*) passer un savon à qqn.

lavativo *s.m.* tire-au-flanc*; (*persona pignola*) tâtillon* || *essere un* —, avoir un poil dans la main.

lavatoio *s.m.* lavoir.

lavatore *s.m.* laveur* ♦ *agg.* (*zool.*) *orsetto* —, raton laveur.

lavatrice *s.f.* machine à laver.

lavatura *s.f.* **1** lavage (*m.*) || — *a secco*, nettoyage à sec **2** (*liquido dopo la lavatura*) lavure || — *di piatti*, (*fig.*) lavasse.

lavavetri (pl. *invar.*) *s.m.* **1** (*addetto alla pulizia dei vetri*) laveur* de carreaux **2** (*spazzola*) raclette à vitres ♦ *s.f.* (*elettrodomestico*) lave-vitre.

lavello *s.m.* évier.

lavico (pl. *-ci*) *agg.* lavique.

lavorante *s.m.* ouvrier.

lavorare *v.intr.* travailler: — *sodo*, travailler dur; — *bene, male*, bien travailler, mal travailler || — *a contratto*, travailler sous contrat || — *di cucito*, coudre || — *da muratore*, travailler comme maçon || — *di cesello, di bulino*, ciseler, buriner || — *di martello*, employer le marteau || — *in un film*, (*di attore*) jouer dans un film || — *di bastone*, jouer du bâton || — *di fantasia*, donner libre cours à son imagination || *il tempo lavora a nostro favore*, le temps travaille pour nous || *il male lavora dentro*, le mal le minait || — *sott'acqua*, (*fig.*) faire du travail de sape || *quella farmacia lavora poco*, cette pharmacie fait peu d'affaires || *il suo fegato non lavora bene*, son foie ne fonctionne pas bien ♦ *v.tr.* travailler || *lavorarsi qlcu*, (*circuirlo*) passer de la pommade à qqn || (*cuc.*) — *il burro, la pasta*, travailler, malaxer le beurre, la pâte.

lavorata *s.f.* travail* (*m.*): *fare una bella* —, faire un, du bon travail || *che* — *abbiamo fatto!*, ce qu'on a bûché!

lavorativo *agg.* de travail || *giorno* —, jour de travail, ouvrable || *attività lavorativa*, activité professionnelle.

lavorato *agg.* travaillé || — *a mano*, fait, travaillé à la main || — *a maglia*, tricoté.

lavoratore (f. *-trice*) *s.m.* travailleur*.

lavorazione *s.f.* travail* (*m.*): — *di finitura*, finition || — *di un film*, tournage || *essere in* —, être en cours d'exécution; *entrare in* —, entrer en production, (*fig.*) être mis en chantier.

lavorio *s.m.* **1** activité intense **2** (*intrigo*) intrigue (*f.*); manœuvres (*f.pl.*).

lavoro *s.m.* **1** travail* || *gruppo di* —, équipe de travail; *domanda, offerta di* —, demande, offre d'emploi; *posto di* —, poste (de travail); *interruzione del* —, cessation du travail || *essere sul* —, être au travail || *hai fatto un bel* —!, tu as bien travaillé!, (*iron.*) tu as fait du propre! **2** (*lavoro femminile*) ouvrage: *cesto da* —, panier à ouvrage **3** (*opera artistica*) œuvre (*f.*); (*di teatro*) pièce (de théâtre).

laziale *agg.* du Latium.

lazo *s.m.* lasso, lazo.

lazzaretto *s.m.* lazaret.

lazzarone *s.m.* **1** (*fannullone*) fainéant, feignant **2** (*canaglia*) filou, canaille (*f.*).

lazzeruolo *s.m.* (*bot.*) azerolier.

lazzo *s.m.* lazzi.

le[1] *art.det.f.pl.* → il.

le[2] *pron. pers. di 3ª pers.sing.* **1** (*compl. di termine di* ella, lei, essa) lui: *chiedile di non farlo,* demande-lui de ne pas le faire; *non chiederle di partire da sola,* ne lui demande pas de partir seule; *credo di averle fatto paura,* je crois lui avoir fait peur　**2** (*con valore di possesso o di legame personale*) son* (*pleonastico non si traduce*): — *ho preso l'ombrello,* j'ai pris son parapluie; — *mise una mano sulla spalla,* il mit sa main sur son épaule; *la testa — doleva,* elle avait mal à la tête; — *è morto il padre,* elle a perdu son père; — *può cadere addosso,* cela peut tomber sur elle, lui tomber dessus　**3** (*compl. di termine m. e f. come formula di cortesia*) vous: — *domando scusa, signore, signora,* je vous demande pardon, Monsieur, Madame • Per le forme composte con i pronomi *lo, la, li, le, ne* → glielo, gliela, glieli, gliele, gliene. **le**[3] *pron.pers.f. di 3ª pers.pl.* **1** (*compl.ogg.*) les: — *ho viste oggi,* je les ai vues aujourd'hui; *va' a comperarle subito,* va les acheter tout de suite; — *devo incontrare domani, devo incontrarle domani,* je dois les rencontrer demain; *aspettiamole qui,* attendons-les ici; *non prenderle,* ne les prends pas; *rendimele, non rendermele,* rends-les-moi, ne me les rends pas; *guardandole,* en les regardant • Per le forme composte con il pron. *gli* → gliele　**2** (*in espressioni ellittiche con valore indeter.*): — *inventa tutte,* il ne sait plus qu'inventer; — *racconta grosse,* il en dit de belles; *se — va proprio a cercare* (*le noie*), (les ennuis) il les cherche.

leader (pl. *invar.*) *s.m.* leader, chef (de file) ♦ *agg.* leader: *azienda —,* entreprise leader.

leadership *s.f.* leadership (*m.*).

leale *agg.* loyal* || **-mente** *avv.*

lealismo *s.m.* loyalisme.

lealista *agg.* e *s.m.* loyaliste.

lealtà *s.f.* loyauté.

leasing *s.m.* (*econ.*) location-vente (*f.*).

lebbra *s.f.* lèpre.

lebbrosario *s.m.* léproserie (*f.*).

lebbroso *agg.* e *s.m.* lépreux*.

leccaculo *s.m.* (*volg.*) lèche-cul*.

lecca-lecca (pl. *invar.*) *s.m.* sucette (*f.*).

leccapiedi (pl. *invar.*) *s.m.* lèche-bottes*.

leccarda *s.f.* (*cuc.*) lèchefrite.

leccare (*coniug. come* mancare) *v.tr.* lécher* (*anche fig.*) || (*fig.*): *leccarsi i baffi, le dita,* s'en lécher les babines, les doigts; — *i piedi,* lécher les bottes □ **leccarsi** *v.pron.* se lécher*.

leccata *s.f.* **1** coup de langue **2** (*fig.*) flagornerie.

leccato *agg.* **1** léché (*anche fig.*) **2** (*di persona*) tiré à quatre épingles.

leccatura *s.f.* **1** léchage (*m.*) **2** (*fig. spreg.*) flagornerie.

leccese *agg.* de Lecce.

leccio *s.m.* chêne vert, yeuse (*f.*).

leccornia *s.f.* friandise, gourmandise.

lecitamente *avv.* licitement.

lecitina *s.f.* (*biochim.*) lécithine.

lecito *agg.* permis; (*giusto*) juste || *dove vai, se è —?,* où vas-tu, si je ne suis pas indiscret? || *do-*

mandare è —, no?, on a bien le droit de demander, n'est-ce pas? || *mi sia — esprimere tutto il mio rincrescimento,* permettez-moi de vous exprimer tout mon regret ♦ *s.m.* ce qui est permis.

ledere (*Pass.rem.* io lesi, tu ledesti ecc. *Part. pass.* leso) *v.tr.* **1** toucher, léser* **2** (*fig.*) atteinte (à) || — *gli interessi di qlcu,* léser les intérêts de qqn.

lega[1] (pl. -*ghe*) *s.f.* **1** ligue; (*associazione*) association: *unirsi in —,* se liguer || — *doganale, monetaria,* union douanière, monétaire || *è tutta una —!,* (*fig.*) c'est une cabale! **2** (*metall.*) alliage (*m.*); (*di metalli nobili*) aloi (*m.*) || *di buona, cattiva —,* de bon, mauvais aloi; *di bassa —,* de mauvais aloi; *scherzo di bassa —,* plaisanterie de mauvais goût || *sono tutti della stessa —,* ils sont tous de la même pâte.

lega[2] *s.f.* (*misura*) lieue.

legaccio *s.m.* lien, ficelle (*f.*); (*per scarpe*) lacet.

legale *agg.* légal* || *aver forza —,* avoir force de loi || *numero —,* quorum || *studi legali,* études juridiques; *consulente —,* conseiller juridique; *carta —,* papier timbré; *studio —,* étude d'avocat; *ufficio —,* (*di azienda*) bureau du contentieux; *medico —,* médecin légiste ♦ *s.m.* avocat.

legalità *s.f.* légalité || *che rientra nella —,* conforme à la loi.

legalitario *agg.* respectueux* de la loi, respectueux* de la légalité.

legalizzare *v.tr.* **1** légaliser; (*autenticare*) authentifier **2** (*regolarizzare*) régulariser.

legalizzazione *s.f.* **1** légalisation; (*autenticazione*) authentification **2** (*regolarizzazione*) régularisation.

legalmente *avv.* légalement.

legame *s.m.* lien (*anche fig.*); (*relazione*) liaison (*f.*) || — *chimico,* liaison chimique.

legamento *s.m.* (*anat.*) ligament.

legante *s.m.* (*edil.*) liant.

legare[1] (*cambia la g in gh davanti alle desinenze inizianti per e o i*) *v.tr.* **1** lier (*anche fig.*); (*con spago*) ficeler*; (*assicurare con una corda*) attacher || *è pazzo da —,* il est fou à lier || — *le mani a qlcu,* (*fig.*) lier les mains à qqn || *me la lego al dito!,* je ne suis pas près de l'oublier! || *i frutti acerbi legano i denti,* les fruits verts agacent les dents || — *le campane,* brider les cloches || (*med.*) — *un'arteria,* ligaturer une artère **2** (*metalli*) allier **3** (*incastonare*) sertir, enchâsser ♦ *v.intr.* **1** se lier (*anche fig.*); (*di metalli*) s'allier **2** (*accordarsi*) s'allier, s'accorder □ **legarsi** *v.pron.* se lier: — *troppo giovane per —* (*sentimentalmente*), il est trop jeune pour se lier sentimentalement avec qqn.

legare[2] *v.tr.* (*dir.*) léguer*.

legatario *s.m.* (*dir.*) légataire.

legato[1] *agg.* **1** lié: — *da un patto, da un voto,* lié à un pacte, par un vœu || *portare un braccio — al collo,* porter son bras en écharpe **2** (*privo di scioltezza*) raide.

legato[2] *s.m.* (*eccl.*) légat.

legato[3] *s.m.* (*dir.*) legs.

legatore (f. -*trice*) *s.m.* relieur*.

legatoria *s.f.* **1** boutique de relieur **2** (*arte del rilegare i libri*) reliure.

legatura *s.f.* **1** liage (*m.*); (*med.*) ligature **2** (*di libri*) reliure.

legazione *s.f.* légation.

legge *s.f.* **1** loi: *in base alla legge n. 744*, selon, d'après la loi nº 744; *la — della giungla*, la loi de la jungle || *l'uso fa —, l'usage a force de loi* || *dettar —*, dicter, faire la loi || *la — punisce...*, le code pénal punit... || *a norma, a termini di —*, aux termes de la loi, d'après la loi || *in nome della —*, au nom de la loi **2** (*giurisprudenza*) droit (*m.*): *studiare —*, étudier le droit; *laurea in —*, maîtrise de droit; *fare —*, (*all'università*) faire son droit □ **legge delega**, loi-délégation; **legge stralcio**, loi provisoire.

leggenda *s.f.* légende.

leggendario *agg.* légendaire.

leggere (*Pass.rem.* io lessi, tu leggesti ecc. *Part.pass.* letto) *v.tr.* lire* (*anche fig.*): *ci leggi qlco qui?*, est-ce que tu arrives à lire qqch ici? || *— la mano*, lire les lignes de la main || *— le carte*, tirer les cartes || (*comm.*) *in attesa di leggervi*, dans l'attente de votre réponse.

leggerezza *s.f.* légèreté (*anche fig.*).

leggermente *avv.* légèrement; (*alla leggera*) à la légère.

leggero *agg.* léger* (*anche fig.*) || *tenersi — (lo stomaco)*, ne pas se charger l'estomac || *una donna leggera*, une femme légère; *una testolina leggera*, une tête de linotte || *a passi leggeri*, d'un pied léger || *a cuor —*, d'un cœur léger || *alla leggera*, à la légère ♦ *avv.* légèrement || *mangiar —*, manger légèrement.

leggiadria *s.f.* grâce.

leggiadro *agg.* gracieux*, joli.

leggibile *agg.* lisible || **-mente** *avv.*

leggibilità *s.f.* lisibilité.

leggio *s.m.* pupitre; (*di chiesa*) lutrin.

legiferare *v.intr.* légiférer*.

legionario *agg.* e *s.m.* légionnaire.

legione *s.f.* légion || *la Legione Straniera*, la Légion Étrangère.

legislativo *agg.* législatif*.

legislatore *s.m.* législateur.

legislatura *s.f.* législature.

legislazione *s.f.* législation.

legittima *s.f.* (*dir.*) réserve, légitime.

legittimamente *avv.* légitimement.

legittimare *v.tr.* **1** (*dir.*) légitimer **2** (*giustificare*) justifier.

legittimazione *s.f.* (*dir.*) légitimation || *— processuale*, capacité spécifique d'ester en justice.

legittimità *s.f.* légitimité.

legittimo *agg.* légitime.

legna *s.f.* bois (*m.*): *fare —*, faire du bois || *stufa (che va) a —*, poêle à bois || *mettere, aggiungere — al fuoco*, (*fig.*) jeter de l'huile sur le feu || *portare — al bosco*, (*fig.*) porter de l'eau à la rivière.

legnaia *s.f.* bûcher (*m.*).

legname *s.m.* bois.

legnare *v.tr.* (*bastonare*) rosser.

legnata *s.f.* coup de bâton: *un fracco di legnate*, une raclée.

legno *s.m.* **1** bois: *— a pasta compatta*, bois plein; *— per falegnameria*, bois de menuiserie; *— per la carta*, bois à papier || *una testa di —*, (*fig.*) une tête de bois **2** (*pezzo di legno*) bûche (*f.*); (*bastone*) bâton.

legnoso *agg.* **1** ligneux* **2** (*fibroso*) filandreux* **3** (*fig.*) sec*; (*rigido*) raide.

legume *s.m.* légume.

leguminosa *s.f.* (*bot.*) (plante) légumineuse.

lei *pron.pers.f. di 3ª pers.sing.* **1** (*sogg., compl. dir. e compl. indir.*) elle: (*—*) *avrebbe voluto partire con te*, elle aurait voulu partir avec toi; *lasciamo che — scelga, lasciamo scegliere a —*, laissons-la choisir (elle-même); *chiedilo a —, non a noi*, demande-le à elle, pas à nous; *è —, non è —, mia cugina*, c'est elle, ce n'est pas elle, ma cousine; *è — che me l'ha chiesto, è stata — a chiedermelo*, c'est elle qui me l'a demandé; *non sarà certo — a vendere la casa*, ce n'est sûrement pas elle qui vendra la maison || *anche —*, elle aussi: *potrebbe capirlo anche —*, elle aussi pourrait le comprendre || *proprio —, — stessa*, elle-même: *ce l'ha proposto proprio —, è — stessa che ce l'ha proposto*, c'est elle-même qui nous l'a proposé || *da allora, non è più —, non sembra più —*, depuis lors elle n'est plus la même, on ne la reconnaît plus || *è tutta —*, (*di ritratto*) c'est tout à fait elle || *ha chiesto alla sua amica e poi ai figli di —*, il a demandé à son amie et ensuite aux enfants de celle-ci || *se fossi in —*, si j'étais elle, (si j'étais) à sa place || *non è da —, fare certe cose*, ce n'est pas dans son style (*o* ça ne lui ressemble pas) de dire, faire certaines choses || *il padre di —, il — padre*, son père **2** (*sogg. e compl. anche in —, nelle formule di cortesia*) vous: *se (—) permette*, si vous permettez; *saremo da — alle otto*, nous serons chez vous à huit heures; "*Quanto le devo?*" "*Faccia —, signora*", "Combien je vous dois?" "Ce que vous voulez, Madame"; *per il pranzo, faccia —, Giovanna*, pour le déjeuner voyez un peu vous-même, Jeanne; *non è da —, signora, dire certe cose*, ce n'est pas dans votre style (*o* ça ne vous ressemble pas), Madame, de dire certaines choses || *caro —!*, (*iron.*) cher ami! ♦ *s.m.: dare del — a qlcu*, vouvoyer qqn; *darsi del —*, se vouvoyer; *passare dal — al tu*, passer du vouvoiement au tutoiement; *gli italiani danno del —, i francesi usano il voi*, les Italiens emploient la formule de politesse *lei*, les Français emploient le *vous* ♦ *s.f.* (*fam.*) (*l'innamorata*) (petite) amie, petite copine: *non ha ancora trovato la sua —*, il n'a pas encore trouvé l'âme sœur (*o* la femme de sa vie).

leitmotiv (pl. *invar.*) *s.m.* leitmotiv* (*anche fig.*).

lembo *s.m.* coin; (*pezzo*) bout; (*di vestito*) pan: *un — di stoffa*, un bout d'étoffe; *il — di un mantello*, le pan d'un manteau || *l'estremo — d'Italia*, l'extrême pointe de l'Italie || *un — di cielo*, (*fig.*) un pan de ciel || *un — di pelle*, un lambeau de peau.

lemma *s.m.* **1** (*fil., mat.*) lemme **2** (*di dizionario*) article.

lemmario *s.m.* nomenclature (*f.*).

lemme lemme *locuz.avv.* tout tranquillement.

lemure *s.m.* **1** lémure **2** (*zool.*) lémurien.

lena *s.f.* énergie; (*zelo*, *entusiasmo*) ardeur: *lavorare di (gran) —, di buona —*, travailler avec entrain || *riprender—, (anche fig.*) reprendre haleine.

lendine *s.m.* o *f.* lente (*f.*).

lenimento *s.m.* adoucissement.

leninismo *s.m.* (*st.*) léninisme.

leninista *s.m.* (*st.*) léniniste.

lenire (*coniug. come* finire) *v.tr.* calmer; (*fig.*) adoucir.

lenitivo *agg.* e *s.m.* lénitif*.

lenocinio *s.m.* **1** maquerellage **2** (*fig.*) artifice.

lenone *s.m.* maquereau*; (*ruffiano*) ruffian.

lentamente *avv.* lentement.

lente *s.f.* **1** lentille: *— d'ingrandimento*, lentille grossissante, loupe **2** *pl.* (*da vista*) verres (*m.*); (*occhiali*) lunettes || *lenti a contatto morbide, rigide*, verres de contact souples, rigides **3** (*bot.*) lentille.

lentezza *s.f.* lenteur.

lenticchia *s.f.* (*bot.*) lentille.

lenticolare *agg.* lenticulaire.

lentiggine *s.f.* (*spec.pl.*) lentigo; (*fam.*) tache de rousseur.

lentigginoso *agg.* plein de taches de rousseur.

lentisco (*pl.* -chi) *s.m.* (*bot.*) lentisque.

lento *agg.* **1** lent (à) || *cuocere a fuoco —*, cuire à feu doux **2** (*allentato*) lâche **3** (*mus.*) lento ♦ *s.m.* (*ballo*) slow ♦ *avv.* lentement, doucement.

lenza *s.f.* **1** ligne: *pesca con la —*, pêche à la ligne **2** (*fam.*) (*furbo*) roublard (*m.*).

lenzuolo (*pl.* i *lenzuoli*; anche le *lenzuola*, spec. con riferimento al paio che si stende sul letto) *s.m.* drap (de lit): *— a una piazza, a due piazze*, petit drap, grand drap || *— da bagno*, serviette de bain || *— mortuario*, linceul || *un candido — di neve*, (*fig.*) un blanc manteau de neige || *bianco come un —*, blanc comme un linge.

leonardesco (*pl.* -chi) *agg.* de Léonard de Vinci || *paesaggio —*, paysage à la Léonard de Vinci.

leoncino *s.m.* lionceau*.

leone *s.m.* **1** lion (*anche fig.*) || *— marino*, lion de mer **2** (*astr.*) Leone, Lion.

leonessa *s.f.* lionne.

leonino *agg.* de lion, léonin.

leopardiano *agg.* de Léopardi; dans le style de Léopardi.

leopardo *s.m.* léopard.

lepidezza *s.f.* esprit (*m.*); (*motto arguto*) trait d'esprit.

lepido *agg.* spirituel*, plein d'esprit.

lepidottero *s.m.* (*zool.*) lépidoptère.

leporino *agg.* de lièvre || (*med.*) *labbro —*, bec-de-lièvre.

lepre *s.f.* lièvre (*m.*); (*femmina*) *hase.

leprotto *s.m.* levraut.

lercio *agg.* crasseux*.

lerciume *s.m.* crasse (*f.*).

lesbica (*pl.* -che) *s.f.* lesbienne.

lesbico (*pl.* -ci) *agg.* lesbien*.

lesbismo *s.m.* lesbisme.

lesena *s.f.* (*arch.*) pilastre (*m.*).

lesina *s.f.* (*strumento*) alêne.

lesinare *v.intr.* lésiner ♦ *v.tr.* lésiner (sur) || *— il centesimo*, être près de ses sous.

lesionare *v.tr.* lézarder □ **lesionarsi** *v.pron.* se lézarder.

lesione *s.f.* **1** lésion **2** (*crepa, fenditura*) lézarde **3** (*fig.*) atteinte.

lesivo *agg.* qui porte atteinte (à).

leso *agg.* (*di edificio*) lézardé; (*med.*) lésé || (*dir.*): *lesa maestà*, lèse-majesté; *la parte lesa*, la partie lésée.

lessare *v.tr.* faire* bouillir, faire* cuire à l'eau.

lessicale *agg.* lexical*.

lessico (*pl.* -ci) *s.m.* lexique.

lessicografia *s.f.* lexicographie.

lessicografo *s.m.* lexicographe.

lessicologia *s.f.* lexicologie.

lessicologo (*pl.* -gi) *s.m.* lexicologue.

lesso *agg.* bouilli ♦ *s.m.* (*cuc.*) pot-au-feu*, bouilli: *un chilo di —*, un kilo de viande pour pot-au-feu, à bouillir.

lesto *agg.* leste, agile; (*rapido*) rapide || *essere — di gambe*, avoir de bonnes jambes; *essere — di mano*, avoir la main leste, (*essere ladro*) avoir les doigts crochus; *essere — di lingua*, avoir la répartie facile || *se ne andò —*, il partit à toute vitesse.

lestofante *s.m.* filou.

letale *agg.* **1** mortel* **2** (*biol.*) létal*.

letamaio *s.m.* fosse à fumier; (*fig.*) porcherie (*f.*).

letame *s.m.* fumier.

letargico (*pl.* -ci) *agg.* léthargique.

letargo (*pl.* -ghi) *s.m.* léthargie (*f.*) (*anche fig.*): *scuotere dal —*, tirer de sa léthargie || (*zool.*): *— invernale*, hibernation; *— estivo*, estivation.

letizia *s.f.* (*gioia*) joie; (*serenità*) sérénité: *in —*, dans la joie.

letta *s.f.* (*lettura affrettata*) *dare una — a*, donner un coup d'œil à.

lettera *s.f.* **1** lettre: *numero in lettere*, nombre en toutes lettres || *eseguire un ordine alla —*, exécuter un ordre à la lettre; *prendere qlco alla —*, prendre qqch au pied de la lettre; *tradurre alla —*, traduire littéralement, mot à mot **2** (*missiva*) lettre || (*giornalismo*) *lettere al direttore*, courrier des lecteurs || (*comm.*) *segue —*, lettre suit **3** *pl.* (*letterature*) lettres || *dottore in lettere*, docteur ès lettres **4** (*Borsa*) offre.

letterale *agg.* littéral*.

letteralmente *avv.* littéralement.

letterariamente *avv.* littérairement.

letterarietà *s.f.* littérarité.

letterario *agg.* littéraire.

letterato *agg.* lettré ♦ *s.m.* homme de lettres.

letteratura *s.f.* littérature: *— infantile, per l'infanzia*, littérature pour enfants.

lettiera *s.f.* litière.

lettiga (*pl.* -ghe) *s.f.* **1** civière, brancard (*m.*) **2** (*portantina*) litière.

lettighiere *s.m.* brancardier.

lettino *s.m.* **1** petit lit, lit d'enfant: *— con le sbar-*

re, lit à barreaux || — *da campo*, lit de camp, lit pliant; — *da spiaggia*, chaise-longue; — *da giardino*, (*su ruote*) lit brouette || — (*dello psicanalista*), divan **2** (*per visita medica*) lit d'examen.

letto *s.m.* lit: — *a una piazza*, lit une personne; — *a due piazze*, lit double, deux personnes; — *matrimoniale*, grand lit; *fare il* —, refaire le lit; — *pieghevole*, lit pliant; *andare a* —, se coucher; *dormire in letti separati*, faire lit à part; *mettere a* —, mettre au lit, coucher; *essere a* —, être au lit; *stare a* —, (*per malattia*) garder le lit; *mettersi a* — *ammalato*, s'aliter; *ha fatto un mese di* —, il est resté un mois au lit; *alzarsi dal* —, se lever; *stare a* — *sino a tardi*, faire la grasse matinée || *cambiare il* —, changer les draps et les taies || *figlio di primo, secondo* —, enfant du premier, du second lit || *il* — *del fiume*, le lit du fleuve || (*agr.*) — *caldo*, couche chaude.

lettone *agg.* e *s.m.* letton.

lettorato *s.m.* lectorat.

lettore (*f. -trice*) *s.m.* **1** lecteur* **2** (*apparecchio*) lecteur.

lettura *s.f.* lecture (*anche fig.*): *di facile* —, facile à lire; *a una prima* —, à la première lecture; *il libro è in* —, (*in biblioteca*) le livre est emprunté || — *del contatore del gas*, relevé du compteur du gaz.

letturista *s.m.* (*di gas, acqua ecc.*) releveur (de compteurs à gaz, à l'eau, etc.).

leucemia *s.f.* (*med.*) leucémie.

leucemico (pl. -*ci*) *agg.* e *s.m.* leucémique.

leucocita *s.m.* (*biol.*) leucocyte.

leucoma *s.m.* (*med.*) leucome.

leucorrea *s.f.* (*med.*) leucorrhée.

leva[1] *s.f.* levier (*m.*): *avere le leve del comando*, (*fig.*) tenir les leviers de commande || *far* — *su*, faire levier sur, (*fig.*) faire appel à; *far* — *sull'orgoglio di qlcu*, flatter l'orgueil de qqn.

leva[2] *s.f.* (*mil.*) recrutement (*m.*): *passare la visita di* —, passer (devant) le conseil de révision; (*servizio di*) —, service militaire; *obbligo di* —, obligation militaire; *liste di* —, rôles militaires; *i giovani di* —, le contingent; *chiamare alla* —, appeler; *essere di* —, être appelé; *militare di* —, appelé; *esente dalla* —, exempt du service militaire; *scartato alla* —, réformé; *renitente alla* —, réfractaire || — *in massa*, levée en masse || *la* — *del 1970*, la classe 1970 || *le nuove leve*, (*fig.*) les nouvelles générations.

levante *agg.* levant ♦ *s.m.* levant; est: *finestre a* —, fenêtres au levant; *dirigersi a* —, se diriger vers l'est.

levantino *agg.* e *s.m.* levantin.

levare[1] *v.tr.* **1** lever* (*portar via, levar via*) enlever* (*di dosso*) ôter: — *l'assedio*, lever le siège; *leva di lì quel libro*, enlève ce livre de là; — *l'arrosto dal fuoco*, retirer le rôti du feu; — *una macchia*, enlever une tache; *levarsi il cappotto*, ôter son manteau; *farsi* — *un dente*, se faire arracher une dent; — *qlco di tasca*, sortir qqch de sa poche || — *un ragazzo da una scuola*, retirer un enfant d'une école || — *la posta*, faire la levée du courrier || *levati di mezzo*, tire-toi de là || *levarsi qlco dal cuore*,

libérer son cœur d'un souci || *levarsi la fame, la sete*, calmer sa faim, étancher sa soif || *levami una curiosità*, ôte-moi une curiosité || *due scapaccioni non te li leva nessuno*, tu vas avoir deux claques, tu n'y couperas pas || *levatelo dalla testa!*, ôte-toi ça de la tête! || (*mat.*) — *cinque da dieci*, soustraire cinq de dix || *se si leva, si levano..., (se si eccettua, si eccettuano)* (mis) à part... **2** (*alzare, sollevare*) lever* || — *di peso*, soulever comme un poids mort || — *il bicchiere alla salute di qlcu*, lever son verre à la santé de qqn || — *un grido*, jeter un cri || — *il pensiero a Dio*, élever sa pensée vers Dieu **3** (*di documenti*) (*ritirare*) retirer **4** (*tirare, attingere*) tirer: — *il vino dalla botte*, tirer le vin du tonneau □ **levarsi** *v.pron.* se lever* (*involo*) s'envoler; (*innalzarsi*) s'élever*: — *in piedi*, se lever; — *a parlare*, se lever pour parler; *un grido si levò dalla folla*, un cri s'éleva de la foule || — *in difesa di qlcu*, se lever pour défendre qqn || *levati!*, (*fam.*) débarrasse le plancher!

levare[2] *s.m.* **1** (*astr.*) lever **2** (*mus.*) levé.

levata *s.f.* **1** lever (*m.*) || — *di scudi*, (*fig.*) levée de boucliers **2** (*mil.*) diane **3** (*della posta*) levée.

levataccia *s.f.*: *fare una* —, tomber du lit, se lever aux aurores.

levatoio *agg.*: *ponte* —, pont-levis*; (*nelle costruzioni moderne*) pont basculant.

levatrice *s.f.* (*fam.*) sage-femme*.

levatura *s.f.* envergure.

levetta *s.f.* manette.

levigare (*coniug. come legare*) *v.tr.* polir.

levigatezza *s.f.* poli (*m.*).

levigato *agg.* poli (*anche fig.*) || *viso* —, visage lisse.

levigatrice *s.f.* (*macchina*) polisseuse.

levigatura, levigazione *s.f.* **1** (*tecn.*) polissage (*m.*) **2** (*geogr.*) érosion.

levita *s.m.* (*st. ebraica*) lévite.

levitazione *s.f.* lévitation.

levriere, levrioro *s.m.* lévrier.

lezione *s.f.* **1** leçon (*anche fig.*); (*spec. al liceo e all'università*) cours (*m.*); (*nelle scuole elementari*) classe: *una* — *di francese*, un cours de français; *lezioni private*, des cours particuliers, des leçons particulières; *far* —, faire son cours, (*alle elementari*) faire la classe; *perdere una* —, manquer un cours; *oggi non c'è* —, aujourd'hui il n'y a pas (de) cours; *oggi ho* —, aujourd'hui j'ai cours; *ho* — *di tennis*, j'ai mon cours de tennis; *prende lezioni di tennis*, il prend des leçons de tennis || *assegnare la* —, donner les devoirs, les leçons; *studiare la* —, étudier sa leçon || *è stata una dura* —, ça a été une dure leçon; *non accetto lezioni da nessuno*, je ne reçois de conseils de personne **2** (*nella critica testuale*) leçon, variante.

leziosaggine *s.f.* **1** affectation, mièvrerie **2** *pl.* (*moine*) manières, mièvreries.

leziosamente *avv.* avec affectation, mièvrement.

lezioso *agg.* mièvre, maniéré: *stile* —, style affecté || *fare la lezioso*, minauder.

lezzo *s.m.* puanteur (*f.*).

li *pron. pers. m. di 3ª pers.pl.* (*compl. ogg.*) les: *de-*

sidera salutarli, elle désire les saluer; *vorrei vederli qui,* — *vorrei vedere qui*, je voudrais les voir ici; *aspettiamoli qui, non* — *aspettiamo qui*, attendons-les ici, ne les attendons pas ici; *portameli, non portarmeli, non me* — *portare*, apporte-les-moi, ne me les apporte pas; *osservandoli bene*, en les regardant bien • Per le forme composte con il pron. *gli* → *glieli*.

lì *avv.* **1** là || *fermo* —!, *(fermati)* arrête-toi!; *(smettila!)* arrête!; *(non muoverti)* ne bouge pas! || *guarda* — *che disastro!*, mais regardez-moi un peu ce désastre! || *essere* —: *siamo sempre* —, *(alle solite)* c'est toujours la même histoire; *(allo stesso punto)* nous en sommes toujours au même point; *se non ha settant'anni siamo* —, il ne doit pas avoir loin de soixante-dix ans; *se non sono 1000 km siamo* —, cela ne fait pas loin de 1000 km; *se non sono mille, siamo* —, s'ils ne sont pas mille, il s'en faut de peu **2** *(rafforzativo di quello)*-là: *quel libro* —, ce livre-là; *prenderò quello* —, je prendrai celui-là □ **di lì** *locuz.avv.* *(moto da luogo)* de là; *(moto per luogo)* par là: *(vai) via di* —, sors de là; *sono passato di* — *poco fa*, je suis passé par là il n'y a pas longtemps; *si entra di* —, *(da quella parte)* on entre de ce côté-là, par là; *si è arrampicato su di* —, il a grimpé par là || *di* — *a poco*, quelque temps après; *di* — *a un mese, un anno*, au bout d'un mois, d'un an □ **lì lì per** *locuz.avv.* sur le point de: *stava* — — *per piangere*, elle était sur le point de pleurer; *fu* — — *per morire*, il faillit mourir; *non è caduta ma è stata* — —, elle n'est pas tombée, mais il s'en est fallu de peu; *il mio arrosto non è bruciato ma era* — — *per*, mon rôti n'a pas brûlé mais il était moins une, moins cinq □ **lì per lì** *locuz.avv.* *(dapprima)* (tout) d'abord; *(sul momento)* sur le moment; *(sui due piedi)* sur-le-champ.

liana *s.f.* *(bot.)* liane.
libagione *s.f.* libation.
libanese *agg.* e *s.m.* libanais.
libare *v.tr.* *(letter.)* faire* une libation; *(assaporare)* goûter.
libbra *s.f.* livre.
libeccio *s.m.* libeccio, vent du sud-ouest.
libellista *s.m.* pamphlétaire; *(letter.)* libelliste.
libello *s.m.* pamphlet; *(letter.)* libelle.
libellula *s.f.* libellule.
liberale *agg.* e *s.m.* libéral* || **-mente** *avv.*
liberalismo *s.m.* libéralisme.
liberalità *s.f.* libéralité.
liberalizzare *v.tr.* libéraliser.
liberalizzazione *s.f.* libéralisation.
liberamente *avv.* librement.
liberare *v.tr.* **1** libérer*; *(spec. fig.)* délivrer; *(sciogliere, sgomberare)* dégager*; — *un prigioniero*, libérer, délivrer un prisonnier; — *qlcu da un pericolo*, délivrer qqn d'un danger; — *da una stretta*, dégager d'une étreinte; — *da una promessa*, dégager d'une promesse || *libera il tavolo dai libri*, débarrasse la table de ces livres || *Dio ce ne liberi!*, que Dieu nous en préserve! **2** *(affrancare)* affranchir □ **liberarsi** *v.pron.* se libérer*: *cer-*

cherò di liberarmi domani, j'essaierai de me rendre libre demain; *il telefono si è liberato*, le téléphone est libre; *siediti, si è liberato un posto*, assieds-toi, il y a une place; — *dai pregiudizi*, se débarrasser de ses préjugés.
liberato *agg.* libéré; *(fig.)* délivré.
liberatore (f. -*trice*) *agg.* e *s.m.* libérateur*.
liberatorio *agg.* libérateur*; *(dir.)* libératoire.
liberazione *s.f.* libération; *(fig.)* délivrance.
liberiano *agg.* e *s.m.* libérien*.
liberismo *s.m.* libre-échange*.
liberista *s.m.* *(econ.)* libre-échangiste*.
libero *agg.* libre: — *cittadino*, homme libre; *lasciare* — *un prigioniero*, libérer un prisonnier; *lasciare* — *il passaggio*, prière de ne pas stationner; *non c'è un posto* —, il n'y a pas une place de libre; *lasciare libera una camera*, libérer, quitter une chambre; *il telefono dà* —, la ligne est libre; *non ho un momento* —, je n'ai pas un moment de libre; *ha il sabato* —, il a son samedi de libre; *oggi è il mio giorno* —, aujourd'hui c'est mon jour de congé; *quando sarò* —, quand j'aurai du temps libre; *sei* — *di*, libre à toi de || *è un* — *professionista*, il exerce une profession libérale || *certificato, fede di stato* —, certificat de célibat || *essere* — *di sé*, être indépendant || *avere mano libera*, *(fig.)* avoir les mains libres || *disegno a mano libera*, dessin à main levée || — *da imposte*, exempt d'impôts || *campeggio* —, camping sauvage || *sport e tempo* —, sport et loisirs.
libertà *s.f.* liberté: *concedere la* — *a uno schiavo*, affranchir un esclave || *mettere in* —, mettre en liberté; *(licenziare)* renvoyer || *mettersi in* —, se mettre à son aise || *è il mio giorno di* —, c'est mon jour de congé || *prendersi la* — *di*, prendre la liberté de || *prendersi delle* —, en prendre trop à son aise; *(mancare di rispetto)* se permettre des privautés || *trattare qlcu con troppa* —, traiter qqn avec trop de familiarité.
libertario *agg.* e *s.m.* libertaire.
liberticida *agg.* e *s.m.* liberticide.
libertinaggio *s.m.* libertinage.
libertino *agg.* e *s.m.* libertin.
liberto *s.m.* *(st.)* affranchi.
liberty *agg.* e *s.m.* art nouveau.
libico (pl. -*ci*) *agg.* libyen*, libyque ♦ *s.m.* libyen*.
libidine *s.f.* luxure; *(fig.)* convoitise || *(dir.)* *atti di* —, attentat, outrage à la pudeur.
libidinoso *agg.* libidineux*.
libido *s.f.* *(psic.)* libido.
libraio *s.m.* libraire.
librario *agg.* du livre, des livres || *novità librarie*, nouveautés de librairie.
librarsi *v.pron.* **1** s'élever* **2** *(tenersi in equilibrio)* se tenir* en équilibre || *volo librato*, vol plané.
libreria *s.f.* **1** librairie **2** *(mobile)* bibliothèque.
libresco (pl. -*chi*) *agg.* livresque.
librettista *s.m.* librettiste.
libretto *s.m.* **1** livret: — *di risparmio*, livret de caisse d'épargne; — *sanitario*, carte d'immatriculation à la sécurité sociale; — *di lavoro*, carte de travail (délivrée à tous les salariés en Italie); —

universitario, livret universitaire; — *di assegni*, carnet de chèques, chéquier || (*aut.*): — *di circolazione*, carte grise; — *di manutenzione*, notice d'entretien **2** (*mus.*) libretto.

libro *s.m.* **1** livre: — *usato*, livre d'occasion; *libri per bambini, per ragazzi*, livres d'enfants, pour la jeunesse; *libri di testo*, livres scolaires; *passa le giornate sui libri*, il passe tout son temps dans les livres || — *giallo*, roman policier || — *bianco*, livre blanc || *i Libri Sacri*, les Livres Saints || *è un* — *chiuso*, (*fig.*) c'est lettre close || *parlare come un* — *stampato*, parler comme un livre || (*amm.*): — *mastro*, grand livre; *libri contabili*, livres de comptabilité; — *paga*, registre des salaires; *mettere a* —, enregistrer || — *dei battesimi, dei matrimoni, dei morti*, registre des baptêmes, des mariages, des décès || *mettere sul* — *nero*, (*fig.*) mettre sur la liste noire || (*sport*) *il* — *d'oro*, le palmarès **2** (*bot.*) liber.

licantropo *s.m.* lycanthrope.

liccio *s.m.* (*ind. tess.*) lisse (*f.*).

liceale *agg.* du lycée: *studente* —, lycéen; *licenza* —, baccalauréat ◊ *s.m.* lycéen*.

liceità *s.f.* caractère licite.

licenza *s.f.* **1** licence; (*permesso*) permis (*m.*) || — *di caccia*, permis de chasse || — *di porto d'armi*, autorisation de port d'armes || *con la* — *di*, avec l'autorisation de **2** (*spec. mil.*) congé (*m.*); (*di breve durata*) permission: — *per malattia*, congé de maladie; *essere in* —, être en permission; *soldato in* —, permissionnaire **3** (*diploma di studi*) (*scuola elementare*) certificat d'études primaires; (*scuola media inferiore*) brevet d'études du premier cycle, BEPC; (*liceo*) baccalauréat (*m.*) **4** (*libertà*) liberté; licence: *prendersi la* — *di*, prendre la liberté de || *con* — *parlando*, passez-moi l'expression || (*lett.*) — *poetica*, licence poétique.

licenziamento *s.m.* licenciement, renvoi; (*di operai*) débauchage; (*di funzionari*) révocation (*f.*): — *per giusta causa*, licenciement pour juste cause; — *ingiusto*, renvoi non justifié || *lettera di* —, lettre de renvoi || *indennità di* —, indemnité de renvoi.

licenziare *v.tr.* **1** renvoyer*; (*operai per mancanza di lavoro*) débaucher, licencier; (*funzionari*) révoquer: — *in tronco*, licencier sans préavis **2** (*conferire una licenza scolastica*) faire* passer le BEPC (brevet d'études du premier cycle) (à) **3** (*congedare*) congédier, donner congé (à) || (*tip.*) — *alle stampe*, donner le bon à tirer □ **licenziarsi** *v.pron.* **1** donner son congé; (*dimettersi*) démissionner **2** (*conseguire una licenza scolastica*) être* reçu au BEPC **3** (*congedarsi*) prendre* congé.

licenziato *agg.* renvoyé; (*per mancanza di lavoro*) licencié; (*di funzionario*) révoqué.

licenziosità *s.f.* licence.

licenzioso *agg.* licencieux* || -**mente** *avv.*

liceo *s.m.* lycée: — *classico, scientifico, artistico, linguistico*, lycée section classique, scientifique, artistique, langues vivantes.

lichene *s.m.* (*bot.*) lichen.

licitazione *s.f.* **1** (*offerta a un'asta*) enchère **2** (*dir.*) licitation: — *privata*, licitation amiable **3** (*bridge*) annonce.

lido *s.m.* **1** bord, rivage || *salpare per altri lidi*, partir sous d'autres cieux **2** (*lingua di sabbia parallela alla costa*) lido.

lietamente *avv.* gaiement; (*con allegria*) joyeusement.

lieto *agg.* gai; (*allegro*) joyeux*; (*felice*) heureux*: *in lieta compagnia*, en joyeuse compagnie; *essere* —, être heureux || *molto* — (*di conoscerla*), enchanté (de vous connaître) || *una lieta novella*, une bonne nouvelle || *un* — *evento*, un heureux événement || *dramma a* — *fine*, drame qui finit bien || *saremo lieti di inviarvi...*, nous nous ferons un plaisir de vous adresser...

lieve *agg.* **1** léger* **2** (*facile*) facile.

lievemente *avv.* (*leggermente*) légèrement; (*con delicatezza*) doucement.

lievità *s.f.* légèreté.

lievitare *v.intr.* **1** lever*: *il dolce non è ben lievitato*, le gâteau n'a pas bien levé **2** (*fig.*) (*aumentare*) monter.

lievitazione *s.f.* **1** levée **2** (*aumento*) *hausse.

lievito *s.m.* **1** levure (*f.*); (*per panificazione*) levain: — *di birra*, levure de bière **2** (*fig.*) levain.

lift *s.m.* liftier.

liftare *v.tr.* (*tennis*) lifter.

lifting (pl. *invar.*) *s.m.* lifting.

ligio *agg.* fidèle (à); (*rispettoso*) respectueux* (de).

lignaggio *s.m.* lignage.

ligneo *agg.* de bois, en bois.

lignificarsi (*coniug. come* mancare) *v.pron.* se lignifier.

lignite *s.f.* (*min.*) lignite (*m.*).

ligure *agg.* e *s.m.* ligurien*.

ligustro *s.m.* (*bot.*) troène.

lilla (pl. *invar.*) *agg.* e *s.m.* (*colore*) —, (couleur) lilas.

lillà (pl. *invar.*) *s.m.* (*bot. pop.*) lilas.

lillipuziano *agg.* e *s.m.* lilliputien*.

lima *s.f.* lime: — *per le unghie*, lime à ongles || *da traforo*, queue-de-rat; — *da legno*, râpe || *lavoro di* —, (*fig.*) la dernière touche; *lavorare di* —, mettre la dernière main à.

limaccia (pl. *-ce*) *s.f.* (*zool.*) limace.

limaccioso *agg.* limoneux*; (*fangoso*) vaseux*.

limanda *s.f.* (*zool.*) limande.

limare *v.tr.* **1** limer (*anche fig.*) **2** (*rodere*) ronger*.

limatore *s.m.* limeur.

limatura *s.f.* **1** (*il limare*) limage (*m.*) **2** (*polvere di limatura*) limaille.

limbo *s.m.* limbes (*pl.*).

limetta *s.f.* (*per le unghie*) lime à ongles.

limitabile *agg.* limitable.

limitare[1] *s.m.* (*dell'uscio*) seuil, pas; (*del bosco*) orée (*f.*), lisière (*f.*): *sul* — (*dell'uscio*), sur le seuil, sur le pas de la porte, (*del bosco*), à la lisière, à l'orée.

limitare[2] *v.tr.* **1** (*delimitare*) limiter; (*segnare i confini*) borner: *pietre miliari limitano il campo*, des bornes limitent le champ; *una siepe limita il campo*, une haie borne le champ || *— la vista*, barrer la vue **2** (*mettere un limite, contenere*) limiter □ **limitarsi** *v.pron.* se limiter; (*fare una cosa soltanto*) se borner: *— nel bere*, se limiter dans la boisson; *— all'essenziale*, se limiter à l'essentiel; *si limitò ad alzare le spalle*, il se borna à hausser les épaules.

limitatamente *avv.* d'une manière limitée □ **limitatamente a** *locuz.prep.* dans les limites (de).

limitatezza *s.f.* étroitesse.

limitativo *agg.* limitatif*.

limitato *agg.* limité; (*fig.*) borné: (*edizione a*) *tiratura limitata*, (édition à) tirage limité; *con diffusione limitata*, de diffusion restreinte; *persona limitata nelle pretese*, personne de peu de prétentions || *una mente, una persona limitata*, (*fig.*) un esprit borné, une personne bornée || *velocità limitata*, vitesse réduite.

limitazione *s.f.* limitation.

limite *s.m.* limite (*f.*): *tutto ha un —*, il y a une limite à tout || *non avere, non conoscere limiti*, ne pas avoir de bornes; *impegnarsi al — delle proprie possibilità*, s'investir au maximum de ses possibilités; *essere al — della sopportazione*, être sur le point d'éclater; *la pazienza ha un —!*, la patience a des limites! || *questo esce dai, nei limiti della mia competenza*, cela n'entre pas dans mes compétences, cela est de mon ressort || *ai limiti di*, à la limite de || *— di guardia*, marge de sécurité || *per raggiunti limiti di età*, pour limite d'âge || *senza — di tempo, di durata*, sans limitation de temps, de durée || *entro certi limiti*, dans une certaine mesure || *ai limiti dell'impossibile*, à la limite de l'impossible || *un caso —*, un cas limite || *— di carico*, charge (maximum) autorisée || (*sport*) *punizione dal —*, coup franc à la limite de la surface de réparation.

limitrofo *agg.* limitrophe.

limo *s.m.* **1** (*fango*) vase (*f.*) **2** (*geol.*) limon.

limonaia *s.f.* (*serra*) orangerie.

limonata *s.f.* **1** citronnade **2** (*spremuta di limone*) citron pressé.

limoncina *s.f.* (*bot.*) citronnelle.

limone *s.m.* **1** (*pianta*) citronnier **2** (*frutto*) citron: *una spremuta di —*, un citron pressé.

limpidamente *avv.* avec limpidité.

limpidezza *s.f.* limpidité.

limpido *agg.* limpide.

lince *s.f.* (*zool.*) lynx (*m.*) || *occhi di —*, (*fig.*) des yeux de lynx.

linciaggio *s.m.* lynchage || *— morale*, persécution morale.

linciare (*coniug. come cominciare*) *v.tr.* lyncher.

lindo *agg.* net*; (*pulito; curato nell'aspetto*) propre: *lenzuola linde*, des draps immaculés; *casa linda e pulita*, maison propre et nette.

lindore *s.m.* propreté (*f.*).

linea *s.f.* ligne: *in — retta*, en ligne directe; *le linee della mano, del cuore, della fortuna, della vita*, les lignes de la main, de cœur, de chance, de vie || *in prima —*, (*anche fig.*) en première ligne; *in secon-*

da —, (*anche fig.*) au second plan || *in — generale, di massima*, en principe || *a grandi linee*, à grands traits || *in — d'aria*, à vol d'oiseau || *in — materna, paterna*, par son père, par sa mère || *mettersi in — con*, suivre || (*sport*) *la — di difesa*, la défense || *— spartitraffico*, (*sulle strade*) ligne de sécurité || *— di confine*, ligne frontière || *— di battaglia*, ligne du feu || *lavori lungo la —*, travaux sur la ligne; *interruzione della —*, (*ferr.*) interruption sur la ligne, (*tel.*) interruption de la ligne || (*al telefono*): *Milano in —!*, Milan à l'appareil!; *stia in —!*, ne quittez pas!; *è caduta la —*, on a été coupé || (*radio, tv*) *dare, restituire la —*, donner, rendre l'antenne || *avere poche linee di febbre*, avoir un peu de fièvre; *la febbre gli è scesa di qualche —*, sa fièvre est un peu tombée || *avere una bella —*, (*di abiti, capelli*) avoir une coupe remarquable; (*di una donna*) être bien faite || (*codice morse*) *— e punto*, trait et points.

lineamenti *s.m.pl.* **1** traits: *nei — mi ricorda suo padre*, ses traits me rappellent son père **2** (*elementi fondamentali*) éléments.

lineare *agg.* **1** linéaire **2** (*fig.*) (*coerente, chiaro*) clair, cohérent.

linearità *s.f.* linéarité; (*spec. fig.*) cohérence.

linearmente *avv.* d'une manière cohérente.

lineetta *s.f.* (*segno ortografico*) tiret (*m.*); (*trattino di unione*) trait d'union.

linfa *s.f.* **1** (*biol.*) lymphe **2** (*bot.*) lymphe, sève **3** (*fig.*) (*alimento, nutrimento*) aliment (*m.*) || *— vitale*, sève.

linfatico (pl. *-ci*) *agg. e s.m.* lymphatique.

linfatismo *s.m.* (*med.*) lymphatisme.

linf(o)- *pref.* lymph(o)-

linfocito *s.m.* (*biol.*) lymphocyte.

linfoma *s.m.* (*med.*) lymphome.

linfonodo *s.m.* (*med.*) ganglion lymphatique.

lingotto *s.m.* lingot.

lingua *s.f.* langue (*anche fig.*): *mordersi la —*, se mordre la langue; *mostrare la —*, montrer sa langue; (*far le boccacce*) tirer la langue || *— biforcuta, di vipera*, langue de vipère; *— tagliente, — che taglia e cuce*, langue acérée, pointue || *avere la — lunga*, avoir la langue trop longue; *avere la — sciolta*, avoir la langue bien pendue || *che —!*, quel bagou! || *parli solo perché hai la — in bocca*, tu parles pour le plaisir de parler, pour ne rien dire || *hai perso la —?, non hai la — in bocca?*, tu as avalé ta langue? || *l'avevo sulla punta della —*, je l'avais sur le bout de la langue || *in buona —*, en bon français, italien, etc.; *in —*, (*contrapposto a 'in dialetto'*) en français, italien, etc. || *studiare lingue*, étudier les langues || *madre —, — materna*, langue maternelle; *— madre*, langue mère || (*cuc.*) *— salmistrata*, langue à l'écarlate.

linguaccia *s.f.* **1** *fare una — a qlcu* tirer la langue à qqn **2** (*persona maldicente*) mauvaise langue.

linguacciuto *agg.* (*pettegolo*) potinier*; (*petulante*) impertinent.

linguaggio *s.m.* langage: *il — infantile*, le langage

de l'enfant; *il — sportivo*, le langage du sport; *che —!*, quel vocabulaire!

linguale *agg.* lingual*.

linguetta *s.f.* languette; (*mecc.*) clavette.

linguista *s.m.* linguiste.

linguistica *s.f.* linguistique.

linguistico (pl. *-ci*) *agg.* linguistique || *-mente* *avv.*

linificio *s.m.* filature de lin.

linimento *s.m.* liniment.

lino *s.m.* lin || *l'industria del —*, l'industrie linière.

linoleum *s.m.* linoléum.

linone *s.m.* (*tess.*) linon.

linotipia *s.f.* linotypie.

linotipista *s.m.* linotypiste.

linotype *s.f.* linotype.

liocorno *s.m.* (*mit.*) licorne (*f.*).

liofilizzato *agg.* e *s.m.* lyophilisé.

liofilizzazione *s.f.* lyophilisation.

lionese *agg.* e *s.m.* lyonnais.

lipide *s.m.* (*biochim.*) lipide.

lipo- *pref.* lipo-

lipoaspirazione *s.f.* (*med.*) lipo-aspiration.

liposolubile *agg.* (*chim.*) liposoluble.

liposoma *s.m.* (*biol.*) liposome.

liposuzione *s.f.* (*med.*) liposuccion.

lippa *s.f.* (*gioco infantile*) bâtonnet (*m.*).

liquame *s.m.* purin.

liquefare (*coniug. come* fare) *v.tr.* **1** liquéfier; (*fondere*) fondre* **2** (*fig.*) dissiper □ **liquefarsi** *v.pron.* **1** se liquéfier; (*fondersi*) fondre* **2** (*fig.*) (*disperdersi*) s'évanouir*.

liquefazione *s.f.* **1** fusion; (*di neve, ghiaccio*) fonte **2** (*fis.*) liquéfaction.

liquidare *v.tr.* **1** liquider (*anche fig.*) || *— le spese*, régler les frais; *— gli arretrati*, acquitter les arriérés; *— un creditore*, désintéresser un créancier; *— una pensione*, allouer une pension || *— un'eredità*, évaluer un héritage || *— qlcu.* (*fam.*) (*ucciderlo*) liquider qqn; *mi ha liquidato con un sorriso*, il s'est débarrassé de moi avec un sourire **2** (*pagare la liquidazione*) verser l'indemnité de départ (à) **3** (*vendere a prezzo inferiore*) solder: *— delle merci*, solder des marchandises.

liquidatore (f. *-trice*) *s.m.* liquidateur*.

liquidazione *s.f.* **1** liquidation || *— di un conto*, règlement d'un compte; *— di un debito*, acquittement d'une dette; *— di una pensione*, paiement d'une pension || *merci in —*, soldes; *— di fine stagione*, soldes de fin de saison **2** (*indennità di fine rapporto*) indemnité de départ.

liquidità *s.f.* liquidité.

liquido *agg.* liquide ♦ *s.m.* **1** liquide **2** (*denaro contante*) argent liquide: *— in banca*, liquide, espèces à la banque; *— di cassa*, liquide en caisse; *pagare in —*, payer en espèces.

liquirizia *s.f.* réglisse.

liquore *s.m.* liqueur (*f.*); (*superalcolico*) spiritueux || *i liquori*, les liqueurs et les spiritueux; *tassa sui liquori*, taxe sur les spiritueux || *un liquorino*, (*fam.*) un petit verre de liqueur.

liquoreria *s.f.* **1** distillerie **2** (*spaccio di liquori*) débit de liqueurs.

liquoroso *agg.* liquoreux*.

lira[1] *s.f.* (*italiana*) lire; (*di altri paesi*) livre || *non ho più una —!*, je n'ai plus un sou!; *sono senza una —*, je suis sans le sou; *non vale una —*, ça ne vaut rien.

lira[2] *s.f.* (*mus.*) lyre.

lirica (pl. *-che*) *s.f.* **1** (*lett.*) genre lyrique; (*poesia lirica*) poésie lyrique; (*componimento lirico*) poème lyrique **2** (*mus.*) opéra (*m.*).

liricità *s.f.* lyrisme (*m.*).

lirico (pl. *-ci*) *agg.* lyrique.

lirismo *s.m.* lyrisme.

lisca (pl. *-che*) *s.f.* arête.

lisciare (*coniug. come* cominciare) *v.tr.* polir; (*tessuti, pelli, carta*) lisser || *lisciarsi i capelli*, se peigner (les cheveux); *le lisciò i capelli dolcemente*, il lui caressa doucement les cheveux || *— il pelo al gatto*, caresser le chat || *— il pelo a qlcu.*, (*fig.*) (*adulare*) flatter qqn, (*bastonare*) donner une raclée à qqn □ **lisciarsi** *v.pron.* (*agghindarsi*) se pomponner; (*di gatto*) faire* sa toilette.

lisciata *s.f.* **1** *darsi una — ai capelli*, se donner un coup de peigne **2** (*fig.*) flatterie.

lisciatura *s.f.* **1** polissage (*m.*); (*di tessuti, pelli, carta*) lissage (*m.*) **2** (*fig.*) flatterie.

liscio *agg.* **1** lisse || *capelli lisci*, cheveux raides || *un mare — come l'olio*, une mer d'huile || *è andato tutto —*, tout s'est bien passé; *la cosa non andrà liscia*, ça ne se passera pas comme ça; *gli è andata liscia*, il a eu de la chance || *passarla liscia*, s'en tirer à bon compte; *non la passerai liscia!*, tu n'y couperas pas **2** (*semplice*) simple **3** (*di bevanda alcolica*) nature || *un whisky —*, un whisky sec.

liscivia *s.f.* lessive.

liscoso *agg.* plein d'arêtes.

lisina *s.f.* (*biochim.*) lysine.

liso *agg.* élimé, râpé.

lisoformio *s.m.* détergent désinfectant (à base d'aldéhyde formique et d'hydrate de potassium).

lista *s.f.* **1** liste: *mettere in —*, mettre sur la liste || *la — delle vivande*, le menu || *la — dei vini*, la carte des vins || *— dei creditori*, état des créanciers **2** (*pezzo di carta, stoffa*) bande; (*di legno*) listel (*m.*).

listare *v.tr.* border: *— a lutto*, border de noir.

listato *s.m.* (*inform.*) listing.

listello *s.m.* listeau*, listel; (*lamella*) lame (*f.*).

listino *s.m.* (*di prezzi*) tarif, prix courant: *prezzi di —*, prix de catalogue || *— dei cambi*, cours des changes || *il — delle estrazioni*, le bulletin, la liste de tirage des titres, des obligations.

litania *s.f.* **1** litanie **2** (*estens.*) kyrielle.

litantrace *s.m.* (*min.*) *houille anthracite.

lite *s.f.* **1** querelle: *attaccar —*, se prendre de querelle; *essere in — con qlcu.*, être brouillé avec qqn **2** (*dir.*) litige (*m.*); procès (*m.*): *comporre una —*, trancher un litige; *— pendente*, procès pendant.

litiasi *s.f.* (*med.*) lithiase.

litigante *s.m.* adversaire.

litigare (*coniug. come* legare) *v.intr.* **1** se disputer, se quereller **2** (*dir.*) plaider.

litigio *s.m.* dispute (*f.*), querelle (*f.*).

litigioso *agg.* querelleur*.

litio *s.m.* (*chim.*) lithium.

lito- *pref.* litho-

litografia *s.f.* lithographie.

litografico (pl. -*ci*) *agg.* lithographique.

litografo *s.m.* lithographe.

litorale *s.m.* littoral* ♦ *agg.* littoral*; du littoral*.

litoraneo *agg.* littoral* || (*strada*) *litoranea*, route littorale, route côtière.

litosfera *s.f.* lithosphère.

litote *s.f.* (*ret.*) litote.

litro *s.m.* litre: *mezzo* —, demi-litre.

lituano *agg.* e *s.m.* lit(h)uanien*.

liturgia *s.f.* liturgie.

liturgico (pl.-*ci*) *agg.* liturgique || *musica liturgica*, musique sacrée.

liutaio *s.m.* luthier.

liuto *s.m.* luth.

livella *s.f.* niveau* (*m.*).

livellamento *s.m.* nivellement.

livellare *v.tr.* niveler* □ **livellarsi** *v.pron.* se niveler* || *nei vasi comunicanti i liquidi si livellano*, dans les vases communicants les niveaux (des liquides) s'égalisent.

livellatore (f. -*trice*) *agg.* e *s.m.* niveleur*.

livellatrice *s.f.* (*macchina*) niveleuse.

livellazione *s.f.* nivellement (*m.*).

livello *s.m.* niveau* (*anche fig.*): *a trenta metri sopra il* — *del mare*, trente mètres au-dessus du niveau de la mer; *un alto* — *di vita*, un niveau de vie élevé || *mettersi a* — *dei tempi*, suivre son temps || *riunione al massimo* —, réunion au sommet; *affari a* — *internazionale*, des affaires à l'échelon international || — *salariale*, niveau salarial.

lividezza *s.f.* lividité.

livido *agg.* blême, livide || *mani livide dal freddo*, des mains bleuies par le froid ♦ *s.m.* bleu*.

lividura *s.f.* bleu* (*m.*).

livore *s.m.* aigreur (*f.*); (*astio*) rancune (*f.*).

livornese *agg.* e *s.m.* livournien*, livournais.

livrea *s.f.* livrée.

lizza *s.f.* lice: *scendere in* —, entrer en lice.

lo[1] *art.det.m.sing.* → **il**.

lo[2] *pron. pers. m. di 3*[a] *pers.sing.* **1** (*compl.ogg.*) le (*si elide davanti a vocale e* h *muta*): — *conosco da anni*, je le connais depuis des années; *dobbiamo avvertirlo*, — *dobbiamo avvertire*, nous devons l'avertir; *invitiamolo!*, invitons-le!; *non* — *invitiamo!*, *non invitiamolo!*, ne l'invitons pas; *guardandolo*, en le regardant; *rendimelo*, *non rendermelo*, rends-le moi, ne me le rends pas • Per le forme composte con il pron. *gli* → **glielo 2** (*con valore di* questo, ciò) le: *fallo subito*, fais-le tout de suite; *non* — *fare*, *non farlo*, *ti prego*, ne le fais pas, je t'en prie **3** (*con significato di* tale) le: *sembra severo, ma non* — *è*, il paraît sévère, mais il ne l'est pas.

lobato *agg.* lobé.

lobbia *s.f.* chapeau* mou.

lobo *s.m.* lobe.

lobotomia *s.f.* (*med.*) lobotomie.

locale[1] *agg.* local* || *prodotti locali*, produits du pays || -*mente* *avv.*

locale[2] *s.m.* local*; (*camera*) pièce (*f.*) || — *da ballo*, salle de bal; — *notturno*, boîte de nuit || — *pubblico*, établissement public || *un* — *alla moda*, un endroit à la mode.

località *s.f.* localité; (*luogo*) endroit (*m.*); (*di villeggiatura*) station (de villégiature): — *montana*, — *marittima*, station de montagne, station balnéaire.

localizzabile *agg.* localisable.

localizzare *v.tr.* localiser □ **localizzarsi** *v.pron.* se localiser.

localizzazione *s.f.* localisation.

locanda *s.f.* auberge.

locandiera *s.f.*, **locandiere** *s.m.* aubergiste.

locandina *s.f.* affiche.

locare (*coniug. come* mancare) *v.tr.* louer.

locatario *s.m.* locataire.

locativo *agg.* locatif*.

locatore (f. -*trice*) *s.m.* bailleur*, loueur*.

locazione *s.f.* location || *canone di* —, loyer.

locomotiva *s.f.* locomotive || *sbuffare come una* —, souffler comme un phoque.

locomotore (f.-*trice*) *agg.* locomoteur* ♦ *s.m.* locomotive électrique.

locomotorio *agg.* (*med.*) locomoteur*.

locomotrice *s.f.* locomotive électrique, locomotrice.

locomozione *s.f.* locomotion.

loculo *s.m.* (*nei cimiteri*) niche (*f.*); (*nelle catacombe*) loculus.

locusta *s.f.* (*zool.*) locuste.

locutore (f. -*trice*) *s.m.* (*ling.*) locuteur*.

locuzione *s.f.* locution.

lodare *v.tr.* louer □ **lodarsi** *v.pron.* se louer || *non per lodarmi*, ce n'est pas pour me vanter.

lode *s.f.* louange, éloge (*m.*): *riscuotere lodi*, recevoir des éloges; *tessere le lodi di qlcu*, chanter les louanges de qqn; *degno di* —, digne d'éloge, de louanges || *rendere* — *a*, louer || *questo gesto torna a sua* —, ce geste est tout à son honneur || *a sua* — *bisogna dire che...*, il faut dire en sa faveur que... || — *a Dio!*, Dieu soit loué! || *in* — *di*, à la louange de || *senza infamia e senza* —, ni bien ni mal || *meritare 30 e* —, (*di esame*) avoir 30 avec félicitations du jury; *si è laureata con 110 e* —, elle a eu sa maîtrise avec mention 'très bien'.

lodevole *agg.* louable.

lodevolmente *avv.* (très) bien.

lodo *s.m.* (*dir.*) sentence arbitrale.

logaritmo *s.m.* logarithme.

loggia (pl. -*ge*) *s.f.* loge; (*portico*) arcades (*pl.*).

loggiato *s.m.* galerie (*f.*); (*portici*) arcades (*f.pl.*).

loggione *s.m.* poulailler, paradis.

logica (pl. -*che*) *s.f.* logique || *a rigor di* —, logiquement.

logicamente *avv.* logiquement.

logicità *s.f.* logique.

logico (pl. -*ci*) *agg.* logique ♦ *s.m.* logicien*.

logistica *s.f.* logistique.

logistico (pl. -*ci*) *agg.* logistique.

loglio *s.m.* (*bot.*) ivraie (*f.*).

logo (pl. *-ghi*) *s.m.* (*marchio*) logo.

logo- *pref.* logo-

logogrifo *s.m.* logogriphe.

logoramento *s.m.* usure (*f.*).

logorante *agg.* éreintant.

logorare *v.tr.* user: — *i gomiti di una giacca*, user une veste aux coudes; *logorarsi la vista sui libri*, user ses yeux à lire □ **logorarsi** *v.pron.* s'user.

logorio *s.m.* usure (*f.*).

logoro *agg.* usé.

logorrea *s.f.* (*med.*) logorrhée.

lolla *s.f.* balle (de céréales).

lombaggine *s.f.* (*med.*) lumbago (*m.*).

lombalgia *s.f.* (*med.*) lombalgie.

lombardo *agg.* e *s.m.* lombard.

lombare *agg.* (*anat.*) lombaire.

lombata *s.f.* (*macelleria*) (*di vitello*) longe; (*di bue*) aloyau* (*m.*); (*di lepre ecc.*) râble (*m.*).

lombo *s.m.* (*spec. pl.*) **1** lombes (*pl.*) **2** (*fianchi*) flancs (*pl.*).

lombricicoltura *s.f.* lombriculture.

lombrico (pl. *-chi*) *s.m.* (*zool.*) lombric.

londinese *agg.* e *s.m.* londonien*.

longanime *agg.* (*paziente*) patient; (*generoso*) généreux*.

longanimità *s.f.* longanimité.

longarina *s.f.* (*edil.*) racinal* (*m.*).

longevità *s.f.* longévité.

longevo *agg.* qui a une longévité remarquable.

longherone *s.m.* longeron.

longilineo *agg.* longiligne.

longitudinale *agg.* longitudinal*.

longitudine *s.f.* longitude.

longobardo *agg.* e *s.m.* lombard.

lontanamente *avv.* vaguement || *non ci penso neppure* —, je n'y pense pas le moins du monde.

lontananza *s.f.* **1** (*distanza*) distance || *in* —, au loin, dans le lointain, (*da lontano*) de loin **2** (*l'essere lontano*) éloignement (*m.*): *la* — *non ci permette di vederci spesso*, l'éloignement ne nous permet pas de nous voir souvent; *soffrire della* — (*da*), souffrir d'être loin (de) || *soffre della* — *dalla patria*, il souffre d'être loin de sa patrie || *la* — *da casa gli pesa molto*, vivre loin de chez lui, lui pèse beaucoup.

lontano *agg.* **1** lointain; (+ *da*) éloigné de; (*se può essere sostituito dall'avv.*) loin (*fig.*): *i paesi lontani*, les pays lointains; *la casa è molto lontana*, — *dal centro*, la maison est très loin, très éloignée du centre; *in un'epoca molto lontana*, *molto lontana da noi*, à une époque très lointaine, très éloignée de nous; *state lontani*, — *dal fuoco*, tenez-vous éloignés, loin du feu; *essere* — *da*, être loin de; *è* — *30 km*, c'est à 30 km (d'ici); *eravamo lontani mille miglia da*, (*fig.*) nous étions à cent lieues de; *ha una figlia lontana*, —, sa fille habite loin d'elle, de lui; *lontana da me l'idea di*, loin de moi l'idée de || *non* —, (*nel tempo*) prochain, (*nello spazio*) proche || *un cugino* —, un cousin éloigné, lointain || *in tempi lontani*, jadis; *nel* — *1930*, cela date de loin en 1930 || *amici vicini e lontani*, amis présents et absents || *causa lontana*, cause indirecte || *tener* —, éloigner **2** (*vago*) vague: *un* — *sospetto*, un vague soupçon; *un* — *ricordo*, un vague souvenir || *non ne ho la più lontana idea*, je n'en ai pas la moindre idée **3** (*differente*) différent: *siamo troppo lontani di gusti*, nous avons des goûts trop différents ♦ *avv.* **1** loin: *mettettevi un po' più* —, mettez-vous un peu plus loin || *essere*, *trovarsi* —, (*assente*) être au loin || *stare* —, ne pas s'approcher || *andare* —, (*partire*) partir au loin, (*fig.*) aller loin: *quel ragazzo andrà* —, ce garçon ira loin || *mirare* —, (*fig.*) viser haut || *tenere* —, éloigner || *vedere* —, voir loin, (*avere una buona vista*) avoir une bonne vue **2** (*in lontananza*) dans le lointain: —, *si sentiva una voce*, dans le lointain on entendait une voix □ **alla lontana** *locuz.avv.* de loin; (*fig.*) (*vagamente*) vaguement: *parenti alla lontana*, parents de loin; *prenderla alla lontana*, partir de loin; *affrontare un argomento alla lontana*, traiter un argument en partant de loin; *me ne ha parlato alla lontana*, il m'en a parlé vaguement; *lo conosco alla lontana*, je ne le connais que vaguement || *tenersi alla lontana da qlcu*, éviter qqn □ **da, di lontano** *locuz.avv.* de loin || *rifarsi da* —, (*fig.*) remonter aux sources □ **lontano da, di lontano** *locuz.prep.* loin de: *state lontano dal fuoco*, restez loin du feu; ne vous approchez pas du feu.

lontra *s.f.* (*zool.*) loutre.

lonza *s.f.* (*macelleria*) échine.

loquace *agg.* loquace.

loquacemente *avv.* éloquemment.

loquacità *s.f.* loquacité.

loquela *s.f.* parole; (*modo di parlare*) façon de parler.

lordare *v.tr.* souiller □ **lordarsi** *v.pron.* se souiller.

lordo *agg.* **1** souillé **2** (*di peso*, *di importo ecc.*) brut || *al* — *di imposta*, impôt non déduit; *fruttare al* — *delle spese*, rapporter brut.

lordosi *s.f.* (*med.*) lordose.

lordura *s.f.* saleté, souillure.

lorenese *agg.* e *s.m.* lorrain.

loro[1] *agg.poss.* di 3ª pers.pl.invar. **1** leur*: *il* — *giardino*, *la* — *casa*, leur jardin, leur maison; *i* — *libri*, *le* — *opinioni*, leurs livres, leurs opinions; *l'ultima* — *speranza*, leur dernier espoir; *sono del* — *stesso parere*, je suis du même avis qu'eux, qu'elles; *il* — *e il nostro ufficio sono contigui*, leur bureau et le nôtre sont contigus; *è un problema* —, *non tuo*, c'est leur problème, (ce n'est) pas le tien || *questo* — *amico*, leur ami, cet ami || *un* — *amico*, un de leurs amis (*o* un ami à eux, à elles); *un* — *amico architetto*, un architecte de leurs amis; *aspetto una* — *risposta*, j'attends une réponse de leur part; *vorrei un* — *parere*, je voudrais avoir leur avis || *due* — *amici*, deux de leurs amis (*o* deux amis à eux, à elles); *non dimostrano i* — *ottant'anni*, ils, elles ne paraissent pas avoir quatre-vingts ans || *in*, *a casa* —, (*di essi*) chez eux, (*di esse*) chez elles **2** (*con idea di possesso*, *appartenenza*) (*di essi*) à eux; (*di esse*) à elles: *questa bella casa con giardino è* —, cette belle maison avec un jardin est à eux, à elles; *le mie sorelle hanno una camera (tutta)* —, mes sœurs ont une chambre pour elles (toutes seules); *hanno un modo tutto* — *di vedere le cose*, ils, elles ont une manière toute personnelle de voir les choses || *questo libro è* —, *(di loro proprietà)* ce livre est à eux, à elles, *(ne sono gli autori)* ce livre est d'eux, d'elles 3 *(formula di cortesia)* votre; *(con uso predicativo)* à vous: *ecco, Signori, i* — *biglietti*, voilà, Messieurs, vos billets; *sono* — *questi passaporti, Signori?*, ces passeports sont à vous, Messieurs? ♦ *pron.poss. di 3ª pers.pl.* 1 le leur*: *questa è la nostra camera, quella è la* —, c'est notre chambre, celle-là est la leur 2 *(formula di cortesia)* le vôtre: *questi posti sono già occupati, Signori: i* — *sono migliori*, ces places sont déjà occupées, Messieurs, les vôtres sont meilleures 3 *(in espressioni elittiche)*: *siete, state sempre dalla* — *(parte)*, vous êtes toujours de leur côté *(o* pour eux, pour elles); *vogliono sempre dire la* —, ils, elles ont toujours leur mot à dire; *ne hanno combinata una delle* —, ils, elles ont fait des leurs; *ne hanno detta una delle* —, ils, elles ont fait une de leurs gaffes; *stanno sempre sulle* —, ils, elles gardent toujours leurs distances; *anch'essi hanno avuto le* — *(disgrazie)*, eux, elles aussi ont eu leur part de malheurs ♦ *s.m.* 1 *(di mezzi economici, di beni personali)*: *vivono del* —, ils, elles vivent de leurs ressources personnelles; *spendono del* —, ils, elles paient de leur poche || *si accontentano del* —, ils, elles se contentent de ce qu'ils, elles ont 2 *(preceduto da pron. indef.)*: *hanno ancora qlco di* —, ils, elles ont encore quelques biens personnels; *essi hanno voluto aggiungere (scrivere, dire ecc.) qlco di* —, ils ont voulu eux aussi ajouter (écrire, dire, etc.) qqch; *non hanno ormai più niente di* —, à présent ils, elles n'ont, ne possèdent plus rien; *non c'è più nulla di* — *in questa casa*, il n'y a plus rien qui leur appartienne dans cette maison; *di* — *non c'è molto in questo progetto*, il n'y a pas grand-chose d'eux, d'elles dans ce projet.

loro[2] *pron.pers. di 3ª pers.pl.* 1 *(compl. di termine non preceduto da prep.)* leur *(m.* e *f.)*: *ho parlato* — *di te*, je leur ai parlé de toi; *dì* — *di venire subito*, dis-leur de venir tout de suite; *dillo* —, dis-le-leur; *non dir* — *la verità*, ne leur dis pas la vérité; *non dirla* —, ne la leur dis pas 2 *(sogg.)* ils *(m.)*, elles *(f.)*; *(sogg. con uso rafforzativo o enfatico, compl.ogg. e compl. preceduto da prep.)* eux *(m.)*, elles *(f.)*: — *sono medici, le loro mogli sono infermiere*, ils sont médecins, leurs femmes sont infirmières; *io verrò con voi,* — *non hanno ancora deciso*, je viendrai avec vous, eux *(o* elles) n'ont pas encore décidé; *partirete insieme, voi e* —, vous et eux *(o* elles), vous partirez ensemble; *me l'hanno detto* —, ce sont eux, elles qui me l'ont dit; *devono farlo* —, c'est à eux, à elles de le faire; *cenerò da* —, je dînerai chez eux, chez elles; *sono* —, *non sono* — *i, le responsabili*, ce sont eux, elles, ce ne sont pas eux, elles les responsables; *sono* — *che decidono, a decidere*, ce sont eux, elles qui décident; *sono stati* — *a partire per primi*, ce sont eux qui sont partis les premiers; *non saranno certo* — *a denunciarlo, che lo denunceranno*, ce n'est sûrement pas eux, elles qui le dénonceront || *anche* —, eux aussi, elles aussi: *potrebbero capirlo anche* —, eux aussi, elles aussi pourraient le comprendre || *proprio* —, — *stessi,* — *stesse*, eux-mêmes, elles-mêmes: *ce l'hanno detto proprio* —, ce sont eux-mêmes, elles-mêmes qui nous l'ont dit || — *due,* — *tre*, eux deux, eux trois: — *due lo sanno bene*, ils le savent bien tous les deux, elles le savent bien toutes les deux; *l'hanno fatto* — *tre*, ils, elles l'ont fait à eux trois, à elles trois; *lavoro spesso con* — *due*, je travaille souvent avec eux deux, elles deux; *auguro a* — *due*, je leur souhaite à tous, à toutes les deux || *se fossi (in)* —, si j'étais eux, elles; (si j'étais) à leur place || *dopo quell'avventura, non sono più* —, non sembrano più —, après cette aventure ils, elles ne semblent plus les mêmes || *non è da* — *dire, fare certe cose*, ce n'est pas dans leur style de dire, de faire certaines choses || *il di* — *padre*, leur père 3 *(formula di cortesia, rivolgendosi direttamente a qlcu)* *(sogg. e compl.)* vous: *come (*—*) desiderano*, comme vous voudrez; *Egregi signori, ci permettiamo di inviar* —..., Messieurs, nous nous permettons de vous envoyer...

losanga (pl. -ghe) *s.f.* losange *(m.)*: *a* —, en losange.

losco (pl. -chi) *agg.* e *s.m.* louche *(anche fig.)*.

loto *s.m.* *(bot.)* lotus.

lotta *s.f.* lutte || — *giapponese*, judo || *fare (al)la* —, se battre || *gli operai in* —, ouvriers en lutte; *studenti in* —, étudiants en agitation; *essere in* — *con la famiglia*, être en désaccord avec sa famille || — *di passioni*, conflit de passions || — *tra il piacere e il dovere*, lutte du devoir contre le plaisir.

lottare *v.intr.* lutter (contre) *(anche fig.)*.

lottatore (f. *-trice*) *s.m.* lutteur*.

lotteria *s.f.* loterie.

lottizzare *v.tr.* lotir.

lottizzatore (f. *-trice*) *s.m.* lotisseur*.

lottizzazione *s.f.* lotissement *(m.)* || *la* — *del potere*, *(fig.)* le partage du pouvoir.

lotto *s.m.* 1 lot: *a lotti*, par lots 2 *(gioco)* loto (loterie où l'on joue de l'argent sur des numéros) || *vincere un terno al* —, *(fig.)* gagner le gros lot.

lozione *s.f.* lotion || — *per capelli*, lotion capillaire.

lubricità *s.f.* *(fig.)* lubricité.

lubrico (pl. -ci) *agg.* lubrique.

lubrificante *agg.* e *s.m.* lubrifiant.

lubrificare *(coniug. come* mancare*) v.tr.* lubrifier.

lubrificazione *s.f.* lubrification *(ingrassaggio)* graissage *(m.)*.

lucano *agg.* e *s.m.* lucanien.

lucchese *agg.* de Lucques.

lucchetto *s.m.* cadenas: *chiudere con il* —, cadenasser.

luccicante *agg.* luisant.

luccicare *(coniug. come* mancare*) v.intr.* scintiller; *(brillare)* briller; *(spec. di superfici metalliche)* luire*; *(di superfici liquide)* miroiter || *i suoi occhi luccicavano di gioia*, ses yeux brillaient de joie.

luccichio *s.m.* scintillement; (*di superfici liquide*) miroitement || *il — degli occhi*, la lueur des yeux.

luccicone *s.m.* grosse larme || *gli vennero i lucciconi*, ses yeux se remplirent de larmes; *aveva i lucciconi*, elle avait les larmes aux yeux.

luccio *s.m.* (*zool.*) brochet.

lucciola *s.f.* ver luisant || (*fig.*): *prendere lucciole per lanterne*, prendre des vessies pour des lanternes; *dare a intendere lucciole per lanterne*, vendre une mule pour un cheval de course.

luce *s.f.* **1** lumière (*anche fig.*); (*chiarore*) lueur: *le prime luci dell'alba*, les premières lueurs de l'aube; *mandare —*, donner de la lumière; *brillare di — propria*, briller de sa propre lumière; *dare a un ambiente*, éclairer une pièce; *far —*, donner de la lumière; *la stanza prende — dalla finestra*, la pièce reçoit la lumière par la fenêtre || *mezza —*, pénombre; *in mezza —*, dans la pénombre || *alla — di*, à la lueur de; *alla — dei fatti*, à la lumière des événements; *riportare, venire alla —*, venir au jour; *vedere la —, venire alla —*, (*nascere*) voir le jour; *dare alla —*, donner le jour à || *agire alla — del sole*, agir au grand jour; *chiaro come la — del sole*, clair comme le jour || *mettere in (piena) —*, mettre en (pleine) lumière; *mettersi in —*, se révéler; *mettere nella giusta —*, présenter sous son vrai jour; *mettere in falsa —*, présenter sous un faux jour; *mettere in buona, cattiva —*, montrer sous un jour favorable, défavorable || *fare, gettare — su qlco, qlcu*, faire, jeter la lumière sur qqch || *mostrarsi nella propria vera —*, se montrer sous son vrai jour || *vedere sotto una nuova —*, voir sous un jour nouveau || *è la — dei suoi occhi*, il tient à lui comme à la prunelle de ses yeux || *una — di speranza negli occhi*, une lueur d'espoir dans les yeux **2** (*luce elettrica*) lumière; (*corrente elettrica*) courant (*m.*): *è andata via la —*, il y a une panne de courant || *l'impianto della —*, l'installation électrique; *bolletta della —*, facture d'électricité || (*aut.*): *luci di posizione*, feux de position; *luci di emergenza*, feux de détresse || *le luci della ribalta*, les feux de la rampe **3** (*di pietre preziose*) eau* **4** (*apertura*) jour (*m.*), ouverture || *armadio a tre luci*, armoire à trois pans || *negozio a tre luci*, magasin à trois vitrines **5** (*arch.*) (*di arco, di architrave*) portée **6** (*tecn.*) (*di tubo ecc.*) lumière.

lucente *agg.* brillant.

lucentezza *s.f.* brillant (*m.*); (*di stoffe*) luisant (*m.*).

lucerna *s.f.* **1** lampe à huile **2** (*cappello*) bicorne (*m.*).

lucernario *s.m.* lucarne (*f.*); (*di piccole dimensioni, apribile*) chien-assis* || *tetto a —*, toit vitré.

lucertola *s.f.* lézard (*m.*) || *essere come una —*, (*amare il sole*) lézarder (au soleil).

lucherino *s.m.* (*zool.*) tarin.

lucidalabbra (*pl. invar.*) *s.m.* brillant à lèvres.

lucidamente *avv.* lucidement.

lucidare *v.tr.* astiquer; (*incerare*) cirer: *— le scarpe*, cirer les chaussures; *— l'argenteria*, nettoyer l'argenterie; *— il pavimento*, faire briller le sol.

lucidatore (f. *-trice*) *s.m.* cireur*.

lucidatrice *s.f.* (*macchina*) cireuse.

lucidatura *s.f.* astiquage (*m.*); (*con cera*) cirage (*m.*).

lucidità *s.f.* lucidité.

lucido *agg.* **1** luisant, brillant; (*levigato*) poli; (*lucidato a cera*) bien ciré: *tirare a — un pavimento*, cirer un carrelage, (*un pavimento di legno*) encaustiquer un parquet || *era tutto tirato a — per la festa*, (*fig. fam.*) il s'était mis sur son trente et un pour la fête || *naso —*, nez luisant || *avere i gomiti della giacca lucidi*, avoir les coudes de son veston lustrés || *occhi lucidi di pianto, di febbre*, yeux brillants de larmes, de fièvre || *tenere la casa lucida*, bien entretenir sa maison **2** (*fig.*) lucide ♦ *s.m.* **1** brillant, lustre **2** (*per scarpe*) cirage: *dare il —*, (*alle scarpe*) cirer **3** (*disegno*) calque || *copia su —*, décalque.

lucignolo *s.m.* mèche (*f.*); (*acceso*) lumignon || *ridursi un —*, devenir un fil de fer.

lucrare *v.tr.* gagner.

lucrativo *agg.* lucratif*.

lucro *s.m.* gain || *a scopo di —*, dans un but lucratif; *senza fini di —*, à but non lucratif.

lucroso *agg.* lucratif*.

luculliano *agg.* somptueux*.

ludibrio *s.m.* risée (*f.*).

ludico (pl. *-ci*) *agg.* ludique: *attività ludiche*, activités ludiques; *atteggiamento —*, attitude ludique.

ludoteca (pl. *-che*) *s.f.* ludothèque.

lue *s.f.* (*med.*) syphilis.

luetico (pl. *-ci*) *agg.* e *s.m.* syphilitique.

luglio *s.m.* juillet.

lugubre *agg.* lugubre || **-mente** *avv.*

lui *pron. pers. m. di 3ª pers.sing.* **1** (*sogg.*) il; (*quando in it. non può essere sottinteso*) lui: (*—*) *avrebbe agito come te*, il aurait agi comme toi; *—, rinunciare al suo lavoro?*, lui, renoncer à son travail?; *lasciamo che — decida*, laissons-le décider lui-même; *è —, non è — il tuo nuovo professore*, c'est lui, ce n'est pas lui ton nouveau professeur; *è — che ha deciso, è stato — a decidere*, c'est lui qui a décidé; *non sarà certo — a chiedermi del denaro*, ce n'est sûrement pas lui qui me demandera de l'argent || *anche —*, lui aussi: *potrebbe saperlo anche —*, lui aussi pourrait le savoir || *proprio —, — stesso*, lui-même: *me l'ha detto proprio —, — stesso*, c'est lui-même qui me l'a dit || *da un po' di tempo non è —, non sembra più —*, depuis quelque temps il n'est plus lui-même || *è tutto —*, (*di ritratto*) c'est tout à fait lui **2** (*compl. preceduto da prep.*) lui; (*compl. ogg.*) le; (*compl.ogg. con uso rafforzativo o enfatico*) lui: *ammirano —, ma non sua moglie*, on l'admire, lui, mais pas sa femme; *ho lavorato con — per anni*, j'ai travaillé avec lui pendant des années || *se fossi (in) —*, si j'étais lui, (si j'étais) à sa place || *non è da — — dire, fare certe cose*, ce n'est pas son style de dire, de faire certaines choses || *ha chiesto al suo amico e poi ai figli di —*, il a demandé à son ami et ensuite aux enfants de celui-ci || *il padre di —, il di — padre*, son

père ♦ *s.m.* (*fam.*) (*l'innamorato*) (petit) ami, copain: *non ha ancora trovato il suo —*, elle n'a pas encore trouvé l'âme sœur (*o* l'homme de sa vie).

luigi *s.m.* (*moneta*) louis.

lumaca (pl. *-che*) *s.f.* limace; (*chiocciola*) escargot (*m.*), colimaçon (*m.*) || (*cuc.*) *un piatto di lumache*, un plat d'escargots || (*fig.*): *camminare come una —*, marcher comme un escargot; *a passo di —*, à pas de tortue; *sei una —!*, tu es une tortue!

lumacone *s.m.* limace (*f.*) || *che —!*, (*fig.*) quelle limace!

lume *s.m.* **1** lampe (*f.*) || *un — da notte*, une veilleuse || *reggere il —*, (*fig.*) tenir la chandelle **2** (*luce*) lumière (*f.*): *scrivere al — di una candela*, écrire à la lumière d'une bougie; *cena a — di candela*, dîner aux chandelles; *far —*, donner de la lumière || *il — della luna*, le clair de lune || *il — della fede*, la lumière de la foi; *ha perso il — della ragione*, (*si è arrabbiato*) il est hors de lui, (*è impazzito*) il a perdu la raison || *ho bisogno dei tuoi lumi*, (*fig.*) j'ai besoin de tes lumières || *a — di naso*, à vue de nez.

lumen (pl. *invar.*) *s.m.* (*fis.*) lumen.

lumicino *s.m.* faible lumière || *cercare col —*, chercher à la loupe || *essere ridotto al —*, n'avoir plus qu'un souffle de vie.

luminare *s.m.* lumière (*f.*): *un — della medicina*, une lumière de la médecine.

luminaria *s.f.* luminaire (*m.*).

luminescente *agg.* luminescent.

luminescenza *s.f.* luminescence || *lampada a —*, tube luminescent.

lumino *s.m.* **1** (*lumicino*) faible lumière **2** (*piccola lampada*) petite lampe || *— da notte*, veilleuse **3** (*candela funebre*) lumignon **4** (*scalda piatti*) bougie chauffe-plat.

luminosità *s.f.* luminosité || (*tv*) *— dello schermo*, brillance de l'écran.

luminoso *agg.* lumineux* (*anche fig.*): *sguardo —*, regard lumineux; *idea luminosa*, idée lumineuse, brillante || *un — esempio di coraggio*, un exemple frappant de courage || *sorgente luminosa*, source de lumière.

luna *s.f.* lune: *— crescente, calante*, lune croissante, décroissante; *la — è nella fase crescente, calante*, la lune est dans son croissant, dans son décroît; *in una notte senza —*, par une nuit sans lune; *una — meravigliosa*, un superbe clair de lune || *a questi chiari di —...*, par les temps qui courent... || *faccia di — piena*, visage de pleine lune || *— di miele*, lune de miel || *mezza —*, demi-lune; *la mezza —*, (*islam*) le croissant || (*fig.*): *mostrare la — nel pozzo*, montrer la lune en plein midi; *cercare la — nel pozzo*, chercher midi à quatorze heures; *le avrebbe dato la —*, il aurait décroché la lune pour elle; *essere nella —*, être dans la lune; *vivere nel mondo della —*, vivre dans les nuages; *venite dalla —?*, d'où sortez-vous?; *eri ancora nel mondo della luna quando...*, tu n'étais pas encore né quand...; *andare a lune*, être lunatique, avoir ses lunes; *essere di buona, cattiva —*, être bien, mal luné; *avere la — di traverso*, être mal luné,

être dans une mauvaise lune || (*zool.*) *pesce —*, poisson-lune || (*min.*) *pietra di —*, pierre de lune.

luna park (pl. *invar.*) *s.m.* parc d'attractions.

lunare *agg.* lunaire || *fase, eclissi —*, phase de la lune, éclipse de lune.

lunaria *s.f.* **1** (*bot.*) lunaire **2** (*min.*) pierre de lune.

lunario *s.m.* almanach || *sbarcare il —*, joindre les deux bouts.

lunatico (pl. *-ci*) *agg.* lunatique.

lunazione *s.f.* (*astr.*) lunaison.

lunedì *s.m.* lundi.

lunetta *s.f.* **1** lunette **2** (*cuc.*) *hachoir (m.) **3** (*pallacanestro*) cercle des lancers-francs.

lungaggine *s.f.* longueur; (*lentezza*) lenteur: *le lungaggini della burocrazia*, les lenteurs de la bureaucratie; *basta con le lungaggini!*, trêve de longueurs! *senza lungaggini*, sans ambages.

lungamente *avv.* (*diffusamente*) longuement; (*per molto tempo*) longtemps.

lungarno *s.m.* quai de l'Arno.

lunghezza *s.f.* longueur: *misurare, prendere la —*, mesurer la longueur || *quattro metri di —*, quatre mètres de long; *misura 50 m di, in —*, il a 50 m de long || (*sport*) *vincere per mezza —*, *due lunghezze*, gagner d'une demi-longueur, de deux longueurs.

lungi *avv.* loin: *poco —*, pas très loin || *da —*, de loin □ **lungi da** *locuz.prep.* loin de: *essere (ben) —* *da*, être (bien) loin de.

lungimirante *agg.* clairvoyant || *essere —*, voir loin.

lungimiranza *s.f.* clairvoyance; (*previdenza*) prévoyance.

lungo (pl. *-ghi*) *agg.* **1** long*: *spiaggia lunga trenta chilometri*, plage longue de trente kilomètres (*o* de trente kilomètres de long); *non sarà una cosa lunga*, ce ne sera pas long; *essere — come la fame, come la quaresima*, (*fig.*) être long comme un jour sans pain; *è — come una pertica*, (*molto alto*) c'est une perche || *mare —*, mer houleuse; *onde lunghe*, houle || *avere la vista lunga*, (*fig.*) voir loin || *fare la faccia lunga*, avoir la mine allongée || *da — tempo*, depuis longtemps || *a — andare, alla lunga*, à la longue || *come la fai lunga!*, tu n'en finis plus!; *non farla tanto lunga!*, (*fam.*) abrège!; *per non farla lunga...*, en deux mots... || *di gran lunga*, de loin || *tirare le cose in —*, traîner les choses en longueur || *saperla lunga*, en savoir long || *a —*, (*per molto tempo*) longtemps, (*diffusamente*) longuement **2** (*diluito*) clair: *brodo —*, bouillon clair; *caffè troppo —*, café trop léger ♦ *s.m.* longueur (*f.*): *per il —*, dans le sens de la longueur; *per —*, en long; *tagliare per il —*, couper en longueur, en long || *in — e in largo*, (*in tutti i sensi*) en long et en large; *correre in — e in largo*, courir de long en large; *cercare re in — e in largo*, chercher partout || *tirare di —*, continuer son chemin || *vestirsi in —*, s'habiller en long || (*sport*) (*salto in*) *—*, saut en longueur.

lungo *prep.* **1** le long de: *— il fiume*, le long du fleuve || *striciare* — *il muro*, raser le mur 2 (*durante*) pendant, au cours de.

lungofiume *s.m.* quai.

lungolago (pl. -*ghi*) *s.m.* promenade (du bord du lac).

lungomare *s.m.* front de mer, promenade (du bord de la mer).

lungometraggio *s.m.* (*cine.*) long métrage.

lungosenna (pl. *invar.*) *s.m.* quai de la Seine.

lungotevere (pl. *invar.*) *s.m.* quai du Tibre.

lunotto *s.m.* (*aut.*) lunette arrière.

lunula *s.f.* lunule.

luogo (pl. -*ghi*) *s.m.* lieu*; (*posto*) endroit: *la polizia si è recata sul* —, la police s'est rendue sur les lieux; *le tradizioni del* —, les traditions locales; *gli abitanti del* —, les gens du pays; *non è del* —, il n'est pas d'ici; *in quel* —, à cet endroit; *nel* — *stabilito*, à l'endroit convenu; *nello stesso* —, au même endroit; *in nessun* —, nulle part; *in ogni* —, partout; *in ogni tempo e in ogni* —, de tout temps, en tous lieux; *in qualsiasi* —, n'importe où; *in qualunque* — *vada*, où qu'il aille; *in* — *sicuro*, en lieu sûr; *in* — *chiuso*, à l'intérieur; *in* — *aperto*, dehors || — *natio*, pays natal || — *di pena*, maison de détention || (*gramm.*) *complemento di stato in* —, *di moto a* —, *di moto da* —, *di moto per* —, complément circonstanciel de lieu marquant la situation, la direction, le point de départ, le passage || *aver* —, avoir lieu; *dar* — *a*, donner lieu à || *a tempo e* —, en temps et lieu || *in primo* —, (*anzitutto*) tout d'abord; *in primo, in secondo* —, en premier, en second lieu (o premièrement, deuxièmement) || *fuori* —, déplacé || *in* — *di*, au lieu de || (*dir.*) *dichiarazione di non* — *a procedere*, ordonnance de non-lieu || *nel* — *citato*, (*di un testo*) à l'endroit cité.

luogotenente *s.m.* lieutenant.

luogotenenza *s.f.* lieutenance.

lupa *s.f.* louve || *la* — *capitolina*, la louve du Capitole.

lupacchiotto *s.m.* louveteau*.

lupanare *s.m.* lupanar.

lupinella *s.f.* (*bot.*) lupinelle.

lupino *s.m.* (*bot.*) lupin.

lupo *s.m.* loup || *cane* —, chien-loup || — *mannaro*, loup-garou || *in bocca al* —!, bonne chance!, (*gergo studentesco*) merde! || *una fame da* —, une faim de loup; *tempo da lupi*, temps de chien; *un posto da lupi*, un endroit impossible || *gridare al* —, crier au secours || *il* — *perde il pelo, ma non il vizio*, qui a bu boira.

luppolo *s.m.* *houblon.

lupus (pl. *invar.*) *s.m.* (*med.*) lupus.

lurido *agg.* crasseux*; (*fig.*) sale.

luridume *s.m.* saleté (*f.*).

lusco *agg.*: *tra il* — *e il brusco*, entre chien et loup.

lusinga (pl. -*ghe*) *s.f.* 1 flatterie 2 (*illusione*) vain espoir.

lusingare (*coniug. come legare*) *v.tr.* 1 flatter 2 (*illudere*) bercer* (de faux espoirs): — *con promesse*, bercer de promesses.

lusinghiero *agg.* (*che soddisfa l'amor proprio*) flatteur*; (*che alletta*) alléchant.

lussare *v.tr.* (*med.*) luxer.

lussazione *s.f.* (*med.*) luxation.

lussemburghese *agg. e s.m.* luxembourgeois.

lusso *s.m.* luxe: *con* —, luxueusement; *permettersi il* — *di...*, se payer le luxe de... || *albergo di* —, hôtel de luxe; *arredamento di* —, ameublement luxueux || *è andata di* —!, (*fam.*) ça a marché comme sur des roulettes!

lussuoso *agg.* luxueux* || -**mente** *avv.*

lussureggiante *agg.* luxuriant.

lussuria *s.f.* luxure.

lussurioso *agg.* luxurieux*.

lustrale *agg.* lustral*.

lustrare *v.tr.* astiquer; (*scarpe*) cirer || (*fig.*): — *le scarpe a qlcu*, lécher les bottes de qqn; *lustrarsi la vista*, se rincer l'œil ♦ *v.intr.* briller.

lustrascarpe (pl. *invar.*) *s.m.* cireur (de chaussures).

lustrata *s.f.*: *dare una* —, (*con uno straccio*) donner un coup de chiffon, (*con una spazzola*) donner un coup de brosse.

lustrino *s.m.* paillette (*f.*): *un abito da sera con i lustrini*, une robe du soir pailletée.

lustro[1] *agg.* reluisant || *occhi lustri*, yeux brillants || *pelle lustra*, peau luisante ♦ *s.m.* lustre (*anche fig.*): *dar* —, donner du lustre || *tirato a* —, tiré à quatre épingles.

lustro[2] *s.m.* (*cinque anni*) lustre.

luteo *agg.* (*anat.*) *corpo* —, corps jaune.

luteranesimo *s.m.* luthéranisme.

luterano *agg. e s.m.* luthérien*.

lutto *s.m.* deuil: *osservare il* — *stretto*, être en grand deuil; *essere in* — *per la morte di qlcu*, porter le deuil de qqn; *parare a* —, tendre de deuil; *vestire a* —, porter le deuil; *ha avuto un* — *in famiglia*, il y a eu un décès dans sa famille || *chiuso per* —, fermé pour cause de deuil.

luttuoso *agg.* douloureux*, funeste.

M

m *s.f.* e **m**. m (*m.*) ‖ (*tel.*) — *come Milano*, m comme Marie.

ma¹ *cong.* **1** mais ‖ *è bello, — bello davvero!*, ce qu'il peut être beau!; *non ne so nulla, — proprio nulla*, je n'en sais rien du tout ‖ *— bene, — bravo!*, eh bien bravo! ‖ *"Grazie!" "Ma le pare!"*, "Merci!" "Il n'y a pas de quoi!" ‖ *— via!*, allons donc! **2** (*talvolta omesso*): *non è difficile, — impossibile*, ce n'est pas difficile, c'est impossible; *— pure*, toutefois, cependant; *— nondimeno*, néanmoins; *— che bella sorpresa!*, quelle bonne surprise!; *— davvero?*, c'est vrai? ♦ *s.m.* mais: *non c'è — che tenga*, il n'y a pas de mais qui tienne.

ma² *inter.*: *"Sarà in casa?" "Ma!* (*non lo so*)", "Tu crois qu'il est chez lui?" "Bah! Je n'en sais rien"; *"L'ho cercato dappertutto" "Ma!* (*sarà anche vero*)", "Je l'ai cherché partout" "Bah, moi je veux bien!"; *"Sei proprio sfortunato!" "Ma!* (*che vuoi farci*)", "Tu n'as vraiment pas de chance!" "Eh, non...!"

macabro *agg.* macabre.

macaco (pl. *-chi*) *s.m.* **1** (*zool.*) macaque **2** (*fig.*) balourd.

macadam *s.m.* (*edil.*) macadam.

macadamizzare *v.tr.* (*edil.*) macadamiser.

macaone *s.m.* (*zool.*) machaon.

macché *inter.* mais non!: *—, non è neppure il caso di parlarne!*, allons donc, ce n'est même pas la peine d'en parler!

maccherone *s.m.* (*spec.pl.*) macaroni.

maccheronico (pl. *-ci*) *agg.* (*lett.*) macaronique: *latino —*, latin de cuisine ‖ *parla un francese —*, il parle français comme une vache espagnole.

macchia¹ *s.f.* tache (*anche fig.*): *— d'unto*, tache di graisse; (*astr.*) *macchie solari*, taches solaires ‖ *lavare una — col sangue*, (*fig.*) laver un affront dans le sang ‖ *la — del peccato*, la souillure du péché ‖ *allargarsi a — d'olio*, (*anche fig.*) faire tache d'huile.

macchia² *s.f.* (*boscaglia*) maquis (*m.*) ‖ (*fig.*): *alla —*, clandestinité, dans la clandestinité; *darsi alla —*, prendre le maquis, (*estens.*) disparaître de la circulation.

macchiare *v.tr.* tacher (*anche fig.*): *mi sono macchiata le mani*, je me suis taché les mains ‖ *— il caffè*, mettre un nuage de lait dans le café ‖ *— la reputazione di qlcu*, ternir la réputation de qqn □ **macchiarsi** *v.pron.* **1** se tacher: *mi sono macchiata*, je me suis tachée **2** (*fig.*) se charger* la conscience (de).

macchiato *agg.* taché: *cavallo dal pelo —*, cheval tacheté ‖ *caffè —*, café avec un nuage de lait; *latte —*, lait avec du café.

macchietta *s.f.* **1** (*pitt.*) esquisse, ébauche; (*caricatura*) caricature **2** (*fig.*) (*persona buffa*) drôle de type **3** (*teatr.*) 'macchietta' (représentation caricaturale d'un personnage).

macchiettare *v.tr.* moucheter*.

macchiettista *s.m.* **1** (*pitt.*) caricaturiste **2** (*teatr.*) acteur qui joue des rôles caricaturaux.

macchina *s.f.* **1** machine (*anche fig.*): *a —*, à la machine; *— a gettone*, distributeur automatique; *— per, da cucire, scrivere*, machine à coudre, à écrire; *— da caffè*, cafetière ‖ (*tip.*): *— da stampa*, imprimeuse, presse; *andare in —*, mettre sous presse **2** (*automobile*) voiture: *— sportiva*, voiture (de) sport; *vincere di una —*, gagner d'une longueur.

macchinalmente *avv.* machinalement.

macchinare *v.tr.* manigancer*, machiner; (*tramare*) ourdir ‖ *cosa stai macchinando?*, qu'est-ce que tu es en train de mijoter?

macchinario *s.m.* outillage; (*apparecchiatura*) machinerie (*f.*).

macchinazione *s.f.* machination.

macchinetta *s.f.* petite machine ‖ *la — del caffè*, la cafetière ‖ *— per (tagliare i) capelli*, tondeuse ‖ *parla come una —*, (*fam.*) c'est un moulin à paroles.

macchinista *s.m.* **1** (*ferr., mar.*) mécanicien **2** (*teatr., cine.*) machiniste.

macchinosamente *avv.* d'une manière compliquée.

macchinoso *agg.* compliqué.

macedone *agg.* e *s.m.* macédonien*.

macedonia *s.f.* macédoine (de fruits), salade de fruits.

macellaio *s.m.* boucher*.

macellare *v.tr.* abattre*; (*fig. fam.*) massacrer.

macellazione *s.f.* abattage (*m.*).

macelleria *s.f.* boucherie.

macello *s.m.* **1** abattoir **2** (*il macellare*) abattage ‖ *bestie da —*, animaux de boucherie **3** (*fig.*) boucherie (*f.*); massacre ‖ *carne da —*, chair à canon ‖ *fare un —*, (*fam.*) faire un malheur; *che —!*, quelle catastrophe!

macerare *v.tr.* **1** macérer* (*anche fig.*) **2** (*ind. tess.*) rouir □ **macerarsi** *v.pron.* (*fig.*) se macérer*, se consumer.

macerazione *s.f.* **1** macération (*anche fig.*) **2**

(*ind. tess.*) rouissage (*m.*); (*ind. cartaria*) pourrissage (*m.*); (*conceria*) trempage (*m.*).

maceria *s.f.* (*spec.pl.*) décombres (*m.pl.*); (*calcinacci*) gravats (*m.pl.*).

macero *agg.* (*fig.*) macéré ♦ *s.m.* (*macerazione*) macération (*f.*); (*ind. tess.*) rouissage; (*ind. cartaria*) pourrissage || *carta da* —, papier de rebut || *mandare al* —, mettre au pilon.

machete *s.m.* machette (*f.*).

machiavellico (pl. -*ci*) *agg.* machiavélique.

machiavellismo *s.m.* machiavélisme.

macigno *s.m.* roc, pierre (*f.*) || *duro come un* —, (*di qlcu*) têtu comme une mule; (*di qlco*) dur comme de la pierre || *è un* —, (*fam.*) (*noioso*) c'est assommant.

macilento *agg.* émacié.

macina *s.f.* **1** meule **2** (*fig.*) poids énorme.

macinacaffè (pl. *invar.*) *s.m.* moulin à café.

macinapepe (pl. *invar.*) *s.m.* moulin à poivre.

macinare *v.tr.* moudre*; (*spec. colori*) broyer* || (*fig.*): — *chilometri*, avaler des kilomètres; — *rabbia*, ressasser, remâcher sa colère.

macinato *agg.* moulu ♦ *s.m.* **1** farine (*f.*) **2** (*carne tritata*) *hachis.

macinazione *s.f.* mouture.

macinino *s.m.* **1** — *da caffè*, moulin à café **2** (*fig. scherz.*) tacot.

maciullare *v.tr.* (*stritolare*) broyer*.

macro- *pref.* macro-

macrobiotica *s.f.* macrobiotique.

macrobiotico (pl. -*ci*) *agg.* macrobiotique.

macrocefalo *agg.* e *s.m.* macrocéphale.

macrocosmo *s.m.* macrocosme.

macroeconomia *s.f.* macroéconomie.

macrofotografia *s.f.* macrophotographie.

macroscopico (pl. -*ci*) *agg.* **1** macroscopique **2** (*fig.*) énorme, qui saute aux yeux.

macula *s.f.* macule || (*anat.*) — *lutea*, macula lutea, tache jaune.

maculato *agg.* maculé, tacheté.

madama *s.f.* **1** madame* **2** (*gergo*) (*la polizia*) flicaille: *arriva la* —!, vingt-deux! voilà les flics!

madamigella *s.f.* mademoiselle*.

madera *s.m.* (*vino*) madère.

madia *s.f.* maie.

madido *agg.* moite.

madonna *s.f.* **1** (*titolo d'onore*) dame **2** (*relig.*) *la Madonna*, la Vierge, Notre-Dame, la Madone: *la Madonna di Loreto*, Notre-Dame de Lorette || '*La Madonna col Bambino' di Giotto*, 'La Vierge à l'Enfant' de Giotto; *le Madonne del Tiziano*, les Madones du Titien || *ha un viso da* —, elle a un visage de madone || *madonnina infilzata*, (*fig.*) sainte-nitouche.

madonnaro *s.m.* dessinateur de rue.

madornale *agg.* énorme: *errore* —, erreur grossière.

madras *s.m.* (*tessuto*) madras.

madre *s.f.* **1** mère: *fare da* —, servir de mère; *è senza* —, il n'a pas de mère || — *portatrice, in affitto*, mère porteuse, d'accueil || *la comune* —, (*la terra*) notre mère commune || *idea* —, idée principale, fondamentale || (*comm., eccl.*) *casa* —, maison mère || *la* — *dell'aceto*, la mère de vinaigre **2** (*fig.*) (*causa, origine*) cause **3** (*eccl.*) mère **4** (*di un registro ecc.*) souche: *registro a* — *e figlia*, registre à souche.

madrelingua (pl. *madrelingue*) *s.f.* langue maternelle ♦ *s.m.* (*parlante*) de langue maternelle.

madrepatria (pl. *madrepatrie*) *s.f.* mère patrie.

madreperla (pl. *madreperle*) *s.f.* nacre.

madreperlaceo *agg.* nacré.

madrepora *s.f.* madrépore (*m.*).

madrevite (pl. *madreviti*) *s.f.* **1** écrou (*m.*) **2** (*utensile*) filière.

madrigale *s.m.* (*lett., mus.*) madrigal*.

madrileno *agg.* e *s.m.* madrilène.

madrina *s.f.* marraine: *fare da* — *a*, être la marraine de.

maestà *s.f.* majesté; (*nelle apostrofi*) (*per il re*) Sire (*m.*); (*per la regina*) Madame.

maestosità *s.f.* majesté.

maestoso *agg.* majestueux* || -**mente** *avv.*

maestra *s.f.* **1** maîtresse (*anche fig.*); (*di scuola elementare*) institutrice, maîtresse d'école; (*negli sport*) monitrice: — *di canto, di ballo*, professeur de chant, de danse; *fare la* —, être institutrice || — *d'asilo*, jardinière d'enfants || *la storia è* — *di vita*, l'histoire est une source d'enseignements pour la vie **2** (*mar.*) *albero* —, grand mât; *vela di* —, grand-voile.

maestrale *s.m.* mistral.

maestranza *s.f.* (*spec.pl.*) ouvriers (*m.pl.*).

maestria *s.f.* **1** (*abilità*) habileté **2** (*astuzia*) ruse.

maestro *s.m.* **1** maître (*anche fig.*); (*di scuola elementare*) instituteur, maître d'école; (*negli sport*) moniteur: — *di ballo, di canto*, professeur de danse, de chant; — *di scherma, di equitazione*, maître d'armes, de manège; — *muratore*, maître maçon || — *concertatore*, chef d'orchestre; — *del coro*, chef de chœur || *lavoro da* —, ouvrage digne d'un grand maître; *in questo campo è un* —, dans ce domaine c'est un chef || *darsi arie da* —, pontifier; *vuol farla sempre da* —, il veut toujours donner des leçons **2** (*vento*) mistral ♦ *agg.* **1** (*abile*) de maître **2** (*principale*) grand: *la strada maestra*, la grande route || (*mar.*) *albero* —, grand mât.

mafia *s.f.* maf(f)ia.

maga (pl. -*ghe*) *s.f.* magicienne.

magagna *s.f.* **1** (*imperfezione*) défaut (*m.*) **2** (*acciacco*) misère **3** (*fig.*) (*tara morale*) tare; (*difetto*) défaut (*m.*) || *c'è sotto qualche* —, il y a quelque chose de louche là-dessous.

magari *inter.* je voudrais bien!; et comment!: "*Ti piacerebbe andarci?*" "*Magari!*", "Est-ce que tu aimerais y aller?" "Et comment!"; "*Hai finito di studiare?*" "*Magari!*", "As-tu fini d'étudier?" "Je voudrais bien!" ♦ *cong.* (*desiderativo*) si (seulement); (*anche se*) quand (bien) même, même si: — *tornasse*, si seulement il revenait; *lo vedrò,* — *dovessi aspettarlo un giorno intero*, quand (bien) même je devrais, même si je devais l'attendre un jour entier, je le verrai ♦ *avv.* (*forse*) peut-être, peut-être bien que; (*per caso*) par hasard; (*perfino*) même: — *ti farà una risata in faccia*, peut-être te rira-t-il, peut-être bien qu'il te rira au nez; *e se*, —, *ha sbagliato indirizzo?*, et si, par hasard, il s'est trompé d'adresse?; *potrebbe — offendersi*, il pourrait même se vexer.

magazzinaggio *s.m.* magasinage.

magazziniere *s.m.* magasinier.

magazzino *s.m.* **1** magasin; (*deposito*) entrepôt: *in* —, emmagasiné, entreposé || *il — di una bottega*, la réserve d'une boutique; *fondi di —*, fonds de boutique || *grandi magazzini*, grands magasins **2** (*insieme delle merci depositate*) stock.

maggese *s.m.* jachère (*f.*): *a* —, en jachère.

maggio *s.m.* mai.

maggiolino *s.m.* (*zool.*) *hanneton.

maggiorana *s.f.* (*bot.*) marjolaine.

maggioranza *s.f.* **1** majorité, la plupart: *la — della gente ci crede*, la majorité des gens y croient; *la stragrande — degli italiani*, les Italiens dans leur immense majorité || *in* —, pour la plupart, en majorité; *siamo in* —, nous avons la majorité; *nella — dei casi*, dans la majorité, la plupart des cas **2** (*pol.*) majorité: *a* —, à la majorité; *con una — di tre voti*, avec trois voix de majorité.

maggiorare *v.tr.* majorer, augmenter.

maggiorasco (pl. -*chi*) *s.m.* majorat.

maggiorazione *s.f.* majoration, augmentation.

maggiordomo *s.m.* majordome, maître d'hôtel.

maggiore *agg.* **1** (*compar.*) (*più grande*) plus grand; (*davanti a s.*) plus de: *una quantità* —, une plus grande quantité; *con* — *attenzione*, avec plus d'attention || *offrire una cifra* —, offrir une somme plus forte; *voglio maggiori chiarimenti*, je veux de plus amples éclaircissements; *il costo risultò — del previsto*, le coût s'est révélé supérieur aux prévisions; *questa volta l'affluenza è stata* —, cette fois l'affluence a été plus forte || *molto* —, beaucoup plus grand, (*di prezzo*) beaucoup plus élevé || *a maggior ragione*, à plus forte raison || *Dante* —, les œuvres les plus importantes de Dante **2** (*superl. rel.*) (*il più grande*) le plus grand; (*il più importante*) le plus important; (*il principale*) le principal; (*la maggior quantità di*) le plus de: *con la* — *attenzione*, avec la plus grande attention; *il — affluente del Po*, le plus important des affluents du Pô; *i maggiori azionisti di un'impresa*, les principaux actionnaires d'une entreprise || *è lui che ci ha dato le maggiori soddisfazioni*, (*il più gran numero*) c'est lui qui nous a donné le plus de satisfactions, (*le più grandi*) les plus grosses satisfactions || *il prezzo* —, le prix le plus élevé || *la 'Divina Commedia' è l'opera — di Dante*, la 'Divine Comédie' est l'œuvre capitale, maîtresse de Dante || *andare per la* —, être très en vogue **3** (*più vecchio*) (*di età*) (*il più vecchio*) le plus âgé; (*il primogenito*) (l')aîné: *Carlo è — di me di tre anni*, Charles est mon aîné, plus âgé que moi de trois ans; *il fratello* —, *il — dei fratelli*, le frère aîné, le plus âgé des frères; *il figlio* —, l'aîné; *la figlia* —, l'aînée; *mio figlio* —, mon (fils) aîné; *chi è il — di voi due?*, qui est le plus âgé d'entre, de vous deux? || *molto* —, beaucoup plus âgé || *la — età*, la majorité **4** (*mil.*) *caporal* —, caporal-chef; *sergente* —, sergent-major; *Stato Maggiore*, État-major **5** (*mus.*, *fil.*, *eccl.*) majeur ♦ *s.m.* **1** (*primogenito*) aîné; (*di età*) le plus âgé; (*di grado*) supérieur || *per il Senato votano solo i maggiori di 25 anni*, seuls les plus de 25 ans votent pour le Sénat **2** (*mil.*) commandant, chef; (*nei servizi*) major || *maggior generale*, major général **3** *pl.* (*maggiorenni*) majeurs; (*letter.*) (*antenati, avi*) les aïeux, les ancêtres.

maggiorenne *agg. e s.m.* majeur ♦ *s.f.* majeure.

maggiorente *s.m.* notable.

maggioritario *agg.* majoritaire.

maggiormente *avv.* **1** (*di più, in senso assoluto*) davantage; (*più, con senso comparativo*) plus; (*tanto più*) d'autant plus: *cerca di concentrarti* —, essaie de te concentrer davantage; *se io lo rimpiango, — dovresti rimpiangerlo tu*, si moi je le regrette, toi tu devrais le regretter encore plus; *sono — sorpreso per il fatto che è un amico*, je suis d'autant plus surpris que c'est un ami **2** (*nei superlativi assoluti*) le plus: *proprio quando ne avevo — bisogno*, juste au moment où j'en avais le plus besoin.

magi *s.m.pl.* (rois) Mages.

magia *s.f.* magie || *come per* —, comme par enchantement || *fare una — a qlcu*, jeter un charme, un sort à qqn.

magiaro *agg. e s.m.* magyar.

magico (pl. -*ci*) *agg.* magique (*anche fig.*) || -**mente** *avv.*

magistero *s.m.* **1** magistère **2** (*insegnamento*) enseignement **3** (*facoltà di*) —, en Italie, faculté pour la formation des enseignants et des instituteurs.

magistrale *agg.* **1** (*eccellente*) magistral* **2** *Istituto* —, École d'instituteurs; *abilitazione* —, certificat d'aptitude pédagogique.

magistralmente *avv.* magistralement.

magistrato *s.m.* magistrat.

magistratura *s.f.* magistrature.

maglia *s.f.* **1** (*nei lavori femminili*) maille: *— diritta, rovescia*, maille à l'endroit, à l'envers; *— accavallata*, maille croisée; *— rasata, traforata*, point de jersey, ajouré; *— alta, bassa*, bride simple, maille serrée; *mettere le maglie*, monter les mailles; *lavorare a* —, tricoter; *lavoro a* —, tricot; *lavorato, fatto a* —, tricoté **2** (*tessuto di maglia*) (*a macchina*) jersey (*m.*); (*a mano*) tricot (*m.*) **3** (*indumento intimo*) tricot (*m.*), maillot de corps **4** (*pullover*) (*di lana*) pull (-*over**) (*m.*); (*di cotone*) tricot de coton **5** (*sport*) maillot (*m.*): *— rosa*, maillot rose **6** (*di rete e simili*) maille; (*di catena*) maillon (*m.*) || *cadere nelle maglie della giustizia*, (*fig.*) tomber entre les mains de la justice.

magliaia *s.f.* **1** tricoteuse **2** (*operaia*) ouvrière dans une fabrique de tricots.

maglieria *s.f.* **1** bonneterie || — *intima*, linge de corps || *macchina per, da* —, tricoteuse **2** (*fabbrica*) fabrique de tricots; (*negozio*) magasin de tricots.

maglietta *s.f.* **1** tricot (*m.*), maillot de corps **2** (*pullover*) (*di lana*) tricot de laine; (*di cotone*) tricot de coton; (*di cotone, a maniche corte*) T-shirt* (*m.*).

maglificio *s.m.* fabrique de tricots.

maglina *s.f.* (*tessuto di maglia*) jersey (*m.*).

maglio *s.m.* **1** (*mecc.*) marteau-pilon* **2** (*sport*) (*mazza*) maillet.

maglione *s.m.* pull-over*, chandail.

magma *s.m.* magma.

magmatico (pl. *-ci*) *agg.* **1** (*geol.*) magmatique **2** (*fig.*) magmateux*.

magnaccia (pl. *invar.*) *s.m.* maquereau*.

magnanimità *s.f.* magnanimité.

magnanimo *agg.* magnanime || **-mente** *avv.*

magnate *s.m.* magnat.

magnesia *s.f.* magnésie.

magnesio *s.m.* (*chim.*) magnésium || (*fot.*) *lampo al* —, éclair de magnésium.

magnesite *s.f.* (*min.*) magnésite.

magnete *s.m.* **1** (*fis.*) aimant **2** (*elettr.*) magnéto (*f.*).

magnetico (pl. *-ci*) *agg.* magnétique (*anche fig.*) || *ago* —, aiguille aimantée || **-mente** *avv.*

magnetismo *s.m.* magnétisme (*anche fig.*).

magnetite *s.f.* (*min.*) magnétite.

magnetizzare *v.tr.* **1** (*fis.*) aimanter, magnétiser **2** (*fig.*) magnétiser.

magnetizzazione *s.f.* magnétisation.

magnetofono *s.m.* magnétophone.

magnificare (*coniug. come* mancare) *v.tr.* magnifier.

magnificenza *s.f.* magnificence.

magnifico (pl. *-ci*) *agg.* magnifique || *fare il* —, (*iron.*) faire le grand seigneur || *il Magnifico Rettore*, le recteur || **-mente** *avv.*

magniloquenza *s.f.* grandiloquence.

magnitudine *s.f.* magnitude.

magno *agg.* grand || *in pompa magna*, en grande pompe.

magnolia *s.f.* (*pianta*) magnolia (*m.*); (*fiore*) fleur de magnolia.

mago (pl. *-ghi*) *s.m.* magicien* (*anche fig.*) || *il* — *Merlino*, Merlin l'enchanteur.

magone *s.m.* cafard: *avere il* —, avoir le cafard.

magra *s.f.* **1** étiage (*m.*) || *il fiume è in* —, la rivière est presque à sec **2** (*fig.*) (*carestia, penuria*) disette **3** *fare una* —, (*fam.*) faire piètre figure.

magrebino *agg.* e *s.m.* maghrébin.

magrezza *s.f.* maigreur (*anche fig.*).

magro *agg.* **1** maigre || *diventare* —, maigrir || *magre scuse*, des excuses insuffisantes **2** (*meschino*) piètre: *fare una magra figura*, faire une piètre figure ♦ *s.m.* **1** (*di carni*) maigre **2** (*eccl.*) *giorno di* —, jour maigre || *mangiare di* —, faire maigre.

mah *inter.* → ma².

maharaja *s.m.* mahara(d)ja.

mai *avv.* jamais: *non è* — *detto, non si sa* —, on ne sait jamais; — *fui più felice di allora*, jamais je ne fus plus heureux; *mi ha chiesto di non intervenire* —, il m'a demandé de ne jamais intervenir; *testardo quant'altri* —, têtu comme personne, on ne peut plus têtu; — *che arrivi puntuale!*, est-ce qu'il est jamais arrivé une fois à l'heure! || — *più*: *non gli parlerò* — *più*, je ne lui parlerai jamais plus; *questo non accadrà* — *più*, cela n'arrivera plus jamais; *adesso o* — *più*, c'est maintenant ou jamais || — *più!*, — *e poi* —!, jamais de la vie, au grand jamais! || *più che* —, *meno che* —, plus que jamais, moins que jamais; *deperiva più che* —, il dépérissait de jour en jour; *era più felice che* —, il était heureux comme il ne l'avait jamais été || *peggio che* —, pire que tout || *come non* —, comme jamais || *tutto, ma questo* —!, tout, mais pas ça! || *mi vogliono un bene che* —, ils m'aiment beaucoup; *avevo una sete che* —, j'avais très soif || (*che*) *cosa* — *stai cercando di dirmi?*, mais enfin, qu'est-ce que tu veux me dire?; (*che*) *cosa* — *hai combinato?*, mais qu'est-ce que tu as encore fait?; *vorrei sapere* (*che*) *cosa* — *ti sei messo in testa*, je voudrais bien savoir ce que tu as pu te mettre dans la tête || *chi* — *poteva essere?*, qui cela pouvait-il bien être? || *quante* — *volte te l'ho detto?*, (*fam.*) mais combien de fois te l'ai-je répété? || *dove* —, *perché* —, *quando* —, où donc, pourquoi donc, quand donc || — *dire* —, il ne faut dire: 'Fontaine je ne boirai pas de ton eau' ♦ *s.m.*: *il giorno del* (*poi e del*) —, la semaine des quatre jeudis.

maiale *s.m.* **1** porc, cochon (*anche fig.*) **2** (*macelleria*) porc.

maialetto, **maialino** *s.m.* porcelet, goret.

mailing *s.m.* (*comm.*) publipostage.

maiolica (pl. *-che*) *s.f.* majolique; (*estens.*) faïence.

maionese *s.f.* (*cuc.*) mayonnaise.

mais *s.m.* (*bot.*) maïs.

maiuscola *s.f.* majuscule.

maiuscoletto *s.m.* (*tip.*) petites capitales.

maiuscolo *agg.* **1** majuscule || *una A maiuscola*, un A majuscule, un grand A **2** (*fig.*) énorme ♦ *s.m.* majuscule (*f.*).

makò *s.m.* coton.

malacca *s.f.* (*legno*) rotin (*m.*) || *un bastone di* —, une canne de jonc, un jonc.

malaccorto *agg.* malavisé.

malachite *s.f.* (*min.*) malachite.

malacologia *s.f.* malacologie.

malafede *s.f.* mauvaise foi: *in* —, de mauvaise foi.

malaffare *s.m.*: *donna di* —, femme de mauvaise vie; *gente di* —, malfaiteurs.

malagevole *agg.* malaisé; (*difficile*) difficile; (*scomodo*) inconfortable.

malagrazia *s.f.* impolitesse: *con* —, de façon impolie.

malalingua (pl. *malelingue*) *s.f.* mauvaise langue.

malamente *avv.* mal: *è caduto* —, il a fait une mauvaise chute.

malandato *agg.* en mauvais état; (*di salute*) mal-en-point*.

malandrino *agg.* fripon*: *occhi malandrini,* (*scherz.*) des yeux fripons ♦ *s.m.* **1** (*birbante*) fripon* **2** (*brigante*) malandrin.

malanimo *s.m.* (*malevolenza*) malveillance (*f.*); (*avversione*) aversion (*f.*) || *di —*, à contrecœur.

malanno *s.m.* **1** infirmité (*f.*), maladie (*f.*): *buscarsi un —*, attraper du mal **2** (*sventura*) malheur.

malapena, a *locuz.avv.* tout juste; (*a stento*) à (grand-) peine: *riuscivo a — a capirlo,* j'arrivais à peine à le comprendre; *se l'è cavata a —*, il s'en est tiré à grand-peine.

malaria *s.f.* (*med.*) paludisme (*m.*).

malarico (pl. *-ci*) *agg.* paludéen*: *zona malarica,* zone infestée par le paludisme.

malasorte (pl. *malesorti*) *s.f.* malchance.

malaticcio *agg.* maladif*, souffreteux*.

malato *agg.* e *s.m.* malade: *essere — di stomaco,* souffrir de l'estomac; *la sua mente è malata,* il a l'esprit malade || *è — di nostalgia,* il a le mal du pays || *avere una sensibilità malata,* avoir une sensibilité maladive || *c'è un sole — oggi,* le soleil est bien pâle aujourd'hui || *economia malata,* (*fig.*) économie malade.

malattia *s.f.* maladie: *mettersi in —*, se mettre en congé de maladie || *assente per —*, absent pour cause de maladie || *non è il caso di farne una —*, il n'y a pas de quoi en faire une maladie.

malauguratamente *avv.* malheureusement, par malheur.

malaugurato *agg.* malheureux*; (*deprecabile*) fâcheux*, malencontreux*.

malaugurio *s.m.* mauvais augure.

malavita *s.f.* milieu (*m.*), pègre.

malavitoso *agg.* malhonnête || *ambiente —*, milieu interlope ♦ *s.m.* truand.

malavoglia (pl. *malevoglie*) *s.f.* mauvaise volonté || *di —*, à contrecœur; (*svogliatamente*) sans entrain.

malavveduto *agg.* malavisé.

malbianco *s.m.* (*agr.*) maladie du blanc, oïdium.

malcapitato *agg.* e *s.m.* malheureux*.

malconcio *agg.* en mauvais état, en piteux état.

malcontento *agg.* mécontent ♦ *s.m.* mécontentement.

malcostume *s.m.* mauvaises mœurs || *il — politico,* la corruption des milieux politiques.

maldestro *agg.* maladroit*.

maldicente *agg.* e *s.m.* médisant.

maldicenza *s.f.* médisance.

maldisposto *agg.* mal disposé: *è — verso di lui,* il est mal disposé à son égard.

male¹ *s.m.* **1** mal*: *spingere qlcu al —*, pousser qqn à mal agir; *pensare sempre al —*, avoir l'esprit mal tourné; *pensare, dire — di qlcu,* penser, dire du mal de qqn || *mettere — tra due persone,* brouiller deux personnes || *voler — a qlcu,* vouloir du mal à qqn; *farsi voler —*, se faire détester || *prendersela a —*, *aversene a —*, prendre mal (qqch); (*offendersi*) se vexer: *se l'è presa, avuta a —*, il l'a mal pris || *andare a —*, (*di cibo*) (*guastarsi*) s'abîmer: *il latte è andato a —*, le lait a

tourné; *questa minestra è andata a —*, (è diventata acida) ce potage a suri || *mandare a —*, (*fig.*) faire échouer || *fai — a parlare così,* tu as tort de parler ainsi; *è uno spettacolo che fa — a vedersi,* c'est un spectacle qui fait mal au cœur || *che — c'è?,* quel mal y a-t-il à cela?; *non c'è nulla di —*, il n'y a pas de mal à cela || *non c'è —!*, pas mal! || *meno — (che),* heureusement (que) || *poco — (se),* tant pis (si), ça ne fait rien (si) **2** (*sventura; danno*) malheur; mal*: *il — è che...*, le malheur est que...; *raccontare i propri mali,* raconter ses malheurs; (*parlare delle proprie malattie*) parler de ses ennuis de santé || *portare — (a qlcu),* porter malheur (à qqn) || *a mali estremi, estremi rimedi,* aux grands maux les grands remèdes **3** (*dolore fisico*) mal*; (*malattia*) maladie (*f.*): *mal d'aria, di mare, di montagna,* mal de l'air, de mer, des montagnes; *mi fa — la testa,* ho mal di testa, di denti, j'ai mal à la tête, aux dents; *soffre spesso di mal di testa, di denti,* il souffre souvent du maux de tête, de dents; *mal di cuore,* maladie de cœur; *mal d'auto,* mal d'auto: *soffrire di mal d'auto,* être malade en voiture; *ha un brutto —*, (*cancro*) il a une grave maladie; *dov'è che ti fa —?*, où est-ce que tu as mal?; *mi fanno — le gambe,* mes jambes me font mal; *il latte mi fa —*, je ne supporte pas le lait || (*med.*) *mal francese,* mal napolitain (*o* français); *mal sottile,* maladie de poitrine.

male² *avv.* **1** mal: *ti avevo giudicato —*, je t'avais mal jugé; *la traduzione m'è venuta —*, ma traduction n'est pas très réussie; *si esprime molto —*, *malissimo in inglese,* il s'exprime très mal en anglais; *mio fratello va malino, maluccio a scuola,* mon frère ne travaille pas très bien à l'école; *non c'è —*, *non c'è malaccio,* (*fam.*) pas mal || *cominciamo —!*, ça commence (mal)! || *rimanere, restare —*, (*essere deluso*) être déçu; (*dispiacersi*) regretter || *di — in peggio,* de mal en pis || *mica —*, *non —*, *niente —*, pas mal || *per — che vada,* au pire || *né bene né —*, (*così così*) comme ci, comme ça || *bene o — ci riuscirò,* d'une manière ou d'une autre je réussirai; *bene o — sono arrivato,* je suis arrivé je ne sais comment || *atteggiamento che mal si addice a,* comportement peu digne de; *con mal celata antipatia,* avec une antipathie non dissimulée **2** (*con valore di agg.*) *questa ragazza non è (proprio) —*, cette fille n'est pas mal (du tout) ♦ *inter.: ancora in ritardo?, —!*, encore en retard?, ce n'est pas bien!; *—!, dovevi andarci subito,* tu as eu tort, tu aurais dû y aller tout de suite.

maledettamente *avv.* terriblement.

maledetto *agg.* **1** maudit **2** (*fam.*) sacré; (*di tempo*) affreux* || *una paura maledetta,* une peur bleue.

maledire (*coniug. come* dire. *Imp.* maledici) *v.tr.* maudire*.

maledizione *s.f.* **1** malédiction **2** (*fam.*) calamité || *—!*, zut!, alors!

maleducato *agg.* e *s.m.* mal élevé, impoli.

maleducazione *s.f.* impolitesse.

malefatta *s.f.* méfait (*m.*).

maleficio *s.m.* maléfice.

malefico (pl. *-ci*) *agg.* maléfique; (*nocivo*) nuisible || *lingua malefica*, langue de vipère.

maleodorante *agg.* malodorant.

malerba *s.f.* mauvaise herbe.

malese *agg. e s.m.* malais.

malessere *s.m.* malaise.

malestro *s.m.* dégât.

malevolenza *s.f.* malveillance.

malevolo *agg.* malveillant.

malfamato *agg.* malfamé.

malfatto *agg.* mal fait ♦ *s.m.* méfait.

malfattore (f. *-trice*) *s.m.* malfaiteur*.

malfermo *agg.* chancelant; (*malsicuro*) mal assuré: *essere — in salute*, avoir une santé chancelante; — *sulle gambe*, mal assuré sur ses jambes || *con mano malferma*, d'une main peu sûre || *con voce malferma*, d'une voix hésitante.

malfidato *agg.* méfiant ♦ *s.m.* personne méfiante.

malfido *agg.* (*di persona*) déloyal*; (*di cosa*) peu sûr; (*incerto*) incertain.

malformazione *s.f.* malformation.

malfunzionamento *s.m.* (*inform.*) faute (*f.*); défaillance (*f.*).

malga (pl. *-ghe*) *s.f.* (*baita*) cabane de bergers (dans les Alpes).

malgarbo *s.m.* impolitesse (*f.*): *fare con —*, faire avec brusquerie.

malgascio *agg. e s.m.* malgache.

malgoverno *s.m.* **1** mauvaise administration: *il — dello Stato*, la mauvaise gestion des affaires de l'État **2** (*fig.*) (*trascuratezza*) négligence (*f.*), laisser-aller*.

malgrado *prep.* malgré ♦ *avv.* malgré || *mio —*, malgré moi; (*volente o nolente*) que je le veuille ou non; (*contro la mia volontà*) contre mon gré ♦ *cong.* bien que, quoique: — *piovesse*, bien qu'il plût, quoiqu'il plût.

malia *s.f.* **1** charme (*m.*) **2** (*maleficio*) sort (*m.*), sortilège (*m.*).

maliardo *agg.* ensorceleur*.

malignamente *avv.* malignement; (*con cattiveria*) méchamment.

malignare *v.intr.* médire* (de), dire* du mal (de).

malignità *s.f.* malignité; (*cattiveria*) méchanceté.

maligno *agg.* **1** malin* **2** (*cattivo*) mauvais; (*spec. di persona*) méchant ♦ *s.m.* mauvaise langue.

malinconia *s.f.* **1** mélancolie; (*depressione*) cafard (*m.*) || *che — questo tempo!*, quelle tristesse ce temps! **2** (*pensiero malinconico*) pensée mélancolique.

malinconico (pl. *-ci*) *agg.* mélancolique || *-mente avv.*

malincuore, a *locuz.avv.* à contrecœur.

malintenzionato *agg. e s.m.* malintentionné.

malinteso *agg.* mal compris ♦ *s.m* malentendu.

malioso *agg.* charmeur*.

malizia *s.f.* **1** malice **2** (*astuzia*) ruse || *le malizie del mestiere*, les trucs du métier.

malizioso *agg.* malicieux* || *-mente avv.*

malleabile *agg.* malléable.

malleabilità *s.f.* malléabilité.

malleolo *s.m.* (*anat.*) malléole (*f.*).

mallevadore *s.m.* **1** (*dir.*) répondant **2** (*fig.*) garant.

malleveria *s.f.* garantie.

mallo *s.m.* (*bot.*) brou.

malloppo *s.m.* **1** balluchon **2** (*fam.*) fric.

malmenare *v.tr.* malmener* (*anche fig.*).

malmesso *agg.* mal arrangé; (*vestito male*) mal habillé; (*in cattiva salute*) mal en point; (*in ristrettezze*) fauché.

malnato *agg.* grossier*.

malnutrizione *s.f.* malnutrition.

malo *agg.* (*letter.*) mauvais || *mala femmina*, garce || *trattare qlcu in — modo*, se montrer désagréable avec qqn; *cadere in — modo*, faire une mauvaise chute || *ridurre qlcu a mal partito*, faire un mauvais parti à qqn || *vista la mala parata*, voyant que les choses tournaient mal.

malocchio *s.m.* mauvais œil || *di —*, d'un mauvais œil.

malora *s.f.* ruine || *mandare in —*, ruiner || *l'affare è andato in —*, l'affaire est tombée à l'eau; *sono andati in —*, ils se sont ruinés || *alla —!*, au diable!

malore *s.m.* malaise: *colto da —*, pris d'un malaise.

malpartito, a *locuz.avv.* dans une situation difficile, dangereuse.

malridotto *agg.* en piteux état; (*di salute*) en mauvais état.

malriuscito *agg.* raté, manqué: *dolce —*, gâteau raté.

malsano *agg.* **1** malsain **2** (*malaticcio*) maladif*.

malsicuro *agg.* **1** peu sûr; (*malfermo*) mal assuré **2** (*incerto*) incertain; (*di persona*) qui manque d'assurance.

malta *s.f.* (*edil.*) mortier (*m.*).

maltempo *s.m.* mauvais temps.

maltese *agg. e s.m.* maltais || *febbre —*, fièvre de Malte.

malto *s.m.* malt || *caffè —*, café d'orge.

maltolto *agg.* mal acquis ♦ *s.m.* bien mal acquis.

maltosio *s.m.* (*chim.*) maltose.

maltrattamento *s.m.* mauvais traitements.

maltrattare *v.tr.* maltraiter.

malumore *s.m.* **1** mauvaise humeur: *sfogare il proprio — su qlcu*, passer sa mauvaise humeur sur qqn **2** (*malcontento*) mécontentement.

malva *s.f.* mauve.

malvagiamente *avv.* méchamment.

malvagio *agg.* méchant; (*cattivo*) mauvais.

malvagità *s.f.* méchanceté.

malvasia *s.f.* malvoisie.

malversazione *s.f.* malversation.

malvestito *agg.* mal habillé.

malvisto *agg.* mal vu.

malvivente *s.m. e f.* malfaiteur*.

malvolentieri *avv.* à contrecœur.

malvolere[1] (*usato solo all'inf. e part. pass.* malvoluto*) *v.tr.* détester: *era malvoluto da tutti*, tout le monde le détestait || *prendere a —*, prendre en grippe.

malvolere[2] *s.m.* **1** malveillance (*f.*) **2** (*indolenza*) indolence (*f.*).

mamelucco (pl. -*chi*) *s.m.* (*st.*) mameluk.

mamillaria *s.f.* (*bot.*) mamillaire.

mamma *s.f.* maman: *la mia* —, maman; *la tua* —, ta maman || *la festa della* —, la fête des mères || *fare da* —, tenir lieu de mère || — *mia!*, mon Dieu!

mammalucco (pl. -*chi*) *s.m.* (*sciocco*) bêta, benêt.

mammario *agg.* (*anat.*) mammaire.

mammella *s.f.* mamelle; (*di animali*) tétine; (*di animali da mungere*) pis (*m.*).

mammellonato *agg.* (*geogr.*) mamelonné.

mammellone *s.m.* (*geogr.*) mamelon.

mammifero *agg.* e *s.m.* mammifère.

mammografia *s.f.* (*med.*) mammographie.

mammola *s.f.* (*bot.*) violette.

mammone *s.m.* (*fam.*) fils à sa maman.

mammut (pl. *invar.*) *s.m.* mammouth.

manager (pl. *invar.*) *s.m.* manager || *general* —, directeur général.

manageriale *agg.* directorial*: *capacità* —, capacité à diriger.

manata *s.f.* **1** tape **2** (*manciata*) poignée.

manca *s.f.* (main) gauche.

mancamento *s.m.* évanouissement.

mancante *agg.* manquant.

mancanza *s.f.* **1** manque (*m.*); (*assenza*) absence || *sentivo la tua* —, tu me manquais; *in* — *di*, (*una persona*) en l'absence de; (*una cosa*) faute de; *per* — *di tempo*, faute de temps || *in* — *di meglio*, faute de mieux **2** (*errore*) faute.

mancare (*cambia la c in ch davanti alle desinenze in i o e*) *v.intr.* **1** manquer || *non mancherà l'occasione di rivederci*, nous aurons l'occasion de nous revoir; *manca il tempo*, le temps nous manque || *manca poco all'inizio dello spettacolo*, le spectacle va commencer; *manca poco all'arrivo del treno*, le train ne va pas tarder à arriver; *quanto manca alla partenza?*, combien de temps reste-t-il avant le départ?; *mancano solo dieci minuti*, il n'y a plus que dix minutes; *manca un quarto a mezzogiorno*, il est midi moins le quart; *mancano 10 km a Milano*, il y a encore 10 km jusqu'à Milan || *far* — *il pane*, faire manquer de pain; *gli manca la parola*, il ne lui manque que la parole; *mi manca il fiato*, je n'ai plus de souffle; *gli mancò la voce*, la voix lui manqua; *è mancata la luce*, il y a eu une panne de courant; *si sentì* — *le forze*, les forces lui manquèrent || *sentirsi* —, défaillir || *si sentì* — *la terra sotto i piedi*, (*fig.*) il sentit le sol se dérober sous ses pieds || *"Mi saluti suo padre!" "Grazie, non mancherò"*, "Saluez votre père de ma part!" "Merci, je n'y manquerai pas" || *non era un imbroglione poco ci manca*, si ce n'est pas un filou, il s'en faut de peu || *mancò poco che morisse*, il s'en fallut de peu qu'il mourût || *ci mancava anche questa*, il ne manquait plus que ça; *ci mancherebbe altro!*, il ne manquerait plus que ça!; (*dopo ringraziamenti*) mais c'est tout naturel! || *mi sei mancato molto*, tu m'as beaucoup manqué **2** (*non essere presente*) man-

quer; (*essere assente*) être* absent: — *a un appuntamento*, ne pas aller à un rendez-vous; *è parecchio tempo che manca da Milano*, il y a longtemps qu'il a quitté Milan || *venire a* —, (*morire*) mourir **3** (*agire male*) mal agir || *ha mancato verso di me*, il a mal agi à mon égard ♦ *v.tr.* manquer; (*fallire*) rater: — *il bersaglio*, rater la cible.

mancato *agg.* manqué; (*fallito*) raté || *occasione mancata*, occasion manquée || *il* — *pagamento*, le non-paiement; *il* — *guadagno*, le manque à gagner.

manchevole *agg.* qui laisse à désirer; (*incompleto*) incomplet: *essere* — *di*, manquer de.

manchevolezza *s.f.* **1** (*difetto*) défaut (*m.*); (*imperfezione*) imperfection **2** (*mancanza*) erreur.

mancia (pl. -*ce*) *s.f.* **1** pourboire (*m.*) || — *competente*, bonne récompense **2** (*fam.*) argent de poche.

manciata *s.f.* poignée || *a manciate*, par poignées.

mancina *s.f.* main gauche.

mancino *agg.* e *s.m.* gaucher* || *colpo* —, coup bas; *giocare un tiro* —, jouer un sale tour.

manciù *agg.* e *s.m.* mandchou.

manco *avv.* même pas; pas même: *non ci avevo* — *pensato*, je n'y avais même pas pensé; — *per idea*, *per sogno*, pas le moins du monde; *jamais de la vie*; — *a dirlo*, comme d'habitude.

mandamentale *agg.* de la juridiction, cantonal*.

mandamento *s.m.* (*dir.*) circonscription judiciaire (du juge d'instance).

mandante *s.m.* (*dir.*) mandant: *il* — *di un crimine*, l'instigateur d'un crime.

mandarancio *s.m.* (*bot.*) clémentine (*f.*).

mandare *v.tr.* **1** envoyer*: — *i bambini a letto*, envoyer les enfants se coucher; — *a prendere*, envoyer chercher; — *a chiamare*, faire appeler || — *a un altro ufficio*, adresser à un autre bureau || — *via*, *a spasso*, renvoyer; (*malamente*) mettre à la porte || — *dentro*, faire rentrer; — *giù*, (*anche fig.*) avaler || — *su*, (*fare salire*) faire monter || — *a compimento*, réaliser; — *all'aria*, faire échouer || — *a picco*, couler || — *in pezzi*, briser en mille morceaux || *non gliel'ho mandato a dire*, je ne le lui ai pas envoyé dire || *Dio ce la mandi buona!*, que Dieu nous aide! || *piove che Dio la manda*, il tombe des cordes **2** (*emettere*) émettre* || — *un profumo delizioso*, sentir bon || — *un grido*, pousser un cri ■ **mandare avanti**: *manda avanti i ragazzi, noi verremo dopo*, fais partir les enfants, nous viendrons après; — *avanti un'azienda*, faire marcher une entreprise; — *avanti una pratica*, donner suite à un dossier; — *avanti la casa, la famiglia*, s'occuper de son ménage, de sa famille; *lo mandiamo avanti (alla classe superiore) perché ha già dato il massimo*, on le fait passer parce qu'il a déjà donné son maximum; *è riuscito a* — *avanti cinque figli fino all'università*, il a réussi à faire faire l'université à ses cinq enfants.

mandarino[1] *s.m.* (*cinese*) mandarin.

mandarino[2] *s.m.* **1** (*pianta*) mandarinier **2** (*frutto*) mandarine (*f.*).

mandata *s.f.* **1** envoi (*m.*) **2** (*giro di chiave*) tour de clef.

mandatario *s.m.* (*dir.*) mandataire.

mandato *s.m.* mandat: *dare* — *a qlcu*, donner mandat à qqn; *eseguire un* —, remplir son mandat || (*dir.*): — *d'arresto*, mandat d'arrêt; — *di cattura*, mandat d'amener; — *di comparizione*, mandat de comparution; — *di perquisizione*, mandat de perquisition || (*comm.*) — *di pagamento*, mandat de paiement.

mandibola *s.f.* mandibule.

mandolino *s.m.* mandoline (*f.*).

mandorla *s.f.* amande || *latte di mandorle*, lait d'amandes || *a* —, en amande.

mandorlato *s.m.* nougat ♦ *agg.* (*che contiene mandorle*) aux amandes.

mandorlo *s.m.* amandier.

mandragola, mandragora *s.f.* (*bot.*) mandragore.

mandria *s.f.* troupeau* (*m.*).

mandriano *s.m.* gardien* de troupeaux.

mandrillo *s.m.* mandrill.

mandrino *s.m.* (*tecn.*) mandrin.

mandritta *s.f.* (*letter.*) *a* —, à droite.

maneggevole *agg.* maniable (*anche fig.*).

maneggevolezza *s.f.* maniabilité.

maneggiare (*coniug. come* mangiare) *v.tr.* manier (*anche fig.*).

maneggio *s.m.* **1** maniement **2** (*spec. pl.*) (*manovra*) manège; (*intrigo*) manigance (*f.*): *maneggi politici*, manigances politiques **3** (*equitazione*) manège.

maneggione *s.m.* (*intrigante*) intrigant.

manesco (pl. *-chi*) *agg.* qui a la main leste.

manette *s.f.pl.* menottes: *mettere le* —, passer les menottes.

manforte *s.f.* main-forte: *dare* —, prêter main-forte.

manfrina *s.f.* (*petulanza*) histoires (*pl.*); (*lagna*) jérémiades (*pl.*).

manganellare *v.tr.* matraquer.

manganellata *s.f.* coup de matraque.

manganello *s.m.* matraque (*f.*).

manganese *s.m.* (*chim.*) manganèse.

mangereccio *agg.* comestible.

mangeria *s.f.* (*fam.*) détournement (de fonds).

mangiabile *agg.* mangeable.

mangiacassette (pl. *invar.*) *s.m.* lecteur de cassettes.

mangiadischi (pl. *invar.*) *s.m.* mange-disques.

mangiafumo *agg.invar.*: *candela* —, bougie antifumée.

mangianastri (pl. *invar.*) *s.m.* lecteur de cassettes.

mangiapane (pl. *invar.*) *s.m.*: *è un* — *a ufo, a tradimento*, il ne vaut pas le pain qu'il mange.

mangiapreti (pl. *invar.*) *s.m.* bouffeur de curé.

mangiare[1] (*Indic.fut.* io mangerò ecc.) *v.tr.* **1** manger*: — *con appetito*, manger de bon appétit; — *bene*, bien manger, (*educatamente*) manger correctement; — *male*, mal manger, (*in modo scorretto*) manger salement; *fare da* —, faire la cuisine; *che cosa fai da* — *oggi?*, qu'est-ce que tu

fais à manger aujourd'hui? || *l'avrei mangiato vivo!*, je l'aurais bouffé! || *— alle spalle di qlcu*, vivre aux crochets de qqn || *mangiarsi le unghie*, se ronger les ongles || *mangiarsi il fegato*, se ronger les sangs || *— le parole*, manger ses mots || *mangiarsi tutto il patrimonio*, manger toute sa fortune || *ha mangiato molto in quell'affare*, il a fait son beurre dans cette affaire **2** (*consumare*) manger*; (*corrodere*) ronger* **3** (*dama, scacchi*) prendre*.

mangiare[2] *s.m.* manger; (*cibo*) nourriture (*f.*) || *il troppo — fa male*, l'excès de nourriture nuit à la santé; *essere esigente nel* —, être exigeant à table.

mangiata *s.f.* gueuleton (*m.*): *fare una bella* —, faire un bon gueuleton; *fare una* — *di*, s'empiffrer de.

mangiatoia *s.f.* **1** mangeoire **2** (*di guadagni illeciti*) assiette au beurre.

mangiatore (f. *-trice*) *s.m.* mangeur*.

mangime *s.m.* aliments pour animaux; (*per uccelli*) graines (*f.pl.*): *dare il — ai polli*, donner à manger à la volaille.

mangione *s.m.* gros mangeur.

mangiucchiare *v.tr.* grignoter.

mango (pl. *-ghi*) *s.m.* (*albero*) manguier; (*frutto*) mangue (*f.*).

mangrovia *s.f.* (*bot.*) mangrove.

mangusta *s.f.* mangouste.

mania *s.f.* manie (*anche fig.*).

maniaco (pl. *-ci*) *agg. e s.m.* maniaque (*anche fig.*).

manica (pl. *-che*) *s.f.* **1** manche: *mezze maniche*, manches courtes; (*usate per proteggere l'abito dall'usura*) manchettes de lustrine; (*fig.spreg.*) (*impiegatuccio*) rond-de-cuir || *giro* —, emmanchure; *essere in maniche di camicia*, être en bras de chemise; *rimboccarsi, tirarsi su le maniche*, (*anche fig.*) retrousser ses manches || *è un altro paio di maniche*, c'est une autre paire de manches || *essere di — larga, stretta*, être coulant, sévère || *essere nella — di qlcu*, avoir l'appui de qqn || (*aer.*) — *a vento*, manche à air **2** (*fam.*) (*banda, cricca*) bande.

manicaretto *s.m.* bon petit plat.

manicheismo *s.m.* manichéisme.

manicheo *agg. e s.m.* manichéen*.

manichetta *s.f.* **1** (*soprammanica*) manchette **2** (*tubo*) lance: — *antincendio*, lance d'incendie.

manichino *s.m.* mannequin || *sembra un* —, il est tiré à quatre épingles.

manico (pl. *-ci, chi*) *s.m.* manche; (*fatto ad ansa di tazza ecc.*) anse (*f.*); (*impugnatura di valigia, remo ecc.*) poignée (*f.*).

manicomio *s.m.* asile (d'aliénés) || *è un* —!, (*fig.*) c'est une maison de fous!

manicotto *s.m.* manchon.

manicure (pl. *invar.*) *s.f.* **1** manucure: *fare la* —, être manucure **2** (*cura delle mani*) soin des mains: *fare la* —, se faire les ongles; *farsi fare la* —, se faire faire les mains.

maniera *s.f.* **1** façon, manière || *alla — di*, à la manière de || *in — da*, de manière à; *in — che*, en sorte que || *in ogni* —, *in tutte le maniere*, avec tous les moyens; *in nessuna* —, d'aucune façon || (*arte*) *prima* —, de la première manière || *in una* — *o nell'altra*, d'une façon ou d'une autre || *scrittore di* —, maniériste **2** *pl.* (*modi*) manières || *persona di buone, cattive maniere*, personne bien, mal élevée.

manierato *agg.* maniéré, affecté.

manierismo *s.m.* maniérisme.

manierista *s.m.* maniériste.

maniero *s.m.* manoir.

manifattura *s.f.* **1** manufacture **2** (*fabbricazione*) fabrication.

manifatturiere *s.m.* **1** (*proprietario*) propriétaire d'une manufacture, d'une fabrique **2** (*operaio*) ouvrier de manufacture, de fabrique.

manifatturiero *agg.* manufacturier*.

manifestamente *avv.* manifestement.

manifestante *s.m.* manifestant.

manifestare *v.tr.* e *intr.* manifester ◻ **manifestarsi** *v.pron.* **1** (*dimostrarsi*) se montrer **2** (*rivelarsi*) se signaler (par), se manifester (par).

manifestazione *s.f.* manifestation; (*fam.*) manif.

manifestino *s.m.* tract.

manifesto[1] *agg.* manifeste; (*conosciuto*) connu.

manifesto[2] *s.m.* **1** affiche (*f.*) **2** (*programma di movimento culturale o politico*) manifeste.

maniglia *s.f.* poignée || (*sport*) *cavallo con maniglie*, cheval d'arçons.

manigoldo *s.m.* canaille (*f.*).

manina *s.f.* **1** petite main **2** (*bot.*) clavaire.

manioca *s.f.* (*bot.*) manioc (*m.*).

manipolare *v.tr.* **1** manipuler **2** (*adulterare*) frelater.

manipolatore (f. -*trice*) *s.m.* manipulateur*.

manipolazione *s.f.* **1** manipulation **2** (*intrigo*) manigance.

manipolo *s.m.* **1** (*eccl.*) manipule **2** (*piccola schiera*) poignée (*f.*) **3** (*di spighe*) javelle (*f.*).

maniscalco (pl. -*chi*) *s.m.* maréchal-ferrant*.

manna *s.f.* manne (*anche fig.*) || *aspetta la* — *dal cielo*, il attend que lui tombent les alouettes toutes rôties (dans le bec) || *è una* — *per*, c'est une bénédiction pour.

mannaia *s.f.* (*del boia*) *hache; (*della ghigliottina*) couperet (*m.*).

mannello *s.m.* javelle (*f.*).

mannite *s.f.* (*chim.*) mannite.

mano *s.f.* **1** main: *con la* — *sinistra*, de la main gauche; *prendere in* —, prendre dans ses mains; (*fig.*) prendre en main; *avere, tenere in* —, avoir à la main, (*fig.*) tenir, avoir en main; *battere le mani*, (*per applaudire*) battre des mains, (*per chiamare o ammonire*) battre dans ses mains; *prendere per* —, prendre par la main; *condurre una bicicletta per* —, pousser une bicyclette à la main; *andare tenendosi per* —, — *nella* —, aller la main dans la main; *sfuggire di* —, échapper des mains; *aiutarsi con le mani*, s'aider de ses mains || *avere delle mani di fata*, avoir des doigts de fée; *avere le mani d'oro*, être habile de ses mains || *colpo di* —, coup de main || *per* — *di*, par la main de; *morire*

per — *di*, périr de la main de || *consegnare a* —, remettre en mains propres || *prove alla* —, preuves à la main || *a portata di* —, à portée de la main || *qua la* —!, serrons-nous la main! || *dare una* — *a qlcu*, (*fig.*) donner un coup de main à qqn || *tenere* — *a qlcu*, soutenir qqn || *toccare con* —, toucher du doigt || *mettere le mani avanti*, (*fig.*) prendre ses précautions || *mettere le mani su qlcu, su qlco*, mettre la main sur qqn, sur qqch; *alzare le mani su qlcu*, lever la main sur qqn || *mettersi nelle mani di qlcu*, s'en remettre à qqn || *essere in buone mani*, être en bonnes mains || *cadere nelle mani di qlcu, in* — *a qlcu*, tomber aux mains de qqn || *capitare in* —, tomber sous la main || *è un libro che può andare in* — *a tutti*, c'est un livre qui peut être mis entre toutes les mains || *ha per le mani un affare importante*, il a en train une affaire importante || *farci la* —, se faire la main || (*fig.*): *avere le mani bucate*, être un panier percé; *avere le mani lunghe*, avoir les mains crochues; *mettere* — *a un'impresa*, mettre la main à l'œuvre; *lasciarsi prendere la* —, perdre le contrôle; *prenderci la mano*, (*fam.*) se faire la main || *stare con le mani in* —, se tourner les pouces || *mordersi le mani*, se mordre les doigts || *venire alle mani*, en venir aux mains || *giù le mani!*, bas les pattes! || *fare man bassa*, faire main basse || *abitare fuori* —, habiter au diable; *un quartiere fuori* —, un quartier éloigné; *una via fuori* —, une rue écartée; *un paese fuori* —, un pays perdu || *un uomo alla* —, un homme sans façons || *di seconda* —, d'occasion; *lo so di seconda* —, je l'ai appris de qqn || *ha messo la sua* — *in questo imbroglio*, il y a mis sa patte || *a* — *a* —, *man* —, au fur et à mesure **2** (*direzione*): *tenere la* —, tenir sa droite; *andare contro, fuori* —, ne pas tenir sa droite **3** (*strato di colore ecc.*) couche || *dare l'ultima* — *a qlco*, donner la dernière touche à qqch **4** (*a carte*) partie: *essere di* —, avoir la main; *essere ultimo di* —, être le dernier à jouer.

manodopera (pl. *invar.*) *s.f.* main-d'œuvre*.

manomesso *agg.* **1** (*di documenti*) altéré, falsifié; (*di corrispondenza, pacchi ecc.*) ouvert (indûment): *dossier* —, dossier falsifié **2** (*danneggiato*) endommagé || *serratura manomessa*, serrure forcée.

manometro *s.m.* manomètre.

manomettere (*coniug. come* mettere) *v.tr.*: — *la corrispondenza*, ouvrir (indûment) la correspondance; — *un cassetto*, fouiller dans un tiroir; — *documenti*, altérer des documents.

manomissione *s.f.* (*di documenti*) falsification; (*di corrispondenza*) violation.

manomorta (pl. *manimorte*) *s.f.* (*dir.*) mainmorte.

manopola *s.f.* **1** (*impugnatura*) poignée **2** (*bottone di comando*) bouton (*m.*) **3** (*paramano*) parement (*m.*) **4** (*guanto*) moufle; (*per lavarsi*) gant de toilette.

manoscritto *agg.* e *s.m.* manuscrit.

manovalanza *s.f.* manœuvres (*m.pl.*).

manovale *s.m.* manœuvre; (*di muratore*) aide-maçon*; (*di ferrovia*) homme de manœuvre.
manovella *s.f.* manivelle.
manovra *s.f.* manœuvre (*anche fig.*): *fare* —, *essere in* —, manœuvrer.
manovrabile *agg.* manœuvrable.
manovrabilità *s.f.* manœuvrabilité.
manovrare *v.tr.* e *intr.* manœuvrer (*anche fig.*).
manovrato *agg.* dirigé: (*econ.*) *moneta, economia manovrata*, monnaie, économie dirigée.
manovratore (f. *-trice*) *s.m.* (*di tram, di gru*) conducteur*; (*di scambi*) aiguilleur; (*dei treni*) homme de manœuvre.
manovriero *agg.* e *s.m.* manœuvrier* (*anche fig.*).
manrovescio *s.m.* revers de main.
mansarda *s.f.* mansarde.
mansardato *agg.* mansardé || *tetto* —, comble en mansarde.
mansione *s.f.* fonction; (*attribuzione*) attribution: *svolgere mansioni di*, remplir les fonctions de; *non rientra nelle sue mansioni*, cela ne rentre pas dans ses attributions.
mansuetamente *avv.* d'une manière douce, inoffensive.
mansueto *agg.* doux*; (*di animali*) inoffensif*.
mansuetudine *s.f.* mansuétude.
manteca *s.f.* pâte.
mantecare (*coniug. come* mancare) *v.tr.* (*cuc.*) travailler.
mantecato *agg.* e *s.m.* (*cuc.*) (*gelato*) — glace maison très crémeuse; *baccalà* —, plat typique de la Vénétie, semblable à la brandade de morue.
mantella *s.f.* cape; (*mil.*) capote.
mantellina *s.f.* pèlerine.
mantello *s.m.* **1** manteau*; (*a ruota*) cape (*f.*): — *col cappuccio*, manteau à capuche **2** (*di animali*) pelage, toison (*f.*); (*di cavalli*) robe (*f.*); (*di cani*) mantelure (*f.*).
mantenere (*coniug. come* tenere) *v.tr.* **1** maintenir*; (*conservare*) garder: — *l'ordine*, maintenir l'ordre; — *vivo un ricordo*, garder vivant un souvenir; — *il potere*, garder le pouvoir; — *i rapporti con qlcu*, maintenir, garder le contact avec qqn || — *le distanze*, garder les distances; (*aut.*) — *la distanza di sicurezza*, respecter la distance de sécurité || — *in buona salute*, conserver en bonne santé || — *il massimo riserbo*, observer la plus grande réserve || — *un giuramento, la parola data*, tenir un serment, (sa) parole **2** (*provvedere al sostentamento di, alla manutenzione di*) entretenir*: *ha una famiglia da* —, il a une famille à charge || *mantengo mio figlio a scuola*, je paie les études de mon fils □ **mantenersi** *v.pron.* **1** se maintenir*; (*conservarsi*) se conserver: — *giovane*, se maintenir toujours jeune; — *in buona salute*, se conserver en bonne santé || — *in forma, in allenamento*, rester en forme; *il tempo si mantiene* (*al bello*), le temps restera au beau fixe **2** (*sostentarsi*) subvenir* à ses (propres) besoins: *si mantiene lavorando*, il travaille pour vivre.

mantenimento *s.m.* **1** maintien || *dieta di* —, régime de maintien **2** (*sostentamento, manutenzione*) entretien.
mantenuta *s.f.* (*femme*) entretenue.
mantenuto *s.m.* gigolo.
mantice *s.m.* **1** soufflet || *sbuffare come un* —, souffler comme un phoque **2** (*di carrozza, di automobile*) capote (*f.*).
mantide *s.f.* (*zool.*) mante.
mantiglia *s.f.* mantille.
manto *s.m.* **1** manteau* (*anche fig.*) **2** (*di animali*) pelage, toison (*f.*); (*di cavalli*) robe (*f.*).
mantovana *s.f.* lambrequin (*m.*).
mantovano *agg.* e *s.m.* mantouan.
manuale *agg.* e *s.m.* manuel*.
manualistico (pl. *-ci*) *agg.* de manuel; (*spreg.*) livresque.
manualità *s.f.* **1** (*carattere manuale*) caractère manuel **2** (*abilità manuale*) habileté manuelle, dextérité.
manualmente *avv.* manuellement.
manubrio *s.m.* **1** manette (*f.*), poignée (*f.*); (*di bicicletta, di motocicletta*) guidon **2** (*da ginnastica*) haltère.
manufatto *agg.* fait à la main, manufacturé ♦ *s.m.* produit manufacturé; (*estens.*) objet.
manutengolo *s.m.* **1** complice **2** (*ruffiano*) entremetteur.
manutenzione *s.f.* entretien (*m.*), maintenance: *spese di* —, frais d'entretien; *fermo per* —, hors service pour cause d'entretien; *personale addetto alla* —, personnel préposé à la maintenance.
manzo *s.m.* jeune bœuf; (*cuc.*) bœuf: — *stufato*, bœuf à la mode; *brasato, stracotto di* —, bœuf bourguignon.
manzoniano *agg.* de Manzoni.
maoismo *s.m.* maoïsme.
maoista *agg.* e *s.m.* maoïste.
maomettano *agg.* e *s.m.* mahométan.
maori *agg.* e *s.m.* maori.
mapo (pl. *invar.*) *s.m.* (*frutto*) minéolas.
mappa *s.f.* carte, plan (*m.*): *disegnare la* — *di...*, tracer la carte, lever le plan de... || (*inform.*) *la* — *della memoria*, le topogramme de la mémoire || — (*catastale*) matrice (cadastrale).
mappamondo *s.m.* **1** (*planisfero*) mappemonde (*f.*) **2** (*globo*) globe.
marabù *s.m.* (*zool.*) marabout.
marachella *s.f.* espièglerie; (*monelleria*) gaminerie.
maragià *s.m.* maharadjah.
maramaldo *s.m.* lâche.
marameo *inter.* turlututu || *fare* —, faire un pied de nez.
marasca (pl. *-che*) *s.f.* (*bot.*) marasque.
maraschino *s.m.* marasquin.
marasco (pl. *-chi*) *s.m.* (*bot.*) griottier.
marasma *s.m.* **1** (*med.*) marasme **2** (*confusione*) confusion (*f.*).
maratona *s.f.* marathon (*m.*) || *ho dovuto fare una* — *per arrivare in tempo*, j'ai dû faire un vrai marathon pour arriver.

maratoneta *s.m.* marathonien*.

marca (pl. *-che*) *s.f.* **1** marque || *umorismo di chiara — inglese*, (*fig.*) humour très anglais **2** (*sorta di francobollo*) timbre (*m.*); (*da bollo*) timbre(-fiscal*) (*m.*); (*su ricevute e simili*) timbre-quittance* (*m.*) **3** (*contromarca*) (*di carta*) ticket (*m.*), coupon (*m.*); (*a gettone*) jeton (*m.*); (*per ritirare bagagli*) bulletin (*m.*).

marcantonio *s.m.*: *un* (*pezzo di*) —, (*fam.*) une sacrée armoire à glace.

marcare (*coniug. come* mancare) *v.tr.* **1** marquer || (*mil.*) — *visita*, se faire porter malade **2** (*accentuare*) accentuer.

marcatempo *s.m.* **1** (*operaio*) chronométreur **2** (*strumento*) chronomètre.

marcato *agg.* marqué.

marcatore *s.m.* marqueur.

marcatura *s.f.* marquage (*m.*).

marchesa *s.f.* marquise.

marchesato *s.m.* marquisat.

marchese *s.m.* marquis.

marchiano *agg.* énorme.

marchiare *v.tr.* marquer || *— (col marchio) d'infamia*, (*fig.*) noter d'infamie.

marchigiano *agg.* des Marches.

marchingegno *s.m.* truc.

marchio *s.m.* marque (*f.*); (*per metalli preziosi*) poinçon: — *di fabbrica*, marque de fabrique; — *di garanzia*, marque de garantie, label; — *di qualità*, label de qualité || *— d'infamia*, marque d'infamie.

marcia (pl. *-ce*) *s.f.* **1** marche: *in —!*, en marche!; *— per il disarmo*, marche en faveur du désarmement; *fare — indietro*, rebrousser chemin, (*fig.*) faire marche arrière || *senso di —*, sens de la marche; *è vietato invertire la —*, défense de faire demi-tour **2** (*aut.*) vitesse: *cambiare —*, changer de vitesse; *innestare la prima* (—), mettre la première || *avere una — in più*, (*fig. fam.*) être un surdoué.

marcialonga (pl. *marcelonghe*) *s.f.* manifestation de masse de ski de fond; (*gara podistica*) marathon de masse.

marciapiede *s.m.* **1** trottoir || *battere il —*, (*fig.*) faire le trottoir; *donna da —*, fille des rues **2** (*di stazione*) quai.

marciare (*coniug. come* cominciare) *v.intr.* marcher || *— in corteo*, avancer en cortège || *lo farò — io!*, je le ferai filer droit!

marciatore (f. *-trice*) *s.m.* marcheur*.

marcio *agg.* pourri || *avere torto —*, avoir entièrement tort; *a suo — dispetto*, à son grand dépit ♦ *s.m.* pourri || *c'è del —*, (*fig.*) il y a quelque chose de pourri.

marcire (*coniug. come* finire) *v.intr.* pourrir (*anche fig.*): *le banane sono marcite*, les bananes ont pourri; *— nell'acqua, per l'umidità*, pourrir dans l'eau, à cause de l'humidité.

marcita *s.f.* (*agr.*) champ irrigué par submersion.

marciume *s.m.* pourriture (*f.*).

marco (pl. *-chi*) *s.m.* (*moneta*) mark.

marconista *s.m.* radiotélégraphiste.

marconiterapia *s.f.* (*med.*) thérapie par ondes courtes.

mare *s.m.* mer (*f.*): *il — è* (*calmo come*) *un olio*, c'est une mer d'huile; — *stanco*, (mer) étale; — *mosso, agitato*, mer peu agitée, agitée; — *grosso*, mer très houleuse; — *lungo*, houle; — *in burrasca*, mer grosse; — *in tempesta*, mer très grosse; *tempesta sul —*, tempête sur la mer; *c'è — e balleremo un po'*, (*fam.*) la mer est agitée et on sera un peu secoué; *alto —, — aperto*, haute, pleine mer; *città di —*, ville maritime; *a 1000 metri sul livello del —*, à 1000 mètres au-dessus du niveau de la mer; *andare al —*, aller à la mer; *fare i bagni di —*, faire des bains de mer; *mettere, calare in, a —*, mettre à la mer; *cadere in —*, tomber à la mer; *mettersi in —*, prendre la mer; *uscire in —*, aller en mer; *viaggiare per, via —*, voyager par mer; *soffrire il —, avere mal di —*, avoir le mal de mer || (*fig.*): *buttare a — qlcu, qlco*, se défaire de qqn, laisser tomber qqch; *essere in alto —*, pédaler dans la choucroute || *tra cielo e —*, entre ciel et mer || *frutti di —*, fruits de mer || *un vecchio lupo di —*, un vieux loup de mer || *serpente di —*, serpent de mer, (*gergo giornalistico*) canard || *per — e per terra*, par monts et par vaux || *promettere mari e monti*, promettre monts et merveilles || *è una goccia nel —*, c'est une goutte d'eau dans la mer || *un — di sangue*, une mare de sang; *c'era un — di gente*, il y avait un tas de monde; *un — di parole*, un flot de paroles; *ha un — di soldi*, (*fam.*) il est bourré de fric; *essere in un — di guai*, avoir de gros ennuis || *sul tavolo c'era un — magno di vecchie carte*, sur la table il y avait une montagne de vieux papiers.

marea *s.f.* marée: *con l'alta, bassa —*, à marée haute, basse; *c'è alta —*, la mer est pleine; — *grande, piccola*, grande, faible marée; *canale di —*, raz; *ondata di —*, raz de marée, (*in estuario*) mascaret; *partire con la —*, partir à la marée; *una — di gente*, (*fig.*) un monde fou.

mareggiata *s.f.* tempête de mer.

maremmano *agg.* de la Maremme.

maremoto *s.m.* raz de marée.

marengo (pl. *-ghi*) *s.m.* (*moneta*) napoléon.

maresciallo *s.m.* **1** maréchal* **2** (*sottufficiale*) adjudant: — *maggiore*, adjudant chef.

maretta *s.f.* moutonnement (*m.*): *c'è un po' di — oggi*, aujourd'hui la mer moutonne un peu, (*fig.*) il y a de l'électricité dans l'air aujourd'hui.

marezzare *v.tr.* moirer; (*carta*) jasper.

marezzato *agg.* (*di marmo, di legno*) madré, veiné; (*di stoffa*) moiré; (*di carta*) jaspé.

marezzo *s.m.*, **marezzatura** *s.f.* marbrure (*f.*); (*di stoffa*) moiré (*m.*); (*di carta*) jaspure (*f.*).

margarina *s.f.* margarine.

margherita *s.f.* marguerite || (*cuc.*): *torta —*, sorte de pain de Gênes; *pizza —*, pizza aux tomates, à la mozzarelle et au basilic.

margheritina *s.f.* pâquerette.

marginale *agg.* marginal* (*anche fig.*).

marginalità *s.f.* marginalité.

marginalizzare *v.tr.* marginaliser.

marginalizzazione *s.f.* marginalisation.

marginare *v.tr.* (*tip.*) marger*.

margine *s.m.* marge (*f.*); (*di fosso, strada ecc.*) bord || *il — di un bosco*, la lisière d'un bois || *i margini di una ferita*, les lèvres d'une plaie || *un largo — di guadagno*, une bonne marge de bénéfice || *in — a, ai margini di*, (*fig.*) en marge de.

margotta *s.f.* (*bot.*) marcotte.

margottare *v.tr.* (*agr.*) marcotter.

mariano *agg.* (*eccl.*) *mese —*, mois de Marie.

marijuana (pl. *invar.*) *s.f.* marijuana.

marina *s.f.* 1 marine: *— militare, da diporto*, marine de guerre, de plaisance 2 (*litorale*) bord de la mer; (*spiaggia*) plage; (*mare*) mer 3 (*pitt.*) marine.

marinaio *s.m.* matelot; (*membro della marina militare, uomo di mare*) marin || *promessa, giuramento da —*, promesses de Gascon, serment d'ivrogne.

marinara *s.f.* 1 (*abito*) costume marin, marinière 2 (*cappello*) canotier (*m.*).

marinare *v.tr.* 1 (*cuc.*) mariner 2 *— la scuola*, faire l'école buissonnière.

marinaresco (pl. *-chi*) *agg.* de marin.

marinaro *agg.* de marins; (*marittimo*) maritime || (*cuc.*) *pesce alla marinara*, poisson (à la) marinière || *vestito, collo alla marinara*, costume, col marin; *berretto alla marinara*, béret de marin; *vestire alla —*, porter un (costume) marin.

marinata *s.f.* (*cuc.*) marinade.

marinato *agg.* (*cuc.*) mariné.

marineria *s.f.* marine.

marino *agg.* marin || *acqua marina*, eau de mer.

mariolo *s.m.* mariole.

marionetta *s.f.* marionnette (*anche fig.*): *teatro delle marionette*, théâtre de marionnettes.

marionettista *s.m.* marionnettiste.

maritale *agg.* marital* || *-mente* *avv.*

maritarsi *v.tr.* marier□**maritarsi** *v.pron.* se marier.

maritata *s.f.* femme mariée.

maritato *agg.* marié.

marito *s.m.* mari: *avere —*, être mariée; *aveva per — un magistrato*, elle était mariée à un magistrat; *ragazza* (*in età*) *da —*, fille à marier.

maritozzo *s.m.* (*cuc.*) petit gâteau* aux raisins.

marittimo *agg.* maritime || *guerra marittima*, guerre navale || *per via marittima*, par mer ♦ *s.m.* inscrit maritime: *i marittimi*, les gens de mer.

marketing *s.m.* marketing.

marmaglia *s.f.* racaille; (*di ragazzi*) marmaille.

marmellata *s.f.* confiture; (*di frutta spappolata e spec. di mele e di arance*) marmelade || *— di castagne*, crème de marrons.

marmetta *s.f.* (*edil.*) carreau* de marbre.

marmista *s.m.* marbrier.

marmitta *s.f.* marmite || (*aut.*) *— (di scarico)*, pot d'échappement.

marmittone *s.m.* (*scherz.*) bleu*.

marmo *s.m.* marbre.

marmocchio *s.m.* marmot, mioche; (*fam.*) môme.

marmoreo *agg.* 1 de marbre 2 (*simile al marmo*) marmoréen*.

marmorizzare *v.tr.* marbrer.

marmorizzato *agg.* marbré.

marmotta *s.f.* marmotte.

marna *s.f.* (*geol.*) marne.

marnare *v.tr.* (*agr.*) marner.

marnoso *agg.* marneux*.

marò (pl. *invar.*) *s.m.* (*fam.*) (*marinaio*) marin.

marocchino *agg.* e *s.m.* 1 marocain 2 (*cuoio*) maroquin.

maronita *agg.* e *s.m.* (*relig.*) maronite.

maroso *s.m.* lame (*f.*).

marpione *s.m.* (*fam.*) roublard.

marra *s.f.* 1 (*agr.*) *houe 2 (*per calcina*) gâche 3 (*dell'ancora*) bec (*m.*).

marrano *s.m.* 1 (*traditore*) félon 2 (*zotico*) rustre 3 (*st.*) marrane.

marrone *agg.* marron*: *una gonna — scuro*, une jupe marron foncé ♦ *s.m.* 1 (*frutto*) marron; (*albero*) marronnier 2 (*fam.*) (*errore grossolano*) bévue (*f.*).

marsala *s.m.* marsala (vin sec et parfumé de la Sicile).

marsc' *inter.* marche!: *avanti —!*, en avant, marche! || *e adesso a letto, —!*, (*scherz.*) maintenant au lit, et que ça saute!

marsigliese *agg.* e *s.m.* marseillais || *la Marsigliese*, la Marseillaise.

marsina *s.f.* frac (*m.*).

marsovino *s.m.* (*zool.*) marsouin.

marsupiale *agg.* e *s.m.* (*zool.*) marsupial*.

marsupio *s.m.* 1 (*zool.*) marsupium 2 (*portabambini*) porte-bébé* 3 (*borsetta alla cintura*) banane (*f.*).

martedì *s.m.* mardi || *— grasso*, Mardi gras.

martellamento *s.m.* martèlement (*anche fig.*) || *— pubblicitario*, matraquage publicitaire.

martellante *agg.* ininterrompu: *una musica —*, le martèlement d'une musique; *interrogatorio —*, interrogatoire harcelant; *una campagna pubblicitaria —*, le matraquage d'une campagne publicitaire.

martellare *v.tr.* marteler* (*anche fig.*) || *— di pugni la porta*, tambouriner sur la porte, (*con rabbia*) donner des coups de poing contre la porte || *— qlcu di domande*, (*fig.*) harceler qqn de questions ♦ *v.intr.* (*pulsare*) battre*.

martellata *s.f.* coup de marteau; (*fig.*) coup de massue.

martellato *agg.* martelé.

martellatura *s.f.* (*tecn.*) martelage (*m.*).

martelletto *s.m.* (*del pianoforte*) marteau*.

martello *s.m.* 1 marteau* || (*alpinismo*) *— da ghiaccio*, marteau-piolet || *sonare* (*le campane*) *a —*, sonner le tocsin 2 (*zool.*) *pesce —*, (requin) marteau*.

martinetto *s.m.* (*tecn.*) vérin; (*cricco*) cric.

martingala *s.f.* martingale.

martin pescatore *s.m.* (*zool.*) martin-pêcheur*.

martire *s.m.* martyr || *fare il —*, jouer les martyrs.

martirio *s.m.* martyre.

massaggiare

martirizzare *v.tr.* livrer au martyre; (*fig.*) martyriser: *essere martirizzato*, subir le martyre.

martirologio *s.m.* martyrologe.

martora *s.f.* (*zool.*) martre, marte.

martoriare *v.tr.* tourmenter, torturer.

marxismo *s.m.* marxisme.

marxismo-leninismo *s.m.* marxisme-léninisme.

marxista *agg.* e *s.m.* marxiste.

marza *s.f.* (*agr.*) greffon (*m.*).

marzaiola *s.f.* (*zool.*) sarcelle.

marzapane *s.m.* (*cuc.*) pâte d'amandes.

marziale *agg.* martial* (*anche fig.*): *arti marziali*, arts martiaux || *corte, legge* —, cour, loi martiale.

marziano *agg.* e *s.m.* martien*.

marzo *s.m.* mars.

mascalzonata *s.f.* saloperie.

mascalzone *s.m.* fripouille (*f.*), canaille (*f.*).

mascara (pl. *invar.*) *s.m.* (*cosmesi*) mascara.

mascarpone *s.m.* fromage à base de crème fraîche.

mascella *s.f.* mâchoire || *far andare le mascelle*, (*fam. scherz.*) jouer des mandibules.

mascellare *agg.* e *s.m.* (*anat.*) maxillaire.

maschera *s.f.* 1 masque (*m.*) || — *da, per anestesia*, masque (anesthésique); — *chirurgica*, masque de chirurgie, antiseptique || (*fig.*): *era la* — *della disperazione*, elle avait le visage du désespoir; *togliersi, levarsi la* —, ôter son masque; *gettar via la* —, jeter le masque; *dietro la* — *dell'amicizia...*, sous le masque de... 2 (*travestimento*) déguisement (*m.*): *mettersi in* —, se déguiser || *ballo in* —, bal costumé || (*teatr.*) *le maschere della Commedia dell'arte*, les personnages de la Commedia dell'arte 3 (*inserviente di teatro, cinema*) placeur (*m.*); (*donna*) ouvreuse 4 (*mecc.*) gabarit (*m.*). 5 (*fot., tecn.*) cache (*m.*).

mascheramento *s.m.* 1 déguisement (*anche fig.*) 2 (*mil.*) camouflage.

mascherare *v.tr.* 1 masquer (*anche fig.*); (*travestire*) déguiser (en): *mascherarsi il viso*, se masquer 2 (*nascondere, mimetizzare*) camoufler: — *la porta con una tenda*, camoufler la porte avec un rideau □ **mascherarsi** *v.pron.* 1 se masquer; (*travestirsi da*) se déguiser (en) || — *da filantropo*, (*fig.*) se faire passer pour un philanthrope 2 (*mimetizzarsi*) se camoufler.

mascherata *s.f.* mascarade || *è tutta una* —!, (*fig.*) c'est de la comédie!

mascherato *agg.* 1 masqué || *corso* —, défilé de masques || *carro* —, char de Carnaval 2 (*travestito*) déguisé (en); (*fig.*) déguisé, camouflé 3 (*nascosto*) camouflé.

mascherina *s.f.* 1 (*mezza maschera*) loup (*m.*), demi-masque* (*m.*) 2 (*bambino mascherato*) enfant masqué; (*donna mascherata*) femme masquée 3 (*di calzatura*) bout (*m.*) 4 (*fot.*) cache (*m.*) 5 (*schermo di protezione*) écran (*m.*); (*aut.*) (*di radiatore*) calandre 6 (*per respirare*) respirateur (*m.*) 7 (*macchia sul muso di animali*) tache.

mascherone *s.m.* 1 (*faccia grottesca*) visage bouffi || *sembra un* —, (*per il troppo trucco*) elle ressemble à un pot de peinture 2 (*arch.*) mascaron; (*doccione*) gargouille (*f.*).

maschiaccio *s.m.* 1 mauvais garçon 2 (*di ragazza dai modi maschili*) garçon manqué.

maschiare *v.tr.* (*mecc.*) tarauder.

maschiatrice *s.f.* (*mecc.*) taraudeuse.

maschiatura *s.f.* (*mecc.*) taraudage (*m.*).

maschietta *s.f.* garçonne || *capelli alla* —, cheveux à la garçonne.

maschietto *s.m.* garçon.

maschile *agg.* 1 masculin || *in linea* —, du côté du père || *scuola* —, école de garçons; *sezione* —, (*di una scuola*) section garçons || (*gramm.*) *una parola* —, un mot (du) masculin 2 (*sport*) messieurs; (*di gara, di torneo*) masculin: *doppio* —, (*tennis*) double messieurs 3 (*biol.*) mâle ♦ *s.m.* (*gramm.*) masculin.

maschilismo *s.m.* machisme.

maschilista *agg.* e *s.m.* machiste, (*fam.*) macho.

maschio[1] *agg.* 1 mâle || (*tecn.*): *chiave* —, clef mâle; *vite* —, vis mâle 2 (*estens.*) viril: *voce maschia*, voix virile || *stile* —, style viril ♦ *s.m.* 1 mâle 2 (*figlio maschio*) garçon 3 (*tecn.*) partie mâle; (*per filettare*) taraud; (*di presa elettrica*) broche (*f.*): *collegamento a* — *e femmina*, connexion à mâle/femelle; *il* — *della vite*, la vis mâle.

maschio[2] *s.m.* (*torre di fortezza*) donjon.

mascolinità *s.f.* masculinité.

mascolinizzare *v.pron.* masculiniser.

mascolino *agg.* masculin.

mascotte *s.f.* mascotte.

masnada *s.f.* bande, troupe || *una* — *di ragazzi*, (*scherz.*) une ribambelle d'enfants.

masnadiero *s.m.* bandit.

maso *s.m.* (*region.*) ferme et équipement agricole des Alpes orientales.

masochismo *s.m.* masochisme.

masochista *agg.* e *s.m.* masochiste.

masochistico (pl. *-chi*) *agg.* masochiste.

masonite *s.f.* masonite.

massa *s.f.* masse || (*estens.*): *una* — *di ignoranti*, un tas d'ignorants; *una* — *di lavoro arretrato*, un tas de travail en retard || (*elettr.*): *mettere a* —, mettre à la masse; *collegamento a* —, prise de terre □ **in massa** *locuz. avv.* en masse; (*fig.*) en bloc: *produzione in* —, production en masse; *le partenze in* — *di luglio*, les départs massifs de juillet; *votare in* — *per un candidato*, voter massivement pour un candidat.

massacrante *agg.* éreintant, crevant.

massacrare *v.tr.* massacrer; (*distruggere*) détruire*; (*fig.*) éreinter, crever*: — *di pugni*, massacrer à coups de poing; — (*di fatica*), éreinter || *il traduttore ha massacrato il testo*, le traducteur a massacré ce texte.

massacratore *s.m.* massacreur.

massacro *s.m.* massacre || *gioco al* —, jeu de massacre.

massaggiagengive (pl. *invar.*) *s.m.* (*per neonati*) masticatoire.

massaggiare (*coniug. come* mangiare) *v.tr.* masser.

massaggiatore (f.-*trice*) *s.m.* masseur*.

massaggio *s.m.* massage: (*farsi*) *fare dei massaggi*, se faire faire des massages || — *cardiaco*, massage cardiaque.

massaia *s.f.* ménagère.

massaro *s.m.* (*fattore*) fermier.

massello *s.m.* **1** (*metall.*, *edil.*) bloc || *oro di* —, or massif **2** (*bot.*) (*durame*) duramen **3** (*legno massiccio*) bois massif: *mobili in* — *di noce*, meubles en noyer massif.

masseria *s.f.* ferme.

masserizie *s.f.pl.* mobilier (*m.sing.*).

massicciamente *avv.* massivement.

massicciata *s.f.* cailloutis (*m.*); (*ferr.*) ballast (*m.*).

massiccio *agg.* massif* || *di corporatura massiccia*, corpulent; *spalle massicce*, épaules carrées || *in dosi massicce*, à fortes doses; *una massiccia campagna pubblicitaria*, un énorme battage publicitaire; *un* — *intervento*, une intervention en masse ♦ *s.m.* (*geogr.*) massif.

massificare (*coniug. come* mancare) *v.tr.* massifier.

massificato *agg.* de masse.

massima[1] *s.f.* **1** règle: *è buona* — *non...*, il est de bonne règle de ne pas...; *avere per*, *come* —, avoir pour règle || *in linea di* —, en principe; *accordo di* —, accord de principe || *fare un progetto di* —, tracer les grandes lignes d'un projet **2** (*detto*, *sentenza*) maxime: *una* — *popolare*, une maxime populaire.

massima[2] *s.f.* **1** température maximum || *termometro a* —, thermomètre à maximum **2** (*di pressione del sangue*) (tension) maximale.

massimale *agg.* maximal* ♦ *s.m.* plafond.

massimalismo *s.m.* maximalisme.

massimalista *agg. e s.m.* maximaliste.

massimamente *avv.* surtout.

massimo *agg.superl.* **1** (*il più grande*) le plus grand; (*il più elevato*) maximal*, maximum*: *con la massima attenzione*, avec la plus grande attention; *velocità massima*, vitesse maximum; *livello* —, niveau maximum; *ha ottenuto il* — *punteggio*, il a obtenu le meilleur score; *documenti della massima segretezza*, des documents ultra-secrets || *carcere di massima sicurezza*, prison de haute sécurité || (*sport*): *peso* —, poids lourd; *tempo* —, délais; *fuori tempo* —, hors des délais **2** (*grandissimo*) très grand ♦ *s.m.* **1** maximum*: *il* — *della velocità*, la plus grande vitesse || *si è laureato col* — *dei voti*, il a eu sa maîtrise avec mention très bien || *è il* — *che io possa fare*, c'est tout ce que je peux faire || *un* — *storico*, un record sans précédent **2** (*sport*) (*peso massimo*) poids lourd □ **al massimo** *locuz.avv.* au maximum; (*tutt'al più*) tout au plus □ **al massimo di** *locuz.prep.* au comble de.

mass-media *s.m.pl.* médias: *relativo ai* —, médiatique; *divulgazione attraverso i* —, médiatisation.

masso *s.m.* roc, rocher: *pesante come un* —, lourd comme une pierre || *cadere*, *addormentarsi come un* —, (*fig.*) tomber, s'endormir comme une masse || (*geol.*) — *erratico*, bloc erratique || *caduta massi*, (*nella segnaletica stradale*) chute de pierres.

massone *s.m.* maçon*.

massoneria *s.f.* franc-maçonnerie.

massonico (pl. -*ci*) *agg.* maçonnique.

massoterapia *s.f.* (*med.*) kinésithérapie.

mastectomia *s.f.* (*med.*) mastectomie, mammectomie.

mastello *s.m.* baquet.

master *s.m.* (*Università*) mastère.

masticabile *agg.* qu'on peut mâcher || *gomma* —, chewing-gum.

masticare (*coniug. come* mancare) *v.tr.* **1** mâcher; (*con uso assoluto*) mastiquer: — *tabacco*, chiquer; — *gomma americana*, mâchonner du chewing-gum; — *bene facilita la digestione*, bien mastiquer favorise la digestion || — *amaro*, — *veleno*, (*fig.*) ruminer sa colère **2** (*fam.*) (*pronunciare indistintamente*) bredouiller || *mastica un po' d'inglese*, il baragouine un peu d'anglais || — *le parole*, bafouiller.

masticatorio *agg. e s.m.* masticatoire.

masticazione *s.f.* mastication.

mastice *s.m.* mastic: *applicare il* — *a qlco*, mastiquer qqch || — *per camere d'aria*, dissolution.

mastino *s.m.* mâtin; (*fig.*) bulldog.

mastite *s.f.* (*med.*) mastite, mammite.

mastodonte *s.m.* mastodonte.

mastodontico (pl. -*ci*) *agg.* gigantesque, colossal*.

mastoide *s.f.* (*anat.*) (apophyse) mastoïde.

mastoideo *agg.* (*anat.*) mastoïdien*.

mastoidite *s.f.* (*med.*) mastoïdite.

mastopatia *s.f.* (*med.*) mastopathie.

mastro *s.m.* **1** maître: — *falegname*, maître-charpentier **2** (*comm.*) (*libro*) —, grand livre.

masturbarsi *v.pron.* se masturber.

masturbazione *s.f.* masturbation.

matassa *s.f.* écheveau* (*m.*): *ingarbugliare*, *dipanare la* —, embrouiller, dévider l'écheveau, (*fig.*) débrouiller l'affaire.

matassina *s.f.* écheveau* (*m.*): *una* — *di cotone da ricamo*, un écheveau de coton à broder.

matematica (pl. -*che*) *s.f.* mathématiques (*pl.*); (*fam.*) math, maths (*pl.*): *studiare* —, étudier les mathématiques; *la* — *non è il suo forte*, les maths ne sont pas son fort || *la* — *non è un'opinione*, la mathématique n'est pas une opinion.

matematico (pl. -*ci*) *agg.* mathématique || *avere la certezza matematica di qlco*, être sûr et certain de qqch ♦ *s.m.* mathématicien || -**mente** *avv.*

materassaio *s.m.* matelassier*.

materassino *s.m.* **1** (*sport*) tapis; (*judo ecc.*) tatami **2** — (*pneumatico*), matelas pneumatique; — *da spiaggia*, matelas (gonflable).

materasso *s.m.* matelas: — *a molle*, matelas (à) ressorts; — *ortopedico*, matelas anatomique; *un* — *duro*, un matelas ferme.

materia *s.f.* matière || *materie prime*, matières premières: *gli manca la* — *prima*, (*la capacità*) il n'a pas la tête, (*i mezzi finanziari*) il n'a pas les moyens || *in* —, en la matière; *in* — *di*, en matière de || *c'è* — *per un processo*, il y a matière à procès; *c'è* — *per un libro*, il y a de quoi faire un livre; *dare* — *a discussioni*, donner lieu à des discussions.

materiale *agg.* matériel* || *i piaceri materiali*, les plaisirs des sens || *non ho avuto il tempo* —, je n'ai pas eu le temps matériel || *un uomo* —, un homme grossier; *ha modi materiali*, il est rustre ♦ *s.m.* **1** matériel; (*edile*) matériau* || *il* — *umano*, l'élément humain || — *di scarto*, rebut **2** (*argomenti, documenti*) matériaux (*pl.*).

materialismo *s.m.* matérialisme.

materialista *agg.* e *s.m.* matérialiste.

materialistico (pl. *-ci*) *agg.* matérialiste.

materialità *s.f.* **1** matérialité **2** (*fig.*) (*grossolanità*) grossièreté.

materializzare *v.tr.* matérialiser □ **materializzarsi** *v.pron.* se matérialiser.

materializzazione *s.f.* matérialisation.

materialmente *avv.* matériellement.

materialone *s.m.* (*fam.*) gros maladroit.

maternamente *avv.* maternellement.

maternità *s.f.* maternité || *congedo di* —, congé de maternité; *entrare in* —, prendre son congé de maternité; *assegno di* —, indemnité de maternité

MATEMATICA

LE 4 OPERAZIONI ARITMETICHE		LES 4 OPÉRATIONS ARITHMÉTIQUES
quanto fa sei più uno?		*combien font six plus un, six et un?*
sei più uno fa (uguale a) sette		*six et un font sept*
sei più uno, sette	$6+1=7$	*six et un, sept*
quanto fa sette meno uno?		*combien font sept moins un?*
sette meno uno fa (uguale a) sei		*sept moins un font six*
sette meno uno, sei	$7-1=6$	*sept moins un, six*
quanto fa cinque per quattro?		*combien font cinq multiplié par quatre?*
cinque per quattro fa (uguale a) venti		*cinq multiplié par quatre font vingt*
cinque per quattro, venti	$5×4=20$	*cinq fois quatre, vingt*
quanto fa sessanta diviso tre?		*combien font soixante divisé par trois?*
sessanta diviso tre fa (uguale a) venti	$60:3=20$	*soixante divisé par trois font (donnent) vingt*

FRAZIONI		FRACTIONS
un mezzo	1/2	*un demi*
tre mezzi	3/2	*trois demis*
un terzo	1/3	*un tiers*
due quarti	2/4	*deux quarts*
tre quinti	3/5	*trois cinquièmes*
a fratto *b*	a/b	*a sur b*

ho già letto due terzi del libro		*j'ai déjà lu les deux tiers du livre*
ne ha bevuto solo metà		*il en a bu la moitié seulement*
abbiamo fatto solo un terzo della strada		*nous n'avons fait que le tiers du chemin*
prendere due quinti della soluzione		*prendre (les) deux cinquièmes de la solution*
i tre quinti rimasti		*les trois cinquièmes qui restent*

POTENZE		PUISSANCES
due alla seconda (potenza), due al quadrato	2^2	*deux (à la) puissance deux, deux au carré*
due alla terza (potenza), al cubo	2^3	*deux (à la) puissance trois, au cube*
elevare due alla quinta		*élever deux à la puissance cinq*
due all'ennesima potenza	2^n	*deux à la énième, à la nième puissance*

‖ *reparto* —, (*in un ospedale*) maternité ‖ (*arte*) *una* — *lignea*, une Vierge à l'enfant en bois.

materno *agg.* maternel* ‖ *la scuola materna*, l'école maternelle, la maternelle.

matinée (pl. *invar.*) *s.f.* (*teatr.*) matinée.

matita *s.f.* crayon (*m.*): *a* —, au crayon; — *colorata*, crayon de couleur; — *copiativa*, crayon à copier; — *automatica*, porte-mine; *temperare una* —, tailler un crayon ‖ — *per le labbra*, crayon de rouge à lèvres.

matraccio *s.m.* (*chim.*) matras.

matriarcale *agg.* matriarcal*.

matriarcato *s.m.* matriarcat.

matrice *s.f.* **1** matrice; (*per duplicatore*) stencil (*m.*) **2** (*parte separabile di un modulo*) talon (*m.*) **3** (*fig.*) origine: *autore di* — *cattolica*, auteur d'origine catholique ‖ *avere una* — *comune*, (*fig.*) avoir une même origine.

matricida *s.m.* qui a tué sa mère.

matricidio *s.m.* matricide.

matricola *s.f.* **1** (*registro*) matricule **2** (*numero di matricola*) numéro (matricule); (*di studente universitario*) numéro d'étudiant **3** (*studente universitario del primo anno*) bizut (*m.*).

matricolare *agg.* matriculaire.

matricolato *agg.*: *furfante* —, fameux coquin; *furbo* —, rusé compère.

matrigna *s.f.* belle-mère*; (*spreg.*) marâtre ‖ *la natura è* — *in quei paesi*, la nature est cruelle dans ces pays.

matrilineare *agg.* matrilinéaire.

matrilinearità *s.f.* matrilignage (*m.*).

matrimoniale *agg.* matrimonial* ‖ *vincolo* —, lien conjugal ‖ *anello* —, alliance ‖ *camera* —, chambre à grand lit.

matrimonialista *s.m.* avocat spécialiste en droit matrimonial.

matrimonio *s.m.* mariage: *un buon* —, un beau mariage; — *rato e consumato*, mariage ratifié et consommé; — *d'amore*, mariage d'amour, d'inclination; *annullamento, scioglimento del* —, dissolution du mariage; *domanda di* —, demande en mariage; *congiungere in* —, unir par le mariage; *unirsi in* —, se marier ‖ *pubblicazioni di* —, (publications des) bans.

matrona *s.f.* matrone.

matronale *agg.* matronal*.

matroneo *s.m.* (*arch.*) matroneum.

matta *s.f.* (*fam.*) (*alle carte*) joker (*m.*).

mattacchione *s.m.* farceur*.

mattana *s.f.* (*fam.*) moment de folie.

mattanza *s.f.* (*pesca*) pêche aux thons (dans les madragues).

mattatoio *s.m.* abattoir.

mattatore *s.m.* **1** tueur **2** (*fig.*) fanfaron*; m'as-tu-vu*.

matterello *s.m.* (*cuc.*) rouleau* (à pâte).

mattina *s.f.* matin (*m.*); (*mattinata*) matinée: *la* — *del trenta aprile*, le trente avril au matin; (*in*) *una bella* — *di giugno*, par une belle matinée de juin; (*al*)*la* —, *di* —, le matin; (*al*)*la* — *presto*, tôt le matin; *di prima* —, le matin de bonne heure;

presto, tardi la —, tôt, tard dans la matinée; *la* — *prima, dopo*, le matin précédent, le lendemain matin; *si può fare in una* —, cela peut se faire en une matinée ‖ *dalla sera alla* —, du jour au lendemain ‖ *abito da* —, robe de ville.

mattinata *s.f.* matinée ‖ *in* —, dans la matinée.

mattiniero *agg.* matinal*: *come sei* — *oggi!*, tu es bien matinal aujourd'hui!

mattino *s.m.* matin: *sul far del* —, au petit matin.

matto *agg.* **1** fou* (*anche fig.*): *è mezzo* —, il est à moitié fou; *è* — *da legare*, il est fou à lier; *mi fa diventare* —, il me rend fou; *c'è da diventare matti*, il y a de quoi devenir fou ‖ *ma siamo matti?*, non mais, ça va pas!; *fossi* —!, pas si bête! ‖ *è una testa matta*, il a l'esprit dérangé ‖ — *dalla gioia*, fou de joie ‖ *andare* — *per la musica*, être fou de musique; *va* — *per quella ragazza*, cette fille lui fait perdre la tête ‖ *ci siamo fatti matte risate*, nous avons ri comme des fous **2** (*opaco*) mat: *oro* —, or mat **3** (*falso*) faux*: *un brillante* —, un faux brillant ♦ *s.m.* fou*: *quel* — *del tuo amico*, ton cinglé d'ami; *bisogna essere matti per...*, il faut être fou pour... ‖ *un mezzo* —, une tête fêlée ‖ *cose, roba da matti!*, c'est de la folie! ‖ *mi piace da matti*, ça me plaît drôlement; *mi piace da matti la musica*, je raffole de musique.

mattoide *agg.* e *s.m.* loufoque.

mattone *s.m.* brique (*f.*): — *da rivestimento*, brique de parement ‖ *color rosso* —, couleur (de) brique ‖ (*fig.*): *ho un* — *sullo stomaco*, (*non ho digerito*) j'ai une pierre sur l'estomac; *quel dolce è un* —, c'est un étouffe-chrétien; ce gâteau; *che è un* —, c'est un étouffe-chrétien, ce gâteau; *che* — *quel romanzo!*, tu parles d'un pavé, ce roman!; *un film che è un* —, un film barbant; *che* — *quella tua amica!*, qu'elle est assommante, ton amie! ‖ *mettere i soldi sotto il* —, mettre de l'argent sous l'oreiller.

mattonella *s.f.* **1** carreau* (*m.*) ‖ *pavimento a mattonelle*, carrelage **2** (*oggetto*) briquette.

mattonificio *s.m.* briqueterie (*f.*).

mattutino *agg.* matinal*; (*del mattino*) du matin ♦ *s.m.* (*eccl.*) matines (*f.pl.*).

maturare *v.intr.* **1** mûrir (*anche fig.*) ‖ *lasciar* — *i tempi*, laisser agir le temps; *la vita l'ha fatto* — *prima del tempo*, la vie l'a mûri avant l'âge **2** (*comm.*) échoir*: *la cambiale è maturata*, le billet à ordre est échu ♦ *v.tr.* mûrir (*anche fig.*) ‖ — *gli interessi*, fructifier ‖ — *vent'anni di servizio in una ditta*, accumuler vingt ans de service dans une société.

maturazione *s.f.* **1** maturation **2** (*comm.*) échéance.

maturità *s.f.* maturité: *esame di* —, examen de fin d'études (correspondant au baccalauréat).

maturo *agg.* **1** mûr (*anche fig.*): *essere in età matura*, être d'âge mûr; *è un uomo* —, c'est un homme d'un âge mûr ‖ *vino* —, vin fait **2** (*comm.*) échu.

mauritano *agg.* e *s.m.* mauritanien*.

mausoleo *s.m.* mausolée.

maxi- *pref.* maxi-

mazurca (pl. *-che*) *s.f.* mazurka.

mazza *s.f.* **1** (*grosso bastone*) gourdin (*m.*); (*clava*) massue || — (*da golf*), club; — (*da baseball*), batte **2** (*grosso martello*) masse || — *ferrata*, masse d'armes **3** (*bot. pop.*): — *d'oro*, perce-bosse*; — *di San Giuseppe*, laurier-rose*; — *di tamburo*, coulemelle.

mazzata *s.f.* coup de massue (*anche fig.*).

mazzetta¹ *s.f.* (*mazza sottile*) maillet (*m.*); (*edil.*) massette.

mazzetta² *s.f.* **1** (*di fogli, di banconote*) liasse **2** (*fam.*) (*bustarella*) ristourne (*m.*); dessous de table; pot-de-vin* (*m.*).

mazziere¹ *s.m.* massier.

mazziere² *s.m.* (*chi dà le carte*) donneur.

mazzo¹ *s.m.* **1** (*di fiori*) bouquet; (*di ortaggi*) botte (*f.*); (*di lettere ecc.*) paquet; (*di chiavi*) trousseau* || *entrare nel* —, (*fig.*) être de la même clique **2** (*di carte*) jeu*; (*di carte scartate*) talon: *fare il* —, mêler les cartes.

mazzo² *s.m.*: *farsi il* —, (*molto fam.*) trimer || *fare il* — *a qlcu*, (*molto fam.*) engueuler qqn.

mazzuola *s.f.*, **mazzuolo** *s.m.* (*di legno*) maillet (*m.*); (*di ferro*) massette (*f.*).

me *pron.pers. di 1ª pers.sing.* **1** moi: *hanno convocato* — *e lui*, ils nous ont convoqués, lui et moi; *cercavano* —, c'est moi qu'ils cherchaient; *ho una stanza tutta per* —, j'ai une chambre pour moi (tout) seul || *è l'uomo che fa per* —, c'est l'homme qu'il me faut || *date retta a* —, écoutez-moi || *dicevo, pensavo tra* — (*e* —), je me disais || (*che resti*) *tra* — *e te*, entre nous || *se tu fossi* (*in*) —, (si tu étais) à ma place || *non è da* — *dire, fare certe cose*, ce n'est pas mon style (*o* ça ne me ressemble pas) de dire, de faire certaines choses || — *stesso*, moi-même || *da* — (*da solo*), moi-même, tout seul: *so da* — *quel che devo fare*, je sais parfaitement ce que je dois faire || *quanto a* —, quant à moi, en ce qui me concerne || *secondo* —, selon moi, à mon avis **2** (*compl. di termine con i pron.* lo, la, li, le) moi (*dopo il verbo*); me (*prima del verbo*): — *lo ripete spesso*, il me le répète souvent; *rendimeli subito*, rends-les-moi tout de suite; *non dirmelo*, ne me le dis pas; — *li puoi pagare, puoi pagarmeli domani*, tu peux me les payer demain || (*pleonastico, non si traduce*): — *lo prendo subito*, je le prends tout de suite **3** (*legato al pron.* ne) m'en: — *ne venderà alcuni*, il m'en vendra quelques-uns; — *ne devo andare, devo andarmene*, je dois m'en aller; *parlamene*, parle-m'en; *non parlarmene*, ne m'en parle pas || (*pleonastico, non si traduce*): — *ne mangerò due*, j'en mangerai deux.

meandro *s.m.* méandre; (*fig.*) détour.

meccanica (*f.* -*che*) *s.f.* **1** mécanique **2** (*meccanismo*) mécanisme (*m.*).

meccanicità *s.f.* automatisme (*m.*), automaticité.

meccanico (pl. -*ci*) *agg.* mécanique (*anche fig.*) || *ingegnere* —, ingénieur mécanicien ♦ *s.m.* mécanicien || -**mente** *avv.*

meccanismo *s.m.* mécanisme.

meccanizzare *v.tr.* mécaniser.

meccanizzato *agg.* mécanisé.

meccanizzazione *s.f.* mécanisation.

meccanografia *s.f.* mécanographie.

meccanografico (pl. -*ci*) *agg.* mécanographique: *operatore* —, mécanographe.

mecenate *s.m.* mécène.

mecenatismo *s.m.* mécénat.

meco *pron.pers. m. e f. di 1ª pers.sing.* (*antiq.*) avec moi.

medaglia *s.f.* médaille: — *al valor militare, al valor civile*, médaille militaire, d'honneur; *il rovescio della* —, (*anche fig.*) le revers de la médaille.

medagliere *s.m.* médaillier.

medaglione *s.m.* médaillon.

medesimo *agg. e pron.dim.* (le*) même || (*linguaggio burocratico*) *venne poi interrogato il Signor Rossi: il* — *dichiarò che...*, on interrogea Monsieur Rossi: lequel déclara que... • Per gli altri usi → **stesso.**

media¹ *s.f.* **1** moyenne || *promosso con la* — *del 7*, reçu avec 7 de moyenne || *fare, tenere i 100 km di* — (*oraria*), faire du 100 km **2** (*scuola media*) enseignement secondaire; (*fam.*) collège (*m.*): *frequentare le medie*, être au collège.

media² *s.m.pl.* → **mass-media.**

mediamente *avv.* en moyenne.

mediana *s.f.* **1** médiane **2** (*sport*) ligne des demis, médiane.

medianico (pl. -*ci*) *agg.* médiumnique.

mediano *agg.* médian ♦ *s.m.* (*football, rugby*) demi.

mediante *prep.* **1** (*grazie a*) grâce à* || — *pagamento di una forte somma*, moyennant une forte somme **2** (*per mezzo di*) au moyen de*; (*tramite*) par; (*per l'interessamento di*) par l'intermédiaire de*: *percepire* — *i sensi*, percevoir au moyen des sens; — *procura*, par procuration.

mediare *v.tr.* **1** jouer le rôle de médiateur **2** (*fil.*) mettre* en relation deux termes **3** (*mat.*) calculer la moyenne.

mediateca (pl. -*che*) *s.f.* médiathèque.

mediato *agg.* médiat, indirect.

mediatore (*f.* -*trice*) *s.m.* **1** médiateur*; (*intermediario*) intermédiaire: — *di pace*, médiateur de la paix **2** (*sensale*) courtier ♦ *agg.* médiateur*.

mediazione *s.f.* **1** médiation; (*interposizione*) entremise **2** (*commissione*) courtage (*m.*).

medicamento *s.m.* médicament.

medicamentoso *agg.* médicamenteux*.

medicare (*coniug. come* mancare) *v.tr.* (*una ferita*) panser; (*una persona*) soigner || *il tempo medica i dispiaceri*, le temps guérit les chagrins.

medicato *agg.* (*trattato con disinfettanti*) antiseptique; (*terapeutico*) thérapeutique: *cerotto* —, sparadrap antiseptique; *bagno* —, bain thérapeutique.

medicazione *s.f.* pansement (*m.*).

medicina *s.f.* (*scienza*) médecine: — *del lavoro*, médecine du travail **2** (*preparato*) remède (*m.*), médicament (*m.*).

medicinale *agg.* médicinal* ♦ *s.m.* (*medicina*) médicament; (*prodotto farmaceutico*) produit pharmaceutique.

medico (pl. *-ci*) *agg.* médical*: *prescrizione medica*, ordonnance (médicale) ♦ *s.m.* médecin, docteur; (*fam.*) toubib: *andare dal* —, aller chez le médecin || — *aziendale*, médecin d'entreprise; — *condotto*, médecin de campagne; — *chirurgo*, chirurgien; — *legale*, médecin légiste; — *curante*, médecin traitant; — *generico*, généraliste.

medico-legale *agg.* médico-légal*.

medievale *agg.* **1** médiéval* **2** (*fig.*) moyenâgeux*.

medievalista *s.m.* médiéviste.

medio *agg.* moyen* || *dito* —, médius.

mediocre *agg.* médiocre || **-mente** *avv.*

mediocrità *s.f.* médiocrité.

medioevo *s.m.* Moyen Âge: *nel* —, au Moyen Âge.

mediomassimo *s.m.* (*sport*) mi-lourd*.

meditabondo *agg.* pensif*, rêveur*.

meditare *v.tr.* méditer; (*progettare*) projeter* || *mi chiedo cosa stia meditando*, je me demande à quoi il pense ♦ *v.intr.* méditer; penser; (*riflettere*) réfléchir (à): — *sul da farsi*, penser à ce qu'il faut faire.

meditativo *agg.* méditatif*.

meditato *agg.* médité.

meditazione *s.f.* méditation.

mediterraneo *agg.* méditerranéen* || *macchia mediterranea*, maquis.

medium (pl. *invar.*) *s.m.* médium.

medusa *s.f.* (*zool.*) méduse.

mefistofelico (pl. *-ci*) *agg.* méphistophélique.

mefitico (pl. *-ci*) *agg.* méphitique.

mega- *pref.* méga-

megabyte *s.m.* (*inform.*) un million d'octets, mégaoctet.

megafono *s.m.* mégaphone.

megalite *s.m.* mégalithe.

megalitico (pl. *-ci*) *agg.* mégalithique.

megalomane *agg.* e *s.m.* mégalomane.

megalomania *s.f.* mégalomanie.

megalopoli *s.f.* mégalopole.

megaton *s.m.* mégatonne (*f.*).

megawatt (pl. *invar.*) *s.m.* (*fis.*) mégawatt.

megera *s.f.* mégère.

meglio¹ *avv.* **1** (*compar.*) mieux: *è preparato* — *di te*, il est mieux préparé que toi || *stare* —: *oggi sto* —, aujourd'hui je vais mieux; *si accomodi nella poltrona, starà* —, mettez-vous dans ce fauteuil, vous serez mieux; *questo colore sta* — *a te che a me*, cette couleur te va mieux qu'à moi; *quel quadro sta* — *in salotto*, ce tableau est mieux dans le salon || *andare* —, aller mieux: *non potrebbe andare* — *di così*, les choses ne pourraient aller mieux; *ora vado* — *in matematica*, maintenant ça marche beaucoup mieux pour moi en maths || *di bene in* —, *sempre* —, de mieux en mieux || *molto*, *assai* —, beaucoup, bien mieux || *o* —, — *ancora*, ou mieux (o encore mieux) || *tanto* —, *così!*, tant mieux!; (*tanto*) — *per te!*, tant mieux pour toi! || *per* — *dire*, plus exactement **2** (*superl.rel.*) le mieux: *le persone* — *dotate*, les personnes le (*o* les) mieux douées.

meglio² (pl. *invar.*) *agg.compar.* **1** (*migliore*) meilleur; (*preceduto da pron.indef.*) mieux: *questa traduzione è* (*molto*) — *dell'altra*, cette traduction est (bien) meilleure que l'autre; *in mancanza di* (*qualcosa di*) —, faute de mieux; *puoi trovare* (*qualcosa*) *di* —, tu peux trouver quelque chose de mieux; *non c'è* (*nulla*) *di* —, il n'y a rien de mieux || (*con valore di pron.invar.*) (*fam.*) *ne ho visti di*, *dei* —, j'en ai vu de mieux, j'ai vu mieux **2** (*preferibile*) mieux: *sarà* — *che gli telefoniamo*, il vaudra mieux lui téléphoner; *sarebbe* — *che tu tacessi*, *faresti* — *a tacere*, il vaudrait mieux te taire, tu ferais mieux de te taire; *credetti* — *rispondere subito*, je pensai qu'il valait mieux répondre tout de suite || *molto* —, beaucoup, bien mieux || — *così*, *tanto* —!, tant mieux! || — *per lui*, tant mieux pour lui ♦ *agg.superl.rel.* **1** mieux: *è quanto di* — *potete trovare*, c'est ce qu'il y a de mieux; *ciò che potete fare di* — *è aspettare*, le mieux que vous puissiez faire c'est (d')attendre; *fa come credi* (*sia*) —, fais ce que tu penses être le mieux **2** (*fam.*) meilleur: *la* — *squadra*, la meilleure équipe **3** (*con valore di pron.invar.*) meilleur: *si sono presi i* —, ils ont pris les meilleurs; *è la* — *delle tre*, (*moralmente*) c'est la meilleure des trois; (*fisicamente*) c'est la mieux des trois ♦ *s.m.* (*la miglior cosa*) le mieux; (*la parte migliore*) ce qu'il y a de mieux: *fare il* —, *del proprio* —, faire de son mieux; *prendersi il* —, prendre ce qu'il y a de mieux; *dare il* — *di sé*, donner le meilleur de soi; *ti sei perso il* — *della serata*, tu as manqué le meilleur moment de la soirée || *nel* — *del sonno*, (*fam.*) au beau milieu de son sommeil || *per il* —, pour le mieux: *per il tuo* — *dovresti riposare un po'*, le mieux pour toi, ce serait de te reposer un peu || *al* —, au mieux: *si sono battuti al* — (*delle loro possibilità*), ils ont fait le maximum ♦ *s.f.* (*la miglior cosa*) le mieux □ **alla meglio**, **alla bell'e meglio** *locuz.avv.* tant bien que mal: *un lavoro fatto alla* (*bell'e*) —, c'est un travail fait à la diable, à la va-vite.

mehari *s.m.* (*zool.*) méhari.

mela *s.f.* pomme: *mele cotte*, compote de pommes || *bianco e rosso come una* —, rouge comme une pomme d'api.

melagrana *s.f.* (*bot.*) grenade.

melanesiano *agg.* e *s.m.* mélanésien*.

melanina *s.f.* (*biochim.*) mélanine.

melanoma *s.m.* (*med.*) mélanome.

melanzana *s.f.* (*bot.*) aubergine.

melarancia (pl. *-ce*) *s.f.* orange douce.

melassa *s.f.* mélasse.

melato *agg.* mielleux*.

melensaggine *s.f.* balourdise; (*stupidaggine*) bêtise.

melenso *agg.* **1** balourd **2** (*sciocco*) bête **3** (*sdolcinato*) doucereux*.

melissa *s.f.* (*bot.*) mélisse.

mellifero *agg.* mellifère.

mellifluo *agg.* mielleux*.

melma *s.f.* vase; (*fango*) boue; (*fig.*) fange.

melmoso *agg.* vaseux*; (*fangoso*) boueux*.

melo *s.m.* (*bot.*) pommier.
melodia *s.f.* mélodie.
melodico (pl. *-ci*) *agg.* mélodique.
melodioso *agg.* mélodieux* || **-mente** *avv.*
melodramma *s.m.* 1 mélodrame: *personaggio da —*, héros de mélodrame 2 drame lyrique.
melodrammatico (pl. *-ci*) *agg.* mélodramatique; (*fam.*) mélo: *un film —*, un film mélo; *non essere —!*, ne prends pas ça au tragique!
melograno *s.m.* (*bot.*) grenadier.
melomane *s.m.* mélomane.
melomania *s.f.* mélomanie.
melone *s.m.* melon || *— d'acqua*, melon d'eau.
melopea *s.f.* mélopée.
membrana *s.f.* membrane.
membranaceo, membranoso *agg.* membraneux*.
membratura *s.f.* membrure.
membro (pl. *le membra* se riferito alle parti del corpo umano) *s.m.* membre: *i membri del gruppo*, les membres du groupe; *riacquistare l'uso delle membra*, retrouver l'usage de ses membres.
memento (pl. *invar.*) *s.m.* mémento; (*fig.*) (*ammonimento*) reprimande (*f.*).
memorabile *agg.* mémorable || **-mente** *avv.*
memorandum (pl. *invar.*) *s.m.* mémorandum.
memore *agg.* 1 en souvenir (de) || *— dei tuoi consigli*, je me suis souvenu de tes conseils 2 (*riconoscente*) reconnaissant.
memoria *s.f.* 1 mémoire: *una — di ferro*, une mémoire d'éléphant; *avere —*, avoir de la mémoire; *avere la — labile*, avoir la mémoire faible || *avere — per le date*, avoir la mémoire des dates; *essere senza —*, ne pas avoir de mémoire || *a — d'uomo*, de mémoire d'homme || *suonare a —*, jouer de mémoire; *imparare a —*, apprendre par cœur || *se la — non m'inganna*, si j'ai bonne mémoire 2 (*ricordo*) souvenir (*m.*) || *in —*, *alla — di*, à la mémoire de; *a perpetua —*, en souvenir perpétuel || *fatto degno di —*, fait digne d'être retenu; *giorno d'infausta —*, jour de triste mémoire || *mia nonna di buona —*, ma grand-mère, de pieuse mémoire || *fagli —*, (*fam.*) rappelle-le-lui || *libro di memorie*, livre de mémoires 3 (*dissertazione, breve relazione*) mémoire (*m.*) 4 (*inform.*) mémoire: *— ad accesso casuale, diretto*, mémoire à accès direct; *— a sola lettura*, mémoire morte; *— a bolle*, mémoire à bulles; *— a nuclei*, mémoire à tores (magnétiques); *— a strato magnetico*, mémoire à film mince; *— estesa*, mémoire d'extension; *— rapida*, mémoire à accès rapide; *— virtuale*, mémoire virtuelle.
memoriale *s.m.* 1 mémorial* 2 (*esposto, richiesta*) mémoire.
memorialista *s.m.* mémorialiste.
memorizzare *v.tr.* mémoriser.
memorizzazione *s.f.* mémorisation.
menabò *s.m.* (*tip.*) maquette (*f.*).
menadito, a *locuz.avv.* sur le bout du doigt.
menagramo *s.m.* (*fam.*) porte-malheur*: *essere un —*, porter la poisse.
menare *v.tr.* 1 (*condurre*) mener* || (*fig.*) *la me-*

na per le lunghe, il fait traîner les choses en longueur 2 (*agitare*): *— la coda*, remuer la queue; *— la frusta*, jouer du fouet || *— le mani*, se bagarrer 3 (*vibrare, assestare*) flanquer: *— colpi*, flanquer des coups; *— botte da orbi*, frapper comme un sourd 4 (*fam.*) (*picchiare*) flanquer une raclée (à) □ **menarsi** *v.pron.* (*fam.*) se battre*: *si sono menati di santa ragione*, ils se sont battus comme des chiffonniers.
mendace *agg.* mensonger*; (*ingannatore*) trompeur*; (*di persona*) menteur*.
mendicante *agg.* e *s.m.* mendiant.
mendicare (*coniug. come* mancare) *v.tr.* e *intr.* mendier (*anche fig.*).
mendicità *s.f.* mendicité.
mendico (pl. *-chi*) *agg.* e *s.m.* mendiant.
mene *s.f.pl.* menées.
menefreghismo *s.m.* (*fam.*) je-m'en-foutisme.
menefreghista *agg.* e *s.m.* je-m'enfoutiste.
menestrello *s.m.* ménestrel.
menhir (pl. *invar.*) *s.m.* (*archeol.*) menhir.
meninge *s.f.* méninge || *spremersi le meningi*, se creuser les méninges.
meningeo *agg.* (*med.*) méningé.
meningite *s.f.* méningite.
menisco (pl. *-chi*) *s.m.* ménisque.
meno *avv.* e *agg.invar.* 1 (*nei compar. di minoranza col 2° termine di paragone espresso o sottinteso*) moins (*in unione ad agg., avv.* o *v.*); moins de (*unito a s.*): *molto, assai —*, beaucoup moins; (*un*) *poco —*, un peu moins; *dovrebbero lavorare* (*di*) *—*, ils devraient travailler moins; *cerca di fare — errori*, tâche de faire moins de fautes; *l'argento è — prezioso dell'oro*, l'argent est moins précieux que l'or; *lavora — di voi*, il travaille moins que vous; *ha — amici che nemici*, il a moins d'amis que d'ennemis; *se un chilo è poco —*, si ça ne fait pas un kilo, ça n'en est pas loin; *le automobili erano — una volta*, autrefois il y avait moins de voitures || *oggi ho — fame, — sete*, aujourd'hui j'ai moins faim, moins soif || *ha tre anni — di me*, il a trois ans de moins que moi || *— storie!, — chiacchiere!*, pas d'histoires!, trève de bavardages! 2 (*in espressioni ellittiche, sottintendendo* denaro, tempo ecc.) moins: *si accontenterebbe di molto —*, il se contenterait de beaucoup moins; *vendere, acquistare per —*, vendre, acheter moins cher; *non avresti potuto pagare — di così*, tu n'aurais pas pu dépenser moins; *mi ci è voluto —* (*tempo*) *per capire*, il m'a fallu moins de temps pour comprendre; *tra non — di un mese*, pas avant un mois; *una decina, non —*, une dizaine; *pas moins; una decina o anche —*, une dizaine ou même moins; *mi aspettavo di —*, je m'attendais à moins || *in men che non si dica*, en moins de temps qu'il n'en faut pour le dire 3 (*nel superl. rel. di minoranza*) le* moins; (*unito a s.*) le moins de: *è il — intelligente della classe*, c'est le garçon le moins intelligent de la classe; *è quello che lavora —*, c'est celui qui travaille le moins; *porta — bambini che puoi*, amène le moins d'enfants possible 4 (*quanto*) *—...*, (*tanto*) *—...*, (*correlativo*)

moins..., moins...: (*tanto*) — *si lavora,* (*quanto*) — *si lavorerebbe,* moins on travaille moins on a envie de travailler **5** (*mat.*) moins: *sette* — *tre è uguale a quattro,* sept moins trois égale quatre; *sono le otto* — *cinque,* il est huit heures moins cinq; *la temperatura oggi è* — 2, aujourd'hui il fait moins deux; *c'è una differenza in* — *di diecimila lire, ci sono diecimila lire in* —, *di* —, il manque dix mille lires; *ho riscosso diecimila lire in* — *rispetto al mese scorso,* — *del mese scorso,* j'ai touché dix mille lires de moins que le mois dernier; *se avessi vent'anni* (*in, di*) —, si j'avais vingt ans de moins **6** (*con valore di* no) non: *non so se accetterà o* —, je ne sais pas s'il acceptera ou non; *vero o* — *che sia,* que ce soit vrai ou non ‖ *la legalità o* — *di una iniziativa,* la légalité ou l'illégalité d'une initiative **7** — *di,* (*spec. seguito da numerale*) moins de: *sono* — *di venti,* ils sont moins de vingt; *in* — *di tre ore,* en moins de trois heures ‖ *venti dollari fanno* — *di trentamila lire,* vingt dollars font moins que trente mille lires ♦ *s.m.* **1** moins: *è il* — *che gli potesse capitare,* c'est le moins qui pouvait lui arriver ‖ *questo sarebbe il* —, ça, ce serait le moins grave ‖ *dal più al* —, (*all'incirca*) environ, à peu près **2** (*mat.*) *il* (*segno del*) —, le signe moins **3** *pl.invar.: i* —, (*la minoranza*) la minorité ♦ *prep.* sauf: *c'erano tutti,* — *loro,* tout le monde était là, sauf eux; *ha pensato a tutto* — *che a fare i biglietti,* il a pensé à tout sauf à prendre les billets, sauf aux billets ‖ FRASEOLOGIA: *tanto* —, *ancor* —, *men che* —, encore moins: *se non l'ha detto a te, tanto* —, *ancor* — *lo dirà a me,* s'il ne te l'a pas dit à toi, à moi il me le dira encore moins ‖ — *che mai,* moins que jamais ‖ *men(o) che,* (*letter.*) (*tutt'altro che*): *è stato* (*tutto*) — *che onesto,* il n'a vraiment pas été du tout honnête; *questo libro ci è stato* (*tutto*) — *che utile,* ce livre ne nous a été d'aucune utilité ‖ *quando* — *te l'aspetti,* au moment où l'on s'y attend le moins ‖ *quanto* —, *per lo* —, (*almeno*) au moins ‖ *fare a* — *di qlcu, di qlco,* se passer de qqn, de qqch; *fare a* — *di,* (*evitare*) se passer de; (*trattenersi da*) s'empêcher de ‖ *venire* —, (*svenire*) s'évanouir; *gli vennero* — *le forze,* les forces lui manquèrent; *venire* — *alla parola data,* manquer à sa parole ‖ *essere da* —: *lui è un furfante e i suoi amici non sono da* —, c'est un voyou, et l'on peut en dire autant de ses amis; *non vuole essere da* — *dei suoi amici,* il ne veut pas paraître inférieur à ses amis.

□ **a meno che, a meno di** *locuz.cong.* à moins que, à moins de: *ha detto che sarebbe venuto a* — *che non piovesse,* il a dit qu'il serait venu à moins qu'il ne pleuve; *nessuno lo farebbe a* — *d'esservi costretto,* personne ne le ferait, à moins d'y être contraint.

menomare *v.tr.* (*diminuire*) diminuer; (*danneggiare*) endommager*.

menomato *agg.* *handicapé: *è* — *nella vista,* c'est un malvoyant ‖ *esce* — *da quello scandalo,* ce scandale a nui à sa réputation.

menomazione *s.f.* infirmité, *handicap (*m.*) ‖

un incidente gli ha causato una —, il est resté handicapé à la suite d'un accident.

menomo *agg.* → **minimo**.

menopausa *s.f.* ménopause.

mensa *s.f.* **1** table: *imbandire la* —, dresser la table ‖ *al levar delle mense,* (*letter.*) à la fin du repas **2** (*in una comunità*) cantine ‖ — *ufficiali,* mess ‖ — *universitaria,* restaurant universitaire, (*fam.*) resto U **3** (*altare*) table d'autel ‖ *accostarsi alla* — *eucaristica,* s'approcher de la sainte table.

mensile *agg.* mensuel* ♦ *s.m.* **1** (*retribuzione mensile*) mois **2** (*pubblicazione mensile*) publication mensuelle: — *d'arte,* — *illustrato,* revue d'art, revue illustrée.

mensilità *s.f.* **1** (*rata, importo mensile*) mensualité; (*retribuzione mensile*) mois (*m.*) **2** (*periodicità mensile*) caractère mensuel.

mensilmente *avv.* mensuellement.

mensola *s.f.* (*arch.*) console; (*ripiano*) tablette, étagère: — *di un camino,* tablette d'une cheminée.

menta *s.f.* **1** menthe: — *piperita,* menthe poivrée; *pastiglie di, alla* —, pastilles de menthe, bonbons à la menthe **2** (*bevanda*) menthe à l'eau.

mentale *agg.* mental*.

mentalità *s.f.* mentalité: — *ristretta, limitata,* mentalité étroite, bornée; — *aperta,* esprit ouvert.

mentalmente *avv.* mentalement.

mentastro *s.m.* menthe à feuilles rondes.

mente *s.f.* **1** esprit (*m.*): *avere una* — *matematica,* avoir l'esprit mathématique ‖ *calcolare a* —, calculer mentalement ‖ *è uscito di* —, (*impazzito*) il est devenu fou ‖ *a* — *fredda,* froidement; *a* — *fresca, libera, riposata,* à tête reposée ‖ *malato di* —, aliéné mental ‖ *porre* —, prêter attention ‖ *tornare, ritornare con la* —, repenser; *tornare in* —, *alla* — —, revenir à l'esprit ‖ *non gli è nemmeno passato per la* —, cela ne lui est même pas passé par la tête ‖ *ho in* — *di...,* il envisage de...; *ti dico quello che ho in* —, je vais te dire ce que j'ai en tête ‖ *mettersi, ficcarsi in* —, se mettre en tête; *togliersi di, dalla* —, s'ôter de la tête; *puoi togliertelo dalla* —!, tu peux l'oublier! ‖ *che cosa ti è saltato in* —?, qu'est-ce qui t'est passé par la tête?; *che non ti venga in* — *di riprovarci!,* qu'il ne te vienne pas à l'esprit de recommencer! ‖ *non mi è venuto in* —, je n'y ai pas pensé; *gli è venuto in* — *che...,* il s'est rappelé que... ‖ *ce l'hai in* —?, est-ce que tu t'en souviens?; *ho sempre in* — *le tue parole,* j'ai toujours tes mots à l'esprit ‖ *ora che mi viene in* —..., pendant que j'y pense...; *mi viene in* — *chi è,* je me rappelle qui c'est ‖ *tenere a* — *qlco,* se souvenir de qqch ‖ *uscire, passare di* —, sortir de la tête ‖ *prova a fare* — *locale,* essaie de te concentrer; *so di averti già visto ma non riesco a fare* — *locale,* je sais que je t'ai déjà vu, mais je ne me souviens pas très bien **2** (*persona dotata di intelligenza*) esprit (*m.*), cerveau* (*m.*): *le migliori menti d'Europa,* les grands esprits d'Europe; *la* — *della banda,* le cerveau de la bande; *il braccio e la* —, (*fig.*) le bras et la tête; *nel suo campo è una*

—, dans son domaine c'est une autorité || *una bella —*, un bel esprit || *è una —*, c'est une grosse tête.

mentecatto *agg. e s.m.* fou*; (*idiota*) idiot.

mentire *v.intr.* mentir*: — *a se stesso*, se mentir à soi-même.

mentito *agg.* faux*: *sotto mentite spoglie*, sous des apparences trompeuses.

mentitore (f. *-trice*) *agg. e s.m.* menteur*.

mento *s.m.* menton || *l'onor del —*, (*scherz.*) la barbe.

mentolo *s.m.* menthol.

mentoniera *s.f.* (*mus.*) mentonnière.

mentore *s.m.* mentor.

mentre *cong.* 1 (*temporale*) (*nel tempo in cui*, *per tutto il tempo che*) pendant que; (*proprio nel momento in cui*) comme, alors que; (*seguito da indic. con valore di ger.*) en (+ *part.pres.*): *accadde — dormivo*, cela arriva pendant que je dormais; — *entravo in casa, squillò il telefono*, comme je rentrais, le téléphone sonna; — *lavora ascolta la radio*, il écoute la radio en travaillant 2 (*finché*) tant que: *fallo — sei in tempo*, fais-le tant que tu peux le faire 3 (*avversativo*) alors que, tandis que: *è bello — l'altro non mi piace*, ceci est beau alors que celui-là ne me plaît pas; *gioca — dovrebbe studiare*, il joue alors qu'il devrait étudier □ **in quel mentre** *locuz.cong.* (*in quel momento*) au même moment: *...e in quel — cominciò a piovere*, ...et au même moment il commença à pleuvoir.

mentuccia (pl. *-ce*) *s.f.* (*cuc.*) menthe.

menù *s.m.* menu.

menzionare *v.tr.* mentionner.

menzionato *agg.* mentionné: *già —, sopra —*, mentionné ci-dessus; *sotto —*, mentionné ci-dessous.

menzione *s.f.* mention || *non —*, non-enregistrement.

menzogna *s.f.* mensonge (*m.*).

menzognero *agg.* mensonger*; (*ingannevole*) trompeur*; (*di persona*) menteur*.

meramente *avv.* purement, simplement.

meraviglia *s.f.* 1 merveille: *è l'ottava —!*, c'est la huitième merveille du monde!; *dire meraviglie di qlcu*, chanter les louanges de qqn || *a —*, à merveille; *andiamo a —!*, nous allons merveilleusement bien! 2 (*stupore*) étonnement (*m.*); (*sorpresa*) surprise: *fare —*, étonner, surprendre || *nessuna — che...*, cela n'étonne personne que; *non è — se...*, il n'y a rien d'étonnant à ce que... || *essere pieno di — di fronte a*, être émerveillé par || *con mia gran —*, à mon grand étonnement; *con — di tutti*, à l'étonnement général.

meravigliare *v.tr.* étonner □ **meravigliarsi** *v.pron.* s'étonner: *non c'è da —*, il n'y a pas de quoi s'étonner; *mi meraviglio di te!*, cela m'étonne de ta part!

meravigliato *agg.* (*stupito*) étonné; (*sorpreso*) surpris: *mi guardò —*, il me regarda d'un air étonné.

meraviglioso *agg. e s.m.* merveilleux* || *-mente* *avv.*

mercante *s.m.* marchand.

mercanteggiamento *s.m.* marchandage.

mercanteggiare (*coniug. come* mangiare) *v. intr.* (*tirare sul prezzo*) marchander ♦ *v.tr.* vendre*, mettre* à l'encan: — *la propria dignità*, vendre sa dignité.

mercantile *agg.* 1 commercial*, marchand || *marina —*, marine marchande; *nave —*, navire marchand 2 (*spreg.*) mercantile: *mentalità —*, mentalité mercantile ♦ *s.m.* navire marchand, cargo.

mercantilismo *s.m.* mercantilisme.

mercanzia *s.f.* 1 marchandise (*spec.pl.*) || *saper vendere la propria —*, (*fig.*) savoir se vendre 2 (*fam.*) (*roba*) camelote: *che cosa è tutta questa —?*, qu'est-ce que c'est que cette camelote?

mercato *s.m.* marché: — *all'aperto, coperto*, marché en plein air, couvert; — *del pesce*, marché au poisson; — *ortofrutticolo*, marché des fruits et légumes; — *rionale*, marché de quartier; *mercati generali*, halles || *valore di —*, valeur marchande || *fare — del proprio onore*, (*fig.*) vendre son honneur || *a buon —*, bon marché; (*fig.*) à bon compte || *per sopra —*, par dessus le marché.

merce *s.f.* marchandises (*pl.*): — *in magazzino*, (marchandises en) stock || *merci nazionali*, produits indigènes || *l'onestà è — rara!*, (*fig.*) l'honnêteté est une denrée rare! || *treno, vagone merci*, train de marchandises, wagon à marchandises.

mercé *s.f.* (*letter.*) merci: *chieder —*, demander merci || — *il suo aiuto*, grâce à son aide || *essere alla — di —*, être à la merci de.

mercede *s.f.* (*letter.*) récompense.

mercenario *agg. e s.m.* mercenaire.

merceologia *s.f.* technologie commerciale.

merceologico (pl. *-ci*) *agg.* commercial.

merceria *s.f.* mercerie.

mercerizzato *agg.* mercerisé.

merciaio *s.m.* mercier*.

mercificare (*coniug. come* mancare) *v.tr.* exploiter (commercialement).

mercificazione *s.f.* exploitation.

mercimonio *s.m.* trafic.

mercoledì *s.m.* mercredi || — *delle Ceneri*, mercredi des Cendres.

mercurio *s.m.* (*chim.*) mercure.

mercurocromo *s.m.* mercurochrome.

merda *s.f.* (*volg.*) merde || *faccia di —*, tête de con; *restare di —*, rester comme un con || *lavoro di —*, travail merdique.

merdoso *agg.* (*volg.*) merdeux*.

merenda *s.f.* goûter (*m.*): *fare —*, goûter; *dare la —*, donner à goûter || *c'entra come i cavoli a —*, (*fig.*) cela arrive comme un cheveu sur la soupe.

meretrice *s.f.* prostituée.

meretricio *s.m.* prostitution (*f.*).

meridiana *s.f.* 1 (*linea meridiana*) méridienne 2 (*orologio*) cadran solaire.

meridiano *agg. e s.m.* méridien*.

meridionale *agg.* méridional*; du Midi: *accento —*, accent du Midi || *Italia, America Meridionale*, Italie, Amérique du Sud ♦ *s.m.* méridional*.

meridione *s.m.* midi, sud || (*geogr.*) *il Meridione*, le Midi.

meriggio *s.m.* (*letter.*) midi.

meringa (pl. *-ghe*) *s.f.* (*cuc.*) meringue.

meringato *agg.* (*cuc.*) meringué.

merino *s.m.* mérinos.

meritare *v.tr.* **1** mériter; (*valere la pena*) valoir* la peine: —, *meritarsi una lode*, mériter des félicitations; *non merita che se ne parli*, cela ne vaut pas la peine d'en parler || *una ragazza che merita*, une fille qui a du mérite || *te lo meriti!*, c'est bien fait! **2** (*valere; procurare*) valoir*: *più di quanto meritasse*, plus qu'il ne valait.

meritamente *avv.* justement, à juste titre.

meritato *agg.* mérité.

meritevole *agg.* digne: — *di lode*, digne d'éloge || *alunno* —, élève méritant.

merito *s.m.* **1** mérite: *farsi* —, s'attribuer le mérite; *ascrivere a* —, inscrire au mérite || *per — mio*, grâce à moi; *è* — *suo se...*, c'est grâce à lui que... || *medaglia al* —, médaille du mérite || *punti di* —, bons points || *a pari* —, ex-æquo || *non avere né* — *né colpa*, n'être ni coupable ni méritant || *che Dio ve ne renda* —!, que Dieu vous le rende! **2** (*pregio*) qualité (*f.*); (*di cose*) mérite **3** (*sostanza opposta a forma*): *questioni di* —, questions de forme || *giudicare nel* —, juger au fond || *nel — di*, dans le cœur de; *entrare nel — della questione*, aborder le sujet □ **in merito (a)** *locuz.* à propos (de): *bisognerà decidere in* —, il faudra prendre une décision à ce propos.

meritocrazia *s.f.* méritocratie.

meritorio *agg.* méritoire.

merlano *s.m.* (*zool.*) merlan.

merlato *agg.* crénelé.

merlatura *s.f.* crénelure.

merlettaia *s.f.* dentellière.

merlettatura *s.f.* ornement de dentelles.

merletto *s.m.* dentelle (*f.*).

merlo¹ *s.m.* (*arch.*) créneau*.

merlo² *s.m.* **1** (*zool.*) merle **2** (*fig.*) (*sciocco*) niais || *bravo* —!, gros malin! || *ha trovato il — da spennare!*, il a trouvé l'oiseau à plumer!

merluzzo *s.m.* morue (*f.*).

mero *agg.* pur: *è una mera bugia*, c'est une pure invention.

merovingio *agg.* e *s.m.* mérovingien*.

mesata *s.f.* (*pagamento mensile*) mois (*m.*).

mescere (*Part.pass.* mesciuto) *v.tr.* verser.

meschinamente *avv.* mesquinement.

meschineria, meschinità *s.f.* mesquinerie.

meschino *agg.* **1** mesquin || *fare una figura meschina*, faire piètre figure **2** (*letter.*) (*povero*) pauvre; (*infelice*) malheureux*.

mescita *s.f.* **1** débit (*m.*) || *banco di* —, comptoir **2** (*bottega*) débit de vins.

mescolanza *s.f.* mélange (*m.*) || — *razziale*, mixité raciale.

mescolare *v.tr.* **1** mélanger*; (*spec. liquidi*) mêler; (*fig.*) mêler: — (*insieme*) *acqua e vino*, mêler de l'eau avec du vin; — (*insieme*) *uova e farina*, mélanger de la farine et des œufs **2** (*rime-*

stare) remuer □ **mescolarsi** *v.pron.* se mélanger*; (*spec di liquidi*) se mêler; (*fig.*) se mêler.

mescolata *s.f.*: *dare una* — *a qlco*, mélanger qqch.

mese *s.m.* mois: *nel — di marzo*, au mois de mars; *ai primi, agli ultimi del* —, au début, vers la fin du mois; *nel corso del* —, dans le courant du mois; *a fine* —, à la fin du mois; *di qui a un* —, d'ici un mois || (*comm.*) *a tre mesi data*, d'ici à trois mois || *un tanto al* —, tant par mois || *pagare a* —, payer au mois || *quanti ne abbiamo del* —?, le combien sommes-nous?

mesencefalo *s.m.* (*anat.*) mésencéphale.

mesetto *s.m.* petit mois: *è stato via un* —, il est parti un petit mois || *un bel* —, un bon mois.

mes(o)- *pref.* més(o)-

mesocefalo *agg.* e *s.m.* mésocéphale.

mesolitico (pl. *-ci*) *agg.* e *s.m.* (*paleont.*) mésolithique.

mesopotamico (pl. *-ci*) *agg.* e *s.m.* mésopotamien*.

mesoterapia *s.f.* (*med.*) mésothérapie.

mesozoico (pl. *-ci*) *agg.* e *s.m.* (*geol.*) mésozoïque.

mesozoo *s.m.* (*zool.*) mésozoaire.

messa¹ *s.f.* messe: — *in rito romano*, messe romaine; — *al campo*, messe en plein air; *cantare* —, chanter (la) messe; *andare a* —, aller à la messe || *libro da* —, missel.

messa² *s.f.* **1** mise || — *in moto*, mise en marche || — *a punto*, mise au point || (*fot.*) — *a fuoco*, mise au point || (*elettr.*) — *a terra, a massa*, mise à la terre, à la masse **2** (*al gioco*) mise, enjeu (*m.*).

messaggeria *s.f.* messagerie.

messaggero *agg.* e *s.m.* messager*.

messaggio *s.m.* message.

messale *s.m.* missel.

messe *s.f.* moisson (*sempre al sing.*).

messia *s.m.* messie || *il Messia*, le Messie.

messianico (pl.*-ci*) *agg.* messianique.

messicano *agg.* e *s.m.* mexicain*.

messinese *agg.* de Messine.

messinscena *s.f.* mise en scène (*anche fig.*).

messo¹ *agg.* mis || *ben* —, (*robusto*) bien bâti; (*ben vestito*) bien mis.

messo² *s.m.* **1** messager, (*inviato*) envoyé **2** (*usciere*) huissier.

mestamente *avv.* tristement.

mestare *v.tr.* (*intrigare*) manigancer*.

mestatore (f. *-trice*) *s.m.* (*spreg.*) agitateur*.

mestierante *s.m.* (*spreg.*) mercenaire.

mestiere *s.m.* métier: *il — del muratore*, le métier de maçon; *fare il muratore di* —, être maçon de son métier; *essere vecchio del* —, être vieux dans le métier || *pratico del* —, rompu au métier || *i ferri del* —, l'attirail || *ladro di* —, voleur de profession || *non ha molto* —, il est encore nouveau dans le métier.

mestizia *s.f.* tristesse, affliction.

mesto *agg.* triste; (*di aspetto*) chagrin.

mestola *s.f.* **1** louche **2** (*cazzuola*) truelle.

mestolo *s.m.* louche (*f.*): — (*di legno*) cuillère à pot.

mestruale *agg.* menstruel*.

mestruazione *s.f.* menstruation: *avere le mestruazioni*, avoir ses règles.

mestruo *s.m.* menstrues (*f.pl.*), règles (*f.pl.*).

meta[1] *s.f.* **1** destination; (*fig.*) but (*m.*): *giungere alla* —, arriver à destination; (*fig.*) atteindre son but; *essere lontani dalla* —, être bien loin d'arriver; (*fig.*) être loin du but; *senza* —, sans but **2** (*rugby*) essai (*m.*): *andare in* —, *segnare una* —, aller à l'essai, marquer un essai.

meta[2] *s.f.* (*mucchi spec. di paglia*) meule.

meta- *pref.* méta-

metà *s.f.* **1** moitié || *si è ridotto la* —, il ne pèse plus que la moitié de ce qu'il pesait avant || *per* —... *e per* —..., moitié... et moitié... || — *lana,* — *cotone*, mi-laine, mi-coton || *a* —, à moitié || *fare le cose a* —, faire les choses à demi || *fare* — *e* —, faire moitié moitié || *tagliare a* —, couper par moitié || *fare a* —, partager en deux; *avere qlco a* — *con qlcu*, partager qqch à moitié avec qqn || — *per uno*, moitié moitié || (*sport*) *la* — *campo avversaria*, la moitié de terrain de l'équipe adverse **2** (*punto di mezzo*) milieu (*m.*): *il bastone si è rotto a* —, le bâton s'est cassé au milieu || *a* — *dell'estate*, au milieu de l'été || *alla* — *del mese*, au milieu du mois || *alla* — *di febbraio*, à la mi-février || *a* — *strada*, (à) mi-chemin.

metabolico (pl. *-ci*) *agg.* métabolique.

metabolismo *s.m.* métabolisme.

metacarpo *s.m.* (*anat.*) métacarpe.

metadone *s.m.* (*chim.*) méthadone (*f.*).

metafisica *s.f.* métaphysique.

metafisico (pl.*-ci*) *agg.* métaphysique ♦ *s.m.* métaphysicien*.

metafora *s.f.* métaphore: *parlare per* —, parler métaphoriquement.

metaforico (pl.*-ci*) *agg.* métaphorique || **-mente** *avv.*

metal detector *s.m.* (*tecn.*) détecteur de métaux; (*negli aeroporti*) portique électronique, portique de sécurité.

metallico (pl.*-ci*) *agg.* métallique.

metallifero *agg.* métallifère.

metallizzare *v.tr.* métalliser.

metallizzato *agg.* métallisé.

metallo *s.m.* métal*.

metalloide *s.m.* métalloïde.

metallurgia *s.f.* métallurgie.

metallurgico (pl.*-ci*) *agg.* métallurgique; (*di persona*) métallurgiste ♦ *s.m.* métallurgiste.

metalmeccanico (pl. *-ci*) *agg.* métallurgique et mécanique ♦ *s.m.* ouvrier mécanicien et métallurgiste: *sciopero dei metalmeccanici*, grève des métallos.

metamorfico (pl. *-ci*) *agg.* métamorphique.

metamorfosi *s.f.* métamorphose.

metanifero *agg.* de méthane.

metanizzare *v.tr.* convertir au méthane; installer le méthane.

metano *s.m.* méthane.

metanodotto *s.m.* méthanoduc.

metanolo *s.m.* (*chim.*) méthanol.

metapsichica *s.f.* métapsychique.

metapsichico (pl. *-ci*) *agg.* métapsychique.

metastasi *s.f.* (*med.*) métastase.

metatarso *s.m.* (*anat.*) métatarse.

metazoo *s.m.* (*zool.*) métazoaire.

meteco (pl. *-ci*) *s.m.* (*st.*) métèque.

metempsicosi *s.f.* métempsycose.

meteo *s.m.* (*meteor.*) météo (*f.*).

meteora *s.f.* météore (*m.*).

meteorico (pl. *-ci*) *agg.* météorique.

meteorismo *s.m.* (*med.*) météorisme.

meteorite *s.m.* météorite (*f.*).

meteorologia *s.f.* météorologie.

meteorologico (pl.*-ci*) *agg.* météorologique.

meteorologo (pl.*-gi*) *s.m.* météorologiste.

meteoropatia *s.f.* (*med.*) météoropathie.

meteoropatico (pl.*-ci*) *agg.* (*med.*) météoropathique.

meticciato *s.m.* métissage.

meticcio *agg.* e *s.m.* métis*.

meticolosità *s.f.* méticulosité.

meticoloso *agg.* méticuleux* || **-mente** *avv.*

metile *s.m.* (*chim.*) méthyle.

metilene *s.m.* (*chim.*) méthylène.

metilico (pl.*-ci*) *agg.* (*chim.*) méthylique.

metodicità *s.f.* méthode.

metodico (pl. *-ci*) *agg.* méthodique || **-mente** *avv.*

metodismo *s.m.* (*relig.*) méthodisme.

metodista *agg.* e *s.m.* méthodiste.

metodo *s.m.* méthode (*f.*): *fare qlco con* —, faire qqch avec méthode || *ho un buon* — *per ottenerlo*, j'ai un bon système pour l'obtenir.

metodologia *s.f.* méthodologie.

metodologico (pl. *-ci*) *agg.* méthodologique.

metonimia *s.f.* (*ret.*) métonymie.

metonimico (pl. *-ci*) *agg.* métonymique.

metopa *s.f.* (*arch.*) métope.

metraggio *s.m.* métrage || (*cine.*) (*film a*) *corto, lungo* —, (film de) court, long métrage.

metratura *s.f.* métrage (*m.*).

metrica (pl. *-che*) *s.f.* métrique.

metrico (pl. *-ci*) *agg.* métrique.

metro *s.m.* mètre || — *di giudizio*, critère de jugement.

metrologia *s.f.* métrologie.

metronomo *s.m.* métronome.

metronotte (pl. *invar.*) *s.m.* veilleur (de nuit).

metropoli *s.f.* métropole.

metropolita *s.m.* métropolite.

metropolitana *s.f.* métro (*m.*).

metropolitano *agg.* métropolitain, urbain.

mettere (*Pass.rem.* io misi, tu mettesti ecc. *Part. pass.* messo) *v.tr.* **1** mettre*: — *le tende alle finestre*, mettre des rideaux aux fenêtres; — *a riposo*, mettre à la retraite || — *indietro un orologio*, retarder une montre || — *fuori*, exposer; — *fuori la bandiera*, sortir le drapeau; — *fuori una pianta al sole*, mettre une plante au soleil; — *fuori i tappeti, un vestito*, mettre les tapis, une robe à l'air; — *fuori i risultati degli esami*, afficher les résultats des examens; — *fuori un braccio*, sortir un bras; — *fuori la testa*, (*dalla finestra ecc.*) mettre la tête à la fenêtre, etc.; — *fuori qlcu*, mettre qqn à la porte || — *giù*, poser; *metti giù le mani*, bas les pattes || — *insieme una frase, una lettera*, former une phrase, écrire une lettre; — *insieme i pezzi di qlco*, assembler les pièces de qqch; — *insieme della gente*, réunir quelques personnes; — *insieme un esercito*, rassembler une armée; — *insieme un po' di denaro*, ramasser un peu d'argent; — *insieme una fortuna*, amasser une fortune; — *insieme uno spettacolo*, monter un spectacle || — *sotto qlco*, (*investire*) renverser qqn || — *su l'acqua*, (*fam.*) mettre l'eau à chauffer; — *su casa*, monter son ménage; — *su famiglia*, fonder un foyer; — *su uno studio*, installer un bureau; *un appartamento messo su molto bene*, (*fam.*) (*ben arredato*) un appartement très bien installé; — *su arie, superbia*, (*fam.*) prendre des airs, devenir orgueilleux; — *su qlcu contro un altro*, (*fam.*) (*istigare*) monter qqn contre qqn d'autre; *metti su il soprabito*, mets ton pardessus || — *via*, (*togliere*) ôter; (*da parte*) mettre de côté; (*fam.*) (*in ordine*) ranger || *chi più ne ha più ne metta*, et ainsi de suite **2** (*aggiungere*) ajouter: *mettete anche questo*, ajoutez aussi cela **3** (*dedicare*) consacrer: — *tutte le energie in qlco*, consacrer toute son énergie à qqch **4** (*infondere*) donner; (*fare*) faire*: — *paura, soggezione*, faire peur, intimider **5** (*supporre*) supposer: *metti il caso che...*, supposons que... **6** (*fam.*) (*dare*) donner, infliger* || — *una multa*, dresser une contravention **7** (*fam.*) (*far pagare*): *quanto le mette al chilo?*, c'est combien le kilo?; *glielo metto duemila lire*, je vous le laisse à deux mille lires **8** (*fam.*) (*paragonare*) comparer (à): *vuoi* — *la mia automobile con la tua?*, tu ne vas (tout de même) pas comparer ma voiture à la tienne! **9** (*metterci*), y mettre*: *ci metterò due ore*, j'y mettrai deux heures; *quanto ci metti a vestirti!*, il t'en faut du temps pour t'habiller!; *ci metto poco a darti uno schiaffo*, j'aurai vite fait de te donner une gifle || *mettercela tutta*, faire de son mieux ♦ *v.intr.* (*sfociare*) se jeter*; (*sboccare*) déboucher □ **mettersi** *v.pron.* **1** se mettre*: — *in piedi, disteso*, se mettre debout, s'étendre; — *seduto, a sedere*, s'asseoir || — *in mare col cattivo tempo*, prendre la mer par mauvais temps || — *in un'impresa difficile*, se lancer, s'engager dans une entreprise difficile || *le cose si mettono male*, les choses prennent une mauvaise tournure || *mettiamoci sotto, ragazzi*, mettons-nous au travail, les enfants! || *mettercisi*, s'y mettre: *non mi ci metto neanche*, je ne veux même pas essayer **2** (*iniziare*) se mettre*, commencer*: — *a leggere*, se mettre à lire; *si è messo a piovere*, il a commencé à pleuvoir **3** (*indossare*) se mettre*: *non ho niente da mettermi*, je n'ai rien à me mettre.

mezza *s.f.* (*mezzogiorno e mezzo*) midi et demi.

mezzacalzetta (pl. *mezzecalzette*), **mezza calzetta** *s.f.* nullard (*m.*), petit minable.

mezzadria *s.f.* métayage (*m.*).

mezzadrile *agg.* **1** de métayage **2** (*dei mezzadri*) des métayers.

mezzadro *s.m.* métayer.

mezzala *s.f.* (*football*) inter (*m.*).

mezzaluna (pl. *mezzelune*) *s.f.* **1** croissant (*m.*) **2** (*cuc.*) *hachoir (*m.*).

mezzamanica (pl. *mezzemaniche*) *s.f.* (*impiegato di basso livello*) rond-de-cuir* (*m.*).

mezzana *s.f.* (*ruffiana*) entremetteuse.

mezzanino *s.m.* (*arch.*) entresol.

mezzano *agg.* moyen* ♦ *s.m.* **1** (*mediatore*) médiateur* **2** (*ruffiano*) entremetteur*.

mezzanotte (pl. *mezzenotti* o *mezzanotti*) *s.f.* **1** minuit (*m.*): è —, il est minuit; *sta suonando* —, minuit est en train de sonner; *a* — *in punto*, à minuit juste **2** (*Nord*) Nord (*m.*).

mezz'aria, a *locuz.avv.* en l'air: *con la mano a* —, la main en l'air.

mezz'asta, a *locuz.avv.*: *bandiera a* —, drapeau en berne.

mezzatinta (pl. *mezzetinte*) *s.f.* demi-teinte*.

mezzeria *s.f.* ligne médiane.

mezzo *agg.* demi*: *una mezza dozzina*, une demi-douzaine; *una dozzina e mezza*, une douzaine et demie; *spendere* — *stipendio*, dépenser la moitié de son salaire || *sono le dodici e* —, il est midi et demi; *l'ho aspettato un'ora e* —, je l'ai attendu une heure et demie || *lavorare a mezza giornata*, travailler à mi-temps; *ho lavorato mezza giornata*, j'ai travaillé une demi-journée; *non posso perdere neanche* — *minuto*, je n'ai pas une seconde à perdre || *conosce mezza Milano*, il connaît beaucoup de monde à Milan || *non ha detto mezza parola in tutta la serata*, il n'a pas dit un mot de toute la soirée; *non dire mezza parola di quel che ti ho detto*, ne souffle pas mot de ce que je t'ai dit || *ho una mezza speranza di vincere*, j'ai un petit espoir de gagner || *ha una mezza idea di andare al cinema*, il a vaguement l'idée d'aller au cinéma || *a mezza strada*, à mi-chemin || *mezza luce*, demi-jour || *mezza quaresima*, mi-carême ♦ *avv.* à demi, à moitié ♦ *s.m.* **1** (*metà*) demi || *fare* — *e* —, faire moitié moitié || *fare a* —, partager; *fare le cose a* —, faire les choses à moitié; *lasciare a* — *un lavoro*, laisser un travail en plan **2** (*punto centrale*) milieu*: *diviso in* —, partagé en son milieu || *in* — *a*, au milieu de; (*tra*) parmi; (*tra due*) entre; (*fig.*) *dans* || *nel* (*bel*) — *di*, au (beau) milieu de || *in quel* —, (*nel frattempo*) entre-temps || *andarci di* —, en subir les conséquences; *ne andrebbe* — *il suo onore*, c'est son honneur qui serait atteint || *mettersi di* —, intervenir || *togliere, levare di* — *qlco*, se débarrasser de qqch || *quando c'è di* — *la salute*, quand il s'agit de la santé **3** (*modo, strumento*) moyen || *non c'è* — *di parlargli*, il n'y a pas moyen de lui parler || *per, a* — *di*, (*oggetti*) au moyen de; (*persone*) par l'entremise de, par l'intermédiaire de; (*tramite*) par **4** (*veicolo*) moyen de transport || *i mezzi pubblici*, les transports publics || *mezzi da sbarco*, chalands de débarquement **5** *pl.* (*possibilità economiche*) moyens.

mezzobusto (pl. *mezzibusti*) *s.m.* buste: *a* —, en buste.

mezzodì *s.m.* midi.

mezzofondo *s.m.* (*sport*) demi-fond*.

mezzogiorno *s.m.* midi: *è* —, il est midi; *sta suonando* —, midi est en train de sonner; *a* — *in punto*, à midi juste || *casa esposta a* —, maison exposée au midi || *il Mezzogiorno d'Italia*, le Sud de l'Italie.

mezzora, mezz'ora *s.f.* demi-heure*: *arrivo tra* —, j'arrive dans une demi-heure; *una mezzoretta*, une petite demi-heure || *non è un problema che si risolva in* —, ce n'est pas un problème qu'on peut résoudre en deux minutes.

mezzosangue (pl. *invar.*) *s.m.* **1** (*di cavalli*) demi-sang* **2** (*di persona*) métis*.

mezzosoprano (pl. *mezzisoprani*) *s.m.* (*mus.*) mezzo-soprano*.

mezzuccio *s.m.* expédient mesquin.

mi¹ *pron.pers. di 1ᵃ pers.sing.* **1** (*compl.ogg.* e *compl. di termine*) me (*si elide davanti a vocale e* h *muta*); (*legato a v. imp. affermativo*) moi: *non è venuto a salutarmi*, il n'est pas venu me dire bonjour; — *vuole vedere, vuole vedermi*, il veut me voir; *guardami bene*, regarde-moi bien; *non guardarmi così*, ne me regarde pas ainsi **2** (*compl. di termine con valore di possesso o di legame personale*) mon* (*pleonastico, non si traduce*): — *hanno rubato il portafogli*, on m'a volé mon portefeuille; *il cuore* — *batteva forte*, mon cœur battait très fort; *mise una mano sulla spalla*, il mit sa main sur mon épaule; *quando* — *si presenterà l'occasione*, quand j'en aurai l'occasion || — *cadde addosso*, il tomba sur moi; — *guardo intorno*, je regarde autour de moi || *cosa* — *combinate adesso?*, qu'est-ce que vous fabriquez là? || — *mangerei un bel gelato*, je mangerais volontiers une bonne glace || *stammi bene!, statemi bene!*, porte-toi bien!, portez-vous bien!, (*fam.*) salut! **3** (*nella coniug. dei verbi pron.*) me: — *sono tagliato un dito*, je me suis coupé un doigt; *dove posso lavarmi?*, où est-ce que je peux me laver?

mi² *s.m.* (*mus.*) mi.

miagolare *v.intr.* miauler.

miagolio *s.m.* miaulement.

miao *onom.* miaou: *fare* —, miauler.

miasma *s.m.* miasme.

mica¹ *avv.* (*fam.*) pas: — *male*, pas mal (du tout) || — *tanto*, pas tellement.

mica² (pl. *-che*) *s.f.* (*min.*) mica (*m.*).

miccia (pl. *-ce*) *s.f.* mèche || *dare fuoco alla* —, (*fig.*) mettre le feu aux poudres.

miceneo *agg. e s.m.* mycénien*.

michelangiolesco (pl. *-chi*) *agg.* de Michel-Ange; à la manière de Michel-Ange.

micidiale *agg.* meurtrier* (*anche fig.*); (*mortale*) mortel* || *un caldo* —, une chaleur étouffante.

micio *s.m.* (*fam.*) chat.

mico- *pref.* myco-

micologia *s.f.* mycologie.

micosi *s.f.* (*med.*) mycose.

micro- *pref.* micro-

microanalisi *s.f.* microanalyse.

microbico (pl. *-ci*) *agg.* microbien*.

microbio *s.m.* → **microbo**.

microbiologia *s.f.* microbiologie.

microbiologo (pl. *-gi*) *s.m.* microbiologiste.

microbo *s.m.* microbe.

microcefalo *agg.* e *s.m.* microcéphale.

microchirurgia *s.f.* microchirurgie.

microcircuito *s.m.* microcircuit: — *integrato*, microplaquette.

microcitemia *s.f.* (*med.*) microcytémie.

microcito *s.m.* (*biol.*) microcyte.

microclima *s.m.* microclimat.

microcosmo *s.m.* microcosme.

microcriminalità *s.f.* petite délinquance.

microeconomia *s.f.* microéconomie.

microfilm (pl. *invar.*) *s.m.* microfilm.

microfono *s.m.* microphone.

microfotografia *s.f.* microphotographie.

micrometrico (pl. *-ci*) *agg.* micrométrique.

micron (pl. *invar.*) *s.m.* micron.

microonda *s.f.* (*fis.*) micro-onde*: (*forno a*) *microonde*, (four à) micro-ondes.

microprocessore *s.m.* microprocesseur.

microrganismo *s.m.* micro-organisme*.

microscheda *s.f.* microfiche.

microscopico (pl. *-ci*) *agg.* microscopique.

microscopio *s.m.* microscope: *osservare, guardare al* —, observer, regarder au microscope; (*fig.*) regarder à la loupe.

microsolco (pl. *-chi*) *s.m.* microsillon.

microspia *s.f.* micro (*m.*).

microstruttura *s.f.* microstructure.

midollare *agg.* (*med.*) médullaire.

midollo (pl., non com., *-li*; pl.f. *-la*, in senso collettivo e fig.) *s.m.* moelle (*f.*) || *bagnato sino al* —, trempé jusqu'aux os || *non ha* —, (*fig.*) il n'a pas de caractère.

midolloso *agg.* (*bot.*) médulleux*.

miele *s.m.* miel (*anche fig.*) || — *rosato*, miel rosat || *color* —, couleur de miel || *essere tutto* —, être tout sucre tout miel.

mielite *s.f.* (*med.*) myélite.

miel(o)- *pref.* myél(o)-

mieloso *agg.* doucereux*, mielleux* (*anche fig.*).

mietere *v.tr.* **1** moissonner || — *vittime*, faire des victimes; — *vite umane*, faucher des vies humaines **2** (*fig.*) récolter || — *allori*, moissonner des lauriers.

mietilegatrice *s.f.* moissonneuse-lieuse*.

mietitore (f. *-trice*) *s.m.* moissonneur*.

mietitrebbiatrice *s.f.* (*macchina*) moissonneuse-batteuse*.

mietitrice *s.f.* (*macchina*) moissonneuse.

mietitura *s.f.* moisson.

migliaio (pl.f. *migliaia*) *s.m.* millier; mille: *un* — *di franchi*, un millier de francs; *400 lire al* —, 400 lires le mille.

miglio¹ (pl.f. *miglia*) *s.m.* (*misura*) mille: — (*terrestre, inglese*), mille anglais; — *marittimo, nautico*, mille marin || *lo si sentiva a un* — *di distanza*, on l'entendait à des kilomètres || *ero (le) mille miglia lontano dal supporre che...*, j'étais à mille lieues de supposer que...

miglio² *s.m.* (*bot.*) millet, mil.

miglioramento *s.m.* amélioration (*f.*) || *il malato*

ha fatto notevoli miglioramenti, l'état du malade s'est nettement amélioré.

migliorare *v.tr.* améliorer || — *il proprio stile*, perfectionner son style ♦ *v.intr.* s'améliorer: *l'ammalato migliora*, le malade va mieux; *la situazione è migliorata*, la situation s'est améliorée || — *negli studi*, faire des progrès dans ses études.

miglioratìvo *agg.* améliorant || *provvedimento* —, mesure d'amélioration.

migliore *agg.* **1** (*compar.*) meilleur: *è* — *di te*, il est meilleur que toi; *molto, assai* —, bien meilleur; *non ho mai avuto (un) allievo* —, je n'ai jamais eu de meilleur élève; *non c'è medico* — *di lui*, il n'y a pas de meilleur médecin que lui || *il tempo è* — *oggi*, il fait meilleur aujourd'hui || *non c'è* — *cosa che...*, rien de mieux que... || *rendere qlco, qlcu* —, améliorer qqch, rendre qqn meilleur || *diventare* —, s'améliorer || *le cose stanno prendendo una piega* —, les choses se mettent au mieux || *rimandare a tempo* —, remettre à une occasion plus favorable **2** (*superl.rel.*) le meilleur: *è l'uomo* — *che io conosca*, c'est le meilleur homme que je connaisse || *la cosa* — *da fare è...*, la meilleure chose (à faire) serait de..., le mieux serait de... || *la sua* — *qualità è...*, sa plus grande qualité est... || *indossò il suo abito* —, il mit son plus beau costume || *nel* — *modo possibile, nel* — *dei modi*, le mieux possible ♦ *s.m.* meilleur.

miglioria *s.f.* amélioration.

mignatta *s.f.* sangsue (*anche fig.*).

mìgnolo *agg.* e *s.m.* (*dito*) —, petit doigt, auriculaire; (*del piede*) petit orteil.

mignon *agg.*: *pasticceria* —, petits fours; *lampadina* —, ampoule à petit culot.

migrante *agg.* migrant, migrateur*.

migrare *v.intr.* émigrer; (*zool.*) migrer.

migratore (f. -*trice*) *agg.* e *s.m.* migrateur*.

migratòrio *agg.* migratoire.

migrazione *s.f.* migration.

mikado (pl. *invar.*) *s.m.* mikado.

mila *agg.num.card.invar.* mille.

milanese *agg.* e *s.m.* milanais.

miliardàrio *agg.* e *s.m.* milliardaire.

miliardo *s.m.* milliard.

miliare *agg.* milliaire.

milionàrio *agg.* e *s.m.* millionnaire.

milione *s.m.* million || *l'ho detto un* — *di volte*, je l'ai dit cent fois.

milionèsimo *agg.num.ord.* e *s.m.* millionième.

militante *agg.* e *s.m.* militant.

militanza *s.f.* militantisme (*m.*).

militare[1] *agg.* e *s.m.* militaire: *fare il* (*servizio*) —, faire son service (militaire).

militare[2] *v.intr.* **1** faire* son service militaire, servir*; (*combattere*) combattre* **2** (*fig.*) militer.

militaresco (pl. -*chi*) *agg.* soldatesque || -*mente* *avv.*

militarismo *s.m.* militarisme.

militarista *agg.* e *s.m.* militariste.

militarìstico (pl. -*ci*) *agg.* militariste.

militarizzare *v.tr.* militariser.

militarizzazione *s.f.* militarisation.

militarmente *avv.* militairement || *giudicare* —, juger devant le tribunal militaire.

milite *s.m.* soldat; (*agente*) agent: *i militi della Stradale*, les agents de la police de la route || *i militi della Finanza*, les douaniers || *i militi della Forestale*, les gardes forestiers || *il Milite Ignoto*, le Soldat Inconnu.

militesente *agg.* e *s.m.* **1** exempté du service militaire; (*riformato*) réformé **2** (*congedato*) libéré du service militaire.

milìzia *s.f.* **1** troupes (*pl.*) || — *territoriale*, armée territoriale **2** (*professione delle armi*) métier des armes; (*vita militare*) vie militaire **3** (*attività*) activité.

miliziano *s.m.* milicien.

millantare *v.tr.* vanter || — *i propri meriti*, exalter ses mérites || (*dir.*) *millantato credito*, trafic d'influence.

millantatore (f. -*trice*) *agg.* e *s.m.* vantard, fanfaron*.

millanteria *s.f.* vantardise, fanfaronnade.

mille *agg.num.card.* e *s.m.* mille; (*nelle date*) mil: *un biglietto da* — (*lire*), un billet de mille lires; — *e un franco*, mille un francs || *il Mille*, l'an mille || *le Mille e una notte*, les Mille et une nuits || *a* — —, par milliers || *il due per* —, deux pour mille || *sono mill'anni che non lo vedo*, il y a, cela fait un siècle que je ne le vois pas || *è* — *volte meglio*, c'est cent fois mieux.

millecento *agg.num.card.* onze cents: *millecentotrenta dollari*, onze cent trente dollars.

millefòglie *s.m.* **1** (*bot.*) mille-feuille* (*f.*) **2** (*cuc.*) mille-feuille*.

millenàrio *agg.* **1** millénaire **2** (*che ricorre ogni mille anni*) qui a lieu tous les mille ans ♦ *s.m.* millénaire.

millennio *s.m.* millénaire.

millepiedi *s.m.* (*zool.*) mille-pattes*.

millèsimo *agg.num.ord.* millième || *è la millesima volta che...*, c'est la énième fois que... ♦ *s.m.* **1** millième **2** (*in una data*) millésime.

milleusi *agg.invar.* polyvalent, à usages multiples, universel*.

millibar (pl. *invar.*) *s.m.* (*fis.*) millibar.

milligrammo *s.m.* milligramme.

millilitro *s.m.* millilitre.

millimetrato *agg.* millimétrique, millimétré.

millimètrico (pl. -*ci*) *agg.* **1** millimétrique **2** (*molto preciso*) très précis.

millìmetro *s.m.* millimètre.

milza *s.f.* (*anat.*) rate.

mimare *v.tr.* mimer.

mìmesi *s.f.* imitation.

mimètico (pl. -*ci*) *agg.* **1** mimétique **2** (*mimetizzato*) camouflé || *tuta mimetica*, tenue léopard **3** (*che serve a mimetizzare*) de camouflage.

mimetismo *s.m.* mimétisme.

mimetizzare *v.tr.* camoufler □ **mimetizzarsi** *v.pron.* se camoufler.

mimetizzazione *s.f.* camouflage (*m.*).

mìmica (pl. -*che*) *s.f.* mimique.

mimico (pl. -*ci*) *agg.* mimique || *l'arte mimica*, l'art du mime.

mimo *s.m.* mime.

mimosa *s.f.* (*bot.*) mimosa (*m.*).

mina *s.f.* mine: — *vagante*, mine flottante; *essere una* — *vagante*, (*fig.*) être une menace constante.

minaccia (pl. -*ce*) *s.f.* menace || *c'è* — *di pioggia*, la pluie menace || (*med.*) *avere una* — *di*, avoir les indices de.

minacciare (*coniug. come* cominciare) *v.tr.* menacer* || *il tempo minaccia pioggia*, le temps est à la pluie, la pluie menace.

minacciosamente *avv.* d'une façon menaçante; (*con aria minacciosa*) d'un air menaçant.

minaccioso *agg.* menaçant.

minare *v.tr.* miner || — *la reputazione di qlcu*, attaquer la réputation de qqn.

minareto *s.m.* minaret.

minato *agg.* miné: *zona minata*, zone minée || *campo* —, champ de mines, (*fig.*) terrain dangereux || — *dal dispiacere*, (*fig.*) rongé par le chagrin.

minatore *s.m.* mineur.

minatorio *agg.* menaçant: *lettera minatoria*, lettre de menaces.

minchione *s.m.* (*molto fam.*) couillon.

minerale *agg.* minéral* ♦ *s.m.* minéral* || — *grezzo*, minerai; — *di ferro*, minerai de fer; *giacimento di* —, gisement de minerai.

mineralizzare *v.tr.* minéraliser.

mineralizzazione *s.f.* (*chim.*) minéralisation.

mineralogia *s.f.* minéralogie.

mineralogico (pl. -*ci*) *agg.* minéralogique.

mineralogista *s.m.* minéralogiste.

minerario *agg.* minier* || *ingegnere* —, ingénieur des mines.

minerva *s.m.pl.* (*fiammiferi*) allumettes (sans phosphore): *una bustina di* —, une pochette d'allumettes.

minestra *s.f.* soupe, potage (*m.*): — *di verdura, di riso*, soupe de légumes, au riz; — *in busta, solubile*, soupe en sachet; — *in brodo*, potage; — *asciutta*, entrée (de riz, de pâtes) || (*fig.*): *è sempre la stessa* —, c'est toujours la même chanson; *è una* — *riscaldata*, c'est du réchauffé; *o mangiar questa* — *o saltar dalla finestra*, c'est ça ou rien.

minestrina *s.f.* potage léger.

minestrone *s.m.* **1** soupe de légumes **2** (*fig.*) (*insieme di cose diverse*) fouillis.

mingherlino *agg.* maigrelet*, maigriot*.

mini- *pref.* mini-

miniappartamento *s.m.* studio.

miniare *v.tr.* **1** enluminer, orner de miniatures **2** (*fig.*) (*rifinire, curare*) fignoler.

miniato *agg.* **1** miniaturé; (*di manoscritto*) enluminé **2** (*fig.*) fignolé.

miniatore *s.m.* miniaturiste; (*di manoscritti*) enlumineur.

miniatura *s.f.* miniature; (*di manoscritti*) enluminure || *in* —, en miniature.

miniaturista *s.m.* miniaturiste.

miniaturizzare *v.tr.* miniaturiser.

miniaturizzazione *s.f.* (*tecn.*) miniaturisation.

minibus (pl. *invar.*) *s.m.* minibus, minicar.

minicalcolatore *s.m.* mini-ordinateur*.

minicassetta *s.f.* minicassette.

minicomputer (pl. *invar.*) *s.m.* → **minicalcolatore**.

miniera *s.f.* mine (*anche fig.*); (*a cielo aperto*) minière || *una* — *di carbon fossile*, une houillère.

minigolf (pl. *invar.*) *s.m.* golf miniature.

minigonna *s.f.* **1** mini-jupe **2** (*aut.*) jupe.

minima *s.f.* **1** (*mus.*) minime, blanche **2** (*meteor.*) température minimum **3** (*di pressione del sangue*) (tension) minimale.

minimamente *avv.* pas du tout.

minimarket (pl. *invar.*) *s.m.* supérette (*f.*).

minimizzare *v.tr.* minimiser.

minimo *agg.superl.* **1** (*il più piccolo*) le moindre; (*il più basso*) minimum*, minimal*: *si irrita per ogni minima osservazione*, il s'irrite à la moindre observation; *il salario* —, le salaire minimum; *velocità minima*, vitesse minimum **2** (*piccolissimo*) très petit; (*bassissimo*) très bas*: *a un prezzo* —, à très bas prix ♦ *s.m.* **1** minimum*: *il* — *indispensabile*, le strict nécessaire; *il* — *retributivo*, le minimum de rétribution || *si è laureato con il* — *dei voti*, il a eu sa licence de justesse || *è il* — *che...*, c'est le moins que... **2** (*aut.*) ralenti || *questa macchina non tiene il* —, (*fam.*) cette voiture cale tout le temps □ **al minimo, come minimo** *locuz.avv.* au moins.

minio *s.m.* (*chim.*) minium.

ministeriale *agg.* ministériel*.

ministero *s.m.* **1** ministère || *Ministero degli Esteri, degli Interni*, Ministère des Affaires étrangères, de l'Intérieur **2** (*dir.*) *pubblico* —, ministère public, magistrature debout.

ministro *s.m.* ministre.

minoico (pl. -*ci*) *agg.* e *s.m.* (*st.*) minoen*.

minoranza *s.f.* minorité || (*gramm.*) *comparativo di* —, comparatif d'infériorité.

minorato *agg.* (*fisico*) *handicapé, diminué; (*psichico*) arriéré ♦ *s.m.* **1** (*fisico*) *handicapé; (*invalido*) invalide **2** (*psichico*) arriéré mental*.

minorazione *s.f.* **1** (*diminuzione*) diminution **2** (*menomazione*) infirmité; *handicap (*m.*); (*invalidità*) invalidité: *ha una grave* —, il est atteint d'une grave infirmité, il a un grave handicap || — *mentale*, déficience mentale.

minore *agg.* **1** moindre; (*meno grande*) moins grand; (*più piccolo*) plus petit; (*inferiore*) inférieur; (+ s.) moins de: *la sua responsabilità è indubbiamente* —, sa responsabilité est sans doute moindre, moins grande; *una quantità* —, une moins grande quantité, une quantité inférieure, une plus petite quantité; *a una distanza* —, à une distance inférieure; *con* — *sforzo, entusiasmo*, avec moins d'effort, moins d'enthousiasme; *l'affluenza alle urne è* —, l'affluence aux urnes est moins forte || *con* — *spesa*, en dépensant moins || *a minor prezzo*, à un prix plus bas || *molto* —, beaucoup moins grand, bien moindre || *i poeti, i pittori minori del Trecento*, les poètes, les peintres mineurs du XIVᵉ siècle; *Dante, Tasso*

—, les œuvres mineures de Dante, du Tasse **2** *superl.rel.* moindre; (*il più piccolo*) le plus petit; (*il meno importante*) le moins important; (*la quantità minima di*) le moins de: *al — rumore*, au moindre bruit; *il suo difetto* —, son moindre défaut; *il numero* —, le nombre le plus petit; *i minori esponenti di un partito*, les représentants les moins importants d'un parti; *al minor prezzo*, au moindre prix, au prix le plus bas; *col — sforzo possibile*, avec le moins d'effort possible; *è il — dei suoi guai*, c'est le dernier de ses soucis **3** (*più giovane*) moins âgé, plus jeune; (*il più giovane*) le moins âgé, le plus jeune; (*l'ultimogenito*) (le) cadet*: *Carlo è — di me di due anni*, Charles est mon cadet (*o* moins âgé *o* plus jeune que moi) de deux ans; *il fratello* —, *il — dei fratelli*, le frère cadet; *la sorella* —, *la — delle sorelle*, la sœur cadette; *è il — dei fratelli*, il est le moins âgé, le plus jeune des frères (*o* le frère cadet); *il figlio* —, *il — dei figli*, le cadet; *la figlia* —, *la — delle figlie*, la cadette; *mio figlio* —, mon (fils) cadet; *chi è il — di voi due?*, qui est le moins âgé, le plus jeune de vous deux? || *molto* —, beaucoup plus jeune || *la — età*, la minorité; *essere* —, (*minorenne*) être mineur **4** (*mus., fil., eccl.*) mineur ♦ *s.m.* **1** (*cadetto*) cadet*; (*di età*) le moins âgé || *vietato ai minori di sedici anni*, interdit aux moins de seize ans **2** (*minorenne*) mineur.

minorenne *agg. e s.m.* mineur ♦ *s.f.* mineure.

minorile *agg.: tribunale* —, tribunal des mineurs; *delinquenza* —, délinquance juvénile; *lavoro* —, travail des enfants; *età* —, minorité.

minorità *s.f.* minorité.

minoritario *agg.* minoritaire.

minuendo *s.m.* le plus grand nombre (dans une soustraction).

minuetto *s.m.* (*mus.*) menuet.

minuscola *s.f.* minuscule.

minuscolo *agg.* minuscule; *una A minuscola*, un A minuscule, un petit A ♦ *s.m.* caractère minuscule: *in* —, en minuscules.

minuta *s.f.* brouillon (*m.*); (*dir.*) minute.

minutaglia *s.f.* pacotille.

minutamente *avv.* **1** (*in piccole parti*) menu **2** (*in modo particolareggiato*) en détail.

minuteria *s.f.* (*mecc.*) menuiserie.

minuto[1] *agg.* **1** minuscule; (*piccolo*) petit: *scrivere a lettere minute*, écrire très petit || *spese minute*, menus frais; *i minuti piaceri*, les menus plaisirs || *legna minuta*, menu bois; *una pioggia minuta*, une pluie fine || *frittura minuta*, petite friture || *lineamenti minuti*, traits fins; *ossatura minuta*, ossature grêle; *bambino* —, enfant menu || *popolo* — (*preciso*) menu peuple **2** (*preciso*) menu; (*dettagliato*) détaillé **3** (*minuzioso*) minutieux* ♦ *s.m.* détail || *per il* —, en détail || (*comm.*): *al* —, au détail; *commerciante al* —, détaillant ♦ *con valore di avv.* menu.

minuto[2] *s.m.* **1** minute (*f.*): *un — primo*, une minute; *un — secondo*, une seconde; *le tre e cinque minuti*, trois heures cinq; *mancano solo dieci minuti*, il n'y a plus que dix minutes || *stare al* —,

être à une minute près || *calcolo dei minuti*, minutage **2** (*breve spazio di tempo*) instant: *pochi minuti*, quelques instants; *in due minuti*, en deux secondes.

minuzia *s.f.* minutie.

minuziosamente *avv.* minutieusement.

minuziosità *s.f.* minutie.

minuzioso *agg.* **1** minutieux* **2** (*meticoloso*) méticuleux*.

minuzzolo *s.m.* bribe (*f.*) || *a minuzzoli*, en miettes.

minzione *s.f.* miction.

mio

maschile *sing.* **mio**, *pl.* **miei**
femminile *sing.* **mia**, *pl.* **mie**

agg.poss. di 1ª pers.sing. **1** mon*: *il — lavoro*, mon travail; *la mia casa*, ma maison; *la mia idea*, mon idée; *i miei libri*, mes livres; *le mie opinioni*, mes idées; *l'ultimo — viaggio*, mon dernier voyage; *è del — stesso parere*, il est tout à fait de mon avis; *la tua e la mia casa sono moderne*, ta maison et la mienne sont modernes; *è un problema — , non tuo*, c'est mon problème, ce (n'est) pas le tien; *questo — amico*, mon ami, cet ami || *un — amico*, un de mes amis (*o* un ami à moi); *un — amico architetto*, un architecte de mes amis, un ami à moi qui est architecte; *ha voluto un — parere*, il a voulu mon avis; *aspettava una mia risposta*, il attendait une réponse de ma part || *due, tre miei amici*, deux, trois de mes amis, deux, trois amis à moi || *alcuni miei amici*, quelques-uns de mes amis, quelques amis à moi || *in, a casa mia*, chez moi: *verranno a casa mia domani*, ils viendront chez moi demain; *telefonami a casa (mia) alle otto*, téléphone-moi à la maison à huit heures || *bambino* —!, *figlio* —!, mon enfant!; *tesoro* —!, mon trésor! **2** (*per indicare proprietà, appartenenza*) à moi: *quel che è* —, *è* —, ce qui est à moi est à moi; *l'idea non è mia*, l'idée n'est pas de moi; *ho una camera tutta mia*, j'ai une chambre pour moi tout seul; *ho un modo tutto — di vedere le cose*, j'ai une manière toute personnelle de voir les choses || *questo libro è* —, (*mi appartiene*) ce livre est à moi; (*ne sono l'autore*) ce livre est de moi ♦ *pron.poss. di 1ª pers.sing.* **1** le mien*: *la tua camera è più piccola della mia*, ta chambre est plus petite que la mienne **2** (*in espressioni ellittiche*): *quando leggerai questa mia*, quand tu liras cette lettre, ma lettre; *è, sta sempre dalla mia* (*parte*), il est toujours de mon côté; *ho il direttore dalla mia*, j'ai le directeur pour moi; *ho voluto dire la mia*, j'ai voulu exprimer mon opinion; *io sto sempre sulle mie*, je garde toujours mes distances; *ne ho fatta ancora una delle mie*, j'ai encore fait une des miennes; *ne ho detta una delle mie*, j'ai encore fait une de mes gaffes; *anch'io ho avuto le mie* (*disgrazie*), moi aussi, j'ai eu ma part de malheurs ♦ *s.m.* **1** (*mezzi economici, beni*): *vivo ancora del* —, je vis encore de mes ressources personnelles; *metto, spendo del* —, (*denaro*) j'ajoute, je paie de ma poche || *mi accontento del*

—, je me contente de ce que j'ai **2** (*preceduto da pron. indef.*): *ho ancora qlco di* —, j'ai encore quelques biens personnels; *ho voluto aggiungere* (*scrivere, dire ecc.*) *qlco di* —, j'ai voulu moi aussi ajouter (écrire, lire, etc.) qqch; *non ho più niente di* —, je n'ai, ne possède plus rien; *non c'è più nulla di* — *qui*, ici il n'y a plus rien qui m'appartienne; *non ci ho messo molto di* — *in questo lavoro*, je n'ai pas mis beaucoup de moi-même dans ce travail **3** *pl.* les miens; (*genitori*) mes parents; (*parentela*) ma famille.

mi(o)- *pref.* my(o)-

miocardio *s.m.* (*anat.*) myocarde.

miocardite *s.f.* (*med.*) myocardite.

miocene *s.m.* (*geol.*) miocène.

miologia *s.f.* (*med.*) myologie.

miopatia *s.f.* (*med.*) myopathie.

miope *agg.* e *s.m.* myope.

miopia *s.f.* myopie.

miosotide *s.f.* (*bot.*) myosotis (*m.*).

mira *s.f.* **1** visée (*anche fig.*): *avere buona, cattiva* —, bien, mal viser; *alzare, abbassare, aggiustare la* —, viser haut, viser bas, bien viser; *prendere la* —, viser; *avere di* — *qlco*, viser à qqch; *prendere di* — *qlcu*, (*fig.*) prendre qqn pour cible; *si sente preso di* —, il se sent visé **2** (*bersaglio*) but (*m.*): *sbagliare la* —, manquer son but **3** (*balistica*) mire; *linea, tacca di* —, ligne, cran de mire.

mirabile *agg.* admirable || — *a dirsi*, étonnant à dire.

mirabilia *s.f.pl.* merveilles.

mirabilmente *avv.* **1** (*meravigliosamente*) merveilleusement **2** (*perfettamente*) admirablement.

mirabolante *agg.* mirobolant.

miracolare *v.tr.* guérir, sauver par un miracle.

miracolato *agg.* e *s.m.* miraculé.

miracolo *s.m.* miracle: *è un* — *che ti abbia visto*, c'est un miracle si je t'ai vu; *sarebbe un* — *se riuscisse*, ce serait un miracle qu'il réussisse || *sapere vita, morte e miracoli*, connaître tous les faits et gestes || *dire miracoli*, dire monts et merveilles.

miracoloso *agg.* miraculeux* || *avere del* —, tenir du miracle || **-mente** *avv.*

miraggio *s.m.* mirage || *col* — *di*, par le mirage de.

mirare *v.intr.* viser: — *il, al bersaglio*, viser la cible; — *al cuore, nel segno*, viser au cœur, au but; — *in alto, lontano*, (*fig.*) viser haut □ **mirarsi** *v.pron.* se contempler.

mirato *agg.* ponctuel*; (*mirato a*) visant (à), qui vise (à).

miria- *pref.* myria-

miriade *s.f.* myriade.

miriagrammo *s.m.* myriagramme.

miriapodi *s.m.pl.* (*zool.*) myriapodes.

mirino *s.m.* **1** (*di arma da fuoco*) guidon || *essere nel* —, (*fig.*) être dans le collimateur **2** (*fot.*) viseur.

mirra *s.f.* myrrhe.

mirtillo *s.m.* (*blu*) myrtille (*f.*); (*rosso*) airelle (*f.*).

mirto *s.m.* (*bot.*) myrte.

misantropia *s.f.* misanthropie.

misantropo *s.m.* misanthrope.

miscela *s.f.* mélange (*m.*).

miscelare *v.tr.* mélanger*.

miscelatore *s.m.* mélangeur.

miscelazione *s.f.* mélange (*m.*).

miscellanea *s.f.* (*lett.*) miscellanées (*pl.*).

mischia *s.f.* mêlée: *nel mezzo della* —, au plus fort de la mêlée.

mischiare *v.tr.* mélanger*; (*spec. liquidi*) mêler; (*fig.*) mêler □ **mischiarsi** *v.pron.* se mêler: — *alla folla*, se mêler à la foule; *si è mischiato nei miei affari*, il s'est mêlé de mes affaires.

mischiata *s.f.*: *dare una* — *alle carte*, battre rapidement les cartes.

misconoscere (*coniug. come* conoscere) *v.tr.* méconnaître*.

miscredente *agg.* e *s.m.* mécréant.

miscuglio *s.m.* mélange.

miserabile *agg.* e *s.m.* misérable || *stipendio* —, salaire de misère.

miseramente *avv.* misérablement.

miserando *agg.* pitoyable.

miserevole *agg.* pitoyable.

miseria *s.f.* **1** misère: *cadere in* —, tomber dans la misère; *ridurre in* —, réduire à la misère || *per la* —!, (*molto fam.*) misère! || *l'ho pagato una* —, je l'ai payé trois fois rien || *per una* —, pour un rien **2** (*scarsità*) pénurie **3** *pl.* (*affanni*) misères; (*disgrazie*) malheurs (*m.*) **4** (*bot.*) (*erba*) —, misère.

misericordia *s.f.* miséricorde; (*pietà*) pitié: *senza* —, sans pitié; *avere* — *di...*, avoir pitié de...

misericordioso *agg.* miséricordieux*; (*di misericordia*) de miséricorde: *atto* —, acte de miséricorde.

misero *agg.* **1** (*infelice*) malheureux* || — *me!*, pauvre de moi! **2** (*povero; miserabile*) misérable || *un* — *cappottino*, un pauvre manteau **3** (*scarso*) maigre: *misere soddisfazioni*, de maigres satisfactions; *una misera pensione*, une maigre retraite, une retraite de misère || *una giacca misera di spalle*, un veston trop étriqué des épaules **4** (*meschino*) piètre: *una misera figura*, une piètre figure; *una misera consolazione*, une piètre consolation.

misfatto *s.m.* **1** forfait, crime affreux **2** (*scherz.*) méfait.

misirizzi *s.m.* poussah.

mis(o)- *pref.* mis(o)-

misoginia *s.f.* misogynie.

misogino *agg.* e *s.m.* misogyne.

missaggio *s.m.* (*cine.*) mixage.

missile *s.m.* engin (spécial), missile; (*razzo*) fusée (*f.*): — *terra-terra, terra-aria*, engin sol-sol, sol-air.

missilistica *s.f.* science et technique des missiles.

missilistico (pl. *-ci*) *agg.* relatif* aux missiles, aux fusées: *base missilistica*, base de missiles; *unità missilistica*, unité lance-engins.

missionario *agg.* e *s.m.* missionnaire.

missione *s.f.* mission: *svolgere una* —, remplir

une mission || (*amm.*) *indennità di —*, indemnité de déplacement.

missiva *s.f.* missive.

mister (pl. *invar.*) *s.m.* (*allenatore sportivo*) directeur sportif.

misterioso *agg.* e *s.m.* mystérieux* || **-mente** *avv.*

mistero *s.m.* mystère || *perché tutti questi misteri?*, pourquoi tant de cachotteries?

mistica (pl. *-che*) *s.f.* **1** mystique **2** (*letteratura mistica*) littérature mystique.

misticamente *avv.* mystiquement.

misticismo *s.m.* mysticisme.

mistico (pl. *-ci*) *agg.* mystique ♦ *s.m.* **1** mystique **2** (*scrittore di opere mistiche*) auteur mystique.

mistificante *agg.* mystifiant.

mistificare (*coniug. come* mancare) *v.tr.* mystifier.

mistificatore (f. *-trice*) *s.m.* mystificateur*.

mistificatorio *agg.* mystificateur*.

mistificazione *s.f.* mystification.

misto *agg.* **1** mixte || (*nuoto*) *400 m misti*, 400 mètres quatre nages || *agricoltura mista*, polyculture || *reddito —*, revenu composé en partie de rentes **2** (*mescolato con altri elementi*) mêlé (de); (*fuso*) mélangé (de): *odore — di lavanda e di timo*, odeur qui est un mélange de lavande et de thym || *tessuto —*, tissu métis; *tessuto — lana, — lana e cotone*, laine mélangée, tissu mi-laine mi-coton ♦ *s.m.* mélange.

mistura *s.f.* mixture; (*mescolanza*) mélange (*m.*).

misura *s.f.* **1** mesure (*anche fig.*) || *di stretta —*, de justesse || *bere con —*, boire modérément || *in ugual —, in larga —*, dans une mesure égale, dans une large mesure || *detesta le mezze misure*, il déteste les demi-mesures **2** (*taglia*) taille; (*di scarpe*) pointure: *una — più grande*, une taille au-dessus; *che — porta?*, quelle est votre taille, (*per scarpe*) votre pointure? || *abito su —*, habit sur mesure || *prendere le misure a qlcu*, prendre les mesures de qqn || *son tagliati a una —*, (*fig.*) ils sont du même acabit || *a — d'uomo*, à l'échelle humaine □ **a misura che**, à mesure que; **nella misura di**, dans le mesure de; **nella misura in cui**, dans la mesure où.

misurabile *agg.* mesurable.

misurare *v.tr.* **1** mesurer (*anche fig.*): *— col metro, a braccia, a passi, a occhio*, mesurer au mètre, avec le bras, en comptant les pas, de l'œil; *— le parole, i gesti*, mesurer ses paroles, ses gestes || *— la temperatura*, prendre la température || *— una stanza a grandi passi*, arpenter une pièce || *— le spese*, calculer son budget **2** (*indumenti*) essayer*, faire* l'essayage (de) ♦ *v.intr.* mesurer □ **misurarsi** *v.pron.* **1** (*contenersi*) se limiter **2** (*cimentarsi*) se mesurer.

misuratamente *avv.* avec mesure.

misurato *agg.* mesuré; (*moderato*) modéré || *ho i soldi misurati*, j'ai l'argent compté.

misuratore *s.m.* mesureur.

misurazione *s.f.* mesurage (*m.*).

misurino *s.m.* doseur.

mite *agg.* **1** doux*; (*indulgente*) indulgent || *condanna —*, condamnation légère **2** (*modico*) modique, modéré: *miti pretese*, des prétentions modestes.

mitemente *avv.* doucement.

mitezza *s.f.* douceur.

mitico (pl. *-ci*) *agg.* mythique.

mitigare (*coniug. come* legare) *v.tr.* adoucir; (*calmare*) apaiser; (*dir.*) mitiger*: *— la pena*, mitiger la peine □ **mitigarsi** *v.pron.* s'adoucir; (*calmarsi*) s'apaiser.

mitigazione *s.f.* adoucissement (*m.*), apaisement (*m.*); (*dir.*) mitigation.

mitilicoltura *s.f.* mytiliculture.

mitilo *s.m.* (*zool.*) moule (*f.*).

mitizzare *v.tr.* mythifier.

mitizzazione *s.f.* mythification.

mito *s.m.* mythe.

mitologia *s.f.* mythologie.

mitologico (pl. *-ci*) *agg.* mythologique.

mitomane *s.m.* mythomane.

mitomania *s.f.* mythomanie.

mitosi *s.f.* (*biol.*) mitose.

mitra[1] *s.f.* (*eccl.*) mitre.

mitra[2] (pl. *invar.*) *s.m.* (*arma*) mitraillette (*f.*).

mitraglia *s.f.* mitraille.

mitragliamento *s.m.* mitraillage; (*fig.*) rafale (*f.*).

mitragliare *v.tr.* mitrailler.

mitragliatore (f. *-trice*) *agg.* mitrailleur*: *pistola mitragliatrice*, pistolet mitrailleur ♦ *s.m.* fusil mitrailleur.

mitragliatrice, mitragliera *s.f.* mitrailleuse.

mitragliere *s.m.* (*mil.*) mitrailleur.

mitrale *agg.* (*anat.*) mitral*.

mitralico (pl. *-ci*) *agg.* (*med.*) mitral*.

mitridatismo *s.m.* (*med.*) mithridatisme.

mitridatizzare *v.tr.* mithridatiser □ **mitridatizzarsi** *v.pron.* se mithridatiser.

mitteleuropeo *agg.* centre-européen*, de l'Europe centrale.

mittente *s.m.* expéditeur: *respinto al —*, retour à l'expéditeur.

mix (pl. *invar.*) *s.m.* mélange: *un — di prodotti*, une gamme des produits; *— delle vendite*, éventail des ventes.

mixare *v.tr.* mixer.

mixer (pl. *invar.*) *s.m.* **1** (*del frullatore*) mixer, mixeur **2** (*cine.*, *tv*) (*apparecchio*) mélangeur du son.

mnemonico (pl. *-ci*) *agg.* mnémonique || *sforzo —*, effort de mémoire || **-mente** *avv.*

mobile *agg.* **1** mobile || (*dir.*) *beni mobili*, biens meubles **2** (*fig.*) (*mutevole*) changeant ♦ *s.m.* **1** meuble: *mobili in serie*, meubles en série || *sequestro dei mobili*, saisie mobilière **2** (*fis.*) mobile.

mobilia *s.f.* mobilier (*m.*).

mobiliare[1] *agg.* (*dir.*) mobilier*.

mobiliare[2] *v.tr.* meubler.

mobiliere *s.m.* **1** (*fabbricante*) fabricant de meubles **2** (*venditore*) marchand de meubles.

mobilificio *s.m.* fabrique de meubles.

mobilità *s.f.* mobilité.

mobilitare *v.tr.* mobiliser □ **mobilitarsi** *v.pron.*: — *per superare la crisi*, tout mettre en œuvre pour affronter la crise; *gli amici si sono mobilitati per aiutarlo*, ses amis se sont mis d'accord pour l'aider.

mobilitazione *s.f.* mobilisation.

mobilizzabile *agg.* (*econ.*) mobilisable.

mobilizzare *v.tr.* (*econ.*) mobiliser.

mobilizzazione *s.f.* (*econ.*) mobilisation.

moca (pl. *invar.*) *s.m.* moka ♦ *s.f.* cafetière moka.

mocassino *s.m.* mocassin.

moccio *s.m.* (*fam.*) morve (*f.*).

moccioso *agg.* e *s.m.* morveux*.

moccolo *s.m.* 1 bout de bougie || *reggere, tenere il* —, (*fig. fam.*) tenir la chandelle 2 (*moccio*) morve (*f.*) 3 (*molto fam.*) juron: *tirare moccoli*, lâcher des jurons.

moda *s.f.* mode: — *invernale*, mode d'hiver || — *pronta*, prêt-à-porter; *l'alta* —, la haute couture || *di* —, à la mode; *di gran* —, *di ultima* —, très à la mode; *andare, tornare di* —, être, revenir à la mode; *passato di* —, *fuori* —, démodé.

modale *agg.* modal*.

modalità *s.f.* modalité.

modanatura *s.f.* (*arch.*) modénature.

modella *s.f.* modèle (*m.*); (*di moda*) mannequin (*m.*).

modellare *v.tr.* 1 modeler* (*anche fig.*) 2 (*in uno stampo*) mouler 3 (*scolpire*) sculpter □ **modellarsi** *v.pron.* se modeler*.

modellatore (f. *-trice*) *s.m.* modeleur*.

modellatura *s.f.* modelage (*m.*).

modellino *s.m.* modèle réduit.

modellismo *s.m.* modélisme.

modellista *s.m.* modéliste; (*tecn.*) modeleur*.

modellistica *s.f.* modélisme (*m.*).

modello *s.m.* 1 modèle: (*fatto*) *su* —, d'après modèle 2 (*riproduzione ridotta, plastico*) maquette (*f.*) 3 (*per sarti*) patron 4 (*di gesso per scultori ecc.*) bosse (*f.*) 5 (*indossatore*) mannequin.

modem (pl. *invar.*) *s.m.* (*inform.*) modem.

modenese *agg.* e *s.m.* modénais.

moderare *v.tr.* 1 modérer* || — *il tono della voce*, baisser le ton 2 (*un dibattito ecc.*) présider; (*come spettacolo*) animer □ **moderarsi** *v.pron.* se modérer*.

moderatamente *avv.* modérément.

moderatezza *s.f.* modération.

moderato *agg.* 1 modéré || — *nel bere*, modéré

MISURARE

quanto misura l'appartamento?	combien mesure l'appartement?
l'appartamento misura 100 metri quadri e la stanza?	l'appartement fait 100 mètres carrés et la pièce?
misura 6 metri per 4 ed è alta 3 metri il corridoio?	elle fait 6 mètres sur 4 et 3 mètres de haut le couloir?
misura 4 metri per 2	il mesure (fait) 4 mètres sur 2
è lungo 10 metri e largo 3	il a 10 mètres de long et 3 de large
quanto è lunga, larga la stanza?	quelle est la longueur, la largeur de la pièce?
è lunga, larga 4 metri	elle a 4 mètres de long, de large
quanto è alto il soffitto?	quelle est la hauteur du plafond?
un soffitto alto 4 metri	un plafond qui a 4 mètres de haut
una montagna alta 4000 metri	une montagne de 4000 mètres de haut
la funivia arriva a 2500 metri di altitudine, di altezza	le téléphérique arrive à 2500 mètres d'altitude
una torre alta 300 metri	une tour de 300 mètres de hauteur
una galleria lunga 3 chilometri	un tunnel de 3 kilomètres
un buco profondo 3 metri	un trou de 3 mètres de profondeur
quanto sei alto?	combien tu mesures?
sono alto un metro e settanta	je mesure un mètre soixante-dix
quanto pesi?	combien tu pèses?
peso sessanta chili	je pèse soixante kilos
che numero di scarpe porta?	vous faites quelle pointure?
il 39	39
che taglia porta?	quelle est votre taille?
(la) 46	46

TAGLIE ITALIANE	TAILLES FRANÇAISES
- 40	- 36
- 42	- 38
- 44	- 40
- 46	- 42
- 48	- 44

dans la boisson 2 (*mus.*) moderato ♦ *s.m.* modéré.

moderatore (f. *-trice*) *agg.* modérateur* ♦ *s.m.* modérateur*; (*tv*) animateur*.

moderazione *s.f.* modération.

modernamente *avv.* 1 de façon moderne 2 (*nei tempi moderni*) actuellement, à présent.

modernariato *s.m.* art des années trente à cinquante.

modernismo *s.m.* modernisme.

modernità *s.f.* modernité.

modernizzare *v.tr.* moderniser.

modernizzazione *s.f.* modernisation.

moderno *agg.* e *s.m.* moderne.

modestamente *avv.* modestement || *io*, —..., (*scherz.*) sans me vanter...

modestia *s.f.* 1 modestie || — *a parte*, sans me vanter 2 (*scarsezza*) médiocrité.

modesto *agg.* e *s.m.* modeste: *intelligenza modesta*, intelligence médiocre; *romanzo* —, roman moyen; *un — calo della produzione*, une légère baisse de la production || *secondo il mio — parere*, à mon humble avis.

modicità *s.f.* modicité.

modico (pl. *-ci*) *agg.* modique.

modifica (pl. *-che*) *s.f.* modification.

modificabile *agg.* modifiable.

modificare (*coniug. come* mancare) *v.tr.* 1 modifier; (*cambiare*) changer* (de) 2 (*inform.*) corriger* un programme (à clavier); entrer à clavier □ **modificarsi** *v.pron.* (*cambiarsi*) changer*; (*subire una trasformazione*) subir une transformation: *il suo carattere si è modificato*, son caractère a changé.

modificatore (f. *-trice*) *agg.* e *s.m.* modificateur*.

modificazione *s.f.* modification.

modista *s.f.* modiste.

modisteria *s.f.* boutique de modiste.

modo *s.m.* 1 façon (*f.*): *ha un — di fare poco gentile*, il manque d'amabilité; *ha un — di fare tutto suo*, elle a une façon d'agir toute personnelle; *un — di pensare superato*, des idées dépassées; — *di vedere*, opinion; *a mio — di vedere*, à mon avis; *a — suo è onesto*, à sa façon, il est honnête; *a — suo ti vuol bene*, il t'aime à sa façon; *lasciami fare a — mio*, laisse-moi faire à ma tête, guise; *è il suo — di fare*, ce sont ses manières; — *di dire*, expression; *è solo un — di dire*, ce n'est qu'une façon de parler 2 (*mezzo*) moyen: *in mille, in tutti i modi*, par tous les moyens || *dammi — di pensarci*, laisse-moi le temps d'y penser || *non ho avuto — di venire*, je n'ai pas pu venir || *se tu avessi — di*, si jamais tu as l'occasion de 3 (*maniera di fare*) manière (*f.*): *che modi sono questi?*, en voilà des manières!; *è stato accolto in malo* —, il a été mal reçu; *l'ha trattato in malo* —, il a été désagréable avec lui; *con bei modi*, gentiment || *si comporta in — tale da*, il se conduit de manière à || *al — di*, comme, à la manière de || (*gramm.*) *avverbio*, *complemento di* —, adverbe, complément (circonstanciel) de manière 4 (*modo di dire*) expression (*f.*); (*locuzione*) locution (*f.*) 5 (*norma*)

limite (*f.*): *restare nei modi legali*, ne pas sortir de la loi 6 (*gramm.*) mode.

♦ FRASEOLOGIA: *per — di dire*, pour ainsi dire; *c'è — e — (di)*, il y a façon et façon (de); *è fatto a quel* —, il est comme ça; *non trattarlo a quel* —, ne le traite pas de cette façon; *in questo* —, de cette façon; *le cose stanno in questo* —, les choses en sont là; *fa' in questo* —, fais comme cela; *può essere fatto in vari modi*, il y a plusieurs façons de s'y prendre; *nel miglior, peggiore dei modi*, le mieux possible, n'importe comment; *in un — o nell'altro, in qualunque* —, d'une façon ou d'une autre; *è un lavoro fatto in qualche* —, ce travail est fait à la va comme je te pousse; *fallo pure in qualche* —, ma *fallo*, fais-le n'importe comment, mais fais-le; *è un — come un altro per...*, c'est une façon comme une autre de...; *in che — farai?*, comment feras-tu?; *in certo qual* —, dans un certain sens; *guardare in un certo qual* —, regarder d'une drôle de façon; *in special, particolar*, —, notamment; *a ogni* —, en tout cas; *in tutti i modi*, de toute façon; *in nessun* —, en aucune façon; *ognuno faccia a* — *suo*, que chacun fasse comme bon lui semble; *in un (sol)* —, *a un* —, de la même façon; *fare in — che*, faire en sorte que; *fa' in — di accontentarlo*, tâche de lui donner satisfaction; *di — che*, de sorte que.

modulabile *agg.* modulable.

modulare[1] *v.tr.* moduler.

modulare[2] *agg.* modulaire.

modulatore *s.m.* modulateur.

modulazione *s.f.* modulation.

modulistica (pl. *-che*) *s.f.* formulaires (*m.pl.*).

modulo *s.m.* 1 formule (*f.*); (*formulario*) formulaire 2 (*arch.*, *tecn.*) module.

moffetta *s.f.* (*zool.*) mouffette.

mogano *s.m.* acajou.

moggio *s.m.* boisseau* || *mettere la fiaccola sotto il* —, (*fig.*) mettre la lumière sous le boisseau.

mogio *agg.* penaud; — —, tout penaud.

moglie *s.f.* femme: *prendere, dare in, come* —, prendre, donner pour femme; *avere* —, être marié; *prendere, riprendere* —, se marier, se remarier; *chiedere in* —, demander en mariage.

moina *s.f.* cajolerie; (*spreg.*) simagrée.

mola *s.f.* 1 meule 2 (*zool.*) môle.

molare[1] *agg.* meulier* ♦ *s.m.* (dent) molaire.

molare[2] *v.tr.* meuler.

molatrice *s.f.* machine à meuler.

molatura *s.f.* meulage (*m.*).

moldavo *agg.* e *s.m.* moldave.

mole[1] *s.f.* volume (*m.*), masse (*anche fig.*); (*dimensioni*) dimensions (*pl.*) || *la — degli impegni, degli affari*, le poids des engagements, des affaires || *opera di gran* —, œuvre imposante || *la Mole Adriana*, le Môle d'Hadrien.

mole[2] *s.f.* (*chim.*, *fis.*) mole.

molecola *s.f.* 1 molécule 2 (*fig.*) particule.

molecolare *agg.* moléculaire.

molestamente *avv.* de manière importune.

molestare *v.tr.* agacer*; (*importunare*) importuner || — *il riposo di qlcu*, troubler le repos de qqn.

molestia *s.f.* désagrément (*m.*), ennui (*m.*) || *dare, recare — a qlcu,* agacer qqn || *molestie sessuali,* harcèlement(s) sexuel(s).

molesto *agg.* (*di persona*) importun; (*di cosa*) gênant.

molibdeno *s.m.* (*chim.*) molybdène.

molisano *agg.* du Molise.

molitorio *agg.* meunier*: *industria molitoria,* meunerie.

molitura *s.f.* mouture.

molla *s.f.* **1** ressort (*m.*) **2** *pl.* (*del fuoco*) pincettes || *prendere qlcu con le molle,* (*fig.*) prendre qqn avec des pincettes.

mollare *v.tr.* lâcher; (*mar.*) larguer: — *la presa,* lâcher prise || — *l'ancora,* mouiller l'ancre || *fare a tira e molla,* (*fig.*) hésiter || (*fam.*): — *un ceffone, un calcio,* flanquer une gifle, un coup de pied; *il ragazzo l'ha mollata,* son petit copain l'a plaquée ♦ *v.intr.* (*cedere*) céder* || *se attacca, non molla più,* s'il commence, il ne s'arrête plus.

molle *agg.* **1** mou* (*anche fig.*) **2** (*bagnato*) trempé ♦ *s.m.* mou.

molleggiamento *s.m.* flexion (*f.*); (*aut.*) suspension (*f.*).

molleggiare (*coniug. come* mangiare) *v.tr.* (*dotare di molleggio*) doter d'une suspension □ **molleggiarsi** *v.pron.* **1** (*camminando*) avoir* une démarche souple **2** (*piegarsi*) fléchir: — *sulle ginocchia,* fléchir les genoux.

molleggiato *agg.* suspendu; (*di poltrona ecc.*) qui a de bons ressorts: *un'auto ben molleggiata,* une voiture bien suspendue.

molleggio *s.m.* (*aut.*) suspension (*f.*); (*di letto ecc.*) ressorts (*pl.*).

mollemente *avv.* mollement.

molletta *s.f.* **1** (*da bucato*) pince à linge; (*per capelli*) pince, (*chiusa*) barrette **2** *pl.* pince (*sing.*): *le mollette per il ghiaccio,* la pince à glace.

mollettiera *s.f.* (*spec. pl.*) molletière.

mollettone *s.m.* molleton.

mollezza *s.f.* mollesse (*anche fig.*).

mollica (pl. -che) *s.f.* **1** mie **2** *pl.* (*briciole*) miettes.

molliccio *agg.* mollasse ♦ *s.m.* terrain mou.

mollo *agg.* (*fam.*) mou* ♦ *s.m.* mou || *mettere a* —, faire tremper.

mollusco (pl. -chi) *s.m.* mollusque.

molo *s.m.* jetée (*f.*), môle (*f.*); (*banchina*) quai.

molosso *s.m.* molosse.

molotov *s.f.* (*bomba*) cocktail Molotov.

molteplice *agg.* multiple; (*multiforme*) multiforme; (*numeroso*) nombreux*.

molteplicità *s.f.* multiplicité.

moltiplica (pl. -che) *s.f.* **1** (*fam.*) multiplication **2** (*di bicicletta*) grand pignon.

moltiplicabile *agg.* multipliable.

moltiplicando *s.m.* (*mat.*) multiplicande.

moltiplicare (*coniug. come* mancare) *v.tr.* multiplier: — *per...,* multiplier par...; *quattro moltiplicato otto dà trentadue,* quatre multiplié par huit font trente-deux □ **moltiplicarsi** *v.pron.* se multiplier.

moltiplicativo *agg.* multiplicatif*.

moltiplicatore (f. *-trice*) *agg.* e *s.m.* multiplicateur*.

moltiplicazione *s.f.* multiplication.

moltissimo *agg.indef.superl.* **1** (vraiment) beaucoup (de); (*un gran numero di*) un très grand nombre de; (*una gran quantità di*) une très grande quantité de: *ha moltissima pazienza,* elle a une très grande patience; *spesero — denaro,* ils ont dépensé énormément d'argent || *c'era moltissima gente,* il y avait un monde fou || — *tempo prima, dopo,* très longtemps avant, après **2** (*in espressioni ellittiche, sottintendendo tempo, denaro ecc.*): è — *che non lo vedo,* il y a très longtemps que je ne le vois pas; *guadagna —,* il gagne énormément ♦ *pron.indef.* beaucoup (*invar.*); (*un gran numero*) un grand nombre; (*una gran quantità*) une grande quantité; *pl.* (*moltissime persone*) un très grand nombre de gens: *non è —, ma è tutto quello che ho,* ce n'est pas beaucoup, mais c'est tout ce que j'ai; *"Bevi birra?" "Ne bevo moltissima",* "Bois-tu de la bière?" "J'en bois énormément"; *sono venuti in moltissimi,* ils sont venus en très grand nombre; *eravamo (in) moltissimi,* nous étions très nombreux ♦ *avv.* énormément.

moltitudine *s.f.* multitude.

molto[1] *agg.indef.* **1** beaucoup de (*invar.*), bien du (de la, des): — *pane,* — *denaro,* beaucoup de pain, beaucoup d'argent; *molti libri,* beaucoup de livres, bien des livres; *con — piacere,* avec beaucoup de plaisir, grand plaisir; *il lavoro che ci resta da fare è ancora —,* il nous reste encore beaucoup de travail à faire; *"Basterà il pane?" "Sì, è —",* "Est-ce que le pain suffira?" "Oui, il y en a beaucoup" || *faceva — freddo,* — *caldo,* il faisait très froid, très chaud; *avere molta fame, molta sete,* avoir très faim, très soif || *ha lavorato con me per molti anni,* il a travaillé avec moi pendant de nombreuses années; *i giorni che ci restano non sono molti,* il nous reste peu de jours || *dopo molti e molti anni,* après des années et des années || *spesa non è molta,* ça ne coûte pas grand-chose, ça ne coûte pas cher || *il — lavoro degli ultimi anni,* le gros travail de ces dernières années; *il — denaro che ha speso,* la grosse somme d'argent qu'il a dépensé; *i molti amici che ha,* les nombreux amis qu'il a **2** (*in espressioni ellittiche, sottintendendo tempo, denaro ecc.*): *non lo vedo da — (tempo),* je ne le vois pas depuis longtemps; *dopo — aspettare...,* après avoir attendu longtemps...; *fra non — (tempo),* dans peu de temps, sous peu; — *(tempo) dopo, prima,* longtemps après; avant; *oggi ci vuole — (denaro) per vivere,* aujourd'hui il faut beaucoup d'argent pour vivre; *non c'è — da qui a casa,* il n'y a pas loin d'ici à la maison; *ci corre — tra te e tuo fratello (di età),* il y a une grande différence (d'âge) entre ton frère et toi; *non ci vuole — a capirlo,* il n'est pas nécessaire d'être très intelligent pour le comprendre ♦ *pron.indef.* **1** beaucoup (*invar.*): *"Hai della carta da lettere?" "Non ne ho molta",* "As-tu du papier à lettres?" "Je n'en ai pas beaucoup"; *ne vorrei — di più, (di) meno*, j'en voudrais beaucoup plus (*o* bien davantage), beaucoup moins **2** *pl.* beaucoup (*invar.*); (*molta gente*) beaucoup de personnes (*o* de gens), bien des personnes (*o* des gens): *molti di noi, fra loro*, beaucoup d'entre nous, d'entre eux; *eravate in molti?*, est-ce que vous étiez nombreux?; *sono partiti in molti ma...*, ils étaient nombreux au départ, mais... || *molti altri*, bien d'autres **3** (*molte cose, gran cosa*) beaucoup, (*in frasi negative*) grand-chose: *hanno fatto — per lui*, ils ont fait beaucoup pour lui; *non c'è — da dire*, il n'y a pas grand-chose à dire || *è già — se...*, c'est déjà bien, beau si... || *non è —*, ce n'est pas grand-chose, beaucoup || *a dir —, a far —*, (*al massimo, tutt'al più*) tout au plus.

molto[2] *avv.* **1** (*con agg., avv. e part.pass. per formare il superl. assoluto*) très; (*unito a verbo*) beaucoup: *è — intelligente*, il est très intelligent; *ho studiato, lavorato —*, j'ai beaucoup étudié, travaillé; *non lo vediamo —*, nous ne le voyons pas beaucoup, pas très souvent; *ci siamo divertiti — alla festa*, nous nous sommes beaucoup, bien amusés à la fête || *dopo — gridare*, après avoir beaucoup crié || *o — o poco, poco o —*, (*sia quanto sia*) vaille que vaille; *né poco né —, né — né poco*, (*per nulla*) pas du tout, absolument pas || *di —*, de beaucoup **2** (*con agg. e avv. compar.*) beaucoup, bien: *— più, — meno bello*, beaucoup (*o* bien) plus, moins beau; *— migliore, — peggiore*, bien meilleur, bien pire.

momentaneamente *avv.* **1** momentanément **2** (*per il momento*) pour le moment.

momentaneo *agg.* momentané; (*passeggero*) passager*.

momento *s.m.* moment; (*istante*) instant: *l'ai visto in un — di grazia*, tu l'as vu dans un de ses bons moments; *nello stesso — in cui entravo...*, au moment précis où j'entrais...; *al — di*, au moment de; *da quel — in poi*, à partir de ce moment-là || *fino a questo —*, jusqu'à maintenant || *dal primo all'ultimo —*, du début à la fin || *al primo —*, au début || *sul (primo) —*, sur le moment; *preparare sul —*, préparer immédiatement || *a momenti, in certi momenti*, par moments; (*fra poco*) sous peu || *in altri momenti*, en d'autres circonstances || *non ho un — libero*, je n'ai pas un instant de libre; *non ho un — per me*, je n'ai pas un instant à moi || *ogni — che passa...*, de minute en minute... || *ha telefonato un — fa*, il vient de téléphoner || *si fa in un —*, c'est l'affaire d'un instant || *un —!*, (une) minute! || *di — in —, da un — all'altro*, d'une minute à l'autre; *nel — in cui*, au moment où || *a momenti lo investivo*, j'ai failli le renverser.

monaca (pl. -*che*) *s.f.* religieuse.

monacale *agg.* monacal*.

monacazione *s.f.* (*di monaco*) prise d'habit; (*di monaca*) prise de voile.

monachella *s.f.* jeune religieuse.

monachesimo *s.m.* monachisme.

monachina *s.f.* (*spec. pl.*) (*faville*) étincelles (*pl.*).

monaco (pl. -*ci*) *s.m.* moine.

monarca (pl. -*chi*) *s.m.* monarque.

monarchia *s.f.* monarchie.

monarchico (pl. -*ci*) *agg.* **1** monarchique **2** (*favorevole alla monarchia*) monarchiste **3** (*realista*) royaliste ♦ *s.m.* **1** (*fautore della monarchia*) monarchiste **2** (*realista*) royaliste.

monastero *s.m.* monastère.

monastico (pl. -*ci*) *agg.* monastique.

moncherino *s.m.* moignon.

monco (pl. -*chi*) *agg.* **1** manchot **2** (*incompleto*) incomplet*; (*spezzato*) haché ♦ *s.m.* manchot.

moncone *s.m.* moignon.

monda *s.f.* désherbage des rizières.

mondanità *s.f.* mondanité.

mondano *agg.* **1** du monde **2** (*della società elegante*) mondain.

mondare *v.tr.* **1** monder; (*pulire*) nettoyer*: — *l'orzo*, monder l'orge || — *le verdure*, préparer les légumes **2** (*togliere erbacce*) sarcler **3** (*fig.*) purifier.

mondariso (pl. *invar.*) *s.f.* repiqueuse (de riz).

mondatura *s.f.* nettoyage (*m.*); (*mondiglia*) épluchure.

mondezzaio *s.m.* **1** fosse aux ordures; (*letamaio*) fumier **2** (*luogo sporco*) écurie (*f.*).

mondiale *agg.* mondial* || *di fama —*, mondialement connu || (*sport*) *i campionati mondiali*, les championnats du monde.

mondiglia *s.f.* rebut (*m.*); (*del grano*) grenaille.

mondina *s.f.* repiqueuse (de riz).

mondo[1] *s.m.* **1** monde || *non sarà poi la fine del —*, ce n'est tout de même pas la mer à boire; *non cascherà il —!*, (*fam.*) ce n'est pas la fin du monde après tout! || *caschi il —, ci riuscirò*, j'y arriverai, coûte que coûte || *il — dei sogni*, le pays des rêves || *in che — vivi?*, d'où sors-tu?; *vieni dal — della luna!*, tu débarques! || *questo —*, le monde (d'ici-bas); *in questo —*, sur cette terre || *girare mezzo —*, courir le monde || *in tutto il —*, dans le monde entier || *essere fuori del —*, ne pas avoir les pieds sur terre || *andare all'altro —*, partir pour l'autre monde; *sono cose dell'altro —*, c'est à ne pas y croire || *non c'è un uomo al — come lui*, il n'y en a pas deux comme lui || *sentirsi il padrone del —*, se croire le maître de l'univers || *il — è bello perché è vario*, il faut de tout pour faire un monde || *tutto il — è paese*, c'est partout la même chose || *non sapere stare al —*, (*come comportarsi*) ne pas savoir se tenir dans le monde; (*vivere*) ne pas savoir vivre **2** (*fam.*) (*gran quantità*) foule (*f.*); (*spec. di cose*) tas || *c'era un — di gente*, il y avait un monde fou || *divertirsi un —*, s'amuser follement **3** (*gioco infantile*) marelle (*f.*).

mondo[2] *agg.* **1** (*mondato*) mondé **2** (*fig.*) pur || — *da peccato*, lavé de tout péché.

mondovisione *s.f.* (*tv*) mondovision.

monegasco (pl. -*chi*) *agg. e s.m.* monégasque.

monellesco (pl. -*chi*) *agg.* gamin, de gamin.

monello *s.m.* gamin, petit polisson*.

moneta *s.f.* **1** pièce || *pagare qlcu di pari —*,

rendre à qqn la monnaie de sa pièce   **2** (*valuta*) monnaie: *carta —*, papier-monnaie; *— pregiata*, monnaie forte || *pagare in — sonante*, payer en espèces sonnantes et trébuchantes **3** (*spiccioli*) (petite) monnaie.

monetabile *agg.* (*fin.*) monnayable.

monetario *agg.* monétaire.

monetazione *s.f.* monnayage (*m.*), monétisation.

monetizzare *v.tr.* (*econ.*) monétiser.

monetizzazione *s.f.* (*econ.*) monétisation.

mongolfiera *s.f.* montgolfière.

mongolico (pl. -*ci*) *agg.* mongolique.

mongolismo *s.m.* (*med.*) mongolisme.

mongolo *agg.* e *s.m.* mongol.

mongoloide *agg.* mongoloïde ♦ *agg.* e *s.m.* (*med.*) mongolien*.

monile *s.m.*   **1** collier   **2** (*gioiello*) bijou*.

monismo *s.m.* (*fil.*) monisme.

monito *s.m.* admonestation (*f.*); (*avvertimento*) avertissement.

monitor (pl. *invar.*) *s.m.* (*tv*) moniteur.

monitoraggio *s.m.* (*tecn.*) monitorage.

monitore (f. -*trice*) *s.m.* (*istruttore*) moniteur*.

mon(o)- *pref.* mon(o)-

monoblocco *agg.invar.* monobloc ♦ *s.m.* (pl. -*chi*) monobloc.

monocellulare *agg.* (*biol.*) monocellulaire.

monocolo *agg.* borgne ♦ *s.m.* (*lente*) monocle.

monocolore *agg.invar.* unicolore, monochrome.

monocoltura *s.f.* (*agr.*) monoculture.

monocorde *agg.* monocorde.

monocotiledone *agg.* e *s.f.* (*bot.*) monocotylédone.

monocromatico (pl. -*ci*) *agg.* **1** (*di un solo colore*) monochrome **2** (*fis., med.*) monochromatique.

monocromia *s.f.* monochromie.

monocromo *agg.* monochrome.

monoculare *agg.* (*scient.*) monoculaire.

monodia *s.f.* (*mus.*) monodie.

monodico (pl. -*ci*) *agg.* (*mus.*) monodique.

monodose *agg.invar.* unidose: *flacone —*, flacon pour une application.

monofase *agg.* (*elettr.*) monophasé.

monogamia *s.f.* monogamie.

monogamico (pl. -*ci*) *agg.* monogamique.

monogamo *agg.* e *s.m.* monogame.

monografia *s.f.* monographie.

monografico (pl. -*ci*) *agg.* monographique.

monogramma *s.m.* monogramme.

monolingue *agg.* monolingue, unilingue.

monolitico (pl. -*ci*) *agg.* monolithe; monolithique.

monolito *s.m.* monolithe.

monolocale *s.m.* studio.

monologare (*coniug. come* legare) *v.intr.* monologuer.

monologo (pl. -*ghi*) *s.m.* monologue.

monomania *s.f.* (*psic.*) monomanie.

monomero *s.m.* (*chim.*) monomère.

monomio *s.m.* (*mat.*) monome.

mononucleosi *s.f.* (*med.*) mononucléose.

monopattino *s.m.* trottinette (*f.*), patinette (*f.*).

PRINCIPALI UNITÀ MONETARIE EUROPEE

ECU	ecu	*écu*
£	sterlina inglese	*livre sterling*
£ CYP	lira cipriota	*livre cypriote*
DR	dracma greca	*drachme grecque*
ESC	scudo portoghese	*escudo portugais*
F	franco francese	*franc français*
FB	franco belga	*franc belge*
FL	fiorino olandese	*florin néerlandais*
FLUX	franco lussemburghese	*franc luxembourgeois*
FOR	forint ungherese	*forint hongrois*
FS	franco svizzero	*franc suisse*
£ IR	lira irlandese	*livre irlandaise*
KIS	corona islandese	*couronne islandaise*
KRD	corona danese	*couronne danoise*
KRN	corona norvegese	*couronne norvégienne*
KRS	corona svedese	*couronne suédoise*
LEI	leu rumeno	*leu* (pl. *lei*) *roumain*
LEDK	lek albanese	*lek albanais*
LIT	lira italiana	*lire italienne*
£ LTQ	lira turca	*livre turque*
LVA	lev bulgaro	*lev* (pl. *leva*) *bulgare*
MF	markka finlandese	*markka finlandais*
PTA	peseta spagnola	*peseta espagnole*
RBL	rublo russo	*rouble russe*
SCH	scellino austriaco	*schilling autrichien*
ZL	zloty polacco	*zloty polonais*

monopetto *agg.invar.* (*abbigl.*) droit.

monopolio *s.m.* monopole (*anche fig.*): — *dei tabacchi*, régie des tabacs.

monopolistico (pl. *-ci*) *agg.* monopoliste, monopolistique.

monopolizzare *v.tr.* monopoliser.

monopolizzatore (f. *-trice*) *agg.* monopoleur*; (*fig.*) monopolisateur*.

monopolizzazione *s.f.* monopolisation.

monoposto *agg.invar.* monoplace.

monorotaia *agg.invar.* (*ferr.*) monorail*.

monosaccaride *s.m.* (*chim.*) monosaccharide.

monosci (pl. *invar.*) *s.m.* monoski*.

monoscopio *s.m.* (*tv*) mire (*f.*).

monosillabico (pl.*-ci*) *agg.* monosyllabique, monosyllabe.

monosillabo *s.m.* monosyllabe: *rispondere a monosillabi*, répondre par monosyllabes.

monoteismo *s.m.* monothéisme.

monoteista *agg.* e *s.m.* monothéiste.

monoteistico (pl.*-ci*) *agg.* monothéiste, monothéique.

monotipista *s.m.* e *f.* (*tip.*) monotypiste.

monotonia *s.f.* monotonie.

monotono *agg.* monotone.

monotype *s.f.* (*tip.*) monotype.

monouso *agg.invar.* jetable.

monovalente *agg.* (*chim.*) monovalent.

monozigote, **monovulare** *agg.* (*biol.*) monozygote.

monsignore *s.m.* monseigneur.

monsone *s.m.* mousson (*f.*).

monsonico (pl. *-ci*) *agg.* des moussons.

monta *s.f.* monte || *stazione di* —, (*per bovini*) station de monte, (*per equini*) haras.

montacarichi *s.m.* monte-charge*.

montaggio *s.m.* montage.

montagna *s.f.* montagne: *sulle montagne*, dans les montagnes; *in* —, à la montagne; *andare in* —, aller à la montagne, (*fare escursioni*) faire de la montagne; *abitare in* —, habiter la montagne; *in* — *nevica già*, il neige déjà sur les montagnes; *in* — *è scoppiato il temporale*, l'orage a éclaté sur la montagne; *fare una passeggiata in* —, faire une promenade en montagne || *mal di* —, mal des montagnes.

montagnola *s.f.* butte; (*cumulo*) monticule (*m.*).

montagnoso *agg.* montagneux*.

montanaro *agg.* e *s.m.* montagnard.

montano *agg.* de montagne; des montagnes.

montante *agg.* montant ♦ *s.m.* 1 montant 2 (*boxe*) uppercut.

montare *v.intr.* monter (*anche fig.*) || — *in superbia*, devenir orgueilleux; — *in collera*, se mettre en colère; — *su tutte le furie*, monter sur ses grands chevaux || (*cuc.*) *la panna non è montata bene*, la crème fouettée n'a pas bien monté ♦ *v.tr.* 1 monter (*anche fig.*): *montarsi la testa*, se monter la tête; *è stato troppo montato dalla stampa*, il a été monté en épingle par la presse || — *una notizia*, gonfler une nouvelle || — *una stampa*,

(*incorniciarla*) encadrer une gravure 2 (*cuc.*) (*la panna*) fouetter; (*le uova*) battre*: — *a neve*, battre en neige □ **montarsi** *v.pron.* s'exciter; (*insuperbire*) s'enorgueillir (de).

montato *agg.* monté || *notizia montata*, nouvelle gonflée || *un* (*tipo*) —, un bêcheur, un arrogant.

montatore (f. *-trice*) *s.m.* monteur*.

montatura *s.f.* 1 monture 2 (*fig.*) bluff (*m.*) || — *pubblicitaria*, *propagandistica*, gonflage publicitaire, de propagande; *è stata tutta una* — *dei giornali*, c'est un coup monté par la presse.

montavivande *s.m.* monte-plats*.

monte *s.m.* 1 montagne (*f.*); (*seguito da nome proprio*) mont: *sui monti*, dans, sur les montagnes || *a* — (*di*), en amont (de); *andare a* — *di un problema*, (*fig.*) remonter à la source d'un problème || *avere un* — *di ragioni*, (*fig.*) avoir un tas de raisons || — *salari*, masse salariale; — *ore*, montant des heures 2 (*nei giochi di carte*) (*mazzo*) talon || *mandare a* —, faire échouer; *mandare a* — *una partita*, annuler une partie; *i miei piani sono andati a* —, mes plans sont tombés à l'eau 3 *Monte* (*dei pegni*), *Monte di Pietà*, mont-de-piété.

montepremi *s.m.* montant total (des lots, des prix).

montgomery (pl. *invar.*) *s.m.* (*abbigl.*) duffel-coat*.

monticello *s.m.* monticule, butte (*f.*).

montone *s.m.* 1 (*zool.*) bélier 2 (*macelleria*) mouton.

montuosità *s.f.* relief (*m.*).

montuoso *agg.* montueux*.

monumentale *agg.* monumental*.

monumento *s.m.* monument: — *nazionale*, monument historique.

moquette (pl. *invar.*) *s.f.* moquette.

mora[1] *s.f.* (*bot.*) (*del gelso*) mûre; (*del rovo*) mûron (*m.*), mûre sauvage.

mora[2] *s.f.* 1 demeure: *cadere in* —, être en demeure || *interessi di* —, intérêts de retard 2 (*dilazione*) délai (*m.*) 3 (*ammenda*) amende.

morale *agg.* moral* || *ricatto* —, chantage sentimental || *è il vincitore* —, moralement c'est lui le vainqueur || *dare un aiuto* — *a qlcu*, aider qqn moralement ♦ *s.f.* morale; (*moralità*) moralité: *uomo senza* —, homme sans moralité || — (*della favola*)..., en conclusion... ♦ *s.m.* moral: *essere su, giù di* —, avoir le moral haut, bas; *avere il* — *a terra*, avoir le moral à zéro; *tenere su il* — *a qlcu*, remonter le moral à qqn; *dai, su col* —!, (*fam.*) allez, courage!

moraleggiare (*coniug. come* mangiare) *v.intr.* moraliser.

moralismo *s.m.* moralisme.

moralista *agg.* e *s.m.* moraliste.

moralistico (pl. *-ci*) *agg.* moraliste, moralisant.

moralità *s.f.* moralité.

moralizzare *v.tr.* e *intr.* moraliser.

moralizzatore (f. *-trice*) *agg.* e *s.m.* moralisateur*.

moralizzazione *s.f.* moralisation.

moralmente *avv.* moralement: *comportarsi* —,

se conduire moralement; *azione — riprovevole*, action moralement blâmable.

moratoria *s.f.* **1** (*dir.*) moratoire (*m.*), suspension des poursuites **2** (*sospensione*) arrêt (*m.*).

moratorio *agg.* (*dir.*) moratoire.

morbidamente *avv.* doucement.

morbidezza *s.f.* **1** douceur (*anche fig.*); (*cedevolezza*) souplesse (*anche fig.*); (*l'essere soffice*) mollesse **2** (*arte*) morbidesse; (*sfumato*) flou (*m.*); (*delicatezza*) délicatesse.

morbido *agg.* **1** doux*; (*soffice*) moelleux*; (*cedevole al tatto*) souple || *pelle morbida e vellutata*, peau douce et veloutée; *luce morbida*, lumière douce || (*abbigl.*): *una linea morbida*, une ligne souple; *pieghe morbide*, plis souples || *allunaggio —*, alunissage en douceur **2** (*arte*) (*sfumato*) flou; (*delicato*) délicat **3** (*di cibi*) tendre ♦ *s.m.* mou || *dormire sul —*, dormir dans un lit mou; *è caduto sul —*, (*fig.*) il est retombé sur ses pieds.

morbillo *s.m.* (*med.*) rougeole (*f.*).

morbo *s.m.* mal* || *il — di Parkinson*, la maladie de Parkinson.

morbosità *s.f.* morbidité.

morboso *agg.* morbide || **-mente** *avv.*

morchia *s.f.* (*dell'olio*) dépôt (*m.*); (*dei lubrificanti*) cambouis (*m.*).

mordace *agg.* mordant.

mordacemente *avv.* d'une manière mordante; (*con tono mordace*) d'un ton mordant.

mordente *agg. e s.m.* mordant (*anche fig.*).

mordere (*coniug. come* ardere) *v.tr.* **1** mordre*: *il cane lo ha morso alla gamba*, le chien l'a mordu à la jambe; *— un frutto*, mordre dans un fruit; *— a sangue*, mordre jusqu'au sang || *mordersi le mani, le dita*, s'en mordre les doigts || *— il freno*, (*fig.*) ronger son frein **2** (*fam.*) (*pungere*) piquer: *mi ha morso una zanzara*, un moustique m'a piqué.

mordicchiare *v.tr.* mordiller.

morena *s.f.* (*geol.*) moraine.

morenico (*pl. -ci*) *agg.* morainique.

morente *agg. e s.m.* mourant.

moresco (*pl. -chi*) *agg.* mauresque, moresque.

more uxorio *locuz.avv.* maritalement.

morfema *s.m.* (*ling.*) morphème.

morfina *s.f.* morphine.

morfinomane *agg. e s.m.* morphinomane.

morfo- *pref.* morfo-

morfologia *s.f.* morphologie.

morfologico (*pl. -ci*) *agg.* morphologique || **-mente** *avv.*

morganatico (*pl. -ci*) *agg.* morganatique || **-mente** *avv.*

moria *s.f.* (grande) mortalité.

moribondo *agg. e s.m.* moribond.

morigeratezza *s.f.* (*di costumi*) sobriété; (*moderazione*) modération, tempérance: *mangiare con —*, manger avec modération.

morigerato *agg.* **1** modéré, sobre || *vita morigerata*, vie régulière || *uomo —*, homme mesuré **2** (*di buoni costumi*) de bonnes mœurs.

morire[1] *v.intr.* (*Indic.pres.* io muoio, tu muori, egli muore, noi moriamo, voi morite, essi muoiono. *Part.pass.* morto) mourir*: *— bene*, avoir une belle mort; *— d'infarto, di cancro*, mourir d'infarctus, d'un cancer; *— tisico*, mourir de tuberculose; *— di parto*, mourir en couche; *— per soffocamento*, mourir étouffé; *— ammazzato, annegato*, mourir assassiné, noyé; *— per le ferite riportate*, mourir des suites de ses blessures; *gli è morto il padre*, son père est mort; *morto lui...*, après sa mort || *il sorriso gli morì sulle labbra*, le sourire se figea sur ses lèvres; *le parole gli morirono sulle labbra*, les mots expirèrent sur ses lèvres || *triste da —*, malheureux à en mourir || *volere (un) bene da —*, aimer à en mourir || *— dal ridere*, mourir de rire; *un caldo da —*, une chaleur à mourir; *si muore dal freddo*, on crève de froid || *— dalla voglia, dalla vergogna*, mourir d'envie, de honte || *far — d'invidia*, faire pâlir d'envie || *soffre da —*, il souffre atrocement; *mi fa male da —*, ça me fait atrocement mal || *una donna bella da —*, une femme d'une beauté exceptionnelle || *mi sento — al pensiero*, l'idée me rend malade || *meglio di così si muore!*, on ne peut mieux!; *più stupido di così si muore*, on ne peut pas être plus bête || *mi piacerebbe sapere di che morte devo —*, j'aimerais bien savoir à quelle sauce je vais être mangé || *vorrei — se...!*, je veux bien être pendu si...! || *mi farai —!*, (*fig.*) tu me tueras!

morire[2] *s.m.* mort (*f.*) || *al — del giorno*, quand le jour meurt.

morituro *s.m.* (*letter.*) celui qui va mourir.

mormone *s.m.* mormon.

mormorare *v.intr.* **1** murmurer **2** (*brontolare*) maugréer, grommeler*: *— alle spalle di qlcu*, maugréer derrière le dos de qqn ♦ *v.tr.* murmurer, chuchoter || *si mormora che...*, les gens disent que...; *la gente mormora*, les gens parlent.

mormorazione *s.f.* **1** (*maldicenza*) médisance; (*diceria*) bavardage (*m.*), commérage (*m.*) **2** (*lamentela*) plainte.

mormorio *s.m.* **1** murmure, bruit léger: *— di voci*, chuchotement **2** (*lamentela*) plainte (*f.*) **3** (*maldicenza*) médisance (*f.*); (*chiacchiera*) bavardage.

moro[1] *agg.* brun || *cavallo —*, cheval à robe brune ♦ *s.m.* **1** (*persona scura di capelli*) brun **2** (*saraceno*) maure || (*colore*) *testa di —*, (couleur) tête-de-maure.

moro[2] *s.m.* (*bot.*) mûrier.

morosità *s.f.* retard (dans le paiement).

moroso *agg.* (*dir.*) morosif*; (*inadempiente*) défaillant; (*ritardario*) retardataire || *essere — nei pagamenti*, être en retard dans ses paiements.

morra *s.f.* mourre: *giocare a —*, jouer à la mourre.

morsa *s.f.* **1** (*mecc.*) étau* (*m.*) || *la — del dubbio lo attanagliava*, (*fig.*) il était tenaillé par le doute **2** *pl.* (*arch.*) pierres d'attente, *harpes.

morse *agg. e s.m.* (*alfabeto*) morse || *segnali —*, signaux en morse.

morsetto *s.m.* **1** (*mecc.*) étau*; (*per falegnami*) *happe (*f.*) **2** (*elettr.*) borne (*f.*).

morsicare (*coniug. come* mancare) *v.tr.* **1** mordre*: — *una mela*, mordre (dans) une pomme **2** (*di insetti*) piquer.

morsicatura *s.f.* **1** morsure **2** (*di insetti*) piqûre.

morso *s.m.* **1** morsure (*f.*) (*anche fig.*); (*di insetto*) piqûre (*f.*) || *dare un* — *a qlco*, mordre qqn; *dare un* — *a un pezzo di pane*, mangiare a morsi un pezzo di pane, mordre (dans) son pain; *a morsi*, à coups de dents; *mangiare una mela a morsi*, croquer (dans) une pomme || *i morsi della fame*, les tiraillements de la faim **2** (*boccone*) morceau*, bout **3** (*per cavalli*) mors **4** (*delle tenaglie*) mors.

mortadella *s.f.* mortadelle.

mortaio *s.m.* mortier || *pestare l'acqua nel* —, (*fig.*) donner des coups d'épée dans l'eau.

mortale *agg. e s.m.* mortel*.

mortalità *s.f.* mortalité.

mortalmente *avv.* mortellement (*anche fig.*): *lo odia* —, il le déteste de tout son cœur.

mortaretto *s.m.* pétard.

mortasa *s.f.* (*tecn.*) mortaise.

morte *s.f.* mort: *fare una bella, una brutta* —, avoir une belle, une mauvaise mort; *risuscitare da* —, ressusciter des morts; *in lutto per la* — *di qlcu*, en deuil de qqn; *dare la* —, tuer; *darsi la* —, se donner la mort; *è un veleno che dà la* —, c'est un poison mortel; *è in punto di* —, vicino alla —, il est mourant, à l'article de la mort; *in punto di* — *ha confessato tutto*, il a tout avoué sur son lit de mort || *per la vita e per la* —, à la vie et à la mort || — *bianca*, mort provoquée par le froid || *in caso di* —, en cas de décès || *atto di* —, extrait mortuaire || *annuncio di* —, faire-part de décès || *a* — *il tiranno!*, mort au tyran! || *poema in* — *di...*, poème pour la mort de... || *avercela a* — *con qlcu*, en vouloir à mort à qqn || *avere la* — *nel cuore*, avoir la mort dans l'âme || *sapere vita*, — *e miracoli di qlcu*, savoir tous les faits et gestes de qqn || *sarai la mia* —!, tu me tueras!

mortella *s.f.* (*bot.*) myrte (*m.*).

mortifero *agg.* mortifère.

mortificante *agg.* mortifiant.

mortificare (*coniug. come* mancare) *v.tr.* mortifier □ **mortificarsi** *v.pron.* **1** (*far penitenza*) mortifier sa chair **2** (*provar vergogna, dispiacere*) se sentir* mortifié.

mortificato *agg.* (*dispiaciuto*) désolé; (*umiliato*) humilié, mortifié.

mortificazione *s.f.* mortification.

morto *agg.* mort: — *stecchito, sul colpo*, raide mort; *lo volevano* —, ils voulaient sa mort || *nato* —, mort-né; *i dottori lo avevano dato per* —, les docteurs l'avaient condamné || *mezzo* — *di paura*, à moitié mort de peur; *essere* — *di fame*, mourir de faim || *è un uomo* —!, c'est un homme fini! || *braccio* —, *gamba morta*, bras paralysé, jambe paralysée ♦ *s.m.* mort: *pallido come un* —, pâle comme la mort; *sembra un* — *in piedi*, on dirait un mort vivant; *farebbe risuscitare un* —!, ça réveillerait un mort!; *per poco non ci scappava il* —, pour un peu quelqu'un n'y laissait la peau || *suonare a* —, sonner le glas; *messa da* —, messe de requiem || *fare il* —, (*nuoto*) faire la planche.

mortorio *s.m.* enterrement (*anche fig.*).

mortuario *agg.* mortuaire.

morva *s.f.* (*vet.*) morve.

mosaicista *s.m.* mosaïste.

mosaico[1] (pl. -*ci*) *agg.* (*di Mosè*) mosaïque.

mosaico[2] *s.m.* mosaïque (*f.*) || *a* —, en mosaïque.

mosca (pl. -*che*) *s.f.* mouche || *è noioso come una* —!, il est agaçant! || *è una* — *bianca*, c'est le merle blanc || *non si sentiva volare una* —, on aurait entendu une mouche voler || *restare con un pugno di mosche*, se retrouver les mains vides || *far montare la* — *al naso*, faire monter la moutarde au nez || *zitto,* —!, motus (et bouche cousue)! || *pescare con la* —, pêcher à la mouche || (*cucito*) *punto* —, point de chausson.

moscacieca *s.f.* colin-maillard* (*m.*).

moscaiola *s.f.* garde-manger* (*m.*).

moscardino *s.m.* (*zool.*) muscardin.

moscato *agg.*: *uva moscata*, raisin muscat; *noce moscata*, noix muscade ♦ *s.m.* (*vino*) muscat.

moscerino *s.m.* moucheron.

moschea *s.f.* mosquée.

moschettata *s.f.* mousquetade.

moschettiere *s.m.* mousquetaire || *alla moschettiera*, à la mousquetaire.

moschetto *s.m.* mousqueton.

moschettone *s.m.* mousqueton.

moschicida *agg.* tue-mouches* ♦ *s.m.* préparation tue-mouches.

moscio *agg.* mou* (*anche fig.*) || *sono un po'* —, (*fiacco*) je me sens faible, (*depresso*) je suis abattu || *parlare con l'erre moscia*, grasseyer.

moscone *s.m.* **1** grosse mouche **2** (*imbarcazione*) pédalo.

moscovita *agg. e s.m.* moscovite.

mossa *s.f.* **1** mouvement (*m.*) || *non ha fatto una* — *per aiutarci*, il n'a pas bougé pour nous aider || *imitare le mosse di qlcu*, imiter qqn || *star sulle mosse*, être sur le point de partir; *dare le mosse*, donner le signal du départ; *prendere le mosse da*, partir de **2** (*fig.*) manœuvre: *una* — *sbagliata*, une fausse manœuvre, un faux pas **3** (*agli scacchi, a dama*) coup (*m.*): *fare una* —, jouer un coup; *a te la* —!, à toi de jouer! || *fare la prima* —, (*fig.*) faire les premiers pas.

mosso *agg.* **1** (*ondulato*) ondulé: *capelli mossi*, cheveux ondulés; *paesaggio* —, paysage mouvementé **2** (*agitato*) agité: *mare* —, mer agitée **3** (*smosso, di terreno*) retourné **4** (*fot.*) flou **5** (*mus.*) mosso.

mostarda *s.f.* **1** (*di senape*) moutarde **2** (*di frutta*) mostarda (fruits confits au vinaigre).

mosto *s.m.* moût.

mostra *s.f.* **1** étalage (*m.*) || *essere in* —, (*in vetrina*) être à l'étalage; *l'ho visto in* — *da...*, je l'ai vu (exposé) chez... || *mettere in* —, (*anche fig.*) étaler || *mettersi in* —, se mettre en évidence || *far* — *di*, (*sfoggiare*) faire étalage de, (*fig.*) étaler; (*fare finta*) faire semblant de || *sul tavolo faceva bella* — *di sé una pendola Luigi XIV*, sur la table trônait une belle pendule Louis XIV **2** (*esposizione*) exposition: — *mercato*, foire-exposition; *allestire una —*, réaliser une exposition || *la Mostra del cinema di Venezia*, le festival du cinéma de Venise 3 (*risvolto del bavero*) revers (*m.*).

mostrare *v.tr.* 1 montrer: — *paura, di aver paura*, montrer de la peur, qu'on a peur; *mostrava in volto i segni della sofferenza*, son visage montrait les traces de la souffrance; *la città mostrava i segni dei bombardamenti*, la ville portait encore les traces des bombardements || *non mostrava di avere capito*, il ne semblait pas avoir compris || *non mostra l'età che ha*, il ne paraît pas son âge || *— i pugni*, (*fig.*) montrer le poing || *— col dito, — a dito*, (*fig.*) montrer du doigt 2 (*fare mostra di*) faire étalage de, étaler 3 (*fingere*) affecter □ **mostrarsi** *v.pron.* se montrer.

mostrina *s.f.* (*mil.*) écusson (*m.*).

mostro *s.m.* monstre (*anche fig.*) || *un — di intelligenza*, un prodige d'intelligence.

mostruosità *s.f.* monstruosité.

mostruoso *agg.* monstrueux* || *un errore —*, une faute énorme || **-mente** *avv.*

mota *s.f.* boue, crotte.

motel (pl. *invar.*) *s.m.* motel.

motilità *s.f.* motricité.

motivare *v.tr.* motiver.

motivato *agg.* motivé || *non è —*, il a perdu toute motivation.

motivazionale *agg.* des motifs || *ricerca —*, étude de motivation.

motivazione *s.f.* motivation: *privo di motivazioni*, démotivé || *la — di un decreto*, l'exposé des motifs d'un décret; *la — di una sentenza*, les motifs d'un jugement, (*il testo redatto*) libellé || *con la seguente —*, avec la mention suivante.

motivo *s.m.* 1 raison (*f.*); (*causa*) motif: *per quale —?*, pour quel motif?, pour quelle raison?; *non era un — valido*, ce n'était pas une raison valable; *non mi spiego i motivi del suo comportamento*, je ne comprends pas les motifs, les raisons de sa conduite || *essere — di scandalo*, provoquer un scandale; *essere — di gioia per*, faire la joie de || *dare — a...*, donner lieu à...; *dare — di...*, fournir l'occasion de...; *dare — di credere che...*, laisser entendre que... || *per motivi disciplinari*, par mesure disciplinaire; *per motivi di famiglia, di salute*, pour raisons de famille, de santé || *a — di*, à cause de || *— per cui...*, raison pour laquelle... 2 (*dir.*) (*movente*) mobile 3 (*mus.*) air; (*tema di un'opera letteraria ecc.*) thème || *il — conduttore*, le leitmotiv 4 (*elemento decorativo*) motif.

moto[1] *s.m.* 1 mouvement || *mettere in —*, mettre en marche, (*veicoli*) faire démarrer; *mettersi in —*, se mettre en marche, (*di veicoli*) démarrer, (*di treni*) s'ébranler; *si è messo in — per cercarlo*, il s'est mis à le chercher; *ha messo in — tutte le sue conoscenze*, il a mobilisé toutes ses relations || *di insofferenza*, geste d'impatience 2 (*esercizio fisico*) exercice: *fare del —*, faire de l'exercice 3 (*sommossa*) mouvement insurrectionnel, mouvement révolutionnaire 4 (*mus.*) moto.

moto[2] (pl. *invar.*) *s.f.* (*fam.*) (*motocicletta*) moto: *in —*, à moto.

moto- *pref.* moto-

motobarca (pl. *-che*) *s.f.* bateau* à moteur.

motocarro *s.m.* triporteur (à moteur).

motocarrozzetta *s.f.* side-car* (*m.*).

motocicletta *s.f.* moto(cyclette): *andare in —*, aller en moto.

motociclismo *s.m.* motocyclisme.

motociclista *s.m.* motocycliste.

motociclistico (pl. *-ci*) *agg.* de moto.

motociclo *s.m.* motocycle.

motocoltivatore *s.m.* (*macchina*) motoculteur.

motocross (pl. *invar.*) *s.m.* motocross.

motofalciatrice *s.f.* faucheuse à moteur.

motofurgone *s.m.* fourgon à moteur.

motolancia (pl. *-ce*) *s.f.* (*mar.*) vedette.

motonauta *s.m.* sportif qui pratique le motonautisme.

motonautica *s.f.* motonautisme (*m.*).

motonautico (pl. *-ci*) *agg.* motonautique.

motonave *s.f.* navire (*m.*).

motopeschereccio *s.m.* bateau* de pêche (à moteur).

motopompa *s.f.* (*mecc.*) motopompe.

motore *s.m.* moteur: — *a scoppio*, moteur à explosion; — *supercompresso*, moteur à compression élevée ♦ *agg.* (f. *-trice*) moteur*.

motoretta *s.f.* scooter (*m.*).

motorino *s.m.* 1 (*fam.*) cyclomoteur, vélomoteur, mobylette (*f.*) 2 (*aut.*) — *d'avviamento*, démarreur.

motorio *agg.* moteur* || *persona con problemi motorii*, personne à mobilité réduite.

motorismo *s.m.* sports motorisés.

motorista *s.m.* motoriste.

motorizzare *v.tr.* motoriser □ **motorizzarsi** *v.pron.* (*fam.*) être* motorisé.

motorizzato *agg.* motorisé: (*mil.*) *mezzi motorizzati*, engins motorisés.

motorizzazione *s.f.* motorisation.

motoscafo *s.m.* canot à moteur.

motosega (pl. *-ghe*) *s.f.* tronçonneuse.

motosilurante *s.f.* (*mar.mil.*) vedette, lance-torpilles*.

motoslitta *s.f.* motoneige; (*a elica*) traîneau* à hélice.

motovedetta *s.f.* (*mar.*) vedette à moteur.

motoveicolo *s.m.* véhicule à moteur.

motovettura *s.f.* triporteur (*m.*).

motrice *s.f.* motrice.

motricità *s.f.* motricité.

motteggio *s.m.* moquerie (*f.*); (*detto arguto*) plaisanterie (*f.*).

mottetto *s.m.* (*mus.*) motet.

motto *s.m.* 1 mot || *senza aggiungere —*, sans dire un mot 2 (*massima*) devise (*f.*).

motuleso *agg.* *s.m.* handicapé moteur.

mountain-bike (pl. *invar.*) *s.f.* vélo tout terrain, VTT.

mouse (pl. *invar.*) *s.m.* (*inform.*) souris (*f.*).

movente *s.m.* (*dir.*) mobile.

movenza *s.f.* **1** attitude, geste (*m.*) **2** (*fig.*) mouvement (*m.*).

movimentare *v.tr.* mouvementer, animer.

movimentato *agg.* mouvementé; (*pieno di animazione*) animé.

movimento *s.m.* mouvement: *fare un — falso*, faire un faux mouvement || *stile pieno di —*, (*fig.*) style vivant.

moviola *s.f.* (*cine.*) moviola.

mozione *s.f.* motion: *porre la — di sfiducia*, déposer une motion de censure; *— di fiducia*, question de confiance.

mozzafiato *agg.invar.* à couper le souffle || *notizia —*, nouvelle époustouflante.

mozzare *v.tr.* couper (*anche fig.*): *— il capo*, trancher la tête.

mozzarella *s.f.* mozzarella.

mozzetta *s.f.* (*eccl.*) camail (*m.*).

mozzicone *s.m.* bout || *— di sigaretta*, mégot.

mozzo[1] *agg.* tronqué || *voce mozza*, voix brisée.

mozzo[2] *s.m.* (*mar.*) (*sotto i 16 anni*) mousse; (*tra 16 e 18 anni*) novice || *— di stalla*, valet d'écurie.

mozzo[3] *s.m.* **1** (*della ruota*) moyeu* **2** (*della campana*) mouton.

mucca (pl. *-che*) *s.f.* vache.

mucchio *s.m.* tas (*anche fig.*).

mucillagine *s.f.* mucilage (*m.*).

muco (pl. *-chi*) *s.m.* mucus.

mucosa *s.f.* muqueuse.

mucosità *s.f.* mucosité.

mucoso *agg.* muqueux*.

muda *s.f.* mue.

mudare *v.intr.* muer.

muezzin *s.m.* muezzin.

muffa *s.f.* moisissure; (*cosa ammuffita*) moisi (*m.*) || *fare la —*, (*anche fig.*) moisir.

muffola *s.f.* moufle.

muflone *s.m.* (*zool.*) mouflon.

mugghiare *v.intr.* mugir.

mugghio *s.m.* mugissement.

muggine *s.m.* (*zool.*) muge, mulet.

muggire (*coniug. come* finire) *v.intr.* mugir.

muggito *s.m.* mugissement (*anche fig.*).

mughetto *s.m.* muguet.

mugic *s.m.* moujik.

mugnaio *s.m.* meunier*.

mugolare *v.intr.* geindre*, gémir; (*di cane*) glapir ♦ *v.tr.* (*borbottare*) marmonner.

mugolio *s.m.* gémissement; (*di cane*) glapissement.

mugugnare *v.intr.* grogner, grommeler*; (*fam.*) rouspéter*.

mugugno *s.m.* grognement.

mula *s.f.* (*zool.*) mule.

mulattiere *s.m.* muletier*.

mulattiero *agg.* muletier*: (*strada*) *mulattiera*, chemin muletier.

mulatto *agg.* e *s.m.* mulâtre*.

muliebre *agg.* de femme; féminin.

mulinare *v.tr.* **1** faire* des moulinets (avec) **2** (*macchinare*) comploter ♦ *v.intr.* tourbillonner (*anche fig.*).

mulinello *s.m.* **1** (*di vento*) tourbillon; (*di acqua*) remous || *fare — con qlco*, faire un moulinet avec qqch **2** (*tecn., pesca*) moulinet.

mulino *s.m.* moulin || *parla come un — a vento*, c'est un moulin à paroles || *portare acqua al proprio —*, apporter de l'eau à son moulin || *chi va al — s'infarina*, qui couche avec les chiens se lève avec des puces.

mulo *s.m.* mulet.

multa *s.f.* amende; (*contravvenzione*) contravention; (*fam.*) pv (*m.*) (*abbr. di* procès-verbal).

multare *v.tr.* condamner à une amende.

multi- *pref.* multi-

multicolore *agg.* multicolore.

multiforme *agg.* multiforme.

multilaterale *agg.* multilatéral*.

multimilionario *agg.* e *s.m.* multimillionnaire.

multinazionale *agg.* multinational* ♦ *s.f.* multinationale.

multiplo *agg.* e *s.m.* multiple || *una (automobile) multipla*, une voiture multi-places || (*mat.*) *il minimo comune —*, le plus petit commun multiple.

multiproprietà *s.f.* multipropriété.

multirazziale *agg.* multiracial*.

multirischi *agg.invar.* multirisque.

multisale *agg.invar.* multisalles.

multiuso *agg.invar.* multi-usages, (à) tous usages.

mummia *s.f.* momie.

mummificare (*coniug. come* mancare) *v.tr.* momifier □ **mummificarsi** *v.pron.* se momifier.

mummificazione *s.f.* momification.

mungere (*coniug. come* giungere) *v.tr.* traire*, tirer le lait (de) || *— qlcu*, (*fig.*) soutirer de l'argent à qqn.

mungitore (f. *-trice*) *s.m.* trayeur*.

mungitrice *s.f.* (*tecn.*) trayeuse.

mungitura *s.f.* traite, mulsion.

municipale *agg.* municipal* || *palazzo —*, mairie, (*di grandi città*) hôtel de ville|| *rivalità municipali*, rivalités de clocher.

municipalismo *s.m.* municipalisme.

municipalità *s.f.* municipalité.

municipalizzare *v.tr.* municipaliser.

municipalizzazione *s.f.* municipalisation.

municipio *s.m.* **1** (*l'amministrazione*) mairie (*f.*); (*il territorio*) commune (*f.*) **2** (*la sede*) mairie (*f.*); (*nelle grandi città, in Belgio e in Svizzera*) hôtel de ville.

munificenza *s.f.* munificence.

munifico (pl. *-ci*) *agg.* **1** (*di persona*) munificent **2** (*di cosa*) splendide, magnifique.

munire (*coniug. come* finire) *v.tr.* **1** (*provvedere*) munir **2** (*fortificare*) fortifier □ **munirsi** *v.pron.* se munir.

munito *agg.* (*provvisto*) muni.

munizione *s.f.* (*spec. pl.*) munition.

muovere (*Pass.rem.* io mossi, tu movesti ecc. *Part. pass.* mosso) *v.tr.* remuer; (*spostare*) déplacer* || *il vento muove le foglie*, le vent agite les feuilles || *— il riso*, provoquer le rire; *— il pianto*, faire pleurer || *— causa a qlcu*, intenter un procès à qqn || — *delle obiezioni*, faire des objections || — *a compassione*, éveiller la compassion (de) || *è mosso dall'interesse*, (*fig.*) c'est l'intérêt qui le pousse || *questa macchina è mossa dall'elettricità*, cette machine marche à l'électricité ♦ *v.intr.* partir* (*anche fig.*) || — *incontro a qlcu*, aller à la rencontre de qqn || — *in direzione di, alla volta di...*, se diriger vers... □ **muoversi** *v.pron.* 1 bouger*; (*spostarsi*) se déplacer*; (*agitarsi*) se remuer; (*essere in movimento*) se mouvoir*: *si è mosso*, il a bougé; *non muoverti!*, ne bouge pas!; *fa fatica a* —, il se déplace difficilement || *non si muove più dal letto*, il ne quitte plus son lit; *non si è mai mosso da Milano*, il n'a jamais quitté Milan || *tutti si sono mossi per trovargli un lavoro*, (*fig.*) tout le monde s'est mis en branle pour lui trouver du travail || — *a pietà*, s'apitoyer; — *a sdegno*, s'indigner 2 (*dirigersi*) se diriger*; (*mettersi in marcia*) se mettre* en marche; (*mettersi in moto*) se mettre* en mouvement 3 (*sbrigarsi*) se dépêcher.

muraglia *s.f.* 1 muraille 2 (*fig.*) mur (*m.*), barrière.

muraglione *s.m.* *haute muraille.

murale *agg.* mural*.

murales *s.m.pl.* (*arte*) murals.

murare *v.tr.* 1 murer || — *vivo*, emmurer vivant 2 (*fissare nel muro*) sceller 3 (*edil.*) maçonner □ **murarsi** *v.pron.* (*fig.*) se cloîtrer, se claquemurer: — *in casa*, se claquemurer chez soi.

murario *agg.* de maçonnerie: *struttura muraria*, la maçonnerie, les murs || *arte muraria*, maçonnerie || *la cinta muraria*, les murs d'enceinte.

murata *s.f.* (*mar.*) muraille.

muratore *s.m.* maçon.

muratura *s.f.* 1 maçonnerie 2 (*il murare*) maçonnage (*m.*).

murena *s.f.* (*zool.*) murène.

muriatico (pl. -*ci*) *agg.* (*chim.*) muriatique.

muricciolo *s.m.* muret.

murice *s.m.* (*zool.*) murex.

muro (pl. *i muri*; *le mura*, con valore collettivo) *s.m.* 1 mur: — *a secco*, mur de pierres sèches; — *di mattoni*, mur de briques; — *comune*, mur mitoyen; — *di rinforzo*, mur de soutènement; — *maestro*, — *portante*, mur porteur; *insieme dei muri maestri*, (*di un edificio*) gros œuvre; — *della scala*, (mur d') échiffre; — *di sponda*, (*di ponte ecc.*) bajoyer || (*fis.*) — *del suono*, mur du son || *battere la testa contro un* —, se cogner la tête contre un mur; *sbattere la testa contro il* —, (*fig.*) se taper la tête contre les murs 2 *pl.f.* (*di città, fortezza*) murs (*m.*), remparts (*m.*) || *le mura domestiche*, la maison, son chez-soi.

musa *s.f.* (*mit.*) muse.

muschiato *agg.* musqué.

muschio[1] *s.m.* (*biol.*) musc.

muschio[2], **musco** (pl. -*chi*) *s.m.* (*bot.*) mousse (*f.*).

muscolare *agg.* musculaire.

muscolatura *s.f.* musculature.

muscolazione *s.f.* musculation.

muscolo *s.m.* 1 muscle || *uomo tutto muscoli*, monsieur muscle 2 (*di carne macellata*) gîte 3 (*zool.*) moule (*f.*).

muscoloso *agg.* musclé; musculeux*: *braccio* —, bras musculeux.

muscoso *agg.* moussu.

museale *agg.* des musées.

museo *s.m.* musée || *pezzo da* —, (*iron.*) (*di persona*) vieille momie; (*di cosa*) antiquaille.

museografia *s.f.* muséographie.

museologia *s.f.* muséologie.

museruola *s.f.* muselière.

musica (pl. -*che*) *s.f.* musique || *è sempre la stessa* —!, (*iron.*) c'est toujours la même chanson!

musicale *agg.* musical* || -**mente** *avv.*

musicalità *s.f.* musicalité.

musicante *s.m.* 1 (*di banda*) musicien* (de fanfare) || *angeli musicanti*, anges musiciens 2 (*spreg.*) musicien* médiocre.

musicare (*coniug. come* mancare) *v.tr.* mettre* en musique.

musicassetta *s.f.* musicassette.

music-hall (pl. *invar.*) *s.m.* music-hall*.

musichetta *s.f.* musiquette.

musicista *s.m.* musicien*.

musicologia *s.f.* musicologie.

musicologo (pl. -*gi*) *s.m.* musicologue.

musino *s.m.* (*fam.*) frimousse (*f.*).

musivo *agg.* des mosaïques; (*in mosaico*) en mosaïque.

muso *s.m.* 1 museau*; (*di bue, leone ecc.*) mufle 2 (*iron.*) (*di persona*) figure (*f.*), gueule (*f.*) || *a* — *duro*, crûment; *fare il* — *duro a qlcu*, se montrer résolu avec qqn 3 (*broncio*) tête (*f.*) || *torcere il* —, faire la grimace 4 (*di oggetto, automobili ecc.*) nez.

musone *s.m.* boudeur*.

mussola, mussolina *s.f.* mousseline.

mussulmano *agg.* e *s.m.* → musulmano.

mustacchio *s.m.* moustache (*f.*).

musulmano *agg.* e *s.m.* musulman.

muta[1] *s.f.* 1 mue 2 (*cambio*) relève (*anche mil.*) || — *dei cavalli*, relais 3 (*tuta subacquea*) combinaison (de plongeur).

muta[2] *s.f.* (*di cani*) meute; (*di cavalli*) attelage (*m.*).

mutabile *agg.* variable; (*fig.*) changeant.

mutabilità *s.f.* mutabilité; (*di tempo*) variabilité; (*di carattere*) instabilité.

mutamento *s.m.* changement || — *nell'opinione pubblica*, revirement dans l'opinion publique || — *di voce*, mue.

mutande *s.f.pl.* (*da donna*) culotte (*sing.*); (*da uomo*) caleçon (*m.sing.*).

mutandine *s.f.pl.* culotte (*sing.*); (*slip*) slip (*m.sing.*).

mutante *agg.* e *s.m.* mutant.

mutare *v.tr.* 1 changer* (de): — *aspetto*, changer 2 (*di animali*) muer ♦ *v.intr.* changer*: *la situazione politica è molto mutata*, la situation politique a beaucoup changé □ **mutarsi** *v.pron.* changer*.

mutazione *s.f.* **1** changement (*m.*) **2** (*biol.*) mutation.

mutevole *agg.* changeant.

mutevolezza *s.f.* mutabilité; (*di carattere*) instabilité; (*di opinioni*) versatilité.

mutevolmente *avv.* d'une façon changeante.

mutilare *v.tr.* mutiler (*anche fig.*).

mutilato *agg. e s.m.* mutilé.

mutilazione *s.f.* mutilation.

mutilo *agg.* mutilé.

mutismo *s.m.* mutisme; (*med.*) mutité (*f.*).

muto *agg. e s.m.* muet*: — *dalla nascita*, muet de naissance ‖ *fare scena muta*, (*fig.*) sécher.

mutria *s.f.* air *hautain.

mutua *s.f.* **1** (*fam.*) (*assistenza sanitaria pubblica*) Sécurité Sociale **2** (*società mutualistica*) mutuelle.

mutuabile *agg.* (*corrisposto dalla mutua*) remboursable par la Sécurité Sociale.

mutualismo *s.m.* (*biol.*) mutualisme.

mutualistico (pl. *-ci*) *agg.* **1** mutualiste **2** (*biol.*) relatif* au mutualisme.

mutualità *s.f.* mutualité.

mutuare *v.tr.* **1** (*prendere a prestito*) emprunter (*anche fig.*) **2** (*dare in prestito*) prêter.

mutuatario *s.m.* emprunteur*.

mutuato *s.m.* affilié à la Sécurité Sociale.

mutuo[1] *agg.* mutuel*, réciproque.

mutuo[2] *s.m.* (*ciò che è dato in prestito*) prêt; (*ciò che si riceve in prestito*) emprunt.

N

n *s.f.* e *m.* n (*m.*) || (*tel.*) — *come Napoli*, n comme Nicolas || *figlio di NN*, fils de père inconnu, de mère inconnue.

nababbo *s.m.* nabab.

nacchera *s.f.* (*spec. pl.*) (*mus.*) castagnettes (*pl.*).

nafta *s.f.* naphte (*m.*); (*aut.*) gazole (*m.*); (*chim.*) naphte (*m.*): *riscaldamento a* —, chauffage au mazout.

naftalina *s.f.* naphtaline: *mettere in* —, mettre dans la naphtaline.

naia¹ *s.f.* (*zool.*) naja (*m.*).

naia² *s.f.*: (*gergo mil.*) *essere sotto la* —, faire son service.

naiade *s.f.* naïade.

nailon *s.m.* nylon.

nandù *s.m.* (*zool.*) nandou.

nanerottolo *s.m.* (*iron.*) nabot.

nanismo *s.m.* nanisme.

nanna *s.f.* dodo (*m.*): *andare a* —, aller au dodo; *fare la* —, faire dodo; *a* —!, dodo!

nano *agg.* e *s.m.* nain.

napello *s.m.* (*bot. pop.*) napel.

napoleone *s.m.* **1** (*numismatica*) napoléon **2** (*bicchiere*) verre à cognac.

napoleonico (*pl. -ci*) *agg.* napoléonien*.

napoletana *s.f.* cafetière napolitaine.

napoletano *agg.* e *s.m.* napolitain.

nappa *s.f.* **1** (*di tende ecc.*) gland (*m.*) **2** (*della coda dei ruminanti*) touffe de poils **3** (*pelle*) peau* (fine et souple).

narbonese *agg.* e *s.m.* narbonnais.

narcisismo *s.m.* narcissisme.

narcisista *s.m.* narcisse.

narcisistico (*pl. -ci*) *agg.* narcissique.

narciso *s.m.* narcisse.

narcosi *s.f.* narcose.

narcotico (*pl. -ci*) *agg.* e *s.m.* narcotique.

narcotizzare *v.tr.* narcotiser.

narcotrafficante *s.m.* narcotrafiquant.

narcotraffico (*pl. -ci*) *s.m.* narcotrafic.

nardo *s.m.* (*bot.*) nard.

narghilè *s.m.* narguilé.

narice *s.f.* narine; (*di animale*) naseau* (*m.*).

narrare *v.tr.* raconter ♦ *v.intr.* parler.

narrativa *s.f.* fiction.

narrativo *agg.* narratif*.

narratore (f. *-trice*) *s.m.* **1** narrateur* **2** (*scrittore*) écrivain de romans, de fiction.

narrazione *s.f.* **1** (*il raccontare*) narration **2** (*racconto*) récit (*m.*).

nartece *s.m.* (*arch.*) narthex.

narvalo *s.m.* (*zool.*) narval*.

nasale *agg.* nasal* || *avere una voce* —, avoir une voix nasillarde ♦ *s.f.* (*fon.*) nasale.

nasalizzare *v.tr.* nasaliser.

nasalizzazione *s.f.* nasalisation.

nasata *s.f.* **1** (*colpo al naso*) coup sur le nez **2** (*colpo dato col naso*) coup donné avec le nez: *ho dato una* — *contro la porta*, je me suis cogné le nez contre la porte.

nascente *agg.* naissant; (*del sole*) levant.

nascere (*Pass.rem.* io nacqui, tu nascesti ecc. *Part.pass.* nato) *v.intr.* **1** naître* || *è nato da famiglia nobile*, il vient d'une famille noble || *le è nata una figlia*, elle a eu une fille || *è nato per fare l'avvocato*, il est fait pour être avocat || *nessuno nasce maestro*, personne n'a la science infuse || *non sono nato ieri*, je ne suis pas né d'hier; *è nato ieri*, c'est un grand naïf; — *bene*, bien naître, être de bonne naissance **2** (*fig.*) prendre* naissance, naître* || *mi è nato il sospetto, il dubbio che...*, le soupçon, le doute me vient que... || *progetto morto sul* —, projet avorté || *da cosa nasce cosa*, une chose en entraîne une autre **3** (*di fiume*) naître*, prendre* (sa) source **4** (*spuntare*) pousser; (*di fiori*) éclore*; (*del sole, del giorno*) se lever* **5** *far* —, (*causare*) provoquer: *far* — *dei disordini*, provoquer, fomenter des désordres ♦ *s.m.*: *soffocare una sommossa sul* —, tuer un soulèvement dans l'œuf; *al* — *del sole*, au lever du soleil.

nascita *s.f.* naissance: *controllo delle nascite*, contrôle, limitation des naissances; *alla* —, à la naissance; *cieco dalla* —, aveugle de naissance; *inglese di* —, anglais par sa naissance || *la* — *del sole, del giorno*, le lever du soleil, du jour.

nascituro *agg.* qui va naître ♦ *s.m.* enfant qui va naître.

nascondere (*coniug. come* rispondere) *v.tr.* cacher (*anche fig.*) □ **nascondersi** *v.pron.* se cacher (*anche fig.*) || *giocare a* —, jouer à cache-cache.

nascondiglio *s.m.* cachette (*f.*), cache (*f.*).

nascondino *s.m.* (*gioco*) cache-cache.

nascostamente *avv.* (*segretamente*) secrètement; (*di nascosto*) en cachette.

nascosto *agg.* caché (*anche fig.*) || *tenere, serbare* —, cacher || *di* —, en cachette.

nasello *s.m.* merlu, colin, lieu*.

naso *s.m.* **1** nez: — *affilato*, nez effilé; — *all'insù*, nez retroussé || *fazzoletto da* —, mouchoir || *parlare col* —, parler du nez || *arricciare il* —, froncer le nez || *avere* (*buon*) —, (*anche fig.*) avoir le nez creux || *non vedere più in là del proprio* —, ne pas voir plus loin que le bout de son nez || *non ho messo la punta del* — *fuori dalla porta*, je n'ai pas mis le nez dehors || *ficcare, mettere il* — *negli affari degli altri*, fourrer son nez dans les affaires des autres || *prendere, menare qlcu per il* —, (*fig.*) mener qqn par le bout du nez || *restare con un palmo di* —, rester bouche bée || *ce l'avevo sotto il* —, j'avais le nez dessus || *non si ricorda dal* — *alla bocca*, sa mémoire est une passoire || *a* —, à vue de nez || *andare, rispondere a* —, aller, répondre au petit bonheur; (*fam.*) au pifomètre **2** (*del cane*) truffe (*f.*).

nassa *s.f.* nasse.

nastrino *s.m.* (petit) ruban.

nastro *s.m.* **1** ruban || — *di partenza*, corde de départ || — *della macchina per scrivere*, ruban encreur || *registrare su* —, enregistrer sur bande || — *della mitragliatrice*, bande de la mitrailleuse || — *trasportatore*, tapis roulant **2** (*tecn.*) ruban; bande (*f.*): — *per videoregistratore*, bande-vidéo **3** (*inform.*) bande (*f.*): — (*di carta*) *continuo*, bande (de papier) en continu.

nastroteca (pl. —*che*) *s.f.* bandothèque.

nasturzio *s.m.* (*bot.*) capucine (*f.*).

natale *agg.* natal* ◆ *s.m.* **1** *Natale*, Noël: *a Natale*, à (la) Noël; *festeggiare il Natale*, fêter Noël; *augurare buon Natale*, souhaiter un joyeux Noël; *i migliori auguri di buon Natale*, les meilleurs vœux pour un joyeux Noël || *albero di Natale*, arbre, sapin de Noël || *Babbo Natale*, le Père Noël **2** (*giorno natale*) jour de naissance || *il* — *di Roma*, l'anniversaire de la fondation de Rome **3** *pl.* (*nascita*) naissance (*f.sing.*): *di illustri natali*, (*nobile*) de haut lignage, (*di ascendenza illustre*) de famille illustre; *dare i natali a*, donner le jour à.

natalità *s.f.* natalité.

natalizio *agg.* de Noël.

natante *agg.* flottant ◆ *s.m.* embarcation (*f.*).

natatoia *s.f.* nageoire.

natatorio *agg.* natatoire.

natica (pl. —*che*) *s.f.* fesse.

natio *agg.* natal*.

natività *s.f.* nativité.

nativo *agg.* **1** natal*: *sono* — *di questi luoghi*, je suis originaire de cet endroit **2** (*innato*) inné **3** (*di metallo*) natif* || *allo stato* —, à l'état naturel ◆ *s.m.* natif*.

nato *agg.* né: *un bugiardo* —, un menteur-né; *un poeta* —, un poète-né; *delinquente* —, délinquant de naissance; — *cieco*, aveugle-né, aveugle de naissance; — *morto*, (*anche fig.*) mort-né; *un bambino appena* —, un nouveau-né; *appena* —, dès sa naissance ◆ *s.m.*: *i nati nel...*, les personnes nées en...; *il primo* —, le premier-né.

natta *s.f.* (*med.*) loupe.

natura *s.f.* **1** nature: *la madre* —, la (mère) nature || *allo stato di* —, *come si trova in* —, à l'état naturel || *scambio in* —, troc || *pagare in* —, payer en nature || (*pitt.*) — *morta*, nature morte || *aspet-*

ti di — *economica*, aspects de nature économique **2** (*di persona*) naturel (*m.*): *generoso per* —, *di* — *generosa*, d'un naturel généreux.

naturale *agg.* naturel*: *parla in modo molto* —, il parle d'une façon très naturelle; *i suoi capelli sono di un biondo* —, ses cheveux sont d'un blond naturel; *è molto* —, elle est très nature || *a grandezza* —, *al* —, grandeur nature, au naturel, nature || *vita natural durante*, sa vie durant || *è* —!, c'est bien normal!

naturalezza *s.f.* naturel (*m.*): *con* —, avec naturel; *manca di* —, il manque de naturel.

naturalismo *s.m.* naturalisme.

naturalista *s.m.* naturaliste.

naturalistico (pl. —*ci*) *agg.* naturaliste.

naturalizzare *v.tr.* naturaliser □ **naturalizzarsi** *v.pron.* se naturaliser.

naturalizzazione *s.f.* naturalisation.

naturalmente *avv.* naturellement || —, *hai sempre ragione!*, évidemment, tu as toujours raison!

naturismo *s.m.* naturisme.

naturista *agg. e s.m.* naturiste.

naufragare (*coniug. come* legare) *v.intr.* faire* naufrage; (*fig.*) échouer: *i suoi piani naufragarono*, ses plans échouèrent.

naufragio *s.m.* naufrage (*anche fig.*).

naufrago (pl. —*ghi*) *s.m.* naufragé.

naumachia *s.f.* naumachie.

nauplio *s.m.* (*zool.*) nauplius.

nausea *s.f.* nausée (*anche fig.*): *avere la* —, avoir mal au cœur || *provare* — *per*, éprouver du dégoût pour; *mi dai la* —, tu me dégoûtes || *mangiare qlco fino alla* —, manger qqch jusqu'à en être écœuré.

nauseabondo, nauseante *agg.* nauséabond, écœurant (*anche fig.*).

nauseare *v.tr.* dégoûter, rendre* malade (*anche fig.*).

nauseato *agg.* (*fig.*) dégoûté.

nautica *s.f.* art nautique.

nautico (pl. —*ci*) *agg.* nautique.

navale *agg.* naval*.

navarrese *agg. e s.m.* navarrais.

navata *s.f.* (*arch.*) nef.

nave *s.f.* **1** navire (*m.*), bateau* (*m.*); (*piroscafo, nave passeggeri*) paquebot (*m.*): — *da carico*, cargo; — *da guerra*, navire de guerre; — *mercantile*, navire marchand; — *ospedale*, navire-hôpital, bateau-hôpital; — *posacavi*, câblier; — *posamine*, mouilleur de mines; — *rifornimento*, ravitailleur; — *scorta*, convoyeur; — *scuola*, navire-école **2** (*arch.*) nef.

navetta *s.f.* (*tecn.*) navette: — *spaziale*, navette spatiale.

navicella *s.f.* **1** nacelle **2** (*eccl.*) navette.

navigabile *agg.* navigable.

navigabilità *s.f.* navigabilité.

navigante *agg.* navigant ◆ *s.m.* navigateur.

navigare (*coniug. come* legare) *v.intr.* naviguer: — *lungo la costa*, longer la côte ◆ *v.tr.* parcourir*.

navigato *agg.* expérimenté: *donna navigata*,

femme avertie; *giovane* —, jeune homme expérimenté.

navigatore (f. *-trice*) *s.m.* navigateur*.

navigazione *s.f.* navigation: — *aerea*, navigation aérienne; — *a vela*, navigation à voile; — *fluviale*, navigation fluviale; *compagnia di* —, compagnie de navigation.

naviglio *s.m.* (*flotta*) flotte (*f.*); (*nave*) bateau*.

nazareno *agg.* e *s.m.* nazaréen*.

nazifascista *agg.* e *s.m.* (*st.*) nazi-fasciste*.

nazionale[1] *agg.* national* ♦ *s.m.* (*sport*) athlète d'une équipe nationale ♦ *s.f.* (*sport*) équipe nationale.

nazionale[2] *s.f.* cigarette de marque italienne.

nazionalismo *s.m.* nationalisme.

nazionalista *agg.* e *s.m.* nationaliste.

nazionalistico (pl. *-ci*) *agg.* nationaliste.

nazionalità *s.f.* nationalité.

nazionalizzare *v.tr.* nationaliser.

nazionalizzazione *s.f.* nationalisation.

nazionalsocialismo *s.m.* national-socialisme.

nazionalsocialista *agg.* e *s.m.* national-socialiste*.

nazione *s.f.* nation.

nazismo *s.m.* nazisme.

nazista *agg.* e *s.m.* nazi.

ne *pron.m.* e *f.sing.* e *pl.* **1** (*compl. di specificazione*) (*riferito a persona*) (*di lui*) de lui, (*di lei*) d'elle, (*di loro*) d'eux (*m.*), d'elles (*f.*); (*riferito a cose*) en: *è intelligente:* — *parlano con ammirazione*, c'est un homme intelligent: on parle de lui avec admiration; *ho ricevuto il libro e* — *ho già lette diverse pagine*, j'ai reçu le livre et j'en ai déjà lu plusieurs pages **2** (*con valore di poss.*) son, sa, etc.: *appena lo conobbe,* — *divenne amico*, dès qu'il le connut, il devint son ami; *abbiamo visitato Roma e* — *abbiamo ammirato i monumenti*, nous avons visité Rome et nous avons admiré ses monuments • Per le forme composte con il pronome *gli* ➔ gliene; per le forme legate al pron. *me, te* ecc. ➔ me, te ecc. **3** (*con valore partitivo*) en: *"Avete amici a Roma?" "No, non* — *abbiamo"*, "Avez-vous des amis à Rome?" "Non, nous n'en avons pas"; *"Hai fame?" "Sì,* — *ho ancora"*, "As-tu faim?" "Oui, j'ai encore faim" ‖ (*nelle date*) — *abbiamo dieci*, nous sommes le dix **4** (*di ciò, per ciò, da ciò*) en: — *parliamo spesso*, nous en parlons souvent; *parlane*, parles-en; *non parlarne*, n'en parle pas; *non vuole più saperne, non* — *vuole più sapere*, il ne veut plus en entendre parler; *se* — *pentiranno*, ils s'en repentiront ‖ — *deriva che...,* — *consegue che...,* *se* — *deduce che...*, il s'ensuit que... **5** (*con uso pleonastico, in costruzioni pronominali*): *me* — *vado subito*, je m'en vais tout de suite; *se* — *stava là tutto solo*, il était là tout seul ♦ *avv.* (*di luogo*) en: *"Sei stato in comune?" "Sì,* — *torno ora"*, "As-tu été à la Mairie?" "Oui, j'en reviens" • Per le forme legate al verbo *essere* ➔ essercene.

né *cong.* ni: *non lo sapevamo* — *tu* — *io*, ni toi ni moi (nous) ne le savions ‖ — *più* — *meno*, ni plus

ni moins: *questa è una bugia* — *più* — *meno*, c'est ni plus ni moins un mensonge ‖ — *l'uno* — *l'altro*, ni l'un ni l'autre ‖ — *lo disapprovo* — *lo giudico*, je ne le désapprouve ni ne le juge ‖ *non vuole più occuparsene,* — *io saprei dargli torto*, il ne veut plus s'en occuper et je ne saurais lui donner tort.

neanche *avv.* **1** non plus: — *io lo so*, moi non plus, je ne le sais pas; *io non posso andarci e lui* —, je ne peux pas y aller et lui non plus; — *Giovanni ha pagato*, Jean n'a pas payé non plus, même Jean n'a pas payé ‖ *non gli ho scritto e* — *voglio scrivergli*, je ne lui ai pas écrit et je ne veux pas lui écrire; *non ha agito così per paura e* — *per interesse*, il n'a pas agi ainsi par peur ni même par intérêt ‖ — *uno,* — *una*, pas un (seul), pas une (seule) ‖ *"Vi dà fastidio?" "Neanche per sogno,* — *per idea!"*, "Est-ce que ça vous dérange?" "Pas le moins du monde!"; *"Ci vai?" "Neanche per idea,* — *per sogno!"*, "Est-ce que tu y vas?" "Jamais de la vie!" **2** (*rafforzativo di negazione*) même: *non mi ha* — *salutato*, il ne m'a même pas (*o* pas même) salué; *senza* — *voltarsi*, sans même se retourner ‖ *non ci credo* — *un po'*, je n'y crois pas du tout □ **neanche se, neanche a** *locuz.cong.* (*con valore concessivo*) pas même si, même pas si: *non ci crederei* — *se lo vedessi*, je n'y croirais pas même (*o* même pas) si je le voyais; *non venderebbe la sua casa* — *a pagarliela a peso d'oro*, il ne vendrait pas sa maison, pas même si (*o* même pas si) on la lui payait à prix d'or ‖ — *a farlo apposta*, comme par un fait exprès.

nebbia *s.f.* **1** brouillard (*m.*); (*leggera e spec. sull'acqua*) brume: *cortina di* —, mur de brouillard ‖ *una* — *che si taglia con il coltello*, couper au couteau **2** (*fig.*) brume.

nebbione *s.m.* brouillard épais.

nebbioso *agg.* brumeux*.

nebulizzare *v.tr.* nébuliser, atomiser.

nebulizzatore *s.m.* nébuliseur, atomiseur.

nebulizzazione *s.f.* nébulisation.

nebulosa *s.f.* nébuleuse.

nebulosità *s.f.* nébulosité.

nebuloso *agg.* nébuleux*.

necessariamente *avv.* nécessairement.

necessario *agg.* nécessaire: *è* — *che tu mi risponda*, il est nécessaire, il faut que tu me répondes; *è* — *molto tempo*, il faut beaucoup de temps; *la sola cosa necessaria è che tu scriva*, la seule chose à faire c'est que tu écrives; *è necessaria una risposta*, une réponse est indispensable ‖ *mi è* —, (*persona*) j'ai besoin de lui, (*cosa*) il me faut ‖ *i documenti necessari*, les papiers requis ♦ *s.m.* *lo stretto* —, le strict nécessaire ‖ *il* — *per*, ce qu'il faut pour.

necessità *s.f.* nécessité; (*bisogno*) besoin (*m.*): *trovarsi nella* — *di*, se trouver dans la nécessité de; *trovarsi, versare in grave* — *di*, être dans le besoin; *avere* — *di, essere nella* — *di*, avoir besoin de; *non ne vedo la* —, je n'en vois pas l'utilité; *che* — *c'era di farlo?*, quel besoin y avait-il de le faire?; *se ci fosse* —, si besoin était; *in caso di* —, en cas de besoin; *di assoluta* —, absolument nécessaire; *per* —, par nécessité, par besoin; *spinto dalla* —, poussé par le besoin || *generi di prima* —, denrées de première nécessité || — *corporali*, besoins corporels || *fare di* — *virtù*, faire de nécessité vertu || *la* — *aguzza l'ingegno*, nécessité est mère d'industrie.

necessitare *v.tr.* nécessiter ♦ *v.intr.* **1** (*aver bisogno*) avoir* besoin **2** (*essere necessario*) s'imposer: *necessitano delle decisioni*, des décisions s'imposent; *necessita finirlo*, il faut le finir.

necro- *pref.* nécro-

necrofago (pl. *-gi*) *agg.* (*zool.*) nécrophage.

necrofilia *s.f.* nécrophilie.

necrofilo *agg.* e *s.m.* nécrophile.

necroforo *s.m.* **1** (*impiegato delle pompe funebri*) employé des pompes funèbres; (*becchino*) fossoyeur **2** (*zool.*) nécrophore.

necrologia *s.f.* **1** nécrologie **2** (*discorso funebre*) éloge funèbre.

necrologico (pl. *-ci*) *agg.* nécrologique.

necrologio *s.m.* **1** (*registro delle morti*) nécrologe **2** → necrologia.

necropoli *s.f.* nécropole.

necrosi *s.f.* nécrose.

necrotizzare *v.tr.* nécroser □ **necrotizzarsi** *v.pron.* se nécroser.

neerlandese *agg.* e *s.m.* néerlandais.

nefandezza *s.f.* scélératesse; (*infamia*) infamie.

nefando *agg.* infâme.

nefasto *agg.* néfaste.

nefrite *s.f.* néphrite.

nefritico (pl. *-ci*) *agg.* e *s.m.* néphrétique.

nefr(o)- *pref.* néphr(o)-

nefrologia *s.f.* (*med.*) néphrologie.

nefrologo (pl. *-gi*) *s.m.* néphrologue.

nefropatia *s.f.* néphropathie.

negabile *agg.* niable; (*rifiutabile*) refusable.

negare (*coniug. come* legare) *v.tr.* **1** nier: *non nego di averlo detto*, je ne nie pas que je l'ai dit, je ne nie pas (de) l'avoir dit; *non si può negarlo!*, on ne saurait le nier! **2** (*rifiutare*) refuser || — *l'accesso*, défendre l'accès **3** (+ *particella pron.*) se priver (de): *si nega ogni svago*, il se prive de toute distraction, il refuse toutes les distractions □ **negarsi** *v.pron.* **1** (*non concedersi sessualmente*) nier ses faveurs **2** (*fingersi assente*) faire* dire qu'on est absent.

negativa *s.f.* **1** négative: *stare sulle negative*, se tenir sur la négative **2** (*fot.*) négatif (*m.*), négative.

negativamente *avv.* négativement: *ripercuotersi* —, avoir des répercussions négatives.

negatività *s.f.* négativité.

negativo *agg.* négatif*; (*sfavorevole*) défavorable: *risposta negativa*, réponse négative; *parere* —, avis contraire, défavorable ♦ *s.m.* (*fot.*) négatif.

negato *agg.* **1** refusé: *diritto* —, droit refusé **2** (*fam.*) nul*: — *per la matematica*, nul en mathématiques.

negatore (f. *-trice*) *agg.* e *s.m.* négateur*.

negazione *s.f.* négation.

neghittoso *agg.* paresseux*, indolent.

negletto *agg.* **1** (*trasandato*) négligé **2** (*abbandonato*) abandonné.

negli *prep.art.m.pl.* → in.

negligente *agg.* négligent.

negligentemente *avv.* négligemment.

negligenza *s.f.* négligence: *per* —, par négligence.

negoziabile *agg.* négociable.

negoziante *s.m.* **1** commerçant; (*spec. seguito da compl.*) marchand: *un* — *di verdura*, un marchand de légumes || — *all'ingrosso*, marchand en gros; — *al dettaglio, al minuto*, détaillant **2** (*all'ingrosso*) négociant.

negoziare *v.tr.* négocier (*anche fig.*).

negoziato *s.m.* négociation (*f.*); (*trattativa*) pourparlers (*pl.*).

negoziatore (f. *-trice*) *s.m.* négociateur*.

negoziazione *s.f.* négociation.

negozio *s.m.* **1** magasin: *un* — *di generi alimentari*, un magasin d'alimentation; — *all'ingrosso, al dettaglio*, magasin de vente en gros, au détail; *girare, andare in giro per negozi*, faire les magasins, du shopping || *guardare le vetrine dei negozi*, faire du lèche-vitrines **2** (*affare*) affaire (*f.*) || (*dir.*) — *giuridico*, acte juridique.

negra *s.f.* négresse.

negretto *s.m.* négrillon*.

negriero *agg.* e *s.m.* négrier*.

negritudine *s.f.* négritude.

negro *agg.* e *s.m.* noir; (*spesso spreg.*) nègre.

negroide *agg.* e *s.m.* négroïde.

negromante *s.m.* nécromancien*, nécromant.

negromanzia *s.f.* nécromancie.

neh *inter.* hein?

nei *prep.art.m.pl.* → in.

nel *prep.art.m.sing.* → in.

nella *prep.art.f.sing.* → in.

nelle *prep.art.f.pl.* → in.

nello *prep.art.m.sing.* → in.

nembo *s.m.* **1** (*meteor.*) nimbus **2** (*fig.*) (*nugolo*) nuage, nuée (*f.*).

nembostrati *s.m.pl.* (*meteor.*) nimbo-stratus* (*sing.*).

nemesi *s.f.* némésis.

nemico (pl. *-ci*) *agg.* **1** (*ostile*) hostile (à): *farsi* — *qlcu*, s'aliéner qqn || *essere* — *di*, être ennemi de **2** (*dannoso*) nuisible (à, pour) **3** (*del nemico*) ennemi: *in mano nemica*, entre les mains de l'ennemi ♦ *s.m.* ennemi.

nemmeno *avv.* e *cong.* → neanche.

nenia *s.f.* **1** (*cantilena*) cantilène; (*piagnucolio*) pleurnichement (*m.*); (*ninnananna*) berceuse || *è sempre la stessa* —, (*fig. fam.*) c'est toujours la même rengaine **2** (*canto funebre*) nénies (*pl.*); (*lamento*) complainte.

neo *s.m.* **1** grain de beauté; (*med.*) nævus **2** (*applicato per ornamento*) mouche (*f.*) **3** (*fig.*) imperfection (*f.*), défaut.

neo- *pref.* néo-

neoassunto *agg.* fraîchement embauché ♦ *s.m.* nouvel* employé.

neocaledone *agg.* e *s.m.* néocalédonien*.

neoclassicismo *s.m.* néoclassicisme.

neoclassico (pl. *-ci*) *agg.* e *s.m.* néoclassique*.

neocolonialismo *s.m.* néocolonialisme.

neoeletto *s.m.* nouvel* élu.

neoellenico (pl. *-ci*) *agg.* néogrec*.

neofascista *agg.* e *s.m.* néofasciste.

neofita *s.m.* néophyte.

neogotico (pl. *-ci*) *agg.* e *s.m.* néogothique.

neogreco (pl. *-ci*) *agg.* néogrec* ♦ *s.m.* langue néogrecque.

neolatino *agg.* néolatin.

neolaureato *agg.* à peine diplômé ♦ *s.m.* jeune diplômé.

neoliberalismo, neoliberismo *s.m.* (*econ.*) néolibéralisme.

neolitico (pl. *-ci*) *agg.* e *s.m.* néolithique.

neologismo *s.m.* néologisme.

neon *s.m.* néon: *lampada al* —, tube au néon.

neonatale *agg.* néonatal*.

neonato *agg.* e *s.m.* nouveau-né*.

neonazista *agg.* e *s.m.* néonazi.

neoplasia *s.f.* (*med.*) néoplasie.

neoplastico *agg.* (*med.*) néoplastique.

neorealismo *s.m.* néoréalisme.

neorealista *agg.* e *s.m.* néoréaliste.

neozelandese *agg.* e *s.m.* néo-zélandais*.

nepalese *agg.* e *s.m.* népalais.

nepitella *s.f.* (*bot.*) calament (*m.*).

nepotismo *s.m.* népotisme.

neppure *avv.* e *cong.* → **neanche**.

LA FORMA NEGATIVA

ITALIANO	FRANÇAIS

1 **non** + verbo (tempo semplice, tempo composto, infinito)

   ne + verbe + **pas**
   ne + auxiliaire + **pas** + part. passé
   ne pas + **infinitif**

non bevo — je ne bois pas
non ho bevuto — je n'ai pas bu
preferisco non bere — je préfère ne pas boire

2 **non... affatto**, **che** restrittivo, **mai, né... né...,** **nessuno, niente, nulla, più**

le *pas* n'est pas exprimé lorsqu'il y a dans la phrase un adjectif, un pronom ou un adverbe négatif, **ne... point, que** restrictif, **jamais, ni... ni..., aucun, personne, rien, plus**

non ne ho affatto voglia — je n'en ai point, guère envie
non leggo che libri gialli — je ne lis que des romans policiers
non ha mai viaggiato in aereo — il n'a jamais voyagé en avion
non parla né tedesco né russo — il ne parle ni l'allemand ni le russe
non conosco nessun architetto — je ne connais aucun architecte
non inviterò nessuno — je n'inviterai personne
non dirò niente, nulla — je ne dirai rien
non ho più sonno — je n'ai plus sommeil

• *aucun, ni... ni..., personne, que* restrittivo si mettono dopo il participio passato nei tempi composti e dopo l'infinito:

non ho riconosciuto nessun compagno — je n'ai reconnu aucun camarade
non ha incontrato né i suoi cugini né i suoi fratelli — il n'a rencontré ni ses cousins ni ses frères
non ho conosciuto nessuno — je n'ai connu personne
non voglio invitare nessuno — je ne veux inviter personne
non vuole parlare che con il suo avvocato — il ne veut parler qu'avec son avocat

• *niente, nulla* si mettono dopo il participio passato nei tempi composti e dopo l'infinito:

non ho detto niente — je n'ai rien dit
non voglio aggiungere nulla — je ne veux rien ajouter

3 quando la frase inizia con un aggettivo, un pronome o un avverbio negativo, la negazione **non** non è espressa:

nessuno lo sa — personne ne le sait
niente mi stupisce — rien ne m'étonne
né i suoi fratelli né i suoi amici lo sanno — ni ses frères ni ses amis ne le savent

nequizia *s.f.* iniquité; (*malvagità*) méchanceté.

nerastro *agg.* noirâtre.

nerbata *s.f.* coup de nerf de bœuf; (*frustata*) coup de fouet; (*bastonata*) coup de bâton.

nerbo *s.m.* 1 nerf 2 (*scudiscio*) nerf de bœuf.

nerboruto *agg.* musclé.

nereggiare (*coniug. come* mangiare) *v.intr.* tirer sur le noir || *la piazza nereggiava di folla*, la place était noire de monde.

nereide *s.f.* (*zool.*) néréide.

neretto *s.m.* (*tip.*) mi-gras: *carattere in —*, caractère mi-gras.

nero *agg.* noir (*anche fig.*): *— come il carbone, la pece*, noir comme du charbon, du jais; *vivere nella più nera miseria*, vivre dans la misère la plus noire; *essere — in volto*, avoir le visage sombre; *avere pensieri neri*, broyer du noir; *vedere tutto —*, voir tout en noir; *essere nella disperazione più nera*, être dans un profond désespoir || *essere (di umore) —*, être de mauvaise humeur; *è stata una giornata nera!*, ça a été une mauvaise journée! || *la vedo nera*, la situation se présente mal || *lavoro —*, travail (au) noir; *fondi neri*, caisse noire || *acque nere*, eaux ménagères || *l'uomo —*, (*nelle fiabe*) le croque-mitaine ♦ *s.m.* noir: *era tutta vestita di —*, elle était tout en noir; *mettere — su bianco*, mettre noir sur blanc; *fotografia in bianco e —*, photographie en noir et blanc || *contabilità in —*, comptabilité au noir; *lavorare in —*, travailler au noir || (*fam.*) *i neri*, (*i fascisti*) l'extrême droite.

nerofumo *s.m.* noir de fumée.

nervatura *s.f.* 1 nervure 2 (*bot.*) nervures (*pl.*); (*nervazione*) nervation.

nervino *agg.* (*chim.*) nervin.

nervo *s.m.* 1 nerf: *attacco, crisi di nervi*, crise de nerfs; *nervi d'acciaio*, nerfs d'acier; *essere malato di nervi*, être malade des nerfs || *avere i nervi*, être énervé; *avere i nervi a fior di pelle, tesi*, avoir les nerfs en boule, à vif; *avere i nervi a pezzi*, être à bout de nerfs || *far venire i nervi*, énerver; *dare sui nervi*, taper sur les nerfs || *stare in piedi a forza di nervi*, vivre sur ses nerfs; *avere i nervi saldi*, savoir contrôler ses nerfs || *ho sbagliato, che nervi!*, mince, je me suis trompé!; *che nervi, che fa venire!*, comme c'est énervant! 2 (*di arco*) corde (*f.*).

nervosismo *s.m.* 1 nervosité (*f.*), énervement; (*irritazione*) irritation (*f.*), agacement: *dare segni di —*, trahir sa nervosité; *oggi c'era — in ufficio*, aujourd'hui tout le monde était énervé au bureau; *un momento di —*, un instant d'irritation, d'énervement 2 (*med.*) nervosisme.

nervosità *s.f.* nervosité.

nervoso *agg.* nerveux*: *terminazione nervosa*, terminaison nerveuse || *diventar —*, s'énerver ♦ *s.m.* nerfs (*pl.*): *avere il —*, avoir les nerfs en pelote, en boule; *far venire il —*, taper sur les nerfs || **-mente** *avv.*

nespola *s.f.* 1 (*bot.*) nèfle 2 (*fam.*) (*colpo*) coup (*m.*).

nespolo *s.m.* (*bot.*) néflier.

nesso *s.m.* lien; (*rapporto*) rapport.

nessun, nessuno *agg.* 1 aucun; (*nemmeno uno*) pas un: *nessun uomo è più comprensivo di lui*, aucun homme n'est plus compréhensif que lui; *non ha accettato nessuna ricompensa*, il n'a accepté aucune récompense; *nessun amico, nessuna amica gli fu vicino*, pas un (seul) ami, pas une (seule) amie ne l'a assisté; *un quadro di nessun valore*, un tableau qui n'a aucune valeur || *da nessuna parte, in nessun luogo*, nulle part || *nessun mio, tuo amico*, aucun de mes, de tes amis || *nessuna pietà!*, aucune, pas de pitié! || *nessuna cosa*, rien || *nessuna persona*, personne 2 (*qualche, alcuno*) quelque; (*in frasi negative*) aucun: (*non*) *hai nessun suggerimento da darmi?*, as-tu quelque conseil, n'as-tu aucun conseil à me donner? || *nessuna notizia?*, pas de nouvelles? || *nessuna novità?*, rien de nouveau (*o fam.* de neuf)? • *Nessuno* si usa solo davanti a sostantivi inizianti per *s* impura, *gn, ps, x, z*.

nessuno *pron.indef.* 1 (*riferito a persona*) (*negazione assoluta*) personne; (*riferito a persona determinata dal partitivo o riferito a cosa*) aucun: *non è venuto —*, personne n'est venu, il n'est venu personne; *— di noi, — dei nostri amici l'ha visto*, aucun de nous, aucun de nos amis ne l'a vu; *fra tanti libri, non ne ho — rilegato*, parmi tant de livres, je n'en ai aucun de relié || *figlio di —*, fant né de père inconnu || (*sui documenti*) *segni particolari: —*, signes particuliers: néant || (*presenti: 25, assenti: —*), présents: 25, absent: zéro || *terra di —*, no man's land 2 (*qualcuno*) quelqu'un*; (*in frasi negative, seguito da partitivo*) aucun; (*in frasi negative, come negazione assoluta*) personne: *conosci — a cui possa rivolgermi?*, ne connais-tu personne à qui je puisse m'adresser?; *hai visto — dei nostri amici?*, n'as-tu vu aucun de nos amis?; *c'è —?*, il y a quelqu'un? ♦ *s.m.*: *si dà tante arie, ma non è —*, il prend de grands airs, mais en réalité il n'est rien; *ancora non è —*, il n'a pas encore rien; *qualche anno fa non era —*, il y a quelques années personne ne le connaissait.

nettamente *avv.* nettement.

nettare[1] *s.m.* nectar (*anche fig.*).

nettare[2] *v.tr.* nettoyer*.

nettarina *s.f.* (*bot.*) nectarine.

nettario *s.m.* (*bot.*) nectaire.

nettezza *s.f.* 1 (*pulizia*) propreté; (*nitidezza*) netteté (*anche fig.*) || *la — urbana*, le service de voirie 2 (*fig.*) (*purezza*) pureté.

netto *agg.* net* (*anche fig.*): *guadagno —*, gain net; *peso —*, poids net; *un colpo —*, un coup sec, net; *un — rifiuto*, un refus catégorique || (*di*) —, net; *tagliare —*, couper net || (*al*) —, net de; *reddito d'imposte*, revenu net d'impôts ♦ *avv.* net.

netturbino *s.m.* boueux, éboueur.

network *s.m.* (*rad., tv*) réseau*.

neur(o)- *pref.* neur(o)-, névr(o)-

neurobiologia *s.f.* neurobiologie.

neurochirurgia *s.f.* neurochirurgie.

neurochirurgo (pl. *-ghi* o *-gi*) *s.m.* neurochirurgien.

neurodeliri (pl. *invar.*) *s.m.* e *f.* (*fam.*) asile (de fous).

neurolettico (pl. *-ci*) *agg.* e *s.m.* (*med.*) neuroleptique.

neurologia *s.f.* neurologie.

neurologico (pl. *-ci*) *agg.* neurologique.

neurologo (pl. *-gi*) *s.m.* neurologue.

neurone *s.m.* (*biol.*) neurone.

neuropatia *s.f.* névropathie.

neuropatico (pl. *-ci*) *agg.* e *s.m.* névropathe.

neuropsichiatra *s.m.* (*med.*) neuropsychiatre.

neuropsichiatria *s.f.* (*med.*) neuropsychiatrie.

neurovegetativo *agg.* neurovégétatif*.

neutrale *agg.* e *s.m.* neutre.

neutralismo *s.m.* neutralisme.

neutralista *s.m.* e *f.* neutraliste.

neutralità *s.f.* neutralité.

neutralizzare *v.tr.* neutraliser.

neutralizzazione *s.f.* neutralisation.

neutrino *s.m.* (*fis.*) neutrino.

neutro *agg.* neutre ♦ *s.m.* **1** (*gramm.*) neutre **2** (*elettr.*) conducteur neutre.

neutrone *s.m.* neutron.

nevaio *s.m.* névé.

nevato *agg.* neigeux* ♦ *s.m.* névé.

neve *s.f.* neige: — *marcia*, neige pourrie; *cumulo di* —, tas de neige || *pneumatici da* —, pneus à clous || *sport della* —, sports d'hiver || *bollettino della* —, bulletin d'enneigement || (*cuc.*) *montare a* —, battre en neige.

nevicare (*coniug. come* mancare) *v.intr.impers.* neiger*: *è*, *ha nevicato tutto il giorno*, il a neigé toute la journée; *nevica, sta nevicando*, il neige.

nevicata *s.f.* chute de neige.

nevischio *s.m.* grésil.

nevo *s.m.* (*med.*) nævus.

nevoso *agg.* neigeux*.

nevralgia *s.f.* névralgie.

nevralgico (pl. *-ci*) *agg.* névralgique.

nevrastenia *s.f.* neurasthénie.

nevrastenico (pl. *-ci*) *agg.* e *s.m.* neurasthénique.

nevrite *s.f.* névrite.

nevro- *pref.* → **neuro-**

nevrosi *s.f.* névrose.

nevrotico (pl. *-ci*) *agg.* névrotique; (*di persona*) névrosé ♦ *s.m.* névrosé.

nevvero *inter.* n'est-ce pas?

newyorkese *agg.* e *s.m.* new-yorkais*.

nibbio *s.m.* (*zool.*) milan.

nicaraguegno, nicaraguense *agg.* e *s.m.* nicaraguayen*.

nicchia *s.f.* niche.

nicchiare *v.intr.* hésiter, être* indécis.

nichel *s.m.* nickel.

nichelare *v.tr.* nickeler*.

nichelato *agg.* nickelé.

nichilismo *s.m.* nihilisme.

nichilista *agg.* e *s.m.* nihiliste.

nicotina *s.f.* nicotine.

nidiata *s.f.* nichée.

nidificare (*coniug. come* mancare) *v.intr.* nicher, nidifier.

nidificazione *s.f.* nidification.

nido *s.m.* nid; (*di rapaci*) aire (*f.*) || — *d'infanzia*, crèche || *fare il* —, faire son nid.

niellare *v.tr.* nieller.

niello *s.m.* nielle.

niente *pron.indef.invar.* **1** rien: — *è certo*, rien n'est sûr; *non ha detto* —, il n'a rien dit; *preferisco non dirgli* —, je préfère ne rien lui dire; *e a me* —?, rien pour moi?; — *di meglio*, rien de mieux || *per* —, pour rien: *ma allora ho parlato per* —!, alors c'est comme si je n'avais rien dit || *non per* —, (*non senza ragione*) ce n'est pas pour rien; (*non per dire*) ce n'est pas pour dire || *di* —, de rien: — *di* —, absolument rien, rien de rien || *fare* —: *quella cura non gli ha fatto* —, ce traitement ne lui a rien fait; *non posso farci* —, je n'y peux rien; *non fa* —, *se non ti fa* —..., (*fam.*) ça ne fait rien, si ça ne te fait rien; *non ho* — *a che fare con lui*, je n'ai rien à voir avec lui; *per adesso, non se ne fa* —, pour l'instant, il n'en est pas question || *il dolce far* —, le doux farniente **2** (*qualche cosa*) quelque chose; (*in frasi negative*) rien: *c'è* — *che possa fare per te?*, puis-je faire quelque chose pour toi?; *ti serve* —?, as-tu besoin de quelque chose?, n'as-tu besoin de rien?; — *di nuovo?*, rien de nouveau (*o fam.* de neuf)? **3** (*poca cosa*) peu de chose, rien: *non mi è costato* — *in confronto al suo valore*, par rapport à sa valeur je l'ai eu pour rien; *il mio patrimonio è* — *rispetto al suo*, mon patrimoine est peu de chose par rapport au sien; *e ti pare* —?, ça te semble peu?; *come* — (*fosse*), *come se* — *fosse*, comme si de rien n'était; (*con la massima facilità*) sans le moindre effort || *un buono a* —, un bon à rien || *fino a qualche anno fa egli era* —, *e ora...*, il y a à peine quelques années il n'était rien et maintenant... || *da* —, (*da poco*): *una ferita da* —, une blessure de rien du tout; *è una cosa da* —, ce n'est rien, (*di un piccolo regalo*) c'est un petit rien; *un uomo da* —, un propre à rien, un vaurien; *una donna da* —, une femme de rien, une rien du tout ♦ *agg.invar.* (*fam.*): — *paura!*, n'aie, n'ayez pas peur!; — *scherzi!*, pas de blagues!; *non ne ho* — *voglia*, je n'en ai aucune envie ♦ *s.m.* **1** rien: *l'ho comperato per un* —, je l'ai eu pour (trois fois) rien; *venire dal* —, sortir de rien; *partire dal* —, partir de zéro || *finire in* —, (*non aver seguito, risultato*) ne pas avoir de suite: *tutto finì in* (*un*) —, tout finit en queue de poisson; *la conferenza finì in un* —, *di fatto*, la conférence s'est soldée par un échec || *l'ha terminato in meno di un* —, il l'a terminé en un rien de temps || *un bel* —, (*assolutamente nulla*) rien du tout: *nonostante gli sforzi non ottenne un bel* —, malgré tous ses efforts, il n'a rien du tout obtenu **2** (*fil.*) néant ♦ *avv.* rien (du tout): *non costa* —, cela ne coûte rien; *costa poco o* —, cela coûte (trois fois) rien; *non è* (*per*) — *vero*, ce n'est pas du tout vrai; *non l'ho visto per* —, je ne l'ai pas vu du tout || — *male!*, pas mal! || — *affatto*, pas du tout || *non ci metto* — *a dirglielo*, je n'ai aucun problème à le lui dire || *se* — — *gli si dà ascolto...*, (*fam.*) pour peu qu'on l'écoute... || *speravamo di convincerlo, ma lui* —!, nous espérions le convaincre, mais rien à faire! || — *po' po' di meno che*, rien de moins que.

nientemeno, niente meno *avv.* **1** rien de moins que **2** (*esclam.*) rien que ça!

nigeriano *agg.* e *s.m.* (*della Nigeria*) nigérian.

nigerino *agg.* e *s.m.* (*del Niger*) nigérien*.

night-club *s.m.* night-club, boîte (de nuit).

nimbo *s.m.* nimbe; (*aureola*) auréole (*f.*).

ninfa *s.f.* nymphe.

ninfea *s.f.* nymphéa (*m.*), nénuphar (*m.*).

ninfetta *s.f.* nymphette.

ninfomane *agg.* e *s.f.* (*med.*) nymphomane.

ninfomania *s.f.* (*med.*) nymphomanie.

ninnananna *s.f.* berceuse.

ninnare *v.tr.* **1** endormir* (un enfant) en chantant une berceuse **2** (*cullare*) bercer*.

ninnolo *s.m.* **1** bibelot **2** (*balocco*) joujou*.

nipote *s.m.* **1** (*di nonni*) petit-fils*; *pl.* (*maschi e femmine*) petits-enfants **2** (*di zii*) neveu*; *pl.* (*maschi e femmine*) neveux et nièces **3** *pl.* (*discendenti*) descendants || *i nipoti di Adamo*, les fils d'Adam ♦ *s.f.* **1** (*di nonni*) petite-fille* **2** (*di zii*) nièce.

nipponico (pl. -*ci*) *agg.* nippon*.

nirvana *s.m.* nirvana.

nitidamente *avv.* nettement.

nitidezza *s.f.* **1** (*pulizia*) propreté **2** (*di contorni*) netteté **3** (*fig.*) pureté.

nitido *agg.* **1** (*pulito*) propre; (*limpido*) limpide **2** (*di contorni*) net* **3** (*fig.*) pur.

nitore *s.m.* pureté (*f.*) (*anche fig.*).

nitrato *s.m.* nitrate.

nitrico (pl. -*ci*) *agg.* nitrique.

nitrire (*coniug. come* finire) *v.intr.* *hennir.

nitrito *s.m.* *hennissement.

nitro- *pref.* nitro-

nitrobenzene *s.m.* nitrobenzène.

nitrocellulosa *s.f.* nitrocellulose.

nitroglicerina *s.f.* nitroglycérine.

nitroso *agg.* nitreux*.

nivale *agg.* (*geogr.*) nival: *regime — di un fiume*, régime nival d'un fleuve || *limite —*, limite des neiges éternelles.

niveo *agg.* (*letter.*) nivéen*: *pelle, carnagione nivea*, peau lactée.

nizzardo *agg.* e *s.m.* niçois || (*cuc.*) *insalata (alla) nizzarda*, salade niçoise.

no *avv.* **1** non: — *davvero!*, non alors!; *vieni o —?*, tu viens, oui ou non?; — *di certo, certamente —*, certainement pas; — *e poi —*, non, non et non; *questo poi —*, ah! ça non!; *assolutamente —*, il n'en est pas question; *speriamo di —!*, espérons que non!; *rispondere di —*, répondre (que) non || *dire di —*, dire non: *è difficile, non dico di —!*, c'est difficile, je ne dis pas le contraire || *come —!*, bien sûr (que oui)! || *e perché —?*, pourquoi pas? || *se —*, (*altrimenti*) sinon **2** (*posposto al termine da negare sta per* non) pas: *tu puoi farlo, noi —*, toi, tu peux le faire, mais pas nous; *"È un uso scorretto?" "Scorretto —, ma...."*, "C'est un emploi incorrect?" "Pas vraiment incorrect, mais..."; *"Stasera non esco" "Ah, —?"*, "Ce soir je ne sors pas"

"Ah, vraiment pas?" **3** (*non è vero*) n'est-ce pas?: *gli hai risposto così, —?*, c'est ce que tu lui as répondu, n'est-ce pas? ♦ *s.m.* **1** non: *un bel —* (*secco*), un non sec; *gli ha risposto con un bel —* (*secco*), un non sec; *gli ha risposto con un bel —*, lui a carrément répondu non || *un —chiaro e tondo*, un 'non' catégorique || *il loro — mi ha stupito*, leur refus m'a surpris **2** (*voto contrario*) *i —*, les non ♦ *agg.invar.* (*fam.*) *giornata —*, journée noire.

Nobel (pl. *invar.*) *s.m.* (*premio e vincitore*) prix Nobel.

nobildonna *s.f.* dame noble; (*seguito dal nome*) Madame.

nobile *agg.* e *s.m.* noble: *animo —*, cœur noble; — *decaduto*, noble ruiné || *piano —*, le premier ou le second étage d'un hôtel particulier || **-mente** *avv.*

nobiliare *agg.* nobiliaire || *titolo —*, titre de noblesse.

nobilitare *v.tr.* **1** ennoblir **2** (*con un titolo di nobiltà*) anoblir □ **nobilitarsi** *v.pron.* s'élever*.

nobilitazione *s.f.* **1** ennoblissement (*m.*); (*con un titolo di nobiltà*) anoblissement (*m.*).

nobiltà *s.f.* noblesse (*anche fig.*).

nobiluomo (pl. *nobiluomini*) *s.m.* (*antiq.*) gentilhomme; (*seguito dal nome*) Monsieur.

nocca (pl. -*che*) *s.f.* (*anat.*) jointure des doigts || *battere con le nocche*, frapper du doigt.

nocchiero *s.m.* (*letter.*) nocher; (*mar. mil.*) maître d'équipage.

nocchio *s.m.* (*di alberi*) broussin, loupe (*f.*); (*di frutti*) pierre (*f.*).

nocciola *s.f.* noisette.

nocciolina *s.f.*: — *americana*, cacahouète.

nocciolo¹ *s.m.* **1** noyau* **2** (*punto centrale*) cœur; nœud: *il — della questione*, le nœud de la question || *veniamo al —!*, venons-en au fait! || (*fig.*) — *duro*, noyau dur.

nocciolo² *s.m.* (*albero*) noisetier, coudrier.

noce *s.m.* (*albero e legno*) noyer ♦ *s.f.* (*frutto*) noix || (*anat.*) — *del piede*, malléole || (*cuc.*) *una — di burro*, une noisette, une noix de beurre.

nocepesca (pl. *nocipesche*) *s.f.* (*bot.*) brugnon (*m.*).

nocività *s.f.* nocivité.

nocivo *agg.* nuisible.

nodale *agg.* **1** (*scient.*) nodal* **2** (*fig.*) central*: *il punto — di una questione*, le point-clé d'une question.

nodo *s.m.* **1** nœud (*anche fig.*): *farsi il — alla cravatta*, nouer sa cravate; *quella nave fa venti nodi*, ce bateau file à vingt nœuds || *avere un — in gola*, avoir la gorge serrée; (*raucedine*) avoir un chat dans la gorge || *tutti i nodi vengono al pettine*, tout se paie || (*anat.*) — *linfatico*, ganglion lymphatique || *un — del legno*, une loupe **2** (*ferroviario, stradale*) embranchement.

nodosità *s.f.* nodosité.

nodoso *agg.* noueux*; (*scient.*) nodulaire.

nodulo *s.m.* nodule.

noduloso *agg.* noduleux*.

noi *pron. pers. di 1ª pers.pl.* **1** (*sogg., compl.dir.* e *indir.*) nous: (—) *partiremo domani*, nous partirons demain; *lo faremo insieme, — e voi,* nous le ferons ensemble, vous et nous; *hanno chiamato —,* c'est nous qu'ils ont appelés; *siamo —, non siamo — i colpevoli,* c'est nous, ce n'est pas nous les coupables; *siamo — che te l'abbiamo detto,* siamo stati — a dirtelo, c'est nous qui te l'avons dit; *non saremo certo — a dirlo, che lo diremo,* ce n'est sûrement pas nous qui le dirons || *— due, — tre,* nous deux, nous trois; *— due lo sappiamo bene,* nous le savons bien tous les deux; *lo sappiamo bene — due, mio fratello e io,* nous deux, mon frère et moi, nous le savons bien; *— due andremo in Kenia, loro due in Giappone,* nous irons au Kenia, eux au Japon || *anche —,* nous aussi: *anche — ci saremo,* nous y serons nous aussi || *proprio —, — stessi,* nous-mêmes: *— stessi abbiamo ammesso i nostri torti,* nous avons nous-mêmes admis nos torts || *veniamo a — !,* à nous maintenant! || *torniamo a —,* (al nostro argomento) revenons à nos affaires || *non sembriamo, non siamo più —,* nous ne sommes plus les mêmes || *non è da — dire certe cose,* ce n'est pas notre style, ça ne nous ressemble pas de dire certaines choses || *— altri* → noialtri *2 (con valore impers.)* on: *quando — consideriamo che...,* quand on considère que... *3 (pl. di maestà)* nous.

noia *s.f.* **1** *(fastidio)* ennui *(m.)*: *quella conferenza è stata una —,* cette conférence m'a ennuyé; *che —!,* (fam.) quelle barbe!; *è una — mortale!,* c'est mortel! || *avere a — qlco,* en avoir assez de qqch || *mi è venuto a —,* je ne peux plus le supporter || *ripetere fino alla —,* répéter à satiété || *dare —,* déranger, gêner **2** *pl.* (guai) ennuis *(m.)*; *(fam.)* embêtements *(m.)*.

noialtri *pron.pers. di 1ª pers.pl.* nous, nous autres: *— non lo sappiamo,* nous ne le savons pas; *— uomini, noialtre donne,* nous autres hommes, nous autres femmes.

noiosità *s.f.* ennui *(m.)*.

noioso *agg.* ennuyeux*, assommant || *un — contrattempo,* un fâcheux contretemps.

noleggiare *(coniug. come* mangiare) *v.tr.* **1** *(dare a nolo)* louer; *(navi, aerei)* fréter*: *si noleggiano biciclette,* vélos à louer **2** *(prendere a nolo)* louer; *(navi, aerei)* affréter*, noliser.

noleggiatore (f. -trice) *s.m.* **1** *(chi dà a nolo)* loueur*; *(navi, aerei)* fréteur **2** *(chi prende a nolo)* celui qui prend en location; *(navi, aerei)* affréteur.

noleggio *s.m.* **1** location *(f.)*: *prendere, dare a —,* louer **2** *(di navi, di aerei)* affrètement; *(prezzo)* fret: *dare a —,* fréter; *prendere a —,* affréter; *contratto di —,* charte-partie **3** *(luogo)* bureau*, magasin de loueur.

nolente *agg.*: *volente o —,* bon gré, mal gré.

nolo *s.m.* **1** location *(f.)*: *prendere, dare a —,* louer **2** *(di navi, di aerei)* affrètement: *dare a —,* fréter; *prendere a —,* affréter **3** *(prezzo di trasporto)* fret.

nomade *agg.* e *s.m.* nomade.

nomadismo *s.m.* nomadisme.

nomare *v.tr.* (letter.) nommer.

nome *s.m.* **1** nom; *(di persona)* (cognome) nom; *(nome proprio)* prénom, petit nom: *primo —, — di battesimo,* prénom, nom de baptême; *scrivete il vostro — e cognome,* écrivez vos nom et prénom; *come ti chiami di —?,* quel est ton prénom?; *le ha messo — Anna,* il l'a appelée Anne; *un tale di — Paolo,* un certain Paul; *prendere (il) — da,* tenir son nom de; *chiamare qlcu per —,* appeler qqn par son prénom; *non far nomi,* ne pas citer de noms; *non faccio nomi,* je ne nomme personne; *fare il — del colpevole,* dévoiler le nom du coupable; *puoi dare il mio —,* tu peux dire mon nom; *i grandi nomi della letteratura,* les grands noms de la littérature; *— commerciale,* nom commercial || *di — e di fatto,* de nom et de fait || *fuori i nomi!,* (donnez) les noms! || *sotto falso —,* sous un faux nom || *— di battaglia,* nom de guerre; *scrivere sotto il — di,* écrire sous le pseudonyme de || *a — di,* au nom de; *(da parte di)* de la part de; *a — mio,* en mon nom; *(da parte mia)* de ma part || *in — di,* au nom de **2** *(reputazione)* nom, réputation *(f.)*: *avere, godere di un buon — come avvocato,* avoir une bonne réputation d'avocat || *per il buon — della famiglia,* pour le bon renom de la famille.

nomea *s.f.* réputation: *ha la — di ladro,* il a la réputation d'être un voleur.

nomenclatura *s.f.* nomenclature.

nomignolo *s.m.* sobriquet, surnom.

nomina *s.f.* nomination: *ha ottenuto la — a direttore,* il a été nommé directeur; *presidente di prima —,* président qui vient d'être nommé.

nominale *agg.* nominal* || **-mente** *avv.*

nominalismo *s.m.* (fil.) nominalisme.

nominalista *s.m.* nominaliste.

nominalistico (pl. -ci) *agg.* nominaliste.

nominare *v.tr.* nommer || *mai sentito —,* je n'en ai jamais entendu parler.

nomination *s.f.* (cine.) *ottenere la — all'Oscar,* être nominé aux Oscars.

nominativo *agg.* nominatif* ♦ *s.m.* **1** *(nome)* nom **2** *(gramm.)* nominatif.

non *avv.* **1** *(dinanzi a verbo di modo finito)* ne...pas; *(dinanzi a infinito)* ne pas: *— parla,* il ne parle pas; *— ha parlato,* il n'a pas parlé; *— hai studiato?,* n'as-tu pas travaillé?; *— rispondere!,* ne réponds pas!; *gli ho detto di — andare,* je lui ai dit de ne pas y aller; *— può accettare,* il ne peut pas accepter; *può — accettare,* il peut ne pas accepter || *— che...: — che io sia d'accordo...,* ce n'est pas que je sois d'accord... **2** *(in presenza di altra negazione; che restrictivo; degli interrogativi* qui, que, quel; *in alcune espressioni di tempo)* ne: *— fuma mai,* il ne fume jamais; *— è affatto divertente,* ce n'est pas du tout amusant; *— voglio più uscire,* je ne veux plus sortir; *— si vede nessuno,* on ne voit personne; *— mi ha risposto nulla,* il ne m'a rien répondu; *preferirebbe — saper nulla,* il aimerait mieux ne rien savoir; *— ha né amici né nemici,* il n'a ni amis ni ennemis; *— bevo (altro) che acqua,* je ne bois que de l'eau; *chi — lo conosce?,* qui ne le connaît?; *è molto tempo che — lo* *vedo*, voilà longtemps que je ne l'ai vu; *erano sei mesi che — tornavo a Parigi*, il y avait six mois que je n'étais retourné à Paris **3** (*pleonastico*) ne: *è più ricco di quanto tu — creda*, il est plus riche que tu ne crois; *— accetterà, a meno che voi — gli parliate*, il n'acceptera pas, à moins que vous ne lui parliez; *le bugie che — mi ha detto!*, quels mensonges ne m'a-t-il pas dits! || *ti attenderò finché — arriverai*, j'attendrai jusqu'à ce que tu arrives **4** (*nelle contrapposizioni, spesso col verbo sottinteso*) non (pas): *tu dovevi pensarci, e — io*, c'était à toi et non pas à moi d'y penser; *— domani, stasera*, non pas demain, ce soir || *venga o — venga*, qu'il vienne ou ne vienne pas || (*che*) *ti piaccia o — ti piaccia*, que cela te plaise ou non **5** (*davanti a sostantivo con ellissi del verbo*) pas: *— un grido*, pas un cri; *— fiori*, pas de fleurs || *medico o — medico, mi ha aiutato a guarire*, médecin ou pas, il m'a aidé à guérir **6** (*riferito ad agg., avv. ecc.*) pas; non: *— sempre*, *— troppo*, *— molto*, pas toujours, pas trop, pas beaucoup; *— oggi*, *— stasera*, pas aujourd'hui, pas ce soir; *— meno*, *— più di dieci*, pas moins, pas plus de dix; *mele — mature*, des pommes pas mûres; *dei compiti — corretti*, des copies non corrigées; *— senza gioia*, non sans joie; *— tutti*, pas tout le monde || *— pochi la pensano come noi*, nous ne sommes pas seuls à penser ainsi **7** (*prefisso negativo davanti a sostantivo*) non: *il — intervento*, la non-intervention.

non(-) *pref.* non-, in-.

nonagenario *agg.* e *s.m.* nonagénaire.

non aggressione *s.f.* non-agression.

non allineato *agg.* e *s.m.* non-aligné.

non belligeranza *s.f.* non-belligérance.

nonché *cong.* (*non soltanto... ma...*) non seulement... mais...; (*e inoltre*) ainsi que, et en plus: *è sciocco — presuntuoso*, non seulement il est sot, mais en plus il est présomptueux; *è venuta lei — sua cugina*, elle est venue ainsi que sa cousine.

noncurante *agg.* insouciant; (*seguito da un complemento*) dédaigneux* (de).

noncuranza *s.f.* nonchalance, insouciance; (*negligenza*) négligence.

nondimeno, non di meno *cong.* néanmoins.

non fumatore *s.m.* non-fumeur.

non intervento *s.m.* non-intervention (*f.*).

nonna *s.f.* grand-mère*; (*fam.*) grand-maman*, ma(m)my, mamie.

nonnina *s.f.* **1** bonne-maman*, mémé **2** (*vecchietta*) petite vieille.

nonnino *s.m.* **1** bon-papa*, pépé **2** (*vecchietto*) petit vieux.

nonnismo *s.m.* (*gergo mil.*) caporalisme.

nonno *s.m.* **1** grand-père*; (*fam.*) grand-papa*, papi, papy || *i nonni*, les grands-parents **2** (*gergo mil.*) ancien.

nonnulla (pl. *invar.*) *s.m.* rien.

nono *agg.num.ord.* e *s.m.* neuvième; (*nella progressione di re, di papi ecc.*) neuf.

nonostante *prep.* malgré: *— questo, ciò —*, mal-

gré cela; *— tutto ciò*, malgré tout cela ♦ *cong.* bien que, quoique: *— fosse tardi*, bien qu'il soit tard; *— (che) io glielo avessi ordinato...*, bien que, quoique je le lui aie ordonné...

nonsense, nonsenso (pl. *invar.*) *s.m.* nonsens.

non so che (pl. *invar.*) *s.m.* je-ne-sais-quoi* ♦ *agg.* je ne sais quel*.

non stop *agg.* non-stop.

nontiscordardimé *s.m.* (*bot.*) myosotis.

non udente *s.m.* malentendant.

non vedente *s.m.* non-voyant.

nonviolento *agg.* non-violent.

nonviolenza *s.f.* non-violence.

nord *s.m.* **1** nord: *a —*, au nord **2** (*geogr.*) il *Nord*, le Nord.

nordafricano *agg.* e *s.m.* nord-africain.

nordamericano *agg.* e *s.m.* nord-américain.

nord-est *s.m.* nord-est.

nordeuropeo *agg.* e *s.m.* nord-européen*.

nordico (pl. *-ci*) *agg.* nordique; du Nord.

nordista *agg.* e *s.m.* e *f.* **1** (*st.*) nordiste **2** (*del Nord di un paese*) (habitant du Nord).

nordoccidentale *agg.* (du) nord-ouest.

nordorientale *agg.* (du) nord-est.

nord-ovest *s.m.* nord-ouest.

noria *s.f.* (*tecn.*) noria.

norma *s.f.* **1** norme || *secondo la —, come di —*, comme il est d'usage, comme d'habitude || *di —*, en principe; (*usualmente*) normalement; *che questo vi serva di —*, que cela vous serve de leçon **2** (*regola*) règle: *norme di sicurezza*, consignes de sécurité || (*tecn.*) *messa a —*, mise en uniformité || *per vostra — e regola*, pour votre gouverne || *è buona —...*, il est bon de... **3** (*dir.*) norme; (*prescrizione di legge*) disposition de la loi || *le norme vigenti*, les lois en vigueur || *a — di legge*, aux termes de la loi **4** (*istruzione*) mode (*m.*): *norme per l'uso*, mode d'emploi.

normale *agg.* normal* || (*mat.*) (*retta*) —, normale ♦ *s.m.* normale (*f.*): *al di sotto, sopra del —*, inférieur, supérieur à la normale.

normalità *s.f.* normalité.

normalizzare *v.tr.* normaliser.

normalizzazione *s.f.* normalisation.

normalmente *avv.* normalement.

normanno *agg.* normand.

normativa *s.f.* normes (*pl.*) || *— sulle pensioni*, réglementation des retraites.

normativo *agg.* normatif*.

normografo *s.m.* normographe.

norvegese *agg.* e *s.m.* norvégien*.

nosocomio *s.m.* (*letter.*) hôpital*.

nosologia *s.f.* (*med.*) nosologie.

nossignore *avv.* **1** (*proprio no*) eh bien non **2** (*antiq.*) (*nelle risposte negative*) non, Monsieur; (*se rivolta a una donna, nossignora*) non, Madame.

nostalgia *s.f.* nostalgie || *soffrire di —*, avoir le mal du pays.

nostalgico (pl. *-ci*) *agg.* e *s.m.* nostalgique.

nostrano *agg.* du pays || *alla nostrana*, selon l'usage du pays.

nostro *agg.poss. di 1ª pers.pl.* **1** notre*: *il — lavoro*, notre travail; *la nostra casa*, notre maison; *i nostri genitori*, nos parents; *le nostre idee*, nos idées; *l'ultimo — viaggio*, notre dernier voyage; *era del — stesso parere*, il était tout à fait de notre avis; *la nostra e la vostra auto sono francesi*, notre voiture et la vôtre sont françaises; *è un problema —, non vostro*, c'est notre problème, (ce n'est) pas le vôtre || *questo — amico*, notre ami, cet ami || *un — amico*, un de nos amis, un ami à nous; *un — amico avvocato*, un avocat de nos amis, un ami à nous qui est avocat; *vorrebbe un — consiglio*, il voudrait notre conseil; *aspetta una nostra risposta*, il attend une réponse de nous || *tre nostri amici*, trois de nos amis, trois amis à nous; *alcuni nostri amici*, quelques-uns de nos amis, quelques amis à nous || *in, a casa nostra*, chez nous **2** *(per indicare proprietà, appartenenza)*: *abbiamo una bella camera tutta nostra*, nous avons une belle chambre bien à nous; *l'idea non è nostra*, l'idée n'est pas de nous; *abbiamo un modo tutto — di vedere le cose*, nous avons une manière toute personnelle de voir les choses || *questo progetto è —, (ne siamo gli autori)* ce projet est de nous ♦ *pron.poss.* **1** le nôtre: *i tuoi giornali sono più interessanti dei nostri*, tes journaux sont plus intéressants que les nôtres || *il Nostro*, notre homme; *(riferito a scrittore o artista)* notre auteur **2** *(in espressioni ellittiche)*: *quando riceverete questa nostra...*, quand vous recevrez cette lettre, notre lettre; *è, sta sempre dalla nostra (parte)*, il est toujours de notre côté; *ne abbiamo combinata una delle nostre*, nous avons encore fait une des nôtres; *ne abbiamo detta una delle nostre*, nous avons fait une de nos gaffes; *anche noi abbiamo avuto le nostre (disgrazie)*, nous aussi nous avons eu notre part de malheurs; *avevamo anche noi la nostra da dire*, nous avions nous aussi notre mot à dire ♦ *s.m.* **1** *(mezzi economici, beni personali)*: *viviamo del —*, nous vivons de nos ressources personnelles; *abbiamo speso del —*, nous avons payé de notre poche **2** *(preceduto da pron.indef.)*: *abbiamo ancora qlco di —*, nous avons encore quelques biens personnels; *non abbiamo più niente di —*, nous n'avons, ne possédons plus rien; *qui non c'è più nulla di —*, ici il n'y a plus rien qui nous appartienne; *abbiamo messo molto di — in questo articolo*, nous avons mis beaucoup de nous-mêmes dans cet article **3** *pl.* (familiari, compagni ecc.) les nôtres || *arrivano i nostri!*, voilà les nôtres!

nostromo *s.m.* maître: *primo —*, maître d'équipage.

nota *s.f.* **1** note || *le sette note musicali*, les sept notes de la gamme || *le dolenti note*, les difficultés || *con una — di rimpianto nella voce*, (fig.) avec une nuance de regret dans la voix || *trovare la — giusta*, (fig.) trouver le ton juste || *dire a chiare note*, (fig.) dire les choses carrément **2** *(commento, appunto)* note; annotation: *prender —*, noter,

prendre note, *(comm.)* prendre bonne note; *prendere mentalmente — di qlco*, enregistrer qqch dans sa tête || *degno di —*, digne d'être remarqué **3** *(lista)* liste; *(conto)* note: *— della spesa*, liste des commissions; *— spese*, note de frais || *(comm.)*: *— di pegno*, warrant; *— di spedizione*, bordereau d'expédition; *— di credito*, avis de crédit || *mettersi in —*, s'inscrire **4** *(segno, caratteristica)* caractéristique || *note caratteristiche*, appréciations.

notabene, nota bene *(pl. invar.)* *s.m.* nota, nota bene.

notabile *agg.* e *s.m.* notable || *i notabili*, les notables.

notaio *s.m.* notaire.

notare *v.tr.* **1** remarquer: *non ho notato niente*, je n'ai rien remarqué; *è macchiato, ma non si nota*, il y a des taches, mais ça ne se voit pas; *le faccio — che...*, je vous signale que... || *non ce l'ho con lui, nota bene, ma...*, remarque, je n'ai rien contre lui, mais... **2** *(prendere nota di)* noter, prendre* note (de): *— le spese*, prendre note des dépenses **3** *(annotare)* annoter; *(segnare, contrassegnare)* marquer **4** *(sottolineare)* souligner.

notariato *s.m.* notariat.

notarile *agg.* notarial*; *(di atto ecc.)* notarié || *collegio —*, Chambre des notaires.

notazione *s.f.* **1** notation **2** *(osservazione)* observation, remarque.

notes *(pl. invar.)* *s.m.* calepin.

notevole *agg.* considérable; *(degno di nota, pregevole)* remarquable, notable: *a — distanza*, à une distance considérable; *un uomo —*, un homme remarquable.

notevolmente *avv.* considérablement; remarquablement.

notifica *(pl. -che)* *s.f.* notification; *(avviso)* avis *(m.)* || *— a mani proprie, a domicilio*, signification à la personne, à domicile.

notificare *(coniug. come mancare)* *v.tr.* **1** notifier **2** *(dichiarare)* déclarer.

notificazione *s.f.* notification; *(avviso)* avis *(m.)*.

notizia *s.f.* **1** nouvelle: *hai sue notizie?*, est-ce que tu as de ses nouvelles?; *dammi tue notizie*, donne-moi de tes nouvelles; *avrà presto mie notizie*, vous aurez bientôt de mes nouvelles || *ultime notizie*, *(giornalismo)* (nouvelles de la) dernière heure || *non fa —*, ça ne fait pas sensation || *avere — di un fatto*, avoir connaissance d'un fait || *dare — di qlco*, annoncer qqch **2** *(dato)* notice: *notizie bibliografiche*, notices bibliographiques.

notiziario *s.m.* **1** nouvelles *(f.pl.)*, informations *(f.pl.)*: *— cittadino*, nouvelles de la ville **2** *(titolo di periodici)* chronique *(f.)*.

noto *agg.* e *s.m.* connu || *una persona a voi nota*, une personne que vous connaissez bien || *è — che*, on sait que; *come è —*, comme chacun sait || *render —*, *(comunicare)* communiquer; *(divulgare)* rendre public.

notoriamente *avv.* notoirement.

notorietà *s.f.* notoriété.

notorio *agg.* notoire: *è — che*, il est de notoriété

publique que || (*dir.*) *atto* —, acte de notoriété.

nottambulo *s.m.* noctambule.

nottata *s.f.* nuit || *fare la* — *in bianco*, passer une nuit blanche.

notte *s.f.* nuit: *è* —, il fait nuit, c'est la nuit; *si fa* —, il commence à faire nuit; *a* — *fatta*, en pleine nuit; *alle due di* —, à deux heures du matin; *sabato* —, dans la nuit de samedi; *di* —, (*durante*) *la* —, la nuit; *giorno e* —, nuit et jour; *tutta la* —, de la nuit || *è peggio che andare di* —, (*fam.*) c'est encore pire || *ci corre quanto dal giorno alla* —, c'est le jour et la nuit.

nottetempo *avv.* pendant la nuit; (*letter.*) nuitamment.

nottola[1] *s.f.* (*pipistrello*) noctule.

nottola[2] *s.f.* (*saliscendi*) loquet (*m.*).

nottolino *s.m.* 1 loqueteau* 2 (*mecc.*) cliquet.

nottua *s.f.* (*zool.*) noctuelle.

notturna *s.f.* (*sport*) soirée: *in* —, en soirée.

notturno *agg. e s.m.* nocturne: *servizio* —, service de nuit.

notula *s.f.* note.

novanta *agg.num.card. e s.m.* quatre-vingt-dix || *un pezzo da* —, (*scherz.*) grosse légume || *la paura fa* —, la peur est plus forte que tout.

novantadue *agg.num.card. e s.m.* quatre-vingt-douze.

novantenne *agg.* (âgé) de quatre-vingt-dix ans ♦ *s.m. e f.* homme (âgé), femme (âgée) de quatre-vingt-dix ans.

novantennio *s.m.* (période de) quatre-vingt-dix ans.

novantesimo *agg.num.ord. e s.m.* quatre-vingt-dixième.

novantina *s.f.* environ quatre-vingt-dix || *ha passato la* —, il a plus de quatre-vingt-dix ans; *è sulla* —, il doit avoir à peu près quatre-vingt-dix ans.

novantuno *agg.num.card. e s.m.* quatre-vingt-onze.

novarese *agg. e s.m.* novarois.

novatore (f. -*trice*) *agg. e s.m.* novateur*.

novazione *s.f.* (*dir.*) novation.

nove *agg.num.card. e s.m.* neuf || (*mat.*) *la prova del* —, la preuve par neuf.

novecentesco (pl. -*chi*) *agg.* du XXᵉ siècle.

novecentista *s.m.* 1 (*scrittore, artista*) écrivain, artiste du XXᵉ siècle 2 (*studioso del Novecento*) spécialiste du XXᵉ siècle.

novecento *agg.num.card. e s.m.* neuf cents || *nel Novecento*, au vingtième siècle.

novella *s.f.* 1 nouvelle; (*spec. di argomento fantastico*) conte (*m.*) 2 (*notizia*) nouvelle.

novellare *v.intr.* (*letter.*) conter des histoires.

novellatore *s.m.* (*letter.*) conteur d'histoires.

novelliere *s.m.* nouvelliste.

novellino *agg.* 1 (*di piante*) nouveau* 2 (*di persona*) débutant ♦ *s.m.* débutant; (*scherz.*) novice.

novellista *s.m.* nouvelliste.

novellistica *s.f.* nouvelles (*pl.*), contes (*m.pl.*).

novello *agg.* nouveau* || *età novella*, âge tendre.

novembre *s.m.* novembre: *il dieci* (*di*) —, le dix novembre.

novena *s.f.* neuvaine.

novennale *agg.* 1 (*che dura nove anni*) qui dure neuf ans 2 (*che ricorre ogni nove anni*) qui a lieu tous les neuf ans.

noverare *v.tr.* 1 énumérer*, compter 2 (*ricordare*) rappeler*.

novero *s.m.* nombre: *includere nel* — *degli amici*, compter au nombre de ses amis; *essere nel* — *di*, faire partie de.

novilunio *s.m.* nouvelle lune.

novità *s.f.* nouveauté: *una* — *libraria*, une nouveauté de librairie || (*ci sono*) —?, *che* — *ci sono*?, quoi de neuf?; *c'è una* —, il y a du neuf, du nouveau || *non è una* —, ce n'est pas nouveau || *ho altre* — *da raccontarti*, j'ai d'autres nouvelles à te raconter || *sai l'ultima* —?, tu connais la dernière? || *l'ultima* — (*della moda*), le dernier cri.

novizia *s.f.* novice.

noviziato *s.m.* noviciat; (*tirocinio*) apprentissage.

novizio *s.m.* novice.

nozione *s.f.* notion.

nozionismo *s.m.* culture formée de notions apprises par cœur: *è puro* —, c'est du par cœur, c'est un inventaire de notions.

nozionistico (pl. -*ci*) *agg.* fait de notions apprises par cœur: *è puramente* —, ce n'est qu'un inventaire de notions.

nozze *s.f.pl.* noces; (*matrimonio*) mariage (*m.sing.*): — *d'oro*, noces d'or; *viaggio di* —, voyage de noces; *partecipazione di* —, faire-part de mariage; *andare a* —, (*sposarsi*) se marier, (*andare come invitato*) être invité au mariage; *passare a seconde*, *a nuove* —, se remarier; *sposare in seconde* —, épouser en secondes noces || *la festa di* —, la noce || (*per me*) *è un invito a* —, *mi inviti a* —, (*fig.*) je ne demande pas mieux.

nube *s.f.* 1 nuage (*m.*) 2 (*estens.*) (*moltitudine*) nuée.

nubifragio *s.m.* orage violent.

nubile *agg. e s.f.* célibataire.

nuca (pl. -*che*) *s.f.* nuque.

nucleare *agg.* nucléaire.

nucleico (pl. -*ci*) *agg.* (*biochim.*) nucléique.

nucleo *s.m.* noyau* (*anche fig.*) || — *familiare*, noyau familial, ménage || *un* — *di studiosi*, un groupe de savants.

nucle(o)- *pref.* nucle(o)-

nudismo *s.m.* nudisme.

nudista *agg. e s.m.* nudiste || *colonia* —, camp de nudistes.

nudità *s.f.* nudité.

nudo *agg.* e *s.m.* nu || *mezzo* —, à moitié nu, demi-nu || *a testa nuda*, *a piedi nudi*, nu-tête, nu-pieds || *a occhio* —, à l'œil nu || (*fig.*): *i nudi fatti*, les faits bruts; *una nuda esposizione dei fatti*, une sèche exposition des faits; *la verità nuda e cruda*,

la vérité toute nue; *parlare — e crudo*, ne pas mâcher ses mots; *mettere a —*, mettre à nu.
nugolo *s.m.* nuée (*f.*) || *un — di bambini*, une ribambelle d'enfants.
nulla *pron.indef.invar.* e *avv.* → niente

♦ *s.m.* **1** rien: *creare dal —*, créer de rien || *un buono a —*, un nullard **2** (*fil.*) néant.
nullafacente *agg.* e *s.m.* sans profession; (*ozioso*) fainéant.

NUMERI CARDINALI

zero	**0**		zéro
uno	**1**		un
due	**2**		deux
tre	**3**		trois
quattro	**4**		quatre
cinque	**5**		cinq
sei	**6**		six
sette	**7**		sept
otto	**8**		huit
nove	**9**		neuf
dieci	**10**		dix
undici	**11**		onze
dodici	**12**		douze
tredici	**13**		treize
quattordici	**14**		quatorze
quindici	**15**		quinze
sedici	**16**		seize
diciassette	**17**		dix-sept
diciotto	**18**		dix-huit
diciannove	**19**		dix-neuf
venti	**20**		vingt
ventuno	**21**		vingt et un
ventidue	**22**		vingt-deux
ventitre ecc.	**23**		vingt-trois, etc.
trenta	**30**		trente
trentuno	**31**		trente et un
trentadue ecc.	**32**		trente-deux, etc.
quaranta	**40**		quarante
cinquanta	**50**		cinquante
sessanta	**60**		soixante
settanta	**70**		soixante-dix; (in Belgio e Svizzera) *septante*
settantuno	**71**		soixante et onze
settantadue ecc.	**72**		soixante-douze, etc.
ottanta	**80**		quatre-vingts; (in Belgio e Svizzera) *huitante*
ottantuno ecc.	**81**		quatre-vingt-un, etc.
novanta	**90**		quatre-vingt-dix; (in Belgio e Svizzera) *nonante*
novantuno ecc.	**91**		quatre-vingt-onze, etc.
cento	**100**		cent
cento uno	**101**		cent un
cento due	**102**		cent deux
cento dieci	**110**		cent dix
duecento	**200**		deux cents
duecentouno	**201**		deux cent un
duecentodieci	**210**		deux cent dix
mille	**1.000**	**1 000**	mille
milleuno	**1.001**	**1 001**	mille un
duemila	**2.000**	**2 000**	deux mille
duemilauno	**2.001**	**2 001**	deux mille un
centomila	**100.000**	**100 000**	cent mille
un milione	**1.000.000**		un million
due milioni	**2.000.000**		deux millions
un miliardo	**1.000.000.000**		un milliard

• le migliaia si separano con un puntino.

• on sépare par un espace blanc les tranches de 3 chiffres en partant du dernier.

nullaosta, nulla osta (pl. *invar.*) *s.m.* autorisation (*f.*), permis.

nullatenente *agg.* qui ne possède rien ♦ *s.m.* personne qui ne possède rien.

nullificare (*coniug. come* mancare) *v.tr.* réduire* à rien, annuler.

nullità *s.f.* nullité.

nullo *agg.* nul* || (*dir.*) *rendere* —, frapper de nullité.

nume *s.m.* dieu*: *santi numi!*, grands dieux!

numerale *agg.* e *s.m.* numéral*.

numerare *v.tr.* numéroter.

numerario *s.m.* (*econ.*) numéraire.

numerato *agg.* numéroté.

numeratore *s.m.* (*mat.*) numérateur.

numerazione *s.f.* **1** numérotage (*m.*); (*ordine numerico*) numérotation **2** (*mat.*) numération || — *araba, romana*, chiffres arabes, romains.

numerico (pl. -*ci*) *agg.* numérique || *per superiorità numerica*, par le nombre || **-mente** *avv.*

numero *s.m.* **1** nombre: *il maggior — di*, le plus grand nombre de; *un discreto — di*, un bon nombre de; *un ristretto — di*, un nombre limité de; *è nel — dei fortunati*, il est parmi les chanceux; *eravamo in — di venti*, nous étions au nombre de vingt || *eravamo tre di —*, nous étions juste trois || *essere del — di*, être du nombre de || *il — legale*, (*di un'assemblea*) le quorum || *il — chiuso*, le numerus clausus; *facoltà a — chiuso*, facultés où le nombre des inscrits est limité **2** (*per indicare la posizione in una serie, distinguere una cosa o una persona*) numéro: — *di serie*, numéro de série; — *di telefono*, — *di conto corrente*, numéro de téléphone, de compte courant; — *civico*, numéro d'habitation; *abita al — 5 di via Roma*, il habite rue de Rome, numéro 5 || *i numeri estratti* (*di una lotteria*), les numéros gagnants (d'une loterie); *dare i numeri* (*del lotto*), (*fig.*) délirer || *il — di gara di un ciclista*, le dossard d'un cycliste || *che — di scarpe calzi?*, quelle est ta pointure?, (*fam.*) tu chausses du combien? || *essere il — uno*, être le numéro un; *il nemico pubblico — uno*, l'ennemi public numéro un; *è un idiota — uno*, c'est un imbécile de première classe **3** (*cifra*) chiffre: *numeri romani, arabi*, chiffres romains, arabes **4** (*di uno spettacolo, una pubblicazione*) numéro **5** *pl.* (*talento*) talent (*sing.*); (*requisiti, qualità*) qualités

NUMERI ORDINALI

primo (1° *o* 1ª)	*premier* (*1ᵉʳ, 1ᵉʳᵉ*)
secondo (2° *o* 2ª)	*deuxième* (*2ᵉ*), *second* (*2ⁿᵈ*)
terzo (3° *o* 3ª)	*troisième* (*3ᵉ*)
quarto	*quatrième*
quinto	*cinquième*
sesto	*sixième*
settimo	*septième*
ottavo	*huitième*
nono	*neuvième*
decimo	*dixième*
undicesimo	*onzième*
dodicesimo ecc.	*douzième, etc.*
ventesimo	*vingtième*
ventunesimo	*vingt et unième*
ventiduesimo ecc.	*vingt-deuxième, etc.*
trentesimo	*trentième*
trentunesimo	*trente et unième*
trentaduesimo ecc.	*trente-deuxième, etc.*
centesimo	*centième*
millesimo	*millième*

NUMERI DECIMALI

zero virgola settanta	**0,70**	*zéro virgule soixante-dix*
zero virgola settanta metri	**0,70 m**	*zéro mètre soixante-dix*
tredici chilometri e mezzo	**13,5 km**	*treize kilomètres et demi*
uno virgola otto chilometri	**1,8 km**	*un kilomètre (virgule) huit*
due chili e seicento	**2,600 kg**	*deux kilos six*
dieci franchi e quaranta centesimi	**10,40 F**	*dix francs quarante (centimes)*
trentasette e due	**37°2**	*trente-sept deux*

(*f.*), dispositions (*f.*): *è uno scrittore che ha dei numeri,* c'est un écrivain de talent; *ha dei numeri,* il a des dispositions, il est doué.

numeroso *agg.* nombreux*.

numismatica *s.f.* numismatique.

numismatico (pl. -*ci*) *agg.* numismatique ♦ *s.m.* numismate.

nunziatura *s.f.* (*eccl.*) nonciature.

nunzio *s.m.* messager || (*eccl.*) — (*apostolico*), nonce (apostolique).

nuocere (*Indic.pres.* io nuoccio, tu nuoci, egli nuoce, noi nuociamo, voi nuocete, essi nuocciono; *pass.rem.* io nocqui, tu nuocesti ecc. *Part.pass.* nuociuto) *v.intr.* nuire* || *tentar non nuoce,* qui ne risque rien n'a rien || *non tutto il male vien per* —, à quelque chose malheur est bon.

nuora *s.f.* belle-fille*, bru || *essere come suocera e* —, s'entendre comme chien et chat.

nuotare *v.tr.* e *intr.* nager* (*anche fig.*): — *a crawl, il crawl,* nager le crawl; — *a rana, la rana,* nager la brasse; — *alla marinara, sul dorso,* nager à la marinière, sur le dos || — *nell'oro,* rouler sur l'or.

nuotata *s.f.* **1** *fare una* (*lunga*) —, nager (longtemps); *ho fatto una buona* —, j'ai bien nagé; *ho fatto una nuotatina,* j'ai fait quelques brasses **2** (*stile di nuoto*) nage.

nuotatore (f. -*trice*) *s.m.* nageur*.

nuoto *s.m.* **1** nage (*f.*): *esperto nel* —, très bon nageur || — *a rana,* brasse; — *a stile libero, a farfalla,* (*sul*) *dorso,* nage libre, papillon, sur le dos || *a* —, à la nage **2** (*esercizio sportivo*) natation (*f.*): *praticare il* —, faire de la natation; *stili praticati nel* —, nages pratiquées dans la natation.

nuova *s.f.* nouvelle: *nessuna* — *buona* —, pas de nouvelles, bonnes nouvelles.

nuovaiorchese *agg.* e *s.m.* new-yorkais*.

nuovamente *avv.* à nouveau, de nouveau.

nuovo *agg.* **1** nouveau* || *espressioni di* — *conio,* expressions nouvellement forgées; *un edificio di nuova costruzione,* un édifice nouvellement construit || *luna nuova,* nouvelle lune; *l'anno* —, le nouvel an; *con l'anno* —, au début de l'année prochaine; *anno* — *vita nuova,* à année nouvelle vie nouvelle || *sono* — *di Milano,* je suis nouveau à Milan || *viso* —, visage inconnu || *è* — *del mestiere,* il est tout nouveau dans le métier; *non è* — *al successo,* le succès n'est pas une nouveauté pour lui || *non mi giunge* —, ce n'est pas du nouveau pour moi **2** (*mai usato prima*) neuf*: *libri come nuovi,* livres à l'état neuf || — *di zecca,* flambant neuf ♦ *s.m.* nouveau* || *che c'è di* —?, quoi de neuf? || *vestito di, a* —, vêtu de neuf || *rimettere a* —, remettre à neuf; *queste iniezioni mi hanno rimesso a* —, (*fig.*) ces piqûres m'ont bien retapé □ **di nuovo** *locuz.avv.* de nouveau || *di* —!, (*arrivederci*) au revoir.

nuraghe *s.m.* (*archeol.*) nuraghe.

nutria *s.f.* (*zool.*) ragondin (*m.*).

nutrice *s.f.* nourrice.

nutriente *agg.* nourrissant.

nutrimento *s.m.* nourriture (*f.*).

nutrire *v.tr.* nourrir (*anche fig.*): — *affetto,* nourrir de l'affection; — *rispetto,* éprouver du respect ♦ *v.intr.* nourrir □ **nutrirsi** *v.pron.* se nourrir (*anche fig.*).

nutritivo *agg.* nutritif*.

nutrito *agg.* nourri (*anche fig.*) || *un programma ben* —, un programme très chargé; *un* — *gruppo,* un groupe important; *una nutrita scorta di,* de grosses provisions de.

nutrizione *s.f.* nutrition.

nuvola *s.f.* nuage (*m.*): *coperto di nuvole,* nuageux || *cadere dalle nuvole,* tomber des nues; *aver la testa nelle nuvole,* être dans les nuages; *vivere nelle nuvole,* vivre sur son nuage.

nuvolaglia *s.f.* amas de nuages.

nuvolo *agg.* nuageux*: *è* —, le ciel est nuageux ♦ *s.m.* temps nuageux.

nuvolosità *s.f.* nébulosité.

nuvoloso *agg.* nuageux*.

nuziale *agg.* nuptial* || *fede* —, anneau nuptial, alliance.

nuzialità *s.f.* (*stat.*) nuptialité.

nylon *s.m.* nylon.

O

o¹ *s.f.* e *m.* o (*m.*) || (*tel.*) — *come Otranto*, o comme Oscar || *rotondo come l'— di Giotto*, rond comme une bille.

o², **od** (*davanti a parola che inizia con* o) *cong.* **1** ou **2** (*altrimenti*) ou (bien); autrement: *non muovetevi — sparo*, ne bougez pas ou je tire; *venite domani — sarà troppo tardi*, venez demain autrement il sera trop tard.

oasi *s.f.* oasis.

obbedire *v.intr.* e *deriv.* → **ubbidire** e *deriv.*

obbiettare *v.tr.* e *deriv.* → **obiettare** e *deriv.*

obbiettivo *agg.* e *s.m.* e *deriv.* → **obiettivo** e *deriv.*

obbligare (*coniug. come* legare) *v.tr.* **1** obliger* || *la malattia lo ha — a letto*, la maladie lui a fait garder le lit **2** (*impegnare*) engager* □ **obbligarsi** *v.pron.* s'engager*.

obbligato *agg.* obligé: *essere — a*, être obligé de || *è stata una scelta obbligata*, je n'ai pas eu le choix || *— a letto*, cloué au lit || (*metrica*) *rime obbligate*, bouts-rimés.

obbligatorietà *s.f.* caractère obligatoire.

obbligatorio *agg.* obligatoire || **-mente** *avv.*

obbligazionario *agg.* (*fin.*) d'obligations.

obbligazione *s.f.* obligation.

obbligazionista *s.m.* obligataire.

obbligo (pl. *-ghi*) *s.m.* obligation (*f.*): *avere degli obblighi verso qlcu*, avoir des obligations à qqn; *farsi un — di*, se faire un devoir de; *essere in — di*, avoir l'— *di*, être dans l'obligation de; *sentirsi in — (verso)*, se sentir obligé (envers) || *d'—*, (*obbligatorio*) de rigueur, obligatoire; *frasi d'—*, des phrases toutes faites; *sorriso d'—*, sourire de circonstance || *è fatto — di...*, il est obligatoire de... || *scuola dell'—*, instruction obligatoire.

obbrobrio *s.m.* **1** (*infamia*) opprobre **2** (*fig.*) horreur (*f.*).

obbrobriosità *s.f.* ignominie.

obbrobrioso *agg.* **1** (*vergognoso*) ignominieux* **2** (*brutto*) affreux*.

obelisco (pl. *-chi*) *s.m.* obélisque.

oberare *v.tr.* surcharger*.

oberato *agg.* accablé || *sono — di impegni*, je suis surchargé.

obesità *s.f.* obésité.

obeso *agg.* obèse.

obice *s.m.* **1** obusier **2** (*proiettile*) obus.

obiettare *v.tr.* objecter || *obietta su tutto*, il fait des objections à tout.

obiettivamente *avv.* objectivement.

obiettivare *v.tr.* objectiver.

obiettivazione *s.f.* objectivation.

obiettività *s.f.* objectivité.

obiettivo¹ *agg.* objectif*.

obiettivo² *s.m.* objectif: — *grandangolare*, grand-angle.

obiettore *s.m.* objecteur || *— di coscienza*, objecteur de conscience.

obiezione *s.f.* objection.

obitorio *s.m.* morgue (*f.*).

oblato *agg.* (*eccl.*) oblat.

oblatore *s.m.* donateur*, bienfaiteur*.

oblazione *s.f.* **1** oblation **2** (*dir.*) paiement d'une amende de composition.

obliare *v.tr.* (*letter.*) oublier □ **obliarsi** *v.pron.* (*letter.*) s'oublier (soi-même).

oblio *s.m.* (*letter.*) oubli.

obliquamente *avv.* obliquement; (*di traverso*) de biais, de travers (*anche fig.*).

obliquità *s.f.* obliquité.

obliquo *agg.* oblique (*anche fig.*) || *scrittura obliqua*, écriture penchée || *per vie oblique*, par voies indirectes; *parole oblique*, mots ambigus; *sguardo —*, regard louche.

obliterare *v.tr.* oblitérer*; (*alla stazione*) composter.

obliteratrice *s.f.* oblitérateur (*m.*).

obliterazione *s.f.* oblitération.

oblò *s.m.* *hublot.

oblungo (pl. *-ghi*) *agg.* oblong*.

obnubilamento *s.m.* obnubilation (*f.*).

obnubilare *v.tr.* obnubiler.

obnubilato *agg.* obnubilé.

oboe *s.m.* (*mus.*) *hautbois.

oboista *s.m.* *hautboïste.

obolo *s.m.* obole (*f.*).

obsolescenza *s.f.* obsolescence.

obsoleto *agg.* obsolète.

oca (pl. *oche*) *s.f.* oie: — *maschio*, jars; — *giovane*, oison || *avere la pelle d'—*, avoir la chair de poule || *ecco fatto il becco all'—!*, voilà, qui est fait! || *andare in —*, (*fam.*) avoir un passage à vide || *porca l'—!*, (*fam.*) nom d'un chien! || (*mecc.*) *collo d'—*, col de cygne || *non fare l'—!*, arrête de faire l'andouille!; *quell'— crede tutto quello che le dicono*, cette bécasse croit tout ce qu'on lui dit; *quell'— ha dimenticato il suo libro*, cette cruche a oublié son livre; *sei proprio un'—*, tu es vraiment bête || *un'— giuliva*, une oie (blanche).

ocaggine *s.f.* (*fam.*) bêtise.

ocarina *s.f.* (*mus.*) ocarina (*m.*).

occasionale *agg.* occasionnel*.

occasionalmente *avv.* **1** occasionnellement **2** (*fortuitamente*) par *hasard.

occasionare *v.tr.* occasionner.

occasione *s.f.* occasion: *se si presenterà l'*—, quand l'occasion se présentera; *hai perso una buona* — *per tacere!*, tu as perdu une belle occasion de te taire!; *ogni* — *è buona per fare festa*, toutes les occasions sont bonnes pour faire la fête || *l'*— *fa l'uomo ladro*, l'occasion fait le larron || *in* — *di*, à l'occasion de, lors de || *all'*—, à l'occasion, pour l'occurrence || *essere* — *di litigi*, être l'occasion, la cause de querelles; *dare* — *a rimproveri*, donner lieu à des reproches || *in quell'*—, en cette circonstance, à cette occasion; *in molte occasioni*, en bien des circonstances || *discorsi, complimenti d'*—, discours, compliments de circonstance.

occhiaccio *s.m.* (*fam.*) *fare gli occhiacci*, faire les gros yeux.

occhiaia *s.f.* **1** *pl.* cernes (*m.*): *avere le occhiaie*, avoir les yeux cernés **2** (*orbita*) orbite.

occhiali *s.m.pl.* lunettes (*f.*); (*a molla*) pince-nez* (*sing.*): — *da vista*, lunettes pour la vue; — *da sole*, lunettes de soleil; *portare gli* —, porter des lunettes.

occhialino *s.m.* face-à-main*; (*a stringinaso*) lorgnon || *occhialini da piscina*, lunettes de natation.

occhialuto *agg.* (*scherz.*) avec des lunettes, binoclard.

occhiata[1] *s.f.* coup d'œil: *un'*— *furtiva*, un coup d'œil furtif; *un'*— *languida*, un regard langoureux; *dare un'*— *al giornale*, jeter un coup d'œil au journal || *lanciare un'*— *assassina*, lancer une œillade assassine; *lanciare un'*— *di fuoco*, fusiller du regard, (*di passione*) lancer une œillade incendiaire.

occhiata[2] *s.f.* (*zool.*) oblade.

occhiataccia *s.f.* regard (*m.*): *lanciare un'*— *a qlcu*, regarder qqn de travers.

occhieggiare (*coniug. come* mangiare) *v.tr.* lorgner ♦ *v.intr.* pointer.

occhiello *s.m.* **1** boutonnière (*f.*); (*per stringhe, cordoncini, fettuccia ecc.*) œillet || *il fiore all'*—, (*fig.*) le fleuron (de la couronne) **2** (*tip.*) (*in un giornale*) appel de titre; (*di un libro*) faux titre.

occhietto *s.m.*: *fare l'*—, cligner de l'œil.

occhio *s.m.* œil*: *avere gli occhi storti*, loucher; *cieco da un* —, borgne; *mi lacrima un* —, j'ai un œil qui pleure; *con gli occhi*, des yeux; *con i* (*propri*) *occhi, con questi occhi*, de ses (propres) yeux; *con la coda dell'*—, du coin de l'œil; *fare un* — *nero, blu*, faire un œil au beurre noir; *non ha occhi che per lei*, il n'a d'yeux que pour elle; *essere tutt'occhi*, (*avere occhi molto grandi*) avoir des yeux qui mangent le visage, (*essere in ammirazione*) être tout yeux; *non chiudere* — *tutta la notte*, ne pas fermer l'œil de la nuit; *gli si chiudono gli occhi dal sonno*, ses yeux se ferment de sommeil; *chiudere un* — *su qlco*, fermer les yeux sur qqch; *l'*— *mi corse a...*, mon regard tomba sur... || *averne fin sopra gli occhi*, en avoir par-dessus la tête || *avere*

—, avoir le coup d'œil; *avere l'*— *clinico*, avoir le coup d'œil professionnel || *salta all'*—, cela crève les yeux || *dare nell'*—, attirer l'attention; *un vestito che dà nell'*—, une robe trop voyante || *con tanto d'occhi*, avec de grands yeux; *fare tanto d'occhi*, ouvrir de grands yeux || *ci ho fatto l'*—, j'en ai pris l'habitude || *costare un* — *della testa*, coûter les yeux de la tête; *spendere un* — *della testa*, dépenser des sommes faramineuses; *pagare un* — *della testa*, payer un prix fou; *scommetto un* — *della testa*, je parie tout ce que tu veux || *darei un* — *per*, je donnerais n'importe quoi pour || *perder d'*—, perdre de vue; *capitare, avere sott'*—, avoir, tomber sous les yeux; *tenere sott'*—, *d'*—, tenir à l'œil; *non perder d'*—, ne jamais quitter des yeux || *metter gli occhi addosso a*, jeter son dévolu sur || *tenere gli occhi aperti*, garder les yeux bien ouverts || *di buon* —, *di mal* —, d'un bon, d'un mauvais œil; *con occhi nuovi*, d'un œil neuf; *con gli occhi della fantasia*, en imagination || *a* — (*e croce*), au jugé; *a* — *e croce avrà 50 anni*, à vue de nez il doit avoir 50 ans || *a* — *nudo*, à l'œil nu || *a colpo d'*—, au premier coup d'œil || *a perdita d'*—, à perte de vue || *a vista d'*—, à vue d'œil || *in un batter d'*—, en un clin d'œil || *a quattr'occhi*, en tête-à-tête, (*fam.*) entre quatre'z'yeux || *apri l'*—, (*fam.*) ouvre l'œil (et le bon) || — (*a*), (*fam.*) attention (à) || *anche l'*— *vuole la sua parte*, l'aspect aussi a son inportance; — *non vede cuore non duole*, loin des yeux loin du cœur □ **occhio di bue**, (*arch.*) œil-de-bœuf*; **occhio di pernice**, (*med.*) œil-de-perdrix*; **occhio di tigre**, (*min.*) œil-de-tigre*.

occhiolino *s.m.*: *fare l'*—, cligner de l'œil.

occidentale *agg.* occidental* || *vestire all'*—, s'habiller à l'européenne.

occidentalizzare *v.tr.* occidentaliser.

occidentalizzazione *s.f.* occidentalisation.

occidente *s.m.* occident; (*ovest*) ouest: *a* —, à l'ouest.

occipitale *agg. e s.m.* occipital*.

occipite *s.m.* (*anat.*) occiput.

occitano *agg. e s.m.* occitan.

occludere (*coniug. come* chiudere) *v.tr.* (*med.*) occlure*.

occlusione *s.f.* occlusion.

occlusivo *agg.* occlusif*.

occorrente *agg.* nécessaire ♦ *s.m.* ce qu'il faut.

occorrenza *s.f.* **1** (*circostanza*) circonstance || *per ogni* —, en toute éventualité **2** (*necessità*) nécessité || *all'*—, le cas échéant, au besoin.

occorrere (*coniug. come* correre) *v.intr.* falloir*: *occorrerebbero molti soldi*, il faudrait beaucoup d'argent; *mi sono occorse due settimane*, il m'a fallu deux semaines; *mi occorre del denaro*, il me faut de l'argent, j'ai besoin d'argent; *non occorre un diploma*, un diplôme n'est pas nécessaire; *ti occorre nulla?*, tu n'as besoin de rien?; *non occorre altro*, ça suffit; *occorrendo...*, s'il le faut...

occultabile *agg.* dissimulable.

occultamento *s.m.* dissimulation (*f.*); (*di cose rubate*) recel.

occultare *v.tr.* **1** cacher; (*dir.*) dissimuler;

(*oggetti rubati*) receler* **2** (*astr.*) occulter □ **occultarsi** *v.pron.* **1** se cacher **2** (*astr.*) s'occulter.

occultismo *s.m.* occultisme.

occultista *s.m.* occultiste.

occulto *agg.* **1** occulte; (*nascosto*) caché, secret* **2** (*dell'occultismo*) occulte ♦ *s.m.* occultisme.

occupante *agg.* e *s.m.* occupant.

occupare *v.tr.* occuper || — *spazio*, prendre, tenir de la place || *il lavoro lo occupa interamente*, le travail lui prend tout son temps; *come occupi le tue giornate?*, comment passes-tu tes journées?; *occupo il mio tempo a leggere*, je passe mon temps à lire; *sa come* — *il suo tempo*, il sait s'occuper □ **occuparsi** *v.pron.* **1** s'occuper **2** (*impiegarsi*) prendre* un emploi.

occupato *agg.* **1** occupé, pris **2** (*con posto di lavoro*) employé ♦ *s.m.* travailleur*.

occupazionale *agg.* **1** occupationnel* **2** (*relativo all'occupazione*) de l'emploi: *crisi* —, crise de l'emploi; *il divario* — *fra nord e sud*, l'écart entre le Nord et le Sud en matière d'emploi.

occupazione *s.f.* **1** occupation **2** (*attività*) occupation; (*professione*) profession, emploi (*m.*): *in cerca di prima* —, à la recherche d'un premier emploi; *senza un'*—, sans emploi; *dare* —, donner du travail, occuper.

oceanico (pl. *-ci*) *agg.* océanique.

oceano *s.m.* océan.

oceanografia *s.f.* océanographie.

oceanografico (pl. *-ci*) *agg.* océanographique.

oceanografo *s.m.* océanographe.

ocellato *agg.* (*zool.*) ocellé.

ocello *s.m.* (*zool.*) ocelle.

ocelot *s.m.* ocelot.

ochetta *s.f.* (*ragazza sciocca e ingenua*) oie blanche.

ocra *s.f.* ocre ♦ *s.m.* (*color*) —, ocre.

oculare *agg.* e *s.m.* oculaire.

oculatamente *avv.* prudemment, sagement.

oculatezza *s.f.* prudence, sagesse.

oculato *agg.* (*di persona*) avisé, prudent; (*di cosa*) réfléchi.

oculista *s.m.* oculiste.

oculistica *s.f.* oculistique, ophtalmologie.

oculistico (pl. *-ci*) *agg.* oculistique.

od *cong.* → **o**[2].

odalisca (pl. *-che*) *s.f.* odalisque.

ode *s.f.* (*lett.*) ode.

odiare *v.tr.* *haïr*; (*fam. estens.*) détester □ **odiarsi** *v.pron.* se détester.

odierno *agg.* d'aujourd'hui; (*dei nostri giorni*) actuel*: *in data odierna*, en date d'aujourd'hui, en date de ce jour; *la situazione odierna*, la situation actuelle.

odio *s.m.* *haine (*f.*): — *di classe*, haine des classes; *prendere in* —, (*persone*) prendre en haine, (*cose*) prendre en horreur; *avere in*—, haïr; *fare qlco in* — *a qlcu*, faire qqch par haine de qqn.

odiosità *s.f.* odieux (*m.*).

odioso *agg.* odieux* || -**mente** *avv.*

odissea *s.f.* odyssée.

odontalgia *s.f.* (*med.*) odontalgie.

odontalgico (pl. *-ci*) *agg.* e *s.m.* odontalgique.

odontoiatra *s.m.* odontologiste.

odontoiatria *s.f.* odontologie.

odontoiatrico (pl. *-ci*) *agg.* odontologique, dentaire.

odontologia *s.f.* odontologie.

odontologico (pl. *-ci*) *agg.* odontologique.

odontotecnico (pl. *-ci*) *s.m.* mécanicien dentiste.

odorare *v.tr.* flairer (*anche fig.*) ♦ *v.intr.* sentir*: *odora di colonia*, il sent l'eau de cologne; — *di buono*, sentir bon.

odorato *s.m.* odorat.

odore *s.m.* **1** odeur (*f.*) || *avere buon, cattivo* —, sentir bon, mauvais; *si sente* — *di benzina*, ça sent l'essence **2** *pl.* (*cuc.*) aromates; (*erbe aromatiche*) fines herbes.

odorifero *agg.* odoriférant.

odoroso *agg.* odorant, parfumé.

offendere (*coniug. come* prendere) *v.tr.* **1** offenser **2** (*danneggiare, violare*) atteindre*, porter atteinte (à) || — *la legge*, violer la loi || — *il pudore*, attenter à la pudeur **3** (*lesionare*) blesser □ **offendersi** *v.pron.* s'offenser: *si offende facilmente*, il se vexe facilement.

offensiva *s.f.* offensive.

offensivo *agg.* **1** offensant **2** (*mil.*) offensif* || -**mente** *avv.*

offensore *s.m.* offenseur.

offerente *s.m.* **1** offrant; (*a un'asta*) enchérisseur: *il maggior, il miglior* —, le plus offrant **2** (*a un appalto*) soumissionnaire.

offerta *s.f.* **1** offre || (*econ.*) *richiesta d'*—, appel d'offres **2** (*donazione*) offrande **3** (*nelle aste*) enchère: *fare un'* — *all'asta*, mettre une enchère; *fare un'* — *maggiore*, faire une surenchère || *elevare l'*—, surenchérir.

offertorio *s.m.* offertoire.

offesa *s.f.* offense; (*affronto*) affront (*m.*); (*oltraggio*) outrage (*m.*) || — *al pudore*, outrage à la pudeur || *armi da*—, armes offensives.

offeso *agg.* **1** offensé **2** (*ferito*) blessé: *si è sentita offesa dal suo rifiuto*, elle s'est sentie blessée par son refus.

officiante *agg.* e *s.m.* officiant.

officiare (*coniug. come* cominciare) *v.intr.* (*eccl.*) officier.

officina *s.f.* atelier (*m.*); (*fabbrica*) usine.

officinale *agg.* (*bot.*) officinal*.

off limits *locuz.agg.* interdit.

offrire (*coniug. come* aprire) *v.tr.* offrir*: *offro io*, c'est moi qui paie; — *da bere*, offrir à boire; *non offre alcun interesse*, cela ne présente aucun intérêt || *nessuno offre di più?*, (*a un'asta*) qui dit mieux? || — *riparo*, abriter || — *l'opportunità*, permettre, donner la possibilité □ **offrirsi** *v. pron.* **1** s'offrir*: *mi sono offerto di accompagnarlo*, je lui ai offert de l'accompagner || — *volontario*, se porter volontaire **2** (*presentarsi*) se présenter.

offset (pl. *invar.*) *agg.* e *s.m.* (*tip.*) offset.

offuscamento *s.m.* obscurcissement.

oligocene

offuscare (*coniug. come* mancare) *v.tr.* **1** (*rendere fosco*) assombrir; (*velare*) voiler: *grosse nuvole offuscano il cielo*, de gros nuages assombrissent le ciel **2** (*la vista*) brouiller; (*la mente ecc.*) troubler **3** (*fig.*) (*attenuare*) estomper; (*cancellare*) effacer* **4** (*eclissare*) éclipser (*anche fig.*) □ **offuscarsi** *v.pron.* **1** (*oscurarsi*) s'obscurcir, s'assombrir **2** (*della vista*) se brouiller **3** (*attenuarsi*) s'estomper.

oftalmia *s.f.* (*med.*) ophtalmie.

oftalmico (pl. *-ci*) *agg.* ophtalmologique; (*anat.*) ophtalmique.

oftalm(o)- *pref.* ophtalm(o)-

oftalmologico (pl. *-ci*) *agg.* (*med.*) ophtalmologique.

oftalmologo (pl. *-gi*) *s.m.* ophtalmologiste, ophtalmologue.

oggettistica *s.f.* objets d'art; objets pour la maison; (*piccoli oggetti divertenti*) gadgets (*m.pl.*): *— da regalo*, objets-cadeaux.

oggettivare *v.tr.* objectiver □ **oggettivarsi** *v.pron.* s'objectiver.

oggettivazione *s.f.* objectivation.

oggettività *s.f.* objectivité.

oggettivo *agg.* objectif* || (*gramm.*) *proposizione oggettiva*, proposition complément d'objet || **-mente** *avv.*

oggetto *s.m.* **1** objet: *essere — di*, être l'objet de || (*gramm.*) *complemento —*, complément d'objet **2** (*argomento*) sujet.

oggi *avv.* **1** aujourd'hui: *quanti ne abbiamo —?*, le combien sommes-nous aujourd'hui?; *— ne abbiamo 15*, nous sommes le 15; *— a otto, a un mese*, d'aujourd'hui en huit, d'ici un mois jour pour jour; *da — in poi*, dorénavant || *— come —*, aujourd'hui, en ce moment || *— a me, domani a te*, chacun son tour; *— qui, domani lì*, aujourd'hui ici, demain ailleurs || *— o domani*, tôt ou tard **2** (*attualmente*) de nos jours: *— molti giovani preferiscono le materie scientifiche*, de nos jours, beaucoup de jeunes préfèrent les matières scientifiques ♦ *s.m.* (*il presente*) présent || *d'—*, d'aujourd'hui; *la gioventù d'—*, la jeunesse d'aujourd'hui; *al giorno d'—*, de nos jours || *a tutt'—*, jusqu'à aujourd'hui || *dall'— al domani*, du jour au lendemain.

oggidì, oggigiorno *avv.* aujourd'hui, de nos jours.

ogiva *s.f.* ogive: *arco a —*, arc en ogive.

ogivale *agg.* ogival*.

ogni *agg.indef.m. e f.* (*solo sing.*) **1** (*ciascuno*) chaque; (*tutti*) tous* les (*pl.*); (*in senso generale e indeterminato*) tout (*sing.*): *— giorno*, chaque jour, tous les jours; *— paese ha le sue usanze*, chaque pays a ses usages; *— donna può essere madre*, toute femme peut être mère; *a — angolo di strada*, à tous les coins de rue; *la vita di — giorno*, la vie de tous les jours || *il 15 di — mese*, tous les 15 du mois || *— min, tuo ecc.*, chacun de mes, de tes, etc. || *— cosa*, chaque chose, tout: *un posto per — cosa, — cosa al suo posto*, une place pour chaque chose, chaque chose à sa place; *critica —*

cosa, il critique tout || *— volta che...*, chaque fois que **2** (*qualsiasi*) tout*: *persone di — età*, des personnes de tous âges; *gente di — razza*, des gens de toutes les races || *a — modo*, de toute façon || *a — momento*, à tout instant || *da — parte*, de toute(s) part(s) || *in — luogo*, partout, en tous lieux || *oltre — dire*, plus qu'on ne devrait dire **3** (*distributivo, con numerali*) tous* les: *— due giorni*, tous les deux jours, un jour sur deux; *— tre km*, tous les trois km; *— tre sabati*, un samedi sur trois || *— tanto*, de temps en temps, de temps à autre; *una volta — tanto*, une fois de temps en temps; *una volta — tanto, cerca di ascoltarmi!*, pour une fois, essaye de m'écouter!

ogniqualvolta *cong.* toutes les fois que, chaque fois que.

Ognissanti *s.m.* la Toussaint.

ognora *avv.* toujours.

ognuno *pron.indef.* chacun: *— pensa prima di tutto a se stesso*, chacun pense d'abord à soi-même; *— di noi difende i suoi interessi*, nous défendons chacun nos intérêts; *— di voi pensi a se stesso*, que chacun de vous pense à lui-même; *ritornarono ognuna a casa propria*, elles rentrèrent chacune chez soi, chez elles.

oh *inter.* oh!

ohi *inter.* ah!, aïe!

ohibò *inter.* fi!, fi donc!

ohimè *inter.* hélas!

oidio *s.m.* (*bot.*) oïdium.

ok *inter.* ok, d'accord ♦ *s.m.*: *dare l'—*, donner le feu vert.

okapi *s.m.* (*zool.*) okapi.

olà *inter.* holà!

olandese *agg. e s.m.* (*abitante*) *hollandais.

oleaginoso *agg.* oléagineux*.

oleandro *s.m.* laurier-rose*.

oleario *agg.* huilier*.

oleato *agg.* huilé.

oleificio *s.m.* huilerie (*f.*).

oleina *s.f.* (*chim.*) oléine.

oleo- *pref.* oléo-

oleodotto *s.m.* oléoduc.

oleografia *s.f.* oléographie.

oleografico (pl. *-ci*) *agg.* **1** oléographique **2** (*spreg.*) de manière.

oleosità *s.f.* consistance huileuse; état huileux.

oleoso *agg.* huileux*; (*bot.*) oléagineux*.

olezzante *agg.* (*letter.*) parfumé, odorant.

olezzare *v.intr.* (*letter.*) sentir* bon.

olezzo *s.m.* (*letter.*) parfum.

olfattivo *agg.* olfactif*.

olfatto *s.m.* odorat; (*scient.*) olfaction (*f.*).

oliare *v.tr.* huiler.

oliatore *s.m.* burette (*f.*).

oliatura *s.f.* huilage (*m.*).

oliera *s.f.* huilier (*m.*).

olifante *s.m.* (*st.*) olifant, oliphant.

oligarchia *s.f.* oligarchie.

oligarchico (pl. *-ci*) *agg.* oligarchique.

olig(o)- *pref.* olig(o)-

oligocene *s.m.* (*geol.*) oligocène.

oligoelemento *s.m.* (*chim.*) oligo-élément*.

oligofrenia *s.f.* (*med.*) oligophrénie.

oligofrenico (pl. *-ci*) *agg.* e *s.m.* (*med.*) oligophrène.

oligominerale *agg.* faiblement minéralisé: *acqua* —, eau faiblement minéralisée.

oligopolio *s.m.* (*econ.*) oligopole.

olimpiade *s.f.* **1** *pl.* jeux olympiques **2** (*st.*) olympiade.

olimpicamente *avv.* avec un calme olympien.

olimpico (pl. *-ci*) *agg.* **1** (*delle olimpiadi*) olympique **2** (*fig.*) olympien*.

olimpionico (pl. *-ci*) *agg.* olympique ♦ *s.m.* athlète, champion olympique.

olimpo *s.m.* (*fig.*) *entrare nell'* — *dei vincitori*, entrer dans le, au palmarès des vainqueurs; *l'* — *dell'industria italiana*, l'élite de l'industrie italienne.

olio *s.m.* huile (*f.*): — *di mais*, huile de maïs; — *di semi*, huile végétale; — (*extra*) *vergine*, huile vierge (extra); *condire con* —, assaisonner à l'huile; *sott'* —, à l'huile, dans l'huile || (*pitt.*) *a* —, à l'huile || *oli lubrificanti*, huiles de graissage || (*aut.*) *cambio dell'* —, vidange || *andare liscio come l'* —, aller comme sur des roulettes || — *santo*, saintes huiles; *dare l'* — *santo*, donner l'extrême onction.

oliva *s.f.* olive.

olivastro *agg.* olivâtre.

oliveto *s.m.* olivaie (*f.*).

olivicolo *agg.* oléicole.

olivicoltore (f. *-trice*) *s.m.* oléiculteur*.

olivo *s.m.* olivier || (*offrire il ramoscello d'* —, (*fig.*) faire le premier pas vers la paix || — *benedetto*, rameau béni || *la Domenica degli Olivi*, le Dimanche des Rameaux || *il Monte degli olivi*, le Mont des oliviers.

olla *s.f.* **1** marmite, pot (*m.*) **2** (*archeol.*) (*urna funeraria*) urne funéraire.

olmo *s.m.* (*bot.*) orme.

olocausto *s.m.* holocauste.

olografia *s.f.* (*fot.*) holographie.

olografo *agg.* (*dir.*) olographe.

ologramma *s.m.* hologramme.

oloturia *s.f.* (*zool.*) holothurie.

oltraggiare (*coniug. come* mangiare) *v.tr.* outrager*.

oltraggio *s.m.* outrage: *recare* — *a*, outrager.

oltraggiosamente *avv.* outrageusement.

oltraggioso *agg.* outrageant, outrageux*.

oltralpe *avv.* au-delà des Alpes, transalpin.

oltranza, a *locuz.avv.* à outrance.

oltranzismo *s.m.* extrémisme.

oltranzista *agg.* e *s.m.* outrancier*, extrémiste.

oltre *avv.* **1** (*più avanti*) plus loin: (*un poco*) —, (un peu) plus loin || *passò* — *senza fermarsi*, il poursuivit son chemin sans s'arrêter || *è andato troppo* —, (*fig.*) il a passé la mesure || *essere* — *negli anni*, être avancé en âge **2** (*ancora di più, riferito a tempo*) plus longtemps, davantage: *non aspetterò* (*più*) —, je n'attendrai pas plus longtemps || *è durato un mese e* —, cela a duré un mois et davantage ♦ *prep.* **1** au-delà de (*spec.*

fig.); (*dall'altra parte*) de l'autre côté de; (*dopo*) après: — *il confine*, de l'autre côté de la frontière; — *la chiesa c'è l'ospedale*, après l'église il y a l'hôpital; — *una certa data*, au-delà d'une, après une certaine date || — *ogni limite*, au-delà de toute limite; — *il giusto*, d'une manière excessive; — *ogni dire, ogni credere*, au-delà de tout ce qu'on peut dire, imaginer || (*d'*) — *Atlantico*, outre-Atlantique; *d'* — *oceano*, transocéanien, transocéanique **2** (*più di*) plus de: *ti aspetto da* — *un'ora*, je t'attends depuis plus d'une heure; (*fam.*) ça fait plus d'une heure que je t'attends; — *due settimane fa...*, il y a plus de deux semaines que... || *deve essere* — *gli ottanta*, (*fam.*) il doit avoir dépassé quatre-vingts ans **3** (*in più, in aggiunta a*) en plus de, en outre de; (*all'infuori di*) en dehors de: — *ai dolci ti regalerò un libro*, en plus des gâteaux je t'offrirai un livre; — *a ciò*, — *a questo*, en plus de cela; (*a parte questo*) à part cela; *non ci sono altri alberghi* — (*a*) *questo?*, il n'y a pas d'autres hôtels en dehors de celui-ci?; — *a lui non verrà nessuno*, en dehors de lui personne ne viendra □ **oltre a, oltre che** *locuz.cong.* non seulement... mais: — *a essere intelligente*, — *che intelligente è anche modesto*, non seulement il est intelligent mais en plus il est modeste.

oltr(e)- *pref.* outre-, au-delà de, dé-

oltrecortina *avv.* au-delà du rideau de fer.

oltrefrontiera *avv.* (*d'*) —, au-delà de la frontière.

oltremanica *avv.* outre-Manche ♦ *agg.invar.* d'outre-Manche.

oltremare *avv.* outre-mer || *d'* —, d'outre-mer ♦ *s.m.* (*colore*) outremer.

oltremodo *avv.* outre mesure; extrêmement.

oltremondano *agg.* de l'au-delà.

oltreoceano *avv.* outre-atlantique || *d'* —, d'outre-atlantique.

oltrepassare *v.tr.* dépasser; (*varcare*) franchir: — *il limite di velocità*, dépasser la vitesse autorisée || — *i limiti, la misura*, (*fig.*) passer les limites.

oltretomba (pl. *invar.*) *s.m.* outre-tombe*.

omaggiare (*coniug. come* mangiare) *v.tr.* rendre* hommage (à).

omaggio *s.m.* **1** hommage: *in* — *alla verità*, (*fig.*) pour respecter la vérité **2** (*dono*) cadeau*: *fare un* — *floreale*, offrir des fleurs || *ricevere in* —, recevoir en hommage || *copia* (*in*) —, exemplaire hommage.

ombelicale *agg.* ombilical* || *cordone* —, cordon ombilical.

ombelico (pl. *-chi*) *s.m.* nombril.

ombra *s.f.* ombre: *far* —, donner de l'ombre; *farsi* — *con una mano*, se protéger du soleil avec une main || *pare l'* — *di sé stesso*, il n'est plus que l'ombre de lui -même || (*fig.*): *dare* — *a qlcu*, porter ombrage à qqn; *mettere in* —, laisser dans l'ombre; *pigliar* — *per*, prendre ombrage de || *senza* — *di dubbio*, sans l'ombre d'un doute; *non c'è* — *di vero*, il n'y a rien de vrai || *un'* — *di latte*, un soupçon, un nuage de lait || *non ha l'* — *di un quattrino*, il n'a pas un sou vaillant || *governo* —, gouvernement fantôme.

ombreggiare (*coniug. come* mangiare) *v.tr.* **1** ombrager* **2** (*pitt.*) ombrer.

ombreggiato *agg.* **1** ombragé **2** (*pitt.*) ombré.

ombreggiatura *s.f.* (*pitt.*) ombres (*pl.*).

ombrella *s.f.* (*bot.*) ombelle.

ombrellaio *s.m.* (*venditore*) marchand de parapluies; (*fabbricante*) fabricant de parapluies; (*riparatore*) raccommodeur de parapluies.

ombrellata *s.f.* coup de parapluie.

Ombrellifere *s.f.pl.* (*bot.*) Ombellifères.

ombrellificio *s.m.* fabrique de parapluies.

ombrellino *s.m.* ombrelle (*f.*).

ombrello *s.m.* parapluie; (*da sole*) ombrelle (*f.*): — *pieghevole*, parapluie pliable, tom-pouce ‖ (*mil.*) — *aereo*, couverture aérienne.

ombrellone *s.m.* parasol.

ombretto *s.m.* fard à paupières.

ombrina *s.f.* (*zool.*) ombrine.

ombrosità *s.f.* (*di carattere*) susceptibilité.

ombroso *agg.* **1** (*che è all'ombra*) ombragé; (*che dà ombra*) ombreux* **2** (*di carattere*) ombrageux*.

omega *s.m.* oméga*.

omelia *s.f.* homélie.

omeo- *pref.* homéo-

omeopata *s.m.* homéopathe.

omeopatia *s.f.* homéopathie.

omeopatico (pl. -ci) *agg.* homéopathique, homéopathe: *medico* —, (médecin) homéopathe.

omeostasi *s.f.* (*biol.*) homéostasie.

omerale *agg.* (*anat.*) huméral*.

omerico (pl. -ci) *agg.* homérique.

omero *s.m.* épaule (*f.*); (*med.*) humérus.

omertà *s.f.* **1** loi du silence **2** (*fig.*) (*complicità*) complicité.

omesso *agg.* omis: — *per dimenticanza*, oublié.

omettere (*coniug. come* mettere) *v.tr.* omettre*.

ometto *s.m.* **1** petit homme; (*spreg.*) homme de peu; (*riferito a un bambino*) petit bonhomme **2** (*gruccia per abiti*) cintre.

omicida *agg.* e *s.m.* meurtrier*, homicide.

omicidio *s.m.* homicide; (*assassinio*) meurtre ‖ *tentato* —, tentative d'assassinat.

ominide *s.m.* hominien.

omissione *s.f.* omission ‖ — *di soccorso*, non-assistance à personne en danger.

omissis (pl. *invar.*) *s.m.* omission (*f.*), lacune (*f.*).

omnibus (pl. *invar.*) *s.m.* omnibus.

omo- *pref.* homo-

omofilo *agg.* e *s.m.* homophile.

omofono *agg.* e *s.m.* homophone.

omogamia *s.f.* (*biol.*) homogamie.

omogeneità *s.f.* homogénéité.

omogeneizzare *v.tr.* homogénéiser.

omogeneizzato *agg.* homogénéisé ♦ *s.m.* aliment homogénéisé (pour enfants).

omogeneo *agg.* homogène.

omografo *agg.* e *s.m.* homographe.

omologare (*coniug. come* legare) *v.tr.* homologuer.

omologazione *s.f.* homologation ‖ — *culturale*, homogénéisation.

omologo (pl. -ghi) *agg.* homologue (de).

omonimia *s.f.* homonymie.

omonimo *agg.* **1** du même nom **2** (*ling.*) homonyme ♦ *s.m.* homonyme.

omoplata *s.f.* (*anat.*) omoplate.

omosessuale *agg.* e *s.m.* homosexuel*.

omosessualità *s.f.* homosexualité.

omotrapianto *s.m.* (*med.*) homogreffe (*f.*).

omozigote *agg.* e *s.m.* (*biol.*) homozygote.

onagro *s.m.* (*zool.*) onagre.

onanismo *s.m.* onanisme.

oncia (pl. -ce) *s.f.* **1** once **2** (*quantità minima*) goutte, larme; (*fig.*) once.

onco- *pref.* onco-

oncologia *s.f.* oncologie.

oncologico (pl. -ci) *agg.* oncologique.

oncologo (pl. -gi) *s.m.* oncologue.

onda *s.f.* **1** vague; (*flutto*) flot (*m.*): *seguire l'*—, suivre la vague, (fig.) suivre le courant ‖ — *di fondo*, lame de fond ‖ *un'* — *di entusiasmo*, une vague d'enthousiasme; *essere sommerso dall'*— *dei ricordi*, se laisser emporter par les souvenirs ‖ *sull'*— *del maggio 1968*, sur la lancée de mai 1968 ‖ *a onde*, ondulé **2** (*fis.*) onde ‖ (*rad.*, *tv*) *andare in* —, être diffusé; *mettere*, *mandare in* —, diffuser; *essere in* —, être sur l'antenne.

ondata *s.f.* vague (*anche fig.*) ‖ *a ondate* (*successive*), par vagues (successives).

onde *cong.* **1** (*affinché*, *perché*) pour (que): *avvertitemi* — *possa provvedere*, prévenez-moi pour que je puisse prendre des mesures; *vi scrivo* — *avvertirvi*, je vous écris pour vous avertir **2** (*sicché*) d'où: — *presumo che...*, d'où je présume que...; — *concludo che...*, d'où je conclus que ♦ *avv.* d'où: — *vengono?*, d'où viennent-ils?

ondeggiamento *s.m.* **1** ondoiement; (*di imbarcazione*) balancement; (*di bandiera ecc.*) flottement; (*della folla*) remous (*pl.*) **2** (*fig.*) flottement.

ondeggiante *agg.* **1** ondoyant; (*di imbarcazione ecc.*) qui se balance; (*di bandiera ecc.*) flottant **2** (*fig.*) flottant.

ondeggiare (*coniug. come* mangiare) *v.intr.* **1** ondoyer*; (*di imbarcazione*) se balancer*; (*di bandiera ecc.*) flotter ‖ *camminare ondeggiando*, marcher en se dandinant ‖ *la folla ondeggiò*, il y eut des remous dans la foule **2** (*fig.*) balancer*.

ondina *s.f.* **1** (*mit.*) ondine **2** (*nuotatrice*) nageuse.

ondosità *s.f.* *houle.

ondoso *agg.* (*agitato dalle onde*) *houleux* ‖ *moto* —, mouvement ondulatoire.

ondulare *v.tr.* e *intr.* onduler.

ondulato *agg.* **1** ondulé **2** (*di terreno ecc.*) onduleux*.

ondulatorio *agg.* ondulatoire.

ondulazione *s.f.* ondulation.

onduregno *agg.* e *s.m.* hondurien*.

onerare *v.tr.* accabler.

onerato *agg.* accablé.

onere *s.m.* charge (*f.*); (*peso*, *gravame*) poids: *assumersi l'*— *di*, se charger de.

onerosità *s.f.* poids (*m.*).

oneroso *agg.* onéreux* || *un impegno* —, une lourde tâche.

onestà *s.f.* honnêteté || *in tutta* —, (*con onestà*) en toute honnêteté, (*molto sinceramente*) franchement.

onesto *agg.* e *s.m.* honnête || *un* (*individuo*) —, une personne honnête; *gli onesti*, les honnêtes gens || **-mente** *avv.*

onice *s.f.* (*min.*) onyx (*m.*).

onirico (pl. *-ci*) *agg.* onirique.

onirismo *s.m.* onirisme.

onni- *pref.* omni-

onnipotente *agg.* tout-puissant*, omnipotent || *l'Onnipotente*, le Tout-Puissant.

onnipotenza *s.f.* toute-puissance*, omnipotence.

onnipresente *agg.* omniprésent.

onnipresenza *s.f.* omniprésence.

onnisciente *agg.* omniscient.

onniscienza *s.f.* omniscience.

onniveggente *agg.* qui voit tout.

onniveggenza *s.f.* vision de toutes choses.

onnivoro *agg.* omnivore.

onomastica *s.f.* onomastique.

onomastico (pl. *-ci*) *agg.* onomastique ♦ *s.m.* fête (*f.*): *buon* —!, bonne fête!

onomatopea *s.f.* onomatopée.

onomatopeico (pl. *-ci*) *agg.* onomatopéique.

onorabile *agg.* honorable || **-mente** *avv.*

onorabilità *s.f.* honorabilité.

onoranze *s.f.pl.* hommage (*m.sing.*): *tributare solenni* —, rendre un hommage solennel || *le* — *funebri, le estreme* —, les honneurs funèbres, les derniers honneurs.

onorare *v.tr.* honorer □ **onorarsi** *v.pron.* (*sentirsi onorato*) s'honorer.

onorario[1] *agg.* honoraire.

onorario[2] *s.m.* honoraires (*pl.*); (*di notaio*) charge de notaire.

onorato *agg.* **1** honoré; *siamo onorati di averla con noi*, nous nous faisons un honneur de vous avoir avec nous || *l'onorata società*, la Mafia **2** (*rispettabile*) honorable || *dare onorata sepoltura*, donner une digne sépulture.

onore *s.m.* honneur || *parola d'*—, (ma) parole d'honneur || *damigella d'* —, demoiselle d'honneur; *serata d'*—, soirée d'honneur || *delitto d'*—, crime pour raisons d'honneur || *l'onor del mento*, (*scherz.*) la barbe || *sì, Vostro Onore*, (*al giudice*) oui votre honneur || *togliere l'*—, déshonorer || *innalzare agli onori dell'altare*, (*canonizzare*) canoniser || *ottenere l'*— *delle armi*, obtenir les honneurs de la guerre || *tenere qlcu in grande* —, avoir beaucoup d'estime pour qqn || *farsi* — *in qlco*, se distinguer dans qqch; *fare* — *alla propria firma*, honorer sa signature; *ti fa poco* —, cela n'est pas à ton honneur; *torna a tuo* —, c'est tout à ton honneur || *ne è uscito con* —, il s'en est tiré à son honneur || *a onor del vero*, à vrai dire || *in* — *di*, en l'honneur de || *troppo* —!, c'est trop d'honneur! || *con chi*

ho l'— *di parlare?*, à qui ai-je l'honneur de parler?

onorevole *agg.* honorable ♦ *s.m.* membre du Parlement italien || *onorevoli senatori*, Messieurs les Sénateurs; *l'*— *Bianchi*, monsieur (le député) Bianchi.

onorevolmente *avv.* honorablement.

onorificenza *s.f.* titre honorifique; (*l'oggetto*) décoration: *conferire un'* — *a qlcu*, (*titolo*) conférer un titre honorifique à qqn, (*oggetto*) remettre une décoration à qqn || *essere avido di onorificenze*, rechercher (*o* briguer) les honneurs.

onorifico (pl. *-ci*) *agg.* honorifique.

onta *s.f.* **1** (*vergogna*) *honte: *essere un'*— *per qlcu*, faire honte à qqn **2** (*affronto*) injure, affront (*m.*): *far* — *a qlcu*, outrager qqn || *a* — *di*, en dépit de.

ontano *s.m.* (*bot.*) aune, aulne.

ontologia *s.f.* (*fil.*) ontologie.

ontologico (pl. *-ci*) *agg.* ontologique.

onusto *agg.* (*letter.*) chargé.

oogamia *s.f.* (*biol.*) oogamie.

oogenesi *s.f.* (*biol.*) oogénèse.

oosfera *s.f.* (*bot.*) oosphère.

opacità *s.f.* opacité.

opacizzare *v.tr.* opacifier.

opaco (pl. *-chi*) *agg.* **1** opaque **2** (*non lucido, non limpido*) mat.

opale *s.m.* e *f.* (*min.*) opale (*f.*).

opalescente *agg.* opalescent.

opalescenza *s.f.* opalescence.

opalina *s.f.* opaline.

opalino *agg.* opalin.

open space (pl. *invar.*) *s.m.* espace libre.

opera *s.f.* **1** œuvre; (*azione*) action; (*lavoro*) travail* (*m.*); (*assistenza*) aide: *fare un'*— *buona*, faire une bonne action; *fare* — *di persuasione presso qlcu*, tenter de persuader qqn; *fare* — *di pace*, faire œuvre de paix; *l'*— *dei venti, delle acque*, l'action des vents, des eaux; *è senz'altro* — *sua*, c'est sans doute de son cru; *prestare la propria* —, prêter son aide, son concours; *valersi dell'*— *di qlcu*, recourir à l'aide de qqn; *essere all'*—, être au travail; *continuare l'*— *intrapresa*, continuer l'œuvre entreprise; *compire l'*—, achever l'œuvre || *per compir l'*—, (*iron.*) pour couronner le tout || *mettere in* —, mettre en œuvre, (*mecc.*) installer || *legname da* —, bois d'œuvre || *chi ben comincia è a metà dell'*—, un travail bien commencé est à moitié fait **2** (*prodotto di un lavoro, di un'attività*) ouvrage (*m.*), travail* (*m.*): *un'*— *in muratura*, un ouvrage de maçonnerie; *opere di bonifica*, travaux d'assainissement; *opere pubbliche*, travaux publics; *opere di fortificazione*, ouvrages de fortification || *l'*— *del tempo, del caso*, l'ouvrage du temps, du hasard **3** (*produzione artistica, letteraria*) œuvre; (*spec. opera singola*) ouvrage (*m.*). **4** (*mus.*) opéra (*m.*): — *buffa*, opéra bouffe; *teatro dell'*—, théâtre de l'Opéra **5** (*mus.*) (*numero di catalogo di un'opera musicale*) opus (*m.*). **6** (*istituzione*) œuvre: — *di beneficenza*, œuvre de bienfaisance || *l'*— *del Duomo*, (*fab-*

brica) le conseil de fabrique de la Cathédrale 7 (*mar.*) œuvre: — *viva, morta,* œuvres vives, mortes □ **per opera di, a opera di** *locuz. prep.* par.

operabile *agg.* (*med.*) opérable.

operaio *agg. e s.m.* ouvrier*: *è figlio di operai,* c'est un fils d'ouvriers; — *generico,* ouvrier spécialisé || *ape operaia,* abeille ouvrière.

operante *agg.* (*attivo, in azione*) en action; (*in vigore*) en vigueur.

operare *v.intr.* **1** (*agire*) agir; (*esercitare un'attività*) travailler: — *bene, male,* bien, mal agir; *l'esercito operava in una zona pericolosa,* l'armée opérait dans une zone dangereuse; — *su larga scala,* travailler à une grande échelle; *un pittore che operava a Siena,* un peintre qui travaillait à Sienne **2** (*med.*) opérer* **3** (*produrre effetto*) opérer*, agir, faire* effet ♦ *v.tr.* **1** (*compiere*) opérer*, faire*; (*effettuare*) effectuer **2** (*med.*) opérer* □ **operarsi** *v.pron.* **1** (*prodursi*) s'opérer* **2** (*fam.*) (*farsi operare*) se faire* opérer.

operatività *s.f.* (*attività*) activité; (*efficacia*) efficacité; (*funzionamento*) fonctionnement (*m.*).

operativo *agg.* **1** des opérations: *piano —,* plan des opérations || (*stat.*) *ricerca operativa,* recherche opérationnelle **2** (*mil.*) opérationnel* **3** (*in vigore, in azione*) en vigueur || *non —,* sur le papier.

operato *agg.* (*di tessuto*) façonné, travaillé ♦ *s.m.* **1** actes (*pl.*): *rendere conto del proprio —,* rendre compte de ses actes **2** (*chi ha subito un'operazione*) opéré.

operatore (*f. -trice*) *s.m.* opérateur* || — *televisivo,* caméraman, opérateur (de prise de vues) || — *ambientale,* agent responsable de l'environnement; — *ecologico,* (*spazzino*) éboueur || — *sanitario,* technicien de la santé || — *turistico,* voyagiste, tour-opérateur || — *economico,* agent économique || *riservato agli operatori,* reservé aux professionnels.

operatorio *agg.* opératoire || *sala, tavola operatoria,* salle, table d'opérations.

operazione *s.f.* opération.

opercolo *s.m.* opercule.

operetta *s.f.* **1** (*mus.*) opérette (*anche fig.*) **2** (*lett.*) petit ouvrage littéraire.

operettistico (*pl. -ci*) *agg.* de l'opérette.

operista *s.m.* compositeur d'opéras.

operistico (*pl. -ci*) *agg.* d'opéra.

operosamente *avv.* laborieusement.

operosità *s.f.* activité intense; efficacité constante.

operoso *agg.* laborieux* || *mente operosa,* esprit fertile.

opificio *s.m.* usine (*f.*).

opinabile *agg.* discutable.

opinare *v.intr.* estimer.

opinione *s.f.* opinion: *l'— pubblica,* l'opinion publique; *rimanere della propria —,* rester sur ses positions; *sono dell'— che...,* mon opinion est que... || *secondo la mia —,* à mon avis || *cambia — a ogni mutar di vento,* il change d'opinion

comme de chemise || *la matematica non è un'—,* c'est clair comme deux et deux font quatre || *avere una buona, cattiva — di qlcu,* avoir une bonne, mauvaise opinion de qqn; *avere un'alta — di sé,* avoir grande estime de soi.

opinionista *s.m.* commentateur (dans un journal, à la radio ou à la télé).

op là *inter.* hop!

opossum (*pl. invar.*) *s.m.* opossum.

oppiaceo *agg.* opiacé.

oppiato *agg.* opiacé.

oppio *s.m.* opium.

oppiomane *s.m.* opiomane.

opponibile *agg.* opposable.

opporre (*coniug. come* porre) *v.tr.* **1** opposer **2** (*obiettare*) objecter □ **opporsi** *v.pron.* s'opposer || *mi oppongo!,* (*nei processi ecc.*) objection! || — *a una sentenza,* faire opposition à un jugement, appeler d'un jugement.

opportunamente *avv.* opportunément.

opportunismo *s.m.* opportunisme.

opportunista *agg. e s.m.* opportuniste.

opportunistico (*pl. -ci*) *agg.* opportuniste.

opportunità *s.f.* **1** opportunité || *avere il senso dell'—,* avoir le sens de l'à-propos **2** (*occasione*) occasion; (*fortuna*) chance.

opportuno *agg.* opportun || *ritenere —,* juger bon; *sarebbe — tacere,* il conviendrait de se taire || *al momento —,* au bon moment || *praticare le cure opportune,* donner les soins nécessaires || *visitatore poco —,* visiteur inopportun.

oppositore (*f. -trice*) *s.m.* adversaire (de), opposant (à): *gli oppositori del regime,* les opposants au régime.

opposizione *s.f.* opposition: *partito d'—,* parti de l'opposition || (*dir.*) — *accolta, respinta,* objection valable, non valable.

opposto *agg.* opposé || *angoli opposti al vertice,* angles opposés par le sommet ♦ *s.m.* opposé, contraire.

oppressione *s.f.* oppression.

oppressivo *agg.* **1** oppressif* **2** (*opprimente*) accablant, oppressant.

oppresso *agg.* opprimé; (*fig.*) oppressé ♦ *s.m.* opprimé.

oppressore *agg. e s.m.* oppresseur.

opprimente *agg.* accablant; (*noioso*) assommant: *lavoro —,* travail asservissant.

opprimere (*coniug. come* comprimere) *v.tr.* **1** oppresser (*anche fig.*) || — *di lavoro,* accabler de travail; *il caldo l'opprime,* la chaleur l'oppresse **2** (*tiranneggiare*) opprimer.

oppugnabile *agg.* attaquable, critiquable.

oppugnare *v.tr.* **1** (*confutare*) réfuter: — *un'affermazione,* réfuter une affirmation **2** (*dir.*) contester.

oppugnazione *s.f.* attaque (contre).

oppure *cong.* **1** ou **2** (*altrimenti*) ou, autrement.

optare *v.intr.* opter; (*scegliere*) choisir.

optimum ... *s.m.* optimum*.

optional (*pl. invar.*) *s.m.* article à option; (*acces-*

sorio) accessoire: *il contagiri è un* —, le compte-tours est optionnel.

opulento *agg.* opulent.

opulenza *s.f.* opulence.

opuscolo *s.m.* brochure (*f.*).

opzionale *agg.* optionnel*, facultatif*.

opzione *s.f.* option; (*scelta*) choix (*m.*): — *di prova, di messa a punto*, option de mise au point.

or *avv.* (*forma tronca di* ora) maintenant || *otto giorni — sono*, il y a huit jours.

ora¹ *s.f.* heure: *un'* — *e un quarto, e mezzo*, une heure et (un) quart, et demie; *che — è, che ore sono?*, quelle heure est-il?; *che — sarà?*, quelle heure peut-il bien être?; *che — fai?*, quelle heure as-tu?; *sai l'— esatta?*, as-tu l'heure exacte?; — *legale*, heure légale || *le ore di punta, le ore morte*, les heures de pointe, les heures creuses || *durante l'— di francese*, pendant le cours, l'heure de français || — *esatta*, (*al telefono, alla radio*) horloge parlante || *l'— X, l'— zero*, l'heure H || *a tarda —*, à une heure avancée; *fra non più di un'—*, dans une heure au plus tard; *non più tardi di un'— fa*, pas plus tard qu'il y a une heure; *un'— sì e una no*, une heure sur deux; *è questione di ore*, c'est une question d'heures; *è questione di un'—*, c'est l'affaire d'une heure || *10.000 lire all'—*, 10.000 lires (de) l'heure || (*aut.*) *andare a cento all'—*, faire du cent (km) à l'heure || *sarebbe — che...*, il serait temps que...; *è — di smetterla!*, il est temps d'en finir! || *a quest'— dovresti aver capito*, à l'heure qu'il est tu devrais avoir compris || *leggo per tirare l'— di cena*, en attendant le dîner, je lis || *fare le ore piccole*, faire (très) tard || *ha le ore contate*, ses heures sont comptées || *non vedo l'— di...*, il me tarde de...; *non vedo l'— di arrivare*, j'ai hâte d'arriver || *era —!*, enfin! il était temps!

ora² *avv.* **1** maintenant; (*per il momento*) pour l'instant: — *non posso*, pour l'instant je ne peux pas; — *vedo che cosa posso fare per te*, je vais voir ce que je peux faire pour toi; — *che ci penso...*, maintenant que j'y pense... || *me ne ricordo come fosse —*, je m'en souviens comme si c'était hier || *per —*, pour le moment || — *come —*, en ce moment || *d'— in poi*, d'— *in avanti*, d'— *innanzi*, dorénavant, désormais || *fin d'—, sin d'—*, dès maintenant || *fino a —, prima d'—*, jusqu'à présent || *alcuni mesi, alcuni anni or sono*, il y a quelques mois, quelques années **2** (*poco fa*) venir* de (+ *inf.*); (*se l'azione è continuata*) être*en train de; (*fra poco*) aller* (+ *inf.*): *erano qui* (*or*) —, ils étaient là tout à l'heure; *l'ho lasciato* (*or*) —, je viens de le quitter; *con chi stavi parlando* —?, avec qui est-ce que tu étais en train de parler?; *arriverà —*, il va arriver **3** (*subito*) tout de suite: — *lo faccio*, je le fais tout de suite ♦ *cong.* **1** or: — *avvenne che...*, or il advint que... || —, *tu che cosa faresti?*, mais toi, que ferais-tu? || *or bene, or dunque*, donc **2** *ora... ora...*, tantôt... tantôt: — *qui* — *lì*, tantôt ici tantôt là **3** (*ma*) mais: *tu dici di avere ragione*, — *io ti dico che hai torto*, toi, tu soutiens que tu as raison, mais moi je (te) dis que tu as tort □ **ora che** *locuz.cong.* maintenant que.

oracolo *s.m.* oracle.

orafo *s.m.* orfèvre ♦ *agg.* d'orfèvre || *arte orafa*, orfèvrerie.

orale *agg. e s.m.* oral* || **-mente** *avv.*

oramai *avv.* → **ormai**.

orango (pl. *-ghi*), **orangutan** (pl. *invar.*) *s.m.* orang-outan(g)*.

orario *agg.* horaire || (*moto*) *in senso* —, (mouvement) dans le sens des aiguilles d'une montre || *disco* —, disque de stationnement ♦ *s.m.* **1** horaire: — *d'apertura, di chiusura*, heures d'ouverture, de fermeture; — *di lavoro ridotto*, durée du travail réduite; — *d'ufficio*, heures de bureau; — *di visita*, heures des visites; *lavorare fuori —, a — pieno*, travailler en dehors de l'horaire, à plein temps || *essere, arrivare in* —, être, arriver à l'heure **2** (*quadro, tabella che indica l'orario*) horaire **3** (*libretto che indica l'orario dei treni*) indicateur, horaire.

orata *s.f.* (*zool.*) daurade.

oratore (f. *-trice*) *s.m.* orateur*.

oratoria *s.f.* art oratoire.

oratoriano *s.m.* (*eccl.*) oratorien.

oratorio¹ *agg.* oratoire.

oratorio² *s.m.* **1** (*cappella*) oratoire **2** (*per bambini*) patronage (paroissial) **3** (*mus.*) oratorio.

orazione *s.f.* **1** prière, oraison: *dire le orazioni*, dire ses prières **2** (*discorso*) discours (*m.*).

orbe *s.m.* (*letter.*) orbe, globe.

orbene *cong.* (*allora*) alors; (*suvvia*) allons.

orbettino *s.m.* (*zool.*) orvet.

orbita *s.f.* **1** orbite || *con gli occhi fuori dalle orbite*, (*fig.*) les yeux hors de la tête **2** (*astr.*) orbite || *mettere in* —, satelliser.

orbitale *agg.* **1** (*astr.*) orbital* **2** (*anat.*) orbitaire.

orbitare *v.intr.* graviter autour de la terre.

orbo *agg.* **1** aveugle || — *da un occhio*, borgne **2** (*letter.*) (*privo*) privé ♦ *s.m.* aveugle || *menare botte da orbi*, (*fam.*) frapper comme un sourd.

orca (pl. *-che*) *s.f.* (*zool.*) épaulard (*m.*), orque (*m.*).

orchessa *s.f.* ogresse.

orchestra *s.f.* orchestre (*m.*) || *direttore d'—*, chef d'orchestre.

orchestrale *agg.* orchestral* ♦ *s.m.* musicien* d'orchestre.

orchestrare *v.tr.* orchestrer.

orchestrazione *s.f.* orchestration.

orchidea *s.f.* orchidée.

orcio *s.m.* jarre (*f.*).

orco (pl. *-chi*) *s.m.* ogre.

orda *s.f.* *horde (anche fig.*).

ordigno *s.m.* engin.

ordinale *agg. e s.m.* ordinal*.

ordinamento *s.m.* règlement || *l'— di un archivio*, l'organisation des archives || — *giuridico*, les règles juridiques.

ordinanza *s.f.* ordonnance; (*decreto*) arrêté (*m.*) || *divisa d'—*, tenue réglementaire.

ordinare *v.tr.* **1** ordonner; (*riordinare*) mettre*

en ordre, ranger* || — *le proprie idee*, mettre de l'ordre ses idées **2** (*organizzare*) organiser **3** (*comandare*) ordonner; (*prescrivere*) prescrire* **4** (*commissionare*) commander: (*al ristorante*) *i signori vogliono* —?, vous désirez?; *hai già ordinato il caffè?*, tu as déjà commandé le café? **5** (*eccl.*) ordonner.

ordinariamente *avv.* ordinairement.

ordinarietà *s.f.* caractère ordinaire.

ordinario *agg.* ordinaire: *modi ordinari*, des manières ordinaires; *tariffa ordinaria*, tarif normal || *spese ordinarie*, dépenses courantes || *professore* —, professeur titulaire || *col ritmo* —, selon le rythme habituel || *affari di ordinaria amministrazione*, affaires courantes ♦ *s.m.* **1** ordinaire **2** (*professore*) professeur titulaire.

ordinata[1] *s.f.* (*fam.*) *dare un'—a...*, ranger un peu.

ordinata[2] *s.f.* **1** (*mat.*) ordonnée **2** (*mar.*) couple (*m.*).

ordinatamente *avv.* avec ordre; (*in ordine*) en ordre.

ordinativo *s.m.* (*comm.*) (*ordine*) commande (*f.*).

ordinato *agg.* ordonné; (*tenuto in ordine*) rangé.

ordinatore (f. -*trice*) *agg.* e *s.m.* ordonnateur* || *criteri ordinatori*, critères d'ordre.

ordinazione[1] *s.f.* (*comm.*) commande || *fatto su* —, exécuté sur commande.

ordinazione[2] *s.f.* (*eccl.*) ordination.

ordine *s.m.* **1** ordre: — *di arrivo*, ordre d'arrivée; *in* — *di grandezza*, par ordre de grandeur || *mettersi in* —, s'arranger || *essere in* —, (*di persona*) être bien mis || — *pubblico*, ordre public || *in bell'*—, en bon ordre || — *sparso*, ordre dispersé || *locanda d'infimo, di terz'*—, auberge de dernier ordre || *su* — *di*, sur l'ordre de || *in* — *a...*, en ce qui concerne... || (*eccl.*) *ordini maggiori e minori*, ordres majeurs et mineurs **2** (*fila*) file (*f.*); (*seque-*

ESPRIMERE L'ORA

Che ora è? Che ore sono?	*Quelle heure est-il?*
Ha l'ora?	*Vous avez l'heure?*
Che ora fai?	*Quelle heure as-tu? Tu as l'heure?* (*fam.*)
Io faccio le tre	*Moi, j'ai trois heures* (*fam.*)
È l'una, sono le sei	*Il est une heure, il est six heures*
Sono le sei e dieci	*Il est six heures dix*
Sono le sei e un quarto	*Il est six heures et quart*
Sono le sei e tre quarti	*Il est six heures trois quarts*
Sono le sei meno un quarto	*Il est six heures moins le quart*
Sono le sei meno dieci	*Il est six heures moins dix*
Sono le sei e mezzo (mezza)	*Il est six heures et demie*
Sono le sei in punto, precise	*Il est six heures pile*
Sono le sei passate	*Il est six heures passées*
Sono le sei passate da poco	*Il est un peu plus de six heures*
Sono le tre pomeridiane	*Il est trois heures de l'après-midi*
È l'una di notte, del pomeriggio	*Il est une heure du matin, de l'après-midi*
È mezzogiorno	*Il est (c'est) midi*
È mezzogiorno e mezzo	*Il est midi et demi*
È mezzanotte	*Il est (c'est) minuit*
È mezzanotte e mezzo	*Il est minuit et demi*
È presto, è tardi	*Il est tôt, il est tard*
a che ora?	*à quelle heure?*
alle nove, alle tre e mezzo	*à neuf heures, à trois heures et demie*
alle sei precise	*à six heures juste*
verso le sei	*sur le coup de six heures*
a mezzogiorno in punto	*sur le coup de midi*
due ore fa	*il y a deux heures*
ogni cinque minuti	*toutes les cinq minutes*
l'orologio va avanti, va indietro di tre minuti	*la montre avance, retarde de trois minutes*
mettere a posto l'orologio	*mettre sa montre à l'heure*
caricare l'orologio	*remonter sa montre*

NELLA COMUNICAZIONE SCRITTA:	DANS LA COMMUNICATION ÉCRITE:
alle (ore) 9, alle (ore) 21	*à 9 h (heures), à 21 h (heures)*
il negozio* è aperto dalle 9 alle 19	*le magasin est ouvert de 9 h à 19 h*

la) suite (*f.*) **3** (*comm.*) (*ordinazione*) commande (*f.*): *evadere un —*, exécuter une commande; *— di pagamento, di bonifico*, ordre de paiement, de virement.

ordire (*coniug. come* finire) *v.tr.* ourdir (*anche fig.*).

ordito *s.m.* chaîne (*f.*) || *un — di bugie*, (*fig.*) un tissu de mensonges.

orditoio *s.m.* (*ind. tess.*) ourdissoir.

orecchia *s.f.* **1** → orecchio **2** (*di pagina*) corne.

orecchiabile *agg.* facile à retenir.

orecchiante *s.m.* e *f.* **1** personne qui a de l'oreille **2** (*fig.*) perroquet (*m.*).

orecchietta *s.f.* **1** (*anat.*) oreillette **2** (*pl.*) (*cuc.*) oreillettes.

orecchino *s.m.* boucle d'oreilles.

orecchio (pl. *gli orecchi; le orecchie*) *s.m.* oreille (*f.*) || *essere duro d'orecchi*, être dur d'oreille; *essere di — fine*, avoir l'oreille fine; *avere —*, avoir de l'oreille || *drizzare gli orecchi*, dresser l'oreille; *porgere —*, prêter l'oreille; *essere tutt'orecchi*, être tout oreilles; *non credere ai propri orecchi*, ne pas en croire ses oreilles; *chi ha orecchie per intendere intenda*, à bon entendeur, salut; *da quell'— non ci sente*, il ne veut pas en entendre parler; *fare — da mercante*, faire la sourde oreille || *dare una tirata di orecchi*, tirer les oreilles.

orecchioni *s.m.pl.* (*med.*) oreillons.

orefice *s.m.* orfèvre.

oreficeria *s.f.* orfèvrerie.

orfano *agg.* e *s.m.* orphelin.

orfanotrofio *s.m.* orphelinat.

orfico (pl. *-ci*) *agg.* e *s.m.* orphique.

orfismo *s.m.* orphisme.

organetto *s.m.* **1** orgue de Barbarie **2** (*fisarmonica*) accordéon; (*armonica*) harmonica.

organicamente *avv.* organiquement.

organicità *s.f.* caractère organique.

organico (pl. *-ci*) *agg.* **1** organique **2** (*fig.*) organisé: *un racconto —*, un récit bien construit **3** (*mil.*) réglementaire ♦ *s.m.* effectif.

organigramma *s.m.* organigramme.

organismo *s.m.* organisme.

organista *s.m.* organiste.

organistico (pl. *-ci*) *agg.* d'orgue, de l'orgue.

organizzare *v.tr.* organiser || *— le proprie idee*, classer ses idées □ **organizzarsi** *v.pron.* s'organiser.

organizzativo *agg.* d'organisation.

organizzato *agg.* organisé.

organizzatore (f. *-trice*) *agg.* e *s.m.* organisateur*.

organizzazione *s.f.* organisation.

organo *s.m.* **1** organe **2** (*mus.*) orgue*.

organolettico (pl. *-ci*) *agg.* organoleptique.

organza *s.f.* organdi (*m.*).

organzino *s.m.* organsin.

orgasmo *s.m.* orgasme; (*eccitazione*) surexcitation (*f.*): *mettere in —*, mettre en agitation.

orgia (pl. *-ge*) *s.f.* orgie (*anche fig.*).

orgiastico (pl. *-ci*) *agg.* orgiaque.

orgoglio *s.m.* orgueil; (*amor proprio*) amour-propre: *pieno d'—*, pétri d'orgueil.

orgoglioso *agg.* orgueilleux* || **-mente** *avv.*

orientabile *agg.* orientable.

orientale *agg.* e *s.m.* oriental* || *la costa — della Sardegna*, la côte est de la Sardaigne || *tappeto —*, tapis d'Orient.

orientalista *s.m.* orientaliste.

orientamento *s.m.* orientation (*f.*).

orientare *v.tr.* orienter □ **orientarsi** *v.pron.* s'orienter.

orientativamente *avv.* à titre indicatif.

orientativo *agg.* d'orientation: *a scopo —*, à titre indicatif.

orientato *agg.* orienté.

orientazione *s.f.* orientation.

oriente *s.m.* orient; (*est*) est: *a —*, à l'est || *Vicino, Medio Oriente*, Proche-Orient, Moyen-Orient; *Estremo Oriente*, Extrême-Orient.

orifizio *s.m.* orifice.

origano *s.m.* (*bot.*) origan.

originale *agg.* **1** original* (*anche fig.*) **2** (*autentico*) authentique **3** (*originario*) originel* ♦ *s.m.* original* (*anche fig.*).

originalità *s.f.* originalité (*anche fig.*).

originalmente *avv.* (*in modo originale*) originalement.

originare *v.tr.* engendrer ♦ *v.intr.*, **originarsi** *v.pron.* naître*, dériver.

originariamente *avv.* originairement, à l'origine.

originario *agg.* **1** original; (*di origine*) d'origine **2** (*primitivo*) originel*.

origine *s.f.* **1** origine || *in —*, à l'origine || *avere — da*, naître de || *dare — a qlco*, faire naître qqch **2** (*di fiume*) source.

origliare *v.intr.: — agli usci*, écouter aux portes.

orina *s.f.* e *deriv.* → urina e *deriv.*

orinale *s.m.* vase de nuit.

orinatoio *s.m.* urinoir.

oriundo *agg.* e *s.m.* originaire.

orizzontale *agg.* horizontal* || **-mente** *avv.*

orizzontare *v.tr.* orienter □ **orizzontarsi** *v.pron.* s'orienter.

orizzonte *s.m.* horizon: *avere un — ristretto*, (*fig.*) être limité.

orlare *v.tr.* ourler; (*bordare*) border || *— una tovaglia a giorno*, faire des jours à une nappe; *— un vestito*, faire un ourlet à une robe.

orlato *agg.* bordé.

orlatura *s.f.* **1** (*l'orlare*) bordage (*m.*) **2** (*orlo*) ourlet (*m.*); (*bordo*) bord (*m.*).

orlo *s.m.* **1** ourlet: *fare l'—*, ourler, (*a un vestito*) faire l'ourlet || *— a giorno*, jours **2** (*margine*) bord || *sull'— di*, sur le bord de; *sull'— del fallimento*, au bord de la faillite; *sull'— del pianto*, au bord des larmes.

orma *s.f.* **1** trace (*anche fig.*) || *seguire, calcare le orme di qlcu*, (*anche fig.*) suivre, marcher sur les traces de qqn **2** (*fig.*) (*impronta*) empreinte **3** *pl.* (*vestigia*) vestiges (*m.*).

ormai *avv.* **1** (*riferito al presente*) désormais; (*a quest'ora*) à l'heure qu'il est; (*già*) déjà: *— non vale più la pena*, désormais ça ne vaut plus la peine; *— dovrebbe essere qui*, à l'heure qu'il est, il devrait être là; — *è Natale*, c'est déjà Noël || — *siamo arrivati*, nous sommes presque arrivés **2** (*riferito al passato*) à ce moment-là: — *avevamo perso ogni speranza*, à ce moment-là ils avaient perdu tout espoir; — *era troppo tardi*, il était déjà trop tard.

ormeggiare (*coniug. come* mangiare) *v.tr.* (*alla banchina*) amarrer; (*all'ancora*) mouiller □ **ormeggiarsi** *v.pron.* (*alla banchina*) s'amarrer; (*all'ancora*) mouiller.

ormeggio *s.m.* **1** (*alla banchina*) amarrage; (*all'ancora*) mouillage: *nave agli ormeggi*, navire au mouillage; *posto d'—*, poste d'amarrage **2** *pl.* (*cavi d'ormeggio*) amarres (*f.*).

ormonale *agg.* hormonal*.

ormone *s.m.* hormone (*f.*).

ormonico (pl. -ci) *agg.* hormonal*.

ornamentale *agg.* ornemental* || *albero —*, arbre d'ornement.

ornamentazione *s.f.* ornementation.

ornamento *s.m.* **1** ornement **2** (*l'ornare*) ornementation (*f.*).

ornare *v.tr.* orner □ **ornarsi** *v.pron.* s'orner, se parer.

ornato *agg.* orné (*anche fig.*); (*decorato*) décoré: *sala riccamente ornata*, salle riche d'ornements ♦ *s.m.* **1** (*arte*) ornementation (*f.*) **2** (*disegno*) dessin d'ornement.

orneblenda *s.f.* (*min.*) *hornblende.

ornello *s.m.* (*bot.*) orne.

ornito- *pref.* ornitho-

ornitologia *s.f.* ornithologie.

ornitologico (pl. -ci) *agg.* ornithologique.

ornitologo (pl. -gi) *s.m.* ornithologiste, ornithologue.

ornitorinco (pl. -chi) *s.m.* ornithorhynque.

oro *s.m.* **1** or: — *grezzo, lavorato*, or vierge, ouvragé; *orologio d'—* montre en or; *medaglia d'—*, médaille d'or || *la febbre dell'—*, la ruée vers l'or || *un marito d'—*, un mari en or; *un affare, un'occasione d'—*, une affaire, une occasion en or; *un anno d'— per l'economia*, une année en or pour l'économie || *età dell'—*, âge d'or || *ugola d'—*, (*di cantante*) voix d'or || *sogni d'—!*, fais de beaux rêves! || *nuotare nell'—*, rouler sur l'or || *prendere per — colato*, prendre pour argent comptant; *è sicuro come l'—*, c'est sûr et certain || *fare ponti d'—*, faire un pont d'or; *non lo farei nemmeno se mi coprisse d'—*, je ne le ferais pas pour tout l'or du monde || *vale tant'— quanto pesa*, il vaut son pesant d'or || *a peso d'—*, à prix d'or **2** *pl.* (*gioielli*) bijoux **3** *pl.* (*nei giochi di carte*) deniers.

oro- *pref.* oro-

orogenesi *s.f.* (*geol.*) orogenèse.

orografia *s.f.* orographie.

orografico (pl. -ci) *agg.* orographique.

orologeria *s.f.* horlogerie: *congegno a —*, mécanisme d'horlogerie || *bomba a —*, bombe à retardement.

orologiaio *s.m.* horloger.

orologio *s.m.* (*da muro*) horloge (*f.*); (*da polso, da tasca*) montre (*f.*): — *solare*, cadran solaire; — *a pendolo*, pendule; — *da tavolo*, pendulette; — *da polso*, montre-bracelet; — *da tasca*, montre de gousset; — *subacqueo*, montre de plongée; — *di controllo*, (*per la timbratura del cartellino*) pointeuse; — *da parcheggio*, horodateur; *il mio — fa le otto*, il est huit heures à ma montre; *il mio — va avanti, indietro, spacca il minuto*, ma montre avance, retarde, est à l'heure juste || *ti ho aspettato due ore d'—*, je t'ai attendu deux heures montre en main; *ha parlato due ore d'—*, il a parlé deux heures d'horloge || *essere un —*, être réglé comme une horloge.

oroscopo *s.m.* horoscope.

orpello *s.m.* oripeau* (*anche fig.*).

orrendo *agg.* horrible, affreux* || **-mente** *avv.*

orribile *agg.* horrible || *un viaggio —*, un voyage affreux || **-mente** *avv.*

orrido *agg.* effroyable ♦ *s.m.* **1** (*aspetto orrido*) aspect horrible; (*ciò che è orrido*) horrible: *gusto dell'—*, goût macabre **2** (*precipizio*) gouffre, gorges (*f.pl.*).

orripilante *agg.* horripilant.

orrore *s.m.* horreur (*f.*): *film dell'—*, film d'horreur.

orsa *s.f.* ourse || (*astr.*) *Orsa Maggiore, Minore*, Grande, Petite Ourse.

orsacchiotto *s.m.* ourson; (*giocattolo*) nounours.

orsaggine *s.f.* sauvagerie.

orsetto *s.m.* ourson || — *lavatore*, raton laveur.

orso *s.m.* ours (*anche fig.*) || *vendere la pelle dell'— prima che sia morto*, vendre la peau de l'ours avant de l'avoir tué.

orsolina *s.f.* (*eccl.*) ursuline.

orsù *inter.* (*letter.*) sus donc.

ortaggio *s.m.* légume || *coltura degli ortaggi*, culture maraîchère.

ortaglia *s.f.* jardin potager.

ortensia *s.f.* (*bot.*) hortensia (*m.*).

ortica (pl. -che) *s.f.* ortie (*f.*) || (*fig.*) *gettare qlco alle ortiche*, jeter qqch aux oubliettes.

orticante *agg.* urticant.

orticaria *s.f.* (*med.*) urticaire.

orticolo *agg.* horticole, maraîcher*.

orticoltore (f. -trice) *s.m.* horticulteur*, maraîcher*.

orticoltura *s.f.* horticulture, maraîchage (*m.*).

ortivo *agg.* potager*; maraîcher*; (*che cresce negli orti*) de jardin potager.

orto *s.m.* (jardin) potager: *terreno tenuto a —*, terrain planté de légumes || — *botanico*, jardin botanique || *coltivare il proprio —*, cultiver son jardin.

orto- *pref.* orto-

ortocentro *s.m.* (*mat.*) orthocentre.

ortoclasio *s.m.* (*min.*) orthoclase (*f.*).

ortodonzia *s.f.* (*med.*) orthodontie || — *infantile*, pédodontie.

ortodossia *s.f.* orthodoxie.

ortodosso *agg.* e *s.m.* orthodoxe.

ortofonista *s.m.* orthophoniste.

ortofrutticolo *agg.* des fruits et légumes.

ortognato *agg.* orthognathe.

ortogonale *agg.* orthogonal*.

ortografia *s.f.* orthographe: *errori di* —, fautes d'orthographe.

ortografico (pl. *-ci*) *agg.* orthographique.

ortolano *s.m.* **1** (*chi coltiva l'orto*) maraîcher **2** (*chi vende verdure*) marchand de légumes; (*nei mercati*) marchand des quatre-saisons **3** (*zool.*) ortolan.

ortomercato *s.m.* marché des fruits et des légumes.

ortopedia *s.f.* orthopédie.

ortopedico (pl. *-ci*) *agg.* orthopédique ♦ *s.m.* orthopédiste.

ortottica *s.f.* orthoptique.

ortottico (pl. *-ci*) *agg.* (*med.*) orthoptique ♦ *s.m.* orthoptiste.

orza *s.f.* (*mar.*) lof (*m.*): *andare all'*—, venir au lof.

orzaiolo *s.m.* orgelet.

orzare *v.intr.* (*mar.*) lofer.

orzata *s.f.* (*bibita*) orgeat (*m.*).

orzo *s.m.* orge (*f.*) || *caffè d'*—, malt.

osanna (pl. *invar.*) *s.m.* hosanna.

osannare *v.intr.* ovationner (qqn) ♦ *v.tr.* acclamer.

osannato *agg.* acclamé.

osare *v.tr.* **1** oser **2** (*tentare*) tenter; (*rischiare*) risquer: — *l'impossibile*, tenter l'impossible; *ha osato il tutto per tutto*, il a risqué le tout pour le tout.

oscenamente *avv.* **1** d'une façon obscène **2** (*fam.*) (*malissimo*) affreusement.

oscenità *s.f.* obscénité.

osceno *agg.* **1** obscène **2** (*fam.*) (*bruttissimo*) affreux*.

oscillante *agg.* oscillant.

oscillare *v.intr.* osciller (*anche fig.*) || *i prezzi oscillano*, les prix sont instables.

oscillatore *s.m.* (*fis.*) oscillateur.

oscillatorio *agg.* oscillatoire || *andamento* — *dei prezzi*, fluctuation des prix.

oscillazione *s.f.* oscillation (*anche fig.*); (*variazione*) variation: *oscillazioni d'opinione*, fluctuation de l'opinion; — *dei prezzi*, fluctuation des prix.

oscilloscopio *s.m.* oscilloscope.

osco *agg.* e *s.m.* osque.

oscuramente *avv.* obscurément.

oscuramento *s.m.* **1** obscurcissement **2** (*in tempo di guerra*) black-out.

oscurantismo *s.m.* obscurantisme.

oscurantista *s.m.* obscurantiste.

oscurare *v.tr.* obscurcir || — *una stanza*, plonger une chambre dans l'obscurité □ **oscurarsi** *v.pron.* s'obscurcir || — (*in volto*), s'assombrir.

oscurato *agg.* privé de lumière; (*schermato*) voilé.

oscurità *s.f.* obscurité || *vivere nella più completa* — *di tutto*, (*fig.*) vivre dans l'ignorance la plus complète || — *di natali*, naissance obscure.

oscuro *agg.* obscur (*anche fig.*) □ **all'oscuro** *locuz.avv.* (*nell'oscurità*) dans l'obscurité; (*nell'ignoranza*) dans l'ignorance absolue: *tenere all'*—,

garder dans l'ignorance; *essere all'* — *di tutto*, ne rien savoir.

osmosi *s.f.* osmose.

ospedale *s.m.* hôpital*: *all'*—, *in* —, à l'hôpital; — *da campo*, hôpital de campagne; — *maggiore*, l'hôtel-Dieu; *farsi ricoverare all'*—, se faire hospitaliser; *ricovero in* —, hospitalisation; *essere dimesso, uscire dall'*—, sortir de l'hôpital || *mandare all'*—, (*fig.*) réduire en piteux état.

ospedaliero *agg.* e *s.m.* hospitalier* || *assistenza ospedaliera*, hospitalisation; *retta ospedaliera*, frais d'hospitalisation || (*medico*) —, médecin d'hôpital.

ospedalizzare *v.tr.* hospitaliser.

ospedalizzazione *s.f.* hospitalisation.

ospitale *agg.* hospitalier*.

ospitalità *s.f.* hospitalité.

ospitante *agg.*: *il paese, la famiglia* —, le pays, la famille d'accueil || (*sport*) *squadra* —, équipe qui reçoit || (*biol.*) *organismo* —, hôte; *cellula* —, cellule hôte ♦ *s.m.* hôte*.

ospitare *v.tr.* loger* : *puoi ospitarmi per questa notte?*, peux-tu m'héberger cette nuit?; *la casa che ci ospita*, la maison où nous séjournons; *l'albergo può* — *200 persone*, cet hôtel peut recevoir deux cents personnes || *la mostra ospita opere moderne*, l'exposition propose des œuvres modernes || *la nicchia ospita una statua*, la niche abrite une statue || *questa rivista ospita articoli di scrittori famosi*, cette revue publie les articles d'écrivains célèbres.

ospite *s.m.* **1** (*chi ospita*) hôte* **2** (*chi è ospitato*) hôte*, invité: *essere* — *di qlcu*, être l'invité de qqn || *camera degli ospiti*, chambre d'ami || *andarsene insalutato* —, filer à l'anglaise ♦ *agg.* **1** (*che ospita*) → **ospitante** **2** (*che è ospitato*) visiteur*.

ospizio *s.m.* hospice, asile: — *per vecchi*, asile de vieillards.

ossame *s.m.* ossements (*pl.*).

ossario *s.m.* ossuaire.

ossatura *s.f.* **1** ossature || *l'* — *di un romanzo*, l'architecture, la structure d'un roman **2** (*di una nave*) charpente.

osseo *agg.* osseux*.

ossequente *agg.* respectueux* (de); (*spreg.*) obséquieux*.

ossequiare *v.tr.* présenter ses respects (à), rendre* hommage (à).

ossequio *s.m.* **1** respect, déférence (*f.*) || *l'* — *delle leggi*, le respect des lois **2** *pl.* (*a una donna*) hommages, (*a un uomo*) respects || *i miei ossequi, con* —, (*in chiusura di lettera*) mes sentiments les plus respectueux □ **in ossequio a** *locuz.* par respect de; (*in conformità a*) conformément à: *in* — *al vero*, par respect, par souci de la vérité; *in* — *alle vigenti leggi*, conformément aux lois en vigueur.

ossequiosamente *avv.* respectueusement; (*spreg.*) obséquieusement.

ossequiosità *s.f.* respect (*m.*); (*spreg.*) obséquiosité.

ossequioso *agg.* respectueux*; (*spreg.*) obséquieux*.

osservabile *agg.* observable: *non* —, inobservable.

osservante *agg.* respectueux*; (*di una religione*) pratiquant.

osservanza *s.f.* **1** observation || *in* — *a*, conformément à || *con* —, avec ma parfaite considération **2** (*religiosa*) observance: *di stretta* —, de stricte observance.

osservare *v.tr.* **1** observer: *non ho nulla da* —, je n'ai rien à dire **2** (*notare*) remarquer || *Bene! osservò*, Bon! fit-il **3** (*rispettare*) respecter.

osservatore (*f. -trice*) *agg. e s.m.* observateur*.

osservatorio *s.m.* observatoire.

osservazione *s.f.* observation.

ossessionante *agg.* obsédant.

ossessionare *v.tr.* obséder*, *hanter || *mi ossessiona con le sue manie*, il m'agace avec ses manies || *la ossessiona con la sua assiduità*, il la poursuit de ses assiduités.

ossessione *s.f.* obsession; (*incubo*) cauchemar (*m.*) || *è ordinato fino all'*—, c'est un maniaque de l'ordre || *è un'*—!, c'est ma hantise!

ossessivamente *avv.* de façon obsédante.

ossessività *s.f.* *obsession.

ossessivo *agg.* obsessionnel*; (*ossessionante*) obsédant.

ossesso *s.m.* possédé.

oss(i)- *pref.* ox(y)-

ossia *cong.* **1** (*cioè*) ou, à savoir **2** (*per meglio dire*) ou plutôt.

ossiacido *s.m.* (*chim.*) oxyacide.

ossicino *s.m.* osselet.

ossidabile *agg.* oxydable.

ossidabilità *s.f.* oxydabilité.

ossidante *agg. e s.m.* oxydant.

ossidare *v.tr.* oxyder □ **ossidarsi** *v.pron.* s'oxyder.

ossidazione *s.f.* oxydation.

ossidiana *s.f.* (*min.*) obsidienne.

ossido *s.m.* (*chim.*) oxyde.

ossidrico (pl. *-ci*) *agg.* oxhydrique || *fiamma ossidrica*, chalumeau oxhydrique.

ossificarsi (*coniug. come* mancare) *v.pron.* s'ossifier.

ossifraga (pl. *-ghe*) *s.f.* (*zool.*) orfraie.

ossigenare *v.tr.* oxygéner* || *ossigenarsi* (*i capelli*), se faire décolorer (les cheveux) □ **ossigenarsi** *v.pron.* s'oxygéner*.

ossigenato *agg.* oxygéné || *bionda ossigenata*, blonde décolorée.

ossigenazione *s.f.* oxygénation.

ossigeno *s.m.* oxygène.

ossitono *agg.* (*fon.*) oxyton.

ossiuro *s.m.* (*zool.*) oxyure.

osso (pl. *le ossa* o *gli ossi*) *s.m.* os || — *sacro*, sacrum || *le ossa dei morti*, les ossements des morts || *bottoni d'*—, boutons en os || — *di pesca*, noyau de pêche || — *di balena*, fanon || (*scherz.*): *molla l'*—!, lâche!; *sputa l'*—!, crache le morceau! || *gli si contano le ossa*, on pourrait lui compter les os; *è*

tutt'ossa, c'est un paquet d'os || *che le sue ossa riposino in pace*, qu'il repose en paix || *rompersi l'*— *del collo*, se casser le cou || *avere i brividi nelle ossa*, être transi jusqu'aux os || *avere le ossa rotte*, avoir mal partout; *ne esce con le ossa rotte*, (fig. fam.) il y laisse toutes ses plumes || (fig.): *ha le ossa dure*, il a la peau dure; *è un* — *duro*, (*di persona*) c'est un dur à cuire, (*di cosa*) c'est un gros morceau; *farsi le ossa*, faire ses premières armes; *lasciarci le ossa*, (fam.) (*morire*) y laisser la peau, (*fallire*) y laisser jusqu'à sa dernière chemise □ **all'osso** *locuz.*: *patrimonio ridotto all'*—, patrimoine dont il ne reste que des miettes; *ridursi all'*—, (fig.) se réduire à la portion congrue; *fradicio fino all'*—, trempé jusqu'aux os, jusqu'à la moelle; *risparmiare fino all'*—, économiser, mettre de côté jusqu'au moindre centime.

ossobuco (pl. *ossibuchi*) *s.m.* (*cuc.*) osso-buco (rouelle de veau).

ossuto *agg.* osseux*.

ostacolare *v.tr.* entraver; (fig.) s'opposer (à) || *mi ha sempre ostacolato*, il m'a toujours contrarié □ **ostacolarsi** *v.pron.* se nuire*.

ostacolista *s.m.* **1** (*atletica*) coureur* spécialisé dans les courses de haies **2** (*ippica*) jockey de courses d'obstacles.

ostacolo *s.m.* **1** obstacle; (*intralcio*) entrave (*f.*) *essere d'*— *a*, faire obstacle à || (fig.): *pieno di ostacoli*, semé d'entraves; *mettere un* — *a qlco, qlcu*, freiner qqch, qqn; *non conosce ostacoli*, rien ne l'arrête **2** (*sport*) *haie (*f.*): *corsa a ostacoli*, course de haies; *400 metri ostacoli*, quatre cents mètres haies.

ostaggio *s.m.* otage.

ostare (mancano *pass.rem.* e *part.pass.*) *v.intr.* s'opposer: *nulla osta a (che)*..., rien ne s'oppose à (ce que).

oste (f. *-essa*) *s.m.* aubergiste; (*padrone*) patron* (de bistrot) || *fare i conti senza l'*—, (fig.) ne pas tenir compte des impondérables.

osteggiare (*coniug. come* mangiare) *v.tr.* contrarier, s'opposer (à).

ostello *s.m.* (*per la gioventù*) auberge de jeunesse.

ostensorio *s.m.* ostensoir.

ostentare *v.tr.* afficher, affecter; (*mettere in mostra*) étaler, exhiber; (*fingere*) feindre*: — *disprezzo*, afficher son mépris; — *disinteresse*, affecter le détachement; — *povertà*, exhiber sa pauvreté; — *indifferenza*, feindre l'indifférence.

ostentatamente *avv.* avec ostentation.

ostentato *agg.* affecté.

ostentazione *s.f.* ostentation.

osteo- *pref.* ostéo-

osteologia *s.f.* ostéologie.

osteopatia *s.f.* (*med.*) ostéopathie.

osteoporosi (pl. *invar.*) *s.f.* ostéoporose.

osteosi *s.f.* (*med.*) ostéose.

osteotomia *s.f.* (*med.*) ostéotomie.

osteria *s.f.* bistrot (*m.*) || *chi va via perde il posto all'*—, qui va à la chasse perd sa place.

ostetrica (pl. *-che*) *s.f.* sage-femme*.

ostetricia *s.f.* obstétrique.

ostetrico (pl. *-ci*) *agg.* obstétrical* ♦ *s.m.* accoucheur*, obstétricien*.

ostia *s.f.* **1** hostie **2** (*per medicinali*) cachet (*m.*).

ostico (pl. *-ci*) *agg.* (*difficile*) difficile; (*sgradito*) désagréable.

ostile *agg.* hostile.

ostilità *s.f.* hostilité.

ostilmente *avv.* avec hostilité.

ostinarsi *v.pron.* s'obstiner || *— nell'errore*, persister dans l'erreur; *non ostinarti, hai torto!*, n'insiste pas, tu as tort!

ostinatamente *avv.* obstinément; (*incessantemente*) avec persistance.

ostinatezza *s.f.* obstination.

ostinato *agg.* **1** obstiné; (*testardo*) opiniâtre || *— come un mulo*, têtu comme une bourrique **2** (*persistente*) opiniâtre.

ostinazione *s.f.* obstination; (*testardaggine*) opiniâtreté: *— nel chiedere*, obstination à demander.

ostracismo *s.m.* ostracisme: *dare l'— a qlcu*, prononcer l'ostracisme contre qqn.

ostrica (pl. *-che*) *s.f.* huître: *attaccarsi come un'—*, (*fig.*) être accroché comme une moule sur son rocher || (*cuc.*) *uovo all'—*, jaune d'œuf cru assaisonné de sel, poivre et citron.

ostricoltore *s.m.* ostréiculteur.

ostricoltura *s.f.* ostréiculture.

ostrogoto *agg.* e *s.m.* ostrogoth, ostrogot || *parlare —*, parler de manière obscure; *è — per me*, c'est du chinois pour moi.

ostruire (*coniug. come* finire) *v.tr.* obstruer; (*un tubo*) boucher □ **ostruirsi** *v.pron.* s'obstruer; (*di tubo*) se boucher.

ostruito *agg.* obstrué; (*di tubo*) bouché.

ostruzione *s.f.* **1** obstruction; (*di tubo*) engorgement (*m.*) **2** (*sbarramento*) barrage (*m.*).

ostruzionismo *s.m.* obstructionnisme || *fare dell'—*, faire de l'obstruction.

ostruzionista *s.m.* obstructionniste.

ostruzionistico (pl. *-ci*) *agg.* obstructionniste.

otalgia *s.f.* (*med.*) otalgie.

otarda *s.f.* (*zool.*) outarde || *— minore*, canepetière.

otaria *s.f.* (*zool.*) otarie.

otite *s.f.* (*med.*) otite.

oto- *pref.* oto-

otoiatra *s.m.* otologiste.

otoiatria *s.f.* otologie.

otorino (pl. *invar.*) *s.m.* (*fam.*) oto-rhino.

otorinolaringoiatra *s.m.* oto-rhinolaryngologiste.

otorinolaringoiatria *s.f.* oto-rhinolaryngologie.

otoscopia *s.f.* (*med.*) otoscopie.

otre *s.m.* outre (*f.*).

ottaedro *s.m.* octaèdre.

ottagonale *agg.* octogonal*.

ottagono *s.m.* octogone.

ottano *s.m.* octane.

ottanta *agg.num.card.* e *s.m.* quatre-vingts: *erano (in) ottantasei*, ils étaient quatre-vingt-six || *la pagina —*, la page quatre-vingt.

ottantadue *agg.num.card.* e *s.m.* quatre-vingt-deux.

ottantenne *agg.* (âgé) de quatre-vingts ans ♦ *s.m.* personne (âgée) de quatre-vingts ans.

ottantennio *s.m.* (période de) quatre-vingts ans.

ottantesimo *agg.num.ord.* e *s.m.* quatre-vingtième.

ottantina *s.f.* environ quatre-vingts || *ha passato l'—*, il a plus de quatre-vingts ans; *è sull'—*, il doit avoir à peu près quatre-vingts ans.

ottantuno *agg.num.card.* e *s.m.* quatre-vingt-un.

ottativo *agg.* e *s.m.* optatif*.

ottava *s.f.* octave.

ottavo *agg.num.ord.* e *s.m.* *huitième; (*nelle progressioni di re, papi, capitoli ecc.*) *huit || (*tip.*) in —*, in-octavo.

ottemperante *agg.* obéissant (à), respectueux* (de).

ottemperanza *s.f.* observance, obéissance || *in —a*, conformément à.

ottemperare *v.intr.* obtempérer*.

ottenebramento *s.m.* obscurcissement.

ottenebrare *v.tr.* obscurcir □ **ottenebrarsi** *v.pron.* s'obscurcir; (*fig.*) se brouiller.

ottenebrato *agg.* obscurci.

ottenere (*coniug. come* tenere) *v.tr.* obtenir*.

ottenibile *agg.* qu'on peut obtenir; (*realizzabile*) réalisable.

ottenimento *s.m.* obtention (*f.*).

ottentotto *agg.* e *s.m.* *hottentot.

ottetto *s.m.* (*mus.*) octuor.

ottica *s.f.* optique.

ottico (pl. *-ci*) *agg.* optique || *strumento —*, instrument d'optique ♦ *s.m.* opticien*.

ottimale *agg.* optimal* || *la soluzione —*, la meilleure solution.

ottimamente *avv.* très bien, à merveille.

ottimismo *s.m.* optimisme.

ottimista *agg.* e *s.m.* optimiste.

ottimistico (pl. *-ci*) *agg.* optimiste.

ottimizzare *v.tr.* optimiser.

ottimizzazione *s.f.* optimisation.

ottimo *agg.* excellent: *ottimi voti*, d'excellentes notes ♦ *s.m.* optimum*.

otto *agg.num.card.* e *s.m.* *huit || *oggi a —*, (d') aujourd'hui en huit || *dare gli — giorni*, donner ses huit jours || *— volante*, montagnes russes || (*canottaggio*) *— con*, huit barré.

ottobre *s.m.* octobre.

ottocentesco (*pl.* -chi) *agg.* du XIXᵉ siècle.

ottocentista *s.m.* (*sport*) coureur de 800 mètres.

ottocento *agg.num.card.* e *s.m.* *huit cents || *nell'Ottocento*, au dix-neuvième siècle || *un'eleganza stile —*, une élégance d'une autre époque.

ottomana *s.f.* ottomane.

ottomano *agg.* e *s.m.* ottoman.

ottonario *agg.* e *s.m.* octosyllabe.

ottone *s.m.* **1** laiton **2** *pl.* (*mus.*) cuivres.

ottuagenario *agg.* e *s.m.* octogénaire.

ottundere (*Pass.rem.* io ottusi, tu ottundesti ecc. *Part.pass.* ottuso) *v.tr.* (*letter.*) émousser || *— la mente*, engourdir l'esprit.

ottundimento *s.m.* émoussement; engourdissement.

otturamento *s.m.* obturation (*f.*).

otturare *v.tr.* obturer; (*ostruire*) boucher || — *un dente*, plomber une dent □ **otturarsi** *v.pron.* se boucher.

otturatore (f. *-trice*) *agg.* e *s.m.* obturateur*.

otturazione *s.f.* 1 obturation 2 (*di dente*) plombage (*m.*).

ottusamente *avv.* stupidement.

ottusità *s.f.* stupidité || — *di mente*, épaisseur d'esprit.

ottuso *agg.* obtus (*anche fig.*) || *un ragazzo* —, un garçon stupide; *uno sguardo* —, un regard vide; *sei proprio* —*!*, (*fam.*) tu es vraiment bouché!

ovaia *s.f.* (*anat.*) ovaire (*m.*).

ovaiola *agg.* e *s.f.* (*gallina*) —, (poule) pondeuse.

ovale *agg.* e *s.m.* ovale.

ovarico (pl. *-ci*) *agg.* ovarien*.

ovariectomia *s.f.* (*med.*) ovariectomie.

ovario *s.m.* ovaire.

ovatta *s.f.* ouate; (*cotone idrofilo*) ouate hydrophile || *tenere, allevare qlcu nell'* —, élever qqn dans le coton.

ovattare *v.tr.* ouater.

ovattato *agg.* (*di suono*) ouaté.

ovattatura *s.f.* (*imbottitura d'ovatta*) doublure en ouate.

ovattina *s.f.* ouatine.

ovazione *s.f.* ovation.

ove *avv.* (*letter.*) où ♦ *cong.* (*qualora*) si, au cas où: — *venisse*, au cas où il viendrait, s'il venait.

overdose (pl. *invar.*) *s.f.* overdose, surdose.

ovest *s.m.* 1 ouest: *a* —, *verso* —, à l'ouest, vers l'ouest; *vento dell'* —, vent d'ouest 2 (*geogr.*) *l'Ovest*, l'Ouest.

ovile *s.m.* bergerie (*f.*) || *tornare all'* —, (*fig.*) rentrer au bercail.

ovino *agg.* e *s.m.* ovin.

oviparo *agg.* e *s.m.* ovipare.

ovo- *pref.* ovo-

ovoidale *agg.* ovoïde.

ovolaccio *s.m.* (*bot.*) fausse oronge.

ovolo *s.m.* oronge (*f.*).

ovovia *s.f.* télébenne ovoïdale, télécabine ovoïdale.

ovoviviparo *agg.* e *s.m.* (*zool.*) ovovivipare.

ovulare[1] *agg.* 1 (*biol.*) ovulaire 2 (*di forma ovale*) ovoïdal*.

ovulare[2] *v.intr.* (*biol.*) ovuler.

ovulazione *s.f.* ovulation.

ovulo *s.m.* ovule.

ovunque *avv.* → **dovunque**.

ovvero *cong.* 1 ou (bien) 2 (*ossia*) à savoir.

ovviamente *avv.* évidemment.

ovviare *v.intr.* obvier.

ovvietà *s.f.* évidence.

ovvio *agg.* évident: *questo è* —, ça, c'est sûr.

oxoniense *agg.* d'Oxford.

oziare *v.intr.* se laisser aller à la paresse.

ozio *s.m.* 1 oisiveté (*f.*): *stare in* —, être oisif 2 (*riposo*) loisir: *momenti d'* —, moments de loisir.

oziosamente *avv.* 1 (*inoperosamente*) oisivement; (*pigramente*) paresseusement 2 (*vanamente*) d'une façon oiseuse.

oziosità *s.f.* 1 paresse 2 (*inutilità*) vanité.

ozioso *agg.* 1 oisif* 2 (*inutile, vano*) oiseux*.

ozonizzare *v.tr.* ozoniser.

ozonizzazione *s.f.* ozonisation.

ozono *s.m.* ozone.

ozonosfera *s.f.* ozonosphère.

ozonoterapia *s.f.* ozonothérapie.

P

p *s.m.* e *f.* p (*m.*) || (*tel.*) — *come Palermo*, p comme Pierre.

pacatamente *avv.* paisiblement.

pacatezza *s.f.* calme (*m.*).

pacato *agg.* calme.

pacca (pl. -*che*) *s.f.* (*fam.*) tape.

pacchetto *s.m.* paquet || (*inform.*) — *software, applicativo*, progiciel.

pacchia *s.f.* (*fam.*) aubaine.

pacchiano *agg.* tapageur*; (*vistoso*) voyant: *avere gusti pacchiani*, avoir des goûts grossiers.

pacco (pl. -*chi*) *s.m.* paquet; (*di grandi dimensioni*) colis || — *postale*, colis postal || — *dono*, — *viveri*, colis de vivres.

paccottiglia *s.f.* pacotille, camelote.

pace *s.f.* paix || *far* —, faire la paix; *metter* — *fra...*, réconcilier (qqn) || *mettersi il cuore in* —, se résigner || *lasciare in* —, laisser tranquille || *lasciami in* —!, (*fam.*) fiche-moi la paix! || *non dar* —, ne pas laisser de répit; *non darsi* —, se tourmenter; *le preoccupazioni non gli danno* —, il ne connaît pas de trêve à ses soucis || *non aver più* —, ne pas avoir un moment de répit || *in santa* —, bien tranquillement || *santa* —!, Seigneur!

pacemaker *s.m.* (*med.*) (*stimolatore cardiaco*) pacemaker, stimulateur (cardiaque).

pachiderma *s.m.* pachyderme (*anche fig.*).

paciere *s.m.* médiateur*: *fare da* —, jouer un rôle de médiateur.

pacificamente *avv.* pacifiquement, paisiblement.

pacificare (*coniug. come* mancare) *v.tr.* **1** pacifier (*anche fig.*) **2** (*riconciliare*) réconcilier, rétablir la paix (entre) □ **pacificarsi** *v.pron.* **1** se réconcilier; (*placarsi*) s'apaiser **2** (*l'un l'altro*) se réconcilier.

pacificatore (f. -*trice*) *agg.* e *s.m.* **1** pacificateur* (*anche fig.*) **2** (*riconciliatore*) réconciliateur*.

pacificazione *s.f.* **1** pacification (*anche fig.*) **2** (*riconciliazione*) réconciliation.

pacifico (pl. -*ci*) *agg.* **1** (*che ama la pace, che è in pace*) pacifique **2** (*tranquillo*) paisible **3** (*incontestabile*) incontestable || *è* — *che...*, il est incontestable que...

pacifismo *s.m.* pacifisme.

pacifista *agg.* e *s.m.* pacifiste.

pacioccone *s.m.* (*fam.*) (*di uomo*) père tranquille; (*di bambino*) gros père.

packaging *s.m.* conditionnement, packaging.

padano *agg.* padan, du Pô: *pianura padana*, plaine padane.

padella *s.f.* **1** poêle: *friggere in* —, frire à la poêle; *funghi in* —, champignons sautés **2** (*per malati*) bassin (de lit).

padiglione *s.m.* pavillon.

padovano *agg.* e *s.m.* padouan.

padre *s.m.* **1** père: — *di famiglia*, père de famille || *ragazzo* —, père célibataire || *fare da* —, tenir lieu de père || *prender dal* —, tenir de son père; *è tutto suo* —, c'est le portrait de son père || *per parte di* —, du côté de son père || *Dio Padre*, Dieu le Père || *il Santo Padre*, le Saint-Père **2** (*eccl.*) père; (*nelle apostrofi*) mon père.

padreterno *s.m.* (*fig. fam.*) *credersi un* —, se croire sorti de la cuisse de Jupiter; *darsi arie da* —, prendre des airs de pontife; *quel chirurgo è un* —, ce chirurgien est un as; *è un* — *nel suo ufficio*, au bureau, il fait la pluie et le beau temps.

padrino *s.m.* **1** parrain **2** (*in un duello*) témoin.

padrona *s.f.* **1** maîtresse || *la* — *non è in casa*, Madame n'est pas là **2** (*proprietaria*) propriétaire; (*datrice di lavoro*) patronne.

padronale *agg.* **1** (*dei padroni*) des maîtres **2** (*privato; signorile*) de maître **3** (*dei datori di lavoro*) patronal*.

padronanza *s.f.* **1** (*controllo*) contrôle (*m.*) || *la* — *di sé*, la maîtrise de soi **2** (*conoscenza*) maîtrise: *avere una perfetta* — *di una lingua*, bien maîtriser une langue.

padronato *s.m.* patronat.

padroncino *s.m.* **1** jeune maître **2** chauffeur* (*proprietario di son véhicule*) **3** (*piccolo imprenditore*) petit entrepreneur.

padrone *s.m.* **1** maître (*anche fig.*) || *farla da* —, faire la loi || *non è più* — *di sé*, il n'est plus maître de lui || *essere* — *di una lingua*, maîtriser, posséder une langue || *è* — *di fare quel che vuole*, il est libre de faire ce qu'il veut || *padronissimo!*, libre à toi! || *il* — *del vapore*, (*iron.*) le grand patron **2** (*proprietario*) propriétaire **3** (*datore di lavoro*) patron* || *lavorare a* —, être au service de qqn.

padroneggiare (*coniug. come* mangiare) *v.tr.* **1** (*controllare*) maîtriser **2** (*conoscere perfettamente*) maîtriser, posséder*.

paesaggio *s.m.* paysage || *tutela del* —, protection des sites.

paesaggista *s.m.* e *f.* paysagiste.

paesaggistico (pl. *-ci*) *agg.* paysager*, du paysage.

paesano *agg.* (*locale*) du pays; (*campagnolo*) villageois || *alla paesana*, à la paysanne ♦ *s.m.* villageois.

paese *s.m.* **1** pays || *non sono di questo —*, je ne suis pas d'ici || *mandare qlcu a quel —*, envoyer qqn promener **2** (*villaggio*) village: *al mio —*, dans mon village || *abita in un paesino di montagna*, il habite un petit village de montagne || *vado in —*, je vais au village.

paffuto *agg.* potelé, dodu || *avere le guance paffute*, être joufflu.

paga (pl. *-ghe*) *s.f.* **1** salaire (*m.*); (*di operai*) paie; (*di domestici*) gages (*m.pl.*); (*di militari*) solde: *— base*, salaire de base; *avere una buona —*, être bien payé **2** (*fig.*) (*ricompensa*) récompense.

pagabile *agg.* payable.

pagaia *s.f.* pagaie.

pagaiare *v.intr.* pagayer*.

pagaiatore (f. *-trice*) *s.m.* pagayeur*.

pagamento *s.m.* paiement, payement: *— alla consegna*, paiement contre livraison || *a —*, payant: *ingresso a —*, entrée payante || *autostrada a —*, autoroute à péage.

paganesimo *s.m.* paganisme.

pagano *agg. e s.m.* païen*.

pagante *agg.* payant: *ospite —*, hôte payant.

pagare (*coniug. come* legare) *v.tr.* payer*: *quanto l'hai pagato?*, combien l'as-tu payé?, *quanto te l'ha fatto —?*, combien te l'a-t-il fait payer?; *— a ore*, payer à l'heure || *certo che sa farsi —*, il se fait bien payer || *— a chiacchiere*, payer en monnaie de singe || *non so cosa pagherei per...*,

je donnerais cher pour... || *— di persona*, payer de sa personne || *— di tasca propria*, payer de sa poche; (*fig.*) payer; *me la pagherai!*, tu me le paieras! || *pago io!*, c'est moi qui paie!

pagato *agg.* payé: *non —*, impayé.

pagatore (f. *-trice*) *s.m.* payeur*.

pagella *s.f.* bulletin trimestriel.

pagello *s.m.* (*zool.*) pagel.

paggio *s.m.* page || *pettinatura alla —*, coiffure à la Jeanne d'Arc.

pagherò *s.m.* (*comm.*) billet à ordre.

pagina *s.f.* page: *— dispari, pari*, fausse page, belle page; *a — dieci*, (à la) page dix; *a piè di —*, au bas de la page || *la terza —*, (*di un giornale*) la page littéraire; *la — sportiva*, la page du sport || *voltare —*, (*fig.*) tourner la page.

paginatura, paginazione *s.f.* pagination.

paglia *s.f.* paille || *color —*, paille || *avere la coda di —*, (*fig.*) ne pas avoir la conscience tranquille.

pagliaccetto *s.m.* (*infantile*) barboteuse (*f.*); (*femminile*) combinaison-culotte* (*f.*).

pagliacciata *s.f.* farce.

pagliaccio *s.m.* **1** (*buffone*) clown (*anche fig.*) **2** (*fig.*) (*ciarlatano*) bluffeur, guignol.

pagliaio *s.m.* meule de paille || *cercare un ago nel —*, chercher une aiguille dans une botte de foin.

pagliericcio *s.m.* paillasse (*f.*).

paglierino *agg.* paille*.

paglietta *s.f.* **1** (*cappello*) canotier (*m.*) **2** (*lana di ferro*) paille de fer.

pagliuzza *s.f.* **1** brin de paille, paille **2** (*particella d'oro*) paillette.

pagnotta *s.f.* miche || *lavorare per la —*, (*fig. fam.*) travailler pour gagner sa croûte.

pago (pl. *-ghi*) *agg.* (*letter.*) satisfait.

COMPRARE, PAGARE

Quanto costa?	Ça coûte combien?
Quant'è? Quanto fa? Quanto viene?	Ça fait combien?
Quanto le devo?	Je vous dois combien?
Quanto costa questo libro?	C'est combien, ce livre?
Quanto costano le mele?	C'est combien, les pommes?
Ne vorrei un chilo	J'en voudrais un kilo
Vuole altro?	Et avec ça?
No grazie. Nient'altro	Merci. C'est tout
È caro, è a buon mercato	C'est cher, c'est bon marché
Può cambiarmi 500 franchi?	Vous avez la monnaie de 500 francs?
Mi spiace, non ho da cambiare	Désolé, je n'ai pas la monnaie, je ne l'ai pas
Ha moneta, ha spiccioli?	Vous avez la monnaie?
Mi spiace, non ho spiccioli	Désolé, je n'ai pas de monnaie (o de pièces)
dare il resto	rendre la monnaie
comprare a credito	acheter à crédit
pagare poco, pagare tanto	payer peu, payer cher
pagare subito	payer comptant
pagare in contanti, con un assegno	payer en espèces, par chèque
pagare con la carta di credito,	payer avec une carte de crédit
fare uno sconto	faire une réduction
fare un prelievo al bancomat	retirer de l'argent au distributeur automatique

pagoda *s.f.* pagode.

paguro *s.m.* (*zool.*) pagure.

paillard *s.f.* (*cuc.*) tranche de veau grillée.

paio (pl.f. *paia*) *s.m.* **1** paire: *quattro paia di buoi*, quatre paires de bœufs **2** (*di animali*) couple (*f.*): *un — di fagiani*, un couple di faisans **3** (*due*) deux: *tra un — di giorni*, dans deux jours.

paiolo *s.m.* chaudron.

pala *s.f.* **1** pelle **2** (*di elica, di remo*) pale; (*di timone*) safran (*m.*); (*di mulino*) aube; (*del mulino a vento*) aile **3** (*arte*) *— d'altare*, retable.

paladino *s.m.* **1** (*st.*) paladin **2** (*fig.*) champion: *farsi — di qlcu, di qlco*, se poser en défenseur, se faire le champion de qqn, de qqch.

palafitta *s.f.* **1** palafitte (*m.*) **2** (*edil.*) pilotis (*m.*).

palafitticolo *agg.* des palafittes; lacustre.

palafreniere *s.m.* **1** palefrenier **2** (*mil.*) sergent instructeur d'équitation.

palanca[1] (pl. *-che*) *s.f.* (*mar.*) passerelle.

palanca[2] *s.f.* sou (*m.*).

palanchino *s.m.* palanquin.

palandrana *s.f.* *houppelande.

palasport (pl. *invar.*) *s.m.* Palais des Sports.

palata *s.f.* **1** pelletée || *a palate*, à la pelle **2** (*colpo di pala*) coup de pelle **3** (*colpo di remo*) coup d'aviron.

palatale *agg.* palatal* ♦ *s.f.* (*fon.*) palatale.

palatalizzazione *s.f.* (*fon.*) palatalisation.

palatino[1] *agg.* palatin || *guardia palatina*, garde pontificale.

palatino[2] *agg.* (*anat.*) palatin.

palato *s.m.* (*anat.*) palais.

palazzina *s.f.* petit hôtel particulier; (*con più appartamenti*) petit immeuble.

palazzo *s.m.* **1** palais || *— arcivescovile*, archevêché **2** (*immobile*) immeuble; (*dimora signorile privata*) hôtel particulier: *abita nel mio —*, il habite mon immeuble; *è un — di uffici*, c'est un immeuble de bureaux.

palco (pl. *-chi*) *s.m.* **1** (*teatr.*) loge (*f.*); (*di proscenio*) baignoire (*f.*), avantscène* (*f.*) **2** (*tavolato*) plancher; (*soffitto*) plafond; (*impalcatura*) échafaudage; (*per spettacoli*) estrade (*f.*).

palcoscenico (pl. *-ci*) *s.m.* scène (*f.*).

pale(o)- *pref.* paléo(o)-

paleocristiano *agg.* paléochrétien*.

paleogene *s.m.* (*geol.*) paléogène.

paleografia *s.f.* paléographie.

paleografo *s.m.* paléographe.

paleolitico (pl. *-ci*) *agg.* e *s.m.* paléolithique.

paleontologia *s.f.* paléontologie.

paleontologo (pl. *-gi*) *s.m.* paléontologiste, paléontologue.

paleozoico (pl. *-ci*) *agg.* e *s.m.* paléozoïque.

palermitano *agg.* e *s.m.* palermitain.

palesare *v.tr.* (*manifestare*) manifester; (*rivelare*) révéler* □ **palesarsi** *v.pron.* se révéler*; se manifester.

palese *agg.* manifeste, évident: *un errore —*, une erreur manifeste; *cadere in contraddizioni palesi*, tomber dans des contradictions flagrantes; *è un*

fatto — a tutti, c'est un fait notoire || *far —*, render —, rendre public.

palesemente *avv.* manifestement, évidemment.

palestinese *agg.* e *s.m.* palestinien*.

palestra *s.f.* **1** salle de gymnastique; (*fam.*) salle de gym; (*in una scuola*) gymnase (*m.*) || *la scuola è la — della vita*, (*fig.*) l'école est le terrain d'essai de la vie **2** (*ginnastica*) gymnastique; (*fam.*) gym: *un po' di — ti farebbe bene*, un peu de gymnastique, d'exercice te ferait du bien **3** (*st.*) palestre, gymnase (*m.*).

paletnologia *s.f.* paléoethnologie.

paletnologo (pl. *-gi*) *s.m.* paléoethnologue.

paletta *s.f.* **1** pelle **2** (*di turbina*) aube **3** (*di capostazione*) guidon de départ, palette; (*di poliziotto*) palette.

palettata *s.f.* **1** pelletée **2** (*colpo*) coup de pelle.

paletto *s.m.* **1** (*di tenda da campo; sci*) piquet; (*di recinto*) piquet, pieu* **2** (*chiavistello*) verrou, targette (*f.*).

palindromo *agg.* e *s.m.* palindrome.

palingenesi *s.f.* palingénésie.

palinodia *s.f.* palinodie.

palinsesto *s.m.* palimpseste.

palio *s.m.*: *mettere in —*, mettre en compétition; *essere in —*, être en jeu || *correre il —*, participer au palio.

paliotto *s.m.* (*eccl.*) devant d'autel.

palissandro *s.m.* palissandre.

palizzata *s.f.* palissade.

palla *s.f.* **1** balle: *giocare a —*, jouer à la balle; *— da tennis*, balle de tennis || (*gioco*) *— prigioniera*, ballon prisonnier || (*sport*): *battere la —*, (*al tennis ecc.*) servir; *— ovale*, ballon ovale, rugby **2** (*proiettile*) balle; (*di cannone*) boulet (*m.*) **3** (*al piede dei prigionieri*) boulet (*m.*) || (*fig.*): *è una — al piede!*, c'est un boulet!; *mettere la — al piede a qlcu*, mettre la corde au cou à qqn **4** (*oggetto sferico*) boule: *fare a palle di neve*, se lancer des boules de neige; *— di biliardo*, boule de billard || *la — dell'occhio*, le globe de l'œil **5** pl. (*volg.*) couilles: *mi fai girare le palle!*, tu me gonfles!; *ne ho piene le palle!*, (j'en ai) ras-le-bol!; *che palle!*, quelle barbe! **6** (*fam.*) (*frottola*) bobard (*m.*).

pallacanestro *s.f.* basket-(ball) (*m.*).

pallacorda *s.f.* (jeu de) paume.

palladio[1] *s.m.* (*st.*) palladium.

palladio[2] *s.m.* (*chim.*) palladium.

pallamano *s.f.* (*sport*) *hand-ball (*m.*).

pallanuoto *s.f.* water-polo (*m.*).

pallavolista *s.m.* e *f.* volleyeur*.

pallavolo *s.f.* volley-ball (*m.*), volley (*m.*).

palleggiamento *s.m.* **1** → palleggio **2** *— di responsabilità*, (*fig.*) rejet des responsabilités.

palleggiare (*coniug. come* mangiare) *v.tr.* ballotter; (*asta ecc.*) balancer* || *palleggiarsi una responsabilità*, (*fig.*) se renvoyer la balle ♦ *v.intr.* rebondir une balle; (*tennis*) faire* des balles; (*football*) jongler.

palleggio *s.m.* (*tennis*) échange de balles; (*football*) jonglage; (*di asta ecc.*) balancement.

pallettone *s.m.* grosse balle.

palliativo *agg.* e *s.m.* palliatif*.

pallidamente *avv.* (*fig.*) vaguement; (*debolmente*) faiblement.

pallido *agg.* pâle; (*livido*) blême; (*scialbo*) blafard: — *in volto*, le visage pâle; — *di paura*, blême de peur || *non avere la più pallida idea*, ne pas avoir la moindre idée.

pallina *s.f.* petite balle; (*di carta ecc.*) boulette; (*bilia*) bille; (*da ping-pong*) balle.

pallino *s.m.* **1** boulette (*f.*) || *a pallini*, à pois **2** (*boccino*) cochonnet **3** (*da caccia*) plomb **4** (*fig.*) marotte (*f.*), dada.

pallonata *s.f.* coup de ballon.

palloncino *s.m.* **1** ballon || *gonna a* —, jupe-ballon **2** (*lampioncino*) lanterne vénitienne.

pallone *s.m.* **1** ballon: *gioco del* —, football || — *frenato*, ballon captif; — *sonda*, ballon-sonde || *struttura a* —, structure gonflable || (*fig. fam.*): *mi ha fatto la testa come un* —, il m'a cassé la tête; *essere, andare nel* —, perdre les pédales || — *gonfiato* (*fig.*), ballon de baudruche **2** (*bot.*) — *di maggio*, obier.

pallonetto *s.m.* (*sport*) lob.

pallore *s.m.* pâleur (*f.*).

palloso *agg.* (*fam.*) (*noioso*) rasoir.

pallottola *s.f.* **1** boule **2** (*proiettile*) balle.

pallottoliere *s.m.* boulier.

palma¹ *s.f.* **1** (*della mano*) paume || *giungere le palme*, joindre les mains || *portare qlcu in* — *di mano*, tenir qqn en grande estime **2** (*dei palmipedi*) palmure.

palma² *s.f.* **1** (*albero*) palmier (*m.*): — *da cocco, da datteri*, cocotier, dattier **2** (*ramo di palma*) palme || *la* — *della vittoria*, la palme de la victoire.

palmare *agg.* **1** (*anat.*) palmaire **2** (*fig.*) évident.

palmato *agg.* (*bot., zool.*) palmé.

palmento *s.m.* (*macina*) meule (*f.*) || *mangiare a quattro palmenti*, (*fig.*) s'empiffrer.

palmeto *s.m.* palmeraie (*f.*).

palmipede *agg.* e *s.m.* palmipède.

palmizio *s.m.* (*bot.*) palmier.

palmo *s.m.* **1** empan (*m.*): *un* — *di terreno*, un (petit) lopin de terre; *un* — *d'acqua*, un pied d'eau || *alto un* —, haut comme trois pommes || *barba lunga un* —, barbe de trois jours; *ha un muso lungo un* —, il a une tête longue comme un jour sans pain || *con un* — *di lingua fuori*, la langue pendante || (*a*) — *a* —, centimètre par centimètre; *la regione fu riconquistata a* — *a* —, la région fut reconquise pied à pied || *non cedere d'un* —, ne pas reculer d'un pouce **2** (*della mano*) paume (*f.*).

palo *s.m.* poteau*; (*di fondazione*) pilot; (*piolo*, *paletto*) pieu* || — *del supplizio*, pal; *mettere al* —, attacher au poteau d'exécution || *diritto come un* —, droit comme un i || *fare il* —, (*in azioni criminose*) faire le guet.

palombaro *s.m.* scaphandrier.

palombo *s.m.* (*pesce*) émissole (*f.*).

palpabile *agg.* palpable; (*fig.*) évident.

palpare *v.tr.* palper; (*fam.*) tripoter.

palpata *s.f.* palpation || *dare una* —*a*, palper, tâter.

palpazione *s.f.* palpation.

palpebra *s.f.* paupière.

palpeggiare (*coniug. come* mangiare) *v.tr.* palper; (*fam.*) tripoter.

palpitante *agg.* palpitant || *col cuore* —, le cœur battant || — *attualità*, (*fig.*) actualité brûlante.

palpitare *v.intr.* palpiter (*anche fig.*).

palpitazione *s.f.* palpitation: *far venire le palpitazioni*, donner des battements de cœur.

palpito *s.m.* battement || — *di gioia, di paura*, frémissement de joie, frisson de peur.

paltò *s.m.* manteau*; pardessus.

paludato *agg.* **1** paré de riches vêtements; (*scherz.*) accoutré **2** (*fig.*) ampoulé, pompeux*.

palude *s.f.* marécage (*m.*); (*acquitrino*) marais (*m.*) || *caccia in* —, chasse au gibier d'eau.

paludoso *agg.* marécageux*.

palustre *agg.* paludéen*.

pamphlettista *s.m.* pamphlétaire.

pampino *s.m.* (*bot.*) pampre.

pan- *pref.* pan-

panacea *s.f.* panacée (*anche fig.*).

panafricanismo *s.m.* panafricanisme.

panama (pl. *invar.*) *s.m.* (*abbigl.*) panama.

panamegno, panamense *agg.* e *s.m.* panamien*.

panamericano *agg.* panaméricain.

panarabismo *s.m.* panarabisme.

panare *v.tr.* e *deriv.* → **impanare** e *deriv.*

panca (pl. *-che*) *s.f.* banc (*m.*).

pancarré, pan carré *s.m.* (*di*) mie.

pancetta *s.f.* **1** (*cuc.*) lard entrelardé: — *affumicata*, lard fumé, bacon **2** (*fam.*) brioche: *mettere su un po' di* —, avoir un peu de brioche.

panchetto *s.m.* escabeau*, tabouret.

panchina *s.f.* banc (*m.*), banquette || (*sport*) *stare in* —, rester sur le banc des remplaçants.

pancia (pl. *-ce*) *s.f.* ventre (*m.*): *avere mal di* —, avoir mal au ventre; *essere a* — *piena*, avoir le ventre plein || *riempirsi la* —, (*fam.*) se remplir la panse || *a terra!*, à plat ventre! || *starsene a* — *all'aria*, être couché le dos; *stare a* — *all'aria*, *grattarsi la* —, (*fig.*) se tourner les pouces || *tenersi la* — *dalle risate*, se tenir les côtes || *mettere* (*su*) —, prendre du ventre.

panciata *s.f.* → **spanciata**.

panciera *s.f.* **1** ceinture de laine **2** (*dell'armatura*) pansière.

panciolle, in *locuz.avv.*: *stare in* —, se tourner les pouces.

pancione *s.m.* **1** gros ventre, bedaine (*f.*) || *avere il* —, (*fam.*) (*di donna incinta*) être enceinte **2** (*fam. scherz.*) (*grassone*) gros lard.

panciotto *s.m.* gilet.

panciuto *agg.* ventru.

pancone *s.m.* grosse planche, madrier; (*del falegname*) établi.

pancotto *s.m.* (*cuc.*) panade (*f.*).

pancreas *s.m.* (*anat.*) pancréas.

pancreatico (pl. *-ci*) *agg.* pancréatique.

pancromatico (pl. *-ci*) *agg.* (*fot.*) panchromatique.

panda (pl. *invar.*) *s.m.* (*zool.*) panda.

pandemia *s.f.* (*med.*) pandémie.

pandemonio *s.m.* charivari; (*confusione*) pagaille (*f.*); (*chiasso*) vacarme || *provocare un* —, soulever un tollé général.

pane[1] *s.m.* **1** pain: *fetta di* —, tranche de pain || — *e marmellata*, tartine de confiture; — *e burro*, tartine beurrée; — *e salame*, sandwich au saucisson || *un* — *di burro*, un pain de beurre || *un* — *di terra*, une motte de terre || *il* — *della scienza*, la nourriture de l'esprit || *mettere a* — *e acqua*, mettre au pain et à l'eau || *togliere, levare il* — *di bocca*, ôter le pain de la bouche || *è buono come il* —, è un pezzo di —, il est bon comme du pain blanc || *si vende come il* —, ça se vend comme des petits pains || (*fig.*): *dire* — *al* —, *vino al vino*, appeler un chat un chat; *trovar* — *per i propri denti*, trouver son affaire || (*cuc.*) — *di Spagna*, génoise **2** (*metall.*) saumon **3** (*bot.*) *albero del* —, arbre à pain.

pane[2] *s.m.* (*della vite*) filet.

panegirico (pl. *-ci*) *s.m.* panégyrique.

panellenico (pl. *-ci*) *agg.* panhellénique.

panellenismo *s.m.* panhellénisme.

panello *s.m.* tourteau*.

panetteria *s.f.* boulangerie.

panettiere *s.m.* boulanger*.

panetto *s.m.* petit pain || *un* — *di burro*, une plaquette de beurre.

panettone *s.m.* gâteau de Noël, spécialité de Milan.

panfilo *s.m.* (*mar.*) yacht.

panforte *s.m.* pâtisserie aux fruits confits, spécialité de Sienne.

pangermanesimo *s.m.* pangermanisme.

pangolino *s.m.* (*zool.*) pangolin.

pangrattato *s.m.* chapelure (*f.*).

pania *s.f.* **1** glu || (*fig.*) piège (*m.*).

panico (pl. *-ci*) *agg.* panique: *timor* —, peur panique ♦ *s.m.* panique (*f.*): *essere preso dal* —, être pris de panique, (*fam.*) paniquer; (*prima di un esame, di un'esibizione ecc.*) avoir le trac.

paniere *s.m.* panier || (*fin.*) — *di monete*, panier monétaire || (*ricamo*) *punto* —, point de vannerie.

panificare (*coniug. come* mancare) *v.tr.* panifier ♦ *v.intr.* faire* le pain.

panificazione *s.f.* panification.

panificio *s.m.* boulangerie (*f.*).

panino *s.m.* **1** petit pain **2** (*imbottito*) sandwich: — *imbottito col, di formaggio*, sandwich au fromage.

paninoteca (pl. *-che*) *s.f.* sandwicherie.

panislamico (pl. *-ci*) *agg.* panislamique.

panna[1] *s.f.* crème: — *montata*, crème fouettée, chantilly || *con* —, à la crème; *cioccolata con* —, chocolat viennois.

panna[2] *s.f.* (*mar.*) panne.

panne (pl. *invar.*) *s.f.* (*aut.*) panne: *rimanere in* —, tomber en panne.

panneggio *s.m.* drapé; (*pitt.*, *scultura*) draperie (*f.*).

pannello *s.m.* panneau*: — *di comando, di controllo*, tableau de contrôle; (*di aereo*) tableau de bord; *riscaldamento a pannelli radianti*, chauffage au sol || — *solare*, panneau solaire.

panno *s.m.* **1** (*di lana*) drap || — *lenci*, feutrine **2** (*pezzo di tessuto*) linge; (*straccio*) chiffon || *i panni caldi*, compresses chaudes **3** *pl.* (*indumenti*) vêtements; (*biancheria*) linge (*sing.*) || (*fig.*): *non vorrei essere nei suoi panni*, je ne voudrais pas être à sa place; *mettersi nei panni di*, se mettre à la place de; *tagliare i panni addosso a qlcu*, casser du sucre sur le dos de qqn; *lavare i panni sporchi in famiglia*, laver son linge sale en famille.

pannocchia *s.f.* épi (*m.*).

pannolino *s.m.* **1** (*per neonato*) couche (*f.*) **2** (*assorbente igienico*) serviette hygiénique.

panoplia *s.f.* panoplie.

panorama *s.m.* panorama || *delineare un* — *della situazione*, brosser un tableau de la situation.

panoramica (pl. *-che*) *s.f.* **1** (*fot.*) vue panoramique; (*cine.*) panoramique (*m.*) **2** (*quadro d'insieme*) vue d'ensemble **3** (*strada*) —, route panoramique **4** (*med.*) (*radiografia*) panoramique (*m.*).

panoramico (pl. *-ci*) *agg.* panoramique.

panpepato, pan pepato *s.m.* pain d'épice.

panromanzo *agg.* commun à toutes les langues romanes.

pantacollant *s.m.* fuseau*.

pantagruelico (pl. *-ci*) *agg.* pantagruélique.

pantaloncini *s.m.pl.* (*per ragazzi*) culotte(s) courte(s); (*per adulti*) short (*sing.*).

pantaloni *s.m.pl.* pantalon (*sing.*) || *portare i* —, (*fig.*) porter la culotte.

pantano *s.m.* marécage, marais || *cacciarsi in un* —, (*fig.*) se fourrer dans un guêpier.

panteismo *s.m.* panthéisme.

panteista *s.m.* panthéiste.

panteistico (pl. *-ci*) *agg.* panthéiste.

pantera *s.f.* panthère || — *della polizia*, voiture de police d'intervention rapide.

pantheon (pl. *invar.*) *s.m.* panthéon.

pantofola *s.f.* pantoufle; (*aperta e con tacco alto*) mule.

pantofolaio *s.m.* **1** fabricant de pantoufles **2** (*fig. spreg.*) pantouflard.

pantografo *s.m.* pantographe.

pantomima *s.f.* pantomime || *non credergli, sta facendo la* —, (*fig.*) ne le prends pas au sérieux, c'est du cinéma.

panzana *s.f.* sornette.

panzarotto *s.m.* (*cuc.*) gros ravioli au jambon et au fromage.

panzer (pl. *invar.*) *s.m.* (*fig.*) bulldozer.

paonazzo *agg.* violet foncé || — *per il freddo*, bleu de froid || — *per la rabbia*, rouge de colère.

papa *s.m.* pape: — *Pio IX*, le pape Pie IX || *stare, vivere come un* —, être comme un coq en pâte || *a ogni morte di* —, tous les trente-six du mois ||

morto un — se ne fa un altro, le roi est mort, vive le roi.

papà *s.m.* papa || *figlio di —,* fils à papa.

papabile *agg.* papable.

papaia *s.f.* 1 *(pianta)* papayer *(m.)* 2 *(frutto)* papaye.

papale *agg.* papal*.

papalina *s.f.* calotte.

papalino *agg.* papal* ♦ *s.m.* papalin.

paparazzo *s.m.* *(fam.)* paparazzi *(pl.).*

papato *s.m.* papauté *(f.).*

papaverina *s.f.* papavérine.

papavero *s.m.* pavot || *— selvatico,* coquelicot || *olio di —,* huile d'œillette || *rosso come un —,* rouge comme une tomate || *(fig.): i papaveri dell'alta finanza,* les gros bonnets de la finance; *i papaveri della medicina,* les grands pontes de la médecine.

papera *s.f.* 1 *(oca)* oison *(m.);* *(anatra)* canette: *camminare come una —,* marcher comme un canard, se dandiner 2 *(lapsus)* lapsus *(m.);* *(fam.)* pataquès *(m.): ha preso una —,* la langue lui a fourché; *fa continuamente delle papere,* il s'embrouille tout le temps.

paperback *s.m.* *(libro in brossura)* livre broché.

papero *s.m.* *(giovane oca maschio)* oison; *(anatroccolo)* canneton.

papessa *s.f.* papesse.

papilla *s.f.* papille.

papillon *s.m.* *(cravatta a farfalla)* nœud papillon.

papiro *s.m.* 1 papyrus 2 *(scherz.)* *(documento)* papier; *(lunga lettera)* longue lettre.

papirologia *s.f.* papyrologie.

papismo *s.m.* papisme.

papista *s.m.* papiste.

pappa *s.f.* 1 bouillie || *— reale,* gelée royale || *(fig.): scodellare la — a qlcu,* mâcher la besogne à qqn; *trovare la — pronta,* trouver la besogne toute mâchée; *vuole trovar la — pronta,* il attend que ça lui tombe tout rôti; *mangiare la — in capo a qlcu,* *(scherz.)* manger la soupe sur la tête de qqn 2 *(fam.)* *(cibo per animali)* pâtée.

pappafico *(pl. -chi)* *s.m.* *(zool.)* petit perroquet.

pappagallescamente *avv.* comme un perroquet.

pappagallesco *(pl. -chi)* *agg.* de perroquet || *in modo —,* comme un perroquet.

pappagallo *s.m.* 1 perroquet 2 *(chi importuna le donne)* dragueur 3 *(orinale)* pistolet.

pappagorgia *(pl. -ge)* *s.f.* double menton.

pappamolle, pappa molle *(pl. invar.)* *s.m.* chiffe molle.

pappardella *s.f.* 1 *(spec.pl.)* *(cuc.)* tagliatelles larges 2 *(scherz.)* *(lungo discorso)* longue tirade.

pappare *v.tr.* *(fam.)* 1 s'enfiler: *chi si è pappato tutta la torta?,* qui est-ce qui s'est enfilé tout le gâteau? 2 *(fig.)* rafler.

pappata *s.f.* *(fam.)* bouffe.

pappataci *s.m.* moustique (qui transmet la fièvre des trois jours).

pappatoria *s.f.* 1 bouffe, bouffetance 2 *(guadagno illecito)* profit illicite.

pappina *s.f.* 1 bouillie 2 *(impiastro medicamentoso)* cataplasme *(m.).*

paprica *s.f.* paprika.

pap-test *(pl. invar.)* *s.m.* *(med.)* frottis vaginal.

papuano *agg. e s.m.* papou.

papula *s.f.* *(med.)* papule.

para *s.f.* caoutchouc *(m.);* *(per scarpe)* crêpe *(m.).*

para- *pref.* para-

parabola¹ *s.f.* parabole.

parabola² *s.f.* parabole || *la — della vita,* *(fig.)* la courbe de la vie.

parabolico *(pl. -ci)* *agg.* parabolique.

parabordo *s.m.* *(mar.)* défense *(f.).*

parabrezza *(pl. invar.)* *s.m.* pare-brise*.

paracadutare *v.tr.* parachuter □ **paracadutarsi** *v.pron.* sauter en parachute.

paracadute *s.m.* parachute: *— d'emergenza,* parachute de secours; *scendere col —,* descendre en parachute; *lanciare col —,* parachuter || *lancio col —,* saut en parachute; *(l'azione)* parachutage.

paracadutismo *s.m.* parachutisme.

paracadutista *s.m.* parachutiste.

paracarro *s.m.* borne *(f.).*

paracolpi *s.m.* butoir.

paradenti *s.m.* *(sport)* protège-dents*.

paradigma *s.m.* paradigme.

paradisea *s.f.* *(zool.)* paradisier *(m.).*

paradisiaco *(pl. -ci)* *agg.* paradisiaque.

paradiso *s.m.* 1 paradis: *in —,* au, en paradis; *è un —,* c'est un vrai paradis || *(fig.): andare in — in carrozza,* gagner son paradis sans se donner de mal; *avere dei santi in —,* avoir des protections haut placées || *sentirsi in —,* être aux anges 2 *(zool.) uccello del —,* paradisier, oiseau de paradis.

paradossale *agg.* paradoxal* || **-mente** *avv.*

paradosso *s.m.* paradoxe || *ragionare per paradossi,* raisonner par l'absurde.

parafango *(pl. -ghi)* *s.m.* pare-boue*.

paraffina *s.f.* paraffine.

paraffinato *agg.* paraffiné.

parafiamma *(pl. invar.)* *s.m.* pare-feu*.

parafrasare *v.tr.* paraphraser.

parafrasi *s.f.* paraphrase.

parafulmine *s.m.* paratonnerre.

parafuoco *(pl. invar.)* *s.m.* (écran) pare-feu*.

paraggi *s.m.pl.* parages: *nei —,* dans les parages; *(nelle vicinanze)* à proximité.

paragonabile *agg.* comparable.

paragonare *v.tr.* comparer (à) □ **paragonarsi** *v.pron.* se comparer (à).

paragone *s.m.* comparaison *(f.):* *mettere a —,* comparer; *non reggere il —,* ne pas soutenir la comparaison; *nessuno gli sta a —,* personne ne soutient la comparaison avec lui || *pietra di —,* *(fig.)* pierre de touche □ **a, in paragone (di)** *locuz.prep.* en comparaison (de).

paragrafo *s.m.* paragraphe.

paraguaiano *agg. e s.m.* paraguayen*.

paralisi *s.f.* paralysie.

paralitico *(pl. -ci)* *agg.* paralytique.

paralizzante *agg.* paralysant.

paralizzare *v.tr.* paralyser.

paralizzato *agg.* e *s.m.* paralysé.

parallasse *s.f.* parallaxe.

parallela *s.f.* **1** parallèle **2** *pl.* (*sport*) barres parallèles.

parallelamente *avv.* parallèlement.

parallelepipedo *s.m.* parallélépipède.

parallelismo *s.m.* parallélisme.

parallelo *agg.* e *s.m.* parallèle: *la strada corre parallela al fiume*, la route est parallèle au fleuve.

parallelogrammo *s.m.* parallélogramme.

paralogismo *s.m.* (*fil.*) paralogisme.

paralume *s.m.* abat-jour*.

paramedico (pl. *-ci*) *agg.* paramédical* || *personale —*, auxiliaires médicaux.

paramento *s.m.* **1** tenture (*f.*) **2** (*del sacerdote*) ornement.

parametro *s.m.* **1** paramètre; (*indice*) indice || *— salariale*, salaire de référence; *parametri retributivi*, niveaux salariaux **2** (*fig.*) critère.

paramilitare *agg.* paramilitaire.

paranco (pl. *-chi*) *s.m.* palan.

paraninfo *s.m.* **1** faiseur* de mariages **2** (*spreg.*) entremetteur*.

paranoia *s.f.* paranoïa.

paranoico (pl. *-ci*) *agg.* e *s.m.* paranoïaque.

paranormale *agg.* e *s.m.* paranormal*.

paranza *s.f.* (*mar.*) **1** (*imbarcazione*) chalutier (*m.*) **2** (*rete*) chalut (*m.*).

paraocchi *s.m.pl.* œillères (*f.*).

paraorecchi (pl. *invar.*) *s.m.* serre-tête*.

parapendio *s.m.* (*sport*) parapente.

parapetto *s.m.* **1** garde-fou*; (*di ponte*) parapet **2** (*di finestra*) allège (*f.*) **3** (*di nave*) bastingage, pavois.

parapiglia (pl. *invar.*) *s.m.* échauffourée (*f.*), mêlée (*f.*).

parapioggia (pl. *invar.*) *s.m.* parapluie.

paraplegia *s.f.* (*med.*) paraplégie.

paraplegico (pl. *-ci*) *agg.* e *s.m.* (*med.*) paraplégique.

parapsicologia *s.f.* parapsychologie.

parare *v.tr.* **1** orner: *— a festa*, parer d'ornements pour la fête; *— a lutto una chiesa*, revêtir une église de ses ornements de deuil; *chiesa parata a lutto*, église tendue de noir **2** (*impedire*) empêcher; (*proteggere da*) protéger* **3** (*evitare, schivare*): *— il colpo*, parer le coup; (*calcio*) *— (un tiro, il pallone*), bloquer (le ballon) ♦ *v.intr.*: *andare a —*, en venir; *dove vuoi andare a — con queste parole?*, où veux-tu en venir avec ces mots? □ **pararsi** *v.pron.* **1** revêtir* les ornements sacerdotaux || *pararsi a festa*, (*fig.*) se parer pour la fête **2** (*presentarsi*) surgir.

parascolastico (pl. *-ci*) *agg.* parascolaire.

parasole (pl. *invar.*) *s.m.* parasol.

parassita *agg.* e *s.m.* parasite.

parassitare *v.tr.* (*biol.*) parasiter.

parassitario *agg.* parasitaire.

parassitismo *s.m.* parasitisme.

parastatale *agg.* semi-public* ♦ *s.m.* employé d'un organisme semi-public.

parastinchi (pl. *invar.*) *s.m.* jambière (*f.*).

parata[1] *s.f.* **1** (*da un colpo*) parade **2** (*calcio*) arrêt (*m.*) || *— in tuffo*, plongeon.

parata[2] *s.f.* parade: *abito di —*, tenue de gala; *sfilare in —*, défiler || *vista la mala —*, voyant que les choses commençaient à mal tourner.

paratia *s.f.* cloison.

paratifo *s.m.* (*med.*) paratyphoïde (*f.*).

parato *s.m.* tapisserie (*f.*) || *carta da parati*, papier peint.

paratoia *s.f.* vanne.

paraurti *s.m.* **1** pare-chocs* **2** (*ferr.*) butoir.

paravento *s.m.* paravent.

parcamente *avv.* frugalement; (*con parsimonia*) parcimonieusement.

parcella *s.f.* **1** note d'honoraires; (*onorario*) honoraires (*m.pl.*) **2** (*dir., agr.*) parcelle.

parcellare *agg.* parcellaire.

parcellizzare *v.tr.* parcelliser.

parcellizzazione *s.f.* parcellisation, parcellarisation.

parcheggiare (*coniug. come* mangiare) *v.tr.* (se) garer: *trovar posto per —*, trouver de la place pour garer la voiture, pour se garer || (*fam.*): *lo parcheggia al doposcuola tutti i pomeriggi*, elle s'en débarrasse en le laissant à l'étude tous les après-midi; *hanno parcheggiato i bambini dai nonni*, ils ont refilé les enfants aux grands-parents.

parcheggiatore *s.m.* gardien de parking.

parcheggio *s.m.* **1** stationnement: *divieto di —, — vietato*, stationnement interdit; *area di —*, parking; *manovra di —*, manœuvre pour se garer; *effettuare un — perfetto*, se garer parfaitement bien **2** (*posteggio*) parking: *— a pagamento, libero*, parking payant, gratuit; *— incustodito*, parking non surveillé.

parchettista *s.m.* parqueteur.

parchimetro *s.m.* parc(o)mètre.

parco[1] (pl. *-chi*) *agg.* frugal*; (*parsimonioso*) parcimonieux*; (*moderato*) modéré: *essere — nel bere*, boire avec modération; *essere — nello spendere*, dépenser avec mesure || *— di lodi*, avare de louanges; *è — di parole*, il ne parle pas beaucoup; *è — di consigli*, il ne donne pas beaucoup de conseils.

parco[2] *s.m.* parc: *— dei divertimenti*, parc d'attractions || *— macchine*, parc automobile, (*mecc.*) parc de machines || (*ferr.*) *— rotabile*, matériel roulant || *— bestiame*, parc à bestiaux.

parecchio *agg.indef.* **1** (*con s.pl.*) plusieurs (*m.* e *f.*); (*con s.sing.*) beaucoup de (*invar.*): *parecchi libri*, plusieurs livres; *parecchie mie amiche*, plusieurs de mes amies; *ho — denaro*, j'ai beaucoup d'argent, (*fam.*) pas mal d'argent; *il lavoro che ci resta è ancora —*, nous avons encore beaucoup de travail à faire; *"Basterà il pane?" "Sì, è —"*, "Est-ce que le pain suffira?" "Oui, il y en a beaucoup" || *— tempo*, longtemps || *— altro, parecchi altri*, beaucoup d'autres; *ti costerà — altro denaro*, cela va te coûter encore beaucoup d'argent **2** (*in espressioni ellittiche, sottintendendo tempo, denaro ecc.*): *è stato — (tempo*) assente da scuola, il a été longtemps sans venir à l'école; *ci è voluto*

— (tempo), il a fallu beaucoup de temps; *ci vuole — (denaro) per vivere*, il faut beaucoup d'argent pour vivre; *abbiamo speso —*, nous avons beaucoup dépensé; *c'è — da qui a casa?*, y a-t-il loin d'ici à la maison? ♦ *pron.indef.* **1** *sing.* beaucoup: *"Ha denaro?" "Sì, ne ha —"*, "A-t-il de l'argent?" "Oui, (il en a) beaucoup, *(fam.)* pas mal; *"Hai voglia di partire?" "Sì, parecchia"*, "As-tu envie de partir?" "Oui, très"; *"Hai pazienza?" "Sì, ne ho parecchia"*, "Es-tu patient?" "Oui, très" **2** *(con valore di* parecchie *cose)* beaucoup: *ci sarebbe — da dire*, il y aurait beaucoup à dire **3** *pl.* plusieurs, beaucoup *(m. e f.)*: *parecchie di queste monete sono false*, plusieurs, beaucoup de ces pièces sont fausses; *parecchi di noi, di loro*, plusieurs d'entre nous, d'entre eux; *eravate (in) parecchi*, vous étiez plusieurs || *parecchi altri*, bien d'autres ♦ *avv. (riferito a v. o rafforzativo di agg. e avv.comp.)* beaucoup, bien; *(seguito da agg.)* très: *ho bevuto — stasera*, j'ai beaucoup, bien bu ce soir; *è — più giovane di me*, il est beaucoup, bien plus jeune que moi; *— superiore, inferiore*, bien supérieur, inférieur; *è — generoso*, il est très généreux.

pareggiamento *s.m.* **1** égalisation *(f.)* **2** *(comm.)* équilibre; *(di conto)* balance *(f.)*.

pareggiare *(coniug. come* mangiare*) v.tr.* égaliser; *(una superficie)* niveler || *(comm.) — il bilancio, i conti*, équilibrer le budget, les comptes ♦ *v.intr. (sport)* égaliser; *(come risultato finale)* faire* match nul.

pareggio *s.m.* **1** *(comm.)* balance *(f.); (di bilancio)* équilibre: *bilancio in —*, budget en équilibre; *non in —*, en déséquilibre; *chiudere il bilancio in —*, équilibrer le budget **2** *(sport)* égalité *(f.); (risultato finale)* match nul: *essere in —*, être à égalité; *raggiungere il —*, égaliser; *la partita è finita con un —*, il y a eu match nul.

parenchima *s.m. (anat., bot.)* parenchyme.

parentado *s.m.* parenté *(f.)*; toute la famille.

parentale *agg.* parental*.

parente *s.m.* parent: *non ha parenti a Milano*, il n'a pas de famille à Milan; *ho dei parenti in Francia*, j'ai de la famille en France.

parentela *s.f.* **1** parenté: *grado di —*, degré de parenté **2** *(insieme dei parenti)* parenté, famille.

parenterale *agg. (med.)* parentéral*.

parentesi *s.f.* **1** parenthèse *(anche fig.)*: *(chiuso) tra —*, entre parenthèses || *— quadre*, crochets **2** *(fig.)* période: *la breve — delle vacanze*, la brève période des vacances.

parentetico (pl. *-ci) agg.* qui est entre parenthèses.

pareo (pl. *invar.) s.m.* paréo.

parere[1] *(Indic.pres.* io paio, tu pari, egli pare, noi paiamo, voi parete, essi paiono; *fut.* io parrò ecc.; *pass.rem.* io parvi, tu paresti ecc. *Part.pass.* parso) *v.intr.* **1** sembler, paraître*; *(aver l'aria di)* avoir* l'air (de): *mi è parsa cambiata*, elle m'a paru changée; *mi pareva malato*, il me semblait malade; *mi pare un brav'uomo*, il a l'air d'un brave homme; *pareva una persona intelligente*, il avait l'air intelligent |*| ben vestito pare un altro*, bien

habillé c'est un autre homme || *il mare pare olio*, c'est une mer d'huile || *non mi par vero*, je n'en crois pas mes yeux || *senza —*, sans en avoir l'air; *per ben —*, pour faire bonne impression **2** *(avere l'apparenza senza corrispondere alla realtà)* dire* *(al condiz. e alla forma impersonale)*: *pare velluto*, on dirait du velours; *pare ieri!*, on dirait que c'était hier! **3** *impers.* sembler, paraître*; *(credere)* croire*; *(pensare)* penser: *pare che abbia ragione*, il paraît qu'il a raison; *mi pare che sia felice*, il me paraît heureux; *pare che dorma*, on dirait qu'il dort; *pareva che dormisse*, on aurait dit qu'il dormait; *non mi pare che si debba rispondergli*, je n'ai pas l'impression qu'il faille lui répondre; *mi pare di averlo già visto*, il me semble l'avoir déjà vu; *mi pareva di aver ragione*, je pensais avoir raison; *mi pare di sognare*, j'ai l'impression de rêver; *mi pare di sì, di no*, je crois que oui, que non; *che te ne pare?, come ti pare?*, qu'en penses-tu?; *(non) ti pare?*, tu ne crois pas?; *gli pareva tempo di andarsene*, il estima que c'était le moment de partir; *mi è parso che mi chiamassero*, j'ai eu l'impression qu'on m'appelait; *fa' come, quel che ti pare*, fais comme, ce que tu veux; *ti pare onesto quel che hai fatto?*, tu trouves que c'est honnête ce que tu as fait?; *mi pare di essere a casa mia, qui*, j'ai l'impression d'être chez moi, ici; *pare che voglia piovere*, on dirait qu'il va pleuvoir || *arriverà, pare, domani*, il arrivera, paraît-il, demain || *"Sei stato tu a dirlo?" "Ma ti pare!"*, "C'est toi qui l'as dit?" "Penses-tu!"; *"Disturbo?" "Ma ti pare!"*, "Est-ce que je dérange?" "Mais non, pas du tout!"; *"Grazie!" "Ma le pare?"*, "Merci!" "Je vous en prie!, *(fam.)* mais de rien!" || *fa solo quello che gli pare e piace*, il ne fait que ce qui lui plaît || *come vi pare*, comme vous voudrez || *a quanto, a quel che pare*, à ce qu'il semble || *così pare*, apparemment.

parere[2] *s.m.* avis: *a parer mio*, à mon avis.

paresi *s.f. (med.)* parésie.

parete *s.f.* **1** paroi: *— di roccia*, paroi rocheuse || *la — nord*, *(di montagna)* la face nord **2** *(in muratura)* mur *(m.); (divisorio)* cloison: *— mobile*, cloison coulissante; *— a libro*, cloison accordéon; *appendere alla —*, accrocher au mur; *tra le pareti domestiche*, en famille.

pargolo *agg.* petit ♦ *s.m.* petit, enfant; *(scherz.)* gosse.

pari[1] *agg.* **1** *(uguale)* égal*: *essere — a qlco*, être l'égal de qqn pour qqch, égaler qqn en qqch; *nessuno gli è —*, il est sans égal; *la sua astuzia è — al suo coraggio*, sa ruse égale son courage; *la sua onestà è — solo alla sua bontà*, son honnêteté n'a d'égale que sa bonté; *il dollaro è — a...*, le dollar vaut... || *a — merito*, à mérite égal; *primi a — merito*, premiers ex-æquo || *siamo —!*, nous sommes quittes! || *andare di — passo*, aller de pair || *a — condizioni*, à conditions égales || *di — importo*, de même montant || *(sport): a — punti*, à égalité; *far —*, faire match nul, terminer à égalité; *essere tre —*, en être à trois partout; *(tennis) — quindici*, quinze partout || *di — età, peso,* du même âge, poids; *di — grado*, du même grade; *lo ricambiava con — affetto*, il lui rendait bien son affection || *in — tempo*, dans le même temps **2** (*livellato, uniforme*) plan, égal*: *la superficie è perfettamente —*, la surface est parfaitement plane; *mettere — il terreno*, égaliser le terrain || *capelli tagliati —*, cheveux égalisés || *fila di mattoni tutti —*, rangée de briques bien alignées || *i piatti della bilancia sono —*, les plateaux de la balance sont en équilibre || *l'orlo non è —*, l'ourlet n'est pas droit || *a piè —*, à pieds joints, (*fig.*) carrément; *saltare a piè — le difficoltà*, esquiver les difficultés **3** (*di numero*) pair: *giorni —*, jours pairs **4** (*adeguato, rispondente a*) à la hauteur de: *mostrarsi — alla propria fama*, se montrer à la hauteur de sa réputation ♦ *s.m.* **1** égal* || *voi e i vostri —*, vous et vos semblables || *si è comportato da par suo*, il a été égal à lui-même; *se l'è cavata da par suo*, il s'en est tiré comme à son habitude || *senza —*, sans pareil, sans égal; *bellezza senza —*, beauté sans pareille; *cuoca senza —*, cuisinière hors pair **2** (*di numero*) pair: *fare a — e dispari*, jouer à pair et impair || *la partita è finita con un —*, le match s'est terminé à égalité ♦ *s.f.* (*fin.*) pair (*m.*) || *— dei cambi*, parité des changes ♦ *avv.* (*in parità*) à égalité; (*nello stesso momento*) en même temps □ **alla pari** *locuz.avv.* e *agg.* d'égal à égal; (*alle stesse condizioni*) au pair: *può stare alla — con lui*, il le vaut; *ospitare una ragazza alla —*, prendre une jeune fille au pair □ **al pari di** *locuz.avv.* aussi bien que, comme: *al — di lui, tutti sono zero*, comparés à lui, les autres ne valent rien □ **del pari** *locuz.agg.* (*letter.*) (tout) aussi: *è famoso del — in Italia e in Francia*, il est aussi célèbre en Italie qu'en France □ **in pari** *locuz.avv.* (*al medesimo livello*) au même niveau; (*in equilibrio*) en équilibre; (*al corrente, in regola*) à jour: *mettere in —*, égaliser; *mettersi in —*, se mettre à jour; *mettersi in — con il lavoro*, mettre son travail à jour; *mettersi in — con i pagamenti*, payer ses échéances □ **pari pari** *locuz.avv.*: *copiare un testo — —*, copier un texte mot à mot; *ho detto — — quel che pensavo*, j'ai dit textuellement ce que je pensais; *rispose — — alle loro accuse*, il répondit du tac au tac à leurs accusations.

pari[2] *s.m.* (*st.*) pair || *Camera dei —*, Chambre des lords.

paria (pl. *invar.*) *s.m.* paria.

parietale *agg.* e *s.m.* pariétal*.

parietaria *s.f.* (*bot.*) pariétaire.

parificare (*coniug. come* mancare) *v.tr.* égaliser || *— un diploma, una scuola privata*, reconnaître un diplôme, une école privée.

parificato *agg.* égalisé || *scuola parificata*, école privée reconnue (par l'État); *diploma —*, diplôme d'école privée reconnu (par l'État).

parificazione *s.f.* **1** égalisation **2** (*di una scuola, un diploma*) reconnaissance.

parigino *agg.* e *s.m.* parisien*.

pariglia *s.f.* **1** paire **2** *rendere la —*, (*contraccambiare*) rendre la pareille.

parigrado *agg.invar.* de même grade || *è un suo —*, ils ont le même grade.

parimenti *avv.* (*letter.*) pareillement.

parisillabo *agg.* parisyllabique.

parità *s.f.* **1** parité: *— di grado*, parité de grade; *— dei cambi*, parité des changes || (*sport*): *chiudere in —*, faire match nul; *portarsi in —*, égaliser **2** (*uguaglianza*) égalité: *— di diritti*, égalité de droits; *su un piede di —*, sur un pied d'égalité || *— di merito*, à égalité de mérites; *a — di voti*, à égalité de voix; *a — di condizioni*, à conditions égales.

paritario *agg.* égal*.

paritetico (pl. -ci) *agg.* paritaire.

parlamentare[1] *agg.* e *s.m.* parlementaire.

parlamentare[2] *v.intr.* parlementer.

parlamento *s.m.* parlement: *sedere in —*, siéger au parlement.

parlante *agg.* parlant || *occhi parlanti*, des yeux expressifs || *è il ritratto — di suo padre*, il est le portrait vivant de son père ♦ *s.m.* locuteur*.

parlantina *s.f.* (*fam.*) bagou (*m.*): *avere la — sciolta, una buona —*, avoir du bagou.

parlare[1] *v.intr.* parler: *— tra sé*, se parler à soi-même; *— nel sonno*, parler en dormant; *— in generale*, parler de façon générale; *parlando in generale*, généralement parlant; *— di politica, di affari*, parler politique, affaires; *— del più e del meno, di un po' di tutto*, parler de choses et d'autres; *parliamo d'altro!*, parlons d'autre chose!; *non parliamone più*, n'en parlons plus; *per ora non se ne parla*, il n'en est pas question pour l'instant; *si è parlato abbastanza*, assez parlé; *se ne andò senza —*, il s'en alla sans mot dire; *parla senza dire nulla*, il parle pour ne rien dire; *con chi crede di — te*, c'est à toi que je parle; *con chi crede di —?*, à qui croyez-vous parler?; *bada a come parli*, fais attention à ce que tu dis; *parla come mangi!*, tu ne peux pas parler comme tout le monde?; *come parli difficile!*, qu'est-ce que tu parles de façon compliquée! || *"Pronto! chi parla?" "Parla X"*, "Allô! qui est à l'appareil?" "Ici X"; *con chi ho l'onore di —?*, à qui ai-je l'honneur de parler? || *— al muro, al vento*, parler à un mur, prêcher dans le désert || *— bene, male di qlcu*, dire du bien, du mal de qqn || *tanto per —*, histoire de parler; *parli tanto per —*, tu parles pour ne rien dire || *per non — di*, sans parler de || *neanche a parlarne!*, il n'en est pas question! || *con rispetto parlando*, sauf votre respect ♦ *v.tr.* parler: *— turco, arabo*, parler chinois, hébreu □ **parlarsi** *v.pron.* **1** se parler **2** (*fam.*) (*amoreggiare*) se fréquenter.

parlare[2] *s.m.* parler; (*linguaggio*) langage: *il — toscano*, le parler toscan; *l'oratore aveva un — oscuro*, l'orateur parlait d'une manière obscure; *ha un — lento*, il parle lentement; *si sentiva un — confuso*, on entendait des paroles confuses; *questo è un — ambiguo*, c'est une façon ambiguë de s'exprimer; *si fece un gran — di ciò*, on a beaucoup parlé de cela; *questo è un bel — ma...*, c'est bien beau de parler, mais...

parlata *s.f.* parler (*m.*); (*modo di parlare*) façon de parler.

parlato[1] *agg.* parlé || *cinema* —, cinéma parlant ♦ *s.m.* **1** (*linguaggio parlato*) langage parlé **2** (*cine.*) dialogue **3** (*mus.*) parlé.

parlato[2] *agg.* (*mar.*) *nodo* —, nœud demi-clef.

parlatore (f. *-trice*) *s.m.* causeur*: *è un gran* —, c'est un brillant causeur; (*uno che parla molto*) il parle beaucoup; (*spreg.*) (*chiacchierone*) c'est un beau parleur.

parlatorio *s.m.* parloir.

parlottare *v.intr.* parler à voix basse; (*mormorare*) chuchoter.

parlottio *s.m.* chuchotement.

parlucchiare *v.tr.* baragouiner.

parmense *agg.* e *s.m.* parmesan.

parmigiano *agg.* e *s.m.* parmesan.

parodia *s.f.* parodie.

parodiare *v.tr.* parodier.

parodistico (pl. *-ci*) *agg.* parodique.

parola *s.f.* **1** mot (*m.*); (*spec. riferito al contenuto, al significato della parola*) parole: *la* — *esatta*, le mot juste; — *chiave*, mot clé; *nel vero senso della* —, au vrai sens du mot; *non credo una* —, je n'en crois pas un mot; *non sa, non parla una sola* — *di tedesco*, il ne parle pas un mot d'allemand; *ripetere* — *per* —, répéter mot à mot; *gli ho scritto poche parole*, je lui ai écrit un mot; *non riesco a cavargli una* — *di bocca*, je n'arrive pas à lui tirer un mot de la bouche; *ha una buona* — *per tutti*, il a un mot gentil pour tout le monde; *parole di lode*, paroles de louange; *rivolgere la* — *a qlcu*, adresser la parole; *per lo spavento ha perso la* —, la peur lui a fait perdre la parole; *non capisco il senso delle sue parole*, je ne comprends pas le sens de ce qu'il dit; *scambiare due parole con qlcu*, bavarder un peu avec qqn || *uomo di poche parole*, homme qui parle peu || *mangiarsi le parole*, manger ses mots || *passare* —, passer le message; *passa* —!, qu'on se le dise!; *passare la* — *d'ordine*, transmettre le mot d'ordre || *gioco di parole*, jeu de mots || *le parole incrociate*, les mots croisés || *basta con i giri di parole*, venons-en au fait || *venire a, alle parole con qlcu*, avoir des mots avec qqn || *passare dalle parole ai fatti*, passer à l'action || *non è detta l'ultima*—, ça ne va pas se passer comme ça || *mettere, dire una buona* — *per qlcu*, dire un mot en faveur de qqn || *una* — *tira l'altra*, de fil en aiguille || *fatti non parole*, trêve de bavardages || *rimanere senza parole*, rester sans voix; *non ho parole...*, je ne trouve pas de mots... || *fare* — *di qlco a qlcu*, parler de qqch à qqn; *non fate* — *di quel che vi ho detto*, ne parlez pas un mot de ce que je viens de vous dire || *sono solo belle parole*, ce ne sont que des mots || *è una* —!, (*non è facile*) c'est facile à dire! || *senza proferir* —, sans mot dire || *a mezze parole*, à demi-mot || *di* — *in* —, d'un mot à l'autre || *in parole povere*, bref || *in una* —, in poche parole, en un mot, en quelques mots || *in altre parole*, en d'autres termes **2** (*impegno d'onore*) parole: — *d'onore*, parole d'honneur; *venire meno alla* — *data*, manquer à sa parole; *mantenere la* — *data*,

tenir parole; — *mia!*, ma parole!; *l'ho preso in* —, je l'ai cru sur parole; *uomo di* —, homme de parole || *essere in* — *per un affare*, être en pourparlers pour une affaire || *sulla* —, sur parole.

parolaccia (pl. *-ce*) *s.f.* gros mot.

parolaio *s.m.* beau* parleur* ♦ *agg.* verbeux*.

paroliere *s.m.* (*di canzoni*) parolier.

parossismo *s.m.* paroxysme.

parossitono *agg.* paroxyton.

parotide *s.f.* (*anat.*) parotide.

parotite *s.f.* (*med.*) parotidite.

parricida *agg.* e *s.m.* parricide.

parricidio *s.m.* parricide.

parrocchia *s.f.* paroisse.

parrocchiale *agg.* paroissial*.

parrocchiano *s.m.* paroissien*.

parroco (pl. *-ci*) *s.m.* curé.

parrucca (pl. *-che*) *s.f.* perruque.

parrucchiera *s.f.* (*pettinatrice*) coiffeuse.

parrucchiere *s.m.* coiffeur: *dal* —, chez le coiffeur || — *per signora*, coiffeur pour dames.

parrucchino *s.m.* moumoute (*f.*).

parruccone *s.m.* (*spreg.*) vieille baderne.

parsimonia *s.f.* parcimonie: *vivere con, senza* —, vivre parcimonieusement, largement || *narrare con* — *di parole*, raconter sans s'étendre sur les détails.

parsimonioso *agg.* parcimonieux*.

partaccia *s.f.*: *fare una* — *a qlcu*, (*mancare alla parola data*) manquer à sa parole; (*giocare un brutto tiro*) jouer un vilain, sale tour à qqn; (*trattare male*) faire un mauvais parti à qqn.

parte *s.f.* **1** (*ciascun elemento in cui è diviso un intero*) partie; (*ciò che spetta a ognuno in una divisione*) part: *la seconda* — *del suo libro*, la deuxième partie de son livre; *gran* — *del mio salario*, une grande partie de mon salaire; *ne ho fatto tre parti*, j'en ai fait trois parts; *avere, pagare la propria* —, avoir, payer sa part || *avere* — *in qlco*, prendre part à qqch; *ha avuto molta* — *nel mio successo*, il est pour beaucoup dans mon succès; *ha* — *del merito*, une partie du mérite lui revient || *dare la migliore* — *di sé*, donner le meilleur de soi-même || *essere* — *integrante*, faire partie intégrante || *far* — *di qlco*, faire partie de qqch || *fare* — *di qlco a qlcu*, mettre qlcu a — di qlco; (*comunicare*) faire part de qqch à qqn; (*confidare*) confier qqch à qqn || *ha fatto la sua* —, il a fait ce qu'il devait || *prendere* — *a*, prendre part à **2** (*zona, spazio*) partie; (*lato, banda*) côté (*m.*): *la* — *montuosa di un paese*, la partie montagneuse d'un pays; *da che* — *è andato?*, de quel côté est-il allé?; *da questa* —, *prego!*, si c'est ici, s'il vous plaît!; *da una* — *e dall'altra*, da ambo le parti, des deux côtés; *da nessuna* —, nulle part; *in nessun'altra* —, nulle part ailleurs; *da qualche* —, quelque part; *da ogni parte*, de toute(s) part(s); *da tutte le parti*, de tous les côtés, (*da ogni dove*) de partout; *che cosa fate da queste parti?*, qu'est-ce que vous faites par ici?; *dalle nostre, dalle vostre parti*, chez nous, chez vous; *abita dalle mie parti*, il habite du côté de chez moi; *d'altra* —..., d'autre part; *da una* —..., *dall'altra —...*, d'une part..., de l'autre...; *da — a — *, de part en part || *stare, mettersi dalla — del più forte*, être, se mettre du côté du plus fort; *sono dalla tua —*, je suis de ton côté; *essere dalla — della ragione, del torto*, avoir raison, avoir tort || *non si sa da che — prenderlo*, on ne sait pas par quel bout le prendre || *non so da che — cominciare*, je ne sais par où commencer || *prendere in buona, in cattiva —*, (*fam.*) prendre en bonne, en mauvaise part || *da un mese a questa —*, depuis un mois **3** (*partito, fazione*) parti (*m.*) || *lotte di —*, luttes partisanes; *uomo di —*, homme de parti pris; *spirito di —*, esprit partisan || *prendere, tenere le parti di qlcu*, prendre parti pour qqn || *al di sopra delle parti*, au-dessus de la mêlée **4** (*ruolo di attore ecc.*) rôle (*m.*); (*spec. mus.*) partie: *avere una — importante*, (*anche fig.*) jouer un rôle important; *calarsi nella —*, (*anche fig.*) se mettre dans la peau du personnage || *fare la — della vittima*, jouer les victimes; *fare la — del furbo*, jouer au plus malin; *fare la — dell'imbecille*, se conduire en imbécile || *fare una (brutta) — a qlcu*, (*giocargli un brutto tiro*) jouer un vilain tour à qqn || *ho dovuto fare una — spiacevole*, (*fig.*) j'ai dû jouer un rôle ingrat || *questa — da lui non me l'aspettavo*, je ne m'attendais pas à ça de lui || *l'interesse ha la sua —*, l'intérêt a joué un rôle || (*teatr.*) *a —*, en aparté **5** (*comm., dir.*) partie: *la — in causa*, (*anche fig.*) la partie en cause **6** (*mecc.*) pièce: *parti di ricambio*, pièces de rechange || *esaminare qlco — a —, — per —*, examiner qqch pièce par pièce □ **a parte** *locuz.avv.* e *agg.* à part: *scherzi a —*, blague à part; *a — ciò*, à part cela; *a — (il fatto) che...*, à part (le fait) que...; (*comm.*) *spedire a —*, envoyer sous pli séparé □ **da parte** *locuz.avv.* de côté: *avere del denaro da —*, avoir de l'argent de côté; *farsi, tirarsi da —*, (*anche fig.*) se mettre de côté || *chiamare, prendere, tirare qlcu da —*, prendre qqn à part □ **da parte di** *locuz.prep.* de la part de: *salutalo da — mia, da — nostra*, salue-le de ma part, de notre part; *da — mia non ci sono problemi*, en ce qui me concerne, pas de problème; *da, per — mia sono d'accordo*, quant à moi, pour ma part je suis d'accord; *è mio parente da — di madre*, nous sommes parents du côté de ma mère □ **in parte** *locuz.avv.* partiellement: *ha ragione solo in —*, il n'a pas totalement raison; *in piccola —*, un peu; *in buona —*, en grande partie; *in gran —*, en grande partie; *in massima —*, pour la plupart; *le case erano ancora in massima — disabitate*, la plupart des maisons étaient encore inhabitées □ **(in) parte..., (in) parte...** (*correlativo*): *in — rimasero, in — se ne andarono*, une partie resta et l'autre s'en alla; *— dei convenuti erano favorevoli, — contrari*, une partie des personnes présentes étaient pour, les autres étaient contre; *il tragitto fu percorso (in) — in treno e (in) — in auto*, nous avons fait une partie du trajet en train et l'autre en voiture; *pagherò (in) — subito, (in) — a rate*, je paierai une partie tout de suite, l'autre à tempérament □ **la maggior parte, la gran parte, la più parte** *locuz.* la plupart; (*spec. riferito a s. sing.*)

la plus grande partie: *la maggior — della gente crede che...*, la plupart des gens croient que...; *la maggior — di noi non era d'accordo*, la plupart d'entre nous n'étaient pas d'accord; *passa la maggior —, la più — del tempo in discussioni*, il passe la plupart de son temps en discussions; *ha speso la maggior — dello stipendio*, il a dépensé la plus grande partie de son salaire; *erano per la maggior — tedeschi*, ils étaient pour la plupart allemands; *la maggior — si accontenta di un lavoro mediocre*, la plupart se contentent d'un travail médiocre; *pagò la maggior — delle spese*, il paya la plus grosse partie des frais || *passare la maggior — del tempo a*, passer les trois quarts de son temps à.

partecipante *s.m.* e *agg.* participant.

partecipare *v.intr.* participer ♦ *v.tr.* faire* part de.

partecipazione *s.f.* **1** participation: *— statale*, participation de l'État; *— di maggioranza*, participation majoritaire **2** (*annuncio scritto*) faire-part* (*m.*).

partecipe *agg.*: *essere — di*, prendre part à; *far — di*, faire participer à; *ti faccio — della bella notizia*, je te fais part de la bonne nouvelle.

parteggiare (*coniug. come* mangiare) *v.intr.* prendre* parti (pour), prendre* le parti (de).

partenogenesi *s.f.* (*biol.*) parthénogenèse.

partenopeo *agg.* parthénopéen*.

partente *s.m.* partant ♦ *agg.* qui part.

partenza *s.f.* départ (*m.*): *essere di —*, être sur le départ; *mancano 10 giorni alla —*, il reste dix jours avant le départ || *stazione di —*, gare d'origine; *treni in —*, trains au départ; *il treno è in — dal binario n. 3*, le train part du quai numéro 3; *il primo treno in — per Milano*, le premier train pour Milan || *punto di —*, (*anche fig.*) point de départ; *salario di —*, salaire initial; *prezzo di —*, mise à prix || (*sport*) *— da fermo*, départ arrêté.

particella *s.f.* **1** particule || *— pronominale*, pronom personnel complément **2** (*agr.*) parcelle.

particellare *agg.* particulaire; (*dir.*) parcellaire.

particina *s.f.* petit rôle.

participio *s.m.* (*gramm.*) participe.

particola *s.f.* (*eccl.*) hostie.

particolare *agg.* **1** particulier* || *molto —*, très spécial || *in —*, en particulier **2** (*bizzarro, strano*) singulier* ♦ *s.m.* détail.

particolareggiato *agg.* détaillé.

particolarismo *s.m.* **1** particularisme **2** (*favoritismo*) favoritisme.

particolaristico (pl. -*ci*) *agg.* particulariste.

particolarità *s.f.* particularité; (*particolare*) détail (*m.*).

particolarmente *avv.* particulièrement; (*in particolare*) tout spécialement.

partigianeria *s.f.* esprit partisan; (*parzialità*) partialité.

partigiano *agg.* partisan ♦ *s.m.* partisan; (*durante la seconda guerra mondiale*) maquisard.

partire *v.intr.* partir*: *— per affari*, partir en voyage d'affaires; *partito tu, lui ecc.*, après ton, son départ || *in vettura, si parte!*, en voiture, s'il vous plaît! || *far* — *l'automobile*, faire démarrer la voiture || — *in quarta*, (*fig.*) partir en quatrième vitesse || *far* — *degli inviti*, envoyer des invitations || *far* — *un colpo* (*di fucile*), tirer un coup de fusil || *mi è partito un ceffone*, je lui ai donné une gifle || *gli bastano un paio di bicchieri per*—, après deux petits verres, il est déjà parti || *è partito per quella donna*, il a complètement perdu la tête pour cette femme || *quando parte a raccontare le sue avventure...*, quand il commence à raconter ses aventures... || *partendo da ciò si deduce che*, à partir de cela, on déduit que || *a*—*da*, à partir de, à compter de || (*fam.*): *è partita la luce*, il y a une panne de courant; *mi è partita una calza*, mon bas a filé; *mi è partita una gomma*, j'ai crevé.

partita *s.f.* **1** (*giochi*) partie; (*sport*) match* (*m.*): — *a carte*, partie de cartes; — *di caccia*, partie de chasse; *sei anche tu della* —*?*, (*fig.*) tu es toi aussi de la partie? || (*fig.*): *abbandonare la* —, abandonner la partie; *avere* — *vinta*, gagner la partie; *dar* — *vinta a qlcu*, donner gain de cause à qqn **2** (*di merce*) lot (*m.*); (*in magazzino*) stock (*m.*) **3** (*contabilità*) compte (*m.*): — *di giro*, compte d'ordre; — *aperta, chiusa*, compte ouvert, soldé; *saldare una* —, (*anche fig.*) régler ses comptes || — *doppia*, partie double || — *di bilancio*, poste de bilan **4** (*mus.*) partita; suite.

partitario *s.m.* (*comm.*) journal*.

partitico (pl. -*ci*) *agg.*: *sistema* —, système basé sur les partis; *accordi partitici*, accords entre partis.

partitivo *agg.* e *s.m.* (*gramm.*) partitif*.

partito[1] *s.m.* parti: *è il* — *migliore*, c'est la meilleure solution; *non so che* — *prendere*, je ne sais quel parti prendre; *prendere* — *per, contro qlcu*, prendre parti pour, contre qqn; *per* — *preso*, de parti pris || *mettere la testa a* —, se ranger || *trovarsi a mal* —, se trouver en difficulté; *è ridotto a mal* —, (*salute*) il est très mal en point, (*situazione finanziaria*) il est dans une situation précaire, en fâcheuse posture || *trarre* — *da qlco*, tirer parti de qqch (*pol.*): — *di centro, di minoranza, di maggioranza*, parti du centre, de la minorité, de la majorité; *i partiti all'opposizione*, les partis de l'opposition; *stampa di* —, les journaux des partis politiques; *interessi di* —, les intérêts du parti || *tirare qlcu al proprio* —, (*fig.*) gagner qqn à sa cause.

partito[2] *agg.* (*fam.*) toqué: *è* — *per lei*, (*innamorato*) il est toqué d'elle.

partitocrazia *s.f.* partitocratie.

partitura *s.f.* partition.

partizione *s.f.* partage (*m.*), division.

partner *s.m.* partenaire.

parto *s.m.* **1** accouchement; (*di animali*) mise bas; (*di bovini*) vêlage || *sala* —, salle d'accouchement || *morire di* —, mourir en couches **2** (*fig.*) (*prodotto, creazione*) produit, création (*f.*) || *è un* — *della tua fantasia*, c'est le fruit de ton imagination.

partoriente *s.f.* parturiente: *assistere una* —, accoucher une femme.

partorire (*coniug. come* finire) *v.tr.* **1** accoucher (de); (*di animali*) mettre* bas; (*di bovini*) vêler; (*di equini*) pouliner **2** (*fig.*) (*causare*) engendrer; (*produrre per mezzo dell'ingegno*) accoucher (de); (*fam.*) pondre*.

part-time (pl. *invar.*) *s.m.* (*lavoro*) emploi à mi-temps ♦ *agg.* e *avv.* à mi-temps, à temps partiel.

parvenza *s.f.* **1** (*segno, indizio*) signe (*m.*), indice (*m.*): *una* — *di miglioramento*, signes d'amélioration **2** (*vaga apparenza*) semblant (*m.*): — *di giustizia*, semblant de justice.

parziale *agg.* **1** partiel*: *risultato* —, résultat partiel **2** (*non obiettivo*) partial*.

parzialità *s.f.* partialité; (*atto parziale*) préférence.

parzialmente *avv.* **1** (*in parte*) partiellement **2** (*con parzialità*) partialement.

pascere (*Part.pass.* pasciuto) *v.tr.* **1** paître* || — *le pecore*, mener paître les brebis **2** (*fig.*) nourrir □ **pascersi** *v.pron.* se nourrir (*anche fig.*).

pascià *s.m.* pacha: *vivere come un* —, mener une vie de pacha.

pasciuto *agg.*: *ben* —, bien nourri.

pascolare *v.tr.* paître* ♦ *v.intr.* faire* paître.

pascolo *s.m.* pâturage; (*pastura*) pâture (*f.*): *condurre al* —, mener au pâturage; *mettere un terreno a* —, mettre un terrain en pâture || *diritto di* —, (droit de) vaine pâture.

Pasqua *s.f.* (*ebraica*) Pâque; (*cristiana*) Pâques (*m.sing.*; *f.pl.* *se accompagnato da aggettivo*): *celebrare la* —, célébrer Pâques; *la* — *è alta, bassa*, Pâques tombe tard, tôt; *fare* —, faire ses Pâques || *contento, felice come una* —, (*fig. fam.*) heureux comme un coq en pâte.

pasquale *agg.* pascal* || *vacanze pasquali*, vacances de Pâques.

pasquetta *s.f.* (*fam.*) lundi de Pâques.

passabile *agg.* passable.

passacarte *s.m.* (*spreg.*) sous-fifre*.

passaggio *s.m.* **1** passage: *ti do un* — *sino in ufficio*, je te dépose au bureau; *mi ha chiesto un* — *sino a*, il m'a demandé de le conduire à || *al suo* —, sur son passage || *accennare di* — *che...*, mentionner en passant que... || — *a livello*, passage à niveau **2** (*trasferimento*) transfert: — *di proprietà*, transfert de propriété **3** (*sport*) passe (*f.*); (*atletica*) passage.

passamaneria *s.f.* passementerie.

passamano[1] *s.m.* chaîne (*f.*).

passamano[2] *s.m.* (*fettuccia*) passement; (*ritorto*) torsade (*f.*).

passamontagna (pl. *invar.*) *s.m.* passe-montagne*.

passanastro *s.m.* trou-trou*.

passante *s.m.* passant || — *ferroviario*, réseau urbain intergares.

passaporto *s.m.* passeport: *mi è scaduto il* —, mon passeport est périmé; *rinnovare il* —, renouveler son passeport.

passare *v.intr.* **1** passer: *il corteo è già passato*, le défilé est déjà passé; *il corteo è passato sotto le nostre finestre*, le défilé a passé sous nos fenêtres; *il Ticino passa per Pavia*, le Tessin passe à Pavie;

— *per, da Firenze*, passer par Florence; — *per i campi*, passer à travers champs; — *queste carte son passate per cento mani*, ces papiers ont passé dans bien des mains; *mi è passato il raffreddore*, mon rhume a passé; *gliene è passata la voglia*, l'envie lui a passé, est passée; *non gli è ancora passata la paura*, il ne s'est pas encore remis de sa frayeur; *gli passerà, non ti preoccupare*, ça lui passera, ne t'en fais pas || — *alle minacce*, en venir aux menaces || — *a vie di fatto*, passer aux voies de fait || *passò via senza fermarsi*, il passa outre sans s'arrêter || — *avanti, davanti a qlcu*, (*anche fig.*) passer devant qqn; *mi scusi se passo avanti*, excusez-moi si je passe le premier; *passi lei*, *passez*; *lasciare* — *qlcu*, céder le pas à qqn; *fateli* —, faites-les entrer || — *al largo*, passer au large || — *sopra a qlco*, passer sur qqch; *passiamoci sopra*, passons là-dessus; *per questa volta passi*, pour cette fois passons; *non è un capolavoro ma può* —, ce n'est pas un chef-d'œuvre mais ça peut aller || *ci passa una grande differenza*, il y a une grande différence || *col* — *del tempo*, le temps passant; *col* — *del tempo si abituò*, avec le temps il s'est habitué || *diecimila lire e passa*, dix mille lires et des poussières || *quarant'anni e passa*, quarante ans ou plus 2 (*essere promosso*) être* reçu; (*passare a una classe superiore*) passer: — *con la media dell'otto*, être reçu avec huit de moyenne ♦ *v.tr.* 1 passer: — *il confine*, passer la frontière || *l'hanno passato in un altro ufficio*, on l'a transféré dans un autre bureau || — *uno stipendio mensile*, donner un traitement mensuel || (*fam.*): *come te la passi?*, comment ça va?; *se la passa bene*, il ne s'en fait pas; *se la passa male*, il est dans un moment difficile || *sta passando un brutto guaio*, il a un gros ennui || *ne ho passate tante!*, j'en ai tellement vu!; *quante me ne ha fatte* —!, il m'en a fait voir! || (*tel.*) *passo e chiudo*, terminé 2 (*superare*) dépasser: — *il metro*, mesurer plus d'un mètre 3 (*di lama*) (*trapassare*) transpercer*; (*di proiettile*) traverser || — *a fil di spada*, passer au fil de l'épée 4 (*promuovere*) recevoir*.

passata *s.f.*: *dare una* — *con lo straccio*, donner un coup de chiffon; *dare una* — *di pettine*, un coup de peigne; *dare una* — *alla camicia*, donner un coup de fer à la chemise; *dare una* — *di vernice*, passer une couche de peinture; *dare una* — *al giornale*, donner un coup d'œil au journal || (*cuc.*) — *di pomodoro*, coulis de tomates.

passatempo *s.m.* passe-temps*: *per* —, comme passe-temps.

passatista *s.m.* passéiste.

passato *agg.* passé: *nei tempi passati*, (au temps) jadis || — *di moda*, démodé || — *di cottura*, trop cuit || *ha quarant'anni passati*, il a plus de quarante ans ♦ *s.m.* 1 passé: *ha un* — *oscuro*, son passé n'est pas très net; *chiudere con il proprio* —, en finir avec son passé, liquider son passé || *in* —, autrefois || (*gramm.*) — *prossimo, remoto*, passé composé, simple 2 (*cuc.*) potage; (*purea*) purée (*f.*): — *di verdura*, potage de légumes.

passatoia *s.f.* 1 (*tappeto*) (*sulle scale*) chemin d'escalier 2 (*in una stazione ferroviaria*) passage pour les piétons.

passaverdura *s.m.* presse-purée*.

passavivande *s.m.* passe-plat*.

passeggero *agg.* e *s.m.* passager*.

passeggiare (*coniug. come* mangiare) *v.intr.* se promener*: *ha passeggiato per le strade*, il s'est promené dans les rues || — *su e giù*, faire les cent pas.

passeggiata *s.f.* promenade: *la* — *spaziale*, (*degli astronauti*) la sortie (de contrôle, de reconnaissance) dans l'espace.

passeggiatrice *s.f.* péripatéticienne.

passeggino *s.m.* poussette (*f.*).

passeggio *s.m.* 1 promenade (*f.*): *andare a* —, aller se promener; *condurre a* —, promener || *scarpe da* —, chaussures de marche 2 (*la gente che passeggia*) les promeneurs (*pl.*).

passera *s.f.* (*zool.*) 1 moineau* (*m.*). 2 — *di mare*, limande.

passerella *s.f.* passerelle.

passero *s.m.* (*zool.*) moineau*.

passerotto *s.m.* petit moineau*.

passibile *agg.* passible; (*soggetto a*) susceptible: *è* — *di denuncia*, il est susceptible d'être dénoncé; *prezzo* — *di aumento*, prix susceptible d'être augmenté.

passiflora *s.f.* (*bot.*) passiflore.

passino *s.m.* passette (*f.*); (*da tè*) passe-thé*.

passionale *agg.* passionnel*; (*appassionato*) passionné.

passionalità *s.f.* caractère passionné.

passione *s.f.* passion: *una* — *giovanile*, un amour de jeunesse || *essere preso da* — *per*, être follement épris de qqn || *avere* — *per la musica*, être passionné de musique || *prendere* — *a qlco*, se passionner pour qqch || *la sua* — *è disegnare*, son plus grand plaisir est de dessiner || *passare un giorno di* —, (*estens.*) passer une journée infernale || *la Settimana di Passione*, la Semaine de la Passion.

passista *s.m.* (*ciclismo*) rouleur.

passività *s.f.* 1 passivité 2 (*econ.*) passif (*m.*).

passivo *agg.* e *s.m.* passif*; — *verbo*, verbe passif; *bilancio* —, bilan passif || *è* — *di fronte a qualsiasi provocazione*, il ne réagit à aucune provocation || -**mente** *avv.*

passo[1] *s.m.* 1 pas (*anche fig.*): — *lungo, corto, grand, petit pas*; *fare un* — *avanti*, faire un pas en avant; *andare al* —, marcher au pas; *andare a* — *lento*, marcher à pas lents; *a* — *di corsa*, au pas de course; *di buon* —, d'un bon pas; *seguire i passi di qlcu*, marcher sur les pas de qqn; *riconoscere qlcu dal* —, reconnaître qqn à son pas || *fare i primi passi*, faire ses premiers pas || *fare quattro passi*, faire un petit tour || *tornare sui propri passi*, revenir sur ses pas || *andare di pari* —, marcher au même pas; *fare di pari* — *di questo* — *ti rovini*, à cette allure-là tu vas te ruiner; (*di salute*) en continuant comme ça, tu vas te tuer || *e via di questo* —, et ainsi de suite || *è stato a un* — *da*, il a

paternità

été a deux pas de || *fare un — falso*, (*anche fig.*) faire un faux-pas || *fare il — secondo la gamba*, ne pas faire le pas plus long que la jambe || *fare il gran —*, franchir le pas || *fare i passi necessari*, faire les démarches nécessaires; *passi diplomatici*, démarches diplomatiques || *— —*, *a — a —*, pas à pas **2** (*brano*) passage **3** (*cine.*) format: *film a — normale*, film (de format) standard **4** (*tecn.*) pas: *il — della vite è consumato*, le pas de vis est usé || (*idraulica*) *— d'uomo*, trou d'homme || *il — di un veicolo*, (*distanza tra le ruote*) l'empattement d'un véhicule.

passo² *s.m.* **1** passage **2** (*valico*) col.

pasta *s.f.* **1** pâte: *— alimentare*, pâtes alimentaires; *— all'uovo*, pâtes aux œufs; *— in brodo*, potage aux pâtes || (*fig.*): *avere le mani in —*, être au courant de; *ha le mani in — al ministero*, il a ses entrées au ministère || *è una — d'uomo*, c'est une bonne pâte || *— di legno, di carta*, pâte mécanique, à papier **2** (*pasticcino*) petit gâteau*.

pastafrolla, pasta frolla *s.f.* (*cuc.*) pâte brisée **1** (*fam.*) *un uomo di —*, une chiffe molle; *avere le mani di —*, avoir des mains de beurre.

pastasciutta, pasta asciutta *s.f.* pâtes (*pl.*).

pasteggiare (*coniug. come* mangiare) *v.intr.* manger*: *— a birra*, boire de la bière en mangeant.

pastella *s.f.* (*cuc.*) pâte à frire, pâte à beignets.

pastello *s.m.* pastel: *a —*, au pastel.

pastetta *s.f.* **1** (*cuc.*) pâte à frire **2** (*fig. fam.*) machination, menées (*pl.*).

pasticca (pl. *-che*) *s.f.* pastille.

pasticceria *s.f.* **1** pâtisserie **2** (*assortimento di paste*) petits gâteaux || *— da tè*, petits fours.

pasticciare (*coniug. come* cominciare) *v.tr.* **1** gâcher **2** (*scarabocchiare*) gribouiller (sur), barbouiller.

pasticciere *s.m.* pâtissier*.

pasticcino *s.m.* petit four.

pasticcio *s.m.* **1** (*cuc.*) pâté || *— di maccheroni*, macaroni au gratin **2** (*cosa fatta male*) gâchis **3** (*guaio*) ennui || *essere, mettersi nei pasticci*, être, se mettre dans le pétrin; *fare pasticci*, faire des bêtises; *togliere qlcu dai pasticci*, sortir, tirer qqn d'affaire.

pasticcione *s.m.* brouillon*.

pastificio *s.m.* fabrique de pâtes.

pastiglia *s.f.* **1** pastille **2** (*per decorazioni*) pastillage (*m.*).

pastina *s.f.* pâtes à potage.

pasto *s.m.* repas: *saltare il —*, sauter un repas; *un vino da —*, un vin de table; *stare ai pasti*, ne pas manger en dehors des repas; *fuori —*, entre les repas || *dare in — al pubblico*, (*fig.*) donner en pâture au public.

pastoia *s.f.* entrave (*anche fig.*).

pastone *s.m.* **1** pâtée (*f.*) **2** (*fig.*) (*minestra scotta*) bouillie (*f.*).

pastora *s.f.* bergère.

pastorale¹ *agg.* pastoral* ♦ *s.f.* (*lettera del vescovo*) lettre pastorale ♦ *s.m.* (*bastone del vescovo*) crosse (*f.*).

pastorale² *s.f.* (*mus.*) pastorale.

pastore *s.m.* **1** berger* **2** (*sacerdote*) pasteur **3** (*cane da*) —, (chien de) berger; *— tedesco*, berger allemand.

pastorizia *s.f.* élevage des moutons.

pastorizzare *v.tr.* pasteuriser.

pastorizzato *agg.* pasteurisé.

pastorizzazione *s.f.* pasteurisation.

pastosità *s.f.* **1** consistance pâteuse **2** (*fig.*) moelleux (*m.*).

pastoso *agg.* **1** pâteux* **2** (*fig.*) moelleux*.

pastrano *s.m.* pardessus; (*mil.*) capote (*f.*).

pastrocchio *s.m.* (*fam.*) **1** (*guaio*) pastis, ennui **2** (*sciocchezza*) bêtise (*f.*): *guarda che — hai combinato*, mais qu'est-ce que tu as fabriqué? **3** (*scarabocchio*) gribouillis.

pastura *s.f.* **1** pâture (*anche fig.*) **2** (*pascolo*) pâturage (*m.*) || *terreni a —*, pâturages **3** (*per pesci*) amorce.

pasturare *v.tr.* **1** conduire* au pâturage **2** (*i pesci*) amorcer*.

patacca (pl. *-che*) *s.f.* **1** monnaie de peu de valeur || *non vale una —*, cela ne vaut pas un sou **2** (*scherz.*) (*medaglia*) médaille; (*decorazione*) décoration **3** (*oggetto falso*) faux (*m.*) **4** (*fam.*) (*macchia*) tache.

patata *s.f.* pomme de terre: *patate fritte*, (*pommes*) frites; *patate lesse, bollite*, pommes de terre à l'eau; *— americana*, patate (*douce*) || *naso a —*, nez épaté || (*fig.*): *è un sacco di patate*, c'est un gros pataud || *cadere come un sacco di patate*, tomber comme une masse; *è una — lessa*, c'est une chiffe molle; *che spirito di —!*, quelle lourdeur d'esprit!; *passare la — bollente a qlcu*, renvoyer la balle à qqn.

patatina *s.f.* (*spec.pl.*) **1** (*patatine fritte calde*) frites **2** (*confezionate*) (*a bastoncino*) allumettes; (*a fiammifero*) pailles; (*a fettine sottili*) chips: *un sacchetto di patatine*, un sachet de chips.

patatrac *onom.* patatras ♦ *s.m.* **1** (*disastro*) désastre **2** (*dissesto finanziario*) krach.

patavino *agg. e s.m.* (*letter.*) padouan.

patella *s.f.* (*zool.*) patelle.

patema *s.m.* anxiété (*f.*): *stare con il — (d'animo*), être dans l'anxiété || *avere dei patemi*, avoir des soucis.

patena *s.f.* (*eccl.*) patène.

patentato *agg.* **1** diplômé **2** (*fig.*) fieffé: *un ladro —*, un fieffé voleur.

patente *s.f.* permis (*m.*): *— di guida*, permis de conduire; *prendere la —*, passer son permis.

patentino *s.m.*: *— di guida*, permis de conduire provisoire.

pater *s.m.* → **paternostro** 1.

patera *s.f.* patère.

patereccio *s.m.* (*med.*) panaris.

paternale *s.f.* semonce.

paternalismo *s.m.* paternalisme.

paternalista *s.m.* paternaliste.

paternalistico (pl. *-ci*) *agg.* paternaliste.

paternamente *avv.* paternellement.

paternità *s.f.* **1** paternité (*anche fig.*) **2** (*su un documento*) nom et prénom du père.

paterno *agg.* paternel* (*anche fig.*).
paternostro *s.m.* **1** Pater **2** (*grano di rosario*) gros grain de chapelet.
patetico (pl. *-ci*) *agg.* e *s.m.* pathétique: *non fare il —*, ne prends pas ça au tragique || **-mente** *avv.*
pathos *s.m.* pathos.
patibolare *agg.* (*fam.*) patibulaire.
patibolo *s.m.* échafaud.
patimento *s.m.* souffrance (*f.*); (*tormento*) tourment.
patina *s.f.* **1** patine **2** (*med.*) enduit (*m.*).
patinare *v.tr.* patiner; (*terracotta, porcellana ecc.*) vernisser; (*pelli*) enduire* de dégras.
patinato *agg.* patiné || *carta patinata*, papier couché, glacé.
patire (*coniug. come* finire) *v.tr.* souffrir*: *— il freddo, il caldo*, souffrir du froid, de la chaleur || *— un affronto*, essuyer un affront ♦ *v.intr.* souffrir*.
patito *agg.* souffreteux*; (*di viso*) *hâve; (*d'aspetto*) maladif* || *ti trovo —*, je te trouve mauvaise mine ♦ *s.m.* (*fam.*) mordu.
pato- *pref.* patho-
patogeno *agg.* pathogène.
patologia *s.f.* pathologie.
patologico (pl. *-ci*) *agg.* pathologique.
patologo (pl. *-gi*) *s.m.* pathologiste.
patria *s.f.* patrie: *amor di —*, amour de la patrie || *in — e all'estero*, dans le pays et à l'étranger || *far ritorno, ritornare in —*, retourner au pays.
patriarca (pl. *-chi*) *s.m.* patriarche.
patriarcale *agg.* patriarcal*.
patriarcato *s.m.* patriarcat.
patrigno *s.m.* beau-père*.
patrilineare *agg.* (*etnologia*) patrilinéaire.
patrimoniale *agg.* patrimonial* || *imposta —*, impôt sur la fortune.
patrimonio *s.m.* **1** patrimoine || *il — artistico*, le patrimoine artistique || *il — forestale*, la richesse en forêts || *il — dello Stato*, le domaine privé de l'État || *avere un bel — di cognizioni*, avoir un bon bagage intellectuel || *mi è costato un —*, ça m'a coûté une fortune **2** (*eredità spirituale, culturale ecc.*) héritage.
patrio *agg.* **1** (*del padre*) paternel* **2** (*della patria*) de la patrie.
patriota *s.m.* patriote.
patriottardo *agg.* e *s.m.* patriotard.
patriottico (pl. *-ci*) *agg.* patriotique || **-mente** *avv.*
patriottismo *s.m.* patriotisme.
patriziato *s.m.* patriciat.
patrizio *agg.* e *s.m.* patricien*.
patrocinare *v.tr.* **1** plaider (*anche fig.*) **2** (*sponsorizzare*) sponsoriser; (*sostenere*) patronner: *— la candidatura di qlcu*, patronner la candidature de qqn.
patrocinatore *s.m.* **1** (*dir.*) défenseur || *farsi — di una giusta causa*, plaider une juste cause **2** (*sponsor*) sponsor.
patrocinio *s.m.* **1** (*sponsorizzazione*) parrainage **2** (*protezione*) protection (*f.*), patronage **3** (*dir.*) défense (*f.*) || *gratuito —*, assistance judiciaire.

patronale *agg.* patronal*: *la festa —*, la fête patronale.
patronato *s.m.* patronage.
patronessa *s.f.* dame patronnesse.
patronimico (pl. *-ci*) *agg.* patronymique ♦ *s.m.* patronyme.
patrono *s.m.* **1** patron **2** (*dir.*) défenseur || *— di parte civile*, avocat de la partie civile.
patta[1] *s.f.*: *fare —*, finir (la partie) à égalité || *pari e —*, (*fig.*) quittes.
patta[2] *s.f.* (*abbigl.*) patte.
patteggiamento *s.m.* **1** (*il patteggiare*) négociation (*f.*) **2** (*dir.*) négociation de la peine avec le juge **3** (*comm.*) marchandage; (*trattativa*) négociation (*f.*).
patteggiare (*coniug. come* mangiare) *v.tr.* négocier ♦ *v.intr.* **1** (*condurre trattative*) négocier, traiter || (*comm.*) *— sul prezzo*, marchander (sur) le prix **2** (*scendere a patti*) pactiser.
pattinaggio *s.m.* patinage.
pattinare *v.intr.* patiner.
pattinatore (f. *-trice*) *s.m.* patineur*.
pattino[1] *s.m.* patin: *pattini da ghiaccio*, patins (à glace); *andare sui pattini*, faire du patin.
pattino[2] *s.m.* (*mar.*) embarcation munie de deux flotteurs latéraux.
patto *s.m.* (*convenzione, accordo*) pacte; (*impegno*) engagement: *stringere un —*, faire un pacte; *stare ai patti*, remplir ses engagements; *venire, scendere a patti con qlcu*, composer avec qqn || *a — che*, à (la) condition que || *a nessun —*, à aucun prix || *patti chiari amicizia lunga*, les bons comptes font les bons amis.
pattuglia *s.f.* patrouille.
pattugliamento *s.m.* patrouille (*f.*).
pattugliare *v.intr.* patrouiller ♦ *v.tr.* surveiller.
pattuire (*coniug. come* finire) *v.tr.* stipuler.
pattuito *agg.* convenu: *il prezzo —*, le prix convenu.
pattume *s.m.* ordures (*f.pl.*).
pattumiera *s.f.* poubelle.
paturnie *s.f.pl.*: *avere le —*, (*fam.*) avoir ses nerfs.
pauperismo *s.m.* paupérisme.
paura *s.f.* peur: *morto di —*, (*fig.*) mort de peur; *che —!*, quelle peur!; *tremare dalla —*, trembler de peur; *mettere — a qlcu*, faire peur à qqn || *avere — da morire*, mourir de peur || *avevo — che non veniste*, j'avais peur que vous ne veniez pas || *avere una — matta*, avoir une peur folle || *è magro da far —*, il est maigre à faire peur || *niente —!*, n'ayez pas peur! || *per — di*, par peur de || *"Ti sei fatto male?" "Ho — di sì!"*, "Est-ce que tu t'es fait mal?" "J'en ai bien peur!".
paurosamente *avv.* **1** peureusement **2** (*terribilmente*) affreusement.
pauroso *agg.* **1** peureux* **2** (*che incute paura*) effrayant; (*terribile*) épouvantable.
pausa *s.f.* pause; (*sosta*) arrêt (*m.*): *— di riflessione*, moment de réflexion.
paventare *v.tr.* (*letter.*) craindre*.
pavesare *v.tr.* pavoiser.
pavese[1] *agg.* e *s.m.* pavesan.

pavese² *s.m.* (*mar.*) pavois.

pavido *agg.* craintif*.

pavimentare *v.tr.* **1** (*una stanza*) (*con legno*) parqueter*; (*con piastrelle*) carreler*; (*con marmo ecc.*) daller **2** (*una strada*) (*con lastre di pietra*) daller; (*con ciottoli*) paver.

pavimentazione *s.f.* **1** (*di strada*) (*con lastre di pietra*) dallage (*m.*); (*con ciottoli*) pavage (*m.*) **2** (*di stanza*) (*in legno*) parquetage (*m.*); (*con piastrelle*) carrelage (*m.*); (*con marmo*) dallage (*m.*).

pavimentista *s.m.* paveur; (*in legno*) parqueteur; (*con piastrelle*) carreleur.

pavimento *s.m.* sol; (*di legno*) parquet; (*di assi*) plancher; (*di piastrelle, di mattonelle*) carrelage; (*di marmo*) dallage; (*a mosaico*) mosaïque (*f.*); (*con valore artistico*) pavement || — *stradale*, revêtement de la chaussée; (*di ciottoli*) pavé.

pavoncella *s.f.* (*zool.*) vanneau* (*m.*).

pavone *s.m.* paon (*anche fig.*): *femmina del* —, paonne.

pavoneggiarsi (*coniug. come* mangiare) *v.pron.* se pavaner.

pavonia *s.f.* (*zool.*) paon-de-nuit* (*m.*).

pay Tv (pl. *invar.*) *s.f.* télévision à péage; (*canale*) chaîne cryptée.

pazientare *v.intr.* patienter.

paziente *agg. e s.m.* patient.

pazientemente *avv.* patiemment.

pazienza *s.f.* **1** patience: *avere, portare* —, patienter, être patient; *ha molta* —, il est très patient; (*far*) *perdere la* —, (faire) perdre patience; *armarsi di santa* —, s'armer de patience || *abbiate* —!, un peu de patience!; *abbi* —, (*ascolta*) écoute || *fosse gentile*, —, *ma non lo è!*, s'il était aimable, passe encore, mais il ne l'est pas! || —!, tant pis!; (*non importa*) ça ne fait rien! **2** (*eccl.*) (*scapolare*) scapulaire (*m.*); (*cordone dei frati*) cordelière.

pazzamente *avv.* follement.

pazzerello *agg.* un peu fou* ♦ *s.m.* fantaisiste.

pazzerellone *s.m.* grand fou*, loufoque.

pazzesco (pl. -chi) *agg.* fou*; (*insensato*) insensé; (*incredibile*) incroyable.

pazzia *s.f.* folie: *che* —!, quelle folie!; *è una* —, c'est de la folie; *è una* — *credere che...*, c'est une folie de croire que... || *un ramo di* —, un grain, un brin de folie.

pazzo *agg.* fou* || *fare spese pazze*, faire de folles dépenses || *andare* — *per qlco*, raffoler de qqch || *darsi alla pazza gioia*, mener la belle vie, se défouler ♦ *s.m.* fou*: *cose da pazzi!*, c'est de la folie furieuse!; (*per esprimere incredulità*) incroyable || *divertirsi da pazzi*, s'amuser comme des fous.

pazzoide *s.m.* fou*, (*fam.*) dingue.

PC *s.m.* PC • Da *Personal Computer*.

pecari *s.m.* (*zool.*) pécari.

pecca (pl. -che) *s.f.* (*di persona*) défaut (*m.*); (*debolezza*) faiblesse; (*di cosa*) imperfection, défaut (*m.*).

peccaminoso *agg.* de péché; (*colpevole*) coupable.

peccare (*coniug. come* mancare) *v.intr.* pécher*

(*par*) || *il disegno pecca nella prospettiva*, ce dessin a un défaut de perspective.

peccato *s.m.* péché: *cadere in* —, tomber dans le péché; *essere in* —, être en état de péché || *che* —!, quel dommage!; *è un vero* — *che...*, c'est bien dommage que... || *si dice il* — *ma non il peccatore*, on dénonce la faute mais pas le coupable.

peccatore (f. -trice) *s.m.* pécheur*.

peccatuccio *s.m.* peccadille (*f.*).

pecchione *s.m.* (*zool.*) faux bourdon.

pece *s.f.* poix || — *greca*, colophane.

pechblenda *s.f.* (*min.*) pechblende.

pechinese *agg. e s.m.* pékinois.

pecora *s.f.* mouton (*m.*); (*femmina*) brebis: *branco di pecore*, (*anche fig.*) troupeau de moutons || — *nera*, (*fig.*) brebis galeuse.

pecoraio *s.m.* berger*.

pecorella *s.f.* brebis; (*fig.*) ouaille || *la* — *smarrita*, la brebis égarée || *cielo a pecorelle*, ciel pommelé, moutonné.

pecorino *agg.* de mouton; (*della femmina*) de brebis ♦ *s.m.* fromage de brebis à pâte dure.

pecorone *s.m.* (*fig. spreg.*) mouton.

pectina *s.f.* (*biochim.*) pectine.

peculato *s.m.* (*dir.*) détournement de biens publics.

peculiare *agg.* particulier*, caractéristique.

peculiarità *s.f.* particularité, caractéristique.

peculio *s.m.* pécule.

pecuniario *agg.* pécuniaire.

pedaggio *s.m.* péage.

pedagogia *s.f.* pédagogie.

pedagogico (pl. -ci) *agg.* pédagogique || **-mente** *avv.*

pedagogista *s.m.* pédagogue.

pedagogo (pl. -ghi) *s.m.* pédagogue.

pedalare *v.intr.* pédaler || *pedala!*, (*fig. fam.*) file!

pedalata *s.f.* coup de pédale.

pedalatore *s.m.* pédaleur.

pedale *s.m.* pédale (*f.*).

pedaliera *s.f.* pédalier (*m.*).

pedalò *s.m.* pédalo.

pedana *s.f.* estrade; (*sport*) tremplin (*m.*).

pedante *agg. e s.m.* pédant.

pedanteria *s.f.* pédanterie, pédantisme (*m.*).

pedantesco (pl. -chi) *agg.* pédantesque.

pedata *s.f.* **1** coup de pied: *prendere a pedate*, donner des coups de pied à **2** (*di uno scalino*) giron (*m.*) **3** (*orma*) trace de pas.

pedemontano *agg.* qui est au pied d'une, de la montagne.

pederasta *s.m.* pédéraste.

pederastia *s.f.* pédérastie.

pedestre *agg.* **1** (*letter.*) (*a piedi*) pédestre **2** (*fig.*) plat: *in modo* —, platement.

pedestremente *avv.* (*fig.*) platement, médiocrement.

pediatra *s.m.* pédiatre.

pediatria *s.f.* pédiatrie.

pediatrico (pl. -ci) *agg.* pédiatrique: *per uso* —, pour enfants; *visita pediatrica*, visite chez le pédiatre.

pedicello *s.m.* (*biol.*) pédicelle.

pedicure *s.m.* 1 (*persona*) pédicure (*m. e f.*) 2 (*cura dei piedi*) soin des pieds.

pediluvio *s.m.* bain de pieds.

pedina *s.f.* pion (*m.*): *muovere una —,* avancer un pion; *muovere le proprie pedine,* (*fig.*) placer ses pions || *essere una — nelle mani di qlcu,* (*fig.*) n'être qu'un instrument entre les mains de qqn.

pedinamento *s.m.* filature (*f.*).

pedinare *v.tr.* suivre*, filer: *è pedinato dalla polizia,* la police le file, l'a pris en filature.

pedissequo *agg.* servile || **-mente** *avv.*

pedivella *s.f.* (*mecc.*) manivelle.

pedofilia *s.f.* pédophilie.

pedofilo *agg. e s.m.* pédophile.

pedologia *s.f.* pédologie.

pedonale *agg.* (*dei pedoni*) des piétons; (*per i pedoni*) piéton*, piétonnier*: *passaggio —, strisce pedonali,* passage protégé; *strada —,* rue piétonne; *zona, isola —,* zone piétonne, piétonnière.

pedone *s.m.* 1 piéton 2 (*scacchi*) pion.

pedula *s.f.* (*spec. pl.*) chaussure de montagne, brodequin (*m.*).

pedule *s.m.* pied de la chaussette.

peduncolo *s.m.* pédoncule, pédicule.

peeling (pl. *invar.*) *s.m.* 1 (*med.*) exfoliation (*f.*) 2 (*cosmesi*) gommage.

pegaso *s.m.* (*zool.*) pégase.

peggio *avv.* 1 *compar.* plus mal; (*meno bene*) moins bien: *lo tratta — di uno schiavo,* il le traite plus mal qu'un esclave; *con questi occhiali vedo ancor —,* avec ces lunettes je vois encore moins bien; *è — di prima,* c'est pire qu'avant; *non avresti potuto farlo — (di così),* tu ne pouvais pas faire pire || *stare —,* aller plus mal; *stavo, mi sentivo — di prima,* j'allais, je me sentais plus mal qu'avant; *quel quadro sta ancor — in salotto,* ce tableau fait encore moins bien dans le salon || *andare —,* aller plus mal; *a scuola va ancor — dell'anno scorso,* il est encore moins bon élève que l'année dernière || *cambiare in —,* changer en mal; (*divenire peggiore*) empirer || *molto —,* bien pis || *sempre —, — che —, — che mai,* de pire en pire, de pis en pis || *è ben —, è — ancora,* c'est bien pis || *— di così si muore!,* (*fam.*) ça ne peut pas être pire || *è ignorante e, quel che è —, presuntuoso,* il est ignorant et, ce qui est pire, présomptueux || *non dovevi parlargli o, — (ancora), scrivergli,* tu ne devais pas lui parler ou, pis encore, lui écrire 2 *superl.rel.* le plus mal; (*meno, meno bene*) le moins: *le persone — dotate,* les personnes les moins douées; *è la casa — tenuta che abbia visto,* c'est la maison la plus mal tenue que j'aie jamais vue; *l'ufficio — organizzato,* le bureau le plus mal organisé ♦ *agg.* 1 *compar.invar.* (*peggiore*) pire; (*meno buono*) (*preceduto da pron.indef.*) pis, pire: *lui non è — di te,* il n'est pas pire que toi; *questo libro sembra — dell'altro,* ce livre me semble plus mauvais, pire que l'autre; *oggi il tempo è — di ieri,* aujourd'hui il fait plus mauvais qu'hier; *non c'è (niente) di — d'un raffreddore trascurato,* il n'y a rien de pire qu'un

rhume mal soigné; *puoi trovare di —,* tu peux trouver pire; *mi aspettavo (qualcosa) di —,* je m'attendais à quelque chose de pire; *c'è di —,* il y a encore pire || *tanto —!,* tant pis!; (*tanto*) *— per lui!,* tant pis pour lui! 2 *superl.rel.invar.* (*fam.*) le* plus mauvais, le* pire: *la — squadra,* l'équipe la plus mauvaise; *è la — decisione,* c'est la pire de toutes les décisions 3 (*con valore di pron.invar.*) (*fam.*) pire, plus mauvais: *ci siamo presi i —,* nous avons pris les plus mauvais, les pires; *ne ho visti di, dei —,* j'en ai vu de pires, de plus mauvais; *è la — delle tre,* c'est la plus mauvaise des trois, (*in senso morale*) c'est la pire des trois ♦ *s.m.invar.* pire, pis: *il — è che...,* le pire c'est que...; *è il — che mi potesse capitare,* c'est la pire des choses qui pouvaient m'arriver; *il — deve ancora venire,* le pire doit encore venir; *mi è toccato il —,* c'est moi qui ai eu la plus mauvaise part; *temere il —,* craindre le pire; *hai scampato il — della serata,* tu as échappé au pire moment de la soirée || *il giocatore era al — della forma,* le joueur était au plus bas de sa forme ♦ *s.f.invar.* (*la peggior cosa*) le pire || *avere la —,* (*fam.*) avoir le dessous □ **alla peggio** *locuz.avv.* (*nella peggiore delle ipotesi*) au pire □ **alla meno peggio** *locuz.avv.* (*in qualche modo*) tant bien que mal; (*nella migliore delle ipotesi*) au mieux.

peggioramento *s.m.* aggravation (*f.*): *c'è un — nella situazione politica,* la situation politique se détériore.

peggiorare *v.tr. e intr.* empirer: *il malato è peggiorato,* le malade a empiré; *le condizioni del malato sono peggiorate,* l'état du malade s'est aggravé; *così peggiori la situazione,* de cette manière, tu aggraves la situation || *le cose vanno peggiorando,* les choses vont de mal en plus mal.

peggiorativo *agg. e s.m.* péjoratif*.

peggiore *agg.* 1 *compar.* pire; (*più cattivo*) plus mauvais: *ha voti peggiori dei tuoi,* il a des notes plus mauvaises que les tiennes; *questo prodotto è — dell'altro,* ce produit est plus mauvais, moins bon que l'autre; *non c'è avvocato — (di lui),* il n'y a pas (de) plus mauvais avocat (que lui); *ieri il tempo era — di oggi,* hier il faisait plus mauvais qu'aujourd'hui || *molto —, assai —,* bien pire || *non c'è peggior cosa che...,* il n'y a rien de pire que... || *ho visto cose peggiori,* j'ai vu pire || *rendere qlco —,* faire empirer qqch, rendre qqch pire || *diventare —,* empirer 2 (*più malvagio*) pire, plus méchant: *non vi è uomo — di quello,* il n'y a pas d'homme pire, plus méchant que celui-là 3 *superl.rel.* le* pire, le* plus mauvais: *è il — individuo che io abbia mai incontrato,* c'est le pire individu que j'aie jamais rencontré; *è la — strada che abbiamo mai visto,* c'est la plus mauvaise route que nous ayons jamais vue || *il suo — difetto,* son plus grave défaut || *indossò il suo peggior vestito,* il mit son plus vilain costume || *è il peggior male che potesse capitarmi,* c'est le pire qui pouvait m'arriver || *la — cosa da fare è...,* la pire des choses à faire, c'est... || *nel peggior modo possibile,* aussi mal que possible || *nel — dei casi,* dans le

pire des cas || *nella — delle ipotesi*, au pire ♦ *s.m.*
pire: *in questa classe, Giovanni è uno dei peggiori*, dans cette classe, Jean est l'un des plus mauvais (élèves).

pegno *s.m.* **1** gage (*anche fig.*): agente di pegni, prêteur sur gage(s); *agenzia di pegni*, bureau de prêts sur gage(s); *prestito su —*, prêt sur gage; *come, a titolo di —*, en gage || *chi perde paga —*, qui perd paie **2** (*contratto*) nantissement; (*di beni immobili*) antichrèse (*f.*); (*di beni mobili*) gage.

pelago *s.m.* (*fig.*) foule (*f.*), tas || *in un — di guai*, dans le pétrin.

pelame *s.m.* pelage.

pelandrone *s.m.* (*fam.*) feignant.

pelapatate (pl. *invar.*) *s.m.* éplucheur.

pelare *v.tr.* peler*; (*spennare*) plumer || *il barbiere l'ha pelato ben bene*, (*scherz.*) le coiffeur l'a bien tondu || (*fam.*): *questo brodo pela la lingua*, ce bouillon brûle la langue; *in quel negozio ti pelano*, dans ce magasin c'est le coup de barre ◻ **pelarsi** *v.pron.* perdre* ses cheveux.

pelata[1] *s.f.* **1** (*di capelli*) coupe (de cheveux) **2** (*riferito a prezzi esorbitanti*) coup de barre.

pelata[2] *s.f.* tête pelée.

pelato *agg.* pelé || *— come una palla da biliardo, come un uovo*, chauve comme un œuf || (*pomodori*) *pelati*, tomates pelées (en conserve).

pellaccia (pl. *-ce*) *s.f.* **1** (*vita*) peau* **2** (*persona resistente*) dur à cuire || *è una —*, il a la vie dure **3** (*uomo senza scrupoli*) mauvais sujet.

pellagra *s.f.* (*med.*) pellagre.

pellame *s.m.* peaux (*f.pl.*): *negoziante di —*, peaussier, commerçant en peaux; *commercio di —*, peausserie.

pelle *s.f.* **1** peau* (*anche fig.*): *a contatto della —*, à même la peau || *essere — e ossa*, n'avoir que la peau sur les os || *avere la — d'oca*, avoir la chair de poule || *non star più nella —*, (*per la gioia*) ne plus se tenir de joie || *l'ho provato sulla mia —*, je l'ai appris à mes dépens || *salvare la —*, *riportare la — a casa*, sauver sa peau || *fare la — a qlcu*, (*uccidere*) faire la peau à qqn || *amici per la —*, amis à la vie et à la mort **2** (*pelle conciata*) cuir (*m.*); (*seguito da specificazione*) peau*: *valigia di —*, valise en cuir; *— di lucertola*, peau de lézard; *rilegatura in —*, reliure en cuir, en peau; *libro rilegato in —, in mezza —*, livre en pleine peau, en demi-reliure || *articoli in —*, maroquinerie **3** *— d'uovo*, (*tessuto*) peau d'ange.

pellegrina *s.f.* (*mantellina*) pèlerine.

pellegrinaggio *s.m.* **1** pèlerinage **2** (*gruppo di pellegrini*) groupe de pèlerins.

pellegrino *s.m.* pèlerin.

pellerossa (pl. *invar.* o *pellirosse*) *agg.* e *s.m.* peau-rouge*.

pelletteria *s.f.* maroquinerie.

pellettiere *s.m.* maroquinier.

pellicano *s.m.* (*zool.*) pélican.

pellicceria *s.f.* **1** (*negozio*) magasin de fourrures **2** (*lavorazione, pelli, attività*) pelletterie || *commerciante di —*, fourreur.

pelliccia (pl. *-ce*) *s.f.* **1** fourrure: *animali da —*,

animaux à fourrure; *foderato di —*, fourré **2** (*mantello*) (manteau* de) fourrure.

pellicciaio *s.m.* fourreur.

pellicola *s.f.* **1** (*fot., cine.*) pellicule **2** (*film*) film (*m.*) **3** (*sottile membrana*) pellicule: *— trasparente* (*per alimenti*), film protecteur.

pellicolare *agg.* pelliculaire.

pelo *s.m.* **1** poil || *di primo —*, tout jeune; (*senza esperienza*) sans expérience || *avere il — sullo stomaco*, ne pas avoir de scrupules || *non ha peli sulla lingua*, il ne mâche pas ses mots || *cercare il — nell'uovo*, chercher la petite bête || *per un —*, de justesse; *non è caduto per un—*, il s'en est fallu de peu qu'il ne tombe || *a — d'acqua*, à fleur d'eau; *sul — dell'acqua*, à la surface de l'eau **2** (*fam.*) (*pelliccia*) fourrure (*f.*).

pelosità *s.f.* pilosité.

peloso *agg.* **1** poilu; (*di stoffa*) peluché **2** (*bot.*) velu.

pelota *s.f.* (*sport*) pelote.

peltro *s.m.* étain.

peluria *s.f.* duvet (*m.*).

pelvi *s.f.* (*anat.*) pelvis (*m.*).

pelvico (pl. *-ci*) *agg.* (*anat.*) pelvien*.

pena *s.f.* **1** peine; (*dolore*) chagrin (*m.*): *far —*, faire de la peine; *dar —*, chagriner; *essere in —*, être inquiet; *togliersi una grossa — dal cuore*, s'ôter un gros poids du cœur; *che —!*, quelle pitié! || *darsi —*, se donner de la peine, du mal; (*preoccuparsi*) s'inquiéter || *non vale la —*, cela n'en vaut pas la peine || *— la vita*, sous peine de mort.

penale *agg.* pénal* || *sanzione —*, sanction pénale || *intraprendere azione — contro qlcu*, intenter un procès à qqn ♦ *s.f.* clause pénale; (*pena pecuniaria*) pénalité: *infliggere una —*, frapper d'une pénalité.

penalista *s.m.* pénaliste.

penalità *s.f.* **1** pénalité **2** (*sport*) pénalisation.

penalizzare *v.tr.* pénaliser.

penalizzazione *s.f.* pénalisation, pénalité.

penalmente *avv.* pénalement.

penare *v.intr.* **1** (*soffrire*) souffrir* **2** (*fare fatica*) avoir* du mal, peiner: *— per ottenere qlco*, peiner à obtenir qqch; *ho penato per quella traduzione*, j'ai peiné sur cette traduction.

penati *s.m.pl.* (*relig. romana*) pénates.

pencolare *v.intr.* pencher; (*vacillare*) chanceler*; (*fig.*) hésiter.

pendaglio *s.m.* (*ciondolo*) pendentif; (*di orecchino, lampadario ecc.*) pendeloque (*f.*) || *— da forca*, (*fig.*) gibier de potence.

pendente *agg.* pendant (*anche fig.*); (*inclinato*) penché: *la torre — di Pisa*, la tour penchée de Pise || (*comm.*) *conto —*, compte en souffrance ♦ *s.m.* **1** pendentif **2** *pl.* (*orecchini*) pendants (d'oreilles).

pendenza *s.f.* **1** pente; (*inclinazione*) inclinaison: *strada a forte —*, route très en pente **2** (*vertenza*) affaire: *processo in —*, procès en cours **3** (*conto non saldato*) compte en souffrance: *regolare una —*, régler un compte; *credito in —*, dette à régler.

pendere *v.intr.* **1** pendre*, être* suspendu (à); (*essere appeso*) être* accroché (à) || *una minaccia pende sul suo capo*, une menace pèse sur lui || *il cappotto ti pende dietro*, ton manteau pend par derrière **2** (*essere inclinato*) pencher (*anche fig.*) || *la bilancia pende dalla sua parte*, (fig.) la balance penche en sa faveur **3** (*di causa, lite*) être* pendant.

pendice *s.f.* (*spec.pl.*) flanc (*m.*).

pendio *s.m.* pente (*f.*).

pendola *s.f.* pendule.

pendolare[1] *agg.* pendulaire ♦ *s.m.* banlieusard: *fa il —*, il fait la navette.

pendolare[2] *v.intr.* osciller.

pendolarismo *s.m.* (*di viaggiatori*) migration pendulaire.

pendolo *s.m.* **1** (*fis.*) pendule **2** (*orologio*) pendule (*f.*).

pendulo *agg.* pendant || (*anat.*) *velo —*, voile du palais.

pene *s.m.* (*anat.*) pénis.

penepiano *s.m.* (*geogr.*) pénéplaine (*f.*).

penetrabile *agg.* pénétrable.

penetrabilità *s.f.* pénétrabilité.

penetrante *agg.* pénétrant; (*spec. di suono*) perçant || *parole penetranti*, mots incisifs.

penetrare *v.tr. e intr.* pénétrer* (*anche fig.*): *un ladro è penetrato in casa*, un voleur a pénétré dans la maison || *—un mistero*, percer un mystère.

penetrazione *s.f.* pénétration.

penicillina *s.f.* pénicilline.

peninsulare *agg.* péninsulaire.

penisola *s.f.* péninsule.

penitente *agg. e s.m.* pénitent.

penitenza *s.f.* pénitence: *fare la —*, faire sa pénitence; *per —*, comme punition.

penitenziale *agg.* pénitentiel*.

penitenziario *agg.* pénitentiaire ♦ *s.m.* pénitencier.

penna *s.f.* **1** (*di uccello*) plume: *lasciarci le penne*, (fig.) y laisser des plumes || *le penne maestre*, les pennes || *le penne nere*, (*gli alpini*) les chasseurs alpins **2** (*per scrivere*) plume: *— a sfera*, stylo à bille; *— stilografica*, stylo; *dammi la —*, donne-moi le stylo || *tratto a —*, trait à la plume || *non sa tenere la — in mano*, il ne sait pas écrire || *lasciare nella —*, (fig.) omettre || *una buona —*, (fig.) un bon écrivain.

pennacchio *s.m.* **1** panache; (*sui copricapi militari*) plumet **2** (*arch.*) pendentif.

pennarello *s.m.* crayon-feutre*.

pennato *agg.* (*bot.*) penné.

pennellare *v.intr.* passer le pinceau ♦ *v.tr.* (*spennellare*) badigeonner; (*pitturare*) peindre*.

pennellata *s.f.* coup de pinceau.

pennellatura *s.f.* badigeonnage (*m.*).

pennellessa *s.f.* pinceau* plat.

pennello *s.m.* **1** pinceau*: *— da imbianchino*, brosse (de peintre) || *— per la barba*, blaireau || *stare a —*, (fig.) aller comme un gant **2** (*argine*) jetée (*f.*), barrage.

pennichella *s.f.* petit somme; sieste.

pennino *s.m.* plume (*f.*).

pennone *s.m.* **1** mât, *hampe (*f.*)* **2** (*stendardo*) bannière (*f.*) **3** (*mar.*) vergue (*f.*).

pennuto *agg.* qui a des plumes ♦ *s.m.* oiseau*.

penombra *s.f.* pénombre: *in —*, dans la pénombre.

penoso *agg.* pénible || **-mente** *avv.*

pensabile *agg.* imaginable || *non è neppure —*, c'est inconcevable.

pensante *agg.* pensant.

pensare *v.tr.* **1** penser (à qqch, à qqn): *ti penso sempre*, je pense toujours à toi; *ho pensato di rimanere a casa*, j'ai pensé rester à la maison; *penso di partire domani*, je pense partir demain; *penso di dedicarmi al commercio*, je pense faire du commerce || *sai come la penso*, tu connais mon avis || *una ne fa e cento ne pensa*, il ne fait que des bêtises **2** (*supporre*) penser; (*ritenere, credere*) croire*: *penso che sia già partito*, je pense qu'il est déjà parti; *non penso che sia contento*, je ne pense pas qu'il soit content; *pensi che sia il caso?*, penses-tu que ce soit le cas?; *non pensavo di offenderti*, je ne pensais pas te vexer; *era più simpatico di quanto si pensasse*, il était plus sympathique qu'on ne croyait; *chi l'avrebbe pensato!*, qui l'aurait cru!; *non l'avrei mai pensato*, je ne l'aurais jamais imaginé; *non lo pensavo possibile*, je ne croyais pas ça possible; *lo pensavo più giovane*, je le croyais plus jeune || *pensa di essere un genio*, il se prend pour un génie || *vi penso in buona salute*, je pense que vous êtes en bonne santé || *e io, pensa, credevo fosse partito!*, et figure-toi que je le croyais parti!; *e — che...*, et dire que...; *pensa, non mi ha detto nulla*, songe qu'il ne m'a rien dit || *e lei, cosa ne pensa?*, et vous, qu'en pensez-vous? ♦ *v.intr.* **1** penser; (*riflettere*) réfléchir: *lasciami —*, laisse-moi réfléchir; *pensarci su*, y penser, y réfléchir; *a pensarci bene*, à tout bien considérer; *pensa e ripensa*, à force d'y penser, d'y réfléchir; *— ad altro*, avoir l'esprit ailleurs; *penso a ben altro, a tutt'altro*, j'ai bien autre chose dans la tête || *un bambino che dà da —*, un enfant qui donne des soucis || *— bene, male di*, penser du bien, du mal de; *— male*, (*a una cosa sconveniente*) penser à mal; (*a una disgrazia*) imaginer le pire || *ho pensato bene di chiamare un medico*, j'ai cru bien faire en appelant un médecin || *ma ci pensi!, una crociera nei mari del Sud*, mais tu te rends compte, une croisière dans les mers du Sud || *ma pensa!, chi l'avrebbe detto!*, je n'en crois pas mes oreilles!, qui l'aurait jamais dit! **2** (*considerare, prendere in considerazione*) songer*: *si era pensato a te per quel posto*, on avait songé à toi pour cette place **3** (*provvedere, occuparsi*) s'occuper (de): *ci penso io!*, je m'en occupe!; *pensa ai fatti tuoi!*, occupe-toi de tes affaires! || *pensi tu ad avvertirlo?*, veux-tu bien te charger de l'avertir?

pensata *s.f.* idée, trouvaille.

pensatore (*f. -trice*) *s.m.* penseur*.

pensierino *s.m.* **1** petite rédaction **2** *farci un —*, y réfléchir, y penser **3** (*piccolo dono*) petit cadeau*.

pensiero *s.m.* **1** pensée (*f.*): *vivere, riandare col —*, vivre, revenir en pensée; *non conosco il suo —*, j'ignore son opinion; *non dice mai il suo —*, il n'exprime jamais le fond de sa pensée || *essere sopra —*, penser à autre chose || *sei sempre nei miei pensieri*, je pense toujours à toi || *è un — gentile!*, c'est une gentille attention!; *gradisca questo piccolo — in segno della mia gratitudine*, veuillez agréer ce petit témoignage de ma reconnaissance || *basta il —*, c'est l'intention qui compte **2** (*idea*) idée (*f.*): *il — della morte*, l'idée de la mort || *pensieri neri, brutti pensieri*, idées noires **3** (*ansia, preoccupazione*) souci: *vivere senza pensieri*, vivre sans soucis || *darsi — per qlcu*, se faire du souci pour qqn || *essere in — per qlcu*, être inquiet au sujet de qqn; *tenere in —*, laisser dans l'inquiétude.

pensieroso *agg.* pensif*.

pensile *agg.* suspendu ♦ *s.m.* (*mobile*) élément *haut.

pensilina *s.f.* **1** (*di porte, finestre*) auvent (*m.*); (*di vetro*) marquise **2** (*di stazioni*) abri (*m.*).

pensionabile *agg.*: *impiegato —*, employé qui a droit à la retraite; *età —*, âge de la retraite.

pensionamento *s.m.* mise à la retraite: *— anticipato*, mise à la retraite anticipée.

pensionante *s.m. e f.* pensionnaire.

pensionare *v.tr.* **1** (*assegnare una pensione a*) pensionner **2** (*mettere in pensione*) mettre* à la retraite.

pensionato *agg.* retraité ♦ *s.m.* **1** retraité **2** (*convitto*) pensionnat; (*per studenti*) foyer.

pensione *s.f.* **1** pension; (*in forma diretta*) retraite: *— anticipata*, retraite anticipée, préretraite; *— di invalidità*, pension d'invalidité; *— a carico dello Stato*, pension de l'État || *mettere in —*, mettre à la retraite; *andare in —*, prendre sa retraite; *essere in —*, être à la retraite; *prendere la —*, (*riscuoterla*) toucher sa retraite **2** (*alloggio*) pension: *essere a —*, être en pension; *mezza —*, demi-pension; *fare —*, prendre des pensionnaires.

pensionistico (*pl. -ci*) *agg.* de (la) retraite: *trattamento —*, pension; *riforma pensionistica*, réforme du régime de retraite.

pensoso *agg.* **1** (*pensieroso*) pensif* **2** (*letter.*) (*premuroso*) soucieux*.

pent(a)- *pref.* pent(a)-

pentagonale *agg.* pentagonal*.

pentagono *s.m.* pentagone.

pentagramma *s.m.* (*mus.*) portée (*f.*).

pentametro *s.m.* pentamètre.

pentathlon *s.m.* (*sport*) pentathlon.

pentimento *s.m.* **1** repentir; (*rimorso*) remords; (*rincrescimento*) regret **2** (*cambiamento di opinione*) changement d'opinion.

pentirsi *v.pron.* **1** se repentir* **2** (*rammaricarsi*) regretter **3** (*mutare parere*) changer* d'avis.

pentito *agg. e s.m.* repenti.

pentola *s.f.* marmite; (*casseruola*) casserole: *— di ghisa*, cocotte; *— a pressione*, cocotte-minute, autocuiseur || *qlco bolle in —*, (*fig.*) il y a qqch qui se mijote, il y a qqch dans l'air.

pentolame *s.m.* casseroles (*f.pl.*).

pentolino *s.m.* petite casserole.

penultimo *agg.* avant-dernier*; (*spec. di sillaba*) pénultième ♦ *s.m.* avant-dernier*.

penuria *s.f.* pénurie.

penzolare *v.intr.* pendre*; (*in modo goffo*) pendouiller.

penzoloni *avv.*: *con le gambe —*, les jambes pendantes; *con le braccia —*, les bras ballants.

peocio *s.m.* (*zool. pop.*) moule (*f.*).

peonia *s.f.* (*bot.*) pivoine.

pepaiola *s.f.* poivrière; (*macinino*) moulin à poivre.

pepare *v.tr.* poivrer.

pepato *agg.* **1** poivré **2** (*fig.*) piquant || *prezzo —*, prix salé.

pepe *s.m.* **1** (*albero*) poivrier **2** (*spezia*) poivre || *una ragazza tutta —*, un vif-argent.

peperoncino *s.m.* piment.

peperone *s.m.* poivron || *rosso come un —*, rouge comme une pivoine || *naso a —*, nez en patate, en pied de marmite.

pepita *s.f.* pépite.

peplo *s.m.* (*st. abbigl.*) péplum.

pepsina *s.f.* (*biochim.*) pepsine.

per *prep.* **1** pour: *c'è una lettera — te*, il y a une lettre pour toi; *lavorare — vivere*, travailler pour vivre || *il treno — Roma*, le train de Rome || *primo —, ultimo —*, le premier, le dernier || *questo quadro è stato venduto — dieci milioni*, on a vendu ce tableau dix millions || *va — i quaranta* (*anni*), il va sur ses quarante ans || *macchina — cucire*, machine à coudre || *andare — funghi*, aller aux champignons; *andare — legna*, aller ramasser du bois **2** (*moto per luogo, anche fig.*; *mezzo*; *modo*; *limitazione*) par: *sono passato — Napoli*, je suis passé par Naples; *viaggiare — mare*, voyager par mer; *che cosa ti passa — la mente?*, qu'est-ce qui te passe par la tête?; *— posta, telefono, radio*, par la poste, par téléphone, par radio; *— intuizione, deduzione*, par intuition, déduction; *prendere qlcu — il bavero*, — *la mano*, prendre qqn au collet, par la main || *passeggiare — il giardino*, — *la città*, se promener dans le jardin, en ville || *sfilare — le vie*, défiler dans les rues || *la strada costeggia il fiume — diversi chilometri*, la route longe le fleuve pendant plusieurs kilomètres; *l'esercito avanzò — molti chilometri*, l'armée avança de plusieurs kilomètres; *la sua proprietà si estende — parecchi chilometri*, sa propriété s'étend sur plusieurs kilomètres || *lo supera — intelligenza*, il le dépasse en intelligence **3** (*tempo continuato*) pendant: *aspettare — mesi*, attendre (pendant) des mois; *parlare — ore e ore*, parler des heures et des heures || *— tutta la giornata, la notte*, (pendant) toute la journée, la nuit; (*nelle frasi negative*) de toute la journée, la nuit || *assumere qlcu — un anno*, engager qqn pour un an **4** (*causa*) par; à cause de; grâce à; par: *è stato premiato — la sua generosità*, il a été récompensé pour sa générosité; *l'aereo non poteva partire — la nebbia*, l'avion ne pouvait pas partir à cause du brouillard; *è riuscito — i suoi meriti*, il a réussi grâce à ses mérites; *era stanco — il lavoro*, il était épuisé par son travail; *lo ha detto — stizza*, il a dit ça par dépit; *— colpa mia*, par ma faute || *ho sbagliato — la fretta*, je me suis trompé parce que j'ai été trop vite || *te lo giuro — ciò che ho di più caro*, je te le jure sur ce que j'ai de plus cher || *chiuso — lutto*, fermé pour cause de deuil **5** (*distributivo o per indicare proporzione, percentuale*): *dividere, moltiplicare — due*, diviser, multiplier par deux; *due — tre, sei*, deux fois trois, six; *due — tre uguale sei*, deux multiplié par trois égale six; *disporsi — file*, se mettre en rangs; *marciare — due*, marcher deux par deux; *una bottiglia — pasto*, une bouteille par repas; *uno — persona*, un par personne; *dividere — classi*, diviser en classes; *giorno — giorno*, jour après jour; *dieci — volta*, dix à la fois; *interesse del cinque — cento*, intérêt de cinq pour cent **6** (*prima di un inf. in proposizioni finali, causali, consecutive*) pour: *gli ho scritto — ringraziarlo*, je lui ai écrit pour le remercier **7** (*per quanto*) (*prima di un inf.*) bien que; (*prima di un agg.*) si, quelque (*invar.*): *— essere ancora un ragazzo è molto giudizioso*, bien qu'il soit encore un enfant, il est très raisonnable; *— intelligenti che siate*, si intelligents que vous soyez.

per- *pref.* per-

pera *s.f.* poire || *cadere come una — cotta*, tomber comme une masse; (*fig.*) tomber dans le panneau; (*innamorarsi*) avoir le coup de foudre || *un ragionamento a —*, (*fig.*) un raisonnement qui ne tient pas debout.

peraltro *avv.* du reste, d'ailleurs.

perbacco *inter.* parbleu!

perbene *agg.invar.* bien, comme il faut ♦ *avv.* bien.

perbenismo *s.m.* air comme il faut.

perborato *s.m.* perborate.

percalle *s.m.* percale (*f.*).

percallina *s.f.* (*tessuto*) percaline.

percento *s.m.* e *avv.* pour cent: *sconto del 20 —*, rabais de 20 pour cent.

percentuale *agg.* en pour cent: *incremento —*, accroissement en pour cent ♦ *s.f.* pourcentage (*m.*): *una — del 30%*, un pourcentage de 30%; *lavorare a —*, travailler au pourcentage; *se l'affare va in porto devi darmi una —*, si ça marche tu dois me donner une commission.

percentualmente *avv.* en pourcentage.

percepibile *agg.* **1** perceptible **2** (*comm.*) percevable.

percepire (*coniug. come* finire) *v.tr.* **1** (*sentire*) percevoir*: *— una certa ostilità*, percevoir, sentir une certaine hostilité; *— un pericolo*, sentir un danger; *— un suono*, entendre un son **2** (*riscuotere*) percevoir*: *— lo stipendio*, toucher ses appointements.

percettibile *agg.* perceptible, sensible.

percettibilità *s.f.* perceptibilité.

percettivo *agg.* perceptif*.

percezione *s.f.* perception.

perché *avv.* (*in proposizioni interr. dirette e indirette*) pourquoi: *— non sei venuto?*, pourquoi n'es-tu pas venu?; *tutti si chiedevano — tardasse tanto*, tout le monde se demandait pourquoi il tardait tant || *— no?* pourquoi pas?; *— mai?*, pourquoi donc? || *non mi disse —*, il ne me dit pas pourquoi || *senza sapere —*, sans savoir pourquoi ♦ *cong.* **1** (*esplicativa*) parce que; (*poiché, giacché*) (*spec. usato dopo un imp.*) car: *non è venuto — era malato*, il n'est pas venu parce qu'il était malade; *"Perché sei in ritardo?" "Perché ho perso il treno"*, "Pourquoi es-tu en retard?" "Parce que j'ai raté mon train"; *sbrigati — ho fretta*, dépêche-toi car je suis pressé || (*fam.*): *"Perché non vuoi parlargli?" "Perché no"*, "Pourquoi ne veux-tu pas lui parler?" "Parce que"; *"Perché gridi?" "Perché sì"*, "Pourquoi cries-tu?" "Parce que" **2** (*finale*) afin que, pour que: *te lo dico — tu lo sappia*, je te le dis afin que, pour que tu le saches; *ti ho parlato — tu mi dessi un buon consiglio*, je t'ai parlé pour que tu me donnes un bon conseil **3** (*consecutiva in correlazione con* troppo) pour que: *questa valigia è troppo pesante — egli possa sollevarla*, cette valise est trop lourde pour qu'il puisse la soulever ♦ *usato in funzione di pron.rel.* (*per cui*): *ecco la ragione — mi piace vivere in campagna*, voilà pourquoi j'aime vivre à la campagne ♦ *s.m.invar.* **1** pourquoi (*invar.*) (*domanda*) question (*f.*): *il — e il percome*, le pourquoi et le comment; *l'età dei —*, l'âge des pourquoi et des comment; *porsi dei —*, se poser des questions **2** (*motivo, ragione*) raison (*f.*): *l'ha fatto senza un —*, il l'a fait sans raison; *a tutto c'è un —*, il y a toujours une raison; *l'ha insultato e non senza un —*, il l'a insulté et pour cause.

perciò *cong.* (*quindi*) donc, par conséquent; (*per questa ragione*) c'est pourquoi, c'est pour ça que: *ti sarò — grato se vorrai...*, par conséquent, donc je te serais reconnaissant de bien vouloir...; *non mi piace il freddo, — non vado mai in montagna*, je n'aime pas le froid, c'est pourquoi, c'est la raison pour laquelle je ne vais jamais à la montagne.

percorrenza *s.f.* parcours (*m.*).

percorrere (*coniug. come* correre) *v.tr.* **1** parcourir* (*anche fig.*) **2** (*passare attraverso*) traverser.

percorribile *agg.* qui peut être parcouru; (*di strada*) praticable.

percorso *s.m.* **1** parcours: *durante il —*, pendant le trajet || *il — di una strada*, le tracé d'une route || (*aer.*) *— di decollo, di arrivo*, distance de décollage, longueur d'atterrissage **2** (*inform.*) chemin.

percossa *s.f.* coup (*m.*).

percuotere (*coniug. come* scuotere) *v.tr.* (*battere*) battre*; (*colpire*) frapper (*anche fig.*).

percussione *s.f.* percussion || *strumenti a —*, instruments à percussion.

percussionista *s.m.* percussionniste.

percussore *s.m.* percuteur.

perdente *agg.* e *s.m.* perdant.

perdere (*Pass.rem.* io persi, tu perdesti ecc.

Part.pass. perso *o* perduto) *v.tr.* **1** perdre* (*anche fig.*): — *tempo,* perdre son temps || *il motore perde colpi,* le moteur a des ratés; — *colpi,* (*fig.*) baisser **2** (*non fare in tempo a; lasciarsi sfuggire*) manquer: — *un'occasione,* manquer une occasion; — *il treno,* rater son train ♦ *v.intr.* perdre*: *questo tubo perde,* ce tuyau perd; — *di prestigio,* perdre du prestige || *lasciar —,* laisser tomber □ **perdersi** *v.pron.* se perdre* (*anche fig.*): — *dietro a qlcu,* courir après qqn; — *in, dietro mille cose,* se disperser.

perdifiato, a *locuz. avv.* à perdre haleine.

perdigiorno (pl. *invar.*) *s.m.* (*fam.*) fainéant.

perdinci *inter.* sapristi!

perdita *s.f.* **1** perte: — *della memoria,* perte de mémoire || *essere in lutto per la — di qlcu,* porter le deuil de qqn || *a — d'occhio,* à perte de vue || (*comm.*) *lavorare in —,* travailler à perte || (*comm.*) *conto profitti e perdite,* compte des profits et pertes **2** (*fuga, fuoriuscita*) fuite || (*inform.*) — *di funzionalità,* défaillance.

perditempo (pl. *invar.*) *s.m.* **1** perte de temps **2** (*persona*) lambin.

perdizione *s.f.* perdition.

perdonabile *agg.* pardonnable.

perdonare *v.tr.* pardonner: — *qlco,* pardonner à qqn || *Dio mi perdoni!,* que Dieu me pardonne! || *questa non gliela perdono!,* je ne peux pas lui pardonner cela || *mi si perdoni l'espressione,* passez-moi l'expression.

perdono *s.m.* pardon: *chiedere — a qlcu,* demander pardon à qqn || *ottenere il —,* obtenir le pardon, être pardonné || *chiedo —,* pardonnez-moi.

perdurare *v.intr.* persister || *il — del maltempo ostacola i soccorsi,* la persistance du mauvais temps gêne les secours.

perdutamente *avv.* éperdument.

perduto *agg.* perdu: *si sentì — il* sentit qu'il était perdu.

peregrinare *v.intr.* (*letter.*) errer.

peregrinazione *s.f.* pérégrination.

peregrino *agg.* **1** (*ricercato*) recherché **2** (*strano*) bizarre.

perenne *agg.* éternel* || *sorgenti perenni,* sources pérennes || *piante perenni,* plantes vivaces.

perennemente *avv.* perpétuellement; (*eternamente*) éternellement.

perentorietà *s.f.* caractère péremptoire.

perentorio *agg.* péremptoire: *ordine —,* ordre péremptoire; *scadenza perentoria,* échéance péremptoire || *necessità perentoria,* nécessité absolue.

perenzione *s.f.* (*dir.*) péremption.

perequare *v.tr.* faire* la péréquation (de).

perequativo *agg.* de péréquation.

perequazione *s.f.* (*econ., fin.*) péréquation, rajustement (*m.*): — *delle imposte, dei salari,* péréquation, rajustement des impôts, des salaires.

peretta *s.f.* **1** (*elettr.*) poire (électrique) **2** (*attrezzo igienico-sanitario*) poire en caoutchouc, à levement.

perfettamente *avv.* parfaitement.

perfettibile *agg.* (*letter.*) perfectible.

perfetto *agg* e *s.m.* parfait: *"Ti è chiaro?" "Perfetto!", "*C'est clair?" "Parfaitement!".

perfezionabile *agg.* qui peut être perfectionné.

perfezionamento *s.m.* perfectionnement.

perfezionare *v.tr.* perfectionner □ **perfezionarsi** *v.pron.* se perfectionner; (*specializzarsi*) se spécialiser.

perfezione *s.f.* perfection: *a, alla —,* à la perfection.

perfezionismo *s.m.* perfectionnisme.

perfezionista *s.m.* perfectionniste.

perfidia *s.f.* perfidie.

perfido *agg.* perfide || *lingua perfida,* langue de vipère || *-mente* *avv.*

perfino *avv.* e *cong.* même; (*con i compar.*) encore; (*fino a, fino al punto di*) jusqu'à, même: — *i bambini lo sanno,* même les enfants le savent; *è stato — troppo paziente,* il n'a été que trop patient; *ne sanno — meno di me,* ils en savent encore moins que moi; — *tu mi hai tradito!,* même toi tu m'as trompé; — *se lo si pregasse non verrebbe,* même si on l'en priait il ne viendrait pas; *è arrivato — a dire che...,* il est allé jusqu'à dire que..., il en est même arrivé à dire que...

perforare *v.tr.* perforer; (*una roccia ecc.*) percer*.

perforato *agg.* perforé.

perforatore (f. *-trice*) *agg.* e *s.m.* perforateur*.

perforatrice *s.f.* perforatrice; (*ind. miner.*) foreuse, perforatrice; (*di biglietti*) poinçonneuse.

perforazione *s.f.* **1** perforation; (*ind. miner.*) forage (*m.*), perforage (*m.*); (*sondaggio*) sondage (*m.*) || (*inform.*) — *di schede,* perforation de cartes **2** (*med.*) perforation.

perfusione *s.f.* (*med.*) perfusion.

pergamena *s.f.* parchemin (*m.*).

pergamenato *agg.* (*di carta*) parcheminé.

pergola *s.f.*, **pergolato** *s.m.* pergola (*f.*); (*a forma di volta*) tonnelle (*f.*).

peri- *pref.* péri-.

pericardio *s.m.* (*anat.*) péricarde.

pericarpo *s.m.* (*bot.*) péricarpe.

pericolante *agg.* croulant, qui menace ruine || *edificio —,* (*sui cartelli*) édifice dangereux || *impresa —,* (*fig.*) entreprise qui périclite.

pericolo *s.m.* danger: — *di morte, di vita,* danger de mort || *correre il — di,* faillir; *ho corso il — di cadere,* j'ai failli tomber || *nave in —,* navire en détresse; (*mar., aer.*) *segnale di —,* signal de détresse || — *di valanghe,* risque d'avalanches.

pericolosamente *avv.* dangereusement.

pericoloso *agg.* dangereux*; (*rischioso*) périlleux*; (*azzardato*) risqué.

perielio *s.m.* (*astr.*) périhélie.

periferia *s.f.* périphérie, banlieue; (*hinterland*) grande banlieue: *quartiere di —,* quartier de banlieue; *abitare in —,* habiter la banlieue.

periferico (pl. *-ci*) *agg.* **1** périphérique || *strada periferica,* route de banlieue || *amministrazione periferica,* administration annexe **2** (*fig.*) (*marginale*) marginal*, secondaire.

perifrasi *s.f.* périphrase.

perifrastico (pl. -*ci*) *agg.* périphrastique.

perigeo *s.m.* (*astr.*) périgée.

perimetrale *agg.* périmétral* || *muro* —, mur d'enceinte.

perimetro *s.m.* périmètre.

perinatale *agg.* périnatal*.

perineo *s.m.* (*anat.*) périnée.

perino *agg.* e *s.m.* (*pomodoro*) —, (tomate) olivette.

periodare *v.intr.* faire* des phrases ♦ *s.m.* tournure de phrase.

periodicità *s.f.* périodicité.

periodico (pl. -*ci*) *agg.* e *s.m.* périodique || -**mente** *avv.*

periodizzazione *s.f.* division en époques, en périodes; (*scaglionamento*) échelonnement (*m.*).

periodo *s.m.* 1 période (*f.*) || *il* — *delle Crociate*, l'époque des Croisades || *il* — *della fanciullezza*, l'enfance || *il* — *di lavorazione di un film*, la durée de tournage d'un film || *in questo* — *dell'anno*, à cette époque de l'année || *per un certo* — *di tempo*, pendant un certain temps || *andare a periodi*, (*di umore*) changer d'humeur facilement; (*di rendimento*) être inégal || (*inform.*) — *di attesa*, time out, dépassement du temps imparti 2 (*gramm.*) phrase (*f.*).

periodontite *s.f.* (*med.*) périodontite.

peripatetica (pl. -*che*) *s.f.* (*prostituta*) péripatéticienne.

peripatetico (pl. -*ci*) *agg.* e *s.m.* péripatéticien*.

peripezia *s.f.* péripétie.

periplo *s.m.* périple.

perire (*coniug. come* finire) *v.intr.* périr: *molti sono periti*, beaucoup ont péri.

periscopio *s.m.* périscope.

peristilio *s.m.* (*arch.*) péristyle.

peritale *agg.* (*dir.*) d'experts: *indagine* —, expertise.

peritarsi *v.pron.* (*letter.*) hésiter (à).

perito *s.m.* 1 diplômé d'une école technique: — *tecnico*, technicien; — *agrario*, technicien agricole; — *chimico*, technicien chimiste 2 (*dir.*) expert ♦ *agg.* (*letter.*) expert.

peritoneo *s.m.* (*anat.*) péritoine.

peritonite *s.f.* (*med.*) péritonite.

perituro *agg.* (*letter.*) périssable.

perizia *s.f.* 1 (*abilità*) habileté, adresse 2 (*accertamento specialistico*) expertise.

perizoma *s.m.* pagne.

perla *s.f.* perle: *perle vere, coltivate, false*, perles fines, de culture, fausses perles || *industria delle perle*, industrie perlière || *è una* — *di marito*, (*fig.*) c'est la crème des maris.

perlaceo *agg.* (couleur) perle; (*madreperlaceo*) nacré.

perlato *agg.* 1 perlé 2 (*di colore*) (couleur) perle.

perlifero *agg.* perlier*.

perlinato *s.m.* (*edil.*) lambris.

perlinatura *s.f.* (*edil.*) lambrissage (*m.*).

perlomeno, per lo meno *avv.* au moins.

perlopiù, per lo più *avv.* 1 le plus souvent, en

général 2 (*per la maggior parte*) pour la plupart.

perlustrare *v.tr.* 1 fouiller 2 (*mil.*) aller* en reconnaissance; (*setacciare*) ratisser, explorer.

perlustrazione *s.f.* exploration; (*della polizia*) ratissage (*m.*); (*mil.*) reconnaissance.

permalosità *s.f.* susceptibilité.

permaloso *agg.* susceptible.

permanente *agg.* permanent || *domicilio* —, résidence habituelle || *militare in servizio* — *effettivo*, militaire de carrière ♦ *s.f.* permanente: *farsi la* —, se faire faire une permanente.

permanentemente *avv.* de façon permanente.

permanenza *s.f.* 1 (*il permanere*) permanence || *periodo di* — *in carica*, durée des fonctions 2 (*soggiorno*) séjour (*m.*).

permanere (*coniug. come* rimanere; *part.pass.* permaso) *v.intr.* demeurer; (*restare*) rester: *permango della mia idea*, je persiste dans mon idée.

permeabile *agg.* perméable.

permeabilità *s.f.* perméabilité.

permeare *v.tr.* pénétrer*, imprégner* (*anche fig.*).

permesso[1] *agg.* permis || *è* —?, je peux entrer?; —, *vorrei passare*, pardon, je voudrais passer.

permesso[2] *s.m.* 1 permission (*f.*) || *con* —, veuillez m'excuser; (*permette?*) vous permettez? || *col vostro* —, si vous le permettez 2 (*congedo temporaneo*) congé; (*mil.*) permission (*f.*): — *per motivi di studio, per aggiornamento*, congé-éducation, congé de formation 3 (*licenza*) permis: — *di soggiorno*, carte de séjour.

permettere (*coniug. come* mettere) *v.tr.* permettre*: *crede che tutto gli sia permesso*, il se croit tout permis; *non permetterti più di...*, qu'il ne t'arrive plus de...; *mi permetto di...*, permettez-moi de...; *tempo permettendo*, si le temps le permet.

permissivismo *s.m.*, **permissività** *s.f.* permissivité (*f.*).

permissivo *agg.* permissif*.

permuta *s.f.* échange (*m.*), permutation; (*baratto*) troc (*m.*).

permutabile *agg.* permutable.

permutare *v.tr.* 1 échanger*, troquer 2 (*mat.*) permuter.

permutazione *s.f.* (*mat.*) permutation.

pernacchia *s.f.* bruit moqueur (fait avec la bouche): *fare le pernacchie*, faire des grimaces, tirer la langue; *rispondere con una* —, (*anche fig.*) répondre par un pied de nez.

pernice *s.f.* (*zool.*) perdrix.

pernicioso *agg.* pernicieux*.

perno *s.m.* cheville (*f.*), goujon; (*cilindro ruotante su un supporto fisso*) pivot; (*cilindro fisso su cui ruota una parte mobile*) tourillon; (*fig.*) pivot || *fare* — *su...*, pivoter sur...; (*fig.*) se fonder sur... || (*med.*) *dente su* —, dent sur pivot.

pernottamento *s.m.*: — *a Roma*, nuit à Rome; *pagare per il* —, payer pour la chambre.

pernottare *v.intr.* passer la nuit.

pero *s.m.* (*bot.*) poirier.

però *cong.* mais; (*eppure*) pourtant; (*ciononostante*) cependant, toutefois: *non lo meriti*, — *ti aiuterò*, tu ne le mérites pas, mais, cependant, toutefois je t'aiderai; *questa medicina è cattiva,* — *è efficace,* ce médicament a mauvais goût, mais il est efficace; — *mi avevi promesso che saresti venuto, di venire,* pourtant tu m'avais promis de venir; — *sarebbe bello!,* pourtant ce serait bien!; —*!, niente male!,* eh bien!, pas mal du tout! || *è ancora in gamba,* —*!,* il est encore en forme, quand même!

perone *s.m.* (*anat.*) péroné.

perorare *v.tr.* e *intr.* plaider: — *in difesa di qlcu,* plaider pour qqn; —*una causa,* plaider une cause.

perorazione *s.f.* 1 plaidoirie 2 (*ret.*) péroraison.

perossido *s.m.* (*chim.*) peroxyde.

perpendicolare *agg.* e *s.f.* perpendiculaire || -**mente** *avv.*

perpendicolo, a *locuz.avv.* à plomb, verticalement.

perpetrare *v.tr.* perpétrer*.

perpetua *s.f.* (*fam.*) servante de curé.

perpetuamente *avv.* perpétuellement.

perpetuare *v.tr.* perpétuer □ **perpetuarsi** *v.pron.* se perpétuer.

perpetuazione *s.f.* perpétuation.

perpetuità *s.f.* perpétuité.

perpetuo *agg.* perpétuel* || *in, a ricordo* — *di,* en souvenir éternel de || (*fis.*) *moto* —, mouvement perpétuel.

perplessità *s.f.* perplexité: *ho delle, qualche* —, je suis perplexe.

perplesso *agg.* perplexe.

perquisire (*coniug. come* finire) *v.tr.* perquisitionner (dans); (*una persona*) fouiller.

perquisizione *s.f.* perquisition; (*di persona, bagagli*) fouille: *fare una* —, perquisitionner.

persecutore (f. -*trice*) *agg.* e *s.m.* persécuteur*.

persecutorio *agg.* vexatoire.

persecuzione *s.f.* persécution || *è una vera* —*!,* c'est une véritable calamité!, un vrai cauchemar!

perseguibile *agg.*: — *dalla legge,* passible de poursuites || — *a norma di legge,* sanctionné par la loi.

perseguimento *s.m.* poursuite (*f.*).

perseguire *v.tr.* poursuivre*.

perseguitare *v.tr.* 1 persécuter (de) 2 (*assillare*) obséder*.

perseguitato *agg.* e *s.m.* persécuté || — *politico,* victime de persécutions politiques || — *dal rimorso,* (*fig.*) hanté par le remords.

perseverante *agg.* persévérant.

perseveranza *s.f.* persévérance; (*persistenza*) persistance.

perseverare *v.intr.* persévérer*; (*persistere*) persister.

persiana *s.f.* persienne, volet (*m.*); (*fam.*) (*tapparella*) volet roulant.

persiano *agg.* persan: (*gatto*) —, chat persan ♦ *s.m.* 1 (*abitante*) Persan 2 (*pelliccia*) astrakan.

persicaria *s.f.* (*bot.*) persicaire.

persico¹ (pl. -*ci*) *agg.* persique.

persico² *agg.* e *s.m.* (*pesce*) —, perche (*f.*).

persino *avv.* e *cong.* → **perfino**.

persistente *agg.* persistant.

persistenza *s.f.* persistance.

persistere (*coniug. come* insistere) *v.intr.* persister: *persiste nel negare,* il persiste à nier.

perso *agg.* perdu: *a tempo* —, à temps perdu; *dare per* —, considérer comme perdu.

persona *s.f.* 1 personne; (*al pl. con senso generale*) gens* (*m.pl.*): *è una brava* —, c'est un brave homme, une brave femme; *è una* — *perbene, molto importante,* c'est quelqu'un de bien, de très important; *molte persone,* beaucoup de monde, de gens || *da consegnare alla* —, à remettre en mains propres 2 (*aspetto esteriore*) personne; (*corpo*) corps (*m.*) || *piccolo di* —, de petite taille || *con tutta la* —, de tout son corps □ **a, per persona,** par personne □ **di persona,** en personne: *è venuto di* —, il est venu lui-même, en personne; *lo conosco di* —, je le connais personnellement; *pagare di* —, payer de sa personne; *nome di* —, nom propre □ **in persona,** en personne: *sono stato ricevuto dal ministro in* —, j'ai été reçu par le ministre en personne; *è l'avarizia in* —, c'est l'avarice personnifiée; *in prima* —, à titre personnel.

personaggio *s.m.* 1 personnage 2 (*personalità*) personnalité (*f.*).

personal computer (pl. *invar.*) *s.m.* ordinateur individuel, PC.

personale *agg.* personnel* || *biancheria* —, *indumenti personali,* linge (de corps) || *mostra* —, exposition individuelle ♦ *s.m.* 1 (*corpo, figura*) corps: *avere un bel* —, être bien fait de sa personne 2 (*insieme di lavoratori dipendenti*) personnel: *mobilità del* —, mobilité du personnel; (*aer.*) — *di bordo,* équipage; — *di terra,* personnel non navigant; — *di ruolo, non di ruolo,* personnel titulaire, auxiliaire.

personalismo *s.m.* 1 personnalisme 2 → favoritismo.

personalità *s.f.* personnalité: *le — ufficiali,* les personnages officiels.

personalizzare *v.tr.* personnaliser.

personalizzazione *s.f.* personnalisation.

personalmente *avv.* personnellement.

personificare (*coniug. come* mancare) *v.tr.* personnifier.

personificato *agg.* personnifié.

personificazione *s.f.* personnification.

perspicace *agg.* perspicace.

perspicacia (pl. -*cie*) *s.f.* perspicacité.

perspicuo *agg.* (*letter.*) clair.

persuadere (*coniug. come* invadere) *v.tr.* persuader; (*convincere*) convaincre*: — *a fare qlco,* persuader de faire qqch; *lasciarsi* —, se laisser convaincre; *non mi persuade!,* ça ne me convainc pas! || *mi persuade poco,* il ne m'inspire aucune confiance || *ragionamento che non persuade,* raisonnement peu convaincant □ **persuadersi** *v.pron.* se persuader; (*convincersi*) se convaincre*: *si è persuaso di aver ragione,* il s'est persuadé qu'il avait raison.

persuasione *s.f.* persuasion; (*convinzione*) conviction || *— occulta*, persuasion subliminale.

persuasivo *agg.* persuasif*.

persuaso *agg.* convaincu.

persuasore *s.m.*: *persuasori occulti*, agents de persuasion occulte.

pertanto *cong.* (*quindi*) donc.

pertica (pl. *-che*) *s.f.* perche (*anche fig.*).

pertinace *agg.* (*costante*) constant; (*ostinato*) obstiné.

pertinacia *s.f.* (*costanza*) constance; (*ostinazione*) obstination.

pertinente *agg.* pertinent; (*relativo a*) relatif* à: *domanda non —*, question non pertinente || *i doveri pertinenti al suo ufficio*, les obligations de sa charge.

pertinenza *s.f.* **1** pertinence || *di — di...*, du ressort de..., de la compétence de... **2** *pl.* (*dir.*) (*beni accessori*) accessoires (*m.*), appartenances.

pertosse *s.f.* (*med.*) coqueluche.

pertugio *s.m.* trou, fissure (*f.*).

perturbare *v.tr.* perturber; (*sconvolgere*) troubler □ **perturbarsi** *v.pron.* se troubler; (*del tempo*) se gâter.

perturbato *agg.* perturbé.

perturbatore (f. *-trice*) *agg. e s.m.* perturbateur*.

perturbazione *s.f.* perturbation.

perù *s.m.*: *valere un —*, (*di cose*) valoir une fortune, (*di persona*) valoir son pesant d'or.

perugino *agg. e s.m.* pérugin.

peruviano *agg. e s.m.* péruvien*.

pervadere (*coniug. come* invadere) *v.tr.* envahir; (*di cose*) se répandre* (dans).

pervaso *agg.* envahi.

pervenire (*coniugato come* venire) *v.intr.* parvenir* || *— al trono*, accéder au trône.

perversione *s.f.* perversion.

perversità *s.f.* perversité.

perverso *agg.* pervers.

pervertimento *s.m.* pervertissement.

pervertire *v.tr.* pervertir □ **pervertirsi** *v.pron.* se pervertir.

pervertito *agg. e s.m.* perverti.

pervicace *agg.* opiniâtre || **-mente** *avv.*

pervicacia *s.f.* opiniâtreté.

pervinca (pl. *-che*) *s.f.* pervenche || *color —*, (couleur) pervenche ♦ *agg.invar.* bleu pervenche.

pesa *s.f.* **1** (*pesatura*) pesage (*m.*) **2** (*apparecchio*) bascule **3** (*luogo*) poids public.

pesabambini *s.f.* pèse-bébé* (*m.*).

pesalatte (pl. *invar.*) *s.m.* pèse-lait*.

pesalettere (pl. *invar.*) *s.m.* pèse-lettre*.

pesante *agg.* **1** lourd (*anche fig.*) || *i lavori pesanti*, les gros travaux; *giornata —*, journée fatigante || *camminare con passo, con andatura —*, marcher d'un pas pesant, avoir une démarche pesante || *aria —*, air lourd; *atmosfera —*, atmosphère pesante || *romanzo, stile, scrittore —*, roman, style, écrivain indigeste; *persona —*, personne pénible || *droghe pesanti*, drogues dures || *complimenti pesanti*, des réflexions grossières || *avere l'alito —*, avoir mauvaise

haleine || *è diventato — con l'età*, avec l'âge, il s'est épaissi; (*per il carattere*) il est devenu pénible || *ci va giù —*, (*fig. fam.*) il y va fort **2** (*di indumenti, coperte ecc.*) chaud.

pesantemente *avv.* pesamment.

pesantezza *s.f.* lourdeur, pesanteur (*anche fig.*) || *— di stomaco*, pesanteur d'estomac.

pesapersone (pl. *invar.*) *s.f.* pèse-personne* (*m.*).

pesare *v.tr. e intr.* peser* (*anche fig.*): *le parole*, peser ses mots; *quello che mi pesa, è che dovrò tornarci*, ce qui me pèse le plus, c'est de devoir y retourner; *mi è pesato rinunciare*, cela m'a coûté de renoncer; *quanto mi pesa farlo!*, combien il m'en coûte de le faire! □ **pesarsi** *v.pron.* se peser*.

pesarese *agg.* de Pesaro.

pesata *s.f.* pesée.

pesatrice *s.f.* (*macchina*) balance.

pesatura *s.f.* pesage (*m.*).

pesca[1] (pl. *-che*) *s.f.* pêche: *pesche sciroppate*, pêches au sirop.

pesca[2] *s.f.* **1** pêche: *— del tonno*, pêche au thon; *— con la lenza, con la rete*, pêche à la ligne, au filet; *— d'altomare, costiera*, grande, petite pêche; *andare a —*, aller à la pêche **2** (*lotteria*) loterie.

pescaggio *s.m.* (*mar.*) tirant d'eau.

pescagione *s.f.* pêche.

pescanoce (pl. *peschenoci*) *s.f.* (*frutto*) brugnon (*m.*) || *— spiccagnola*, nectarine.

pescare (*coniug. come* mancare) *v.tr.* **1** pêcher: *dove hai pescato quel cappello?*, (*fam.*) mais où as-tu dégotté ce chapeau? **2** (*sorprendere*) pincer*: *ti ho pescato!*, je t'y prends! **3** (*estrarre un numero; prendere una carta*) tirer ♦ *v.intr.* (*mar.*) caler.

pescarese *agg.* de Pescara.

pescato *s.m.* pêche (*f.*).

pescatore *s.m.* pêcheur*.

pescatrice *s.f.* **1** pêcheuse **2** (*zool.*) (*rana*) —, baudroie, lotte de mer.

pesce *s.m.* **1** poisson || *— minuto*, menu fretin || *— grosso*, (*fig.*) gros bonnet || *essere sano come un —*, se porter comme un charme; *muto come un —*, muet comme une carpe; *essere come un — fuor d'acqua*, être comme un poisson hors de l'eau; *avere una faccia da — lesso*, avoir une tête d'abruti; *non sapere che pesci pigliare*, ne savoir sur quel pied danser || *trattare qlcu a pesci in faccia*, traiter qqn comme du poisson pourri || *si è buttato a — sui pasticcini*, il s'est jeté comme un goinfre sur les petits fours; *vista la buona occasione si è buttato a —*, voyant l'occasion propice, il s'est jeté dessus **2** (*astr.*) *Pesci*, Poissons □ **pesce cappone**, grondin; **pesce luna**, poissonlune; **pesce pappagallo**, poisson-perroquet; **pesce ragno**, araignée de mer; **pesce sega**, poisson-scie.

pescecane *s.m.* requin (*anche fig.*).

pescereccio *agg.* de pêche ♦ *s.m.* bateau* de pêche.

pescheria *s.f.* poissonnerie.

peschiera *s.f.* vivier (*m.*).

pesciaiola, **pesciera** *s.f.* (*cuc.*) poissonnière.

pescivendolo *s.m.* poissonnier*, marchand de poisson.

pesco (pl. *-chi*) *s.m.* pêcher.

pesconoce (pl. *peschinoce*) *s.m.* (*pianta*) brugnonier.

pescosità *s.f.* abondance en poissons.

pescoso *agg.* poissonneux*.

pesista *s.m.* (*sollevatore di pesi*) haltérophile; (*lanciatore di peso*) lanceur* de poids.

pesistica *s.f.* (*sport*) haltérophilie.

peso *s.m.* **1** poids: — *scarso*, poids maigre; *il — è scarso*, il n'y a pas le poids; *quant'è di —?*, ça pèse combien?; *fare —*, faire du poids; *vendere a —*, vendre au poids || *togliersi un — dallo stomaco*, se décharger d'un poids; *il — delle tasse*, la charge des impôts || *pagare a — d'oro*, payer son pesant d'or; *usare due pesi e due misure*, avoir deux poids et deux mesures || *essere di — a qlcu*, être un poids pour qqn; *se ti sono di — dimmelo*, si je t'ennuie, tu n'as qu'à me le dire; *è un —*, il m'ennuie || *brano tolto di — da un testo*, passage pris tel quel dans un texte; *sollevare qlcu di —*, soulever qqn à bout de bras; *cadere di —*, tomber de tout son poids || *dare — a...*, attacher de l'importance à... **2** (*sport*) poids: *sollevamento pesi*, poids et haltères, haltérophilie; *il getto del —*, le lancer du poids || (*boxe*) — *massimo*, poids lourd || (*ippica*) *il recinto del—*, le pesage.

pessario *s.m.* (*med.*) pessaire.

pessimamente *avv.* très mal.

pessimismo *s.m.* pessimisme.

pessimista *s.m.* pessimiste.

pessimistico (pl. *-ci*) *agg.* pessimiste.

pessimo *agg. superl.* très mauvais || *un — soggetto*, un triste individu; *un — carattere*, un caractère exécrable; *un — risultato*, un piètre résultat.

pestaggio *s.m.* **1** rossée (*f.*), raclée (*f.*) **2** (*colluttazione*) rixe (*f.*), bagarre (*f.*).

pestare *v.tr.* **1** (*frantumare*) piler; (*appiattire*) aplatir; — *il pepe*, concasser le poivre **2** (*schiacciare*) écraser; (*calpestare*) marcher (sur): — *i piedi a qlcu*, (*anche fig.*) marcher sur les pieds de qqn; — *qlco sotto i piedi*, piétiner qqch || (*cuc.*) — *il basilico*, écraser le basilic **3** (*battere*) taper: — *i piedi*, taper des pieds, (*per l'impazienza*) trépigner d'impatience; *ha pestato la testa contro il muro*, il s'est cogné la tête contre le mur; — *un pugno sul tavolo*, taper du poing sur la table; — *i pugni sul tavolo*, (*fig.*) taper le poing sur la table || — *il pianoforte*, pianoter **4** (*picchiare*) battre*; (*fam.*) rosser: — *a sangue*, rouer de coups.

pestata *s.f.* (*fam.*) *dare una — al sale*, piler le sel; *dare una — alla carne*, aplatir la viande; *gli hanno dato una —!*, on lui a donné une raclée!

peste[1] *s.f.* **1** peste (*anche fig.*) **2** (*cosa dall'odore cattivo*) peste; (*dal sapore cattivo*) poison (*m.*).

peste[2] *s.f.pl.* **1** (*orme*) traces: *essere sulle — di qlcu*, être sur les traces de qqn, (*inseguirlo da vicino*) talonner qqn **2** (*fig.*) (*difficoltà*) embarras (*m.sing.*), pétrin (*m.sing.*): *lasciare qlcu nelle —*, laisser qqn dans l'embarras, dans le pétrin.

pestello *s.m.* pilon.

pesticida *agg.* e *s.m.* pesticide.

pestifero *agg.* **1** pestifère **2** (*fig.*) pestilentiel* || *ha un carattere —*, c'est une vraie peste.

pestilenza *s.f.* **1** épidémie (de peste, etc.) **2** (*fig.*) (*fetore*) pestilence; (*flagello*) fléau* (*m.*).

pestilenziale *agg.* **1** pestilent: *epidemia —*, épidémie de peste **2** (*puzzolente*) pestilentiel* **3** (*fig.*) pestilentiel*.

pesto *agg.* pilé, broyé || *c'è un buio —*, il fait nuit noire || *fare un occhio — a qlcu*, faire un œil au beurre noir à qqn; *avere gli occhi pesti*, avoir les yeux cernés || *ho le ossa peste*, je suis plein de courbatures; *sentirsi tutto —*, se sentir tout courbaturé ♦ *s.m.* (*cuc.*) *hachis || — *alla genovese*, condiment à base de basilic et d'ail.

petalo *s.m.* pétale.

petardo *s.m.* pétard: *far scoppiare un —*, faire péter un pétard.

petecchia *s.f.* (*med.*) pétéchie.

petecchiale *agg.* (*med.*) pétéchial*.

petizione *s.f.* pétition.

peto *s.m.* pet.

petrarchismo (*lett.*) *s.m.* pétrarquisme.

petrodollaro *s.m.* pétrodollar.

petrolchimica *s.f.* pétrochimie.

petrolchimico (pl. *-ci*) *agg.* pétrochimique.

petroliera *s.f.* pétrolier (*m.*).

petroliere *s.m.* pétrolier*.

petroliero *agg.* pétrolier*.

petrolifero *agg.* (*di giacimenti ecc.*) pétrolifère; (*di industria, prodotti ecc.*) pétrolier* || *pozzo —*, puits de pétrole.

petrolio *s.m.* pétrole; (*da illuminazione*) huile de pétrole.

pettegolezzo *s.m.* potin, ragot: *fare dei pettegolezzi su qqn*, jaser sur le compte de qqn.

pettegolio *s.m.* commérages (*pl.*).

pettegolo *agg.* e *s.m.* bavard, médisant.

pettinare *v.tr.* **1** peigner; (*acconciare i capelli*) coiffer **2** (*fig. fam.*) passer un savon (à qqn) □

pettinarsi *v.pron.* se coiffer.

pettinata *s.f.* **1** coup de peigne: *dare una —*, donner un coup de peigne **2** (*fig. fam.*) savon (*m.*): *dare una —*, donner, passer un savon.

pettinato *agg.* **1** coiffé **2** (*ind. tess.*) peigné.

pettinatrice *s.f.* **1** coiffeuse **2** (*macchina tessile*) peigneuse.

pettinatura *s.f.* **1** coiffure **2** (*ind. tess.*) peignage (*m.*).

pettine *s.m.* peigne: — *fitto, rado*, peigne fin, gros peigne || *passare al —*, passer au peigne fin || *posteggio a —*, parking en épi.

pettirosso *s.m.* rouge-gorge*.

petto *s.m.* **1** poitrine (*f.*) || *malato di —*, poitrinaire || *giro —*, tour de poitrine; *essere forte di —*, avoir une forte poitrine || *mettersi una mano sul —*, (*fig.*) se mettre une main sur le cœur || *prendere di —*, aborder de front || (*cuc.*): — *di pollo*, blanc de poulet; *punta di —* (*di vitello*), poitrine de veau || (*abbigl.*): *giacca a un —*, veston droit; *giacca a doppio —*, veston croisé **2** (*seno*) sein: *avere un bambino al —*, avoir un enfant au sein ||

stringere al —, serrer sur, contre son cœur 3 (*pettorale di cavallo ecc.*) poitrail □ **a petto di** *locuz.prep.* à côté de.

pettorale *agg.* pectoral* ♦ *s.m.* 1 (*di cavallo ecc.*) poitrail 2 (*sport*) dossard: *col* — *numero cinque*, avec le dossard numéro cinq 3 (*eccl.*) pectoral*.

pettorina *s.f.* (*di grembiule*) bavette; (*di vestito*) plastron (*m.*).

pettoruto *agg.* fort de poitrine || *camminare tutto* —, marcher en bombant le torse.

petulante *agg.* (*noioso, molesto*) ennuyeux*, assommant.

petulanza *s.f.* (*insistenza*) insistance; (*impertinenza*) impertinence.

petunia *s.f.* pétunia (*m.*).

pezza *s.f.* 1 (*toppa*) pièce: *ha una* — *nei calzoni*, il a une pièce à son pantalon; *un abito tutto pezze*, un vêtement tout rapiécé || *metterci una* —, (*fig.*) recoller les morceaux 2 (*straccio*) chiffon (*m.*); (*panno*) linge (*m.*): *bambola di* —, poupée de chiffon || *trattare come una* — *da piedi*, traiter comme du poisson pourri 3 (*di tessuto*) pièce 4 (*amm.*) (*documento*) pièce: — *d'appoggio*, document à l'appui; — *giustificativa contabile*, pièce justificative comptable □ **da lunga pezza** *locuz.avv.* depuis longtemps.

pezzato *agg.* tacheté; (*di cavallo*) pie*.

pezzatura¹ *s.f.* (*di un cavallo*) taches (*pl.*).

pezzatura² *s.f.* format (*m.*) || *sapone venduto in pezzature da...*, savon vendu en morceaux de....

pezzente *s.m.* gueux*; (*fam.*) mort-de-faim* || *andare vestito come un* —, s'habiller comme un chiffonnier || *fare il* —, jouer les misérables.

pezzetto *s.m.* petit morceau*, petit bout || *un* — *di terra*, un lopin de terre.

pezzo *s.m.* 1 morceau*; (*di carta, di corda ecc.*) bout: *un* — *di cielo*, un coin de ciel; *un* — *di terra*, un lopin de terre || *andare in pezzi*, tomber en morceaux; *andare in mille pezzi*, se briser en mille morceaux || *fare a pezzi*, mettre en pièces, en morceaux, (*rompere*) casser; *cadere a pezzi*, tomber en lambeaux, (*in rovina*) tomber en ruine || *essere a pezzi*, (*fig.*) être mort de fatigue, rompu; *avere i nervi a pezzi*, être à bout de nerfs || *essere un* — *di legno, di ghiaccio*, être de bois, de glace || *essere tutto d'un* —, être tout d'une pièce 2 (*tratto di strada*) bout (de chemin): *ho camminato un bel* —, j'ai fait un bon bout de chemin à pied 3 (*periodo di tempo*) bon bout de temps || *è un* — *che ti aspetto*, il y a longtemps que je t'attends; *da un* — *a questa parte*, depuis un certain temps 4 (*elemento di una serie, di un insieme; esemplare*) pièce (*f.*): *un* — *d'antiquariato*, une antiquité; — *di ricambio*, pièce de rechange || *un* — *grosso*, un gros bonnet; *un* — *grosso dell'industria*, une grosse légume de l'industrie || *un* — *d'uomo*, un grand gaillard; *un* — *di ragazzo*, (*fam.*) un beau garçon; *un gran bel* — *di figliola*, (*fam.*) un beau brin de fille || — *d'asino, d'imbecille!*, espèce de bourrique, d'imbécile! 5 (*mus., lett.*) morceau* || — *forte*, morceau de bravoure 6 (*articolo di giornale*) article.

pezzotto *s.m.* (*tessuto*) tissu de retailles.

pezzuola *s.f.* 1 bout de tissu 2 (*fazzoletto*) mouchoir (*m.*).

pfui *inter.* pff!, pfut!

piacente *agg.* plaisant: *è ancora* —, elle plaît encore.

piacentino *agg.* e *s.m.* placentin.

piacere¹ (*Indic.pres.* io piaccio, tu piaci, egli piace, noi piacciamo, voi piacete, essi piacciono; *pass.rem.* io piacqui, tu piacesti ecc. *Part.pass.* piaciuto) *v.intr.* 1 aimer (*con costruzione personale*): *mi piace la montagna*, j'aime la montagne; *mi piace leggere*, j'aime lire; *mi piace che tutto sia in ordine*, j'aime que tout soit en ordre; *ci piacerebbe andare a teatro*, nous aimerions aller au théâtre; *gli sarebbe piaciuto venire con te*, il aurait aimé venir avec toi 2 (*usato assolutamente*) plaire*: *questo tipo non mi piace affatto*, ce type ne me plaît pas du tout; *lo spettacolo mi è molto piaciuto*, le spectacle m'a beaucoup plu; *quel cantante ci piace da morire*, ce chanteur nous plaît énormément; *una persona, una cosa che piace*, une personne, une chose qui plaît || *come mi pare e piace*, ce que bon me semble; *dove mi pare e piace*, où bon me semble || *che ti piaccia o no*, que cela te plaise ou non || *piaccia a Dio che guarisca bene!*, plaise à Dieu qu'il guérisse bien! || *a Dio piacendo...*, si Dieu le permet...

piacere² *s.m.* 1 plaisir: *mi fa* (*veramente*) —, ça me fait (grand) plaisir; *avrei* — *che tu mi scrivessi*, j'aimerais bien que tu m'écrives; *fa* — *vederlo così allegro*, cela fait plaisir de le voir si gai; *se ti fa* —, si cela peut te faire plaisir; *i minuti piaceri*, les petites dépenses || *viaggio di* —, voyage d'agrément || *sei qui per lavoro o per* —?, tu es ici pour travailler ou pour ton plaisir? || *non è un* —..., ce n'est pas agréable (de)... || *mangia che è un* —, il mange que c'est un plaisir; *piove che è un* —, il pleut à verse; *si beve che è un* —, ça se laisse boire que c'est un régal || *mi fa* (*molto*) — *vederti!*, je suis (très) heureux, content de te voir! || —!, (*nelle presentazioni*) enchanté! 2 (*cortesia*) plaisir; (*servizio*) service: *ho bisogno di un* —, *un piacerino* (*da te*), tu devrais me rendre un (petit) service; *fammi il* (*santo*) — *di stare zitto!*, fais-moi le (grand) plaisir de te taire! || *ma fammi il* —!, allons donc! || *per* —, (*formula di cortesia*) s'il te, vous plaît || *a piacer vostro*, à votre gré || *a* —, à volonté, à discrétion.

piacevole *agg.* agréable || **-mente** *avv.*

piacevolezza *s.f.* 1 agrément (*m.*) 2 (*detto, atto scherzoso*) plaisanterie.

piacimento *s.m.* goût: *di mio* —, à mon goût || *a vostro* —, à votre gré, (*comm.*) à votre convenance || *a* —, à volonté, à discrétion.

piaga (*pl. -ghe*) *s.f.* plaie (*anche fig.*): *la* — *della droga*, le fléau de la drogue || *mettere il dito sulla* —, mettre le doigt sur la plaie; *affondare il coltello nella* —, retourner le couteau dans la plaie || *non fare la* —!, ne sois pas casse-pied!

piagare (*coniug. come* legare) *v.tr.* blesser (*anche fig.*).

piagato *agg.* couvert de plaies.

piaggeria *s.f.* flatterie.

piagnisteo *s.m.* pleurnicherie (*f.*).

piagnone *s.m.* (*fam.*) (*chi si lagna sempre*) geignard; (*chi piange a lungo*) pleurnicheur*.

piagnucolare *v.intr.* pleurnicher.

piagnucolio *s.m.* pleurnicherie (*f.*).

piagnucolone *s.m.* pleurnicheur*.

piagnucoloso *agg.* pleurnicheur*.

pialla *s.f.* rabot (*m.*): — *da banco*, rabot d'établi || — *da falegname*, (*macchina*) raboteuse (de menuisier).

piallare *v.tr.* raboter.

piallata *s.f.* coup de rabot.

piallatore *s.m.* raboteur.

piallatrice *s.f.* (*macchina*) raboteuse.

piallatura *s.f.* rabotage (*m.*).

pialletto *s.m.* **1** (*per falegname*) petit rabot **2** (*per muratore*) taloche (*f.*).

piamadre, pia madre *s.f.* (*anat.*) pie-mère.

piana *s.f.* plaine.

pianale *s.m.* **1** (*terreno pianeggiante*) terrain plat **2** (*tecn.*) — (*di carico*), plateau de chargement.

pianeggiante *agg.* plat.

pianella *s.f.* **1** (*pantofola*) mule **2** (*edil.*) carreau* (*m.*) **3** (*bot. pop.*) — *della Madonna*, sabot de Vénus.

pianerottolo *s.m.* **1** palier **2** (*alpinismo*) plateforme* (*f.*).

pianeta[1] *s.m.* planète (*f.*) || — (*della fortuna*), (papier portant l') horoscope.

pianeta[2] *s.f.* (*eccl.*) chasuble.

pianetino *s.m.* petite planète.

piangente *agg.* pleurant, en pleurs: *con voce* —, avec une voix pleurante || *salice* —, saule pleureur.

piangere (*Pass.rem.* io piansi, tu piangesti ecc. *Part.pass.* pianto) *v.intr.* pleurer: — *a dirotto*, pleurer comme une fontaine; — *come una vite tagliata*, pleurer comme une Madeleine; *scoppiare a* —, fondre en larmes; *mi veniva da* —, j'avais envie de pleurer; — *sulla spalla di qlcu*, pleurer dans le gilet de qqn; *piangersi addosso*, pleurer sur son sort; *non avere più occhi per* —, ne plus avoir assez de ses yeux pour pleurer || *gli piange un occhio*, il a un œil qui larmoie; *mi piangono gli occhi per il freddo*, le froid me fait pleurer les yeux; *fa* — *i sassi*, il y a de quoi faire pleurer les pierres || *parla un inglese da far* —, il parle l'anglais d'une façon lamentable || *mi piange il cuore*, ça me fait mal au cœur ♦ *v.tr.* pleurer || — *tutte le proprie lacrime*, pleurer toutes les larmes de son corps; — *lacrime amare*, pleurer des larmes amères || *piange sempre miseria*, il pleure toujours misère.

pianificare (*coniug. come* mancare) *v.tr.* planifier.

pianificato *agg.* planifié.

pianificatore (*f.* -trice) *agg.* e *s.m.* planificateur*.

pianificazione *s.f.* planification || — *familiare, delle nascite*, planning familial, des naissances.

pianino *avv.* tout doucement.

pianista *s.m.* pianiste.

pianistico (*pl.* -*ci*) *agg.* pianistique.

piano[1] *agg.* **1** plan; (*piatto*) plat || *piatto* —, assiette plate || *mettere in* —, poser à plat **2** (*fig.*) (*facile*) facile; (*semplice*) simple || *scrittura piana*, écriture lisible || *Messa piana*, Messe basse **3** (*gramm.*) paroxyton ♦ *avv.* **1** (*lentamente, con attenzione*) doucement: — —, *pian pianino*, tout doucement || *chi va* —, *va sano e va lontano*, qui veut aller loin ménage sa monture **2** (*a voce bassa*) bas; (*senza rumore*) doucement: — —, tout bas; *fa'* —, *se no lo svegli*, doucement, autrement tu le réveilleras **3** (*mus.*) piano.

piano[2] *s.m.* **1** plan: *sullo stesso* —, sur le même plan; *passare in secondo* —, passer au second plan || — *stradale*, chaussée || — *di caricamento*, plateau de chargement || (*fot., cine., tv*): *primo* —, gros plan; *primissimo* —, très gros plan; *mettere in primo, in secondo* —, (*anche fig.*) mettre au premier, au second plan; *di primo, secondo* —, (*fig.*) de premier, de second plan || (*aer.*) *piani di coda*, plans de sustentation **2** (*superficie di un mobile ecc.*) dessus, surface (*f.*) || — *di lavoro*, plan de travail; — *di cottura*, plan de cuisson || *il* — *della seggiola*, le plan de la chaise **3** (*di un edificio*) étage: — *terra*, rez-de-chaussée; — *rialzato*, rez-de-chaussée surélevé; *abitare al* — *rialzato*, habiter un entresol; *al primo* —, *al* — *nobile*, au premier étage || (*estens.*): *autobus a due piani*, autobus à deux étages; *una torta a tre piani*, un gâteau à trois étages **4** (*pianura*) plaine (*f.*): *scendere al* —, descendre dans la plaine.

piano[3] *s.m.* (*progetto*) plan, projet: — *a lunga scadenza*, plan, projet à long terme; — *regolatore*, plan d'urbanisme; — *di battaglia*, plan de bataille; *avere, fare dei piani per il futuro*, faire des projets pour l'avenir; *questo ha mandato a monte i miei piani*, cela a fait tomber mes projets à l'eau.

piano[4] *s.m.* → **pianoforte**.

pianoforte *s.m.* piano: — *a coda*, piano à queue; — *a mezza coda*, piano demi-queue; — *verticale*, piano droit; *suonare il* —, jouer du piano.

pianola *s.f.* piano mécanique.

pianoro *s.m.* plateau*.

pianoterra (*pl. invar.*) *s.m.* rez-de-chaussée*.

pianta *s.f.* **1** plante || (*agr.*) *una* — *di vite*, un pied de vigne; *vendere sulla* —, vendre sur pied (*f.*); *impiegato in* — *stabile*, employé fixe; *è a casa mia in* — *stabile*, (*fam.*) il est chez moi en permanence || *inventare di sana* —, forger de toutes pièces **2** (*mappa*) plan (*m.*): *rappresentare qlco in* —, faire le plan de qqch.

piantagione *s.f.* plantation.

piantagrane *s.m.* casse-pieds*.

piantana *s.f.* montant (*m.*) || *lampada a* —, lampadaire*.

piantare *v.tr.* planter: — *un campo a vigna*, planter un champ en vignes; — *le tende*, planter les tentes, (*fig.*) planter sa tente || — *gli occhi addosso a qlcu*, fixer son regard sur qqn || (*fig.fam.*): — *in asso*, laisser tomber; *ho piantato lì tutto e sono uscito di casa*, j'ai tout planté et je suis sorti en

courant; *la fidanzata lo ha piantato*, sa fiancée l'a plaqué; — *la famiglia*, planter sa famille; — *a mezzo* (*qlco*), laisser en plan (qqch) || *piantala!*, arrête!; *la vuoi —?*, tu arrêtes?; *piantala di dire sciocchezze, di urlare*, arrête tes bêtises, de crier □
piantarsi *v.pron.* **1** se planter: *mi si piantò davanti*, il vint se planter devant moi; *viene alle nove e si pianta qui fino a mezzanotte*, il arrive à neuf heures et il s'incruste jusqu'à minuit || *mi si è piantata una spina nel piede*, j'ai une épine dans le pied || *mi si è piantato sullo stomaco*, il m'est resté sur l'estomac **2** (*a vicenda*) se quitter.
piantato *agg.* planté: — *a*, planté de || *ragazzo ben —*, garçon bien planté.
piantatoio *s.m.* (*agr.*) plantoir.
piantatore *s.m.* planteur.
pianterreno *s.m.* rez-de-chaussée*.
piantina *s.f.* (*di vivaio*) plant (*m.*).
piantito *s.m.* (*pavimento*) sol.
pianto *s.m.* **1** larmes (*f.pl.*): *col — negli occhi*, les larmes aux yeux; *sciogliersi in —*, fondre en larmes; *scoppiare in un — dirotto*, éclater en sanglots; *voce spezzata dal —*, voix entrecoupée de pleurs || *avere il — nel cuore*, avoir le cœur gros **2** (*dolore, lutto*) deuil || *è un —!*, c'est à en pleurer!
piantonamento *s.m.* surveillance (*f.*).
piantonare *v.tr.* surveiller.
piantone[1] *s.m.* (*agr.*) → **talea.**
piantone[2] *s.m.* (*mil.*) planton.
pianura *s.f.* plaine: *in —*, dans la plaine.
piastra *s.f.* **1** plaque: — *di riscaldamento*, plaque chauffante; — *di registrazione*, platine d'enregistrement || (*cuc.*): *alla —*, sur le grill; *panini alla —*, sandwiches chauds **2** (*moneta*) piastre.
piastrella *s.f.* **1** carreau* (*m.*) || *pavimento a piastrelle*, carrelage **2** (*gioco*) palet (*m.*).
piastrellare *v.tr.* carreler*.
piastrellista *s.m.* carreleur.
piastrina *s.f.* **1** plaque: — *di riconoscimento*, plaque d'identité **2** (*biol.*) plaquette.
piattaforma *s.f.* plate-forme*; (*di una montagna*) plateau* (*m.*): — *di lancio*, plate-forme de lancement; — *stradale*, chaussée || (*geol.*) — *continentale*, plateau continental || (*ferr.*) — *girevole*, plaque tournante || — *rivendicativa*, (*fig.*) cahier de revendications.
piattello *s.m.* **1** (*di candeliere*) bobèche (*f.*) **2** (*sport*) *tiro al —*, tir au pigeon d'argile.
piattezza *s.f.* forme plate **2** (*fig.*) platitude.
piattina *s.f.* (*elettr.*) câble bifilaire.
piattino *s.m.* **1** petit plat, petite assiette; (*da frutta*) assiette à dessert; (*di tazzina*) soucoupe (*f.*) **2** (*manicaretto*) bon petit plat.
piatto *agg.* plat (*anche fig.*) ♦ *s.m.* **1** assiette (*f.*); (*di portata*) plat: — *fondo*, assiette creuse; *lavare i piatti*, faire la vaisselle **2** (*portata*) plat: — *del giorno*, plat du jour; — *pronto*, plat cuisiné; *primo —*, entrée; *secondo —*, plat de résistance; — *forte*, plat de résistance, (*fig.*) clou **3** (*oggetto a forma di piatto*) plateau*: — *del giradischi*, plateau*, platine (du tourne-disques) || (*mus.*) *i piatti*, les cymbales || *colpire di —*, frapper de plat **4**

(*nei giochi d'azzardo*) (*posta*) poule (*f.*) || *il — piange*, le tapis brûle.
piattola *s.f.* **1** morpion (*m.*) **2** (*fig.*) casse-pieds* (*m. e f.*).
piazza *s.f.* place: *la — maggiore*, la grande place; *in —*, sur la place; *in — della Repubblica*, place de la République || *scendere in —*, descendre dans la rue || *autista di —*, chauffeur de taxi || — *d'armi*, place d'armes; (*fig.*) chambre énorme || (*comm.*): — *commerciale*, place marchande; *andamento della —*, évolution du marché || *mettere in — i propri affari*, raconter ses affaires à tout le monde || *rovinare la — a qlcu*, couper l'herbe sous le pied à qqn || *far — pulita*, faire place nette || (*fig. scherz.*): *andare in —*, se dégarnir, devenir chauve; *essere in —*, avoir la boule à zéro.
piazzaforte (pl. *piazzeforti*) *s.f.* place forte; (*fig.*) forteresse.
piazzale *s.m.* place (*f.*); (*davanti a edificio*) esplanade (*f.*).
piazzamento *s.m.* (*sport*) classement.
piazzare *v.tr.* placer* (*anche comm.*) □ **piazzarsi** *v.pron.* **1** (*sport*) se classer; (*ippica, football*) se placer* **2** (*fam.*) (*piantarsi*) se planter.
piazzata *s.f.* esclandre (*m.*).
piazzato *agg.* placé (*anche fig.*) || (*rugby*) *calcio —*, coup de pied placé || *ben —*, (*robusto*) costaud.
piazzista *s.m.* placier.
piazzola *s.f.* **1** (*sulla strada*) emplacement réservé, aire de stationnement **2** (*mil.*) (*per cannoni*) plate-forme*; (*per mitragliatrice*) emplacement (*m.*).
picaresco (pl. *-chi*) *agg.* picaresque.
picca[1] (pl. *-che*) *s.f.* **1** pique **2** *pl.* (*alle carte*) piques (*m.*) || *conta come il fante di picche*, il n'a aucun poids || *rispondere picche*, refuser tout net.
picca[2] *s.f.* (*dispetto*) dépit (*m.*).
piccante *agg.* piquant (*anche fig.*) || *mangiare cibi piccanti*, —, manger épicé || *storiella —*, (*fig.*) histoire grivoise.
piccarsi (*coniug. come* mancare) *v.pron.* **1** s'obstiner, s'entêter **2** (*impermalirsi*) se piquer.
piccato *agg.* piqué.
picchettaggio *s.m.* placement de piquets de grève.
picchettare *v.tr.* **1** piqueter* **2** (*durante uno sciopero*) placer* des piquets de grève.
picchetto[1] *s.m.* **1** piquet || (*mil.*) *ufficiale di —*, officier de service **2** (*di scioperanti*) piquet de grève.
picchetto[2] *s.m.* (*gioco di carte*) piquet.
picchiare *v.tr.* (*percuotere*) battre*, frapper; (*battere*) frapper: *picchiare sodo*, cogner dur; — *il pugno sul tavolo*, frapper, taper du poing sur la table ♦ *v.intr.* **1** frapper: — *alla porta*, frapper à la porte; *ho picchiato col gomito contro il tavolo*, je me suis donné un coup de coude contre la table || (*tecn.*) — *in testa*, cogner **2** (*aer.*) piquer.
picchiata *s.f.* **1** coup (*m.*) **2** (*aer.*) piqué (*m.*).
picchiatello, picchiato *agg. e s.m.* toqué, timbré.
picchiatore *s.m.* (*boxe*) cogneur.

picchierellare *v.tr.* e *intr.* tambouriner; (*spec. con la mano*) tapoter.

picchiettare *v.tr.* **1** tambouriner; (*con la mano*) tapoter **2** (*punteggiare*) piqueter*, moucheter* **3** (*mus.*) piquer.

picchiettìo *s.m.* tambourinement.

picchio *s.m.* (*zool.*) pic: — *verde*, pivert.

picchiotto *s.m.* *heurtoir.

piccineria *s.f.* petitesse.

piccino *agg.* petit (*anche fig.*): *i più piccini*, les tout petits; *farsi — —*, se faire tout petit ♦ *s.m.* enfant; (*cucciolo*) petit.

picciolo *s.m.* (*bot.*) pétiole; (*di frutto*) queue (*f.*), pédoncule.

piccionaia *s.f.* **1** pigeonnier (*m.*), colombier (*m.*) || *tirare sassi in —*, (*fig.*) provoquer la pagaille **2** (*soffitta*) pigeonnier (*m.*) **3** (*loggione*) poulailler* (*m.*).

piccione *s.m.* pigeon: — *femmina*, pigeonne; — *domestico*, pigeon ramier || *tiro al —*, tir au pigeon || *guarda i due piccioncini!*, (*fig.*) regarde ces deux tourtereaux!

picco (pl. *-chi*) *s.m.* **1** pic: *a —*, à pic; *andare a —*, couler à pic; (*fig.*) sombrer **2** (*mar.*) corne (*f.*) || — *di carico*, mât de charge.

piccolezza *s.f.* **1** petitesse, exiguïté **2** (*fig.*) (*meschinità*) petitesse **3** (*inezia*) bagatelle, petit rien: *perdersi in piccolezze*, se perdre dans les détails.

piccolo *agg.* **1** petit: *un uomo —* (*di statura*), un homme de petite taille || *farsi — —*, se faire tout petit || *un — difetto*, un léger, petit défaut || *le piccole spese*, les menus frais || *un uomo — di mente*, (*fig.*) un esprit étroit **2** (*per età*) jeune: *ha due bambini piccoli*, il a deux jeunes enfants; *è troppo — per capire*, il est trop jeune, petit pour comprendre; *i bambini piccoli*, les enfants en bas âge ♦ *s.m.* (*bambino*) petit, enfant; (*cucciolo*) petit: *da — era biondo*, quand il était petit il était blond □ **in piccolo** *locuz.avv.*en petit: *riproduzione in —*, reproduction en miniature; *nel mio — vivo bene*, toutes proportions gardées, je vis bien; *nel nostro — cerchiamo di aiutarlo*, nous essayons de l'aider dans la mesure de nos moyens; *nel mio — me ne intendo*, sans vouloir me vanter, je connais bien la question.

picconare *v.tr.* piocher.

picconata *s.f.* coup de pioche.

piccone *s.m.* pic, pioche (*f.*).

piccozza *s.f.* (*da alpinista*) piolet (*m.*).

picnic (pl. *invar.*) *s.m.* pique-nique*: *fare un —*, pique-niquer.

pidocchieria *s.f.* **1** (*avarizia*) pingrerie **2** (*azione gretta*) mesquinerie.

pidocchio *s.m.* **1** pou* **2** (*fig. pop.*) grippesou* **3** (*delle piante*) puceron.

pidocchioso *agg.* **1** pouilleux* **2** (*fig.*) pingre.

piè *s.m.* (*letter.*) pied || *saltare a — pari*, sauter à pieds joints || *a — fermo*, de pied ferme || *a — (di) pagina*, au bas de la page || *a ogni — sospinto*, à chaque instant.

piede *s.m.* pied: *piedi dolci, piatti*, pieds plats ||

mettere — in (*un luogo*), pénétrer dans (un lieu); *non ci ho messo mai —*, je n'y ai jamais mis les pieds || *a —*, (*di oggetto a stelo*) sur pied; *lampada a —*, lampadaire || *a piedi*, à pied || (*dir.*) *a — libero*, en liberté || *ai piedi*; *ai piedi della scala*, au bas de l'escalier; *gli cadde ai piedi*, il tomba à ses pieds || *su(i) due piedi*, au pied levé || *mettere qlco sotto i piedi*, (*calpestare*) (*anche fig.*) fouler qqch aux pieds; *non si lascia mettere sotto i piedi*, il ne se laisse pas marcher sur les pieds || *stare tra i piedi a qlcu*, (*fam.*) être dans les pattes de qqn, (*dar fastidio*) casser les pieds à qqn; *non starmi tra i piedi*, ôte-toi de là || *togliti, levati dai piedi*, (*fam.*) fiche-moi le camp || *lavorare con i piedi*, travailler comme un pied; *fatto con i piedi*, mal fait || *essere legato mani e piedi*, avoir pieds et poings liés || *prendere —*, (*fig.*) prendre pied, avoir du succès □ **in piedi** *locuz.* debout: *alzarsi in piedi*, se mettre debout; *è di nuovo in piedi*, (*dopo una malattia*) il est à nouveau sur pied; *stare, reggersi in piedi*, se tenir debout; *discorso che non sta in piedi*, des propos sans queue ni tête; *ragionamento che non sta in piedi*, raisonnement qui ne tient pas debout; *mettere in piedi uno spettacolo*, mettre sur pied un spectacle; *cadere in piedi*, (*fig.*) retomber sur ses pieds.

piedipiatti *s.m.* (*gergo*) (*poliziotto*) flic.

piedistallo *s.m.* piédestal*.

piedritto *s.m.* (*arch.*) pied-droit*.

piega (pl. *-ghe*) *s.f.* **1** pli (*m.*): — *falsa*, faux pli; *gonna a pieghe*, jupe plissée; *tessuto che non prende la —*, tissu qui ne froisse pas || *messa in —*, mise en plis || (*fig.*): *non fare una —*, ne pas broncher; *ragionamento che non fa una —*, raisonnement qui cadre parfaitement **2** (*fig. fam.*) (*andamento*) tournure || *vista la — che hanno preso le cose...*, vu la tournure des événements...

piegamento *s.m.* **1** pliage **2** (*ginnastica*) flexion (*f.*).

piegare (*coniug. come legare*) *v.tr.* **1** plier (*anche fig.*) **2** (*inclinare, abbassare*) baisser ♦ *v.intr.* tourner □ **piegarsi** *v.pron.* **1** plier || — (*in due*) *dal ridere*, (*fam.*) se tordre (de rire) **2** (*fig.*) (*cedere*) se rendre* || *si spezza ma non si piega*, il ne cède pas un pouce de terrain.

piegatrice *s.f.* (*tip.*) plieuse.

piegatura *s.f.* **1** pliage (*m.*); (*di fogli stampati*) pliure **2** (*piega*) pli (*m.*).

pieghettare *v.tr.* plisser.

pieghettato *agg.* e *s.m.* plissé.

pieghettatura *s.f.* plissage (*m.*); (*l'insieme delle pieghe*) plissure.

pieghevole *agg.* **1** pliable; (*flessibile*) flexible **2** (*ripiegabile*) pliant **3** (*fig.*) souple ♦ *s.m.* (*stampato*) dépliant.

pielite *s.f.* (*med.*) pyélite.

piemontese *agg.* e *s.m.* piémontais.

piena *s.f.* **1** crue **2** (*folla, ressa*) affluence, foule.

pienamente *avv.* pleinement, tout à fait.

pienezza *s.f.* plénitude; (*culmine*) comble (*m.*): *nella — di*, dans la plénitude, au comble de.

pieno *agg.* plein: — *a metà*, à moitié plein || *una*

vita piena, une vie bien remplie; *giornata piena di lavoro,* journée chargée de travail || *— di debiti,* criblé de dettes || *essere — di quattrini,* rouler sur l'or || *è — di sé,* il est imbu de sa personne || *un viso —,* un visage rond || *a piena voce,* à gorge déployée || *a notte piena,* en pleine nuit || *in — inverno, giorno,* en plein hiver, jour || *(ricamo) punto —,* plumetis || *a —, (completamente): l'ho compreso a —,* je l'ai parfaitement compris ♦ *s.m.* **1** plein **2** *(fig.) (colmo)* cœur; *(pienezza)* plénitude *(f.): nel — dell'inverno,* au cœur de l'hiver; *nel — delle forze,* dans la plénitude de ses forces □ **in pieno** *locuz.avv.* en plein; *(completamente)* entièrement, parfaitement.

pienone *s.m.: c'era un —!,* la salle était pleine à craquer!; *(a teatro) fare il —,* jouer à bureaux fermés.

pienotto *agg. (di persona)* grassouillet*; *(di bambino)* potelé; *(di guance)* joufflu; *(di gambe, braccia ecc.)* dodu.

pietà *s.f.* **1** pitié: *ho — di lui,* j'ai pitié de lui; *mi fa —,* il me fait pitié; *chiedere, invocare —,* crier merci; *muovere qlcu a —,* apitoyer qqn; *in uno stato da fare —,* dans un état pitoyable || *spettacolo che fa, da far —,* spectacle minable; *ridotto da far —,* dans un état lamentable || *per —!,* par pitié! **2** *(letter.) (devozione)* piété **3** *(arte)* Pietà.

pietanza *s.f.* **1** *(seconda portata)* plat principal; *(fam.)* plat de résistance **2** *(vivanda)* plat *(m.): — di pesce,* plat de poisson.

pietismo *s.m.* piétisme.

pietistico (pl. *-ci) agg. (spreg.)* de commisération affectée.

pietosamente *avv.* **1** *(misericordiosamente)* avec pitié **2** *(in modo da muovere a pietà)* pitoyablement, piteusement.

pietoso *agg.* **1** *(misericordioso)* compatissant || *una pietosa bugia,* un pieux mensonge **2** *(miserevole)* pitoyable, piteux* || *(fam.): fare una figura pietosa,* faire piètre figure; *il film era (veramente) —,* le film était vraiment minable.

pietra *s.f.* pierre: *— dura, preziosa,* pierre dure, précieuse; *— viva, da taglio,* pierre de taille; *— da costruzione,* pierre à bâtir; *(edil.) — di legatura,* parpaing || *— da mulino,* meule || *(fig.): commuovere le pietre,* faire pleurer les pierres; *mettiamoci una — sopra, (fam.)* n'en parlons plus; *mettere una — sul passato,* enterrer son passé; *restare di —,* être pétrifié; *lo sanno anche le pietre,* c'est le secret de Polichinelle || *posare la prima —, (anche fig.)* poser la première pierre || *età della —,* âge de la pierre || *(archeol.) — fitta,* menhir, pierre levée || *è la — dello scandalo,* c'est l'objet du scandale.

pietraia *s.f.* **1** *(cumulo di pietre)* amas de pierres **2** *(terreno pietroso)* terrain pierreux.

pietrame *s.m.* pierraille *(f.).*

pietrificare *(coniug. come* mancare) *v.tr.* pétrifier *(anche fig.)* □ **pietrificarsi** *v.pron.* se pétrifier; *(fig.)* rester pétrifié.

pietrificato *agg.* pétrifié *(anche fig.).*

pietrificazione *s.f.* pétrification.

pietrina *s.f.* **1** pierrette **2** *(per accendino)* pierre à briquet.

pietrisco (pl. *-chi) s.m.* blocaille *(f.).*

pietroso *agg.* pierreux*.

pietruzza *s.f.* pierrette.

pieve *s.f. (chiesa)* église paroissiale; *(territorio)* paroisse.

piezoelettrico (pl. *-ci) agg.* piézo-électrique*.

pifferaio *s.m.* (joueur de) fifre.

piffero *s.m.* fifre.

pigiama *s.m.* pyjama.

pigia pigia (pl. invar.) *s.m.* bousculade *(f.).*

pigiare *(coniug. come* mangiare) *v.tr.* fouler; *(premere)* presser || *— il tabacco nella pipa,* tasser le tabac dans la pipe || *— (su)l'acceleratore,* appuyer sur l'accélérateur.

pigiatura *s.f.* foulage *(m.): la — dell'uva,* le foulage du raisin.

pigionante *s.m.* locataire.

pigione *s.f.* **1** *(locazione)* location: *a —,* en location; *stare a — presso qlcu,* être locataire chez qqn **2** *(canone)* loyer *(m.).*

pigliare *v.tr. (fam.)* → **prendere.**

piglio *s.m.* air; *(atteggiamento)* attitude *(f.); (sguardo)* regard: *con — risoluto,* d'un air décidé || *prosa di — popolaresco,* prose d'esprit populaire.

pigmentare *v.tr.* pigmenter.

pigmentazione *s.f.* pigmentation.

pigmento *s.m.* pigment.

pigmeo *agg.* e *s.m.* pygmée.

pigna *s.f.* **1** pomme de pin, pigne || *aver le pigne in testa, (fig.)* avoir une araignée au plafond **2** *(arch.)* pignon *(m.).* **3** *(mecc.)* crépine.

pignatta *s.f.* pot *(m.).*

pignoleggiare *(coniug. come* mangiare) *v.intr.* faire* le tatillon.

pignoleria *s.f.* méticulosité.

pignolo *agg.* e *s.m.* tatillon*, vétilleux*.

pignone[1] *s.m. (argine)* épi.

pignone[2] *s.m. (mecc.)* pignon.

pignorabile *agg. (dir.)* saisissable: *non —,* insaisissable.

pignoramento *s.m. (dir.)* saisie *(f.): — mobiliare,* saisie-mobilière; *— presso terzi,* saisie-arrêt.

pignorare *v.tr. (dir.)* saisir.

pigolare *v.intr.* pépier, piauler; piailler *(anche fig.).*

pigolio *s.m.* pépiement; piaillement *(anche fig.).*

pigramente *avv.* paresseusement.

pigrizia *s.f.* paresse.

pigro *agg.* **1** paresseux*; *(lento)* lent || *mercato —,* marché inactif **2** *(inerte, ottuso)* engourdi, inerte ♦ *s.m.* paresseux*.

pila[1] *s.f.* **1** *(insieme di oggetti sovrapposti)* pile **2** *(elettr.)* pile: *— a secco,* pile sèche **3** *(lampadina tascabile)* lampe de poche **4** *(arch.) (pilastro)* pile.

pila[2] *s.f.* **1** bassin *(m.); (del lavandino)* évier *(m.)* || *— dell'acqua santa,* bénitier **2** *(ind.)* cuve, pile.

pilare *v.tr. (agr.)* blanchir (le riz).

pilastro *s.m.* pilier *(anche fig.); (incassato)* pilastre; *(di ponte)* pile *(f.).*

pilatura *s.f.* (*agr.*) blanchiment (*m.*).

pilifero *agg.* pileux*, pilifère: *apparato* —, système pileux.

pillola *s.f.* pilule || *prendere la* — (*anticoncezionale*), prendre la pilule (contraceptive) || *cultura in pillole*, culture en boîte || *ingoiare una* — *amara*, (*fig.*) avaler des couleuvres.

pilone *s.m.* 1 pylône 2 (*di ponte*) pile (*f.*).

piloro *s.m.* (*anat.*) pylore.

pilota *agg. e s.m.* 1 pilote: *primo, secondo* —, pilote, copilote; — *collaudatore*, pilote d'essai 2 (*zool.*) *pesce* —, pilote.

pilotabile *agg.* qui peut être piloté: *aereo* — *da terra*, avion téléguidé.

pilotaggio *s.m.* pilotage.

pilotare *v.tr.* piloter; (*fig.*) manipuler.

pilotato *agg.* piloté || (*med.*) *parto* —, accouchement dirigé.

pilotina *s.f.* bateau-pilote* (*m.*).

piluccare (*coniug. come* mancare) *v.tr.* picoter, picorer; (*fig.*) grignoter.

pimento *s.m.* (*cuc.*) piment.

pimpante *agg.* (*fam.*) pimpant.

pinacoteca (pl. -*che*) *s.f.* pinacothèque.

pindarico (pl. -*ci*) *agg.* pindarique || *volo* —, envolée lyrique.

pineta *s.f.* pinède.

ping-pong *s.m.* ping-pong.

pingue *agg.* 1 gras*: *una donna* —, une femme replète 2 (*ricco*) gros*.

pinguedine *s.f.* embonpoint (*m.*).

pinguino *s.m.* pingouin.

pinna[1] *s.f.* 1 nageoire 2 (*per il nuoto*) palme.

pinna[2] *s.f.* (*mollusco*) pinne.

pinnacolo *s.m.* 1 pinacle 2 (*geogr.*) aiguille (*f.*).

pino *s.m.* pin: — *a ombrello*, pin parasol.

pinolo *s.m.* (*bot.*) pignon.

pinta *s.f.* pinte.

pinza *s.f.* (*spec.pl.*) pince(s) || *prendere con le pinze*, (*fig.*) prendre avec des pincettes.

pinzare *v.tr.* agrafer.

pinzatrice *s.f.* agrafeuse.

pinzetta *s.f.* pince: — *per le sopracciglia*, pince à épiler.

pinzimonio *s.m.* (*cuc.*) vinaigrette (dans laquelle on trempe des crus).

pio *agg.* 1 pieux*; (*caritatevole*) charitable || *i luoghi pii*, les lieux saints || *le Pie Donne*, les Saintes Femmes || *è una pia illusione*, (*scherz.*) c'est une douce illusion 2 (*benefico*) charitable, de charité || *opere pie*, œuvres pies.

pioggia (pl. -*ge*) *s.f.* pluie: — *dirotta*, pluie battante; — *torrenziale*, pluie diluvienne; *è tempo da* —, *minaccia* —, le temps est à la pluie || *irrigazione a* —, irrigation par aspersion.

piolo *s.m.* 1 pieu*, piquet 2 (*di attaccapanni*) patère (*f.*) 3 (*di scala*) barreau*.

piombaggine *s.f.* (*min.*) plombagine.

piombare[1] *v.intr.* 1 tomber 2 (*avventarsi*) tomber, fondre*: — *addosso a qlcu*, tomber, fondre sur qqn 3 (*giungere inatteso*) arriver à l'improviste.

piombare[2] *v.tr.* plomber.

piombatura *s.f.* plombage (*m.*).

piombifero *agg.* plombifère.

piombino *s.m.* plomb.

piombo *s.m.* 1 plomb || *filo a* —, fil à plomb || *pesante come il* —, lourd comme du plomb || *color* —, couleur de plomb || *con i piedi di* —, prudemment || *essere a* —, être d'aplomb 2 (*proiettile*) balle (*f.*).

pioniere *s.m.* pionnier.

pionierismo *s.m.* 1 activité de pionnier 2 (*fig.*) esprit aventureux.

pionieristico (pl. -*ci*) *agg.* de pionnier.

pioppaia *s.f.*, **pioppeto** *s.m.* peupleraie (*f.*).

pioppicoltura *s.f.* culture du peuplier.

pioppo *s.m.* peuplier.

piorrea *s.f.* (*med.*) pyorrhée.

piovano *agg.*: *acqua piovana*, eau de pluie.

piovasco (pl. -*chi*) *s.m.* ondée (*f.*).

piovere (*Pass.rem.* piovve. *Pass.rem.* piovuto) *v.intr.impers. e intr.* pleuvoir* (*anche fig.*): *piove, sta piovendo*, il pleut; *è piovuto, ha piovuto*, il a plu; *vuole* —, le temps est à la pluie; *accenna a* —, la pluie menace; *sembra voglia* —, on dirait qu'il va pleuvoir; *piove che Dio la manda*, il pleut des cordes; *piovono sassi*, il pleut des pierres; *piove una pioggia fine*, il tombe une pluie fine || *gli piovono inviti da ogni parte*, on l'invite de tous les côtés || *gli piovono addosso molte disgrazie*, de nombreux malheurs s'abattent sur lui || — *in casa di qlcu improvvisamente*, (*fig.*) débarquer chez qqn à l'improviste; *su questo non ci piove!*, (*fam.*) là-dessus il n'y a aucun doute.

piovigginare *v.intr.impers.* pleuviner, pleuvasser.

piovigginoso *agg.* pluvieux*.

piovosità *s.f.* pluviosité.

piovoso *agg.* pluvieux*.

piovra *s.f.* pieuvre.

pipa *s.f.* pipe.

pipata *s.f.*: *fare una* —, fumer une pipe; *dare una* —, tirer une bouffée.

pipetta *s.f.* (*chim.*) pipette.

pipì *s.f.* pipi (*m.*): *fare (la)* —, faire pipi.

pipistrello *s.m.* 1 chauve-souris* (*f.*) 2 (*abbigl.*) macfarlane.

pipita *s.f.* 1 (*vet.*) pépie 2 (*delle unghie*) envie.

pira *s.f.* bûcher (*m.*).

piracanta *s.f.* (*bot.*) pyracanthe.

piramidale *agg.* pyramidal* (*anche fig.*).

piramide *s.f.* pyramide: *a* —, en pyramide.

pirandelliano *agg.* pirandellien || *una situazione pirandelliana*, (*fig.*) une situation à la Pirandello.

piranha (pl. *invar.*) *s.m.* (*zool.*) piranha.

pirata *s.m.* pirate (*anche fig.*) || *un* — *della strada*, un chauffard.

pirateria *s.f.* piraterie (*anche fig.*).

piratesco (pl. -*chi*) *agg.* de pirate (*anche fig.*).

pirenaico (pl. -*ci*) *agg.* pyrénéen*.

pirico (pl. -*ci*) *agg.* pyrique || *polvere pirica*, poudre à feu.

pirite *s.f.* pyrite.

piro- *pref.* pyro-

piroetta *s.f.* pirouette.

piroettare *v.intr.* pirouetter.

pirofila *s.f.* plat en pyrex, pyrex (*m.*).

pirofilo *agg.* résistant au feu.

piroga (pl. *-ghe*) *s.f.* pirogue.

pirografia *s.f.* pyrogravure.

piroincisione *s.f.* pyrogravure.

pirolino *s.m.* (*fam.*) (*piccolo oggetto imprecisato*) bidule.

pirolisi *s.f.* (*chim.*) pyrolyse.

piromane *s.m.* pyromane.

piromania *s.f.* pyromanie.

piroscafo *s.m.* paquebot (à vapeur); (*da carico*) cargo.

pirotecnica *s.f.* pyrotechnie.

pirotecnico (pl. *-ci*) *agg.* pyrotechnique || *spettacolo* —, feux d'artifice ♦ *s.m.* pyrotechnicien*.

pisano *agg.* e *s.m.* pisan.

piscatorio *agg.*: *anello* —, (*eccl.*) anneau du pêcheur.

pisciare (*coniug. come* cominciare) *v.intr.* (*volg.*) pisser.

pisciatoio *s.m.* (*molto fam.*) pissotière (*f.*).

piscicoltura *s.f.* pisciculture.

piscina *s.f.* piscine: — *scoperta*, piscine en plein air.

pisello *s.m.* 1 (*pianta*) pois; (*seme*) petit pois || — *odoroso*, pois de senteur || *color* (*verde*) —, vert tendre 2 (*fam.*) (*pene*) zizi.

pisolare *v.intr.* (*fam.*) sommeiller.

pisolino, pisolo *s.m.* (*fam.*) petit somme.

pisside *s.f.* pyxide.

pista *s.f.* piste: — *di pattinaggio*, patinoire; — *di volo*, piste d'envol || *essere sulle piste di qlcu*, être sur la piste de qqn || —!, place! || (*inform.*) — *di lettura*, piste de lecture.

pistacchio *s.m.* (*pianta*) pistachier; (*frutto*) pistache (*f.*) || *color* (*verde*) —, vert pistache.

pistillo *s.m.* pistil.

pistola *s.f.* 1 pistolet (*m.*): — *a rotazione, a tamburo*, revolver 2 — *a spruzzo*, pistolet à peinture.

pistolero *s.m.* pistolero.

pistolettata *s.f.* coup de pistolet.

pistolotto *s.m.* (*scherz.*) (*discorso enfatico*) sermon || — *finale*, péroraison.

pistone *s.m.* piston.

pitagorico (pl. *-ci*) *agg.* (*di Pitagora*) pythagorique; (*del pitagorismo*) pythagoricien* || *tavola pitagorica*, table de multiplication.

pitale *s.m.* pot de chambre.

pitecantropo *s.m.* pithécanthrope.

pitoccheria *s.f.* (*spreg.*) avarice, lésinerie.

pitocco (pl. *-chi*) *s.m.* (*spreg.*) radin.

pitone *s.m.* 1 (*zool.*) python 2 (*pelle*) peau* de serpent.

pitonessa *s.f.* pythonisse.

pittima *s.f.* (*persona noiosa*) emplâtre (*m.*); (*piagnucolosa*) geignard (*m.*).

pittografico (pl. *-ci*) *agg.* pictographique.

pittogramma *s.m.* pictogramme.

pittore (f. *-trice*) *s.m.* peintre || — *di maniera*, peintre de genre || — *dilettante*, peintre du dimanche.

pittoresco (pl. *-chi*) *agg.* pittoresque.

pittorico (pl. *-ci*) *agg.* pictural*.

pittura *s.f.* 1 peinture (*anche fig.*): — *fresca*, peinture fraîche 2 (*dipinto*) tableau (*m.*) (*anche fig.*).

pitturare *v.tr.* peindre* □ **pitturarsi** *v.pron.* se maquiller, se farder.

pituita *s.f.* (*med.*) pituite.

più *avv.* e *agg.invar.* 1 (*nei compar. di maggioranza col 2° termine di paragone espresso o sottinteso*) plus (*in unione con agg., avv.* o *v.*); plus de (*unito a s.*): è — *generoso di te*, il est plus généreux que toi; è — *furbo che intelligente*, il est plus rusé qu'intelligent; *hanno* — *amici che nemici*, ils ont plus d'amis que d'ennemis; *non potevo fare* — *di così*, je ne pouvais pas faire plus que cela; — *piccolo di così non si può*, il est difficile d'être plus petit || *oggi ho* — *sonno*, — *fame di ieri*, aujourd'hui j'ai plus sommeil, plus faim qu'hier || *molto* —, beaucoup, bien plus || *tanto* —, *ancor* —, (*a maggior ragione*): *se quel libro ti è piaciuto, tanto* —, *ancor* — *apprezzerai questo*, si ce livre-là t'a plu, tu apprécieras encore davantage celui-ci || *tanto* — *che...*, d'autant plus que... || *credersi di* — (*di qlcu*), se croire supérieur (à qqn) || *è un buon impiegato ma niente* —, c'est un bon employé, sans plus || *a* — *voci*, à plusieurs voix 2 (*in espressioni ellittiche, sottintendendo denaro, tempo ecc.*): *non avresti potuto guadagnare* — *di così*, tu n'aurais pas pu gagner davantage; *due ore o* (*anche*) — , deux heures ou (même) plus 3 (*nel superl.rel. di maggioranza*) le* plus; (*unito a s.*) le plus de: *il libro* — *interessante che io abbia letto*, le livre le plus intéressant que j'aie lu; *ciò che* — *importa*, ce qui importe le plus; *porta* — *amici che puoi*, amène le plus d'amis possible 4 (*parecchi, parecchie*) plusieurs (*invar.*): *ci resterò* — *giorni*, j'y resterai plusieurs jours 5 (*mat.*) plus: *nove* — *tre è uguale a, fa dodici*, neuf plus trois égale douze; *quattro chili* — *due etti*, quatre kilos et deux cents grammes; *oggi la temperatura è più tre* (+3 *°C*), aujourd'hui il fait plus trois 6 — *di*, (*spec. seguito da numerale*) plus de: *l'ho pagato* — *di diecimila lire*, je l'ai payé plus de dix mille lires; *tra non* — *di due mesi*, d'ici à deux mois, pas plus || *venti dollari fanno* — *di ventimila lire*, vingt dollars font plus que vingt mille lires ♦ *s.m.* 1 *il* — *è fatto*, le plus gros est fait; *il* — *è incominciare*, le plus difficile est de commencer || *il* — *delle volte*, la plupart du temps 2 (*mat.*) *il* (*segno del*) —, le signe plus 3 *pl.invar.*: *i* —, (*la maggioranza*) la majorité || *è passato nel numero dei* —, (*è morto*) il est mort ♦ *prep.* plus: *c'erano tutti i parenti* — *qualche amico*, tous ses parents étaient là, plus quelques amis □ **di più** *locuz.avv.* davantage, de plus; (*con valore superl.*) le plus; (*in maggior numero*) plus nombreux: *devi studiare* (*molto*) *di* —, tu dois travailler (bien) davantage; *che dire di* —?, que dire de plus?; *per non dire di* —, pour ne pas dire davantage; *ciò che importa di*

plagio

—, ce qui importe le plus; *nel duemila gli anziani saranno ancora di* —, en l'an deux mille les personnes agées seront encore plus nombreuses; *un po' di* —, un peu plus; *non di* —, pas plus, pas davantage; *per di* —, (*inoltre*) en outre; *niente di* —, rien de plus; *ancora di* —, encore plus; *questo ragazzo potrebbe fare di* —, (*a scuola*) ce garçon pourrait mieux faire; *mi aspettavo di* — (*da te, da lui*), je m'attendais à plus (de ta part, de sa part) || *ci sono duemila lire, cento grammi di* —, il y a deux mille lires, cent grammes en plus ♦ *con valore di s.m.: il di* —, (*ciò che sopravanza*) ce qui reste; (*il superfluo*) le superflu || *non fare il di* —!, n'en fais pas plus! □ **in più** *locuz.avv.* en plus, de plus; (*inoltre*) en plus, en outre: *ci sono duemila lire in* —, il y a deux mille lires en plus; *il tuo albergo costa ventimila lire in* — *del mio*, ton hôtel coûte vingt mille lires de plus que le mien; *c'è una differenza in* — *di un chilo*, il y a un excédent d'un kilo; *in* — *del prezzo stabilito*, en sus du prix fixé □ **più che** *locuz.avv.* (*premesso ad agg. o avv. per dare valore di superl. assoluto*) plus que; (*piuttosto*) plutôt: *sei stato* — *che corretto*, tu as été plus que correct; — *che mai*, plus que jamais; *non mi è piaciuto* — *che tanto*, je n'ai pas trop aimé; — *che intelligente è furbo*, il est plus que vraiment intelligent, plutôt rusé; *le sue parole* — *che irritarmi mi addolorano*, plus que m'irritent, ses paroles me chagrinent □ **per lo più** *locuz.avv.* → **perlopiù** □ **(quanto) più..., (tanto) più...**, (*correlativo*) plus..., plus...: (*quanto*) — *si studia*, (*tanto*) — *si impara*, plus on étudie, plus on apprend; *sarai tanto* — *benvoluto quanto* — *sarai generoso*, tu seras d'autant plus aimé que tu seras généreux □ **più... meno...** (*correlativo*) plus..., moins...: — *o meno*, plus ou moins || *poco* — *poco meno*, plus ou moins, (*circa*) environ: *saranno* — *o meno, poco* — *poco meno le tre*, il doit être plus ou moins, à peu près trois heures; *deve aver pagato centomila lire, mille lire* — *mille lire meno*, il doit l'avoir payé cent mille lires, à mille lires près || *eravamo tutti stanchi, chi* — *chi meno*, nous étions tous plus ou moins fatigués || *né* — *né meno: si è comportato né* — *né meno come uno sciocco*, il s'est conduit comme un idiot, ni plus ni moins || *uno* — *uno meno fa lo stesso*, un de plus un de moins, c'est la même chose || *resteremo 15 giorni, uno* — *uno meno, giorno* — *giorno meno*, nous resterons 15 jours à peu près; *la conferenza sarà intorno al 15 aprile, giorno* — *giorno meno*, la conférence aura lieu le 15 avril, à un jour près || (*quanto*) — (*quanto*) *meno*: (*quanto*) — *lo conosco*, (*tanto*) *meno lo capisco*, plus je le connais, moins je le comprends □ **al più, tutt'al più** *locuz.avv.* tout au plus □ **non (...) più** plus: *non l'ho* — *incontrato*, je ne l'ai plus rencontré; *cerca di non farlo* —, tâche de ne plus le faire || *un uomo non* — *giovane*, un homme qui n'est plus jeune || *non è* —, (*è morto*) il n'est plus.
piuccheperfetto *s.m.* (*gramm.*) plus-que-parfait.
piuma *s.f.* plume; (*piumaggio*) plumage (*m.*).
piumaggio *s.m.* plumage.

piumato *agg.* empanaché, couvert de plumes.
piumino *s.m.* **1** (*di uccelli*) duvet **2** (*copriletto, copripiedi*) édredon **3** (*per la cipria*) *houppette (f.);* (*indumento imbottito di piume*) anorak, parka **4** (*per spolverare*) plumeau*.
piumone *s.m.* **1** (*coperta*) couette (*f.*) **2** (*giaccone*) doudoune (*f.*).
piuttosto *avv.* **1** plutôt: *oggi non posso,* — *verrò domani*, aujourd'hui je ne peux pas, je viendrai plutôt demain || *me ne vado,* —, j'aime mieux m'en aller || *o* —, ou plutôt **2** (*alquanto*) assez, plutôt: *è* — *brutto*, il est plutôt, assez laid □ **piuttosto che, di** *locuz.cong.* plutôt que: — *che stare in casa andrò al cinema*, je préfère aller au cinéma plutôt que (de) rester à la maison; *preferisco che tu venga con noi* — *che tu resti a casa*, je préfère que tu viennes avec nous plutôt que (de) te voir rester à la maison.
piva *s.f.* (*mus.*) cornemuse || *tornare con le pive nel sacco*, revenir bredouille || *avere la* —, (*fam.*) avoir le cafard.
pivello *s.m.* (*fam.*) blanc-bec*; (*gergo mil.*) bleu*.
piviale *s.m.* (*eccl.*) chape (*f.*).
piviere *s.m.* (*zool.*) pluvier.
pizza *s.f.* **1** (*cuc.*) pizza **2** (*cine.*) boîte à film.
pizzeria *s.f.* pizzeria.
pizzicagnolo *s.m.* charcutier*.
pizzicare (*coniug. come* mancare) *v.tr.* **1** pincer* (*anche fig.*) **2** (*di insetti; di sostanze piccanti ecc.*) piquer ♦ *v.intr.* (*prudere*) démanger*; (*pungere*) piquer.
pizzicato *s.m.* (*mus.*) pizzicato.
pizzico (pl. *-chi*) *s.m.* **1** pincée (*f.*); (*fig.*) grain **2** (*pizzicotto*) pinçon.
pizzicore *s.m.* démangeaison (*f.*).
pizzicotto *s.m.* pincement, pinçon || *dare un* —, pincer.
pizzo *s.m.* **1** (*trina*) dentelle (*f.*) **2** (*barba*) bouc **3** (*di montagna*) pic **4** (*gergo*) (*estorsione*) extorsion (*f.*); (*somma richiesta*) somme exigée (par les racketeurs).
placabile *agg.* qui peut être apaisé.
placare (*coniug. come* mancare) *v.tr.* apaiser, calmer □ **placarsi** *v.pron.* s'apaiser, se calmer.
placca (pl. *-che*) *s.f.* plaque.
placcare (*coniug. come* mancare) *v.tr.* plaquer.
placcato *agg.* plaqué: *orologio* — (*in*) *oro*, montre plaquée or.
placebo (pl. *invar.*) *s.m.* (*med.*) placebo || *effetto* —, effet placebo.
placenta *s.f.* placenta (*m.*).
placidità *s.f.* placidité.
placido *agg.* placide; (*calmo*) calme || *-mente* *avv.*
placito *s.m.* (*decreto, sentenza*) sentence (*f.*) || *con, senza il suo* —, avec, sans son approbation.
plafoniera *s.f.* plafonnier (*m.*).
plaga (pl. *-ghe*) *s.f.* (*letter.*) région, contrée.
plagiare (*coniug. come* mangiare) *v.tr.* **1** plagier **2** (*una persona*) suggestionner, asservir.
plagiario *s.m.* plagiaire.
plagio *s.m.* **1** plagiat **2** (*di persona*) asservissement.

planare *v.intr.* (*aer.*) planer.
planata *s.f.* (*aer.*) vol plané.
plancia (pl. *-ce*) *s.f.* (*mar.*) passerelle.
plancton (pl. *invar.*) *s.m.* (*biol.*) plancton.
planetario *agg.* planétaire ♦ *s.m.* planétarium.
plani- *pref.* plani-
planimetria *s.f.* planimétrie.
planimetrico (pl. *-ci*) *agg.* planimétrique.
planisfero *s.m.* planisphère.
plantare *agg.* (*anat.*) plantaire ♦ *s.m.* (*suoletta ortopedica*) semelle orthopédique.
plantigrado *agg.* e *s.m.* (*zool.*) plantigrade.
plasma *s.m.* plasma.
plasmabile *agg.* malléable (*anche fig.*): *carattere* —, caractère malléable.
plasmare *v.tr.* modeler* (*anche fig.*).
plasmodio *s.m.* (*biol.*) plasmode || — *della malaria*, plasmodium.
plastica (pl. *-che*) *s.f.* **1** plastique: *sacchetto di* —, sachet en plastique **2** (*med.*) intervention de chirurgie esthétique **3** (*materiale*) matière plastique, plastique (*m.*).
plasticare (*coniug. come* mancare) *v.tr.* **1** modeler* **2** (*ricoprire di materie plastiche*) plastifier.
plasticità *s.f.* **1** plasticité **2** (*arte*) beauté plastique.
plastico (pl. *-ci*) *agg.* plastique || *una rappresentazione plastica in rilievo*, une maquette || *chirurgia plastica*, chirurgie plastique ♦ *s.m.* **1** maquette (*f.*) **2** (*esplosivo*) plastic, plastique.
plastificare (*coniug. come* mancare) *v.tr.* plastifier.
plastilina *s.f.* pâte à modeler.
platano *s.m.* platane.
platea *s.f.* **1** parterre (*m.*) || *una poltrona di* —, un fauteuil d'orchestre || *i gusti della* —, les goûts du public **2** (*edil.*) platée **3** (*geogr.*) (*montagna sottomarina piatta*) plateau* (*m.*).
plateale *agg.* évident, (*spreg.*) grossier*.
platealmente *avv.* (*spreg.*) grossièrement, bassement.
platina *s.f.* (*tip.*) platine.
platinato *agg.* platiné.
platino *s.m.* platine.
platonicamente *avv.* platoniquement.
platonico (pl. *-ci*) *agg.* platonicien*; (*fig.*) platonique ♦ *s.m.* platonicien.
platonismo *s.m.* platonisme.
plaudente *agg.* (*letter.*) qui applaudit: *passare tra due ali di folla* —, passer entre deux haies de gens qui applaudissent; *fu accolto da un'assemblea* —, l'assemblée l'accueillit par des applaudissements.
plaudire *v.intr.* (*letter.*) applaudir (à).
plausibile *agg.* plausible || **-mente** *avv.*
plausibilità *s.f.* plausibilité.
plauso *s.m.* approbation (*f.*).
plebaglia *s.f.* (*spreg.*) racaille, populace.
plebe *s.f.* plèbe.
plebeo *agg.* e *s.m.* plébéien*.
plebiscitario *agg.* plébiscitaire, unanime.

plebiscito *s.m.* **1** plébiscite **2** (*fig.*) consentement unanime.
pleiade *s.f.* pléiade.
plenario *agg.* plénier*.
plenilunio *s.m.* pleine lune.
plenipotenziario *agg.* e *s.m.* plénipotentiaire.
pleonasmo *s.m.* pléonasme.
pleonastico (pl. *-ci*) *agg.* pléonastique.
plesso *s.m.* plexus.
pletora *s.f.* pléthore (*anche fig.*).
pletorico (pl. *-ci*) *agg.* pléthorique.
plettro *s.m.* plectre.
pleura *s.f.* plèvre.
pleurico (pl. *-ci*) *agg.* pleural*.
pleurite *s.f.* pleurésie || — *secca*, pleurite.
plexiglas *s.m.* plexiglas.
plico (pl. *-chi*) *s.m.* pli: *in* — *a parte*, sous pli séparé.
plinto *s.m.* (*arch.*) plinthe (*f.*).
pliocene *s.m.* (*geol.*) pliocène.
pliocenico (pl. *-ci*) *agg.* (*geol.*) pliocène.
plissettato *agg.* plissé.
plotone *s.m.* peloton.
plumbeo *agg.* de plomb || *cielo* —, ciel couleur de plomb || *atmosfera plumbea*, (*fig.*) atmosphère lourde.
plurale *agg.* e *s.m.* pluriel*.
pluralismo *s.m.* pluralisme.
pluralista *s.m.* e *agg.* pluraliste.
pluralistico (pl. *-ci*) *agg.* pluraliste.
pluralità *s.f.* pluralité.
pluri- *pref.* pluri-, multi-, poly-, omni-
pluriaggravato *agg.* (*dir.*) avec une pluralité de circonstances aggravantes.
pluriannuale *agg.* pluriannuel*.
pluridecorato *agg.* plusieurs fois décoré.
pluridimensionale *agg.* multidimensionnel*, pluridimensionnel*.
pluridirezionale *agg.* omnidirectionnel*.
pluriennale *agg.* pluriannuel*.
plurigemellare, plurigemino *agg.* (*med.*) *parto* —, accouchement multiple.
plurilaterale *agg.* multilatéral*.
plurilinguismo *s.m.* multilinguisme, plurilinguisme.
plurimiliardario *agg.* e *s.m.* multimilliardaire.
plurimilionario *agg.* e *s.m.* multimillionnaire.
plurimo *agg.* plural*.
plurinominale *agg.* plurinominal*.
pluriomicida *s.m.* criminel responsable de plusieurs homicides.
plurisecolare *agg.* vieux* de plusieurs siècles.
pluristadio *agg.invar.* (*di missile*) à plusieurs étages.
pluriuso *agg.invar.* à usages multiples.
plurivalente *agg.* **1** polyvalent, omnivalent **2** (*chim.*) plurivalent.
plusvalenza *s.f.* plus-value*.
plusvalore *s.m.* plus-value* (*f.*).
plutocrate *s.m.* ploutocrate.
plutocratico (pl. *-ci*) *agg.* ploutocratique.
plutocrazia *s.f.* ploutocratie.
plutonio *s.m.* (*chim.*) plutonium.

pluviale *agg.* pluvial*.

pluviometrico (pl. *-ci*) *agg.* pluviométrique.

pluviometro *s.m.* pluviomètre.

pneumatico (pl. *-ci*) *agg.* pneumatique ♦ *s.m.* pneu*.

pneumologia *s.f.* (*med.*) pneumologie.

pneumotorace *s.m.* pneumothorax.

po' *agg.*, *pron. e avv.* forma tronca di → **poco**.

pocanzi, **poc'anzi** *avv.* tout à l'heure.

pochezza *s.f.* (*scarsezza*) peu (*m.*); (*insufficienza*) insuffisance; (*fig.*) étroitesse.

pochino *agg.indef.* (très) peu de (*invar.*): *il pane è veramente —*, il y a vraiment (très) peu de pain; *queste mele sono pochine*, il n'y a pas assez de pommes; *sono pochini i suoi amici a Milano*, ses amis sont peu nombreux à Milan ♦ *pron.indef.* (*pochissimo*) très peu (*invar.*): *me ne hai dato —*, tu m'en as donné très peu □ **un pochino** *pron.indef.* un petit peu; (*con valore di locuz.avv.*) un petit peu; (*solo riferito ad agg.*) un tantinet: *vieni un — prima, dopo*, viens un petit peu avant, après; *è un — distratto*, (*fam.*) il est un tantinet, un petit peu distrait.

pochissimo *agg.indef.superl.* **1** très peu de (*invar.*): *— denaro*, très peu d'argent; *ha pochissimi libri*, il a très peu de livres || *il guadagno è stato —*, le bénéfice a été minime **2** (*in espressioni ellittiche sottintendendo* tempo, denaro, spazio ecc.): *guadagna, spende —*, il gagne, il dépense très peu; *— prima, dopo*, très peu de temps avant, après; *tra —*, dans très peu de temps; *è — che non lo vedo*, je l'ai vu tout récemment; *era partito da —*, il venait tout juste de partir; *manca — a Natale*, dans très peu de jours c'est Noël; *l'ho avuto per —*, je l'ai eu pour presque rien; *c'è — da qui a casa mia*, ma maison est tout près d'ici; *dista — dalla stazione*, c'est tout près de la gare ♦ *pron.indef.* très peu (*invar.*); pl. (*piccolissimo gruppo di persone*) très peu de gens: *ci rimane — da fare*, il nous reste très peu de (chose) à faire; *pochissimi lo stimano*, très peu de gens (o de personnes) l'estiment ♦ *avv.* très peu; (*davanti a compar.*) un tout petit peu: *— conosciuto*, très peu connu; *è — più alto di te*, il est un tout petit peu plus grand que toi.

poco (pl. *-chi*) *agg.indef.* **1** peu (de) (*invar.*): *il tempo che ci rimane è —*, il nous reste peu de temps, il ne nous reste pas beaucoup de temps; *"Ti basta il latte?" "No, è —"*, "As-tu assez de lait?" "Non, pas assez" || *ho poca fame, poca sete*, je n'ai pas très faim, très soif; *ho poca voglia di...*, je n'ai guère envie de... || *questo vino è — per cinque persone*, il n'y a pas assez de vin pour cinq personnes || *è poca cosa*, c'est peu de chose; *mille lire sono poche*, mille lires sont peu de chose || *molto —, troppo —*, très peu (de), trop peu (de) || *non —*, (*molto*) beaucoup; *l'ho fatto con non poca fatica*, je l'ai fait non sans fatigue **2** pl. (*alcuni*) quelques; (*non molti*) peu (de) (*invar.*): *resterò pochi giorni, veramente pochi*, je resterai quelques jours, vraiment peu; *i pochi amici che*

ho, le peu d'amis, les quelques amis que j'ai || *troppo pochi, molto pochi, pochissimi*, trop peu de, très peu de || *poche storie, poche chiacchiere!*, trêve de bavardages! **3** (*in frasi ellittiche, sottintendendo* tempo, denaro, spazio ecc.): *è — (tempo)* il y a peu de temps que...; *— (tempo) prima, dopo*, peu de temps (o quelque temps) avant, après; *— (tempo) fa, poc'anzi*, il n'y a pas longtemps; *fra —, da qui a —*, dans peu de temps (o sous peu); (*arrivederci) a fra —*, à bientôt; *da — (tempo)*, depuis peu (de temps); *manca — a Natale*, dans peu de jours c'est Noël, Noël n'est pas loin; *mi manca — per finire il lavoro*, j'aurai bientôt terminé mon travail; *con quel — (denaro) che ha*, avec le peu qu'il a; *c'è — da qui alla stazione*, il n'y a pas loin d'ici à la gare || *per —*, (*prezzo, denaro*) à bon marché || *scusate se è —*, excusez du peu.

♦ *pron.indef.* **1** peu (de) (*invar.*): *"Hai della birra?" "Ne ho poca"*, "As-tu de la bière?" "J'en ai peu" **2** pl. peu (de) (*invar.*); (*numero limitato di persone*) peu de personnes, peu de gens, peu de monde: *"Hai molti libri?" "Ne ho pochi"*, "As-tu beaucoup de livres?" "J'en ai peu"; *siamo (in) pochi*, nous sommes peu nombreux; *pochi di loro*, peu d'entre eux || *io e pochi altri*, moi et quelques autres **3** (*con valore di neutro*) peu: *non te la prendere per così —*, ne te fâche pas pour si peu; *dire che ha torto è —*, c'est peu de dire qu'il a tort; *mi rimane ben — da studiare*, il me reste peu de chose à étudier; *c'è — da fare*, il n'y a pas grand-chose à faire; *un milione mi par —*, un million me semble peu (de chose); *il che non è —*, ce n'est pas peu dire; *e ti par —?*, tu trouves que c'est peu?; *e dici —!*, rien que ça!; *non è (cosa da) —*, ce n'est pas rien; *vivere con —*, vivre de peu || *a dir —, a far —*, au bas mot || *c'è — da ridere*, il n'y a pas de quoi rire; *dovete venire, c'è — da fare!*, vous devez venir, il n'y a rien à faire! || *ci vuole — a capire*, c'est facile à comprendre; *ci vorrebbe — a dargli una mano*, il serait facile de l'aider || *da —: un uomo da —*, un homme qui ne vaut pas grand-chose; *ferita da —*, petite blessure de rien du tout; *oggetto da —*, objet de peu de valeur || *mancò — che..., per — non...*, il s'en fallut de peu.

♦ *avv.* **1** peu: *mi sento — bene*, je ne me sens pas très bien || *non —*, (*riferito a verbo*) beaucoup; (*riferito ad agg.*) très || *per quanto —...*, pour peu que...; (*benché*) bien que: *per quanto — io sappia*, pour peu que je sache; *per quanto — sia, per — che sia*, pour peu que ce soit; *per quanto — tu abbia detto*, bien que tu n'aies pas dit grand-chose || *a — a —*, peu à peu || *né punto né —, o nulla*, pas grand-chose **2** (*con agg. e avv. compar.*): *è — più alto di me*, il est très peu beaucoup plus grand que moi; *era — più che ventenne*, il avait juste un peu plus de vingt ans; *è — più che un ragazzo*, c'est encore un enfant || *(di) — maggiore*, peu beaucoup plus grand, (*di prezzo*) pas beaucoup plus élevé, (*di età*) pas beaucoup plus âgé.

♦ *s.m.* **1** peu: *vive con quel — che ha*, il vit avec le peu d'argent qu'il a **2** *un, una — di buono*, un, une pas grand-chose; *sono dei — di buono*, ce sont des malhonnêtes || *una — di buono*, (*donna di facili costumi*) une fille de rien □ **un poco**, **un po'** *locuz.* un peu (de): *costa un —, un po' di più, un —, un po' di meno*, cela coûte un peu plus (cher), un peu moins (cher); *facciamo un po' per uno*, faisons un peu pour tous; *siamo un po' parenti*, on est plus ou moins parents || (*in frasi ellittiche sottintendendo* tempo, denaro, spazio ecc.): *un po'* (*di tempo*) *prima, dopo*, peu de temps (o quelque temps) avant, après; *un po' di tempo fa*, il n'y a pas longtemps; *fra un po'* (*di tempo*), dans peu de temps (*o* sous peu); *da un po'* (*di tempo*), depuis peu (de temps); *è da un po' che non lo vedo*, il y a quelque temps que je ne le vois pas; *lo spettacolo era finito già da un po'*, il y avait déjà un moment que le spectacle était terminé; *rimarrò un —, un po' a Roma*, je resterai quelque temps à Rome; *per un —, per un po' non si è fatto vivo*, pendant quelque temps on ne l'a pas vu || *un po'..., un po'...*, (*ora..., ora...*) tantôt... tantôt...; (*in parte..., in parte...*) en partie... en partie... || (*con valore enfatico*): *vedi un po' tu...*, vois toi-même...; *ma guarda un po'!*, regarde-moi ça! □ **un bel po'** *locuz.* (*parecchio, molto*) (*con agg.*) très; (*con v.*) beaucoup, (*fam.*) pas mal; (*con s.*) beaucoup (de) (*invar.*), (*fam.*) pas mal (de): *è un bel po' strano*, il est vraiment très bizarre; *c'erano un bel po' di persone*, il y avait pas mal de gens □ **po' po'** *locuz.* (*notevole quantità*): *che po' po' di sfacciataggine!*, quel beau toupet!; *che po' po' di mascalzone!*, quel fieffé voyou!; *con quel po' po' di soldi che ha!*, avec ce beau petit paquet d'argent qu'il a!

podagra *s.f.* podagre.

podalico (pl. -*ci*) *agg.* (*med.*) podalique.

podere *s.m.* (*fattoria*) ferme (*f.*); (*campi*) terre (*f.*).

poderoso *agg.* puissant (*anche fig.*).

podio *s.m.* estrade (*f.*) || (*sport*) *salire sul —*, monter sur le podium.

podismo *s.m.* marche (*f.*); (*corsa*) course à pied.

podista *s.m.* (*marcia*) marcheur; (*corsa*) coureur (à pied).

podistico (pl. -*ci*) *agg.*: *gara podistica*, (*marcia*) marche, (*corsa*) course à pied.

podologo (pl. -*gi*) *s.m.* podologue.

poema *s.m.* poème (*anche fig.*).

poemetto *s.m.* petit poème.

poesia *s.f.* **1** poésie || *è pura —*, (*fig.*) c'est du roman **2** (*componimento poetico*) poème (*m.*) || *scrivere poesie*, écrire des vers.

poeta *s.m.* poète.

poetare *v.intr.* faire* des vers.

poetastro *s.m.* rimailleur.

poetessa *s.f.* poétesse.

poetica (pl. -*che*) *s.f.* poétique.

poeticità *s.f.* caractère poétique.

poetico (pl. -*ci*) *agg.* poétique || **-mente** *avv.*

poggiapiedi *s.m.* repose-pieds*.

poggiare (*coniug. come* mangiare) *v.tr.* appuyer*; (*posare*) poser ♦ *v.intr.* **1** reposer (*anche fig.*) **2** (*spostarsi*) appuyer* (sur, à).

poggiatesta (pl. *invar.*) *s.m.* appui-tête*.

poggio *s.m.* coteau*.

poggiolo *s.m.* balcon.

poh *inter.* peuh!

poi *avv.* **1** (*dopo, in seguito*) ensuite, après; (*più tardi*) plus tard: *decidi ora, — potrebbe essere troppo tardi*, décide tout de suite, parce qu'ensuite, après ça pourrait être trop tard; *prima i bambini, — i vecchi*, les enfants d'abord, les vieillards ensuite; *ne riparleremo —*, nous en reparlerons plus tard || *e —?*, (*in seguito*) et ensuite?, et après?; (*che altro?*) et encore?! || *prima o —*, tôt ou tard || (*arrivederci*) *a —*, à bientôt || *d'ora in —*, dorénavant; *da oggi in —*, à partir d'aujourd'hui; *da allora in —*, à partir de ce moment (-là); *da quel giorno in —*, depuis ce jour-là **2** (*in secondo luogo, per di più*) puis: *non ho voglia e — sono stanco*, je n'en ai pas envie et puis je suis fatigué **3** (*d'altra parte, inoltre*) d'autre part, d'ailleurs || *quanto — allo stipendio...*, d'autre part en ce qui concerne les appointements...; *quanto — a partire domani, si vedrà*, pour ce qui est de partir demain, on verra **4** (*col valore di* insomma, infine) en somme; (*dunque*) donc: *partirai — domani* (*o no*)?, en somme est-ce que tu pars demain (ou non)?; *ti sei deciso —* (*o no*)?, as-tu fini par te décider (ou non)?; *pourquoi donc t'es-tu mis en colère?; cosa ho fatto — di male?*, qu'est-ce que j'ai pu faire de mal après tout? **5** (*con valore avversativo di* ma) mais; (*in fondo, dopo tutto*) après tout: *tu — che c'entri?*, mais toi en quoi est-ce que ça te regarde?; *io — non c'entro*, ça ne me regarde pas, après tout **6** (*con valore enfatico o rafforzativo*): *questa —, non me l'aspettavo!*, franchement, je ne m'attendais pas à ça!; *questa —!*, ça alors!; *questo — no!*, ah, ça non alors!; *e — si lamenta!*, et encore il se plaint!; *e — ha il coraggio di criticare!*, et en plus il a le courage de critiquer!; *bisogna insistere e — insistere*, il faut insister et insister encore; *no e — no!*, non, non et non! ♦ *s.m.*: *pensare al —*, penser au lendemain; *il senno di —*, l'esprit de l'escalier; *del senno di — son piene le fosse*, avec des si on mettrait Paris en bouteille.

poiana *s.f.* (*zool.*) buse.

poiché *cong.* puisque; comme (*all'inizio di frase*): *— le cose stanno così, non insisto*, puisqu'il en est ainsi, je n'insiste pas; *— rifiuterà di certo, è inutile chiederglielo*, comme il refusera certainement, il est inutile de le lui demander.

poker *s.m.* poker: *giocare a —*, jouer au poker; *partita a —*, partie de poker; *ho fatto —!*, j'ai fait un poker!; *— d'assi*, poker d'as || *giocare a — coi dadi*, jouer au poker d'as.

polacca (pl. -*che*) *s.f.* **1** polonaise **2** (*stivaletto*) bottine.

polacco (pl. -*chi*) *agg. e s.m.* polonais.

polare *agg.* polaire || *un freddo —*, (*fig.*) un froid de canard || *la stella —*, l'Étoile Polaire.

polarità *s.f.* **1** polarité **2** (*fig.*) opposition.

polarizzare *v.tr.* polariser (*anche fig.*) □ **polarizzarsi** *v.pron.* se polariser.

polarizzatore *agg. e s.m.* polariseur.

polarizzazione *s.f.* polarisation (*anche fig.*) || — *di griglia*, tension de grille.

polca (pl. *-che*) *s.f.* polka.

polemica (pl. *-che*) *s.f.* polémique: *aspre polemiche*, de dures polémiques; *fare* —, *fare polemiche*, faire de la polémique; *entrare in* —, entamer une polémique || *per amore di* —, par goût de la polémique.

polemico (pl. *-ci*) *agg.* polémique.

polemista *s.m.* polémiste.

polemizzare *v.intr.* polémiquer.

polena *s.f.* (*mar.*) figure de proue.

polenta *s.f.* (*cuc.*) polenta (de maïs).

polentina *s.f.* cataplasme (de farine de lin).

polentone *s.m.* (*fam.*) lambin.

poli- *pref.* poly-

poliambulatorio *s.m.* dispensaire.

poliammide *s.f.* (*chim.*) polyamide (*m.*).

poliandria *s.f.* polyandrie.

poliandro *agg.* polyandre (*anche bot.*).

poliartrite *s.f.* (*med.*) polyarthrite.

policentrico (pl. *-ci*) *agg.* polycentrique.

policentrismo *s.m.* polycentrisme.

policlinico (pl. *-ci*) *s.m.* polyclinique (*f.*).

policoltura *s.f.* (*agr.*) polyculture.

policromatico (pl. *-ci*) *agg.* polychrome.

policromia *s.f.* polychromie.

policromo *agg.* polychrome.

poliedricità *s.f.* (*diversità*) diversité.

poliedrico (pl. *-ci*) *agg.* **1** (*mat.*) polyédrique **2** (*fig.*) multiforme; (*eclettico*) éclectique.

poliedro *s.m.* polyèdre.

poliestere *s.m.* polyester ♦ *agg.* en polyester.

polietilene *s.m.* polyéthylène.

polifase *agg.* (*fis.*) polyphasé.

polifonia *s.f.* polyphonie.

polifonico (pl. *-ci*) *agg.* polyphonique.

poligamia *s.f.* polygamie.

poligamico (pl. *-ci*) *agg.* polygamique.

poligamo *agg.* e *s.m.* polygame.

poliglotta *agg.* e *s.m.* polyglotte.

poligonale *agg.* polygonal*.

poligono *s.m.* polygone.

poligrafico (pl. *-ci*) *agg.* polygraphique || *stabilimento* —, imprimerie ♦ *s.m.* typographe.

poligrafo *s.m.* (*scrittore*) polygraphe.

polimerizzazione *s.f.* polymérisation.

polimero *agg.* e *s.m.* polymère.

polimorfismo *s.m.* polymorphisme.

polimorfo *agg.* polymorphe.

polinesiano *agg.* e *s.m.* polynésien*.

polinomio *s.m.* (*mat.*) polynôme.

polio *s.f. abbr.* → **poliomielite**.

poliomielite *s.f.* poliomyélite.

poliomielitico (pl. *-ci*) *agg.* e *s.m.* poliomyélitique.

polipo *s.m.* polype.

polisemia *s.f.* polysémie.

polisillabo *agg.* e *s.m.* polysyllabe.

polisportivo *agg.* omnisports (*invar.*): *associazione polisportiva*, club omnisports.

polistirolo *s.m.* polystyrène: — *espanso*, polystyrène expansé.

politeama *s.m.* théâtre.

politecnico (pl. *-ci*) *agg.* polytechnique ♦ *s.m.* école d'ingénieurs.

politeismo *s.m.* polythéisme.

politeista *agg.* e *s.m.* polythéiste.

politeistico (pl. *-ci*) *agg.* polythéiste.

politica (pl. *-che*) *s.f.* politique: *fare* —, faire de la politique.

politicamente *avv.* politiquement.

politicante *s.m.* (*spreg.*) politicard.

politichese *s.m.* (*spreg.*) langue de bois.

politicizzare *v.tr.* politiser.

politicizzato *agg.* politisé.

politicizzazione *s.f.* politisation.

politico (pl. *-ci*) *agg.* politique ♦ *s.m.* **1** politique **2** (*fig.*) diplomate.

politologo (pl. *-gi*) *s.m.* politologue.

politrasfuso *agg.* (*med.*) polytransfusé.

polittico (pl. *-ci*) *s.m.* polyptyque.

poliuretano *s.m.* (*chim.*) polyurétha(n)ne || — *espanso*, polystyrène expansé.

polivalente *agg.* polyvalent.

polivalenza *s.f.* polyvalence.

polivinile *s.m.* polyvinyle.

polizia *s.f.* police: — *stradale, ferroviaria, portuale*, police de la route, des chemins de fer, des ports; *agente di* — *femminile*, femme-agent (de police); *ufficio, commissariato di* —, poste de police, commissariat || *stato di* —, état policier.

poliziesco (pl. *-chi*) *agg.* policier*.

poliziotto *s.m.* agent (de police); (*fam.*) flic || — *privato*, détective privé || — *dilettante*, détective amateur || *cane* —, chien policier.

polizza *s.f.* police: — *di assicurazione*, police d'assurance || (*comm.*) — *di deposito*, certificat de dépôt || (*mar.*) — *di carico*, connaissement || — *di pegno*, reconnaissance du mont-de-piété.

polla *s.f.* source d'eau.

pollaio *s.m.* **1** poulailler **2** (*fig.*) (*luogo sporco*) écurie (*f.*), porcherie (*f.*); (*chiasso, schiamazzi*) piaillerie (*f.*).

pollame *s.m.* volaille (*f.*).

pollastra, pollastrella *s.f.* poulette (*anche fig.*).

pollastro *s.m.* **1** poulet **2** (*fig.*) poire (*f.*).

polleria *s.f.* magasin de volailles.

pollice *s.m.* **1** pouce; (*del piede*) (gros) orteil: *succhiarsi il* —, sucer son pouce; *girare i pollici*, se tourner les pouces **2** (*unità di misura*) pouce.

pollicoltore *s.m.* aviculteur.

pollicoltura *s.f.* élevage de volaille.

polline *s.m.* pollen.

pollivendolo *s.m.* marchand de volailles.

pollo *s.m.* **1** poulet: — *d'allevamento*, poulet d'élevage; — *novello*, jeune poulet || (*fig.*): *andare a letto coi polli*, se coucher avec les poules; *non fare ridere i polli!*, laisse-moi-rire!; *conosco i miei polli*, je connais mon monde **2** (*fig. spreg.*) pigeon.

pollone *s.m.* (*bot.*) bourgeon; (*radicale*) rejeton.

polluzione *s.f.* pollution.

polmonare *agg.* pulmonaire.

polmone *s.m.* **1** poumon: *a pieni polmoni*, à

pleins poumons; *il turismo è il — dell'economia italiana*, le tourisme est le ballon d'oxygène de l'économie italienne || *— d'acciaio*, poumon d'acier 2 (*macelleria*) mou.

polmonite *s.f.* (*med.*) pneumonie.

polo[1] *s.m.* pôle: *spedizione al Polo*, expédition polaire || *— di sviluppo*, pôle de croissance; *— d'attrazione*, pôle d'attraction || *siamo ai poli opposti*, (*fig.*) nous sommes aux deux extrêmes.

polo[2] *s.m.* (*sport*) polo ♦ *s.f.* (*maglietta*) polo (*m.*).

polpa *s.f.* 1 pulpe || (*anat.*) *— dentale, dentaria*, pulpe dentaire 2 (*macelleria*) viande: *— di manzo*, viande de bœuf; *taglio tutta —*, morceau sans os 3 (*fig.*) substance.

polpaccio *s.m.* mollet.

polpastrello *s.m.* bout du doigt.

polpetta *s.f.* croquette || *ridurre qlcu in polpette*, (*scherz.*) faire de qqn de la chair à pâté || *— (di cibo avvelenato)*, boulette (empoisonnée).

polpettone *s.m.* (*cuc.*) rouleau* de viande hachée || *un —*, (*di film, libro ecc.*) un vrai navet.

polpo *s.m.* poulpe.

polposo *agg.* pulpeux*.

polputo *agg.* charnu.

polsino *s.m.* poignet.

polso *s.m.* 1 poignet || *orologio da —*, montre-bracelet 2 (*di abito, camicia ecc.*) poignet 3 (*med.*) pouls: *tastare il —*, tâter le pouls, (*fig.*) prendre le pouls de l'économie || *il — gli manca*, son pouls défaille 4 (*fig.*) poigne (*f.*): *uomo di —*, homme à poigne; *donna di —*, une femme de caractère; *avere —, un — fermo*, avoir de la poigne, une poigne de fer; *essere privo di —*, manquer d'autorité; *ci vuole il — di ferro con lui*, il faut avoir de la poigne avec lui.

poltiglia *s.f.* 1 bouillie (*anche fig.*) 2 (*fanghiglia*) boue, vase: *la neve è diventata una —*, la neige n'est plus que de la boue.

poltrire (*coniug. come* finire) *v.intr.* paresser: *— a letto fino a mezzogiorno*, paresser au lit jusqu'à midi, faire la grasse matinée.

poltrona *s.f.* 1 fauteuil (*m.*); *— a rotelle*, fauteuil roulant; *— letto*, fauteuil convertible || (*fig.*): *ambire alla — di presidente*, aspirer au poste de président; *non vuole lasciare la —*, il ne veut pas renoncer à sa charge 2 (*teatr.*) fauteuil de première série (du parterre).

poltroncina *s.f.* (*teatr.*) fauteuil de deuxième série (du parterre).

poltrone *agg.* e *s.m.* paresseux*.

poltroneria *s.f.* fainéantise.

poltronissima *s.f.* (*teatr.*) fauteuil d'orchestre.

polvere *s.f.* poussière; (*prodotto industriale*) poudre: *cioccolato in —*, chocolat en poudre; *scuotersi la — di dosso*, secouer la poussière de ses vêtements; *ridurre in —*, réduire en poudre, (*fig.*) réduire en poussière; *andare in —*, tomber en poussière || (*fig.*): *far mordere la —*, faire mordre la poussière; *gettare la — negli occhi a qlcu*, jeter de la poudre aux yeux de qqn; *far mangiare la — a qlcu*, laisser qqn loin derrière soi || *— (da sparo)*, poudre (à feu); *innescare le polveri*, allumer les poudres; *dar fuoco alle polveri*, (*fig.*) mettre le feu aux poudres.

polveriera *s.f.* poudrière.

polverificio *s.m.* poudrerie (*f.*).

polverina *s.f.* poudre || *vino fatto con le polverine*, (*fam.*) vin frelaté.

polverio *s.m.* tourbillon de poussière.

polverizzare *v.tr.* pulvériser (*anche fig.*) □ **polverizzarsi** *v.pron.* se pulvériser (*anche fig.*) || *il mio stipendio si è polverizzato in un batter d'occhio*, mon salaire s'est volatilisé en un rien de temps.

polverizzatore *s.m.* (*nebulizzatore*) pulvérisateur.

polverizzazione *s.f.* (*nebulizzazione*) pulvérisation.

polverone *s.m.* nuage de poussière || *sollevare un —*, (*fig.*) faire du bruit.

polveroso *agg.* 1 (*coperto di polvere*) poussiéreux* 2 (*simile alla polvere*) poudreux*.

pomata *s.f.* pommade.

pomellato *agg.* pommelé.

pomello *s.m.* 1 (*della guancia*) pommette (*f.*) 2 (*pomolo*) pommeau*.

pomeridiano *agg.* de l'après-midi.

pomeriggio *s.m.* après-midi*: *al, di, nel —*, l'après-midi; *questo —, oggi —*, cet après-midi; *domani, ieri —*, demain, hier (dans l') après-midi; *di primo —*, l'après-midi de bonne heure; *nel tardo —*, tard dans l'après-midi; *il — prima, dopo*, l'après-midi précédent, suivant; (*in*) *un bel — d'estate*, par un bel après-midi d'été.

pometo *s.m.* pommeraie (*f.*).

pomice *s.f.* pierre ponce: *dare la —*, poncer.

pomiciare (*coniug. come* cominciare) *v.intr.* (*fam.*) peloter (qqn).

pomiciatura *s.f.* (*tecn.*) ponçage (*m.*).

pomicione *s.m.* (*fam.*) peloteur.

pomo *s.m.* pomme (*f.*) || *— della spada*, pommeau.

pomodoro *s.m.* tomate (*f.*).

pompa[1] *s.f.* (*mecc.*) pompe: *— della benzina*, pompe à essence; *— della bicicletta*, pompe à vélo.

pompa[2] *s.f.* 1 (*fasto*) pompe, faste (*m.*), apparat (*m.*) || *in — magna*, en grande pompe 2 *pl.* (*vanità, piaceri*) pompes, vanités: *rinunciare al mondo e alle sue pompe*, renoncer au monde et à ses fastes 3 (*ostentazione*) montre, parade: *far — di erudizione*, faire montre de son érudition.

pompaggio *s.m.* pompage.

pompare *v.tr.* 1 (*aspirare*) pomper 2 (*gonfiare*) gonfler || *la notizia è stata pompata ad arte*, cette nouvelle a été grossie, montée en épingle intentionnellement.

pompata *s.f.* coup de pompe.

pompeiano *agg.* pompéien*.

pompelmo *s.m.* 1 (*albero*) pamplemoussier 2 (*frutto*) pamplemousse: *— rosa*, pomélo.

pompiere *s.m.* pompier.

pompieristico (*pl.* -*ci*) *agg.* pompier*.

pomposità *s.f.* pompe, faste (*m.*).

pomposo *agg.* pompeux* || **-mente** *avv.*

ponce *s.m.* punch.

ponderabile *agg.* pondérable.

porre

ponderare *v.tr.* peser* (*spec. fig.*) ♦ *v.intr.* (*riflettere*) réfléchir.
ponderatamente *avv.* avec pondération.
ponderatezza *s.f.* pondération.
ponderato *agg.* pondéré, réfléchi.
ponderazione *s.f.* pondération, réflexion.
ponderoso *agg.* lourd || *uno studio* —, une étude très approfondie; *dopo* — *studio*, (*iron.*) après mûre réflexion.
ponente *s.m.* ouest; (*dove tramonta il sole*) couchant: *a* — (*di*), à l'ouest (de); (*vento di*) —, vent d'ouest; *navigare verso* —, naviguer vers l'ouest; *verso* — *le nuvole erano rosse*, vers le couchant les nuages étaient rouges.
ponfo *s.m.* (*med.*) bouton, pustule (*f.*).
ponte *s.m.* 1 pont: — *ferroviario*, pont de chemin de fer, pont-rail; — *stradale*, pont routier, pont-route; — *a bilico*, pont-bascule; — *di barche*, pont de bateaux || (*mecc.*) *gru a* —, pont roulant || — *radio*, liaison radio || (*mar.*): — *di coperta*, pont principal; — *di comando*, pont-passerelle; — *passeggiata*, pont-promenade; — *di poppa*, pont arrière; — *di prua*, plage avant || (*fig.*): *fare da* —, servir de pont; *fare ponti d'oro a qlcu*, faire un pont d'or à qqn; *ne è passata di acqua sotto i ponti!*, il en a coulé de l'eau sous les ponts! || *le acque chete rovinano i ponti*, il n'est pire eau que l'eau qui dort 2 (*edil.*) (*ponteggio*) pont de service 3 (*di autofficina*) pont élévateur 4 (*odontoiatria*) bridge 5 *gioco del* —, bridge.
pontefice *s.m.* pontife.
ponteggio *s.m.* (*edil.*) échafaudage.
ponticello *s.m.* 1 petit pont, passerelle (*f.*) 2 (*di strumento musicale*) chevalet.
pontiere *s.m.* (*mil.*) pontonnier.
pontificale *agg.* pontifical* ♦ *s.m.* 1 (*messa solenne*) messe pontificale 2 (*libro*) pontifical*.
pontificare (*coniug. come* mancare) *v.intr.* pontifier (*anche fig.*).
pontificato *s.m.* pontificat.
pontificio *agg.* pontifical* || *la Roma pontificia*, la Rome papale || (*st.*) *Stato* —, État pontifical.
pontile *s.m.* débarcadère, quai.
pontone *s.m.* ponton: — (*a*) *gru*, ponton-grue.
pony *s.m.* poney.
ponzare *v.intr.* (*scherz.*) (*arrovellarsi*) se creuser la tête; (*riflettere*) cogiter.
pope (*pl. invar.*) *s.m.* pope.
popelin *s.m.* (*tess.*) popeline (*f.*).
popolamento *s.m.* peuplement.
popolana *s.f.* femme du peuple.
popolano *agg.* populaire ♦ *s.m.* homme du peuple.
popolare[1] *agg.* populaire || *case popolari*, habitations à loyer modéré (*o* HLM) || *musica* —, musique folklorique || *prezzi popolari*, prix réduits; *vendita a prezzi popolari*, vente à prix de liquidation.
popolare[2] *v.tr.* peupler □ **popolarsi** *v.pron.* 1 se peupler 2 (*riempirsi di gente*) se remplir (de monde).
popolareggiante *agg.* de manière populaire.

popolaresco (pl. -*chi*) *agg.* populaire.
popolarità *s.f.* popularité.
popolarizzare *v.tr.* populariser.
popolarmente *avv.* populairement.
popolato *agg.* peuplé.
popolazione *s.f.* population.
popolino *s.m.* (*spreg.*) menu peuple.
popolo *s.m.* 1 peuple 2 (*moltitudine*) foule (*f.*).
popoloso *agg.* populeux*.
popone *s.m.* melon: — *zuccherino*, (melon) sucrin.
poppa[1] *s.f.* (*mar.*) poupe, arrière (*m.*): *navigare col vento in* —, (*spec. fig.*) avoir le vent en poupe.
poppa[2] *s.f.* (*fam.*) mamelle (*m.*); (*di animale*) pis (*m.*), tétine.
poppante *s.m.* nourrisson.
poppare *v.tr.* téter*.
poppata *s.f.* tétée.
poppatoio *s.m.* biberon.
populismo *s.m.* populisme.
populista *agg. e s.m.* populiste.
populistico (pl. -*ci*) *agg.* populiste.
porcaio[1] *s.m.* porcherie (*f.*).
porcaio[2], **porcaro** *s.m.* porcher.
porcata *s.f.* (*molto fam.*) cochonnerie: *è una* —, c'est de la merde.
porcellana *s.f.* porcelaine.
porcellanato *agg.* émaillé.
porcellino *s.m.* porcelet, petit cochon (*anche fig.*): — *di latte*, cochon de lait.
porcello *s.m.* pourceau*.
porcheria *s.f.* 1 saleté; (*fig.*) cochonnerie 2 (*fam.*) (*azione a danno di qlcu*) saloperie.
porchetta *s.f.* (*cuc.*) cochon de lait rôti.
porcile *s.m.* porcherie (*f.*).
porcino *agg.* porcin || *carne porcina*, viande de porc ♦ *s.m.* (*bot.*) cèpe, bolet comestible.
porco (pl. -*ci*) *s.m.* 1 cochon, porc || *piede di* —, pied-de-porc 2 (*fig. molto fam.*) cochon, salaud.
porcospino *s.m.* porc-épic* (*anche fig.*).
porfido *s.m.* porphyre.
porgere (*coniug. come* scorgere) *v.tr.* tendre*; (*passare*) passer || — *il braccio*, offrir le bras || — *aiuto*, aider || — *l'altra guancia*, tendre l'autre joue || *vi porgo i migliori auguri*, je vous présente mes meilleurs vœux.
porno *agg.invar.* (*pornografico*) porno.
pornografia *s.f.* pornographie.
pornografico (pl. -*ci*) *agg.* pornographique.
pornografo *s.m.* pornographe.
pornostar *s.f.* star du porno.
poro *s.m.* pore.
porosità *s.f.* porosité.
poroso *agg.* poreux*.
porpora *s.f.* pourpre || *farsi di* —, (*arrossire*) rougir ♦ *agg.* pourpre.
porporina *s.f.* purpurine.
porporino *agg.* pourpre; pourpré.
porre (*Indic.pres.* io pongo, tu poni ecc.; *pass.rem.* io posi, tu ponesti ecc. *Part.pass.* posto) *v.tr.* 1 mettre*; (*posare*) poser; (*collocare*) pla-

cer* (*anche fig.*) || — *qlcu in disparte*, mettre qqn de côté || — *in dubbio*, mettre en doute || — *un termine*, fixer un terme || — *ai voti*, mettre aux voix || — *a confronto*, confronter || *senza por tempo in mezzo*, sans délai || — *termine, fine a qlco*, mettre fin à qqch || — *riparo a*, porter remède à || — *in atto, in opera*, mettre à exécution, en œuvre || — *mano a*, mettre la main à || *i familiari posero*, (*sulle lapidi*) (posé par) la famille 2 (*rivolgere*) poser: — *una domanda*, poser une question (à) 3 (*supporre, ammettere*) supposer, mettre*: *poni che non possa venire*, suppose qu'elle ne puisse pas venir; *poniamo il caso che...*, supposons que... || *posto che*, (*dato che*) puisque; (*ammesso che*) si □ **porsi** *v.pron.* se mettre* || — *a sedere*, s'asseoir.

porro *s.m.* 1 poireau* 2 (*fam.*) (*verruca*) verrue (*f.*).

porta *s.f.* 1 porte: — *d'ingresso*, — *di strada*, porte d'entrée; — *a vetri*, porte vitrée; — *girevole*, porte à tambour || *chiudere la* — *in faccia, sul naso a qlcu*, claquer la porte au nez de qqn || — *di servizio*, entrée de service || *a porte chiuse*, à huis clos || *il signore della* — *accanto*, le monsieur d'à côté || *abitare* — *a* —, habiter porte à porte || *andare di* — *in* —, aller de porte en porte; (*di venditore ambulante ecc.*) faire du porte à porte || *ascoltare dietro le porte*, écouter aux portes || *aprire la* — *a qlcu*, (*fig.*) ouvrir sa porte à qqn || *le elezioni sono alle porte*, les élections sont pour bientôt 2 (*sport*) but (*m.*); (*sci*) porte.

porta- *pref.*

portabagagli *s.m.* 1 (*facchino*) porteur 2 (*di automobili, treno ecc.*) porte-bagages* || *carrello* —, chariot à bagages 3 (*fam.*) (*bagagliaio*) coffre.

portabandiera (pl. *invar.*) *agg.* e *s.m.* porte-drapeau*.

portabile *agg.* portable.

portabiti *s.m.* valet (de nuit).

portaborse *s.m.* (*fam. spreg.*) factotum.

portabottiglie *s.m.* porte-bouteilles*.

portacarte *s.m.* porte-documents*.

portacenere (pl. *invar.*) *s.m.* cendrier.

portachiavi (pl. *invar.*) *s.m.* porte-clés*.

portacipria (pl. *invar.*) *s.m.* poudrier.

portadischi *s.m.*: (*album*) —, album pour disques; (*valigetta*) valise pour disques.

portadocumenti *s.m.* porte-documents*.

portaerei *s.f.* porte-avions* (*m.*).

portafinestra (pl. *portefinestre*) *s.f.* portefenêtre*.

portafiori *s.m.* vase (à fleurs).

portafogli(o) *s.m.* portefeuille: *avere il* — *gonfio*, avoir son portefeuille bien garni || — *titoli*, portefeuille titres || *gonna a* —, jupe portefeuille.

portafortuna (pl. *invar.*) *s.m.* porte-bonheur*.

portagioie, portagioielli *s.m.* coffret à bijoux.

portalampada (pl. *invar.*) *s.m.* douille (*f.*).

portale *s.m.* portail.

portalettere *s.m.* facteur.

portamatite *s.m.* porte-crayon*.

portamento *s.m.* port; (*aspetto, modo di essere*)

allure (*f.*); (*modo di camminare*) démarche (*f.*): *avere un bel* —, avoir une belle allure.

portamine *s.m.* portemine.

portamonete *s.m.* porte-monnaie*.

portante *agg.* portant; (*fis., elettr.*) porteur*.

portantina *s.f.* 1 chaise à porteurs 2 (*lettiga*) brancard (*m.*).

portantino *s.m.* brancardier.

portanza *s.f.* portance.

portaombrelli *s.m.* porte-parapluies*.

portaordini *s.m.* messager.

portapacchi *s.m.* porte-bagages*.

portapenne *s.m.* porte-plume*.

portaposate *s.m.* panier à couverts.

portare *v.tr.* 1 porter (*anche fig.*); (*recare, portare verso qlcu*) apporter; (*a casa*) rapporter; (*prendere qlco con sé*) prendre*: — *un pacco alla posta*, porter un paquet à la poste; *portami quel libro*, apporte-moi ce livre; *mi ha portato una buona notizia*, il m'a apporté une bonne nouvelle; *cosa ti ha portato da Roma?*, qu'est-ce qu'il t'a rapporté de Rome?; *mi porti il conto, per favore*, l'addition, s'il vous plaît || — *delle prove convincenti*, fournir des preuves convaincantes || *portarsi dietro qcn*, emmener qqn; *portarsi dietro qlco*, emporter qqch || *non ho portato l'ombrello*, je n'ai pas pris mon parapluie || — *avanti qlco*, poursuivre qqch || — *in alto*, soulever || — *indietro*, rapporter; (*fig.*) ramener: *se il libro non ti piace, lo puoi sempre* — *indietro*, si le livre ne te plaît pas, tu peux toujours le rapporter au libraire; *questa musica mi porta indietro di dieci anni*, cette musique me ramène en arrière de dix ans || — *fuori*, sortir || — *dentro*, rentrer || — *su, di sopra*, monter || — *giù, da basso*, descendre || — *via*, emporter; (*togliere*) enlever; (*condurre via*) emmener; (*rubare*) voler: *gli ha portato via il posto*, il lui a soufflé sa place; *lavoro che porta via molto tempo*, travail qui prend beaucoup de temps 2 (*condurre*) mener* (*spec. fig.*); (*con sé*) emmener*; (*in un posto*) amener* (*anche fig.*); (*in un posto preciso*) conduire*: *questa strada porta in città*, cette route mène à la ville; *mi porti con te al cinema?*, tu m'emmènes au cinéma?; *mi porti a fare un giro sulla tua moto?*, tu m'emmènes faire un tour sur ta moto?; *questa sera ti porto a mangiare fuori*, ce soir je t'emmène dîner dehors; — *in prigione*, conduire en prison; *chi l'ha portato qui?*, qui l'a conduit ici?; *puoi* — *un amico*, tu peux amener un ami; *questi tubi portano acqua al giardino*, ces tuyaux amènent l'eau au jardin || *questo mi porta a credere che...*, cela m'amène à croire que...; *questa politica porterà il paese alla rovina*, cette politique conduira le pays à sa perte 3 (*reggere, sostenere*) porter (*anche fig.*); (*sopportare*) supporter: — *un bambino in braccio*, porter un enfant dans ses bras; — *le conseguenze di qlco*, supporter les conséquences de qqch || — *bene gli anni*, ne pas paraître son âge 4 (*trasportare*) transporter: *la nave portava un carico di arance*, le navire transportait une cargaison d'oranges 5 (*indossare, portare su di sé*) porter || *è uno sciocco, lo porta* *scritto in fronte*, il porte sa bêtise sur sa figure || *è vietato — armi*, le port d'armes est interdit **6** (*sostenere*) soutenir*: — *un candidato*, soutenir un candidat **7** (*avere come conseguenza*) entraîner; (*esigere*) exiger* **8** (*guidare un veicolo*) conduire* **9** (*aritmetica*) retenir* ♦ *v.intr.* **1** (*condurre*) mener* **2** (*di arma da fuoco; di vele*) porter □ **portarsi** *v.pron.* **1** (*recarsi*) se rendre*; (*trascinarsi*) traîner; (*di veicolo*) se déplacer* **2** (*presentarsi*) se porter **3** (*comportarsi*) se conduire*, se comporter.

portaritratti (pl. *invar.*) *s.m.* sous-verre*.

portariviste *s.m.* porte-revues*.

portasapone (pl. *invar.*) *s.m.* porte-savon*.

portasci *s.m.* porte-skis*.

portasciugamani, **portasciugamano** (pl. *invar.* o *-ni*) *s.m.* porte-serviettes*.

portasigarette *s.m.* porte-cigarettes*.

portata *s.f.* **1** portée (*anche fig.*) **2** (*di arma da fuoco*) portée **3** (*capacità di carico*) portée || — *lorda*, port en lourd **4** (*di un pranzo*) plat (*m.*) || *la prima* —, l'entrée **5** (*quantità di acqua trasportata*) débit (*m.*).

portatile *agg.* portatif* || *personal computer* —, PC portatif, portable.

portato *agg.* **1** (*dotato*) doué **2** (*incline*) porté ♦ *s.m.* produit; (*risultato*) résultat, conséquence (*f.*).

portatore (f. *-trice*) *s.m.* porteur* (*anche fig.*).

portatovagliolo (pl. *invar.* o *-li*) *s.m.* rond de serviette.

portauovo *s.m.* coquetier.

portavalori (pl. *invar.*) *s.m.* **1** (*persona*) convoyeur de fonds **2** *furgone* —, fourgon pour le transfert de fonds.

portavasi *s.m.* (*per più vasi*) jardinière (*f.*); (*per un vaso*) cache-pot*.

portavoce (pl. *invar.*) *s.m.* (*fig.*) porte-parole*.

portello *s.m.* **1** porte (*f.*) **2** (*mar.*) sabord.

portento *s.m.* prodige || *questo ragazzo è un* —, ce garçon est un phénomène || *questo prodotto è un* —, ce produit est une merveille.

portentoso *agg.* prodigieux*.

porticato *s.m.* portique, arcades (*f.pl.*).

portico (pl. *-ci*) *s.m.* **1** (*di edificio*) porche; (*di chiesa ecc.*) portique **2** pl. (*di via, piazza*) arcades (*f.*) **3** (*di fattoria*) *hangar.

portiera *s.f.* **1** portière **2** (*portinaia*) concierge.

portierato *s.m.* conciergerie (*f.*).

portiere *s.m.* **1** (*portinaio*) concierge **2** (*di edificio pubblico*) portier: — *d'albergo*, portier d'hôtel || — *di notte*, veilleur de nuit **3** (*sport*) gardien (de but).

portinaia *s.f.* concierge.

portinaio *s.m.* concierge || *frate* —, frère portier.

portineria *s.f.* loge de la, du concierge.

porto[1] *s.m.* (*mar.*) port: — *fluviale, turistico*, port fluvial, port de plaisance; — *mercantile*, port de commerce; — *di scalo*, port d'escale; *tornare in* —, rentrer au port; *toccare un* —, faire escale dans un port || (*fig.*): *giungere in* —, toucher au but; — *di salvezza*, port de salut; *condurre in* — *un affare*, mener à bien une affaire; *que-*

sta casa è un — *di mare*, cette maison est un moulin.

porto[2] *s.m.* port || — *a carico del mittente*, port payé.

portoghese *agg.* e *s.m.* **1** portugais **2** (*fig.*) resquilleur*.

portolano *s.m.* (*mar.*) portulan.

portone *s.m.* porte (de l'immeuble); (*di vecchie case*) porte cochère.

portuale *agg.* portuaire, du port ♦ *s.m.* docker.

portulaca (pl. *-che*) *s.f.* (*bot.*) pourpier (*m.*).

porzione *s.f.* **1** part **2** (*di cibo*) part; (*al ristorante*) portion: *fare le porzioni*, faire les parts.

posa *s.f.* **1** pose: *è solo una* —, c'est du chiqué || (*fot.*) *restare in* —, garder la pose || *assumere pose da superuomo*, se prendre pour superman || (*senza* —, sans répit || — *in opera*, mise en œuvre, installation: — *in opera di un cavo sottomarino*, immersion d'un câble sous-marin.

posacavi *s.m.* (*mar.*) câblier.

posacenere (pl. *invar.*) *s.m.* → **portacenere**.

posapiano (pl. *invar.*) *s.m.* (*scherz.*) lambin.

posapiedi *s.m.* tabouret.

posare *v.tr.* poser || — *le armi*, déposer les armes ♦ *v.intr.* **1** reposer **2** (*stare in posa*) poser **3** (*ostentare affettazione*) jouer: *non* — *a intellettuale!*, ne joue pas les intellectuels! || *è una che posa sempre*, c'est une poseuse □ **posarsi** *v.pron.* se poser; (*depositarsi*) se déposer.

posata *s.f.* (*coltello*) couteau* (*m.*); (*forchetta*) fourchette; (*cucchiaio*) cuiller, cuillère; *pl.* (*l'insieme*) couverts (*m.*).

posatezza *s.f.* air posé; calme (*m.*).

posato *agg.* posé.

posatoio *s.m.* perchoir, juchoir.

posatore (f. *-trice*) *s.m.* poseur* (*anche fig.*).

poscia *avv.* (*letter.*) ensuite, puis.

poscritto *s.m.* post-scriptum*.

posdomani *avv.* après-demain.

positiva *s.f.* (*fot.*) épreuve positive, positif (*m.*).

positivamente *avv.* positivement.

positivismo *s.m.* positivisme.

positivista *s.m.* positiviste.

positivistico (pl. *-ci*) *agg.* positiviste.

positività *s.f.* positivité.

positivo *agg.* e *s.m.* positif* || *di* — *so solo che...*, tout ce que je sais, c'est que... || *è* — *che...*, il est certain que...

positura *s.f.* position.

posizionamento *s.m.* positionnement.

posizionare *v.tr.* positionner □ **posizionarsi** *v.pron.* se positionner.

posizione *s.f.* **1** position (*anche fig.*): *una* — *di comando*, une position d'autorité; *difendere la propria* — *ideologica*, défendre ses positions idéologiques; *mantenere le proprie posizioni*, rester sur ses positions || *essere in una bella* —, (*di edificio, località ecc.*) être bien situé || *una buona* —, (*in una classifica*) un bon classement || *mettersi in una* — *comoda*, s'installer confortablement || *in* — *di attenti, di riposo*, au garde-à-vous, en position de repos **2** (*condizione economica*) situation: *farsi una —*, se faire une situation; *avere una — solida, una buona —*, avoir une situation assise.

posologia *s.f.* posologie.

posporre (*coniugato come* porre) *v.tr.* **1** placer* après; (*fig.*) faire* passer après **2** (*posticipare*) renvoyer*.

posposto *agg.* (*nel tempo*) ajourné; (*per importanza*) placé après; (*gramm.*) postposé.

possanza *s.f.* (*letter.*) puissance.

possedere (*coniug. come* sedere) *v.tr.* posséder* ‖ *essere posseduto dal diavolo*, être possédé par le démon; *essere posseduto dalla passione*, être la proie de la passion.

possedimento *s.m.* **1** possession (*f.*) **2** (*proprietà*) propriété (*f.*).

posseduto *agg.* e *s.m.*: — (*dal demonio*), possédé (par le démon).

possente *agg.* puissant.

possessione *s.f.* (*psic.*) possession.

possessivo *agg.* possessif*.

possesso *s.m.* **1** possession (*f.*): *venire in — di*, entrer en possession de; *essere in — di una fortuna*, disposer d'une fortune; *essere in — di un'informazione*, détenir une information; *essere in — di un diploma*, avoir un diplôme; *la lettera è in nostro —*, la lettre est entre nos mains; *come sei venuto in — di questo libro?*, comment as-tu eu ce livre? ‖ *nel pieno — delle proprie facoltà mentali*, en possession de ses facultés mentales ‖ *il — di una lingua*, (*padronanza*) la maîtrise d'une langue **2** (*spec.pl.*) (*proprietà*) propriété (*f.*).

possessore *s.m.* possesseur.

possibile *agg.* possible: *non mi è — venire*, il ne me sera pas possible de venir; *non mi è — aiutarti*, je ne peux pas t'aider; *appena —*, dès que possible; *il meglio —*, aussi bien que possible; *—!*, pas possible!, ce n'est pas vrai!; *possibilissimo!*, fort possible! ♦ *s.m.* possible: *farò (tutto) il — per...*, je ferai mon possible pour...; *fare il — e l'impossibile*, faire tout son possible ‖ *nel limite del —, per quanto (è) —*, dans la mesure du possible.

possibilismo *s.m.* attitude conciliante.

possibilista *agg.* conciliant ‖ *politica —*, politique de conciliation ♦ *s.m.* (*in politica*) partisan d'une politique de conciliation.

possibilità *s.f.* **1** possibilité; (*probabilità*) chance: *ci sono due —*, il y a deux possibilités; *avere la — di*, avoir la possibilité de; *ha buone — di trovare un lavoro*, il a de fortes chances de trouver un travail; *c'è qualche — di salvarlo*, il existe quelques chances de le sauver; *non c'è nessuna — che venga*, il n'y a aucune chance qu'il vienne **2** *pl.* possibilités; (*spec. materiali*) moyens (*m.*): *nel limite delle mie —*, selon les moyens; *secondo le mie —*, selon mes possibilités; *ha grandi —*, (*economiche*) il a de gros moyens, (*intellettuali*) il a de grandes possibilités; *ha — (economiche) limitate*, ses moyens sont limités.

possibilmente *avv.* si possible.

possidente *s.m.* propriétaire.

post- *pref.* post-

posta *s.f.* **1** (*servizio postale*) poste; (*corrispondenza*) courrier (*m.*): *per —*, par la poste; *per — aerea*, par avion; *per — ordinaria*, par courrier ordinaire; *a stretto giro di —*, par retour du courrier; *con la — di domani*, par le courrier de demain; *levare la —*, faire la levée du courrier; *c'è — per me?*, il y a du courrier pour moi? ‖ *la — dei lettori*, (*sui giornali*) le courrier des lecteurs ‖ *— elettronica*, messagerie électronique ‖ *impiegato delle poste*, employé des Postes, postier ‖ *Ministero delle Poste e delle Telecomunicazioni*, Ministère des Postes et Télécommunications **2** (*ufficio postale*) (bureau de) poste: *andare alla —*, aller à la poste, au bureau de poste; *— centrale*, Poste centrale, grande Poste **3** (*antiq.*) (*stazione di diligenza*) poste: *stazione di —*, relais **4** (*caccia*) affût (*m.*): *stare alla —*, se mettre à l'affût ‖ *fare la — a qlcu*, guetter qqn **5** (*al gioco*) mise; (*di scommessa*) enjeu* (*m.*) (*anche fig.*) **6** (*eccl.*) station (du chemin de Croix) □ **a bella posta** *locuz.avv.* à dessein.

postagiro *s.m.* virement postal.

postale *agg.* postal*: *ufficio —*, bureau de poste; *spese postali*, frais d'envoi; *impiegato —*, employé des Postes, postier ♦ *s.m.* (*nave*) paquebot; (*treno*) train postal; (*aereo*) avion postal.

postazione *s.f.* emplacement (*m.*); (*mil.*) poste (*m.*).

postbellico (*pl. -ci*) *agg.* de l'après-guerre.

postdatare *v.tr.* postdater.

postdatato *agg.* postdaté.

posteggiare (*coniug. come* mangiare) *v.tr.* garer.

posteggiatore *s.m.* **1** (*custode di posteggio*) gardien de parking **2** (*region.*) (*suonatore ambulante*) musicien ambulant **3** (*venditore ambulante*) marchand ambulant.

posteggio *s.m.* parking: *mettere in —*, garer; *mettersi in —*, se garer ‖ *divieto di —*, stationnement interdit ‖ (*per venditori ambulanti*): *diritto di —*, droit d'étalage; *tassa di —*, hallage.

postelegrafonico (*pl. -ci*) *agg.* des PTT (des Postes et Télécommunications) ♦ *s.m.* postier.

poster *s.m.* (*manifesto illustrato*) affiche (*f.*); (*foto ingrandita di attore, cantante ecc.*) poster.

posteriore *agg.* postérieur ‖ (*aut.*) *luci posteriori*, feux arrière.

posteriori, a *locuz.avv.* a posteriori.

posteriorità *s.f.* postériorité.

posteriormente *avv.* **1** (*nella parte posteriore*) dans la partie postérieure **2** (*dopo*) postérieurement.

posterità *s.f.* postérité.

postero *s.m.* (*spec. pl.*) descendant ‖ *passare ai posteri*, passer à la postérité.

postfazione *s.f.* postface.

posticcio *agg.* postiche; (*falso*) faux* ♦ *s.m.* (*di capelli*) postiche.

posticino *s.m.* (*fam.*) petit coin.

posticipare *v.tr.* retarder; (*un pagamento ecc.*) différer*; (*un appuntamento, una scadenza ecc.*) renvoyer*.

posticipatamente *avv.* à terme échu: — *alla consegna della merce*, après livraison.

posticipato *agg.* **1** (*rinviato*) différé; (*di appuntamento, scadenza ecc.*) renvoyé **2** (*di pagamento*) (à) terme échu, à échoir.

posticipazione *s.f.* renvoi (*m.*); (*di pagamento*) délai (*m.*).

postiglione *s.m.* postillon.

postilla *s.f.* annotation, note; (*fig.*) (*precisazione*) remarque.

postillare *v.tr.* annoter.

postimpressionismo *s.m.* (*arte*) postimpressionnisme.

postimpressionista *agg.* e *s.m.* postimpressionniste.

postina *s.f.* facteur (femme).

postindustriale *agg.* postindustriel*.

postino *s.m.* facteur.

postlaurea *agg.* postuniversitaire.

postmoderno *agg.* e *s.m.* postmoderne.

posto[1] *s.m.* **1** place (*f.*): — *in piedi, a sedere*, place debout, assise; *non ho trovato* —, *un* —, il n'a pas trouvé de place, une seule place; *è al terzo* — *in classifica*, il occupe la troisième place au palmarès; *l'Italia è al primo* — *per la produzione di olio di oliva*, l'Italie est au premier rang pour la production d'huile d'olive; *conquistare un* — *al sole*, (*fig.*) se faire une place au soleil || (*in treno*) — *d'angolo*, (*alla finestra*) coin fenêtre, (*al corridoio*) coin couloir || (*teatr.*): *primi posti*, premiers rangs; *posti di platea*, fauteuils d'orchestre; *posti di balconata*, fauteuils de balcon || *in nessun* —, nulle part || *al* — *di*, à la place de; *al mio, al tuo ecc.*, à ma place, à ta place, etc. || *cos'hai al* — *del cervello?*, tu es tombé sur la tête? || *essere fuori* —, (*anche fig.*) ne pas être à sa place; *mettere fuori* —, mettre en désordre; *mi sento fuori* —, je ne me sens pas à mon aise; *ho lo stomaco fuori* —, j'ai l'estomac barbouillé; *non ha un capello fuori* —, elle n'a pas un cheveu qui dépasse; *osservazione fuori* —, remarque déplacée || *eseguito sul* —, fait sur place; *la polizia è sul* —, la police est sur les lieux **2** (*luogo, spazio adibito a usi particolari*) poste: — *di polizia*, poste de police; — *di guardia*, poste de garde; — *di pronto soccorso*, poste de secours || — *di blocco*, barrage de police || (*rad.*) — *d'ascolto*, poste d'écoute || — *macchina*, place de parking || — *telefonico* (*pubblico*), téléphone public **3** (*sito*) lieu*; (*località*) endroit: *un* — *di villeggiatura*, un lieu de villégiature; *un* — *delizioso*, un endroit délicieux || *del* —, du pays; *la gente del* —, les gens du pays **4** (*impiego*) emploi, place (*f.*); (*spec. di funzionario*) poste; (*lavoro*) travail*: *perdere il* —, perdre sa place; *cambiare* —, changer de travail; *avere un buon* —, avoir une bonne situation; *cercare un* —, chercher un emploi, une place; *trovare un* —, trouver du travail; *avere un* — *al ministero*, avoir un poste au ministère; *coprire un* — *vacante*, occuper un poste vacant; *impiego un'ora per arrivare sul* — *di lavoro*, je mets une heure pour arriver sur mon lieu de travail; *ricoprire un* — *di responsabilità*, avoir des fonctions de responsabilité □ **a posto** *locuz.avv.* à sa place; (*in ordine*) en ordre: *rimetti a* — *quei libri*, remets ces livres à leur place; *la mia stanza è già a* —, ma chambre est déjà en ordre; *avere i capelli a* —, être bien peigné; *mettersi a* — *i capelli*, arranger sa coiffure; *avere i vestiti a* —, être bien mis; *mettersi a* — *i vestiti*, arranger sa toilette; *il passaporto è a* —, le passeport est en règle; *mettere a* — *qlco*, (*aggiustare*) réparer qqch, (*fig.*) arranger qqch; *metterò io le cose a* —!, je vais arranger cela!; *mettere a* — *le proprie cose, i propri affari*, (*fig.*) régler ses affaires; *mettiamo le cose a* —, (*fig.*) (*in chiaro*) mettons les choses au clair; *mettere a* — *qlcu* (*fam.*) (*trovargli un impiego*) trouver un emploi à qqn, (*dargli una lezione*) remettre qqn à sa place; *mettersi a* —, (*fam.*) (*trovare un impiego*) trouver un emploi || *essere a* — *con la coscienza*, avoir la conscience tranquille; *sono a* —, (*sto bene*) ça va, (*non ho niente da temere*) je suis tranquille; *non mi sento a* —, (*di salute*) je ne me sens pas à mon assiette; *adesso siamo a* —, maintenant tout va bien, (*iron.*) nous voilà dans de beaux draps; *la mia crocchia non sta a* —, mon chignon ne tient pas; *la mia cravatta non sta a* —, ma cravate est de travers; *tieni la lingua a* —, tiens ta langue; *una persona a* —, (*fig.*) quelqu'un de bien; *tieni le mani a* —!, (*fam.*) bas les pattes!

posto[2] *agg.* situé || *ciò* —, (*stabilito questo*) ceci étant dit □ **posto che** *locuz.cong.* (*dato che*) puisque; (*ammesso che*) en admettant que; (*se*) si: — *che tu venga alle cinque, mi troverai in casa*, si tu viens à cinq heures je serai chez toi.

postoperatorio *agg.* postopératoire.

postribolo *s.m.* lupanar.

post scriptum (pl. *invar.*) *s.m.* post-scriptum*.

postulante *s.m.* postulant.

postulare *v.tr.* postuler.

postulato *s.m.* postulat.

postumo *agg.* posthume || *pubblicato* —, (*di un autore*) publié après sa mort, (*di un libro*) après la mort de l'auteur || *pentimenti postumi*, (*fig.*) repentirs tardifs ♦ *s.m.pl.* séquelle (*f.sing.*).

postuniversitario *agg.* postuniversitaire.

postura *s.f.* posture.

postvendita *agg.* (*comm.*) après-vente*.

potabile *agg.* potable.

potare *v.tr.* tailler, émonder.

potassa *s.f.* (*chim.*) potasse.

potassico (pl. *-ci*) *agg.* potassique.

potassio *s.m.* (*chim.*) potassium.

potatura *s.f.* **1** taille, émondage (*m.*): — *estiva, a spalliera*, taille d'été, en espalier **2** (*i rami potati*) émondes (*pl.*), branches émondées.

potentato *s.m.* **1** puissance (*f.*) **2** (*sovrano, monarca*) potentat (*anche fig.*).

potente *agg.* e *s.m.* puissant || *un raffreddore* —, un gros rhume || *un veleno* —, un poison violent.

potentemente *avv.* puissamment.

potentilla *s.f.* (*bot.*) potentille.

potenza *s.f.* puissance || *è una* —, il est très puissant || (*mat.*) *alla terza* —, à la puissance trois;

stupido all'ennesima —, (*fig.*) complètement idiot || *la — dei muscoli*, la force musculaire || *in* —, en puissance.

potenziale *agg.* e *s.m.* potentiel* || *allo stato* —, en puissance.

potenzialità *s.f.* **1** potentialité **2** (*mecc.*) puissance.

potenzialmente *avv.* en puissance, potentiellement.

potenziamento *s.m.* (*rafforzamento*) renforcement; (*incremento*) développement; (*di potenza, di forza*) augmentation de puissance; (*del rendimento*) augmentation de la capacité de rendement: *il — della rete di vendita*, le renforcement du réseau de ventes; *esercizi per il — delle gambe*, exercices pour fortifier les jambes.

potenziare *v.tr.* augmenter la puissance (de); potentialiser || *— la produzione*, (*di un'azienda ecc.*) augmenter la capacité productrice || *— l'industria*, développer le potentiel industriel.

potere[1] (*Indic.pres.* io posso, tu puoi, egli può, noi possiamo, voi potete, essi possono; *pass.rem.* io potei ecc.; *fut.* io potrò ecc.) *v.intr.* pouvoir*: *non posso dirlo*, *non lo posso dire*, je ne peux pas le dire; *ha potuto lavarsi*, *si è potuto lavare*, il a pu se laver; *non sono potuti*, *non hanno potuto partire*, ils n'ont pas pu partir; *potevi dirmelo*, tu aurais pu me le dire; *possono esserci degli errori*, il peut y avoir des erreurs; *fate come potete*, faites comme vous pourrez; *farò ciò che potrò*, *come meglio potrò*, je ferai tout mon possible, de mon mieux; *non si potrebbe far di meglio*, on ne saurait faire mieux; *non posso farci nulla*, je n'y peux rien || *non posso...*, (*non sono in grado di*) je ne suis pas en mesure de..., je suis dans l'impossibilité de... || *posso?*, *si può entrare?*, puis-je entrer?; *posso?*, pardon? || *potrà avere la tua età*, il doit avoir ton âge; *potranno essere le sei*, il devrait être six heures || *può darsi*, ça se peut; *può darsi che...*, il se peut que... || *è un uomo che può*, (*ricco*) c'est un homme qui a des moyens, (*potente*) c'est un homme puissant; *può molto su di lui*, il a beaucoup d'influence sur lui □ **a più non posso**: *bere a più non posso*, boire jusqu'à plus soif; *correre a più non posso*, courir à perdre haleine; *gridare a più non posso*, crier de toutes ses forces; *lavorare a più non posso*, travailler d'arrache-pied; *mangiare a più non posso*, s'empiffrer; *ridere a più non posso*, rire à gorge déployée □ **più che puoi**: *portane più che puoi*, portes-en le plus possible; *più in fretta che puoi*, le plus vite possible; *più presto che puoi*, le plus tôt possible.

potere[2] *s.m.* pouvoir: *andare al* —, prendre le pouvoir; *cadere in — di qlcu*, tomber au pouvoir de qqn; *non ho — su di loro*, je n'ai aucun pouvoir sur eux; *le tue parole non hanno — su di me*, tes paroles n'ont aucune prise sur moi.

potestà *s.f.* pouvoir (*m.*) || *la divina* —, la puissance divine || *patria* —, autorité parentale.

potos, **potus** *s.m.* (*bot.*) pothos.

poveraccio *s.m.* (*indigente*) pauvre diable; (*disgraziato*) pauvre: —, *è sempre senza un sol-*

do!, pauvre diable, il est toujours sans le sou!; —, *non ha proprio fortuna!*, le pauvre, il n'a vraiment pas de chance!

poveretto *agg.* pauvre ♦ *s.m.* **1** (*indigente*) pauvre diable **2** (*infelice*) malheureux* **3** (*persona meschina*) pauvre type.

povero *agg.* e *s.m.* pauvre (en): *— in canna*, pauvre comme Job; *dieta povera di grassi*, régime pauvre en matières grasses || *— me!*, *poveri voi!*, pauvre de moi!, pauvres de vous!; *— ingenuo!*, (*fam.*) quel naïf!; *— diavolo!*, pauvre malheureux! || *— te se...*, gare à toi si...; *— di spirito*, pauvre, simple d'esprit || *per dirla in parole povere*, bref || **-mente** *avv.*

povertà *s.f.* pauvreté.

pozione *s.f.* potion.

pozza *s.f.* flaque.

pozzanghera *s.f.* flaque.

pozzetto *s.m.* **1** (*nelle fognature*) regard **2** (*mar.*) cockpit.

pozzo *s.m.* **1** puits: *— artesiano*, puits artésien; *— di miniera*, puits de mine; *— perdente*, puisard; *— nero*, fosse d'aisances || (*fig.*): *un — di scienza*, un puits de science; *non sono il — di San Patrizio*, je ne suis pas Crésus; *è un — senza fondo*, (*di spese*) c'est un gouffre; (*di persona insaziabile*) c'est un goinfre **2** (*fam.*) (*grande quantità*) tas: *ha un — di soldi*, il a un tas d'argent **3** (*giochi di carte*) pot.

pozzolana *s.f.* (*geol.*) pouzzolane.

praghese *agg.* e *s.m.* praguois, pragois.

pragmatico (pl. -*ci*) *agg.* pragmatique.

pragmatismo *s.m.* pragmatisme.

pragmatista *s.m.* pragmatiste.

pralina *s.f.* praline.

pralinare *v.tr.* (*cuc.*) praliner.

pralinato *agg.* praliné.

prammatica, **di** *locuz.avv.* e *agg.* d'usage, de règle.

pranoterapeuta *s.m.* magnétiseur.

pranoterapia *s.f.* magnétisme (*m.*).

pranoterapista *s.m.* → **pranoterapeuta**.

pranzare *v.intr.* (*a mezzogiorno*) déjeuner; (*alla sera*) dîner: *a che ora si pranza?*, à quelle heure déjeune-t-on?, dîne-t-on?

pranzo *s.m.* repas; (*a mezzogiorno*) déjeuner; (*alla sera*) dîner || *signora*, *il — è servito*, madame est servie; *il — è pronto!*, à table, c'est prêt! || *sala da* —, salle à manger || *prima di* —, avant midi || *avere gente a* —, avoir du monde à déjeuner, à dîner || *— in piedi*, lunch; *— di affari*, repas d'affaires || *— di nozze*, repas de noces.

prassi *s.f.* usage (*m.*): *secondo la* —, selon l'usage || *ecco la — da seguire*, voilà la marche à suivre.

prataiolo *s.m.* (*bot.*) rosé.

prateria *s.f.* prairie.

pratica (pl. -*che*) *s.f.* **1** pratique: *le pratiche religiose*, les pratiques religieuses || *pratiche illecite*, agissements illicites || *è la* —, c'est l'usage || *mettere in* —, mettre en pratique **2** (*esperienza*) expérience: *gli manca la* —, il manque d'expérience; *non ha — degli affari*, il n'a pas l'expérience des affaires; *non ho* — *in questo campo*, je n'ai pas d'expérience dans ce domaine || *prendere* —, prendre la main || *ho molta* — *di bambini*, je connais bien les enfants || *mandare a far* — *da un artigiano*, envoyer en apprentissage chez un artisan; *ha fatto tre anni di* — *in ospedale*, il a fait trois ans de stage dans un hôpital; *far* — *presso un avvocato*, faire un stage chez un avocat **3** (*burocrazia*) affaire; (*incartamento*) dossier (*m.*); *pl.* (*formalità*) démarches: *evadere una* —, expédier une affaire; *definire una* —, régler une affaire; *sollecitare una* —, presser le règlement d'une affaire; *gli è stata affidata una* — *difficile*, on lui a confié un dossier difficile; *la tua* — *è andata smarrita*, on a égaré ton dossier; *passare una* — *al legale*, passer un dossier à l'avocat; *procedere alle pratiche necessarie*, procéder aux démarches nécessaires □ **in pratica** *avv.* pratiquement; (*in realtà*) en fait: *questo lavoro è in* — *terminato*, ce travail est pratiquement achevé; *in* — *hai ragione*, en fait tu as raison.

praticabile *agg.* e *s.m.* praticable: *la strada non è* —, la route est impraticable ♦ *s.m.* (*cine.*, *teatr.*) praticable.

praticabilità *s.f.* praticabilité.

praticamente *avv.* pratiquement.

praticante *agg.* pratiquant ♦ *s.m.* stagiaire; (*di mestiere*) apprenti.

praticare (*coniug. come* mancare) *v.tr.* **1** pratiquer || — *uno sconto*, accorder une réduction; — *condizioni vantaggiose*, offrir des conditions avantageuses **2** (*una professione*) exercer*: *è medico ma non pratica*, il est médecin mais il n'exerce pas **3** (*frequentare*) fréquenter: *pratica gente disonesta*, il fréquente des gens malhonnêtes || *sentiero poco praticato*, sentier peu fréquenté.

praticità *s.f.* fonctionnalité || *di grande* —, très pratique.

pratico (*pl. -ci*) *agg.* **1** pratique || *nella vita pratica*, dans la vie de tous les jours || *all'atto* —, dans la pratique; *venire all'atto* —, en venir aux faits **2** (*esperto*): *è* — *della città*, il connaît bien la ville; *è poco* — *del suo mestiere*, il a peu d'expérience dans son métier; *cercasi un meccanico molto* —, on cherche un mécanicien connaissant son métier; *è molto* — *di problemi sindacali*, il est très au courant des problèmes syndicaux.

praticona *s.f.* faiseuse d'anges, avorteuse.

praticone *s.m.* (*ciarlatano*) charlatan.

prativo *agg.* **1** cultivé en prairie: *terreno* —, (terrain cultivé en) prairie **2** (*che cresce nei prati*) des prés: *erbe prative*, herbes des prés.

prato *s.m.* pré; (*esteso*) prairie (*f.*); (*tappeto erboso da giardino*) gazon || *non calpestare il* —, pelouse interdite || (*agr.*): *terra a* —, terre en prairie; — *stabile*, prairie permanente; — *da taglio*, pré de fauche; — *a taglio unico*, *a doppio taglio*, pré à une coupe, à deux coupes.

pratolina *s.f.* pâquerette.

pravo *agg.* (*letter.*) pervers.

pre- *pref.* pré-

preagonico (*pl. -ci*) *agg.* (*med.*) qui précède l'agonie.

preallarme *s.m.* état d'alerte.

prealpino *agg.* préalpin.

preambolo *s.m.* préambule; (*prefazione*) avant-propos*.

preannunciare (*coniug. come* cominciare) *v.tr.* **1** annoncer* (à l'avance), prévenir*: *ti preannuncio che verrà qui*, je te préviens qu'il viendra ici **2** (*lasciar prevedere*) annoncer* □ **preannunciarsi** *v.pron.* s'annoncer.

preannuncio *s.m.* préavis, avertissement; (*presagio*) présage.

preavvertire *v.tr.* prévenir*.

preavvisare *v.tr.* prévenir*.

preavviso *s.m.* préavis || *dietro* —, après préavis.

prebarba (*pl. invar.*) *agg.* e *s.m.* prérasage.

prebellico (*pl. -ci*) *agg.* d'avant-guerre: *il periodo* —, l'avant-guerre.

prebenda *s.f.* **1** prébende **2** (*fig.*) gain (*m.*).

precambriano, precambrico (*pl. -ci*) *agg.* e *s.m.* (*geol.*) précambrien*.

precariamente *avv.* précairement.

precariato *s.m.* **1** (*la condizione di lavoro precario*) emploi temporaire; (*nella scuola*) auxiliariat **2** (*l'insieme dei lavoratori precari*) personnel vacataire; (*nella scuola*) personnel auxiliaire.

precarietà *s.f.* précarité.

precario *agg.* précaire; (*instabile*) instable || *impiego* —, emploi temporaire ♦ *s.m.pl.* vacataires; (*nella scuola*) auxiliaires.

precauzionale *agg.* de précaution.

precauzione *s.f.* précaution.

prece *s.f.* (*letter.*) prière.

precedente *agg.* précédent; (*seguito da complemento*) précédant (*invar.*): *la settimana* —, la semaine précédente; *la settimana* — *alla partenza*, la semaine précédant le départ; *la generazione* — *alla nostra*, la génération qui précède la nôtre ♦ *s.m.* **1** précédent **2** *pl.* (*dir.*) antécédents: *precedenti penali*, antécédents pénaux.

precedentemente *avv.* précédemment.

precedenza *s.f.* priorité: *dare la* — *a...*, donner la priorité à...; (*su strada*) céder le passage; *avere la* — *su...*, avoir la priorité sur...; *chi ha prenotato avrà la* —, celui qui a réservé sera servi en priorité || *strada con diritto di* —, route à grande priorité || *in* —, précédemment.

precedere *v.tr.* e *intr.* précéder*; (*prevenire*) devancer*.

precessione *s.f.* (*astr.*) précession.

precettare *v.tr.* réquisitionner.

precettazione *s.f.* réquisition.

precettistica *s.f.* théorie.

precetto *s.m.* **1** (*norma*) précepte; (*regola*) règle (*f.*) || *i precetti della Chiesa*, les commandements de l'Église || *festa di* —, fête d'obligation **2** (*dir.*) injonction (*f.*); (*ordine*) ordre || (*mil.*) *cartolina di* —, ordre d'appel.

precettore (*f. -trice*) *s.m.* précepteur*.

precipitare *v.intr.* **1** (*cadere*) tomber*; (*crollare*) s'écrouler || *è precipitato dalle scale*, il a dégringolé dans l'escalier || — *al suolo*, s'écraser au sol || *gli eventi precipitano*, les événements se précipitent || *il — della situazione*, la dégradation rapide de la situation **2** (*chim.*) précipiter ♦ *v.tr.* précipiter ◻ **precipitarsi** *v.pron.* se précipiter.

precipitato *agg. e s.m.* précipité.

precipitazione *s.f.* précipitation.

precipitosamente *avv.* précipitamment.

precipitoso *agg.* précipité; (*impetuoso*) impétueux*; (*frettoloso*) *hâtif*: *non essere —*, ne précipite pas les choses.

precipizio *s.m.* précipice || *a — sul mare*, à pic sur la mer; *correre a —*, courir à toutes jambes; *scese le scale a —*, il descendit l'escalier quatre à quatre; *parlare a —*, parler à perdre haleine.

precipuo *agg.* principal*.

precisamente *avv.* précisément.

precisare *v.tr.* préciser.

precisazione *s.f.* éclaircissement (*m.*); (*spiegazione*) explication.

precisione *s.f.* (*esattezza*) précision; (*chiarezza*) netteté; (*puntualità*) ponctualité.

preciso *agg.* (*esattezza*) précis; (*esatto*) exact: *l'ora precisa*, l'heure exacte; *le cinque precise*, cinq heures juste(s), précises; *un orologio molto —*, une montre très précise; *è tuo — dovere*, c'est ton strict devoir || *ecco le sue parole precise*, voilà ses propres mots; *qual era la domanda precisa?*, quelle était exactement la question? || *non lo so di —*, je ne le sais pas de manière précise **2** (*fam.*) (*identico*) identique.

precludere (*coniug. come* chiudere) *v.tr.* barrer; (*fig.*) exclure*: *precludersi ogni possibilità di carriera*, se couper toute possibilité d'avancement.

preclusione *s.f.* **1** barrage (*m.*); (*fig.*) exclusion **2** (*dir.*) forclusion.

precoce *agg.* précoce; (*prematuro*) prématuré || -**mente** *avv.*

precocità *s.f.* précocité.

precolombiano *agg.* précolombien*.

precompresso *agg.* (*tecn.*) précontraint.

preconcetto *agg.* préconçu ♦ *s.m.* préjugé.

preconfezionato *agg.* préemballé.

precongressuale *agg.* précédant le congrès.

preconizzare *v.tr.* **1** préconiser **2** (*prevedere*) prévoir*; (*predire*) prédire*.

precordio *s.m.* **1** (*anat.*) région précordiale **2** *pl.* (*letter.*) entrailles (*f.*).

precorrere (*coniug. come* correre) *v.tr.* (*precedere*) devancer*; (*prevenire*) prévenir*.

precorritore (*f. -trice*) *agg. e s.m.* précurseur, avant-coureur*.

precostituire (*coniug. come* finire) *v.tr.* constituer à l'avance.

precostituito *agg.* préconçu.

precotto *agg.* précuit ♦ *s.m.pl.* aliments précuits.

precristiano *agg.* préchrétien*.

precursore (*f. precorritrice*) *agg. e s.m.* précurseur, avant-coureur*.

preda *s.f.* proie (*anche fig.*) || — *di guerra*, butin de guerre || *fare — di*, piller || *fare una buona —*, faire une bonne prise || *cadere, essere in — a*, de-

venir, être la proie de; *in — ai rimorsi*, en proie aux remords.

predare *v.tr.* piller.

predatore (*f. -trice*) *s.m.* pillard ♦ *agg.*: *uccelli predatori*, oiseaux de proie.

predecessore *s.m.* **1** prédécesseur **2** *pl.* (*antenati*) ancêtres, aïeux.

predella *s.f.* estrade.

predellino *s.m.* marchepied.

predestinare *v.tr.* prédestiner.

predestinato *agg. e s.m.* prédestiné.

predestinazione *s.f.* prédestination.

predeterminare *v.tr.* prédéterminer.

predeterminazione *s.f.* prédétermination.

predetto *agg.* susdit.

predica (*pl. -che*) *s.f.* sermon (*m.*) (*anche fig. fam.*); (*dei protestanti*) prêche (*m.*): *fare la — a qlcu*, sermonner qqn.

predicare (*coniug. come* mancare) *v.tr.* **1** prêcher || — *al vento, al deserto*, prêcher dans le désert **2** (*fare una predica*) faire* un sermon (sur).

predicativo *agg.* prédicatif*.

predicato *s.m.* **1** (*gramm.*) prédicat: — *nominale*, attribut; — *verbale*, verbe **2** *essere in — di*, être en passe de.

predicatore (*f. -trice*) *s.m.* prédicateur* || *frati predicatori*, frères prêcheurs.

predicatorio *agg.* de prédicateur.

predicazione *s.f.* prédication.

predicozzo *s.m.* petite semonce: *fare un — a qlcu*, réprimander qqn.

predigerito *agg.* prédigéré.

prediletto *agg. e s.m.* préféré.

predilezione *s.f.* prédilection.

prediligere (*coniug. come* dirigere) *v.tr.* avoir* une prédilection (pour); (*preferire*) préférer*.

predire (*coniug. come* dire) *v.tr.* **1** prédire*; (*prevedere*) prévoir* **2** (*annunciare*) annoncer*.

predisporre (*coniug. come* porre) *v.tr.* **1** préparer **2** (*a una malattia*) prédisposer: *i fattori predisponenti a una malattia*, les facteurs qui prédisposent a une maladie.

predisposizione *s.f.* **1** préparation **2** (*inclinazione*) disposition **3** (*med.*) prédisposition.

predisposto *agg.* **1** (*prestabilito*) prévu; (*preparato*) préparé **2** (*incline*) disposé **3** (*med.*) prédisposé.

predizione *s.f.* prédiction.

predominante *agg.* prédominant.

predominanza *s.f.* prédominance.

predominare *v.intr.* dominer (qqn, qqch), prédominer (sur): *in lui predomina l'ambizione*, c'est l'ambition qui domine, prédomine chez lui.

predominio *s.m.* suprématie (*f.*) || *il — della ragione sull'istinto*, le primat de la raison sur l'instinct.

predone *s.m.* pillard, brigand || — *del mare*, pirate.

preesistente *agg.* préexistant.

preesistenza *s.f.* préexistence.

preesistere (*coniug. come* esistere) *v.intr.* préexister.

prefabbricare (*coniug. come* mancare) *v.tr.* préfabriquer.

prefabbricato *agg. e s.m.* préfabriqué.

prefabbricazione *s.f.* préfabrication.

prefazio *s.m.* (*liturgia*) préface (*f.*).

prefazione *s.f.* préface: *scrivere la* — *di*, préfacer.

preferenza *s.f.* **1** préférence: *avere* — *per*, avoir une préférence pour || *a* — *di*, de préférence à **2** (*voto di*) —, vote préférentiel.

preferenziale *agg.* préférentiel*.

preferibile *agg.* préférable: *sarebbe* — *che...*, il vaudrait mieux que...

preferibilmente *avv.* de préférence.

preferire (*coniug. come* finire) *v.tr.* préférer*: *preferirei che fossi tu a venire*, j'aimerais mieux que ce soit toi qui viennes; *preferirei di no*, j'aimerais mieux pas || *fate come preferite*, faites comme vous voudrez.

preferito *agg. e s.m.* préféré.

prefestivo *agg.* de veille de fête: *giorno* —, veille de fête.

prefettizio *agg.* préfectoral*.

prefetto *s.m.* préfet.

prefettura *s.f.* préfecture.

prefiggere (*coniug. come* affiggere) *v.tr.* préfixer || *prefiggersi uno scopo*, se proposer un but.

prefigurare *v.tr.* préfigurer.

prefigurazione *s.f.* préfiguration.

prefinanziamento *s.m.* préfinancement.

prefissare *v.tr.* **1** (*stabilire in precedenza*) préétablir **2** (*ling.*) préfixer.

prefissato *agg.* **1** préétabli **2** (*ling.*) préfixé.

prefisso *s.m.* **1** (*gramm.*) préfixe **2** (*tel.*) indicatif.

prefissoide *s.m.* (*ling.*) premier élément d'un mot composé.

pregare (*coniug. come* legare) *v.tr.* prier: *pregalo che ci aiuti*, prie-le de nous aider || *si prega di...*, prière de... || *non fare così, ti prego!*, ne fais pas comme ça, je t'en prie! || *si accomodi, la prego!*, asseyez-vous, je vous prie!

pregevole *agg.* de valeur, de prix; (*prezioso*) précieux* || *persona* —, personne très estimable.

pregevolmente *avv.* précieusement.

preghiera *s.f.* prière: *dire le preghiere*, dire ses prières || *su* — *di qlcu*, à la prière de qqn || *con* — *di...*, prière de...; (*negli inviti*) *con* — *di rispondere*, RSVP (répondez s'il vous plaît).

pregiare (*coniug. come* mangiare) *v.tr.* (*letter.*) estimer, tenir* en grande estime □ **pregiarsi** *v.pron.* avoir* l'honneur de || (*comm.*) *ci pregiamo comunicarvi...*, nous avons l'honneur de porter à votre connaissance...

pregiato *agg.* (*prezioso*) précieux*; (*di valore*) de valeur, de prix || *vino* —, gran cru || *di pregiata fattura*, précieux || *valuta pregiata*, devise forte || (*corrispondenza*) *Pregiatissimo Signore*, Monsieur; *ho ricevuto la pregiata Vostra del...*, j'ai reçu votre lettre du...

pregio *s.m.* **1** (*stima*) estime (*f.*); (*considerazione*) considération (*f.*) || *ho in gran* — *la tua sincerità*, j'apprécie beaucoup ta sincérité **2** (*valore*) valeur (*f.*), prix **3** (*qualità*) qualité (*f.*); (*merito*) mérite.

pregiudicare (*coniug. come* mancare) *v.tr.* (*compromettere*) compromettre*; (*danneggiare*) nuire*, porter préjudice (à) || *senza* — *i miei diritti*, sans préjudice de mes droits.

pregiudicato *agg.* (*compromesso*) compromis ♦ *s.m.* (*dir.*) repris de justice.

pregiudiziale *agg.* préjudiciel* ♦ *s.f.* question préalable.

pregiudizialmente *avv.* avant toute chose, préalablement.

pregiudizievole *agg.* préjudiciable.

pregiudizio *s.m.* **1** préjugé **2** (*danno*) préjudice; (*scapito*) détriment || *con* — *di*, au détriment de.

preglaciale *agg.* (*geol.*) préglaciaire.

pregnante *agg.* chargé de sens.

pregno *agg.* **1** (*gravido*) gravide **2** (*impregnato*) imprégné **3** (*fig.*) (*colmo*) chargé.

prego *inter.* (*formula di cortesia*) je vous en prie: —?, (*quando non si è capita una domanda*) pardon?; *"Mi scusi!" "Prego"*, "Excusez-moi!" "De rien".

pregresso *agg.* précédent, passé: *le epoche pregresse*, les époques révolues || (*econ.*) *reddito* —, revenu antérieur.

pregustare *v.tr.* goûter d'avance.

preindustriale *agg.* préindustriel*.

preiscrizione *s.f.* préinscription.

preistoria *s.f.* **1** préhistoire **2** (*fig.*) origine.

preistorico (pl. *-ci*) *agg.* **1** préhistorique **2** (*scherz.*) antédiluvien*.

prelatizio *agg.* de prélat.

prelato *s.m.* (*eccl.*) prélat.

prelatura *s.f.* (*eccl.*) prélature.

prelavaggio *s.m.* prélavage.

prelazione *s.f.* (*dir.*) préemption: *diritto di* —, droit de préemption.

prelevamento *s.m.* prélèvement.

prelevare *v.tr.* **1** prélever*: — *da un conto*, prélever sur un compte **2** (*prendere, catturare*) prendre*, enlever*.

prelibatezza *s.f.* délicatesse (du goût).

prelibato *agg.* exquis, délicieux*.

prelievo *s.m.* prélèvement || (*med.*) *un* — *di sangue*, une prise de sang.

preliminare *agg. e s.m.* préliminaire.

preludere (*coniug. come* chiudere) *v.intr.* **1** annoncer* (qqch), préluder (à) **2** (*introdurre*) introduire* (qqch): — *all'argomento*, introduire le sujet.

preludio *s.m.* prélude.

premaman (pl. *invar.*) *agg. e s.m.* (*vestito*) —, robe de grossesse.

prematrimoniale *agg.* prénuptial*.

prematuro *agg.* prématuré || **-mente** *avv.*

premeditare *v.tr.* préméditer.

premeditatamente *avv.* avec préméditation.

premeditato *agg.* prémédité || (*dir.*) *assassinio* —, meurtre avec préméditation.

premeditazione *s.f.* préméditation.

premente *agg.*: *pompa —*, (*mecc.*) pompe foulante.

premere *v.tr.* (*fare pressione su*) appuyer* (sur); (*spingere*) presser: *— il pulsante*, appuyer sur le bouton ♦ *v.intr.* **1** appuyer* (sur) ‖ *— su qlcu*, (*fig.*) faire pression sur qqn **2** (*stare a cuore*) tenir* (à): *mi preme che lo sappia*, je tiens à ce qu'il le sache; *mi preme il tuo avvenire*, ton avenir me tient à cœur.

premessa *s.f.* **1** (*preliminare*) préliminaires (*m.pl.*); (*preambolo*) préambule (*m.*) ‖ *come — non c'è male*, comme début, ce n'est pas mal ‖ *vorrei fare una —*, je voudrais d'abord dire qqch ‖ *fatta questa —...*, ceci dit... **2** (*presupposto*) prémisse **3** (*di un libro*) préface.

premettere (*coniug. come* mettere) *v.tr.* **1** déclarer tout d'abord: *premetterò delle considerazioni generali*, je ferai d'abord des considérations d'ordre général ‖ *ciò premesso...*, ceci dit... ‖ *premesso che...*, attendu que... **2** (*mettere prima*) placer* avant.

premiare *v.tr.* **1** accorder un prix (à); (*ricompensare*) récompenser: *è stato premiato con una borsa di studio*, il a reçu comme prix une bourse d'études **2** (*un animale*) primer.

premiato *agg.*: *libro — dall'Accademia*, livre couronné par l'Académie; *il cavallo —*, le cheval primé; *gli allievi premiati*, les élèves qui ont reçu un prix ‖ *la premiata ditta Rossi*, la Maison Rossi ♦ *s.m.* lauréat: *la lista, l'elenco dei premiati*, la liste des lauréats, le palmarès.

premiazione *s.f.* distribution des prix; (*consegna*) remise des prix.

preminente *agg.* prééminent.

preminenza *s.f.* prééminence.

premio *s.m.* **1** prix: *dare, ricevere in —*, donner, recevoir comme prix; *— Nobel*, prix Nobel ‖ *viaggio —*, voyage en prime **2** (*comm.*) prime (*f.*): *— di produzione*, prime de production; *— d'assicurazione*, prime d'assurance; *— maturato*, prime absorbée ‖ (*Borsa*) *acquistare a —*, acheter dont, à prime **3** (*di lotteria*) lot: *vincere il primo —*, gagner le gros lot.

premolare *agg.* e *s.m.* prémolaire (*f.*).

premonitore (f. *-trice*), **premonitorio** *agg.* prémonitoire.

premonizione *s.f.* prémonition.

premorienza *s.f.* (*dir.*) prédécès (*m.*).

premorire (*coniug. come* morire) *v.intr.* (*dir.*) prédécéder*.

premunire (*coniug. come* finire) *v.tr.* **1** fortifier **2** (*fig.*) prémunir □ **premunirsi** *v.pron.* se prémunir.

premura *s.f.* **1** *hâte: fatto di —*, fait à la hâte; *non c'è —*, ça ne presse pas; *ma che — c'è?*, rien ne presse; *fare — a qlcu*, presser qqn; *darsi — di*, s'empresser de; *mi farò — di, sarà mia — avvisarlo*, je vais m'empresser de l'avertir **2** (*spec.pl.*) (*riguardo*) égard (*m.*): *è pieno di premure con tutti*, il est plein d'égards, d'attentions envers tout le monde.

premurarsi *v.pron.* s'empresser.

premurosamente *avv.* avec empressement; (*per gentilezza*) gentiment.

premuroso *agg.* empressé, prévenant (envers, à l'égard de).

prendere (*Pass.rem.* io presi, tu prendesti ecc. *Part.pass.* preso) *v.tr.* **1** prendre*: *— un libro dallo scaffale*, prendre un livre sur l'étagère; *— i pasti al ristorante*, prendre ses repas au restaurant; *andare, venire a — qlcu*, aller, venir chercher qqn; *prendersi le vacanze*, prendre ses vacances; *prendersi in casa qlcu*, prendre qqn chez soi; *preso dalla collera*, pris de colère ‖ *quanto ti prende all'ora?*, combien te demande-t-il de l'heure? ‖ *— o lasciare*, c'est à prendre ou à laisser ‖ *— un premio*, remporter un prix; *— un bel voto*, avoir une bonne note ‖ *— come segretario*, engager comme secrétaire ‖ *prendersi la responsabilità di*, prendre la responsabilité de; *prendersi l'impegno di*, s'engager à ‖ *la frase è presa da Pascal*, cette phrase est tirée de Pascal ‖ *come l'ha presa?*, quelle a été sa réaction? ‖ *prendersela*, (*arrabbiarsi*) se fâcher; (*crucciarsi*) se faire: *non se la prende troppo*, il s'en fait trop; *prendersela con qlcu per qlco*, s'en prendre à qqn à cause de qqch; *se l'è presa per quanto ho detto*, il s'est irrité de ce que je lui ai dit ‖ *to', prendi!*, tiens!; (*di un oggetto lanciato*) attrape! ‖ *è completamente preso di lei*, (*affascinato*) il est entiché, très épris d'elle **2** (*acchiappare*) attraper; (*sorprendere*) surprendre*: *hanno preso il ladro*, ils ont attrapé le voleur; *lo presi mentre frugava nella mia scrivania*, je l'ai surpris à fouiller dans mon bureau **3** (*colpire*) atteindre*; (*centrare*) toucher: *l'ha preso in un occhio*, il l'a atteint à l'œil **4** (*guadagnare*) gagner; (*riscuotere*) toucher: *prende un bello stipendio*, il touche un gros salaire **5** (*buscare*) attraper: *prendersi l'influenza*, attraper la grippe; *—, prendersi uno schiaffo*, recevoir une gifle: *adesso le prendi!*, qu'est-ce que tu vas prendre! **6** *— a (+ inf.)*, commencer* à (+ *inf.*): *prese a parlare*, il commença à parler ♦ *v.intr.* **1** prendre* **2** (*voltare*) tourner: *prendi a destra, a sinistra*, tourne à droite, à gauche **3** (*assomigliare*) (*nel fisico*) ressembler (à); (*in senso morale*) tenir* (de) □ **prendersi** *v.pron.* (*afferrarsi*) s'agripper; (*l'un l'altro*) se prendre*: *— per mano, per i capelli*, se prendre par la main, aux cheveux; *— a male parole*, se disputer.

prendibile *agg.* prenable.

prendisole (pl. *invar.*) *agg.* e *s.m.* (*abito*) —, (robe) bain de soleil.

prenome *s.m.* prénom.

prenotare *v.tr.* retenir*, réserver ‖ *— un palco*, louer une loge ‖ *— i volumi di una collana*, souscrire aux volumes d'une collection □ **prenotarsi** *v.pron.* s'inscrire*.

prenotato *agg.* réservé, loué; (*in possesso di prenotazione*) inscrit.

prenotazione *s.f.* réservation; (*di spettacoli ecc.*) location; (*di libri*) souscription: *ufficio prenotazioni*, bureau des réservations.

prensile *agg.* préhensile || *organo* —, organe préhenseur.

preoccupante *agg.* préoccupant.

preoccupare *v.tr.* (*impensierire*) préoccuper; (*allarmare*) inquiéter* □ **preoccuparsi** *v.pron.* **1** (*impensierirsi*) se préoccuper; (*allarmarsi*) s'inquiéter **2** (*curarsi di*) se soucier; (*prendersi il disturbo*) se donner la peine.

preoccupato *agg.* préoccupé; (*inquieto*) inquiet*: *sono* — *per lui*, je suis inquiet à son sujet; *sono* — *per il suo ritardo*, je suis préoccupé de son retard.

preoccupazione *s.f.* préoccupation, inquiétude; (*cruccio, pensiero*) souci (*m.*): *essere la* — *di qlcu*, causer du souci à qqn.

preordinare *v.tr.* ordonner à l'avance, préparer à l'avance.

preparare *v.tr.* préparer □ **prepararsi** *v.pron.* se préparer || *bisogna* — *al peggio*, il faut s'attendre au pire.

preparativo *s.m.* (*spec.pl.*) préparatif.

preparato *agg.* **1** préparé; (*pronto*) prêt **2** (*competente*) compétent ♦ *s.m.* préparation (*f.*).

preparatore (f. *-trice*) *s.m.* préparateur*.

preparatorio *agg.* préparatoire.

preparazione *s.f.* préparation || — *sportiva*, entraînement sportif, training.

prepensionamento *s.m.* préretraite (*f.*).

preponderante *agg.* prépondérant.

preponderanza *s.f.* prépondérance.

preporre (*coniug. come* porre) *v.tr.* **1** (*mettere avanti*) placer* avant **2** (*fig.*) préférer* **3** (*mettere a capo*) mettre* à la tête (de).

preposizione *s.f.* (*gramm.*) préposition.

prepotente *agg.* **1** (*autoritario, dispotico*) autoritaire **2** (*irresistibile, impellente*) irrésistible ♦ *s.m.* despote: *fare il* —, vouloir écraser les autres; *smettila di fare il* —, arrête de vouloir toujours commander.

prepotentemente *avv.* impérieusement, violemment.

prepotenza *s.f.* **1** violence, force **2** (*sopruso*) abus de pouvoir; despotisme (*m.*).

prepuzio *s.m.* (*anat.*) prépuce.

preraffaellita *agg.* e *s.m.* préraphaélite.

prerogativa *s.f.* **1** prérogative **2** (*qualità*) caractéristique; (*di persona*) qualité.

preromanticismo *s.m.* préromantisme.

preromantico (pl. *-ci*) *agg.* e *s.m.* préromantique.

presa *s.f.* **1** prise || *sfuggire alla* — *di qlcu*,

échapper à qqn || *far* —, prendre, faire prise; (*di ancora*) mordre || — *di possesso*, prise de possession; (*di una carica ecc.*) entrée en charge || — *in giro*, raillerie, moquerie || *cane da* —, chien d'arrêt || (*aut.*) — *dell'aria*, prise, diffuseur d'air || (*cine.*) *macchina da* —, caméra || *trasmissione in* — *diretta*, émission en direct **2** (*elettr.*) prise (de courant) **3** (*pizzico*) pincée: — *di tabacco*, prise de tabac **4** (*impugnatura*) poignée **5** (*alle carte*) pli (*m.*), levée; (*agli scacchi*) prise.

presagio *s.m.* **1** présage, augure **2** (*presentimento*) pressentiment, prémonition (*f.*).

presagire (*coniug. come* finire) *v.tr.* **1** (*prevedere*) prévoir*; (*presentire*) pressentir* **2** (*predire*) prophétiser **3** (*essere presagio di*) annoncer*, présager*.

presago (pl. *-ghi*) *agg.*: *essere* — *di*, (*prevedere*) prévoir; (*presentire*) pressentir.

presalario *s.m.* présalaire.

presame *s.m.* présure (*f.*).

presbiopia *s.f.* presbytie.

presbite *agg.* e *s.m.* presbyte.

presbiteriano *agg.* e *s.m.* presbytérien*.

presbiterio *s.m.* **1** presbyterium **2** (*casa del parroco*) presbytère.

prescegliere (*coniug. come* cogliere) *v.tr.* choisir.

prescelto *agg.* choisi, élu ♦ *s.m.* élu.

presciente *agg.* prescient.

prescienza *s.f.* prescience.

prescindere (*coniug. come* scindere) *v.tr.* laisser, mettre* (qqch) de côté, faire* abstraction (de) || *a* — *da*, abstraction faite (de); *a* — *dal fatto che*, sans compter que.

prescolare *agg.* préscolaire: *età* —, âge préscolaire.

prescrittibile *agg.* (*dir.*) prescriptible.

prescritto *agg.* prescrit.

prescrivere (*coniug. come* scrivere) *v.tr.* prescrire*.

prescrizione *s.f.* prescription || *processo in* —, procès en péremption.

preselezionare *v.tr.* présélectionner.

preselezione *s.f.* présélection.

presentabile *agg.* présentable.

presentare *v.tr.* présenter □ **presentarsi** *v.pron.* **1** se présenter **2** (*apparire*) apparaître* || — *bene, male*, présenter bien, mal || *come si presenta bene!*, (*di qlco*) quelle belle présentation! **presentatore** (f. *-trice*) *s.m.* présentateur*, animateur*.

**PRESENTARE, PRESENTARSI**

Ti presento Anna	*Je te présente Anne*
Conosci mio fratello?	*Est-ce que tu connais mon frère?*
Sono Claudio e tu?	*Moi, c'est Claude et toi?*
Questa è mia moglie	*C'est ma femme*
Le presento la signora Rossi	*Je vous présente Madame Rossi*
Piacere	*Enchanté (de faire votre connaissance)*
Sono felice di aver fatto la sua conoscenza	*J'ai été ravi de faire votre connaissance*

presentazione *s.f.* présentation || *dietro — di*, sur présentation de || *lettera di —*, lettre d'introduction.

presente[1] *agg.* présent: *— mio padre*, en présence de mon père || *far —*, faire remarquer || *tenere — qlco*, tenir compte de qqch || *avere — qlco*, se souvenir de qqch || *è sempre — a sé stesso*, il a toujours l'esprit lucide || *la — settimana*, cette semaine ♦ *s.m.* **1** présent || *al —*, actuellement, à présent **2** *pl.* (*persone presenti*) présents ♦ *s.f.* (*comm.*) présente: *con la — vi prego di...*, par la présente, par cette lettre je vous prie de...

presente[2] *s.m.* cadeau*; (*letter.*) présent.

presentemente *avv.* présentement, à présent.

presentimento *s.m.* pressentiment.

presentire *v.tr.* pressentir*.

presenza *s.f.* **1** présence || *in — di*, *alla — di*, en présence de || *di —*, en personne **2** (*aspetto*) aspect (*m.*): *di bella —*, beau; (*negli annunci*) présentant bien; *si richiede bella —*, bonne présentation exigée.

presenzialismo *s.m.* fait de s'afficher dans les endroits à la mode: *è malato di —*, il aime se montrer.

presenziare *v.tr.* être* présent (à) ♦ *v.intr.* assister (à).

presepe, presepio *s.m.* crèche (*f.*): *— vivente*, crèche animée.

preservare *v.tr.* préserver.

preservativo *s.m.* préservatif*.

preservazione *s.f.* préservation.

preside *s.m.* (*di scuola media*) principal*; (*di scuola superiore*) proviseur; (*di facoltà universitaria*) doyen (de faculté).

presidente *s.m.* président.

presidentessa *s.f.* **1** (*di assemblea*) présidente **2** (*pol.*) président (*m.*) **3** (*moglie di presidente*) femme du président.

presidenza *s.f.* présidence.

presidenziale *agg.* présidentiel*.

presidenzialismo *s.m.* présidentialisme.

presidiare *v.tr.* (*mil.*) (*essere di presidio*) être* de garnison (à); (*occupare*) occuper.

presidio *s.m.* **1** garnison (*f.*) **2** (*fig.*) défense (*f.*); (*protezione*) protection (*f.*).

presiedere *v.intr. e tr.* présider: *— (a) una assemblea*, présider une assemblée.

pressa *s.f.* presse.

pressaforaggi(o) (pl. *invar.*) *s.m.* presse à fourrage.

press-agent (pl. *invar.*) *s.m.* (*addetto stampa*) agent (de presse).

pressante *agg.* pressant, urgent.

pressappochismo *s.m.* approximation (*f.*), manque de précision.

pressappoco *avv.* à peu près: *ho impiegato — due ore*, j'ai employé à peu près, environ deux heures; *il paese dista — tre chilometri*, le village est à trois kilomètres à peu près, environ; *saranno — 5 kg*, ça fera 5 kg environ || *la mia casa si trova — davanti alla farmacia*, ma maison est presque devant la pharmacie.

pressare *v.tr.* presser (*anche fig.*): *— qlcu perché faccia qlco*, presser qqn de faire qqch.

pressato *agg.* comprimé.

pressatura *s.f.* pressage (*m.*).

pressi *s.m.pl.* alentours, environs: *nei — della stazione*, aux alentours de la gare.

pressione *s.f.* **1** pression || *non amo ricevere pressioni*, je n'aime pas que l'on fasse pression sur moi **2** (*med.*) tension: *avere la — alta*, avoir de la tension; *avere la — bassa*, avoir la tension basse.

presso *avv.* près: *esaminare qlco* (*più*) *da —*, examiner qqch de (plus) près || *farsi più (da) — a*, (*avvicinarsi*) s'approcher de ♦ *prep.* (*si unisce ai pron. pers. mediante la prep.* di) **1** (*vicino a*) près de: *vive in un paesino — Roma*, il vit dans un petit village près de Rome **2** (*in casa, nello studio di ecc.*) chez; (*nella sede di*) dans; à: *rimase — di noi diverso tempo*, il resta longtemps chez nous; *fare ricerche — un archivio*, faire des recherches dans les archives; *lavora — una ditta svizzera*, il travaille dans une maison suisse || (*negli indirizzi*) *signor X — la signora Y*, Monsieur X, chez Madame Y **3** (*fig.*) auprès de: *assumere informazioni — qlcu*, se renseigner auprès de qqn || *— i Greci*, chez les Grecs; *— Cicerone*, chez, dans Cicéron ♦ *s.m.pl.* alentours: *abitare nei pressi di*, habiter aux alentours de.

pressoché *avv.* près: (*letter.*) **1** (*quasi*) presque **2** (*all'incirca*) à peu près; environ: *c'erano — mille persone*, il y avait à peu près, environ mille personnes.

pressurizzare *v.tr.* pressuriser.

pressurizzazione *s.f.* pressurisation.

prestabilire (*coniug. come* finire) *v.tr.* établir à l'avance.

prestabilito *agg.* fixé, établi à l'avance: *nel giorno —*, au jour fixé.

prestanome *s.m.* prête-nom*.

prestante *agg.* qui a de la prestance.

prestanza *s.f.* prestance.

prestare *v.tr.* prêter: *— al 5%*, prêter à 5% || *— servizio presso qlcu*, travailler chez qqn || *— aiuto*, *assistenza*, prêter (son) aide, (son) assistance □ **prestarsi** *v.pron.* **1** se prêter || *atteggiamento che si presta a critiche*, attitude qui prête à la critique **2** (*offrire il proprio servizio*) rendre* service: *si presta volentieri per tutti*, il rend volontiers service à tout le monde.

prestatore (f. *-trice*) *s.m.* prêteur* || *— di lavoro*, (*operaio*) ouvrier; (*impiegato*) employé.

prestazione *s.f.* **1** (*spec.pl.*) prestation **2** (*di atleta, motore*) performance **3** (*dir.*) prestation.

prestidigitazione *s.f.* prestidigitation.

prestigiatore (f.*-trice*) *s.m.* prestidigitateur*.

prestigio *s.m.* **1** prestige: *marca di —*, marque prestigieuse || *perdere di, in —*, perdre de son prestige **2** *giochi di —*, tours de prestidigitation, (*fig.*) tours de passe-passe.

prestigioso *agg.* prestigieux*.

prestinaio *s.m.* boulanger*.

prestito *s.m.* **1** (*accordato o da accordare*) prêt ||

dare in —, prêter **2** (*ottenuto o richiesto*) emprunt: *prendere in* — *da qlcu*, emprunter à qqn.

presto *avv.* **1** (*tra poco, subito*) bientôt, vite: — *avrò finito*, j'aurai bientôt, vite fini; *ritornerò* —, je reviendrai bientôt; *scrivimi* —, écris-moi vite || *ben* — *te ne pentirai*, tu ne tarderas pas à t'en repentir || *perché devi andar via così* —?, pourquoi t'en aller si tôt? || — *o tardi*, tôt ou tard || — *prestissimo*, dès que possible || (*arrivederci*) *a* —!, à bientôt! || *al più* —, au plus tôt || (*comm.*) *vi preghiamo di volerci spedire la merce al più* —, veuillez nous faire parvenir la marchandise dans les plus brefs délais **2** (*in fretta*) vite: —, *vieni qui*, viens vite ici; *fa'* —, dépêche-toi; *ha fatto* —, il a eu vite fait; *il più* — *possibile*, le plus tôt possible || *vieni* — *al dunque!*, dépêche-toi de conclure! || *si fa* — *a dire, a giudicare*, c'est vite dit, c'est facile de juger; *è* — *detto!*, c'est vite dit! **3** (*di buonora*) de bonne heure, tôt: *sei arrivato assai* — *stamani*, tu es arrivé bien tôt ce matin; *al mattino* —, tôt le matin **4** (*prima del tempo stabilito*) trop tôt: *sei arrivato* (*troppo*) —, tu es arrivé trop tôt (*o* avant l'heure *o* en avance) **5** (*mus.*) presto ◻ **prestino 1** (*di buonora*) de bonne heure, tôt: *mi sono alzato* — *stamattina*, je me suis levé de bonne heure, tôt ce matin **2** (*in anticipo*): *sei arrivato* — *oggi*, tu es arrivé un peu tôt aujourd'hui ◻ **prestissimo** (*superl.*) **1** (*molto in fretta*) très vite: *me la sbrigherò* —, j'aurai très vite fait **2** (*di buonora*) de très bonne heure: *domani devo alzarmi* —, demain je dois me lever de très bonne heure.

presule *s.m.* prélat.

presumere (*coniug. come* assumere) *v.tr.* présumer.

presumibile *agg.* présumable: *è* — *che*, il est à présumer que.

presumibilmente *avv.* probablement.

presuntivo *agg.* présomptif*.

presunto *agg.* présumé || *dichiarazione di morte presunta*, jugement déclaratif de décès.

presuntuoso *agg.* présomptueux* || -*mente avv.*

presunzione *s.f.* présomption.

presupporre (*coniug. come* porre) *v.tr.* **1** (*immaginare*) imaginer: *presuppongo che sia tardi per...*, j'imagine qu'il est trop tard pour... **2** (*richiedere*) supposer; demander.

presupposizione *s.f.* présupposition.

presupposto *s.m.* **1** prémisse (*f.*): *partendo da questi presupposti*, partant de ces prémisses **2** (*condizione necessaria*) condition nécessaire.

prete *s.m.* **1** prêtre || *scherzo da preti*, vilain tour **2** (*scaldaletto*) moine.

pretendente *s.m.* prétendant.

pretendere (*coniug. come* prendere) *v.tr.* **1** prétendre*: *pretende di aver ragione*, il prétend avoir raison; *pretende di essere nobile*, il se prétend noble **2** (*esigere*) exiger* || *questo è* — *troppo*, c'est trop demander ◆ *v.intr.* prétendre*.

pretensione *s.f.* prétention.

pretenzioso *agg.* prétentieux*.

preterintenzionale *agg.* (*dir.*) involontaire:

omicidio —, homicide involontaire, par imprudence.

preterintenzionalità *s.f.* (*dir.*) non-préméditation.

pretesa *s.f.* prétention: *pretese di eleganza*, une certaine prétention à l'élégance; *senza pretese*, sans prétention.

preteso *agg.* prétendu.

pretesto *s.m.* **1** prétexte: *col* — *che*, sous prétexte de; *sono soltanto pretesti*, ce ne sont que des prétextes **2** (*occasione*) occasion (*f.*).

pretestuoso *agg.* allégué comme prétexte.

pretore *s.m.* **1** (*dir.*) juge de première instance **2** (*st.*) préteur.

pretoriano *s.m.* (*st.*) prétorien.

pretorio[1] *agg.* **1** (*dir.*) du juge de première instance || *albo* —, panneau d'affichage public **2** (*st.*) (*del pretore e dell'imperatore*) prétorien*.

pretorio[2] *s.m.* (*st.*) prétoire.

prettamente *avv.* typiquement.

pretto *agg.* pur.

pretura *s.f.* tribunal* (de première instance).

prevalente *agg.* prédominant; (*superiore*) supérieur.

prevalentemente *avv.* **1** (*il più delle volte*) le plus souvent **2** (*per la maggior parte*) pour la plupart **3** (*soprattutto*) surtout.

prevalenza *s.f.* priorité; (*maggioranza*) majorité: *avere la* — *su*, prévaloir sur; *con* — *di*, avec une majorité de.

prevalere (*coniug. come* valere) *v.intr.* prévaloir*; (*avere la meglio*) l'emporter.

prevaricare (*coniug. come* mancare) *v.intr.* prévariquer.

prevaricatore (f. -*trice*) *s.m.* prévaricateur.

prevaricazione *s.f.* prévarication; (*abuso*) abus (*m.*).

prevedere (*coniug. come* vedere. *Indic. fut.* io prevederò ecc.) *v.tr.* prévoir*.

prevedibile *agg.* prévisible: *era* — *che*, il était à prévoir que.

prevedibilità *s.f.* prévisibilité.

preveggente *agg.* prévoyant.

preveggenza *s.f.* prévoyance.

prevendita *s.f.* prévente.

prevenire (*coniug. come* venire) *v.tr.* **1** prévenir* **2** (*precedere*) devancer*.

preventivamente *avv.* préventivement; (*anticipatamente, precedentemente*) préalablement.

preventivare *v.tr.* (*comm.*) **1** (*stabilire in anticipo*) calculer à l'avance; (*in bilancio*) inscrire* au budget **2** (*fare un preventivo*) établir un devis (de).

preventivo *agg.* préventif*: *medicina preventiva*, médecine préventive || *bilancio* —, budget; *spese preventive*, prévision des frais || (*dir.*) *carcerazione preventiva*, détention provisoire, préventive ◆ *s.m.* devis: *fare un* —, établir un devis.

prevenuto *agg.* prévenu.

prevenzione *s.f.* prévention.

previdente *agg.* prévoyant.

previdentemente *avv.* avec prévoyance.

previdenza *s.f.* prévoyance: *un uomo di grande —*, un homme extrêmement prévoyant || *Previdenza sociale*, Sécurité sociale.

previdenziale *agg.* de prévoyance.

previo *agg.* préalable: *— accordo*, après accord préalable.

previsione *s.f.* (*spec. pl.*) prévision || *bilancio di —*, budget.

previsto *agg.* prévu: *era — che sarebbe venuto*, il était prévu qu'il viendrait ♦ *s.m.*: *prima del —*, plus tôt que prévu.

prevosto *s.m.* curé.

preziosismo *s.m.* préciosité (*f.*).

preziosità *s.f.* **1** valeur **2** (*ricercatezza*) préciosité.

prezioso *agg.* précieux* || *fare il —*, (*fig.*) se faire désirer ♦ *s.m.* (*gioiello*) bijou* || **-mente** *avv.*

prezzemolo *s.m.* persil || *essere come il —*, (*fig.*) être partout.

prezzo *s.m.* prix: *— di favore*, prix d'ami; *— al minuto*, prix de détail; *— locale*, prix de place; *— di concorrenza*, prix concurrentiel; *prezzi stracciati*, prix cassés; *— imposto*, prix imposé; *di poco —*, qui ne vaut pas cher || *a buon —*, *a caro —*, (à) bon marché, cher; *a — della vita*, au prix de sa vie; *vendere a caro — la propria vita*, vendre chèrement sa vie.

prezzolare *v.tr.* soudoyer*.

prezzolato *agg.* gagé, soudoyé.

prigione *s.f.* prison.

prigionia *s.f.* **1** captivité: *fare tre anni di —*, faire trois ans de prison **2** (*fig.*) esclavage (*m.*).

prigioniero *agg.* e *s.m.* prisonnier*: *prendere — qlcu*, faire qqn prisonnier; *darsi —*, se constituer prisonnier || *essere — dei pregiudizi*, être esclave des préjugés.

prima¹ *avv.* **1** (*nello spazio*) avant: *due case — c'è la farmacia*, la pharmacie se trouve deux maisons avant || *un paragrafo —*, un paragraphe plus haut **2** (*nel tempo*) auparavant, avant: *un anno —*, un an avant, auparavant; *molto tempo —*, longtemps avant; *poco —*, peu (de temps) auparavant (*o* avant); *siamo amici più di —*, on est amis plus qu'avant || *quanto —*, le plus tôt possible; *ci vedremo quanto —*, on se verra bientôt || *— o poi*, tôt ou tard **3** (*correlativo di* poi) d'abord: *— devo telefonare, poi ti aiuto*, je dois d'abord téléphoner, ensuite t'aiderai; *— c'è una piazza, poi...*, il y a d'abord une place, puis...; *non vengo, — perché..., poi perché...*, je ne viens pas, d'abord parce que..., ensuite parce que... **4** (*più presto*) plus tôt; (*più in fretta*) plus vite: *non puoi venire —, un'ora —?*, ne peux-tu pas venir plus tôt, une heure plus tôt?; *hai fatto — tu*, tu as eu plus vite fait **5** (*in anticipo*) en avance || *bisogna pagare tutto —*, il faut payer tout à l'avance **6** (*un tempo, una volta*) auparavant, avant, autrefois: *— vivevo a Roma*, auparavant, avant, autrefois je vivais à Rome; *non è più quello di —*, il n'est plus ce qu'il était ♦ *con valore di agg.* d'avant: *l'ora —*, l'heure d'avant || *il giorno —*, la veille □ **prima che** *locuz.cong.* avant que: *— che sia trop-*

po tardi, avant qu'il ne soit trop tard; *— che parlasse troppo*, avant qu'il ne parle trop □ **prima di** *locuz.prep.* avant; (*più presto*) plus tôt (que): *— di te*, avant toi, plus tôt que moi; *— del ponte*, avant le pont; *— delle sette*, *— di Natale*, avant sept heures, avant Noël; *— di notte*, avant la nuit; *— di Cristo*, avant Jésus-Christ; *non l'ho mai visto — d'oggi*, je ne l'ai jamais vu avant; *molto — del solito*, beaucoup plus tôt que d'habitude; *— di tutto*, avant tout, (*per prima cosa*) d'abord, (*soprattutto*) surtout □ **prima di** *locuz.cong.* avant de; (*piuttosto*) plutôt que: *— di partire*, avant de partir; *morirebbe — di darmi ragione*, il mourrait plutôt que de me donner raison.

prima² *s.f.* **1** première: *— teatrale*, première théâtrale; *viaggiare in —*, voyager en première || (*a scuola*): *la — elementare*, la première classe; *essere in —*, être en première année || (*aut.*) *partire in —*, partir en première **2** (*liturgia*) prime □ **a tutta prima**, **sulle prime** *locuz.avv.* de prime abord, tout d'abord.

primadonna (pl. *primedonne*), **prima donna** *s.f.* (*teatr.*) prima donna; (*estens.*) vedette: *fare la —*, (*fig.*) jouer les vedettes.

primariamente *avv.* (*in primo luogo*) premièrement; (*principalmente*) principalement.

primariato *s.m.* charge de médecin-chef.

primario *agg.* **1** primaire || (*geol.*) *l'era primaria*, l'ère primaire, le primaire **2** (*estens.*) capital*, primordial*: *di primaria importanza*, d'une importance capitale, primordiale **3** (*medico*) —, chef de clinique, médecin-chef: *— di nefrologia*, médecin-chef du service de néphrologie.

primate¹ *s.m.* (*eccl.*) primat.

primate² *s.m.* (*zool.*) primate.

primaticcio *agg.* *hâtif*, précoce.

primatista *s.m.* (*sport*) recordman* ♦ *s.f.* recordwoman*.

primato *s.m.* **1** (*supremazia*) suprématie (*f.*); (*preminenza*) primauté (*f.*) || *il Brasile ha il — mondiale nella produzione del caffè*, le Brésil vient au premier rang dans la production mondiale du café || (*eccl.*) *— papale*, primauté du pape **2** (*sport*) record: *a tempo di —*, en un temps record.

primattore (f. *-trice*) *s.m.* acteur* principal*, tête d'affiche.

primavera *s.f.* printemps (*m.*): *è —*, c'est le printemps; *in, di —*, au printemps; *c'è un'aria di —*, ça sent le printemps || *aver molte primavere sulle spalle*, être très âgé || (*sport*) *squadra, campionato —*, équipe, championnat junior.

primaverile *agg.* printanier*; (*della primavera*) du printemps: *un caldo —*, une chaleur printanière; *abiti primaverili*, robes printanières || *piogge primaverili*, pluies de printemps.

primeggiare (*coniug. come* mangiare) *v.intr.* exceller; (*essere il primo tra*) l'emporter (sur); (*avere il primato*) occuper la première place || *— in tutti i campi*, se distinguer dans tous les domaines.

prime rate *s.m.* (*fin.*) taux d'intérêt de base.

primiera *s.f.* (*nei giochi di carte*) prime.

primigenio *agg.* **1** (*generato per primo*) premier* **2** (*primordiale*) primordial*; (*primitivo*) primitif*.

primipara *s.f.* primipare.

primissimo *agg. e s.m.* tout premier*: *in primissima fila*, au tout premier rang; *nelle primissime righe*, dans les toutes premières lignes; *è arrivato tra i primissimi*, il est arrivé parmi les tout premiers.

primitivismo *s.m.* primitivisme.

primitivo *agg. e s.m.* primitif*.

primizia *s.f.* **1** primeur (*anche fig.*) **2** (*informazione anticipata*) histoire toute fraîche, nouvelle toute fraîche **3** *pl.* (*prodotti agricoli offerti alla divinità*) prémices.

primo *agg.num.ord.* **1** premier*: *sto al — (piano)*, j'habite au premier (étage); *i primi due saranno premiati*, les deux premiers recevront un prix; *i primissimi posti*, les toutes premières places || *la sua opera prima*, son premier roman, son premier film || *il — Novecento*, les premières années du XXᵉ siècle || *nel — pomeriggio*, au début de l'après-midi || *di — mattino*, de bon matin, au petit matin || *viaggiare in prima classe*, voyager en première (classe) || (*tip.*) *la prima (pagina) di copertina*, la couverture || *di prim'ordine*, de premier ordre: *è un mascalzone di prim'ordine*, c'est un salaud de tout premier ordre || *per prima cosa*, (*subito*) tout de suite, (*innanzitutto*) tout d'abord || (*mat.*) *numero —*, nombre premier **2** (*prossimo*) prochain: *scendo alla prima fermata*, je descends au prochain arrêt ♦ *s.m.* **1** premier: *per —*, le premier; *tra i primissimi*, parmi les tout premiers; *i primi (cinque)*, les (cinq) premiers; *il — del mese*, le premier jour du mois; *ai primi del mese*, dans les premiers jours du mois, de juillet || *il — dell'anno*, le jour de l'an || *il — che parla finisce male!*, gare au premier qui parle! || *il — che capita, il — venuto*, (*fig.*) le premier venu **2** (*minuto primo*) minute (*f.*) **3** (*primo piatto*) entrée (*f.*) ♦ *avv.* premièrement, primo.

primogenito *agg. e s.m.* aîné, premier-né*.

primogenitore *s.m.* **1** (*Adamo*) notre père à tous **2** *pl.* (*antenati*) ancêtres.

primogenitrice *s.f.* (*Eva*) notre mère à tous.

primogenitura *s.f.* aînesse, primogéniture.

primordi *s.m.pl.* origines (*f.*) || *ai — della civiltà*, à l'aube de la civilisation.

primordiale *agg.* primordial*.

primula *s.f.* primevère || *la — rossa*, (*fig.*) le merle blanc.

principale *agg.* principal* || *la sede — (di una banca ecc.)*, le siège central (d'une banque, etc.) ♦ *s.m.* (*fam.*) (*datore di lavoro*) patron; (*capufficio ecc.*) chef.

principalmente *avv.* principalement.

principato *s.m.* **1** (*ufficio; dignità*) principat **2** (*territorio*) principauté (*f.*).

principe *s.m.* prince || *il — azzurro*, le prince charmant || *un — del foro*, un as du barreau ♦ *agg.* principal* || *edizione —*, édition princeps.

principesco (pl. *-chi*) *agg.* princier*.

principessa *s.f.* princesse.

principessina *s.f.* petite princesse, jeune princesse.

principiante *agg.* à ses premières armes: *pittore —*, peintre à ses premières armes ♦ *s.m.* débutant.

principino *s.m.* petit prince, jeune prince.

principio *s.m.* **1** commencement, début: *dar a*, commencer; *aver —*, commencer || *in, al —*, au début, au commencement || *sul —, da —*, (tout) d'abord; *sul — del secolo*, au début du siècle || (*fin*) *dal —*, dès le début **2** (*fondamento*) principe: *uomo di sani principi morali*, homme de principes || *in linea di —*, en principe.

priora *s.f.* (*eccl.*) supérieure, prieure.

priorato *s.m.* prieuré.

priore *s.m.* prieur.

priori, a *locuz.avv.* a priori.

priorità *s.f.* priorité.

prioritario *agg.* prioritaire.

prisma *s.m.* prisme.

prismatico (pl. *-ci*) *agg.* prismatique.

privacy *s.f.* intimité: *violare la — di qlcu*, s'introduire dans l'intimité de qqn.

privare *v.tr.* priver □ **privarsi** *v.pron.* se priver: *— delle sigarette*, se priver de cigarettes || *non si priva di nulla*, il ne se prive de rien, il ne se refuse rien.

privatamente *avv.* (*in privato*) en privé; (*nell'intimità*) dans l'intimité; (*a titolo privato*) à titre privé || *studia —*, il fait des études pour son compte.

privatista *s.m.* élève d'une école libre || *presentarsi all'esame come, da —*, se présenter à l'examen comme candidat libre.

privatistico (pl. *-ci*) *agg.* basé sur l'initiative privée.

privativa *s.f.* **1** monopole (*m.*) **2** (*spaccio di tabacchi*) bureau* de tabac.

privatizzare *v.tr.* privatiser.

privatizzazione *s.f.* privatisation.

privato *agg.* privé; (*riservato; personale*) particulier*: *un — cittadino*, un particulier; *insegnante —*, professeur particulier; *lezioni private*, leçons particulières || *scrittura privata*, acte sous seing privé || *in —*, en particulier, en privé || *in forma privata*, dans l'intimité || *casa privata*, maison particulière ♦ *s.m.* particulier.

privazione *s.f.* privation.

privilegiare (*coniug. come* mangiare) *v.tr.* privilégier; (*favorire*) favoriser || *privilegia la carriera rispetto alla famiglia*, il fait passer sa carrière avant sa famille.

privilegiato *agg. e s.m.* privilégié || *trattamento —*, traitement de faveur.

privilegio *s.m.* privilège.

privo *agg.* dénué, dépourvu; (*mancante di*) sans: *— di senso*, dénué, dépourvu de sens; *— di mezzi*, sans ressources; *— di vita*, sans vie; *— di affetti*, privé d'affection; *— di padre*, sans père; *sono — di sue notizie*, je suis sans nouvelles de lui || *cadere — di sensi*, tomber évanoui.

pro¹ *prep.* pour, en faveur de: *offerta — alluvio-*

nati, souscription pour les, en faveur des victimes des inondations.

pro[2] *s.m.* pour: *il — e il contro*, le pour et le contre; *valutare i — e i contro*, mettre en balance le pour et le contre || *senza alcun —*, sans (aucun) profit || *che — me ne viene?*, qu'est-ce que (*o quel profit*) j'en tire?; *a che — lavorare tanto?*, à quoi bon tant travailler? || *buon — vi faccia!*, grand bien vous fasse!, (*alla salute*) à votre (bonne) santé!

pro- *pref.* pro-

probabile *agg.* probable: *niente di più —!*, c'est fort probable!

probabilismo *s.m.* probabilisme.

probabilistico (pl. *-ci*) *agg.* probabiliste.

probabilità *s.f.* **1** probabilité || *con ogni —*, selon toute probabilité **2** (*possibilità*) chance: *ha dieci — su mille di farcela*, il a dix chances sur mille de réussir.

probabilmente *avv.* probablement: *molto —*, fort probablement; *— non verranno*, ils ne viendront probablement pas.

probante *agg.* probant.

probatorio *agg.* probatoire.

probità *s.f.* probité.

problema *s.m.* problème (*anche fig.*).

problematica (pl. *-che*) *s.f.* problématique.

problematicità *s.f.* nature problématique.

problematico (pl. *-ci*) *agg.* problématique.

probo *agg.* (*letter.*) probe.

proboscide *s.f.* trompe.

proboviro (pl. *probiviri*) *s.m.* prud'homme.

procacciare (*coniug. come* cominciare) *v.tr.* procurer: *procacciarsi da vivere*, se procurer de quoi vivre.

procacciatore (f. *-trice*) *s.m.* pourvoyeur*.

procace *agg.* provocant.

procacità *s.f.* aspect provocant.

procedere *v.intr.* **1** avancer*; (*di lavoro, affari ecc.*) marcher; (*di ragionamento*) procéder*: *procedevano cauti*, ils avançaient avec prudence; *— negli studi*, avancer dans ses études; *— nel discorso*, continuer son discours; *tutto procede bene*, tout marche parfaitement; *— per ordine, per assurdo*, procéder par ordre, par l'absurde **2** (*agire*) agir **3** (*accingersi a, iniziare*) procéder* (à): *— alla votazione*, procéder au vote; *procediamo all'inventario*, procédons à faire l'inventaire **4** (*derivare*) dériver; (*provenire*) provenir*: *ciò procede da mancanza di igiene*, cela dérive, provient d'un manque d'hygiène **5** (*dir.*) procéder*: *— civilmente, penalmente*, procéder au civil, au pénal; *— contro qlcu*, poursuivre qqn en justice || (*dir.*) *sentenza di non luogo a —*, ordonnance de non-lieu.

procedimento *s.m.* procédé || *il — dei fatti*, le déroulement des faits || (*dir.*): *— civile, penale*, poursuite civile, pénale; *— cautelare*, procédé conservatoire.

procedura *s.f.* procédure || *— d'ufficio*, pratique de bureau.

procedurale *agg.* de procédure, procédural*: *incidente —*, incident de procédure.

procellaria *s.f.* (*zool.*) pétrel (*m.*).

processare *v.tr.* poursuivre* (en justice); (*giudicare*) juger*.

processionaria *s.f.* (*zool.*) processionnaire.

processione *s.f.* procession.

processo *s.m.* **1** procès: *— civile, penale*, procès civil, criminel; *mettere qlcu sotto —*, intenter un procès à qqn; *essere messo sotto —*, être poursuivi en justice; *— verbale*, procès-verbal || (*estens.*): *fare il — a un regime*, faire le procès d'un régime; *fare il — alle intenzioni*, faire un procès d'intentions; *mi ha fatto un — perché non ho telefonato*, il m'a fait toute une histoire parce que je n'ai pas téléphoné **2** (*scient., tecn.*) processus || *— storico*, processus historique **3** (*procedimento*) procédé: *— di stampa*, procédé d'imprimerie **4** (*inform.*) traitement.

processore *s.m.* (*inform.*) unité centrale; processeur: *— per la trasmissione dei dati*, ordinateur de transmission.

processuale *agg.* de, du procès || *spese processuali*, frais de justice.

procinto, in *locuz.avv.* sur le point (de).

procione *s.m.* (*zool.*) raton: *— lavatore*, raton laveur.

proclama *s.m.* proclamation (*f.*).

proclamare *v.tr.* proclamer || *— una legge*, promulguer une loi || *— uno sciopero*, lancer un ordre de grève □ **proclamarsi** *v.pron.* se proclamer.

proclamazione *s.f.* proclamation.

proclive *agg.* enclin.

proconsole *s.m.* proconsul.

procrastinare *v.tr.* différer*.

procrastinazione *s.f.* procrastination.

procreare *v.tr.* procréer.

procreazione *s.f.* procréation.

procura *s.f.* **1** procuration: *farsi dare una —*, se faire donner procuration; *per —*, par procuration **2** *Procura*, Parquet (*m.*): *la Procura Generale della Repubblica*, le Parquet général.

procurare *v.tr.* **1** procurer **2** (*fare in modo di*) tâcher (de).

procuratore *s.m.* **1** (*chi è munito di procura*) procureur; (*comm.*) fondé de pouvoir **2** (*dir.*) *— legale*, avoué **3** (*dir.*) (*magistrato della Procura*) procureur **4** (*sport*) manager.

proda *s.f.* (*riva*) rivage (*m.*); (*di fiume, di canale*) berge.

prode *agg.* e *s.m.* brave, preux*.

prodezza *s.f.* prouesse, exploit (*m.*) || *bella —!*, (*iron.*) bel exploit!

prodigalità *s.f.* prodigalité.

prodigare (*coniug. come* legare) *v.tr.* prodiguer □ **prodigarsi** *v.pron.* se prodiguer.

prodigio *s.m.* prodige.

prodigiosità *s.f.* caractère prodigieux.

prodigioso *agg.* prodigieux* || **-mente** *avv.*

prodigo (pl. *-ghi*) *agg.* prodigue.

proditoriamente *avv.* traîtreusement.

proditorio *agg.* traître*.

prodotto *s.m.* produit (*in tutti i significati*) || *è il — della sua immaginazione*, (*fig.*) c'est le produit, le fruit de son imagination || — *interno lordo* (PIL), produit intérieur brut (PIB).

prodromo *s.m.* prodrome.

producente *agg.* (*con effetti positivi*) efficace; (*utile, vantaggioso*) utile.

produrre (*coniug. come* condurre) *v.tr.* 1 produire* (*anche fig.*) || — *un documento d'identità*, produire une pièce d'identité; (*dir.*) — *dei testimoni, delle prove*, produire des témoins, des preuves 2 (*provocare*) provoquer, causer: *l'incendio produsse molti danni*, l'incendie causa, provoqua beaucoup de dégâts □ **prodursi** *v.pron.* se produire*.

produttività *s.f.* productivité.

produttivo *agg.* (*che produce*) productif*; (*relativo alla produzione*) de production: *terra produttiva*, terre productive; *ciclo* —, cycle de production.

produttore (f. -*trice*) *agg. e s.m.* producteur*.

produzione *s.f.* production: — *a catena*, production à la chaîne; — *a ciclo continuo*, production continue; *premio di* —, prime de production || (*dir.*) — *di testimoni, di documenti*, production de témoins, de documents.

proemio *s.m.* préambule.

profanare *v.tr.* profaner.

profanatore (f. -*trice*) *agg. e s.m.* profanateur*.

profanazione *s.f.* profanation.

profano *agg. e s.m.* profane: — *in materia*, profane en la matière; *incomprensibile ai profani*, incompréhensible pour les profanes.

proferibile *agg.* prononçable || *una parola non* —, un mot qu'on n'ose pas prononcer.

proferire (*coniug. come* finire) *v.tr.* 1 proférer*: *senza* — *parola*, sans mot dire 2 (*pronunciare*) prononcer*.

professare *v.tr.* 1 professer: — *la propria ammirazione per qlcu*, professer de l'admiration pour qqn; — *la propria stima, la propria gratitu-*dine a qlcu, assurer qqn de son estime, de sa gratitude; — *il proprio amore*, déclarer son amour || — (*i voti*), prononcer ses vœux 2 (*una professione*) exercer* □ **professarsi** *v.pron.* se déclarer.

professionale *agg.* professionnel*: *serietà* —, conscience professionnelle || *non* —, amateur || *albo* —, ordre professionnel.

professionalità *s.f.* professionnalisme (*m.*).

professionalmente *avv.* professionnellement.

professione *s.f.* profession: *libera* —, profession libérale; *esercitare la libera* —, exercer une activité indépendante || *fare* — *di fede*, faire une profession de foi.

professionismo *s.m.* professionnalisme: (*sport*) *passare al* —, devenir professionnel.

professionista *agg. e s.m.* professionnel || *non* —, amateur || (*libero*) —, celui qui exerce une profession libérale; *essere un* (*libero*) —, exercer une profession libérale.

professionistico (pl. -*ci*) *agg.* professionnel*.

professorale *agg.* professoral* (*anche fig.*); de professeur.

professore *s.m.* 1 professeur; (*fam.*) prof; (*nelle apostrofi o accompagnato dal nome*) Monsieur: — *universitario*, professeur de faculté (*o* d'Université); — *incaricato*, professeur chargé de cours; — *ordinario*, (professeur) titulaire || *ne sa quanto un* —, il est savant comme un livre; *si dà arie di* —, il se donne des airs de savant 2 (*mus.*) — *d'orchestra*, instrumentiste.

professoressa *s.f.* professeur; (*fam.*) prof: *la mia* — *di latino è intelligente*, mon professeur de latin est intelligent; *la signora* —, madame le professeur.

professorino *s.m.* jeune prof.

professorone *s.m.* grand professeur.

profeta (f. -*essa*) *s.m.* prophète* || *nessuno è* — *in patria*, nul n'est prophète en son pays.

LE PROFESSIONI AL FEMMINILE

Sia in italiano che in francese la maggior parte dei sostantivi che indicano una professione ha la forma femminile:

maestro/a	instituteur/trice
impiegato/a	employé, employée

Se, nell'una o nell'altra lingua, la forma femminile manca, si usa il corrispondente maschile o si aggiunge la parola donna/femme:

sua madre è magistrato	sa mère est magistrat
mia sorella è la tua	ma sœur est ton professeur
professoressa d'inglese	d'anglais
è il primo sindaco donna	elle est la première femme maire

Con l'accesso delle donne alle professioni tradizionalmente maschili si riscontrano nell'uso dell'una o dell'altra lingua sostantivi femminili di nuova creazione:

avvocatessa (o *avvocato*)	avocate (*o* avocat)
dottoressa	doctoresse (*o* docteur)
presidentessa	présidente
soldatessa (*fam.*)	soldate (*fam.*)

profeticamente *avv.* en prophète.

profetico (pl. *-ci*) *agg.* prophétique.

profetizzare *v.tr.* prophétiser.

profezia *s.f.* prophétie.

profferire (*coniug. come* finire; *part.pass.* profferto) *v.tr.* offrir*.

profferta *s.f.* offre: *profferte d'amore*, avances.

proficuamente *avv.* avec profit.

proficuo *agg.* profitable; (*vantaggioso*) avantageux*; (*fruttuoso*) fructueux*.

profilare *v.tr.* 1 profiler 2 (*orlare*) passepoiler; (*con spighetta*) ganser □ **profilarsi** *v.pron.* se profiler (*anche fig.*) || *si profila una grave crisi*, une crise grave s'annonce.

profilassi *s.f.* prophylaxie.

profilato *agg.* 1 profilé 2 (*orlato*) passepoilé; (*con spighetta*) gansé ♦ *s.m.* (*mecc.*) profilé: — *a doppia T*, profilé en H.

profilattico (pl. *-ci*) *agg.* prophylactique ♦ *s.m.* préservatif.

profilatura *s.f.* 1 (*mecc.*) profilage (*m.*); (*profilo*) profil (*m.*) 2 (*abbigl.*) bordage (*m.*); (*bordo*) passepoil (*m.*), (*di spighetta*) ganse.

profilo *s.m.* 1 profil 2 (*di un autore*) portrait; (*di periodo, movimento*) aperçu 3 (*aspetto, punto di vista*) aspect, point de vue: *sotto il — tecnico*, du point de vue technique; *sotto il — giuridico*, sous l'aspect juridique; *considerandolo sotto questo —*, en le considérant sous cet aspect, de ce point de vue 4 (*orlatura*) passepoil; (*di spighetta*) ganse (*f.*).

profittare *v.intr.* (*approfittare*) profiter, tirer profit.

profittatore (f. *-trice*) *s.m.* profiteur*.

profittevole *agg.* profitable, avantageux*.

profitto *s.m.* profit || *voto di —*, note || *conto profitti e perdite*, compte de profits et pertes || *margini di —*, marge bénéficiaire.

profluvio *s.m.* flux || — *di parole*, déluge de paroles.

profondamente *avv.* profondément.

profondere (*coniug. come* fondere) *v.tr.* prodiguer □ **profondersi** *v.pron.* se confondre*.

profondità *s.f.* profondeur: *a mille metri di —*, à une profondeur de mille mètres.

profondo *agg.* profond: — *venti metri*, de vingt mètres de profondeur || *una profonda scollatura*, un décolleté plongeant ♦ *s.m.* 1 profondeur (*f.*): *nel — del mare*, dans les profondeurs de la mer (*fig.*) profond: *nel — del suo cuore*, au plus profond de son cœur; *dal — del cuore*, du fond du cœur || *nel — della notte*, au cœur de la nuit.

pro forma *locuz.avv.* pour la forme || *fattura —*, facture pro forma ♦ *s.m.* formalité (*f.*).

profugo (pl. *-ghi*) *agg.* e *s.m.* réfugié.

profumare *v.tr.* parfumer (à): — *il fazzoletto di lavanda*, parfumer son mouchoir à la lavande ♦ *v.intr.* sentir*; (*avere un buon odore*) sentir* bon: — *di lavanda*, sentir, fleurer la lavande □ **profumarsi** *v.pron.* se parfumer.

profumatamente *avv.* grassement: *l'ho pagato —*, (*un oggetto ecc.*) je l'ai grassement payé.

profumato *agg.* parfumé.

profumeria *s.f.* parfumerie.

profumiere *s.m.* parfumeur*.

profumo *s.m.* parfum: *che buon — d'arrosto!*, quelle bonne odeur de rôti!; *che —!, che profumino!*, ça sent bon!

profusione *s.f.* profusion || — *di lacrime*, flots de larmes.

profuso *agg.* 1 abondant 2 (*fig.*) prolixe.

progenie *s.f.* 1 descendants (*m.pl.*); (*stirpe*) race 2 (*spreg.*) engeance.

progenitore (f. *-trice*) *s.m.* 1 fondateur* d'une famille; (*di una dinastia*) fondateur* d'une dynastie || *il nostro — Adamo*, notre père Adam 2 (*antenato*) ancêtre, aïeul*.

progesterone *s.m.* (*biochim.*) progestérone (*f.*).

progettare *v.tr.* projeter*.

progettazione *s.f.* 1 projet (*m.*), plan (*m.*) || (*inform.*) — *assistita da computer* (*CAD*), conception assistée par ordinateur (*CAO*) 2 (*econ.*) planification.

progettista *s.m.* projeteur.

progetto *s.m.* projet (*anche fig.*): *è in — la costruzione di un nuovo quartiere*, la construction d'un nouveau quartier est à l'étude || *avere in — di*, avoir l'intention de.

progettuale *agg.* relatif* au projet.

prognatismo *s.m.* prognathisme.

prognato *agg.* prognathe.

prognosi *s.f.* pronostic (*m.*).

programma *s.m.* 1 programme: *le materie in —*, les matières au programme; *fare programmi*, faire des projets; *avere in — di*, avoir l'intention de || *fuori —*, hors programme 2 (*inform.*) programme: — *applicativo*, progiciel, logiciel d'application; — *di elaborazione testi*, di videoscrittura, programme de traitement de textes; *di redazione*, programme d'édition.

programmabile *agg.* programmable.

programmare *v.tr.* programmer || — *un film*, passer un film.

programmatico (pl.-ci) *agg.* programmatique; relatif* au programme du programme.

programmatore (f. *-trice*) *s.m.* 1 (*inform.*) programmeur* 2 (*dispositivo*) programmateur.

programmazione *s.f.* 1 programmation: *il film è in — in diversi cinema*, ce film passe dans plusieurs salles; *film di prossima —*, film prochainement programmé 2 (*econ.*) planification; programmation 3 (*inform.*) programmation, codage (*m.*).

programmista *s.m.* programmateur*.

progredire (*coniug. come* finire) *v.intr.* 1 avancer* (*anche fig.*) 2 (*migliorare, fare progressi*) faire* des progrès, progresser.

progredito *agg.* évolué; (*avanzato*) avancé: *un popolo, un paese —*, un peuple, un pays évolué; *tecnica progredita*, technique avancée.

progressione *s.f.* progression.

progressismo *s.m.* progressisme.

progressista *agg.* e *s.m.* progressiste.

progressivamente *avv.* progressivement.

progressivo *agg.* progressif*.

progresso *s.m.* **1** progrès: *la medicina è in continuo* —, la médecine fait continuellement des progrès **2** (*sviluppo, evoluzione*) développement.

proibire (*coniug. come* finire) *v.tr.* **1** interdire*, défendre*; (*dir.*) prohiber || *proibito fumare*, défense de fumer **2** (*impedire*) empêcher: — *il passaggio a qlcu*, barrer le passage à qqn.

proibitivo *agg.* prohibitif*: *c'è un tempo* —, il fait un temps horrible.

proibito *agg.* défendu, interdit; (*dir.*) prohibé: *frutto* —, fruit défendu; *armi proibite*, armes prohibées; *importazioni, esportazioni proibite*, importations, exportations prohibées; — *dalla legge*, interdit par la loi; *libri proibiti*, livres défendus, (*da una censura*) livres interdits || *sogni proibiti*, rêves impossibles.

proibizione *s.f.* défense, interdiction; (*dir.*) prohibition.

proibizionismo *s.m.* prohibitionnisme.

proibizionista *agg. e s.m.* prohibitionniste.

proiettare *v.tr.* projeter* (*anche fig.*) □ **proiettarsi** *v.pron.* se projeter* (*anche fig.*).

proiettile *s.m.* projectile; (*di fucile*) balle (*f.*); (*di artiglieria*) obus.

proietto *s.m.* **1** projectile; (*di un vulcano*) projection volcanique **2** (*mil.*) obus, projectile.

proiettore *s.m.* **1** projecteur **2** (*aut.*) phare.

proiezione *s.f.* projection || — *in anteprima*, visionnage préalable.

prolasso *s.m.* (*med.*) prolapsus.

prole *s.f.* enfants (*m.pl.*); (*discendenza*) descendance, progéniture.

proletariato *s.m.* prolétariat.

proletario *agg.* prolétarien* ♦ *s.m.* prolétaire.

proliferare *v.intr.* proliférer* (*anche fig.*).

proliferazione *s.f.* prolifération (*anche fig.*).

prolifero *agg.* prolifère.

prolificare (*coniug. come* mancare) *v.intr.* proliférer* (*anche fig.*).

prolificazione *s.f.* prolifération (*anche fig.*).

prolificità *s.f.* prolificité.

prolifico (pl. -*ci*) *agg.* prolifique (*anche fig.*).

prolissità *s.f.* prolixité.

prolisso *agg.* prolixe.

pro loco (pl. *invar.*) *agg. e s.f.* (*associazione*) —, syndicat d'initiative.

prologo (pl. -*ghi*) *s.m.* prologue; (*fig.*) prélude, début.

prolunga (pl. -*ghe*) *s.f.* **1** rallonge; (*elettr.*) prolongateur (*m.*) **2** (*mil.*) prolonge.

prolungabile *agg.* qu'on peut prolonger.

prolungamento *s.m.* **1** (*nello spazio*) prolongement **2** (*nel tempo*) prolongation (*f.*).

prolungare (*coniug. come* legare) *v.tr.* prolonger* □ **prolungarsi** *v.pron.* **1** se prolonger* **2** (*dilungarsi*) s'étendre*.

prolusione *s.f.* (*discorso*) discours inaugural; (*lezione*) leçon inaugurale.

promanare *v.intr.* émaner (*anche fig.*).

promemoria (pl. *invar.*) *s.m.* mémento, mémorandum; (*fam.*) pense-bête*.

promessa[1] *s.f.* **1** promesse || *tenere, mantenere la* —, tenir sa promesse **2** (*fig.*) espoir (*m.*).

promessa[2] *s.f.* (*fidanzata*) fiancée.

promesso *agg.* promis ♦ *s.m.* (*fidanzato*) fiancé.

promettente *agg.* prometteur*; (*di persona*) qui promet.

promettere (*coniug. come* mettere) *v.tr.* prometttre* || *il tempo promette bene oggi*, le temps promet d'être beau aujourd'hui || *la cosa promette bene*, la chose s'annonce bien.

prominente *agg.* proéminent || *roccia* —, roche saillante.

prominenza *s.f.* proéminence.

promiscuamente *avv.* dans la promiscuité.

promiscuità *s.f.* promiscuité.

promiscuo *agg.* **1** mixte; (*di ambiente*) où règne la promiscuité **2** (*gramm.*) épicène.

promontorio *s.m.* promontoire.

promosso *agg. e s.m.* reçu.

promotore (f.-*trice*) *agg. e s.m.* promoteur*.

promozionale *agg.* promotionnel*.

promozione *s.f.* **1** (*nelle scuole*): avere, ottenere *la* —, (*a una classe superiore*) passer (dans la classe au-dessus); (*in un esame*) être reçu (à un examen) **2** (*avanzamento di grado*) promotion || — *per anzianità*, avancement à l'ancienneté **3** (*comm.*) promotion.

promulgare (*coniug. come* legare) *v.tr.* promulguer.

promulgazione *s.f.* promulgation.

promuovere (*coniug. come* muovere) *v.tr.* **1** promouvoir* || — *le vendite*, encourager les ventes **2** (*organizzare*) organiser || — *una sottoscrizione*, lancer une souscription || — *un'azione legale*, intenter une action **3** (*nelle scuole*): *non so se sarà promosso*, (*alla classe superiore*) je ne sais s'il passera (dans la classe supérieure), (*a un esame*) s'il sera reçu (à l'examen).

pronao *s.m.* (*arch.*) pronaos.

pronipote *s.m.* (*di bisnonno*) arrière-petit-fils*; (*di prozio*) arrière-neveu* ♦ *s.f.* (*di bisnonno*) arrière-petite-fille*; (*di prozio*) arrière-nièce*.

pronome *s.m.* (*gramm.*) pronom.

pronominale *agg.* pronominal*.

pronosticare (*coniug. come* mancare) *v.tr.* pronostiquer; (*predire*) prédire*.

pronostico (pl. -*ci*) *s.m.* pronostic.

prontamente *avv.* promptement.

prontezza *s.f.* promptitude || — *di spirito*, vivacité d'esprit || — *di parola*, facilité d'élocution.

pronto *agg.* **1** prêt: — *per l'uso*, prêt à l'usage || *pronta cassa*, comptant || —!, (*al telefono*) allô! **2** (*vivace*) vif*; (*rapido*) rapide || *avere la lingua, la risposta pronta*, être prompt à la réplique || *essere* — *al riso*, avoir le rire facile; *essere* — *al perdono*, être enclin à pardonner.

prontuario *s.m.* précis.

pronuncia (pl. -*ce*) *s.f.* **1** prononciation; (*maniera di parlare*) diction; (*accento*) accent (*m.*) **2** (*dir.*) prononcé (*m.*); (*sentenza*) arrêt (*m.*).

pronunciabile *agg.* prononçable.

pronunciamento *s.m.* pronunciamiento.

pronunciare (*coniug. come* cominciare) *v.tr.* prononcer* || *senza pronunciar parola*, sans mot dire □ **pronunciarsi** *v.pron.* se prononcer*.
pronunciato *agg.* prononcé ♦ *s.m.* arrêt.
pronunzia *s.f.* e *deriv.* → **pronuncia** e *deriv.*
propagabile *agg.* qu'on peut propager.
propaganda *s.f.* propagande; (*pubblicità commerciale*) publicité.
propagandare *v.tr.* **1** diffuser, répandre* **2** (*con mezzi propagandistici*) lancer* au moyen de la publicité.
propagandista *s.m.* e *f.* propagandiste; (*comm.*) représentant.
propagandistico (pl. -*ci*) *agg.* publicitaire || *a scopo* —, dans un but de propagande; (*pubblicitario*) dans un but publicitaire.
propagare (*coniug. come* legare) *v.tr.* propager* (*anche fig.*) || — *la cultura*, diffuser la culture □ **propagarsi** *v.pron.* se propager*.
propagatore (f. -*trice*) *s.m.* propagateur*.
propagazione *s.f.* propagation.
propaggine *s.f.* **1** (*agr.*) marcotte, provin (*m.*) **2** (*fig.*) (*diramazione*) ramification **3** (*di montagna*) contrefort (*m.*).
propano *s.m.* (*chim.*) propane.
propedeutica *s.f.* propédeutique.
propedeutico (pl. -*ci*) *agg.* propédeutique.
propellente *agg.* propulsif* ♦ *s.m.* propergol || — *unico*, monergol.
propendere *v.intr.* pencher, incliner (à).
propensione *s.f.* penchant (*m.*) || — *al consumo*, *al risparmio*, propension à consommer, à économiser.
propenso *agg.* (*incline*) enclin, porté; (*disposto*) disposé.
propilene *s.m.* (*chim.*) propène, propylène.
propinare *v.tr.* (*somministrare*) administrer || — *bugie*, débiter des mensonges; *ci hanno propinato un film noiosissimo*, on nous a infligé un film vraiment barbant.
propiziare *v.tr.* rendre* propice || *propiziarsi il favore di qlcu*, gagner la faveur de qqn.
propiziatorio *agg.* propitiatoire.
propiziazione *s.f.* propitiation.
propizio *agg.* propice; (*favorevole*) favorable.
propoli *s.f.* e *m.* propolis (*f.*).
proponente *agg.* e *s.m.* (celui) qui fait une proposition.
proponibile *agg.* proposable.
proponimento *s.m.* résolution (*f.*): *far — di...*, prendre la résolution de...
proporre (*coniug. come* porre) *v.tr.* proposer || *proporsi un fine*, se proposer un but.
proporzionale *agg.* proportionnel*: — *a*, proportionnel à || (*pol.*) *rappresentanza* —, représentation proportionnelle ♦ *s.m.* (*mat.*) proportionnelle (*f.*): *terzo, quarto* —, troisième, quatrième proportionnelle ♦ *s.f.* (*pol.*) (*sistema elettorale proporzionale*) proportionnelle.
proporzionalità *s.f.* proportionnalité.
proporzionalmente *avv.* proportionnellement.
proporzionare *v.tr.* proportionner.

proporzionato *agg.* proportionné.
proporzione *s.f.* **1** proportion || *fatte le debite proporzioni*, toute(s) proportion(s) gardée(s) **2** *pl.* (*dimensioni*) proportions; (*estensione*) étendue (*sing.*): *incendio di grandi proporzioni*, incendie d'une grande étendue.
propositivo *agg.* qui propose || *un atteggiamento* —, une attitude constructive.
proposito *s.m.* **1** (*proponimento*) résolution (*f.*) || *di* —, sérieusement || *uomo di* —, homme sérieux **2** (*intenzione*) intention (*f.*) || *di* —, de propos délibéré **3** (*argomento*) propos; sujet: *in* —, à ce propos, sujet || *a* — *di...*, à propos de... || *a che* — *hai detto questo?*, à propos de quoi as-tu dit cela? || *fuori* —, hors de propos || *venire bene a* —, tomber à point; *venire male a* —, tomber mal à propos || *a* — *e a sproposito*, à tort et à travers **4** (*opportunità*): *arrivi proprio a* —, tu arrives au bon moment; *questo capita a* —, ça tombe bien.
proposizione *s.f.* proposition.
proposta *s.f.* proposition || — *di lavoro*, offre de travail.
propriamente *avv.* **1** (*realmente, esattamente*) en réalité, exactement **2** (*in senso proprio*) proprement **3** (*con proprietà*) avec propriété.
proprietà *s.f.* **1** propriété: *questa casa è di mia* —, cette maison m'appartient || — *di linguaggio*, propriété de langage; *parla con molta* —, il emploie toujours le terme propre **2** (*i proprietari*) les propriétaires: *le decisioni della* —, les décisions des propriétaires, du patronat **3** (*gusto, decoro*) soin (*m.*), goût (*m.*).
proprietario *s.m.* propriétaire.
proprio[1] *agg.* propre: *il senso* — *di una parola*, le sens propre d'un mot; *usa sempre termini propri*, il n'emploie que des termes appropriés || (*gramm.*) *nome* — *di* —, propre à: *la ragione è propria dell'uomo*, la raison est le propre de l'homme || *è* — *di...*: *è* — *dei giovani essere imprudenti*, c'est le propre des jeunes d'être imprudents || *vero e* —, véritable.
proprio[2] *agg.poss.* (*di lui, di lei*) son* (propre); (*di loro*) leur* (propre): *egli ama il* — *lavoro*, il aime son travail; *essi amano il* — *lavoro*, ils aiment leur travail; *ciascuno* (*di noi, di loro*) *ama la propria famiglia*, chacun (de nous, d'eux) aime sa (propre) famille; *ciascuno tornerà a casa con i propri mezzi*, chacun rentrera par ses propres moyens; *è il sogno di tutti avere una casa propria*, chacun rêve d'avoir une maison à soi; *hanno una casa propria*, ils ont une maison à eux; *fare del* — *meglio*, faire de son mieux || *amor* —, amour propre || *di* — *pugno, di propria mano*, de sa propre main || *coi miei propri occhi*, de mes propres yeux; *con le sue proprie mani*, de ses (propres) mains; *ha una teoria sua propria*, il a une théorie toute personnelle, bien à lui || *Sue Proprie Mani* (*SPM*), (*sulle buste*) en main(s) propre(s) ♦ *pron.poss.* (*il suo*) le sien*; (*il loro*) le leur*: *anteporre il bene altrui al* —, faire passer l'intérêt d'autrui avant le sien ♦ *s.m.*: *vivere del* —, vivre de ses propres ressources; *ci ha rimesso del* —, il

en a été de sa poche; *metterci del* —, y mettre du sien || *dare a ciascuno il* —, donner à chacun son dû || *mettersi in* —, se mettre à son compte; *ha una ditta in* —, il a une entreprise à lui; *rispondere di qlco in* —, répondre de qqch personnellement.

proprio[3] *avv.* **1** (*veramente, davvero*) vraiment: *non ho* — *sonno*, je n'ai vraiment pas sommeil || *hai* — *ragione*, tu as tout à fait raison || *è* — *vero che...*, c'est bien vrai que...; *non è* — *vero*, ce n'est pas vrai du tout || *"Era* — *lui?" "Proprio* (*lui, in persona*)*!"*, "C'était bien lui?" "Lui, en personne"; *"Proprio tu vieni fuori con queste affermazioni?" "Sì,* — *io!"*, "C'est toi qui me fais ce genre de réflexions?" "Eh bien oui, c'est moi!" **2** (*esattamente*) justement, exactement; (*giusto*) juste: *è* — *quello che volevo*, c'est exactement ce que je voulais; — *allora,* — *in quel momento*, juste à ce moment-là; — *ora che devo uscire...*, juste au moment où je dois sortir; *me l'ha detto* — *ora*, il vient tout juste de me le dire; *ci siamo visti* — *ieri*, nous nous sommes vus juste hier || *"Allora lo sapevi!" " Proprio"*, "Alors tu le savais!" "Absolument" || *non* —, pas vraiment.

propugnare *v.tr.* combattre* (pour), se faire* l'apôtre (de).

propugnatore *s.m.* partisan, défenseur.

propulsione *s.f.* propulsion.

propulsivo *agg.* propulsif*.

propulsore *s.m.* propulseur.

prora *s.f.* avant (*m.*), proue.

proravia *a locuz.avv.* à l'avant.

proroga (f. *-ghe*) *s.f.* prorogation; (*dilazione*) délai (*m.*) || — *di contratto*, renouvellement de contrat.

prorogabile *agg.* qui peut être prorogé.

prorogabilità *s.f.* possibilité d'être prorogé.

prorogare (*coniug. come* legare) *v.tr.* proroger* || — *un contratto*, renouveler un contrat.

prorompente *agg.* impétueux*; (*fig.*) débordant || *un applauso* —, un tonnerre d'applaudissements || *entusiasmo* —, enthousiasme délirant.

prorompere (*coniug. come* rompere) *v.intr.* (*straripare*) déborder; (*da una breccia*) jaillir || — *in lacrime, in pianto*, éclater en sanglots; — *in una risata*, éclater de rire || — *in ingiurie*, se répandre en injures.

prosa *s.f.* **1** prose || *teatro di* —, théâtre; *attore di* —, comédien **2** (*stile*) style (*m.*) **3** (*fig.*) routine.

prosaico (pl.*-ci*) *agg.* prosaïque || *-mente avv.*

prosapia *s.f.* (*letter.*) lignée.

prosasticità *s.f.* ce qui caractérise la prose.

prosastico (pl. *-ci*) *agg.* **1** (*in prosa*) en prose **2** (*fig.*) prosaïque.

prosatore *s.m.* prosateur.

proscenio *s.m.* avant-scène* (*f.*).

proscimmia *s.f.* (*zool.*) prosimien (*m.*).

prosciogliere (*coniug. come* cogliere) *v.tr.* **1** acquitter; (*assolvere*) décharger* **2** (*da un vincolo*) délier.

proscioglimento *s.m.* **1** (*dir.*) acquittement **2** (*da un vincolo*) dégagement.

prosciugamento *s.m.* assèchement; (*inaridimento*) dessèchement; (*di corso d'acqua*) tarissement || (*fin.*) — *di capitali*, drainage de capitaux.

prosciugare (*coniug. come* legare) *v.tr.* assécher*; (*inaridire*) dessécher* □ **prosciugarsi** *v.pron.* se dessécher*: *la fonte si è prosciugata*, la source a tari.

prosciutto *s.m.* jambon: — *crudo*, jambon cru, de Parme; — *cotto*, jambon cuit, blanc || *avere le orecchie foderate di* —, (*fam.*) avoir les portugaises ensablées.

proscritto *agg.* e *s.m.* proscrit.

proscrivere (*coniug. come* scrivere) *v.tr.* proscrire*.

proscrizione *s.f.* proscription.

prosecco (pl. *-chi*) *s.m.* vin blanc de la Vénétie.

prosecutore (f. *-trice*) *s.m.* continuateur*.

prosecuzione *s.f.* continuation; (*seguito*) suite.

proseguimento *s.m.* continuation (*f.*); (*seguito*) suite (*f.*) || *buon* —, (*di viaggio*) bon voyage; (*di serata, vacanze ecc.*) bonne fin de soirée, de vacances, etc.

proseguire *v.tr.* poursuivre*, continuer ♦ *v.intr.* continuer; (*avanzare*) avancer*; (*andare oltre*) aller* plus loin: *proseguo per Parigi*, je continue sur Paris; *le macchine non possono* —, les voitures ne peuvent pas aller plus loin || *le ricerche proseguono*, les recherches se poursuivent || *far* —, (*su una lettera*) faire suivre.

proselitismo *s.m.* prosélytisme.

proselito *s.m.* prosélyte.

prosieguo *s.m.*: *in, nel* — *di tempo*, dans, par la suite.

prosit *inter.* à votre santé.

prosodia *s.f.* prosodie.

prosopopea *s.f.* air d'importance; (*presunzione*) présomption.

prosperare *v.intr.* prospérer*.

prosperità *s.f.* prospérité.

prospero *agg.* prospère; (*favorevole*) favorable.

prosperoso *agg.* prospère || *donna prosperosa*, femme plantureuse.

prospettare *v.tr.* exposer, présenter □ **prospettarsi** *v.pron.* s'annoncer*: *non si prospettano vie d'uscita*, il n'y a aucune issue possible; *mi si prospetta un futuro incerto*, un avenir plein d'incertitudes m'attend.

prospetticamente *avv.* en perspective.

prospettico (pl. *-ci*) *agg.* perspectif*: *effetto* —, effet de perspective, perspectif.

prospettiva *s.f.* perspective: *errore di* —, erreur de perspective, (*fig.*) erreur d'évaluation; *senza* —, sans perspectives || *in* —, en perspective; *in* — *del futuro*, en prévision de l'avenir; *ha venduto con la* — *di partire*, il a vendu avec l'idée de partir || *di fronte alla* — *di*, avec la perspective de.

prospetto *s.m.* **1** (*vista*) vue (*f.*) **2** (*facciata*) façade (*f.*) || *di* —, de face **3** (*tabella riassuntiva*) aperçu **4** (*volantino informativo*) prospectus.

prospettore *s.m.* (*geol.*) prospecteur.

prospezione s.f. (geol.) prospection.

prospiciente agg. (che guarda verso) qui regarde; (che dà su) donnant (sur).

prosseneta s.m. (letter.) proxénète.

prossenetismo s.m. (letter.) proxénétisme.

prossimamente avv. prochainement.

prossimità s.f. proximité || in — di, (luogo) à proximité de, près de; (tempo) à l'approche de.

prossimo agg. 1 (vicino) proche (de): in un futuro —, dans un proche avenir || il lavoro è — alla fine, le travail touche à sa fin; sono — a partire, je suis près de partir; è — alla quarantina, il approche de la quarantaine || (gramm.): passato —, passé composé; trapassato —, plus-que-parfait 2 (seguente) prochain ♦ s.m. prochain: rispetto per il —, respect pour son prochain.

prostata s.f. (anat.) prostate.

prostatico (pl. -ci) agg. e s.m. prostatique.

prosternarsi v.pron. se prosterner.

prosternazione s.f. prosternation, prosternement (m.).

prostituire (coniug. come finire) v.tr. prostituer □ **prostituirsi** v.pron. se prostituer.

prostituta s.f. prostituée.

prostituto s.m. prostitué.

prostituzione s.f. prostitution.

prostrare v.tr. abattre* (anche fig.): la malattia l'ha prostrata, la maladie l'a épuisée □ **prostrarsi** v.pron. se prosterner (anche fig.).

prostrato agg. 1 prosterné 2 (fig.) prostré: — dal dolore, accablé par la douleur.

prostrazione s.f. prostration.

protagonismo s.m. (spec. spreg.) théâtralisme.

protagonista s.m. protagoniste (anche fig.); (di film) acteur* principal*; (di romanzo) personnage principal* || attore non —, second rôle.

proteggere (coniug. come leggere) v.tr. protéger* (de): qualcuno lo protegge, il est protégé.

proteico (pl. -ci) agg. protéique || ad alto contenuto —, très riche en protéines.

proteiforme agg. protéiforme.

proteina s.f. (biochim.) protéine.

protendere (coniug. come prendere) v.tr. tendre* □ **protendersi** v.pron. se pencher; (avanzarsi) (s') avancer*.

protervia s.f. arrogance.

protervo agg. arrogant.

protesi s.f. prothèse: — dentaria, prothèse.

proteso agg. tendu: — nel vuoto, penché dans le vide.

protesta s.f. protestation: per —, en signe de protestation.

protestante agg. e s.m. protestant.

protestantesimo s.m. protestantisme.

protestare v.intr. protester ♦ v.tr. protester (de): — la propria buona fede, protester de sa bonne foi || (comm.) — una cambiale, protester un effet □ **protestarsi** v.pron. se proclamer: — innocente, se proclamer innocent.

protestatario agg. protestataire.

protesto s.m. protêt: assegno in —, chèque en protêt, chèque protesté; mandare in —, protester.

protettivo agg. protecteur*.

protetto agg. e s.m. protégé.

protettorato s.m. protectorat.

protettore (f. -trice) agg. protecteur* || santo —, patron ♦ s.m. 1 protecteur*; (santo) patron* 2 (sfruttatore di prostitute) souteneur.

protezione s.f. protection || assumere un'aria di —, prendre un air protecteur; prendere sotto la propria —, prendre sous son aile || sotto la — delle Belle Arti, sous la tutelle de la commission des monuments historiques || Protezione degli animali, Société protectrice des animaux.

protezionismo s.m. protectionnisme.

protezionista s.m. protectionniste.

protezionistico (pl. -ci) agg. protectionniste.

proto s.m. (tip.) prote.

prot(o)- pref. prot(o)-

protocollare[1] agg. protocolaire.

protocollare[2] v.tr. enregistrer.

protocollo s.m. 1 protocole: visita di —, visite protocolaire; firmare il —, signer le protocole 2 (registro degli atti) registre: mettere a —, inscrire dans le registre || numero di —, numéro d'enregistrement || carta —, papier ministre; il foglio —, (di scuola) la copie.

protone s.m. (fis.) proton.

protoplasma s.m. (biol.) protoplasme, protoplasma.

prototipo s.m. prototype (anche fig.).

protozoi s.m.pl. protozoaires.

protrarre (coniug. come tarre) v.tr. (prolungare) prolonger*; (prorogare) proroger* □ **protrarsi** v.pron. se prolonger; (durare) durer.

protrazione s.f. prolongation.

protrombina s.f. (biochim.) prothrombine.

protuberante agg. protubérant.

protuberanza s.f. protubérance.

prova s.f. 1 épreuve (anche fig.): mettere a dura —, mettre à rude épreuve || a — di, à l'épreuve de: amicizia a — di bomba, amitié à toute épreuve || alla — dei fatti, à l'épreuve || lo vedremo alla —, on le verra à l'œuvre || la — del fuoco, l'épreuve du feu; (fig.) l'épreuve décisive 2 (prova tecnica, collaudo) essai (m.): — di laboratorio, essai de laboratoire; — su strada, essai sur route; volo di —, vol d'essai || banco di —, (anche fig.) banc d'essai || in —, à l'essai || periodo di —, période d'essai || — di stampa, épreuve || (inform.) — del programma, test d'un programme 3 (esame) épreuve: la — scritta, orale, l'écrit, l'oral 4 (dimostrazione, testimonianza) preuve: dar — di qlco, faire preuve de qqch; ha dato — di essere un vero amico, il a prouvé qu'il était un véritable ami || (dir.) assolto per insufficienza di prove, acquitté faute de preuves || (mat.) la — del nove, la preuve par neuf || fino a — contraria, jusqu'à preuve du contraire || a — di, comme preuve de 5 (di abito) essayage (m.): mettere in —, préparer pour l'essayage 6 (teatr.) répétition: — generale, générale; far le prove, répéter 7 (sport) essai (m.).

provabile agg. prouvable.

provare *v.tr.* **1** essayer*: *anche se non lo hai mai fatto, provaci!*, même si tu ne l'as jamais fait, essaie quand même! || *bisogna — per credere*, il faut être passé par là pour le croire || — *a*, essayer de; *prova a farlo*, essaie de le faire; *proviamo a vedere cosa ci risponde*, voyons un peu ce qu'il va nous répondre; *prova e riprova*, à force d'essayer; — *un cibo*, goûter un aliment **2** (*dimostrare*) prouver **3** (*mettere alla prova*) éprouver: *voglio — le sue capacità*, je veux me rendre compte de ses capacités **4** (*sentire*) (*di sentimenti*) éprouver; (*di sensazioni*) ressentir*: — *simpatia per qlcu*, éprouver de la sympathie pour qqn; *provo un gran dolore al braccio*, je ressens une grande douleur au bras; *so cosa significa, l'ho provato anch'io*, je sais ce que cela veut dire, je l'ai vécu moi aussi **5** (*conoscere per esperienza*) connaître* **6** (*abiti, scarpe ecc.*) essayer* **7** (*teatr.*) répéter □ **provarsi** *v.pron.* se mesurer.

provato *agg.* **1** éprouvé: — *dalla fatica*, éprouvé par la fatigue || — *dalla stanchezza*, épuisé **2** (*dimostrato*) prouvé || *un amico —*, un ami sûr.

proveniente *agg.* provenant || *i treni provenienti da Roma*, les trains en provenance de Rome.

provenienza *s.f.* provenance: *d'ignota —*, de provenance inconnue; *di dubbia —*, de provenance douteuse.

provenire (*coniug. come* venire; *rari i tempi composti*) *v.intr.* **1** venir* **2** (*fig.*) dériver, provenir* || *proviene da una famiglia nobile*, il descend d'une famille noble.

provento *s.m.* gain; (*utile*) bénéfice.

provenzale *agg.* e *s.m.* provençal*.

proverbiale *agg.* proverbial*: *divenire —*, devenir un proverbe || **-mente** *avv.*

proverbio *s.m.* proverbe.

provetta *s.f.* éprouvette.

provetto *agg.* expérimenté.

provincia (pl. *-ce* o *-cie*) *s.f.* **1** province **2** (*paese, regione*) pays (*m.*).

provinciale *agg.* e *s.m.* provincial* || (*strada*) —, route départementale.

provincialismo *s.m.* provincialisme.

provino *s.m.* **1** (*chim.*) éprouvette (*f.*) **2** (*cine.*) (*prova di attore*) bout d'essai; (*spezzone di film di prossima programmazione*) bande-annonce* (*f.*) **3** (*fot.*) épreuve petit format; (*foglio coi provini*) planche contact.

provocante *agg.* provocant.

provocare (*coniug. come* mancare) *v.tr.* provoquer.

provocatore (f. *-trice*) *agg.* e *s.m.* provocateur*.

provocatorio *agg.* provocateur*.

provocazione *s.f.* provocation.

provola *s.f.* variété de fromage fait de lait de vache ou bufflesse.

provolone *s.m.* variété de fromage compact, assez fort.

provvedere (*coniug. come* vedere. *Indic. fut.* io provvederò ecc. *Part. pass.* provveduto) *v.intr.* **1** pourvoir*; (*prendere provvedimenti*) prendre* des mesures (à l'égard de) || *bisogna —*

subito, il faut agir tout de suite **2** (*occuparsi di*) s'occuper (de): — *a un pagamento*, s'occuper d'effectuer un paiement **3** (*badare*) veiller (à ce que) ♦ *v.tr.* pourvoir*; (*procurare*) procurer (qqch à qqn) □ **provvedersi** *v.pron.* se munir; (*fornirsi*) se procurer.

provvedimento *s.m.* mesure (*f.*); disposition (*f.*).

provveditorato *s.m.* inspection (*f.*): — *agli studi*, inspection d'académie, académie.

provveditore *s.m.* inspecteur: — *agli studi*, recteur d'académie.

provvidenza *s.f.* **1** providence (*anche fig.*) || *uomo mandato dalla —*, homme providentiel **2** (*provvedimento*) mesure: *provvidenze in favore dei pensionati*, mesures en faveur des retraités || *provvidenze della sicurezza sociale*, prestations de la sécurité sociale.

provvidenziale *agg.* providentiel* || **-mente** *avv.*

provvigione *s.f.* commission.

provvisionale *s.f.* (*dir.*) provisionnel*.

provvisorietà *s.f.* caractère provisoire.

provvisorio *agg.* provisoire || *in via provvisoria*, provisoirement || **-mente** *avv.*

provvista *s.f.* provision || *fare — di nafta*, faire le plein de mazout.

provvisto *agg.* pourvu; (*dotato*) doué || *negozio* (*ben*) —, magasin bien achalandé; *portafogli* (*ben*) —, portefeuille bien garni.

prozia *s.f.* grand-tante*.

prozio *s.m.* grand-oncle*.

prua *s.f.* avant (*m.*), proue: *da poppa a —*, de la poupe à la proue, de l'arrière à l'avant || *dirigere la — verso il largo*, mettre le cap au large || *vento di —*, vent devant.

prudente *agg.* e *s.m.* prudent.

prudentemente *avv.* prudemment.

prudenza *s.f.* prudence: *usare — nel fare qlco*, faire qqch avec prudence || *la — non è mai troppa*, on n'est jamais trop prudent.

prudenziale *agg.* prudent, de prudence.

prudere (*Pass. rem. non comune; manca il Part. pass.*) *v.intr.* démanger* || *mi sento — le mani*, (*fig.*) les mains me démangent.

prugna *s.f.* prune || *prugne secche*, pruneaux ♦ *agg.invar.* (*color*) —, (couleur) prune.

prugno *s.m.* (*bot.*) prunier.

prugnola *s.f.* (*bot.*) prunelle.

prunaio, pruneto *s.m.* ronceraie (*f.*).

pruno *s.m.* **1** (*cespuglio*) ronce (*f.*) **2** (*spina*) épine (*f.*).

prurigine *s.f.* **1** démangeaison (*anche fig.*) **2** (*med.*) prurigo (*m.*).

pruriginoso *agg.* prurigineux*.

prurito *s.m.* démangeaison (*f.*): *avere —*, avoir une démangeaison, des démangeaisons.

prussiano *agg.* e *s.m.* prussien*.

prussico (pl. *-ci*) *agg.* prussique.

pseudo- *pref.* pseudo-

pseudonimo *agg.* e *s.m.* pseudonyme.

psicanalisi *s.f.* psychanalyse.

psicanalista *s.m.* psychanalyste.

psicanalitico (pl. *-ci*) *agg.* psychanalytique.

psicanalizzare *v.tr.* psychanalyser.
psiche[1] *s.f.* psyché.
psiche[2] *s.f.* (*specchiera*) psyché.
psichedelico (pl. *-ci*) *agg.* psychédélique.
psichiatra *s.m.* psychiatre.
psichiatria *s.f.* psychiatrie.
psichiatrico (pl. *-ci*) *agg.* psychiatrique.
psichico (pl. *-ci*) *agg.* psychique.
psic(o)- *pref.* psych(o)-
psicoanalisi *s.f.* e *deriv.* → psicanalisi e *deriv.*
psicodramma *s.m.* psychodrame.
psicofarmaco (pl. *-ci*) *s.m.* psychotrope.
psicofisico (pl. *-ci*) *agg.* psychophysique.
psicolinguistica *s.f.* psycholinguistique.
psicolinguistico (pl. *-ci*) *agg.* psycholinguistique.
psicologia *s.f.* psychologie.
psicologico (pl. *-ci*) *agg.* psychologique || **-mente** *avv.*
psicologo (pl. *-gi*) *s.m.* psychologue.
psicomotorio *agg.* psychomoteur*.
psicopatico (pl. *-ci*) *agg.* e *s.m.* psychopathe.
psicopedagogia *s.f.* psychopédagogie.
psicopedagogico (pl. *-ci*) *agg.* psychopédagogique.
psicosi *s.f.* psychose.
psicosomatico (pl. *-ci*) *agg.* psychosomatique.
psicotecnica (pl. *-che*) *s.f.* psychotechnique.
psicotecnico (pl. *-ci*) *agg.* psychotechnique ♦ *s.m.* psychotechnicien*.
psicoterapeuta *s.m.* psychothérapeute.
psicoterapeutico (pl. *-ci*) *agg.* psychothérapeutique, psychothérapique.
psicoterapia *s.f.* psychothérapie.
psicoterapista *s.m.* psychothérapeute.
psicotico (pl. *-ci*) *agg.* e *s.m.* psychotique.
psittacosi *s.f.* (*vet.*) psittacose.
psoriasi *s.f.* (*med.*) psoriasis (*m.*).
pst *onom.* psitt.
puah *inter.* pouah!
pubblicabile *agg.* publiable.
pubblicamente *avv.* publiquement || *un fatto — noto*, un fait connu de tout le monde || *è — noto che...*, il est de notoriété publique que...
pubblicare (*coniug. come* mancare) *v.tr.* **1** publier, faire* paraître: — *uno scritto inedito*, faire paraître un texte inédit || *essere pubblicato*, paraître, être publié: '*Bel Ami' è stato pubblicato nel 1885*, 'Bel Ami' a paru, a été publié en 1885; *è stata pubblicata una nuova edizione*, il a, il est paru une nouvelle édition; *sta per essere pubblicato*, il est en cours de publication; *è appena stato pubblicato*, il vient de paraître; *subito dopo essere stato pubblicato...*, dès sa parution... || *pubblicato dall'Editore X a cura di Y*, publié chez X Éditeur par les soins de Y **2** (*spec. dalla parte della casa editrice*) éditer: *pubblicheremo una collana di autori classici*, nous allons éditer, publier une collection d'auteurs classiques.
pubblicazione *s.f.* **1** publication || *di recente —*, récemment publié, qui vient de paraître; *di prossima —*, à paraître prochainement || *fin dalla —*, dès sa parution || *curare la — di un'opera*, s'occu-

per de l'édition d'une œuvre **2** (*scritto*) publication: — *scientifica, letteraria*, publication scientifique, littéraire; *la sua ultima —*, son dernier ouvrage || *pubblicazioni di matrimonio*, bans.
pubblicista *s.m.* (*giornalismo*) pigiste.
pubblicistica *s.f.* presse écrite.
pubblicità *s.f.* publicité, (*fam.*) pub: *dare — a qlco*, faire de la publicité à qqch; *senza dare molta —*, sans faire une grande publicité; *fare —*, faire de la publicité; *la — è l'anima del commercio*, la publicité est le moteur du commerce || *— a mezzo affissione*, publicité par affiches; *— sulla stampa*, publicité de presse; *— stradale*, publicité sur la voie publique || *piccola —*, (*sui quotidiani*) petites annonces.
pubblicitario *agg.* e *s.m.* publicitaire.
pubblicizzare *v.tr.* faire de la publicité (à).
pubblico (pl. *-ci*) *agg.* public*: *ente —*, organisme public; *il bene —, la cosa pubblica*, le bien public; *la spesa pubblica*, les frais de l'État; *di dominio —*, de notoriété publique; *di interesse —*, d'intérêt public || *separare il — dal privato*, séparer la vie publique de la vie privée ♦ *s.m.* public: *gremito di —*, bondé; *una grande affluenza di —*, un public nombreux || *mettere in —*, étaler.
pube *s.m.* (*anat.*) pubis.
puberale *agg.* pubertaire.
pubere *agg.* pubère.
pubertà *s.f.* puberté.
pubico (pl. *-ci*) *agg.* pubien*.
pudibondo *agg.* pudique; (*scherz.*) pudibond.
pudicamente *avv.* pudiquement.
pudicizia *s.f.* pudicité.
pudico (pl. *-chi*) *agg.* pudique.
pudore *s.m.* pudeur (*f.*) || *il comune senso del —*, la pudeur, la moralité publique.
puericultrice *s.f.* puéricultrice.
puericultura *s.f.* puériculture.
puerile *agg.* puéril (*anche fig.*).
puerilità *s.f.* puérilité.
puerizia *s.f.* (*letter.*) enfance.
puerpera *s.f.* accouchée, femme en couches.
puerperale *agg.* puerpéral*.
puerperio *s.m.* puerpéralité (*f.*).
puff *inter.* pouf.
pugilato *s.m.* boxe (*f.*).
pugilatore, pugile *s.m.* boxeur.
pugilistico (pl. *-ci*) *agg.* de boxe.
puglia *s.f.* poule.
pugnalare *v.tr.* poignarder: — *alle spalle*, poignarder dans le dos.
pugnalata *s.f.* coup de poignard (*anche fig.*).
pugnale *s.m.* poignard.
pugno *s.m.* **1** poing: *mostrare i pugni*, montrer le poing; *battere il — sul tavolo*, taper du poing sur la table || *stringere i pugni dalla rabbia*, serrer les poings de colère || *a pugni stretti*, en serrant les poings || *salutare col — chiuso*, saluer du poing levé || *di — di —*, de la main de || *la spada in —*, l'épée au poing; *avere la vittoria in —*, avoir la victoire en main; *li tiene in —*, il les a bien en main || *avere un, il — di ferro*, (*fig.*) avoir une poigne de fer ||

questa tappezzeria è un — *in un occhio,* ce papier-peint, c'est du tape-à-l'œil; *sempre meglio di un* — *in un occhio!,* ça vaut mieux que d'attraper la scarlatine! 2 (*colpo dato col pugno*) coup de poing: *colpire con un* —, donner un coup de poing à; *prendere a pugni,* donner des coups de poing, bourrer de coups; *fare a pugni,* se battre à coups de poing, (*di colori ecc.*) jurer, (*fig.*) être en contradiction || *a suon di pugni,* à coups de poing 3 (*manciata*) poignée (*f.*) (*anche fig.*) || *rimanere con un* — *di mosche,* rester les mains vides.

puh *inter.* pouah.

pula *s.f.* balle (de blé, de riz, etc.).

pulce *s.f.* puce: *avere le pulci,* avoir des puces || — *di mare, d'acqua,* puce de mer, d'eau || *mettere una,* la — *nell'orecchio,* (*fig.*) mettre la puce à l'oreille || *gioco della* —, jeu de puces.

pulcinella *s.m.* polichinelle || *teatrino di* —, guignol.

pulcino *s.m.* poussin || *bagnato come un* —, trempé jusqu'aux os || *un* — *bagnato,* une poule mouillée || *pareva un* — *nella stoppa,* il était très embarrassé.

puledra *s.f.* pouliche.

puledro *s.m.* poulain.

puleggia (pl. -ge) *s.f.* (*mecc.*) poulie.

pulire (*coniug. come* finire) *v.tr.* nettoyer*; (*tergere*) essuyer*: — *la tavola,* nettoyer la table, (*con uno straccio*) essuyer la table; *pulisciti la bocca col tovagliolo,* essuie-toi la bouche avec ta serviette; *pulirsi le mani nel grembiule,* s'essuyer les mains dans son tablier; *pulirsi i piedi sullo zerbino,* s'essuyer les pieds sur le paillasson || — *il pesce,* vider le poisson.

pulita *s.f.*: *dare una* —, nettoyer, (*con uno straccio*) donner un coup de torchon, (*con una spazzola*) donner un coup de brosse || *darsi una* —, faire un brin de toilette.

pulitino *agg.* propret*.

pulito *agg.* 1 propre; (*lindo*) net*: *biancheria pulita,* linge propre, net; *tiene la casa molto pulita,* elle a un intérieur très net || *lingua pulita,* langue nette || *energia pulita,* énergie propre || *fare piazza pulita,* nettoyer, (*eliminare*) éliminer; *i ragazzi hanno fatto piazza pulita (nei loro piatti),* les enfants ont nettoyé leurs assiettes || *è tornato dal casinò completamente pulito,* il est revenu du casino complètement fauché 2 (*fig.*) propre, net*; (*onesto*) honnête: *è un uomo* —, c'est un homme honnête; *avere le mani pulite,* avoir les mains propres; *avere la coscienza pulita,* avoir la conscience tranquille; *è un affare poco* —, c'est une affaire pas très propre || *un viso* —, (*onesto*) un air honnête, (*naturale*) un visage naturel || *barzelletta pulita,* petite histoire innocente; *barzelletta poco pulita,* histoire salée 3 (*di scrittura ordinata, di stile*) net* || *un parlare* —, (*ricercato*) un langage recherché ♦ *s.m.*: *camminare sul* —, marcher sur le sec ♦ *avv.*: *parlare* —, (*forbito*) s'exprimer de façon recherchée, (*senza volgarità*) parler convenablement.

pulitore *s.m.* nettoyeur.

pulitrice *s.f.* (*metall.*) ébarbeuse; (*mecc.*) polissoir (*m.*), polisseuse; (*agr.*) vanneuse.

pulitura *s.f.* nettoyage (*m.*); (*ind. mecc.*) polissage (*m.*) || *dare l'ultima* — *a un lavoro,* mettre la dernière main à un travail.

pulizia *s.f.* 1 propreté 2 (*il pulire*) nettoyage (*m.*): *fare* —, nettoyer, (*fig.*) faire place nette || *la donna delle pulizie,* la femme de ménage; *fare le pulizie (in casa),* faire le ménage; *fare le grandi pulizie,* faire le grand nettoyage || — *del viso,* (*cosmesi*) nettoyage de peau.

pullman *s.m.* pullman.

pullover *s.m.* pull-over*, pull.

pullulare *v.intr.* pulluler (*anche fig.*); (*essere gremito*) fourmiller ♦ *con valore di s.m.* pullulement.

pulmino *s.m.* minibus, minicar.

pulpito *s.m.* chaire (*f.*) || *salire sul* —, (*fig.*) monter en chaire || *guarda da che* — *viene la predica!,* (*iron.*) regarde un peu qui nous fait la morale!

pulsante *s.m.* poussoir; (*di comando elettrico*) bouton.

pulsantiera *s.f.* tableau* (*m.*).

pulsare *v.intr.* battre*; (*palpitare*) palpiter.

pulsazione *s.f.* pulsation.

pulsione *s.f.* (*psic.*) pulsion.

pulvino *s.m.* (*arch.*) coussinet.

pulviscolo *s.m.* poussière (*f.*). — *atmosferico,* poussières atmosphériques.

pulzella *s.f.* pucelle.

pum *onom.* boum.

puma (pl. *invar.*) *s.m.* puma.

punch[1] (pl. *invar.*) *s.m.* (*bevanda*) punch.

punch[2] *s.m.* (*boxe*) punch.

pungente *agg.* piquant (*anche fig.*) || *lingua* —, langue pointue.

pungere (*coniug. come* giungere) *v.tr.* piquer: — *sul vivo,* (*fig.*) piquer au vif || *era punto dal rimorso,* il était poursuivi par le remords ☐ **pungersi** *v.pron.* se piquer.

pungiglione *s.m.* aiguillon.

pungitopo (pl. *invar.*) *s.m.* (*bot.*) petit *houx, fragon.

pungolare *v.tr.* aiguillonner (*anche fig.*).

pungolo *s.m.* aiguillon || *spinto dal* — *del bisogno, dell'ambizione,* éperonné par le besoin, l'ambition.

punibile *agg.* punissable (de).

punico (pl. -*ci*) *agg.* punique.

punire (*coniug. come* finire) *v.tr.* 1 punir (de) 2 (*estens.*) (*danneggiare*) faire* tort, nuire*.

punitivo *agg.* punitif*.

punizione *s.f.* 1 punition || *per* —, comme punition 2 (*sport*) coup franc: *battere la* —, tirer le coup franc.

punta[1] *s.f.* pointe (*anche fig.*): *fare la* — *alla matita,* tailler un crayon || *scarpe a* — *quadra,* chaussures à bout carré || *la* — *del naso, della lingua,* le bout du nez, de la langue || (*macelleria*) — *di petto,* poitrine || *una* — *di sale,* une pincée de sel || *sapere sulla* — *delle dita,* connaître sur le bout du doigt || *in* — *di piedi,* sur la pointe des pieds; *andarsene in* — *di piedi,* (*fig.*) partir discrètement ||

danzare sulle punte, faire des pointes || *scrivere in — di penna*, (*fig.*) écrire dans un style recherché || *prendere qlcu di —*, prendre qqn de front || *mettersi di —*, s'y mettre || *industrie di —*, industries de pointe; *squadra di —*, équipe de pointe; *l'uomo di — del partito*, l'homme fort du parti || *la massima del freddo*, la température minimum; *punte stagionali*, températures maximums, minimums d'une saison || *a —*, en pointe; *scarpe a —*, chaussures pointues; *cappello a —*, chapeau pointu; *cappello a tre punte*, tricorne.

punta² *s.f.* (*di cani*) arrêt (*m.*): *cane da —*, chien d'arrêt.

puntale *s.m.* (*di ombrello ecc.*) embout; (*di stringhe*) ferret.

puntamento *s.m.* pointage.

puntare¹ *v.tr.* **1** appuyer*; (*conficcare*) ficher, planter: *— i gomiti sulla tavola*, appuyer ses coudes sur la table || *— i piedi*, s'arc-bouter sur ses pieds, (*fig.*) se buter **2** (*volgere*) pointer; (*su un obiettivo preciso*) braquer: *— il dito verso qlcu*, pointer son doigt contre qqn; *— un cannocchiale verso una stella*, braquer des jumelles sur une étoile; *— la pistola contro qlcu*, braquer un pistolet contre qqn; *gli puntò la pistola alla tempia*, il lui appuya le pistolet contre la tempe; *— un pugnale alla gola*, mettre un poignard sous la gorge; *— un fucile contro qlcu*, épauler son fusil contre qqn || *mi ha puntato gli occhi addosso tutta la serata*, il m'a fixé toute la soirée **3** (*scommettere al gioco*) miser: *punta sul suo fascino per*, (*fig.*) il mise sur son charme pour; *ha puntato tutto su quel progetto*, (*fig.*) il a tout misé sur ce projet **4** (*fam.*) (*appuntare*) fixer: *puntò l'orlo con quattro spilli*, elle fixa l'ourlet avec quatre épingles ♦ *v. intr.* **1** se diriger*: *— verso Sud*, se diriger vers le Sud **2** (*mirare*) viser.

puntare² *v.tr.* (*caccia*) tomber en arrêt (devant).

puntasecca (pl. *puntesecche*) *s.f.* pointe sèche.

puntaspilli *s.m.* pelote à épingles.

puntata¹ *s.f.* **1** (*breve escursione*) pointe: *ha fatto una —*, *una puntatina a Roma*, a poussé jusqu'à Rome **2** (*al gioco*) mise **3** (*sport*) attaque.

puntata² *s.f.* **1** épisode (*m.*): *romanzo, sceneggiato a puntate*, roman à épisodes, roman-feuilleton; *pubblicare a puntate*, publier par épisodes || *quarta — di un'inchiesta*, quatrième article d'une enquête, (*radio, tv*) quatrième émission d'une enquête télévisée || *l'ultima — al prossimo numero*, suite et fin au prochain numéro **2** (*di pubblicazione a dispense*) fascicule (*m.*).

puntato *agg.* pointé.

punteggiare (*coniug. come* mangiare) *v.tr.* **1** pointiller: *— un disegno*, pointiller un dessin **2** (*macchiettare*) moucheter* **3** (*gramm.*) ponctuer (*anche fig.*): *— un discorso di citazioni*, ponctuer un discours de citations.

punteggiato *agg.* **1** ponctué **2** (*macchiettato*) moucheté: *un abito azzurro — di bianco*, une robe bleue mouchetée de blanc.

punteggiatura *s.f.* **1** (*gramm.*) ponctuation: *se-*

gni di —, signes de ponctuation **2** (*il punteggiare*) pointillage (*m.*) **3** (*macchiettatura*) mouchetage (*m.*).

punteggio *s.m.* **1** score **2** (*in una graduatoria*) barème.

puntellamento *s.m.* étayage.

puntellare *v.tr.* étayer* (*anche fig.*) □ **puntellarsi** *v.pron.* se soutenir*.

puntellatura *s.f.* étayage (*m.*).

puntello *s.m.* **1** étai **2** (*fig.*) soutien.

punteria *s.f.* **1** (*mecc.*) poussoir (*m.*) **2** (*mil.*) (*congegni di puntamento*) instruments de pointage; (*operazioni di puntamento*) pointage (*m.*).

punteruolo *s.m.* poinçon; (*per cuoio*) alêne (*f.*).

puntiforme *agg.* punctiforme; (*piccolo come un punto*) ponctuel*: *macchie puntiformi*, tâches punctiformes; *sorgente di luce —*, source lumineuse ponctuelle.

puntiglio *s.m.* point d'honneur; (*amor proprio*) amour-propre: *ci si è messo di —*, il s'en est fait un point d'honneur; *è un ragazzo di —*, c'est un garçon qui a de l'amour-propre.

puntigliosità *s.f.* (*ostinazione*) obstination; (*testardaggine*) entêtement (*m.*).

puntiglioso *agg.* (*ostinato*) pointilleux*; (*che agisce per puntiglio*) chatouilleux*; (*che ha amor proprio*) qui a de l'amour-propre || *essere — nello studio*, être méticuleux dans son travail.

puntina *s.f.* **1** (*da disegno*) punaise **2** (*del giradischi*) aiguille **3** (*mecc.*) *— platinata*, vis platinée.

puntinismo (*pitt.*) *s.m.* pointillisme.

puntino *s.m.* point || *cotto a —*, cuit à point; *lavoro fatto a —*, travail parfait.

punto *s.m.* **1** point (*anche fig.*) || *— e virgola*, point-virgule || *il — fermo della sua vita*, (*fig.*) le pivot de sa vie || *— e basta*, (*fig.*) un point, c'est tout **2** (*luogo, posto*) point; endroit: *la sua casa è situata nel — più bello del paese*, sa maison est placée à l'endroit le plus beau du village; *— di vendita*, point de vente; *— di ritrovo*, point de ralliement || *la novella è stata corretta in più punti*, le conte a été corrigé en plusieurs endroits **3** (*passo*) passage **4** (*momento*) point; moment: *— cruciale*, moment crucial **5** (*gradazione*) ton **6** (*di punteggio*) point; (*voto*) note (*f.*) || *dare dei punti a qlcu*, (*med.*) faire des points; (*fig.*) en remontrer à qqn, rendre des points à qqn **7** (*cucito*) point; (*maglia*) maille (*f.*) ♦ *avv.* guère, point: *non m'è piaciuto né — né poco*, ça ne m'a pas plu du tout.

♦ FRASEOLOGIA: *essere a un — morto*, être au point mort; *da questo — di vista è stato fortunato*, de ce point de vue-là il a eu de la chance; *dal — di vista della salute*, en ce qui concerne la santé || *mettere a —*, mettre au point || *raccontare qlco — per —*, raconter qqch dans les détails || *di — in bianco*, de but en blanc || *di tutto —*, de pied en cap; *essere a buon — con il lavoro*, être avancé dans son travail || *essere sul — di*, être sur le point de; *essere in — di morte*, être à l'article de la mort || *a che — sei?*, où en es-tu? || *è giunto al — di odiarmi*, il en est arrivé à me détester || *era stanco al — da non reggersi, che non si reggeva in piedi*, il était tellement fatigué qu'il ne tenait pas debout || *veniamo al —*, venons-en au fait || *qui sta il —*, voilà le hic || *sono le tre in —*, il est trois heures précises.

puntuale *agg.* 1 ponctuel*; (*in orario*) à l'heure 2 (*fig.*) précis; (*esatto*) exact.

puntualità *s.f.* ponctualité.

puntualizzare *v.tr.* faire* le point (de) || *ha la mania di —*, il est plutôt tatillon.

puntualizzazione *s.f.* mise au point.

puntualmente *avv.* ponctuellement.

puntura *s.f.* piqûre.

puntuto *agg.* pointu.

punzecchiamento *s.m.* 1 piqûre (*f.*) 2 (*fig.*) taquinerie (*f.*).

punzecchiare *v.tr.* 1 piquer 2 (*fig.*) taquiner □ **punzecchiarsi** *v.pron.* (*fig.*) se taquiner.

punzecchiatura *s.f.* 1 piqûre 2 (*fig.*) taquinerie.

punzonare *v.tr.* poinçonner*.

punzonatore *s.m.* poinçonneur.

punzonatrice *s.f.* poinçonneuse.

punzonatura *s.f.* poinçonnage (*m.*), poinçonnement (*m.*).

punzone *s.m.* poinçon.

pupa[1] *s.f.* poupée.

pupa[2] *s.f.* (*zool.*) pupe.

pupattola *s.f.* poupée.

pupazzetto *s.m.* petit bonhomme*.

pupazzo *s.m.* poupée (*f.*); (*fig.*) pantin || *— di neve*, bonhomme de neige.

pupilla *s.f.* 1 pupille || *mi sei caro come la — dei miei occhi*, je tiens à toi comme à la prunelle de mes yeux 2 (*fig.*) œil* (*m.*).

pupillo *s.m.* 1 protégé 2 (*dir.*) pupille.

pupo *s.m.* 1 poupon 2 marionnette (*f.*).

pur *cong. e avv.* → **pure**.

puramente *avv.* purement.

purché *cong.* 1 pourvu que; à condition que: *domani usciremo — non piova*, demain nous sortirons pourvu, à condition qu'il ne pleuve pas; *fai come vuoi — tu ti decida!*, fais comme tu veux mais décide-toi! 2 (*con valore desiderativo*) pourvu que: *— venga!*, pourvu qu'il vienne!

purchessia *agg.indef.* quelconque, n'importe quel*: *un impiego —*, un emploi quelconque (*o* n'importe quel emploi).

pure (*con troncamento* **pur**) *cong.* 1 (*anche se*) même si; (*sebbene*) quoique, bien que: *pur volendo, non riuscirei a farlo*, même si je voulais, je ne pourrais pas le faire; *pur non avendolo mai visto, lo riconobbe*, bien qu'il (*o* quoiqu'il) ne l'eût jamais vu, il le reconnut || *pur senza stancarmi, ho fatto tutto*, j'ai tout fait sans me fatiguer || *pur con tutta la mia buona volontà*, malgré toute ma bonne volonté || *— scrivendo, seguiva la musica*, tout en écrivant il suivait la musique 2 (*con valore avversativo*) (*tuttavia*) mais; (*eppure*) (et) pourtant: *è giovane, — ha molto buon senso*, il est très jeune, mais il est plein de bon sens; *te l'avevo*

pur detto di fare attenzione!, je t'avais pourtant dit de faire attention!; *benché sia vecchio, è — sempre in gamba*, bien qu'il soit âgé, il est toujours alerte ♦ *avv.* 1 (*anche*) aussi (*sempre posposto*); (*in frasi negative*) non plus; (*perfino*) même: *spero che verrete — voi*, j'espère que vous viendrez vous aussi; *un divano di velluto e due poltrone — di velluto*, un divan en velours et deux fauteuils en velours eux aussi; *sapevano che era difficile, come — sapevano che...*, ils savaient que c'était difficile comme ils savaient aussi que...; *— mio fratello non fuma*, mon frère non plus ne fume pas; *— lui non è venuto*, il n'est pas venu lui non plus; *è — svenuto*, il s'est même évanoui 2 (*per esprimere concessione o invito*) *entra —*, tu peux entrer; (*mi*) *dica —*, je vous écoute; *restate — seduti*, restez donc assis || *ammesso — che*, admettiamo — che, même en admettant que... 3 (*con valore enfatico o intensivo*): *è pur bello godersi le vacanze!*, qu'il est beau d'être en vacances!; *è pur vero*, c'est bien vrai; *doveva pur dirlo*, il a été bien obligé de le dire; *bisognerà — che tu prenda una decisione*, il faudra quand même que tu prennes une décision; *credi — che è un mascalzone*, tu peux être sûr que c'est un voyou; *bisogna pur vivere!*, il faut bien vivre! □ **pur (e) se, se pur** *locuz.cong.* même si: *— se mi pregasse non lo farei*, même s'il me priait, je ne le ferais pas □ **sia pure, fosse pure** *locuz.cong.* (*anche se, per quanto*) même, quoique: *sia — a malincuore*, bien qu'à regret; *fosse — il re in persona*, même si c'était le roi en personne; *sia — un ladro, è sempre suo padre*, même si c'est un voleur il n'en est pas moins son père; *fosse pur d'oro non lo vorrei*, quand ce serait de l'or, je n'en voudrais pas; *sia —!*, soit! □ **quando pure** *locuz.cong.* quand (bien) même: *quando — me l'avesse detto non ci avrei creduto*, quand (bien) même il me l'aurait dit, je ne l'aurais pas cru □ **pur di** *locuz.cong.* pour: *pur di aiutarti, pur di guarire*, pour t'aider, pour guérir.

purè *s.m.* purée (*f.*).

purezza *s.f.* pureté.

purga (pl. *-ghe*) *s.f.* purge (*anche fig.*).

purgante *agg.* 1 purgatif* 2 *anima —*, âme du purgatoire ♦ *s.m.* purgatif.

purgare (*coniug. come* legare) *v.tr.* 1 purger* (*anche fig.*) || *— una colpa*, expier une faute 2 (*uno scritto*) expurger* □ **purgarsi** *v.pron.* se purger* (*anche fig.*).

purgativo *agg.* purgatif*.

purgato *agg.* 1 purgé || *stile —*, style pur 2 (*di libro*) expurgé.

purgatorio *s.m.* purgatoire (*anche fig.*).

purificare (*coniug. come* mancare) *v.tr.* purifier.

purificatore (f. *-trice*) *agg. e s.m.* purificateur*.

purificazione *s.f.* purification.

purismo *s.m.* purisme.

purista *s.m.* puriste.

purità *s.f.* (*letter.*) pureté.

puritanesimo *s.m.* puritanisme.

puritano *agg. e s.m.* puritain.

puro *agg.* pur.

purosangue (pl. *invar.*) *agg.* e *s.m.* pur-sang*.

purpureo *agg.* (*letter.*) pourpre.

purtroppo *avv.* malheureusement.

purulento *agg.* purulent.

pus *s.m.* pus.

pusillanime *agg.* pusillanime ♦ *s.m.* poltron*.

pusillanimità *s.f.* pusillanimité.

pustola *s.f.* pustule.

pustoloso *agg.* pustuleux*.

putacaso *locuz.avv.* si par *hasard.

putativo *agg.* putatif*.

putiferio *s.m.* (*baccano*) charivari, vacarme; (*confusione*) tollé: *sollevare un* —, soulever un tollé.

putizza *s.f.* (*geol.*) exhalaison sulfureuse.

putredine *s.f.* **1** putréfaction; (*cosa putrefatta*) pourriture **2** (*fig.*) pourriture.

putrefare (*coniug. come* fare) *v.intr.* pourrir □ **putrefarsi** *v.pron.* (se) pourrir.

putrefatto *agg.* pourri.

putrefazione *s.f.* putréfaction.

putrella *s.f.* poutrelle.

putrescente *agg.* putrescent.

putrido *agg.* **1** putride **2** (*fig.*) corrompu.

putridume *s.m.* pourriture (*f.*) (*anche fig.*).

puttana *s.f.* (*volg.*) putain.

putto *s.m.* putto.

puzza *s.f.* → **puzzo**.

puzzare *v.intr.* puer, sentir* (mauvais) (*anche fig.*): *gli puzza il fiato*, il a mauvaise haleine; *puzzava di sudore*, il sentait la sueur; — *di bruciato*, (*anche fig.*) sentir le brûlé; *la faccenda comincia a* —, (*fig.*) l'affaire commence à sentir mauvais.

puzzle *s.m.* (*gioco*) puzzle (*anche fig.*).

puzzo *s.m.* puanteur (*f.*); (*cattivo odore*) (mauvaise) odeur: *che — di aglio!*, quelle odeur d'ail! || *si sente — d'imbroglio*, (*fig.*) on sent la tromperie || *avere il — sotto il naso*, être plein de morgue.

puzzola *s.f.* putois (*m.*).

puzzolente *agg.* puant.

Q

q s.m. e f. q (m.) || (tel.) — come Quarto, q comme Quentin.

qua avv. **1** là; (spec. vicino a chi parla) ici: venite —, venez ici; — non c'è, il n'est pas là; "Dove sei?" "Qua, non mi vedi?", "Où es-tu?" "Je suis là, tu ne me vois pas?"; "Dove sei?" "Qua", (da un'altra stanza) "Où es-tu?" "Je suis ici"; — il senso non è chiaro, ici le sens n'est pas clair; tutto finisce —, tout s'arrête là || — e là, çà et là; uno — uno là, l'un ici, l'autre là || dammi —!, donne(-moi ça!) || — la mano, donne-moi la main, (per stringerla) serrons-nous la main || "Dove sono le mie forbici?" "(Eccole) —", "Où sont mes ciseaux?" "Les voici" || guarda — che disastro!, non, mais regarde-moi un peu ce désastre!| || racconta sempre i suoi guai, le sue malattie e — e là..., il ne fait que parler de ses ennuis, de ses maladies et patati et patata || dice sempre mamma — mamma là, c'est toujours des maman par-ci, maman par-là **2** (rafforzativo di questo) -ci: questo posto — è il migliore, cette place-ci est la meilleure; voglio questo —, c'est celui-ci que je veux □ **di qua** locuz.avv. (stato in luogo e moto a luogo) ici; (moto da luogo) d'ici; (moto per luogo) par ici: restiamo di —, restons ici; vieni di — un momento, viens ici une minute; di — mettiamo i giocattoli, di là i libri, ici nous mettons les jouets, là les livres; fuori, via di —!, hors d'ici!; esci (per) di —, sors par ici; è di —, (è qui) il est ici, (di queste parti) il est d'ici; di, da — a là, d'ici à là, (tempo) d'ici là; di, da — a domenica, d'ici à dimanche; di, da — in giù, in su, à partir d'ici; di, da — in avanti, à partir d'ici, (d'ora in poi) dorénavant || di — e di là, de-ci de-là; ha buttato la sua roba di — e di là, elle a jeté ses affaires çà et là, par-ci par-là; cerca di — e (cerca) di là..., à force de chercher partout... □ **in qua** locuz.avv.: fatti, tirati (più) in —, approche-toi; spostalo più in —, approche-le un peu plus; in — e in là, dans toutes les directions; da un anno in —, depuis un an; da un po' di tempo in —, depuis quelque temps; da quando in —, depuis quand □ **al di qua, (al) di qua là** locuz.avv. e locuz.prep. en deçà (de): erano accampati di — e di là dal fiume, ils avaient établi leur camp des deux côtés du fleuve.

quacchero s.m. quaker*.

quaderno s.m. cahier || — di cassa, registre, livre de caisse.

quadrangolare agg. quadrangulaire.

quadrangolo s.m. (mat.) quadrilatère.

quadrante s.m. **1** cadran **2** (scient.) quadrant.

quadrare v.tr. **1** (mat.) réduire* au carré équivalent **2** (ridurre a forma quadrata) carrer **3** (mat.) élever* au carré ♦ v.intr. **1** cadrer || è un ragionamento che non quadra, c'est un raisonnement qui ne tient pas debout || i conti non quadrano, les comptes ne sont pas justes || far — il bilancio, équilibrer son budget **2** (piacere, garbare) plaire*.

quadrato agg. **1** carré || avere le spalle quadrate, être carré d'épaules; (fig.) avoir les épaules solides **2** (fig.) solide || persona quadrata, personne sérieuse **3** (mat.) carré ♦ s.m. **1** carré || — ufficiali, carré des officiers **2** (boxe) ring.

quadratura s.f. **1** quadrature || ha una buona — mentale, il a une tête bien faite **2** (contabilità) apurement (m.) **3** (arch., pitt.) trompe-l'œil* (m.).

quadrello s.m. **1** (mattonella) carreau* **2** (riga, lima quadrangolare) carrelet.

quadrettare v.tr. quadriller.

quadrettato agg. (di carta) quadrillé; (di tessuti) à petits carreaux.

quadrettatura s.f. quadrillage (m.).

quadretto s.m. **1** (piccolo quadro) petit tableau* **2** stoffa a quadretti, tissu à petits carreaux || carta a quadretti, papier quadrillé **3** (scenetta) tableau*.

quadr(i)- pref. quadr(i)-

quadricromia s.f. quadrichromie.

quadridimensionale agg. quadridimensionnel*.

quadriennale agg. quadriennal* ♦ s.f. exposition quadriennale.

quadriennio s.m. (période de) quatre ans.

quadrifoglio s.m. trèfle à quatre feuilles || raccordo (stradale) a —, croisement en trèfle.

quadrifonia s.f. quadriphonie.

quadrifora s.f. fenêtre bigéminée.

quadriga (pl. -ghe) s.f. quadrige (m.).

quadrigemino agg. (di parto) quadrigémellaire **2** (anat.) quadrijumeau*.

quadriglia s.f. quadrille.

quadrilatero agg. quadrilatère.

quadrimestrale agg. de quatre mois || pubblicazione —, publication qui sort tous les quatre mois.

quadrimestre s.m. quadrimestre.

quadrimotore s.m. (aer.) quadrimoteur.

quadrinomio s.m. (mat.) quadrinôme.

quadripartito *agg.* (*pol.*) quadriparti, quadripartite.

quadriportico (pl. *-ci*) *s.m.* portique à quatre arcades.

quadrireattore *agg.* e *s.m.* (*aer.*) quadriréacteur.

quadrisillabo *agg.* quadrisyllabique ♦ *s.m.* (*parola*) quadrisyllabe; (*verso*) vers quadrisyllabique.

quadrivio *s.m.* **1** (*di strade*) carrefour **2** (*nella scuola medievale*) quadrivium.

quadro[1] *agg.* carré || *numero* —, nombre au carré.

quadro[2] *s.m.* **1** tableau* (*anche fig.*) || *fare il* — *della situazione*, faire, tracer le tableau de la situation || (*tecn.*) — *di comando*, tableau de commande; (*mar., aer.*) tableau de bord || *nel* — *del programma*, dans le cadre du programme **2** (*teatr.*) tableau* **3** (*oggetto di forma quadrata*) carré || *antenna a* —, antenne à cadre || *tessuto a quadri*, tissu à carreaux || (*ginnastica*) — *svedese*, cadre **4** (*fot., cine.*) (*inquadratura*) cadrage || *fuori* —, hors cadre || —*!*, image! **5** *pl.* (*complesso di persone con funzioni di responsabilità*) cadres: *quadri intermedi*, cadres moyens; *quadri superiori*, cadres supérieurs || *quadri del partito*, dirigeants du parti **6** *pl.* (*nelle carte da gioco*) carreau* (*sing.*).

quadrumane *agg.* e *s.m.* quadrumane.

quadrupede *agg.* e *s.m.* quadrupède.

quadruplicare (*coniug. come* mancare) *v.tr.* quadrupler □ **quadruplicarsi** *v.pron.* quadrupler: *i profitti si sono quadruplicati*, les profits ont quadruplé.

quadruplice *agg.* quadruple || *in* — *copia*, en quatre exemplaires.

quadruplo *agg.* e *s.m.* quadruple.

quaggiù *avv.* ici || *le cose di* —, les choses d'ici-bas.

quaglia *s.f.* (*zool.*) caille.

quagliare *v.intr.* aboutir: *l'affare non quaglia*, l'affaire n'a pas abouti.

qualche *agg.indef.* (*solo sing.*) **1** (*alcuni*) quelques (*pl.*): *puoi invitare* — *amico*, tu peux inviter quelques amis || — *mio, tuo amico è già in vacanza*, quelques-uns de mes, de tes amis sont déjà en vacances || — *volta*, quelquefois, parfois: *l'ho incontrato* — (*rara*) *volta*, je l'ai rencontré quelques (rares) fois **2** (*un certo, uno*) un, quelque: *se venisse* — *cliente...*, si un, quelque client venait... || *non puoi affidarlo a* — *persona di tua conoscenza?*, est-ce que tu ne peux pas le confier à quelqu'un que tu connaisses? || *dubito che possa ricevere* — *aiuto da parte sua*, je doute qu'il trouve aucune aide auprès de lui || *opera di* (*un*) — *interesse storico*, œuvre d'un certain intérêt historique || *dopo* — *tempo*, après quelque, un certain temps || *accettò non senza* — *esitazione*, il accepta non sans quelque hésitation **3** (*qualsiasi, uno o l'altro*): — *volta*, — *giorno si farà male*, un jour ou l'autre il finira par se faire mal; *venite a trovarci* — *domenica*, venez nous voir un de ces dimanches; *ci deve pur essere* — *rimedio*, il doit bien y avoir un remède || *in* — *luogo*, *da* — *parte*, quelque part || — *cosa* → qualcosa.

qualcheduno *pron.indef.* → qualcuno.

qualcosa *pron.indef.* **1** quelque chose || *è ingegnere o* — *del genere, di simile*, il est ingénieur ou quelque chose comme ça || *l'ha pagato* — *come 30 milioni*, il l'a payé quelque chose comme 30 millions || — *meno, più* (*di*): *ti costerà* — *più*, — *meno di 100 mila lire*, cela te coûtera un peu plus, un peu moins de cent mille lires || *c'è un treno alle 4 e* —, il y a un train à quatre heures et quelques || *c'entra per* —, il y est pour quelque chose || *è già* —*!*, c'est toujours quelque chose! **2** (*in frasi dubitative*) quelque chose; (*in frasi negative*) rien: (*non*) *avete* — *da aggiungere?*, avez-vous quelque chose (o n'avez-vous rien) à ajouter?; (*non*) *c'è* — *di meno costoso?*, n'y a-t-il rien de moins cher? ♦ *s.m.invar.* (*cosa vaga, indefinibile*) je ne sais quoi: *gli manca quel* —, il lui manque un petit je ne sais quoi.

qualcuno *pron.indef.* (*solo sing.*) **1** quelqu'un*: *attenzione, viene* —*!*, attention, il y a quelqu'un!; *c'è* — *che vorrebbe andarci?*, quelqu'un voudrait-il y aller?; *non riesco a trovare* — *che voglia farlo*, je ne réussis pas à trouver quelqu'un, je ne réussis à trouver personne qui veuille le faire || — *di famiglia*, quelqu'un de la famille || (*seguito da agg.*) *qualcuno de: c'è* — *malato qui?*, y a-t-il quelqu'un de malade ici? || *qualcuna delle infermiere vorrebbe aiutarmi?*, est-ce qu'une des infirmières veut bien m'aider?; *tra queste studentesse, ce n'è qualcuna che sappia il tedesco?*, parmi ces étudiantes, y a-t-il quelqu'un qui sache l'allemand? **2** (*con valore pl. di* alcuni) quelques-uns*: — *è del nostro parere, altri no*, quelques-uns sont de notre avis, d'autres pas || — *di noi, di loro, riuscirà a partire*, quelques-uns, certains d'entre nous, d'entre eux réussiront à partir ♦ *s.m.* e *f.invar.* (*persona importante*) quelqu'un (*invar.*): *si crede* —, crede di essere —, il, elle se croit quelqu'un.

quale (*si tronca in* qual *davanti alle forme del v.* essere *iniziantī per* e, *davanti a talune locuzioni e nell'uso letterario*) *agg.interr.m.* e *f.* quel*: — *cravatta metterai?*, quelle cravate mettras-tu?; *chiedigli in* — *giorno è nato*, demande-lui quel jour il est né ♦ *agg. esclamativo m.* e *f.* quel*: — *onore!*, quel honneur!; — *gioia rivederti!*, quelle joie de te revoir! ♦ *agg.rel.m.* e *f.* **1** tel* que: *il quadro, — tu lo vedi, è ancora incompiuto*, le tableau, tel que tu le vois, n'est pas encore fini; *alcune città, quali Venezia e Firenze...*, quelques villes, telles que Venise et Florence...; *un tempo c'erano artigiani quali ora non ce ne sono più*, autrefois il y avait des artisans comme il n'y en a plus aujourd'hui || *è stato di una villania* — *non avrei mai immaginato*, il a été d'une grossièreté que je n'aurais jamais imaginée || *nel qual caso*, dans ce cas-là **2** (*nelle similitudini*) (*letter.*) tel*: *sfrecciavano nel cielo quali rondini*, ils filaient dans le ciel tels des hirondelles || *qual... tal...*, tel... tel... **3** *la qual cosa*, (*ogg.*) ce qui, (*ogg.*) ce que: *mi diede lui stesso la notizia, la qual cosa mi fece immensamente piacere*, il m'annonça lui-même la nouvelle, ce qui me fit un plaisir énorme; *non ha ancora finito il lavoro, la qual cosa puoi verificare subito*, il n'a pas encore terminé son travail, ce que tu peux vérifier immédiatement; *sei stato promosso, della qual cosa sono veramente felice*, tu as été reçu, ce dont je suis vraiment heureux || *per la qual cosa*, c'est pourquoi || *dette le quali cose, uscì, (letter.)* sur ces mots, il sortit ♦ *agg.indef.* **1** *(qualunque)* quel* que: *quali che siano i suoi difetti, le sue qualità*, quels que soient ses défauts, quelles que soient ses qualités **2** *(pleonastico)* certain: *con un certo qual rimpianto*, avec un certain regret || *sentì (un) non so — desiderio di...*, il se sentit je ne sais quel désir de... **3** *(in correlazione) (letter.) quale... quale..., (uno... un altro...)* tel*... tel* autre... ♦ *avv. (in qualità di)* en tant que: — *rappresentante degli elettori*, en tant que, à titre de représentant des électeurs ♦ *pron.interr.* lequel*: — *vuoi?*, lequel, laquelle veux-tu?; — *dei due vorresti?*, lequel des deux voudrais-tu?; — *preferisci di queste?*, laquelle de celles-ci préfères-tu? ♦ *pron.indef. (in correlazione) (letter.) qual... qual..., (chi... chi...)* l'un... l'autre...; *quali... quali..., (alcuni... altri...)* les uns... les autres... □ **il quale** *pron.rel.* **1** *(sogg.)* qui; *(per evitare ambiguità)* lequel*: *un nostro, un vostro amico, il —...*, un de nos, un de vos amis, qui...; *il figlio di una mia amica, il — partirà a giorni*, le fils d'une de mes amies, lequel partira dans quelques jours **2** *(preceduto da prep.)* lequel*; *(solo riferito a persona)* qui: *gli amici senza i quali non potrei partire*, les amis sans qui, sans lesquels je ne pourrais pas partir; *la Ditta per la — lavori*, la Maison pour laquelle tu travailles; *la città per la — siamo passati*, la ville par où, par laquelle nous sommes passés || *(fam.): (non) tanto per la —*, (pas) comme il faut; *oggi non mi sento tanto per la —*, aujourd'hui je ne me sens pas dans mon assiette; *mi ha fatto un discorso molto per la —*, il m'a tenu un discours très bizarre; *l'esame non è andato tanto per la —*, l'examen n'a pas trop bien marché □ **al quale** auquel*; *(solo riferito a persona)* à qui: *l'avvocato al — mi sono rivolto*, l'avocat à qui, auquel je me suis adressé □ **dal quale 1** dont *(invar.)*, duquel*; *(solo riferito a persona)* de qui; *(solo riferito a luogo)* d'où: *la famiglia dalla — discende*, la famille dont, de laquelle il descend; *la persona dalla — l'ho saputo*, la personne dont *(o de qui o de laquelle)* j'ai appris cela; *la miniera dalla — si estrae il carbone*, la mine d'où *(o dont o de laquelle)* on extrait le charbon **2** *(con valore di* presso*)* où; *(riferito a persona)* chez qui, chez lequel*: *il negozio dal — mi servo abitualmente*, le magasin où je me sers habituellement; *il medico dal — sono andato*, le médecin chez qui, chez lequel je suis allé **3** *(compl. di agente, causa efficiente)* par lequel*; *(solo riferito a persona)* par qui; *(con verbi che esprimono sentimento)* dont *(invar.)*, duquel*; *(solo riferito a persona)* de qui; *(riferito a termini astratti)* dont, par lequel*: *l'amico dal — sono stato invitato*, l'ami par qui, par lequel j'ai été invité; *le persone dalle quali è amato*, les personnes dont *(o de qui o desquelles)* il est aimé; *la malattia dalla — è stato colpito*, la maladie dont il a été frappé □ **del quale** dont *(invar.)*, duquel*; *(solo riferito a persona)* de qui; *(in espressioni partitive con ellissi del verbo)* dont *(invar.)*: *la persona della — parli*, la personne dont *(o de qui o de laquelle)* tu parles; *ho molti libri, tre dei quali rilegati*, j'ai plusieurs livres, dont trois reliés □ **nel quale** *(compl. di tempo e di luogo)* où: *la città nella — sei nato*, la ville où tu es né; *il secolo nel — viviamo*, le siècle où nous vivons; *il mondo nel — viviamo*, le monde dans lequel nous vivons.

qualifica (pl. *-che*) *s.f.* qualification; *(titolo)* titre *(m.)* || *avere le qualifiche per occupare un posto*, avoir les qualités requises pour occuper un poste || *— di impiegato*, statut d'employé.

qualificabile *agg.* qualifiable.

qualificante *agg.* qualifiant, valorisant: *lavoro —*, travail valorisant.

qualificare *(coniug. come* mancare*) v.tr.* qualifier (de); *(definire)* définir □ **qualificarsi** *v.pron.* **1** se qualifier **2** *(dire il proprio nome)* se présenter comme; *(attribuirsi un titolo)* se faire* passer pour.

qualificativo *agg.* qualificatif*.

qualificato *agg.* qualifié; *(competente)* compétent.

qualificazione *s.f.* qualification.

qualità *s.f.* **1** qualité **2** *(specie)* sorte, espèce.

qualitativo *agg.* qualitatif* || *-mente avv.*

qualora *cong.* si (+ *indic.*); au cas où, dans le cas où (+ *condiz.*): — *dovesse piovere, non usciremo*, s'il vient à pleuvoir, nous ne sortirons pas *(o au cas où o* dans le cas où il viendrait à pleuvoir, nous ne sortirions pas).

qualsiasi, qualsisia, qualsivoglia *agg.indef.* → **qualunque.**

qualunque *agg.indef. (solo sing.)* **1** n'importe quel*: *puoi telefonarmi a — ora*, tu peux me téléphoner à n'importe quelle heure || *— tuo, suo consiglio*, tout conseil de ta, de sa part || *farei — cosa per aiutarlo*, je ferais n'importe quoi pour l'aider; *per — cosa, chiamami*, pour quoi que ce soit, appelle-moi || *— persona*, n'importe qui **2** *(preceduto dall'art.indet. o partitivo o da un num.)* quelconque *(posposto)*, n'importe quel* *(anteposto): dammi un giornale —*, donne-moi un journal quelconque, n'importe quel journal; *una ragione —*, une raison quelconque, n'importe quelle raison || *fai attenzione con lui, non è uno —*, fais attention avec lui, ce n'est pas n'importe qui; *uno — di voi, dei vostri amici*, n'importe lequel d'entre vous, de vos amis **3** *(con valore limitativo o spreg.)* quelconque: *è un uomo assolutamente —*, c'est un homme tout à fait quelconque || *l'uomo —*, l'homme de la rue **4** *(seguito da un v. al cong.)* quelque... qui *(sogg.)*, quelque... que *(ogg.)*: — *decisione prenda, sono d'accordo*, quelque décision qu'il prenne, je suis d'accord; — *disgrazia vi capiti...*, quelque malheur qui vous arrive...; *da — parte si voltasse...*, de quelque côté qu'il se tournât... || — *persona te-*

lefoni, avvertimi, quelle que soit la personne qui téléphone, préviens-moi || — *cosa dica, possa dire...*, quoi qu'il dise...; — *cosa vogliate fare...*, quoi que vous veuilliez faire... **5** (*seguito dal v.* essere *al cong. o dai verbi* potere *e* dovere *seguiti da* essere) quel* que: — *sia, possa essere la sua opinione*, quelle que soit, que puisse être son opinion.

qualunquismo *s.m.* indifférentisme.

qualunquista *agg.* e *s.m.* indifférentiste.

quando *avv.* e *cong.interr.* quand: — *partirai?, quand'è che partirai?*, quand partiras-tu, quand est-ce que tu partiras?; — *è accaduto l'incidente?*, quand l'accident est-il arrivé?; *non so — verrà, — venga*, je ne sais pas quand il viendra; — *mai ti deciderai?*, quand te décideras-tu donc? ♦ *cong.* **1** (*con valore temporale*) quand, lorsque || *proprio — uscivo*, juste au moment où je sortais || *rimase a Londra fino al 1963, — ritornò in Francia*, il resta à Londres jusqu'en 1963, année de son retour en France || *tutto era rimasto come — abitavamo insieme*, tout était resté comme au temps où nous habitions ensemble || — *si dice aver fortuna!*, ce que c'est que d'avoir de la chance! || — *meno te lo aspetti, ce lo si aspetta*, au moment où l'on s'y attend le moins || *quand'ecco* (*che*), lorsque: *stavo uscendo quand'ecco* (*che*) *squillò il telefono*, je sortais lorsque le téléphone sonna || *allor —*, lorsque || — *che sia, — che fosse*, (*in qualsiasi momento*) à n'importe quel moment || — *piove e nevica, preferisco...*, quand il pleut et qu'il neige, je préfère... **2** (*con valore di* mentre) en (+ *part.pres.*): — *mangia ascolta sempre la radio*, il écoute toujours la radio en mangeant **3** (*con valore causale*) (*dato che*) quand; (*poiché*) puisque: *è sciocco insistere, — si sa di aver torto*, il est bête d'insister, quand on sait qu'on a tort; — *ti dico che è così, è così*, puisque je te dis que c'est comme ça, c'est comme ça **4** (*con valore avversativo* di invece) alors que: *non era in collera, — avrebbe dovuto esserlo*, il n'était pas fâché, alors qu'il aurait dû l'être **5** (*con valore cond.*) si: — *dovessi vederlo, digli che...*, si tu devais le voir, dis-lui que...; *quand'è così, è così* en ainsi **6** (*con valore di* in cui) où: *quel giorno — sono venuto da te*, le jour où je suis venu chez toi; *un giorno — era di sentinella...*, un jour qu'il était de faction... ♦ *s.m.*: *il come e il —*, le pourquoi et le comment □ **a quando** *locuz.* à quand: *a — le nozze?*, à quand le mariage?; *il suo pensiero ritornava a — era bambino*, sa pensée revenait au temps où il était enfant □ **da quando** *locuz.* **1** depuis quand: *da — non lo vedi?*, depuis quand ne vois-tu pas? **2** (*dacché, dal momento in cui*) depuis que: *da — è in Italia...*, depuis qu'il est en Italie...; *fin da — eravamo all'asilo*, depuis l'école maternelle □ **di quando** *locuz.* de quand; (*del tempo in cui*) du temps où: *di — è questo giornale?*, de quand est ce journal?; *sono ricordi di — eravamo bambini*, ce sont des souvenirs du temps où (*o fam.* de quand) nous étions enfants || *di — in —*, de temps en temps, de temps à autre □ **fino a quando** *locuz.* jusqu'à quand; (*fino al mo-*

mento in cui) jusqu'au moment où; (*per tutto il tempo che*) tant que: *fino a — resterai qui?*, jusqu'à quand resteras-tu ici?; *fino a — andrà a Parigi rimarrà qui*, jusqu'au moment où il ira à Paris, il restera ici; *fino a — resterà a Milano vivrà da me*, tant qu'il restera à Milan il vivra chez moi; *non mi muoverò di qui fino a — non avrò ottenuto risposta*, tant que je n'aurai pas obtenu de réponse je ne bougerai pas d'ici; *rimase in Italia fino a — ebbe terminato gli studi*, il reste en Italie jusqu'à la fin de ses études □ **per quando** *locuz.* (pour) quand: *per — è la riunione?*, c'est (pour) quand la réunion?; *cerca di aver finito per — tornerò*, tâche d'avoir fini quand je reviendrai □ **quand'anche** *locuz.cong.* quand (bien) même: *quand'anche lo giurasse, non ci crederei*, quand (bien) même il le jurerait, je ne le croirais pas □ **quando... quando** *locuz.* correlativa (ora... ora) tantôt... tantôt.

quantificare (*coniug. come* mancare) *v.tr.* quantifier.

quantificazione *s.f.* quantification.

quantistico (pl. -ci) *agg.* (*fis.*) quantique.

quantità *s.f.* quantité.

quantitativo *agg.* quantitatif* ♦ *s.m.* quantité (*f.*) || -**mente** *avv.*

quantizzare *v.tr.* quantifier.

quanto[1] *agg.* **1** (*interr.*) combien de (*invar.*): *quanti dischi ha?*, combien de disques a-t-il?; *gli ho chiesto quanti giorni può, possa restare*, je lui ai demandé combien de jours il peut rester; *ogni quanti giorni?*, tous les combien? || *quanti anni hai?*, quel âge as-tu? || *quanti altri?*, combien d'autres? **2** (*esclamativo*) que de (*invar.*), combien de (*invar.*): — *denaro ha sprecato!*, combien, que d'argent il a gaspillé!; *quante parole inutili!*, que de mots inutiles!; *non puoi immaginare quanta pazienza ci voglia, ci vuole!*, tu ne peux imaginer la patience qu'il faut! || — *freddo faceva!*, quel froid il faisait!, qu'il faisait froid! **3** (*rel.*): *prendi pure — tempo, denaro ti occorre*, tu peux prendre tout le temps, tout l'argent te faut **4** (*in proposizioni comparative*) (*in relazione con un sostantivo*) autant de..., que (de)...: *c'erano tanti posti quanti* (gli) *invitati*, il y avait autant de places que d'invités; *non ha tanta pazienza quanta ne hai tu*, il n'a pas autant de patience que toi; *"Quanti moduli occorrono?" "(Tanti) quanti sono i candidati"*, "Combien d'imprimés faut-il?" "Autant qu'il y a de candidats" || *ha tante conoscenze quante tu non immagini*, tu ne peux même pas imaginer les connaissances qu'il a **5** (*in espressioni ellittiche sottintendendo tempo, denaro ecc.*): — (*tempo*) *marrai qui?*, combien de temps resteras-tu ici?; — (*tempo*) *ci hai messo!*, tu en as mis du temps!; *da —, fra —*, depuis, dans combien de temps; — *c'è, ci corre fra te e lui?*, (*quanti anni*) quelle différence d'âge y a-t-il entre toi et lui?; *ogni — passa l'autobus?*, l'autobus passe tous les combien?; — *c'è da qui alla stazione?*, il y a combien d'ici à la gare?; *quant'è, — costa?*, combien cela coûte-t-il?; *quant'è un dollaro in lire italiane?*, ça fait combien un dollar en lires italiennes?; *quant'era (di peso) il bambino alla nascita?*, combien pesait le bébé à la naissance?; *quanti ne abbiamo oggi?*, le combien sommes-nous aujourd'hui?; — *ci sarebbe da dire sul suo conto!*, il y en aurait à dire sur son compte!; *quante me ne ha dette!*, (*fam.*) qu'est-ce qu'il ne m'a pas dit!; *quante me ne ha dette sul suo conto!*, il m'en a dit de belles sur ton compte!; *quante ne ha combinate!*, il en a fait de belles!; *quante ne ha prese!*, (*fam.*) qu'est-ce qu'il a pris!

♦ *pron.* 1 (*interr.*) combien (*invar.*): *quanti te ne occorrono?*, combien t'en faut-il?; *quanti di voi, di loro?*, combien d'entre vous, d'entre eux?; *quanti altri?*, combien d'autres?; *non so quanti abbiano aderito alla proposta*, je ne sais pas combien ont accepté cette proposition || — *c'è di vero in ciò che dice?*, qu'y a-t-il de vrai dans ce qu'il dit? 2 (*esclamativo*) combien (*invar.*): *quanti ne hai!*, combien tu en as!; *quanti ce n'erano!*, (*di persone*) qu'est-ce qu'il y avait comme monde!; *che bei libri e quanti!*, quels beaux livres et combien il y en a! 3 (*rel.*) (*ciò che*) ce qui (*sogg.*), ce que (*ogg.*); (*tutto quello che*) tout ce qui (*sogg.*), tout ce que (*ogg.*): — *ho è a tua disposizione*, tout ce que je possède est à ta disposition; *è — di meglio, di peggio si possa trovare*, c'est ce qu'on peut trouver de mieux, de pire; *in risposta a — sopra*, en réponse à ce qui a été dit; *da — posso capire....*, à, d'après ce que je peux comprendre...; *a — dicono, si dice*, d'après, à ce qu'on dit || *questo è —*, un point c'est tout || — *basta*, (*con riferimento a dosaggio*) en quantité suffisante 4 *pl.* (*rel.*) (*tutti coloro che*) tous ceux qui (*sogg.*), tous ceux que (*ogg.*): *ha detto di no a quanti glielo chiedevano*, il a dit non à tous ceux qui le lui demandaient 5 (*in frasi comparative*): *abbiamo ottenuto meno di — pensassimo*, nous avons obtenu moins que nous ne pensions.

♦ *avv.* 1 (*interr.*) combien; (*fino a che punto*) à quel point; (*in quale misura*) dans quelle mesure: — *è lungo, largo?*, combien mesure-t-il de long, de large?; *non so — sia lontana la chiesa*, je ne sais pas combien il y a d'ici jusqu'à l'église; *vorrei sapere — potrà resistere*, je voudrais savoir jusqu'à quel point il pourra résister; *non so — l'abbia apprezzato*, je ne sais dans quelle mesure il l'a apprécié 2 (*esclamativo*) que, comme, combien: — *è stato lungo il viaggio!*, que le voyage a été long!; *non sai — ho lavorato oggi!*, tu ne sais pas comme, combien j'ai travaillé aujourd'hui! || *hanno riso, e —!*, ils ont ri, et combien!; (*fam.*) qu'est-ce qu'ils ont ri! || *chissà — gli piacerà!*, ça lui plaira certainement beaucoup! 3 (*per dare valore di superl. rel.*) le: — *più rapidamente (possibile)*, le plus rapidement possible; — *prima*, (*il più presto possibile*) le plus tôt possible 4 (*in proposizioni comparative*) (*in relazione con agg., avv. e part. pass. con valore di agg.*) aussi..., que; (*nei complementi di paragone*) comme; (*in relazione con un v.*) autant que: *è studioso — intelli-*

gente, il est aussi studieux qu'intelligent; *non è studioso — intelligente*, il n'est pas (aus)si studieux qu'intelligent; *non è facile — tu credi*, ce n'est pas aussi facile que tu (le) crois; *è curioso — una scimmia*, il est curieux comme un singe; *non lavora — voi*, il ne travaille pas (au)tant que vous □ *quanto a locuz.avv.* quant à: (*in*) — *a ciò*, quant à cela □ **quanto mai** *locuz.avv.*: *mi sono divertito — mai*, je me suis amusé comme je ne l'avais jamais fait; *spettacolo — mai interessante*, spectacle on ne peut plus intéressant; *è — mai carina*, elle est jolie comme tout; — *mai ho parlato!*, mais pourquoi donc j'ai parlé! □ **da quanto** *locuz.avv.* (*fam.*) (*talmente*) tant, tellement □ **in quanto** *locuz.avv.* (*poiché*) puisque, car; (*in qualità di*) en tant que: *in — minorenne non può votare*, puisqu'il est mineur, il ne peut pas voter; *in — medico*, en tant que médecin; *non ti ho telefonato, in — credevo che tu fossi partito*, je ne t'ai pas téléphoné car je croyais que tu étais parti □ **per quanto** *locuz.* 1 (*seguito da v.*) (*qualsiasi cosa*) quoi que; (*benché, sebbene*) bien que, quoique: *per — faccia, non ci riuscirà*, quoi qu'il fasse, il n'y arrivera pas; *per — faccia molti risparmi...*, bien qu'il, quoiqu'il fasse beaucoup d'économies... 2 (*seguito da s.*) quelque... qui (*sogg.*); quelque... que (*ogg.*): *per quante disgrazie vi accadano...*, quelques malheurs qui vous arrivent...; *per quante trasmissioni vediate...*, quelques émissions que vous regardiez... 3 (*seguito da agg. o avv.*) quelque (*invar.*) ...que, si... que: *per — simpatici siate...*, quelque, si sympathiques que vous soyez (*o* tout sympathiques que vous êtes); *per — ne so io...*, (*per quanto mi risulta*) pour autant que je sache; *per — è possibile*, autant que possible; *per —, è pur sempre un affare*, quoi qu'il en soit c'est toujours d'une affaire □ **quanto più... tanto meno; quanto meno... tanto più**, plus... moins; moins... plus.

quanto[2] *s.m.* 1 (*quantità*) quantité (*f.*); (*prezzo*) prix: *fissare un —*, fixer une quantité; *stabilire il —*, fixer le prix 2 (*fis.*) quantum*.

quantomeno, quanto meno *avv.* (*come minimo*) au moins; (*per lo meno*) du moins.

quantunque *cong.* 1 quoique, bien que: — *parlassimo tre lingue, non siamo riusciti a farci capire*, quoique, bien que nous parlions trois langues, nous ne sommes pas arrivés à nous faire comprendre 2 (*con uso ellittico*) quoique: — *sofferente*, — *a malincuore*, quoique souffrant, quoique à contrecœur.

quaranta *agg.num.card.* e *s.m.* quarante || *va per i —*, il approche de la quarantaine; *ha passato i —*, il a dépassé la quarantaine.

quarantacinque *agg.num.card.* e *s.m.* quarante-cinq: *un (disco a) — giri*, un quarante-cinq tours.

quarantadue *agg.num.card.* e *s.m.* quarante-deux.

quarantena *s.f.* quarantaine.

quarantennale *agg.* 1 (*che dura quarant'anni*) de quarante ans 2 (*ricorrente ogni quarant'anni*) qui a lieu tous les quarante ans ♦ *s.m.* quarantième anniversaire.

quarantenne *agg.* (âgé) de quarante ans ♦ *s.m.* e *f.* homme (âgé), femme (âgée) de quarante ans, quadragénaire.

quarantennio *s.m.* (période de) quarante ans.

quarantesimo *agg.num.ord.* e *s.m.* quarantième.

quarantina *s.f.* quarantaine.

quarantotto *agg.num.card.* e *s.m.* quarante-huit || (*fam.*): *che* —*!*, quelle pagaille!; *fare un* —, faire le diable à quatre; *mandare a carte* —, ficher en l'air.

quarantuno *agg.num.card.* e *s.m.* quarante et un.

quaresima *s.f.* carême (*m.*).

quaresimale *agg.* de carême ♦ *s.m.* carême.

quarta *s.f.* **1** (*scuola elementare*) cours moyen première année; (*scuola superiore*) troisième **2** (*aut.*) quatrième (vitesse): *mettere la* —, passer la, en quatrième || *partire in* —, (*fig.*) partir sur les chapeaux de roues **3** (*mus.*) quarte **4** — *di copertina*, (*di libro*) dos de couverture; (*il testo scritto*) quatrième de couverture.

quartana *s.f.* (*med.*) fièvre quarte.

quartetto *s.m.* (*mus.*) quatuor (*anche fig.*); (*jazz*) quartette.

quartiere *s.m.* quartier: *i quartieri alti*, les beaux quartiers || (*fig.*): *lotta senza* —, lutte sans merci; *non dare* —, ne pas donner de répit.

quartina *s.f.* quatrain (*m.*); (*di note*) quartolet (*m.*).

quartino *s.m.* **1** (*misura*) quart || *bersi un* —, boire un verre **2** (*tip.*) encart.

quarto *agg.num.ord.* quatrième; (*nella progressione di re, papi, capitoli ecc.*) quatre || (*mat.*) *elevare un numero alla quarta* (*potenza*), élever un nombre à la puissance quatre || *il* — *potere*, la presse || *il* — *Stato*, le prolétariat ♦ *s.m.* **1** (*chi è al quarto posto*) quatrième **2** (*quarta parte*) quart|| *bottiglia da un* —, bouteille d'un quart de litre: (*fam.*) *andiamo a bere un* —, allons boire un verre || *sono le tre e un* —, il est trois heures et (*o* un) quart; *sono le tre meno un* —, *manca un* — *alle tre*, il est trois heures moins le quart; *le due e tre quarti*, deux heures trois quarts; *tre quarti d'ora buoni*, trois bons quarts d'heure || *un* — *d'ora di celebrità*, une heure de célébrité || *pieno per tre quarti*, plein aux trois quarts || (*sport*) *quarti di finale*, quarts de finale || *un* — *di vitello*, un quartier de veau || (*astr.*) *primo, ultimo* —, premier, dernier quartier || *avere i quattro quarti di nobiltà*, avoir quatre quartiers de noblesse **3** (*tip.*) *in* —, in-quarto* **4** (*di ruota del carro*) jante (*f.*) ♦ *avv.* quatrièmement, quarto.

quarzite *s.f.* (*min.*) quartzite (*m.*).

quarzo *s.m.* quartz.

quasi *avv.* **1** presque: *sono* — *uguali*, ils sont presque égaux; *c'erano* — *cento persone*, il y avait presque, près de cent personnes; *sono* — *le sette*, il est presque sept heures; *ho* — *finito*, j'ai presque fini || — *glielo dico*, j'ai presque envie de le lui dire; — — *sarebbe meglio*, ce serait presque mieux **2** (*in unione a verbo con valore di* manca-

re poco che): — *moriva*, il a failli mourir; — — *fu sul punto di ridere*, il s'en fallut de peu que je n'éclate de rire ♦ *cong.* — (*che*), comme si: *insisteva*, — *avesse ragione lui*, il insistait, comme si c'était lui qui avait raison.

quassù *avv.* ici || — *al Nord*, ici dans le Nord.

quaterna *s.f.* quaterne.

quaternario *agg.* e *s.m.* quaternaire.

quatto *agg.* **1** accroupi **2** (*silenzioso*) coi* || *svignarsela* — —, partir en catimini.

quattordicenne *agg.* (âgé) de quatorze ans ♦ *s.m.* e *f.* garçon (âgé), jeune fille (âgée) de quatorze ans.

quattordicesima *s.f.* (*mensilità*) quatorzième mois.

quattordicesimo *agg.num.ord.* e *s.m.* quatorzième; (*nella progressione di re, papi, capitoli ecc.*) quatorze.

quattordici *agg.num.card.* e *s.m.* quatorze.

quattrino *s.m.* **1** sou: *non avere un* —, ne pas avoir le sou || *fino all'ultimo* —, jusqu'au dernier centime **2** *pl.* (*denaro*) argent (*sing.*): *un sacco di quattrini, quattrini a palate*, un argent fou.

quattro *agg.num.card.* e *s.m.* **1** quatre || *fare* — *passi*, faire deux pas || *fare* — *chiacchiere*, faire un brin de causette || *farsi in* —, se mettre en quatre || *in* — *e quattr'otto*, en moins de deux || *dirne* — *a qlcu*, dire à qqn ses quatre vérités **2** (*canottaggio*) — *con*, — *senza*, quatre avec barreur, quatre sans barreur.

quattrocchi, **quattr'occhi** *s.m.* **1** (*scherz.*) binoclard **2** (*zool.*) garrot à l'œil d'or □ **a quattrocchi** *locuz.avv.* en tête-à-tête, (*fam.*) entre quat'z-yeux.

quattrocentesco (*pl.* -*chi*) *agg.* du XVe siècle.

quattrocentista *s.m.* **1** (*scrittore, artista*) écrivain, artiste du XVe siècle **2** (*studioso del Quattrocento*) spécialiste du XVe siècle **3** (*sport*) coureur du 400 mètres.

quattrocento *agg.num.card.* e *s.m.* quatre cents || *nel Quattrocento*, au quinzième siècle.

quegli[1] *pron.dimostr.m.sing.* (*letter.*) celui-là; (*antecedente di pron.rel.*) celui; (*egli*) il.

quegli[2] *agg.dimostr.m.pl.* → **quello**.

quei[1] *pron.dimostr.m.sing.* (*letter.*) celui-là; (*antecedente di pron.rel.*) celui; (*egli*) il.

quei[2] *agg.dimostr.m.pl.* → **quello**.

quel *agg.dimostr.m.sing.* → **quello**.

quella *agg.* e *pron.dimostr.f.sing.* → **quello**.

quelle *agg.* e *pron.dimostr.f.pl.* → **quello**.

quelli *agg.* e *pron.dimostr.m.pl.* → **quello**.

quello

---

maschile sing. **quel**, *pl.* **quei**

+ *vocale* = *sing.* **quell'**, *pl.* **quegli**

+ *s impura, gn, pn, ps, x, z* = *sing.* **quello**, *pl.* **quegli**

femminile sing. **quella**, *pl.* **quelle**

+ *vocale* = *sing.* **quell'**, *pl.* **quelle**

agg.dimostr. **1** ce* (*può essere rafforzato da* -là, *il cui uso è obbligatorio nelle contrapposizioni*): *quel libro*, ce livre; *quell'eroe*, ce héros; *quell'albe-*

ro, cet arbre; *quell'uomo*, cet homme; *quella scuola*, cette école; *quei libri*, ces livres; *quelle signore*, ces dames; *vorrei (proprio) quel libro*, je voudrais ce livre-là; *questo quadro e quella foto*, ce tableau-ci et cette photo-là; *questo e quel dizionario*, ce dictionnaire-ci et celui-là; *preferisco quell'altro libro*, je préfère cet autre livre, l'autre livre; *in quel tempo*, en ce temps-là; *in quell'anno*, cette année-là; *quella sua lettera*, sa lettre; *quei miei colleghi*, mes collègues || *quel tal giorno*, ce jour-là; *quella tal persona*, qui vous savez || — *sciocco di tuo fratello*, ton idiot de frère || *quegli sciocchi!*, ces, ces imbéciles! || *(con uso enfatico e in espressioni ellittiche)*: *ho preso uno di quegli spaventi!*, j'ai eu une de ces peurs!; *ha detto tante di quelle sciocchezze!*, les bêtises qu'il a pu dire!; *me ne ha raccontate di quelle!*, ce qu'il a pu me raconter!; *ne ho sentite di quelle!*, j'en ai entendu de toutes les couleurs!; *ne ho viste di quelle da far rabbrividire*, j'ai vu des choses à faire frémir || *in quella*, *(in quel preciso momento)* à cet instant précis || *una di quelle*, *(prostituta)* une professionnelle   **2** *(seguito da prop.rel.)* le*: *quel poco che ho*, le peu que je possède; *non tornò più in quella casa dove...*, il ne retourna plus dans la maison où...
♦ *pron.dimostr.*   **1** celui*-là: *chi è —?*, qui est celui-là?; *dammi questa valigia e prendi quella*, donne-moi cette valise(-ci) et prends celle-là; *preferisci questo, — o quell'altro?*, est-ce que tu préfères celui-ci, celui-là ou bien l'autre?   **2** *(seguito da prop.rel. o dalla prep.* di) celui*: *quelli che non ti conoscono*, ceux qui ne te connaissent pas; *prendi — che vuoi, ma non — di tuo fratello*, prends celui que tu veux, mais pas celui de ton frère; — *(che è) davanti a te*, celui qui est devant toi   **3** *(seguito da agg. qualificativo o locuz.agg.)* le*: *ha scelto — più bello*, il a choisi le plus beau; *preferisco — nero*, — *a righe*, je préfère le noir, le rayé || *fra gli amici preferite quelli sinceri*, de vos amis préférez ceux qui sont sincères; *"Quale orologio vuoi?" "Quello d'oro"*, "Quelle montre veux-tu?" "Celle qui est en or" *(o* "La montre en or"); — *con gli occhiali è mio zio*, celui qui porte des lunettes c'est mon oncle || *(fam.)*: — *del gas*, le type du gaz; — *del piano di sotto*, le type du dessous; *è ritornato — di ieri*, le type d'hier est revenu   **4** *(seguito da part.pass. o pres.)* celui*: *unisco alla mia lettera quella inviatami da mia madre*, je joins à ma lettre celle que ma mère m'a envoyée   **5** *(accompagnato dal v.* essere, *in costrutti enfatici)*: *sono quelle le sue opinioni*, ce sont là ses opinions *(o* voilà ses opinions); — *non è il libro che cercavo*, ce livre(-là) n'est pas celui que je cherchais || *quella (sì che) sapeva parlare!*, en voilà une qui savait parler!; *gran giorno fu —!*, ce fut là un grand jour!; — *(sì che) è vino!*, ça, c'est du vin! || *buono —!*, *(iron.)* ah, il est bien celui-là!   **6** *questo...*, —..., *(correlativo)* l'un..., l'autre...   **7** *(con valore di* egli, ella *ecc.)* il, elle, etc.: *io parlavo ma — non mi ascoltava*, je parlais mais il ne m'écoutait pas; *e quelli risposero...*, et ils répondirent...   **8** *(lo stesso)* même: *è sempre —*,

non è più —, c'est toujours le même, ce n'est plus le même   **9** *(ciò)* cela; *(fam.)* ça; *(antecedente di pron. rel.)* ce: *per — non c'è niente da dire*, quant à ça il n'y a rien à dire; *tutto — che dice è vero*, tout ce qu'il dit est vrai   **10** *(nelle frasi comparative con valore di* quanto): *è più tardi di quel che credessi*, il est plus tard que je ne croyais   **11** *quelli di...*, les gens de...; *(gli abitanti di)* les habitants de..., *(di un piccolo centro)* les gens de...: *quelli di campagna*, les gens de la campagne □ **in quel di...** *(nel territorio di)* à, en; *(nelle vicinanze di)* près de, aux alentours de: *che novità ci sono in quel di Roma?*, quelles nouvelles à Rome?; *cosa succede in quel di Francia*, *(iron.)* que se passe-t-il du côté de la France *(o* en France)?; *abita in quel di Pavia*, il habite près de, aux alentours de Pavie.

quercia (pl. *-ce*) *s.f.* chêne *(m.).*

querela *s.f.* plainte: — *per diffamazione*, plainte en diffamation; *sporgere —*, porter plainte.

querelante *agg.* e *s.m.* plaignant.

querelare *v.tr.* porter plainte (contre).

querelato *agg.* e *s.m.* accusé.

querulo *agg.* plaintif*.

quesito *s.m.* question *(f.);* *(problema)* problème.

questi[1] *agg.dimostr.m.pl.* → **questo**.

questi[2] *pron.dimostr.m.sing.* celui-ci.

questionare *v.intr.* discuter   **2** *(litigare)* se disputer.

questionario *s.m.* questionnaire.

questione *s.f.*   **1** question; *(problema)* problème *(m.):* *non è solo una — di tempo*, ce n'est pas seulement une question de temps || *fare questioni*, soulever des questions || *la — è che...*, le problème est que... || *sarà — di giorni*, c'est une question de jours   **2** *(discussione)* discussion: *senza fare questioni*, sans discussions || *venire a —*, se disputer.

questo *agg.dimostr.*   **1** ce* *(può essere rafforzato da* -ci, *il cui uso è obbligatorio nelle contrapposizioni)*: — *libro*, ce livre; — *allievo*, cet élève; — *eroe*, ce héros; *questa ragazza*, cette fille; *questi quadri*, ces tableaux; *queste signore*, ces dames; *questa rivista è migliore di quella*, cette revue-ci est meilleure que celle-là; — *quadro e quella foto*, ce tableau-ci et cette photo-là; — *e quel dizionario*, ce dictionnaire-ci et celui-là; *quest'altro pacco*, cet autre paquet || *useremo — o quel metodo*, on emploiera telle ou telle méthode || — *mio amico*, mon ami; *queste vostre lamentele*, vos plaintes || *l'ho visto con questi (miei) occhi*, je l'ai vu de mes propres yeux   **2** *(seguito da una prop.rel.)* le*: *quest'esempio che hai scelto non va bene*, l'exemple que tu as choisi ne convient pas; *questa moto di cui ti parlo*, la moto dont je te parle   **3** *(riferito a tempo)* *(pres.)* ce*; *(pass.)* ce* dernier*; *(fut.)* ce* prochain: *questa mattina*, *questa sera*, ce matin, ce soir; — *mese*, *quest'anno*, ce mois(-ci), cette année(-ci); *ritornerò quest'autunno*, je reviendrai cet automne, l'automne prochain; *ci siamo incontrati — settembre*, nous nous sommes rencontrés au mois de septembre *(dernier); quest'altro mese*, le mois prochain; *le* *vicende di questi* (*ultimi*) *anni, di questi* (*ultimi*) *vent'anni,* les événements de ces, des vingt dernières années || *quest'oggi,* aujourd'hui.

♦ *pron.dimostr.* **1** celui*-ci: *questa è mia sorella, celle-ci est ma sœur; ne vorrei tre di questi,* j'en voudrais trois de ceux-ci || *preferisco quest'altro,* je préfère l'autre, celui-ci **2** (*seguito da prop.rel. o dalla preposizione* di) celui*: *nella tua camera c'è più sole che in questa di tua madre,* dans ta chambre il y a plus de soleil que dans celle de ta mère; — *che sto leggendo è il suo ultimo romanzo,* c'est son dernier roman que je suis en train de lire; — *alla mia destra è un avvocato,* mon voisin de droite est un avocat **3** (*seguito da agg. qualificativo o da locuz.agg.*) le*: *dei due abiti — rosso è il più elegante,* des deux robes la rouge est la plus élégante; "*Quale braccialetto vuoi?" "Questo d'oro bianco",* "Quel bracelet veux-tu?" "Celui(-ci), qui est en or ou blanc" (*o* "Le bracelet en or ou blanc") **4** (*seguito da part.pass. o pres.*) celui*: *unisco alla mia lettera questa scritta da mio fratello,* je joins à ma lettre celle que mon frère a écrite; *ti mando i tuoi documenti e questi appartenenti a...,* je te renvoie tes documents et ceux qui appartiennent à... **5** (*accompagnato dal v.* essere, *in costrutti enfatici*): *questa è la mia lettura preferita,* c'est ma lecture préférée; è — *il mio nuovo assistente,* voici mon nouvel assistant; — *non è il libro che ho chiesto,* ce n'est pas ce livre-ci que j'ai demandé; *queste sono le sue idee,* voilà ses idées || *gran giorno è —!,* c'est un grand jour (que celui-ci)! *questa è nuova!,* voilà qui est nouveau! *questa è grossa!,* ça, c'est un peu fort! (*o* ça, c'est la meilleure!); *questa è buona!,* elle est bien bonne celle-là! *queste* (*sì che*) *sono vacanze!,* ça, ce sont des vacances!; *questa* (*sì che*) *è bella!,* ça, par exemple!; *questa* (*sì che*) *è una buona idea,* en voilà une bonne idée; *in questa, in —,* (*letter.*) à ce moment-là, sur ces entrefaites **6** (*correlativo*) — ..., *quello...,* l'un..., l'autre... || *lo va dicendo a — e a quello,* il le raconte à n'importe qui, à tout le monde || *parla di — e di quello senza molto riflettere,* il parle de tout et de n'importe quoi sans bien réfléchir **7** (*con valore di egli, ella ecc.*) il, elle, etc.: *mi sono rivolto ai vigili e questi mi hanno aiutato,* je me suis adressé aux agents et ils m'ont aidé **8** (*con valore di ciò*) cela, (*fam.*) ça; (*come antecedente di pron.rel.*) ce: *tutto — è sbagliato,* tout cela est faux; *per — ho rifiutato,* voilà pourquoi j'ai refusé; *cosa intendi* (*dire*) *con —?,* qu'est-ce que tu entends par là?; — *è quanto mi disse,* c'est cela, voilà ce qu'il a dit; *con tutto —...,* malgré (tout) cela...; *da — deriva che,* de là, d'où il s'ensuit que || *ricorda —: rispetta tuo padre e tua madre,* souviens-toi de ceci: respecte ton père et ta mère; *rispetta tuo padre e tua madre: non dimenticare mai —,* respecte ton père et ta mère: n'oublie jamais cela || *questa poi!,* ça alors!; *sentite questa!,* écoutez (-moi) ça!; ... *e con —?,* ... et alors?; *a parte —,* à part cela; — *e altro!,* ça et bien d'autres choses (encore)!; *vorrei vedere anche questa!,* il ne manquerait plus que cela!; *e con — ti saluto,* et sur ce je te salue.

questore *s.m.* **1** fonctionnaire correspondant au préfet de police de Paris **2** (*in Parlamento*) questeur.

questua *s.f.* quête.

questuante *agg.* e *s.m.* quêteur*.

questuare *v.intr.* quêter.

questura *s.f.* organisme correspondant à la préfecture de police de Paris.

questurino *s.m.* (*fam.*) flic.

qui *avv.* → qua.

quid (pl. *invar.*) *s.m.*: *un —,* quelque chose, un je-ne-sais-quoi.

quiescente *agg.* (*scient.*) inactif*.

quiescenza *s.f.* **1** repos (*m.*) || (*geol.*) vulcano in —, volcan inactif || (*dir.*) — *di un diritto,* suspension temporaire d'un droit **2** (*pensionamento*) retraite **3** (*bot.*) germination retardée.

quietamente *avv.* tranquillement; (*con calma*) calmement.

quietanza *s.f.* quittance, acquit (*m.*)|| *bollo per —,* timbre-quittance.

quietanzare *v.tr.* acquitter.

quietare *v.tr.* calmer, apaiser □ **quietarsi** *v.pron.* **1** (*di persona*) se calmer **2** (*di fenomeni naturali*) s'apaiser.

quiete *s.f.* **1** calme (*m.*); (*pace*) paix || *la — pubblica,* la tranquillité publique || *togliere la —,* ne pas laisser un moment de répit **2** (*immobilità*) repos (*m.*).

quietismo *s.m.* **1** (*relig.*) quiétisme **2** (*fig.*) apathie (*f.*).

quieto *agg.* calme; tranquille || *gente quieta,* des gens paisibles; *il — vivere,* la vie paisible || *acqua quieta,* eau dormante.

quinario *agg.* e *s.m.* (*vers*) de cinq syllabes.

quinci *avv.* (*ant.letter.*) (*da qui*) d'ici; (*per qui*) par ici || — *innanzi,* dorénavant.

quindi *cong.* donc, par conséquent ♦ *avv.* (*poi*) puis, ensuite.

quindicennale *agg.* **1** (*che dura quindici anni*) qui dure quinze ans **2** (*ricorrente ogni quindici anni*) qui a lieu tous les quinze ans ♦ *s.m.* quinzième anniversaire.

quindicenne *agg.* (âgé) de quinze ans ♦ *s.m.* e *f.* garçon (âgé), jeune fille (âgée) de quinze ans.

quindicesimo *agg.num.ord.* e *s.m.* quinzième; (*nella progressione di re,papi,capitoli ecc.*) quinze.

quindici *agg.num.card.* quinze.

quindicina *s.f.* **1** quinzaine **2** (*paga di quindici giorni*) paie de quinze jours.

quindicinale *agg.* **1** (*bimensile*) bimensuel* **2** (*che dura quindici giorni*) qui dure quinze jours.

quinquennale *agg.* quinquennal*.

quinquennio *s.m.* (période de) cinq ans; (*di un mandato politico ecc.*) quinquennat.

quinta *s.f.* **1** (*teatr.*) coulisse: *dietro le quinte,* (*anche fig.*) dans les coulisses **2** (*mus.*) quinte **3** (*a scuola*) cinquième (classe) **4** (*aut.*) (*marcia*) cinquième.

quintale *s.m.* quintal*.

quintana *s.f.* (*giostra del Saraceno*) quintaine.
quinterno *s.m.* paquet de cinq feuilles doubles.
quintessenza *s.f.* quintessence.
quintetto *s.m.* (*mus.*) quintette.
quinto *agg.num.ord.* cinquième; (*nella progressione di re, papi, capitoli ecc.*) cinq || *il — potere*, le pouvoir médiatique audio-visuel ♦ *s.m.* cinquième.
quintuplicare (*coniug. come* mancare) *v.tr.*,
quintuplicarsi *v.pron.* quintupler: *i prezzi si sono quintuplicati*, les prix ont quintuplé.
quintuplice *agg.* quintuple.
quintuplo *agg.* e *s.m.* quintuple.
quiproquò *s.m.* quiproquo.
quisquilia *s.f.* bagatelle: (*futilità*) futilité.
quivi *avv.* (*letter.*) là.
quiz *s.m.* **1** quiz; jeu* radiophonique; jeu* télévisé **2** (*spec. pl.*) test; (*con scelta fra varie risposte*) questionnaire à choix multiple (QCM).
quorum *s.m.* (*dir.*) quorum.
quota *s.f.* **1** quote-part*: *la — spettante ai vincitori*, la somme qui ira aux gagnants || (*econ.*): *— d'ammortamento*, amortissement; *— di partecipazione*, (*in una società*) apport; *— sociale*, part sociale || (*dir.*) *— di legittima*, réserve **2** (*di partecipazione a un club ecc.*) cotisation: *— di iscrizione a un corso*, cotisation pour l'inscription à un cours **3** (*parte*) part **4** (*altitudine*) altitude: *a*

— tremila, à trois mille mètres d'altitude; *ad alta*, *a bassa —*, à une altitude très élevée, à basse altitude; *prendere, perdere —*, (*anche fig.*) prendre, perdre de l'altitude **5** (*contingente*) quota **6** (*nell'ippica*) cote **7** (*cartografia*) cote **8** (*livello*) niveau* (*m.*) || *essere a — venti*, (*in un punteggio*) avoir vingt points.
quotare *v.tr.* **1** coter (*anche fig.*) || *— un quadro*, estimer, évaluer un tableau; *è molto quotato dai suoi superiori*, il est très bien coté par ses supérieurs **2** (*assegnare una quota da pagare a*) cotiser □ **quotarsi** *v.pron.* se cotiser || *— per diecimila lire*, verser une cotisation de dix mille lires.
quotato *agg.* coté (*anche fig.*).
quotazione *s.f.* **1** (*Borsa*) (*atto del quotare*) cotation; (*valore quotato*) cote: *— dei prezzi*, cotation des prix; *quotazioni di Borsa*, cours de Bourse; *— del giorno*, cours du jour **2** (*di quadro ecc.*) évaluation, estimation; (*di artista ecc.*) cote: *avere una buona —*, être bien coté.
quotidianamente *avv.* quotidiennement.
quotidianità *s.f.* quotidienneté.
quotidiano *agg.* e *s.m.* quotidien* || *il pane —*, (*fig.*) notre pain de ce jour.
quoto *s.m.* (*mat.*) quotient.
quoziente *s.m.* (*mat.*) quotient: *— d'intelligenza*, quotient intellectuel, d'intelligence, QI || (*sport*) *— reti*, goal-average.

R

r *s.f.* e *m.* r (*m.*) || (*tel.*) — *come Roma*, r comme Raoul.

rabarbaro *s.m.* rhubarbe (*f.*).

rabberciare (*coniug. come* cominciare) *v.tr.* rapiécer*; (*fig.*) raccommoder.

rabberciatura *s.f.* rapiéçage (*m.*); (*fig.*) arrangement (*m.*).

rabbia *s.f.* rage (*anche fig.*): *fuori di sé dalla —*, fou de rage || *far —*, faire enrager; *mi fa — vedere questo spreco*, cela me fait mal au cœur de voir ce gaspillage; *il suo modo di fare mi fa —*, sa façon d'agir me tape sur les nerfs; *mi fa una —!*, ça me met hors de moi!

rabbino *s.m.* rabbin.

rabbiosamente *avv.* rageusement.

rabbioso *agg.* **1** rageur*; (*furioso*) furieux* || *fame, sete rabbiosa*, faim, soif dévorante **2** (*malato di rabbia*) enragé.

rabbonire (*coniug. come* finire) *v.tr.* amadouer; (*calmare*) calmer □ **rabbonirsi** *v.pron.* se radoucir; (*calmarsi*) se calmer.

rabbrividire (*coniug. come* finire) *v.intr.* frissonner: *solo l'idea mi fa —*, j'en frémis rien qu'à l'idée.

rabbuffare *v.tr.* **1** (*capelli*) ébouriffer; (*penne, peli*) *hérisser **2** (*rimproverare*) gronder, réprimander □ **rabbuffarsi** *v.pron.* (*di tempo*) se gâter; (*di mare*) grossir.

rabbuffato *agg.* (*di capelli*) ébouriffé; (*di penne*) *hérissé; (*disordinato*) en désordre.

rabbuffo *s.m.* réprimande (*f.*).

rabbuiarsi *v.pron.* s'obscurcir, s'assombrir (*anche fig.*).

rabdomante *s.m.* sourcier || *bacchetta di —*, baguette divinatoire.

rabdomanzia *s.f.* rhabdomancie.

raccapezzare *v.tr.* **1** (*racimolare*) ramasser || *— le idee*, rassembler ses idées **2** (*capire, intendere*) (arriver à) comprendre* □ **raccapezzarsi** *v.pron.* s'y retrouver.

raccapricciante *agg.* horrible, affreux*.

raccapricciare (*coniug. come* cominciare) *v. intr.* frémir d'horreur.

raccapriccio *s.m.* horreur (*f.*): *provare —*, frémir d'horreur.

raccattapalle (pl. *invar.*) *s.m.* (*tennis*) ramasseur* de balles.

raccattare *v.tr.* ramasser.

racchetta *s.f.* raquette || *una — da sci*, un bâton de ski.

racchio *agg.* (*spreg. fam.*) moche: *è racchia*, c'est une mocheté.

racchiudere (*coniug. come* chiudere) *v.tr.* renfermer (*anche fig.*).

raccogliere (*coniug. come* cogliere) *v.tr.* **1** ramasser || *— l'allusione*, relever l'allusion **2** (*prodotti della terra*) récolter; (*frutti, fiori*) cueillir* || *— il frutto del proprio lavoro*, (*fig.*) recueillir le fruit de son travail **3** (*fig.*) (*riunire*) réunir; (*radunare*) rassembler, recueillir*: *— le idee*, rassembler ses idées; *— voti, fondi, informazioni*, recueillir des voix, des fonds, des informations || *— i capelli*, rassembler ses cheveux || *— le vesti*, serrer ses jupes **4** (*collezionare*) collectionner **5** (*ricevere, accogliere*) recueillir* (*anche fig.*) || *— l'appello*, répondre à l'appel || *— molta simpatia*, rencontrer beaucoup de sympathie □ **raccogliersi** *v.pron.* **1** (*riunirsi*) se rassembler **2** (*ripiegarsi su se stesso*) se ramasser **3** (*concentrarsi*) se recueillir*: *— in meditazione*, se plonger dans une profonde réflexion.

raccoglimento *s.m.* recueillement.

raccogliticcio *agg.*: *esercito —*, armée de fortune; *cultura raccogliticcia*, ramassis de connaissances.

raccoglitore (f. *-trice*) *s.m.* **1** ramasseur*; (*di denaro*) collecteur*; (*collezionista*) collectionneur* **2** (*cartella*) classeur.

raccolta *s.f.* **1** ramassage (*m.*); (*di prodotti della terra*) récolte; (*di frutti, di cotone*) cueillette: *— del fieno, dei rifiuti, del vetro*, ramassage du foin, des déchets, du verre; *— di fondi*, récolte des fonds || *bacino di —*, bassin de réception || (*inform.*) *— dati*, collecte de données **2** (*collezione*) collection **3** (*insieme di scritti, di poesie ecc.*) recueil (*m.*) **4** (*adunata*) rassemblement (*m.*): *chiamare a —*, (*anche fig.*) battre le rappel.

raccolto *agg.* **1** ramassé; (*colto*) cueilli || *capelli raccolti*, cheveux serrés **2** (*adunato*) rassemblé **3** (*rannicchiato*) blotti || *gambe raccolte*, jambes repliées **4** (*fig.*) (*pensoso*) recueilli; (*contenuto*) contenu; (*intimo*) intime: *— nei suoi pensieri*, plongé dans ses pensées ♦ *s.m.* récolte (*f.*); (*di cereali*) moisson (*f.*).

raccomandabile *agg.* recommandable.

raccomandare *v.tr.* **1** (*affidare*) confier || *— l'anima a Dio*, recommander son âme à Dieu **2** (*esortare*) recommander; (*consigliare*) conseiller || *vi raccomando, tacete*, taisez-vous, je vous en prie **3** (*intercedere per qlcu*) recommander **4**

(*lettere ecc.*) recommander □ **raccomandarsi** *v.pron.* se recommander || *mi raccomando, fai il bravo*, et surtout sois sage || *si è raccomandato con me di non dire niente*, il m'a recommandé de ne rien dire.

raccomandata *s.f.* (lettre) recommandée: — *con ricevuta di ritorno*, lettre recommandée avec accusé de réception; *spedire per* —, expédier en recommandé.

raccomandato *agg.* recommandé (*anche fig.*): *candidato* —, candidat pistonné ♦ *s.m.* protégé.

raccomandazione *s.f.* recommandation.

raccomodare *v.tr.* 1 réparer; (*abiti*) raccommoder || — *le calze*, repriser des chaussettes 2 (*sistemare*) arranger* (*anche fig.*).

raccontabile *agg.* racontable.

raccontare *v.tr.* raconter; (*cose inverosimili*) conter.

racconto *s.m.* 1 récit 2 (*lett.*) conte; (*spec. di argomento realistico*) nouvelle (*f.*) || — *poliziesco*, histoire policière.

raccorciare (*coniug. come* cominciare) *v.tr.*, **raccorciarsi** *v.pron.* raccourcir.

raccordare *v.tr.* raccorder.

raccordo *s.m.* 1 raccordement: — *ferroviario*, rail de raccordement; — *autostradale*, embranchement d'autoroute; *anello di* —, — *anulare*, voie de raccordement annulaire 2 (*mecc.*) raccord.

rachide *s.f.* (*scient.*) rachis (*m.*).

rachitico (pl. -ci) *agg.* e *s.m.* rachitique (*anche fig.*).

rachitismo *s.m.* (*med.*) rachitisme.

racimolare *v.tr.* 1 grappiller 2 (*fig.*) rassembler.

racket (pl. *invar.*) *s.m.* racket.

rada *s.f.* rade.

radar (pl. *invar.*) *s.m.* radar: *stazione* —, station de radar; *avvistare con il* —, repérer au radar.

radarista *s.m.* radariste.

raddensamento *s.m.* amoncellement.

raddensare *v.tr.* épaissir □ **raddensarsi** *v.pron.* s'épaissir, épaissir: *la salsa si sta raddensando*, la sauce épaissit || *le nubi si raddensavano all'orizzonte*, les nuages s'amoncelaient à l'horizon.

raddobbare *v.tr.* (*mar.*) radouber.

raddobbo *s.m.* (*mar.*) radoub.

raddolcire (*coniug. come* finire) *v.tr.* radoucir (*anche fig.*).

raddoppiamento *s.m.* doublement || — *della pena*, redoublement de peine.

raddoppiare *v.tr.* 1 doubler || (*lavori a maglia*) — *il filo*, mettre le fil en double 2 (*intensificare*) redoubler || — *il passo*, hâter le pas ♦ *v.intr.* 1 doubler 2 (*aumentare*) redoubler.

raddoppiato *agg.* doublé; (*intensificato*) redoublé.

raddoppio *s.m.* doublement; redoublement || *fare il* — *di una linea ferroviaria*, faire double voie; *fare il* — *dell'autostrada*, doubler l'autoroute.

raddrizzamento *s.m.* redressement.

raddrizzare *v.tr.* redresser.

raddrizzatore *s.m.* (*tecn.*) redresseur.

radente *agg.* rasant || (*aer.*) *a volo* —, en rase-mottes.

radere (*coniug. come* invadere) *v.tr.* raser: — *a zero i capelli*, couper ras les cheveux □ **radersi** *v.pron.* se raser.

radiale *agg.* radial*.

radiante[1] *agg.* (*tecn.*) radiant.

radiante[2] *s.m.* (*mat.*) radian; (*astr.*) radiant.

radiare *v.tr.* radier, rayer*.

radiatore *s.m.* radiateur.

radiazione[1] *s.f.* (*scient.*) radiation.

radiazione[2] *s.f.* (*cancellazione*) radiation.

radica (pl. -che) *s.f.* (*legno*) — (*di noce*), loupe || — *per pipe*, racine de bruyère.

radical-chic *locuz.agg.* e *s.m.* gauche caviar.

radicale *agg.* e *s.m.* radical*.

radicalismo *s.m.* radicalisme.

radicalizzare *v.tr.* radicaliser □ **radicalizzarsi** *v.pron.* se radicaliser.

radicalizzazione *s.f.* radicalisation.

radicalmente *avv.* radicalement.

radicando *s.m.* (*mat.*) expression sous radical.

radicare (*coniug. come* mancare) *v.intr.* prendre* racine; s'enraciner (*anche fig.*) □ **radicarsi** *v.pron.* s'enraciner (*anche fig.*).

radicato *agg.* enraciné.

radicchio *s.m.* (*bot.*) chicorée (*f.*).

radice *s.f.* racine || *mettere radici*, prendre (racine); (*fig.*) (*insediarsi*) prendre racine; (*di vizio, di idee ecc.*) s'enraciner || *strappare dalle radici*, (*fig.*) extirper || *alla* — *delle cose*, (*fig.*) au fond des choses.

radichetta *s.f.* (*bot.*) radicule.

radio[1] (pl. *invar.*) *s.f.* radio; (*apparecchio*) radio; *poste* (*de radio*) || *stazione* —, station de radio ♦ *agg.invar.* radio: *giornale* —, journal parlé.

radio[2] *s.m.* (*chim.*) radium.

radio[3] *s.m.* (*anat.*) radius.

radio- *pref.* radio-

radioabbonato *s.m.* abonné à la radio.

radioamatore *s.m.* radioamateur; cibiste.

radioascoltatore (f. -trice) *s.m.* auditeur* (de la radio).

radioattività *s.f.* radioactivité.

radioattivo *agg.* (*fis.*) radioactif*.

radioaudizione *s.f.* audition (à la radio).

radiobussola *s.f.* radiocompas (*m.*).

radiocomandare *v.tr.* radioguider.

radiocomandato *agg.* radioguidé.

radiocomando *s.m.* radioguidage.

radiocomunicazione *s.f.* radiocommunication.

radiocronaca (pl. -che) *s.f.* radioreportage (*m.*).

radiocronista *s.m.* radioreporter.

radiodiffusione *s.f.* radiodiffusion.

radiodramma *s.m.* pièce radiophonique.

radioestesia *s.f.* radiesthésie.

radiofaro *s.m.* radiophare.

radiofonia *s.f.* radiophonie.

radiofonico (pl. -ci) *agg.* radiophonique.

radiogoniometro *s.m.* radiogoniomètre, radio-compas.

radiografare *v.tr.* radiographier.
radiografia *s.f.* radiographie.
radiografico (pl. *-ci*) *agg.* radiographique.
radiogramma *s.m.* radiogramme.
radiogrammofono *s.m.* combiné (radio et tourne-disques).
radioguidare *v.tr.* radioguider.
radioisotopo *s.m.* radioisotope.
radiologia *s.f.* radiologie.
radiologico (pl. *-ci*) *agg.* radiologique.
radiologo *s.m.* radiologue.
radiomessaggio *s.m.* message radio.
radioonda *s.f.* onde radioélectrique.
radioopaco, radiopaco (pl. *-chi*) *agg.* radio-opaque.
radiopilota *s.m.* pilotage automatique.
radioregistratore *s.m.* radiocassette (*f.*).
radioricevente *agg. e s.f.* poste récepteur.
radioricevitore *s.m.* poste récepteur.
radioricezione *s.f.* réception radio.
radioscopia *s.f.* radioscopie.
radioscopico (pl. *-ci*) *agg.* radioscopique.
radiosità *s.f.* luminosité; (*fig.*) éclat (*m.*).
radioso *agg.* radieux*.
radiosonda *s.f.* radiosonde.
radiospia *s.f.* micro clandestin.
radiosveglia *s.f.* radioréveil (*m.*).
radiotaxi *s.m.* radiotaxi.
radiotecnica *s.f.* radiotechnique.
radiotecnico (pl. *-ci*) *agg.* radiotechnique ♦ *s.m.* radiotechnicien.
radiotelefono *s.m.* radiotéléphone.
radiotelegrafia *s.f.* radiotélégraphie.
radiotelegrafista *s.m.* radiotélégraphiste.
radiotelegramma *s.m.* radiotélégramme.
radiotelescopio *s.m.* radiotélescope.
radiotelevisione *s.f.* radiotélévision.
radiotelevisivo *agg.* **1** (*trasmesso per radio e per televisione*) radiotélévisé **2** (*di enti*) (de) radiodiffusion-télévision.
radioterapia *s.f.* radiothérapie.
radioterapico (pl. *-ci*) *agg.* radiothérapique.
radiotrasmettere (*coniug. come* mettere) *v.tr.* radiodiffuser.
radiotrasmettitore *s.m.* (poste) émetteur.
radiotrasmissione *s.f.* radiodiffusion; (*programma radiofonico*) émission (radiophonique).
radiotrasmittente *agg.* émetteur*; (*apparecchio*) —, (poste) émetteur; (*stazione*) —, station d'émission.
rado *agg.* **1** clairsemé; (*tessuto*) lâche, clair **2** (*raro*) rare || *di* —, rarement || *non di* —, assez fréquemment.
radunare *v.tr.* **1** rassembler; (*riunire*) réunir **2** (*raccogliere, racimolare*) ramasser □ **radunarsi** *v.pron.* se rassembler; (*riunirsi*) se réunir.
radunata *s.f.* rassemblement (*m.*); (*riunione*) réunion || *— sediziosa*, attroupement séditieux.
raduno *s.m.* **1** rassemblement, réunion (*f.*) **2** (*pol., sport*) meeting.
radura *s.f.* clairière.
rafano *s.m.* (*bot.*) raifort.

raffazzonare *v.tr.* rafistoler.
raffazzonatura *s.f.* rafistolage (*m.*).
raffermare *v.tr.* **1** (*riconfermare*) confirmer **2** (*mil.*) rengager* □ **raffermarsi** *v.pron.* (*mil.*) se rengager*.
raffermo *agg.* (*di pane*) rassis.
raffica (pl. *-che*) *s.f.* rafale: *a raffiche*, par rafales.
raffigurabile *agg.* représentable.
raffigurare *v.tr.* **1** (*rappresentare*) représenter **2** (*riconoscere*) reconnaître* **3** (*immaginare*) imaginer.
raffinamento *s.m.* raffinement.
raffinare *v.tr.* raffiner (*anche fig.*) □ **raffinarsi** *v.pron.* se raffiner.
raffinatamente *avv.* avec raffinement.
raffinatezza *s.f.* raffinement (*m.*).
raffinato *agg.* raffiné.
raffinazione *s.f.* raffinage (*m.*).
raffineria *s.f.* raffinerie.
rafforzamento *s.m.* renforcement.
rafforzare *v.tr.* renforcer* □ **rafforzarsi** *v.pron.* se renforcer*.
rafforzativo *agg.* qui renforce (*anche gramm.*).
rafforzato *agg.* renforcé || (*gramm.*) *consonante rafforzata*, consonne redoublée.
raffreddamento *s.m.* refroidissement || *— ad acqua, ad aria*, refroidissement par eau, par air.
raffreddare *v.tr.* refroidir □ **raffreddarsi** *v.pron.* **1** se refroidir (*anche fig.*) **2** (*prendere il raffreddore*) s'enrhumer.
raffreddato *agg.* enrhumé.
raffreddore *s.m.* rhume: *— di testa*, rhume de cerveau.
raffrenare *v.tr.* (*tenere a freno*) refréner*; (*un cavallo*) tenir* en bride □ **raffrenarsi** *v.pron.* se maîtriser.
raffrontare *v.tr.* confronter, comparer; (*testi*) collationner.
raffronto *s.m.* comparaison (*f.*); confrontation (*f.*); (*di testi*) collation (*f.*).
rafia *s.f.* (*bot.*) raphia (*m.*).
ragade *s.f.* (*med.*) crevasse.
raganella *s.f.* **1** (*zool.*) rainette **2** (*mus.*) crécelle.
ragazza *s.f.* **1** (jeune) fille: *— da marito*, fille à marier || *una — di vita*, une fille de joie || *— madre*, mère célibataire **2** (*fam.*) (*innamorata*) petite amie, copine **3** (*figlia*) fille.
ragazzata *s.f.* enfantillage (*m.*).
ragazzina *s.f.* fillette.
ragazzo *s.m.* **1** garçon; (*giovanotto*) jeune homme || *da* —, étant jeune || *— mio!*, mon vieux! || *forza, ragazzi!*, allez-y, les enfants! || *sei proprio un* —!, tu es un vraiment gamin! **2** (*fam.*) (*innamorato*) petit ami, copain **3** (*figlio*) fils; *pl.* (*figli maschi e femmine*) enfants **4** (*garzone*) garçon.
raggelare *v.intr.*, **raggelarsi** *v.pron.* **1** (*gelare*) geler*; (*del sangue*) se figer*; (*fig.*) glacer* **2** (*gelare di nuovo*) regeler*.
raggiante *agg.* rayonnant, radieux*.
raggiato *agg.* rayonné.

raggiera *s.f.* 1 *halo (m.)*, auréole || *a —*, en éventail 2 *(dell'ostensorio)* soleil *(m.).*

raggio *s.m.* rayon: *raggi X*, rayons X || *nel — di*, dans un rayon de.

raggirare *v.tr.* embobiner.

raggiro *s.m.* manigance *(f.); (macchinazione)* machination *(f.).*

raggiungere *(coniug. come giungere) v.tr.* 1 rattraper; *(fig.)* égaler 2 *(riunirsi a qlcu)* rejoindre* 3 *(arrivare a)* arriver (à); *(a una meta)* atteindre* *(anche fig.)* || *— la riva a nuoto*, gagner le rivage à la nage || *una pallottola lo raggiunse*, une balle l'atteignit || *— un accordo*, parvenir à un accord || *— lo scopo*, arriver à ses fins || *— la perfezione*, atteindre à la perfection || *— una buona posizione*, parvenir à une bonne situation.

raggiungibile *agg.* qu'on peut atteindre; *(che si può contattare)* joignable.

raggiungimento *s.m.* obtention *(f.); (fig.)* réalisation *(f.).*

raggomitolare *v.tr.* mettre* en pelote □ **raggomitolarsi** *v.pron.* se pelotonner.

raggranellare *v.tr.* ramasser (par-ci par-là).

raggrinzire *(coniug. come finire) v.tr. (le foglie)* flétrir; *(la pelle)* rider; *(un abito)* froisser; *(la fronte)* plisser □ **raggrinzirsi** *v.pron. (di foglie)* flétrir; *(di pelle)* se rider; *(di abito)* se chiffonner.

raggrumare *v.tr.* faire* faire des grumeaux à □ **raggrumarsi** *v.pron.* faire* des grumeaux; *(di sangue, latte)* (se) cailler.

raggruppamento *s.m.* 1 regroupement 2 *(gruppo)* groupe.

raggruppare *v.tr.* grouper □ **raggrupparsi** *v.pron.* se grouper; *(riunirsi)* se rassembler.

ragguagliare *v.tr.* 1 *(livellare)* égaliser, niveler* || *(comm.) — le partite*, balancer les comptes 2 *(paragonare)* comparer 3 *(informare)* renseigner.

ragguaglio *s.m.* 1 *(livellamento)* égalisation *(f.)*, nivellement 2 *(paragone)* comparaison *(f.)* 3 *(informazione)* renseignement.

ragguardevole *agg. (di cosa)* considérable; *(di persona)* important.

ragia (pl. *-gie* o *-ge) s.f.* térébenthine || *acqua (di) —*, essence de térébenthine.

ragià *s.m. (principe indiano)* raja(h).

ragionamento *s.m.* raisonnement.

ragionare *v.intr.* 1 raisonner: *impossibile — con lui!*, avec lui on ne peut pas raisonner! || *cerca di —!*, essaie de réfléchir! || *— con i piedi*, raisonner comme une pantoufle || *far — qlcu*, raisonner qqn 2 *(discutere di)* parler (qqch).

ragionatamente *avv.* raisonnablement.

ragionato *agg.* raisonné.

ragionatore *(f. -trice) s.m.* raisonneur*.

ragione *s.f.* 1 raison: *riacquistare l'uso della —*, recouvrer la raison; *perdere il lume della —*, perdre la raison; *l'età della —*, l'âge de raison || *a, con —*, avec raison, à juste titre || *non c'è — di*, il n'y a aucune raison de; *a maggior —*, à plus forte raison; *a — veduta*, en connaissance de cause; *farsene una —*, se faire une raison || *— di stato*, raison d'État || *far valere le proprie ragioni*, faire valoir ses droits || *per nessuna — al mondo*, pour rien au monde || *non sentir ragioni*, ne pas entendre raison || *ha — da vendere*, il a mille fois raison || *alla fine ebbe — di lui*, à la fin, il eut raison de lui || *a chi di —*, à qui de droit || *rendere di pubblica —*, rendre public || *chiedere — di un'offesa*, demander réparation d'une offense || *prenderle di santa —*, prendre une bonne raclée; *darsele di santa —*, se battre comme des chiffonniers; *darle di santa —*, donner une belle correction 2 *(rapporto, proporzione)*: *in — di*, à raison de; *in — del 10%*, à raison de 10% 3 *— sociale*, raison sociale.

ragioneria *s.f.* 1 comptabilité 2 *(corso di studi)* études de commerce.

ragionevole *agg.* raisonnable.

ragionevolezza *s.f.* bien-fondé *(m.); (buonsenso)* bon sens.

ragioniere *s.m.* comptable.

raglan, (a) *locuz.* raglan.

ragliare *v.intr.* braire*.

raglio *s.m.* braiment.

ragnare *v.intr. (di tessuto)* se râper.

ragnatela *s.f.* 1 toile d'araignée 2 *(fig.)* réseau* *(m.).*

ragnato *agg. (di tessuto)* râpé.

ragnatura *s.f. (di tessuto)* éraillure.

ragno *s.m.* araignée *(f.)* || *non cavare un — dal buco, (fig. fam.)* n'aboutir à rien.

ragù *s.m. (cuc.)* sauce à base de viande hachée et de tomates.

raion *s.m.* rayonne *(f.).*

rallegramento *s.m.* 1 *(il rallegrarsi)* réjouissance *(f.)* 2 *pl. (felicitazioni)* félicitations *(f.): vi faccio i miei rallegramenti per...*, je vous félicite de...

rallegrare *v.tr. (rendere allegro)* égayer*; *(dare gioia)* réjouir □ **rallegrarsi** *v.pron.* 1 se réjouir; *(essere felice)* être* ravi 2 *(congratularsi)* féliciter (qqn de qqch).

rallentamento *s.m.* ralentissement.

rallentare *v.tr. e intr.* ralentir || *— le visite*, espacer ses visites || *— la disciplina*, relâcher la discipline || *— gli sforzi*, relâcher ses efforts.

rallentatore *s.m. (cine.)* ralenti: *al, col —*, au ralenti.

rally (pl. *invar.) s.m.* rallye.

ramaglia *s.f.* branchage *(m.).*

ramaio *s.m.* chaudronnier.

ramaiolo *s.m.* louche *(f.).*

ramanzina *s.f.* semonce.

ramare *v.tr.* 1 *(ricoprire di rame)* cuivrer 2 *(agr.)* sulfater.

ramarro *s.m. (zool.)* lézard vert.

ramato *agg.* cuivré.

ramatura *s.f.* 1 cuivrage *(m.)* 2 *(agr.)* sulfatage *(m.).*

ramazza *s.f.* balai *(m.)* || *(mil.) essere di —*, être de corvée.

ramazzare *v.tr.* balayer*.

rame *s.m.* 1 cuivre 2 *(incisione su rame)* gravure sur cuivre 3 *pl. (oggetti di rame)* cuivres.

ramifero *agg.* cuprifère.

ramificare (*coniug. come* mancare) *v.intr.*, **ramificarsi** *v.pron.* se ramifier (*anche fig.*).

ramificato *agg.* ramifié.

ramificazione *s.f.* ramification (*anche fig.*).

ramingo (pl. *-ghi*) *agg.* errant.

ramino *s.m.* (*gioco di carte*) rami.

rammagliare *v.tr.* remailler.

rammagliatura *s.f.* remaillage (*m.*).

rammaricare (*coniug. come* mancare) *v.tr.* attrister □ **rammaricarsi** *v.pron.* **1** regretter **2** (*lamentarsi*) se plaindre*.

rammarico (pl. *-chi*) *s.m.* regret: *esprimere il proprio* —, exprimer ses regrets.

rammendare *v.tr.* repriser.

rammendatrice *s.f.* raccommodeuse.

rammendo *s.m.* reprise (*f.*) || *cotone da* —, coton à repriser.

rammentare *v.tr.* rappeler* □ **rammentarsi** *v.pron.* se souvenir* (de), se rappeler* (qqch).

rammollimento *s.m.* ramollissement; (*fig.*) amollissement.

rammollire (*coniug. come* finire) *v.tr.* ramollir; (*fig.*) amollir ♦ *v.intr.*, **rammollirsi** *v.pron.* se ramollir; (*fig.*) s'amollir.

rammollito *agg.* **1** mou* **2** (*fig.*) ramolli.

ramo *s.m.* **1** branche (*f.*); (*ramo secondario*) rameau* || *i rami delle corna di un cervo*, les branches des bois d'un cerf || — *scientifico, letterario*, disciplines, branches scientifiques, littéraires || *un* — *secco*, une branche morte; (*fig.*) un fruit sec || *questo non è il mio* —, ce n'est pas mon rayon **2** (*anat.*) ramification (*f.*).

ramolaccio *s.m.* (*bot.*) radis, ravenelle (*f.*).

ramoscello *s.m.* petit rameau*.

ramoso *agg.* branchu; (*di corna di cervo*) rameux*.

rampa *s.f.* **1** rampe: — *di lancio*, rampe de lancement; — *lanciamissili*, rampe lance-missiles **2** (*salita ripida*) pente, rampe.

rampante *agg.* **1** (*arch.*) rampant: *arco* —, arc-boutant **2** (*fig.*) (*ambizioso e senza scrupoli*) ambitieux*, sans scrupules ♦ *s.m.* **1** (*rampa di scala*) volée (*f.*) **2** (*fig.*) jeune loup.

rampicante *agg.* grimpant ♦ *s.m.* **1** (*bot.*) plante grimpante **2** *pl.* (*zool.*) grimpeurs.

rampichino *s.m.* **1** (*zool.*) grimpereau* **2** (*mountain bike*) vélo tous terrains, tout terrain, VTT.

rampino *s.m.* croc; (*mar.*) grappin.

rampollo *s.m.* **1** (*discendente*) rejeton **2** (*germoglio*) bourgeon **3** (*polla*) source d'eau.

rampone *s.m.* **1** (*mar.*) *harpon **2** (*alpinismo*) crampon.

rana *s.f.* grenouille || *nuoto a* —, brasse; *nuotare a* —, nager la brasse || *uomo* —, homme-grenouille.

rancidire (*coniug. come* finire) *v.intr.* rancir.

rancido *agg.* rance (*anche fig.*) ♦ *s.m.* rance: *sapere di* —, sentir le rance.

rancidume *s.m.* **1** odeur de rance **2** (*cose rancide*) choses rances **3** (*fig.*) (*idee vecchie*) idées surannées; (*cose vecchie*) vieilleries (*f.pl.*).

rancio *s.m.* (*mil.*) soupe (*f.*).

rancore *s.m.* rancune (*f.*); (*astio*) rancœur (*f.*): *serbare* — *verso qlcu*, garder rancune à qqn.

randa *s.f.* **1** (*vela*) grand-voile*, brigantine **2** (*strumento*) simbleau* (*m.*).

randagio *agg.* errant, vagabond.

randellare *v.tr.* matraquer.

randellata *s.f.* coup de matraque.

randello *s.m.* matraque (*f.*).

rango (pl. *-ghi*) *s.m.* rang || *formare i ranghi*, se mettre en rang; *rientrare nei ranghi*, (*fig.*) rentrer dans le rang || *essere nel* — *di quelli che contano*, être au nombre de ceux qui comptent.

ranista *s.m.* (*nuoto*) brasseur*.

rannicchiare *v.tr.* recroqueviller □ **rannicchiarsi** *v.pron.* se pelotonner, se recroqueviller.

ranno *s.m.* lessive (*f.*).

rannodare *v.tr.* renouer (*anche fig.*).

rannuvolamento *s.m.* assombrissement (*anche fig.*).

rannuvolare *v.intr.* (*anche impers.*) se couvrir* (de nuages) □ **rannuvolarsi** *v.pron.* **1** (*impers.*) se couvrir* (de nuages) **2** (*fig.*) (*oscurarsi in volto*) s'assombrir, se rembrunir.

rannuvolato *agg.* **1** couvert **2** (*fig.*) sombre, rembruni.

ranocchio *s.m.* **1** grenouille (*f.*) **2** (*fig.scherz.*) gnome.

rantolare *v.intr.* râler.

rantolo *s.m.* râle.

ranuncolo *s.m.* (*bot.*) renoncule (*f.*).

rapa *s.f.* rave: *cime di* —, navets-asperges || (*fig.*): *non vale una* —, il ne vaut pas un clou; *voler cavare sangue da una* —, demander l'impossible; *una testa di* —, un idiot.

rapace *agg.* e *s.m.* rapace.

rapacità *s.f.* rapacité.

rapare *v.tr.* tondre* □ **raparsi** *v.pron.* se faire* couper les cheveux ras.

rapata *s.f.*: *darsi una* — *ai capelli*, se couper les cheveux ras.

rapato *agg.* rasé, tondu.

rapida *s.f.* rapide (*m.*).

rapidità *s.f.* rapidité.

rapido *agg.* e *s.m.* rapide || **-mente** *avv.*

rapimento *s.m.* **1** kidnapping, enlèvement; (*dir.*) rapt **2** (*fig.*) (*estasi*) ravissement.

rapina *s.f.* vol (*m.*): — *a mano armata*, vol à main armée; — *in banca*, braquage, hold-up d'une banque || (*zool.*) *uccelli da* —, rapaces.

rapinare *v.tr.* voler; (*svaligiare*) dévaliser.

rapinatore (f. *-trice*) *s.m.* voleur*.

rapire (*coniug. come* finire) *v.tr.* **1** enlever*, kidnapper **2** (*fig.*) ravir.

rapito *agg.* **1** enlevé, kidnappé **2** (*fig.*) extasié.

rapitore (f. *-trice*) *s.m.* kidnappeur*, ravisseur*.

rappacificare (*coniug. come* mancare) *v.tr.* réconcilier □ **rappacificarsi** *v.pron.* se réconcilier.

rappacificazione *s.f.* réconciliation.

rappezzare *v.tr.* **1** rapiécer* **2** (*fig.fam.*) arranger*.

rappezzatura *s.f.* rapiéçage (*m.*), rapiècement (*m.*).

rappezzo *s.m.* **1** rapiéçage **2** (*pezza*) pièce (rapportée).

rapportare *v.tr.* **1** (*confrontare*) comparer **2** (*riprodurre su scala diversa*) rapporter □ **rapportarsi** *v.pron.* (*riferirsi*) se rapporter, se référer*.

rapporto *s.m.* **1** rapport, relation (*f.*): — *d'amicizia, di parentela*, rapport d'amitié, de parenté; — *di causa ed effetto*, relation de cause à effet; — *di lavoro*, relation, rapport de travail || *entrare in* — *con qlcu*, se mettre en relation avec qqn; *rompere i rapporti con qlcu*, rompre tout rapport avec qqn; *tra loro non corrono buoni rapporti*, leurs rapports sont tendus; *in quali rapporti sei con lui?*, en quels termes es-tu avec lui? || *avere rapporti sessuali, intimi*, avoir des rapports sexuels || (*comm.*) *indennità di fine* —, indemnité de départ || *in* — *a, per* — *a*, par rapport à || *sotto tutti i rapporti*, sous tous les rapports, à tous points de vue **2** (*resoconto*) rapport: *stendere un* —, rédiger un rapport; *farò* —, je ferai mon rapport || (*mil.*): *mettersi a* —, demander un entretien de service; *chiamare a* —, convoquer; *riunire a* —, rassembler pour le rapport **3** (*di bicicletta*) braquet.

rapprendere (*coniug. come* prendere) *v.intr.*, **rapprendersi** *v.pron.* (*del sangue*) (se) coaguler; (*del latte*) (se) cailler; (*di grassi, di salsa*) (se) figer*; (*di creme*) prendre*.

rappresaglia *s.f.* représailles (*pl.*): *fare rappresaglie*, user de représailles.

rappresentabile *agg.* représentable; (*teatr.*) jouable.

rappresentante *s.m.* représentant: — *sindacale*, délégué syndical || (*nella scuola*): — *di classe*, (*dei ragazzi*) chef de classe; (*dei genitori*) délégué des parents d'élèves; — *al consiglio di istituto*, parent élu.

rappresentanza *s.f.* **1** représentation || *in* — *di*, comme représentant de **2** (*delegazione*) délégation.

rappresentare *v.tr.* **1** représenter || *l'avvocato XY rappresenta la difesa*, l'avocat XY est chargé de la défense **2** (*teatr.*) jouer **3** (*cine.*) passer.

rappresentativa *s.f.* **1** (*sport*) équipe (représentative): *la* — *nazionale italiana*, l'équipe nationale italienne **2** (*delegazione*) délégation.

rappresentativo *agg.* représentatif*.

rappresentazione *s.f.* représentation || (*teatr., cine.*) *prima* —, première || *sacra* —, (*mistero*) mystère.

rapsodia *s.f.* rhapsodie.

rapsodico (pl. -*ci*) *agg.* (*frammentario*) fragmentaire.

raptus (pl. *invar.*) *s.m.* raptus.

raramente *avv.* rarement.

rarefarsi (*coniug. come* fare) *v.pron.* se raréfier || *il traffico si è rarefatto*, le trafic a diminué.

rarefatto *agg.* raréfié; (*fig.*) abstrait.

rarefazione *s.f.* raréfaction.

rarità *s.f.* rareté.

raro *agg.* rare: *rare volte*, rarement || *caso più unico che* —, cas rarissime || *una bestia rara*, (*fig.*) une bête curieuse.

ras *s.m.* **1** (*governatore etiope*) ras **2** (*fig. spreg.*) caïd.

rasare *v.tr.* raser; (*tagliare a zero*) tondre*: — *un prato*, tondre un gazon □ **rasarsi** *v.pron.* se raser.

rasatello *s.m.* (*tess.*) satinette (*f.*).

rasato *agg.* **1** rasé **2** (*tess., spianato*) ras || *maglia rasata*, jersey ♦ *s.m.* (*tess.*) satin.

rasatrice *s.f.* (*ind. tess.*) tondeuse.

rasatura *s.f.* rasage (*m.*); (*agr., tess.*) tondage (*m.*).

raschiamento *s.m.* **1** raclage **2** (*med.*) curetage; (*di un osso*) raclage.

raschiare *v.tr.* **1** racler || *raschiarsi la gola*, (*tossicchiare*) toussoter **2** (*med.*) cureter: — *un osso*, racler un os **3** (*metall.*) ébarber.

raschiatoio *s.m.* raclette (*f.*), racloir.

raschiatura *s.f.* **1** raclage (*m.*) **2** (*residui*) raclure.

raschietto *s.m.* **1** (*per carta*) grattoir **2** (*per muri ecc.*) racloir **3** (*per pulire le scarpe*) décrottoir **4** (*metall.*) ébarboir.

raschio *s.m.* (*della gola*) raclement de gorge.

rasentare *v.tr.* frôler*; (*fig.*) friser: *il suo comportamento rasenta la pazzia*, son comportement frise la folie || *il codice penale*, être en marge du code pénal.

rasente *prep.* (*in verticale*) en rasant; (*in orizzontale*) au ras (de): *camminava* — *al, il muro*, il marchait en rasant le mur; *gli uccelli volavano* — *al, il suolo*, les oiseaux volaient au ras du sol, rasaient le sol; — *terra*, au ras du sol, (*aer.*) en rase-mottes.

raso[1] *agg.* ras || *pieno* —, plein à ras bord.

raso[2] *s.m.* (*tessuto*) satin.

rasoio *s.m.* rasoir: — *di sicurezza, elettrico*, rasoir mécanique (*o* de sûreté), électrique || *sul filo del* —, (*fig.*) sur la corde raide.

rasoterra, raso terra *locuz.* ras de terre, au ras du sol; (*aer.*) en rase-mottes || *ragionamento* —, (*fig.*) raisonnement terre à terre.

raspa *s.f.* (*attrezzo*) râpe.

raspare *v.tr.* **1** (*levigare*) râper **2** (*irritare*) racler **3** (*di animali*) gratter ♦ *v.intr.* **1** (*grattare*) gratter **2** (*frugare*) fouiller.

raspo *s.m.* rafle (*f.*), râpe (*f.*).

rassegna *s.f.* **1** revue **2** (*resoconto*) compte rendu || — *stampa*, revue de presse **3** (*esposizione*) exposition || — *musicale, cinematografica*, festival de musique, de cinéma || — *di successi musicali*, hit-parade.

rassegnare *v.tr.* (*presentare*) présenter, donner □ **rassegnarsi** *v.pron.* se résigner.

rassegnato *agg.* résigné.

rassegnazione *s.f.* résignation.

rasserenante *agg.* tranquillisant.

rasserenare *v.tr.* dégager*; (*fig.*) rasséréner* □ **rasserenarsi** *v.pron.* **1** (*meteor.*) s'éclaircir **2** (*fig.*) se rasséréner*.

rasserenato *agg.* rasséréné.

rassettare *v.tr.* **1** (*mettere in ordine*) ranger* **2**

(*accomodare*) arranger* (*anche fig.*) □ **rassettarsi** *v.pron.* s'arranger*.

rassettatura *s.f.* rangement (*m.*).

rassicurante *agg.* rassurant, sécurisant.

rassicurare *v.tr.* rassurer, sécuriser □ **rassicurarsi** *v.pron.* se rassurer.

rassicurato *agg.* rassuré.

rassicurazione *s.f.* (*il rassicurare*) sécurisation; (*parola, discorso rassicurante*) paroles rassurantes.

rassodamento *s.m.* raffermissement.

rassodante *agg.* raffermissant.

rassodare *v.tr.* **1** raffermir **2** (*fig.*) consolider ♦ *v.intr.*, **rassodarsi** *v.pron.* **1** se raffermir **2** (*fig.*) se consolider.

rassomigliante *agg.* ressemblant.

rassomiglianza *s.f.* ressemblance.

rassomigliare *v.intr.* ressembler: *questo ritratto ti rassomiglia molto*, ton portrait est très ressemblant □ **rassomigliarsi** *v.pron.* se ressembler.

rastrellamento *s.m.* (*per raccogliere*) râtelage; (*per ripulire*) ratissage || *fare un* —, (*mil., polizia*) faire un ratissage || (*Borsa*) — *di azioni*, accaparement d'actions.

rastrellare *v.tr.* (*raccogliere*) râteler*; (*ripulire*) ratisser (*anche fig.*): — *un territorio, un quartiere*, ratisser une région, un quartier || (*econ., Borsa*): — *denaro*, ramasser de l'argent; — *azioni*, accaparer des actions.

rastrelliera *s.f.* **1** râtelier (*m.*) **2** (*per stoviglie*) égouttoir (*m.*).

rastrello *s.m.* râteau*.

rastremazione *s.f.* (*arch.*) contracture.

rata *s.f.* versement (*m.*), acompte (*m.*): — *annuale*, annuité; — *mensile*, mensualité, versement mensuel || — *di un mutuo*, tranche d'un prêt || *a rate*, à tempérament, à crédit; (*a lotti*) par livraison: *pagare a rate*, payer par versements échelonnés; *a rate mensili*, par mensualités.

rateale *agg.* à tempérament: *pagamenti rateali*, paiements échelonnés; *importo* —, montant du versement (à effectuer); *vendita* —, vente à crédit.

ratealmente *avv.* à tempérament.

rateazione *s.f.* paiement échelonné || *a rateazioni mensili*, par mensualités.

rateizzare *v.tr.* échelonner: — *il pagamento su tre mesi*, échelonner le paiement sur trois mois.

rateizzazione *s.f.*, **rateizzo** *s.m.* → **rateazione**.

rateo *s.m.* (*comm.*) paiement échelonné; (*somma*) montant; (*rettifica di bilancio*) charge (*f.*).

ratifica (pl. *-che*) *s.f.* ratification || (*dir.*) *previa* —, sous réserve de ratification.

ratificare (*coniug. come* mancare) *v.tr.* **1** (*dir.*) ratifier **2** (*confermare*) confirmer.

ratina *s.f.* (*ind. tess.*) ratine.

ratto[1] *s.m.* enlèvement.

ratto[2] *s.m.* (*zool.*) rat.

rattoppare *v.tr.* **1** rapiécer* **2** (*fig.*) arranger*.

rattoppatura *s.f.*, **rattoppo** *s.m.* rapiéçage (*m.*).

rattrappimento *s.m.* (*di nervi ecc.*) rétraction (*f.*); (*contrazione*) contraction (*f.*); (*deformazione*) déformation (*f.*).

rattrappire (*coniug. come* finire) *v.tr.* **1** (*nervi ecc.*) rétracter; (*membra*) déformer; (*contrarre*) contracter **2** (*intorpidire*) engourdir □ **rattrappirsi** *v.pron.* **1** (*di nervi ecc.*) se rétracter; (*di membra*) se déformer; (*contrarsi*) se contracter **2** (*intorpidirsi*) s'engourdir.

rattrappito *agg.* (*di nervi ecc.*) rétracté; (*contratto*) contracté; (*di membra*) déformé; (*intorpidito*) engourdi || *un vecchietto* —, un petit vieux rabougri.

rattristare *v.tr.* (*rendere triste*) rendre* triste; (*addolorare*) chagriner □ **rattristarsi** *v.pron.* (*divenire triste*) s'attrister; (*addolorarsi*) s'affliger*.

rattristato *agg.* attristé.

raucedine *s.f.* enrouement (*m.*) || *avere la* —, être enroué.

rauco (pl. *-chi*) *agg.* (*di persona*) enroué; (*di voce, suono*) rauque.

ravanello *s.m.* (*bot.*) radis.

ravennate *agg.* de Ravenne.

raviolo *s.m.* (*cuc.*) ravioli*.

ravizzone *s.m.* (*bot.*) colza.

ravvalorare *v.tr.* renforcer*.

ravvedersi (*coniug. come* vedere. *Indic. fut.* io mi ravvedrò *o* ravvederò ecc. *Part.pass.* ravveduto) *v.pron.* se repentir*: *spero che si ravveda*, j'espère qu'il se repentira.

ravvedimento *s.m.* repentir.

ravveduto *agg.* repenti.

ravviare *v.tr.* ranger*, mettre* en ordre || *ravviarsi i capelli*, se donner un coup de peigne □ **ravviarsi** *v.pron.* se rajuster.

ravviata *s.f.*: *darsi una* — (*ai capelli*), se donner un coup de peigne.

ravvicinamento *s.m.* rapprochement.

ravvicinare *v.tr.* rapprocher □ **ravvicinarsi** *v.pron.* se rapprocher.

ravviluppare *v.tr.* envelopper □ **ravvilupparsi** *v.pron.* s'envelopper.

ravvisabile *agg.* reconnaissable.

ravvisare *v.tr.* reconnaître*, repérer*.

ravvivare *v.tr.* raviver; (*rianimare*) ranimer □ **ravvivarsi** *v.pron.* (*rianimarsi*) se ranimer.

ravvolgere (*coniug. come* volgere) *v.tr.* envelopper.

ravvoltolare *v.tr.* envelopper; (*in un mantello ecc.*) enrouler □ **ravvoltolarsi** *v.pron.* s'envelopper; (*in un mantello ecc.*) s'enrouler.

rayon *s.m.* rayonne (*f.*).

raziocinante *agg.* raisonnable.

raziocinio *s.m.* **1** (*senno*) jugement **2** (*ragionamento*) raisonnement.

razionale *agg.* rationnel*.

razionalismo *s.m.* rationalisme.

razionalista *s.m.* rationaliste.

razionalistico (pl. *-ci*) *agg.* rationaliste.

razionalità *s.f.* **1** (*facoltà speculativa*) faculté de raisonner **2** (*l'essere razionale*) rationalité.

razionalizzare *v.tr.* rationaliser.

razionalizzazione *s.f.* rationalisation.

razionalmente *avv.* rationnellement.

razionamento *s.m.* rationnement.

razionare *v.tr.* rationner.

razione *s.f.* ration; (*porzione*) portion.

razza[1] *s.f.* **1** race || *incrocio di razze*, croisement entre races **2** (*discendenza*) souche **3** (*tipo*) sorte, espèce || *che — di idea!*, quelle drôle d'idée!

razza[2] *s.f.* (*zool.*) raie.

razza[3] *s.f.* (*delle ruote*) rai (*m.*).

razzia *s.f.* razzia.

razziale *agg.* racial*.

razziare *v.tr.* piller.

razziatore (f. *-trice*) *agg.* e *s.m.* pillard.

razzismo *s.m.* racisme.

razzista *agg.* e *s.m.* raciste.

razzistico (pl. *-ci*) *agg.* raciste.

razzo *s.m.* fusée (*f.*); (*di armi anticarro e aereo*) roquette (*f.*) || *come un —*, comme un éclair.

razzolare *v.intr.* picorer || *predica bene, ma razzola male*, il est du genre: faites ce que je dis, mais ne faites pas ce que je fais.

re[1] *s.m.* roi || *sentirsi un —*, se sentir maître de l'univers.

re[2] *s.m.* (*mus.*) ré.

reagente *agg.* e *s.m.* réactif*.

reagire (*coniug. come* finire) *v.intr.* réagir.

reale[1] *agg.* e *s.m.* réel*.

reale[2] *agg.* royal* ♦ *s.m.pl.* (*i sovrani*) les souverains, la famille royale: *i reali del Belgio*, les souverains de Belgique.

realismo[1] *s.m.* réalisme.

realismo[2] *s.m.* (*pol.*) royalisme.

realista[1] *s.m.* réaliste.

realista[2] *s.m.* (*pol.*) royaliste.

realistico (pl. *-ci*) *agg.* réaliste.

realizzabile *agg.* réalisable.

realizzare *v.tr.* réaliser □ **realizzarsi** *v.pron.* se réaliser.

realizzato *agg.* réalisé.

realizzatore (f. *-trice*) *s.m.* réalisateur*.

realizzazione *s.f.* réalisation.

realizzo *s.m.* (*comm.*) revient; (*banca*) réalisation (*f.*) || *a prezzi di —*, au prix de revient.

realmente *avv.* réellement.

realtà *s.f.* réalité.

reame *s.m.* royaume.

reato *s.m.* délit; (*con pena di polizia*) contravention (*f.*); (*con pena correzionale*) délit; (*con pena afflittiva*) crime.

reattanza *s.f.* réactance.

reattività *s.f.* réactivité.

reattivo *agg.* réactif* ♦ *s.m.* **1** (*chim.*) réactif **2** (*psic.*) test psychologique.

reattore *s.m.* réacteur.

reazionario *agg.* e *s.m.* réactionnaire.

reazione *s.f.* réaction || *— a catena*, réaction en chaîne || *propulsione a —*, propulsion par réaction.

rebbio *s.m.* dent (d'une fourche).

reboante *agg.* → **roboante**.

rebus (pl. *invar.*) *s.m.* rébus; (*fig.*) énigme (*f.*).

recapitare *v.tr.* remettre*.

recapito *s.m.* **1** (*indirizzo*) adresse (*f.*) **2** (*consegna*) remise (*f.*) || *provvedere al — di*, remettre; (*per mezzo d'altri*) faire parvenir.

recare (*coniug. come* mancare) *v.tr.* **1** apporter: *— in dono*, apporter comme cadeau **2** (*portare su di sé*) porter **3** (*arrecare, causare*) causer: *— gioia*, causer de la joie || *— danno*, porter préjudice || *— offesa*, faire offense; *— dolore*, causer de la peine || *— disturbo a qlcu*, déranger qqn □ **recarsi** *v.pron.* se rendre*: *— da qlcu*, se rendre chez qqn.

recedere *v.intr.* reculer || *— da una posizione*, abandonner une position || *— da una decisione*, revenir sur une décision.

recensione *s.f.* compte rendu.

recensire (*coniug. come* finire) *v.tr.* faire* le compte rendu (de).

recensore *s.m.* critique.

recente *agg.* récent || *di —*, récemment.

recentemente *avv.* récemment.

recentissime *s.f.pl.* dernières nouvelles.

recepire (*coniug. come* finire) *v.tr.* (*accogliere*) accueillir.

reception *s.f.* (*in alberghi, cliniche ecc.*) réception.

recessione *s.f.* **1** (*di contratto*) résiliation; (*di querela ecc.*) désistement (*m.*) **2** (*econ.*) récession; crise économique **3** (*biol.*) récessivité.

recessivo *agg.* récessif*.

recesso *s.m.* **1** asile || *i recessi più profondi dell'anima*, les replis les plus secrets de l'âme **2** (*il recedere*) recul **3** (*dir.*) renonciation (*f.*), dédit; (*di querela ecc.*) désistement.

recidere (*coniug. come* ridere) *v.tr.* couper; (*med.*) exciser.

recidiva *s.f.* récidive.

recidività *s.f.* récidivité.

recidivo *agg.* e *s.m.* **1** (*dir.*) récidiviste **2** (*med.*) (*celui*) qui fait une rechute.

recingere (*coniug. come* spingere) *v.tr.* entourer (de).

recintare *v.tr.* clôturer (de); entourer (de).

recinto *s.m.* **1** enceinte (*f.*) || (*Borsa*) *— delle grida*, corbeille || (*ippica*) *— del peso*, pesage **2** (*per bambini*) parc.

recinzione *s.f.* action d'entourer; (*recinto*) enceinte.

recipiente *s.m.* récipient.

reciprocamente *avv.* réciproquement.

reciprocità *s.f.* réciprocité.

reciproco (pl. *-ci*) *agg.* réciproque.

recisamente *avv.* carrément, nettement.

recisione *s.f.* **1** action de couper; (*di rami*) taille; (*di capelli*) coupe; (*med.*) excision **2** (*fig.*) (*risolutezza*) fermeté, décision: *rifiutare con —*, refuser avec décision, fermeté.

reciso *agg.* **1** coupé; (*med.*) excisé **2** (*fig.*) (*risoluto*) tranchant.

recita (pl. *invar.*) *s.f.* **1** (*teatr.*) représentation **2** (*recitazione*) récitation.

recital (pl. *invar.*) *s.m.* récital*.

recitare *v.tr.* **1** réciter; (*dire*) dire* **2** (*teatr.*) jouer (*anche fig.*) || *— a soggetto*, improviser (sur un thème).

recitativo *s.m.* (*mus.*) récitatif.

recitazione *s.f.* diction; (*teatr.*) jeu* (*m.*), interprétation.

reclamare *v.tr.* réclamer || — *presso qlcu*, adresser une réclamation à qqn ♦ *v.intr.* (*protestare*) réclamer.

reclame *s.f.* réclame.

reclamistico (pl. -*ci*) *agg.* publicitaire.

reclamizzare *v.tr.* faire* de la publicité (à).

reclamo *s.m.* réclamation (*f.*).

reclinare *v.tr.* baisser || — *un sedile*, rabattre un siège.

recludere (*coniug. come* chiudere) *v.tr.* (*letter.*) cloîtrer.

reclusione *s.f.* (*dir.*) réclusion; (*fig.*) isolement (*m.*).

recluso *agg. e s.m.* reclus.

reclusorio *s.m.* pénitencier.

recluta *s.f.* recrue.

reclutamento *s.m.* recrutement.

reclutare *v.tr.* recruter.

recondito *agg.* 1 (*appartato*) écarté 2 (*fig.*) (*nascosto*) caché; (*segreto*) secret* || *un pensiero* —, une arrière-pensée.

record *s.m.* 1 record: *a tempo di* —, en un temps record 2 (*inform.*) enregistrement.

recriminare *v.intr.* récriminer.

recriminazione *s.f.* récrimination.

recrudescenza *s.f.* recrudescence.

recto *s.m.* (*di foglio*) recto; (*di moneta ecc.*) face (*f.*).

recuperare *v.tr. e deriv.* → ricuperare *e deriv.*

redarguire (*coniug. come* finire) *v.tr.* réprimander.

redattore (f. -*trice*) *s.m.* rédacteur*.

redazionale *agg.* rédactionnel*, de (la) rédaction.

redazione *s.f.* rédaction.

redditività *s.f.* rentabilité.

redditizio *agg.* rentable || *professione redditizia*, profession lucrative.

reddito *s.m.* revenu: — *del capitale*, revenu du capital; — *medio*, revenu moyen; — *pubblico*, revenu public; *dichiarazione dei redditi*, déclaration d'impôts; *imposta sui redditi*, impôt sur le revenu; *titoli a* — *fisso*, titres à revenu fixe, à intérêt fixe.

redento *agg.* racheté || *terre redente*, territoires rattachés à la mère patrie.

redentore *agg. e s.m.* rédempteur*.

redenzione *s.f.* rédemption.

redigere (*Pass.rem.* io redassi, tu redigesti ecc. *Part. pass.* redatto) *v.tr.* rédiger* || — *un bilancio*, établir un bilan.

redimere *v.tr.* racheter*; (*liberare*) délivrer; (*affrancare*) affranchir □ **redimersi** *v.pron.* se racheter*.

redimibile *agg.* (*econ.*) rachetable: *debito* —, dette remboursable.

redine *s.f.* rêne, bride (*anche fig.*): *tenere, allentare le redini*, tenir, lâcher la bride.

redistribuire (*coniug. come* finire) *v.tr.* redistribuer.

redivivo *agg.* ressuscité.

reduce *agg.* de retour (de) ♦ *s.m.* ancien combattant || *i reduci dei campi di concentramento*, les rescapés des camps de concentration.

refe *s.m.* fil.

referendario *agg.* référendaire.

referendum (pl. *invar.*) *s.m.* référendum.

referente *agg.* référendaire: *commissione* —, commission référendaire ♦ *s.m.* 1 (*ling.*) référent 2 (*estens.*) (*punto di riferimento*) point de repère.

referenza *s.f.* référence.

referenziare *v.tr.* donner des références (sur) ♦ *v.intr.* présenter ses références.

referenziato *agg.* référencé.

referto *s.m.* rapport.

refettorio *s.m.* réfectoire.

refezione *s.f.* collation || — *scolastica*, repas scolaire.

refill (pl. *invar.*) *s.m.* (*di penne a sfera*) recharge (*f.*); (*di stilografiche*) cartouche (*f.*).

reflex (pl. *invar.*) *s.m.* appareil réflex.

refrattarietà *s.f.* 1 (*di un materiale*) nature réfractaire 2 (*med.*) insensibilité (*anche fig.*).

refrattario *agg.* 1 réfractaire 2 (*med.*) insensible (*anche fig.*).

refrigerante *agg.* réfrigérant; (*rinfrescante*) rafraîchissant.

refrigerare *v.tr.* réfrigérer* □ **refrigerarsi** *v.pron.* se rafraîchir, se refroidir.

refrigeratore (f. -*trice*) *agg.* réfrigérant ♦ *s.m.* 1 réfrigérateur 2 (*di frigorifero*) freezer.

refrigerazione *s.f.* réfrigération.

refrigerio *s.m.* fraîcheur (*f.*); (*fig.*) soulagement.

refurtiva *s.f.* butin (*m.*).

refuso *s.m.* (*tip.*) coquille (*f.*).

regalare *v.tr.* offrir*, faire* cadeau (de): *me lo regali?*, tu me le donnes?; *a questo prezzo è proprio regalato*, à ce prix, c'est donné.

regale *agg.* royal*.

regalia *s.f.* 1 (*regalo*) gratification 2 (*spec. pl.*) dons (*m.pl.*).

regalità *s.f.* 1 royauté 2 (*fig.*) majesté.

regalmente *avv.* royalement || *ci hanno ricevuti* —, ils nous ont reçus comme des rois.

regalo *s.m.* 1 cadeau*: *dare qlco in* — *a qlcu*, faire cadeau de qqch à qqn, offrir qqch à qqn; *mandare in* —, envoyer comme cadeau 2 (*fig.*) plaisir.

regata *s.f.* (*sport*) régate.

regatante *s.m.* (*sport*) régatier*.

reggente *agg. e s.m.* 1 régent 2 (*gramm.*) principal*: *la* (*proposizione*) —, la (proposition) principale.

reggenza *s.f.* 1 régence 2 (*gramm.*) complément (*m.*); (*di verbo*) régime (*m.*).

reggere (*coniug. come* leggere) *v.tr.* 1 supporter; (*sostenere*) soutenir*; (*tenere*) tenir*: — *per un braccio*, soutenir en tenant par le bras || *le forze non mi reggono*, mes forces m'abandonnent || — *il confronto*, soutenir la comparaison 2 (*resistere*) résister (à) || — *il vino*, tenir le vin 3 (*gui*-

dare) gouverner || — *il timone*, (*fig.*) tenir le gouvernail || — *le sorti di un paese*, présider aux destinées d'un pays **4** (*gramm.*) régir ♦ *v.intr.* résister: *non so quanto potrà* —, je ne sais pas jusqu'à quel point il pourra résister || — *al confronto*, soutenir la comparaison || *non ci regge il cuore a...*, nous n'avons pas le cœur de... || *la memoria non gli regge*, sa mémoire est défaillante || *la sua tesi non regge*, sa thèse ne tient pas debout || *se il tempo regge*, si le temps se maintient □ **reggersi** *v.pron.* **1** se tenir* (*anche fig.*) || — *bene sulle gambe*, être solide sur ses jambes **2** (*governarsi*) se gouverner.

reggia (pl. *-ge*) *s.f.* palais (royal).

reggiano *agg.* de Reggio Emilia ♦ *s.m.* **1** (*abitante*) habitant de Reggio Emilia **2** (*formaggio grana*) parmesan (de Reggio Emilia).

reggicalze *s.m.* porte-jarretelles*.

reggilibro *s.m.* serre-livres*.

reggimento *s.m.* régiment.

reggino *agg.* de Reggio Calabria.

reggipetto *s.m.* soutien-gorge*.

reggiposata *s.m.* porte-couteau*.

reggiseno *s.m.* → **reggipetto**.

regia *s.f.* **1** (*cine., teatr.*) mise en scène; (*il personale di regia*) régie **2** (*organizzazione*) organisation, direction **3** (*monopolio*) régie.

regicida *agg. e s.m.* régicide.

regicidio *s.m.* régicide.

regime *s.m.* régime.

regina *s.f.* **1** reine (*anche fig.*) **2** (*alle carte*) dame.

reginetta *s.f.* reine: — *di bellezza*, reine de beauté.

regio *agg.* royal* || (*chim.*) *acqua regia*, eau régale.

regionale *agg.* régional*.

regionalismo *s.m.* régionalisme.

regionalista *s.m.* régionaliste.

regionalistico (pl. *-ci*) *agg.* régionaliste.

regionalmente *avv.* par régions.

regione *s.f.* région.

regista *s.m.* **1** metteur en scène: *aiuto* —, assistant; — *della televisione*, producteur de télévision || *è stato il* — *delle trattative*, (*estens.*) c'est lui qui a orchestré les tractations **2** (*sport*) coordinateur*.

registrabile *agg.* enregistrable.

registrare *v.tr.* **1** enregistrer: — *un film con il videoregistratore*, enregistrer, magnétoscoper un film || — *un marchio*, enregistrer, déposer une marque; *marchio registrato*, marque déposée || (*comm.*): — *a giornale*, inscrire au journal; — *a credito*, passer au crédit; — *in conto nuovo*, porter en compte à nouveau **2** (*immatricolare*) immatriculer **3** (*tecn.*) régler*.

registratore (f. *-trice*) *agg.* enregistreur* ♦ *s.m.* enregistreur; (*dei suoni*) magnétophone; (*di suoni e immagini*) magnétoscope || (*comm.*) — *di cassa*, caisse enregistreuse || (*aer.*) — *di volo*, enregistreur de vol.

registrazione *s.f.* **1** enregistrement (*m.*): — *televisiva*, télé-enregistrement; *trasmettere la* — *di una partita*, transmettre un match en différé **2**

(*dir.*) (*annotazione*) écriture: — *di un contratto*, enregistrement d'un contrat **3** (*tecn.*) réglage (*m.*).

registro *s.m.* registre: *il* — *del professore*, le registre du professeur; — *di classe*, cahier de classe || (*mar.*) — *di bordo*, livre de bord || — *di cassa*, livre de caisse || *tassa di* —, droits d'enregistrement || *Ufficio del Registro*, Bureau de l'Enregistrement || (*mar.*) *Registro navale*, Bureau Veritas || *cambia* — *con me*, (*fam.*) change de ton avec moi.

regnante *agg.* régnant ♦ *s.m.pl.* têtes couronnées, souverains.

regnare *v.intr.* régner*.

regno *s.m.* (*paese*) royaume; (*durata del regno*) règne; (*dignità di re*) royauté (*f.*) || *abdicare al* —, abdiquer || *il* — *delle tenebre*, l'empire des ténèbres || *il* — *animale*, le règne animal || *il* — *della fantasia*, le monde de la fantaisie.

regola *s.f.* **1** règle || *è buona* —..., il est de règle de..., l'usage veut que... || *di* —, en règle générale || *avere le carte in* —, (*fig.*) avoir tous les atouts (en main) || *in piena* —, en bonne et due forme || *fatto a* — *d'arte*, fait selon toutes les règles de l'art || (*comm.*) *cambiali in* —, effets protestables || *per tua norma e* —, pour ta gouverne **2** (*moderazione*) mesure, modération || *mangiare senza* —, manger immodérément.

regolabile *agg.* réglable.

regolamentare[1] *agg.* réglementaire.

regolamentare[2] *v.tr.* réglementer.

regolamentazione *s.f.* réglementation.

regolamento *s.m.* **1** (*complesso di norme*) règlement: *a norma di* —, *come prescrive il* —, comme le prescrit le règlement; *lo vieta il* —, c'est interdit par le règlement **2** (*il regolare*) régularisation (*f.*) **3** (*comm.*) (*pagamento*) règlement: — *di una fattura*, règlement, paiement d'une facture || — *di conti*, (*fig.*) règlement de compte.

regolare[1] *agg.* régulier*.

regolare[2] *v.tr.* **1** régler*; (*disciplinare*) réglementer: — *il traffico*, régler, réglementer la circulation; — *il volume del televisore*, régler le volume de la télévision; — *una fattura*, régler une facture; — *la sveglia sulle 7*, mettre son réveil à 7 heures || *farsi* — *i capelli*, se faire égaliser les cheveux || *le leggi che regolano un fenomeno*, les lois qui régissent un phénomène **2** (*normalizzare*) régulariser □ **regolarsi** *v.pron.* **1** (*moderarsi*) se modérer*: — *nelle spese*, modérer ses dépenses **2** (*comportarsi*) se conduire*: *regolati come ti pare*, agis comme tu voudras.

regolarità *s.f.* régularité || *con una certa* —, assez régulièrement || (*sport*) *gara di* —, rallye (routier) de régularité.

regolarizzare *v.tr.* régulariser.

regolarizzazione *s.f.* régularisation.

regolarmente *avv.* régulièrement || — *in ritardo*, invariablement en retard || (*comm.*) *il vostro preventivo ci è* — *pervenuto*, votre devis nous est bien parvenu.

regolata *s.f.* mise au point: *dare una* — *a qlco*,

régler qqch || *darsi una* —, (*fam.*) se calmer, se discipliner.

regolatamente *avv.* avec modération.

regolato *agg.* réglé || *è* — *nel bere*, il boit avec modération.

regolatore (*f. -trice*) *agg. e s.m.* régulateur* || (*elettr.*) — *di tensione*, régulateur de tension || *piano* —, plan d'aménagement; (*generale*) plan d'urbanisme.

regolazione *s.f.* **1** régulation **2** (*di meccanismo*) réglage (*m.*) **3** (*di corso d'acqua*) régularisation.

regolo *s.m.* règle (*f.*) || — *calcolatore*, règle à calcul.

regredire (*coniug. come* finire) *v.intr.* reculer, régresser; (*fig.*) rétrograder.

regressione *s.f.* régression.

regressivo *agg.* régressif*.

regresso *s.m.* régression (*f.*).

reietto *agg.* renié ♦ *s.m.* paria, laissé-pour-compte.

reiezione *s.f.* (*dir.*) rejet (*m.*).

reimbarcare (*coniug. come* mancare) *v.tr.* réembarquer □ **reimbarcarsi** *v.pron.* (se) réembarquer.

reimbarco (*pl. -chi*) *s.m.* réembarquement.

reimpiegare (*coniug. come* legare) *v.tr.* remployer*.

reimpiego (*pl. -ghi*) *s.m.* remploi.

reincarico (*pl. -chi*) *s.m.*: *ottenere il* —, être de nouveau chargé (de).

reincarnare *v.tr.* réincarner □ **reincarnarsi** *v.pron.* se réincarner.

reincarnazione *s.f.* réincarnation.

reinserimento *s.m.* réadaptation (*f.*), réinsertion (*f.*).

reinserire (*coniug. come* finire) *v.tr.* (*di persone*) réadapter, réinsérer*; (*di cose*) réintroduire* □ **reinserirsi** *v.pron.* se réinsérer*.

reintegrare *v.tr.* **1** (*una cosa*) rétablir: — *le forze*, reconstituer, réparer ses forces **2** (*una persona*) réintégrer* **3** (*indennizzare*) indemniser □ **reintegrarsi** *v.pron.* (*reinserirsi*) se réinsérer*.

reintegrazione *s.f.* **1** réintégration **2** (*risarcimento*) indemnisation.

reintrodurre (*coniug. come* condurre) *v.tr.* réintroduire*.

reinventare *v.tr.* réinventer.

reinvestire *v.tr.* réinvestir.

reiterare *v.tr.* réitérer*.

reiterato *agg.* répété.

reiterazione *s.f.* réitération.

relais *s.m.* → **relè**.

relativamente *avv.* relativement.

relativismo *s.m.* relativisme.

relatività *s.f.* relativité.

relativo *agg.* relatif* || *ciò non è* — *al nostro problema*, cela n'a aucun rapport, n'a rien à voir avec notre problème || *i libri e i relativi autori*, les livres et les auteurs correspondants || *rendimento* — *alla capacità*, rendement proportionnel à, en proportion avec ses capacités || *dati relativi al 1990*, données se référant à 1990.

relatore (*f. -trice*) *s.m.* **1** (*in una conferenza*) in-

tervenant; (*di proposta di legge*) rapporteur* **2** (*all'università*) directeur de maîtrise.

relax (*pl. invar.*) *s.m.* relax.

relazionare *v.tr.* faire* le compte rendu (de qqch à qqn).

relazione *s.f.* **1** relation, rapport (*m.*) || *mettere in* — *due fatti*, établir un rapport entre deux faits; *in* — *a*, par rapport à; *in* — *a quanto mi hai detto*, pour répondre à ce que tu m'as dit; (*comm.*) *in* — *alla vostra richiesta...*, relativement à votre demande... **2** (*legame*) relation (*spec. pl.*); (*amorosa*) liaison: *essere in ottime relazioni*, être en très bonnes relations || *pubbliche relazioni*, relations publiques || *vita d'* —, (*biol.*) fonctions de relation; (*insieme dei rapporti sociali*) vie sociale, rapports sociaux || (*comm.*) *relazioni durature con una ditta*, relations suivies avec une maison **3** (*resoconto*) relation, rapport (*m.*).

relè *s.m.* (*elettr.*) relais.

relegare (*coniug. come* legare) *v.tr.* reléguer*.

religione *s.f.* religion: — *di stato*, religion officielle || *uomo senza* —, homme sans moralité.

religiosamente *avv.* religieusement.

religiosità *s.f.* religiosité.

religioso *agg. e s.m.* religieux*.

reliquia *s.f.* relique || *le reliquie del passato*, les vestiges du passé.

reliquiario *s.m.* reliquaire.

relitto *s.m.* épave (*f.*).

remare *v.intr.* ramer.

remata *s.f.* coup de rame || *fare una* —, ramer.

rematore (*f. -trice*) *s.m.* rameur*.

remigante *s.f.* (*zool.*) rémige.

reminiscenza *s.f.* réminiscence.

remissibile *agg.* rémissible.

remissione *s.f.* **1** rémission || (*dir.*): — *di querela*, désistement d'instance; — *di un debito*, remise d'une dette **2** (*remissività*) soumission.

remissivamente *avv.* avec soumission.

remissività *s.f.* soumission.

remissivo *agg.* **1** soumis; (*accomodante*) complaisant; (*obbediente*) obéissant **2** (*dir.*) de rémission.

remo *s.m.* rame (*f.*); (*per canottaggio*) aviron: *barca a remi*, bateau à rames; *andare a remi*, aller à la rame || *tirare i remi in barca*, (*fig.*) tirer son épingle du jeu.

remora[1] *s.f.* **1** (*indugio*) délai (*m.*) || *senza remore*, sans hésitations **2** (*freno*) frein (*m.*).

remora[2] *s.f.* (*zool.*) rémora (*m.*).

remoto *agg.* **1** lointain || *luogo* —, endroit éloigné || *da epoche remote*, depuis les temps les plus reculés || (*gramm.*): *passato* —, passé simple; *trapassato* —, passé antérieur **2** (*inform.*) isolé, à distance: *accesso* —, accès à distance; *elaborazione remota*, télétraitement.

remunerare *v.tr. e deriv.* → **rimunerare** e *deriv.*

rena *s.f.* sable (*m.*).

renale *agg.* (*anat.*) rénal* || (*med.*) *colica* —, colique néphrétique.

renano *agg.* rhénan.

rendere (*coniug. come* prendere) *v.tr.* **1** rendre*: — *il saluto a qlcu*, rendre à qqn son salut; — *felice, nervoso*, rendre heureux, nerveux || — *l'anima a Dio*, rendre son âme à Dieu || *a buon—!*, à charge de revanche! || *rendo l'idea?*, tu vois ce que je veux dire?; *hai reso perfettamente l'idea*, tu as été très clair || (*comm.*) *imballaggio a —*, emballage à retourner 2 (*fruttare*) rendre*; (*seguito da un complemento*) rapporter: *rende il 9% d'interesse*, cela rapporte 9% d'intérêt; *è un terreno che non rende*, ce terrain n'est pas rentable, ne rend pas; *un'attività che rende*, une activité très rentable || *questo motore rende molto*, ce moteur a un très bon rendement □ **rendersi** *v.pron.* se rendre*.

rendiconto *s.m.* 1 (*consuntivo*) bilan; (*rapporto*) rapport 2 (*relazione scritta*) compte rendu.

rendimento *s.m.* rendement: — *massimo*, rendement maximum; *dare il massimo —*, marcher à plein régime || (*econ.*) — *di un'azienda*, rendement, productivité d'une entreprise; *tasso di —*, taux de rentabilité || —*di grazie*, actions de grâces.

rendita *s.f.* rente: — *al 5%*, rente à 5%; *vivere di —*, vivre de ses rentes; *assegnare una — a qlcu*, renter qqn || (*fin.*): — *obbligazionaria*, rendement des actions; —*da capitale*, revenu du capital.

rene *s.m.* rein: — *mobile*, rein flottant.

renella *s.f.* (*med.*) gravelle.

renetta *agg. e s.f.*: (*mela*) —, (pomme) reinette.

reni *s.f.pl.* reins (*m.*): *mal di —*, mal aux reins.

renitente *agg.* réfractaire || (*mil.*) (*soldato*) — *alla leva, agli obblighi di leva*, insoumis, réfractaire.

renitenza *s.f.* refus (*m.*); (*mil.*) insoumission: — *a ubbidire*, refus d'obéir.

renna *s.f.* 1 (*zool.*) renne (*m.*) 2 (*pelle*) daim (*m.*).

renoso *agg.* sablonneux*.

reo *s.m.* coupable: — *presunto*, présumé coupable; *essere — confesso*, se reconnaître coupable.

reologia *s.f.* (*fis.*) rhéologie.

reostato *s.m.* (*elettr.*) rhéostat.

reparto *s.m.* 1 (*di fabbrica*) atelier; (*di ospedale*) service, (*distaccato*) pavillon: — *malattie infettive*, pavillon des contagieux || — *vendite, spedizioni*, (*di industria*) département des ventes, des expéditions; (*di grande magazzino*) rayon ventes, expéditions 2 (*mil.*) subdivision (*f.*); (*distaccamento*) détachement.

repellente *agg.* répulsif*; (*fig.*) repoussant ♦ *s.m.* (*per insetti*) (produit) insectifuge, anti-moustiques.

repentaglio *s.m.* danger: *mettere a —*, mettre en danger.

repentinamente *avv.* subitement, soudain.

repentinità *s.f.* soudaineté.

repentino *agg.* subit, soudain.

reperibile *agg.* trouvable || *facilmente —*, facile à trouver || *è — alle otto*, on peut le joindre à huit heures.

reperibilità *s.f.* possibilité de trouver (qqn, qqch).

reperimento *s.m.* 1 découverte (*f.*) || — *di fondi*, repérage de fonds 2 (*inform.*) recouvrement.

reperire (*coniug. come* finire) *v.tr.* trouver, repérer*.

reperto *s.m.* 1 pièce (*f.*): — *giudiziario*, pièce à conviction 2 (*relazione medica*) rapport.

repertoriare *v.tr.* répertorier.

repertorio *s.m.* répertoire || (*tv, cine.*) *immagini di —*, images d'archives.

replay *s.m.* (*tv*) répétition (*f.*); (*a velocità ridotta*) ralenti.

replica (pl. -*che*) *s.f.* 1 (*ripetizione*) répétition || *la — di un dipinto*, la réplique d'un tableau 2 (*rappresentazione*) représentation 3 (*risposta*) réplique || (*comm.*) *in — a*, en réponse à.

replicare (*coniug. come* mancare) *v.tr.* 1 (*ripetere*) répéter*; (*teatr.*) rejouer || *stasera si replica*, ce soir, deuxième représentation 2 (*rispondere*) ajouter, redire*.

reportage (pl. *invar.*) *s.m.* reportage.

reporter (pl. *invar.*) *s.m.* reporter.

repressione *s.f.* répression.

repressivo *agg.* répressif*.

represso *agg.* 1 réprimé 2 (*psic.*) refoulé.

reprimenda *s.f.* réprimande.

reprimere (*coniug. come* comprimere) *v.tr.* réprimer || — *le lacrime*, refouler, retenir ses larmes.

reprobo *agg. e s.m.* (*letter.*) réprouvé.

reptazione *s.f.* (*zool.*) reptation.

repubblica (pl. -*che*) *s.f.* république.

repubblicano *agg. e s.m.* républicain.

repulisti *s.m.*: *fare —*, donner un bon coup de balai.

repulsione *s.f.* répulsion.

repulsivo *agg.* répulsif*.

reputare *v.tr.* considérer*; (*pensare*) penser; (*stimare*) estimer: *reputo che non sia al corrente*, je pense qu'il n'est pas au courant; *lo reputavo necessario*, j'estimais que c'était nécessaire; *è reputato un buon medico*, on le considère comme un bon médecin; *non lo reputo molto*, je ne l'estime pas beaucoup □ **reputarsi** *v.pron.* (*credersi*) se croire*; (*ritenersi*) se considérer*: *si reputi licenziato*, considérez-vous comme renvoyé; *si reputa molto intelligente*, il se croit très intelligent; *reputati fortunato*, estime-toi heureux.

reputazione *s.f.* réputation: *perdere la —*, perdre sa bonne réputation.

requie *s.f.* tranquillité; (*tregua*) répit (*m.*): *non dare —*, ne laisser aucun répit.

requiem (pl. *invar.*) *s.m.* requiem*.

requisire (*coniug. come* finire) *v.tr.* réquisitionner.

requisito *agg.* réquisitionné ♦ *s.m.* qualité requise: *requisiti professionali*, qualités requises (pour exercer une profession); (*negli annunci*) profil souhaité, formation souhaitée.

requisitoria *s.f.* réquisitoire (*m.*).

requisizione *s.f.* réquisition.

resa *s.f.* 1 reddition || — *incondizionata*, reddition sans conditions || — *dei conti*, reddition de comptes; *è arrivato il momento della — dei conti*, c'est le moment de rendre des comptes 2 (*rendimento*) rendement (*m.*) || *questa lana ha una* *buona* —, cette laine rend bien   **3** (*merce invenduta*) invendus (*m.pl.*).

rescindere (*coniug. come* scindere) *v.tr.* (*dir.*) rescinder, résilier.

rescindibile *agg.* (*dir.*) rescindable, résiliable.

rescissione *s.f.* (*dir.*) rescision.

resecare (*coniug. come* mancare) *v.tr.* (*med.*) réséquer*.

reseda *s.f.* (*bot.*) réséda (*m.*).

resezione *s.f.* résection.

residence (pl. *invar.*) *s.m.* (*struttura alberghiera*) résidence (*f.*).

residente *agg.* résidant ♦ *s.m.* résident: *non residenti*, non résidents.

residenza *s.f.* résidence; (*domicilio legale*) domicile (*m.*): — *stabile*, résidence habituelle; *avere la* — *a*, résider à.

residenziale *agg.* résidentiel* || *complesso* —, résidence.

residuale *agg.* résiduel*.

residuato *agg.* restant ♦ *s.m.* reste || *residuati di guerra*, surplus.

residuo *agg.* restant ♦ *s.m.* **1** résidu; (*scorie*) déchet; (*fig.*) (*resto*) reste || *i residui di una malattia*, les séquelles d'une maladie   **2** (*comm.*) reliquat || — *di cassa*, résidu de caisse.

resina *s.f.* résine.

resinato *agg.* résiné.

resinoso *agg.* résineux*.

resipiscenza *s.f.* résipiscence.

resistente *agg.* résistant.

resistenza *s.f.* résistance; (*capacità di sopportare*) endurance; — *all'urto*, résistance aux chocs || *opporre* —, opposer une résistance; *fare* —, résister.

resistere (*coniug. come* insistere) *v.intr.* **1** résister   **2** (*tollerare*) supporter (qqch) || *non resisto più*, je n'en peux plus; *bisogna* —!, il faut tenir bon!

resoconto *s.m.* compte rendu; (*rendiconto*) relevé de comptes.

respingente *s.m.* (*ferr.*) tampon.

respingere (*coniug. come* spingere) *v.tr.* **1** repousser (*anche fig.*); (*non accogliere*) rejeter* || — *una lettera al mittente*, renvoyer une lettre à l'expéditeur   **2** (*bocciare*) recaler.

respinto *agg.* **1** repoussé; (*non accolto*) rejeté   **2** (*bocciato*) recalé.

respirabile *agg.* respirable.

respirabilità *s.f.* respirabilité.

respirare *v.intr. e tr.* respirer || *qui non si respira*, on étouffe, ici.

respiratore *s.m.* **1** masque à oxygène   **2** (*di maschera subacquea*) tuba.

respiratorio *agg.* respiratoire.

respirazione *s.f.* respiration: — *a bocca a bocca*, respiration bouche-à-bouche.

respiro *s.m.* **1** souffle; (*respirazione*) respiration (*f.*): — *affannoso*, respiration difficile; *mi manca il* —, je respire difficilement || *quando è andato via ho tirato un* — *di sollievo*, quand il est parti, j'ai poussé un soupir de soulagement || *rendere l'ultimo* —, rendre le dernier soupir || *opera*

di ampio —, œuvre de longue haleine   **2** (*fig.*) (*sollievo, riposo*) répit.

responsabile *agg. e s.m.* **1** responsable || *è una persona* —, il a le sens de ses responsabilités || *direttore* —, (*di giornale*) gérant   **2** (*colpevole*) coupable: *chi è il* —?, qui est le coupable?

responsabilità *s.f.* responsabilité.

responsabilizzare *v.tr.* responsabiliser □ **responsabilizzarsi** *v.pron.* se responsabiliser.

responsabilizzazione *s.f.* responsabilisation.

responsabilmente *avv.* de manière responsable.

responso *s.m.* avis; (*verdetto*) verdict.

ressa *s.f.* cohue: *c'è una gran* —, il y a une grande cohue; *fare* —, se presser (les uns sur, contre les autres).

resta *s.f.* (*filza*) chapelet (*m.*), glane.

restante *agg. e s.m.* restant.

restare *v.intr.* **1** (*rimanere*) rester: *mi restano pochi soldi*, il me reste très peu d'argent || — *soddisfatto di qlco*, être satisfait de qqch || — *male*, être déçu; (*essere mortificato*) être mortifié || — *sul colpo*, mourir sur le coup || *resta comodo*, ne te dérange pas || *resta il fatto che...*, il reste que... || *fermo restando che...*, étant bien entendu que...   **2** (*fermarsi*) s'arrêter.

restaurabile *agg.* qu'on peut restaurer.

restaurare *v.tr.* **1** restaurer   **2** (*ristabilire*) rétablir.

restauratore (f. *-trice*) *agg. e s.m.* restaurateur*.

restaurazione *s.f.* restauration.

restauro *s.m.* restauration (*f.*) || *chiuso per restauri*, fermé pour travaux (de restauration).

restio *agg.* rétif* || *essere* — *a spendere*, être peu enclin à dépenser son argent.

restituire (*coniug. come* finire) *v.tr.* **1** rendre*: — *una visita a qlcu*, rendre à qqn sa visite || — *le forze*, redonner des forces (*cosa presa ingiustamente*) restituer   **3** (*ristabilire*) rétablir.

restituzione *s.f.* restitution.

resto *s.m.* **1** (*rimanente*) reste || *quanto al* —, pour le reste   **2** (*denaro*) monnaie (*f.*): *mi dispiace, non ho il* —, excusez-moi, je n'ai pas de monnaie; *dare il* —, rendre la monnaie; *dare di* —, rendre   **3** (*spec. pl.*) (*avanzi*) restes (*pl.*); (*di costruzioni ecc.*) ruines (*f.pl.*) || *i resti mortali*, la dépouille mortelle.

restringere (*coniug. come* spingere. *Part.pass.* ristretto*) *v.tr.* **1** rétrécir   **2** (*fig.*) (*limitare*) limiter || — *le spese*, restreindre ses dépenses □ **restringersi** *v.pron.* **1** (*se*) rétrécir || *la strada si restringe*, la rue se resserre   **2** (*serrarsi*) se serrer.

restringimento *s.m.* rétrécissement.

restrittivo *agg.* restrictif*.

restrizione *s.f.* restriction.

resurrezione *s.f.* → risurrezione.

resuscitare *v.tr. e intr.* → risuscitare.

retaggio *s.m.* héritage.

retata *s.f.* **1** coup de filet || *una* — *di pesci*, un filet plein de poissons   **2** (*di polizia*) rafle.

rete *s.f.* **1** filet (*m.*): — *per farfalle*, filet à papillons; — *per lepri ecc.*, panneau; — *per la spesa*, filet à provisions; *calze a* —, bas résille; — *della bi-*

cicletta, filet garde-jupes; — *metallica*, haie métallique; — *del letto*, sommier métallique || *prendere nella* —, prendre au filet; *incappare nella* —, (*fig.*) tomber dans le panneau || (*football*): *tirare a* —, tirer au but; *mandare la palla in* —, envoyer la balle dans le filet; *andare a* —, monter au filet **2** (*fig.*) réseau* (*m.*): — *ferroviaria*, réseau de chemin de fer; — *di distribuzione*, (*di un prodotto*) réseau de distribution || — *televisiva*, chaîne de télévision **3** (*inform., tel.*) réseau* (*m.*): — *di trasmissione* (*dati*), réseau de télé-informatique.

reticella *s.f.* **1** petit filet **2** (*capelli*) résille **3** (*su treni ecc.*) filet porte-bagages.

reticente *agg.* réticent.

reticenza *s.f.* réticence.

reticolare *agg.* réticulaire.

reticolato *agg.* réticulé ♦ *s.m.* **1** (*rete metallica*) treillis **2** (*mil.*) (réseau* de) barbelés **3** (*reticolo*) réseau* || — *delle parole incrociate*, grille des mots croisés.

reticolo *s.m.* réseau*.

retina[1] *s.f.* (*anat.*) rétine.

retina[2] *s.f.* (*per capelli*) filet (à cheveux).

retino *s.m.* (*da pesca*) épuisette (*f.*); (*per le farfalle*) filet à papillons.

retore *s.m.* rhéteur.

retorica (pl. -*ci*) *s.f.* rhétorique.

retorico (pl. -*ci*) *agg.* rhétorique || *figura retorica*, figure de rhétorique || *stile* —, style rhétorique.

retrattile *agg.* rétractile.

retribuire (*coniug. come* finire) *v.tr.* rétribuer.

retributivo *agg.* de la rétribution || *la giungla retributiva*, la jungle des salaires.

retribuzione *s.f.* rétribution: — *al lordo, al netto*, salaire brut, net.

retrivo *agg.* rétrograde.

retro *s.m.* **1** derrière; (*rovescio*) revers || *sul* — *della casa*, derrière la maison **2** (*retrobottega*) arrière-boutique (*f.*).

retró *agg.invar.* rétro.

retro- *pref.* rétro-

retroattività *s.f.* rétroactivité.

retroattivo *agg.* rétroactif*.

retrobottega (pl. *invar.*) *s.m.* e *f.* arrière-boutique (*f.*).

retrocedere (*coniug. come* concedere) *v.intr.* **1** reculer **2** (*sport*) descendre* ♦ *v.tr.* rétrograder.

retrocessione *s.f.* **1** recul (*m.*); (*regressione*) régression **2** (*punizione inflitta a militari e impiegati*) rétrogradation **3** (*sport*) rétrogradation.

retrodatare *v.tr.* **1** antidater **2** (*un'opera letteraria ecc.*) attribuer une date antérieure (à).

retrodatazione *s.f.* action d'antidater.

retroflesso *agg.* (*med., bot.*) rétrofléchi.

retrogrado *agg.* rétrograde.

retroguardia *s.f.* arrière-garde.

retrogusto *s.m.* arrière-goût (*anche fig.*).

retromarcia (pl. -*ce*) *s.f.* marche arrière.

retrorazzo *s.m.* rétrofusée (*f.*).

retroscena (pl. *invar.*) *s.f.* arrière-scène ♦ *s.m.* (*fig.*) dessous (*pl.*).

retrospettiva *s.f.* rétrospective.

retrospettivo *agg.* rétrospectif* || **-mente** *avv.*

retrostante *agg.* (situé) derrière (qqch).

retroterra (pl. *invar.*) *s.m.* arrière-pays.

retroversione *s.f.* **1** (*med.*) rétroversion **2** retraduction.

retrovia *s.f.* (*spec.pl.*) arrière (*m.*): *nelle retrovie*, à l'arrière.

retrovisivo *agg.*: (*aut.*) *specchio* —, rétroviseur.

retrovisore *s.m.* rétroviseur.

retta[1] *s.f.* pension; (*spese*) frais (*m.pl.*).

retta[2] *s.f.* (*mat.*) (ligne) droite.

retta[3] *s.f.*: *datemi* —, *non uscite*, suivez mon conseil, ne sortez pas; *dammi* — *quando ti parlo!*, écoute-moi quand je te parle!; *datemi* —*!, è uno sciocco*, croyez-moi, c'est un idiot!; *non vuol dar* — *a nessuno*, il ne veut rien entendre; *a dar* — *a quel che si dice*, à en croire ce qu'on entend dire.

rettale *agg.* (*anat.*) rectal*.

rettamente *avv.* (*con rettitudine*) avec droiture.

rettangolare *agg.* (*mat.*) rectangulaire.

rettangolo *agg.* e *s.m.* (*mat.*) rectangle.

rettifica (pl. -*che*) *s.f.* rectification || — *di carattere*, (*inform.*) réglage de caractère.

rettificare (*coniug. come* mancare) *v.tr.* rectifier.

rettificato *agg.* (*chim.*) rectifié ♦ *s.m.* produit rectifié.

rettificazione *s.f.* rectification.

rettifilo *s.m.* ligne droite.

rettile *s.m.* reptile.

rettilineo *agg.* **1** rectiligne **2** (*fig.*) (*onesto, corretto*) droit, honnête ♦ *s.m.* ligne droite.

rettitudine *s.f.* droiture.

retto *agg.* **1** droit || (*gramm.*) *i casi retti*, les cas directs **2** (*onesto*) droit **3** (*esatto*) exact ♦ *s.m.* **1** (*anat.*) rectum **2** (*di pagina, moneta ecc.*) recto.

rettorato *s.m.* (*eccl.*) (*dignità di rettore*) rectorat; (*di collegio*) provisorat; (*di seminario*) directorat; (*d'università*) présidence (*f.*).

rettore *s.m.* (*eccl.*) recteur; (*di collegio*) principal; (*di seminario*) directeur; (*di università*) président.

rettoscopia *s.f.* (*med.*) rectoscopie.

reuma *s.m.* rhumatisme.

reumatico (pl. -*ci*) *agg.* rhumatismal*: *dolori reumatici*, rhumatismes.

reumatismo *s.m.* (*med.*) rhumatisme.

reumatologo (pl. -*gi*) *s.m.* (*med.*) rhumatologue.

revanscismo *s.m.* (*pol.*) revanchisme.

revanscista *s.m.* revanchard.

revanscistico (pl. -*ci*) *agg.* revanchard.

reverendo *agg.* révérend: *il molto* — *padre X*, le révérend père X ♦ *s.m.* abbé; (*vicario*) vicaire; (*parroco*) curé; (*nelle apostrofi*) Monsieur l'Abbé.

reverenziale *agg.* révérenciel*.

reversibile *agg.* réversible.

reversibilità *s.f.* réversibilité || (*dir.*) *pensione di* —, pension de réversion.

revisionare *v.tr.* réviser.

revisione *s.f.* révision.

revisionismo *s.m.* révisionnisme.

revisionista *s.m.* révisionniste.

revisionistico (pl. *-ci*) *agg.* révisionniste.

revisore *s.m.* réviseur || — *dei conti*, (*di società*) commissaire aux comptes.

reviviscenza *s.f.* reviviscence (*anche fig.*).

revoca (pl. *-che*) *s.f.* révocation; (*di sequestro, di opposizione, di ipoteca*) mainlevée.

revocabile *agg.* révocable.

revocabilità *s.f.* révocabilité.

revocare, (*coniug. come* mancare) *v.tr.* révoquer.

revocativo, revocatorio *agg.* révocatoire.

revolver (pl. *invar.*) *s.m.* revolver.

revolverata *s.f.* coup de revolver.

revulsione *s.f.* (*med.*) révulsion.

revulsivo *agg.* e *s.m.* (*med.*) révulsif*.

Rh *s.m.* (*med.*) (*fattore*) —, (*facteur*) rhésus.

ri- *pref.* ré-, re-, de nouveau.

riabbonare *v.tr.* réabonner □ **riabbonarsi** *v.pron.* se réabonner.

riabbracciare (*coniug. come* cominciare) *v.tr.* embrasser de nouveau.

riabilitare *v.tr.* **1** réhabiliter (*anche fig.*) **2** (*reintegrare*) réintégrer* □ **riabilitarsi** *v.pron.* se réhabiliter.

riabilitazione *s.f.* **1** réhabilitation **2** (*reintegrazione*) réintégration.

riabituare *v.tr.* réhabituer □ **riabituarsi** *v.pron.* se réhabituer.

riaccendere (*coniug. come* prendere) *v.tr.* rallumer (*anche fig.*) □ **riaccendersi** *v.pron.* se rallumer.

riacchiappare, riacciuffare *v.tr.* rattraper, reprendre*.

riaccomodare *v.tr.* réparer □ **riaccomodarsi** *v.pron.* s'asseoir* de nouveau; reprendre* place.

riaccompagnare *v.tr.* raccompagner.

riaccordarsi *v.pron.* se remettre* d'accord.

riaccostare *v.tr.* rapprocher; (*porte, finestre*) pousser (de nouveau) □ **riaccostarsi** *v.pron.* se rapprocher (de).

riacquistabile *agg.* rachetable; (*fig.*) recouvrable.

riacquistare *v.tr.* racheter*; (*fig.*) recouvrer || — *il tempo perduto*, rattraper le temps perdu.

riacutizzare *v.tr.* aggraver de nouveau □ **riacutizzarsi** *v.pron.* s'aggraver de nouveau.

riacutizzazione *s.f.* nouvelle aggravation.

riadattamento *s.m.* **1** réadaptation (*f.*) **2** (*ristrutturazione*) restructuration (*f.*).

riadattare *v.tr.* **1** réadapter **2** (*di abiti*) arranger* **3** (*ristrutturare*) restructurer □ **riadattarsi** *v.pron.* se réadapter.

riaddormentare *v.tr.* rendormir* □ **riaddormentarsi** *v.pron.* se rendormir*.

riadeguamento *s.m.* rajustement.

riadeguare *v.tr.* rajuster.

riaffacciare (*coniug. come* cominciare) *v.tr.* remontrer; (*fig.*) représenter □ **riaffacciarsi** *v.pron.* se remontrer || — *alla mente*, revenir à l'esprit.

riaffermare *v.tr.* réaffirmer □ **riaffermarsi** *v.pron.* s'imposer de nouveau.

riaffermazione *s.f.* réaffirmation.

riafferrare *v.tr.* ressaisir.

riaffiorare *v.intr.* remonter à la surface; (*spec. fig.*) affleurer de nouveau.

riaffittare *v.tr.* relouer.

riaffrontare *v.tr.* affronter de nouveau.

riagganciare (*coniug. come* cominciare) *v.tr.* raccrocher □ **riagganciarsi** *v.pron.* (*fig.*) se rattacher.

riaggiustare *v.tr.* **1** rajuster: *si è riaggiustato la cravatta*, il a rajusté sa cravate **2** (*riparare*) réparer (*anche fig.*) □ **riaggiustarsi** *v.pron.* (*rimettersi in ordine*) se rajuster.

riaggravare *v.tr.* aggraver de nouveau □ **riaggravarsi** *v.pron.* s'aggraver de nouveau.

riallacciare (*coniug. come* cominciare) *v.tr.* **1** (*con lacci, stringhe*) relacer*; (*riabbottonare*) reboutonner; (*con una fibbia*) reboucler || — *le cinture*, (*in aereo*) rattachez vos ceintures || — *una linea elettrica*, rétablir une ligne électrique; — *il telefono*, rebrancher le téléphone; — *una linea ferroviaria*, raccorder une ligne de chemin de fer **2** (*fig.*) renouer □ **riallacciarsi** *v.pron.* (*riferirsi*) se rapporter, se référer*; (*ricollegarsi*) se rattacher.

riallineamento *s.m.* (*econ.*) réalignement.

riallineare *v.tr.* rajuster □ **riallinearsi** *v.pron.* se rajuster.

rialzamento *s.m.* relèvement; (*di terreno*) élévation (*f.*).

rialzare *v.tr.* **1** relever*: — *qlco, qlcu da terra*, relever qqch, qqn; (*rendere più alto*) exhausser, rehausser* — *di un piano una casa*, exhausser une maison d'un étage; — *un pavimento*, rehausser un plancher ◆ *v.intr.* monter, augmenter: *la temperatura si è rialzata*, la température a monté, a augmenté □ **rialzarsi** *v.pron.* **1** se relever* (*anche fig.*): *si rialzò da terra*, il se releva || *dopo la disgrazia non si è più rialzato*, après ce malheur il ne s'est jamais remis **2** (*aumentare*) augmenter: *la febbre si è rialzata*, la fièvre a augmenté.

rialzato *agg.* relevé || *piano* —, rez-de-chaussée surélevé.

rialzo *s.m.* **1** *hausse (f.)*, relèvement: *giocare al* —, jouer à la hausse || — *del tasso di sconto*, relèvement du taux d'escompte || — *dei salari*, relèvement des salaires **2** (*di terreno*) *hauteur (f.)* **3** (*di scarpe*) talonnette (*f.*).

riamare *v.tr.* aimer de retour: *amo riamata*, j'aime et je suis aimée.

riammalarsi *v.pron.* retomber malade.

riammettere (*coniug. come* mettere) *v.tr.* réadmettre*.

riammissione *s.f.* réadmission.

riammogliarsi *v.pron.* se remarier.

riandare (*coniug. come* andare) *v.intr.* retourner || — *con la memoria*, se remémorer ◆ *v.tr.* (*ricordare*) remémorer.

rianimare *v.tr.* ranimer; (*dar coraggio*) redonner du courage (à) || — *la conversazione*, relancer la conversation □ **rianimarsi** *v.pron.* se ranimer; (*riprendere i sensi*) reprendre* connaissance; (*fig.*) reprendre* courage || *le vie si rianimano*, les rues s'animent à nouveau.

rianimazione *s.f.* réanimation: *reparto, sala —,* service, salle de réanimation.

riannessione *s.f.* réannexion.

riannodare *v.tr.* renouer □ **riannodarsi** *v.pron.* (*riferirsi*) se rapporter, se référer*; (*ricollegarsi*) se rattacher.

riannuvolarsi *v.pron.* s'assombrir de nouveau.

riapertura *s.f.* 1 réouverture 2 (*ripresa di un'attività*) rentrée: *— delle scuole,* rentrée des classes || *— della caccia,* ouverture de la chasse.

riappaltare *v.tr.* 1 (*appaltare di nuovo*) réadjuger* 2 (*appaltare ad altri*) sous-traiter.

riappalto *s.m.* sous-traitance (*f.*).

riapparire (*coniug. come* apparire) *v.intr.* réapparaître*.

riapparizione *s.f.* réapparition.

riappendere (*coniug. come* prendere) *v.tr.* raccrocher, rependre*.

riappiccicare (*coniug. come* mancare) *v.tr.* recoller.

riappisolarsi *v.pron.* s'assoupir de nouveau.

riapplicare (*coniug. come* mancare) *v.tr.* remettre*.

riappropriarsi *v.pron.* recouvrer (qqch).

riaprire (*coniug. come* aprire) *v.tr.* rouvrir* || *— il discorso,* retourner sur le sujet, (*fig.*) en reparler ♦ *v.intr.* rouvrir*: *il negozio riaprirà dopo le vacanze,* le magasin rouvrira après les vacances; *le scuole riaprono in ottobre,* la rentrée des classes a lieu en octobre □ **riaprirsi** *v.pron.* (se) rouvrir*: *il negozio si è riaperto,* le magasin a rouvert.

riarmare *v.tr.* 1 (*mil.*) réarmer 2 (*edil.*) refaire* l'armature (de) 3 (*rimettere in efficienza*) rééquiper □ **riarmarsi** *v.pron.* réarmer.

riarmo *s.m.* réarmement.

riarso *agg.* desséché, brûlé || *gola riarsa,* gorge sèche.

riascoltare *v.tr.* écouter de nouveau, réentendre*.

riassaporare *v.tr.* savourer de nouveau.

riassegnare *v.tr.* redonner.

riassestamento *s.m.* 1 redressement 2 (*di terreno ecc.*) tassement.

riassestare *v.tr.* redresser □ **riassestarsi** *v.pron.* 1 (*di terreno ecc.*) se tasser 2 (*fig.*) se redresser.

riassettare *v.tr.* remettre* en ordre, ranger*.

riassetto *s.m.* 1 mise en ordre: *dare un — a qlco,* remettre qqch en ordre 2 (*riorganizzazione*) réorganisation (*f.*) 3 (*econ.*) rajustement.

riassicurare *v.tr.* réassurer □ **riassicurarsi** *v.pron.* se réassurer.

riassicurazione *s.f.* réassurance.

riassopirsi (*coniug. come* finire) *v.pron.* s'assoupir de nouveau.

riassorbimento *s.m.* 1 réabsorption (*f.*) 2 (*med., econ.*) résorption (*f.*).

riassorbire (*coniug. come* finire) *v.tr.* 1 réabsorber 2 (*med., econ.*) résorber □ **riassorbirsi** *v.pron.* (*med.*) se résorber.

riassortimento *s.m.* (*comm.*) réassortiment; (*la merce riassortita*) réassort.

riassortire (*coniug. come* finire) *v.tr.* réassortir.

riassumere (*coniug. come* assumere) *v.tr.* 1 reprendre*; (*una carica*) assumer de nouveau 2 (*riprendere a servizio*) reprendre* à son service; (*un operaio*) réembaucher; (*un impiegato*) rengager*, réengager* 3 (*riepilogare*) résumer || *per —, riassumendo,* en bref.

riassuntivo *agg.* récapitulatif*.

riassunto *s.m.* résumé.

riassunzione *s.f.* rengagement (*m.*), réengagement (*m.*).

riattaccare (*coniug. come* mancare) *v.tr.* 1 rattacher; (*ricucire*) recoudre*; (*con colla*) recoller; (*i cavalli*) réatteler*; (*un quadro; il telefono*) raccrocher 2 (*fam.*) (*ricominciare*) recommencer* ♦ *v.intr.* (*fam.*) (*ricominciare*) recommencer*: *riattacco (a lavorare) alle due,* je recommence à deux heures □ **riattaccarsi** *v.pron.* se rattacher.

riattamento *s.m.* remise en état.

riattare *v.tr.* remettre* en état.

riattivare *v.tr.* rétablir || (*med.*) *— la circolazione,* réactiver la circulation.

riattivazione *s.f.* 1 rétablissement (*m.*); (*il rimettere in attività*) remise en activité || *la — di una strada,* la réouverture d'une route à la circulation 2 (*med.*) réactivation.

riattizzare *v.tr.* attiser de nouveau || *— il fuoco,* réactiver le feu.

riavere (*Indic.pres.* io riò, tu riai, egli rià, essi rianno; *le altre forme coniug. come* dare) *v.tr.* 1 (*avere di nuovo*) avoir* de nouveau 2 (*riacquistare*) recouvrer 3 (*avere indietro*) récupérer* □ **riaversi** *v.pron.* se remettre*.

riavvicinamento *s.m.* rapprochement.

riavvicinare *v.tr.* rapprocher (de) □ **riavvicinarsi** *v.pron.* se rapprocher (de).

riavvitare *v.tr.* revisser.

riavvolgere (*coniug. come* volgere) *v.tr.* remballer; (*una pellicola*) rembobiner; (*del filo ecc.*) réenrouler.

ribadire (*coniug. come* finire) *v.tr.* 1 (*ribattere*) river 2 (*fig.*) (*confermare*) confirmer 3 (*ripetere*) répéter* || *— un concetto,* insister sur une idée.

ribalderia *s.f.* scélératesse.

ribaldo *s.m.* scélérat.

ribalta *s.f.* 1 (*di botola*) trappe; (*di mobile*) abattant (*m.*) 2 (*teatr.*) rampe: *le luci della —,* les feux de la rampe || *alla —,* sur la scène; *essere alla —,* (*fig.*) être sous les feux de la rampe; *salire alla —,* (*fig.*) occuper le devant de la scène.

ribaltabile *agg.* (*di mobile*) escamotable: *letto —,* lit escamotable || *piano —,* (*di mobile*) abattant || *sedile —,* (*in auto*) rabattable ♦ *s.m.* (*cassone*) —, benne (basculante).

ribaltamento *s.m.* renversement.

ribaltare *v.tr.* renverser: *— la situazione,* renverser la situation; (*sport*) *— il risultato,* retourner la situation || *— il sedile posteriore (di un'auto),* rabattre le siège arrière (d'une voiture) □ **ribaltarsi** *v.pron.* se renverser || *la situazione si è ribaltata in suo favore,* la situation s'est retournée en sa faveur.

ribaltone *s.m.* culbute (*f.*).

ribassare *v.tr.* rabaisser; (*fig.*) baisser, réduire* ♦ *v.intr.* baisser.

ribassato *agg.* 1 (*arch.*) surbaissé 2 (*fig.*) réduit.

ribasso *s.m.* baisse (*f.*); (*sconto*) rabais: *un — del 10%*, un rabais de 10%.

ribattere (*coniug. come* battere) *v.tr.* 1 (*battere di nuovo*) rebattre*; (*battere respingendo*) rabattre*: — *la palla*, renvoyer la balle || — *una cucitura*, rabattre une couture; — *un chiodo*, river un clou || (*mus.*) — *una nota*, répéter une note 2 (*alla macchina per scrivere*) retaper 3 (*fig.*) réfuter ♦ *v.intr.* 1 (*fig.*) (*insistere*) insister 2 (*replicare*) répliquer.

ribattezzare *v.tr.* rebaptiser.

ribattitura *s.f.* (*di un chiodo*) rivetage (*m.*); (*di una cucitura*) rabat (*m.*) || *la — del testo prenderà due giorni*, il faudra deux jours pour retaper ce texte.

ribattuta *s.f.* (*sport*) renvoi (*m.*).

ribellarsi *v.pron.* se révolter; (*contro l'autorità legittima*) se rebeller || *la mia coscienza si ribella al compromesso*, ma conscience répugne au compromis.

ribelle *agg.* e *s.m.* rebelle.

ribellione *s.f.* rébellion; (*rivolta*) révolte (*anche fig.*): — *a mano armata*, révolte armée; *domare una —*, mater une révolte; *è in aperta — con il padre*, il est en guerre ouverte avec son père.

ribes (pl. *invar.*) *s.m.* (*pianta*) groseillier; (*frutto*) groseille (*f.*) || — *nero*, cassis.

ribobinare *v.tr.* (*cine.*) rebobiner.

ribobinatura *s.f.* (*cine.*) rebobinage (*m.*).

ribollimento, ribollio *s.m.* bouillonnement.

ribollire *v.intr.* 1 bouillonner; (*fig.*) bouillir*: — *di rabbia*, écumer de rage; *mi sentii — il sangue nelle vene*, le sang bouillait dans mes veines 2 (*fermentare*) fermenter.

ribonucleico (pl. *-ci*) *agg.* (*biochim.*) ribonucléique.

ribrezzo *s.m.* dégoût; (*raccapriccio*) horreur (*f.*): *far* —, dégoûter, faire horreur.

ributtante *agg.* repoussant.

ributtare *v.tr.* 1 (*gettare di nuovo*) renvoyer*: *gli ha ributtato la palla*, il lui a renvoyé la balle 2 (*restituire*) rejeter*: *la marea ributtò i rottami*, la marée rejeta les épaves 3 (*vomitare*) vomir, rendre* 4 (*respingere*) repousser: — *un'accusa*, repousser, rejeter une accusation ♦ *v.intr.* 1 répugner, dégoûter 2 (*di pianta*) rejeter* □ **ributtarsi** *v.pron.* se rejeter*.

ricacciare (*coniug. come* cominciare) *v.tr.* 1 (*cacciar via di nuovo*) chasser de nouveau 2 (*respingere*) refouler, repousser: — *il nemico*, refouler l'ennemi || (*fig.*): — *un urlo di terrore*, étouffer un cri de terreur; — *indietro le lacrime*, ravaler ses larmes; *gli ricaccerò in gola tutti i suoi insulti*, je lui ferai rentrer toutes ses insultes dans la gorge 3 (*fam.*) (*rimettere*) remettre*: *si ricacciò il cappello in testa*, il remit son chapeau 4 (*fam.*) (*cacciare fuori di nuovo*) rendre*: *dovrà — tutti i quattrini che ha intascato*, il devra rendre

tout l'argent qu'il a empoché 5 (*di pianta*) rejeter* □ **ricacciarsi** *v.pron.* se remettre*: *si è ricacciato nei guai*, il s'est refourré, remis dans de mauvais draps.

ricadere (*coniug. come* cadere) *v.intr.* retomber (*anche fig.*): — *nello stesso errore*, retomber dans la même erreur; *ci sono ricaduto!*, je m'y suis encore laissé prendre!

ricaduta *s.f.* 1 retombée (*anche fig.*) 2 (*med.*) rechute.

ricalcare (*coniug. come* mancare) *v.tr.* 1 (*un disegno*) calquer, décalquer || *ricalca lo stile del padre*, (*fig.*) il reproduit le style de son père 2 (*calcare di nuovo*) renfoncer*: *ricalcarsi il cappello in testa*, renfoncer son chapeau sur sa tête || — *le scene*, être à nouveau sur les planches || — *le orme di qlcu*, (*fig.*) marcher sur les traces de qqn.

ricalcitrante *agg.* récalcitrant; (*di cavallo*) rétif*.

ricalcitrare *v.intr.* regimber.

ricalco (pl. *-chi*) *s.m.* décalquage, calquage || (*amm.*) *contabilità a —*, comptabilité en partie double.

ricamare *v.tr.* broder.

ricamato *agg.* brodé: *tovaglia ricamata a punto croce*, nappe brodée au point de croix.

ricamatrice *s.f.* brodeuse.

ricambiare *v.tr.* 1 (*cambiare di nuovo*) rechanger* 2 (*sostituire*) changer* 3 (*contraccambiare*) rendre*: — *un favore*, payer de retour (un service) || *mi ha ricambiato con l'ingratitudine*, m'a payé d'ingratitude || — *gli auguri a qlcu*, répondre aux vœux de qqn || *non ricambia i suoi sentimenti*, il ne partage pas ses sentiments ♦ *v. intr.* changer* à nouveau □ **ricambiarsi** *v.pron.* (*d'abito*) se rechanger*.

ricambio *s.m.* 1 (*il cambiare*) changement; (*sostituzione*) rechange: *il — dell'aria in un ambiente*, le changement de l'air dans une pièce || *di —*, de rechange; *pezzi di —, ricambi*, pièces de rechange; *ruota di —*, roue de secours; *cavalli di —*, chevaux de relais || *il — di una penna*, la recharge d'un stylo 2 (*avvicendamento*) échange || (*econ.*) — *del personale*, rotation du personnel || — *politico*, alternance des hommes politiques 3 (*med.*) métabolisme: *malattie del —*, maladies métaboliques, de la nutrition.

ricamo *s.m.* broderie (*f.*): *a ricami*, brodé; *da —*, à broder || *questa facciata è un vero —*, cette façade est une véritable dentelle.

ricandidare *v.tr.* représenter (la candidature de), reproposer (comme candidat) □ **ricandidarsi** *v.pron.* se représenter, reproposer sa candidature.

ricapitare *v.intr.* 1 retomber: *mi è ricapitato tra le mani*, il m'est retombé entre les mains 2 (*ritornare*) revenir*: *se ricapiti a Milano*, si tu reviens à Milan 3 (*ripresentarsi*) se représenter 4 (*accadere di nuovo*) arriver de nouveau.

ricapitolare *v.tr.* récapituler, résumer || *ricapitolando*, en résumé.

ricapitolazione *s.f.* récapitulation.

ricarica (pl. *-che*) *s.f.* recharge; (*di orologio*) remontage (*m.*).

ricaricamento *s.m.* rechargement.

ricaricare (*coniug. come* mancare) *v.tr.* recharger*; (*un orologio*) remonter.

ricarico (pl. *-chi*) *s.m.* (*comm.*) marge bénéficiaire.

ricascare (*coniug. come* mancare) *v.intr.* retomber || *ci sei ricascato!*, (*fam.*) tu t'y es encore laissé prendre!

ricattare *v.tr.* faire* chanter.

ricattatore *s.m.* maître chanteur.

ricattatorio *agg.* de chantage.

ricatto *s.m.* chantage: *fare un* — *a qlcu*, faire chanter qqn; *è un* —*!*, c'est du chantage!

ricavabile *agg.* que l'on peut tirer (de).

ricavare *v.tr.* **1** tirer: *da questa pianta si ricava una fibra tessile*, de cette plante on extrait une fibre textile; — *un film da un'opera teatrale*, tirer un film d'une pièce de théâtre; — *un vestito da uno scampolo*, faire un vêtement dans un coupon; — *due camere da una sola*, faire deux pièces d'une seule **2** (*dedurre*) déduire*; (*trarre*) tirer: — *una regola*, déduire, tirer une règle **3** (*econ.*) (*incassare*) toucher, tirer; (*guadagnare*) gagner: *quanto hai ricavato dalla vendita del quadro?*, combien as-tu retiré de la vente du tableau?; — *un grande utile*, obtenir un grand bénéfice; *che cosa hai ricavato comportandoti così?*, qu'est-ce que tu as gagné à te conduire ainsi?

ricavato *agg.* gagné ♦ *s.m.* **1** produit, recette (*f.*) **2** (*fig.*) fruit.

ricavo *s.m.* **1** produit || — *marginale, totale, unitario*, recette marginale, totale, unitaire **2** (*fig.*) fruit.

riccamente *avv.* richement.

ricchezza *s.f.* **1** richesse (en) || *con* — *di particolari*, avec force détails || — *d'ingegno*, fertilité d'esprit || (*fin.*) — *mobile*, revenus mobiliers **2** (*di un abito, di un panneggio ecc.*) ampleur.

riccio[1] *agg.* frisé ♦ *s.m.* **1** boucle (*f.*) **2** (*di burro*) coquille (*f.*) **3** (*di legno*) copeau* **4** (*di violino*) tête (*f.*).

riccio[2] *s.m.* **1** (*zool.*) *hérisson || — *di mare*, oursin **2** (*bot.*) bogue (*f.*).

ricciolino *s.m.* (*fam.*) (*bimbo riccio*) petit frisé ♦ *agg.* frisé.

ricciolo *s.m.* boucle (*f.*); (*di burro*) coquille (*f.*).

riccioluto, ricciuto *agg.* frisé.

ricco (pl. *-chi*) *agg.* **1** riche (en): — *sfondato*, riche comme Crésus; *essere* — *di famiglia*, être d'une famille riche; *diventar* —, s'enrichir; *la frutta è ricca di vitamine*, les fruits sont riches en vitamines || (*estens.*): — *di fantasia*, plein d'imagination; *un libro* — *di episodi divertenti*, un livre plein d'épisodes amusants; *dizionario* — *di esempi*, dictionnaire avec beaucoup d'exemples; *ricca capigliatura*, chevelure abondante; *vegetazione ricca*, végétation luxuriante; *un* — *pasto*, un repas plantureux **2** (*di grande valore*) riche: (*di una somma*) important, abondant: *un* — *compenso*, une généreuse rétribution **3** (*di abiti ecc.*) ample ♦ *s.m.* riche.

riccone *s.m.* richard.

ricerca (pl. *-che*) *s.f.* recherche: *fare una* —, faire des recherches || *la* — *della felicità*, la quête du bonheur || — *di mercato, di marketing*, étude de marché, de marketing; — *pubblicitaria*, prospection publicitaire; — *di clienti*, prospection de clients □ **alla ricerca di** *locuz.* à la recherche de: *è corso alla* — *di un dottore*, il est parti chercher un médecin.

ricercare (*coniug. come* mancare) *v.tr.* rechercher, chercher: *cerca e ricerca...*, à force de chercher...; — *le cause di un fenomeno*, chercher les causes d'un phénomène; *è ricercato dalla polizia*, il est recherché par la police.

ricercatezza *s.f.* **1** recherche **2** (*spec.pl.*) (*parole, modi ricercati*) préciosité.

ricercato *agg.* recherché: — *dalla polizia*, recherché par la police || *essere* — *nel vestire*, s'habiller avec recherche ♦ *s.m.* personne recherchée (par la police).

ricercatore (f. *-trice*) *s.m.* chercheur*.

ricetrasmittente *agg. e s.f.* émetteur-récepteur* (*m.*).

ricetta *s.f.* **1** (*prescrizione medica*) ordonnance: *da vendersi solo dietro presentazione di* — *medica*, délivré seulement sur ordonnance **2** (*rimedio*) recette: *una* — *per la tosse*, une recette contre la toux **3** (*cuc.*) recette.

ricettacolo *s.m.* **1** repaire || *un* — *di polvere*, un nid à poussière **2** (*bot.*) réceptacle.

ricettare *v.tr.* receler*.

ricettario *s.m.* **1** (*cuc.*) livre de recettes **2** (*med.*) bloc d'ordonnances.

ricettatore (f. *-trice*) *s.m.* receleur*.

ricettazione *s.f.* recel (*m.*).

ricettività *s.f.* réceptivité.

ricettivo *agg.* réceptif*.

ricetto *s.m.* (*letter.*) asile; (*rifugio*) refuge, abri: *dare* —, donner asile.

ricevente *agg.* récepteur* ♦ *s.m.* destinataire.

ricevere *v.tr.* **1** recevoir*: *ho ricevuto in dono un libro*, on m'a fait cadeau d'un livre **2** (*trarre*) tirer: — *conforto da...*, tirer du soulagement de... **3** (*accogliere*) accueillir* **4** (*di un medico ecc.*) recevoir*.

ricevimento *s.m.* **1** réception (*f.*) **2** (*accoglienza*) accueil.

ricevitore (f. *-trice*) *agg.* récepteur* ♦ *s.m.* **1** receveur || — *della dogana*, percepteur de la douane **2** (*tel., rad., tv*) récepteur; (*solo per l'ascolto*) écouteur: — *radar*, récepteur panoramique; — *pilota*, récepteur de contrôle.

ricevitoria *s.f.* (*amm.*) bureau du receveur; (*delle imposte*) recette (des finances); (*del lotto, totocalcio*) recette buraliste; — *del Registro*, bureau de l'Enregistrement.

ricevuta *s.f.* reçu (*m.*), récépissé (*m.*); (*spec. di pagamento*) quittance: — *a saldo*, reçu pour solde || — *di ritorno*, accusé de réception.

ricezione *s.f.* réception.

richiamare *v.tr.* **1** rappeler*: *ti richiamerò fra 10 minuti*, (*al telefono*) je te rappellerai dans 10 minutes; *l'ho chiamato e richiamato*, je l'ai appelé plusieurs fois 2 (*attirare*) attirer (*anche fig.*) 3 (*rimproverare*) réprimander □ **richiamarsi** *v.pron.* se rapporter.

richiamato *agg. e s.m.* rappelé; (*in guerra*) mobilisé.

richiamo *s.m.* 1 rappel 2 (*voce, gesto con cui si richiama*) appel 3 (*rimprovero*) observation (*f.*) 4 (*rimando*) renvoi 5 (*attrazione*) attrait || *il — della foresta*, (*fig.*) l'appel de la forêt 6 (*caccia*) appeau*.

richiedente *s.m.* demandeur; (*dir.*) requérant.

richiedere (*coniug. come* chiedere) *v.tr.* 1 demander; (*esigere*) exiger* || *— il passaporto, la patente*, faire une demande de passeport, de permis de conduire 2 (*chiedere di nuovo*) redemander 3 (*chiedere in restituzione*) réclamer.

richiesta *s.f.* 1 demande: *c'è molta — di questo articolo*, c'est un article très demandé || *a, su, dietro —*, sur demande; *su — di*, à la demande de; *a — generale*, à la demande générale; (*teatr.*) *a grande —*, à la demande générale; *fermata a —*, arrêt facultatif 2 (*pretesa*) prétention.

richiesto *agg.* demandé; (*preteso*) exigé || *condizioni richieste*, conditions requises || *prodotto molto —*, produit très recherché.

richiudere (*coniug. come* chiudere) *v.tr.* refermer □ **richiudersi** *v.pron.* se refermer.

riciclabile *agg.* recyclable.

riciclaggio *s.m.* 1 recyclage 2 (*reinvestimento*) remploi 3 (*di denaro sporco*) blanchiment (d'argent sale).

riciclare *v.tr.* 1 recycler 2 (*denaro sporco*) blanchir.

ricino *s.m.* ricin.

riclassificare (*coniug. come* mancare) *v.tr.* reclasser.

ricognitivo *agg.* 1 de reconnaissance: *spedizione ricognitiva*, expédition de reconnaissance 2 (*dir.*) récognitif*: *atto —*, acte récognitif.

ricognitore *s.m.* 1 celui qui va en reconnaissance 2 (*aer.*) avion de reconnaissance.

ricognizione *s.f.* reconnaissance.

ricollegare (*coniug. come* legare) *v.tr.* 1 rattacher; (*fig.*) relier 2 (*tecn.*) raccorder □ **ricollegarsi** *v.pron.* se rattacher.

ricolmare *v.tr.* 1 remplir à ras bord 2 (*fig.*) combler.

ricolmo *agg.* 1 comblé (*spec. fig.*): *il cuore — di gioia*, le cœur rempli de joie 2 (*colmo fino all'orlo*) plein à ras bord: *vaso —*, vase plein à ras bord.

ricominciare (*coniug. come* cominciare) *v.tr.* recommencer* ♦ *v.intr.* reprendre*, recommencer*: *è ricominciato a piovere*, il a recommencé à pleuvoir.

ricomparire (*coniug. come* apparire) *v.intr.* réapparaître* || *la malattia è ricomparsa*, la maladie a réapparu.

ricomparsa *s.f.* réapparition.

ricompensa *s.f.* récompense || *— al valore*, décoration.

ricompensare *v.tr.* récompenser.

ricomporre (*coniug. come* porre) *v.tr.* recompo-

ser □ **ricomporsi** *v.pron.* 1 reprendre* son calme 2 (*rimettersi in ordine*) se rajuster.

ricomposizione *s.f.* recomposition || *— fondiaria*, remembrement agricole.

ricomprare *v.tr.* racheter*.

riconciliare *v.tr.* 1 (*conciliare di nuovo*) réconcilier 2 (*procurare di nuovo*) regagner □ **riconciliarsi** *v.pron.* se réconcilier.

riconciliazione *s.f.* réconciliation.

ricondannare *v.tr.* recondamner.

ricondurre (*coniug. come* condurre) *v.tr.* 1 (*condurre di nuovo*) reconduire*; (*condurre indietro*) ramener*: *tutto questo ci riconduce al punto di partenza*, tout ceci nous ramène au point de départ 2 (*fig.*) (*riportare, ristabilire*) ramener*.

riconferma *s.f.* 1 confirmation || *portare delle prove a — di*, apporter des preuves à l'appui de 2 (*rinnovo*) renouvellement (*m.*).

riconfermare *v.tr.* confirmer.

riconfortare *v.tr.* réconforter □ **riconfortarsi** *v.pron.* se réconforter.

ricongiungere (*coniug. come* giungere) *v.tr.* rejoindre*; (*riunire*) réunir □ **ricongiungersi** *v.pron.* 1 se rejoindre* 2 (*riunirsi*) être* réuni à nouveau.

ricongiungimento *s.m.*, **ricongiunzione** *s.f.* (*spec. di persone*) réunion (*f.*); (*spec. di cose*) jonction (*f.*).

riconnettere (*coniug. come* connettere) *v.tr.* rattacher; (*avvicinare*) rapprocher.

riconoscente *agg.* reconnaissant.

riconoscenza *s.f.* reconnaissance.

riconoscere (*coniug. come* conoscere) *v.tr.* 1 reconnaître* || *— qlcu dal passo*, reconnaître qqn à son pas 2 (*distinguere*) discerner, distinguer □ **riconoscersi** *v.pron.* se reconnaître*: *l'imputato si riconobbe colpevole*, l'accusé se reconnut coupable; *mi riconosco incapace di affrontare la situazione*, je reconnais être incapable d'affronter cette situation; *si riconobbero subito*, ils se reconnurent immédiatement.

riconoscibile *agg.* reconnaissable.

riconoscimento *s.m.* 1 reconnaissance (*f.*) || *il — dei propri errori è indice di maturità*, reconnaître ses erreurs est un signe de maturité 2 (*dir.*) (*identificazione*) identification (*f.*): *— del cadavere*, identification du cadavre.

riconquista *s.f.* reconquête.

riconquistare *v.tr.* reconquérir*.

riconsegna *s.f.* nouvelle remise; (*restituzione*) restitution.

riconsegnare *v.tr.* rendre*, restituer; (*una persona*) remettre*.

riconsiderare *v.tr.* reconsidérer*; (*riesaminare*) réexaminer, réétudier.

riconversione *s.f.* reconversion.

riconvertire *v.tr.* reconvertir □ **riconvertirsi** *v.pron.* se reconvertir.

riconvocare (*coniug. come* mancare) *v.tr.* reconvoquer.

riconvocazione *s.f.* nouvelle convocation.

ricoperto *agg.* recouvert; (*di metallo*) (*placcato*)

plaqué || *caramelle ricoperte di cioccolato*, bonbons enrobés de chocolat.

ricopertura *s.f.* **1** (*il ricoprire*) recouvrement (*m.*); (*di metallo*) (*placcatura*) placage (*m.*) **2** (*cosa con cui si ricopre*) couverture; (*di sedie ecc.*) *housse.

ricopiare *v.tr.* recopier: — *in bella*, recopier au propre.

ricopiatura *s.f.* transcription.

ricoprire (*coniug. come* aprire) *v.tr.* **1** recouvrir* **2** (*fig.*) (*colmare*) combler; (*coprire*) couvrir*: — *qlcu di attenzioni*, combler qqn d'attentions; — *qlcu di ingiurie*, couvrir qqn d'injures **3** (*fig.*) (*occupare*) occuper, remplir: — *una carica*, occuper une charge; — *le funzioni di*, remplir les fonctions de **4** (*fig.*) (*nascondere*) cacher.

ricordare *v.tr.* **1** (*serbare ricordo*) se rappeler*, se souvenir* (de): *ricordi il suo nome?*, te souviens-tu son nom?, te rappelles-tu son nom? || *per quanto ricordo*, autant qu'il m'en souvienne || *se ben ricordo*, si je me souviens bien **2** (*richiamare alla memoria*) rappeler*; (*evocare*) évoquer: *questo mi fa — che devo parlargli*, cela me rappelle que je dois lui parler || *ricordatelo!*, tâche de ne pas l'oublier! || *ricordami ai tuoi genitori*, rappelle-moi au bon souvenir de tes parents **3** (*far menzione*) mentionner □ **ricordarsi** *v.pron.* se rappeler* (qqch), se souvenir* (de): *ricordati di telefonargli*, rappelle-toi de lui téléphoner.

ricordino *s.m.* **1** (*piccolo dono*) petit souvenir **2** (*immaginetta sacra*) image pieuse.

ricordo *s.m.* souvenir: *ne ho solo un vago —*, je n'en ai qu'un vague souvenir || *degno di —*, mémorable || *negozio di ricordi*, magasin de souvenirs || *tienilo per mio —*, garde-le en souvenir de moi || (*formula epistolare*) *un affettuoso —*, meilleurs souvenirs.

ricorrente *agg.* **1** qui revient || (*med.*) *febbre —*, fièvre récurrente **2** (*dir.*) appelant ♦ *s.m.* (*dir.*) appelant.

ricorrenza *s.f.* **1** (*ritorno periodico*) répétition **2** (*festa*): *per la — del suo compleanno*, à l'occasion de son anniversaire; *in questa lieta —*, en cette heureuse circonstance; *la — del 2 giugno*, la commémoration du 2 juin; *per la — di Natale*, à l'occasion de Noël.

ricorrere (*coniug. come* correre) *v.intr.* **1** recourir*: *devo — al vostro aiuto*, je dois vous demander de m'aider || *— col pensiero all'infanzia*, retourner en pensée à son enfance **2** (*rivolgersi*) avoir* recours, recourir* || (*dir.*): — *in cassazione*, se pourvoir en cassation; — *contro una sentenza*, recourir contre une sentence **3** (*ripetersi*) revenir* || *oggi ricorre il terzo anniversario di*, aujourd'hui c'est le troisième anniversaire de || *ricorreva il centenario di*, c'était le centenaire de **4** (*arch.*) courir* tout autour (de).

ricorso *s.m.* **1** recours: *fare —*, avoir recours; (*dir.*) faire appel **2** (*dir.*) recours || — *in appello*, interjection en appel **3** (*ritorno periodico*) retour || *i corsi e i ricorsi della storia*, les cycles de l'histoire.

ricostituente *agg. e s.m.* (*med.*) reconstituant.

ricostituire (*coniug. come* finire) *v.tr.* reconstituer □ **ricostituirsi** *v.pron.* se reconstituer.

ricostituzione *s.f.* reconstitution.

ricostruire (*coniug. come* finire) *v.tr.* **1** reconstruire*, rebâtir **2** (*fig.*) reconstituer || — *un testo*, restituer le texte original.

ricostruzione *s.f.* **1** reconstruction **2** (*fig.*) reconstitution || (*amm.*) — *della carriera*, reconstitution de carrière.

ricotta *s.f.* fromage frais à pâte molle et granuleuse.

ricoverare *v.tr.* hospitaliser: *è stato ricoverato all'ospedale di Ivrea*, il a été hospitalisé à Ivrea || — *una persona anziana in una casa di riposo*, mettre une personne âgée dans une maison de retraite □ **ricoverarsi** *v.pron.* (*ripararsi*) s'abriter; (*rifugiarsi*) se réfugier.

ricoverato *s.m.* **1** (*in ospedale*) hospitalisé **2** (*in un ospizio*) pensionnaire.

ricovero *s.m.* **1** hospitalisation (*f.*) || *provvedere al — di un vecchio all'ospizio*, mettre un vieillard à l'hospice **2** (*rifugio*) abri **3** (*ospizio*) hospice: — *per vecchi*, hospice de vieillards.

ricreare *v.tr.* recréer (*anche fig.*) □ **ricrearsi** *v.pron.* (*divertirsi*) se distraire*.

ricreativo *agg.* récréatif*.

ricreazione *s.f.* **1** délassement (*m.*); (*distrazione*) distraction **2** (*riposo*) récréation.

ricredersi *v.pron.* revenir* sur sa décision, sur son opinion.

ricrescere (*coniug. come* crescere) *v.intr.* repousser.

ricrescita *s.f.* repousse.

ricucire (*coniug. come* cucire) *v.tr.* recoudre*.

ricucitura *s.f.* couture; (*fig.*) raccommodage (*m.*).

ricuocere (*coniug. come* cuocere) *v.tr.* recuire*.

ricuperabile *agg.* récupérable.

ricuperare *v.tr.* **1** récupérer*; (*riacquistare*) recouvrer; (*riguadagnare*) rattraper: — *la vista*, recouvrer la vue; — *il tempo perduto*, rattraper le temps perdu || — *qlcu alla società*, (*fig.*) récupérer qqn pour la société **2** (*ritrovare vittime di un incidente, ritrovare dei rottami*) retrouver; (*mettere in salvo dei naufraghi*) sauver **3** (*ripescare*) (*una nave*) renflouer; (*una salma, rottami*) repêcher.

ricuperatore *s.m.* récupérateur.

ricupero *s.m.* **1** (*il recuperare*) récupération (*f.*); (*il riacquistare*) recouvrement || *ha grandi capacità di —*, (*fig.*) il récupère facilement || *classi di —*, cours de rattrapage || (*sport*) *partita di —*, match en retard || (*comm.*) — *di un credito*, recouvrement d'une créance **2** (*ritrovamento di vittime di incidenti; di rottami*) retrouvement; (*salvataggio di naufraghi*) sauvetage **3** (*il ripescare*) (*una nave*) renflouement; (*una salma, rottami*) repêchage || *il — dei resti dei macchinari*, la récupération des débris de machines-outils **4** (*oggetto recuperato*) débris.

ricurvo *agg.* (*di persona*) voûté; (*di cosa*) recourbé.

ricusabile *agg.* refusable; (*dir.*) récusable.

ricusare *v.tr.* **1** refuser **2** (*dir.*) récuser.

ridacchiare *v.intr.* ricaner.

ridanciano *agg.* qui aime rire, rieur*.

ridare (*Indic.pres.* io ridò, tu ridai, egli ridà ecc. *Imp.* ridà; *le altre forme coniug. come* dare) *v.tr.* redonner; (*restituire*) rendre*: — *coraggio*, redonner (du) courage || — *un esame*, repasser un examen.

ridarella *s.f.* (*fam.*) fou rire.

ridda *s.f.* **1** ronde **2** (*fig.*) flot (*m.*) || *una — di pensieri*, un tourbillon de pensées.

ridente *agg.* riant (*anche fig.*).

ridere (*Pass.rem.* io risi, tu ridesti ecc. *Part.pass.* riso) *v.intr.* **1** rire*: — *dietro a qlcu*, se moquer de qqn; *farsi — dietro*, prêter à rire || *se la rideva*, il riait de bon cœur || *che —!*, comme c'est drôle! || *mi viene da —*, ça me fait rire || *c'è poco da —*, il n'y a pas de quoi rire || *c'è da morire dal —*, il y a de quoi mourir de rire || *non rido*, (*faccio sul serio*) je ne plaisante pas || *fare — i polli*, (*fam.*) faire rire les pierres **2** (*beffarsi*) rire* (de), se moquer (de).

ridestare *v.tr.* réveiller □ **ridestarsi** *v.pron.* se réveiller.

ridicolaggine *s.f.* ridicule (*m.*); (*cosa ridicola*) sottise.

ridicolezza *s.f.* ridicule (*m.*).

ridicolizzare *v.tr.* ridiculiser.

ridicolo *agg. e s.m.* ridicule: *mettere in —*, tourner en ridicule; *gettare il — su qlcu*, couvrir qqn de ridicule.

ridimensionamento *s.m.* (*riorganizzazione*) réorganisation (*f.*), restructuration (*f.*); (*riduzione*) réduction (*f.*).

ridimensionare *v.tr.* (*ridurre*) réduire*; (*riportare alle giuste proporzioni*) ramener* à de justes proportions || *quel tipo va ridimensionato!*, (*fam.*) il faut le remettre à sa place!

ridipingere (*coniug. come* spingere) *v.tr.* repeindre*.

ridire (*coniug. come* dire) *v.tr.* redire*; (*riferire*) répéter*.

ridiscendere (*coniug. come* prendere) *v.tr. e intr.* redescendre*.

ridistribuire (*coniug. come* finire) *v.tr.* redistribuer.

ridistribuzione *s.f.* redistribution.

ridiventare *v.intr.* redevenir*.

ridomandare *v.tr.* redemander.

ridondante *agg.* redondant.

ridondanza *s.f.* redondance.

ridondare *v.intr.* surabonder.

ridosso, a *locuz.avv. e prep.* (*al riparo*) à l'abri (de); (*vicino*) (tout) près (de): *a — dell'inverno*, tout près de l'hiver; *non stare così a — del muro*, ne reste pas si près du mur || *a — della montagna*, adossé à la montagne.

ridotta *s.f.* (*mil.*) redoute.

ridotto *agg.* réduit || *formato —*, petit format || *film a passo —*, film de format réduit || *edizione ridotta*, (*di libro*) édition abrégée || (*fig.*): *essere — male, mal —*, être mal en point; *essere — uno straccio*, (*anche fig.*) être une loque; *essere — agli estremi*, être réduit à la dernière extrémité; *siamo ridotti proprio bene!*, nous voilà dans de beaux draps! ♦ *s.m.* (*teatr.*) foyer.

riducente *agg. e s.m.* réducteur*.

riducibile *agg.* réductible.

ridurre (*coniug. come* condurre) *v.tr.* **1** réduire* || (*fig.*): — *in miseria, in condizioni pietose*, réduire à la misère, en piteux état; *guarda come ti sei ridotto!*, regarde dans quel état tu t'es mis!; *hanno ridotto la casa in un modo...!*, ils ont mis la maison dans un de ces états! **2** (*adattare*) adapter (à): — *per lo schermo*, adapter à l'écran **3** (*un indumento*) (*restringere*) rétrécir **4** (*fig.*) (*ricondurre, riportare*) ramener*: — *alla ragione*, ramener à la raison □ **ridursi** *v.pron.* **1** se réduire*: *le possibilità di successo si sono ormai ridotte di molto*, les chances de succès sont désormais très réduites || *i prezzi si sono ridotti*, les prix ont baissé || (*fig.*): *ridursi male*, être en mauvais état, (*in salute*) être mal en point, (*nelle finanze*) aller mal du point de vue financier; *si è ridotta a pelle e ossa*, il ne lui reste plus que la peau et les os; *si è ridotto a (un) niente*, il n'en reste presque plus rien **2** (*arrivare a*) en arriver à: *si è ridotto a mendicare*, il en a été réduit à mendier; *non volevo ridurmi a questo*, je ne voulais pas en arriver là; *guarda un po' a cosa mi sono ridotto!*, voilà où j'en suis réduit! || — *all'ultimo* (*momento*), attendre toujours le dernier moment **3** (*di indumento*) (*restringersi*) rétrécir: *il golf si è ridotto lavandolo*, ce pull a rétréci au lavage **4** (*ritirarsi*) se retirer: — *a vita privata*, se retirer.

riduttivo *agg.* restrictif*.

riduttore *s.m.* **1** réducteur **2** (*elettr.*) adap(ta)teur, transformateur.

riduzione *s.f.* **1** réduction **2** (*adattamento*) adaptation **3** (*mus.*) arrangement (*m.*): — *per chitarra*, arrangement pour guitare.

riecco *avv.* revoilà: *rieccoci*, nous revoilà; *rieccolo che torna*, le revoilà encore; *rieccomi, sono ancora io*, me revoici, c'est encore moi; *rieccoci alle solite*, nous y voilà encore.

riecheggiare (*coniug. come* mangiare) *v.intr.* résonner, retentir || *vi riecheggiano modi danteschi*, on y trouve des accents dantesques ♦ *v.tr.* (*fig.*) évoquer.

riedificare (*coniug. come* mancare) *v.tr.* réédifier.

riedificazione *s.f.* réédification.

riedizione *s.f.* **1** réédition **2** (*teatr., cine.*) (*rifacimento*) nouvelle mise en scène.

rieducare (*coniug. come* mancare) *v.tr.* rééduquer.

rieducazione *s.f.* rééducation.

rielaborare *v.tr.* élaborer de nouveau; (*rivedere*) réviser.

rielaborazione *s.f.* nouvelle élaboration; (*revisione*) révision.

rileggere (*coniug. come* leggere) *v.tr.* relire*.

rieleggibile *agg.* rééligible.

rieleggibilità *s.f.* rééligibilité.

rielezione *s.f.* réélection.

riemergere (*coniug. come* immergere) *v.intr.* remonter à la surface.

riemersione *s.f.* émersion.

riemettere (*coniug. come* mettere) *v.tr.* émettre* à nouveau.

riempimento *s.m.* remplissage.

riempire *v.tr.* remplir (*anche fig.*): *la tua visita mi ha riempito di gioia*, ta visite m'a rempli, comblé de joie; *riempia questo modulo*, remplissez ce formulaire || *mi ha riempito la testa con tutte le sue storie!*, il m'a cassé la tête avec toutes ses histoires! || — *qlcu di botte*, bourrer qqn de coups □ **riempirsi** *v.pron.* se remplir.

riempitivo *agg.* de remplissage ♦ *s.m.* remplissage || *fare da* —, (*fig.*) servir de bouche-trou.

riempitura *s.f.* remplissage (*m.*).

rientrante *agg.* **1** rentrant, en retrait || *piano* —, (*di mobile ecc.*) plan rentrant, escamotable; *porta* —, porte rentrante, coulissante **2** (*fam.*) (*incavato*) creux*.

rientranza *s.f.* (*di costa*) échancrure; (*di muro*) renfoncement (*m.*), niche.

rientrare *v.intr.* **1** rentrer: — *in casa*, rentrer chez soi; — *in porto*, rentrer au port || (*fig.*): — *nelle grazie di qlcu*, rentrer en grâce auprès de qqn; — *nelle spese, nel budget*, rentrer dans les frais; — *in sé*, reprendre ses esprits; — *in gioco*, rentrer dans la danse || — *in possesso*, rentrer en possession || — *in gara*, reprendre la compétition; — *in servizio*, reprendre le service **2** (*fare parte*) entrer: *non rientra nei miei programmi*, cela n'entre pas dans mes programmes **3** (*presentare concavità*) rentrer, être* en retrait: *la parete rientra a formare una nicchia*, le mur forme une niche **4** (*essere annullato*) être* annulé: *la proposta è rientrata*, la proposition a été annulée.

rientrato *agg.* (*riassorbito*) résorbé: *ascesso* —, abcès résorbé || *scandalo* —, (*fam.*) scandale étouffé || *progetto* —, projet annulé.

rientro *s.m.* rentrée (*f.*); (*ritorno*) retour: *al mio* —, à, dès mon retour.

riepilogare (*coniug. come* legare) *v.tr.* récapituler: *riepilogando...*, en bref...

riepilogo (pl. *-ghi*) *s.m.* récapitulation (*f.*).

riequilibrare *v.tr.* rééquilibrer.

riequilibrio *s.m.* rééquilibre.

riesame *s.m.* réexamen.

riesaminare *v.tr.* réexaminer.

riesplodere (*coniug. come* chiudere) *v.intr.* exploser de nouveau.

riessere (*coniug. come* essere) *v.intr.*: *ci risiamo!*, *risiamo alle solite!*, nous-y-revoilà!

riesumare *v.tr.* exhumer (*anche fig.*).

riesumazione *s.f.* exhumation.

rievocare (*coniug. come* mancare) *v.tr.* évoquer, rappeler*.

rievocativo *agg.* évocateur*.

rievocazione *s.f.* évocation, rappel (*m.*).

rifacimento *s.m.* **1** remaniement; (*adattamento*) adaptation (*f.*) || *il* — *di un film celebre*, le remake d'un film célèbre **2** (*edil.*) réfection (*f.*).

rifare (*coniug. come* fare. *Indic.pres.* egli rifà.

Imp. rifà) *v.tr.* **1** refaire*: — *il letto*, faire son lit; *ho rifatto le scale tre volte*, j'ai remonté trois fois l'escalier || — *è tutto da* —, tout est à recommencer || *gli ho rifatto lo stesso discorso*, je lui ai répété ce que j'avais dit || — *il tentativo*, faire une nouvelle tentative || *rifarsi la bocca, gli occhi*, (*fig.*) se refaire **2** (*riparare*) réparer **3** (*ricostruire*) reconstruire*: *il castello è stato rifatto nel Settecento*, le château a été reconstruit au XVIIIᵉ siècle **4** (*imitare*) contrefaire* **5** (*rieleggere*) réélire*: *l'hanno rifatto sindaco*, il a été réélu maire □ **rifarsi** *v.pron.* **1** (*ridiventare*) redevenir* || *si è rifatto vivo*, il a finalement donné de ses nouvelles **2** (*riprendersi*) se remettre*: *dopo l'incidente non è più riuscito a* —, il n'a pas réussi à se remettre de son accident **3** (*ricuperare*) récupérer*: — *il tempo, il denaro perduto*, récupérer le temps, l'argent perdu; — *delle spese*, rentrer dans ses frais **4** (*vendicarsi*) se venger* (sur) || — *di un torto, di un'offesa subita*, rendre la pareille **5** (*fig.*) (*risalire*) remonter; (*attingere*) puiser; (*ispirarsi*) s'inspirer: *alle esperienze del passato*, puiser dans l'expérience du passé; *si rifà ai suoi tempi*, il remonte à son époque; *si rifà a Modigliani*, il s'inspire de Modigliani || — *dal principio*, reprendre dès le début.

rifatto *agg.* refait || *villano* —, (*spreg.*) parvenu.

riferibile *agg.* **1** (*ripetibile*) qu'on peut répéter **2** (*da mettere in relazione con*) qui peut se rapporter (à); (*concernente*) qui peut concerner, concernant.

riferimento *s.m.* référence (*f.*) || *fare* — *a*, faire allusion à || *riferimenti petrarcheschi*, des réminiscences de Pétrarque || *con* — *a*, se référant à; *in, con* — *alla vostra del...*, en réponse à votre lettre du, suite à votre lettre du... || *come* — *fai capo a mio fratello*, comme point de chute adresse-toi à mon frère; *come* — *tieni presente l'ultima edizione*, considère la dernière édition comme référence || *punto di* —, (*anche fig.*) point de repère || *ogni* — *a fatti realmente accaduti è puramente casuale*, toute ressemblance avec des événements ayant réellement eu lieu est purement fortuite.

riferire (*coniug. come* finire) *v.tr.* **1** rapporter; (*ripetere*) répéter* || *gli riferirò senz'altro*, je ne manquerai pas de le lui dire; *mi riferirai poi*, tu me raconteras ensuite; *l'articolo riferisce fedelmente quanto è accaduto*, cet article relate fidèlement ce qui est arrivé; *ci riferiscono che...*, on nous informe que... || *la commissione riferirà al ministro*, la commission référera au ministre; *riferirò a chi di dovere*, je m'adresserai à qui de droit **2** (*mettere in relazione*) rapporter □ **riferirsi** *v.pron.* **1** se référer*; (*alludere*) faire* allusion: *a chi ti riferisci?*, à qui fais-tu allusion?; *mi riferisco proprio a te*, c'est bien de toi que je parle; *mi riferivo a quanto dicevi ieri*, je me référais à ce que tu disais hier || *per quanto si riferisce a...*, en ce qui concerne...; (*comm.*) *la merce che si riferisce al nostro ordine*, la marchandise faisant l'objet de notre commande **2** (*esse-*

re in relazione con) se rapporter (à), concerner (qqch).

riffa *s.f.*: *di — o di raffa*, de gré ou de force.

rifiatare *v.intr.* souffler || *senza —*, sans mot dire.

rifilare *v.tr.* **1** (*tagliare a filo*) ébarber, rogner **2** (*fam.*) (*appioppare*) refiler || *— un paio di schiaffi*, flanquer une paire de gifles.

rifilatura *s.f.* ébarbage (*m.*); (*di un libro*) rognage (*m.*).

rifinire (*coniug. come* finire) *v.tr.* mettre* la dernière main (à); (*perfezionare*) parachever*.

rifinito *agg.* (bien) fini.

rifinitura *s.f.* **1** finition: *rifiniture in cuoio*, des finitions en cuir **2** (*il rifinire*) finissage (*m.*) || *dare l'ultima —*, mettre la dernière main.

rifiorente *agg.* **1** (*bot.*) remontant **2** (*fig.*) renaissant.

rifiorire (*coniug. come* finire) *v.tr.* **1** refleurir* (*anche fig.*) **2** (*bot.*) remonter.

rifiorita *s.f.* nouvelle floraison.

rifioritura *s.f.* nouvelle floraison; (*fig.*) refleurissement (*m.*) || *la — delle arti*, la renaissance des arts.

rifiutabile *agg.* refusable.

rifiutare *v.tr.* refuser □ **rifiutarsi** *v.pron.* se refuser (à).

rifiutato *agg.* refusé.

rifiuto *s.m.* **1** refus **2** *pl.* (*scarto*) déchets; (*immondizie*) ordures (*f.*) || *cestino dei rifiuti*, corbeille à papier || *un — della società*, (*fig.*) un rebut de la société.

riflessante *agg.* e *s.m.* (*shampoo*) —, shampooing reflets.

riflessione *s.f.* réflexion (*anche fig.*).

riflessivo *agg.* réfléchi.

riflesso[1] *s.m.* **1** reflet; (*riverbero*) réverbération (*f.*) || *mandare riflessi*, étinceler **2** (*fig.*) conséquence (*f.*) **3** (*movimento involontario*) réflexe: *avere i riflessi pronti, lenti*, avoir des réflexes rapides, lents; *avere dei buoni riflessi*, avoir des réflexes || *provare i riflessi*, tester les réflexes || *— condizionato*, réflexe conditionné □ **di riflesso** *locuz.avv.* par contrecoup; (*di conseguenza*) (par voie) de conséquence; (*indirettamente*) indirectement.

riflesso[2] *agg.* **1** réfléchi: *la luna brilla di luce riflessa*, la lune réfléchit la lumière du soleil; *brillare di luce riflessa*, (*fig.*) briller d'un éclat emprunté **2** (*med.*) réflexe.

riflettente *agg.* réfléchissant.

riflettere (*Part.pass.* riflesso) *v.tr.* **1** réfléchir; (*di superficie liquida*) refléter* **2** (*fig.*) refléter* ♦ *v.rifl.* (*Part.pass.* riflettuto) réfléchir □ **riflettersi** *v.pron.* **1** se réfléchir; (*su superfici liquide*) se refléter* **2** (*fig.*) se refléter* **3** (*ripercuotersi*) se répercuter.

riflettore *s.m.* réflecteur; (*cine.*) sunlight || *essere sotto i riflettori*, (*fig.*) être sous les projecteurs.

rifluire (*coniug. come* finire) *v.intr.* **1** refluer (*anche fig.*): *le acque sono rifluite nella campagna*, les eaux ont reflué dans la campagne **2** (*fluire di nuovo*) couler de nouveau; (*fig.*) affluer de nouveau: *il traffico cominciò a — normalmente*, la circulation reprit normalement.

riflusso *s.m.* **1** reflux (*anche fig.*) **2** (*di fiume alla foce*) mascaret.

rifocillare *v.tr.* restaurer □ **rifocillarsi** *v.pron.* se restaurer.

rifoderare *v.tr.* doubler de nouveau.

rifondare *v.tr.* reformer; (*riedificare*) reconstruire*.

rifondazione *s.f.* reformation; (*ricostruzione*) reconstruction.

rifondere (*coniug. come* fondere) *v.tr.* **1** (*rifare*) refaire*; (*un articolo, un libro*) refondre* **2** (*rimborsare*) rembourser.

riforma *s.f.* réforme || (*st. relig.*) *la Riforma*, la Réforme.

riformabile *agg.* réformable.

riformare *v.tr.* réformer □ **riformarsi** *v.pron.* se reformer.

riformato *agg.* e *s.m.* réformé.

riformatore (f. *-trice*) *agg.* e *s.m.* réformateur*.

riformatorio *s.m.* centre d'éducation surveillé; (*antiq.*) maison de redressement.

riformismo *s.m.* réformisme.

riformista *agg.* e *s.m.* réformiste.

riformistico (pl. *-ci*) *agg.* réformiste.

rifornimento *s.m.* provision (*f.*): *fare — di acqua*, faire provision d'eau || *fare il — di benzina*, se ravitailler en essence; *stazione di —*, poste de ravitaillement || (*sport*) *posto di —*, point de ravitaillement || (*aer.*): *— in volo*, ravitaillement en plein vol; *fare il — in volo*, faire le plein en vol.

rifornire (*coniug. come* finire) *v.tr.* approvisionner; ravitailler (en): *— un aereo in volo*, ravitailler un avion en vol || *l'ho rifornito del necessario*, je lui ai fourni le nécessaire || *— di denaro*, remettre en fonds || *— il guardaroba (di nuovi abiti)*, renouveler sa garde-robe □ **rifornirsi** *v.pron.* se ravitailler (en), se pourvoir*.

rifrangente *agg.* réfringent.

rifrangenza *s.f.* réfringence.

rifrangere (*coniug. come* piangere. *Part.pass.* rifratto*) *v.tr.* réfracter □ **rifrangersi** *v.pron.* **1** se réfracter **2** (*infrangersi*) se briser.

rifratto *agg.* réfracté.

rifrattore *s.m.* réfracteur.

rifrazione *s.f.* réfraction.

rifriggere (*coniug. come* affliggere) *v.tr.* remettre* à frire || *— gli stessi argomenti*, (*fam.*) ressasser les mêmes arguments.

rifritto *agg.* frit une seconde fois || *idee fritte e rifritte*, (*fam.*) des idées ressassées ♦ *s.m.* (*fig. fam.*) réchauffé: *è un discorso che sa di —*, c'est du réchauffé.

rifrittura *s.f.* réchauffé (*m.*).

rifuggire (*coniug. come* fuggire) *v.intr.* **1** fuir* de nouveau **2** (*fig.*) avoir* horreur (de) ♦ *v.tr.* fuir*.

rifugiarsi (*coniug. come* mangiare) *v.pron.* se réfugier.

rifugiato *agg.* e *s.m.* réfugié.

rifugio *s.m.* **1** abri: *cercare, offrire —*, chercher, offrir un abri || — *di montagna,* refuge de montagne **2** *(fig.)* refuge: *trovare — nella famiglia,* trouver (un) refuge dans sa famille || *beni (di)* —, valeurs refuges.

rifulgere (*coniug. come* fulgere. *Part.pass.* rifulso) *v.intr.* briller.

rifusione *s.f.* **1** *(metall.)* refonte **2** *(rimborso)* remboursement *(m.)*; *(risarcimento)* dédommagement *(m.).*

rifuso *agg.* **1** refondu **2** *(rimborsato)* remboursé.

riga (pl. *-ghe*) *s.f.* **1** ligne || *pagare un tanto a* —, payer tant la ligne; *non mi ha mai scritto una* —, il ne m'a jamais écrit une ligne; *scrivigli due righe,* écris-lui (juste) un mot; *parlare sopra le righe,* *(fig.)* avoir un style emprunté **2** *(di tessuto, carta)* rayure: — *sottile,* fine rayure; — *larga,* rayure espacée; *tessuto a righe,* tissu à rayures, rayé; *tessuto a righe bianche,* tissu à rayures, raies blanches; *quaderno a righe,* cahier rayé **3** *(fila; serie)* rang *(m.)*: *stare in* —, être en rang; *mettersi in* —, former les rangs; *rompere le righe,* rompre les rangs; *in —!,* à vos rangs!; *rimettersi in* —, *(fig.)* rentrer dans le rang || *mettersi in — coi tempi,* *(fig.)* s'adapter à son temps **4** *(scriminatura)* raie: *la — in mezzo, da parte,* une raie au milieu, de côté **5** *(strumento da disegno)* règle.

rigaglie *s.f.pl.* *(cuc.)* abattis *(m.).*

rigagnolo *s.m.* petit ruisseau*; *(ai lati delle vie)* rigole *(f.)*, caniveau*.

rigare (*coniug. come* legare) *v.tr.* régler*, tirer des lignes (sur) || *le lacrime le rigavano il viso,* les larmes sillonnaient son visage ♦ *v.intr.*: — *diritto,* filer droit; *far — diritto qlcu,* faire marcher qqn à la baguette.

rigatino *s.m.* *(tessuto)* milleraies.

rigato *agg.* rayé || *volto — di lacrime,* visage sillonné de larmes.

rigatoni *s.m.pl.* *(cuc.)* rigatoni (grands macaronis cannelés).

rigattiere *s.m.* brocanteur*.

rigatura *s.f.* **1** *(il rigare)* réglage *(m.)*; *(di arma da fuoco)* rayage *(m.)* **2** *(insieme di righe; scanalature di arma da fuoco)* rayures *(pl.)* **3** *(mus.)* portée.

rigenerare *v.tr.* **1** régénérer* || *il sonno rigenera le forze,* le sommeil répare les forces **2** *(pneumatici)* rechaper □ **rigenerarsi** *v.pron.* se régénérer*.

rigenerato *agg.* régénéré || *pneumatico* —, pneu rechapé || *latte* —, lait reconstitué.

rigeneratore (f. *-trice*) *agg. e s.m.* régénérateur*.

rigenerazione *s.f.* **1** régénération **2** *(di pneumatico)* rechapage *(m.).*

rigettare *v.tr.* rejeter* □ **rigettarsi** *v.pron.* se rejeter*.

rigetto *s.m.* rejet *(anche fig.).*

righello *s.m.* règle *(f.).*

righino *s.m.* **1** *(tip.)* ligne incomplète **2** *(righello)* règle *(f.).*

rigidamente *avv.* **1** rigidement; avec rigidité **2** *(fig.)* avec sévérité.

rigidezza *s.f.* **1** rigidité *(anche fig.)* **2** *(di clima)* rigueur.

rigidità *s.f.* **1** rigidité *(anche fig.)* **2** *(di clima)* rigueur.

rigido *agg.* **1** rigide || *un insegnante* —, un professeur sévère; *rigida interpretazione della legge,* interprétation scrupuleuse de la loi **2** *(irrigidito)* raide; *(immobile)* figé: — *sull'attenti,* figé au garde-à-vous **3** *(di clima)* rigoureux*, dur.

rigirare *v.tr.* **1** retourner **2** *(girare intorno)* contourner; *(percorrere)* parcourir* **3** *(comm.)* revirer ♦ *v.intr.* tourner || *gira e rigira si parla sempre di lui,* on a beau faire, on en revient toujours à lui □ **rigirarsi** *v.pron.* se retourner.

rigiro *s.m.* détour *(anche fig.).*

rigo (pl. *-ghi*) *s.m.* **1** ligne *(f.)* || *scrivere un* —, écrire quelques lignes; *aspetto un tuo* —, j'attends un petit mot de toi **2** — *(musicale)*, portée *(f.).*

rigoglio *s.m.* luxuriance *(f.)*; *(fig.)* épanouissement.

rigogliosamente *avv.* *(di vegetazione)* avec luxuriance.

rigoglioso *agg.* vigoureux* || *vegetazione rigogliosa,* végétation luxuriante; *salute rigogliosa,* santé florissante.

rigogolo *s.m.* *(zool.)* loriot jaune.

rigonfiamento *s.m.* renflement; *(med.)* grosseur *(f.).*

rigonfiare *v.tr. e intr.* regonfler □ **rigonfiarsi** *v.pron.* se regonfler.

rigonfio *agg.* renflé; *(fig.)* enflé ♦ *s.m.* renflement.

rigore *s.m.* rigueur *(f.)*: *attenersi con* —, s'en tenir rigoureusement || *(sport)*: *calcio di* —, coup de pied de réparation; *area di* —, surface de réparation || *(mil.)*: *arresti di* —, arrêts de rigueur; *cella di* —, cellule disciplinaire || *a* —, à la rigueur; *a rigor di termini,* strictement parlant; *a rigor di logica,* en toute logique.

rigorismo *s.m.* rigorisme.

rigorista *s.m.* rigoriste.

rigoristico (pl. *-ci*) *agg.* rigoriste.

rigor mortis *s.m.* rigidité cadavérique.

rigorosamente *avv.* rigoureusement.

rigorosità *s.f.* rigueur.

rigoroso *agg.* rigoureux*; *(severo)* sévère.

rigovernare *v.tr.* **1** *(stoviglie)* faire* la vaisselle; *(rimettere in ordine)* ranger* **2** *(animali)* s'occuper de*, soigner.

rigovernata *s.f.*: *dare una — alle stoviglie,* faire rapidement la vaisselle.

rigovernatura *s.f.*: *attendere alla* —, faire la vaisselle; *(acqua di)* —, eau de vaisselle.

riguadagnare *v.tr.* regagner.

riguardare *v.tr.* **1** regarder de nouveau; *(rivedere, ricontrollare)* revoir* || — *la lezione,* repasser sa leçon **2** *(concernere)* concerner: *per quanto riguarda...,* en ce qui concerne...; *questo non ti riguarda,* cela ne te concerne, ne te regarde pas **3** *(avere riguardo per)* prendre* soin de □ **riguardarsi** *v.pron.* se préserver: *riguardati dal freddo,* fais attention au froid || *devi riguardarti,* tu dois te ménager.

riguardata *s.f.* coup d'œil.

riguardato *agg.: stare* —, prendre soin de soi; *tenersi* — *nel mangiare,* faire attention à ce qu'on mange.

riguardevole *agg.* considérable; (*notevole*) remarquable.

riguardo *s.m.* **1** (*cautela*) précaution (*f.*); (*cura*) soin: *con* —, avec précaution; *con i dovuti riguardi,* avec les précautions voulues; *avere* —, prendre soin || *non ha alcun* — *per la sua salute,* il ne se ménage pas du tout; *abbiti* —*!*, prends soin de toi, ménage-toi! || *senza* —, sans compter; *senza* — *a spese,* sans regarder à la dépense **2** (*cortesia, attenzione*) égard; (*rispetto*) respect; (*premura*) attention (*f.*): *non ha avuto alcun* — *per lui,* il n'a eu aucun égard pour lui; *gli ha mancato di* —, il lui a manqué de respect; *è una vera mancanza di* —, c'est un manque de respect total; *non ha* — *per nessuno,* il n'a d'égards pour personne; *essere pieno di riguardi per...,* être plein d'attentions pour... || *trattare qlcu con* —, avoir des égards pour qqn || *per* — *a, verso...,* par égard pour... || *non farti* —, *prendi quello che vuoi,* ne te gêne pas, prends ce qu'il te faut; *non farti* —, *chiedi!,* n'hésite pas, demande!; *si fa mille riguardi* (*per non disturbare*), elle a toujours peur de déranger les gens || *parlare senza* (*tanti*) *riguardi,* parler franchement || *persona di molto* —, personne de tout respect || *ospiti di* —, hôtes de marque **3** (*relazione*) rapport || *al* —, *a questo* —, à ce sujet, à cet égard || — *a ciò, a questo,* à l'égard de cela || *sotto questo* —, à cet égard; *sotto tutti i riguardi, sotto ogni* —, à tous (les) égards || *nei riguardi di,* à l'égard de || — *a,* en ce qui concerne; — *alla tua ultima lettera...,* (*fam.*) me référant à ta dernière lettre...

riguardosamente *avv.* respectueusement.

riguardoso *agg.* respectueux*, plein d'égards.

rigurgitante *agg.* (*brulicante di gente*) grouillant (de monde).

rigurgitare *v.intr.* **1** déborder; (*di acque*) rejaillir **2** (*fig.*) regorger*; (*brulicare di gente*) grouiller (de monde) ♦ *v.tr.* rendre*.

rigurgito *s.m.* **1** débordement **2** (*di acque*) reflux **3** (*med.*) régurgitation (*f.*); (*fam.*) renvoi **4** (*fig.*) sursaut || — *di razzismo,* regain de racisme.

rilanciare (*coniug. come cominciare*) *v.tr.* relancer* || (*a poker*) *rilancio diecimila lire,* je relance de dix mille lires || (*a un'asta pubblica*) — (*un'offerta*), surenchérir.

rilancio *s.m.* relance (*f.*) || (*a un'asta pubblica*) *fare un* —, surenchérir.

rilasciamento *s.m.* relâchement.

rilasciare (*coniug. come cominciare*) *v.tr.* **1** laisser de nouveau **2** (*mettere in libertà*) relâcher **3** (*dare, concedere*) délivrer: — *un passaporto,* délivrer un passeport; — *un'intervista,* accorder une interview; — *una dichiarazione,* faire une déclaration **4** (*allentare*) relâcher: — *i muscoli,* relâcher les muscles □ **rilasciarsi** *v.pron.* **1** (*allentarsi*) se relâcher **2** (*lasciarsi di nuovo*) se quitter de nouveau.

rilascio *s.m.* **1** (*il mettere in libertà*) relâchement || (*dir.*) *il* — *di un detenuto,* la relaxe d'un détenu **2** (*consegna*) délivrance (*f.*), remise (*f.*): — *di documenti,* délivrance de pièces (officielles).

rilassamento *s.m.* **1** relaxation (*f.*); (*dopo una contrazione*) décontraction (*f.*); (*di tessuti muscolari*) relâchement **2** (*fig.*) relâchement; (*distensione*) détente (*f.*).

rilassante *agg.* relaxant.

rilassare *v.tr.* **1** (*i muscoli*) relaxer, détendre*; (*dopo una contrazione*) décontracter **2** (*lo spirito*) détendre*; (*i nervi*) calmer □ **rilassarsi** *v.pron.* **1** se décontracter, se détendre* **2** (*di disciplina, di costumi*) se relâcher.

rilassatamente *avv.* d'une manière détendue.

rilassatezza *s.f.* relâchement (*m.*).

rilassato *agg.* **1** décontracté (*anche fig.*) **2** (*fig.*) (*moralmente*) relâché.

rilavatura *s.f.* **1** second lavage **2** (*acqua adoperata per lavare*) rinçure; (*di piatti*) eau de vaisselle.

rilegare (*coniug. come legare*) *v.tr.* **1** reficeler* **2** (*libri*) relier; (*dare una nuova rilegatura*) remboîter **3** (*pietre preziose*) monter (sur).

rilegato *agg.* relié.

rilegatore (*f.* -*trice*) *s.m.* relieur*.

rilegatura *s.f.* reliure.

rileggere (*coniug. come leggere*) *v.tr.* relire*.

rilento, a *locuz.avv.* au ralenti.

rilettura *s.f.* relecture: *dare una* — *a qlco,* relire qqch.

rilevabile *agg.* qu'on peut relever, remarquer: *è* — *una certa trascuratezza,* on peut relever une certaine négligence || *difetti appena rilevabili,* des défauts imperceptibles.

rilevamento *s.m.* **1** (*il rilevare*) relevé **2** (*mar., topografia*) relèvement.

rilevante *agg.* (*considerevole*) considérable; (*importante*) important.

rilevanza *s.f.* importance.

rilevare *v.tr.* **1** (*notare*) remarquer; (*mettere in evidenza*) faire* ressortir, relever* **2** (*fare un rilevamento, spec. topografico*) faire* le relèvement de || — *la posizione dei veicoli,* faire le constat **3** (*prendere*) prendre*; (*fig.*) prendre en tirer || — *le impronte digitali,* prendre les empreintes digitales **4** (*inform.*) détecter; lire* (par exploration) **5** (*subentrare ad altri*) reprendre*: *il negozio è stato rilevato dai parenti,* le magasin a été repris par des parents **6** (*accollarsi*) prendre* à sa charge: — *un debito,* prendre une dette à sa charge **7** (*andare a prendere qlcu.*) aller* chercher qqn **8** (*togliere di nuovo*) enlever* de nouveau ♦ *v.intr.* **1** (*staglarsi*) se détacher (sur), ressortir*; (*sporgere*) saillir* **2** (*fig.*) (*importare*) importer.

rilevatario *s.m.* (*comm.*) acheteur*, preneur*; (*di un contratto ecc.*) successeur.

rilevato *agg.* en relief; (*sporgente*) saillant.

rilevatore *s.m.* **1** (*f.* -*trice*) enquêteur **2** (*strumento*) détecteur.

rilevazione *s.f.* relevé (*m.*).

rilievo *s.m.* **1** relief **2** (*fig.*) (*importanza*) importance (*f.*) || *dare* — *a,* donner du relief à || *per-*

sonalità di —, personnalité importante **3** (*fig.*) (*osservazione*) remarque (*f.*) **4** (*topografia*) levé, relèvement (*comm.*) rachat.

riloga (pl. -*ghe*) *s.f.* tringle.

rilucente *agg.* luisant, reluisant.

rilucere (*manca di pass.rem e part.pass.*) *v.intr.* reluire*.

riluttante *agg.* réticent.

riluttanza *s.f.* réticence.

riluttare *v.intr.* être* réticent.

rima *s.f.* rime: — *baciata, alternata, incrociata*, rime plate, croisée, embrassée; *mettere in* —, mettre en vers; *fare* — *con*, rimer avec || *gli ho risposto per le rime*, je lui ai rivé son clou.

rimandare *v.tr.* renvoyer*: — *indietro*, renvoyer || — *al mittente*, retourner à l'expéditeur || *è stato rimandato in matematica*, il a été collé en maths.

rimandato *agg.* e *s.m.* (*nella scuola superiore italiana*) (élève) ayant un examen de passage.

rimando *s.m.* renvoi || *di* —, en retour.

rimaneggiamento *s.m.* remaniement.

rimaneggiare (*coniug. come* mangiare) *v.tr.* remanier.

rimanente *agg.* restant: *con i soldi rimanenti*, avec ce qu'il lui restait d'argent ♦ *s.m.* reste || *i rimanenti*, les autres.

rimanenza *s.f.* reste (*m.*) || *rimanenze di cassa*, fonds de caisse || *rimanenze di magazzino*, stocks dormants.

rimanere (*Indic.pres.* io rimango, tu rimani ecc.; *pass.rem.* io rimasi, tu rimanesti ecc.; *fut.* io rimarrò ecc. *Part.pass.* rimasto) *v.intr.* **1** rester: — *a pranzo*, rester dîner; — *alzato fino a tardi*, se coucher très tard; — *su tutta la notte*, rester debout toute la nuit || — *indietro*, rester en arrière, (*fig.*) rester en retard; *dove siamo rimasti?*, où en étions-nous?; *mi rimangono pochi soldi*, il me reste peu d'argent || *rimanga tra noi!*, que ça reste entre nous! || *le macchie sono rimaste nonostante il lavaggio*, les taches ont résisté au lavage || — *stordito*, être tout étourdi; — *ferito*, être blessé; — *ingannato*, être dupé || — *male*, (*essere deluso*) être déçu; (*essere mortificato*) être mortifié || *rimanerci*, (*essere ingannato*) faire avoir; (*essere meravigliato*) être stupéfait; (*morire*) y rester: *puoi immaginare come ci sono rimasta*, tu peux bien t'imaginer ma surprise || (*comm.*) *rimaniamo in attesa di una vostra cortese risposta*, dans l'attente d'une réponse de votre part **2** (*essere situato*) se trouver **3** (*spettare, toccare*): *quel podere rimarrà agli eredi*, ce domaine revient de droit aux héritiers; *rimane a te la decisione*, c'est à toi de décider.

rimangiare (*coniug. come* mangiare) *v.tr.* **1** remanger* **2** (*fig.*) rétracter || *rimangiarsi una promessa*, revenir sur sa promesse.

rimarcare (*coniug. come* mancare) *v.tr.* remarquer.

rimarchevole *agg.* remarquable.

rimare *v.tr.* rimer ♦ *v.intr.* (*fare rima con*) rimer (avec).

rimarginare *v.tr.* cicatriser □ **rimarginarsi** *v.pron.* se cicatriser.

rimario *s.m.* dictionnaire des rimes.

rimaritarsi *v.pron.* se remarier.

rimasticare (*coniug. come* mancare) *v.tr.* remâcher; (*fig.*) rabâcher.

rimasto *agg.* restant: *il denaro* —, l'argent restant || *i pochi ascoltatori rimasti*, les auditeurs encore présents.

rimasuglio *s.m.* reste, résidu.

rimatore (*f.* -*trice*) *s.m.* poète.

rimbalzare *v.intr.* rebondir; (*di proiettile*) ricocher; (*di suono*) se répercuter.

rimbalzello *s.m.* ricochet: *giocare a* —, faire des ricochets.

rimbalzo *s.m.* rebond || *di* —, par ricochet; (*fig.*) par contrecoup; *tiro di* —, (*mil.*) tir à ricochet.

rimbambimento *s.m.* gâtisme.

rimbambire (*coniug. come* finire) *v.intr.*, **rimbambirsi** *v.pron.* devenir* gâteux*, retomber en enfance.

rimbambito *agg.* gâteux*.

rimbarcare (*coniug. come* mancare) *v.tr.* e *deriv.* → **reimbarcare** e *deriv.*

rimbeccare (*coniug. come* mancare) *v.tr.* riposter (à) □ **rimbeccarsi** *v.pron.* avoir* une prise de bec (avec qqn).

rimbecillire (*coniug. come* finire) *v.tr.* abêtir □ **rimbecillirsi** *v.pron.* s'abêtir.

rimbecillito *agg.* gâteux*; (*stordito per stanchezza ecc.*) abruti.

rimboccare (*coniug. come* mancare) *v.tr.* (*ripiegare*) replier; (*maniche, calzoni ecc.*) retrousser; (*lenzuola, coperte*) border: — *le coperte a qlcu*, border qqn dans son lit.

rimboccatura *s.f.* (*di lenzuolo, di coperta ecc.*) bordage (*m.*); (*di maniche, di calzoni ecc.*) retroussement (*m.*).

rimbombante *agg.* tonnant; (*fig.*) ronflant.

rimbombare *v.intr.* **1** (*di artiglieria*) tonner; (*di tuono e di acque*) gronder **2** (*risonare*) résonner.

rimbombo *s.m.* grondement; (*il risonare*) retentissement.

rimborsabile *agg.* remboursable.

rimborsare *v.tr.* rembourser.

rimborso *s.m.* remboursement: — *spese*, remboursement des frais; — *fiscale*, crédit d'impôt.

rimboscare (*coniug. come* mancare) *v.tr.* reboiser.

rimboschimento *s.m.* reboisement.

rimboschire (*coniug. come* finire) *v.tr.* → **rimboscare**.

rimbrottare *v.tr.* tancer*, rabrouer.

rimbrotto *s.m.* semonce (*f.*).

rimediabile *agg.* réparable, remédiable.

rimediare *v.intr.* e *tr.* remédier (qqch): — *al danno*, réparer les dégâts; *un errore al quale non si può* —, une erreur irréparable; *e ora come si rimedia?*, que faire maintenant? ♦ *v.tr.* (*fam.*) trouver (le moyen de): *è riuscito a* — *i soldi per il viaggio*, il a réussi à trouver l'argent pour le voyage || — *una giacca da un cappotto*, couper une veste dans un manteau.

rimedio *s.m.* remède (*anche fig.*) || *non c'è* —, (*di una situazione*) la situation est sans remède, (*di una persona incorreggibile*) il est incorrigible.

rimembranza *s.f.* (*letter.*) souvenir (*m.*).

rimescolamento *s.m.* **1** mélange **2** (*fig.*) trouble.

rimescolare *v.tr.* **1** mélanger* de nouveau **2** (*rimestare*) remuer **3** (*le carte*) mélanger* **4** (*fig.*) troubler || *quella vista gli rimescolò il sangue*, à ce spectacle son sang n'a fait qu'un tour □ **rimescolarsi** *v.pron.* se troubler || *mi si rimescola il sangue*, j'en suis tout retourné.

rimescolata *s.f.*: *dare una* —, (*mescolare*) mélanger; (*rimestare*) remuer.

rimescolio *s.m.* **1** action de remuer **2** (*fig.*) trouble.

rimessa *s.f.* **1** remise **2** (*deposito di autoveicoli*) remise; garage (*m.*) **3** (*raccolto*) récolte **4** (*consegna*) livraison **5** (*perdita*) perte **6** (*germoglio*) rejeton (*m.*).

rimessaggio *s.m.* garage.

rimesso *agg.* remis (*anche fig.*) || *dente* —, fausse dent || *orlo* —, faux-ourlet ♦ *s.m.* (*orlo*) faux-ourlet.

rimestare *v.tr.* **1** remuer **2** (*frugare*) fouiller (dans) || *—una faccenda*, revenir sur une question.

rimestio *s.m.* remue-ménage*.

rimettere (*coniug. come* mettere) *v.tr.* **1** remettre* || *—a posto l'orologio*, remettre sa montre à l'heure || *—a posto un osso*, remboîter un os || *—piede in un luogo*, remettre les pieds dans un lieu || *—insieme le idee*, rassembler ses idées **2** (*affidare*) remettre* (entre les mains de), s'en remettre* à **3** (*annullare*) remettre*; (*perdonare*) pardonner: *—una pena*, remettre une peine; *—una colpa*, pardonner une faute **4** *rimetterci*, (y) perdre*, y laisser: *ci ho rimesso del mio*, j'en ai été de ma poche; *rimetterci la pelle*, y laisser sa peau; *rimetterci le penne*, y laisser des plumes **5** (*vomitare*) rendre*, rejeter* □ **rimettersi** *v.pron.* **1** se remettre*: *—da uno spavento*, se remettre d'une frayeur; *—in salute*, recouvrer la santé || *si sono rimessi insieme*, (*a vivere*) ils se sont remis en ménage **2** (*affidarsi*) s'en remettre*.

riminese *agg.* de Rimini.

rimirare *v.tr.* regarder avec admiration ♦ *v.intr.* viser de nouveau □ **rimirarsi** *v.pron.* se regarder; (*ammirarsi*) s'admirer.

rimmel *s.m.* rimmel.

rimodellare *v.tr.* refaçonner.

rimodernamento *s.m.* modernisation (*f.*).

rimodernare *v.tr.* (*mettere a nuovo*) remettre* à neuf; (*modernizzare*) moderniser.

rimonta *s.f.* (*sport*) remontée.

rimontaggio *s.m.* (*tecn.*) remontage.

rimontare *v.tr.* remonter || (*mar.*) — *la corrente*, refouler le courant; (*anche fig.*) remonter le courant ♦ *v.intr.* remonter.

rimorchiare *v.tr.* remorquer.

rimorchiatore *s.m.* (*mar.*) remorqueur.

rimorchio *s.m.* **1** remorquage || *prendere a* —,

remorquer || *essere a* —, (*anche fig.*) être à la remorque **2** (*veicolo*) remorque (*f.*).

rimordere *v.tr.*: *gli rimorde la coscienza*, il est tenaillé par le remords.

rimorso *s.m.* remords: *sentire* —, avoir des remords.

rimosso *agg.* **1** (*spostato*) déplacé; (*portato via*) enlevé **2** (*destituito*) destitué **3** (*psic.*) refoulé ♦ *s.m.* (*psic.*) refoulé.

rimostranza *s.f.* remontrance.

rimostrare *v.tr.* remontrer ♦ *v.intr.* (*fare rimostranze*) faire* des remontrances.

rimovibile *agg.* amovible.

rimozione *s.f.* **1** (*spostamento*) déplacement (*m.*); (*destituzione*) destitution || *la* — *dei sigilli*, la levée des scellés || *— della spazzatura*, enlèvement des ordures || (*aut.*) *— forzata*, mise à la fourrière **2** (*psic.*) refoulement (*m.*).

rimpaginare *v.tr.* (*tip.*) remettre* en page.

rimpagliare *v.tr.* **1** rempailler **2** (*animali*) empailler de nouveau.

rimpallo *s.m.* (*sport*) contrecoup.

rimpannucciare (*coniug. come* cominciare) *v.tr.* (*fig.*) remplumer □ **rimpannucciarsi** *v.pron.* (*fig.*) se remplumer.

rimpastare *v.tr.* **1** (*impastare di nuovo*) repétrir **2** (*fig.*) (*rimaneggiare*) remanier.

rimpasto *s.m.* (*rimaneggiamento*) remaniement.

rimpatriare *v.tr.* rapatrier ♦ *v.intr.* faire* retour dans son pays.

rimpatriata *s.f.* retrouvailles (*pl.*).

rimpatrio *s.m.* rapatriement.

rimpetto *avv.* → **dirimpetto**.

rimpiangere (*coniug. come* piangere) *v.tr.* regretter.

rimpianto *s.m.* regret.

rimpiattino *s.m.* cache-cache.

rimpiazzare *v.tr.* remplacer*.

rimpiazzo *s.m.* remplacement.

rimpicciolimento *s.m.* rapetissement.

rimpicciolire (*coniug. come* finire) *v.tr.* rapetisser.

rimpiccolire *v.tr. e deriv.* → **rimpicciolire** e *deriv.*

rimpinguare *v.tr.* (*fig.*) renflouer □ **rimpinguarsi** *v.pron.* s'enrichir.

rimpinzare *v.tr.* bourrer, gaver || *— di nozioni*, (*fig.*) bourrer de notions □ **rimpinzarsi** *v.pron.* se bourrer.

rimpolpare *v.tr.* engraisser; (*fig.*) enrichir □ **rimpolparsi** *v.pron.* se remplumer (*anche fig.*).

rimproverare *v.tr.* reprocher; (*spec. i bambini*) gronder: *— qlcu per la sua pigrizia*, reprocher à qqn sa paresse.

rimprovero *s.m.* reproche.

rimuginare *v.tr.* **1** ruminer **2** (*frugare*) fouiller.

rimunerare *v.tr.* rémunérer*; (*ricompensare*) récompenser.

rimunerativo *agg.* rémunérateur*.

rimunerazione *s.f.* rémunération.

rimuovere (*coniug. come* muovere) *v.tr.* **1** (*muovere di nuovo*) remuer **2** (*spostare*) déplacer*; (*togliere*) enlever* (*anche fig.*) || *— le difficoltà*, aplanir les difficultés **3** (*distogliere*) détourner **4** (*destituire*) destituer **5** (*psic.*) refouler.

rinascere (*coniug. come* nascere) *v.intr.* renaître* (*anche fig.*); (*di piante, di capelli ecc.*) repousser || *le tue parole l'hanno fatto* —, tes paroles l'ont ressuscité || *i fiori rinascono nell'acqua*, les fleurs reprennent dans l'eau.

rinascimentale *agg.* de la Renaissance || *stile* —, style Renaissance.

Rinascimento *s.m.* (*st.*) Renaissance (*f.*).

rinascita *s.f.* renaissance.

rincagnato *agg.* aplati || *naso* —, nez camus.

rincalzare *v.tr.* **1** rechausser; (*circondare di terra*) butter **2** (*le coperte del letto*) border.

rincalzo *s.m.* **1** (*sostegno*) appui, soutien || *a* —, à l'appui || (*mil.*): *posizione di* —, position de soutien; *truppe di* —, troupes de renfort || *e io, di* —, *aggiunsi che*, et moi, j'insistai en disant que **2** (*sport*) joueur de réserve.

rincamminarsi *v.pron.* se remettre* en route; (*riprendere il cammino*) reprendre* son chemin.

rincantucciarsi (*coniug. come* cominciare) *v.pron.* se rencogner; (*nascondersi*) se tapir.

rincantucciato *agg.* rencogné; (*nascosto*) tapi.

rincarare *v.tr.* augmenter ♦ *v.intr.* renchérir, augmenter.

rincaro *s.m.* (*comm.*) renchérissement; (*dei prezzi*) *hausse (*f.*).

rincasare *v.intr.* rentrer (chez soi, à la maison).

rinchiudere (*coniug. come* chiudere) *v.tr.* enfermer □ **rinchiudersi** *v.pron.* s'enfermer || — *in un silenzio assoluto*, se cloîtrer dans un silence absolu; — *in se stesso*, se renfermer en soi-même.

rinchiuso *agg.* enfermé ♦ *s.m.* (*recinto*) enclos.

rincitrullire (*coniug. come* finire) *v.tr.* abêtir ♦ *v.intr.*, **rincitrullirsi** *v.pron.* s'abêtir.

rincitrullito *agg.* abruti; (*fam.*) gâteux* || *sono* — *per la stanchezza*, je suis abruti de fatigue.

rincivilire (*coniug. come* finire) *v.tr.* civiliser ♦ *v.intr.*, **rincivilirsi** *v.pron.* se civiliser; (*raffinarsi*) s'affiner.

rincoglionito *agg.* (*molto fam.*) abruti, gaga || *vecchio* —, vieux baveux; *stamani sono completamente* —, ce matin je suis dans le cirage.

rincontrare *v.tr.* rencontrer de nouveau □ **rincontrarsi** *v.pron.* se rencontrer de nouveau.

rincorare *v.tr.* redonner du courage (à).

rincorrere (*coniug. come* correre) *v.tr.* poursuivre* □ **rincorrersi** *v.pron.* se poursuivre* || *giocare a* —, jouer à s'attraper.

rincorsa *s.f.* élan (*m.*): *prendere la* —, prendre son élan; *salto con, senza* —, saut avec, sans élan || *di* —, au vol.

rincrescere (*coniug. come* crescere) *v.intr.impers.* **1** regretter; (*fare dispiacere*) faire* de la peine: *mi rincresce...*, je regrette...; *mi rincresce vederlo in quello stato*, cela me fait de la peine de le voir dans cet état || *rincresce dover...*, il est bien dommage de devoir... **2** (*in formule di cortesia*) ennuyer*; (*disturbare*) déranger*: *ti rincresce darmi una mano?*, est-ce que cela t'ennuie de me donner un coup de main?; *ti rincresce alzarti un*

momento?, est-ce que cela te dérange de te lever un instant?

rincrescimento *s.m.* regret: *con mio grande* —, à mon grand regret || *è con vero* — *che...*, c'est avec un vif regret que...

rincretinire (*coniug. come* finire) *v.tr.* abêtir, bêtifier ♦ *v.intr.*, **rincretinirsi** *v.pron.* s'abêtir, s'abrutir.

rincretinito *agg.* abruti.

rinculare *v.intr.* reculer.

rinculo *s.m.* recul.

rincuorare *v.tr.* encourager*, redonner du courage (à) □ **rincuorarsi** *v.pron.* reprendre* courage.

rinfacciare (*coniug. come* cominciare) *v.tr.* reprocher; (*fam.*) jeter* à la figure.

rinfocolare *v.tr.* **1** attiser de nouveau **2** (*fig.*) (*riaccendere*) rallumer □ **rinfocolarsi** *v.pron.* se rallumer (*anche fig.*).

rinfoderare *v.tr.* rengainer || — *gli artigli*, rentrer ses griffes.

rinforzare *v.tr.* **1** renforcer* **2** (*rimettere in forze*) fortifier ♦ *v.intr.*, **rinforzarsi** *v.pron.* se fortifier; (*di vento ecc.*) s'accroître*.

rinforzato *agg.* **1** renforcé **2** (*rinvigorito*) fortifié.

rinforzo *s.m.* **1** consolidation (*f.*), renforcement **2** (*ciò che rinforza*) renfort: *di* —, en renfort || *venire in* — *a qlcu*, venir au secours de qqn.

rinfrancare (*coniug. come* mancare) *v.tr.* rassurer □ **rinfrancarsi** *v.pron.* prendre* courage.

rinfrancato *agg.* rassuré.

rinfrescante *agg.* rafraîchissant ♦ *s.m.* (*fam.*) laxatif léger.

rinfrescare (*coniug. come* mancare) *v.tr.* rafraîchir (*anche fig.*) || — *un vestito*, remettre en état un costume ♦ *v.intr.* se rafraîchir: (*il tempo*) è *rinfrescato*, le temps s'est rafraîchi; *il vento rinfresca*, le vent fraîchit □ **rinfrescarsi** *v.pron.* se rafraîchir: *mi rinfresco con una balla doccia*, je prends une bonne douche pour me rafraîchir.

rinfrescata *s.f.*: *c'è stata una* —, le temps s'est rafraîchi; *dare una* — *a*, rafraîchir; *darsi una* —, faire un brin de toilette.

rinfresco (pl. *-chi*) *s.m.* **1** (*ricevimento*) réception (*f.*), cocktail **2** (*cibi, bevande serviti*) buffet, rafraîchissements (*pl.*).

rinfusa, alla *locuz.avv.* pêle-mêle, en vrac.

ringagliardire (*coniug. come* finire) *v.tr.* (*irrobustire*) fortifier ♦ *v.intr.*, **ringagliardirsi** *v.pron.* (*irrobustirsi*) se fortifier.

ringalluzzire (*coniug. come* finire) *v.tr.* ragaillardir ♦ *v.intr.*, **ringalluzzirsi** *v.pron.* se rengorger*.

ringalluzzito *agg.* ragaillardi.

ringhiare *v.intr.* gronder.

ringhiera *s.f.* (*di balcone ecc.*) balustrade, garde-fou* (*m.*); (*di scala*) rampe.

ringhio *s.m.* grondement.

ringhioso *agg.* grondant; (*fig.*) *hargneux* || *cane* —, chien hargneux.

ringiovanimento *s.m.* rajeunissement.

ringiovanire (*coniug. come* finire) *v.tr.* e *intr.* rajeunir: *sei ringiovanito di dieci anni*, tu as rajeuni de dix ans.

ringiovanito *agg.* rajeuni.

ringoiare *v.tr.* ravaler.

ringranare *v.tr.* (*mecc.*) rengréner*, rengrener* || (*aut.*) — *la marcia*, repasser une vitesse ♦ *v. intr.* **1** (*mecc.*) recommencer* à tourner **2** (*fig.*) redémarrer.

ringraziamento *s.m.* remerciement: *profondersi in ringraziamenti*, se confondre en remerciements; *porgere i più vivi ringraziamenti*, présenter ses plus vifs remerciements; *molti ringraziamenti*, mille remerciements; *è questo il —?*, voilà comment vous me remerciez.

ringraziare *v.tr.* remercier: — *qlcu per qlco*, remercier qqn de, pour qqch; — *di cuore, sentitamente*, remercier de tout cœur, vivement; — *con un regalo*, remercier par un cadeau || *la ringrazio ma non fumo*, non merci, je ne fume pas || *e ringrazia che ti hanno rubato solo l'autoradio!*, et tu peux t'estimer heureux qu'on ne t'ait volé que ton autoradio! || *sia ringraziato il Cielo!*, Dieu soit loué! || (*corrispondenza*) *ringraziando anticipatamente, porgo distinti saluti*, avec mes remerciements anticipés, je vous prie d'agréer, Monsieur, mes salutations distinguées.

ringuainare *v.tr.* rengainer.

rinite *s.f.* (*med.*) rhinite.

rinnamorarsi *v.pron.* retomber amoureux*.

rinnegamento *s.m.* reniement.

rinnegare (*coniug. come* legare) *v.tr.* renier.

rinnegato *agg. e s.m.* renégat.

rinnesto *s.m.* (*agr.*) nouvelle greffe.

rinnovabile *agg.* renouvelable.

rinnovamento *s.m.* renouvellement; (*rinascita*) renouveau*.

rinnovare *v.tr.* renouveler* □ **rinnovarsi** *v.pron.* **1** se renouveler* || *questo partito dovrebbe —*, ce parti devrait se rénover **2** (*ripetersi*) se répéter*, se renouveler*.

rinnovatore (f. *-trice*) *agg. e s.m.* rénovateur*.

rinnovazione *s.f.* renouvellement (*m.*), rénovation.

rinnovo *s.m.* renouvellement.

rinoceronte *s.m.* rhinocéros.

rinofaringe *s.f.* (*anat.*) rhinopharynx (*m.*).

rinofaringite *s.f.* (*med.*) rhino-pharyngite.

rinomanza *s.f.* renommée.

rinomato *agg.* renommé.

rinominare *v.tr.* renommer; (*rileggere*) réélire*.

rinoplastica (pl. *-che*) *s.f.* (*med.*) rhinoplastie.

rinsaccarsi *v.pron.* (*affondare la testa nelle spalle*) rentrer la tête dans les épaules.

rinsaldare *v.tr.* consolider, renforcer*: — *un'amicizia*, consolider une amitié; — *la popolarità di qlcu*, renforcer la popularité de qqn; — *qlcu nelle sue convinzioni*, renforcer qqn dans ses convictions □ **rinsaldarsi** *v.pron.* se renforcer*: *si è rinsaldato nelle sue convinzioni*, il a renforcé ses propres convictions.

rinsanguare *v.tr.* fortifier || — *le casse dello Stato*, (*fig.*) remettre à flot le Trésor Public □ **rinsanguarsi** *v.pron.* se fortifier; (*rimettersi in forze*) se remettre*.

rinsavimento *s.m.* retour à la raison.

rinsavire (*coniug. come* finire) *v.intr.* revenir* à la raison, s'assagir.

rinsecchire (*coniug. come* finire) *v.intr.*, **rinsecchirsi** *v.pron.* **1** (*di persona*) se dessécher*, maigrir **2** (*di cibi*) sécher*.

rinserrare *v.tr.* (*rinchiudere*) renfermer □ **rinserrarsi** *v.pron.* se renfermer.

rintanarsi *v.pron.* **1** (*rientrare nella tana*) rentrer dans sa tanière, se terrer **2** (*fig.*) (*rinchiudersi*) se cloîtrer, se terrer; (*nascondersi*) se cacher: *sta rintanato in casa*, il reste cloîtré chez lui; *il gatto si è rintanato in soffitta*, le chat s'est caché dans le grenier.

rintavolare *v.tr.* rentamer.

rintelaiatura *s.f.* (*di quadri*) remontage (d'une toile sur son châssis).

rintelatura *s.f.* rentoilage (*m.*).

RINGRAZIARE

Grazie	*Merci*
Grazie di tutto	*Merci pour tout*
Molte grazie, grazie mille	*Merci bien, merci beaucoup*
Ti, la ringrazio	*Je te, vous remercie*
Sei molto gentile	*Tu es très gentil (gentille)*
Grazie del regalo	*Merci pour le cadeau*
Grazie di avermi aspettato	*Merci de m'avoir attendu*
Prego	*Il n'y a pas de quoi; je vous en prie*
Di niente	*Ce n'est rien*
Figurati!	*De rien (fam.)*
in caso venga offerto qualcosa:	**quand on vous offre quelque chose:**
Sì, grazie	*Oui, merci*
No, grazie	*(Non) merci*
	Ça va, merci

rinterrare *v.tr.* **1** (*interrare di nuovo*) renterrer **2** (*riempire di terra*) combler; (*agr.*) remblayer* **3** (*floricoltura*) rempoter □ **rinterrarsi** *v.pron.* s'ensabler.

rinterro *s.m.* remblai, remblayage.

rintoccare (*coniug.* come mancare) *v.intr.* (*di orologio*) sonner; (*di campana*) tinter, sonner.

rintocco (pl. *-chi*) *s.m.* (*di orologio*) coup; (*di campana*) tintement; (*isolato*) coup de cloche || — *funebre*, glas; *sonare a rintocchi*, sonner le glas.

rintonacare (*coniug.* come mancare) *v.tr.* recrépir.

rintonacatura *s.f.* recrépissage (*m.*).

rintontire (*coniug.* come finire) *v.tr.* assommer, abrutir □ **rintontirsi** *v.pron.* s'abrutir: *c'è da* —, il y a de quoi être abruti.

rintontito *agg.* abruti.

rintracciabile *agg.* (*di cose*) facile à trouver; (*di persone*) joignable.

rintracciare (*coniug.* come cominciare) *v.tr.* (*trovare*) trouver; (*ritrovare*) retrouver: *non so dove rintracciarlo*, je ne sais où le trouver, le joindre.

rintristire (*coniug.* come finire) *v.intr.*, **rintristirsi** *v.pron.* (*di persone*) s'attrister; dépérir; (*di piante*) s'étioler.

rintronamento *s.m.* **1** (*rimbombo*) grondement; retentissement **2** (*assordamento*) assourdissement; (*rintontimento*) abasourdissement.

rintronare *v.tr.* (*assordare*) assourdir; (*stordire*) abasourdir || *con i tuoi discorsi mi rintroni!*, tu m'assommes avec tes discours! ♦ *v.intr.* retentir, résonner.

rintronato *agg.* (*fam.*) abasourdi, étourdi.

rintuzzare *v.tr.* **1** (*reprimere*) rabattre*, rabaisser; (*respingere*) repousser **2** (*ribattere*) réfuter: — *le accuse*, réfuter les accusations.

rinuncia (pl. *-ce*) *s.f.* **1** (*il rinunciare*) renoncement (*m.*); (*atto, documento*) renonciation: — *a un diritto, alla patria potestà*, renonciation à un droit, à la puissance paternelle; — *alla nazionalità*, répudiation de sa nationalité || *in caso di* — *la somma non verrà rimborsata*, en cas de désistement la somme ne sera pas remboursée **2** (*spec.pl.*) (*sacrificio*) renoncement (*m.*).

rinunciare (*coniug.* come cominciare) *v.intr.* renoncer* || *ci rinuncio*, (*fam.*) je donne ma langue au chat || *è esaurito, ma c'è sempre qualcuno che rinuncia*, il n'y a plus de places, mais il y a toujours des désistements.

rinunciatario *agg.* défaitiste.

rinvasare *v.tr.* (*agr.*) rempoter.

rinvasatura *s.f.* (*agr.*) rempotage (*m.*).

rinvenibile *agg.* (re)trouvable.

rinvenimento[1] *s.m.* découverte (*f.*).

rinvenimento[2] *s.m.* **1** (*il recuperare i sensi*) il *suo* — *è stato lungo*, il a été long à reprendre connaissance **2** (*metall.*) revenu.

rinvenire[1] (*coniug.* come venire) *v.tr.* (*ritrovare*) retrouver; (*trovare*) trouver; (*scoprire*) découvrir*: — *un oggetto smarrito*, retrouver un objet perdu; — *il corpo del reato*, trouver le corps du

délit; — *le vestigia di un'antica civiltà*, découvrir les vestiges d'une ancienne civilisation.

rinvenire[2] *v.intr.* **1** (*riprendere i sensi*) reprendre* connaissance **2** (*di fiori*) reprendre* (sa fraîcheur); (*di cose secche*) (se) gonfler.

rinverdire (*coniug.* come finire) *v.tr.* e *intr.* reverdir: *le foglie sono rinverdite alla luce*, les feuilles ont verdi à la lumière.

rinvestire *v.tr.* réinvestir.

rinviabile *agg.* qui peut être renvoyé.

rinviare *v.tr.* **1** renvoyer* **2** (*differire*) remettre*, renvoyer* || —*una causa*, ajourner un procès.

rinvigorimento *s.m.* **1** reprise des forces **2** (*fig.*) raffermissement.

rinvigorire (*coniug.* come finire) *v.tr.* fortifier; (*rinforzare in salute*) redonner des forces (à) □ **rinvigorirsi** *v.pron.* se fortifier; (*rinforzarsi in salute*) reprendre* ses forces.

rinvio *s.m.* renvoi: *il* — *della merce*, le renvoi de la marchandise || (*tip.*) (*segno di*) —, renvoi || (*sport*) *calcio di* —, coup de renvoi || (*dir.*) — *a giudizio*, renvoi en jugement **2** (*nel tempo*) ajournement: *si è deciso il* — *della partenza*, on a décidé de remettre le départ; *il* — *di un processo*, l'ajournement d'un procès || — *dell'esecuzione di una condanna*, le sursis de l'exécution d'une peine || — *del servizio militare*, sursis d'incorporation.

rinzaffo *s.m.* (*edil.*) crêpi.

rio *s.m.* ruisseau*.

rioccupare *v.tr.* réoccuper □ **rioccuparsi** *v.pron.* s'occuper de nouveau.

rioccupazione *s.f.* réoccupation.

rionale *agg.* du quartier, de quartier.

rione *s.m.* quartier: *rioni periferici*, quartiers périphériques, faubourgs.

rioperare *v.tr.* réopérer*.

riordinamento *s.m.* rangement; (*riorganizzazione*) réorganisation (*f.*): *il* — *della scuola*, la réforme de l'enseignement || *il* — *di un archivio*, le reclassement d'archives.

riordinare *v.tr.* **1** (*rimettere in ordine*) ranger*; (*ordinare*) mettre* de l'ordre (dans) (*anche fig.*) **2** (*riorganizzare*) réorganiser **3** (*comm.*) (*ordinare di nuovo*) faire* une nouvelle commande (de).

riordino *s.m.* → riordinamento.

riorganizzare *v.tr.* réorganiser □ **riorganizzarsi** *v.pron.* se réorganiser.

riorganizzazione *s.f.* réorganisation.

riottoso *agg.* **1** rétif*; (*indocile*) indocile **2** (*litigioso*) litigieux*.

ripa *s.f.* **1** rivage (*m.*); (*del fiume*) berge **2** (*dirupo*) talus (*m.*).

ripagare (*coniug.* come legare) *v.tr.* **1** (*pagare di nuovo*) repayer* **2** (*indennizzare*) payer*, dédommager* **3** (*fig.*) (*ricompensare*) récompenser, payer* de retour || — *con la stessa moneta*, (*fig.*) rendre à qqn la monnaie de sa pièce.

riparabile *agg.* réparable.

riparare[1] *v.tr.* **1** (*proteggere*) protéger*: — *dal freddo*, protéger du, contre le froid **2** (*aggiusta-*

re, *risarcire*) réparer; (*ricucire*, *rammendare*) raccommoder || — *un torto*, redresser un tort || — (*un esame*) *a settembre*, (*nella scuola superiore italiana*) repasser (un examen) au mois de septembre ♦ *v.intr.* (*porre rimedio*) remédier □ **ripararsi** *v.pron.* (*proteggersi*) se protéger*; (*trovare riparo*) s'abriter.

riparare[2] *v.intr.* (*rifugiarsi*) se réfugier.

riparato *agg.* abrité || — *da*, à l'abri de.

riparatore (f. *-trice*) *agg.* e *s.m.* réparateur* || *matrimonio* —, mariage de réparation.

riparazione *s.f.* 1 réparation: *esigere una* — *da qlcu*, demander réparation à qqn || *riparazioni di guerra*, dédommagements de guerre || *esami di* —, examens de repêchage 2 (*edil.*) réfection.

riparlare *v.intr.* reparler.

riparo *s.m.* 1 abri || *fare da* — *a*, protéger 2 (*rimedio*) remède: *porre* —, porter remède || *correre ai ripari*, prendre des mesures pour remédier à qqch.

ripartibile *agg.* partageable.

ripartire[1] (*coniug. come finire*) *v.intr.* (*partire di nuovo*) repartir* || *la mia macchina non riparte*, ma voiture ne redémarre pas.

ripartire[2] *v.tr.* répartir, partager*.

ripartizione *s.f.* 1 répartition 2 (*reparto amministrativo*) division, service (*m.*).

riparto *s.m.* 1 répartition (*f.*) 2 (*Borsa*) partage.

ripassare *v.tr.* 1 repasser || — *un conto*, vérifier un compte || (*teatr.*) — *la propria parte*, répéter son rôle || — *la lezione*, réviser, revoir sa leçon 2 (*motori ecc.*) réviser ♦ *v.intr.* repasser.

ripassata *s.f.*: *dare una* — *di vernice*, redonner une couche de peinture; *dare una* — *alla lezione*, repasser, réviser sa leçon; *dare una* — *a un motore*, réviser un moteur; *dare una* — *a qlcu*, (*scherz.*) (*sgridalo*) passer un savon à qqn.

ripasso *s.m.* (*revisione*) révision (*f.*): *fare il* — *di storia*, repasser le programme d'histoire.

ripensamento *s.m.* réflexion (*f.*): *dopo un lungo* —, après mûre réflexion || *avere un* —, changer d'avis.

ripensare *v.intr.* 1 repenser: *ora che ci ripenso...*, maintenant que j'y repense...; *pensa e ripensa*, à force d'y penser || *ci ho ripensato e...*, j'ai changé d'avis et... 2 (*tornare col pensiero*) évoquer (qqch).

ripentirsi *v.pron.* 1 (*pentirsi di nuovo*) se repentir* de nouveau 2 (*ritornare su una decisione*) revenir* (sur).

ripercorrere (*coniug. come correre*) *v.tr.* reparcourir*.

ripercuotere (*coniug. come scuotere*) *v.tr.* 1 frapper de nouveau (à) 2 (*rifrangere*) (*suoni*) répercuter; (*luci*) réfléchir □ **ripercuotersi** *v.pron.* se répercuter.

ripercussione *s.f.* répercussion.

ripescaggio *s.m.* repêchage (*anche fig.*).

ripescare (*coniug. come mancare*) *v.tr.* repêcher.

ripetente *agg.* qui redouble une classe ♦ *s.m.* redoublant.

ripetere *v.tr.* 1 répéter*: — *la lezione*, réviser sa leçon; *torno a* — *che...*, je répète que... || — *due volte*, dire deux fois 2 (*la stessa classe*) redoubler: — *l'anno*, redoubler sa classe □ **ripetersi** *v.pron.* se répéter*.

ripetibile *agg.* répétable: *ricetta* —, ordonnance à renouveler.

ripetitività *s.f.* répétitivité.

ripetitivo *agg.* répétitif*.

ripetitore *agg.* (f. *-trice*) répétiteur* || (*rad.*, *tv*) *stazione ripetitrice*, relais hertzien ♦ *s.m.* 1 (f. *-trice*) (*insegnante privato*) répétiteur* 2 (*tecn.*) répéteur, répétiteur 3 (*tv*) relais de télévision.

ripetizione *s.f.* 1 répétition 2 (*ripasso*) révision 3 (*lezione privata*) cours particulier: *andare a* —, prendre des leçons particulières.

ripetutamente *avv.* plusieurs fois, maintes fois.

ripetuto *agg.* 1 répété 2 *pl.* (*numerosi*) plusieurs.

ripianare *v.tr.* (*econ.*) combler, aplanir: — *il bilancio*, équilibrer le budget; — *un debito*, éteindre une dette.

ripiano *s.m.* 1 (*scaffale*) rayon, étagère (*f.*) 2 (*geogr.*) plateau*, replat.

ripiantare *v.tr.* replanter.

ripicca (pl. *-che*) *s.f.*: *fare qlco per* —, faire qqch par dépit.

ripidamente *avv.* abruptement.

ripidezza *s.f.* raideur.

ripido *agg.* raide.

ripiegamento *s.m.* repliement || (*mil.*) — *di forze*, repli (des forces).

ripiegare (*coniug. come legare*) *v.tr.* replier ♦ *v.intr.* 1 se replier 2 (*fig.*) se rabattre* □ **ripiegarsi** *v.pron.* se replier.

ripiegatura *s.f.* repliement (*m.*).

ripiego (pl. *-ghi*) *s.m.* pis-aller*; (*espediente*) expédient: *di* —, de remplacement; *soluzione di* —, pis-aller.

ripieno *agg.* 1 rempli 2 (*farcito*) farci; (*di dolci*) fourré ♦ *s.m.* (*cuc.*) farce (*f.*); (*di dolci*) garniture (*f.*).

ripigliare *v.tr.* (*fam.*) reprendre*.

ripiombare *v.intr.* (*ricadere*) retomber (*anche fig.*) ♦ *v.tr.* (*fig.*) replonger*.

ripiovere (*coniug. come piovere*) *v.intr.impers.* repleuvoir*.

ripopolamento *s.m.* repeuplement.

ripopolare *v.tr.* repeupler □ **ripopolarsi** *v.pron.* se repeupler.

riporre (*coniug. come* porre) *v.tr.* 1 (*rimettere al proprio posto*) remettre*; (*sistemare*, *mettere via*) ranger* || — *il fieno*, *il raccolto*, engranger le foin, la moisson 2 (*fig.*) mettre*.

riportare *v.tr.* 1 porter de nouveau, reporter; (*restituire*) rapporter; (*rimettere*) remettre*; (*ricondurre*) ramener*: *ti riporterò il libro domani*, je te rapporterai le livre demain; *puoi riportarmi l'auto?*, tu peux ramener ma voiture? || — *nei libri contabili*, reporter dans les livres de comptes || — *sulla scena*, redonner (un spectacle) || — *dentro*, rentrer || — *fuori*, sortir || — *giù*, *su*, descendre, monter || — *via*, enlever 2 (*riferire*, *citare*) mentionner; (*ridire ad altri*) rapporter: — *a mar-*

gine, porter en marge   **3** (*conseguire*) remporter; (*ricevere, avere*) rapporter: — *la vittoria*, remporter la victoire; *ne ho riportato una cattiva impressione*, cela m'a fait mauvaise impression **4** (*subire*) subir: — *danni, ferite*, être endommagé, blessé   **5** (*riprodurre*) reproduire*: — *un disegno su scala minore*, reproduire un dessin à une plus petite échelle   **6** (*mat.*) retenir*: *scrivo otto e riporto due*, je pose huit et je retiens deux □ **riportarsi** *v.pron.* se rapporter; (*riferirsi*) se référer*.

riporto *s.m.*   **1** (*mat.*) retenue (*f.*)   **2** (*contabilità; Borsa*) report   **3** (*edil.*) *materiale di* —, remblai   **4** *cane da* —, retriever.

riposante *agg.* reposant.

riposare *v.intr.* se reposer: *hai riposato bene?*, tu t'es bien reposé?; *ho bisogno di* —, j'ai besoin de me reposer ♦ *v.tr.* reposer: — *la vista*, reposer la vue; — *la mente*, se reposer l'esprit □ **riposarsi** *v.pron.* se reposer.

riposato *agg.* reposé.

riposo *s.m.*   **1** repos || *lavorare senza* —, travailler sans relâche || *attenti!..., —!*, garde à vous!..., repos! || *buon* —*!*, reposez-vous bien! || *fare un riposino*, faire un petit somme   **2** (*pensione*) retraite (*f.*): *andare, mettere a* —, prendre sa retraite, mettre à la retraite || *casa di* —, maison de repos   **3** (*teatr.*) relâche (*f.*)   **4** (*agr.*) friche (*f.*), jachère (*f.*)   **5** (*letter.*) (*pace*) paix (*f.*).

ripostiglio *s.m.* débarras.

riposto *agg.*   **1** rangé; (*fig.*) placé   **2** (*appartato*) écarté; (*fig.*) (*segreto*) secret*.

riprendere (*coniug. come* prendere) *v.tr.*   **1** reprendre* (*anche fig.*): — *forza*, reprendre des forces, recouvrer ses forces; — *il cammino*, reprendre son chemin || *alcuni versi sono ripresi da Racine*, certains vers sont tirés de Racine   **2** (*riafferrare*) rattraper (*anche fig.*) || — *una maglia, un punto*, (*nei lavori a maglia*) relever une maille; (*se è sfilata*) rattraper une maille || *il corridore è riuscito a* — *il gruppo*, le coureur a réussi à rejoindre le peloton   **3** (*prendere indietro*) reprendre* || *andare a* — *i bambini a scuola*, aller chercher les enfants à l'école   **4** (*rimproverare*) gronder   **5** (*fotografare*) prendre* en photo; (*filmare*) filmer, faire* une prise de vues (de) ♦ *v.intr.* (*ricominciare*) reprendre*; (*rimettersi*) se remettre*: *ha ripreso a piovere*, il a recommencé à pleuvoir || *la vita riprende*, la vie recommence □ **riprendersi** *v.pron.*   **1** se remettre*: *si sta riprendendo*, (*da una malattia*) il se remet; (*da uno svenimento*) il revient à lui; (*da un'emozione*) il se reprend   **2** (*correggersi*) se reprendre*.

ripresa *s.f.*   **1** reprise (*anche fig.*)   **2** (*boxe, lotta*) reprise; (*football ecc.*) deuxième mi-temps*   **3** (*cine.*) prise de vue: — *in esterni, in interni*, prise de vue en extérieur, en intérieur || *fare una* —, tourner un plan.

ripresentare *v.tr.* représenter □ **ripresentarsi** *v.pron.* se représenter.

ripreso *agg.* repris || *abito* — *in vita*, robe serrée à la taille.

ripristinare *v.tr.*   **1** rétablir (*anche fig.*) || — *una legge*, remettre une loi en vigueur   **2** (*restaurare*) restaurer.

ripristino *s.m.* rétablissement (*anche fig.*); (*restauro*) restauration (*f.*) || *il* — *di una legge*, la remise en vigueur d'une loi || (*econ.*) *piano di* —, plan de redressement.

riproducibile *agg.* reproductible.

riprodurre (*coniug. come* condurre) *v.tr.* reproduire*: — *a colori*, reproduire en couleurs □ **riprodursi** *v.pron.* se reproduire*.

riproduttivo *agg.* reproductif*.

riproduttore (*f. -trice*) *agg.* e *s.m.* reproducteur*.

riproduzione *s.f.* reproduction.

ripromettersi (*coniug. come* mettere) *v.pron.* se promettre*, se proposer: *mi riprometto di farlo*, je me suis proposé, je me suis promis de le faire.

riproporre (*coniug. come* porre) *v.tr.* proposer à nouveau □ **riproporsi** *v.pron.* se représenter.

riprova *s.f.* nouvelle preuve || *a* — *di quanto detto*, pour prouver ce qui a été dit.

riprovare[1] *v.tr.*   **1** (*provare di nuovo*) essayer* de nouveau   **2** (*sentire di nuovo*) ressentir*, sentir* à nouveau   **3** (*cine., teatr.*) répéter: — *l'ultima scena*, répéter encore la dernière scène ♦ *v.intr.* essayer*: *guai a te ci riprovi!*, gare à toi si tu essaies une autre fois! || *provando e riprovando*, à force d'essayer □ **riprovarsi** *v.pron.* essayer* de nouveau.

riprovare[2] *v.tr.*   **1** (*disapprovare*) réprouver   **2** (*bocciare*) recaler.

riprovazione *s.f.* réprobation.

riprovevole *agg.* répréhensible.

ripubblicare (*coniug. come* mancare) *v.tr.* (*dell'editore*) republier; (*dell'autore*) rééditer.

ripudiare *v.tr.*   **1** répudier   **2** (*rinnegare*) renier; (*sconfessare*) désavouer.

ripudio *s.m.* répudiation (*f.*).

ripugnante *agg.* répugnant.

ripugnanza *s.f.* répugnance: *provare, sentire* — *per*, avoir de la répugnance pour || *fare* — *a*, répugner.

ripugnare *v.intr.* répugner: *mi ripugna accettare*, il me répugne d'accepter, je répugne à accepter.

ripulire (*coniug. come* finire) *v.tr.*   **1** (*pulire di nuovo*) nettoyer* de nouveau   **2** (*pulire*) nettoyer*; (*riordinare*) arranger* || — *un'aiuola dalle erbacce*, desherber une plate-bande (*fig.*): — *qlcu di tutto il suo denaro*, dépouiller qqn de tout son argent; *si è fatto* — *al gioco*, il s'est fait plumer au jeu   **3** (*fig.*) (*rifinire*) fignoler □ **ripulirsi** *v.pron.*   **1** faire* un brin de toilette (*fig.*) (*dirozzarsi*) se dégrossir.

ripulita *s.f.*: *dare una* — *alla casa*, nettoyer la maison; *darsi una* —, faire un brin de toilette; *la polizia ha dato una* — *al quartiere*, (*estens.*) la police a ratissé le quartier.

ripulitura *s.f.*   **1** nettoyage (*m.*) || (*edil.*) *la* — *della facciata*, le ravalement de la façade   **2** (*residuo di pulitura*) détritus (*m.*).

ripulsa *s.f.* refus (*m.*).

riquadrare *v.tr.* équarrir.

riquadro *s.m.* **1** compartiment; (*su una superficie*) panneau* **2** (*cornice*) cadre.

riqualificare (*coniug. come* mancare) *v.tr.* (*professionalmente*) recycler □ **riqualificarsi** *v.pron.* se recycler.

riqualificazione *s.f.* (*professionale*) recyclage (*m.*), requalification.

risacca (pl. *-che*) *s.f.* ressac (*m.*).

risaia *s.f.* rizière.

risaldare *v.tr.* ressouder.

risalire (*coniug. come* salire) *v.tr. e intr.* remonter: *le azioni sono risalite*, les actions ont remonté.

risalita *s.f.* remontée || *impianto di —*, remonte-pente.

risaltare *v.tr.* ressauter ♦ *v.intr.* **1** ressortir* **2** (*distinguersi*) se distinguer: *fare — i propri meriti*, mettre ses mérites en évidence **3** *— fuori*, (*riapparire*) réapparaître*.

risalto *s.m.* **1** relief; (*evidenza*) évidence (*f.*): *dare —*, mettre en relief; *porre in —*, mettre en évidence; *fare —*, ressortir; *la stampa diede grande — alla notizia*, la presse donna beaucoup d'importance à la nouvelle **2** (*arch.*) saillie (*f.*).

risanabile *agg.* qu'on peut assainir.

risanamento *s.m.* **1** (*guarigione*) guérison (*f.*) **2** (*bonifica*) assainissement || *— edilizio, urbanistico*, amélioration de l'habitat **3** (*econ.*) redressement: *— del bilancio, dei conti*, assainissement du bilan, des comptes.

risanare *v.tr.* **1** guérir (*anche fig.*) **2** (*bonificare*) assainir (*anche fig.*): *— le finanze*, redresser les finances; *— un bilancio*, assainir un bilan □ **risanarsi** *v.pron.* guérir.

risapere (*Indic.pres.* io risò, tu risai, egli risà ecc.; *coniug. come* sapere) *v.tr.* savoir*.

risaputo *agg.* connu.

risarcibile *agg.* qui peut être dédommagé.

risarcimento *s.m.* **1** dédommagement, indemnisation (*f.*) || *azione di — danni*, action en dommages-intérêts **2** (*rimborso*) remboursement; (*pagamento*) paiement.

risarcire (*coniug. come* finire) *v.tr.* **1** dédommager*, indemniser: *— i danni a qlcu*, dédommager qqn **2** (*rimborsare*) rembourser.

risata *s.f.* éclat de rire, rire (*m.*): *scoppiare in una —*, éclater de rire || *farsi matte risate*, rire comme des fous; *farsi una bella —*, *quattro risate*, bien rire || *provocare una — generale*, provoquer l'hilarité générale || *finire in una —*, se terminer dans la bonne humeur.

riscaldamento *s.m.* **1** chauffage: *— a gas, a gasolio*, chauffage au gaz, à mazout **2** (*med.*) échauffement.

riscaldare *v.tr.* **1** chauffer; (*scaldare di nuovo*) réchauffer **2** (*fig.*) (*eccitare*) échauffer, enflammer ♦ *v.intr.* chauffer || *bevanda che riscalda*, boisson échauffante □ **riscaldarsi** *v.pron.* (se) chauffer; se réchauffer; (*fig.*) s'échauffer: *— al sole*, se chauffer au soleil; *l'acqua comincia a —*, l'eau commence à chauffer.

riscaldata *s.f.*: *dare una — (a qlco)*, (ré)chauffer (qqch).

riscattabile *agg.* rachetable.

riscattare *v.tr.* racheter* (*anche fig.*) □ **riscattarsi** *v.pron.* (*redimersi*) se racheter; (*liberarsi*) se libérer*, s'affranchir.

riscatto *s.m.* **1** rachat || (*dir.*) *clausola di —*, clause de réméré **2** (*prezzo del riscatto*) rançon (*f.*).

rischiaramento *s.m.* éclairage.

rischiarare *v.tr.* (*illuminare*) éclairer; (*schiarire*) éclaircir ♦ *v.intr.* s'éclaircir □ **rischiararsi** *v.pron.* (*schiarirsi*) s'éclaircir; (*illuminarsi*) s'éclairer.

rischiare *v.tr.* risquer || *meglio non —*, il vaut mieux ne pas prendre de risques || *ha rischiato di cadere*, il a failli tomber.

rischio *s.m.* risque: *a — di*, au risque de; *c'è il — di...*, on court le risque de... || *porre a —*, mettre en péril *a proprio — e pericolo*, à ses risques et périls || *assicurazione contro ogni —*, *contro il — d'incendio*, assurance tous risques, contre les risques d'incendie.

rischiosamente *avv.* dangereusement.

rischioso *agg.* risqué; (*pericoloso*) dangereux*.

risciacquare *v.tr.* rincer*: *risciacquarsi le mani*, se rincer les mains.

risciacquata *s.f.* rinçage (*m.*) || *dare una —*, rincer.

risciacquatura *s.f.* **1** rinçage (*m.*) **2** (*acqua della risciacquatura*) eau de rinçage.

risciacquo *s.m.* **1** rinçage **2** (*collutorio*) collutoire.

risciò (pl. *invar.*) *s.m.* pousse-pousse*.

risconto *s.m.* (*banca*) réescompte.

riscontrabile *agg.* **1** (*che si può trovare*) qu'on peut relever **2** (*che si può controllare*) contrôlable, vérifiable.

riscontrare *v.tr.* **1** (*confrontare*) comparer; (*esaminare*) vérifier, contrôler || *— una lettera*, répondre à une lettre **2** (*rilevare*) relever* ♦ *v. intr.* (*corrispondere*) correspondre*.

riscontro *s.m.* **1** (*confronto*) confrontation (*f.*); (*controllo*) contrôle: *fare il — di*, contrôler; *mettere a —*, comparer || *— di cassa*, vérification de caisse || *fare —*, faire pendant || *ciò non ha alcun — nella realtà*, cela ne correspond en rien à la réalité; *fatti che non trovano — nella storia*, faits sans précédents dans l'histoire **2** (*corrente d'aria*) courant d'air **3** (*tecn.*) assemblage **4** (*comm.*) (*lettera di risposta*) réponse (*f.*); (*ricevuta*) reçu || *in attesa di un cortese (cenno di) —...*, dans l'attente d'une réponse de votre part...

riscoperta *s.f.* redécouverte.

riscoprire (*coniug. come* aprire) *v.tr.* redécouvrir*.

riscossa *s.f.* révolte || *alla —*, à la rescousse.

riscossione *s.f.* recouvrement (*m.*); (*di imposte*) perception.

riscotibile *agg.* recouvrable; (*di imposte*) percevable.

riscrittura *s.f.* nouvelle version.

riscrivere (*coniug. come* scrivere) *v.tr.* récrire*.

riscuotere (*coniug. come* scuotere) *v.tr.* **1** (*trarre*) tirer, secouer **2** (*una somma*) recouvrer, toucher; (*di imposte*) percevoir*: *— un assegno*, encaisser un chèque 3 (*ottenere*) recevoir* || — *l'ammirazione generale*, susciter l'admiration générale □ **riscuotersi** *v.pron.* 1 (*destarsi*) se réveiller; (*riprendersi*) sortir* (de), s'arracher (à) 2 (*riscattarsi*) se racheter*.

risedere (*coniug. come* sedere) *v.intr.*, **risedersi** *v.pron.* se rasseoir*.

risentimento *s.m.* 1 ressentiment 2 (*med.*) séquelle (*f.*).

risentire *v.tr.* 1 (*sentire di nuovo*) réentendre*, entendre* de nouveau 2 (*provare*) ressentir*: *ha risentito giovamento dalla cura*, ce traitement lui a fait le plus grand bien; *la casa non ha risentito alcun danno dall'incendio*, l'incendie n'a causé aucun dommage à la maison ♦ *v.intr.* se ressentir*: *il mercato risente della crisi economica*, le marché se ressent de la crise économique □ **risentirsi** *v.pron.* 1 se sentir* de nouveau: *mi risento male*, je me sens de nouveau mal 2 (*offendersi*) se vexer || — *con qlcu*, se fâcher contre qqn 3 (*sentirsi di nuovo al telefono*) se rappeler*: *ci risentiamo questa sera*, on se rappelle ce soir 4 *a risentirci!*, au revoir!

risentito *agg.* 1 irrité; (*brusco, violento*) vif*: *con tono* —, d'un ton irrité; *mi è parso piuttosto* —, il avait l'air irrité; *parole risentite*, paroles très vives; *gli ha scritto una lettera risentita*, il lui a écrit une lettre de reproches 2 (*sentito di nuovo*) entendu de nouveau: *parole sentite e risentite*, des propos ressassés.

riserbo *s.m.* réserve (*f.*); (*ritegno*) retenue (*f.*): *mantenere il massimo* —, garder la plus grande retenue.

riseria *s.f.* rizerie.

riserva *s.f.* réserve: *tenere, avere di* —, tenir en réserve || — *di grano, di viveri*, stock de blé, de vivres; — *aurea*, encaisse or; — *liquida*, réserve en espèces || (*aut.*) *essere in* —, rouler sur la réserve || (*mil*) *ufficiali della* —, officiers de réserve; *soldato della* —, réserviste || (*sport*) *fare da* —, être joueur de réserve || — *di caccia*, chasse gardée; — *di pesca*, pêche interdite || — *di indiani*, réserve indienne || — *mentale*, restriction mentale || *le debite riserve*, les réserves d'usage; *con le debite riserve*, sous toutes réserves; *senza riserve*, sans réserve(s) || *con* — (*che, di*), sous réserve (que, de).

riservare *v.tr.* 1 réserver 2 (*tenere da parte, in serbo*) garder.

riservatamente *avv.* (*con discrezione*) avec discrétion; (*con ritegno*) avec retenue.

riservatezza *s.f.* 1 (*segretezza*) caractère confidentiel 2 (*discrezione*) discrétion: *massima* —, discrétion assurée; *persona di grande* —, personne très discrète; *con estrema* — *le annuncio che...*, en vous recommandant la plus grande discrétion je vous annonce que... || *diritto alla* —, respect de sa vie privée.

riservato *agg.* 1 réservé || *caccia, pesca riservata*, chasse, pêche gardée || *proprietà letteraria riservata*, tous droits de reproduction, de traduction et d'adaptation réservés 2 (*confidenziale, non divulgabile*) confidentiel*: *lettera riservata*,

lettre confidentielle; (*lettera*) *riservata personale*, lettre personnelle 3 (*discreto*) réservé, discret*: — *nel parlare*, réservé dans ses propos.

riservista *s.m.* (*mil.*) réserviste.

risguardo *s.m.* (*tip.*) (feuille de) garde; (*risvolto*) volet, rabat.

risibile *agg.* risible.

risibilità *s.f.* caractère comique, humour (*m.*).

risicato *agg.* (*minimo*) réduit, restreint: *un margine di tempo* —, un bref laps de temps || *maggioranza risicata*, petite majorité; *una vittoria risicata*, une maigre victoire.

risicolo *agg.* rizicole.

risicoltura *s.f.* riziculture.

risiedere *v.intr.* résider.

risipola *s.f.* érysipèle.

risma *s.f.* 1 rame 2 (*spreg.*) acabit (*m.*).

riso[1] *s.m.* riz: — *greggio, vestito*, riz en paille; — *pilato, brillato*, riz blanchi, glacé; *minestra di* —, soupe au riz || *punto* (*grana di*) —, (*nei lavori a maglia*) point de riz.

riso[2] (pl.f. *risa*) *s.m.* (*risata*) rire: *un accesso di* — *irrefrenabile*, une crise de fou rire; *trattenere il* —, se retenir de rire || *esporsi alle risa di tutti*, s'exposer à la risée publique; *essere cagione di* — *per tutti*, être la risée de tout le monde || *volgere in* —, tourner en plaisanterie; *prendere in* —, (*fam.*) prendre à la blague || *tutto finì in* —, tout finit par un éclat de rire.

risolino *s.m.* petit rire: — *di scherno*, ricanement.

risollevare *v.tr.* soulever* de nouveau || (*fig.*): — *una questione*, remettre en cause une question; — *una famiglia dalla miseria*, tirer une famille de la misère; — *le sorti di una ditta*, relever une entreprise; — *il morale di qlcu*, remonter le moral à qqn □ **risollevarsi** *v.pron.* 1 se soulever* de nouveau 2 (*rimettersi*) se remettre* 3 (*ribellarsi*) soulever* de nouveau.

risolto *agg.* 1 résolu 2 (*di malattia*) guéri.

risolutamente *avv.* résolument.

risolutezza *s.f.* résolution: *con* —, résolument.

risolutivo *agg.* 1 résolutif* 2 (*dir.*) résolutoire 3 (*decisivo*) décisif*.

risoluto *agg.* résolu.

risolutore (f. *-trice*) *s.m.* qui résout (un problème, etc.).

risoluzione *s.f.* résolution || *la* — *di una malattia*, la guérison d'une maladie || *la* — *di una crisi*, l'issue d'une crise || (*cine.*) *la* — *di un'immagine*, la définition d'une image.

risolvente *agg.* 1 résolvant 2 (*med.*) résolutif*.

risolvere (*coniug. come* assolvere) *v.tr.* résoudre*: *così non risolvi proprio niente*, de cette façon tu ne résoudras rien du tout || — *un dubbio*, dissiper un doute || — *una questione*, trancher une question; — *una vertenza*, régler un différend □ **risolversi** *v.pron.* 1 se résoudre* || — *in nulla*, finir en queue de poisson || *si è tutto risolto bene*, tout s'est bien terminé 2 (*di malattia*) guérir 3 (*decidersi*) se décider: *mi sono risolto a invitarlo*, je me suis décidé à l'inviter.

risolvibile *agg.* résoluble.

risonante *agg.* résonnant.

risonanza *s.f.* résonance; (*fig.*) retentissement (*m.*): *cassa di* —, caisse de résonance; *avere molta* —, avoir un grand retentissement.

risonare *v.intr.* → **risuonare**.

risone *s.m.* rizon.

risorgere (*coniug. come* scorgere) *v.intr.* **1** (*di astri*) se lever* **2** (*tornare in vita*) ressusciter || — *a nuova vita,* (*fig.*) ressusciter **3** (*fig.*) (*rinascere*) renaître*; (*rifiorire*) se relever* || *far* —, (*un desiderio, un ricordo*) réveiller.

risorgimentale *agg.* (*st.*) du Risorgimento.

risorgimento *s.m.* **1** (*il risorgere*) renaissance (*f.*) **2** (*st.*) Risorgimento, Risorgimento.

risorsa *s.f.* ressource || *uomo di molte risorse,* homme de ressource(s).

risorto *agg.* **1** (*tornato in vita*) ressuscité **2** (*fig.*) refleuri.

risospingere (*coniug. come* spingere) *v.tr.* pousser de nouveau.

risotto *s.m.* (*cuc.*) risotto: — *coi funghi,* risotto aux champignons.

risovvenire (*coniug. come* venire) *v.intr.,* **risovvenirsi** *v.pron.* se souvenir* (de): *mi risovvengo, mi risovviene,* je me souviens.

risparmiare *v.tr.* **1** (*fare economia di*) économiser; (*fig.*) ménager*: — *la luce, il gas,* économiser l'électricité, le gaz; *così risparmi il venti per cento,* de cette façon, tu fais une économie de vingt pour cent; — *per la vecchiaia,* faire des économies pour sa vieillesse; — *le proprie forze, la vista,* (*fig.*) ménager ses forces, sa vue; *risparmia il fiato,* épargne ton souffle; — *il motore,* ménager son moteur || — *tempo,* gagner du temps || *tanto di risparmiato!,* c'est autant de gagné! **2** (*evitare*) épargner, éviter: *risparmiami questo dispiacere,* évite-moi ce chagrin; *risparmiami i particolari,* épargne-moi les détails; *vi risparmio il racconto delle mie disavventure,* je vous épargne le récit de mes mésaventures; *risparmiami i tuoi consigli,* fais-moi grâce de tes conseils; *risparmiati la fatica!,* ne te fatigue pas || *la morte l'ha risparmiato,* la mort l'a épargné; *la sua ironia non risparmia nessuno,* son ironie n'épargne, ne ménage personne || — *la vita a qlcu,* épargner la vie à qqn □ **risparmiarsi** *v.pron.* se ménager*.

risparmiatore (f. *-trice*) *s.m.* épargnant: *è un* —, il est économe.

risparmio *s.m.* **1** économie (*f.*): — *di tempo,* économie de temps; — *d'energia,* économie d'énergie || *fare* — *di qlco,* économiser qqch || *lavorare senza* —, travailler sans se ménager **2** (*denaro risparmiato*) économies (*f.pl.*); (*reddito investito*) épargne (*f.*): *vivere dei propri risparmi,* vivre de ses économies; *attingere ai propri risparmi,* puiser dans ses économies; *investire i propri risparmi,* placer ses économies; *ho dei risparmi,* j'ai de l'argent de côté; — *delle famiglie,* épargne des familles; — *a breve, a lungo termine,* épargne à court, à long terme || *libretto di* —, livret (de caisse) d'épargne; *fondo di* —, fonds d'épargne || *Cassa di Risparmio,* Caisse d'Épargne.

rispecchiare *v.tr.* réfléchir; (*meno intensamente*) refléter* (*anche fig.*): *la casa rispecchia la sua personalità,* sa maison est è son image □ **rispecchiarsi** *v.pron.* se réfléchir; se refléter* (*anche fig.*).

rispedire (*coniug. come* finire) *v.tr.* **1** (*spedire di nuovo*) réexpédier **2** (*spedire indietro*) renvoyer* **3** (*inoltrare ad altro indirizzo*) faire* suivre.

rispettabile *agg.* **1** respectable || *il* — *pubblico,* le public **2** (*considerevole*) considérable, respectable || *un naso* —, (*iron.*) un nez de tout respect.

rispettabilità *s.f.* respectabilité.

rispettare *v.tr.* respecter || — *una promessa,* être fidèle à sa promesse; — *un impegno,* tenir ses engagements; — *la propria firma,* faire honneur à sa signature.

rispettato *agg.* respecté.

rispettivamente *avv.* respectivement.

rispettivo *agg.* respectif*: *con le rispettive consorti,* avec leurs femmes respectives.

rispetto *s.m.* **1** respect: *portare* — *a qlcu,* avoir du respect pour qqn; *mancare di* — *a qlcu,* manquer de respect envers qqn, (*a una donna*) à une femme; *non ha* — *per nessuno,* il n'a de respect pour personne; *mi deve* —, il me doit le respect || — *della legge,* respect, observation de la loi; *il* — *del codice della strada,* l'observance du code de la route || *con il dovuto* —, avec les égards voulus || *con* — *parlando,* sauf votre respect || *l'ho fatto per* — *a tua madre,* je l'ai fait par égard envers ta mère || *degno di* —, respectable, digne d'estime; *di tutto* —, tout à fait respectable || (*urbanistica*) *zona di* —, zone protégée **2** *pl.* (*omaggi*) respects: *i miei rispetti,* (*a un uomo*) mes respects, (*a una donna*) mes hommages **3** (*aspetto, riguardo*) égard; (*relazione*) rapport: *sotto ogni* —, à tous égards, sous tous rapports || *per diversi rispetti,* (*punti di vista*) à de nombreux égards, (*ragioni*) pour différentes raisons □ *rispetto a* loc.prep. en ce qui concerne; (*in confronto a*) par rapport à.

rispettoso *agg.* respectueux*: *a rispettosa distanza,* à distance respectueuse || **-mente** *avv.*

rispiegare (*coniug. come* legare) *v.tr.* (*chiarire meglio*) expliquer une autre fois.

risplendente *agg.* resplendissant.

risplendere (*coniug. come* splendere) *v.intr.* resplendir; (*brillare*) briller || — *per intelligenza,* briller par son intelligence.

risolverare *v.tr.* **1** épousseter* de nouveau **2** (*fig.*) rafraîchir.

rispondente *agg.* (*corrispondente*) qui correspond (à); (*adatto*) qui répond (à).

rispondenza *s.f.* correspondance || *non c'è* — *tra quello che dice e quello che fa,* il n'y a aucun rapport entre ce qu'il dit et ce qu'il fait.

rispondere (*Pass.rem.* io risposi, tu rispondesti ecc. *Part.pass.* risposto) *v.intr.* **1** répondre*: *rispondi spiegandomi i fatti,* réponds pour m'expliquer ce qui s'est passé; *rispondi dicendomi quando verrai,* dans ta réponse, dis-moi quand tu viendras; *ha risposto dicendo solo sciocchezze,* il n'a répondu que des bêtises; — *con un sorriso,* répondre d'un, par un sourire; — *con ingiurie,* répondre par des injures; — *con due righe,* répondre en deux lignes; — *con un sì,* répondre par un oui; — *bene,* bien répondre; — *male,* mal répondre, *(maleducatamente)* répondre grossièrement || *il paziente non risponde alle cure,* le malade ne réagit pas au traitement **2** *(corrispondere)* correspondre*: *non risponde alla descrizione,* cela ne correspond pas à la description || — *allo scopo,* faire l'affaire **3** *(assumersi la responsabilità di)* répondre*; *(rendere conto di)* rendre* compte: *rispondo io della sua innocenza,* je réponds de son innocence; *dovrai — del tuo ritardo,* tu devras rendre compte de ton retard || *non rispondono della merce non pagata,* ils déclinent toute responsabilité en ce qui concerne la marchandise non payée ♦ *v.tr.* répondre*: — *due parole,* en deux mots; *non rispose una parola,* il n'a pas répondu un seul mot; — *(di) sì, (di) no,* répondre (que) oui, (que) non || *non — verbo,* ne pas souffler mot.

risponditore *s.m.* *(tel., radar)* répondeur.

risposarsi *v.pron.* se remarier.

risposta *s.f.* **1** réponse: *non ho mai ricevuto — alla mia lettera,* je n'ai jamais reçu de réponse à ma lettre; *mandare due righe di —,* écrire deux lignes en guise de réponse; *mi ha dato una rispostaccia,* il m'a répondu de travers || *avere la — pronta,* avoir la repartie facile || *è stato un continuo botta e —,* ils se sont répondu du tac au tac **2** *(sport)* *(rinvio)* renvoi *(m.).*

rispuntare *v.intr.* **1** repousser: *sono rispuntate le viole,* les violettes ont repoussé **2** *(riapparire)* reparaître*: *è rispuntato il sole,* le soleil a fait sa réapparition || *è rispuntata fuori quella vecchia storia,* *(fam.)* on a sorti de nouveau cette vieille histoire.

rissa *s.f.* rixe, bagarre || *venire a — con qlcu,* en venir aux mains avec qqn.

rissosità *s.f.* brutalité.

rissoso *agg.* bagarreur*.

ristabilimento *s.m.* rétablissement; *(med.)* restauration *(f.).*

ristabilire *(coniug. come finire) v.tr.* rétablir: *la cura l'ha ristabilito,* le traitement l'a rétabli □ **ristabilirsi** *v.pron.* **1** se rétablir **2** *(stabilirsi di nuovo)* s'établir de nouveau.

ristabilito *agg.* rétabli.

ristagnare *v.intr.* stagner *(anche fig.)*; *(di acque)* séjourner; *(di fiumi)* cesser de couler.

ristagno *s.m.* **1** stagnation *(f.)* **2** *(med.)* engouement.

ristampa *s.f.* réimpression.

ristampare *v.tr.* réimprimer.

ristorante *s.m.* restaurant || *vagone, carrozza —,* wagon-restaurant.

ristorare *v.tr.* *(con cibo)* restaurer; *(con bevande)* désaltérer*; *(con il riposo)* redonner des forces || *— le finanze,* *(fig.)* rétablir les finances □ **ristorarsi** *v.pron.* *(con cibo)* se restaurer; *(con bibite)* se désaltérer* || *mi sono ristorato con tre ore di son-*

no, ces trois heures de sommeil m'ont redonné des forces.

ristoratore (f. *-trice) agg.* réparateur*; *(corroborante)* réconfortant || *pioggia ristoratrice,* pluie rafraîchissante ♦ *s.m.* restaurateur*.

ristorazione *s.f.* restauration.

ristoro *s.m.* **1** repos; *(distensione)* détente *(f.)*; *(conforto)* réconfort; *(sollievo)* soulagement: *trovar — nel sonno,* trouver le repos dans le sommeil; *trovar — nella lettura,* trouver un réconfort dans la lecture || *dare —,* restaurer, revigorer **2** *(posto di) —,* *(nelle stazioni)* buffet, *(per sole bevande)* buvette; *(sulle strade, autostrade)* restoroute; *(nelle gare ciclistiche)* stand, poste de ravitaillement.

ristrettezza *s.f.* **1** *(di spazio)* étroitesse **2** *(fig.)* *(scarsità)* manque *(m.):* — *di tempo,* manque de temps || *ristrettezze economiche, finanziarie,* difficultés financières; *vivere in ristrettezze,* vivre dans la gêne **3** *(fig.)* *(grettezza)* étroitesse: — *d'idee,* étroitesse d'idées; — *di mente,* étroitesse d'esprit.

ristretto *agg.* **1** *(stretto)* serré **2** *(limitato)* limité; *(angusto)* étroit || *un — numero,* un nombre restreint **3** *(fig.)* *(gretto)* borné **4** *(condensato)* condensé || *caffè —,* café fort; *brodo —,* consommé.

ristrutturabile *agg.* *(edil.)* à rénover.

ristrutturare *v.tr.* **1** restructurer **2** *(edil.)* rénover, réhabiliter.

ristrutturato *agg.* restructuré; *(edil.)* rénové, réhabilité.

ristrutturazione *s.f.* **1** restructuration **2** *(edil.)* rénovation, réhabilitation.

ristudiare *v.tr.* étudier de nouveau; *(riesaminare)* réexaminer.

risucchiare *v.tr.* *(attirare nel risucchio)* aspirer || *è stato risucchiato dalle eliche,* il a été happé par les hélices.

risucchio *s.m.* remous || *— d'aria,* appel d'air.

risultante *agg.* résultant ♦ *s.f.* **1** *(fis.)* résultante **2** *(fig.)* résultat *(m.).*

risultanza *s.f.* *(spec.pl.)* résultat *(m.).*

risultare *v.intr.* **1** résulter: *dalle indagini risulta colpevole,* il résulte de l'enquête qu'il est coupable; *non risulta nulla a suo carico,* il s'avère qu'aucune charge ne pèse sur lui || *da ciò risulta che...,* il s'ensuit que...; *ne risulta che...,* il en résulte que...; *a quanto risulta,* à ce qu'il semble; *a quanto risulta dal dibattito,* d'après ce qu'il ressort du débat; *da, per quanto mi risulta, mi risulta che,* à ma connaissance; *ci risulta...,* il résulte, nous avons constaté que...; *non mi risulta che...,* je ne me crois pas que...; *questo non mi risulta,* je ne suis pas au courant **2** *(dimostrarsi, rivelarsi)* se révéler*: *la moneta risulta falsa,* la monnaie est révélée fausse || *risulta chiaro che...,* il apparaît clairement que...; *la sua idea è risultata giusta,* son idée s'est avérée juste; *risulta vincitore il Signor X,* Monsieur X est le vainqueur.

risultato *s.m.* résultat **2** *(sport)* — *di parità,* match nul.

risuolare *v.tr.* ressemeler*.

risuolatura *s.f.* ressemelage (*m.*).

risuonare *v.intr.* **1** sonner de nouveau **2** (*rimbombare*) résonner; (*echeggiare*) retentir: *dei passi risuonavano sul selciato*, des pas résonnaient sur le pavé; *un grido risuonò nella campagna*, un cri retentit dans la campagne; *il teatro risuonava di applausi*, le théâtre retentissait d'applaudissements; *le sue parole mi risuonano ancora negli orecchi*, ses mots retentissent encore à mes oreilles ♦ *v.tr.* sonner de nouveau; (*mus.*) rejouer.

risurrezione *s.f.* résurrection || *Pasqua di Risurrezione*, Pâques.

risuscitare *v.tr. e intr.* ressusciter: *è un vino che fa — i morti*, c'est un vin à ressusciter un mort; — *ricordi*, ressusciter des souvenirs; *dopo quella cura è risuscitato*, (*fam.*) ce traitement l'a requinqué || *Cristo risuscitò da morte*, le Christ est ressuscité d'entre les morts.

risvegliare *v.tr.* **1** réveiller || —*dall'apatia*, tirer de son apathie **2** (*fig.*) (*stimolare*) éveiller; (*ravvivare*) réveiller || — *l'appetito*, aiguiser l'appétit □ **risvegliarsi** *v.pron.* se réveiller || *si è risvegliato dalla sua apatia*, il est sorti de son apathie.

risveglio *s.m.* réveil (*anche fig.*) || *il — del commercio*, la reprise du commerce || *il — delle arti*, la renaissance des arts.

risvolto *s.m.* **1** revers; (*di polsino*) manchette (*f.*); (*di tasca*) rabat: *pantaloni con —*, pantalon à revers **2** (*della copertina di un libro*) volet, rabat **3** (*fig.*) (*conseguenza*) conséquence (*f.*); (*aspetto*) aspect: *risvolti inquietanti*, des conséquences malheureuses || *i risvolti psicologici di un testo*, l'épaisseur psychologique d'un texte.

ritagliare *v.tr.* découper || *ritagliarsi uno spazio*, (*fig.*) trouver son espace vital, s'affirmer.

ritaglio *s.m.* **1** retaille (*f.*) || — (*di tempo*) moment de libre, moments perdus; *legge nei ritagli di tempo*, il lit à ses moments perdus **2** (*di giornale*) coupure (*f.*) **3** (*spec.pl.*) (*avanzi di stoffa, di carta, di pelle ecc.*) chutes (*f.pl.*), rognures (*f.pl.*); (*di carne*) déchets (*pl.*): *con un — di stoffa ha fatto un fazzoletto*, elle a fait un mouchoir avec un bout de tissu.

ritardare *v.intr.* **1** (*tardare*) tarder **2** (*essere in ritardo*) avoir* du retard || — *di un'ora*, avoir une heure de retard; *ritarderò di un'ora*, j'arriverai avec une heure de retard; *ritarda troppo*, il a trop de retard || *non voglio farvi —*, je ne veux pas vous retarder; *non fatemi —*, ne me mettez pas en retard **3** (*di orologio*) retarder: *il mio orologio ritarda di cinque minuti*, ma montre retarde de cinq minutes ♦ *v.tr.* **1** retarder: — *un pagamento*, différer un paiement; *l'appuntamento è stato ritardato di mezz'ora*, le rendez-vous a été repoussé d'une demi-heure **2** (*rallentare*) ralentir.

ritardatario *s.m.* retardataire.

ritardato *agg.* retardé; (*differito*) différé: *pagamento —*, paiement différé; *partenza ritardata*, départ retardé, différé || (*psic.*) *bambino —*, enfant arriéré || *a scoppio —*, à retardement (*anche*
fig.) || *a effetto —*, *ad azione ritardata*, (*di farmaco*) retard.

ritardo *s.m.* retard: *scusarsi per il —*, s'excuser de son retard || *in —*, en retard; *pagare in —*, payer avec retard; *il treno è in —*, le train a du retard; *essere in — con un pagamento*, être en retard dans un paiement || (*psic.*): — *mentale*, arriération mentale, retard mental; — *psicomotorio*, retard psychomoteur ♦ *con valore di agg.* (*di farmaco*) retard.

ritegno *s.m.* retenue (*f.*); (*pudore*) pudeur (*f.*) || *ha — a chiedere*, il a honte de demander || *non ha nessun — a dire ciò che pensa*, il ne se gêne pas pour dire ce qu'il pense || *spendere senza —*, dépenser sans compter.

ritelefonare *v.intr.* rappeler*.

ritemprare *v.tr.* renforcer*; (*fig.*) retremper □ **ritemprarsi** *v.pron.* reprendre* des forces; (*fig.*) se retremper.

ritenere (*coniug. come* tenere) *v.tr.* **1** penser, croire*; (*giudicare*) estimer; (*considerare*) considérer* (comme): *riteniamo che sia andata così*, nous pensons que les choses se sont passées ainsi; *non lo ritenevano necessario*, ils ne pensaient pas que c'était nécessaire; *non lo ritengo capace di rubare*, je ne le crois pas capable de voler; *ti ritengo responsabile*, je t'estime responsable; *lo ritengo una persona intelligente*, je le considère comme un homme intelligent **2** (*trattenere*) retenir*; (*cibo ecc.*) garder **3** (*ricordare*) retenir*: *studia ma non ritiene quasi nulla*, il étudie mais il ne retient presque rien **4** (*impedire*) empêcher: *lo ritenne dal fare sciocchezze*, il l'empêcha de faire des sottises □ **ritenersi** *v.pron.* (*credersi*) se croire*; (*considerarsi*) s'estimer: *ci riteniamo offesi*, nous nous estimons offensés.

ritentare *v.tr.* retenter, essayer* encore: *tentare e —*, essayer à maintes reprises.

ritenuta *s.f.* (*per la previdenza sociale*) précompte (*m.*): *ritenute salariali*, retenues sur les salaires; — *alla fonte*, — *d'acconto*, retenue à la source.

ritenzione *s.f.* rétention.

ritirare *v.tr.* **1** retirer (*anche fig.*): — *la parola data*, retirer sa parole || — *lo stipendio*, toucher son salaire || — *i vestiti dalla tintoria*, aller chercher ses vêtements à la teinturerie || — (*dalla circolazione*), retirer de la circulation **2** (*tirare dentro, al coperto*) rentrer **3** (*richiamare*) rappeler* **4** (*lanciare di nuovo*) relancer* □ **ritirarsi** *v.pron.* **1** se retirer (*anche fig.*): — *a vita privata*, se retirer; *si è ritirata in camera sua*, elle s'est retirée dans sa chambre || — *da un impegno*, se dérober à un engagement || — *sull'Aventino*, (*fig.*) se retirer sous sa tente **2** (*rientrare a casa*) rentrer **3** (*appartarsi*) s'isoler **4** (*di tessuto*) (se) rétrécir.

ritirata *s.f.* **1** retraite **2** (*latrina*) toilettes (*pl.*), w.c. (*m.*).

ritirato *agg.* **1** retiré **2** (*di tessuto*) rétréci.

ritiro *s.m.* **1** retrait: *annunciò il suo — dalla vita politica*, il annonça qu'il se retirait de la vie politique || *per il — della merce...*, pour retirer la marchandise...; *in caso di mancato* —, en cas de non retrait; *procederemo al* — *della merce*, nous procèderons à l'enlèvement de la marchandise || *il* — *delle acque*, la décrue; *il* — *della marea*, le reflux de la marée; *il* — *di un ghiacciaio*, le recul d'un glacier || — *spirituale*, retraite spirituelle **2** (*luogo appartato*) lieu retiré, retraite (*f.*) || *generale in* —, général à la retraite **3** (*sport*) (*periodo di preparazione atletica*) stage de préparation; (*abbandono di una gara*) abandon **4** (*di tessuto*) rétrécissement.

ritmare *v.tr.* rythmer || — *il passo*, marquer le pas.

ritmato *agg.* rythmé || *a passo* —, au pas cadencé.

ritmica *s.f.* rythmique.

ritmicamente *avv.* rythmiquement; avec rythme.

ritmicità *s.f.* rythmicité; (*ritmo*) rythme (*m.*).

ritmico (pl. -*ci*) *agg.* rythmique.

ritmo *s.m.* **1** rythme: *ballare a* — *di valzer*, danser sur un rythme de valse || *il* — *della catena di montaggio*, la cadence de la chaîne de montage; *lavorare a* — *sostenuto*, travailler à une bonne cadence **2** (*composizione musicale*) musique (*f.*): *un* — *lento*, une musique lente.

rito *s.m.* rite || *sposarsi con* — *civile*, se marier civilement || *il* — *del tè*, le rituel du thé || *di* —, d'usage; *secondo il* —, selon l'usage.

ritoccare (*coniug. come* mancare) *v.tr.* retoucher || *ritocca a te*, c'est de nouveau ton tour || *ritoccarsi le labbra*, se remettre du rouge à lèvres; — *il* (*trucco del*) *viso*, se refaire une beauté.

ritoccata *s.f.*: *dare una* —, retoucher || *darsi una ritoccatina alle labbra*, se remettre du rouge à lèvres; *darsi una ritoccatina alla pettinatura*, se donner un coup de peigne.

ritoccatore (f. -*trice*) *s.m.* retoucheur*.

ritocco (pl. -*chi*) *s.m.* retouche (*f.*): *apportare ritocchi a qlco*, faire des retouches à qqch.

ritogliere (*coniug. come* cogliere) *v.tr.* **1** (*togliere di nuovo*) enlever* de nouveau **2** (*riprendere*) reprendre*.

ritorcere (*coniug. come* torcere) *v.tr.* **1** (*torcere di nuovo*) retordre* **2** (*fig.*) retourner □ **ritorcersi** *v.pron.* se retourner.

ritorcitura *s.f.* (*ind. tess.*) retordage (*m.*).

ritornare *v.intr.* **1** (*essere di ritorno; venire di nuovo*) (*rientrare a casa*) rentrer (chez soi): *ritornate presto*, revenez vite nous voir; *sono ritornata* (*a casa*) *in settembre*, je suis revenue (à la maison) en septembre; *ritorna a casa alle otto*, il rentre (chez lui) à huit heures; — *da un viaggio*, revenir d'un voyage; *tra poco ritornerà l'estate*, bientôt l'été reviendra; *mi è ritornata la febbre*, j'ai de nouveau la fièvre || — *su*, remonter; — *giù*, redescendre || — *in sé*, reprendre ses esprits **2** (*andare di nuovo*) retourner; (*andare periodicamente*) se rendre*: *l'estate prossima ritornerò in Inghilterra*, l'été prochain, je retournerai en Angleterre; — *ogni giorno a scuola*, se rendre tous les jours à l'école **3** (*ripetersi*) revenir*: *questa immagine ritorna spesso nella sua poesia*, cette image revient souvent dans ses poésies **4** (*ridiventare*) redevenir*: — *giovane*,

redevenir jeune; *quando* (*il tempo*) *ritornerà sereno*, quand le temps redeviendra beau || *è ritornato come nuovo*, il est comme neuf **5** *ritornarsene* s'en revenir* ♦ *v.tr.* (*restituire*) rendre*.

ritornello *s.m.* refrain (*anche fig.*).

ritorno *s.m.* retour: *al mio* — *a casa*, de retour chez moi || *un biglietto d'andata e* —, *un'andata e* —, un aller et retour; *fra andata e* —, pour aller et revenir || *fare* —, revenir, (*a casa*) rentrer (à la maison) || *l'ho avuto di* — *ieri*, on me l'a rendu hier || (*sport*) *incontro di* —, match retour || *vuoto di* —, bouteille consignée; *ricevuta di* —, avis de réception.

ritorsione *s.f.* rétorsion || *fare ritorsioni*, prendre des mesures de rétorsion.

ritorto *agg.* tordu || *filo* —, fil retors; *seta ritorta*, soie torse ♦ *s.m.* (*filato*) retors.

ritrarre (*coniug. come* trarre) *v.tr.* **1** (*tirare indietro*) retirer || — *lo sguardo*, détourner les yeux **2** (*tirare dentro*) rétracter **3** (*rappresentare*) représenter || *non ama farsi* —, il n'aime pas qu'on fasse son portrait, (*in fotografia*) qu'on le prenne en photo || — *fedelmente i fatti*, décrire fidèlement les faits □ **ritrarsi** *v.pron.* **1** (*trarsi indietro*) reculer **2** (*rappresentarsi*) se représenter.

ritrasmettere *v.tr.* (*rad., tv*) retransmettre*.

ritrasmissione *s.f.* (*rad., tv*) retransmission.

ritrattare *v.tr.* **1** retraiter **2** (*disdire*) rétracter □ **ritrattarsi** *v.pron.* se rétracter.

ritrattazione *s.f.* rétractation.

ritrattista *s.m.* portraitiste.

ritrattistica *s.f.* art du portrait.

ritrattistico (pl. -*ci*) *agg.* du portrait.

ritratto *agg.* représenté ♦ *s.m.* portrait: — *a mezzo busto*, portrait en buste; — *a figura intera*, portrait en pied || *il* — *del dolore, della salute*, (*fig.*) l'image de la douleur, de la santé.

ritrazione *s.f.* rétraction.

ritrito *agg.* (*spec. fig.*) rebattu, usé: *idee* (*trite e*) *ritrite*, idées rebattues, qui traînent partout.

ritrosia *s.f.* **1** (*timidezza*) timidité, sauvagerie **2** (*riluttanza*) réticence.

ritroso *agg.* **1** (*poco socievole*) farouche, sauvage; (*timido*) timide || *fare la ritrosa*, faire la timide **2** (*avverso*) contraire **3** (*che va all'indietro*) rétrograde □ **(a) ritroso** *locuz.avv.* à reculons: *camminare a* —, marcher à reculons || *andare a* — *nel tempo*, remonter dans le temps.

ritrovamento *s.m.* **1** (*il ritrovere*) le fait de retrouver: *in caso di* — *dell'automobile sarete avvisati*, si on retrouve votre voiture, on vous avertira **2** (*scoperta*) découverte (*f.*).

ritrovare *v.tr.* **1** retrouver || *con la fortuna che si ritrova*, (*fam.*) avec la chance qu'il a **2** (*recuperare*) recouvrer: — *la parola*, recouvrer l'usage de la parole || — *il coraggio*, reprendre courage **3** (*scoprire*) trouver **4** (*riconoscere*) reconnaître* □ **ritrovarsi** *v.pron.* se retrouver.

ritrovato *s.m.* (*scoperta*) découverte (*f.*); (*invenzione*) invention (*f.*); (*espediente*) expédient.

ritrovo *s.m.* **1** (*riunione*) réunion (*f.*), rencontre (*f.*) **2** (*luogo di*) —, rendez-vous || — *notturno*, boîte de nuit.

ritto *agg.* (*diritto*) droit; (*in piedi*) debout: *star* —, se tenir droit || *a coda ritta*, la queue en l'air.

rituale *agg.* **1** rituel* **2** (*abituale*) d'usage ♦ *s.m.* rituel.

ritualismo *s.m.* (*eccl.*) ritualisme.

ritualistico (pl. *-ci*) *agg.* ritualiste.

ritualmente *avv.* selon les rites.

rituffare *v.tr.* replonger* □ **rituffarsi** *v.pron.* se replonger*.

riunione *s.f.* réunion.

riunire (*coniug. come* finire) *v.tr.* **1** réunir **2** (*mettere insieme*) rassembler: *riunì tutti i concorrenti nella sala delle assemblee*, il rassembla tous les concurrents dans la salle de réunions **3** (*riconciliare*) rapprocher □ **riunirsi** *v.pron.* se réunir.

riunito *agg.* réuni.

riuscire (*coniug. come* uscire) *v.intr.* **1** réussir: *l'operazione è riuscita perfettamente*, l'opération a parfaitement réussi; *sono riuscito a parlargli*, j'ai réussi à lui parler; *riesce bene nelle materie scientifiche*, il réussit bien dans les matières scientifiques; *la torta mi è riuscita*, j'ai réussi mon gâteau; *la torta non è riuscita*, le gâteau est raté; *il piatto è ben riuscito*, ce plat est bien réussi || *sei riuscito bene in questa fotografia*, tu es bien sur cette photo; *riesce sempre bene in fotografia*, il est très photogénique || *è un ragazzo che riuscirà*, c'est un garçon qui ira loin **2** (*essere capace*) réussir, arriver || *non mi riesce di...*, je n'arrive pas à...; *non sono riuscito a farlo parlare*, je ne suis pas arrivé, je n'ai pas réussi à le faire parler || *prova se ti riesce!*, essaye un peu! **3** (*risultare*) être*: *ogni movimento gli riusciva penoso*, le moindre mouvement lui était pénible **4** (*uscire di nuovo*) ressortir*.

riuscita *s.f.* (*successo*) réussite; (*esito*) issue: *la buona* — *di un esperimento*, la réussite, le succès d'une cattiva —, un échec || *queste scarpe hanno fatto una buona* —, ces chaussures ont fait de l'usage, ont duré longtemps.

riuscito *agg.* réussi || *non* —, manqué, raté.

riutilizzare *v.tr.* réutiliser.

riutilizzazione *s.f.*, **riutilizzo** *s.m.* réutilisation (*f.*).

riva *s.f.* **1** (*di mare*) rivage (m.), rive: *andare a* —, aller sur la rive || *in* — *al mare*, au bord de la mer **2** (*di lago, di fiume*) bord (m.); (*di canale ecc.*) berge **3** (*mar.*) *a* —, en haut: *bandiera a* —, pavillon haut; *andare a* —, monter (en haut d'un mât).

rivaccinazione *s.f.* revaccination.

rivale *agg.* e *s.m.* rival* || *non teme rivali*, il n'a pas de rival || *senza rivali*, inégalable ♦ *s.f.* rivale.

rivaleggiare (*coniug. come* mangiare) *v.intr.* rivaliser: — *in eleganza*, rivaliser d'élégance.

rivalersi (*coniug. come* valere) *v.pron.* **1** se rattraper || — *sui più deboli*, se venger sur les plus faibles **2** (*servirsi di nuovo*) se resservir* (de).

rivalità *s.f.* rivalité.

rivalsa *s.f.* **1** compensation **2** (*rivincita*) revanche **3** (*comm.*) (*recupero*) récupération **4** (*dir.*) recours (m.).

rivalutare *v.tr.* **1** réévaluer **2** (*dare maggior valore a*; *riconoscere il valore di*) revaloriser.

rivalutazione *s.f.* **1** réévaluation **2** (*riconoscimento di valore*) revalorisation.

rivangare (*coniug. come* legare) *v.tr.* (*riandare col pensiero a*) ressasser || — *il passato*, revenir sur le passé ♦ *v.intr.*: — *nei ricordi*, fouiller dans ses souvenirs.

rivedere (*coniug. come* vedere) *v.tr.* **1** revoir* || *chi si rivede!*, tiens le revoilà! **2** (*ripassare*) répéter*; (*verificare*) réviser; (*correggere*) corriger* □ **rivedersi** *v.pron.* se revoir* || *ci rivedremo!*, je t'attends au tournant!

rivedibile *agg.* **1** susceptible d'être revu **2** (*mil.*) ajourné.

riveduta *s.f.* coup d'œil: *dare una* — *a*, revoir.

rivelabile *agg.* qui peut être révélé.

rivelare *v.tr.* **1** révéler* **2** (*fis.*) détecter □ **rivelarsi** *v.pron.* se révéler*.

rivelatore *agg.* (f. *-trice*) révélateur* ♦ *s.m.* **1** détecteur **2** (*chim.*) révélateur.

rivelazione *s.f.* révélation.

rivendere *v.tr.* revendre*.

rivendibile *agg.* qu'on peut revendre.

rivendicare (*coniug. come* mancare) *v.tr.* revendiquer, réclamer.

rivendicativo *agg.* revendicatif*.

rivendicatore (f. *-trice*) *agg.* e *s.m.* revendicateur*.

rivendicazione *s.f.* revendication.

rivendita *s.f.* **1** (*il rivendere*) revente **2** (*vendita al minuto*) vente au détail **3** (*negozio*) magasin (m.) || — (*di*) *tabacchi*, débit de tabac.

rivenditore (f. *-trice*) *s.m.* revendeur*; (*al minuto*) détaillant.

riverberare *v.tr.* réverbérer*; (*un suono*) réfléchir □ **riverberarsi** *v.pron.* se réverbérer*; (*di suono*) se réfléchir; (*fig.*) rejaillir.

riverberazione *s.f.* réverbération; (*di suono*) réflexion.

riverbero *s.m.* réverbération (*f.*); (*di suono*) réflexion (*f.*) || *lampada a* —, réverbère || *di* —, indirectement.

riverente *agg.* respectueux*.

riverenza *s.f.* **1** respect (m.) **2** (*inchino*) révérence.

riverire (*coniug. come* finire) *v.tr.* **1** (*manifestare rispetto per*) révérer **2** (*salutare*) présenter ses respects (à): (*la*) *riverisco!*, (je vous présente) mes respects!

riverito *agg.* honoré.

riverniciare (*coniug. come* cominciare) *v.tr.* repeindre*.

riversare *v.tr.* verser de nouveau; (*fig.*) déverser || — *la colpa sugli altri*, faire retomber la faute sur les autres □ **riversarsi** *v.pron.* (*spargersi*) se répandre*; (*fig.*) se déverser.

riversibile *agg.* e *deriv.* → **reversibile** e *deriv.*

riverso *agg.* renversé ‖ *cadere* —, tomber à la renverse.

rivestimento *s.m.* revêtement: — *in legno*, revêtement en bois, *(arredamento)* boiseries ‖ — *interno*, *(di un'auto)* garniture intérieure.

rivestire *v.tr.* **1** rhabiller **2** *(foderare)* recouvrir*; *(di pareti)* tapisser ‖ — *in legno*, boiser **3** *(indossare)* revêtir* **4** *(fig.)* *(avere importanza ecc.)* revêtir* **5** *(avere una carica)* recouvrir* ‖ — *il grado di*, avoir le grade de □ **rivestirsi** *v.pron.* se rhabiller; *(fig.)* se revêtir*.

rivestito *agg.* **1** *(ricoperto)* revêtu: *fatto* — *di mistero*, *(fig.)* un événement enveloppé de mystère **2** *(vestito a nuovo)* rhabillé.

rivestitura *s.f.* revêtement *(m.)*.

rivettare *v.tr.* *(tecn.)* riveter*.

rivetto *s.m.* *(tecn.)* rivet.

riviera *s.f.* côte; *(di fiume o lago)* bords *(m.pl.)*: *la* — *adriatica*, la côte adriatique ‖ *Riviera di Levante, di Ponente*, Riviera du Levant, du Ponant.

rivierasco (pl. *-chi*) *agg.* *(del mare)* de la côte; *(del fiume, del lago)* riverain.

rivincita *s.f.* revanche: *fare la* —, jouer la revanche ‖ *si è preso una bella* —, il a pris une belle revanche.

rivista *s.f.* **1** revue: *passare in* —, passer en revue **2** *(pubblicazione)* revue ‖ — *di moda*, journal de mode ‖ *una* — *settimanale*, un hebdomadaire; — *illustrata*, magazine **3** *(il rivedere)* coup d'œil ‖ *dare una* — *a*, revoir.

rivitalizzare *v.tr.* revitaliser.

rivitalizzazione *s.f.* revitalisation.

rivivere *(coniug. come* vivere*)* *v.intr.* e *tr.* revivre* *(anche fig.)*.

riviviscenza *s.f.* reviviscence.

rivo *s.m.* *(letter.)* ruisseau*.

rivolere *(coniug. come* volere*)* *v.tr.* vouloir* de nouveau ‖ *rivoglio i miei libri*, rends-moi mes livres.

rivolgere *(coniug. come* volgere*)* *v.tr.* **1** tourner **2** *(rovesciare)* retourner **3** *(indirizzare)* adresser: *non gli rivolge più la parola*, il ne lui adresse plus la parole ‖ — *una domanda a qlcu*, poser une question à qqn □ **rivolgersi** *v.pron.* s'adresser.

rivolgimento *s.m.* bouleversement.

rivolo *s.m.* petit ruisseau*.

rivolta *s.f.* révolte.

rivoltante *agg.* révoltant ‖ *intruglio* —, mixture dégoûtante.

rivoltare *v.tr.* **1** retourner **2** *(ripugnare)* écœurer *(anche fig.)* ‖ — *lo stomaco*, soulever le cœur □ **rivoltarsi** *v.pron.* **1** se retourner **2** *(ribellarsi)* se révolter.

rivoltella *s.f.* revolver *(m.)*.

rivoltellata *s.f.* coup de revolver.

rivolto *agg.* tourné: — *indietro*, tourné en arrière.

rivoltolare *v.tr.* rouler.

rivoltoso *agg.* e *s.m.* rebelle, révolté.

rivoluzionare *v.tr.* révolutionner.

rivoluzionario *agg.* e *s.m.* révolutionnaire.

rivoluzione *s.f.* révolution.

rivulsione *s.f.* e *deriv.* → **revulsione** e *deriv.*

rizoma *s.m.* *(bot.)* rhizome.

rizzare *v.tr.* **1** dresser ‖ — *il pelo*, hérisser le poil **2** *(erigere)* élever* □ **rizzarsi** *v.pron.* se lever*; se dresser.

roast-beef *s.m.* *(cuc.)* rosbif, roast-beef.

roba *s.f.* **1** *(cosa, cose)* choses *(pl.)*; *(oggetti)* objets *(m.pl.)*; *(cose personali)* affaires *(pl.)*: *è vecchia* —, ce sont des vieilleries; *non c'è molta* — *da vedere*, il n'y a pas grand-chose à voir ‖ *non toccare quella* —, ne touche pas cela ‖ *cos'è questa* —?, qu'est-ce que c'est que ça? ‖ *questa è* — *nostra*, c'est à nous ‖ *è* — *da niente*, ce n'est pas grand-chose ‖ *bella* —!, c'est du propre! ‖ *che* —!, regarde-moi ça! ‖ — *da chiodi*, c'est inouï; *è* — *da piangere*, c'est à faire pleurer ‖ *è* — *di vent'anni fa*, il y a vingt ans de ça **2** *(proprietà, sostanze)* biens *(m.pl.)*: *ha lasciato tutta la sua* — *ai poveri*, il a laissé tout ce qu'il avait aux pauvres **3** *(abiti)* vêtements *(m.pl.)*; *(stoffa)* étoffe; *(tessuto)* tissu *(m.)* **4** *(merce)* marchandise; articles *(m.pl.)*: *è* — *fine*, c'est de la belle marchandise **5** *(gergo)* *(droga)* came **6** *(cibi)*: — *da mangiare*, quelque chose à manger; — *da bere*, quelque chose à boire; *la* — *dolce*, le sucré; *la* — *salata*, le salé.

robaccia *s.f.* *(merce di poco valore)* camelote: *non leggere quella* —, ne lis pas cette saleté.

robinia *s.f.* *(bot.)* robinier *(m.)*.

robiola *s.f.* fromage (italien) à pâte molle.

robivecchi *s.m.* brocanteur.

roboante *agg.* **1** sonore **2** *(fig.)* ronflant.

robot (pl. *invar.*) *s.m.* robot.

robotica *s.f.* robotique.

robustezza *s.f.* force, vigueur.

robusto *agg.* **1** robuste; *(forte)* fort *(anche fig.)* ‖ *stomaco* —, estomac d'autruche ‖ *stile* —, style vigoureux **2** *(di cose)* *(solido)* solide.

rocambolesco (pl. *-chi*) *agg.* rocambolesque.

rocca[1] (pl. *-che*) *s.f.* **1** *(fortezza)* forteresse **2** *(roccia)* roche.

rocca[2] *s.f.* *(conocchia)* quenouille.

roccaforte (pl. *roccheforti*) *s.f.* citadelle.

rocchetto *s.m.* **1** bobine *(f.)*; *(per la seta)* rochet **2** *(mecc.)* *(di ingranaggio)* pignon.

rocchio *s.m.* *(di albero, di colonna)* tronçon.

roccia (pl. *-ce*) *s.f.* **1** *(geol.)* roche **2** *(blocco)* rocher *(m.)* ‖ *alpinismo su* —, varappe **3** *(suolo roccioso)* roc *(m.)* ‖ *è una* —!, c'est un roc!

rocciatore (f. *-trice*) *s.m.* varappeur*, rochassier*.

roccioso *agg.* rocheux*.

rockettaro *s.m.* *(fam.)* rocker*, rockie*.

roco (pl. *-chi*) *agg.* rauque.

rococò (pl. *invar.*) *agg.* e *s.m.* rococo.

rodaggio *s.m.* rodage.

rodare *v.tr.* roder.

rodeo *s.m.* rodéo.

rodere *(coniug. come* chiudere*)* *v.tr.* ronger* ‖ *rodersi il fegato*, se faire du mauvais sang □ **rodersi** *v.pron.* *(fig.)* se ronger* ‖ — *dalla gelosia*, être dévoré par la jalousie.

rodio *s.m.* *(chim.)* rhodium.

roditore *agg.* e *s.m.* rongeur*.

rododendro *s.m.* (*bot.*) rhododendron.

rodomontata *s.f.* (*scherz.*) rodomontade.

rogante *s.m.* (*dir.*) notaire.

rogare (*coniug. come* legare) *v.tr.* (*dir.*) notarier.

rogatoria *s.f.* (*dir.*) commission rogatoire.

rogatorio *agg.* (*dir.*) rogatoire.

rogazioni *s.f.pl.* (*eccl.*) rogations.

rogito *s.m.* (*dir.*) acte notarié || *fare il* — (*di un appartamento*), passer la vente.

rogna *s.f.* **1** (*scabbia*) gale **2** (*malattia delle piante*) teigne **3** (*fig. fam.*) ennui (*m.*), embêtement (*m.*) || *cercar rogne*, chercher noise.

rognone *s.m.* (*cuc.*) rognon.

rognoso *agg.* **1** galeux* **2** (*fig.*) embêtant: *lavoro* —, travail embêtant.

rogo *s.m.* **1** bûcher **2** (*incendio*) incendie.

rollare *v.intr.* rouler.

rollata *s.f.* coup de roulis.

rollino *s.m.* (petit) rouleau*; (*fot.*) pellicule (en bobine).

rollio *s.m.* roulis.

romagnolo *agg.* e *s.m.* romagnol.

romancio *agg.* e *s.m.* romanche.

romando *agg.* e *s.m.* romand: *la Svizzera romanda*, la Suisse Romande.

romanesco (pl. *-chi*) *agg.* romain ♦ *s.m.* (dialecte) romain.

romanico (pl. *-ci*) *s.m.* e *agg.* (*arte*) roman.

romano *agg.* e *s.m.* romain || *pagare alla romana*, payer chacun sa part.

romanticheria *s.f.* sensiblerie, affectation romantique.

romanticismo *s.m.* romantisme.

romantico (pl. *-ci*) *agg.* e *s.m.* romantique.

romanza *s.f.* romance.

romanzare *v.tr.* romancer*.

romanzato *agg.* romancé.

romanzesco (pl. *-chi*) *agg.* romanesque (*anche fig.*) || *personaggio* —, personnage de roman.

romanziere *s.m.* romancier*.

romanzo[1] *s.m.* roman: — *giallo*, roman policier; — *a fumetti*, feuilleton en bandes dessinées.

romanzo[2] *agg.* roman || *filologia romanza*, philologie romane.

rombare *v.intr.* gronder; (*di motore*) vrombir.

rombo[1] *s.m.* (*mat.*) rhombe, losange (*f.*): (*fatto*) *a rombi*, losangé.

rombo[2] *s.m.* (*zool.*) turbot.

rombo[3] *s.m.* grondement; (*di motore*) vrombissement.

rombo- *prep.* rhombo-.

romboide *s.m.* (*mat.*) rhomboïde.

romeno *agg.* e *s.m.* roumain.

romito *agg.* (*letter.*) solitaire.

romitorio *s.m.* ermitage.

rompere (*Pass.rem.* io ruppi, tu rompesti ecc. *Part.pass.* rotto) *v.tr.* **1** casser || *rompersi la schiena a fare qlco*, (*fig.*) s'éreinter à faire qqch || *non* —!, (*fam.*) ne me casse pas les pieds! || *chi rompe paga* (*e i cocci sono suoi*), il faut payer les pots cassés **2** (*spezzare, interrompere*) rompre* (*anche fig.*): — *il digiuno, la monotonia*, rompre

le jeûne, la monotonie || — *il sonno*, interrompre le sommeil || (*ippica*) — *il trotto*, passer du trot au galop **3** (*strappare*) déchirer ♦ *v.intr.* **1** (*interrompere i rapporti*) rompre* **2** (*naufragare*) faire* naufrage **3** (*prorompere*): — *in pianto*, fondre en larmes □ **rompersi** *v.pron.* **1** se casser; (*fig.*) se rompre*: *il piatto si ruppe*, l'assiette se cassa **2** (*molto fam.*) (*scocciarsi*) en avoir* ras-le-bol.

rompicapo *s.m.* casse-tête* (*anche fig.*).

rompicollo *s.m.* casse-cou* || *correre a* —, courir à tombeau ouvert.

rompigetto (pl. *invar.*) *s.m.* (*di rubinetto*) brise-jet*.

rompighiaccio (pl. *invar.*) *s.m.* **1** (*mar.*) brise-glace* **2** (*per alpinisti*) piolet*.

rompiscatole *s.m.* e *f.* (*fam.*) casse-pieds*.

rompitutto (pl. *invar.*) *s.m.* (*fam.*) brise-tout*, brise-fer*.

roncola *s.f.* (*agr.*) serpe.

ronda *s.f.* (*mil.*) ronde.

rondella *s.f.* (*mecc.*) rondelle: — *di spinta*, rondelle de butée; — *di tenuta ermetica*, rondelle d'étanchéité.

rondine *s.f.* hirondelle.

rondinotto *s.m.* hirondeau*.

rondò[1] *s.m.* (*lett.*) rondeau*; (*mus.*) rondo, rondeau*.

rondò[2] *s.m.* (*di strade*) rond-point*.

rondone *s.m.* (*zool.*) martinet.

ronfare *v.intr.* (*fam.*) **1** ronfler **2** (*fare le fusa*) ronronner.

ron ron *s.m.* (*onom.*) (*del gatto*) ronron: *fare* —, (*di gatto*) ronronner; (*di persona*) ronfler.

röntgenterapia *s.f.* röntgenthérapie.

ronzare *v.intr.* **1** (*di insetti*) bourdonner; (*di motori*) ronfler || *mi ronzano le orecchie*, j'ai des bourdonnements d'oreilles **2** (*fig.*) (*girare attorno*) rôder || — *intorno a una ragazza*, tourner autour d'une jeune fille **3** (*fig.*) (*turbinare*) s'agiter || *che cosa ti ronza per il capo?*, qu'est-ce qui te passe par la tête?

ronzino *s.m.* rosse (*f.*), *haridelle (*f.*).

ronzio *s.m.* bourdonnement; (*di motori*) ronflement.

rorido *agg.* (*letter.*) humide de rosée.

rosa *s.f.* **1** rose: — *di macchia*, rose de bruyère; — *di maggio*, rose pompon || — *canina*, églantine; (*pianta*) églantier || — *delle Alpi*, rhododendron || *una pianta di rose*, un rosier || *legno di rose*, bois de rose || — *di mare*, ortie de mer, actinie || (*geol.*) — *del deserto*, rose des sables || (*fig.*): *giunse fresco come una* —, il arriva comme une fleur || *non son tutte rose*, ce n'est pas tout rose; *la vita non è tutta rose e fiori*, la vie n'est pas toujours rose; *se son rose fioriranno*, qui vivra, verra **2** (*fig.*) (*gruppo*) groupe (*m.*) **3** (*di capelli*) épi (*m.*) **4** (*arch.*) (*rosone*) rose, rosace ♦ *s.m.* (*colore*) rose: — *antico*, vieux rose; — *shocking*, rose vif || *vedere tutto* —, voir tout en rose ♦ *agg.* rose: *dei vestiti* —, des robes roses || *romanzo, letteratura* —, roman, littérature à l'eau de rose.

rosaceo *agg.* rosacé.

rosaio *s.m.* rosier.

rosario *s.m.* (*di cinque decine*) chapelet (*anche fig.*); (*di quindici decine*) rosaire: *recitare il* —, dire son chapelet, rosaire.

rosato *agg.* **1** (*roseo*) rose || *vino* —, vin rosé **2** (*che contiene essenza di rose*) rosat* ♦ *s.m.* (*vino*) rosé.

roseo *agg.* rose || *un* — *avvenire*, un avenir tout rose || *rosee prospettive*, des perspectives agréables.

roseola *s.f.* (*med.*) roséole.

roseto *s.m.* roseraie (*f.*).

rosetta *s.f.* **1** (*decorazione a forma di rosa*) rosette **2** (*gioielleria*) rose **3** (*mecc.*) rondelle **4** (*bot.*) rosette **5** (*tipo di pane*) petit pain rond.

rosicare (*coniug. come* mancare) *v.tr.* (*rodere*) ronger*; (*rosicchiare*) grignoter.

rosicchiare *v.tr.* (*rodere*) ronger*; (*mangiucchiare*) grignoter || *rosicchiarsi le unghie*, se ronger les ongles.

rosmarino *s.m.* (*bot.*) romarin.

roso *agg.* rongé; (*consumato*) usé.

rosolaccio *s.m.* (*bot.*) coquelicot.

rosolare *v.tr.* (*cuc.*) rissoler □ **rosolarsi** *v.pron.* (*cuc.*) rissoler || — *al sole*, (*fig.*) se rôtir au soleil.

rosolia *s.f.* (*med.*) rubéole.

rosolio *s.m.* rossolis.

rosone *s.m.* (*arch.*) rosace (*f.*).

rospo *s.m.* **1** crapaud || *ingoiare un* —, avaler des couleuvres **2** (*fig.*) (*persona brutta*) crapaud.

rossastro *agg.* rougeâtre; (*di capelli, di pelo*) roussâtre.

rosseggiare (*coniug. come* mangiare) *v.intr.* rougeoyer*.

rossetto *s.m.* (*per le labbra*) rouge à lèvres; (*per le guance*) rouge: *darsi il* —, se mettre du rouge à lèvres.

rossiccio *agg.* rougeâtre; (*di capelli, di pelo*) roussâtre.

rosso *agg.* **1** rouge: *il semaforo è* —, le feu est au rouge; *è passato col* —, il est passé au rouge; — *dalla vergogna*, rouge de honte || — *di rabbia*, bleu de colère || *quella ragazza è bianca e rossa*, cette jeune fille a de belles couleurs || *luna rossa*, lune rousse || *cinema a luci rosse*, cinéma pornographique **2** (*di capelli, di pelo*) roux* **3** (*rossiccio*) roux* ♦ *s.m.* **1** (*colore*) rouge **2** (*colore rossiccio*) roux* **3** (*uomo dai capelli rossi*) roux* **4** (*pol.*) rouge **5** (*comm.*) *in* —, à découvert **6** (*tuorlo*) jaune **7** (*vino rosso*) rouge.

rossola *s.f.* (*bot.*) russule.

rossore *s.m.* rougeur (*f.*) || *con* — *debbo confessare che...*, à ma grande honte je dois avouer que...

rosticceria *s.f.* rôtisserie.

rosticciere *s.m.* rôtisseur*.

rostro *s.m.* **1** rostre **2** (*di rapaci*) bec.

rota *s.f.* **1** (*letter.*) (*ruota*) roue **2** (*dir. eccl.*) *la Sacra Rota*, la Rote (romaine).

rotabile *agg.* carrossable || (*ferr.*) *materiale* —, matériel roulant ♦ *s.f.* route carrossable.

rotaia *s.f.* **1** rail (*m.*) || *uscire dalle rotaie*, (*anche*

---

fig.) dérailler **2** (*solco lasciato dalle ruote*) ornière.

rotante *agg.* tournant, rotatif*.

rotare *v.intr.* e *tr.* → **ruotare**.

rotativa *s.f.* (*tip.*) rotative.

rotativo *agg.* rotatif*; (*di rotazione*) de rotation.

rotatorio *agg.* rotatoire || *senso* —, sens giratoire.

rotazione *s.f.* **1** rotation **2** (*avvicendamento*) roulement (*m.*) **3** (*agr.*) assolement (*m.*), rotation des cultures.

roteare *v.tr.* tourner; (*gli occhi*) rouler ♦ *v.intr.* tournoyer*.

rotella *s.f.* **1** roulette || *gli manca qualche* —, (*fig. fam.*) il lui manque une case **2** (*anat.*) (*rotula*) rotule.

rotocalco (pl. *-chi*) *s.m.* **1** (*tip.*) rotogravure (*f.*): *stampare a* —, imprimer en rotogravure **2** (*periodico*) magazine.

rotolamento *s.m.* roulement.

rotolare *v.tr.* e *intr.* rouler || — *giù per le scale*, dégringoler dans l'escalier □ **rotolarsi** *v.pron.* se rouler.

rotolio *s.m.* roulement continu.

rotolo *s.m.* rouleau* □ **a rotoli** *locuz.avv.* à vau-l'eau: *è andato tutto a rotoli*, tout est tombé à l'eau; *ha mandato tutto a rotoli*, il a tout envoyé promener.

rotolone *s.m.* (*caduta*) dégringolade (*f.*): *fare un* — *per le scale*, dégringoler dans l'escalier || *cadere* (*a*) *rotoloni*, tomber, dégringoler.

rotonda *s.f.* **1** (*arch.*) rotonde **2** (*terrazza di forma circolare*) terrasse **3** (*spartitraffico*) rond-point* (*m.*).

rotondeggiante *agg.* arrondi.

rotondetto *agg.* (*fam.*) rondelet*.

rotondità *s.f.* rondeur (*anche fig.*); rotondité.

rotondo *agg.* rond; (*arrotondato*) arrondi || *mento* —, menton arrondi.

rotore *s.m.* (*tecn.*) rotor.

rotta[1] *s.f.* **1** (*rottura*) rupture || *correre a* — *di collo*, courir comme un dératé || *essere in* — *con qlcu*, être brouillé avec qqn **2** (*disfatta*) débâcle; (*fuga*) déroute.

rotta[2] *s.f.* (*mar., aer.*) route || *ufficiale di* —, (*mar. mil.*) officier de route et des montres; (*mar. mercantile*) officier de navigation || *fare* — *per*, faire route vers, mettre le cap sur; *invertire la* —, virer.

rottamaio *s.m.* ferrailleur.

rottame *s.m.* débris || *rottami di ferro*, ferraille || *quell'uomo è un* —, (*fig.*) cet homme est une épave.

rotto *agg.* **1** cassé; (*frantumato*) brisé || *scarpe rotte*, souliers percés || — *dalla fatica*, moulu de fatigue || *voce rotta dai singhiozzi, dall'emozione*, voix entrecoupée de sanglots, brisée par l'émotion **2** (*resistente*) rompu || — *ai vizi*, rompu aux vices ♦ *s.m.* **1** *per il* — *della cuffia*, de justesse **2** *pl.* (*spiccioli*) poussières (*f.*).

rottura *s.f.* **1** rupture (*anche fig.*) **2** (*fam.*) (*seccatura*) emmerdement (*m.*), embêtement (*m.*).

rotula *s.f.* (*anat.*) rotule.

roulotte *s.f.* caravane, roulotte || *il campeggio in* —, le caravaning; (*durante l'inverno*) la caravaneige.

roulottista *s.m.* caravanier*.

rovello *s.m.* (*letter.*) (*pensiero ossessivo*) obsession (*f.*).

rovente *agg.* ardent (*anche fig.*); (*di ferro*) rouge.

rovere *s.m.* o *f.* (*bot.*) rouvre (*m.*).

rovesciamento *s.m.* renversement (*anche fig.*); (*di barca*) chavirement.

rovesciare (*coniug. come* cominciare) *v.tr.* **1** (*rivoltare*) retourner **2** (*capovolgere*) renverser (*anche fig.*); (*un'imbarcazione*) faire* chavirer **3** (*versare*) renverser || — *insulti su qlcu*, déverser des injures sur qqn || — *la colpa su qlcu*, rejeter la faute sur qqn □ **rovesciarsi** *v.pron.* **1** se renverser; (*di imbarcazione*) chavirer || *l'automobile si rovesciò nel fosso*, l'automobile culbuta dans le fossé **2** (*versarsi*) renverser; (*di pioggia ecc.*) s'abattre*; (*di folla*) se déverser.

rovesciata *s.f.* (*football*) retourné (*m.*).

rovesciato *agg.* (*capovolto*) renversé; (*di indumento*) retourné.

rovescio *agg.* à l'envers; (*riverso*) renversé: *cadere —*, tomber à la renverse || *punto —*, (*nei lavori a maglia*) maille à l'envers ♦ *s.m.* **1** revers || — *di fortuna*, revers de fortune; *il — della mano*, le revers de la main; *il — di un foglio*, le verso d'une feuille **2** (*di tessuto*) envers **3** (*di pioggia, grandine ecc.*) averse (*f.*); (*fig.*) bordée (*f.*) □ **a rovescio**, **alla rovescia** *locuz.avv.* à l'envers; (*fig.*) de travers || *conto alla rovescia*, compte à rebours □ **dal rovescio** *locuz. avv.* à l'envers.

roveto *s.m.* ronceraie (*f.*), fourré d'épines.

rovina *s.f.* **1** ruine (*anche fig.*) || *andare in —*, (*di cose*) tomber en ruine; (*di persone*) se ruiner; *mandare in —*, ruiner || *è stato una —*, cela a été un désastre **2** (*crollo*) écroulement (*m.*).

rovinare *v.tr.* **1** ruiner **2** (*danneggiare*) abîmer **3** (*fig.*) (*sciupare*) gâcher ♦ *v.intr.* s'écrouler || *la valanga rovinò a valle*, l'avalanche dévala dans la vallée □ **rovinarsi** *v.pron.* se ruiner.

rovinato *agg.* (*mandato in rovina*) ruiné; (*danneggiato*) abîmé.

rovinio *s.m.* (*crollo*) écroulement; (*fracasso*) fracas.

rovinosamente *avv.* **1** ruineusement **2** (*violentemente*) violemment.

rovinoso *agg.* (*che manda in rovina*) ruineux*; (*che causa danni*) catastrophique.

rovistare *v.tr.* e *intr.* fouiller.

rovo *s.m.* ronce (*f.*).

royalties *s.f.pl.* (*econ.*, *dir.*) royalties.

rozzamente *avv.* grossièrement, rudement.

rozzezza *s.f.* grossièreté, rudesse.

rozzo *agg.* **1** (*non rifinito*) brut **2** (*fig.*) fruste; (*di persona*) mal élevé, rude, grossier*.

ruba, a *locuz.avv.*: *andare a —*, se vendre comme des petits pains; *i suoi dischi vanno a —*, on s'arrache ses disques.

rubacchiare *v.tr.* chaparder; (*nei campi*) marauder.

rubacuori *agg.* enjôleur* ♦ *s.m.* bourreau* des cœurs.

rubare *v.tr.* voler || — *sulla spesa*, faire danser l'anse du panier || — *le ore al sonno*, prendre sur son sommeil || *mi rubi il mestiere!*, tu veux faire mon travail!! || *mi ha rubato la parola di bocca*, j'allais le dire □ **rubarsi** *v.pron.* s'arracher; (*contendersi*) se disputer.

ruberia *s.f.* vol (*m.*): *è una —*, c'est du vol || *le ruberie dei cattivi amministratori*, les escroqueries des mauvais administrateurs.

rubicondo *agg.* rubicond.

rubidio *s.m.* (*chim.*) rubidium.

rubinetteria *s.f.* robinetterie.

rubinetto *s.m.* robinet.

rubino *s.m.* rubis.

rubizzo *agg.* **1** gaillard **2** (*rubicondo*) rubicond, rougeaud.

rublo *s.m.* rouble.

rubrica (pl. -*che*) *s.f.* **1** (*in un periodico*) rubrique **2** (*quaderno a margini scalettati*) répertoire (à onglets).

ruchetta, **rucola** *s.f.* (*bot.*) roquette.

rude *agg.* rude; (*rozzo*) grossier* || *usare sistemi rudi*, ne pas y aller de main morte.

rudemente *avv.* rudement; (*in modo brusco*) brusquement.

rudere *s.m.* (*spec. pl.*) ruines (*f.pl.*) || *ormai è un —*, (*fig.*) désormais ce n'est plus qu'une ruine.

rudezza *s.f.* rudesse; (*rozzezza*) grossièreté.

rudimentale *agg.* rudimentaire.

rudimento *s.m.* rudiment.

ruffiana *s.f.* entremetteuse; (*fig.*) lèche-bottes*: *che —!*, ce qu'elle peut être fayot!

ruffianata *s.f.* (*fam.*) vacherie.

ruffiano *s.m.* maquereau*; (*fig.*) fayot.

ruga (pl. -*ghe*) *s.f.* ride.

rugbista *s.m.* rugbyman*.

rugby *s.m.* (*sport*) rugby.

ruggente *agg.* rugissant || *gli anni ruggenti*, (*gli anni trenta*) les années folles.

ruggine *s.f.* rouille: *prendere la —*, se rouiller; (*colore*) rouille || *pera —*, rousselet || (*fig.*): *aver della — contro qlcu*, en vouloir à qqn; *c'è una vecchia — tra di loro*, il y a une vieille inimitié entre eux; *c'è un po' di — tra loro*, ils sont en froid.

rugginoso *agg.* rouillé.

ruggire (*coniug. come* finire) *v.intr.* rugir.

ruggito *s.m.* rugissement.

rugiada *s.f.* rosée.

rugiadoso *agg.* humide de rosée.

rugosità *s.f.* rugosité.

rugoso *agg.* rugueux*; (*di viso*) ridé.

rullaggio *s.m.* (*aer.*) roulement (sur le sol).

rullare *v.intr.* e *tr.* rouler.

rullata *s.f.* (*aer.*) roulement (sur le sol).

rullino *s.m.* (petit) rouleau*; (*fot.*) pellicule (*f.*).

rullio *s.m.* **1** roulement **2** (*mar.*) roulis.

rullo *s.m.* **1** rouleau* || — (*di scorrimento*), galet (de roulement) **2** (*di tamburo*) roulement.

rum (pl. *invar.*) *s.m.* rhum.

rumeno *agg.* e *s.m.* roumain.

ruminante *agg.* e *s.m.* ruminant.

ruminare *v.tr.* ruminer (*anche fig.*).

ruminazione (*zool.*) *s.f.* rumination.
rumine *s.m.* (*zool.*) rumen.
rumore *s.m.* bruit: *rumori molesti*, des bruits gênants; *far —*, faire du bruit; *fare molto —*, faire beaucoup de bruit; *senza fare —*, sans faire de bruit || *mettere a —*, (*fig.*) mettre en effervescence.
rumoreggiare (*coniug. come* cominciare) *v.intr.* gronder.
rumorista *s.m.* bruiteur.
rumorosamente *avv.* bruyamment.
rumorosità *s.f.* bruit (*m.*).
rumoroso *agg.* bruyant || *risata rumorosa*, rire sonore.
runa *s.f.* rune.
runico (pl. -*ci*) *agg* runique.
ruolino *s.m.* rôle || *— di marcia*, ordre de marche; (*fig.*) marche à suivre.
ruolo *s.m.* rôle: *avere il, un —*, jouer le, un rôle || *personale di —*, personnel titulaire; *funzionario, professore di —*, fonctionnaire, professeur titulaire; *immettere qlcu nei ruoli, far passare qlcu in —*, titulariser qqn; *passare in —*, devenir titulaire; *passaggio in —*, titularisation || *fuori —*, hors cadre; *professore fuori —*, professeur hors classe || (*dir.*) *mettere a —*, inscrire au (*o* sur le) rôle.
ruota *s.f.* **1** roue: *— anteriore, posteriore*, roue avant, arrière; *— di scorta, di ricambio*, roue de secours; *— motrice*, roue motrice; *seguire a — qlcu*, être dans la roue de qqn, (*fig.*) suivre qqn de près; *arrivare a —*, arriver roue contre roue; *vincere di una —*, gagner d'une roue || (*fig.*): *a — libera*, en roue libre; *mettere il bastone fra le ruote*, mettre des bâtons dans les roues; *ungere le ruote*, graisser la patte; *essere l'ultima — del carro*, être la cinquième roue de la charrette || *gonna a —*, jupe cloche **2** (*nei conventi*) tour (*m.*).
ruotare *v.intr.* **1** tourner **2** (*volteggiare*) tournoyer* ♦ *v.tr.* tourner || *— gli occhi*, rouler les yeux; *— le braccia*, faire des moulinets avec les bras.

rupe *s.f.* rocher (*m.*).
rupestre *agg.* rupestre.
rupia *s.f.* (*moneta indiana*) roupie.
rurale *agg.* rural*.
ruscello *s.m.* ruisseau*.
ruspa *s.f.* (*mecc.*) décapeuse, scraper (*m.*).
ruspante *agg.*: *pollo —*, poulet fermier.
ruspare *v.intr.* (*di polli, razzolare*) gratter (le sol); (*becchettare*) picorer.
russare *v.intr.* ronfler.
russo *agg. e s.m.* russe || (*cuc.*): *insalata russa*, salade russe, macédoine de légumes; *uova alla russa*, œufs durs mayonnaise.
rusticano *agg.* paysan*.
rusticchezza, rusticità *s.f.* rusticité.
rustico (pl. -*ci*) *agg.* rustique || *arredare la casa con mobili rustici*, se meubler en rustique ♦ *s.m.* **1** (*locale annesso a fattorie, ville ecc.*) dépendance (*f.*) **2** (*casa rustica*) maison de paysans **3** (*edil.*) immeuble en construction.
ruta *s.f.* (*bot.*) rue.
rutabaga *s.f.* (*bot.*) rutabaga (*m.*).
rutenio *s.m.* (*chim.*) ruthénium.
rutilante *agg.* rutilant.
ruttare *v.intr.* roter.
rutto *s.m.* rot.
ruvidamente *avv.* rudement.
ruvidezza, ruvidità *s.f.* **1** rugosité, aspérité **2** (*fig.*) rudesse, brusquerie.
ruvido *agg.* **1** rugueux*; (*di pelle, filati e tessuti*) rêche; (*scabro*) raboteux* || *carta ruvida*, (*per acquerello*) papier torchon **2** (*fig.*) rude, brusque.
ruzzare *v.intr.* s'ébattre*.
ruzzolare *v.intr.* (*cadere rotolando*) dégringoler: *ruzzolò dalla scala*, il dégringola de l'échelle; *— (giù) per le scale*, dégringoler dans l'escalier ♦ *v.tr.* (*far rotolare*) rouler.
ruzzolone *s.m.* dégringolade (*f.*), culbute (*f.*) (*anche fig.*) || *fare un —*, (*fig.*) faire la culbute || (*a*) *ruzzoloni*, en dégringolant; *cadere (a) ruzzoloni per le scale*, dégringoler dans l'escalier.

S

s s.f. e m. s (m.) || (tel.) — come Savona, s comme Suzanne || a (forma di) S, en S.

sabato s.m. samedi || Sabato Santo, Samedi saint || il — inglese, la semaine anglaise.

sabaudo agg. de la maison de Savoie.

sabba s.m. sabbat.

sabbatico (pl. -ci) agg. sabbatique.

sabbia s.f. sable (m.): — fine, sablon; giocare sulla —, jouer dans le sable || cava di —, sablonnière || sabbie mobili, sables mouvants || castello di —, (fig.) château de cartes.

sabbiare v.tr. (tecn.) sabler.

sabbiato agg. mat.

sabbiatore s.m. (operaio) sableur.

sabbiatrice s.f. (macchina) sableuse.

sabbiatura s.f. **1** (tecn.) sablage (m.) **2** (med.) bain de sable.

sabbiera s.f. (ferr.) sablière.

sabbioso agg. (contenente sabbia) sableux*; (coperto di sabbia) sablonneux*.

sabir s.m. (ling.) sabir.

sabotaggio s.m. sabotage.

sabotare v.tr. saboter.

sabotatore (f. -trice) s.m. saboteur*.

sacca (pl. -che) s.f. sac (m.); (bisaccia) besace: — da viaggio, sac de voyage || — di resistenza, poche de résistance; sacche di disoccupazione, poches de chômage || (aer.) — d'aria, trou d'air.

saccaride s.m. (chim.) saccharide.

saccarifero agg. saccharifère.

saccarificazione s.f. saccharification.

saccarina s.f. saccharine.

saccaromicete s.m. (bot.) saccharomyces.

saccarosio s.m. (chim.) saccharose.

saccente agg. e s.m. pédant: non fare il —!, ne sois pas pédant! || una (donna) —, un bas-bleu.

saccentemente avv. avec pédanterie.

saccenteria s.f. pédanterie, pédantisme (m.).

saccentone s.m. je-sais-tout*.

saccheggiare (coniug. come mangiare) v.tr. piller || mi hanno saccheggiato il frigorifero, (scherz.) ils ont dévalisé mon réfrigérateur.

saccheggiatore (f. -trice) agg. e s.m. pillard*.

saccheggio s.m. pillage.

sacchetto s.m. sachet: — di plastica, sachet en plastique.

sacco (pl. -chi) s.m. **1** sac || colazione al —, pique-nique; mangiare al —, pique-niquer || con quel vestito sembra un —, avec cette robe on dirait un sac de pommes de terre || corsa nei sacchi, course en sac || fare il —, (nel letto) faire le lit en portefeuille || fuori —, (di corrispondenza) hors-sac || tela di —, toile à sac; vestito di —, vêtu de bure || (fig.): con la testa nel —, à l'aveuglette; vuotare il —, vider son sac; colmare il —, dépasser les bornes; mettere qlcu nel —, rouler qqn; mi ha messo nel —, je me suis fait avoir; reggere il —, tenir l'échelle **2** (fam.) (grande quantità) tas: gli vuole un — di bene, il l'adore || un —, énormément: ne ha un —, il en a énormément; mi piace un —, il, ça me plaît énormément || a sacchi, à foison **3** (saccheggio) sac: mettere a — una città, mettre une ville à sac □ **sacco a pelo**, sac de couchage; **sacco custodia** (per vestiti), *housse (à vêtements); **sacco da montagna, sacco alpino**, sac à dos, sac d'alpiniste; **sacco della spazzatura**, sac poubelle; **sacco postale**, sac postal.

saccoccia (pl. -ce) s.f. (region.) poche.

saccone s.m. paillasse (f.).

saccopelista s.m.: spiagge invase dai saccopelisti, plages infestées de sacs de couchage.

sacerdotale agg. sacerdotal*.

sacerdote s.m. prêtre.

sacerdotessa s.f. prêtresse.

sacerdozio s.m. **1** sacerdoce **2** (come ordine sacro) prêtrise (f.): rinunciare al —, renoncer à la prêtrise.

sacrale agg. sacré, sacral*.

sacralità s.f. sacralité.

sacralizzare v.tr. sacraliser.

sacramentale agg. sacramentel*.

sacramentare v.tr. jurer, sacrer.

sacramento s.m. sacrement || il Santissimo Sacramento, le Saint Sacrement || con tutti i sacramenti, (fig. fam.) en règle.

sacrario s.m. sanctuaire || il — dei caduti, le monument aux morts (pour la Patrie).

sacrificare (coniug. come mancare) v.tr. sacrifier □ **sacrificarsi** v.pron. se sacrifier.

sacrificato agg. sacrifié || (fig.): vivono sacrificati in due stanze, ils vivent à l'étroit dans deux pièces; in quell'angolo il quadro è veramente —, dans ce coin, ce tableau n'est vraiment pas mis en valeur; si sente — in quel lavoro, il se sent dévalorisé par ce travail.

sacrificio s.m. sacrifice || far — di sé, se sacrifier.

sacrilegio s.m. sacrilège.

sacrilego (pl. -ghi) agg. e s.m. sacrilège.

sacripante s.m. **1** (uomo robusto) costaud **2** (smargiasso) fanfaron.

sacrista s.m. sacristain.

sacro[1] agg. e s.m. sacré: considerare —, considérer comme sacré; essere — a, être voué à || storia sacra, histoire sainte; musica sacra, canti sacri, musique religieuse, chants religieux || il Sacro Cuore, le Sacré-Cœur; la Sacra Famiglia, la Sainte Famille; le Sacre Scritture, les Saintes Écritures; il Sacro Collegio (dei cardinali), le Sacré Collège (des cardinaux) || (st.) il Sacro Romano Impero, le Saint-Empire Romain Germanique || la Sacra Rota, la Rote.

sacro[2] agg. e s.m. (anat.) (osso) —, sacrum.

sacrosantamente avv. entièrement, tout à fait: ha — ragione, il a entièrement raison; se l'è — meritato, il l'a bien mérité.

sacrosanto agg. sacré: la libertà è un diritto —, la liberté est un droit sacré || la sacrosanta verità, la pure vérité || parole sacrosante!, sages paroles! || punizione sacrosanta, punition bien méritée || le sue sacrosante abitudini, (iron.) ses sacro-saintes habitudes.

sadico (pl. -ci) agg. e s.m. sadique || -mente avv.

sadismo s.m. sadisme.

sadomasochismo s.m. sadomasochisme.

saetta s.f. 1 (freccia) flèche, trait (m.) 2 (fulmine) foudre: è una —, (fig.) il est rapide comme une flèche; correre come una —, courir comme le vent.

saettare v.tr. darder.

safari s.m. safari || — fotografico, safari-photo.

safena s.f. (anat.) saphène.

saffico (pl. -ci) agg. saphique.

saga (pl. -ghe) s.f. saga.

sagace agg. sagace.

sagacemente avv. avec sagacité.

sagacia, sagacità s.f. sagacité.

saggezza s.f. sagesse.

saggiamente avv. sagement.

saggiare (coniug. come mangiare) v.tr. essayer* || (fig.): — il terreno, tâter le terrain; — le intenzioni dell'avversario, sonder l'adversaire.

saggiatore s.m. (bilancina di precisione) trébuchet.

saggina s.f. (bot.) sorgho (m.) || una scopa di —, un balai de crin (végétal).

saggio[1] agg. e s.m. sage.

saggio[2] s.m. 1 essai: (chim.) tubo da —, tube à essai 2 (campione) échantillon; (di libri ecc.) spécimen: un — di vino, un échantillon de vin; numero di —, (di una pubblicazione) numéro spécimen 3 (prova, dimostrazione) aperçu, preuve (f.); (prova scolastica) épreuve (f.): dare un — delle proprie capacità, donner un aperçu de ses capacités; — di bravura, preuve d'habileté; dare — di sé, montrer ce qu'on vaut, (far mostra di sé) faire étalage de ses talents || è solo un — di ciò che ci aspetta, (fig.) ce n'est qu'un aperçu, un avant-goût de ce qui nous attend 4 (dimostrazione pubblica) spectacle; (spec. di musica) récital: — ginnico, spectacle de gymnastique; — di danza, spectacle, récital de danse 5 (scritto critico) essai 6 (econ.) taux: — d'interesse, taux d'intérêt; — di sconto, taux d'escompte.

saggista s.m. essayiste.

saggistica s.f. essais (m.pl.).

saggistico (pl. -ci) agg. d'essais: produzione saggistica, production d'essais; attività saggistica, activité d'essayiste; la letteratura saggistica, les essais.

sagittaria s.f. (bot.) sagittaire.

sagittario s.m. 1 (st.) sagittaire, archer 2 (zool.) serpentaire 3 (astr.) Sagittario, Sagittaire.

sagola s.f. (mar.) ligne.

sagoma s.f. 1 (forma) silhouette, profil (m.) 2 (modello) modèle (m.) 3 (ferr., mecc.) gabarit (m.) 4 (bersaglio) silhouette (de tir) 5 (fam. scherz.) numéro (m.).

sagomare v.tr. façonner; (blocchi di pietra) tailler; (mobili, cornicioni ecc.) moulurer; (metalli) profiler.

sagomato agg. façonné; (modellato) modelé; (di mobili, fregi ecc.) mouluré; (di metalli) profilé; (di abiti) ajusté.

sagomatura s.f. façonnage (m.); (di blocchi di pietra) taille; (di mobili, fregi ecc.) moulurage (m.); (di metalli) profilage (m.); (al tornio) tournage (m.).

sagra s.f. fête: — paesana, fête du village; — dell'uva, fête du raisin.

sagrato s.m. parvis.

sagrestano s.m. sacristain.

sagrestia s.f. sacristie.

sahariana s.f. (giacca) saharienne.

sahariano agg. saharien*.

saia s.f. (tessuto) serge.

saio s.m. 1 (eccl.) froc 2 (st. abbigl.) saie (f.).

sala[1] s.f. salle: — da pranzo, salle à manger; — cinematografica, salle de cinéma; — giochi, salle de jeux; — corse, agence du PMU (Pari Mutuel Urbain) || (Borsa) — delle contrattazioni, parquet || (mar.): — nautica, chambre de navigation; — macchine, salle des machines.

sala[2] s.f. (mecc.) essieu* (m.).

salace agg. 1 lascif* 2 (piccante, pungente) grivois.

salacità s.f. grivoiserie.

salamandra s.f. salamandre.

salame s.m. (cuc.) saucisson; (italiano) salami 2 (fig.) andouille (f.).

salamelecchi s.m.pl. salamalecs.

salamoia s.f. saumure: in —, conservé dans la saumure.

salare v.tr. saler.

salariale agg. salarial*: aumento —, augmentation de salaire; parità —, parité des salaires; ritenute salariali, retenues sur les salaires; tetto —, salaire plafond.

salariare v.tr. salarier.

salariato agg. e s.m. salarié.

salario s.m. salaire: — iniziale, salaire de départ; — settimanale, mensile, salaire hebdomadaire, mensuel || il monte salari, la masse salariale.

salassare v.tr. saigner (anche fig.) □ **salassarsi**

v.pron. (*fig. scherz.*) se saigner (aux quatre veines).
salasso *s.m.* saignée (*f.*): **è stato un —**, (*fig. scherz.*) cela a été ruineux.
salatamente *avv.* (*a caro prezzo*) cher.
salatino *s.m.* petit-four* salé; (*biscotto salato*) biscuit salé.
salato *agg.* **1** salé (*anche fig.*) || **pagare —**, payer cher; **farla pagare salata**, le faire payer cher **2** (*mordace*) mordant, cinglant ♦ *s.m.* **1** (*ciò che è salato*) salé **2** *pl.* (*salumi*) charcuterie (*f. sing.*).
salatura *s.f.* salage (*m.*); (*per la carne*) salaison.
saldacontista *s.m.* (*amm.*) teneur* de livres.
saldaconto *s.m.* (*amm.*) livre de comptes.
saldamente *avv.* solidement; (*fermamente*) résolument.
saldare *v.tr.* **1** souder; (*fig.*) lier: **— per punti**, souder par points; **— elettricamente**, souder à l'électricité; **— a fuoco**, braser **2** (*comm.*) solder, régler* □ **saldarsi** *v.pron.* (*di ossa*) se ressouder.
saldatore (*f. -trice*) *s.m.* (*operaio*) soudeur*.
saldatrice *s.f.* (*tecn.*) machine à souder, soudeuse.
saldatura *s.f.* soudure (*anche fig.*); (*il saldare*) soudage (*m.*): **— ad arco**, soudure à l'arc; **— a fuoco**, brasure.
saldezza *s.f.* **1** (*solidità*) solidité **2** (*fig.*) (*fermezza*) fermeté.
saldo¹ *agg.* **1** solide (*anche fig.*) || **reggersi — sulle gambe**, se tenir bien d'aplomb sur ses jambes || **aver la testa ben salda sulle spalle**, avoir la tête sur les épaules || **star —, tenersi —**, se tenir solidement **2** (*fig.*) (*fermo*) ferme; (*tenace*) tenace.
saldo² *s.m.* (*comm.*) solde: **— di cassa**, encaisse; **il conto presenta un — di lire... a favore di...**, le compte se solde par... lires en faveur de...; **spedire il — della merce**, expédier le solde de la marchandise || **a —**, pour solde; **a — della fattura**, en règlement de la facture || **saldi di fine stagione**, soldes de (fin de) saison; **prezzi di —**, prix de fin de séries.
sale *s.m.* sel (*anche fig.*): **— grosso, fino, gosso** *s.m.* sel, **sel fin**; **mettere sotto —**, saler; **conservare sotto —**, conserver dans le sel || **rivendita di — e tabacchi**, bureau de tabac || **— inglese, amaro**, sel d'Angleterre || **con un grano di —**, (*fig.*) avec un peu de jugeote || **non aver — in zucca, nel cervello**, ne pas avoir de plomb dans la cervelle || **restare di —**, (*fam.*) rester baba || **discorso senza —**, discours plat.
salernitano *agg.* e *s.m.* salernitain.
salesiano *agg.* e *s.m.* salésien*.
salgemma (*pl. invar.*) *s.m.* sel gemme.
salice *s.m.* (*bot.*) saule: **— piangente**, saule pleureur.
saliceto *s.m.* saulaie (*f.*), saussaie (*f.*).
salicilico (*pl. -ci*) *agg.* salicylique.
salico (*pl. -ci*) *agg.* (*st.*) salique.
saliente *agg.* saillant (*anche fig.*): **le fasi salienti**, les moments décisifs; **i punti salienti**, (*fig.*) les points essentiels ♦ *s.m.* **1** (*sporgenza*) saillie (*f.*): **— roccioso**, aspérité rocheuse **2** (*mil., arch.*) saillant.
saliera *s.f.* salière.
salina *s.f.* **1** (*stabilimento*) saline **2** (*deposito*

naturale*) salin (*m.*), marais salant; salinage (*m.*) **3 (*di salgemma*) mine de sel gemme.
salinaio, salinatore *s.m.* saunier.
salinatura *s.f.* saunage (*m.*).
salinità *s.f.* salinité.
salino *agg.* salin.
salire (*Indic.pres.* io salgo, tu sali, egli sale, noi saliamo, voi salite, essi salgono) *v.intr.* **1** monter: **— per le scale**, monter l'escalier; **— su per la cappa del camino**, monter par la cheminée; **è salito sulla scala**, il est monté à, sur l'échelle; **— in cima a un monte**, monter au sommet d'une montagne; **— su un albero**, monter dans un arbre; **— sul treno, in macchina, in taxi**, monter dans le train, en voiture, dans un taxi; **— in bicicletta**, monter à bicyclette; **— in, con l'ascensore**, monter en ascenseur || **— al trono**, monter sur le trône **2** (*alzarsi*) monter; (*innalzarsi*) s'élever*; (*risalire*) remonter: **è salita la marea**, la marée a monté **3** (*aumentare*) monter: **la benzina è salita ancora**, l'essence a encore augmenté **4** (*ammontare*) se monter ♦ *v.tr.* monter.
saliscendi *s.m.* loquet || **la strada è un continuo —**, la route est toute en montées et en descentes.
salita *s.f.* montée; (*pendio*) rampe || **strada in —**, côte; **camminare in —**, monter une côte; **in — l'ascensore era pieno**, à la montée l'ascenseur était bondé || (*Borsa*) **i titoli sono in —**, les titres montent || (*sport*) **corsa in —**, course de côte; **la — alla fune**, le grimper à la corde.
saliva *s.f.* salive.
salivale, salivare¹ *agg.* salivaire.
salivare² *v.intr.* saliver.
salivazione *s.f.* salivation.
salma *s.f.* dépouille mortelle; (*cadavere*) corps (*m.*).
salmastro *agg.* saumâtre ♦ *s.m.* goût saumâtre.
salmeria *s.f.* (*spec.pl.*) (*mil.*) convoi de ravitaillement.
salmì *s.m.* (*cuc.*) civet: **lepre in —**, civet de lièvre.
salmistrare *v.tr.* (*cuc.*) saler || **lingua salmistrata**, langue à l'écarlate.
salmo *s.m.* psaume.
salmodia *s.f.* psalmodie.
salmodiare *v. intr.* psalmodier.
salmonato *agg.* saumoné: **trota salmonata**, truite saumonée.
salmone *agg.* e *s.m.* saumon.
salmonellosi *s.f.* (*med.*) salmonellose.
salnitro *s.m.* (*chim.*) salpêtre.
salomonico (*pl -ci*) *agg.* de Salomon; (*fig.*) juste.
salone *s.m.* **1** (*grande*) salle **2** (*mostra, esposizione*) Salon **3** (*negozio*) salon: **— di parrucchiere**, salon de coiffure || **— di bellezza**, institut de beauté.
salottiero *agg.* salonnier*, de salon ♦ *s.m.* (*spreg.*) salonard, salonnard.
salotto *s.m.* salon: **in —**, au salon || **tenere —**, faire salon.
salpare *v.intr.* lever* l'ancre, appareiller; (*salpare da un luogo*) quitter (un lieu): **la nave è salpata per...**, le navire a appareillé pour... ♦ *v.tr.* lever*.

salpinge *s.f.* (*dell'utero*) trompe utérine, de Fallope; (*dell'orecchio*) trompe d'Eustache.

salpingite *s.f.* (*med.*) salpingite.

salsa[1] *s.f.* sauce: — *di pomodoro*, sauce tomate.

salsa[2] *s.f.* (*geol.*) salse.

salsedine *s.f.* **1** salinité **2** (*sale*) sel (*m.*).

salsiccia (pl. *-ce*) *s.f.* saucisse.

salsicciotto *s.m.* saucisson frais.

salsiera *s.f.* saucière.

salso *agg.* salé; (*salmastro*) saumâtre ♦ *s.m.* sel.

salsoiodico (pl. *-ci*) *agg.* ioduré et chloruré sodique.

saltabeccare (*coniug. come* mancare) *v.intr.* sautiller, gambader.

saltamartino *s.m.* **1** (*zool. pop.*) (*grillo*) grillon; (*cavalletta*) sauterelle (*f.*) **2** (*bambino vivace*) petit démon.

saltare *v.intr.* e *tr.* sauter: — *su un piede solo*, sauter à cloche-pied; — *in piedi, su*, sauter sur ses pieds; — *dalla finestra*, sauter par la fenêtre: — *giù dal letto*, sauter du lit; — *la corda*, sauter à la corde; — *il turno*, sauter son tour; *salta su in macchina!*, (fam.) monte en voiture! || *la polveriera è saltata in aria*, la poudrière a sauté; *sono saltate le valvole*, les plombs ont sauté || — *fuori da dietro qlco*, surgir de derrière qqch || *da dove salti fuori?*, d'où sors-tu?; *è saltato fuori che...*, (si è scoperto che...) il s'est avéré que...; *saltan sempre fuori delle grane*, il y en a toujours une || *saltò su a dire che...*, tout d'un coup il dit que...; *a queste parole saltò su*, ces mots le firent bondir; — *fuori con una battuta*, lâcher une boutade; — *fuori con una frase infelice*, prononcer une phrase malheureuse.

saltatore (f. *-trice*) *agg.* e *s.m.* sauteur*.

saltellante *agg.* sautillant.

saltellare *v.intr.* sautiller.

saltello *s.m.* petit saut || *a saltelli, a saltelloni*, en sautillant.

salterellare *v.intr.* sautiller.

salterello *s.m.* **1** petit saut **2** (*danza*) saltarelle (*f.*) **3** (*nel clavicembalo*) sautereau* **4** (*fuoco artificiale*) serpenteau*.

salterio *s.m.* (*relig.*) psautier.

saltimbanco (pl. *-chi*) *s.m.* saltimbanque.

saltimbocca (pl. *invar.*) *s.m.* (*cuc.*) paupiette de veau à la sauge.

salto *s.m.* **1** saut; (*balzo*) bond: — *in alto, in lungo, con l'asta*, saut en hauteur, en longueur, à la perche || — *mortale*, saut de la mort; *fare i salti mortali*, (fig.) faire l'impossible || *a salti*, par bonds; *con un* —, d'un bond || *in un* — *arrivo*, deux seconds et j'arrive; *in due salti vado e torno*, je ne fais qu'aller et revenir || *fare un* — *a Parigi*, faire un saut à Paris || *fare il grande* —, (fig.) faire le saut || *fare quattro salti*, danser || *far salti di gioia*, bondir de joie || (*cuc.*) *al* —, sauté **2** (*brusco cambiamento*) saute (*f.*): *salti di umore*, sautes d'humeur; *un* — *di temperatura*, une saute de température.

saltuariamente *avv.* de temps à autre, occasionnellement.

saltuario *agg.* occasionnel* || *mi fa delle visite saltuarie*, il vient me voir de temps en temps.

salubre *agg.* salubre.

salubrità *s.f.* salubrité.

salumaio *s.m.* charcutier*.

salume *s.m.* charcuterie (*f.*): *i salumi*, la charcuterie; *il prosciutto è un* —, le jambon fait partie de la charcuterie.

salumeria *s.f.* charcuterie.

salumiere *s.m.* charcutier*.

salumificio *s.m.* fabrique de charcuterie.

salutare[1] *agg.* salutaire.

salutare[2] *v.tr.* **1** saluer; dire* bonjour, bonsoir (à): — *togliendosi il cappello*, saluer en se découvrant; — *militarmente*, faire le salut militaire; *saluta tua madre da parte mia*, tu diras bonjour à ta mère de ma part || *ti saluto cordialmente*, bien amicalement à toi || *ti saluto!*, salut!; *salutamelo distintamente vi salutiamo*, nous vous prions d'agréer, Messieurs, nos salutations distinguées **2** (*acclamare*) acclamer.

salute *s.f.* **1** santé: *aver poca* —, ne pas avoir de santé; *essere delicato di* —, avoir une santé fragile; *conservarsi in* —, se maintenir en bonne santé; *far bene, male alla* —, être bon, mauvais pour la santé; *alla (tua)* —!, à ta santé, à la tienne! || —!, (*per salutare*) salut!; (*dopo starnuto*) à tes, à vos souhaits **2** (*salvezza*) salut (*m.*).

salutifero *agg.* (*letter.*) salutaire.

salutista *s.m.* **1** personne qui prend grand soin de sa santé **2** (*membro dell'Esercito della Salvezza*) salutiste.

saluto *s.m.* salut; (*nella corrispondenza*) salutation (*f.*): *fare un cenno di* —, esquisser un salut; *scambiare un* —, se saluer; *sono venuto a fare un salutino*, je suis venu vous dire un petit bonjour || *togliere, levare il* — *a qlcu*, ne plus saluer qqn || *i miei saluti, tanti saluti a tua madre*, bien des choses à ta mère || (*nella corrispondenza*): *cordiali saluti*, cordialement; *distinti saluti*, veuillez agréer, Monsieur, mes salutations distinguées.

salva *s.f.* salve || *colpo a* —, tir à blanc; *sparare a* —, tirer à blanc || *una* — *di fischi*, des huées.

salvabile *agg.* qu'on peut sauver || *salvare il* —, sauver tout ce qu'on peut.

salvacondotto *s.m.* sauf-conduit*, laissez-passer*.

salvadanaio *s.m.* tirelire (*f.*).

salvadoregno *agg.* du Salvador.

salvagente (pl. *invar.*) *s.m.* **1** ceinture de sauvetage, bouée de sauvetage **2** (*marciapiede*) refuge.

salvagocce *agg.* e *s.m.* (*tappo*) —, bouchon verseur.

salvaguardare *v.tr.* sauvegarder.

salvaguardia *s.f.* sauvegarde || *a* — *di qlco*, pour défendre qqch.

salvare *v.tr.* **1** sauver (*anche fig*); (*proteggere*) protéger*; (*preservare*) préserver: — *la vita a qlcu*, sauver la vie de qqn; — *la pelle*, sauver sa peau; —, *salvarsi l'anima*, sauver son âme || *Dio ci sal-*

vi *dalla guerra*, (que) Dieu nous protège de la guerre **2** (*inform.*) mémoriser □ **salvarsi** *v.pron.* **1** se sauver; (*sfuggire a*) échapper (à) || *si salvi chi può!*, sauve qui peut! || *dei suoi romanzi, non se ne salva nessuno*, aucun de ses romans ne se sauve || *nessuno si salverà*, (*ne sarà esente*) personne ne sera épargné **2** (*difendersi*) se protéger* (de); (*fig.*) échapper (à) **3** (*teol.*) faire* son salut.

salvaslip (pl. *invar.*) *s.m.* protège-slip*.

salvastrella *s.f.* (*bot. pop.*) pimprenelle.

salvataggio *s.m.* sauvetage*.

salvatore (f. *-trice*) *agg.* e *s.m.* sauveur*; (*soccorritore*) sauveteur* || *il Salvatore*, le Sauveur.

salvavita (pl. *invar.*) *s.m.* (*elettr.*) disjoncteur.

salvazione *s.f.* salut (*m.*).

salve *inter.* (*fam.*) salut!

salveregina *s.f.* (*preghiera*) Salve Regina.

salvezza *s.f.* salut (*m.*): *non c'è speranza di —*, il n'y a plus d'espoir || (*sport*) *lottare per la —*, lutter pour ne pas être relégué || *Esercito della Salvezza*, Armée du Salut.

salvia *s.f.* (*bot.*) sauge.

salvietta *s.f.* **1** (*tovagliolo*) serviette **2** (*asciugamano*) essuie-mains* (*m.*).

salvo[1] *agg.* sauf*: *la casa è salva dall'incendio*, la maison a été épargnée par l'incendie; *la paziente è salva*, la malade est sauvée; *avere salva la vita*, avoir la vie sauve || *rubare a man salva*, voler impunément || *— restando il principio che...*, tout en maintenant le principe que... □ **in salvo** *locuz.avv.* à l'abri, en lieu sûr: *trarre in —*, sauver.

salvo[2] *prep.* (*tranne*) sauf || *— qualche eccezione*, à quelques exceptions près || (*dir.*) *— buon fine*,

sous réserve d'encaissement □ **salvo (a)** *locuz.prep.* quitte à □ **salvo che** *locuz.cong.* e *prep.* sauf (que); (*a meno che*) à moins que: *è contento di tutti — che di voi*, il est content de tous sauf de vous.

samaritano *agg.* e *s.m.* samaritain.

sambuca *s.f.* (*liquore*) (sorte d') anisette.

sambuco (pl. *-chi*) *s.m.* (*bot.*) sureau*.

sammarinese *agg.* de Saint-Marin.

sampietro *s.m.* (*zool.*) saint-pierre*.

samurai *s.m.* samouraï.

san *agg.* → **santo**.

sanabile *agg.* curable; (*fig.*) remédiable.

sanare *v.tr.* **1** guérir (*anche fig.*) **2** (*bonificare*) assainir (*anche fig.*).

sanatoria *s.f.* (*dir.*) acte de régularisation.

sanatoria *agg.* (*letter.*) régularisant ♦ *s.m.* (*med.*) sanatorium.

sanbernardo *s.m.* (*cane*) saint-bernard.

sancire (*coniug. come* finire) *v.tr.* sanctionner, établir.

sancta sanctorum *s.m.* (*eccl.*) le Saint des Saints.

sanculotto *s.m.* (*st.*) sans-culotte*.

sandalo[1] *s.m.* (*bot.*) santal*.

sandalo[2] *s.m.* (*calzatura*) sandale (*f.*).

sandolino *s.m.* (*mar.*) périssoire (*f.*).

sandwich (pl. *-invar.*) *s.m.* e *agg.* sandwich || *a —*, en sandwich.

sanforizzare *v.tr.* sanforiser.

sangallo *s.m.* broderie anglaise.

sangue *s.m.* sang: *gli esce — dal naso*, il saigne du nez; *sputar —*, cracher du sang; *far sputar —*, (*fig.*) faire tourner en bourrique; *cavare — a qlcu*, saigner qqn; *succhiare il — a qlcu*, (*fig.*) sucer qqn

---

SALUTARSI

<table>
<tr><td>**quando ci si incontra:**</td><td>**quand on se rencontre:**</td></tr>
<tr><td>Buongiorno</td><td>*Bonjour*</td></tr>
<tr><td>Buonasera</td><td>*Bonsoir*</td></tr>
<tr><td>Buonanotte</td><td>*Bonne nuit*</td></tr>
<tr><td>Buongiorno a tutti</td><td>*Bonjour tout le monde*</td></tr>
<tr><td>Salve! Ciao!</td><td>*Salut!, tchao!*</td></tr>
<tr><td>Come sta?</td><td>*Comment allez-vous?*</td></tr>
<tr><td>Sto bene, grazie</td><td>*Je vais (très) bien, merci*</td></tr>
<tr><td>Come stai?, come va?</td><td>*Comment ça va?, ça va? (fam.)*</td></tr>
<tr><td>Bene, va bene</td><td>*Ça va, ça va bien*</td></tr>
<tr><td>**per congedarsi:**</td><td>**pour prendre congé:**</td></tr>
<tr><td>Arrivederci, arrivederla (o, a seconda dell'ora, buongiorno, buonasera, buonanotte)</td><td>*Au revoir*</td></tr>
<tr><td>Buona giornata</td><td>*Bonne journée*</td></tr>
<tr><td>Buona serata</td><td>*Bonne soirée*</td></tr>
<tr><td>A presto</td><td>*À bientôt*</td></tr>
<tr><td>A tra poco</td><td>*À tout à l'heure*</td></tr>
</table>

• è abitudine francese aggiungere al saluto il nome della persona che si saluta oppure *Madame, Mademoiselle, Monsieur*:

Ça va, Henriette?
À bientôt, Madame!
Bonjour, Monsieur le Directeur

jusqu'à la moelle || *fatto di* —, assassinat; *all'ulti-mo* —, à mort; *è stato versato troppo* —, trop de sang a coulé; *sacrificio di* —, sacrifice humain; *pagare col* —, payer de son sang; *frustare a* —, fouetter jusqu'au sang || *(cuc.) bistecca al* —, bifteck saignant || *animale a* — *caldo, freddo*, animal à sang froid, chaud || *(fig.)*: *(a)* — *freddo*, (de) sang-froid; *calma e* — *freddo!*, du calme et du sang-froid!; *sudare* —, suer sang et eau; *sentirsi gelare il* —, sentir son sang se glacer dans ses veines; *non avere* — *nelle vene*, avoir du sang de navet dans les veines; *farsi cattivo* —, se faire du mauvais sang; *non corre buon* — *tra loro*, ils ne peuvent pas se souffrir || *principe del* —, prince du sang; *avere il* — *blu*, avoir du sang bleu || *è* — *del mio* —, c'est la chair de ma chair || *(cavallo) puro* —, (cheval) pur-sang.

sanguemisto *s.m.* sang-mêlé*.

sanguigna *s.f. (arte)* sanguine.

sanguigno *agg.* sanguin *(anche fig.)*.

sanguinaccio *s.m. (cuc.)* boudin.

sanguinante *agg.* saignant *(anche fig.)*; *(che san-guina)* sanglant.

sanguinare *v.intr.* saigner *(anche fig.)*: *mi san-guina il naso*, je saigne du nez; *il cuore mi sangui-na*, mon cœur saigne.

sanguinario *agg.* e *s.m.* sanguinaire.

sanguinolento *agg.* sanguinolent; *(che sangui-na)* sanglant.

sanguinoso *agg.* sanglant *(anche fig.)*.

sanguisuga (pl. -*ghe*) *s.f.* sangsue *(anche fig.)*

sanità *s.f.* **1** santé; *(salubrità)* salubrité || *essere in perfetta* — *di mente*, être parfaitement sain d'esprit || *Ministero della Sanità*, Ministère de la Santé publique || *la* — *marittima, di porto*, la santé **2** *(fig.) (rettitudine, onestà)* pureté.

sanitario *agg.* sanitaire; *(medico)* médical*; *(di salute)* de santé: *politica sanitaria*, politique de la santé; *riforma sanitaria*, réforme de la santé || *corpo* —, corps médical; *(di un ospedale)* person-nel sanitaire || *ufficiale* —, médecin de la Santé || *Unità Socio-Sanitaria Locale*, en Italie, en-semble des organismes locaux du système natio-nale de santé ♦ *s.m.* médecin ♦ *s.m.pl. (impianti sanitari)* sanitaires.

sannita, sannitico (pl. -*ci*) *agg.* samnite.

sano *agg.* **1** sain *(anche fig.)* || *un colorito* —, une bonne mine || — *e salvo*, sain et sauf **2** *(intatto, intero)*: *un piatto* —, une assiette intacte || *inventare di sana pianta*, inventer de toutes pièces.

sansa *s.f.* marc d'olives.

sanscrito *agg.* e *s.m.* sanskrit.

santabarbara (pl. *santebarbare*) *s.f. (mar. mil.)* sainte-barbe*.

santamente *avv.* saintement.

santerellina *s.f.* sainte nitouche.

santificante *agg.* sanctifiant.

santificare *(coniug. come* mancare*) v.tr.* **1** sanctifier **2** *(canonizzare)* canoniser □ **santifi-carsi** *v.pron.* se sanctifier.

santificatore (f. -*trice*) *agg.* e *s.m.* sanctificateur*.

santificazione *s.f.* **1** sanctification **2** *(cano-nizzazione)* canonisation.

santino *s.m. (immaginetta sacra)* image pieuse.

santità *s.f.* sainteté.

santo *agg.* saint: *il Santo Padre*, le Saint-Père; *l'Anno Santo*, l'Année sainte || *San Pietro e Paolo cade il 29 giugno*, la Saint-Pierre-et-Paul tombe le 29 juin || *santa pazienza!, Dio* —!, *(fam.)* mon Dieu! || *prenderle di santa ragione*, recevoir une bonne raclée ♦ *s.m.* saint || *la festa dei Santi*, la Toussaint || *raccomandarsi a tutti i santi*, se re-commander à tous les saints du paradis || *non ci sono santi!*, il n'y a rien à faire!

santone *s.m.* gourou; *(nei paesi musulmani)* marabout; *(bacchettone)* bigot || *i santoni del par-tito*, *(fig. spec. spreg.)* les caciques du parti.

santoreggia (pl. -*ge*) *s.f. (bot.)* sarriette.

santuario *s.m.* sanctuaire.

sanzionare *v.tr.* sanctionner.

sanzione *s.f.* sanction *(anche fig.)*.

sapere[1] *(Indic.pres.* io so, tu sai, egli sa, noi sap-piamo, voi sapete, essi sanno; *pass.rem.* io seppi, tu sapesti ecc.; *fut.* io saprò ecc. *Cong.pres.* che io sappia ecc. *Imp.* sappi, sappiate*) v.tr.* **1** savoir*: *non ho più saputo nulla di lui*, je ne sais plus rien de lui; *non sa che cosa rispondere*, il ne sait pas quoi répondre; *non lo so*, je ne sais pas; *non si sa mai*, on ne sait jamais; *non voglio più saperne di lui*, je ne veux plus entendre parler de lui; *so di aver ragione*, je sais que j'ai raison; *non ne vuole* — *di andarsene*, il ne veut pas comprendre qu'il doit s'en aller; *non sapevo di dover tornare*, je ne savais pas que j'aurais dû revenir; *sappi che...*, sache que...; *a saperlo!, ad averlo saputo!*, si j'a-vais su!; *chi sa!* qui sait!; *lo sapevo (io)!*, j'en étais sûr!; *per quanto ne sappia io*, pour autant que je sache; *non saprei...*, je ne sais pas trop || *saperla lunga*, en savoir long || *un certo non so che*, un je ne sais quoi **2** *(conoscere, intendersi di)* connaître* **3** *(essere capace)* savoir*: *non sai fa-re altro che piangere*, tu n'es pas capable de faire autre chose que de pleurer || *me lo saprai dire!*, tu m'en donneras des nouvelles!; *sappimi dire se vieni con noi*, tu me diras si tu viens avec nous || *sapresti indicarmi un buon ristorante?*, pourrais-tu m'indiquer un bon restaurant? || *in quanto a lavori a maglia, ci sa fare*, *(se ne intende)* en tricot, elle s'y connaît; *è un uomo che ci sa fare*, c'est un homme qui sait y faire **4** *(venire a conoscenza)* apprendre*: *sono venuto a* — *che...*, j'ai appris que... ♦ *v.intr.* **1** *(aver sapore)* avoir* un goût (de); *(avere odore)* sentir* || *non* — *di niente*, *(non avere sapore)* ne pas avoir de goût; *(non aver odo-re)* ne rien sentir; *(essere insignificante)* être insi-gnifiant **2** *(fam.)* avoir* l'impression; *(pensare, sentire)* sentir*: *mi sa che non viene*, je sens qu'il ne viendra pas.

sapere[2] *s.m.* savoir.

sapido *agg.* savoureux* *(anche fig.)*.

sapiente *agg.* savant; *(saggio)* sage || *cani sapien-ti*, chiens savants ♦ *s.m.* savant || *(st.) i sette sa-pienti*, les sept sages.

sapientemente *avv.* savamment; (*con saggezza*) sagement.

sapientone *s.m.* (*iron.*) pédant, je-sais-tout*, cuistre.

sapienza *s.f.* savoir (*m.*); (*saggezza*) sagesse || *la somma Sapienza*, la suprême Sagesse.

sapienziale *agg.*: *libri sapienziali*, les (livres) sapientiaux.

sapindo *s.m.* (*bot.*) savonnier.

saponaceo *agg.* saponacé.

saponaria *s.f.* (*bot.*) saponaire.

saponata *s.f.* bain de savon.

sapone *s.m.* savon: — *da barba*, savon à barbe.

saponetta *s.f.* savon (*m.*), savonnette.

saponiero *agg.* savonnier*.

saponificare (*coniug. come* mancare) *v.tr.* saponifier.

saponificazione *s.f.* saponification.

saponificio *s.m.* savonnerie (*f.*).

saponina *s.f.* (*chim.*) saponine.

saponoso *agg.* savonneux*.

sapore *s.m.* 1 goût (*m.*) || *musica di — popolare*, (*fig.*) musique d'inspiration populaire 2 *pl.* (*cuc.*) (*erbe*) fines herbes; (*spezie*) épices (*f.*).

saporitamente *avv.*: *dormire —*, dormir à poings fermés.

saporito *agg.* 1 savoureux* 2 (*salato*) salé.

saporoso *agg.* savoureux*

saprofago (*pl. -gi*) *agg.* (*biol.*) saprophage.

saprofito *agg. e s.m.* (*biol.*) saprophyte.

saputello *agg. e s.m.* je-sais-tout*: *un bambino —*, un petit je-sais-tout; *fare il —*, prétendre tout savoir.

saputo *agg. e s.m.* 1 pédant 2 (*letter.*) (*saggio*) sage.

sarabanda *s.f.* sarabande.

saracco (*pl. -chi*) *s.m.* égoïne (*f.*).

saraceno *agg. e s.m.* sarrasin.

saracinesca (*pl. -che*) *s.f.* 1 (*di negozio*) rideau* (*m.*) 2 (*idraulica*) vanne.

sarago (*pl. -ghi*) *s.m.* (*zool.*) sargue.

sarcasmo *s.m.* sarcasme.

sarcastico (*pl. -ci*) *agg.* sarcastique || **-mente** *avv.*

sarchiare *v.tr.* sarcler.

sarchiatura *s.f.* sarclage (*m.*).

sarchiello *s.m.* sarclette (*f.*).

sarchio *s.m.* sarcloir.

sarcofago (*pl. -gi* o *-ghi*) *s.m.* sarcophage.

sarcoma *s.m.* (*med.*) sarcome.

sarda *s.f.* (*zool.*) sardine.

sardina *s.f.* sardine.

sardo *agg. e s.m.* sarde.

sardonico (*pl. -ci*) *agg.* sardonique || **-mente** *avv.*

sargasso *s.m.* (*bot.*) sargasse (*f.*).

sargia *s.f.* (*tess.*) serge.

sariga *s.f.* (*zool.*) sarigue.

sarmatico (*pl. -ci*) *agg.* sarmatique.

sarmento *s.m.* (*bot.*) sarment.

sarta *s.f.* couturière: *fare la —*, être couturière.

sartia *s.f.* (*mar.*) *hauban (*m.*).

sartiame *s.m.* (*mar.*) *haubans (*pl.*).

sartina *s.f.* midinette.

sarto *s.m.* tailleur; (*d'alta moda*) couturier.

sartoria *s.f.* 1 *haute couture 2 (*laboratorio*) atelier (*m.*): — *da uomo*, atelier de couture pour hommes 3 (*casa di moda*) maison de couture || *abito di —*, robe de couturier || *vestirsi in —*, s'habiller chez les grands couturiers.

sassaia *s.f.* 1 (*argine di sassi*) perré (*m.*) 2 (*luogo sassoso*) pierraille.

sassaiola *s.f.* grêle de pierres.

sassarese *agg.* de Sassari.

sassata *s.f.* coup de pierre: *prendere a sassate qlcu*, lancer des pierres contre qqn.

sassifraga (*pl. -ghe*) *s.f.* (*bot.*) saxifrage.

sasso *s.m.* 1 pierre (*f.*); (*ciottolo*) caillou*: *duro come un —*, dur comme la pierre; *cuore di —*, cœur de pierre || *dormire come un —*, dormir comme un sabot || (*fig.*): *essere di —*, être de marbre; *non sono di —!*, je ne suis pas en bois!; *rimanere di —*, (*per lo stupore*) être médusé, (*per la paura*) être pétrifié; *lanciare un — nello stagno*, (*fig.*) lancer un pavé dans la mare 2 (*masso*) rocher 3 (*pietra tombale*) pierre tombale.

sassofonista *s.m.* saxophoniste.

sassofono *s.m.* saxophone.

sassone *agg. e s.m.* saxon*.

sassoso *agg.* pierreux*, caillouteux*.

satanico (*pl. -ci*) *agg.* satanique.

satellite *agg. e s.m.* satellite: — *per telecomunicazioni*, satellite de télécommunications, satellite-relais || *via —*, par satellite.

satinare *v.tr.* satiner.

satinato *agg.* satiné; (*di metallo*) mat.

satira *s.f.* satire: *fare qlcu oggetto di —*, faire une satire contre qqn.

satiresco (*pl. -chi*) *agg.* satyrique.

satirico (*pl. -ci*) *agg. e s.m.* satirique || **-mente** *avv.*

satiro *s.m.* satyre.

satollarsi *v.pron.* se rassasier.

satollo *agg.* rassasié.

satrapia *s.f.* (*st.*) satrapie.

satrapo *s.m.* satrape (*anche fig.*).

saturare *v.tr.* 1 saturer 2 (*riempire*) remplir: — *la mente di date*, bourrer le crâne de dates □ **saturarsi** *v.pron.* se saturer.

saturatore *s.m.* (*chim.*) saturateur.

saturazione *s.f.* saturation.

saturniano *agg.* saturnien*.

saturnino *agg.* (*med.*) saturnin.

saturnismo *s.m.* (*med.*) saturnisme.

saturo *agg.* saturé (*anche fig.*): *aria satura di profumi*, air saturé de parfums || *occhi saturi di odio*, des yeux chargés de haine.

saudita *agg. e s.m.* saoudien*.

sauna *s.f.* sauna (*m.*).

sauri *s.m.pl.* (*zool.*) sauriens.

sauro *agg. e s.m.* alezan.

savana *s.f.* savane.

savio *agg. e s.m.* sage: *da —*, en homme sage.

savoia *agg.invar.*: *blu, azzurro —*, bleu roi.

savoiardo *agg.* savoyard ♦ *s.m.* (*biscotto*) boudoir; (*leggero*) biscuit à la cuiller.

savonese *agg.* de Savone.

sax *s.m.* (*mus.*) saxo, saxophone.

saziare *v.tr.* **1** rassasier: *ha saziato la sua fame,* il s'est rassasié; *un piatto che sazia,* un plat qui rassasie **2** (*fig.*) assouvir: — *la brama di vendetta,* assouvir sa soif de vengeance; — *la propria ambizione,* satisfaire son ambition □ **saziarsi** *v.pron.* **1** se rassasier **2** (*fig.*) se lasser.

sazietà *s.f.* satiété: *bere a —,* boire à satiété, jusqu'à plus soif; *mangiare a —,* manger à sa faim; *dormire a —,* dormir tout son soûl.

sazio *agg.* **1** rassasié, repu **2** (*stufo*) las.

sbaciucchiamento *s.m.* bises (*f.pl.*).

sbaciucchiare *v.tr.* faire* des bises (à) □ **sbaciucchiarsi** *v.pron.* s'embrasser; (*fam.*) se bécoter.

sbadataggine *s.f.* étourderie || *per —,* par inadvertance.

sbadatamente *avv.* étourdiment; (*distrattamente*) par mégarde, par inadvertance.

sbadato *agg.* étourdi; (*distratto*) distrait.

sbadigliare *v.intr.* bâiller || — *per la noia,* bâiller d'ennui; — *dal sonno,* bâiller de sommeil; *non ha fatto che —,* il n'a pas arrêté de bâiller.

sbadiglio *s.m.* bâillement: *fare uno —,* bâiller; *sganasciarsi per gli sbadigli,* bâiller à s'en décrocher la mâchoire.

sbafare *v.tr.* (*fam.*) **1** (*mangiare avidamente*) s'enfiler **2** (*scroccare*) se faire* payer.

sbafata *s.f.* (*fam.*) grande bouffe: *farsi una — di,* s'empiffrer (de).

sbafatore (f. *-trice*) *s.m.* (*fam.*) pique-assiette*.

sbaffo *s.m.* trace (*f.*), traînée (*f.*): *uno — di rossetto,* une trace de rouge à lèvres; *uno — d'inchiostro,* une traînée d'encre || *uno — di vino,* une moustache de vin.

sbafo *s.m.*: *mangiare a —,* manger en pique-assiette, à l'œil; *vivere a —,* vivre aux crochets des autres, de qqn; *entrare a —,* entrer sans payer.

sbagliare *v.tr.* (*confondere*) se tromper (de); (*fare in modo sbagliato*) se tromper (dans) || — *i calcoli,* (*fig.*) mal faire ses comptes || — *mira,* mal viser; (*mancare il colpo*) rater son coup || — *strada,* (*fig.*) faire fausse route || — *nella vita,* rater sa vie || — *il passo,* perdre la cadence ♦ *v.intr.,* **sbagliarsi** *v.pron.* se tromper: *mi sono sbagliato sul suo conto,* je me suis trompé sur son compte; *ha sbagliato,* il a fait une erreur; — *a, nello scegliere,* se tromper dans son choix; *riconosco di aver sbagliato,* je reconnais avoir eu tort, (*riconosco i miei torti*) je reconnais mes torts; *ho sbagliato e me ne pento,* j'ai mal agi et je m'en repens || — *a scegliere qlco,* mal choisir qqch || *sbagli a comportarti così,* tu as tort d'agir de cette façon || (*ti*) *sbagli di poco,* tu n'es pas loin de la vérité || *sbagliando s'impara,* c'est en forgeant qu'on devient forgeron.

sbagliato *agg.* faux*; (*mancato*) manqué, raté; (*non corretto*) erroné: *l'uso — di una parola,* l'emploi erroné d'un mot; *una mossa sbagliata,* une fausse manœuvre, (*fig.*) un faux pas; *un tiro —,* un tir manqué; *un romanzo —,* un roman raté, loupé || (*al telefono*): *fare un numero —,* faire un faux numéro; *vi hanno passato il numero —,* on

vous a passé un mauvais numéro || *arrivare al momento —,* (*fig.*) arriver comme un cheveu sur la soupe || *è la persona sbagliata per lui,* ce n'est pas la personne qu'il lui faut || *dire la cosa sbagliata,* dire ce qu'il ne fallait pas dire || *non voglio dire che è — risparmiare,* je ne veux pas dire qu'il ne faille pas économiser; *che cosa c'è di — in tutto ciò?,* qu'est-ce qui ne va pas là-dedans?

sbaglio *s.m.* faute (*f.*); (*errore*) erreur (*f.*): *fare uno —,* faire une faute; — *di data,* erreur de date; *uno — di persona,* une erreur sur la personne; *uno — di gioventù,* une erreur de jeunesse || *è stato uno —,* ça a été une erreur || *che — ho fatto a non ascoltarlo!,* quelle bêtise j'ai faite de ne pas l'écouter! || *per —,* par erreur; (*involontariamente*) sans le vouloir.

sbalestramento *s.m.* (*sconvolgimento*) bouleversement.

sbalestrato *agg. e s.m.* désaxé: *una famiglia sbalestrata,* une famille à problèmes || *una mente sbalestrata,* un esprit dérangé; *fantasia sbalestrata,* imagination déréglée || *si sente — in quell'ambiente,* il se sent perdu dans ce milieu.

sballare *v.tr.* déballer || *sballarle grosse,* (fig. fam.) en conter de belles ♦ *v.intr.* **1** (*alle carte*) dépasser (le nombre gagnant) **2** (*superare i limiti*) dépasser les limites.

sballato *agg.* **1** déballé **2** (*fig.*) cinglé: *un'idea sballata,* une idée folle; *tipo un po' —,* type un peu cinglé || *ragionamento —,* raisonnement bancal; *un affare —,* une affaire vouée à l'échec, perdue d'avance.

sballo *s.m.* **1** déballage **2** (*fam.*) (*situazione eccitante*): *che —!,* c'est le pied!; *una serata da —,* une soirée super **3** (*gergo della droga*) défonce (*f.*).

sballottamento *s.m.* ballottement; (*l'essere sballottato*) cahotement.

sballottare *v.tr.* ballotter; (*dare scossoni*) secouer, cahoter: *l'hanno sballottato di qua e di là,* on l'a ballotté d'un endroit à l'autre; *l'automobile li ha sballottati per tutto il viaggio,* la voiture les a secoués, cahotés pendant tout le voyage || (*estens.*): *il bambino era sballottato tra il padre e la madre,* l'enfant était ballotté entre son père et sa mère; *è sballottato da un ufficio all'altro,* on le trimballe d'un bureau à l'autre.

sbalordimento *s.m.* **1** (*stordimento*) étourdissement **2** (*fig.*) (*stupore*) ébahissement.

sbalordire (*coniug. come* finire) *v.tr.* abasourdir, stupéfier: *la notizia mi ha sbalordito,* la nouvelle m'a stupéfié; *il suo libro ha sbalordito i critici,* son livre a abasourdi la critique || *mi sbalordisci!,* (*fam.*) tu m'épates! ♦ *v.intr.* être* abasourdi: *c'è da —!,* il y a de quoi être abasourdi!; *il suo virtuosismo fa —,* sa virtuosité est stupéfiante.

sbalorditivo *agg.* stupéfiant, étonnant || *prezzi sbalorditivi,* (*molto alti*) prix exorbitants, (*molto bassi*) prix sacrifiés, cassés.

sbalordito *agg.* stupéfait.

sbalzare[1] *v.tr.* jeter* || — (*fuori*) *da,* projeter hors de, éjecter de || — *di sella*, désarçonner; — *da cavallo*, démonter.

sbalzare[2] *v.tr.* (*lavorare a sbalzo*) bosseler*, repousser.

sbalzo[1] *s.m.* **1** bond || *procedere a sbalzi*, (*anche fig.*) avancer par à-coups **2** (*fig.*) écart, saute (*f.*): *uno — di temperatura*, un écart de température; *uno — d'umore*, une saute d'humeur || *i prezzi hanno subito uno — notevole*, les prix ont subi une envolée considérable.

sbalzo[2] *s.m.* **1** (*tecn.*) repoussé; (*la tecnica*) repoussage: *lavoro a —*, travail en repoussé **2** (*arch.*) saillie (*f.*): *a —*, en saillie.

sbancamento *s.m.* (*edil.*) déblaiement, déblai.

sbancare[1] (*coniug. come* mancare) *v.tr.* faire* sauter la banque || — *qlcu*, (*fam.*) plumer qqn □ **sbancarsi** *v.pron.* (*fam.*) se ruiner.

sbancare[2] *v.tr.* (*edil.*) déblayer*.

sbandamento[1] *s.m.* (*lo sbandare*) embardée (*f.*): *avere uno —*, faire une embardée, (*fig.*) faire un écart.

sbandamento[2] *s.m.* (*lo sbandarsi*) débandade (*f.*): *un periodo di —*, une période de confusion; *si è ripreso dopo una fase di —*, il s'est repris après une période de crise; *avere uno — per qlcu*, perdre la tête pour qqn.

sbandare *v.intr.* **1** faire* une embardée; (*mar.*) donner de la bande: *in curva*, faire une embardée dans le tournant **2** (*fig.*) s'écarter (du droit chemin).

sbandarsi *v.pron.* se disperser: *le truppe si sbandarono*, les troupes se débandèrent; *dopo la sua morte la famiglia si è sbandata*, après sa mort la famille s'est dispersée.

sbandata *s.f.* embardée: *l'automobile ha fatto una —*, la voiture a fait une embardée || *si è preso una —*, (*fig.*) il a perdu la tête.

sbandato *agg.* **1** à la débandade **2** (*fig.*) désorienté **2** (*socialmente*) marginal*; (*psicologicamente*) perturbé || *una famiglia sbandata*, une famille à problème ♦ *s.m.* (*socialmente*) marginal*; (*psicologicamente*) perturbé.

sbandieramento *s.m.* étalage de drapeaux (*fig.*) étalage.

sbandierare *v.tr.* **1** agiter (un drapeau) **2** (*fig.*) (*ostentare*) faire* étalage (de).

sbandieratore *s.m.* jongleur de drapeaux.

sbando *s.m.* (*caos*) chaos || *allo —*, à la déroute, (*fig.*) en pleine débâcle.

sbaraccare (*coniug. come* mancare) *v.tr. e intr.* (*fam.*) déloger*, décamper.

sbaragliamento *s.m.* débâcle (*f.*).

sbaragliare *v.tr.* mettre* en déroute.

sbaraglio *s.m.*: *buttarsi allo —*, risquer le tout pour le tout; *andare allo —*, (*esponendosi a pericoli*) risquer le tout pour le tout, (*andando alla ventura*) aller à l'aventure; *mettere allo — la propria vita*, exposer sa vie; *mandare allo —*, envoyer au massacre, (*fig.*) envoyer au casse-pipe.

sbarazzare *v.tr.* débarrasser || — *una stanza*, ranger une pièce || — *la tavola*, desservir □ **sbarazzarsi** *v.pron.* se débarrasser.

sbarazzino *s.m.* espiègle ♦ *agg.* malicieux*: *un'aria sbarazzina*, un petit air malicieux || *alla sbarazzina*, de façon gamine.

sbarbare *v.tr.* **1** raser **2** (*sradicare*) déraciner □ **sbarbarsi** *v.pron.* se raser.

sbarbatello *s.m.* (*fam.*) blanc-bec*.

sbarbato *agg.* rasé; (*imberbe*) imberbe: *era — di fresco*, il s'était rasé de près.

sbarbicare (*coniug. come* mancare) *v.tr.* déraciner.

sbarcare (*coniug. come* mancare) *v.tr. e intr.* débarquer: *sono sbarcato a Genova*, j'ai débarqué à Gênes; *l'autobus mi sbarca sotto casa*, l'autobus me débarque en dessous de chez moi || — *il lunario*, (*fig.*) joindre les deux bouts.

sbarco (pl. -*chi*) *s.m.* débarquement: (*mil.*) *mezzo da —*, péniche de débarquement.

sbarra *s.f.* **1** barre **2** (*di gabbie, finestre*) barreau* (*m.*) **3** (*di dogana, passaggio a livello*) barrière **4** (*in tribunale*) barre || *mettere alla —*, (*fig.*) mettre sur la sellette **5** (*ginnastica*) barre.

sbarramento *s.m.* barrage || *diga di —*, barrage.

sbarrare *v.tr.* **1** barrer **2** (*bloccare*) bloquer **2** (*sprangare*) mettre* une barre (à) **3** — *gli occhi*, écarquiller les yeux **4** (*segnare con barre*) barrer.

sbarrato *agg.* **1** barré; (*bloccato*) bloqué || *assegno —*, chèque barré || *porto —*, port bâclé **2** (*sprangato*) (*fermé*) avec une barre **3** (*di occhi*) écarquillé.

sbassare *v.tr.* abaisser.

sbastire (*coniug. come* finire) *v.tr.* défaire* le bâti (de).

sbatacchiamento *s.m.* claquement.

sbatacchiare *v.tr.* (*faire**) claquer || — *per terra*, flanquer par terre; — *contro il muro*, plaquer contre le mur || — *le ali*, battre des ailes ♦ *v.intr.* claquer.

sbattere (*coniug. come* battere) *v.tr.* **1** battre*: — *un tappeto*, battre un tapis; — *le ali*, battre des ailes; — *le uova*, battre des œufs; — *la panna*, fouetter la crème; — *la porta* (*in faccia*), claquer la porte (au nez) || *il rosso* (*ti*) *sbatte*, (*fam.*) le rouge ne (te) va pas au teint **2** (*urtare*) cogner: — *la testa contro la porta*, se cogner, taper la tête contre la porte; *non sapere dove — la testa*, (*fig.*) ne pas savoir où donner de la tête **2** (*buttare*) jeter*; (*fam.*) flanquer: *la tempesta ha sbattuto la nave contro gli scogli*, la tempête a jeté le bateau contre les rochers; — (*fuori*) *dalla finestra*, jeter, lancer par la fenêtre; — *fuori* (*dalla porta*), (*fam.*) foutre dehors; — *via*, jeter; — *per terra*, flanquer par terre; — *in prigione*, flanquer en prison || *lo hanno sbattuto in un paesino*, (*fam.*) on l'a expédié dans un village || — *una notizia in prima pagina*, flanquer une nouvelle à la une (du journal) ♦ *v.intr.* (*di finestra, porta ecc.*) claquer **2** (*urtare*) cogner: *ho sbattuto contro un mobile*, je me suis cogné contre un meuble; *andare a —* (*con la macchina*) *contro un muro*, rentrer dans un mur (avec sa voiture) □ **sbattersi** *v.pron.* (*fam.*) se bouger || *sbattersene*, (*molto fam.*) s'en foutre (royalement).

sbattimento *s.m.*, **sbattitura** *s.f.* claquement (*m.*).

sbattitore *s.m.* 1 batteur 2 (*cuc.*) fouet mécanique; batteur.

sbattuta *s.f.*: *dare una* — *a qlco*, battre qqch.

sbattuto *agg.* 1 battu: *uovo* —, œuf battu || *dalla tempesta*, ballotté par la tempête 2 (*stanco*) défait, fatigué || *occhi sbattuti*, yeux battus; *un'aria sbattuta*, un air fatigué, les traits tirés.

sbavare *v.intr.* e *tr.* baver || — *per*, (*fam.*)(*desiderare*) baver de □ **sbavarsi** *v.pron.* baver.

sbavatura *s.f.* 1 bave; (*traccia di bava*) traînée da bave 2 (*traccia di colore*) bavure || *senza sbavature*, (*fig.*) sans bavures 3 (*metall.*) ébarbure.

sbeccare(*coniug. come* mancare) *v.tr.* ébrécher*.

sbeccato *agg.* ébréché.

sbeffeggiamento *s.m.* raillerie (*f.*).

sbeffeggiare (*coniug. come* mangiare) *v.tr.* railler, se moquer de.

sbeffeggiatore (f. *-trice*) *s.m.* railleur*.

sbellicarsi (*coniug. come* mancare) *v.pron.*: — *dalle risa*, se tordre de rire.

sbendare *v.tr.* débander.

sberla *s.f.* gifle: *prendere a sberle*, gifler || *faccia da sberle*, tête à claques.

sberleffo *s.m.* nique (*f.*): *fare uno* —, faire la nique.

sbevazzare *v.intr.* pinter.

sbevazzatore *s.m.* (*fam.*) grand buveur*.

sbiadire (*coniug. come* finire) *v.tr.* décolorer ♦ *v.intr.*, **sbiadirsi** *v.pron.* 1 passer 2 (*fig.*) pâlir.

sbiadito *agg.* 1 déteint, fané: *colore* —, couleur fanée; *verde* —, vert décoloré || *una vecchia foto sbiadita*, une vieille photo décolorée 2 (*fig.*) incolore || *bellezza sbiadita*, beauté fanée; *ragazza sbiadita*, jeune fille fade.

sbiancante *agg.* blanchissant ♦ *s.m.* (*chim.*) agent de blanchiment.

sbiancare (*coniug. come* mancare) *v.tr.* blanchir ♦ *v.intr.*, **sbiancarsi** *v.pron.* pâlir: (*si*) *è sbiancato in viso*, il a pâli; — (*in volto*) *dalla collera*, pâlir de colère.

sbieco (pl. *-chi*) *agg.* biais || *guardare di* —, regarder de biais, (*fig.*) regarder de travers; *tagliato di* —, coupé dans le, en biais ♦ *s.m.* (*cucito*) biais; (*fettuccia*) ganse (*f.*): *profilare con uno* —, ganser.

sbigottimento *s.m.* 1 (*paura*) effroi; (*smarrimento*) désarroi 2 (*sbalordimento*) ahurissement; (*stupore*) ébahissement, stupéfaction (*f.*): *le si leggeva lo* — *in volto*, la stupéfaction se lisait sur son visage.

sbigottire (*coniug. come* finire) *v.tr.* (*spaventare*) plonger* dans le désarroi; (*turbare*) troubler, bouleverser; (*rendere attonito*) ahurir; (*stupire*) ébahir, stupéfier ♦ *v.intr.*, **sbigottirsi** *v.pron.* 1 (*spaventarsi*) être* saisi d'effroi 2 (*turbarsi*) se troubler; (*stupirsi*) s'étonner (de), s'ébahir (de).

sbigottito *agg.* 1 (*spaventato*) effrayé 2 (*turbato*) troublé 3 (*attonito*) ébahi, ahuri; (*stupito*) stupéfait.

sbilanciamento *s.m.* déséquilibre.

sbilanciare (*coniug. come* mangiare) *v.tr.* déséquilibrer □ **sbilanciarsi** *v.pron.* 1 perdre*

l'équilibre; (*pendere*) pencher 2 (*fig.*) se compromettre*.

sbilenco (pl. *-chi*) *agg.* boiteux*, bancal* ♦ *con valore avv.* de travers.

sbirciare (*coniug. come* cominciare) *v.tr.* e *intr.* lorgner: — *sul, il compito del compagno*, lorgner sur la copie du voisin.

sbirciata, sbirciatina *s.f.* coup d'œil.

sbirraglia *s.f.* (*spreg.*) les flics, flicaille.

sbirro *s.m.* (*spreg.*) flic, poulet.

sbizzarrirsi (*coniug. come* finire) *v.pron.* (*soddisfare ogni desiderio*) se passer toutes ses fantaisies; (*il proprio estro inventivo*) donner libre cours à sa fantaisie: — *in virtuosismi*, donner libre cours à sa virtuosité.

sbloccare (*coniug. come* mancare) *v.tr.* débloquer □ **sbloccarsi** *v.pron.* se débloquer || *la linea* (*telefonica*) *si è sbloccata*, la ligne (téléphonique) s'est libérée.

sblocco (pl. *-chi*) *s.m.* déblocage.

sbobba *s.f.* (*fam.*) (*brodaglia*) lavasse, platras (*m.*).

sbobinamento *s.m.* débobinage; (*di una registrazione*) transcription d'un enregistrement.

sbobinare *v.tr.* 1 débobiner 2 (*il testo di una registrazione*) transcrire* le texte d'un enregistrement.

sbobinatura *s.f.* → **sbobinamento**.

sboccare (*coniug. come* mancare) *v.intr.* 1 (*di corso d'acqua*) se jeter* 2 (*di strade, di persone*) déboucher 3 (*fig.*) (*finire, concludersi*) aboutir (à) ♦ *v.tr.* dégorger*.

sboccato *agg.* grossier*.

sbocciare (*coniug. come* cominciare) *v.intr.* 1 s'épanouir 2 (*fig.*) (*nascere*) naître*.

sboccio *s.m.* épanouissement, éclosion (*f.*).

sbocco (pl. *-chi*) *s.m.* 1 débouché || *strada senza* —, rue sans issue, impasse || — *di sangue*, crachement de sang 2 (*di fiume*) embouchure (*f.*) 3 (*fig.*) (*soluzione*) issue (*f.*): *situazione senza* —, situation sans issue.

sbocconcellare *v.tr.* 1 grignoter 2 (*sbeccare*) ébrécher*.

sbollentare *v.tr.* (*cuc.*) blanchir.

sbollire (*coniug. come* finire) *v.intr.* cesser de bouillir || *la sua ira è sbollita*, sa colère s'est apaisée.

sbolognare *v.tr.* (*fam.*) 1 (*appioppare*) refiler 2 (*sbarazzarsi di*) se débarrasser (de) || *l'hanno sbolognato*, on l'a balancé || *aveva fretta e mi ha sbolognato*, il était pressé et il m'a envoyé paître 3 *sbolognarsela*, (*svignarsela*) décamper.

sbornia *s.f.* cuite: *una bella* —, une bonne cuite || *smaltire la* —, cuver son vin.

sborniarsi *v.pron.* se soûler; (*fam.*) se cuiter.

sborsare *v.tr.* débourser.

sborso *s.m.* débours (*pl.*).

sbottare *v.intr.* éclater: — *a ridere, a piangere*, éclater de rire, en sanglots; *alla fine è sbottato*, à la fin il a laissé éclater sa colère.

sbotto *s.m.* éclat.

sbottonare *v.tr.* déboutonner □ **sbottonarsi** *v.pron.* se déboutonner (*anche fig.*).

sbozzare *v.tr.* **1** *(sgrossare)* dégrossir **2** *(abbozzare)* ébaucher.

sbozzolare *v.intr.* sortir* du cocon.

sbracare *(coniug. come* mancare*)* *v.pron.* **1** *(togliersi i calzoni)* se déculotter **2** *(slacciarsi i calzoni, la giacca)* se débrailler || — *dal ridere,* *(fig.)* se tordre (de rire).

sbracato *agg.* **1** déculotté **2** *(con gli abiti in disordine)* débraillé **3** *(fig.)* vulgaire.

sbracciarsi *(coniug. come* cominciare*)* *v.pron.* **1** *(rimboccarsi le maniche)* retrousser ses manches **2** *(agitare le braccia)* gesticuler **3** *(fig.)* *(darsi da fare)* faire* des pieds et des mains, se donner du mal.

sbracciato *agg.* *(di vestito)* sans manches; *(di persona)* nu-bras*.

sbraitare *v.intr.* gueuler, brailler.

sbranare *v.tr.* mettre* en pièces; *(di belve)* dévorer □ **sbranarsi** *v.pron.* se déchirer, s'entre-déchirer *(anche fig.).*

sbreccare *(coniug. come* mancare*)* *v.tr.* ébrécher*: — *una tazza,* ébrécher une tasse.

sbriciolamento *s.m.* *(il ridurre in briciole)* émiettement; *(il ridurre in polvere)* effritement.

sbriciolare *v.tr.* *(ridurre in briciole)* émietter; *(ridurre in polvere)* pulvériser □ **sbriciolarsi** *v.pron.* *(ridursi in briciole)* s'émietter; *(ridursi in polvere)* se pulvériser.

sbrigare *(coniug. come* legare*)* *v.tr.* **1** expédier || — *la posta,* faire le courrier || — *le faccende (di casa),* faire le ménage **2** *sbrigarsela,* se charger* de; *(cavarsela)* se débrouiller: *me la sbrigo io con tuo fratello,* je me charge de ton frère || *me la sbrigo con quattro parole,* je vais régler cela en deux mots □ **sbrigarsi** *v.pron.* **1** se dépêcher **2** *(liberarsi)* se débarrasser.

sbrigativamente *avv.* rapidement, expéditivement; *(in modo brusco)* brusquement.

sbrigativo *agg.* **1** expéditif* **2** *(brusco)* brusque.

sbrigliare *v.tr.* **1** débrider **2** *(fig.)* donner libre cours (à) □ **sbrigliarsi** *v.pron.* se déchaîner.

sbrigliatezza *s.f.* dérèglement *(m.).*

sbrigliato *agg.* débridé; *(di persona)* déchaîné.

sbrinamento *s.m.* *(tecn.)* dégivrage.

sbrinare *v.tr.* *(tecn.)* dégivrer.

sbrinatore *s.m.* dégivreur.

sbrindellare *v.tr.* mettre* en lambeaux.

sbrindellato *agg.* en lambeaux; *(di persona)* déguenillé.

sbrodolamento *s.m.* **1** tache *(f.)* **2** *(fig.)* verbiage, délayage.

sbrodolare *v.tr.* salir: *ti sei sbrodolato la camicia,* tu as taché, sali ta chemise □ **sbrodolarsi** *v.pron.* se salir: *ti sei tutto sbrodolato!* tu t'es tout taché!

sbrodolata *s.f.* *(fig.)* discours prolixe, bla-bla-bla *(m.)* || *ha fatto una* — *per spiegare che...,* il a fait toute une tartine pour expliquer que...

sbrodolato *agg.* **1** sali **2** *(fig.)* *(prolisso)* délayé || *un discorso* —, du bla-bla-bla.

sbrodolone *s.m.* *(fam.)* souillon.

sbrogliare *v.tr.* **1** débrouiller *(anche fig.):* — *la matassa,* *(fig.)* débrouiller les fils de l'écheveau **2** *(sgombrare)* débarrasser □ **sbrogliarsi** *v.pron.* se débrouiller.

sbronza *s.f.* *(fam.)* cuite.

sbronzarsi *v.pron.* *(fam.)* prendre* une cuite.

sbronzo *agg.* *(fam.)* soûl, saoul: *essere* —, être rond.

sbruffare *v.tr.* *(spruzzare)* asperger.

sbruffo *s.m.* éclaboussement.

sbruffonata *s.f.* fanfaronnade, frime.

sbruffone *s.m.* fanfaron*, frimeur*.

sbucare *(coniug. come* mancare*)* *v.intr.* sortir*.

sbucciare *(coniug. come* cominciare*)* *v.tr.* **1** éplucher **2** *(escoriare)* écorcher: *mi sono sbucciato un ginocchio,* je me suis écorché, égratigné un genou.

sbucciatura *s.f.* **1** épluchement *(m.)* **2** *(escoriazione)* écorchure.

sbudellare *v.tr.* **1** *(animali)* étriper **2** *(colpire al ventre)* éventrer □ **sbudellarsi** *v.pron.:* — *dalle risa,* *(fam.)* se marrer.

sbuffare *v.intr.* **1** *(ansimare)* haleter*; *(soffiare)* souffler; *(di cavalli)* s'ébrouer || — *di noia,* soupirer d'ennui **2** *(di locomotive)* lancer* des bouffées de fumée.

sbuffata *s.f.* soupir d'ennui, d'impatience.

sbuffo *s.m.* **1** *(di vento)* souffle; *(di fumo)* bouffée *(f.);* *(di cavalli)* ébrouement || — *di noia,* mouvement d'ennui **2** *(abbigl.)* bouillon || *a* —, bouffant.

sbugiardare *v.tr.* démentir*, démasquer.

sbullonare *v.tr.* déboulonner.

sbuzzare *v.tr.* étriper, éventrer.

scabbia *s.f.* gale.

scabbioso *agg.* e *s.m.* galeux*.

scabro *agg.* raboteux* *(anche fig.).*

scabrosità *s.f.* **1** aspérité **2** *(fig.)* caractère scabreux.

scabroso *agg.* **1** raboteux* **2** *(fig.)* scabreux*.

scacchiera *s.f.* échiquier *(m.);* *(per la dama)* damier *(m.)* || *a* —, en damier.

scacchiere *s.m.* *(mil.)* zone *(f.).*

scacchista *s.m.* joueur* d'échecs.

scacciacani *s.m.* e *f.* pistolet à amorce.

scacciamosche *s.m.* chasse-mouches*; *(paletta)* tapette à mouches.

scacciapensieri *s.m.* **1** *(mus.)* guimbarde *(f.)* **2** *(fig.)* passe-temps*.

scacciare *(coniug. come* cominciare*)* *v.tr.* chasser *(anche fig.):* — *di casa,* chasser de la maison.

scaccino *s.m.* bedeau*.

scacco *(pl. -chi)* *s.m.* **1** *(pezzo)* pièce *(f.);* *pl.* *(gioco)* échecs: *giocare a scacchi,* jouer aux échecs **2** *(mossa)* échec: — *matto,* échec et mat || *subire uno* —, *(fig.)* subir un échec **3** *(ciascuno dei quadretti)* carré *(f.);* *a scacchi,* en damier.

scadente *agg.* **1** *(di poco pregio)* de mauvaise qualité **2** *(insufficiente)* insuffisant || *è* — *in latino,* est faible en latin.

scadenza *s.f.* **1** expiration; *(comm.)* échéance || *a breve, lunga* —, à courte, longue échéance, à court, long terme; *tratta con — a tre mesi*, traite à trois mois de date; *— a tempo, vista, data*, échéance à délai, de vue, de date **2** *data di —*, date de péremption.

scadenzario *s.m.* (*comm.*) échéancier.

scadere (*coniug. come* cadere) *v.intr.* **1** (*perdere pregio, valore*) baisser || *— di valore*, diminuer de valeur || *è molto scaduto ai miei occhi*, il a beaucoup baissé dans mon estime **2** (*giungere al termine*) expirer, échoir* || *lasciar — il passaporto*, laisser périmer son passeport; *il passaporto mi scade il 20 settembre*, mon passeport expire le 20 septembre || *la tratta scade domani*, la traite arrive à échéance demain || *allo — di...*, à l'expiration de...

scadimento *s.m.* (*decadenza*) décadence (*f.*): *— di valori*, déclin de valeurs.

scaduto *agg.* (*non più valido, non utilizzabile*) périmé; (*comm.*) échu; (*di contratto*) expiré || *cambiale scaduta*, billet à ordre échu || *biglietto —*, billet périmé || *latte —*, lait périmé || *(il) tempo (è) —*, (le) temps (est) écoulé.

scafandro *s.m.* (*mar., aer.*) scaphandre.

scaffalatura *s.f.* rayonnage (*m.*), étagères (*pl.*).

scaffale *s.m.* étagère (*f.*); (*di biblioteca, negozio*) rayon.

scafo *s.m.* coque (*f.*).

scagionare *v.tr.* disculper □ **scagionarsi** *v.pron.* se disculper.

scaglia *s.f.* **1** (*di legno, di ferro*) copeau* (*m.*) || *sapone a scaglie*, savon en paillettes **2** (*di rettili, di pesci*) écaille **3** (*di forfora*) pellicule.

scagliare[1] *v.tr.* lancer*, jeter* (*anche fig.*) □ **scagliarsi** *v.pron.* se jeter*: *— contro qlcu*, se jeter sur qqn || *— contro gli abusi*, s'élever contre les abus.

scagliare[2] *v.tr.* (*scheggiare*) écailler □ **scagliarsi** *v.pron.* s'écailler.

scagliola *s.f.* **1** plâtre (*m.*) **2** (*bot.*) alpiste (*m.*).

scaglionamento *s.m.* (*mil.*) échelonnement || *delle ferie*, étalement des vacances.

scaglionare *v.tr.* échelonner || *— le ferie*, étaler les vacances.

scaglione *s.m.* **1** groupe; (*mil.*) échelon || *a scaglioni*, par groupes; (*mil.*) par échelons **2** (*di monte*) gradin.

scaglioso *agg.* écailleux*.

scagnozzo *s.m.* **1** (*tirapiedi*) homme de main, sous-fifre* **2** (*persona priva di capacità*) nullard.

scala *s.f.* **1** escalier (*m.*): *fare, salire le scale*, monter l'escalier; *scendere le scale di corsa*, descendre l'escalier en courant; *per le scale*, dans l'escalier; *la tromba delle scale*, la cage de l'escalier || *— a chiocciola*, escalier en colimaçon; *— mobile*, escalator, escalier roulant; *— di sicurezza*, escalier à incendie; *— di servizio*, escalier de service **2** (*trasportabile, a pioli*) échelle: *appoggiare una — contro il muro*, dresser une échelle contre le mur || *disporre a —*, disposer en échelle **3** (*gamma*) échelle (*anche fig.*): *— dei valori*, échelle des valeurs **4** (*nel gioco delle carte*) séquence || (*poker*) *la — reale*, le flush || *— qua-*

ranta, sorte de rami **5** (*econ.*) échelle: *— mobile* (*dei salari*), échelle mobile (des salaires) **6** (*graduata*) échelle: *— barometrica*, échelle d'un baromètre; *carta in — 1:100.000*, carte à l'échelle 1:100.000 (*o* au 1:100.000) || *ridurre in —*, réduire à l'échelle || (*estens.*): *operare su vasta —, su — ridotta*, opérer sur une grande, sur une petite échelle; *questo problema si pone su — nazionale*, ce problème se pose à l'échelle nationale **7** (*mus.*) gamme.

scalare[1] *agg.* proportionnel*; (*proporzionalmente decrescente*) dégressif*; (*mat.*) scalaire || *tariffa —*, tarif dégressif.

scalare[2] *v.tr.* **1** escalader **2** (*diminuire*) diminuer graduellement; (*un debito*) éteindre* graduellement || *— le maglie*, diminuer les mailles || *— i capelli*, dégrader les cheveux.

scalata *s.f.* escalade || (*fig.*) *dare la — al potere*, aller à la conquête du pouvoir.

scalatore (*f.* -trice) *s.m.* **1** alpiniste **2** (*ciclista*) grimpeur*.

scalcagnare *v.tr.* éculer.

scalcagnato *agg.* **1** éculé **2** (*male in arnese*) mal fichu.

scalciare (*coniug. come* cominciare) *v.intr.* ruer.

scalcinare *v.tr.* décrépir.

scalcinato *agg.* **1** décrépi **2** (*fig.*) (*di persona*) mal fichu, débraillé; (*di cosa*) délabré.

scaldaacqua (*pl. invar.*) *s.m.* chauffe-eau*: *— a immersione*, résistance chauffante.

scaldabagno *s.m.* chauffe-eau*.

scaldabiberon (*pl. invar.*) *s.m.* chauffe-biberon*.

scaldaletto *s.m.* bassinoire (*f.*).

scaldamuscoli *s.m.* jambières (*f.pl.*).

scaldapiatti *s.m.* chauffe-plats*.

scaldapiedi *s.m.* chaufferette (*f.*).

scaldare *v.tr.* **1** chauffer; (*riscaldare*) réchauffer **2** (*animare*) animer □ **scaldarsi** *v.pron.* **1** chauffer; (*riscaldarsi*) se réchauffer **2** (*animarsi*) s'animer **3** (*agitarsi*) s'échauffer.

scaldavivande *s.m.* chauffe-plats*.

scaldino *s.m.* chaufferette (*f.*).

scalea *s.f.* escalier d'honneur, grand escalier.

scaleno *agg.* scalène.

scaletta *s.f.* **1** (*petit*) escalier; (*a pioli*) (*petite*) échelle || *— della nave*, échelle de coupée **2** (*sommario, schema*) plan (*m.*); (*cine.*) traitement (*m.*); (*rad., tv*) grille.

scalfare *v.tr.* échancrer (les emmanchures).

scalfire (*coniug. come* finire) *v.tr.* égratigner; (*vetro ecc.*) rayer*.

scalfittura *s.f.* égratignure; (*sul vetro ecc.*) rayure.

scalfo *s.m.* emmanchure (*f.*).

scaligero *agg.* **1** (*relativo alla famiglia Della Scala*) des Della Scala; (*estens.*) de Vérone, véronais **2** (*relativo al teatro alla Scala di Milano*) de la Scala.

scalinata *s.f.* grand escalier.

scalino *s.m.* marche (*f.*); (*fig.*) degré.

scalmana *s.f.* (*fam.*) (*malessere da infreddatura*) chaud et froid; (*vampata di calore*) bouffée de chaleur.

scalmanarsi *v.pron.* **1** s'agiter, s'exciter **2** (*darsi da fare*) se donner du mal.

scalmanato *agg.* **1** en nage **2** (*fig.*) excité ♦ *s.m.* excité.

scalmo *s.m.* (*mar.*) **1** (*costruzioni navali*) allonge (*f.*) **2** (*appoggio per il remo*) tolet.

scalo *s.m.* **1** escale (*f.*) || (*ferr.*) — *merci*, gare de marchandises **2** (*mar.*) cale (*f.*).

scalogna *s.f.* (*fam.*) guigne, poisse.

scalognato *agg.* (*fam.*) malchanceux*, qui a la guigne: *che —!, è proprio —!*, il n'a vraiment pas de veine!

scalogno *s.m.* (*bot.*) échalote (*f.*).

scalone *s.m.* (grand) escalier.

scaloppa, scaloppina *s.f.* (*cuc.*) escalope de veau.

scalpellare *v.tr.* **1** (*marmo*) sculpter; (*pietra*) tailler **2** (*med.*) découper, faire* une incision au scalpel.

scalpellino *s.m.* tailleur de pierres.

scalpello *s.m.* ciseau*, burin; (*miner.*) trépan; (*med.*) scalpel: *un ottimo —*, (*fig.*) un excellent sculpteur.

scalpicciare (*coniug. come* cominciare) *v.intr.* piétiner.

scalpiccio *s.m.* **1** (*il pestare i piedi*) piétinement **2** (*rumore di passi*) bruit de pas.

scalpitare *v.intr.* piaffer (*anche fig.*).

scalpitio *s.m.* piaffement.

scalpo *s.m.* scalp.

scalpore *s.m.* tapage: *fare —*, (*anche fig.*) faire beaucoup de bruit.

scaltramente *avv.* (*abilmente*) habilement, adroitement; (*con furbizia*) avec ruse.

scaltrezza *s.f.* habileté; (*astuzia*) ruse.

scaltrire (*coniug. come* finire) *v.tr.* (*sveltire*) dégourdir □ **scaltrirsi** *v.pron.* (*sveltirsi*) se dégourdir; (*in un'arte*) devenir* adroit.

scaltrito *agg.* habile, adroit.

scaltro *agg.* habile; (*astuto*) rusé.

scalzacane, scalzacani *s.m.* (*spreg.*) **1** (*persona di nessun conto*) pouilleux*; (*persona male in arnese*) va-nu-pieds* **2** (*incompetente*) incompétent.

scalzare *v.tr.* déchausser || — *qlcu da un posto*, (*fig.*) faire sauter qqn.

scalzo *agg.* déchaussé || *a piedi scalzi*, les pieds nus; *camminare —*, marcher nu-pieds|| (*eccl.*) *Carmelitani scalzi*, Carmes déchaux, déchaussés.

scambiare *v.tr.* **1** échanger* (contre) **2** (*confondere*) confondre* (avec) || *mi hanno scambiato per mio fratello*, on m'a pris pour mon frère □ **scambiarsi** *v.pron.* échanger*.

scambievole *agg.* réciproque, mutuel* || **-mente** *avv.*

scambio *s.m.* **1** échange || — *di persona*, méprise sur la personne; — *di ruolo, di ruoli*, changement de rôle(s) || (*econ.*) *libero —*, libre échange **2** (*ferr.*) aiguillage.

scambista *s.m.* **1** (*ferr.*) aiguilleur **2** (*econ.*) échangiste.

scamiciato *agg.* en bras de chemise; (*estens.*) débraillé ♦ *s.m.* (*abbigl.*) robe chasuble.

scamorza *s.f.* **1** fromage maigre de lait de vache **2** (*fig.*) (*persona di poco valore*) nullité.

scamosciato *agg.* de daim: *pelle scamosciata*, peau de daim; *guanti scamosciati*, gants de daim; *vitello —*, veau velours.

scamozzare *v.tr.* (*agr.*) élaguer.

scampagnata *s.f.* promenade à la campagne.

scampanare *v.intr.* (*di campane*) sonner à toute volée.

scampanata *s.f.* carillon (*m.*).

scampanato *agg.* évasé.

scampanellare *v.intr.* carillonner.

scampanellata *s.f.* grand coup de sonnette.

scampanellio, scampanio *s.m.* carillonnement.

scampare *v.tr.* **1** (*salvare*) sauver || *Dio ci scampi!*, Dieu nous garde!; *Dio ce ne scampi e liberi!*, que Dieu nous en préserve! **2** (*evitare*) échapper (à), éviter || *l'ha scampata bella*, il l'a échappée belle; *l'ho scampata per un pelo*, je m'en suis tiré de justesse; *anche questa volta l'abbiamo scampata!*, cette fois encore nous en avons réchappé! ♦ *v.intr.* échapper || — *da una malattia*, réchapper d'une maladie.

scampato *agg.* e *s.m.* rescapé || *uno — pericolo*, un danger évité.

scampo[1] *s.m.* **1** (*salvezza*): *trovare — nella fuga*, trouver son salut dans la fuite; *trovare — all'estero*, trouver refuge à l'étranger; *non c'è (via di) —*, il n'y a pas d'issue, (*non c'è modo di cavarsela*) il n'y a pas moyen d'en sortir **2** (*scappatoia*): *trovare una via di —*, trouver une issue, (*trovare una scappatoia*) trouver une échappatoire; *devi dirlo, non hai più —*, tu n'as plus d'échappatoire, tu dois le dire; *non c'è —, bisogna farlo*, on n'a pas le choix, il faut le faire; *non c'è — contro quei seccatori!*, (*fig.*) impossible d'échapper à ces raseurs!

scampo[2] *s.m.* (*zool.*) langoustine (*f.*).

scampolo *s.m.* coupon || *scampoli di tempo*, (*fig.*) moments perdus || *uno — d'uomo*, (*spreg.*) un nabot.

scanalare *v.tr.* canneler*.

scanalato *agg.* cannelé.

scanalatura *s.f.* **1** cannelure; (*nel metallo, nel legno*) rainure **2** (*fessura, fenditura*) fente.

scandagliare *v.tr.* sonder.

scandaglio *s.m.* sondeur, sonde (*f.*).

scandalistico (pl. *-ci*) *agg.* à scandales.

scandalizzare *v.tr.* scandaliser □ **scandalizzarsi** *v.pron.* se scandaliser (de) || *non ti scandalizzi se mi tolgo le scarpe?*, ça ne te choque pas si j'enlève mes chaussures?; *fai pure, non mi scandalizzo*, vas-y, cela ne me choque pas.

scandalizzato *agg.* scandalisé; (*scherz.*) choqué.

scandalo *s.m.* scandale: *dare, fare —*, faire scandale || *la pietra dello —*, l'objet du scandale || *con grande — di...*, au grand scandale de...

scandaloso *agg.* scandaleux* || **-mente** *avv.*

scandinavo *agg.* e *s.m.* scandinave.

scandire (*coniug. come* finire) *v.tr.* **1** cadencer*, rhythmer || — *le parole*, scander, articuler les mots || (*mus.*) — *il tempo*, battre la mesure 2 (*tv*) balayer*.

scannare *v.tr.* 1 égorger* 2 (*uccidere crudelmente*) massacrer □ **scannarsi** *v.pron.* s'égorger* (*anche fig.*) || *si scanna per la famiglia*, (*fig.*) il se saigne aux quatre veines pour sa famille.

scannatoio *s.m.* abattoir.

scanner *s.m.* (*tip.*, *inform.*) scanner, scanneur.

scanno *s.m.* siège; (*di coro*) stalle (*f.*).

scansafatiche *s.m.* fainéant, flemmard.

scansare *v.tr.* 1 (*schivare*) esquiver; (*evitare*) éviter* 2 (*spostare*) déplacer* □ **scansarsi** *v.pron.* s'écarter.

scansia *s.f.* étagères (*pl.*); (*per libri*) bibliothèque.

scansione *s.f.* 1 rythme (*m.*), cadence 2 (*di parole*) scansion 3 (*tv*) balayage (*m.*).

scanso, a *locuz.prep.* pour éviter: *a — di equivoci*, pour éviter tout malentendu.

scantinato *s.m.* sous-sol*.

scantonare *v.intr.* 1 tourner au coin de la rue; (*svignarsela*) s'esquiver 2 (*fig.*) changer* de sujet.

scanzonato *agg.* désinvolte.

scapaccione *s.m.* taloche (*f.*): *prendere a scapaccioni*, talocher; *si è preso un bello —*, il a reçu une belle taloche || *è stato promosso a scapaccioni*, il a été reçu par piston.

scapato *agg.* étourdi.

scapicollarsi *v.pron.* 1 courir* comme un dératé: *mi sono scapicollato fin lì*, je m'y suis précipité || *— giù per le scale*, dégringoler (dans) l'escalier 2 (*fig.*) (*affannarsi*) se donner du mal.

scapigliare *v.tr.* ébouriffer* □ **scapigliarsi** *v.pron.* s'ébouriffer.

scapigliato *agg.* 1 ébouriffé 2 (*fig.*) dissipé.

scapitare *v.intr.* perdre*: *ci si scapita sempre*, on y perd toujours.

scapito *s.m.* perte (*f.*) || *a — di*, au détriment de.

scapitozzare *v.tr.* écimer.

scapola *s.f.* (*anat.*) omoplate.

scapolare¹ *agg.* (*anat.*) scapulaire.

scapolare² *s.m.* (*eccl.*) scapulaire.

scapolare³ *v.intr.* (*fam.*) échapper (à) ♦ *v.tr.* (*fam.*) (*scampare*) échapper (à) || *scapolarsela*, s'esquiver.

scapolo *agg.* e *s.m.* célibataire: *uno — impenitente*, un célibataire endurci; *uno — d'oro*, un parti en or; *un (vecchio) —*, un vieux garçon; *fare vita da —*, mener une vie de célibataire.

scapolone *s.m.* vieux garçon.

scappamento *s.m.* échappement: (*aut.*) (*tubo di*) —, (tuyau d') échappement*.

scappare *v.intr.* 1 s'enfuir*, se sauver; (*spec. da luogo chiuso*) s'échapper: *è scappato con la cassa*, il s'est enfui avec la caisse; *tutti scappavano di qua e di là*, les gens fuyaient de tous côtés; *scappa!*, va-t-en!; *scappiamo!*, sauve qui peut!, (*svignamocela*) fichons le camp!; *è scappato di là*, il s'est sauvé par là; *— su, giù (per le scale)*, s'enfuir en haut, en bas; *scappò su a prendere il soprabito*, il monta chercher son pardessus || *— di casa*, partir de la maison, (*temporaneamente*) faire une fugue || *scappo perché è tardi*, je me sauve parce qu'il est tard; *scappo a vestirmi*, je cours m'habiller; *scappo dentro perché fa freddo*, je rentre parce qu'il fait froid || *di qui non si scappa*, (*fig.*) il n'y a pas d'autre solution || *mi scappa la pipì*, j'ai envie de faire pipi 2 (*sfuggire*) échapper (*anche fig.*): *questa volta non mi scappi*, cette fois, tu ne m'échapperas pas; *si è lasciato — una buona occasione*, il a laissé échapper une bonne occasion; *mi è scappato di bocca*, cela m'a échappé (de la bouche); *mi è scappato di mente*, cela m'est sorti de l'esprit; *far — la pazienza*, faire perdre patience || *m'è scappato il treno sotto il naso*, le train est parti sous mon nez || (*fam.*): *mi è scappato da ridere*, je n'ai pas pu m'empêcher de rire; *mi è scappato detto che...*, j'ai eu la naïveté de dire que...; *è scappato fuori a dire che lo sapeva*, il n'a pu s'empêcher de dire qu'il le savait déjà.

scappata *s.f.* saut (*m.*): *fare una — dalla sarta*, faire un saut chez la couturière.

scappatella *s.f.* escapade.

scappatina *s.f.* saut (*m.*).

scappatoia *s.f.* échappatoire: *cercare una —*, *delle scappatoie*, chercher une échappatoire.

scappellarsi *v.pron.* donner un grand coup de chapeau.

scappellata *s.f.* grand coup de chapeau.

scappellotto *s.m.* taloche (*f.*): *prendere a scappellotti*, talocher.

scarabeo¹ *s.m.* (*zool.*) scarabée.

scarabeo² *s.m.* (*gioco*) scrabble.

scarabocchiare *v.tr.* gribouiller; (*fig.*) griffonner.

scarabocchio *s.m.* 1 griffonnage; (*disegno mal fatto*) gribouillage: *fare degli scarabocchi su un foglio*, gribouiller sur une feuille de papier 2 (*spreg.*) (*persona piccola e sgraziata*) nabot.

scaracchiare *v.intr.* (*molto fam.*) molarder.

scaracchio *s.m.* (*molto fam.*) molard.

scarafaggio *s.m.* blatte (*f.*); (*fig.*) cafard.

scaramantico (pl. -*ci*) *agg.* superstitieux*: *un gesto —*, un geste pour conjurer le mauvais sort.

scaramanzia *s.f.*: *per —*, pour conjurer le mauvais sort; *lo dico per —*, je le dis pour conjurer le mauvais sort.

scaramazza *agg.* e *s.f.* (*perla*) —, perle baroque.

scaramuccia (pl. -*ce*) *s.f.* escarmouche.

scaraventare *v.tr.* (*fam.*) flanquer: *— un libro giù dalla finestra*, balancer un livre par la fenêtre || *l'hanno scaraventato in un paesino*, on l'a expédié dans un patelin □ **scaraventarsi** *v.pron.* (*fam.*) s'élancer* (sur, contre) || *si scaraventò giù per le scale*, il dévala l'escalier; *si scaraventò fuori dalla macchina*, il sortit précipitamment de sa voiture.

scarcassato *agg.* (*fam.*) abîmé, esquinté.

scarcerare *v.tr.* remettre* en liberté.

scarcerazione *s.f.* mise en liberté.

scardinare *v.tr.* tirer de ses gonds □ **scardinarsi** *v.pron.* sortir* de ses gonds.

scarica (pl. -*che*) *s.f.* 1 volée || *— di fucile*, décharge de fusil, les fusillades || *— elettrica*, décharge 2 (*med.*) évacuation

scaricabarili, **a**, **scaricabarile**, **a** *locuz.avv.*: *fare a* —, se renvoyer la balle.

scaricamento *s.m.* déchargement.

scaricare (*coniug. come* mancare) *v.tr.* 1 décharger* ‖ *mi ha scaricato davanti a casa*, (*fam.*) il m'a déposé devant chez moi ‖ (*fig.*): — *l'ira addosso a qlcu*, décharger sa colère sur qqn; — *la propria responsabilità*, se décharger d'une responsabilità 2 (*di liquidi*) déverser; (*di corsi d'acqua*) se jeter*: *il fiume scarica le sue acque nel mare*, le fleuve se jette dans la mer ‖ — *il proprio malumore su qlcu*, (*fig.*) déverser sa mauvaise humeur sur qqn □ **scaricarsi** *v.pron.* 1 se décharger* (*anche fig.*): *l'orologio si è scaricato*, la montre s'est arrêtée ‖ *il fulmine si è scaricato sul pioppo*, la foudre est tombée sur le peuplier ‖ *riesce a — solo quando nuota*, il réussit à se détendre seulement quand il nage 2 (*di liquidi*) se déverser; (*di corsi d'acqua*) se jeter* 3 (*fisiologia*) évacuer.

scaricatore *s.m.* débardeur ‖ — *del porto*, docker.

scarico (pl. -*chi*) *agg.* 1 déchargé; (*vuoto*) vide ‖ *il mio orologio è* —, ma montre est arrêtée 2 (*fig.*) (*libero*) libre ♦ *s.m.* 1 déchargement ‖ *sotto* —, en déchargement ‖ *divieto di* —, décharge interdite ‖ *per* — *di coscienza*, par acquit de conscience 2 (*spec pl.*) (*materiale di rifiuto*) ordures (*f.pl.*) ‖ *scarichi industriali*, déchets industriels ‖ *acque di* —, eaux usées 3 (*luogo in cui si scaricano i rifiuti*) décharge publique 4 (*di liquidi*) écoulement, dégorgement ‖ *tubo di* —, tuyau de décharge ‖ — *d'acqua piovana*, gouttière 5 (*aut.*) (*di motore*) échappement 6 (*comm.*) sorties (*f.pl.*): *registro di carico e* —, livre des entrées et des sorties.

scarificare (*coniug. come* mancare) *v.tr.* scarifier.

scarificatore *s.m.* (*med., agr.*) scarificateur.

scarificazione *s.f.* (*med.*) scarification.

scarlattina *s.f.* scarlatine.

scarlatto *agg. e s.m.* écarlate.

scarmigliare *v.tr.* (*persona*) décoiffer, dépeigner; (*capelli*) ébouriffer □ **scarmigliarsi** *v.pron.* (*di persona*) se décoiffer; (*di capelli*) s'ébouriffer.

scarmigliato *agg.* (*di persona*) échevelé; (*di capelli*) ébouriffé.

scarnificare (*coniug. come* mancare), **scarnire** (*coniug. come* finire) *v.tr.* décharner.

scarnito *agg.* décharné; (*fig.*) dépouillé.

scarno *agg.* 1 décharné 2 (*fig.*) (*disadorno*) dépouillé 3 (*fig.*) (*insufficiente, povero*) pauvre.

scarola *s.f.* (*bot.*) scarole.

scarpa *s.f.* chaussure, soulier (*m.*): — *con suola di cuoio, di gomma*, chaussure à semelle de cuir, de caoutchouc; — *con tacco alto, basso, a spillo*, chaussure à talon haut, à talon plat, à talon aiguille ‖ — *da ballo*, soulier de bal, escarpin; *scarpe eleganti*, chaussures habillées; *scarpe da passeggio*, chaussures de marche; *scarpe da ginnastica*, chaussures de gymnastique, baskets; *scarpe da barca*, mocassins bateau ‖ *che misura di scarpe ha?*, quelle est votre pointure? ‖ *fare le*

scarpe a qlcu, (*fig.*) couper l'herbe sous le pied de qqn 2 (*fig. fam.*) (*persona inetta*) nullité.

scarpata[1] *s.f.* (*di terreno*) talus (*m.*), escarpement (*m.*) ‖ (*geol.*) — *continentale*, talus continental.

scarpata[2] *s.f.* (*colpo dato con la scarpa*) coup de chaussure.

scarpetta *s.f.* 1 petit soulier; (*scarpa elegante*) chaussure habillée; (*da ballo*) chaussure de bal; (*sulle punte*) chausson de danse ‖ *fare la* —, (*fam.*) saucer son assiette (avec un morceau de pain) 2 (*bot. pop.*) — *di Venere*, sabot de Vénus.

scarpiera *s.f.* 1 (*mobile*) armoire à chaussures 2 (*borsa*) sac à chaussures.

scarpina *s.f.* → **scarpetta**.

scarpinare *v.intr.* (*fam.*) trotter.

scarpinata *s.f.* (*fam.*) marche forcée.

scarponcino *s.m.* bottine (*f.*).

scarpone *s.m.* brodequin ‖ — *da sci, da montagna*, chaussure de ski, de montagne.

scarroccio *s.m.* (*mar.*) dérive (*f.*).

scarrozzare *v.tr.* promener* (en voiture) ♦ *v.intr.* se promener* (en voiture).

scarrozzata *s.f.* promenade en voiture.

scarrucolare *v.intr.* (*scorrere*) glisser dans une poulie; (*uscire*) sortir* de la poulie.

scarsamente *avv.* peu.

scarseggiare (*coniug. come* cominciare) *v.intr.* commencer* à manquer; (*mancare del*) manquer de ‖ — *di denaro, di idee*, être à court d'argent, d'idées.

scarsezza, **scarsità** *s.f.* pénurie; (*mancanza*) manque (*m.*); (*insufficienza*) insuffisance.

scarso *agg.* 1 maigre; (*insufficiente*) insuffisant ‖ *il peso è* —, il n'y a pas tout à fait le poids ‖ *un chilo* —, un peu moins d'un kilo ‖ *luce scarsa*, lumière faible ‖ — *in matematica*, faible en mathématiques ‖ *intelligenza scarsa*, intelligence médiocre 2 (*poco*) peu (de); (*povero di*) pauvre (en); (*poco numeroso*) peu nombreux* ‖ *opera di* — *interesse*, œuvre sans grand intérêt ‖ — *di denaro, di idee*, à court d'argent, d'idées ‖ *un anno* — *per gli affari*, une année déficitaire pour les affaires.

scartabellare *v.tr.* feuilleter*.

scartafaccio *s.m.* (*brogliaccio*) brouillon; (*scartoffia*) paperasse (*f.*).

scartamento *s.m.* écartement ‖ (*ferr.*) *a* — *ridotto*, à voie étroite; *funzionare a* — *ridotto*, (*fig.*) fonctionner au ralenti.

scartare[1] *v.tr.* 1 (*un pacco*) défaire*; (*il contenuto del pacco*) dépaqueter*: *scartò il pacco*, il défit le colis; *scartò i libri*, il dépaqueta les livres 2 (*eliminare*) écarter; (*buttare via*) jeter* ‖ (*mil.*) — *alla leva*, réformer 3 (*alle carte*) se défausser (de): *ha scartato fiori*, il s'est défaussé à trèfle.

scartare[2] *v.intr.* (*deviare*) faire* un écart ♦ *v.tr.* (*sport*) dribbler.

scartata *s.f.* écart (*m.*).

scartina *s.f.* 1 (*alle carte*) mauvaise carte 2 (*fam.*) (*persona di poco valore*) nouille.

scarto[1] *s.m.* 1 (*lo scartare*) élimination (*f.*) 2

(*la cosa scartata*) déchets (*pl.*): *c'è molto* —, il y a beaucoup de perte || *merce di* —, marchandise de rebut **3** (*alle carte*) écart.

scarto² *s.m.* **1** (*deviazione*) écart **2** (*differenza in un punteggio*) écart || *è arrivato con uno* — *di due minuti*, (*in una corsa*) il est arrivé avec une avance de deux minutes.

scartocciare (*coniug. come* cominciare) *v.tr.* **1** (*un pacco*) défaire*; (*il contenuto di un pacco*) dépaqueter* **2** (*il granoturco*) décortiquer.

scartoffia *s.f.* (*spec. pl.*) paperasse.

scassare *v.tr.* **1** (*fam.*) (*sfasciare*) esquinter, bousiller, déglinguer **2** (*agr.*) (*dissodare*) défoncer* □ **scassarsi** *v.pron.* (*fam.*) (*sfasciarsi*) se bousiller, s'esquinter.

scassato *agg.* **1** (*fam.*) (*sfasciato*) déglingué, esquinté **2** (*agr.*) (*dissodato*) défoncé.

scassinamento *s.m.* effraction (*f.*).

scassinare *v.tr.* crocheter*.

scassinatore *s.m.* crocheteur.

scasso *s.m.* **1** effraction (*f.*) **2** (*agr.*) (*dissodamento*) défoncement, défonçage.

scatarrare *v.intr.* mollarder, cracher.

scatenamento *s.m.* déchaînement.

scatenare *v.tr.* déchaîner: — *contro*, exciter contre □ **scatenarsi** *v.pron.* se déchaîner; (*scoppiare*) éclater.

scatenato *agg.* déchaîné || *è un pazzo* —, il est fou à lier.

scatola *s.f.* boîte: — *da lavoro*, boîte à ouvrage; *cibi in* —, *in scatoletta*, aliments en boîte, en conserve || (*aer.*) — *nera*, boîte noire || *comprare a* — *chiusa*, acheter les yeux fermés || *a lettere di* —, en gros caractères || (*fam.*): *rompere*, *far girare le scatole a qlcu*, casser les pieds à qqn; *ne ho piene le scatole*, j'en ai ras le bol.

scatolame *s.m.* **1** boîtes (*f.pl.*) **2** (*cibi in scatola*) (boîtes de) conserves.

scatolificio *s.m.* fabrique de boîtes.

scatologico (pl. -*ci*) *agg.* scatologique.

scattante *agg.* agile || *macchina* —, voiture qui a une bonne reprise.

scattare *v.intr.* **1** fonctionner: *la serratura è scattata*, la serrure a fonctionné, joué || *far* — *una suoneria*, déclencher une sonnerie || *il grilletto scattò a vuoto*, le coup ne partit pas; *fare* — *il grilletto*, appuyer sur la détente **2** (*balzare*) bondir*: — *in piedi*, bondir sur ses pieds || — *sull'attenti*, se mettre au garde-à-vous || *al segnale scattarono via*, au signal ils s'élancèrent || *è un tipo che scatta facilmente*, (*fig.*) c'est un type qui s'emporte facilement || *l'indice è scattato di due punti*, l'indice a augmenté de deux points **3** (*avere inizio*) commencer*; (*essere operativo*) être* effectif*: *l'operazione è scattata all'alba*, l'opération a commencé à l'aube; *l'aumento scatterà il primo gennaio*, l'augmentation sera effective le premier janvier ♦ *v.tr.*: — *una fotografia*, prendre une photo.

scattista *s.m.* (*sport*) sprinter.

scatto *s.m.* **1** déclenchement; (*rumore*) déclic || *coltello a* —, couteau à cran d'arrêt; *meccanismo*

a —, mécanisme à ressort, (*di armi da fuoco*) mécanisme de détente; *serratura a* —, serrure à clenche **2** (*sport*) (*in partenza*) démarrage; (*in arrivo*) sprint: *dotato di* —, qui a un bon démarrage; *vinse con uno* — *finale*, il l'emporta dans un sprint final || *di* —, brusquement || *a scatti*, par saccades **3** (*amm., econ.*) (*avanzamento*) avancement; (*aumento*) augmentation (*f.*): — *d'anzianità*, avancement à l'ancienneté; *uno* — *di salario*, une augmentation de salaire **4** (*pulsante*) déclencheur **5** (*fig.*) mouvement (de colère), emportement **6** (*unità telefonica*) unité (*f.*).

scaturire (*coniug. come* finire) *v.intr.* **1** (*sgorgare*) jaillir **2** (*di corso d'acqua*) prendre* sa source **3** (*fig.*) naître*.

scavalcare (*coniug. come* mancare) *v.tr.* **1** (*saltare*) sauter: — *un muro*, escalader un mur **2** (*superare*) dépasser (*anche fig.*) **3** (*disarcionare*) désarçonner.

scavare *v.tr.* **1** creuser (*anche fig.*) **2** (*dissotterrare*) déterrer || — *una città sepolta*, faire des fouilles dans une ville ensevelie **3** (*fig.*) (*indagare*) fouiller; (*approfondire*) approfondir, creuser.

scavatore *s.m.* (*operaio*) terrassier.

scavatrice *s.f.* (*macchina*) excavateur (*m.*), excavatrice.

scavatura *s.f.* (*lo scavare*) excavation.

scavezzacollo *s.m.* casse-cou* || *a* —, à tombeau ouvert.

scavo *s.m.* **1** creusement, creusage; (*per fondamenta*) fouille (*f.*) **2** *pl.* (*archeol.*) fouilles (*f.*) **3** (*del collo*) encolure (*f.*), décolleté; (*della manica*) emmanchure (*f.*).

scazzottare *v.tr.* (*fam.*) donner une beigne (à qqn) □ **scazzottarsi** *v.pron.* (*fam.*) se donner des beignes.

scazzottata, scazzottatura *s.f.* (*fam.*) beigne.

scegliere (*coniug. come* cogliere) *v.tr.* **1** choisir || *c'è da* —, il y a le choix; *non hai che da* —, tu n'as que l'embarras du choix; *c'è poco da* —, il n'y a pas à choisir **2** (*selezionare*) trier.

sceicco (pl. -*chi*) *s.m.* cheik, sheik.

scelleraggine, scelleratezza *s.f.* **1** scélératesse **2** (*atto scellerato*) crime (*m.*).

scellerato *agg.* e *s.m.* scélérat.

scellino *s.m.* (*austriaco*) schilling; (*inglese*) shilling.

scelta *s.f.* choix (*m.*) || *c'è solo l'imbarazzo della* —, il n'y a que l'embarras du choix || *non ha possibilità di* —, il n'a pas le choix || *di prima*, *di seconda* —, de qualité supérieure, inférieure || *a* —, au choix.

scelto *agg.* choisi || *frutta scelta*, fruits de première qualité || *soldato* —, soldat de première classe; *tiratore* —, tireur d'élite.

scemare *v.intr.* diminuer; (*calare*) baisser.

scemata, scemenza *s.f.* (*fam.*) bêtise.

scemo *agg.* e *s.m.* idiot || *come sei* —!, que tu es bête! || (*arch.*) *arco* —, arc surbaissé.

scempiaggine *s.f.* idiotie.

scempiare *v.tr.* (*rovinare*) abîmer, endommager*.

scempio[1] *agg.* simple.

scempio[2] *s.m.* massacre: *fare — di qlcu, di qlco*, massacrer qqn, gâcher qqch || *hanno fatto — del cadavere*, ils se sont acharnés sur le cadavre || *fare — del paesaggio*, détruire le paysage.

scena *s.f.* **1** scène (*anche fig.*): *uscire di —*, (*anche fig.*) quitter la scène, sortir de scène; *è di — la prima attrice*, c'est à la vedette d'entrer en scène; *portare sulla —*, porter à la scène; *questa sera va in — una commedia di Molière*, ce soir on donne (une comédie de) Molière; *la compagnia va in — con 'Giulietta e Romeo'*, la troupe joue 'Roméo et Juliette' || *a — vuota*, la scène étant vide; *applausi a — aperta*, applaudissements en cours de représentation || *la — è a Parigi*, la scène se déroule à Paris || *uscire dalla — del mondo*, mourir; *uscire dalla — politica*, quitter la scène politique || *colpo di —*, (*anche fig.*) coup de théâtre || *— madre*, scène cruciale, (*fig.*) grande scène || *fare — muta a un esame*, (*fig.*) sécher à son examen **2** (*scenografia*) décor (*m.*) **3** (*scenata*) scène || *è inutile fare tante scene!*, ce n'est pas la peine de faire tant d'histoires! || *è solo per fare —*, c'est seulement pour épater la galerie; *è tutta —*, c'est du cinéma, (*per lamentarsi*) c'est de la comédie.

scenario *s.m.* **1** décor (*anche fig.*) || *lo — politico*, la scène politique **2** (*panorama*) panorama.

scenata *s.f.* scène.

scendere (*coniug. come* prendere) *v.intr.* **1** descendre* (*anche fig.*): *— dall'aereo, dall'autobus*, descendre d'avion, de l'autobus; *è scesa per il pendio*, elle a descendu la pente; *con l'ascensore*, descendre par l'ascenseur; *è sceso in cantina*, il est descendu à la cave; *a comprare il pane*, descendre acheter du pain; *mi faccia — qui*, descendez-moi ici || *in piazza*, (*fig.*) descendre dans la rue || *— agli insulti*, se laisser aller à insulter || *— a un compromesso*, arriver à un compromis || *— nei particolari*, entrer dans les détails **2** (*calare*) baisser; (*cadere*) tomber: *la febbre è scesa*, la fièvre a baissé; *scende la notte*, la nuit tombe; *è sceso di grado*, il a été déclassé ♦ *v.tr.* descendre*.

scendiletto (pl. *invar.*) *s.m.* descente de lit.

sceneggiare (*coniug. come* mangiare) *v.tr.* adapter (pour le théâtre, la télévision, le cinéma).

sceneggiata *s.f.* (*teatr.*) mélodrame napolitain || *è tutta una —!*, (*fig.*) c'est du cinéma, de la comédie!

sceneggiato *s.m.* (*tv, rad.*) feuilleton.

sceneggiatore (f. *-trice*) *s.m.* scénariste.

sceneggiatura *s.f.* **1** adaptation **2** (*copione*) scénario (*m.*) **3** (*cine., tv*) script.

scenetta *s.f.* (*teatr., tv*) sketch (*m.*), saynète || *una gustosa —*, (*estens.*) une scène savoureuse.

scenico (pl. *-ci*) *agg.* scénique.

scenografia *s.f.* **1** scénographie **2** (*allestimento scenico*) décors (*m.pl.*).

scenografico (pl. *-ci*) *agg.* scénographique.

scenografo *s.m.* décorateur*: *lo — è...*, les décors sont de...

scenotecnica *s.f.* scénologie, art scénique.

scentrare *v.tr.* excentrer, désaxer □ **scentrarsi** *v.pron.* s'excentrer, se désaxer.

sceriffo *s.m.* shérif.

scervellarsi *v.pron.* se creuser la cervelle.

scervellato *agg.* écervelé.

scetticismo *s.m.* scepticisme.

scettico (pl. *-ci*) *agg.* e *s.m.* sceptique (quant à, sur).

scettro *s.m.* sceptre.

sceverare *v.tr.* discerner.

scevro *agg.* (*letter.*) exempt.

scheda *s.f.* **1** fiche || (*scuola*) *— di valutazione*, bulletin **2** (*tessera*) carte: *— telefonica*, carte de téléphone, télécarte || *telefono a —*, téléphone à carte magnétique **3** (*elettorale*) bulletin de vote **4** (*inform.*) carte, fiche.

schedare *v.tr.* ficher; (*libri*) classer.

schedario *s.m.* fichier.

schedato *agg.* mis sur fiche; classé par fiches || *essere — dalla polizia*, être fiché à la police ♦ *s.m.* personne qui est dans le fichier de la police.

schedatura *s.f.* mise en fiche: *fare la — di*, ficher.

schedina *s.f.* (*del totocalcio*) bulletin (du loto sportif).

scheggia (pl. *-ge*) *s.f.* éclat (*m.*); (*sotto la pelle*) écharde.

scheggiare (*coniug. come* mangiare) *v.tr.* ébrécher* □ **scheggiarsi** *v.pron.* s'ébrécher*; (*di legno*) se fendre*; (*di unghie*) s'écailler.

scheletrico (pl. *-ci*) *agg.* squelettique.

scheletrire (*coniug. come* finire) *v.tr.* rendre* squelettique.

scheletrito *agg.* squelettique, décharné.

scheletro *s.m.* squelette.

schema *s.m.* **1** schéma || (*inform.*) *— a blocchi, funzionale*, organigramme **2** (*progetto*) projet **3** (*modulo*) règle (*f.*); (*modello*) norme (*f.*), système: *uscire dagli schemi*, sortir de la norme; *liberarsi dagli schemi*, se libérer des contraintes; *non avere schemi mentali*, ne pas avoir d'idées préconçues.

schematicità *s.f.* caractère schématique, schématisme (*m.*).

schematico (pl. *-ci*) *agg.* schématique || **-mente** *avv.*

schematismo *s.m.* schématisme.

schematizzare *v.tr.* schématiser.

schematizzazione *s.f.* schématisation.

scherma *s.f.* escrime: *tirare di —*, faire de l'escrime.

schermaggio *s.m.* **1** (*schermo*) écran **2** (*lo schermare*) protection au moyen d'un écran **3** (*elettr.*) blindage **4** (*rad., tv*) antiparasitage.

schermaglia *s.f.* joute oratoire || *schermaglie amorose*, joutes amoureuses.

schermare *v.tr.* **1** masquer, protéger* par un écran **2** (*una luce*) voiler **3** (*elettr.*) blinder **4** (*rad., tv*) antiparasiter.

schermatura *s.f.* → **schermaggio**.

schermirsi (*coniug. come* finire) *v.pron.* se protéger*, se défendre*; (*fig.*) (*eludere*) esquiver (qqch) || — *da un complimento*, écarter un compliment.

schermitore (f. *-trice*) *s.m.* escrimeur*.

schermo *s.m.* écran (*anche fig.*): *adattare per lo* —, *portare sullo* —, adapter, porter à l'écran; *farsi* — *con la mano*, se protéger de la main || *farsi di*, (*fig.*) s'abriter derrière.

schermografia *s.f.* (*med.*) radiophotographie.

schermografico (pl. *-ci*) *agg.* radiophotographique.

schernire (*coniug. come* finire) *v.tr.* se moquer (de), railler.

schernitore (f. *-trice*) *agg.* e *s.m.* railleur*, moqueur*.

scherno *s.m.* **1** raillerie (*f.*): *sorriso di* —, sourire railleur, moqueur || *farsi* — *di*, tourner en ridicule **2** (*oggetto di scherno*) risée (*f.*) **3** (*parole, gesti di scherno*) moqueries (*f.pl.*).

scherzare *v.intr.* **1** plaisanter: *vuoi* —?, tu plaisantes?; *c'è poco da* —, il n'y a vraiment pas de quoi plaisanter || — *su tutto*, tourner en plaisanterie **2** (*giocare*); (*trastullarsi*) s'amuser: *non scherzare col fuoco*, (*anche fig.*) ne joue pas avec le feu.

scherzo *s.m.* **1** plaisanterie (*f.*); (*tiro*) tour: *senza scherzi*, sérieusement; *scherzi a parte*, blague à part; *non sa stare allo* —, il ne comprend pas la plaisanterie; *dire qlco per* —, dire qqch pour rire; *neppure per* —, pas même pour rire; *fare un brutto* —, jouer un mauvais tour || *uno* — *di natura*, un caprice de la nature || *sono gli scherzi del vino*, c'est le vin qui fait son effet || *è uno* — *farlo*, le faire, c'est un jeu d'enfant **2** (*mus.*) scherzo.

scherzosamente *avv.* en plaisantant, par plaisanterie.

scherzoso *agg.* **1** plaisant, amusant: *in tono* —, sur un ton plaisant || *poesia scherzosa*, poésie badine **2** (*di persona*) qui aime plaisanter.

schettinaggio *s.m.* patinage à roulettes, skating.

schettinare *v.intr.* faire* du patin à roulettes.

schettino *s.m.* (*spec.pl.*) patin à roulettes.

schiacciamento *s.m.* **1** (*lo schiacciare*) écrasement **2** (*l'essere schiacciato*) aplatissement || *lo* — *del naso*, l'épatement du nez.

schiaccianoci *s.m.* casse-noisette*.

schiacciante *agg.* écrasant (*anche fig.*) || *prove schiaccianti*, des preuves accablantes.

schiacciapatate *s.m.* presse-purée*.

schiacciare (*coniug. come* cominciare) *v.tr.* **1** écraser (*anche fig.*): — *un piede a qlcu*, écraser le pied à qqn; *è schiacciato dal peso delle responsabilità*, il est écrasé sous le poids des responsabilités || — *un sonnellino, un pisolino*, faire, piquer un petit somme **2** (*premere, pigiare*) appuyer* (sur) **3** (*rompere*) casser **4** (*sport*) smasher □ **schiacciarsi** *v.pron.* s'écraser.

schiacciasassi *s.m.* rouleau* compresseur.

schiacciata *s.f.* **1** *dare una* —, écraser; (*comprimere*) comprimer; (*strizzare*) presser **2** (*focaccia*) fouace, fougasse **3** (*sport*) smash (*m.*).

schiacciato *agg.* **1** écrasé **2** (*appiattito*) aplati

|| *naso* —, nez camus **3** (*sport*) *tiro, colpo* —, smash.

schiacciatura *s.f.* **1** écrasement (*m.*) **2** (*ammaccatura*) bosselure.

schiaffare *v.tr.* (*fam.*) fourrer || — *in prigione, dentro*, flanquer en prison, coffrer □ **schiaffarsi** *v.pron.* (*fam.*) se fourrer.

schiaffeggiare (*coniug. come* mangiare) *v.tr.* gifler; (*fig.*) fouetter.

schiaffo *s.m.* **1** gifle (*f.*); (*fig.*) soufflet: *prendere a schiaffi*, gifler; *mollare uno schiaffone*, (*fam.*) flanquer une gifle magistrale || *faccia da schiaffi*, (*fam.*) tête à claques **2** *tiro di* —, (*al biliardo*) coup de bricole.

schiamazzare *v.intr.* **1** faire* du tapage, chahuter (*di galline*) caqueter*; (*di oche*) cacarder.

schiamazzo *s.m.* tapage, chahut: *fare* —, faire du tapage; *schiamazzi notturni*, tapage nocturne.

schiantare *v.tr.* (*fam.*) (*far scoppiare*) crever* || — *il cuore*, (*fig.*) briser le cœur ♦ *v.intr.* (*fig. fam.*) (*crepare*) crever*: — *dalle risa, dalla fatica*, crever de rire, de fatigue □ **schiantarsi** *v.pron.* **1** (*fracassarsi*) s'écraser **2** (*scoppiare*) éclater; (*fig.*) se briser: *la gomma si è schiantata per il caldo*, la chaleur a fait éclater le pneu.

schianto *s.m.* **1** (*rottura*) rupture (*f.*); (*scoppio*) éclatement || *di* —, soudainement, net || *cadde di* —, il tomba comme foudroyé || *che* —!, formidable!, sensationnel!; *così sei uno* —!, comme ça tu es superbe! **2** (*fig.*) (*acuto dolore*) déchirement.

schiappa *s.f.* (*fam.*) nullité || *è una* — *in latino*, il est nul en latin.

schiarimento *s.m.* éclaircissement (*anche fig.*).

schiarire (*coniug. come* finire) *v.tr.* **1** éclaircir || — *schiarirsi la voce*, (*fig.*) éclaircir la voix **2** (*sbiadire*) déteindre*; (*i colori*) faire* pâlir ♦ *v.intr.*, **schiarirsi** *v.pron.* **1** s'éclaircir **2** (*sbiadire*) passer ♦ *v. intr.impers.* (*fare giorno*) faire* jour.

schiarita *s.f.* éclaircie (*anche fig.*).

schiaritura *s.f.* **1** éclaircissement (*m.*): *dare una* —, éclaircir **2** (*di capelli*) décoloration.

schiatta *s.f.* (*letter.*) lignée.

schiattare *v.intr.* (*fam.*) crever*: — *dalla rabbia*, crever de rage.

schiavismo *s.m.* esclavagisme.

schiavista *agg.* e *s.m.* esclavagiste.

schiavitù *s.f.* esclavage (*m.*).

schiavizzare *v.tr.* réduire* en (état d') esclavage; traiter comme un esclave.

schiavo *agg.* e *s.m.* esclave □ **alla schiava** *locuz.*: *braccialetto alla* —, bracelet esclave; *sandali alla* —, spartiates.

schiena *s.f.* dos (*m.*): *aver mal di* —, avoir mal au dos, aux reins; *colpire alla* —, frapper dans le dos || *di* —, le dos tourné; *visto di* —, vu de dos || *rompere la* — *a qlcu*, casser les reins à qqn; *rompersi la* — *a fare qlco*, (*fig.*) s'esquinter à faire qqch || *colpo di* —, coup de reins || *strada a* — *d'asino*, route en dos d'âne.

schienale *s.m.* **1** dossier **2** *pl.* (*cuc.*) (*midollo di bue*) amourettes (*f.*).

schienata *s.f.* (*colpo di schiena*) coup de reins.

schiera *s.f.* **1** troupe || *mettere in* —, aligner || *sbaragliare le schiere nemiche*, enfoncer les lignes ennemies **2** (*gruppo*) groupe (*m.*); (*moltitudine*) foule: *una* — *di formiche*, un régiment de fourmis || *a* —, en groupe; *villette a* —, maisons en bande || *in folta* —, en foule.

schieramento *s.m.* **1** disposition (*f.*); (*formazione*) formation (*f.*); (*spiegamento*) déploiement: *lo* — *di una squadra*, la disposition d'une équipe; — *d'attacco*, formation d'attaque; *lo* — *nemico*, les formations ennemies; *massiccio* — *di polizia*, déploiement massif de police **2** (*pol.*) coalition (*f.*).

schierare *v.tr.* ranger*; (*mettere in fila*) aligner: — *in battaglia*, ranger en ordre de bataille; — *i giocatori in campo*, aligner les joueurs sur le terrain □ **schierarsi** *v.pron.* se ranger*, s'aligner: *pro, contro*, prendre position pour, contre; — *dalla parte di qlcu*, prendre fait et cause pour qqn; — *sulle linee di un partito*, adopter la ligne d'un parti.

schierato *agg.* aligné (sur la ligne du parti).

schiettamente *avv.* franchement.

schiettezza *s.f.* **1** pureté **2** (*fig.*) franchise: *parlare con* —, parler franchement.

schietto *agg.* **1** (*genuino*) pur **2** (*fig.*) (*sincero*) franc* || *a dirla schietta*, pour parler franchement ♦ *avv.* franchement.

schifare *v.tr.* **1** (*avere a schifo*) éprouver du dégoût (pour) **2** (*disgustare*) dégoûter; (*disdegnare*) dédaigner □ **schifarsi** *v.pron.* se dégoûter.

schifato *agg.* (*fam.*) dégoûté.

schifezza *s.f.* (*porcheria*) saloperie; (*cosa orrenda*) horreur || *è una* —, c'est dégoûtant.

schifiltoso *agg.* chichiteux*: *non fare lo* —!, ne fais pas de chichi!; (*per il cibo*) ne fais pas le dégoûté!

schifo[1] *s.m.* dégoût: *fare* —, dégoûter; *è uno* —, c'est dégoûtant; *avaro da fare* —, il est d'une avarice répugnante || *quel film fa* —, *è uno* — *di film*, c'est un film horrible.

schifo[2] *s.m.* (*mar.*) esquif.

schifosamente *avv.* d'une façon dégoûtante; (*fig. fam.*) (*molto*) vachement.

schifoso *agg.* **1** dégoûtant; (*ripugnante*) répugnant || *che tempo* —!, quel temps dégueulasse! **2** (*fam.*) (*esagerato*) exagéré: *una fortuna schifosa*, une veine de pendu.

schioccare (*coniug. come mancare*) *v.intr.* claquer ♦ *v.tr.* faire* claquer || — *un bacio*, donner un gros baiser.

schiocco (pl. *-chi*) *s.m.* claquement; (*di lingua*) clappement || *bacio con lo* —, baiser de nourrice, gros baiser.

schiodare *v.tr.* déclouer □ **schiodarsi** *v.pron.* **1** se déclouer **2** (*fig. fam.*) (*andarsene*) lever* le siège: *non* — *dalla sedia*, rester cloué à sa chaise.

schioppettata *s.f.* coup de fusil || *a una* — *di qui*, (*fig.*) tout près.

schioppo *s.m.* fusil || *a un tiro di* —, à portée de voix.

schiudere (*coniug. come chiudere*) *v.tr.* **1** (*aprire in parte*) entrouvrir*, entrebâiller; (*aprire lentamente*) ouvrir* lentement **2** (*fig.*) ouvrir* □ **schiudersi** *v.pron.* s'entrouvrir*; (*fig.*) s'ouvrir*; (*di fiori, di uova ecc.*) éclore*.

schiuma *s.f.* **1** mousse; (*di onde*) écume: *bagno di* —, bain moussant || (*min.*) — *di mare*, écume de mer; *pipa di* —, pipe en écume de mer || *avere la* — *alla bocca*, (*fig.*) écumer de rage **2** (*scarto di un liquido*) écume: *togliere la* — *al brodo*, écumer le bouillon **3** (*fig.*) (*feccia*) lie.

schiumaiola *s.f.* écumoire.

schiumare *v.tr.* e *intr.* écumer (*anche fig.*).

schiumogeno *agg.* moussant: *preparato* —, agent moussant ♦ *s.m.* extincteur à mousse.

schiumoso *agg.* mousseux*; (*di onde*) écumeux*.

schiuso *agg.* entrouvert, ouvert.

schivare *v.tr.* esquiver; (*evitare*) éviter.

schivata *s.f.* esquive.

schivo *agg.* (*riluttante*) qui se dérobe; (*ritroso*) réservé || *essere* — *di*, fuir.

schizofrenia *s.f.* schizophrénie.

schizofrenico (pl. *-ci*) *agg.* schizophrénique; schizophrène ♦ *s.m.* schizophrène.

schizoide *agg.* e *s.m.* schizoïde.

schizzare *v.intr.* gicler; (*sputare*) cracher: — *fuori*, (*saltar fuori*), (*fig.*) se précipiter hors de || — *via*, partir comme une flèche || *gli occhi gli schizzavano dalle orbite*, (*fig.*) les yeux lui sortaient de la tête ♦ *v.tr.* **1** (*inzaccherare*) éclabousser; (*sporcare*) tacher || — *dell'acqua in viso*, lancer de l'eau à la figure || — *veleno*, (*fig.*) cracher son venin **2** (*abbozzare un disegno*) esquisser □ **schizzarsi** *v.pron.* s'éclabousser; (*macchiarsi*) se tacher.

schizzata *s.f.* **1** (*lo schizzare*) giclement (*m.*) **2** (*schizzo*) giclée; (*di fango*) éclaboussure; (*macchia*) tache.

schizzinoso *agg.* difficile; (*fam.*) chichiteux* || *fare lo* —, faire la petite bouche.

schizzo *s.m.* **1** giclée (*f.*); (*di fango*) éclaboussure (*f.*); (*macchia*) tache (*f.*) || *caffè con uno* — *di cognac*, café avec une goutte de cognac, arrosé de cognac **2** (*abbozzo*) croquis, esquisse (*f.*).

sci (pl. *invar.*) *s.m.* ski: *mettersi gli* —, chausser ses skis; — *alpinismo*, ski de randonnée; — *d'acqua, nautico*, ski nautique.

scia *s.f.* sillage (*m.*); (*di vapore, fumo ecc.*) traînée || *sulla, nella* — *di*, (*fig.*) dans le sillage de.

scià *s.m.* shah, chah.

sciabile *agg.* skiable.

sciabola *s.f.* sabre (*m.*).

sciabolare *v.tr.* sabrer.

sciabolata *s.f.* coup de sabre.

sciabordare *v.tr.* agiter ♦ *v.intr.* clapoter.

sciabordio *s.m.* clapotis.

sciacallaggio *s.m.* pillage.

sciacallo *s.m.* chacal* (*anche fig.*).

sciaccò *s.m.* (*st. abbigl.*) shako, schako.

sciacquare *v.tr.* rincer*

sciacquata *s.f.* rinçage (*m.*): *dare una* — *a*, rincer; *darsi una* — *alle mani*, se passer les mains à l'eau.

sciacquatura *s.f.* rinçage (*m.*) || — *di piatti*, (*fig.*) eau de vaisselle.

sciacquio *s.m.* 1 rinçage 2 (*sciabordio*) clapotis.

sciacquo *s.m.* 1 rinçage || *farsi degli sciacqui*, se rincer la gorge; se faire des bains de bouche 2 (*liquido*) rinçure (*f.*).

sciacquone *s.m.* chasse d'eau.

sciagura *s.f.* malheur(*m.*); (*disastro*)catastrophe.

sciaguratamente *avv.* 1 (*sventuratamente*) malheureusement 2 (*con malvagità*) méchamment.

sciagurato *agg.* 1 (*sventurato*) malheureux* 2 (*malvagio*) méchant.

scialacquare *v.tr.* gaspiller*.

scialacquatore (f. *-trice*) *s.m.* gaspilleur*.

scialacquio *s.m.* gaspillage continuel.

scialare *v.intr.* gaspiller beaucoup || *c'è poco da* —, on ne vit pas dans l'abondance ♦ *v.tr.* dilapider.

scialbo *agg.* 1 blafard 2 (*fig.*) (*insignificante*) falot*.

sciallato *agg.* (*abbigl.*) *collo* —, col châle.

scialle *s.m.* châle || *collo a* —, col châle.

scialo *s.m.* gaspillage (*anche fig.*): *far* — *di*, gaspiller.

scialuppa *s.f.* (*mar.*) chaloupe.

sciamano *s.m.* chaman.

sciamare *v.intr.* essaimer (*anche fig.*).

sciame *s.m.* essaim: *a sciami*, par essaims.

sciancato *agg.* bancal*.

sciancrato *agg.* (*sartoria*) cintré.

sciangai *s.m.* (*gioco*) mikado, jonchets (*pl.*).

sciarada *s.f.* charade (*anche fig.*).

sciare[1] *v.intr.* (*sport*) skier, faire* du ski.

sciare[2] *v.intr.* (*mar.*) scier.

sciarpa *s.f.* 1 écharpe; cache-nez* (*m.*); (*sciarpetta*) cache-col* (*m.*) 2 (*distintivo di grado*) écharpe: *la* — *tricolore* (*del sindaco*), l'écharpe tricolore (du maire).

sciata *s.f.*: *fare una* —, skier.

sciatica (pl. *-che*) *s.f.* (*med.*) sciatique.

sciatico (pl. *-ci*) *agg.* (*anat.*) sciatique.

sciatore (f. *-trice*) *s.m.* (*sport*) skieur*.

sciattamente *avv.* négligemment.

sciatteria *s.f.* négligé (*m.*), négligence.

sciatto *agg.* négligé (*anche fig.*).

scibile *s.m.* savoir.

sciccheria *s.f.* (*fam.*) chic (*m.*).

sciente *agg.* conscient.

scientemente *avv.* sciemment.

scientificità *s.f.* scientificité.

scientifico (pl. *-ci*) *agg.* scientifique || **-mente** *avv.*

scientismo *s.m.* scientisme.

scienza *s.f.* 1 science 2 *pl.* sciences naturelles.

scienziato *s.m.* savant.

sciistico (pl. *-ci*) *agg.* de ski || *località sciistica*, station de sports d'hiver.

sciita *s.m.* e *f.* (*st. relig.*) chiite.

scilinguagnolo *s.m.* (*anat.*) filet de la langue || *avere lo* — *sciolto*, (*fig.*) avoir du bagou.

scimitarra *s.f.* cimeterre (*m.*).

scimmia *s.f.* singe (*m.*) (*anche fig.*); (*femmina*) guenon (*anche fig.*).

scimmiesco (pl. *-chi*) *agg.* simiesque.

scimmiottare *v.tr.* singer*.

scimmiottata, scimmiottatura *s.f.* singerie.

scimpanzé *s.m.* (*zool.*) chimpanzé.

scimunito *agg.* e *s.m.* imbécile, nigaud.

scinauta *s.m.* skieur* nautique.

scindere (*Pass.rem.* io scissi, tu scindesti ecc. *Part.pass.* scisso) *v.tr.* scinder.

scintigrafia *s.f.* (*med.*) scintigraphie.

scintilla *s.f.* étincelle.

scintillante *agg.* étincelant, scintillant.

scintillare *v.intr.* étinceler*, scintiller.

scintillio *s.m.* étincellement.

scintoismo *s.m.* (*st. relig.*) shintoïsme, shinto.

scioccamente *avv.* bêtement, sottement.

scioccante *agg.* choquant.

scioccare (*coniug. come* mancare) *v.tr.* choquer.

scioccato *agg.* choqué: *è rimasto* —, il a été choqué.

sciocchezza *s.f.* 1 sottise 2 (*cosa da poco*) bêtise, bagatelle; rien (*m.*): *l'ho pagato una* —, je l'ai payé une bagatelle.

sciocco (pl. *-chi*) *agg.* e *s.m.* bête, sot*: *non è uno* —, il n'est pas bête.

sciogliere (*coniug. come* cogliere) *v.tr.* 1 (*liquefare*) fondre* 2 (*disciogliere*) dissoudre* 3 (*disfare*) défaire* || *la ginnastica scioglie i muscoli*, la gymnastique assouplit les muscles || — *la lingua*, délier la langue || — *le vele*, (*letter.*) hisser les voiles || — *un'assemblea*, (*fig.*) dissoudre une assemblée || — *un matrimonio*, rompre un mariage || (*dir.*) — *un contratto*, résilier un contrat 4 (*liberare*) délier; (*da un voto*) relever* 5 (*risolvere*) résoudre*; (*un dubbio*) dissiper 6 (*adempiere*) accomplir □ **sciogliersi** *v.pron.* 1 (*liquefarsi*) fondre* 2 (*disciogliersi*) se dissoudre* 3 (*disfarsi*) se défaire* || *la seduta si è sciolta alle otto*, la séance a été levée à huit heures 4 (*liberarsi*) se libérer*.

scioglilingua (pl. *invar.*) *s.m.* jeu* de mots difficile à prononcer.

scioglimento *s.m.* 1 (*fusione*) fonte (*f.*) 2 (*il porre fine*) dissolution (*f.*) || — *di un contratto*, résiliation d'un contrat 3 (*epilogo*) dénouement.

sciolina *s.f.* fart (*m.*).

sciolinare *v.tr.* farter.

sciolinatura *s.f.* fartage (*m.*).

scioltamente *avv.* 1 (*agilmente*) avec souplesse, avec agilité 2 (*fluentemente*) avec aisance, avec facilité.

scioltezza *s.f.* 1 souplesse || *camminare con* —, marcher d'un pas dégagé 2 (*di parola, di stile*) aisance, facilité.

sciolto *agg.* 1 (*disciolto*) dissous*; (*liquefatto*) fondu 2 (*non legato*) dénoué || *un abito* —, une robe floue || *verso* —, (*metrica*) vers blanc 3 (*agile*) souple 4 (*disinvolto*) dégagé 5 (*libero*) libre, délivré 6 (*non confezionato*) au détail, à la pièce.

scioperante *s.m.* e *f.* gréviste.

scioperare *v.intr.* faire* (la) grève.

scioperato *agg.* e *s.m.* fainéant.

sciopero *s.m.* grève (*f.*): — *bianco*, grève du zèle; — *selvaggio*, grève sauvage; — *a singhiozzo*, grève perlée.

sciorinare *v.tr.* étendre*; (*esporre*) étaler ‖ — *la propria cultura*, (*fig.*) étaler sa culture ‖ — *bugie*, débiter des mensonges.

sciovia *s.f.* remonte-pente* (*m.*).

sciovinismo *s.m.* chauvinisme.

sciovinista *s.m.* chauvin.

scipitaggine, scipitezza *s.f.* fadeur.

scipito *agg.* fade, insipide (*anche fig.*).

scippare *v.tr.* voler à la tire.

scippatore (f. *-trice*) *s.m.* voleur* à la tire.

scippo *s.m.* vol à la tire.

scirocco *s.m.* sirocco.

sciroppare *v.tr.* conserver dans du sirop ‖ *sciropparsi qlcu*, (*fig. fam.*) se farcir qqn.

sciroppato *agg.* au sirop.

sciroppo *s.m.* sirop: — *per la tosse*, sirop contre la toux.

sciroppposo *agg.* sirupeux* ‖ *un racconto —*, (*fig.*) une histoire trop sucrée.

scisma *s.m.* schisme.

scismatico (pl. *-ci*) *agg.* e *s.m.* schismatique.

scissione *s.f.* scission.

scissionista *s.m.* scissionniste.

scisso *agg.* scindé, divisé.

scissura *s.f.* 1 (*fig.*) (*dissenso*) désaccord (*m.*); (*discordia*) discorde 2 (*anat.*) scissure.

scisto *s.m.* (*geol.*) schiste.

scistoso *agg.* (*geol.*) schisteux*.

sciupare *v.tr.* 1 (*rovinare*) abîmer; (*fig.*) gâcher; (*sgualcire*) froisser; (*deteriorare con l'uso*) user ‖ *sciuparsi la salute*, user sa santé 2 (*sprecare*) gaspiller ‖ — *un'occasione*, manquer une bonne occasion □ **sciuparsi** *v.pron.* 1 (*rovinarsi*) s'abîmer; (*sgualcirsi*) se froisser, se friper 2 (*rovinarsi la salute*) user sa santé.

sciupato *agg.* 1 abîmé; (*fig.*) gâché; (*sgualcito*) froissé; (*deteriorato dall'uso*) usé ‖ *viso —*, visage fané ‖ *hai un aspetto —*, tu n'as vraiment pas bonne mine, tu as l'air mal en point 2 (*sprecato*) gaspillé ‖ *tempo —*, temps perdu.

sciupio *s.m.* gaspillage ‖ — *di tempo*, perte de temps ‖ *che —!* quel gâchis!

sciupone *s.m.* (*chi spreca*) gaspilleur*; (*chi sciupa*) sans-soin*.

scivolare *v.intr.* glisser: *è scivolato e si è rotto un braccio*, il a glissé et il s'est cassé le bras; *gli è scivolato il piede*, son pied a glissé ‖ — *fuori da una stanza*, sortir furtivement d'une pièce ‖ (*aer.*): — *d'ala*, glisser latéralement; — *di coda*, déraper latéralement.

scivolata *s.f.* glissade ‖ (*aer.*): — *d'ala*, glissade latérale; — *di coda*, dérapage latéral.

scivolo *s.m.* 1 glissière (*f.*) 2 (*mar.*) slip 3 (*per bambini*) toboggan.

scivolone *s.m.* glissade (*f.*): *fare uno —*, glisser.

scivolosità *s.f.* nature glissante.

scivoloso *agg.* glissant.

sclera *s.f.* (*anat.*) sclérotique.

sclerosare *v.tr.* (*med.*) scléroser □ **sclerosarsi** *v.pron.* se scléroser.

sclerosi *s.f.* (*med.*) sclérose (*anche fig.*): — *a placche*, sclérose en plaques.

sclerotica (pl. *-che*) *s.f.* (*anat.*) sclérotique.

sclerotico (pl. *-ci*) *agg.* (*med.*) sclérosé.

sclerotizzare *v.tr.* scléroser (*anche fig.*) □ **sclerotizzarsi** *v.pron.* se scléroser.

scocca (pl. *-che*) *s.f.* (*aut.*) coque.

scoccare (*coniug. come* mancare) *v.tr.* 1 décocher (*anche fig.*) 2 (*di orologio*) sonner ♦ *v. intr.* 1 (*di ore*) sonner ‖ *allo — della mezzanotte*, sur le coup de minuit 2 (*guizzare*) jaillir.

scocciante *agg.* (*fam.*) embêtant.

scocciare (*coniug. come* cominciare) *v.tr.* (*dare noia a*) assommer; (*seccare*) embêter □ **scocciarsi** *v.pron.* (*annoiarsi*) s'ennuyer*; (*seccarsi*) s'embêter.

scocciatore (f. *-trice*) *s.m.* casse-pieds* (*m.*).

scocciatura *s.f.* barbe, corvée; embêtement (*m.*).

scocco (pl. *-chi*) *s.m.* (*delle ore*) coup.

scodella *s.f.* 1 écuelle 2 (*piatto per minestra*) assiette creuse 3 (*ciotola*) bol (*m.*).

scodellare *v.tr.* verser dans les assiettes.

scodellata *s.f.* assiette, assiettée.

scodinzolare *v.intr.* remuer la queue.

scodinzolio *s.m.* frétillement de la queue.

scodino *s.m.* (*sci*) godille (*f.*).

scogliera *s.f.* 1 rochers (*m.pl.*); (*a fior d'acqua*) récif (*m.*) 2 (*costa rocciosa*) falaise.

scoglio *s.m.* 1 rocher; (*a fior d'acqua*) écueil ‖ — *sommerso*, (écueil) brisant 2 (*fig.*) écueil; (*ostacolo*) obstacle.

scoglionarsi *v.pron.* (*molto fam.*) s'emmerder.

scoglioso *agg.* rocheux*.

scoiattolo *s.m.* écureuil.

scolapasta (pl. *invar.*) *s.m.* passoire (*f.*).

scolapiatti *s.m.* égouttoir.

scolaposate *s.m.* égouttoir.

scolara *s.f.* élève; (*elementare*) écolière; (*di scuola media*) collégienne, lycéenne.

scolare[1] *agg.*: *età —*, âge scolaire.

scolare[2] *v.tr.* égoutter ‖ *scolarsi una bottiglia*, vider une bouteille ♦ *v.intr.* couler.

scolaresca (pl. *-che*) *s.f.* (*della classe*) classe; (*di tutta la scuola*) élèves (*m.pl.*).

scolarità *s.f.* scolarité.

scolarizzare *v.tr.* scolariser.

scolarizzazione *s.f.* scolarisation.

scolaro *s.m.* élève; (*elementare*) écolier; (*di scuola media*) collégien*, lycéen*.

scolastica[1] *s.f.* (*editoria*) édition scolaire.

scolastica[2] *s.f.* (*fil.*) scolastique.

scolastico (pl. *-ci*) *agg.* 1 scolaire ‖ *tasse scolastiche*, droits d'inscription ‖ *ispettore —*, (*di scuole elementari*) inspecteur (de l'Enseignement) primaire; (*di scuole superiori*) inspecteur d'Académie ‖ *obbligo —*, scolarité (obligatoire) 2 (*fil.*) scolastique.

scolatoio *s.m.* égouttoir.

scolatura *s.f.* 1 (*lo scolare*) égouttement (*m.*) 2 (*liquido*) égoutture.

scolio *s.m.* (*chiosa*) scolie (*f.*).

scoliosi *s.f.* (*med.*) scoliose.

scoliotico (pl. -*ci*) *agg.* e *s.m.* (*med.*) scoliotique.

scollacciato *agg.* **1** très décolleté **2** (*licenzioso*) osé.

scollamento *s.m.* décollement.

scollare[1] *v.tr.* (*aprire al collo*) décolleter* □ **scollarsi** *v.pron.* se décolleter*.

scollare[2] *v.tr.* (*staccare*) décoller □ **scollarsi** *v.pron.* (*staccarsi*) se décoller.

scollato[1] *agg.* décolleté || *signora scollata*, femme en décolleté.

scollato[2] *agg.* (*staccato*) décollé.

scollatura[1] *s.f.* (*scollo*) décolleté (*m.*); (*dell'indumento*) encolure: — *a punta*, décolleté en pointe; — *a barchetta*, décolleté bateau; — *a cuore*, décolleté cœur.

scollatura[2] *s.f.* (*lo staccarsi*) décollement (*m.*).

scollegare (*coniug. come* legare) *v.tr.* séparer; (*tecn.*) débrancher, déconnecter.

scollegato *agg.* séparé; (*tecn.*) non-connecté.

scollo *s.m.* encolure (*f.*).

scolmare *v.tr.* évacuer (les eaux).

scolmatore *agg.* **1** (*canale*) —, canal de dérivation **2** (*dispositivo per smaltire le acque*) évacuateur.

scolo *s.m.* **1** écoulement **2** (*condotto*) tuyau* d'écoulement.

scolopendra *s.f.* (*zool.*) scolopendre.

scolopendrio *s.m.* (*bot.*) scolopendre (*f.*).

scolopio *s.m.* frère des Écoles Chrétiennes.

scoloramento *s.m.* décoloration (*f.*).

scolorare *v.tr.* e *intr.* → **scolorire**.

scolorina *s.f.* effaceur d'encre; (*con confezione a pennarello*) corrector (*m.*).

scolorire (*coniug. come* finire) *v.tr.* décolorer; (*fig.*) estomper ♦ *v.intr.*, **scolorirsi** *v.pron.* se décolorer || *alla notizia scolorì in volto*, à cette nouvelle il pâlit.

scolorito *agg.* décoloré; (*sbiadito*) délavé; (*fig.*) pâle.

scolpare *v.tr.* disculper □ **scolparsi** *v.pron.* se disculper.

scolpire (*coniug. come* finire) *v.tr.* **1** sculpter **2** (*incidere*) graver (*anche fig.*).

scolpito *agg.* **1** sculpté **2** (*inciso*) gravé (*anche fig.*).

scombinare *v.tr.* **1** (*mettere in disordine*) embrouiller || *scombinarsi i capelli*, se décoiffer **2** (*mandare a monte*) bouleverser || — *un affare, un matrimonio*, faire échouer une affaire, un mariage.

scombinato *agg.* (*di persona*) brouillon*; (*di cosa*) confus || *fare una vita scombinata*, mener une vie désordonnée ♦ *s.m.* brouillon*.

scombro *s.m.* (*zool.*) scombre.

scombussolamento *s.m.* bouleversement.

scombussolare *v.tr.* bouleverser || — *le idee*, brouiller les idées || — *lo stomaco*, déranger l'estomac.

scommessa *s.f.* **1** pari (*m.*): *accettare una* —, tenir un pari; *fare per* —, faire à la suite d'un pari

|| *si regge in piedi per* —, il ne tient debout que par miracle **2** (*somma*) enjeu* (*m.*).

scommettere (*coniug. come* mettere) *v.tr.* parier: — *forte*, parier gros || *scommettiamo?*, on parie? || *ci avrei scommesso*, je l'aurais parié || *puoi scommetterci, non tornerà tanto presto*, il y a gros à parier qu'il ne reviendra pas très tôt || (*ci*) *scommetto la testa*, je parie tout ce que tu voudras.

scommettitore (*f. -trice*) *s.m.* parieur*.

scomodamente *avv.* inconfortablement.

scomodare *v.tr.* e *intr.* déranger* □ **scomodarsi** *v.pron.* se déranger*: *perché ti sei scomodato a venire con questo tempaccio?*, pourquoi t'es-tu donné la peine de venir par ce mauvais temps?

scomodità *s.f.* inconfort (*m.*), incommodité: *di una — estrema*, vraiment très inconfortable; *è una bella — abitare così lontano*, ce n'est pas pratique du tout d'habiter aussi loin.

scomodo[1] *agg.* **1** incommode; (*non confortevole*) inconfortable: *abitare in un posto —*, habiter dans un endroit peu commode; *è — abitare in periferia*, ce n'est pas pratique d'habiter en banlieue; *mi trovo in una situazione scomoda*, je suis dans une situation inconfortable || *lì stai —*, tu n'es pas bien ici; *su questa poltrona si sta scomodi*, on n'est pas bien dans ce fauteuil || *essere — per l'orario, avere un orario —*, avoir un horaire peu pratique || *mi resta — passare a prenderti*, ça m'est pas facile de venir te chercher || *se non ti è — portalo qui*, si ça ne te dérange pas amène-le ici **2** (*di persona*) qui dérange.

scomodo[2] *s.m.* dérangement || *far —*, gêner (de); *non vorrei che ciò ti fosse di —*, je ne voudrais pas que cela te dérange.

scompaginamento *s.m.* bouleversement; (*disordine*) désordre.

scompaginare *v.tr.* bouleverser, troubler; (*dissestare*) mettre* à mal || — *un libro*, défaire la reliure d'un livre □ **scompaginarsi** *v.pron.* (*fig.*) se désagréger.

scompaginato *agg.* (*disperso*) dispersé; (*dissestato*) disloqué; (*sfasciato*) défait.

scompagnare *v.tr.* dépareiller, désassortir.

scompagnato *agg.* dépareillé, désassorti.

scomparire (*coniug. come* apparire) *v.intr.* **1** disparaître*: *è scomparso di casa*, il a disparu de chez lui || *avrei voluto —*, (*sprofondare*) j'aurais voulu rentrer sous terre || *quel quadro scompare su una parete così grande*, ce tableau est perdu sur un mur aussi grand || *il prodotto è scomparso dal mercato*, le produit n'est plus sur le marché **2** (*sfigurare*) faire* piètre figure.

scomparsa *s.f.* disparition || *porta a —*, porte rentrante; *letto a —*, lit escamotable.

scomparso *agg.* e *s.m.* disparu.

scompartimento *s.m.* compartiment.

scomparto *s.m.* compartiment || — *delle verdure*, (*di frigorifero*) bac à légumes.

scompensare *v.tr.* **1** (*squilibrare*) déséquilibrer **2** (*med.*) causer une décompensation (à).

scompenso *s.m.* **1** (*squilibrio*) déséquilibre **2** (*med.*) insuffisance (*f.*).

scompigliamento *s.m.* (*confusione*) brouillement; (*sconvolgimento*) bouleversement.

scompigliare *v.tr.* (*confondere*) brouiller; (*sconvolgere*) bouleverser || — *i capelli a qlcu*, ébouriffer qqn.

scompigliato *agg.* brouillé; (*sconvolto*) bouleversé; (*di capelli*) ébouriffé.

scompiglio *s.m.* désordre; (*confusione*) confusion (*f.*): *portare lo* —, jeter le trouble.

scomponibile *agg.* décomposable || *mobili scomponibili*, meubles modulables.

scomporre (*coniug. come* porre) *v.tr.* **1** décomposer **2** (*scompigliare*) brouiller; (*i capelli*) ébouriffer **3** (*turbare*) troubler: *la notizia non lo scompose*, la nouvelle ne le troubla point □ **scomporsi** *v.pron.* se troubler, perdre* contenance.

scomposizione *s.f.* décomposition.

scompostamente *avv.* en désordre; (*in modo sconveniente*) de façon peu convenable, de manière inconvenante || *piangere* —, pleurer sans retenue; *urlare* —, brailler.

scompostezza *s.f.* **1** manque de tenue **2** (*disordine*) désordre (*m.*).

scomposto *agg.* **1** (*diviso*) décomposé **2** (*in disordine*) en désordre; (*di capelli*) ébouriffé **3** (*di atteggiamento*) incorrect, débraillé; (*di persona*) inconvenant || *posizione scomposta*, position peu convenable || *stare* —, se tenir mal; *non stare* —!, tiens-toi bien!

scomputo *s.m.* décompte, déduction (*f.*).

scomunica (pl. *-che*) *s.f.* excommunication.

scomunicare (*coniug. come* mancare) *v.tr.* excommunier.

scomunicato *agg. e s.m.* excommunié.

sconcertante *agg.* déconcertant, déroutant.

sconcertare *v.tr.* déconcerter, dérouter: *il suo comportamento mi ha sconcertato*, j'ai été déconcerté par son comportement □ **sconcertarsi** *v.pron.* se troubler.

sconcertato *agg.* déconcerté, dérouté.

sconcerto *s.m.* trouble; (*confusione*) confusion (*f.*).

sconcezza *s.f.* indécence; (*oscenità*) obscénité || *quel quadro è una* —, (*fam.*) ce tableau est une horreur.

sconciamente *avv.* **1** de façon obscène **2** (*fam.*) (*disgustosamente*) horriblement.

sconcio *agg.* obscène ♦ *s.m.* indécence (*f.*).

sconclusionato *agg.* incohérent, décousu; (*di persona*) inconséquent.

scondito *agg.* non assaisonné.

sconfessare *v.tr.* désavouer || — *il proprio passato*, renier son passé; — *la propria fede*, abjurer sa foi.

sconfessione *s.f.* désaveu* (*m.*), reniement (*m.*).

sconfiggere (*coniug. come* affliggere) *v.tr.* battre*, vaincre*.

sconfinamento *s.m.* **1** franchissement des limites (de); (*varcando una frontiera*) franchissement de la frontière (de) **2** (*fig.*) franchissement des limites (de); (*sconfinamento in*) empiète-

ment sur **3** (*inform.*) (*superamento della capacità*) débordement.

sconfinare *v.intr.* franchir, dépasser les limites (de); (*varcando una frontiera*) franchir la frontière (de) || — *nel campo del vicino*, empiéter sur son voisin || (*fig.*): — *dai propri poteri*, outrepasser ses pouvoirs; *il suo discorso sconfina dal tema*, ce qu'il dit s'écarte du sujet; *hai sconfinato nel mio lavoro*, tu as empiété sur mon travail; — *nell'assurdo*, toucher à l'absurde.

sconfinato *agg.* sans fin, infini; (*fig.*) (*illimitato*) illimité, sans bornes.

sconfitta *s.f.* défaite.

sconfitto *agg.* vaincu || *restare* —, être battu.

sconfortante *agg.* décourageant.

sconfortare *v.tr.* décourager* □ **sconfortarsi** *v.pron.* se décourager*.

sconfortato *agg.* (*scoraggiato*) découragé; (*abbattuto*) abattu; (*disperato*) désespéré.

sconforto *s.m.* découragement; (*abbattimento*) abattement, dépression (*f.*): *lasciarsi abbattere dallo* —, se laisser aller au découragement; *in un momento di* —, dans un moment de découragement.

scongelamento *s.m.* décongélation (*f.*).

scongelare *v.tr.* **1** décongeler* **2** (*econ.*) dégeler*.

scongiurare *v.tr.* conjurer, supplier.

scongiuro *s.m.* conjuration (*f.*) || *fare gli scongiuri*, conjurer le mauvais sort.

sconnessione *s.f.* manque de connexion; (*incoerenza*) incohérence.

sconnesso *agg.* **1** disjoint **2** (*fig.*) (*incoerente*) incohérent.

sconnessura *s.f.* fissure.

sconnettere (*Part.pass.* sconnesso) *v.tr.* (*disunire*) disjoindre* ♦ *v.intr.* divaguer □ **sconnettersi** *v.pron.* se disjoindre*.

sconosciuto *agg. e s.m.* inconnu || *l'aggressore è rimasto* —, l'aggresseur n'a pas été identifié.

sconquassare *v.tr.* **1** disloquer; (*sfasciare*) mettre* en pièces; (*rovinare gravemente*) abîmer; (*meccanismi*) détraquer **2** (*fig.*) (*scombussolare*) bouleverser; (*spossare*) éreinter □ **sconquassarsi** *v.pron.* se disloquer, se fracasser.

sconquassato *agg.* (*sgangherato*) branlant, bancal*; (*sfasciato*) mis en pièces; (*rovinato*) abîmé; (*di meccanismi*) détraqué || *sono tutto* — *dopo questo viaggio*, ce voyage m'a éreinté.

sconquasso *s.m.* **1** fracas, désordre; (*disastro*) désastre **2** (*fig.*) bouleversement; branle-bas*.

sconsacrare *v.tr.* (*relig.*) déconsacrer || *chiesa sconsacrata*, église désaffectée.

sconsacrazione *s.f.* désacralisation || — *di una chiesa*, désaffectation d'une église.

sconsideratamente *avv.* inconsidérément.

sconsideratezza *s.f.* légèreté.

sconsiderato *agg.* (*di persona*) étourdi, irréfléchi; (*di azione*) inconsidéré.

sconsigliabile *agg.* (qui n'est) pas conseillable, à déconseiller.

sconsigliare *v.tr.* déconseiller.

sconsolante *agg.* décourageant.

sconsolatamente *avv.* désespérément.

sconsolato *agg.* désolé, affligé.

scontabile *agg.* (*comm.*) escomptable.

scontare *v.tr.* **1** (*banca*) escompter: — *una cambiale*, escompter un effet **2** (*detrarre*) déduire* **3** (*fare uno sconto*) faire* un rabais (sur) **4** (*pagare, espiare*) (*una pena*) purger*; (*una colpa, un delitto*) expier || *glielo farò — amaramente*, ça, il me le paiera; *si sconta tutto, prima o poi*, tout se paie dans la vie.

scontato *agg.* **1** (*banca*) escompté **2** (*di prezzo*) réduit; (*di merce*) à prix réduit, soldé **3** (*di una pena*) purgé; (*di una colpa, di un delitto*) expié **4** (*previsto*) prévu; (*inevitabile*) inévitable: *risultato —*, résultat prévu, escompté || *diamo per — che...*, nous partons du principe que...

scontentare *v.tr.* mécontenter.

scontentezza *s.f.* mécontentement (*m.*).

scontento *agg.* e *s.m.* mécontent: *rimanere —*, être mécontent; *un eterno —*, un éternel mécontent ♦ *s.m.* mécontentement.

sconto *s.m.* **1** (*banca*) escompte **2** (*detrazione*) déduction (*f.*) || *a — del mio debito*, en règlement de ma dette **3** (*comm.*) (*diminuzione di prezzo*) rabais; ristourne (*f.*); remise (*f.*): *uno — del 5%*, faire une remise de 5%; *gli hanno fatto uno — sul prezzo della macchina*, on lui a fait une ristourne sur le prix de la voiture; *fanno grossi sconti*, ils font de gros rabais; *usufruire di uno — del 10% per pagamento in contanti*, bénéficier d'une remise de 10% pour paiement comptant || *— d'uso*, escompte d'usage.

scontrarsi *v.pron.* **1** s'affronter (*anche fig.*); (*urtare contro*) se *heurter à (*anche fig.*) **2** (*di mezzi di trasporto*) entrer en collision **3** (*di eserciti*) se rencontrer.

scontrino *s.m.* ticket; bulletin; (*ricevuta di valori, di depositi in denaro*) récépissé, reçu: *lo — dei bagagli*, le bulletin de bagages; — *fiscale, di cassa*, ticket de caisse; *lo — del guardaroba*, le ticket du vestiaire || *— del Monte di Pietà*, reconnaissance du Mont-de-Piété.

scontro *s.m.* **1** affrontement; (*di eserciti*) combat, (*di breve durata*) engagement: *uno — a fuoco*, un échange de coups de feu; *ci sono stati degli scontri in piazza*, il y a eu des échauffourées dans la rue **2** (*collisione*) collision (*f.*); (*spec. di treni*) télescopage; (*tamponamento*) tamponnement **3** (*fig.*) (*contrasto*) différend; (*diverbio*) altercation (*f.*).

scontrosamente *avv.* d'un air revêche; sur un ton hargneux.

scontrosità *s.f.* caractère revêche.

scontroso *agg.* revêche || *saluta, non fare lo —!*, (*a un bambino*) sois gentil, dis bonjour!

sconveniente *agg.* (*disdicevole*) inconvenant, incorrect || *è — arrivare tardi a cena*, ce n'est pas correct d'arriver tard à dîner.

sconvenientemente *avv.* indécemment.

sconvenienza *s.f.* **1** grossièreté **2** (*svantaggio*) désavantage (*m.*).

sconvolgente *agg.* bouleversant.

sconvolgere (*coniug. come* volgere) *v.tr.* bouleverser || *la notizia gli ha sconvolto la mente*, la nouvelle lui a dérangé l'esprit □ **sconvolgersi** *v.pron.* se troubler.

sconvolgimento *s.m.* bouleversement.

sconvolto *agg.* bouleversé: *è rimasto — dalla notizia*, la nouvelle l'a bouleversé || *mente sconvolta*, esprit dérangé.

scoordinato *agg.* non coordonné.

scoordinazione *s.f.* incoordination.

scooter *s.m.* (*motoretta*) scooter.

scooterista *s.m.* scootériste.

scopa *s.f.* **1** balai (*m.*) || *un manico di —*, (*fig.*) un manche à balai **2** (*bot.*) bruyère.

scopare *v.tr.* **1** balayer* **2** (*volg.*) baiser.

scopata *s.f.* coup de balai.

scoperchiare *v.tr.* ôter le couvercle (de) || *il vento ha scoperchiato i tetti*, le vent a emporté les toits □ **scoperchiarsi** *v.pron.* se découvrir* || *la casa si è scoperchiata*, la maison a perdu son toit.

scoperta *s.f.* découverte || *che —!*, (*iron.*) la belle découverte! || *andare alla —*, (*in avanscoperta*) aller, partir en reconnaissance.

scopertamente *avv.* ouvertement.

scoperto *agg.* découvert || *a braccia scoperte*, bras nus; *a capo —*, nu-tête, la tête nue; *a viso —*, à visage découvert; *non uscire così —*, ne sors pas aussi peu couvert || (*comm.*): *conto —*, compte à découvert; *assegno —*, chèque sans provision || *giocare a carte scoperte*, (*fig.*) jouer cartes sur table ♦ *s.m.* découvert: — *di cassa*, découvert di un conto □ **allo scoperto** *locuz.avv.* **1** (*in luogo non riparato*): *dormire allo —*, dormir à la belle étoile; *pioveva e si trovava allo —*, il pleuvait et il était sans abri || *agire allo —*, (*fig.*) agir ouvertement **2** (*comm., banca*) à découvert: *trovarsi allo —*, être à découvert.

scopettone *s.m.* **1** (*spazzolone*) balai-brosse **2** *pl.* (*lunghe basette*) favoris.

scopiazzare *v.tr.* copier.

scopiazzatura *s.f.*: *è tutta una —*, c'est entièrement copié.

scopino *s.m.* (*piccola scopa*) balayette (*f.*).

scopo *s.m.* but: *con, senza uno — preciso*, dans, sans un but précis || *suo figlio è l'unico — della sua vita*, son fils est sa seule raison de vivre || *servire allo —*, faire l'affaire; *ciò non risponde allo — che ci eravamo proposti*, cela ne correspond pas à ce que nous nous étions proposé de faire || *a — di lucro, di rapina*, pour de l'argent, pour voler; *a scopi politici*, dans un but politique || *a che —?*, dans quel but? || *al solo — di*, rien que pour.

scopone *s.m.* jeu* de cartes italien.

scoppiare *v.intr.* **1** éclater (*anche fig.*); (*esplodere*) exploser: *è scoppiata una bomba*, une bombe a éclaté; *è scoppiata la guerra*, la guerre a éclaté || *— a ridere*, éclater de rire; — *dal ridere*, avoir le fou rire; — *in singhiozzi*, éclater en sanglots; — *a piangere*, — *in lacrime*, fondre en larmes **2** (*rompersi; strapparsi*) crever: *mi è scoppiata una gomma*, j'ai crevé; *mangiare fino a*

—, manger à en crever; — *di salute*, éclater de santé; — *dal caldo*, crever de chaleur; — *dalla rabbia*, crever de rage || *è scoppiato a metà della corsa*, il a flanché à mi-course.

scoppiato *agg.* (*sfinito*) pompé.

scoppiettante *agg.* crépitant || *risata* —, rire perlé.

scoppiettare *v.intr.* **1** crépiter **2** (*di risa ecc.*) fuser.

scoppiettio *s.m.* **1** crépitement **2** (*di risa ecc.*) fusée (*f.*).

scoppio *s.m.* éclatement; (*esplosione*) explosion (*f.*); (*rumore dello scoppio*) détonation (*f.*); bruit || *uno — d'ira*, une explosion de colère; — *di risa*, éclat de rire; *uno — di pianto*, une explosion de larmes; *uno — d'applausi*, une salve d'applaudissements || *motore a —*, moteur à explosion || *— di grisou*, coup de grisou || *a — ritardato*, (*anche fig.*) à retardement || *allo — della guerra*, au début de la guerre, lorsque la guerre éclata.

scoppola *s.f.* gifle; (*fig.*) coup (*m.*).

scoprimento *s.m.* (*di monumento ecc.*) dévoilement.

scoprire (*coniug. come* coprire) *v.tr.* découvrir*: — *le carte*, découvrir ses cartes; *hai scoperto l'America!*, (*iron.*) en voilà une découverte! □ **scoprirsi** *v.pron.* se découvrir* || *mi sono scoperta una perfetta cuoca*, j'ai découvert que je suis une très bonne cuisinière.

scopritore (f. *-trice*) *s.m.* découvreur* || *lo — di...*, celui qui a découvert...

scoraggiamento *s.m.* découragement.

scoraggiante *agg.* décourageant.

scoraggiare (*coniug. come* mangiare) *v.tr.* décourager* □ **scoraggiarsi** *v.pron.* se décourager*.

scoraggiato *agg.* découragé.

scoramento *s.m.* abattement.

scorbutico (pl. *-ci*) *agg.* **1** scorbutique **2** (*fig.*) *hargneux*.

scorbuto *s.m.* (*med.*) scorbut.

scorciare (*coniug. come* mangiare) *v.tr.* raccourcir ♦ *v.intr.*, **scorciarsi** *v.pron.* raccourcir.

scorciatoia *s.f.* raccourci (*m.*); (*fig.*) biais (*m.*).

scorcio *s.m.* **1** (*pitt.*) raccourci: *di —*, en raccourci **2** (*spazio di visuale*) coin; (*fig.*) aperçu **3** (*spazio di tempo*) moment: *approfittò di quello — di tempo per...*, il profita de ce moment pour... || *in questo — d'estate*, en cette fin d'été; *nello — del secolo XIX*, vers la fin du XIXᵉ siècle.

scordare[1] *v.tr.*, **scordarsi** *v.pron.* oublier: — *qlco*, *scordarsi di qlco*, oublier qqch; *mi sono, ho scordato di dirtelo*, j'ai oublié de te le dire || *quanto alle vacanze, per quest'anno scordatene*, (*fam.*) cette année tu te passeras de vacances.

scordare[2] *v.tr.* (*fare perdere l'accordatura*) désaccorder □ **scordarsi** *v.pron.* se désaccorder.

scordato[1] *agg.* (*dimenticato*) oublié.

scordato[2] *agg.* (*senza accordatura*) désaccordé.

scordatura *s.f.* désaccord (*m.*).

scoreggia (pl. *-ge*) *s.f.* (*fam.*) pet (*m.*).

scorfano *s.m.* **1** (*zool.*) rascasse (*f.*) **2** (*fig.*) monstre.

scorgere (*Pass.rem.* io scorsi, tu scorgesti ecc. *Part.pass.* scorto) *v.tr.* apercevoir*; (*distinguere*) distinguer; (*vedere*) voir* || *— un pericolo*, (*fig.*) voir un danger.

scoria *s.f.* **1** (*residuo, scarto*) déchets (*m.pl.*) **2** (*metall.*) scorie; (*a base alcalino-terrosa*) laitier (*m.*): — *di ferro*, scorie de fer; — *della ghisa*, laitier de fonte || (*geol.*) *scorie vulcaniche*, scories volcaniques; *scorie di lava*, laves.

scornare *v.tr* **1** écorner; (*zootecn.*) écorner **2** (*fig.*) railler □ **scornarsi** *v.pron.* **1** se décorner **2** (*fig.*) rester penaud.

scornato *agg.* **1** écorné **2** (*fig.*) penaud.

scorniciare (*coniug. come* cominciare) *v.tr.* ôter de son cadre, désencadrer.

scorno *s.m.* ridicule; (*umiliazione*) *honte* (*f.*) || *a, con suo grande —*, à sa grande honte.

scorpacciata *s.f.*: *fare una —*, (*anche fig.*) se gaver.

scorpione *s.m.* **1** scorpion **2** (*astr.*) *Scorpione*, *Scorpion*.

scorporare *v.tr.* **1** (*fin.*) retirer, prélever* **2** (*estens.*) (*separare*) séparer du reste.

scorrazzare *v.intr.* **1** courir* || *i bambini scorrazzavano nei campi*, les enfants gambadaient dans les champs || *abbiamo scorrazzato per la città*, nous avons couru à travers la ville **2** (*fare scorrerie*) faire* des incursions, des razzias ♦ *v.tr.* (*portare in giro*) promener*.

scorrazzata *s.f.* promenade.

scorrere (*coniug. come* correre) *v.intr.* **1** glisser; (*spostarsi su rotaie*) rouler || *la penna scorreva sul foglio*, la plume courait sur la feuille **2** (*fluire*) couler; (*defluire, sgorgare*) s'écouler: *il sangue scorre nelle vene*, le sang coule dans les veines || *questa frase non scorre*, cette phrase n'est pas coulante **3** (*sfilare*) défiler **4** (*trascorrere*) s'écouler, passer: *il tempo è scorso veloce*, le temps a passé vite ♦ *v.tr.* parcourir*.

scorreria *s.f.* incursion, razzia.

scorrettamente *avv.* incorrectement.

scorrettezza *s.f.* **1** faute **2** (*fig.*) incorrection.

scorretto *agg.* incorrect (*anche fig.*).

scorrevole *agg.* **1** coulant (*anche fig.*) || *traffico —*, trafic fluide **2** (*movibile su scanalatura*) coulissant: *porta —*, porte coulissante ♦ *s.m.* coulant.

scorrevolezza *s.f.* fluidité (*anche fig.*).

scorribanda *s.f.* incursion.

scorrimento *s.m.* **1** (*di acque*) écoulement **2** (*di cinghie, di cavi ecc.*) glissement; (*slittamento*) patinage **3** (*metall.*) fluage **4** (*geol.*) glissement **5** (*inform.*) décalage.

scorsa *s.f.* regard (*m.*), coup d'œil || *dare una —*, jeter un coup d'œil.

scorso *agg.* passé; (*ultimo*) passé ♦ *s.m.* lapsus.

scorsoio *agg.* coulant.

scorta *s.f.* **1** escorte: *fare da —*, faire escorte; *fare la — a*, escorter || *nave —*, escorteur **2** (*provvista*) provision; (*econ.*) stocks (*m.pl.*) || *una piccola — di denaro*, un peu d'argent de côté || *sulla — di*, d'après; (*fondandosi su*) sur la foi de.

scortare *v.tr.* escorter; (*mil.*) (*in convoglio*) convoyer*.

scortese *agg.* impoli, désobligeant || *è sempre molto* —, il est toujours très désagréable.

scortesia *s.f.* impolitesse || *dire delle scortesie*, dire des choses peu aimables || *trattare con* —, traiter impoliment.

scorticamento *s.m.* écorchement (*anche fig.*).

scorticare (*coniug. come* mancare) *v.tr.* 1 écorcher (*anche fig.*) 2 (*fig.*) (*criticare*) éreinter; (*interrogare con eccessiva severità*) cuisiner.

scorticatura *s.f.* 1 (*lo scorticare*) écorchement (*m.*) 2 (*escoriazione*) écorchure.

scorza *s.f.* 1 écorce 2 (*di animali*) peau* 3 (*fig.*) apparence || *avere la* — *dura*, être coriace.

scorzonera *s.f.* (*bot.*) scorsonère.

scoscendimento *s.m.* 1 éboulement 2 (*luogo scosceso*) escarpement.

scosceso *agg.* escarpé.

scossa *s.f.* 1 secousse || — *elettrica*, décharge électrique; *prendere la* —, prendre le courant 2 (*fig.*) (*trauma*) choc (*m.*).

scosso *agg.* secoué; (*fig.*) (*sconvolto, impressionato*) choqué || *nervi scossi*, nerfs ébranlés || *finanze scosse*, finances ébranlées.

scossone *s.m.* forte, violente secousse; (*sballottamento*) cahot.

scostamento *s.m.* éloignement, écartement.

scostante *agg.* distant.

scostare *v.tr.* éloigner || (*mar.*) *scosta!*, écarte! □ **scostarsi** *v.pron.* s'éloigner, s'écarter (*anche fig.*).

scostumatezza *s.f.* 1 inconduite 2 (*atto da scostumato*) débauche.

scostumato *agg.* débauché.

scotch[1] *s.m.* (*whisky scozzese*) scotch.

scotch[2] *s.m.* (*nastro adesivo*) scotch.

scotennare *v.tr.* 1 enlever* la couenne (à) 2 (*strappare il cuoio capelluto*) scalper.

scotimento *s.m.* secouement.

scotta *s.f.* (*mar.*) écoute.

scottante *agg.* brûlant (*anche fig.*).

scottare *v.tr.* 1 brûler; (*farsi una scottatura*) se brûler; (*con l'acqua bollente*) ébouillanter || *quell'esperienza lo ha scottato*, il a été échaudé par cette expérience 2 (*cuc.*) (*di legumi*) blanchir; ébouillanter; (*di carne*) échauder 3 (*fig.*) (*irritare*) piquer au vif ♦ *v.intr.* brûler (*anche fig.*) || *problema che scotta*, (*fig.*) question brûlante; *un affare che scotta*, une affaire qui sent le roussi || *merce che scotta*, marchandise compromettante || *la terra gli scotta sotto i piedi*, la terre lui brûle les pieds.

scottata *s.f.* (*cuc.*) *dare una* —, (*alle verdure*) blanchir, ébouillanter; (*alla carne*) échauder.

scottato *agg.* 1 brûlé 2 (*cuc.*) (*di legumi*) blanchi; (*di carne*) échaudé 3 (*fig.*) (*deluso*) déçu.

scottatura *s.f.* 1 brûlure 2 (*fig.*) (*grave delusione*) déception.

scotto[1] *agg.* trop cuit.

scotto[2] *s.m.* écot || *pagare lo* — *di*, (*fig.*) payer les conséquences de.

scout *s.m.* scout.

scoutismo *s.m.* scoutisme.

scoutistico (*pl. -ci*) *agg.* scout.

scovare *v.tr.* 1 débusquer 2 (*riuscire a trovare*) dénicher.

scovolino *s.m.* (*per la pipa*) cure-pipe*; (*per le bottiglie*) goupillon.

scozia *s.f.* (*arch.*) scotie.

scozzare *v.tr.* battre*.

scozzata *s.f.*: *dare una* — *alle carte*, battre les cartes.

scozzese *agg. e s.m.* écossais.

scranno *s.m.* siège; (*di coro*) stalle (*f.*).

screanzato *agg.* grossier* ♦ *s.m.* rustre.

screditare *v.tr.* discréditer.

screditato *agg.* discrédité.

scremare *v.tr.* écrémer*.

scrematrice *s.f.* (*macchina*) écrémeuse.

scrematura *s.f.* écrémage (*m.*).

screpolare *v.tr.* (*muro, intonaco*) lézarder; (*smalto, vernice*) craqueler*; (*pelle*) gercer* □ **screpolarsi** *v.pron.* (*di muro, di intonaco*) se lézarder; (*di smalto, vernice*) se craqueler*; (*di pelle*) se gercer*.

screpolatura *s.f.* (*di muro, di intonaco*) lézarde; (*di smalto ecc.*) craquelure; (*di pelle*) gerçure.

screziare *v.tr.* bigarrer.

screziato *agg.* bigarré.

screziatura *s.f.* bigarrure.

screzio *s.m.* désaccord, brouille (*f.*).

scriba *s.m.* scribe.

scribacchiare *v.tr.* écrivailler, écrivasser.

scribacchino *s.m.* écrivaillon.

scricchiolamento *s.m.* craquement.

scricchiolare *v.intr.* craquer; (*cigolare*) grincer*.

scricchiolio *s.m.* craquement.

scricciolo *s.m.* (*zool.*) troglodyte || *mangia come uno* —, il mange comme un moineau.

scrigno *s.m.* coffret.

scriminatura *s.f.* raie.

scriteriato *agg. e s.m.* (*personne*) qui n'a pas de jugement.

scritta *s.f.* 1 inscription 2 (*contratto*) contrat (*m.*).

scritto *agg. e s.m.* écrit || *per* —, *per iscritto*, par écrit || *prendere 7 nello* —, (*a scuola*) avoir 7 à l'écrit || *gli scritti*, les épreuves écrites || *gli scritti minori di Dante*, les œuvres mineures de Dante.

scrittoio *s.m.* bureau*.

scrittore *s.m.* écrivain.

scrittrice *s.f.* (*femme*) écrivain.

scrittura *s.f.* 1 écriture 2 (*testo scritto*) écrit (*m.*) 3 (*dir., comm.*) écritures (*pl.*) 4 (*teatr., cine.*) engagement (*m.*).

scritturale *agg.* (*econ.*) scriptural* ♦ *s.m.* copiste; (*mil.*) secrétaire.

scritturare *v.tr.* (*teatr., cine.*) engager*.

scrivania *s.f.* bureau* (*m.*).

scrivano *s.m.* copiste || — *pubblico*, écrivain public.

scrivente *agg. e s.m.* (*personne*) qui écrit.

scrivere (*Pass.rem.* io scrissi, tu scrivesti ecc. *Part.pass.* scritto) *v.tr.* 1 écrire*: — *a matita, con*

il gesso, écrire au crayon, à la craie; — *sotto dettatura,* écrire sous la dictée || — *a macchina,* écrire à la machine; — *due righe a qlcu,* écrire un mot à qqn || — *di qlcu,* écrire sur qqn; — *di qlcu che...,* écrire de qqn que... || — *nella memoria,* (*fig.*) inscrire dans sa mémoire **2** (*comm.*) inscrire* □
scriversi *v.pron.* s'écrire*.
scroccare (*coniug. come* mancare) *v.tr.* extorquer || — *del denaro a qlcu,* taper qqn.
scrocco[1] (pl. *-chi*) *s.m.* escroquerie (*f.*) || *vivere a* —, vivre aux crochets des autres.
scrocco[2] *s.m.* (*scatto*) déclic || *coltello a* —, couteau à cran d'arrêt.
scroccone *s.m.* resquilleur*; (*di pranzi*) pique-assiette*; (*di denaro*) tapeur*.
scrofa *s.f.* truie.
scrofoloso *agg.* scrofuleux*.
scrollare *v.tr.* secouer || *scrollarsi di dosso le preoccupazioni,* chasser toute préoccupation.
scrollata *s.f.* (*di testa*) *hochement (*m.*) || *una* — *di spalle,* un haussement d'épaules || *dare una* — *a,* secouer.
scrollo *s.m.* secouement.
scrosciante *agg.:* *pioggia* —, pluie battante; *applausi scroscianti,* un tonnerre d'applaudissements.
scrosciare (*coniug. come* cominciare) *v.intr.* (*di pioggia*) tomber à verse; (*di torrente ecc.*) gronder; (*di applausi ecc.*) éclater.
scroscio *s.m.* (*di cascata ecc.*) grondement; (*di pioggia*) bruit; (*di applausi*) tonnerre; (*di risa*) grand éclat || *piove a* —, il pleut à verse; *uno* — *di pioggia,* une averse || *uno* — *d'acqua,* une ondée.
scrostare *v.tr.* **1** (*una crosta*) écroûter **2** (*un muro*) décrépir, gratter □ **scrostarsi** *v.pron.* (*di intonaco, di vernice*) s'écailler, se craqueler; (*di muro*) se décrépir.
scrostato *agg.* écaillé; (*di muro*) décrépi.
scrostatura *s.f.* écaillement (*m.*); (*di muro*) décrépissage (*m.*).
scroto *s.m.* (*anat.*) scrotum.
scrupolo *s.m.* scrupule || *non farti — di...,* n'hésite pas à... || *con* —, scrupuleusement || *onesto fino allo* —, d'une honnêteté scrupuleuse || *per* — *di coscienza,* par acquit de conscience.
scrupolosamente *avv.* scrupuleusement.
scrupolosità *s.f.* conscience (au travail); (*meticolosità*) méticulosité.
scrupoloso *agg.* scrupuleux*; méticuleux*.
scrutare *v.tr.* scruter: — *qlcu in viso,* scruter le visage de qqn.
scrutatore (f. *-trice*) *agg.* e *s.m.* scrutateur*.
scrutinare *v.tr.* **1** dépouiller le scrutin **2** (*a scuola*) faire* les moyennes (de).
scrutinatore (f. *-trice*) *s.m.* scrutateur*.
scrutinio *s.m.* **1** (*dir.*) scrutin || *con* —, par voie de scrutin **2** (*a scuola*) *fare gli scrutini,* faire les moyennes.
scucire (*coniug. come* cucire) *v.tr.* découdre* □
scucirsi *v.pron.* se découdre*.
scucito *agg.* décousu (*anche fig.*).

scucitura *s.f.* partie décousue: *hai una* — *nella giacca,* ton veston est décousu.
scuderia *s.f.* écurie: *in* —, à l'écurie.
scudetto *s.m.* écusson || (*football*): *essere in lizza per lo* —, lutter pour le titre; *vincere lo* —, gagner le championnat.
scudiero *s.m.* écuyer.
scudisciare (*coniug. come* cominciare) *v.tr.* cravacher.
scudisciata *s.f.* coup de cravache.
scudiscio *s.m.* cravache (*f.*).
scudo[1] *s.m.* **1** bouclier: *gli fece* — *della sua persona,* il lui fit un bouclier de son corps **2** (*arald.*) écu **3** (*artiglieria*) — *di cannone,* bouclier, masque de canon.
scudo[2] *s.m.* (*moneta*) écu.
scuffiare *v.intr.* (*mar.*) chavirer.
scugnizzo *s.m.* gamin (napolitain); (*estens.*) voyou.
sculacciare (*coniug. come* cominciare) *v.tr.* fesser.
sculacciata *s.f.* fessée.
sculaccione *s.m.* tape sur les fesses: *dare uno* —, taper sur les fesses.
sculettare *v.intr.* se dandiner, se déhancher.
scultore *s.m.* sculpteur.
scultoreo *agg.* sculptural*.
scultrice *s.f.* sculptrice, femme sculpteur.
scultura *s.f.* sculpture.
scuocere (*coniug. come* cuocere) *v.intr.*, **scuocersi** *v.pron.* (*cuc.*) cuire* trop longtemps: *questa pasta* (*sì*) *è scotta,* ces pâtes sont trop cuites.
scuoiare *v.tr.* écorcher, dépouiller.
scuola *s.f.* **1** école: — *elementare,* école primaire; — *media inferiore,* collège; — *media superiore,* lycée; — *per corrispondenza,* cours par correspondance; — *di taglio, di cucito,* cours de coupe, de couture; *andare a* —, aller à l'école; (*di insegnante*) aller faire son cours; *fare, tenere* —, faire la classe; *l'apertura, la chiusura delle* —, la rentrée, la fin des classes; *il primo giorno di* —, le premier jour de classe; *oggi non c'è* —, il n'y a pas classe aujourd'hui; *libri di* —, livres de classe; *andare a qlcu,* (*anche fig.*) être l'élève de qqn || — *a tempo prolungato o pieno,* (*nella scuola dell'obbligo*) régime de demi-pension || *mancare di* —, (*estens.*) manquer de métier **2** (*complesso delle istituzioni scolastiche*) enseignement (*m.*): *la* — *dell'obbligo,* l'enseignement gratuit obligatoire; — *secondaria,* enseignement secondaire **3** (*movimento, indirizzo*) école: *la* — *di Raffaello,* l'école de Raphaël.
scuolabus (pl. *invar.*) *s.m.* car (scolaire).
scuolaguida *s.f.* auto-école*.
scuotere (*Pass.rem.* io scossi, tu scuotesti ecc. *Part.pass.* scosso) *v.tr.* **1** secouer (*anche fig.*); (*dalle fondamenta*) ébranler (*anche fig.*) || *scuotersi il torpore di dosso,* secouer sa torpeur || *scuotere qlcu dal sonno,* réveiller qqn **2** (*turbare*) bouleverser; (*commuovere*) émouvoir* □ **scuotersi** *v.pron.* se secouer (*anche fig.*).
scure *s.f.* cognée, *hache.

scurire (*coniug. come* finire) *v.tr.* foncer* ‖ *il sole scurisce la pelle*, le soleil brunit la peau ♦ *v.intr.* **1** brunir **2** (*imbrunire*) s'assombrir: *d'inverno scurisce presto*, l'hiver il fait noir tôt.

scuro *agg.* **1** sombre (*anche fig.*) **2** (*di colore scuro*) de couleur sombre; foncé ‖ *pelle scura*, peau brune ♦ *s.m.* **1** obscurité (*f.*): *allo —*, dans l'obscurité ‖ *essere allo — di tutto*, ne rien savoir du tout; *tenere qlcu allo —*, ne rien dire à qqn **2** (*colore scuro*) couleur sombre **3** (*imposta*) volet.

scurrile *agg.* obscène, ordurier*.

scurrilità *s.f.* obscénité.

scusa *s.f.* excuse: *non cercare scuse*, ne cherche pas d'excuses; *fare delle scuse*, faire ses excuses ‖ *fagli le mie scuse*, excuse-moi auprès de lui ‖ *chiedere —*, demander pardon; *chiedo —*, excusez-moi, pardon; *chiedo — di, per quanto le ho detto*, je m'excuse de ce que je vous ai dit ‖ *cercare una — per...*, chercher un prétexte pour...; *è una — bella e buona*, c'est un prétexte; *con la — che*, sous prétexte que.

scusabile *agg.* excusable.

scusante *s.f.* excuse.

scusare *v.tr.* **1** excuser; (*perdonare*) pardonner (à): *scusate il mio ritardo*, je m'excuse d'être en retard; *scusami tanto*, excuse-moi; *scusate se vi interrompo*, pardonnez-moi si je vous interromps; *scusami con tua madre*, excuse-moi au-près de ta mère ‖ *scusa!, scusi! ecc.*, pardon! ‖ *scusi?* (*vuol ripetere?*), pardon? ‖ *scusate se è poco*, excusez du peu **2** (*giustificare*) justifier □ **scusarsi** *v.pron.* s'excuser; *va' a scusarti*, va demander pardon.

scusato *agg.* justifié.

sdebitarsi *v.pron.* s'acquitter (envers) (*anche fig.*).

sdegnare *v.tr.* **1** (*disprezzare*) dédaigner **2** (*indignare*) indigner □ **sdegnarsi** *v.pron.* s'indigner (contre).

sdegnato *agg.* indigné (de).

sdegno *s.m.* indignation (*f.*): *parole di —*, paroles de mépris ‖ *con —*, avec dédain.

sdegnosamente *avv.* dédaigneusement; (*con alterigia*) d'une manière hautaine.

sdegnosità *s.f.* dédain (*m.*); (*alterigia*) *hauteur.

sdegnoso *agg.* dédaigneux*; (*sprezzante*) méprisant; (*altero*) *hautain.

sdentato *agg.* e *s.m.* édenté.

sdilinquimento *s.m.* (*smanceria*) simagrée (*f.*).

sdilinquirsi (*coniug. come* finire) *v.pron.* **1** (*sentirsi debole*) défaillir*: *— dalla fame*, défaillir de faim **2** (*perdersi in smancerie*) minauder.

sdoganamento *s.m.* dédouanement.

sdoganare *v.tr.* dédouaner.

sdolcinatezza *s.f.* mièvrerie.

sdolcinato *agg.* mièvre.

SCUSARSI ════════

quando inavvertitamente si disturba qualcuno:	on dérange qqn sans le faire exprès:
Scusa, scusi	*Pardon*
Le chiedo scusa	*Je vous demande pardon*
Scusami, mi scusi	*Excuse-moi, excusez-moi*
Scusa	*Je m'excuse* (*fam.*)
La prego di scusarmi	*Je vous prie de m'excuser*
Scusate il ritardo	*Je vous prie de m'excuser pour le retard*
Di niente; si figuri	*Ce n'est rien*
Non importa	*Ce n'est pas grave*
Non è niente	*Il n'y a pas de mal* (*fam.*)
quando si è commesso un errore, una dimenticanza:	**pour une erreur, un oubli:**
Mi dispiace (molto)	*Je suis* (*vraiment*) *désolé*
Non importa	*Ce n'est pas grave*
	Ça ne fait rien
Non fa niente	*Ne t'en fais pas* (*fam.*)
quando si chiede permesso o un favore, un'informazione:	**pour demander de passer** ou **pour demander un service, un renseignement:**
Permesso	*Pardon*
Scusi	*Excusez-moi*
quando ci si rammarica di qualcosa, di non poter fare qualcosa:	**quand on regrette de ne pas pouvoir rendre un service:**
Mi spiace, mi dispiace, mi rincresce	*Je suis désolé(e)*
	Désolé(e)
	Je regrette

sdolcinatura *s.f.* mièvrerie.

sdoppiamento *s.m.* dédoublement.

sdoppiare *v.tr.* dédoubler □ **sdoppiarsi** *v.pron.* se dédoubler.

sdraia *s.f.* chaise longue, transatlantique (*m.*); (*fam.*) transat (*m.*).

sdraiare *v.tr.* étendre* □ **sdraiarsi** *v.pron.* s'étendre*, s'allonger*.

sdraiato *agg.* étendu, allongé, couché.

sdraio *s.m.*: (*sedia a*) —, chaise longue, transatlantique (*m.*).

sdrammatizzare *v.tr.* dédramatiser.

sdrucciolare *v.intr.* glisser.

sdrucciolevole *agg.* glissant.

sdrucciolo *agg.* (*ling.*) accentué sur l'antépénultième syllabe, proparoxyton.

sdrucciolone *s.m.*: *fare, prendere uno* —, glisser.

sdruccioloni *avv.* en glissant.

sdruccioloso *agg.* → **sdrucciolevole**.

sdrucire (*coniug. come* finire) *v.tr.* (*scucire*) découdre*; (*lacerare*) déchirer □ **sdrucirsi** *v.pron.* (*scucirsi*) se découdre*; (*lacerarsi*) se déchirer.

sdrucito *agg.* (*scucito*) décousu; (*lacerato*) déchiré; (*logoro*) usé.

sdrucitura *s.f.* (*scucitura*) partie décousue; (*strappo*) accroc (*m.*).

se[1] *cong.* **1** si: — *avrò denaro, partirò*, si j'ai de l'argent, je partirai; — *telefona gli dirai...*, si par hasard il téléphone, tu lui diras...; — *avessi tempo verrei anch'io*, si j'avais le temps je viendrais moi aussi; *non sapevo* — *avrei fatto in tempo*, je ne savais pas si je serais arrivé à temps; *mi chiedo* — *sia il caso di andarci*, je me demande si c'est le cas d'y aller; — *mi telefona e viene a trovarmi...*, s'il me téléphone et qu'il vienne me voir...; — *mi telefonasse e venisse a trovarmi...*, s'il me téléphonait et qu'il vienne me voir...|| — *non sbaglio*, — *non erro*, — *non mi inganno*, si je ne me trompe || — *è lecito, potrei sapere perché...?*, puis-je savoir pourquoi...?; *ma* — *ti avevo detto che...*, mais puisque je t'avais dit que...; *ma* — *era qui un momento fa!*, mais il était là il y a un instant! || *puoi immaginare* — *ci rimase male!*, tu peux imaginer ce qu'il a été vexé!; *lo so io* — *è difficile*, je sais que c'est difficile; *lo so io* — *ce ne vuole di pazienza!*, (*fam.*) il en faut de la patience! **2** (*con valore causale*) (*dato che, dal momento che*) si, puisque: — *te lo dico io, vuol dire che è così*, si (*o* puisque) je te le dis, ça veut dire que c'est comme ça || *come posso aiutarti* — *sono si stesso senza un soldo?*, comment pourrais-je t'aider puisque je n'ai pas le sou? ♦ *s.m.* si: *ci sono ancora dei ma e dei* —, il y a encore des choses à définir || *accetto ma c'è un* —, j'accepte mais à une condition □ **se no** *locuz.cong.* sinon, autrement □ **se non** *locuz.cong.* sinon: — *non per oggi sarà per domani*, si ce n'est pas pour aujourd'hui ce sera pour demain; *non può essere* — *non lui*, ça ne peut être que lui; *la cosa non è* — *non come ti ho detto*, la chose est exactement comme je te l'ai dite; *non puoi fare altro* — *non aspettare*, tu ne peux qu'attendre; *non ho potuto fare altro* — *non consigliarlo di tacere*, je

n'ai rien pu faire d'autre que de lui conseiller de se taire || *ho taciuto* — *non altro per evitargli un dolore inutile*, je me suis tu, ne serait-ce que pour lui éviter une douleur inutile; — *non altro è molto affettuoso*, du moins, au moins il est très affectueux; — *non altro dovevi dirmelo*, tu aurais dû me le dire, au moins □ **se non che** *locuz.cong.* **1** (*con valore di ma, però*) mais: *questo vestito mi piace molto* — *non che mi sembra un po' caro*, cette robe me plaît beaucoup mais je le trouve un peu cher **2** (*con valore di salvo che*) sauf que: *aveva ragione* — *non che nessuno l'ascoltava*, il avait raison sauf que personne ne l'écoutait; *che dire* — *non che siamo stati tutti ingannati?*, que dire sinon que nous avons été tous trompés? □ **se mai** *locuz.cong.* si (jamais): — *avessi mai immaginato una cosa simile...*, si jamais j'avais pu imaginer une chose pareille...; *è lui*, — *mai, che deve scusarsi*, ce serait plutôt à lui de s'excuser; — *mai tu cambiassi idea, fammelo sapere*, si par hasard tu changeais d'idée, préviens-moi; *sei tu* — *mai che hai torto*, s'il y a quelqu'un qui a tort c'est toi; — *mai, ci andrò io*, au besoin, c'est moi qui irai □ **se pure** *locuz.cong.* même si: — *pure me l'avessero detto, non avrei potuto fare nulla*, même si on me l'avait dit, je n'aurais rien pu faire; *si tenga i suoi soldi*, — *pure sono suoi!*, il peut garder son argent si toutefois c'est le sien!

se[2] *pron.pers. di 3ª pers.sing. e pl.* **1** (*usato in luogo di* si *davanti ai pron.* lo, la, li, le, ne) (*legato al pron.* ne) s'en; (*pleonastico, non si traduce*): *non* — *l'è fatto dire due volte*, il ne se l'est pas fait dire deux fois; *andarsene*, s'en aller; — *ne andranno presto*, ils s'en iront bientôt; — *li intascò*, il les empocha **2** (*usato in luogo di* si *impers. davanti al pron.* ne) on: — *ne parlò a lungo*, on en parla longuement; *non* — *ne discute abbastanza*, on n'en discute pas assez.

sé *pron.pers. di 3ª pers.sing. e pl.* **1** (*riferito a persona, animale, cosa determinata*) lui (*m.sing.*), elle (*f.sing.*), eux (*m.pl.*), elles (*f.pl.*); (*riferito a pron.indef. e complemento di verbo all'inf.*) soi: *pensare a* — (*stesso*), a — (*stessi*), penser à soi(-même); *è sempre soddisfatto di* — (*stesso*), il est toujours content de lui(-même); *è molto riservata, tiene tutto per* —, elle est très réservée, elle garde tout pour elle; *si preoccupano solo di* —, ils ne pensent qu'à eux(-mêmes); *chiunque non pensi che a* — *è un egoista*, quiconque ne pense qu'à soi est un égoïste **2** (*riferito al lei di cortesia*) vous: *signora non pensi solo a* — (*stessa*), Madame, ne pensez pas uniquement à vous -même.

♦ FRASEOLOGIA: *dire, pensare tra* — (*e* —), *dentro* —, se dire (à part soi), penser à part soi; *essere pieno di* —, être plein de soi; *essere padrone di* —, être maître de soi; *far parte per* — *stesso*, faire bande à part || *essere in* —: (*essere cosciente*) être conscient; (*essere in possesso delle proprie facoltà mentali*) avoir toute sa tête || *essere fuori di* —, (*non riuscire a dominarsi*) être hors de soi; *essere fuori di* — *dalla gioia*, ne plus se sentir de joie ||

rientrare, tornare in — *, (riprendere coscienza)* revenir à soi, reprendre conscience; *(rinsavire)* retrouver la raison, reprendre ses esprits || *in* —, *di per* —, *in* — *e per* —, *(riferito a cose)* en soi || *gruppo, categoria a* —, groupe, catégorie à part || *vuol fare tutto da* —, il veut tout faire lui-même (*o* tout seul); *si è fatto da* —, il s'est fait lui-même; *farsi giustizia da* —, se faire justice (soi-même); *questa porta si chiude da* —, cette porte se ferme toute seule, d'elle même; *la cosa va da* —, cela va de soi; *va da* — *che...*, il va de soi que...

sebaceo *agg.* sébacé.

sebbene *cong.* quoique, bien que: — *sia povero è assai generoso*, quoiqu'il, bien qu'il soit pauvre, il est très généreux; — *fosse stanco, ha lavorato fino a tardi*, bien que fatigué (*o* quoique qu'il fût fatigué), il a travaillé tard; — *parlassi inglese, non sono riuscito a farmi capire*, bien que je connaisse l'anglais, je n'ai pas réussi à me faire comprendre.

sebo *s.m.* sébum.

seborrea *s.f.* *(med.)* séborrhée.

secante *agg.* *(mat.)* sécant ♦ *s.f.* *(mat.)* sécante.

secca (pl. *-che*) *s.f.* 1 *(fondale basso)* bas-fond* (m.), basse, *haut-fond* (m.); *(terra che affiora durante la bassa marea)* sèche: *incagliarsi in una* —, s'échouer sur un bas-fond; *andare in* —, échouer (*o* se mettre au sec) 2 *(siccità)* sécheresse || *fiume in* —, fleuve à sec.

seccamente *avv.* sèchement.

seccante *agg.* ennuyeux*; *(fam.)* *(di persona)* assommant, rasoir; *(di cosa)* embêtant.

seccare *(coniug. come* mancare) *v.tr.* 1 sécher* 2 *(fig.)* *(inaridire)* tarir 3 *(fam.)* embêter; *(disturbare)* déranger*: *non mi* — *con tutte queste domande!*, ne m'embête pas avec toutes ces questions!; *non seccarmi mentre lavoro*, ne me dérange pas pendant que je travaille; *non mi* —!, laisse-moi tranquille! ♦ *v.intr.* 1 sécher*: *mettere a* —, *far* —, mettre à sécher, faire sécher; *i fiori nel vaso sono seccati*, les fleurs dans le vase ont séché; *quest'albero sta seccando*, cet arbre sèche sur pied 2 *(fam.)* embêter; *(dare fastidio)* déranger*: *mi è seccato molto*, ça m'a beaucoup embêté; *se non ti secca*, si ça ne te dérange pas □ **seccarsi** *v.pron.* 1 sécher*; *(inaridirsi)* tarir: *le rose si sono seccate*, les rosiers ont séché; *in inverno mi si secca la pelle*, en hiver j'ai la peau sèche; *a forza di parlare mi si è seccata la gola*, à force de parler j'ai la gorge sèche 2 *(irritarsi)* se fâcher, s'irriter: *si secca quando arrivo in ritardo*, il n'est pas content quand j'arrive en retard; *non vorrei che si seccasse*, je ne voudrais pas qu'il se fâche; *mi sono seccato per quello che mi ha detto*, je n'ai pas du tout apprécié ce qu'il m'a dit; *si secca a, di aspettare*, il n'aime pas attendre; *mi sono seccato di aspettare*, j'en ai eu assez d'attendre.

seccato *agg.* *(fam.)* *(irritato)* fâché; *(annoiato)* embêté.

seccatore (f. *-trice*) *s.m.* *(fam.)* raseur*.

seccatura *s.f.* *(fam.)* *(fastidio)* ennui (m.);

(preoccupazione) souci (m.) || *se* (*per te*) *non è una* —, si ça ne t'embête pas.

secchezza *s.f.* sécheresse.

secchia *s.f.* 1 seau* (m.) || *piove a secchie*, il pleut à verse 2 *(fam.)* *(sgobbone)* bûcheur* (m.).

secchiare *v.intr.* *(fam.)* *(sgobbare)* bûcher: *ha secchiato tutta la domenica*, il a bûché dur tout le dimanche.

secchiata *s.f.* 1 seau* (m.) 2 *(fam.)* *fare una* —, bûcher dur.

secchiello *s.m.* 1 petit seau* || — *portaghiaccio*, seau à glace 2 *(borsa a)* —, sac seau.

secchio *s.m.* seau* || *il* — *della spazzatura*, la poubelle || *piovere a secchi*, *(fig.)* pleuvoir à verse || *buonanotte al* —, *(fig.)* n'en point c'est tout.

secchione *s.m.* *(fam.)* bûcheur*.

secco (pl. *-chi*) *agg.* 1 sec* *(anche fig.)* || *carne secca*, viande séchée; *fiori secchi*, fleurs séchées; *foglie secche*, feuilles mortes || — *come un chiodo*, maigre comme un clou || *con un colpo* —, d'un coup sec || *un terno* —, *(al lotto)* un terne sec || *(fam.)*: *l'ha fatto* —, il l'a tué sur le coup; *a momenti ci restava* —, il a failli y rester; *c'è rimasto* —, *(morto)* il est mort sur le coup, *(sconvolto)* il en a été tout retourné 2 *(inaridito)* à sec, tari ♦ *s.m.* 1 sec: *tirare una barca in* —, tirer une barque sur le rivage; *tirare una nave in* —, mettre un navire en cale sèche || *muro a* —, mur en pierres sèches || *lavare, lavatura a* —, nettoyer, nettoyage à sec || *restare, essere in* —, *(fig.)* rester, se trouver à sec || *pittura a* —, peinture sur un support sec 2 *(siccità)* sécheresse (f.) ♦ *avv.* sèchement.

secentesco (pl. *-chi*) *agg.* du XVIIe siècle.

secentista *s.m.* 1 *(scrittore, artista)* écrivain, artiste du XVIIe siècle 2 *(studioso del Seicento)* spécialiste du XVIIe siècle.

secernere *(Part.pass.* secreto; *usato solo alle* 3e *pers.)* *v.tr.* sécréter*.

secessione *s.f.* sécession.

secessionismo *s.m.* sécessionnisme.

secessionista *s.m.* sécessionniste.

seco *pron.pers.m. e f. di* 3a *pers.sing. e pl.* *(antiq.)* *(riferito a persona e animale)* avec lui (*m.sing.*); avec elle (*f.sing.*); *(riferito a cosa, a pron.indef. e con verbo all'inf.)* avec soi (*m. e f.sing.*); avec eux (*m.pl.*); avec elle (*f.pl.*).

secolare *agg.* 1 séculaire 2 *(laico)* séculier*.

secolarizzare *v.tr.* séculariser.

secolarizzazione *s.f.* sécularisation.

secolo *s.m.* siècle: *nel* — *XVIII*, au XVIIIe siècle; *nel nostro* —, aujourd'hui; *nel* — *scorso*, le siècle dernier; *a un* — *dalla morte*, un siècle après sa mort || *all'inizio dei secoli*, au commencement des temps || *nella notte dei secoli*, dans la nuit des temps || *sono idee del* — *scorso*, ce sont des idées d'un autre siècle || *mi sembra un* — *che*, j'ai l'impression qu'il y a une éternité que; *ci mette un* — *a vestirsi*, elle met un temps fou pour s'habiller || *è un secolo che non lo vedo*, il y a des siècles que je ne l'ai pas vu || *al* —, de son vrai nom, *(di religiosi)* au siècle.

seconda *s.f.* 1 seconde || *(aut.)* *mettere la* —,

passer en seconde || (*mar. mil.*) *comandante in* —, commandant en second **2** (*tip.*) — (*pagina*) *di copertina*, premier rabat de couverture □ **a seconda che** *locuz.cong.* selon que □ **a seconda di** *locuz.prep.* selon, suivant: *a* — *dell'ora in cui arriverà*, selon l'heure à laquelle il arrivera; *a* — *di ciò che mi dirà*, selon ce qu'il me dira.

secondamento *s.m.* (*med.*) délivrance (*f.*).

secondare *v.tr.* → **assecondare**.

secondariamente *avv.* **1** deuxièmement || (*in*) *primo* (*luogo*)..., —..., primo (*o* premièrement)..., secundo (*o* deuxièmement)... **2** (*in modo irrilevante*) secondairement.

secondario *agg.* e *s.m.* secondaire || (*gramm.*) *proposizione secondaria*, proposition subordonnée.

secondino *s.m.* geôlier.

secondo[1] *agg.num.ord.* **1** second; deuxième; (*nella progressione di re, papi, capitoli ecc.*) deux: *ha vinto il* — *premio*, il a gagné le second prix; *abito al* — *piano*, j'habite au deuxième, second étage; *la seconda metà del secolo*, la seconde moitié du siècle || (*mat.*): *equazione di* — *grado*, équation du deuxième degré; (*elevato*) *alla seconda* (*potenza*), élevé à la) puissance deux || *il* — *Impero*, le second Empire; *la seconda Repubblica*, la deuxième République || *passare in second-d'ordine*, passer en second || *in* — *luogo*, en second lieu **2** (*nuovo, altro*) second; autre: *un* — *Giotto*, un second Giotto; *per noi è stato un* — *padre*, il a été pour nous un second père; *non c'è una seconda possibilità*, il n'y a pas d'autre possibilité || *un* — *fine*, une arrière-pensée **3** (*inferiore*) inférieur; second: *non è* — *a nessuno*, il n'est inférieur à personne; *un personaggio di* — *piano*, un personnage de second plan || *di second'ordine*, de second ordre ♦ *s.m.* **1** (*minuto secondo*) seconde (*f.*): *un orologio che spacca il* —, une montre très précise (*o* précise à une seconde près); *non ti farà aspettare, spacca il* —, il ne te fera pas attendre, il est très ponctuel **2** (*seconda persona o cosa in un ordine*) second; deuxième || *i primi... i secondi...*, les premiers... les seconds... **3** (*seconda portata*) plat de résistance **4** (*mar.*) (*ufficiale in seconda*) second **5** (*padrino in duello*) second; (*di un pugile*) entraîneur ♦ *avv.* deuxièmement, secundo.

secondo[2] *prep.* **1** selon; (*seguendo*) suivant; (*stando a quanto qlcu ha detto o scritto; secondo l'opinione di*) d'après: *agire* — *la legge*, agir selon la loi; — *le circostanze*, selon, suivant les circonstances; — *l'articolo n. 24*, conformément à, suivant l'article n° 24; — *le sue istruzioni avresti dovuto...*, selon, suivant, d'après ses instructions tu aurais dû...; — *ciò che dice*, à l'en croire; — *quanto scrive ritornerà presto*, selon (*o* d'après) ses lettres il reviendra bientôt **2** (*dipende da*) selon, ça dépend de: — *l'ora in cui arriverà*, selon, ça dépend de l'heure à laquelle il arrivera || *"Partirai?" "Secondo"*, "Est-ce que tu as l'intention de partir?" "Ça dépend" **3** (*proporzionatamente a*) selon, suivant: *premiare* — *i meriti*, récompenser selon les mérites □ **secondo che** *locuz.cong.* selon que, suivant que: — *che tu sia saggio o no*, selon que tu seras sage ou non.

secondogenito *agg.* second, deuxième; (*di due figli*) cadet* ♦ *s.m.* second (enfant), deuxième; (*di due figli*) cadet*.

secretivo *agg.* (*biol.*) sécrétoire.

secreto *s.m.* sécrétion (*f.*).

secrezione *s.f.* sécrétion.

sedano *s.m.* céleri: — *da costa*, céleri à côtes; — *rapa*, céleri-rave || *gambo di* —, branche de céleri.

sedare *v.tr.* **1** (*calmare*) calmer, apaiser **2** (*reprimere*) étouffer, réprimer.

sedativo *agg.* e *s.m.* sédatif*.

sede *s.f.* **1** siège (*m.*): *la Società ha* — *in via Manzoni*, la Société a son siège rue Manzoni || — *stradale*, route; — *ferroviaria*, voie || *in* —, au siège || (*eccl.*) *la Santa Sede*, le Saint-Siège **2** (*posto a cui viene assegnato un impiegato spec. statale*) poste (*m.*): *trasferimento ad altra* —, changement de poste || — *scoperta, vacante*, poste vacant || — *di prima nomina*, première nomination || *indennità di* —, indemnité de résidence **3** (*fig.*) (*momento, luogo*) lieu* (*m.*) || *se ne parlerà in altra* —, on en parlera ailleurs || *in separata* —, en privé; (*dir.*) par un autre tribunal || *in* — *di esame*, pendant les examens || *in* — *di bilancio*, en faisant le bilan; *in* — *storica*, du point de vue historique.

sedentarietà *s.f.* sédentarité.

sedentario *agg.* sédentaire.

sedere[1] (*Indic.pres.* io siedo ecc., noi sediamo, voi sedete, essi siedono; *fut.* io siederò ecc.) *v. intr.* **1** (*stare seduto*) être* assis; (*mettersi a sedere*) s'asseoir*: — *in una poltrona*, être assis, s'asseoir dans un fauteuil; *stare a* —, être assis; *rimanere a* —, rester assis; *si levò a* — *sul letto*, il se redressa et s'assit dans son lit; *alzarsi da* —, se lever || *mi fai* — *al tuo posto, per piacere?*, tu me donnes ta place, s'il te plaît?; *fai* — *la signora*, donne ta place à la dame; *dategli da* —, faites-le asseoir || *posti a* —, places assises; *c'è da* —?, est-ce qu'il y a des places assises?; *non ho trovato da* —, (*un posto*) je n'ai pas trouvé de quoi m'asseoir; (*su cosa sedermi*) je n'ai pas trouvé de quoi m'asseoir || — *in trono*, régner; — *in cattedra*, avoir une chaire; — *sulla cattedra di San Pietro*, occuper le trône de saint Pierre **2** (*avere un seggio, una carica*) siéger*: — *al banco del governo*, siéger au banc du gouvernement; — *in tribunale*, siéger au tribunal; — *in consiglio*, siéger au conseil **3** (*tenere seduta*) siéger* □ **sedersi** *v.pron.* s'asseoir*.

sedere[2] *s.m.* derrière.

sedia *s.f.* chaise: — *a braccioli*, fauteuil; — *a rotelle*, chaise montée sur roulettes, (*per malati*) fauteuil roulant; — *da ufficio*, chaise de bureau; — *ad altezza regolabile*, siège réglable (en hauteur); — *da giardino*, chaise de jardin || — *gestatoria*, sedia gestatoria || — *elettrica*, chaise électrique.

sedicenne *agg.* (âgé) de seize ans: *un* (*ragazzo*),

segno

(una ragazza) —, un garçon (âgé), une jeune fille (âgée) de seize ans.

sedicente *agg.* soi-disant*.

sedicesimo *agg.num.ord.* seizième; (*nella progressione di re, papi, capitoli ecc.*) seize ♦ *s.m.* seizième || (*tip.*) *in* —, in-seize.

sedici *agg.num.card. e s.m.* seize.

sedile *s.m.* **1** siège **2** (*panca*) banc.

sedimentare *v.intr.* **1** former des sédiments **2** (*fig.*) se décanter.

sedimentazione *s.f.* sédimentation.

sedimento *s.m.* sédiment.

sedizione *s.f.* sédition.

sedizioso *agg. e s.m.* séditieux*.

sedotto *agg.* séduit.

seducente *agg.* séduisant.

sedurre (*coniug. come* condurre) *v.tr.* séduire*.

seduta *s.f.* séance || — *stante*, séance tenante || — *dal medico*, consultation chez le médecin.

seduto *agg.* assis || *seduti!*, asseyez-vous!

seduttore (f. *-trice*) *agg. e s.m.* séducteur*.

seduzione *s.f.* **1** séduction **2** (*fascino*) charme (*m.*); (*attrattiva*) attrait (*m.*).

sega (pl. *-ghe*) *s.f.* scie.

segala, **segale** *s.f.* seigle (*m.*): — *cornuta*, seigle ergoté.

segaligno *agg.* (*magro*) sec*.

segare (*coniug. come* legare) *v.tr.* scier.

segatrice *s.f.* (*macchina*) scieuse.

segatura *s.f.* **1** (*il segare*) sciage (*m.*) **2** (*polvere di legno*) sciure || *hai il cervello pieno di* —, (*fig.*) tu ne comprends vraiment rien à rien.

seggetta *s.f.* chaise percée.

seggio *s.m.* siège || *ambire al* — *presidenziale*, aspirer à la présidence || — *elettorale*, bureau de vote.

seggiola *s.f.* → **sedia**.

seggiolino *s.m.* petite chaise; (*sedile*) siège || — *pieghevole*, pliant || — *ribaltabile*, strapontin.

seggiolone *s.m.* chaise haute, chaise d'enfant.

seggiovia *s.f.* télésiège (*m.*).

segheria *s.f.* scierie.

seghetta *s.f.* lime (pour ampoules).

seghettare *v.tr.* denteler*.

seghettato *agg.* en dents de scie || (*bot.*) *foglia seghettata*, feuille dentelée || *lama seghettata*, lame crantée; *coltello a lama seghettata*, couteau-scie.

seghetto *s.m.* (*da traforo*) scie à chantourner.

segmentare *v.tr.* segmenter.

segmentazione *s.f.* segmentation.

segmento *s.m.* segment.

segnalare *v.tr.* signaler □ **segnalarsi** *v.pron.* se distinguer.

segnalatamente *avv.* notamment; (*soprattutto*) surtout.

segnalato *agg.* **1** (*reso noto*) signalé; (*annunciato*) annoncé **2** (*fornito di segnali, segnaletica*) signalisé, balisé: *una curva ben segnalata*, un virage bien signalisé.

segnalatore *agg.* avertisseur.

segnalazione *s.f.* **1** signalisation: *fare segnalazioni di pericolo*, signaler un danger **2** (*comuni-*

cazione) communication: *dare* — *che*, communiquer que **3** (*raccomandazione*) recommandation || *ho avuto la* — *di questo libro da un amico*, ce livre m'a été recommandé par un ami **4** (*descrizione di connotati*) signalement (*m.*).

segnale *s.m.* signal* || *segnali stradali*, signaux routiers, signalisation routière || (*tel.*): — *di linea libera*, (*prima di comporre il numero*) tonalité, (*dopo*) signal de ligne libre; — *di occupato*, signal de ligne occupée; *lasciare un messaggio dopo il* — *acustico*, laisser un message après le top sonore.

segnaletica *s.f.* signalisation, balisage (*m.*).

segnaletico (pl. *-ci*) *agg.* signalétique || *dati segnaletici*, signalement.

segnalibro *s.m.* (*a nastro*) signet; (*a tagliacarte*) liseuse (*f.*): *come* —, en guise de signet.

segnalinee *s.m.* → **guardalinee**.

segnaposto (pl. *invar.*) *s.m.* marque-place.

segnaprezzo *s.m.* étiquette (*f.*).

segnapunti *s.m.* (*libretto*) carnet; (*tabellone*) tableau*.

segnare *v.tr.* marquer (*anche fig.*): — *con la matita*, marquer au crayon; — *i punti*, marquer les points; *ha segnato un goal*, il a marqué un but || — *all'attivo, al passivo*, mettre à l'actif, au passif; — *una somma a debito, a credito*, enregistrer une somme au débit, au crédit; — *le entrate, le uscite*, enregistrer les entrées, les sorties; — *le spese*, marquer les dépenses || — *un itinerario sulla carta*, tracer un itinéraire sur la carte || *l'orologio segna le tre*, la montre indique trois heures || — *a dito*, montrer du doigt || *i pugni ricevuti gli hanno segnato il viso*, son visage porte les traces des coups de poing qu'il a reçus || — *il passo*, marquer le pas, (*fig.*) aller au ralenti || — *un numero di telefono*, noter un numéro de téléphone; *segni sul conto*, mettez cela sur ma note □ **segnarsi** *v.pron.* se signer.

segnatamente *avv.* notamment; (*soprattutto*) surtout.

segnatempo (pl. *invar.*) *s.m.* → **marcatempo**.

segnato *agg.* marqué || *il suo destino è* —, son sort est décidé || *sentiero, percorso* —, (*in montagna*) sentier, parcours balisé.

segnatura *s.f.* **1** (*tip.*) signature **2** (*nelle biblioteche*) (*sigla di catalogazione*) cote **3** (*sport*) score (*m.*).

segno *s.m.* **1** signe || *ho perso il* —, je ne sais plus où on en est, où j'en étais || *farsi il* — *della croce*, faire son signe de croix, se signer; *firmare con un* — *di croce*, signer d'une croix || — *di riferimento*, référence || *non davano* — *di volersene andare*, ils ne faisaient pas mine de vouloir s'en aller || — *di stima, di affetto*, marque d'estime, d'affection; — *di amicizia*, témoignage d'amitié || *parlare a segni*, parler par signes; *fare un* — *di saluto*, faire un geste de salut || *tiro a* —, tir à la cible; *colpire, cogliere nel* —, *andare a* —, (*fig.*) faire mouche; *esser fatto* — *alle beffe di qlcu*, servir de cible aux moqueries de qqn; *esser fatto* — *all'ammirazione generale*, être l'objet de l'admiration générale || *passare il* —, passer les bornes || *a tal*

— *che...*, à tel point que...; *a tal* —*?*, à ce point? **2** (*traccia*) trace (*f.*), marque (*f.*): *i segni delle ruote sulla neve,* les traces des roues sur la neige; *i segni della vecchiaia,* les marques de l'âge; *lasciare il* —, (*anche fig.*) laisser la trace; *gli ha dato una sberla da lasciargli il* —, il lui a donné une telle gifle qu'il en a encore la marque.

sego *s.m.* suif.

segregare (*coniug. come* legare) *v.tr.* isoler □ **segregarsi** *v.pron.* s'isoler.

segregato *agg.* isolé || *vivere* —, vivre dans l'isolement.

segregazione *s.f.* ségrégation: — *razziale,* ségrégation raciale.

segregazionismo *s.m.* ségrégationnisme.

segregazionista *agg. e s.m.* ségrégationniste.

segreta *s.f.* cachot (*m.*), oubliettes (*pl.*).

segretamente *avv.* secrètement, en secret.

segretaria *s.f.* secrétaire || (*cine.*) — *di edizione,* script-girl.

segretariale *agg.* de secrétaire.

segretariato *s.m.* secrétariat.

segretario *s.m.* secrétaire: — *comunale,* secrétaire de mairie || — *di partito,* le premier secrétaire du parti || — *galante,* manuel de correspondance amoureuse.

segreteria *s.f.* secrétariat (*m.*); (*in Vaticano*) secrétairerie: *in* —, au secrétariat || — *telefonica,* répondeur (téléphonique), (*con registrazione di messaggi*) répondeur enregistreur.

segretezza *s.f.* secret (*m.*): *la massima* —, le secret le plus absolu; *in tutta* —, en grand secret || *confidiamo sulla sua* —, nous comptons sur votre discrétion.

segreto[1] *agg.* secret*.

segreto[2] *s.m.* secret: — *professionale, d'ufficio,* secret professionnel; *mettere a parte del* —, mettre dans le secret; *essere a conoscenza del* —, être dans le secret || *in* —, dans le, en secret.

seguace *s.m.* (*discepolo*) disciple; (*pol.*) partisan.

seguente *agg. e s.m.* suivant || *entri il* —*!*, au suivant!

segugio *s.m.* limier (*anche fig.*).

seguire *v.tr. e intr.* suivre* || *seguì un minuto di silenzio,* il y eut une minute de silence || — *le orme di qlcu,* (*fig.*) marcher sur les traces de qqn || *ne segue che...*, il s'ensuit que... || *con quel che segue,* ainsi de suite || *segue lettera,* lettre suit || *segue a pag.7, a tergo,* suite pag.7, au verso || *segue,* à suivre.

seguitare *v.tr. e intr.* continuer.

seguito *s.m.* **1** suite (*f.*): *essere al* — *di,* faire partie de la suite de **2** (*continuazione*) suite (*f.*): *non avere* —, ne pas avoir de suite || (*corrispondenza*): *facciamo, facendo* — *alla pregiata vostra del...,* suite à votre lettre du...; *a* — *della vostra lettera del...,* en réponse à votre lettre du... **3** (*consenso*) soutien, appui: *non aver molto* —, ne pas avoir beaucoup de succès; *godere di grande* —, avoir un grand soutien **4** (*serie, successione*) suite (*f.*): *un* — *di disgrazie,* une suite de malheurs; *un* — *di*

circostanze fortuite, une succession de circonstances fortuites □ **di seguito** *locuz.avv.* de suite; (*senza sosta*) sans arrêt: *ha parlato per due ore di* —, il a parlé sans s'arrêter pendant deux heures; *ho letto il suo romanzo tutto di* —, j'ai lu son roman d'un seul trait || *e così di* —, et ainsi de suite || *troverete qui di* —..., vous trouverez ci-après... □ **in seguito** *locuz.avv.* ensuite, par (la) suite || *vedremo in* —, on verra par la suite □ **in seguito a** *locuz.prep.: in* — *a un errore,* par suite d'une erreur; *in* — *a questo ora sono ricco,* grâce à cela maintenant je suis riche; *in* — *alla vostra visita,* à la suite de votre visite.

sei *agg.num.card. e s.m.* six.

seicentesco (*pl. -chi*) *agg.* → **secentesco.**

seicento *agg.num.card. e s.m.* six cents || *nel Seicento,* au dix-septième siècle.

selce *s.f.* **1** (*min.*) silex (*m.*) **2** (*pietra per pavimentazione stradale*) carreau* (de pavé): *una pavimentazione in selci,* un pavé; *ricoprire di selci,* paver.

selciare (*coniug. come* cominciare) *v.tr.* paver.

selciato *agg. e s.m.* pavé.

selciatore *s.m.* paveur.

selciatura *s.f.* pavage (*m.*).

selenio *s.m.* (*chim.*) sélénium.

selettivamente *avv.* sélectivement.

selettività *s.f.* sélectivité.

selettivo *agg.* sélectif*; sélecteur*.

selettore *s.m.* (*tecn.*) sélecteur.

selezionamento *s.m.* sélection (*f.*).

selezionare *v.tr.* **1** sélectionner **2** (*tecn.*) trier.

selezionato *agg.* sélectionné.

selezionatore (*f. -trice*) *s.m.* sélectionneur* ♦ *agg.* **1** (*che seleziona*) de sélection: *commissione selezionatrice,* comité de sélection **2** (*selettivo*) sélectif*.

selezionatrice *s.f.* (*macchina*) trieuse.

selezione *s.f.* sélection.

self-control *s.m.* maîtrise de soi.

self-service (*pl. invar.*) *s.m.* **1** (*ristorante o negozio*) self-service*, (*fam.*) self **2** (*distributore automatico di benzina*) station libre-service*.

sella *s.f.* **1** selle: *mettere, togliere la* — *a un cavallo,* seller, deseller un cheval; *montare senza* —, monter (un cheval) à cru; *stare bene in* —, bien monter || *in* —*!* à cheval! **2** (*valico*) col (*m.*).

sellaio *s.m.* sellier.

sellare *v.tr.* seller.

sellatura *s.f.* sellage (*m.*).

selleria *s.f.* sellerie.

sellino *s.m.* selle (*f.*).

seltz *s.m.* → **selz.**

selva *s.f.* forêt: *una* — *di capelli,* une forêt, une masse de cheveux || *una* — *di errori,* (*fig.*) un tas de fautes.

selvaggiamente *avv.* sauvagement.

selvaggina *s.f.* gibier (*m.*): — *di penna,* gibier à plume; — *di pelo,* gibier à poil.

selvaggio *agg. e s.m.* sauvage.

selvatichezza *s.f.* sauvagerie.

selvatico (*pl. -ci*) *agg.* sauvage || *coniglio* —, lapin de garenne ♦ *s.m.* **1** (*gusto, sapore di selvatico*) sauvagin **2** (*bot.*) sauvageon.

selvicoltore *s.m.* sylviculteur.

selvicoltura *s.f.* sylviculture.

selz *s.m.* seltz: *acqua di* —, eau de Seltz.

semaforo *s.m.* **1** feu*: *passare con il* — *rosso*, passer au rouge; *il* — *segna, è verde*, le feu est au vert **2** (*mar., ferr.*) sémaphore.

semantica *s.f.* sémantique.

semantico (pl. *-ci*) *agg.* sémantique.

sembiante *s.m.*: *fare* — *di*, faire semblant de.

sembianza *s.f.* (*apparenza*) apparence; (*aspetto*) aspect (*m.*) || *sotto le sembianze di*, sous l'apparence de.

sembrare *v.intr.* → *parere*[1].

seme *s.m.* **1** graine (*f.*); (*semente*) semence (*f.*); (*di pera, mela, uva, agrumi*) pépin; (*nocciolo*) noyau*; (*di pomodoro, cocomero, zucca ecc.*) graine (*f.*) **2** (*fig.*) (*origine*) germe **3** (*carte da gioco*) couleur (*f.*).

semeiotica *s.f.* (*med.*) séméiologie.

sementa *s.f.* **1** (*azione del seminare*) semailles (*pl.*) **2** (*semente*) semence.

semente *s.f.* semence.

semenza *s.f.* **1** (*semente*) semence **2** (*chiodino a testa piatta*) semences.

semenzaio *s.m.* pépinière (*f.*).

semestrale *agg.* semestriel* || **-mente** *avv.*

semestralità *s.f.* semestre (*m.*).

semestre *s.m.* semestre.

semi- *pref.* semi-, demi-, mi-, hémi- *oppure forme quali* à demi, presque, à moitié.

semianalfabeta *agg. e s.m.* à demi analphabète.

semiaperto *agg.* entrouvert.

semiasse *s.m.* (*mecc.*) demi-essieu.

semiautomatico (pl. *-ci*) *agg.* semi-automatique.

semicerchio *s.m.* demi-cercle*: *a* —, en demi-cercle.

semichiuso *agg.* mi-clos*.

semicirconferenza *s.f.* demi-circonférence*.

semiconduttore *s.m.* semi-conducteur.

semiconsonante *s.f.* semi-consonne.

semicoperto *agg.* à demi couvert.

semicotto *agg.* à moitié cuit.

semicroma *s.f.* (*mus.*) double croche.

semicrudo *agg.* à moitié cru.

semicupio *s.m.* baignoire sabot || *fare un* —, prendre un bain dans une baignoire sabot.

semidio *s.m.* demi-dieu*.

semidistrutto *agg.* à moitié détruit.

semifinale *s.f.* demi-finale*.

semifinalista *s.m.* demi-finaliste*.

semifreddo *agg.* (*cuc.*) parfait, entremets glacé.

semilavorato *agg.* semi-fini, semi-ouvré ♦ *s.m.* demi-produit*.

semilibertà *s.f.* (*dir.*) semi-liberté.

semiminima *s.f.* (*mus.*) noire.

semina *s.f.* semailles (*pl.*).

seminabile *agg.* qu'on peut ensemencer.

seminale *agg.* (*bot.*) séminal* || (*biol.*) *liquido* —, liquide spermatique.

seminare *v.tr.* semer* (*anche fig.*); (*un terreno*)

ensemencer* || — *sulla sabbia, al vento*, (*fig.*) faire des choses inutiles || *semina la sua roba dappertutto*, (*fam.*) il éparpille ses affaires partout.

seminario *s.m.* séminaire || *entrare in* —, entrer au séminaire.

seminarista *s.m.* séminariste.

seminativo *agg. e s.m.* (*terreno*) —, terrain à cultiver.

seminato *agg.* semé (*anche fig.*): — *a grano*, semé de blé ♦ *s.m.* terrain ensemencé || *uscire dal* —, (*rispetto a un argomento*) s'éloigner du sujet, (*rispetto alle regole*) s'écarter des règles.

seminatore (f. *-trice*) *s.m.* semeur*.

seminatrice *s.f.* (*macchina*) semoir (*m.*).

seminfermità *s.f.* infirmité partielle.

seminfermo *agg.* semi-infirme, semi-invalide.

seminterrato *s.m.* (*edil.*) sous-sol*.

seminudo *agg.* à moitié nu.

semiologia *s.f.* **1** (*ling.*) sémiologie **2** (*med.*) séméiologie.

semiologo (pl. *-gi*) *s.m.* (*ling.*) sémiologue.

semioscurità *s.f.* pénombre.

semiotica *s.f.* sémiotique.

semipiano *s.m.* (*mat.*) demi-plan*.

semipieno *agg.* à moitié plein.

semiretta *s.f.* (*mat.*) demi-droite*.

semirigido *agg.* semi-rigide.

semiscoperto *agg.* à demi découvert.

semiselvaggio *agg.* à moitié sauvage.

semiserio *agg.* pas vraiment sérieux*.

semisfera *s.f.* hémisphère (*m.*).

semisferico (pl. *-ci*) *agg.* hémisphérique.

semispento *agg.* à moitié éteint.

semita *s.m.* sémite ♦ *agg.* sémitique.

semitico (pl. *-ci*) *agg.* sémitique.

semitono *s.m.* (*mus.*) demi-ton*.

semitrasparente *agg.* presque transparent.

semivestito *agg.* à moitié habillé.

semivivo *agg.* à moitié mort.

semivocale *s.f.* (*fon.*) semi-voyelle.

semivuoto *agg.* à moitié vide.

semmai *cong.* → **se**[1].

semola *s.f.* **1** semoule **2** (*crusca*) son (*m.*): *pane di* —, pain de son.

semolato *agg.*: *zucchero* —, sucre semoule.

semolino *s.m.* semoule (*f.*).

semoloso *agg.* de son.

semovente *agg. e s.m.* automoteur*.

sempiterno *agg.* sempiternel* || *in* —, pour l'éternité.

semplice *agg.* simple || *domanda* —, question facile || *certificato in carta* —, certificat sur papier libre || *l'accusa è fondata su semplici indizi*, l'accusation n'est fondée que sur des indices; *è una* — *supposizione*, ce n'est qu'une supposition ♦ *s.m.* simple.

semplicemente *avv.* **1** simplement **2** (*solamente*) simplement: *hai fatto* — *il tuo dovere*, tu n'as fait que ton devoir **3** (*veramente*) — *meraviglioso*, absolument merveilleux || *dolce* — *delizioso*, gâteau tout bonnement délicieux.

semplicione *s.m.* grand benêt.

sempliciotto *agg. e s.m.* nigaud, naïf*.
semplicismo *s.m.* simplisme.
semplicista *s.m.* simpliste.
semplicistico (pl. *-ci*) *agg.* simpliste.
semplicità *s.f.* 1 simplicité 2 (*ingenuità*) naïveté.
semplificare (*coniug. come* mancare) *v.tr.* simplifier □ **semplificarsi** *v.pron.* se simplifier.
semplificazione *s.f.* simplification.
sempre *avv.* 1 toujours: *non* — *le cose vanno bene*, les choses ne vont pas toujours bien; *è* — *così*, c'est toujours la même histoire; *andasse* — *così!*, si ça pouvait toujours marcher comme ça!; — *guai!*, toujours des ennuis!; *ma se glielo dico* — *!*, je n'arrête pas de le lui dire! || — *e poi* —, tout le temps, constamment || *da* —, depuis toujours || *è l'uomo di* —, c'est toujours le même (homme) || *per* —, pour toujours, à jamais; *una volta per* —, une fois pour toutes || — *meglio*, de mieux en mieux; — *peggio*, de mal en pis || — *più*, toujours davantage, (+ *agg., avv., s.*) de plus en plus || — *meno*, de moins en moins; *aveva* — *meno appetito*, il avait toujours moins d'appétit || *lavora con* — *maggiore impegno*, il travaille avec toujours plus d'ardeur || — *tuo, vostro*, (*nella chiusa delle lettere*) bien à vous 2 (*con valore di* a patto che, tuttavia, nondimeno) *esci pure, ma* — *alla mattina*, tu peux sortir, mais seulement le matin; *parlagli pure,* — *però con molta cautela*, tu peux lui parler, mais en prenant toutes les précautions voulues || *anche se ti dà solo un milione, è* (*pur*) — *qualcosa!*, même s'il ne te donne qu'un million, c'est toujours ça de pris!; *resta* (*pur*) — *il fatto che mi ha offeso*, il n'en reste pas moins qu'il m'a blessé; *è pur* — *un uomo di valore*, cela ne l'empêche pas d'être un homme de valeur; *ha pur* — *ragione!*, n'empêche qu'il a raison! □ **sempre che** *locuz.cong.* (*purché*) pourvu que; (*a condizione che, se*) à condition que, si; (*ammesso che*) si toutefois: — *che non piova*, pourvu que, à condition qu'il ne pleuve pas; — *che tu lo voglia*, à condition que tu le veuilles, si tu le veux réellement; — *che si possa parlare di merito...*, si toutefois on peut parler de mérite...; — *che abitino ancora lì*, encore faut-il qu'ils habitent toujours là.
sempreverde *s.m.* semper virens ♦ *agg.* sempervirent: *specie* —, espèce sempervirente; *piante sempreverdi*, plantes (toujours) vertes; *foglie sempreverdi*, feuilles persistantes.
senapato *agg.* sinapisé.
senape *s.f.* moutarde: — *nera*, moutarde noire (*o sénevé*); — *selvatica*, sanve || (*color*) —, moutarde.
senario *agg. e s.m.* sénaire.
senato *s.m.* sénat: *in, al* —, devant le sénat || — *accademico*, (*Università*) conseil des doyens.
senatore *s.m.* sénateur: — *a vita*, sénateur inamovible.
senatoriale *agg.* sénatorial*.
senatrice *s.f.* femme sénateur.
senegalese *agg. e s.m.* sénégalais.
senescenza *s.f.* sénescense.

senese *agg. e s.m.* siennois.
senile *agg.* sénile.
senilità *s.f.* sénilité.
senior (pl. *seniores*) *s.m.* (*sport*) senior || *categoria* (*dei*) *seniores*, catégorie seniore ♦ *usato come agg.* père: *Francesco Rossi* —, Francesco Rossi père.
senno *s.m.* sagesse (*f.*) || *donna piena di* —, femme pleine de bon sens, de jugement || *giudicare con il* — *di poi*, juger après coup || *perdere il* —, *uscire di* —, perdre la raison; *tornare in* —, retrouver la raison.
sennò, se no *cong.* → **se**[1].
seno *s.m.* 1 sein: *stringere al* —, serrer sur, contre son sein; *in* —, dans son sein; *in* — *a, nel* — *di*, (*fig.*) au sein de || *avere un bel* —, avoir une belle poitrine 2 (*anat., mat.*) sinus.
senologia *s.f.* (*med.*) sénologie.
senonché *cong.* → **se**[1].
sensale *s.m.* courtier; (*di cavalli*) maquignon; (*di matrimoni*) marieur.
sensatamente *avv.* sagement.
sensatezza *s.f.* sagesse; (*buonsenso*) bon sens.
sensato *agg.* sensé.
sensazionale *agg.* sensationnel*; (*fam.*) sensass.
sensazionalismo *s.m.* sensationnalisme.
sensazionalistico (pl. *-ci*) *agg.* sensationnaliste.
sensazione *s.f.* sensation.
sensibile *agg.* sensible.
sensibilità *s.f.* sensibilité.
sensibilizzare *v.tr.* sensibiliser □ **sensibilizzarsi** *v.pron.* se sensibiliser.
sensibilizzazione *s.f.* sensibilisation.
sensibilmente *avv.* 1 (*attraverso i sensi*) d'une manière sensible 2 (*notevolmente*) sensiblement.
sensismo *s.m.* (*fil.*) sensualisme.
sensitiva *s.f.* (*bot.*) sensitive.
sensitivo *agg.* 1 sensitif* 2 (*sensibile*) sensible, émotif* ♦ *s.m.* (*medium*) médium.
senso *s.m.* 1 sens: *organi di* —, organes des sens; *il buon* —, le bon sens; *il* — *critico*, l'esprit, le sens critique; *parole prive di* —, mots dénués de sens; *non ha alcun* —, ça ne rime à rien || *perdere, riacquistare i sensi*, perdre, reprendre ses sens, connaissance || *tradurre a* —, traduire selon le sens; *ripetere a* —, répéter || *ai sensi della legge*, aux termes de la loi || — *unico, vietato*, (*nella segnaletica*) sens unique, interdit 2 (*sensazione*) sensation (*f.*): — *di benessere*, sensation de bien-être || *far* —, (*impressionare*) impressionner; (*disgustare*) répugner 3 (*sentimento*) sentiment: — *di colpa*, sentiment de culpabilité; *non farti sensi di colpa!*, ne te sens pas coupable! || (*corrispondenza*) *con i sensi della mia più profonda stima*, avec l'expression de ma plus profonde considération.
sensore *s.m.* (*tecn.*) senseur, capteur, palpeur.
sensoriale *agg.* sensoriel*.
sensorio *agg.* sensoriel* ♦ *s.m.* sensorium.
sensuale *agg.* sensuel*.
sensualismo *s.m.* (*fil.*) sensualisme.

sensualità *s.f.* sensualité.

sentenza *s.f.* **1** (*dir.*) sentence; (*giudizio*) jugement (*m.*); (*di tribunale superiore*) arrêt (*m.*): — *di assoluzione*, sentence absolutoire **2** (*massima*) sentence ‖ *sputare sentenze*, (*fig.*) parler comme un oracle.

sentenziare *v.intr.* e *tr.* **1** décréter* **2** (*parlare in tono sentenzioso*) pontifier.

sentenzioso *agg.* sentencieux* ‖ **-mente** *avv.*

sentiero *s.m.* sentier ‖ (*fig.*): *essere sul — di guerra*, être sur le pied de guerre; *seguire il retto —*, suivre le droit chemin ‖ (*aer.*) — *luminoso*, piste lumineuse.

sentimentale *agg.* sentimental* ‖ **-mente** *avv.*

sentimentalismo *s.m.* sentimentalisme.

sentimentalità *s.f.* sentimentalité.

sentimento *s.m.* sentiment ‖ *fare con tutti i sentimenti*, (*fam.*) faire en y mettant tout son cœur, consciencieusement.

sentina *s.f.* (*mar.*) sentine.

sentinella *s.f.* sentinelle: *montare di —*, monter la garde; *essere di —*, être en sentinelle.

sentire *v.tr.* **1** sentir*; (*avvertire*) ressentir*; (*provare*) éprouver: — *il freddo*, sentir le froid; *sentivo che sarebbe venuto*, je sentais qu'il viendrait; *sento di amarlo ancora*, je sens que je l'aime encore; *sento il dovere di dirtelo*, je sens que c'est mon devoir de te le dire ‖ — *fame, sete, male*, avoir faim, soif, mal ‖ — *il tempo*, être sensible aux changements de temps ‖ — *il fascino di qlcu, di qlco*, être sensible au charme de qqn, de qqch **2** (*udire*) entendre*; (*ascoltare*) écouter: *stammi a —!*, *sentimi bene!*, écoute-moi bien!; *non farti — piangere!*, qu'on ne t'entende pas pleurer! ‖ *fatti —!*, (*fatti valere*) fais valoir tes droits; (*dai notizie*) donne de tes nouvelles; (*al telefono*) appelle-moi, passe-moi un coup de fil ‖ *cosa c'è, sentiamo!*, raconte un peu ce qui se passe!; *sentiamo di che si tratta*, voyons de quoi il s'agit ‖ *senti cosa ne pensa*, demande-lui ce qu'il en pense ‖ *ho sentito la brutta notizia*, j'ai appris la mauvaise nouvelle ‖ *a — lui...*, à l'entendre... ‖ *ne sentiremo delle belle!*, ce qu'il faudra entendre! ‖ *senti il parere del medico*, consulte ton médecin ‖ — *una lezione, la Messa*, assister à un cours, à la Messe **3** (*tastare*) tâter; (*gustare*) goûter: *senti come è morbida questa lana*, touche comme cette laine est mœlleuse; *senti come è buono questo pane*, goûte ce pain comme il est bon ♦ *v.intr.* entendre*: *non ci sente, è sordo*, il n'entend pas, il est sourd □ **sentirsi** *v.pron.* se sentir*: *si sono sentiti rivivere*, ils se sont sentis revivre; *si è sentita trascinare dalla corrente*, elle s'est senti entraîner par le courant ‖ *sentirsela di*, (*aver voglia di*) avoir envie de; (*avere il coraggio di*) avoir le courage de.

sentitamente *avv.* vivement.

sentito *agg.* **1** (*udito*) entendu ‖ *per — dire*, par ouï-dire **2** (*sincero*) sincère: *sentiti auguri*, vœux très sincères.

sentore *s.m.* **1** (*vago sospetto*) soupçon; (*conoscenza*) connaissance (*f.*): *avere — di*, soupçon-ner, (*avere notizia*) avoir vent de **2** (*odore*) odeur (*f.*).

senza *prep.* sans: — *di te*, sans toi; *mangia — pane*, il mange sans pain ‖ *senz'altro*, — *dubbio*, sans faute, sans aucun doute ‖ *sono rimasto —*, (*fam.*) je n'en ai plus ‖ *fare — qlco*, se passer de qqch ‖ (*canottaggio*) *due*, *quattro —*, deux, quatre sans barreur ♦ *s.m.* (*bridge*) sans-atout* □ **senza che** *locuz.cong.* sans que: — *che nessuno gli rivolgesse la parola*, sans que personne ne lui adresse la parole.

senzatetto (pl. *invar.*) *s.m.* sans-logis*: (*senza fissa dimora*) sans domicile fixe, SDF.

sepalo *s.m.* (*bot.*) sépale.

separabile *agg.* séparable.

separare *v.tr.* séparer (*anche fig.*) □ **separarsi** *v.pron.* se séparer: — *legalmente*, se séparer de corps, légalement.

separatamente *avv.* séparément ‖ (*comm.*) *inviare —*, envoyer sous pli séparé.

separatismo *s.m.* séparatisme.

separatista *agg.* e *s.m.* séparatiste.

separato *agg.* séparé ‖ *letti separati*, lits jumeaux; *conti separati*, comptes à part.

separatore (f. *-trice*) *agg.* e *s.m.* séparateur*.

separazione *s.f.* séparation ‖ (*dir.*): — *consensuale*, séparation par consentement mutuel; — *legale*, séparation légale, de corps.

séparé (pl. *invar.*) *s.m.* (*di un locale*) loge (*f.*) • Falso francesismo.

sepolcrale *agg.* sépulcral* (*anche fig.*): *silenzio —*, silence de mort.

sepolcreto *s.m.* nécropole (*f.*); (*nell'altare*) confession (*f.*).

sepolcro *s.m.* tombeau*; (*letter.*) sépulcre ‖ *il Santo Sepolcro*, le Saint-Sépulcre ‖ *visita ai sepolcri*, visite des reposoirs.

sepolto *agg.* enterré; (*ricoperto, nascosto*) enseveli (*anche fig.*) ‖ *civiltà sepolte*, civilisations disparues ‖ — *nel sonno*, plongé dans le sommeil ‖ *morto e —*, (*fig.*) mort et enterré.

sepoltura *s.f.* **1** sépulture: *dar —*, donner la sépulture **2** (*cerimonia*) enterrement (*m.*).

seppellire (*coniug. come* finire; *part.pass.* sepolto) *v.tr.* **1** enterrer **2** (*ricoprire*) enseveler; (*nascondere sotto terra*) enfouir, enterrer □ **seppellirsi** *v.pron.* (*fig.*) s'enterrer, s'ensevelir ‖ — *in casa*, se cloîtrer chez soi.

seppia *s.f.* (*zool.*) seiche ‖ *nero di —*, inchiostro (*nero di*) —, sépia; *disegno al nero di —*, dessin à la sépia, une sépia.

seppure *cong.* **1** (*anche se*) même si: *voglio parlargli, — dovessi aspettare delle ore*, je tiens à lui parler quitte à attendre des heures **2** (*ammesso che*) si toutefois: *l'unico suo merito, — si può parlare di merito...*, si toutefois on peut parler de mérite.

sequela *s.f.* suite; (*fam.*) kyrielle.

sequenza *s.f.* **1** série; (*serie ininterrotta*) suite **2** (*cine.*) séquence: — *sonora*, séquence-son; — *visiva*, séquence-image **3** (*inform.*) chaîne, suite: — *di bit*, chaîne binaire; — *di in-*

gresso, séquence d'initialisation **4** (*tecn.*, *scient.*) série.

sequenziale *agg.* séquentiel*.

sequestrabile *agg.* saisissable.

sequestrare *v.tr.* **1** séquestrer; (*pignorare*) saisir; (*confiscare*) confisquer **2** (*mettere sotto sequestro*) mettre* sous séquestre **3** (*persona*) séquestrer; (*a scopo di estorsione*) kidnapper.

sequestratario *s.m.* (*dir.*) (administrateur) séquestre.

sequestrato *agg.* saisi, séquestré ♦ *s.m.* personne séquestrée; (*a scopo di estorsione*) personne kidnappée.

sequestratore (f. *-trice*) *s.m.* (*rapitore*) kidnappeur*, ravisseur*.

sequestro *s.m.* **1** (*dir.*) séquestre, saisie (*f.*): *mettere, porre sotto* —, mettre sous séquestre; — *di esecuzione, esecutivo*, saisie-exécution; — *presso terzi*, saisie-arrêt **2** (*di persona*) séquestration (*f.*); (*a scopo di estorsione*) kidnapping.

sequoia *s.f.* (*bot.*) séquoia (*m.*).

sera *s.f.* soir (*m.*); (*serata*) soirée: *si fa* —, il commence à faire nuit; *sul far della* —, *verso* —, vers le soir; *alla* —, *di* —, le soir; *la* — *tardi*, tard dans la soirée; *andare a letto tardi la* —, se coucher tard le soir; *la* — *prima*, le soir précédent; *la* — *dopo, seguente*, le lendemain soir; *tre sere fa*, le soir, il y a trois jours; *alle sei di* —, à six heures du soir || *buona* —, bonsoir.

seracco (pl. *-chi*) *s.m.* (*geol.*) sérac.

serafico (pl. *-ci*) *agg.* **1** séraphique **2** (*fig.*) impassible.

serafino *s.m.* (*teol.*) séraphin.

serale *agg.* du soir || (*teatr.*) *rappresentazione* —, soirée.

serata *s.f.* soirée: *in* —, dans la soirée || (*tv*) *trasmissione in prima* —, émission en début de soirée || — *d'onore*, représentation en l'honneur de qqn.

serbare *v.tr.* (*tenere*) garder (*anche fig.*); (*mettere da parte*) mettre* de côté: — *gratitudine*, garder de la reconnaissance; — *la parola data*, tenir sa parole || — *fede ai propri ideali*, être fidèle à ses idéaux □ **serbarsi** *v.pron.* se garder, rester.

serbatoio *s.m.* réservoir || — *per la raccolta delle acque*, château d'eau || (*inform.*) — *di ricezione carta*, récepteur de papier.

serbo *agg.* e *s.m.* serbe.

serbo, in *locuz.avv.* de côté.

serbocroato (pl. *-i*) *agg.* e *s.m.* serbo-croate*.

serenata *s.f.* sérénade.

serenella *s.f.* (*bot. pop.*) lilas (*m.*).

serenissimo *agg.* sérénissime || (*st.*) *la Serenissima*, la Sérénissime (République de Venise).

serenità *s.f.* sérénité (*anche fig.*).

sereno *agg.* serein (*anche fig.*) || (*geol.*) *pietra serena*, pierre de Florence || **-mente** *avv.*

sergente *s.m.* **1** sergent: — *maggiore*, sergent-chef **2** (*fig.*) gendarme **3** (*morsetto*) sergent.

seriale *agg.* sériel*; en série.

seriamente *avv.* sérieusement.

serico (pl. *-ci*) *agg.* (*di seta*) de soie; (*della seta*) de la soie; (*simile a seta*) soyeux*.

sericoltore (f. *-trice*) *s.m.* sériculteur*.

sericoltura *s.f.* sériciculture.

serie *s.f.* **1** série || *fuori* —, hors série; *di*, *in* —, en série; *modello di* —, modèle en série; *vettura di* —, voiture de série; *ordinato in* —, rangé par séries **2** (*sport*) division: — *A*, *B*, première, deuxième division; (*tennis*) *testa di* —, tête de série || *cittadini di* — *A e di* — *B*, (*fig.*) citoyens de première et de deuxième catégorie **3** (*inform.*) ensemble (*m.*); jeu (*m.*): — *completa di caratteri*, jeu de caractères; — *completa di caratteri a barre*, jeu de caractères à barres; — *di dati*, ensemble de données.

serietà *s.f.* **1** (*l'essere serio*) sérieux (*m.*): *agire con scarsa* —, manquer de sérieux; *di assoluta* —, d'un grand sérieux || — *professionale*, conscience professionnelle || — *di studi*, des études solides || — *di costumi*, austérité des mœurs || *la* — *di una ragazza*, la moralité d'une jeune fille **2** (*gravità*) gravité.

serigrafia *s.f.* sérigraphie.

serigrafico (pl. *-ci*) *agg.* sérigraphique.

serio *agg.* **1** sérieux* || *la faccenda si fa seria*, l'affaire se corse || *donna poco seria*, femme légère **2** (*preoccupato*) soucieux*; (*grave*) grave : *restare* —, garder son sérieux ♦ *s.m.* sérieux: *prendere sul* —, prendre au sérieux || *tra il* — *e il faceto*, mi-figue mi-raisin □ *sul serio locuz.avv.* (*seriamente*) sérieusement; (*veramente*) vraiment; (*davvero*) pour de bon: *dire sul* —, parler sérieusement; *fanno sul* —, ils ne plaisantent pas; *sul* — *ti piace?*, cela te plaît vraiment? || *sul* —?, c'est vrai?; *sul* —! c'est bien vrai!

serioso *agg.* (*scherz.*) grave, compassé.

sermone *s.m.* **1** sermon || *il* — *della montagna*, (*nel Vangelo*) le sermon sur la montagne **2** (*scherz.*) (*paternale*) semonce (*f.*).

serotino *agg.* **1** (*tardivo*) tardif* **2** (*letter.*) (*della sera*) du soir.

serpa *s.f.* siège du cocher.

serpaio *s.m.* (*nido di serpi*) nid de serpents.

serpe *s.f.* serpent (*m.*) (*anche fig.*): *scaldare, nutrire una* — *in seno*, (*fig.*) réchauffer un serpent dans son sein || *a* —, en spirale.

serpeggiante *agg.* tortueux*, sinueux*: *strada* —, route en lacet || *l'inquietudine* — *tra la folla*, (*fig.*) l'inquiétude qui gagnait la foule.

serpeggiare (*coniug. come* mangiare) *v.intr.* **1** serpenter (à travers) **2** (*fig.*) s'insinuer.

serpentario *s.m.* (*zool.*) serpentaire.

serpente *s.m.* serpent (*anche fig.*): — *a sonagli, dagli occhiali*, serpent à sonnettes, à lunettes || *di* —, (*pelle*) en peau de serpent.

serpentello *s.m.* serpenteau*.

serpentina *s.f.* **1** (*linea serpeggiante*) spirale: *a* —, en spirale || *strada a* —, route en lacet **2** (*tubo a spirale*) serpentin (*m.*).

serpentino[1] *agg.* de serpent.

serpentino[2] *s.m.* (*tubo*) serpentin.

serpillo *s.m.* (*bot.*) serpolet.

serra *s.f.* **1** serre || *effetto* —, effet de serre **2** (*sbarramento fluviale*) barrage (*m.*).

serrafila *s.m.* (*mil. mar.*) serre-file*.

serrafilo *s.m.* (*elettr.*) serre-fils*.

serraglio[1] *s.m.* ménagerie (*f.*).

serraglio[2] *s.m.* (*del sultano*) sérail.

serramanico, a *locuz.avv.* à cran d'arrêt.

serramento (pl. *i serramenti*; con valore collettivo, *le serramenta*) *s.m.* **1** (*porta*) porte (*f.*); (*finestra*) fenêtre (*f.*) **2** *pl.* (*l'insieme delle strutture mobili*) fermetures (*f.*).

serranda *s.f.* **1** store (*m.*); (*di negozi*) rideau* (*m.*) **2** (*del forno*) bouchoir (*m.*).

serrare *v.tr.* **1** fermer **2** (*stringere*) serrer (*anche fig.*) **3** (*accelerare*) accélérer* □ **serrarsi** *v.pron.* (*rinchiudersi*) s'enfermer; (*stringersi*) se serrer; (*intorno a qlcu*) se presser (autour de qqn).

serrata *s.f.* lock-out (*m.*), grève patronale: *fare una* — *di*, lock-outer.

serrato *agg.* **1** (*chiuso*) fermé **2** (*fitto*) serré || *galoppo* —, galop soutenu || *ritmo* —, rythme soutenu **3** (*stringato*) serré; (*conciso*) concis.

serratura *s.f.* serrure.

serto *s.m.* (*letter.*) guirlande (*f.*); (*corona*) couronne (*f.*).

serva *s.f.* bonne; (*antiq.*) servante || *pettegolezzi da* —, ragots de concierge.

servalo *s.m.* (*zool.*) serval*.

servente *agg.* (*antiq.*) servant: *cavalier* —, chevalier servant.

servigio *s.m.* service.

servile *agg.* **1** servile **2** (*gramm.*) semi-auxiliaire.

servilismo *s.m.* servilisme.

servilmente *avv.* servilement.

servire *v.tr.* **1** servir*: *a che cosa serve?*, à quoi ça sert? || (*in un negozio*): *la stanno servendo?*, on s'occupe de vous?; *in che posso servirla?*, en quoi puis-je vous être utile? || *per servirla!*, à votre service! || — *da bere*, verser à boire || *ora lo servo io!*, (*in tono minaccioso*) je vais lui régler son compte! || (*sport*) — *la palla*, servir **2** (*fare servizio*) desservir*: *quell'autobus serve la periferia*, cet autobus dessert la banlieue ♦ *v.intr.* **1** servir*: *a che serve piangere?*, à quoi sert, bon de pleurer? **2** (*aver bisogno*) avoir* besoin; (*occorrere*) falloir*: *le serve nulla?*, avez-vous besoin de quelque chose?; *mi serve un martello*, il me faut un marteau □ **servirsi** *v.pron.* se servir*.

servito *agg.* servi || *la signora è servita*, Madame est servie; *grazie, sono* —, merci, on s'occupe déjà de moi; *il signore è servito?*, on s'occupe de vous?

servitore (f. *-trice*) *s.m.* domestique; (*fig.*) serviteur.

servitù *s.f.* **1** servitude (*anche fig.*) || — *della gleba*, servage **2** (*personale di servizio*) domestiques (*m.pl.*) **3** (*dir.*) servitude.

servizievole *agg.* serviable.

servizio *s.m.* **1** service: — *trasporti*, service des transports; — *da caffè, da tè*, service à café, à thé; *prendere* —, prendre son service, commencer à

travailler; *entrare in* — *presso qlcu*, entrer au service de qqn; — *acquisti*, service des achats; *fare un* — *a qlcu*, rendre (un) service à qqn || *fare, prestare* — *militare*, faire son service; *ufficiale in* — *permanente effettivo*, officier d'active || *lavorare nei servizi*, travailler dans le tertiaire || — *da toeletta*, nécessaire (de toilette) || *le persone di* —, les domestiques; *a mezzo* —, à mi-temps || *l'autobus fa* — *in centro*, l'autobus dessert le centre || — *sanitario nazionale*, Sécurité Sociale || *fuori* —, hors service; (*inutilizzabile*) inutilisable; (*guasto*) en panne **2** (*giornalismo*) reportage **3** *pl.* (*bagno*) salle de bains; (*bagno e cucina*) salle de bains plus cuisine: *due stanze più servizi*, deux pièces avec cuisine et salle de bains; *appartamento con doppi servizi*, appartement avec deux salles de bains || *i* — (*igienici*) *di un campeggio*, les sanitaires d'un camping.

servo *s.m.* **1** (*domestico*) domestique; (*servitore*) serviteur || (*relig.*) — *di Dio*, serviteur de Dieu **2** (*st.*) — *della gleba*, serf ♦ *agg.* (*letter.*) esclave.

servo- *pref.* servo-

servofreno *s.m.* (*aut.*) servofrein.

servomotore *s.m.* (*mecc.*) servomoteur.

servosterzo *s.m.* (*aut.*) direction assistée.

sesamo *s.m.* (*bot.*) sésame.

sessa *s.f.* (*geogr.*) seiche.

sessagesimale *agg.* sexagésimal*.

sessanta *agg.num.card.* e *s.m.* soixante.

sessantadue *agg.num.card.* e *s.m.* soixante-deux.

sessantaquattresimo *agg.num.ord.* e *s.m.* soixante-quatrième || (*tip.*) *in* —, in-soixante-quatre*.

sessantenne *agg.* (âgé) de soixante ans ♦ *s.m.* e *f.* homme (âgé), femme (âgée) de soixante ans, sexagénaire.

sessantennio *s.m.* (période de) soixante ans.

sessantesimo *agg.num.ord.* e *s.m.* soixantième.

sessantina *s.f.* soixantaine.

sessantottesco (pl. *-chi*) *agg.* soixante-huitard.

sessantottino *s.m.* soixante-huitard.

sessantotto *s.m.* soixante-huit || *lo spirito del* —, l'esprit de soixante-huit.

sessantuno *agg.num.card.* e *s.m.* soixante et un.

sessione *s.f.* session.

sessismo *s.m.* sexisme.

sessista *s.m.* sexiste.

sesso *s.m.* sexe: *di* — *maschile, femminile*, de sexe masculin, féminin.

sessuale *agg.* sexuel* || **-mente** *avv.*

sessualità *s.f.* sexualité.

sessuato *agg.* sexué.

sessuofobia *s.f.* (*psic.*) phobie du sexe.

sessuologia *s.f.* sexologie.

sessuologo (pl. *-gi*) *s.m.* sexologue.

sestante *s.m.* sextant.

sesterzio *s.m.* (*moneta*) sesterce.

sestetto *s.m.* (*mus.*) sextuor.

sestina *s.f.* **1** (*strofa*) sizain (*m.*) **2** (*componimento*) sextine.

sesto[1] *agg.num.ord.* e *s.m.* sixième; (*nella progressione di re, papi ecc.*) six.

sesto[2] *s.m.* **1** (*ordine*) ordre || *essere fuori* —, être en désordre; (*di persone*) ne pas être dans son assiette **2** (*arch.*) cintre: *a tutto* —, en plein cintre || *a* — *acuto*, en ogive.

sestuplicare (*coniug. come* mancare) *v.tr.* sextupler.

sestuplo *agg.* e *s.m.* sextuple.

set (pl. *invar.*) *s.m.* **1** (*completo, serie*) jeu*; série (*f.*) **2** (*tennis*) set **3** (*cine.*) plateau*.

seta *s.f.* soie: — *pura*, pure soie || — *marezzata*, moire de soie || *baco da* —, ver à soie || *capelli di* —, (*fig.*) cheveux soyeux.

setacciare (*coniug. come* cominciare) *v.tr.* tamiser; (*fig.*) passer au crible.

setaccio *s.m.* tamis.

sete *s.f.* soif || *togliere la* —, désaltérer.

seteria *s.f.* **1** (*setificio*) fabrique de soie **2** (*spec. pl.*) (*articoli di seta*) soierie.

setificio *s.m.* fabrique de soie.

setola[1] *s.f.* (*zool., bot.*) soie.

setola[2] *s.f.* (*vet.*) seime.

setoloso *agg.* sétifère, couvert de soies.

setta *s.f.* secte.

settanta *agg.num.card.* e *s.m.* soixante-dix || (*st. relig.*) *Versione dei Settanta*, Version des Septante.

settantadue *agg.num.card.* e *s.m.* soixante-douze.

settantenne *agg.* de soixante-dix ans ♦ *s.m.* e *f.* homme (âgé), femme (âgée) de soixante-dix ans.

settantennio *s.m.* (période de) soixante-dix ans.

settantesimo *agg.num.ord.* e *s.m.* soixante-dixième.

settantina *s.f.* environ soixante-dix || *ha passato la* —, il a plus de soixante-dix ans; *è sulla* —, il doit avoir à peu près soixante-dix ans.

settantuno *agg.num.card.* e *s.m.* soixante et onze.

settario *agg.* e *s.m.* sectaire.

settarismo *s.m.* sectarisme.

sette *agg.num.card.* e *s.m.* sept || *portare qlcu ai* — *cieli*, porter qqn aux nues || *farsi un* — *nel vestito*, (*fam.*) faire un accroc à sa robe.

settecentesco (pl. *-chi*) *agg.* du XVIIIe siècle.

settecentista *s.m.* **1** (*scrittore, artista*) écrivain, artiste du XVIIIe siècle **2** (*studioso del Settecento*) spécialiste du XVIIIe siècle.

settecento *agg.num. card.* e *s.m.* sept cents || *nel Settecento*, au dix-huitième siècle.

settembre *s.m.* septembre.

settembrino *agg.* de septembre.

settenario *agg.* e *s.m.* (vers) de sept pieds.

settennale *agg.* septennal*.

settentrionale *agg.* **1** du Nord, septentrional*: *Africa* —, Afrique du Nord; *l'emisfero* —, l'hémisphère nord || *le regioni settentrionali*, le Nord **2** (*esposto a nord*) nord **3** (*proprio del settentrione*) nordique ♦ *s.m.* habitant du nord: *è un* —, il est du nord.

settentrione *s.m.* **1** septentrion **2** (*regione a nord*) nord: *nel* — *dell'Europa*, au nord de l'Europe.

setticemia *s.f.* (*med.*) septicémie.

setticemico (pl. *-ci*) *agg.* (*med.*) septicémique.

settico (pl. *-ci*) *agg.* (*med.*) septique.

settima *s.f.* (*mus.*) septième.

settimana *s.f.* semaine: *la* — *lavorativa*, la semaine de travail; (*di negozi*) les jours ouvrables || *settimana bianca*, semaine de ski, (*con la scuola*) classe de neige; *settimana corta*, semaine anglaise; *fine settimana*, week-end*, fin de semaine.

settimanale *agg.* e *s.m.* hebdomadaire.

settimanalmente *avv.* hebdomadairement; une fois par semaine.

settimino[1] *agg.* e *s.m.* (enfant) né à sept mois.

settimino[2] *s.m.* (*mus.*) septuor.

settimo *agg.num.ord.* e *s.m.* septième; (*nella progressione di re, papi ecc.*) sept.

setto *s.m.* cloison (*f.*).

settore[1] *s.m.* secteur.

settore[2] *s.m.* (*chi seziona*) prosecteur || (*dir.*) *perito* —, médecin légiste.

settoriale *agg.* de secteur, sectoriel*.

settorialismo *s.m.* point de vue partiel.

settorista *s.m.* chef de service; expert du secteur.

settuagenario *agg.* e *s.m.* septuagénaire.

settuagesima *s.f.* (*eccl.*) septuagésime.

severità *s.f.* sévérité.

severo *agg.* sévère || **-mente** *avv.*

sevizia *s.f.* (*spec. pl.*) sévices (*m.pl.*).

seviziare *v.tr.* torturer; (*violentare*) violer.

seviziatore (f. *-trice*) *s.m.* tortionnaire.

sezionamento *s.m.* sectionnement; (*med.*) dissection (*f.*).

sezionare *v.tr.* **1** sectionner **2** (*med.*) disséquer*.

sezione *s.f.* section: — *maschile, femminile*, classe de garçons, de filles || (*dir.*) — *civile*, chambre civile || (*econ.*) — *pubblicità*, département de la publicité || (*tecn.*) *oggetto visto in* —, objet vu en coupe || (*mat.*) — *aurea*, nombre d'or.

sfaccendare *v.intr.* s'occuper activement du ménage.

sfaccendato *agg.* e *s.m.* désœuvré.

sfaccettare *v.tr.* facetter, tailler à facettes.

sfaccettato *agg.* **1** taillé à facettes **2** (*fig.*) complexe.

sfaccettatura *s.f.* **1** (*lo sfaccettare*) taille (à facettes) **2** (*parte sfaccettata*) facette **3** (*fig.*) (*aspetto*) aspect (*m.*).

sfacchinare *v.intr.* (*fam.*) trimer.

sfacchinata *s.f.* corvée; travail crevant: *fare una* (*bella*) —, travailler comme un nègre.

sfacciataggine *s.f.* impudence, toupet (*m.*).

sfacciatamente *avv.* impudemment, effrontément.

sfacciato *agg.* **1** effronté, impudent || *una fortuna sfacciata*, une veine de pendu **2** (*vistoso*) criard || *lusso* —, luxe tapageur || *luce sfacciata*, lumière brutale ♦ *s.m.* effronté: *non fare lo* —, ne sois pas impudent.

sfacelo *s.m.* **1** (*disfacimento*) délabrement **2**

(*rovina*) ruine (*f.*) (*anche fig.*) || *lo — dell'impero romano*, l'écroulement de l'empire romain || — *morale*, débâcle morale.

sfaldamento *s.m.* clivage; (*fig.*) désagrégation (*f.*).

sfaldare *v.tr.* cliver □ **sfaldarsi** *v.pron.* se cliver || *il partito si sta sfaldando*, (*fig.*) le parti s'effrite peu à peu.

sfaldatura *s.f.* 1 clivage (*m.*) 2 (*scorie di minerali*) écailles (*pl.*), paillettes (*pl.*).

sfalsare *v.tr.* 1 décaler, disposer asymétriquement 2 (*deviare*) esquiver.

sfamare *v.tr.* (*saziare*) rassasier; (*fig.*) (*nutrire*) nourrir.

sfare (*coniug. come* fare) *v.tr.* 1 défaire* 2 (*sciogliere*) faire* fondre □ **sfarsi** *v.pron.* 1 (*disfarsi*) se défaire* 2 (*sciogliersi*) fondre* 3 (*guastarsi*) se gâter.

sfarfallamento *s.m.* (*lo svolazzare*) voltigement; (*fig.*) papillonnement.

sfarfallare *v.intr.* 1 (*di crisalide*) sortir* du cocon 2 (*svolazzare*) voltiger*; (*fig.*) papillonner.

sfarfallatura *s.f.* (*zool.*) éclosion.

sfarfallio *s.m.* voltigement continu.

sfarzo *s.m.* faste, magnificence (*f.*).

sfarzosamente *avv.* fastueusement, avec magnificence.

sfarzosità *s.f.* faste (*m.*), magnificence.

sfarzoso *agg.* fastueux*.

sfasamento *s.m.* déphasage (*anche fig.*) || — *di tempo*, décalage de temps.

sfasare *v.tr.* 1 déphaser (*anche fig.*) 2 (*fig.fam.*) désaxer.

sfasato *agg.* désaxé, déphasé (*anche fig.*).

sfasciare¹ (*coniug. come* cominciare) *v.tr.* (*togliere le fasce*) enlever* un pansement (à); (*un neonato*) enlever* les langes (à).

sfasciare² *v.tr.* (*distruggere, demolire*) démolir, mettre* en pièces || — *un libro*, éventrer un livre □ **sfasciarsi** *v.pron.* (*rompersi*) se briser; (*di automobile*) s'écraser; (*di sedia ecc.*) s'effondrer: *l'auto si è sfasciata contro un albero*, la voiture s'est écrasée contre un arbre || *con l'età si è sfasciata*, (*fam.*) avec l'âge elle s'est déformée.

sfasciato¹ *agg.* (*privato delle fasce*) débandé; (*di bambino*) sans langes.

sfasciato² *agg.* (*demolito*) démoli.

sfascio *s.m.* débâcle (*f.*): *il paese va allo —*, ce pays va vers la débâcle.

sfasciume *s.m.* débris (*anche fig.*).

sfatare *v.tr.* démystifier || — *la leggenda*, détruire le mythe.

sfaticato *agg. e s.m.* fainéant, désœuvré.

sfatto *agg.* défait || *corpo —*, (*per effetto del tempo*) corps flasque, avachi || *frutto —*, fruit pourri.

sfavillante *agg.* étincelant; (*fig.*) rayonnant.

sfavillare *v.intr.* étinceler*; (*fig.*) rayonner.

sfavillio *s.m.* étincellement.

sfavore *s.m.* défaveur (*f.*) || *a, in — di qlcu*, au désavantage de qqn.

sfavorevole *agg.* défavorable.

sfavorevolmente *avv.* défavorablement.

sfavorire (*coniug. come* finire) *v.tr.* défavoriser, désavantager*.

sfebbrare *v.intr.* ne plus avoir* de fièvre || *è sfebbrato*, sa fièvre est tombée.

sfebbrato *agg.* sans fièvre: *essere —*, ne pas avoir de fièvre.

sfegatarsi *v.pron.* (*fam.*) se décarcasser.

sfegatato *agg.* (*fam.*) enragé || *tifoso —*, supporter acharné.

sfenoide *s.m.* (*anat.*) sphénoïde.

sfera *s.f.* 1 sphère || *penna a —*, stylo-bille; *cuscinetto a —*, roulement à billes || — *di attività*, (*fig.*) sphère d'activité || — *di competenza*, domaine, attributions 2 (*ambiente*) milieu* (*m.*) || *le alte sfere dell'esercito*, les hautes sphères de l'armée || *nelle alte sfere*, en haut lieu.

sfericità *s.f.* sphéricité.

sferico (pl. -*ci*) *agg.* sphérique.

sferoide *s.m.* sphéroïde.

sferragliamento *s.m.* bruit de ferraille.

sferragliare *v.intr.* faire* un bruit de ferraille.

sferrare *v.tr.* 1 (*un cavallo*) déferrer 2 (*tirare un calcio ecc.*) lâcher 3 (*un attacco*) déclencher □ **sferrarsi** *v.pron.* 1 (*di cavallo*) perdre* les fers 2 (*fig.*) (*avventarsi*) s'élancer*.

sferruzzare *v.intr.* tricoter.

sferza *s.f.* fouet (*m.*) || *sotto la — del sole*, sous le soleil brûlant.

sferzante *agg.* cinglant (*anche fig.*).

sferzare *v.tr.* fouetter || — *i vizi*, (*fig.*) flétrir les vices.

sferzata *s.f* coup de fouet (*anche fig.*).

sfiancare (*coniug. come* mancare) *v.tr.* (*sfinire*) éreinter □ **sfiancarsi** *v.pron.* (*fig.*) s'éreinter.

sfiancato *agg.* éreinté.

sfiatare *v.intr.* 1 (*perdere*) perdre* 2 (*uscire*) s'échapper □ **sfiatarsi** *v.pron.* 1 (*di strumento musicale*) perdre* sa sonorité 2 (*perdere il fiato*) s'époumoner (à).

sfiatato *agg.* 1 (*di strumento musicale*) qui a perdu sa sonorité 2 (*di persona*) (*senza fiato*) essoufflé; (*senza voce*) aphone.

sfiatatoio *s.m.* évent.

sfibbiare *v.tr.* déboucler.

sfibramento *s.m.* épuisement.

sfibrante *agg.* épuisant.

sfibrare *v.tr.* 1 (*spossare*) épuiser 2 (*privare delle fibre*) défibrer.

sfibrato *agg.* 1 épuisé 2 (*senza fibre*) défibré.

sfida *s.f.* défi (*m.*) || — *a duello*, provocation en duel || *cartello di —*, cartel.

sfidante *agg.* adverse ♦ *s.m.* challenger; adversaire.

sfidare *v.tr.* défier (*anche fig.*) || — *a duello*, provoquer en duel || *ti sfido a chi beve di più*, on parie à qui boit le plus || *sfido (io)!*, je crois bien! □ **sfidarsi** *v.pron.* se défier.

sfiducia *s.f.* manque de confiance; (*scoraggiamento*) découragement (*m.*): *avere — in qlcu*, ne pas avoir confiance en qqn || (*pol.*) *dare il voto di —*, refuser la confiance.

sfiduciare (*coniug. come* cominciare) *v.tr.*

décourager* □ **sfiduciarsi** v.pron. se décourager*.
sfiduciato agg. découragé.

sfiga s.f. (molto fam.) poisse.

sfigato agg. (molto fam.) **1** (sfortunato) guignard || sono proprio —!, j'ai vraiment pas de bol! **2** (senza attrattive, pregi) minable ♦ s.m. minable.

sfigurare v.tr. défigurer; (fig.) (alterare) déformer ♦ v.intr. (fig.) faire* mauvaise figure; (stonare) détonner.

sfigurato agg. défiguré; (fig.) (alterato) déformé.

sfilacciare (coniug. come cominciare) v.tr. effilocher □ **sfilacciarsi** v.pron. s'effilocher.

sfilacciato agg. effiloché.

sfilacciatura s.f. effilochage (m.); (sfilaccia) effilochure.

sfilare[1] v.tr. **1** (un ago) désenfiler; (una collana) défiler; (togliere) enlever*, ôter **2** (togliere i fili) éfaufiler □ **sfilarsi** v.pron. **1** (di ago) se désenfiler; (di collana, di perle) se défiler; (di anello ecc.) glisser (du doigt) **2** (perdere i fili) s'effilocher || mi si è sfilata una calza, j'ai un bas filé.

sfilare[2] v.intr. défiler (anche fig.).

sfilata s.f. **1** défilé (m.); cortège (m.) **2** (fila) rangée.

sfilatino s.m. (region.) baguette (f.).

sfilatura s.f. (lo sfilare) effilage (m.); (lo sfilarsi) effilochage (m.).

sfilza s.f. (fam.) file: una — di errori, une flopée de fautes.

sfinge s.f. sphinx (m.).

sfinimento s.m. épuisement.

sfinire (coniug. come finire) v.tr. épuiser □ **sfinirsi** v.pron. s'épuiser.

sfinitezza s.f. épuisement (m.).

sfinito agg. épuisé || sentirsi —, être à bout.

sfintere s.m. (anat.) sphincter.

sfioccare (coniug. come mancare) v.tr. effilocher □ **sfioccarsi** v.pron. s'effilocher.

sfiorare v.tr. **1** effleurer (anche fig.) **2** (fig.) (essere sul punto di raggiungere) friser **3** (scremare) écrémer.

sfiorire (coniug. come finire) v.intr. se faner (anche fig.).

sfiorito agg. fané.

sfioritura s.f. défloraison.

sfittare v.tr. libérer (un appartament, etc.) □ **sfittarsi** v.pron. se libérer.

sfitto agg. libre.

sfizio s.m. caprice || togliersi uno —, se passer une fantaisie || per —, par caprice.

sfizioso agg. amusant; (cuc.) amusant à manger.

sfocare (coniug. come mancare) v.tr. (fot.) ne pas mettre* au point correctement (un appareil de photo); rendre* flou une photo.

sfocato agg. (fot.) flou.

sfocatura s.f. (fot.) flou (m.).

sfociare (coniug. come cominciare) v.intr. **1** déboucher (sur) (anche fig.); (di fiume) se jeter* (dans) **2** (fig.) (avere come conseguenza) entraîner (qqch).

sfoderabile agg. **1** (di indumento) avec une

doublure amovible **2** (cui si può togliere la copertura) déhoussable.

sfoderare[1] v.tr. **1** dégainer **2** (fig.) (ostentare) étaler || — un sorriso, arborer un sourire.

sfoderare[2] v.tr. **1** (un indumento) dédoubler **2** (togliere la copertura) enlever* la *housse.

sfoderato agg. **1** (senza fodera interna) sans doublure **2** (senza copertura) sans *housse.

sfogare (coniug. come legare) v.tr. épancher || — la propria collera, il proprio malumore, manifester sa colère, sa mauvaise humeur; — la propria collera su, passer sa colère sur ♦ v.intr. (uscire fuori) s'échapper; (fig.) s'épancher □ **sfogarsi** v.pron. (aprirsi con qlcu) s'épancher; (scaricarsi) se défouler: avevo proprio bisogno di sfogarmi, j'avais vraiment besoin de me défouler, de vider mon sac; si sfoga sempre su di noi, il passe toujours ses nerfs sur nous; — contro qlcu, épancher sa mauvaise humeur contre qqn; lascia che si sfoghi a mangiare cioccolata, laisse-le se calmer en mangeant du chocolat; sfogati, che ti fa bene, défoule-toi, ça te fera du bien; il temporale si è sfogato in poco tempo, l'orage n'a pas duré longtemps.

sfoggiare (coniug. come mangiare) v.tr. arborer; (ostentare) étaler, exhiber: sfoggiava un abito nuovo, elle arborait une robe neuve; — la propria erudizione, faire montre de son érudition ♦ v.intr. faire* étalage (de): sfoggia nel vestire, elle fait un grand étalage de toilettes.

sfoggio s.m. étalage || veste senza —, elle s'habille simplement.

sfoglia s.f. **1** (lamina sottile) feuille **2** (cuc.) abaisse || pasta —, pâte feuilletée.

sfogliare[1] v.tr. effeuiller: — la margherita, (fig.) effeuiller la marguerite □ **sfogliarsi** v.pron. s'effeuiller.

sfogliare[2] v.tr. feuilleter*: — una rivista, feuilleter une revue □ **sfogliarsi** v.pron. s'effriter.

sfogliata[1] s.f. (cuc.) feuilleté (m.).

sfogliata[2] s.f.: dare una — a un libro, feuilleter un livre.

sfogo (pl. -ghi) s.m. **1** (apertura) ouverture (f.), issue (f.): ci vuole uno — per il fumo, il faut une ouverture pour la fumée; dare, aprire uno — alle acque, donner une issue aux eaux || un cortile senza —, une cour sans issue **2** (sbocco) débouché: paese che non ha sfoghi sul mare, pays qui n'a pas de débouché sur la mer **3** (fig.) (lo sfogarsi): cercare — al proprio dolore, chercher un soulagement à sa douleur; lo sport è per lui uno —, le sport est pour lui un exutoire; dare libero — ai propri sentimenti, donner libre cours à ses sentiments; dopo quello — mi sono sentito meglio, après avoir dit tout ce que j'avais sur le cœur, je me suis senti mieux || uno — di collera, une explosion de colère **4** (fam.) (eruzione cutanea) éruption (f.).

sfolgorante agg. éclatant.

sfolgorare v.intr. resplendir.

sfolgorio s.m. étincellement.

sfollagente (pl. invar.) s.m. matraque (f.).

sfollamento *s.m.* **1** évacuation (*f.*): *è stato necessario lo — della città*, on a dû procéder à l'évacuation de la ville **2** (*riduzione di personale*) réduction du personnel.

sfollare *v.intr.* **1** se disperser || *la piazza si sfollò a poco a poco*, la place se vida peu à peu **2** (*in tempo di guerra*) s'éloigner des centres habités ♦ *v.tr.* (*evacuare*) évacuer.

sfollato *agg.* e *s.m.* évacué, réfugié.

sfoltimento *s.m.* **1** (*sfoltire*) éclaircissage **2** (*effetto dello sfoltire*) éclaircie (*f.*).

sfoltire (*coniug. come* finire) *v.tr.* **1** éclaircir **2** (*estens.*) (*rendere più leggero*) alléger*; (*rendere meno numeroso*) réduire* □ **sfoltirsi** *v.pron.* s'éclaircir; (*alleggerirsi*) s'alléger*; (*essere meno numeroso*) être* moins nombreux*.

sfoltita *s.f.*: *dare una — ai capelli*, désépaissir les cheveux; *dare una — alla siepe*, éclaircir.

sfondamento *s.m.* **1** défoncement, défonçage **2** (*mil.*) percée (*f.*).

sfondare *v.tr.* défoncer* || *— le scarpe*, percer ses chaussures || *lo sbarramento nemico*, percer le barrage ennemi || *— una porta aperta*, (*fig.*) enfoncer une porte ouverte ♦ *v.intr.* (*avere successo*) percer* □ **sfondarsi** *v.pron.* se défoncer*.

sfondato *agg.* **1** défoncé; (*di scarpe*) percé || *ricco —*, (*fam.*) riche comme Crésus **2** (*insaziabile*) insatiable.

sfondo *s.m.* **1** fond; (*fig.*) (toile de) fond, décor: *il racconto ha per — la rivoluzione russa*, le récit a comme toile de fond la révolution russe; *delitto a — politico*, crime à fond politique; *a — patriottico, sociale*, d'inspiration patriotique, sociale || *sullo —*, à l'arrière-plan; *rimanere sullo —*, se tenir en retrait, à l'écart, être à l'arrière-plan **2** (*abbigl.*) — *piega*, pli creux.

sfondone *s.m.* (*fam.*) énormité (*f.*).

sforacchiare *v.tr.* cribler de trous.

sforbiciare (*coniug. come* cominciare) *v.tr.* découper avec des ciseaux.

sforbiciata *s.f.* **1** coup de ciseaux **2** (*sport*) saut en ciseaux.

sformare *v.tr.* **1** (*deformare*) déformer **2** (*togliere dalla forma*) démouler □ **sformarsi** *v.pron.* se déformer.

sformato *agg.* déformé ♦ *s.m.* (*cuc.*) flan.

sfornare *v.tr.* **1** retirer du four: *biscotti appena sfornati*, biscuits à peine sortis du four **2** (*fam.*) (*produrre*) pondre* || *— delle idee*, lancer des idées || *l'università continua a — laureati*, l'université continue à fabriquer des licenciés.

sfornito *agg.* dépourvu || *negozio —*, magasin mal achalandé.

sfortuna *s.f.* malchance; (*disgrazia*) malheur (*m.*): *avere —*, avoir de la malchance; *avere — al gioco*, être malchanceux au jeu; *avere una — dopo l'altra*, jouer de malchance; *portare —*, porter malheur; *è una vera —...*, c'est vraiment de la malchance de... || *— volle che...*, par malchance il arriva que...

sfortunatamente *avv.* malheureusement.

sfortunato *agg.* malchanceux*; (*disgraziato*)

malheureux*: *un ragazzo —*, un garçon qui n'a pas de chance; *è sempre —*, il joue de malchance.

sforzare *v.tr.* forcer* || *— gli occhi*, se fatiguer la vue □ **sforzarsi** *v.pron.* s'efforcer* || *si è proprio sforzato a farmi questo regalo*, (*iron.*) il s'est vraiment pas foulé en me faisant ce cadeau.

sforzato *agg.* forcé.

sforzesco (pl. *-chi*) *agg.* (des) Sforza.

sforzo *s.m.* effort || *ha fatto uno — per non piangere*, il s'est efforcé de ne pas pleurer || *ha fatto il grande — di telefonarmi*, (*iron.*) il a daigné me téléphoner || *che —!, bello —!*, (*iron.*) la belle affaire!

sfottere *v.tr.* (*fam.*) se ficher (de) □ **sfottersi** *v.pron.* (*fam.*) se moquer.

sfottò *s.m.* (*fam.*) raillerie (*f.*).

sfracassare *v.tr.* fracasser □ **sfracassarsi** *v.pron.* se fracasser.

sfracellare *v.tr.* écraser; (*rompere, fracassare*) fracasser □ **sfracellarsi** *v.pron.* s'écraser; (*fracassarsi*) se fracasser.

sfrangiare (*coniug. come* mangiare) *v.tr.* effranger* □ **sfrangiarsi** *v.pron.* s'effranger*.

sfrangiato *agg.* effrangé.

sfrangiatura *s.f.* effrangement (*m.*); (*frangia*) frange.

sfrattare *v.tr.* expulser.

sfrattato *agg.* expulsé ♦ *s.m.* personne expulsée.

sfratto *s.m.* expulsion (*f.*): *sentenza di —*, arrêt d'expulsion; *dare lo — a*, expulser; *ricevere, subire lo —*, être expulsé.

sfrecciare (*coniug. come* cominciare) *v.intr.* filer || *mi è sfrecciato davanti senza salutare*, il est passé devant moi à toute vitesse sans me saluer.

sfregamento *s.m.* frottement.

sfregare (*coniug. come* legare) *v.tr.* frotter.

sfregiare (*coniug. come* mangiare) *v.tr.* balafrer, taillader || *— un'opera d'arte, un quadro*, détériorer une œuvre d'art, taillader un tableau || *— nell'onore*, (*fig.*) déshonorer.

sfregio *s.m.* **1** balafre (*f.*); (*in un'opera d'arte*) entaille (*f.*) **2** (*fig.*) (*disonore*) affront.

sfrenarsi *v.pron.* se déchaîner.

sfrenatamente *avv.* **1** (*senza freno*) sans retenue **2** (*eccessivamente*) immodérément.

sfrenatezza *s.f.* (*eccesso*) excès (*m.*); (*sregolatezza*) dérèglement (*m.*): *si abbandonarono a sfrenatezze di ogni sorta*, ils se livrèrent à toutes sortes d'excès.

sfrenato *agg.* effréné (*anche fig.*); (*scatenato*) déchaîné.

sfrigolare *v.intr.* grésiller.

sfrigolio *s.m.* grésillement.

sfrondare *v.tr.* élaguer.

sfrondatura *s.f.* élagage (*m.*).

sfrontatezza *s.f.* effronterie, impudence: *non gli manca certo la — per farlo!*, il a assez de toupet pour le faire!

sfrontato *agg.* e *s.m.* effronté: *è uno —!*, il a un toupet incroyable! || *una menzogna sfrontata*, (*spudorata*) un mensonge éhonté || **-mente** *avv.*

sfruttabile *agg.* exploitable.

sfruttamento *s.m.* exploitation (*f.*).

sfruttare *v.tr.* exploiter; (*approfittare di*) profiter (de); (*mettere a profitto*) mettre* à profit: — *una situazione propizia*, exploiter une situation favorable; — *la generosità di qlcu*, profiter de la générosité de qqn; — *i consigli di qlcu*, mettre à profit les conseils de qqn || — *bene lo spazio*, bien utiliser l'espace.

sfruttatore (f. -*trice*) *s.m.* exploiteur* || — (*di prostitute*), souteneur.

sfuggente *agg.* fuyant: *fronte* —, front fuyant.

sfuggevole *agg.* e *deriv.* → **fuggevole** e *deriv.*

sfuggire *v.intr.* échapper: — *di mano*, échapper des mains || *non gli è sfuggita una sola parola*, il n'a pas perdu un mot ♦ *v.tr.* fuir*.

sfuggita, di *locuz.avv.* en passant || *l'ho visto di* — *alla stazione*, je l'ai entrevu à la gare.

sfumare *v.intr.* 1 (*svanire*) s'évanouir; (*andare in fumo*) finir en queue de poisson 2 (*farsi meno netto, preciso*) s'estomper; (*spec. di colore*) se dégrader; (*di suono*) s'évanouir ♦ *v.tr.* 1 (*un colore*) estomper, nuancer*; (*un suono*) atténuer 2 — *i capelli*, couper les cheveux en dégradé.

sfumato *agg.* 1 (*svanito*) évanoui; (*andato in fumo*) qui a fini en queue de poisson 2 (*di colore*) nuancé; (*di luce*) tamisé; (*di suono*) feutré; (*di nota*) estompé 3 (*impreciso, vago*) indéfini, vague 4 (*di capelli*) coupé en dégradé ♦ *s.m.* (*pitt.*) fondu.

sfumatura *s.f.* 1 nuance 2 *avere la* — *alta*, (*di capelli*) avoir la nuque bien dégagée.

sfumino *s.m.* (*pitt.*) estompe (*f.*).

sfuocare *v.tr.* e *deriv.* → **sfocare** e *deriv.*

sfuriata *s.f.* sortie: *fare una* — *a qlcu*, passer un savon à qqn; *prendersi una* —, prendre un de ces savons.

sfuso *agg.* 1 (*sciolto*) fondu 2 (*comm.*) (*non confezionato*) au détail: *olive sfuse*, des olives au détail || *vino* —, (*al ristorante*) vin en carafe.

sgabello *s.m.* tabouret, escabeau*.

sgabuzzino *s.m.* débarras, cagibi.

sgambata *s.f.*: *fare una* (*bella*) —, faire une (bonne) promenade.

sgambato *agg.* échancré (aux jambes).

sgambatura *s.f.* échancrure (aux jambes).

sgambettare *v.intr.* 1 (*spec. di neonati*) gigoter 2 (*camminare a passettini*) trottiner ♦ *v.tr.* (*fare lo sgambetto*) faire* un croc-en-jambe (à).

sgambetto *s.m.* croc-en-jambe*: *fare lo* — *a qlcu*, faire un croc-en-jambe à qqn.

sganasciarsi (*coniug. come* cominciare) *v.pron.*: — *dalle risa*, rire à s'en décrocher la mâchoire.

sganascione *s.m.* (*region.*) gifle (*f.*).

sganciamento *s.m.* décrochement, décrochage.

sganciare (*coniug. come* cominciare) *v.tr.* décrocher || — *bombe*, lâcher, larguer des bombes || (*fam.*): *mi ha sganciato un centone*, il m'a filé cent mille lires; *ha dovuto* — *un sacco di soldi*, il a dû débourser un tas d'argent □ **sganciarsi** *v.pron.* 1 se décrocher 2 (*fam. fig.*) (*da*

una persona) se débarrasser; (*da un impegno*) se libérer*.

sgangherare *v.tr.* dégonder □ **sgangherarsi** *v.pron.*: — *dalle risa*, (*scherz.*) se tordre de rire.

sgangheratamente *avv.* vulgairement, grossièrement || *ridere* —, rire à s'en décrocher la mâchoire.

sgangherato *agg.* branlant; (*fig.*) boiteux* || *una risata sgangherata*, un rire gras.

sgarbatamente *avv.* impoliment, grossièrement.

sgarbatezza *s.f.* grossièreté.

sgarbato *agg.* grossier*; (*maleducato*) impoli.

sgarberia *s.f.* grossièreté; (*maleducazione*) impolitesse: *fare una* — *a qlcu*, commettre une impolitesse envers qqn.

sgarbo *s.m.* impolitesse (*f.*); (*parola scortese*) grossièreté. (*f.*): *fare uno* — *a qlcu*, commettre une impolitesse envers qqn.

sgarbugliare *v.tr.* démêler.

sgargiante *agg.* voyant.

sgarrare *v.intr.* 1 (*non fare il proprio dovere*) ne pas agir correctement; (*mettersi dalla parte del torto*) se mettre* dans son tort; (*non rispettare i propri impegni*) ne pas respecter ses engagements: *se sgarra, prenderemo dei provvedimenti*, s'il n'est pas correct, nous prendrons des mesures; *è un impiegato modello, non sgarra mai*, c'est un employé modèle, on peut compter sur lui; *hai promesso e sei pregato di non* —, tu as promis, tu es prié de ne pas l'oublier || *ha detto così e non si sgarra*, c'est ce qu'il a dit et il n'y a pas à discuter || *bisogna proprio andarci, è impossibile* —, il faut vraiment y aller, on ne peut pas y échapper || *è stato ucciso perché ha sgarrato*, on l'a tué parce qu'il n'a pas été régulier 2 (*non rispettare*): *seguo una dieta severa ma qualche volta sgarro*, je suis en régime très strict, mais quelquefois je fais des écarts 2 (*sbagliarsi*) se tromper 3 (*di orologio*) ne pas être* à l'heure; (*rimanere indietro*) retarder; (*andare avanti*) avancer*: *il tuo orologio non sgarra di un minuto*, ta montre est toujours à l'heure, à la minute près.

sgarro *s.m.* 1 négligence (*f.*) 2 (*gergo della malavita*) entorse au code d'honneur du milieu.

sgattaiolare *v.intr.* s'éclipser, s'esquiver; (*di animali*) détaler.

sgelare *v.tr.* dégeler* ♦ *v.intr.*, **sgelarsi** *v.pron.* se dégeler*.

sghembo *agg.* oblique, biais || *muro* —, mur incliné || *di* —, de travers || *tagliato a* —, coupé en biais ♦ *avv.* de travers || *camminare* —, marcher de guingois || *tagliare* —, couper en biais.

sgherro *s.m.* (*spreg.*) sbire.

sghignazzare *v.intr.* ricaner.

sghignazzata *s.f.* ricanement (*m.*).

sghimbescio *agg.* oblique, de travers || *a*, *di* —, de travers.

sgobbare *v.intr.* (*fam.*) bosser: *ha sgobbato duro*, il a beaucoup bossé.

sgobbata *s.f.* (*fam.*) *fare una* —, bosser: *ho fatto una bella* —!, j'ai drôlement bossé!

sgobbone *s.m.* (*fam.*) bosseur*.

sgocciolare (*coniug. come* cominciare) *v.intr.* **1** (*gocciolare*) goutter, couler **2** (*perdere l'acqua asciugando*) (s')égoutter: *fare* —, laisser égoutter ♦ *v.tr.* égoutter.

sgocciolatoio *s.m.* égouttoir.

sgocciolio *s.m.* → **gocciolio**.

sgocciolo *s.m.*: *essere agli sgoccioli*, toucher à sa fin.

sgolarsi *v.pron.* s'égosiller.

sgomberare *v.tr.* → **sgombrare**.

sgombero *s.m.* **1** (*di macerie, rifiuti ecc.*) déblaiement, déblayage; (*di mobili ecc.*) déménagement **2** (*evacuazione*) évacuation (*f.*): *procedere allo* — *di un palazzo*, évacuer un immeuble.

sgombrare *v.tr.* **1** débarrasser; (*spec. da macerie, rifiuti ecc.*) déblayer* **2** (*evacuare*) évacuer: *la polizia ha sgombrato la piazza dai dimostranti*, la police a évacué les manifestants de la place; *il giudice fece* — *l'aula*, le juge fit évacuer la salle || — *il campo*, vider les lieux; *sgombrate* (*il campo*) *se non volete essere visti*, (*estens.*) filez si vous ne voulez pas être vus **3** (*traslocare da un alloggio*) déménager* **4** (*fig.*) libérer*.

sgombro[1] *agg.* vide; (*libero da*) libre: *ufficio* —, bureau vide; *avere la mente sgombra*, avoir l'esprit libre; *avere l'animo* — *di sospetti*, avoir l'âme libre de tout soupçon ♦ *s.m.* → sgombero.

sgombro[2] *s.m.* (*zool.*) maquereau*.

sgomentare *v.tr.* effarer; (*spaventare*) effrayer* □ **sgomentarsi** *v.pron.* se démonter; (*spaventarsi*) s'effrayer*: *non si sgomenta di nulla*, rien ne le démonte.

sgomento *agg.* effaré ♦ *s.m.* effarement || *riaversi dallo* —, retrouver son sang-froid.

sgominare *v.tr.* mettre* en déroute; (*estens.*) éliminer.

sgomitare *v.tr.* (*fam.*) jouer des coudes: *per affermarsi ha sgomitato non poco*, pour réussir il a pas mal joué des coudes.

sgomitolare *v.tr.* défaire* (une pelote).

sgommare *v.intr.* (*fam.*): *partire sgommando*, —, partir sur les chapeaux de roues.

sgommata *s.f.* (*fam.*) (*di automobile*) crissement (*m.*) || *fare una* —, faire crisser les pneus.

sgonfiamento *s.m.* dégonflement.

sgonfiare *v.tr.* dégonfler; (*togliere il gonfiore a*) faire* désenfler □ **sgonfiarsi** *v.pron.* **1** se dégonfler (*anche fig.*); (*perdere il gonfiore*) désenfler **2** (*fam.*) (*perdere la boria*) en rabattre*.

sgonfiato *agg.* dégonflé (*anche fig.*); (*che ha perso il gonfiore*) désenflé.

sgonfio *agg.* dégonflé; (*che ha perso il gonfiore*) désenflé.

sgorbia *s.f.* (*tecn.*) gouge.

sgorbio *s.m.* **1** pâté, tache d'encre **2** (*scarabocchio*) gribouillage: *ha riempito il foglio di sgorbi*, il a gribouillé toute la feuille; *questo quadro è uno* —, ce tableau est une horreur **3** (*calligrafia poco chiara*) griffonnage: *non riesco a leggere i tuoi sgorbi*, je n'arrive pas à lire tes griffonnages **4** (*fig.*) (*persona piccola e brutta*) avorton.

sgorgare (*coniug. come* legare) *v.intr.* jaillir: *il sangue sgorgava dalla ferita*, le sang giclait de la blessure || *parole che sgorgano dal cuore*, (*fig.*) des paroles qui viennent du cœur ♦ *v.tr.* (*sturare*) déboucher.

sgorgo (pl. *-ghi*) *s.m.* jaillissement; giclement.

sgozzare *v.tr.* égorger*.

sgradevole *agg.* désagréable || *-mente avv.*

sgradevolezza *s.f.* côté désagréable (de) || *dire, fare delle sgradevolezze*, dire, faire des choses désagréables.

sgradito *agg.* **1** désagréable **2** (*importuno*) importun.

sgraffignare *v.tr.* (*fam.*) subtiliser.

sgrammaticato *agg.* plein de fautes de grammaire || *in modo* —, en faisant des fautes (de grammaire).

sgrammaticatura *s.f.* faute de grammaire.

sgranare *v.tr.* **1** (*piselli, fagioli ecc.*) écosser; (*granoturco, cotone, lino*) égrener* || — *il rosario*, égrener son chapelet || — *gli occhi*, écarquiller les yeux **2** (*mecc.*) désengrener* □ **sgranarsi** *v.pron.* **1** s'égrener* **2** (*mecc.*) se désengrener*.

sgranato *agg.* écossé; (*di granoturco, cotone, lino*) égrené || *con gli occhi sgranati*, les yeux écarquillés.

sgranchire (*coniug. come* finire) *v.tr.* dégourdir: *sgranchirsi le gambe*, se dégourdir les jambes □ **sgranchirsi** *v.pron.* se dégourdir, se dérouiller.

sgranocchiare *v.tr.* croquer.

sgrassaggio *s.m.* dégraissage.

sgrassare *v.tr.* dégraisser.

sgrassatura *s.f.* dégraissage (*m.*).

sgravare *v.tr.* décharger* (*anche fig.*) || — *da imposte*, dégrever, détaxer □ **sgravarsi** *v.pron.* **1** se décharger **2** (*partorire*) accoucher; (*di animale*) mettre* bas.

sgravio *s.m.* décharge (*f.*) || *a, per* — *di coscienza*, par acquit de conscience || — *di imposte*, dégrèvement.

sgraziato *agg.* disgracieux*; (*di voce*) désagréable; (*goffo*) gauche || *è alta e sgraziata*, elle est grande et manque de grâce.

sgretolamento *s.m.* effritement; (*fig.*) désagrégation (*f.*).

sgretolare *v.tr.* effriter □ **sgretolarsi** *v.pron.* s'effriter; (*fig.*) se désagréger*.

sgretolato *agg.* effrité; (*fig.*) désagrégé.

sgridare *v.tr.* gronder, réprimander.

sgridata *s.f.* réprimande: *dare una* — *a qlcu*, gronder, réprimander qqn, (*fam.*) passer un savon à qqn; *a casa mi aspetta una bella* —, je vais prendre un de ces savons en rentrant.

sgrondare *v.tr.* égoutter ♦ *v.intr.* **1** s'écouler (*dans les gouttières*) **2** (*sgocciolare*) s'égoutter.

sgrondo *s.m.* **1** égouttement, égouttage || *tetto a* —, toit en pente **2** (*liquido che sgocciola*) égoutture (*f.*) **3** (*acqua che cade dalle gronde*) eau* de gouttière.

sgroppata *s.f.* **1** ruade **2** (*cavalcata*) courte galopade **3** (*ciclismo*) galop d'entraînement.

sgrossare *v.tr.* dégrossir (*anche fig.*); (*marmo, granito ecc.*) débrutir.

sgrossatura *s.f.* dégrossissage (*m.*).

sgrovigliare *v.tr.* débrouiller (*anche fig.*).

sguaiataggine *s.f.* grossièreté.

sguaiatamente *avv.* grossièrement, vulgairement.

sguaiato *agg.* grossier*, impudent ♦ *s.m.* grossier personnage, lourdaud.

sguainare *v.tr.* dégainer.

sgualcire (*coniug. come* finire) *v.tr.* chiffonner □ **sgualcirsi** *v.pron.* se froisser.

sgualcito *agg.* froissé.

sgualdrina *s.f.* garce, catin.

sguardo *s.m.* regard (*occhi*) yeux (*pl.*): *seguire con lo* —, suivre du regard; *gettare uno* — *intorno*, jeter un coup d'œil circulaire; *non l'ha degnata d'uno* —, il n'a pas daigné la regarder; *con uno* — *attento*, d'un œil attentif; *alzare lo* —, lever les yeux || *fin dove arrivava lo* —, à perte de vue.

sguarnire (*coniug. come* finire) *v.tr.* dégarnir.

sguarnito *agg.* 1 nu: *stanza sguarnita*, chambre nue; *casa sguarnita di tende*, maison sans rideaux 2 (*privo di difesa*) dégarni.

sguattera *s.f.* fille de cuisine.

sguattero *s.m.* plongeur, marmiton.

sguazzare *v.intr.* 1 patauger* 2 (*fam.*) (*stare a proprio agio in*) se plaire* (dans) || *nelle storie losche lui ci sguazza*, (*fig.*) lui, les histoires louches, c'est son élément.

sguinzagliare *v.tr.* lâcher; (*fig.*) lancer*.

sgusciare[1] *v.intr.* (*scivolare*) glisser: — *di mano*, glisser des mains || — *via*, filer en douce, s'esquiver || *sguscia tra le mani come un'anguilla*, (*fig.*) c'est une personne insaisissable.

sgusciare[2] *v.tr.* (*legumi*) écosser; (*noci*) cerner || — *un uovo sodo*, éplucher un œuf dur.

shampoo (pl. *invar.*) *s.m.* shampooing.

shock (pl. *invar.*) *s.m.* choc.

shopping (pl. *invar.*) *s.m.* shopping: *fare (lo)* —, faire du shopping.

show (pl. *invar.*) *s.m.* (*spettacolo di varietà*) show: — *business*, industrie du spectacle, show-business.

show-room (pl. *invar.*) *s.m.* showroom, salon d'exposition, exposition (*f.*).

si[1] *pron.pers. di 3ª pers.sing. e pl.* 1 (*nella coniug. dei verbi pron.*) se (*si apostrofa davanti a vocale o* h *muta*); (*pleonastico, non si traduce*): — *vestì in un attimo*, il s'habilla en un instant; — *sono alzati presto*, ils se sont levés tôt; *bisogna prepararsi a partire*, il faut se préparer à partir; — *è preso una brutta influenza*, il a attrapé une mauvaise grippe; (—) *mise le mani in tasca*, il mit ses mains dans ses poches; — *è scolato una bottiglia*, il a vidé toute une bouteille; — *sono venduti tutto*, ils ont tout vendu || — *goda le vacanze!*, profitez bien de vos vacances! 2 (*con valore di sé*) (*ogg.*) le (*m.*), la (*f.*), les (*m. e f.pl.*); (*nei compl. retti da prep.*) lui (*m.*); elle (*f.*); eux (*m.pl.*); elles (*f.pl.*): *quando* — *sentì chiamare...*, quand il entendit qu'on l'appelait...; *quando* — *sentirono chiama-*re..., quand ils entendirent qu'on les appelait...; *quando* — *vide davanti suo padre...*, quand il vit son père devant lui... 3 (*nella costruzione impers.*) on: — *dice che...*, on dit que...; *se* — *vuole*, si l'on veut; *come* — *vede*, comme on le voit, on le dit; *quando* — *è ricchi, quando* — *è architetti...*, quand on est riche, quand on est architecte...; *non ci* — *capisce più nulla*, on n'y comprend plus rien; *ti* — *chiede di tacere*, on te demande de te taire; *gli* — *permettono troppe cose*, on lui permet trop de choses; — *va?*, on y va? || — *è tutti uguali davanti alla legge*, nous sommes tous égaux devant la loi 4 (*per indicare la forma passiva*) se; (*con costruzione attiva*) on: *il pesce* — *serve col vino bianco*, le poisson se sert avec du vin blanc; *la mostra* — *è inaugurata ieri*, on a inauguré l'exposition hier, l'exposition a été inaugurée hier; *in Italia* — *producono ottimi vini*, en Italie on produit d'excellents vins; *cercasi traduttori*, on cherche des traducteurs.

si[2] *s.m.* (*mus.*) si.

sì[1] *avv.* 1 oui; (*per dare risposta affermativa a domanda negativa*) si: *"Hai capito bene?" "Sì"*, "As-tu bien compris?" "Oui"; *"Non vieni con noi?" "Sì, vengo anch'io"*, "Tu ne viens pas avec nous?" "Si, je viens moi aussi"; *sì, sì, certo, certo che* —, bien sûr que oui; —, *davvero*, oui, vraiment; *ma* —!, mais oui!; *pare (proprio) di* —, il semble, semblerait (bien) que oui; *spero, credo, penso di* —, j'espère, je crois, je pense que oui || *dice sempre (di)* —, il dit toujours oui; *"Giovanni verrà con noi?" "Ha detto di* —", "Jean viendra-t-il avec nous?" "Il a dit que oui" || *se* —, (*in caso affermativo*) si c'est oui || *il caffè mi piace caldo* —, *ma non bollente*, j'aime (bien) le café chaud, mais pas bouillant || — *domani!*, (*fam. iron.*) tu peux toujours courir! 2 (*contrapposto a* no) oui: — *o no?*, oui ou non?; *allora deciditi,* — *o no?*, alors décide-toi, (c'est) oui ou (c'est) non?; *rispondi* — *o no*, réponds par oui ou par non; *forse (che)* —, *forse (che) no*, peut-être que oui, peut-être que non || *un sabato* —, *un sabato no*, un samedi sur deux || *né* — *né no*, ni oui ni non || — *e no: "Sei soddisfatto?" "Sì e no"*, "Es-tu satisfait?" "Oui et non" || *l'avrò visto* — *e no due volte*, je l'ai peut-être vu deux fois; *ci saranno state* — *e no cento persone*, il devait y avoir à peu près cent personnes 3 (*in espressioni enfatiche con valore di davvero*): *e* — *che te l'avevo detto!*, et pourtant je te l'avais bien dit!; *e* — *che avevo insistito tanto!*, et dire que j'avais tant insisté!; *questa* — *che è bella!*, elle est bien bonne celle-là!, (*con tono di forte meraviglia o di risentimento*) ça c'est du propre!; *questa* — *che è una notizia!* en voilà une nouvelle!; *questa* — *che è una novità!*, ça c'est du nouveau!; *tu* — *che sei intelligente!*, toi, tu es intelligent!; *ora* — *che lo farò*, maintenant, oui, je le ferai ♦ *s.m.* 1 oui: *un bel* —, un oui clair et net; *pronunciare il fatale* —, prononcer le oui fatidique || *essere, stare tra il* — *e il no*, être indécis, hésiter || *decidersi per il* —, se décider pour l'affirmative || *la lingua del* —, (*l'italiano*) l'italien 2 (*voto favorevole*) oui: *i* — *di un referendum*, les oui d'un référendum ♦ *agg.* (*fam.*) *una giornata* —, une bonne journée.

sì[2] *avv.ant.* e *letter.* → così || *far* — *che*, faire en sorte que.

sia *voce del v.* essere (*formula di consenso o rassegnazione*) soit: *e* —...!, soit...! || *così* —, ainsi soit-il □ **sia... sia** *cong.* (*o... o*) soit... soit; (*e... e*) aussi bien... que: — *per timidezza*, — *per orgoglio non rispose*, que ce soit par timidité, ou par orgueil il ne répondit pas; — *l'uno* — *l'altro per me è lo stesso*, que ce soit l'un ou l'autre ça m'est tout à fait égal; — *d'inverno che d'estate...*, hiver comme été...; — *tu* — *io*, — *tu che io abbiamo torto*, toi comme moi nous avons tort || — *che...* — *che*, soit que... soit que; — *che tu venga* — *che tu non venga...*, que tu viennes ou non... || — *che tu voglia* — *che tu non voglia*, que tu (le) veuilles ou non.

siamese *agg.* e *s.m.* siamois.

sibarita *s.m.* e *f.* sybarite || *vivere da* —, vivre en sybarite.

sibaritismo *s.m.* sybaritisme.

siberiano *agg.* e *s.m.* sibérien*.

sibilare *v.intr.* siffler.

sibilla *s.f.* sibylle.

sibillino *agg.* sibyllin (*anche fig.*).

sibilo *s.m.* sifflement.

sic *avv.* sic.

sicario *s.m.* sicaire, tueur (à gages).

siccativo *agg.* (*chim.*) siccatif*.

sicché *cong.* **1** de sorte que, de façon que; (*per questo, per quel motivo*) c'est pourquoi: *ripartì di lì a pochi giorni* — *non riuscì a vederlo*, il repartit au bout de quelques jours de sorte, de façon que je ne suis pas arrivé à le voir; *non ne sono al corrente*, — *preferirei non immischiarmene*, je ne suis pas au courant, c'est pourquoi j'aimerais mieux ne pas m'occuper de cette affaire **2** (*quindi, dunque*) donc; alors (*solo in proposizioni interr.*): *ormai ho deciso* — *è inutile parlarne*, ma décision est prise, il est donc inutile d'en parler; — *ti sei annoiato?*, alors tu t'es ennuyé?; — *non vuole pagare?*, ainsi, il ne veut pas payer?

siccità *s.f.* sécheresse; (*mancanza di umidità*) siccité.

siccome *cong.* comme, du moment que; (*con valore più fortemente causale*) puisque: — *è difficile trovare posto, è meglio prenotare*, comme il est difficile d'avoir des places, il vaut mieux les retenir; (*ma*) — *lo sapevo, era mio dovere avvertirti*, puisque je le savais c'était mon devoir de t'avertir; — *ero solo in casa e non avevo fame...*, comme j'étais seul à la maison et que je n'avais pas faim...

siciliano *agg.* e *s.m.* sicilien*.

sicomoro *s.m.* sycomore.

sicumera *s.f.* morgue.

sicura *s.f.* dispositif de sécurité; (*di coltelli, di armi da fuoco*) cran de sûreté.

sicuramente *avv.* sûrement.

sicurezza *s.f.* **1** (*certezza*) certitude: *nella* — *che mi avrebbe aiutato*, dans la certitude qu'il m'aiderait; *voglio avere la* — *di trovarlo*, je veux

être certain de le trouver; *per maggiore* —, pour plus de sûreté **2** (*decisione*) assurance || — *di sé*, assurance || *ispirare* —, inspirer confiance **3** (*condizione sicura*) sécurité: *norme di* —, consignes de sécurité; — *pubblica*, sécurité publique || *la Pubblica Sicurezza*, la Sûreté (nationale) || *chiusura di* —, fermeture de sûreté; *cassetta di* —, coffre de sûreté; *fiammiferi di* —, allumettes de sûreté || *uscita di* —, sortie de secours; *scala di* —, escalier à incendie.

sicuro *agg.* **1** sûr; (*indubbio*) certain: *sta'* — *che...*, tu peux être sûr que...; *a colpo* —, à coup sûr || *dare per* — *che...*, donner pour certain que... **2** (*deciso*) assuré ♦ *s.m.* sûreté (*f.*): *mettere al* —, mettre en sûreté || *essere al* — *da ogni pericolo*, être à l'abri de tout danger || *camminare sul* —, (*fig.*) se trouver sur un terrain solide; *andare sul* —, n'avoir rien à craindre ♦ *avv.* bien sûr □ **di sicuro** *locuz.avv.* certainement: *verrà di* —, il viendra sûrement.

siderale, sidereo *agg.* sidéral*.

siderurgia *s.f.* sidérurgie.

siderurgico (*pl.* -*ci*) *agg.* sidérurgique ♦ *s.m.* métallurgiste, sidérurgiste.

sidro *s.m.* cidre.

siepe *s.f.* *haie (*anche fig.*) || — *anti-abbagliante*, (*sulle strade*) barrière anti-éblouissante || *fare* —, (*fig.*) faire la haie.

siero *s.m.* **1** sérum || — *della verità*, sérum de vérité **2** (*del latte*) lactosérum.

sierodiagnosi *s.f.* sérodiagnostic (*m.*).

sierologia *s.f.* (*med.*) sérologie.

sieronegativo *agg.* e *s.m.* (*med.*) séronégatif*.

sieropositivo *agg.* e *s.m.* (*med.*) séropositif*.

sierosità *s.f.* sérosité.

sieroso *agg.* séreux*.

sieroterapia *s.f.* (*med.*) sérothérapie.

siesta *s.f.* sieste.

siffatto *agg.* (*letter.*) pareil*.

sifilide *s.f.* (*med.*) syphilis.

sifilitico (*pl.* -*ci*) *agg.* e *s.m.* syphilitique.

sifone *s.m.* siphon.

sigaretta *s.f.* **1** cigarette **2** (*bobina di filo*) bobine.

sigaro *s.m.* cigare.

sigillare *v.tr.* **1** sceller; (*imprimere un sigillo*) cacheter* **2** (*estens.*) (*chiudere ermeticamente*) sceller, fermer hermétiquement.

sigillo *s.m.* **1** cachet; (*ufficiale, di Stato*) sceau* (*anche fig.*) **2** (*pl.*) (*dir.*) scellés.

sigla *s.f.* **1** sigle (*m.*) || — *automobilistica*, abréviation du nom de la province d'origine sur les plaques minéralogiques italiennes || — *musicale*, indicatif **2** (*firma abbreviata*) paraphe (*m.*).

siglare *v.tr.* **1** (*apporre una sigla*) mettre* un sigle (à) **2** (*firmare*) parapher.

significante *agg.* significatif* ♦ *s.m.* (*linguistica*) signifiant.

significare (*coniug. come* mancare) *v.tr.* signifier || *se fa così significa che ha torto*, s'il agit ainsi, ça veut dire qu'il a tort.

significativamente *avv.* significativement, de façon significative.

significativo *agg.* significatif*.

significato *s.m.* **1** (*concetto, idea*) signification (*f.*); sens **2** (*valore*) valeur (*f.*); (*importanza*) importance (*f.*) **3** (*ling.*) signifié.

significazione *s.f.* (*ling.*) signification.

signora *s.f.* **1** madame*; (*determinato da dimostr., rel., art.indet., art.partitivo, num.*) dame: *la — Rossi*, Madame Rossi; *il Signor Andrea Rossi e Signora*, Monsieur et Madame André Rossi; *la — direttrice*, madame la directrice; *la — maestra*, l'institutrice; *una vecchia —*, une vieille dame; *una giovane —*, une jeune femme ‖ *Gentile Signora*, (*nelle lettere*) Madame ‖ *fare la —*, vivre sur un grand pied ‖ *parrucchiere per —*, coiffeur pour dames **2** (*moglie*) femme **3** (*padrona*) patronne; (*padrona di casa*) madame*.

signore *s.m.* **1** monsieur*: *il signor Rossi*, Monsieur Rossi; *il signor Andrea Rossi e Signora, i Signori Rossi*, Monsieur et Madame (André) Rossi; *il signor direttore*, Monsieur le directeur; *un — ha chiesto di te*, un monsieur voulait te voir ‖ *Signore e Signori*, Mesdames et Messieurs ‖ *Egregio Signore*, (*nelle lettere*) Monsieur ‖ *i poveri e i signori*, les pauvres et les riches ‖ *fare la vita del —*, mener la bonne vie ‖ *è un vero —*, c'est un gentleman **2** *pl.* (*uomini e donne*) (*fam.*) messieurs dames; (*signore e signori*) Mesdames et Messieurs: *se i signori vogliono accomodarsi*, si ces messieurs et ces dames veulent bien prendre place **3** (*st.*) seigneur **4** *Signore*, (*Dio*) Seigneur.

signoreggiare (*coniug. come mangiare*) *v.tr. e intr.* dominer (*anche fig.*).

signoria *s.f.* **1** (*dominio*) domination **2** (*st.*) seigneurie **3** (*titolo di onore*) Seigneurie.

signorile *agg.* **1** (*elegante*) élégant ‖ *zona —*, quartier résidentiel **2** (*distinto*) distingué: *modi signorili*, manières distinguées.

signorilità *s.f.* distinction.

signorilmente *avv.* avec distinction.

signorina *s.f.* **1** mademoiselle*; (*determinato da dimostr., rel., art.indet., art.partitivo, num.*) jeune fille, demoiselle: *la — Rossi*, Mademoiselle Rossi; *buongiorno —*, bonjour Mademoiselle; *una — ha telefonato per lei —*, une demoiselle vous a demandé au téléphone, mademoiselle; *un'anziana —*, une vieille demoiselle **2** (*nubile*) fille ‖ *nome da —*, nom de jeune fille.

signorino *s.m.* (*jeune*) monsieur*.

signornò *avv.* non, mon capitaine, mon général, etc.; (*scherz.*) non, capitaine, général, etc.

signorotto *s.m.* *hobereau*.

signorsì *avv.* oui, mon capitaine, mon général, etc; (*scherz.*) oui, capitaine, général, etc.

silene *s.f.* (*bot.*) silène.

silente *agg.* (*letter.*) silencieux*.

silenziatore *s.m.* (*di motore, arma*) silencieux.

silenzio *s.m.* **1** silence: *imporre il — a qlcu*, imposer silence à qqn ‖ *— di tomba*, silence de mort ‖ *— stampa*, silence de la presse **2** (*mil.*) extinction des feux.

silenziosamente *avv.* silencieusement.

silenzioso *agg.* silencieux*.

silfide *s.f.* sylphide (*anche fig.*).

silicato *s.m.* silicate.

silice *s.f.* silice.

siliceo *agg.* siliceux*.

silicio *s.m.* silicium.

silicone *s.m.* silicone (*f.*).

silicosi *s.f.* silicose.

sillaba *s.f.* **1** syllabe: *dividere una parola in sillabe*, décomposer un mot en syllabes **2** (*parola*) mot (*m.*): *non capire una —*, ne pas comprendre un traître mot ‖ *non cambiare una —*, ne pas changer une ligne.

sillabare *v.tr.* articuler séparément les syllabes.

sillabario *s.m.* abécédaire.

sillabazione *s.f.* syllabation.

sillabico (*pl. -ci*) *agg.* syllabique.

silloge *s.f.* (*lett.*) recueil (*m.*).

sillogismo *s.m.* (*fil.*) syllogisme.

silo *s.m.* silo.

silofono *s.m.* (*mus.*) xylophone.

silografia *s.f.* xylographie.

silografico (*pl. -ci*) *agg.* xylographique.

silografo *s.m.* xylographe.

siluramento *s.m.* **1** torpillage (*anche fig.*) **2** (*fig.*) (*licenziamento*) limogeage.

silurante *agg.* (*mil.*) torpilleur.

silurare *v.tr.* **1** torpiller (*anche fig.*) **2** (*fig.*) (*licenziare*) limoger.

silurista *s.m.* torpilleur.

siluro *s.m.* (*mar.*) torpille (*f.*).

silverplate *s.m.* (*metallo placcato in argento*) métal argenté.

silvestre *agg.* des bois, sylvestre ‖ *pino —*, pin sylvestre.

silvicolo *agg.* (*tecn.*) sylvicole.

silvicoltore *s.m.* sylviculteur.

silvicoltura *s.f.* sylviculture.

simbiosi *s.f.* symbiose.

simbiotico (*pl. -ci*) *agg.* symbiotique.

simboleggiare (*coniug. come mangiare*) *v.tr.* symboliser.

simbolica *s.f.* (*relig.*) symbolique.

simbolico (*pl. -ci*) *agg.* symbolique ‖ **-mente** *avv.*

simbolismo *s.m.* symbolisme.

simbolista *agg. e s.m.* symboliste.

simbolistico (*pl. -ci*) *agg.* symboliste.

simbolizzare *v.tr.* symboliser.

simbolo *s.m.* symbole.

simbologia *s.f.* symbolique.

similare *agg.* similaire.

simile *agg.* semblable (*spesso posposto*); pareil* (*spesso preposto*); (*similare*) similaire ‖ *avere un carattere —*, avoir presque le même caractère; *non sono simili né di gusti né di carattere*, ils n'ont en commun ni les goûts ni le caractère ‖ *è — al padre*, il ressemble à son père ‖ *— a*, semblable à ‖ (*mat.*) *triangoli simili*, triangles semblables ♦ *s.m.* semblable ‖ *la politica e simili*, la politique et autres choses de ce genre ‖ *coloranti e simili*, colorants et produits similaires.

sinistro

similitudine *s.f.* similitude.

similmente *avv.* de la même façon, de même.

similoro (pl. *invar.*) *s.m.* similor.

similpelle *s.m.* similicuir: *libri rilegati in* —, livres reliés en similicuir.

simmetria *s.f.* symétrie.

simmetrico (pl. *-ci*) *agg.* symétrique || **-mente** *avv.*

simonia *s.f.* simonie.

simoniaco (pl. *-ci*) *agg.* e *s.m.* simoniaque.

simpatia *s.f.* sympathie: *avere* — *per*, avoir de la sympathie pour; *non gode la mia* —, je n'ai aucune sympathie pour lui (elle) || *andare a simpatie*, avoir ses préférences.

simpaticamente *avv.* sympathiquement; (*piacevolmente*) agréablement; (*affabilmente*) aimablement.

simpatico (pl. *-ci*) *agg.* **1** sympathique; (*fam.*) sympa || *è un simpaticone*, c'est un type super sympa **2** (*estens.*) (*piacevole*) agréable.

simpatizzante *agg.* e *s.m.* sympathisant.

simpatizzare *v.intr.* sympathiser.

simposio *s.m.* symposium.

simulacro *s.m.* simulacre (*anche fig.*).

simulare *v.tr.* simuler.

simulato *agg.* simulé.

simulatore (f. *-trice*) *s.m.* simulateur*.

simulazione *s.f.* simulation.

simultaneamente *avv.* simultanément.

simultaneità *s.f.* simultanéité.

simultaneo *agg.* simultané || *in simultanea*, (*nello stesso momento*) en même temps.

simun *s.m.* (*vento*) simoun.

sinagoga (pl. *-ghe*) *s.f.* synagogue.

sinantropo *s.m.* sinanthrope.

sinceramente *avv.* sincèrement.

sincerarsi *v.pron.* (*accertarsi*) s'assurer (de).

sincerità *s.f.* sincérité.

sincero *agg.* sincère || *un vino* —, un bon vin|| *sinceri auguri*, (agréez) mes vœux les plus sincères.

sincopale *agg.* (*med.*) syncopal*.

sincopato *agg.* syncopé.

sincope *s.f.* syncope.

sincretismo *s.m.* (*fil.*) syncrétisme.

sincronia *s.f.* **1** synchronisme (*m.*) **2** (*ling.*) synchronie.

sincronico (pl. *-ci*) *agg.* synchronique || **-mente** *avv.*

sincronismo *s.m.* synchronisme.

sincronizzare *v.tr.* synchroniser □ **sincronizzarsi** *v.pron.* se synchroniser.

sincronizzato *agg.* synchronisé || *nuoto* —, natation synchronisée.

sincronizzazione *s.f.* synchronisation.

sincrono *agg.* synchrone.

sincrotrone *s.m.* synchrotron.

sindacabile *agg.* **1** contrôlable **2** (*fig.*) (*criticabile*) critiquable.

sindacale *agg.* syndical*.

sindacalismo *s.m.* syndicalisme.

sindacalista *s.m.* syndicaliste.

sindacalistico (pl. *-ci*) *agg.* syndicaliste.

sindacalizzare *v.tr* syndicaliser.

sindacalizzato *agg.* (*organizzato in sindacato*) syndiqué.

sindacalizzazione *s.f.* syndicalisation.

sindacare (*coniug. come* mancare) *v.tr.* **1** (*controllare*) contrôler; (*verificare*) vérifier **2** (*fig.*) (*criticare*) critiquer.

sindacato¹ *agg.* (*amm.*) contrôlé ♦ *s.m.* (*dir. amm.*) contrôle.

sindacato² *s.m.* syndicat:— *di categoria*, syndicat professionnel; — *di datori di lavoro*, syndicat patronal || *organizzare in* —, syndiquer.

sindaco (pl. *-ci*) *s.m.* **1** maire **2** (*comm.*) commissaire, réviseur (comptable): — *di società*, commissaire aux comptes.

sindone *s.f.* suaire (*m.*) || *la Sacra Sindone*, le saint suaire.

sindrome *s.f.* syndrome (*m.*).

sinecura *s.f.* sinécure.

sineddoche *s.f.* (*ret.*) synecdoque.

sinedrio *s.m.* **1** (*st. ebraica*) sanhédrin **2** (*st. greca*) assemblée (*f.*).

sinergia *s.f.* synergie.

sinergismo *s.m.* (*med.*) synergie (*f.*).

sinfonia *s.f.* **1** symphonie (*anche fig.*) **2** (*di opera lirica*) ouverture.

sinfonico (pl. *-ci*) *agg.* symphonique.

sinfonista *s.m.* symphoniste.

singalese *agg.* e *s.m.* ceylanais, cingalais.

singhiozzante *agg.* en sanglots.

singhiozzare *v.intr.* **1** sangloter **2** (*avere il singhiozzo*) avoir* le *hoquet.

singhiozzo *s.m.* **1** *hoquet **2** (*procedere a* —, avancer* par bonds **2** (*di pianto*) sanglot.

single (pl. *invar.*) *s.m.* e *f.* célibataire.

singolare *agg.* e *s.m.* singulier* || *terza persona* —, (*gramm.*) troisième personne du singulier || *tipo* —, type un peu spécial || (*tennis*) *maschile, femminile*, simple messieurs, dames.

singolarità *s.f.* singularité.

singolarmente *avv.* **1** individuellement || *salutò* — *gli invitati*, il salua les invités un par un **2** (*eccezionalmente*) particulièrement **3** (*in modo strano*) singulièrement.

singolo *agg.* chaque (*sing.*); (*particolare*) particulier*: *esaminate i singoli articoli*, examinez chaque article, les articles un par un; *caso* —, cas particulier || *in singola copia*, en exemplaire unique || *camera singola*, chambre individuelle, simple, à un lit || *letto* —, lit à une place ♦ *s.m.* **1** (*ciascuno*) chacun (*sing.*) **2** (*tennis*) simple **3** (*impianto telefonico*) ligne simple, simplex.

singulto *s.m.* → **singhiozzo**.

siniscalco (pl. *-chi*) *s.m.* (*st.*) sénéchal*.

sinistra *s.f.* gauche: *a, alla* — *di*, à (la) gauche de || (*mano*) —, main gauche; *con la* —, de la main gauche || *tenere la* —, tenir sa gauche.

sinistramente *avv.* de façon sinistre, sinistrement; lugubrement.

sinistrare *v.tr.* faire* des dégâts (à), ravager*.

sinistrato *agg.* e *s.m.* sinistré.

sinistro *agg.* **1** (*che sta a sinistra*) gauche **2**

(*funesto*) sinistre ♦ *s.m.* **1** (*infortunio*) sinistre **2** (*sport*) gauche.

sinistrorso *agg.* **1** (*in senso antiorario*) dans le sens contraire aux aiguilles d'une montre; (*scient.*) sénestre **2** (*fam.*) (*simpatizzante di sinistra*) gauchisant.

sinistrosi *s.f.* (*psic.*) sinistrose.

sino *prep.* → *fino*[1].

sinodale *agg.* synodal*.

sinodo *s.m.* (*eccl.*) synode.

sinologia *s.f.* sinologie.

sinologo (pl. -*gi*) *s.m.* sinologue.

sinonimia *s.f.* synonymie.

sinonimico (pl. -*ci*) *agg.* synonymique.

sinonimo *agg.* e *s.m.* synonime.

sinora *avv.* → finora.

sinossi *s.f.* synopsis (*m.*).

sinottico (pl. -*ci*) *agg.* synoptique.

sinovia *s.f.* (*anat.*) synovie.

sinoviale *agg.* (*anat.*) synovial*.

sinovite *s.f.* (*med.*) synovite.

sintagma *s.m.* (*ling.*) syntagme.

sintassi *s.f.* syntaxe.

sintatticamente *avv.* du point de vue de la syntaxe.

sintattico (pl. -*ci*) *agg.* syntaxique.

sintesi *s.f.* synthèse || *in*—, en résumé.

sinteticamente *avv.* synthétiquement.

sinteticità *s.f.* concision.

sintetico (pl. -*ci*) *agg.* **1** synthétique **2** (*conciso*) concis.

sintetizzare *v.tr.* synthétiser; (*riassumere*) résumer.

sintetizzatore *s.m.* (*mus.*) synthétiseur.

sintomatico (pl. -*ci*) *agg.* **1** symptomatique **2** (*significativo*) significatif*.

sintomatologia *s.f.* symptomatologie.

sintomo *s.m.* symptôme (*anche fig.*); (*segno*) signe.

sintonia *s.f.* **1** (*rad.*) syntonie **2** (*fig.*) harmonie, accord (*m.*).

sintonizzare *v.tr.* **1** (*rad.*) syntoniser **2** (*fig.*) accorder, harmoniser □ **sintonizzarsi** *v.pron.* se syntoniser; (*fig.*) s'harmoniser.

sintonizzatore *s.m.* (*rad.*) syntoniseur.

sintonizzazione *s.f.* (*rad.*) syntonisation.

sinuosità *s.f.* sinuosité.

sinuoso *agg.* sinueux*.

sinusite *s.f.* (*med.*) sinusite.

sinusoidale *agg.* sinusoïdal*.

sinusoide *s.f.* sinusoïde.

sionismo *s.m.* sionisme.

sionista *agg.* e *s.m.* sioniste.

sipario *s.m.* rideau*: *calare il* —, baisser le rideau; *cala il* —, le rideau tombe, (*fig.*) on tire le rideau; *al calare del* —, à la chute du rideau.

siracusano *agg.* e *s.m.* syracusain.

sire *s.m.* (*letter.*) sire.

sirena *s.f.* sirène.

siriano *agg.* e *s.m.* syrien*.

siringa (pl. -*ghe*) *s.f.* **1** seringue **2** (*mus.*) syrinx **3** (*bot.*) seringat (*m.*).

siringare (*coniug. come* legare) *v.tr.* (*med.*) **1** vider (avec une seringue) **2** (*cateterizzare*) cathétériser.

sisma *s.m.* séisme.

sismico (pl. -*ci*) *agg.* sismique.

sism(o)- *pref.* sism(o)-

sismografo *s.m.* sismographe.

sismologia *s.f.* séismologie, sismologie.

sismologo (pl. -*gi*) *s.m.* sismologue.

sissignore *avv.* oui, Monsieur.

sistema *s.m.* **1** système || —*di lavoro*, méthode de travail || *che bel* —*!*, belle manière d'agir! || *ha per* — *di arrivare in ritardo*, il arrive systématiquement en retard || *fare qlco per* —, faire qqch systématiquement || (*inform.*) — *operativo*, système d'exploitation || (*geogr.*): — *orografico*, relief; — *alpino*, chaîne alpine **2** (*metodo*) méthode (*f.*), système; (*modo*) manière (*f.*), façon (*f.*): *usare il* — *forte*, adopter la manière forte || *o cambi* — *o finisci male*, change d'attitude ou ça va mal finir.

sistemare *v.tr.* **1** (*organizzare*) arranger*; (*disporre per ordine*) ranger*: — *una stanza*, arranger, aménager une pièce; *ho sistemato tutto*, j'ai tout arrangé **2** (*collocare*) placer*, disposer **3** (*regolare*) régler* **4** (*trovare un impiego per*) placer*; (*trovare un alloggio a*) loger*, (*fam.*) caser **5** (*sposare*) marier, caser **6** (*dare una lezione*) apprendre* (à): *ora lo sistemo io!*, maintenant il va avoir affaire à moi! □ **sistemarsi** *v.pron.* **1** (*mettersi a posto, trovare un alloggio*) s'installer **2** (*sposarsi*) se marier, se caser **3** (*trovare un impiego*) trouver un travail: *si è sistemato bene*, il a trouvé un bon travail **4** (*fig.*) (*aggiustarsi*) s'arranger*: *col tempo tutto si sistemerà*, avec le temps tout s'arrangera **5** (*fam.*) (*mettersi in ordine*) s'arranger* (un peu): *mi sistemo* (*velocemente*) *e arrivo*, je m'arrange un peu et j'arrive.

sistemata *s.f.* (*fam.*) **1** *dare una* —(*a qlco*), ranger* (qqch); *dai una* — *alla cucina*, range la cuisine; *mi dò una* — *e arrivo*, je m'arrange un peu et j'arrive **2** *darsi una* —, (*calmarsi*) se calmer.

sistematica *s.f.* systématique.

sistematico (pl. -*ci*) *agg.* systématique || -**mente** *avv.*

sistematizzare *v.tr.* systématiser.

sistematizzazione *s.f.* systématisation.

sistemazione *s.f.* **1** (*assetto*) aménagement (*m.*); (*disposizione*) disposition || *la* — *di una casa*, l'aménagement d'une maison; *la* — *in una casa*, l'installation dans une maison **2** (*il disporre in un certo ordine*) rangement (*m.*) **3** (*regolamento*) règlement (*m.*) **4** (*impiego*) emploi (*m.*); (*lavoro*) travail* (*m.*).

sistemista *s.m.* (*inform.*) systémicien*.

sistole *s.f.* (*med.*) systole.

sito *agg.* situé ♦ *s.m.* endroit.

situare *v.tr.* situer (*anche fig.*); placer* □ **situarsi** *v.pron.* se situer.

situazione *s.f.* situation || *nella sua* —, à sa place || — *patrimoniale*, état des biens.

sivigliano *agg.* sévillan.

skate-board (pl. *invar.*) *s.m.* planche à roulettes; skate.

ski-lift (pl. *invar.*) *s.m.* remonte-pente*, téléski.

ski-pass (pl. *invar.*) *s.m.* (*abbonamento per impianti sciistici*) forfait(-skieur).

slabbrare *v.tr.* **1** (*vasi ecc.*) ébrécher* **2** (*ferite*) débrider □ **slabbrarsi** *v.pron.* **1** (*di vasi ecc.*) s'ébrécher* **2** (*di ferite*) se rouvrir*.

slabbrato *agg.* **1** ébréché **2** (*di ferite*) ouvert.

slabbratura *s.f.* **1** (*di vasi ecc.*) ébrèchement (*m.*) **2** (*di tessuti*) déformation.

slacciare (*coniug. come* cominciare) *v.tr.* délier, dénouer; (*sbottonare*) déboutonner; (*sganciare*) dégrafer; (*una cintura*) défaire* □ **slacciarsi** *v.pron.* se délier, se dénouer; (*sbottonarsi*) se déboutonner; (*sganciarsi*) se dégrafer; (*di cintura*) se défaire*.

slalom (pl. *invar.*) *s.m.* (*sport*) slalom.

slalomista *s.m.* (*sci*) slalomeur*.

slanciare (*coniug. come* cominciare) *v.tr.* lancer* □ **slanciarsi** *v.pron.* s'élancer*.

slanciato *agg.* élancé, svelte.

slancio *s.m.* **1** élan (*anche fig.*); (*salto*) bond: *con uno —*, d'un bond || *prendere lo —*, prendre son élan || *di —*, avec élan **2** (*sollevamento pesi*) épaulé et jeté.

slargare (*coniug. come* legare) *v.tr.* élargir □ **slargarsi** *v.pron.* s'élargir.

slargo (pl. *-ghi*) *s.m.* endroit où une rue s'élargit: *dopo la curva c'è uno —*, après le virage la rue s'élargit.

slavato *agg.* **1** (*di colore*) délavé **2** (*fig.*) (*scialbo*) fade.

slavina *s.f.* avalanche.

slavista *s.m.* slavisant.

slavistica *s.f.* slavistique.

slavo *agg.* e *s.m.* slave.

sleale *agg.* déloyal*.

slealtà *s.f.* déloyauté.

slegare (*coniug. come* legare) *v.tr.* **1** délier; (*un nodo*) défaire* **2** (*animali*) détacher □ **slegarsi** *v.pron.* se délier; (*di nodo*) se défaire*; (*di animali*) se détacher.

slegato *agg.* **1** délié; (*di nodo*) défait; (*di animale*) détaché; (*di libro*) débroché **2** (*fig.*) décousu.

slip (pl. *invar.*) *s.m.* slip.

slitta *s.f.* **1** luge; (*tirata da animali*) traîneau* (*m.*) || *cane da —*, chien de traîneau **2** (*mecc.*) chariot (*m.*).

slittamento *s.m.* **1** glissement (*anche fig.*); (*di veicoli*) dérapage; (*di ruote*) patinage **2** (*di moneta*) dévaluation (*f.*).

slittare *v.intr.* **1** glisser (*anche fig.*); (*di veicoli*) déraper; (*di ruote*) patiner **2** (*di moneta, perdere valore*) se déprécier **3** (*fig.*) (*essere rinviato*) être* remis, être* ajourné.

slittino *s.m.* luge (*f.*).

slogan (pl. *invar.*) *s.m.* slogan.

slogare (*coniug. come* legare) *v.tr.*, **slogarsi** *v.pron.* se fouler.

slogato *agg.* déboîté, foulé.

slogatura *s.f.* foulure.

sloggiare (*coniug. come* mangiare) *v.tr.* e *intr.* déloger*.

slot machine *s.f.* machine à sous.

slovacco (pl. *-chi*) *agg.* e *s.m.* slovaque.

sloveno *agg.* e *s.m.* slovène.

smaccato *agg.* outré || *fortuna smaccata*, veine de cocu.

smacchiare *v.tr.* détacher.

smacchiatore *s.m.* détachant.

smacchiatura *s.f.* détachage (*m.*).

smacco (pl. *-chi*) *s.m.* échec; (*affronto*) affront.

smagliante *agg.* éblouissant (*anche fig.*).

smagliarsi *v.pron.* **1** se démailler: *mi si è smagliata una calza*, mon bas a filé **2** (*di pelle*) avoir* des vergetures.

smagliatura *s.f.* **1** démaillage (*m.*); (*di calza*) échelle **2** (*della pelle*) vergeture.

smagnetizzare *v.tr.* (*fis.*) démagnétiser.

smagrire (*coniug. come* finire) *v.tr.* amaigrir; (*snellire*) amincir □ **smagrirsi** *v.pron.* maigrir.

smaliziare *v.tr.* dégourdir; (*scaltrire*) délurer.

smaliziato *agg.* (*sveltito*) dégourdi; (*scaltrito*) déluré.

smaltare *v.tr.* émailler (*anche fig.*).

smaltato *agg.* émaillé || *unghie smaltate*, ongles vernis.

smaltatore (f. *-trice*) *s.m.* émailleur*.

smaltatura *s.f.* émaillage (*m.*).

smaltimento *s.m.* écoulement || *— dei rifiuti tossici*, élimination des déchets toxiques.

smaltire (*coniug. come* finire) *v.tr.* **1** digérer* (*anche fig.*) || *— la rabbia*, (*fig.*) faire passer sa rage || *— la sbornia*, cuver son vin **2** (*vendere*) écouler; (*disfarsi di*) liquider || *i rifiuti*, traiter les ordures || *— la corrispondenza*, faire le courrier **3** (*acque*) faire* couler.

smaltitoio *s.m.* canal* d'écoulement.

smaltitore *agg.* (*canale*) *—*, canal* d'écoulement.

smalto *s.m.* **1** émail* || *perdere lo —*, perdre son éclat **2** *— per unghie*, vernis à ongles.

smammare *v.intr.* (*fam.*) filer, décamper: *smamma!*, dégage!

smanceria *s.f.* (*spec. pl.*) minauderies (*pl.*), chichis (*m.pl.*).

smanceroso *agg.* minaudier*, maniéré.

smanettare *v.intr.* emballer (le moteur).

smangiare (*coniug. come* mangiare) *v.tr.* corroder, ronger* □ **smangiarsi** *v.pron.* se ronger*: *— dalla rabbia*, être ivre de rage.

smangiato *agg.* corrodé, rongé; (*consumato*) usé.

smania *s.f.* énervement (*m.*), agitation: *mi mette la — addosso*, cela m'énerve || *dava in smanie*, il était dans tous ses états; *avere la — di*, (*fig.*) brûler d'envie de.

smaniare *v.intr.* **1** s'agiter **2** (*fig.*) (*desiderare intensamente*) brûler d'envie.

smanioso *agg.* avide; (*impaziente*) impatient.

smantellamento *s.m.* démantèlement; (*fig.*) démolition (*f.*).

smantellare *v.tr.* démanteler*; (*fig.*) démolir.

smarcare (*coniug. come* mancare) *v.tr.* (*sport*) démarquer.

smargiassata *s.f.* fanfaronnade; (*scena violenta*) sortie.

smargiasso *s.m.* fanfaron*, vantard.

smarginare *v.tr.* émarger*.

smarrimento *s.m.* **1** perte (*f.*): *in caso di* —, en cas de perte **2** (*perdita di conoscenza, di memoria*) défaillance (*f.*); (*turbamento*) désarroi.

smarrire (*coniug. come* finire) *v.tr.* perdre* □ **smarrirsi** *v.pron.* **1** s'égarer **2** (*turbarsi*) se troubler.

smarrito *agg.* **1** égaré || *ufficio oggetti smarriti*, bureau des objets trouvés **2** (*fig.*) (*turbato*) troublé, égaré.

smascellarsi *v.pron.* se démantibuler (la mâchoire) || — *dalle risa*, rire à s'en décrocher la mâchoire.

smascheramento *s.m.* dévoilement; (*scoperta*) découverte (*f.*).

smascherare *v.tr.* démasquer (*anche fig.*).

smaterializzare *v.tr.* dématérialiser; idéaliser.

smembramento *s.m.* démembrement (*anche fig.*).

smembrare *v.tr.* démembrer (*anche fig.*).

smemorataggine *s.f.* **1** manque de mémoire, défaut de mémoire **2** (*dimenticanza*) oubli (*m.*).

smemorato *agg.* **1** (*che ha perso la memoria*) qui n'a pas de mémoire; (*med.*) amnésique **2** (*distratto*) étourdi.

smentire (*coniug. come* finire) *v.tr.* **1** démentir* || *gli avvenimenti ti hanno smentito*, les événements t'ont donné un démenti **2** (*ritrattare*) rétracter **3** (*venire meno a*) manquer (à) || — *la propria fama*, ne pas justifier sa réputation □ **smentirsi** *v.pron.* **1** se démentir* **2** (*venir meno a*) ne pas être* à la hauteur de sa réputation || *non si smentisce mai*, il est toujours égal à lui-même.

smentita *s.f.* démenti (*m.*).

smeraldo *s.m.* émeraude (*f.*).

smerciare (*coniug. come* cominciare) *v.tr.* écouler; vendre*; (*al minuto*) débiter.

smercio *s.m.* vente (*f.*); (*smaltimento*) écoulement, (*al minuto*) débit || *avere molto* —, se vendre beaucoup.

smerigliare *v.tr.* polir à l'émeri; (*una valvola*) roder une soupape.

smerigliato *agg.* poli à l'émeri, dépoli: *carta smerigliata*, toile émeri; *vetro* —, verre dépoli.

smerigliatura *s.f.* polissage à l'émeri; (*di vetro*) dépolissage (*m.*); (*di valvole*) rodage (*m.*).

smeriglio¹ *s.m.* émeri.

smeriglio² *s.m.* (*zool.*) émerillon.

smerlare *v.tr.* festonner.

smerlo *s.m.* feston.

smettere (*coniug. come* mettere) *v.tr.* **1** cesser **2** (*cessare di indossare*) ne plus porter ♦ *v.intr.* cesser: *smettete!, arrêtez!; è ora che tu smetta*, il est temps que tu finisses || *smettila con quel tono arrogante!*, change de ton et ne sois pas arrogant!

smidollato *agg.* e *s.m.* (*fig.*) mollasse, mollasson*.

smilitarizzare *v.tr.* démilitariser.

smilitarizzazione *s.f.* démilitarisation.

smilzo *agg.* fluet*.

sminare *v.tr.* déminer.

sminuire (*coniug. come* finire) *v.tr.* amoindrir, diminuer □ **sminuirsi** *v.pron.* se sous-estimer, se déprécier || *non pensare di sminuirti con questo lavoro*, ne pense pas que ce travail te dévalorise.

sminuito *agg.* amoindri, diminué; (*fig.*) frustré: *si sente — a fare questo lavoro*, il se sent frustré dans ce travail.

sminuzzare *v.tr.* couper en petits morceaux, morceler*; (*sbriciolare*) émietter.

smistamento *s.m.* triage, tri.

smistare *v.tr.* trier || (*sport*) — *il pallone*, passer la balle.

smisuratamente *avv.* démesurément; (*immensamente*) immensément.

smisurato *agg.* démesuré; (*immenso*) immense.

smitizzare *v.tr.* démythifier.

smitizzazione *s.f.* démythification.

smobilitare *v.tr.* **1** (*mil.*) démobiliser || — *l'industria di guerra*, reconvertir l'industrie de guerre; — *un ufficio*, fermer un bureau **2** (*fig.*) apaiser.

smobilitazione *s.f.* **1** démobilisation || *la — dell'industria di guerra*, la reconversion de l'industrie de guerre **2** (*fig.*) apaisement (*m.*).

smoccolare *v.tr.* e *intr.* moucher.

smock *s.m.* (*punto*) —, smocks (*pl.*).

smodatamente *avv.* immodérément; (*eccessivamente*) excessivement.

smodato *agg.* (*smisurato*) démesuré; (*eccessivo*) excessif*; (*esagerato*) exagéré || *essere — nel bere*, boire sans modération.

smoderatamente *avv.* immodérément; (*eccessivamente*) excessivement.

smoderatezza *s.f.* intempérance; (*eccesso*) excès (*m.*).

smoderato *agg.* immodéré; (*eccessivo*) excessif*.

smoking (pl. *invar.*) *s.m.* (*abbigl.*) smoking.

smonacarsi (*coniug. come* mancare) *v.pron.* se défroquer; (*di monaca*) quitter le voile.

smontabile *agg.* démontable.

smontaggio *s.m.* démontage.

smontare *v.tr.* démonter (*anche fig.*) || (*fig.*): *l'insuccesso mi ha smontato*, cet insuccès m'a démonté; *le mie parole l'hanno smontato*, mes paroles l'ont découragé; *non si lascia — facilmente*, on ne le décontenance pas facilement || — *un'accusa*, réfuter une accusation || — *una pietra preziosa*, dessertir une pierre précieuse ♦ *v. intr.* **1** (*scendere*) descendre* **2** (*finire il turno di lavoro*) finir son service || — *di sentinella, di guardia*, finir son tour de garde **3** (*di panna montata ecc.*) (re)tomber □ **smontarsi** *v.pron.* se démonter; (*scoraggiarsi*) se décourager*.

smontato *agg.* démonté (*anche fig.*); (*scoraggiato*) découragé.

smorfia *s.f.* **1** grimace **2** (*fig.*) (*moina*) simagrée; (*svenevolezza*) minauderie || *fare smorfie*, minauder.

smorfioso *agg.* minauder* || *fare la smorfiosa con qlcu*, minauder avec qqn.

smorto *agg.* **1** blafard || *occhi smorti*, yeux éteints **2** *(fig.)* *(scialbo)* incolore.

smorzare *v.tr.* **1** amortir; *(la luce)* tamiser; *(i colori)* nuancer* **2** *(fig.)* apaiser: — *la collera di qlcu*, apaiser la colère de qqn **3** *(region.)* *(spegnere)* éteindre* || — *la sete*, étancher la soif □ **smorzarsi** *v.pron.* **1** s'amortir **2** *(fig.)* s'estomper, s'apaiser **3** *(region.)* *(spegnersi)* s'éteindre*.

smorzata *s.f.* *(sport)* amorti *(m.)*.

smorzato *agg.* **1** amorti; *(di colori, suoni)* atténué; *(di luce)* tamisé **2** *(region.)* *(spento)* éteint.

smosso *agg.* déplacé || *terra smossa*, terre remuée.

smottamento *s.m.* éboulement, éboulis.

smottare *v.intr.* ébouler, s'ébouler.

smozzicare *(coniug. come* mancare*)* *v.tr.* mordre* (dans): — *il pane*, mordre dans le pain || — *le parole*, hacher ses mots.

smozzicato *agg.* mordu || *frasi smozzicate*, des phrases hachées.

smunto *agg.* pâle; *(emanciato)* émacié; *(patito)* *hâve.

smuovere *(coniug. come* muovere*)* *v.tr.* déplacer* || — *la terra*, remuer la terre || *non è possibile smuoverlo dalla sua poltrona*, il n'y a pas moyen de l'arracher à son fauteuil; *è impossibile smuoverlo dalla sua apatia*, il est impossible de le secouer de son apathie; *non riusciamo a smuoverlo (dal suo proposito)*, il n'y a pas moyen de le détourner de son dessein; *ha deciso e nessuno lo smuove*, personne ne peut le dissuader de changer d'avis || — *le acque*, apporter une bouffée d'air frais || — *l'opinione pubblica*, mobiliser l'opinion publique □ **smuoversi** *v.pron.* **1** se déplacer* **2** *(fig.)* *(mutare proposito)* changer* d'avis.

smurare *v.tr.* *(togliere dal muro)* desceller.

smussare *v.tr.* **1** arrondir; *(una punta)* émousser **2** *(fig.)* adoucir; *(attenuare)* atténuer □ **smussarsi** *v.pron.* **1** *(di lame)* s'émousser **2** *(fig.)* s'adoucir; *(attenuarsi)* s'atténuer.

smussato *agg.* **1** arrondi; *(di punte di coltelli, di lame ecc.)* émoussé **2** *(fig.)* arrondi, adouci; *(attenuato)* atténué.

smusso *s.m.* **1** arrondissement; *(di lame ecc.)* émoussage **2** *(scalpello a)* —, ciseau*.

snaturare *v.tr.* dénaturer *(anche fig.)*.

snaturato *agg.* dénaturé.

snazionalizzare *v.tr.* dénationaliser.

snebbiare *v.tr.* *(fig.)* éclaircir: — *la mente*, remettre les idées en place.

snellezza *s.f.* sveltesse.

snellimento *s.m.* *(fig.)* *(semplificazione)* simplification *(f.)* || *lo* — *del traffico*, la fluidification de la circulation.

snellire *(coniug. come* finire*)* *v.tr.* **1** amincir **2** *(fig.)* *(semplificare)* assouplir || — *le pratiche*, simplifier les démarches || — *il traffico*, activer la circulation □ **snellirsi** *v.pron.* **1** s'amincir **2**

(fig.) *(diventare più semplice)* se simplifier; *(del traffico)* devenir* plus rapide.

snello *agg.* **1** svelte; *(affusolato)* effilé: *una ragazza snella*, une jeune fille svelte; *la vita snella*, la taille fine || *una snella colonna*, une colonne élancée **2** *(agile)* souple, agile.

snervante *agg.* énervant.

snervare *v.tr.* énerver □ **snervarsi** *v.pron.* s'énerver.

snervato *agg.* énervé; *(estenuato)* exténué.

snidare *v.tr.* dénicher *(anche fig.)*; *(fare uscire dalla tana)* débusquer.

sniffare *v.tr.* *(gergo)* sniffer.

snob *agg.* e *s.m.* snob: *fare lo* —, être snob.

snobbare *v.tr.* snober.

snobbino *agg.* *(fam.)* snobinard.

snobismo *s.m.* snobisme.

snobistico (pl. *-ci*) *agg.* snob.

snocciolare *v.tr.* **1** *(togliere il nocciolo a)* dénoyauter **2** *(fig.)* *(spiattellare)* débiter **3** *(fig.)* *(sborsare)* débourser.

snodabile *agg.* articulé.

snodare *v.tr.* dénouer □ **snodarsi** *v.pron.* *(svolgersi)* se dérouler; *(articolarsi)* s'articuler; *(avere un tracciato sinuoso)* serpenter.

snodato *agg.* **1** articulé || *tubo* —, tuyau flexible **2** *(sciolto nelle articolazioni)* souple.

snodatura *s.f.* articulation.

snodo *s.m.* **1** articulation *(f.)*; *(mecc.)* rotule *(f.)* **2** — *(autostradale)*, bretelle d'autoroute.

soave *agg.* suave || **-mente** *avv.*

soavità *s.f.* suavité.

sobbalzare *v.intr.* **1** rebondir; *(di veicoli)* cahoter **2** *(fig.)* *(trasalire)* sursauter, tressaillir*: — *di, per la paura*, sursauter, tressaillir de peur || *il cuore mi sobbalzò di gioia*, mon cœur bondit de joie.

sobbalzo *s.m.* **1** sursaut; *(di veicoli)* cahot, soubresaut || *procedere a sobbalzi*, avancer par à-coups **2** *(fig.)* *(sussulto)* sursaut: *avere un* —, sursauter || *di* —, en sursaut.

sobbarcarsi *(coniug. come* mancare*)* *v.pron.* s'engager* (dans).

sobborgo (pl. *-ghi*) *s.m.* **1** faubourg **2** *pl.* banlieue *(f.sing.)*.

sobillare *v.tr.* inciter (à la révolte) || — *i compagni contro il professore*, dresser, monter ses camarades contre le professeur.

sobillatore (f. *-trice*) *s.m.* fauteur* de troubles.

sobillazione *s.f.* instigation.

sobriamente *avv.* sobrement.

sobrietà *s.f.* sobriété *(anche fig.)* || *con* —, sobrement.

sobrio *agg.* sobre || *è molto* — *nel bere*, il boit peu.

socchiudere *(coniug. come* chiudere*)* *v.tr.* entrouvrir*.

socchiuso *agg.* entrouvert.

soccida *s.f.* *(dir.)* cheptel *(m.)*.

soccombente *agg.* e *s.m.* perdant.

soccombere *v.intr.* succomber || — *in giudizio*, perdre un procès.

soccorrere *(coniug. come* correre*)* *v.tr.* secourir*.

soccorritore (f. *-trice*) *s.m.* sauveteur; (*appartenente a un'organizzazione*) secouriste.

soccorso *s.m.* secours: *correre in — di qlcu,* voler au secours de qqn; *chiamare qlcu in —,* appeler qqn au secours || *pronto —,* poste de secours, service des urgences || (*dir.*) *omissione di —,* délit de fuite.

socialdemocratico (pl. *-ci*) *agg. e s.m.* social-démocrate*.

socialdemocrazia *s.f.* social-démocratie.

sociale *agg. e s.m.* social*.

socialismo *s.m.* socialisme.

socialista *agg. e s.m.* socialiste.

socialità *s.f.* sociabilité: *avere il senso della —,* avoir le sens du social.

socializzare *v.tr.* (*econ.*) nationaliser ♦ *v.intr.* s'intégrer* || *socializza facilmente,* il est très sociable.

socializzazione *s.f.* socialisation.

socialmente *avv.* socialement.

società *s.f.* **1** société || *andare in —,* aller dans le grand monde; *essere presentato in —,* être introduit dans la (bonne) société; *fare il proprio debutto in —,* débuter dans le monde; *vita di —,* vie mondaine; *abito da —,* smoking **2** (*dir.*) société: *— di fatto,* société de fait; *— semplice,* société civile || *essere in — con qlcu,* être l'associé de qqn; *mettersi in — con qlcu,* s'associer avec qqn || *comprare qlco in —,* acheter qqch en commun; *fare un affare in —,* faire une affaire en commun **3** (*associazione*) association, société.

societario *agg.* (*dir.*) sociétaire.

socievole *agg.* sociable.

socievolezza *s.f.* sociabilité.

socievolmente *avv.* d'une manière sociable.

socio *s.m.* associé; (*di società letteraria o teatrale*) sociétaire; (*di circolo, di accademia*) membre; (*di società per azioni*) actionnaire || *...e soci, ...*et compagnie.

socio- *pref.* socio-

socioculturale *agg.* socioculturel*.

sociologia *s.f.* sociologie.

sociologico (pl. *-ci*) *agg.* sociologique.

sociologo (pl. *-gi*) *s.m.* sociologue.

sociosanitario *agg.* de santé publique, sociosanitaire: *strutture sociosanitarie,* structures de santé (o d'hygiène) publique.

socratico (pl. *-ci*) *agg.* socratique.

soda *s.f.* **1** soude **2** (*bevanda*) soda (*m.*): *whisky e —,* whisky soda.

sodaglia *s.f.* friche.

sodalizio *s.m.* **1** association (*f.*) **2** (*legame di amicizia*) amitié (*f.*).

soddisfacente *agg.* satisfaisant.

soddisfacimento *s.m.* satisfaction (*f.*).

soddisfare (*coniug. come* disfare) *v.tr.* satisfaire*: *il suo lavoro non mi ha soddisfatto,* je n'ai pas été satisfait par son travail || *il suo lavoro non lo soddisfa,* son travail ne lui plaît pas; *è un risultato che non mi soddisfa,* je ne suis pas satisfait de ce résultat; *è una soluzione che non mi soddisfa,* c'est une solution que je trouve peu sa-

tisfaisante || *— un debito,* régler une dette || *— (a) un'offesa,* réparer une offense || *— (a) una condizione,* satisfaire à, remplir une condition ♦ *v.intr.* **1** satisfaire* || *— ai propri impegni,* remplir ses engagements || *— a un'esigenza,* répondre à une exigence **2** (*adempiere*) remplir: *— i, ai propri impegni,* remplir (o satisfaire à) ses engagements; *— agli obblighi di leva,* s'acquitter de, remplir ses obligations militaires □ **soddisfarsi** *v.pron.* se contenter.

soddisfatto *agg.* **1** (*contento*) satisfait, content **2** (*adempiuto*) rempli; (*pagato*) réglé.

soddisfazione *s.f.* satisfaction: *dare la — di,* laisser la satisfaction de; *prendersi la — di,* s'offrir la satisfaction de, se payer le luxe de; *con — di tutti,* à la satisfaction générale || *non c'è — a giocare con te,* ce n'est vraiment pas amusant de jouer avec toi.

sodio *s.m.* sodium.

sodo *agg.* (*compatto*) ferme; (*duro*) dur || *prenderle, darle sode,* donner, recevoir une bonne râclée || *uova sode,* œufs durs ♦ *s.m.* terrain solide || *venire al —,* en venir au fait ♦ *avv.* dur || *dormire —,* dormir comme une souche.

sodomia *s.f.* sodomie.

sodomita *s.m.* sodomite.

sodomizzare *v.tr.* sodomiser.

sofà *s.m.* sofa, canapé.

sofferente *agg.* souffrant: *essere — per un attacco d'asma,* souffrir d'une crise d'asthme || *è — di cuore,* il a le cœur malade.

sofferenza *s.f.* souffrance || *sopportarlo è stata una vera —,* ça a été un vrai supplice de le supporter || (*comm.*) *in —,* en souffrance.

soffermare *v.tr.* arrêter □ **soffermarsi** *v.pron.* s'arrêter.

sofferto *agg.* **1** (*ottenuto con sforzo*) difficile **2** (*che manifesta sofferenza*) douloureux*.

soffiare *v.intr.* **1** souffler: *— sulle candeline,* souffler les bougies; *— come un mantice,* souffler comme un phoque **2** (*fam.*) (*fare la spia*) moucharder ♦ *v.tr.* souffler: *— via la polvere,* souffler sur la poussière || *soffiarsi il naso,* se moucher; *— il naso a un bambino,* moucher un enfant || *— il portafogli,* (*fam.*) piquer le portefeuille.

soffiata *s.f.* **1** *dare una —,* souffler || *datti una — al naso,* mouche-toi **2** (*delazione*) mouchardage (*m.*): *fare, ricevere una —,* fournir, recevoir une information (d'un mouchard); *c'è stata una —,* quelqu'un a mouchardé.

soffiato *agg.* soufflé.

soffiatore (f. *-trice*) *s.m.* (*ind. del vetro*) souffleur*.

soffiatura *s.f.* (*del vetro*) soufflage (*m.*).

soffice *agg.* **1** moelleux*, douillet* || *neve —,* neige fraîche || *una pasta —,* une pâte légère || *— al tatto,* doux au toucher || *capelli soffici,* cheveux soyeux **2** (*fig.*) doux*; (*flessibile*) flexible.

soffietto *s.m.* soufflet || *porta a —,* porte (en) accordéon.

soffio *s.m.* souffle: *spegnere una candela con un —,* souffler sur une bougie; *ha spento 5 candeline* *con un* —, il a éteint 5 bougies d'un seul souffle || (*med.*) — *al cuore, cardiaco*, souffle au cœur || *in un* —, (*in un attimo*) en un clin d'œil; *d'un* —, (*di poco*) de justesse.

soffione *s.m.* 1 (*geol.*) soufflard 2 (*bot.*) pissenlit.

soffitta *s.f.* (*solaio*) grenier (*m.*); (*abbaino*) mansarde || *mettere in* —, mettre au grenier, (*fig.*) mettre au rancart.

soffittare *v.tr.* (*edil.*) plafonner.

soffittatura *s.f.* plafonnage (*m.*).

soffitto *s.m.* 1 plafond: *camera dal* — *basso*, chambre basse de plafond 2 (*alpinismo*) toit.

soffocamento *s.m.* étouffement || *morire per* —, mourir d'étouffement; *morte per* —, mort par suffocation.

soffocante *agg.* étouffant || *è* — *con i suoi figli*, elle est assommante avec ses enfants.

soffocare (*coniug. come* mancare) *v.tr.* étouffer || — *una rivolta nel sangue*, noyer une révolte dans le sang ♦ *v.intr.*, **soffocarsi** *v.pron.* suffoquer, (s')étouffer: *mi sento* —, j'étouffe; *si soffoca qui dentro*, on étouffe ici; *si soffoca dal fumo*, la fumée nous fait suffoquer; — *di rabbia*, suffoquer de colère || *per poco non* (*si*) *è soffocata con un nocciolo*, elle a failli s'étouffer avec un noyau.

soffocato *agg.* étouffé.

soffocazione *s.f.* suffocation.

soffoco (pl. *-chi*) *s.m.* (*region.*) chaleur étouffante.

soffregare (*coniug. come* legare) *v.tr.* frotter (légèrement).

soffriggere (*coniug. come* affliggere) *v.tr.* faire* revenir ♦ *v.intr.* frire*.

soffrire (*coniug. come* aprire) *v.tr.* 1 (*patire*) souffrir* (de): — *la fame*, souffrir de la faim || — *le pene dell'inferno*, endurer les pires souffrances 2 (*sopportare*) supporter ♦ *v.intr.* souffrir*: *ha molto sofferto per la lontananza dei genitori*, il a beaucoup souffert de l'éloignement de ses parents; *soffro nel vederlo così triste*, je souffre de le voir si triste || — *di cuore*, souffrir du cœur.

soffritto *s.m.* (*cuc.*) *hachis d'oignons, de lard sauté au beurre ou à l'huile: *fare un* —, faire revenir des oignons et du lard.

soffuso *agg.* (*di colore*) teinté || *luci soffuse*, lumières tamisées || *il viso* — *di rossore*, le visage légèrement empourpré; *il viso* — *di tristezza*, le visage voilé de tristesse.

sofisma *s.m.* sophisme.

sofista *s.m.* sophiste.

sofisticare (*coniug. come* mancare) *v.intr.* faire* des raisonnements sophistiqués ♦ *v.tr.* (*adulterare*) altérer*, falsifier; (*vini*) frelater.

sofisticatezza *s.f.* sophistication.

sofisticato *agg.* 1 sophistiqué 2 (*adulterato*) falsifié; (*di vino*) frelaté.

sofisticazione *s.f.* sophistication; (*di vini*) frelatage (*m.*).

sofisticheria *s.f.* sophisme (*m.*); (*pedanteria*) pédanterie.

sofistico (pl. *-ci*) *agg.* 1 sophistique 2 (*pedante*) pédant.

sofrologia *s.f.* sophrologie.

software (pl. *invar.*) *s.m.* logiciel: — *di base*, logiciel système; — *didattico*, didacticiel.

soggettista *s.m.* e *f.* (*cine.*) auteur du sujet (d'un film).

soggettivamente *avv.* subjectivement.

soggettivismo *s.m.* subjectivisme.

soggettività *s.f.* subjectivité.

soggettivo *agg.* 1 subjectif* 2 (*gramm.*) *proposizione soggettiva*, proposition sujet.

soggetto[1] *agg.* 1 sujet || *regione soggetta ad alluvioni*, région exposée aux inondations 2 (*passibile di*) passible (de) 3 (*sottomesso*) assujetti.

soggetto[2] *s.m.* sujet || — *cinematografico*, sujet d'un film; *film a* —, film de fiction || (*teatr.*) *recitare a* —, improviser || *che bel* —!, quel drôle de type!

soggezione *s.f.* 1 timidité: *aver* — *di*, être intimidé par; *incutere* — *a qlcu*, intimider qqn 2 (*sottomissione*) sujétion || *ridurre in* — *un popolo*, assujettir un peuple.

sogghignare *v.intr.* ricaner.

sogghigno *s.m.* ricanement.

soggiacere (*coniug. come* piacere) *v.intr.* (*sottomettersi*) se soumettre*; (*essere sottomesso*) être* soumis || — *all'autorità di qlcu*, se plier à l'autorité de qqn.

soggiogare (*coniug. come* legare) *v.tr.* soumettre*; (*fig.*) dominer.

soggiornare *v.intr.* séjourner.

soggiorno *s.m.* 1 séjour || (*dir.*) — *obbligato*, assignation à résidence 2 (*stanza di*) —, (salle de) séjour.

soggiungere (*coniug. come* giungere) *v.tr.* e *intr.* ajouter.

soggolo *s.m.* 1 guimpe (*f.*) 2 (*di cappello*) jugulaire (*f.*).

soglia *s.f.* seuil (*m.*) || *alle soglie di...*, au seuil de...

soglio *s.m.* (*letter.*) trône || *il* — *pontificio*, le Saint-Siège.

sogliola *s.f.* sole || (*cuc.*) — *alla mugnaia*, sole meunière.

sognante *agg.* rêveur*.

sognare *v.tr.* e *intr.* 1 rêver (de): *mi sono sognato di te*, *ti ho sognato*, j'ai rêvé de toi; *mi sembra di* —, je crois rêver; *ho sognato di essere a casa*, j'ai rêvé que j'étais chez moi || *non me lo sogno nemmeno*, loin de moi cette idée || *te lo sogni!*, *te lo puoi* —!, tu peux toujours courir! || — *la ricchezza*, rêver d'être riche || — *a occhi aperti*, rêver les yeux ouverts, tout éveillé 2 (*immaginare*) imaginer || *non me lo sono certo sognato*, je ne l'ai tout de même pas inventé.

sognatore (f. *-trice*) *agg.* e *s.m.* rêveur*.

sogno *s.m.* rêve || *sogni d'oro!*, fais de beaux rêves! || *nemmeno per* —, jamais de la vie || *il libro dei sogni*, la clé des songes.

soia *s.f.* (*bot.*) soja (*m.*), soya (*m.*): *germogli di* —, germes de soja.

sol (pl. *invar.*) *s.m.* (*mus.*) sol.

solaio *s.m.* 1 grenier: *in* —, au grenier 2 (*edil.*) plancher.

solamente *avv.* → **solo²**.

solare *agg.* **1** solaire **2** (*fig.*) (*evidente*) évident; (*radioso*) lumineux*, radieux*.

solarium *s.m.* solarium.

solatio *agg.* ensoleillé.

solcare (*coniug. come* mancare) *v.tr.* sillonner (*anche fig.*).

solcato *agg.* sillonné.

solco (pl. *-chi*) *s.m.* **1** sillon; (*fig.*) trace (*f.*) **2** (*delle ruote del carro*) ornière (*f.*) **3** (*delle navi*) sillage.

soldataglia, soldatesca (pl. *-che*) *s.f.* soldatesque.

soldatesco (pl. *-chi*) *agg.* soldatesque.

soldatessa *s.f.* femme soldat; (*fam.*) soldate.

soldatino *s.m.* (petit) soldat || — *di piombo*, soldat de plomb.

soldato *s.m.* soldat: — *semplice*, simple soldat; — *scelto*, soldat de première classe || *andare* —, être appelé sous les drapeaux; *fare il* —, faire son service.

soldo *s.m.* **1** sou || *essere senza un* —, être sans le sou, (*momentaneamente*) être fauché || *è roba da quattro, da due soldi*, c'est trois, deux fois rien || *un* — *di buon senso*, une once, un grain de bon sens || *alto come un* — *di cacio*, haut comme trois pommes **2** (*pl.*) (*denaro*) argent (*solo sing.*): *i soldi per le piccole spese*, l'argent de poche || *fare un sacco di soldi*, gagner un tas d'argent || *avere soldi a palate*, remuer l'argent à la pelle **3** (*paga*) solde (*f.*): *al* — *di*, à la solde de.

sole *s.m.* soleil: *c'è un bel* —, il fait grand soleil; *un* — *a picco, che spacca le pietre*, un soleil de plomb; *in pieno* —, au grand soleil, en plein soleil; *prendere il* —, (se) bronzer, prendre un bain de soleil || *colpo di* —, coup de soleil; *colpi di*—, (*dei capelli*) balayage || *foto contro* —, photo à contre-jour || *avere qlco al* —, avoir des biens au soleil || *bello come il* —, beau comme le jour || *è chiaro come il* — *che*..., il saute aux yeux que... || *alla luce del* —, (*fig.*) à découvert, ouvertement || *vedere il* — *a scacchi*, être à l'ombre, en prison || *il Re Sole*, le Roi-Soleil.

solecismo *s.m.* solécisme.

soleggiato *agg.* ensoleillé.

solenne *agg.* **1** solennel* **2** (*fig.*) formidable || *uno schiaffo* —, (*scherz.*) une gifle magistrale.

solennemente *avv.* solennellement.

solennità *s.f.* solennité.

solennizzare *v.tr.* solenniser.

solere (*Indic.pres.* io soglio, tu suoli, egli suole, noi sogliamo, voi solete, essi sogliono; *usato anche all'imperf. e al cong.pres. e pass.*) *v.intr.dif.* avoir* coutume (de) || *come si suol dire*, comme on dit.

solerte *agg.* diligent, actif*.

solerzia *s.f.* diligence; (*cura*) soin (*m.*).

soletta *s.f.* **1** semelle **2** (*edil.*) dalle.

solfa *s.m.* **1** solfège (*m.*) **2** (*fig.*) antienne.

solfatara *s.f.* (*geol.*) solfatare.

solfato *s.m.* (*chim.*) sulfate.

solfeggiare (*coniug. come* mangiare) *v.tr.* (*mus.*) solfier.

solfeggio *s.m.* (*mus.*) solfège.

solfidrico (pl. *-ci*) *agg.* (*chim.*) sulfhydrique.

solfito *s.m.* (*chim.*) sulfite.

solforare *v.tr.* soufrer, sulfurer.

solforato *agg.* (*chim.*) sulfuré.

solforatrice *s.f.* (*agr.*) soufreuse.

solforico (pl. *-ci*) *agg.* (*chim.*) sulfurique.

solforoso *agg.* (*chim.*) sulfureux*.

solfuro *s.m.* (*chim.*) sulfure.

solidale *agg.* solidaire (de) || **-mente** *avv.*

solidarietà *s.f.* solidarité.

solidarizzare *v.intr.* se solidariser (avec qqn); faire* cause commune.

solidificare (*coniug. come* mancare) *v.tr.* solidifier □ **solidificarsi** *v.pron.* se solidifier.

solidificazione *s.f.* solidification.

solidità *s.f.* solidité (*anche fig.*).

solido *agg. e s.m.* solide (*anche fig.*): *la sua fortuna è molto solida*, sa fortune, c'est du solide! || *geometria solida*, géométrie dans l'espace || (*dir.*) *in* —, solidairement.

soliloquio *s.m.* soliloque.

solino *s.m.* (*abbigl.*) faux col.

solipsismo *s.m.* (*fil.*) solipsisme.

solista *agg. e s.m.* soliste.

solitamente *avv.* habituellement, normalement.

solitario *agg.* e *s.m.* solitaire.

solito *agg.* habituel*; (*medesimo*) même: *alla solita ora*, à l'heure habituelle; *la mia solita vita*, ma vie de tous les jours || *siamo alle solite!*, nous y revoilà! || *essere* — (*a*), être habitué à, avoir l'habitude de ♦ *s.m.* habitude (*f.*): *come il* —, comme d'habitude; *prima del* —, plus tôt que d'habitude || *di* —, *al* —, d'habitude || *al*, *secondo il suo* —, selon son habitude || *"Cosa prende, signore?" "Il* —*"*, "Qu'est-ce que vous prenez, Monsieur?" "Comme d'habitude".

solitudine *s.f.* solitude: *in* —, dans la solitude.

sollazzare *v.tr.* amuser □ **sollazzarsi** *v.pron.* s'amuser.

sollazzevole *agg.* (*letter.*, *scherz.*) amusant.

sollazzo *s.m.* amusement: *dare* —, amuser.

sollecitamente *avv.* **1** promptement **2** (*premurosamente*) avec empressement.

sollecitare *v.tr.* **1** réclamer; (*fare premura a qlcu per*) presser (qqn de); (*comm.*) relancer*: — *la consegna*, réclamer la livraison; — *una telefonata*, insister pour obtenir une communication; — *un debitore*, relancer un débiteur; — *una pratica*, activer le règlement d'un dossier **2** (*chiedere con insistenza*) solliciter: — *un favore*, solliciter une faveur **3** (*mecc.*) fatiguer.

sollecitazione *s.f.* **1** rappel (*m.*), sollicitation **2** (*insistenza*) instance **3** (*mecc.*) contrainte, sollicitation.

sollecito¹ *agg.* **1** prompt **2** (*zelante*) zélé || — *dell'educazione dei figli*, soucieux de l'éducation de ses enfants.

sollecito² *s.m.* rappel || (*comm.*): *lettera di* —, relance, (lettre de) rappel; *fare un — a qlcu*, relancer (qqn).

sollecitudine *s.f.* **1** sollicitude: *mostrare — verso qlcu*, se montrer plein de sollicitude à l'égard de qqn **2** (*prontezza*) empressement (*m.*) || (*comm.*) *con cortese —*, dans les plus brefs délais **3** (*zelo*) zèle (*m.*).

solleone *s.m.* canicule (*f.*).

solleticante *agg.* (*fig.*) excitant.

solleticare (*coniug. come* mancare) *v.tr.* chatouiller (*anche fig.*) || *— la curiosità*, piquer la curiosité || *— l'appetito*, aiguiser l'appétit.

solletico (pl. *-chi*) *s.m.* chatouillement: *soffrire il —*, être chatouilleux, craindre les chatouilles; *fare il —*, chatouiller.

sollevamento *s.m.* soulèvement || (*sport*) *— pesi*, haltérophilie.

sollevare *v.tr.* **1** soulever* (*anche fig.*); (*alzare*) lever*: *— il bicchiere*, lever son verre; *— un problema*, soulever un problème || *— la polvere*, faire de la poussière **2** (*fig.*) (*alleggerire*) décharger*; soulager*: *— da una responsabilità*, décharger d'une responsabilité || *— qlcu dal suo incarico*, relever qqn de ses fonctions **3** (*fig.*) (*confortare*) soulager*: *— il morale a qlcu*, remonter le moral de qqn; *il riposo ti solleverà*, le repos te fera du bien || *— qlcu dalla miseria*, tirer qqn de la misère □ **sollevarsi** *v.pron.* **1** se soulever*; (*alzarsi*) se lever* || *— da terra*, se relever || *l'aereo si sollevò*, l'avion décolla || *l'uccello si sollevò dal ramo*, l'oiseau s'envola de sa branche **2** (*fig.*) (*riprendersi*) se remettre*.

sollevato *agg.* (*fig.*) soulagé.

sollevatore (f. *-trice*) *agg.* (*mecc.*) élévateur* ♦ *s.m.* **1** (*agitatore*) agitateur*, émeutier* **2** (*sport*) *— di pesi*, haltérophile.

sollevazione *s.f.* (*rivolta*) soulèvement (*m.*).

sollievo *s.m.* soulagement; (*conforto*) réconfort: *dare — a qlcu*, réconforter qqn; *tirare un respiro di —*, pousser un soupir de soulagement.

solluchero *s.m.*: *andare in —*, être ravi (de), être aux anges; *mandare in —*, ravir.

solo¹ *agg.* **1** seul: *è il — amico che ho, che io abbia*, c'est le seul ami que j'aie; *sono io sola a lavorare*, je suis la seule à travailler; *eravamo noi quattro soli*, n'étions ce que nous quatre; *ama lei sola*, il n'aime qu'elle (au monde); *noi due soli lo sappiamo*, il n'y a que nous deux qui le sachions; *ne conosco uno —*, je n'en connais qu'un (seul); *sono rimasto per soli quindici giorni*, je ne suis resté que quinze jours; *lo puoi acquistare con sole diecimila lire*, tu peux l'avoir pour dix mille lires seulement; *ho — due braccia*, je n'ai que deux bras; *riservato ai soli adulti*, pour adultes seulement || *— soletto*, tout seul || *da —*, tout seul: *si è mangiato tutta la torta da —*, il a mangé tout le gâteau à lui seul || *si sono incontrati da — a —*, ils se sont vus seul à seul; *gliene parlerò da — a —*, je lui en parlerai en privé || *al — pensarci*, rien que d'y penser **2** (*mus.*) (*solista*) solo || *a —*, solo ♦ *s.m.* **1** seul **2** (*mus.*) solo*.

solo² *avv.* **1** seulement; ne... que: *costa — mille*

lire, ça ne coûte que mille lires, ça coûte seulement mille lires; *è — un bambino*, ce n'est qu'un enfant; *manca — un mese a Natale*, il ne manque plus qu'un mois et c'est Noël; *ha — bisogno di riposo*, il a simplement besoin de repos; *portò via — il necessario*, il n'emporta que le strict nécessaire; *ti ho — detto che...*, je t'ai simplement dit que...; *"Vuoi un po' di cognac?" "Solo una goccia"*, "Veux-tu un peu de cognac?" "Juste une goutte" || *— allora...*, alors seulement...; *— adesso, oggi...*, ce n'est que maintenant, qu'aujourd'hui que... || *sono arrivato — adesso*, je viens d'arriver || *non —..., ma* (*anche*)..., non seulement..., mais aussi... || *se —...*, si seulement... **2** (*ma*) mais □ *solo che locuz.cong.* **1** (*ma*) mais **3** (*se*) si seulement: (*basta che, purché*) ne... que: *lo farei subito — che ne avessi la possibilità*, je le ferais tout de suite si seulement j'en avais la possibilité; *— che dica un'altra parola...*, il n'a qu'à dire un mot...

solstizio *s.m.* (*astr.*) solstice.

soltanto *avv.* → **solo²**.

solubile *agg.* soluble (*anche fig.*).

solubilità *s.f.* solubilité.

soluto *s.m.* (*chim.*) soluté.

soluzione *s.f.* solution: *— di continuità*, solution de continuité || *venire a una —*, trouver une solution || (*comm.*) *pagare in un'unica —*, payer tout à la fois || (*biochim.*) *— fisiologica*, soluté physiologique.

solvente *agg.* **1** (*comm.*) solvable **2** (*chim.*) ♦ *s.m.* (*chim.*) solvant, dissolvant.

solvenza *s.f.* solvabilité.

solvibile *agg.* (*comm.*) (*di persona*) solvable; (*di debito*) payable.

solvibilità *s.f.* (*comm.*) solvabilité.

soma *s.f.* fardeau* (*m.*) || *bestia da —*, (*anche fig.*) bête de somme.

somalo *agg.* e *s.m.* somali, somalien*.

somaro *s.m.* âne (*anche fig.*); (*fig.*) (*di studente*) cancre.

somatico (pl. *-ci*) *agg.* somatique || *caratteri somatici*, traits caractéristiques.

somatizzare *v.tr.* e *intr.* somatiser.

somatizzazione *s.f.* somatisation.

somigliante *agg.* **1** ressemblant: *sono molto somiglianti*, ils se ressemblent beaucoup **2** (*simile*) semblable.

somiglianza *s.f.* ressemblance || *a propria immagine e —*, à son image.

somigliare *v.intr.* ressembler □ **somigliarsi** *v.pron.* se ressembler.

somma *s.f.* **1** somme **2** (*conclusione*) conclusion: *tirare le somme*, tirer les conclusions.

sommamente *avv.* extrêmement; (*iron.*) souverainement.

sommare *v.tr.* **1** additionner, sommer: *— un numero a un altro*, ajouter un nombre à un autre **2** (*valutare*) peser* || *tutto sommato*, somme toute, tout compte fait ♦ *v.intr.* (*ammontare*) (se) monter.

sommarietà *s.f.* brièveté.

sommario¹ *agg.* sommaire: *in modo —,* sommairement || *-mente avv.*

sommario² *s.m.* sommaire; abrégé.

sommergere (*coniug. come* immergere) *v.tr.* submerger* (*anche fig.*): *le onde sommersero la nave,* les vagues engloutirent le navire.

sommergibile *s.m.* submersible.

sommerso *agg.* submergé (*anche fig.*): *— di lavoro,* submergé de travail || *economia sommersa,* économie souterraine; *lavoro —,* travail clandestin.

sommessamente *avv.* à voix basse, doucement.

sommesso *agg.* (*basso*) bas: *a voce sommessa,* à voix basse; *un pianto —,* des sanglots étouffés.

somministrare *v.tr.* administrer.

somministrazione *s.f.* administration; (*distribuzione*) distribution.

sommità *s.f.* sommet (*m.*) || *la — di una casa,* le faîte d'une maison.

sommo *agg.* (*il più grande*) le plus grand; (*il più alto*) le plus *haut* || *di somma importanza,* d'une extrême importance; *in — grado,* au plus haut degré || *un — ingegno,* une intelligence supérieure || *il — bene,* le bien suprême || *per sommi capi,* à grands traits, dans les grandes lignes || *il Sommo Sacerdote,* le Grand Prêtre; *il Sommo Pontefice,* le Souverain Pontife ♦ *s.m.* sommet (*anche fig.*).

sommossa *s.f.* émeute, soulèvement (*m.*).

sommovimento *s.m.* **1** bouleversement; (*dell'animo*) trouble **2** (*sommossa*) émeute (*f.*).

sommozzatore *s.m.* **1** plongeur **2** (*mil.*) homme-grenouille*.

sommuovere (*coniug. come* muovere) *v.tr.* **1** (*agitare*) agiter; (*l'animo*) troubler || *— le passioni,* exciter les passions **2** (*fig.*) soulever*.

sonagliera *s.f.* collier de grelots.

sonaglio *s.m.* **1** grelot **2** (*giocattolo*) *hochet.

sonante *agg.* (*che risuona*) sonnant, résonnant; (*sonoro*) sonore || *in moneta —,* en espèces sonnantes et trébuchantes.

sonar (*pl. invar.*) *s.m.* (*ecogoniometro*) sonar.

sonare *v.tr.* e *deriv.* → **suonare** e *deriv.*

sonata *s.f.* (*mus.*) sonate.

sonda *s.f.* sonde: *— atmosferica,* ballon-sonde; *— spaziale,* sonde spatiale || (*ind. miner.*) *— campionatrice,* (tube) carottier.

sondaggio *s.m.* sondage (*anche fig.*).

sondare *v.tr.* sonder (*anche fig.*).

soneria *s.f.* sonnerie.

sonetto *s.m.* (*lett.*) sonnet.

sonnacchioso *agg.* **1** ensommeillé **2** (*fig.*) (*apatico*) endormi, somnolent.

sonnambula *s.f.* somnambule.

sonnambulismo *s.m.* somnambulisme.

sonnambulo *agg.* e *s.m.* somnambule.

sonnecchiare *v.intr.* sommeiller, somnoler.

sonnellino *s.m.* petit somme: *schiacciare un —,* faire un petit somme || *il — pomeridiano,* la sieste.

sonnifero *agg.* e *s.m.* somnifère.

sonno *s.m.* sommeil: *ho molto —,* j'ai très sommeil; *cadere, morire dal —,* tomber, mourir de sommeil; *dormire il — del giusto,* dormir du sommeil du juste; *dormire sonni tranquilli,* dormir d'un sommeil tranquille; *fare un lungo —,* dormir longtemps; *fare tutto un —,* dormir d'un trait; *lasciarsi prendere dal —,* céder au sommeil; *prendere, riprendere —,* s'endormir, se rendormir; *immerso nel —,* plongé dans le sommeil; *rubare le ore al —,* prendre sur ses heures de sommeil; *conciliare il —,* faciliter le sommeil; *mettere, far venire —,* donner envie de dormir || *voce impastata di —,* voix endormie || *è un morto di —,* (*fam.*) c'est une chiffe molle; *morto di —!,* espèce d'endormi!

sonnolento *agg.* **1** somnolent || *con un'aria sonnolenta,* d'un air somnolent **2** (*che induce a dormire*) paresseux*, endormant: *un — pomeriggio d'estate,* un paresseux après-midi d'été **3** (*lento*) lent, paresseux*.

sonnolenza *s.f.* somnolence.

sonoramente *avv.*: *gliele ha date —,* il lui a donné deux gifles retentissantes.

sonorità *s.f.* sonorité.

sonorizzare *v.tr.* sonoriser.

sonorizzazione *s.f.* sonorisation.

sonoro *agg.* **1** sonore || *— ceffone,* une gifle retentissante || *applausi sonori,* de vifs applaudissements || (*cine.*): *effetti sonori,* bruitage; *film —,* film parlant **2** (*fig.*) (*altisonante*) ronflant ♦ *s.m.* **1** (*cinema sonoro*) cinéma parlant **2** (*colonna sonora*) bande sonore.

sontuosità *s.f.* somptuosité.

sontuoso *agg.* somptueux* || *-mente avv.*

sopire (*coniug. come* finire) *v.tr.* (*calmare*) apaiser.

sopito *agg.* assoupi; (*fig.*) apaisé.

sopore *s.m.* assoupissement.

soporifero *agg.* soporifique.

soppalcare (*coniug. come* mancare) *v.tr.* doter d'une soupente, d'une mezzanine.

soppalco (pl. *-chi*) *s.m.* soupente (*f.*), mezzanine (*f.*).

sopperire *v.intr.* **1** pourvoir*; (*fare fronte*) faire* face **2** (*supplire*) suppléer, racheter* (qqch).

soppesare *v.tr.* **1** soupeser* **2** (*fig.*) peser*.

soppiantare *v.tr.* supplanter.

soppiatto, di *locuz.avv.* furtivement; (*di nascosto*) en cachette.

sopportabile *agg.* supportable || *una spesa —,* une dépense possible.

sopportabilità *s.f.*: *il limite della —,* la limite du supportable.

sopportare *v.tr.* **1** supporter || *non posso — questa spesa,* je ne peux pas assumer cette dépense **2** (*patire*) supporter, endurer; (*subire*) subir || *— un affronto,* essuyer un affront || *quante ne ha sopportate!,* il en a eu des malheurs! □ **sopportarsi** *v.pron.* se supporter.

sopportazione *s.f.* **1** patience: *la mia — ha un limite,* ma patience a des limites; *avere spirito di —,* faire preuve d'une patience infinie **2** (*sufficienza*) suffisance.

soppressione *s.f.* **1** suppression; (*abolizione*) abolition **2** (*uccisione*) élimination **3** (*occultamento*) dissimulation.

soppresso *agg.* **1** supprimé; (*abolito*) aboli **2** (*ucciso*) tué, supprimé.

sopprimere (*coniugato come* comprimere) *v.tr.* supprimer.

soppunto *s.m.* (*cucito*) point invisible.

sopra *prep.* (*si unisce ai pron.pers. per mezzo della prep.* di) **1** sur (*per gli esempi →* su *prep.*) **2** (*con i pron.pers.* mi, ti, ci, vi *ecc.*) sur: *gli piombò —*, il bondit sur lui; *gli, ci furono —*, ils lui, nous sautèrent dessus **3** (*con le particelle* ci, vi) dessus: *scrivici — l'indirizzo*, écris l'adresse dessus || (*fig.*): *mettiamoci una pietra —*, oublions cela; *ci torna sempre —*, il revient toujours là-dessus; *ho deciso e non ci tornerò più —*, j'ai pris une décision et je ne reviendrai pas dessus || *beviamoci —*, oublions cela devant un verre **4** (*al di sopra, più in alto di*) au-dessus de: *i bambini — i cinque anni*, les enfants au-dessus de cinq ans; *le persone — la cinquantina*, les personnes ayant dépassé la cinquantaine, de plus de cinquante ans; *— (lo) zero*, au-dessus de zéro || *passare — qlco*, (*non tener conto di qlco*) fermer les yeux sur qqch || *passiamoci —!*, n'en parlons plus! **5** (*con il valore di* più, più che) par-dessus: *— tutto, — ogni cosa*, par-dessus tout || *costa — i dieci milioni*, cela coûte plus de dix millions ♦ *avv.* **1** dessus: *qua —, qui —*, ci-dessus; *là —, lì —*, là-dessus, (*in alto*) là-haut; *un tavolo con — una lampada*, une table avec une lampe dessus; *la scatola è d'oro soltanto —*, il n'y a que le dessus de la boîte qui soit en or; *lo appenderei più —*, (*più in alto*) je l'accrocherais plus haut || *gli esempi — citati*, les exemples cités plus haut || *vedi —, come —*, voir ci-dessus; *con riguardo a quanto —*, pour reprendre ce qui vient d'être dit **2** (*al piano superiore*) *abita di —*, il habite au-dessus; *le camere sono (di) —*, les chambres sont en haut; *c'è qualcuno di —?*, est-ce qu'il y a quelqu'un là-haut? || *vado un momento di —*, je monte un instant ♦ *agg.* au-dessus: *la riga —*, la ligne au-dessus; *il piano (di) —*, l'étage au-dessus ♦ *s.m.* dessus: *il — dell'armadio*, le dessus de l'armoire □ **di sopra →** disopra.

sopra- *pref.* (*nelle parole composte è spesso sostituito da sovra-*) sur-, supra-

soprabito *s.m.* pardessus; (*da donna*) manteau* (de demi-saison).

sopracciglio *s.m.* (pl. *i sopraccigli* o *le sopracciglia*) sourcil.

sopracciliare *agg.* sourcilier*.

sopraccitato *agg.* susnommé.

sopraddetto *agg.* susdit.

sopraddote *s.f.* (*st. dir.*) douaire (*m.*).

sopraffare (*coniug. come* fare) *v.tr.* accabler, écraser.

sopraffatto *agg.* accablé, écrasé.

sopraffattore *agg.* accablant, écrasant ♦ *s.m.* despote.

sopraffazione *s.f.* vexation.

sopraffilo *s.m.* (*cucito*) surfil.

sopraffino *agg.* surfin, extra-fin; (*eccellente*) excellent.

sopraggitto *s.m.* (*cucito*) surjet.

sopraggiungere (*coniug. come* giungere) *v. intr.* **1** arriver tout à coup **2** (*aggiungersi*) survenir*.

sopraggiunta *s.f.* surcroît (*m.*) □ **di, per sopraggiunta** *locuz.avv.* de surcroît, par surcroît.

sopraggiunto *agg.* survenu.

sopraindicato *agg.* indiqué ci-dessus.

sopralluogo (pl. *-ghi*) *s.m.* **1** (*dir.*) transport de justice; (*ispezione*) état des lieux: *fare un —*, descendre sur les lieux **2** (*cine.*) repérage.

sopralzo *s.m.* surélévation (*f.*).

soprammanica (pl. *-che*) *s.f.* manchettes à lustrine.

soprammenzionato *agg.* susmentionné.

soprammercato, per *locuz.avv.* par-dessus le marché.

soprammobile *s.m.* bibelot.

soprannaturale *agg.* e *s.m.* surnaturel*.

soprannome *s.m.* surnom.

soprannominare *v.tr.* surnommer.

soprannominato *agg.* **1** surnommé; (*detto*) dit **2** (*summenzionato*) susmentionné.

soprannumerario *agg.* surnuméraire.

soprannumero *s.m.* surnombre □ **in soprannumero** *locuz.avv.* en surnombre; (*in più*) de trop || *impiegato in —*, employé surnuméraire || *ore di lavoro in —*, heures de travail en excès.

soprano *s.m.* (*mus.*) soprano*: *mezzo —*, mezzo-soprano.

soprappensiero *avv.* **1** perdu dans ses pensées; (*distratto*) distrait **2** (*distrattamente*) sans réfléchir.

soprappiù *s.m. →* sovrappiù.

soprascarpa *s.f.* caoutchouc (*m.*).

soprascritta *s.f.* inscription.

soprascritto *agg.* (*scritto sopra*) écrit ci-dessus; (*nominato sopra*) nommé ci-dessus.

soprassalto *s.m.* sursaut; (*sussulto*) soubresaut: *di —*, en sursaut.

soprassedere (*coniug. come* sedere) *v.intr.* surseoir* (à) || *soprassediamo!*, renvoyons la chose à plus tard!

soprassuola *s.f.* double semelle.

soprattacco (pl. *-chi*) *s.m.* (*di scarpa*) renfort.

soprattassa *s.f.* surtaxe: *imporre una —*, surtaxer || *— sulle importazioni*, surtaxe à l'importation.

soprattutto *avv.* surtout; (*sopra ogni altro*) par-dessus tout.

sopravanzare *v.tr.* (*superare*) surpasser ♦ *v. intr.* **1** (*rimanere*) rester **2** (*sporgere*) dépasser (qqch).

sopravanzo *s.m.* surplus, excédent: *essere di —*, être en excédent.

sopravvalutare *v.tr.* surestimer, surévaluer.

sopravvalutazione *s.f.* surestimation, surévaluation.

sopravvenienza *s.f.* survenance.

sopravvenire (*coniug. come* venire) *v.intr.* survenir*.

sopravvento *avv.* au vent ♦ *s.m.*: *avere il — su qlcu*, (*fig.*) avoir le dessus, l'emporter (sur qqn).

sopravvissuto *agg.* e *s.m.* survivant (de); (*superstite*) rescapé (de).

sopravvivenza *s.f.* survie; (*a qlcu, a qlco*) survivance.

sopravvivere (*coniug. come* vivere) *v.intr.* survivre*.

sopreccedente *agg.* en surplus, en excédent.

soprelencato *agg.* énuméré ci-dessus.

soprelevare *v.tr.* surélever*.

soprelevata *s.f.* route surélevée.

soprelevato *agg.* surélevé.

soprelevazione *s.f.* surélévation.

soprintendente *s.m.* 1 superviseur 2 (*direttore*) directeur*; (*di musei, biblioteche ecc.*) conservateur* (de): *— alle Belle Arti*, directeur des Beaux-Arts 3 (*in un cantiere*) conducteur.

soprintendenza *s.f.* supervision; (*direzione*) direction || *— alle Belle Arti*, direction générale des Beaux-Arts.

soprintendere (*coniug. come* prendere) *v.intr.* diriger* (qqch).

sopruso *s.m.* injustice (*f.*); (*abuso*) abus (de pouvoir): *fare un — a qlcu*, faire une injustice à qqn.

soqquadro, a *locuz.avv.* sens dessus dessous.

sorba *s.f.* (*bot.*) sorbe.

sorbettare *v.tr.*: *sorbettarsi qlcu, qlco*, (*fam.*) se farcir qqn, se coltiner qqch.

sorbettiera *s.f.* sorbetière.

sorbetto *s.m.* sorbet.

sorbire (*coniug. come* finire) *v.tr.* 1 gober; (*sorseggiare*) siroter: *— un uovo*, gober un œuf; *— una tazza di caffè*, siroter une tasse de café 2 (*fam.*) (*sopportare*) se coltiner: *me lo sono dovuto — per due ore*, j'ai dû me farcir pendant deux heures.

sorbo *s.m.* (*bot.*) sorbier.

sorbola *s.f.* (*bot. region.*) (*frutto del sorbo*) sorbe || *sorbole!*, (*caspita*) dis donc!

sorcio *s.m.* souris (*f.*) || *far vedere i sorci verdi a qlcu*, (*fig.*) faire une peur bleue à qqn; (*mettere in serie difficoltà*) mettre qqn dans le pétrin.

sordamente *avv.* (*non com.*) 1 sourdement; avec un bruit sourd: *si sentiva tuonare — in lontananza*, on entendait au loin le tonnerre gronder sourdement; *cadde —*, il tomba avec un bruit sourd 2 (*fig.*) (*furtivamente*) en sourdine: *agire —*, agir en sourdine.

sordastro *agg.* e *s.m.* malentendant.

sordidamente *avv.* sordidement, d'une façon sordide.

sordidezza *s.f.* saleté; (*avarizia*) avarice.

sordido *agg.* 1 sordide (*anche fig.*) 2 (*avaro*) ladre.

sordina *s.f.* (*mus.*) sourdine: *in —*, (*fig.*) en sourdine.

sordità *s.f.* surdité.

sordo *agg.* e *s.m.* sourd (*anche fig.*): *un po' —*, un peu dur d'oreille || *fare il —*, (*fig.*) faire la sourde oreille.

sordomutismo *s.m.* surdi-mutité (*f.*).

sordomuto *agg.* e *s.m.* sourd-muet*.

sorella *s.f.* sœur (*anche fig.*).

sorellanza *s.f.* 1 parenté (entre sœurs); (*estens.*) (*solidarietà tra donne*) sororité 2 (*fig.*) analogie: *la — delle lingue romanze*, la parenté des langues romanes.

sorellastra *s.f.* demi-sœur*.

sorgente *agg.* naissant || *il sole —*, le soleil levant ♦ *s.f.* source (*anche fig.*).

sorgere (*coniug. come* scorgere) *v.intr.* 1 se lever* || *sta per — l'alba*, l'aube va se lever 2 (*trovarsi*) se trouver; (*levarsi, erigersi*) se dresser 3 (*nascere, di corsi d'acqua*) prendre* sa source; (*scaturire*) jaillir 4 (*fig.*) (*sopravvenire*) surgir; (*nascere*) naître* || *mi sorge un dubbio*, il me vient un doute || *è sorta una lite*, une dispute a éclaté ♦ *s.m.* lever: *al — del sole*, au lever du soleil.

sorgivo *agg.* de source.

sorgo (pl. *-ghi*) *s.m.* (*bot.*) sorgho.

soriano *agg.* e *s.m.* (chat) tigré.

sormontare *v.tr.* surmonter (*anche fig.*); (*oltrepassare, superare*) dépasser.

sornione *agg.* e *s.m.* sournois.

sororale *agg.* (*letter.*) sororal*.

sorpassare *v.tr.* 1 dépasser 2 (*di veicoli*) doubler.

sorpassato *agg.* dépassé; (*fuori moda*) démodé (*anche fig.*).

sorpasso *s.m.* (*aut.*) dépassement || *divieto di —*, interdiction de doubler.

sorprendente *agg.* surprenant.

sorprendere (*coniug. come* prendere) *v.tr.* 1 surprendre* 2 (*meravigliare*) étonner □ **sorprendersi** *v.pron.* se surprendre*; (*meravigliarsi*) s'étonner.

sorpresa *s.f.* 1 surprise: *agire di —*, agir par surprise || *cogliere di —*, prendre au dépourvu 2 (*meraviglia*) étonnement (*m.*): *con mia grande —*, à mon grand étonnement.

sorpreso *agg.* surpris; (*meravigliato*) étonné: *non mi è sembrato —*, il ne m'a pas paru étonné.

sorreggere (*coniug. come* leggere) *v.tr.* soutenir* (*anche fig.*).

sorridente *agg.* souriant.

sorridere (*coniug. come* ridere) *v.intr.* sourire* (*anche fig.*) || *— forzatamente*, avoir un sourire forcé.

sorriso *s.m.* sourire: *col — sulle labbra*, le sourire aux lèvres; *accennare un —*, ébaucher un sourire || *ha un — per tutti*, elle est aimable avec tout le monde.

sorsata *s.f.* gorgée.

sorseggiare (*coniug. come* mangiare) *v.tr.* boire* à petits coups: *— un caffè, un whisky*, siroter son café, son whisky.

sorso *s.m.* 1 gorgée (*f.*), coup: *a piccoli sorsi*, petites gorgées || *a lunghi sorsi*, à longs traits 2 (*piccola quantità di liquido*) goutte (*f.*).

sorta *s.f.* sorte; (*genere*) genre (*m.*); (*specie*)

espèce || *non c'è scusa di* —, il n'y a pas d'excuse qui tienne; *non c'è difficoltà di* —, cela ne présente aucune espèce de difficulté.

sorte *s.f.* sort (*m.*); (*destino*) destin (*m.*); (*fortuna*) fortune: — *avversa*, sort contraire, défavorable; *rimettersi alla* —, s'abandonner à son destin; *tentare la* —, tenter sa chance || *buona* —, chance; *cattiva* —, malchance; *sperare nella buona* —, s'en remettre à sa bonne étoile; *far buon viso a cattiva* —, faire contre mauvaise fortune bon cœur || *estrarre a* —, tirer au sort || *avere in* —, avoir en partage; *toccare in* —, recevoir en partage || *reggere le sorti di un paese*, présider aux destinées d'un pays.

sorteggiare (*coniug. come* mangiare) *v.tr.* tirer (au sort).

sorteggiato *agg.* tiré au sort; gagnant, sortant ♦ *s.m.* gagnant.

sorteggio *s.m.* tirage (au sort).

sortilegio *s.m.* sortilège, sort: *fare un* —, jeter un sort.

sortire (*coniug. come* finire) *v.tr.* **1** recevoir* en partage **2** (*ottenere, conseguire*) sortir* || *non sortì buon esito*, le résultat n'a pas été bon.

sortita *s.f.* **1** sortie **2** (*teatr.*) entrée en scène **3** (*arguzia*) boutade.

sorvegliante *s.m.* surveillant; (*guardia, guardiano*) garde, gardien: — *ai lavori*, surveillant de travaux.

sorveglianza *s.f.* surveillance.

sorvegliare *v.tr.* surveiller.

sorvegliato *agg.* e *s.m.* surveillé: — *speciale*, surveillé spécial.

sorvolare *v.tr.* e *intr.* **1** survoler (qqch) **2** (*fig.*) (*passare oltre*) passer, glisser || *sorvoliamo!*, glissons!

sorvolo *s.m.* survol.

SOS *s.m.* sos: *lanciare, mandare un* —, lancer, envoyer un sos.

sosia *s.m.* sosie.

sospendere (*coniug. come* prendere) *v.tr.* **1** suspendre*: — *le trattative*, interrompre les négociations || — *un treno*, supprimer momentanément un train || — *una sentenza, un'esecuzione*, surseoir à un jugement, à une exécution **2** (*esonerare*) relever*, suspendre*, mettre* à pied || — *uno scolaro dalle lezioni per tre giorni*, suspendre un élève pour trois jours.

sospensione *s.f.* suspension; — *dall'impiego*, suspension d'emploi; *tre giorni di* —, une suspension de trois jours || — *a divinis*, suspension et interdiction || — *della pena*, suspension de peine.

sospensivo *agg.* suspensif*.

sospeso *agg.* **1** suspendu || *tenere in* —, tenir en suspens; (*comm.*) tenir en souffrance || *restare col fiato* —, retenir son souffle **2** (*ansioso, in attesa*) en suspens; *stare in* —, être en suspens || *col cuore* —, le cœur battant ♦ *s.m.* (*comm.*) affaire en souffrance; (*pratica*) dossier en souffrance; (*pagamento*) paiement en souffrance.

sospettabile *agg.* soupçonnable.

sospettare *v.tr.* **1** soupçonner **2** (*immagina*-

re) penser; (*supporre*) supposer: *nessuno sospetterebbe in lui tanta energia*, personne ne penserait qu'il a tant d'énergie || — *un attentato*, craindre un attentat || *lo sospettavo!*, je m'en doutais! ♦ *v.intr.* (*di qlcu*) soupçonner (qqn); (*di qlco*) douter (de) || *sospetta di tutto e di tutti*, il se méfie de tout et de tous.

sospettato *agg.* e *s.m.* suspect: *le persone sospettate in quell'inchiesta*, les suspects dans cette affaire.

sospetto[1] *agg.* suspect; (*dubbio*) douteux*; (*equivoco*) équivoque: *merce di provenienza sospetta*, marchandise de provenance douteuse || *fungo* —, champignon douteux.

sospetto[2] *s.m.* soupçon: *mettere in* — *qlcu*, éveiller les soupçons de qqn || *guardare con* — *qlcu, qlco*, regarder qqn, qqch avec suspicion || *ho il vago* — *che...*, j'ai la vague impression que...

sospettosamente *avv.* soupçonneusement; (*con diffidenza*) avec méfiance.

sospettosità *s.f.* méfiance.

sospettoso *agg.* soupçonneux*.

sospingere (*coniug. come* spingere) *v.tr.* pousser (*anche fig.*).

sospinto *agg.* poussé || *a ogni piè* —, à tout bout de champ.

sospirare *v.intr.* soupirer || — *di sollievo*, pousser un soupir de soulagement || *fare* — *qlcu*, tenir qqn en haleine ♦ *v.tr.* (*desiderare*) soupirer (après); (*attendere*) attendre* || — *la patria lontana*, regretter sa patrie lointaine.

sospiro *s.m.* soupir: *trarre un* —, pousser un soupir.

sosta *s.f.* **1** arrêt (*m.*); (*di veicoli*) stationnement (*m.*) || *senza fare soste*, sans jamais s'arrêter || *divieto di* —, stationnement interdit **2** (*tregua*) trêve; (*pausa*) pause || *lavorare senza* —, travailler sans relâche, répit.

sostantivato *agg.* (*gramm.*) substantivé.

sostantivo[1] *s.m.* (*gramm.*) nom, substantif.

sostantivo[2] *agg.* (*chim.*) substantif.

sostanza *s.f.* **1** substance || *badare alla* — *delle cose*, aller au fond des choses || *in* —, en définitive, tout compte fait || *cibo di poca* —, aliment peu nourrissant **2** (*patrimonio*) avoir (*m.*) || *ciò rappresenta tutta la sua* —, cela représente tout ce qu'il possède.

sostanziale *agg.* substantiel*; (*essenziale*) essentiel*.

sostanzialmente *avv.* au fond; (*essenzialmente*) essentiellement.

sostanzioso *agg.* substantiel* (*anche fig.*): *cibo* —, mur de soutènement || *arco di* —, arc-boutant

sostare *v.intr.* (*fare una sosta*) faire* halte; (*fermarsi*) s'arrêter; (*di automobili*) stationner.

sostegno *s.m.* **1** soutien (*anche fig.*) || *muro di* —, mur de soutènement || *arco di* —, arc-boutant || *a* — *di*, à l'appui de || *insegnante di* —, professeur exerçant dans les sections d'éducation spécialisée (ses) **2** (*di pianta*) échalas, tuteur.

sostenere *v.tr.* soutenir* (*anche fig.*): — *il peso della famiglia*, avoir la famille à sa charge || — *in*-

genti spese, faire face à de grosses dépenses || *ha sostenuto la parte di Amleto*, il a joué le rôle d'Hamlet || *— gli esami*, passer ses examens □ **sostenersi** *v.pron.* **1** (*stare in piedi*) se soutenir* (*anche fig.*) **2** (*fig.*) (*reggere, stare in piedi*) tenir*: *un'ipotesi che non si sostiene*, une hypothèse qui ne tient pas debout.

sostenibile *agg.* soutenable; (*difendibile*) défendable.

sostenitore (f. *-trice*) *s.m.* partisan*; (*difensore*) défenseur*; (*di una squadra sportiva*) supporter ♦ *agg.*: *socio —*, membre bienfaiteur.

sostentamento *s.m.* subsistance (*f.*).

sostentare *v.tr.* entretenir*, sustenter □ **sostentarsi** *v.pron.* se sustenter.

sostentazione *s.f.* (*aer.*) sustentation.

sostenuto *agg.* **1** réservé; (*altero*) *hautain **2** (*elevato*) élevé (*anche fig.*) || (*comm.*) *mercato —*, marché soutenu **3** (*mus.*) sostenuto ♦ *s.m.*: *fare il —*, rester sur son quant-à-soi.

sostituibile *agg.* remplaçable; (*intercambiabile*) interchangeable.

sostituire (*coniug. come* finire) *v.tr.* remplacer*, substituer □ **sostituirsi** *v.pron.* remplacer*, se substituer.

sostitutivo *agg.* qui remplace; substitutif* || *essere — di qlco, qlcu*, remplacer qqch, qqn.

sostituto *s.m.* **1** remplaçant **2** (*dir.*) substitut: *— procuratore*, substitut du procureur.

sostituzione *s.f.* remplacement (*m.*), substitution || *in — (di)*, en remplacement (de).

sostrato *s.m.* substrat || *un — di verità*, (*fig.*) un fond de vérité.

sottaceti *s.m.pl.* (*cuc.*) pickles.

sottaceto, sott'aceto *avv.* e *agg.* (*cuc.*) au vinaigre: *mettere —*, confire dans le vinaigre; *cipolline —*, petits oignons au vinaigre.

sottacqua, sott'acqua *avv.* sous l'eau || *lavorare —*, (*fig.*) travailler dans l'ombre.

sottana *s.f.* **1** (*gonna*) jupe || *correre dietro alle sottane*, (*fam.*) courir les jupons **2** (*sottoveste*) jupon (*m.*) **3** (*fam.*) (*veste talare*) soutane.

sottecchi, (di) *locuz.avv.* à la dérobée, en cachette.

sottendere (*coniug. come* prendere) *v.tr.* (*mat.*) sous-tendre*.

sottentrare *v.intr.* prendre* la place (de).

sotterfugio *s.m.* subterfuge.

sotterranea *s.f.* métro (*m.*).

sotterraneo *agg.* e *s.m.* souterrain (*anche fig.*).

sotterrare *v.tr.* enterrer (*anche fig.*) || *— un tesoro*, enfouir un trésor.

sottigliezza *s.f.* **1** minceur **2** (*fig.*) finesse || *è una —*, c'est une nuance **3** (*spec.pl.*) (*cavilli*) subtilités (*pl.*).

sottile *agg.* **1** (*esile*) mince || *vita —*, taille fine || *voce —*, voix grêle || *aria —*, air léger **2** (*acuto*) subtil; (*fine*) fin **3** *mal —*, (*med. pop.*) phtisie ♦ *s.m.* subtilité (*f.*): *andare per il —*, se perdre en subtilités || *non guardar troppo per il —*, n'y regarde pas de trop près.

sottiletta *s.f.* (*formaggio*) toastinette.

sottilizzare *v.intr.* ergoter.

sottilmente *avv.* subtilement.

sottinsù, di *locuz.avv.* de bas en *haut.

sottintendere (*coniug. come* prendere) *v.tr.* sous-entendre*.

sottinteso *agg.* e *s.m.* sous-entendu*: *parlare a sottintesi*, parler par sous-entendus || *è —*, cela va sans dire; *è — che...*, il va sans dire que...

sotto *prep.* (*si unisce ai pron. pers. mediante la prep. di*) **1** sous: *— la, alla tavola*, sous la table; *— terra*, *sott'acqua*, sous terre, sous l'eau; *ha molti impiegati — di sé*, il a beaucoup d'employés sous ses ordres; *— Cesare*, sous Jules César; *— l'Austria*, sous la domination autrichienne || *aspettami — casa* (*mia, tua ecc.*), attends-moi en bas (de chez moi, toi, etc.) || *cercare una parola — la lettera S*, chercher un mot à la lettre S || *— obbligo di...*, avec l'obligation de... || *essere — accusa*, être mis en accusation || *mettici — un centrino*, mets-le sur un napperon; *ci metterò — un pezzo di legno*, je mettrai un morceau de bois dessous || *da —*: *uscì da — il letto*, il sortit de dessous le lit; *è passato da — la rete*, il est passé par-dessous le grillage; *l'hanno tirato fuori da — la neve*, on l'a sorti de la neige; *estrasse la pistola da — la giacca*, il sortit son pistolet de sa veste **2** (*a livello inferiore, più in basso di*) au-dessous: *abita — di me*, il habite au-dessous de chez moi; *i bambini — i cinque anni*, les enfants au-dessous de cinq ans; *— il livello del mare*, au-dessous du niveau de la mer; *ci sono dieci gradi — zero*, il fait moins dix; *— il ginocchio*, au-dessous du genou || *è di poco — il quintale*, il pèse un peu moins de cent kilos; *gli abitanti sono di poco — il migliaio*, il y a moins de mille habitants **3** (*in espressioni temporali*) (*in prossimità di, verso*): *— Natale*, vers Noël, aux approches de Noël ♦ *avv.* **1** dessous; (*in basso*) en bas; (*nella parte inferiore*) en dessous: *là —, lì —*, là-dessous; *qua —, qui —*, ci-dessous; *appenderei quel quadro più —*, j'accrocherais ce tableau plus bas; *sopra è di velluto, — di raso*, l'endroit est en velours l'envers en satin || (*con uso rafforzativo*) *— —*, jusque sous; (*fig.*) (*in fondo*) au fond: *l'acqua era filtrata — — nelle fondamenta*, l'eau s'était infiltrée jusque sous les fondations; *— — era un buon diavolo*, au fond c'était un brave type **2** (*al piano inferiore*) (*dabbasso*) en bas: *abita (di) —*, il habite (à l'étage) au-dessous; *ti aspetto (di) —*, je t'attends en bas; *vado — a vedere*, je descends voir; *attento a non cadere di —*, attention à ne pas tomber; *— c'è il negozio e sopra l'abitazione*, le magasin est en bas et l'appartement (à l'étage) au-dessus **3** (*in passivo, in perdita*): *eravamo — di dieci milioni*, nous avions un découvert de dix millions; *andare, mandare —*, aller, faire aller dans le rouge || (*Borsa*) *queste azioni sono — di due punti*, ces actions ont perdu deux points ♦ *agg.* au-dessous: *il piano (di) —*, l'étage au-dessus, du dessous; *la riga —*, la ligne au-dessous, en dessous ♦ *s.m.* (*fam.*) dessous: *il — è di legno*, le dessous est en bois.

♦ FRASEOLOGIA: *andare —*, (*scendere*) descendre,

aller en bas, (*affondare*) couler, (*nuotare sott'acqua*) nager sous l'eau || *andare — le armi*, être appelé sous les drapeaux || *mandare —*, (*sott'acqua*) pousser sous l'eau; (*di una nave, affondare*) envoyer par le fond || *c'è, ci dev'essere — qlco*, (*fig.*) il y a, il doit y avoir qqch là-dessous || *farsi —*, (*avvicinarsi*) s'approcher; *fatti —!*, (*picchia*) vas-y, cogne!; *cosa dici, mi faccio —?*, (*fig.*) (*mi faccio avanti*) qu'est-ce que tu en penses, je me lance? || *—, ragazzi!*, allez, les gars! || *diamoci —, ragazzi!*, courage, les enfants! || *dar — ai quattrini*, gaspiller son argent || *mettere, tirare —*, (*investire*) renverser || (*fig.*): *l'hanno messo — a lavorare a tredici anni*, on l'a mis à travailler à l'âge de treize ans; *adesso ti metti — a studiare*, maintenant tu te mets au travail; *si è messo — di buona lena*, il s'y est attelé avec courage || *stare —*, (*nei giochi, nascondino ecc.*) coller: *tocca a me stare — questa volta*, cette fois-ci c'est à moi de coller || *stai, vai — (le coperte) che prendi freddo*, couvre-toi, tu vas prendre froid || *— a chi tocca!*, au suivant! || *farsela —*, (*fig.*) avoir la frousse □ **di sotto →** disotto.

sotto- *pref.* sous-, sub-

sottoalimentare *v.tr.* (*med., elettr.*) sous-alimenter.

sottoalimentazione *s.f.* sous-alimentation.

sottobanco *avv.* en sous-main, en cachette.

sottobicchiere *s.m.* dessous-de-verre*.

sottobosco (pl. *-chi*) *s.m.* sous-bois.

sottobraccio *avv.*: *tenere qlcu —*, donner le bras à qqn; *camminavano* (*tenendosi*) *—*, ils marchaient bras dessus, bras dessous.

sottocapo *s.m.* sous-chef*; (*vicedirettore*) sous-directeur*.

sottocchio *avv.* sous les yeux || *tenere —*, (*sorvegliare*) surveiller.

sottoccupato *agg.* (*econ.*) sous-employé ♦ *s.m.* chômeur* partiel.

sottoccupazione *s.f.* **1** sous-emploi (*m.*) **2** (*occupazione con orari inferiori al normale*) chômage partiel.

sottochiave *avv.* sous clé.

sottocommissione *s.f.* sous-commission.

sottocoperta, sotto coperta *avv.* (*mar.*) sous le pont.

sottocosto, sotto costo *avv.* au-dessous du prix coûtant.

sottocutaneo *agg.* sous-cutané: *tessuto —*, tissu sous-épidermique.

sottodimensionato *agg.* inférieur; (*econ., tecn.*) sous-équipé*.

sottoesposizione *s.f.* (*fot.*) sous-exposition.

sottofondo *s.m.* **1** (*edil.*) *hourdis **2** (*di suoni, rumori*) fond sonore || *— musicale*, fond musical; *musica di —*, musique de fond.

sottogamba *avv.* (*fig.*) par-dessous la jambe.

sottogola *s.m.* jugulaire (*f.*); (*di cavallo*) sous-gorge (*f.*).

sottogonna *s.f.* jupon (*m.*).

sottogruppo *s.m.* sous-groupe.

sottoinsieme *s.m.* (*mat.*) sous-ensemble: *— di caratteri*, jeu partiel de caractères.

sottolineare *v.tr.* souligner (*anche fig.*).

sottolineatura *s.f.* soulignement (*m.*), soulignage (*m.*).

sottolio, sott'olio *avv.* dans l'huile, à l'huile: *conservare qlco —*, conserver qqch dans l'huile ♦ *locuz.agg.* à l'huile: *funghi, carciofini —*, champignons, artichauts confits dans l'huile; *tonno, sardine —*, thon, sardines à l'huile.

sottomano *avv.* **1** sous la main **2** (*fig.*) (*di nascosto*) en sous-main ♦ *s.m.* (*accessorio di scrivania*) sous-main.

sottomarino *agg.* e *s.m.* sous-marin.

sottomesso *agg.* soumis.

sottomettere (*coniug. come* mettere) *v.tr.* **1** soumettre* (*anche fig.*) **2** (*subordinare*) subordonner □ **sottomersi** *v.pron.* se soumettre*.

sottomissione *s.f.* **1** soumission **2** (*docilità*) docilité.

sottomultiplo *agg.* e *s.m.* (*mat.*) sous-multiple.

sottopagare (*coniug. come* legare) *v.tr.* sous-payer*.

sottopancia (pl. *invar.*) *s.m.* sous-ventrière (*f.*).

sottopassaggio, sottopasso *s.m.* **1** (*stradale*) tunnel routier **2** (*pedonale*) passage souterrain.

sottopiede *s.m.* sous-pied.

sottopopolato *agg.* sous-peuplé.

sottoporre (*coniug. come* porre) *v.tr.* soumettre* □ **sottoporsi** *v.pron.* se soumettre* || *— a visita medica*, passer une visite médicale.

sottoposto *agg.* soumis; (*esposto*) exposé ♦ *s.m.* subordonné.

sottoprefetto *s.m.* sous-préfet*: *moglie del —*, sous-préfète.

sottoprefettura *s.f.* sous-préfecture*.

sottoprodotto *s.m.* sous-produit.

sottoproduzione *s.f.* sous-production.

sottoprogramma *s.m.* (*inform.*) sous-programme.

sottoproletariato *s.m.* sous-prolétariat.

sottoproletario *agg.* e *s.m.* sous-prolétaire.

sottordine *s.m.* (*biol.*) sous-ordre* || *in —*, au deuxième rang.

sottoscala (pl. *invar.*) *s.m.* **1** dessous d'escalier **2** (*ripostiglio*) soupente (*f.*).

sottoscritto *agg.* e *s.m.* soussigné: *il —...*, je soussigné... || (*fin.*) *capitale —*, capital souscrit || *tutti, escluso il —*, (*fam.*) tout le monde sauf moi.

sottoscrittore *s.m.* souscripteur*; (*firmatario*) signataire.

sottoscrivere (*coniug. come* scrivere) *v.tr.* souscrire* (*anche fig.*) || *— (per) diecimila lire a favore di*, s'engager à verser dix mille lires en faveur de.

sottoscrizione *s.f.* souscription: *promuovere una —*, lancer une souscription.

sottosegretariato *s.m.* sous-secrétariat.

sottosegretario *s.m.* sous-secrétaire.

sottosezione *s.f.* sous-section.

sottosopra *avv.* sens dessus dessous; (*fig.*) bouleversé: *mettere —*, (*anche fig.*) bouleverser.

sottospecie *s.f.* sous-espèce.

sottostante *agg.* (situé) en-dessous, (situé) au-dessous (de).

sottostare (*coniug. come* stare. *Indic.pres.* io sottostò, egli sottostà) *v.intr.* **1** (*essere soggetto*) être* soumis; (*cedere*) se plier **2** (*rar.*) s'étendre* au-dessous (de).

sottosterzare *v.intr.* (*aut.*) sous-virer.

sottosuolo *s.m.* sous-sol.

sottosviluppato *agg.* sous-développé*.

sottosviluppo *s.m.* sous-développement.

sottotenente *s.m.* sous-lieutenant.

sottoterra *avv.* dans la terre, sous terre; (*con valore di agg.*) souterrain || andare —, mourir.

sottotetto *s.m.* comble (*spec. pl.*).

sottotitolare *v.tr.* sous-titrer.

sottotitolato *agg.* sous-titré.

sottotitolo *s.m.* sous-titre.

sottoutilizzare *v.tr.* sous-utiliser, sous-employer*.

sottovalutare *v.tr.* sous-estimer, sous-évaluer.

sottovalutazione *s.f.* sous-estimation, sous-évaluation*.

sottovaso *s.m.* dessous de pot.

sottovento *avv.* sous le vent.

sottoveste *s.f.* combinaison; (*a vita*) jupon (*m.*).

sottovoce, sotto voce *avv.* tout bas, à voix basse.

sottovuoto, sotto vuoto *agg. e avv.* sous vide.

sottraendo *s.m.* (*mat.*) terme soustractif.

sottrarre (*coniug. come* trarre) *v.tr.* soustraire* □ **sottrarsi** *v.pron.* se soustraire*.

sottratto *agg.* soustrait.

sottrazione *s.f* soustraction.

sottufficiale *s.m.* sous-officier.

soubrette *s.f.* (*teatr.*) vedette de music-hall.

sovente *avv.* souvent.

soverchiante *agg.* écrasant.

soverchiare *v.tr.* (*sopraffare*) écraser, accabler.

soverchieria *s.f.* violence, abus (*m.*).

soverchio *agg.* excessif*.

sovescio *s.m.* (*agr.*) enfouissement (des engrais verts); sidération (*f.*).

soviet *s.m.* soviet.

sovietico (pl. *-ci*) *agg. e s.m.* soviétique.

sovra- *pref.* → **sopra-**

sovrabbondante *agg.* surabondant || stile —, style ampoulé.

sovrabbondanza *s.f.* surabondance || in —, à profusion.

sovrabbondare *v.intr.* surabonder (en), regorger* (de).

sovraccaricare (*coniug. come* mancare) *v.tr.* surcharger* (*anche fig.*).

sovraccarico (pl. *-chi*) *agg.* surchargé ♦ *s.m.* surcharge (*f.*) || — *intellettuale*, surmenage intellectuel.

sovraccoperta *s.f.* **1** couvre-lit* (*m.*) **2** (*di libro*) jaquette ♦ *avv.* (*mar.*) sur le pont.

sovracorrente *s.f.* (*elettr.*) surintensité.

sovraffaticamento *s.m.* surmenage.

sovraffaticare (*coniug. come* mancare) *v.tr.* sur-

mener* □ **sovraffaticarsi** *v.pron.* se surmener*.

sovraffollamento *s.m.* encombrement; affluence excessive || — delle classi, des classes surchargées.

sovraffollato *agg.* bondé.

sovrainnesto *s.m.* (*agr.*) surgreffage.

sovraintendere *v.intr. e deriv.* → **soprintendere** e *deriv.*

sovralimentato *agg.* suralimenté (*anche mecc.*).

sovralimentazione *s.f.* suralimentation.

sovranamente *avv.* souverainement.

sovranazionale *agg.* supranational*.

sovranità *s.f.* souveraineté.

sovrano *s.m.* souverain ♦ *agg.* **1** souverain || regnare —, (*fig.*) régner en souverain **2** (*del sovrano*) du souverain.

sovraoccupazione *s.f.* suremploi (*m.*).

sovrappasso *s.m.* passage supérieur.

sovrappeso *s.m.* surplus de poids: sono un po' in —, je suis un peu au-dessus de mon poids normal; sono in — di tre chili, j'ai trois kilos en trop || bagaglio —, excédent de bagages.

sovrappiù *s.m.* surplus || nel nostro bilancio la domestica è un —, dans notre budget la femme de ménage est de trop || in, per —, en plus; è stupido e per — pigro, il est bête et par-dessus le marché paresseux.

sovrapponibile *agg.* superposable.

sovrappopolamento *s.m.* surpeuplement, surpopulation (*f.*).

sovrappopolato *agg.* surpeuplé.

sovrappopolazione *s.f.* surpopulation.

sovrapporre (*coniug. come* porre) *v.tr.* **1** superposer **2** (*fig.*) faire* prévaloir (sur) □ **sovrapporsi** *v.pron.* **1** se superposer **2** (*aggiungersi*) s'ajouter.

sovrapposizione *s.f.* superposition.

sovrapposto *agg.* superposé.

sovrapprezzo *s.m.* surprix || pagare un —, payer un droit supplémentaire.

sovrapproduzione *s.f.* surproduction.

sovrastampa *s.f.* surcharge.

sovrastampare *v.tr.* surcharger*.

sovrastante *agg.* **1** dominant; (*che sta sopra*) (situé) au-dessus (de) **2** (*fig.*) imminent.

sovrastare *v.tr. e intr.* **1** dominer **2** (*fig.*) menacer* **3** (*essere superiore a*) surpasser.

sovrastimare *v.tr.* surestimer.

sovrastruttura *s.f.* (*elettr.*) superstructure.

sovratensione *s.f.* (*elettr.*) surtension.

sovreccitabile *agg.* surexcitable.

sovreccitare *v.tr.* surexciter □ **sovreccitarsi** *v.pron.* devenir* surexcité.

sovreccitato *agg.* surexcité.

sovreccitazione *s.f.* surexcitation.

sovresporre (*coniug. come* porre) *v.tr.* (*fot.*) surexposer.

sovresposizione *s.f.* (*fot.*) surexposition.

sovrimposta *s.f.* centimes additionnels.

sovrimpressione *s.f.* surimpression.

sovrintendere *v.intr. e deriv.* → **soprintendere** e *deriv.*

spalatura

sovrumano *agg.* surhumain || *pazienza sovrumana*, patience d'ange.

sovvenire (*coniug. come* venire) *v.intr.* revenir* à l'esprit (de) □ **sovvenirsi** *v.pron.* se souvenir*.

sovvenzionare *v.tr.* subventionner.

sovvenzione *s.f.* subvention.

sovversione *s.f.* subversion.

sovversivo *agg.* subversif* ♦ *s.m.* révolutionnaire.

sovvertimento *s.m.* renversement; (*sconvolgimento*) bouleversement.

sovvertire *v.tr.* (*rovesciare*) renverser; (*sconvolgere*) bouleverser || *— l'ordine sociale*, troubler l'ordre social.

sovvertitore (f. *-trice*) *agg. e s.m.* destructeur*.

sozzeria *s.f.* saleté.

sozzo *agg.* 1 crasseux* 2 (*fig.*) sale; (*sordido*) sordide.

sozzura *s.f.* crasse; (*fig.*) saleté, ordure.

spaccalegna (pl. *invar.*) *s.m.* bûcheron.

spaccamontagne *s.m.* (*fam.*) fanfaron*, vantard.

spaccapietre *s.m.* casseur de pierres.

spaccare (*coniug. come* mancare) *v.tr.* 1 fendre*; (*rompere*) casser; (*frantumare*) briser; (*tagliare*) couper: *— con l'accetta*, fendre, couper à la hache || *— la testa a qlcu*, fendre le crâne à qqn; *— la faccia a qlcu*, (*fam.*) casser la figure à qqn || *un sole che spacca le pietre*, (*fig.*) un soleil de plomb || *un orologio che spacca il minuto*, une montre précise à la seconde près || *o la va o la spacca*, (*fam.*) jouer le tout pour le tout 2 (*fig.*) diviser □ **spaccarsi** *v.pron.* 1 se fendre*; (*rompersi*) se casser; (*frantumarsi*) se briser || *mi si spaccano le labbra per il freddo*, le froid me gerce les lèvres 2 (*fig.*) se diviser.

spaccata *s.f.* 1 (*lo spaccare*) *dare una — alla legna*, fendre, couper du bois 2 (*ginnastica, danza*) grand écart; (*scherma*) fente.

spaccato *agg.* 1 fendu 2 (*fig. fam.*) (*identico*) tout craché || *è un fiorentino —*, c'est un florentin pur sang || *sono le tre spaccate*, il est trois heures tapant(es) ♦ *s.m.* 1 coupe verticale 2 (*fig.*) (*rappresentazione*) tableau; (*descrizione*) description (*f.*).

spaccatura *s.f.* 1 (*lo spaccare*) fendage (*m.*) 2 (*fenditura*) fente; (*screpolatura della pelle*) gerçure 3 (*fig.*) rupture.

spacchettare *v.tr.* dépaqueter*.

spacciare (*coniug. come* cominciare) *v.tr.* 1 (*vendere*) vendre* || *— (droga)*, vendre de la drogue 2 (*far circolare illecitamente*) mettre* en circulation: *ha spacciato notizie false*, il a diffusé de fausses nouvelles 3 (*far passare per quel che non è*) faire* passer (pour) □ **spacciarsi** *v.pron.* se faire* passer (pour).

spacciato *agg.* fichu, perdu || *dare qlcu per —*, condamner qqn.

spacciatore (f. *-trice*) *s.m.* celui qui met en circulation (qqch); (*di droga*) trafiquant (de drogue), dealer.

spaccio *s.m.* 1 (*vendita*) vente (*f.*) 2 (*illegale*)

trafic: *arrestato per — di stupefacenti*, arrêté pour trafic de stupéfiants || *— di monete false*, mise en circulation de faux billets 3 (*locale di vendita*) magasin; (*per generi di monopolio e alcolici*) débit: *— alimentare*, magasin d'alimentation; *— di sali e tabacchi*, bureau de tabac || *— aziendale*, économat.

spacco (pl. *-chi*) *s.m.* 1 fente (*f.*) || (*abbigl.*) *con — laterale*, fendu sur le côté || (*agr.*) *innesto a —*, greffe en fente 2 (*strappo*) déchirure (*f.*).

spacconata *s.f.* fanfaronnade.

spaccone *s.m.* fanfaron*.

spada *s.f.* 1 épée: *battersi con la —*, se battre à l'épée; *tirar di —*, faire de l'escrime; *incrociare le spade*, croiser le fer || *passare a fil di —*, passer au fil de l'épée || *la — della giustizia*, le glaive de la justice || *a — tratta*, avec acharnement 2 (*zool.*) *pesce —*, espadon.

spadaccino *s.m.* spadassin: *un valente —*, une fine lame.

spadellare *v.intr.* (*region.*) s'affairer à la cuisine.

spadino *s.m.* courte épée; (*degli ufficiali di marina*) épée de cérémonie.

spadista *s.m.* (*sport*) épéiste.

spadona *s.f.* (*pera*) bon-chrétien* (*m.*).

spadroneggiare (*coniug. come* mangiare) *v. intr.* faire* la loi.

spaesato *agg.* dépaysé.

spaghettata *s.f.* (*fam.*) *farsi una —*, manger une bonne assiette de spaghetti.

spaghetteria *s.f.* restaurant spécialisé dans la préparation des spaghettis.

spaghetto[1] *s.m.* (*spec. pl.*) (*cuc.*) spaghetti (*sing.*): *spaghetti al pomodoro*, spaghettis à la (sauce) tomate.

spaghetto[2] *s.m.* (*fam.*) (*paura*) frousse (*f.*): *prendersi un bello —*, avoir la frousse.

spagliare *v.tr.* dépailler □ **spagliarsi** *v.pron.* se dépailler.

spagnolesco (pl. *-chi*) *agg.* (*spreg.*) (*borioso*) *hautain.

spagnoletta *s.f.* 1 (*cucito*) bobine 2 (*region.*) (*arachide*) cacah(o)uète.

spagnolismo *s.m.* (*ling.*) hispanisme.

spagnolo *agg. e s.m.* espagnol.

spago (pl. *-ghi*) *s.m.* ficelle (*f.*): *legare con lo —*, attacher avec de la ficelle, ficeler || *dar —*, (*fig.*) laisser dire, laisser faire.

spaiare *v.tr.* dépareiller.

spaiato *agg.* dépareillé.

spalancare (*coniug. come* mancare) *v.tr.* ouvrir* tout grand || *— la bocca*, ouvrir grand la bouche || *— gli occhi*, écarquiller les yeux; *— gli orecchi*, (*fig.*) être tout oreilles; *— le braccia*, ouvrir les bras □ **spalancarsi** *v.pron.* s'ouvrir* tout grand.

spalancato *agg.* grand ouvert: *una porta spalancata*, une porte grande ouverte || *con gli occhi spalancati*, avec des yeux écarquillés.

spalare *v.tr.* pelleter*; (*la neve*) déblayer*.

spalata *s.f.* coup de pelle.

spalatore (f. *-trice*) *s.m.* pelleteur*.

spalatura *s.f.* déblayage (*m.*).

spalla *s.f.* 1 épaule ‖ *stai diritto con le spalle!,* tiens-toi droit! ‖ *alle mie, tue spalle,* derrière moi, toi ‖ *dare, voltare le spalle,* tourner le dos; *volgere le spalle, (fig.)* tourner les talons ‖ *alzare, scrollare le spalle, stringersi nelle spalle,* hausser les épaules ‖ *battere una mano sulla — a qlcu,* taper sur l'épaule de qqn ‖ *portare a —,* porter sur l'épaule; *(a dorso d'uomo)* porter sur le dos ‖ *giungere alle spalle di qlcu,* arriver derrière qqn ‖ *prendere alle spalle,* capturer par derrière ‖ *una pugnalata alle spalle, (anche fig.)* un coup de poignard dans le dos; *colpire alle spalle,* frapper dans le dos; *assalire alle spalle,* attaquer par derrière; *avere il nemico alle spalle,* avoir l'ennemi derrière soi ‖ *mettere con le spalle al muro,* mettre au pied du mur ‖ *— a —,* épaule contre épaule, *(fig.)* côte à côte ‖ *(mus.) violino di —,* second violon 2 *(macelleria) (di bue)* épaule, paleron *(m.)*; *(di agnello)* épaule; *(di maiale)* palette 3 *(contrafforte)* contrefort *(m.)*; *(arch.)* culée ‖ *— di un argine,* talus d'une levée 4 *(teatr.)* faire-valoir* *(m.)*: *far da —, (anche fig.)* servir de faire-valoir.

♦ FRASEOLOGIA: *guardarsi alle spalle,* protéger ses arrières; *coprire le spalle a qlcu,* couvrir qqn; *può rischiare perché ha le spalle coperte,* il peut prendre des risques parce qu'il est protégé; *avere la testa sulle spalle,* avoir la tête sur les épaules; *avere le spalle larghe, grosse, (fig.)* avoir bon dos; *avere molti anni sulle spalle,* être très âgé; *ha tutta la famiglia sulle spalle,* il a toute sa famille sur le dos; *ha una grande responsabilità sulle spalle,* il porte un lourd fardeau sur les épaules; *vivere alle spalle di qlcu,* vivre aux crochets de qqn; *ridere alle spalle di qlcu,* rire aux dépens, crochets de qqn; *parlare dietro le spalle di qlcu,* casser du sucre sur le dos de qqn.

spallata *s.f.* coup d'épaule: *con una —,* d'un coup d'épaule.

spalleggiare *(coniug. come* mangiare) *v.tr.* *(appoggiare)* épauler; *(aiutare)* soutenir*: *è spalleggiato dagli amici,* ses amis le soutiennent ☐ **spalleggiarsi** *v.pron.* s'épauler; *(aiutarsi)* se soutenir*.

spalletta *s.f.* 1 *(di ponte)* parapet *(m.)*; *(di fiume)* levée 2 *(edil.)* ébrasement *(m.)*.

spalliera *s.f.* 1 *(di sedia ecc.)* dossier *(m.)* 2 *(del letto) (da capo)* tête de lit; *(da piedi)* pied de lit 3 *(di piante)* espalier *(m.)*: *meli a —,* pommiers en espalier ‖ *disporre a — una vite,* palisser une vigne 4 *(sport)* espaliers *(m.pl.)*.

spallina *s.f.* 1 épaulette *(f.)* 2 *(per reggere la sottoveste ecc.)* bretelle.

spalluccia *s.f.*: *fare spallucce,* *hausser les épaules.

spalmare *v.tr.* enduire*; *(stendere)* étaler, tartiner *(spec. cuc.)*: *spalmarsi il viso di crema,* s'enduire le visage de crème; *del miele su una fetta di pane,* étaler, tartiner du miel sur une tranche de pain ‖ *— il burro sul pane,* beurrer son pain.

spalmata *s.f.*: *dare una — (a),* passer une couche (sur).

spalmatura *s.f.* enduisage *(m.)*.

spalto *s.m.* 1 *(di opera fortificata)* glacis 2 *(spec.pl.) (di stadio)* gradins *(pl.)*.

spampanarsi *v.pron. (di fiori)* s'effeuiller.

spampanato *agg. (di fiori)* effeuillé.

spanare *v.tr.* fausser (le pas de vis) ☐ **spanarsi** *v.pron.* être* faussé*: *la vite si è spanata,* ce pas de vis est faussé.

spanato *agg.* faussé.

spanciare *(coniug. come* cominciare) *v.intr.* 1 *(tuffandosi)* faire* un plat 2 *(di muro ecc.)* bomber ☐ **spanciarsi** *v.pron.*: *— dalle risa,* crever de rire.

spanciata *s.f.* 1 prendere, dare una *—,* faire un plat 2 *(scorpacciata)* gueuleton *(m.)* ‖ *farsi una — di pere,* s'empiffrer de poires.

spandere *(Part.pass.* spanto) *v.tr.* 1 répandre*; *(stendere)* étendre* ‖ *— la cera sul pavimento,* passer de la cire sur le plancher; *(di legno)* encaustiquer le parquet 2 *(versare)* répandre* ‖ *— lacrime, sangue,* répandre, verser des larmes, du sang ‖ *spendere e —, (fam.)* dépenser à tort et à travers 3 *(diffondere)* répandre* ♦ *v.intr.* *(region.)* *(sbavare)* bavocher ☐ **spandersi** *v.pron.* 1 *(allargarsi)* s'étendre* 2 *(diffondersi, riversarsi)* se répandre*.

spaniel *s.m. (cane)* épagneul.

spanna *s.f.* empan *(m.)*; *(fig.)* bout *(m.)*: *è alto una —,* il a atteint les 20 centimètres, *(di bambino)* il est haut comme trois pommes; *è cresciuta di una —,* elle a pris 20 centimètres ‖ *non vede più in là di una —,* il ne voit pas plus loin que le bout de son nez ‖ *una — di terra,* un lopin de terre .

spannocchiare *v.tr. (agr.)* décortiquer (le maïs).

spaparacchiarsi, spaparanzarsi *v.pron. (fam.)* se vautrer.

spappolamento *s.m.* écrasement.

spappolare *v.tr.* écraser ☐ **spappolarsi** *v.pron.* s'écraser; *(di pasta ecc.)* se réduire* en bouillie.

spappolato *agg.* en bouillie.

sparachiodi *agg.* e *s.f.invar. (pistola) —,* pistolet de scellement.

sparagnino *agg.* e *s.m. (fam.)* radin.

sparare *v.tr.* tirer; *(usato assolutamente)* faire* feu: *— con la carabina,* tirer à la carabine; *spara bene,* c'est un bon tireur; *— a qlcu, qlco,* tirer sur qqn, qqch; *spararsi (alla testa),* se tirer une balle (dans la tête); *gli hanno sparato in un braccio,* on l'a touché au bras; *— alle spalle,* tirer dans le dos; *— addosso,* tirer dessus; *— una salva,* lâcher une salve ‖ *roba da spararsi,* il y a de quoi s'arracher les cheveux ‖ *spararle grosse, (fig.)* faire de l'épate ‖ *sparano certi prezzi!, (fig.)* c'est le coup de fusil! 2 *(sferrare)* décocher ‖ *(sport) — in porta,* tirer au but 3 *(di colore, luce)* éblouir ‖ *un colore che spara,* une couleur qui éblouit.

sparata *s.f. (fig.)* 1 *(spacconata)* fanfaronnade 2 *(scenata)* scène.

sparato¹ *agg. (fam.) (a gran velocità)* à toute vitesse; *(direttamente)* tout droit; *(senza esitazioni)* promptement.

sparato² *s.m. (abbigl.)* plastron.

sparatore (f. *-trice*) *s.m.* tireur*.

sparatoria *s.f.* fusillade; coups de feu.

sparecchiare *v.tr.* desservir*.

spareggio *s.m.* **1** inégalité (*f.*), déséquilibre **2** (*comm.*) déficit **3** (*sport*) barrage: *fare lo —*, faire la belle.

spargere (*Pass.rem.* io sparsi, tu spargesti ecc. *Part.pass.* sparso) *v.tr.* **1** répandre* || *— lo zuc-chero su una torta*, saupoudrer un gâteau de sucre; *— polvere antisettica su una ferita*, mettre de la poudre antiseptique sur une blessure; *— il suolo di fiori*, joncher le sol de fleurs; *— i capelli sulle spalle*, dénouer ses cheveux sur ses épaules || *— zizzania*, (*fig.*) semer la discorde || *— denaro a piene mani*, dépenser largement || *— lacrime*, *sangue*, verser des larmes, du sang || *— un segre-to*, divulguer un secret || *sparse la voce che...*, il fit courir le bruit que...; *— una notizia ai quattro venti*, crier une nouvelle aux quatre vents **2** (*sparpagliare*) éparpiller; (*disperdere*) disperser □ **spargersi** *v.pron.* **1** se répandre* || *si sparse la voce che...*, le bruit courut que... **2** (*sparpagliar-si*) s'éparpiller; (*disperdersi*) se disperser.

spargimento *s.m.* **1** (*versamento*) effusion (*f.*) **2** (*diffusione*) diffusion (*f.*).

sparigliare *v.tr.* déparreiller.

sparire (*coniug. come* finire) *v.intr.* disparaître*: *gli è sparito il portafoglio*, son portefeuille a disparu; *è sparito tra la folla*, il a disparu dans la foule; *il suo ricordo va sparendo*, son souvenir s'évanouit || *dove sei sparito?*, mais où t'étais-tu fourré?; *vorrei — dalla faccia della terra*, je vou-drais entrer dans un trou de souris.

sparizione *s.f.* disparition.

sparlare *v.intr.* **1** médire*, dire* du mal **2** (*parlare a sproposito*) parler à tort et à travers.

sparlatore *s.m.* mauvaise langue.

sparo *s.m.* **1** (*lo sparare*) décharge (*f.*) **2** (*colpo*) détonation (*f.*), coup de feu.

sparpagliamento *s.m.* éparpillement.

sparpagliare *v.tr.* éparpiller; (*spargere*) disper-ser || *agenti sparpagliati in tutta la città*, policiers disséminés dans toute la ville □ **sparpagliarsi** *v.pron.* s'éparpiller; (*spargersi*) se disperser || *la gente si sparpagliò nel parco*, les gens se répandi-rent dans le parc.

sparsamente *avv.* çà et là.

sparso *agg.* **1** éparpillé || *capelli sparsi sulle spalle*, cheveux dénoués sur les épaules || (*mil.*) *in ordine —*, en ordre dispersé **2** (*cosparso*) jonché, parsemé **3** (*versato*) versé, répandu.

spartanamente *avv.* à la spartiate.

spartano *agg.* e *s.m.* spartiate (*anche fig.*).

spartiacque (pl. *invar.*) *agg.* e *s.m.* (*linea*) —, ligne de partage des eaux.

spartineve (pl. *invar.*) *s.m.* chasse-neige*.

spartire (*coniug. come* finire) *v.tr.* (*dividere in parti*) partager*; (*per distribuire a terzi*) répartir* || *non ho nulla da — con lui*, je n'ai rien à voir avec lui.

spartito *s.m.* (*mus.*) partition (*f.*).

spartitraffico (pl.*invar.*) *s.m.* bande centrale;

(*salvagente*) refuge ♦ *agg.*: *aiuola —*, terre-plein; *banchina —*, refuge.

spartizione *s.f.* partage (*m.*).

sparto *s.m.* (*bot.*) spart.

sparuto *agg.* **1** (*di persona*) maigre, chétif*; (*di viso*) *hâve **2** (*esiguo*) très petit || *una sparuta minoranza*, une infime minorité.

sparviero *s.m.* **1** (*zool.*) épervier **2** (*edil.*) ta-loche (*f.*).

spasimante *s.m.* (*scherz.*) soupirant.

spasimare *v.intr.* souffrir* || *— per qlcu*, brûler pour qqn.

spasimo *s.m.* affres (*f.pl.*) (*anche fig.*); douleur (*f.*).

spasmo *s.m.* (*med.*) spasme.

spasmodicamente *avv.* spasmodiquement.

spasmodico (pl. *-ci*) *agg.* spasmodique || *ricerca spasmodica*, recherche frénétique.

spassarsi *v.pron.* s'amuser || *spassarsela*, (*fam.*) se payer du bon temps.

spassionatamente *avv.* impartialement.

spassionato *agg.* impartial*.

spasso *s.m.* **1** divertissement; (*svago*) distrac-tion (*f.*) || *per —*, pour rire || *che —!*, quelle rigo-lade! || *che — quel tipo!*, (*fam.*) il est marrant ce gars-là! **2** (*passeggiata*) promenade (*f.*): *andare a —*, se promener || *portare a — qlcu*, promener qqn; (*fig.*) faire marcher qqn || *mandare a — qlcu*, (*fig.*) envoyer promener qqn || *essere a —*, (*essere disoccupato*) être sans travail.

spassoso *agg.* amusant, drôle: *è un tipo —*, c'est un boute-en-train.

spastico (pl. *-ci*) *agg.* (*med.*) spasmodique.

spato *s.m.* (*min.*) spath.

spatola *s.f.* spatule || *a —*, spatulé; *dita a —*, doigts spatulés.

spauracchio *s.m.* **1** épouvantail **2** (*fig.*) bête noire.

spaurire (*coniug. come* finire) *v.tr.* effrayer* □ **spaurirsi** *v.pron.* s'effrayer*.

spaurito *agg.* effrayé.

spavaldamente *avv.* crânement; (*con arrogan-za*) avec arrogance.

spavalderia *s.f.* crânerie; (*bravata*) fanfaron-nade.

spavaldo *agg.* effronté ♦ *s.m.* fanfaron*.

spaventapasseri *s.m.* épouvantail (à moi-neaux) (*anche fig.*).

spaventare *v.tr.* effrayer*, épouvanter: *è di un egoismo che spaventa*, il est d'un égoïsme épou-vantable □ **spaventarsi** *v.pron.* s'effrayer*, s'épouvanter: *si spaventa per nulla*, un rien l'ef-fraie.

spaventato *agg.* effrayé || *— a morte*, terrorisé.

spavento *s.m.* frayeur (*f.*); (*paura*) peur (*f.*): *far, mettere — a*, effrayer; *essere preso dallo —*, être saisi de peur || *quel quadro è un —*, ce tableau est une horreur || *brutto da fare —*, laid à faire peur.

spaventosamente *avv.* **1** effroyablement **2** (*fam.*) affreusement: *è — ricco!*, il est affreuse-ment riche!

spaventoso *agg.* épouvantable || *uno — inci-*

dente, un affreux accident || *una miseria spaventosa*, une misère effroyable.

spaziale *agg.* spatial*.

spazialità *s.f.* spatialité.

spaziare *v.intr.* planer; (*fig.*) embrasser (qqch) ♦ *v.tr.* (*tip.*) espacer*.

spaziatura *s.f.* espacement (*m.*) (*spec.tip.*); écartement (*m.*).

spazientire (*coniug. come* finire) *v.tr.* énerver, agacer* □ **spazientirsi** *v.pron.* s'impatienter.

spazientito *agg.* irrité.

spazio *s.m.* **1** espace **2** (*estensione limitata, posto*) place (*f.*): *per mancanza di* —, faute de place || — *pubblico*, domaine public || *senza limiti di* — *e di tempo*, sans limitation d'espace et de temps **3** (*estensione di tempo*) espace: *nello* — *di un mese*, en l'espace d'un mois, en un mois; *in un breve* — *di tempo*, en un bref laps de temps, en peu de temps **4** (*tip.*) (*intervallo*) espacement.

spazioso *agg.* spacieux* || *una fronte spaziosa*, un vaste, large front.

spaziotemporale *agg.* spatio-temporel*.

spazzacamino *s.m.* ramoneur.

spazzaneve (pl. *invar.*) *s.m.* chasse-neige*.

spazzare *v.tr.* balayer* || *era affamatissimo, ha spazzato via tutto*, (*fam.*) il avait très faim, il a tout avalé.

spazzata *s.f.* coup de balai.

spazzatura *s.f.* **1** (*lo spazzare*) balayage (*m.*) **2** (*rifiuti*) ordures (pl.): *bidone, cassetta della* —, poubelle || *è da buttare nella* —, (*fig.*) c'est à mettre au rebut.

spazzino *s.m.* balayeur.

spazzola *s.f.* **1** brosse: — *per capelli*, brosse à cheveux || *capelli a* —, cheveux en brosse **2** (*elettr.*) balai (*m.*).

spazzolare *v.tr.* brosser: *spazzolarsi i capelli*, se brosser les cheveux.

spazzolata *s.f.* coup de brosse.

spazzolino *s.m.* brosse (*f.*): — *da denti, da unghie*, brosse à dents, à ongles.

spazzolone *s.m.* balai-brosse*.

speaker (pl. *invar.*) *s.m.* (*rad., tv*) speaker, présentateur* ♦ *s.f.* speakerine, présentatrice.

specchiarsi *v.pron.* **1** se regarder (dans une glace) || — *in qlcu*, (*fig.*) prendre qqn pour modèle **2** (*riflettersi*) se mirer.

specchiato *agg.* (*fig.*) exemplaire.

specchiera *s.f.* **1** glace **2** (*tavolino da toeletta*) coiffeuse.

specchietto *s.m.* **1** miroir || (*aut.*) — *retrovisivo*, rétroviseur || — *per le allodole*, (*anche fig.*) miroir aux alouettes **2** (*prospetto*) tableau*; (*schema*) schéma.

specchio *s.m.* **1** glace (*f.*); miroir (*anche fig.*): *guardarsi allo* —, se regarder dans la glace; *stare allo* —, rester devant la glace || *armadio a* —, armoire à glace; *occhiali a* —, lunettes miroir || *uno* — *d'acqua*, une pièce d'eau; *un mare liscio come uno* —, une mer d'huile; *una casa a* — *dell'acqua*, une maison au bord de l'eau || *casa pulita come uno* —, maison reluisante de propreté || *è uno* —

di virtù, c'est une perfection || *è lo* — *dei tempi*, c'est le reflet de son époque **2** (*prospetto*) tableau*.

special (pl. *invar.*) *s.m.* (*rad., tv*) (*programma su un solo fatto o personaggio*) émission spéciale.

speciale *agg.* spécial*; (*particolare*) particulier* || *vino* —, vin qui sort de l'ordinaire || *niente di* —, rien de particulier, d'extraordinaire || *menzione* —, mention particulière || *in modo* —, *in special modo*, en particulier.

specialista *s.m.* e *f.* spécialiste.

specialistico (pl. *-ci*) *agg.* de spécialiste; spécialisé.

specialità *s.f.* spécialité || (*sport*) *è un campione della* — *inseguimento*, il est champion de poursuite.

specializzare *v.tr.* spécialiser □ **specializzarsi** *v.pron.* se spécialiser.

specializzato *agg.* spécialisé: *operaio* —, ouvrier qualifié.

specializzazione *s.f.* spécialisation.

specialmente *avv.* spécialement; (*soprattutto*) surtout.

specie *s.f.* espèce; (*sorta*) sorte || *un uomo della sua* —, un homme de son genre || *della peggior* —, de la pire espèce || *sotto* — *di*, sous forme de || *fare* — *a*, étonner □ **in specie** *locuz.avv.* en particulier; (*soprattutto*) surtout.

specifica (pl. *-che*) *s.f.* (*comm.*) détail (*m.*), note détaillée.

specificamente *avv.* spécifiquement.

specificare (*coniug. come* mancare) *v.tr.* spécifier, préciser.

specificatamente *avv.* en détail.

specificato *agg.* spécifié; (*circostanziato*) détaillé.

specificazione *s.f.* (*dir.*) spécification || (*gramm.*) *complemento di* —, complément de nom.

specificità *s.f.* spécificité.

specifico (pl. *-ci*) *agg.* **1** spécifique **2** (*particolare*) particulier*; (*determinato*) déterminé || *nel caso* —, en ce cas particulier, en l'espèce **3** (*fis.*) spécifique ♦ *s.m.* (*rimedio, farmaco*) spécifique.

specillo *s.m.* (*med.*) sonde (*f.*).

specimen (pl. *invar.*) *s.m.* spécimen.

speciosamente *avv.* spécieusement.

speciosità *s.f.* spéciosité.

specioso *agg.* spécieux*.

specola *s.f.* observatoire (*m.*).

specolo *s.m.* (*med.*) spéculum.

speculare[1] *agg.* spéculaire.

speculare[2] *v.tr.* e *intr.* spéculer (sur).

speculativo *agg.* spéculatif*.

speculatore (*f. -trice*) *s.m.* spéculateur*.

speculazione *s.f.* spéculation.

spedire (*coniug. come* finire) *v.tr.* expédier, envoyer*.

speditamente *avv.* rapidement; (*prontamente*) promptement || *parlare una lingua* —, parler couramment une langue.

sperperare

speditezza *s.f.* célérité; (*prontezza*) promptitude.

spedito *agg.* rapide; (*pronto*) prompt || (*con passo*)—, d'un bon pas; *parlare*—, parler rapidement.

speditore *s.f.* expéditeur.

spedizione *s.f.* expédition || *spese di*—, frais de transport || *agenzia di spedizioni*, entreprise de roulage || *spedizioni internazionali*, messageries internationales.

spedizioniere *s.m.* expéditionnaire; (*marittimo*) agent maritime || *ufficio di*—, messagerie.

spegnere (*Indic. pres.* io spengo, tu spegni ecc.; *pass.rem.* io spensi, tu spegneresti ecc. *Part.pass.* spento) *v.tr.* 1 éteindre* (*anche fig.*) || — *il motore*, arrêter le moteur 2 (*fig.*) (*smorzare*) étouffer || — *l'entusiasmo di qlcu*, refroidir l'enthousiasme de qqn || — *la sete*, apaiser la soif □ **spegnersi** *v.pron.* s'éteindre*.

spegnimento *s.m.* extinction (*f.*).

spegnitoio *s.m.* éteignoir.

spelacchiare *v.tr.* peler* □ **spelacchiarsi** *v.pron.* perdre* son poil.

spelacchiato *agg.* pelé || *tappeto*—, tapis élimé.

spelare *v.tr.* peler* □ **spelarsi** *v.pron.* perdre* son poil.

speleo- *pref.* spéléo-

speleologia *s.f.* spéléologie.

speleologo (pl. *-gi*) *s.m.* spéléologue.

spellare *v.tr.* 1 écorcher 2 (*scherz.*) (*derubare*) plumer □ **spellarsi** *v.pron.* s'écorcher; (*al sole*) peler*.

spellatura *s.f.* 1 (*lo spellare*) écorchement (*m.*) 2 (*abrasione*) écorchure.

spelonca (pl. *-che*) *s.f.* 1 caverne 2 (*fig.*) (*tugurio*) taudis (*m.*).

spendaccione *agg.* e *s.m.* dépensier*.

spendere (*coniug. come prendere*) *v.tr.* 1 dépenser (*anche fig.*): *quanto hai speso?*, combien as-tu dépensé?; — *un patrimonio*, dépenser une fortune; *senza* — *un soldo*, sans bourse délier || *chi più spende meno spende*, le bon marché coûte cher || — *bene, male il proprio tempo*, bien, mal employer son temps; — *la propria giovinezza sui libri*, passer sa jeunesse sur les livres 2 (*fig.*) (*impiegare, trascorrere*) employer*, passer; (*sprecare*) gaspiller || — *una buona parola in favore di qlcu*, dire un mot en faveur de qqn.

spendereccio *agg.* dépensier*.

spendibile *agg.* dépensable.

spennacchiare *v.tr.* déplumer; plumer (*anche fig.*) □ **spennacchiarsi** *v.pron.* se déplumer.

spennacchiato *agg.* déplumé.

spennare *v.tr.* plumer (*anche fig.*) □ **spennarsi** *v.pron.* se déplumer.

spennellare *v.tr.* (*med.*) badigeonner.

spensierataggine *s.f.* (*spensieratezza*) insouciance; (*leggerezza*) étourderie.

spensieratamente *avv.* (*senza preoccupazioni*) sans souci; (*con spensieratezza*) avec insouciance.

spensieratezza *s.f.* insouciance.

spensierato *agg.* insouciant, sans-souci*.

spento *agg.* éteint (*anche fig.*): *a luci spente, a fari spenti*, tous feux éteints; *uno sguardo*—, un regard terne || *a motore*—, le moteur arrêté.

spenzolare *v.tr.* laisser pendre ♦ *v.intr.* pendre* □ **spenzolarsi** *v.pron.* se pencher.

spenzoloni *avv.* → **penzoloni**.

sperabile *agg.* souhaitable.

speranza *s.f.* 1 (*il fatto di sperare*) espoir (*m.*); (*il sentimento di chi spera*) espérance: *nutrire* —, espérer; *avere una mezza* —, avoir un petit espoir; *non ho* — *di riuscire*, je n'espère pas réussir; *ho buone speranze*, j'ai bon espoir || *oltre ogni* —, au-delà de toute espérance || *cullarsi in vane speranze*, se bercer d'illusions || *ci sono speranze che si salvi?*, est-ce qu'il y a un espoir de le sauver?; *ci sono speranze che venga?*, est-ce qu'il y a des chances qu'il vienne? || *nella, con la* — *di, che...*, dans, avec l'espoir de, que... || *giovane di belle speranze*, jeune homme qui promet || *la* — *è l'ultima a morire*, l'espérance ne meurt jamais 2 (*fil.*, *teol.*) espérance.

speranzosamente *avv.* avec espoir.

speranzoso *agg.* plein d'espoir.

sperare *v.tr.* e *intr.* espérer*: *spera di riuscire*, il espère réussir; *spero che venga*, j'espère qu'il viendra; *speravo che venisse*, j'espérais qu'il viendrait; *non spero che venga*, j'espère qu'il vienne; *non speravo che venisse*, je n'espérais pas qu'il vînt; *non speravo che sarebbe venuto*, je n'espérais pas qu'il viendrait || *speriamo in bene!*, espérons que tout ira bien! || *sperando di, che*, dans l'espoir de, que || *spero di sì, di no*, j'espère que oui, que non || *voglio sperarlo*, (*lo*) *spero bene*, je l'espère bien || *ci spero poco*, j'y compte peu.

sperdersi *v.pron.* s'égarer, se perdre* (*anche fig.*).

sperduto *agg.* perdu (*anche fig.*) || *si sentiva*—, il se sentait dépaysé.

sperequato *agg.* inégalement réparti; (*ingiusto*) inéquitable.

sperequazione *s.f.* 1 (*squilibrio*) disproportion 2 (*mancanza di uniformità*) inégalité (dans la répartition), répartition inéquitable.

spergiurare *v.intr.* se parjurer.

spergiuro *agg.* e *s.m.* parjure.

spericolato *agg.* téméraire.

sperimentale *agg.* expérimental*; (*d'avanguardia*) d'avant-garde.

sperimentalmente *avv.* expérimentalement.

sperimentare *v.tr.* 1 expérimenter 2 (*fig.*) (*mettere alla prova*) mettre* à l'épreuve 3 (*provare*) faire* l'expérience (de).

sperimentato *agg.* expérimenté.

sperimentazione *s.f.* expérimentation.

sperma *s.m.* (*biol.*) sperme.

spermatozoo *s.m.* (*biol.*) spermatozoïde.

spermicida *agg.* e *s.m.* spermicide.

speronamento *s.m.* (*mar.*) éperonnement.

speronare *v.tr.* (*di nave*) éperonner; (*di veicolo*) rentrer dedans, tamponner.

sperone *s.m.* éperon (*anche fig.*) || (*bot.*) — *di cavaliere*, pied-d'alouette.

speronella *s.f.* (*bot.*) pied-d'alouette (*m.*).

sperperare *v.tr.* gaspiller.

sperpero *s.m.* gaspillage || *uno — di*, un gâchis de.

sperso *agg.* perdu.

spersonalizzare *v.tr.* dépersonnaliser □ **spersonalizzarsi** *v.pron.* se dépersonnaliser.

spersonalizzazione *s.f.* dépersonnalisation.

sperticarsi (*coniug. come* mancare) *v.pron.* se confondre* (en).

sperticato *agg.* démesuré; (*fig.*) excessif* || *lodi sperticate*, des éloges outrés, dithyrambiques.

spesa *s.f.* **1** frais (*m.pl.*), dépense; (*costo*) coût (*m.*): *far fronte a una —*, faire face à une dépense; *dividere — , le spese*, partager les frais, les dépenses; *la — è minima*, le coût est minime; *la — si aggira intorno alle ventimila lire*, cela coûte sur les vingt mille lires; *non superare la — prevista*, ne dépasse pas le budget prévu || *spese di viaggio, di rappresentanza*, frais de déplacement, de représentation; *pagare l'affitto e le spese*, payer le loyer et les charges || *la — pubblica*, les dépenses publiques || (*dir.*) *spese processuali*, frais de justice || *stare sulle spese*, être à ses frais; *rimetterci le spese*, en être pour ses frais; *tirare sulle spese*, réduire les dépenses || *dedotte le spese*, tous frais déduits; *comprese (tutte) le spese*, tous frais compris; *escluse le spese di...*, frais de... à part; *spese pagate, (di una missione di lavoro)* frais compris; *pagare le spese a qlcu*, défrayer qqn || *con grandi spese*, à grands frais; *con minor —*, à moindre frais; *con poca —*, à peu de frais || *a mie, a tue spese*, à mes, à tes frais; *a spese dello Stato*, aux frais de l'État; *vive a spese del fratello*, il vit aux crochets de son frère || (*fig.*): *imparare a proprie spese*, apprendre à ses dépens; *ottenere qlco a spese della propria dignità*, obtenir qqch au prix de sa dignité; *sono io che ne ho fatto le spese*, c'est moi qui ai payé les pots cassés; *non vale la —!*, cela ne vaut pas la peine! **2** (*acquisto*) achat (*m.*): *fare una buona, una cattiva —*, faire un bon, un mauvais achat || *fare la —*, faire son marché; *la lista della —*, la liste des courses; *è tornata a casa con la —*, elle est rentrée chez elle avec les courses || *rubare sulla —*, *fare la cresta sulla —*, faire danser l'anse du panier || (*andare a*) *fare spese*, (aller) faire les magasins.

spesare *v.tr.* défrayer*.

spesato *agg.* défrayé || *è — dalla ditta*, son entreprise lui rembourse ses frais.

spesso¹ *agg.* épais*; (*folto*) touffu: *— due metri*, de deux mètres d'épaisseur || *spesse volte*, souvent; *spessissime volte*, bien souvent.

spesso² *avv.* souvent || *— e volentieri*, bien souvent.

spessore *s.m.* épaisseur (*f.*): *uno spessore di dieci centimetri*, dix centimètres d'épaisseur.

spettabile *agg.* (*corrispondenza comm.*): *Spettabile Ditta*, (*nell'indirizzo*) Société, (*come inizio di lettera*) Messieurs; *i nostri spettabili clienti*, nos clients; *la vostra — ditta*, votre Maison.

spettacolare *agg.* spectaculaire; (*estens.*) sensationnel*.

spettacolarità *s.f.* caractère spectaculaire.

spettacolarizzare *v.tr.* transformer en spectacle.

spettacolarizzazione *s.f.* transformation en spectacle.

spettacolo *s.m.* spectacle; (*teatrale*) représentation (*f.*); (*cinematografico*) séance (de cinéma): *la compagnia darà due spettacoli*, la troupe donnera deux représentations; *andare all'ultimo —*, (*al cinema*) aller à la dernière séance; *uscire prima della fine dello —*, sortir avant la fin du spectacle, (*al cinema*) avant la fin du film || *— di gala*, gala; *— pomeridiano*, matinée || (*fig.*): *dare — (di sé)*, se donner en spectacle; *dare — della propria bravura*, faire montre de son habileté.

spettacoloso *agg.* spectaculaire.

spettante *agg.* du ressort de; (*dovuto*) qui revient de droit, dû*.

spettanza *s.f.* **1** ressort (*m.*): *di — di*, du ressort de **2** (*onorario*) honoraires (*m.pl.*).

spettare *v.intr.* **1** revenir*: *mi spetta per legge, di diritto*, cela me revient de droit; *la prima fetta spetta a te*, la première tranche te revient de droit **2** (*toccare, stare*) être*; (*essere compito di*) appartenir*: *spetta a lui farlo*, c'est à lui de le faire; *non spetta a voi intervenire*, il ne vous appartient pas d'intervenir · **3** (*essere di competenza di*) être* du ressort (de), être* de la compétence (de).

spettatore (f. -*trice*) *s.m.* spectateur*.

spettegolare *v.intr.* potiner.

spettinare *v.tr.* décoiffer □ **spettinarsi** *v.pron.* se décoiffer.

spettinato *agg.* décoiffé.

spettrale *agg.* spectral*.

spettro *s.m.* spectre || *sembra uno —*, (*fam.*) il est l'ombre de lui-même.

spettrografia *s.f.* spectrographie.

spettrografia *s.f.* spectrographie.

spettrometria *s.f.* spectrométrie.

spettroscopia *s.f.* spectroscopie.

spettroscopico (pl. -*ci*) *agg.* spectroscopique.

spettroscopio *s.m.* spectroscope.

speziale *s.m.* (*antiq.*) **1** (*venditore di spezie*) épicier **2** (*farmacista*) apothicaire.

speziato *agg.* épicé.

spezie *s.f.pl.* épices.

spezzare *v.tr.* **1** rompre*; casser; (*in minuti frammenti*) briser (*anche fig.*): *— il pane*, rompre le pain; *— un ramo*, casser une branche; *spezzarsi un braccio*, se casser un bras || (*fig.*): *— le ossa a qlcu*, briser les reins à qqn; *— il cuore a qlcu*, briser le cœur de qqn; *una salita che spezza le gambe*, une montée qui coupe les jambes; *— le catene*, rompre ses chaînes · **2** (*fig.*) (*interrompere*) couper: *— un viaggio in due tappe*, couper un voyage en deux étapes || *— la monotonia*, rompre la monotonie || *— una frase*, diviser une phrase □ **spezzarsi** *v.pron.* se casser: *la corda si spezzò*, la corde se cassa || *si spezza, ma non si piega*, (*fig.*) il ne fera jamais de concessions || *mi si spezza il cuore*, j'ai le cœur en miettes.

spezzatino *s.m.* (*cuc.*) ragoût.

spezzato *agg.* cassé; (*in minuti frammenti*) brisé (*anche fig.*) || *un orario —*, (*fam.*) un horaire à trous || *una vita spezzata*, une vie brisée || *(mat.)* *una linea spezzata*, une ligne brisée ♦ *s.m.* *(abbigl.)* costume sport.

spezzettamento *s.m.* débitage; *(frazionamento)* morcellement.

spezzettare *v.tr.* débiter; *(frazionare)* morceler* || — *il discorso*, parler d'une façon discontinue.

spezzino *agg.* de La Spezia.

spezzone *s.m.* 1 *(mil.)* grenade *(f.)* 2 *(cine.)* morceau* de pellicule.

spia *s.f.* 1 espion* *(m.)*; *(della polizia)* indicateur* *(m.)*; *(a scuola)* rapporteur* *(m.)*: *fare la —, espionner; fare la — di qlco a qlcu*, rapporter qqch à qqn || *satellite, nave —, satellite*, navire espion 2 *(fig.) (indizio)* indice *(m.)* 3 *(dispositivo di controllo)* voyant *(m.)* || — *(luminosa)*, voyant lumineux, lampe témoin 4 *(apertura)* œil* *(m.)*; *(in una porta)* judas *(m.)*.

spiaccicare *(coniug. come* mancare*) v.tr.* écraser □ **spiaccicarsi** *v.pron* s'écraser.

spiacente *agg.* désolé: *essere —*, (être) désolé, regretter.

spiacere *(coniug. come* piacere*) v.intr.* 1 *(essere spiacente)* regretter *(con costruzione personale)*: *mi spiace di dover rifiutare*, je regrette de devoir refuser; *ci spiace che non possiate venire*, nous regrettons que vous ne puissiez (pas) venir || *mi spiace*, je suis désolé 2 *(in espressioni di cortesia)* ennuyer*: *se non ti spiace*, si cela ne t'ennuie pas; *ti spiacerebbe chiudere la porta?*, ça t'ennuierait de fermer la porte? 3 *(non piacere)* déplaire*; *(far dispiacere)* être* désolant: *il suo modo di fare spiace a tutti*, sa façon d'agir déplaît à tout le monde; *spiace vedere tanta incomprensione*, il est désolant de voir tant d'incompréhension □ **spiacersi** *v.pron.* regretter: *si è molto spiaciuto del vostro ritardo*, il a beaucoup regretté votre retard; *si è molto spiaciuto di non avervi visto*, il a beaucoup regretté de ne pas vous avoir vu.

spiacevole *agg.* 1 *(che dà dispiacere)* fâcheux* 2 *(sgradevole, sgradito)* désagréable; *(increscioso)* déplaisant.

spiacevolmente *avv.* désagréablement.

spiaggia (pl. -ge) *s.f.* plage; *(riva)* rivage *(m.)*: — *libera*, plage publique; *andare in —*, aller à la plage; *lungo la —*, au bord de la mer || *l'ultima —*, *(fig.)* la dernière chance.

spianare *v.tr.* 1 aplanir *(anche fig.)*; niveler* || — *la pasta*, étendre la pâte || — *le cuciture, le pieghe di un abito*, rabattre les coutures, les plis d'une robe || — *la fronte*, se dérider || — *il fucile*, épauler son fusil; — *il fucile contro qlcu*, coucher qqn en joue; — *la pistola contro qlcu*, braquer son revolver sur qqn 2 *(demolire)* raser.

spianata *s.f.* 1 *(spiazzo)* emplacement *(m.)*; *(davanti a un edificio)* esplanade; *(radura)* clairière 2 *dare una — al terreno*, aplanir, niveler le terrain; *dare una — alle cuciture*, rabattre les coutures; *dare una — alla pasta*, étaler la pâte.

spianato *agg.* nivelé || *la fronte spianata*, *(fig.)* le front serein || *con il fucile —*, le fusil en joue.

spianatoia *s.f.* planche (à pâtisserie).

spianatoio *s.m.* rouleau*.

spiano *s.m.*: *lavorare a tutto —*, *(al massimo)* travailler à plein rendement, *(ininterrottamente)* sans relâche; *spendere a tutto —*, dépenser sans compter; *correre a tutto —*, courir à toute vitesse.

spiantare *v.tr.* 1 arracher 2 *(fig.) (mandare in rovina)* ruiner.

spiantato *agg. e s.m.* *(fig. fam.)* fauché, sans-le-sou*.

spiare *v.tr.* 1 épier; *(stando in agguato)* guetter 2 *(sorvegliare)* surveiller: *la polizia lo spiava da una settimana*, la police le surveillait depuis une semaine; *far — qlcu*, faire surveiller qqn 3 *(fig.)* guetter: — *il momento buono*, guetter le bon moment.

spiata *s.f.* délation.

spiattellare *v.tr.* 1 *(riferire, raccontare)* rapporter 2 *(dire chiaramente)* dire* carrément 3 *(mettere dinanzi)* mettre* sous les yeux.

spiazzamento *s.m.* 1 *(sport)* feinte *(f.)* 2 *(fig.)* désorientation *(f.)*.

spiazzare *v.tr.* 1 *(sport)* feinter 2 *(fig.)* désorienter.

spiazzato *agg.* 1 *(sport)* *hors de position 2 *(fig.)* désorienté.

spiazzo *s.m.* emplacement; *(davanti a un edificio)* esplanade *(f.)*; *(radura)* clairière *(f.)*.

spiccare *(coniug. come* mancare*) v.tr.* détacher; *(un frutto, un fiore)* cueillir* || — *la testa a qlcu*, trancher la tête à qqn || — *le parole*, bien détacher *(o articuler)* les mots || — *un balzo*, faire un bond; — *il volo*, s'envoler, *(fig.)* prendre son vol || — *un mandato di cattura*, lancer un mandat d'amener; — *un mandato di perquisizione*, émettre un mandat de perquisition || — *una cambiale*, tirer une lettre de change ♦ *v.intr.* ressortir (par); *(fig.)* se distinguer (par) || *il rosso è un colore che spicca*, le rouge est une couleur qui tranche.

spiccatamente *avv.* 1 *(tipicamente)* typiquement 2 *(distintamente)* distinctement.

spiccato *agg.* 1 *(staccato)* détaché; *(di frutto, di fiore)* cueilli 2 *(pronunciato)* prononcé, marqué 3 *(nitido)* net*; *(chiaro)* clair; *(di parole)* bien articulé.

spicchio *s.m.* quartier; *(di aglio)* gousse *(f.)*; *(di torta ecc.)* tranche *(f.)* || — *di luna*, croissant de lune || *a spicchi*, en quartiers; *gonna a spicchi*, jupe à lés.

spicciare *(coniug. come* cominciare*) v.tr.* 1 *(sgombrare)* débarrasser 2 *(sbrigare)* expédier □ **spicciarsi** *v.pron.* se dépêcher.

spicciativo *agg.* expéditif*.

spiccicare *(coniug. come* mancare*) v.tr.* décoller || — *una parola*, *(fig.)* articuler un mot || *non riesco a spiccicarmelo di torno*, *(fig.)* je n'arrive pas à m'en débarrasser □ **spiccicarsi** *v.pron.* 1 se décoller 2 *(fig.) (liberarsi di una persona noiosa)* se débarrasser; *(tirarsi fuori da un impiccio)* se tirer.

spiccicato *agg.* *(region.)* è *suo padre —*, c'est son père tout craché.

spiccio *agg.* 1 expéditif* || *sarà una cosa spic-*

cia, ce sera vite fait || *andare per le spicce*, ne pas y aller par quatre chemins **2** *denaro* —, menue monnaie ♦ *s.m.pl.* monnaie (*f.*).

spicciolata, alla *locuz.avv.* par petits groupes.

spicciolo *agg.* **1** en monnaie || *moneta spicciola*, (petite) monnaie **2** (*fam.*) à bon marché ♦ *s.m.* (*spec.pl.*) monnaie (*f.*).

spicco *s.m.* **1** *fare* —, (*risaltare*) se remarquer, se détacher (sur); (*distinguersi*) se distinguer **2** *di* —, important; (*che si distingue*) qui se distingue.

spider (pl. *invar.*) *s.m.* o *f.* coupé cabriolet.

spidocchiare *v.tr.* épouiller □ **spidocchiarsi** *v.pron.* s'épouiller.

spiedino *s.m.* brochette (*f.*).

spiedo *s.m.* broche (*f.*): *allo* —, à la broche; *mettere sullo, allo* —, embrocher; *levare dallo* —, débrocher.

spiegabile *agg.* explicable.

spiegamento *s.m.* déploiement.

spiegare (*coniug. come* legare) *v.tr.* **1** expliquer || *ora mi spiego perché*, maintenant je comprends pourquoi **2** (*svolgere*) déplier; (*stendere, allargare*) déployer*; (*srotolare*) dérouler || — *le vele*, déployer les voiles || — *le ali*, déployer les ailes || — *il volo*, s'envoler || — *la voce*, (*fig.*) déployer sa voix **3** (*schierare*) déployer* □ **spiegarsi** *v.pron.* **1** s'expliquer || *mi sono spiegato?*, tu as compris?; *non so se mi spiego*, tu vois, vous voyez ce que je veux dire || *si spiega da sé*, il ne faut pas chercher ailleurs l'explication **2** (*stendersi*) se déployer*.

spiegato *agg.* **1** expliqué **2** (*svolto*) déplié; (*steso, allargato*) déployé; (*srotolato*) déroulé: *bandiere spiegate al vento*, drapeaux déployés au vent || *a voce spiegata*, à gorge déployée || *procedere a vele spiegate*, (*fig.*) avancer toutes voiles dehors.

spiegazione *s.f.* explication: *chiedere spiegazioni*, demander des explications, (*giustificazione*) demander raison.

spiegazzamento *s.m.* froissement, chiffonnement.

spiegazzare *v.tr.* froisser, chiffonner.

spiegazzato *agg.* froissé, chiffonné.

spietatamente *avv.* sans pitié, impitoyablement.

spietatezza *s.f.* cruauté.

spietato *agg.* impitoyable || *concorrenza spietata*, concurrence acharnée; *corte spietata*, cour pressante.

spifferare *v.tr.* rapporter, colporter || — *ai quattro venti*, crier sur les toits ♦ *v.intr.* (*di aria, di vento*) s'infiltrer, souffler.

spiffero *s.m.* (*fam.*) vent coulis.

spiga (pl. *-ghe*) *s.f.* épi (*m.*) || *a* —, en épi.

spigato *agg.* à chevrons || (*tessuto*) —, chevron.

spighetta *s.f.* (*cucito*) extra-fort* (*m.*); (*per guarnizioni*) point d'épine.

spigliatamente *avv.* avec (une parfaite) aisance.

spigliatezza *s.f.* aisance || *rispondere con* —, répondre sans embarras.

spigliato *agg.* dégagé, plein d'aisance; (*disinvol-*

to) désinvolte || *ha dei modi spigliati*, il est sans gêne.

spignattare *v.intr.* (*fam.*) passer son temps devant les fourneaux.

spignorare *v.tr.* **1** (*svincolare*) libérer* **2** (*riscattare*) dégager*.

spigo *s.m.* (*bot. pop.*) aspic.

spigola *s.f.* (*zool.*) loup de mer.

spigolare[1] *v.tr.* glaner (*anche fig.*).

spigolare[2] *v.intr.* (*con gli sci*) se mettre* sur les carres.

spigolatore (f. *-trice*) *s.m.* glaneur*.

spigolatura *s.f.* **1** glanage (*m.*) **2** *pl.* (*fig.*) (*fatterelli, notizie*) échos (*m.*).

spigolo *s.m.* **1** coin || *con l'età gli spigoli del suo carattere si sono smussati*, avec l'âge son caractère s'est bonifié || *tutto spigoli*, (*anche fig.*) anguleux **2** (*mat., arch.*) arête (*f.*).

spigoloso *agg.* anguleux* (*anche fig.*).

spilla *s.f.* **1** épingle: — *di sicurezza, da balia*, épingle de sûreté, de nourrice **2** (*gioiello*) broche || — *da cravatta*, épingle de cravate **3** (*pubblicitaria*) pin's.

spillare[1] *v.tr.* **1** (*dalla botte*) tirer **2** (*fig.*) soutirer: — *denaro a qlcu*, soutirer de l'argent à qqn ♦ *v.intr.* (*uscire a stille*) couler, tomber goutte à goutte.

spillare[2] *v.tr.* (*unire con punti metallici*) agrafer.

spillo *s.m.* épingle (*f.*): *fermare con gli spilli*, fixer avec des épingles, épingler; — *da balia*, épingle de nourrice; *cuscinetto per spilli*, pelote à épingles || *tacchi a* —, talons aiguilles.

spillone *s.m.* épingle à chapeau.

spilluzzicare (*coniug. come* mancare) *v.tr.* picorer.

spilorceria *s.f.* (*fam.*) pingrerie.

spilorcio *agg.* e *s.m.* (*fam.*) pingre.

spilungone *s.m.* grande perche.

spina *s.f.* **1** épine (*anche fig.*) || (*fig.*): *un letto di spine*, un lit de souffrance; *stare sulle spine*, être sur des charbons ardents; *è per lei una* — *nel cuore, nel fianco*, ça lui crève le cœur; *mi togli una* — *dal cuore!*, tu me tires une belle épine du pied! **2** *pl.* (*spini*) ronces **3** (*lisca*) arête; (*aculeo*) piquant (*m.*) || *a* — *di pesce*, à chevrons; *tessuto a* — *di pesce*, chevron **4** (*elettr.*) fiche (de prise de courant): *inserire la* — *del ferro da stiro*, brancher le fer à repasser **5** (*di botte*) cannelle || *birra alla* —, bière pression **6** (*anat.*) — *dorsale*, épine dorsale.

spinacio *s.m.* épinard.

spinale *agg.* (*anat.*) spinal* || *midollo* —, moelle épinière.

spinare *v.tr.* (*un pesce*) ôter les arêtes (à).

spinarello *s.m.* (*zool.*) savetier.

spinato *agg.* **1** (*a spina di pesce*) à chevrons || *tessuto* —, chevron **2** *filo* —, (fil de fer) barbelé.

spinellare *v.intr.*, **spinellarsi** *v.pron.* (*gergo*) fumer (un joint).

spinello *s.m.* (*gergo*) joint.

spinetta *s.f.* (*mus.*) épinette.

spingere (*Pass.rem.* io spinsi, tu spingesti ecc.)

Part.pass. spinto) *v.tr.* **1** pousser || *— lontano lo sguardo*, porter son regard au loin **2** (*premere*) presser ♦ *v.intr.* (*esercitare una pressione*) exercer* une pression (contre) || *— sui pedali* , appuyer sur les pédales □ **spingersi** *v.pron.* **1** pousser, aller*; (*avventurarsi*) s'aventurer; (*penetrare*) pénétrer*: *si è spinto fino a chiedermi dei soldi*, il est allé jusqu'à me demander de l'argent; *ti sei spinto in un'impresa rischiosa*, tu t'es aventuré dans une entreprise risquée || *— avanti*, avancer; *si è spinto troppo avanti*, (*fig.*) il est allé trop loin || *s'è spinto al largo*, il a gagné le large || *le cose si spinsero al punto che...*, les choses en vinrent au point que... **2** (*darsi delle spinte*) se pousser, se bousculer.

spino *s.m.* **1** (*pianta spinosa*) ronce (*f.*) **2** (*spina*) épine (*f.*) ♦ *agg.*: *uva spina*, (*pianta*) groseiller à maquereau, (*frutto*) groseille à maquereau.

spinone *s.m.* (*cane*) griffon.

spinoso *agg.* épineux* (*anche fig.*).

spinotto *s.m.* **1** (*mecc.*) goujon; (*asse del pistone*) axe de piston **2** (*elettr.*) fiche (*f.*).

spinta *s.f.* **1** poussée: *dare una — a qlco*, pousser qqch; *darsi una — in avanti, indietro*, se pousser en avant, en arrière; *cacciar fuori a spinte*, pousser dehors || *farsi avanti a furia di spinte*, (*fig.*) jouer des coudes **2** (*fig.*) (*impulso*) impulsion; (*raccomandazione, aiuto*) coup de pouce || *fare qlco sotto la — di*, faire qqch poussé par; *non lo avrebbe fatto senza una —*, si on ne l'avait pas poussé, il ne l'aurait pas fait || *è andato avanti a forza di spinte*, il s'est fait une situation grâce aux coups de piston.

spintarella *s.f.* (*fam.*) **1** poussette **2** (*fig.*) (*raccomandazione ecc.*) coup de pouce.

spinterogeno *s.m.* (*aut.*) delco, distributeur d'allumage.

spinto *agg.* **1** poussé **2** (*attirato*) attiré **3** (*scabroso*) osé **4** (*estremistico*) extrémiste.

spintonare *v.tr.* pousser, bousculer □ **spintonarsi** *v.pron.* se pousser, se bousculer.

spintone *s.m.* poussée violente: *dare uno — a qlcu*, bousculer violemment qqn; *farsi avanti a spintoni*, (*anche fig.*) se frayer un chemin en jouant des coudes.

spiombare *v.tr.* déplomber.

spionaggio *s.m.* espionnage.

spioncino *s.m.* judas: *— a lente*, judas optique.

spione *s.m.* rapporteur*; (*della polizia*) indicateur*.

spionistico (pl. *-ci*) *agg.* d'espionnage.

spiovente *agg.* **1** tombant **2** (*inclinato*) en pente **3** (*sport*) *palla —*, balle plongeante ♦ *s.m.* **1** (*di tetto, di un monte*) versant || *tetto a —*, toit en pente **2** (*sport*) balle plongeante.

spiovere (*coniug. come* piovere) *v.intr.impers.* cesser de pleuvoir ♦ *v.intr.* **1** (*scorrere, scolare*) couler **2** (*ricadere giù*) tomber.

spira *s.f.* **1** spire; (*di orologio ecc.*) spiral* (*m.*) || *a spire*, en spirale **2** (*di serpente*) nœud (*m.*).

spiraglio *s.m.* **1** (*in un muro ecc.*) fente (*f.*); (*in una porta ecc.*) ouverture (*f.*) **2** (*filo di luce, d'a-*

ria) filet || *uno — di sole*, une échappée de soleil **3** (*fig.*) (*barlume*) lueur (*f.*).

spirale *agg.* spiral* ♦ *s.f.* **1** spirale || *a —*, en spirale, à spirale: *blocco a —*, carnet à spirale; *scala a —*, escalier en spirale **2** (*molla metallica*) spiral* (*m.*) **3** (*anticoncezionale*) stérilet (*m.*).

spirare¹ *v.intr.* expirer || *allo — di*, à la fin de.

spirare² *v.intr.* souffler; (*esalare*) s'exhaler: *non spirava un alito di vento*, il n'y avait pas un souffle de vent || (*fig.*): *non spira buon vento per te, oggi*, tu n'as pas la cote, aujourd'hui; *spira aria di burrasca*, il y a de l'orage dans l'air; *dal suo volto spirava la calma*, son visage respirait le calme ♦ *v.tr.* exhaler; (*fig.*) exprimer.

spiritato *agg.* e *s.m.* possédé (du démon) || *con occhi spiritati*, avec des yeux exorbités.

spiritello *s.m.* lutin, diablotin.

spiritico (pl. *-ci*) *agg.* spirite || *seduta spiritica*, séance de spiritisme.

spiritismo *s.m.* spiritisme.

spiritista *s.m.* spirite.

spiritistico (pl. *-ci*) *agg.* spirite.

spirito¹ *s.m.* **1** esprit || *avere — pratico*, avoir l'esprit pratique || *presenza di —*, présence d'esprit; *condizioni di —*, disposition d'esprit || *— di parte*, esprit partisan; *lo — dei tempi*, l'esprit de l'époque || *avere uno — di patata, di rapa*, manquer totalement d'esprit || *Spirito Santo*, Saint-Esprit **2** (*anima*) âme (*f.*); (*fantasma*) fantôme || *evocare gli spiriti*, évoquer les esprits || *castello abitato dagli spiriti*, château hanté.

spirito² *s.m.* alcool: *fornello a —*, réchaud à alcool || *lacca a —*, vernis au tampon; *lucidare a —*, vernir au tampon || *ciliegie sotto —*, cerises à l'eau-de-vie.

spiritosaggine *s.f.* plaisanterie: *dire spiritosaggini*, faire de l'esprit.

spiritoso *agg.* spirituel* || *battuta spiritosa*, trait d'esprit || *come sei —!*, (*iron.*) tu te crois drôle! || *non fare lo —!*, n'essaye pas de faire de l'esprit!

spiritual *s.m.* (*mus.*) spiritual*.

spirituale *agg.* spirituel* || *direttore —*, directeur de conscience.

spiritualismo *s.m.* spiritualisme.

spiritualista *agg.* e *s.m.* spiritualiste.

spiritualistico (pl. *-ci*) *agg.* spiritualiste.

spiritualità *s.f.* spiritualité.

spiritualizzare *v.tr.* spiritualiser.

spiritualizzazione *s.f.* spiritualisation.

spiritualmente *avv.* spirituellement || *ti sono — vicino*, je suis avec toi par l'esprit.

spirocheta *s.f.* (*biol.*) spirochète (*m.*).

spizzicare (*coniug. come* mancare) *v.tr.* picorer.

spizzichi, *a locuz.avv.* par bribes et par morceaux.

spleen *s.m.* (*letter.*) spleen.

splendente *agg.* resplendissant; *— di gioia*, rayonnant de joie; *sole —*, soleil éblouissant.

splendere (*non è usato il* part.pass.) *v.intr.* resplendir (*anche fig.*).

splendidezza *s.f.* splendeur.

splendido *agg.* splendide || **-mente** *avv.*

splendore *s.m.* splendeur (*f.*) || *che — di casa!*,

splenico quelle splendeur, cette maison! || *uno — di ragazza*, une fille splendide.

splenico (pl.*-ci*) *agg.* (*anat.*) splénique.

spocchia *s.f.* morgue, suffisance.

spocchioso *agg.* suffisant, orgueilleux*.

spodestare *v.tr.* **1** détrôner (*anche fig.*); (*da posizione di autorità*) évincer* **2** (*da proprietà*) déposséder*, dessaisir.

spoetizzare *v.tr.* dépoétiser; (*disilludere*) décevoir*.

spoglia *s.f.* dépouille || *spoglie mortali*, dépouille mortelle || *sotto mentite spoglie*, sous de fausses apparences; (*sotto falso nome*) sous un faux nom.

spogliare *v.tr.* **1** dépouiller (*anche fig.*); (*svestire*) déshabiller **2** (*fig.*) (*di potere*) évincer* □ **spogliarsi** *v.pron.* **1** se dépouiller (*anche fig.*); (*svestirsi*) se déshabiller **2** (*fig.*) (*liberarsi*) se départir*.

spogliarellista *s.f.* strip-teaseuse*.

spogliarello *s.m.* strip-tease*.

spogliatoio *s.m.* (*in case private*) dressing; (*di palestre, scuole ecc.*) vestiaire.

spogliatore (f. *-trice*) *s.m.* spoliateur* || *— di tombe*, pilleur de tombeaux.

spoglio[1] *agg.* **1** dépouillé **2** (*fig.*) (*libero*) libre.

spoglio[2] *s.m.* **1** dépouillement; — *dei voti*, dépouillement du scrutin || *fare lo — dei giornali*, dépouiller les journaux **2** (*dir.*) spoliation (*f.*).

spola *s.f.* navette; (*di macchina per cucire*) canette || *far la —*, (*fig.*) faire la navette.

spoletta *s.f.* **1** (*di macchina per cucire*) canette **2** (*di arma*) fusée (détonateur).

spoliazione *s.f.* spoliation.

spoliticizzare *v.tr.* dépolitiser □ **spoliticizzarsi** *v.pron.* se dépolitiser.

spoliticizzazione *s.f.* dépolitisation.

spolmonarsi *v.pron.* s'époumoner.

spolpare *v.tr.* **1** (*un frutto*) dépulper; (*ossa*) écharner **2** (*fam.*) (*togliere denaro*) plumer || **spolpato** *agg.* décharné; (*di frutto*) dépulpé || *osso —*, os sans viande.

spolverare *v.tr.* **1** épousseter*; (*senza complemento oggetto*) enlever* la poussière **2** (*cospargere*) saupoudrer || *— un disegno*, poncer un dessin **3** (*fig.*) (*fare piazza pulita, rubare*) faire* place nette, vider; (*mangiare avidamente*) liquider, nettoyer*.

spolverata *s.f.* **1** coup de chiffon || *dare una — a*, (*fig.*) rafraîchir **2** (*il cospargere di una polvere*) saupoudrage (*m.*); (*leggero strato*) légère couche.

spolveratura *s.f.* **1** époussetage **2** (*di sostanza in polvere*) saupoudrage (*m.*).

spolverino[1] *s.m.* (*abbigl.*) cache-poussière*.

spolverino[2] *s.m.* **1** (*piumino per spolverare*) plumeau* **2** (*recipiente per spolverare zucchero*) saupoudroir **3** (*spazzola del barbiere*) brosse (*f.*).

spolverio *s.m.* nuage de poussière || *— di neve*, voile de neige.

spolverizzare *v.tr.* saupoudrer || *— un disegno*, poncer un dessin.

spolvero *s.m.* époussetage; (*di un disegno*) ponçage; poncif.

spompare *v.tr.* (*fam.*) crever, pomper: *quella corsa mi ha spompato*, cette course m'a pompé □ **spomparsi** *v.pron.* (*fam.*) se crever.

spompato *agg.* (*fam.*) crevé, pompé.

sponda *s.f.* bord (*m.*); (*di canale*) berge || *le sponde di un carro*, les ridelles d'un char || *le sponde del biliardo*, les bandes d'un tapis de billard.

sponsali *s.m.pl.* (*fidanzamento*) fiançailles (*f.*); (*matrimonio*) noces (*f.*).

sponsor (pl. *invar.*) *s.m.* sponsor.

sponsorizzare *v.tr.* sponsoriser, parrainer.

sponsorizzazione *s.f.* sponsoring (*m.*), parrainage (*m.*).

spontaneamente *avv.* spontanément.

spontaneità *s.f.* spontanéité.

spontaneo *agg.* spontané || *di sua spontanea volontà*, de son plein gré.

spopolamento *s.m.* dépeuplement.

spopolare *v.tr.* dépeupler ♦ *v.intr.* (*fig.*) avoir* un grand succès □ **spopolarsi** *v.pron.* se dépeupler.

spopolato *agg.* dépeuplé.

spora *s.f.* spore.

sporadicità *s.f.* sporadicité.

sporadico (pl. *-ci*) *agg.* sporadique || **-mente** *avv.*

sporangio *s.m.* (*bot.*) sporange.

sporcaccione *agg.* sale, malpropre ♦ *s.m.* homme sale; (*chi fa, dice cose turpi*) cochon, salaud.

sporcare (*coniug. come mancare*) *v.tr.* salir (*anche fig.*) □ **sporcarsi** *v.pron.* se salir || *questo vestito si sporca facilmente*, cette robe est très salissante.

sporcizia *s.f.* saleté (*anche fig.*).

sporco (pl. *-chi*) *agg.* sale (*anche fig.*) || *lingua sporca*, langue chargée || *avere la fedina penale sporca*, avoir un casier judiciaire chargé || *avere la coscienza sporca*, avoir quelque chose sur la conscience || *barzelletta sporca*, histoire cochonne || *farla sporca*, mal agir || *un'azione sporca*, une action malpropre ♦ *s.m.* (*sporcizia*) saleté (*f.*).

sporgente *agg.* en saillie; (*prominente*) proéminent || *occhi sporgenti*, yeux à fleur de tête; *denti sporgenti*, dents en avant.

sporgenza *s.f.* saillie.

sporgere (*coniug. come scorgere*) *v.tr.* **1** — *il capo ecc. dalla finestra ecc.*, passer la tête, etc. par la fenêtre, etc. **2** (*dir.*) — *querela, denuncia contro qlcu.*, porter plainte contre qqn ♦ *v.intr.* sortir*; (*arch.*) faire* saillie □ **sporgersi** *v.pron.* se pencher: *è pericoloso —*, il est dangereux de se pencher au dehors.

sport (pl. *invar.*) *s.m.* sport || *fare qlco per —*, (*fig.*) faire qqch pour son plaisir.

sporta *s.f.* cabas (*m.*), sac à provision; (*di vimini, paglia*) panier (*m.*) || *dirne un sacco e una —*, en dire de toutes les couleurs; *darne un sacco e una —*, donner une bonne correction.

sportello *s.m.* **1** portière (*f.*) **2** (*di un portone, di uffici*) guichet.

sportivamente *avv.* sportivement.

sportivo *agg.* sportif*; (*da sport*) de sport: *incontro —*, match || *campo —*, terrain de jeu || *fa una* *vita sportiva*, il fait beaucoup de sport ♦ *s.m.* sportif.

sporto *s.m.* (*imposta*) contrevent.

sposa *s.f.* **1** mariée: *dare la figlia in — a*, marier sa fille à; *andare — a qlcu*, épouser qqn || *promessa —*, fiancée **2** (*moglie*) femme; (*letter., dir., relig.*) épouse.

sposalizio *s.m.* mariage, noces (*f.pl.*).

sposare *v.tr.* épouser (*anche fig.*); se marier (avec qqn); (*unire in matrimonio, dare in matrimonio*) marier □ **sposarsi** *v.pron.* se marier || *— per amore*, faire un mariage d'amour.

sposato *agg. e s.m.* marié.

sposina *s.f.* jeune mariée.

sposo *s.m.* **1** marié || *promesso —*, fiancé || *i novelli sposi*, les jeunes mariés **2** (*marito*) mari; (*letter., dir., relig.*) époux.

spossante *agg.* épuisant, accablant.

spossare *v.tr.* épuiser, *harasser □ **spossarsi** *v.pron.* s'épuiser, s'éreinter.

spossatezza *s.f.* épuisement (*m.*), fatigue.

spossato *agg.* épuisé.

spossessare *v.tr.* déposséder*, dessaisir.

spostamento *s.m.* **1** déplacement || (*fin.*) *— di capitali, degli investimenti*, transfert de capitaux, des investissements **2** (*inform.*) décalage.

spostare *v.tr.* déplacer*; (*cambiare*) changer*; (*differire*) renvoyer* □ **spostarsi** *v.pron.* **1** se déplacer* || *spostati, per favore!*, pousse-toi, s'il te plaît! **2** (*trasferirsi*) se transférer*.

spostato *agg. e s.m.* (*fig.*) inadapté.

spot *s.m.* **1** (*fis.*) spot **2** (*apparecchio di illuminazione*) spot, petit projecteur orientable **3** (*messaggio pubblicitario*) message publicitaire, spot.

spranga (pl. *-ghe*) *s.f.* barre; (*di porta, di finestra*) bâcle.

sprangare (*coniug. come* legare) *v.tr.* **1** fermer avec une barre, une bâcle **2** (*colpire con una spranga*) frapper avec une barre.

sprangata *s.f.* coup de barre.

sprangato *agg.* barré, bâclé: *uscio —*, porte bâclée.

spratto *s.m.* (*zool.*) sprat.

spray *s.m.* spray || *lacca —*, atomiseur à laque.

sprazzo *s.m.* (*d'acqua, di luce*) jet; (*di sole*) échappée (*f.*) || *uno — di genio*, une étincelle de génie || *a sprazzi*, par moments.

sprecare (*coniug. come* mancare) *v.tr.* gaspiller || *— il tempo*, perdre son temps □ **sprecarsi** *v.pron.* **1** perdre* son temps et sa peine **2** (*fam. iron.*) se ruiner.

sprecato *agg.* perdu || *è — in quel posto*, on ne l'utilise pas selon ses possibilités.

spreco (pl. *-chi*) *s.m.* gaspillage: *fare — di*, gaspiller.

sprecone *agg. e s.m.* gaspilleur*.

spregevole *agg.* méprisable.

spregiativo *agg.* méprisant ♦ *s.m.* (*gramm.*) péjoratif.

spregio *s.m.* mépris, dédain: *avere in — qlcu*, mépriser qqn.

spregiudicatezza *s.f.* absence de préjugés; (*mancanza di scrupoli*) absence de scrupules.

spregiudicato *agg.* sans préjugés; (*spreg.*) sans scruples ♦ *s.m.* personne désinvolte.

spremere *v.tr.* presser || *— soldi a qlcu*, pressurer qqn || *spremersi il cervello*, se creuser les méninges.

spremiagrumi *s.m.* presse-citron*; presse-agrumes.

spremilimoni *s.m.* presse-citron*.

spremitura *s.f.* pressurage (*m.*) || *olio di prima —*, huile de première pression.

spremuta *s.f.* (*di arancia*) orange pressée; (*di limone*) citron pressé.

spremuto *agg.* pressé.

spretarsi *v.pron.* se défroquer.

spretato *agg. e s.m.* défroqué.

sprezzante *agg.* méprisant: *— del pericolo*, méprisant le danger; *trattare qlcu con fare —*, traiter qqn avec mépris.

sprezzantemente *avv.* avec mépris, dédaigneusement.

sprezzare *v.tr.* mépriser.

sprezzo *s.m.* mépris.

sprigionare *v.tr.* **1** (*emettere*) dégager* **2** (*di prigione*) mettre* en liberté □ **sprigionarsi** *v.pron.* se dégager*.

sprimacciare (*coniug. come* cominciare) *v.tr.* secouer, battre*.

sprint *s.m.* **1** sprint **2** (*ripresa di auto*) reprise (*f.*).

sprizzare *v.intr.* jaillir, gicler ♦ *v.tr.* faire* jaillir || *— gioia dagli occhi*, (*fig.*) rayonner de joie || *— rabbia dai tutti i pori*, écumer de rage; *— salute da tutti i pori*, respirer la santé || *— scintille*, étinceler.

sprizzo *s.m.* jaillissement; (*getto*) jet.

sprofondamento *s.m.* effondrement, affaissement.

sprofondare *v.tr.* précipiter ♦ *v.intr.* (*crollare*) s'effondrer; (*affondare nel terreno ecc.*) s'enfoncer*; (*andare a fondo*) sombrer (*anche fig.*) □ **sprofondarsi** *v.pron.* s'affaler || *— nella lettura*, se plonger dans la lecture.

sproloquiare *v.intr.* parler à tort et à travers; (*divagare*) divaguer.

sproloquio *s.m.* verbiage.

spronare *v.tr.* **1** éperonner **2** (*fig.*) encourager*, pousser*: *— allo studio*, encourager, pousser à étudier.

spronata *s.f.* coup d'éperon.

sprone *s.m.* **1** éperon: *dar di —*, donner des éperons || *a spron battuto*, à bride abattue **2** (*fig.*) stimulant, aiguillon **3** (*sartoria*) empiècement.

sproporzionatamente *avv.* sans proportion; (*eccessivamente*) excessivement.

sproporzionato *agg.* disproportionné.

sproporzione *s.f.* disproportion.

spropositare *v.intr.* faire* des bêtises.

spropositato *agg.* (*sproporzionato*) disproportionné; (*smisurato*) démesuré || *prezzi spropositati*, prix excessifs.

sproposito *s.m.* **1** faute grossière; (*sciocchezza*) sottise (*f.*), bêtise (*f.*) || *a* —, hors de propos, mal à propos; *parlare a* —, parler à tort et à travers 2 (*quantità esagerata*): *ne ho mangiato uno* —, j'en ai mangé des tonnes; *spendere uno* —, dépenser un argent fou 3 (*prezzo eccessivo*) prix fou.

sprovveduto *agg.* 1 (*sprovvisto*) dépourvu 2 (*impreparato*) mal préparé || *lettore* —, lecteur non averti ♦ *s.m.* personne désarmée; (*ingenuo*) ingénu: *è uno* — *di fronte alla vita*, il est désarmé en face de la vie.

sprovvisto *agg.* dépourvu || *alla sprovvista*, au dépourvu.

spruzzare *v.tr.* asperger*; (*con lo spruzzatore*) pulvériser, vaporiser: — *acqua su qlco*, asperger qqch d'eau, mouiller qqch || *si spruzzò della lacca sui capelli*, elle vaporisa de la laque sur ses cheveux || — *pittura alle pareti*, peindre les murs au pistolet □ **spruzzarsi** *v.pron.* s'asperger*; (*macchiarsi*) s'éclabousser.

spruzzata *s.f.* 1 *dare una* — *d'acqua a*, asperger d'eau (*o* mouiller); *una* — *di profumo*, quelques gouttes de parfum; *una* — *di fango*, une éclaboussure de boue; *una* — *di neve ha imbiancato le montagne*, les montagnes sont saupoudrées de neige 2 (*pioggia leggera*) crachin (*m.*).

spruzzatore *s.m.* 1 vaporisateur, pulvérisateur 2 (*aut.*) gicleur.

spruzzo *s.m.* jet, giclée (*f.*); (*di fango*) éclaboussure (*f.*) || *gli spruzzi delle onde*, les embruns || *verniciatura a* —, peinture au pistolet.

spudoratamente *avv.* effrontément, sans vergogne.

spudoratezza *s.f.* manque de pudeur; (*sfrontatezza*) effronterie.

spudorato *agg.* (*svergognato*) éhonté; (*sfrontato*) effronté.

spugna *s.f.* 1 éponge || *dare un colpo di* —, (*fig.*) passer l'éponge || *bere come una* —, boire comme un trou 2 (*tessuto*) tissu-éponge* (*m.*): *accappatoio di* —, peignoir en tissu-éponge.

spugnatura *s.f.* ablutions avec une éponge.

spugnola *s.f.* (*bot.*) morille.

spugnoso *agg.* spongieux*.

spulare *v.tr.* (*agr.*) vanner.

spulciare (*coniug. come* cominciare) *v.tr.* 1 épucer* 2 (*fig.*) compulser.

spulciatura *s.f.* épluchage (*m.*).

spuma *s.f.* mousse; (*delle onde*) écume.

spumante *agg.* e *s.m.* (*vino*) —, (vin) mousseux*.

spumare *v.intr.* écumer; (*di vino ecc.*) mousser.

spumeggiante *agg.* 1 écumant; (*di vino ecc.*) mousseux* 2 (*di tessuti ecc.*) vaporeux* 3 (*fig.*) pétillant d'esprit.

spumeggiare (*coniug. come* mangiare) *v.intr.* écumer; (*di vino*) mousser.

spumoso *agg.* mousseux*; (*di onde ecc.*) écumeux*.

spunta *s.f.* (*amm.*) pointage (*m.*); (*segno*) trait (*m.*): *fare la* —, pointer.

spuntare[1] *v.tr.* 1 épointer || — *un ago*, émousser une aiguille 2 (*tagliare la punta a*) couper le bout (à): — *i capelli*, couper les pointes des che-

veux 3 (*staccare qlco appuntata*) détacher 4 (*fig.*) surmonter || *l'ho spuntata!*, j'y suis arrivé! || *spuntarla contro tutti*, l'emporter sur tout le monde ♦ *v.intr.* 1 (*crescere*) pousser 2 (*sorgere*) se lever* || *spunta il giorno*, le jour point || *allo* — *del giorno*, au point du jour 3 (*venire fuori all'improvviso*) sortir*; (*apparire*) paraître*: *spuntò all'improvviso dietro l'angolo*, il surgit tout à coup au coin de la rue || *gli spuntavano le lacrime*, des larmes lui venaient aux yeux || *un sorriso gli spuntò sulle labbra*, un sourire se dessina sur ses lèvres.

spuntare[2] *v.tr.* (*verificare un elenco*) pointer.

spuntato *agg.* épointé.

spuntatura *s.f.* épointage (*m.*); (*di alberi*) taille || *spuntature di sigaro*, bouts de cigare.

spuntino *s.m.* en-cas*: *fare uno* —, manger quelque chose.

spunto *s.m.* 1 idée (*f.*); (*occasione*) occasion (*f.*): *dare* —, *offrire lo* — *per*, fournir l'occasion de; *prendere lo* — *da*, s'inspirer de || *film pieno di spunti comici*, film plein de trouvailles burlesques || (*teatr.*) *dare lo* — (*a un attore*), donner les premiers mots d'une réplique (à un acteur), (*mus.*) donner le motif 2 (*ripresa*) reprise (*f.*); (*sprint finale*) sprint.

spuntone *s.m.* 1 (*grossa spina aguzza*) pointe (*f.*); (*grossa punta*) pique (*f.*) 2 (*sporgenza di roccia*) saillie (*f.*).

spupazzare *v.tr.* (*fam.*) dorloter, faire* des calins (à) || *me lo sono spupazzato tutto il giorno*, j'ai dû me farcir toute la journée.

spurgare (*coniug. come* legare) *v.tr.* 1 dégorger* 2 (*un fosso, un canale ecc.*) curer; (*una fogna*) vidanger* 3 (*med.*) débarrasser; (*una ferita*) drainer.

spurgo (*pl. -ghi*) *s.m.* 1 (*lo spurgare*) nettoyage; (*di fossi*) curage; (*di fogne*) vidange (*f.*) 2 (*espettorazione*) expectoration (*f.*) 3 (*materia spurgata*) (*di fogna*) vidanges (*f.pl.*).

spurio *agg.* 1 (*di persona*) illégitime; (*di documento*) apocryphe 2 (*estens.*) (*composito*) composite.

sputacchiare *v.intr.* crachoter ♦ *v.tr.* cracher.

sputacchiera *s.f.* crachoir (*m.*).

sputacchio *s.m.* crachat.

sputare *v.intr.* e *tr.* cracher (*anche fig.*): — *in faccia a qlcu*, cracher au visage de qqn || (*fig.*): — *addosso a qlcu*, cracher sur qqn; — *nel piatto in cui si mangia*, cracher dans sa soupe; — *insulti*, vomir des injures; — *sentenze*, pontifier; — *veleno*, cracher son venin; *far* — *sangue*, faire suer sang et eau; *fare* — *soldi a qlcu*, faire cracher de l'argent à qqn; — *l'osso*, vider son sac; *sputa il rospo!*, crache!

sputasentenze *s.m.* je-sais-tout*.

sputato *agg.* (*fam.*) *è suo padre* —, il est le portrait tout craché de son père.

sputaveleno (*pl. invar.*) *s.m.* (langue de) vipère.

sputo *s.m.* crachat || (*fam.*): *essere appicciato con lo* —, ne tenir qu'à un fil; *fatto con lo* —, fait à la va-vite.

sputtanare *v.tr.* (*volg.*) faire* passer pour un con

□ **sputtanarsi** *v.pron.* (*volg.*) passer pour un con.

squadernare *v.tr.* **1** ouvrir* (un livre, etc.) **2** (*dire apertamente*) dire* ouvertement.

squadra¹ *s.f.* équerre: — *da disegno*, équerre à dessiner; *misurare con la* —, mesurer à l'équerre || *a, in* —, en équerre; *essere fuori* (*di*) —, ne pas être d'équerre, (*fig.*) ne pas être dans son assiette.

squadra² *s.f.* **1** (*gruppo di persone*) équipe || *lavoro a squadre*, travail par équipes || (*polizia*): — *mobile*, brigade mobile; — *anticrimine*, brigade antigang **2** (*mil.*) section **3** (*mar., aer.*) escadre.

squadrare *v.tr.* **1** mesurer, vérifier à l'équerre || — *un foglio da disegno*, diviser à l'équerre une feuille à dessin **2** (*ridurre in forma quadrata*) équarrir **3** (*guardare attentamente*) dévisager* || *mi squadrò dalla testa ai piedi*, il me toisa de la tête aux pieds □ **squadrarsi** *v.pron.* se mesurer.

squadrato *agg.* équarri; (*di foglio da disegno*) divisé à l'équerre.

squadratura *s.f.* équarrissage (*m.*); (*di foglio da disegno*) division à l'équerre.

squadriglia *s.f.* (*mar., aer.*) escadrille.

squadrismo *s.m.* organisation de groupes armés.

squadro¹ *s.m.* (*zool.*) squatine (*f.*).

squadro² *s.m.* **1** équarrissage **2** équerre d'arpenteur.

squadrone *s.m.* escadron.

squagliare *v.tr.* faire* fondre, liquéfier □ **squagliarsi** *v.pron.* **1** fondre*, se liquéfier **2** *squagliarsela* (*fam.*) se tailler || *dopo pranzo ce la siamo squagliata*, après le dîner on a filé à l'anglaise || *quando c'è bisogno di lui se la squaglia*, quand on a besoin de lui, il se défile.

squalifica (pl. *-che*) *s.f.* disqualification || (*sport*): — *del campo*, suspension du terrain; *tre giornate di* —, trois journées de suspension.

squalificare (*coniug. come* mancare) *v.tr.* disqualifier || (*sport*) — *un campo*, suspendre un terrain □ **squalificarsi** *v.pron.* se disqualifier.

squalificato *agg.* disqualifié.

squallido *agg.* (*miserabile*) misérable; (*sordido*) sordide; (*di luogo, paesaggio*) désolé: *una squallida vicenda*, une histoire sordide; *uno — individuo*, un triste individu; *nella più squallida miseria*, dans la misère la plus noire.

squallore *s.m.* tristesse (*f.*); (*miseria*) misère (*f.*); (*di luoghi, di paesaggi*) désolation (*f.*): *che — la sua vita!*, quelle misérable vie!; *che — in quella casa!*, que cette maison est lugubre!

squalo *s.m.* squale; requin.

squama *s.f.* **1** écaille **2** (*med.*) squame.

squamare *v.tr.* écailler □ **squamarsi** *v.pron.* **1** perdre* ses écailles **2** (*med.*) se desquamer.

squamato *agg. e s.m.* écaillé || *pelle squamata*, peau gercée.

squamoso *agg.* écailleux*; (*spec. med.*) squameux*.

squarciagola, a *locuz.avv.* à tue-tête || *chiamare a* —, appeler à grands cris.

squarciare (*coniug. come* cominciare) *v.tr.* déchirer || *il sole squarciò le nubi*, le soleil perça les nuages □ **squarciarsi** *v.pron.* se déchirer.

squarciato *agg.* déchiré.

squarcio *s.m.* **1** déchirure (*f.*): *aprire uno — in qlco*, pratiquer une ouverture dans qqch || (*estens.*): *uno — di sereno*, une éclaircie; *uno — nelle nuvole*, une trouée dans les nuages **2** (*ferita*) grande blessure **3** (*brano letterario ecc.*) morceau*.

squartare *v.tr.* (*animali*) dépecer* (en quartiers); (*persone*) écarteler*.

squartatore *agg.*: *Jack lo Squartatore*, Jack l'éventreur.

squassare *v.tr.* secouer violemment, ébranler.

squasso *s.m.* secousse violente, ébranlement.

squattrinato *agg. e s.m.* sans-le-sou*.

squilibrare *v.tr.* déséquilibrer □ **squilibrarsi** *v.pron.* perdre* l'équilibre.

squilibrato *agg. e s.m.* déséquilibré.

squilibrio *s.m.* **1** déséquilibre **2** (*fig.*) (*sproporzione*) disparité (*f.*).

squilla *s.f.* clochette.

squillante *agg.* aigu*; (*di colori*) criard.

squillare *v.intr.* retentir; (*di campanello, di telefono*) sonner; (*di campana*) tinter.

squillo *s.m.* sonnerie (*f.*); (*di campanello*) coup de sonnette: *avvertimi con due squilli di telefono*, fais sonner deux fois le téléphone || *ragazza* —, call-girl.

squinternare *v.tr.* **1** démantibuler **2** (*fig.*) bouleverser.

squinternato *agg.* **1** démantibulé; (*sgangherato*) déglingué **2** (*fig.*) détraqué.

squisitamente *avv.* **1** délicieusement **2** (*estremamente*) extrêmement: — *gentile*, d'une gentillesse exquise **3** (*tipicamente*) typiquement.

squisitezza *s.f.* **1** délicatesse **2** (*cibo squisito*) mets exquis: *mangiare delle squisitezze*, manger des mets succulents; *questo dolce è una* —, ce gâteau est exquis; *che* —!, c'est un vrai délice!

squisito *agg.* exquis (*anche fig.*).

squittio *s.m.* cri; (*di volpi*) glapissement; (*di uccelli*) gazouillement.

squittire (*coniug. come* finire) *v.intr.* (*di topi e simili*) chicoter; (*di uccelli*) gazouiller; (*di volpi*) glapir.

sradicamento *s.m.* déracinement.

sradicare (*coniug. come* mancare) *v.tr.* déraciner.

sradicato *agg. e s.m.* déraciné.

sragionare *v.intr.* déraisonner; divaguer: *stai sragionando!*, tu es tombé sur la tête!; *la febbre lo faceva* —, la fièvre le faisait divaguer.

sregolatezza *s.f.* dérèglement (*m.*).

sregolato *agg.* déréglé: *essere — nel bere, nel mangiare*, boire, manger excessivement, sans mesure.

srotolare *v.tr.* dérouler □ **srotolarsi** *v.pron.* se dérouler.

sst *inter.* (*per richiedere silenzio*) chut!; (*per attirare l'attenzione*) psitt, pst.

stabbio *s.m.* **1** (*recinto*) parc **2** (*letame*) fumier.

stabile¹ *agg.* stable: *dare un assetto — a qlco*, (*fig.*) stabiliser qqch; *essere — nei propositi*, être ferme dans ses résolutions || *pace* —, paix durable || *colori stabili*, couleurs solides || *residenza* —, domicile (permanent); *prendere — dimora*, se fixer || *(compagnia) — (di teatro)*, troupe permanente (de théâtre) || *impiegato in pianta* —, employé titulaire (d'un poste).

stabile[2] *s.m.* (*edificio*) immeuble.

stabilimento *s.m.* établissement; (*fabbrica*) usine (*f.*) || — *balneare*, établissement de bains || — *carcerario*, pénitencier.

stabilire (*coniug. come* finire) *v.tr.* 1 établir; (*fissare*) fixer: *in data da stabilirsi*, à une date qui sera fixée ultérieurement || — *i termini di un contratto*, arrêter les termes d'un contrat; *non è ancora stato stabilito nulla*, rien n'a encore été décidé || — *come principio che...*, partir du principe que... || *è stabilito che...*, il est entendu que... 2 (*decidere*) décider 3 (*accertare*) tirer au clair 4 (*assegnare*) attribuer, allouer □ **stabilirsi** *v.pron.* s'établir; (*fissare la propria dimora*) s'installer, se fixer.

stabilità *s.f.* stabilité.

stabilito *agg.* établi; (*fissato*) fixé: *nel giorno e nel luogo* —, à la date fixée et à l'endroit convenu || *principio — a priori*, principe posé a priori || *come* —, comme convenu.

stabilizzare *v.tr.* stabiliser □ **stabilizzarsi** *v.pron.* se stabiliser.

stabilizzatore (*f. -trice*) *agg.* e *s.m.* stabilisateur*.

stabilizzazione *s.f.* stabilisation.

stabilmente *avv.* d'une manière durable; (*definitivamente*) définitivement.

stacanovismo *s.m.* stakhanovisme.

stacanovista *s.m.* stakhanoviste.

staccabile *agg.* détachable.

staccare (*coniug. come* mancare) *v.tr.* 1 détacher || — *un quadro dal muro*, décrocher un tableau du mur; — *il ricevitore*, décrocher le récepteur || — *i cavalli*, dételer les chevaux || — *la presa*, débrancher; — *la corrente*, couper le courant; — *il ferro da stiro*, débrancher le fer à repasser || — *la frizione*, débrayer* 2 (*scostare*) éloigner 3 (*separare*) séparer 4 (*sport*) distancer* 5 (*emettere*) émettre* 6 (*recidere*) trancher: — *con un colpo netto*, couper net ♦ *v.intr.* 1 (*di colore*) trancher 2 (*terminare di lavorare*) décrocher □ **staccarsi** *v.pron.* se détacher || — *da terra*, (*di aereo*) décoller.

staccato *agg.* détaché; (*separato*) séparé.

staccio *s.m.* e *deriv.* → **setaccio** e *deriv.*

staccionata *s.f.* 1 palissade 2 (*ippica*) barrière.

stacco (pl. -*chi*) *s.m.* 1 (*lo staccare*) détachement 2 (*spazio*) espace; (*intervallo*) intervalle || — *musicale*, intermède musical; — *pubblicitario*, flash publicitaire || (*sport*): — *dal suolo*, détente du sol; *ha dato uno — di 100 m all'avversario*, il s'est détaché de 100 m de son adversaire 3 (*risalto*) relief; (*contrasto*) contraste: *fare* —, ressortir 4 (*cine.*) découpage.

stadera *s.f.* romaine: — *a ponte*, balance à bascule.

stadio *s.m.* 1 stade: *andare allo* —, aller au stade 2 (*fig.*) (*fase, periodo*) stade, phase (*f.*): *essere all'ultimo* —, être à son dernier stade 3 (*di missile*) étage: *a più stadi*, multi-étages.

staff *s.m.* staff, équipe (*f.*).

staffa *s.f.* 1 étrier (*m.*) || (*fig.*): *tenere il piede in due staffe*, jouer sur tous les tableaux; *perdere le staffe*, sortir de ses gonds 2 (*del calzone, delle ghette*) sous-pied* (*m.*).

staffetta *s.f.* 1 (*messaggero*) estafette 2 (*sport*) relais (*m.*): *corsa a* —, course de relais || *fare la* —, (*anche fig.*) prendre le relais ♦ *agg.invar.* pilote.

staffiere *s.m.* palefrenier.

staffilare *v.tr.* 1 fouetter 2 (*fig.*) cingler.

staffilata *s.f.* 1 coup de fouet 2 (*sport*) (*tiro violento*) tir de plein fouet.

staffile *s.m.* 1 cravache (*f.*); (*frusta*) fouet 2 (*di staffa*) étrivière (*f.*).

stafilococco (pl. -*chi*) *s.m.* staphylocoque.

stagionale *agg.* e *s.m.* saisonnier*.

stagionare *v.tr.* (*legno*) faire* sécher; (*salumi*) faire* mûrir; (*formaggio*) affiner; (*vino*) faire* vieillir.

stagionato *agg.* 1 (*di legno*) sec*; (*di salumi*) sec*; (*di formaggio*) affiné, fait; (*di vino*) vieilli 2 (*fig. scherz.*) d'âge mûr: *uno scapolo* —, un vieux garçon; *comincia a essere* —, il commence à avoir un certain âge.

stagionatura *s.f.* (*di legno*) séchage (*m.*); (*di salumi*) maturation (*m.*); (*di formaggio*) affinage (*m.*), mûrissage (*m.*); (*di vino*) vieillissement (*m.*).

stagione *s.f.* saison: *la — morta, la bassa* —, la morte saison; *nella bassa —, fuori* —, hors saison; *l'alta* —, la pleine saison; *nell'alta* —, en pleine saison || *mezza* —, demi-saison || *frutto fuori* —, fruit hors saison.

stagliarsi *v.pron.* se profiler (sur), se détacher (sur).

stagnante *agg.* stagnant || *aria* —, air confiné.

stagnare[1] *v.tr.* 1 (*rivestire con stagno*) étamer; (*saldare con stagno*) rétamer 2 (*rendere impenetrabile*) étancher.

stagnare[2] *v.intr.* 1 (*di fluidi*) stagner; (*di fiumi*) cesser de couler 2 (*fig.*) (*non avere sviluppo, incremento*) stagner ♦ *v.tr.* (*un liquido*) étancher □ **stagnarsi** *v.pron.* s'arrêter de couler.

stagnatura *s.f.* 1 étamage (*m.*); (*strato di stagno applicato*) étamure 2 (*il rendere impermeabile*) étanchement (*m.*).

stagnazione *s.f.* stagnation.

stagno[1] *s.m.* (*chim.*) étain.

stagno[2] *agg.* 1 (*ermetico*) étanche || *la tenuta stagna*, l'étanchéité; *a tenuta stagna*, étanche 2 (*region.*) (*sodo*) ferme.

stagno[3] *s.m.* étang.

stagnola *s.f.* (*carta*) —, papier d'aluminium; (*fam.*) alu.

stalagmite *s.f.* (*geol.*) stalagmite.

stalattite *s.f.* (*geol.*) stalactite.

staliniano *agg.* e *s.m.* stalinien*.

stalinismo *s.m.* stalinisme.

stalinista *agg.* e *s.m.* stalinien*.

stalla *s.f.* étable; (*per cavalli*) écurie; (*per pecore*) bergerie; (*per maiali*) porcherie (*anche fig.*) || (*fig.*) *passare dalle stelle alle stalle*, tomber de son piédestal.

stallatico (pl. *-ci*) *s.m.* fumier.

stalliere *s.m.* garçon d'écurie, palefrenier.

stallo *s.m.* **1** (*in chiesa*) stalle (*f.*); (*in parlamento*) siège, banc **2** (*negli scacchi*) pat || (*fig.*): *è una situazione di* —, la situation est au point mort; *essere in posizione di* —, en être toujours au même point; *costringere in una posizione di* —, tenir en échec.

stallone *s.m.* étalon.

stamane, stamani, stamattina *avv.* ce matin.

stambecco (pl. *-chi*) *s.m.* bouquetin.

stamberga (pl. *-ghe*) *s.f.* taudis (*m.*).

stambugio *s.m.* taudis.

stame *s.m.* **1** (*bot.*) étamine (*f.*) **2** (*ind. tess.*) étaim; (*filo*) fil.

stamigna, stamina *s.f.* (*tessuto*) étamine.

staminifero *agg.* (*bot.*) staminé.

stampa *s.f.* **1** (*la tecnica*) imprimerie **2** (*lo stampare, il suo risultato*) impression: *macchina da* —, machine à imprimer; — *in bianca, in volta*, impression premier côté, second côté || *la* — *non è chiara*, l'impression n'est pas nette || *spese di* —, frais d'impression || *bozze di* —, épreuves || *in corso di* —, sous presse || *andare in* —, être mis sous presse; *dare alle stampe*, publier **3** (*i giornali e i giornalisti*) presse: *libertà di* —, liberté de presse; *la* — *di partito*, la presse politique; *agenzia* —, agence de presse; *sala* —, salle de presse || *godere di buona, cattiva* —, avoir bonne, mauvaise presse **4** (*riproduzione da matrice*) estampe, gravure: *una* — *a colori*, une gravure en couleurs **5** *pl.* (*stampati spec. inviati per posta*) imprimés (*m.*) **6** (*fot.*) tirage (*m.*): — *a contatto, a ingrandimento*, tirage par contact, par agrandissement || — *a colori*, tirage en couleur.

stampaggio *s.m.* **1** moulage **2** (*di tessuti*) impression (*f.*).

stampante *s.f.* (*inform.*) imprimante: — *a matrice*, imprimante matricielle; — *a punti*, imprimante par points; — *di terminale*, imprimante de pupitre; — *laser*, imprimante à laser; — *parallela*, imprimante ligne par ligne.

stampare *v.tr.* **1** imprimer: — *a colori*, imprimer en couleurs || *quello che stampano i giornali*, ce qu'écrivent les journaux || *di questo giornale si sono stampate centomila copie*, ce journal a été tiré à cent mille exemplaires; *di questo volume sono state stampate mille copie*, on a tiré mille exemplaires de cet ouvrage || *visto, si stampi*, bon à tirer **2** (*pubblicare*) publier **3** (*imprimere*) graver (*anche fig.*): *stampatelo bene in mente*, grave-toi bien cela dans la tête **4** (*metalli, cuoio*) estamper **5** (*riprodurre mediante stampo*) mouler || — *monete*, frapper des monnaies; — *banconote*, imprimer des billets de banque **6** (*fot.*) tirer: — *un provino*, tirer une épreuve □ **stamparsi** *v.pron.* (*fig.*) s'imprimer, se graver.

stampata *s.f.* imprimante; (*a modulo continuo*) listage (*m.*).

stampatello *agg.* e *s.m.* (*carattere*) —, lettre moulée || *scrivere a* —, écrire en caractères d'imprimerie.

stampato *agg.* imprimé; (*di cuoio, metallo*) estampé; (*mediante stampo*) moulé || (*fig.*): *immagine stampata nella memoria*, image gravée dans la mémoire; *porta stampata in fronte la menzogna*, il respire le mensonge ♦ *s.m.* imprimé, brochure (*f.*).

stampatore *s.m.* **1** (*tip.*) imprimeur **2** (*di cuoio, metallo*) estampeur **3** (*di pezzi meccanici*) fondeur; (*di materiale plastico*) mouleur.

stampatrice *s.f.* (*cine., fot.*) châssis-presse* (*m.*), tireuse.

stampella *s.f.* **1** béquille; (*con supporto per avambraccio*) canne anglaise: *camminare con le stampelle*, marcher avec des béquilles **2** (*gruccia per abiti*) cintre (*m.*).

stamperia *s.f.* (*antiq.*) imprimerie.

stampiglia *s.f.* estampille.

stampigliare *v.tr.* estampiller.

stampigliatura *s.f.* estampillage (*m.*).

stampino *s.m.* **1** pochoir || *sembrano fatti con lo* —, (*fig.*) ils semblent sortis d'un même moule **2** (*punteruolo*) poinçon **3** (*formina*) moule.

stampo *s.m.* **1** moule || (*fig.*): *sembrano fatti con lo* —, ils semblent sortis du même moule; *di tipi così si è perso lo* —, des gens comme ça, on n'en fait plus; *sono tutti dello stesso* —, (*spreg.*) ils sont tous du même acabit; *non frequento gente di quello* —, je ne fréquente pas des gens de cette espèce; *un assassinio di* — *mafioso*, un assassinat typiquement maffieux; *persona di vecchio* —, personne de la vieille école **2** (*strumento per stampare*) pochoir; (*legno, cuoio*) estampe (*f.*); (*metalli*) étampe (*f.*).

stampone *s.m.* (*tip.*) épreuve (*f.*).

stanare *v.tr.* **1** débusquer **2** (*fig.*) dénicher.

stanca *s.f.* étale (*m.*): *mare in* —, mer à l'étale; *fiume in* —, fleuve étale || *un periodo di* —, (*fig.*) une période de stagnation.

stancamente *avv.* péniblement.

stancare (*coniug. come* mancare) *v.tr.* fatiguer || *colore che dopo un po' stanca*, couleur dont on se lasse vite □ **stancarsi** *v.pron.* se fatiguer || — *di qlco, di qlcu*, en avoir assez de qqch, de qqn; *non* — *mai di*, ne jamais se lasser de.

stanchezza *s.f.* fatigue: *non sentire la* —, ne pas être fatigué; *sfinito di* —, mort de fatigue; *essere vinto dalla* —, succomber à la fatigue; *non si regge in piedi dalla* —, il tombe de fatigue || *una botta di* —, un coup de barre || *il pubblico dava segni di* —, le public donnait des signes de lassitude.

stanco (pl. *-chi*) *agg.* fatigué; las*: — *morto, da morire*, mort de fatigue, crevé || *con voce stanca*, d'une voix lasse; *gli occhi stanchi*, les yeux fatigués; *con un gesto* —, d'un geste las || *essere* — *di*, en avoir assez de || (*econ.*) *mercato* —, marché inactif.

stand *s.m.* stand.

standard *s.m.* standard ‖ — *di riferimento*, (*per pesi e misure*) étalon.

standardizzare *v.tr.* standardiser.

standardizzato *agg.* standardisé.

standardizzazione *s.f.* standardisation.

standista *s.m.* **1** installateur* de stands, monteur de stands **2** (*addetto allo stand*) responsable de stand **3** (*espositore*) exposant.

stanga (pl. *-ghe*) *s.f.* **1** (*sbarra*) barre; (*dell'uscio*) bâcle; (*del carro*) brancard (*m.*); (*della carrozza*) timon (*m.*); (*dell'aratro*) age (*m.*) **2** (*fig. fam.*) grande perche.

stangare (*coniug. come* legare) *v.tr.* **1** donner des coups de barre (à) **2** (*fig. fam.*) matraquer: — *i contribuenti con nuove tasse*, écraser les contribuables sous le poids de nouveaux impôts; *in questo ristorante stangano*, dans ce restaurant, on se fait arnaquer ‖ *l'hanno stangato* (*all'esame*), il s'est fait coller (à l'examen).

stangata *s.f.* **1** coup de barre **2** (*fig. fam.*) matraquage (*m.*): *la — fiscale*, le matraquage fiscal; *che —!*, (*di prezzi*) quel coup de fusil! ‖ *dare una — a qlcu*, arnaquer qqn; *prendere una —*, (*agli esami, alle elezioni ecc.*) ramasser une veste **3** (*con la palla*) coup sec, coup violent; (*football*) shoot (*m.*).

stanghetta *s.f.* **1** (*piccola stanga*) petite barre **2** (*di serratura*) pêne (*m.*); (*del saliscendi*) clenche **3** (*di occhiali*) branche **4** (*mus.*) barre de mesure.

stanotte *avv.* cette nuit.

stante *agg.*: *ufficio a sé —*, bureau indépendant; *seduta —*, séance tenante ♦ *prep.* (*a causa di*) à cause de, vu □ **stante (il fatto) che** *locuz.cong.* (*poiché*) vu que, attendu que.

stantio *agg.* **1** (*di pane*) moisi; (*di grasso*) rance **2** (*fig.*) (*vecchio*) dépassé; (*fuori moda*) suranné ♦ *s.m.* (*di pane*) moisi; (*di grasso*) rance.

stantuffo *s.m.* piston.

stanza *s.f.* **1** pièce: — (*da letto*), chambre (à coucher); — *di soggiorno*, salle de séjour; — *di lavoro*, salle de travail; — *da bagno*, salle de bains; — *da affittare*, chambre à louer **2** (*ufficio*) bureau* (*m.*) **3** (*mil.*) garnison: *essere di — a*, (*di reparto*) tenir garnison à; (*di militare*) être en garnison à **4** (*lett.*) stance.

stanzetta *s.f.* petite pièce.

stanziale *agg.* **1** (*di uccelli*) non migrateur* **2** (*mil.*) en garnison.

stanziamento *s.m.* **1** affectation (*f.*); (*somma stanziata*) somme allouée, dotation (*f.*) **2** (*insediamento*) établissement.

stanziare *v.tr.* affecter; (*iscrivere nel bilancio*) inscrire* au budget: — *dei fondi per*, affecter, allouer des fonds pour □ **stanziarsi** *v.pron.* s'établir.

stanzino *s.m.* débarras: (*spogliatoio*) penderie (*f.*).

stappare *v.tr.* déboucher.

stare (*Indic.pres.* io sto, tu stai ecc., essi stanno; *fut.* io starò ecc.; *pass.rem.* io stetti, tu stesti ecc. *Cong.pres.* che io stia ecc. *Imp.* sta *o* stai, state.

Part.pass. stato) *v.intr.* **1** (*rimanere*) rester: *sta' fermo!*, reste tranquille!; *deve — a letto*, il doit garder le lit; *sta fuori tutto il giorno*, il est dehors toute la journée ‖ *starò in casa ad aspettarti*, je serai a t'attendre chez moi ‖ *non può — senza bere*, il ne peut pas s'empêcher de boire ‖ *è uno che sta sulle sue*, c'est quelqu'un qui reste sur son quant-à-soi **2** (*essere*) être*: *da che parte stai?*, (*per partegi*) de quel côté, dans quel camp es-tu? ‖ *— con qlcu, per qlcu*, prendre le parti de qqn ‖ *sta con un tipo poco raccomandabile*, elle fréquente un drôle de type; *sta con lui*, (*convivono*) elle vit avec lui ‖ *sta' buono!*, sois sage! ‖ *dire le cose come stanno*, dire ce qu'il en est ‖ *le cose stanno così*, c'est comme ça et pas autrement; *la faccenda sta in questi termini*, l'affaire se présente ainsi ‖ (*così*) *sta scritto*, c'est ce qui est écrit ‖ *sta' sicuro che verrà*, tu peux être sûr qu'il viendra ‖ *come stiamo a soldi?*, comment ça va côté finances? ‖ *a quanto stanno le azioni della XY?*, où en sont les actions de la XY? **3** (*abitare*) habiter; (*alloggiare*) loger*: *sto a Milano da dieci anni*, j'habite (à) Milan (*o* je vis à) Milan depuis dix ans **4** (*essere situato, trovarsi*) être* situé, se trouver: *la passeggiata sta a pochi metri dal mare*, la promenade se trouve à quelques mètres de la mer **5** (*consistere*) consister (à) ‖ *tutto sta ...*, le tout est...; *tutto sta ad, nell'arrivare in tempo*, le tout est d'arriver à temps ‖ *la difficoltà sta tutta qui*, toute la difficulté est là **6** (*riferito a salute, aspetto, comodità*) aller*: *come sta?*, comment allez-vous?; *come stai di salute?*, ta santé est bonne?; *come ti stanno queste scarpe?*, comment te vont ces chaussures? **7** (*accadere*) se passer: *cos'è stato?*, que s'est-il passé?, qu'est-ce qui s'est passé? ‖ *che ne è stato di tutto il mio lavoro?*, où est passé tout mon travail? **8** (*attenersi*) s'en tenir*: *bisogna — agli ordini*, il faut s'en tenir aux ordres; — *ai fatti*, s'en tenir aux faits ‖ *stando a quel che si dice*, d'après ce qu'on dit **9** (*spettare, toccare*) être*: *non sta a te giudicare*, ce n'est pas à toi de juger ‖ *se stesse in me*, si ça ne tenait qu'à moi **10** (*mat.*) être*: **2** *sta a 4 come 8 sta a 16*, 2 est à 4 ce que 8 est à 16; *il 2 nel 4 ci sta due volte*, il y a deux fois 2 dans 4 **11** — *a* (*seguito da inf.*): *è stato a leggere fino a mezzanotte*, il a lu jusqu'à minuit; *siamo stati a parlare per ore*, nous avons parlé pendant des heures; *staremo a vedere*, nous verrons; *starò a vedere come si mettono le cose*, j'attendrai de voir comment les choses se passent ‖ *sta' a vedere che non posso fare il mio comodo!*, ça serait un peu fort que je ne puisse pas faire ce qui me plaît!; *sta' a vedere che anche oggi non verrà*, je te parie qu'aujourd'hui non plus il ne viendra pas **12** (*seguito da ger.*) être* en train de; (*essere sul punto di*) être* sur le point de, aller* (*seguiti da inf.*): *sto lavorando*, non vie vois pas que je suis en train de travailler?; *stavo uscendo*, j'allais sortir; *no, non stavo dormendo*, non, je ne dormais pas □ **starsi, starsene** *v.pron.* rester: *se ne stava lì, solo soletto*, il restait, était là, tout seul ‖ **stare per** (*essere sul punto di*) être* sur le point de, aller* (*seguiti da inf.*): stava per dirglielo, il était sur le point de, il allait le lui dire □ **starci** (*essere contenuto*) entrer; (*esserci spazio per*) y avoir* de la place, tenir*; (*fam.*) (*acconsentire*) être* d'accord: *nella tua valigia non ci sta niente*, dans ta valise il n'entre pas, on ne peut pas mettre grand-chose; *nel salone ci stanno fino a cento persone*, le salon peut contenir jusqu'à cent personnes; *ci sto!*, *ci stiamo!*, (*va bene, d'accordo*) très bien, d'accord!; *non ci sto!*, je ne suis pas d'accord! || (*fam.*) è una *che ci sta, che non ci sta*, c'est, ce n'est pas une fille facile □ **stare dietro** (*seguire*) suivre*; (*sorvegliare, badare*) surveiller (qqn); (*importunare*) être toujours derrière qqn □ **stare bene**, aller* bien; (*di salute*) bien se porter; (*essere d'accordo*) être* d'accord; (*essere conveniente*) être* convenable: *quel soprabito non gli sta bene*, ce pardessus ne lui va pas bien; *stanno bene insieme*, (*di persone, colori ecc.*) ils vont bien ensemble; — *bene con qlcu*, se trouver bien en compagnie de qqn; *stammi bene!*, porte-toi bien!; *mi sta bene*, ça me va; *ben ti sta!, ti sta bene!*, c'est bien fait pour toi!; *non sta bene dire certe cose*, ça ne se fait pas de dire certaines choses; — *bene a soldi*, avoir de l'argent □ **stare male**, aller* mal; (*di salute*) ne pas se sentir* bien; (*essere sconveniente*) être* mal élevé; (*fare brutta impressione*) faire* mauvais effet ||*sto male solo a pensarci*, rien que d'y penser, j'en suis malade || — *male a quattrini*, manquer d'argent.

starna *s.f.* (*zool.*) perdrix grise.

starnazzare *v.intr.* **1** battre* des ailes **2** (*fig.*) piailler.

starnutatorio *agg.* sternutatoire ♦ *s.m.* poudre sternutatoire.

starnutire (*coniug. come* finire) *v.intr.* éternuer.

starnuto *s.m.* éternuement: *fare uno* —, éternuer.

starter (pl. *invar.*) *s.m.* starter.

stasare *v.tr.* déboucher.

stasera *avv.* ce soir.

stasi *s.f.* **1** (*med.*) stase **2** (*fig.*) stagnation.

statale *agg.* de l'État; (*pubblico*) public*, d'État: *ente* —, organisme public; *amministrazione* —, administration publique; *sovvenzione* —, subvention de l'État; *scuola* —, (*istituto*) école publique, (*istruzione*) enseignement public || *impiegato, dipendente* —, fonctionnaire || (*strada*) —, (route) nationale ♦ *s.m.* fonctionnaire.

statalismo *s.m.* étatisme.

statalista *s.m.* étatiste.

statalizzare *v.tr.* nationaliser; étatiser.

statalizzazione *s.f.* nationalisation; étatisation.

statica *s.f.* statique.

staticità *s.f.* **1** statisme (*m.*) **2** (*fig.*) immobilisme (*m.*); (*del mercato*) stagnation || *la — del suo volto*, l'immobilité de son visage.

statico (pl. *-ci*) *agg.* statique (*anche fig.*).

statino *s.m.* (*amm.*) relevé.

statista *s.m.* homme d'État.

statistica (pl. *-che*) *s.f.* statistique.

statisticamente *avv.* statistiquement.

statistico (pl. *-ci*) *agg.* statistique ♦ *s.m.* statisticien*.

stato *s.m.* **1** état; (*situazione*) situation (*f.*): *il ferito è in grave* —, le blessé est dans un état grave; *migliorare il proprio* —, améliorer sa situation || *allo — brado*, à l'état sauvage || *in — di*, en état de || *essere in* — *d'incoscienza*, être inconscient || *essere in — interessante*, attendre un enfant || *nel mio* —, (*fisico*) dans mon état, (*nella mia posizione*) dans ma situation || *in che — sei!*, dans quel état tu t'es mis! || *in che* — *s'è ridotto*, il est dans un triste état; (*morale*) il est tombé bien bas || (*certificato di*) — *di famiglia*, extrait du livret de famille || (*comm.*) — *di cassa*, situation de caisse || — *patrimoniale*, situation de fortune || *complemento di* — *in luogo*, complément de lieu **2** (*pol.*) État || *colpo di* —, coup d'État || *archivio di* —, Archives nationales || *funerale di* —, funérailles nationales || (*st.*) *la città-stato*, la cité || (*st. fr.*): *Stati Generali*, États Généraux; *il Terzo Stato*, le Tiers État **3** (*inform.*) état, mode.

statua *s.f.* statue || — *giacente*, gisant.

statuaria *s.f.* statuaire.

statuario *agg.* statuaire || *arte statuaria*, statuaire || *bellezza statuaria*, beauté sculpturale.

statuetta, statuina *s.f.* statuette || *giocare alle belle statuine*, (*gioco infantile*) jouer aux statues.

statunitense *agg.* des États-Unis, américain ♦ *s.m.* citoyen* des États-Unis.

statura *s.f.* **1** taille **2** (*fig.*) valeur.

status (pl. *invar.*) *s.m.* (*posizione giuridica*) statut.

status symbol (pl. *invar.*) *s.m.* signe extérieur de richesse.

statutario *agg.* statutaire.

statuto *s.m.* (*pol.*) statut; (*di società ecc.*) statuts (*pl.*).

stavolta *avv.* (*fam.*) cette fois-ci.

stazionamento *s.m.* stationnement.

stazionare *v.intr.* stationner.

stazionario *agg.* stationnaire (*anche fig.*).

stazione *s.f.* **1** gare: — *di testa*, terminus; — *di frontiera*, gare frontière; — *di autolinee*, gare routière; — *della metropolitana, dei taxi*, station de métro, de taxis **2** (*sede di un determinato servizio*) poste (*m.*); (*con installazioni*) station: — *radio pirata*, station pirate, poste d'émission clandestin; — *trasmittente*, station émettrice; — *meteorologica*, station météorologique; — *di servizio*, station-service || — *dei carabinieri*, gendarmerie **3** (*luogo di soggiorno*) station **4** (*scient.*) (*positura*) station: — *eretta*, station debout.

stazza *s.f.* tonnage (*m.*) jauge || *tonnellata di* —, tonneau.

stazzare *v.tr.* (*mar.*) jauger*.

stazzo *s.m.* parc.

stazzonare *v.tr.* froisser, chiffonner.

steatite *s.f.* (*min.*) stéatite.

stecca (pl. *-che*) *s.f.* **1** baguette **2** (*da biliardo*) queue **3** (*di ombrello, busto*) baleine **4** (*per scultori*) ébauchoir (*m.*) **5** (*ortopedia*) éclisse **6** (*fig.*) (*mus.*) couac (*m.*) **7** (*di sigarette*) cartouche.

steccare (*coniug. come* mancare) *v.tr.* **1** clôturer **2** (*mus.*) (*una nota*) rater **3** (*med.*) éclisser ♦ *v.intr.* (*fig.*) (*mus.*) (*di uno strumento*) faire* une fausse note; (*di un cantante*) faire* un canard, un couac.

steccato *s.m.* **1** barrière (*f.*), palissade (*f.*) || *correre allo* —, (*di cavallo*) tenir la corde **2** (*spiazzo recintato*) enclos.

stecchetto, a *locuz.avv.*: *stare a* —, (*di denaro*) serrer la ceinture, (*di cibo*) se mettre au régime; *tenere a* — *qlcu*, (*di cibo*) rationner qqn; (*di denaro*) donner de l'argent au compte-gouttes.

stecchino *s.m.* cure-dent*.

stecchire (*coniug. come* finire) *v.tr.* étendre* raide mort.

stecchito *agg.* desséché; (*magrissimo*) sec*; (*sbalordito*) sidéré, médusé || *rimanere* —, tomber raide mort.

stecco (pl. *-chi*) *s.m.* **1** brindille (*f.*) || *ridursi uno* —, (*fig.*) devenir maigre comme un clou **2** (*spiedino*) broche (*f.*).

steccanata *s.f.*, **steccanato** *s.m.* palissade (*f.*), clôture (*f.*).

steccone *s.m.* planche (*f.*).

steeple-chase *s.m.* (*corsa di cavalli con ostacoli*) steeple-chase*, steeple.

stegosauro *s.m.* (*paleont.*) stégosaure.

stele *s.f.* stèle.

stella *s.f.* étoile (*anche fig.*): *una notte di stelle*, une nuit étoilée; *dormire sotto le stelle*, coucher à la belle étoile || *vedere le stelle*, voir trente-six chandelles || *le sue grida arrivavano alle stelle*, on l'entendait crier à vingt lieues à la ronde; *il costo della vita è arrivato alle stelle*, le coût de la vie a grimpé vertigineusement || *portare alle stelle qlcu, qlco*, porter qqn, qqch aux nues || *a* —, en forme d'étoile; *un albergo a tre, quattro stelle*, un (hôtel) trois, quatre étoiles || *cacciavite a* —, tournevis cruciforme || — *filante*, serpentin || (*bot.*): — *alpina*, edelweiss; — *di Natale*, poinsettia || (*zool.*) — *marina, di mare*, étoile de mer **2** (*attrice*) star **3** (*piccola imbarcazione a vela*) star.

stellare *agg.* **1** (*astr.*) stellaire **2** (*a forma di stella*) étoilé || (*aer.*) *motore* —, moteur en étoile.

stellato *agg.* étoilé.

stelletta *s.f.* **1** (*mil.*) étoile (des militaires italiens) || *guadagnarsi le stellette*, monter en grade **2** (*tip.*) astérisque (*m.*).

stellina *s.f.* (*giovane attrice*) starlette.

stelo *s.m.* tige (*f.*) || *bicchiere a* —, verre à pied || *lampada a* —, lampadaire (*f.*).

stemma *s.m.* armoiries (*f.pl.*), blason.

stemperare *v.tr.* délayer* (*anche fig.*).

stempiarsi *v.pron.* devenir* chauve.

stempiato *agg.* aux tempes dégarnies.

stendardo *s.m.* étendard; (*gonfalone di una parrocchia ecc.*) bannière (*f.*).

stendere (*coniug. come* prendere) *v.tr.* **1** étendre*; (*spiegare*) déplier; (*allargare*) étaler || — *la mano*, tendre la main || *il pugile ha steso a terra il suo avversario*, le boxeur a envoyé son adversaire au tapis || *lo hanno steso*, (*molto fam.*) (*ucciso*) on l'a descendu **2** (*mettere per iscritto*) dresser;

(*redigere, comporre*) rédiger* □ **stendersi** *v.pron.* s'étendre*.

stendibiancheria (pl. *invar.*) *s.m.* étendoir à linge.

stenditoio *s.m.* étendoir; (*luogo*) buanderie (*f.*).

stenodattilografa *s.f.* sténodactylo.

stenodattilografia *s.f.* sténodactylographie.

stenodattilografo *s.m.* sténodactylo.

stenografare *v.tr.* sténographier.

stenografia *s.f.* sténographie.

stenografico (pl. *-ci*) *agg.* sténographique.

stenografo *s.m.* sténographe.

stenosi *s.f.* sténose.

stenotipia *s.f.* sténotypie.

stentare *v.intr.* avoir* du mal, avoir* de la peine || — *a pagare*, être un mauvais payeur.

stentatamente *avv.* **1** (*con sforzo*) péniblement; (*a stento*) avec peine **2** (*poveramente*) dans la gêne.

stentatezza *s.f.* difficulté.

stentato *agg.* **1** (*che tradisce lo sforzo*) laborieux*; (*privo di naturalezza*) forcé; (*ottenuto con fatica*) difficile || *una pianta stentata*, une plante grêle **2** (*pieno di stenti*) de misère.

stento *s.m.* privation (*f.*) || *a* —, avec peine; *capire a* —, comprendre à peine || *senza* —, sans effort.

stentoreo *agg.* de stentor.

steppa *s.f.* steppe.

steppico (pl. *-ci*) *agg.* steppique.

stepposo *agg.* steppique.

sterco (pl. *-chi*) *s.m.* excrément; (*di cavalli*) crottin; (*di bovini*) bouse (*f.*).

stereo (pl. *invar.*) *s.m.* chaîne hi-fi ♦ *agg.invar.* → stereofonico.

stereo- *pref.* stéréo-

stereofonia *s.f.* stéréophonie.

stereofonico (pl. *-ci*) *agg.* stéréophonique.

stereometria *s.f.* (*mat.*) stéréométrie.

stereoscopia *s.f.* stéréoscopie.

stereoscopico (pl. *-ci*) *agg.* stéréoscopique.

stereoscopio *s.m.* (*fis.*) stéréoscope.

stereotipare *v.tr.* stéréotyper.

stereotipato *agg.* stéréotypé (*anche fig.*).

stereotipia *s.f.* **1** stéréotypie **2** (*lastra*) stéréotype (*m.*).

stereotipo *agg. e s.m.* stéréotype.

stereotomia *s.f.* (*mat.*) stéréotomie.

sterile *agg.* stérile (*anche fig.*) || **-mente** *avv.*

sterilità *s.f.* stérilité (*anche fig.*).

sterilizzare *v.tr.* stériliser.

sterilizzatore *s.m.* stérilisateur.

sterilizzazione *s.f.* stérilisation.

sterlina *s.f.* sterling (*m.*).

sterminare *v.tr.* détruire*, exterminer.

sterminato *agg.* **1** détruit, exterminé **2** illimité; (*immenso*) immense.

sterminatore (f. *-trice*) *agg. e s.m.* exterminateur*.

sterminio *s.m.* **1** extermination (*f.*), destruction (*f.*) **2** (*massacro*) massacre, carnage.

sterno *s.m.* (*anat.*) **1** sternum **2** (*di uccelli, di polli*) bréchet.

sterpaglia *s.f.* broussailles (*pl.*).

sterpo *s.m.* (*secco*) brindille (*f.*); (*spinoso*) ronce (*f.*); broussailles (*f.pl.*).

sterramento *s.m.* déblaiement, déblayage, terrassement.

sterrare *v.tr.* déblayer*, terrasser.

sterrato *agg.* (*non pavimentato*) de terre: *una strada sterrata*, un chemin de terre ♦ *s.m.* (*luogo*) étendue de terre battue.

sterratore *s.m.* terrassier.

sterro *s.m.* **1** terrassement, déblaiement **2** (*terra asportata*) déblais (*pl.*).

sterzante *agg.* (*aut.*) directeur*: *auto a quattro ruote sterzanti*, voiture à quatre roues directrices.

sterzare *v.intr.* **1** (*in automobile*) braquer; (*in bicicletta o motocicletta*) donner un coup de guidon: — *a destra*, braquer à droite **2** (*fig.*) tourner sa veste.

sterzata *s.f.* (*in automobile*) coup de volant; (*in bicicletta o motocicletta*) coup de guidon: *fare una* — *a destra*, braquer à droite.

sterzo *s.m.* (*di automobile*) direction (*f.*); (*di bicicletta o motocicletta*) guidon.

stesso *agg.dimostr.* **1** même: *abbiamo la stessa età*, nous avons le même âge || *quelle stesse persone, cose*, les mêmes personnes, choses || *sono del tuo* — *parere*, je suis du même avis que toi || *in quello* — *momento*, à ce moment-là, au même moment; *in quello* — *giorno*, ce jour-là, le même jour; (*in*) *quello* — *anno*, cette année-là, la même année; *in quello* — *luogo*, à cet endroit-là, au même endroit || *guardo la TV e nello* — *tempo lavoro a maglia*, je regarde la télé et en même temps je tricote; *il suo stile è classico e al tempo* — *moderno*, son style est à la fois classique et moderne || *è la stessa* (*medesima*) *cosa*, c'est la même chose; *è la stessissima cosa*, (*fam.*) c'est exactement la même chose || *ha rifatto gli stessi identici errori*, il a refait exactement les mêmes erreurs **2** (*rafforzativo pleonastico*) même: *io* —, *tu* —, moi-même, toi-même; *noi stessi, voi stessi*, nous-mêmes, vous-mêmes; *tuo fratello* — *dice...*, ton frère lui-même dit que...; *la legge stessa lo ammette*, la loi elle-même le consent; *il presidente* — *dice che...*, le président en personne dit que... || *di per se* —, en soi ♦ *pron.dimostr.* (*riferito a pers.*) le* même; (*riferito a cosa*) la même chose: *dopo la malattia, non è più la stessa*, après sa maladie, elle n'est plus la même; *a me è capitato lo* —, il m'est arrivé la même chose || *per me è lo* —, *fa lo* —, pour moi c'est la même chose, ça m'est égal || *...e lo* — *dicasi per...*, ...et on peut dire la même chose pour... || *l'installazione dell'apparecchio e messa a punto dello* —, installation et mise au point de l'appareil || (*burocrazia*) *su istanza, su richiesta dello* —, à la demande du soussigné, à (*o* sur) sa demande □ **lo stesso** *locuz.avv.* (*fam.*) tout de même, quand même: *sta più o meno lo* — *di ieri*, il va plus ou moins comme hier.

stesura *s.f.* rédaction (*f.*); (*testo redatto*) version (*f.*).

stetoscopio *s.m.* stéthoscope.

stia *s.f.* cage à poulets; (*per pulcini*) poussinière.

stigma *s.m.* stigmate.

stigmate *s.f.pl.* stigmates (*m.*).

stigmatizzare *v.tr.* stigmatiser.

stilare *v.tr.* rédiger*, dresser.

stile *s.m.* style || *mobili in* —, meubles de style || *avere* —, (*di artisti, di atleti ecc.*) avoir du style, (*di persone eleganti e raffinate*) avoir de la classe, (*di camerieri ecc.*) être stylé || *con* —, (*con eleganza*) avec élégance || *in grande* —, en grande pompe; *fare qlco in grande* (—), faire qqch en grand || (*nuoto*) — *libero*, nage libre, crawl.

stilè *agg.invar.* (*di persona elegante*) élégant, qui a de la classe; (*di camerieri ecc.*) stylé.

stilettata *s.f.* **1** coup de stylet; (*fig.*) (*pugnalata*) coup de poignard: *fu una* — *al cuore*, ce fut un coup de poignard dans le cœur **2** (*estens.*) (*trafittura*) élancement (*m.*): *sentì una* — *alla nuca*, il ressentit (comme) un élancement à la nuque.

stiletto *s.m.* stylet.

stilista *s.m.* styliste.

stilistica (pl. -*che*) *s.f.* stylistique.

stilistico (pl. -*ci*) *agg.* stylistique.

stilizzare *v.tr.* styliser.

stilizzato *agg.* stylisé.

stilizzazione *s.f.* stylisation.

stilla *s.f.* goutte: *a* — *a* —, goutte à goutte.

stillare *v.tr.* ruisseler* (de) || *stillarsi il cervello*, se creuser les méninges ♦ *v.intr.* suinter.

stillicidio *s.m.* **1** égout, stillation (*f.*) **2** (*fig.*) suite (*f.*), série (*f.*): *uno* — *di spese, di richieste*, une succession ininterrompue de frais, de requêtes; *uno* — *di visite*, un défilé ininterrompu de visites.

stilo *s.m.* **1** (*braccio della stadera*) fléau* **2** (*della meridiana*) tige (*f.*).

stilobate *s.m.* (*arch.*) stylobate.

stilografica (pl. -*che*) *s.f.* stylo (*m.*): — *a cartuccia*, stylo à cartouche.

stilografico (pl. -*ci*) *agg.* stylographique || *una* (*penna*) *stilografica*, un stylo.

stima *s.f.* **1** estime: *avere molta* — *di qlcu, tenere qlcu in grande* —, avoir qqn en haute estime **2** (*valutazione*) évaluation; (*spec. di opere d'arte*) expertise: *fare la* — *di qlco*, évaluer qqch || *rimborso effettuato sulla* — *dell'esperto*, remboursement effectué sur la base de l'expertise.

stimabile *agg.* **1** estimable; (*valutabile*) évaluable: *danno* — *in, a cento milioni*, dommage évaluable (à) cent millions **2** (*degno di stima*) digne d'estime, estimable.

stimare *v.tr.* **1** (*valutare*) estimer, évaluer; (*spec. un'opera d'arte*) expertiser **2** (*avere una buona opinione*) estimer: *tutti lo stimano molto*, il est très estimé de tout le monde **3** (*ritenere*) croire* □ **stimarsi** *v.pron.* s'estimer.

stimato *agg.* estimé || *prezzo* —, prix évalué; *valore* —, valeur estimée, évaluée || (*corrispondenza comm.*): *la vostra stimata* (*lettera*) *del...*, votre lettre du...; *stimatissimo signore*, Monsieur.

stimatore *s.m.* (*esperto*) expert.

stimolante *agg. e s.m.* stimulant.

stimolare *v.tr.* stimuler.

stimolatore *s.m.* (*med.*) stimulateur.

stimolazione *s.f.* stimulation.

stimolo *s.m.* 1 (*impulso*) impulsion (*f.*) || *lo — della fame*, l'aiguillon de la faim 2 (*sprone*) stimulant 3 (*med.*) stimulus.

stinco (pl. *-chi*) *s.m.* tibia || *non è uno — di santo*, ce n'est pas un petit saint.

stingere (*coniug. come* spingere) *v.tr.* e *intr.*, **stingersi** *v.pron.* déteindre*.

stinto *agg.* déteint.

stipare *v.tr.* entasser □ **stiparsi** *v.pron.* s'entasser.

stipato *agg.* 1 entassé 2 (*affollato*) bondé.

stipendiare *v.tr.* (*assumere*) engager*; (*pagare*) payer*.

stipendiato *agg.* e *s.m.* salarié; (*pagato*) payé.

stipendio *s.m.* appointements (*pl.*); (*di impiegati*) salaire, traitement; (*di domestici*) gages (*pl.*).

stipite *s.m.* 1 (*edil.*) montant 2 (*bot.*) stipe.

stipo *s.m.* chiffonnier; (*per documenti, carte ecc.*) bonheur-du-jour*.

stipsi *s.f.* (*med.*) constipation.

stipula *s.f.* stipulation.

stipulare *v.tr.* stipuler.

stipulazione *s.f.* stipulation.

stiracchiamento *s.m.* étirement.

stiracchiare *v.tr.* étirer □ **stiracchiarsi** *v.pron.* s'étirer.

stiracchiato *agg.* tiré par les cheveux; (*stentato*) forcé || *sufficienza stiracchiata*, (*a scuola*) moyenne tirée par les cheveux.

stiramaniche *s.m.* jeannette (*f.*).

stiramento *s.m.* étirement; (*med.*) élongation (*f.*).

stirare *v.tr.* 1 repasser: *ferro per —*, fer à repasser; *— a vapore*, repasser à la vapeur 2 (*sottoporre a stiramento*) étirer || *stirarsi un muscolo*, se faire une élongation || *stirarsi i capelli*, se faire défriser les cheveux □ **stirarsi** *v.pron.* s'étirer.

stirata *s.f.* coup de fer.

stirato *agg.* repassé.

stiratrice *s.f.* repasseuse.

stiratura *s.f.* repassage (*m.*).

stireria *s.f.* blanchisserie.

stiro *s.m.*: *ferro da —*, fer à repasser; *tavolo da —*, planche à repasser.

stirpe *s.f.* 1 souche; (*origine*) origine: *di — nobile*, aux origines nobles 2 (*discendenza, progenie*) lignée.

stitichezza *s.f.* constipation.

stitico (pl. *-ci*) *agg.* 1 constipé 2 (*fig.*) (*spilorcio*) radin.

stiva *s.f.* (*mar.*) cale, soute; (*aer.*) soute.

stivaggio *s.m.* arrimage.

stivalata *s.f.* coup de botte.

stivale *s.m.* botte (*f.*): *stivali da equitazione, da pesca*, bottes d'équitation, de pêcheur || *lustrare gli stivali*, (*fig.*) lécher les bottes || *quel medico dei miei stivali*, (*fam.*) ce docteur à la noix || *lo Stivale*, (*l'Italia*) la botte de l'Italie.

stivaletto *s.m.* bottine (*f.*).

stivare *v.tr.* 1 arrimer 2 (*estens.*) entasser.

stizza *s.f.* dépit (*m.*); (*irritazione*) irritation: *parlare con —*, parler d'un ton irrité; *mi fa — sentirlo*

parlare così, ça m'énerve de l'entendre parler comme ça || *provare —*, se fâcher.

stizzire (*coniug. come* finire) *v.tr.* irriter, agacer* □ **stizzirsi** *v.pron.* s'emporter, se fâcher.

stizzito *agg.* fâché, irrité.

stizzosamente *avv.* avec dépit; d'un ton irrité.

stizzoso *agg.* irritable || *parole stizzose*, des mots rageurs.

stoccafisso *s.m.* stockfisch.

stoccaggio *s.m.* stockage.

stoccare (*coniug. come* mancare) *v.tr.* (*immagazzinare*) stocker.

stoccata *s.f.* 1 estocade 2 (*battuta pungente*) pointe 3 (*football*) bombe.

stocco (pl. *-chi*) *s.m.* estoc.

stock (pl. *invar.*) *s.m.* stock.

stoffa *s.f.* tissu (*m.*), étoffe: *— di lana*, tissu, drap de laine || *— da parati*, tissu mural, étoffe murale || *avere della —*, (*fam.*) avoir de l'étoffe.

stoicamente *avv.* stoïquement.

stoicismo *s.m.* stoïcisme.

stoico (pl. *-ci*) *agg.* e *s.m.* stoïcien*; (*fig.*) stoïque.

stoino *s.m.* paillasson.

stola *s.f.* étole.

stolido *agg.* e *s.m.* sot*, stupide.

stoltamente *avv.* sottement.

stoltezza *s.f.* sottise.

stolto *agg.* e *s.m.* sot*, idiot.

stomacale *agg.* stomacal*.

stomacare (*coniug. come* mancare) *v.tr.* écœurer.

stomachevole *agg.* écœurant.

stomachico (pl. *-ci*) *agg.* (*med.*) stomachique.

stomaco (pl. *-chi* o *-ci*) *s.m.* estomac: *— forte*, estomac solide; *essere debole, forte di —*, avoir un estomac délicat, un bon estomac; *essere a — pieno, vuoto*, avoir l'estomac plein, vide; *a — vuoto*, à jeun; *a — pieno*, après les repas; *avere mal di —*, avoir des maux d'estomac, (*senso di nausea*) avoir mal au cœur; *ho lo — sottosopra*, (*fam.*) j'ai l'estomac tout chamboulé; *sono malato di —*, j'ai des problèmes d'estomac; *avere disturbi di —*, avoir l'estomac dérangé || *— di ferro, di struzzo*, estomac d'autruche || *questo ti rimetterà a posto lo —*, ça te remettra l'estomac d'aplomb || *avere un vuoto nello —*, (*fam.*) avoir un (petit) creux (à l'estomac) || *avere lo — chiuso*, avoir l'estomac serré || *dare di —*, vomir || *le cipolle mi rimangono sullo —*, je ne digère pas les oignons; *la colazione mi è rimasta sullo —*, j'ai encore mon petit déjeuner sur l'estomac || (*fig.*): *il suo comportamento mi è rimasto sullo —*, je n'ai pas digéré son comportement; *quel tipo mi sta sullo —*, je ne peux pas sentir cet individu; *mi si rivolta lo — solo a pensarci*, rien que d'y penser cela me soulève le cœur.

stomatite *s.f.* stomatite.

stomatologia *s.f.* stomatologie.

stomatologico (pl. *-ci*) *agg.* stomatologique.

stomatologo (pl. *-gi*) *s.m.* stomatologiste, stomatologue.

stonare *v.tr.* (*cantando*) chanter faux; (*suonan-*

do) jouer faux ♦ *v.intr. (non armonizzarsi)* jurer; *(essere fuori luogo)* détonner.

stonato *agg.* 1 *(di nota, voce)* faux*; *(di strumento)* désaccordé; *(di persona)* qui chante faux 2 *(fig.)* faux*; *(fuori posto)* déplacé ‖ *sentirsi —*, ne pas être à l'aise.

stonatura *s.f.* fausse note *(anche fig.).*

stop (pl. *invar.*) *s.m.* 1 stop 2 *(football)* stoppage.

stoppa *s.f.* étoupe ‖ *capelli di —, biondo —*, cheveux filasse ‖ *come —, che sembra —*, filandreux ‖ *sentirsi le gambe di —*, avoir les jambes en coton.

stoppaccio *s.m.* bourre *(f.).*

stoppare *v.tr. (sport)* stopper.

stoppata *s.f. (sport)* stoppage *(m.).*

stoppia *s.f. (spec.pl.)* chaume *(m.).*

stoppino *s.m.* mèche *(f.).*

stopposo *agg.: capelli stopposi*, cheveux filasse; *carne stopposa*, viande filandreuse; *arancia stopposa*, orange cotonneuse.

storace *s.m. (bot.)* styrax.

storcere *(coniug. come* torcere*) v.tr.* tordre* ‖ *— il naso, la bocca*, faire la grimace ‖ *— gli occhi*, loucher □ **storcersi** *v.pron.* se tordre*.

stordimento *s.m.* étourdissement.

stordire *(coniug. come* finire*) v.tr.* 1 étourdir ‖ *smettila di gridare, mi stordisci*, arrête de crier, tu me rends fou 2 *(di vino, liquori ecc.)* monter à la tête 3 *(fig.) (sconcertare)* abasourdir □ **stordirsi** *v.pron.* s'étourdir.

storditamente *avv.* étourdiment.

stordito *agg.* étourdi.

storia *s.f.* 1 histoire: *è una — lunga*, c'est toute une histoire; *questa è tutta un'altra —*, c'est une autre histoire; *che — è questa?, (fam.)* qu'est-ce que c'est que cette histoire? ‖ *— medievale*, histoire du Moyen Âge; *— moderna*, histoire des temps modernes; *ne parlerà la —*, l'Histoire en parlera; *è — di ieri*, c'est de l'histoire récente ‖ *la — sacra*, l'Histoire Sainte ‖ *(fam.): poche storie!*, pas d'histoires!; *quante storie per niente!*, que d'histoires pour rien!; *storie!*, ce sont des histoires! 2 *(racconto)* récit *(m.);* histoire: *la — particolareggiata del viaggio*, le récit détaillé du voyage; *raccontami una —*, raconte-moi une histoire; *una — d'amore*, une histoire d'amour ‖ *avere una — (sentimentale) con qlcu, (fam.)* avoir une liaison avec qqn.

storicamente *avv.* historiquement.

storicismo *s.m.* historisme, historicisme.

storicista *s.m.* historiciste.

storicistico (pl. *-ci*) *agg.* historiciste.

storicità *s.f.* historicité.

storicizzare *v.tr.* situer dans un contexte historique.

storico (pl. *-ci*) *agg.* historique ♦ *s.m.* historien*.

storiella *s.f.* 1 anecdote 2 *(barzelletta)* histoire drôle 3 *(frottola)* blague.

storiografia *s.f.* historiographie.

storiografico (pl. *-ci*) *agg.* historiographique.

storiografo *s.m.* historiographe.

storione *s.m. (zool.)* esturgeon.

stormire *(coniug. come* finire*) v.intr.* bruire* ♦ *s.m.* bruissement.

stormo *s.m. (di uccelli)* vol; *(di aerei)* formation *(f.): le rondini passavano a stormi sopra la collina*, un vol d'hirondelles passait au-dessus de la colline □ **a stormo** *locuz.avv.: suonare (le campane) a —, (in caso di pericolo)* sonner le tocsin, *(in segno di festa)* carillonner, sonner à toute volée.

stornare *v.tr. (fin.)* ristourner; *(trasferire)* virer.

stornello[1] *s.m.* couplets *(pl.).*

stornello[2] *s.m. (zool.)* étourneau*.

storno[1] *s.m. (zool.)* étourneau*.

storno[2] *s.m. (fin.)* ristourne *(f.);* *(trasferimento)* virement ‖ *(scrittura di) —*, contre-passation.

storpiare *v.tr.* estropier ‖ *— un nome, una lingua*, écorcher un nom, une langue.

storpiatura *s.f.* déformation.

storpio *agg.* e *s.m.* estropié.

storta[1] *s.f. (fam.) (distorsione)* entorse, foulure: *prendere una —*, se faire une entorse.

storta[2] *s.f. (chim.)* cornue.

storto *agg.* 1 tordu 2 *(non allineato)* de travers ‖ *avere gli occhi storti*, loucher ‖ *(fam.): oggi mi vanno tutte storte*, aujourd'hui tout va de travers; *mi va sempre tutto —*, je rate toujours tout 3 *(fig.)* faux*: *idee storte*, des idées fausses ♦ *avv.* de travers.

stortura *s.f.* déformation (d'esprit).

stoviglie *s.f.pl.* vaisselle *(sing.): lavare le —*, faire la vaisselle.

stra- *pref.* extra-, super-, sur-

strabenedire *(coniug. come* dire*. Imp.* strabenedici*) v.tr. (fam. iron.)* maudire* ‖ *che Dio ti strabenedica!*, que le diable t'emporte!

strabico (pl. *-ci*) *agg.* strabique ‖ *è —, ha gli occhi strabici*, il louche.

strabiliante *agg.* merveilleux*; *(straordinario)* extraordinaire.

strabiliare *v.tr.* stupéfier ♦ *v.intr.* être* stupéfait ‖ *fare — qlcu*, stupéfier qqn.

strabiliato *agg.* stupéfait.

strabismo *s.m.* strabisme ‖ *— di Venere*, léger strabisme.

strabocchevole *agg.* débordant; *(immenso)* énorme, immense.

strabuzzare *v.tr.: — gli occhi*, écarquiller les yeux.

stracarico (pl. *-chi*) *agg.* surchargé ‖ *treno — di gente*, train plein à craquer, bondé.

stracchino *s.m. (cuc.)* fromage frais de la Lombardie.

stracciare *(coniug. come* cominciare*) v.tr.* déchirer □ **stracciarsi** *v.pron.* se déchirer.

stracciato *agg.* 1 déchiré ‖ *prezzo —*, prix sacrifié 2 *(male in arnese)* dépenaillé.

straccio[1] *agg.* bon* à faire des chiffons ‖ *roba straccia*, vieux chiffons ‖ *carta straccia*, papier de rebut, vieux papiers.

straccio[2] *s.m.* 1 chiffon ‖ *— per la polvere*, chiffon à poussière; *— per lavare i pavimenti*, serpillière ‖ *non ho uno — di vestito da mettermi*, je n'ai rien à mettre ‖ *non si è nemmeno trovata uno — di marito, (fam.)* elle n'a même pas été capable de dénicher un mari; *si è ridotta uno —*, ce n'est plus qu'une loque; *mi sento uno —*, je me sens une loque **2** (*spec.pl.*) (*vestiti logori*) *haillons (*pl.*) || *ha raccolto i suoi stracci ed è partito*, il a pris ses frusques et il est parti.

straccione *s.m.* clochard || *vestito come uno —*, habillé comme un romanichel.

straccivendolo *s.m.* chiffonnier || *gridare come uno —*, crier comme un putois.

stracco (pl. *-chi*) *agg.* fatigué; (*sfinito*) éreinté || *— morto*, complètement crevé, claqué.

stracittadino *agg.* extrêmement typique de la ville.

stracontento *agg.* (*fam.*) drôlement heureux*.

stracotto *agg.* **1** (*cotto e*) —, trop cuit **2** (*fam.*) (*innamorato*) amoureux* fou* ♦ *s.m.* (*cuc.*) daube (*f.*): *— di manzo*, daube de bœuf, bœuf en daube.

stracuocere (*coniug. come* cuocere) *v.tr.* faire* cuire trop longtemps.

strada *s.f.* **1** route; (*di città*) rue; (*non asfaltata*) chemin (*m.*): *— senza uscita*, voie sans issue, cul-de-sac, impasse (*anche fig.*); *in mezzo alla —*, au milieu de la route, (*fig.*) dans la rue; *l'ho incontrato per —*, je l'ai rencontré dans la rue; *a quest'ora è già per —*, il doit déjà être en route; *fermarsi per —*, s'arrêter en route; *andare fuori —*, sortir de la route, (*fig.*) s'éloigner du sujet, s'égarer; *stiamo andando fuori —*, nous n'y sommes pas; *essere fuori —*, (*fig.*) faire fausse route, se fourvoyer; *tagliare la — a qlcu*, couper la route à qqn || *trasportì su —*, transports routier; *traffico su —*, circulation routière || *l'uomo della —*, l'homme de la rue; *donna di —*, fille des rues; *ragazzo di —*, gamin des rues || *è sempre in giro per le strade*, il est tout le temps dehors || (*fig.*): *mettere qlcu sulla —*, *gettare qlcu sulla —*, mettre qqn sur le pavé, jeter qqn à la rue; *raccogliere qlcu dalla —*, tirer qqn du ruisseau || *tutte le strade portano a Roma*, tous les chemins mènent à Rome **2** (*percorso*) route; (*cammino*) chemin (*m.*); (*via*) voie; (*tragitto*) trajet (*m.*): *mostrami la —*, montre-moi le chemin; *che — fai?*, quel chemin prends-tu?; *facciamo la — insieme*, faisons la route ensemble; *ho fatto la — in meno di un'ora*, j'ai fait le trajet en moins d'une heure; *c'è molta — fino là?*, c'est loin d'ici?; *a mezza —*, à mi-chemin; *— facendo*, chemin faisant; *ci saranno due chilometri di —*, c'est à environ deux kilomètres; *a un'ora di —*, à une heure (de chemin) d'ici; *divorare la —*, avaler des kilomètres; *prendere una —*, (*anche fig.*) prendre une route; *cambiare —*, changer de route, (*fig.*) changer son fusil d'épaule; *andare ciascuno per la propria —*, (*anche fig.*) aller chacun de son côté || (*fig.*): *cercare, trovare la propria —*, chercher, trouver sa voie; *essere sulla — giusta*, (*per riuscire*) être dans la bonne voie, (*essere ben indirizzato*) être sur la bonne voie; *portare su una cattiva —*, être sur une mauvaise pente; *spingere su una cattiva —*, pousser sur la mauvaise pente; *trovare la — fatta*, trouver son chemin tout fait; *fare poca, molta —*, faire peu, beaucoup de chemin;

tentare tutte le strade, essayer toutes les possibilités **3** (*varco*) chemin (*m.*): *farsi — tra la folla*, se frayer un chemin dans la foule; *farsi —*, (*fig.*) faire son chemin; *la verità si fa — da sola*, la vérité s'impose toute seule; *aprire la — al progresso*, ouvrir la route au progrès || *vieni, ti faccio —*, viens, je te montre le chemin **4** (*orbita*) route.

stradale *agg.* routier*; (*della strada*) de la route; (*di strada*) de route: *rete —*, réseau routier; *carta —*, carte routière; *circolazione —*, trafic routier; *codice —*, code de la route; *la (polizia) —*, la police de la route; *incidente —*, accident de la route; *tronco —*, tronçon de route; *manutenzione —*, entretien des routes; *lavori stradali*, travaux routiers; *fondo, piano —*, chaussée.

stradario *s.m.* annuaire, indicateur des rues.

stradino *s.m.* cantonnier.

stradivario *s.m.* (*mus.*) stradivarius.

stradone *s.m.* grand-route* (*f.*).

strafalcione *s.m.* énormité (*f.*), perle (*f.*).

strafare (*coniug. come* fare) *v.intr.* en faire* trop.

straforo, di *locuz.avv.* **1** à la dérobée, en cachette **2** (*indirettamente*) indirectement, par la bande.

strafottente *agg.* e *s.m.* insolent.

strafottenza *s.f.* insolence.

strage *s.f.* massacre (*m.*); (*estens.*) hécatombe || *fare — di cuori*, (*fig.*) faire des ravages .

stragrande *agg.* énorme, immense: *la — maggioranza della popolazione*, la très grande majorité de la population.

stralciare (*coniug. come* cominciare) *v.tr.* extraire*; (*sopprimere*) supprimer.

stralcio *s.m.* extrait || *legge —*, loi provisoire || *ufficio —*, bureau de liquidation || *vendere a —*, vendre à prix de liquidation.

strale *s.m.* (*letter.*) flèche (*f.*) || *gli strali del destino*, les coups du destin.

strallo *s.m.* (*mar.*) étai.

stralunare *v.tr.*: *— gli occhi*, rouler les yeux.

stralunato *agg.* *hagard, égaré: *guardare —*, regarder d'un air hagard.

stramaledetto *agg.* (*fam.*) sacré.

stramaledire (*coniug. come* dire. *Imp.* maledici) *v.tr.* (*fam.*) envoyer* à tous les diables.

stramaturo *agg.* (*fam.*) archimûr.

stramazzare *v.intr.* s'abattre*: *— al suolo*, s'abattre sur le sol.

strambare *v.intr.* (*mar.*) empanner.

stramberia *s.f.* bizarrerie; (*stravaganza*) extravagance.

strambo *agg.* bizarre; (*stravagante*) extravagant || *un tipo —*, un drôle de type.

strame *s.m.* **1** (*da foraggio*) fourrage **2** (*da lettiera*) litière (*f.*).

stramonio *s.m.* (*bot.*) stramoine (*f.*).

strampalato *agg.* bizarre; (*stravagante*) extravagant.

stranamente *avv.* étrangement, curieusement || *guardare —*, regarder d'un œil bizarre.

stranezza *s.f.* **1** étrangeté **2** (*stravaganza*) extravagance.

strangolamento *s.m.* étranglement.

strangolare *v.tr.* étrangler □ **strangolarsi** *v.pron.* s'étrangler.

strangolatore (f. *-trice*) *s.m.* étrangleur*.

straniamento *s.m.* distanciation (*f.*); (*estens.*) éloignement.

straniare *v.tr.* éloigner □ **straniarsi** *v.pron.* s'éloigner.

straniero *agg.* e *s.m.* étranger*: — *in patria*, étranger dans son pays, chez soi.

stranito *agg.* 1 (*intontito*) vaseux*, abruti: — *per il sonno*, abruti de sommeil 2 (*smarrito*) égaré, *hagard.

strano *agg.* bizarre: *che strana coincidenza*, quelle étrange coïncidence; *veste in modo —*, il s'habille bizarrement; *è — che faccia tardi*, c'est bizarre qu'il soit en retard; *caso —*, *non è qui*, c'est curieux, mais il n'est pas là; *mi è capitata una strana cosa*, il m'est arrivé une chose curieuse; *lo guardano come una bestia strana*, on le regarde comme une bête curieuse || *che nome, tipo —!*, quel drôle de nom, type!; *che —!*, (comme) c'est bizarre! ♦ *s.m.* étrange: *lo — è che...*, c'est étrange que...

straordinariamente *avv.* extraordinairement.

straordinarietà *s.f.* (caractère) extraordinaire.

straordinario *agg.* extraordinaire; (*speciale*) spécial*: *edizione straordinaria*, édition spéciale; *treno —*, train spécial || (*lavoro*) —, travail supplémentaire, heures supplémentaires ♦ *s.m.* 1 extraordinaire: *non c'è niente di — se...*, il n'y a rien d'extraordinaire à ce que... 2 (*lavoro*) heures supplémentaires (de travail): *tre ore di —*, trois heures supplémentaires.

strapaesano *agg.* extrêmement typique du village.

strapagare (*coniug. come* legare) *v.tr.* surpayer*, payer* cher: *pagato e —*, payé grassement.

straparlare *v.intr.* (*parlare a vanvera*) parler à tort et à travers; (*vaneggiare*) divaguer, déraisonner.

strapazzare *v.tr.* 1 rudoyer*; (*maltrattare*) maltraiter; (*rimproverare*) gronder, réprimander 2 (*di indumenti, libri ecc.*) esquinter, détériorer; (*estens.*) massacrer □ **strapazzarsi** *v.pron.* se fatiguer || — *col lavoro*, se tuer au travail.

strapazzata *s.f.* 1 (*sgridata*) engueulade: *dare una bella —*, (*fam.*) passer un bon savon; *si è preso una bella — dal capo*, son chef lui a passé un de ces savons 2 (*fatica eccessiva*) grosse fatigue.

strapazzato *agg.* 1 (*malconcio*) en mauvais état: *un fisico —*, un physique surmené 2 (*affaticato*) mal en point; (*che affatica*) éreintant, crevant: *una vita strapazzata*, une vie exténuante 3 (*cuc.*) *uova strapazzate*, des œufs brouillés.

strapazzo *s.m.* grande fatigue, surmenage || *fare strapazzi*, se surmener; *vita* (*piena*) *di strapazzi*, vie exténuante; *lo — del viaggio*, l'épuisement du voyage; *gli strapazzi della giovinezza*, les excès de la jeunesse; *questa gita è stata uno —*, cette excursion a été massacrante || *abiti da —*, tenue de travail || *poeta da —*, poète de quatre sous, rimailleur.

strapieno *agg.* plein à craquer; (*spec. di locale, veicolo*) bondé.

strapiombare *v.intr.* surplomber (qqch).

strapiombo *s.m.* 1 surplombement || *a —*, en surplomb 2 (*precipizio*) précipice.

strapotente *agg.* extrêmement puissant.

strapotenza *s.f.* énorme puissance.

strapotere *s.m.* énorme pouvoir.

strappacuore *agg.invar.* à fendre le cœur.

strappalacrime *agg.invar.* mélo: *che storia —!*, quel mélo!

strappare *v.tr.* 1 arracher (*anche fig.*): — *di mano a qlcu*, arracher des mains de qqn; *mi strapperei i capelli*, (*per la rabbia, la disperazione*) il y a de quoi s'arracher les cheveux 2 (*lacerare*) déchirer: *si è strappato i pantaloni*, il a déchiré son pantalon || *strapparsi un legamento*, se déchirer un ligament || — *il cuore*, déchirer, arracher le cœur ♦ *v.intr.* (*aut.*) *la frizione strappa*, l'embrayage broute □ **strapparsi** *v.pron.* se déchirer.

strappata *s.f.* (*strattone*) secousse*; (*colpo*) coup (sec).

strappato *agg.* 1 (*tolto*) arraché 2 (*lacerato*) déchiré.

strappo *s.m.* 1 coup (sec); (*strattone*) secousse (*f.*): *a strappi*, par à-coups, par saccades || (*fam.*) *mi daresti uno —* (*fino*) *a casa?*, tu me raccompagnes chez moi? 2 (*lacerazione*) accroc, déchirure (*f.*) 3 (*fig.*) (*infrazione*) infraction (*f.*); (*eccezione*) entorse (*f.*): *uno — alla regola*, une entorse au règlement.

strapuntino *s.m.* strapontin.

straricco (pl. *-chi*) *agg.* richissime.

straripamento *s.m.* débordement.

straripare *v.intr.* déborder.

strascicare (*coniug. come* mancare) *v.tr.* traîner: — *le parole*, *la voce*, parler d'une voix traînante □ **strascicarsi** *v.pron.* se traîner, traîner.

strascico (pl. *-chi*) *s.m.* 1 (*di vestito*) traîne (*f.*): *abito con lo —*, robe à traîne; *reggere lo —*, porter la traîne 2 (*scia*) traînée (*f.*) || *pesca a —*, pêche à la traîne; *rete a —*, chalut 3 (*fig.*) suite (*f.*) || *gli strascichi di una malattia*, les séquelles d'une maladie.

strascinare *v.tr.* traîner □ **strascinarsi** *v.pron.* se traîner.

strass (pl. *invar.*) *s.m.* strass.

stratagemma *s.m.* stratagème.

stratega (pl. *-ghi*) *s.m.* stratège.

strategia *s.f.* stratégie.

strategico (pl. *-ci*) *agg.* stratégique || **-mente** *avv.*

stratego (pl. *-ghi*) *s.m.* stratège.

stratificare (*coniug. come* mancare) *v.tr.* stratifier □ **stratificarsi** *v.pron.* se stratifier.

stratificato *agg.* stratifié.

stratificazione *s.f.* stratification.

stratigrafia *s.f.* stratigraphie.

strato *s.m.* 1 couche (*f.*) || *a strati*, par couches 2 (*meteor.*) stratus.

stratocumulo *s.m.* (*meteor.*) strato-cumulus*.

stratonembo *s.m.* (*meteor.*) nimbo-stratus*.

stratosfera *s.f.* stratosphère.

stratosferico (pl. -ci) agg. 1 stratosphérique 2 (fig.) astronomique.

strattonare v.tr. bousculer.

strattone s.m. à-coup*, bourrade (f.): dava strattoni alla fune, il tirait par à-coups sur la corde; si liberò con uno —, il se libéra d'une bourrade || a strattoni, par à-coups, par saccades.

stravaccarsi (coniug. come mancare) v.pron. (fam.) se vautrer.

stravaccato agg. (fam.) vautré: se ne stava — sul divano, il se vautrait dans le canapé.

stravagante agg. extravagant; (bizzarro) bizarre.

stravaganza s.f. extravagance.

stravecchio agg. très vieux*.

stravedere (coniug. come vedere) v.intr. voir* mal, avoir* la berlue || (fig.): stravede per suo figlio, elle ne voit que son fils; stravede per lei, il est fou d'elle; stravede per i figli, il est complètement gâteux avec ses enfants.

stravincere (coniug. come vincere) v.tr. battre* à plate couture: ha stravinto il torneo, il a emporté le tournoi haut la main ♦ v.intr. remporter une victoire écrasante.

straviziare v.intr. s'adonner à la débauche; (eccedere nel mangiare, nel bere) faire* bombance, faire* la noce.

stravizio s.m. débauche (f.); (eccesso) excès || fare uno —, (fam.) faire la noce.

stravolgere (coniug. come volgere) v.tr. 1 chavirer 2 (fig.) (sconvolgere) bouleverser 3 (fig.) (travisare) dénaturer; (falsare) fausser.

stravolgimento s.m. 1 (sconvolgimento) bouleversement 2 (fig.) (travisamento) altération (f.).

stravolto agg. 1 bouleversé; (stralunato) *hagard; (disfatto) défait || avere la mente stravolta, avoir l'esprit dérangé 2 (travisato, falsato) dénaturé, faussé.

straziante agg. 1 déchirant 2 (fam.) épouvantable, navrant: una musica, un film —, une musique, un film épouvantable.

straziare v.tr. 1 martyriser; supplicier: il suo corpo fu straziato da una bomba, son corps fut mutilé par une bombe 2 (affliggere, tormentare) déchirer, torturer || musica che strazia gli orecchi, musique qui écorche les oreilles 3 (fam.) (eseguire malamente) massacrer || — una lingua straniera, écorcher une langue étrangère.

straziato agg. 1 martyrisé 2 (afflitto, tormentato) déchiré.

strazio s.m. 1 massacre: fecero — di donne e bambini, ils massacrèrent les femmes et les enfants || dopo averlo ucciso fece — del suo corpo, après l'avoir tué il le mutila 2 (afflizione, tormento) tourment: è uno — vedere quei poveri infermi, c'est déchirant de voir ces pauvres infirmes || che — questa conferenza!, quel supplice cette conférence!; il film era uno —, le film était épouvantable; sei uno —!, tu es un désastre.

strega (pl. -ghe) s.f. sorcière || brutta come una —, laide à faire peur || è una —, (fam.) c'est une vieille vache || colpo della —, (fam.) tour de reins.

stregare (coniug. come legare) v.tr. ensorceler* (anche fig.).

stregato agg. ensorcelé; (incantato) enchanté.

stregone s.m. sorcier; (ciarlatano) charlatan; (santone) manitou.

stregoneria s.f. sorcellerie.

stregua s.f.: alla — di, à la manière de, comme || a questa —, de cette manière || alla stessa —, de la même manière.

stremare v.tr. épuiser.

stremato agg. épuisé, à bout de forces.

stremo, allo locuz.: essere, ridursi allo —, être à bout de forces, de ressources.

strenna s.f. étrenne (spec.pl.).

strenuamente avv. vaillamment.

strenuo agg. vaillant, courageux*; (infaticabile) infatigable || — difensore della libertà, défenseur acharné de la liberté.

strepitare v.intr. faire* du vacarme; (gridare) crier: cosa c'è da —?, pourquoi tout ce vacarme?

strepito s.m. vacarme; (baccano) tapage.

strepitosamente avv. (in modo clamoroso) d'une manière éblouissante || vincere —, remporter une victoire éclatante.

strepitoso agg. retentissant; (clamoroso) éclatant.

streptococco (pl. -chi) s.m. streptocoque.

streptomicina s.f. streptomycine.

stress (pl. invar.) s.m. stress.

stressante agg. stressant.

stressare v.tr. stresser ☐ **stressarsi** v.pron. être* stressé.

stressato agg. stressé.

stretching s.m. (ginnastica) stretching.

stretta s.f. 1 étreinte: allentare la —, relâcher son étreinte || — di mano, poignée de main; dare una — di mano, serrer la main || (aut.) dare una — ai freni, donner un coup de freins; dare una — di vite, (fig.) donner un tour de vis || (fin.) — creditizia, restriction du crédit || (fig.): essere alla — finale, entrer dans la phase finale; venire alle strette, arriver à la conclusion; essere, mettere alle strette, être, mettre au pied du mur 2 (fig.) (dolore) serrement (m.): una — al cuore, un serrement de cœur; sentire una — al cuore, alla gola, avoir le cœur serré, la gorge serrée; provare una — allo stomaco, avoir l'estomac serré 3 (passaggio spec. fra montagne) défilé (m.).

strettamente avv. 1 étroitement 2 (fig.) (rigorosamente) strictement 3 (assolutamente) absolument.

strettezza s.f. 1 étroitesse 2 (fig.) (scarsità) pénurie, manque (m.): — di tempo, manque de temps; per — di tempo, faute de temps || vivere in strettezze, vivre dans la gêne; un periodo di strettezze, une période de gêne.

stretto¹ agg. 1 étroit || una valle stretta, une vallée encaissée || quest'abito mi va —, cette robe me serre || di stretta misura, de justesse || prendere una curva stretta, prendre un virage à la corde || essere di manica stretta, (fig.) être sévère 2 (serrato, molto vicino) serré || legare — un pacco, bien

serrer le nœud d'un paquet; *chiudilo* —, serre-le bien; *tieni la borsa stretta*, serre ton sac contre toi || *tienti stretta*, tiens-toi bien || *tenere* — *al cuore*, serrer contre son cœur || *a, con pugni stretti*, les poings serrés || *lo abbracciò* — —, il l'embrassa très fort || *a denti stretti*, les dents serrées; *lottare a denti stretti*, lutter avec acharnement; *ridere a denti stretti*, rire jaune; *ammettere qlco a denti stretti*, admettre qqch à contre-cœur || *avere il cuore* — *dall'angoscia*, avoir le cœur serré **3** (*intimo*) intime || *una stretta amicizia*, une étroite amitié || *parenti stretti*, proches parents || *essere in stretti rapporti con qlcu*, être intimement lié avec qqn; (*negli affari*) être en rapports étroits avec qqn **4** (*rigoroso*) rigoureux*, strict || *lo* — *necessario*, le strict nécessaire || *mantenere uno* — *riserbo*, garder le silence le plus absolu || *parlare in* — *siciliano*, parler le pur sicilien **5** (*costretto*) pressé **6** (*fon.*) fermé.
stretto² *s.m.* (*geogr.*) détroit.
strettoia *s.f.* **1** rétrécissement (*m.*) **2** (*fig.*) difficulté.
stria *s.f.* raie, rayure; (*scient.*) strie; (*arch.*) cannelure.
striare *v.tr.* **1** rayer* **2** (*min., med.*) strier.
striato *agg.* rayé; (*scient.*) strié.
striatura *s.f.* rayure; (*arch.*) striure.
stricnina *s.f.* strychnine.
stridente *agg.* **1** strident **2** (*discordante*) discordant: *una nota* —, une note discordante, (*fig.*) une fausse note; *colori stridenti*, couleurs qui jurent.
stridere (*raro il* part.pass.) *v.intr.* **1** grincer*; (*di freni, pneumatici*) crisser; (*di vento, di fiamma*) siffler; (*di insetti*) striduler **2** (*fig.*) (*di colori*) jurer.
stridio *s.m.* grincement; (*di freni, pneumatici*) crissement; (*di vento, di fiamma*) sifflement; (*di insetti*) stridulation (*f.*).
strido (pl. *le strida*) *s.m.* cri; (*di insetti*) stridulation (*f.*).
stridore *s.m.* grincement; (*di freni, pneumatici*) crissement.
stridulo *agg.* strident, perçant: *voce stridula*, voix perçante || *le stridule cicale*, les cigales qui chantent.
striglia *s.f.* étrille.
strigliare *v.tr.* **1** étriller **2** (*fig.*) (*rimproverare*) passer un savon (à) □ **strigliarsi** *v.pron.* (*scherz.*) s'étriller.
strigliata *s.f.* coup d'étrille || *dare una* — *a*, étriller, (*fig.*) (*rimproverare*) passer un savon à; *si è preso una bella* —, on lui a passé un bon savon.
strillare *v.intr.* crier: — *come un'aquila*, crier comme un putois ♦ *v.tr.* crier.
strillata *s.f.* **1** (*strillo*) cri (*m.*) **2** (*fam.*) (*rimprovero*) engueulade: *fare una* — *a qlcu*, engueuler qqn; *prendersi una* —, recevoir une bonne engueulade.
strillo *s.m.* **1** cri (perçant) **2** (*fam.*) (*rimprovero*) engueulade.
strillone *s.m.* **1** (*fam.*) gueulard **2** (*di giornali*) crieur de journaux.

striminzirsi (*coniug. come* finire) *v.pron.* **1** se boudiner, se serrer **2** (*dimagrire*) maigrir.
striminzito *agg.* **1** étriqué || *gruppo* — *di studenti*, groupe très réduit d'étudiants || *albero* —, arbre rabougri **2** (*di persona*) maigrichon*.
strimpellare *v.tr.* (*il pianoforte*) pianoter; (*strumenti a corda*) racler (du violon); gratter (la guitare).
strimpellatore (f. *-trice*) *s.m.* musicien* de quatre sous, mauvais musicien*.
strinare *v.tr.* **1** (*pollame ecc.*) flamber **2** (*stoffa*) roussir.
strinato *agg.* (*di stoffa*) roussi.
stringa (pl. *-ghe*) *s.f.* **1** lacet (*m.*) **2** (*inform.*) suite: — *di caratteri*, chaîne de caractères.
stringare (*coniug. come* legare) *v.tr.* **1** serrer; (*con lacci*) lacer* **2** (*fig.*) condenser, réduire*.
stringatezza *s.f.* concision: *con* —, brièvement.
stringato *agg.* **1** serré || *scarpe stringate*, chaussures à lacets **2** (*fig.*) concis.
stringente *agg.* **1** (*urgente*) pressant **2** (*serrato; logico*) serré.
stringere (*Pass.rem.* io strinsi, tu stringesti ecc. *Part.pass.* stretto) *v.tr.* **1** serrer (*anche fig.*): — *la cinghia*, (*anche fig.*) se serrer la ceinture || — *al muro*, acculer contre le mur || (*boxe*) — *l'avversario alle corde*, envoyer l'adversaire dans les cordes || — *d'assedio*, assiéger **2** (*stipulare*) faire* || — *amicizia*, se lier d'amitié || — *un'alleanza con qlcu*, s'allier avec qqn **3** (*rendere più piccolo*) rétrécir || — *i tempi*, accélérer l'allure ♦ *v.intr.* **1** (*incalzare*) presser: *il tempo stringe*, le temps presse **2** (*riassumere*) abréger* || *stringi stringi*, (*in fondo*) au fond, (*in fin dei conti*) en fin de compte, au bout du compte **3** (*essere stretto*): *queste scarpe stringono un po'*, ces chaussures sont un peu étroites **4** — *in curva*, prendre un virage à la corde □ **stringersi** *v.pron.* se serrer: — *addosso a*, se serrer contre; *mi si stringe il cuore nel vederlo ridotto così*, mon cœur se serre à le voir dans cet état || — *nelle spalle*, hausser les épaules.
stringimento *s.m.* serrement (*anche fig.*).
stringinaso (pl. *invar.*) *s.m.*: *occhiali a* —, pince-nez.
strip (pl. *invar.*) *s.f.* (*striscia dei fumetti*) bande dessinée, BD.
striscia (pl. *-sce*) *s.f.* **1** bande; (*lunga e stretta*) lanière **2** (*riga*) raie, rayure: *a strisce*, à rayures, rayé || (*segnaletica*): — *continua, discontinua*, ligne continue, discontinue; *attraversare sulle strisce (pedonali)*, traverser au passage clouté (*o* dans les clous) **3** (*scia*) traînée **4** (*di fumetti*) bande dessinée, BD.
strisciante *agg.* rampant (*anche fig.*) || *inflazione* —, inflation latente || *guerra* —, guerre larvée || *modi striscianti*, des manières serviles.
strisciare (*coniug. come* cominciare) *v.intr.* ramper; (*passare rasente a*) raser (qqch); (*scivolare*) glisser: — *contro il muro*, raser le mur || — *ai piedi di qlcu*, (*fig.*) se traîner aux pieds de qqn ♦ *v.tr.* **1** (*trascinare*) traîner **2** (*sfiorare*) frôler; (*graffiare*)

érafler □ **strisciarsi** *v.pron.* **1** se frotter (contre) **2** (*fig.*) ramper (devant).

strisciata *s.f.* **1** (*graffio*) égratignure, éraflure **2** (*traccia*) trace, traînée **3** (*fot.*) bande contact **4** (*tip.*) épreuve en placard.

striscio *s.m.* **1** (*di piedi*) traînement || *ballo con lo —*, danse à pas glissés **2** (*segno*) rayure (*f.*); (*graffio*) éraflure (*f.*) **3** (*med.*) frottis □ **di striscio** *locuz.avv.* de côté, de biais: *ferire di —*, faire une blessure superficielle; *se l'è cavata di —*, (*fig.*) il s'en est tiré de justesse.

striscione *s.m.* banderole (*f.*) || (*sport*) — *d'arrivo*, bande d'arrivée.

stritolamento *s.m.* broyage, broiement.

stritolare *v.tr.* écraser; (*maciullare*) broyer* || *se lo trovo, lo stritolo!*, (*scherz.*) si je le trouve, je l'écrabouille!

strizza *s.f.* (*fam.*) trouille.

strizzare *v.tr.* presser || — *la biancheria*, tordre*, essorer le linge || — *l'occhio*, cligner de l'œil.

strizzata *s.f.*: *dare una — alla biancheria*, tordre le linge || — *d'occhio*, clin d'œil.

strizzatura *s.f.* pressage (*m.*); (*di biancheria*) essorage (*m.*).

strizzone *s.m.* **1** étreinte (*f.*) **2** (*dolore violento*) élancement.

stroboscopio *s.m.* stroboscope.

strofa, strofe *s.f.* strophe; (*di canzone*) couplet (*m.*) || — *libera*, vers libre.

strofinaccio *s.m.* torchon; (*per pavimenti*) serpillière (*f.*); (*per spolverare*) chiffon.

strofinamento *s.m.* frottement, frottage.

strofinare *v.tr.* frotter; (*lucidare*) astiquer □ **strofinarsi** *v.pron.* se frotter (contre).

strofinata *s.f.* coup de chiffon.

strofinio *s.m.* frottement (continuel).

strombatura *s.f.* (*arch.*) ébrasement (*m.*).

strombazzamento *s.m.* **1** (*pubblicità*) bruit, publicité (*f.*) **2** (*rumore*) bruit, vacarme; (*di clacson*) coup de klaxon.

strombazzare *v.tr.* claironner ♦ *v.intr.* (*suonare il clacson*) klaxonner.

strombettare *v.intr.* **1** mal jouer de la trompette **2** (*col clacson*) klaxonner.

strombettata *s.f.* coup de trompette; (*di clacson*) coup de klaxon.

stroncare (*coniug. come* mancare) *v.tr.* **1** casser; (*fig.*) briser || *salita che stronca le gambe*, montée qui coupe les jambes || *stroncato da un infarto*, emporté par un infarctus; *la sua vita fu stroncata da un incidente*, il a perdu la vie dans un accident || — *una rivolta*, écraser une révolte **2** (*malattia ecc.*) arrêter, bloquer **3** (*fig.*) (*criticare violentemente*) éreinter, démolir.

stroncatura *s.f.* éreintement (*m.*).

stronzata *s.f.* (*volg.*) **1** connerie **2** (*cosa senza valore*) bêtise.

stronzio *s.m.* (*chim.*) strontium.

stronzo *s.m.* (*volg.*) étron; crotte (*f.*); (*fig.*) con.

stropicciare (*coniug. come* cominciare) *v.tr.* frotter; (*sgualcire*) froisser: *stropicciarsi gli occhi*, se frotter les yeux.

stropiccio *s.m.* (*di piedi*) frottement; (*di carta ecc.*) froissement.

strozzamento *s.m.* étranglement.

strozzare *v.tr.* **1** étrangler **2** (*ostruire*) obstruer **3** (*fig.*) (*prestare denaro a usura*) estamper □ **strozzarsi** *v.pron.* **1** s'étrangler **2** (*stringersi*) se rétrécir.

strozzato *agg.* étranglé.

strozzatura *s.f.* **1** étranglement (*m.*) **2** (*fig.*) (*ostacolo*) goulot d'étranglement || *le strozzature del traffico*, les bouchons (de la circulation).

strozzinaggio *s.m.* usure (*f.*).

strozzino *s.m.* usurier*.

struccare (*coniug. come* mancare) *v.tr.* démaquiller □ **struccarsi** *v.pron.* se démaquiller.

struggente *agg.* poignant || *ricordo —*, souvenir déchirant.

struggere (*coniug. come* distruggere) *v.tr.* **1** (*sciogliere*) fondre* **2** (*fig.*) consumer □ **struggersi** *v.pron.* **1** (*sciogliersi*) fondre* **2** (*fig.*) brûler || — *d'amore*, se mourir d'amour; — *dal dolore*, se consumer de douleur; — *di gelosia, d'invidia*, être dévoré de jalousie, rongé d'envie.

struggimento *s.m.* (*tormento*) tourment, peine (*f.*); (*desiderio intenso*) désir ardent.

strumentale *agg.* instrumental* || (*aer.*): *volo —*, vol aux instruments; *atterraggio —*, atterrissage sans visibilité || (*dir.*) *testimonio —*, témoin instrumentaire || (*econ.*) *beni strumentali*, biens d'équipement || *sciopero —*, grève qu'on exploite (à des fins politiques); *fare un uso — di qlco*, exploiter qqch.

strumentalizzare *v.tr.* **1** (*mus.*) orchestrer **2** (*fig.*) exploiter; (*di persona, informazioni ecc.*) manipuler.

strumentalizzazione *s.f.* exploitation; (*di persone, informazioni ecc.*) manipulation.

strumentalmente *avv.* par un instrument; (*estens.*) d'un point de vue fonctionnel.

strumentare *v.tr.* (*mus.*) instrumenter.

strumentatore (*f. -trice*) *s.m.* instrumentiste.

strumentazione *s.f.* **1** (*mus.*) instrumentation, orchestration **2** (*gli strumenti*) instruments (*m.pl.*); (*apparecchiatura*) appareillage (*m.*), appareils (*m.pl.*); (*di macchina*) outillage (*m.*); (*di nave*) armement (*m.*).

strumentista *s.m.* **1** (*mus.*) instrumentiste **2** (*tecnico*) —, dessinateur* (d'appareillage) industriel*.

strumento *s.m.* instrument (*anche fig.*) || *strumenti agricoli*, outils agricoles.

strusciare (*coniug. come* cominciare) *v.tr.* frotter; (*per terra*) traîner (par terre) □ **strusciarsi** *v.pron.* **1** se frotter (contre) || — *a qlcu*, (*fig.*) (*adularlo*) flatter qqn **2** (*scambiarsi affettuosità*) se faire* des mamours.

strusciata *s.f.* **1** *dare una — a*, frotter **2** (*fig.*) flatterie.

strutto *s.m.* (*cuc.*) saindoux.

struttura *s.f.* structure || *strutture speciali per handicappati*, aménagements spéciaux pour les handicapés.

strutturale *agg.* structural*, structurel* || (*biol.*) gene —, gène de structure.

strutturalismo *s.m.* structuralisme.

strutturalista *agg. e s.m.* structuraliste.

strutturalistico (pl. *-ci*) *agg.* structuraliste.

strutturalmente *avv.* structurellement.

strutturare *v.tr.* structurer.

strutturato *agg.* structuré.

strutturazione *s.f.* structuration.

struzzo *s.m.* autruche (*f.*) || *fare lo* —, (*fig.*) pratiquer la politique de l'autruche.

stuccare[1] (*coniug. come* mancare) *v.tr.* **1** (*turare*) boucher **2** (*decorare con stucchi*) stuquer.

stuccare[2] *v.tr.* (*riempire a sazietà*) écœurer; (*fig.*) fatiguer, lasser.

stuccatura *s.f.* **1** bouchage (*m.*); (*con mastice*) masticage (*m.*). **2** (*decorazione a stucco*) stucage (*m.*).

stucchevole *agg.* **1** (*nauseante*) écœurant **2** (*noioso*) lassant; (*fastidioso*) agaçant.

stucchevolezza *s.f.* **1** goût écœurant **2** (*noia*) ennui (*m.*).

stucco (pl. *-chi*) *s.m.* **1** stuc; (*per decorazioni*) staff; (*per vetri*) mastic **2** (*decorazione*) stuc || *restar di* —, (*fig.*) en rester baba.

studente (f. *-tessa*) *s.m.* (*d'università*) étudiant; (*di scuola media*) élève: — *liceale*, lycéen; — *di medicina*, étudiant en médecine.

studentesco (pl. *-chi*) *agg.* étudiant, estudiantin: *movimento* —, mouvement étudiant; *gergo* —, jargon estudiantin; *manifestazione studentesca*, manifestation des étudiants.

studiacchiare *v.tr. e intr.* étudier sans entrain, étudier tant bien que mal.

studiare *v.tr.* étudier; (*applicarsi allo studio*) travailler; (*compiere un ciclo di studi*) faire* des études: — *latino, musica*, étudier le latin, la musique; *smettere di* —, arrêter ses études; *studia poco*, il travaille peu; *studi o lavori?*, tu vas toujours à l'école ou tu travailles? || — *al liceo X*, fréquenter le lycée X; — *all'università*, être à l'université || — *legge*, faire son droit || — *il terreno*, (*fig.*) tâter le terrain || *le studia tutte*, (*fam.*) il ne sait plus quoi inventer; *l'ha studiata bene*, il a bien calculé son coup □ **studiarsi** *v.pron.* **1** (*cercare di*) s'efforcer* **2** (*osservarsi*) s'étudier.

studiatamente *avv.* **1** (*di proposito*) exprès **2** (*affettatamente*) de façon étudiée.

studiato *agg.* étudié (*anche fig.*); (*affettato*) affecté.

studio *s.m.* **1** étude (*f.*): *fare gli studi*, faire ses études **2** (*stanza adibita allo studio*) bureau*; (*di professionista*) cabinet; (*di medico*) cabinet (de consultation); (*di artista*) atelier; (*di fotografo*) studio: — *di commercialista*, cabinet d'affaires; — *di consulenza*, bureau d'étude; — *di avvocato*, étude d'avocat; — *pubblicitario*, agence de publicité; — *grafico*, studio de création graphique || *gli studi sul cancro*, les recherches sur le cancer || *viaggio* —, mission d'études **3** (*rad., cine., tv*) studio: — *di registrazione*, studio d'enregistre-

ment; — *televisivo*, studio de télévision **4** (*cura*) soin.

studioso *agg.* studieux* ♦ *s.m.* homme d'étude, savant; (*specialista*) spécialiste.

stufa *s.f.* poêle (*m.*) || — *elettrica*, radiateur électrique.

stufare *v.tr.* **1** (*cuc.*) (*carni*) braiser; (*verdure*) cuire* à l'étouffée, cuire* à l'étuvée, étuver **2** (*fam.*) ennuyer*, embêter □ **stufarsi** *v.pron.* (*fam.*) se lasser: *mi sono stufato dei suoi capricci*, j'en ai assez de ses caprices; *mi sono stufata di stare in casa*, j'en ai marre de rester à la maison.

stufato *s.m.* (*cuc.*) daube (*f.*).

stufo *agg.*: *essere* — *di qlcu, di qlco*, (*fam.*) en avoir assez, en avoir marre de qqn, qqch; *sono* — *e arcistufo*, j'en ai plus que marre.

stuntman (pl. *invar.*) *s.m.* (*cine.*) cascadeur.

stuoia *s.f.* natte.

stuolo *s.m.* foule (*f.*) || *uno* — *di bambini*, une ribambelle d'enfants || *uno* — *di uccelli*, une volée d'oiseaux.

stupefacente *agg. e s.m.* stupéfiant.

stupefare (*coniug. come* fare) *v.tr.* stupéfier.

stupefatto *agg.* stupéfait, abasourdi.

stupefazione *s.f.* stupéfaction.

stupendamente *avv.* merveilleusement.

stupendo *agg.* superbe, magnifique || *persona stupenda*, personne exceptionnelle.

stupidaggine *s.f.* bêtise || *ti ho comprato una* —, (*fam.*) je t'ai acheté une bricole, une babiole.

stupidamente *avv.* stupidement, bêtement.

stupidario *s.m.* bêtisier.

stupidata *s.f.* bêtise.

stupidità *s.f.* stupidité, bêtise.

stupido *agg.* stupide, bête ♦ *s.m.* idiot.

stupire (*coniug. come* finire) *v.tr.* étonner ♦ *v. intr.*, **stupirsi** *v.pron.* s'étonner.

stupito *agg.* étonné: *rimase* — *nel vederla*, il fut étonné quand il la vit.

stupore *s.m.* stupeur (*f.*), stupéfaction (*f.*); (*meraviglia*) étonnement: *con mio grande* —, à ma grande stupéfaction.

stuprare *v.tr.* violer.

stupratore *s.m.* violeur.

stupro *s.m.* viol.

stura *s.f.* débouchement (*m.*), débouchage (*m.*): *dare la* — *a una botte*, déboucher un tonneau; *dare la* — *alle lamentele*, (*fig.*) donner libre cours à ses plaintes.

sturabottiglie *s.m.* tire-bouchon*.

sturalavandini *s.m.* débouche-évier*.

sturare *v.tr.* déboucher.

stuzzicadenti *s.m.* cure-dent*.

stuzzicante *agg.* appétissant, affriolant; (*stimolante*) excitant; (*appassionante*) passionnant.

stuzzicare (*coniug. come* mancare) *v.tr.* **1** piquer **2** (*fam.*) (*molestare*) taquiner **3** (*stimolare*) piquer: — *l'appetito*, aiguiser l'appétit.

stuzzichino *s.m.* (*spec. pl.*) (*salatino*) amuse-gueule.

su

+ art.det. =	*m.sing.*	sul	sull'	sullo
	m.pl.	sui	sugli	
	f.sing.	sulla	sull'	
	f.pl.	sulle		

prep. (si unisce ai pron. pers. per mezzo della prep. di) **1** sur: *disporre dei libri uno sull'altro,* ranger des livres les uns sur les autres; *si appoggiava — di me,* il s'appuyait sur moi || *l'ho letto sul giornale,* je l'ai lu dans le journal || *mettere la valigia sulla rete, (in treno)* mettre sa valise dans le filet || *salire sul treno, (fam.)* monter dans le train || *sulle rive del lago,* au bord du lac; *casa sul mare,* maison au bord de la mer || *finestra sul giardino,* fenêtre donnant sur le jardin || *sul livello del mare,* au-dessus du niveau de la mer || *di —, (da sopra)* de dessus **2** *(contro)* sur; *(verso)* vers: *sparare sulla folla,* tirer sur la foule; *scagliarsi — qlcu,* se jeter sur qqn; *dirigersi — una città,* se diriger vers une ville **3** *(in espressioni di tempo): sul fare del giorno,* au point du jour; *sul far della notte, sull'imbrunire,* à la tombée de la nuit; *sul mezzogiorno,* vers midi; *sulla fine, sul finire del film,* vers la fin du film; *sul momento,* sur le moment; *sull'istante,* immédiatement **4** *(circa, pressappoco)* environ: *costa sulle duemila lire,* ça coûte environ deux mille lires; *uomo sulla cinquantina,* homme d'une cinquantaine d'années; *questo sacco peserà sui venti chili,* ce sac doit peser dans les vingt kilos **5** *(tendente a)* tirant sur: *un colore sul verde,* une couleur tirant sur le vert || *è un po' sul depresso, (fam.)* il est un peu déprimé ♦ *avv.* **1** *(in alto, verso l'alto)* *haut: il rumore veniva da —,* le bruit venait du haut; *chiamare da —,* appeler d'en haut; *guardare —,* regarder en haut || *più —,* plus haut; *abita più —, (più avanti)* il habite plus haut || *correva — per la collina,* il courait sur la colline; *è scappato — per le scale,* il s'est enfui par l'escalier; *saliva — per la montagna,* il montait en haut de la montagne; *arrampicarsi — per un muro,* grimper sur un mur; *arrampicarsi su (per)* un albero, grimper à un arbre || *— di lì,* par là-haut || *volare — — (in alto),* s'envoler très haut; *si vedeva — — nel cielo un punto luminoso,* on voyait tout là-haut dans le ciel un point lumineux; *salire, risalire — — fino a,* monter, remonter jusqu'à || *— le mani!,* haut les mains! || *avercela — con qlcu, (fam.)* en vouloir à qqn || *far — qlcu, (fam.) (imbrogliarlo)* embobiner qqn || *pensarci —,* y réfléchir || *stai —!, (con le spalle)* tienstoi droit, redresse-toi!; *(con il morale)* allez, un peu de courage!; *è stato — tutta la notte, (alzato)* il est resté debout toute la nuit; *questo pupazzo non sta —, (in piedi)* ce pantin ne tient pas debout **2** *(al di sopra)* dessus: *un tavolo con — una lampada,* une table avec une lampe dessus; *copri il pane mettendoci — un tovagliolo,* couvre le pain en mettant une serviette dessus **3** *(al piano superiore): è — (di sopra),* il est au-dessus; *c'è qlcu —?,* est-ce qu'il y a qqn en haut? || *andare, venire, portare —,* monter; *vai — a vedere,* monte voir;

manda — i bagagli, fais monter les bagages **4** *(indosso): aveva — un vestito rosso,* elle portait une robe rouge; *metti — un pullover più caldo,* mets un pull plus chaud **5** *(con valore esortativo): —, parla, coraggio!,* allons, parle, courage!; *—, dai!, courage!; —, è tardi!,* allez, allez!, il est tard! ♦ *s.m. (la parte superiore)* la partie supérieure, le *haut: il — della casa,* la partie supérieure de la maison; *il — del vestito,* le haut de la robe || *è un — e giù continuo,* c'est un va-et-vient continuel □ **su e giù** *locuz.avv.: camminare — e giù,* faire les cent pas, *(salire e scendere)* monter et descendre; *correva — e giù per le scale,* il n'arrêtait pas de courir dans les escaliers; *ha fatto — e giù Roma-Milano per anni,* il a fait la navette entre Rome et Milan pendant des années □ **né giù** *locuz.avv.: la tapparella non va più né — né giù,* le store ne peut plus ni monter ni descendre; *non mi va né — né giù,* je ne peux pas l'avaler, *(fig.)* je ne peux pas le digérer □ **su per giù** *locuz.avv.* environ, à peu près □ **in su** *locuz.avv.* en *haut: a faccia in —,* le visage tourné vers le haut; *più in —,* plus haut; *andare, venire in — verso,* monter vers; *con il naso in —,* le nez en l'air; *con le braccia in —,* les bras levés; *dalla vita in —,* au-dessus de la taille; *dai vent'anni in —,* à partir de vingt ans; *da Roma in —,* au nord de Rome; *per in —,* par en haut.

suadente *agg.* persuasif*.

sub *s.m.* plongeur*, homme-grenouille*.

sub- *pref.* sub-, sous-

subacqueo *agg.* sous-marin*.

subacuto *agg. (med.)* subaigu*.

subaffittare *v.tr.* sous-louer.

subaffitto *s.m.* sous-location* (*f.*); *(contratto)* sous-bail*.

subaffittuario *s.m.* sous-locataire*.

subalpino *agg.* subalpin.

subalternità *s.f.* caractère subalterne.

subalterno *agg. e s.m.* subalterne.

subappaltare *v.tr.* sous-traiter.

subappaltatore *(f. -trice) s.m.* sous-entrepreneur*, sous-traitant*.

subappalto *s.m.* sous-traitance* (*f.*).

subbuglio *s.m.* émoi; *(agitazione)* agitation (*f.*) || *era tutta in — per la triste notizia,* elle était toute bouleversée par cette triste nouvelle || *mettere in — una camera,* mettre une chambre sens dessus dessous || *ho lo stomaco in —,* j'ai l'estomac dérangé.

subconscio *agg. e s.m.* subconscient.

subcontinente *s.m.* sous-continent*.

subcosciente *s.m. (psic.)* subconscient.

subdolo *agg.* sournois.

subentrare *v.intr.* succéder*: *chi gli è subentrato?,* qui lui a succédé? || *all'entusiasmo è subentrata la stanchezza,* l'enthousiasme fit place à l'ennui || *sono subentrate delle complicazioni,* des complications sont survenues.

subire *(coniug. come* finire*) v.tr.* subir, essuyer*: *sono stanco di — le angherie di tutti,* j'en ai assez d'essuyer des vexations de toute part; *— un af-*

fronto, essuyer un affront ‖ *subisce tutto senza protestare*, il supporte tout sans protester.

subissare *v.tr.* 1 anéantir ‖ — *di domande*, harceler, assaillir de questions 2 *(fig.)* *(colmare)* couvrir*.

subisso *s.m.* 1 ruine *(f.)* 2 *(fig. fam.)* grande quantité: *un* — *di gente*, un monde fou; *un* — *di applausi*, un tonnerre d'applaudissements.

subitamente, subitaneamente *avv.* *(immediatamente)* soudainement; *(all'improvviso)* subitement.

subitaneo *agg.* subit, soudain.

subito *avv.* 1 tout de suite, immédiatement; *(solo con valore di* subito dopo, di lì a poco) aussitôt: *lo avverto* —, je le préviens tout de suite, immédiatement; *è venuto e se ne è andato* —, il est venu et s'en est allé aussitôt, tout de suite ‖ — *a letto!*, vite au lit! ‖ — *dopo*, aussitôt, tout de suite après ‖ — *prima*, tout de suite avant 2 *(in brevissimo tempo)* vite; *è* — *fatto*, c'est vite fait.

sublimare *v.tr.* 1 élever* *(anche fig.)* 2 *(chim.)* sublimer ♦ *v.intr.* *(chim.)* se sublimer □ **sublimarsi** *v.pron.* atteindre* la perfection.

sublimato *s.m.* *(chim.)* sublimé.

sublimazione *s.f.* sublimation.

sublime *agg.* e *s.m.* sublime.

sublimità *s.f.* sublimité.

sublocazione *s.f.* sous-location.

subnormale *agg.* *(med.)* arriéré, attardé ♦ *s.m.* *(med.)* arriéré.

subodorare *v.tr.* subodorer.

subordinare *v.tr.* subordonner.

subordinatamente *avv.* en sous-ordre.

subordinativo *agg.* subordonnant ‖ *congiunzioni subordinative*, *(gramm.)* conjonctions de subordination.

subordinato *agg.* e *s.m.* subordonné ‖ *in via subordinata*, en deuxième lieu.

subordinazione *s.f.* subordination; *(sottomissione)* soumission.

subordine *s.m.* sous-ordre ‖ *in* —, en sous-ordre: *essere, trovarsi in* —, être subordonné (à).

subornare *v.tr.* suborner.

subornazione *s.f.* subornation.

substrato *s.m.* 1 substrat, substratum 2 *(fig.)* fond.

subtropicale *agg.* subtropical*.

subumano *agg.* inhumain: *in condizioni subumane*, dans des conditions inhumaines.

suburbano *agg.* suburbain.

subvedente *agg.* e *s.m.* *(med.)* malvoyant.

succedaneo *agg.* e *s.m.* succédané.

succedere (nel significato 2 *coniug. come* concedere) *v.intr.* 1 succéder*: *è succeduto al padre*, il a succédé à son père 2 *(accadere)* arriver; *(verificarsi)* se passer: *gli è successa una disgrazia*, il lui est arrivé un malheur; *che succede?, che cosa è successo?*, que se passe-t-il?, que s'est-il passé?; *proprio a me doveva* —!, c'est à moi qu'il fallait que ça arrive!; *se arriva, succede il finimondo*, s'il arrive, c'est la fin du monde □ **succedersi** *v.pron.*

se succéder* ‖ *un* — *di eventi*, une suite d'événements.

successione *s.f.* succession.

successivamente *avv.* par la suite.

successivo *agg.* *(seguente)* suivant; *(che si succede a breve distanza)* successif*.

successo *s.m.* succès: *di* —, à succès; *uomo di* —, homme battant; *film di* —, film à succès.

successore *s.m.* successeur.

successorio *agg.* *(dir.)* successoral*, successif*.

succhiare *v.tr.* sucer* ‖ *il sangue*, *(fig.)* exploiter (qqn).

succhiello *s.m.* vrille *(f.)*.

succhiotto *s.m.* 1 *(ciuccio)* sucette *(f.)* 2 *(tettarella)* tétine *(f.)* 3 *(fam.)* suçon.

succintamente *avv.* succinctement, brièvement.

succinto *agg.* 1 *(troppo scollato)* trop décolleté; *(troppo corto)* trop court 2 *(fig.)* succinct ‖ *in* —, en résumé.

succitato *agg.* susmentionné, susnommé.

succo (pl. *-chi)* *s.m.* 1 jus; *(biol.)* suc 2 *(fig.)* substance *(f.)*.

succoso *agg.* 1 juteux* 2 *(fig.)* substantiel*.

succube, succubo *s.m.* succube ‖ *essere* — *di qlcu*, *(fig.)* être sous l'emprise, la coupe de qqn.

succulento *agg.* succulent.

succursale *s.f.* succursale.

sucidume *s.m.* *(della pelle delle pecore)* suint.

sud *s.m.* 1 sud: *a* —, au sud ‖ *il Sud della Francia*, le Midi (de la France) 2 *(geogr.)* *il Sud*, le Sud ♦ *agg.* sud.

sudafricano *agg.* e *s.m.* sud-africain.

sudamericano *agg.* e *s.m.* sud-américain.

sudanese *agg.* e *s.m.* soudanais, soudanien*.

sudare *v.intr.* 1 transpirer: — *per il caldo*, transpirer de chaleur; — *per la fatica*, suer de fatigue; *mi sudano le mani*, j'ai les mains moites; — *abbondantemente*, suer à grosses gouttes ‖ — *freddo*, *(anche fig.)* avoir des sueurs froides; *far* — *freddo*, donner des sueurs froides 2 *(estens.)* *(lavorare molto)* trimer ‖ — *sui libri*, bûcher sur ses livres ♦ *v.tr.* 1 suer 2 *(guadagnarsi con fatica)* gagner (qqch) à la sueur de son front: *me lo sono sudato questo posto*, j'ai eu cette situation à la sueur de mon front.

sudario *s.m.* suaire, linceul.

sudata *s.f.* 1 suée: *fare una* —, transpirer ‖ *ho fatto una gran* — *per arrivare in tempo*, j'ai couru comme un dératé pour arriver à temps 2 *(fig.)* *(sfaticata)* boulot *(m.)*.

sudaticcio *agg.* moite (de sueur) ♦ *s.m.* transpiration *(f.)*, sueur *(f.)*.

sudato *agg.* 1 en sueur; *(di mani, fronte)* moite: *essere tutto* —, être en nage 2 *(fig.)* gagné à la sueur de son front ‖ *promozione sudata*, promotion méritée.

suddetto *agg.* susdit.

sudditanza *s.f.* sujétion.

suddito *s.m.* sujet; *(all'estero)* ressortissant.

suddividere *(coniug. come* ridere) *v.tr.* subdiviser.

suddivisione *s.f.* subdivision.
sud-est *s.m.* sud-est.
sudiceria *s.f.* saleté.
sudicio *agg.* sale (*anche fig.*) ♦ *s.m.* saleté (*anche fig.*).

sudicione *s.m.* salaud, salopard (*anche fig.*).
sudiciume *s.m.* saleté (*f.*) (*anche fig.*).
sudista *agg.* e *s.m.* sudiste.
sudorazione *s.f.* transpiration.
sudore *s.m.* sueur (*f.*): *essere in un bagno di —,*

SUFFISSI DIMINUTIVI

Numerosi sono i suffissi che modificano in senso diminutivo i **sostantivi** e gli **aggettivi** cui si aggiungono. Non essendo possibile dare un criterio generale per la formazione di queste parole alterate, poiché essa segue prevalentemente l'uso, riportiamo di seguito i casi più frequenti:

-ELLO	vecchio	vecchierello	*petit vieux*
	asino	asinello	*ânon*
	vento	venticello	*petit vent*
	pioggia	pioggerella	*pluie fine*
-ETTO	casa	casetta	*maisonnette*
	libro	libretto	*petit livre*
-INO	gatto	gattino	*petit chat, chaton*
	camion	camioncino	*camionnette*
	bastone	bastoncino	*petit bâton*
	brutto	bruttino	*pas beau*
	poco	pochino	*petit peu*
	piano	pianino	*tout doucement*
-OLO	famiglia	famigliola	*petite famille*
	porto	porticciolo	*petit port*
	festa	festicciola	*petite fête*
	carro	carriola	*brouette*
	ladro	ladruncolo	*petit voleur*
-OTTO	tigre	tigrotto	*jeune tigre*
	orso	orsacchiotto	*ourson*
-OTTOLO	verme	vermiciattolo	*vermisseau*
	via	viottolo	*sentier*
-UCCIO	lacrima	lacrimuccia	*petite larme*
-UZZO	via	viuzza	*ruelle*

• questi suffissi possono combinarsi:

	libretto	librettino	*tout petit livre*
	casetta	casettina	*toute petite maison*
	pioggerella	pioggerellina	*petite pluie fine*
	pochino	pochettino	*tout petit peu*

• i suffissi diminutivi italiani sono per lo più svolti in francese con gli aggettivi *petit* e *joli*.

Anche i **verbi** possono essere modificati dall'aggiunta di suffissi:

-ACCHIARE	ridere	ridacchiare	*ricaner*
	rubare	rubacchiare	*chaparder, chiper*
	vivere	vivacchiare	*vivoter*
-ELLARE	saltare	saltellare	*sautiller*
		saltarellare	
	giocare	giocherellare	*jouer (distraitement)*
-ICCHIARE	mordere	mordicchiare	*mordiller*
	tossire	tossicchiare	*toussoter*
-OTTARE	parlare	parlottare	*chuchoter*
-UCCHIARE	leggere	leggiucchiare	*lire distraitement*

être en nage || *col — della fronte*, (*fig.*) à la sueur de son front.

sudorifero *agg.* sudorifique.

sud-ovest *s.m.* sud-ouest.

sufficiente *agg.* suffisant || *non avere denaro — per vivere*, ne pas avoir assez d'argent pour vivre || *sguardo, tono —*, regard, ton de suffisance ♦ **1** *s.m.* ce qui suffit **2** (*valutazione scolastica*) moyenne (*f.*).

sufficientemente *avv.* suffisamment; (*abbastanza*) assez.

sufficienza *s.f.* **1** suffisance || *a —*, assez **2** (*valutazione scolastica*) moyenne.

suffisso *s.m.* suffixe.

suffragare (*coniug. come* legare) *v.tr.* appuyer*.

suffragetta *s.f.* suffragette.

suffragio *s.m.* **1** suffrage; (*voto*) vote **2** (*eccl.*) *messa in — di qlcu*, messe à l'intention de qqn; *messa di —*, messe de requiem.

suffumicazione *s.f.*, **suffumigio** *s.m.* fumigation (*f.*).

suggellare *v.tr.* sceller (*anche fig.*).

suggello *s.m.* sceau* || *a — dell'alleanza*, pour sceller leur alliance.

suggerimento *s.m.* conseil; (*indicazione*) suggestion (*f.*) || *per — di qlcu*, sur le conseil de qqn.

suggerire (*coniug. come* finire) *v.tr.* **1** souffler **2** (*fig.*) suggérer*; (*consigliare*) conseiller: *chi te l'ha suggerito?*, qui te l'a conseillé?

suggeritore (f. *-trice*) *s.m.* souffleur*.

suggestionabile *agg.* suggestible.

suggestionare *v.tr.* suggestionner; (*impressionare*) impressionner; (*influenzare*) influencer* □ **suggestionarsi** *v.pron.* se laisser influencer.

suggestionato *agg.* suggestionné; (*influenzato*) influencé; (*affascinato*) charmé.

suggestione *s.f.* **1** suggestion **2** (*influenza*) influence **3** (*attrattiva*) charme (*m.*).

suggestività *s.f.* suggestivité || *la — di una musica*, le pouvoir d'évocation d'une musique || *la — di un paesaggio*, le charme d'un paysage.

suggestivo *agg.* suggestif*.

sughero *s.m.* **1** liège; (*l'albero*) chêne-liège* **2** (*galleggiante*) flotteur; (*della lenza*) bouchon.

sugheroso *agg.* subéreux*.

sugli *prep.art.m.pl.* → **su**.

sugna *s.f.* **1** lard (*m.*) **2** (*strutto*) saindoux (*m.*).

sugo (pl. *-ghi*) *s.m.* **1** jus **2** (*cuc.*) jus; (*salsa*) sauce (*f.*): *al —*, (*di pomodoro*) à la sauce tomate || *il — dell'arrosto*, le jus du rôti **3** (*fig.*) (*sostanza, senso*) substance (*f.*), suc: *discorsi senza —*, des propos vides; *uno scherzo senza —*, une plaisanterie qui ne rime à rien **4** (*interesse*) intérêt || *non c'è —*, il n'y a aucun intérêt.

sugoso *agg.* **1** juteux* **2** (*fig.*) substantiel*.

sui *prep.art.m.pl.* → **su**.

suicida *agg.* de suicide: *mania, comportamento —*, manie, comportement suicidaire; *a scopo —*,

---

SUFFISSI ACCRESCITIVI E PEGGIORATIVI

Numerosi sono i suffissi che modificano in senso accrescitivo o spregiativo la parola cui si aggiungono. Non è possibile dare un criterio generale per la formazione di queste parole alterate poiché essa segue prevalentemente l'uso; riportiamo di seguito i casi più frequenti:

-OCCIO	grasso	grassoccio	*grassouillet*
	bello	belloccio	*assez beau*
-ONE	gatto	gattone	*gros chat, matou*
	donna	donnone	*grosse femme*
	uomo	omone	*homme grand et gros*
	furbo	furbone, furbacchione	*gros malin*
-OTTO	scimmia	scimmiotto	*jeune singe*
	giovane	giovanotto	*jeune homme*
	paese	paesotto	*gros village*
	vecchio	vecchiotto	*vieillot*
• questi suffissi possono combinarsi:			
	giovanotto	giovanottone	*grand gaillard*
-ACCIO	vento	ventaccio	*vilain vent*
	tempo	tempaccio	*sale temps*
	coltello	coltellaccio	*coutelas*
-AGLIA	gente	gentaglia	*racaille*
-ASTRO	giovine	giovinastro	*vaurien*
	verde	verdastro	*verdâtre*
-ICCIO	biondo	biondiccio	*blondâtre, blondinet*
-OGNOLO	verde	verdognolo	*verdâtre*

avec l'intention de se suicider || *commando* —, commando-suicide ♦ *s.m.* suicidé.

suicidarsi *v.pron.* se suicider.

suicidio *s.m.* suicide.

suino *agg.* porcin; (*cuc.*) de porc ♦ *s.m.* porc || *i suini*, les porcins.

sul *prep.art.m.sing.* → **su.**

sulfamidico (pl. *-ci*) *agg.* sulfamidé ♦ *s.m.* sulfamide.

sulfureo *agg.* sulfureux*.

sulla *prep.art.f.sing.* → **su.**

sulle *prep.art.f.pl.* → **su.**

sullo *prep.art.m.sing.* → **su.**

sultanato *s.m.* sultanat.

sultanina *agg.* e *s.f.* (*uva*) —, raisin sec.

sultano *s.m.* sultan.

sumerico (pl. *-ci*) *agg.* e *s.m.* sumérien*.

summit (pl. *invar.*) *s.m.* rencontre au sommet.

sunteggiare (*coniug. come* mangiare) *v.tr.* résumer.

sunto *s.m.* résumé.

suo

maschile sing.	suo,	pl.	suoi
femminile sing.	sua,	pl.	sue

agg.poss. di 3ª pers.sing. **1** son*: *il — giardino*, son jardin; *la sua camera*, sa chambre; *la sua opinione*, son opinion; *i suoi amici*, ses amis; *le sue sorelle*, ses sœurs; *l'— ultimo viaggio*, son dernier voyage; *sono del — stesso parere*, je suis de son avis; *il — e il mio appartamento sono contigui*, son appartement et le mien sont contigus; *è un problema —, non mio*, c'est son problème, pas le mien || *un — amico*, un de ses amis, un ami à lui, à elle; *un — amico architetto*, un de ses amis architecte; *aspetto una sua risposta*, j'attends une réponse de sa part; *mi piacerebbe avere un — parere*, j'aimerais avoir son avis || *questo — collega*, son collègue, ce collègue || *due suoi amici*, deux de ses amis, deux amis à lui, à elle || *alcuni suoi amici*, quelques-uns de ses amis, quelques amis à lui, à elle || *in, a casa sua*, (*di lui*) chez lui, (*di lei*) chez elle **2** (*per indicare proprietà, appartenenza*) (*di lui*) à lui; (*di lei*) à elle: *ha già una casa sua*, il, elle a déjà une maison à lui, à elle; *l'idea non è sua*, l'idée n'est pas de lui, d'elle; *nella nuova casa lei avrà una camera (tutta) sua*, dans la nouvelle maison elle aura une chambre pour elle toute seule; *Giovanni ha un modo tutto — di dire le cose*, Jean a une manière bien à lui de dire les choses || *questo libro è —, (di sua proprietà)* ce livre est à lui, à elle; (*lo ha scritto*) ce livre est de lui, d'elle **3** (*in formule di cortesia rivolgendosi direttamente a qlcu*) votre; (*con uso predicativo*) à vous: *Signora, il — abito è pronto*, Madame, votre robe est prête; *è — questo ombrello, signore?*, ce parapluie est à vous, Monsieur? ♦ *pron.poss. di 3ª pers.sing.* **1** le sien*; (*in formule di cortesia rivolgendosi direttamente a qlcu*) le vôtre: *la mia giacca è elegante quanto la sua*, ma veste est aussi élégante que la sienne; *questo posto è occupato, signore, il — è due file dietro*, cette place est occu-

pée, Monsieur, la vôtre est deux rangs derrière **2** (*in espressioni ellittiche*): *siete, state sempre dalla sua* (*parte*), vous êtes toujours de son côté; *fortunatamente ha il direttore dalla sua*, heureusement il a le directeur pour lui; *vuole sempre dire la sua*, il a toujours son mot à dire; *ne ha combinata ancora una delle sue*, il a encore fait une des siennes; *ne ha detta una delle sue*, il, elle a fait une de ses gaffes; *è uno che sta sempre sulle sue*, c'est quelqu'un qui est toujours sur son quant-à-soi; *anche lui ha avuto le sue* (*disgrazie*), lui aussi a eu sa part de malheurs || (*comm.*) *abbiamo già ricevuto la Sua del...*, nous avons déjà reçu votre lettre du... ♦ *s.m.* **1** (*mezzi economici, beni personali*): *può vivere del —*, il peut vivre de ses ressources personnelles; *spende, ci mette del —, (denaro)* il paie de sa poche; *so che ci ha rimesso del —, signora*, je sais que vous en avez été de votre poche, Madame || *si accontenta del —*, il se contente de ce qu'il a **2** (*preceduto da pron. indef.*): *ha ancora qlco di —*, il a encore quelques biens personnels; *ha voluto aggiungere* (*scrivere, dire ecc.*) *qlco di —*, il a voulu ajouter (écrire, dire, etc.) qqch; *non ha più niente di —*, il n'a plus rien; *non ci rimane niente di —*, il ne nous reste rien de lui, d'elle; *qui non c'è più nulla di —, signora*, ici il n'y a plus rien qui vous appartienne, Madame; *non ci ha messo molto di — in questo lavoro*, il n'a pas mis grand-chose de personnel dans ce travail **3** *pl.* (*parentela*) sa famille; (*genitori*) ses parents: *preferisce tornare dai suoi*, il préfère retourner chez lui || (*formula di cortesia rivolgendosi direttamente a qlcu*): *come stanno i suoi?*, comment vont vos parents, comment va votre famille?

suocera *s.f.* belle-mère*.

suocero *s.m.* beau-père* || *i suoceri*, les beaux-parents.

suola *s.f.* semelle || *mezze suole*, semelles.

suolo *s.m.* sol: *cadere al —*, tomber par terre; *sollevare dal —*, soulever de terre || *— pubblico*, terrain public || *il — natio*, la terre natale.

suonare *v.tr.* **1** sonner; (*mus.*) jouer (de): *la pendola suonò le quattro*, la pendule sonna quatre heures; *— il piano*, jouer du piano; *— un pezzo*, exécuter un morceau; *questa sera suonerà Bach*, ce soir il jouera du Bach || *— il clacson*, klaxonner **2** (*fig.*) (*significare, esprimere*) sonner: *parole che suonano elogio, offesa*, des mots qui sonnent comme un compliment, une offense **3** (*fam.*) (*picchiare*) frapper || *questa volta gliele ho suonate*, cette fois-ci je lui ai flanqué une raclée ♦ *v.intr.* sonner: *suonano alla porta*, on sonne (à la porte); *ho sentito —*, j'ai entendu sonner; *la sveglia ha suonato*, le réveil a sonné; *suona il telefono!*, le téléphone sonne!; *stanno suonando le dieci*, dix heures sonnent; *è suonata l'ora*, (*anche fig.*) l'heure a sonné || *qui il muro suona* (*vuoto*), ici le mur sonne creux || *le sue parole suonavano minacciose*, ses mots exprimaient une menace || *come ti suona questa frase?*, comment trouves-tu cette phrase?

suonata *s.f.* **1** (*di campanello*) coup de sonnette; (*di campane*) tintement (*m.*) **2** (*fam.*) (*bastonata*) râclée, volée de coups || (*sport*) *7 a 1, che —!*, 7 à 1, quel coup de massue!

suonato *agg.* (*fam.*) **1** (*fig.*) sonné, siphonné **2** (*di pugile*) sonné, groggy.

suonatore *s.m.* joueur* || *— ambulante*, musicien ambulant; *un gruppo di suonatori*, un groupe de musiciens.

suoneria *s.f.* sonnerie.

suono *s.m.* son || *a suon di pugni*, à coups de poing || *accogliere a suon di fischi*, accueillir par des sifflets || *tecnico del —*, ingénieur du son.

suora *s.f.* sœur, religieuse || *farsi —*, prendre le voile.

super *s.f.* (*fam.*) → **supercarburante**.

super- *pref.* super-, hyper-, sur-

superabile *agg.* surmontable.

superaffollato *agg.* bourré (de monde): *autobus —*, autobus archibondé.

superalcolico (pl. *-ci*) *agg.* fortement alcoolisé: *bevande superalcoliche*, boissons fortement alcoolisées ♦ *s.m.* boisson fortement alcoolisée, liqueur (*f.*).

superalimentazione *s.f.* suralimentation.

superallenamento *s.m.* surentraînement.

superamento *s.m.* **1** franchissement || *il — di una difficoltà*, la résolution d'une difficulté **2** (*l'oltrepassare*) dépassement (*anche fig.*) **3** (*di esame*) réussite (*f.*).

superare *v.tr.* **1** dépasser (*anche fig.*) || *mi supera in altezza*, il est plus grand que moi || *lo supera per l'intelligenza*, il le dépasse en intelligence; *ha superato la quarantina*, il a passé la quarantaine || *— un rivale*, l'emporter sur un rival || *— la concorrenza*, battre la concurrence || *— se stesso*, surpasser **2** (*passare al di là*) franchir; (*sorpassare persone o veicoli*) doubler || *— un fiume*, una *piazza*, traverser un fleuve, une place || *— il traguardo*, franchir la ligne d'arrivée || *— un avversario*, (*in una corsa*) dépasser un adversaire **3** (*vincere, uscire vittorioso da*) sortir* (de); (*sormontare*) surmonter (*un esame*) réussir (à) || *— un concorso*, être reçu à un concours || *— una malattia*, sortir d'une maladie; *— una crisi*, surmonter une crise.

superato *agg.* **1** (*di veicolo*) doublé **2** (*non attuale*) dépassé.

superattico (pl. *-ci*) *s.m.* **1** (*appartamento sopra l'attico*) penthouse **2** (*attico particolarmente lussuoso*) super penthouse.

superbamente *avv.* **1** (*orgogliosamente*) orgueilleusement **2** (*fieramente*) fièrement **3** (*magnificamente*) superbement.

superbia *s.f.* orgueil (*m.*).

superbo *agg.* **1** *hautain* **2** (*fiero*) fier*; (*orglioso*) orgueilleux* **3** (*magnifico*) superbe.

supercarburante *s.m.* super (carburant).

supercarcere *s.m.* prison de haute sécurité.

supercolosso *s.m.* (*cine.*) superproduction (*f.*).

superdonna *s.f.* superwoman*.

superdotato *agg.* e *s.m.* surdoué || *è fisicamente*

—, il est bien monté; è superdotata, elle est bien en chair.

superficiale *agg.* superficiel* || *-mente* *avv.*

superficialità *s.f.* superficialité.

superficie (pl. *-ci*) *s.f.* **1** surface || *in —*, (*superficiale*) superficiel, (*superficialmente*) superficiellement, (*sull'acqua*) à la surface; *una ferita in —*, une blessure superficielle; *salire in —*, faire surface **2** (*fig.*) apparence: *fermarsi alla — delle cose*, s'arrêter à l'apparence des choses || *vedere le cose in —*, voir les choses de manière superficielle **3** (*estensione*) surface; (*nella misurazione*) aire, (*spec. nelle applicazioni pratiche*) superficie: *terrazza di 35 metri quadrati di —*, terrasse de 35 mètres carrés de surface; *calcolare la — di un triangolo*, calculer l'aire d'un triangle; *misurare la — di una stanza*, mesurer la superficie d'une pièce.

superfluità *s.f.* superfluité.

superfluo *agg.* e *s.m.* superflu.

superfosfato *s.m.* (*chim.*) superphosphate.

super-io *s.m.* (*psic.*) sur-moi.

superiora *s.f.* (mère) supérieure.

superiore *agg.* **1** supérieur: *persona di intelligenza —*, personne d'une intelligence supérieure; *si è mostrato — a tutti*, il s'est révélé le meilleur; *essere — in numero*, être supérieur en nombre; *essere superiori in numero rispetto a*, avoir l'avantage du nombre sur **2** (*che è al di sopra di*) au-dessus (de): *— alla media*, au-dessus de la moyenne; *è — a ogni sospetto*, il est au-dessus de tout soupçon; *è — alle mie forze*, cela dépasse mes forces ♦ *s.m.* supérieur.

superiorità *s.f.* supériorité.

superiormente *avv.* dans la partie supérieure.

superlativamente *avv.* excellemment.

superlativo *agg.* e *s.m.* **1** exceptionnel* **2** (*gramm.*) (*grado*) —, (dégré) superlatif.

superlavoro *s.m.* excès de travail, surmenage.

supermarket, supermercato *s.m.* supermarché.

superminimo *s.m.* sursalaire.

supernazionale *agg.* supranational*.

supernutrizione *s.f.* suralimentation.

superotto (pl. *invar.*) *agg.* e *s.m.* (*cine.*) super-huit*.

superperizia *s.f.* expertise approfondie.

superpotenza *s.f.* superpuissance, (*fam.*) super-grand (*m.*) || (*pol.*) *le superpotenze*, les Grands.

supersonico (pl. *-ci*) *agg.* supersonique.

superstar (pl. *invar.*) *s.f.* superstar, supervedette.

superstite (pl. *invar.*) *agg.* **1** survivant **2** (*estens.*) qui a survécu ♦ *s.m.* survivant.

superstizione *s.f.* superstition.

superstizioso *agg.* e *s.m.* superstitieux* || **-mente** *avv.*

superstrada *s.f.* route à grande circulation.

supertassa *s.f.* impôt extraordinaire.

superteste, supertestimone *s.m.* témoin-clé*.

superuomo *s.m.* surhomme; (*scherz.*) superman.

supervalutare *v.tr.* surévaluer.

supervalutazione *s.f.* surévaluation.

supervisionare *v.tr.* superviser.

supervisione *s.f.* supervision: *con la — di*, sous la supervision de.

supervisore *s.m.* superviseur.

supinamente *avv.* (*passivamente*) passivement; (*servilmente*) servilement.

supino *agg.* 1 (couché) sur le dos: *stare —*, être couché sur le dos; *dormire, cadere —*, dormir, tomber sur le dos 2 (*fig.*) (*passivo*) passif*; (*servile*) servile.

suppellettile *s.f.* (*spec. pl.*) 1 mobilier et accessoires 2 (*archeol.*) objet funéraire.

suppergiù *avv.* (*fam.*) à peu près, presque.

supplementare *agg.* supplémentaire: *chiedere informazioni supplementari*, demander un complément d'informations || (*sport*) *tempi supplementari*, prolongations.

supplemento *s.m.* supplément || (*dir.*) *disporre un — d'istruttoria*, ordonner un complément d'instruction.

supplente *s.m.* remplaçant.

supplenza *s.f.* suppléance.

suppletivo *agg.* supplémentaire.

supplì *s.m.* (*cuc.*) croquette de riz.

supplica (pl. *-che*) *s.f.* 1 supplication || *in tono di —*, d'un ton suppliant 2 (*petizione*) supplique; (*preghiera*) prière.

supplicante *agg.* e *s.m.* suppliant.

supplicare (*coniug. come* mancare) *v.tr.* supplier.

supplice *s.m.* (*letter.*) suppliant.

supplichevole *agg.* suppliant.

supplichevolmente *avv.* en suppliant.

supplire (*coniug. come* finire) *v.intr.* suppléer ♦ *v.tr.* remplacer*.

supplizio *s.m.* supplice.

supponente *agg.* *hautain.

supponenza *s.f.* attitude *hautaine.

supponibile *agg.* supposable.

supporre (*coniug. come* porre) *v.tr.* 1 (*per esprimere un'ipotesi*) supposer: *suppongo che sia vero*, je suppose que c'est vrai; *supponete di essere a Roma*, (*ma non ci siete*) supposez que vous soyez à Rome; *supponete di non essere italiano*, (*ma lo siete*) supposez que vous n'êtes pas italien || *supponiamo che*, admettons que; *supponendo che*, à supposer que, supposé que 2 (*credere*) croire*; (*pensare*) penser; (*immaginare*) imaginer: *non suppongo che lo sappia*, je ne crois pas qu'il le sache; *non supponeva di essere tra i primi*, il n'i-maginait pas qu'il serait parmi les premiers.

supportare *v.tr.* soutenir*.

supportato *agg.* (*sostenuto*) soutenu: *tesi supportata da validi argomenti*, thèse s'appuyant sur des arguments valables.

supporter *s.m.* (*sport*) supporter.

supporto *s.m.* support: *col — di documenti*, (*fig.*) en s'appuyant sur des documents || *supporti audiovisivi*, moyens audiovisuels.

supposizione *s.f.* supposition.

supposta *s.f.* suppositoire (*m.*).

supposto *agg.* supposé, présumé □ **supposto che** *locuz.cong.* supposé que.

suppurare *v.intr.* suppurer.

suppurativo *agg.* e *s.m.* suppuratif*.

suppurazione *s.f.* suppuration.

supremazia *s.f.* suprématie.

supremo *agg.* suprême; (*sovrano*) souverain: *di suprema bellezza*, d'une beauté souveraine; *con — disprezzo del pericolo*, avec un souverain mépris du danger; *con — sforzo*, dans un effort suprême; *con mia suprema soddisfazione*, à ma très grande satisfaction || *è cosa di suprema importanza*, c'est une chose d'une importance capitale || *comandante —*, commandant en chef.

sura *s.f.* surate.

surclassare *v.tr.* surclasser.

surf *s.m.* (*sport*) surf.

surgelare *v.tr.* surgeler*.

surgelato *agg.* surgelé ♦ *s.m.* (produit) surgelé.

surgelatore *s.m.* surgélateur.

surgelazione *s.f.* surgélation.

suricato *s.m.* (*zool.*) suricate, surikate.

surreale *agg.* e *s.m.* surréel*.

surrealismo *s.m.* surréalisme.

surrealista *agg.* e *s.m.* surréaliste.

surrenale *agg.* surrénal*.

surrene *s.m.* (*anat.*) surrénale (*f.*).

surrettizio *agg.* (*dir.*) subreptice.

surricordato *agg.* cité ci-dessus.

surriscaldamento *s.m.* surchauffe (*f.*), surchauffage.

surriscaldare *v.tr.* surchauffer □ **surriscaldarsi** *v.pron.* (*di motore*) trop chauffer.

surriscaldato *agg.* surchauffé || *motore —*, moteur qui chauffe.

surrogare (*coniug. come* legare) *v.tr.* substituer, remplacer*.

surrogato *s.m.* succédané.

surrogatorio *agg.* (*dir.*) subrogatoire.

surrogazione *s.f.* 1 substitution 2 (*dir.*) subrogation.

suscettibile *agg.* susceptible.

suscettibilità *s.f.* susceptibilité.

suscitare *v.tr.* susciter; (*provocare*) provoquer: *— il riso*, provoquer le rire; *— meraviglia*, susciter de l'étonnement; *— scalpore*, faire grand bruit; *— la curiosità*, piquer la curiosité; *— discordia*, fomenter la discorde.

susina *s.f.* prune.

susino *s.m.* prunier.

suspicione *s.f.* suspicion: *per legittima —*, pour cause de suspicion légitime.

susseguente *agg.* suivant.

susseguirsi *v.pron.* se succéder* ♦ *con valore di s.m.* succession (*f.*).

sussidiare *v.tr.* subventionner.

sussidiario *agg.* subsidiaire || *fermata sussidiaria*, arrêt facultatif || *truppe sussidiarie*, troupes auxiliaires ♦ *s.m.* manuel de l'école primaire.

sussidio *s.m.* 1 aide (*f.*) || *sussidi bibliografici, didattici, audiovisivi*, matériel bibliographique, didactique, audiovisuel 2 (*in denaro*) subside, subvention (*f.*) || *sussidi pubblici*, prestations pu-

1239   **sveglio**

bliques ‖ *— di disoccupazione, di malattia*, allocation de chômage, de maladie.

sussiego (pl. *-ghi*) *s.m.* suffisance (*f.*), condescendance (*f.*).

sussiegoso *agg.* suffisant, condescendant.

sussistenza *s.f.* **1** persistance **2** (*sostentamento*) subsistance ‖ *— militare*, service des subsistances ‖ *il livello di —*, le minimum vital.

sussistere (*coniug. come* insistere) *v.intr.* **1** (*perdurare*) subsister **2** (*essere valido*) être* valable; (*non avere fondamento*) ne pas avoir* de fondement: *scuse che non sussistono*, des excuses qui ne tiennent pas debout ‖ *non sussistono prove*, il n'y a pas de preuves.

sussultare *v.intr.* tressaillir ‖ *la terra sussultò*, la terre tremble.

sussulto *s.m.* **1** sursaut: *mi svegliai con un —*, je me réveillai en sursaut; *avere, dare un —*, sursauter, tressaillir ‖ *il suo cuore ebbe un —*, son cœur bondit **2** (*del suolo*) secousse (*f.*).

sussultorio *agg.* (*geol.*) sussultoire.

sussurrare *v.tr.* murmurer; (*bisbigliare*) chuchoter ‖ *si sussurra che*, le bruit court que ♦ *v.intr.* murmurer.

sussurro *s.m.* murmure.

sutura *s.f.* suture.

suturare *v.tr.* suturer.

suvvia *inter.* allons!

suzione *s.f.* succion.

svaccarsi (*coniug. come* mancare) *v.pron.* (*molto fam.*) s'avachir, se laisser aller.

svaccato *agg.* avachi.

svagare (*coniug. come* legare) *v.tr.* changer* les idées (à); (*distrarre*) distraire* □ **svagarsi** *v.pron.* se changer* les idées; (*distrarsi*) se distraire*; (*divertirsi*) s'amuser.

svagato *agg.* distrait.

svago (pl. *-ghi*) *s.m.* distraction (*f.*): *ha bisogno di —*, il a besoin de se distraire ‖ *non si concede mai un minuto di —*, il ne s'accorde jamais une minute de répit; *concediti un po' di —*, repose-toi un peu.

svaligiare (*coniug. come* mangiare) *v.tr.* dévaliser; (*con scasso*) cambrioler.

svaligiatore *s.m.* cambrioleur.

svalutare *v.tr.* **1** déprécier, dévaloriser; (*spec. di moneta*) dévaluer **2** (*sottovalutare*) sous-estimer □ **svalutarsi** *v.pron.* **1** se déprécier; (*spec. di moneta*) se dévaluer **2** (*sottovalutarsi*) se sous-estimer.

svalutazione *s.f.* dépréciation, dévalorisation; (*spec. di moneta*) dévaluation.

svampire (*coniug. come* finire) *v.intr.* **1** s'éventer **2** (*fig.*) s'évanouir, se dissiper: *il suo interesse è svampito presto*, son intérêt s'est volatilisé très tôt.

svampito *agg.* écervelé; (*spec. di donna*) évaporé: *è un po' —*, il a la tête en l'air ♦ *s.m.* écervelé.

svanire (*coniug. come* finire) *v.intr.* **1** s'évanouir; (*dileguarsi*) disparaître*; (*spegnersi*) s'éteindre*: *è svanito nel nulla*, il s'est volatilisé; *il sorriso le svanì sulle labbra*, le sourire s'effaça sur

ses lèvres; *le nostre speranze svaniscono a poco a poco*, nos espoirs s'évanouissent peu à peu; *ogni speranza è svanita*, on a perdu tout espoir ‖ *la sua collera svanì*, sa colère tomba **2** (*perdere vigore*) s'affaiblir; (*svaporare*) s'évaporer.

svanito *agg.* **1** évanoui: *un sogno —*, un rêve évanoui ‖ *una speranza svanita nel nulla*, un espoir envolé **2** (*di persona*) gâteux*: *è un po' —*, il perd un peu la tête **3** (*che ha perso vigore*) affaibli; (*di profumo*) évaporé.

svantaggiato *agg.* désavantagé, défavorisé: *è partito —*, il est parti avec un handicap.

svantaggio *s.m.* **1** désavantage; (*condizione sfavorevole*) *handicap: essere in — rispetto a qlcu*, être désavantagé par rapport à qqn **2** (*sport*) retard: *una rete di —*, un but de retard; *rimontare lo —*, rattraper son retard, (*pareggiare*) égaliser □ **a svantaggio di** *locuz.* au détriment de.

svantaggioso *agg.* désavantageux*, défavorable.

svanzica (pl. *-che*) *s.f.* (*fam.*) sou (*m.*), rond (*m.*).

svaporare *v.intr.* **1** s'évaporer; (*di liquore, profumo ecc.*) s'éventer **2** (*fig.*) (*svanire*) se dissiper.

svaporato *agg.* **1** évaporé; (*di profumo, di liquore ecc.*) éventé **2** (*di persona*) (*svampito*) écervelé; (*spec. di donna*) évaporé.

svariare *v.tr.* varier □ **svariarsi** *v.pron.* (*distrarsi*) se distraire*.

svariato *agg.* **1** varié: *di svariati colori*, de couleurs variées **2** *pl.* (*numerosi, diversi*) plusieurs.

svarione *s.m.* grosse faute, énormité (*f.*).

svasare *v.tr.* **1** (*togliere da un vaso*) dépoter **2** (*modellare a forma di tronco di cono*) évaser.

svasato *agg.* évasé: *gonna svasata*, jupe évasée.

svasatura *s.f.* **1** évasure; (*di una gonna*) ampleur **2** (*arch.*) embrasure.

svastica (pl. *-che*) *s.f.* svastika (*m.*); (*spec. come simbolo del nazismo*) croix gammée.

svecchiamento *s.m.* rajeunissement; (*modernizzazione*) modernisation (*f.*).

svecchiare *v.tr.* rajeunir; (*rimodernare*) moderniser; (*rinnovare*) renouveler*.

svedese *agg.* e *s.m.* suédois.

sveglia *s.f.* **1** réveil (*m.*) ‖ *—!*, (*a chi è a letto*) debout!, (*a chi è pigro*) secoue-toi! **2** (*orologio*) réveil (*m.*), réveille-matin* (*m.*): *mettere, caricare la —*, mettre, remonter le réveil ‖ *— telefonica*, réveil par téléphone; *servizio —*, service de réveil.

svegliare *v.tr.* **1** réveiller ‖ *non lo sveglierebbero nemmeno le cannonate*, le bruit du canon ne le réveillerait pas **2** (*fig.*) éveiller ‖ *— l'appetito*, stimuler l'appétit **3** (*fig.*) (*scuotere dal torpore ecc.*) dégourdir □ **svegliarsi** *v.pron.* **1** se réveiller: *svegliati!*, réveille-toi!, (*a chi è impigrito*) secoue-toi! ‖ *gli si è svegliato il mal di testa*, sa migraine l'a repris **2** (*fig.*) (*scuotersi dal torpore ecc.*) se dégourdir.

sveglio *agg.* **1** éveillé; (*di chi si è risvegliato*) réveillé: *è restato — tutta notte*, il est resté éveillé toute la nuit; *sei già —?*, tu es déjà réveillé? **2** (*fig.*) éveillé; (*di intelligenza*) vif*.

svelare v.tr. dévoiler □ **svelarsi** v.pron. se dévoiler, se révéler*.

svelenire (coniug. come finire) v.tr. désenvenimer; (fig.) apaiser □ **svelenirsi** v.pron. (fig.) se calmer.

svellere (Pass.rem. io svelsi, tu svellesti ecc. Part.pass. svelto) v.tr. (letter.) arracher.

sveltamente avv. vite.

sveltezza s.f. **1** (rapidità) rapidité || con —, rapidement **2** (agilità) agilité; (snellezza) sveltesse **3** (prontezza d'ingegno) vivacité d'esprit.

sveltimento s.m. accélération (f.); (semplificazione) simplification (f.).

sveltire (coniug. come finire) v.tr. **1** accélérer*; (semplificare) simplifier || — il traffico, rendre la circulation plus fluide **2** (rendere più disinvolto) dégourdir **3** (rendere più sottile, più snello) amincir □ **sveltirsi** v.pron. **1** devenir* plus rapide **2** (diventare più disinvolto) se dégourdir.

svelto agg. **1** rapide || è stato — a capire la cosa, il a vite compris la chose; è stato — a scoprire l'inganno, il a vite fait de découvrir le piège || essere — di lingua, avoir la langue bien pendue || essere — di mano, (essere manesco) avoir la main leste, (rubare) avoir les doigts crochus || su —!, dépêche-toi!; —! vieni ad aiutarmi!, viens vite m'aider! **2** (slanciato) svelte **3** (fig.) (pronto, intelligente) éveillé □ **alla svelta** locuz.avv. en vitesse, rapidement: fate alla svelta, dépêchez-vous!; aspettami, faccio alla svelta, attends-moi, j'en ai pour une minute.

svenare v.tr. (rovinare economicamente) mettre* sur la paille: mi vuoi —!, tu veux ma mort! □ **svenarsi** v.pron. **1** s'ouvrir* les veines **2** (fig.) se saigner aux quatre veines.

svendere v.tr. (liquidare) solder, liquider; (in perdita) vendre* à perte, au rabais.

svendita s.f. (liquidazione) liquidation, (saldo) solde (m.); (in perdita) vente à perte, vente au rabais || prezzi di —, prix cassés.

svenevole agg. e s.m. minauder*: ragazza —, fille qui fait des manières; non fare lo —, arrête de faire des manières || modi svenevoli, des minauderies; tono di voce —, ton doucereux.

svenevolezza s.f. minauderie*.

svenimento s.m. évanouissement: avere uno —, essere colto da —, s'évanouir; soffrire di svenimenti, s'évanouir fréquemment.

svenire (coniug. come venire) v.intr. s'évanouir: è svenuta, elle s'est évanouie; — per il dolore, per la paura, s'évanouir de douleur, de peur || mi sento —, je me sens défaillir || un caldo da —, une chaleur à mourir.

sventagliare v.tr. éventer || gli sventagliò un foglio sotto il naso, il lui agita un papier sous le nez □ **sventagliarsi** v.pron. s'éventer.

sventagliata s.f. **1** darsi una —, s'éventer **2** (raffica) rafale.

sventare v.tr. éventer: — un complotto, éventer un complot || — un pericolo, éviter un danger.

sventatamente avv. étourdiment; (sconsideratamente) inconsidérément.

sventatezza s.f. étourderie.

sventato agg. e s.m. étourdi.

sventola s.f. **1** (fam.) éventoir (m.) || orecchie a —, oreilles décollées, en feuilles de chou **2** (schiaffo) gifle.

sventolare v.tr. **1** agiter **2** (far vento) éventer □ **sventolarsi** v.pron. s'éventer.

sventolio s.m. flottement.

sventramento s.m. **1** (med.) éventration (f.) **2** (di mammiferi) étripage; (di uccelli, pesci) vidage **3** (di edifici) démolition (f.).

sventrare v.tr. **1** éventrer; (pulire pesci, uccelli) vider **2** (demolire) démolir: la casa fu sventrata da una bomba, la maison a été éventrée par une bombe.

sventura s.f. malheur (m.); (sfortuna) malchance || — volle che..., le malheur voulut que... || per —, par malheur || per colmo di —, pour comble de malheur || compagno di —, compagnon d'infortune.

sventurato agg. e s.m. malheureux*; (sfortunato) malchanceux* || nel caso — che..., si par malheur...

svenuto agg. évanoui.

sverginare v.tr. déflorer.

svergognare v.tr. couvrir* de *honte; (smascherare) démasquer.

svergognato agg. e s.m. dévergondé; (sfrontato) impudent, effronté.

svernare v.intr. hiverner.

sverniciare (coniug. come cominciare) v.tr. dévernir, décaper.

sverniciatore s.m. ouvrier* qui s'occupe du dévernissage; (di pezzi metallici) décapeur.

svestire v.tr. déshabiller □ **svestirsi** v.pron. se déshabiller; (fig.) se dépouiller.

svestito agg. déshabillé || mezzo —, à moitié nu.

svestizione s.f. déshabillage (m.).

svettare v.tr. écimer, étêter ♦ v.intr. **1** agiter sa cime **2** (ergersi) pointer; (stagliarsi) se détacher.

svevo agg. e s.m. souabe || la Casa sveva, la Maison de Souabe.

svezzamento s.m. sevrage.

svezzare v.tr. sevrer*.

sviamento s.m. **1** détournement **2** (fig.) égarement.

sviare v.tr. **1** détourner (anche fig.) **2** (fuorviare) détourner (de); (traviare) fourvoyer* □ **sviarsi** v.pron. **1** s'égarer **2** (fig.) se fourvoyer*.

svicolare v.intr. **1** s'esquiver (dans une ruelle); (fig.) se dérober || rispondi alla domanda, non —, réponds à la question sans tergiverser **2** (svignarsela) s'esquiver, filer.

svignarsela v.pron. s'esquiver, décamper, tourner les talons.

svigorire (coniug. come finire) v.tr. affaiblir □ **svigorirsi** v.pron. s'affaiblir.

svilimento s.m. avilissement; (svalutazione) dévaluation (f.), avilissement.

svilire (coniug. come finire) v.tr. **1** déprécier; (fig.) dégrader **2** (econ.) dévaluer.

svillaneggiare (*coniug. come* mangiare) *v.tr.* traiter grossièrement; insulter.

sviluppare *v.tr.* **1** développer (*spec. fig.*) **2** (*provocare*) provoquer **3** (*produrre, generare*) dégager* ☐ **svilupparsi** *v.pron.* **1** se développer || *la città si sviluppa a nord*, la ville s'étend au nord **2** (*propagarsi*) se propager* **3** (*sprigionarsi*) se dégager* **4** (*prodursi, formarsi*) se former.

sviluppato *agg.* développé.

sviluppo *s.m.* **1** développement: *piano di — economico*, plan de développement économique || *l'età dello —*, la croissance **2** (*fis.*) (*emissione*) dégagement.

svinatura *s.f.* décuvage (*m.*), décuvaison.

svincolare *v.tr.* dégager* || *— merci, bagagli*, retirer des marchandises, des bagages ☐ **svincolarsi** *v.pron.* se dégager*.

svincolo *s.m.* **1** dégagement **2** (*incrocio di strada*) échangeur; (*bretella, tratto stradale di raccordo*) bretelle (*f.*), raccord.

sviolinata *s.f.* basse flatterie; (*fam.*) lèche.

svirgolare *v.tr.* **1** (*deformare*) déformer; (*scardinare*) déglinguer **2** (*nei giochi con la palla*) rater un coup en frappant la balle de biais.

svisamento *s.m.* déformation (*f.*), défiguration (*f.*).

svisare *v.tr.* déformer.

sviscerare *v.tr.* épuiser, approfondir || *— un autore*, étudier à fond un auteur.

svisceratezza *s.f.* outrance; dévotion outrée.

sviscerato *agg.* **1** ardent **2** (*eccessivo*) outré.

svista *s.f.* méprise, omission: *per una —*, par méprise.

svitamento *s.m.* dévissage; (*allentamento*) desserrage.

svitare *v.tr.* dévisser; (*allentare*) desserrer.

svitato *agg.* dévissé ♦ *s.m.* (*scherz.*) toqué.

svizzera *s.f.* (*cuc.*) steak *haché.

svizzero *agg. e s.m.* suisse* || *formaggio —*, emmenthal.

svogliatamente *avv.* nonchalamment; (*pigra-*

mente) paresseusement: *mangiare —*, chipoter, manger sans appétit.

svogliatezza *s.f.* manque d'entrain; (*indolenza*) indolence; (*pigrizia*) paresse.

svogliato *agg.* nonchalant; (*pigro*) paresseux* || *sentirsi —*, n'avoir (de) goût à rien.

svolazzare *v.intr.* **1** voltiger*; (*degli uccelli*) voleter* **2** (*essere mosso dal vento*) flotter || *coi capelli svolazzanti*, les cheveux au vent.

svolazzo *s.m.* **1** (*di calligrafia*) paraphe **2** (*fig.*) fioriture (*f.*).

svolgere (*coniug. come* volgere) *v.tr.* **1** dérouler; (*un involto*) défaire*; (*ciò che è avvolto in bobina*) débobiner **2** (*fig.*) (*sviluppare*) développer || *— un argomento*, traiter un sujet; *— il programma*, réaliser le programme; (*a scuola*) faire le programme || *— un'inchiesta, una indagine*, faire une enquête; (*di polizia*) mener une enquête **3** (*fig.*) (*esercitare*) exercer*; (*un incarico*) remplir: *— un'intensa attività*, déployer une intense activité ☐ **svolgersi** *v.pron.* **1** se dérouler; (*di involto*) se défaire* || *il lavoro si svolge regolarmente*, le travail s'effectue régulièrement **2** (*fig.*) (*svilupparsi*) se développer **3** (*fig.*) (*avvenire*) se passer ♦ *con valore di s.m.* déroulement.

svolgimento *s.m.* déroulement (*anche fig.*); (*sviluppo*) développement || *lo — di un programma*, la réalisation d'un programme; *lo — del tema*, le développement du sujet.

svolta *s.f.* **1** virage (*m.*): *divieto di — (a destra, a sinistra)*, interdiction de tourner (à droite, à gauche) **2** (*fig.*) tournant (*m.*).

svoltare *v.intr.* tourner.

svoltata *s.f.* virage (*m.*).

svolto *agg.* développé || *raccolta di temi svolti*, modèles de rédaction.

svoltolare *v.tr.* dérouler; (*un involto*) défaire*.

svuotamento *s.m.* vidage; (*di serbatoio*) vidange.

svuotare *v.tr.* vider (*anche fig.*); (*un serbatoio*) vidanger*.

swahili *agg. e s.m.* swahili.

symposium *s.m.* symposium.

T

t *s.f.* e *m.* t (*m.*) || (*tel.*) — *come Torino*, t comme Thérèse || *a* (*forma di*) *T*, en T.

tabaccaio *s.m.* **1** buraliste **2** (*tabaccheria*) bureau* de tabac; (*fam.*) tabac (*m.*).

tabaccheria *s.f.* bureau* de tabac; (*fam.*) tabac (*m.*).

tabacchiera *s.f.* tabatière.

tabacco (pl. *-chi*) *s.m.* tabac: — *da fiuto*, tabac à priser; — *da masticare*, tabac à chiquer; — *da fumo*, tabac pour fumer || *la Manifattura dei Tabacchi*, les Tabacs || (*color*) —, (couleur) tabac.

tabagismo *s.m.* (*med.*) tabagisme.

tabarin (pl. *invar.*) *s.m.* (*locale notturno*) boîte de nuit • Falso francesismo.

tabarro *s.m.* *houppelande (*f.*), manteau* (pour homme).

tabe *s.f.* (*med.*) tabès (*m.*).

tabella *s.f.* tableau* (*m.*): — *dell'orario ferroviario*, tableau indicateur; — *dei prezzi*, liste des prix; — *degli stipendi*, barème des traitements || (*sport*) — *di marcia*, tableau de marche.

tabellina *s.f.* (*mat.*) table (de multiplication).

tabellone *s.m.* **1** tableau*; (*per affissioni stradali*) placard; (*cartello pubblicitario*) panneau* (publicitaire) **2** (*pallacanestro*) panneau* (de but).

tabernacolo *s.m.* **1** tabernacle **2** (*nicchia con immagine sacra*) niche (*f.*); (*edicola*) petite chapelle.

tabloid *agg.* e *s.m.* (*formato ridotto di giornale*) tabloïd, tabloïde.

tabloide *s.m.* (*med.*) comprimé.

tabù *agg.* e *s.m.* tabou.

tabulare *agg.* tabulaire.

tabulato *s.m.* (*inform.*) listing.

tabulatore *s.m.* tabulateur.

tabulatrice *s.f.* tabulatrice.

tac *onom.* tac.

TAC *s.f.* (*med.*) scanographie, tomodensitométrie.

tacca (pl. *-che*) *s.f.* **1** entaille: *pieno di tacche*, tailladé **2** (*tecn.*) (en)coche; cran (*m.*) || — *di mira*, (*di armi*) cran de mire || —, (*tip.*) cran **3** (*stampo, levatura*) acabit (*m.*) || *di mezza* —, de peu di valore.

taccagneria *s.f.* avarice, pingrerie.

taccagno *agg.* e *s.m.* avare, pingre; (*fam.*) radin.

taccheggiatore (f. *-trice*) *s.m.* voleur à l'étalage.

taccheggio *s.m.* vol à l'étalage.

tacchettio *s.m.* bruit de talons.

tacchina *s.f.* dinde.

tacchino *s.m.* dindon; (*cuc.*) dinde (*f.*) || *pare un* — *che fa la ruota*, (*fig. fam.*) il fait le paon.

taccia (pl. *-ce*) *s.f.* (mauvaise) réputation.

tacciare (*coniug. come* cominciare) *v.tr.* taxer: — *di bugiardo*, taxer, accuser de mensonge.

tacco (pl. *-chi*) *s.m.* **1** talon: *scarpe col* —, chaussure à talons; *mezzi tacchi*, talons bottier; — *a spillo*, talon aiguille || *alzare i tacchi*, (*fig.*) montrer les talons **2** (*per botti ecc.*) cale (*f.*).

taccola[1] *s.f.* (*zool.*) choucas (*m.*).

taccola[2] *s.f.* (*bot. pop.*) pois mangetout.

taccuino *s.m.* carnet, calepin.

tacere (*coniug. come* piacere. *Indic.pres.* noi taciamo) *v.intr.* se taire* || *come si fa a* —!, comment peut-on ne rien dire! || *hanno taciuto*, ils se sont tus || *su questo punto la legge tace*, sur ce point la loi est muette || *mettere a* — *qlco*, étouffer qqch; *mettere a* — *qlcu*, réduire qqn au silence || *fate* — *i bambini*, faites taire les enfants || *fare* — *i morsi della fame*, apaiser les affres de la faim || *chi tace acconsente*, qui ne dit mot consent ♦ *v.tr.* taire*; (*passare sotto silenzio*) passer sous silence; (*sottintendere*) sous-entendre*.

tacheometro *s.m.* (*topografia*) tachéomètre.

tachi- *pref.* tachy-

tachicardia *s.f.* tachycardie.

tachicardico (pl. *-ci*) *agg.* tachycardique.

tachimetro *s.m.* tachymètre.

tacitamente *avv.* **1** (*silenziosamente*) silencieusement **2** (*in modo non espresso*) tacitement.

tacitare *v.tr.* **1** (*pagare un debito*) désintéresser **2** (*mettere a tacere*) étouffer.

tacito *agg.* **1** silencieux* **2** (*fig.*) tacite || *un* — *rimprovero*, un reproche muet.

taciturno *agg.* taciturne.

tafano *s.m.* (*zool.*) taon.

tafferuglio *s.m.* bagarre (*f.*); échauffourée (*f.*).

taffettà *s.m.* taffetas.

tagete *s.m.* (*bot.*) tagète(s), tagette.

taglia *s.f.* **1** (*corporatura*) taille: *taglie forti*, grandes tailles; *questa gonna non è della mia* —, cette jupe n'est pas à ma taille **2** (*prezzo del riscatto*) rançon **3** (*premio per la cattura di un delinquente*) (mise à) prix: *mettere una* — *su qlcu*, mettre à prix la tête de qqn.

tagliaboschi *s.m.* bûcheron.

tagliacarte *s.m.* coupe-papier*.

taglialegna (pl. *invar.*) *s.m.* bûcheron.

tagliando *s.m.* coupon.

tagliare *v.tr.* **1** couper; (*pietre dure*) tailler: — *a pezzi, a fette*, couper en morceaux, en tranches; — *il pollo*, découper le poulet || *una nebbia da — col coltello*, un brouillard à couper au couteau || — *la testa al toro*, (*fig.*) trancher la question || — *fuori*, isoler **2** (*praticare un'incisione*) inciser ♦ *v.intr.* couper: *dai, taglia corto!*, allez, abrège (*o fam.* accouche)! □ **tagliarsi** *v.pron.* se couper.

tagliata *s.f.*: *farsi dare una — ai capelli*, se faire couper les cheveux; *dare una — all'erba del prato*, tondre le gazon.

tagliatelle *s.f.pl.* (*cuc.*) tagliatelle.

tagliato *agg.* **1** coupé; (*di pietre dure*) taillé || — *fuori*, (*escluso*) mis à l'écart **2** (*che ha attitudine*) fait (pour) || *è — per la matematica*, il est très doué pour les mathématiques.

tagliatore *s.m.* (*di abiti*) coupeur*; (*di pietre*) tailleur.

tagliaunghie *s.m.* coupe-ongles*.

tagliavento (pl. *invar.*) *s.m.* coupe-vent*.

taglieggiare (*coniug. come* mangiare) *v.tr.* pratiquer le racket, rançonner.

taglieggiatore *s.m.* rançonneur; (*chi pratica il racket*) racketteur.

tagliente *agg. e s.m.* tranchant (*anche fig.*) || *lingua —*, langue mordante.

tagliere *s.m.* planche à découper; (*spianatoia per la pasta*) planche à pâtisserie.

taglierina *s.f.* coupoir (*m.*); massicot (*m.*).

taglio *s.m.* **1** coupe (*f.*); (*di pietre*) taille (*f.*); (*di un libro*) tranche (*f.*); (*di vino*) coupage; (*di ascesso*) incision (*f.*) || *il — di una lamiera*, le découpage d'une tôle || *dare un — netto a qlco*, (*fig.*) rompre, interrompre || *armi da —*, armes blanches || *strumenti da —*, instruments tranchants || *ferite da —*, coupures, blessures d'arme blanche || *bosco da —*, taillis || *scuola di —*, école de coupe; *un — d'abito*, une coupe d'étoffe **2** (*tecn.*) taillage **3** (*effetto del tagliare, lesione, fenditura*) coupure (*f.*): *medicare un —*, soigner une coupure || *i tagli della censura*, (*fig.*) les coupures de la censure **4** (*parte affilata della lama*) tranchant: *coltello con — affilato*, couteau (bien) affilé; *fare il — a una lama*, aiguiser une lame || *colpire di —*, frapper de taille || *mettere di —*, mettre de champ **5** (*dimensioni, formato*) coupure (*f.*) || *biglietti di piccolo, grosso —*, petites, grosses coupures.

tagliola *s.f.* traquenard (*m.*) (*anche fig.*).

taglione *s.m.* talion.

tagliuzzare *v.tr.* coupailler.

tahitiano *agg. e s.m.* tahitien*.

taiga (pl. *-ghe*) *s.f.* (*geogr.*) taïga.

tailandese *agg. e s.m.* thaïlandais.

tailleur (pl. *invar.*) *s.m.* (*moda*) tailleur: — *sportivo, elegante*, tailleur sport, habillé.

talaltro, tal altro *pron.indef.* **1** *taluno... —*, certains (*pl.*)... d'autres (*pl.*): *taluno dice questo, — quello*, certains disent ceci, d'autres cela **2** *talvolta... talaltra...*, quelquefois... d'autres fois... ♦ *agg.indef.* tel*: *non sono d'accordo per tale e talaltra ragione*, je ne suis pas d'accord pour telle et telle raison.

talamo *s.m.* **1** (*letter.*) couche nuptiale **2** (*bot.*) réceptacle **3** (*anat.*) thalamus.

talare *agg.* talaire || *la veste, l'abito —*, la soutane.

talassemia *s.f.* (*med.*) thalassémie.

talasso- *pref.* thalasso-

talassoterapia *s.f.* (*med.*) thalassothérapie.

talco (pl. *-chi*) *s.m.* talc: — *in polvere*, poudre de talc.

tal(e)[1] *agg.* (*simile, siffatto*) tel*: *tali offese non possono perdonarsi*, de telles offenses ne peuvent (pas) être pardonnées || *meglio non fidarsi di gente di tal fatta*, il vaut mieux ne pas se fier aux gens de cette espèce-là || *la querela, in quanto —*, la plainte, en tant que telle || *un tempo la sua vista era ottima, ora non è più —*, il avait autrefois une vue excellente, maintenant ce n'est plus la même chose; *una volta era ottimista, ora non è più —*, autrefois il était optimiste, maintenant il ne l'est plus || *è di una — villania!*, il est d'une telle grossièreté! || — *il padre, — il figlio*, tel père, tel fils ♦ *agg.indef.* (*un certo*) certain: *un — signor Rossi chiede di te*, un certain monsieur Rossi te demande; *il tal giorno, alla — ora*, tel jour, à telle heure; *quel — signore di cui ti avevo parlato*, l'homme dont je t'avais parlé; *quella — signora*, la femme en question; *alludo a quella tal persona*, je fais allusion à qui vous savez ♦ *agg.dimostr.* (*questo*) ce*: *sono in ballo con tali e tali mots*, il s'en alla; *in tal caso...*, en ce cas-là...; *vuole sempre sapere quanto ho pagato la tal cosa o la talaltra*, il veut toujours savoir combien j'ai payé ceci et cela; *il suo delitto, perché — è...*, son crime, car c'en est un... □ **tale... che, ... da**: *è ridotto in uno stato — che fa pietà, da far pietà*, il est dans un tel état qu'il fait pitié; *le sue parole sono tali da non meritare, che non meritano risposta*, ce qu'il a dit ne mérite aucune réponse □ **tale (e) quale, tal quale**, tel* *che* (*all'interno della frase*); tel* *quel* (*alla fine della frase*): *la casa era proprio — quale me l'avevi descritta*, la maison était telle que tu me l'avais décrite; *ha lasciato le cose tali e quali*, il a laissé les choses telles quelles; *ne ho comperato uno — e quale*, j'ai acheté exactement le même; *ti assicuro, ha detto così, — e quale!*, je t'assure, c'est ce qu'il a dit mot pour mot!; *è suo padre — quale*, c'est tout le portrait de son père; *questi mobili saranno venduti tali e quali*, ces meubles seront vendus en l'état; *per noi è — e quale*, pour nous c'est la même chose ♦ *pron.dimostr.m. e f.*: *è lui il — che cercavi*, voilà la personne que tu cherchais || *il, la tal dei tali*, monsieur Un tel, madame Une telle; *la famiglia tal dei tali*, la famille Untel.

tale[2] *pron.indef.m. e f.* quelqu'un*: *ho appuntamento con un (certo) — di Roma*, j'ai rendez-vous avec une personne de Rome; *c'è una — che vuol parlarti*, il y a une personne qui veut te parler; *c'è quel — dell'assicurazione*, (*fam.*) il y a le — de l'assurance; *ha ritelefonato quella — di ieri*, (*fam.*) la (bonne) femme d'hier a retéléphoné.

talea *s.f.* (*agr.*) bouture.

talento[1] *s.m.* **1** talent **2** (*inclinazione*) inclination (*f.*) || *fare a proprio —*, en faire à sa tête.

talento[2] *s.m.* (*moneta*) talent.

talent-scout (pl. *invar.*) *s.m.* e *f.* dénicheur* de nouveaux talents.

talismano *s.m.* talisman.

tallire (*coniug. come* finire) *v.intr.* (*bot.*) taller.

tallo *s.m.* (*bot.*) thalle.

tallonamento *s.m.* talonnement; (*sport*) talonnage.

tallonare *v.tr.* talonner.

tallonata *s.f.* **1** coup de talon **2** (*sport*) talonnade.

tallonatore *s.m.* (*rugby*) talonneur.

talloncino *s.m.* coupon.

tallone *s.m.* talon || *è il suo — d'Achille*, c'est son talon d'Achille.

talmente *avv.* tellement; si (*solo davanti ad aggettivi e avverbi*): *è — sciocco!*, il est tellement bête!; *era — bravo da superarli tutti*, il était tellement habile qu'il les a tous dépassés.

talora *avv.* → **talvolta.**

talpa *s.f.* taupe || *cieco come una —*, myope comme une taupe.

taluno *agg.indef.* (*solo pl.*) certains, quelques (*solo pl.*): *taluni filosofi dicono che...*, certains philosophes affirment que... ♦ *pron.indef.* certains (*pl.*), quelqu'un: *— potrebbe obiettare che...*, certains pourraient, quelqu'un pourrait objecter que...; *talune delle presenti...*, quelques-unes des femmes présentes... || *—..., talaltro..., (correlativi)* l'un..., l'autre...; certains..., d'autres...

talvolta *avv.* **1** quelquefois, parfois **2** *talvolta... talaltra...*, certaines fois... d'autres...

tamarindo *s.m.* **1** (*albero*) tamarinier **2** (*frutto, bevanda*) tamarin.

tamarino *s.m.* (*zool.*) tamarin.

tamaro *s.m.* (*bot.*) tamier.

tamburato *s.m.* (*legno*) contre-plaqué.

tambureggiamento *s.m.* tambourinement; (*di armi da fuoco*) crépitement || *— di domande*, (*fig.*) feu roulant de questions.

tambureggiare (*coniug. come* mangiare) *v.intr.* tambouriner; (*di armi da fuoco*) crépiter.

tamburellare *v.intr.* tambouriner.

tamburello *s.m.* **1** tambourin **2** (*da ricamo*) tambour.

tamburino *s.m.* **1** tambour **2** (*in un giornale*) liste des spectacles.

tamburo *s.m.* **1** tambour: *— maggiore*, tambour-major || *a — battente*, (*fig.*) tambour battant || (*aut.*) *— del freno*, tambour du frein **2** (*di pistola*) barillet.

tamerice *s.f.* (*bot.*) tamaris (*m.*).

tampinare *v.tr.* (*fam.*) **1** (*seguire*) talonner **2** (*fig.*) (*assillare*) *harceler; (*tormentare*) taquiner.

tamponamento *s.m.* tamponnement: *— a catena*, (*di auto*) carambolage; *— di vagoni*, télescopage de wagons.

tamponare *v.tr.* tamponner || *— una falla*, boucher une voie d'eau; (*fig.*) boucher un trou || *— una situazione drammatica con*, maîtriser une si-

tuation dramatique par □ **tamponarsi** *v.pron.* (*di auto*) se tamponner; (*spec. di treni*) se télescoper.

tampone *s.m.* tampon: *— per timbri*, tampon encreur; *— di carta assorbente*, tampon buvard ♦ *agg.* (pl. *invar.*) tampon: *legge —*, loi tampon; *provvedimento —*, mesure d'urgence.

tamtam, tam-tam (pl. *invar.*) *s.m* **1** tamtam* **2** (*fig.*) (*diffusione clandestina di notizie*) téléphone arabe.

tana *s.f.* **1** (*di belve*) tanière; (*di volpi, conigli*) terrier (*m.*); (*di lepre*) gîte (*m.*) **2** (*fig.*) (*nascondiglio*) repaire (*m.*) **3** (*fig.*) (*stamberga*) taudis (*m.*) **4** (*nei giochi infantili*) but (*m.*).

tanca (pl. *-che*) *s.f.* (*mar.*) tank (*m.*).

tandem (pl. *invar.*) *s.m.* tandem.

tanfo *s.m.* mauvaise odeur, (*odore di chiuso*) odeur de renfermé; (*odore di muffa*) odeur de moisi.

tangente *agg.* tangent ♦ *s.f.* **1** tangente || *partire per la —*, (*fig. fam.*) prendre la tangente; (*perdere il filo*) perdre le fil (du discours); (*perdere la testa*) perdre la tête **2** (*percentuale illecita*) pot-de-vin (*m.*).

tangenza *s.f.* (*mat.*) tangence.

tangenziale *agg.* tangentiel* ♦ *s.f.* (boulevard) périphérique: *prendere la —*, emprunter le périphérique.

tanghero *s.m.* rustre, goujat.

tangibile *agg.* tangible.

tango (pl. *-ghi*) *s.m.* tango.

tanica (pl. *-che*) *s.f.* bidon (*m.*); (*di benzina*) jerricane (*m.*).

tank (pl. *invar.*) *s.m.* tank.

tannico (pl. *-ci*) *agg.* tannique.

tannino *s.m.* tannin.

tantalio *s.m.* (*chim.*) tantale.

tantalo *s.m.* (*zool.*) tantale.

tantino *pron.indef.* petit peu (de) (*invar.*): *basterebbe un — di fortuna*, il suffirait d'un brin de chance; *un —, un tantinino di pane*, un petit morceau de pain; *un tout petit morceau de pain; *un — di carne, di formaggio*, une (petite) lichette de viande, de fromage; *un — di latte, di vino*, une goutte de lait, de vin || *un — di tempo*, une seconde, un instant ♦ *avv.* petit peu; (*solo riferito ad agg.*) tantinet: *un — prima, dopo*, un petit peu avant, après; *è un — permaloso*, il est un petit peu, un tantinet susceptible.

tantissimo *agg.indef.superl.* **1** (vraiment) beaucoup (de); (*un gran numero di*) un très grand nombre de; (*una gran quantità di*) une très grande quantité de: *non ho — tempo*, je n'ai pas beaucoup de temps || *ha tantissima pazienza*, elle est extrêmement patiente || *beve tantissima birra*, il boit énormément de bière; *ha speso — denaro*, il a dépensé énormément d'argent || *— tempo prima, dopo*, très longtemps (*o* bien) avant, après **2** (*in espressioni ellittiche, sottintendendo tempo, denaro ecc.*): *è — (tempo) che non lo vedo*, il y a très longtemps que je ne l'ai vu; *spende sempre — (denaro)*, il dépense toujours énormément; *non c'è — da qui a casa mia*, il n'y a

tanto

pas beaucoup d'ici à chez moi ♦ *pron.indef.* beaucoup (*invar.*); (*un gran numero*) un grand nombre; (*una gran quantità*) une grande quantité; *pl.* (*moltissime persone*) beaucoup de monde: *"Bevi birra?" "Ne bevo tantissima"*, "Bois-tu de la bière?" "J'en bois énormément"; *sono venuti in tantissimi*, ils sont venus en très grand nombre; *eravamo (in) tantissimi*, nous étions très nombreux ♦ *avv.* énormément.

tanto *avv.* **1** (*così, talmente*) (*con un v.*) tant, tellement; (*con un agg. o un avv.*) si, tellement: *non dovresti affaticarti —*, tu ne devrais pas tant te fatiguer; *non lo sopporto più — è noioso*, je ne le supporte plus tellement il est ennuyeux; *è — buona!*, elle est tellement bonne! || *come puoi dormire —!*, comment tu peux dormir autant! || *alto —, lungo —*, (*accompagnando col gesto*) grand, long comme ça **2** (*correlativo di da o che consecutivi*) (*se modifica un v.*) tant, tellement; (*se modifica un agg. o un avv.*) si, tellement; (*in frasi negative*) assez: *era — piovuto che...*, il avait tant, tellement plu que...; *non guadagna — da potersi permettere lunghe vacanze*, il ne gagne pas assez pour se permettre de longues vacances; *è — stanco che non si regge, da non reggersi in piedi*, il est si, tellement fatigué qu'il ne tient pas debout; *non è — stanco da non andare in ufficio*, il n'est pas assez fatigué pour ne pas aller au bureau; *non è — intelligente da poterlo capire*, il n'est pas assez intelligent pour le comprendre **3** (*molto, assai*) (*se modifica un v.*) beaucoup; (*se modifica un agg. o un avv.*) très, bien; (*troppo*) trop: *mi sono stancato —*, je me suis beaucoup fatigué; *sono — stanco*, je suis très fatigué **4** *—... quanto*, (*in prop. comparative, seguito da agg., avv. e part. pass. con valore di agg.*) aussi... que; (*nei compl. di paragone*) comme; (*in relazione con un v.*) autant que; (*quando introducono due prop.*) autant... autant; (*seguiti rispettivamente da due sostantivi*) tant... que: *è — bello quanto simpatico*, il est aussi beau que sympathique; *è — intelligente quanto te*, il est aussi intelligent que toi; *non è — facile quanto credi*, ce n'est pas aussi, si facile que tu (le) crois; *è (—) curioso quanto una scimmia*, il est malin comme un singe; *non lavora — quanto noi*, il ne travaille pas autant, tant que nous; *— è generoso con noi quanto è avaro con i suoi*, autant il est généreux avec nous, autant il est avare avec sa famille; *non è — una critica quanto un consiglio*, ce n'est pas tant une critique qu'un conseil **5** *—... quanto, che, come*, (*nel senso di sia... sia...*) aussi bien... que: *comprerò — l'uno quanto l'altro*, j'achèterai aussi bien l'un que l'autre; *— io quanto mio fratello...*, mon frère aussi bien que moi...

♦ *agg.indef.* **1** tant de (*invar.*): *a che cosa ti serve tanta carta?*, à quoi te sert tant de (o tout ce) papier? || *ho tanta fame, sete!*, j'ai si (o tellement) faim, soif! || *dopo — tempo...*, après si longtemps... || *un uomo di — talento...*, un homme qui a tant de talent... || *— ospite*, un tel invité **2** (*correlativo di da o che consecutivi*) tant de... que, (*spec. in frasi negative*) assez de... pour: *ha dimo-*

strato *— coraggio da meritare di riuscire*, il a montré tant de courage qu'il mérite de réussir; *non ha — denaro da offrirsi una crociera*, il n'a pas assez d'argent pour s'offrir une croisière **3** (*molto*) beaucoup (*invar.*); (*seguito da a s.*) beaucoup de (*invar.*): *due chili mi sembrano tanti*, deux kilos me semblent beaucoup; *hai fatto tanti errori*, tu as fait beaucoup de fautes || *ho tanta fame*, j'ai très faim || *c'è ancora tanta strada?*, c'est encore loin? || *tanti auguri!*, tous mes vœux!; *tante grazie!*, merci beaucoup! **4** (*in espressioni ellittiche, sottintendendo tempo, denaro ecc.*): *è — (tempo) che è andato via*, il y a (bien) longtemps qu'il est parti; *è (da) — che mi aspetti?*, y a-t-il longtemps que tu m'attends?; *hai speso —?*, as-tu beaucoup dépensé?; *— guadagna — spende*, il dépense tout ce qu'il gagne; *c'è — da qui alla stazione*, il y a loin d'ici à la gare; *non ci vuole — a capirlo*, ce n'est pas difficile à comprendre || (*fam.*): *gliene ha date tante!*, il lui a flanqué une de ces râclées!; *gliene ha dette tante (ma tante)!*, il lui en a dit de toutes les couleurs!; *ne racconta tante!*, il en raconte tellement! **5** *—... quanto...*, (*in prop. comparative*) autant de (*invar.*)... que (*invar.*): *ha tante qualità quanti difetti*, il a autant de qualités que de défauts; *non ha tanta pazienza quanto te, quanta ne hai tu*, il n'a pas autant, tant de patience que toi; *prendi — denaro quanto te ne occorre*, prends autant d'argent qu'il te faut; *"Quanti moduli occorrono?" "Tanti quanti sono i candidati"*, "Combien de formulaires faut-il?", "Autant qu'il y a de candidats" **6** *—... —*, autant de (*invar.*)..., autant de (*invar.*): *tante parole, tanti errori*, autant de mots, autant de fautes **7** (*con valore di altrettanto*): *si comportano come tanti ragazzini*, ils se conduisent comme autant d'enfants; *potrebbe cambiarmi mille lire in tante monete da cento lire?*, pourriez-vous me faire la monnaie de mille lires en pièces de cent lires? **8** (*accompagnato da* ogni, *in espressioni distributive*): *ogni tanti mesi, chilometri*, tous les x mois, kilomètres.

♦ *pron.indef.* **1** *pl.* beaucoup (*invar.*), tant (*invar.*); (*molte persone*) beaucoup de gens: *me ne occorrono tanti*, il m'en faut beaucoup; *tanti lo approvano*, beaucoup (de gens) l'approuvent || *è uno dei tanti*, c'est un parmi tant d'autres **2** (*con valore di* tante cose) beaucoup: *ha fatto — per te*, il a beaucoup fait pour toi **3** (*in prop. comparative*) autant que (*invar.*): *ne ha tanti quanti ne hai tu*, il en a autant que toi; *comprane tanti quanti ne vuoi*, achètes-en autant que tu veux.

♦ *s.m.* **1** *ne vorrei — così*, (*indicando la quantità, la misura*) j'en voudrais autant que ça; *è più alto di — così*, il le dépasse de tout ça || *quel — che basta*, juste ce qu'il faut || *ha quel — e basta*, c'est tout ce qu'il a **2** *un —*, tant: *abbiamo messo un — a testa*, nous avons mis tant par personne; *un — al mese, al pezzo*, tant par mois, l'un || *mi hanno promesso un — per il mio lavoro*, on m'a promis une certaine somme pour mon travail || *un — per cento*, tant pour cent; *ha un — per cen-*

to sulle vendite, il a un pourcentage sur les ventes ♦ FRASEOLOGIA: *di — in —*, *ogni —*, de temps en temps; *tre volte —*, trois fois plus; (*per*) *una volta —*, pour une fois; *è già —*, c'est déjà beaucoup si...; *— disse e — fece che...*, il a tant dit et tant fait que... (*o il a fait tant et si bien que...*); *è arrivato a —!*, il en est arrivé là!; *non mi preoccupo più di —*, je ne me préoccupe pas plus que ça; *e — basta*, et c'est tout; *a far —*, *a dir —*, (*al massimo, tutt'al più*) tout au plus; *se — mi dà —*, du train où vont les choses; *non più di —*, pas plus que ça; *se fa — di negare, guai a lui!*, s'il se risque à nier, gare à lui!; *se faccio — di partire...*, il suffit que je parte...; *farò del mio meglio, ma — so già che sarà inutile*, je ferai de mon mieux, mais je sais déjà que ce sera inutile; *per me, —, va sempre bene*, en tout cas pour moi ça va toujours; *prendilo pure, — ne ho un altro*, tu peux le prendre, (de toute façon) j'en ai un autre; *— dovevo già andarci*, de toute façon, je devais y aller || *— fa, vale*, autant vaut; *— varrebbe*, autant vaudrait || *—quanto*, (*pressappoco*) à peu près, plus ou moins; *né — né quanto*, (*affatto*) ni peu ni prou || *fino a — che →* finché.

□ **tanto meno**, encore moins: *se non lo faccio io, — meno lo puoi fare tu*, si je ne le fais pas moi, tu pourras encore moins le faire; *se non l'ha detto a te, — meno lo dirà a me*, s'il ne te l'a pas dit à toi, à moi il me le dira encore moins.

□ **tanto più**, encore davantage: *— più che*, d'autant plus que.

□ **tant'è**: *se non puoi domani, tant'è che rimandiamo*, si tu ne peux pas demain, mieux vaut renvoyer; *litigano sempre, tant'è che li ho separati*, ils se disputent tout le temps, c'est la raison pour laquelle je les ai séparés; *tant'è, fa sempre di testa sua*, de toute façon il n'en fait toujours qu'à sa tête.

□ **tanto per**: *l'ho fatto — per accontentarlo*, je l'ai fait uniquement pour lui faire plaisir; *si fa — per dire*, histoire de parler; *— per cambiare, mi ha chiesto soldi*, pour changer il m'a demandé de l'argent; *— per fare qlco*, pour faire qqch; *— per passare il tempo*, (rien que) pour passer le temps; *eccoti — per il viaggio, — per il pranzo*, voilà tant pour le voyage, tant pour le déjeuner; *non — per te quanto per la tua famiglia*, pas tant pour toi que pour ta famille.

□ **con tanto di**: *con — d'orecchi*, de toutes ses oreilles; *con — d'occhi*, les yeux écarquillés, avec de grands yeux; *con — di baffi*, avec de grosses moustaches; *con — di pelliccia*, avec une de ces fourrures; *con — di diploma*, bardé de titres; *con — di autorizzazione, di permesso*, avec une autorisation en bonne et due forme; *modulo con — di timbro*, formulaire dûment timbré.

taoismo *s.m.* taoïsme.

taoista *agg.* e *s.m.* taoïste.

tapino *agg.* e *s.m.* malheureux*, misérable || *me —!*, pauvre de moi!

tapioca *s.f.* tapioca (*m.*).

tapiro *s.m.* (*zool.*) tapir.

tappa *s.f.* étape (*anche fig.*): *fare un viaggio a tap-*

pe, voyager en faisant des étapes || *a tappe forzate*, à marches forcées || (*sport*): *corsa a tappe*, course par étapes; *— a cronometro*, étape contre la montre.

tappabuchi *s.m.* (*fam.*) bouche-trou*.

tappare *v.tr.* boucher: *— una finestra*, fermer hermétiquement une fenêtre || *mi raccomando, tappati la bocca*, surtout, pas un mot à personne || *— la bocca a qlcu*, (*fam.*) clouer le bec à qqn □ **tapparsi** *v.pron.* **1** s'enfermer || *— in casa*, se calfeutrer chez soi **2** (*fam.*) se boucher || *mi si è tappato il naso*, j'ai le nez bouché.

tapparella *s.f.* volet roulant.

tappeto *s.m.* tapis || *— erboso*, gazon, pelouse || *— verde*, (*da gioco*) tapis vert || (*boxe*) *mandare al —*, envoyer au tapis; (*fig.*) mettre k.o. || *mettere sul —*, (*fig.*) mettre sur le tapis || *a —*, systématiquement; *indagine a —*, enquête systématique.

tappezzare *v.tr.* tapisser; (*foderare*) recouvrir*.

tappezzeria *s.f.* (*di stoffa*) tapisserie; (*di carta*) papier peint; (*aut.*) garniture intérieure.

tappezziere *s.m.* tapissier.

tappo *s.m.* **1** bouchon **2** (*fam.*) (*di persona*) rase-mottes.

tara *s.f.* tare: *a netto di —*, tare déduite; *— ereditaria*, tare héréditaire || *fare la — a qlco*, tarer qqch; (*fig.*) diminuer de moitié qqch.

tarabuso *s.m.* (*zool.*) butor.

tarallo *s.m.* (*cuc.*) petit gâteau sec de l'Italie du Sud en forme de couronne.

tarantella *s.f.* tarentelle.

tarantino *agg.* e *s.m.* tarentin.

tarantola *s.f.* (*zool.*) tarentule.

tarare *v.tr.* **1** (*comm.*) tarer **2** (*strumenti, contatori*) étalonner; (*tubi*) calibrer; (*termometri*) graduer.

tarato[1] *agg.* **1** (*comm.*) taré **2** (*di strumenti, contatori ecc.*) étalonné; (*di tubi*) calibré; (*di termometri*) gradué.

tarato[2] *agg.* e *s.m.* (*affetto da tare*) taré (*anche fig.*).

taratura *s.f.* **1** tarage (*m.*) **2** (*di strumenti, contatori ecc.*) étalonnage (*m.*); (*di tubi*) calibrage (*m.*); (*di termometri*) graduation (*m.*).

tarchiato *agg.* trapu, ramassé.

tardare *v.intr.* tarder: *— a un appuntamento*, arriver en retard à un rendez-vous; *— per il pranzo*, être en retard pour le dîner; *il suo aiuto tardò*, son aide arriva trop tard; *l'aereo tardò due ore*, l'avion eut un retard de deux heures ♦ *v.tr.* retarder.

tardi *avv.* tard: *è —*, il est tard || *fare —*, être en retard, se mettre en retard; *abbiamo fatto troppo —*, nous sommes trop mis en retard; *abbiamo fatto —*, *tardissimo ieri sera*, hier soir nous avons veillé tard, très tard; *non fare (troppo) —!*, ne rentre pas (trop) tard!; *si fa —*, il se fait tard; *si è fatto —*, il est tard || (*arrivederci*) *a più —*, (au revoir) à plus tard || *al più —*, au plus tard || *ti ho telefonato non più — di dieci minuti fa*, il n'y a pas dix minutes que je t'ai téléphoné || *sul —*, (sur le) tard, assez tard, plutôt tard || *meglio — che mai*, mieux vaut tard que jamais.

tardivamente *avv.* tardivement.

tardivo *agg.* tardif* || *bambino*—, enfant retardé.

tardo *agg.* 1 (*lento*) lent: — *nell'agire*, lent à agir || *essere* — *d'ingegno*, avoir l'esprit lent 2 (*tardivo*) tardif* || *nel* — *pomeriggio*, tard dans l'après-midi, en fin d'après-midi; *a notte tarda*, tard dans la nuit || *fino a tarda età*, jusqu'à un âge avancé || *il* — *Romanticismo*, le Romantisme tardif; *il* — *medioevo*, le Moyen Âge tardif; *il* — *impero romano*, le Bas-Empire; *il* — *latino*, le bas latin.

tardona *s.f.* (*scherz.*) femme sur le retour, vieille belle.

targa (pl. *-ghe*) *s.f.* 1 plaque: — *automobilistica*, plaque d'immatriculation, table minéralogique; *numero di* —, numéro d'immatriculation 2 (*piastra ricordo incisa*) plaque.

targare (*coniug. come* legare) *v.tr.* immatriculer.

targato *agg.* immatriculé || *omicidio* — *mafia*, (*fig.*) assassinat d'origine maffieuse.

target (pl. *invar.*) *s.m.* (*marketing*) cible (*f.*).

targhetta *s.f.* petite plaque; (*per valigie ecc.*) étiquette.

tariffa *s.f.* tarif (*m.*): — *intera*, plein tarif; — *notturna*, tarif de nuit; *aumento delle tariffe*, majoration, relèvement des tarifs.

tariffario *agg.* tarifaire ♦ *s.m.* barème.

tarlare *v.tr.* ronger* (*anche fig.*) ♦ *v.intr.*, **tarlarsi** *v.pron.* 1 être* rongé par les vers, être* mangé aux vers 2 (*di tessuto*) se miter.

tarlatana *s.f.* (*tessuto*) tarlatane.

tarlato *agg.* 1 vermoulu 2 (*di tessuto*) mité.

tarlatura *s.f.* 1 vermoulure 2 (*guasto della tarma*) trou de mite.

tarlo *s.m.* ver (rongeur) || *roso dal* — *della gelosia*, (*fig.*) rongé par la jalousie.

tarma *s.f.* mite.

tarmare *v.intr.*, **tarmarsi** *v.pron.* se miter.

tarmato *agg.* mité.

tarmicida *agg.* e *s.m.* antimite.

tarocchi *s.m.pl.* (*gioco*) tarots.

tarocco (pl. *-chi*) *s.m.* (*arancia*) tarot.

tarpare *v.tr.* couper || — *le ali a qlcu*, (*fig.*) rogner les ailes à qqn.

tarsia *s.f.* marqueterie.

tarsio *s.m.* (*zool.*) tarsier.

tarso *s.m.* (*anat.*) tarse.

tartagliare *v.intr.* bégayer* ♦ *v.tr.* bredouiller.

tartan (pl. *invar.*) *s.m.* (*tessuto*) tartan.

tartarico (pl. *-ci*) *agg.* tartrique.

tartaro[1] *agg.* e *s.m.* tartare, tatar || (*cuc.*): *salsa tartara*, sauce tartare; *carne alla tartara*, (steak) tartare.

tartaro[2] *s.m.* (*sedimento*) tartre.

tartaruga (pl. *-ghe*) *s.f.* 1 (*zool.*) tortue || *sei una* —!, tu es d'une lenteur! 2 (*materiale*) écaille.

tartassare *v.tr.* maltraiter, malmener*; (*con domande*) *harceler* (de questions).

tartina *s.f.* (*cuc.*) canapé (*m.*); (*fettina*) tartine.

tartufaia *s.f.* truffière.

tartufare *v.tr.* (*cuc.*) truffer.

tartufato *agg.* truffé.

tartufo[1] *s.m.* (*bot.*) 1 truffe (*f.*) 2 (*cuc.*) mousse glacée enrobée de chocolat en poudre.

tartufo[2] *s.m.* (*fam.*) (*ipocrita*) tartuffe.

tasca (pl. *-che*) *s.f.* poche: — *a toppa*, poche plaquée; — *a battente*, poche à rabat; — *posteriore*, poche-revolver; *in* —, dans la poche; *di* — *mia*, de ma poche || *cosa me ne viene in* —?, qu'est-ce que j'y gagne? || *restare con le tasche vuote*, rester sans le sou || (*fig.*): *ripulire le tasche a*, faire les poches à; *averne le tasche piene*, (*fam.*) en avoir plein le dos, en avoir marre, ras-le-bol || *conoscere come le proprie tasche*, connaître comme sa poche || *rompere le tasche a qlcu*, (*molto fam.*) casser les pieds à qqn.

tascabile *agg.* de poche; (*di piccola dimensione*) miniature ♦ *s.m.* livre de poche.

tascapane (pl. *invar.*) *s.m.* musette (*f.*).

taschino *s.m.* poche (*f.*); (*interno del gilè*) gousset.

task force (pl. *invar.*) *s.f.* 1 (*mar. mil.*) corps expéditionnaire 2 (*unità operativa di emergenza*) détachement spécial 3 (*gruppo di esperti*) groupe de projet.

tasmaniano *agg.* e *s.m.* tasmanien*.

tassa *s.f.* 1 droits (*m.pl.*), taxe: — *d'iscrizione*, droits d'inscription; — *di successione*, droits de succession; — *di circolazione*, taxe sur les véhicules à moteur; — *di registro*, taxe d'enregistrement 2 (*fam.*) (*imposta*) impôt (*m.*), contribution: *ufficio delle tasse*, bureau des contributions; *pagare le tasse*, payer ses impôts.

tassabile *agg.* imposable.

tassametro *s.m.* taximètre || — *di parcheggio*, parcmètre.

tassare *v.tr.* taxer, imposer □ **tassarsi** *v.pron.* donner.

tassativamente *avv.* formellement.

tassativo *agg.* impératif*.

tassazione *s.f.* taxation, imposition: *soggetto a* —, imposable.

tassellare *v.tr.* 1 tamponner 2 (*un cocomero, un formaggio*) sonder.

tassello *s.m.* 1 cheville (*f.*); (*per chiodi ecc.*) tampon; (*per riparare o restaurare*) tasseau* || — *a espansione*, vis tamponnée 2 (*di cocomero, di formaggio*) morceau* (prélevé pour goûter) 3 (*di stoffa*) soufflet.

tassì *s.m.* → **taxi**.

tassidermia *s.f.* taxidermie.

tassista *s.m.* chauffeur de taxi ♦ *s.f.* femme-taxi.

tasso[1] *s.m.* (*zool.*) blaireau*.

tasso[2] *s.m.* (*bot.*) if.

tasso[3] *s.m.* taux: — *di inquinamento*, taux de pollution; — *di natalità*, taux de natalité; — *di inflazione*, taux d'inflation || (*med.*) — *glicemico*, taux de sucre dans le sang.

tassonomia *s.f.* taxinomie, taxonomie.

tastare *v.tr.* tâter: — *il polso a qlcu*, tâter le pouls de qqn, (*fig.*) sonder qqn.

tastiera *s.f.* 1 clavier (*m.*); (*di violino, di chitarra ecc.*) touche || *telefono a* —, téléphone à touches || (*inform.*) — *di funzioni*, clavier de fonctions 2 *pl.* (*sintetizzatore*) synthétiseur (*m.sing.*); (*fam.*)

synthé (*m.sing.*) || *alle tastiere*, (*in un concerto*) au clavier.

tastierista *s.m.* **1** (*tip.*, *inform.*) claviste **2** (*mus.*) pianiste (de synthétiseur): *chi è il* —?, qui est au clavier?

tasto *s.m.* **1** touche (*f.*) || (*fig.*): *toccare un* — *delicato*, aborder un point délicat; *toccare un* — *falso*, faire fausse route; *toccare il* — *giusto*, toucher la corde sensible **2** (*tatto*) toucher **3** (*prelievo*) échantillon.

tastoni, (a) *locuz.avv.* à tâtons: *procedere (a)* —, tâtonner.

tata *s.f.* (*fam.*) (*bambinaia*) nounou.

tattica (pl. -*che*) *s.f.* tactique (*anche fig.*): *sbagliare* —, utiliser une mauvaise tactique || — *di gioco*, tactique.

tattico (pl. -*ci*) *agg.* tactique ♦ *s.m.* tacticien* || -**mente** *avv.*

tattile *agg.* tactile.

tatto *s.m.* **1** toucher **2** (*fig.*) tact.

tatuaggio *s.m.* tatouage.

tatuare *v.tr.* tatouer □ **tatuarsi** *v.pron.* se faire* tatouer.

taumaturgia *s.f.* thaumaturgie.

taumaturgico (pl. -*ci*) *agg.* thaumaturgique.

taumaturgo (pl. -*gi* o -*ghi*) *s.m.* thaumaturge.

taurino *agg.* taurin; (*fig.*) de taureau.

tauromachia *s.f.* tauromachie.

tautologia *s.f.* tautologie.

tautologico (pl. -*ci*) *agg.* tautologique.

tavella *s.f.* (*edil.*) brique creuse.

taverna *s.f.* taverne.

tavernetta *s.f.* séjour rustique au sous-sol.

taverniere *s.m.* tavernier.

tavola *s.f.* **1** table: *il formaggio è in* —, le fromage est sur la table; — *da pranzo*, table de salle à manger; *portare in* —, servir; *alzarsi da* —, sortir de table; *saper stare a* —, savoir se tenir à table || *a* —!, (*il pranzo*) *è in* —, (à table!) le dîner est servi || *trovare la* — *pronta*, (*fam.*) n'avoir qu'à se mettre les pieds sous la table; *tenere* — *imbandita*, tenir table ouverte || *amare la buona* —, aimer la bonne chère || *biancheria da* —, linge de table; *servizio da* —, service de table || — *calda*, snack (bar); — *fredda*, buffet || — *rotonda*, (*dibattito, convegno*) table ronde **2** (*asse*) planche: — *da lavare*, planche à laver; — *per spianare*, planche à pâtisserie || (*sport*) — *a vela*, planche à voile || *il mare è una* —, (*fig.*) c'est une mer d'huile || *calcare le tavole* (*del palcoscenico*), (*fig.*) monter sur les planches || (*Bibbia*) *le Tavole della Legge*, les Tables de la Loi **3** (*dipinto su legno*) tableau* (*m.*): — *votiva*, tableau votif || *dipinto su* —, peinture sur bois **4** (*pagina illustrata*) planche: *tavole fuori testo*, planches hors-texte **5** (*tabella*) table || (*mat.*) — *pitagorica*, table de multiplication || *tavole sinottiche*, tableaux synoptiques **6** (*giochi*): — *reale*, trictrac; — *mulino*, marelle assise • Vedi anche → *tavolo*.

tavolaccio *s.m.* planche (*f.*).

tavolata *s.f.* (*fam.*) tablée.

tavolato *s.m.* **1** (*di pavimento*) plancher; (*di pareti*) cloison en planches **2** (*geogr.*) plateau*.

tavoletta *s.f.* tablette || — *votiva*, plaque votive.

tavoliere *s.m.* **1** (*del biliardo*) tapis **2** (*geogr.*) plaine (*f.*).

tavolino *s.m.* petite table; (*rotondo*) guéridon: — *da notte*, table de chevet; *tavolini a incastro*, tables gigognes; — *da lavoro*, table de travail || *lavoro da* —, travail intellectuel || *è stato tutto il giorno a* —, il est resté assis à son bureau toute la journée || *risolvere un problema a* —, résoudre une question sur le papier; (*sport*) *risultato deciso a* —, résultat décidé sur le tapis.

tavolo *s.m.* table (*f.*): — *da stiro*, table à repasser; — *da disegno*, table à dessin; — *da lavoro*, table de travail, (*per falegnami, per sarti ecc.*) établi || *al* — *delle trattative*, (*fig.*) à la table des négociations || (*cine.*) — *di montaggio*, moviola.

tavolozza *s.f.* palette.

taxi (pl. *invar.*) *s.m.* taxi.

taylorismo *s.m.* taylorisme.

tazebao (pl. *invar.*) *s.m.* dazibao.

tazza *s.f.* **1** tasse: — *da caffellatte*, tasse à déjeuner; *una tazzona di latte*, un grand bol de lait || *cioccolato in* —, chocolat **2** (*di water-closet*) cuvette **3** (*tecn.*) godet (*m.*).

tazzina *s.f.* petite tasse; (*da caffè*) tasse à café.

te *pron.pers. di 2^a pers.sing.* **1** toi: *guardavano* — *e lei*, ils vous regardaient elle et toi; *vogliono* (*proprio*) —, c'est toi qu'on veut; *ehi! parlo con* —, dis donc! c'est à toi que je parle; *hai una stanza tutta per* —, tu as une pièce pour toi tout seul || *è la donna che fa per* —, c'est la femme qu'il te faut || *se io fossi (in)* —, si j'étais toi, (si j'étais) à ta place || *non è da* — *dire*, faire certaines choses || — *stesso*, toi-même; *conosci* — *stesso*, connais-toi toi-même || *da* —, (*da solo*) tout seul || *quanto a* — *faremo i conti dopo!*, quant à toi nous règlerons nos comptes plus tard!; *quanto a* — *posso stare tranquillo*, en ce qui te concerne je peux être tranquille || *secondo* —, selon toi, à ton avis, d'après toi **2** (*compl. di termine con i pron.* lo, la, li, le) te: — *li spedirò al più presto*, je te les enverrai au plus tôt || (*pleonastico, non si traduce*): *bevitelo con calma*, bois-le calmement **3** (*legato al pron.* ne) t'en: — *ne ho già parlato*, je t'en ai déjà parlé; *devi rendertene conto*, — *ne devi rendere conto*, tu dois t'en rendre compte; *vattene!*, va t'en!; *non andartene!*, ne t'en va pas! || (*pleonastico, non si traduce*): — *ne mangerai tre*, tu en mangeras trois.

tè *s.m.* thé: — *liscio*, thé nature || *pastine da* —, petits fours.

tea *agg.*: *rosa* —, rose thé.

teak (pl. *invar.*) *s.m.* teck.

teatrale *agg.* théâtral* || *un'opera* —, une pièce de théâtre; *critico* —, critique dramatique, de théâtre.

teatralità *s.f.* théâtralité || *con* —, théâtralement, d'une manière théâtrale.

teatrante *s.m.* **1** acteur* **2** (*fig.*) histrion.

teatrino *s.m.* **1** petit théâtre **2** (*di marionette*) théâtre de marionnettes.

teatro *s.m.* **1** théâtre: — *di prosa*, théâtre; — *lirico*, opéra; — *di varietà*, music-hall; — *dei burattini*, théâtre de marionnettes, guignol; *andare a* —, aller au théâtre; *uscire da* —, sortir du théâtre; *la città è stata — di importanti avvenimenti*, la ville a été le théâtre d' événements importants || (*cine.*) — *di posa*, studio **2** (*insieme degli spettatori*) salle (*f.*).

teatro-tenda *s.m.* chapiteau*.

teca (pl. *-che*) *s.f.* écrin (*m.*); (*reliquiario*) châsse.

tecnica (pl. *-che*) *s.f.* technique: *è pura* —, ce n'est qu'une question de technique; *ha una — tutta sua per passare gli esami*, il a une méthode très personnelle pour réussir ses examens.

tecnicamente *avv.* techniquement.

tecnicismo *s.m.* **1** technicité (*f.*) **2** (*parola tecnica*) terme technique.

tecnico (pl. *-ci*) *agg.* technique ♦ *s.m.* technicien* || (*cine.*, *tv*): — *del suono*, ingénieur du son; — *delle luci*, éclairagiste; — *della registrazione*, ingénieur du son.

tecnigrafo *s.m.* machine à dessiner.

tecno- *pref.* techno-

tecnocrate *s.m.* technocrate.

tecnocratico (pl. *-ci*) *agg.* technocratique.

tecnocrazia *s.f.* technocratie.

tecnologia *s.f.* technologie: *industria a — avanzata*, industrie de pointe.

tecnologico (pl. *-ci*) *agg.* technologique.

teco *pron.pers.m.* e *f. di 2ª pers.sing.* (*antiq.*) avec toi.

tedesco (pl. *-chi*) *agg.* e *s.m.* allemand.

tediare *v.tr.* ennuyer* □ **tediarsi** *v.pron.* s'ennuyer*.

tedio *s.m.* ennui: *venire a* —, lasser; *essere preso dal* —, être pris d'ennui || *il — della vita*, le dégoût de la vie; (*lett. romantica*) le mal du siècle; (*lett. simbolista*) le spleen.

tedioso *agg.* ennuyeux*.

tedoforo *s.m.* (*letter.*) porte-flambeau*.

tee-shirt *s.f.* → **T-shirt**.

tegame *s.m.* poêle (*f.*) || *uova al* —, œufs sur le plat.

tegamino *s.m.* petit plat, ramequin.

teglia *s.f.* plat à four.

tegola *s.f.* tuile || *che* —!, (*fig. fam.*) quelle tuile!

tegumento *s.m.* tégument.

teiera *s.f.* théière.

teina *s.f.* théine.

teismo *s.m.* théisme.

teista *s.m.* théiste.

teistico (pl. *-ci*) *agg.* théiste.

tela *s.f.* **1** toile: — *da sacco*, toile à sac; — *impermeabile*, toile goudronnée; — *misto lino*, toile métis(se) || (*fig.*): — *di Penelope*, tapisserie de Pénélope; *una — di intrighi*, une suite d'intrigues **2** (*teatr.*) rideau* (*m.*) **3** (*fig.*) intrigue.

telaio *s.m.* **1** châssis; (*di quadro, di bicicletta ecc.*) cadre **2** (*per tessere*) métier (à tisser).

telato *agg.* (*rinforzato con tela*) toilé || *carta telata*, papier toilé.

tele- *pref.* télé-

teleabbonato *s.m.* abonné à la télévision.

telearma *s.f.* engin téléguidé.

telecabina *s.f.* télécabine, télébenne.

telecamera *s.f.* caméra (de télévision) || *carrello della* —, chariot (de prises de vue).

telecomandare *v.tr.* télécommander.

telecomando *s.m.* télécommande (*f.*) || *passare da un canale all'altro con il* —, zapper.

telecomunicazione *s.f.* télécommunication.

teleconferenza *s.f.* téléconférence.

telecronaca (pl. *-che*) *s.f.* reportage télévisé || — *diretta*, reportage (télévisé) en direct; *trasmettere in — diretta*, transmettre en direct.

telecronista *s.m.* téléreporter.

telediffondere (*coniug. come* fondere) *v.tr.* télédiffuser.

telediffusione *s.f.* télédiffusion.

teledipendente *agg.* télémaniaque.

teledipendenza *s.f.* dépendance de la télé.

teledramma *s.m.* drame écrit pour la télé.

teledrin *s.m.* bip.

teleelaborazione *s.f.* télétraitement (*m.*).

telefax *s.m.* → **fax**.

teleferica (pl. *-che*) *s.f.* téléphérique (*m.*).

telefilm (pl. *invar.*) *s.m.* téléfilm, film télévisé; (*a puntate*) feuilleton télévisé.

telefonare *v.tr.* e *intr.* téléphoner □ **telefonarsi** *v.pron.* se téléphoner.

telefonata *s.f.* coup de téléphone, (*fam.*) coup de fil; (*comunicazione*) communication; (*chiamata*) appel téléphonique: — *urbana, interurbana*, communication urbaine, interurbaine; *la — è stata interrotta*, la communication a été coupée; *fare una* —, donner un coup de téléphone, passer un coup de fil.

telefonia *s.f.* téléphonie.

telefonicamente *avv.* par téléphone, téléphoniquement.

telefonico (pl. *-ci*) *agg.* téléphonique || *servizi telefonici*, services du téléphone || *centralino* —, standard; *numero* —, numéro de téléphone || *carta, scheda, tessera telefonica*, télécarte.

telefonista *s.m.* e *f.* téléphoniste; (*di centralino*) standardiste.

telefono *s.m.* téléphone: — *duplex, a gettone, a scheda*, téléphone en duplex, à jeton, à carte; *colpo di* —, coup de téléphone, (*fam.*) coup de fil; *dare un colpo di* —, donner un coup de téléphone, (*fam.*) passer un coup de fil; *parlare per* — *con qlcu*, parler au, par téléphone avec qqn; *farsi mettere il* —, se faire installer le téléphone; *il — è guasto*, l'appareil est en dérangement; *il — dà, suona libero, occupato*, la ligne est libre, occupée || — *amico*, sos amitié.

telefoto (pl. *invar.*) *s.f.* téléphoto.

telefotografia *s.f.* téléphotographie.

telegenia *s.f.* télégénie.

telegenico (pl. *-ci*) *agg.* télégénique.

telegiornale *s.m.* journal télévisé.

telegrafare *v.tr.* e *intr.* télégraphier; (*per cavo sottomarino*) câbler.

telegrafia *s.f.* télégraphie: — *senza fili*, télégraphie sans fil.
telegraficamente *avv.* **1** par télégraphe **2** (*fig.*) en style télégraphique, avec concision.
telegrafico (pl. *-ci*) *agg.* télégraphique.

telegrafista *s.m.* e *f.* télégraphiste.
telegrafo *s.m.* **1** télégraphe: — *senza fili*, télégraphe sans fil; *filo, palo del —*, fil, poteau télégraphique **2** (*ufficio telegrafico*) bureau* télégraphique, télégraphe.

AL TELEFONO

Pronto. Pronto, casa Rossi?	*Allô*
Pronto, sono Marco	*Allô, c'est Marc*
C'è Anna?	*Anne est là?*
Vorrei parlare con...	*Je voudrais parler avec...*
Chi parla? Con chi parlo?	*Qui est à l'appareil?*
Attenda, prego. Resti in linea	*Ne quittez pas*
È desiderato al telefono	*On vous demande au téléphone*
Ti vogliono al telefono	*On te demande au téléphone*
Chi lo desidera?	*C'est de la part de qui?*
Le passo l'interno (richiesto)	*Je vous passe le poste demandé*
Parla la segretaria del direttore	*Ici la secrétaire du directeur*
Può darmi la linea per favore?	*Vous pouvez me passer la ligne, s'il vous plaît?*
La cabina 4 è in linea	*Vous avez la ligne dans la cabine 4*
Posso fare una telefonata?	*Je peux téléphoner?*
fare una telefonata	*téléphoner, passer un coup de fil (fam.)*
è caduta la linea	*on a été coupé*
la linea è disturbata	*la ligne est mauvaise*
la linea è sovraccarica	*les lignes sont encombrées*
la linea è occupata, non si riesce a prendere la linea	*la ligne est occupée, on n'arrive pas à avoir la ligne*
il numero è libero, è occupato	*le numéro est libre, occupé*
ho sbagliato numero	*je me suis trompé de numéro*
	j'ai fait un faux numéro
il numero era sbagliato	*le numéro était faux*
il telefono è guasto	*l'appareil est en panne*
segreteria telefonica	*répondeur automatique*
Risponde la segreteria telefonica del numero...	*Ici le numéro...*
Lasciate il vostro numero e un messaggio dopo il segnale acustico	*Laissez votre nom et votre numéro après le signal acoustique*
elenco telefonico, guida del telefono	*annuaire du téléphone*
telefonata in teleselezione	*communication interurbaine*
telefonata a carico del destinatario	*communication en PCV*
prefisso	*indicatif*
segnale di linea libera	*tonalité*
carta telefonica	*télécarte*
apparecchio telefonico a gettoni, a monete, a scheda	*appareil à jetons, à pièces, à carte*

A come Ancona	*A comme Anatole*	N come Napoli	*N comme Nicolas*
B come Bologna	*B comme Berthe*	O come Otranto	*O comme Oscar*
C come Como	*C comme Camille*	P come Palermo	*P comme Pierre*
D come Domodossola	*D comme Désiré*	Q come Quarto	*Q comme Quentin*
E come Empoli	*E comme Emile*	R come Roma	*R comme Raoul*
F come Firenze	*F comme François*	S come Savona	*S comme Suzanne*
G come Genova	*G comme Gaston*	T come Torino	*T comme Thérèse*
H come hôtel	*H comme Henri*	U come Udine	*U comme Ursule*
I come Imola	*I comme Irma*	V come Venezia	*V comme Victor*
J come jersey	*J comme Jean*	W come Washington	*W comme William*
K come Kursaal	*K comme Kléber*	X come xeres	*X comme Xavier*
L come Livorno	*L comme Louis*	Y come yacht	*Y comme Yvonne*
M come Milano	*M comme Marie*	Z come Zara	*Z comme Zoé*

telegramma *s.m.* télégramme; (*per cavo sottomarino*) câble.

teleguidare *v.tr.* téléguider.

teleguidato *agg.* téléguidé.

telematica *s.f.* télématique.

telematico (pl. *-ci*) *agg.* télématique.

telemetria *s.f.* télémétrie.

telemetro *s.m.* télémètre.

telenovela *s.f.* série (télévisée), feuilleton (télévisé), soap-opéra (*m.*) || *la sua vita è una* —, sa vie est un vrai roman-feuilleton.

teleobiettivo *s.m.* téléobjectif.

teleologia *s.f.* téléologie.

teleologico (pl. *-ci*) *agg.* téléologique.

telepatia *s.f.* télépathie.

telepatico (pl. *-ci*) *agg.* télépathique ♦ *s.m.* télépathe.

telequiz (pl. *invar.*) *s.m.* quiz télévisé.

teleregolazione *s.f.* réglage à distance.

teleria *s.f.* (*spec. pl.*) toilerie || *negozio di telerie*, magasin de blanc.

telericevente *agg.* e *s.f.* (*tv*) (*stazione*) —, antenne réceptrice.

teleripetitore *s.m.* antenne émettrice.

teleripresa *s.f.* prise de vue (à la télévision *o* au téléobjectif).

teleriscaldamento *s.m.* chauffage urbain.

teleromanzo *s.m.* feuilleton (télévisé).

teleschermo *s.m.* écran: — *gigante*, télécran; *i divi del*—, les vedettes du petit écran.

telescopico (pl. *-ci*) *agg.* télescopique.

telescopio *s.m.* télescope || *a* —, télescopique.

telescrivente *s.f.* 1 télétype (*m.*), téléimprimeur (*m.*).

telescriventista *s.m.* e *f.* télétypiste.

telescuola (pl. *invar.*) *s.f.* téléenseignement*(*m.*).

teleselettivo *agg.* (*tel.*) du réseau automatique, par réseau automatique || *prefisso*—, indicatif.

teleselezione *s.f.* (*tel.*) automatique (*m.*): *chiamata in* —, coup de téléphone en automatique.

telesorveglianza *s.f.* télésurveillance.

telespettatore (f. *-trice*) *s.m.* téléspectateur*.

telespia *s.f.* (*dispositivo*) mouchard téléphonique.

telestesia *s.f.* télesthésie.

teletex *s.m.* télétex.

teletext (pl. *invar.*) *s.m.* télétexte.

teletrasmesso *agg.* télévisé.

teletrasmettere (*coniug. come* mettere) *v.tr.* téléviser.

teletrasmettitore *s.m.* émetteur* vidéo.

teletrasmissione *s.f.* 1 (*trasmissione a distanza*) télétransmission 2 (*trasmissione televisiva*) émission télévisée; (*il trasmettere per televisione*) télédiffusion.

teletrasmittente *agg.* e *s.f.* (*tv*) (*stazione*) —, poste émetteur.

teletta *s.f.* (*per vestiti*) triplure; (*per giacche, cappotti*) bougran (*m.*).

teleutente *s.m.* e *f.* usager* de la télévision.

televendita *s.f.* télévente.

televisione *s.f.* 1 télévision: — *a circuito chiu-*

so, télévision en circuit fermé; — *via cavo*, télévision par câble; — *a pagamento*, télévision à péage; — *pubblica*, télévision publique; — *privata*, télévision commerciale; *cosa c'è alla* —?, qu'est-ce qu'on donne, qu'on passe à la télé?; *trasmettere per* —, transmettre à la télévision 2 (*televisore*) téléviseur (*m.*), poste de télévision || *accendere, spegnere la* —, allumer, éteindre la télévision.

televisivo *agg.* 1 (*della televisione*) de télévision 2 (*che ha luogo alla televisione*) télévisuel*: *messaggio* —, message télévisuel; *esperienza televisiva*, expérience télévisuelle 3 (*trasmesso per televisione*) télévisé: *notiziario* —, journal télévisé.

televisore *s.m.* téléviseur, poste de télévision.

telex *s.m.* télex || *addetto al* —, télexiste; *trasmettere per* —, télexer*.

tellina *s.f.* (*zool.*) telline.

tellurico (pl. *-ci*) *agg.* tellurique.

telo *s.m.* 1 toile (*f.*) || — *da spiaggia, da mare*, rabane 2 (*impermeabilizzato di protezione*) bâche 2 || (*sartoria*) lé, panneau*.

telone *s.m.* 1 bâche (*f.*) 2 (*del circo*) chapiteau* 3 (*teatr.*) rideau*.

teloslitta *s.f.* toboggan d'évacuation.

tema[1] *s.f.* (*letter.*) crainte: *per — di*, de crainte de; *senza — di smentite*, sans crainte d'être démenti.

tema[2] *s.m.* 1 thème; (*argomento*) sujet || *andare, rimanere in* —, rester dans le sujet, sortir du sujet 2 (*a scuola*) (*di argomento letterario*) dissertation (*f.*), (*di argomento vario*) rédaction (*f.*).

tematica (pl. *-che*) *s.f.* thèmes (*m.pl.*).

tematico (pl. *-ci*) *agg.* thématique.

temerarietà *s.f.* témérité.

temerario *agg.* téméraire || *-mente* *avv.*

temere *v.tr.* craindre*; (*prevedere un evento sgradito*) redouter; (*avere paura*) avoir* peur: *temi che sia malato?*, crains-tu qu'il (ne) soit malade?; *non temo che venga*, je ne crains pas qu'il vienne; *è accaduto ciò che temevo*, il est arrivé ce que je redoutais; *teme molto suo padre*, il a très peur de son père; *non* —, *non succederà niente*, n'aie pas peur, il n'arrivera rien; *non* —, *sistemerò tutto*, ne crains rien, j'arrangerai tout || — *il freddo, l'umidità*, craindre le froid, l'humidité || — *la concorrenza*, craindre la concurrence; *non* — *confronti*, ne pas craindre la comparaison || *temo di sì*, je le crains; *temo di no*, je crains que non.

temerità *s.f.* témérité.

temibile *agg.* redoutable.

temolo *s.m.* (*zool.*) ombre.

tempaccio *s.m.* vilain temps, (*fam.*) temps de chien.

tempera *s.f.* (*pitt.*) détrempe.

temperamatite *s.m.* taille-crayon*.

temperamento *s.m.* tempérament: *avere* —, avoir du tempérament.

temperamine *s.m.* taille-mine*.

temperante *agg.* tempérant.

temperanza *s.f.* tempérance.

temperare *v.tr.* 1 (*mitigare*) tempérer*; (*mode-*

rare) modérer*: — *l'ira*, modérer sa colère **2** (*aguzzare*) tailler.

temperato *agg.* **1** tempéré*; (*fig.*) sobre **2** (*di matita*) taillé **3** (*tecn.*) *acciaio, vetro* —, acier, verre trempé.

temperatura *s.f.* température: *rialzo della* —, hausse de la température.

temperie *s.f.* climat (*m.*).

temperino *s.m.* canif; (*temperamatite*) taille-crayon*.

tempesta *s.f.* **1** tempête: (*fis.*) — *magnetica*, orage magnétique || *c'è aria di* —, (*fig.*) il y a de l'orage dans l'air **2** (*fig.*) tumulte (*m.*).

tempestare *v.tr.* *harceler* (*spec.fig.*) || — *qlcu di pugni*, bourrer qqn de coups de poing, rouer de coups || — *di colpi una porta*, tambouriner à une porte || — *le posizioni nemiche*, pilonner les positions ennemies ♦ *v.intr.* se déchaîner; (*fig.*) s'agiter ♦ *v.intr.impers.* faire* de l'orage.

tempestato *agg.* **1** (*cosparso*) parsemé || — *di diamanti*, incrusté de diamants || — *di stelle*, constellé d'étoiles **2** (*fig.*) (*subissato*) *harcelé.

tempestivamente *avv.* à temps.

tempestività *s.f.* **1** (*di cosa*) opportunité; (*di persona*) sens de l'opportunité **2** (*rapidità*) célérité || *con la massima* —, dans les plus brefs délais.

tempestivo *agg.* opportun: *fu* — *nel suo intervento*, il intervint au bon moment.

tempestoso *agg.* orageux*.

tempia *s.f.* (*anat.*) tempe.

tempio (pl. -*pi* o -*pli*) *s.m.* temple.

tempismo *s.m.* sens de l'opportunité || *con* —, au bon moment.

tempista *s.m.*: *essere un vero* —, (*fig.*) savoir choisir le bon moment.

templare *s.m.* (*st.*) templier.

tempo *s.m.* temps || *un* —, autrefois, jadis; *al* — *dei tempi*, à l'origine; *nei tempi in cui*, au temps où; *ai miei tempi*, de mon temps; *ai tempi di*, du, au temps de; *erano altri tempi*, c'était une autre époque; *con i tempi che corrono*, par le temps qui court; *al* — *del suo soggiorno in Italia*, lors de son séjour en Italie; *andare con i tempi*, *vivere al passo con i tempi*, être de son temps || *in un primo* —, tout d'abord || *prima del* —, avant le temps; *è invecchiato prima del* —, il a prématurément vieilli; *essere vecchio prima del* —, être vieux avant l'âge; *è nato prima del* —, il est né avant terme || *da molto* —, *da poco* —, depuis longtemps, depuis peu; *è molto* — *che*, il y a longtemps que || *nel* — *che*, pendant que; *nello stesso* —, *a un* —, en même temps; (*impiegando lo stesso tempo*) dans le même temps || *a* — *debito*, *a suo* —, en temps voulu, en son temps; *a* — *e luogo*, en temps et lieu (voulus) || *in* —, *in* — *utile*, à temps, en temps utile; *non farò in* — *a...*, je n'arriverai pas à...; *alzarsi per* —, se lever à temps; *abbiamo tutto il* —, nous avons tout notre temps; *lo farò in metà* —, j'emploierai la moitié du temps; *in un'ora di* —, en une heure; *una settimana* —, d'ici une semaine || *non ho un minuto di* —, je n'ai pas une

seconde || *porta via molto* —, cela prend beaucoup de temps || *è* — *perso*, c'est du temps perdu || *prender* —, gagner du temps; *dar* — *al* —, laisser agir le temps || *lascia il tempo che trova*, cela ne sert à rien, ne change rien || *hai buon* —, tu as du temps à perdre || *lavoro a* — *pieno*, *a metà* —, travail à plein-temps, à mi-temps; *l'impiego del* — *libero*, l'organisation des loisirs || *quanto* — *ha il bambino?*, quel âge a-t-il cet enfant? || *c'è bel* —, il fait beau; *previsioni del* —, prévisions du temps, (*rubrica d'informazioni*) la météo; *fare il bello e il brutto* —, faire la pluie et le beau temps; *parlare del* —, parler de la pluie et du beau temps; *con qualsiasi* —, par tous les temps; *sentire il* —, (*fam.*) être sensible aux changements de temps || *fuori* — *massimo*, hors des délais || *il primo* —, (*football*) la première mi-temps; (*di spettacolo*) la première partie || (*mus.*): *battere il* —, battre la mesure; *andare a* —, jouer en mesure; *danzare a* — *di tango*, danser sur un rythme de tango || (*inform.*): — *di collegamento*, temps de connexion; — *di attivazione della comunicazione*, durée d'établissement de la communication.

temporale[1] *agg.* temporel*.

temporale[2] *agg.* (*anat.*) temporal*.

temporale[3] *s.m.* orage (*anche fig.*): *c'era un* —, il y avait de l'orage; *sta per scoppiare un* —, il va y avoir de l'orage || *c'è aria di* —, (*fig.*) il y a de l'orage dans l'air.

temporalesco (pl. -*chi*) *agg.* orageux*.

temporaneità *s.f.* caractère temporaire.

temporaneo *agg.* temporaire || -*mente* *avv.*

temporeggiamento *s.m.* temporisation (*f.*).

temporeggiare (*coniug. come* mangiare) *v.intr.* temporiser.

temporeggiatore (f. -*trice*) *s.m.* temporisateur*.

temporizzatore *s.m.* **1** (*elettr.*) temporisateur* **2** (*inform.*) rythmeur.

temporizzazione *s.f.* (*inform.*) fixation de la durée; synchronisation.

tempra *s.f.* **1** trempe (*anche fig.*) || *è una buona* — *di lavoratore*, c'est un abatteur de besogne **2** (*timbro di un suono*) timbre (*m.*).

temprare *v.tr.* tremper (*anche fig.*) □ **temprarsi** *v.pron.* devenir* plus fort || *si è temprato nelle difficoltà*, les difficultés de la vie l'ont enduri.

temprato *agg.* trempé (*anche fig.*).

tenace *agg.* tenace (*spec.fig.*) || -*mente* *avv.*

tenacia *s.f.* ténacité.

tenaglia *s.f.* **1** tenaille; (*del dentista*) davier (*m.*) || *tirar fuori le parole con le tenaglie*, arracher les mots || *a* —, en forme de tenailles **2** *pl.* (*zool.*) pinces.

tenda *s.f.* **1** rideau* (*m.*); (*di negozio*) store (*m.*) **2** (*da campo*) tente || *piantare le tende a casa di qlcu*, s'installer chez qqn avec armes et bagages || *levare le tende*, lever le camp, (*fig.*) mettre les voiles.

tendaggio *s.m.* tenture (*f.*).

tendente *agg.* qui tend; (*mirante*) qui vise; (*di colore*) tirant (sur).

tendenza *s.f.* **1** tendance **2** (*inclinazione, attitudine*) penchant (*m.*).
tendenziale *agg.* tendanciel*.
tendenzialmente *avv.* fondamentalement.
tendenzioso *agg.* tendancieux* || **-mente** *avv.*
tendere (*coniug. come* prendere) *v.tr.* tendre* (*anche fig.*): — *un arco, i muscoli,* tendre, bander un arc, ses muscles ♦ *v.intr.* **1** tendre (à); (*essere incline a*) avoir* tendance (à): *tende a ingrassare,* il a tendance à grossir || — *alla malinconia,* être enclin à la mélancolie **2** (*mirare*) tendre*, viser **3** (*di colori, sapori*) tirer (sur).
tendine *s.m.* tendon.
tendineo *agg.* (*anat.*) tendineux*.
tendinite *s.f.* (*med.*) tendinite.
tendone *s.m.* (*di circo*) chapiteau*; (*di carri ecc.*) bâche (*f.*); (*di negozio*) store.
tendopoli *s.f.* village de toile.
tenebre *s.f.pl.* ténèbres || *le* — *eterne,* l'empire des ténèbres.
tenebroso *agg.* ténébreux* (*anche fig.*) || **-mente** *avv.*
tenente *s.m.* lieutenant: — *colonnello,* lieutenant-colonel || *signor* —*!,* mon lieutenant!
tenenza *s.f.* **1** circonscription commandée par un lieutenant **2** (*ufficio*) bureau* du commandant de la circonscription.
teneramente *avv.* tendrement.
tenere (*Indic.pres.* io tengo, tu tieni ecc.; *fut.* io terrò ecc.; *pass.rem.* io tenni, tu tenesti ecc.

Part.pass. tenuto) *v.tr.* **1** tenir*: — *qlco con due mani,* tenir qqch des deux mains; — *in braccio,* tenir dans ses bras || — *il mare,* tenir (bien) la mer || *tenersi buono qlcu,* ménager qqn **2** (*conservare, mantenere*) garder: — *in serbo qlco,* garder qqch; — *qlco da conto,* garder qqch avec soin; — *le mani in tasca,* garder ses mains dans ses poches || — *in ostaggio,* garder comme otage || — *in vita,* maintenir en vie || *tienilo per detto,* tiens-le-toi pour dit || — *su,* (*sostenere*) soutenir || — *insieme,* (*allo stesso posto*) garder au même endroit; (*unire*) unir, (*fig.*) tenir uni || — *vicino,* tenir près de soi || — *lontano,* tenir à l'écart (*anche fig.*) **3** (*trattenere*) retenir*: — *il pianto, il riso,* retenir ses larmes, se retenir de rire **4** (*occupare*) prendre*, occuper: *quell'armadio tiene mezza parete,* cette armoire prend la moitié du mur; *l'autocarro teneva tutta la strada,* l'autocar occupait toute la route **5** (*contenere*) contenir* **6** (*fare*) faire*: — *un discorso,* faire un discours **7** (*seguire*) suivre* **8** (*inform.*) maintenir* ♦ *v.intr.* tenir* || *non c'è scusa che tenga,* il n'y a pas de raison qui tienne || — *per qlcu,* prendre le parti de qqn || — *dietro a qlcu,* (*anche fig.*) suivre qqn □ **tenersi** *v.pron.* **1** se tenir* || — *sulle sue,* rester sur son quant-à-soi **2** (*attenersi*) s'en tenir* **3** (*trattenersi*) se retenir*.
tenerezza *s.f.* **1** tendreté **2** (*fig.*) tendresse: *con* —*,* tendrement; *fare* —*,* attendrir.
tenero *agg.* **1** tendre (*anche fig.*); (*molle, cede-*

Che tempo fa? Com'è oggi il tempo?	*Quel temps fait-il (aujourd'hui)?*
È bello	*Il fait beau*
È brutto	*Il fait mauvais*
Fa (molto) caldo	*Il fait (très) chaud*
Fa (molto) freddo	*Il fait (très) froid*
Che tempaccio!	*Quel sale temps!*
Che tempo da cani!	*Quel temps de chien!*
C'è afa	*Il fait lourd*
Che freddo!	*Qu'il fait froid!*
Che caldo!	*Quelle chaleur!*
Si scoppia dal caldo, si soffoca	*On crève de chaleur, on étouffe*
Ci sono 30°, trenta gradi	*Il y a, il fait 30°, trente degrés*
Siamo a -10°, a meno dieci gradi	*Il fait -10°, moins dix degrés*
Quanti gradi ci sono oggi?	*Il y a combien aujourd'hui?*
piove (molto), ha piovuto	*il pleut (beaucoup), il a plu*
sta piovendo	*il pleut*
sta per piovere	*il va pleuvoir*
piove a dirotto, diluvia	*il pleut à verse*
c'è nebbia	*il y a du brouillard*
c'è vento, tira vento	*il fait, il y a du vent*
nevica, sta nevicando	*il neige*
grandina	*il grêle*
gela, è gelato	*il gèle, il a gelé*
è, fa buio	*il fait nuit*
comincia a far giorno	*il fait jour*
è, fa ancora chiaro	*il fait encore jour*

vole) mou* || *fin dalla più tenera età*, dès son plus jeune âge; *alla tenera età di settant'anni*, (iron.) avec ses soixante-dix printemps **2** (*indulgente*) indulgent (pour, envers) ♦ *s.m.* **1** partie tendre **2** (*fig.fam.*) *c'è del — fra loro*, il y a quelque chose entre eux.

tenia *s.f.* ténia (*m.*).

tennis *s.m.* tennis: *giocare a —*, jouer au tennis; *campo da —*, court de tennis.

tennista *s.m.* joueur* de tennis.

tennistico (pl. *-ci*) *agg.* de tennis.

tenore *s.m.* **1** teneur (*f.*) || *— di vita*, niveau de vie; *un — di vita elevato*, un train de vie élevé **2** (*mus.*) ténor.

tenorile *agg.* de ténor.

tensioattivo *agg.* tensioactif*.

tensione *s.f.* tension (*anche fig.*).

tensore *s.m.* **1** (*anat.*) (*muscolo*) —, (muscle) tenseur **2** (*mat.*) tenseur.

tentabile *agg.* qui peut être tenté.

tentacolare *agg.* tentaculaire.

tentacolo *s.m.* tentacule.

tentare *v.tr.* **1** essayer* || *— la fortuna al gioco*, tenter sa chance au jeu || *— tutte le vie*, *tentarle tutte*, tout essayer || *tentato omicidio*, tentative d'homicide **2** (*indurre in tentazione, allettare*) tenter: *la tua proposta mi tenta*, ta proposition me tente **3** (*il terreno*) tâter.

tentativo *s.m.* tentative (*f.*); (*prova*) essai.

tentatore (f. *-trice*) *agg.* e *s.m.* tentateur*.

tentazione *s.f.* tentation.

tentennamento *s.m.* hésitation (*f.*).

tentennante *agg.* hésitant.

tentennare *v.intr.* **1** (*traballare*) branler **2** (*barcollare*) chanceler* **3** (*fig.*) (*esitare*) hésiter; (*essere indeciso*) balancer* ♦ *v.tr.* *hocher (la tête).

tentoni, (a) *locuz.avv.* à tâtons.

tenue *agg.* **1** ténu, mince **2** (*fig.*) (*leggero*) léger*; (*debole*) faible; (*di colore*) pâle **3** (*anat.*) (*intestino*) —, grêle.

tenuità *s.f.* **1** (*sottigliezza*) ténuité **2** (*leggerezza*) légèreté **3** (*debolezza*) faiblesse.

tenuta *s.f.* **1** (*chiusura perfetta*) étanchéité **2** (*capacità*) capacité **3** (*modo di tenere*) tenue: (*aut.*) *— di strada*, tenue de route **4** (*possedimento fondiario*) domaine (*m.*), propriété **5** (*divisa militare, abito*) tenue; uniforme (*m.*): *— di gala*, tenue de gala.

tenutario *s.m.* tenancier*.

tenuto *agg.* tenu: *essere — a pagare*, être tenu à, de payer || *essere — a saperlo*, être censé le savoir.

tenzone *s.f.* **1** combat (*m.*): *a singolar —*, en combat singulier **2** (*lett.*) tenson.

teo- *pref.* théo-

teocratico (pl. *-ci*) *agg.* théocratique.

teocrazia *s.f.* théocratie.

teodolite *s.m.* théodolite.

teogonia *s.f.* théogonie.

teologale *agg.* théologal*.

teologia *s.f.* théologie.

teologico (pl. *-ci*) *agg.* théologique.

teologizzare *v.intr.* théologiser.

teologo (pl. *-gi*) *s.m.* théologien*.

teorema *s.m.* théorème.

teoretica *s.f.* théorétique.

teoretico (pl. *-ci*) *agg.* théorétique.

teoria *s.f.* théorie || *dare l'esame di —*, (*per la patente*) passer le code (pour obtenir son permis de conduire).

teoricamente *avv.* théoriquement, en théorie.

teorico (pl. *-ci*) *agg.* théorique ♦ *s.m.* théoricien*.

teorizzare *v.tr.* théoriser.

teosofia *s.f.* théosophie.

teosofo *s.m.* théosophe.

tepido *agg.* tiède (*anche fig.*).

tepore *s.m.* tiédeur (*f.*).

teppa *s.f.* pègre, racaille || *quel ragazzo è una —*, ce garçon est un petit voyou.

teppismo *s.m.* vandalisme.

teppista *s.m.* vandale; (*fam.*) loubard.

teppistico (pl. *-ci*) *agg.* de vandale: *atto —*, acte de vandalisme.

ter *agg.invar.* ter.

terapeuta *s.m.* thérapeute.

terapeutica *s.f.* thérapeutique.

terapeutico (pl. *-ci*) *agg.* thérapeutique.

terapia *s.f.* thérapie, thérapeutique; (*cura*) traitement (*m.*) || (*psic.*) *è entrato in —*, (*fam.*) il est en (psych)analyse.

teratologia *s.f.* (*biol.*) tératologie.

tergere (*coniug. come immergere*) *v.tr.* essuyer*.

tergicristallo (pl. *invar.* o *-li*) *s.m.* essuie-glace*.

tergilunotto (pl. *invar.*) *s.m.* essuie-glace* arrière.

tergiversare *v.intr.* tergiverser.

tergiversazione *s.f.* tergiversation.

tergo (pl. *-ghi*; *le terga* nel significato 1) *s.m.* **1** (*letter.*) *volgere il —*, *le terga*, tourner le dos **2** (*di foglio*) verso; (*di moneta*) revers: *a —*, au verso || *segue a —*, *vedi a —*, tournez, s'il vous plaît.

terital *s.m.* (*tessuto*) tergal.

termale *agg.* thermal*.

terme *s.f.pl.* thermes (*m.*).

termico (pl. *-ci*) *agg.* thermique || (*aut.*) *lunotto —*, lunette arrière (anti-buée).

termidoriano *agg.* (*st.*) thermidorien*.

terminal *s.m.* aérogare (*f.*); (*di mezzi di trasporto pubblici*) (gare) terminus.

terminale *agg.* terminal* || *pietra — di un campo*, borne d'un champ || *stazione —*, (gare) terminus || (*med.*) *fase —*, phase terminale ♦ *s.m.* **1** (*elettr.*) borne (*f.*) **2** (*inform.*) terminal: *— di rete*, terminal de réseau.

terminare *v.tr.* terminer ♦ *v.intr.* se terminer: *lo spettacolo è terminato a mezzanotte*, le spectacle s'est terminé à minuit || *la strada termina qui*, la route s'arrête ici.

terminazione *s.f.* terminaison.

termine *s.m.* **1** (*delimitazione*) limite (*f.*); (*confini*) bornes (*f.pl.*) || *rimanere nei termini stabiliti*, (*fig.*) rester dans les limites. établies, fixées **2** (*pietra di confine*) borne (*f.*) **3** (*scadenza*) délai; (*limite di tempo*) terme: *è scaduto il — massimo*, *ultimo*, le dernier délai est passé; — *inderogabile*, terme ultime; *a breve, lungo* —, *(anche fig.)* à court, long terme || *(Borsa) mercato, operazioni a* —, marché, opérations à terme || *contratto a* —, contrat à terme **4** *(fine)* fin *(f.)*; *(estremità)* extrémité *(f.)*: *al* — *della rappresentazione*, à la fin de la représentation; *al* — *della strada*, au bout de la route || *porre* — *a qlco*, mettre fin à qqch **5** *(meta)* but: *il* — *delle aspirazioni di qlcu*, le but des aspirations de qqn || *(gramm.) complemento di* —, complément d'attribution **6** *(condizione, limite)* terme: *i termini di un contratto*, les termes, les clauses d'un contrat **7** *(elemento)* terme || *(gramm.) i termini di una proposizione*, les termes d'une proposition || *(mat.) frazione ridotta ai minimi termini*, fraction réduite à sa plus simple expression || *è ridotto ai minimi termini*, *(economicamente)* il est presque ruiné, *(fisicamente)* il est à bout de forces **8** *(parola, vocabolo)* terme: — *medico*, terme médical || *in altri termini*, en d'autres termes, autrement dit || *a rigor di termini*, à la rigueur || *moderare i termini*, modérer son langage || *senza mezzi termini*, *(nel comportamento)* sans demi-mesures, *(a parole)* sans ménager ses mots; *non conoscere mezzi termini*, ne pas connaître de demi-mesures.

terminologia *s.f.* terminologie.

termitaio *s.m.* termitière *(f.)*.

termite *s.f.* termite *(m.)*.

termo- *pref.* thermo-

termochimica *s.f.* thermochimie.

termocoagulazione *s.f. (med.)* thermocoagulation.

termocoperta *s.f.* couverture chauffante.

termodinamica *s.f.* thermodynamique.

termodinamico (pl. *-ci*) *agg.* thermodynamique.

termoelettrico (pl. *-ci*) *agg.* thermoélectrique.

termoforo *s.m.* coussinet chauffant.

termogeno *agg.* thermogène.

termografia *s.f. (med.)* thermographie.

termoindurente *agg.* *(chim.)* thermodurcissable.

termoionico (pl. *-ci*) *agg.* thermoïonique.

termoisolante *agg.* calorifuge ♦ *s.m.* isolant thermique.

termometrico (pl. *-ci*) *agg.* thermométrique.

termometro *s.m.* thermomètre: — *centigrado*, thermomètre centésimal; — *clinico*, thermomètre médical || *metti il* —, *(per misurare la febbre)* prends ta température || *i consumi sono un* — *del tenore di vita*, *(fig.)* la consommation est un baromètre du niveau de vie.

termonucleare *agg.* thermonucléaire.

termoplastico (pl. *-ci*) *agg.* thermoplastique.

termoreattore *s.m. (fis.)* thermoréacteur.

termoregolatore (f. *-trice*) *agg.* e *s.m.* (biol., tecn.) thermorégulateur*.

termosifone *s.m.* **1** *(sistema di riscaldamento)* chauffage central **2** *(radiatore)* radiateur (de chauffage).

termostatico (pl. *-ci*) *agg.* thermostatique.

termostato *s.m.* thermostat.

termoterapia *s.f.* thermothérapie.

termoventilazione *s.f.* chauffage électrique par convecteurs.

terna *s.f.* groupe de trois (personnes); *(anche di cose)* triade || *(football)* — *arbitrale*, l'arbitre et les deux juges de touche.

ternario *agg.* ternaire || *(metrica)*: *(verso)* —, vers de trois syllabes; *metro* —, tercet.

terno *s.m.* terne: — *secco*, terne sec; *giocare un* — *al lotto*, jouer un terne au loto; *vincere un* — *al lotto*, *(anche fig.)* gagner le gros lot; *è un* — *al lotto*, *(fig.)* c'est un coup de chance.

terra *s.f.* **1** terre *(f.)*, sur la terre; *per mare e per* —, par mer et par voie de terre; *via* —, par (voie de) terre || *muovere cielo e* —, remuer ciel et terre || *ci corre quanto dal cielo alla* —, il y a un monde || *camminare a un metro da* —, marcher la tête dans les nuages; *torna sulla* —, *(non fantasticare)* reviens sur terre || *i beni della* —, les biens terrestres **2** *(suolo, terreno)* terrain *(m.)*, sol *(m.)*; *(terreno coltivabile)* terre: — *fertile, calcarea*, terrain fertile, calcaire; — *non dissodata*, terre en friche; *terre di riporto*, terres jectisses, rapportées; *la coltivazione della* —, la culture du sol; *affondare un palo nella* —, enfoncer un pieu dans le sol || *avere un po' di* — *al sole*, avoir des biens au soleil || *dormire sulla nuda* —, dormir sur la dure, *(sul pavimento)* dormir à même le sol || *toccare* —, *(di aereo)* se poser au sol, atterrir || *raccogliere da* —, ramasser || *sotto* —, sous terre; *avrei voluto essere sotto* —, *(fig.)* j'aurais voulu rentrer sous terre || *gli scotta la* — *sotto i piedi*, *(fig.)* avoir le feu au derrière || *(elettr.)*: *mettere a* —, mettre à la terre; *collegamento, presa a* —, prise de terre || *raso* —, *a fior di* —, au ras du sol, *(aer.)* en rase-mottes || — —, terre à terre **3** *(regione)* terre; *(paese)* pays *(m.)*: *ha nostalgia della sua* —, il a la nostalgie de son pays || — *di nessuno*, no man's land, *(fig.)* terrain neutre **4** *(mondo, vita terrena)* monde *(m.)*, terre: *su questa* —, *sulla* —, au monde; *sur cette terre*; *lasciare questa* —, quitter ce monde □ **a, in, per terra** *locuz.avv.* à terre; par terre: *sedersi, sdraiarsi in, per* —, s'asseoir, s'étendre par terre; *rotolarsi in, per* —, se rouler à, par terre; *cascare in* —, *andare per* —, *finire in* —, tomber par, à terre; *buttarsi a, per* —, se jeter à, par terre || *stare con gli occhi fissi a* —, avoir les yeux fixés sur le sol; *guardare in* —, regarder par terre || *faccia a* —, face contre terre || *avere una ruota a* —, avoir un pneu à plat || *mettere piede a* —, mettre pied à terre; *sbarcare a* —, débarquer; *rimanere a* —, rester à terre || *(fig.)*: *mettere a* —, *(fisicamente)* mettre à plat, *(economicamente)* mettre sur la paille; *essere a* —, *avere il morale a* —, avoir le moral à zéro; *stare con i piedi per* —, *(essere realista)* garder les pieds sur terre.

terracotta (pl. *terrecotte*) *s.f.* terre cuite.

terracqueo *agg.*: *il globo* —, la Terre.

terraferma (pl. *terreferme*) *s.f.* terre ferme.

terraglia *s.f.* **1** poterie vernissée **2** *pl.* *(stoviglie)* vaisselle de poterie vernissée.

terranova (pl. *invar.*) *s.m.* terre-neuve*.

terrapieno *s.m.* terre-plein*.

terrazza *s.f.* terrasse: *in, sulla —,* sur la terrasse ‖ *coltivazione a terrazze,* (*agr.*) culture en terrasses.

terrazzamento *s.m.* (*geol., agr.*) étagement.

terrazzare *v.tr.* (*agr.*) étager*.

terrazzato *agg.* (*agr.*) étagé, en terrasses.

terrazzino *s.m.* balcon, petite terrasse.

terrazzo *s.m.* terrasse (*f.*).

terremotato *agg.* victime d'un tremblement de terre; (*di cose*) dévasté par un tremblement de terre ♦ *s.m.* victime d'un tremblement de terre.

terremoto *s.m.* tremblement de terre ‖ *scossa di —,* secousse sismique ‖ (*fig.*): *come un —,* comme un ouragan; *è un —,* (*di bambino*) c'est un petit diable.

terreno¹ *agg.* **1** terrestre **2** (*piano*) —, rez-de-chaussée.

terreno² *s.m.* terrain; (*suolo*) sol: *un — boschivo,* des bois; *— prativo,* prairie; *— da pascolo,* terre à pâturage; *— calcareo, vulcanico,* sol calcaire, terrain volcanique ‖ (*biol.*) *— di cultura,* milieu de culture ‖ *guadagnare —,* gagner du terrain; *trovare il — adatto,* trouver le terrain favorable; *minare il — sotto i piedi di qlcu.,* couper l'herbe sous les pieds de qqn; *sentirsi mancare il — sotto i piedi,* sentir le sol se dérober sous ses pieds.

terreo *agg.* terreux*.

terrestre *agg.* terrestre ‖ (*mil.*) *esercito —,* armée de terre ♦ *s.m.* terrien*.

terribile *agg.* terrible ‖ (*fam.*): *una forza —,* une force extraordinaire; *un — mal di denti,* une rage de dents (épouvantable).

terribilmente *avv.* terriblement.

terriccio *s.m.* (*orticultura, giardinaggio*) terreau*: *— di letto caldo, di foglie,* terreau de couche, de feuilles.

terrier (pl. *invar.*) *s.m.* (*cane*) terrier.

terriero *agg.* foncier*.

terrificante *agg.* terrifiant.

terrificare (*coniug. come* mancare) *v.tr.* terrifier.

terrina *s.f.* terrine.

territoriale *agg.* territorial*.

territorialità *s.f.* territorialité.

territorio *s.m.* territoire.

terrone *agg.* e *s.m.* (*scherz.* o *spreg.*) italien* du Sud.

terrore *s.m.* terreur (*f.*).

terrorismo *s.m.* terrorisme.

terrorista *s.m.* terroriste.

terroristico (pl. *-ci*) *agg.* terroriste.

terrorizzare *v.tr.* terroriser.

terroso *agg.* terreux*.

terso *agg.* **1** (*puro*) pur; (*chiaro*) clair **2** (*pulito*) propre.

terza *s.f.* **1** troisième **2** (*mus. eccl.*) tierce **3** (*tip.*) *— (pagina) di copertina,* second rabat de couverture.

terzana *agg.* e *s.f.* (*febbre*) —, fièvre tierce.

terzetto *s.m.* trio.

terziario *agg.* e *s.m.* tertiaire ‖ *— francescano,* tertiaire de Saint-François.

terzina *s.f.* **1** (*metrica*) tercet (*m.*) **2** (*mus.*) triolet (*m.*).

terzino *s.m.* (*football*) arrière.

terzo *agg.num.ord.* troisième; (*nella progressione di re, papi, capitoli ecc.*) trois ‖ *ogni — giorno,* tous les trois jours ‖ (*mat.*) (*elevato*) *alla terza* (*potenza*), (élevé à la) puissance trois ‖ *il — Stato,* le Tiers État ‖ *il — mondo,* le tiers monde ‖ (*dir.*): *— possessore,* tiers possesseur; *— responsabile,* tiers responsable ‖ (*eccl.*) *il — ordine,* le tiers ordre ‖ *una terza persona,* un tiers, une tierce personne; *davanti a terze persone,* devant des tiers ‖ (*tip.*) *la terza bozza,* la tierce ♦ *s.m.* **1** (*terzo in una serie*) troisième **2** (*la terza parte*) tiers: *pieno per due terzi,* plein aux deux tiers **3** (*spec.pl.*) (*altra persona indefinita*) tiers (*anche dir.*) ‖ *per conto (di) terzi,* pour (le) compte d'autrui ‖ (*dir.*): *in mano di terzi,* en main tierce; *opposizione di terzi,* tierce opposition ‖ (*comm.*) *vendere a terzi,* vendre à des tiers ‖ (*assicur.*): *assicurazione contro terzi,* assurance au tiers; *danni contro terzi,* dommage au tiers ♦ *avv.* troisièmement; tertio.

terzogenito *s.m.* troisième enfant; (*ultimogenito*) cadet.

terzomondismo *s.m.* tiers-mondisme.

terzomondista *agg.* e *s.m.* tiers-mondiste.

terzultimo, terz'ultimo *agg.* troisième avant le dernier; (*di sillaba*) antépénultième: *occupa il — posto,* c'est le troisième en partant de la fin ♦ *s.m.* troisième avant le dernier.

terzuolo *s.m.* (*zool.*) tiercelet.

tesa *s.f.* bord (de chapeau): *cappello a larghe tese,* chapeau à larges bords.

tesaurizzare *v.intr.* thésauriser.

tesaurizzazione *s.f.* thésaurisation.

teschio *s.m.* crâne; (*su bandiere, segnali ecc.*) tête de mort.

tesi *s.f.* thèse ‖ (*all'Università*): *— di laurea,* mémoire (de maîtrise); *— di dottorato,* thèse de doctorat; *discutere la —,* soutenir son mémoire, sa thèse; *la discussione della —,* la soutenance d'un mémoire, d'une thèse.

tesina *s.f.* (*breve dissertazione scolastica*) exposé écrit, petit mémoire.

teso *agg.* **1** tendu (*anche fig.*) ‖ *avere la mano tesa, stare con la mano tesa,* (*per chiedere l'elemosina*) tendre la main; *stare con le orecchie tese,* tendre, prêter l'oreille **2** (*volto a*) dirigé (vers).

tesoreria *s.f.* trésorerie.

tesoriere *s.m.* trésorier.

tesoro *s.m.* **1** trésor ‖ *l'isola del —,* l'île au trésor ‖ *fare — di qlco,* mettre à profit qqch ‖ *vale un —,* ça vaut une fortune, (*fig.*) ça vaut son pesant d'or ‖ (*fig.*): *è un — (di ragazzo),* il est adorable; *che — di ragazza,* quel amour de fille; *sei proprio un —!,* tu es vraiment un amour!; *— mio!,* mon chou! **2** (*erario pubblico*) Trésor.

tessera *s.f.* **1** carte: *— annonaria,* carte d'alimentation; *— di riconoscimento,* pièce d'identification; *— sanitaria,* carte de Sécurité sociale ‖ *avere la — di un partito,* être inscrit à un parti ‖ *fotografia formato —,* photo d'identité **2** (*di mosaico*) tesselle **3** (*nel domino*) domino (*m.*).

tesseramento *s.m.* **1** inscription (*f.*): *campa-*

gna per il —, campagne pour les inscriptions 2 (*razionamento*) rationnement.

tesserare *v.tr.* 1 inscrire* 2 (*razionare*) rationner □ **tesserarsi** *v.pron.* s'inscrire*.

tesserato *agg.* 1 inscrit 2 (*razionato*) rationné ♦ *s.m.* (*membro di un partito ecc.*) membre, adhérent.

tessere *v.tr.* 1 tisser || *— l'elogio di qlcu*, faire l'éloge de qqn; *— le lodi di qlcu*, chanter les louanges de qqn 2 (*fig.*) tramer, ourdir.

tesserino *s.m.* (*di riconoscimento*) carte d'identification; (*di abbonamento*) (carte d') abonnement.

tessile *agg.* textile: *lavora nel* (*settore*) *—*, il travaille dans le textile ♦ *s.m.* 1 (*settore tessile*) textile; (*prodotto tessile*) tissu: *negozio di tessili*, magasin de tissus 2 (*operaio*) ouvrier* du textile.

tessilsacco (pl. *-chi*) *s.m.* *housse à vêtements.

tessitore (f. *-trice*) *s.m.* tisseur*; (*su telaio a mano*) tisserand || *— d'inganni*, intrigant.

tessitura *s.f.* 1 (*il tessere; opificio*) tissage (*m.*) || *macchina per —*, machine à tisser 2 (*disposizione dei fili*) tissure: *— fitta, lenta*, tissure serrée, lâche 3 (*fig.*) texture, trame 4 (*mus.*) tessiture || *— contrappuntistica*, texture contrapuntique.

tessuto *s.m.* tissu (*anche fig.*) || *— di maglia*, jersey.

test (pl. *invar.*) *s.m.* test: *fare un —*, passer un test; *sottoporre qlcu a un —*, soumettre qqn à un test || (*med.*): *— di laboratorio*, essai de laboratoire; *— di gravidanza*, test de grossesse || *specialista, esperto in —*, testeur.

testa *s.f.* tête (*anche estens. e fig.*): *a — coperta*, la tête couverte; *a — scoperta*, tête nue; *col cappello in —*, le chapeau sur la tête; *mettersi il cappello in —*, mettre son chapeau; *rompersi la —*, se casser la tête, (*fig.*) se creuser la cervelle; *lanciarsi a bassa in, su qlco*, foncer tête baissée dans, sur qqch; *è più alto di lei di tutta la —*, il a une bonne tête de plus qu'elle || *ci sono troppe teste coinvolte nella decisione*, il y a trop de gens impliqués dans cette affaire || (*football*): *goal di —*, but de tête; *tirare di —*, faire une tête || *battere in —*, (*del motore*) être en sous-régime || (*mil.*) *— di cuoio*, (*soldato di un corpo scelto*) commando || (*zool.*) *— di morto*, sphinx tête-de-mort || (*ippica*) *vincere di una —*, gagner d'une tête; *i cavalli sono arrivati a — a —*, les chevaux ont fait dead-heat ♦ FRASEOLOGIA: *è una — di rapa, di cavolo*, c'est un abruti; *avere la — piena di segatura*, ne rien avoir dans la cervelle || *una — d'uovo*, une tête d'œuf; *una gran —, una bella —*, un cerveau, une grosse tête; *ha poca —*, il n'a pas beaucoup de cervelle; *ha poca — per lo studio*, il n'est pas fait pour les études || *non bisogna fasciarsi la — prima di essersela rotta*, il ne faut pas crier avant qu'on vous écorche || *affondare la — nella sabbia*, faire l'autruche || *piegare la — dinanzi all'evidenza*, se rendre à l'évidence || *avere debiti fin sopra la —*, avoir des dettes par-dessus la tête || *avere, mettersi in —*, avoir, se mettre en tête; *chi ti ha messo in — simili sciocchezze?*, qui t'a fourré dans la tête

des bêtises pareilles? || *sei fuori di —?*, tu as perdu la tête? || *agire senza —*, agir sans réfléchir; *è andato via di —*, il n'a plus toute sa tête; *essere con la — nelle nuvole*, être dans les nuages || *il vino gli ha dato alla —*, le vin lui est monté à la tête; *il successo gli ha dato alla —*, le succès lui est monté à la tête || *mi ha fatto una — così con le sue chiacchiere*, il m'a soûlé avec ses bavardages || *avere la — a posto*, avoir la tête sur les épaules; *mettere la — a posto*, se calmer, se ranger || *ha la — solo al divertimento*, il ne pense qu'à s'amuser || *fare di — propria*, n'en faire qu'à sa tête || *pena la —*, sous peine de mort; *rimetterci la —*, y laisser toutes ses plumes; *a costo di rimetterci la —*, coûte que coûte; *scommetterei la — che è proprio così*, je donnerais ma tête à couper que c'est comme ça || *ero di fretta e ho messo solo dentro la —*, j'étais pressé et je n'ai fait que passer la tête.
□ **a testa**, par tête: *pagare un tanto a —*, payer tant par tête □ **alla testa di**, à la tête de □ **in testa (a)**, en tête (de): *essere in — (a tutti)*, être en tête; *in — al treno*, en tête de train; *in — alla classifica*, en tête du classement; *in — alla lista*, en tête de liste || *passare in —*, prendre la tête; *è in — di cinque metri*, il mène de cinq mètres □ **di testa**, de tête.

testa-coda (pl. *invar.*) *s.m.* tête-à-queue*.

testamentario *agg.* testamentaire || *testimone —*, témoin à un testament.

testamento *s.m.* testament: *fare —*, faire son testament; *lasciare per —*, léguer par testament; *mettere qlcu in —*, coucher qqn sur son testament.

testa-piedi *locuz.avv.* tête-bêche.

testardaggine *s.f.* entêtement (*m.*).

testardamente *avv.* avec entêtement.

testardo *agg.* têtu.

testare[1] *v.intr.* (*dir.*) tester.

testare[2] *v.tr.* (*sondare*) tester.

testata *s.f.* 1 (*di letto*) tête; (*di libro*) marges supérieures; (*di ponte*) culée; (*di missile*) tête, ogive 2 (*mecc.*) culasse 3 (*di giornale*) nom (*m.*) 4 (*colpo dato con la testa*) coup de tête: *dare, prendere una — contro qlco*, se cogner la tête contre qqch.

testatina *s.f.* (*tip.*) titres courants.

testatore (f. *-trice*) *s.m.* (*dir.*) testateur*.

teste *s.m.* e *f.* témoin (*m.*).

testé *avv.* (*letter.*) naguère.

tester *s.m.* (*tecn.*) testeur.

testicolo *s.m.* testicule.

testiera *s.f.* 1 (*di letto*) dossier (*m.*); (*di poltrona, divano ecc.*) têtière 2 (*forma per parrucchieri, modiste*) marotte.

testimone *s.m.* e *f.* témoin (*solo m.*): *fare da —*, être témoin; *prendere a —*, prendre à témoin.

testimoniale *agg.* (*dir.*) testimonial*.

testimonianza *s.f.* témoignage (*m.*): *dare —*, rendre témoignage || *a, in — di*, en témoignage de.

testimoniare *v.tr.* e *intr.* témoigner: *ha testimoniato di averlo visto*, il a témoigné l'avoir vu, qu'il l'a vu || *— il vero, il falso*, faire un vrai, un faux témoignage.

testimonio *s.m.* → **testimone.**

testina *s.f.* 1 (*tecn.*) tête || — *rotante*, (*di macchina per scrivere*) boule d'écriture, (*del rasoio*) tête flottante || — (*del giradischi*), pick-up 2 (*cuc.*) tête de veau.

testo *s.m.* texte: *traduzione con — a fronte*, traduction avec texte original en regard || *fa —*, ça fait autorité; *non fa —*, cela ne fait pas autorité || *libri di —*, livres d'école || (*dir.*) — *di una sentenza*, énoncé d'un jugement.

testolina *s.f.* jolie petite tête; (*ragazza sventata*) tête de linotte.

testone *s.m.* grosse tête || *è un —*, (*fig.*) il est cabochard.

testosterone *s.m.* testostérone (*f.*).

testuale *agg.* 1 (*del testo*) du texte 2 (*esatto, conforme al testo*) textuel* || *le sue testuali parole*, ses propres mots; *testuali parole!*, textuel!

testualmente *avv.* textuellement.

testuggine *s.f.* tortue.

tetanico (pl. *-ci*) *agg.* tétanique.

tetano *s.m.* (*med.*) tétanos.

tête-à-tête (pl. *invar.*) *s.m.* tête-à-tête ♦ *agg. e avv.* en tête-à-tête.

tetra- *pref.* tétra-

tetraedro *s.m.* tétraèdre.

tetraggine *s.f.* 1 (*aspetto tetro*) aspect lugubre 2 (*fig.*) (*tristezza*) tristesse.

tetragonale *agg.* tétragone.

tetragono *agg.* tétragone.

tetralogia *s.f.* tétralogie.

tetraplegia *s.f.* tétraplégie.

tetraplegico (pl. *-ci*) *agg. e s.m.* tétraplégique.

tetrapode *agg. e s.m.* (*zool.*) tétrapode.

tetrarchia *s.f.* tétrarchie.

tetro *agg.* sombre (*anche fig.*) || (*fig.*): *tetri pensieri*, des idées noires; *avere tetri pensieri*, broyer du noir || *essere d'umor —*, être d'humeur maussade.

tetta *s.f.* (*fam.*) (*mammella*) téton (*m.*).

tettarella *s.f.* tétine.

tetto *s.m.* 1 toit: *il — paterno, coniugale*, le toit paternel, conjugal; *vivere sotto lo stesso —*, vivre sous le même toit; *gridare, predicare dai tetti*, (*fig.*) crier sur (tous) les toits || *i senza —*, les sans-logis || *— a lucernario*, toit vitré 2 (*fig.*) (*limite massimo*) plafond: *sfondare il —*, dépasser le plafond.

tettoia *s.f.* 1 (*poggiante su pilastri*) *hangar (m.*); (*addossata a un muro*) appentis (*m.*) 2 (*sulla porta di casa o bottega*) auvent (*m.*), marquise 3 (*della stazione*) *hall (m.*) 4 (*riparo*) abri (*m.*).

tettonica (pl. *-che*) *s.f.* (*geol.*) tectonique.

tettonico (pl. *-ci*) *agg.* tectonique.

tettuccio *s.m.* 1 petit toit 2 (*di automobile*) toit 3 (*di aereo*) verrière (*f.*).

teutonico (pl. *-ci*) *agg.* teutonique.

texano *agg. e s.m.* texan.

thai *agg. e s.m.* thaï.

thailandese *agg. e s.m.* thaïlandais.

thermos *s.m.* thermos (*f.*).

ti *pron.pers. di 2ª pers.sing.* 1 (*compl.ogg. e compl. di termine*) te (*si elide davanti a vocale o h muta*): — *risponderò domani*, je te répondrai demain; — *vorrebbe vedere, vorrebbe vederti oggi*, il voudrait te voir aujourd'hui 2 (*compl. di termine, con valore di possesso o di legame personale*) ton* (*pleonastico non si traduce*): — *è scappato il cane*, ton chien s'est échappé; — *siamo amici*, nous sommes des amis pour toi; *il cuore — batteva forte*, ton cœur battait très fort; *mettiti il cappello*, mets ton chapeau; — *sei preso una bella influenza*, tu as attrapé une bonne grippe; *quando — si presenterà l'occasione*, quand tu en auras l'occasion; — *berresti una bella birra?*, t'as pas envie d'une bonne bière?; *goditi la tua domenica*, profite bien de ton dimanche; *attento che non — cada addosso*, fais attention qu'il ne te tombe pas dessus; *arrivo in ufficio e chi — vedo?*, j'arrive au bureau et qui est-ce que je vois? 3 (*nella coniug. dei verbi pron.*) te (*prima del verbo*); toi (*dopo il verbo*): — *diverti sempre con noi*, tu t'amuses toujours avec nous; *vestiti in fretta*, habille-toi vite; *non coricarti così presto*, ne te couche pas si tôt; *non — ci avvicinare troppo*, ne t'en approche pas trop.

tiamina *s.f.* (*chim.*) thiamine.

tiara *s.f.* tiare.

tiberino *agg.* du Tibre.

tibetano *agg. e s.m.* tibétain.

tibia *s.f.* tibia (*m.*).

tiburio *s.m.* tour-lanterne* (*f.*).

tiburtino *agg.* (*letter.*) de Tivoli.

tic *onom.* clic, clac ♦ *s.m.* tic.

ticchettare *v.intr.* (*di orologio*) faire* tic tac; (*di oggetti metallici*) cliqueter*; (*di macchina per scrivere*) crépiter.

ticchettio *s.m.* (*di orologio*) tic tac; (*di oggetti metallici*) cliquetis; (*di macchina per scrivere, della pioggia*) crépitement.

ticchio *s.m.* fantaisie (*f.*): *se gli salta il —*, si ça lui chante.

ticinese *agg. e s.m.* tessinois.

ticket *s.m.* 1 ticket || — *sanitario*, ticket modérateur 2 (*buono*) coupon || *ticket-restaurant*, ticket-restaurant, chèque-restaurant.

tic tac *onom. e s.m.* tic tac*.

tiepidezza *s.f.* tiédeur (*anche fig.*).

tiepido *agg.* tiède (*anche fig.*) || **-mente** *avv.*

tifare *v.intr.* supporter (qqn, qqch): *tifa per la squadra di Parma*, c'est un fana de l'équipe de Parme.

tifico (pl. *-ci*) *agg.* typhique.

tifo *s.m.* 1 enthousiasme fanatique, fanatisme: *fare il — per qlcu*, soutenir qqn, être fan de qqn 2 (*med.*) typhus.

tifoide *agg.* typhoïde.

tifoideo *agg.* typhoïde, typhoïdique.

tifone *s.m.* typhon.

tiforeria *s.f.* supporters (*m.pl.*), supporteurs (*m.pl.*).

tifoso *agg.* 1 fana: *essere — di una squadra*, supporter une équipe 2 (*med.*) typhique, typhoïde ♦ *s.m.* mordu; (*sostenitore*) supporter: *è un — di calcio*, c'est un mordu du foot; *i tifosi hanno inva-*

so il campo, les supporters ont envahi le terrain.

tight (pl. *invar.*) *s.m.* queue-de-pie (*f.*).

tiglio *s.m.* tilleul.

tigna *s.f.* teigne.

tignola *s.f.* teigne || *— della lana*, mite || *— del grano*, charançon.

tignoso *agg.* teigneux*.

tigrato *agg.* tigré.

tigre *s.f.* (*maschio*) tigre (*m.*); (*femmina*) tigresse || *cavalcare la —*, (*fig.*) prendre le train en marche.

tigresco (pl. *-chi*) *agg.* de tigre.

tigrotto *s.m.* jeune tigre.

tilde *s.m.* o *f.* (*segno ortografico*) tilde (*m.*).

tilt *s.m.* tilt: *andare in —, fare —*, (*fam.*) perdre les pédales.

timballo *s.m.* (*cuc.*) timbale (*f.*).

timbrare *v.tr.* timbrer; (*un francobollo*) oblitérer*; (*il cartellino*) pointer.

timbratrice *s.f.* (*mecc.*) oblitérateur (*m.*).

timbratura *s.f.* timbrage (*m.*); (*di documenti*) apposition du tampon, du cachet; (*di francobolli*) oblitération; (*del cartellino segnatempo*) pointage (*m.*).

timbro *s.m.* timbre: *mettere un — su qlco*, timbrer qqch || *— postale*, timbre postal, cachet de la poste.

timer (pl. *invar.*) *s.m.* (*contaminuti*) minuteur, minuterie (*f.*).

timidezza *s.f.* timidité.

timido *agg.* e *s.m.* timide || *-mente* *avv.*

timo¹ *s.m.* (*bot.*) thym.

timo² *s.m.* (*anat.*) thymus.

timone *s.m.* (*di nave, di aereo*) gouvernail; (*di carro*) timon; (*di aratro*) age, flèche (*f.*): *ruota del —*, gouvernail; *— di profondità*, (*mar.*) gouvernail de plongée, (*aer.*) gouvernail de profondeur || *essere al —*, (*anche fig.*) être à la barre.

timoniere *s.m.* timonier; (*di piccola imbarcazione*) barreur.

timoniero *agg.* (*zool.*) *penne timoniere*, plumes rectrices.

timorato *agg.* timoré || *— di Dio*, craignant Dieu.

timore *s.m.* crainte (*f.*): *non abbiate —*, n'ayez aucune crainte; *avere — di*, craindre de || *per — di una ricaduta, di svegliarlo*, (*preoccupazione*) de peur d'une rechute, de le réveiller; *per — di essere sentito, che sentissero*, (*paura*) de peur qu'on ne l'entendît.

timorosamente *avv.* craintivement.

timoroso *agg.* craintif*: *veniva avanti tutto —*, il s'avançait d'un air craintif; *una risposta timorosa*, une réponse timorée; *è — di tutto e di tutti*, il est très timoré; *un timoroso, un timoré*; *è sempre — di offendere*, il a toujours peur de blesser.

timpanista *s.m.* (*mus.*) timbalier.

timpano *s.m.* **1** (*anat., arch.*) tympan || *rompere i timpani a qlcu*, casser les oreilles à qqn **2** (*mus.*) timbale (*f.*).

tinca (pl. *-che*) *s.f.* tanche.

tinello *s.m.* salle (*f.*), salle à manger.

tingere (*coniug. come* spingere) *v.tr.* **1** teindre* (en) || *tingersi le labbra*, se mettre du rouge à

lèvres **2** (*macchiare*) tacher (de) **3** (*colorare*) teinter (de) □ **tingersi** *v.pron.* **1** se teinter, se colorer || *— di rossore*, rougir **2** (*truccarsi*) se maquiller.

tino *s.m.* cuve (*f.*): *— per concia*, cuve à tanner.

tinozza *s.f.* **1** baquet (*m.*) **2** (*perbagno*) tub (*m.*).

tinta *s.f.* **1** teinte, coloris (*m.*); (*sfumatura*) nuance; (*colore*) couleur: *le mezze tinte*, les demi-teintes; *un abito in — unita*, une robe unie || *— su —*, ton sur ton || *in — —*, de la même couleur; *una cravatta in — con l'abito*, une cravate assortie au costume || *a forti tinte*, haut en couleurs; *a rosee tinte*, en rose; *a fosche tinte*, en noir; *descrivere a fosche tinte*, décrire sous les plus sombres couleurs **2** (*materia colorante*) teinture; (*pittura*) peinture: *— di buona qualità*, teinture de bonne qualité; *dare una mano di —*, passer une couche de peinture.

tintarella *s.f.* (*fam.*) bronzage (*m.*): *prendere la —*, se bronzer.

tinteggiare (*coniug. come* mangiare) *v.tr.* **1** colorer **2** (*edil.*) badigeonner.

tinteggiatore *s.m.* peintre en bâtiments, badigeonneur.

tinteggiatura *s.f.* peinture; (*edil.*) badigeonnage (*m.*).

tintinnare *v.intr.* tinter; (*di campanelli*) tintinnabuler.

tintinnio *s.m.* tintement.

tinto *agg.* **1** teint (en) || *labbra tinte*, (*di rossetto*) lèvres avec du rouge (à lèvres) || *nuvole tinte di rosso*, nuages teintés de rouge **2** (*sporco*) taché (de).

tintore (f. *-ra*) *s.m.* teinturier*.

tintoria *s.f.* teinturerie || *in —*, à la teinturerie.

tintura *s.f.* teinture || *— di iodio*, teinture d'iode.

tipa *s.f.* typesse, (*fam.*) nana: *è una — simpatica*, elle est sympa cette nana.

tipaccio *s.m.* sale type.

tipetto *s.m.*: *è un —*, (*per l'aspetto fisico*) il a un genre bien à lui, (*per il carattere*) il a son petit caractère.

tipicamente *avv.* typiquement.

tipicità *s.f.* caractéristique.

tipico (pl. *-ci*) *agg.* typique || *è il suo — modo di fare*, c'est (bien) sa manière d'agir; *è — di lui comportarsi in questo modo*, c'est bien de lui d'agir comme ça.

tipizzare *v.tr.* **1** caractériser **2** (*standardizzare*) standardiser, uniformiser.

tipo *s.m.* **1** type: *è un — strano, un bel —*, c'est un drôle de type; *un — buffo*, un type drôle; *è un — introverso*, c'est un introverti; *è un — unico*, il est unique en son genre; *è il vero — dello sportivo*, c'est le type même du sportif; *non è il — che insiste*, ce n'est pas son genre d'insister; *non è — da rinunciare*, ce n'est pas quelqu'un qui renonce facilement || *il reddito della famiglia —*, le revenu d'une famille type; *domanda —*, question type || (*teatr.*): *i tipi fissi*, les (personnages) types; *il — dell'avaro*, le type de l'avare **2** (*genere*) genre; (*sorta*) sorte (*f.*); (*modello*) modèle: *che — di film* *preferisci?*, quel est le genre de film que tu préfères?; *persone di tutti i tipi*, toutes sortes de gens; *persone del suo —*, des individus de son genre; *merci di tutti i tipi*, des marchandises de toutes sortes; *diversi tipi di vino*, plusieurs sortes de vin; *un nuovo — di automobile*, un nouveau modèle de voiture; *il — più economico*, le modèle le plus économique; *una lavorazione di — artigianale*, un travail artisanal; *vorrei qualcosa sul — di questo*, je voudrais quelque chose du même genre; *giacca di — sportivo*, veste (genre) sport || *una stoffa (sul) — (del) principe di Galles*, un tissu genre prince-de-Galles || *non è il mio —*, ce n'est pas mon genre || *non è bella, ma è un —*, elle n'est pas belle mais elle est typée 3 (*tip.*): *per i tipi di...*, imprimé par...

tipografia *s.f.* 1 typographie 2 (*stamperia*) imprimerie.

tipografico (pl. *-ci*) *agg.* typographique || *errori tipografici*, fautes d'impression, coquilles || *inchiostro —*, encre d'imprimerie.

tipografo *s.m.* typographe.

tipologia *s.f.* typologie.

tipologico (pl. *-ci*) *agg.* typologique.

tip-tap *s.m.* danse à claquettes: *ballare il —*, faire des claquettes; *ballerino di —*, danseur à claquettes.

tirabaci *s.m.* (*scherz.*) accroche-cœur*.

tirabozze *s.m.* presse à épreuves.

tiraggio *s.m.* tirage.

tiralatte (pl. *invar.*) *s.m.* tire-lait*.

tiralinee *s.m.* tire-ligne*.

tiramisù *s.m.* dessert à la cuillère à base de boudoirs, café, œufs et crème épaisse.

tiramolla (pl. *invar.*) *s.m.* → **tiremmolla**.

tiranneggiare (*coniug. come* mangiare) *v.tr.* tyranniser.

tirannello *s.m.* tyranneau*.

tirannia *s.f.* tyrannie: *non sopporto più queste tirannie!*, je ne supporte plus ces abus!

tirannicida *s.m.* tyrannicide ♦ *agg.* meurtrier*.

tirannicidio *s.m.* tyrannicide.

tirannico (pl. *-ci*) *agg.* tyrannique.

tirannide *s.f.* tyrannie.

tiranno *s.m.* tyran: *si comporta da —*, c'est un tyran, un despote ♦ *agg.* tyrannique || *il tempo è —*, le temps commande.

tirante *s.m.* 1 tirant 2 (*cavo*) câble; (*cinghia elastica*) tendeur.

tirapiedi *s.m.* sous-fifre*.

tirare *v.tr.* 1 tirer: *— per la manica*, tirer par la manche; *— profitto, partito*, (*fig.*) tirer avantage, parti || *tirarsi le coperte sul naso*, remonter ses couvertures jusqu'aux yeux || (*sport*) *— il gruppo*, mener le peloton || *— tardi, giorno, mattina*, (*fare le ore piccole*) rester debout jusqu'au petit matin; *— sera*, (*far passare il tempo*) tromper le temps; *anche oggi abbiamo tirato sera!*, encore une journée de passée!; *fatico a — mezzogiorno senza mangiare qualcosa*, j'ai du mal à arriver à midi sans manger quelque chose 2 (*attirare*) attirer: *— a sé*, attirer à soi || *l'ha tirato dalla sua (parte)*,

(*fig.*) il l'a mis de son côté || *un bicchiere tira l'altro*, un verre en appelle un autre; *una parola tira l'altra*, de fil en aiguille || *faccia che tira gli schiaffi*, tête à gifles || *che razza di gente si tira in casa!*, (*fam.*) quels drôles de gens il amène chez lui! 3 (*gettare, lanciare*) lancer*: *— la palla*, lancer la balle || *— i dadi*, jeter les dés || *— baci*, envoyer des baisers 4 (*tracciare*) tirer, tracer*: *— una riga*, tirer, tracer une ligne 5 (*tip.*) tirer: *— diecimila copie di un romanzo*, tirer un roman à dix mille exemplaires ♦ *v.intr.* 1 tirer || *un'azienda che tira, che non tira*, une entreprise qui marche, qui ne marche pas; *spettacolo che tira molto*, spectacle qui plaît au grand public || *— al rosso*, tirer sur le rouge || *— agli uccelli*, tirer sur les oiseaux || *— al bersaglio*, tirer à la cible; *tira bene*, c'est un bon tireur || (*sport*): *— di spada*, tirer des armes; *— di boxe*, boxer 2 (*fam.*) (*mirare*) viser: *tira solo ai soldi*, il ne vise que l'argent || *si tira a campare*, on vivote 3 (*soffiare*) souffler: *tira aria di tempesta*, (*anche fig.*) il y a de l'orage dans l'air || *che aria tira in ufficio?*, quelle est l'atmosphère au bureau? || *col vento che tira...*, (*fig.*) par les temps qui courent... □ **tirarsi** *v.pron.*: *— da parte*, s'écarter; s'effacer □ **tirare, tirarsi addosso**: *gli ha tirato addosso un libro*, il lui a lancé un livre; *si è tirato addosso un armadio*, il a fait tomber une armoire sur lui; *te la sei tirata addosso tu!*, (*fig.*) tu l'as bien voulu!; *si è tirato addosso le critiche di tutti*, il s'est attiré les critiques de tout le monde □ **tirare avanti, innanzi** (*continuare*) continuer; (*vivacchiare*) vivoter: *questi soldi bastano per — avanti due mesi*, cet argent suffit pour (vivre) deux mois; *non tirerà avanti per molto*, il n'en a pas pour longtemps; *— avanti a fatica*, vivoter tant bien que mal; *tirarono avanti per parecchi chilometri*, ils firent encore plusieurs kilomètres □ **tirare dentro**, rentrer; (*fig.*) (*trascinare*) entraîner: *hanno tirato dentro la cosa anche me*, ils m'ont entraîné moi aussi dans cette affaire □ **tirare dietro** 1 (*gettare*) lancer* || *te lo tirano dietro*, (*è venduto a poco prezzo*) c'est donné 2 (*tirarsi dietro*) traîner avec soi; (*fig.*) entraîner: *si è tirato dietro la porta*, il a tiré la porte derrière lui □ **tirare fuori**, sortir*; (*sborsare*) débourser: *l'ha tirato fuori (di prigione)*, il l'a fait sortir de prison; *ne ha tirata fuori un'altra delle sue*, il a encore sorti une des siennes; *non sto a — fuori la solita storia*, je ne veux pas encore remettre ça sur le tapis; *tira fuori tutto quello che hai da dire!*, vide ton sac!; *—fuori la verità*, dire la vérité, lâcher le morceau || *se ne è tirato fuori proprio bene*, il s'en est vraiment bien tiré || *— fuori la lingua*, tirer la langue, (*dal medico*) montrer sa langue || *tira fuori la grana!*, (*fam.*) sors ton fric! □ **tirare giù**, descendre*; (*abbassare*) baisser || *tirati giù la gonna*, tire ta jupe || *— giù le tende per lavarle*, enlever les rideaux pour les laver □ **tirarsi indietro**, reculer; (*sottrarsi*) (*a un'incombenza*) se dérober; (*a un impegno*) se défiler □ **tirare su** 1 (*raccogliere*) ramasser; (*rialzare qlcu*) relever* (qqn); (*innalzare*) élever*; (*allevare*) élever || *tirar(si) su le calze*, i *pantaloni*, remonter ses chaussettes, son pantalon; *tirar(si) su le maniche*, retrousser ses manches; *tirar(si) su i capelli*, relever ses cheveux || — *su un letto*, (*rifarlo sommariamente*) retaper un lit || — *su i prezzi*, hausser les prix || — *su col naso*, renifler || — *su il morale a qlcu*, remonter le moral à qqn; *tirarsi su di morale*, se remonter le moral 2 (*alzarsi*) se lever*; (*rialzarsi*) se relever*; (*rimettersi in salute*) se remettre*; (*risollevarsi finanziariamente*) se remettre à flots □ **tirare via 1** (*strappare*) arracher; (*spostare, togliere*) enlever* || *tirati via dai piedi*, (*fam.*) ôte-toi de là **2** (*affrettarsi*) se dépêcher; (*fare male e in fretta qlco*) bâcler (qqch) || — *via sui dettagli*, passer sur les détails || *tirò via senza salutarci*, il continua (son chemin) sans nous saluer.

tirassegno *s.m.* **1** tir à la cible **2** (*luogo*) stand (de tir).

tirata *s.f.* **1** (action de) tirer: *dare una* —, tirer **2** (*fam.*) (*di sigaretta*) bouffée: *dare una* —, tirer une bouffée **3** (*azione compiuta senza interruzioni*) traite: *ho fatto una bella* —, j'ai drôlement bûché; *ho scritto dieci pagine facendo tutta una* —, j'ai écrit dix pages d'une seule traite || *in un'unica* —, d'une seule traite **4** (*di attore*) tirade; (*lungo discorso polemico*) philippique.

tiratardi *s.m.* (*scherz.*) **1** (*persona lenta*) lambin **2** (*chi ama far tardi la sera*) couche-tard*.

tirato *agg.* **1** tiré; (*teso*) tendu || *lineamenti tirati*, des traits tirés; *sorriso* —, sourire forcé || *essere* — *a lucido*, être tiré à quatre épingles || *ragionamento* — *per i capelli*, raisonnement tiré par les cheveux || *fare una vita tirata tirata*, (*col denaro contato*) vivre chichement; *essere* — (*nello spendere*), être radin, près de ses sous.

tiratore (f. *trice*) *s.m.* tireur*: — *scelto*, tireur d'élite; *franco* —, franc-tireur.

tiratura *s.f.* tirage (*m.*): *giornale ad alta* —, journal à grand tirage; *il libro ha avuto una* — *di diecimila copie*, ce livre a été tiré à dix mille exemplaires.

tirchieria *s.f.* avarice, pingrerie.

tirchio *agg.* radin, pingre: *non fare il* —*!*, ne sois pas radin!

tiremmolla (pl. *invar.*) *s.m.* (*fam.*) **1** indécision (*f.*), hésitation (*f.*): *dopo un lungo* —, après beaucoup d'hésitations || *fare a* —, tergiverser **2** (*persona indecisa*) éternel* indécis.

tiretto *s.m.* tiroir.

tiritera *s.f.* (*fam.*) refrain (*m.*): *la solita* —, la même rengaine.

tiro *s.m.* **1** tir; (*spec. di dadi, di bocce*) coup; (*di pietre*) jet: *correggere il* —, régler, ajuster le tir, (*fig.*) remettre les pendules à l'heure; *aprire il* —, ouvrir le feu; *sbagliare il* —, manquer le coup || — *al bersaglio, a segno*, tir à la cible; — *a volo*, tir au vol || *fuori* —, hors d'atteinte || *essere, venire a* — (*di*), être, venir à portée (de); *capitare a* —, tomber sous la main || *a un* — *di fucile, di schioppo*, à (une) portée de fusil || (*football*) — *in porta*, tir au but || (*basket*): — *a canestro*, tir au panier; — *libe-*

ro, lancer franc || *giocare al* — *alla fune*, jouer à tirer la corde **2** (*fig.*) tour: *fare, giocare un* (*brutto*) — *a qlcu*, jouer un mauvais tour à qqn **3** (*traino*) trait; (*gli animali che trainano il veicolo*) attelage.

tirocinante *agg. e s.m.* (*in un mestiere*) apprenti; (*in una professione*) stagiaire.

tirocinio *s.m.* (*di mestiere*) apprentissage; (*di professione*) stage: *fare il* —, faire un stage; *fare un anno di* —, faire un stage d'un an.

tiroide *s.f.* (*anat.*) thyroïde.

tiroideo *agg.* thyroïdien*.

tiroidismo *s.m.* (*med.*) thyroïdisme.

tirolese *agg. e s.m.* tyrolien*.

tirrenico (pl. *-ci*) *agg.* de la Mer Tyrrhénienne.

tirreno *agg.* tyrrhénien*.

tirso *s.m.* thyrse.

tisana *s.f.* tisane.

tisaniera *s.f.* tisanière.

tisi *s.f.* phtisie.

tisico (pl. *-ci*) *agg.* (*med.*) tuberculeux*; (*fig.*) rabougri, rachitique ♦ *s.m.* (*med.*) tuberculeux*.

tisiologia *s.f.* phtisiologie.

tisiologo (pl. *-gi*) *s.m.* phtisiologue.

titanico (pl. *-ci*) *agg.* titanique.

titanio *s.m.* (*chim.*) titane.

titanismo *s.m.* prométhéisme.

titano *s.m.* titan.

titillamento *s.m.* titillation (*f.*).

titillare *v.tr.* titiller.

titoismo *s.m.* (*pol.*) titisme.

titolare[1] *agg.* titulaire ♦ *s.m.* **1** titulaire **2** (*proprietario*) propriétaire ♦, (*fam.*) patron.

titolare[2] *v.tr.* titrer.

titolato *agg.* titré ♦ *s.m.* noble.

titolatura *s.f.* titrage (*m.*).

titolazione *s.f.* titrage (*m.*).

titolo *s.m.* titre || (*giornali*): *grande* —, *titolone*, en gros titre, manchette; *titoli di prima pagina*, titres à la une || (*cine.*) *i titoli di testa, di coda*, le générique || *affibbiare titoli di ogni sorta*, (*epiteti ingiuriosi*) traiter de tous les noms || *non ha alcun* — *accademico*, il n'a aucun titre universitaire; *non ha i titoli richiesti per quel lavoro*, (*requisiti*) il n'a pas les qualités requises pour ce travail, (*qualifiche*) il n'a pas les qualifications requises pour ce travail || *a che* — *pretendi questo?*, à quel titre, de quel droit prétends-tu cela?; *a* — *di amicizia*, à titre d'ami || (*fin.*): *titoli di Stato*, fonds publics, fonds d'État; *portafoglio titoli*, portefeuille de valeurs.

titubante *agg.* hésitant.

titubanza *s.f.* hésitation: *ha mostrato una certa* —, il s'est montré un peu hésitant.

titubare *v.intr.* hésiter (à).

tivù *s.f.* (*fam.*) télé.

tizia *s.f.* fille, bonne femme.

tizianesco (pl. *-chi*) *agg.* à la manière de Titien || *biondo, rosso* —, blond vénitien.

tizio *s.m.* type || *Tizio... Caio*, Monsieur X... Monsieur Y; *ha telefonato a Tizio, Caio* (*e Sempronio*), il a téléphoné à droite et à gauche; *metti* *che Tizio, Caio o Sempronio...*, suppose que Truc, Machin, Chouette...

tizzo, tizzone *s.m.* tison: *nero come un —*, noir comme du charbon || *— d'inferno*, (*fig.*) suppôt de Satan.

to' *inter.* (*fam.*) tiens!, *pl.* tenez!

toast (pl. *invar.*) *s.m.* toast; (*imbottito*) croque-monsieur*.

toboga (pl. *invar.*) *s.m.* toboggan.

toc *inter. e s.m.* toc.

toccante *agg.* touchant.

toccare (*coniug. come* mancare) *v.tr.* toucher (*anche fig.*); (*servirsi di, usare*) toucher à: *non toccate i miei libri*, ne touchez pas (à) mes livres; *sta' fermo*, *non — —*, reste tranquille, ne touche à rien || *non tocca un libro da due mesi*, il y a deux mois qu'il n'a pas ouvert un livre || *non tocca cibo da tre giorni*, il n'a rien avalé depuis trois jours || *il fondo*, avoir pied; (*fig.*) toucher le fond || *— i propri risparmi*, entamer ses économies || *guai a chi tocca i suoi figli!*, gare à qui touche ses enfants! || *sta per — la trentina*, il frise la trentaine || *— nel vivo*, piquer au vif || *toccò appena l'argomento*, il effleura à peine le sujet; *non — questo argomento!*, n'aborde pas cette question! ♦ *v.intr.* **1** (*capitare*) arriver: *gli è toccata una disgrazia*, il lui est arrivé un malheur || *a chi tocca tocca*, chacun son tour **2** (*spettare*) avoir* droit (à): *mi toccò suo un libro*, je n'ai eu droit qu'à un livre || *non tocca a me andarci*, ce n'est pas à moi d'y aller || *a chi tocca?*, à qui le tour?; *tocca a me* (*giocare*), c'est à moi de jouer **3** (*essere costretto*) être* obligé (à): *gli toccò uscire*, il lui fallut sortir || *che cosa mi tocca sentire!*, que ne me faut-il pas entendre!

toccasana (pl. *invar.*) *s.m.* panacée (*f.*).

toccata *s.f.* **1** touche **2** (*mus.*) toccata*.

toccato *agg.* **1** (*scherma*) touché || *—!*, (*fig.*) un point pour toi! **2** (*fig.*) (*pazzoide*) timbré.

toccatutto (pl. *invar.*) *s.m.* touche-à-tout*.

tocco[1] (pl. *-chi*) *agg.* **1** (*di frutta*) gâté **2** (*fig.*) timbré.

tocco[2] *s.m.* **1** coup: *ho sentito un — alla porta*, j'ai entendu frapper un coup à la porte || *un — di cipria*, un soupçon de poudre || *dare gli ultimi tocchi*, mettre la dernière main; *dare l'ultimo — a un quadro*, donner la dernière touche à un tableau || *è il —*, il est une heure **2** (*impronta personale*) main (*f.*) || *il — del maestro*, la patte du maître **3** (*mus.*) toucher.

tocco[3] *s.m.* (*pezzo*) morceau* || *un bel — di ragazza*, (*fam.*) un beau brin de fille.

tocco[4] *s.m.* (*berretto*) toque (*f.*).

toeletta, toelette *s.f.* → toilette.

toga (pl. *-ghe*) *s.f.* toge, robe: *— accademica, forense*, robe de professeur, d'avocat || *abbandonare la —*, (*la professione forense*) abandonner le barreau.

togato *agg.* **1** en robe || *i* (*giudici*) *togati*, les gens de robe **2** (*fig.*) solennel*.

togliere (*coniug. come* cogliere) *v.tr.* **1** enlever*; (*di dosso*) ôter; (*ritirare*) retirer: *— un allievo da una scuola*, retirer un élève d'une école; *— la pa-*

tente, retirer le permis de conduire || *— di mezzo qlcu, qlco*, se débarrasser de qqn, de qqch || *— la vita a qlcu*, tuer qqn; *togliersi la vita*, se tuer **2** (*levare*) lever*: *— i sigilli*, lever les scellés; *— la seduta*, lever la séance || *togliersi un dente*, se faire arracher une dent; (*fig.*) s'enlever une épine du pied || *togliersi un capriccio*, se passer un caprice || *non le ha tolto gli occhi di dosso*, il ne l'a pas quittée des yeux || *è ora di — il disturbo*, il est temps de partir || *— la parola a qlcu*, couper la parole à qqn; *mi hai tolto la parola di bocca*, j'allais le dire **3** (*interrompere*) couper: *— la comunicazione*, couper la communication **4** (*liberare*) libérer* || *mi ha tolto da un bell'impiccio*, il m'a tiré d'un beau pétrin **5** (*impedire*) empêcher: *ciò non toglie che...*, (cela) n'empêche que... □ **togliersi** *v.pron.* s'ôter; s'enlever*; (*andarsene*) s'en aller* || *toglietevi dai piedi!*, fichez le camp!

toilette *s.f.* **1** (*mobile con specchio*) toilette, coiffeuse **2** (*igiene personale*) toilette: *fare —*, faire sa toilette **3** (*abbigl.*) toilette: *— da sera*, grande toilette **4** (*servizi igienici*) toilettes (*pl.*).

tolda *s.f.* (*mar.*) pont (*m.*).

tolemaico (pl. *-ci*) *agg.* ptolémaïque.

toletta *s.f.* → toilette.

tollerabile *agg.* tolérable.

tollerante *agg.* qui supporte bien; (*fig.*) tolérant.

tolleranza *s.f.* tolérance.

tollerare *v.tr.* **1** (*ammettere*) tolérer* **2** (*sopportare*) supporter: *— il freddo*, supporter le froid || *— una medicina*, tolérer un médicament.

tolto *prep.* (*tranne, eccetto*) sauf, à part, excepté ♦ *s.m.*: *il mal —*, le bien mal acquis.

tomaia *s.f.*, **tomaio** *s.m.* empeigne (*f.*).

tomba *s.f.* tombe (*anche fig.*); (*con monumento*) tombeau* (*m.*); (*sotterranea*) caveau* (*m.*) || *fino alla —*, jusqu'à la mort.

tombale *agg.* tombal*.

tombino *s.m.* (*copertura, chiusino*) tampon; (*canaletto di scolo*) bouche d'égout.

tombola[1] *s.f.* loto (*m.*): *a —*, au loto.

tombola[2] *s.f.* (*fam.*) (*caduta*) culbute.

tombolare *v.intr.* (*fam.*) culbuter.

tombolo[1] *s.m.* **1** coussin, carreau* || *merletto a —*, dentelle aux fuseaux **2** (*del canapè*) petit traversin.

tombolo[2], **tombolone** *s.m.* (*caduta*) chute (*f.*); (*ruzzolone*) dégringolade (*f.*).

tomismo *s.m.* thomisme.

tomista *agg. e s.m.* thomiste.

tomistico (pl. *-ci*) *agg.* thomiste.

tomo *s.m.* tome.

tomografia *s.f.* (*med.*) tomographie || *— assiale computerizzata* (*TAC*), tomodensitométrie, scanographie.

tonaca (pl. *-che*) *s.f.* (*di frate*) froc (*m.*); (*di prete*) soutane || *vestire, indossare la —*, (*fig.*) prendre l'habit.

tonale *agg.* tonal*.

tonalità *s.f.* tonalité; (*tono*) ton (*m.*).

tonante *agg.* tonnant.

tondeggiante *agg.* arrondi.

tondeggiare (*coniug. come* mangiare) *v.intr.* s'arrondir; être* arrondi.

tondello *s.m.* **1** (*di cartone, di legno*) rond; (*di legna da ardere*) rondin **2** (*per il conio*) flan.

tondino *s.m.* **1** (*piattino*) petite assiette (*f.*); soucoupe (*f.*); (*sottobicchiere*) dessous de verre **2** (*tecn.*) rond à béton (armé).

tondo *agg.* **1** rond: *bambino* — —, enfant tout rond || *cifra tonda*, chiffre rond; *mille franchi tondi*, mille francs tout ronds || *tre ore tonde*, trois bonnes heures || *dire chiaro e* —, dire carrément || (*tip.*) (*carattere*) —, (caractère) romain **2** (*fig.*) niais, nigaud ♦ *s.m.* **1** (*circolo*) cercle || *in* —, en rond **2** (*pitt., scultura*) médaillon || *scultura a tutto* —, sculpture en ronde-bosse **3** (*piatto rotondo*) assiette (ronde); (*sottocoppa*) soucoupe (*f.*).

tonfo *s.m.* bruit sourd.

tonica (pl. -*che*) *s.f.* (*mus.*) tonique.

tonicità *s.f.* **1** (*med.*) tonicité **2** (*mus., ling.*) caractère tonique.

tonico (pl. -*ci*) *agg.* tonique ♦ *s.m.* **1** (*med.*) fortifiant || *bere un* —, boire un remontant; *un'acqua tonica*, (*bibita*) un tonic **2** (*lozione per il viso*) tonique.

tonificante *agg.* tonifiant, tonique: *massaggio* —, massage tonifiant; *l'aria di mare è* —, l'air marin est tonifiant || *un freddo* —, un froid tonique ♦ *s.m.* tonifiant; (*med.*) fortifiant.

tonificare (*coniug. come* mancare) *v.tr.* tonifier (*anche fig.*).

tonnara *s.f.* thonaire (*m.*).

tonnato *agg.* (*cuc.*) au thon: *vitello* —, tranches de veau froid recouvertes d'une mayonnaise au thon.

tonneggio *s.m.* (*mar.*) touage.

tonnellaggio *s.m.* (*mar.*) tonnage.

tonnellata *s.f.* tonne || — *di stazza*, (*mar.*) tonneau.

tonno *s.m.* thon: *pesca del* —, pêche au thon.

tono *s.m.* **1** ton: *in* — *di sfida*, sur un ton de défi; *in* — *di supplica*, d'un ton suppliant; *non parlarmi con questo* —, ne me parle pas sur ce ton || *rispondere a* — su même ton || *la commedia cala di* — *nel secondo atto*, (*fig.*) au deuxième acte cette pièce faîblit **2** (*stile*) style, ton || *darsi un* —, se donner un genre || *ha un* — *che...*, il a une allure qui... || *essere giù di* — ne pas être en forme **3** (*med.*) tonus.

tonsilla *s.f.* amygdale.

tonsillare *agg.* tonsillaire.

tonsillectomia *s.f.* (*med.*) amygdalectomie, ablation des amygdales.

tonsillite *s.f.* (*med.*) amygdalite.

tonsura *s.f.* tonsure.

tonto *agg.* sot*, stupide || *non fare il finto* —!, ne fais pas l'innocent!

top (pl. *invar.*) *s.m.* (*corpino scollato*) *haut.

topaia *s.f.* **1** nid de rats **2** (*fig.*) taudis (*m.*).

topazio *s.m.* topaze (*f.*).

topica (pl. -*che*) *s.f.* (*fam.*) (*gaffe*) gaffe; (*sbaglio*) bévue: *fare una* —, (*una gaffe*) faire une gaffe; (*prendere un granchio*) commettre une bévue.

topicida *agg.* qui tue les rats ♦ *s.m.* mort-aux-rats* (*f.*).

topico (pl. -*ci*) *agg.* topique || *momento* —, moment crucial.

topinambur *s.m.* (*bot.*) topinambour.

topo *s.m.* rat; (*domestico*) souris (*f.*) || — *di biblioteca*, (*fig.*) rat de bibliothèque || — *d'albergo*, rat d'hôtel || *fare la fine del* —, crever comme un rat; (*fig.*) être fait comme un rat.

topo- *pref.* topo-

topografia *s.f.* topographie.

topografico (pl. -*ci*) *agg.* topographique.

topografo *s.m.* topographe.

topolino *s.m.* souris (*f.*).

topologia *s.f.* topologie.

toponimo *s.m.* toponyme.

toponomastica *s.f.* toponomastique.

toporagno (pl. *topiragni*) *s.m.* (*zool.*) musaraigne (*f.*).

toppa *s.f.* **1** pièce || *mettere una* — *a qlco*, (*fig.*) rafistoler qqch **2** (*della serratura*) trou de la serrure.

torace *s.m.* thorax.

toracico (pl. -*ci*) *agg.* thoracique.

torba *s.f.* tourbe.

torbidamente *avv.* d'une manière trouble.

torbidezza *s.f.* turbidité.

torbido *agg.* trouble || *tempi torbidi*, époque troublée ♦ *s.m.* **1** (*losco*) louche || *pescare nel* —, pêcher en eau trouble **2** *pl.* (*tumulti*) troubles.

torbiera *s.f.* tourbière.

torcere (*Pass. rem.* io torsi, tu torcesti ecc. *Part. pass.* torto) *v.tr.* tordre* || *dare del filo da* —, donner du fil à retordre || — *il naso, la bocca*, faire la grimace □ **torcersi** *v.pron.* se tordre* || — *dalle risa*, se tordre de rire.

torchiare *v.tr.* **1** (*agr.*) presser, pressurer **2** (*fig.*) (*in un interrogatorio, agli esami*) cuisiner.

torchiatura *s.f.* (*agr.*) pressurage (*m.*).

torchio *s.m.* (*tecn.*) presse (*f.*); (*per uva e oleaginose*) pressoir || *tenere qlcu sotto il* —, (*fig.*) tenir qqn sur la sellette.

torchon *s.m.* (*collana a torciglione*) torsade (*f.*) • Falso francesismo.

torcia (pl. -*ce*) *s.f.* **1** torche **2** (*cero*) cierge (*m.*).

torcicollo *s.m.* torticolis (*m.*).

torciera *s.f.* torchère.

torcitura *s.f.* tordage (*m.*); (*della seta*) moulinage (*m.*).

tordo *s.m.* **1** grive (*f.*) || *grasso come un* —, gras comme une caille **2** (*fig.*) (*sempliciotto*) niais (*m.*).

torello *s.m.* taurillon.

torero *s.m.* toréador.

torinese *agg. e s.m.* turinois.

torio *s.m.* (*chim.*) thorium.

torma *s.f.* **1** (*di soldati*) troupe; (*di persone*) masse; (*di animali*) troupeau* (*m.*) || *a torme*, en masse **2** (*st.*) turme.

tormalina *s.f.* tourmaline.

tormenta *s.f.* tourmente.

tormentare *v.tr.* **1** tourmenter, torturer (*anche*

fig.) **2** (*fam.*) (*infastidire*) agacer*, embêter □
tormentarsi *v.pron.* se tourmenter.
tormentato *agg.* tourmenté; torturé (*anche fig.*).
tormento *s.m.* **1** (*tortura*) torture (*f.*) **2** (*sofferenza*) tourment (*anche fig.*) || *quella ragazza è un* —!, quelle plaie cette fille!
tormentoso *agg.* torturant || *ho un dubbio* —, (*fig.*) j'ai un doute qui me hante.
tornaconto *s.m.* avantage, profit: *ha il suo* —, il y trouve son compte; *non c'è* —, il n'y a rien à gagner.
tornado *s.m.* tornade (*f.*).
tornante *s.m.* tournant, virage || *strada a tornanti*, route en lacets.
tornare *v.intr.* **1** revenir*; (*a casa, in casa*) rentrer || *vado e torno*, je fais juste un saut, je reviens tout de suite || — *dentro*, rentrer || — *indietro*, rebrousser chemin; (*fig.*) revenir en arrière || — *giù*, redescendre || — *su*, (*risalire*) remonter; (*di cibi*) revenir; — *su un argomento*, revenir sur un sujet || *torniamo a noi!*, revenons à nos moutons! || — *con la mente a qlco*, repenser à qqch **2** (*andare un'altra volta*) retourner; (*andare periodicamente*) se rendre*: *devo* — *in biblioteca*, il faut que je retourne à la bibliothèque **3** (*ridiventare*) redevenir*: — *di moda*, revenir à la mode || *gli sembrava d'essere tornato giovane*, il avait l'impression d'avoir retrouvé ses vingt ans **4** — *a* (+ *inf.*): — *a dire*, répéter; — *a fare*, (*rifare*) refaire, (*ricominciare a fare*) recommencer à faire; — *a leggere*, (*rileggere*) relire, (*ricominciare a leggere*) recommencer à lire; *tornò a nevicare*, il recommença à neiger **5** (*riuscire, essere*) être*: *mi torna nuovo*, c'est nouveau pour moi; *se ti torna comodo*, si cela ne te dérange pas || *torna a proposito*, cela tombe à propos || *torna a tuo onore*, c'est tout à ton honneur || *torna a tuo vantaggio*, tu y gagnes **6** (*fam.*) (*essere esatto*) être* juste: *i conti non tornano*, les comptes ne sont pas justes || *c'è qualcosa che non torna nel ragionamento*, il y a quelque chose qui cloche dans le raisonnement || *non mi torna!*, cela ne me convainc pas!
tornasole (pl. *invar.*) *s.m.* (*chim.*) tournesol || *cartina al* —, papier de tournesol.
tornata *s.f.* **1** (*seduta*) séance **2** — *elettorale*, tour de scrutin **3** (*metrica*) envoi (*m.*).
tornello *s.m.* tourniquet.
torneo *s.m.* tournoi.
tornio *s.m.* tour.
tornire (*coniug. come* finire) *v.tr.* **1** (*mecc.*) tourner **2** (*fig.*) polir.
tornito *agg.* **1** (*mecc.*) façonné au tour **2** (*di braccia ecc.*) bien fait **3** (*fig.*) bien fini, bien poli.
tornitore (f. -*trice*) *s.m.* tourneur*.
tornitura *s.f.* (*mecc.*) tournage (*m.*).
torno *s.m.*: *in quel* — *di tempo*, en ce temps-là, à cette époque □ **torno torno** *locuz. avv.* tout autour □ **di torno** *locuz.avv.*: *levarsi qlcu di* —, se débarrasser de qqn; *levati di* —!, va-t-en!, ôte-toi de là!
toro¹ *s.m.* **1** taureau* || *forte come un* —, fort comme un bœuf **2** (*astr.*) *Toro*, Taureau.
toro² *s.m.* (*arch., mat.*) tore.
torpedine¹ *s.f.* torpille.

torpedine² *s.f.* (*mar. mil.*) torpille.
torpediniera *s.f.* torpilleur (*m.*).
torpedone *s.m.* car, autocar.
torpido *agg.* engourdi (*anche fig.*).
torpore *s.m.* torpeur (*f.*); (*di membra*) engourdissement.
torre *s.f.* tour || — *di guardia*, tour de guet || — *campanaria*, clocher, campanile || — *di lancio*, rampe de lancement.
torrefare (*coniug. come* fare. *Indic.pres.* egli torrefà) *v.tr.* torréfier.
torrefazione *s.f.* **1** torréfaction **2** (*negozio*) brûlerie de café.
torreggiare (*coniug. come* mangiare) *v.intr.* dominer (qqch).
torrente *s.m.* torrent (*anche fig.*).
torrentizio *agg.* torrentiel*.
torrenziale *agg.* torrentiel*.
torretta *s.f.* tourelle.
torrido *agg.* torride.
torrione *s.m.* donjon.
torrone *s.m.* nougat.
torsione *s.f.* torsion.
torso *s.m.* **1** (*torsolo*) trognon **2** (*busto*) torse: *a* — *nudo*, torse nu.
torsolo *s.m.* trognon.
torta *s.f.* gâteau* (*m.*); (*crostata*) tarte; (*salata*) tourte; — *gelato*, gâteau glacé; — *nuziale*, pièce montée || *grafico a* —, graphique rond divisé en secteurs, (*fam.*) camembert.
tortellino *s.m.* (*spec.pl.*) (*cuc.*) tortellini (variété de pâtes garnies d'une farce).
tortiera *s.f.* moule à gâteaux.
tortiglione *s.m.* tortillon || *a* —, en spirale; (*arch.*) *colonna a* —, colonne torse.
tortile *agg.* tors.
tortino *s.m.* (*cuc.*) gratin.
torto¹ *agg.* tors; (*deforme*) tordu || *fare la bocca torta*, faire la moue, la grimace || *piede* —, pied bot ♦ *s.m.* fil tors ♦ *avv.*: *guardare* —, regarder de travers.
torto² *s.m.* tort: *avere* —, avoir tort; *sentirsi in* —, se sentir dans son tort; *fare un* — *a qlcu*, faire du tort à qqn; *hai* — *marcio*, (*fam.*) tu es entièrement dans ton tort; *non ha tutti i torti*, tous les torts ne sont pas de son côté; *essere, passare dalla parte del* —, être, se mettre dans son tort || *questo gli fa* —, cela est indigne de lui || *a* —, à tort.
tortora, tortorella *s.f.* tourterelle.
tortuosità *s.f.* méandre (*m.*); (*fig.*) caractère tortueux.
tortuoso *agg.* tortueux* (*anche fig.*); (*sinuoso*) sinueux* || **-mente** *avv.*
tortura *s.f.* torture (*anche fig.*).
torturare *v.tr.* torturer (*anche fig.*) □ **torturarsi** *v.pron.* se torturer, se tourmenter.
torvo *agg.* torve || *guardare* —, regarder d'un œil torve.
tosaerba (pl. *invar.*) *s.m.* tondeuse à gazon.
tosare *v.tr.* **1** tondre*: — *una siepe*, tailler une haie || *farsi* —, (*scherz.*) se faire couper les che-

veux très courts **2** (*monete*) rogner **3** (*fig. scherz.*) plumer.

tosasiepi *s.m.* e *f.* taille-haie (*m.*).

tosato *agg.* **1** tondu **2** (*di metalli preziosi*) rogné **3** (*fig. scherz.*) plumé.

tosatore (f. -*trice*) *s.m.* tondeur*.

tosatrice *s.f.* (*macchinetta*) tondeuse.

tosatura *s.f.* **1** tonte **2** (*scherz.*) coupe de cheveux **3** (*delle monete*) rognage (*m.*); (*la materia tosata*) rognure **4** (*di siepi ecc.*) taille.

toscano *agg.* toscan ♦ *s.m.* **1** toscan **2** sorte de cigare.

tosco (pl. -*chi*) *agg.* (*letter.*) toscan.

tosse *s.f.* toux: *avere la* —, tousser || (*med. pop.*) — *convulsa, canina, asinina*, coqueluche.

tossicchiare *v.intr.* toussoter.

tossicità *s.f.* toxicité.

tossico (pl. -*ci*) *agg.* toxique ♦ *s.m.* **1** poison || *amaro come il* —, amer comme le fiel **2** (*fam.*) (*tossicodipendente*) toxico.

tossicodipendente *s.m.* toxicomane, drogué.

tossicodipendenza *s.f.* toxicomanie.

tossicologia *s.f.* toxicologie.

tossicologico (pl. -*ci*) *agg.* toxicologique.

tossicologo (pl. -*gi*) *s.m.* toxicologue.

tossicomane *s.m.* toxicomane.

tossicomania *s.f.* toxicomanie.

tossicosi *s.f.* (*med.*) toxicose.

tossina *s.f.* (*biochim.*) toxine.

tossire (*coniug. come* finire) *v.intr.* tousser.

tostacaffè (pl. *invar.*) *s.m.* brûloir.

tostapane (pl. *invar.*) *s.m.* grille-pain*.

tostare *v.tr.* (*caffè*) torréfier; (*pane*) griller.

tostatura *s.f.* grillage (*m.*); (*caffè*) torréfaction.

tosto[1] *agg.* **1** (*duro*) dur || *che faccia tosta!*, quel toupet!; *è una faccia tosta*, c'est un effronté; *ci vuole una bella faccia tosta per...*, il faut en avoir du toupet pour... **2** (*gergo*) (*formidabile*) sensas.

tosto[2] *avv.* (*letter.*) tout de suite.

tot *agg.indef.* X: *una cifra* —, une somme X; *il giorno* —, tel jour ♦ *pron.indef.* e *s.m.* tant: *spende* — *per l'affitto*, il dépense tant pour le loyer.

totale *agg.* e *s.m.* total* || *in* —, au total.

totalità *s.f.* totalité.

totalitario *agg.* totalitaire.

totalitarismo *s.m.* totalitarisme.

totalizzare *v.tr.* totaliser.

totalizzatore *s.m.* **1** totalisateur **2** (*ippica*) pari mutuel.

totalizzazione *s.f.* totalisation.

totalmente *avv.* totalement; (*interamente*) entièrement.

totano *s.m.* (*mollusco*) calmar.

totem (pl. *invar.*) *s.m.* totem.

totip *s.m.* en Italie, loterie sur les courses des chevaux; (*in Francia*) (*ente organizzatore*) pari mutuel urbain (PMU).

totocalcio *s.m.* en Italie, forme de pari sur les matches de football; (*in Francia*) loto sportif.

toupet *s.m.* postiche • Falso francesismo.

tourniquet *s.m.* **1** (*curva*) tournant **2** (*tornello*) tourniquet.

tour operator *s.m.* voyagiste, tour-opérateur*.

tovaglia *s.f.* nappe.

tovagliato *s.m.* (*biancheria da tavola*) linge de table.

tovaglietta *s.f.* napperon (*m.*): — *da tè*, nappe à thé || — *all'americana*, set de table, napperon individuel.

tovagliolo *s.m.* serviette (de table).

tozzo[1] *agg.* trapu; (*di mani, di gambe*) court.

tozzo[2] *s.m.* quignon || *per un* — *di pane*, pour une bouchée de pain.

tra *prep.* → **fra**[1].

traballante *agg.* **1** (*di persona*) titubant; (*di cosa*) branlant **2** (*fig.*) chancelant.

traballare *v.intr.* **1** (*di persone*) tituber; (*di cose*) branler **2** (*fig.*) chanceler*.

trabeazione *s.f.* (*arch.*) entablement (*m.*).

trabiccolo *s.m.* (*scherz.*) appareil délingué; (*di automobile*) tacot; (*di aeroplano*) coucou; (*di bicicletta*) clou.

traboccante *agg.* débordant (*anche fig.*).

traboccare (*coniug. come* mancare) *v.intr.* déborder (*anche fig.*): *il latte è traboccato*, le lait a débordé.

trabocchetto *s.m.* **1** trappe (*f.*) **2** (*fig.*) piège || *domanda* —, colle: *fare una domanda* —, poser une colle.

tracagnotto *agg.* e *s.m.* courtaud.

tracannare *v.tr.* avaler d'un trait.

traccia (pl. -*ce*) *s.f.* **1** trace; (*pesta*) empreinte: *non ne è rimasta* —, il n'y a plus de trace || (*fig.*): *far perdere le proprie tracce*, se volatiliser dans la nature; *seguire le tracce di qlcu*, (*il suo esempio*) marcher sur les traces de qqn || *le tracce di una civiltà*, les vestiges d'une civilisation **2** (*abbozzo*) plan (*m.*) **3** (*di dischi, nastri, inform.*) piste.

tracciante *agg.* traçant ♦ *s.m.* balle traçante.

tracciare (*coniug. come* cominciare) *v.tr.* tracer* (*anche fig.*) || *tracciare la via*, (*fig.*) ouvrir la voie.

tracciato *s.m.* tracé.

trachea *s.f.* (*anat.*) trachée.

tracheale *agg.* trachéal*, trachéen*.

tracheite *s.f.* (*med.*) trachéite.

tracheotomia *s.f.* (*med.*) trachéotomie.

tracimare *v.intr.* déborder.

tracimazione *s.f.* débordement (*m.*).

tracolla *s.f.* bandoulière || *a* —, en bandoulière.

tracollo *s.m.* débâcle (*f.*): — *finanziario*, débâcle financière, krach || *sull'orlo di un* — *fisico*, au bord de l'épuisement (physique).

tracoma *s.m.* (*med.*) trachome.

tracotante *agg.* e *s.m.* arrogant.

tracotanza *s.f.* arrogance, outrecuidance.

trade mark *s.m.* marque de fabrique.

tradimento *s.m.* trahison (*f.*) || *a* —, par trahison; *domanda a* —, question à brûle-pourpoint; *uccidere a* —, tuer par traîtrise || *mangiare il pane a* —, voler le pain qu'on mange.

tradire (*coniug. come* finire) *v.tr.* trahir (*anche fig.*); (*essere infedele a*) tromper: — *il marito, la moglie*, tromper son mari, sa femme || *se la me-*

moria non mi tradisce, si j'ai bonne mémoire □
tradirsi *v.pron.* se trahir.
traditore (f. *-trice*) *agg.* e *s.m.* traître* (*anche fig.*):
— *della patria*, traître à sa patrie || *occhi traditori*,
des yeux trompeurs; *parole traditrici*, des mots
trompeurs, mensongers || *da* —, *alla traditora*, en
traître.
tradizionale *agg.* traditionnel* || *-mente avv.*
tradizionalismo *s.m.* traditionalisme.
tradizionalista *s.m.* traditionaliste.
tradizionalistico (pl. *-ci*) *agg.* traditionaliste.
tradizione *s.f.* **1** tradition: *per* —, de tradition **2** (*fam.*) (*abitudine*) habitude.
tradotta *s.f.* train militaire.
traducibile *agg.* traduisible.
tradurre (*coniug. come* condurre) *v.tr.* **1** tra-
duire* || — *il proprio pensiero in parole*, exprimer
sa pensée; *tradotto in parole povere...*, en bon
français... || — *in atto, in pratica*, réaliser || —
un'idea sulla tela, transposer une idée sur
une toile **2** (*condurre*) conduire* **3** (*inform.*)
transcoder.
traduttore (f. *-trice*) *s.m.* traducteur*.
traduzione *s.f.* **1** traduction **2** (*esercizio scolastico*) (*dalla propria in un'altra lingua*) thème
(*m.*); (*da una lingua straniera nella propria*) version **3** (*trasferimento*) transfert (*m.*).
traente *agg.* tractif* ♦ *s.m.* (*comm.*) tireur; donneur d'ordre.
trafelato *agg.* essoufflé, *haletant.
trafficante *s.m.* **1** trafiquant **2** (*commerciante*) commerçant.
trafficare (*coniug. come* mancare) *v.intr.* **1** trafiquer (avec qqn); (*in qlco*) faire* du trafic (de
qqch) || *traffica in vini*, il trafique dans le vin **2**
(*fam.*) (*affaccendarsi*) s'affairer; (*fare piccoli lavo-
ri*) bricoler ♦ *v.tr.* faire* du trafic (de) || *che cosa
stai trafficando?*, (*fam.*) qu'est-ce que tu fabri-
ques? || *è gente che traffica*, (*spreg.*) ce sont des
gens qui font des magouilles.
trafficato *agg.* de grand passage, de grande circulation.
traffichino *s.m.* (*intrallazzatore*) magouilleur.
traffico (pl. *-ci*) *s.m.* **1** (*commercio spec. illecito*)
trafic || *fare strani traffici*, (*fam.*) faire des ma-
gouilles **2** (*movimento di un settore*) trafic; (*stradale*) circulation (*f.*): *dirigere il* —, diriger la circulation; *oggi c'è molto* —, aujourd'hui il y a beaucoup de circulation; *aperto, chiuso al* —, ouvert,
interdit à la circulation || *ore di* —, heures de
pointe.
trafiggere (*coniug. come* affliggere) *v.tr.* trans-
percer*; (*fig.*) percer* || (*fig.*) *trafitto dalla gelosia*,
tourmenté par la jalousie.
trafila *s.f.* filière || *passare attraverso la normale*
—, suivre la filière.
trafilare *v.tr.* (*metall.*) tréfiler, étirer.
trafilato *agg.* e *s.m.* tréfilé.
trafilatura *s.f.* (*metall.*) tréfilage (*m.*).
trafiletto *s.m.* entrefilet.
trafittura *s.f.* **1** (*ferita*) blessure **2** (*fitta*) élancement (*m.*).

traforare *v.tr.* **1** percer*; (*carta, cuoio, legno*)
perforer; (*il compensato*) découper **2** (*ricamare
a traforo su*) ajourer.
traforato *agg.* **1** percé; (*di carta, cuoio, legno*)
perforé **2** (*ricamato con trafori*) ajouré.
traforo *s.m.* **1** percement **2** (*galleria*) tunnel
3 (*di legno compensato*) découpage **4** (*ricamo,
intaglio artistico*) jour.
trafugamento *s.m.* soustraction (*f.*); (*furto*) vol;
(*di una salma*) subtilisation (*f.*).
trafugare (*coniug. come* legare) *v.tr.* soustraire*;
(*rubare*) voler; (*una salma*) subtiliser.
tragedia *s.f.* tragédie (*anche fig.*) || *è accaduta
una* —, il est arrivé un malheur || *non facciamone
una* —!, n'en faisons pas un drame!
tragediografo *s.m.* auteur* tragique.
traghettamento *s.m.* passage.
traghettare *v.tr.*: **1** (*trasportare*) transporter,
faire* traverser **2** (*attraversare*) passer, traverser.
traghettatore (f. *-trice*) *s.m.* passeur, batelier*.
traghetto *s.m.* **1** (*trasporto*) passage; traversée
(*f.*) **2** (*mezzo per traghettare*) bac: — *per auto*,
bac pour auto, car-ferry || *nave* —, ferry-boat.
tragicamente *avv.* tragiquement.
tragicità *s.f.* tragique (*m.*).
tragico (pl. *-ci*) *agg.* tragique (*anche fig.*) ♦ *s.m.* **1**
tragique || *prendere sul* —, prendre au tragique **2**
(*autore di tragedie*) auteur tragique; (*attore*) tragédien*.
tragicomico (pl. *-ci*) *agg.* tragi-comique*.
tragicommedia *s.f.* tragi-comédie*.
tragitto *s.m.* **1** (*strada*) trajet, chemin; (*percorso*) parcours: *il — è lungo*, il y a un bon bout de
chemin || *lungo il* —, en cours de route **2** (*viag-
gio*) voyage.
traguardo *s.m.* **1** (*ligne d'*) arrivée; (*ippica*)
poteau*: *tagliare il* —, franchir la ligne d'arrivée,
le poteau **2** (*fig.*) (*meta*) but, objectif.
traiettoria *s.f.* trajectoire.
trailer (pl. *invar.*) *s.m.* **1** (*aut.*) remorque (*f.*) **2**
(*cine.*) bande-annonce* (*f.*).
trainabile *agg.* tractable.
trainante *agg.* **1** (*che traina*) remorqueur* **2**
(*fig.*) porteur || *è l'elemento — del gruppo*, c'est le
bout-en-train du groupe, (*intellettuale, politico*)
c'est le leader du groupe.
trainare *v.tr.* **1** traîner, tirer **2** (*rimorchiare*) remorquer.
training (pl. *invar.*) *s.m.* **1** (*allenamento sportivo*) training, entraînement **2** (*tirocinio professionale*) formation (*f.*) **3** (*psic.*) — *autogeno*,
training autogène.
traino *s.m.* **1** (*il trainare*) traction (*f.*), traînage;
(*il rimorchiare*) remorquage || *animali da* —, ani-
maux de trait || *gancio da* —, crochet d'attel-
lage **2** (*rimorchio*) remorque (*f.*) **3** (*carico trai-
nato*) charge (*f.*).
tralasciare (*coniug. come* cominciare) *v.tr.* **1**
(*abbandonare*) abandonner **2** (*trascurare*) négli-
ger* **3** (*omettere*) omettre* || *non — d'avvertir-
mi*, ne manque pas de me prévenir.

tralcio *s.m.* rameau* de vigne; (*sarmento*) sarment.

traliccio *s.m.* **1** (*struttura di sostegno*) treillis; (*per porte, finestre*) grillage **2** (*della linea elettrica*) pylône **3** (*graticcio*) treillage **4** (*tessuto*) coutil.

tralice, in *locuz.avv.* de biais, de travers.

tralignamento *s.m.* dégénérescence (*f.*), dégénération (*f.*).

tralignare *v.intr.* dégénérer*; (*fig.*) sortir* des sentiers battus.

tram (pl. *invar.*) *s.m.* tram, tramway: (*region.*) *attaccati al —!*, tu peux toujours courir!

trama *s.f.* **1** trame **2** (*fig.*) (*macchinazione*) intrigue, complot (*m.*) || *le trame nere*, les complots fascistes, de l'extrême-droite **3** (*fig.*) (*intreccio*) trame.

tramandare *v.tr.* transmettre*.

tramare *v.tr.* tramer; (*ordire*) ourdir; (*complottare*) comploter.

trambusto *s.m.* remue-ménage*; (*rumore confuso*) tohu-bohu*.

tramestio *s.m.* (*trambusto*) remue-ménage*; (*andirivieni*) va-et-vient*.

tramezza *s.f.* cloison.

tramezzare *v.tr.* **1** intercaler **2** (*dividere con una tramezza*) cloisonner.

tramezzino *s.m.* sandwich.

tramezzo *s.m.* cloison (*f.*).

tramite *s.m.* intermédiaire: *fare da —*, servir d'intermédiaire || *per il — di*, par l'intermédiaire de; *l'ho ottenuto per il loro —*, c'est grâce à eux que je l'ai obtenu ♦ *con valore di prep.* par (l'intermédiaire de): *diffuso — la radio*, diffusé par la radio; *— agenzia*, par une agence; *— il nostro spedizioniere*, par l'intermédiaire de notre transporteur; *— nostro, vostro*, par notre, par votre intermédiaire; *l'ho saputo — mio fratello*, je l'ai su par mon frère.

tramoggia (pl. *-ge*) *s.f.* trémie || (*edil.*) *finestra a —*, abat-jour.

tramontana *s.f.* tramontane || *perdere la —*, (*fig.*) perdre le nord.

tramontare *v.intr.* **1** se coucher **2** (*fig.*) passer; (*declinare*) être* sur le déclin: *questa moda è tramontata*, cette mode est passée; *la sua notorietà sta tramontando*, sa notoriété est sur le déclin; *le sue speranze stanno tramontando*, ses espérances commencent à défaillir ♦ *con valore di s.m.* coucher; (*fig.*) déclin.

tramonto *s.m.* **1** coucher de soleil: *volgere al —*, décliner || *dall'alba al —*, de l'aube au couchant **2** (*fig.*) déclin: *al —, sul viale del —*, sur le déclin; *la sua stella è al —*, son étoile pâlit.

tramortire (*coniug. come* finire) *v.tr.* assommer ♦ *v.intr.* s'évanouir, perdre* connaissance.

tramortito *agg.* **1** assommé **2** (*svenuto*) évanoui, sans connaissance: *mezzo —*, à demi évanoui.

trampoliere *s.m.* échassier.

trampolino *s.m.* tremplin.

trampolo *s.m.* (*spec.pl.*) échasse (*f.*): *camminare sui trampoli*, marcher avec les échasses || *ragionamento che si regge sui trampoli*, (*fig.*) raisonnement qui cloche.

tramutare *v.tr.* transformer □ **tramutarsi** *v.pron.* se transformer.

tramvai *s.m.* → **tram.**

trance (pl. *invar.*) *s.m.* transe (*f.*).

trancia (pl. *-ce*) *s.f.* **1** cisaille, tronçonneuse; (*taglierina da carta, cartone*) découpeuse: *— per legno*, tronçonneuse à bois **2** (*fetta*) tranche.

tranciare (*coniug. come* cominciare) *v.tr.* cisailler, tronçonner; (*carta, cartone*) découper; (*tagliare di netto*) trancher (net); (*tagliare a fette*) couper en tranches.

tranciatrice *s.f.* cisaille, tronçonneuse; (*taglierina da carta, cartone*) découpeuse: *— per legno*, tronçonneuse à bois.

tranciatura *s.f.* cisaillement (*m.*), tronçonnage (*m.*); (*di carta, cartone*) découpage (*m.*).

trancio *s.m.* tranche (*f.*) || *pizza al —*, pizza au détail.

tranello *s.m.* piège: *c'era un —*, c'était un piège.

tranguggiare (*coniug. come* mangiare) *v.tr.* avaler (*anche fig.*).

tranne *prep.* sauf, excepté: *tutti, — i bambini*, tous, sauf (*o* excepté) les enfants (*o* les enfants exceptés); *tutti i giorni, — (che) il giovedì*, tous les jours sauf (*o* excepté) le jeudi; *tutto, — (che) studiare*, tout sauf étudier; *— questi*, ceux-ci exceptés □ **tranne che** *locuz.cong.* **1** (*a meno che*) à moins que: *— che non sia lui a dirlo*, à moins que ce ne soit lui qui le dise; *non riceve nessuno — che (non) si presentino casi urgenti*, il ne reçoit personne sauf les urgences **2** (*all'infuori di*): *va d'accordo con tutti — che con me*, il n'y a qu'avec moi qu'il ne s'entend pas.

tranquillamente *avv.* tranquillement || *è capace di bersi — un litro di vino*, il pourrait boire toute la bouteille de vin.

tranquillante *agg. e s.m.* tranquillisant.

tranquillità *s.f.* tranquillité, calme (*m.*): *con tutta —*, en toute tranquillité; *un attimo di —*, un moment de calme, de tranquillité; *per — della mia coscienza*, pour avoir la conscience tranquille || *— economica*, aisance.

tranquillizzante *agg.* tranquillisant, rassurant.

tranquillizzare *v.tr.* tranquilliser, rassurer □ **tranquillizzarsi** *v.pron.* se tranquilliser, se rassurer; (*calmarsi*) se calmer.

tranquillo *agg.* tranquille, paisible: *dormire sonni tranquilli*, dormir tranquille; *avere la coscienza tranquilla*, avoir la conscience tranquille || *stai —*, calme-toi, (*non preoccuparti*) ne t'inquiète pas, (*abbi fiducia*) rassure-toi.

trans- *pref.* trans-

transahariano *agg.* transsaharien*.

transalpino *agg.* transalpin.

transatlantico (pl. *-ci*) *agg. e s.m.* transatlantique.

transattivo *agg.* transactionnel*.

transazione *s.f.* transaction: *venire a (una) — con qlcu*, transiger avec qqn.

transcodifica (pl. *-che*), **transcodificazione** *s.f.* transcodage (*m.*).

transcontinentale *agg.* transcontinental*.

transeat *inter.* passons!

transenna *s.f.* barrière (d'arrêt).

transennare *v.tr.* délimiter avec des barrières.

transessuale *agg.* e *s.m.* transsexuel*.

transetto *s.m.* (*arch.*) transept.

transfert (pl. *invar.*) *s.m.* (*psic.*) transfert.

transfuga (pl. *-ghi*) *s.m.* transfuge.

transiberiano *agg.* transsibérien*.

transigere (*Part. pass.* transatto) *v.tr.* transiger* (sur) || *la lite fu transatta*, la querelle a été arrangée à l'amiable.

transistor (pl. *invar.*), **transistore** *s.m.* transistor: (*radio a*) —, transistor || *a* —, transistorisé.

transistorizzare *v.tr.* transistoriser.

transitabile *agg.* praticable: — *con catene*, praticable avec des chaînes || *passo* —, col ouvert || *strada non* —, route barrée.

transitabilità *s.f.* viabilité || *la* — *delle strade*, l'état des routes.

transitare *v.intr.* transiter; (*circolare*) circuler || *far* — *delle merci*, transiter des marchandises || — *da*, passer par.

transitivo *agg.* transitif* || -**mente** *avv.*

transito *s.m.* transit || *luogo di* —, lieu de passage || — *riservato*, passage réservé; *divieto di* —, passage interdit, circulation interdite; — *interrotto*, circulation interrompue.

transitorietà *s.f.* caractère transitoire, caractère provisoire.

transitorio *agg.* transitoire; (*provvisorio*) provisoire.

transizione *s.f.* transition.

transoceanico (pl. *-ci*) *agg.* transocéanien*.

transumanza *s.f.* transhumance.

transumare *v.intr.* transhumer.

transustanziazione *s.f.* transsubstantiation.

trantran, trantran *s.m.* (*fam.*) train-train*: *il solito* —, le train-train habituel, la routine quotidienne.

tranvai *s.m.* tram.

tranvia *s.f.* (ligne de) tramway.

tranviario *agg.* de tramways: *vettura tranviaria*, (voiture de) tramway.

tranviere *s.m.* traminot; (*manovratore*) conducteur; (*bigliettaio*) receveur.

trapanare *v.tr.* **1** percer*, forer **2** (*med.*) trépaner; (*un dente*) fraiser.

trapanatore *s.m.* perceur*.

trapanazione *s.f.* **1** forage (*m.*), perçage (*m.*) **2** (*med.*) trépanation; (*di un dente*) fraisage (*m.*).

trapano *s.m.* **1** foreuse (*f.*), perceuse (*f.*); (*da falegname*) vilebrequin; (*da orologiaio e gioielliere*) drille (*f.*); (*da roccia*) trépan || *punta da, di* —, foret, mèche **2** (*da chirurgo*) trépan; (*da dentista*) fraise (*f.*).

trapassare *v.tr.* transpercer*, percer* de part en part || — *i limiti*, dépasser les limites ♦ *v.intr.* (*morire*) trépasser.

trapassato *agg.* (*trafitto*) transpercé ♦ *s.m.* **1** (*defunto*) trépassé **2** (*gramm.*): — *prossimo*, plus-que-parfait de l'indicatif; — *remoto*, passé antérieur.

trapasso *s.m.* **1** passage || — *di proprietà*, transfert de propriété; — *dei poteri*, passation des pouvoirs **2** (*morte*) trépas.

trapelare *v.intr.* **1** filtrer; (*di acqua*) suinter **2** (*fig.*) transpirer: *nulla è trapelato*, rien n'a transpiré; *senza lasciare* — *nulla*, sans que personne ne se doute de rien; *lo sguardo non lasciava* — *il suo turbamento*, son regard ne laissait rien deviner de son émoi.

trapezio *s.m.* trapèze.

trapezista *s.m.* e *f.* trapéziste.

trapezoidale *agg.* trapézoïdal*.

trapiantare *v.tr.* **1** transplanter; (*piante giovani*) repiquer; (*da un vaso*) dépoter || — *una moda, un'usanza*, (*fig.*) importer une mode, une coutume **2** (*med.*) (*organi*) transplanter; (*tessuti*) greffer ▢ **trapiantarsi** *v.pron.* se transplanter.

trapianto *s.m.* **1** transplantation (*f.*); (*di giovani piante*) repiquage; (*da un vaso*) dépotage **2** (*med.*) greffe (*f.*).

trappa *s.f.* trappe.

trappista *s.m.* trappiste.

trappola *s.f.* **1** piège (*m.*); (*per animali nocivi*) traquenard (*m.*); (*per topi*) souricière, piège à rats; (*per uccelli*) trébuchet (*m.*): *prendere in* —, prendre au piège; *cadere in* —, tomber dans le piège; *siamo in* —!, nous sommes coincés!; *la polizia ha teso una* —, la police a organisé une souricière **2** (*congegno che funziona male*) patraque; (*vecchia automobile*) tacot (*m.*).

trapunta *s.f.* courtepointe.

trapuntare *v.tr.* **1** matelasser; (*materassi, cuscini*) piquer **2** (*ricamare*) broder.

trapuntato *agg.* **1** matelassé; (*di materassi, cuscini*) piqué **2** (*ricamato*) brodé.

trapunto *agg.* brodé || *cielo* — *di stelle*, ciel parsemé d'étoiles ♦ *s.m.* piqué.

trarre (*Indic.pres.* io traggo, tu trai, egli trae, noi traiamo, voi traete, essi traggono; *fut.* io trarrò ecc.; *pass.rem.* io trassi, tu traesti ecc. *Part.pass.* tratto) *v.tr.* **1** tirer: — *d'impaccio*, tirer d'embarras || — *in arresto*, arrêter || — *a riva*, ramener au rivage **2** (*indurre*) induire*: — *in inganno, in errore*, induire en erreur **3** (*ricavare, prendere*) tirer: — *vantaggio*, tirer (du) profit; — *le conclusioni*, tirer les conclusions; — *esempio da qlcu*, prendre exemple sur qqn || — *origine*, prendre naissance ▢ **trarsi** *v.pron.* se tirer: — *d'impaccio*, se tirer d'embarras; — *indietro*, se retirer; — *in disparte*, se mettre à l'écart.

tras- *pref.* trans-

trasalimento *s.m.* tressaillement.

trasalire (*coniug. come* finire) *v.intr.* tressaillir*.

trasandatezza *s.f.* laisser-aller* (*m.*).

trasandato *agg.* négligé: *è* — *nel vestire*, il a une mise négligée || *è sempre trasandata*, elle se laisse aller || *un lavoro* —, un travail bâclé, peu soigné.

trasbordare *v.tr.* transborder ♦ *v.intr.* changer*

(de moyen de transport): — *da una nave all'altra,* changer de bâteau.

trasbordo *s.m.* transbordement.

trascendentale *agg.* **1** transcendantal* **2** (*fam.*) extraordinaire.

trascendente *agg.* transcendant.

trascendenza *s.f.* transcendance.

trascendere (*coniug. come* scendere) *v.tr.* **1** dépasser **2** (*fil.*) transcender ♦ *v.intr.* dépasser les bornes, exagérer || *mi scusi se ho trasceso,* excusez-moi si je me suis laissé emporter.

trascinante *agg.* entraînant, irrésistible; (*avvincente*) captivant.

trascinare *v.tr.* **1** traîner; (*portarsi dietro*) entraîner: — *nel fango,* traîner dans la boue; *la trascinò con sé nella rovina,* il l'entraîna dans sa ruine; *trascina una vita di miseria,* il traîne une misérable existence; *si è lasciato — dalla fantasia,* il s'est laissé emporter par son imagination **2** (*condurre a forza*) traîner: *mi ci hanno trascinato,* on m'y a traîné **3** (*fig.*) (*avvincere*) entraîner: — *l'uditorio,* entraîner son auditoire; *una musica che trascina,* une musique entraînante □

trascinarsi *v.pron.* **1** se traîner **2** (*andare per le lunghe*) traîner: *la malattia si era trascinata per mesi,* la maladie avait traîné pendant des mois.

trascinatore (f. *-trice*) *s.m.* (*fig.*) meneur* ♦ *agg.* entraînant.

trascolorare *v.intr.,* **trascolorarsi** *v.pron.* **1** changer* de couleur **2** (*impallidire*) pâlir.

trascorrere (*coniug. come* correre) *v.tr.* passer ♦ *v.intr.* (*del tempo*) passer, s'écouler || *trascorso un certo tempo...,* après un certain temps... || *non mi sono accorto del — del tempo,* je ne me suis pas rendu compte que le temps passait.

trascorso *agg.* passé* ♦ *s.m.pl.* antécédents: *i suoi trascorsi non sono buoni,* ses antécédents ne sont pas bons || *trascorsi di gioventù,* erreurs de jeunesse.

trascrittore (f. *-trice*) *s.m.* transcripteur*.

trascrivere (*coniug. come* scrivere) *v.tr.* transcrire*.

trascrizione *s.f.* transcription.

trascurabile *agg.* négligeable.

trascurare *v.tr.* **1** négliger* **2** (*omettere*) omettre*; (*dimenticare*) oublier **3** (*non tener conto di*) laisser de côté □ **trascurarsi** *v.pron.* se négliger*: *si trascura nel vestire,* elle est négligée dans sa toilette.

trascuratamente *avv.* avec négligence.

trascuratezza *s.f.* négligence.

trascurato *agg.* **1** négligé || *essere — nella persona,* être négligé; *è — nel vestire,* il a une mise négligée **2** (*negligente*) négligent.

trasecolare *v.intr.* être* ébahi: *far —,* ébahir.

trasecolato *agg.* ébahi.

trasferibile *agg.* transmissible || *assegno non —,* chèque barré ♦ *s.m.* décalcomanie (*f.*).

trasferimento *s.m.* transfert; (*spostamento*) déplacement; (*di dipendenti statali*) mutation (*f.*): *chiedere il —,* demander à être muté; — (*di detenuti*) *in cellulare,* transfert cellulaire || *il —*

della salma, (*al cimitero*) la levée du corps || (*banca*) — *di una somma da un conto,* virement || — *di domicilio,* changement de domicile.

trasferire (*coniug. come* finire) *v.tr.* transférer*; (*spostare*) déplacer*; (*dipendenti statali*) muter || *alcuni poteri vennero trasferiti alle autorità locali,* certains pouvoirs passèrent aux autorités locales || (*banca*) — *una somma sul conto di qlcu,* virer une somme sur le compte de qqn || — *le proprie ambizioni sui figli,* (*fig.*) reporter ses ambitions sur ses enfants □ **trasferirsi** *v.pron.* s'établir, s'installer.

trasferta *s.f.* **1** déplacement (*m.*): *in —,* en déplacement **2** (*indennità di trasferta*) indemnités de déplacement.

trasfigurare *v.tr.* transfigurer □ **trasfigurarsi** *v.pron.* se transfigurer.

trasfigurazione *s.f.* transfiguration.

trasfondere (*coniug. come* fondere) *v.tr.* transmettre*.

trasformabile *agg.* transformable || *vettura —,* (voiture) décapotable.

trasformare *v.tr.* transformer; (*scient.*) convertir □ **trasformarsi** *v.pron.* se transformer, se changer*.

trasformato *agg.* transformé.

trasformatore *agg. e s.m.* transformateur.

trasformazione *s.f.* transformation.

trasformismo *s.m.* transformisme.

trasformista *s.m.* **1** girouette (*f.*), caméléon **2** (*artista di varietà*) fantaisiste.

trasformistico (pl. *-ci*) *agg.* transformiste; (*mutevole*) changeant.

trasfusionale *agg.* (*di trasfusione*) de transfusion (sanguine); (*causato da una trasfusione*) transfusionnel*.

trasfusione *s.f.* transfusion, perfusion: *fare una — a qlcu,* transfuser qqn.

trasfuso *agg. e s.m.* (*med.*) transfusé.

trasgredire (*coniug. come* finire) *v.tr. e intr.* transgresser (qqch), enfreindre* (qqch).

trasgressione *s.f.* transgression.

trasgressività *s.f.* transgression.

trasgressivo *agg.* transgressif* (*anche geol.*): *comportamento —,* conduite transgressive.

trasgressore *s.m.* transgresseur.

traslare *v.tr.:* — *la salma,* enlever le corps.

traslativo *agg.* (*dir.*) translatif*.

traslato *agg.* métaphorique: *in senso —,* au sens métaphorique ♦ *s.m.* métaphore (*f.*): *l'uso del —,* l'emploi de métaphores || *per —,* par métaphore.

traslazione *s.f.* translation; (*trasporto*) transfert (*m.*).

traslitterare *v.tr.* translit(t)érer*.

traslitterazione *s.f.* translit(t)ération.

traslocare (*coniug. come* mancare) *v.intr.* déménager* ♦ *v.tr.* **1** (*mobili*) déménager* **2** (*trasferire*) transférer*.

trasloco (pl. *-chi*) *s.m.* déménagement: *fare il —,* déménager.

traslucido *agg.* translucide.

trasmesso *agg.* transmis || — *alla, per televisione*, télévisé.

trasmettere (*coniug. come* mettere) *v.tr.* transmettre* || — *il caldo*, conduire la chaleur || — *per, alla radio*, transmettre par radio, diffuser à la radio□ **trasmettersi** *v.pron.* être* transmis.

trasmettitore *s.m.* (*tel.*) transmetteur.

trasmigrare *v.intr.* transmigrer.

trasmigrazione *s.f.* transmigration.

trasmissibile *agg.* transmissible.

trasmissione *s.f.* 1 transmission || — *via radio*, canalisation par radio || *fine della* —, fin de transmission || — *via cavo*, diffusion par câble || — *elettrica*, canalisation électrique 2 (*programma radiofonico, televisivo*) émission.

trasmittente *agg.* émetteur* ♦ *s.f.* station émettrice.

trasmodato *agg.* exagéré.

trasmutabile *agg.* transmuable, transmutable.

trasmutare *v.tr.* transmuer, transmuter.

trasmutazione *s.f.* transmutation.

trasognato *agg.* perdu dans ses rêves: *guardare con occhi trasognati*, regarder d'un air rêveur; *sguardo* —, regard perdu dans le vague.

trasparente *agg.* e *s.m.* transparent.

trasparenza *s.f.* transparence.

trasparire (*coniug. come* apparire) *v.intr.* 1 transparaître*; (*filtrare*) filtrer 2 (*fig.*) transpirer: *senza lasciar* — *nulla*, sans que personne ne se doute de rien; *il suo sguardo non lasciava* — *il turbamento*, son regard ne laissait rien deviner de son émoi; *dai suoi occhi traspariva una grandissima gioia*, ses yeux trahissaient une immense joie.

traspirare *v.intr.* transpirer (*anche fig.*).

traspirazione *s.f.* transpiration.

trasporre (*coniug. come* porre) *v.tr.* transposer.

trasportabile *agg.* transportable.

trasportare *v.tr.* 1 transporter || *una musica che trasporta*, (*fig.*) une musique qui ravit || *lasciarsi* — *dall'ira*, se laisser emporter par la colère 2 (*trascinare*) charrier 3 (*trasferire*) transférer*.

trasportato *agg.* transporté ♦ *s.m.* personne transportée.

trasportatore (f. *-trice*) *agg.* transporteur* ♦ *s.m.* transporteur, convoyeur: — *a nastro*, bande transporteuse.

trasporto *s.m.* 1 transport: — *aereo*, transport par avion; *trasporti pesanti*, poids lourds || — *funebre*, convoi funèbre 2 (*fig.*) transport, élan: *abbracciare qlcu con* —, embrasser qqn avec élan.

trasposizione *s.f.* 1 transposition 2 (*chim.*) réarrangement (*m.*).

trassato *agg.* (*comm.*) tiré.

trastullare *v.tr.* amuser □ **trastullarsi** *v.pron.* 1 s'amuser 2 (*perdere tempo*) perdre* son temps.

trastullo *s.m.* passe-temps*; (*fig.*) jouet.

trasudare *v.intr.* transsuder; (*med.*) exsuder ♦ *v.tr.* suinter: *i muri trasudavano umidità*, l'humidité suintait des murs || *trasuda ricchezza*, il roule sur l'or.

trasudato *s.m.* (*med.*) transsudat.

trasudazione *s.f.* transsudation.

trasversale *agg.* transversal* || **-mente** *avv.*

trasverso *agg.* 1 transversal* 2 (*anat.*) transverse.

trasvolare *v.tr.* survoler ♦ *v.intr.* glisser.

trasvolata *s.f.* traversée sans escale.

trasvolatore (f. *-trice*) *s.m.* aviateur*.

tratta *s.f.* 1 (*comm.*) traite: — *di favore*, traite creuse; — *documentata*, traite documentaire; — *di comodo*, traite en l'air 2 (*di linea ferroviaria*) parcours (*m.*).

trattabile *agg.* 1 qui peut être traité || *prezzo* —, prix à débattre 2 (*fig.*) affable.

trattamento *s.m.* 1 traitement || — *della pelle*, soins du visage 2 (*modo di trattare*) traitement; (*condizioni*) conditions (*f.pl.*) || *in questo albergo il* — *è ottimo*, dans cet hôtel, le service est excellent || (*inform.*) — *dei dati*, traitement des données 3 (*cine.*) synopsis.

trattare *v.tr.* e *intr.* 1 traiter: — *qlcu come un amico*, traiter qqn en ami; — *qlcu da bugiardo*, traiter qqn de menteur; — *bene qlcu*, avoir des égards pour qqn; *lo tratti troppo bene*, tu es trop gentil avec lui; *tratta bene i miei libri*, prends bien soin de mes livres; — *male qlcu*, être désagréable avec qqn; *ho trattato con lui personalmente*, j'ai eu affaire à lui; *con lui non tratto*, je ne traite pas avec lui || — *un affare*, traiter une affaire; (*concluderlo*) régler une affaire || *possiamo* —, (*il prezzo*) on peut s'entendre; *trattate direttamente col proprietario*, adressez-vous directement au propriétaire || *di cosa tratta questo libro?*, de quoi parle ce livre? || — *un malato con cortisone*, soigner un malade à la cortisone || *ti tratta bene tuo marito!*, il te gâte ton mari! 2 (*con uso impers.*) *trattarsi*, s'agir: *si tratta di*, il s'agit de; *trattandosi di*, s'agissant de || *si tratta della sua vita*, il y va de sa vie.

trattario *s.m.* (*banca*) tiré.

trattatistica *s.f.* l'art, la technique de rédiger des traités; ensemble de traités.

trattativa *s.f.* négociation, pourparlers (*m.pl.*): *trattative sindacali*, négociations syndicales || *entrare, essere in trattative con qlcu*, entrer, être en pourparlers avec qqn || *a* — *privata*, de gré à gré.

trattato *s.m.* traité.

trattazione *s.f.* 1 manière de traiter 2 développement (*m.*); (*trattato*) traité (*m.*).

tratteggiare (*coniug. come* mangiare) *v.tr.* 1 (*disegnare a trattini*) *hachurer 2 (*abbozzare*) ébaucher 3 (*fig.*) esquisser, décrire* à grands traits.

tratteggiato *agg.* *hachuré; (*tracciato con piccoli tratti*) en tiret; (*abbozzato*) esquissé.

tratteggio *s.m.* *hachure (*f.*).

trattenere (*coniug. come* tenere) *v.tr.* 1 retenir* 2 (*contenere, frenare*) contenir* || — *la collera*, contenir sa colère; — *il fiato, il riso*, retenir son souffle, son rire 3 (*impedire*) empêcher* 4 (*intrattenere*) entretenir* □ **trattenersi** *v.pron.* 1 (*fermarsi*) rester 2 (*frenarsi*) se retenir*.

trattenimento *s.m.* (*ricevimento*) réception (*f.*); (*serata*) soirée (*f.*).

trattenuta *s.f.* retenue.

trattino *s.m.* **1** *hachure (*f.*) **2** (*tra due parole*) trait d'union; (*tra frasi incidentali, per andare a capo*) tiret.

tratto[1] *agg.* tiré || *a spada tratta*, l'épée à la main; (*fig.*) résolument.

tratto[2] *s.m.* **1** trait: *con un — di penna*, d'un trait de plume; *quel disegnatore ha un bellissimo —*, ce dessinateur a un beau coup de crayon || *descrivere a grandi tratti*, décrire à grands traits **2** (*pezzo*) partie (*f.*); (*di strada*) tronçon; (*di percorso*) bout || *la strada è interrotta nel — Milano-Genova*, la route est coupée entre Milan et Gênes || *un breve — di tempo*, un instant || *a un —, d'un —, tutt'a un —*, tout à coup || *di — in —, — —*, de temps en temps || *a ogni —*, à chaque instant || *a tratti*, par moments **3** (*passo di libro*) passage **4** *pl.* (*lineamenti, caratteristiche*) traits: *viso dai tratti molto marcati*, visage aux traits accusés **5** (*modo di comportarsi*) manières (*f.pl.*) **6** (*mossa agli scacchi*) coup **7** (*il tirare*) coup.

trattore[1] (f. *-trice*) *s.m.* (*oste*) restaurateur*.

trattore[2] *s.m.* (*agr.*) tracteur: *— a cingoli*, tracteur à chenilles.

trattoria *s.f.* petit restaurant.

tratturo *s.m.* sentier.

trauma *s.m.* trauma, traumatisme; (*fig.*) choc.

traumatico (pl. *-ci*) *agg.* traumatique.

traumatizzare *v.tr.* **1** (*med.*) traumatiser **2** (*fig.*) bouleverser.

traumatologia *s.f.* traumatologie.

traumatologico (pl. *-ci*) *agg.* (*med.*) traumatologique || *centro —*, centre de traumatologie.

traumatologo (pl. *-gi*) *s.m.* (*med.*) traumatologiste.

travagliare *v.tr.* affliger*; (*tormentare*) tourmenter ♦ *v.intr.* souffrir* □ **travagliarsi** *v.pron.* s'affliger; (*tormentarsi*) se tourmenter.

travagliato *agg.* **1** tourmenté || *un parto —*, un accouchement difficile || *paese — dalle guerre*, pays déchiré par les guerres **2** (*sfinito*) épuisé.

travaglio *s.m.* **1** tourment **2** (*di parto*) travail* **3** (*letter.*) (*fatica*) labeur.

travalicare (*coniug. come* mancare) *v.tr.* (*letter.*) franchir.

travasamento *s.m.* transvasement.

travasare *v.tr.* transvaser; (*fig.*) déverser □ **travasarsi** *v.pron.* se répandre*.

travaso *s.m.* **1** transvasement || *il — delle idee*, (*fig.*) la transmission, la diffusion des idées **2** (*med.*) extravasation (*f.*) || *avere un — di bile*, (*fig.*) se faire de la bile.

travata *s.f.* (*edil.*) poutrage (*m.*), poutraison.

travatura *s.f.* (*edil.*) poutrage (*m.*), poutraison.

trave *s.f.* poutre: *— maestra*, (*di legno*) maîtresse poutre; (*di ferro*) longeron || *d'ogni fuscello fare una —*, faire une montagne de rien.

traveggole *s.f.pl.*: *avere le —*, avoir la berlue; (*fig.*) avoir des visions.

traveller's cheque (pl. *invar.*) *s.m.* traveller's chèque, traveller's check, chèque de voyage.

traversa *s.f.* **1** entretoise; (*del letto*) traverse; (*di sedia, finestra*) barreau* (*m.*) **2** (*ferr.*) traverse **3** (*sbarramento*) barrage (*m.*) **4** (*strada trasversale*) rue transversale **5** (*striscia di tela per il letto*) alaise, alèse **6** (*sport*) barre transversale.

traversale *agg.* e *deriv.* → **trasversale** e *deriv.*

traversare *v.tr.* traverser.

traversata *s.f.* traversée.

traversia *s.f.* **1** (*mar.*) vent de travers **2** *pl.* (*fig.*) adversités.

traversina *s.f.* (*ferr.*) traverse.

traverso *agg.* transversal*: *vie traverse*, des rues transversales; (*fig.*) des voies détournées || *flauto —*, flûte traversière ♦ *s.m.* **1** travers || *di, per —*, de travers || *essere seduto tutto di —*, être assis tout de guingois || *per diritto e per —*, en long et en large **2** (*mar.*) travers.

travertino *s.m.* (*min.*) travertin.

travestimento *s.m.* déguisement (*anche fig.*).

travestire *v.tr.* déguiser (en) (*anche fig.*) □ **travestirsi** *v.pron.* se déguiser (en).

travestitismo *s.m.* travestisme.

travestito *agg.* déguisé ♦ *s.m.* (*omosessuale che pratica il travestitismo*) travesti, (*fam.*) travelo.

travet *s.m.* (*impiegatuccio*) rond-de-cuir*.

traviamento *s.m.* **1** (*il traviare*) corruption (*f.*) **2** (*il traviarsi*) fourvoiement.

traviare *v.tr.* dévoyer, corrompre* □ **traviarsi** *v.pron.* se corrompre*; (*deviare dalla retta via*) s'égarer.

traviato *agg.* dévoyé.

travicello *s.m.* soliveau*.

travisamento *s.m.* déformation (*f.*).

travisare *v.tr.* déformer || *il senso di una frase*, mal interpréter le sens d'une phrase || *questa traduzione travisa il testo*, cette traduction trahit le texte.

travolgente *agg.* irrésistible.

travolgere (*coniug. come* volgere) *v.tr.* **1** (*trascinare*) entraîner; (*con impeto*) emporter; (*fig.*) (*sconvolgere*) bouleverser || *il nemico*, mettre l'ennemi en déroute **2** (*investire*) renverser **3** (*letter.*) (*volgere sottosopra*) renverser; (*volgere per altro verso*) tourner.

travolgimento *s.m.* destruction (*f.*).

trazione *s.f.* traction || (*aut.*) *— anteriore, posteriore*, traction avant, arrière.

tre *agg.num.card.* e *s.m.* trois: *tutti* (*e*) *—*, tous (les) trois || *a — a —*, trois à trois || *per —*, par trois || *non c'è due senza —*, jamais deux sans trois || *chi fa da sé fa per —*, on n'est jamais si bien servi que par soi-même.

trealberi (pl. *invar.*) *s.m.* (*mar.*) trois-mâts*.

trebbia[1] *s.f.* **1** (*trebbiatrice*) batteuse **2** (*trebbiatura*) battage (*m.*).

trebbia[2] *s.f.* (*spec.pl.*) drêche.

trebbiare *v.tr.* battre*.

trebbiatrice *s.f.* (*macchina*) batteuse.

trebbiatura *s.f.* battage (*m.*).

treccia (pl. *-ce*) *s.f.* natte, tresse.

trecentesco (pl. *-chi*) *agg.* du XIVe siècle.
trecentesimo *agg.num.ord.* e *s.m.* trois centième.
trecentista *s.m.* **1** (*scrittore, artista*) écrivain, artiste du XIVe siècle **2** (*studioso del Trecento*) spécialiste du XIVe siècle.
trecento *agg.num.card.* e *s.m.* trois cents || *nel Trecento*, au quatorzième siècle.
tredicenne *agg.* (âgé) de treize ans ♦ *s.m.* e *f.* garçon (âgé), jeune fille (âgée) de treize ans.
tredicesima *s.f.* (*mensilità*) treizième mois, treizième mensualité.
tredicesimo *agg.num.ord.* e *s.m.* treizième; (*nella progressione di re, papi, capitoli ecc.*) treize.
tredici *agg.num.card.* e *s.m.* treize || *fare, realizzare* — (*al Totocalcio*), gagner au 'Totocalcio'.
tregua *s.f.* trêve (*anche fig.*).
trekking (pl. *invar.*) *s.m.* trekking; randonnée (*f.*).
tremante *agg.* tremblant.
tremare *v.intr.* trembler (*anche fig.*): — *di, dal freddo*, trembler de froid; — *per l'emozione*, trembler d'émotion; *mi trema la voce*, j'ai la voix qui tremble.
tremarella *s.f.* frisson (*m.*): *mi viene la* — *solo a pensarci*, j'ai le frisson rien que d'y penser || *avere la* —, avoir la tremblote.
tremebondo *agg.* (*letter.*) tremblant de peur.
tremendamente *avv.* terriblement, horriblement: *è* — *caro*, c'est horriblement cher; *è* — *noioso*, il est terriblement ennuyeux.
tremendo *agg.* terrible, effrayant || *un freddo* —, un froid épouvantable.
trementina *s.f.* térébenthine.
tremila *agg.num.card.* e *s.m.* trois mille.
tremito *s.m.* tremblement.
tremolante *agg.* tremblant, tremblotant || *scrittura* —, écriture tremblée.
tremolare *v.intr.* trembler, trembloter.
tremolio *s.m.* tremblement; tremblotement || *il* — *delle stelle*, le scintillement des étoiles.
tremolo *s.m.* (*pioppo*) tremble.
tremore *s.m.* **1** tremblement **2** (*fig.*) agitation (*f.*).
tremulo *agg.* tremblant, tremblotant.
trench (pl. *invar.*) *s.m.* trench(-coat)*.
treno *s.m.* **1** train: — *locale, suburbano*, train d'intérêt local, de banlieue; — *a grande velocità*, train à grande vitesse (TGV); — *passeggeri, merci*, train de voyageurs, de marchandises; — *ospedale*, train sanitaire; — *navetta, con auto al seguito*, train autos-couchettes; *viaggiare in* —, voyager par le train; *partire col* —, partir par le train; *salire sul* —, monter dans le train **2** (*insieme, serie*) train: — *di gomme*, train de pneus.
trenta *agg.num.card.* e *s.m.* trente.
trentadue *agg.num.card.* e *s.m.* trente-deux.
trentaduesimo *agg.num.ord.* e *s.m.* trente-deuxième; (*nella progressione di re, papi, capitoli ecc.*) trente-deux || (*tip.*) *in* —, in-trente-deux.
trentennale *agg.* de trente ans, qui dure trente ans; (*amm.*) tricennal* ♦ *s.m.* trentième anniversaire.

trentenne *agg.* (âgé) de trente ans ♦ *s.m.* e *f.* homme (âgé), femme (âgée) de trente ans.
trentennio *s.m.* (période de) trente ans.
trentesimo *agg.num.ord.* e *s.m.* trentième; (*nella progressione di re, papi, capitoli ecc.*) trente.
trentina *s.f.* trentaine || *essere sulla* —, avoir dans les trente ans.
trentino *agg.* e *s.m.* trentin.
trentunesimo *agg.num.ord.* e *s.m.* trente et unième; (*nella progressione di re, papi, capitoli ecc.*) trente et un.
trentuno *agg.num.card.* e *s.m.* trente et un.
trepidante *agg.* anxieux*.
trepidare *v.tr.* trembler || — *in attesa di notizie*, attendre anxieusement des nouvelles.
trepidazione *s.f.* anxiété; (*inquietudine*) inquiétude: *stare in* —, être inquiet.
trepido *agg.* anxieux*; (*inquieto*) inquiet*.
treppiede *s.m.* trépied.
trequarti *s.m.* (*abbigl., sport*) trois-quarts*.
tresca (pl. *-che*) *s.f.* **1** intrigue **2** (*relazione amorosa*) liaison.
trespolo *s.m.* **1** tréteau*; (*del pappagallo*) perchoir **2** (*fig.*) guimbarde (*f.*).
tressette *s.m.* (*gioco di carte*) tré-sept.
trevigiano, trevisano *agg.* de Trévise.
tri- *pref.* tri-
triade *s.f.* **1** triade **2** (*mus.*) accord de trois notes.
triangolare[1] *agg.* triangulaire.
triangolare[2] *v.tr.* (*football*) faire* un une-deux.
triangolazione *s.f.* triangulation.
triangolo *s.m.* triangle.
trias, triassico *s.m.* (*geol.*) trias.
triat(h)lon *s.m.* (*sport*) triathlon.
tribale *agg.* tribal*.
tribolare *v.tr.* affliger*; (*tormentare*) tourmenter ♦ *v.intr.* peiner || *ho tribolato molto per trovarlo*, j'ai eu beaucoup de peine à le trouver || *mi ha fatto* — *prima di pagarmi*, j'ai eu beaucoup de mal à me faire payer.
tribolato *agg.* tourmenté; malheureux* || *vita tribolata*, vie de souffrances, de tribulations.
tribolazione *s.f.* tribulation.
tribolo *s.m.* **1** (*bot.*) tribule **2** (*fig.*) tribulation (*f.*).
tribordo *s.m.* tribord.
tribù *s.f.* **1** tribu: *capo* —, chef de tribu **2** (*fam.*) smala(h).
tribuna *s.f.* tribune.
tribunale *s.m.* tribunal*: — *per minorenni*, tribunal pour enfants; — *del lavoro*, tribunal, conseil des prud'hommes.
tribuno *s.m.* (*st.*) tribun (*anche fig.*).
tributare *v.tr.* rendre* || — *lodi a qlcu*, couvrir qqn de louanges.
tributario *agg.* **1** tributaire **2** (*del fisco*) fiscal*.
tributo *s.m.* **1** (*imposta*) contribution (*f.*) **2** (*fig.*) tribut.
tricamere *agg.invar.* de trois pièces.
tricefalo *agg.* tricéphale.
tricentenario *s.m.* tricentenaire.

triceratopo *s.m.* (*paleont.*) tricératops.
tricheco (pl. *-chi*) *s.m.* morse.
trichinosi *s.f.* (*med.*, *vet.*) trichinose.
triciclo *s.m.* triporteur; (*per bambino*) tricycle.
tricipite *agg.* e *s.m.* triceps.
triclinio *s.m.* triclinium.
tricloroetilene *s.m.* → **trielina**.
tricolore *agg.* tricolore ♦ *s.m.* **1** (*la bandiera italiana o francese*) le drapeau* tricolore **2** (*sport*) athlète de l'équipe nationale italienne ou française.
tricorno *s.m.* (*cappello*) tricorne; (*di prete*) barrette (*f.*).
tricromia *s.f.* (*tip.*) trichromie.
tric trac *s.m.* (*gioco*) trictrac.
tricuspide *agg.* tricuspide.
tridente *s.m.* trident.
tridentino *agg.* de Trente.
tridimensionale *agg.* tridimensionnel*.
triduo *s.m.* (*eccl.*) triduum.
triedro *s.m.* (*mat.*) trièdre.
trielina *s.f.* trichloréthylène (*m.*).
triennale *agg.* triennal*.
triennio *s.m.* (espace de) trois ans; (*di cariche ecc.*) triennat.
triestino *agg.* e *s.m.* triestin.
trifase *agg.* triphasé.
trifoglio *s.m.* trèfle.
trifolato *agg.* (*cuc.*) sauté à l'ail et au persil.
trifora *s.f.* (*arch.*) (fenêtre) trilobée.
trigemino *agg.*: *parto* —, accouchement de triplés; *gravidanza trigemina*, grossesse trigémellaire ♦ *agg.* e *s.m.* (*anat.*) trijumeau*.
trigesima *s.f.*: *messa di* —, messe célébrée le trentième jour après la mort (de qqn).
trigesimo *agg.* trentième ♦ *s.m.* trentième jour (après).
triglia *s.f.* rouget (*m.*) ‖ *fare l'occhio di* —, (*fig.*) faire des yeux de merlan frit.
trigliceride *s.m.* (*biochim.*) triglycéride.
triglifo *s.m.* (*arch.*) triglyphe.
trigonella *s.f.* (*bot.*) trigonelle.
trigono *agg.* (*scient.*) trigone.
trigonometria *s.f.* trigonométrie.
trigonometrico (pl. *-ci*) *agg.* trigonométrique.
trilingue *agg.* trilingue.
trilinguismo *s.m.* connaissance de trois langues.
trilione *s.m.* trillion.
trillare *v.intr.* gazouiller; (*squillare*) sonner.
trillo *s.m.* **1** (*mus.*) trille **2** (*cinguettio*) gazouillement **3** (*squillo*) sonnerie (*f.*).
trilobato *agg.* trilobé.
trilogia *s.f.* trilogie.
trimarano *s.m.* (*mar.*) trimaran.
trimestrale *agg.* trimestriel* ‖ **-mente** *avv.*
trimestre *s.m.* trimestre, trois mois.
trimotore *agg.* e *s.m.* trimoteur.
trina *s.f.* dentelle.
trincare (*coniug. come* mancare) *v.tr.* (*fam.*) trinquer.
trincea *s.f.* tranchée: *in* —, (*anche fig.*) sur la brèche.

trincerarsi *v.pron.* se retrancher.
trincetto *s.m.* tranchet.
trinchetto *s.m.* **1** (*albero di*) —, mât de misaine; (*di navi con vela latina*) trinquet **2** (*vela di*) —, (voile de) misaine.
trinciapollo *s.m.* ciseaux à volailles.
trinciare (*coniug. come* cominciare) *v.tr.* (*sminuzzare, tritare*) *hacher; (*tagliare*) découper ‖ (*fig.*): — *giudizi*, juger à tort et à travers; — *i panni addosso a qlcu*, casser du sucre sur le dos de qqn □ **trinciarsi** *v.pron.* se déchirer.
trinciato *agg.* *haché; (*tagliato*) découpé ♦ *s.m.* tabac râpé.
trinciatrice *s.f.* *hacheuse, trancheuse.
trinciatura *s.f.* *hachage (*m.*), découpage (*m.*).
trinità *s.f.* trinité.
trinitario *agg.* trinitaire.
trino *agg.* (*relig.*) trin.
trinomio *s.m.* trinôme.
trio *s.m.* trio: — *jazzistico*, trio de jazz ‖ (*sono proprio un*) *bel* —!, (*iron.*) ils font un joli trio!
triodo *s.m.* triode (*f.*).
trionfale *agg.* triomphal* ‖ **-mente** *avv.*
trionfalismo *s.m.* triomphalisme.
trionfalista *agg.* e *s.m.* triomphaliste.
trionfalistico (pl. *-ci*) *agg.* triomphaliste.
trionfante *agg.* triomphant.
trionfare *v.intr.* triompher.
trionfatore (f. *-trice*) *agg.* e *s.m.* triomphateur*.
trionfo *s.m.* triomphe.
tripanosoma *s.m.* trypanosome.
tripartire (*coniug. come* finire) *v.tr.* diviser en trois (parties).
tripartitico (pl. *-ci*) *agg.* tripartite.
tripartito[1] *agg.* triparti.
tripartito[2] *agg.* e *s.m.* (*pol.*) (*governo*) —, gouvernement tripartite.
tripartizione *s.f.* tripartition.
tripletta *s.f.* **1** fusil à trois canons **2** (*sport*) triplé (*m.*): *ha fatto una* —, il a marqué trois buts.
triplicare (*coniug. come* mancare) *v.tr.* tripler; (*fig.*) redoubler □ **triplicarsi** *v.pron.* tripler; (*fig.*) redoubler: *la popolazione si è triplicata*, la population a triplé; *i suoi sforzi si sono triplicati*, ses efforts ont redoublé.
triplicato *agg.* triplé; (*fig.*) redoublé.
triplicazione *s.f.* triplement (*m.*).
triplice *agg.* triple: *in* — *copia*, en triple exemplaire.
triplo *agg.* triple: *una spesa tripla*, une dépense trois fois supérieure ‖ (*sport*) *salto* —, triple saut ♦ *s.m.* triple: *guadagna il* — *di me*, il gagne trois fois plus que moi.
tripode *s.m.* trépied.
trippa *s.f.* **1** tripe ‖ *mettere su* —, (*fam.*) prendre du ventre **2** (*cuc.*) tripes (*pl.*).
trippaio *s.m.* tripier*.
tripudiare *v.intr.* exulter.
tripudio *s.m.* allégresse (*f.*); (*giubilo*) jubilation (*f.*) ‖ *il* — *della natura*, la fête de la nature; *un* — *di luci e di colori*, une explosion de lumières et de couleurs.

trireme *s.f.* (*st. mar.*) trirème, trière.

tris *s.m.* **1** (*alle carte*) brelan **2** (*ippica*) *la* (*corsa*) —, le (pari) tiercé.

trisavolo *s.m.* trisaïeul*.

trisezione *s.f.* (*mat.*) trisection.

trisillabico (pl. *-ci*), **trisillabo** *agg.* trisyllabique, trisyllabe.

triste *agg.* triste || *avere tristi pensieri*, broyer du noir || *è* —, *ma è così!*, c'est comme ça! || *avere la sbornia* —, avoir le vin triste.

tristemente *avv.* tristement.

tristezza *s.f.* tristesse: *mettere* —, rendre triste.

tristo *agg.* **1** (*poco raccomandabile*) triste: *un — figuro*, un triste personnage, un triste sire **2** (*fatto con malvagità*) mauvais **3** (*meschino*) piètre: *fare una trista figura*, faire piètre figure.

tritacarne (pl. *invar.*) *s.m.* *hache-viande*, *hachoir.

tritaghiaccio (pl. *invar.*) *s.m.* broyeur à glace.

tritaprezzemolo (pl. *invar.*) *s.m.* moulinette à persil.

tritare *v.tr.* *hacher; (*triturare*) broyer*, piler.

tritarifiuti *s.m.* broyeur.

tritato *agg.* *haché; (*triturato*) pilé, broyé.

tritatutto *s.m.* *hachoir.

tritaverdura (pl. *invar.*) *s.m.* coupe-légumes*.

trito *agg.* **1** *haché; (*triturato*) pilé, broyé: *carne trita*, viande hachée; *ghiaccio* —, glace pilée **2** (*fig.*) (*abusato*) ressassé, rabâché: *cose trite e ritrite*, des choses dites et redites ♦ *s.m.* (*cuc.*) *hachis (de lard et de fines herbes).

tritolo *s.m.* tolite (*f.*).

tritone *s.m.* triton.

trittico (pl. *-ci*) *s.m.* triptyque.

trittongo (pl. *-ghi*) *s.m.* triphtongue (*f.*).

tritume *s.m.* (*briciole*) miettes (*f.pl.*); (*frantumi*) débris (*pl.*).

trituramento *s.m.* trituration (*f.*), broyage.

triturare *v.tr.* triturer, broyer*.

trituratore *s.m.* (*tecn.*) broyeur, triturateur.

triturazione *s.f.* trituration, broyage (*m.*).

triumviro *s.m.* e *deriv.* → **triunviro** e *deriv.*

triunvirato *s.m.* triumvirat.

triunviro *s.m.* triumvir.

trivalente *agg.* (*chim.*) trivalent.

trivella *s.f.* **1** (*tecn. miner.*) foreuse, tarière; (*ind. petrolifera*) trépan (*m.*) **2** (*falegnameria*) vrille **3** (*ind. casearia*) sonde à fromage.

trivellare *v.tr.* forer; (*sondare*) sonder.

trivellazione *s.f.* (*tecn. miner.*) sondage (*m.*), forage (*m.*): *— petrolifera*, forage pétrolier; *torre di* —, tour de forage, derrick.

triviale *agg.* trivial* || **-mente** *avv.*

trivialità *s.f.* trivialité.

trivio *s.m.* croisement de trois voies || *maniere*, *modi da* —, (*spreg.*) manières triviales.

trizio *s.m.* (*chim.*) tritium.

trocheo *s.m.* (*metrica*) trochée.

trofeo *s.m.* trophée.

troglodita *s.m.* **1** troglodyte **2** (*estens.*) sauvage, primitif*.

trogloditico (pl. *-ci*) *agg.* troglodytique.

trogolo *s.m.* (*per maiali*) auge (*f.*) || *— automatico*, nourrisseur.

troia *s.f.* (*scrofa*) truie; (*fig. volg.*) pute.

troiano *agg.* e *s.m.* troyen*.

troica (pl. *-che*) *s.f.* troïka.

trolley (pl. *invar.*) *s.m.* (*del tram*) trolley.

tromba *s.f.* trompette; (*mil.*) clairon (*m.*): *sonare la* —, jouer de la trompette; (*mil.*) sonner le clairon; (*fig.*) crier sur les toits || *partire in* —, (*fig. fam.*) partir en trombe || *— acustica*, cornet acoustique || *— d'aria*, trombe; *— marina*, trombe d'eau || *la — delle scale*, la cage de l'escalier || (*anat.*) *— d'Eustachio*, trompe d'Eustache || (*zool. pop.*) *la — dell'elefante*, la trompe de l'éléphant.

trombare *v.tr.* (*fam.*) (*agli esami*) coller; (*alle elezioni*) blackbouler.

trombetta *s.f.* trompette.

trombettiere *s.m.* trompette (*f.*).

trombettista *s.m.* trompettiste.

trombina *s.f.* (*biochim.*) thrombine.

trombo *s.m.* (*med.*) thrombus.

tromboncino *s.m.* (*lanciabombe*) tromblon.

trombone *s.m.* **1** (*mus.*) trombone **2** (*fig.*) vantard **3** (*bot. pop.*) jonquille (*f.*), coucou.

trombonista *s.m.* trombone, tromboniste.

trombosi *s.f.* (*med.*) thrombose.

troncamento *s.m.* **1** cassure (*f.*); (*mutilazione*) mutilation (*f.*) **2** (*fig.*) rupture (*f.*) **3** (*ling.*) troncation (*f.*).

troncare (*coniug. come* mancare) *v.tr.* **1** (*mozzare*) trancher; (*tagliare*) couper || *— qlco sul nascere*, tuer, étouffer qqch dans l'œuf; *— le gambe a qlcu*, (*fig.*) mettre les bâtons dans les roues **2** (*ling.*) retrancher **3** (*fig.*) couper; (*rompere*) rompre*; (*distruggere*) briser.

tronchese *s.m.* o *f.* (*tecn.*) tricoises (*f.pl.*).

tronchesina *s.f.* (*spec. pl.*) coupe-ongles* (*m.*).

tronchetto *s.m.* **1** (*cuc.*) (*dolce a rotolo*) bûche (*f.*); (*gelato a forma di rotolo*) bûche glacée **2** (*bot. pop.*) *— della felicità*, dragonnier.

tronco[1] (pl. *-chi*) *agg.* tronqué; (*tagliato*) coupé || *notizie tronche*, des nouvelles incomplètes || (*ling.*) *parola tronca*, mot apocopé; (*parola ossitona*) (mot) oxyton || *lasciare un lavoro in* —, laisser un travail en plan; *licenziare in* —, renvoyer sur-le-champ.

tronco[2] *s.m.* **1** tronc **2** (*troncone*, *tratto*) tronçon: *— autostradale*, *ferroviario*, tronçon d'autoroute, de chemin de fer.

troncoconico (pl. *-ci*) *agg.* tronconique.

troncone *s.m.* **1** (*grosso tronco*) gros tronc **2** (*moncone*) tronçon; (*di albero*) chicot; (*di arto*) moignon.

troneggiare (*coniug. come* mangiare) *v.intr.* trôner.

tronfio *agg.* bouffi d'orgueil, plein de morgue; (*altezzoso*) *hautain || *stile* —, style ampoulé.

trono *s.m.* trône: *erede al* —, héritier du trône; *salire al* —, monter sur le trône; *rinunciare al* —, renoncer à la couronne.

tropicale *agg.* tropical*.

tropico (pl. *-ci*) *s.m.* tropique: *ai tropici,* sous les tropiques.

tropina *s.f.* (*chim.*) tropine.

tropismo *s.m.* (*biol.*) tropisme.

tropo *s.m.* (*ret.*) trope.

tropopausa *s.f.* (*geogr.*) tropopause.

troposfera *s.f.* (*meteor.*) troposphère.

troppo *avv.* **1** trop: *ha parlato* —, il a trop parlé; *è* — *astuto perché lo si possa imbrogliare,* il est trop malin pour qu'on puisse le rouler || *di* —, de trop: *ce ne sono venti di* —, il y en a vingt de trop (*o* en trop); *mi avete reso mille lire di* —, vous m'avez rendu mille lires en trop || *è fin* — *facile,* c'est même trop facile; *lo conosco anche* —, *fin* — *bene,* je ne le connais que trop; *sei fin* — *generoso,* tu n'es que trop généreux **2** (*molto, assai*) très: *sai* — *bene che...,* tu sais très bien que... || *non* —, (*piuttosto poco*) pas très: *non mi sento* — *bene,* je ne me sens pas très bien || *non c'è* — *da meravigliarsi,* ça n'est pas du tout étonnant ♦ *agg. indef.* **1** trop (de) (*invar.*): *hai troppe valige,* tu as trop de valises; *fa* — *freddo, caldo,* il fait trop froid, trop chaud; *la carne che mi hai dato è troppa,* tu m'as donné trop de viande; *la prudenza non è mai troppa,* on n'est jamais trop prudent || *questo è* —*!,* c'en est trop!, trop c'est trop! **2** (*in espressioni ellittiche, sottintendendo* tempo, denaro *ecc.*) trop: *ho aspettato anche* — (*tempo*), je n'ai que trop attendu; *c'è* — *da aspettare,* il y a trop à attendre; *è uscito da non* — (*tempo*), il n'y a pas très longtemps qu'il est sorti; *ci vorrebbe* — (*tempo*) *per...,* il faudrait trop longtemps pour...; *hai detto anche* —, tu n'en as que trop dit ♦ *pron.indef.* **1** trop (de) (*invar.*): *quanto a birra, ne hai bevuta fin troppa,* quant à la bière, tu n'en as bu que trop (*o* tu n'en as que trop bu); *ti chiedo* — *se...,* est-ce trop te demander si... **2** *pl.* trop (de); (*moltissime persone*) trop de gens: *ne occorrerebbero troppi,* il en faudrait trop; *troppi di noi, di voi,* trop d'entre nous, d'entre vous; *siamo in troppi, in troppe,* nous sommes trop nombreux, trop nombreuses; *troppi credono ancora che...,* trop de gens pensent encore que... ♦ *s.m.: il* — *stroppia,* trop, c'est trop.

troppopieno (pl. *invar.*) *s.m.* (*idraulica*) trop-plein*.

trota *s.f.* truite.

trottare *v.intr.* trotter (*anche fig.*).

trottata *s.f.* **1** promenade au trot; (*corsa al trotto*) course au trot **2** (*fig. fam.*) trotte.

trottatoio *s.m.* piste de trot.

trottatore (f. *-trice*) *s.m.* trotteur*.

trotterellare *v.intr.* trottiner.

trotto *s.m.* trot: *corsa al* —, course de trot || *andare di buon* —, (*fig.*) marcher d'un bon pas.

trottola *s.f.* toupie.

trotzkismo *s.m.* trotskysme, trotskisme.

trovadorico (pl. *-ci*) *agg.* des troubadours.

trovare *v.tr.* **1** trouver: *non trovo gli occhiali, casa,* je ne trouve pas mes lunettes, d'appartement; — *marito,* trouver un mari; — *da lavorare,* trou-

ver du, un travail; *trovo che sia troppo caro,* je trouve que c'est trop cher; *ti trovo molto bene,* je te trouve en pleine forme; *non l'ho trovato bene,* je lui ai trouvé mauvaise mine || *l'ho trovato scritto sul giornale,* je l'ai lu dans le journal || *trovi?,* tu trouves? || *chi cerca trova,* cherchez et vous trouverez || *la soluzione è bell'e trovata,* la solution est toute trouvée **2** (*incontrare*) rencontrer || *andare a* — *qlcu,* aller voir qqn || *ben trovato!,* ravi de te rencontrer!; *guarda chi trovo!,* tiens qui voisje!, tiens!, toi ici? || *me lo trovo sempre attorno,* il est toujours dans mes jambes; *me lo sono trovato davanti,* je me le suis trouvé devant □ **trovarsi** *v.pron.* **1** se trouver: *mi trovai a passare di là,* il se trouva que je passais par là; *si trova in città,* il est en ville; *trovati qui domani,* sois ici demain; *mi trovo bene qui,* je suis bien ici; — *bene in un albergo,* être satisfait de son hôtel; *mi trovo ad aver bisogno del suo aiuto,* il se trouve que j'ai besoin de son aide || — *in miseria,* être dans la misère || — *in vendita,* être en vente **2** (*l'un l'altro*) se retrouver; (*casualmente*) se rencontrer.

trovarobe *s.m.* e *f.* accessoiriste.

trovata *s.f.* **1** idée, trouvaille || — *pubblicitaria,* trouvaille publicitaire **2** (*battuta, situazione umoristica*) gag (*m.*).

trovatello *s.m.* enfant trouvé.

trovatore *s.m.* (*st. lett.*) troubadour.

troviero *s.m.* (*st. lett.*) trouvère.

truccare (*coniug. come* mancare) *v.tr.* **1** maquiller (*anche fig.*); (*travestire*) déguiser; (*di attori*) grimer: — *una macchina rubata,* maquiller une voiture volée **2** (*alterare*) truquer: — *le carte,* truquer les cartes || *incontro truccato,* match truqué || — *un motore,* trafiquer un moteur □ **truccarsi** *v.pron.* se maquiller; (*travestirsi*) se déguiser; (*di attori*) se grimer.

truccatore (f. *-trice*) *s.m.* maquilleur*.

truccatura *s.f.* maquillage (*m.*) (*anche fig.*); (*di attori*) grimage (*m.*); (*travestimento*) déguisement (*m.*).

trucco (pl. *-chi*) *s.m.* **1** maquillage; (*di attore*) grimage: *darsi, rifarsi, togliersi il* —, se maquiller, se remaquiller, se démaquiller **2** (*fig.*) truc; (*astuzia*) astuce (*f.*) || — *cinematografico,* trucage cinématographique.

truce *agg.* farouche; (*bieco*) sinistre; (*torvo*) torve || **-mente** *avv.*

trucidare *v.tr.* massacrer, tuer.

truciolare *agg.* de copeaux, d'aggloméré.

truciolato *s.m.* aggloméré.

truciolo *s.m.* copeau*.

truculento *agg.* truculent.

truculenza *s.f.* truculence.

truffa *s.f.* escroquerie: *commettere una* — *ai danni di qlcu,* escroquer qqn || *è una* —*!,* c'est du vol!; — *all'americana,* vol à l'américaine || *legge* —, loi bidon.

truffaldino *agg.* malhonnête: *impresa truffaldina,* escroquerie ♦ *s.m.* escroc.

truffare *v.tr.* escroquer; (*fam.*) arnaquer: *siamo stati truffati,* on nous a escroqués.

truffatore (f. *-trice*) *s.m.* escroc: *è un —*, c'est un escroc.

trullo *s.m.* (*tipica abitazione della Puglia*) trullo.

trumeau, trumò *s.m.* (*cassettone*) scriban.

truppa *s.f.* troupe: *truppe d'assalto, scelte*, troupes de choc, d'élite || *arrivare in —*, (*fig. scherz.*) arriver en groupe.

trust (pl. *invar.*) *s.m.* trust.

tse-tse (pl. *invar.*) *agg.* e *s.f.* tsé-tsé.

T-shirt (pl. *invar.*) *s.f.* tee(-)shirt* (*m.*).

tu *pron.pers. di 2ª persona sing.* **1** tu; (*quando in italiano non può essere sottinteso*) toi: (—) *lo incontrerai domani*, tu le rencontreras demain; — e *io li raggiungeremo poi*, toi et moi nous les rejoindrons plus tard; *sei —, non sei — il responsabile*, c'est toi, ce n'est pas toi le responsable; *sei stato — che l'hai detto, sei stato — a dirlo*, c'est toi qui l'as dit; *non sarai certo — ad abbandonarmi, che mi abbandonerai*, ce n'est sûrement pas toi qui me quitteras; *sei —?*, c'est toi?; *dovrai andarci —*, c'est toi qui devras y aller; *lo dici —*, c'est toi qui le dis || *anche —*, toi aussi: *puoi venire anche — con noi*, toi aussi tu peux venir avec nous || — *stesso, proprio —*, toi-même: *lo puoi fare — stesso*, tu peux le faire toi-même || *non sei più —*, tu n'es plus le même; *non sembri più —*, on ne te reconnaît plus || *a — per —*, (en) tête-à-tête; *trovarsi a — per — con la morte*, voir la mort de près || *sei tutto —*, (*di ritratto*) c'est tout à fait toi **2** (*con uso impers.*) on: *se* (—) *consideri bene la cosa...*, si on y réfléchit bien... ♦ *s.m.*: *dare del — a qlcu*, *rivolgersi a qlcu col —*, tutoyer qqn; *darsi del —*, se tutoyer; *passare dal lei al —*, passer du vouvoiement au tutoiement.

tuareg *agg.* e *s.m.* touareg*, targui.

tuba *s.f.* **1** (*mus.*) tuba (*m.*) **2** (*cappello a cilindro*) *haut de forme* (*m.*) **3** (*anat.*) trompe.

tubare *v.intr.* roucouler (*anche fig.*).

tubatura *s.f.* tuyauterie; (*singolo tubo*) conduite || *le tubature del palazzo*, la plomberie de l'immeuble.

tubazione *s.f.* (*spec.pl.*) tuyauterie; (*dell'acqua, del gas*) conduites (*pl.*).

tubercolare *agg.* tuberculeux*.

tubercolina *s.f.* (*biochim.*) tuberculine.

tubercolo *s.m.* tubercule.

tubercolosario *s.m.* sanatorium.

tubercolosi *s.f.* tuberculose.

tubercoloso, tubercolotico (pl. *-ci*) *agg.* e *s.m.* tuberculeux*.

tubero *s.m.* (*bot.*) tubercule.

tuberosa *s.f.* (*bot.*) tubéreuse.

tuberoso *agg.* tubéreux*.

tubetto *s.m.* tube.

tubino *s.m.* (*abito da donna*) fourreau*.

tubo *s.m.* **1** tuyau*; (*di piccole dimensioni*) tube: — *a gomito*, tuyau coudé; *i tubi del gas, dell'acqua*, les conduit(e)s de l'eau, du gaz || (*mar. mil.*) — *lanciasiluri*, tube lance-torpilles || *chiave a —*, clé en tube || *gonna a —*, jupe serrée; *pantaloni a —*, pantalon serré **2** (*fig. fam.*) rien: *non ci capisco un —*, j'y pige rien.

tubolare *agg.* tubulaire ♦ *s.m.* (*di bicicletta*) boyau*.

tucano *s.m.* (*zool.*) toucan.

tucul (pl. *invar.*) *s.m.* *hutte (*f.*); (*nei villaggi turistici*) paillote (*f.*).

tuffare *v.tr.* plonger* □ **tuffarsi** *v.pron.* plonger*; (*fig.*) se plonger*: *si è tuffato di testa*, il a plongé la tête en avant.

tuffata *s.f.* plongeon (*m.*).

tuffatore (f. *-trice*) *s.m.* plongeur*.

tuffo *s.m.* plongeon: *una gara di tuffi*, un concours de plongeons; *fare un —*, faire un plongeon, (*fam.*) piquer une tête || — *ad angolo*, saut de l'ange || (*fig.*): *fare un — nel passato*, se replonger dans le passé; *buttarsi a — su qlco*, se jeter sur qqch; *provare un — al cuore*, avoir un coup au cœur.

tuffolo *s.m.* (*zool.*) plongeon.

tufo *s.m.* tuf.

tugurio *s.m.* taudis.

tuia *s.f.* (*bot.*) thuya (*m.*).

tulipano *s.m.* tulipe (*f.*).

tulle (pl. *invar.*) *s.m.* (*tess.*) tulle.

tumefare (*coniug. come* fare) *v.tr.* tuméfier □ **tumefarsi** *v.pron.* se tuméfier.

tumefatto *agg.* tuméfié.

tumefazione *s.f.* tuméfaction.

tumescente *agg.* (*scient.*) tumescent.

tumescenza *s.f.* tumescence.

tumido *agg.* (*letter.*) gros*; (*carnoso*) charnu || *stile —*, (*fig.*) style redondant.

tumorale *agg.* (*med.*) tumoral*.

tumore *s.m.* tumeur (*f.*).

tumulare *v.tr.* ensevelir.

tumulazione *s.f.* ensevelissement (*m.*).

tumulo *s.m.* tombeau*; (*archeol.*) tumulus.

tumulto *s.m.* tumulte (*anche fig.*); (*sommossa*) émeute (*f.*) || *la folla era in —*, la foule grondait || *animo in —*, cœur en émoi.

tumultuante *agg.* en émeute; (*fig.*) agité ♦ *s.m.* émeutier*.

tumultuare *v.intr.* être* en tumulte; (*di folla*) manifester; (*agitarsi*) s'agiter.

tumultuoso *agg.* tumultueux* || **-mente** *avv.*

tundra *s.f.* toundra.

tuner (pl. *invar.*) *s.m.* (*audiovisivi*) tuner, syntoniseur*.

tungsteno *s.m.* (*chim.*) tungstène.

tunica (pl. *-che*) *s.f.* tunique.

tunisino *agg.* e *s.m.* (*della Tunisia*) tunisien*.

tunnel (pl. *invar.*) *s.m.* tunnel.

tuo

maschile sing. **tuo**, *pl.* **tuoi**
femminile sing. **tua**, *pl.* **tue**

agg.poss. di 2ª pers.sing. **1** ton*: *il — quaderno*, ton cahier; *la tua casa*, ta maison; *la tua idea*, ton idée; *la tua ultima idea*, ta dernière idée; *i tuoi libri*, tes livres; *le tue opinioni*, tes opinions; *l'ultima tua lettera*, ta dernière lettre; *sono del — stesso parere*, je suis tout à fait de ton avis; *il — e il mio pullover sono di lana*, ton pull et le mien sont en laine; *è un problema* —, *non mio*, c'est ton problème, (ce n'est) pas le mien || *un* — *amico*, un de tes amis, un ami à toi; *un* — *amico medico*, un médecin de tes amis, un ami à toi qui est médecin; *tre tuoi amici*, trois de tes amis, trois amis à toi; *alcuni tuoi amici*, quelques-uns de tes amis, quelques amis à toi; *desidero un* — *parere*, j'aimerais que tu me donnes ton avis; *attendo una tua risposta*, j'attends une réponse de ta part || *questo* — *libro*, ton livre, ce livre 2 (*per indicare proprietà, appartenenza*) à toi: *hai già una casa tua?*, est-ce que tu as déjà une maison à toi?; *avrai una camera* (*tutta*) *tua*, tu auras une chambre pour toi tout seul; *l'idea non è tua*, l'idée n'est pas de toi; *hai un modo tutto* — *di reagire*, tu as une manière toute personnelle de réagir || *questo quadro è* —?, (*di tua proprietà*) ce tableau est-il à toi?, (*ne sei l'autore*) ce tableau est-il de toi? ♦ *pron.poss. di 2ª pers.sing.* 1 le tien*: *la mia valigia è più pesante della tua*, ma valise est plus lourde que la tienne 2 (*in espressioni ellittiche*): *ho ricevuto la tua ultima del...*, j'ai reçu ta dernière lettre du...; *siamo, stiamo tutti dalla tua* (*parte*), nous sommes tous de ton côté; *hai il direttore dalla tua*, tu as le directeur pour toi; *devi sempre dire la tua?*, tu as toujours ton mot à dire?; *hai fatto bene a dire la tua*, tu as bien fait de donner ton avis; *ne hai combinata una delle tue?*, tu as encore fait des tiennes?!; *ne hai detta una delle tue*, tu as encore dit une bêtise!; *anche tu hai avuto le tue* (*disgrazie*), toi aussi, tu as eu ta part de malheurs; *perché stai sempre sulle tue?*, pourquoi es-tu toujours aussi réservé? ♦ *s.m.* 1 (*mezzi, beni*): *puoi vivere del* —, tu peux vivre de tes revenus; *mettici del* — (*denaro*), tu n'as qu'à ajouter qqch de ta poche || *accontentati del* —, contente-toi de ce que tu as 2 (*preceduto da pron.indef.*): *hai ancora qlco di* —, tu as encore quelques biens personnels; *se vuoi aggiungere qlco di* —, si tu veux toi aussi ajouter qqch; *non hai più niente di* —, tu n'as, tu ne possèdes plus rien; *non c'è più nulla di* — *in casa mia*, il n'y a plus rien qui t'appartienne chez moi; *c'è ben poco di* — *in questo tema*, il y a bien peu de choses personnelles dans cette dissertation 3 *pl.* les tiens; (*genitori*) tes parents; (*parentela*) ta famille: *passerai il Natale con i tuoi?*, tu passeras Noël en famille?

tuonare *v.intr.* e *intr.impers.* tonner.

tuono *s.m.* 1 tonnerre 2 (*rumore forte*) grondement.

tuorlo *s.m.* jaune d'œuf.

turabottiglie *s.m.* (*tecn.*) boucheuse (*f.*).

turacciolo *s.m.* bouchon.

turare *v.tr.* boucher || — *la bocca a qlcu*, (*fig.*) clouer le bec à qqn □ **turarsi** *v.pron.* se boucher.

turba[1] *s.f.* foule; (*spreg.*) bande.

turba[2] *s.f.* (*med.*) trouble (*m.*).

turbamento *s.m.* 1 (*il turbarsi*) trouble 2 (*il turbare*) perturbation (*f.*).

turbante *s.m.* turban.

turbare *v.tr.* troubler □ **turbarsi** *v.pron.* se trou-

bler: — *in volto*, se troubler || *il tempo si è turbato*, le temps s'est gâté.

turbativa *s.f.* (*dir.*) trouble (*m.*).

turbato *agg.* troublé.

turbina *s.f.* (*mecc.*) turbine.

turbinare *v.intr.* tourbillonner (*anche fig.*).

turbine *s.m.* 1 tourbillon (*anche fig.*) || *il* — *delle passioni*, le déchaînement des passions 2 (*nugolo*) nuée (*f.*).

turbinio *s.m.* tourbillonnement (*anche fig.*).

turbinosamente *avv.* en tourbillonnant.

turbinoso *agg.* tourbillonnant (*anche fig.*).

turbo *agg.* e *s.m.* (*mecc.*) turbo: (*motore*) —, moteur turbo; (*automobile*) —, turbo.

turbo- *pref.* turbo-

turbocisterna *s.f.* pétrolier à turbines.

turbocompresso *agg.* (*mecc.*) turbocompressé, turbo.

turbocompressore *s.m.* (*mecc.*) turbocompresseur.

turboelica (pl. *invar.*) *s.m.* turbopropulseur.

turbogetto *s.m.* turboréacteur.

turbolento *agg.* 1 turbulent 2 (*fig.*) (*agitato*) agité; (*tumultuoso*) tumultueux*.

turbolenza *s.f.* turbulence (*anche fig.*).

turbomotore *s.m.* (*mecc.*) turbomoteur.

turbonave *s.f.* navire à turbines.

turbopropulsore *s.m.* (*aer.*) turbopropulseur.

turboreattore *s.m.* turboréacteur.

turbotreno *s.m.* turbotrain.

turca (pl. *-che*) *s.f.* 1 (*divano letto*) sommier monté 2 (*gabinetto alla*) —, cabinet à la turque.

turcasso *s.m.* carquois.

turchese *s.f.* turquoise ♦ *agg.* e *s.m.* (*colore*) turquoise.

turchino *agg.* e *s.m.* bleu* (foncé).

turco (pl. *-chi*) *agg.* turc* || *bagno* —, bain turc; *fare un bagno* —, (*una gran sudata*) être en nage || *cose turche!*, (*scherz.*) des choses incroyables! || *alla turca*, à la turque; *caffè alla turca*, café turc ♦ *s.m.* turc* || *parlare* —, (*fig.*) parler chinois, hébreu || *fumare come un* —, fumer comme un pompier; *bestemmiare come un* —, jurer comme un charretier.

turcomanno *agg.* e *s.m.* turcoman.

turgescente *agg.* turgescent.

turgidezza *s.f.* turgescence.

turgido *agg.* 1 gonflé 2 (*scient.*) turgescent.

turgore *s.m.* enflure (*f.*); (*scient.*) turgescence (*f.*).

turibolo *s.m.* encensoir.

turismo *s.m.* tourisme: *ente per il* —, syndicat d'initiative; *ufficio del* —, office du tourisme.

turista *s.m.* touriste: *da* —, en touriste.

turisticamente *avv.* du point de vue touristique.

turisticizzato *agg.* touristique.

turistico (pl. *-ci*) *agg.* touristique || *agenzia turistica*, agence de tourisme; *industria turistica*, industrie touristique, du tourisme || *prezzo, menu, biglietto* —, prix, menu, billet touristique || *villaggio* —, village (de) vacances || *classe turistica*, classe touriste.

turkmeno *agg.* e *s.m.* turkmène.

turlupinare *v.tr.* rouler, duper: *ti sei fatto —*, tu t'es fait avoir.

turlupinato *agg.* dupé.

turlupinatura *s.f.* duperie.

turnista *s.m.* ouvrier* travaillant par roulement: *turnisti di giorno, di notte,* équipe de jour, de nuit.

turno *s.m.* (*di lavoro ecc.*) roulement; (*servizio*) service; (*al gioco ecc.*) tour: *stabilire dei turni,* établir des roulements; *lavorare a turni,* travailler par roulement, en postes; *fare (dei) turni,* (*avvicendarsi*) se relayer; *è il tuo —,* c'est à toi; *aspetto il mio —,* j'attends mon tour; *è arrivato, giunto il mio —,* c'est mon tour; *quando arriverà il tuo —,* quand ce sera ton tour; *perdere il —,* perdre son tour || *— di notte,* service de nuit; *fare il — di notte,* faire la nuit; *— di guardia,* tour de garde; *essere di —,* être de service, (*mar.*) être de quart; *medico di —,* médecin de garde; *farmacia di —,* pharmacie de garde; *— di riposo,* jour de repos; *il — di lavoro è di sei ore,* la journée de travail est de six heures || *primo, secondo —,* (*gruppo di lavoratori*) première, deuxième équipe, (*di vettura ristorante*) premier, deuxième service; *il primo — va dalle 6 alle 14,* la première équipe travaille de 6 à 14 heures □ **a turno**, à tour de rôle.

turnover (pl. *invar.*) *s.m.* 1 (*di personale*) roulement du personnel 2 (*comm.*) rotation (*f.*); (*giro d'affari*) chiffre d'affaires: *— di magazzino,* rotation des stocks.

turpe *agg.* abject, infâme; (*osceno*) obscène: *— individuo,* individu abject; *— delitto,* crime abominable.

turpemente *avv.* d'une manière abjecte.

turpiloquio *s.m.* langage obscène: *fare del —,* dire des obscénités.

turpitudine *s.f.* turpitude.

turrito *agg.* muni de tours.

tuta *s.f.* combinaison, (*sportiva, da ginnastica*) survêtement (*m.*); (*da lavoro*) combinaison, bleu (*m.*), salopette || *— mimetica,* tenue léopard || *— spaziale,* combinaison spatiale, scaphandre des cosmonautes.

tutela *s.f.* 1 sauvegarde; (*protezione*) protection: *— ambientale,* sauvegarde de l'environnement; *tenere, prendere qlcu sotto la propria —,* tenir, prendre qqn sous sa protection; *porsi sotto la — della polizia,* se placer sous la protection de la police || *a — di,* pour sauvegarder 2 (*dir.*) tutelle || *sotto —,* en tutelle; *essere sotto la — di qlcu,* être sous la tutelle de qqn.

tutelare[1] *agg.* tutélaire || *giudice —,* juge des tutelles.

tutelare[2] *v.tr.* défendre*, sauvegarder; (*proteggere*) protéger*: *— i propri interessi,* défendre, sauvegarder ses intérêts; *la legge tutela i cittadini,* la loi protège les citoyens; *— l'ambiente,* sauvegarder l'environnement □ **tutelarsi** *v.pron.* se prémunir, se garantir.

tutelato *agg.* garanti.

tutina *s.f.* 1 (*da bambini*) combinaison 2 (*da danza, ginnastica*) justaucorps (*m.*).

tutore (f. *-trice*) *s.m.* 1 tuteur* || *i tutori dell'ordine* (*pubblico*), les gardiens de l'ordre (public) 2 (*agr.*) tuteur; (*per la vite*) échalas; (*per i fagioli*) rame (*f.*) 3 (*med.*) *— ortopedico,* appareil orthopédique.

tutorio *agg.* (*dir.*) de tutelle.

tuttalpiù, tutt'al più *avv.* tout au plus.

tuttavia *cong.* toutefois, (et) cependant, (et) pourtant || *pur —,* et pourtant || *se —,* mais si, si toutefois.

tutto *agg.indef.* 1 tout*: *per tutta la giornata,* de toute la journée; *ha fatto — quello che poteva,* il a fait tout ce qu'il pouvait, tout son possible; *a — c'è rimedio,* il y a un remède à tout; *il pane è — in tavola,* tout le pain est sur la table; *il problema è — qui,* tout le problème est là; *il vino è — qui?,* il n'y a que ça comme vin?; *i bambini erano tutti a dormire,* les enfants étaient tous couchés; *le auto erano tutte straniere,* toutes les autos étaient étrangères || *la sua vita è tutta un romanzo,* sa vie est un vrai roman || *ha letto — Dante, tutta Colette,* il a lu tout Dante, tout Colette; *conosce a memoria tutta 'Fedra', tutta l'Eneide, tutti 'I fiori del male',* il connaît par cœur tout 'Phèdre', toute l'Énéide, toutes 'Les fleurs du mal' || *tutta Firenze, tutta Roma,* tout Florence, tout Rome || *tutti e due i fratelli,* les deux frères; *tutt'e tre le sorelle,* les trois sœurs || *tutti noi, tutti voi,* nous tous, vous tous || *a tutt'oggi,* jusqu'à aujourd'hui; *a — domani,* jusqu'à demain; *a — il 20 agosto,* jusqu'au 20 août; *studiate fino a — il terzo capitolo,* étudiez jusqu'au troisième chapitre compris || *in — il mondo,* dans le monde entier 2 (*ogni*) tout*; (*qualsiasi*) tout (*sempre sing.*): *viene tutte le sere,* il vient tous les soirs; *a tutte le ore,* à toute heure 3 (*con valore avverbiale*) (*completamente, interamente*) tout: *era — commosso, tutta commossa,* il était tout ému, elle était tout émue; *ritornò — bagnato, tutta bagnata,* il rentra tout trempé, elle rentra toute trempée || *è — sbagliato,* c'est complètement faux || *è — suo padre,* c'est tout le portrait de son père || *era tutt'occhi, tutt'orecchi,* (*molto attento*) il était tout yeux, tout oreilles; *è — naso, occhi,* (*ha il naso lungo, occhi grandi*) il a un nez énorme, des yeux immenses || *è — casa, famiglia e lavoro,* il est métro, boulot, dodo || *delle stoffe tutta seta, tutta lana,* des étoffes tout soie, tout laine ♦ *pron.indef.* 1 (*ogni cosa*) tout: *— è bello per lui,* à ses yeux tout est beau; *penserò io a —,* c'est moi qui penserai à tout; *bisogna finire —,* il faut tout finir; *avete fatto —?,* avez-vous tout fait? || *sa fare (di) —,* il sait tout faire || *è in — per...,* faire tout son possible pour... || *— sommato,* somme toute, tout compte fait 2 *pl.* tout le monde; (*con riferimento a persone già nominate*) tous*: *tutti erano là,* tout le monde était là; *va d'accordo con tutti,* il s'entend bien avec tout le monde; *tutti dicono che...,* tout le monde dit que...; *erano tutti là,* ils étaient tous là; *lo sapevamo tutti,* nous le savions tous; *tutte cantavano,* elles chantaient toutes; *tutti e due, tutti e tre,* tous (les) deux, tous les trois; *zitti tutti!,* taisez-vous tous! || *nell'interesse di tutti*, dans l'intérêt général || *come tutti sanno*, comme chacun le sait || *fermi tutti!*, que personne ne bouge! || *tutti per uno, uno per tutti*, un pour tous et tous pour un **3** (*mus.*) (*nelle partiture*) tutti ♦ *s.m.* (*invar.*) tout ♦ FRASEOLOGIA: *un po' di —, di — un po'*, un peu de tout; *questo è —, — là, — lì, — qua, — qui*, c'est tout; *non è —*, ce n'est pas tout; *le inventa, le pensa tutte*, il ne sait plus quoi, qu'inventer || *del —*, (*completamente*) complètement, tout à fait: *le sue conclusioni sono del — sbagliate*, ses conclusions sont complètement fausses; *hai ragione, ma non del —*, tu as raison, mais pas tout à fait || *in —*, en tout: *in — e per —*, en tout et pour tout || *diceva stupidaggini a — andare*, il disait des bêtises à jét continu; *correva a — andare*, il courait à fond de train; *spendeva a — andare, a — spiano*, il dépensait sans compter || (*mar.*): *— a dritta, a sinistra!*, à droite, à gauche toute!; *avanti tutta!*, en avant toute!; *indietro tutta!*, en arrière toute!; *macchine a tutta forza!*, toute! || *con — che*, (*sebbene, malgrado*) bien que, quoique; *con — che sono stanchissimo, ti accompagnerò*, quoique (je sois) très fatigué, je veux bien t'accompagner || *con — ciò, non mi sento di...*, malgré tout, je n'ai pas le courage (*o* envie) de... || *tutt'al più*, tout au plus.

□ **tutto quanto** (*fam.*) tout; (*al completo*) (tout) entier*; (*interamente*) complètement, tout à fait:

ha mangiato *— quanto*, il a tout mangé; *tutta quanta l'assemblea*, l'assemblée tout entière; *tutta (quanta) la vita*, sa vie (tout) entière (*o* toute sa vie); *è — quanto sbagliato*, c'est tout à fait, complètement faux; *si è sporcato — quanto*, il s'est tout sali || *farò come tutti quanti*, je ferai comme tout le monde; *sono partiti tutti quanti*, ils sont tous partis; *uscite tutti quanti!*, sortez tous!; *tutti quanti i presenti*, toutes les personnes présentes; *voi mentite tutti quanti*, vous mentez tous autant que vous êtes.

□ **tutt'uno**: *essere, fare tutt'—*, n'être, ne faire qu'un (*o* être une seule et même personne, chose); *vederla e innamorarsene fu tutt'—*, la voir et en tomber amoureux ce fut tout un; *lo scrittore X e il critico Y sono tutt'—*, l'écrivain X et le critique Y sont la même personne; *oggi o domani per me è tutt'—*, aujourd'hui ou demain pour moi c'est la même chose; *vederlo e comprarlo fu tutt'—*, dès que je l'ai vu je l'ai acheté.

tuttofare (pl. *invar.*) *agg.* (bon) à tout faire ♦ *s.f.* bonne à tout faire.

tuttora *avv.* encore, toujours.

tuttotondo (pl. *invar.*) *s.m.* (*scultura*) rondebosse* (*f.*): *a —*, en ronde-bosse.

tutù *s.m.* tutu.

tv, TV *s.f.* télé: *le — commerciali*, les télés commerciales || *alla —, in —*, à la télé.

tzigano *agg.* e *s.m.* → **zigano**.

U

u *s.f.* e *m.* u (*m.*) || (*tel.*) — *come Udine*, u comme Ursule || *a U*, en (forme de) U; *inversione a U*, demi-tour.

uadi *s.m.* (*geogr.*) oued.

ubbia *s.f.* lubie || *togliti dalla testa queste ubbie*, ôte-toi ces idées de la tête.

ubbidiente *agg.* obéissant.

ubbidienza *s.f.* obéissance || *in — alle regole*, suivant les règles.

ubbidire (*coniug. come* finire) *v.intr.* obéir.

ubertoso *agg.* (*letter.*) fertile.

ubicare (*coniug. come* mancare) *v.tr.* situer, placer*.

ubicato *agg.* situé.

ubicazione *s.f.* emplacement (*m.*); (*collocazione*) localisation.

ubiquità *s.f.* ubiquité.

ubriacare (*coniug. come* mancare) *v.tr.* enivrer (*anche fig.*); (*fam.*) soûler || *il successo l'ha ubriacato*, le succès l'a grisé □ **ubriacarsi** *v.pron.* s'enivrer (*anche fig.*); (*fam.*) se soûler.

ubriacatura *s.f.* enivrement (*m.*) (*anche fig.*); (*fam.*) cuite.

ubriachezza *s.f.* 1 ivresse 2 (*vizio di ubriacarsi*) ivrognerie.

ubriaco (pl. *-chi*) *agg.* ivre; (*fam.*) soûl: — *fradicio*, ivre mort; *mezzo* —, à moitié ivre || (*fig.*): — *di sonno*, mort de sommeil; — *di felicità*, ivre de bonheur ♦ *s.m.* ivrogne.

ubriacone *s.m.* ivrogne.

uccellagione *s.f.* 1 chasse aux oiseaux 2 (*selvaggina da penna*) gibier à plume.

uccellaio *s.m.* oiselier.

uccellatore *s.m.* oiseleur.

uccelletto *s.m.* oisillon, oiselet || (*cuc.*) *fagioli all'—*, haricots à l'étouffée.

uccelliera *s.f.* volière.

uccellino *s.m.* oisillon, oiselet, petit oiseau* || *mangiare come un —*, manger comme un moineau || *me l'ha detto un —*, (*fam.*) c'est mon petit doigt qui me l'a dit.

uccello *s.m.* oiseau* || *a volo d'—*, à vol d'oiseau, (*di sfuggita*) en vitesse || — *del malauguriò*, oiseau de malheur; *essere uccel di bosco*, (*essere irreperibile*) ne pas se faire prendre || — *di nido*, oisillon || — *del paradiso*, oiseau de paradis; — *lira*, oiseau-lyre.

uccidere (*coniug. come* ridere) *v.tr.* tuer (*anche fig.*); (*un animale*) abattre*: *fu ucciso da un infarto*, il est mort d'un infarctus || *un lavoro che ucci-* *de*, un travail tuant; *un freddo che uccide*, un froid mortel; *un caldo che uccide*, une chaleur crevante □ **uccidersi** *v.pron.* 1 se tuer: *si è ucciso per disperazione*, il s'est tué par désespoir; *si è ucciso in un incidente*, il s'est tué dans un accident 2 (*l'un l'altro*) s'entretuer.

uccisione *s.f.* meurtre (*m.*); (*di animali*) abattage (*m.*).

ucciso *agg.* tué; (*di animale*) abattu ♦ *s.m.* victime (*f.*).

uccisore *s.m.* meurtrier; (*assassino*) assassin.

ucraino *agg.* e *s.m.* ukrainien*.

udibile *agg.* audible.

udienza *s.f.* audience || *dare — a*, donner audience à, recevoir; *chiedere un' — pontificia*, demander à être reçu par le Saint-Père || *sala di —, delle udienze*, auditoire.

udinese *agg.* de Udine.

udire (*Indic.pres.* io odo, tu odi, egli ode, noi udiamo, voi udite, essi odono) *v.tr.* 1 entendre*: *fu udita piangere*, on l'entendit pleurer || *udite! udite!*, oyez! oyez! || — *messa*, entendre la messe 2 (*venire a sapere*) apprendre* (qqch).

uditivo *agg.* auditif*.

udito *s.m.* ouïe (*f.*) || *duro d'—*, dur d'oreille; *privo dell'—*, sourd.

uditore (f. *-trice*) *s.m.* auditeur*.

uditorio *s.m.* auditoire, assistance (*f.*).

uè *inter.* ouin!

uff, uffa *inter.* zut!, mince! || — *, smettila!*, mais alors, tu arrêtes oui ou non!

ufficiale[1] *agg.* officiel* || *in forma —*, officiellement.

ufficiale[2] *s.m.* officier: — *in servizio attivo*, officier d'active; — *medico*, médecin militaire || (*mar.*): — *in seconda*, officier en second; *primo —*, second; *secondo —*, second adjoint; *terzo —*, lieutenant || (*amm.*): *pubblico —*, officier ministériel; — *di stato civile*, officier de l'état civil; — *postale*, employé postal; — *giudiziario*, huissier.

ufficialità *s.f.* caractère officiel.

ufficializzare *v.tr.* rendre* officiel.

ufficialmente *avv.* officiellement.

ufficio *s.m.* 1 bureau*: *orario d'—*, heures de bureau; *in —*, au bureau; *lavora in — dalla mattina alla sera*, il travaille dans un bureau du matin au soir; *passerò dai vostri uffici*, je passerai à vos bureaux || — *studi*, bureau d'études || (*in un'azienda*): *Ufficio vendite*, Service des ventes; *Uffi-*

cio contabilità, Service de comptabilité **2** (*carica*) charge (*f.*): *rimuovere da un* —, relever de sa charge, de ses fonctions || *d'*—, d'office; *per dovere d'*—, par devoir d'état; *per ragioni d'*—, pour raisons de travail; *segreto d'*—, secret professionnel || *fare l'*— *di*, faire office de **3** (*compito morale*) devoir || *interporre i propri buoni uffici*, proposer ses bons offices **4** (*eccl.*) office: — (*divino*), office (divin); *l'*— *funebre*, le service funèbre.

ufficiosità *s.f.* caractère officieux.

ufficioso *agg.* officieux* || *fonte ufficiosa*, source non autorisée || -**mente** *avv.*

ufo, UFO *s.m.* ovni (objet volant non identifié).

ufo, a *locuz.avv.* à l'œil || *vive a* — *in casa dei genitori*, il vit aux crochets de ses parents.

ugandese *agg.* e *s.m.* ougandais.

ugello *s.m.* (*di altoforno*) tuyère (*f.*); (*del carburatore*) gicleur; (*di iniettore*) buse (*f.*).

uggia (pl. *-ge*) *s.f.* ennui (*m.*): *mi è venuto in* —, je suis las de lui, il m'a ennuyé; *la pioggia mi fa venire l'*—, *mi mette l'*— *addosso*, la pluie me rend maussade; *avere in* — *qlcu*, ne pas aimer qqn; *prendere in* — *qlcu*, prendre qqn en grippe.

uggiolare *v.intr.* japper, glapir.

uggiolio *s.m.* jappement, glapissement.

uggiosamente *avv.* d'une manière ennuyeuse.

uggiosità *s.f.* ennui (*m.*).

uggioso *agg.* maussade; (*noioso*) ennuyeux*: *tempo* —, temps maussade; *persona uggiosa*, personne au caractère maussade; *lettura uggiosa*, lecture ennuyeuse.

ugola *s.f.* luette || — *d'oro*, voix d'or || *bagnarsi l'*—, (*fam.*) s'humecter le gosier.

ugonotto *agg.* e *s.m.* *huguenot.

uguaglianza *s.f.* égalité.

uguagliare *v.tr.* **1** égaliser; (*fig.*) rendre* égal* **2** (*essere uguale a*) égaler || — *un primato*, égaler un record **3** (*paragonare*) comparer □ **uguagliarsi** *v.pron.* (*equivalersi*) se valoir || *si uguagliano in altezza*, ils sont de la même hauteur.

uguale *agg.* **1** égal*: *è sempre* — *a se stesso*, il est toujours égal à lui-même || (*mat.*) *tre per tre* (*è*) — (*a*) *nove*, trois fois trois (égale) neuf **2** (*identico*) (exactement) pareil*; (*lo stesso*) le même: *i giovani sono tutti uguali*, les jeunes sont tous les mêmes; *la mia giacca è* — *alla tua*, j'ai la même veste que toi; *la legge è* — *per tutti*, la loi est la même pour tous; *sono uguali di, per statura*, ils ont la même taille; *avere uguali diritti e uguali doveri*, avoir les mêmes droits et les mêmes devoirs; *passo delle giornate tutte uguali*, je passe des journées toutes pareilles **3** (*uniforme*) égal*: *parlare con voce* —, parler d'une voix égale ♦ *s.m.* **1** égal*: *un artista che non ha l'*—, un artiste qui n'a pas son égal || *senza uguali*, sans égal || *per me è* —, cela m'est égal; *se per te è* —..., si cela t'est égal... **2** (*mat.*) signe d'égalité ♦ *avv.* (*fam.*) *sono alti* —, ils sont de la même taille; *tu sei stanco, e io sono stanco* —, tu es fatigué, moi pareil.

ugualitario *agg.* e *s.m.* égalitaire.

ugualitarismo *s.m.* égalitarisme.

ugualmente *avv.* **1** également **2** (*nello stesso* *modo*) de la même manière **3** (*lo stesso*) quand même: *lo farò* —, je le ferai quand même.

uh *inter.* *hou!

uhm *inter.* hum!

uistitì *s.m.* (*zool.*) ouistiti.

ulano *s.m.* uhlan.

ulcera *s.f.* ulcère (*m.*).

ulcerare *v.tr.* ulcérer* □ **ulcerarsi** *v.pron.* s'ulcérer*.

ulcerazione *s.f.* ulcération.

ulceroso *agg.* ulcéreux*.

ulema *s.m.* uléma (teologo e giurista musulmano).

ulivo *s.m.* e *deriv.* → **olivo** e *deriv.*

ulna *s.f.* (*anat.*) cubitus (*m.*).

ulteriore *agg.* ultérieur; (*supplementare*) supplémentaire: *per ulteriori informazioni...*, pour supplément d'informations... || *fino a* — *avviso*, jusqu'à nouvel ordre || *senza* — *perdita di tempo*, sans plus tarder.

ulteriormente *avv.* ultérieurement.

ultimamente *avv.* (*di recente*) dernièrement; (*negli ultimi tempi*) ces derniers temps.

ultimare *v.tr.* achever*.

ultimativo *agg.* péremptoire; (*imperativo*) impératif*.

ultimato *agg.* achevé, terminé: *a lavoro* —, une fois le travail terminé.

ultimatum (pl. *invar.*) *s.m.* ultimatum*.

ultimissimo *agg.* tout dernier*.

ultimo *agg.* dernier*: *è arrivato* —, il est arrivé le dernier; *gli ultimi due, tre*, les deux, trois derniers || *dalle ultime notizie risulta che...*, aux dernières nouvelles, on apprend que... || *la sai l'ultima?*, (*notizia*) tu connais la nouvelle?, (*iron.*) tu sais la meilleure?; (*barzelletta*) tu la connais celle-là? || *le ultime parole famose!*, (*fam. scherz.*) voilà la dernière! || *non è detta l'ultima parola*, on n'a pas dit le dernier mot || *il 15* (*luglio*) — *scorso*, le 15 juillet dernier; *giovedì* — *scorso*, jeudi dernier || *ha molte doti e, non ultima, l'onestà*, il a beaucoup de qualités et, non des moindres, l'honnêteté; *non ultima causa del suo fallimento fu la prodigalità*, l'une des causes, et non des moindres, de sa faillite, fut sa prodigalité ♦ *s.m.* dernier*: *ha parlato per* —, il a parlé le (*o* en) dernier; *lo faccio per* —, je le fais en dernier; *lo tengo per* —, je le garde pour la fin || *l'* — *del mese*, le dernier jour du mois; *gli ultimi del mese*, la fin du mois; *agli ultimi di agosto*, dans les derniers jours d'août; *l'* — *dell'anno*, le 31 décembre || *Michelangelo e Leonardo furono due grandi pittori, quest'* — *anche scienziato*, Michel-Ange et Léonard de Vinci furent deux grands peintres, le second fut en outre un grand savant || *l'* — *nato*, le dernier-né || *l'* — *arrivato, venuto*, (*anche fig.*) le dernier venu ♦ *avv.* enfin; (*in ultimo luogo*) en dernier lieu □ **in ultimo**, **da ultimo** *locuz.avv.* à la fin, enfin □ **all'ultimo** *locuz.avv.* **1** au dernier moment: *fino all'*—, jusqu'au bout **2** (*alla fine, infine*) à la fin, enfin.

ultimogenito *agg.* e *s.m.* dernier-né*.

ultrà *agg.* e *s.m.* (*estremista*) ultra.

ultra- *pref.* ultra-.

ultracentenario *agg.* e *s.m.* plus que centenaire.

ultradestra *s.f.* extrême-droite: *gli esponenti dell'—*, les ultras de droite.

ultrapotente *agg.* très puissant.

ultrasensibile *agg.* ultra-sensible.

ultrasinistra *s.f.* extrême-gauche: *gli esponenti dell'—*, les ultras de gauche.

ultrasonico (pl. *-ci*) *agg.* ultrasonique.

ultrasonoro *agg.* ultrasonore.

ultrasuono *s.m.* ultrason.

ultraterreno *agg.* ultra-terrestre.

ultravioletto *agg.* ultraviolet.

ululare *v.intr.* *hurler; *(di rapaci)* ululer.

ululato *s.m.* *hurlement; *(di rapaci)* ululement.

umanamente *avv.* humainement; *(con umanità)* avec humanité.

umanesimo *s.m.* humanisme.

umanista *s.m.* humaniste.

umanistico (pl. *-ci*) *agg.* humaniste.

umanità *s.f.* humanité: *l'intera —*, l'humanité entière.

umanitario *agg.* humanitaire.

umanitarismo *s.m.* humanitarisme.

umanizzare *v.tr.* humaniser □ **umanizzarsi** *v.pron.* s'humaniser.

umanizzazione *s.f.* humanisation.

umano *agg.* e *s.m.* humain.

umanoide *agg.* e *s.m.* humanoïde.

umbro *agg.* e *s.m.* ombrien*.

umettare *v.tr.* humecter: *umettarsi le labbra*, s'humecter les lèvres.

umidiccio *agg.* moite.

umidificare *(coniug. come* mancare*) v.tr.* humidifier.

umidificatore *s.m.* humidificateur.

umidificazione *s.f.* humidification.

umidità *s.f.* humidité: *c'è molta — stasera*, il fait très humide ce soir.

umido *agg.* humide: *occhi umidi di pianto*, des yeux mouillés de larmes; *mani umide*, des mains moites ♦ *s.m.* humidité *(f.)*, humide || *(cuc.) in —*, en sauce.

umile *agg.* humble || *umili origini*, origine modeste; *è gente molto —*, ce sont des gens très simples || *-mente* *avv.*

umiliante *agg.* humiliant.

umiliare *v.tr.* humilier □ **umiliarsi** *v.pron.* s'humilier.

umiliazione *s.f.* humiliation.

umiltà *s.f.* humilité; *(modestia)* modestie.

umorale *agg.* humoral* || *persona —*, personne inconstante.

umore *s.m.* humeur *(f.)*: *di cattivo, di buon —*, de mauvaise, de bonne humeur; *— nero, pessimo —*, humeur noire; *essere dell'— giusto per*, être d'humeur à; *seguire l'— del momento*, suivre son humeur || *gli umori del pubblico*, les réactions du public.

umorismo *s.m.* humour.

umorista *agg.* e *s.m.* humoriste.

umoristico (pl. *-ci*) *agg.* humoristique || *scrittore*

—, humoriste || *storiella umoristica*, histoire drôle.

un *art.indet.* → **uno.**

unanime *agg.* unanime: *con voto —*, à l'unanimité.

unanimemente *avv.* unanimement, à l'unanimité.

unanimità *s.f.* unanimité.

una tantum (pl. *invar.*) *locuz.agg.* extraordinaire ♦ *s.f.* impôt extraordinaire ♦ *locuz.avv.* *(una volta sola)* une fois pour toutes; *(ogni tanto)* de temps en temps.

uncinare *v.tr.* accrocher.

uncinato *agg.* crochu || *croce uncinata*, croix gammée.

uncinetto *s.m.* crochet: *lavorare all'—*, faire du crochet.

uncino *s.m.* **1** croc; *(piccolo)* crochet: *appendere, afferrare con un —*, accrocher || *a —*, crochu **2** *(bot.)* griffe *(f.)*.

undicenne *agg.* (âgé) de onze ans ♦ *s.m.* e *f.* garçon (âgé), fillette (âgée) de onze ans.

undicesimo *agg.num.ord.* e *s.m.* onzième; *(nella progressione di re, papi, capitoli ecc.)* onze.

undici *agg.num.card.* e *s.m.* onze || *l'— azzurro*, l'équipe nationale italienne.

ungarico (pl. *-ci*) *agg.* *hongrois.

ungaro *agg.* e *s.m.* *hongrois.

ungere *(coniug. come* giungere*) v.tr.* **1** graisser, enduire de graisse; *(con olio)* huiler || *questa crema unge troppo*, cette crème est trop grasse **2** *(insudiciare)* faire* des taches de graisse, d'huile (sur) **3** *(relig.)* oindre* □ **ungersi** *v.pron.* **1** se mettre* de la crème, de l'huile **2** *(insudiciarsi)* se faire* une tache d'huile, de graisse.

ungherese *agg.* e *s.m.* *hongrois.

unghia *s.f.* **1** ongle *(m.)*; *(dei felini)* griffe; *(degli equini)* sabot *(m.)*; *(dei bovini)* onglon *(m.)* || *(fig.)*: *metter fuori le unghie*, sortir ses griffes; *avere fra le unghie*, tenir entre ses griffes; *cadere fra le unghie di qlcu*, tomber sous la griffe de qqn; *pagare sull'—*, payer rubis sur l'ongle || *ci manca un'—*, on y est presque **2** *(taglio obliquo di arnese)* biseau* *(m.)*.

unghiata *s.f.* **1** coup de griffe; *(graffio)* égratignure: *dare un'—*, griffer **2** *(del temperino)* onglet *(m.)*.

unguento *s.m.* onguent; *(pomata)* pommade *(f.)*.

ungulato *s.m.* *(zool.)* ongulé.

uni- *pref.* uni-, mono-.

unicamente *avv.* uniquement.

unicamerale *agg.* *(pol.)* monocaméral*.

unicellulare *agg.* unicellulaire.

unicità *s.f.* unicité.

unico (pl. *-ci*) *agg.* unique; *(solo)* seul: *siamo gli unici a saperlo*, nous sommes les seuls à le savoir || *(comm.) rappresentante —*, agent exclusif || *è più — che raro*, c'est un (o le) merle blanc; *(di una cosa)* c'est rarissime || *è l'unica!*, c'est la seule chose à faire!; *l'unica è andare di persona*, le mieux serait d'y aller personnellement ♦ *s.m.* seul.

unidimensionale *agg.* unidimensionnel*.

unidirezionale *agg.* unidirectionnel*.

unifamiliare *agg.* pour une seule famille || *villetta* —, maison individuelle.

unificabile *agg.* qu'on peut unifier.

unificare (*coniug. come* mancare) *v.tr.* **1** unifier **2** (*standardizzare*) normaliser; (*un prodotto*) standardiser □ **unificarsi** *v.pron.* s'unifier.

unificato *agg.* **1** unifié **2** (*standardizzato*) normalisé; (*di un prodotto*) standardisé || (*tv*) *a reti unificate*, sur toutes les chaînes.

unificatore (f. *-trice*) *agg.* e *s.m.* unificateur*.

unificazione *s.f.* **1** unification **2** (*standardizzazione*) normalisation; (*di un prodotto*) standardisation.

uniformare *v.tr.* **1** uniformiser **2** (*conformare*) conformer □ **uniformarsi** *v.pron.* se conformer, s'adapter.

uniformazione *s.f.* uniformisation.

uniforme[1] *agg.* uniforme || **-mente** *avv.*

uniforme[2] *s.f.* uniforme (*m.*); tenue: *in alta* —, en grand uniforme.

uniformità *s.f.* **1** uniformité || — *di stile*, unité de style **2** (*conformità*) conformité.

unigenito *agg.* unique.

unilaterale *agg.* unilatéral* || **-mente** *avv.*

uninominale *agg.* uninominal*.

unione *s.f.* **1** union (*anche fig.*) **2** (*tecn.*) assemblage (*m.*).

unionista *agg.* e *s.m.* unioniste.

unire (*coniug. come* finire) *v.tr.* **1** joindre*, unir (*anche fig.*); (*mettere insieme*) assembler; (*fig.*) (*avvicinare*) rapprocher: — *due tavoli*, réunir deux tables || — *in matrimonio*, unir (par les liens du mariage) || — *la grazia all'intelligenza*, joindre la grâce à l'intelligence **2** (*collegare*) relier, unir: *un ponte unisce le due isole*, un pont relie les deux îles □ **unirsi** *v.pron.* **1** se joindre*; (*legarsi, congiungersi*) s'unir || — *in matrimonio*, se marier **2** (*collegarsi*) se relier.

unisex *agg.* unisexe.

unisono *agg.* (*di canto*) qui s'élève à l'unisson; (*di voci*) qui chantent à l'unisson ♦ *s.m.* unisson: *all'* —, à l'unisson (*anche fig.*).

unità *s.f.* unité (*anche fig.*) || (*elettr.*) — *di comando*, bloc de commande || (*mil.*) — *combattente*, unité de combat || (*inform.*): — *a dischi*, unité de disques; — *di elaborazione*, unité d'exécution || (*med.*) — *coronarica, di rianimazione*, service de pathologie cardiovasculaire, de réanimation.

unitamente *avv.* (*insieme con*) tout ensemble; (*concordemente*) de concert, d'un commun accord || — *a*, en même temps que; (*anche*) ainsi que; — *a mia madre le invio molti auguri*, ma mère se joint à moi pour vous envoyer tous nos vœux.

unitarietà *s.f.* unité.

unitario *agg.* unitaire || *poema, romanzo* —, poème, roman qui a de l'unité || (*tecn.*) *processo* —, processus d'unification.

unito *agg.* joint; (*avvicinato, accostato*) rapproché, réuni; (*messo insieme*) assemblé; (*compatto*) uni □ (*qui*) **unito** (*comm.*) ci-joint, ci-inclus: *nella lettera* (*qui*) *unita*, dans la lettre ci-jointe, ci-incluse; *troverete* (*qui*) *unita la copia*, vous trouverez ci-joint, ci-inclus la copie; *qui unite* (*troverete*) *due fatture*, ci-joint, ci-inclus deux factures.

universale *agg.* e *s.m.* universel*.

universalismo *s.m.* universalisme.

universalità *s.f.* universalité.

universalizzare *v.tr.* universaliser; (*diffondere*) diffuser; (*generalizzare*) généraliser □ **universalizzarsi** *v.pron.* s'universaliser.

universalmente *avv.* universellement.

università *s.f.* université: *fa l'*—, il va à l'université; *ha fatto l'*—, il a fait des études universitaires.

universitario *agg.* universitaire: *città universitaria*, ville d'université; *il quartiere* —, la cité universitaire ♦ *s.m.* (*studente*) étudiant; (*professore*) universitaire.

universo *s.m.* univers.

univocamente *avv.* de manière univoque.

univocità *s.f.* univocité.

univoco (pl. *-ci*) *agg.* univoque.

unno *s.m.* *hun ♦ *agg.* des *huns.

uno *art.indet.* **1** un: *un libro*, un livre; — *scoiattolo*, un écureuil; *un artista*, un artiste; *una città*, une ville; *un'amicizia*, une amitié; *in* (*qualche*) *rimedio ci dovrà pur essere*, il doit bien y avoir un remède || *sei* — *sciocco*, tu n'es qu'un sot || *ho un sonno* (*che non ti dico*)!, j'ai un de ces sommeils!; *ha una villa!*, il a une de ces villas! || *un soldato deve sempre obbedire*, un vrai soldat doit toujours obéir || *non posso darti un consiglio*, je ne peux te donner le moindre conseil || *non ha un amico*, il n'a pas un (seul) ami **2** (*seguito da agg.poss.*) → *mio, tuo ecc.* **3** (*circa*) environ, à peu près: *ti ci vorrà una mezz'ora*, il te faudra environ, à peu près une demi-heure ♦ *agg.num.card.* e *s.m.* un: *un'ora che aspetto*, voilà une heure que j'attends; *sono le ore una, è l'una, è la una*, il est une heure; *un giorno, l'* — *del mese di ottobre*, le premier (jour d') octobre; "*Quanti ne abbiamo?*" "*È l'*—", "Quel jour sommes-nous?" "(Nous sommes) le premier"; *pagina* —, page un; *non ha che un amico*, il n'a qu'un seul ami; *la verità è una*, il n'y a qu'une seule vérité; *è stato estratto, è uscito l'*—, il numero —, c'est le un qui est sorti; *abita all'*—, *al numero* — *di via...*, il habite au numéro un de la rue...; *centoundici si scrive con tre* — *di seguito*, cent onze s'écrit avec trois un de suite || *l'un(o) per cento*, un pour cent || *a un tempo*, en même temps; *a un modo*, de la même façon || *a* — *a* —, un à un, par un || *e* —!, *e una!*, un et d'une! || *volete sentirne una?*, voulez-vous savoir de la dernière?; *me ne è capitata una bella*, il m'en est arrivé une bien bonne; *ne ha fatta una grossa*, il en a fait une belle || *non gliene va mai bene una*, (*tutto gli va male*) rien ne lui réussit, (*non è mai contento*) il n'est jamais content; *ne ha sempre una*, il a toujours quelque chose || *delle due l'una: o accettate o rinunciate*, de deux choses l'une: ou vous acceptez ou vous renoncez || *una lira che è una lira non l'ho vista*, je n'ai pas vu une seule lire || (*fil.*)

l'Uno, l'Un ♦ *pron.indef.* **1** un: *ho parlato con —
dei suoi assistenti*, j'ai parlé avec l'un de ses as-
sistants; *— di noi, dei nostri*, (l')un de nous, des
nôtres; *una di voi, di loro*, (l')une de vous, d'entre
elles || *è — dei tanti, — qualsiasi, — qualunque*,
c'est quelqu'un comme les autres **2** (*un certo, un
tale*) quelqu'un: *è — che ti conosce*, c'est quelqu'un qui te connaît; *c'è —, una al telefono per te*,
(il y a) quelqu'un pour toi au téléphone; *ha sposato una della sua età*, il a épousé une femme (*o*
fille) de son âge **3** (*ciascuno*) chacun: *avranno
dieci milioni per —*, ils auront dix millions chacun; *ce ne daranno due per —*, on nous en donnera deux à chacun; *facciamo un po' per —*, (*a turno*) on fait chacun son tour, (*dividiamo*) allez, on
partage!; *li ho pagati mille lire l'—*, je les ai payés
mille lires pièce; *questi libri costano diecimila lire
l'—*, ces livres coûtent dix mille lires l'un **4** (*con
valore indefinito*) on; (*qualcuno*) quelqu'un: *se —
vuole può farlo*, si (l')on veut, on peut le faire; *se
— poi volesse andarci...*, si quelqu'un veut y aller... • *Uno* davanti a *i* e *y* seguiti da vocale, *s* impura, *gn, ps, x, z*; il *f. una* si elide davanti a vocale,
ma non davanti a *i* seguita da vocale; *un* negli altri casi.
unto *agg.* graisseux* || *— e bisunto*, tout crasseux
♦ *s.m.* **1** graisse (*f.*) **2** (*eccl.*) oint.
untuosità *s.f.* onctuosité (*anche fig.*).
untuoso *agg.* onctueux* (*anche fig.*).
unzione *s.f.* onction (*anche fig.*) || (*eccl.*) *estrema
—*, extrême-onction.
uomo (pl. *uomini*) *s.m.* **1** homme: *farsi —*, devenir un homme; *— di coscienza*, homme
consciencieux; *— di mondo*, homme du monde;
— di corte, courtisan; *— di fatica*, homme de
peine || *l'— del latte*, (*fam.*) le laitier || *l'— del mo-
mento*, l'homme du jour; *quello è il tuo —, l'—
che fa al caso tuo*, voilà l'homme qu'il te faut || *—
meccanico*, automate || (*mecc.*) *— morto*, sa-
bot **2** (*molto fam.*) (*marito, amante*) mec, jules.
uopo *s.m.* (*letter.*) besoin, nécessité (*f.*) || *essere
d'—, fare d'—*, être nécessaire, falloir || *all'—*, au
besoin.
uovo (pl. *le uova*) *s.m.* œuf: *uova di giornata, appena fatte*, œufs du jour; *uova fresche, da bere*,
œufs frais, à gober; *— al guscio*, œuf à la coque;
uova al tegame, fritte, all'occhio di bue, œufs sur
le plat; *— in camicia*, œuf poché; *fare l'—, le uova*,
pondre || *uova di cioccolata*, œufs en chocolat ||
— da rammendo, œuf à repriser || *rompere le uo-
va nel paniere*, tout gâcher || *testa d'—*, une grosse
tête || *meglio un — oggi che una gallina domani*,
un tiens vaut mieux que deux tu l'auras.
upupa *s.f.* (*zool.*) *huppe.
uragano *s.m.* ouragan || *un — di fischi, di ap-
plausi*, (*fig.*) une tempête de sifflets, un tonnerre
d'applaudissements.
uralico (pl. *-ci*) *agg.* ouralien*.
urania *s.f.* (*zool.*) uranie.
uranio *s.m.* (*chim.*) uranium.
urbanamente *avv.* civilement; (*cortesemente*)
poliment.

urbanesimo *s.m.* urbanisation (*f.*).
urbanista *s.m.* urbaniste.
urbanistica *s.f.* urbanisme (*m.*).
urbanistico (pl. *-ci*) *agg.* urbaniste.
urbanità *s.f.* urbanité || *con —*, courtoisement.
urbanizzare *v.tr.* urbaniser.
urbanizzazione *s.f.* urbanisation.
urbano *agg.* **1** urbain **2** (*cortese*) courtois, poli.
urea *s.f.* urée.
uremia *s.f.* urémie.
uretere *s.m.* uretère.
uretra *s.f.* urètre (*m.*).
uretrale *agg.* urétral*.
urgente *agg.* urgent: *è —*, c'est urgent; (*med.*) *un
caso —*, une urgence.
urgentemente *avv.* d'urgence; (*senza indugio*)
sans délai; (*in tutta fretta*) en toute hâte.
urgenza *s.f.* urgence || *chiamata d'—*, appel ur-
gent || *non c'è —*, ça ne presse pas || *con —*, tout de
suite, sans délai, d'urgence || *fare — a qlcu*, pres-
ser qqn; *avere — di fare qlco*, être pressé de faire
qqch.
urgere (*manca il pass. rem., l'imp., il part.
pass. e i tempi composti*) *v.intr.dif.* être* urgent ||
urgono provvedimenti, des mesures urgentes
s'imposent.
uricemia *s.f.* uricémie.
urico (pl. *-ci*) *agg.* urique.
urina *s.f.* urine.
urinare *v.intr.* uriner.
urinario *agg.* urinaire.
urinocultura *s.f.* (*med.*) uroculture.
urlare *v.intr.* e *tr.* *hurler; (*gridare*) crier || *— un
ordine*, crier un ordre.
urlata *s.f.* *hurlement (*m.*); (*di disapprovazione*)
*huée|| *fare un —*, (*fam.*) pousser une gueulante.
urlo (pl. *le urla*, se umane; *gli urli*, se degli animali
o dell'uomo, ma considerati singolarmente) *s.m.*
*hurlement; (*grido*) cri.
urna *s.f.* urne; (*per reliquie*) châsse || *il responso
delle urne*, les résultats du scrutin.
urogenitale *agg.* uro-génital*.
urografia *s.f.* urographie.
urologia *s.f.* urologie.
urologico (pl. *-ci*) *agg.* urologique.
urologo *s.m.* urologue.
urrà *inter.* e *s.m.* *hourra, *hurrah.
urtante *agg.* choquant.
urtare *v.tr.* **1** *heurter, bousculer: *lo urtò e lo fece cadere*, il le heurta et le fit tomber; *— qlcu per
la strada*, bousculer qqn dans la rue **2** (*fig.*)
*heurter; (*irritare*) choquer: *ho urtato il suo amor
proprio*, j'ai heurté son amour-propre; *il tuo comportamento li ha urtati*, ton comportement les a
choqués || *— i nervi*, taper sur les nerfs ♦ *v.intr.*
*heurter (contre, à), se cogner (contre, à); (*fig.*) se
*heurter (à): *la nave ha urtato contro uno scoglio*,
le navire a heurté (contre) un rocher; *ho urtato
contro una sedia, la credenza*, je me suis cogné à
une chaise, contre le buffet || *è una conclusione
che urta con le premesse*, c'est une conclusion qui
contredit les prémisses □ **urtarsi** *v.pron.* **1** se

*heurter, se bousculer: *si sono urtati per sbaglio*, ils se sont heurtés par mégarde   **2** (*fig.*) (*litigare*) se brouiller: *si sono urtati per una questione di soldi*, ils se sont brouillés pour une question d'argent   **3** (*fig.*) (*offendersi*) se fâcher: *si è urtato con tutti*, il s'est fâché avec tout le monde.

urtato *agg.* irrité, fâché.

urticante *agg.* urticant.

urto *s.m.*   **1** (*colpo*) coup: *dare un* —, donner un coup, heurter   **2** (*cozzo*) choc; (*collisione*) collision (*f.*): *entrare in* —, entrer en collision; *un — frontale fra due treni*, une collision de plein fouet entre deux trains || (*mil.*) *massa d'*—, unité de choc || (*med.*): *dose* —, dose de choc; *terapia d'*—, thérapie de choc || (*fis.*) *onda d'*—, onde de choc   **3** (*contrasto*) contraste, conflit || *mettersi in* —, se brouiller; *essere in* —, être brouillé.

uruguaiano *agg.* e *s.m.* uruguayen*.

usabile *agg.* employable.

usa e getta *locuz.agg.* jetable.

usanza *s.f.*   **1** coutume, usage (*m.*): *l'— del baciamano*, la coutume du baise-main; *secondo una vecchia* —, selon un vieil usage || *c'è l'— di...*, il est d'usage de...; *è invalsa l'— di...*, l'usage veut que... || *all'— di...*, selon la coutume de...   **2** (*abitudine*) habitude: *avere l'— di fare qlco*, avoir l'habitude de faire qqch.

usare *v.tr.*   **1** employer*; (*utilizzare*) utiliser; (*servirsi di*) se servir* (de): *non uso mai burro in cucina*, je n'emploie jamais de beurre pour faire la cuisine; *al suo paese usano ancora le candele*, dans son village on utilise encore des (*o* on se sert encore des) bougies; — *parole scelte*, employer un (*o* se servir d'un) vocabulaire choisi; *posso — la tua penna?*, puis-je me servir de ton stylo? || — *clemenza verso qlcu*, faire preuve de clémence à l'égard de qqn; — *prudenza*, user de prudence; — *le minacce*, user de menaces || *potrebbe usarmi la cortesia di...*, auriez-vous la gentillesse de...; *gli usarono mille premure*, ils l'entourèrent de mille attentions; *le gentilezze usategli*, les gentillesses qu'on a eues à son égard || *usa il cervello*, fais travailler ton cerveau; *usa le orecchie, gli occhi*, ouvre (bien) tes oreilles, tes yeux   **2** (*essere solito*) avoir* l'habitude (de); (*avere un'usanza*) avoir* (la) coutume (de): *usa alzarsi presto*, il a l'habitude de se lever tôt; *i greci usavano sacrificare agli dei*, les Grecs avaient la coutume de faire des sacrifices aux dieux || *in quel paese si usa così*, c'est la coutume de ce pays; *oggi si usa fare le vacanze all'estero*, aujourd'hui la mode est aux vacances à l'étranger || *come si usa*, selon l'usage || *non si usa più salutare?*, (iron.) alors, on ne dit plus bonjour? ♦ *v.intr.*   **1** employer* (qqch); (*utilizzare*) utiliser (qqch); (*servirsi*) faire* usage (de): — *della propria autorità*, faire usage de son autorité || *usatene come volete*, faites-en (l'usage) ce que vous voudrez; *usate pure di noi*, nous sommes à votre disposition   **2** (*essere di moda*) être* à la mode; (*essere in uso*) être* en usage; (*essere adoperato*) être* employé || *usa ancora*, cela se fait encore.

usato *agg.*   **1** usagé; (*vecchio*) vieux*; (*d'occasione*) d'occasion: *automobile usata*, voiture d'occasion   **2** (*in uso*) usité; (*adoperato*) employé: *un'espressione molto usata*, une expression très employée, très courante ♦ *s.m.*   **1** ordinaire || *secondo l'*—, comme d'habitude, comme à l'ordinaire; *fuori dell'*—, inhabituel   **2** (*merce usata*) occasions (*f.pl.*) || *il mercato dell'*—, le marché de l'occasions.

uscente *agg.*   **1** sortant: *consigliere* —, conseiller sortant   **2** (*di periodo di tempo*) qui va finir, qui s'achève   **3** (*di parola*) qui se termine (par).

usciere *s.m.* huissier.

uscio *s.m.* porte (*f.*): *l'— di casa*, la porte d'entrée || *sull'*—, sur le pas de la porte.

uscire (*Indic.pres.* io esco, tu esci, egli esce, noi usciamo, voi uscite, essi escono) *v.intr.*   **1** sortir*: — *di camera*, sortir de la chambre; — *di casa*, sortir de chez soi, de la maison; — *dal parrucchiere*, sortir de chez le coiffeur; — *a passeggio*, aller se promener; — *a fare due passi*, sortir (pour) faire quelques pas; — *sulla strada*, sortir dans la rue || — *in mare*, prendre la mer; *far — in mare*, mettre à la mer || — *alla superficie*, monter à la surface; (*alle carte*) — *a, di fiori*, jouer trèfle || — *in un grido di terrore*, pousser un cri de terreur || — *in una battuta volgare*, sortir une vulgarité || — *fuori*, (fam.) sortir || — *sul mercato*, être mis sur le marché || *far* —, sortir; *l'hanno fatto — di prigione, dall'ospedale*, il est sorti de prison, de l'hôpital; *far — di contrabbando*, passer en contrebande || — *dal riserbo*, sortir de sa réserve || — *dai limiti*, dépasser les limites || — *di senno*, devenir fou || — *di mente*, sortir de l'esprit || — *di minorità*, devenir majeur || *la parola gli uscì di bocca*, le mot lui a échappé || — *indenne da un pericolo*, échapper à un danger; *uscirne con onore, per il rotto della cuffia*, s'en tirer honorablement, de justesse; *di qui non si esce: o...o...*, on ne sort pas de là: ou...ou... || *mi esce dagli occhi*, je l'ai assez vu; *mi esce dalle orecchie*, cela commence à me chauffer les oreilles   **2** (*sfociare*) déboucher: *questa via esce in una piazza*, cette rue débouche sur une place   **3** (*di parole*) se terminer (par)   **4** (*di libro*) paraître*, sortir || *lo faranno — l'anno prossimo*, ils le publieront l'année prochaine.

uscita *s.f.*   **1** sortie (*anche fig.*): — *di sicurezza*, sortie de secours; *dobbiamo organizzare un'— insieme una di ceste sere*, il faut que l'on sorte ensemble un de ces soirs || *libera* —, sortie, (mil.) quartier libre; *giorno di libera* —, jour de sortie; *essere in libera* —, être de sortie, avoir quartier libre || (*aer.*) — (*per l'imbarco*), porte || (*via d'*) —, issue: *custodire tutte le uscite*, garder toutes les issues; *non c'è via d'*—, il n'y a pas d'(autre) issue; *era la sola via d'— che avevo*, je n'avais pas d'autre issue   **2** (*battuta*) sortie, repartie: *ebbe un'— spiritosa*, il eut une repartie pleine d'esprit   **3** (*spesa*) dépense: *registrare in* —, porter en dépense   **4** (*gramm.*) terminaison.

usignolo *s.m.* rossignol.

uso[1] *s.m.*   **1** usage; (*impiego*) emploi: *perdere* *l'— della parola, di una mano*, perdre l'usage de la parole, d'une main; *l'— del dizionario*, l'emploi du dictionnaire; *agitare prima dell'—*, agiter avant l'emploi; *è necessario l'— di guanti protettivi*, l'emploi de gants de protection est indispensable; *l'— della piscina non è compreso nel prezzo*, l'utilisation de la piscine n'est pas comprise || *logoro per l'—, dall'—*, usagé || *(per) — interno, esterno*, (pour l')usage interne, externe; *pronto per l'—, all'—*, produit prêt à l'emploi; *istruzioni per l'—*, mode d'emploi; *per mio — personale*, à mon usage personnel; *per mio — e consumo*, pour mon usage exclusif || *a che — serve?, qual è il suo —?*, à quoi cela sert-il?; *è necessario l'— delle forbici, far — delle forbici*, il faut se servir des ciseaux; *fare — di stupefacenti*, faire usage de stupéfiants; *fare un — discreto, moderato di qlco*, faire un usage raisonnable de qqch; *ha fatto — di tutti i mezzi a disposizione*, il a fait usage de tous les moyens à sa disposition; *fa molto — di olio*, il emploie beaucoup d'huile; *in Francia si fa più — di burro che in Italia*, en France, on consomme plus de beurre qu'en Italie; *fare buon, cattivo — del proprio denaro, tempo*, bien, mal employer son argent, son temps || *fare — e abuso di qlco*, abuser de qqch || *locali — ufficio*, locaux à usage de bureaux; *appartamento — foresteria*, appartement de fonction; *stoffa — seta*, tissu façon soie; *rivestimento — cuoio*, revêtement imitation cuir; *fotografia — tessera*, photographie format passeport **2** *(usanza)* coutume *(f.)*; *(tradizione)* tradition *(f.)*; *(abitudine)* habitude *(f.)*; *c'è l'— di...*, il est d'usage de...; *entrare nell'—*, entrer dans l'usage || *all'— francese*, à la française || *usi e costumi*, us et coutumes □ **a uso di**, à l'usage de, destiné à □ **con uso di**, avec jouissance de: *con — di cucina*, avec jouissance de la cuisine □ **con l'uso**, à l'usage; *(con la pratica)* par la pratique □ **fuori uso**, hors d'usage; *(superato, fuori moda)* désuet*: *andare fuori —*, tomber en désuétude □ **d'uso, di uso 1** d'usage || *la lavastoviglie è d'— corrente*, le lave-vaisselle est d'usage courant; *in casa mia, il ferro da stiro è d'— corrente*, chez moi, le fer à repasser est d'un emploi courant; *parola d'— corrente*, mot d'un emploi courant || *come d'—*, comme d'habitude, comme de coutume **2** *(usato in)* employé; *(di moneta)* qui a cours □ **in uso**, en usage; *(di moda)* à la mode: *essere, tornare in —*, être, revenir à la mode; *sono tornate in — le gonne corte, è tornata in — la moda delle gonne corte*, la mode revient aux jupes courtes; *questa grammatica non è più in —*, cette grammaire n'est plus employée || *pratiche in — presso...*, coutumes très répandues chez...

uso[2] *agg.* *(abituato)* habitué.

ussaro *s.m.* *hussard.

ustionare *v.tr.* brûler; *(spec. con un liquido)* échauder □ **ustionarsi** *v.pron.* se brûler; *(con un liquido)* s'ébouillanter.

ustionato *agg.* brûlé; *(spec. con un liquido)* échaudé || *reparto grandi ustionati*, service des grands brûlés.

ustione *s.f.* brûlure: *ustioni di primo grado*, brûlures du premier degré; *morire per le ustioni*, mourir à cause des brûlures.

ustolare *v.intr.* japper.

ustorio *agg.*: *specchio —*, miroir ardent.

usuale *agg.* usuel*; *(abituale)* habituel*.

usualmente *avv.* usuellement, d'ordinaire, d'habitude.

usucapione *(dir.)* *s.f.* usucapion.

usufruire *(coniug. come finire)* *v.intr.* jouir.

usufrutto *s.m.* *(dir.)* usufruit: *avere in — qlco*, avoir l'usufruit de qqch.

usufruttuario *agg. e s.m.* *(dir.)* usufruitier*.

usura[1] *s.f.* usure || *a —*, à usure; *(fig.)* avec usure.

usura[2] *s.f.* *(logorio)* usure: *sottoporre a —*, user.

usuraio *s.m.* usurier*.

usurare *v.tr.* user □ **usurarsi** *v.pron.* s'user.

usurpare *v.tr.* usurper: *fama usurpata*, réputation usurpée || *— la fama di scrittore*, abuser du nom d'écrivain.

usurpatore *(f. -trice)* *agg. e s.m.* usurpateur*.

usurpazione *s.f.* usurpation.

utensile[1] *s.m.* outil || *— da cucina*, ustensile de cuisine.

utensile[2] *agg.*: *macchina —*, machine-outil.

utente *s.m.* utilisateur*; *(spec. di un servizio pubblico)* usager*.

utenza *s.f.* **1** usage *(m.)*: *canone di —*, droit d'usage **2** *(gli utenti)* usagers *(m.pl.)*.

uterino *agg.* utérin.

utero *s.m.* *(anat.)* utérus.

utile *agg.* utile; *(che fa bene, conveniente)* bon*: *esercizio — per la memoria, per lo sviluppo muscolare*, exercice utile à la mémoire, au développement des muscles; *un metodo — per imparare l'inglese*, une méthode utile pour apprendre l'anglais; *se posso esserti — in qlco...*, si je peux t'être utile à qqch...; *sarà — informarsi*, il vaudra mieux se renseigner; *è — che si sappia*, il est bon que cela se sache; *se ritenete — aspettare...*, si vous jugez bon d'attendre...; *l'esperienza mi è tornata —*, cette expérience s'est révélée utile || *il tempo — è scaduto*, le délai est expiré; *in tempo —*, dans les délais || *lo spazio — è di sei metri*, l'espace utilisable est de six mètres ♦ *s.m.* **1** utile **2** *(vantaggio)* avantage; *(beneficio)* profit **3** *(econ.)* bénéfice || *prestare denaro con un — del 15%*, prêter de l'argent à un taux de 15%.

utilità *s.f.* utilité: *mi è di grande —*, il m'est d'une grande utilité; *mi è di poca —*, il ne m'est pas très utile; *qual è l'— di lavorare tanto?*, quel avantage y a-t-il à tant travailler?; *non ne ho avuta grande —*, cela ne m'a pas servi à grand-chose.

utilitaria *s.f.* petite voiture (de série); *(fam.)* voiturette.

utilitario *agg.* utilitaire.

utilitarismo *s.m.* utilitarisme.

utilitarista *s.m.* utilitariste.

utilitaristico *(pl. -ci)* *agg.* utilitariste.

utilizzabile *agg.* utilisable.

utilizzare *v.tr.* utiliser.

utilizzatore *s.m.* utilisateur.

utilizzazione *s.f.* utilisation.
utilizzo *s.m.* utilisation (*f.*).
utilmente *avv.* utilement; (*bene*) bien.
utopia *s.f.* utopie.
utopico (pl. -*ci*) *agg.* utopique.
utopista *s.m.* utopiste.
utopistico (pl. -*ci*) *agg.* utopique.
uva *s.f.* **1** raisin (*m.*): — *da tavola, da vino*, raisin de table, de cuve || — *passa, sultanina*, raisin sec,

de Corinthe **2** — *spina*, groseille à maquereau.
uvetta *s.f.* raisin sec, raisin de Corinthe.
uxoricida *s.m.* mari meurtrier de sa femme; (*dir.*) uxoricide ♦ *s.f.* épouse meurtrière du mari ♦ *agg.*: *impulso* —, impulsion homicide.
uxoricidio *s.m.* meurtre de l'épouse par le mari; meurtre du mari par son épouse; (*dir.*) uxoricide.
uzzolo *s.m.*: *gli è venuto l'* — *di*, la fantaisie l'a pris de; *avere l'* — *di*, avoir envie de.

V

v *s.f.* e *m.* v (*m.*) ‖ (*tel.*) — *come Venezia*, v comme Victor ‖ *a* (*forma di*) *V*, en V ‖ *doppia V*, *V doppia*, double v.

va' *inter.* (*guarda!*) tiens, regarde: —, *che bello!*, regarde, qu'il est beau!

vacante *agg.* vacant.

vacanza *s.f.* **1** (*periodo di riposo*) vacances (*pl.*): *vacanze estive*, grandes vacances, vacances d'été; *quattro settimane di —*, quatre semaines de vacances; *compiti delle vacanze*, devoirs de vacances; *essere, andare in —*, être, partir en vacances; *prendersi una —*, prendre quelques jours de repos; *ho bisogno di una —*, j'ai besoin d'une période de vacances ‖ *vacanze sulla neve*, vacances de neige; *— -studio*, voyage d'études **2** (*assenza autorizzata dal luogo di lavoro o di studio*) congé (*m.*): *essere in —*, être en congé; *prendersi un giorno di —*, prendre un jour de congé; *a scuola oggi è* (*giorno di*) *—*, *abbiamo —*, aujourd'hui nous n'avons pas cours; *oggi pomeriggio faccio —*, cet après-midi je ne travaille pas **3** (*l'essere vacante*) vacance.

vacanziere *s.m.*, **vacanziero** *agg.* vacancier.

vacazione *s.f.* vacation ‖ *— della legge*, délai d'entrée en vigueur de la loi.

vacca (pl. *-che*) *s.f.* vache: *— da latte*, vache à lait.

vaccata *s.f.* (*volg.*) cochonnerie, vacherie; (*stupidaggine*) connerie.

vacchetta *s.f.* vachette.

vaccinare *v.tr.* vacciner.

vaccinazione *s.f.* vaccination: *sottoporre a —*, vacciner ‖ *certificato di —*, carnet de vaccinations.

vaccino[1] *s.m.* (*med.*) vaccin.

vaccino[2] *agg.* de vache; (*bovino*) de bœuf.

vacillante *agg.* vacillant; (*barcollante*) chancelant: *passo —*, pas chancelant; *il suo trono è —*, son trône chancelle.

vacillare *v.intr.* vaciller (*anche fig.*); (*barcollare*) chanceler*.

vacuità *s.f.* vacuité.

vacuo *agg.* vide: *sorriso —*, sourire inexpressif; *persona vacua*, personne insignifiante ‖ *vacue speranze*, de vains espoirs.

vademecum (pl. *invar.*) *s.m.* guide, manuel.

va e vieni *s.m.* va-et-vient*.

vagabondaggio *s.m.* vagabondage: *darsi al —*, vagabonder; *dopo un lungo — per l'Europa...*, après avoir longtemps vagabondé en Europe...

vagabondare *v.intr.* vagabonder, errer: *— per l'Europa*, vagabonder à travers l'Europe; *— per i*

campi, flâner à travers (les) champs; *vive vagabondando*, il vit comme un vagabond; *— con la fantasia*, laisser aller son imagination.

vagabondo *agg.* vagabond ♦ *s.m.* **1** vagabond **2** (*fannullone*) fainéant.

vagamente *avv.* vaguement: *accennare — a qlco*, faire une vague allusion à qqch.

vagante *agg.* errant.

vagare (*coniug. come* legare) *v.intr.* errer.

vagheggiare (*coniug. come* mangiare) *v.tr.* **1** (*contemplare*) contempler **2** (*pensare con desiderio*) rêver (de); (*aspirare*) soupirer (après).

vagheggiato *agg.* **1** contemplé **2** (*desiderato*) désiré; (*sognato*) rêvé: *successo a lungo —*, succès longtemps désiré.

vaghezza *s.f.* (*indeterminatezza*) imprécision, indétermination.

vagina *s.f.* vagin (*m.*).

vaginale *agg.* vaginal*.

vaginite *s.f.* (*med.*) vaginite.

vagire (*coniug. come* finire) *v.intr.* vagir.

vagito *s.m.* vagissement.

vaglia[1] (pl. *invar.*) *s.m.* mandat: *— postale*, mandat-poste; *emettere, riscuotere un —*, délivrer, toucher un mandat ‖ *a mezzo —*, par mandat ‖ (*banca*): *— bancario*, chèque bancaire; *— cambiario*, billet à ordre.

vaglia[2] *s.f.*: *di —*, de valeur.

vagliare *v.tr.* **1** (*sabbia, ghiaia*) cribler; (*cereali*) vanner; (*farina*) tamiser **2** (*fig.*) passer au crible, examiner; (*pesare*) peser*; (*soppesare*) soupeser.

vaglio *s.m.* **1** crible, tamis; (*per cereali*) van **2** (*fig.*) crible; (*esame*) examen: *passare al —*, passer au crible; *fare un — delle diverse proposte*, soupeser les différentes propositions; *non ha resistito al — della critica*, il n'a pas résisté à l'examen de la critique.

vago (pl. *-ghi*) *agg.* vague: *la sua risposta è stata vaga, è stato — nel rispondere*, il a été vague dans sa réponse; *vaghi sospetti*, de vagues soupçons; *ha una vaga conoscenza della materia*, il a de vagues notions en la matière; *non ne ho la più vaga idea*, je n'en ai pas la moindre idée ♦ *s.m.* vague: *tenersi, rimanere nel, sul —*, rester (dans le) vague.

vagoncino *s.m.* wagonnet.

vagone *s.m.* wagon □ **vagone cisterna**, wagon-citerne; **vagone letto**, wagon-lit, wagon-couchettes; **vagone postale**, wagon-poste; **vagone ristorante**, wagon-restaurant.

vaio *s.m.* petit-gris*; (*antiq.*) vair.

vaiolo *s.m.* variole (*f.*): *butterato dal* —, variolé.

vaioloso *agg.* e *s.m.* varioleux*.

valanga (pl. *-ghe*) *s.f.* avalanche: *travolto da una* —, emporté par une avalanche; *una* — *di lettere, di critiche*, une avalanche de lettres, de critiques || *a valanghe*, à flots.

valchiria *s.f.* walkyrie.

valdese *agg.* e *s.m.* vaudois.

valdostano *agg.* e *s.m.* valdôtain.

valente *agg.* de valeur; (*abile*) habile: *un medico* —, un bon médecin.

valentia *s.f.* habileté.

valenza *s.f.* **1** (*chim.*) valence **2** (*valore, significato*) valeur.

valere (*Indic.pres.* io valgo, tu vali ecc.; *fut.* io varrò ecc.; *pass.rem.* io valsi, tu valesti ecc. *Part.pass.* valso) *v.intr.* **1** valoir*: *vale poco*, il ne vaut pas grand-chose; *vale più come attore che come regista*, il est meilleur comme acteur que comme metteur en scène; *uno vale l'altro*, ils se valent; *una cosa vale l'altra*, cela se vaut; *l'asso vale più del re*, l'as a plus de valeur que le roi; *te lo do per quel che vale*, (*al prezzo di costo*) je te le donne à prix coûtant; *te la do per quel che vale*, (*di notizia e simili*) ça vaut ce que ça vaut; *l'ha pagato per quel che vale*, il en a eu pour son argent || *non vale un'acca, un fico secco*, cela ne vaut pas un clou, un sou || *non vale la pena di dirglielo*, ça ne vaut pas la peine de le lui dire; *non valeva la pena di leggerlo*, il ne méritait pas d'être lu || *tanto vale*, autant (vaut) || *vale a dire*, (cioè) c'est-à-dire, (*significa che*) cela veut dire que **2** (*bastare*) suffire*; (*servire, giovare*) servir*: *non è valso a fargli cambiare idea*, cela n'a pas suffi à le faire changer d'idée; *non valse a nulla*, cela ne servit à rien; *non sono valse né promesse né preghiere*, rien n'y a fait, ni les promesses, ni les prières; *le sue lacrime non valsero a commuovermi*, ses larmes n'ont pas réussi à m'émouvoir || (*a*) *che vale?*, à quoi bon? **3** (*contare, avere peso*) compter: *la partita non vale per il campionato*, ce match ne compte pas pour le championnat **4** (*essere valido*) être* valable: *questo contratto non vale più*, ce contrat n'est plus valable || *non vale!*, (*nei giochi infantili*) ce n'est pas du jeu! ♦ *v.tr.* (*procurare*) valoir*: *il suo ultimo romanzo gli valse il primo premio*, son dernier roman lui a valu le premier prix □ **valersi** *v.pron.* se servir*: *si è valso del mio nome*, il s'est servi de mon nom; *si è valso di quella circostanza per...*, il a profité de cette circonstance pour...

valeriana *s.f.* valériane.

valetudinario *agg.* e *s.m.* valétudinaire.

valevole *agg.* valable || *partita* — *per il campionato*, partie comptant pour le championnat.

valga (pl. *-ghi*) *agg.* (*med.*) valgus.

valicabile *agg.* franchissable.

valicare (*coniug. come* mancare) *v.tr.* franchir.

valico (pl. *-chi*) *s.m.* **1** col || — *di frontiera*, passage de frontière **2** (*il valicare*) passage, franchissement.

validamente *avv.* **1** (*con efficacia*) valable-ment; (*con successo*) avec succès **2** (*con validità giuridica*) validement.

validità *s.f.* validité || *questo visto ha la* — *di un anno*, ce visa est valable un an.

valido *agg.* **1** (*valevole*) valable: *biglietto* — *tre mesi*, billet valable trois mois **2** (*efficace*) efficace: *il mio più* — *collaboratore*, mon collaborateur le plus efficace; *essere di* — *aiuto*, apporter une aide très efficace **3** (*conforme alle regole*) valide, bon*; (*regolamentare*) réglementaire: *non* —, nul; *voto* —, vote valide **4** (*vigoroso*) vigoureux* || *un vecchio ancora* —, un vieillard encore vert **5** (*di pregio, di valore*) de valeur.

valigeria *s.f.* maroquinerie.

valigetta *s.f.* mallette || *la* — *del dottore*, (*fam.*) la sacoche du médecin || *la* — *del rappresentante*, l'attaché-case du représentant.

valigia (pl. *-gie* o *-ge*) *s.f.* valise: *fare le valigie*, faire ses valises.

vallata *s.f.* vallée.

valle *s.f.* **1** vallée || *per monti e valli*, par monts et par vaux || *a* —, à val, (*di un fiume*) en aval (*anche fig.*): *le cause vanno cercate a monte, non a* —, les causes doivent être recherchées à l'origine || *rotolare a* —, rouler en bas **2** (*di delta o di laguna*) marais (*m.*) || — *da pesca*, vivier.

valletta *s.f.* (*tv*) assistante (du présentateur).

valletto *s.m.* valet; (*paggio*) page.

valligiano *agg.* de la vallée ♦ *s.m.* habitant de la vallée.

vallivo *agg.* **1** de la vallée **2** (*di delta o di laguna*): *terreno* —, terrain marécageux; *fauna valliva*, faune des marais; *pesca valliva*, pêche dans les marais.

vallo *s.m.* **1** (*st. romana*) vallum **2** (*trinceramento*) tranchée (*f.*); (*baluardo*) rempart.

vallone¹ *s.m.* (*geogr.*) vallon.

vallone² *agg.* e *s.m.* wallon.

valore *s.m.* **1** valeur (*f.*): *di nessun* —, *privo di* —, sans valeur; *del* — *di 1000 franchi*, d'une valeur de 1000 francs; *aumentare di* —, prendre de la valeur; *perdere di* —, perdre de sa valeur; *dare* — *a qlco*, attacher de la valeur à qqch || *una parola usata con* — *figurato*, un mot employé au sens figuré; *participio con* — *di aggettivo*, participe ayant valeur d'adjectif || *disposizioni che hanno* — *di legge*, dispositions qui ont force de loi; *il suo silenzio ha il* — *di una rinuncia*, son silence équivaut à un renoncement **2** (*coraggio*) vaillance (*f.*), bravoure (*f.*) || *medaglia al valor militare*, médaille militaire **3** *pl.* (*oggetti di valore*) objets de valeur || *valori bollati*, timbres fiscaux.

valorizzare *v.tr.* mettre* en valeur; (*aumentare di valore commerciale*) valoriser □ **valorizzarsi** *v.pron.* (*di persone*) se mettre* en valeur; (*di cose*) prendre* de la valeur, être* mis en valeur.

valorizzazione *s.f.* mise en valeur; (*commerciale*) valorisation.

valorosamente *avv.* vaillamment, bravement.

valoroso *agg.* vaillant; (*coraggioso*) courageux* || *un'impresa valorosa*, une entreprise hardie.

valpolicella *s.m.* vin italien de la région de Vé-rone.

valtellinese *agg.* de la Valteline.

valuta *s.f.* **1** espèces (*pl.*); monnaie: — *cartacea*, billets de banque; — *corrente*, monnaie en cours; *pagabile in* —, payable en espèces **2** (*valuta estera*) devise: — *forte, debole*, devise forte, faible **3** (*banca*) valeur: — *all'incasso*, valeur à l'encaissement; — *a saldo*, valeur pour solde; *giorno di* —, jour de valeur.

valutabile *agg.* évaluable.

valutare *v.tr.* **1** évaluer; (*fare una stima*) estimer **2** (*fig.*) (*giudicare*) juger **3** (*tener conto di*) tenir* compte (de); (*soppesare*) peser*: — *i pro e i contro*, peser le pour et le contre.

valutario *agg.* (*comm.*) monétaire; des devises.

valutazione *s.f.* **1** évaluation; (*di esperto*) expertise **2** (*fig.*) évaluation, appréciation; (*giudizio*) jugement (*m.*).

valva *s.f.* valve.

valvola *s.f.* **1** (*mecc.*) soupape; (*spec. a saracinesca*) vanne; (*di camera d'aria*) valve; (*a cerniera*) clapet (*m.*) || — *di sicurezza*, (*anche fig.*) soupape de sûreté **2** (*elettr.*) plomb (*m.*) **3** (*rad., tv*) lampe **4** (*anat.*) valvule.

valvolare *agg.* (*anat.*) valvulaire.

valzer *s.m.* valse (*f.*): *ballare il* —, valser, danser une valse.

vamp (*pl. invar.*) *s.f.* vamp.

vampa *s.f.* **1** flamme; (*di arma da fuoco*) lueur **2** (*al viso*) bouffée de chaleur **3** (*fig.*) ardeur.

vampata *s.f.* bouffée; (*fiammata*) *hautes flammes || una — di rossore, (al viso*) une rougeur subite || *una — d'ira*, (*fig.*) un accès de colère.

vampirismo *s.m.* vampirisme.

vampiro *s.m.* vampire.

vanadio *s.m.* vanadium.

vanagloria *s.f.* gloriole, vaine gloire; (*vanità*) vanité.

vanaglorioso *agg.* vaniteux*, vantard.

vanamente *avv.* vainement.

vandalico (*pl. -ci*) *agg.* vandalique: *atto* —, acte de vandalisme.

vandalismo *s.m.* vandalisme.

vandalo *s.m.* vandale (*anche fig.*).

vaneggiamento *s.m.* délire.

vaneggiare (*coniug. come* mangiare) *v.intr.* délirer, déraisonner || *tu vaneggi!*, tu divagues!

vanesio *agg.* e *s.m.* fat.

vanessa *s.f.* (*zool.*) vanesse.

vanga (*pl. -ghe*) *s.f.* bêche.

vangare (*coniug. come* legare) *v.tr.* bêcher.

vangata *s.f.* **1** (*colpo di vanga*) coup de bêche **2** (*quantità di terra sollevata da una vanga*) pelletée **3** (*sommaria vangatura*) bêchage (*m.*).

vangelo *s.m.* évangile (*anche fig.*): *dal Vangelo secondo Giovanni*, de l'Évangile selon Saint Jean; *non prendere tutto come* —, ne prends pas tout comme parole d'évangile.

vanificare (*coniug. come* mancare) *v.tr.* rendre* vain.

vaniglia *s.f.* (*bot.*) **1** (*albero*) vanillier (*m.*) **2** (*frutto*) vanille.

vanigliato *agg.* vanillé.

vaniloquio *s.m.* radotage.

vanità *s.f.* **1** vanité **2** (*inutilità*) inutilité.

vanitoso *agg.* vaniteux* || **-mente** *avv.*

vano *agg.* **1** (*inutile*) vain, inutile **2** (*leggero; futile*) futile, superficiel* ♦ *s.m.* **1** (*spazio vuoto*) (*di porta, di finestra*) baie (*f.*), embrasure (*f.*); (*delle scale*) cage (*f.*); (*di parete*) niche (*f.*) **2** (*stanza*) pièce (*f.*).

vantaggio *s.m.* **1** avantage **2** (*sport*) avance (*f.*).

vantaggiosamente *avv.* avantageusement.

vantaggioso *agg.* avantageux*.

vantare *v.tr.* **1** vanter **2** (*gloriarsi*) se vanter (de); (*essere fiero*) être* fier* (de): *vanta sempre la sua amicizia col direttore*, il se vante toujours de son amitié avec le directeur; *la città vanta molti monumenti*, la ville s'enorgueillit de ses nombreux monuments || — *nobili origini*, se targuer de nobles origines **3** (*rivendicare*) revendiquer; (*avanzare*) avancer*: — *diritti*, revendiquer des droits; — *pretese*, avoir des prétentions □ **vantarsi** *v.pron.* se vanter; être* fier* de: *non faccio per vantarmi*, ce n'est pas pour me vanter; *e me ne vanto!*, et j'en suis fier!

vanteria *s.f.* vanterie.

vanto *s.m.* **1** vanterie (*f.*), orgueil: *menar* — *delle proprie ricchezze*, se vanter de ses richesses || *è il* — *della sua famiglia*, il est l'orgueil de sa famille **2** (*merito*) mérite: *bel* —!, (*iron.*) quel exploit!

vanvera, a *locuz.avv.*: *parlare a* —, parler à tort et à travers; *agire a* —, agir sans réflexion.

vapore *s.m.* **1** vapeur (*f.*); *andare a* —, aller à la vapeur || *bagno a* —, bain de vapeur **2** (*vapore condensato*) buée (*f.*) **3** *pl.* (*esalazioni*) vapeur (*f.sing.*).

vaporetto *s.m.* (bateau* à) vapeur; (*fluviale*) bateau* fluvial*; (*a Parigi*) bateau-mouche*.

vaporiera *s.f.* locomotive à vapeur.

vaporizzare *v.tr.* vaporiser ♦ *v.intr.*, **vaporizzarsi** *v.pron.* s'évaporer.

vaporizzatore *s.m.* **1** vaporisateur, pulvérisateur **2** (*umidificatore*) humidificateur.

vaporizzazione *s.f.* vaporisation.

vaporosità *s.f.* **1** vaporeux (*m.*) **2** (*fig.*) (*di idee ecc.*) vague (*m.*).

vaporoso *agg.* **1** vaporeux* **2** (*fig.*) (*vago*) vague.

varano *s.m.* (*zool.*) varan.

varare *v.tr.* lancer* (*anche fig.*) || — *una legge*, approuver une loi || — *una commedia*, représenter une pièce.

varcare (*coniug. come* mancare) *v.tr.* franchir; (*fig.*) passer, dépasser || — *la quarantina*, passer (le cap de) la quarantaine.

varco (*pl. -chi*) *s.m.* passage || *aspettare qlcu al* —, (*fig.*) attendre qqn au tournant.

varechina *s.f.* (*chim.*) eau de Javel.

varesino *agg.* de Varèse.

varesotto *agg.* de la région de Varèse ♦ *s.m.* habitant de la région de Varèse; (*chi è nato nel Varesotto*) originaire de la région de Varèse.

varia *s.f.* (*in editoria*) littérature (générale).

variabile *agg.* e *s.f.* variable || *il barometro segna* (*tempo*)—, le baromètre est au variable.

variabilità *s.f.* variabilité.

variamente *avv.* diversement, différemment.

variante *s.f.* variante; (*cambiamento*) change (*m.*); (*modifica*) modification || — *grafica*, variante.

variare *v.tr.* e *intr.* varier: (*mutare*) changer*: *tanto per* —, pour changer.

variato *agg.* varié.

variazione *s.f.* variation; changement (*m.*).

varice *s.f.* (*med.*) varice.

varicella *s.f.* varicelle.

varicoso *agg.* variqueux*.

variegato *agg.* bigarré, bariolé.

varietà[1] *s.f.* variété.

varietà[2] *s.m.* (*teatr.*) variétés (*f.pl.*); (*locale*) music-hall*, théâtre de variétés || *spettacolo di* —, spectacle de variétés || (*tv*) *il* — *del sabato sera*, l'émission de variétés du samedi soir.

vario *agg.* **1** varié || *tempo*—, temps variable **2** (*differente*) différent, divers || *oggetti di* — *genere*, objets en tous genres; (*spreg.*) objets de toutes sortes; *negoziante di generi vari*, commerçant en tous genres || *in modi vari*, de manières différentes **3** *pl.* (*parecchi*) plusieurs* ♦ *pron.indef.pl.* (*varie persone*) plusieurs personnes ♦ *s.f.pl.* (*di spese o merci*) divers (*m.*) || (*amm.*) *varie ed eventuali*, divers.

variopinto *agg.* bigarré, bariolé.

varo[1] *s.m.* lancement (*anche fig.*) || — *di una legge*, mise en vigueur d'une loi || — *di una commedia*, première (représentation) d'une pièce.

varo[2] *agg.* (*med.*) varus*.

vasaio *s.m.* potier.

vasca (*pl. -che*) *s.f.* **1** bassin (*m.*); (*di fontana*) vasque; (*da bagno*) baignoire: — *a sedere*, baignoire sabot || (*nuoto*) *fare dieci vasche*, faire dix longueurs du bassin || — *dei pesci*, aquarium; *vaschetta dei pesci*, (*a palla*) bocal **2** (*tecn.*) cuve, bac (*m.*).

vascello *s.m.* vaisseau*.

vascolare *agg.* **1** vasculaire **2** *pittura* —, peinture sur vase.

vasectomia *s.f.* (*med.*) vasectomie.

vaselina *s.f.* vaseline: *spalmare di* —, vaseliner.

vasellame *s.m.* vaisselle (*f.*); (*di terracotta*) poterie (*f.*); (*di porcellana*) porcelaine (*f.*).

vasistas *s.m.* (*di porte o finestre*) vasistas.

vaso *s.m.* **1** vase; (*per coltivare piante, fiori*) pot **2** (*barattolo*) pot || — *da notte*, pot de chambre **3** (*anat.*) vaisseau*.

vasocostrittore *agg.* e *s.m.* vasoconstricteur*.

vasocostrizione *s.f.* vasoconstriction.

vasodilatatore *agg.* e *s.m.* (*med.*) vasodilatateur*.

vasodilatazione *s.f.* (*med.*) vasodilatation.

vasomotore (*f. -trice*), **vasomotorio** *agg.* (*anat.*) vasomoteur*.

vassallaggio *s.m.* vasselage; vassalité (*f.*) (*anche fig.*).

vassallo *s.m.* vassal* (*anche fig.*).

vassoio *s.m.* plateau*.

vastità *s.f.* étendue, ampleur (*anche fig.*) || *la* — *del suo ingegno*, l'envergure de son génie.

vasto *agg.* vaste (*anche fig.*) || *un* — *pubblico*, un large public || *godere di vasti poteri*, jouir de pouvoirs étendus || *vasta clientela*, grosse clientèle.

vate *s.m.* **1** (*profeta*) prophète **2** (*poeta*) poète.

vaticano *agg.* du Vatican || *biblioteca vaticana*, bibliothèque vaticane.

vaticinare *v.tr.* prédire*.

vaticinio *s.m.* vaticination (*f.*).

vattelappesca *locuz.* (*fam.*) Dieu sait où || *il signor* —, monsieur machin.

ve[1] *avv.* (*di luogo*) → **ce**.

ve[2] *pron.pers. di* 2^a *pers.pl.* **1** (*compl. di termine in presenza del pron.* lo, la, li, le) vous (*pleonastico, non si traduce*): — *lo dirò subito*, je vous le dirai tout de suite; *cercheremo di mandarveli domani*, nous essaierons de vous les envoyer demain: — *li studierete subito*, vous les étudierez tout de suite **2** (*legato al pron.* ne) vous en (*pleonastico, non si traduce*): — *ne pentirete presto*, vous vous en repentirez bientôt; *vorrei parlarvene*, — *ne vorrei parlare*, je voudrais vous en parler; *andatevene tranquillamente*, allez-vous en tranquillement; *non andatevene, non* — *ne andate così*, ne vous en allez pas ainsi; — *ne mangerete un chilo*, vous en mangerez un kilo.

ve' *inter.* (*forma tronca di* vedi) *hein! || guarda* —!, gare à toi!

vecchia *s.f.* vieille.

vecchiaia *s.f.* vieillesse.

vecchietto *s.m.* petit vieux*.

vecchio *agg.* vieux*; (*con riferimento all'età*) âgé || *diventar* —, vieillir || *è più* — *di me*, il est plus âgé que moi; *è di tre anni più* — *di me*, il a trois ans de plus que moi || *lo farò da* —, je le ferai quand je serai vieux || — *d'anni*, chargé d'années || — *decrepito*, décrépit || — *del mestiere*, vieux dans le métier || *la parte vecchia della città*, la vieille ville || *libri vecchi*, (*d'occasione*) livres d'occasion || — *stile*, démodé || *il* — *segretario era più gentile*, l'ancien secrétaire était plus gentil || *è vecchia!*, (*fig.*) (*cosa passata*) c'est du passé!; (*cosa riproposta*) c'est du réchauffé! || *Plinio il Vecchio*, Pline l'Ancien || *il Vecchio Testamento*, l'Ancien Testament ♦ *s.m.* **1** vieux **2** (*di persona*) vieillard || *i vecchi e i giovani*, les vieux et les jeunes || *i miei vecchi*, (*fam.*) mes vieux (parents).

vecchiotto *agg.* vieux*.

vecchiume *s.m.* vieilleries (*f.pl.*).

veccia (*pl. -ce*) *s.f.* (*bot.*) vesce.

vece *s.f.* place: *in* — *di qlcu*, à la place de qqn || *fare le veci di qlcu*, remplacer qqn || *il padre o chi ne fa le veci*, le père ou son représentant.

vedente *s.m.* voyant || *non* —, aveugle, non-voyant.

vedere[1] (*Indic.fut.* io vedrò ecc.; *pass.rem.* io vidi, tu vedesti ecc. *Part.pres.* vedente; *pass.* visto *o*

vedere

veduto *v.tr.* **1** voir* || —, *vederci bene, male,* avoir une bonne, une mauvaise vue || *vedessi come m'è cambiato!,* si tu voyais comme il a changé!; *vedete in me un uomo felice,* vous avez devant vous un homme heureux || *lo vedrebbe anche un cieco, si vedrebbe a occhi chiusi,* ça saute aux yeux, ça crève les yeux || *non vederci dalla fame,* avoir l'estomac dans les talons || *non ci vide più,* (*fig.*) il vit rouge || — *tutto nero, tutto rosa,* voir tout en noir, tout en rose || *a quel che vedo,* à ce que je vois || — *per credere!,* il faut le voir pour le croire! || *guarda chi si vede,* regarde qui me voilà || *fatti — qualche volta,* viens me voir de temps en temps; *fatti — dal dottore,* fais-toi voir par le médecin || *si vedrà!, la vedremo!,* on verra (bien)! || *gli, gliela farò — io!,* je vais lui en faire voir!; *gli farò — chi sono io,* il aura de mes nouvelles || *vedersela con qlcu,* s'arranger avec qqn || *vedi un po' tu,* fais comme tu veux || *vedi di farcela da solo,* tâche de te débrouiller tout seul || *veda, vorrei farlo, ma non posso,* je voudrais le faire, voyez-vous, mais je ne peux pas || *vorrei — te!,* je voudrais (bien) t'y voir! || *se dice così, si vede che non è d'accordo,* s'il dit cela, c'est qu'il n'est pas d'accord || *(come) si vede...,* (comme) on le voit... || *vedo, (nel poker) je vois* || *visto che...,* vu que... || *(tip.) visto si stampi,* bon à tirer || *vedi,* (*rimando nei testi*) voir **2** (*visitare*) voir*, visiter: — *la città,* visiter la ville □ **vedersi** *v.pron.* se voir* || — *in pericolo,* se sentir en danger.

vedere[2] *s.m.* **1** vue (*f.*) || *fare un bel* —, faire plaisir à voir **2** (*parere, opinione*) avis.

vedetta *s.f.* **1** vedette; (*mar.*) vigie || *torre di* —, tour de guet; *stare di* —, (*fig.*) être sur le qui-vive **2** (*nave*) vedette.

vedova *s.f.* **1** veuve **2** (*ragno*) — *nera,* veuve noire.

vedovanza *s.f.* veuvage (*m.*).

vedovile *agg.* (*di vedova*) de veuve; (*di vedovo*) de veuf || *stato* —, état de veuvage ♦ *s.m.* douaire.

vedovo *agg.* **1** veuf* **2** (*fig.*) privé ♦ *s.m.* veuf.

vedretta *s.f.* (*geogr.*) névé (*m.*).

veduta *s.f.* **1** vue **2** (*idea*) idée: *uomo di larghe vedute,* homme aux idées larges.

veemente *agg.* violent, impétueux*; (*di parole, di discorsi*) véhément.

veemenza *s.f.* violence; (*di parole, di discorsi*) véhémence.

vegetale *agg. e s.m.* végétal* || (*cuc.*) *brodo* —, bouillon de légumes.

vegetalista *s.m.* végétalien*.

vegetare *v.intr.* végéter* (*anche fig.*).

vegetariano *agg. e s.m.* végétarien*.

vegetativo *agg.* végétatif*.

vegetazione *s.f.* végétation.

vegeto *agg.* vigoureux* || *è vivo e* —, il se porte comme un charme.

veggente *s.m.* voyant ♦ *s.f.* voyante.

veggenza *s.f.* voyance.

veglia *s.f.* **1** (*il vigliare*) veille || — *funebre,* veillée funèbre; *fare la — a un morto,* veiller un mort **2** (*serata passata presso amici*) soirée.

vegliardo *s.m.* vieillard.

vegliare *v.intr.* **1** veiller || — *in preghiera,* passer sa nuit en prières **2** (*fig.*) (*vigilare, badare*) a) veiller (à) ♦ *v.tr.* veiller.

veglione *s.m.* bal* || — *di fine d'anno,* réveillon de la Saint-Sylvestre.

veicolare[1] *agg.* **1** (*relativo ai veicoli*) des véhicules **2** (*ling.*) véhiculaire: *lingua* —, (langue) véhiculaire **3** (*med.*) de transport.

veicolare[2] *v.tr.* véhiculer (*anche fig.*).

veicolo *s.m.* **1** véhicule: — *fuoristrada,* véhicule tout terrain **2** (*di malattie*) agent de transmission.

vela *s.f.* voile: — *maestra,* grand voile || *imbarcazione a* —, bateau à voiles || *andare a gonfie vele,* naviguer à pleines voiles; (*fig.*) marcher comme sur des roulettes || (*arch.*) *volta a* —, voûte en calotte.

velaccino *s.m.* (*mar.*) cacatois.

velaccio *s.m.* (*spec.pl.*) (*mar.*) perroquet.

velame *s.m.* (*mar.*) voilure (*f.*).

velare[1] *v.tr.* voiler (*anche fig.*) || — *un colore,* atténuer une couleur □ **velarsi** *v.pron.* **1** se voiler (*anche fig.*) **2** (*prendere il velo*) prendre* le voile.

velare[2] *v.tr.* (*mar.*) voiler.

velario *s.m.* rideau*.

velatamente *avv.* à mots couverts, à demi-mots.

velato *agg.* voilé (*anche fig.*).

velatura *s.f.* voilure.

velcro *s.m.* velcro.

veleggiare (*coniug. come* mangiare) *v.intr.* **1** voguer; (*fare vela*) faire* voile **2** (*aer.*) planer.

veleggiatore *s.m.* **1** (*mar.*) voilier **2** (*aliante*) planeur.

veleggio *s.m.* **1** navigation (à voile) **2** (*di uccelli*) vol plané.

velenifero *agg.* (*di piante*) vénéneux*; (*di animali*) venimeux*.

veleno *s.m.* poison (*anche fig.*); (*di animali*) venin: — *per i topi,* mort-aux-rats || *parole piene di* —, mots pleins de fiel || *mangiare* —, ruminer sa rage.

velenosità *s.f.* **1** (*di piante*) vénénosité; (*di animali*) venimosité; (*di una sostanza*) toxicité **2** (*fig.*) acidité.

velenoso *agg.* **1** (*di piante*) vénéneux*; (*di animali*) venimeux*; (*di una sostanza*) toxique **2** (*avvelenato*) empoisonné **3** (*fig.*) venimeux*.

veletta *s.f.* (*abbigl.*) voilette.

velico (*pl.* -ci) *agg.* vélique, de voilure || *sport* —, yachting.

veliero *s.m.* voilier.

velina *s.f.* **1** double (sur papier pelure) **2** (*gergo giornalistico*) communiqué de presse ♦ *agg.: carta* —, (*per avvolgere*) papier de soie; (*per edizioni di lusso*) papier vélin; (*per macchina per scrivere*) papier pelure.

velismo *s.m.* voile (*f.*).

velivolo *s.m.* (*aeroplano*) avion; (*idrovolante*) hydravion.

velleità *s.f.* velléité; (*ambizione*) prétention.

velleitario *agg. e s.m.* velléitaire.

vellicare (*coniug. come* mancare) *v.tr.* chatouiller (*anche fig.*).

vello *s.m.* **1** toison (*f.*) **2** (*letter.*) (*bioccolo di lana*) flocon.

velloso *agg.* (*letter.*) velu.

vellutato *agg.* velouté (*anche fig.*).

velluto *s.m.* velours: — *a costine*, velours côtelé || *a passi di* —, à pas de loup.

velo *s.m.* **1** voile || *gli è caduto il* — *dagli occhi*, (*fig.*) les écailles lui sont tombées des yeux || *nasconde la sua durezza sotto un* — *di affabilità*, il cache sa dureté sous une fausse amabilité || (*fig.*): *aveva negli occhi un* — *di tristezza*, ses yeux étaient voilés de tristesse; *parlare senza veli*, parler sans fard **2** (*strato sottile*) voile; couche (*f.*): *un* — *di neve*, une couche de neige; *un* — *di ghiaccio*, une pellicule de glace || *un* — *di cipria*, un nuage de poudre || *zucchero a* —, sucre glace || *il* — *della cipolla*, la pelure de l'oignon.

veloce *agg.* rapide || *le automobili passavano veloci*, les voitures passaient à toute allure || *il tempo trascorre* —, le temps s'écoule rapidement ♦ *avv.* vite; (*rapidamente*) rapidement.

velocemente *avv.* rapidement.

velocipede *s.m.* vélocipède.

velocista *s.m.* sprinter.

velocità *s.f.* vitesse: *acquistare, perdere* —, prendre, perdre de la vitesse; *tenere una buona* —, maintenir une bonne moyenne || *andare con la* — *di un fulmine*, courir comme l'éclair.

velodromo *s.m.* vélodrome.

velopendulo *s.m.* (*anat.*) voile du palais.

veltro *s.m.* (*letter.*) lévrier.

vena *s.f.* veine (*anche fig.*): *recidersi, tagliarsi le vene*, s'ouvrir les veines || — *d'acqua*, source (d'eau); *acqua di* —, eau de source || (*fig.*) *essere in* — *di generosità*, être en veine de générosité; *oggi non sono in* —, aujourd'hui je ne suis pas dans mon assiette; *non sono in* — *di lavorare*, je n'ai pas envie de travailler.

venale *agg.* vénal* || *prezzo* —, prix de vente.

venalità *s.f.* vénalité.

venare *v.tr.* veiner □ **venarsi** *v.pron.* **1** se veiner **2** (*fig.*) se voiler: *la sua voce si venò di malinconia*, sa voix se voila de mélancolie.

venato *agg.* veiné; (*fig.*) (*velato*) voilé.

venatorio *agg.* de la chasse.

venatura *s.f.* veines (*pl.*); (*fig.*) (*velo*) voile (*m.*).

vendemmia *s.f.* **1** vendange (*spec.pl.*) **2** (*tempo della vendemmia*) vendanges (*pl.*).

vendemmiare *v.intr.* **1** vendanger* **2** (*fig.*) gagner gros.

vendemmiatore (f. *-trice*) *s.m.* vendangeur*.

vendere *v.tr.* vendre* (*anche fig.*): *l'ho venduto per 10.000 lire*, je l'ai vendu (pour) 10.000 lires; *ha venduto la casa per 300 milioni*, il a vendu sa maison pour 300 millions || *vendesi appartamento*, appartement à vendre || *sapere* — *la propria merce*, faire valoir sa marchandise || — *anche la camicia*, vendre jusqu'à sa dernière chemise || — *cara la pelle*, vendre chèrement sa peau ||

revendre; *avere ragione da* —, avoir mille fois raison || *te la vendo come l'ho comprata*, je te le donne pour ce que cela vaut □ **vendersi** *v.pron.* se vendre* || *si vende molto bene*, il sait se mettre en valeur.

vendetta *s.f.* vengeance: *compiere una* —, accomplir une vengeance || *gridare* — (*al cielo*), crier vengeance; *un lavoro teatrale che grida* —, (*scherz.*) une pièce de théâtre épouvantable.

vendibile *agg.* vendable.

vendicare (*coniug. come* mancare) *v.tr.* venger* □ **vendicarsi** *v.pron.* se venger*.

vendicativo *agg.* vindicatif*.

vendicatore (f. *-trice*) *s.m.* vengeur*.

vendita *s.f.* **1** vente: — *diretta*, vente directe; — *per corrispondenza*, vente par correspondance; — *allo scoperto*, vente à découvert; *volume delle vendite*, volume des ventes, chiffre d'affaires **2** (*negozio*) magasin (*m.*).

venditore (f. *-trice*) *s.m.* vendeur*; (*mercante*) marchand.

venduto *agg.* vendu (*anche fig.*) ♦ *s.m.* (*comm.*) total des ventes; marchandises vendues.

venefico (pl. *-ci*) *agg.* **1** vénéneux* **2** (*fig.*) toxique.

venerabile *agg.* vénérable.

venerabilità *s.f.* caractère vénérable.

venerando *agg.* vénérable.

venerare *v.tr.* vénérer*.

venerazione *s.f.* vénération.

venerdì *s.m.* vendredi: *è arrivato di* —, il est arrivé un vendredi || *gli manca un* —, (*fam.*) il lui manque une case.

venere *s.f.* (*donna bella*) beauté.

venereo *agg.* vénérien*.

veneto *agg.* de la Vénétie || *alla veneta*, à la vénitienne ♦ *s.m.* **1** (*dialetto*) (dialecte) vénitien **2** (*abitante*) habitant de la Vénétie **3** (*st.*) vénète.

veneziana *s.f.* **1** (*dolce*) brioche **2** (*persiana*) store vénitien.

veneziano *agg.* vénitien*.

venezuelano *agg. e s.m.* vénézuélien*.

veniale *agg.* véniel*.

venialità *s.f.* caractère véniel.

venire (*Indic.pres.* io vengo, tu vieni, egli viene, noi veniamo, voi venite, essi vengono; *fut.* io verrò ecc.; *pass.rem.* io venni, tu venisti ecc. *Part.pass.* venuto) *v.intr.* **1** venir* || *il vento vien dal mare*, le vent souffle de la mer || *mi è venuto incontro*, il est venu à ma rencontre; (*fig.*) il m'a aidé || *aspettami, vengo*, attends-moi, j'arrive || *per lui viene prima lo studio*, pour lui les études passent avant tout || *è venuta la sua ora*, son heure est arrivée **2** (*riuscire*) réussir || *questo vestito è venuto male*, cette robe est ratée || *non vengo bene in fotografia*, je ne suis pas photogénique **3** (*usato come ausiliare al posto di essere*) être*.

♦ FRASEOLOGIA: — *su*, (*salire*) monter; (*crescere*) pousser || — *giù*, (*scendere*) descendre; (*cadere*) tomber; (*crollare*) s'écrouler: *vien giù che Dio la* qu'est-ce qu'il pleuvait!; *verrà a piovere*, il va pleuvoir || *vieni via di lì*, ôte-toi de là; *è venuto via il chiodo*, le clou est parti || *— dentro*, entrer || *— dietro*, suivre || *— fuori*, sortir; *la cosa venne fuori dopo due anni*, on ne sut la chose que deux ans après || *non mi viene*, (*fam.*) (*non ci riesco*) je n'y arrive pas, (*non riesco a ricordare*) je n'arrive pas à m'en souvenir || *— meno*, (*svenire*) s'évanouir; (*mancare*) venir à manquer; *— meno alla promessa fatta*, manquer à sa promesse || *a —, di là da —*, à venir || *l'anno che viene*, l'année prochaine || *viene da una buona famiglia*, il est de bonne famille || *mi è venuta fame*, je commence à avoir faim; *far — fame, sete*, donner faim, soif; *far — qlcu*, aller chercher qqn; *gli è venuta la febbre*, il a eu de la fièvre; *mi viene da piangere*, j'ai envie de pleurer; *gli vennero le lacrime agli occhi*, les larmes lui montèrent aux yeux || *mi viene un dubbio, un'idea*, j'ai une idée || *mi è venuto all'orecchio*, j'ai su; *— a sapere*, savoir || *— dicendo, facendo*, dire, faire || *è venuto il momento di partire*, c'est le moment de partir || *ora vengo a lei*, (*nei dibattiti*) j'en viens à votre question || *prendila come viene*, prends les choses comme elles sont || *come viene viene*, à-Dieu-va; *un lavoro fatto come viene viene*, un travail fait au petit bonheur || *mi è venuto questo numero*, j'ai obtenu ce chiffre || *mi vengono mille lire da te*, tu me dois mille lires; *quanto viene?*, à combien cela revient-il?

venoso *agg.* veineux*.

ventaglio *s.m.* éventail* || *a —*, en éventail.

ventata *s.f.* **1** coup de vent **2** (*fig.*) vague: *una — di giovinezza*, une bouffée de jeunesse.

ventennale *agg.* **1** (*che dura venti anni*) vicennal* **2** (*che ricorre ogni venti anni*) qui a lieu tous les vingt ans ♦ *s.m.* vingtième anniversaire.

ventenne *agg.* (âgé) de vingt ans ♦ *s.m.* e *f.* jeune homme (âgé), jeune fille (âgée) de vingt ans.

ventennio *s.m.* (période de) vingt ans || *il — (fascista)*, les vingt ans du fascisme (en Italie).

ventesimo *agg.num.ord.* e *s.m.* vingtième; (*nella progressione di re, papi, capitoli ecc.*) vingt.

venti *agg.num.card.* e *s.m.* vingt.

venticello *s.m.* brise (*f.*).

ventidue *agg.num.card.* e *s.m.* vingt-deux.

ventiduenne *agg.* (âgé) de vingt-deux ans ♦ *s.m.* e *f.* jeune homme (âgé), jeune femme (âgée) de vingt-deux ans.

ventiduesimo *agg.num.ord.* e *s.m.* vingt-deuxième*; (*nella progressione di re, papi, capitoli ecc.*) vingt-deux.

ventilare *v.tr.* **1** aérer* **2** (*fig.*) (*discutere*) débattre*; (*proporre*) proposer **3** (*agr.*) vanner.

ventilato *agg.* aéré.

ventilatore *s.m.* ventilateur.

ventilazione *s.f.* **1** ventilation **2** (*agr.*) vannage (*m.*).

ventina *s.f.* vingtaine || *è sulla —*, il a une vingtaine d'années.

ventiquattro *agg.num.card.* e *s.m.* vingt-quatre || *sono le —*, il est minuit.

ventiquattrore *s.f.* **1** (*valigetta*) vingt-quatre heures **2** (*sport*) vingt-quatre heures (*pl.*).

ventisette *agg.num.card.* e *s.m.* vingt-sept || *il —, (giorno dello stipendio*) le jour de la paie.

ventitré *agg.num.card.* e *s.m.* vingt-trois || *portare il cappello sulle —*, porter son chapeau sur l'oreille.

vento *s.m.* vent: *— d'acqua*, vent pluvieux; *— d'alto mare, di tramontana*, vent du large, du nord; *avere — favorevole*, avoir bon vent; *avere — contrario*, avoir vent contraire; *navigare contro —*, naviguer contre le vent; *avere il — in prua*, avoir le vent devant; *avere il — in poppa*, (*anche fig.*) avoir le vent en poupe; *tira —*, il fait du vent; *colpo di —*, coup de vent; *il — cambia direzione*, le vent tourne; *da che parte soffia, spira il —?*, (*anche fig.*) d'où vient le vent?; *non spira buon — per loro*, (*fig.*) l'atmosphère ne leur est pas favorable || *farsi —*, s'éventer || *essere più veloce del —*, aller plus vite que le vent || *spiegare le vele al —*, déployer les voiles || (*fig.*): *è come parlare al —*, autant parler à un mur; *sono parole al —*, autant en emporte le vent; *è tutta fatica buttata al —*, c'est peine perdue || *qual buon — ti porta?*, quel bon vent t'amène?

ventola *s.f.* **1** éventoir (*m.*) || *orecchie a —*, oreilles en feuilles de chou **2** (*mecc.*) hélice de ventilation **3** (*aut.*) *— (del motore*), ventilateur (*m.*).

ventosa *s.f.* ventouse.

ventoso *agg.* venteux* ♦ *s.m.* (*st.*) ventôse.

ventrale *agg.* ventral*.

ventre *s.m.* ventre: *mal di —*, mal au ventre || *mettersi a terra*, se mettre à plat ventre || *nel — della Terra*, dans les entrailles de la Terre.

ventricolare *agg.* ventriculaire.

ventricolo *s.m.* **1** (*anat.*) ventricule **2** (*antiq.*) (*stomaco*) estomac.

ventriglio *s.m.* (*zool.*) gésier.

ventriloquio *s.m.* ventriloquie (*f.*).

ventriloquo *agg.* e *s.m.* ventriloque.

ventunenne *agg.* (âgé) de vingt et un ans ♦ *s.m.* e *f.* jeune homme (âgé), jeune femme (âgée) de vingt et un ans.

ventunesimo *agg.num.ord.* e *s.m.* vingt et unième; (*nella progressione di re, papi, capitoli ecc.*) vingt et un.

ventuno *agg.num.card.* e *s.m.* vingt et un.

ventura *s.f.* (*letter.*) chance; (*caso*) *hasard (m.*) || *per buona, per mala — ...*, par bonheur, par malheur... || *predire la —*, prédire la bonne aventure || *alla —*, au hasard: *mettersi alla —*, s'en remettre au hasard; *andare alla —*, aller à l'aventure || (*st.*): *compagnie di —*, Grandes Compagnies; *soldati di —*, mercenaires; *capitano di —*, condottiere.

venturo *agg.* (*prossimo*) prochain; (*futuro*) à venir.

venustà *s.f.* (*letter.*) vénusté.

venuta *s.f.* arrivée, venue || *prima della — di Cristo*, avant Jésus-Christ.

venuto *agg.* e *s.m.* venu || *parlare col primo —*, parler au premier venu.

vera *s.f.* **1** (*fede nuziale*) alliance **2** (*parapetto del pozzo*) margelle.

verace *agg.* **1** (*vero*) vrai **2** (*veritiero*) véridique.

veracità *s.f.* véracité.

veramente *avv.* **1** vraiment ‖ *"È mezzanotte" "Veramente!?"*, *"Il est minuit" "C'est pas vrai!?"* **2** (*a dire il vero*) à vrai dire, à dire la vérité **3** (*sinceramente*) sincèrement.

veranda *s.f.* véranda.

verbale[1] *agg.* **1** verbal*; (*orale*) oral* **2** (*gramm.*) verbal* ‖ *predicato —*, verbe.

verbale[2] *s.m.* procès-verbal* ‖ *mettere a —*, verbaliser.

verbalizzare *v.tr.* verbaliser.

verbalmente *avv.* verbalement.

verbena *s.f.* verveine.

verbo *s.m.* **1** (*gramm.*) verbe **2** (*parola*) mot: *non disse —*, il ne souffla mot **3** (*teol.*) *il Verbo*, le Verbe.

verbosità *s.f.* verbosité.

verboso *agg.* verbeux*.

vercellese *agg.* de Verceil.

verdastro *agg.* verdâtre.

verde *agg.* vert (*anche fig.*): *— cupo*, vert foncé; *— acqua*, vert d'eau; *— bandiera*, vert éclatant; *— azzurro*, bleu vert; *— petrolio*, bleu pétrole ‖ *grano —*, blé en herbe ‖ (*fig.*): *gli anni verdi*, l'âge tendre, les vertes années; *— di rabbia*, bleu de rage; *— d'invidia*, jaune d'envie ‖ *ridere —*, (*fam.*) rire jaune ‖ *piano —*, plan vert, plan de développement agricole ‖ *benzina —*, essence sans plomb ♦ *s.m.* **1** vert ‖ *città senza un filo di —*, ville sans un brin d'herbe ‖ *casa in mezzo al —*, maison dans la verdure ‖ (*fam.*): *essere al —*, *trovarsi al —*, (*fam.*) être fauché; *rimanere al —*, rester à sec **2** *pl.* (*pol.*) *i Verdi*, les Verts **3** (*zona verde*) espace vert: *il — pubblico*, les espaces verts; *zona destinata a — agricolo*, zone agricole **4** (*fig.*) (*vigore*) vigueur (*f.*).

verdeggiante *agg.* verdoyant.

verdeggiare (*coniug. come* mangiare) *v.intr.* **1** (*essere verde*) verdoyer* **2** (*tendere al verde*) verdir.

verdello *s.m.* **1** (*bot.*) citron d'été **2** (*zool.*) verdier.

verdemare, verde mare *agg.invar.* vert de mer.

verderame (pl. *invar.*) *s.m.* vert-de-gris ‖ *ricoprirsi di —*, se vert-de-griser.

verdesca (pl. *-che*) *s.f.* (*zool.*) requin bleu.

verdetto *s.m.* verdict.

verdicchio *s.m.* vin blanc produit dans les Marches.

verdiccio *agg.* vert pâle.

verdognolo *agg.* verdâtre.

verdolino *agg.* e *s.m.* (*colore*) vert pâle.

verdone *agg.* e *s.m.* vert foncé.

verdura *s.f.* légumes (*m.pl.*): *zuppa di —*, soupe aux légumes; *— cruda*, crudités.

verecondia *s.f.* (*letter.*) pudeur.

verecondo *agg.* (*letter.*) pudique.

verga (pl. *-ghe*) *s.f.* **1** verge: *battere con le verghe*, battre avec des verges ‖ *— del rabdomante*, baguette du sourcier **2** (*lingotto*) barre.

vergare (*coniug. come* legare) *v.tr.* **1** (*scrivere a mano*) écrire* à la main **2** (*tessuti*) orner de rayures; (*la carta*) rayer*.

vergata *s.f.* coup de verge.

vergatino *agg.* vergé: *la* (*carta*) *vergatina*, le (papier) vergé ♦ *s.m.* étoffe rayée.

verginale *agg.* virginal*.

vergine *agg.* vierge ♦ *s.f.* **1** vierge ‖ *la Vergine*, la Sainte Vierge; *la Vergine col Bambino*, la Vierge à l'Enfant **2** (*astr.*) *Vergine*, Vierge.

verginità *s.f.* virginité.

vergogna *s.f.* **1** *honte: provare —*, éprouver de la honte; *è la — della sua famiglia*, il fait honte à sa famille; *—!*, c'est honteux! **2** (*timidezza*) gêne, timidité: *parla, non avere —!*, parle, ne sois pas timide!

vergognarsi *v.pron.* **1** avoir *honte: mi vergogno di te*, j'ai honte de toi, tu me fais honte ‖ *vergognati!*, tu n'as pas honte? **2** (*provare timidezza*) gêner: *si vergogna di tutto e di tutti*, il est très timide.

vergognosamente *avv.* *honteusement.

vergognoso *agg.* **1** (*che reca vergogna*) *honteux* **2** (*che prova timidezza*) timide: *non fare il —*, ne sois pas timide.

veridicità *s.f.* véridicité.

veridico (pl. *-ci*) *agg.* véridique.

verifica (pl. *-che*) *s.f.* vérification; (*controllo*) contrôle (*m.*) ‖ (*mat.*) *fare la —*, faire la preuve.

verificabile *agg.* vérifiable.

verificare (*coniug. come* mancare) *v.tr.* vérifier; (*controllare*) contrôler ☐ **verificarsi** *v.pron.* **1** (*avverarsi*) se vérifier **2** (*accadere*) se produire*, avoir* lieu.

verificatore (f. *-trice*) *s.m.* contrôleur* ; (*comm.*) vérificateur*.

verificazione *s.f.* vérification.

verismo *s.m.* (*lett. it.*) vérisme.

verista *agg.* e *s.m.* (*lett. it.*) vériste.

verità *s.f.* vérité ‖ *in —*, en vérité ‖ *a dire, per dire la —*, à vrai dire ‖ *di' la —, che ti piacerebbe venire*, dis-le franchement, tu aimerais bien venir ‖ *la — nuda e cruda*, la vérité toute nue ‖ *la — viene sempre a galla*, la vérité finit toujours par triompher.

veritiero *agg.* véridique.

verme *s.m.* ver ‖ *strisciare come un —*, (*fig.*) ramper ‖ *mi sento un —*, (*fig.*) je me sens un moins que rien; *sei un —!*, tu me dégoûtes!

vermicelli *s.m.pl.* (*cuc.*) vermicelles.

vermiciattolo *s.m.* vermisseau* (*anche fig.*).

vermiforme *agg.* vermiforme, vermiculaire.

vermifugo (pl. *-ghi*) *agg.* e *s.m.* vermifuge.

vermiglio *agg.* vermeil* ♦ *s.m.* rouge vermeil.

vermut *s.m.* vermouth.

vernaccia (pl. *-ce*) *s.f.* vin blanc typique de la Sardaigne.

vernacolare *agg.* vernaculaire.

vernacolo *agg.* vernaculaire ♦ *s.m.* langue vernaculaire.

vernale *agg.* (*letter.*) (*primaverile*) vernal*: (*astr.*) *punto* —, point vernal.

vernice *s.f.* **1** vernis (*m.*); (*colorata*) peinture || — *metallizzata*, peinture métallisée **2** (*pelle*) cuir verni: *scarpe di* —, chaussures vernies **3** (*inaugurazione*) vernissage (*m.*).

verniciare (*coniug. come* cominciare) *v.tr.* vernir; (*porte, finestre ecc.*) peindre*; (*ceramica ecc.*) vernisser || — *a smalto*, émailler.

verniciata *s.f.* couche de vernis, de peinture.

verniciato *agg.* verni.

verniciatore *s.m.* **1** (*operaio*) vernisseur* **2** (*apparecchio*) pistolet.

verniciatura *s.f.* **1** vernissage (*m.*); (*di porte e finestre*) peinture **2** (*fig.*) vernis (*m.*).

vero *agg.* vrai; (*autentico, effettivo*) véritable: *ha scritto un* — *romanzo*, il a écrit un vrai roman; *la sua vita è un* — *romanzo*, sa vie est un véritable roman; *oro* —, or véritable; *il* — *padrone è lui*, c'est lui le (vrai) patron; *comportarsi da* — *amico*, se comporter en ami; *è una vera ingiustizia*, c'est vraiment de l'injustice || *non mi pare* —!, c'est trop beau pour être vrai! || *quant'è* — *Dio*, c'est la vérité vraie; *quant'è* — *che mi chiamo...*, comme (il est vrai que) je m'appelle...; *...com'è* — *che sono qui*, ...aussi vrai que tu me vois ; *mangia molto*, (*non è*) —?, il mange beaucoup, n'est-ce pas? || *tant'è* — *che*, la preuve en est que ♦ *s.m.* vrai: *non c'è nulla di* — *in ciò che dice*, il n'y a pas un mot de vrai dans ce qu'il raconte; *dire il* —, dire la vérité || *a dire, per dire il* —, *a onor del* —, à vrai dire || *dal* —, d'après nature.

verone *s.m.* (*letter.*) balcon.

veronese *agg. e s.m.* véronais.

veronica *s.f.* (*bot.*) véronique.

verosimigliante *agg.* vraisemblable.

verosimiglianza *s.f.* vraisemblance.

verosimile *agg.* vraisemblable ♦ *s.m.* vraisemblance (*f.*).

verosimilmente *avv.* vraisemblablement; (*probabilmente*) probablement.

verricello *s.m.* (*mecc.*) treuil.

verro *s.m.* (*zool.*) verrat.

verruca (pl. *-che*) *s.f.* verrue.

versamento *s.m.* **1** versement: *un* — *contributivo*, une souscription **2** (*med.*) épanchement.

versante[1] *s.m.* (*comm.*) déposant.

versante[2] *s.m.* (*geogr.*) versant.

versare *v.tr.* **1** verser: — *da bere*, verser à boire; *versati da bere*, sers-toi à boire || *è stato versato troppo sangue*, trop de sang a coulé **2** (*rovesciare*) renverser: *versarsi addosso qlco*, se renverser qqch **3** (*di fiumi ecc.*) déverser **4** (*comm.*) verser; (*dare in deposito*) déposer ♦ *v.intr.* **1** (*perdere liquidi*) perdre*: *questa botte versa*, ce tonneau perd **2** (*trovarsi*) se trouver, être* || — *in fin di vita*, être mourant □ **versarsi** *v.pron.* **1** se renverser || *la folla versava nelle strade*, (*fig.*) la foule se répandait dans les rues **2** (*gettarsi*) se jeter*.

versatile *agg.* éclectique, universel*.

versatilità *s.f.* **1** éclectisme (*m.*): — *d'ingegno*, esprit universel **2** (*inform.*) souplesse d'emploi.

versato *agg.* **1** fort (en), doué (pour) || *molto* — *in materia*, expert en la matière **2** (*comm., fin.*) versé.

verseggiare (*coniug. come* mangiare) *v.tr. e intr.* versifier.

verseggiatore *s.m.* versificateur.

versetto *s.m.* verset.

versificare (*coniug. come* mancare) *v.tr. e intr.* versifier.

versificazione *s.f.* versification.

versione *s.f.* **1** (*traduzione*) traduction; (*esercizio scolastico da una lingua straniera*) version; (*in lingua straniera*) thème (*m.*): — *dal latino*, — *in latino*, version latine, thème latin **2** (*trasposizione*) version: *film in* — *originale*, film en version originale, en v.o.; *nuova* — *di un film*, reprise d'un film **3** (*modello*) modèle (*m.*): — *sportiva, familiare di un'auto*, modèle sportif, familial d'une voiture **4** (*interpretazione*) version.

verso[1] *prep.* **1** (*direzione*) vers: *venne* — *di me*, il vint vers moi; — *dove andate?*, de quel côté allez-vous?; *camera che guarda* — *est*, chambre orientée à l'est **2** (*in prossimità di*) du côté de: *abita* — *via Manzoni*, il habite du côté de la rue Manzoni **3** (*in espressioni temporali e di età*) vers: — *le quattro*, vers quatre heures; — *i quarant'anni*, vers quarante ans; *va* — *i quarant'anni*, il va sur ses quarante ans **4** (*relazione*) envers; (*nei riguardi di*) à l'égard de: *l'amore* — *i genitori*, l'amour envers (*o* à l'égard de) ses parents || *l'odio* — *il nemico*, la haine de, pour l'ennemi.

verso[2] *s.m.* **1** (*metrica*) vers || *una raccolta di versi*, un recueil de poèmes; *i versi del Leopardi*, les poèmes de Leopardi **2** (*grido di animali*) cri **3** (*suono inarticolato*) grognement; (*rumore*) bruit **4** (*smorfia*) grimace (*f.*); (*gesto, mossa*) manière (*f.*) || (*ri*)*fare il* — *a qlcu*, singer qqn **5** (*direzione*) direction (*f.*), côté: *da quel* —, de ce côté || *il* — *del pelo*, le sens du poil || *l'affare procede per il suo* —, l'affaire suit son cours; *prendere qlcu per il suo* —, savoir prendre qqn; *prendere qlco per il giusto* —, prendre qqch du bon côté; *non so per quale* — *prenderlo*, je ne sais pas par quel bout le prendre || *per un* —..., d'un côté...; *per un* — *o per l'altro*, pour une raison ou pour une autre; *per ogni* —, à tous points de vue **6** (*mezzo*) moyen: *non c'è* — *di*, il n'y a pas moyen de.

verso[3] *s.m.* **1** (*di un foglio*) verso **2** (*di moneta, medaglia ecc.*) revers ♦ *agg.*: *pollice* —, à mort!; (*fig.*) avis contraire, opposition.

versta *s.f.* (*misura russa di lunghezza*) verste.

vertebra *s.f.* (*anat.*) vertèbre.

vertebrale *agg.* vertébral*.

vertebrato *agg. e s.m.* vertébré.

vertenza *s.f.* différend (*m.*): — *civile*, différend de droit civil; — *sindacale*, conflit du travail, conflit social.

vertere (*manca del* Part.pass.) *v.intr.* (*avere per argomento*) porter (sur); (*essere pendente su*) avoir* pour objet (qqch): *la discussione verteva sulla politica internazionale*, la discussion portait sur la politique internationale; *tra i due soci verte una lite in tribunale*, il y a un procès pendant entre les deux associés.

verticale *agg.* vertical*: *in posizione —*, en station verticale ♦ *s.f.* **1** verticale || *in —*, à la verticale; *salire in —*, monter en chandelle || *il sole è sulla —*, le soleil est au zénith **2** (*ginnastica*) équilibre (*m.*) **3** *pl.* (*nelle parole crociate*) verticalement || -mente *avv.*

vertice *s.m.* sommet (*anche fig.*): *al — della carriera*, au sommet de sa carrière || *conferenza al —*, conférence au sommet; *il — NATO*, le sommet de l'OTAN.

verticillato *agg.* (*bot.*) verticillé.

verticillo *s.m.* (*bot.*) verticille.

verticismo *s.m.* organisation verticale d'un pouvoir: *— politico, sindacale*, oligarchie politique, syndicale.

verticistico (pl. -ci) *agg.* vertical* || *contrasti verticistici*, contrastes au sommet.

vertigine *s.f.* vertige (*m.*): *avere le, essere colto da vertigini*, avoir le vertige || *bellezza da —*, (*fig.*) beauté à faire tourner la tête.

vertiginosamente *avv.* à une vitesse vertigineuse; (*fig.*) vertigineusement.

vertiginoso *agg.* vertigineux* (*anche fig.*) || *velocità vertiginosa*, vitesse, allure folle; *andare a velocità vertiginosa*, aller à très grande vitesse.

verza *s.f.* chou* vert de Milan.

verzellino *s.m.* (*zool.*) serin.

verziere *s.m.* **1** (*letter.*) (*frutteto*) verger; (*orto*) (jardin) potager **2** (*region.*) (*mercato*) marché (aux fruits et aux légumes).

verzura *s.f.* (*letter.*) verdure.

vescia *s.f.* (*-sce*) *s.f.* (*bot.*) vesse-de-loup*.

vescica (pl. -che) *s.f.* **1** vessie, vésicule: *— (urinaria)*, vessie; *— biliare*, vésicule biliaire || (*zool.*) *— natatoria*, vessie natatoire **2** (*bolla della pelle*) ampoule, cloque.

vescicale *agg.* vésical*.

vescicante *agg.* vésicant; (*di farmaco*) vésicatoire ♦ *s.m.* (*farmaco*) vésicatoire.

vescicatorio *agg.* e *s.m.* vésicatoire.

vescicazione *s.f.* (*med.*) vésication.

vescichetta, vescicola *s.f.* vésicule.

vescicolare *agg.* vésiculaire; (*a forma di vescica; pieno di vescicole*) vésiculeux*.

vescicoloso *agg.* (*biol.*) vésiculeux*.

vescovado, vescovato *s.m.* **1** évêché **2** (*episcopato*) épiscopat.

vescovile *agg.* épiscopal*.

vescovo *s.m.* évêque || *diventare —*, recevoir la mitre.

vespa *s.f.* guêpe || *un vitino di —*, (*fig.*) une taille de guêpe.

vespaio *s.m.* guêpier || *suscitare un —*, (*fig.*) faire un esclandre.

vespasiano *s.m.* urinoir, vespasienne (*f.*).

vespertino *agg.* (*letter.*) du soir, vespéral*.

vespro *s.m.* **1** (*crepuscolo*) crépuscule **2** (*eccl.*) vêpres (*f.pl.*): *dire, cantare il —*, dire, chanter (les) vêpres; *suonare a —*, sonner les vêpres.

vessare *v.tr.* (*letter.*) maltraiter; (*opprimere*) opprimer || *— di tributi*, écraser d'impôts.

vessatorio *agg.* vexatoire.

vessazione *s.f.* brimade, vexation; (*abuso*) abus (*m.*).

vessillifero *s.m.* **1** (*mil.*) porte-drapeau* **2** (*fig.*) (*promotore*) pionnier*, précurseur.

vessillo *s.m.* **1** (*mil.*) enseigne (*f.*); (*bandiera*) drapeau* **2** (*fig.*) bannière (*f.*), étendard || *tenere alto il —*, tenir haut l'honneur.

vestaglia *s.f.* robe de chambre.

vestaglietta *s.f.* blouse; (*da spiaggia*) robe de plage.

vestale *s.f.* vestale.

veste *s.f.* **1** (*spec. da donna*) robe; vêtement (*m.*): *— da camera*, robe de chambre; *in ricche vesti*, richement vêtu || *— talare*, soutane || (*fig.*): *sotto la — della generosità nasconde un grande egoismo*, sous une apparence de générosité il cache un grand égoïsme; *dare — poetica ai propri pensieri*, donner une forme poétique à ses idées **2** (*fig.*) qualité: *in — di*, en qualité de; *in — ufficiale*, à titre officiel; *in — d'amico*, en ami **3** (*rivestimento*) revêtement (*m.*); (*di fiaschi ecc.*) clisse || *— tipografica*, typographie, présentation typographique.

vestiario *s.m.* **1** habillement; (*l'insieme dei vestiti*) vêtements (*pl.*), garde-robe* (*f.*): *un capo di —*, un vêtement **2** (*teatr.*) costumes (*pl.*).

vestiarista *s.m.* e *f.* costumier*.

vestibilità *s.f.*: *abito di grande —*, vêtement qui va bien à tout le monde.

vestibolo *s.m.* vestibule.

vestigio (pl. *anche le vestigia*) *s.m.* (*letter.*) vestige (*anche fig.*).

vestire *v.tr.* **1** habiller **2** (*indossare*) porter || *abiti borghesi*, se mettre en civil **3** (*adattarsi al corpo*) mouler; (*di parte dell'abito*) souligner: *quell'abito la veste bene*, cette robe lui va bien **4** (*fig.*) (*ricoprire*) revêtir*; (*ornare*) orner ♦ *v.intr.* s'habiller: *veste male*, il ne sait pas s'habiller; *era vestita di bianco*, elle était habillée en blanc || *— a festa*, être endimanché ♦ *s.m.* habillement, mise (*f.*): *è troppo ricercato nel —*, sa mise est trop recherchée; *spende troppo per il —*, il dépense trop pour s'habiller; *il mangiare e il —*, la nourriture et les vêtements □ **vestirsi** *v.pron.* s'habiller: *— in civile*, s'habiller en civil || *— a lutto*, se mettre en deuil || *— da sera*, se mettre en tenue de soirée; (*di donna*) se mettre en robe du soir || *— da Pierrot*, s'habiller, se déguiser en Pierrot || *— pesante*, porter des vêtements chauds || *la campagna si veste di fiori*, la campagne se pare de fleurs.

vestito¹ *agg.* habillé, vêtu: *— da sera*, en tenue de soirée; (*di donna*) en robe du soir; *— da lavoro*, en tenue de travail; *— in modo sportivo*, en tenue sportive; *dormire —*, dormir tout habillé || *— da pirata*, déguisé en pirate || (*poker*) *una coppia vestita*, une paire de valets, de dames, de rois.

vestito² *s.m.* vêtement; (*da donna*) robe (*f.*); (*da uomo*) costume; (*completo da uomo*) complet: *vestiti da donna, da uomo*, vêtements pour femme, pour homme; — *sportivo*, (*da uomo*) costume sport, (*da donna*) robe sport; — *da sera*, (*da uomo*) tenue de soirée, (*da donna*) robe du soir • Vedi anche → abito.

vestizione *s.f.* **1** (*eccl.*) vêture; (*di religiose*) prise de voile **2** (*st.*) adoubement (*m.*).

veterano *s.m.* vétéran (*anche fig.*) || *un — della vecchia guardia*, un vieux de la vieille.

veterinaria *s.f.* médecine vétérinaire.

veterinario *agg. e s.m.* vétérinaire.

veto *s.m.* veto*.

vetraio *s.m.* **1** vitrier **2** (*chi lavora il vetro*) verrier.

vetrario *agg.* du verre: *pittura vetraria*, peinture sur verre.

vetrata *s.f.* **1** (*porta a vetri*) porte vitrée; (*parete divisoria*) cloison vitrée; (*grande finestra*) baie vitrée || (*edil.*) *le vetrate di un edificio*, le vitrage d'un bâtiment **2** (*arch.*) vitrail* (*m.*).

vetrato *agg.* vitré || *carta vetrata*, papier de verre ♦ *s.m.* (*strato di ghiaccio*) verglas.

vetreria *s.f.* **1** verrerie; (*commercio di vetri per finestre*) vitrerie **2** *pl.* (*articoli di vetro*) verrerie (*sing.*), cristallerie (*sing.*); (*piccoli oggetti di vetro colorato*) verroterie (*sing.*).

vetrificare (*coniug. come* mancare) *v.tr.* vitrifier.

vetrificazione *s.f.* vitrification.

vetrina *s.f.* vitrine || *mettersi in —*, (*fig.*) s'afficher.

vetrinista *s.m. e f.* étalagiste.

vetrino *s.m.* (*per microscopio*) lame (*f.*); (*col preparato*) lamelle (*f.*).

vetrioleggiare (*coniug. come* mangiare) *v.tr.* vitrioler.

vetriolo *s.m.* vitriol.

vetro *s.m.* **1** verre: *di —*, en, de verre || *essere di —*, (*fig.*) être très fragile **2** (*di finestra, porta*) vitre (*f.*), carreau*; (*aut.*) glace (*f.*): *aprire, chiudere i vetri*, ouvrir, fermer la fenêtre || *credenza a vetri*, buffet vitré.

vetrocemento *s.m.* (*edil.*) pavés de verre.

vetroresina *s.f.* polyester renforcé de verre.

vetroso *agg.* vitreux*.

vetta *s.f.* sommet (*m.*): *salire in —*, monter jusqu'au sommet || *in — alla classifica*, (*fig.*) à la tête du classement.

vettore *s.m.* **1** vecteur **2** (*comm.*) transporteur* ♦ *agg.* (f. *-trice*) vecteur* || *razzo —*, monteur-fusée.

vettoriale *agg.* vectoriel*.

vettovaglia *s.f.* (*spec.pl.*) victuailles (*pl.*), vivres (*m.pl.*).

vettovagliamento *s.m.* ravitaillement.

vettura *s.f.* voiture || *— di piazza*, (*carrozza*) fiacre; (*automobile*) taxi.

vetturale *s.m.* voiturier.

vetturetta *s.f.* (*utilitaria*) voiturette.

vetturino *s.m.* cocher.

vetustà *s.f.* (*letter.*) vétusté, ancienneté.

vetusto *agg.* (*letter.*) (très) ancien*.

vezzeggiare (*coniug. come* mangiare) *v.tr.* choyer*, cajoler.

vezzeggiativo *agg.* câlin ♦ *s.m.* (*gramm.*) diminutif.

vezzo *s.m.* **1** (*abitudine*) habitude (*f.*) **2** (*carezza*) caresse (*f.*) **3** *pl.* (*moine*) mignardises (*f.*) **4** (*collana*) collier **5** (*attrattiva*) grâce (*f.*), charme, attraits (*pl.*).

vezzoso *agg.* **1** (*leggiadro*) charmant **2** (*lezioso*) mignard || *fa la vezzosa*, elle minaude.

vi¹ *avv.* → ci¹.

vi² *pron.pers. di 2ª pers.pl.* **1** (*compl. ogg. e compl. di termine*) vous: *ieri non — ho visto*, hier je ne vous ai pas vus; — *ho detto la verità*, je vous ai dit la vérité; — *vuole parlare*, *vuole parlarvi*, il veut vous parler || *attenzione, — cadrà addosso!*, attention, cela peut vous tomber dessus! **2** (*compl. di termine con valore di possesso o di legame personale*) votre* (*pleonastico, non si traduce*): — *ho preso il dizionario*, j'ai pris votre dictionnaire; — *siamo amici*, nous sommes vos amis; — *prenderete un raffreddore*, vous attraperez un rhume; *godetevi queste belle vacanze*, profitez bien de vos vacances || *statevi bene!*, (*fam.*) portez-vous bien! **3** (*nella coniug. dei v.pron.*) vous: *so che — telefonate spesso*, je sais que vous vous téléphonez souvent; *ora potete lavarvi*, maintenant vous pouvez vous laver; *alzatevi!*, levez-vous!; *non alzatevi così presto!*, ne vous levez pas si tôt! **4** (*di cortesia*) vous: — *siete rivolto a noi, signore, e noi — ringraziamo*, vous vous êtes adressé à nous, Monsieur, et nous vous en remercions.

via¹ *s.f.* **1** voie (*anche fig.*); (*cammino*) chemin (*m.*): *le vie di comunicazione*, les voies de communication; *la retta —*, le droit chemin || *treno Milano-Roma, — Firenze*, train Milan-Rome via Florence || *prendere la — degli affari*, se lancer dans les affaires || *dar — libera*, donner la voie libre; (*fig.*) donner le feu vert || *senza — d'uscita*, sans issue || *scendere a vie di fatto*, en venir aux mains, aux voies de fait || (*anat.*) *le prime vie respiratorie*, les voies respiratoires supérieures **2** (*strada*) (*di centro abitato*) rue; (*extraurbana*) route: — *Po*, rue du Pô; *abito in — Mirabeau, 35*, j'habite 35, rue Mirabeau || *a mezza —*, à mi-chemin || *la — del tabacco*, la route du tabac || *Via Appia, Aurelia*, Voie Appienne, Aurélia || (*tel.*) — *di trasmissione*, voie de transmission **3** (*modo*) façon; (*mezzo*) moyen (*m.*): *non c'è — di mezzo*, il n'y a pas d'autre moyen; *tentare ogni — per...*, tout faire pour... || *non conosce vie di mezzo*, il ne connaît pas de juste milieu; *è una — di mezzo tra...*, c'est un compromis entre... □ **in via**, en voie: *in — di esecuzione*, en (voie d')exécution; *in — provvisoria*, provisoirement; *in — amichevole*, à l'amiable; *in — di favore*, à titre de faveur; *in — del tutto eccezionale*, exceptionnellement □ **per via** *locuz.* en route, en chemin; *per — aerea*, par avion; *per — (di) mare, (di) terra*, par mer, par terre; (*per*) — *radio*, par radio; *l'ho incontrato per —*, je l'ai rencontré chemin faisant; (*med.*) *per — orale*, par voie buccale || *per — di*, (*fam.*) à cause de...; (*grazie a*) grâce à: *l'ha conosciuto per — di* *quel lavoro*, elle l'a connu à la suite de ce travail || *per — che*, parce que.

via² *avv.* 1 (*in espressioni ellittiche spec. sottintendendo il v.* andare): *se siamo tutti pronti, —!*, si tout le monde est prêt, en route!; *— di corsa!*, allez, file, filez!; *afferrò i soldi, e — di corsa*, il prit l'argent et il fila à toute vitesse; *— di qui!*, sors, sortez de là; *accese il motore e —*, il alluma le moteur et s'en alla || (*andato*) *— io...*, après mon départ...; *— noi, fanno delle gran feste*, en notre absence, ils organisent de grandes fêtes 2 (*in unione con verbi*): *fuggire, scappare —*, s'enfuir; *correre —*, se sauver; *mettere, tenere —*, garder; *essere —*, être absent, ne pas être là (*o* à la maison); *togliere —*, enlever 3 (*con valore di cetera*): *e — dicendo, e così —, e — di questo passo*, et ainsi de suite; (*nelle enumerazioni*) et cætera ♦ *inter.*: *—!*, (*per cacciare qlcu*) allez-vous en!, de l'air!; (*come segnale di partenza*) partez!; *uno, due, tre..., —!*, un, deux, trois..., partez!; *pronti, —!*, prêts, partez! || *—! non è possibile, —!*, allons donc, ce n'est pas possible! □ **via via** (*progressivamente*) petit à petit, peu à peu: *andare — — peggiorando*, empirer de plus en plus □ **via via che** (*man mano che*) (au fur et) à mesure que.

via³ *s.m.* départ: *essere pronti al —*, être prêt; *dare il —*, donner le (signal du) départ || (*fig.*): *l'incidente ha dato il — alla faccenda*, l'incident a provoqué toute l'histoire; *dare il — ai lavori*, commencer les travaux; *dare il — a un dibattito*, ouvrir le débat.

viabilità *s.f.* 1 viabilité 2 (*rete stradale*) réseau* routier 3 (*norme del traffico*) code de viabilité.

via crucis (pl. *invar.*) *s.f.* 1 chemin de (la) croix 2 (*fig.*) calvaire (*m.*).

viado (pl. *-os*) *s.m.* transsexuel (sud-américain).

viadotto *s.m.* viaduc.

viaggiante *agg.* en voyage, en transit, roulant: *merce —*, marchandise en transit; (*ferr.*) *personale —*, personnel roulant || *casa —*, (*roulotte*) caravane.

viaggiare (*coniug. come* mangiare) *v.intr.* voyager*: *— in treno, in aereo*, voyager en train, en avion; *— per lavoro, per studio*, voyager pour son travail, pour ses études || *il treno viaggia con 15 minuti di ritardo*, le train a quinze minutes de retard || *— mezzo mondo*, parcourir le monde en long, en large et en travers.

viaggiatore (f. *-trice*) *agg. e s.m.* voyageur*.

viaggio *s.m.* 1 voyage: *partire per un —*, partir en voyage 2 (*tragitto*) course (*f.*) || *in due viaggi*, en deux fois.

viale *s.m.* avenue (*f.*), boulevard; (*di un parco*) allée (*f.*); *— di circonvallazione*, boulevard périphérique.

viandante *s.m.* passant; (*pellegrino*) pèlerin, voyageur*.

viario *agg.* routier*.

viatico (pl. *-ci*) *s.m.* viatique (*anche fig.*).

viavai (pl. *invar.*) *s.m.* va-et-vient*.

vibrafono *s.m.* (*mus.*) vibraphone.

vibrante *agg.* vibrant || *con voce — di commozione*, d'une voix tremblante d'émotion.

vibrare *v.tr.* (*inferire un colpo*) donner, asséner* (un coup); (*scagliare*) lancer* ♦ *v.intr.* vibrer.

vibratile *agg.* vibratile.

vibrato *agg.* (*fig.*) vibrant; (*energico*) énergique: *vibrata protesta*, vive protestation.

vibratore *s.m.* 1 (*tecn.*) vibrateur 2 (*elettr.*) vibreur 3 (*per massaggi*) vibromasseur.

vibratorio *agg.* vibratoire.

vibrazione *s.f.* vibration || *la sua voce ebbe una — di sdegno*, (*fig.*) sa voix trembla d'indignation.

vibrione *s.m.* (*biol.*) vibrion.

vibrissa *s.f.* (*zool.*) vibrisse.

vibromassaggiatore *s.m.* vibromasseur.

vibromassaggio *s.m.* vibromassage.

viburno *s.m.* (*bot.*) viorne (*f.*).

vicariato *s.m.* vicariat.

vicario *agg. e s.m.* vicaire: *— del vescovo*, grand vicaire, vicaire général.

vice (pl. *invar.*) *s.m.* (*fam.*) adjoint.

vice- *pref.* vice-, sous-, adjoint

vicecapo *s.m.* sous-chef.

vicecommissario *s.m.* commissaire-adjoint.

vicedirettore (f. *-trice*) *s.m.* sous-directeur, directeur-adjoint.

vicegovernatore *s.m.* sous-gouverneur.

viceispettore *s.m.* sous-inspecteur.

vicenda *s.f.* 1 (*vicissitudine*) vicissitude; (*avvenimento*) événement (*m.*); (*storia personale*) histoire: *le alterne vicende della vita*, les vicissitudes, les hauts et les bas de la vie; *— sentimentale*, histoire sentimentale; *le vicende storiche*, les événements historiques 2 (*avvicendamento*) alternance 3 (*agr.*) alternat (*m.*). □ **a vicenda** *locuz.avv.* réciproquement, mutuellement; (*a turno*) à tour de rôle: *aiutarsi a —*, s'entraider.

vicendevole *agg.* réciproque, mutuel* || *-mente avv.*

vicentino *agg. e s.m.* vicentin.

viceparroco (pl. *-ci*) *s.m.* vicaire.

viceprefetto *s.m.* sous-préfet.

vicepreside *s.m.* proviseur adjoint.

vicepresidente *s.m.* vice-président.

vicepresidenza *s.f.* vice-présidence.

vicequestore *s.m.* adjoint au préfet de police.

viceré *s.m.* vice-roi.

vicesegretario *s.m.* sous-secrétaire.

vicesindaco (pl. *-ci*) *s.m.* adjoint (au maire).

viceversa *avv.* 1 vice versa 2 (*al contrario*) au contraire || *hanno detto che venivano, — non li ho visti*, ils ont dit qu'ils viendraient, mais je ne les ai pas vus || *bisogna prima pensare e poi agire, e non —*, il faut d'abord réfléchir et ensuite agir et pas le contraire.

vichingo (pl. *-ghi*) *agg. e s.m.* viking.

vicinale *agg.* vicinal*: *strada —*, chemin vicinal.

vicinanza *s.f.* 1 (*nello spazio*) voisinage (*m.*), proximité; (*nel tempo*) approche: *data la — ci vediamo spesso*, comme on habite tout près on se voit souvent || *in — di*, à proximité de, près de 2 *pl.* alentours (*m.*), environs (*m.*): *nelle vicinanze* *di Genova,* aux environs (*o* alentours) de Gênes || *nelle immediate vicinanze,* dans le voisinage immédiat, tout près.

vicinato *s.m.* voisinage.

vicino *agg.* (*nello spazio*) voisin; (*nel tempo*) proche; (+ *a*) près de, (*accanto a*) à côté de; (*se può essere sostituito dall'avv.*) près (de), (*accanto a*) à côté (de): *paesi vicini,* des pays voisins; *la fine del lavoro è vicina,* la fin du travail est proche; *la piazza è vicinissima,* la place est tout près; *nella stanza vicina,* dans la pièce à côté; *siamo vicini,* — *a casa,* nous sommes près de chez nous; *stammi vicina,* —, reste près, à côté de moi; *sedere gli uni vicini,* — *agli altri,* être assis les uns à côté des autres; *la mia casa è vicina,* — *al municipio,* ma maison est près, à côté de la mairie || *essere* —, (*avvicinarsi*) approcher; (*essere accanto*) être à côté; (*essere attiguo*) être contigu; *sono vicini di età,* ils sont presque du même âge; *gli è molto* — *e lo conosce bene,* c'est son ami intime et il le connaît bien; *essere* — *alla fine, (fig.)* toucher à sa fin || *ci sentiamo vicini,* — *a voi, (fig.)* nous sommes avec vous par la pensée || *tinta vicina al rosso,* teinte tirant sur le rouge ♦ *s.m.* voisin: *il mio* — (*di pianerottolo*), mon voisin de palier ♦ *avv.* tout près: *abitiamo* (*molto*) —, nous habitons tout près; *è accaduto qui, qua* —, c'est arrivé tout près d'ici; *lì, là* —, près de là □ **da vicino** *locuz.avv.* de près: *vedi bene da* —?, est-ce que tu vois bien de près?; *esaminiamo la questione da* —, examinons la question de près; *conoscere qlcu da* —, connaître très bien qqn; *più da* —, de plus près; *troppo da* —, de trop près.

vicissitudine *s.f.* (*spec.pl.*) vicissitude.

vicolo *s.m.* ruelle (*f.*) || — *cieco,* (*anche fig.*) impasse, cul-de-sac; *cacciarsi in un* — *cieco,* se fourrer dans une impasse.

videata *s.f.* (*inform.*) page-écran*.

video (pl. *invar.*) *s.m.* **1** vidéo (*f.*) **2** (*schermo*) écran || *regolare il* —, régler l'image **3** (*videoterminale*) terminal* (vidéo) **4** (*videoclip*) (vidéo-)clip, clip, (bande) vidéo (promotionnelle) ♦ *agg.* vidéo.

video- *pref.* vidéo-

videocamera *s.f.* caméra vidéo.

videocassetta *s.f.* cassette vidéo.

videocitofono *s.m.* visiophone.

videogame (pl. *invar.*), **videogioco** (pl. *-chi*) *s.m.* jeu* vidéo, vidéogame.

videomusic *s.m.*, **videomusica** *s.f.* (vidéo-)clip (*m.*).

videonastro *s.m.* bande vidéo.

videoregistratore *s.m.* magnétoscope.

videoscrittura *s.f.* traitement de texte(s).

videosegnale *s.m.* signal vidéo.

videoteca (pl. *-che*) *s.f.* vidéothèque.

videotel *s.m.* vidéotex.

videotelefono *s.m.* visiophone.

vidimare *v.tr.* viser.

vidimazione *s.f.* visa (*m.*).

viennese *agg. e s.m.* viennois.

vieppiù *avv.* de plus en plus; (*molto più*) bien plus.

vietare *v.tr.* interdire*, défendre* || *nulla vieta che...,* rien n'empêche que...; *chi te lo vieta?,* qui t'empêche de le faire?

vietato *agg.* interdit || — *il transito,* défense de passer; — *fumare,* défense de fumer; *vietata l'affissione,* défense d'afficher; — *entrare,* — *l'ingresso,* défense d'entrer; — *ai minori di 18 anni,* interdit aux moins de 18 ans; — *sporgersi dal finestrino,* ne pas se pencher au-dehors || (*sport*) *colpi vietati,* coups défendus.

vietnamita *agg. e s.m.* vietnamien*.

vieto *agg.* (*spreg.*) vieux*, suranné.

vigente *agg.* en vigueur.

vigere (*solo nelle terze persone sing. e pl. dell'Indic. pres. e imperf. e del Congiunt.*) *v.intr.* être* en vigueur || *quest'usanza non vige più,* cette coutume n'existe plus.

vigilante[1] *agg.* vigilant ♦ *s.m.* surveillant.

vigilante[2] (pl. *vigilantes*) *s.m.* (*agente di vigilanza privata*) vigile.

vigilanza *s.f.* vigilance; (*sorveglianza*) surveillance.

vigilare *v.intr.* veiller: — *che tutto vada bene,* veiller à ce que tout aille bien ♦ *v.tr.* surveiller.

vigilato *agg.* surveillé ♦ *s.m.* personne surveillée par la police.

vigilatrice *s.f.* surveillante || — *d'infanzia,* jardinière d'enfants.

vigile *agg.* vigilant || *con occhio* —, d'un œil attentif ♦ *s.m.* **1** — (*urbano*), agent (de police), (*fam.*) flic **2** — *del fuoco,* pompier.

vigilessa *s.f.* **1** femme agent de police **2** (*che fa solo multe*) contractuelle.

vigilia *s.f.* veille: *alla* — *della partenza,* la veille du départ || *un giorno di* —, un jour maigre; *fare* —, faire maigre; *osservare, rispettare la* —, observer le jeûne.

vigliaccheria *s.f.* lâcheté.

vigliacco (pl. *-chi*) *agg. e s.m.* lâche || *-mente* *avv.*

vigna *s.f.* **1** vigne: *coltivare a* —, planter de vigne(s) **2** (*vigneto*) vignoble (*m.*).

vignaiolo *s.m.* vigneron.

vigneto *s.m.* vignoble || *vino di un buon* —, vin d'un bon cru.

vignetta *s.f.* illustration || — *umoristica,* dessin humoristique.

vignettista *s.m.* dessinateur* humoristique.

vigogna *s.f.* vigogne.

vigore *s.m.* force (*f.*), vigueur (*f.*): *nel suo pieno* —, au mieux de sa forme; *nel* — *degli anni,* dans la force de l'âge; *riprendere* —, recouvrer ses forces || (*dir.*) *in* —, en vigueur.

vigoria *s.f.* vigueur, force.

vigorosamente *avv.* avec force.

vigoroso *agg.* vigoureux*, fort.

vile *agg.* **1** (*vigliacco*) lâche: *si è dimostrato* —, il a fait montre de lâcheté **2** (*ignobile; di poco valore*) vil: — *tradimento,* vile, basse trahison; — *denaro,* méprisable argent; *l'ha fatto per* — *denaro,* il ne l'a fait que pour l'argent ♦ *s.m.* **1** lâche: *è da* — *comportarsi così,* ce comportement est

·digne d'un lâche; *non fare il —!*, ne sois pas lâche! **2** personne vile

vilipendere (*coniug. come* prendere) *v.tr.* outrager*, bafouer; (*letter.*) vilipender.

vilipendio *s.m.* outrage; (*infamia*) infamie (*f.*); (*disprezzo*) mépris.

villa *s.f.* **1** (*palazzo signorile*) (*in città*) hôtel particulier; (*in campagna*) château* (*m.*): *una — settecentesca*, un château du dix-huitième siècle **2** (*casa di campagna*) maison de campagne; (*di mare, lago o per indicare le ville italiane*) villa: *una — sul lago*, une villa au bord du lac; *passare l'estate in —*, passer ses vacances dans sa maison de campagne; *una — del Palladio*, une villa palladienne || *andare in —*, (*letter.*) aller à la campagne.

villaggio *s.m.* village.

villanamente *avv.* grossièrement.

villanata *s.f.* muflerie.

villanella *s.f.* **1** (*letter.*) jeune villageoise, jeune paysanne **2** (*lett., mus.*) villanelle.

villania *s.f.* grossièreté, impolitesse: *dire una —*, dire une grossièreté; *fare una — a qlcu*, faire une muflerie à qqn; *è di una tale — che...*, il est tellement grossier que...; *è una — rispondere con quel tono*, c'est grossier de répondre sur ce ton.

villano *agg.* grossier*: *è stato molto — con me*, il a été très mal élevé avec moi ♦ *s.m.* (*spreg.*) rustre, malotru || *— rifatto*, parvenu.

villanoviano *agg.* (*preistoria*) de Villanova.

villanzone *s.m.* malotru.

villeggiante *s.m.* vacancier*; (*spec. estivo*) estivant; (*spec. invernale*) hivernant.

villeggiare (*coniug. come* mangiare) *v.intr.* passer ses vacances.

villeggiatura *s.f.* vacances (*pl.*): *in —*, en vacances; *tornare dalla —*, rentrer de vacances || *luogo di —*, (*al mare*) station balnéaire, (*in montagna*) station de montagne; *luogo di — estiva, invernale*, station d'été, (de sports) d'hiver.

villetta *s.f.* villa, pavillon (*m.*); (*in campagna*) petite maison de campagne; (*in montagna*) chalet (*m.*); (*al mare*) villa.

villico (pl. *-ci*) *s.m.* (*letter. scherz.*) villageois.

villino *s.m.* petite villa, petit pavillon.

villo *s.m.* (*anat.*) villosité (*f.*).

villosità *s.f.* villosité.

villoso *agg.* velu.

vilmente *avv.* bassement; (*vigliaccamente*) lâchement.

viltà *s.f.* bassesse; (*codardia*) lâcheté.

vilucchio *s.m.* (*bot.*) liseron.

viluppo *s.m.* enchevêtrement; (*fig.*) fouillis.

vimine *s.m.* osier || *di, in vimini*, en osier, (*estens.*) (*in giunco d'India*) en rotin; *articoli di vimini*, (articles de) vannerie.

vinaccia (pl. *-ce*) *s.f.* (*spec.pl.*) marc (de raisin) || (*color*) —, lie-de-vin.

vinacciolo *s.m.* pépin de raisin.

vinaio *s.m.* marchand de vin.

vin brûlé (pl. *invar.*) *s.m.* vin chaud (avec du sucre et des épices) • Falso francesismo.

vincente *agg. e s.m.* gagnant.

vincere (*Pass.rem.* io vinsi, tu vincesti ecc. *Part.pass.* vinto) *v.tr.* **1** gagner: *— le elezioni*, remporter, gagner les élections **2** (*battere, sconfiggere*) battre*; (*avere ragione di*) triompher (de): *ha vinto tutti gli avversari*, il a battu (o il a triomphé de) tous ses adversaires; *la squadra francese ha vinto quella italiana per 1 a 0*, l'équipe française a battu l'équipe italienne 1 à 0; *— l'indifferenza generale*, triompher de l'indifférence générale || *l'ha avuta vinta*, il a eu gain de cause **3** (*fig.*) vaincre*; (*dominare*) dominer: *— la timidezza*, vaincre sa timidité; *fu vinto dal sonno*, il fut vaincu par le sommeil; *— la collera*, dominer sa colère; *— se stessi*, se dominer || *lasciarsi — dall'ira*, se laisser emporter par la colère; *lasciarsi — dalla disperazione*, se laisser gagner par le désespoir **4** (*superare*) surmonter, vaincre*; (*una persona*) dépasser (en): *— un ostacolo*, surmonter un obstacle; *— le difficoltà*, surmonter, vaincre les difficultés; *nessuno lo vince in astuzia*, personne ne le dépasse en ruse; *— ogni confronto*, ne pas avoir son pareil **5** (*convincere*) convaincre*, gagner: *mi sono lasciato — dalle sue preghiere*, je me suis laissé convaincre par ses prières ♦ *v.intr.* gagner: *— ai rigori*, gagner aux tirs au but; *— per 3 a 0*, gagner 3 à 0; *la sua opinione ha vinto*, son opinion a triomphé, prévalu □ **vincersi** *v.pron.* se dominer.

vinciano *agg.* de Léonard de Vinci; (*che riguarda Leonardo da Vinci e la sua opera*) sur Léonard de Vinci.

vincibile *agg.* qu'on peut vaincre, qui peut être vaincu.

vincita *s.f.* gain (*m.*): *dopo due vincite*, après avoir gagné deux fois || *fare una — di...*, gagner...; *ho fatto una grossa —*, j'ai gagné gros || *la — ammonta a dieci milioni*, le lot est de dix millions.

vincitore (f. *-trice*) *agg.* gagnant; (*vittorioso*) victorieux* || *ne è uscito —*, il a eu le dessus || *tornare (come, da) —*, revenir vainqueur ♦ *s.m.* vainqueur; (*spec. nei giochi e negli sport*) gagnant: *il — assoluto*, le vainqueur absolu; *festeggiare il —*, fêter le vainqueur.

vincolante *agg.* contraignant || *offerta —*, offre ferme.

vincolare *v.tr.* **1** lier; (*impegnare*) engager*; (*obbligare*) obliger* **2** (*impacciare*) entraver **3** (*comm.*) bloquer □ **vincolarsi** *v.pron.* s'engager*, s'obliger*.

vincolato *agg.* **1** lié; (*impegnato*) engagé; (*condizionato*) conditionné: *— da una promessa*, engagé, lié par une promesse; *— dal segreto bancario*, tenu au secret bancaire || *terreno —*, terrain soumis à des servitudes d'utilité publique || *— da ipoteche*, grevé d'hypothèque **2** (*banca*) bloqué: *deposito — a sei mesi*, dépôt bancaire bloqué à six mois; *fondo —*, fond bloqué **3** (*mecc.*) sous contraintes.

vincolo *s.m.* **1** lien (*anche fig.*) || *imporre un —*, imposer une contrainte || (*econ.*): *— di prezzo*, contrainte de prix; *— di bilancio*, contrainte budgétaire || *sotto il — della confessione*, sous le secret de la confession; *essere sotto il — di un giuramento*, être lié par un serment; *dire sotto — di giuramento*, dire sous (le sceau du) serment **2** (*dir.*) (*obbligo*) obligation (*f.*), contrainte (*f.*); (*servitù*) servitude (*f.*) || *— forestale, boschivo*, bois en défens || *area sottoposta a — urbanistico*, zone soumise à des règlements d'urbanisme **3** (*mecc.*) liaison (*f.*).

vinello *s.m.* petit vin.

vinicolo *agg.* vinicole.

vinificare (*coniug. come* mancare) *v.intr.* vinifier.

vinificazione *s.f.* vinification.

vinile *s.m.* (*chim.*) vinyle.

vinilico (pl. *-ci*) *agg.* (*chim.*) vinylique.

vino *s.m.* vin: *— comune, da pasto, da taglio*, vin ordinaire, de table, de coupage || *— di mele*, cidre; *— di pere*, poiré || *il — gli ha dato alla testa*, le vin lui est monté à la tête || *buon — fa buon sangue*, le bon vin réjouit le cœur.

vinoso *agg.* vineux*.

vinto *agg.* **1** gagné || (*fam.*): *non dargliela vinta!*, ne te laisse pas faire!; *gliele danno tutte vinte*, on lui cède sur tout; *averla vinta*, avoir gain de cause, avoir le dernier mot **2** (*sconfitto*) vaincu, battu || *darsi per —*, s'avouer vaincu, (*riconoscere la propria sconfitta*) reconnaître sa défaite || *— dal sonno*, vaincu par le sommeil ♦ *s.m.* vaincu.

viola[1] *agg. e s.m.* (*colore*) violet* ♦ *s.f.* violette: *— del pensiero*, pensée.

viola[2] *s.f.* (*mus.*) alto (*m.*); (*strumento antico*) viole: *— da gamba*, viole de gambe.

violacciocca (pl. *-che*) *s.f.* giroflée.

violaceo *agg.* violacé.

violare *v.tr.* **1** violer; (*infrangere*) enfreindre* **2** (*profanare*) profaner.

violazione *s.f.* **1** violation **2** (*profanazione*) profanation.

violentare *v.tr.* **1** (*stuprare*) violer **2** (*fig.*) faire* violence (à) || *— le coscienze*, violer les consciences.

violentatore *s.m.* (*stupratore*) violeur.

violentemente *agg.* violemment, avec violence.

violento *agg.* violent || *una febbre violenta*, une forte fièvre.

violenza *s.f.* violence: *usare —, ricorrere alla —*, recourir à la violence; *fare — a qlcu*, faire violence à qqn; *fare dolce — a qlcu*, forcer gentiment qqn || *la — carnale*, le viol.

violetta *s.f.* violette.

violetto *agg. e s.m.* violet*.

violinista *s.m. e f.* violiniste.

violino *s.m.* violon || *chiave di —*, clef de sol || *— di spalla*, second violon, (*fig.*) bras droit.

violoncellista *s.m. e f.* violoncelliste.

violoncello *s.m.* violoncelle.

viottola *s.f.*, **viottolo** *s.m.* sentier (*m.*).

vipera *s.f.* vipère (*anche fig.*).

viperino *agg.* vipérin || *lingua viperina*, (*anche fig.*) langue de vipère.

viraggio *s.m.* virage.

virago (pl. *invar.*) *s.f.* virago.

virale *agg.* viral*.

virare *v.tr. e intr.* virer.

virata *s.f.* virage (*m.*).

virgiliano *agg.* de Virgile, à la manière de Virgile.

virginale, **virgineo** *agg.* virginal*.

virginia *s.m.* **1** (*tabacco*) virginie **2** (*sigaro*) cigare de Virginie ♦ *s.f.* (*sigaretta*) cigarette de Virginie.

virgola *s.f.* **1** virgule: *punto e —*, point-virgule || *non cambiare (neanche) una —*, (*fig.*) ne pas changer une seule virgule **2** (*di capelli*) guiches (*pl.*).

virgoletta *s.f.* guillemet (*m.*).

virgolettato *agg.* entre guillemets.

virgulto *s.m.* rejeton.

virile *agg.* viril || *voce —*, voix mâle || *-mente* *avv.*

virilità *s.f.* virilité.

virilizzare *v.tr.* viriliser.

virologia *s.f.* virologie.

virosi *s.f.* virose.

virtù *s.f.* **1** vertu || *fanciulla di rara —*, jeune fille très vertueuse **2** (*pregio, qualità*) vertu, qualité: *— terapeutiche*, des vertus thérapeutiques; *donna dalle molte —*, femme pleine de qualités; *ha la — di saper tacere*, il sait se taire □ **in virtù di**, en vertu de; (*grazie a*) grâce à || *in — di cosa me lo chiedi?*, à quel titre me le demandes-tu?

virtuale *agg.* virtuel* || *-mente* *avv.*

virtualità *s.f.* virtualité.

virtuosamente *avv.* vertueusement.

virtuosismo *s.m.* virtuosité (*f.*): *virtuosismi musicali, verbali*, virtuosité musicale, verbale.

virtuosistico (pl. *-ci*) *agg.* de virtuosité.

virtuoso *agg.* vertueux* ♦ *s.m.* (*artista di grandi capacità tecniche*) virtuose.

virulento *agg.* virulent.

virulenza *s.f.* virulence.

virus (pl. *invar.*) *s.m.* virus.

visagista *s.m. e f.* visagiste.

viscerale *agg.* viscéral* || *-mente* *avv.*

viscere (pl. *i visceri, le viscere*) *s.m.* **1** (*anat.*) viscère **2** *pl.m.* (*intestini*) entrailles (*f.*) **3** *pl. m. o f.* (*fig.*) entrailles (*f.*).

vischio (pl. *-chi*) *s.m.* **1** (*bot.*) gui **2** (*pania*) glu (*f.*).

vischiosità *s.f.* viscosité.

vischioso *agg.* gluant, visqueux*.

viscido *agg.* visqueux* (*anche fig.*); (*scivoloso*) glissant: *l'asfalto — di pioggia*, le pavé rendu glissant par la pluie || *un individuo —*, un individu répugnant.

visciola *s.f.* (*bot.*) griotte.

visciolo *s.m.* (*bot.*) griottier.

visconte *s.m.* vicomte.

viscontessa *s.f.* vicomtesse.

viscosa *s.f.* viscose.

viscosità *s.f.* viscosité.

viscoso *agg.* gluant, visqueux*.

visibile *agg.* visible.

visibilio *s.m.* **1** (*fam.*) (*gran quantità*) foule (*f.*), grand nombre **2** *andare in —*, s'extasier; *mandare in —*, ravir.

visibilità *s.f.* visibilité.

visibilmente *avv.* visiblement.

visiera *s.f.* **1** visière **2** (*da scherma*) masque (*m.*).

visigotico (pl. *-ci*) *agg.* wisigothique.

visigoto *agg.* e *s.m.* wisigoth.

visionare *v.tr.* visionner; (*estens.*) (*esaminare*) examiner.

visionario *agg.* e *s.m.* visionnaire.

visione *s.f.* **1** vision || *inviare in* —, envoyer en vision; *prendere* — *di qlco*, prendre connaissance de qqch || *avere le visioni*, (*fig. iron.*) avoir la berlue **2** (*scena che colpisce*) spectacle (*m.*) **3** (*cine.*) projection || *cinema di prima* —, salle d'exclusivité; *film di prima, seconda* —, film en première, deuxième exclusivité.

visir *s.m.* vizir: *gran* —, grand vizir.

visita *s.f.* visite: — *di cortesia*, visite de politesse, (*tra personaggi importanti*) visite de courtoisie; — *di congedo*, visite pour prendre congé; *far* — *a qlcu*, rendre visite à qqn; *ricambiare una* — *a qlcu*, rendre à qqn sa visite; *c'è una* — *per te*, tu as une visite || —*medica*, visite médicale; — *specialistica*, visite chez un spécialiste; *fare una* — *specialistica*, consulter un spécialiste; — *ambulatoriale*, visite au dispensaire; *sottoporsi a* — *medica*, passer une visite médicale; *il dottore ha molte visite*, le médecin a beaucoup de clients; *orari di* —, heures de consultation || (*mil.*): *passare la* — *di leva*, passer le conseil de révision; *marcare* —, se faire porter malade.

visitare *v.tr.* **1** visiter **2** (*fare visita a qlcu*) rendre* visite (à) **3** (*del medico*) examiner: *ho deciso di farmi* — *dal medico*, j'ai décidé de me faire voir par le médecin; *il medico lo ha attentamente visitato*, le médecin l'a examiné avec soin.

visitatore (f. *-trice*) *s.m.* visiteur*.

visitazione *s.f.* (*relig.*, *arte*) visitation.

visivo *agg.* visuel* || *organi visivi*, organes de la vue.

viso *s.m.* visage, figure (f.) || *guardare qlcu in* —, regarder qqn en face || *ho notato visi nuovi*, j'ai remarqué de nouvelles têtes || *far buon* — *a qlcu*, faire bon visage à qqn; *far buon* — *a cattivo gioco*, faire contre mauvaise fortune bon cœur.

visone *s.m.* vison.

visore *s.m.* (*fot.*) visionneuse (*f.*).

vispo *agg.* vif*; (*arzillo*) alerte: *bambino* —, enfant vif, plein de vie || — *come un uccellino*, gai comme un pinson.

vissuto *agg.*: *uomo* —, homme qui a vécu; *aria vissuta*, air blasé; *è un racconto di vita vissuta*, c'est du vécu, c'est une histoire vécue.

vista *s.f.* **1** vue: *avere la* — *corta*, avoir une mauvaise vue; (*fig.*) avoir la vue courte || *far bella* —, faire un bel effet || *far* — *di*, faire semblant de || *essere fuori* — —, n'être plus visible || *seguire, guardare a* —, ne pas lâcher des yeux || *a* — *d'occhio*, à perte de vue; (*fig.*) à vue d'œil; *il deserto si estendeva a* — *d'occhio*, le désert s'étendait à perte de vue; *quel ragazzo cresce a* — *d'occhio*, ce garçon grandit à vue d'œil || *a prima* —, à première vue, au premier abord; *tradurre a prima* —, traduire à

livre ouvert; *amore a prima* —, coup de foudre || (*comm.*): *a* —, à vue; *pagabile a trenta giorni a* —, payable à trente jours à vue **2** (*panorama*) vue **3** (*occhiata*) coup d'œil.

vistare *v.tr.* viser.

visto *agg.* vu || — *che*, étant donné que || (*tip.*) — *si stampi*, bon à tirer ♦ *s.m.* visa.

vistosamente *avv.* d'une manière voyante; (*evidentemente*) manifestement.

vistoso *agg.* voyant, tapageur* || *un errore* —, une erreur manifeste || *somma vistosa*, somme considérable.

visuale *agg.* visuel* ♦ *s.f.* **1** (*vista*) vue **2** (*fig.*) perspective, point de vue.

visualità *s.f.* (*grafica pubblicitaria*) visuel (*m.*).

visualizzare *v.tr.* visualiser.

visualizzazione *s.f.* visualisation.

visus *s.m.* (*med.*) acuité visuelle.

vita¹ *s.f.* vie: — *di campagna, di città*, vie à la campagne, en ville || *entrare nel decimo anno di vita*, entrer dans sa dixième année || *venire alla* —, venir au monde; *dare* — *a qlcu*, donner la vie à qqn; *dare* — *a un'organizzazione*, (*fig.*) créer une organisation; *dare* — *a una festa*, animer une fête || *essere in fin di* —, être mourant; *l'ha ridotto in fin di* —, il l'a presque tué || *passare a miglior* —, passer de vie à trépas || *richiamare in* —, rappeler à la vie; *tornare in* —, revenir à la vie, (*recuperare le forze*) reprendre ses forces || *avere sette vite*, avoir la vie dure; *avere lunga* —, durer longtemps || *rifarsi una* —, refaire sa vie; — *santa*, vie de saint || *fare* — *da scapolo*, mener une vie de célibataire; *fare* — *comune*, vivre en commun; *fare* — *beata, allegra*, mener joyeuse vie, la belle vie; *darsi alla bella* —, profiter de la vie; *questa* (*sì che*) *è* —*!*, c'est la belle vie! || *donna di* —, femme de mauvaise vie || *su con la* —*!*, allez, courage! || *a* —, à vie; *condannare a* —, condamner à la prison à perpétuité || *in* —, pendant sa vie, de son vivant; *non l'ho mai fatto in* — *mia*, je ne l'ai jamais fait (de ma vie) || *lo conosco da una* —, je le connais depuis toujours; *è un ragazzo pieno di* —, c'est un garçon plein de vie, de vitalité.

vita² *s.f.* taille: *largo in, di* —, large à la taille; *essere corto di* —, avoir le buste court; *il suo giro di* — *è di 65 centimetri*, elle a 65 centimètres de tour de taille || *fino alla* —, jusqu'à la ceinture.

vitalba *s.f.* (*bot.*) clématite.

vitale *agg.* **1** vital*: *è di* — *importanza*, c'est vital **2** (*di neonato*) viable: *nato non* —, né non-viable.

vitalismo *s.m.* vitalisme.

vitalità *s.f.* **1** vitalité **2** (*di neonato*) viabilité.

vitalizio *agg.* e *s.m.* viager* || *socio* —, membre à vie.

vitamina *s.f.* vitamine.

vitaminico (pl. *-ci*) *agg.* **1** vitaminique **2** (*contenente vitamine*) vitaminé.

vitaminizzato *agg.* vitaminé.

vite¹ *s.f.* vigne || — *a pergola*, treille || — *del Canada*, vigne vierge.

vite[2] *s.f.* **1** (*mecc.*) vis || *dare un giro di* —, (*fig.*) serrer la vis **2** (*aer.*) vrille.

vitella *s.f.* génisse.

vitellino *agg.* (*biol.*) vitellin.

vitello[1] *s.m.* veau* || *pelle di* —, (*per rilegatori*) vélin.

vitello[2] *s.m.* (*biol.*) vitellus.

vitellone *s.m.* **1** bouvillon **2** (*fig.*) jeune homme fat et désœuvré.

viterbese *agg. e s.m.* viterbien*.

viticcio *s.m.* **1** (*bot.*) vrille (*f.*) **2** (*arch.*) rinceau*.

viticolo *agg.* viticole.

viticoltore *s.m.* viticulteur.

viticoltura *s.f.* viticulture.

vitigno *s.m.* cépage.

vitreo *agg.* **1** (*di vetro*) de verre **2** (*simile al vetro*) vitreux* **3** (*anat.*) vitré.

vittima *s.f.* victime: *fare la* —, (*fam.*) se poser en victime.

vittimismo *s.m.* tendance à se poser en victime.

vittimistico *agg.* de victime.

vitto *s.m.* nourriture (*f.*): — *e alloggio*, logement et nourriture, le gîte et le couvert.

vittoria *s.f.* victoire || — *di Pirro*, (*fig.*) victoire à la Pyrrhus.

vittoriano *agg.* victorien*.

vittorioso *agg.* victorieux* || **-mente** *avv.*

vituperare *v.tr.* vitupérer*.

vituperazione *s.f.* vitupération.

vituperio *s.m.* **1** injure (*f.*), insulte (*f.*) **2** (*disonore*) déshonneur.

viuzza *s.f.* ruelle.

viva *inter.* vive! || — *la sincerità!*, (*iron.*) bonjour la sincérité!

vivacchiare *v.intr.* (*fam.*) vivoter.

vivace *agg.* vif* || *discussione* —, discussion animée.

vivacemente *avv.* vivement.

vivacità *s.f.* vivacité.

vivagno *s.m.* lisière (*f.*).

vivaio *s.m.* **1** (*di pesci*) vivier; (*di piante*) pépinière (*f.*) **2** (*fig.*) pépinière (*f.*).

vivaista *s.m.* (*di piante*) pépiniériste.

vivamente *avv.* vivement.

vivanda *s.f.* plat (*m.*), mets (*m.*).

vivandiera *s.f.* vivandière.

vivente *agg. e s.m.* vivant || — *sua madre*, du vivant de sa mère.

vivere[1] (*Pass.rem.* io vissi, tu vivesti, egli visse, noi vivemmo ecc., essi vissero; *fut.* io vivrò ecc. *Part.pass.* vissuto) *v.intr. e tr.* vivre*: *è vissuto settant'anni*, il a vécu soixante-dix ans || — *del proprio*, vivre de son bien; *avere da* —, avoir de quoi vivre; *non si vive di solo pane*, on ne vit pas seulement de pain; — *da gran signore*, vivre sur un grand pied || *lascialo* — *in pace!*, laisse-le tranquille! || — *d'aria e d'amore*, vivre d'amour et d'eau fraîche || *la sua fama vivrà in eterno*, sa renommée sera éternelle || (*tip.*) *vive*, bon.

vivere[2] *s.m.* vie (*f.*) || *il saper* —, le savoir-vivre.

viveri *s.m.pl.* vivres.

vivezza *s.f.* vivacité.

vivibile *agg.* vivable.

vivibilità *s.f.* conditions de vie.

vivido *agg.* vif*.

vivificare (*coniug. come* mancare) *v.tr.* **1** vivifier **2** (*fig.*) (*animare*) animer **3** (*fig.*) (*dare nuovo impulso e vigore*) stimuler.

viviparo *agg.* (*zool.*) vivipare.

vivisezionare *v.tr.* **1** pratiquer la vivisection (sur), disséquer* (un organisme) vivant **2** (*fig.*) (*analizzare*) disséquer*.

vivisezione *s.f.* **1** vivisection **2** (*fig.*) dissection.

vivo *agg.* **1** vivant (*anche fig.*) || *finché sono* —, tant que je vivrai || *da* —, de son vivant || — *o morto*, mort ou vif; *non l'ho più visto né* — *né morto*, je ne l'ai plus jamais revu || *non c'era anima viva*, il n'y avait pas âme qui vive || *non s'è più fatto* —, il n'a plus donné signe de vie || *carne viva*, chair vive || *lingua viva*, langue vivante; *l'uso* — *di una lingua*, l'usage courant d'une langue || *tenere viva la conversazione*, entretenir la conversation **2** (*fig.*) (*vivace, intenso*) vif* || *porgo vivi auguri*, je vous adresse mes meilleurs vœux ♦ *s.m.* **1** (*persona*) vivant **2** (*parte vitale*) vif || *ritrarre dal* —, peindre d'après nature.

viziare *v.tr.* **1** vicier **2** (*essere troppo indulgente con*) gâter.

viziato *agg.* gâté; (*corrotto*) vicié (*dir.*): *atto* — *di nullità*, acte vicié, entaché de nullité || (*estens.*) *ragionamento* — *da una contraddizione*, raisonnement faussé par une contradiction.

vizio *s.m.* **1** vice; (*cattiva abitudine*) mauvaise habitude: *il* — *del gioco*, le vice du jeu; *il* — *del bere*, la mauvaise habitude de boire **2** (*imperfezione*): — *al cuore*, malformation cardiaque; — *di lavorazione*, défaut de fabrication; — *di costruzione*, vice de construction **3** (*dir.*) vice: — *di procedura, di forma*, vice de procédure, de forme.

viziosità *s.f.* caractère vicieux.

vizioso *agg. e s.m.* vicieux*.

vizzo *agg.* (*di fiori*) flétri; (*di frutti*) blet*; (*di guance*) mou*, flasque.

vocabolario *s.m.* **1** vocabulaire **2** (*dizionario*) dictionnaire.

vocabolo *s.m.* mot, vocable; (*termine*) terme.

vocale[1] *agg.* vocal*.

vocale[2] *s.f.* voyelle.

vocalico (pl. *-ci*) *agg.* vocalique.

vocalismo *s.m.* vocalisme.

vocalizzare *v.tr. e intr.* vocaliser.

vocalizzazione *s.f.* vocalisation.

vocalizzo *s.m.* vocalise.

vocativo *s.m.* vocatif.

vocazione *s.f.* vocation.

voce *s.f.* **1** voix (*anche fig.*): *parlare con* — *di pianto*, parler avec les larmes dans la voix; *abbassare la* —, baisser le ton; *parlare sotto* —, *a mezza* —, parler tout bas, à mi-voix || *a* —, oralement; *a viva* —, de vive voix || — *spiegata*, à gorge déployée || *a una* —, d'une seule voix || —!, (*al cinema*) le son!; (*a teatro*) plus fort! || *dare una* — *a qlcu*, (*fam.*) appeler qqn || *darsi, passare la*

—, se donner le mot ‖ *dare* — *ai propri sentimenti*, exprimer ses sentiments ‖ *non aver* — *in capitolo*, ne pas avoir voix au chapitre ‖ *fare la* — *grossa*, faire la grosse voix ‖ *la* — *del leone*, le rugissement du lion 2 (*rumore*) bruit (*m.*); (*suono*) son (*m.*): *la* — *del mare*, le bruit de la mer 3 (*fig.*) (*notizia*) bruit (*m.*): *corre* — *che...*, le bruit court que...; *spargere la* —, faire courir le bruit; *corrono strane voci sul suo conto*, on raconte de drôles de choses sur son compte ‖ *secondo la* — *comune*, d'après l'opinion publique 4 (*vocabolo*) mot (*m.*), terme (*m.*); (*di dizionario, enciclopedia*) article (*m.*) 5 (*di elenco*) rubrique ‖ — *di bilancio*, poste de budget, article du bilan 6 (*gramm.*) voix ‖ *'ho' è* — *del verbo 'avere'*, 'j'ai' verbe 'avoir'.

vociare (*coniug. come* cominciare) *v.intr.* crier.

vociferare *v.intr.* 1 vociférer* 2 (*spargere una voce*) faire* courir des bruits: *si vocifera che...*, le bruit court que...

vociferazione *s.f.* vocifération.

vocio *s.m.* brouhaha.

vodka *s.f.* vodka.

voga[1] (pl. -*ghe*) *s.f.* (*mar.*) nage.

voga[2] *s.f.* 1 (*moda*) vogue, mode: *tornare in* —, revenir à la mode 2 (*lena, entusiasmo*) ardeur.

vogare (*coniug. come* legare) *v.intr.* (*mar.*) ramer, nager*.

vogata *s.f.* (*mar.*) 1 *fare una* —, faire une promenade en barque; *abbiamo fatto una bella* — *sul lago*, nous avons fait une belle promenade sur le lac 2 (*spinta data con il remo*) coup de rame.

vogatore *s.m.* 1 (f. -*trice*) nageur*, rameur* 2 (*attrezzo da ginnastica*) rameur.

voglia *s.f.* 1 envie: *una gran* —, *una* — *matta di...*, une grande envie, une envie folle de...‖ *mettere* — *di bere*, donner soif ‖ *mi fa venire* — *di ridere*, cela me donne envie de rire ‖ *mi è venuta la* — *di...*, l'envie m'est venue de...‖ *levarsi la* — *di...*, se passer la fantaisie de...; *ti leverò la* — *di disubbidire*, je te ferai passer l'envie de désobéir; *levarsi tutte le voglie*, se passer tous ses caprices ‖ *soddisfare le proprie voglie*, assouvir ses désirs ‖ *restare con la* —, rester sur sa faim ‖ *buona* —, bonne volonté ‖ *lavorare di buona* —, travailler de bon cœur ‖ *fare qlco di mala* —, *contro* —, faire qqch à contrecœur ‖ *hai* — *di chiamarlo..., non verrà*, tu as beau l'appeler, il ne viendra pas ‖ *che* —!, *chi ne ha* —?, quelle barbe! 2 (*med.*) (*della pelle*) envie.

voglioso *agg.* 1 plein d'envie(s); (*capriccioso*) capricieux* 2 (*letter.*) (*desideroso*) désireux* (de).

voi *pron.pers. di 2ª pers.pl.* 1 (*sogg., compl.ogg. e compl.indir.*) vous: *se* (—) *volete, possiamo uscire*, si vous voulez, nous pouvons sortir; *stanno guardando* —, c'est vous qu'ils regardent; *pensateci* —, c'est à vous d'y penser; *siete* —, *non siete* — *i miei più vecchi amici*, vous êtes, n'êtes-pas mes plus vieux amis; *siete* — *i responsabili?*, est-ce vous les responsables?; *siete* — *che l'avete det-*

to, siete stati — *a dirlo*, c'est vous qui l'avez dit; *non sarete certo* — *a chiedermi del denaro*, ce n'est sûrement pas vous qui me demanderez de l'argent ‖ — *due*, — *tre*, vous deux, vous trois: — *due lo conoscete da tempo*, vous le connaissez depuis longtemps tous les deux; *lo conoscete bene* — *due, tu e tuo fratello*, vous deux, ton frère et toi, vous le connaissez bien; *auguro a* — *due...*, je vous souhaite à tous les deux... ‖ *anche* —, vous aussi: *avete anche* — *il diritto di riposare*, vous avez vous aussi le droit de vous reposer ‖ *proprio* —, — *stessi*, vous-mêmes: — *stessi dovete riconoscere che...*, vous-mêmes vous devez reconnaître que... ‖ *da quel giorno non siete più* —, *non sembrate più* —, depuis ce jour-là on ne vous reconnaît plus, vous n'êtes plus les mêmes ‖ *se fossi in* —, si j'étais vous, (si j'étais) à votre place ‖ *non è da* — *dire, fare certe cose*, ce n'est pas votre style (*o* ça ne vous ressemble pas) de dire, de faire certaines choses ‖ — *altri* → voialtri 2 (*di cortesia*) vous: (—) *siete molto buono con me, signore*, vous êtes très aimable avec moi, Monsieur 3 (*con uso impers.*) vous, on: *se* (—) *pensate che...*, si vous pensez, si on pense que... ♦ *s.m.*: *dare del* — *a qlcu*, vouvoyer qqn; *darsi del* —, se vouvoyer; *passare dal* — *al tu*, passer du vouvoiement au tutoiement; *il fascismo proibì il 'lei' e rese obbligatorio il '*—*'*, pendant le fascisme la forme de politesse 'lei' fut interdite et obligatoire le vouvoiement.

voialtri *pron.pers. di 2ª pers.pl.* vous, vous autres: — *uomini, voialtre donne*, vous autres hommes, vous autres femmes.

volano *s.m.* volant.

volante[1] *s.m.* 1 volant ‖ *la* (*squadra*) —, police secours ‖ *lavoratore* —, travailleur temporaire; *indossatrice* —, mannequin volant 2 (*fig.*) (*provvisorio*) provisoire: *una visita* —, une visite improvisée.

volante[2] *s.m.* (*aut.*) volant.

volantinaggio *s.m.* distribution de tracts; (*di volantini pubblicitari*) distribution de prospectus.

volantinare *v.tr.* distribuer des tracts; (*a scopo pubblicitario*) distribuer des prospectus.

volantino *s.m.* tract; (*pubblicitario*) prospectus.

volare *v.intr.* 1 voler ‖ — *via*, s'envoler; *il suo cappello volò via per il vento*, son chapeau fut emporté par le vent ‖ *il pallone volò fuori dal campo*, le ballon sortit du terrain ‖ *cominciarono a* — *schiaffi*, les gifles commencèrent à pleuvoir; *sono volati i piatti*, les assiettes ont volé; *non ha mai volato*, il n'a jamais pris l'avion ‖ *è volata in cielo l'anima di...*, l'âme de... est montée au ciel 2 (*fig.*) (*andare veloce*) filer ‖ *il tempo vola*, le temps s'envole.

volata *s.f.* 1 volée 2 (*corsa, salto*) saut (*m.*) ‖ *di* —, au sprint; *ci vado di* —, j'y vais tout de suite 3 (*sport*) (*ciclismo*) sprint (*m.*); (*tennis*) volée: *battere in* — *gli avversari*, battre les adversaires au sprint.

volatile *agg.* volatil ♦ *s.m.* (*zool.*) volatile.

volatilità *s.f.* volatilité.

volatilizzare *v.tr.* volatiliser ♦ *v.intr.*, **volatiliz-zarsi** *v.pron.* se volatiliser (*anche fig.*).

volatilizzazione *s.f.* volatilisation.

volatizzare *v.tr.* e *intr.* → **volatilizzare**.

volatore *agg.* e *s.m.* voilier: (*uccelli*) *volatori*, (oiseaux) voiliers.

volente *agg.*: — *o nolente*, bon gré, mal gré.

volenteroso *agg.* → **volonteroso**.

volentieri *avv.* volontiers.

volere[1] (*Indic.pres.* io voglio, tu vuoi, egli vuole, noi vogliamo, voi volete, essi vogliono; *fut.* io vorrò ecc.; *pass.rem.* io volli, tu volesti ecc.) *v.tr.* **1** vouloir*: *i genitori lo vogliono avvocato*, ses parents veulent faire de lui un avocat || *vogliamo andare?*, on s'en va? || *vuol favorire?*, servez-vous || *neanche a volerlo potresti sbagliare*, tu ne peux absolument pas te tromper || *non è voluta*, *non ha voluto partire*, elle n'a pas voulu partir || *vorrei vedere te*, je voudrais t'y voir || *vuoi vedere che andrà a finire così?*, tu veux parier que ça va finir comme ça? || *vorrei vedere!*, je voudrais bien voir (ça)! || *qui ti voglio!*, c'est là que je t'attends! || *non vuol saperne di lui*, je ne veux pas de lui || *anche lui, se vogliamo, non ha tutti i torti*, lui non plus, au fond, il n'a pas tous les torts || *credo che voglia nevicare*, je crois qu'il va neiger || *chi mi vuole?*, qui me demande?; *la vogliono al telefono*, on vous demande au téléphone || *senza* —, sans faire exprès || — *bene*, aimer; *volerne a qlcu*, en vouloir à qqn; *farsi ben* —, *mal* —, se rendre sympathique, antipathique || *voler dire*, (*significare*) vouloir dire; *che cosa vuoi dire?*, qu'est-ce que tu veux dire?; *volevo ben dire*, c'est bien ce que je pensais; *ho visto tuo fratello, voglio dire, tuo cugino*, j'ai vu ton frère, pardon, ton cousin || *vuoi... vuoi*, soit... soit || (*comm.*) *Vogliate informarci il più presto possibile*, Veuillez (bien) nous le faire savoir le plus tôt possible **2** (*pretendere*) vouloir*; (*richiedere*) demander: *vuole un prezzo eccessivo*, il demande un prix excessif || *queste piante vogliono molta acqua*, ces plantes ont besoin de beaucoup d'eau **3** (*volerci*) falloir*: *ci vuol altro*, il faut bien autre chose □ **volersi** *v.pron.*: — *bene*, *male*, s'aimer, se détester.

volere[2] *s.m.* volonté (*f.*).

volgare *agg.* vulgaire; (*triviale*) trivial* ♦ *s.m.* langue vulgaire.

volgarismo *s.m.* vulgarisme.

volgarità *s.f.* **1** vulgarité **2** (*atto, parola volgare*) grossièreté.

volgarizzare *v.tr.* **1** (*divulgare*) vulgariser **2** (*tradurre in lingua volgare*) traduire* en langue vulgaire.

volgarizzatore (f. *-trice*) *s.m.* vulgarisateur*.

volgarizzazione *s.f.* vulgarisation.

volgarmente *avv.* vulgairement.

volgere (*Pass.rem.* io volsi, tu volgesti ecc. *Part.pass.* volto) *v.tr.* **1** tourner (*anche fig.*): — *gli occhi al cielo*, lever les yeux au ciel; — *la testa da un'altra parte*, détourner la tête || — *i passi verso casa*, diriger ses pas vers la maison || — *in fuga il nemico*, mettre l'ennemi en fuite **2** (*tradurre*) traduire* ♦ *v.intr.* tourner || *il tempo volge al bello*, *al brutto*, le temps se met au beau, se gâte || *il lavoro volge al termine*, le travail touche à sa fin || *la faccenda volge al peggio*, l'affaire prend (une) mauvaise tournure ♦ *s.m.*: *col* — *degli anni*, avec le temps; *nel* — *di pochi anni*, en l'espace de quelques années □ **volgersi** *v.pron.* **1** se tourner: — *indietro*, se retourner **2** (*dedicarsi*) se consacrer.

volgo (pl. *-ghi*) *s.m.* peuple.

voliera *s.f.* volière.

volitivo *agg.* **1** (*della volontà*) volitif* **2** (*di persona*) qui a beaucoup de volonté || *mento* —, menton volontaire.

volizione *s.f.* (*psic.*) volition.

volo *s.m.* **1** vol: *prendere il* —, (*anche fig.*) s'envoler; *levarsi in* —, s'envoler, (*di aereo*) décoller; *campo di* —, terrain d'aviation || *uccello in* —, oiseau au vol || — *strumentale, cieco*, pilotage sans visibilité; — *a vela*, à voile || *fare un* — *di 300 metri*, faire une chute de 300 mètres || *al* —, (*anche fig.*) au vol, (*sport*) de volée; *capire al* —, comprendre à demi-mot || *in un* —, *di* —, en un clin d'œil; *il tempo è passato in un* —, le temps s'est envolé **2** (*fig.*) envolée (*f.*)

volontà *s.f.* volonté || *sia fatta la tua*, que votre volonté soit faite || *a* —, à volonté || *di sua spontanea* —, de son plein gré.

volontariamente *avv.* volontairement.

volontariato *s.m.* **1** service volontaire **2** (*mil.*) volontariat **3** (*periodo di pratica di un principiante*) stage.

volontario *agg.* e *s.m.* volontaire: *andare* —, s'engager comme volontaire || *infermiere* —, infirmier bénévole || — *del sangue*, donneur de sang.

volontarismo *s.m.* volontarisme.

volontaristico (pl. *-ci*) *agg.* volontariste.

volonterosamente *avv.* avec bonne volonté.

volonteroso *agg.* plein de bonne volonté.

volontieri *avv.* → **volentieri**.

volovelismo *s.m.* (*sport*) vol à voile.

volovelista *s.m.* vélivole, qui pratique le vol à voile.

volovelistico (pl. *-ci*) *agg.* vélivole.

volpacchiotto *s.m.* **1** renardeau* **2** (*fig.*) petit rusé, petit filou.

volpe *s.f.* renard (*m.*) || *che* —!, (*iron.*) quel filou!

volpino *agg.* **1** de renard (*anche fig.*) || *un viso* —, une figure pointue **2** (*fig.*) (*astuto*) rusé ♦ *s.m.* (*cane*) loulou.

volpone *s.m.* (*fig.*) vieux renard.

volt *s.m.* (*elettr.*) volt.

volta[1] *s.f.* **1** fois: *a volte, certe volte*, parfois; *molte, tante volte!*, (*fam.*) bien souvent; *è successo tante di quelle volte!*, c'est arrivé si souvent!; *un paio di* —, une fois ou deux; *poche, rare volte*, rarement; *di* — *in* —, chaque fois, petit à petit; *qualche* —, quelquefois; *due per* —, *alla* —, deux à la fois; *tutto in una* —, tout à la fois, en une seule fois; *un po' per* —, *alla* —, un peu chaque fois; *pagare* — *per* —, payer chaque fois ‖ *una* — *c l'altra*, un jour ou l'autre ‖ *una* — *per sempre, per tutte*, une fois pour toutes ‖ *una* — *tanto*, pour une fois ‖ *una* — *ogni tanto*, de temps en temps ‖ *una* —, autrefois; (*molto lontano nel tempo*) jadis ‖ *c'era una* —, il était une fois ‖ *se alle volte venisse...*, si jamais il venait... ‖ *tre volte tre fa nove*, trois fois trois (font) neuf **2** (*turno*) tour (*m.*): *verrà anche la mia* —, mon tour viendra ‖ *questa è la* — *buona*, cette fois ça y est **3** (*svolta*) détour (*m.*) ‖ *gli ha dato di* — *il cervello*, il est devenu fou **4** (*direzione*) *partì alla* — *di Torino*, il partit pour Turin **5** (*tip.*) verso (*m.*).

volta[2] *s.f.* voûte ‖ *a* —, voûté.

voltafaccia (pl. *invar.*) *s.m.* volte-face* (*f.*).

voltafieno (pl. *invar.*) *s.m.* faneuse (*f.*).

voltaggio *s.m.* voltage.

voltaico (pl. -*ci*) (*elettr.*) *agg.* voltaïque.

voltametro *s.m.* voltamètre.

voltampere *s.m.* (*elettr.*) voltampère.

voltare *v.tr.* **1** (*girare*) tourner: — *pagina*, tourner la page; — *l'angolo* (*di una strada*), tourner le coin (d'une rue); *voltato l'angolo troverete una fontana*, après avoir tourné le coin de la rue vous trouverez une fontaine; — *in burla*, tourner à la plaisanterie ‖ — *le spalle, la schiena*, tourner le dos; — *le spalle al nemico*, fuir devant l'ennemi ‖ — *la testa*, tourner la tête; — *gli occhi* (*da un'altra parte*), détourner les yeux; *appena volto gli occhi, combina una disastro*, il suffit que j'aie le dos tourné pour qu'il fasse un malheur ‖ *voltai l'automobile e tornai indietro*, je fis demi-tour avec ma voiture et je revins sur mes pas ‖ — *la prua verso riva*, diriger la proue vers la côte **2** (*rovesciare*) retourner: — *un vestito*, retourner un vêtement; — *una bistecca*, retourner un bifteck; — *le carte*, (*da gioco*) retourner les cartes ‖ — *gabbana*, retourner sa veste, tourner casaque ‖ — *in su le maniche*, retrousser ses manches; — *in giù*, rabattre ♦ *v.intr.* tourner □ **voltarsi** *v.pron.* se tourner ‖ — *indietro*, se retourner, (*fig.*) (*verso il passato*) regarder en arrière ‖ *non so dove voltarmi*, (*fam.*) je ne sais plus où donner de la tête ‖ — *contro qlcu*, se retourner contre qqn ‖ *il tempo si volta al bello*, le temps se met au beau.

voltastomaco *s.m.* (*fam.*) nausée (*f.*) ‖ *far venire il* —, (*fig.*) donner envie de vomir.

voltata *s.f.*: *dare una* — *a qlco*, retourner qqch.

volteggiare (*coniug. come* mangiare) *v.intr.* voltiger* ♦ *v.tr.* faire* voltiger.

volteggio *s.m.* voltige (*f.*).

volteriano *agg.* voltairien*.

voltmetro *s.m.* voltmètre.

volto[1] *s.m.* visage: *essere triste, pallido in* —, avoir un visage triste, pâle; *essere acceso in* —, avoir les joues en feu; *ha rivelato il suo vero* —, il s'est montré sous son vrai jour; *un* — *impenetrabile*, un masque impénétrable.

volto[2] *agg.* **1** tourné: — *a* est, tourné vers

l'est; — *all'insù, all'ingiù*, tourné vers le haut, vers le bas ‖ *naso* — *all'insù*, nez retroussé **2** (*fig.*) (*dedito*) dirigé (sur), concentré (sur).

voltura *s.f.* **1** (*dir.*) mutation, transfert de propriété: *tassa di* —, droits de mutation; — *catastale*, mutation au cadastre **2** (*comm.*) virement (*m.*) ‖ *la* — *del telefono*, le transfert du téléphone; *fare la* — *del telefono*, changer le nom de l'abonné (d'un numéro de téléphone).

volturare *v.tr.* **1** (*dir.*) faire* un transfert de propriété, transférer* la propriété (de) **2** (*comm.*) virer ‖ — *un contratto di utenza*, faire une mutation d'un contrat d'usage; — *l'abbonamento del telefono*, changer le nom de l'abonné (d'un numéro de téléphone).

volubile *agg.* changeant; (*nei sentimenti*) volage.

volubilità *s.f.* inconstance.

volubilmente *avv.* avec inconstance.

volume *s.m.* **1** volume ‖ *un pacco che fa* —, un paquet qui a un grand volume; *capelli che fanno* —, *che non hanno* —, des cheveux qui ont du volume, qui manquent de volume; *la paglia occupa molto* —, la paille occupe beaucoup de place ‖ *il* — *degli affari*, le chiffre des affaires ‖ *andare a tutto* —, (*di una radio ecc.*) marcher à plein volume **2** (*libro*) volume.

volumetria *s.f.* volumétrie.

volumetrico (pl. -*ci*) *agg.* volumétrique.

voluminosità *s.f.* encombrement (*m.*).

voluminoso *agg.* volumineux*.

voluta *s.f.* volute.

volutamente *avv.* intentionnellement; (*deliberatamente*) délibérément; (*volontariamente*) volontairement ‖ *l'ho fatto* —, je l'ai fait exprès.

voluto *agg.* voulu; (*desiderato*) désiré; (*intenzionale*) intentionnel*; (*artificioso*) affecté, artificiel*.

voluttà *s.f.* volupté.

voluttuario *agg.* voluptuaire.

voluttuoso *agg.* voluptueux* ‖ **-mente** *avv.*

vomere *s.m.* soc.

vomico (pl. -*ci*) *agg.* vomitif* ‖ *noce vomica*, (*frutto*) noix vomique; *noce* —, (*albero*) vomiquier.

vomitare *v.tr.* vomir: *fa* —, c'est à vomir.

vomitevole *agg.* vomitif*; (*disgustoso*) dégoûtant.

vomito *s.m.* vomissement: *avere conati di* —, avoir des haut-le-cœur; *avere il* —, vomir; *far venire il* —, donner envie de vomir, (*fig.*) dégoûter.

vongola *s.f.* clovisse ‖ (*cuc.*) *spaghetti con le, alle vongole*, spaghetti aux clovisses.

vorace *agg.* **1** vorace; (*di persona*) glouton* **2** (*fig.*) avide: *un lettore* —, un lecteur avide.

voracemente *avv.* voracement; (*con ingordigia*) gloutonnement; (*con avidità*) avidement (*anche fig.*).

voracità *s.f.* voracité; (*ingordigia*) gloutonnerie; (*avidità*) avidité (*anche fig.*).

voragine *s.f.* gouffre (*m.*).

vorticare (*coniug. come* mancare) *v.intr.* tourbillonner.

vortice *s.m.* tourbillon: *essere preso nel — degli affari*, être entraîné dans le tourbillon des affaires.

vorticosamente *avv.* en tourbillonnant.

vorticoso *agg.* **1** tourbillonnant **2** (*fig.*) frénétique.

vossignoria *s.f.* (*antiq.*) Votre Seigneurie.

vostro *agg.poss. di 2ª pers.pl.* **1** votre*: *il — libro*, votre livre; *la vostra scuola*, votre école; *i vostri amici*, vos amis; *le vostre case*, vos maisons; *il — ultimo viaggio*, votre dernier voyage; *sono del — stesso parere*, je suis de votre avis; *il — e il nostro giardino sono contigui*, votre jardin et le nôtre sont contigus; *è un problema —, non mio*, c'est votre problème, pas le mien || *un — amico*, un de vos amis (*o* un ami à vous); *un — amico avvocato*, un de vos amis avocats; *desidero un — consiglio*, je désire votre conseil; *attendo una vostra risposta*, j'attends une réponse de vous || *questo — amico*, votre ami (*o* cet ami); *tre vostri amici*, trois de vos amis (*o* trois amis à vous); *alcuni vostri amici*, quelques-uns de vos amis (*o* quelques amis à vous) || *in, a casa vostra*, chez vous **2** (*per indicare proprietà, appartenenza*) à vous: *so che vorreste una casa vostra*, je sais que vous voudriez une maison à vous || *l'idea non è vostra*, l'idée n'est pas de vous || *un modo tutto — di...*, une manière toute personnelle de... || *questo progetto è —?, (ne siete gli autori)* le projet est de vous? ♦ *pron.poss.* **1** le vôtre: *la mia macchina è meno veloce della vostra*, ma voiture est moins rapide que la vôtre **2** (*in espressioni ellittiche*): *io sono, sto sempre dalla vostra (parte)*, je suis toujours de votre côté; *ne avete combinata un'altra delle vostre*, vous en avez encore fait une des vôtres; *ne avete detta una delle vostre*, vous avez fait une de vos gaffes; *anche voi avete avuto le vostre (disgrazie)*, vous avez eu vous aussi votre part de malheurs; *perché volete sempre dire la vostra?*, pourquoi avez-vous toujours votre mot à dire? || (*comm.*) *la vostra del...*, votre lettre du... ♦ *s.m.* **1** (*mezzi economici, beni personali*): *per fortuna potete vivere del —*, heureusement vous pouvez vivre de vos ressources personnelles; *avete sempre speso del —*, vous avez toujours payé de votre poche; *dovete accontentarvi del —*, vous devez vous contenter de ce que vous avez **2** (*preceduto da pron. indef.*): *avete ancora qualcosa di —*, vous avez encore quelques biens personnels; *ormai non avete più niente di —*, à présent vous n'avez plus rien; *in questa casa non c'è più nulla di —*, dans cette maison il n'y a plus rien qui vous appartienne; *non ci avete messo molto di — in questo articolo*, vous n'avez pas mis beaucoup de choses personnelles dans cet article **3** *pl.* (*familiari ecc.*) les vôtres.

votante *agg. e s.m.* votant.

votare *v.tr.* **1** voter **2** (*dedicare*) vouer, consacrer ♦ *v.intr.* voter: *— scheda bianca*, voter blanc

□ **votarsi** *v.pron.* se vouer, se consacrer: *non sapere a che santo votarsi*, ne pas savoir à quel saint se vouer.

votato *agg.* **1** voté **2** (*dedito*) voué.

votazione *s.f.* **1** vote (*m.*); (*scrutinio*) scrutin (*m.*) || *con — unanime*, à l'unanimité **2** (*a scuola*) notes (*pl.*).

votivo *agg.* votif*.

voto *s.m.* **1** vœu* || *far voti di guarigione*, souhaiter la guérison; *era nei voti di tutti*, c'est ce que tout le monde désirait **2** (*suffragio dato a un candidato, votazione*) vote, voix (*f.*): *dare — favorevole, contrario*, voter en faveur (de qqn), contre (qqn); *mettere ai voti*, mettre aux voix **3** (*a scuola*) note (*f.*) || *— di sufficienza*, moyenne || *laurearsi a pieni voti*, passer sa licence avec mention.

voucher (*pl. invar.*) *s.m.* bon d'échange.

vudu *agg. e s.m.* vaudou*.

vulcanico (*pl. -ci*) *agg.* volcanique: *una mente vulcanica*, un esprit effervescent.

vulcanismo *s.m.* volcanisme.

vulcanizzare *v.tr.* vulcaniser.

vulcanizzazione *s.f.* vulcanisation.

vulcano *s.m.* volcan || (*fig.*): *dormire sopra un —*, danser sur un volcan; *quell'uomo è un —!*, cet homme est un (vrai) volcan!; *è un — d'idee*, il bouillonne d'idées; *è un — d'iniziative*, il déborde d'initiatives.

vulcanologia *s.f.* volcanologie.

vulcanologo (*pl. -gi*) *s.m.* volcanologue.

vulnerabile *agg.* vulnérable.

vulnerabilità *s.f.* vulnérabilité.

vulva *s.f.* vulve.

vuotaggine *s.f.* inconsistance; (*mancanza di idee*) manque total d'idées.

vuotare *v.tr.* vider || *i ladri hanno vuotato la casa*, les voleurs ont dévalisé la maison || *— un serbatoio, il pozzo nero*, (*spurgare*) vidanger un réservoir, la fosse d'aisance || (*fig.*): *— le tasche a qlcu*, vider les poches de qqn; *— il sacco*, vider son sac □ **vuotarsi** *v.pron.* se vider.

vuotatasche *s.m.* vide-poches*.

vuoto *agg.* vide: *un appartamento —, (senza mobili)* un appartement vide, (*senza inquilini*) inoccupé; *— di senso*, vide, dénué de sens || *a mani vuote*, les mains vides || *mezzo —*, à moitié vide || *è una testa vuota*, (*fam.*) il n'a pas de tête ♦ *s.m.* **1** vide: *fissare il —*, regarder dans le vide; *la sua morte lascia un — incolmabile*, sa mort laisse un vide immense || *un — di memoria*, un trou de mémoire; *— di potere*, carence de pouvoir || *sotto — spinto*, sous vide poussé **2** (*recipiente vuoto*) emballage; (*in vetro*) verre: *— a rendere*, emballage, verre consigné; *— a perdere*, emballage, verre non consigné; *nel prezzo è compreso il —*, le verre, l'emballage est consigné □ **vuoto** *locuz.avv.* à vide || (*banca*) *assegno a —*, chèque sans provision || (*fig.*): *andare a —, cadere nel —, (andare in fumo)* tomber à l'eau, (*fallire*) échouer; *fare qlco a —*, faire qqch pour rien.

W

w *s.f.* e *m.* w (*m.*) || (*tel.*) — *come Washington*, w comme William || *w la repubblica!*, vive la République!; *w le vacanze!*, vivent les vacances!
wafer (pl. *invar.*) *s.m.* gaufrette (*f.*).
wagneriano *agg.* e *s.m.* wagnérien*.
wagon-lit (pl. *invar.*) *s.m.* wagon-lit.
wagon-restaurant (*pl.invar.*) *s.m.* wagon-restaurant.
walkman (pl. *invar.*) *s.m.* baladeur.
water-closet *s.m.* water-closet*, waters.
watt *s.m.* (*elettr.*) watt.
week-end (pl. *invar.*) *s.m.* week-end, fin de semaine.

western *agg.* e *s.m.*: (*film*) —, western; — *all'italiana*, western-spaghetti.
windsurf (pl. *invar.*) *s.m.* planche à voile.
windsurfista *s.m.* véliplanchiste, planchiste.
wolframio *s.m.* (*chim.*) wolfram.
word processing (pl. *invar.*) *s.m.* (*inform.*) traitement de texte.
word processor (pl. *invar.*) *s.m.* (*inform.*) machine de traitement de texte.
workshop *s.m.* (*seminario di studi*) atelier, séminaire.
workstation *s.m.* (*inform.*) station de travail.
würstel (pl. *invar.*) *s.m.* saucisse de Strasbourg.

X

x *s.f.* e *m.* x (*m.*) || (*tel.*) — *come xeres*, x comme Xavier || *a (forma di) X*, en X.
xeno- *pref.* xéno-
xenofilia *s.f.* xénophilie.
xenofilo *agg.* e *s.m.* xénophile.
xenofobia *s.f.* xénophobie.
xenofobo *agg.* e *s.m.* xénophobe.

xeres *s.m.* xérès.
xerocopiatrice *s.f.* machine pour xérocopie.
xerografia *s.f.* xérographie.
xilofono *s.m.* xylophone.
xilografia *s.f.* xylographie.
xilografico (pl. *-ci*) *agg.* xylographique.
xilografo *s.m.* xylographe.

Y

y *s.f.* e *m.* y (*m.*) ‖ (*tel.*) — *come yacht*, y comme Yvonne ‖ *a* (*forma di*) *Y*, en Y.

yacht (pl. *invar.*) *s.m.* yacht.

yachting *s.m.* navigation de plaisance.

yak (pl. *invar.*) *s.m.* yack, yak.

yemenita *agg.* e *s.m.* yéménite.

yeti *s.m.* yéti.

yiddish *agg.* e *s.m.* yiddish*.

yoga (pl. *invar.*) *s.m.* yoga: *fare* —, faire du yoga ♦ *agg.* du yoga, de yoga.

yogurt (pl. *invar.*) *s.m.* yaourt, yogourt: — *naturale*, yaourt nature.

yogurtiera *s.f.* yaourtière.

yucca *s.f.* (*bot.*) yucca (*m.*).

Z

z *s.f.* e *m.* z (*m.*) || (*tel.*) — *come Zara*, z comme Zoé.

zabaione *s.m.* (crème) sabayon.

zac *onom.* vlan!

zacchera *s.f.* éclaboussure.

zacchete *onom.* tac!

zaffata *s.f.* (*di odore*) relent (*m.*); (*d'aria, fumo*) bouffée; (*di liquido, vapore*) jet (*m.*).

zafferano *s.m.* safran.

zaffiro *s.m.* saphir.

zaffo *s.m.* **1** (*di botte*) bondon **2** (*med.*) tampon, mèche (*f.*).

zagara *s.f.* fleur d'oranger, fleur de citronnier.

zaino *s.m.* sac (à dos): — *in spalla!*, sac au dos!

zakuski *s.m.pl.* (*cuc.*) zakouski.

zambiano *agg.* e *s.m.* zambien*.

zampa *s.f.* patte: *a quattro zampe*, à quatre pattes; *giù le zampe!*, bas les pattes!

zampata *s.f.* **1** coup de patte **2** (*impronta*) trace (de patte).

zampettare *v.intr.* trottiner.

zampillante *agg.* jaillissant.

zampillare *v.intr.* jaillir.

zampillio *s.m.* jaillissement.

zampillo *s.m.* jet: *dal foro sprizzava uno — d'acqua*, l'eau jaillissait du trou.

zampino *s.m.* petite patte || (*fig.*): *metterci lo —*, s'en mêler; *c'è (sotto) il suo —*, il y a mis la patte.

zampirone *s.m.* fumigène anti-moustiques.

zampogna *s.f.* musette.

zampognaro *s.m.* joueur de musette.

zampone *s.m.* (*cuc.*) pied de porc farci.

zanca (pl. *-che*) *s.f.* agrafe.

zangola *s.f.* baratte.

zanna *s.f.* (*di elefante ecc.*) défense; (*di cani, lupi, felini*) croc (*m.*); (*di cinghiale*) dague, défense || *mostrare le zanne*, (*fig.*) montrer les crocs.

zannata *s.f.* coup de défense; (*di cani ecc.*) coup de croc.

zanzara *s.f.* moustique (*m.*).

zanzariera *s.f.* moustiquaire.

zappa *s.f.* *houe || darsi la — sui piedi*, donner le bâton pour se faire battre.

zappare *v.tr.* piocher, *houer.

zappata *s.f.* coup de pioche: *dare una bella — alla terra*, donner un sérieux coup de pioche dans la terre.

zappatrice *s.f.* (*agr.*) bineuse, *houe mécanique.

zappatura *s.f.* piochage (*m.*).

zappetta *s.f.* binette.

zappettare *v.tr.* biner.

zapping (pl. *invar.*) *s.m.* (*tv*) zapping.

zar (pl. *invar.*) *s.m.* tsar.

zarina *s.f.* tsarine.

zarista *agg.* e *s.m.* tsariste || *la Russia —*, la Russie des tsars.

zattera *s.f.* radeau* (*m.*).

zavorra *s.f.* lest (*m.*): *in —*, sur lest; *— d'acqua, di sabbia*, lest en eau, en sable; *caricare, scaricare la — (di una nave)*, lester, délester (un bateau); *gettare la —, (di aeromobile)* jeter du lest || (*fig.*): *tutto il resto è —*, tout le reste ne vaut rien; *c'è molta —, (cose inutili)* il y a beaucoup de choses inutiles, (*persone inutili*) de nullités.

zavorrare *v.tr.* lester.

zazzera *s.f.* chevelure; (*spreg.*) tignasse.

zazzeretta, zazzerina *s.f.* chevelure souple (et ondoyante).

zazzeruto *agg.* chevelu.

zebra *s.f.* **1** zèbre (*m.*) **2** *pl.* (*passaggio pedonale*) passage clouté: *attraversare sulle zebre*, traverser au passage clouté (*o* dans les clous).

zebrato *agg.* zébré || *passaggio —*, passage clouté.

zebratura *s.f.* zébrure.

zebù *s.m.* (*zool.*) zébu.

zecca¹ (pl. *-che*) *s.f.* Hôtel de la Monnaie || *nuovo di —*, flambant neuf.

zecca² *s.f.* (*zool.*) tique.

zecchino *s.m.* sequin || *oro —*, or pur.

zefir *s.m.* (*tess.*) zéphyr.

zefiro *s.m.* zéphyr.

zelante *agg.* zélé: *fare lo —*, faire du zèle; *è troppo —*, il fait trop de zèle.

zelantemente *avv.* avec zèle.

zelo *s.m.* zèle.

zelota *s.m.* (*relig. ebraica*) zélote.

zen *agg.* e *s.m.* zen.

zenit *s.m.* zénith.

zenzero *s.m.* gingembre.

zeppa *s.f.* cale || *scarpe con la —*, chaussures à semelle compensée || *mettere una — a qlco*, mettre une cale à qqch, (*fig.*) porter remède à qqch.

zeppo *agg.* bourré: *pieno — di gente*, bondé (*o* plein à craquer); *vasetto di miele pieno —*, pot de miel plein à ras bord.

zerbino *s.m.* paillasson.

zerbinotto *s.m.* gandin.

zero *agg.* e *s.m.* zéro: *il termometro segna —*, le

thermomètre est à zéro; *dieci gradi sotto, sopra* —, moins dix, dix || *l'ora* —, l'heure H || *prendere* — *in matematica*, avoir un zéro en mathématiques || *quell'uomo vale* —, c'est un zéro; *la sua opinione vale* —, son opinion ne compte pas || *ridurre a* —, réduire à zéro; *si è ridotto a* —, il s'est ruiné; *tagliarsi i capelli a* —, se raser les cheveux; *potare a* —, faire une taille radicale; *sparare a* —, (fig.) démolir || *partire da* —, partir de rien.

zeta *s.f.* e *m.* zède (*m.*) || *dall'a alla* —, de a à z.

zia *s.f.* tante.

zibaldone *s.m.* **1** mélange; (*spreg.*) fouillis **2** (*quaderno di appunti*) carnet.

zibellino *s.m.* zibeline (*f.*).

zibetto *s.m.* (*zool.*) civette (*f.*).

zibibbo *s.m.* raisin muscat.

zietta *s.f.* (*fam.*) tantine.

zietto *s.m.* (*fam.*) tonton.

zigano *agg.* e *s.m.* tsigane.

ziggurat *s.f.* (*archeol.*) ziggourat.

zigomo *s.m.* (*anat.*) zygoma; (*pomello*) pommette (*f.*).

zigosi *s.f.* (*biol.*) formation des zygotes.

zigote *s.m.* (*biol.*) zygote.

zigrinare *v.tr.* **1** chagriner **2** (*monete*) créneler*.

zigrinato *agg.* **1** chagriné **2** (*di monete*) crénelé.

zigrinatura *s.f.* **1** (*delle pelli*) grenure **2** (*delle monete*) crénelage (*m.*).

zigrino *s.m.* **1** chagrin **2** (*di squalo*) galuchat.

zigzag, zig zag *s.m.* zigzag: *a* —, en zigzag.

zigzagare (*coniug. come* legare) *v.intr.* zigzaguer.

zimarra *s.f.* **1** simarre **2** (*di sacerdote*) pardessus (*m.*).

zimbello *s.m.* souffre-douleur*, tête de turc: *lo* — *della compagnia*, le souffre-douleur, la tête de turc du groupe; *lo* — *del paese*, la risée du village.

zincare (*coniug. come* mancare) *v.tr.* zinguer.

zincato *agg.* zingué.

zincatura *s.f.* zingage (*m.*).

zinco *s.m.* zinc.

zincografia *s.f.* **1** zincographie, zincogravure **2** (*la stampa così ottenuta*) gravure sur zinc.

zincografico (pl. *-ci*) *agg.* de zincographie; (*ottenuto per mezzo della zincografia*) sur zinc: *riproduzione zincografica*, copie par zinc.

zingara *s.f.* bohémienne, tsigane, romanichelle.

zingaresco (pl. *-chi*) *agg.* de bohémien.

zingaro *s.m.* bohémien, tsigane, romanichel.

zinnia (*bot.*) *s.f.* zinnia (*m.*).

zinzino *s.m.* (*fam.*) petit peu, petit bout.

zio *s.m.* oncle: *gli zii, i miei zii*, mon oncle et ma tante.

zip *s.m.* (*chiusura lampo*) zip: *con lo* —, zippé.

zircone *s.m.* zircon.

zirlare *v.intr.* (*del tordo*) siffler.

zitella *s.f.* vieille fille: *fare la* —, jouer les vieilles filles.

zitellaggio *s.m.* condition de vieille fille.

zitellesco (pl. *-chi*) *agg.* (*spreg.*) de vieille fille.

zitellona *s.f.* (*scherz.*) vieille fille.

zitellone *s.m.* (*scherz.*) vieux garçon.

zittio *s.m.* chut.

zittire (*coniug. come* finire) *v.intr.* **1** faire* chut **2** (*tacere*) se taire* ♦ *v.tr.* faire* taire.

zitto *agg.* silencieux*: *stare, restare* —, se taire; *far stare* — *qlcu*, faire taire qqn; *con poche parole l'ha fatto star* —, en quelques mots, il l'a réduit au silence; *gliel'ho chiesto, ma lui* —, je le lui ai demandé, mais lui, pas un mot; *è stato* — — *in un angolo*, il est resté dans son coin sans dire un mot; — — *se l'è svignata*, il a filé à l'anglaise; *si avvicinò* — —, il s'approcha en douce || —*!, zitti!*, (en) silence!; *zitti, ragazzi!*, taisez-vous, les enfants!; —*! non fare rumore!*, chut! ne fais pas de bruit!

zizzania *s.f.* zizanie: *seminare, mettere* —, semer, mettre la zizanie.

zoccolata *s.f.* coup de sabot.

zoccolio *s.m.* bruit de sabots.

zoccolo *s.m.* **1** sabot; (*calzatura estiva*) socque **2** (*di animale*) sabot; (*di mammiferi ungulati*) onglon; (*della mucca*) pied **3** (*edil.*) (*di colonna*) socle, plinthe (*f.*); (*di muro esterno; battiscopa*) plinthe (*f.*); (*di caminetto*) mitron **4** (*di lampadina*) culot **5** (*zolla*) motte (*f.*) **6** (*geol.*) socle || (*fig.*) — *duro*, noyau dur.

zodiacale *agg.* zodiacal*: *segno* —, signe zodiacal, du zodiaque.

zodiaco *s.m.* zodiaque.

zolfanello *s.m.* allumette (*f.*) || *accendersi come uno* —, (*fig.*) démarrer au quart de tour.

zolfo *s.m.* soufre: *polvere di* —, fleur de soufre.

zolla *s.f.* **1** motte || *possedere poche zolle di terra*, avoir un lopin de terre **2** (*di zucchero*) morceau* (*m.*).

zolletta *s.f.* (petit) morceau*.

zombi, zombie *s.m.* zombi(e).

zona *s.f.* **1** zone: — *industriale*, zone industrielle; (*di città*) quartier industriel; — *residenziale*, quartier résidentiel || — *verde*, espace vert || *consiglio di* —, (*nelle grandi città*) organisme de

---

SEGNI DELLO ZODIACO

Ariete	*Bélier*	Bilancia	*Balance*
Toro	*Taureau*	Scorpione	*Scorpion*
Gemelli	*Gémeaux*	Sagittario	*Sagittaire*
Cancro	*Cancer*	Capricorno	*Capricorne*
Leone	*Lion*	Acquario	*Verseau*
Vergine	*Vierge*	Pesci	*Poissons*

la décentralisation administrative || (*in un appartamento*): — *pranzo*, coin-repas; — *giorno*, salle de séjour, cuisine; — *notte*, chambres à coucher, salle de bain **2** (*inform.*) zone **3** (*del telegrafo*) bande.

zonzo, a *locuz.avv.*: *andare a* —, se balader, flâner; *essere a* —, être en balade.

zoo (pl. *invar.*) *s.m.* zoo.

zoo- *pref.* zoo-

zoofilia *s.f.* zoophilie.

zoofobia *s.f.* zoophobie.

zoologia *s.f.* zoologie.

zoologico (pl. *-ci*) *agg.* zoologique.

zoologo (pl. *-gi*) *s.m.* zoologiste.

zoomorfo *agg.* zoomorphe.

zoosafari *s.m.* parc animalier.

zootecnia *s.f.* zootechnie.

zootecnico (pl. *-ci*) *agg.* zootechnique || *patrimonio — di un Paese*, cheptel national ♦ *s.m.* zootechnicien*.

zoppicante *agg.* boiteux* (*anche fig.*) || *andatura* —, démarche claudicante || *— in latino*, faible en latin.

zoppicare (*coniug. come* mancare) *v.intr.* **1** boiter **2** (*di seggiola, di tavolo ecc.*) être* boiteux* **3** (*fig.*) clocher: *questo ragionamento zoppica*, ce raisonnement cloche || *— in matematica*, faible en mathématiques.

zoppiconi *avv.* clopin-clopant.

zoppo *agg.* e *s.m.* boiteux* (*anche fig.*): *essere* —, boiter; *è — dalla gamba destra*, il boite de la jambe droite.

zoroastriano *agg.* e *s.m.* zoroastrien*.

zotico (pl. *-ci*), **zoticone** *agg.* e *s.m.* rustre.

zuavo *s.m.* zouave || *calzoni alla zuava*, knickers.

zucca (pl. *-che*) *s.f.* **1** courge **2** (*scherz.*) caboche || *non hai sale in* —, tu n'as pas de cervelle ||

avere la — vuota, être une tête de linotte || *che* —!, quelle andouille!

zuccata *s.f.* coup de tête: *dare, prendere una* —, se cogner la tête.

zuccherare *v.tr.* sucrer.

zuccherato *agg.* sucré (*anche fig.*) || *parole zuccherate*, des paroles mielleuses.

zuccheriera *s.f.* sucrier (*m.*).

zuccheriero *agg.* sucrier*.

zuccherificio *s.m.* sucrerie (*f.*).

zuccherino *agg.* sucré; (*di melone*) sucrin ♦ *s.m.* sucre; bonbon.

zucchero *s.m.* sucre || *— filato*, barbe à papa || *dolce come lo* —, doux comme le miel.

zuccheroso *agg.* sucré (*anche fig.*).

zucchetto *s.m.* calotte (*f.*).

zucchina *s.f.*, **zucchino** *s.m.* courgette (*f.*).

zuccone *agg.* e *s.m.* (*fig. fam.*) (*ottuso*) bouché; (*testardo*) têtu: *quello — non capirà mai*, il ne comprendra jamais.

zuccotto *s.m.* (*cuc.*) parfait à base de chocolat et crème chantilly.

zuffa *s.f.* bagarre.

zufolare *v.intr.* jouer du pipeau ♦ *v.tr.* siffler.

zufolata *s.f.* sifflement (*m.*).

zufolio *s.m.* sifflement continu.

zufolo *s.m.* pipeau*.

zulù *agg.* e *s.m.* zoulou.

zumare *v.tr.* e *intr.* (*cine.*) zoomer.

zumata *s.f.* (*cine., tv*) travelling optique.

zuppa *s.f.* **1** soupe || *— inglese*, charlotte russe **2** (*fig.*) salade || *che* —!, quelle barbe!; *se non è — è pan bagnato*, c'est kif-kif.

zuppiera *s.f.* soupière.

zuppo *agg.* trempé.

zurighese *agg.* e *s.m.* zurichois.

zuzzerellone, zuzzurellone *s.m.* grand enfant.

TAVOLE DI CONIUGAZIONE

Coniugazione del verbo ausiliare: ÊTRE

INDICATIF

présent

je	suis
tu	es
il	est
nous	sommes
vous	êtes
ils	sont

passé composé

j'	ai	été
tu	as	été
il	a	été
nous	avons	été
vous	avez	été
ils	ont	été

imparfait

j'	étais
tu	étais
il	était
nous	étions
vous	étiez
ils	étaient

plus-que-parfait

j'	avais	été
tu	avais	été
il	avait	été
nous	avions	été
vous	aviez	été
ils	avaient	été

passé simple

je	fus
tu	fus
il	fut
nous	fûmes
vous	fûtes
ils	furent

passé antérieur

j'	eus	été
tu	eus	été
il	eut	été
nous	eûmes	été
vous	eûtes	été
ils	eurent	été

futur simple

je	serai
tu	seras
il	sera
nous	serons
vous	serez
ils	seront

futur antérieur

j'	aurai	été
tu	auras	été
il	aura	été
nous	aurons	été
vous	aurez	été
ils	auront	été

CONDITIONNEL

présent

je	serais
tu	serais
il	serait
nous	serions
vous	seriez
ils	seraient

passé 1re forme

j'	aurais	été
tu	aurais	été
il	aurait	été
nous	aurions	été
vous	auriez	été
ils	auraient	été

passé 2e forme

j'	eusse	été
tu	eusses	été
il	eût	été
nous	eussions	été
vous	eussiez	été
ils	eussent	été

SUBJONCTIF

présent

que je	sois
que tu	sois
qu'il	soit
que nous	soyons
que vous	soyez
qu'ils	soient

imparfait

que je	fusse
que tu	fusses
qu'il	fût
que nous	fussions
que vous	fussiez
qu'ils	fussent

passé

que j'	aie	été
que tu	aies	été
qu'il	ait	été
que nous	ayons	été
que vous	ayez	été
qu'ils	aient	été

plus-que-parfait

que j'	eusse	été
que tu	eusses	été
qu'il	eût	été
que nous	eussions	été
que vous	eussiez	été
qu'ils	eussent	été

IMPERATIF

présent

sois
soyons
soyez

PARTICIPE

présent	passé
étant	été
	ayant été

INFINITIF

présent	passé
être	avoir été